DICCIONARIO IDEOLÓGICO
DE LA
LENGUA ESPAÑOLA

Editorial Gustavo Gili, S.A.

08029 Barcelona Rosselló, 87-89. Tel. 322 81 61
México, Naucalpan 53050 Valle de Bravo, 21. Tel. 560 60 11
Santa Fe de Bogotá Calle 58, N.º 19-12. Tel. 217 69 39

JULIO CASARES
DE LA REAL ACADEMIA ESPAÑOLA

DICCIONARIO IDEOLÓGICO DE LA LENGUA ESPAÑOLA

*Desde la idea a la palabra;
desde la palabra a la idea*

GG

SEGUNDA EDICIÓN (18.ª TIRADA)

EDITORIAL GUSTAVO GILI, S. A.
BARCELONA
1994

Printed in Spain
ISBN: 84-252-0126-8
Depósito legal: B. 38.077-1993
Impresión: Gráficas 92, S.A. - San Adrián de Besós

ADVERTENCIA PRELIMINAR

El continuado favor que el público viene dispensando a esta obra desde su aparición nos ha movido, en obligada correspondencia, a ofrecerle hoy esta nueva edición revisada con todo esmero, aumentada notablemente y, sobre todo, puesta al día.

El material léxico que se utilizó en la primera es el que estaba en circulación hace treinta años, incrementado con algún que otro neologismo de los que a la sazón empezaban a usarse tímidamente; pero, de entonces acá se han difundido y han arraigado en el lenguaje multitud de palabras y acepciones nuevas, que corresponden al rápido adelanto que se advierte en las ciencias y en las técnicas. La medicina, la física nuclear, la electricidad, la radio, los deportes, la guerra, la aeronáutica, etc., se han visto en la necesidad de nombrar cosas y operaciones para las que, hasta ahora, no existía denominación adecuada.

Y todo este vocabulario reciente, que asciende a varios millares de términos y que no es ya patrimonio exclusivo de los respectivos especialistas, sino que trasciende a las columnas de la prensa diaria y anda en boca de las gentes de mediana cultura, reclamaba con apremio el lugar que se le ha concedido ahora en el DICCIONARIO. Este aumento de información exigía, como es natural, un mayor número de páginas, lo que, con el formato anterior, habría hecho demasiado grueso el volumen. Para evitarlo y conseguir que el libro sea fácilmente manejable, se ha ampliado el tamaño de las páginas y, dentro de éstas, se ha aumentado el número de columnas del texto.

A la revisión y enriquecimiento del DICCIONARIO ha cooperado, en primer término, el valioso equipo de colaboradores técnicos con que cuenta la Editorial Gustavo Gili; pero también han tenido parte muy principal los lectores del DICCIONARIO. Respondiendo al ruego que se les hacía en el prólogo de la primera edición, han acudido con sus observaciones en tan gran número que ha superado con mucho nuestras esperanzas, dando con ello un hermoso ejemplo de solidaridad desinteresada, sin otro móvil que el de contribuir al mejoramiento del DICCIONARIO como si se tratara de cosa propia.

A unos y otros, así como al personal de la imprenta, que ha trabajado con la máxima escrupulosidad, queremos enviarles desde aquí la expresión de nuestra más sincera y fervorosa gratitud.

PRÓLOGO

Este prólogo, que necesariamente habría de ser prolijo si el autor se creyese obligado, como es uso, a exponer y razonar el pensamiento que informa su obra, puede reducirse a muy pocas páginas. Los precursores inmediatos de la clasificación ideológica del léxico, Roget en Inglaterra (1852) y Boissière en Francia (1862), tuvieron que emplear copiosos argumentos para hacer comprensibles y viables sus respectivos sistemas, que, a la sazón, habrían podido malograrse sin una justificación cumplidísima que los recomendase a la atención del público. Hoy, por fortuna, toda persona culta sabe lo que es un diccionario ideológico y los servicios que presta.

Dejando aparte esta consideración, me es posible también ser breve porque al lector que desee más amplia información puedo colmarle las medidas remitiéndolo a otro lugar (1), donde se estudian con gran detenimiento los antecedentes históricos de la clasificación metódica del vocabulario, sus fundamentos psicológicos, su utilidad científica y práctica, y todo cuanto se refiere al planteamiento y solución de los problemas que presenta esa clasificación. Séame lícito, sin embargo, reproducir aquí algunos párrafos del trabajo a que hago referencia, escritos hace ya muchos años, cuando esta obra no era sino un proyecto ambicioso, cuya realización parecía, aun a los mejor enterados, tan entrañablemente deseable como casi imposible de llevar a buen término.

«No es lo más urgente — decía yo en 1921 —, siquiera sea muy útil para determinados fines, disponer de un libro que nos enseñe a comprender lo escrito o entender lo escuchado. Lo verdaderamente necesario, lo que todos echamos menos a cada paso es un procedimiento mediante el cual se faciliten las operaciones activas del lenguaje, algo que, cuando llegue el caso, nos ayude a hablar, a escribir y también a pensar...» (2).

«Después de recoger, y aun de limpiar y fijar — añadía más adelante — con todo esmero el caudal léxico del idioma, todavía queda por hacer algo que es, a mi juicio, lo más difícil y también lo más importante: administrar acertadamente el caudal léxico del idioma, convertirlo en riqueza fértil procurando

(1) Véase *Nuevo Concepto del Diccionario de la Lengua, y otros problemas de Lexicografía y Gramática*, por Julio Casares. Tomo V de las *Obras Completas*. Espasa-Calpe, Madrid, 1941.

(2) Loc. cit., pág. 87.

que cada nueva palabra definida sea, no sólo un artículo más que va a sepultarse en las páginas de un infolio, sino una realidad viviente incorporada al comercio de las ideas y a los medios de comunicación del pensamiento...» (1).

Y, por último:

«La república de las letras padece una triste indigencia: mientras el Diccionario de la lengua se acrecienta y se perfecciona de una a otra edición, el caudal circulante de vocablos se empobrece de día en día; y si hoy nuestra literatura, salvo honrosas excepciones, se remedia para todos sus fines con unos pocos cientos de voces, borrosas y desportilladas por el continuo uso, ello no es por culpa exclusiva de los escritores...».

«Supongamos, en cambio, que hay un medio de que el escritor pueda ver reunidas en cada caso cuantas palabras —nombres, adjetivos, verbos, frases, etc.— se relacionan con la idea que trata de expresar. Ya no le agobiará el recelo de que una momentánea flaqueza de memoria le prive del preciso vocablo que necesita. Estará siempre cierto, como el pintor que mira extendida en su paleta toda la gama de colores, de hallar el matiz deseado y de poder usar, según cuadre a su temperamento, a su estado de ánimo o al efecto artístico perseguido, ora el término culto, ora el nombre vulgar, ya el arcaísmo venerable, ya el vocablo moderno y atrevido, ya el giro familiar, aquí la palabra dura y cortante, allí la suave y cadenciosa, más allá el discreto eufemismo...» (2).

«Y para esto hay que crear, junto al actual registro por abecé, archivo hermético y desarticulado, el diccionario orgánico, viviente, sugeridor de imágenes y asociaciones, donde, al conjuro de la idea, se ofrezcan en tropel las voces, seguidas del utilísimo cortejo de sinonimias, analogías, antítesis y referencias; un diccionario comparable a esos bibliotecarios solícitos que, poniendo a contribución el índice de materias, abren camino al lector más desorientado, le muestran perspectivas infinitas y le alumbran fuentes de información inagotables...» (3).

Esto es lo que he intentado hacer y lo que, tras dilatada y fatigosísima labor, ofrezco hoy al lector de este Diccionario Ideológico.

Y creo que basta con lo expuesto; porque todavía en las siguientes páginas preliminares, donde se explica la estructura y manejo de la presente obra, hay datos más que suficientes para formar juicio cabal de la finalidad que el autor se propuso y de los medios que imaginó para alcanzarla.

Pero antes de que el lector pase adelante quiero que se detenga un punto en los umbrales mismos de este libro, para escuchar un ruego. El autor de una obra de arte sabe que si su creación —novela, estatua o sinfonía— merece aprecio, lo ganará de una vez y para siempre. El que compila un léxico, por el contrario, tiene la amarga certidumbre de que su trabajo ha de ser, por su misma índole, incompleto y defectuoso; y además está convencido de que si su

(1) Loc. cit., pág. 116. — (2) Idem, pág. 117. — (3) Idem, pág. 118.

obra alcanza alguna estimación y aspira a conservarla habrá de estar en constante renovación merced a un esfuerzo no interrumpido. El editor y el autor del presente DICCIONARIO están dispuestos a no escatimar ese esfuerzo, pero no olvidan que quien se sirve diariamente de un utensilio de trabajo — y eso quiere ser la presente obra — es quien mejor puede apreciar sus ventajas e inconvenientes. *Por eso se dirigen a los futuros usuarios del* DICCIONARIO IDEOLÓGICO *para pedirles encarecidamente la merced de sus observaciones y de sus críticas.*

A la imperfección inherente a todo diccionario, hay que añadir en el caso presente las cicatrices imputables a la situación excepcional que se creó en la capital de España durante la pasada guerra de liberación. Es cierto que se salvó milagrosamente casi todo el original que ya estaba en la imprenta y que buena parte de lo perdido se ha podido reconstituir satisfactoriamente; pero, aventadas por la turba las hojas de un delicado mecanismo de ficheros, montado meticulosamente durante cinco lustros, y concebido con la preocupación de que en el retoque final no escapase por las mallas del sistema ningún vocablo, ni apareciese referencia alguna sin previa y puntual comprobación, ha sido necesario corregir las últimas pruebas sin las garantías de exactitud que estaban proyectadas.

No se hace esta confesión dolorosa tanto para pedir un suplemento de benevolencia cuanto para insistir en la solicitud de cooperación antes formulada. El ingeniero, el sacerdote, el médico, el arquitecto, el marino... *cada lector que recorra los grupos de palabras correspondientes a una materia de su competencia especial puede, con una simple apuntación dirigida a la casa editora, subsanar una errata o señalar una omisión*, contribuyendo así, por noble espíritu de solidaridad cultural, a que esta obra alcance en sucesivas ediciones su ambicioso propósito: poner a disposición del pensamiento y del lenguaje hispánicos el inmenso caudal expresivo, hasta ahora soterrado en gran parte, con que se ha ido enriqueciendo nuestra lengua en su curso glorioso por ambos mundos.

Aquí, si el espacio lo permitiera, me gustaría nombrar, para expresarles mi gratitud, a todas las personas que, en distintos planos, me han ayudado en la difícil y delicada construcción de esta obra; pero, ya que esto no es posible, séame lícito mencionar, cuando menos, al editor, don Gustavo Gili, sin cuya colaboración, tan inteligente como entusiasta, mi trabajo no habría pasado de proyecto.

Cuando, después de un primer intento editorial fracasado, la incomprensión de los intelectuales, por un lado, y la poquedad rutinaria de los industriales del libro, por otro lado, me habían puesto en el trance de abandonar la empresa más importante de mi vida, surgió providencialmente el editor ideal, pues ni siquiera hube de explicarle las ventajas de un diccionario ideológico, ya que él se había anticipado a concebir, para honra de su casa, la publicación de una obra de este carácter. Sin reparar en dificultades ni en sacrificios, puso en seguida a mi disposición los valiosísimos elementos de su empresa y, a pesar de las peligrosas vicisitudes por que hubo de pasar más tarde el original de este libro, consiguió, al fin, sacarlo a la luz, venciendo al sino que parecía condenarlo a no existir.

Era, pues, inexcusable que yo dejase aquí estampada la expresión de mi agradecimiento a don Gustavo Gili, y a él habrán de dar igualmente gracias los lectores que manejen con fruto esta obra, ya que en su alumbramiento — como he escrito en otro lugar — «no han tenido menos parte que la perseverancia del autor, la fe y la comprensión clarividente de un editor tan culto como generosamente entusiasta».

PLAN DE LA OBRA
E
INSTRUCCIONES PARA SU MANEJO

I
PLAN

Finalidad e índole del DICCIONARIO IDEOLÓGICO

La finalidad esencial del DICCIONARIO IDEOLÓGICO consiste en poner a disposición del lector, mediante un inventario metódico, no intentado hasta ahora, el inmenso caudal de voces castizas que, por desconocidas u olvidadas, no nos prestan servicio alguno; voces cuya existencia se sabe o se presume, pero que, dispersas y como agazapadas en las columnas de los diccionarios corrientes, nos resultan inasequibles mientras no conozcamos de antemano su representación escrita.

Para alcanzar dicha finalidad se ha procedido a una sistematización del vocabulario, reuniendo en grupos conceptualmente homogéneos cuantas palabras guardan relación con una idea determinada. El lector que examine cualquiera de estos grupos, no sólo se dará cuenta fácilmente del alcance de este trabajo, sino que quedará sorprendido al ver la enorme riqueza de medios expresivos a cuyo uso nunca pudo tener acceso.

Pues bien, el singular servicio que para el pensamiento y el lenguaje representa la posibilidad de incorporar a la circulación todo un copiosísimo tesoro que yacía arrinconado, *servicio que no puede prestar ninguna otra obra*, constituye la novedad, el interés y la misma razón de ser de la presente. El autor se tendrá por afortunado y se sentirá satisfecho si, conocido su designio, se juzga que acertó a realizarlo decorosamente; pero quisiera, en cambio, que no se pidiese a este diccionario lo que nunca tuvo intención de ofrecer. Por eso hay que salir al paso de posibles reproches, dejando bien sentado que este trabajo es una obra puramente lexicográfica, es decir, un repertorio del lenguaje literario y vulgar, y no pretende ser, en modo alguno, un diccionario enciclopédico.

Pudiera ocurrir, en efecto, que un lector especialmente versado en electricidad, por ejemplo, y que nunca se detuvo a pensar si en los léxicos usuales se registran muchas o pocas voces referentes a tal materia, tuviese la impresión, al verlas por primera vez reunidas en el DICCIONARIO IDEOLÓGICO, de que faltan centenares de términos que podrían figurar en los grupos correspondientes. Es cierto que faltan, y que un botánico, un matemático o un químico podrían formular igual observación; pero a esto conviene responder que un diccionario general de la lengua no puede ni debe incluir todos los tecnicismos de las ciencias y artes (1).

Pasemos ahora a examinar, por separado, las tres partes de que consta la presente obra.

(1) El autor ha tenido manga más ancha que los compiladores de los diccionarios académicos, pero, en conjunto, ha seguido el mismo criterio restrictivo. Si se piensa que el *Diccionario de Ciencias Médicas* de Cardenal, por ejemplo, contiene unas 50 000 voces, se comprenderá que con sólo agrupar media docena de vocabularios técnicos se llenarían tres o cuatro volúmenes como el presente, sin dejar siquiera un res-

I. PARTE SINÓPTICA

La publicación de esta parte del DICCIONARIO IDEOLÓGICO, que podría haberse omitido sin mengua notable de su eficacia, representa por parte del autor algo así como la exposición que hiciera un arquitecto de los procedimientos empleados, de las dificultades resueltas y de los pormenores internos de construcción de un edificio ya terminado.

Ya sé que al exhibir, en un alarde de probidad científica, el andamiaje utilizado para dar cima a la presente obra, doy pábulo a discusiones y críticas que de otro modo podría haber evitado. El que se encare, por ejemplo, con el plan general de clasificación me querrá preguntar por qué las grandes clases (o cuadros) en que se distribuye el léxico son 38 y no 40 ó 50; por qué estas clases se subdividen en unos 2000 grupos y no en 2500, etc.

Plan general de clasificación

Tales preguntas carecen de respuesta satisfactoria. Como ya he demostrado extensamente en otro lugar (1), no hay clasificación que no sea en gran medida artificial y transitoria, inclusive cuando se aplica a zonas restringidas del conocimiento científico y a cosas materiales, como los animales o las plantas. ¿Qué será si, en vez de clasificar un reducido sector del mundo físico, hay que distribuir en géneros y especies el universo visible e invisible: cosas, ideas abstractas, creencias, sentimientos, etc.?

Por otra parte, toda nueva clasificación que hace una ciencia de los seres o fenómenos objeto de su estudio anula las clasificaciones anteriores, basadas en conocimientos o hipótesis que pasaron de moda; mientras que los diccionarios siguen registrando con igual validez, junto a las denominaciones nuevas, nomenclaturas y conceptos ya arrinconados por los respectivos especialistas, pero que tuvieron o tienen curso en el lenguaje corriente o literario (2). Y como el lexicógrafo ha de trabajar con la totalidad del material lingüístico sin desaprovechar yacimientos correspondientes a etapas de cultura ya superadas, ¿qué criterio de clasificación podrá elegir que no sea fácil de impugnar en nombre de otro criterio... igualmente impugnable?

Subdivisión de las clases en grupos

Las mismas consideraciones empíricas que determinaron la distribución del vocabulario correspondiente a la totalidad de los conocimientos humanos en las 38 grandes clases de la clasificación general, han influido en la subdivisión de estas clases en unidades de orden inferior, constituidas por grupos de vocablos conceptualmente homogéneos. El resultado de esta subdivisión es el que se refleja en los cuadros sinópticos, cada uno de los cuales va encabezado con un número que corresponde al de un epígrafe de la clasificación general.

Cuadros sinópticos

En cuanto a la estructura interior de estos cuadros, conviene observar que la peculiar disposición de los grupos en cada uno de aquéllos es resultado de la índole especial de la materia. Si consideramos el cuadro titulado **Zoología** (núm. 6), vemos que reproduce en cierta medida el índice metódico de un tratado de dicha disciplina; aunque con la singularidad que se deriva — y esto afecta a todas las par-

quicio para el caudal verdaderamente importante que es el de la lengua usual. Para tener alguna norma en este punto se ha adoptado la siguiente: registrar los vocablos técnicos que, en materia ajena a su especialidad, no debiera ignorar sin desdoro una persona culta.

(1) Julio Casares, *Nuevo Concepto del Diccionario*, etc., págs. 105 y siguientes.

(2) Así, el hecho de que la sangre se estudie hoy en la Histología como un tejido, no ha borrado del léxico las huellas que dejaron en él los varios siglos en que la sangre se consideraba como uno de los humores cardinales, al igual que la bilis o la pituita.

tes de esta obra — de clasificar voces referentes a las cosas y no las cosas mismas. Para un naturalista, las características del perro, dentro de la familia de los cánidos, no tienen más volumen ni importancia que las del chacal, por ejemplo; pero el lexicógrafo ha de tener cuenta del hecho siguiente: el perro ha dado origen a unas doscientas palabras, que le dan derecho a un grupo especial, mientras el chacal, que sólo tiene en su haber este nombre, se ha de agrupar, en busca de la única afinidad posible, con otros animales que se encuentran en igual caso (grupo *Mamíferos*, subsección *Cánidos*).

Por consideraciones de otra índole aparecen en nuestro cuadro enunciados que no tendrían razón de ser en un libro de Zoología. Así, el concepto de *Pescado*, que carece de sentido para un naturalista, tiene en cambio personalidad tan señalada en el lenguaje, que no puede dejar de figurar como grupo independiente en el DICCIONARIO. El lector, ya advertido, hallará muchos casos análogos en otros cuadros, especialmente en los dedicados a materias concretas.

Contraposición de grupos antitéticos

Muy otra es la disposición de los grupos en los cuadros que se refieren a ideas abstractas, porque en ellos se ha podido utilizar en gran medida la contraposición a dos columnas de los conceptos antagónicos (1), cosa excepcionalmente posible en el léxico referente al mundo físico (2).

La utilidad de esta contraposición quedará suficientemente ilustrada con un ejemplo. Supongamos que se trata de hallar un substantivo abstracto que exprese el concepto contrario al de *Arrepentimiento*. Por el camino de la analogía parece indicado acudir a grupos tales como *Obstinación*, *Entereza*, *Vicio*, etc., donde se encontraría, en efecto, la remisión oportuna; pero puede ocurrir que estas soluciones no se ofrezcan a la inteligencia *prima facie*, y si entonces se consulta el cuadro sinóptico en que figura el *Arrepentimiento*, se verá frente a este grupo el de *Impenitencia*. Se habrá llegado así a la meta sin tanteos ni desviaciones, partiendo en dirección contraria a la que sugiere la afinidad de ideas.

Conviene advertir a este propósito que los grupos presentados como antitéticos no lo son siempre con verdadero rigor lógico: la contraposición de los grupos se encamina, como hemos visto, a establecer rutas complementarias de las que ofrece la asociación de conceptos, y no se ha limitado, por tanto, a enfrentar términos estrictamente antónimos. En la psicología del gusto, por ejemplo, las sensaciones específicas de dulce, amargo, agrio y salado son tan poco oponibles entre sí como las varias zonas coloreadas del espectro; pero, si un escritor desea elegir en una vasta gama de matices un vocablo que exprese, en sentido recto o figurado, una idea contraria a la de *dulzura*, le será muy útil saber que puede hallarlo en determinados grupos cuyos enunciados se han dispuesto para este fin, en el cuadro correspondiente, frente al grupo titulado *Dulzura*.

La amplitud con que se ha procedido en este punto, puesta la vista únicamente en el mayor rendimiento del DICCIONARIO, explica el hecho de que a veces un mismo grupo figure en varios cuadros y aparezca como antagónico de conceptos diferentes (3).

(1) Véanse, por ejemplo, los cuadros *Sensibilidad* (13), *Sentimiento* (14), *Relación* (16), *Espacio* (17), *Movimiento* (19), *Inteligencia* (23), *Voluntad* (25), *Conducta* (26), etc.

(2) Se ha hecho, sin embargo, siempre que lo permitió la materia. En el cuadro núm. 2, *Física*, por ejemplo, se ve frente a *Sonido*, *Silencio;* frente a *Luz*, *Obscuridad;* frente a *Calor*, *Frío;* frente a *Humedad*, *Sequedad*, etc.

(3) *Paciencia*, que se opone naturalmente a *Impaciencia*, tiene también lugar adecuado, en cuanto

II. PARTE ANALÓGICA

Pasemos ahora a la parte segunda del DICCIONARIO, formada por la serie de los grupos de palabras afines, ordenados alfabéticamente por la palabra que les sirve de enunciado o cabeza.

Epígrafes de los grupos

Para las cabezas o epígrafes de los grupos se han preferido, salvo dos o tres excepciones inevitables, los nombres substantivos, que ofrecen mayor extensión lógica que las restantes partes del discurso. Esto ha obligado en varias ocasiones a emplear substantivos de poco uso o completamente olvidados, y hasta neologismos *ad hoc* (1). El lector, sin embargo, no ha de tener por esta causa dificultades de ninguna clase, como se verá claramente a continuación.

Diversa índole de los grupos

Basta hojear la *Parte analógica* para advertir que, así como los grupos difieren considerablemente unos de otros por su naturaleza y extensión, así también el tratamiento del material lingüístico que entra en cada uno de ellos ha tenido que ser muy diverso. Hay grupos que están formados exclusivamente por la sinonimia de una cosa concreta (generalmente una planta o un animal): son, como es natural, poco extensos y no contienen más que nombres. Los hay, en cambio, que comprenden varios centenares y aun millares de expresiones entre las que figuran todas las partes de la oración y aun locuciones y frases proverbiales. Los grupos de la primera clase tienen por enunciado una sola palabra.

Denominación simple

Así, el grupo de *Luciérnaga*, constituido únicamente por los varios nombres que se dan a este insecto en castellano, no necesita ulterior identificación. Ahora bien, cuando se trata de grupos menos homogéneos o más complejos les conviene una denominación múltiple (como si dijéramos un nombre y varios apellidos), compuesta de dos o más substantivos, y en muchos casos, además, de un verbo y un adjetivo. La primera ventaja de este sistema de enunciados múltiples consiste en facilitar el acceso a los grupos desde diversos puntos de partida. El lector que busque sinónimos para expresar «lo que no es alto», pensará antes en el adjetivo *bajo* que en el nombre abstracto *bajura*. Otras veces será el verbo el que conduzca más rápidamente al grupo que se busca: la idea de «tomar algo con la mano» se nos presentará probablemente antes bajo la forma de *coger* que bajo la de *asimiento*, etc. Atendiendo a esta consideración, los distintos vocablos que entran en cada epígrafe o cabeza de grupo figuran en la *Parte analógica* según el orden alfabético: unos, al frente de la serie correspondiente; otros, impresos en cursivas mayúsculas, llevan la indicación del grupo a que pertenecen (2).

Denominación múltiple

Otra finalidad de la denominación múltiple, y muy importante por cierto, consiste en facilitar la conexión entre grupos afines, permitiendo ponerlos en contacto por las facetas en que presentan mayor analogía. Consideremos, por ejemplo, los grupos

virtud cardinal, frente a *Ira* como pecado capital. Frente a *Deseo* puede colocarse la *Indiferencia* o falta de deseo; pero también pueden contraponerse a *Deseo* las ideas de *Repugnancia*, *Saciedad*, *Asco*, etc.

(1) Para agrupar el vocabulario referente a «lo que no es alto», se ha utilizado el nombre *Bajura*, que significa «falta de elevación». Es ciertamente el que hace mejor juego con *Altura*. Para expresar el concepto contrario a *Frecuencia* se ha inventado el neologismo *Infrecuencia*.

(2) Ejemplos: *Parte analógica*, págs. 5 y 6: **Abundancia, Abuso** y **Accesorio** aparecen como enunciados del grupo respectivo; *ABULIA*, *ACAECER*, *ACARICIAR*, etc., remiten a otras voces, que son epígrafe del grupo que se busca.

Peligro y *Atrevimiento*. Aunque desde luego se nos alcanza que ambos contienen algún elemento común (puesto que no hay «atrevimiento» en la acción completamente exenta de «peligro»), el tránsito de un grupo a otro no parece a primera vista llano, si los consideramos cerrados en sí mismos, a manera de dos esferas que, a lo sumo, podrían tocarse en un punto. Pero si desdoblamos los respectivos enunciados, tendremos de una parte *Peligro-Riesgo-Arriesgarse-Peligroso* y por otro lado *Atrevimiento-Resolución-Atreverse-Atrevido;* con lo cual podremos ya pasar sin violencia alguna de *atreverse* a *arriesgarse* y viceversa. Se han cambiado, por decirlo así, las esferas en tetraedros y ya podemos ponerlos en contacto por la superficie que más nos convenga, mientras las otras caras se alejan hacia vértices opuestos.

Estructura interior de los grupos

Si atendemos ahora a la estructura interna de los grupos, advertiremos que, por las razones expuestas más arriba, difieren entre sí notablemente, aunque a todos se apliquen, si ha lugar, las normas siguientes: presentación por separado de las series de nombres, de verbos, de adjetivos, de adverbios, etc., y luego, en los grupos que lo requieren, subdivisiones más sutiles, dentro de cada categoría gramatical, basadas en la analogía de conceptos. Así, cuando una serie de nombres, por ejemplo, aparezca dividida en secciones mediante espacios en blanco, se ha de entender que los nombres de cada sección tienen entre sí más afinidad que con los restantes de la misma serie (1).

Ordenación de los substantivos

Veamos primeramente la disposición de los nombres. Si se trata de una cosa concreta, vendrá en primer término la sinonimia, si la hay; después, los aumentativos y diminutivos; luego, los despectivos y colectivos. A continuación figuran los nombres que designan partes de la cosa; más adelante, *pasados los verbos*, los nombres que denotan la acción y efecto de éstos; y todavía, si el léxico da ocasión para ello, aparecerán nuevos substantivos: nombres del agente, del lugar en que actúa (taller, tienda, etc.) y de los instrumentos que utiliza. Claro es que hay pocos grupos tan completos y que, en los restantes, faltan éstas o aquéllas de las subsecciones enumeradas: el lector no debe olvidar que si en este aspecto como en otros ya señalados, no reina en toda la obra la uniformidad que sería de desear, la culpa no es ciertamente del autor (2).

Ordenación de los verbos

En cuanto a los verbos, a más de la separación entre transitivos, intransitivos y reflexivos, se establece, siempre que es necesaria o conveniente, la distinción entre verbos que tienen por sujeto a una persona y verbos cuyo sujeto es una cosa (animal, objeto, etc.). En el vocabulario de apicultura, por ejemplo (grupo *Abeja*), puede verse una serie de verbos para expresar lo que hace la abeja (frezar, arrebozarse, encastillar, etc.) y otra serie que corresponde a las operaciones que ejecuta el apicultor (empotrar, enculatar, cobijar, etc.). Lo mismo se observará en *Equitación*, donde se agrupan separadamente los verbos, según tengan por sujeto al caballo o al caballero.

Ordenación de los adjetivos

Desde un punto de vista análogo se han agrupado separadamente los adjetivos que se refieren al sujeto y los que corresponden al objeto. Así, en el grupo *Aborrecimiento*, figuran de una parte los calificativos propios de la persona que

(1) Compárense entre sí las seis secciones de substantivos con que empieza el grupo **Aflicción.**

(2) Como he dicho en otro lugar, es el lenguaje «un almacén de medios de expresión desigualmente abastecido, donde ciertas ideas han logrado una representación verbal verdaderamente exuberante, y otras han tenido que contentarse con algún que otro modismo». V. loc. cit., pág. 166.

aborrece (aborrecedor, rencoroso, perinquinoso, etc.) y de la otra los aplicables a la cosa o persona que es o merece ser aborrecida (aborrecible, odioso, abominable, execrable, etc.).

Otras partes de la oración; locuciones y frases A continuación de los adjetivos, aparecen los adverbios y modos adverbiales, las preposiciones y, por último, las interjecciones. Las locuciones y frases figuradas se incluyen en la categoría gramatical a que corresponden por su función (1).

Voces omitidas Para economizar espacio, se han omitido, como suele hacerse en toda clase de diccionarios, los aumentativos y diminutivos de formación regular; los adverbios en *-mente*, que no tienen acepción especial, así como los derivados y compuestos que se pueden formar ocasionalmente, sirviéndose de desinencias o prefijos, con arreglo a los tipos usuales. Las series de adjetivos podrían haberse acrecentado notablemente a expensas de participios activos y pasivos, pero, teniendo en cuenta que los verbos correspondientes están ya a la vista, se deja a la discreción del lector el utilizar o no este recurso.

Voces repetidas Cuando se observe que una palabra aparece repetida en varias secciones de un mismo grupo, se ha de pensar que figura con acepciones distintas o con diversa función gramatical (2).

Enlace de unos grupos con otros Hemos hablado antes, de pasada, del enlace de unos grupos con otros y ahora conviene hacerlo con algún pormenor. Un grupo analógico bien construido se ha de poder seguir desde el principio al fin sin que en ningún momento se pierda de vista el concepto fundamental, la idea rectora a la que sirven de expresión en algún modo todas las voces agrupadas. Nada más fácil, si se olvida esta conveniencia, que dejarse llevar de digresión en digresión, a merced de asociaciones de ideas, hasta encontrarse a muchas leguas del punto de partida e invadiendo el terreno específico de otros grupos (3). Esto debe evitarse, ciertamente. Ahora bien, esas asociaciones de ideas que se ofrecen naturalmente al pensamiento, como sendas que se abren a derecha e izquierda de la avenida central de un jardín, pueden conducir a parajes insospechados, a perspectivas sorprendentes, a remansos de léxico donde nos aguardan tal vez riquezas más preciosas que cuantas hubiéramos podido hallar camino adelante. Por eso importa mucho no cerrar esas salidas laterales, sino señalarlas más bien de manera ostensible. A este fin responden las palabras que figuran intercaladas, con letra llamativa, entre la serie natural de las voces de cada grupo. Tales palabras, impresas en negritas, no forman parte propiamente de la serie; su misión se reduce a avisar al lector que el léxico perteneciente al concepto evocado por cada una de esas palabras indicadoras se desarrolla con toda la amplitud deseable en el correspondiente lugar alfabético. Si consultando, por ejemplo, las series de *Abundancia*, se tropieza con **riqueza** (en negritas), se ha de entender que esta especial manera de abundancia ha dado origen a un grupo independiente, donde seguramente se hallarán muchas voces que, en sentido recto o figurado, resultarán afines de las que se hallan a la vista. Tal vez el matiz de abundancia cuya expresión se busca es el de super-

(1) Así, en el grupo *Indeliberación*, se coloca junto a los verbos la fr. fig. «Hablar a tontas y a locas»; junto a los adjetivos, «ligero de lengua», «barrenado de cascos»; y junto a los adverbios, «sin encomendarse a Dios ni al diablo».

(2) *Gobierno*, acción de gobernar; *Gobierno*, conjunto de gobernantes; *Gobierno*, edificio del gobernador. *Científico* (m.), persona que posee una ciencia; *Científico* (adj.), relativo a la ciencia.

(3) Julio Casares, *Nuevo Concepto del Diccionario*, pág. 168.

abundancia; pues bien, junto a esta voz y a otras semejantes puede leerse **exceso** (en negritas), como cartel indicador de esta zona contigua, que el lector puede visitar o no según le cuadre.

Este procedimiento de las llamadas de unos grupos a otros se ha empleado con tal liberalidad, que algunas de ellas pueden parecer, a primera vista, traídas por los pelos. No es así, en realidad. Si el lector se aventura alguna vez a evacuar una de estas referencias aparentemente remotas, es posible que no vuelva de la excursión con las manos vacías. En todo caso, era obligado pecar por carta de más. La inevitable arbitrariedad con que se hubo de proceder a la parcelación conceptual del inmenso terreno lingüístico exigía como correctivo el establecimiento de todas las servidumbres de paso imaginables, con el fin de que nunca pudieran resultar aisladas entre sí zonas que debieron tal vez quedar unidas. Y con esto llegamos a la última parte de las tres en que está dividido nuéstro Diccionario Ideológico.

III. PARTE ALFABÉTICA

Si consultamos un tratado moderno de cualquier disciplina, veremos que primeramente se expone la materia con el mejor método posible y que al final figura un repertorio alfabético de todos los términos importantes mencionados en el cuerpo del libro. La utilidad de tales repertorios es ya un axioma pedagógico (1). Por eso, tan pronto como se advirtió la necesidad de convertir en objeto de conocimiento científico el conjunto de los signos verbales de que nos valemos para hablar y pensar — y la presente obra es el intento más completo y más radical hecho hasta ahora en tal sentido —, apareció, junto a la agrupación sistemática y jerarquizada del material lingüístico, distribuido en clases y familias, un *índice alfabético* destinado a cumplir en los nuevos tratados lexicográficos el mismo menester que dicho índice venía cumpliendo en los tratados de otras disciplinas (2).

En la presente obra, este índice no es una simple lista más o menos completa de palabras acompañadas de cifras u otros signos para facilitar la remisión a la *Parte analógica;* es un verdadero diccionario de la lengua, de toda la lengua, tal vez algo más conciso que otros, pero más rico en voces y acepciones. De esta manera ya no hemos de tomar por guía un vocablo aislado cuyo valor conocemos tal vez vagamente y que, además, puede tener varios significados. Disponemos, por el contrario, de artículos completos para cada palabra, en los que se definen una por una sus acepciones y se explican las locuciones, modismos, frases y proverbios de que forma parte; con lo cual, no sólo puede comprobarse puntualmente en cada caso si el vocablo que se ha ofrecido

(1) En un tratado de Patología se estudian en capítulos separados las enfermedades de los distintos aparatos (circulatorio, respiratorio, digestivo, etc.) y dentro de cada capítulo las que corresponden a los varios órganos que concurren a determinada función fisiológica. Acudiendo al capítulo adecuado, se dará más o menos pronto con el dato que interesa conocer; pero si se quiere en alguna ocasión economizar la lectura de muchas páginas o evitar la consulta inútil de varios capítulos (puesto que algunos órganos se pueden estudiar en varios lugares), se recurre directamente al repertorio alfabético, que nos remitirá sin titubeo a la página correspondiente, según se trate, por ejemplo, del pulmón como elemento del proceso circulatorio o como asiento de un sarcoma.

(2) Acerca de la evolución de estos índices en los diccionarios ideológicos y de las últimas consecuencias a que ha llegado en este punto el autor de la presente obra, v. loc. cit., págs. 100 y 118.

como guía es realmente el que nos conviene, sino que cabe utilizar como punto de partida bien una determinada acepción, bien un modo adverbial o una frase figurada.

Establecidos así *más de cien mil* caminos que van de lo particular a lo genérico, sólo quedaba pendiente el problema de enlazar de manera adecuada y fácil esta *Parte alfabética* de la obra con la *Parte analógica*. Este problema, que se intentó resolver hasta ahora utilizando un tercer elemento tan ajeno al lenguaje como son los grupos de números, ha hallado en nuestro DICCIONARIO IDEOLÓGICO una solución que podría compararse, si en ello no hubiera jactancia, con la del huevo de Colón.

Puesto que se persigue, en suma, relacionar clasificación *(Parte analógica)* y definición *(Parte alfabética)*, basta asomarse a la lógica para ver que se trata de dos operaciones complementarias, una de las cuales presupone la otra. La definición, en efecto, debe indicar el género próximo y la última diferencia, si ha de identificar convenientemente la cosa definida; y como no se pueden cumplir estos requisitos si antes no hemos colocado la cosa en el género que le corresponde, es evidente que, en toda definición que merezca este nombre, ha de ir ya implícito el resultado de una clasificación anterior. ¿Cabe imaginar mejor clave de referencias? ¿Hay algo más sencillo que señalar en la definición las palabras que en ella representan los elementos lógicos antes mencionados, y remitir así al lector al lugar en que está clasificada la cosa definida? Veamos un ejemplo *(Parte alfabética*, pág. 406). «**Fundibulario.** m. *Soldado romano que peleaba con *honda». Si el lector ha buscado esta definición para saber lo que significa el vocablo, *único servicio que hasta ahora podía ofrecerle cualquier diccionario*, ha conseguido su propósito y ni le sirven ni le estorban los asteriscos; pero si, además, quería conocer o recordar nombres de otros soldados que también peleaban con honda, buscará en la *Parte analógica* el grupo *Soldado*, como le invita a hacerlo el primer asterisco, y allí verá, junto al nombre «fundibulario», los de «hondero» y «pedrero». Y aún se le brinda la posibilidad de consultar el grupo *Honda* (segundo asterisco), donde figura, a más de los tres nombres citados, el resto del vocabulario correspondiente a esta arma primitiva.

Por desgracia, la economía interior de los diccionarios alfabéticos no ha llegado todavía a un sistema uniforme de definiciones. Junto a las de tipo rigurosamente lógico abundan las de carácter meramente descriptivo, las tautologías, los círculos viciosos, las remisiones de unos artículos a otros, etc. Esto ha dado lugar a que la colocación de los asteriscos no resulte tan llana como hubiera debido ser; se han soslayado, sin embargo, las dificultades que fueron surgiendo, según podrá ver el lector más de cerca cuando volvamos a tratar de los asteriscos (1).

Y con esto puede darse por terminada la exposición del plan de la presente obra, ya que en las *Instrucciones* que siguen habremos de volver a tratar, desde un nuevo punto de vista, de casi todos los extremos que acabamos de considerar.

(1) Página XXVI.

II
INSTRUCCIONES

Aunque muchas de las indicaciones necesarias para el manejo de esta obra van ya implícitas en la exposición que precede, no será ocioso repetirlas aquí en forma expresa, juntamente con otras advertencias complementarias.

Advertencia preliminar

Lo primero que conviene advertir, para evitar en lo posible desilusiones y fracasos, es que un diccionario, de cualquier índole que sea, no dará el debido rendimiento si no se le dedica el esfuerzo mental necesario para saber con todo pormenor cómo funciona. Esta observación, que alguien podría tachar de impertinente, es fruto de una larga experiencia. Es cierto que en los léxicos usuales es cosa de coser y cantar lo de atinar con una palabra, conocida su ortografía; pero la tarea se complica tan pronto como, en vez de buscar un vocablo, se trata de localizar una locución o una frase. Y no digamos nada de los refranes. ¿Por qué letra abrirías, lector, el Diccionario de la Academia para dar con el proverbio que dice «Hoy por ti y mañana por mí»? Puedo afirmar que en casos similares, y aun en otros más fáciles, he visto fracasar a menudo a no pocas personas cultas, inclusive algunas que, por la especialidad de sus estudios, debían estar sobradamente familiarizadas con toda clase de problemas lexicográficos.

Y si esto es así tratándose de los diccionarios corrientes en los que, al fin y al cabo, todo obedece a un mecanismo tan elemental como el simple orden alfabético, júzguese la importancia que tendrá conocer bien la economía interior, necesariamente más complicada, de cualquier diccionario ideológico, antes de empezar a ponerlo a prueba. Para facilitar ese conocimiento se han redactado, con nimiedad rayana en machaconería, las presentes instrucciones.

Una primera recomendación de índole general consiste en invitar al lector a que plantee con toda claridad en su mente el problema cuya solución le interesa. El que, partiendo de un concepto en busca del vocablo que lo encarna, no determine de antemano con exactitud la idea cuya expresión desea encontrar, habrá de multiplicar sus exploraciones y tal vez fracasará en el empeño, aunque tenga a su alcance el más perfecto y servicial de los diccionarios ideológicos.

Tratándose de cosas materiales, que se presentan al espíritu con perfiles bien señalados, el peligro de desorientación es casi nulo. ¿Cómo se llaman los travesaños de una puerta? Es evidente que, al formularse esta pregunta, el lector tiene ante sí la imagen de una puerta cualquiera y que, naturalmente, se dirigirá sin vacilación al grupo encabezado con esta palabra. También se encaminará al mismo grupo para recordar o aprender el nombre de ciertos artefactos que, sin ser propiamente puertas, hacen oficio de tales (torniquete, tranquera, escotillón, etc.). ¿Cuál es el nombre de la herramienta que usan los albañiles para echar la mezcla? Puesto que hay un grupo dedicado al albañil y a la albañilería, tampoco en este caso es de suponer que haya duda.

El relativo riesgo de extravío aparece al manejar ideas abstractas. Basado el mecanismo de esta obra, como el de todas sus similares, en el postulado de que no existe pensamiento abstracto sin algún substrato verbal, es forzoso acudir a éste como medio de comunicación entre el mundo de las ideas y el del lenguaje. Cualquier palabra que se nos ofrece al querer dar forma a un concepto, aunque no sea la más adecuada, podrá conducirnos a éste, si el mecanismo del diccionario ideológico responde a su finalidad; pero a condición de que el vocablo utilizado como guía no nos resulte un guía falaz. Voces como *inconsútil*, *mórbido*, *álgido* y tantas otras, que conocemos y empleamos sin habernos parado nunca a precisar su significado, pueden malograr toda búsqueda poniéndonos en una pista falsa (1). *El lector no deberá, por tanto, utilizar como punto de arranque de su investigación una palabra mientras no tenga la certeza de que el significado que él le atribuye es el mismo que registran los diccionarios.*

Consideremos ahora — y aquí es donde viene especialmente a cuento la recomendación formulada más arriba — el caso más difícil que puede presentarse al consultor de este DICCIONARIO: el de los conceptos complejos. Un escritor se ha quedado con la pluma en el aire en espera de un adjetivo adecuado al aspecto de cierto personaje, que se viste con un traje raído y lleno de manchas. ¿Por dónde abrirá nuestro escritor el DICCIONARIO IDEOLÓGICO para que le venga en ayuda? Todavía por ninguna parte. Ese personaje que se trata de adjetivar evoca, desde luego, ideas de *desaliño* y de *suciedad;* mas también puede hacernos pensar en la *pobreza,* si el interesado no se viste mejor porque no puede, o en la *mezquindad,* si, por el contrario, consiente en andar mal vestido para ahorrarse lo que holgadamente podría gastar.

Hecho este breve análisis, que con algo de práctica pasa a ser automático — y en el cual, dicho sea de paso, debiera ejercitarse todo el que aspire a escribir con propiedad —, ha llegado el momento de abrir el DICCIONARIO IDEOLÓGICO. ¿Nuestro escritor ha resuelto, por ejemplo, que las características que le interesa poner de relieve son las de *mezquindad* y *suciedad?* El resto es coser y cantar. Consultados los grupos correspondientes, se le ofrecerán para cada uno de estos conceptos sendas series de calificativos con los más variados matices y hallará, por añadidura, que las dos series vienen a cruzarse en el vocablo *sórdido*, que significa simultáneamente sucio y mezquino.

Si el lector ha fijado bien en su mente los términos de la advertencia que precede y ha comprendido, como es de esperar, todo el alcance de la misma, podemos pasar a explicar el manejo de las distintas secciones del DICCIONARIO IDEOLÓGICO empezando por la segunda, titulada *Parte analógica*, que, en la mayoría de los casos, será la primera que se consulte (2).

(1) Ejemplos del uso equivocado de estas voces por escritores de justo renombre, pueden verse en mi *Crítica profana.* «Álgido» es un adjetivo que aparece en la locución «período álgido», y de aquí le atribuyen algunos el significado de «crítico», «decisivo», cuando realmente quiere decir «frío». «Mórbido» no equivale a «terso» o «turgente», sino a «blando» o «enfermizo». «Inconsútil» es «lo que no tiene costura» y es, por tanto, error imperdonable emparentar este adjetivo con el concepto de «sutileza».

(2) Tanto esta *Parte analógica* como la *Parte alfabética* puesta a continuación, llevan paginación independiente.

Ya hemos dicho que contiene unos 2000 grupos y que cada uno de ellos se enuncia, por lo general, con varias voces (nombres, verbos y adjetivos); de manera que contando con los encabezamientos (en negritas), dispuestos por orden alfabético, y añadiendo las referencias (en cursivas mayúsculas) intercaladas en su lugar correspondiente, tenemos una serie de más de 8000 voces; es decir que esta parte de la obra constituye ya de por sí un vocabulario bastante completo, formado precisamente con las palabras más usuales y genéricas del lenguaje; vocabulario capaz, por tanto, de responder satisfactoriamente a cualquier consulta de índole corriente (1).

MANEJO DE LA PARTE ANALÓGICA

Veamos ahora, prácticamente, cómo funciona esta parte del DICCIONARIO. Se trata de calificar a una persona «que se da buena maña para ciertas cosas» y suponemos que el primer concepto que se nos ha venido a las mientes es el de *Habilidad*. Buscamos esta voz en la *Parte analógica* (pág. 212) y allí encontramos 40 adjetivos que pueden convenir a dicha persona. Malo será que ninguno de ellos nos satisfaga; pero tal vez nos interesa menos la «habilidad» en general que un aspecto determinado de ella. Entonces, sin movernos del grupo en que estamos, repasamos las palabras impresas en negritas y hallamos: **arte, aptitud, experiencia, facilidad, desenvoltura, inteligencia, astucia,** etc.; y puesto que sabemos que cada una de estas voces es, a su vez, cabeza de grupo, según que deseemos sugerir la habilidad que procede de una aptitud, la que se adquiere con la experiencia, la del que halla facilidad en cuanto emprende, o la del que se vale principalmente de la astucia, etc., nos encaminaremos al lugar correspondiente, donde se nos ofrecerán nuevas series de voces y nuevas referencias a otros grupos afines (2).

Importancia de atender a las remisiones

El lector no debe precipitarse a fallar que en determinado grupo faltan tales o cuales palabras. Es posible que esto suceda, en realidad, y el autor, no sólo lo admite desde ahora, sino que anticipa su gratitud por cualquier advertencia que se le haga. Al invitar a los futuros críticos a que mediten sus observaciones le mueve únicamente el deseo de evitar todo esfuerzo que no sea útil. Se ha podido comprobar, en efecto, durante la preparación de este DICCIONARIO, que en muchas ocasiones los especialistas consultados proponían que se añadiera tal o cual palabra a una lista en la que no estaba... por que no debía estar. Algunas veces el error procedía de atribuir a un vocablo un sentido distinto del verdadero (3); pero lo más frecuente era no haber prestado la debida atención a las remisiones indicadas con letra gruesa. Así, en el grupo **abertura,** un consultor echaba de menos las voces *grieta*, *rendija* y *resquebrajadura*. Como se trata de un caso real, seguramente más ilustrativo que cualquier ejemplo inventado, no será inoportuno transcribir aquí la contestación a que dio lugar.

(1) El *Dictionnaire des idées suggerées par les mots*, de Rouaix (Armand Colin, París), que presta excelentes servicios y ha logrado gran difusión y merecida estima en los países de lengua francesa, corresponde exactamente por su estructura (aunque queda muy por debajo en cuanto a riqueza de léxico) a esta *Parte analógica* de nuestro DICCIONARIO, considerada aparte del resto de la obra.

(2) Las palabras que indican remisión a otro grupo no son siempre nombres. En este grupo de *Habilidad*, que hemos tomado como ejemplo, aparecen con letra gruesa los verbos **ganar** y **aprender** y los adjetivos **cuidadoso, experto, apto** y **astuto.**

(3) V. la nota (1) de la página XXII.

«Es materia opinable si el vocabulario correspondiente a *agujero*, *taladro*, *hendedura*, etc., debía estar o no fundido en el grupo más general de **abertura.** El autor, partidario de constituir grupos aparte cada vez que aparecía una familia de vocablos con personalidad definida, ha separado los conceptos antes mencionados; y así, *hendedura* forma grupo especial, aunque incluido como referencia en **abertura.** Por esto, el que recorra el grupo **abertura** no debe buscar en él esas palabras cuya adición se proponía (grieta, rendija, resquebrajadura). Al llegar a **hendedura** (con negrita, LO CUAL INDICA QUE ES CABEZA DE GRUPO) el lector debe entender que hay un grupo especial donde figura la serie completa de hendeduras, es decir, las «aberturas largas y muy estrechas», que, naturalmente, guardan mayor afinidad entre sí que con el resto de las aberturas. Y en efecto, en el grupo *hendedura* están, además de *rendija*, todas las formas de esta voz (hendidura, hendija, rehendija y redendija); además de *resquebrajadura*, quiebra, quebraja, quebradura, resquebradura y resquebrajo; además de *grieta*, raja, racha, raza, cuarteo, fenda, crica, etc.».

MANEJO DE LA PARTE SINÓPTICA

Así como suponemos que la *Parte analógica* será la que en primer lugar y con más frecuencia se consulte, entendemos que sólo en casos muy contados o para fines especiales habrá que acudir a la *Parte sinóptica* (1). Es difícil imaginar, en efecto, que exista un lector tan desorientado o con ideas tan nebulosas que, para concretar su problema, tenga que recorrer el universo creado e increado, tal como se le ofrece en el *Plan general de clasificación* y en cuanto a los cuadros sinópticos, su utilidad se reduce, en substancia, a lo que ya se ha expuesto en la página XIII. Volviendo al ejemplo de que nos hemos servido anteriormente, veremos que, junto al enunciado del grupo *Habilidad (Parte analógica)*, va entre paréntesis el número (26). Si, una vez agotado el contenido de este grupo y examinadas las posibilidades de ampliación que ofrecen las remisiones que en el mismo se incluyen, aun se desea extender más el campo de investigación, ese número 26 nos conducirá al cuadro *Conducta*, donde todavía cabe espigar conceptos más o menos emparentados con el de *Habilidad* en algunos de los grupos que allí se citan: *Disimulo*, *Fingimiento*, *Astucia*, *Ingenio*, etc.

Otro servicio que podemos pedir a los cuadros sinópticos es el siguiente: Se trata de recordar o averiguar algo que se refiere a un animal, pero no sabemos si tendrá un grupo para sí, como lo tienen la gallina y el perro, o si estará incluido en otro grupo de mayor extensión. Una ojeada al cuadro 6, Zoología, nos dará clara idea de cómo está distribuido el reino animal y cuáles son los enunciados de los grupos correspondientes.

Por último, la *Parte sinóptica* nos ofrece la posibilidad de hallar los términos antónimos y de llegar a la zona conceptual que nos interesa, partiendo de la zona contraria, según se ha explicado anteriormente (2).

(1) Esta parte, puesta al comienzo de la obra, consta, como hemos visto, del *Plan general de clasificación* y de 38 cuadros sinópticos, que corresponden a las grandes clases de dicho plan.

(2) V. página XV.

MANEJO DE LA PARTE ALFABÉTICA

Hasta ahora hemos seguido los caminos que van de lo genérico a lo particular: desde el concepto general de *Habilidad*, por ejemplo, a un término especial (mañoso, apañado, buscavidas, etc.), o desde una clase de gran extensión, como Zoología, a un grupo de extensión mínima, como *Luciérnaga*, constituido por un solo individuo. Para seguir la dirección contraria disponemos de la *Parte alfabética*.

Esta parte, última de la obra (1), es ante todo un diccionario de la lengua, como cualquiera otro de los conocidos. Contiene la definición de todas las palabras del idioma, ordenadas en la forma usual, y sirve, en primer término, como todos los diccionarios alfabéticos, para inquirir o precisar el significado de un vocablo o giro, dada su representación escrita. De esta manera se ha conseguido que en un solo volumen pueda hallarse la solución de los más varios problemas lexicográficos (2).

La Parte alfabética, *como diccionario de la lengua*

Mientras estamos considerando esta *Parte alfabética* tan sólo en lo que tiene de común con cualquier otro léxico, bueno será advertir que el autor ha retocado, o modernizado por completo, gran cantidad de definiciones, siempre que le pareció indispensable; pero no ha querido ir demasiado lejos por este camino a fin de mantenerse, en lo posible, dentro de la ortodoxia representada por el Diccionario de la Academia. A él puede acudir el lector en consulta, y habrá de hacerlo siempre que desee ampliar ciertas definiciones, especialmente de plantas y animales, que se han abreviado notablemente. Asimismo, deberá tomar como norma el léxico oficial en cuanto a etimologías y localización del uso de las voces (Aragón, América, Andalucía, etc.). Todo esto, más buena copia de arcaísmos ya definitivamente inservibles, se ha omitido en el DICCIONARIO IDEOLÓGICO, con el fin de no rebasar el tamaño de un libro cómodamente manejable.

La Parte alfabética, *como índice de la* Parte analógica

Pero nuestro diccionario alfabético tiene, además, en la presente obra, una misión específica: todas las voces registradas en él (unas 80.000), así como sus múltiples acepciones, nos remiten al grupo o a los grupos analógicos en que cada una de ellas se encuentra situada entre las que de cualquier modo le son afines. Y esto se aplica, no sólo a las palabras sueltas, sino también a locuciones, frases y proverbios. Es decir, que así como ya vimos que el grupo *Habilidad* nos ponía ante la vista las 178 fórmulas expresivas correspondientes a esa idea, podemos ver ahora que cada una de esas fórmulas, a su vez, puede conducirnos al casillero en que figuran todas las restantes. Si buscamos, por ejemplo, en la *Parte alfabética* el substantivo «destreza» o el adjetivo «industrioso» o el verbo «bandearse», o la locución familiar «el más pintado», o la frase figurada «conocer la aguja de marear», comprobaremos que en la definición correspondiente figura la voz «habilidad» o el adjetivo «hábil» con un asterisco de remisión.

Hemos dicho que, en general, bastará acudir a la *Parte analógica* para encontrar la expresión deseada; pero, de los mismos ejemplos con que se ha justificado este

(1) V. la nota de la página XIX.

(2) Suponiendo que al consultar el grupo *Habilidad* haya atraído nuestra atención el vocablo «baquía», nos bastará verlo incluido en ese grupo para formar una idea aproximada de su sentido. Pero si dicha voz es nueva para nosotros y nos apetece servirnos de ella — cosa que, en general, no debe hacerse en tanto que no se haya averiguado su significación exacta —, la *Parte alfabética* del DICCIONARIO nos explicará que «baquía» no denota una habilidad de cualquier clase, sino precisamente la «habilidad manual».

aserto se deduce que el manejo de dicha parte ha de ir precedido de un proceso de generalización, siquiera sea elemental y aun inconsciente. No hace falta, en efecto, gran esfuerzo mental para elevarse desde el calificativo «mañoso» hasta el concepto genérico de *Habilidad*. Ahora bien, hay que contar con la posibilidad de que falle dicho proceso, sobre todo si el que consulta el DICCIONARIO IDEOLÓGICO no está todavía familiarizado con su estructura; y hay que prever casos confusos o erróneamente planteados, y problemas de pura sinonimia, en los que sería ocioso subir de lo individual a lo genérico para bajar de nuevo a lo individual. A resolver estas dificultades tiende la *Parte alfabética* con más de 100.000 claves o remisiones, que son otros tantos puntos de arranque para llegar rápidamente al punto que interesa.

Veamos un caso de sinonimia. El lector sabe o supone que la «pajarita de las nieves», llamada también «pizpita» y «caudatrémula», tiene todavía algún otro nombre y desea dar con él. Es cierto que acudiendo al grupo *Ave* y de éste al de *Pájaro*, hallaría las remisiones oportunas. Pero se le ofrece un camino más expedito: con que sepa uno solo de los veinte nombres con que se designa la pajarita, nuestro diccionario alfabético le indicará en cualquiera de ellos el grupo *Aguzanieves*, y allí verá todas las denominaciones reunidas.

Ejemplo de otro tipo: Se nos ha ocurrido la voz *aldabas* para expresar la causa de que alguno haya medrado en su carrera; pero no es esa la voz que buscábamos. Sabemos que existe otra parecida y que ambas habrán ido a parar, naturalmente, al mismo grupo. ¿Cuál será éste? Se nos ofrecen como ideas generales *Amistad*, *Ayuda*, *Favor*, etcétera. El análisis y cotejo de estas ideas nos iría acercando a la solución; mas, ¿para qué gastar el tiempo en tanteos? Vamos en derechura a la palabra *aldabas* de la *Parte alfabética* y allí leemos: «Personas o medios con que uno cuenta para su *protección». He aquí el grupo que nos interesa: **Protección.** En él *(Parte analógica)* está, en efecto, junto a la voz *aldabas* su equivalente *agarraderas*. La teníamos en la punta de la lengua, pero se resistía a nuestra llamada (1).

Valor y uso del asterisco

Ya se ha dicho (2), pero no importa repetirlo, que el signo adoptado para remitir de la *Parte alfabética* a la *analógica* es un asterisco antepuesto a la palabra que sirve de clave. Así, en el artículo *acudir* (pág. 14 de la *Parte alfabética*) la 1.ª acepción está remitida a *ir;* la 2.ª, a *socorro;* la 3.ª, a *asistir* y a *frecuencia;* la 4.ª, a *acogerse;* la 5.ª, a *responder;* la 6.ª, a *producir;* y la 7.ª, a *Equit.* (abreviatura de equitación). Este ejemplo, como otros aducidos anteriormente, muestra que el asterisco puede preceder indistintamente a nombres, a adjetivos, o a verbos. En este último caso se ha de entender que, cualquiera que sea la persona o tiempo del verbo acompañados de asterisco, la remisión se dirige siempre al infinitivo (3).

Cuando la expresión que sirve de clave consta de más de una palabra, el asterisco va delante de la primera y detrás de la última. Ejemplo: *orden de caballería* (en el artículo *templario*).

Si el asterisco precede a la palabra que encabeza un artículo con varias acepciones, el concepto cuya remisión se indica es, por regla general, el que sigue inmediatamente, o sea la 1.ª acepción; a veces, sin embargo, el grupo a que remite ese aste-

(1) Igual procedimiento nos habría conducido desde *agarraderas* a *aldabas*.
(2) V. página XX.
(3) *Trajo, *traen, *trayendo, *traído, etc., equivalen para la remisión a *traer. Lo mismo ha de entenderse de las formas pronominales: *abrirse, remite a *abrir; *descubrirse, a *descubrir; etc.

risco inicial es el que corresponde al concepto definido en una acepción que no es la primera. En tales casos la acepción que interesa se marca con una flechita (→). El verbo **ahorrar*, por ejemplo, forma parte del enunciado del grupo *Ahorro*, cuyo contenido conceptual es el de «economía en el gasto»; pero la primera acepción de ese verbo se refiere a cosa distinta. Por eso la segunda acepción, que es la que corresponde a la idea de ahorro y a la que sirve de llamada el asterisco, va precedida de una flecha. (Véase el artículo *ahorrar* en la página 26 de la *Parte alfabética*). Es como si, a los efectos de la remisión, hubiese desaparecido todo lo impreso entre la palabra inicial con asterisco y la definición precedida de la flechita (1).

En algunos casos, cuando la abreviatura que precisa el carácter técnico de una voz coincide con el enunciado del grupo en que dicha voz va incluida, el asterisco aparece en la abreviatura. Así, muchas voces de esgrima, cuyo uso está limitado al tecnicismo de este arte, se remiten de esta manera: **Esgr.* (2).

Artículos y acepciones sin asterisco

Se observará que algunos artículos o acepciones no llevan asterisco de remisión. Esto ocurre, por regla general, en los casos siguientes: 1) Nombres de acción. Puesto que *orientación*, por ejemplo, se define tan sólo como «acción y efecto de orientar u orientarse», y el verbo *orientar* tiene seis acepciones, ya remitidas a sus grupos, se ha prescindido de la inútil complicación que habría representado el repetir las remisiones en el nombre de acción. 2) Abstractos de calidad. La misma consideración se aplica a los nombres abstractos cuya definición es «calidad de...», más un adjetivo; v. gr.: «Melosidad. f. Calidad de meloso». Las remisiones que interesan van en el adjetivo meloso. 3) Sinónimos. Cuando el *Diccionario alfabético*, en vez de dar directamente la definición de un vocablo nos indica que la hemos de buscar en otra forma del mismo o en un término equivalente, sólo se ha colocado el asterisco en la palabra definida. Así, las voces *cornijón*, *cornijamento*, *cornijamiento* y *cornisamiento*, referidas unas a otras hasta parar en **cornisamento*, no llevan asterisco. Este aparece en la forma final de la serie, donde va la definición. 4) Aumentativos, diminutivos y despectivos. Salvo casos especiales, estos derivados no suelen llevar asterisco. No parece necesario indicar que en el grupo donde esté «libro» estarán también «librote», «librillo», «libraco», etc. 5) Adverbios en *-mente*. Han quedado también sin asterisco los de significado obvio; v. gr.: «Cáusticamente... De manera cáustica», «Cautamente... Con precaución». El primer adverbio se hallará donde esté el adjetivo *cáustico*, y el segundo, donde esté el nombre *precaución*. 6) Acepciones afines. La 1.ª acep. de escarabajo va remitida al grupo *Insecto*, subsección de coleópteros; la 2.ª, que dice: «Por ext., cualquier coleóptero de cuerpo ovalado y cabeza corta», y que, naturalmente habría de ir al mismo sitio, se ha dejado sin asterisco. La 5.ª acep. de *escalera* («escalón, peldaño») va igualmente sin asterisco; tampoco lo llevan escalera de caracol, de mano, de tijera, de servicio, etc. El porqué es evidente, conocida la estructura de la *Parte analógica*, se sabe que en el grupo donde esté *escalera* han de figurar las partes de la misma y las diversas clases de escaleras.

Aparte de estas supresiones normales, el autor no está bien seguro, por las razones expuestas en el prólogo (3), de que no falte algún que otro asterisco donde con-

(1) Más ejemplos: V. en la *Parte alfabética*, arts. *abono*, *concilio*, *banca*.
(2) Igual procedimiento se sigue para otros muchos tecnicismos: *Fort.* (fortificación), *Fil.* (filosofía), *Pint.* (pintura), *Cir.* (cirugía), etc.
(3) Página IX.

vendría que estuviese; pero, sobre ser probablemente muy exigua la proporción de omisiones involuntarias, el remedio es bien fácil: cuando una definición carezca de asterisco, bastará acudir a cualquiera de las palabras significantes contenidas en ella (nombre, verbo o adjetivo), como si se tratase de los casos comprendidos en los números 1) y 2).

Hay un dicho alemán según el cual «cuando un libro da contra una cabeza y suena a hueco, no siempre la culpa es del libro». En el transcurso de cuarenta años de actividad profesional, el autor de la presente obra, que ha trabajado, y ha visto trabajar a su alrededor, con diccionarios de todos los sistemas y de casi todas las lenguas, sabe muy bien que hasta los más acreditados fallan cuando menos se espera; pero también ha comprobado — y esto con más frecuencia — que un traductor arrojaba con desdén, como cosa inútil, un diccionario que, sin embargo, habría servido a maravilla con sólo haberse tomado la molestia de aprender su manejo.

Y con esta consideración, que recuerda la advertencia puesta al principio, terminan las presentes instrucciones. Es posible que este Diccionario Ideológico suene más de una vez a hueco, y que sea por su culpa. En tratar de evitarlo ha invertido su autor cinco lustros corridos. ¿Será mucho pedir, a quienes se propongan consultarlo, que dediquen antes unos minutos a recorrer con atención estas páginas preliminares?

ABREVIATURAS EMPLEADAS EN ESTA OBRA

abl.	ablativo
acep., aceps.	acepción, acepciones
Acúst.	*Acústica*
adj.	adjetivo
Admón. púb.	*Administración pública*
adv.	adverbio
adv. afirm.	adverbio de afirmación
adv. c.	adverbio de cantidad
adv. l.	adverbio de lugar
adv. m.	adverbio de modo
adv. neg.	adverbio de negación
adv. t.	adverbio de tiempo
Aeron.	*Aeronáutica*
Agr.	*Agricultura*
Agrim.	*Agrimensura*
Albañ.	*Albañilería*
Álg.	*Álgebra*
Alq.	*Alquimia*
amb.	ambiguo
Anat.	*Anatomía*
ant.	anticuado, anticuada, antigua
Antrop.	*Antropología*
Apic.	*Apicultura*
Apl. a pers., ú. t. c. s.	Aplicado a persona, úsase también como substantivo
Arit.	*Aritmética*
Arq.	*Arquitectura*
Arq. Nav.	*Arquitectura naval*
Arqueol.	*Arqueología*
art.	artículo
Art., Artill.	*Artillería*
Astrol.	*Astrología*
Astron.	*Astronomía*
aum.	aumentativo
Autom.	*Automovilismo*
Bact.	*Bacteriología*
Biol.	*Biología*
Blas.	*Blasón*
Bot.	*Botánica*
Caligr.	*Caligrafía*
Cant.	*Cantería*
Carnic.	*Carnicería*

Carp.	*Carpintería*
Cerraj.	*Cerrajería*
Cetr.	*Cetrería*
Cir.	*Cirugía*
colect.	colectivo
com.	común de dos
Com.	*Comercio*
comp.	comparativo
Confit.	*Confitería*
conj.	conjunción
conj. advers.	conjunción adversativa
conj. comp.	conjunción comparativa
conj. cond.	conjunción condicional
conj. copulat.	conjunción copulativa
conj. distrib.	conjunción distributiva
conj. disyunt.	conjunción disyuntiva
conj. ilat.	conjunción ilativa
Cont.	*Contabilidad*
contracc.	contracción
Cronol.	*Cronología*
Cronom.	*Cronometría*
Culin.	*Culinaria*
d.	diminutivo
defect.	verbo defectivo
Dep.	*Deporte*
Der.	*Derecho*
Der. Can.	*Derecho canónico*
Der. Intern.	*Derecho internacional*
Der. Mar.	*Derecho marítimo*
Der. Pen.	*Derecho penal*
Dermat.	*Dermatología*
despect.	despectivo o despectiva
desus.	desusado o desusada
deter.	determinado
Dial.	*Dialéctica*
Ecles.	*Eclesiástica* (organización)
Econ.	*Economía*
Electr.	*Electricidad*
Embriol.	*Embriología*
Encuad.	*Encuadernación*
Equit.	*Equitación*
Esc.	*Escultura*
Esgr.	*Esgrima*
Etnogr.	*Etnografía*

Etnol.	*Etnología*
exclam.	exclamación
explet.	expletivo o expletiva
expr.	expresión
expr. elípt.	expresión elíptica
f.	substantivo femenino
fam.	familiar
Farm.	*Farmacia*
F. C. o *Ferr.*	*Ferrocarriles*
fest.	festivo o festiva
fig.	figurado o figurada
Fil.	*Filosofía*
Filol.	*Filología*
Fís.	*Física*
Fisiol.	*Fisiología*
Fonét.	*Fonética*
For.	*Forense*
Fort.	*Fortificación*
Fot. o *Fotogr.*	*Fotografía*
fr., frs.	frase, frases
fr. proverb.	frase proverbial
Frenop.	*Frenopatía*
Geneal.	*Genealogía*
Gener.	*Generación*
Geod.	*Geodesia*
Geogr.	*Geografía*
Geol.	*Geología*
Geom.	*Geometría*
ger.	gerundio
Germ.	*Germanía*
Ginecol.	*Ginecología*
Grab.	*Grabado*
Gram.	*Gramática*
Guarn.	*Guarnicionería*
Hac.	*Hacienda*
Hidrául.	*Hidráulica*
Hig.	*Higiene*
Hist.	*Historia*
Hist. Nat.	*Historia Natural*
Hist. Sagr.	*Historia Sagrada*
Histol.	*Histología*
Hort.	*Horticultura*
impers.	verbo impersonal
Impr.	*Imprenta*
indet.	indeterminado
Indum.	*Indumentaria*
Inm.	*Inmunología*
interj.	interjección
intr.	verbo intransitivo
inus.	inusitado o inusitada
irón.	irónico o irónica
irreg.	irregular
Jard.	*Jardinería*
Joy.	*Joyería*
lat.	latín o latina
Ling.	*Lingüística*
lit.	literalmente
Lit.	*Literatura*
Liturg.	*Liturgia*
loc.	locución
loc. cit.	*loco citato* (en el lugar citado)

Lóg.	*Lógica*
m.	substantivo masculino
m. y f.	substantivo masculino y femenino
m. adv., ms. advs.	modo adverbial, modos adverbiales
m. conj.	modo conjuntivo
m. conjunt. condic.	modo conjuntivo condicional
Mar.	*Marina*
Mar. Mil.	*Marina Militar*
Mat.	*Matemáticas*
Mec.	*Mecánica*
Med.	*Medicina*
Metal.	*Metalurgia*
metapl.	metaplasmo
metát.	metátesis
Meteor.	*Meteorología*
Mil.	*Milicia*
Min.	*Minería*
Miner. o *Mineral.*	*Mineralogía*
Mit.	*Mitología*
Mont.	*Montería*
Mús.	*Música*
neg.	negación
negat.	negativo o negativa
nominat.	nominativo
n. p.	nombre propio
núm., núms.	número, números
Numism.	*Numismática*
Obst.	*Obstetricia*
Ocult.	*Ocultismo*
Oftalm.	*Oftalmología*
Ópt.	*Óptica*
Ornam.	*Ornamentación*
Ortogr.	*Ortografía*
p.	participio
p. a.	participio activo
Paleont.	*Paleontología*
part. comp.	partícula comparativa
part. conjunt.	partícula conjuntiva
part. insep.	partícula inseparable
Pat.	*Patología*
Pat. Veg.	*Patología vegetal*
pers.	persona
Persp.	*Perspectiva*
Pint.	*Pintura*
Pirot.	*Pirotecnia*
pl.	plural
poét.	poético o poética
Pol. o *Polít.*	*Política*
Por antonom.	Por antonomasia
Por excel.	Por excelencia
Por ext.	Por extensión
p. p.	participio pasivo
pref.	prefijo
prep.	preposición
prep. insep.	preposición inseparable
pron.	pronombre
pron. dem.	pronombre demostrativo
pron. pers.	pronombre personal
pron. poses.	pronombre posesivo

pron. relat. . . . . . pronombre relativo
Pros. . . . . . . *Prosodia*
Psicol. . . . . . *Psicología*
p. us. . . . . . poco usado o usada
Quím. . . . . . *Química*
r. . . . . verbo reflexivo
rec. . . . . . . verbo recíproco
Relig. . . . . . *Religión*
Reloj. . . . . . *Relojería*
Ret. . . . . . . *Retórica*
s. . . . . substantivo
sent. . . . . . . sentido
separat. . . . . . separativo o separativa
sing. . . . . . . singular
Sociol. . . . . . *Sociología*
subj. . . . . . . subjuntivo
suf. . . . . . . sufijo
sup. . . . . . . superlativo
(Supl.) . . . . . V. Suplemento (a continuación de la *Parte alfabética)*
t. . . . . tiempo
Taurom.. . . . . *Tauromaquia*
Teat.. . . . . . *Teatro*
Teol. . . . . . . *Teología*
Terap. . . . . . *Terapéutica*
t. f. . . . . . . terminación femenina
Tint . . . . . . *Tintorería*
Topogr. . . . . . *Topografía*
tr. . . . . verbo transitivo
Trig. o *Trigon.* . . . *Trigonometría*
Ú. o ú. . . . . . úsase
Ú. c. s. m. . . . Úsase como substantivo masculino
Ú. m. . . . . . Úsase más
Ú. m. con neg. . . Úsase más con negación
Ú. m. c. r. . . . . Úsase más como reflexivo
Ú. m. c. s. . . . . Úsase más como substantivo
Ú. m. en pl. . . . Úsase más en plural
Usáb. . . . . . Usábase
Ú. t. c. adj. . . . Úsase también como adjetivo
Ú. t. c. intr. . . . Úsase también como intransitivo
Ú. t. c. r. . . . . Úsase también como reflexivo
Ú. t. c. s. . . . . Úsase también como substantivo
Ú. t. c. tr. . . . Úsase también como transitivo
Ú. t. en sing. . . . Úsase también en singular
V. . . . . Véase
Veter. . . . . . *Veterinaria*
vulg. . . . . . . vulgar
Zool. . . . . . . *Zoología*
Zoot. . . . . . . *Zootecnia*

I

Parte sinóptica

PLAN GENERAL DE LA CL

Dios . . . . *Religión*, culto, etc. (1)

El Universo . . . .

- Mundo inorgánico
  - (Materia y fuerza) *Física y Química* (2)
  - *Geografía, Astronomía, Meteorología* (3)
  - *Geología, Mineralogía* (4)
- Mundo orgánico .
  - Reino vegetal: *Botánica* (5)
  - Reino animal . .
    - Los irracionales: *Zoología* (6)
    - El hombre .
      - El individuo
      - La sociedad

NOTA. *Los números entre paréntesis, puestos a continuación de cada epígrafe, remiten al cuad ciados en cursiva.* (Véase, además, la nota (1) de la página xv)

IFICACIÓN IDEOLÓGICA

- Como ser vivo . .
  - *Anatomía* (7)
  - *Fisiología* (8)
    - *Alimentación* (9)
    - *Vestido* (10)
    - *Vivienda* (11)
  - *Medicina* (12)
- Como sujeto racional
  - Sensibilidad.
    - *Sensibilidad, Sentidos* (13)
    - *Sentimientos* (14)
  - *Inteligencia* (23)
    - El conocimiento a priori . . .
      - *Existencia, Cambic* (15)
      - *Relación, Orden, Causalidad* (16)
      - Espacio . . . .
        - *Espacio* (Geom.) (17)
        - *Forma* (18)
        - *Movimiento* (19)
        - *Colocación* (20)
      - *Tiempo* (21)
      - *Cantidad* (22)
    - Intelección (23)
    - *Apreciación, Juicio* (24)
  - *Voluntad* (25)
- Como agente . . .
  - *Conducta* (26)
  - *Acción* (27)
- Comunicación (ideas y sentimientos)
  - *Lenguaje* (28)
  - *Arte* (Lit., Pint., Esc., Arq., Mús., Danza) (29)
- Instituciones sociales
  - *Estado, Nación* (30)
  - *Costumbres* (31)
  - *Derecho y Justicia* (32)
  - *Propiedad* (33)
  - *Milicia* (34)
- Industrias y oficios .
  - *Comercio, Banca y Bolsa* (35)
  - *Agricultura* (36)
  - *Zootecnia* (37)
  - *Transportes* (38)
  - Minería y metalurgia (4)
  - Artes y oficios de la *Alimentación* (9)
  - » » » del *Vestido* (10)
  - » » » de la *Vivienda* (11)

nóptico en que se desarrolla la materia correspondiente. Sólo son verdaderos epígrafes los enun-

Religión	Irreligión, impiedad
Creencia, fe	Incredulidad
Devoción, obra pía	
Misticismo	
Cristianismo	Herejía, secta
	Protestantismo
	Islamismo
	Judaísmo
	Mitología, paganismo
	Musa
	Quimera
	Ocultismo, magia
	Superstición
	Espectro, fantasma
	Amuleto, talismán
Teología, gracia	
Historia Sagrada, Biblia	
Predicación, sermón	
Milagro (V. *Prodigio*) (*)	
Martirio, mártir	
Conversión	Apostasía
Dios, deidad	
Providencia (V. *Destino*) (*)	
La Trinidad y el Espíritu Santo	
Jesucristo	
La Virgen	
Ángel	Demonio, diablo
Cielo	Infierno, condenación
	Purgatorio
	Limbo
	Muerte
	Resurrección
	Postrimerías (V. *Teología*)
Profeta (V. *Predicción*) (*)	
Apóstol	
Santo	
Papa	
Cardenal	
Prelado	
Canónigo (V. *Canonjía*)	
Sacerdote	
Párroco (V. *Parroquia*) (*)	
Sacristán, monacillo	

(*) Los enunciados que figuran dentro de los cuadros corresponden, en general, a los títulos o cabezas de los grupos de la *Parte analógica*. Cuando esto no ocurre, el grupo o grupos en que se desarrolla el enunciado, se indican entre paréntesis, en cursiva.

(Sigue)

Derecho canónico y organización eclesiástica
Curia romana
Concilio
Inquisición
Orden religiosa
Orden militar y de caballería
Cofradía, congregación
Francmasonería

Bula
Diezmo
Excomunión

Culto, liturgia . . . . Profanación, sacrilegio
Consagración, sagrado . . . . Profanidad, profano, seglar
Juramento. Perjurio
Oración . . . . Blasfemia
Himno (V. *Canto*)
Salmo
Ofrenda, exvoto
Sacrificio, víctima
Misa
Domingo
Festividad, función
Procesión
Peregrinación, romería
Cuaresma
Semana Santa

Sacramento
Bautismo, confirmación
Penitencia, confesión . . . . Pecado
Eucaristía, comunión
Matrimonio
Orden sacerdotal (V. *Der. canónico*)
Extremaunción
Exequias, difunto

Iglesia, templo, ermita
Parroquia
Mezquita (V. *Islamismo*)
Convento, monasterio
Altar, tabernáculo
Efigie, ídolo
Cruz
Reliquia
Rosario
Objetos litúrgicos (V. *Culto y Altar*)
Incienso
Campana

Física	
Materia	Inmaterialidad
Átomo	
Dureza	Blandura
Elasticidad	Fragilidad
Cohesión (V. *Adherencia*)	
Densidad	Raridad
	Esponjosidad
Sólido	
Polvo	
Líquido, fluido	
Gas, vapor	
Humedad	Sequedad
Turbiedad	
Masa	
Pasta	
Burbuja, espuma	
Ampolla	
Fusión	Solidificación (V. *Sólido*)
	Congelación (V. *Hielo*)
Evaporación (V. *Gas*)	
Explosión (V. *Explosivo*)	
Fuerza	Debilidad
Intensidad	
Graduación	
Gravedad (V. *Peso*)	Levedad
Tensión, atirantar	Aflojamiento
Movimiento (cuadro 19)	
Estabilidad, equilibrio	Inestabilidad
Firmeza	
Mecánica, máquina	
Cuña, tarugo	
Palanca	
Barra	
Tornillo, tuerca	
Rueda	
Eje	
Polea	
Cabria, grúa	
Cabrestante, molinete	
Acoplamiento	Desacoplamiento
Hidráulica	
Agua	
Inmersión	Flotación
Absorción	
Filtración	Impermeabilidad
Derramamiento	
Chorro	
Rociamiento	
Gota	
Bomba	
Noria	
Estanque, cisterna	
Presa, embalse	
Dique, malecón	
Canal, acequia	
Conducto, tubo	
Grifo	
Desagüe, sumidero	
Aire	
Soplo	
Fuelle	
Presión (V. *Compresión*)	
Barómetro	
Vacío	
Calor	Frío
	Tibieza

(Sigue)

Encendimiento	Apagamiento
Combustión, fuego	Incombustible
Llama, hoguera	
Humo, hollín	
Chispa	
Ceniza, pavesa	
Carbón, turba	
Leña	
Horno	
Hogar, chimenea	
Cocina	
Calefacción, estufa, brasero	
Luz	Obscuridad
Reflejo	Sombra
Lustre, brillo	Matidez (V. *Deslustre*)
Transparencia	Opacidad
Color	Decoloración, palidez
Blancura	Negrura (V. *Negro*)
Alumbrado	
Faro	
Vela, cirio	
Mecha, pabilo	
Candelero, candelabro	
Óptica	
Lente, anteojo	
Espejo	Pantalla, biombo
Sonido, ruido, Acústica	Silencio
Música (cuadro 29)	
Electricidad	
Telégrafo, teléfono	
Radio	
Magnetismo, imán	
Brújula	
Química	
Cristal	
Gas, vapor	
Carbono (V. *Carbón*)	
Azufre	
Cal	
Yeso	
Salitre	
Barrilla	
Lejía	
Sal	
Ácido (V. *Acidez*)	
Oro	
Plata	
Hierro	
Plomo	
Cinc, etc. (V. *Metal*, cuadro 4)	
Alcohol	
Aceite	
Grasa	
Alquitrán, brea	
Disolución	
Filtración	
Destilación	
Transvasación	
Sedimentación (V. *Sedimento*)	
Ebullición	
Cocción	
Torrefacción	
Fermentación	
Alquimia	
Farmacia (cuadro 12)	

Geografía, la Tierra
Universo, mundo
Polo
Horizonte, puntos cardinales
Mapa
Geodesia, Topografía, Agrimensura

Montaña, cerro, cordillera
Cumbre
Volcán
Risco, peñasco
Escollo, bajío
Faro
Escabrosidad
Llanura, meseta
Valle
Estrechura
Declive, cuesta
Precipicio
Caverna, cueva
Subterráneo

Agua
Mar, marejada, ola
Marea
Golfo, ensenada
Isla
Península
Manantial, fuente
Río, arroyo, torrente
Remolino
Remanso (V. *Río*)
Cascada
Lago, laguna
Pantano, charca
Lodazal (V. *Lodo, Cieno*)
Cauce, barranco

Inundación
Ribera, costa, playa, cabo

Pueblo, raza, Etnografía
Población, ciudad, aldea
Desierto (V. *Despoblación*)
Habitante
Gitano
Indio
Nombres gentilicios (V. Apéndice)

Astronomía, astro
Astrología
Estrella, constelación
Zodiaco
Sol
Planeta
Satélite, Luna
Cometa
Aerolito, bólido
Eclipse

Meteorología
Atmósfera, tiempo atmosférico
Clima
Aire
Viento
Nube
Niebla, calina
Lluvia, llovizna
Nieve
Granizo
Rocío, escarcha
Tempestad, borrasca . . Bonanza, calma
Rayo, relámpago, trueno
Terremoto
Barómetro

(Cuadro 4) Geología - Mineralogía - Minería

Geología, roca
Risco, peñasco
Arcilla, greda
Cal, caliza
Sílice, cuarzo, ágata, calcedonia
Arena
Piedra, peña, cantera, guijarro
Mármol, alabastro
Yeso
Pizarra
Volcán
Fósil

Mineralogía, mineral
Cristalografía (V. *Cristal*)
Metal, metalurgia
Oro
Plata
Hierro, acero
Cinc
Plomo
Estaño

Níquel
Mercurio, azogue
Cobre
Aluminio, alumbre
Azufre
Betún

Minería, mina
Barreno

Metalurgia (V. *Metal*)
Horno
Fundición (V. *Fusión*)
Forja
Aleación, bronce, latón
Platería
Contraste (fiel)
Cerrajería (V. *Hierro*)
Hojalata
Lámina, chapa, plancha
Alambre

Botánica, planta, vegetal
Semilla, simiente, pepita
Raíz, rizoma
Tubérculo
Tallo, vástago, retoño
Tronco
Rama
Corteza
Yema
Hoja, hojarasca, follaje
Zarcillo
Flor, floración
Fruto, fruta, fructificar
Grano, granar, desgranar, granero
Cáscara, pellejo, mondar

Criptógama, musgo, liquen
Moho
Hongo, seta, alga
Helecho
Hierba, plantas herbáceas
Gatuña
Mejorana
Manzanilla
Mostaza
Aristoloquia
Girasol
Clavel
Dondiego
Ricino
Ortiga
Esparto
Barrilla, plantas barrilleras
Azafrán
Fresa
Prado, pradera
Hortaliza, verdura, plantas hortenses
Ensalada
Bulbo, cebolla, puerro, ajo
Cardo
Espárrago
Alcachofa, alcaucil
Col, berza
Cucurbitáceas, melón, sandía, calabaza, pepino
Pimiento
Legumbre, leguminosas
Alubia

Cereales, mieses
Trigo, escanda
Centeno
Maíz, mijo
Zahína
Cebada
Avena
Arroz
Algarroba, arveja
Lino, cáñamo, estopa

Chumbera, cacto

Pita
Junco
Caña
Palmera, palma

Arbusto
Maleza
Vid, cepa, parra
Retama
Jara
Mirto
Enebro
Aladierna
Agracejo
Alcaparra
Zarza, zarzamora
Espino
Frambueso
Grosellero
Mimbre
Rosa, rosal
Trepadoras (plantas)
Enredaderas
Bejuco

Árbol
Bosque, monte
Pino
Abeto
Cedro
Ciprés
Álamo
Alerce
Algarrobo
Laurel
Haya
Encina, roble
Alcornoque, corcho
Acacia
Sauce
Almez
Olivo, aceituna
Higuera, higo
Naranjo
Limonero
Granado
Manzano
Peral
Melocotón
Albaricoque
Cerezo
Ciruelo
Nogal
Almendro
Avellano
Castaño
Azufaifo
Níspero
Plátano, cambur

Patología vegetal

Animal, bicho (V. *Zoología*)	Ave
Cuerpo (V. *Anatomía*, cuadro 7)	Loro, papagayo
Cabeza » »	Halcón
Cuello » »	Pájaro
Pecho » »	Aguzanieves
Espalda » »	Alondra, cogujada
Espinazo » »	Paloma
Pierna, pata » »	Gallina
Pie, garra » »	Pavo
Uña, casco » »	Pato
Cola, rabo	Perdiz
	Pollo
	Cría
Músculo (V. *Anatomía*, cuadro 7)	Ala
Nervio » »	Pluma
Hueso » »	Huevo
Piel » »	Nido
Ojo » »	
Boca » »	
Nariz, etc. » »	Reptil, serpiente, víbora
	Tortuga, galápago
	Anfibio, batracio, rana, sapo
Mamífero	
Hombre, humanidad	
Varón	Pez
Mujer	Pescado
Mono, cuadrúmano	Bacalao
Cuadrúpedo	Marisco
Elefante	
Jabalí	
Cerdo	
	Molusco, caracol
Caballo (V. *Caballería*)	
Mulo	Araña
Asno	Crustáceo
	Gusano, lombriz
Rumiante	
Ganado	Insecto, larva
Toro, vaca	Abeja
Oveja	Hormiga
Cabra	Luciérnaga
	Langosta, saltamontes
	Mariposa
Conejo, liebre	Mosca
Ratón, rata	Mosquito
	Piojo
Lobo	
Perro	
Gato	Pólipo, radiado
Zorra	Protozoario, infusorio
Oso	Esponja (V. *Esponjosidad*)
	Parásito
	Bacteria
Cetáceo	Patología vegetal
Foca, manatí	Fósil
Murciélago	Quimera

Cuerpo, Anatomía
Cadáver, autopsia
Cabeza, cráneo
Cara, frente, tez
Carrillo, mejilla
Quijada, mandíbula
Barbilla (V. *Barba*)
Cuello, pescuezo, cerviz
Pecho
Espalda, lomo
Espinazo, vértebra
Asentaderas, nalgas

Brazo
Mano
Dedo
Pierna, muslo, pata
Rodilla
Pie, garra

Encéfalo, cerebro, meninge
Médula
Ojo, párpado, pestaña
Oído, oreja
Nariz
Garganta, laringe, tráquea
Bronquio
Pulmón, pleura
Boca
Labio
Lengua
Diente, muela, encía
Esófago (V. *Deglución*)
Estómago
Vientre, intestinos
Ano, almorranas

Corazón
Vena, arteria
Glándula
Hígado, bazo
Riñón
Sexo
Testículo, pene, semen
Mama, pezón
Matriz, ovario, vulva, Ginecología

Célula, membrana (V. *Histología*)
Nervio
Músculo, tendón
Cartílago, ternilla
Hueso
Articulación
Sangre
Linfa, ganglio
Humor, serosidad
Piel, cutis, cuero, Dermatología
Uña, casco
Pelo, pelaje, vello
Cabello, tocado, peluquero
Barba, barbilla, barbero
Bigote
Ceja, entrecejo
Canicie, cana
Calvicie
Depilación, depilatorio

Fisiología	
Vida, Biología	Muerte, morir, matar
Vigilia, despertar	Sueño, sopor, dormir
	Ensueño
	Hipnotismo
Salud, salubridad	Enfermedad
Sensibilidad, sentidos, sensación	Insensibilidad, anestesia
Placer, goce	Dolor
	Picor, escozor, hormigueo
Nutrición (V. *Alimento,* cuadro 9)	Abstinencia, ayuno
Apetito, hambre	Inapetencia
Sed	
Saciedad	
Masticación, mascar	
Deglución, esófago, tragar	Vómito, náusea
Digestión (V. *Estómago*)	
Pulso, pulsación	
Crecimiento	
Edad	
Niñez	
Juventud	
Virilidad, adulto	
Ancianidad	
Evacuación, excremento	
Diarrea	
Orina	
Flatulencia, ventosidad, eructo	
Secreción	
Bilis, hiel	
Saliva, baba	
Mucosidad, moco	
Lágrima, legaña	
Sudor	
Respiración, bostezo, estornudo	Ahogamiento, asfixia
Expectoración, escupir, hipo	
Reproducción	
Generación, genital	
Fecundación, preñez	Virginidad, virginal
Embriología, feto	
Parto, aborto, Obstetricia	
Menstruo	
Castración	
Locomoción (V. cuadro 19)	

Alimento, comer, etc.
Masticación, mascar
Mordedura, morder
Deglución, tragar
Digestión (V. *Estómago*)

Pan
Cereales
Legumbres
Hortaliza
Tubérculo
Hongo
Ensalada
Fruta (V. *Fruto*)

Carne, jamón
Embutido
Conservas
Tocino
Grasa
Pescado
Marisco

Caldo
Sopa
Pasta
Gachas
Queso, requesón
Torta, bollo
Pastel, empanada
Fruta de sartén
Miel
Confitería
Helado (V. *Hielo*)

Cocina
Condimento
Salsa
Aceite
Vinagre
Sal

Bebida, beber
Agua
Vino
Licor
Cerveza, sidra
Leche
Chocolate
Café
Té, mate

Fermentación
Corrupción

Comedor (V. *Alimento*)
Mesa (servicio de)
Mantelería, servilleta
Cubierto, tenedor, cuchara
Cuchillo

Vasija, taza, jícara, vaso, plato, etc. (V. cuadro 20)
Batería de cocina (V. *Cocina*)

Tejido, tejer, textil
Carda
Tela, trapo
Paño
Terciopelo, felpa
Piel, cuero
Correa
Tinte, teñir

Seda
Lino, cáñamo, estopa
Algodón
Lana
Esparto
Pita
Yute, ramio, etc.
(V. *Tejido*)
Hilo, rueca, huso
Cuerda, cordel

Vestidura, Indumentaria . Desnudez
Gala. . . . . Andrajo, girón

Pantalón
Manga
Falda, saya, enaguas, tontillo
Cuello
Delantal
Corsé
Camisa

Abrigo
Capa
Capote
Capucha
Manto
Manta
Pañuelo, mantón
Cinturón, faja, ligas
(V. *Ceñimiento*)

Cinta
Pasamanería
Encaje
Bordado

Costura, zurcido
Forro
Remiendo

Botón, ojal
Broche, hebilla
Aguja
Hilo
Alfiler
Tijeras

Media
Polaina
Calzado
Betún
Guante
Sombrero

Limpieza. . . . . Suciedad
Mancha

Lavado
Planchado
Fregado
Jabón
Barrilla
Lejía
Cepillo

Tocado (V. *Cabello*)
Peine
Afeitado (V. *Barba*)
Afeite, cosmético
Perfume

Adorno . . . . Desaliño
Pluma
Piel
Joya, piedra preciosa
Perla
Platería
Contraste (fiel)
Corona, guirnalda
Collar
Dije (V. *Joya*)
Brazalete
Sortija
Arete

Abanico
Bastón
Paraguas, quitasol

Habitación, casa, choza
Edificio (V. *Arquitectura*)
Alojamiento, cuartel
Hospedaje
Caverna, cueva
Cobertizo, pabellón, quiosco
Cabaña
Oficina, despacho
Taller (V. *Oficio*)
Teatro, etc.

Población, ciudad, aldea
Calle
Plaza
Afueras
Cementerio
Sepultura
Despoblación

Arquitectura
Proyecto, plan
Construcción
Cimentación
Andamio
Madero, viga
Armazón
Armadura

Fachada (V. *Anterioridad*)
Columna
Pilastra
Vano, intercolumnio
Base, pedestal
Basa
Arco
Bóveda, cúpula
Antepecho, balaustrada
Ornamentación
Moldura
Resalto
Remate, cornisa
Ménsula

Suelo
Tablado, tarima
Techo
Pared, muro
Subterráneo, sótano
Azotea
Torre
Desván
Tejado
Chimenea (V. *Hogar*)

Cercado, valla (V. *Cercamiento*)
Enrejado, verja
Patio
Escalera
Vestíbulo
Corredor, galería
Comedor (V. *Alimento*)
Alcoba (V. *Sueño*)
Despacho (V. *Oficina*)
Tocador (V. *Cabello, Afeite, Lavado*)
Cocina
Retrete
Puerta
Ventana, balcón
Cerradura (V. *Cerramiento*)
Llave

Mueble, trasto
Cama, hamaca, cuna
Colchón, jergón
Almohada, cojín
Asiento
Mesa (y servicio de mesa)
Mantelería, servilleta
Armario, estante, cómoda
Anaquel, vasar
Percha, perchero (V. *Suspensión*)
Espejo
Biombo (V. *Pantalla*)
Baño
Colgadura, cortina (V. *Tapicería*)
Alfombra, estera

Albañilería
Cantería
Mampostería
Piedra
Sillar
Mármol
Pizarra
Ladrillo
Teja
Escombro, cascote
Cal
Arena
Yeso
Argamasa, hormigón

Carpintería
Madera
Tabla
Palo, listón
Cuña, tarugo
Taracea, incrustación
Cerrajería (V. *Hierro*)
Hierro
Hojalata
Fontanería (V. *Fuente*)
Plomo
Soldadura
Vidrio
Betún
Pintura
Barniz
Esmalte
Dorado
Cerámica
Calefacción
Hogar
Alumbrado
Limpieza
Escoba
Cepillo
Jabón

Utensilio, herramienta
Mazo, martillo
Tenazas
Taladro
Clavo
Cincel
Escoplo, formón
Lima
Sierra
Pico (V. *Zapapico*)
Pala, paleta
Torno
Compás

Enfermedad, enfermo, Patología
(Enfermedades de la piel, V. *Piel,*
» del estómago, V. *Estómago,*
» del corazón, V. *Corazón,* etc.)
Resfriado
Síncope, desmayo, mareo
Convulsión
Entumecimiento, parálisis
Contagio, infección
Fiebre, calentura
Inflamación
Hinchazón
Supuración, pus

Tumor, absceso
Cáncer
Lepra
Úlcera, llaga
Herida, cicatriz

Bacteria, bacteriología
Parasitismo (V. *Parásito*)
Sarna
Piojo

Envenenamiento (V. *Veneno*)

Locura, manía, frenopatía

Deformidad, monstruo
Joroba
Hernia, quebradura
Manquedad (V. *Brazo, Mano*)
Cojera
Ceguera
Sordera
Lesión, lisiado, tullido
Punzadura, punzar, pinchar
Arañamiento, rasguño, arañazo
Mordedura, morder, roer
Pellizco, pellizcar
Golpe, contusión
Azote
Maltratamiento
Ahogamiento, asfixia
Muerte, morir, matar

Medicina
Cirugía
Farmacia, medicamento, droga
Terapéutica, curar, curación
Hospital, sanatorio, lazareto
Anestesia (V. *Insensibilidad*)
Inyección, lavativa, jeringa
Vacunación, vacuna
Inmunología
Desinfección
Higiene
Baño

Sensibilidad, sensación, sentidos.	Insensibilidad, anestesia
Placer, goce, gozar	Dolor, doler, doloroso
	Picor, hormigueo, cosquillas
Agrado, agradable	Desagrado, desagradable
Bienestar (V. *Comodidad)*	
Vista, ver, mirar	Ceguera, cegar, ciego
Luz.	Obscuridad
	Sombra
Color	
Óptica (V. cuadro 2)	
Audición, oír, escuchar	Sordera, ensordecer, sordo
Sonido, ruido, sonar, etc.	Silencio, callar, mudo
Voz, grito.	Afonía, ronquera, ronco
Alboroto	
Estallido	
Silbido	
Música (V. cuadro 29)	
Acústica (V. cuadro 2)	
Olor, olfato	
Perfume, aroma.	Fetidez
Gusto, sabor	Insipidez
	Asco
Dulzura	Amargor
	Acidez
	Salsedumbre (V. *Sal*)
	Picante (V. *Picor*)
Tacto, tocar, tangible	
Calor	Frío
Tibieza	
Dureza.	Blandura
	Esponjosidad
Lisura	Aspereza

Sentimiento	
Sensibilidad	Insensibilidad
Alma, espíritu	
Disposición (de ánimo), temple	
Tranquilidad	Desasosiego
	Turbación
Apacibilidad	Excitación, exaltación
	Violencia, vehemencia
	Pasión
Paciencia	Impaciencia
	Ira
Alegría	Aflicción
Impenitencia	Arrepentimiento
	Vergüenza
Diversión	Fastidio
Esperanza	Desesperanza
Confianza	Desconfianza (V. *Sospecha*)
Valor	Cobardía
	Temor
	Desaliento
	Sospecha
Deseo	Indiferencia
	Saciedad
	Cansancio
Agrado	Desagrado
Atracción, atractivo	
Propensión, afición	Repugnancia
	Asco
	Delicadeza, melindre
Sorpresa	
Admiración	
Enajenamiento, éxtasis	
Honor	Vileza
Orgullo	Humildad
Caridad (V. *Altruismo*)	Envidia
	Celos
Amistad	Enemistad
Adhesión	
Amor	Aborrecimiento
Compasión	Crueldad
Gratitud	Ingratitud
Respeto	Irreverencia
	Desprecio
Placer, dolor, etc. (V. cuadro 13)	
Belleza	Fealdad
Elegancia	Inelegancia
	Extravagancia
	Ridiculez
	Ironía
Exclamación, interjección	
Risa	Llanto

Existencia, realidad, ser, efectivo.	Inexistencia, nada, ningún, aparente
Esencia, substancia, esencial, inherente. . . .	Accidente, accidental, extraño
	Carácter, característico
	Cualidad, calidad, atributo
	Adjetivo
	Condición, condicional
	Circunstancia
Materia, material, corpóreo.	Inmaterialidad, inmaterial, incorpóreo
Universo, mundo	Ficción (V. *Imaginación*)
Suceso, acaecer	
Posibilidad, posible, contingente	Imposibilidad, imposible
Probabilidad (V. *Verosimilitud*)	Improbabilidad (V. *Inverosimilitud*)
Estado, estar	
Presencia, hallarse, presentarse	Ausencia, ausentarse, ausente
	Despoblación
	Desaparición
Provisión.	Carencia
Vida	Muerte
Cambio, mudanza, mudable.	Permanencia, permanecer, inmutable
Mejoramiento	Empeoramiento
	Decadencia

(Cuadro 16) Relación, Orden, Causalidad

Relación, concernir, relativo	Absoluto
Enlace, conexión	Inconexión, inconexo
Reciprocidad	
Condición, condicional	
Accesorio, secundario	
Identidad, idéntico, mismo.	Diversidad, diverso, otro
Comparación, cotejo	
Igualdad, equivaler, igual	Diferencia, desigual
Semejanza, asemejar, semejante	
Proporción	Desproporción
Conformidad, convenir, conveniente	Desconformidad, desconvenir, inconveniente
Modelo, original	Imitación, copia
Orden, arreglo, arreglar.	Desorden, desordenar, desarreglar
Regla, regular, ordinario	Irregularidad, irregular, extraordinario
Principio, empezar, inicial	Fin, terminar, final
Generalidad, general, universal.	Particularidad, especial
Origen	
Fundamento	
Clasificación, clase, género, especie	
Lista, padrón, catálogo, enumerar	
Serie, fila, hilera	
Colección	
Causa, causar, motivo	Efecto, consecuencia, resultado, resultar
Atribución, atribuir	
Necesidad, necesario, fatal.	Casualidad, sobrevenir, casual
Destino, providencia, predestinar.	Suerte, fortuna, sortear

Espacio	
Infinitud	Limitación
Vacío	
Hueco	
Abertura	
Hendedura	
Agujero	
Situación	
Lugar	
Anterioridad	Posterioridad
Superioridad	Inferioridad
Interioridad	Exterioridad
	Superficie
	Contorno, alrededor
	Circunstancia
Centro	Extremidad
	Orilla, borde
	Lado
Derecha	Izquierda
Contigüidad	Distancia
Cercanía	Lejanía
Dirección	Desviación
Verticalidad	Horizontalidad
	Inclinación
Paralelismo	Cruce
	Atravesamiento
Confluencia	Divergencia (V. *Apartamiento*)
	Bifurcación
Dimensión	
Extensión	Contracción
	Encogimiento
	Compresión
Grandeza	Pequeñez
Longitud	Cortedad
Anchura	Estrechez
Altura	Bajura
	Profundidad
Grosor	Delgadez
Capacidad	
Geometría	
Línea (recta)	Curvatura, curva
Coordenada	
Ángulo	
Triángulo	
Cuadrilátero	
Polígono	Círculo
	Arco
	Elipse, óvalo
	Espiral
	Parábola, hélice, etc. (V. *Curvatura*)
Superficie	
Volumen (V. *Grosor*)	
Poliedro, prisma, etc. (V. *Geometría*)	Esfera
Pirámide	Cono
	Cilindro
Figura (V. *Forma*)	
Dibujo	
Compás	
Perspectiva	
Proyección	
Topografía, Agrimensura, Geodesia	

Forma, figura	Deformidad
Aspecto	
Proporción	Desproporción
Belleza	Fealdad
	Ridiculez
Elegancia	Inelegancia
Derechura	Curvatura, torcimiento
	Doblamiento
	Pliegue, arruga
	Ondulación
	Gancho
	Anillo, aro
Ángulo	Chaflán
Filo	Embotamiento
Punta	
Prominencia	Aplastamiento
	Plano
	Lámina
	Tongada
	Banda
Resalto, saliente	Ranura
Caballón	Surco
	Hueco
	Molde
Redondez	
Convexidad	Concavidad
	Excavación, hoyo

Movimiento	Quietud
Inestabilidad	Estabilidad
	Sujeción
Aceleración (V. *Prontitud*)	Retardación
Impulsión	Detención, tropiezo
Lanzamiento	Tracción, arrastre
Frotamiento, roce	Deslizamiento, lubrificación
Dirección, guía	Desviación, extravío, rodeo
Subida	Bajada
	Caída
Adelantamiento	Retroceso
	Choque
	Rebote
Rebasamiento	Atraso
Confluencia	Dispersión
	Apartamiento
	Bifurcación
Vuelta, giro	
Ondulación, ondear, ondular	
Oscilación, oscilar, mecer	
Vibración	
Temblor	
Agitación, agitar, sacudir	
Traslación, ir, venir	
Divagación, vagar, errante	
Paseo	
Viaje	
Tránsito, pasar	
Camino	
Puente	
Transportes (V. cuadro 38)	
Entrada, entrar	Salida, salir
Partida, marcha	Llegada, llegar
	Regreso, regresar
Huida, huir, escapar	Persecución, perseguir, acosar
Andadura, andar	
Paso	
Salto	
Carrera, correr	
Danza (V. cuadro 29)	
Vuelo, volar	
Natación, nadar	

Colocación, poner	**Remoción, quitar**
	Arrancadura, arrancar
Contraposición, contraponer	
Interposición, interponer	
Inversión	
Substitución	
Reposición, restablecer	
Anterioridad	**Posterioridad**
Cubrimiento, cubrir	**Descubrimiento, descubrir, -se**
Imbricación	
Tapadura, tapar	**Destapadura (V. *Descubrimiento*)**
Cerramiento, cerrar	**Abertura, abrir**
Obstrucción	**Desobstrucción**
Apoyo, apoyar	**Suspensión, colgar**
Base, fondo	
Unión	**Separación, separar**
	Apartamiento
	Bifurcación
	División
	Corte
	Mordedura
	Rotura
	Machacadura
	Masticación
	Molienda
	Mortero, almirez
	Raspadura
Reunión	
Acompañamiento	**Aislamiento**
Concurrencia, muchedumbre	
Conjunto	
Colección	
Serie	
Montón	
Haz	
Mezcla	
Impureza	**Pureza**
	Cribado
	Filtración
	Transvasación
Composición	**Descomposición**
Enlace, conexión	
Acoplamiento	**Desacoplamiento**
Articulación	
Gozne	
Sujeción	
Broche	
Botón	

(Sigue)

Pegadura (V. *Adherencia*)	Despegadura
Untadura	
Atadura	Desatadura
Nudo	
Enredo	Desenredo
Hilo	
Cuerda	
Correa	
Cadena	
Inclusión	Exclusión
	Expulsión
Introducir, meter	Extracción, sacar
	Desagüe
	Succión, chupar
	Excavación
Henchimiento	Vacío, vaciar
Fuelle	
Internamiento (V. *Interioridad*)	
Inmersión	
Hundimiento	
Entierro	
Encierro	
Envolvimiento	
Ceñimiento	
Asimiento	Desasimiento
Cercamiento	
Enrejado	
Recipiente	
Envase	
Embalaje	
Caja, baúl, maleta	
Armario, alacena	
Estuche	
Vaina	
Cesta, cesto	
Espuerta, serón	
Saco	
Bolsa, bolso	
Odre	
Artesa	
Caldera	
Cuba, tonel	
Vasija	
Ampolla	
Taza	
Vaso	
Plato	
Bandeja, batea	

Tiempo, transcurso, transcurrir	Nunca
Duración, perpetuidad, perpetuo.	Brevedad, fugaz
Permanencia	Interrupción
	Intervalo
	Cesación
Principio	Fin
Repetición	
Alternación	
Ritmo	
Frecuencia.	Infrecuencia
Actualidad	
Simultaneidad	
Proximidad	
Oportunidad	Inoportunidad
Urgencia	
Anterioridad	Posterioridad
Pasado	Porvenir
Antigüedad.	Novedad
Monumento, Arqueología	
Prontitud, velocidad.	Lentitud
Aceleración (V. *Prontitud*)	Retardación
Anticipación	Espera, aguardar
Precocidad, precoz, inmaturo	
Fecha, cronología	
Plazo	
Temporada, época	
Semana Santa	
Carnaval	
Cuaresma	
Festividad	
Calendario	
Año	
Invierno	
Primavera	
Verano	
Otoño	
Mes	
Semana	
Día, mañana, tarde.	Noche
Amanecer	Anochecer
Hora	
Reloj	
Edad	
Niñez	
Juventud	
Madurez, adulto	
Ancianidad	

(Cuadro 22) Cantidad

Cantidad	
Número	
Matemáticas	
Cuenta, cálculo	
Estadística	
Exactitud	Aproximación
Aumento	Disminución
Adición	Substracción
Multiplicación	División
Dualidad	Mitad
	Parte, fracción
	Residuo
Unidad	Multitud (V. *Abundancia*)
	Conjunto
	Concurrencia, muchedumbre
Simplicidad	Complejidad
Integridad, entero	Incompleto
Abundancia, mucho	Escasez, poco
Suficiencia, bastante	
Exceso	
Comparación, etc. (V. *Relación*, cuadro 16)	
Dimensión, etc. (V. *Espacio*, cuadro 17)	

(Cuadro 23) Inteligencia

Inteligencia, entendimiento	Ofuscación
	Prejuicio
Ingenio, talento	Necedad, tontería
Razón, raciocinio	Irracionalidad, absurdo
Razonamiento, argumento, Lógica	
Cordura	Locura, manía, Frenopatía
Memoria	Olvido
Imaginación, ficción	
Conciencia	Instinto
Alma, espíritu	
Asunto, tema	
Problema	Solución
Verdad	Error
	Mentira
	Falsedad
Verosimilitud	Inverosimilitud
Atención, observación	Distracción
Investigación	

Examen	
Busca	Hallazgo
	Invención, invento
Comprensión	Incomprensión
Reflexión, meditación	Indeliberación
Creencia, fe, dogma	Incredulidad
Suposición	
Conjetura	
Previsión, presentimiento	Imprevisión
Certidumbre	Duda
Idea, concepto	
Inspiración	
Nociones, rudimentos	
Conocimiento, sabiduría	Ignorancia
Ciencia	
Filosofía, doctrina	
Experiencia	Inexperiencia
Cultura	Incultura
	Salvajismo

Juicio	Prejuicio
Crítica	
Comparación	
Estadística	
Relación (V. cuadro 16)	
Distinción	Confusión
Determinación	Indeterminación
Medida	
Graduación	
Itensidad	
Exactitud	Aproximación
Utilidad	Inutilidad
Precisión, lo indispensable	Superfluidad
Importancia	Futilidad
	(Lo despreciable, V. *Vileza*)
Validez, vigencia	Nulidad
Gravedad	Levedad
Oportunidad	Inoportunidad
Urgencia	
Precio	Graciosidad, gratis
Encarecimiento, carestía	Depreciación, baratura
Bondad	Maldad
Excelencia	Medianía
Superioridad	Inferioridad
Perfección	Imperfección
Belleza	Fealdad
	Ridiculez
Elegancia	Inelegancia
Estimación	Desprecio
Aprobación	Reprobación
	Murmuración
Alabanza	Reprensión
Recompensa, premio	Castigo
Fama	Descrédito
Dignidad	
Merecimiento	
(Virtud.	Vicio, V. cuadro 26)
(Beneficio	Daño, V. cuatro 27)

Voluntad	Nolición (V. *Repugnancia*)
	Abulia (V. *Indiferencia*)
	Automatismo (V. *Instinto*)
Libertad	Necesidad, fatalidad
	Precisión, lo indispensable
	Destino
	Obligación, obligatorio
	Condición, condicional
	Circunstancia
	Limitación
Independencia	Dependencia
Entereza	Flaqueza
Constancia	Inconstancia
Obstinación	
Causa, motivo	Casualidad
	Arbitrariedad, capricho
	Pretexto
Intención, propósito.	Indeliberación
	Desistimiento
Propensión, afición.	Repugnancia
Deseo	Indiferencia
Elección	Preferencia
Decisión	Vacilación
Incitación	
Estímulo (V. *Aguijadura*)	
Consejo	
Persuasión.	Disuasión
Captación, seducción	
Ofrecimiento	Repulsa
Petición	
Soborno	Amenaza
Poder	Impotencia
Coacción	Resistencia
Represión	
Prohibición	Permisión
Exención	
Concesión.	Negativa
Dominio	Sumisión
Mando	
Presidencia	
Gobierno	Desorden
	Perturbación (anarquía)
Adhesión	
Obediencia	Desobediencia
Docilidad	Indocilidad
Servilismo.	Rebeldía
Esclavitud	
Delegación, encargo	Destitución
	Contraorden (V. *Retracción*)
Concordia.	Discordia
Convenio, pacto	
Asociación	
Corporación	
Confabulación, conspiración	

Conducta	
Obligación, obligatorio	Libertad, libre
Cumplimiento, formalidad	Incumplimiento, informalidad
	Infracción, ilegal
Inocencia	Culpa
	Pecado
Arrepentimiento	Impenitencia
Expiación	
Corrección, enmienda	Perversión
Carácter	
Aptitud	Ineptitud
Habilidad	Torpeza
Ingenio	Necedad
	Impertinencia
Sinceridad	Fingimiento
Desengaño	Engaño
	Mentira
Candidez	Astucia
	Evasiva
Cordura	Locura
Previsión	Imprevisión
Precaución	
Cuidado	Descuido, negligencia
	Indeliberación
	Precipitación
	Turbación
Prudencia	Imprudencia
Moderación	Violencia, vehemencia
Apacibilidad	Excitación, exaltación
Justicia	Injusticia
Honor	Vileza
Entereza	Flaqueza
Constancia	Inconstancia
Lealtad	Deslealtad
	Perjurio
Seriedad	Burla, broma
	Travesura
	Ironía
Severidad	Condescendencia
Valor	Cobardía
Atrevimiento	Timidez
	Servilismo
Respeto	Irreverencia
	Descomedimiento
	Desenvoltura
	Descaro
Cortesía	Descortesía

(Sigue)

Afabilidad	Desabrimiento
	Tosquedad
	Incultura
	Salvajismo
Conciencia	
Alma, espíritu	
Moral	
Costumbre	
Moralidad	Inmoralidad
Virtud	Vicio
Benignidad	Perversidad
Altruismo, caridad	Egoísmo
Congratulación	Envidia
Paciencia	Ira
	Impaciencia
Humildad	Orgullo
	Jactancia
Mansedumbre	Fiereza
	Crueldad
Liberalidad	Avaricia
Derroche	Mezquindad
Fausto, lujo	Parsimonia
Moderación	Gula
	Borrachera
Abstinencia, ayuno	
Diligencia, esfuerzo (V. *Intento*)	Pereza
	Vagancia
	Gorronería
Castidad	Lujuria
Honestidad	Deshonestidad
Porte, modales	
Actitud	
Ademán, gesto	
Gallardía	Desgaire
	Desaliño
Elegancia	Inelegancia
	Vulgaridad
Donaire	Sosería
Naturalidad	Afectación
	Artificio
	Delicadeza, melindre
	Extravagancia
	Ridiculez
	Afeminación
	Marimacho

Acción	Inacción
Reacción	Pasividad
Proyecto	
Ensayo	
Preparación	Imprevisión
Intento.	Desistimiento
Principio	Fin
Conclusión	Inconclusión
Continuación	Cesación
Modo, procedimiento	
Artificio	
Reflexión	Indeliberación
Cuidado	Descuido
Precaución	
Finura.	Tosquedad
Medios	
Provisión	Carencia
Utensilio, herramienta	
Posibilidad	Imposibilidad
Facilidad	Dificultad
	Resistencia
	Oposición
	Impedimento
Seguridad.	Peligro
Indemnidad	
Inocuidad	
Acierto.	Desacierto
Felicidad	Desgracia
Consecución	Malogro
Perfección.	Imperfección
Trabajo	Descanso
Ocupación.	Ocio, holgar
Arte	
Oficio	
Industria	
Hacer	Deshacer
Fundación.	Supresión
Producción	Esterilidad
Reproducción	
Construcción	Destrucción
Manipulación (V. *Mano*)	
Reparación	
Reposición, restablecer	
Compensación	
Colocación (V. cuadro 20)	
Mejoramiento.	Empeoramiento
	Decadencia
	Deterioro
	Ajamiento
	Desgaste
	Corrosión
	Corrupción

(Sigue)

Beneficio	Daño
Defensa	
Protección.	Abandono
Ayuda, auxilio	
Acogimiento	
Bendición	Maldición
Consejo	Amenaza
Alivio, consuelo.	Agravación (V. *Gravedad*)
Aplacamiento	
	Molestia
	Impertinencia
	Importunación
	Ofensa
	Asechanza
	Intriga
	Calumnia
Exculpación	Acusación
Perdón	Castigo
	Venganza
	Descrédito
	Burla
Adulación	Zaherimiento
Enaltecimiento	Humillación
Agasajo, obsequio	
Halago, caricia	
Beso	
	Maltratamiento
	Persecución
Liberación.	Apresamiento
	Acometimiento
	Golpe
	Herida
	Lesión
	Mordedura
	Veneno
	Tormento
	Martirio
	Muerte
Mediación.	Entremetimiento
	Enredo
	Rivalidad
	Concurso, oposiciones
	Discusión
	Apuesta
	Desafío
	Contienda
	Lucha
	Estratagema
Paz	Guerra

Manifestación	Ocultación
Descubrimiento	Cubrimiento
Signo	
Símbolo	
Insignia	
Blasón	
Marca	
Huella	
Indicación	
Actitud	
Ademán, gesto	
Ceño	
Risa	Llanto
Gala	Luto
	Queja
Voz	Silencio
Lenguaje	
Literatura (V. cuadro 29)	
Lengua	
Filología	
Gramática	
Palabra	
Pronunciación	
Acento	
Artículo	
Nombre	
Adjetivo	
Pronombre	
Verbo	
Adverbio	
Preposición	
Conjunción	
Interjección (V. *Exclamación*)	
Onomatopeya	
Léxico, diccionario	
Llamamiento	
Monólogo	
Pregunta	Respuesta
Conversación	
Discusión	
Razonamiento	Argucia
Prueba	Impugnación
Juramento	Perjurio
	Fingimiento
	Disimulo
	Engaño
	Mentira
	Chisme
	Falsedad
	Exageración

(Sigue)

Expresión	Inexpresión
Sugerimiento	
Revelación	
Publicación	
Difusión	
Afirmación.	Negación
Máxima, proverbio	
Confirmación	Retractación
Explicación	
Interpretación.	Tergiversación
Traducción	
Información	
Enseñanza, enseñar.	Aprendizaje, aprender
Escuela	
Colegio	
Concurso, oposiciones	
Exámenes	
Escritura	Lectura
	Recitación
Original (V. *Modelo*)	Copia
Letra	
Criptografía	
Abreviatura	
Apuntación	
Inscripción	Borradura
Rótulo	
Cartel	
Firma	
Sello	
Carta	
Documento	
Ortografía	
Papel	
Pizarra	
Tinta	
Lápiz	
Pluma	
Imprenta	
Libro	
Encuadernación	

Arte	
Belleza	Fealdad
Elegancia	Inelegancia
Naturalidad . . .	Artificio
	Afectación
Claridad	Ambigüedad
Concisión	Prolijidad
Donaire.	Sosería
Comicidad (V. *Risa*).	Ridiculez
	Vulgaridad

Literatura, retórica, estilo
Asunto, tema
Libro
Preámbulo
Florilegio
Periódico

Descripción
Narración, cuento
Historia
Blasón
Novela
Crítica
Prosa
Poesía
Musa
Inspiración

Oratoria
Predicación
Recitación, declamación

Teatro

Escultura, estatua
Efigie
Muñeco, autómata
Numismática (V. *Moneda*)
Cerámica

Pintura
Color
Blancura . . . . Negrura (V. *Negro*)
Barniz
Dibujo
Papel
Lápiz
Pluma
Tinta
Compás
Grabado
Fotografía
Cinematógrafo
Retrato
Perspectiva

Música
Canto
Instrumento
Órgano
Piano
Guitarra
Tambor
Campana, cascabel
Afinación, desafinación

Danza

Arquitectura (V. cuadro 11)

Nación, estado, país
Territorio
Colonia (V. *Emigración*)
Habitante
Raza, pueblo, tribu, Etnografía
Ciudadanía
Extranjería
Vecindad

Familia
Adopción
Tutela
Padre, madre
Hijo
Hermano, cuñado
Tío, sobrino
Abuelo, nieto
Padrino, madrina
Orfandad, huérfano, expósito
Matrimonio . . . . Soltería
Viudez
Divorcio
Adulterio
Amancebamiento
Prostitución
Alcahuetería

La sociedad
Feudalismo
Nobleza
Orden militar

Dignidad, título
Blasón
Tratamiento
Burguesía
Plebe
Gitano
Esclavitud
Servicio, criado, amo

Religión (V. cuadro 1)
Ley (V. cuadro 32)
Derecho (V. cuadro 32)
Propiedad (V. cuadro 33)
Comercio (V. cuadro 35)

Economía política
Hacienda
Impuestos
Aduanas
Renta

Jefe
Soberano
Rey
Gobierno
Política
Administración pública (V. *Empleo*)
Asamblea, cortes
Ayuntamiento
Corporación
Policía
Milicia (V. cuadro 34)

Costumbre
Uso. . . . . . . Desuso
Trato . . . . . . Aislamiento
Tratamiento
Amistad . . . . . Enemistad
Saludo. . . . . . Despedida
Visita
Acogimiento
Convite
Congratulación . . . Pésame (V. *Compasión*)
Gala . . . . . Luto

Diversión
Música
Canto
Danza
Pasatiempo
Tabaco

Juego, juguete
Muñeco, muñeca
Peón
Pelota
Cometa
Dominó
Damas, ajedrez
Billar, trucos
Dados, tabas
Lotería, rifa
Naipes
Apuesta

Fullería

Deporte
Esgrima
Natación
Ciclismo
Automóvil
Carrera
Equitación
Caza
Cetrería
Pesca
Lucha
Gimnasia

Ceremonia
Concurso, certamen
Fiesta
Festividad
Carnaval
Máscara
Romería (V. *Peregrinación*)
Mercado, feria
Espectáculo
Teatro
Cinematógrafo
Tauromaquia
Circo
Acrobacia
Prestidigitación
Histrionismo
Fuegos artificiales

Ley
Costumbre (V. cuadro 31)
Privilegio
Derecho
Derecho internacional, diplomacia
Cónsul
Ciudadanía
Extranjería
Guerra
Paz
Convenio, tratado

Derecho canónico
Concilio
Bula

Derecho mercantil (V. *Comercio*, cuadro 35)

Derecho marítimo
Carga
Flete
Embarcación
Transporte

(Derecho civil:)
Persona
Nacimiento
Edad
Muerte
Matrimonio
Divorcio
Familia
Adopción
Tutela
Contrato
Subscripción
Condición
Garantía, hipoteca
Embargo
Documento
Bienes, etc. (V. *Propiedad*, cuadro 33)

(Derecho penal:)
Infracción
Culpa
Delito
Traición (V. *Deslealtad*)
Piratería
Soborno
Profanación
Blasfemia
Rebelión (V. *Rebeldía*)
Falsificación (V. *Falsedad*)
Perjurio
Abusos deshonestos (V. *Deshonestidad*)
Sodomía
Aborto (V. *Parto*)
Asesinato (V. *Muerte*)
Desafío
Adulterio
Violación, estupro, rapto
Calumnia
Injuria (V. *Ofensa*)
Robo
Estafa (V. *Fraude*)
Quiebra (V. *Deuda*, cuadro 35)
Usura (V. *Interés*, cuadro 35)

Justicia
Jurisdicción, fuero
Enjuiciamiento
Arbitraje
Magistrado, juez
Tribunal
Abogado (V. *Derecho*)
Procurador
Alguacil
Verdugo

Testimonio
Prueba
Sentencia
Apelación

Castigo, pena
Impunidad
Exculpación
Expiación
Multa
Comiso
Destierro
Prisión
Tormento
Muerte
Horca

Propiedad	
Participación	
Posesión	
Usufructo	
Servidumbre	
Mayorazgo	
Censo	
Uso	Abuso
Arrendamiento, alquiler	
Conservación	
Administración	
Custodia, guarda	
Depósito	
Gasto.	Ahorro
Liberalidad	Mezquindad
Derroche.	Parsimonia
Adquisición	Privación
	Robo
	Fraude, estafa
	Comiso
	Embargo
Toma, tomar	Dejación, dejar
	Donación, dar, regalar
Admisión (V. *Recepción*).	Repulsa, rechazar
Herencia	
Bienes	
Valores (V. *Banca*)	
Moneda	
Dinero	
Crédito	Deuda, quiebra, etc.
Renta	

Pensión	
Interés	
Ganancia.	Pérdida
Riqueza	Pobreza
Hacienda (pública)	
Economía política	
Provisión.	Carencia
Acopio	
Monopolio	
Transmisión	
Trueque (V. *Permuta*)	
Subasta	
Compraventa	
Préstamo	
Pago	Cobranza
Remuneración	
Devolución	Recuperación
Compensación	
Recompensa, premio	
Precio.	Graciosidad
Encarecimiento, caro .	Depreciación, barato
	Ganga (V. *Ventaja*)
Petición	Entrega
	Distribución
	Impuesto
Exigencia	
Soborno	
Mendicación	Limosna
Gorronería	

Milicia, ejército
Militar, soldado
Orden militar y de caballería
Armada

Guerra
Acecho
Vigilancia
Guardia, centinela
Estratagema, emboscada
Sitio
Acometimiento
Invasión
Combate (V. *Guerra*)
Victoria
Derrota
Persecución
Conquista

Toque militar
Bandera (V. *Insignia*)
Pertrechos (V. *Provisión*)

Arma (en general)
Palo

Mazo
Arma blanca
Filo
Punta
Hacha
Cuchillo
Espada, daga, puñal
Vaina
Lanza

Proyectil
Dardo
Saeta, flecha, ballesta
Honda

Arma de fuego
Cañón (V. *Artillería*)
Pólvora (V. *Explosivo*)
Tiro

Correaje (V. *Correa*)
Escudo
Armadura, cota
Fortificación
Cuartel (V. *Alojamiento*, cuadro 11)

(Cuadro 35) Comercio, Banca, Bolsa

Comercio
Permuta
Transmisión
Compraventa
Préstamo
Monopolio
Quiebra (V. *Deuda*, cuadro 33)

Comerciante (V. *Comercio*)
Sociedad, compañía
Banca, bolsa
Seguros
Ahorro

Propiedad (V. cuadro 33)
Bienes

Moneda
Dinero
Valores (V. *Banca, Bolsa*)
Renta
Interés
Efectos de comercio (V. *Letra de cambio*)
Recibo
Contabilidad (V. *Cuenta*)
Economía política

Oficina
Tienda, almacén
Mercado, feria

Derecho marítimo (V. cuadro 32)

Agricultura (V. *Cultivo*)
Tierra, campo, terreno
Bosque, monte
Prado, pradera
Dehesa
Huerta, horticultura
Jardín, jardinería
Tiesto, maceta

Cultivo, labranza .	Incultura
Fertilidad . . .	Esterilidad
	Erial, barbecho
Lozanía	Marchitamiento
	Patología vegetal
Madurez	Precocidad, inmaturo

Surco, rodada
Caballón
Siembra
Abono
Plantación, estaca, esqueje
Acodo, mugrón
Injerto
Riego
Pantano, charca
Presa, embalse
Estanque
Fuente, pozo (V. *Manantial*)
Noria
Bomba
Poda
Cosecha, vendimia
Siega
Haz, gavilla, manojo
Trilla, parva, era

Molienda

Arado
Pala
Azada, almocafre
Zapapico, pico
Rastrillo
Grada
Hoz, guadaña
Horquilla, bieldo

Fruta (V. *Fruto*)
Jugo, zumo
Vino, vinicultura
Vinagre
Alcohol
Aceite
Goma, gomorresina
Resina
Alquitrán, brea
Azúcar
Harina
Fécula
Salvado
Paja, rastrojo
Corcho (V. *Alcornoque*, cuadro 5)
Algodón

Pita
Junco
Caña
Madera
Palo
Leña
Carbón

Zootecnia Veterinaria Ganado, ganadería Reproducción Cría Hibridismo Incubación Prado, pradera Dehesa Pasto, pienso Ceba Salvado Corral, aprisco Establo, cuadra, pesebre Cubil, madriguera, guarida Jaula Nido Cetrería	Caza, montería Pesca Red Trampa, armadijo Carne Leche Queso Grasa, sebo, manteca Piel, cuero, etc. Pelo Lana Esquileo Cuerno Pluma Concha, nácar Seda Miel Cera Abono

(Cuadro 38) Transportes

Transporte Envío Mensaje Carta Correo Carga Embalaje Caballería, caballo, yegua Guarniciones, silla de montar, etc. Albarda Brida Ronzal, cabestro Cincha Yugo Herradura Estribo Espuela Aguijada (V. *Aguijadura*) Látigo Equitación Vehículo Angarillas, litera Narria, trineo Patín Ciclismo Carruaje, coche, carro Automóvil	Tranvía Ferrocarril, tren, vagón Aeronáutica, globo, avión Navegación, marina Varadura, encalladura Naufragio Arquitectura naval, arsenal Embarcación, barco, buque, lancha, etc. Balsa, armadía Propulsor, hélice Remo, boga Bichero Arboladura Velamen Cabo, jarcia, etc. Polea, motón, aparejo Timón Corredera Sonda Ancla Boya, baliza Dique, malecón Puerto, muelle Fondeadero (V. *Ancla*) Faro Derecho marítimo, flete, etc. (V. cuadro 32)

II

Parte Analógica

A

ABAJO
(V. *Inferioridad*)

—

ABANDONAR
(V. *Abandono*)

—

ABANDONO (27)

abandono
abandonamiento
desamparo
desarrimo
desatención
desabrigo
desvalimiento
derrelicción
defección
retirada
deserción
tornillo
deslealtad
descuido
soledad
aislamiento
incomunicación
orfandad
desgracia
inhospitalidad
indefensión
desistimiento
dejación
ausencia
venta
abandonismo

abandonar
dejar
desertar
desasistir
plantar
desatender
descuidar
derrelinquir
destejar
desmantelar
deshabitar
despoblar
desamparar
arrumbar
arrinconar
abdicar
dimitir
renunciar
sacrificar
aborrecer
aburrir
exponer
dar esquinazo
dejar plantado
volver la espalda
dejar en las astas del toro
dejar en la estacada [po
descubrir el cuerecharse a las espaldas
dar de mano
dejar de la mano
levantar mano
levantar la mano
dar cantonada
no tener hombre
no tener donde volver la cabeza
no haber donde volver la cabeza
no tener a quien volver la cara
no tener donde volver los ojos
cerrársele a uno todas las puertas

desamparador
abandonador
tránsfuga
compañía del ahorcado
inhospital
inhospitable
inhospitalario
inhóspito

abandonado
derrelicto
mostrenco
de ningún
desvalido
desabrigado
descuidado
desmadrado
sólo
huérfano
indefenso
inerme
imbele
descubierto
indefendible
repudiado
perdido
rechazado
extraviado
impotente

desamparadamente
baldíamente
a la Providencia
ab intestato
a la inclemencia
al descubierto
a la intemperie
a pecho descubierto
a cuerpo descubierto
a cureña rasa
sin padre ni madre ni perro que le ladre
sin sol, sin luz y sin moscas

—

ABANICO (10)

abanico
abano
ventalle
abanillo
perico
pericón
perantón
calaña
flabelo
panca
paipai
soplillo
baleo
aventador
soplador
esportilla
flabelicornio

guardas
guía
varilla
varillaje
país
clavillo
clavito

abanicar
abanar
soplar

abaniqueo
abanicazo

abaniquero

abaniquería

flabelado
flabelífero
flabeliforme

—

ABARATAR
(V. *Depreciación*)

—

ABDOMINAL
(V. *Vientre*)

—

ABECEDARIO
(V. *Letra*)

—

ABEJA (6)

abeja
abejuela
abeja reina
» machiega
» maesa
» maestra
» rey
enjambradera
abeja neutra
» obrera
laminera
abejón
zángano
insecto

enjambre
ganado
barba
sabañón
jabardo
jabardillo
escamocho

aguijón
résped
rejo

cresa
queresa
querocha
carocha
carrocha
moscarda
pollo
príncipe
empolladura
alarde

miel
cera
betón
ámago
hámago
propóleos
tanque
engomadura
macón
fosquera

calcañuelo
flaquera
tiña
abejaruco
polilla de la cera

colmena
peón
corcho
corcha
jeto
colmena yaciente
» rinconera
» movilista
tojo
horno
barba
arna [mena
capirote de colsobrepuesto
colmenar
abejar
abejera [nas
asiento de colmeposada de colmebanquera [nas
enjambradero
potro
panal
tártano
bresca
escarzo
espejuelo
panal saetero
» longar
secón
tarro
destiño

celdilla
celda
alvéolo
vasillo
maestril
maesil
realera
maestral
teta de maestra
castillo
ceras
reseco
casquilla
enjambradera
trenca
cruz
piquera
hatijo
témpano
aguja

frezar
arrebozarse
encastillar
jabardear
pavordear
ajabardar
enjambrar
escamochear
desahijarse
enjambrarse
triar
carrochar
empollar
querochar
moscardear
regar
roer
barbar
abarbar
blanquear
melar
melificar
enmelar
amelar
melar las ceras
hacer alarde

empotrar
enculatar
cobijar
encobijar
tempanar
ensolerar
encorchar
entrencar
enhatijar
envirar
enjambrar
jambrar
partir abierto
» cerrado
robar
dar una tría
desabejar
castrar
brescar
cortar
catar
escarzar
desagitar
descorchar
descerar
marcear
despuntar
desmelar

enjambrazón
castrazón
castro
castra
deshilo
marceo
deshaldo
despuente
escarzo
abejeo
apicultura

apicultor
colmenero
abejero

malagaña
cortadera
desagitadera
batidera
tempanador
castradera

carilla
máscara
careta
cogedera

abejuno
argumentoso
apícola
apanalado
melificador

—

ABERTURA (17, 20)

abertura
apertura
aperción
abrimiento
inauguración
descerrajadura
deselladura
destapadura
desobstrucción
escalo
dehiscencia

hueco
vano
puerta
ventana
ventanilla
ventanillo
agujero
buco
taladro
hendedura
tobera
tubuladura
alcribís
bravera
escotera
resquicio
portillo
portillera
boca
boquera
boquerón
brecha
batería
boquete
toma
rafa
ladrón
escotilla
buhedera
lumbrera
lumbraria
lucerna
gatera
trampa
tronera
bramadera
aspillera
respiradero
sopladero
soplador
rompimiento
registro
mirilla
clavijera
fogonadura
rumbo
tolva
hiato
meato
poro
porosidad
válvula
ventalla
estoma
ventosa
ojal
entrada
salida
desembocadura
desagüe

abrir
descerrar
entreabrir
entornar
destapar
desobstruir
descubrir
desencerrar
desatrancar
desechar
desabotonar
desabrochar
desellar
destaponar
desenvolver
desenrollar
desempaquetar
descerrajar
descercar
franquear
descoser
encentar
desplegar
desatar
ganzuar
torcer la llave
romper
ensanchar
fresar
alegrar
hacer calle
inaugurar

abrirse
reventar
estallar

abridor
abridero
dehiscente

abrelatas
sacacorchos
sacatapón
tirabuzón
llave

abierto
entreabierto
entornado
descercado
abertal
incircunscripto
franco
libre
descubierto
descosido
encentado
ojoso
poroso

en canal
en descampado
de par en par

—

ABETO (5)

abeto
abete
abetuna
sapino
pinabete
abeto blanco
pícea
abeto del Norte
» falso
» rojo

abetal

abietíneo

abetinote
abietino

—

ABIERTO
(V. *Abertura*)

—

ABLANDAR
(V. *Blandura*)

—

ABOGADO
(V. *Derecho*)

—

ABOMBAR
(V. *Convexidad*)

—

ABONAR
(V. *Abono*)

—

ABONO (36, 37)

abono
fertilizante
vicio
enmiendas
estiércol
fimo
fiemo
hienda
acoto
majadal
mantillo
humus
tierra vegetal
cucho
pajuz
pajuzo
pajucero
guano
guanera
covadera
fosforita
superfosfato
nitrato
marga
letame
tarquín
hormiguero
esquilmo
basura
borrón
tierra negra

abonar
aviciar
viciar
fertilizar
engrosar
encrasar
engrasar
estercolar
cuchar
margar
entarquinar
majadear
malladar
femar
arcillar
alegamar
enlegamar
nitratar
meteorizar
arder

fertilización
estercolamiento
estercoladura
estercuelo
entarquinado
entarquinamiento
meteorización
nitratación

gario

esterquero
estercolero
femera
basurero
guanero

—

ABORRECER
(V. *Aborrecimiento*)

—

ABORRECIBLE
(V. *Aborrecimiento*)

—

ABORRECIMIENTO (14)

aborrecimiento
abominación
aversión
execración
odio
odio mortal
tirria
hincha
fila
manía
tema
rabia
ojeriza
encono
rencor
resentimiento
enconamiento
animadversión
odiosidad
repugnancia
oposición
animosidad
enemiga
enemistad
inquina
perinquina
livor
acrimonia
hipo
mala voluntad
desafecto
desafección
desamor
desapego
malevolencia
malquerencia
malquerer
despecho
envidia
antipatía
disfavor
personalidad
fobia
xenofobia
misantropía
misoginia
corajosidad
ira
horror
terror
temor
impopularidad
desprecio

aborrecer
odiar
abominar
detestar
execrar
malquerer
enterriar
tediar
desamar
derrenegar
mirar mal
no poder ver a uno
no poder ver a uno ni pintado
no poder tragar a uno
indigestársele
no entrarle
no entrarle de los dientes adentro
mirar con malos ojos [ceja
tener entre ceja y tener entre ojos
tener sobre ojo
tener entre dientes [su devoción
no ser santo de
tener ganas a uno
tomar a uno entre dientes
tomarla con uno
traer a uno entre ojos [cruz
hacerle a uno la beber la sangre a otro

ser odioso
repugnar
degollar

aborrecedor
enemigo
perinquinoso
misántropo
misógino
enconoso
virulento
encarnizado
rencoroso
malqueriente
xenófobo
irreconciliable

aborrecible
aborrecedero
odioso
abominable
execrable
grimoso
antipático
degollante
vitando
impopular
feo
desamable
mortal

aborreciblemente
odiosamente
abominablemente
detestablemente
endiabladamente
horriblemente
horrorosamente
como perros

¡fuera!
¡abajo!
¡muera!

—

ABORTAR
(V. *Parto*)

—

ABORTO
(V. *Parto*)

—

ABOTONAR
(V. *Botón*)

—

ABRAZAR
(V. *Brazo*)

—

ABRAZO
(V. *Brazo*)

—

ABREVIACIÓN
(V. *Abreviatura* y *Brevedad*)

—

ABREVIATURA (28)

abreviatura
abreviación
concisión
brevedad
signo
cifra
sigla
monograma
iniciales
crismón
lábaro
enlace
tilde
virgulilla
vademécum

taquigrafía
estenografía
escritura

abreviar
cifrar
taquigrafiar
estenografiar

taquígrafo
estenógrafo
notario

taquigráfico
estenográfico

en abreviatura
truncadamente
taquigráficamente
estenográficamente

—

ABRIGAR
(V. *Abrigo*)

—

ABRIGO (10)

abrigo
ropa
ropón
levitón
sobrerropa
sobretodo
gabán
guardapolvo
ruso
saco
paletó
macferlán
macfarlán
raglán
carric
carrick
gabardina
brandís
tapado
zamarra
zamarro
zamarrón
chamarra
pello
pellico
pellica
pelliza
sobrevesta
barragán
polonesa
capuchón
tabardo
salida de teatro
capa
capote
piel
cuello
manta
manto
toquilla

cobija
mantaterilla
impermeable
chubasquero
caracalla
juba
aljuba
gallaruza
cachera
argayo

folgo
bolsa
escalfarote

abrigar
cubrir
arropar
acuchar
tapar
atapar
amantar
apañar

abrigarse
esterar
aborujarse
encajarse
arrebujarse
enfoscarse
acurrucarse
aforrarse

abrigo
arropamiento

abrigador

engabanado
agabanado
enzamarrado
enmantado

a cuerpo
en cuerpo

—

ABRILLANTAR
(V. *Lustre*)

—

ABRIR
(V. *Abertura*)

—

ABROCHAR
(V. *Broche*)

—

ABSCESO
(V. *Tumor*)

—

ABSOLUTO (16)

lo absoluto
inconexión
independencia
infinitud
generalidad

absoluto
incondicionado
necesario
incondicional
independiente
ilimitado
omnímodo
puro
simple
mero
afirmativo
formal
categórico
definitivo
dogmático
tajante

absolutamente
incondicionalmente
puramente
simplemente
meramente
en absoluto
en redondo
en un todo
del todo
de todo en todo
en todo y por todo
sin restricción
como quiera que sea
por fas o por nefas
de todos modos
sin distinción
a toda luz
en todo caso
en todo cuento
de remate

—

ABSOLVER
(V. *Perdón*)

—

ABSORBER
(V. *Absorción*)

—

ABSORCIÓN (2)

absorción
absorbimiento
absorbencia
reabsorción
impregnación
empapamiento
imbibición
resorción
introducción
permeabilidad
humedad
filtración

absorber
sorber
chupar
beber
empapar
enjugar
embeber
resorber
reabsorber
enaguachar
impregnar
mojar

embebedor
absorbente
permeable
impregnable
embebido
absorbible

—

ABSTENERSE
(V. *Inacción*)

—

ABSTINENCIA (8, 26)

abstinencia
dieta
inedia
inanición
hambre
ayuno

ayuno natural
voto cuadragesimal
cuaresma
témpora
ramadán
forma del ayuno
materia parva
colación
parvedad
parva
frugalidad
carne
comida de carne
grosura
día de carne
día de grosura
» de ayuno
» de viernes
vigilia
potaje
comida de pescado
día de pescado
dispensa
bula de carne
bula de lacticinios
infierno
promiscuación

ayunar
nazarear
comer de vigilia
ayunar al traspaso
guardar la forma del ayuno
hacer pascua
estar uno por esta cruz de Dios
promiscuar

ayunante
ayunador
abstemio
abstinente
ayuno

en ayunas
a pan y agua
abstinentemente
per ístam

—

ABSURDO
(V. *Irracionalidad*)

—

ABUELA
(V. *Abuelo*)

—

ABUELO (30)

abuelo
agüelo
yayo
abuela
agüela
yaya
nana
abuelastro
abuelastra
bisabuelo
tatarabuelo
tataradeudo
transbisabuelo
trasbisabuelo
rebisabuelo
retatarabuelo
tío abuelo

abuelos
antesapasados
traseros

nieto
netezuelo

bisnieto
biznieto
trasnieto
tataranieto
transbisnieto
trasbisnieto
rebisnieto
cuadrinieto
chozno
bichozno

atavismo
atávico
ancestral

—

ABULIA
(V. *Indiferencia*)

—

ABUNDANCIA (22)

abundancia
abundamiento
abastanza
suficiencia
conjunto
muchedumbre
cantidad
copia
copiosidad
profusión
riqueza
porción
buen rato
prodigalidad
caudal
lleno
llenura
llenez
lleneza
hartura
saciedad
plétora
opulencia
fecundidad
golpe
afluencia
hervidero
muchedumbre
multitud
pluralidad
multiplicidad
diversidad
innumerabilidad
sinnúmero
sinfín
infinidad
numerosidad
montantada
carretada
carrada
tracalada
mina
máquina
granizo
granizada
nublado
nubada
nubarrada
avenida
torrente
raudal
torbellino
lluvia
diluvio
turbión
río
riolada
inundación
aluvión
mar
piélago
plaga
peste
enjambre
cardumen

cardume
caterva
cáfila
ventregada
espadañada
porrada
jarcia
lujuria
esplendidez
atajo
hato
averío
matalotaje
revoltillo
mare mágnum
maremagno
cúmulo
acumulación
acopio
montón
agolpamiento
jauja
centenares
miles
millares
miríadas
millones

superabundancia
sobreabundancia
superfluencia
exuberancia
redundancia
demasía
exceso

cornucopia
cuerno de la abundancia

abundar
bastar
superabundar
sobreabundar
rebosar
rodar
llover
manar
agolparse
pulular
plagar
empedrar
cargar
verbenear
haber tela de que cortar
haber paño de que cortar
no tener guarismo
estar hasta los topes [de Dios
ser una bendición
perder la cuenta
dar ripio a la mano
llenar de
hervir en
nadar en
estar apestado de
cargarse de
ser una bendición

mucho
abundante
abundoso
superabundante
sobreabundante
excesivo
exuberante
ubérrimo
pululante
copioso
considerable
cumplido
cuantioso
profuso
nutrido
colmado
rico
fecundo
grávido
metido

pingüe
opíparo
vicioso
lujuriante
crecido
dilatado
largo
bobo
numeroso
incontable
innumerable
innúmero
infinito
inagotable
inexhausto
muchos
diversos
más de cuatro
ciento y la madre

abundosamente
abundantemente
abondo
abundo
adunia
copiosamente
ricamente
llenamente
derramadamente
profusamente
colmadamente
considerablemente
cuantiosamente
caudalosamente
pródigamente
sobradamente
superabundantemente
sobreabundantemente
demasiadamente
numerosamente
innumerablemente
bravamente
fabulosamente
pingüemente
sinfín
sin número
a centenadas
a centenares
a millaradas

a granel
en grueso
por junto
por mayor

abastante
abasto
a puñados
a manos llenas
a manojos
a patadas
a montones
a cántaros
a chorros
a cargas
a carretadas
a fanegadas
a pote
a porrillo
a rodo
a tutiplén
a manta
en orre
a colmo
a espuertas
a jarros
a boca de costal
a tentebonete
a manta de Dios
con franca mano
a fuerza de
sin duelo
sin consuelo
como agua
como tierra
como un descosido
más que siete

hasta las cejas
de mar a mar
a todo
de largo
de lo lindo
largo y tendido

mucho
muy
bien
asaz
bastante
sumamente
extremadamente
superlativamente
en extremo
con extremo
grandemente
infinito
demasiado
en exceso [tivo
en grado superla-
sobremanera
en gran manera
sobre modo
de sobra
en demasía
con exceso
la mar de
de Dios
a rabiar
poli-
multi-

¡qué de...!

—

ABUNDANTE
(V. *Abundancia*)

—

ABUNDAR
(V. *Abundancia*)

ABUSAR
(V. *Abuso*)

—

ABUSO (33)

abuso [za
abuso de confian-
abuso de superio-
ridad
abusión
demasía
exceso
(extralimitación, etc. V. *Rebasamiento*)
alcaldada
cabildada
principada
polacada
atentado
atropello
corruptela
corrupción
arbitrariedad
despotismo
tiranía
exigencia
importunación
engaño

abusar
tiranizar
atropellar
extralimitarse
propasarse

estezar
clavar
engañar

tirano
rompenecios

abusón
abusante
abusivo
tiránico
despótico
autoritario

abusivamente

—

ABUSOS DESHONESTOS
(V. *Deshonestidad*)

—

ACACIA (5)

acacia
robinia
acacia blanca
» falsa
» rosa
guacia
guaje
aromo
cují
moruro
guarango
guachapelí

gatillo
aroma

cujisal

—

ACAECER
(V. *Suceso*)

—

ACAMPAR
(V. *Alojamiento*)

—

ACAPARAR
(V. *Monopolio*)

—

ACARICIAR
(V. *Halago*)

—

ACATAMIENTO
(V. *Respeto*)

—

ACCEDER
(V. *Condescendencia*)

—

ACCESORIO (16)

accesorio
apéndice
anexo
anejo
episodio
circunstancia
rama
hijuela
accesión
aledaño
pertenencia
arreos
anexidades
conexidades
dependencias
zarandajas
paja
adherentes
requisitos

ajilimójilis
accidente
adición

subordinar
andarse por las ramas

accesorio
episódico
dependiente
secundario
segundario
auxiliar
sucursal
complementario
supletorio
consectario
subsiguiente
anexo
anejo
conexo
adjunto
accidental

accesoriamente
subsidiariamente
de paso
de pasada
ligeramente
de extranjis
de extranjía

—

ACCIDENTAL
(V. *Accidente*)

—

ACCIDENTE (15)

accidente
impropiedad
circunstancia
accesorio
incidencia
emergencia
episodio

accidental
adjetivo
extrínseco
exterior
ajeno
impropio
parásito
intruso
episódico
incidental
emergente
forastero
extraño
adventicio
volandero
de acarreo

accidentalmente
extrínsecamente
impropiamente
ligeramente
incidentalmente
de paso

—

ACCIÓN (27)

acción
actividad
(diligencia, esfuerzo, etc. V. *Intento*)
poder
ejecución
factura
efectuación
perpetración

realización
cumplimiento
operación
consumación
acto
hecho
funcionamiento
función
procedimiento
proceso
implicación
intervención
ejercitación
gimnasia
ejercicio
práctica
maniobra
uso
marcha
curso
corriente
fogueo
agino

movimiento
fuerza
energía
entusiasmo
celo
expedición
trabajo
ocupación

actuar
operar
funcionar
marchar
hacer de
oficiar de
ministrar
estar de
andarse a
venir a
ir haciendo

ejecutar
efectuar
hacer
hacer efectivo
llevar a efecto
realizar
verificar
obrar
cumplir
cumplimentar
consumar
perpetrar
plantear
plantar
plantificar
implantar
promover
ir con
proceder a
pasar a
echar a
ponerse a
darse a
entregarse a
soltar a
pergeñar
poner por obra
poner en ejecución
llevar a cabo
tomar medidas
ejercer
ejercitar
practicar
cultivar
usar
desplegar
meter fuego
influir

intervenir
participar
terciar
mezclarse
envolverse
interesarse
mojar

pringar
danzar
conocer de
entender en
tomar parte en
estar de por medio
tomar cartas en
meter las manos en
tener mano en
traer entre manos

ejecutante
ejecutor
actuante
agente
autor
mano
mano oculta
obrador
operador
operante
obrante
operativo
operable
consumador
interventor
intervenidor
promotor
practicante
practicador
ejercitante

activo
actual
eficaz
práctico
resuelto
expeditivo
ágil
vivo
útil
fecundo
poderoso

en actividad
prácticamente
empíricamente

—

ACECHAR
(V. *Acecho*)

—

ACECHO (34)

acecho
acechamiento
rececho
acechanza
emboscada
garlito
aguaitamiento
atisbo
espionaje
vigilancia
espera
asechanza
estratagema

acechar
asechar
recechar
avizorar
observar
atisbar
guaitar
aguaitar
aciguatar
espiar
amaitinar
atalayar
apostarse
hacer la acechona
estar de arrimón
seguir los pasos

estar al husmo
estar al olor

acechador
acechón
aguaitador
espía
espión
espía doble
confidente
estación (gente en acecho)

acechadera
apostadero

—

ACEITE (2, 9, 36)

aceite
óleo
olio
aceite de oliva
» virgen
» de pie o talega
» de infierno
» de hojuela
oleaza
aceitón
aceitazo
alpechín
oleína
margarina
aceite onfacino
» serpentino
aceitillo
aceite secante
» de ladrillo
caldo
morga
murga
morcas
jámila
tinaco
turbios
terrón
orujo
bagazo
alazana
chivo
blandura
blanquete

oleada
aceitada
alcuzada

maquila
cabañería
cundido
candilada
lámpara

oleaginosidad
oleosidad
ranciedad

aceituna
cacahuete
girasol
soja
soya
sésamo
yagua
coco
chía

arrobeta
pozuelo
belez
belezo
pozal
zafra
pocillo
escullador
matreta
alcuza
aceitera

aceitero
panilla
cuartán
cachucho
dineral

aceiteras
vinagreras
convoy
taller
angarillas
salvilla

aceite fijo
» esencial
» volátil
» mineral
petróleo
gasoleno
nafta
gasolina
gasóleo
gasoil
aceite pesado
parafina
macasar
canfín
vaselina
aguarrás
cedróleo
estacte
aceite de cada
» de ballena
grasa

moler
hacer pie
aceitar
enaceitar
enranciar
enaceitarse

elaiotecnia
eleotecnia
oleicultura
aceitería
almazara
molino

aceitero
aceitoso
oleaginoso
oleoso
oleario
petrolero
petrolífero
rancio

—

ACEITUNA
(V. *Olivo*)

—

ACELERACIÓN
(V. *Prontitud*)

—

ACELERAR
(V. *Prontitud*)

—

ACENTO
(V. *Pronunciación*)

—

ACEQUIA
(V. *Canal*)

—

ACERA
(V. *Calle*)

—

ACERCAR
(V. *Cercanía*)

ACERO
(V. *Hierro*)

—

ACERTAR
(V. *Acierto*)

—

ACERTIJO
(V. *Pasatiempo*)

—

ACIDEZ (2, 13)

acidez
acritud
acrimonia
acerbidad
acetosidad
agrura
acedía
acescencia

asperillo
asperete
rabanillo
punta
picante
verde
dentera
amargor

agriar
acedar
acidular
avinagrar

agriarse
atufarse
acedarse
torcerse
revenirse
asperear
agrazar [tes
alargarse los dientes

ácido
acedo
aceroso
agrio
agro
agrete
agraceño
acetoso
acídulo
acidulado
anhídrido
anhidro
acerbo
austero
riguroso
suche
aceroso
agridulce
acescente
avinagrado
vinagroso
acre
torcido
picante
cáustico

acremente

—

ÁCIDO
(V. *Acidez*)

—

ACIERTO (27)

acierto
acertamiento
don de acierto
tacto
tino
tiento
pulso
buena mano
brújula
habilidad
consecución

acertar
atinar
dar
herir
enristrar
esmerarse
quemarse [pie
entrar con buen
entrar con el pie derecho
dar en el quid, en el hito, etc.
dar en el punto
» en la tecla
» en la yema
» en el busilis
» en el clavo
» en el chiste
herir en la dificultad
poner el dedo en la llaga
hallar la horma
hallar la horma de su zapato
hablar al caso
venir a cuento

acertador
acertajón

acertado
atinado
certero
feliz

acertadamente
certeramente
atinadamente
escogidamente
¡caliente!

—

ACLARAR
(V. *Claridad*)

—

ACOBARDAR
(V. *Cobardía*)

—

ACODAR
(V. *Acodo*)

—

ACODO (36)

acodo
codadura
acodadura
ataquiza
mugrón
rastro
codal
provena
sarmiento
vid
plantación

acodar
amugronar
amorgonar
ensarmentar
ataquizar
cerchar
desvezar

amugronador

—

ACOGER
(V. *Acogimiento*)

—

ACOGIDA
(V. *Acogimiento*)

—

ACOGIMIENTO (27, 31)

acogimiento
acogida
recibimiento
recepción
pasaje
fomento
calor
aceptación de personas
acepción de persona
afabilidad
hospitalidad
salva
saludo
convite

refugio
amparo
cobijamiento
cobijo
regazo
sagrado
puerto
salvamento
salvamiento
redención
remedio

acogeta
guarida
receptáculo
retirada
retraimiento
recepto
escudaño
protección
defensa

asilo (derecho de)
asilamiento
hospital
hospicio
casa de expósitos
» de beneficencia
casa cuna
albergue
alberguería
recogimiento
cotarro

asilo
sagrado
iglesia
iglesia fría
dextro
seguridad

acoger
admitir
recibir
receptar
tener
recibir con palio
refugiar
recoger
asilar
ocultar
guarecer
amadrigar
favorecer
fomentar
anidar
franquear la casa
poner buena cara

acogerse
recogerse
acorrerse
guarecerse
apañalarse
refugiarse
retraerse
remontarse
entrarse
asubiar
ponerse en cobro
tomar puerto
tomar iglesia
acogerse a las aras
ocultarse
recurrir a
correr a
acorrer
recorrer a
acudir a
agarrarse a los faldones
asirse a los faldones
invocar
arrimarse a
acorralarse
ampararse
encomendarse a
valerse de
atenerse
favorecerse de
escudarse con

acogido
acepto
asilado
hospiciano
retraído
boca
comensal
invitado
parásito
gorrón

acogedor
recogedor
hospitalario
hospitalero
hospitalicio

inhospitalario
inhospital
inhospedable
inhospitable
inhóspito

hospitalariamente

—

ACOMETER
(V. *Acometimiento*)

—

ACOMETIMIENTO (27, 34)

acometimiento
cometimiento
acometida
ataque
embate
embestida
embestidura
arremetida
arremetimiento
antuvión
ida
viaje
agresión
irrupción
batida
insulto
anticipada
salida

asalto
salto
rebato
ataque
contraataque
espolonada
azaría
arma falsa
diversión
carga
carga abierta
» cerrada
» de caballería
» a fondo
» de petral
» a la bayoneta

algazara
alarido
chivateo
invasión
¡Santiago!

acometividad
agresividad
ofensiva
contraofensiva

acometer
embestir
agredir
atacar
arremeter
cayapear
irrumpir
saltear
sobresaltar
combatir
entrar
partir
meterse
revolverse
avanzarse
revolcarse
acarrazarse
dar sobre
cerrar con
apretar con
fajar con
emprenderla con

tomar la ofensiva
asaltar
dar asalto
opugnar
enfilar
envolver
arremeter
cargar
abarrajar
chivatear
batir en brecha
entrar a degüello
dar prisa

acometedor
acometiente
arremetedor
embestidor
agresor
asaltador
atacador
atacante

agresivo
atacable

agresivamente

—

ACOMODAR
(V. *Conformidad*)

—

ACOMPAÑAMIENTO (20)

acompañamiento
compañía

compaña
compañerismo
espíritu de clase
comensalía
gregarismo
adhesión
servilismo
concomitancia
ayuda

acompañar
asistir
escoltar
convocar
cortejar
hacer la corte
seguir
estar (ir) cosido a los autos
llevar consigo
tomar »
alumbrar
despedir

acompañarse de
juntarse
adjuntarse
ajuntarse
unirse
desaislarse
arrimarse
concomitar

comitiva
acompañamiento
compañía
séquito
comparsa
pompa
corte
cortejo
convoy
conserva
sarta
cáfila
procesión
manifestación
duelo
entierro
gracia
guardia
escolta
cabalgata
caravana
reunión

acompañante
acompañador
acompañado
compañero
colega
compinche
coadjutor
edecán
convoyante
camarada
consorte
correo
codelincuente
cómplice
feligrés
conmilitón
comilitón
comensal
a látere
padrino
pedagogo
bracero
apéndice
satélite
acólito
cortejador
parásito
gorrón
rodrigón
otáñez
ayo
dueña
señora de compañía
rastra
acompañanta
trotona
carabina
coeficiente
flanqueado
concomitante
adjunto
partidario
gregal
gregario

en amor y compaña

de bracero
de bracete
con

—

ACOMPAÑAR
(V. *Acompañamiento*)

—

ACONSEJAR
(V. *Consejo*)

—

ACOPIAR
(V. *Acopio*)

—

ACOPIO (33)

acopio
acopiamiento
allegamiento
llega
acaparamiento
monopolio
recogida
recolección
recogimiento
cosecha
provisión
arrebañadura
rebañadura
apañadura
apaño
apañamiento
raque
stock
acumulación
montón
depósito
colección
conjunto

acopiar
allegar
llegar
juntar
coger
recoger
recolectar
agavillar
espigar
respigar
cargar
acaparar
apañar
hatear
arrebañar
rebañar
arrobiñar
arañar
aruñar
añascar
acumular
coacervar
amontonar
conservar
almacenar
atesorar
tesaurizar
tesorizar

acopiador
acumulador
cumulador
acaparador
arrebañador
colector
colectivo

recogedera
recogedero

allegadizo
acogedizo

—

ACOPLAMIENTO (2, 20)

acoplamiento
acopladura
compenetración
enlazamiento
entrelazamiento
ensambladura
unión
enlace
montaje
ajustamiento
ajuste
engranaje
engargante
engargantadura
embrague
encaje
encajadura
engaste
engastadura
engazo
enganche
articulación
conexión
imbricación
enchufe
empotramiento
incrustación
taracea
diente
dentellón
adaraja
endejas
enjarje
deja
resalto
saliente
hueco

acoplar
montar
ajustar
encasquetar
encajar
embeber
alojar
encuadrar
entrar
hornaguear
engastar
engarzar
enganchar
embutir
enchufar
incrustar
empotrar
engranar
endentar
adentellar
enlazar
conectar
embragar
engangantar
enclavijar
ensamblar
encastrar
entrepernar
articular
empalmar
entretallarse

ajustador
montador
engastador
encajador
enclavado

—

ACOPLAR
(V. *Acoplamiento*)

—

ACORDEÓN
(V. *Órgano*)

—

ACORTAR
(V. *Cortedad*)

—

ACOSAR
(V. *Persecución*)

—

ACOSTUMBRAR
(V. *Costumbre*)

—

ACRE
(V. *Acidez*)

—

ACREDITAR
(V. *Fama*)

—

ACREEDOR
(V. *Deuda*)

—

ACROBACIA (31)

acrobacia
acrobatismo
títeres
equilibrismo
gimnasia
prestidigitación
histrionismo
circo
salto
carrera

volatinear
voltear
hacer títeres
saltar

acróbata
volatinero
volatín
volteador
titiritero
titerero
titerista
funámbulo
equilibrista
saltador
saltatriz
saltimbanqui
saltimbanco
saltaembanco
saltaembancos
saltabancos
saltabanco
montambanco
andarín
payaso
pallaso
pallazo
contorsionista
clown

volatín
voltereta
volteleta
volteta
vela
tumba
cabriola
pirueta
capitón
trepa
salto de trucha
salto mortal
vuelta de campana o de la campana
vuelta de carnero

cuerda floja
balancín
contrapeso
tiento
chorizo
(trapecio, anillas, etc. V. *Gimnasia*)

acrobático
funambulesco

—

ACRÓBATA
(V. *Acrobacia*)

—

ACROBÁTICO
(V. *Acrobacia*)

—

ACTITUD (26, 28)

actitud
acción
postura
positura
posición
colocación
porte
presencia
aspecto
semblante
ademán
contorsión
andar
gallardía
desenvoltura
afectación
desgaire
descuido
desaliento

adoptar
tomar
ponerse
colocarse
plantarse
(erguirse V. *Vertical*)
(inclinarse V. *Inclinación*)
(tenderse V. *Horizontal*)
(apoyarse V. *Apoyo*)
(sentarse V. *Asiento*)
(arrodillarse Véase *Rodilla*)
(bajarse V. *Bajada*)
(encogerse V. *Encogimiento*)
(volverse V. *Vuelta*)
torcerse
retorcerse

en acto
en ademán de
a gatas
a cuatro patas
en cuclillas
a caballo
a horcajadas
en jarras
en asas

—

ACTOR
(V. *Teatro*)

—

ACTUAL
(V. *Actualidad*)

—

ACTUALIDAD (21)

actualidad
fecha
simultaneidad
novedad
moda
boga

acaecer
pasar
existir
reinar
actualizar

actual
presente
corriente
usual
flagrante
fragante
fragrante
contemporáneo
moderno
reciente
pendiente

actualmente
presentemente
próximo
al presente
de presente
por el presente
acá
ahora
agora
hora
ahorita
a la hora de ahora
por ahora
hoy
el día de hoy
hoy día
hoy por hoy
hogaño
ogaño
hogañazo
hasta la fecha
hasta aquí
de entonces acá
de algún tiempo a esta parte
de esta fecha
desde ahora
de aquí a
ya
todavía
aún
en flagrante
en fragante
in fraganti
ipso facto
al día
al corriente
aquí

—

ACTUAR
(V. *Acción*)

—

ACUARTELAR
(V. *Alojamiento*)

—

ACUERDO
(V. *Concordia*)

—

ACUMULAR
(V. *Montón*)

—

ACUOSO
(V. *Agua*)

—

ACUSACIÓN (27)

acusación
inculpación
imputación
imputabilidad
culpación
recriminación
acriminación
criminación
incriminación
tacha
tilde
reproche
recusación
capítulo
cargo
recargo
querella
queja
denuncia
requisitoria
catilinaria
achaque
denunciación
delación
soplo
chivateo
chispazo
canutazo
reto
calumnia
improperio
insinuación
insidia
murmuración
reprobación
reprensión

acusar
incusar
coacusar
calumniar
querellarse
culpar
inculpar
tachar
reprochar
recusar
acriminar
recriminar
criminar
incriminar
echar en cara
imputar
achacar
atribuir
colgar
cargar
recargar
acumular
argüir
oponer
hacer cargos
capitular
cargar sobre
hacer cargo de
echar las cargas a
echar a mala parte
cargar las cabras a uno
hacer responsable
tomar a mala parte
retar
delatar
denunciar
sindicar
soplar
soplonear
chivatear
buhar
emplazar
llevar a los tribunales

acusarse
condenarse
reconocerse
arrepentirse

acusador
acusante
acusatorio
imputador
acriminador
recriminador
querellante
querelloso
arguyente
denunciador
denunciante
denunciatorio
delatante
delator
sindicador
acusón
acusete
acusica
soplón
soplo
viento
fuelle
cañuto
búho
bramón
chivato
testigo de cargo
pena del talión

acusado
(reo, delincuente, etc. V. *Delito*)
espiado
pagote
carnaza
cabeza de turco

acusable
delatable
denunciable

—

ACUSADOR
(V. *Acusación*)

—

ACUSAR
(V. *Acusación*)

—

ACÚSTICA
(V. *Sonido*)

—

ACHAFLANAR
(V. *Chaflán*)

—

ACHICAR
(V. *Pequeñez*)

—

ADELANTAMIENTO (19)

adelantamiento
delantera
anticipación
rebasamiento
aumento
progreso
evolución
proceso
progresión
adelanto
cultura
civilización
perfección
mejoramiento
provecho
ascenso
elevación
medra
medro
medros
paso
etapa
empujón
salto
trampolín
improvisación
consecución
pro

adelantar
anteponer
promover
sacar
alargar
avanzar
traspasar
rebasar
trompicar
aventajar
progresar
evolucionar
mejorar
ascender
encumbrar
enaltecer
enanzar

adelantarse
rezagar
antuviar
dejar atrás
pasar por encima
coger o tomar la delantera
echar la pata
echar el pie
tomarle a uno la vez
aprovechar
germinar
ponerse bien
meter un pie
crecer como la espuma
pelechar
florecer
medrar
escalar
elevarse
tomar vuelo
ganar terreno
ganar tierra
ganar la palmeta
ganar la vez

adelantador
antuviador
progresivo
provecto
floreciente
florentísimo

progresivamente
pie adelante
en zancos

—

ADELANTAR
(V. *Adelantamiento*)

—

ADELGAZAR
(V. *Delgadez*)

—

ADEMÁN (26, 28)

ademán
gesto
actitud
porte
pantomima
mímica
mimesis
acción
animación
gesticulación
dactilología
elocuencia
neuma
muestra
llamada
pronunciación
armonía
ceremonia
ademanes
afectación
hieratismo
bufonada
visajes
tic
alcocarra
coco
mueca
mohín
parajismo
esparajismo
coquito
monería
monada
puchero
hocico
ceño
guiñada
guiño
guiñadura
guiñón
desgaire
majanillo
momo
esguince
desguince
esbronce
regate
marro
quiebro
respingo
finta
garambainas
garabatos
jeribeque
figurería
figura
momería
juglaría
juglería
alharaca
pasmarotada
pasmarota
milagrón
contorsión
aspaviento
espaviento
regaño
manoteo
higa
peseta
lagarto, lagarto

accionar
expresar
sentir
gesticular
gestear
hacer figuras
pujar
chistar
hablar por señas
torcer el gesto
remilgarse
cocar
hacer cocos
momear
amanerarse
enzainarse
ceñar
guiñar
guiznar
hacer del ojo
timarse
hablar con los ojos
hacer telégrafos
(contornearse, anadear, etc. V. *Andadura*)
(manotear V. *Mano*)
(bracear V. *Brazo*)
(patear V. *Pierna*)
(cabecear V. *Cabeza*) etc.

mono
gestero
gesticuloso
gesticulador
bufón
histrión
momero
momeador
parajismero
visajero
figurero
alharaquiento
aspaventero

gesticular
mímico

en ademán de

—

ADEMÁS
(V. *Adición*)

—

ADEPTO
(V. *Adhesión*)

—

ADEUDAR
(V. *Deuda*)

—

ADHERENCIA (20)

adherencia
adhesión
cohesión
coherencia
consistencia
textura
contextura
estructura
densidad

tensión
glutinosidad
pegajosidad
viscosidad
enviscamiento
lentor

incoherencia

adherir
unir
aglutinar
conglutinar
soldar
consolidar
pegar
encolar
engrudar
engomar
fijar
emparchar
enligar
enviscar

adherirse
conglutinarse
conglomerarse
pegarse
enviscarse
hacer madeja
» hebras

aglutinación
conglutinación
pegamiento
pegadura
pega
encolamiento
encoladura
engrudamiento

gluten
cola
cola fuerte
cola de retal
ajicola
retal
gelatina
cola de pescado
colapez
colapiscis
pez
cola de boca
tragacanto
alquitira
goma
aguagoma
engrudo
gacheta
oblea
hostia
empega
parche
pegote
pasta
betún
litocola
bandolina
fijador
mucosidad
moco
mucílago
mucilago
visco
vesque
liga
liria
ligamaza
hisca
ajonje
aljonje
ajonjo
resina
alquitrán

cazo
engrudador
obleera
cárcel

trun
cadillos
amores
ventosa
lapa

adhesivo
adherente
coherente
cohesivo
compacto
lento
aglutinante
conglutinante
conglutinativo
conglutinoso
glutinoso
pastoso
pegajoso
pegante
pegadizo
peguntoso
untuoso
tenaz
fijo
emplástrico
emplástico
gelatinoso
viscoso

mucilaginoso
coloide

incoherente

—

ADHERIRSE
(V. *Adherencia* y *Adhesión*)

—

ADHESIÓN (14, 25)

adhesión
amistad
solidaridad
conformidad
concordia
deferencia
entusiasmo
apego
inhesión
asimiento
sectarismo
proselitismo
gregarismo
exclusivismo
fanatismo
afiliación
apandillamiento
acompañamiento
servilismo
quinta columna

adherirse
acostarse
afiliarse
filiarse
solidarizarse
sumarse
apartidarse
atenerse
tenerse
deferir
profesar
seguir
abrazar
tomar partido
ir con
ser muy de
ser muy del asa

militar
militar debajo de la bandera
seguir la bandera
seguir el pendón
ponerse de parte

apartidar
apandillar
abanderizar
banderizar
abandalizar
afiliar
formar partido

someterse
cerrar los ojos
hablar por boca de ganso
ver por los ojos de
hacer coro
tener en la faltriquera

partido
parcialidad
parte
comunión
pandilla
bando
banda
bandería
facción
valía
congregación
corro
tertulia
camarilla
taifa
hueste
credo

abanderizador
apandillador

los nuestros
tirios y troyanos
güelfos y gibelinos
capeletes y montescos
giles y negretes
cegríes y abencerrajes

adepto
adicto
apegado
partidario
parcial
discípulo
afiliado
allegado
banderizo
pandillista
faccionario
secuaz
prosélito
solidario
correligionario
militante
apasionado
sectario
sectador
fanático
neófito
acólito
satélite
gregario
siervo
acérrimo
de reata

afrancesado
comunero
bejarano
portugalés
agramontés
montesco
capelete
capuleto
pompeyano

—

ADICIÓN (22)

adición
anexión
suma
agestión
agregación
aumento
acrecimiento
aposición
yuxtaposición
superfetación

añadir
añedir
sobreañadir
adicionar
acompañar
allegar
completar
complementar
poner
poner en cuenta
anexar
anexionar
afectar
unir
agregar
englobar
encimar
aducir
superponer
sobreponer
yuxtaponer

sumar
llevar
ascender
hacer
valer
montar
llegar
componer
importar

adición
añadidura
añadido
aditamento
parergon
paralipómenos
anexo
adjunto
apéndice
addenda
ribete
ajilimójilis
suplemento
complemento
ítem
contrapeso
refacción
chorrada
chorretada
yapa
llapa
coleta
coletilla
postdata
postscriptura

parche
pegote
postizo
falso
remiendo
recebo

sumando
partida
ítem
importe
monta
monto
concurrente
total
conjunto
más
signo positivo
cuadrado mágico
cuenta

adicionador
aditivo
sumista
sumador

adicional
accesorio
anexo
adicto
adjunto
superádito
complementario
suplementario
supernumerario
adherente
bien hecho
añadido
sobrepuesto
falso
postizo
de repuesto
de refresco
de nuevo

adicionalmente
accesoriamente
más
ítem más
ítem
demás
además
a más de
extra de
amén
fuera de
ainda
aindamáis
allende
aliende
tras de
a vueltas de
encima
con
sobre
ultra
extra
de propina
a mayor abundamiento
también
igualmente
asimismo
así
otrosí
no sin
no sólo
no ya
sino

—

ADIVINACIÓN
(V. *Predicción*)

—

ADIVINAR
(V. *Predicción*)

—

ADJETIVO (15, 28)

adjetivo
epíteto
adjunto
común de tres
nombre adjetivo
adjetivo calificativo
adjetivo posesivo
» demostrativo
adjetivo determinativo
adjetivo indefinido
adjetivo abundancial
adjetivo gentilicio
» étnico
» aumentativo
adjetivo diminutivo
adjetivo despectivo
adjetivo numeral
» cardinal
» múltiplo
» partitivo
» absoluto
» ordinal
» positivo
» comparativo
adjetivo superlativo
adjetivo verbal
» substantivo

adjetivar
calificar

adjetivación
calificación
grado
adjetival

adjetivadamente

—

ADMINISTRACIÓN (33)

administración
(administración pública. V. *Empleo*)
gestión
gerencia
agencia
regencia
economía
intendencia
superintendencia
sobreintendencia
subintendencia
mayordomía

custodia
cuidado
vigilancia
tutela

administrar
regir
mayordomear
dirigir
gobernar

administrador
administradorcillo
ministro
ministra
agente
gerente
gestor
ecónomo
rector
encargado
ama de llaves
conserje
aliñador
hacedor
casero
cortijero
intendente
superintendente
subintendente
mayordomo
sacoime
mayordomo de propios
sesmero
nádir

administratorio
administrativo

administrativamente

—

ADMINISTRACIÓN PÚBLICA
(V. *Empleo*)

—

ADMINISTRADOR
(V. *Administración*)

—

ADMIRABLE
(V. *Admiración*)

—

ADMIRACIÓN (14)

admiración
maravilla
asombro
majestad
magnificencia
golpe
estupefacción
enajenamiento
pasmo
entusiasmo
éxtasis
sorpresa
novedad
extrañeza
escándalo
aspaviento
esparajismo
pasmarota
pasmarotada
embazadura
fanatismo
culto
exclamación
interjección

admirar
maravillar
entusiasmar
suspender
asombrar
pasmar
aturdir
atronar
abobar
despatarrar
embazar
tirar de espaldas
quitar el hipo
ser de ver
dar golpe
hacer o meter ruido

admirarse
extrañar
abismarse
embobarse
espantarse
persignarse
santiguarse
hacerse cruces
quedarse con la boca abierta
quedarse despatarrado
mirificar

maravilla
pasmo
milagrón
prodigio
portento
cosa rara
cosa no vista
cosa nunca vista
cosa de ver

admirador
entusiasta
entusiástico
admirativo
absorto
atónito
suspenso
estupefacto
estático
patitieso
patidifuso
páparo
pazguato

admirable
admirando
admirativo
mirífico
excelente
llamativo
chocante
fascinador
imponente
pasmoso
maravilloso
estupendo

estupefactivo
estupefaciente
portentoso
prodigioso
milagroso
asombroso
asombrador
espantoso
extraordinario
excesivo
inaudito
inusitado
sensacional
sorprendente
imprevisto
incomprensible

admirablemente
admirativamente
pasmosamente
milagrosamente
prodigiosamente
estupendamente
¡Oh!
¡O!
¡Ah!
¡Ha!
¡To!
¡Gua!
¡diablo!
¡cáscaras!
¡zapatetas!
¡atiza!
¡anda!
¡sopla!
¡la órdiga!

¿así?
¿es posible?
¡vivir para ver!

—

ADMIRAR
(V. *Admiración*)

—

ADMISIÓN
(V. *Recepción*)

—

ADMITIR
(V. *Recepción*)

—

ADOLESCENCIA
(V. *Juventud*)

—

ADOLESCENTE
(V. *Juventud*)

—

ADOPCIÓN (30, 32)

adopción
arrogación
adrogación
ahijamiento
prohijamiento
prohijación
afiliación

adoptar
afiliar
afillar
ahijar
prohijar
arrogar

adoptador
adoptante
prohijador
arrogador
padre adoptivo
padrino
adoptado
arrogado
hijo adoptivo
huérfano

adoptivo
adoptable
inadoptable

—

ADOPTAR
(V. *Adopción*)

—

ADOPTIVO
(V. *Adopción*)

—

ADORAR
(V. *Culto*)

—

ADORMECER
(V. *Sueño*)

—

ADORNAR
(V. *Adorno*)

—

ADORNO (10)

adorno
ornato
ornamento
compostura
atavío
guarnimiento
realce
gala
galanura
galanía
gallardía
fausto
decencia
aseo
afeite
tocado
pulcritud
quillotro
desadorno

adornar
hermosear
ornar
ornamentar
exornar
recargar
decorar
adecentar
engalanar
paramentar
zafar
quillotrar
adobar
aderezar
aliñar
componer
arrear
apañar
apostar
enriquecer
ennoblecer
asear
ataviar
afeitar
alindar
acicalar
adeliñar
alcorzar
pulir
repulir
atildar
acepillar
afiligranar
alifar
afirolar
emperejilar
empapirotar
emperifollar
endomingar
entarascar
empaquetar
vestir
guarnecer
guarnir
encintar
lacear
franjar
gayar
listar
florear
enflorar
enguirlandar
enguirnaldar
orlar
festonear
bordar
tachonar
clavetear
repicotear
enjoyar
enjoyelar
alhajar
cuajar
esmaltar
maquear
taracear
ataracear
damasquinar
sembrar
iluminar
aureolar

emparamentar
enjaezar
colgar
tapizar
empavesar
desadornar
ajar
afear

adornarse
adonizarse
perfilarse
prenderse
componerse
atusarse
aluciarse
lucirse
estar de aparador
estar hecho un brinquiño
gastar mucho almacén

adornamiento
exornación
ornamentación
decoración
decorado
adobo
aderezo
aderezamiento
alindamiento
acicaladura
acicalamiento
acicalado
engalanamiento
atildamiento
atildadura
prendido
empavesada

decoración
labor
guarnición
guirnalda
guirnaldeta
guirlanda
paramento
parergon
aliño
arreo
taracea
apatusco
oropel
talco
lentejuelas
sainete
muñequería
follaje
farfalá
faralá
dije
atavío
atavíos
perendengues
pelendengues
firuletes
traeres
arrequives
requives
perejiles
gaitería
tafetanes
pelitriques
perifollos
perfil
ribete
fililí
borde
orla
orladura
cadeneta
greca
festón
pliegue
remate
penacho
perinola
perindola
boliche
rasgo
trazo
ringorrango
atoque
guapos
pinta
marco
ramada

flor
corona
follaje
enramada
alhaja
joya
alfiler
broche
collar
gargantilla
pluma
encaje
bordado
cinta
lazada
lazo
lacería
galón
franja
pasamanería
alamares
caireles
tapicería
pino de oro
peina
peine

pintura
dibujo
grabado
escultura
taracea
esmalte
iluminación
alumbrado
chapería
cubrimiento
clavo
tachón
bollón

adornador
adornante
adornista
acicalador
aliñador
orlador
estofador
decorador
decorativo
adornado
aseado
decente
adeliñado
curioso
bien puesto
jarifo
rozagante
vistoso
garrido
majo
galano
galán
apuesto
enjaezado
enjoyelado
estofado
chatre
historiado
ilustrado
miniado
orlado
barroco
randado
pulcro
pulquérrimo
elegante
afectado
inelegante

ornadamente
hecho un cielo
hecho un brinquiño
[mar
hecho un brazo de
más galán que Mingo
de oro y azul
como un palmito
de mar a mar
de veinticinco alfileres
[leres
con todos sus alfi-

—

ADQUIRIR
(V. *Adquisición*)

—

ADQUISICIÓN (33)

adquisición
preocupación
usucapión
conquista
botín
toma
ganancia
recuperación
captación
prescripción
accesión
adjunción
especificación
volatería
acrecencia
abeurrea
avaricia

adquirir
coadquirir
heredar
tomar
comprar
cobrar
conquistar
(obtener, lograr, etc. V. *Consecución*)
cazar
redondearse
hacendarse
afincar
fincar
acrecer
usucapir
prescribir
devengar
recaer

adquiridor
adquiriente
adquirente
adquisidor
adquisitivo

—

ADREDE
(V. *Intención*)

—

ADUANA (30)

aduana
general
tarafana
diguana
alcaicería
puerto
puerto franco
puerto seco
tabla
resguardo
zona
fielazgo
fielato
fieldad
puertas

reconocimiento
despacho
tránsito
aforo
fondeo
registro
contrarregistro
arancel
primera columna
segunda columna
librecambio
proteccionismo
zollverein
declaración
manifiesto
sobordo
guía
pasavante
póliza
adeudo
[da
derecho de entra-
derecho de balan-
za
[lía
derecho de regalía
derecho de internación
renta de sacas
generalidad
almojerifazgo
almojarifadgo
almojarifazgo
diezmo
jea
tegual
consumos
puertas
octava
salga
octavilla
sisa
impuesto
contrabando
alijo
matute
metedura
descamino

decomiso
comiso
mazarrón
jarampa
boliche

adeudar
pagar
aduanar
aforar
visitar
reconocer
despachar
fondear
marchamar

contrabandear
meter
alijar
matutear
pasar
andar al camino

aprehender
confiscar
comisar
decomisar
descaminar

aduanero
agente de aduanas
generalero
marchamero
vista
vista actuario
pericial
registrador
aforador
carabinero
miñón
resguardo
cabo
consumero
sisero
portalero
matrona

pincho
aguja
escampavía
guardacostas
precinto
precinta
marchamo

contrabandista
bodoquero
pasador
matutero
metedor
gatunero
paquetero

aduanero
arancelario
intérlope
ad valórem

—

ADULACIÓN (27)

adulación
lisonja
candonga
zanganga
mentira
mentira oficiosa
pelotilla
fingimiento
captación
cirigaña
gitanada
garatusa
lamedor
carantoñas
cucamonas
caroca
ciquiricata
blandicia
jabón
incienso
engaño
halago
caricia
alabanza
elogio
aplauso
aprobación
servilismo

adular
lisonjear
halagar
requebrar
incensar
envanecer
camelar
jonjabar
barbear
enjabonar
dar jabón
» coba
» changüí
corear
regalar el oído
reír la gracia
lavar la cara
hacer la barba
hacer el buz
hacer coro
hacer la zalá
henchir la cabeza de viento
hacer la rueda
andar con el tiempo

adulador
adulón
alabancero
lisonjeante
lisonjeador
lisonjero
halagüeño
halagador
halaguero
cobista
jonjabero
candongo
lavacaras
pelotillero
barbero
quitamotas
quitapelillos
alzafuelles
lameculos
servil

adulatorio

lisonjeramente
al sol que nace

—

ADULADOR
(V. *Adulación*)

—

ADULAR
(V. *Adulación*)

—

ADULTERIO (30, 32)

adulterio
infidelidad
flagrante delito
amancebamiento

adulterar
encornudar
poner los cuernos
poner el gorro
faltar
engañar
dársela
pegársela

adúltero
malcasado
paciente
gurrumino
sufrido
consentido
cuclillo
novillo
cornudo
cabrón
cabronzuelo
predestinado
comblezado

adúltera
malmaridada
gorrera

adulterino
fornecino

adulterinamente

—

ADÚLTERO
(V. *Adulterio*)

—

ADULTO
(V. *Madurez*)

—

ADVERBIO (28)

adverbio
adverbio de cantidad
adverbio de tiempo
adverbio de lugar
» de orden
» de modo
» de afirmación
adverbio de negación
adverbio de duda
adverbio comparativo
adverbio superlativo
adverbio diminutivo
modo adverbial
locución adverbial

adverbial

adverbialmente

—

ADVERSATIVA
(V. *Oposición*)

—

ADVERSO
(V. *Desgracia*)

—

AEROLITO (3)

aerolito
meteorito
asteroide
uranolito
piedra meteórica
bólido
escudo
estrella fugaz
exhalación
leónidas

meteorítico

—

AERONÁUTICA (38)

aeronáutica
navegación aérea
aerostación
aviación
escuadrilla

aeronave
globo
globo aerostático
aeróstato
montgolfier
globo sonda
globo cautivo
dirigible
zepelín
portaaviones

barquilla
casco
fuselaje
cabina
ala
alerón
timón
hélice
radiogoniómetro
paracaídas
cobertizo
hangar

aeroplano
avión
planeador
bimotor
trimotor, etc.
monoplano
sesquiplano
biplano
triplano
poliplano
caza
bombardero
clíper
avioneta
hidroavión
hidroplano
helicóptero
rotor
autogiro
avión de chorro
cometa

aeródromo
aeropuerto
base aérea
infraestructura
pista

despegar
navegar
volar
trasvolar
planear
tripular
pilotar
pilotear
hacer el rizo
entrar en barrena
aterrizar
tomar tierra
amarar

despegue
vuelo
planeo
bache
aterraje
aterrizaje
amaraje
acrobacia

aeronauta
aeróstata
aerostero
ascensionista
piloto
aviador
paracaidista
tripulación
equipaje
azafata

aeronáutico
aeronaval
antiaéreo
supersónico
teledirigido

—

AERONAVE
(V. *Aeronáutica*)

—

AFABILIDAD (26)

afabilidad
amabilidad
dulzura
dulzor
blandura
gracia
jovialidad
boca de risa
abertura
llaneza
confianza
naturalidad
sociabilidad
civilidad
cordialidad
obsequio
atención
agrado
cortesía
condescendencia
amistad

humanar
humanizar
familiarizar
domesticar
acaramelarse
caramelizarse

acoger
recibir
poner buena cara

afable
benigno
tierno
graciable
amable
amigable
apacible
alcorzado
dulce
almibarado
azucarado
blando
meloso
melifluo
melificado
angelical
pegajoso
comunicativo
comunicable
esparcido
expansivo
expresivo
efusivo
cordial
tratable
accesible
conversable
comerciable
campechano
franco
acogedor
llano
familiar
corriente
marcial
comunero
usual
sociable
civil
urbano
cortés
atento
servicial
conciliador
afabilísimo
amabilísimo

afablemente
amablemente
dulcemente
dulce
blandamente
abemoladamente

—

AFABLE
(V. *Afabilidad*)

—

AFAMAR
(V. *Fama*)

—

AFEAR
(V. *Fealdad*)

—

AFECTACIÓN (26, 29)

afectación
amaneramiento
figurería
monada
monería
azanahoriate
zanahoriate
carantoña
aspaviento
coqueteo
patarata
empaque
prosopopeya
pose
énfasis
pedantería
pedantismo
magisterio
aire de suficiencia
ceremonia
mirlamiento
mirlo
tiesura
tesura
mojigatería
pudibundez
melindre
inelegancia

contoneo
cantoneo
cernidillo
campaneo

majeza
chulería
flamenquismo
coquetería

refinamiento
gomosería
dandismo
esnobismo
delicadeza
rebuscamiento
puritanismo

artificio
fingimiento
jactancia
fausto
gala

afectar
amanerarse

dárselas de
echárselas de
pintarla
escucharse
recortar las palabras
echar cortadillos
pedantear
atusarse
repulirse
alindongarse
mirlarse
recargar
rebuscar
ahuecar la voz
poner el paño al púlpito

contonearse
cantonearse
columpiarse
cernerse
hacer combas
anadear
nanear
remilgarse
zarandearse
cerner el cuerpo
pintar la cigüeña

petimetre
pisaverde
lechuguino
lechuguina
figurín
virote
gomoso
paquete
dandi
niño gótico
roto
fifiriche
caballerete
currutaco
dije

narciso
ninfo
lindo
lindo D. Diego
merino
alindado
boquirrubio
barbilindo
barbilucio
Petrus in cunctis

pedante
puritano
purista
culto
dómine

pedantesco
letrado
alatinado
afilosofado
filósofo
físico
gravedoso
sentencioso
superfirolítico
superferolítico
redicho
enfático
doctoral
magistral
campanudo
enflautado
mirlado

hierático

afectado
amanerado
afectador
empalagoso
amerengado
melifluo
repulgado
lamido
relamido
melindroso
crítico
soplado
repulido
sentimental
resobado
rebuscado
retorcido
tieso
cuco
estirado
almidonado
engolado
peripuesto
dominguero
pinturero
peinado
enguedejado
enlechuguillado
engolillado

afectadamente
amaneradamente
melindrosamente
pedantescamente
cultamente
dogmáticamente
ex cátedra
al descuido
al desdén
al desgaire
a lo jácaro

—

AFECTADO
(V. *Afectación*)

AFECTAR
(V. *Afectación*)

—

AFECTIVO
(V. *Sentimiento*)

—

AFEITADO
(V. *Barba*)

—

AFEITAR
(V. *Barba*)

—

AFEITE (10)

afeite
tocado
adobo
muda
perfume
ajo
alfeñique
badulaque
argentada
azucarado
clarimente
cerilla
alcanfor
lucentor
cascarilla
pasa
lanilla
cosmético
crema
pomada
manteca
vinagrillo
cold cream
barniz
tintura
blandurilla
blandura
leche virginal
blanquete
blanco de huevo
jalbegue
resplandor
albarino
color
rojete
colorete
arrebol
alconcilla
brasil
bija
polvos
alcohol
cohol
lunar
tinte
mancha
pinta
chapa
mano de gato
maquillaje

empolvorar
empolverizar
acicalar
afeitar
bruñir
relamer
emplastar
enjalbegar
jalbegar
pintarse
repintarse
sobrepintarse
amapolarse
alcoholarse
empolvarse
maquillar, -se

afeitamiento
acicalamiento
acicaladura
cosmética

tocador
camarín
paje
coqueta
espejo
polvera
borla
salserilla
salsereta
alcoholera
neceser
pulverizador
perfume

alcoholador
arrebolera
escabechado
cosmético

AFEMINACIÓN (26)

afeminación
afeminamiento
amujeramiento
enervación
enervamiento
muñequería
cominería
molicie
afectación
delicadeza

afeminarse
adamarse
cominear

marica
maricón
mariquita
mariol
marión
mujeril
cacorro
sarasa
marioso
marimarica
muñeco
acaponado
sodomita
pisaverde
ninfo
lindo don Diego
barbilindo
barbilucio
peinado
cocinilla
cominero
cazolero
cazoletero
homosexual
afeminado
amaricado
amariconado
amujerado
ahembrado
adamado
palabrimujer
enerve
fileno
carininfo
blando

afeminadamente
femenilmente
mujerilmente

—

AFEMINADO
(V. *Afeminación*)

—

AFEMINAR
(V. *Afeminación*)

—

AFIANZAR
(V. *Firmeza*)

—

AFICIÓN
(V. *Propensión*)

—

AFICIONARSE
(V. *Propensión*)

—

AFILAR
(V. *Filo*)

AFINACIÓN (29)

afinación
afinadura
temple
temperamento
entonación
tiento
punto

desafinación
destemple
desentono
desentonamiento
desentonación
gallo
gallipavo

solfeo
canto
instrumento

afinar
templar
acordar
entonar
concertar
organizar

desafinar
desacordar
discordar
desentonar
falsear
destemplar

afinador

afinador (instrumento)
templador
martillo
tocador
diapasón
tono

afinado
consonante
acorde

desafinado
discorde
desacorde
disonante
falso
desentonado
destemplado
discordante
desacordante

afinadamente
desafinadamente

—

AFINAR
(V. *Afinación* [*Mús.*])

—

AFIRMACIÓN (28)

afirmación
aseveración
aserción
aserto
dicho
tesis
dogma
protesta
contraprotesta
testimonio
juramento
afirmativa
absoluta
dogmatismo
confirmación
garantía
prueba

afirmar
aseverar
asentar
atestiguar
certificar
mantener
defender
sostener
sustentar
insistir
asegurar
segurar
prometer
dogmatizar
deponer
hablar
decir
inculcarse
protestar de
hacer pie
hacer hincapié
decir de sí
poner las manos en el fuego
confirmar
garantizar

afirmador
afirmante
dicente
diciente
dogmatizante
dogmatizador
asegurador
certificador
protestante

afirmativo
asertivo
aseverativo
asertorio
categórico
positivo
absoluto
sustentable

afirmativamente
asertivamente
aseveradamente
ex cáthedra

sí
xion
sí tal
no que no
mucho
mucho que sí
eso es
en efecto
ya se ve
pues
pues ya
a fe
por mi fe
a fe mía
a la ley de caballero
[no a la ley de cristiano
en verdad
a la verdad
ya lo creo
[ros ciertos son los toro
lo dicho dicho
por tantos y cuantos
no, que son figos

—

AFIRMAR
(V. *Afirmación*)

—

AFIRMATIVO
(V. *Afirmación*)

—

AFLICCIÓN (14)

aflicción
afligimiento
tristeza
tristura
entristecimiento
mesticia
pena
desconsuelo
desconsolación
desplacer
displacer

congoja
tósigo
angustia
ahogo
agonía
agobio
ansia
amargura
contrición
tribulación
atribulación
consternación
noche
carga
quebranto
ducas

clavo
flato
tormento
tortura
vía crucis
flagelo
traspaso
herida
cuita
sinsabor
pesar
pesadumbre
apesaramiento
sentimiento
sufrimiento
dolor
luto
llaga
escozor
espina
punzada

melancolía
melanconía
melarquía
pasión de ánimo
postración
depresión
desolación
hipocondría
esplín
nostalgia
mal de la tierra
soledad
morriña
añoranza
murria
cancamurria
mohína
zangarriana
engurrio
taima
ansión
podredumbre

compasión
dolor
pésame
péname
condolencia
duelo
manifestación de duelo
elegía
queja
llanto
suspiro

desagrado
disgusto
desgracia
decepción
desengaño
desaliento
arrepentimiento

desabrimiento
fastidio
mal humor
mala uva
taciturnidad
padecimiento
apuro
amargura
amargor
cacorra
molestia

afligir
entristecer
contristar
apesadumbrar
apesarar
apenar
afectar
amargar
acongojar
congojar
angustiar
acuitar
atribular
acorar
aquejar
quejar
desconsolar
apasionar
consumir
apretar
castigar
apurar
atormentar
tarazar
tenacear
atenazar
corroer
resquemar
atenacear
punzar
mortificar
martirizar
traspasar
asesinar
enlutar
melancolizar
amustiar
dar cañazo

entristecerse
afectarse
encuitarse
amurriarse
amezquinarse
deshacerse
concomerse
reconcomerse
repudrirse
requemarse
destrizarse
gazmiarse
escocerse
acuilmarse

ensombrecerse
apurarse
atribularse
desolarse
penarse
endecharse
enmantarse
engurruñarse
entristecer
deprimirse
cariñar
padecer
caerse
no caber el corazón en el pecho
atravesarse un nudo en la garganta
ahogarse en poca agua
clamar a Dios
nublarsele el cielo
partirse el alma
cubrirse el corazón
sentir de muerte
llorar lágrimas de sangre
poderse ahogar con un cabello
pasar la pena negra
pasar las penas del purgatorio
deplorar
sentir
lamentar
llorar
dolerse
echar de menos
añorar
dar el pésame

estar de mal humor
estar de mala luna
estar de mala data
estar mal templada la guitarra
haber pisado mala hierba
estar de mala uva
no estar para fiestas
no estar para gracias
estar con tanta jeta
mirar de mal ojo
resabiarse
escocer
añusgar
refunfuñar

aflictivo
afligente
entristecedor
desconsolador
aquejador
angustioso
agobiante
acongojador
congojoso
lloroso
flébil
gris
opaco
nebuloso
lúgubre
lóbrego
tétrico
patético
fúnebre
funéreo
elegíaco
élego
elegiano
lamentable
lamentoso
deplorable
funesto
luctuoso
lutoso
lagrimable
lagrimoso
lacrimoso

afligido
aflicto
afectado
triste
atristado
transido
desconsolado
inconsolable
dolorido
doliente
amarrido
desmarrido
amargo
aquejoso
cuitado
compungido
contribulado
penado
penoso
punzante
quemado
contrito

melancólico
tristón
sombrío
macilento
taciturno
saturnino
mohíno
murrio
maganto
mustio
cetrino
negro
nostálgico
morriñoso
pesaroso
aliquebrado
hipocondriaco
cariacontecido
cacoquimio
cabizbajo
cabezcaído
cabizcaído
cara de viernes
adusto
huerco
nocturno
alma en pena

descontento
malcontento
malavenido
disgustado
desazonado
rostrotorcido
descontentadizo
frondio

afligidamente
tristemente
luctuosamente
pesadamente
acuitadamente
acongojadamente
congojosamente
angustiosamente
angustiadamente
desconsoladamente
apesaradamente
melancólicamente
mustiamente
lamentablemente
sensiblemente
amargamente
agriamente
sin sombra
con las orejas gachas
con las orejas caídas
a la funerala

—

AFLIGIDO
(V. *Aflicción*)

AFLIGIR
(V. *Aflicción*)

—

AFLOJAMIENTO (2)

aflojamiento
laxitud
laxidad
laxación
laxamiento
flaccidez
relajación
relajamiento
desceñidura
disolución
atonía
flaqueza
flojedad
flojera
dejo
dejamiento
desmadejamiento
enervamiento
debilidad
blandura
desasimiento
desatadura

aflojar
laxar
remitir
amainar
relajar
desmadejar
aflojar las riendas
desapretar
desoprimir
desencalcar
ahuecar
mullir
enrarecer
desvencijar
desquiciar
desatar
soltar
largar
filar
lascar
arriar
arriar en banda

aflojarse
desaflojarse
soltarse
descuajaringarse
resentirse
consentir
(ceder, flaquear, etc. V. *Flaqueza*)
fallar
pasarse de rosca

aflojador
relajador
relajante
laxante

flojo
laxo
lacio
fláccido
esmalazado
desmalazado
caído
trefe
blando

flojamente
relajadamente

—

AFLOJAR
(V. *Aflojamiento*)

—

AFONÍA (13)

afonía
ronquera
ronquez
enronquecimiento
carraspera
tajada
voz cascada
voz tomada

tomarse la voz
enronquecer
ronquear
gañir
echar roncas

afónico
áfono
ronco
rauco

—

AFÓNICO
(V. *Afonía*)

—

AFORTUNADO
(V. *Felicidad*)

—

AFUERAS (11)

afueras
arrabal
suburbio
barrio
barriada
alfoz
andurrial
perchel
cercanías
goteras
inmediaciones
(alrededores, etc. V. *Contorno*)
extrarradio
ensanche
campo
campillo
salida
ejido
alijares
rancho
ruedo
tablada
humilladero
carretería

suburbano
arrabalero
rabalero

extramuros
fuera de puertas

—

AGASAJAR
(V. *Agasajo*)

—

AGASAJO (27)

agasajo
obsequio
halago
cortesía
visita
servicio
cortejo
fineza
beneficio
regalo
festejo
fiesta
ceremonia
homenaje
maesa
juanillo
complacencia
obsequiosidad
oficiosidad
atención
amabilidad
favor
delicadeza
contenta
joya
albazo
cabestraje
rendimiento
propina
alboroque
hoque
botijuela
corrobra
robra
robla
guantes
marzas
refresco
hornazo
convite
(presente, regalo, etc. V. *Donación*)

agasajar
obsequiar
festejar
cortejar
acariciar
acoger
acompañar
recibir
despedir
hacer la corte
cumplir con todos
llevar en palmas

traer en palmas
hacer la zalá
recibir con palio

agasajador
obsequiador
obsequiante
obsequioso
festejador
festejante
cortejador
oficioso
pegajoso
afable
complaciente

oficiosamente
obsequiosamente

—

ÁGATA
(V. *Sílice*)

—

AGITACIÓN (19)

agitación
concusión
revuelo
convulsión
estremecimiento
fatiga
desasosiego
tropel
ola
oleada
mareta
bullicio
revoloteo
furia
chipén
travesura
zarandeo
bationdeo
sacudida
sacudimiento
sacudidura
sacudión
zaleo
zangoloteo
zangoteo
zascandileo
trastejo
revolución
conmoción
oscilación
vibración
palpitación
pulsación
temblor
repeluzno
escalofrío

bazuqueo
zabuqueo
caceo

agitar
mover
zarandear
zarandar
azarandar
sacudir
zalear
revolver
arrevolver
solmenar
zangolotear
zangotear
doblegar
conmover
remover
ventilar
blandir
vibrar
zamarrear
tremolar
ondear
turibular
cucharetear

bullir
revolverse
palpitar
bregar
zascandilear
verbenear
hervir
pulular
bailar
escarabajear
danzar
travesear
triscar
parecer abanico de tonta
ser un azogue
parecer que tiene hormiguillo
rodearse

mecer
remecer
mejer
hamaquear
bazucar
zabucar
bazuquear
traquear
traquetear
batir
batucar
batuquear
cacear
chapotear
guachapear
chapalear
bastonear
dar bastón

agitador
batidor
batidera
molinillo
mecedor
mecedero
mejedor
agitante
revolvedor
sacudidor
tremolante

bullidor
bullicioso
bullente
travieso
fatigoso
boruquiento
lascivo
ubicuo
revuelto
inquieto
atarantado
zaragatero
vivaracho
ardiente
azogado
malo
argadillo
zarandillo
zarabando
zarabandista
locuelo
bullebulle
chiquilicuatro
mequetrefe
chisgarabís
milhombres
saltabancos
saltabarrancos
trafalmejas
peonza
molino
agitable

azogadamente
sacudidamente
como palillo de barquillero

—

AGITAR
(V. *Agitación*)

—

AGRACEJO (5)

agracejo
agrazón
agraz
agracillo
agrecillo
acetín
bérbero
bérberos
berberís
arlo
alguese
garbanzón

agracejina

—

AGRADABLE
(V. *Agrado*)

—

AGRADAR
(V. *Agrado*)

—

AGRADECER
(V. *Gratitud*)

—

AGRADO (13, 14)

agrado
agradamiento
placer
alegría
diversión
gusto
complacencia
amabilidad
coquetería
seducción
afabilidad
contentamiento
satisfacción
placimiento
placibilidad
amenidad
aceptación
boga
visualidad
vistosidad
hermosura
gracia
atractivo
simpatía
encanto
delicia
hechizo
poesía
sainete
golosina
regosto
comidilla
vida
media vida
risa
huelga
edén
paraíso

agradar
gustar
complacer
aplacer
placer
deleitar
satisfacer
contentar
acontentar
contemplar
llenar
atalantar
cuadrar
cuajar
petar
pegarse
sentar bien
animar
amenizar
gratificar
privar
halagar
enmelar
incensar
hechizar
lisonjear
regalar
camelar
coquetear
estar mirando a la cara
reír
sonreír
tener vista
llevarse los ojos
llevar los ojos
saber a rosquillas
caer en gracia
hacer tilín
tener buena sombra
tener ángel
ser de mieles
ser pan y miel
ser de rechupete

agradable
apacible
ameno
gayo
gracioso
lindo
rufo
jarifo
placentero
placiente
placible
aplacible
aplaciente
complaciente
afable
bondadoso
delicado
delectable
delicioso
deleitoso
deleitable
deleitante
grato
satisfactorio
confortable
fácil
cómodo
gustoso
acepto
bueno
bonazo
bonísimo
dulce
sabroso
suave
lene
cuco
plácido
regalado
encantador
bonito
atractivo
atrayente
adorable
seductor
fascinador
embriagador
mágico
brujo
hechicero
congraciador
desenojoso
lisonjero
amable
acogedor
risueño
carialegre
gracioso
coquetón
gachón
deseable
apetitoso
apetecible
fruitivo
godible
godesco
solazoso
amigable
pintoresco
vistoso
genial
celestial
derramaplaceres
derramasolaces
agradabilísimo
deleitabilísimo

agradablemente
gratamente
lisonjeramente
satisfactoriamente
celestialmente

—

AGRANDAR
(V. *Grandeza*)

—

AGRAVACIÓN
(V. *Gravedad*)

—

AGRAVAR
(V. *Gravedad*)

—

AGRIAR
(V. *Acidez*)

—

AGRÍCOLA
(V. *Cultivo*)

—

AGRICULTURA
(V. *Cultivo*)

—

AGRIMENSURA
(V. *Topografía*)

—

AGRIO
(V. *Acidez*)

—

AGUA (2, 3, 9)

agua
linfa
clariosa
ansia
cristal
húmedo elemento
aguadas
agua salobre
» dulce
» delgada
» lluvia
» de nieve
» gorda
» cruda
» mineral
» mineromedicinal
agua acídula o agria
» traediza
» manantial
» artesiana
» termal
» de pie
» muerta
» mansa
» viva
» sal
» lustral
» de cantera
aguapié
aguas vertientes
canalera
agua de herreros
lumbre del agua
aguacha

botería
botamen
tonelada
tonelería
aguaje
aguada
cubeta
cisterna
aljibe
cenote
estanque
almacén de agua
cantina
aguaducho
arca de agua
clavijera
viaje
vena de agua
servidumbre de acueducto

acuosidad
aguamiento
hidrología
hidrografía
hidroscopia
hidrognosia
hidráulica
fontanería

cuenca
líquido
mar
lago
laguna
charca
río
caudal
regolfo
venaje
cacimba
cachimba
arroyo
torrente
cascada
manantial
chorro
gota
lluvia
rocío
presa
embalse
acuario
canal
acueducto
baño
vasija
abrevadero
aguamanil

aguar
hidratar
enaguar
enguachinar
aguachar
aguaduchar
enaguazar
aguacharnar
bautizar
apagar
matar

azogar
acerar
mineralizar
batir
enaguachar
aguachinar
aherrumbrarse
mineralizarse
hacer aguada
descubrir
captar
alumbrar
iluminar

acuoso
aguoso
ácueo
aguanoso
aguazoso
aguado
acuático
acuatil
hidratado
húmedo
hidrófilo

mineral
mineromedicinal
ferruginosa
azoada
cárdena
ondisonante
undísono
anhidro

hidrógrafo
hidrológico
hidrográfico

agüista
aguagriero
abstemio
bañista
hidrófobo

aguador
ayuda
azacán
camino
albardilla

a flor de agua

—

AGUARDAR
(V. *Espera*)

—

AGUARDIENTE
(V. *Licor*)

—

AGUIJADA
(V. *Aguijadura*)

—

AGUIJADURA (25, 38)

aguijadura
aguijonamiento
aguijonazo
aguijonada
punzadura
incitación

aguijar
aguijonear
picanear
estimular
incitar
avispar
picar
punzar
espolear
pifar
picar de martinete
atondar
arrear
harrear

aguijador
aguijoneador

aguijada
aijada
llamadera
estímulo
picana
focino
puya
punta
aguijón
estoque
espuela

¡harre!
¡arre!
¡jau!

—

AGUIJAR
(V. *Aguijadura*)

—

AGUJA (10)

aguja
agujuela
punterol
almarada
aguja de verduga- [do
» capotera
» saquera
» espartera
» colchonera
» de ensalmar
» de mechar
» de arria
» de media
» de gancho
ganchillo
codal
broqueta
brocheta
asador
alfiler
horquilla
pasador
rascador
rascamoño
espadilla

ojo
hondón
punta

agujero
alfiletero
acerico

acicular

—

AGUJEREAR
(V. *Agujero*)

—

AGUJERO (17)

agujero
agujeruelo
orificio
meato
abertura
entrada
salida
foramen
forado
horaco
huraco
hura
hurera
cala
guzpátaro
puerta
embocadero
gatera
ratonera
respiradero
data
piquera
piquete
encajadura
agujal
mechinal
opa
huida
silbato
punto
ojete
trepado
escopleadura
escopladura
encaje
taladro
horado
clavera
barreno
boca
ojo
hondón
puntada
ojal
poro
cotana
cerradero
brújula
fogonadura
escobén
groera
imbornal
embornal
bufarda
avellanado

agujerear
agujerar
horadar
perforar
taladrar
trepar
barrenar
abrir
calar
ojalar
ojetear
acribillar
alegrar
escariar
fresar
avellanar
abocardar

agujereamiento
perforación
horadación
trepa
barrenamiento

perforador
perforante
horadador
taladrador
berbiquí
villabarquín
avellanador
formón
fresa
taladro

agujereado
forado
ojeteado
hecho una criba
horadable
ojoso
poroso

—

AGUZANIEVES (6)

aguzanieves
pezpita
pizpita
pezpítalo
pizpitillo
caudatrémula
chirivía
doradillo
motolita
sanantona
apuranieves
andarríos
aguanieves
motacila
pajarita de las nie-
ves [ves
avecilla de las nie-
nevatilla
nevereta
pisondera
lavandera

—

AGUZAR
(V. *Punta*)

—

AHOGAMIENTO (8, 12)

ahogamiento
ahogo
ahoguío
anhelo
asma
disnea
opresión
aniego
estrangulación
asfixia
sofocación
sofoco
sufocación
bochorno
agobio
inmersión
naufragio
mordaza

ahogar
anegar
estrangular
ahorcar
asfixiar
sofocar
sufocar
amordazar
escañarse
encarcavinar
apretar a uno la
nuez

ahogador
estrangulador
sofocador
sufocador
sofocante
sufocante
asfixiante
irrespirable
fétido
mefítico
deletéreo

ahogado
ahogadizo
asfíctico
asfíxico

—

AHOGAR
(V. *Ahogamiento*)

—

AHOGO
(V. *Ahogamiento*)

—

AHONDAR
(V. *Profundidad*)

—

AHORCA-MIENTO
(V. *Horca*)

—

AHORCAR
(V. *Horca*)

—

AHORRAR
(V. *Ahorro*)

—

AHORRO (33, 35)

ahorro
ahorrativa
ahorramiento
economía
conservación
parsimonia
avaricia
mezquindad
el chocolate del loro

ahorrar
horrar
economizar
escatimar
enguerar
condesar
excusar
escasear
achocar
ahuchar
entalegar
(guardar, reservar, etc. V. *Conservación*)

ahorros
economías
gato
tesoro
trapillo
peculio
reserva

alcancía
hurtadineros
ladronera
olla ciega
hucha
vidriola
caja de ahorros

ahorrador
ahorrativo
ahorrado
ahuchador

económicamente

—

AHUECAR
(V. *Hueco*)

—

AHUMAR
(V. *Humo*)

—

AHUYENTAR
(V. *Expulsión*)

—

AIRE (2, 3)

aire
elemento
éter
ambiente
la gracia de Dios

aerología
aeroterapia
neumática
meteorología

vacío
oxígeno
nitrógeno
ácido carbónico
ozono
xenón
helio
argón
argo
neón
neo
criptón
efluvio
miasma
atmósfera

airear
orear
aventar
ventear
reaventar
ventilar
desavahar
hacer aire
airearse
aventarse
inflar
soplar
desventar
desinflar
acondicionar

ventilación
aireo
aireación
aventamiento
oreo
respiración
tiro
corriente
viento
rarefacción
presión

silfo
sílfide

ventilador
abanico
abano
tarara
respiradero
zarcera
ventosa [tica
máquina neumá-
platina
manga
molinete
bomba neumática
fuelle

aéreo
aeriforme
aerífero
airoso
aeróforo
neumático
oreante
aireado
ventilado
ventoso
aerobio
anaerobio

al aire libre

—

AIREAR
(V. *Aire*)

—

AISLAMIENTO (20, 31)

aislamiento
boicot
retraimiento
recogimiento
recolección
estrechez
retiramiento
retiro
secesión
clausura
encierro
incomunicación
encerrona
guarida
reclusión
exclusión

soledad
solitud
soledumbre
desacompañamiento
abandono
apartamiento
destierro
agorafobia
misantropía
monólogo
soliloquio

toque de queda
queda
campana
conticinio

hacer el vacío
aislar
desacompañar
desasistir
desamparar
abandonar
encerrar
emparedar
boicotear
acordonar
extrañar
echar del mundo

aislarse
desertar
esquivarse
evitar
echar el cuerpo fuera
incomunicarse
retirarse
retraerse
recogerse
arrinconarse
encerrarse
enterrarse
amadrigarse
engorronarse
enajenarse
alienarse
enconcharse
meterse en su concha
venderse caro
hacer la encerrona
enterrarse en vida
quedarse en cuadro
quedar de non
morir al mundo
morir civilmente

anacoreta
anacorita
padre del yermo
estilita
ermitaño
eremita
monje
solitario
huérfano
anacorético
cenobítico

aislado
abandonado
desierto
recogido
retraído
incomunicado
abstraído
recoleto
filósofo
desconversable
solitario
soledoso
huraño
cartujo
apartadizo
nocturno
búho
huerco
misántropo
cenaaoscuras
troglodita
troglodítico

solo
solitario
horro
señero
suelto
exclusivo
alma en pena
solo como un hongo
solo como el espárrago
solo como la una
Juan Palomo
en cuadro

desertor
compañía del ahorcado

privado
excusado
desamparado
encantado
libre

simple
mero
incomplexo
puro
seco
aislable

aisladamente
en isla
uno a uno
de uno en uno
disyuntivamente
recogidamente
solitariamente
entre cuatro paredes
a solas
en su solo cabo
a trasmano

—

AISLAR
(V. *Aislamiento*)

—

AJAMIENTO (27)

ajamiento
raboseada
raboseadura
desfloración
desfloramiento
manoseo
soba
sobo
sobajeo
sobadura
sobajadura
sobajamiento
tentaruja
deterioro
marchitamiento
paño
deslustre
desgaste
desaliño
decoloración
arruga
pliegue

ajar
ahajar
deslucir
desmejorar
desflorar
sobar
sobajar
resobar
manosear
chafar
quebrar
desfigurar
mancillar
amancillar
tazar
rozar
rabosear
violar
desaliñar
desaderezar
apañuscar
escarapelar
percudir
enlaciar
cagar
descriarse

ajado
sobado
usado
manido
viejo
raído
rozado
arrugado
pálido
marchito
lacio

—

AJAR
(V. *Ajamiento*)

—

AJEDREZ
(V. *Damas*)

—

AJO
(V. *Bulbo*)

—

AJORCA
(V. *Brazalete*)

—

AJUAR
(V. *Mueble*)

—

ALA (6)

ala
élitro
remo
aleta
vuelo
alón
alirón
envergadura
encuentros
piñón
grumo
cuento
talares
pluma
ave
insecto
avión

alear
aletear
cernerse
volar
desalar
alicortar
aliquebrar

aleteo
vuelo
alada
aletada
alazo
aletazo

alado
alígero
penígero
brevipenne
aliabierto
aludo
calóptero
alípede
alirrojo
alicaído
mantudo
mantón
inalado
áptero

—

ALABANZA (24)

alabanza
alabamiento
alabancia
aprobación
asteísmo
enaltecimiento
lisonja
adulación
loor
loa
honor
lauro
laude
aclamación
aleluya
popularidad
aceptación
proclamación
preconización
apoteosis
glorificación
jactancia
bombo
autobombo

elogio
encomio
panegírico
incienso
laudatoria
recomendación
encomienda
ditirambo
epiceyo
epicedio
apología
nenia
aplauso
plauso
palmas
palmadas
cumplido
cumplimiento
congratulación
cortesía
buenas ausencias
ovación
salva de aplausos
celebración
plausibilidad

alabar
encomiar
enaltecer
hablar bien
loar
elogiar
trasloar
aplaudir
palmear
palmotear
ensalzar
proclamar
altivar
honrar
honorar
encarecer
exaltar
decantar
prodigar
pregonar
preconizar
predicar
canonizar
tamborilear
engrandecer
solemnizar
glorificar
bendecir
requebrar
magnificar
deificar
aclamar
convocar
vocear
celebrar
ovacionar
vitorear
incensar
dar jabón
dar bombo
tener buena boca
hacerse lenguas
no haber más que decir
faltar palabras
decir mil bienes
poner en, o sobre, las nubes
subir hasta las nubes
poner en el cielo
poner en los cielos
levantar hasta las nubes
levantar hasta los cuernos de la luna
subir hasta los cuernos de la luna
poner en los cuernos de la luna
poner por, o sobre, las estrellas
señalar con piedra blanca

llevar uno la gala
andar en palmas

alabador
alabancero
florero
encomiador
encomiasta
elogiador
loador
celebrador
requebrador
aplaudidor
aclamador
preconizador
panegirista
alabardero
séquito
claque

laudatorio
elogioso
encomiástico
ditirámbico
ovante
apologético
apoteósico
ponderativo
plausivo

alabable
loable
laudable
plausible

alabado
famoso

laudablemente
loablemente
plausiblemente
mejorando lo presente

¡vítor!
¡víctor!
¡victoria!
¡viva!
¡olé!
¡bravo!
¡hurra!

—

ALABAR
(V. *Alabanza*)

—

ALABARDA
(V. *Lanza*)

—

ALABASTRO
(V. *Mármol*)

—

ALACENA
(V. *Armario*)

—

ALADIERNA (5)

aladierna
alaterno
alitierno
ladierno
lanterno
palo de Bañón
» bañón
sanguino
sangredo
sangricio
carrasquilla
mesto

—

ALAMBIQUE
(V. *Destilación*)

—

ALAMBRE (4)

alambre
hilo
doradillo
alambre conejo
cable de alambre
alambre de espino
espino artificial
alambrera
alambrada

alambrado
filigrana
tela metálica
enrejado
red

tirar
estirar
alambrar

tirado

tirador (obrero)

tirador (utensilio)
hilera

—

ÁLAMO (5)

álamo
» negro
» blanco
» líbico
pobo
chopo
álamo temblón
» alpino
alno
tiemblo
lamparilla
tremolín
tremol

alameda
alnedo
alneda
pobeda
chopero
chopal
chopalera
chopaleda

—

ALARGAR
(V. *Longitud*)

—

ALBA
(V. *Amanecer*)

—

ALBAÑIL
(V. *Albañilería*)

—

ALBAÑILERÍA (11)

albañilería
mampostería
alarifazgo
alarifadgo
fábrica
fabricación
obra
froga
yesería
andamiada
tapia
encajonado
cala
hilada
banco
mampuesta
verdugo
tizón
asta
soga
sardinel
diente
dentellón
endejas
adaraja
enjarje
tortada
pellada
junta
tendel
llaga
degolladura
rejuntado
línea maestra
maestra
lisera
enripiado
broma
citarón
yesón
gasón
tiento
enlucido
pañete
paño
lucidura
lechada
jalbegue
jabielgo
guarnecido
tendido
camisa
ensabanado
estuco
estuque
marmoración
escayola
arcatifa
estuquería
embarrado
enfoscado
enarenación
aguada
caliche
abolsado
fraguado

albañear
encerar
forjar
recibir
bornear
retranquear
cantear
ripiar
enripiar
encascotar
enrasillar
enyerdugar
encañizar
entomizar
entrevigar
maestrear
atizonar
abultar
fijar
retundir
llaguear
rejuntar
zaboyar
enrasar
enchufar
adentellar
encachar
resanar
alegrar
encorozar
encarcelar
encajonar
trasdosear
socalzar
recalzar
resaludar
rafear
descimbrar
aplomar
alzar
alicatar
enjutar
encalar
repellar
picar
lavar
estropajear
acicalar
blanquear
guarnecer
tender
enfoscar
encorozar
aljorozar
fratasar
estucar
escayolar
enlucir
lucir
empañetar
jaharrar
jarrar
jarrear
entunicar
chinar
enyesar
enjebar
dar de mano
dar de llana
dar de yeso
enjalbegar
jalbegar
jabelgar
anidiar
embarrar
trullar
revocar
rozar
acometer

fraguar
tirar
hacer clavo
sentarse la obra
afollarse
abolsarse

retranqueo
paletada
estropajeo
enrasado
enlucimiento
encaladura
encalado
enfoscado
enjalbegadura
enjalbegado
enjalbiego
jabielgo
enyesadura
jaharro
estucado
revoco
revoque
revocadura
encofrado
descimbramiento
abolsamiento
bolsón

albañil
obrero de villa
mazonero
albañir
albañí
alarife
aparejador
maestro de obras
tabiquero
fijador
tapiador
cañista
encalador
enjalbegador
jalbegador
revocador
estuquista
estucador
enlucidor
peón de mano
manobre
media paleta
tapagujeros
añacalero
gente del polvillo
hormiguillo

nivel de albañil
codal
tendel
cintrel
mira
reglón
cercha
maestra
iguala
plomada
plomo
perpendículo
galápago
paleta
palustre
lengüetilla
llana
plana
badilejo
trulla
esparavel
fratás
talocha
llaguero
terraja
tarraja
avivador
hierros
cuezo
cueza
raedera
batidera
escavillo
alcotana
piqueta
piquetilla
picoleta
petalla
piocha
aciche
arciche
trinchante
hijuelas
nudillo
brochón
brigada
hondilla
capacho
frontera
cacha

argamasa
yeso
ladrillo
piedra, etc.

asardinado
de fábrica
a tizón
de asta
de media asta
de sardinel
a soga
a hueso
en seco

—

ALBARDA (38)

albarda
albarda gallinera
basto
basta
albardón
albardilla
albardela
aceruelo
jalma
enjalma
cincha
guarniciones
carga

palomilla
lomillo
lomillos
baste
sobrejalma
sobrenjalma
debajero
carona
ataharre
cangalla
socola
sotacola
enalbardar
albardar
enjalmar
embastar
desenalbardar
desalbardar
desenjalmar

albardero
albardonero
enjalmero
jalmero
bastero

albardería
albardonería
jalmería
lomillería

aguja de enjalmar
encañadura
barras

—

ALBARDILLA
(V. *Albarda*)

—

ALBARICOQUE
(V. *Albaricoquero*)

—

ALBARICOQUERO (5)

albaricoquero
albarcoquero
albergero
albaricoque
alberchiguero
damasco
albérchigo
albarillo

albaricoque
albericoque
albercoque
albarcoque
alberge
damasquillo
albaricoque de Toledo
albaricoque de Nancí

—

ALBERCA
(V. *Estanque*)

—

ALBERGUE
(V. *Hospedaje*)

—

ALBOROTAR
(V. *Alboroto*)

—

ALBOROTO (13)

alboroto
alborotamiento
turbulencia
contienda
(motín, asonada, disturbio, etc. V. *Perturbación*)
desorden
confusión
agitación
grito
gritería
griterío
grita
vocería
barbulla
bulla
chillería
vocerío
albórbola
broma
jarana
jaleo
bollo
follón
hollín
jollín
cisco
trapatiesta
parranda
zaragata
gazapina
ruido
suiza
zurriburri
zacapela
rifa
mitote
cascarada
tararira
samotana
rumantela
trapa, trapa
lelilí
lilaila
lililí
alarida
algarabía
algazara
chivateo
greguería
algarada
vocinglería
zambra
zahora
zarabanda
guirigay
jácara
hilaridad
mareta
rebumbio
rumor
tole, tole
estrépito
tiberio
estruendo
escándalo
encandalera
bululú
bullicio
bollicio
chacota
chipén
zalagarda
rebujiña
rebujina
tracamundana
aquelarre
bolina
herrería
boruca
batahola
tabaola
trulla
tremolina
gresca
somatén
baraúnda
barahúnda
vorahúnda
chacarrachaca
trápala
ginebra
guasanga
titiritaina
trisca
rifa
liorna
embullo
rebullicio
fandango
bullanga
bochinche

salchucho
trapisonda
rifirrafe
jabardillo
tumulto

pandemónium (lugar)
burdel
gallinero
infierno
casa de locos
casa de tócame Roque

alborotar
armarla
farrear
parrandear
jacarear
zahorar
embullar
zascandilear
travesear
embochinchar
meter a barato
gritar
meter a voces
echar a chacota
echarlo todo a doce
arderse la casa
hundirse el mundo
haber una de todos los diablos
haber la de Dios es Cristo
hacer una que sea sonada

alborotador
alborotapueblos
trafalmejas
zaragatero
bolinero
bullicioso
alborotadizo

alborotadamente
bulliciosamente

—

ALCACHOFA (5)

alcachofa
alcarchofa
cinara
alcachofera
alcacilera
alcaucil
alcancil
alcaucí
alcarcil
arcacil
alcacil
alcací
morrilla
gavilancillo
alcachofal

alcachofero

—

ALCAHUETE
(V. *Alcahuetería*)

—

ALCAHUETEAR
(V. *Alcahuetería*)

—

ALCAHUETERÍA (30)

alcahuetería
alcahuetazgo
lenocinio
rufianería
echacorvería
proxenetismo
tercería
trata de blancas
entremetimiento
captación
prostitución

rufianear
alcahuetear
echacorvear
enflautar
sonsacar
zurcir voluntades

alcahuete
corredor
alcamonías
correveidile
correvedile
cohen
echacuervos
tercero
tercerón
encubridor
proxeneta
algebrista
enflautador
zurcidor
burdelero
rufián

comadre
corredera
celestina
tercera
encandiladora
encandiladera
cobertera
cobejera
lena
trotaconventos
zurcidora de voluntades

proxenético

—

ALCALDE
(V. *Ayuntamiento*)

—

ALCANZAR
(V. *Llegada*)

—

ALCAPARRA (5)

alcaparra
alcaparrera
alcaparro
caparra
tápara
tápana

alcaparral

alcaparrón
taparote

caparídeo
alcaparrado

—

ALCAUCIL
(V. *Alcachofa*)

—

ALCOHOL (2, 36)

alcohol
cohol
espíritu de vino
alcohol absoluto
alcohol amílico
alcohol metílico
carbinol
alcohol etílico
cetilo
alcoholato
graduación
vino
licor
bebida

destilación
holandas

alcoholización
alcoholismo
borrachera
delírium tremens

alcoholímetro
ebullómetro

alcoholizar
alcoholar
desnaturalizar

alcoholera (fábrica)
alcoholero
alcohólico
espirituoso
espiritoso
desnaturalizado

—

ALCOHÓLICO
(V. *Alcohol*)

—

ALCORÁN
(V. *Islamismo*)

—

ALCORNOQUE (5, 36)

alcornoque
tornadizo
mesto
machero
cascarón
candela (flor)
encina (roble, etcétera)
alcornocal
sobrero
sobral
machera

descorchar
desbornizar

descorche

corcho
súber
zuro
culebra
corcho bornizo
corcho virgen
corcho segundero
corcha
cerina
tapón

corchero
corchotaponero
descorchador
suberoso
corchoso
bornio
bornizo

—

ALDEA
(V. *Población*)

—

ALEACIÓN (4)

aleación
aleación encontrada
amalgama
liga
religa
tumbaga
vellón
similor
oro verde
electro
alambre
latón
metal
dorados
azófar
cení
bronce
bronzo
bronce de aluminio
duraluminio
metal blanco
cuproníquel
alpaca
peltre
fruslera

bronceado
bronceadura
broncería

alear
ligar
religar
amalgamar
cobrear

latonero
buyador
broncista
peltrero
latonería

broncíneo
encobrado
éneo

—

ALEAR
(V. *Aleación*)

—

ALEGAR
(V. *Prueba*)

—

ALEGORÍA
(V. *Símbolo*)

—

ALEGRAR
(V. *Alegría*)

—

ALEGRE
(V. *Alegría*)

—

ALEGRÍA (14)

alegría
dicha
felicidad
contento
contentamiento
recontento
satisfacción
alegrón
alegranza
alegreza
esparcimiento
diversión
placer
agrado
gozo
alborozo
alborozamiento
juego
travesura
risa
alboroto
alarido
sanso
algazara
titiritaina
alacridad
consuelo
exultación
júbilo
regocijo
hilaridad
aleluya
fiesta
jovialidad
jocundidad
animación
entusiasmo
optimismo
alegraderas
godeo
regodeo
regolaje
zapateta
buen humor
buen temple
euforia
humorismo
lámpara

alegrar
letificar
animar
regocijar
alborozar
alborotar
desmelancolizar

alegrarse
realegrarse
gloriarse
glorificarse
gratularse
holgar, -se
gozar, -se
jubilar
exultar
retozar
chotear
alegrarse los ojos (a uno)
bailarle los ojos
alegrársele las pajarillas
no caber de contento
no caber en el pellejo
estar en la gloria
estar en sus glorias
estar hecho una pascua
estar como unas pascuas
estar como unas castañuelas
estar bien templada la guitarra
dar saltos de alegría
volverse loco
retozarle a uno el alcacer
haber pisado buena hierba
estar de buena luna
estar para hacer mercedes
estar de fiesta
estar de gorja
estar de chirinola
estar hecho de sal
echar las campanas al vuelo

alegrador
alegrante
alborotador
regocijador
regocijado
animado
eufórico
letífico
letificante
ristolero
divertido
despenador
godible
godesco
gayo
festivo
jovial
jocundo
juguetón
animado
optimista
risueño
hilarante
campante
ufano
jacarero
lozano
alegrete
gente alegre
gente del bronce
mojarrilla
carialegre
cara de pascua
cara de risa
cara de aleluya
derramasolaces
zarabandista
correntón
pajarero
entretenido
esparcido
alborozado
gozoso
vivaracho
bizbirondo
genial

alegre
contento
recontento
jubiloso
jubilante
glorificante
ufano
radiante
ledo

alegremente
regocijadamente
festivamente
placenteramente
jovialmente
jubilosamente
ledamente
alborozadamente
como unas mialmas
como niño con zapatos nuevos

aleluya
albricias
hosanna
¡huifa!
¡viva!
¡hurra!

—

ALEJAR
(V. *Lejanía*)

—

ALERCE (5)

alerce
» europeo
» africano
tuya articulada
arar
pino alerce
lárice

alerzal

abietíneo
laricino

—

ALFABETO
(V. *Letra*)

—

ALFARERO
(V. *Cerámica*)

—

ALFILER (10)

alfiler
alfilel
zanca
espetón
aguja
topo
fistol
enfaldador
broche
imperdible
alfiler de corbata
joya

alfiletero
agujero
cachucho
cañutero
canutero
cañuto

acerico
aceruelo
acerillo
almohadilla
cojinete
mercería

alfilerazo
cachuchero

—

ALFOMBRA (11)

alfombra
alombra
almofalla
estrado
estroma
tapete
alcatifa
zofra
veralca
antecama
esterilla
petate
tripe
moqueta
catalufa
tapicería
fieltro
hule
linóleo
piel
estera
ruedo
redor
peludo
felpudo
felpo
panero
baleo
escupidor
barceo
berceo
lado
arrimadillo
pleita
empleita
crizneja
limpiabarros
mortaja de esparto
álabe
estora

alfombrar
alcatifar
tapizar
empetatar
esterar
cabecear
desalfombrar
desesterar

estero
desestero

alfombrero
alfombrista
tapicero
esterero

esterería

aguja espartera
» de arria

—

ALFOMBRAR
(V. *Alfombra*)

—

ALFORJA
(V. *Bolsa*)

—

ALGA
(V. *Hongo*)

—

ALGARROBA (5)

algarroba
garroba
garrubia
garrofa
arvejera
arveja
alverja
algarrobilla
arvejana
alverjana
arvejona
aveza
vicia
veza
ervilla
alverjón
algarrobal

—

ALGARROBO (5)

algarrobo
algarrobera
algarrobero
garrofero
garrobo
algarroba
garroba
garrofa
carrafa

garrobilla

algarrobal
garrobal
garrofal

—

ALGEBRA
(V. *Matemáticas*)

—

ALGODÓN (10, 36)

algodón
cotón
algodonero
algodonal
algodoncillo
algodonosa
miraguano
yuraguano

empeine
borra
tamo
manta de algodón
guata
algodón en rama
» pólvora
» hidrófilo
paca
bala
tejido
tela
hilo

algodonar
alijar
mercerizar
enguatar
acolchar

algodonero
alijador

arrequife
almarrá
algodonería

algodonero
gosipino
algodonoso

—

ALGUACIL (32)

alguacil
aguacil
alguacilejo
barrachel
posta
esbirro
topil
grullo
satélite
guro
apuntador
mayoral
tomón
tomajón
ministro
cabo de ronda
alguacil de vara
verguer
verguero
alamín
comisionado
portero de vara
alguacilesa
alguacila
corchete
sayón
andador
ministril
abrazador
aferrador
corredor
vergueta
agarrador
galafate
arpía
porquerón
mastín
rayo
papagayo
bellerife
acerrador
señal
policía

corchetada
corchetesca
gurullada
grullada
durlines
fieras

alguacilazgo
alguaciladgo

—

ALHAJA
(V. *Joya*)

—

ALHÓNDIGA
(V. *Mercado*)

—

ALIGERAR
(V. *Levedad*)

—

ALIMENTAR
(V. *Alimento*)

—

ALIMENTICIO
(V. *Alimento*)

—

ALIMENTO (8, 9)

alimento
» reparador
» respiratorio
» combustible
» plástico
vitaminas
bolo alimenticio
comida
rozo
yantar
comer
manducatoria
bucólica
pitanza
mantención
manutención
mantenencia
consumición
muquición
pábulo
sustento
subsistencia
victo
viático
vida
dupla
puchero
pan
papas
vianda
nutrimento
substancia
sustancia
plato
mesa
estado
maná
bromatología
trofología
alibilidad
dieta
régimen
vegetarianismo
antropofagia
canibalismo
adefagia
glotonería
tragonería
tragonía
gastronomía
abdominia
gulosidad
godería
autofagia
distrofia
picacismo
pica
malacia
gula
inedia
hambre
abstinencia

víveres
comestibles
coloniales
ultramarinos
vitualla
bastimento
provisión
anona
muna
marinada
rancho
guiropa
matalotaje
conducho
avío
tanda
repuesto
recado
compra
despensa
alforja
cocaví

manjar
manjarejo
mantenimiento
vianda
artículo de primera necesidad
condumio
companage
compango
cundido
cubierto
servicio
lista
minuta
menú
banquete
caramesa
sota, caballo y rey
azotes y galeras
entremés
ante
principio
entrada
segundillo
postre
especias
sobrecomida
extraordinario
ración
porción
parvedad
parva
almudelio
almutelio
rueda
tajada
posta
puesta
presa

refrigerio
refrigeración
causa
causeo
tentempié
refresco
refrescamiento
agasajo
piscolabis
taco
amaitaco
sello del estómago
bocado
bocadillo
mascada
refacción
refección
colación
muleta
ambigú
mueso
muerdo
perla

golosina
lamín
gollería
gullería
gulloría
golloría
golmajería
galguería
chuchería
chochos
ambrosía
cotufa
jera
regalo
peteretes
sainete
porquerías
chirlomirlo

bazofia
gazofia
frarigollo
rancho
caridad
gallofa
manjorrada
menestra
sopa de convento
avío
cabañería
comistrajo
crudezas
pistraje
pistraque
pelmazo

alimentar
apaniguar
sustentar
mantener
nutrir
criar
sostener
cebar
sobrealimentar
empapuciar
atiborrar
atestar
atarugar
empapuzar
apapizar
empapujar
rellenar
embribar
tener a cuestas
» a pan y cuchillo
» a pan y manteles
dar un bocado
dar el simple cubierto

contar los bocados
hacer el pico
dar tinelo
dar mesa
estar a mesa y mantel
sentarse a la mesa
hacer plato
servir
escudillar
salvar
hacer la salva
pregustar

comer
hacer por la vida
pacer
pastar
mascar
moflir
muflir
tragar
insalivar
yantar
jalar
gandir
manducar
jamar
mamullar
muquir
papar
mamar
tomar
alimentarse
sustentarse
mantenerse
nutrirse
abocadar
echar un bocado
matar el hambre
hacer penitencia
echarse al coleto
absorber
asimilar
animalizar

desayunar
almorzar
tomar la ley
tomar las once
hacer las once
cortar la bilis
cortar la cólera
echar un remiendo a la vida
comer
hacer mediodía
merendar
merendillar
cenar
sobrecenar

golosinear
golosinar
golosear
golmajear
comichear
comiscar
comisquear
picar
promiscuar
causear
golosmear
gulusmear
enlaminarse
desensebar
desengrasar
engañar
hacer boca
comer con los ojos
contar los bocados
aguzar los dientes
estar diciendo comedme
abrir el apetito
comerse las manos tras algo

glotonear
banquetear
zahorar
saborearse

devorar
zampar
tragar
soplarse
cargar
rustrir
embaular
embocar
embuchar
emborrar
embutir
embuciar
tragonear
aforrarse
apiparse
atiborrarse
atiparse
tupirse
atracarse
repapilarse
empiparse
rellenarse
chuparse los dedos
mondar los huesos
arrebañar
comerse algo en dos bocados
servir al vientre
comer a dos carrillos
tener buen diente
tener buen saque
ser de buen comer
comer como un sabañón
comer como un tudesco
atacar bien la plaza
ponerse como un trompo
llenar el baúl [ra
estar en montanesacar el vientre de mal año
sacar la barriga de mal año
estar hasta el gollete
darse un hartazgo
dejar (la fuente) temblando
después de Dios, la olla
indigestarse

malcomer
matar el hambre
apagar el hambre
guardar la boca
no tener para un diente
no haber para untar un diente
matar de hambre

levantarse de los manteles
levantarse de la mesa

alimentación
nutrimiento
nutrición
asimilación
crianza
sustentamiento
mantenimiento
manutención
sostenimiento
sustentación
manducación
sobrealimentación
atracón
atracada
ceba

benedícite
comida

pregustación
salva
desayuno
parva
almuerzo
merienda
alifara
lifara
pasatarde
merendona
merendola
merendilla
causeo
cena
sobremesa

banquete
convite
simposio
lectisternio
ágape
festín
guateque
comilona
comilitona
tragantona
francachela
gaudeamus
pipiripao
orgía
orgia
borrasca
cuchipanda
jira
bacanal
zahora
borrachera
besugada
fabada
callada

comensalía

alimentador
alimentante
sustentante
sustentador
criador
bodegonero
alforjero
vivandero
viandera
architriclino

comedor
cenador
gandido
de buen comer
comilón
glotón
tragador
tragón
tragamallas
zampatortas
zampabollos
zampabodigos
zampapalo
gastrónomo
epulón
gomia
devorador
voraz
vorace
adéfago
tarasca
tumbaollas
tragallón
tragantón
tragaldabas
troglodita
zampón
desarreglado
buena tijera

goloso
golmajo
alcucero
golimbrón
golimbro
laminero
lambistón

morrudo
dulcero
reglado

comensal
boca
comido (bien o mal)

almorzado
desayunado
cenado
comido o bebido
apaniguado
paniaguado

polífago
omnívoro
carnívoro
carnicero
vegetariano
vegetalista
antropófago
artófago
zoófago
ovívoro
piscívoro
ictiófago
insectívoro
carpófago
lotófago
filófago
frugívoro
granívoro
fitófago
herbívoro
antófago
rizófago
geófago
escatófago
coprófago
necrófago
patatero
chofista
lameplatos

alimenticio
alimental
alimentoso
cibal
cibario
trófico
atréptico
analéptico
nutricio
nutritivo
nutrimental
substancioso
substancial
suculento
opíparo
orgiástico
pantagruélico

comible
comestible
comedero
manducativo
alible
asimilable
digerible
digestible
ligero
llamativo
empalagoso
excrementoso
incomible
incomestible
indigesto
crudo
estropajoso
trapajoso
correoso
rancio

comedor
refectorio
cenador
cenadero
tinelo
pitancería
repuesto

triclinio
mesa
mesa traviesa

aparador
trinchero
chinero
credencia
repuesto
torno

despensa
parrilla
repostería
despensería
fiambrera
fresquera
sibil
cillero
bodega
guardamangier
guardamangel

restaurante
casa de comidas
estado
figón
fonda
fondín
fonducho
bodegón
bodegoncillo
recambio
café
taberna
bar
cantina
(parador, posada, etc. V. *Hospedaje*)
pensamiento
registro
merendero
ventorrillo
tambarria
colmado
caramanchel
malcocinado
tabanco
bodegoncillo de puntapié (puesto ambulante)
atolería

abacería
abarrote
panilla
lonja
tienda de comestibles
aduanilla
pulpería
peso
peso real

abacero
abarrotero
lonjista
pulpero
bodegonero
fondista
cantinero
despensero

anfitrión
camarero
mozo
» de comedor
maestresala

suculentamente
glotonamente
golosamente
opíparamente
vorazmente
fuerte
a muerde y sorbe
de sobremesa
con el bocado en la boca

—

ALISAR
(V. *Lisura*)

—

ALIVIAR
(V. *Alivio*)

—

ALIVIO (27)

alivio
aliviamiento
mejoría
confortación
confortamiento
conforte
aplacamiento
descanso
mitigación
consuelo
consolación
voz
dilatación
desahogo
diversión
epítima
refrigerio
lenitivo
bálsamo
quitapesares
paño de lágrimas
báculo
dedada de miel
media vida
respiro
respiradero
regazo

aliviar
alivianar
aligerar
desahogar
respirar
calmar
cicatrizar
mitigar
moderar
aminorar
paliar
descargar
remediar
endulzar
aplacar
amansar
tranquilizar
consolar
confortar
reconfortar
alentar
animar
ayudar
curar
entretener
refocilar
alegrar
distraer

aliviarse
desahogarse
descansar
olvidar
no ser nada

aliviador
lenitivo
lenificativo
paliativo
sedativo
confortante
consolador
consolante
consolativo
consolable
inconsolable

consolablemente
inconsolablemente
del mal el menos
mañana será otro día

cada semana tiene su disanto
Dios es grande

—

ALJÓFAR
(V. *Perla*)

—

ALMA (23, 26, 14)

alma
ánima
ánimo
espíritu
aliento
principio vital
soplo de Dios
Ba
psiquis
demiurgo
larva
manes
hombre interior
parte superior
interior
adentros
capote
coleto
pecho
santiscario

conciencia
moral
potencia
raciocinio
entendimiento
intelecto
intelectualidad
inteligencia
imaginación
instinto
memoria
juicio
voluntad
sentimiento
sensibilidad
comprensión
reflexión
introversión
sujeto
objeto

espiritualidad
espiritualismo
inmaterialidad
inmortalidad
metempsicosis
transmigración
vida
generacionismo
(la otra vida V. *Teología*)

psicología
sicología
metafísica
filosofía
animismo
asociacionismo
frenología
frenopatía
psicometría
sicometría
psicotecnia
sicotecnia
psicofísica
sicofísica
disociación
complejo
vivencia
trance
automatismo

animar
espiritualizar
transmigrar
volar al cielo

espiritualista
animista
psicólogo
frenólogo

espiritual
psíquico
anímico
vital
subjetivo
psicológico
frenológico
introverso
suprasensible
sobrenatural
preternatural

espiritualmente

—

ALMACÉN
(V. *Tienda*)

—

ALMANAQUE
(V. *Calendario*)

—

ALMENDRA
(V. *Almendro*)

—

ALMENDRO (5)

almendro
almendrero
almendrera
almendral
allozar

allozo
almendro amargo

almendruco
almendrolón
arzolla
alloza
almendra
» mollar
» dulce
» amarga
pistacho
alfóncigo

amigdalino
amigdaláceo

—

ALMEZ (5)

almez
almezo
lodoño
latonero
alatonero
almecino
aligonero
lironero

almeza (fruto)
almecina
alotón
latón
alatón
lirón

—

ALMIREZ
(V. *Mortero*)

—

ALMOCAFRE
(V. *Azada*)

—

ALMOHADA (11)

almohada
cabecera
cabezal
cabezalejo
larguero
cervigal
travesaño
atravesaño
travesera
cuadrante
abrazador
acerico
plumazo
edredón

cojín
almohadón
cojinete
almadraque
almadraqueja
almadraqueta
colchoneta
traspuntín

funda
bulto
toalla
lana
borra
pelote
pluma
tapicería
cama
asiento

—

ALMOHADÓN
(V. *Almohada*)

—

ALMONEDA
(V. *Subasta*)

—

ALMORRANAS
(V. *Ano*)

—

ALMOTACÉN
(V. *Contraste*)

—

ALOCADO
(V. *Indeliberación*)

—

ALOJAMIENTO (11)

alojamiento
aposentamiento
composición de aposento
casa de aposento

cuartel
cuartelillo
pabellón
cuadra
gendarmería
ballestería
albergue
acantonamiento
cantón
acuartelamiento
campamento
acampamento
almofalla
posada
etapa
vivaque
vivac
real
reales
campo

alhorma
tienda
puesto
tabernáculo
barraca
rancho
cobertizo
toldería
cuartel general
cuartel real
plaza de armas
albergada
rancheadero
quintana
horno de campaña
cámara
camareta
cuarto de guardia
cuarto de banderas
caserna
fuerte
fortín
blocao
posición
fortaleza

habitación
hospedaje

acuartelar
alojar
acantonar
cantonar
abarracar
marcar el campo
asentar los reales
asentar el campo
acampar
vivaquear
alojarse
estar al vivaque
descuartelar
desacuartelar
desinvernar
desacantonar
decampar
desrancharse
batir tiendas
alzar los reales
levantar el campo

castrametación

asentador real
aposentador
mariscal
mariscal de logis
aposentador de casa y corte
furriel
boletero
itinerario
alojado

boleta
boletín
pasaporte
contenta
utensilio

cuartelero
cuartelesco

—

ALOJAR
(V. *Alojamiento*)

—

ALONDRA (6)

alondra
alhoja
aloa
aloya
alauda
sucinda

agachadera
tojo
subigüela
copetuda
calandria
caladre
zurriaga
gulloría
terrera
carabinera
caminante
cogujada
cugujada
tova
totovía
copada
cochevis
vejeta
galerita
tenca

—

ALQUILAR
(V. *Arrendamiento*)

—

ALQUILER
(V. *Arrendamiento*)

—

ALQUIMIA (2)

alquimia
crisopeya
efusión
transmutación
química

elixir
piedra filosofal
menstruo
régulo
quinta esencia
penacea universal
oro potable
magisterio

espargiro
hornillo de atanor

alquimista
quimista
adepto

alquímico
hermético

alquímicamente

—

ALQUIMISTA
(V. *Alquimia*)

—

ALQUITRÁN (2, 36)

alquitrán
brea líquida
coáltar
zopisa
alquitrán mineral
brea
brea mineral
brea crasa
pez
pez griega

alquitranar
embrear
empegar
calafatear

alquitranado
pega
empega
empegadura
betún
resina

píceo

—

ALREDEDOR
(V. *Contorno*)

—

ALTAR (1)

altar
altarejo
altar mayor
» de ánima
» privilegiado
recibimiento
hornacina
ara
árula
mesa de altar
sepulcro
antealtar
trasaltar
presbiterio
gradería
peana
peaña
grada
baldaquín
baldaquino
retablo
transparente
palia
custodia
tabernáculo
sagrario
trono
sancta
santuario
sanctasanctórum
monumento
capilla
templete
vía crucis
calvario
camarín
credencia
aparador
ambón
fóculo
sacra
mantel
sabanilla
sábana
frontal
frontalete
frontalera
(otros objetos litúrgicos V. *Culto*)
imagen
efigie
misa
culto

altarero
retablero

—

ALTERNACIÓN (21)

alternación
alternativa
periodicidad
ritmo
reciprocidad
repetición
substitución
turno

vicisitud
vez
tanda
adra
rotación
rueda
vuelta
ciclo
redolino
tandeo
rueda de la fortuna

alternar
turnar
tocarle a uno
llegarle el turno

alternador
alternante
subalternante
vecero
revecero
alternativo
alterno
vicisitudinario

alternadamente
alternativamente
a veces
a su vez
por vez
por turno
ora uno, ora otro
ya uno, ya otro
cayendo y levantando
una de cal y otra de arena
un día sí y otro no
día por medio
cada tercer día

—

ALTERNAR
(V. *Alternación*)

—

ALTERNATIVO
(V. *Alternación*)

—

ALTO
(V. *Altura*)

—

ALTRUISMO (14, 26)

altruismo
filantropía
caridad
piedad
hospitalidad
visita domiciliaria
celo
generosidad
exaltación
sublimidad
longanimidad
magnanimidad
indulgencia
tolerancia
paciencia
estoicismo
valor
desinterés
limpieza
desprendimiento
liberalidad
graciosidad
nobleza
caballerosidad
hidalguía
hidalguez
quijotismo
quijotería
civismo
patriotismo

beneficencia
beneficio
obra de misericordia
limosna
acogimiento
sacrificio
holocausto
abnegación
renunciación
perdón
quijotada

consagrarse
sacrificarse
inmolarse
renunciarse
olvidarse de sí mismo
dar la vida por

acaballerar

altruista
desinteresado
humanitario
caritativo
caridoso
filantrópico
filántropo
magnánimo
abnegado
noble
noblote
bondadoso
bien nacido
caballero
caballeroso
caballeresco
acaballerado
hidalgo
ahidalgado
generoso
garboso
romántico
romancesco
quijote
quijotesco
donquijotesco

desinteresadamente
caballerescamente
hidalgamente
ahidalgadamente
quijotescamente
levantadamente
limpiamente

—

ALTURA (17)

altura
altitud
alteza
altor
alto
guinda
peralto
elevación
proceridad
encumbramiento
encaramadura
descollamiento
estirón

plan
nivel
desnivel
peralte
altimetría
cota
hipsometría
profundidad
alzada
esbeltez
esbelteza
descuello
talla
estatura
gigantez

viso
miranda
atalaya
descubridero
vistillas
cenit

eminencia
promontorio
prominencia
montaña
risco
pico
picacho
cabezada
alto
loma
lomba
lometa
reteso
altozano
balcón
meseta
mesa
tablazo
ventorrero
altiplanicie
acirate
rasa
puna
cantón
alcarria
ajarafe
aljarafe
hacho
acho
acrópolis

sumidad
superioridad
pináculo
fastigio
ápice
cúspide
remate
picota
cumbre
cima
cresta
corona
lo alto
todo lo alto
máximo
culminación
estado
marca
talla

altímetro
barómetro
catetómetro
hipsómetro

altearse
subir
levantarse
elevarse
encumbrarse
empinarse
encimarse
culminar
nivelar
enrasar
barbear
tallar
sobresalir
salir
señorear
dominar
salvar

alto
elevado
levantado
empinado
oblongo
pingorotudo
empingorotado
encumbrado
prócer
prócero
procero
eminente
cimero
excelso
culminante
superior
supereminente
sublime
sumo
supremo
altísimo

buen mozo
mocetón
buena moza
gentil hombre
granadero
arbolado
paja larga
gansarón
estantigua
fariseo
filisteo
zanguayo
varal
hastial
altaricón
pendón
perantón
perigallo
tagarote
cangallo
espingarda
armatoste
macuco
zagalón
moscatel
jayán
gigante
gigantón
giganta
gigantilla
titán
coloso

alto
esbelto
espigado
granado
crecido
talludo
personudo
proceroso
desvaído
larguirucho
langaruto
agigantado
gigantesco
colosal
hipsométrico

elevadamente
en alto
a vista de pájaro
por cima
a caballero
arriba
suso
asuso

—

ALUBIA (5)

alubia
judía
judío
judión
judihuela
habichuela
haba
caraota
fréjol
fríjol
frisol
frijón
fisán
frisuelo
fásoles
calamaco
judía de careta
carica
caragilate
poroto
pallar
ayocote
riñones de conejo
judía verde
ejote
bajoca
leca

judiar
frijolar
bajocar

—

ALUDIR
(V. *Sugerimiento*)

—

ALUMBRADO (2, 11)

alumbrado
iluminación
fluorescencia
luminotecnia
luz
luz artificial
luminarias
iluminarias
faro
hoguera
llama
luciérnaga

tea
cuelmo
gabuzo
aguzos
ocote
mellón

tedero
almenar
fogaril

hacha
hacha de viento
antorcha
hachón
hacho
candela
lumbre
vela
lámpara
lamparón
lamparilla
lamparín
mariposa
capuchina
candileja
candil
candilón
candilejo
pendil
crisuela
pico
matula
velón
cebolla
velonera
almijara
carretón de lámpara
linterna
linternón
linterna sorda
lantia
bombilla
farol
faro
fanal
lampión
farolón
reverbero
farola
lámpara de seguridad
lámpara de minero
quinqué
tubo
bomba
boquilla
mecha
mechero
piquera
camisa
candelabro
candelero
tulipa
portalámparas
pantalla
reflector
espejo

gas
gas pobre
gasómetro
petróleo
acetileno
carburo

cárcel
candela
bujía
luz eléctrica
bombilla
arco voltaico

alumbrar
iluminar
avivar
cebar
despabilar
clarear
enceder
apagar

alumbramiento
iluminación
irradiación
reflejo

lamparería
lampistería
farolería

lamparero
lamparista
lampista
velonero
linternero
farolero
paje de hacha
tedero
gasista
acandilado
alumbrante
fluorescente

a la veneciana
a moco de candil
estar echo un cielo

—

ALUMBRAR
(V. *Alumbrado*)

—

ALUMBRE
(V. *Aluminio*)

—

ALUMINIO (4)

aluminio
duraluminio
alúmina
aluminato

alumbre
alum
piedra alumbre
jebe
ajebe
enjebe
salamandra
alumbre de pluma
alumbrera
aluminita

aluminoso
alumbrado
alumbroso

—

ALUMNO
(V. *Aprendizaje*)

—

ALLANAR
(V. *Plano*)

—

AMA
(V. *Servicio*)

—

AMANCEBAMIENTO (30)

amancebamiento
amistad
concubinato
arreglo
arreglito
enredo
apaño
lío
germanía
barraganía
barraganería
amasiato
arrimo
abarraganamiento
comercio
conversación
contubernio
prostitución

amancebarse
enredarse
amigarse
abarraganarse
amontonarse
juntarse
ajuntarse
arrimarse
liarse
envolverse
amachinarse
tratar con
cohabitar

amante
querido
amigo
concubinario
izado
comblezo
comblezado
cuyo
cachirulo
amancebado
abarraganado
cortejo
respeto
gaché
querida
querindanga
manceba
barragana
ramera
coima
daifa
dama
combleza
concubina
odalisca
quillotra
tronga
amasia
amiga
manfla
moza
entretenida
hetera
hetaira
gachí
harén
harem
serrallo

—

AMANCEBARSE
(V. *Amancebamiento*)

—

AMANECER (21)

amanecer
amanecida
alborada
hora de la modorra
alba
orto
albor
madrugada
fresca
niebla
aurora
entre luces
crepúsculo
crepúsculo matutino
maitinada
maitines
oraciones

amanecer
clarear
aclarar
clarecer
alborear
alborecer
esclarecer
rayar el día, el alba
apuntar la aurora
despuntar el día, la aurora
romper el día, la aurora
amanecer Dios
abrir el día
coger a uno el día en...
madrugar
mañanear
tomar la mañana
coger la verbena

madrugador
madrugón
mañanero

amaneciente
crepuscular
crepusculino
matutino
matinal

al amanecer
al alba
de madrugada
de mañana
a primera luz
entre dos luces
entreluces
antes del día
muy de mañana
con estrellas
al cantar el gallo
temprano

—

AMANSAR
(V. *Mansedumbre*)

—

AMANTE
(V. *Amancebamiento*)

—

AMAR
(V. *Amor*)

—

AMARGAR
(V. *Amargor*)

—

AMARGO
(V. *Amargor*)

—

AMARGOR (13)

amargor
amargura
amargo (m.)
amaritud
amargazón
reheleo
hámago
hiel
acíbar

amargar
rehelear
ahelear
helear

ahelear
acibarar

amargo (adj.)
amargoso
amarescente
acibarado
acerbo
cerrero
ácido

amargosamente
amargamente
acerbísimamente

—

AMARRAR
(V. *Atadura*)

—

AMASAR
(V. *Masa*)

—

AMBICIÓN
(V. *Deseo*)

—

AMBIGÜEDAD (29)

ambigüedad
anfibología
dilogía
obscuridad
confusión
rodeo
doble sentido
calambur
retruécano
juego de palabras
tergiversación
indeterminación

ambiguo
promiscuo
equívoco
connotante
connotativo
indeterminado
dudoso
anfibológico
incomprensible

ambagioso
equivoquista

anfibológicamente
ambiguamente
equívocamente

—

AMBIGUO
(V. *Ambigüedad*)

—

AMENAZA (25, 27)

amenaza
inminencia
peligro
interminación
reto
intimidación
conminación
juramento
maldición
apercibimiento
reprensión
amonestación
ultimátum
amago
finta
bravata
bravura
jactancia
fieros
plantas
pestes
bramuras
ronca
giro
leonería
espanto
chantaje
ceño
espada de Damocles

amenazar
cominar
intimidar
amagar
cernerse
señalar
bravear
bravocear
roncar
gallear
ladrar
apostárselas
jurárselas
hablar gordo
echar fieros
» bravatas
» chufas
» plantas
» verbos
» de bolina
enseñar, mostrar los dientes
enseñar los colmillos
enseñar las uñas
mostrar las uñas
tener en jaque
alzar la mano
poner a los pechos
ajustar cuentas
hacer y acontecer
hacer una que sea sonada
decir a uno cuantas son cinco
dar para peras
quitar la cara
quitar los hocicos

amenazador
amenazante
fanfarrón
conminatorio
plantillero
plantista
inminente
con la soga a la garganta

¡cuidado!
¡cuenta!
¡guarda!
¡guarte!
¡mira!
¡por vida!
¡cuidado conmigo!
¡no me hagas hablar!
allá te lo dirán de misas
ahora lo veredes, dijo Agrajes
nos veremos las caras
no te valdrá la bula de Meco
mañana será otro día
so pena de
pena de la nuestra merced

—

AMENAZAR
(V. *Amenaza*)

—

AMIGO
(V. *Amistad*)

—

AMISTAD (14, 31)

amistad
liga
adhesión
lealtad
trato
intimidad
intrinsiqueza
hermandad
confraternidad
compañerismo
camaradería
estrechez
estrechura
conexiones
amistades
dependencia
armonía
parcialidad
entrada
metimiento
gracia
confianza
valimiento
inclusión
oficiosidad
fineza
familiaridad
amigabilidad
visita

amistar
amigar
tratar
valer
intimar
compadrar
encompadrar
amistarse
conexionarse
estrecharse
entrañarse
internarse
familiarizarse
hacerse familiar
juntar diestra con diestra
partir peras
estar muy metido
ser muy del asa
ser uña y carne
ser muy de casa
tener mano con
tener cabida
tener lugar
estar en gracia
estar a partir un piñón
no haber pan partido
comer en un mismo plato

amigo
amigote
amigacho
amigo del asa
amigo hasta las aras

alter ego
quillotro
camarada
(compañero, etc. V. *Acompañamiento*)
compinche
compadre
comadre
favorito
valido
Fabio
conocido
amigo de taza de vino
parásito
gorrón

amistoso
amigable
amicísimo
íntimo
estrecho
entrañable
inseparable
conjunto
confianzudo

amistosamente
amigablemente
familiarmente
íntimamente
en amor y compaña
mano a mano

—

AMISTOSO
(V. *Amistad*)

—

AMO
(V. *Servicio*)

—

AMOLDAR
(V. *Molde*)

—

AMONESTACIÓN
(V. *Consejo*)

—

AMONESTAR
(V. *Consejo*)

—

AMONTONAR
(V. *Montón*)

—

AMOR (14)

amor
amor platónico
piedad
caridad
cariño
querer
dilección
cordialidad
afectuosidad
querencia
bienquerencia
bienquerer
estimación
amistad
ley
inclinación
propensión
corazón
voluntad
entrañas
afecto
apego
predilección
asimiento
adhesión
personalidad
interés
afición
filantropía
(amor al prójimo, caridad, etc. V. *Altruismo*)

Venus
Cupido
Machín

erotismo
erotomanía
lujuria
deshonestidad
pasión
idolatría
adamadura
perdición
derretimiento
flechazo
prisión
capricho
donjuanismo

amar
querer
bienquerer
querer bien
mirar bien
adorar en
mirarse en
mirarse como en un espejo
tener puestos los cinco sentidos
idolatrar
adorar
adamar
reamar
amartelar
suspirar por
chochear
morirse por una persona
estar muerto por sus pedazos
no haber más Dios ni Santa María
ser el ojo derecho de
encariñarse
aficionarse
prendarse
interesarse
apegarse
empadrarse
enmadrarse
apasionarse
pagarse
desvivirse
despulsarse

enamorarse
enamoricarse
enamoriscarse
chiflarse
encapricharse
amartelarse
enquillotrarse
perderse
encamotarse
derretirse
ladearse
chalarse
engolondrinarse
atocinarse
arrocinarse
emborricarse
no parecer costal de paja
rendir el albedrío
hacerse una jalea
hacerse unas gachas
acaramelarse

encariñar
aficionar
interesar
engreír

enamorar
namorar
quillotrar
flechar
amartelar
chalar
camelar
conquistar
seducir
galantear
festejar
cortejar
garzonear
servir
obsequiar
engorgoritar
arrullar
chichisbear
babear
babosear
piñonear
solicitar
declararse
requerir
ruar
hacer la rúa
rondar
hacer la corte
hacer el cadete
rondar la calle
pasear la calle
hacer telégrafos
hacer el oso
arrastrar el ala
pelar la pava
hacer terreno
comerse con los ojos
volver el rostro
mirar con buenos ojos

piropear
chicolear
galantear
enamorar
requebrar
florear
decir flores
echar flores
castigar

entenderse
timarse
corresponderse
acoplarse
tallar
redamar
hablar
andar divertido
coquetear
flirtear
acariciar
besar
abrazar
dar calabazas
oler a puchero de enfermo
desenamorar

enamoramiento
prendamiento
amartelamiento
amorío
amoríos
amoricones
amores
idilio
devaneo
camarico
quillotro
matrimonio
amancebamiento

galanteo
camelo
martelo
garzonía
garzonería
festejo
cortejo
remoquete
requiebro
flirteo
ventaneo
chichisbeo
coqueteo
coquetería
coquetismo
seducción
bebedizo
filtro

chicoleo
piropo
flor
terneza
requiebro
requebrajo
arrumaco
arremuesco

caricia
beso
quillotra
picadero

poesía erótica
madrigal

amador
amante
amantes
coamante
adorador
cariñoso
afectuoso
afecto
devoto
queriente
bienqueriente
amoroso
caritativo
filántropo
enamorado
fino
encelado
endevotado
esclavo
idólatra
tórtolo
chocho
chalado
amelonado
derretido
seboso
pasional
platónico
donjuanesco

enamoradizo
enamorado
galante
cupido
erotómano
alegrón
boquirrubio
baboso
babosuelo
blando de carona

enamorador
enamorante
galanteador
pretendiente
cortejador
cortejante
festejante
requebrador
rondador
conquistador
tenorio
don Juan
burlador
castigador
coquetón
rodelero
ronda
rondalla
mayos
piso

galán
galancete
trapillo
servidor
guapo
lechuguino
proco
chichisbeo
coqueta
mica

amado
dilecto
bienquisto
adoptivo
caro
carillo
ídolo
amor
quebradero de cabeza
pedazo del alma, de las entrañas
dama
dulcinea

prenda
hijo
maño
gentilhombre
nene
nena
pichón
pichona
monona
dama
rico, rica
¡vida mía!
mis ojos
hipocorístico
halago

novio
novia
prometido
futuro
esposo
cónyuge

amoroso
afectuoso
afectivo
cariñoso
caricioso
filantrópico
cordial
entrañable
inseparable
tierno
amable
amatorio
erótico

amorosamente
cariñosamente
afectuosamente
cordialmente
entrañablemente
simpáticamente
filialmente
enamoradamente
tiernamente
amarteladamente
galantemente
cariciosamente

—

AMORFO
(V. *Deformidad*)

—

AMOROSO
(V. *Amor*)

—

AMPARARSE
(V. *Protección*)

—

AMPARO
(V. *Protección*)

—

AMPOLLA (2, 20)

ampolla
burbuja
ampolluela
ampolleta
vejiga
vejiguilla
vesícula
cabrillas
flictena
cristalina
hidátide
sudamina
ponfo
bolsa
abolsamiento
(pápula, erupción, etc., V. *Piel*)
tumor
cantárida
(ventosa, etc. V. *Cirugía*)

ampollar
ahuecar
avejigar
levantar
abuñolar

avejigarse
ventearse
abolsarse
escalfarse
afollarse

ampollar
vesicular
vesiculoso
vesicante
vejigoso
escalfado
hueco

—

AMUEBLAR
(V. *Mueble*)

—

AMULETO (1)

amuleto
guayaca
filacteria
talismán
abraxas
higa
mascota
nómina
abracadabra
grisgrís
ombligo marino
ombligo de Venus
cuenta de leche
cayajabo
morión
candorga
alidona
bezoar
fetiche
reliquia
superstición
ocultismo

—

ANAQUEL (11)

anaquel
andén
entrepaño
plúteo
andana
estrada
tabla
anaquelería
armario

vasar
vasera
sobrado
revellín
aleja
leja
aparador
escudillero
alcarracero
cantarera
poyata
zafariche
repisa
balda
velonera
ménsula

—

ANATEMA
(V. *Excomunión*)

—

ANATOMÍA
(V. *Cuerpo*)

—

ANATÓMICO
(V. *Cuerpo*)

—

ANCIANIDAD (8, 21)

ancianidad
edad avanzada
agerasia
edad madura

edad provecta
vejez
viejez
envejecimiento
senectud
decrepitud
caduquez
caducidad
vetustez
chochez
chochera
acartonamiento
postrimería
longevidad
edad

geriatría
gerontología

envejecer
inveterarse
aviejar
avejentar
revejecer
encanecer
tener días
peinar canas
caerse de maduro
estar hecho un cascajo
comer el pan de los niños
andar con la barba por el suelo
arrastrar los pies
ser más viejo que la sarna
ser más viejo que un palmar
estar con un pie en la sepultura
acartonarse
apergaminarse
avellanarse
chochear
caducar
piñonear

anciano
viejo
vejezuelo
viejezuelo
vejarrón
viejarrón
vejancón
vejazo
vejote
veterano
señor mayor
hombre mayor
hombre de edad
hombre de días
abuelo
vejete
viejo verde
cotorrón
potrilla
vejestorio
matusalén
carcamal
carraco
carral
terrón
terrón de tierra
montón de tierra
zancarrón
cincuentón
quincuagenario
sesentón
sexagenario
setentón
septuagenario
ochentón
octogenario
noventón
nonagenario
quintañón
centenario

señora mayor
abuela
mamancona
calchona
bruja

anciano
provecto
viejo
reviejo
revejido
avejentado
vetusto
avanzado de edad
antañón
longevo
matusaleno
grandevo
cano
senil
senescente
cellenco
clueco
caduco
caducante
decrépito
acabado
chocho
calamocano
machucho
decano
entrado en días
entrado en años
avellanado
acartonado

—

ANCIANO
(V. *Ancianidad*)

—

ANCLA (38)

ancla
ferro
áncora
rezón
rizón
caridad
ancla de la esperanza
ancla de horma
formaleza
ancla de leva
anclote
rejera
mascarana
sinipiti
potala
sacho
uña
mapa de ancla
cruz » »
caña » »
asta » »
cepo » »
encepadura
pota
arganeo
arete
anetadura
cigala
cigalo
cigallo
malla de entalingadura
entalingadura
escapamento
disparador
estopor
mordaza
gaviete
aparejo de gata
abitones
serviola
zapata
varadero del ancla
cable
proiza
orinque
capón
cabrestillo
mojel
bitadura
galga
cabo

anclar
ancorar
echar anclas
dar fondo
pescar un ancla
tragar un ancla
estar sobre el ancla
aguantar al ancla
gobernar sobre el ancla
estar a pique
ponerse a pique
picar un ancla
enmendar un ancla
faltar un ancla
saltar » »
abatir » »
apear el »
tomar cruz
ancorar a pata de ganso
anclear
aferrar

fondear
fondear a barba de gato
dar fondo
bornear
surgir
encepar, -se
entaligar
caponar
espiar
arrejerar
engalgar
garrar
garrear
aferrar
matafiolar
cabecear sobre el ancla
bitar
abitar
despatillar
desentalingar
desancorar
desanclar
desamarrar
desaferrar
levar
descepar
orincar

anclaje
atoaje
espía
fondeo

fondeadero
dársena
puerto
cala
abra
ancladero
anclaje
surgidero
tenedero
agarradero
dormida

ancorero
ancorería

anclado
fondeado
surto
fondable
hondable
desabrigado
al ancla
a la pendura

—

ANCLAR
(V. *Ancla*)

—

ANCHO
(V. *Anchura*)

—

ANCHURA (17)

anchura
ancho
anchor
holgura
huelgo
vuelo
tiro
amplitud
latitud
envergadura
espaciosidad
desahogo
vastedad
infinitud

manga
» de arqueo
» de construcción
cuadra
amura
mura
llave de la mano
dedo, ancho de un dedo
paño
terna

ensanchar
enanchar
anchar
dilatar
explayar
extender
apartar
separar
ampliar
abocardar
abocinar
aboquillar
desbocar
escariar
alegrar
avellanar
ensancharse
entrar como por su casa

ensanchamiento
ensanche
ensancha
extensión
espacio
capacidad
distancia

ancho
anchuelo
anchuroso
entreancho
latitudinal
desparramado
abierto
lato
difuso
espacioso
hornaguero
dilatado
apaisado
anchicorto
guangocho
desbocado
ampón
holgado
amplio
amplísimo

ensanchador
avellanador

anchamente
capazmente
largamente

—

ANDADURA (19)

andadura
andada
circulación
trayecto
etapa
excursión
jornada
ajetreo
ambladura
paseo
viaje
procesión

andar (modo de)
andares
gallardía
desgaire
cojera
contoneo
cantoneo
campaneo
poleo
cernidillo
recancanilla
paso
zanco
pino
pinito

andar
caminar
martillar
deambular
recorrer
trasladarse
ir
marchar
venir
llegar
pasar
desfilar
transitar
discurrir
circular
navegar
zarcear
ruar
trajinar
ajetrear
patear
pernear
apeonar
amblar
errar
vaguear
divagar
correr
saltar
tropezar
cojear
atrancar
andar las siete partidas
atrochar
atajar
adelantar
aguijar
talonear
doblar las marchas
alargar el paso
menear las tabas
atener con
desalarse
exhalarse
zanquear
zancajear
trotar
faldear
ladear
rodear
rumbear
escarabajear
retroceder
ciar
revolver
ir por su pie
ir de infantería
quedar de infantería
caminar en el coche de San Francisco
bordonear
cuatropear
gatear
andar a gatas
» a gachas
» a tatas
serpentear
culebrear
reptar
serpear
hacer culebra
contonearse
cantonearse
columpiarse
hacer combas
cerner el cuerpo
zarandearse
anadear
nanear
jornaguearse
rebalgar
cernerse
haldear
nalguear
bambolear
bambalear
bambanear
bambonear
taconear
tartalear
trapalear
no poder dar un paso
despearse
aspearse

andante
ambulante
amblador
circulante
ruante
caminante
peón
peatón
viandante
transeúnte
andorrero
escotero
montaraz
atajador
pasicorto
saltacharquillos
saltón
acompasado
andador
andariego
caminador
andarín
tragador de leguas
tragaleguas
zanqueador
apretador
perneador
pasilargo
pisacorto
muchos pies
despatarrado
despernado
peneque
trajinero

nocharniego
nocherniego

noctívago
noctámbulo
sonámbulo
funámbulo

ambulatorio
pedestre
plantígrado
digitígrado
saltígrado
gasterópodo
reptante
andadero
cojo

andaderas
andadores
pollera
andaniño
andador
tacataca
castillejo
carretilla

odómetro
podómetro
cuentapasos

a pie
a pata
a peón
pie ante pie
un pie tras otro
de puntillas
en pinganillos
a cuatro patas
a cuatro pies
en la mula de San Francisco
a gatas
a gachas
a tatas
a la pata coja
en dos zancadas
a más andar
¡trapa trapa!
¡tole tole!

—

ANDAMIO (11)

andamio
andamiada
andamiaje
andamio colgado
castillejo
bamba
guindola
guardafuego
barbacoa
barbacuá
madero
puntal
puente
paral
almojaya
espárrago
despidiente
desvío
chapera
riostra
ejión
cimbra
foranes
plancha de viento
armazón
armadura
albañilería

mechinal
opa
huida
desvío

encastillar
paralar

—

ANDAR
(V. *Andadura*)

—

ANDARES
(V. *Andadura*)

—

ANDRAJO (10)

andrajo
trapo
trapajo
argamandel
harapo
arrapo
arrapiezo
colgajo
calandrajo
guiñapo
pingo
mengajo
pendajo
zarria
arambel
cangalla
carlanga
jirón
gualdrapa
piltrafa
descosido
descosedura
desgarrón
jerapellina
remiendo

ajironar
romper

andrajoso
guiñapiento
gualdrapero
haraposo
harapiento
maltrapillo
pingajoso
piltrafoso
zancajiento
roto

—

ANDRAJOSO
(V. *Andrajo*)

—

ANESTESIA
(V. *Insensibilidad*)

—

ANESTÉSICO
(V. *Insensibilidad*)

—

ANFIBIO (6)

anfibio
batracio
anuro
ápodo
urodelo
larva

rana
renacuajo
ranacuajo
samarugo
atepocate
zapatero
sapo
cuchareta
calamite
calamita
escorzón
escuerzo
rana de zarzal
rubeta
coicoy
guacharo
tanque
sapillo
salamandra
salmántiga
salamántiga
vaquigüela
tritón
salamandra acuática
salamanquesa de agua
gallipato
ajolote
ahuizote
coipo
fósil

—

ANGARILLAS (38)

angarillas
anganillas
árganas
árguenas
arguenas
árgueñas
caltrizas
trosas
féretro
galga
escalerilla
parihuela
cibiaca
escaño
andas
anda
guando
palanquín
camilla
ambulancia
litera
basterna
silla de manos
toldillo
carcón
hamaca

andero
arguenero
silletero
literero
hamaquero

—

ÁNGEL (1)

ángel
angelito
angelico
angelote
angelón
ángel bueno
» de luz
» custodio
» de la guarda
» caído
» exterminador

lucifer
luzbel
satanás
satán
diablo
demonio

arcángel
querube
milicia
coro
jerarquía
querubín
querub
serafín
tronos
virtudes
dominaciones
potestades
principados

angelología
angelolatría
culto de dulía

angelical
angélico
arcangélico
seráfico

—

ANGÉLICO
(V. *Ángel*)

—

ANGULAR
(V. *Ángulo*)

—

ÁNGULO (17, 18)

ángulo
recodo
zigzag
recoveco
torno
rinconada
rincón
horqueta
ancón
sucucho
ostugo
comisura
esquina
esquinazo
esquinal
cornijón
cornisón
cornijal
cornejal
punta
esquinadura
canto
cantón
recantón
trascantón
trascantonada
encuentro
mocheta
harrado
aguilón
guardarruedas
guardacantón
marmolillo
cantonera
cantonada
lima
cantillo
codo
codillo
vivo
esconce
siete
inglete
arista
aristón
chaflán

zigzag
quingos

ángulo entrante
ángulo saliente
ángulos alternos
ángulo suplementario
ángulos adyacentes
ángulos opuestos por el vértice
ángulos correspondientes
ángulos complementarios
complemento
suplemento
ángulo rectilíneo
» curvilíneo
» mixto
» mixtilíneo
» recto
» semirrecto
» oblicuo
» obtuso
» agudo
» sólido
» diedro
» triedro
» poliedro
» plano
» esférico
» de incidencia
» de reflexión
» de refracción
lado
cara
vértice

geometría
trigonometría
triangulación
goniometría
bisección
trisección

esquinar
esconzar
acodillar
arrinconar
bisecar
trisecar

escuadra
norma
transportador
gnomon movible
nomon movible
falsarregla
saltarregla
falsa escuadra
micrómetro
limbo
graduación
goniómetro

angular
codal
anguloso
esquinado
aquillado
aristoso
aristado
esconzado
repicoteado
biangular
rectangular
ortogonal
esquinado
equiángulo
cuadrángulo
cuadrilongo
rectángulo
acutángulo
oblicuángulo
farpado
dentado

angularmente
en escarpión
a escuadra
fuera de escuadra

—

ANHELO
(V. *Deseo*)

—

ANILLO (18)

anillo
anillejo
anillete
anilla
sortija
anillo de boda
(pulsera, ajorca, etc. V. *Brazalete*)
ojo
hembrilla
armella
armilla
ceño
corra
collar
vinco
galce
cercha
cincho
cinchón
cello
cerco
rumo
sotalugo
armelluela
colgadero
argolla
argolleta
argollón
branza
aro
arete
abrazadera
zuncho
suncho
manija
casquillo
virola
manguito
gaveta
garrucho
guardacabo
montadura
arandela
herrón
volandera
corona
alfardón
vilorta
velorta
barzón
estornija
mosquetón
eslabón
llavero
servilletero

arrendadero
arrendador
estrinque
eslabón
golilla
brazalete
trabón
arganeo
trébedes

encasquillar
anillar
zunchar
ceñir

anular
anillar
anuloso

—

ANIMAL
(V. *Zoología*)

—

ANIMO
(V. *Valor*)

—

ANIVERSARIO
(V. *Año*)

—

ANO (7)

ano
silla
posadero
culo
culito
asentaderas
sieso
siete
ses
ojete
orificio
puerta trasera
ojo moreno
esfínter

proctitis
fisura
almorrana
hemorroide
hemorroida
hemorroides
higo
sangre de espaldas

anal
almorraniento
hemorroidal

—

ANOCHECER (21)

anochecer
anochecida
la fresca
entreluces
vísperas
crepúsculo
crepúsculo vespertino
lubricán
entrelubricán
tardecita
tardecica
caída de la tarde
trasnochada
ángelus
oraciones

anochecer
atardecer
lobreguecer
alobreguecer
hacerse de noche
echarse la noche encima
obscurecer
tramontar
trasmontar

crepuscular
crepusculino
al anochecer
anochecido
al avemaría
a boca de noche
entre dos luces
con estrellas

—

ANORMAL
(V. *Irregularidad*)

—

ANOTAR
(V. *Apuntación*)

—

ANSAR
(V. *Pato*)

—

ANTEOJO
(V. *Lente*)

—

ANTEPECHO (11)

antepecho
guardalado
acitara
colaña
murete
pared
parapeto
trinchera
(barricada, etc.
V. *Fortificación*)
mampuesto
andarivel
batayola
batallola
barbacana
acroterio
plúteo
brocal
arcén
pretil
valla
cercado

barandilla
baranda
barandado
barandal
rastel
barandaje
balaustrada
balcón
balaustre
balaústre
garganta
mazorca
macolla
pasamano
mesilla

balaustrado
balaustral
abalaustrado
antepechado

—

ANTERIOR
(V. *Anterioridad*)

—

ANTERIORIDAD
(11, 17, 20, 21)

anterioridad
prioridad
precedencia
prelación
antelación
antedata
anticipación
adelantamiento
primado
preexistencia
antecedencia
antecedente
anteposición
predestinación
predeterminación
previsión
predicción
premisa
víspera
vigilia
antevíspera
trasnochada
propartida
inmediación
proximidad

delantera
frente
vista
anverso
recto
cara
faz
haz
fachada
hastial
lienzo
frontera
frontispicio
frontis
portada
testera
testero
testa
atrio
antecámara
antesala
antepalco, etc.
proa

principio
origen
preámbulo

preceder
anteceder
antevenir
antepasar
preexistir
abrir la marcha
adelantar
anteponer
anticipar
prefijar
predeterminar
preelegir
predecir
precitar
preconcebir
retrotraer
antedatar
acabar de

antecesor
predecesor
precursor
guía
preopinante
guión
presidente

anterior
proal
proel
antecedente
pasado
precedente
precursor
prior
previo
preliminar
premiso
preconcebido
antedicho
sobredicho
susodicho
precitado
preinserto
preexistente
antepuesto
delantero
primero
primario
primicerio
primiclerio
frontal
prístino
primordial
primigenio
príncipe
penúltimo
antepenúltimo
próximo pasado
precoz

anteriormente
antecedentemente
precedentemente
primitivamente
recientemente
recién
temprano
antes
enantes
denantes
endenantes
atrás
retro
arriba
suso
asuso
de antemano
por adelantado
principalmente
primariamente
primeramente
nuevamente
primero
de primero
primo
delante
a la cabeza de

ayer
anteayer
antier
antes de ayer
anteantier
anteanteayer
trasanteayer
trasantier
antedía
de antedía
anoche
anteanoche
antenoche
antes de anoche
trasanteanoche
anteanteanoche
anteantenoche
antaño
anteantaño

en vanguardia
a vanguardia
el ruin delante
pre-
proto-

—

ANTES
(V. *Anterioridad*)

—

ANTICIPACIÓN (21)

anticipación
aticipamiento
predeterminación
anticipo
antelación
anterioridad
adelantamiento
adelanto
delantera
preocupación
iniciativa
madrugón
precocidad

anticipar
adelantar
predeterminar
prefijar
prenotar
ocurrir
anticiparse
madrugar
antuviar
adelantarse
pisar
ganar
prometer
coger, tomar la delantera
ganar por la mano
ganar las albricias
jugar de antuvión
coger o ganar la acción
curarse en salud
quitar de la boca
trasladar

madrugar
mañanear
levantarse con estrellas
tomar la mañana
coger la verbena

anticipador
anticipante
madrugador
madrugón
mañanero

anticipado
adelantado
antuviado
precoz
verde
prematuro
inmaturo
temprano
premiso
tempranero
malogrado
abortado
abortivo

anticipadamente
adelantadamente
preliminarmente
prevenidamente
previamente
por adelantado
por anticipado
de antemano
con tiempo
primeramente
preventivamente
ante díem
temprano
tempranito
tempranamente
muy de mañana
prematuramente
temprano es noche
en agraz
en flor
en cierne

—

ANTICIPAR
(V. *Anticipación*)

—

ANTICUAR
(V. *Antigüedad*)

—

ANTÍDOTO
(V. *Veneno*)

—

ANTIGÜEDAD (21)

antigüedad
antiguamiento
vejez
envejecimiento
vetustez
ancianidad
decanato

tiempo inmemorial
tiempos heroicos
prehistoria
larga data

la antigüedad
los antiguos
antigualla
muérgano
ranciedad
rancidez
refrito
fiambre
arcaísmo
antiquismo
anacronismo
cosa del otro jueves
arqueología
monumento
paleografía
paleología

anticuar
antiguar
añejar
envejecer

anticuarse
antiguarse
envejecerse
añejarse
enranciarse
arranciarse
pasar de moda
perderse la cuenta

anticuario
arqueólogo
paleólogo
paleógrafo

antiguo
decano
veterano
anticuado
desusado
arcaico
viejo
lejano
remoto
provecto
mediato
primero
prístino
vetusto
añejo
solariego
rancio
rancioso
engolillado
trasnochado
envejecido
inveterado
inmemorial
inmemorable
antiquísimo
prehistórico
antehistórico
arqueológico
antediluviano
fósil
hombre de calzas atacadas
chapado a la antigua
más viejo que la sarna
más viejo que andar a pie

antiguamente
inmemorablemente
de antiguo
de días
en lo antiguo
a la antigua
de larga fecha
antaño
antañazo
lejos
en tiempos de los godos
el año de la nanita
en tiempo de Maricastaña
en tiempo del rey que rabió
ab initio
ab ovo

ab aeterno
desde que el mundo es mundo
yendo y viniendo días

—

ANTIGUO
(V. *Antigüedad*)

—

ANTROPOLOGÍA
(V. *Hombre*)

—

ANUAL
(V. *Año*)

—

ANUDAR
(V. *Nudo*)

—

ANULAR
(V. *Nulidad*)

—

ANUNCIAR
(V. *Publicación*)

—

ANUNCIO
(V. *Publicación*)

—

AÑADIDURA
(V. *Adición*)

—

AÑADIR
(V. *Adición*)

—

AÑO (21)

año
» común
» vulgar
» nuevo
» económico
» civil
» político
» litúrgico
» emergente
» lunar
» árabe
» embolismal
» de gracia
» bisiesto
» intercalar
» sabático
edad
años
abriles
primaveras
navidades
hierbas
verdes

anualidad
entrada
estación
témpora
temporada
invierno
primavera
verano
canícula
otoño
tiempo
embolismo
abraxas

anales
anuario

bienio
trienio
cuadrienio
cuatrienio
olimpíada
quinquenio
quindenio
lustro
sexenio
setenado
septenio
hebdómada
decenio
década
vida
endécada
ciclo solar
» lunar
» decemnovenal
» decemnovenario
» pascual
cuarentena
siglo
centuria
centenario
tricentenario
milenio
milenario
bodas de plata
» » oro
» » diamante
jubileo

entrar
correr
transcurrir

anual
anuo
añal
anal
solemne
aniversario
cabo de año
cadañal
cadañego
bienal
bisanual
bisanuo
bífero
dosañal
sobreprimado
trienal
tresañejo
trasañejo
tresañal
cuadrienal
cuatrienal
quinquenal
lústrico
sexenal
sieteñal
decenal
decenario
catorceno
quindenial
vicenal
veintenario
veinteñal
treintañal
tricenal
cuadragenario
quincuagenario
cincuentón
cincuentañal
cincuentenario
sexagenario
sesentón
septuagenario
setentón
octogenario
ochentón
nonagenario
noventón
quintañón

centenario
secular
finisecular
estacional

cadañero
sobreañal
sobreño
añejo
fañado
añoso
bisiesto
sabático
calípico
jubilar
decimonónico

entreaño
hogaño
ogaño
hogañazo
antaño
anteantaño

—

APACIBILIDAD (14, 26)

apacibilidad
buena pasta
jovialidad
bondad
blandura
dulzura
dulcedumbre
melosidad
delicadeza
delicadez
afabilidad
suavidad
benignidad
mansedumbre
paciencia
docilidad
humildad
moderación
aplacamiento
paz

aplacar
dulcificar
amansar

apacible
manso
bondadoso
benigno
bonazo
blando
dulce
suave
muelle
abemolado
delicado
fino
mego
favorable
plácido
placentero
jovial
delgado
manual
pacato
pobre
simple
angelote
mollejón
paloma
paloma sin hiel
cordero
apacibilísimo

apaciblemente
blandamente
dulcemente
suavemente
muellemente
abemoladamente

—

APACIBLE
(V. *Apacibilidad*)

—

APACIGUAR
(V. *Paz*)

—

APAGAMIENTO (2)

apagamiento
apagón
extinción

apagar
extinguir
ahogar
sofocar
sufocar
matar
morir
entremorir

apagador (persona)
matafuego
bombero

extintor
apagaincendios
matafuego
apagador (objeto)
apagavelas
matacandelas
mano de judas
cortafuego
contrafuego
raya

apagable
inapagable
apagadizo
mortecino
extintivo
extinto
extinguible
inextinguible

—

APAGAR
(V. *Apagamiento*)

—

APALANCAR
(V. *Palanca*)

—

APARATO
(V. *Mecánica*)

—

APARECER
(V. *Manifestación*)

—

APAREJO
(V. *Polea*)

—

APARENTE
(V. *Inexistencia*)

—

APARIENCIA
(V. *Aspecto*)

—

APARTAMIENTO (17, 19)

apartamiento
abducción
separación
aislamiento
lejanía
expulsión
exclusión
receso
corrimiento
arredramiento
defección
detracción
substracción
remoción
arrancadura
desviación
digresión
divergencia
bifurcación
dispersión
raridad
desacompañamiento

apartar
separar
desunir
alejar
obviar
retirar
desarrimar
desatraer
arrancar
detraer
substraer
destrabar
desviar
distraer
divertir
desamarrar
hurtar
rehuir
evitar
arredrar
arrinconar
descarriar
desgajar
relegar
declinar
acular
aislar
espaciar
aclarar
apartar de sí
expulsar
ahuyentar
rechazar
desechar
desterrar

apartarse
divergir
desacotar
descostarse
retraerse
retirarse
correrse
abarse
hacerse a un lado
hacerse allá
dividirse
desmandarse
desbandarse
descarriarse
desligarse
desgarrarse
deslabonarse
deseslabonarse
desenlabonarse
despedirse

abandonar
desacompañar
hacerse corro aparte

apartadero
vía muerta

apartador
separador
divergente
esparrancado
espatarrado
(despatarrado, etc. V. *Pierna*)

aparte
¡afuera!
¡jopo!
¡ábate!

—

APARTAR
(V. *Apartamiento*)

—

APASIONADO
(V. *Pasión*)

—

APASIONAR
(V. *Pasión*)

—

APELACIÓN (32)

apelación
alzada
casación
revisión
recurso
remedio
recurso contencioso administrativo
recurso de fuerza
recurso de casación
recurso de aclaración
recurso de injusticia notoria
recurso de nulidad
recurso de responsabilidad
recurso de revisión
recurso de mil y quinientas
recurso de súplica
recurso de segunda suplicación
recurso de apelación
deserción
agravio
año fatal
escrito de agravios
mejora
enjuiciamiento

apelar
alzarse
interponer
recurrir
apellidar
suplicar
interponer apelación
mejorar la apelación

rever
dar por desierta la apelación
retener
abrir el juicio

apelante
recurrente
apelado
apelable
inapelable

—

APELANTE
(V. *Apelación*)

—

APELAR
(V. *Apelación*)

—

APERTURA
(V. *Abertura*)

—

APETITO (8)

apetito
apetencia
gana
aceros
hambre
gazuza
gaza
caninez
hambre canina
hambre de tres semanas
hambre estudiantina
hambre calagurritana
carpanta
salsa de San Bernardo
hambruna
hambrina
voracidad
avidez
adefagia
insaciabilidad
glotonería
gula
bulimia
polifagia
malacia
pica
picacismo
cacofagia
coprofagia
necesidad
inanición
inedia
dieta
ayuno
abstinencia
sed

hambrear
malcomer
morir de hambre
matar de hambre
estar a diente
estar por esta cruz de Dios
clarearse de hambre
ladrar el estómago
picar los tolanos
comerse las manos tras
comerse los codos de hambre
abrir las ganas de comer
despertar el apetito
hacerse agua la boca
no tener para un diente
no haber para un bocado
apagar el hambre
matar el hambre

hambrón
hambriento
hambrío
deshambrido
muerto de hambre
insaciable
famélico
trasijado
transido
gandido
garoso
gomioso
hidrópico
malcomido
caballo de buena boca

aperitivo
apetitoso
apetecible

—

APICULTURA
(V. *Abeja*)

—

APLACAMIENTO (27)

aplacamiento
quedamiento
desenojo
desencono
desenconamiento
propiciación
sedación
amaine
mareta
mitigación
amortiguamiento
remisión
atenuación
alivio
moderación
placabilidad
bálsamo

aplacar
ablandar
suavizar
adormecer
sedar
atenuar
extinguir
acallar
aliviar
curar
calmar
acalmar
paliar
apaliar
mitigar
amitigar
amortiguar
dulcificar
confitar
moderar
templar
serenar
aserenar
tranquilizar
sosegar
asosegar
satisfacer
apagar
propiciar
amansar
pacificar
quebrantar
reprimir
desarmar
deshinchar
desenconar
desenojar
desenfadar
desenfurecer
desencolerizar
desensañar
cicatrizar
templar gaitas
cortar la cólera
poner en razón
echar agua al vino
mojar la pólvora
dorar la píldora

aplacarse
sosegarse
desenfadarse
rehacerse
humanizarse
pacificarse
desempacarse
desatufarse
emblandecer
ceder
remitir
desbravar
desbravecer
desenconarse
callantar
desencapotar
desencapotar los ojos [sí
volver uno sobre parar el carro

aplacador
concordador
propiciador
propiciatorio
placativo
lenitivo
paliativo
mitigador
mitigante
mitigatorio
mitigativo
calmante
sedativo
sedante
aplacable
placable

apaciblemente
mitigadamente
pare Vd. el carro
envaine Vd., o envaine Vd., señor Carranza

—

APLACAR
(V. *Aplacamiento*)

—

APLASTAMIENTO (18)

aplastamiento
achatamiento
achuchón
apabullo
cale
despachurro
chafadura
remache
plasta
torta

aplastar
comprimir
achatar
allanar
asentar
sentar
aplanar
despachurrar
apachurrar
espachurrar
esmagar
destripar
despichar
achuchar
chafar
cachifollar
remachar
roblonar
apabullar
calar
atortujar
reventar
hacer tortilla

aplastado
chato
romo
remachado

—

APLASTAR
(V. *Aplastamiento*)

—

APLAUDIR
(V. *Alabanza*)

—

APLAUSO
(V. *Alabanza*)

—

APOCADO
(V. *Timidez*)

—

APOCARSE
(V. *Timidez*)

—

APODERARSE
(V. *Toma*)

—

APODO
(V. *Nombre*)

—

APOSENTO
(V. *Habitación*)

—

APOSTAR
(V. *Apuesta*)

—

APOSTASÍA (1)

apostasía
retractación
abjuración
repudio
deslealtad
irreligión
conversión

apostatar
renegar
abjurar
descreer de Dios
descatolizar [tos
ahorcar los hábi-

apóstata
elche
mahometista
muladí
renegado
negado
renegador
libelático
relapso

—

APÓSTATA
(V. *Apostasía*)

—

APOSTATAR
(V. *Apostasía*)

—

APÓSTOL (1)

apóstol
apóstol de las gentes
evangelista
vaso de elección
obrero
discípulo
misionero
coapóstol
padre apostólico
colegio apostólico
apostolizar
evangelizar
convertir

apostolado
predicación
Actos de los apóstoles
Hechos de los apóstoles
símbolo de los apóstoles

apostólico
jacobeo
apostólicamente

—

APOSTÓLICO
(V. *Apóstol*)

—

APOYAR
(V. *Apoyo*)

—

APOYO (20)

apoyo
sostén
sustento
mantenencia
estribadero
arrimo
arrimadero
entibo
empenta
recostadero
parapeto
antepecho
barandilla
pasamanos
estribo
guardamancebo
marchapié
estriberón
descanso
asiento
cantaral

base
asiento
basa
fundamento
cimiento
sustentáculo
sustentación
soporte
peana
peaña
pedestal
contrabasa
pie
pata
poíno
taco
tarugo
cuña

ménsula
consola
cartela
repisa
palomilla
credencia
colgadero
suspensión

puntal
pie derecho
tornapunta
tentemozo
guardamozo
estampidor
espeque
candelero
estantal
poste
palo
bastón
muleta
rodrigón
tutor
támbara
madrina
hinco
cuento
perconteo
mástil
mástel
percha
madre
tanganillo
polín
pie de amigo
guardamigo
refuerzo
madero
término
pilastra
pilar
columna
arbotante
contrafuerte
horca
horqueta
horcón
horquilla
burro
caballo
borriquete
tijera
cabrilla
borrico
asnilla
caballete
armazón
apeo
apeamiento
desarrimo

moza
maripérez
trípode
trébedes
morillo

sustentante
tenante
atlante
cariátide

reclinatorio
recodadero
(cojín, almohadón, etc. V. *Almohada*)

apoyar
fundar
basar
asentar
descansar
armar
refirmar
hincar
reclinar
echar
recostar
adosar
colgar

apoyarse
arrimarse
tenerse
afirmarse
reclinarse
recostarse
acodarse
recodarse
echarse
treparse
retreparse
respaldarse

estribar
entibar
restribar

cargar
gravitar
gravear
gravar
apoyar
consistir
insistir
encabalgar
encaballar
tenerse
posar

sostener
sustentar
tener
mantener
recibir
soportar
suportar
sufrir
apuntalar
apontocar
escorar
estantalar
apear
percontear
jabalconar
jabalonar
dar el brazo a uno
dar el pie

desapoyar
desapuntalar

sostenimiento
sustentación
reclinación
suspensión
sujeción
apuntalamiento
hincapié
sostenedor
sosteniente
soportador
soportante

de pechos
encima
sobre

—

APRECIAR
(V. *Estimación*)

—

APREMIAR
(V. *Urgencia*)

—

APRENDER
(V. *Aprendizaje*)

—

APRENDIZ
(V. *Aprendizaje*)

—

APRENDIZAJE (28)

aprendizaje
tirocinio
estudio
aplicación
lucubración
práctica
instrucción
ilustración
amaestramiento
entrenamiento
autodidaxia
autodidáctica
repaso
arrastre
lección
sabatina
novatada
experiencia
enseñanza
nociones
escolaridad
exámenes

aprender
meldar
mamar
mamar en la leche
beber uno en la doctrina
estudiar
pasar
repasar
practicar
ejercitarse
cultivar
formarse
familiarizarse
tomar lección
dar lección
oír
cursar
simultanear
disputar
seguir uno las letras
picar la berza
arrastrar bayetas
ganar la palmeta
aplicarse
embeberse
hincar el codo
apretar el codo
quemarse las cejas
quebrarse los ojos
imponerse
despestañarse
hacer corrales
hacer rabona
hacer novillos
hacer pimienta
ahorcar los libros

aprendiz
tirón
aspirante
neófito
catecúmeno
adepto
discípulo
condiscípulo
practicante
principiante
principianta
barbiponiente
barbipungente
bozal
primerizo
novicio
inexperto
alumno
educando
oyente
externo
interno
pensionista
medio pensionista
medio pupilo
normalista
seminarista
peneca
estudiante
escolar
estudiantuelo
estudiantón
escolapio
empollón
arrastrante
nuevo
bolonio
pascasio
obispillo
manteísta
sopista
chofista
licenciado
legista
jurista
moralista
sumista
escolástico
artista
pasante
pasaturo
decuriato
decurión
decurión de decuriones
medianista
minimista
menorista
mayorista
estudiante de la tuna
estudiante pascuero
estudiante torreznero
goliardo
bolero
novillero

escuela
colegio
grado
clase
decuria
internado
discipulado
noviciado
doctorado
beca

bonete
sotana
manteo
hopalanda
sopalanda
hábitos

estudiantino
discipular
estudiantil
escolar
aprendedor
estudiador
estudioso
concienzudo
autodidacto
aplicado
cursante

goliardesco
calabazano

al oído
de memoria
estudiosamente
a la estudiantina

—

APRESAMIENTO (27)

apresamiento
captura
prendimiento
aprensión
aprehensión
entrecogedura
redada
secuestro
prisión

prender
aprehender
apresar
detener
arrestar
encarcelar
encobrar
copar
poner talla
pregonar
antecoger
entrecoger
atrapar
agazapar
apercollar
apestillar
entregarse
capturar
asegurar
plagiar
echar el guante
echar la garra
secuestrar
haber
apiolar
cazar
atar
manganear
lazar
lacear
enlazar
laquear
atañer
apersogar
bolear
mancornar
apealar
encerrar

lazo
armada
mangana
manganeo
boleadoras
pegual

apresador
prendedor
aprehensor
lacero
preso

—

APRESAR
(V. *Apresamiento*)

—

APRETAR
(V. *Compresión*)

—

APRISCO
(V. *Corral*)

—

APROBACIÓN (24)

aprobación
alabanza
aplauso
autorización
conformidad
beneplácito
placer
plácet
visto bueno
visado
amén
sanción
voto de confianza
asentimiento
condescendencia
permisión
aceptación
admisión
acogimiento
adhesión
boga
voz
aura
popularidad
séquito
fama
crédito

aprobar
alabar
loar
corear
aplaudir
sancionar
autorizar
abonar
acreditar
dar por bueno
dar la razón
recibir
consentir
dignarse
asentir
abundar en
aceptar
confirmar
afirmar
certificar
visar
reconocer
ratificar
canonizar
admitir
permitir
pasar
tener aceptación
privar

aprobador
aprobante
aprobatorio
aprobativo
sancionador
plausible
irreprensible
irreprochable
bien o mal visto

santo y bueno
que me place
enhorabuena
en hora buena
a la buena hora
en buen hora
norabuena
en buen punto
¡ajá!
¡ajajá!

—

APROBAR
(V. *Aprobación*)

—

APROPIARSE
(V. *Toma*)

—

APROVECHAR
(V. *Utilidad*)

—

APROXIMACIÓN (22, 24)

aproximación
cálculo aproximado
cálculo prudencial

margen
tolerancia
indeterminación
pico
tanteo
número redondo
bosquejo
esbozo
proyecto

aproximarse
acercarse
tantear

atinar
andarle cerca
marrarse poco
venir a ser

aproximado
aproximativo
aproximadamente
próximamente
casi
cuasi
bien
cerca de
al pie de
a raíz de
alrededor de
alderredor
cosa de
obra de
unos...
unas...
sobre
a vueltas de
a bulto
por encima
por cima
a ojo
a buen tino
a ojo de buen cubero
a poco más o menos
sobre poco más o menos
al tanteo
por ahí, por ahí
tarín barín
por poco
aína
cerca le anda
plus minusve
circumcirca
cachi-

—

APROXIMADAMENTE
(V. *Aproximación*)

—

APROXIMADO
(V. *Aproximación*)

—

APTITUD (26)

aptitud
habilidad
capacidad
inteligencia
idoneidad
suficiencia
disposición
buena madera
competencia
elegibilidad
personería
personalidad
genio
habilitación
rehabilitación

ser para (mucho, poco, etc.)
ser hombre para...
hallarse en disposición de

habilitar
legitimar
rehabilitar

habilitador
apto
capaz
hábil
suficiente
conveniente
idóneo
competente
calificado
aparejado
digno de
proporcionado

nacido
elegible
reelegible
habilitado

aparejadamente

—

APTO
(V. *Aptitud*)

—

APUESTA (27, 31)

apuesta
envite
envidada
traviesa
postura
puesta
quiniela
juego
carreras
rivalidad

apostar
atravesar
envidar
parar
poner
ir
echar el resto
¿cuánto va?

envidador

—

APUNTACIÓN (28)

apuntación
apuntamiento
inscripción
señal
llamada
acta
acotación
anotación
notación
observación
apostilla
postilla
postila
glosa
glose
glosilla
comentario
explicación
minuta
asiento
apunte
registro
nota
subnota
nota marginal
adversarios
decreto
membrete
brevete
borrador
prontuario
plan

anotar
apuntar
escribir
marginar
notar
pernotar
acotar
registrar
asentar
tomar razón
inscribir
alistar
listar
encabezar
empadronar
encartar
matricular
decretar
respaldar
refrendar
citar
sacar
desglosar

apuntarse
inscribirse
alistarse
matricularse
encabezar
encabezonar
escribirse

agenda
manual
guión
volante
cuaderno
libro
libreta
memoria
memorial
libro de memoria
cartapacio
vademécum
venimécum
memorando
memorándum
mamotreto
resumen
carnet
(patrón, censo, etc. V. *Lista*)

anotador
asentador
apuntador
puntador
escoliasta
inscrito
inscripto
inscribible

—

APUNTAR
(V. *Apuntación*)

—

APURAR
(V. *Gasto*)

—

ARÁCNIDO
(V. *Araña*)

—

ARADO (36)

arado
aradro
aladro
cultro
golde
garabato
ganga
canga
charrúa
forcate

reja
hierro
vertedera
orejera
abeacas
timón
clavijero
dental
galápago
cama
camba
garganta
degolladura
esteva
estevón
mancera
mangorrillo
engero
frailecillo
telera
terigüela
pescuño
velorta
belorta
vilorta
trasca
formón
barzón
mediana
aguzadura
calce
apuntadura
toza
sobeo
subeo
yugo
aguijada
arrejada
limpiadera
rejada
béstola
bístola
gavilán
enrejada

gleba
gasón
surco
caballón
albardilla
toparra
empina

(arar V. *Cultivo*)
enrejar
embarbascarse

revecero
aratriforme

—

ARAÑA (6)

araña
arañuela
tejedera
araña de agua
escribano del agua
escribanillo del agua
alguacil
» de moscas
arácnido
alacrán
arraclán
escorpión
sanapudio
sangredo
eslabón
uña
tarántula
guabá
capulina
casampulga
araña picacaballos
cáncara
garrapata
sanchina
caparra
arañuelo
pito
ácaro
abuje
segador
falangio
falangia
arador
ácaro de la sarna
» del queso

cefalotórax
abdomen
caparazón
palpo
metatarso
forcípula
aguijón
résped
cribelo
tela de araña
red de araña
telaraña
hilo
caucha
insecto

tejer
hilar

arácneo
arácnido

—

ARAÑAMIENTO (12)

arañamiento
arañada
arañazo
aruñazo
araño
aruño
rasguño
rascuño
rasguñuelo
uñarada
uñada
arpadura
escarbadura
escarbo
raspadura
rascadura
frotamiento
uña

arañar
aruñar
rasguñar
rascuñar
gatuñar
carpir
rascar
gatear
arpar
escarbar

escarbador
arañador

—

ARAÑAR
(V. *Arañamiento*)

—

ARAÑAZO
(V. *Arañamiento*)

—

ARAR
(V. *Cultivo*)

—

ARBITRAJE (32)

arbitraje
arbitramiento
arbitramento
arbitración
compromiso
laudo
sentencia
arbitrio
arbitramento
peritaje

arbitrar
laudar
comprometer
homologar

arbitrante
perito
tercero
componedor
amigable componedor
árbitro
juez arbitrador
» árbitro
» avenidor
compromisario
tercero en discordia

arbitral
arbitrario
arbitratorio
compromisorio
pericial

—

ARBITRARIEDAD (25)

arbitrariedad
exigencia
pretensión
principada
alcaldada
cabildada
polacada
atropello
tropelía
tiranía
injusticia
improcedencia
irracionalidad
casualidad
capricho
palabras al aire
voluntariedad
albedrío
veleidad
ligereza
gustazo
inconstancia
extravagancia
manía
obstinación
antojo
antojuelo
gusto
voluntad
deseo

fabricar o fundar en el aire
decir por decir
hablar por hablar
» de gracia
» a bocanadas [a locas
hablar a tontas y quejarse de vicio
hacer castillos en el aire
hacer castillos de naipes
hacer mangas y capirotes
hacer jiras y capirotes

arbitrario
caprichoso
caprichudo
voluntarioso
voluntario
veleidoso
voluble
antojadizo
temoso
apetitoso
dictatorial

infundado
injustificado
injustificable
temerario
injusto
gratuito
inmotivado
improcedente
discrecional
vano
aéreo
superficial
fútil
pueril
insostenible
absurdo
baldío
inconsistente
insubsistente
casual

arbitrariamente
infundadamente
gratuitamente
injustificadamente
vanamente
inméritamente
al aire
en seco
por nada
de vicio
en vano
sin son
sin ton ni son
a diestro y siniestro
sin más acá ni más allá
sin qué ni para qué [berlo
sin comerlo ni bepor quítame allá esas pajas

—

ARBITRARIO
(V. *Arbitrariedad*)

—

ARBITRIO
(V. *Voluntad*)

—

ÁRBITRO
(V. *Arbitraje*)

—

ÁRBOL (5)

árbol
arbolito
arbolete
arbolejo
árbol de pie
» padre
pimpollo
pie
dendrita
arbusto
mata
talamera
calle de árboles
ambulacro
liño
linio
tabla
macizo
arboleda
arbolado
arboledo
soto
floresta
agrura
mata

repoblación
bosque
monte
dehesa
huerto
fosa
jardín
calva
mancha

raíz
savia
tallo
retoño
nudo
tronco
corteza
madera
rama
copa
cima
copete
carrujo
capullina
horqueta
hoja
flor
fruto
arborescencia

arborecer
arbolecer
poblarse
aparragarse
achaparrarse
ahilarse

sembrar
plantar
trasplantar
injertar
acodar
guiar
rodrigar
enrodrigar
enrodrigonar
ahorquillar
olivar
espinar
aporcar
porcar
calzar
acohombrar
acogombrar
acollar
recalzar
atetillar
ablaquear
desaporcar
desyemar
destetillar
destallar
deschuponar
descogollar
deslechugar
deslechuguillar
desborrar
desfollonar
descocar
enralecer
podar
aparrar
terciar
apear
resegar
tronchar
destroncar
talar
cortar por el pie
arrancar
desmatar

cultivo
plantación
aporcado
aporcadura
ablaqueación
acogombradura
destetillado
injertación
cara

poda
despalme
tala
destroncamiento
dendrografía
arboricultura

arboricultor
arbolista
talador
leñador

horca
horcón
horqueta
rodrigón
tutor
arandela

arbóreo
arborescente
arboriforme
artocárpeo
dendriforme
dendrográfico
arbolado
apreso
acopado
copado
coposo
copudo
espigado
aparrado
parrado
atropado
achaparrado
acarrascado
frutal
sanjuanero
santiagueño
de año y vez
leñoso
maderable
engarbado
barbado
barbudo

avellano
almendro
almendrón
nogal
encina
cerezo
alcornoque
castaño
castaño de Indias
melocotonero
albaricoquero
ciruelo
acacia bastarda
naranjo
limonero
peral
manzano
membrillo
(fruto: membrillo
» gamboa
» membrilla
sitio: membrillar)
membrillero
higuera
higuerón
higuerote
granado
olivo
zambullo
moral
moreda
morera
morera blanca
» negra
(hoja: rebotín
fruto: mora
sitio: moreral
» moreda)

níspero
kaki
caqui
serbal
serbo

azarolla
azarollo
acafresna
silva
serba
pesgua
madroño
(sitio: madroñal)
albedro
alborocera
érbedo
madroñero
madroñuelo
bortal

acerolo
sitio: acerolar)
azarolla
acerola
manzanita de dama

azufaifo
azofaifo
azufeifo
azufaifo de Túnez
almez
algarrobo
mangostán
plátano
cambur
cepa
pácul
aguacate
fruto: íd.; palta
sitio: aguacatal)
sute
palto

acacia
sófora

aliso
homero
humero
aliseda
alisar
abedul
álamo
» líbico

acebo
(sitio: acebal
» acebeda
» acebedo)
agrifolio
aquifolio
asa
crébol [guay
hierba del Para-
jobo
hobo
marañón
merey
mango
manga
ailanto
barniz
» del Japón
maque
zumaque falso
árbol del cielo
zumaque del Japón
arce
(sitio: arcedo
» alcedo)
ácere
azre
acirón
moscón
sácere
escarrio
azcarrio
baobab
bija
achiote
achote
onoto
bucare
(sitio: bucaral)
urucú
caoba

caobana
caobo
caobilla
ébano
abenuz
yambo
(fruto: pomarrosa)
eucalipto
oca
fresno
(sitio: fresneda)
frágino
flejar
fresnal
haya
limoncillo
olmo
(sitio: olmedo
» olmeda)
olma
negrillo
(sitio: negrillera)
plátano
» falso
palma brava
roble
sándalo
azándar
sicómoro
tilo
teja
tilia
tila
teca
sauce
blima
sabina albar

abeto
alerce
araucaria
araucaria excelsa

cedro
ciprés
enebro
pino
tejo
tuya
árbol de la vida

árbol del paraíso
panjí
ciclamor
arjorán
algarrobo loco
árbol de Judas
» del amor
sicamor
azalea
rosadelfa
magnolia
queule
belérico
mirabolanos
mirabolano
mirobálanos
mirobálano
avellana de la India
avellana índica
palo de hule
quino
quebracho
goma quino
siringa
tamarindo
turbinto
lentisco del Perú
aguaribá
pimentero falso
terebinto
albotín
cornicabra
alfóncigo
alfónsigo
alfócigo
pistachero
(fruto pistacho)

alcanforero
alcanfor

clavero
(flor: clavo
» clavillo)
giroflé
jiroflé
madreclavo
madre del clavo
árbol del clavo
cacao
(sitio: cacaotal, cacahual)
cafeto
canelo
(sitio: canelar)
canelero
canelo
canelillo
árbol de la canela
canica
laurel
pimentero
pimiento
malagueta
lauroceraso
loro
laurel cerezo
» real

ácana
agáloco
áloe
lináloe
sabila
aceitunillo
argán
árbol del incienso
angolán
anacardo
caracolí
anacardino
ateje
ayúa
bayúa
aguedilla
aguedita
quina de la tierra
ahuehuete
ahuehué
aguacatillo
arabo
agracejo
abey
» macho
» hembra
amor al uso
aceitero
arraclán
aliso negro
badián
badiana
anís estrellado
ben
copal
corojo
corozo
mantequero
guanabima
catalpa
carambolo
(fruto: carambola)
covalonga
cinamomo
acederaque
agriaz
agrión
capá
cigua
árbol de la cera
cocobolo
calambac
cuarango
cañafístola
cañafístula
calambuco
árbol de María
calaba
curbaril

anime
cayeputi
copayero
copaiba
ceiba
ceibo
ceibón
chaparro
chaguaramo
ditá
dongón
drago
espino
oxiacanta
estoraque
damasorio
azumbar
guamo
guabo
guaba
guama
guácima
guacimo
guarimán
granadillo
guayaco
guayacán
lodoñero
gutagamba
güira
higuero
totumo
(fruto: totuma)
jícaro
hibuero
ipil
jabí
quiebrahacha
jabillo
árbol del diablo
jagua
carato
caruto
jaborandi
jaboncillo
juvia
júcaro
jachalí
lepidio
mostellar
mostajo
mojera
mangachapuy
majagua
(sitio: majagual)
mudar
mezquite
(sitio: mezquital)
moriche
(sitio: morichal)
matapalo
mate
morística
morsana
manzanillo
nazareno
narra
ñire
ombú
bellasombra
ocozol
otoba
paulonia
pangelín
angelín
peralejo
papayo
lechoso
paraparo
parapara
pacana
patagua
quinchoncho
raigón del Canadá
sasafrás
saxifraga
sebestén
sebastiano
sibucao
sapan
sándalo rojo

samán
súchel
súchil
suche
seje
sabicú
sarapia
sarrapia
taparo
amarillo
tataré
coronda
tuatúa
tiquistiquis
tacamaca
tacamacha
tacamahaca
tindalo
tipa
volador
vera
yacio
zapote
sapote
zapotero
(fruto: zapote)
zapotillo
chicozapote
mamey
níspero
zapallo
lapacho
guayabo
tarco
urundey
lingue
yacal
guacal
copeisillo
carne de doncella
luma
chaguarama
cuyá
carolina
cuaba
chilca
chicharrón
cuajaní
cumarú
daguilla
chirca
apacorral
cupana
chañar
copey
curí
molle
capororoca
cordobán
guara
tigüilote
cana
timbó
guanacaste
camalara
banaba
bagá
bancal
paraguatán
pellín
alecrín
antejo
camaguira
aguay
cambuí
cañahuate
camibar
guaguasí
guamá
guamo
(fruto: guama)
timbiriche
piune
tiaca
baria
guabán
capulí cimarrón
vinagrillo
aleluya
candelabro
cebil
camarinas
cabalonga
calalú
guao
yamao
camagua
cenízaro
belloto
almácigo
frailejón
frijolillo
cinacina
caroba
pañil
alipata
teníu
alim
radal
pillopillo
tala
cativo
peumo
simarruba
carao
carago
carámbano
canime
palo blanco
» cochino
» cajá
cambará
cáscara sagrada
caulote
caraña
yagruma
» macho
» hembra
yagrumo
yaya cimarrona
tamarugo
canelilla
catigua
camacero
carisquis
cariocar
santol
barbusano
carboncillo
caroto
guabirá
molle
araticú
quillay
tengue
setica
cerbas
caimito
(sitio: caimital)
temu
pitao
quiaca
tique
molle
mahonesa
tarumá
tataibá
secoya
grevillo
casuarina
escajocote
anona
anón
anona de Méjico
yaca
guanábano
(fruto: guanábana)
temisque
árbol del pan
chirimoyo
(fruto: chirimoya)
anona del Perú

brasilete
brasil
mangle blanco
cauba
guabico
güimba
lúcumo
lúcuma
carpe
chirca
chilindrón
dividivi
dagame
coronillo
cas
cascalote
caldón
calabacino
guabiyú
litre
nanjea
notro
mamón
pelú
ubajay
uvero
visco
camarú
yaicuaje
yaití
coihué
cerillo
ciruelillo
yana
alfiler
acle
maitén
macagua
espinillo
yaba
raulí
bollén
yaya
guayo
carbonero
cajuil
cajuela
tepú
cocuyo
cucuyo
cucuy
palma

—

ARBOLADURA (38)

arboladura
guinda
abra
palo
mástil
árbol
nabo
palo macho
tiple
percha
berlinga
bandola
bandolín
bandolón
palo mayor
maestro
árbol mayor
mesana
contramesana
trinquete
látigo
calcés
espiga
mecha
contramecha
tope
carlinga
tamborete
teja
cachola
bao
jimelga
chapuz
mallete
enmalletado
capa aguadera
fogonadura
boca
capa
bauprés
batallol
gavieta
moco
botavara
cazaescota
botalón
tangón
tormentín
mastelero
» de gavia
» de juanete
» de perico
» de popa
» de proa
» de velacho
» de sobremesana
mastelero mayor
mastelerillo
mastelerillo de juanete
mastelerillo de juanete de popa
mastelerillo de juanete de proa
mastelerillo de juanete mayor
mastelerillo de perico

perroquete
asta
posaverga
cruceta
zanco
tope
coz
mesa
verga
verga seca
batículo
trinquete
triquete
perico
cangrejo
pico cangrejo
juanete
sobrejuanete
cazabraza
cruzamen
grátil
boca
galápago
estribo
cruz
paloma
ostagadura
penol
tojino
sobrecebadera
contracebadera
sustentante
botavara
cojín
racamento
racamente
bastardo
raca
arracada
arritranco
contrarracamento
vertello
liebre
cofa
cenefa
gavia
chanflón
boca de lobo
entena
antena
pena
car
arbotante
tabla de guindola
aparejo

arbolar
mastear
enmalletar
jimelgar
enjimelgar
atojinar
encandelar
estayar
drizar
embicar
desarbolar
desmantelar
despenolar
agarrochar
calar
rendirse

encandilado
embicadura
desarbolo
latigazo

rabiseco

—

ARBUSTO (5)

arbusto
frútice
mata
matojo
matorro
bejuco
trepadora
roza
monte
monte bajo
maleza

arbustivo
leñoso
fruticoso
sarmentoso
cespitoso

avellano
membrillo
membrillera
rosal
(sitio: rosaleda)
escaramujo
zarza
zarza lobera
camelia
potentila
rododendro
adelfa
(sitio: adelfal)
laurel rosa
rododafne
carpe

baladre
ojaranzo
hojaranzo
rosa francesa
adelfilla
lauréola
hortensia
fucsia
heliotropo
heliotropio
vainilla
jazmín
» real
» de España
» amarillo
gemela
diamela
sampaguita
jeringuilla
celinda
junco florido
palo de jabón
madreselva
hiedra
yedra
hiedra arbórea
cazuz
hederáceo
lila
lilac
mundillo
mundo
bola de nieve
sauquillo
canillero
geldre
mirto
boj
(sitio: bujedo
» bujeda
» bujedal
» bojedal)
boje
aligustre
ligustro
(flor: ligustre)
alheña
alcana
cinamomo
rosariera
ligustrino
bonetero
husera
evónimo
aladierna
sangüeño
taray
(sitio: tarayal)
taraje
atarfe
tamariz
tamarisco
taharal
tamarigal
laurel
dafne
laurel alejandrino
lauréola
» macho
» hembra
loriguillo
láureo
luisa
reina luisa
hierba luisa
albahaquilla de Chile
albahaquilla del campo
frambueso
grosellero
agracejo
aje
madroño
(sitio: madroñera
» madroñal)
madroñera
madroñero
madroñuelo
marojo
mangle
manglar
alcaparra
enebro
té
vid
labrusca
parriza
parrón
parra
parra de Corinto
cepa virgen
ampelopsis
vainilla
yuca
guacamote
cangre
saúco
sabuco
(flor: sayuguina
sitio: sabucal)
sabugo
cañilero
sabugal
tragacanto
tragacanta
adraganto
alquitira
granévano
astrágalo
mimbre
retama
escoba
(sitio: escobar,

escobón
escobilla
acianos [zuela
escoba de cabe-
alcabota
cabezuela
chaparro
chaparra
mata parda
brezo
berozo
gaollo
gorbiza
urce
erica
bermejuela
brezal
jara
estepa
(sitio: estepar)
estepilla
estepa blanca
jara blanca
codeso
citiso
borne
piorno
codesera
cornejo
(sitio: cornejal)
cornizo
sanguiñuelo
durillo
corno
albellanino
sanguino
cerezo silvestre
carpe
ojaranzo
romero
(sitio: romeral)
rosmarino
tomillo
serpol
samarilla
lavándula
tumo
espliego
alhucema
chaguarzo
senserina
tomillo salsero
turra
tomaza
belcho
uvas de mar
uva marina
canadillo
hierba de las co-
yunturas
balsamina
momórdiga
borrachero
bardaguera
boldo
bombonaje
brea
asiento de pastor
aulaga merina
erizón [cente
alfalfa arbores-
asnacho
algarabía
añil
(sitio: añilería)
índigo
aralia
alicanto
alacayuela
albohol
aguín
abroma
cambrón [nal]
(sitio: cambro-
cambronera
arto [
artos
capuchina [dias
alcaparra de In-
correhuela
corregüela

altabaquillo
albohol
cornicabra
cariaquito
cerito
cerillo
coca
hayo
candilera
cubeba
casia
cuasia
carquexia
calderilla
agraz
cascarillo
cascarillero
cúrbana
cardón
coletuy
colliguay
ceje
celastro
cerezo de los ho-
tentotes
carrasquizo
casiopiri
cantú
catarrufín
cayaya
calceolaria
cardón
chagual
chichicaste
chamico
coral
chayo
durillo
díctamo
díctamo crético
dulcamara
dulzamara
espino
espina de cruz
» santa
espantalobos
sonaja
floripondio
emborrachacabras
roldón
fustete
filigrana
frutilla del campo
frailecillo
gayuba
avugués
agauja
uruga
uvaduz
manzaneta
aguavilla
guardalobo
escobizo
gardenia
jazmín de la In-
dia
jazmín
griñolera
galán de noche
» de día
guaicurú
guañil
guandú
hisopillo
morquera
hediondo
leño hediondo
jaguarzo
juaguarzo
estepa negra
lentisco
almácigo
mata
charneca
lentiscal
charnecal
lúpulo
hombrecillo
labiérnago
sao
matojo

tamojo
murtilla
murtina
macuca
mandioca
maqui
nilad
natri
olivillo
onagra
orzaga
armuelle
salgada
salgadera
álimo
marismo
piñón
tempate
paulinia
guaraná
parcha granadilla
pajea
ajea
palqui
parqui
palpi
pichi
pircún
pingopingo
palhuén
palpallén
petra
pimientilla
pilapila
quejigueta
quilmay
quilo
ratania
rumpiata
sauzgatillo
agnocasto
pimienta silvestre
pimiento loco
» montano
pimienta loca
pimiento silvestre
pimentero [dias
guindillo de In-
mudar
morrionera
sarga
(sitio: sargal)
sarguero
mata de la seda
árbol de la seda
salicor
sapina
salvia
gallocresta
ormino
orvalle
cedro de España
sabina
» rastrera
» roma
(sitio: sabinar)
saldorija
simbol
salab
sarandí
sampa
sayon
salvilora
sen
sena
trompillo
teucrio
turbit
tamujo
tamujal
tralhuén
tola
tomatillo
tostón
terciopelo
topatopa
tamarilla
tornillo
uvillo
ubi
hisopo

mangostán
aliaza
escajo
guillomo
ciática
chinchúa
careicillo
tara
trebo
sabinilla
sacatinta
repo
quinchoncho
níspero del Japón
ipecacuana de las
Antillas
guancho
escoba negra
votri
viburno
velorto
yáquil
yaichihue
zumaque
(sitio: zumacar
» zumacal)
rus
zagua
salado negro
zamarrilla
pollo
icaco
ipecacuana
cabalonga
haba de San Ig-
nacio
huingán
hicaco
torvisco
torvisca
matapollo
matagallina
bolaga
zarza
zarzaparrilla
(sitio: zarza-
parrillar)
zarzaparrilla de
la tierra
zarzaparrilla de
Indias
boqui
coguilera
culén
tocino

—

ARCA
(V. *Caja*)

—

ARCILLA (4)

arcilla
argilla
argila
alfar
arcilla figulina
barro blanco
bol arménico
bolo arménico
bol de Armenia
bolo
rúbrica lemnia
búcaro
verdacho
caolín
tofo
launa
cocó
galactita
galactites
galatite
galaxia
greda
buro
buhedo

gredal
calvero
blanquizal
blanquizar
sílice
tierra
lodo
cerámica
ladrillo

arcilloso
argiloso
gredoso
gredal

—

ARCO (11, 17)

arco
» abocinado
» adintelado
» a nivel
» apainelado
» apuntado
» botarete
» carpanel
» zarpanel
» escarzano
» de medio
punto
» de punto en-
tero
» de punto
hurtado
» conopial
» enviajado
» cegado
» ciego
» crucero
» degenerante
» perpiaño
» por tranquil
» realzado
» rebajado
» remontado
» tercelete
» toral
» terciario
» túmido
ojiva
arbotante
sobrearco
botal
formalete
formero
forma
arcada
arquería
danza de arcos
nervio
cepa
seno
cincho
peralte
arranque
cuerda
imposta
tirantez
montea
cintel
cintra
cimbra
corvadura
intradós
vuelta
trasdós
arquivolta
archivolta
rosca
arrabá
alfiz
bóveda
dovela
dovelaje
saltacaballo
intradós
almohadón
salmer

aristón
sotabanco
clave
espinazo
contraclave
formaleta
formero
costilla
cintrel
cercha
cerchón
gálibo

arrancar
mover
» de salmer
» de cuadra-
do
montear
asalmerar
cimbrar
peraltar
rebajar
capialzar
voltear
descintrar

cintrado
cimbrado
capialzado
ojival
gótico

—

ARCO *(Geom.)* (17)

arco
» de círculo
» suplementa-
rio
suplemento
arco complemen-
tario
complemento
(grado, minuto,
etc. V. *Círculo*)
(seno, coseno, etc.
V. *Trigonome-
tría*)

cuerda
subtensa
sagita
flecha
ojiva
lúnula

arcar
enarcar
arquear
subtender
arrufar

lunado
semilunar

—

ARDER
(V. *Combustión*)

—

ÁREA
(V. *Superficie*)

—

ARENA (4, 11)

arena
» muerta
» bruja
» de mina
» cavadiza
sábulo
sablón

albero
sorra
cañamoncillo
lama
cancagua
carboncillo
sílice

arenal
arenalejo
sable
sablera
rambla
médano
desierto
bajío
secano
seca
lastre
duna
playa
ribera

enarenar
arenar
arramblar
desarenar

desareno

arenero

arenoso
arenisco
arenáceo
sabuloso

—

ARENOSO
(V. *Arena*)

—

ARETE (10)

arete
arillo
aro
verduguillo
abridor
pendiente
zarcillo
cercillo
candado
arracada
caravanas
candongas
dormilonas
desaliños
perendengue
pelendengue
broquelillo
bollón
vincos
calabacilla
orejera
nariguera
barbote
bezote
aderezo
medio aderezo

—

ARGAMASA (11)

argamasa
mezcla
mortero
forja
betón
turronada
pellada
tortada
pilada
pilón
pece
argamasón
amasijo
cemento
hormigón
calcina
derretido
mazacote
garujo
nuégado
hormigón hidráulico
» armado
cemento armado
casquijo
alcatifa
cocó
hormigonera
batidera

era
cal
arena
lechada

argamasar
estropear
cebar
repastar
encerar
fraguar

—

ARGUCIA (28)

argucia
sofistería
sofistiquez
sofisticación
sofisma
sutileza
paralogismo
petición de principio
círculo vicioso
contrasentido
ingeniosidad
retóricas
distingo
minucia
escapatoria
evasiva
ambigüedad
tergiversación
falsedad
mentira

sofisticar
paralogizar
quintaesenciar
sutilizar
asutilar
alambicar
retorcer
tergiversar

sofista
rábula
sutilizador

sofístico
rebuscado
alambicado
sutil

sofísticamente
sutilmente
alambicadamente
patatín-patatán

—

ARGUMENTAR
(V. *Razonamiento*)

—

ARGUMENTO
(V. *Razonamiento*)

—

ARISTOLOQUIA (5)

aristoloquia
» larga
» macho
» hembra
» redonda
clacopacle
serpentaria virginiana

aristoloquiáceas

—

ARITMÉTICA
(V. *Matemáticas*)

—

ARMA (34)

arma
ingenio
defensa
armamento
caballería
panoplia
trofeo

arma ofensiva
» arrojadiza
» contundente
» bracera
palo
bastón
mazo
maza
maceta
clava
porra
cachiporra
ferrada
macana
mangual
rompecabezas
manopla
llave inglesa

arma de tiro
piedra
honda
ballesta
arco
flecha
saeta
dardo
bumerang
cerbatana
cebratana
bodoquera
canuto
canute
tirador
tiragomas
tirabeque
tirachinos
gomero

arma de fuego
artillería
armada
arma blanca

arma defensiva
escudo
armadura
fortificación

armar, -se
artillarse
echar mano a los arneses
vestir las armas
asestar
baraustar
blandir
blandear
esgrimir
jugar
desarmar
cachear

asestadura
viaje
desarme
desarmamiento
desarmadura
cacheo

armería
oploteca
hoploteca
parque
arsenal
armario
armero
guadarnés
panoplia (escudo)

armería
armero

armígero
armífero
armipotente
armisonante
paje de armas
inerme
imbele

con mano armada
de mano armada
a pecho descubierto

—

ARMA BLANCA (34)

arma blanca
acero
arma negra
» de corte
» de puño
macana
bayoneta
cuchillo
cuchilleja
daga
puñal
sable
espada
hacha
hacha de abordaje
trastos
arma astada
lanza
pica
alabarda
partesana
ronca
carro falcado
hierro
lobo
cris
cateya
dardo
espiche
espetón
forchina
bidente
horquilla

hoja
cuchilla
oreja
mesa
arista
lomo
aderezo
puño
fortalezas
alcance

filo
punta
embotamiento
vaina
estuche

desenvainar
sacar
desembanastar
tirar
esgrimir
jugar
blandir
blandear
doblegar
vibrar
asestar
hacer armas
baraustar
acicalar
envainar

tajo
corte
cuchillada
viaje
punzadura
herida
esgrima

blandiente
damasquino
agudo
buido

—

ARMA DE FUEGO (34)

arma de fuego
boca de fuego
arma de chispa
» de percusión
arma de precisión

tiro
proyectil
explosivo (pólvora, etc.)
artillería
armada

llave
» de percusión
» de chispa
percusor
percutor
serpentín
disparador
desarmador
disparadero
gatillo
can
perrillo
agujetilla
plantilla
rastrillo
lumbre
piñón
punto
patilla
pie de gato
pelo
muelle real
seguro
zapatilla
guardamonte
cepote
piedra
tope
cazoleta
cazoleja
fiel
calzo
galápago
fiador
eyector

caja
culata
coz
desabrimiento
cureña
escalaborne
caña
encaro
mocho
abrazadera
boquilla

cañón
» rayado
raya
alma
ánima
calibre
arrancadero
cámara
recámara
oído
fogón
grano
chimenea
erosión
contrapunzón
culebrilla
cubrechimeneas

mira
mirilla
alza
punto
brújula

cargador
baqueta
grata
taco
mecha
cuerda
fulminante
cápsula
serpentín
serpentina
sacapelotas
botabala
desatacador
sacatrapos
descargador
baquetón
sacabalas
aguja
silencioso
lavador
portafusil
portacarabina
bandolera
charpa

fusil
chopo
fusil de pistón
» de chispa
» de aguja
máuser
rifle
pabellón
mosquete
trabuco
sofión
bocón
bocarda

trabuco
trabuco naranjero
naranjera
bocacha
pedreñal
encaro
escopeta
escopetón
escopeta de pistón
» de viento
» de salón
escopetilla
retaco
espingarda
arcabuz
arcabucete
carabina
carabina rayada
choco

tercerola
cuarterola
mosquetón
dragoncillo

pistola
» de cinto
» de arzón
pistolete
milanés
cachorrillo
cachorro
pistola de bolsillo
revólver
barrilete

funda
cañonera
tapafunda
pistolera

fusilería
espingardería
escopetería
arcabucería

foguear
cargar
jugar
amartillar
montar
montar al pelo
poner al pelo
calar el can
engafar
calar la cuerda
descebar
desmontar
desatacar
desfogonar
encañonar
descargar
disparar
encasquillarse

piñonear
desgranarse
encepar
terciar

piñoneo
gatillazo
culatazo
mochazo

armero
escopetero
arcabucero
ballestero
encepador
arcabucería

fusilero
pistolero
atrompetado
abocardado
desabrido
automático
de repetición

—

ARMADA (34)

armada
flota
flotilla
escuadrilla
columna
bloqueo
convoy
parque de guerra

almiranta
comandanta
capitana
matalote
navío
» de línea
» real

buque de torres
acorazado
crucero
monitor
guardacostas
aviso
descubridor
torpedero
siluro
lanzatorpedos
lanzaminas
minador
contratorpedero
cazatorpedero
destróyer
destructor
cañonero
buque submarino
submarino
sumergible
ictíneo
periscopio
lancha bombardera
dragaminas
ariete
brulote
falúa
fragata
corbeta
fragata ligera
bombarda
buscarruidos
patache
patax
pataje
flechera [porte
buque de transporte
(galeón, galera, etc. V. *Embarcación*)
sultana
tarida
ballener
prama
catascopio
cendal
jangua
salisipán
escolta

puente
torre
cúpula
cámara
camareta

artillado
batería
andana
enflautado
guardatimón
colisa
coliza
miras
corcha
telerón
palanquín
palanquín de retenida
tamboreta
planchada
cañonera
porta
portañola
portaleña
batiporte
batiente
arandela
chaza
santabárbara
gabón
entabicado
chillera
guardacartuchos
morrón
cacerina
sacafilásticas

cañón
torpedo

siluro
mina submarina

empalletado
filarete
empavesada
pavesada
jareta
almohadillado
blindaje [daje
plancha de blindaje
coraza
acorazamiento
espolón
tapabalazo

hacha [je
hacha de abordaje
hachuela de abordaje
gavilán
arpeo
garra
botavante
harpagón

armar en guerra
montar
desarmar
desartillar
ronzar
arronzar
abretonar
batiportar
empalletar
acorazar

evolucionar
combinar
acoderar
dar el costado
dar caza
ponerse en caza
bloquear
violar el bloqueo
embotellar
apresar
marinar
represar
entrar al abordaje
torpedear
hundir
echar a pique
sentenciar a bajeles

táctica naval
orden de marcha
contramarcha
evolución
descubierta [val
manifestación naval
guerra
campaña
batalla
naumaquia
acoderamiento
zafarrancho
andanada
abordaje
abordo
torpedeo
torpedeamiento
piratería
bandera de combate
pasavante
instrucciones
corona naval
» rostrada
(rostrata o rostral)
bolina (castigo)

marino
cabo de mar
» de cañón
» de rancho
artillero de mar
torpedista

condestable [nes
maestre de raciones
maestre de víveres
contramaestre
nostramo
aventurero
guardián
guardia marina
subrigadier
brigadier
alférez de fragata
» de navío
teniente de navío
calar la cuerda
capitán de bandera
» de fragata
» de corbeta
» de navío
» de alto bordo
» de mar y guerra
capitán de puerto
comandante
comandante de provincia marítima
comodoro
contraalmirante
contralmirante
vicealmirante
almirante
almiral
almirantesa
almiranta
architalaso
adelantado de mar
capitán general de la armada
jefe de escuadra
mayor general
alguacil de agua
cómitre
cuatralbo [ras
general de galeras
levente
clasiario
lembario
archinauta
navarca
nearca

auditor de marina

marina
dotación
managua [rina
infantería de marina
tercio
» naval
reserva
depósito
matrícula de mar
trozo
» de abordaje
brigada
plana mayor
escala de mar y de tierra
adiafa

almirantazgo
vicealmirantazgo

base naval
departamento
apostadero
mayoría [to
capitanía de puerto

—

ARMADIA
(V. *Balsa*)

—

ARMADIJO
(V. *Trampa*)

—

ARMADURA (*Mil.*) (34)

armadura
armas
panoplia
arnés
» tranzado
loriga
lorigón
escama
catafracta
cuera de armar
cota
trabada
tinicla
jacerina
jazarón
oncemil
gramalla
plaquín
jaco
camisote
cofradía
jubón de nudillos
jubete
perpunte
farseto
cotón doble
almilla
jubón ojeteado
velmez
gambesón
gambesina
sobreveste
sobrevesta
sobrevista
escaupil
hoja
cañón

morrión
capacete
cervillera
capillo de hierro
almófar
almete
calva de almete
capellina
bacinete
babera
barbote
baberol
celada
» borgoñota
amiento
crestón
casco
barbuta
barbera
gálea
casquete
remollerón
gavia
mollerón
orejera

yelmo
cofia
visera
cubrenuca
mentonera
guardapapo
gorjal
colla
gorguera
gola
hombrera
peto
» volante
guardapeto
ristre
espaldarón
espaldarete
tonelete
coraza
(broquel, etc. V. *Escudo*)
brigantina
coracina
mediacoraza

espaldar
clíbano
coselete
gambaj
gambax
brazal
bracil
brazalete
braceral
guardabrazo
falda
brafonera
codal
gocete
escotadura
avambrazo
manopla
guantelete
mandilete
ventrera
pancera
pancellar
escarcela
faldar
falda
quijote
martingala
greba
espinillera
esquinela
canillera
cañillera
barda
loriga
capizana
telliz

encubertar
encubertarse
calarse la visera
falsear
desguarnecer

encapacetado
encorazado
loriguero [co
de punta en blanco

—

ARMADURA (*Arq.*) (11)

armadura
engatillado
entablado
enarbolado
arrocabe
tinglado
cadalso
cadahalso
enrayado
blinda

faldón
cuchillo
tijera
cartabón
traviesa
albanega
albanecar

carrera
estribo
correa
tirante

entrecinta
almarbate
aguilón
parhilera
hilera
gallo
cumbrera
contrahilera
pendolón
través
mangueta
encopetado
jabalcón

jabalón
tornapunta
cuarterón
nabo
bolo
bimbalete
riostra
par
alfarda
contrapar
cabrio
cabio
parejuelo
péndola
lima
entarimado

asiento
zanco
botonera
quijera
ejión
cuchillero
bolsón
peralte
pendiente
contraarmadura
falsaarmadura
armazón
andamio
madero
tejado

jabalconar
jabalonar
encabriar
atirantar
arriostrar
riostrar
embrochalar
enlatar

carpintero
carpintero de obras de afuera
carpintero de armar

—

ARMARIO (11, 20)

armario
» de luna
» ropero
almario
guardarropa
ropero
entredós
tinajero
florero
balda
rinconera
cantonera
especiero
estante
estantería
juguetero
musiquero
aparador
chinero
trinchero
cómoda
bargueño
vargueño
escritorio
taquilla
casillero
fichero
giratoria
vitrina
cristalera
escaparate
alacena
lacena
taca
camarín
barrera

cajón
calaje
naveta
gaveta
cajonera
cajonería
anaquel
andén
plúteo
casilla

—

ARMAZÓN (11)

armazón
armadura (*Arq.*)
esqueleto
cadena
encadenado
castillete
apeo
entramado
forjado
bastidor
andamio
encabalgamiento
trípode
palomilla
blinda
camón
gualdera
cureña
montante
banzo
contravieso
riostra
traviesa
escaleta
caballete
burro
borrico
caballo
asnilla
apoyo

angarillas
caltrizas
árguenas
árgueñas
aguaderas
taja
cacaxtle

emparrillado
emparrado
enrejado
enverjado
carrilera
barbacoa
malagaña

balsa
armadía
zatara
cimbra
cercha
cerchón
formero
forma
formaleta
emballenado

armar
entramar
embrochalar
triangular
acoplar

—

ARMONIO
(V. *Órgano*)

—

ARO
(V. *Anillo*)

—

AROMA
(V. *Perfume*)

—

AROMÁTICO
(V. *Perfume*)

—

ARQUEOLOGÍA (21)

arqueología
prehistoria
antigüedades
paleografía
iconografía
efigie
indumentaria
cerámica
numismática
panoplia
asiriología
egiptología
celtismo

monumento
inscripción
memoria
monolito
megalito
menhir
anta
círculo
talayote
dolmen
trilito
lichaven
crónlech
trofeo
arco triunfal
cenotafio
sepultura
panteón
aguja
pilón
obelo
obelisco
esfinge
cipo
estela
árula
apacheta
quern
capitolio
acrópolis

edad de piedra
» de los metales

arqueólogo
asiriólogo
egiptólogo

arqueológico
prehistórico
monumental
esteliforme
megalítico
monolítico
ciclópeo
ciclópico
rupestre
celtohispánico
celtohispano

—

ARQUEOLÓGICO
(V. *Arqueología*)

—

ARQUITECTO
(V. *Arquitectura*)

—

ARQUITECTURA (11, 29)

arquitectura
» civil
» religiosa
(arq. militar.
V. *Fortificación*)
arq. naval
edificación
fabricación
construcción

disposición
aspecto
estructura
aparejo
decoro
euritmia
módulo
ordenación
ordenanza
orden
» dórico
» jónico
» corintio
» compuesto
» atlántico
» toscano
» paranínfico
crucería
churriguerismo

proyecto
anteproyecto
plantilla
planta
abeurrea
traza
área
solar
terreno
tierra firme
firme
cimiento
cimentación

cabaña
cobertizo
casal
predio urbano
fábrica
edificio
rascacielos
edículo
obra
macizo
máquina
maravilla del mundo

templo
museo
teatro
circo
congreso
senado
ministerio
ateneo
instituto
casino
residencia
comandancia
balneario
baptisterio
capitolio
anfipróstilo
rotonda
rotunda
ochavo
torre
burche
pabellón
accesoria
bancada
habitación

miembro
cuerpo
ala
crujía
nave
suela
zócalo
estribo
estantal
sustentante
imposta
cúpula
coba
sotabanco
banco
ático
pináculo
linterna
aguja
fachada
frontis
frontispicio
frontón
frontera
hastial
lienzo
portada
pabellón
esquinal
aristón
encuentro
toco
recuadro
enjuta
pechina
harrado
sobaco
arco
bóveda
columna
intercolumnio
pilastra
basa
moldura
remate
ornamentación

armadura
tejado
andamio
madero
albañilería
mampostería

replantear
abrir las zanjas
triangular
despiezar
despezar
edificar
construir
fabricar
alzar
urbanizar
cimentar
cimbrar
labrar
sobreedificar

hacer movimiento
ezquerdear
acostar
apear [redes
descargar las paredes]
asentar
sentarse la obra
asentarse

edificación
replanteo
triangulación
despiezo
despezo
montea

empuje
asiento
sentamiento
visita general

arquitecto
aparejador
maestro de obras
albañil
edificador
reedificador
alamín
alcalde alamín
alarife
barraquero
alarifazgo
arquitectónico
edificatorio
panóptico
exento
díptero
colateral
diástilo
en alberca

eurítmico
románico
gótico
» florido
» flamígero
ojival
mudéjar
modéjar
grotesco
grutesco
flamígero
barroco
plateresco
churrigueresco

—

ARQUITECTURA NAVAL (38)

arquitectura naval
embarcación
armada (buques de la)
arboladura
vela
cabo
propulsor
ancla

(*piezas principales:*)
obra muerta
quilla
caballete
estrave
codillo
talón
zapata
orza
sobrequilla
contraquilla

codaste
contracodaste
contraestambor
yugo
aleta
escudo
barrón

roda
roa
pie de roda
branque
caperol
brión
contrarroda
contrabranque
albitana
tajamar
manilla
muz
acrostolio
beque

(*otros maderos y puntales:*)
toza
madero de cuenta
alefriz
bao
durmiente
contradurmente
contradurmiente
trancanil
madre
brazal
cerreta
percha
estanterol

singlón
genol
cochinata
cuerdas
esloras
bordinga
dragante
chique
calzo
postelero
macarrón
contrete
charrancho
barrotín
barbilla

(cuadernas y piezas curvas:)
asta
cuaderna
» maestra
» de armar
armadera
gallón
redel
almogama
enramado
espaldón
flat
bulárcama
varenga
orenga
cachola
pique
genol
barbilla
sobreplán
varengaje
ligazón
barraganete
urnición
aposturaje
manigueta
escoa
curvería
costilla
gambota
gambote
buzarda
curvatón
curva
» coral
curvabanda
perdigueta
contrabita
lleno
costana
enguión

(tablones y forros:)
tablazón
bordaje
forro
embono
botazo
contracostado
embones
tingladillo
traca
hilada
atún
vagra
regala
tabla bocal
falca
bandilla
mesa
sobretrancanil
contratrancanil
cosedera
palmejar
paradura [dura
tablón de aparatabla de canal
» barcal
contraplán
escoperada
cucharro
cucharreta
batideros
gantera

cinta
varadera
guardaguas
galón
verduguillo
encinta
entrecinta
serreta
precinta
campechana
mamparo
tablero

(rellenos y otras piezas:)
henchimiento
entremiche
macizo
sobresano
madrina
gavieta
chirlata
tacada
tapín
tojino

galibar
agalibar
cigüeñar
corrocar
gruar
codear
aplomar
aparar
arrufar
acopar
aviar
enclavijar
machetear
encabillar
alegrar
entestar
topar
enfrentar
encabezar
enramar
abadernar
envarengar
envagarar
envagrar
enmaestrar
encintar
precintar
quillar
embonar
chirlatar
calafatear
calafetear
acollar
pitarrasear
rebatir
embrear
alcoholar
frisar
bugir
blindar
arbolar
aparejar
acastillar
botar
varar
dar de quilla
dar la quilla
tumbar
carenar
» de firme
tomar el agua
encabezar
embasar
escorar
despalmar
espalmar
descalcar
deslatar
boyar
desguazar

arrufadura
arrufo
dorso
cimbra

brusca
costura
empalmadura
junta
atraca
engargotado
embonada
encintado
calafateado
calafatería
calafateo
calafateadura
embreado
embreadura
despalmadura

botadura
botada
carena
pendol, -es
desguace

ingeniero naval
» de la armada
carpintero de ribera
maestro de aja
» de hacha
calafate
calafateador
maestranza [za
cabo de maestrancapitán de maestranza
rondín

tabla de escantillones
escantillón
vitola
gálibo
junquillo
frasquía
mazo rodero
mandarria
bandarria
aviador
bandeador
alegra
colla
estoperol
cabilla
cuadrejón
cabrión
pernería
mena
clavellina
espiche
espicha
cíbica
cibicón
grapa
grampa
calador
pitarrasa
monillo
estrete
ferrestrete
menestrete
uñeta
descalcador
magujo
rasqueta
trencha
estopa
fana
frisa
brea
alquitrán
engrudo
masilla
espalmo
cerillo
tintero
sebera
escopetero
pincel
brusca
bruscadera

arsenal
atarazana
tarazana
tarazanal
carraca
astillero
maestranza
dique
grada
antegrada
carenero
despalmador
espalmador
surtida
varadero
imada
foranes
guindola
tabla de guindola
plancha de viento
» de agua
guardafuego
basada
cuna
escora
anguila
paral
picadero
carenote

—

ARRABAL
(V. *Afueras*)

—

ARRAIGAR
(V. *Raíz*)

—

ARRANCADURA (20)

arrancadura
arrancamiento
arranque
arrancada
extirpación
extracción
desacoplamiento
desarraigo
erradicación
avulsión
desplantación
rancajada
descuajo
descuaje
destronque
desgaje
mesadura
remesón
tirón
estirón
depilación
separación
remoción
descomposición

arrancar
tarrascar
pelar
repelar
carmenar
mesar
depilar
sacar
desencajar
quitar
extirpar
desarraigar
erradicar
descepar
descuajar
destroncar
desmatar
desgajar
desentrañar
desfijar
descerrajar

desclavar
desenclavar
desenganchar
desganchar
talar
roturar

extirpador
arrancador
desplantador

de raíz
de cuajo

—

ARRANCAR
(V. *Arrancadura*)

—

ARRASTRAR
(V. *Tracción*)

—

ARREGLAR
(V. *Orden*)

—

ARREGLO
(V. *Orden*)

—

ARRENDAMIENTO (33)

arrendamiento
arrendación
arriendo
locación
flete
subarriendo
subarrendamiento
hacimiento de rentas

alquiler
alquilamiento
alquilé
corretaje
inquilinato
colonato
pan por mitad
pan mediado
camaraje
absentismo
reconducción
desahucio
lanzamiento

arrendamiento (contrato de)
contrato de locación y conducción
subarriendo
pliego
inquilinato
habitación

quiñón
senara
conuco

arrendamiento (precio del)
subarriendo
renta
alquiler
canon
noveno

tanda
sanmiguelada

albarán

arrendar
subarrendar
coarrendar

tomar
llevar
labrar
alquilar
fletar
alenguar
correr
traspasar
reconducir
desarrendar
desalquilar
desahuciar

arrendante
arrendador
locador
fletante
coarrendador
aparcero
herbajero
huebrero
calesinero
alquilador
casero
partidario
terrajero

arrendatario
coarrendatario
locatario
casero
subarrendatario
subarrendador
quintero
llevador
colono
rentero
masadero
masovero
exarico
alijarero
inquilino

locativo
arrendable
alquilable
arrendaticio

a renta
a fruto sano

—

ARRENDAR
(V. *Arrendamiento*)

—

ARRENDATARIO
(V. *Arrendamiento*)

—

ARRENDATICIO
(V. *Arrendamiento*)

—

ARREO
(V. *Guarnición*)

—

ARREPENTIMIENTO (14, 26)

arrepentimiento
pesar
dolor
sentimiento
aflicción
compunción
penitencia
contrición
atrición
remordimiento
escarabajeo
desesperanza
voz de la conciencia

gusano de la conciencia
acto de contrición
golpe de pechos

arrepentirse
dolerse
compungirse
pesarle a uno
concomerse
recomerse
deplorar
lamentar
llorar
sentir
corroer [cia
acusar la concien-
escarabajear la conciencia
morderse las manos
llorar con lágrimas de sangre

compungir

arrepentido
repiso
arrepiso
pesaroso
pesante
contrito
compungido
atrito
penitente
magdalena
remordedor
remordiente
lamentable
deplorable

—

ARREPENTIRSE
(V. *Arrepentimiento*)

—

ARRESTO
(V. *Prisión*)

—

ARRIBA
(V. *Superioridad*)

—

ARRIERO
(V. *Transporte*)

—

ARRIESGAR
(V. *Peligro*)

—

ARRODILLARSE
(V. *Rodilla*)

—

ARROJAR
(V. *Lanzamiento*)

—

ARROSTRAR
(V. *Resistencia*)

—

ARROYO
(V. *Río*)

—

ARROZ (5)

arroz
casulla
macho
palay
picón
arrozal
paella
arroz a la valenciana
arroz a banda
morisqueta
arroz blanco

arrocero

—

ARRUGA
(V. *Pliegue*)

—

ARRUGAR
(V. *Pliegue*)

—

ARRUINAR
(V. *Destrucción*)

—

ARSENAL
(V. *Arq. Naval*)

—

ARTE (27, 29)

arte
disciplina
facultad
artificio
industria
habilidad
técnica
tecnicismo
oficio
artesanía
tecnología
ciencia
teoría
práctica
vocación
afición
inspiración
especialidad
arte liberal
» bella
» noble
bellas artes
artes plásticas
estética
belleza
calología
folklore
literatura
pintura
escultura
arquitectura
dibujo
grabado
cerámica
música
danza
teatro

crear
desempeñar
especializar, -se
amanerarse

creación
obra
pieza
obra maestra
publicación
alegoría
estilo
gusto
capricho
catarsis
clasicismo
renacimiento
unidad
valentía
expresión
escuela
futurismo
realismo
modernismo
simbolismo
impresionismo
hieratismo
amaneramiento

museo
colección
emporio
exposición

artista
artífice
expositor
autor
maestro
mecenas
técnico
especialista
aficionado
esteta
ateneísta
artesano

estudio
taller
ateneo

barroco
clásico
anteclásico
cuatrocentista
modernista
futurista
realista
simbolista
impresionista
original
amazacotado

artístico
técnico
tecnológico
politécnico
sublime
estético
artificial
efectista

artísticamente
técnicamente

—

ARTERIA
(V. *Vena*)

—

ARTERIAL
(V. *Vena*)

—

ARTESA (20)

artesa
artesón
artesuela
duerna
duerno
dornajo
dornillo
batea
batehuela
cazarrica
camellón
canal
gamella
camella
gamellón
gamelleja
cuezo
cueza
canoa
tolla
barcal
arnasca
masera
amasadera

—

ARTESANO
(V. *Oficio*)

—

ARTESONADO
(V. *Techo*)

—

ARTICULACIÓN (7, 20)

articulación
coyuntura
juego
conexión
enlace
(bisagra, etc.
V. *Gozne*)
tijera

sínfisis
artículo
nudillo
artejo
cóndilo
diartrosis
sinartrosis
sutura
comisura
juntura
» claval
» serrátil
» nodátil
» nudosa
codo
muñeca
rodilla
sinovia
cápsula sinovial
artrología
artografía

articular
desarticular
desconcertar
dislocar
torcer
distender
descoyuntar
destroncar
desnucar
aporrillarse
anquilosar, -se

desarticulación
torcedura
distorsión
distensión
luxación
esguince
descoyuntamiento
descoyunto
castañetazo
castañetada
anquilosamiento

artritis
poliartritis
coxalgia
anquilosis
nodación
artralgia

articulado
articular
interarticular
capsular
artético
artrópodo

—

ARTICULADO
(V. *Articulación*)

—

ARTICULAR
(V. *Articulación*)

—

ARTÍCULO (28)

artículo
» definido
» determinado
el
del
al
lo, la
los, las [nido
artículo indefi-
artículo indeterminado
artículo genérico
un, una
unos, unas

—

ARTIFICIAL
(V. *Artificio*)

—

ARTIFICIO (26, 27, 29)

artificio
arte
industria
compostura
tinglado
enredo
habilidad
astucia
imitación
falsificación
falsedad
fingimiento
afectación

artificiar
artizar

artificial
artificioso
innatural
compuesto
fingido
falso
imitado
hechizo
facticio
postizo
apostizo
pegadizo
de quita y pon
de bullarengue

artificialmente
artificiosamente
a brazo

—

ARTILLERÍA (34)

artillería
arte tormentaria
artillería ligera, montada, rodada o volante
artillería de batalla o de campaña
artillería de montaña [mo
artillería de a lo-
» de plaza, de sitio o gruesa
artillería de costa
» de avan-
carga [carga
artillería de retro-

tormento
sambuca
bastida
fundíbulo
fonébol
honda
cortao
brigola
manganel
almajaneque
manganilla
ariete
grúa
grulla
fustíbalo
cabra
cabrita
trabuco
cigüeña
ericio
balista
petraria
escorpión
castillo
catapulta
trabuquete
algarrada
algarada
mandilete
porta
centón
cilicio
mandrón

galápago
tortuga
testudo
galería
plúteo
banco pinjado
gata
mantelete
manta

pieza de artillería
ingenio
tiro
pieza de batir
cañón
» rayado
» naranjero
» aculebrinado
» obús
obús
bronce
carronada
barrefosos
bombero
mortero
morterete
cámara
camareta
pedrero
bombarda
lombarda
culebrina
verso
versete
versería [na
cuarto de culebri-
moyana
sacre [na
octava de culebri-
esmeril
pijote
bastarda
gerifalte
cerbatana
cebratana
pasavolante
grifalto
lantaca
barraco
barraquillo
falcón
falconete

ribadoquín
espingarda
espera
camelete
can
serpentín
camello
búzano
escopetilla
diamante
esmerejón
basilisco
miras
guardatimón

ametralladora

tanque
carro de asalto
antitanque

artillería
batería
contrabatería
cañonería
artillado
enflautado
andana
lombardería

caña
bolada
astrágalo
joya
brocal
muñón
contramuñones
cascabel
contera
releje
ánima
rebollidura
desgranamiento
esponjadura
escarabajo

cureña
cureñaje
banco
tronera
cañonera
encabalgamiento
palanquín [nida
» de rete-
montajes
armón
avantrén
telera
telerón
gualdera
morterete
muñonera
sobremuñonera
brancal
prolonga
sotrozo
bolón
almohada
braguero
mandilete
volea
afuste
carriño
mordaza
cepo
explanada
colisa
coliza
corredera
atelaje
atalaje
alzatirantes
salero
cubichete
botafuego
lanzafuego
cuchara
aguja de fogón
atacador
estiba
roquete

espeque
leva
sacatrapos
sacabalas
sacanabo
sacafilásticas
rampiñete
gubia
gato
escobillón
feminela
lanada
plomada
clavellina
tapín
barrena de caracolillo
tapabocas
corcha

fuegos artificiales
fuego incendiario
» griego
alcancía
camisa embreada
» alquitranada o de fuego
olla de fuego
salchicha
salchichón
» de mina
pella
mixto
estopín
petardo
guirnalda
mecha
espoleta
espiga
cacerina
carga
metralla
morterada
pollada
proyectil
explosivo

artillar
atalajar
encureñar
montar la artillería
embragar
bragar
visar
enfilar
batir
bombardear
aportillar
descortinar
batir en ruina
» en brecha
abrir brecha
desartillar
desmontar la artillería
descabalgar
desencabalgar
acallar
apagar los fuegos
clavar la artillería
desfogonar
petardear

tiro
cañonazo
contrasalva
andanada
brecha
boquete
batería
ángulo de mira

artillero
artificiero
condestable
cargador
sirviente
granadero
petardero
bombardero

lombardero
balistario
jilmaestre
batería
parque de artillería
maestranza

artillado
tormentario
arietario
neurobalístico

a barbeta
a cureña rasa

—

ARTISTA
(V. *Arte*)

—

ARTÍSTICO
(V. *Arte*)

—

ARVEJA
(V. *Algarroba*)

—

ARZOBISPO
(V. *Prelado*)

—

ASA
(V. *Asimiento*)

—

ASALTAR
(V. *Acometimiento*)

—

ASAMBLEA (30)

asamblea
reunión
congregación
concilio
conciliábulo
sinagoga
conclave
ágora
comicios
senado
anfictionía
convención
cortes [yentes
» constitu-
congreso
diputación
ayuntamiento
generalidad
dieta
duma
parlamento
cámara
estamento
reino
estado del reino
brazo del reino
» de la nobleza
brazo eclesiástico
el senado
congreso de los diputados
diputación general de los reinos
cuerpos colegisladores
cámara de los Comunes [res
cámara de los Lo-
folkething
comisión

sección
parlamentarismo

debatir
discutir
interrumpir
interpelar
rectificar
tomar en consideración
aprobar
legislar
encasillar

acta
mandato
senaduría
diputación
anfictionado
inviolabilidad
orden del día
sesión
palabra
voz
moción
proyecto de ley
proposición
» incidental
» de ley
» » no ha lugar a deliberar
acuerdo
enmienda
iniciativa parlamentaria
debate
discusión
interrupción
alusión personal
rectificación
interpelación
voto particular
» de confianza
» de gracias
obstrucción
obstruccionismo
elección
votación
» nominal
» secreta
escrutinio
suplicatorio
información parlamentaria
cuaderno de Cor-
mensaje [tes
diario de sesiones
legislatura
sesión [mentario
interregno parla-
ciudad
diputación [cial
» provin-
quórum
mesa
mayoría
minoría
oposición
derecha
izquierda
centro
encasillado

asambleísta
congresista
convencional
parlamentario
asistente
interpelante
obstruccionista
prócer
procurador del reino
procurador en cortes
procurador de cortes
senador
» vitalicio

padre conscripto
» de provincia
lord
par
diputado provincial
diputado
» del reino
» a Cortes
padre de la patria
cunero

macero
dalmática
tabardo

senado (edificio)
congreso
diputación
municipio
banco azul
tribuna
hemiciclo

comicial
parlamentario
bicameral
constituyente
consistorial
senatorio
senatorial
vitalicio
colegislador

capitularmente
parlamentariamente
por aclamación
por unanimidad

—

ASAR
(V. *Cocina*)

—

ASCÉTICO
(V. *Virtud*)

—

ASCO (13, 14)

asco
ascosidad
asquerosidad
fasquía
sosería
usgo
repugnancia
hastío
fastidio
empalago
hámago
ámago
saciedad
inapetencia
repulsión
aborrecimiento
náusea
vómito

asquear
repugnar
fastidiar
hastiar
enhastiar
enfadar
ofender
empalagar
estomagar
revolver las tripas
desempalagar

asqueroso
asqueado

asqueroso
fastidioso

apestoso
repugnante
repulsivo
empalagoso
estomagante
nauseabundo
nauseoso
nauseativo
incomible
soso
desagradable
ácido
amargo
fétido
sucio
¡puf!
¡pu!
¡uf!
¡huf!
¡fo!
¡hum!

—

ASECHANZA (27)

asechanza
asechamiento
acechanza
acecho
asecho
insidia
encrucijada
zancadilla
traspié
maquinación
lazo
celada
trampa
engaño
atracción
trascabo
garlito
emboscada
intriga
estratagema

asechar
trasechar
insidiar
armar lazo
tender un lazo
armar trampa
armar celada
acechar
espiar
caer en la red
atramparse
caer en la celada

asechador
espía
insidiador
trasechador
insidioso
insidiosamente

—

ASEGURAR
(V. *Seguros*)

—

ASEMEJAR
(V. *Semejanza*)

—

ASENTADERAS (7)

asentaderas
nalgas
asientos
posaderas
posas
aposentaderas
cuadril
nalgatorio

culo
culito
trasero
tras
traste
trascorral
traspontín
traspuntín
salvohonor
tafanario
antifonario
antífona
tabalario
mapamundi
bullarengue
rabel
fiador
rulé
as de oros
ano

nalga
napa
anca
reble
canco
cacha
callana

nalguear
anadear
nanear
culada
nalgada
azotazo
azote

culón
nalgudo
nalgar
glúteo

—

ASENTIR
(V. *Concordia*)

—

ASERRAR
(V. *Sierra*)

—

ASESINATO
(V. *Muerte*)

—

ASFIXIA
(V. *Ahogamiento*)

—

ASFIXIAR
(V. *Ahogamiento*)

—

ASIDERO
(V. *Asimiento*)

—

ASIENTO (11)

asiento
trono
solio
sitial
sede
cabecera
camoncillo
faldistorio
estalo
localidad
patio
platea
delantera
(palco, anfiteatro, etc. V. *Teatro*)
hemiciclo
tendido
grada
paraíso
gallinero

silla
silleta
sillón
sillín
sillería
camón
cátedra
silla de tijera
» de caderas
catrecillo
jamugas
hamugas
jamúas
equipal
silla poltrona
reclinatorio
biselio
curul
sillico
butaca
luneta
mecedora
silla gestatoria
silla de la reina

canapé
confidente
banqueta
sofá
diván
meridiana
otomana
dormilona
cama turca
lecho
triclinio
tresillo

banco
banca
banquete
bancada
banquillo
alhamí
dúho
bandín
escaño
arquibanco
sillete
silletín
cáncana
escabel (asiento)
grada
gradería
circo
poyo
poyal
montador
montadero
apeadero
poyete
arrimadero
taburete
tajuelo
tajuela
tajo
trípode
sitial
puf
posadero
posón
sentadero
estrado

pescante
testera
vidrio
empanadilla
traspuntín
traspontín
trasportín
estrapontín
coma
misericordia
bigotera

artolas
cartolas
silla de montar
» de manos
silleta
litera

escabel
banqueta
alzapiés
escañuelo
escañil
garabito

respaldo
respaldar
espaldar
respaldón
brazo
dosel
macasar
antimacasar
almohadón
almohada
cojín
acitara
funda
tapicería
enea
anea
rejilla
bancal
poyal

sentar, -se
asentar, -se
dar silla
tomar asiento
arrellanarse
rellanarse
recalcarse
aclocarse
arranarse
arrodajarse
repantigarse
arrepanchigarse
repanchigarse
incorporar, -se
estar de media anqueta
desasentarse
levantarse

asentamiento
sesión

sillero
silletero
adobasillas
sillería

sedente
gradado
raso

en cuclillas
de medio ganchete
de media anqueta

—

ASILO
(V. *Acogimiento*)

—

ASIMIENTO (20)

asimiento
cogedura
agarro
engarro
prensión
engorra
presa
prendimiento
apresamiento
prisión
aprehensión
aprensión
entrecogedura
aferramiento
abarcamiento
abarcadura
enganchamiento
enganche
garabato
garabatada
garfada
garfiada

asir
tomar
coger
tener
haber
prender
aprehender
apresar
atrapar
agazapar
antecoger
entrecoger
apestillar
trabar
agafar
agarrar
aferrar
acerrar
atrapar
apuñar
empuñar
engarrar
engarrafar
apañar
apañuscar
apeñuscar
acapillar
pillar
pescar
afianzar
atarazar
abarcar
apercazar
pellizcar
morder
abocar
enganchar
engarabatar
garabatear
garfear
apercollar
alcanzar
recoger
rebujar
arrebujar
aciguatar
aparar
echar mano
» las manos
» la mano
meter mano a
alargar la mano
echar la garfa
» la zarpa
» el guante
» el gancho
hacer presa
asirse
agarrarse
palmearse
prender
abrazar
sobarcar
asobarcar
estrechar
sujetar
ceñir
atar

enastar
enastilar
enmangar
encabar
desmangar
desenastar

asidero
agarradero
prendedero
prendedor
tomadero
mango
astil
cabo
cogedero
manija
manigueta
manezuela
manubrio
cigüeña
puño
empuñadura
embrazadura
brazal
enarma
maceta
espiga
espigo
asa
asilla
orejuela
aldabón
anillo
argolla
tirador
botón
pezón
tenaza

cabero
asidor
cogedor
agarrador
aprehensor
prendedor
prensil
aprehensorio
agarrante
aprehendiente
empuñador
apañuscador
abarcador
aferrador
enganchador
engarrafador

preso
cogedero
cogedizo

bajo el sobaco
bajamano

—

ASIR
(V. *Asimiento*)

—

ASNO (6)

asno
burro
jumento
borrico
pollino
bestia de albarda
burrito
blas
tres de menor
cuatro de menor
liviano
piñón
garañón
hechor
guarán
asno silvestre
onagro
cebra

asna
jumenta
burra
borrica

pollino
pollinejo
rucho
ruche
rozno
buche
truchano

asnería (conjunto)
burrada
borricada

rebuznar
roznar
ornear

portantillo
rebuzno
roznido

borriquero

asnal
asnino
asinino
jumental
jumentil
borriqueño
borrical
burral

asnalmente
borricalmente
pollinarmente

—

ASOCIACIÓN (25)

asociación
consorcio
sociedad
compañía
(comunidad, etc. V. *Orden religiosa*)
cofradía
corporación
ateneo
cuerpo
colectividad
persona jurídica
» social
sindicato
mutualidad
confederación
federación
anfictionía
hansa
ansa
coalición
alianza
unión
liga
mujalata
confabulación
conspiración
conjuración
francmasonería
propaganda
mancomunidad
reunión
parcialidad
pandilla
capilla
mesnada
ejército
gremio

asociar
unir
juntar
reunir
incorporar
sindicar
afiliar
confederar
federar
coligar
conchabar
agremiar
aunar
mancomunar

juntar diestra con diestra

asociarse
unirse
sindicarse
aliarse
coligarse
aligarse
alianzarse
confabularse
conjurarse
conspirar
conjurar
ligarse
agremiarse
mancomunarse
acomunarse
agermanarse
darse las manos

asociamiento
adhesión
sindicación
coligación
coligadura
coligamiento
conchabanza
federalismo
sindicalismo
mancomunidad

casa de conversación
tertulia
casino
círculo
club
peña
centro
ateneo
liceo

socio
consocio
liceísta
ateneísta
asociado
colega
compañero
adicto
adepto
confederado
aliado
coligado
conjurado
ñáñigo
anfictión
descoligado

sindical
sindicalista
sindicable
federal
federativo
federalista
anfictiónico

—

ASOCIAR
(V. *Asociación*)

—

ASOLAPAR
(V. *Imbricación*)

—

ASPECTO (18)

aspecto
forma
superficie
sobrehaz
lado
semblante
representación
gesto
cara
fisonomía
exterior
físico
materialidad
aire
presencia
parecer
cariz
fachada
coranvobis
talle
porte
actitud
facha
cuerpo
talla
traza
término
pelaje
pinta
catadura
pergeño
pergenio
vitola
envoltura
empaque
buen ver
mal ver
estampa
figura
apariencia
parecido
semejanza
fenómeno
viso
fase
faceta
tinte
matiz
exterioridad
color
corteza
vista
perspectiva
vislumbre
sombra
cerca
lejos
belleza
fealdad
adorno
desaliño

parecer
aparecer
resultar
sonar
semejar
tener visos de
pasar plaza [de
tener apariencias
oler a
mostrar

aparente
visible
polifacético
fenomenal
irreal
artificial
fanfarrón
simulado
supuesto
fingido
efectista
parecido (bien o
mal) [mal)
fachado (bien o
carado (bien o
mal) [mal)
encarado (bien o
tallado (bien o
mal) [mal)
trazado (bien o
entrazado (bien o
mal)
de relumbrón

aparentemente
al parecer
por la cuenta
a la cuenta
a vista
a primera vista
en faz
a sobre haz

—

ASPEREZA (13)

aspereza
asperidad
asperura
tosquedad
escabrosidad
rugosidad
pliegue
rebaba
insuavidad
desigualdad
basteza
viruela

áspero
riguroso
rigoroso
insuave
basto
duro
hoscoso
carrasqueño
carraspeño
rasposo
carrasposo
granoso
granuloso
granujoso
agranujado
desigual
abrupto
escabroso
espinoso
nudoso
anguloso
erizado
arrugado
dentado
denticulado
arañado
rayado
deslustrado
aspérrimo

—

ÁSPERO
(V. *Aspereza*)

—

ASQUEAR
(V. *Asco*)

—

ASTRO
(V. *Astronomía*)

—

ASTROLOGÍA (3)

astrología
estrellería [ria
astrología judicia-
cábala
ocultismo

atacir
cuadrante
figura celeste
tema celeste
plantilla
casa celeste
oriente
cuadrante oriental
» vernal
» pueril
» meridiano
cuadrante occidental
» viril [lico
» melancó-
» hiemal
» senil
oposición
aspecto
» cuadrado
estado celeste
conjunción
» máxima
» magna
cuadrado
cuadro
traslación de luz
trígono
parte de fortuna
horóscopo lunar
infortuna
términos
juicio
horóscopo
constelación
signo
» mudo

levantar figura
alzar figura

atacir (instrumento)
astrolabio
arganel

astrólogo
planetista
matemático
judiciario
astrológico
astrólogo
movible
imperante
dominante

—

ASTRONOMÍA (3)

astronomía
astrología
cosmografía
uranografía
uranometría
astrofísica
geografía astronómica
mecánica celeste
tablas alfonsinas

epilogismo (cálculo astronómico)
elongación
aberración
paralaje
paralaxi
paralasis
sínodo
conjunción
culminación
cuadratura
amplitud
declinación
libración
oposición
almogeo
anomalía [ra
» verdade-
» media
prostaféresis
acortamiento
curtación [to
movimiento direc-
» diurno
» primario
» propio
» verdadero
» retrógrado
retrogradación
revolución
estación
ecuación
trepidación

firmamento
bóveda celeste
éter
cielo
capa del cielo
esfera
» celeste
orbe
esfera paralela
» recta
» oblicua
hemisferio boreal
» austral
» oriental
» occidental
polo ártico
» antártico
» austral
» boreal
oriente
occidente
norte
sur [rrestre
eje de la esfera te-
nutación
ecuador
ascensión oblicua
» recta
eclíptica
oblicuidad de la eclíptica
longitud
latitud
coluro
trópico
círculo polar
trópico de capricornio
trópico de cáncer
almicantarat
almicantarada
nodo
» boreal
cabeza del dragón
nodo austral
cola del dragón
círculo horario
altura
» meridiana
línea meridiana
» de los nodos
» de los ápsides
altura de polo
» del ecuador
meridiano
medio cielo [rior
meridiano supe-
» inferior
vertical
» primario
antemeridiano
postmeridiano
acimut
azimut
ángulo acimutal
cenit
zenit
nadir
» del sol
ecuación
grado

astro
sol
estrella
planeta
satélite
cometa
aerolito
asteroide
Ceres
constelación
nebulosa
lucero
luminar
atmósfera [te
diámetro aparen-
semidiámetro
limbo
disco
apulso
emersión
orto
carrera
inmersión
ocaso
puesta
órbita
ápside
ábside
aberración
orbe
epiciclo
perihelio
afelio
apogeo
auge
perigeo
fases
eclipse

tiempo sidéreo
» solar verdadero
tiempo medio
canícula
equinoccio
precesión de los equinoccios
punto equinoccial
año
año lunar
» sinódico
» anomalístico
» sideral
» astral
» trópico
día astronómico
» sidéreo [vil
» del primer mó-
hora
escrúpulo
segundo
epacta
medianoche
solsticio [mico
mes solar astronó-
ecuación del tiempo

péndulo sidéreo
aceleración de las estrellas fijas
sol medio
ecuación personal

salir
nacer
revolver
retrogradar
culminar
transponer
tramontar
ponerse
observar

astrónomo
cosmógrafo
uranógrafo

anteojo
ecuatorial
heliómetro
cuadrante [xión
círculo de refle-
eudiómetro
colimación
quintante
octante
helióstato
heliotropo [cial
horizonte artifi-
armilla [co
anillo astronómi-
ballestilla
radiómetro
cruz geométrica

gnomon
nomon
sideróstato
declinógrafo
colimador
alidada
dioptra
pínula
almagesto
efemérides astronómicas
esfera armilar
globo celeste
astrolabio
arganel
alcora

astronómico
cosmográfico
copernicano
celeste
etéreo
célico
astral
sideral
sidéreo
estelar
uranio
intersideral
interestelar
acimutal
azimutal
cenital
circuncenital
culminante
eclíptico
equinoccial
geocéntrico
heliocéntrico
deferente
cósmico
acrónico
ortivo
heliaco
vespertino
ascensional
inerrante
rapto
epicíclico
paraláctico
estacionario
estacional [te
astronómicamen-

—

ASTUCIA (26)

astucia
sagacidad
solercia
refinamiento
letra
» menuda
cautela
arte
picardía
taimería
taima
socarronería
gramática parda
lógica parda
cuquería
cazurría
magaña
diplomacia
sutileza
política
maquiavelismo
mónita
jesuitismo
fingimiento
disimulo
engaño
marrullería
marrulla
marrajería
matrería
artería

cifra
maña
triquiñuela
ratimago
revesa
camándula
camastra
carlancas
zorrería
raposería
raposía
rufianería
chanzaina
chanza
artificio
pala
neguillas
roña

estratagema
artimaña
ardid
mañuela
adrolla
trepa
maturranga
treta
contratreta
trecha
martingala
morisqueta
magaña
gatada
alcahuetería
fullería
chalanería
zalagarda
agachada
traspaso
papilla
lilaila
alicantina
gauchada
amaños

saber
camastrear
saber más que Briján
tener muchas conchas
tener más conchas que un galápago
tener el diablo en el cuerpo
ser buena maula
pasarse de listo
perderse de vista
hablar con el diablo
meterse por el ojo de una aguja
cortarlas en el aire
cantar en la mano
hacer a dos manos
hacer a todas manos
nadar y guardar la ropa
sacar pelotas de una alcuza
ser mala o buena pécora
saber latín
saber cuántas púas tiene un peine
ser brava, buena o linda caña de pescar [sacristán
ser bravo o gran poder vender en buen mercado
tener el colmillo retorcido
tener colmillos retorcidos
meter el dedo en la boca
entre bobos anda el juego

astuto
astucioso
solerte
diplomático
ladino
artificioso
colmilludo
negro
fino
refinado
travieso
diestro
avisado
escatimado
escatimoso
candongo
ardid
ardidoso
conchudo
asocarronado
macuco
tretero
mindango
cálido
retobado
gaucho
mañero
redomado
arredomado
artero
matrero
sagaz
tortuoso
retorcido
guachinango
malo
carlancón
pillo
pilluelo
pillín
pillete
pillastrón
pillastre
pícaro
perillán
chusco
pardal
bellaco
bellacuelo
maco
chambre
tacaño
taimado
ladino
marrullero
socarra
socarro
soca
soga
coscón
truchimán
trucha
tumbón
cauque
zamarro
zascandil
zaramullo
chuzón
sátrapa
camandulero
camastrón
cuaima
fistol
zamacuco
cachicán
diablo
guitarrón
gazapo
galopín
martagón
marrajo
mañuelas
púa
peine
apunte
maxmordón
pollastro
pollastre
alpargatilla
hijo del diablo
zorro

zorra
raposo
raposa
zorrón
zorrero
zorrastrón
zorrocloco
pécora
culebrón
caimán
lagarto
peje
rodaballo
pájaro
» de cuenta
pajarraco
cuco
zorzal
pollo
gato
toro corrido
mosquita muerta
buena, gentil o linda pieza
lindo
fino como un coral
abogado de secano

lagarta
pájara
callonca
pizpireta
pizpereta
circe

astutamente
mañosamente
escatimosamente
diplomáticamente
sagazmente
arteramente
socarronamente
matreramente

—

ASTUTO
(V. *Astucia*)

—

ASUNTO (23, 29)

asunto
materia
objeto
tópico
cosa
sujeto
hecho
negocio
negociado
expediente
fondo
base de discusión
plataforma
propósito
achaque
terreno
tema
disco
rollo
lema
programa
proyecto
esquema
argumento
sumario
índice
contenido
artículo
capítulo
períoca
punto
orden del día
definido
extremo

particular
cabo
especie
grano
trama
pensamiento
eje
perístasis
tela
tela cortada
cuento largo
caballo de batalla
cuestión [bre
cuestión de nom-
» batallona
» candente
torete
torillo
platillo

libro
discurso
conversación

versar
decir
tratar
tocar
discutir
discurrir
examinar
estudiar
profundizar
agotar
poner las manos en la mesa
hablar de [pete
estar sobre el ta-
entrar en materia
desflorar
venir
pasearse
concretarse

temático
trivial
resobado

acerca de
sobre
en materia de

—

ASUSTAR
(V. *Temor*)

—

ATADURA (20)

atadura
atamiento
reatadura
ligación
religación
ligamento
ligamiento
atacadura
atacamiento
enlazadura
cópula
amarradura
amarre
dogal
gaza
vilera
garrote
garrotillo
trinca
empalme
ligadura
trenzadera
trenzadura
tranzadera
yugo
trincafía
lazo
lazada

lacería
torzal
presilla
nudo
ceñimiento
sujeción
conexión

atar
ligar
aligar
liar
unir
vincular
pegar
empalmar
encordelar
encordonar
encorrear
ensogar
envilortar
ratigar
enmaromar
encadenar
agarrotar
engarrotar
reatar
religar
amarrar
arrendar
estacar
dar cabuya
trabar
trincar
lazar
lacear
enlazar
relazar
manear
amanear
maniatar
apersogar
apear
rabiatar
manganear
apealar
apiolar
empigüelar
empihuelar
engarronar
pialar
atraillar
mancornar
afrenillar
aprisionar
apresar
uncir
ajustar
ceñir
precintar
vendar
atacar
herretear
clavetear

atadero
ligadura
ligada
legadura
basta
palomadura
empalomadura
vínculo
precinto
hilo
cinta
cordón
cuerda
cabo (mar)
cadena
correa
tiento
arique
vencejo
oncejo
cejo
tramojo
vilorta
vilorto
velorta
velorto

feladiz
agujeta
tireta
herrete
cabete
galga
estórdiga
botón
broche

lazo
mangana
armada
apea
traba
trabón
tarambana
maniota
manija
manea
maneota
suelta
guardafiones
arropea

atado
(lío, etc. V. *Envoltorio*)
(paquete, fardo, etc. V. *Embalaje*)

amarradero
atadero
arrendadero
arrendador
trabón
aldaba
argolla
anillo
gancho
bita
abitón
cornamusa
escaldrante

hincón
proís
proíz
noray
bolardo
duque de alba
cáncamo
prisión
propao
manigueta
estante
cabilla
cabillero
guindaste
cuerpo muerto
boya

atador
enlazador
agujetero

enlazable
vincular
copulativo
indisoluble

—

ATAR
(V. *Atadura*)

—

ATAVÍO
(V. *Adorno*)

—

ATENCIÓN (23)

atención
ánimo
aviso
circunspección
curiosidad
ojo
» avizor

atender
observar
contemplar
curiosear
advertir
ver
echar de ver
mirar
fijarse
escuchar
considerar
estudiar
enfrascarse
enguillotarse
reparar
reconocer
atalayar
cerner
catar
alertar
pernotar
cuidar
celar
vigilar
velar
espiar
acechar
fijar la atención
estar pendiente
estar colgado
prestar atención
hacer alto
no quitar ojo
avivar los ojos
abrir los ojos
estar a la mira
quedar a la mira
andar a la mira
aguzar el sentido
echar el ojo
clavar los ojos
llevar los ojos
llevarse los ojos
aguzar los oídos
» las orejas
andar con cien ojos
andar con la barba sobre el hombro
ir sobre una cosa
estar en todo
no perder ripio
no perder de vista
tener ojo en
tener los ojos en
poner los ojos en
no quitar los ojos
poner sus cinco sentidos
tener puestos sus cinco sentidos
estar pendiente de
no pestañear
beber las palabras
tomar en consideración
parar la consideración
fijar la consideración

llamar la atención
hacer notar
subrayar
polarizar
advertir
ocupar
avisar
levantar la liebre
» la caza

atendencia
advertimiento
advertencia
observación
contemplación
consideración
miramiento
cuidado
apercepción
extraversión
expectación
aplicación
reflexión
examen
investigación
vigilancia

atendedor
observador
observante
veedor
contemplador
considerador
considerante
espectador
expectante
atento
contemplativo
cuidadoso
concienzudo

atendible
considerable
notable
reparable
observable
interesante
chocante
curioso
célebre
llamativo

miradero
actualidad

atentamente
advertidamente
alertamente
fijamente [mente contemplativa-
ojo alerta
sin pestañear
con las orejas tan largas
sobre sí
en atención
en consideración
atento a
nota bene

—

ATENDER
(V. *Atención*)

—

ATESTIGUAR
(V. *Testimonio*)

—

ATIRANTAR
(V. *Tensión*)

—

ATMÓSFERA (3)

atmósfera
aire
cielo
clima
aerosfera
fotosfera
endosfera
estratosfera
ionosfera
cielo (altura de la atmósfera)
altanería
altitud
alteza
constitución atmosférica
temperie
temperamento
temple
temperatura
ambiente
cariz
tiempo
día
noche
calma
calmazo
bochorno
(calina, calígine, etc. V. *Niebla*)
blandura
clara
bonanza
anticiclón
depresión
destemplanza
intemperie
reciura
inclemencia
tempestad
día pesado
mutación
ola
añada
temporal
sequía
seca
humedad
vapor de agua
nieve
tiempo de fortuna

presión barométrica
aire
viento
nube
niebla
visibilidad
lluvia
meteorología
barómetro

hacer
marcear
mayear
mejorar
ablandar
revolverse
resolver
pasar de un extremo a otro
abrir
despejarse

atmosférico
isobárico
sereno
hermoso
benigno
apacible
blando
claro
manso
bonancible
lluvioso
seco
ventoso
aquilonal
aquilonar
revuelto
desabrido
crudo
recio
pesado
bochornoso
estorboso
cargado
climático

—

ATMOSFÉRICO
(V. *Atmósfera*)

—

ATÓMICO
(V. *Átomo*)

—

ÁTOMO (2)

átomo
núcleo
protón
antiprotón
electrón
neutrón
positrón
mesotrón
mesón
número atómico
peso atómico
ion

energía atómica
fisión
reacción en cadena
pila atómica
ciclotrón
reactor
bomba atómica

electrónica
cibernética
rayos cósmicos

uranio
plutonio
isótopo
deuterio
tritio
agua pesada

atómico
electrónico
nuclear
termonuclear
físil
fisible

—

ATONTAR
(V. *Necedad*)

—

ATORMENTAR
(V. *Tormento* [*For.*])

—

ATORNILLAR
(V. *Tornillo*)

—

ATRACCIÓN (14)

atracción
llamamiento
confrontación
moción
afinidad
captación
fascinación
encanto
halago
atractivo
interés
espejuelo
cimbel
cebo
carnada
señuelo
añagaza
ñagaza
garabato
gracia
quillotro
coquetería
coquetismo
gachonería
gachonada
gitanería
aliciente
incentivo
magia
hechizo
anzuelo
gancho
ángel
don de **gentes**
aquel
reclamo
enza
huelga
paraíso

atracción
» universal
» molecular
gravitación
(gravedad, etc. V. *Peso*)
cohesión
adherencia
adsorción
imán

atraer
traer
asumir
aspirar
absorber
adsorber
sorber
chupar
cebar
tirar
llamar
brindar
solicitar
cautivar
embrujar
hechizar
seducir
llevar los **ojos**
agradar
arrebatar
captar
granjear
engolosinar
hacer tilín
encabestrar
amenizar

atractivo
atrayente
atractriz
agradable
ameno
llamativo
interesante
arrebatador
cautivador
coquetón
halagüeño
halaguero
alegre
hechicero
retrechero
vistoso
garabatoso
gitano
cañí
atraíble

—

ATRACTIVO
(V. *Atracción*)

—

ATRAER
(V. *Atracción*)

—

ATRÁS
(V. *Posterioridad*)

—

ATRASAR
(V. *Atraso*)

—

ATRASO (19)

atraso
atrasamiento
rezago
desaprovechamiento
retardación
ignorancia
incultura

atrasar
retrasar
posponer
postergar
relegar
retrotraer

atrasarse
rezagarse
trasconejarse
atrasar (intr.)
retrasar (intr.)
perder terreno
retroceder

redrojo
redruejo
atrasado
pospuesto
garria
posterior
tardío

pie atrás
a la cola

—

ATRAVESAMIENTO (17)

atravesamiento
travesía
transverberación
trasverberación
transfixión
trasfixión
perforación
agujero
taladro

atravesar
travesar
cruzar
transverberar
espetar
pasar
traspasar
enclavar
engarzar
ensartar
enfilar
enhebrar
enhilar
tramar
enjaretar
cortar
desensartar
penetrar
perforar
horadar
calar
filtrarse

atravesador

sarta
sartalejo
sartal
contal
travesaño
atravesaño
cruz
muletilla
chambrana
lercha
cambero

transversal
trasversal
transverso
trasverso
travesero
travieso
pasante
secante
diagonal
diametral

atravesado
transfijo
trasfijo
transparente

de parte a parte
de lado a lado
de banda a banda

a través
al través
de través

—

ATRAVESAR
(V. *Atravesamiento*)

—

ATREVERSE
(V. *Atrevimiento*)

—

ATREVIDO
(V. *Atrevimiento*)

—

ATREVIMIENTO (26)

atrevimiento
intrepidez
arriscamiento
irreflexión
temeridad
valor
audacia
osadía
avilantez
avilanteza
tupé
determinación
decisión
resolución
entereza
aplomo
empuje
espíritu
arrojo
arresto
brío
insolencia
demasía
descomedimiento
imprudencia
desenvoltura
bizarría
gallardía
guapeza
copete
descaro
empresa
alas
libertades
vafe
gauchada
barbaridad
atrocidad
remedio heroico

osar
emprender
arriesgar
aventurar
coger
tomar
romper
afrontar
fijarse
cerrar los ojos
meterse de cabeza
no ponérsele cosa por delante
romper por todo
echar por en medio [dio
partir por en me-
echar por la calle de en medio
echarlo todo a rodar
liarse la manta a la cabeza [agua
echar el pecho al
sacar la cabeza
sacar los pies del plato
sacar los pies de las alforjas
cantarlas claras
acusar las cuarenta

atreverse
arrojarse
decidirse
resolverse
animarse
arrestarse
arrostrarse
crecerse
lanzarse
aventurarse
arriesgarse
probar fortuna
pasar el Rubicón
quemar las naves
arremangarse
no ponérsele nada por delante
tener la sangre caliente
ser hombre para alguna cosa
tener cara para hacer

aguerrir
foguear

atrevido
arrojado
arrojadizo
intrépido
temerario
arriesgado

imprudente
emprendedor
determinado
arriscado
arrestado
denodado
decidido
adelantado
guapetón
boquifresco
alegre
entrador
osado
libertado
libre
audaz
sacudido
abonado
barbián
resuelto
resoluto
ufano
bragado
de armas tomar
de estómago

atrevidamente
desaforadamente
audazmente
intrépidamente
temerariamente
osadamente
arriesgadamente
arriscadamente
decididamente
ciegamente
sin mirar, pararse, reparar o tropezar
a viva fuerza
contra viento y marea
a ultranza
de rondón
a ciegas
sin pararse en barras
a todo trance
por zancas o por barrancas
a Roma por todo
a muerte o a vida
salga lo que saliere [rana
salga pez o salga
sin encomendarse a Dios ni al diablo
preso por mil, preso por mil y quinientos
ancha es Castilla

—

ATRIBUCIÓN (16)

atribución
imputación
acusación
suposición
causa
origen
pretexto

atribuir
tribuir
imputar
calificar
suponer
echar
achacar
asacar
sacar
acumular
echar sobre uno
ahijar
cargar
aplicar
interpretar
asignar
dedicar
consagrar
destinar

hacer cargo
echar la culpa
echar el muerto
colgar el milagro
ser uno el dedo malo

achacable
imputable

—

ATRIBUIR
(V. *Atribución*)

—

ATRIBUTO
(V. *Cualidad*)

—

ATRIO
(V. *Vestíbulo*)

—

ATURDIDO
(V. *Turbación*)

ATURDIR
(V. *Turbación*)

—

AUDICIÓN (13)

audición
sonido
audiencia
oída
escucha
auscultación
oído
algodones
sordera

oír
sentir
entreoír
trasoír
herir el oído
escuchar
auscultar
atender
dar oídos
abrir los oídos
» el oído
» tanto el oído
aplicar el oído
aguzar las orejas
» el sentido
beber las palabras
estar colgado de los labios
estar pendiente de los labios
estar pendiente de la boca
no perder ripio
taparse los oídos
dejarse de oír
perderse

telefonía
estetoscopio
radio

oyente
oidor
escuchante
escuchador
audidor
auditor
público
auditorio
radioyente
radioescucha

auditivo
auditorio
oíble
audible
inaudible
inaudito

—

AUMENTAR
(V. *Aumento*)

—

AUMENTO (22)

aumento
engrandecimiento
acrecentamiento
acrecencia
cremento
acrecimiento
crecida
crecimiento
creces
bola de nieve
hipertrofia
incremento
ampliación
amplificación
multiplicación
exageración
puja
adición
medra
adelantamiento
ribete
mejora
mejoramiento
bonificación

aumentar
acrecentar
acrecer
recrecer
incrementar
añadir
desarrollar
desenvolver
extender
completar
agrandar
ampliar
amplificar
intensificar
reforzar
alargar
ensanchar
engrosar
alzar
nutrir
echar leña al fuego

crecer
germinar
acentuarse
tomar cuerpo
tomar vuelo
ir a más
cundir
subir de punto

aumentador
aumentante
acrecentador
acrecentante
aumentable
creciente

crecidamente
más
a más
más y más

—

AUSENCIA (15)

ausencia
partida
huida
deserción
alejamiento
eclipse
expatriación
emigración
despoblación
vacío
retirada
abandono
aislamiento
carencia
privación
falta
recle
recre
rabona
novillos
marra
marro
permiso
nostalgia
soledad
añoranza
morriña
mal de la tierra

pasión de ánimo
desaparición
absentismo
coartada

ausentarse
apartarse
marcharse
alejarse
despedirse
despedirse a la francesa
evadirse
escabullirse
descabullirse
eclipsarse
largarse
alargarse
guillarse
mudarse
desavecindarse
desrancharse
quitarse de enmedio
expatriarse
alzar velas
emigrar
huir
desertar
desaparecer
hacer mutis
abandonar
desamparar
dejar
desalojar
levantar
deshabitar

estar ausente
faltar
hacer novillos
» rabona
» gorra
» bolas
» pimienta
» corrales
andar a monte
no poner los pies
no hacer humo en
dar cantonada
despoblarse el lugar
hablar por las espaldas
probar la coartada

caer en falta
poner falta
apuntar
puntar
echar menos
cariñar
añorar

ausente
ausentado
desertor

vacante
pitancero
bolero
novillero
nostálgico
morriñoso

en ausencia
en rebeldía
a espaldas
por detrás
detrás

—

AUSENTAR
(V. *Ausencia*)

—

AUSENTE
(V. *Ausencia*)

—

AUTÓMATA
(V. *Muñeco*)

—

AUTOMATISMO
(V. *Instinto*)

—

AUTOMÓVIL (31, 38)

automóvil
carruaje
coche
auto
sedán
taxímetro
taxi
autocar
rubia
camioneta
autobús
trolebús
camión
tractor
tanque

carruaje
rueda
llanta
neumático
cámara
tapacubos
obús
tambor
carrocería
chasis
bastidor
aleta
faro
faro piloto
pescante
salpicadero
cambio
corona
cruceta
bloque
culata
cámara de combustión
segmento
camisa
taqué
palier
mangueta
rodamiento
cárter
amortiguador
claxon
desmontable
guardabrisa
parabrisas
limpiaparabrisas
parachoques
cortaviento
acelerador
freno
volante
puesta en marcha
dirección
diferencial
satélite
cambio
silenciador
silencioso
radiador
encendido
disyuntor
bujía
magneto
batería
embrague
escape
carburador
nodriza
retrovisor
cuentakilómetros
taxímetro (aparato)
matrícula

maniobra
rodaje
rueda libre
punto muerto
patinazo
vuelta de campana

cilindrada
carburación
gasógeno
gasolina
octano
gasóleo
gasoil
aceite pesado
garaje
automovilismo
deporte
autopista
congestión
parque
aparcamiento

arrancar
conducir
pilotear
embalarse
aparcar
estacionar

automovilista
chófer
mecánico
conductor
motorista
taxista
piloto

aerodinámico
descapotable

—

AUTOMOVILISMO
(V. *Automóvil*)

—

AUTOPSIA
(V. *Cadáver*)

—

AUXILIAR
(V. *Ayuda*)

—

AUXILIO
(V. *Ayuda*)

—

AVARICIA (26)

avaricia
codicia
avidez
ambición
miseria
civilidad
mezquindad
parsimonia
ahorro
egoísmo
concupiscencia
mercantilismo
usura

metalizarse
mercantilizarse

avaro
avaricioso
avariento
ambicioso
codicioso
codiciador
codiciante
desventurado
miserable
mezquino
judío
interesado
interesable
interesal
aurívoro

avariciosamente
avaramente
codiciosamente

—

AVARICIOSO
(V. *Avaricia*)

—

AVARO
(V. *Avaricia*)

—

AVE (6)

ave
avecica
avechucho
pajarraco

muda
migración
pasa
canto
ululación
voz

pico
rostro
mandíbula
diente
penacho
penachera
copete
moño
cresta
crestón
barba
agalla
membrana nictitante
corpachón
corpanchón
caparazón
cuarto
» delantero
» trasero
carne de pluma
carnes blancas
pechuga
espoleta
espuela
quilla
entrepechuga
caballete
buche
papo
despojos
menudillos
menudos
menudencias
molleja
mollejuela
cachuela
huevo
overa
huevera
madrecilla
rabadilla
curcusilla
obispillo
mitra
crepón
higadillo
higadilla
enjundia
ala
alón
pluma
flojel
pena
pata
zanca
tarso
calcha
espolón
garrón
espuela
canilla
cloaca
almizcle

nido
avería (lugar)
aurero
bebedero
dormida
ponedero
peladero
corral
jaula
recova

averío
avería
bandada
banda
volatería
alcahazada
jabardillo
ornitología
avicultura

ave silvestre
» brava
» ratera
» de paso
» pasajera
guión

(corredoras:)
brevipennes
avestruz
nandú
avestruz de América
suri
casuario

(trepadoras:)
prensoras
sitácidos
loros
papagayo
papagaya
cotorrera
cotorra
catey
paraba
cata
catita
catarinita
paraguay
loro del Brasil
cacatúa
guaro
guacamayo
maracaná
guacamaya
guara
tui
lora
viudita
tricahue
catana
pipo
picapuerco
perico
periquito
mariquita
torcecuello
hormiguero
tucán
pico de frasco
picofeo
cálao
pico barreno
pito
picarrelincho
pico
toquillo
picarro
pitihué
picaposte
tajá
picamaderos
pájaro carpintero
pico verde
» carpintero
cuclillo
cuquillo
cuco
azulejo
abejaruco
abejero
quetzal
pájaro arañero
arañero
martín del río
pájaro polilla
guardarrío
alción
martín pescador
camaronero
tocororo
guatiní
azucarero
diostedé
chotacabras
tontito
zumaya
engañabobos
harriero
tapacamino
engañapastores
guabairo
guácharo
pito real
zapoyolito

pájaros
(V. en este grupo otros nombres de aves.)

(rapaces:)
ave de rapiña
» rapaz
» rapiega
falcónidos
águila
» calzada
aguileña
aguilucho
águila real
guaraguao
águila caudal
» imperial
aguilón
águila caudalosa
» barbuda
atahorma
águila bastarda
guarrilla
calquín
abanto
cóndor
buitre
gran buitre de las Indias
jote
águila blanca
alimoche
dardabasí
zonchiche
arpella
aura
zamura
guala
gallinazo
gallinaza
carraco
zopilote
zope
halieto
aleto
pigargo
melión
culebrera
milano
gavilán
esparvel
gavilán araniego
araniego

galfarro
esparaván
esparver
planga
clanga
dango
planco
pulla
baharí
tagarote
macagua
alcotán
alcaudón
verdugo
gaudón
franhueso
quebrantahuesos
osífrago
osífraga
alferraz
cernícalo
mochete
primilla
azor
ferre
esmerejón
zurdal
aztor
halcón [rio
halcón palumba-
» coronado
» gentil
neblí
nebí
sacre
olivarda
gerifalte
gerifalco
garifalte
girifalte
borní
cerorrinco
camaleón
guaco
varí
caburé

(rapaces nocturnas:)
autillo
cucubá
cárabo
alucón
gallina ciega
zumaya
oto
úlula
concón
miloca
sijú
mochuelo
búho
tecolote
tinge
tucúquere
estiquirín
carancho
estucurú
tuco
buharro
corneja
chova
buaro
buarillo
lechuza
zuindá
oliva
estrige
bruja
curuja
coruja
curuca
ciguapa

(otras rapaces:)
cao
» pinatero
» montero
peuco
» blanco
» bailarín

chucho
caracará
caraira
guincho
tutú
traro
tiuque
alcamar
nuco
chimango
pequén

(gallináceas:)
gallina
pavo
» real
gallipavo
pavón
ojo
paují
» de piedra
paujil
guaco
paují de copete
urogallo
gallo silvestre
faisán
faisana
francolín
coquito
codorniz
rara
guarnigón
perdiz
perdigón
grigallo
chachala
guacharaca
ganga
ortega
churra
corteza
congolona
figana

(palomas:)
paloma
tórtolo
tórtola
cocolera
zurita
tucurpilla
tojosita
picazuroba

(zancudas:)
avutarda
otis
avetarda
avucasta
piuquén
avoceta
rey de codornices
bitor [ces
guión de codorni-
matriz
rascón
polla de agua
falcinelo
morito
cigüeña
cigüeño
cigoñino
cigoñuela
zaida
marabú
baguarí
ibis
alcaraván
charadrio
árdea
aldorta
cochigato
zumaya
zumacaya
capacho
aguatacaimán
agachadiza
becardón
rayuelo
sorda

revuelvepiedras
picudilla
martinete
martín del río
garceta
pavo marino
foja
gallina de agua
falaris
focha
gallareta
pidén
garzota
chorlito
calamón
grulla
garza real
airón
chocha
gallina de Guinea
» Guinea
gallineta
pintada
chorcha
chochaperdiz
pitorra
becada
coalla
gallina sorda
garza
parima
garzón
avetoro
zarapito
sarapico
chorlito
fúlica
polla fúlica
gallina de río
tagua
catarañа
sisón
gallarón
sisa
ave fría
avefría
quincineta
judía
frailecillo
cauno
cayama
guairabo
carlanco
caraú
cuchareta
teruteru
tero
chajá
cuca
carrao
cangrejero
ganga
espátula
guanabá
pitoitoy
pilpilén
pillo
tabón
sariama

(palmípedas:)
pelícano
tocotoco
platalea
alcatraz
onocrótalo
petrel
tablero
pájaro niño
pingüino
barnacla
cisne
ganso
gansarón
ánsar
oca
pato
coscoroba
carnero del Cabo
albatros
silbón

flamenco
bato
picaza marina
somorgujo
somormujo
zaramagullón
somorgujón
trullo
patín
tijereta
negreta
mergánsar
mergo
cuervo marino
corvejón
corúa
gallego
pájaro diablo
» bobo
tolobojo
rabihorcado
pájaro burro
golondrina de mar
cerceta
zarceta
gaviota
gavia
gavina
paviota
meauca
tindío
pardela
auniga
ave de cuchar
cuchar
ave de cuchara
castañero
yaguasa
guala
guanana
piquero

(parleras y canoras:)
papagayo
loro
cotorra
cacatúa, etc.
trupial
arrendajo
urraca
mirlo

ruiseñor
canario
verderón
mariposa
clarín de la selva
moriche
cuicacoche
moscareta
estornino
pardillo
curruca
sinsonte
jilguero
lúgano
verderón
paro carbonero
pinzón
papafigo, etc.

(comestibles:)
tocororo
paují
guaco
sisón
chachalaca
perdiz
codorniz
pavo
gallina
paloma
pato
faisán
bitor
gallineta
ortega
avutarda
rey de codornices
revuelvepiedras

chorlito
tordo
zorzal
sabanero, etc.
pájaro

cártamo
cártama
alazor

reclamo
señuelo
cimbel
añagaza
caza

volar
darse
calarse
mudar
picar
picotear
cantar
graznar
gaznar
piar
hablar
gañir
gallear
gallar
pisar
huevar
encrestarse
enllocar
enclocar
enmantarse
encapotarse
desembuchar
desbuchar
despechugar
descrestar
aclamar
embuchar
alcahazar
enjaular

picotazo
picada
picazo
herronada
despechugadura

ornitólogo
avicultor

corredoras
casuáridas
parleras
cantoras
canoras
trepadoras
prensoras
rapaces
gallináceas
galináceas
palmípedas
zancudas

aquilino
avutardado
buitrero
atirrostro
saraviado
cambujo
crestado
crestudo
moñudo
papudo
igualado
calzado
calchón
calchudo
cañamonado
ovado
viudo
mantudo
mantón
migratorio
peregrino
lagartijero
lagartero

picarero
grullero
canoro
harpado
arpado
gárrulo
garrulador
parlero
ornitológico

—

AVECINAR
V. *Vecindad)*

—

AVELLANO (5)

avellano
avellanera
ablano
nochizo

avellana

avellanar
avellanal
avellaneda
avellanedo
ablanedo

avellanero
avellanera

—

AVENA (5)

avena
ballueca
avena loca
morisco
egílope

avenal
aveníceo
avenáceo

—

AVENIDA
(V. Inundación)

—

AVENTAJAR
(V. *Superioridad)*

AVENTAR
(V. *Trilla)*

—

AVERGONZAR
(V. *Vergüenza)*

—

AVERIGUAR
(V. *Investigación)*

AVIÓN
(V. *Aeronáutica)*

—

AVISAR
(V. *Información)*

—

AVISO
(V. *Información)*

—

AYUDA (27)

ayuda
ayuda de vecino

mediación
participación
reciprocidad
concurso
concurrencia
concomitancia
asistencia
refuerzo
sufragio
presidio
fautoría
opitulación
mano
favor
apoyo
protección
defensa
cooperación
colaboración
asociación
compadrazgo
compadraje
alianza
mingaco
minga
ayudantía
contribución
óbolo
grano de arena
adminículo
muleta

auxilio
socorro
acorro
áncora
beneficio
subvención
subsidio
donación
pósito
limosna
sufragio
caridad
ayuda de costa
obra de misericordia
montepío
pensión
beca
paga de tocas

ayudar
coadyuvar
secundar
apoyar
concomitar
acompañar
adminicular
cooperar
colaborar
conllevar
sobrellevar
descansar
favorecer
provocar
acalorar
contribuir
prestar
conspirar
influir

auxiliar
socorrer
asistir
agonizar
acudir
acorrer
acoger
remediar
subvenir
sufragar
subvencionar
relevar

ofrecerse
dar la mano
echar una mano
» un capote
arrimar el hombro
tender la mano
socorrer la plaza
ir a una
parir a medias
hacer la causa de otro
hacerle el juego
hacer el caldo gordo
hacer la olla gorda [nadillo
poner uno su cortomarse el trabajo
ser el brazo derecho de [de
ser pies y manos
venir el cuervo

ayudarse con
valerse de
echar mano de
asociar
recurrir a
pedir auxilio, socorro, etc.
amorronar
acogerse

ayudante
ayudador
coadyuvante
coadyuvador
coadjutor
coadyutor
adjutor
cooperador
cooperante
cooperario
contribuyente
colaborador
favoreciente
conllevador
coagente
adjunto
fautor
pasante
edecán
cirineo
auxiliar
auxiliador
socorredor
auxiliante

cooperativo
subsidiario
concomitante
socorrido
influyente
influente
arrimadizo

subsidiariamente
Dios dará
» delante
¡aquí de Dios!
entre
SOS

—

AYUDAR
(V. *Ayuda*)

—

AYUNAR
(V. *Abstinencia*)

—

AYUNO
(V. *Abstinencia*)

—

AYUNTAMIENTO (30)

ayuntamiento
municipio
municipalidad
cabildo
concejo
consistorio
asamblea
ciudad
consejo de ciento
comunidad
principalía
regimiento
céndea
villa
república
barangay
alcaldía
veinticuatría
cámara
mancomunidad

regir
administrar
municipalizar

fuero [pal
derecho municiadministración municipal
concejo
» abierto
bienes concejiles
bienes comunales
propios
senara
contingente provincial
municipalización

alcalde
burgomaestre
corregidor
mayoral
alcalde corregidor
juez pedáneo
alcalde pedáneo
» de monterilla
alcalde ordinario
» de corte
» de hijosdalgo
» de barrio
almocadén [de
teniente de alcaloficial
alguacil
guardia
macero

concejal
concejala
edil
edila
capitular
cabildante
conceller
jurado
regidor
tres de ayuntamiento
seis de ayuntamiento
trece de ayuntamiento
veinticuatro
fiel ejecutor
edil curul
» plebeyo
decurión
catarribera
escañero
asistenta

oficio de república
cargo concejil
» de la república
alcaldía (cargo)
concejalía
edilidad
regiduría
regidoría
regimiento
asistencia
trecenato
vara
silla curul
tabardo

alcaldía (edificio)
casa consistorial
consistorio
cabildo
villa
casa de la villa

municipal
consistorial
concejil
edilicio
vecero

—

AZADA (36)

azada
azadón
indar
cavadera
jada
arpón
batidera
raedera
legón
ligón
ligona
lampa
fesoria
sotera
guataca
talacho
bidente
rastro
picaza
coa
escabuche
sallete
escarda
sacho
dolabela
almocafre
azadilla
feseta
escardadera
escardillo
escardilla
zarcillo
garabato
escarbador
escavillo
binadera
binador

rastrillo
mango
pala
ojo
corte
boca
mocheta
mocho
peto

cavar
excavar
sallar
sachar
desyerbar
lampear

azadada
azadazo
azadonada
escardadura
deshierba
desyerba

cavador
cavaril
azadonero

—

AZAFRÁN (5)

azafrán
croco
azafrán romí
» romín
alazor

rosa del azafrán
rosa
brin
hebra
espartillo

tener buen clavo
» mal clavo

desbriznar
esblencar
espinzar
azafranar

azafranero
rosero
lúa
crocino

azafranal

—

AZOGAR
(V. *Mercurio*)

—

AZOGUE
(V. *Mercurio*)

—

AZOTAR
(V. *Azote*)

—

AZOTE (12)

azote
flagelo
verdugo
vergajo
corbacho
knut
látigo
penca
tocino
anguila de cabo
plomada
cuesco
guaraca
disciplinas
cuarta
abrojo
canelón

azotar
flagelar
(fustigar, etc. V. *Látigo*)
cuartear
vapular
vapulear
mosquear
palmear
verberar
disciplinar
golpear [Cristo
poner como un
pencar
envesar
hostigar
festejar
disciplinar
acanelonar
baquetear

azotamiento
azotes
azotina
azotaina
azotazo
castigo
sotana
lampreo
vapulación
vapuleo
vapuleamiento
vapulamiento
vápulo
verberación
zurra
bolina
duros
fajas
jubón de azotes
mano » »
cotón colorado
baquetas [tas
carrera de baquebaqueteo

azotador
azotable

azotado
disciplinante
disciplinante de penca
sagitario
fajado

—

AZOTEA (11)

azotea
terrado
terraza
terrero
ajarafe
aljarafe
plataforma
mirador
baldosa
baldosín
launa
asfalto
tejado

—

AZÚCAR (36)

azúcar
azuquítar
glucosa
sacarosa
sacarina
levulosa
pilón
pan de azúcar
catite
cara
azúcar de pilón
cuadradillo
» rosado
azúcar de lustre
» de flor
» florete
» blanco
» refino
» cande
» de piedra
» quebrado
» moreno
» negro
» terciado
» de redoma
» mascabado
» moscabado
» de quebrados
chancaca
panela
cogucho
chincate
costra de azúcar

caña de azúcar
» dulce

cañaduz
cañaduzar
caña melar
cañamiel
caña de Castilla
alifa
bagazo
gabazo
fraile
tlazol
remolacha
beterraga
beterrata

cañamelar
zafra

guarapo
caldo
templa
meladura
papelón
miel
miel nueva
» de caña
» de prima
» negra
» de barrillos
» de furos
remiel
cachaza
melaza

melote
melcocha
mazacote
jarabe

moler
melar
carear
aventar
azucarar
sacarificar

zafra
alce
contracandela
contrafuego
cortafuego
candidación
sacarificación
sacarimetría

ingenio
» de azúcar
refinería
casa de pailas
lonja
azucarería
azucarera

glucemia
diabetes

sacarímetro
glucómetro
trapiche
casa de calderas
tacho
horma
fondo
furo
enfalcado
contrete
castillejo
carrón
castaña
moledor
gavera
tinglado
clarificadora
difusor
bagacera
cañero (lugar)

azucarero
cañero
machetero
prensero
tachero
atopile

azucarero (vasija)
azucarera

azucarino

sacarígeno
zucarino
sacarino
sacarífero
azucarado
mulso
dulce

—

AZUELA
(V. *Hacha*)

—

AZUFAIFO (5)

azufaifo
azofaifo
azufeifo
guinjo
guinjolero
jinjolero
azufaifo de Túnez

azufaifa
azofaifa
azufeifa
guinja
guinjol
jinjol
yuyuba

—

AZUFRAR
(V. *Azufre*)

—

AZUFRE (4, 2)

azufre
alcrebite
alcribite
piedra azufre
azufre vivo
hígado de azufre
pirita
solfatara
azufrera

sulfuro
bisulfuro
protosulfuro
sulfato
bisulfato
vitriolo

sulfito
bisulfito
hiposulfito
mata
azufrón

azufrar
sulfurar
sulfatar
vulcanizar
desazufrar

azuframiento
sulfatado
comporta
almarada
estufa

azufroso
azufrado
sulfuroso
sulfúrico
sulfhídrico
sulfúreo

—

AZULEJO
(V. *Ladrillo*)

—

B

BABA
(V. *Saliva*)

—

BACALAO (6)

bacalao
bacallao
abadejo
pescado
bacalada
truchuela
curadillo
escocia
langa
pejepalo
pezpalo
estocafís
raba (cebo)
soldado de Pavía
ajoarriero

pez
pescado

—

BACTERIA (6, 12)

bacteria
bacilo
microbio
microorganismo
micrófito
miasma
virus
fagocito
cocobacteria
micrococo
estafilococo
estreptococo
vírgula
comabacilo
colibacilo
gonococo
treponema
tripanosoma
espiroqueta
neumococo
vibrión
meningococo
espirilo
cocobacilo
pasterela
protozoario
actinomiceto
hongo

bacteriología
microbiología
bacterioterapia
virulencia
estafilococia
estreptococia
actinomicosis
neumococia
infección
enfermedad

toxina
antitoxina
cultivo
inmunología
vacunación

cultivar
esterilizar
pasterizar
pasteurizar

bacteriólogo

microbicida
bactericida
antibiótico
caldo de cultivo
frotis

microbiológico
bacteriológico
bacteriano
microbiano
bacilar
cocobacilar
piógeno
aerobio
anaerobio
miasmático

—

BACTERIOLOGÍA
(V. *Bacteria*)

—

BÁCULO
(V. *Bastón*)

—

BACHILLER
(V. *Escuela*)

—

BAILAR
(V. *Danza*)

—

BAILARÍN
(V. *Danza*)

—

BAILE
(V. *Danza*)

—

BAJADA (19)

bajada
abajamiento
descenso
descensión
descendimiento
descendida
declinación
ocaso
caída

bajar (intr.)
abajar
descender
calar
apearse
guindarse
desmontar
saltar
caer
desguindarse
derribarse
descolgarse
dejarse correr
abatirse
agacharse
arranarse
acuclillarse [llas ponerse en cuclillas]
agarbarse
amorrar
tenderse

bajar (tr.)
abajar
apear
arriar
abatir
humillar
postrar
descender
deponer
descolgar
desguindar
abalar
aballar
rebajar
desmontar
hundir

postrador
descendente
descendiente
inapeable

de alto a bajo
pie a tierra

—

BAJAR
(V. *Bajada*)

—

BAJÍO
(V. *Escollo*)

—

BAJO
(V. *Bajura*)

—

BAJURA (17)

bajura
rebajamiento
aplanamiento
achatamiento
profundidad
concavidad
inferioridad
yacimiento

rebajar
abajar
achicar
achatar
aplastar
aplanar
desmochar
deprimir
mutilar

rebajarse
achatarse
deprimirse
aplanarse
arranarse
humillarse
echarse
tenderse
yacer

ser bajo
ser como un puño
no salir del suelo

bajo
bajete
bajuelo
bajero
hondo
humilde
apaisado
rebajado
arranado

personilla
figurilla
regojo
arrapiezo
arrancapinos
gorgojo
zoquete
escarabajo
renacuajo
escomendrijo
tachuela
zancajo
zanquillas
calcillas
sacabuche
chuchumeco
menino
títere

rechoncho
cachigordo
cachigordete
regordete
achaparrado
doblado
redoblado
rebolludo
bamboche
retaco
recoquín
repolludo
tapón de cuba
pastel en bote

enano
tozo
gigante en tierra de enanos
pigmeo
semihombre
liliputiense
del codo a la mano

—

BALA
(V. *Proyectil*)

—

BALANZA
(V. *Peso*)

—

BALAUSTRADA
(V. *Antepecho*)

—

BALAUSTRE
(V. *Antepecho*)

—

BALCÓN
(V. *Ventana*)

—

BALDOSA
(V. *Ladrillo*)

—

BALIZA
(V. *Boya*)

—

BALÓN
(V. *Pelota*)

—

BALSA (38)

balsa
embarcación
armadía
almadía
jangada
zatara
zata
garandumba
belasa
carrizada
itapa
caballitos
andarivel
guarés
maderada
transporte

embalsar
balsear

embalse
balsadero
balsadera

balsero
almadiero
maderero
ganchero

—

BÁLSAMO
(V. *Resina*)

—

BALLENA
(V. *Cetáceo*)

—

BALLESTA
(V. *Saeta*)

—

BAMBÚ
(V. *Caña*)

—

BANCA (33, 35)

banca
bolsa
valores
fondos
papel
efectos públicos

valores fiduciarios (cheque, giro, libranza, etc., V. *Letra de cambio*)
hacienda

cartera
carpeta
título
acción
obligación
bono del Tesoro
cédula
» hipotecaria
resguardo
billete
dividendo
cupón
vendí
póliza
emisión
carta abierta
» de crédito
letra abierta
trapacete
talonario

acreditar
abonar
adeudar
cargar
reponer
imponer
descontar
abrir un crédito
emitir
negociar
pignorar
adinerar
sindicar
cotizar
circular
especular
jugar
subir la bolsa
bajar la bolsa

cuenta
cuenta corriente
» de crédito
agiotaje
agio
cotización
arbitraje
especulación
préstamo
descubierto
emisión
alza
baja
descuento
redescuento
conversión
amortización
cambio
prima
interés
renta
deuda

banquero
cambista
cambiante
genovés
accionista
obligacionista
cuentacorrentista
agente de bolsa
» » cambio
» » » y bolsa
bolsista
zurupeto
agiotista
agiotador
alcista
bajista
corredor de cambios
corredor de comercio
corredor de oreja
numulario
portador

banco
» de emisión
» » crédito
» » depósito
casa de banca
banco de comercio
lombardo
mesa de cambio
tabla
» numularia
caja
contador
bolsa (edificio)
bolsín
bolsa negra

bancario
bursátil
financiero
cotizable
nominativo
al portador
negociable
mobiliario
inmobiliario

a la par
en firme

BANCO
(V. *Asiento*)

—

BANDA (18)

banda
bandín
faja
fajón
fajín
fajuela
zona
lista
tira
tirajo
tirilla
jira
lienza
cinta
fleje
tórdiga
túrdiga
correa
brazal
bandolera
estola
manípulo
cintajo
corbata

franja
friso
fres
vera
cenefa
margen
vena
orla
borde
moldura
línea
trena
cinturón
cincha
cinchuela
venda
vendaje
cirugía

—

BANDEJA (20)

bandeja
batea
batehuela
salvilla
salva
vasera
tocasalva
bilao
balay
carpancho
portador
cubierto
azafate
platel
plato

—

BANDERA
(V. *Insignia*)

—

BANQUERO
(V. *Banca*)

—

BANQUETE
(V. *Alimento*)

—

BANQUILLO
(V. *Asiento*)

—

BAÑAR
(V. *Baño*)

—

BAÑO (11, 12)

baño
» turco
» de arena
» de vapor
» de aire comprimido
baño de sol
ducha
afusión
perfusión
maniluvio
pediluvio
ilutación
estrigilación
inmersión
natación
balneología
balneografía
balneoterapia
talasoterapia
hidroterapia

bañar
rescaldar
duchar
chapuzar
sumergir
mojar

bañuelo
bañera
baña
bañadero
lavadero
lavacro
tina
semicupio
piscina
pecina
baños
balneario
casa de baños
alema
caldas
caldario
termas
estufa
vaporario
calentador

caseta
bañador
taparrabo
pampanilla
calembé

bañero
bañera
bañista
agüista
aguagriero
médico de baños

balneario
termal
hidroterápico

—

BARAJA
(V. *Naipes*)

—

BARANDILLA
(V. *Antepecho*)

—

BARATO
(V. *Depreciación*)

—

BARBA (7)

barba
pelo
depilación
bigote

barbaza
barbilla
manzanilla
mentón
hoyuelo
papada
papadilla
papo
perigallo
barbicacho

bosque
barba cerrada
barbas de zamarro
perejil mal sembrado

pelluzgón
pera
perilla
candado
mosca
patilla
balcarrotas
sotabarba
cañón
mentagra
plica
barro

barbar
embarbecer
sombrear
barbear

jabonar
enjabonar
afeitar
hacer la barba
rapar
dar un rape
rasurar
desbarbar
despatillar
descañonar
asentar
mesar
remesar
afeitadura
afeitada
rasura
rasuración
rasión
rapadura
rapamiento
rape
barba
remesón
barbería

barbero
afeitador
peluquero
rapador
rapista
alfajeme
fígaro
rapabarbas
desuellacaras
vellera

navaja de afeitar
hoja de afeitar
verduguillo
semanario
jabonera
bacía
gargantil
escalfador
navajero
afilador
suavizador
asentador
barbería
percha

geniano
barbado
barbón
barbudo
barbucho
barbiespeso
barbiluengo
cerrado de barba
patilludo
barbillas
barbuchas
barbas de chivo
barbas de macho
barbiponiente
barbipungente
barbilampiño
barbuchín
carilampiño
lampiño
imberbe
rapagón
barbilucio
desbarbado
barbihecho
barbirrapado

barbiblanco
barbicano
barbirrucio
barbirrubio
barbinegro
barbitaheño
taheño
barbirrojo
barbimoreno
barbicastaño
barbiteñido
barberil

a la pimentela
a redopelo

—

BARBECHO
(V. *Erial*)

—

BARBERO
(V. *Barba*)

—

BARBILLA
(V. *Barba*)

—

BARCO
(V. *Embarcación*)

—

BARNIZ (11, 29)

barniz
berniz
laca
maque
barniz de pulimento
charol
corladura
pavón
pavonado
pátina
esmalte
encáustico
vidriado
mogate
pintura
lustre
betún

barnizar
embarnizar
charolar
acharolar
pavonar
empavonar
maquear
corlar
corlear
vidriar
alvidriar
encerar

barnizado
muñeca
muñequilla
piedra pómez
alcohol
goma laca
resina
copal
elemí
sandáraca
aguarrás
trementina de Quío
cera
encáustico

barnizador
charolista

acharolado

—

BARNIZAR
(V. *Barniz*)

—

BARÓMETRO (2, 3)

barómetro
» aneroide
barómetro holostérico
barómetro metálico
barómetro de merc
barógrafo
cubeta
índice
manómetro
atmósfera
anticiclón
presión

depresión
altura
gradiente

barométrico
isobárico

—

BARQUILLOS
(V. *Pan*)

—

BARRA (2)

barra
barrón
barreta
barrote
cuadradillo
cuadrejón
varilla
hierro
hierro cuadradillo
rejón
tocho
alamud
cibica
cibicón
tirante
riel
raíl
carril
lingote
(viga, etc. V. *Madero*)
palo
palanca

—

BARRANCO
(V. *Cauce*)

—

BARRENA
(V. *Taladro*)

—

BARRENO (4)

barreno
cohete
cohetazo
fogata
banderilla
deflagrador
oído
aguja
taco
atacadera
cucharilla
mecha [dad
mecha de seguri-
explosivo

barrenar
enlodar
atacar
desatacar

pega
bocazo
mechazo

barrenero
cabecera
pegador

—

BARRER
(V. *Escoba*)

—

BARRIL
(V. *Cuba*)

—

BARRILLA
(2, 5, 10)

barrilla
› de Alicante
› borde
caramillo
carambillo
salado
sisallo
jijallo
natrón
mazacote
sosa

orzaga
álimo
armuelle
marismo
salgada
salgadera
algazul
aguazur
aguazul
albohol
almarjo
armajo
almajo
trujal

barrillar
tamojal
sosar
sosal
caramillar
jijallar
armajal
almarjal

barrillero

—

BARRILLERA
(V. *Barrilla*)

—

BARRIO
(V. *Población*)

—

BARRO
(V. *Cerámica*)

—

BASA (11)

basa
base
basamento
columna
plinto
acrotera
latastro
orlo
embasamiento
torés
nacela
sotabasa
espira
pedestal
contrabasa
peana
peaña
supedáneo
zócalo
acropodio
plinto
vaciado
rehundido
zoco
neto
dado
podio
estilóbato
rebanco
solera
botonera
fundamento
cimientos

—

BASE (11, 20)

base
fundamento
pie
pata
asiento
plataforma
culo
fondo
hondo
hondón
suelo
raíz
cimiento
profundidad
basa
peana
peaña
nacela
apoyo
cuña

desfondar
descular

básico

—

BASTANTE
(V. *Suficiencia*)

—

BASTAR
(V. *Suficiencia*)

—

BASTÓN (10)

bastón
bordón
muleta
muletilla
junquillo
bengala
caña de Bengala
junco
› de Indias
caña de Indias
rota
palasan
roten
garrote
estaca
macana
cachava
cayada
gayata
cachavona
garrota
clava
gancho
cayado
báculo
lituo
croza
arrimo
tiento
alpenstock
bastón de estoque
vara
palo
paraguas
apoyo

bastonear
bordonear

puño
contera
regatón
recatón
cuento
manatí
carey
bengala

bastonero

bastonería
bastonera
paragüero (mueble)

paragüero (persona)

—

BASURA
(V. *Suciedad*)

—

BATALLA
(V. *Guerra*)

—

BATEA
(V. *Bandeja*)

—

BATRACIO
(V. *Anfibio*)

—

BAÚL
(V. *Caja*)

—

BAUTISMAL
(V. *Bautismo*)

—

BAUTISMO (1)

bautismo
sacramento
agua de socorro
confirmación
anabaptismo

bautizar
administrar
cristianar
acristianar
echar el agua
batear
crismar
rebautizar
confirmar
tener en la pila
sacar de pila
apadrinar
amadrinar
renacer
convertirse
encompadrar

bautizo
bateo
cristianismo
infusión [tual
parentesco espiri-
compadrazgo
carácter
nombre de pila
nombre
santo
partida de bautismo

baptisterio
bautisterio
pila
› bautismal
fuente
capillo
incapel
puntero
crisma
crismera
mazapán

bautista
bautizante
rebautizante
padre de pila
padrino
madrina
compadre
comadre

catecúmeno
moro
neófito
ahijado
cristiano nuevo
confirmando
confirmado
anabaptista

bautismal

—

BAUTIZAR
(V. *Bautismo*)

BAUTIZO
(V. *Bautismo*)

—

BAYONETA
(V. *Cuchillo*)

—

BAZO
(V. *Hígado*)

—

BEBER
(V. *Bebida*)

—

BEBIDA (9)

bebida
beber
bebido
poción
néctar
brebaje
refresco
fresco
agua
vino
cerveza
sidra
leche
jugo
zumo
caldo
licor
elixir
medicamento

gaseosa
soda
granizada
granizado
naranjada
limonada
sangría
limonada de vino
zurra
horchata
granadina
vinagrada
garapiña
sambumbia
jarabe
guarapo
celia
chacolí
hipocrás
calabriada
campechana
clarea
leche de canela
carraspada
garnacha
roete
mistela
mixtela
pampanada
agraz
agrazada
avenate
aurora
almendrada
champola
hordiate
oxizacre
oxicrato
chapurrado
ante
galacima
aloja
agua compuesta
aguamiel
hidromiel
onfacomeli
posca
zarzaparrilla
grog
coctel
batido
ponche
ponchada
colonche
calonche
azua
sora
pulque
cedrito
guanabanada
rompopo
pinole
caspiroleta
perada
binguí
carato
cariaco
guabul
gloriado
lebení
tiste
trique
chicha
clachique
atol
atole
charape
sora
churdón
sorbete
helado

infusión
cocimiento
té
mate
manzanilla
camomila
camamila
tisana
tila
cordial
café
mazagrán
chocolate
cacao

brebaje
brebajo
pócima
agüetas
aguachirle
bebistrajo
potaje
jarope

zupia
pistraje
pistraque

potología
potabilidad

sed
yesca
enjutos
tajadilla
tapas
ingrediente

carbógeno
cañahua
litre
achupalla
bigotera

beber
libar
potar
tomar
ingerir
gustar
probar
catar
saborear
piar
beborrotear
chisguetear
empinar
sorber
refrescar
trincar
escanciar
colar
copear
ofrecer
pimplar
chumar
adaguar
hacer boca
echar un trago
dar un tiento
echarse al coleto
matar el gusanillo
remojar la palabra
matar la sed
apagar la sed
cortar la cólera
» » bilis
empinar el codo
tener buen saque
dejar temblando
alzar el codo
pingar
dar un tiempo a una cosa
echar la espuela
atizar la lámpara
encharcar
echarse a pechos
sobrebeber
chiflar
envasar
soplarse
saborearse
abuzarse
echar cortadillos
tras cada pregón azote
beber sobre tarja
» como un tudesco

propinar
servir
administrar
escanciar
brindar
hacer la razón
beber a la salud
abrevar

merar
amerar
aguar
jaropar

potación
consumición
libación
sorbo
sorbetón
trago
colana
sosiega
tragantada
trinquis
taco
chisguete
chispo
chato
espolada de vino
gorgorotada
buche
bocanada
buchada
latigazo
trallazo
górgoro
lapo
lágrima
propinación
escancia
ronda
brindis
encicloposia
convidada
agasajo
loable
carauz

alcoholismo
dipsomanía
borrachera
delírium tremens
abstinencia

aguaje
aguaducho
caramanchel
bar
cervecería
cafetería
sidrería
cantina
taberna
horchatería
chufería
alojería
pulquería
pulpería
chichería
sambumbiería
repostería
botillería
fresquería
heladería
nevería

credencia
fresquera
vaso
copa
vasija
abrevadero
manantial
fuente

cantinero
horchatero
alojero
botiller
botillero
escanciano
escanciador
copero
pincerna
credenciero
nevero
tabernero
vivandero

bebedor
potador
potista
potero
sorbedor
bañista
agüista
aguagriero
tomador
beberrón
empinador
brindador
dipsómano
abstemio
aguado
reglado

potable
bebible
bebedizo
bebedero
bebestible
sorbible
refrescante
impotable
claro
moja por donde pasa
¡arriba!
a boca de jarro
a pico de jarro
¡bomba!
¡bomba va!
¡aro!

—

BEJUCO (5)

bejuco
maracure
cambutera
cambute
jagüey
carey
güiro
pringamoza
guaniquí
aguinaldo
mate
balagre
ubí
parra
campanilla
peonía
concha
baracoa

bejucal
bejuqueda

—

BELLEZA (14, 18, 24, 29)

belleza
hermosura
beldad
guapura
morbidez
morbideza
curiosidad
lindeza
lindura
venustidad
venustez
belleza ideal
» artística
primor
atractivo
encanto
amenidad
graciosidad
preciosidad
primavera
excelencia
sublimidad
divinidad
buena planta
» presencia
aspecto (buen)
proporción
gallardía
elegancia
agrado
perfección
finura
adorno
arte
arte bella
estética
calología
catarsis
narcisismo

estar hecho un abril
parecer un abril
ser un pino de oro
no parecer costal de paja
no tener malos bigotes

embellecer
hermosear
agraciar
alegrar
adornar
alindar
realzar

embellecimiento
hermoseamiento
hermoseo

hermoseador
estético
artista

guapo
guapetón
guapote
bien apersonado
alindado
majo
jarifo
garifo
galán
galancete
serafín
adonis
lindo don Diego
pimpollo de oro
barbilindo
narciso
garzón
petimetre
pimpollo
pituso
monada
ninfa
venus
beldad
hermosura

bello
hermoso
venusto
lindo
pulcro
agraciado
bien encarado
bien parecido
escultural
escultórico
precioso
especioso
bonito
gracioso
peregrino
relindo
pulido
decente
admirable
fastuoso
divino
ideal
magnífico
maravilloso
soberbio
elevado
sublime
estético

bellamente
hermosamente
lindamente
alindadamente
garridamente
como mil flores
sublimemente
estéticamente

—

BELLOTA
(V. *Encina*)

—

BENDECIR
(V. *Bendición*)

—

BENDICIÓN (27)

bendición
» episcopal, pontifical
signo
baraca
consagración
aprobación
congratulación
gratitud
benedícite
exorcismo
pan bendito
agua bendita
hisopo

bendecir
exorcizar
reconciliar

bendecidor

bendito

—

BENEFICIAR
(V. *Beneficio*)

—

BENEFICIO (24, 27)

beneficio
bien
favor
gauchada
merced
servicio
atención
oficiosidad
gracia
fineza
cortesía
bendición
halago
agasajo
amistad
preferencia
protección
defensa
ayuda
donación
limosna
perdón
altruismo
caridad
recompensa
utilidad
ganancia
privilegio
ventaja

beneficiar
favorecer
bendecir
servir
dispensar
conceder
otorgar
obligar
hacer bien
hacer buenos oficios
» el caldo gordo
hacer la olla gorda
» buen tercio
» el juego

beneficiación
buena obra
obra de caridad
beneficencia
dispensación

bienhechor
beneficiador
providencia

benéfico
paternal
servicial
oficioso
beneficentísimo
a favor de
en pro

—

BENÉFICO
(V. *Beneficio*)

—

BENIGNIDAD (26)

benignidad
bondad
amabilidad
virtud
longanimidad
probidad
justicia
benevolencia
corazón
cordialidad
equidad
altruismo
panfilismo
buena intención
humanidad
compasión
indulgencia
delicadeza
condescendencia
apacibilidad
afabilidad
docilidad
beneficio

no tener hiel
caerse a pedazos
ser una malva
llevar la mano blanda, ligera

alma de Dios
pobre diablo
santo varón
pedazo de pan
gente de bien

benigno
benévolo
benevolentísimo
amable
propicio
leve
lene
bienintencionado
pío
piadoso
patriarcal
maternal
paternal
fraternal

humano
humanitario
compasivo
sano
bondadoso
bondoso
bonachón
bonazo
guapote
servicial
cordero
cordera
ángel
angelote
angelical
infeliz
pánfilo

benignamente
bondadosamente
benévolamente
bienintencionadamente

—

BENIGNO
(V. *Benignidad*)

—

BERZA
(V. *Col*)

—

BESAR
(V. *Beso*)

—

BESO (27)

beso
besico
ósculo
acolada
paz
buz
besamanos
besuqueo
caricia
amor

besar
besucar
besuquear
hocicar
comerse a besos

besucador
besucón

—

BETÚN (4, 10, 11)

betún
bitumen
asfalto
betún de Judea
chapapote
pisasfalto
copé
gabarro
alquitrán
brea
mástique

betún zulaque
zulaque
azulaque
litocola
luten
terrada
masilla
betún de vidriero
» » fontanero
propóleos
macón
tanque

betún (para el calzado)
bola
lustre
calzado

zulacar
zulaquear
betunar
embetunar
abetunar
embolar

betunero
limpiabotas

betunería [botas
salón de limpia-

bituminoso
betuminoso
abetunado

—

BIBLIA (1)

Biblia
Biblia poliglota
Versión de los 70
Sagrada Escritura
Escritura
Sagrado Texto
Letras Divinas
kayikí
Letras Sagradas

exégesis
hermenéutica
interpretación
anagogía
anagoge
armonística

poliglota
Vulgata
canon
libro sagrado
Antiguo Testamento
Viejo Testamento
Antigua Alianza
Nueva »
Pentateuco
Heptateuco
Génesis
Exámeron
Éxodo
Levítico
Números
Deuteronomio
libro canónico
» moral
» sapiencial
Libro de Job
» de los Proverbios
Proverbios
Libro del Eclesiástico
Eclesiástico
Eclesiastés
Cantar de los Cantares
Libro de la Sabiduría
Sapiencia
salterio
Libro de los Reyes
Paralipómenos
Libro de los Macabeos
Libro de Tobías
» de los Jueces
Libro de Josué
Libro de Ester
» de Esdras
» de Judit
» de Rut
Profecías
salmos
paráfrasis
lamentaciones
trenos
Nuevo Testamento
Evangelio
Palabra de Dios
parábola
Actos de los Apóstoles
Hechos de los Apóstoles
Pasión
Apocalipsis
Epístola
epístola católica
texto
capítula
lección
versículo
verso
antilegómenos
concordancias

Historia sacra
» sagrada
paraíso
» terrenal
edén [padres
nuestros primeros
árbol de la vida
» de la ciencia
del bien y del mal
diluvio
arca de Noé
» del diluvio
» de la alianza
» del testamento [sión
tierra de promitablas de la Ley
vellocino
maná

davídico
preadamita
preadamítico
alegorista
apócrifo
edénico
herodiano
bíblico
canónico
apocalíptico
evangélico

patriarca
doctor de la ley
nazareno
publicano
samaritano
fariseo
agareno
amonita
heteo
benjamita
aaronita
amorreo
(galileo, ninivita, etc. V. Ap. *Gentilicios*)
salomónico

escriturario
exegeta
expositor
hagiógrafo
evangelista

(alcorán, etc. V. *Islamismo, Judaísmo*, etc.)

talmud
tárgum
tora
pugilar
veda
purana
avesta
zendavesta

—

BÍBLICO
(V. *Biblia*)

—

BICICLETA
(V. *Ciclismo*)

—

BICHERO (38)

bichero
cloque
tiquín
regatón
gancho

aferrar
matafiolar
asir

cloquero
ganchero

—

BICHO
(V. *Zool.*)

—

BIELDO
(V. *Horquilla*)

—

BIEN
(V. *Bondad*)

—

BIENAVENTURANZA
(V. *Cielo*)

—

BIENES (33, 35)

bienes
» de fortuna
fortuna
fortunón
dinero
finanzas
riqueza
hacienda
haciendilla
hacendeja
moneda
haber
acervo
vivir
caudal
caudalejo
capital
» líquido
principal
interés
accesorio
anexidades
conexidades
tesoro
algo
fondo
efectos
patrimonio
heredad
peculio
hijuela
espolio
poderío
substancia
capa
casa
medios
posibilidades
posibles
facultades
recursos
elementos
conveniencias
intereses
suma
fondos
entrada
costilla
bolsa
bolsillo

tesoro
tesauro
santuario
gato
guaca
trapillo
entierro

acrecencia
aportación
aporte
adquisición
administración
posesión
pertenencia
indivisión
estatuto real
femineidad
capitalización
inventario
descripción
secuestro
recuento
capitalismo

bienes muebles
» semovientes
» fungibles
» sedientes
» sitos
» inmuebles
» raíces
arraigo
finca [bana
» rústica o urpredio
propiedad
alodio

caudal relicto
bienes relictos
» reservativos
» de abolengo
» de realengo
» de abadengo
» troncales
» secularizados
bienes acensuados
» heridos
» forales
» libres
» alodiales

bienes mostrencos
» vacantes
» de ninguno
» de difuntos
» nullíus
» de propios
» comunales
» de aprovechamiento
bienes nacionales
bienes castrenses
» cuasi castrenses [cios
bienes profectibienes adventicios
patrimonio
pegujar
pegujal
peculio
» adventicio
dote
bienes dotales
» estimados
» antifernales
» parafernales
» gananciales

tesorizar
capitalizar
acaudalar
disponer [perder
tener algo que

capitalista
caballo blanco
hacendado
heredado
arraigado
caudaloso
saneado
acaudalado

acaudalador
capitalizador

mueble
mobiliario
inmueble
inmobiliario
patrimonial
adventicio
alodial
invisible
capitalizable
en administración

—

BIENESTAR
(V. *Comodidad* y *Riqueza*)

—

BIFURCACIÓN (17, 19, 20)

bifurcación
dicotomía
ramificación
bivio
trivio
cuadrivio
horcadura
horquilla
cruz
cruce
despartidero
divergencia
apartamiento
separación
ramal
pernada
pierna
derivación
sangradura
hijuela

bifurcarse
ramificarse

bifurcado
bífido
trífido
triforme
trifurcado

—

BIFURCARSE
(V. *Bifurcación*)

—

BIGOTE (7)

bigote
bigotes
mostacho

bozo
bigotera

embigotar, -se

bigotudo
mostachoso
enmostachado
abigotado

—

BILIAR
(V. *Bilis*)

—

BILIS (8)

bilis
hiel
cólera
bilis vitelina
atrabilis
colina
vejiga de la bilis
vesícula biliar
colédoco
hígado

enhielar
atericiarse
atiriciarse
ahelear
helear
rehelear

ictericia
tiricia
jaldía
aliacán
morbo regio
colemia
acolia

colagogo
colesterina

biliar
biliario
bilioso
atrabiliario
atrabilioso
colérico
ictérico
icterciado
aliacanado

—

BILLAR (31)

billar
juego de billar
guerra
» de palos
» de bolas
treinta y una
morito
carambolas
bagatela
billar romano
juego de trucos
partida
tanda
mesa
rueda
chapó
coto

jugar
tirar
bolear
picar
aplomar
retacar
pifiar
trucar
retrucar

doblar
entronerar
carambolear
chiripear
quedarse
hacer chapó
echar boca

tacada
tacazo
efecto
pifia
errada
boleo
bolada
bola llena
media bola
retroceso
billa
pérdida
pasabola
corbata
doblete
recodo
treja
retruque
retruco
encuentro
remache
pelo
carambola
» rusa
trucos
chuza
golpe
chamba
chiripa
bamba
bambarria
bambarrión
ángel

billar
mesas
tronera
azar
cabaña
casa
banda
tabla
tablilla
baranda
gafa
barra
bola
bolillo
mingo
palos
palillos
bombo
taco
mediana
larga
mediacaña
espadilla
retaco
maza
rabo
taco de suela
» limpio o seco
suela
zapatilla
diablo
violín
taquera
tiza

carambolero
carambolista
coime
truquero
chiripero

por tabla
por tablilla

—

BIOGRAFÍA
(V. *Historia*)

—

BIOLOGÍA
(V. *Vida*)

—

BIOMBO
(V. *Pantalla*)

—

BISAGRA
(V. *Gozne*)

—

BISEL
(V. *Chaflán*)

—

BITUMINOSO
(V. *Betún*)

—

BIZCO
(V. *Ojo*)

—

BIZCOCHO
(V. *Confitería*)

—

BLANCO
(V. *Blancura*)

—

BLANCURA (2, 29)

blancura
blancor
albura
albor
ampo
candor
albicie
nieve

albinismo
canicie
decoloración

blanquear
albear
emblanquecerse

emblanquecer
blanquecer
blanquear
nevar
curar
empuchar

blanqueamiento
blanqueación
blanqueadura
emblanqueci-
miento
blanqueo

blanquimiento

banqueador
albicante

blanco
albo
cándido
níveo
cano
albar
albero
álfico
albicolor
albugíneo
albino
blancote
blanquecino
blanquinoso
blanquizco
blancuzco
blancazo
desblanquecido
desblanquiñado

lactescente
nevado
nacarado
armiñado
argentino
argentado
plateado
perlino
enlucido
pálido

BLANDO
(V. *Blandura*)

—

BLANDURA (2, 13)

blandura
molicie
morbidez
morbideza
ductilidad
maleabilidad
suavidad
elasticidad
flaccidez
ternura
madurez

ablandar
ablandecer
emblandecer
reblandecer
enmollecer
molificar
mollificar
amollentar
enllentecer
enternecer
mullir
remullir
ahuecar
relajar
laxar
sobar
maznar
lenificar
lenizar
manir
macerar
suavizar

ablandarse
reblandecerse
revenirse
lentecer
relentecer

mollear
obedecer
ceder

ablandamiento
reblandecimiento
molificación
enternecimiento
lenificación
maceración
maceramiento

ablandador
ablandante
suavizador
amollador
amollante
mullidor
molificante
lenitivo
lenificativo
laxante
molificativo
molitivo

blando
leve

suave
mórbido
pultáceo
fofo
fonje
esponjoso
mullido
tierno
ternecico
ternezuelo
ternísimo
plástico
zorollo
muelle
mole
mollar
molificable
pastoso
dúctil
flexible
maleable
cimbreño
cimbreante
lento
flexuoso
amoroso
chozno
blandujo
blanducho
fláccido
maduro
pocho
papandujo

blandamente
blando
suavemente
como manteca

—

BLANQUEAR
(V. *Blancura*)

—

BLANQUECINO
(V. *Blancura*)

—

BLASFEMAR
(V. *Blasfemia*)

—

BLASFEMIA (1, 32)

blasfemia
reniego
derreniego
taco
juramento
maldición
profanación
irreligión
apostasía

blasfemar
renegar [rretero
jurar como un ca-
tener mala lengua

blasfemo
blasfemador
blasfemante
renegador
impío

blasfemo
blasfematorio

—

BLASÓN (28, 29, 30)

blasón
heráldica
armería

armas
armas blancas
» falsas
» parlantes
quinas
lema
divisa
emblema
insignia
pendón
mote
timbre
leyenda
escudo
» de armas
» tajado
» tronchado
» vergeteado
» enclavado
» cortado
» burelado
» fajado
» acuartelado
escudo raso
» partido en, o por banda
escudo mantelado
en mantel
haute
cruz
capa
frange
cuartel
francocuartel
cantón
» de honor
encaje
jefe
corazón
campo
punta
pendiente
barra
flanco del escudo
tablero equipo-
lado
punto equipolado

colores
color
azur
blao
gules
sinople
sinoble
púrpura
sable
carnación
metal
plata
argén
oro
esmalte
veros
contraarmiños
al natural
piezas, figuras, bordones, etc.

pieza
» honorable
mueble
sotuer
sautor
flanquís
aspa
pila
bezante
cruz
paté
roel
cheurón
cartela
billete
cartela abierta
» acostada
castillo
torre cubierta
mundo centrado
punta
pira

losange
rustro
lisonja
huso
rumbo
roquete
barras
creciente
cruz flordelisada
lunel
panela
mano apalmada
besante
flor de lis
lis
florón
armiño
brisura
palizada
virol
escaque
jaquel
palo
pal
palos flamantes
potenza
tortillo
jirón
lambel
lambeo
frangle
cinta
cotiza
bastón
burel
banda
contrabanda
campaña
bordura
filiera
bordadura
orla
manto
» ducal
mantelete
lambrequín
rodete
crista
cimera
crecal
contraveros
burelete
jano
contrapalo
crancelín
billete
mortero
casco
caldera
concha
collar
compón
cabrio
timbre
animales
dragante
dragonete
águila exployada
» pasmada
aguilón
alerión
delfín pasmado
león moznado
pavo ruante
toro furioso
lobo escorchado
» cebado
cabra
soporte

sol figurado
tenante

blasonar
timbrar
cuartelar
divisar
acolar
adosar
flordelisar
florlisar
orlar
cargar
contrapasar
marcar

blasonista
faraute
heraldo
rey

heráldico

(adjs. del escudo y de sus partes:)
cuartelado
contracuartelado
contrafajado
fusado
fuselado
cotizado
partido
rompido
lleno
jironado
contrapalado
adestrado
danchado
papelonado
escacado
englandado
englantado
jaquelado
diademado
palado
cartelado
castillado
dentellado
dantellado
angrelado
dentado
mantelado
calzado
contrabandado
apomado
cortinado
contrapotenzado
acostado
acamado
entado
entado en punta
cramponado
engolado
mazonado
encajadas
descargadas
enfilado
endentado
enguichado
fijado
batallada
parlante
acostado
componado
cargado
caudado
caudato
inversado
cableado
diapreado
cantonado
apuntado
cordado
barrado
cruzado
flanqueado
entretenido
potenzado
moviente
centrado (árboles, ramas, etc.)
arrancado
ecotado
fustado
ebrancado
contraflorado
tallado (animales)
colero
encendido
elanzado
cabreado
pasmado
aculado
linguado
chaperonado
rapante
rampante
pasante
marino
clarinado
perchado
membrado
contornado
cortado
montante
naciente
lampasado
afrontado
marino

en cruz

—

BLOQUEO
(V. *Sitio*)

—

BOCA (6, 7)

boca
bocaza
bocacha
pico
molino
caja
hocico
rostro
jeta
tarasca
boca regañada
» de espuerta
bozo
cámara anterior de la boca
cámara posterior de la boca
paladar
cielo de la boca
bóveda palatina
velo del paladar
fauces
istmo de las fauces
comisuras
labio
encía
diente
lengua
saliva

estomatología
estomatitis
istmitis
noma
ránula
ranas
trismo
afta
sapillo
ubrera
buera
boquera
bocera
vaharera
fuliginosidad

estomatoscopio
enjuague
enjuagatorio
enjuagadientes
mordaza
freno

boquear
sumirse
repulgar la boca
amordazar
enmordazar
embozalar
enjuagar
beber
chupar
soplar

boqueada
bocanada
buche
buchada
bocado
mordedura
beso
bostezo
amordazamiento

amordazador

bocón
bocudo
bezudo
jetón
jetudo
hocicudo
picudo
boquiabierto
boquiancho
boquiangosto
boquituerto
boquitorcido
boquisumido
boquihundido
boquifruncido
boquihendido
boquirroto
boquirrasgado
boquiseco
boquiconejuno
boquinegro
aftoso

bucal
estomático
paladial
palatal
palatino
velar
retrofaríngeo
trifauce

—

BODA
(V. *Matrimonio*)

—

BOGA
(V. *Remo*)

—

BOLA
(V. *Esfera*)

—

BÓLIDO
(V. *Aerolito*)

—

BOLSA (Com.)
(V. *Banca*)

—

BOLSA (20)

bolsa
saco
estuche
funda
cica
cuadrado
zaina
cigarra
bolso
herramental
gato
balsopeto
ridículo
carriel
verderón
landre
escarcela
garvier
escarcelón
culebra
fardel
fardela
guarniel
garniel
portacartas
portapliegos
bolsillo
bolsico
bolchaco
bolchaca
faltriquera
faldriquera
farraca
rata
sacocha
manguita
barjuleta
guayaca
cigarrón
tanate
zurrón
mochila
cabás
alforja
alforjuela
giba
ballesta
jaque
jeque
árguenas
zamarrico
bizaza
biaza
cedras
burjaca
burchaca
tipa
zacuto
lúa
sebera
escaupil
cantinas
granadera
portacarabina
pistolera
cucharal
bolsilla
yesquero
esquero
cartapacio
vademécum
vade
cartera
portamonedas
tarjetero
monedero
billetero
cartucho
folgo
pezón
cerraderos

embolsar
desembolsar

bolsero
alforjero
bolsería
abolsado

—

BOLSILLO
(V. *Bolsa*)

—

BOLSISTA
(V. *Banca*)

—

BOLLO
(V. *Torta*)

—

BOMBA (2, 36)

bomba
pompa
aguatocha
bomba aspirante
» centrífuga
» rotatoria
pulsómetro
bombín
bombillo
sacabuche
apagaincendios
bomba de alimentación
bomba neumática
jeringa
hidráulica

almacén
cuerpo de bomba
émbolo
pistón
chupón
golilla
aventador
chapaleta
guimbalete
pinzón
picota
abocardo
alcachofa

bombear
cebar
picar
regar
desaguar
apagar

bombero
manguero

—

BONANCIBLE
(V. *Bonanza*)

—

BONANZA (3)

bonanza
blandura
mar en bonanza
» en calma
» de donas
» en leche
calma chica
calmazo
jacio
escampada
callada

abonanzar
abonar
despejar
alambrar
aclarar
escampar
serenar
serenarse
encalmarse
sentarse el tiempo
alzarse el tiempo
abrir el tiempo
levantar el tiempo

bonancible
apacible
benigno
blando
manso
sereno
despejado
claro
raso
hermoso
bueno

estrellado
en calma

—

BONDAD (24)

bondad
virtud
moralidad
justicia
compasión
benignidad
condescendencia
altruismo
liberalidad
docilidad
apacibilidad
agrado
excelencia
superioridad
perfección
exquisitez
fineza
finura
exactitud
chipé
chipén
bien
salud
bocado sin hueso
beneficio
perdón

ser bueno
ser de recibo
estar de recibo
no tener pero

bueno
buen
bonico
bonito
guido
lindo
bravo
famoso
exquisito
excelente
de buena ropa
buenísimo
bonísimo
óptimo
mejor

bien
requetebién
tanto mejor
mejor que mejor

—

BONDADOSO
(V. *Benignidad*)

BONETE
(V. *Sombrero*)

—

BORDADO (10)

bordado
bordadura
pasamanería
encaje
adorno
labor
calado
embutido
estofo
arte plumaria
bordado de imaginería
imaginería
bordado a tambor
pintura bordada
bordado al pasado
bordado de pasado [tillo
bordado a canu-
» de realce
recamado
recamo
escamada
lomillo
pasadillo
festón
entredós
formación
punto torcido
saltaterandate
pasillo
abasto
bricho
entorchado
cañutería
argentería
orfebrería
filetón
ojete
bodoque

bordar
» de realce
labrar
recamar
estofar
formar
embastar
trepar
embrocar
festonear
festonar
marcar

bastidor
barras
propienda
banzo
tambor
marcador

hilo
cañamazo
esterilla
primichón
seda
gusanillo
abalorio
mullo
mostacilla
rocalla
cañutillo
canutillo
chaquira
lentejuela
lantejuela
hojuela
talco

bordador
recamador
joyera
plumario

bordado
afestonado
festoneado

—

BORDADOR
(V. *Bordado*)

—

BORDAR
(V. *Bordado*)

—

BORDE (17)

borde
reborde
canto
cantero
carel
tiesta
farpa
cancho
labio
vivo
orilla
límite
acera
encintado
ribera
margen
balate
espuenda
arcén
marbete
perfil
filete
moldura
vera
veril
hilo
filo
extremidad
limbo
pujamen
ovillo
vendo
hirma
lado
orla
orladura
cenefa
fimbria
banda
faja
tira
fleco
pasamanería
festón
entredós
encaje
apañadura
marco
cuadro
galce
tremó
resalto
saliente
rebaba
ángulo
arista
chaflán
borcellar
desportilladura

bordear
orillar
cantear
adornar
orlar
decorar

marginal

—

BORLA
(V. *Pasamanería*)

—

BORRACHERA (26)

borrachera
borrachez
borrachada
emborrachamiento
embriaguez
ebriedad
beodez
vinolencia
temulencia
dipsomanía
crápula
gula
náusea
vómito
síncope
emborrachar
embriagar
inebriar
alcoholizar
achispar [za
subirse a la cabe-
» a predicar

beber
empinar
ser un colador
ser una esponja

alegrarse
asomarse
encandilarse
apuntarse
abombarse
amonarse
enmonarse
embeodarse
alumbrarse
hacerle candelillas
los ojos
borrachear
emborracharse
mamarse
ahumarse
ajumarse
desollarla
tomarse
tomarse del vino
pillar un lobo
coger un lobo
pillar una zorra
dormir la zorra
coger un cernícalo
tener la lengua
gorda
estar hecho una
lía [cuero
estar hecho un
» » una
cuba [erres
tropezar en las
estar hecho una
equis [paredes
arrimarse a las
andar haciendo eses
dormir el vino
desollar o dormir
el lobo
tener mal vino
cargar delantero

desembriagar
desemborrachar
desachispar

borrachera
chispa
curda
humera
jumera
juma
turca
tajada
merluza
cogorza
melopea
pítima
pea
tranca
tablón
trompa
papalina
mona
lobo
moscorra
mordaza
moña
chucha
filoxera
zamacuco
zorra
perra
bomba
cambalada
bambochada
resaca
reseco
alcoholismo
delírium tremens
morfinomanía
ditirambo

bebida
vino
cerveza
sidra
licor
alcohol
éter
opio
morfina
heroína
cocaína
barbitúricos
marihuana
marijuana
grifa
quif
hachís
tabaco
dionisia

emborrachador
embriagador
embriagante
báquico
tabernario

borracho
pellejo
odre
zaque
mona
curda [na
difunto de taber-

bebedor
ebrioso
vinolento
vinoso
empinador
piador
piarcón
potista
bacante

borrachín
borrachuelo
catavinos
tumbacuartillos
mosquito
espita
cuba
alegre
calamocano
alumbrado
a medios pelos
entre dos luces
moros van, moros
vienen [demoro
entre Pinto y Valhecho una uva

ebrio
beodo
borracho
bebido
potado
epoto
piorno
peneque
caneco
estilbón
temulento
acocullado
mamado
azumbrado
ahumado
ajumado
chispo
hecho una uva
dipsomaniaco
alcoholizado
morfinómano
ditirámbico

—

BORRACHO
(V. *Borrachera*)

—

BORRADURA (28)

borradura
testación
testadura
tachadura
tachón
tildón
laguna
dele
trazo
raya
plumazo [nueva
borrón y cuenta

borrar
raspar
tachar
barrear
testar
rayar
tildar
desapuntar
razar
desdibujar
despintar
decolorar

raspador
grasilla
grasa
goma

gastado
borroso
deleble

—

BORRAR
(V. *Borradura*)

BORRASCA
(V. *Tempestad*)

BORRASCOSO
(V. *Tempestad*)

—

BORREGO
(V. *Oveja*)

—

BORRICO
(V. *Asno*)

—

BOSQUE (5, 36)

bosque
» virgen
boscaje
bosquete
floresta
bosque maderable
algaida
fosca
algaba
selva
silva
espesura
catinga
sobral
vuelo

selvatiquez
fragosidad
fragura
escabrosidad

monte
» alto
» hueco
oquedal
monte cerrado
moheda
mohedal
arcabuco
lobera
lentiscal
repajo

monte bajo
dehesa
pasto
maleza
matorral
sarda
sardón
carrasco
carrascal
paradina
pardina
chamicera
espesura
tallar
soto
sotillo
sebe
verdugal
renoval
raña
monte blanco
estivada

(pinar: V. *Pino*, olivar: V. *Olivo*, etc.)
concia
careo
tranzón
jaro
espesar
quemado
quemada
cortafuego
raya
astillero
calva
calvero
calvijar
calvitar
isla
garganta
árbol padre
resalvo
ceja

embosquecer
ensilvecerse
desmontar
empelar
socolar
entresacar
apostar un monte

cortar
talar
podar
arrancar
roturar
repoblar

selvicultura
silvicultura
dasonomía
dasotomía
ordenación
ordenación de montes
» forestal
dasocracia
aprovechamiento
corta [forestal
corte
desmontadura
descuaje
desmonte
tala
marcación
clareo

roza
apeo
malcorte
repoblación
levante
forcípulo
leña

silvicultor
selvicultor [tes
ingeniero de mon-
» agróno-
mo [tes
ayudante de mon-
capataz de cultivo
montaraza
guarda
talador

dríada
hamadriada
sátiro
fauno

boscoso
montoso
selvoso
silvoso
selvático
silvático
enselvado
nemoroso
carrascoso
tallar

montés
montuno
montuoso
transmontano
trasmontano
montesino
montesa
montaraz

forestal
dasocrático
dasonómico

—

BOSTEZAR
(V. *Respiración*)

—

BOSTEZO
(V. *Respiración*)

—

BOTA
(V. *Calzado*)

—

BOTÁNICA (5)

botánica
historia natural
fitología
fitografía
herbolaria
fitotomía
fitogeografía
paleofitología
reino vegetal
flora [ra
calendario de Flo-
reloj de Flora
herborización
fitotecnia
morfología
organología
organografía
organogenia
sistema sexual
patología vegetal
cultivo

vegetal
planta

criptógama
hongo
musgos
talofitas
helecho
hierba
arbusto
trepadora
enredadera
bejuco
mimbre
caña
palmera
árbol
fitolita

jardín botánico
herbario
acuario
plantaje
plantío
estación
habitación
habitáculo
mancha
rodal
maleza
sembrado
huerto
jardín
bosque
monte
dehesa
prado

órgano
organismo
célula
protoplasma
citoplasma
fibra
tegumento
parénquima
prosénquima
membrana
epidermis
clorofila
savia
látex
micrópilo
esporo
espora
soro
vello
tomento
lanosidad
pestañas
espina
púa
punta
apéndice
cabillo
pedículo
pedúnculo
apículo
aguijón
uña
glándula
tráquea
estoma
meato
buco
vaso
articulación
axila
verticilo
fulcro
papila
pezón
vesícula
ala
lobo
lóbulo
espata
estípula
funículo
semilla
germen
raíz
bulbo
tubérculo

tallo
tronco
rama
yema
hoja
zarcillo
flor
fruto
jugo
corteza
cáscara

vegetar
germinar
brotar
darse
desarrollarse
entrecriarse
asimilarse
chupar
trabajar
romper
nacer
salir
reventar
verdear
verdecer
enverdecer
mover
echar
arrojar
lanzar
botonar
abotonar
abollonar
ruchar
agarbanzar
apitonar
despuntar
acudir
otoñar
nacerse
prender
prevalecer
acertar
embravecer
arraigar
encepar
barbar
tallecer
entallecer
acogollar
poblarse
repollar
amacollarse
macollar
sudar
ahogarse
abortar
insertar

vegetación
germinación
radicación
gemación
brotadura
brota
polinización
fecundación
reproducción
vegetabilidad
heliotropismo
geotropismo
cromismo
atavismo
androginia
intorsión

botánico
fitógrafo
botanista
herborizador
herbario

herborizar
clasificar
cultivar

vegetal
vegetable
vegetativo

vegetante
germinativo
germinador
germinante
botánico
fitográfico
celular
protoplasmático
membranáceo
membranoso
papilar
capsular
fibroso
vascular
vasculoso
eferente
clorofílico

macho
hembra
monoico
andrógino
dioico
polígamo
ágamo
bisexual
hermafrodita

estaminífero
monofilo
bífido
trífido
lobado
lobulado
dídimo
mellizo
geminado
verticilado
radiado
surculado
surculoso
caulescente
tubuloso
campero
espigado
sésil
saxátil
sentado
radical
amplexo
envainador
alterno
opuesto
unilateral
dístico
ladeado
axilar
terminal
apical
marginado
lirado
cuneiforme
velloso
pubescente
lanuginoso
lanado
pestañoso
recortado
pinatífido
espinoso
inerme
reverdeciente
carnoso
tronchudo
cebolludo
sano
lozano
marcescente
marchito
albino

(enfermedades de las plantas, V. *Pat. vegetal*)

cespitoso
feruláceo
leñoso
arborescente
trepador
enredadera

diurno
nocturno
vivaz
perenne
cadañego
bífero
bisanuo
bisanual
bienal
hermafrodita

arvícola
arvense
radicícola
halófilo
acuático
anfibio
alpestre
saprofito
talasiófito
aerofitas
parásito
salvaje
rusticano
cimarrón
bravío
espontáneo
adventicio
borde
asilvestrado
guacho
salvajino
silvestre

forrajero
canchero
tintóreo
curtiente
oficinal
medicinal
lechal
lechoso

cotiledóneo
fanerógamo
acotiledón
acotiledóneo
azoleo
hepático
equisetáceo

monocotiledóneo
monocotiledón
tifáceo
alismáceo
butomeo
gramíneo
ciperáceo
palma
lemnáceo
bromeliáceo
pontederiáceo
júnceo
iliáceo
amarilídeo
dioscóreo
irídeo
musáceo
cingiberáceo
drimirríceo
cannáceo
orquídeo
aroideo
colquicáceo
esmiláceo

dicotiledóneo
dicotiledón
talamiflora
coroliflora
caliciflora
monoclamidea
piperáceo
salicíneo
betuláceo
juglándeo
cupulífero
ulmáceo
celtídeo
móreo
artocárpeo

urticáceo
lorantáceo
proteáceo
santaláceo
aristoloquiáceo
poligonáceo
amarantáceo
alongiáceo
ficoideo
nictagíneo
fitolacáceo
cariofileo
ninfeáceo
ranunculáceo
eléboro
berberídeo
menispermáceo
magnoliáceo
anonáceo
mirtáceo
onagrarieo
lauráceo
lauríneo
papaveráceo
crucífera
caparídeo
resedáceo
sesámeo
crasuláceo
saxifragáceo
filadelfo
platáneo
rosáceo
leguminoso
pandáneo
geraniáceo

oxalídeo
cigofíleo
cigofiláceo
tropeoleo
lináceo
líneo
eritroxíleo
rutáceo
auranciáceo
meliáceo
malpigiáceo
poligaleo
euforbiáceo
bixíneo
celastríneo
aceríneo
hipocastáneo
sapindáceo
rámneo
tiliáceo
malváceo
bombáceo
dipterocárpeo
franqueniáceo
tamariscíneo
cistíneo
violáceo
ilicíneo
canabíneo
gutífero
hipericíneo
camelieo
coriliáceo
bitneriáceo
grosularieo
ribesiáceo
conífero
abietíneo
gnetáceo
pasiflóreo
parcha
begoniáceo
timeleáceo
eleagnáceo
litrarieo
rizofóreo
alangieo
combretáceo
ericáceo
primuláceo
plumbagíneo
ebenáceo
sapotáceo
estiracáceo

oleáceo
loganiáceo
gencianeo
centaureo
apocináceo
asclepiadeo
araliáceo
umbelífero
aparasolado
convolvuláceo
polemoniáceo
borragíneo
verbenáceo
labiado
bilabiado
solanáceo
escrofulariáceo
bignoniáceo
orobancáceo
globulariáceo
acantáceo
plantagináceo
rubiáceo
caprifoliáceo
valerianáceo
dipsáceo
cucurbitáceo
campanuláceo
lobeliáceo
compuesto
paroniquieo
salsoláceo
amigdaláceo
ampelídeo
amentáceo
vaccinieo
pomáceo
terebintáceo
proteácido
jazmíneo
papayáceo

—

BOTAR
(V. *Rebote*)

—

BOTE
(V. *Embarcación*)

—

BOTÍN
(V. *Conquista*)

—

BOTÓN (10, 20)

botón
automático
broche
pasador
garrucha
manzanilla
muletilla
hormilla
chatón
gemelo
alacrán
esecilla
asilla
punzón
botonadura

ojal
ojete
ollao
ollado
presilla
fiador
alamar
recamo
ojaladura
brandeburgos

abotonar
desabotonar
ojalar
abrochar
desabrochar
cerrar
atar
sujetar

abotonador
abrochador

botonero
ojalador
ojaladora
ojaladera
botonería

—

BÓVEDA (11)

bóveda
arco *(Arq.)*
vuelta
pabellón
bóveda claustral
» en arista
» en cañón
esquifada
bóveda fingida
vaída
bóveda claustral
» tabicada
» de aljibe
embovedado
cúpula
cópula
clave
espinazo
domo
medio punto
media naranja
dombo
coba
cupulino
cascarón
luneto
luneta
ábside
arbotante
arranque
nervio
tirantez
seno
trompa
pechina
enjuta
aloaria
lengüeta
tambor
trompillón
empino
esquife
camón
bolsón
estribo
capialzo
aristón
bajada
luquete
enrasado
harrado
lengüeta
intradós
cincho
peralte
extradós
cimborrio
cimborio
abovedamiento
techo
tejado

forma
formero
formalete

abovedar
bovedar
embovedar
desabovedar
voltear
peraltar
rebajar
enjutar

encamonado
enchapinado
túmido
terciario

—

BOYA (38)

boya
señal
indicación
cuerpo muerto
quebrantaolas
bourel
calima
baliza
reguera
rejera
ancla

aboyar
abalizar
balizar

abalizamiento
balizamiento

—

BRAMANTE
(V. *Cuerda*)

—

BRASERO
(V. *Calefacción*)

—

BRAVÍO
(V. *Fiereza*)

—

BRAZALETE (10)

brazalete
pulsera
» de pedida
esclava
temblante
tumbagón
puñete
manilla
muñequera
ajorca
carcax
pionía
reloj de pulsera

—

BRAZO (7)

brazo
brazuelo
bracio
» godo
» ledro
remos
extremidades

morcillo
mollete
molledo
antebrazo
codo
epitróclea
sangría
sangradura
muñeca
pulso
hombro
sobaco
axila
islilla
encuentro
(bíceps, tríceps, etc. V. *Músculo*)
(húmero, cúbito, etc. V. *Hueso*)
cañifla
brazal
brazalete
manga
muñón
cabestrillo

abrazar
abarcar
dar el brazo
dar los brazos
embracilar
lagartear
embrazar
desembrazar
acodar
recodar
bracear
alear
codear
desbrazarse
desperezarse
esperezarse
espurrirse
cruzar los brazos
cruzarse de brazos
desgobernarse
mancar
manquear

braceo
abrazo
abracijo
abrazamiento
acolada
braceada
brazada
alcance
lagarteo
pandiculación
desperezo
esperezo
supinación
(codazo, etc. V. *Golpe*)
mancamiento
manquedad
manquera
lesión

brazado
brazada
braceador
mizo
manco
mancarrón
braquial
cubital
radial
embracilado

de bracero
de bracete
en cruz
en jarras

en brazos
a upa

—

BREA
(V. *Alquitrán*)

—

BREVE
(V. *Brevedad*)

—

BREVEDAD (21)

brevedad
corrida del tiempo
fugacidad
caducidad
cortedad
estrechez
instantaneidad
presteza
abreviación
abreviamiento
concisión
atajada
prontitud
interinidad
intervalo
proximidad

instante
minuto
segundo
momento
tris
periquete
santiguo
santiamén
relámpago
punto
soplo
rato
racha
visita de médico
fiesta de pólvora
media vuelta [ro
la justicia de ene-

abreviar
acortar
despabilar
espabilar
despachar
reducir

desvanecerse
desparecer
pasar [asiento
no calentar el

breve
corto
curto
pequeño
instantáneo
momentáneo
temporal
transitorio
pasajero
fugaz
fugitivo
efímero
inconstante
vano
deleznable
frágil
voladero
perecedero
precario
caduco
jaculatorio

brevemente
rápidamente
fugazmente
prestamente
instantáneamente
momentáneamente
poco
en volandas
en volandillas
en un dos por tres
en un verbo
en el aire
en un avemaría
en un decir amén
en un santiamén
en un decir Jesús
en un Jesús
en un credo
en un abrir y cerrar de ojos
en un volver de ojos [to
en un pensamien-
en menos que canta un gallo

en alza allá esas pajas
en un quítame allá esas pajas
en dos paletadas
de la noche a la mañana
en dos paletas
en dos palabras
en dos trancos
en dos trancadas
de una mano a otra
de revuelo
de bolazo
del pie a la mano
a vuelta de cabeza
a lumbre de pajas
al quitar
en cifra

—

BRIDA (38)

brida
ronzal
bridón
muserola
sobarba
cucarda

cabezada
frontal
frontalera
frontil
cabezada potrera
cabezón de cuadra
ahogadero
almártaga
almártiga
almartigón
jáquima
quijera
tentemozo

rienda
rendaje
falsa rienda
falsarrienda
guías
pendones
barril

freno
gobierno
bocado
embocadura
bridón
engallador
freno acodado
asiento
desveno
montada
cañón
copas
filete
bracillo
brazuelo
mastigador
masticador
meajuela
salivera
sabor
coscojos
perrillo
cama
camba
camón
banco
cotobelo
barbada
alacrán
espejuela abierta
» cerrada
fiador
coscoja
serreta [ta
cabezón de serre-

mediacaña
gustador

embridar
enfrenar
frenar
enjaquimar
desenfrenar
desfrenar
desembridar
desvenar
desarrendar
beber la brida

enfrenamiento

jaquimero
frenería
guarniciones
enfrenador
frenero

—

BRILLANTE
(V. *Lustre*)

—

BRILLAR
(V. *Lustre*)

—

BRILLO
(V. *Lustre*)

—

BRINCAR
(V. *Salto*)

—

BRINDAR
(V. *Bebida*)

—

BROCHE (10, 20)

broche
pasador
prendedero
prendedor
imperdible
automático
manecilla
manezuela
corchete
gafete
firmal
brocamantón
macho
corcheta
hembra
brochadura
medio aderezo

hebilla
hebillón
hebilluela
hebilleta
hebillaje
arricés
fíbula
labradas
charretera

hebijón
coscoja
patilla
botón

abrochar
sujetar
atar
cerrar
encorchetar
hebillar
enhebillar
desabrochar
desaflojarse

abrochamiento
abrochadura

hebillero
corchetero

—

BROMA
(V. *Burla*)

—

BROMEAR
(V. *Burla*)

—

BRONCE
(V. *Aleación*)

—

BRONQUIO (7)

bronquio
bronquiolo
vesícula aérea
tráquea
garganta
pulmón

bronquitis
bronconeumonía
broncorrea
broncoectasia
vómica
broncofonía
sibilación

bronquial

—

BROQUEL
(V. *Escudo*)

—

BROTAR
(V. *Botánica*)

—

BRÚJULA (2)

brújula
aguja
» magnética
compás
calamita
saeta [llo
brújula de bolsi-
brújula giroscó-
giróstato [pica
declinatorio
aguja loca
» de marear
» de marcar
» de bitácora
cuadrante
rosa de los vientos

bitácora
capillo
capitel
chapitel
estilo
armas

escandalar
escandelar
escandelarete

marcar
señalar
declinar
variar
maestralizar

nordestear
noruestear
noroestear
suestear
dormir
cebar
imantar
imanar

magnetismo
declinación magnética [aguja
declinación de la
variación de la aguja
inclinación de la aguja magnética
perturbación de la aguja

loco
astático

—

BRUTAL
(V. *Salvajismo*)

—

BUENO
(V. *Bondad*)

—

BUEY
(V. *Toro*)

—

BULA (1, 32)

bula
documento
bula de la Santa cruzada
bula de la cruzada
» de carne
» de lacticinios
» de difuntos
» de composición
encíclica
rescripto
constitución pontificia
motu proprio
breve
impetra
componenda
exequátur
constitución apostólica
derecho canónico
abstinencia
buleto
letras expectativas
cartas expectativas
expedición
bulario

echar las bulas

papa
comisario general de cruzada
echacuervos
bulero
datario
curial

comisaría de cruzada [da
consejo de cruza-
cancillería apostólica
dataría
curia romana

—

BULBO (5)

bulbo
raíz
camote
cebolla
hortaliza

cebolla
cebollón
porreta
cuello
lleta
casco
cancho
algara
ajaspajas
cebolleta
babosa
cebollino
ajo cebollino
chalote
cebolla escalonia
ascalonia
ajo chalote
escalona
escalonia
escaloña
ceborrincha
cebolla albarrana
albarranilla
esquila
escila
cebollana

cebollar

ajo
cabeza de ajos
diente de ajo
espigón de ajo
machuelo
ajo cañete
cañete
castañete
castañuelo
puerro silvestre
ajotrino
ajipuerro
ajete
ajo puerro
ajo porro
rocambola
puerro
porro
porreta
porrino
porrina
ristra
riestra
carraza
arlo
horca de ajos
ajaspajas

tela de cebolla
binza
bienza

ajar
porral

arlar
enristrar
enhorcar

cebollero
ajero
bulboso
cebolludo
aliáceo

—

BULTO
(V. *Grosor*)

—

BULLICIO
(V. *Alboroto*)

—

BULLICIOSO
(V. *Agitación*)

—

BUÑUELO
(V. *Fruta de sartén*)

—

BUQUE
(V. *Embarcación*)

—

BURBUJA (2)

burbuja
pompa
bomba
vejiga
ampolla
campanilla
burbujeo
gorgor
gorgoteo
górgoro
gorgorita
gorgorito
espuma
jiste
giste
moño
jabonadura
espumajo
espumarajo
espuma de nitro

burbujear
espumar (intr.)
espumear
gorgotear
hervir
espumar (tr.)
despumar

efervescencia
ebullición
espumaje
despumación
espumosidad
gas

espumador
espumadera

espumante
efervescente
espumoso
espúmeo
espumajoso
ampollar
vesicular

—

BURGUÉS
(V. *Burguesía*)

—

BURGUESÍA (30)

burguesía
mesocracia
clase media [pelo
gente de medio
burocracia
masa neutra
democracia
medianía
plebe

burgués
burgés
ciudadano
quirite
équite
burócrata
empleado

quiritario
mesocrático
democrático

—

BURIL
(V. *Grabado*)

—

BURLA (26, 27)

burla
burleta
burlería
broma
bromazo
zumba
chasco
chiste
juguete
camelo
brega
bufonada
bufonería
chanada
macana
caraba
picón
novatada
chueca
tiro
carena
chanzoneta
chunga
guasa
candonga
tártago
fiesta
chacota
chanza
picardía
coba
changüí
cuchufleta
chufla
chufleta
chufeta
chafaldita
chirigota
chilindrina
gustazo
pega
camama
tornillazo
bromazo
bronca
buzcorona
antruejada
maza
ladrillejo
pánfilo
culebra
culebrazo
parchazo
jaquimazo
carnavalada
inocentada
virote
mojiganga
chuscada
ridiculez
chuzonería
bufa
vaya
fisga
morisqueta
gazgaz
fayanca
jonja
chufa
cantaleta
cordelejo
cirigaña
humazo
humarazo
brega
higa
relente
mamola
mamona
libramiento
remedo
mimesis
imitación
momo
mueca
musaraña
bigardía

escarnio
escarnecimiento
desprecio
zaherimiento
mofa
mofadura
befa
ludibrio
irrisión
risa
inri
sarcasmo
ironía
epigrama
sátira

guasa
pitorreo
choteo
cachondeo
coña
tomadura de pelo
grita
chifla
ahucheo
abucheo

bromear
chancear
zumbar
chasquear
chascar
candonguear
embromar
chufletear
truhanear

burlar
iludir
mofar
befar
chiflar
rechiflar
hostigar
plantar
volcar
roncar
cucar
mantear
brear
remedar
arremedar
jugar
hamaquear
marear
torear
ridiculizar
escarnecer
deshonrar

burlarse
mofarse
reírse
chulearse
bufonearse
chancearse
guasearse
pitorrearse
chotearse
chunguearse
alfonsearse
cachondearse
coñearse
chacotear
regodearse
chufar
antruejar
fisgar
ironizar
gorjear

dársela (a uno)
pegársela
tomar el pelo
quedarse con uno
dar soga
» coba
» higas
» cantonada
» cantaleja
» cordelejo
» grita
» mate
» una manta

hablar de burlas
echar a chacota
hacer chacota
sacar la lengua
poner en solfa
hacer la mamola
jugar al abejón
» al santo mocarro
escupir a uno
dejar fresco
» con un palmo de narices
dejar con tantas narices
hacer donaire

burlador
burlón
mofador
mofante
chunguero
escarnecedor
guasón
chuzón
zumbón
bromista
embromador
chancero
fisgón
candonguero
jacarero
pajarero
chufletero
chacotero
correntón
chafalditero
mojarrilla
patarra
campechano
jacarista
gentilhombre de placer

burlesco
entretenido
ridículo

burlonamente
burlescamente
irónicamente
irrisoriamente
sarcásticamente
escarnecidamente

de burlas
en broma
por juego
por juguete

en ridículo
en berlina
en jolito
¡huiche! ¡huiche!

—

BURLAR (-SE)
(V. *Burla*)

—

BURRA
(V. *Asno*)

—

BUSCA (23)

busca
buscada
buscamiento
búsqueda
demanda
rebusca
rebusco
rebuscamiento
escudriñamiento
cacheo
examen
investigación
exploración
registro
batida
persecución

buscar
rebuscar
farabustear
solicitar
registrar
explorar
seguir
perseguir
perquirir
rastrear
rastrar
escudriñar
cachear
mirar
espigar
catar
catear
maherir
ir por...
esculcar
irse a ojeo
dar cata
andar a caza de
dar vueltas
ir en demanda de
ir al encuentro
salir al encuentro
hacerse el encontradizo
sacar de debajo de la tierra
dar tras uno

buscador
buscón
rebuscador
tras

—

BUSCAR
(V. *Busca*)

—

BUZO
(V. *Inmersión*)

—

C

CABALLAR
(V. *Caballería*)

—

CABALLERÍA (6, 38)
caballería
solípedo
bestia
bestión
bestia de carga
carguero
acémila
alhamel
haberío
cabalgadura
montura
bestia de guía
guindaleta
caballería mayor
» menor
asno
mulo
cuadrúpedo

caballada
yeguada
yegüería
potrada
regalada
bagualada
tropilla
cobra
collera de yeguas
recua
arria
harria
cabaña
bestiaje
caballeriza
acogido
reata

caballo
almifor
cuatro
caballuelo
caballito
caballico
caballete
caballejo
caballo aguilillа
» mulero
» de albarda
» montado
percherón
frisón
retorno

corcel
trotón
alfana
bridón
palafrén
jinete
caballo de regalo
» de aldaba
» ligero
flete
alfaraz
caballo de batalla
dobladura
babieca

rocín
rocino
rocinante
gurrufero
cuartago
cuatropeo
jamelgo
penco
sotreta
jaco
caballo matalón
chalate
¡arre!
garrapata

yegua
yegua caponera
yegüezuela
madrina
potranca
jaca
yegua aburrada

potro
potra [bocado
potro de primer
» de segundo
bocado
tusón
tusona

jaca
haca
asturión [pos
jaca de dos cuer-
hacanea

(partes de la caballería:)
aplomo
cuartos
alzada
tercio
ollar
vela
befo
barbada
asiento
pesebrejo
neguilla
tintero
remolón
diente
asiento
pala
cruz
sillar
ensilladura
carona
renga
cinchera
agujas
encuentros
delgados
crucera
babada
grupa
gurupa
culata
cuadra
cadera
anca
cuadril
quijote
palomilla
anqueta
canal
caña
brazo
brazuelo
antebrazo
pierna
pospierna
bragada
espejuelo
corvejón
jarrete
tarso
codo
codillo
rodilla
babilla
corvejos
fuente
tendón
cuartilla
ceruma
cerruma
menudillo
trabadero
bajo
mano
» de rienda
» de la rienda
» de la lanza
espolón
candados
bolillo
corona del casco
cinta
tejuelo
empeine

crin
clin
copete
tusa
valona
espejos
galla
cerneja
calcha
cabos
cola
mosqueador
nabo
hembra

capa
pelaje
estrella
lucero
remiendo
blanco
cordón
raya de mulo
cabeza moruna

tiro
julo
canga
posta
biga
yunta
triga
cuadriga
parada
tronco
tiro par
» entero
encuarte
gabita
cuarteador
guía
pericón
limonero
reata
contraguía
cuarta
caballo de mano
» de silla

equitación
carga
tracción
transporte
arriería
harriería
enguera
angarillas
aguaderas
artolas
cartolas
taja
aportadera
pedreral
traba
reata

cargar
angarillar

andar
aire
tercio
paso
» castellano
» de ambladura
» de andadura
portante
portantillo
ambladura
entrepaso
trenzado
galope
» sostenido
» tendido
galopada
trápala
galucha
trote
» cochinero
trotonería
paso de la madre
pasitrote
campero
huello
zapatazo
respingo
cabriola
pirueta
huida
bote
» de carnero
salto de carnero
corveta
gambeta
balotada
repelón
arremetida
arremetimiento
repente
contratiempos
reparada
desbocamiento
coz
coceadura
coceamiento
taina
tiro
zuna
vicio
resabio

relincho
relinchido
hin

hipología
chalanería
caballaje

potrero
rancho
remonta
parada
puesto
acaballadero
monta
remontamiento
amadrinamiento

caballo padre
semental
grullo
caballo recelador
greñudo
recelador
recela
rufeiro
rifón
hipómanes

(impuestos:)
cuadropea
cuatropea
recuaje

apelar
empelar
entrepelar
beber con blanco

estar en edad
cerrar
alomarse [trera
estar ya para bui-

dar cebada
recriar
entropillar
llevar del diestro
arrear
harrear
aguijar
arrendar
rutiar
mampresar
manear
amanear
apear
almohazar
rasquetear
mandilar
hacer las crines
emparamentar
encubertar
ramalear
desencabestrar
descabestrar
reventar

recelar
echar al contrario

acaballar
montar
amularse
cabalgar
encabalgar
remontar
apearse
bajar

(movimientos de la caballería:)
amblar
pasear
trotar
galopar
galopear
galuchar
cabalgar [mano
pasar del pie a la
cruzarse
cubrirse
hacer tijera
zapatear
bracear
acuartillar
acodillar
tenderse
sentar el paso
alfar
trenzar
andar a la pierna
piafar
escarbar
atabalear
bailar
botar
retrechar
caracolear
corvetear
hacer un extraño
hacer chazas
escarcear
corcovear
gambetear
cerdear

respingar
acortar
lomear
enarmonarse
armarse
empinarse
arbolarse
enarbolarse
encabritarse
engrifarse
plantarse
cuadrarse
empacarse
grifarse
suspenderse
alagartarse
asobinarse
ensobinarse
taparse
arrochelarse
irse a la empinada

bocezar
bocear
befar
bufar
relinchar
pajear
encapotarse
engallarse
engrillarse
encorvarse
cabecear
apoyar
picotear
despapar
amusgar
alastrar
aguzar las orejas
orejear
cocear
derramar la vista
ensortijar los ojos

obedecer
cabestrear
repropiarse
entablarse
tener buena boca
» » embocadura

desbocarse
descalzarse

acoplar
enganchar
desenganchar
ensillar
desensillar
ir en varas
ir a varas
tirar
carretearse

domar
amansar

jinete
yegüero
potrero
yacedor
mamporrero
almohazador
acemilero
marucho
aventurero
picador
chalán

jilmaestre
palafrenero
encuartero
mozo de mulas
» de caballos
arriero
harriero
harruquero
jaquimero
arrierito
recuero
burrero
picamulo
almocrebe
alhamel
aljamel
atajador
cabalgante
alquilador

guarniel
almohaza
rasqueta
rascadera
bruza
lúa
espartilla
mandil
atacola
guarniciones
albarda
estribo
espuela
maniota
maneota
manija
manea
arropea
apea
herradura

(adjs. de la caballería por el pelaje:)
apelado
tapado
tobiano

tordo
pío
roano
ruano
rosillo
sabino
rodado
empedrado
rubicán
rosado
azúcar y canela
picazo
rucio
isabelino
atabanado
entrepelado
yaguané
palomilla

grullo
bayo
gateado

alazán
alazano
overo
hovero
canelo
vellorio
zaino
albazano
castañuelo
meco

mosco
moro
morcillo
cambujo
hito
peceño
mohíno
cebrado
cebruno
acebrado
cervuno
alobunado
gateado
piel de rata
calzado
paticalzado
trabado
trastrabado
argel
unalbo
dosalbo
tresalbo
cuatralbo
maniblanco
manialbo
beber en blanco

careto
frontino
estrellado
testerillo
fajado
trascorvo
descopado
montado

(adjs. referentes a la constitución:)
buena o mala lámina
acaballado
arrocinado
acarnerado
avacado
afrisonado
sardesco
engatillado
ensillado
derribado
lunanco
anquialmendrado
anquiseco
anquiderribado
anquiboyuno
anquirredondo
lomudo
alomado
abierto de pechos
corto o largo de carona
bajo de agujas
recogido
cazcorvo
trascorvo
descopado
casquiacopado
casquiderramado
casquimuleño
casquiblando
cañilavado
izquierdo
cuartilludo
palmitieso
patimuleño
topino
boquiconejuno

boquifruncido
boquihundido
boquihendido
boquisumido
boquinatural
dentivano
denticonejuno
picón
nambí
gacho
tronzo
colín
matalón
matalote
matungo
mancarrón
manco
ruco
gafo
abierto
cernejudo
calchón

(adjs. referentes a las costumbres y cualidades:)
arrendado
cabestrero
boquifresco
boquimuelle
boquiblando
blando de boca
campero
ponedor
revuelto
leal
dócil
volvedor
boquiseco
duro de boca
boquiduro
coceador
falso
guito
zaino
repropio
rebelón
redomón
cerril
cerrero
andón
pasero
paseador
amblador
trotador
trotón
galopante
parejero
terrero
pisador
piafador
parador
empacón
claro
alfar
botador
tropezón
estrellero
abocinado
lomienhiesto
amadrinado
blando de carona
soberbio
lerdo
hatero

de guías
a guías
de mano
a tirantes largos
en cuartas
de cuartas
de sobre cuartas
suelto
encuartado

(adjs. generales:)
équidos
caballar
caballuno
equino

ecuestre
hípico
rocinal
yeguar
yegüerizo
hinnible
acemilar
acemilero

a lomo
a corso
¡arre!
¡harre!
¡huesque!
¡riá!
¡so!
¡jo!
¡cho!

—

CABALLERIZA
(V. *Establo*)

—

CABALLERO
(V. *Orden [militar y de caballería]*)

—

CABALLEROSIDAD
(V. *Altruismo*)

—

CABALLEROSO
(V. *Altruismo*)

—

CABALLETE
(V. *Caballón*)

—

CABALLO
(V. *Caballería*)

—

CABALLÓN (18, 36)

caballón
caballete
camellón
camella
loba
acirate
atochada
atajadero
lomo
pece
albardilla
lindón
cantero
almorrón
cembo
resalto
surco

acaballonar
alomar
alombar
acofrar

alomado

—

CABAÑA (11)

cabaña
choza
cabañuela
chabola
chamizo
chozo
chozuela
jacal

borda
huta
isba
hornachuela
cabreriza
tugurio
rancho
candelecho
bienteveo
bohío
buhío
caney
quilombo
ruca
bajareque
cansí
chacra
visera
toldo
gayola
gorrinera
ropería
barbacoa
(cabaña de pastor, etc. V. *Ganadería*)

acabañar

cabañero
cabañil

—

CABELLERA
(V. *Cabello*)

—

CABELLO (7)

cabello
cabellejo
cabelluelo
pelo
bulbo
raíz
cabello merino
cuero cabelludo
caspa
canicie
canas
calvicie
alopecia
alopicia
pelona
pelonía
pelambrera
lopigia
lupicia
alpez
pelarela
peladera
plica
tiña
tricomicosis
dicocia
albinismo
casquete

cabello
pelo
aires
hebras
mata de pelo
cabellera
cabelladura
espesura
guedeja
guardaja
guedejón
vedeja
melena
madeja
garnacha
trenza
crizneja
crezneja

crisneja
soguilla
soguillo
cimba
simpa
coleta
coletilla
media coleta
rata
raya
crencha
partidura
carrera
entrada
aladar
coca
moño
moñajo
zorongo
posó
castaña
rodete
copete
tupé
flequillo
fleco
cerquillo
frente calzada
burrito
tufo
balcarrotas
mecha
pulsera
garceta
tolanos
abuelos
viejos
diablillos
rizo
bucle
sortija
sortijilla
tirabuzón
caracol
canelón
crespo
enrizado
colocho
ensortijamiento
pasa

greña
monte
vedija
pelotón
cadejo
maraña
pelluzgón
remesón
peinadura

peluca
pelucón
peluquín
cabellera
bisoñé
perico
periquillo
añadido
postizo
cairel
casco
casquete

cabellar
encabellecerse
echar cabello

peinar
batir
traspeinar
crinar
alisar
atusar
acicalar
carmenar
escarmenar
anidiarse
hacerse el moño
enfurtir
descaspar

escoscar
tocar
escofiar
empenachar
azumar
enrubiar
entrapar
empolvar

rizar
enrizar
encrespar
ensortijar
engarzar
ondear
rizarse
engrifar
ondular

despeinar
desgreñar
despeluzar
espeluzar
espeluznar
despeluznar
respeluzar
desrizar
descabellar
desmelenar
desmoñar
despelotar
destocar
horripilar
erizar

pelar
motilar
trasquilar
rapar
atusar
mondar
decalvar
tresquilar
» a cruces
entresacar
pelarse

mesar
repelar
remesar
carmenar
escalpar

peinadura
peinada
carmenadura
anidio
desenhetramiento
rizado
ensortijamiento
encrespamiento
encrespadura
encrespado
ondulación
permanente
despeluzamiento
espeluzamiento
erizamiento
pela
peladura
repeladura
pelado
tonsura
corona
coronilla
trasquiladura
trasquila
trasquilón
tresquilón
escalera
mesadura
remesón
repelón
decalvación
depilación

tocado
tocadura
peinado
trenzado

jaque
escofieta
caracalla
papos
huango
calántica
redecilla
red
vincha
huincha
trarilonco
cofia
cofiezuela
escofia
escofión
crespina
albanega
jaulilla
bolsa
enrejado
bolsera
talega
perejil
perifollo
corona
diadema
alfiler
cinta
lazo
caramiello
airón
penacho
volante
ludada
pino de oro
almirante
sabanilla
prendido
perigallo
apretador
prendedero
moña
caramba
pedrada
cachirulo
bonetillo
hurraco
rostrillo
luneta
garvín
piocha
recogeabuelos
peina
peineta
horquilla
gancho
ganchillo
aguja
rascador
pasador
espadilla
rascamoño

peinador
atusador
escarmenador
peluquero

peine
partidor
tenacillas
mediacaña
encrespador
papillote
calamistro
bandolina
pomada
macasar
brillantina
loción
cosmético
fijador
afeite
tinte
redecilla
fraustina
peluca
peinador

peluquería
tocador

capilar
peludo
cabelludo
melenudo
crinito
crinado
guedejudo
guedejoso
guedejón
enguedejado
rufo
intonso
hirsuto
mocho
trasquilimocho
chamorro
morondo
moroncho
descogotado
cuatro orejas
albino
cano
canoso
entrecano
pelicano
rubio [Judas
pelo de cofre o de
jaro
cabos negros
greñudo
vedijoso
vedijudo
engreñado
desgreñado
espeluznante
despeluznante
horripilante
casposo

lacio
rizado
rizo
rizoso
crespo
merino
grifo
ensortijado
taheño
rojo
moroncho

en cabello
en cabellos
en trenza
sobrepeine
a pospelo
pelo arriba
al redopelo
al redropelo
a contrapelo
a trasquilones
en escalones

—

CABER
(V. *Capacidad*)

—

CABESTRO
(V. *Ronzal*)

—

CABEZA (6, 7)

cabeza
cap
calamorra
testa
chapitel
mechusa
cabezota
cabezón
cabezorro
molondra
cabezuela
cabecilla
coca
chola

cachola
cholla
mocha
casco
cerebro
encéfalo
tiesto
fraustina
jano

testuz
testuzo
testera
sesera

morra
chamorra
mollera
tapa de los sesos
vértice
corona
coronilla
colodrillo
nuca
cuello
occipucio
sien
templa
sierras
cráneo
base del cráneo
casco
endocráneo
calavera
» in coquis
calaverón
pericráneo
fontanela
(huesos del cráneo, V. *Hueso*)

craneología
craneometría
macrocefalia
microcefalia
índice cefálico
ángulo facial
» occipital
craneómetro
cefalómetro
acefalia
acefalismo

cefalotomía
craneotomía

jaqueca
ajaqueca
cefalalgia
migraña
murria
cancamurria
cargazón
clavo
cefalea
hemicránea
cefalitis
hidrocéfalo
insolación [bral
conmoción cere-
enfermedad

cabecear
bajar
bajarse
amorrar
agachar
agarbarse
agobiar
amochar

ajaquecarse
abochornar
azorrarse

descabezar
decapitar
capolar
truncar
levantar la tapa
de los sesos

cabeceo
cabeceamiento
cabezada
cabezazo (etc.
V. *Golpe*)
descabezamiento

cabezota
cabeza de tarro
cabeciancho
cabezudo
dolicocéfalo
braquicéfalo
macrocéfalo
calocéfalo
microcéfalo
cabeza vana
cabezón
acéfalo
bicéfalo
cabizmordido
cabizbajo
cabizcaído
bicípite
bíceps
tríceps
tricípite

capital
cefálico
craneano
craniano
craneal

pesado
cefalálgico

—

CABEZADA
(V. *Brida*)

—

CABO (Geogr.)
(V. *Ribera*)

—

CABO *(Mar)* (38)

cabo
cuerda
cadena
cable
calabrote
guindaleza
beta
sardinel
merlín
cajeta
filástica
boza
mecate
cordones
mena
chicote
rabiza
rabo
aforro
fajadura
precinta
encapilladura
fascal
gúmena
gumeneta
estrinque
cair
floque
pallete
cojín
meollar
pasadera
cabo blanco
vaivén
piola
cable de cadena

jarcia
jarcias

jarcería
aparejo
cordaje
cordelería
cabuyería
cabuya
betería
cáñamo
burdinalla

jarcia muerta
obenque
obencadura
tabla de jarcia
jareta
corrulla
corulla
capillo
enjaretado
popés
patarráez
quinal
estay
traversa
estay de galope
contraestay
burda
brandal
mostacho
barbiquejo
arraigadas
acollador
araña
guía

cabo de labor
maniobra
virador
batículo
amante
amantillo
contraamantillo
ayuda
orza a popa
» de avante
» de novela
orzuela
balancines
brazalote
ostaga
ustaga
braza
contrabraza
osta
driza
triza
contradriza
single
contraempuñadura
relinga
nervio
envergue
poa
rizo
empuñidura
apagapenol
bárdago
bolina
contrabolina
sobrebolina
boliche
matafiol
batafiol
escota
contraescota
escotín
contraescotín
briol
candaliza
candeleta
palanca
ronzal
amura
contraamura
tomador
aferravelas
trapa
contracruz
guardavela
cargadera
palanquín

contrapalanquín
zarro
retenida
chafaldete
troceo

amarra
amarro
amarrazón
media gamarra
frenel
espía
barloa
tangidera
estacha
codera
proís
proíz
proíza
noray
guardián
guardín
capón
cabrestillo
esparsinas
sorda
sirga
silga
remolque
amarradura
boza
rejera
napón
orinque

escala
» de viento
flechaste
aflechate
brandal
flechadura
marchapié
estribo
guardamancebo
guardamozo

varón
corona
baderna
rebenque
estrobo
arza
salvachía
frenillo
boza
contraboza
honda
enchina
galdrope
mojel
guardacabo
eslinga
guarne
vinatera
tira
botavira
bragote
braguero
lantia
cantel
salto
rastra
rastrillo
culebra

ayuste
cosidura
sevillana
malla
ligada
cintura
arraigado
ballestrinque
trinca
engazadura
canasta
reata
tortor
coca
aduja
media malla

margarita
media margarita
nudo
trincafía
entalingadura
ahorcaperro
cote
as de guía
lasca
gorupo
gaza
manilla
alforja
maniqueta
manigueta
manopla
anillo
balso
piña
zancadilla
cazonete

cornamusa
propao
cabilla
estante
guindaste
cabillero
escotera
meseta
» de cabillas
mesa de guarnición
cáncamo
bita
abitón
candelero
» ciego
» de ojo
sotrozo
telera

cordonero

canalete
garrote
pasador
mallero
gafa
pedral

acalabrotar
calabrotar
corchar
encolchar
falcacear
enguillar
ayustar
acolchar
forrar
descolchar
desayustar
embragar
destrincar
desembragar
zafar
laborear
encajerarse
enjabegarse
atocharse
mascarse
halar
jalar
tesar
atesar
aballestar
arridar
amantillar
atortorar
acollar
engafar
aclarar
desencapillar
perlongar
resacar
bolinear
bracear
arriar
» en banda
filar
alegrar

lascar
saltar
tiramollar
ajunquillar
adujar
azocar
asocar
tomar socaire
abitar
bitar
encapillar
envigotar
trincar
atrozar
abadernar
dar margarita
hacer margarita
enjarciar
jarciar [palo
hacer la malla al
abozar
trincafiar
aturbantar
abrazar
desabitar
colchar
aguantar
atar
sujetar

laboreo
entrañadura
falcaceadura
engazadura
descolchado
ayuste
enjarciadura
enjarciado
corcha
leva
levada
embrague
destrinque
estrepada

—

CABRA (6)

cabra
ceaja
cabra del Tíbet
» montés
hirco
íbice
bicerra
pudú
musmón
rumiante

barba
mamella
marmella

cabrón
barbado
barbón
igüedo
buco
cabronzuelo
macho cabrío
macho de cabrío
cabro
cabrío
irasco
bode
boque
beche
azazel
hazazel
emisario
cegajo
castrón
macho de parada
bucardo
cabrito
segallo
ternasco
choto
chivo

chivato
primal

cabrío
machada
rebaño
cabriada

leche
boquina
sirle
chirle
betijo

triscar
ramonear
carabritear
escosar
descabritar

cabrero
cabrerizo
cabreriza
cabrera
cabritero
machero

cabreriza (lugar)
corral
chiquero
chivetero
cabrería

cabrío
cabruno
caprino
cabrerizo
caprario
cabrituno
chotuno
acabronado
caprípedo
caprípede
mamellado
marmellado

—

CABRESTANTE (2)

cabrestante
cabestrante
torno
argüe
árgana
virador
peón
macizo
guardainfante
sombrero
boca
bocabarra
barra
espeque
manuella
torno
súcula
eje
huso
calandria
estante
molinete
chigre
güinche
malacate
baritel
mayal
grúa
cabria

tirar
arrastrar
virar
amojelar
guarnecer
desvirar
desguarnir
despasar

—

CABRIA (2)

cabria
trucha
abanico
grúa
aguilón
árgana
árgano
machina
titán
regaderas
cabrestante
molinete
torno

levantar

—

CABRÍO
(V. *Cabra*)

—

CACAO
(V. *Chocolate*)

—

CÁCTEO
(V. *Cacto*)

—

CACTO (5)

cacto
cactus
galán de noche
quisca
quisco
garambullo
airampo
cardón
cardona

chumbera
higuera de Indias
» de pala
» de tuna
» chumba
tuna
tunal
tunera
nopal [nilla
» de la cochipalera
tuna roja
» brava
» colorada
candelabro

penca
pala
higo chumbo
» de pala
» de tuna
chumbo
tuno
tuna
nopalera

cácteo

—

CADA
(V. *Repetición*)

—

CADÁVER (7)

cadáver
cuerpo
difunto
restos
restos mortales

despojos
cenizas
momia
vampiro

caromomia
adipocira

féretro
ataúd
exequias
entierro
enterramiento
sepultura
carnero
crematorio
urna cineraria

amortajar
mortajar
embalsamar
momificar
sacar con los pies adelante
disecar
enterrar
exhumar

amortajamiento
velatorio
velorio
embalsamamiento
momificación
autopsia
necroscopia
necropsia
cremación
exhumación
mortaja
sudario
barbillera
ungüento
canope
depósito de cadáveres
morgue [mico
anfiteatro anató-
obitorio

amortajador

cadavérico
cadaveroso
macabro
insepulto
necroscópico

de cuerpo presente

—

CADAVÉRICO
(V. *Cadáver*)

—

CADENA (20)

cadena
cadenilla
cadeneta
tiradera
madrastra
leontina
bejuquillo

cabestrillo
estrenque
estrinque
llares
calamillera
caramilleras
gramallera
abregancias
rosario
freno
cereceda
cable de cadena
cabo
arraigadas
barbiquejo
catenaria
eslabón
baca
ese
espernada
mallete
dado
grillete
arropea
carlanca

encadenar
eslabonar
engarzar
engazar
desencadenar
desenlabonar
deseslabonar
desengrilletar
deslabonar
desengarzar

encadenamiento
encadenadura
encadenación
engarzadura
engazamiento
engarce
engace

engarzador
engazador
eslabonador
catenular

—

CAER
(V. *Caída*)

—

CAFÉ (9)

café (grano)
haba
caracolillo
moca
triache
achicoria
chicoria
guanina

cafeto
plantación
cafetal
tendal

descerezar
tostar
moler

café (bebida)
cortado
mazagrán
recuelo

tostador
tambor
molinillo
cafetera

café (local)
cafetín
cafetucho
buchinche

cafetalista
cafetero
cafetera
echador
mozo
camarero

torrefacto

—

CAÍDA (19)

caída
caimiento
descenso
prolapso
declinación
decadencia
incidencia
bajada
recaída
tambaleo
tumbo
tumba
culada
baque
baquetazo
barquinazo
costalada
costalazo
batacazo
pechugón
tabalada
zapatazo
porrada
porrazo
tamborilada
golpe
choque
guarrazo
guacharrada
tozolada
tozolón
trastazo
zarpazo
zaparrada
sapada
talegada
talegazo
vuelta de carnero
esguince
desguince
despeño
revuelco
revolcón
defenestración
despeño
despeñamiento
precipitación
derrocamiento
derrumbe
derrumbamiento
desmoronamiento
desplome
destrucción
ruina
fracaso
desprendimiento
alud
argayo
turbión
deshoje
despeñadero
precipicio

retenida
paracaídas

caer
incidir
abocinar
declinar
echarse
derribarse
desaplomarse
despatarrarse
espatarrarse
descender
bajar
saltar
rodar
rular
rotar
recaer
aterrar
esborregar
hocicar
bolear
dar de...
venir sobre...
voltear
tambalear
trastimbar
arriscarse
barrajar
caerse
allanarse
aplanarse
aplomarse
aportillarse
asobinarse
tirarse
entorcarse
desrostrarse
despampanarse
descostillarse
resbalar
tropezar [brio
perder el equili-
dar de bruces
abatirse
morder el polvo
medir el suelo
besar el suelo
» la tierra
romperse las narices
dar de coronilla
desplomarse
caer a plomo
dar de ojos
dar de manos
irse de la mano
dar en tierra
venir a tierra
venirse abajo
dar abajo
alzar uno las pajas con la cabeza
faltarle a uno el suelo
coger una liebre
apearse por las orejas
faltarle a uno los pies
dar con el cuerpo en tierra

hacer caer
tirar
derrumbar
derribar
atropellar
abatir
batir
derrocar
destruir
tumbar
acogotar
acocotar
descolgar
revolcar
embrocar
echar por tierra
despeñar
desgalgar
precipitar
(lanzar etc.
V. *Arrojar*)

caedizo
cayente
cadente
precípite
¡paf!

—

CAJA (20)

caja
cajuela
cajeta
cajón
bujeta
bucheta
cista
arca
arqueta
arcón
arquetón
arquimesa
arquibanco
pupitre
catricofre
banqueta
hucha
tambarillo
petaca
tina
barcal
cofre
tumbón
baúl
» mundo
mundo
cesta
bulto
portamanteo
manga
valija
valijón
maletón
maletín
maleta
sombrerera
equipaje
cantinas
aportadera
portadera
jaba
tortero
frasquera
orenza
canoa
estuche
joyero
escriño
relicario
cepo
cepillo
cartonera
cerillera
cigarrera
tabaquera
purera
bombonera
urna
jaula
ataúd
féretro

tapa
asa
cerradura
cajonería
aldabón

encajonar
embaular
embalar
desencajonar
desembaular
desembalar

cajero
arquero
cofrero
baulero
maletero

cajería
baulería

—

CAJÓN
(V. *Caja*)

—

CAL (2, 4, 11)

cal
» viva
» anhidra
» muerta
» hidráulica
calcio
creta
tiza
blanco de España
puzolana
puzol
pucelana
cemento
» portland
caliza
» fétida
» hidráulica
» lenta
dolomía
piedra
piedra de cal
mármol
caleña
toba
tosca
tufo
tajón
hueso
caliche
blandura
calcilita
calcita
aragonito
fosforita
creta
espato calizo [dia
» de Islan-
estalactita
estalagmita
esparraguina
yeso
argamasa

calera
horno de cal
calar
tobar

calcicosis

calcinar
matar
apagar
azogar
ahogar la cal
encerar
encalar
calcificar

encalado
encostradura
lechada
jalbegue
albañilería

calero
calcinero
encalador
calería
calcímetro

calcáreo
cálcico
calizo
calar
calero
califero
caleño
cretáceo
toboso
hidráulico
cementoso
calseco

—

CALABAZA
(V. *Cucurbitáceas*)

—

CALAFATE
(V. *Arq. Naval*)

—

CALAFATEAR
(V. *Arq. Naval*)

—

CALCEDONIA
(V. *Sílice*)

—

CALCETA
(V. *Media,*
[*indum.*])

—

CALCINAR
(V. *Torrefacción*)

—

CALCULAR
(V. *Cuenta*)

—

CÁLCULO
(V. *Cuenta*)

—

CALDEAR
(V. *Calefacción*)

—

CALDERA (20)

caldera
negra
negrota
calderón
calderuela
caldereta
caldero
calderilla
acetre
taceta
tacho
fondo
repullo
tino
recipiente
vasija

caldera de vapor
generador
caldera tubular
tirante
fogón
inyector
deyector [cia
bomba alimenti-
recalentador
recuperador
manómetro [dad
válvula de seguri-

calderería

calderada
calderero
embutidera

—

CALDERERO
(V. *Caldera*)

—

CALDO (9)

caldo
cocina
potaje
caldo esforzado
» alterado
moje
mojo
consumado
cabeza de olla
osmazomo
adobo
sopicaldo
panado
calducho
caldivache
caldibaldo
agua de fregar
chilro
sustancia
gelatina
grasa
ojos
sopa
pasta
salsa

escaldufar

caldoso
caldudo

—

CALEFACCIÓN
(2, 11)

calefacción [tral
calefacción cen-
calor

caldear
calentar
echar una firma

estufa
chubesqui
tortuga
salamandra
calorimotor
calorífero
» de vapor
» de aire
radiador
termosifón
recuperador
escalfador
calentador
calientapiés
chofeta
chufeta
escalfeta
estufilla
copilla
rejuela
rejilla
maridillo
librete
tumbilla
mundillo
brasero
copa
caja
tarima
camilla
alambrera
badil
badila
badelico
paleta
coquera
firma
hogar
humero
tubo
chimenea
horno
cocina

hipocausto
estufa (local)
calefactorio
gloria
trébede

estufista
estufero
fumista
fumistería

al amor de la
lumbre

—

CALENDARIO
(21)

calendario
almanaque
anuario
agenda
repertorio
reportorio
piscator
pronóstico
predicción
lunario
fastos
burrillo
cuadernillo
cartilla
gallofa
epacta
epactilla
consueta
añalejo
calendario juliano
» reformado
» nuevo
» gregoriano
» perpetuo
» americano
» de pared
taco [rio
día complementa-
corrección grego-
riana
embolismo
festividad
cronología
meteorología

almanaquero
calendarista

—

CALENTAR
(V. *Calor*)

—

CALENTURA
(V. *Fiebre*)

—

CALIDAD
(V. *Cualidad*)

—

CALIENTE
(V. *Calor*)

—

CALIFICAR
(V. *Cualidad*)

—

CALIGRAFÍA
(V. *Escritura*)

—

CALINA
(V. *Niebla*)

—

CALIZO
(V. *Cal*)

—

CALMA
(V. *Bonanza*)

—

CALMAR
(V. *Bonanza*)

—

CALMOSO
(V. *Lentitud*)

—

CALOR (2, 13)

calor
calórico
» radiante
calor latente
calor natural
rayo de calor
fuego
ardor
ardentía
bochorno
vulturno
calura
calorina
calina
calidez
calidad [lor
bocanada de ca-
fogaje
chajuán
quemazón
combustión
llama
hoguera
estuosidad
sol
fervor
acaloramiento
encendimiento
enardecimiento
incandescencia
torrefacción
cocción
ebullición
fermentación
fiebre
siesta

radiar
irradiar
emitir
calentar
caldear
rescaldar
escalecer
abrigar
fomentar
avahar
acalorar
recalentar
achicharrar
abochornar
afogarar
rechizar
asurar
tostar
encender
encandecer
enrojecer
enrojar
cocer
(asar, freír, etc.
V. *Cocina*)

calentarse
acalorarse
darse un calentón
recalentarse
calecer
templar
quemar
abrasar
estar echando
bombas
picar [lor
dejarse caer el ca-
cantar la chicha-
rra
abrasarse, asarse,
caerse, las paja-
rillas.
sentir calor
coger calor
asarse
» vivo
abrasarse
» vivo
quemarse
asurarse
freírse de calor
ahogarse de calor
» la gente
desacalorarse

calentamiento
calda
caldeo
caldeamiento
escaldadura
recalentamiento
fomento
agobio
calefacción

chicharrero
achicharradero
resistero
resistidero
infierno
horno
hogar
brasero
espejo ustorio

temperatura
temple
clima
temperatura má-
xima
» mínima
» media
termología
termodinámica
irradiación
convección
atermancia
termometría
calorimetría
caloría
calor específico
diatermia

calorímetro
termoscopio
termómetro [ma
» de máxi-
» de míni-
ma [co
termómetro clíni-
» diferen-
cial
reflector
resistencia
piroscopio
pirómetro
hipsómetro
criómetro
columna termo-
métrica
cero
centígrado
calentador
fomentador
calefaciente
calorífero
calorífico
adusto
bochornoso
cargado

caliente
calentito
tibio
caldeado
caluroso
caloroso
cálido
calinoso
calimoso
ardoroso
estuoso
estuante
agobiante
sofocante
ardiente
canicular
tropical
tórrido
candente
incandescente
rojo
rusiente

térmico
termal
termógeno
ustorio
isotérmico
isotermo
isoquímeno
isótero
diatérmano
diatérmico
atérmano
atérmico
calorífugo
buen conductor
mal conductor
convectivo
calorimétrico
termométrico

calurosamente
calorosamente
acaloradamente
ardentísimamente
al rojo
» » vivo
» » cereza
» » blanco

—

CALUMNIA
(27, 32)

calumnia
impostura
suposición
testimonio
imputación
ladrido
murmuración
acusación
falsedad
chisme
falacia
desacato

calumniar
malsinar
levantar
imponer
ahijar
imputar
achacar
murmurar
atribuir
colgar el milagro
echar las cargas

calumniador
impostor
testimoniero
matavivos
murmurador
malas lenguas
sicofanta
sicofante
calumnioso

calumniosamente

—

CALUMNIAR
(V. *Calumnia*)

—

CALUMNIOSO
(V. *Calumnia*)

—

CALVA
(V. *Calvicie*)

—

CALVICIE (7)

calvicie
calvez
pelambre
pelambrera
pelada

alopecia [*bello*)
(tiña, etc. V. *Ca-*
calva
clara
calvatrueno
decalvación
depilación
peluca
peluquín
bisoñé

encalvecer
encalvar
decalvar

calvo
calvete
pelón
motilón
muerte pelada
lampiño
glabro
decalvante
roso
recalvastro
mocho

—

CALVO
(V. *Calvicie)*

—

CALZA
(V. *Media,*
[Indum.])

—

CALZADO (10)

calzado
cabos
prenda
andamio
duros
calzas atacadas

descalcez

zapato
pisante
calcorro
estivo
escarpín
calco
jervilla
jerviguilla
servilla
zapato argentado
chancla
chanca
carraos

zapatilla
» de orillo
chinela
chinelón
pantuflo
pantufla
chancleta
bota
toba
borceguí
ahorcados
botilla
botina
botito
botín
polaina
escalfarote
estival
ilustres
labrados
dichosos
bota de montar
» fuerte
» de potro
zumel

zueco
zoco
zoclo
chanca
madreña
almadreña
galocha
haloza
chanclo
choclo
colodro
corche
corcho
alcorque
chapín
zapatos papales

sandalia
suelas
cotizas
cacle
ojota
jota
caite
babucha

alpargata
alpargate
alcorque
alborga
agovía
esparteña
feladiz

abarca
albarca
pihua
coriza
tamango
mocasín
calzadera
pergal

cálceo
cáliga
coturno
zapata
múleo
mula
mulilla
muléolo

obra prima
corte

suela
media suela
piso
» de goma
jostra
cambrillón
enfranque
plantilla
palmilla
cerquillo
vira
tacón
tapa
quebradillo
poleví
ponleví

puntera
capellada
capillo
tope

pala
empella
copete
pie
cabezada
chanclo

oreja
lengüeta
guardapolvo

talón
zancajo
caña

ojete

botón
cordones
agujeta
amiento
galga
majuela
calzadera
pergal
zarria
coyunda
estórdiga
feladiz
cinta
correa

contrafuerte
barreta
bigotera
chapa
ribete
luneta
picadura
remonta
puntera
picaño
tabinete

calzar, -se
enchancletar
chancletear
embotarse
descalzar
desmajolar
calzar tantos puntos
nadar
descarcañalar
destalonar
desbocarse

alpargatar
bojar
embrocar
jairar
encerotar
cerotear
desvirar
plantillar
estaquillar
solar
bañar
sobresolar
remontar
cortar
aparar
embolar
tafiletear
achinelar

calzadura
corte

chaira
cheira
afilón
tranchete
trinchete
jairo
lezna
lesna
alesna
callón
subilla
estaquillador
broca
sacabrocas
estaquilla
ruleta
cerote
cerapez
costa
huevo
bisagra
andilú
boj
cartabón
marco
punto
horma

larga
alza
tirapié
manopla
pata de cabra
almarada
punterol

abotonador
calzador
tirabotas
sacabotas
muchacho

betún
bola

zapatero
tiracuero
borceguinero
chapinero
zapatillero
botinero
abarquero
alpargatero
galochero
maestro de obra prima
cortador
sota
zapatero de viejo
remendón
valiente
aparador
guarnecedor
ribeteador
hormero
betunero
zapatera

zapatería
chapinería
borceguinería
alpargatería
botinería
valentía
zapatería de viejo
betunería
limpiabotas

calzado
abarcado
alpargatado
zapatudo
descalzo

abotinado
achinelado
franqueado
apantuflado
picado
ramplón
zapateril
sutorio

en chancla
en chancleta
a la ponleví
bañado de suela

—

CALZAS
(V. *Pantalón* y
Media)

—

CALZÓN
(V. *Pantalón)*

—

CALZONCILLO
(V. *Pantalón)*

—

CALLADO
(V. *Silencio)*

—

CALLAR
(V. *Silencio)*

—

CALLE (11)

calle
vía pública
camino
arteria
arroyo
zanca
la del rey
rúa
comercio
coso
ronda
carrera
corredera
avenida
bulevar
vial
costana
costanilla
travesía
pasadizo
pasaje
calleja
callejuela
callejón
callizo
congostra
angostillo
red
ancaná
zacatín
cuchillería
laberinto
rambla
ciudad
calle de árboles

rasante
bocacalle
manzana
cuadra
eje
arroyo
acera
hacera
facera
encintado
bordillo
escarpa
vereda
orilla
alar
esquina
chaflán

acerar
salir
dar a...
desembocar

callejero

—

CALLEJERO
(V. *Vagancia)*

—

CALLO
(V. *Piel)*

—

CAMA (11)

cama
ovil
camón
camilla
media cama
lecho
tálamo

yacija
piltra
blanda
sufrida
carriola
tarima
cadalecho
calcha
trinquete
camarote
litera
dormilona
meridiana
cama turca

hamaca
maca
campechana
chinchorro
cabullera
hamaquero

catre
» de tijera

triclinio

barbacoa
barbacuá
tapesco

cuna
brizo
brezo
escanilla
cuna colgada
» colgante
» de viento

camastro
camucha
petate
coy
echadero
cama de galgos
» de podencos

camilla
coche cama
alcoba
dormitorio
clínica

cuja
cabecera
cabecero
tablado
rodapié
chinchero
catricofre

almohada
toalla
sábana
paloma
alba
sabanilla
sábano
embozo
apretador [to
mortaja de esparalezo
manta
tamba
vellida
vedilla
pellica
frezada
frazada
centón
rito
tapas
cobertor
lichera
cubrepiés

colcha
cobertor
márfaga
vánova
sobrecama

cubrecama
telliza
pelliza
almozala
alhamar
alifafe
apañadura
confitico, -llo, -to
cosido de la cama
cobija
almofrez
almofrej
veralca
colchón
plumón
plumazo
edredón

colgadura de cama
alcala
cama
tornalecho
gotera
mosquitero
mosquitera
antecama
calentador
calientacamas
mundillo
tumbilla

encunar
cunear
cunar
hacer la cama

tenderse
acostarse
encamarse
echarse
yacer
dormir
hacer cama
estar en cama
guardar cama
levantarse
saltar uno de la cama
poner uno los pies en el suelo

acostadura
decúbito
cuneo

mantero
colchero
pelliquero
hamaquero

camera

acostado
tendido
encamado
alechigado
postrado

—

CAMBIAR
(V. *Cambio*)

—

CAMBIO (15)

cambio
cambiamiento
cambiazo
mutación
mudanza
muda
mudamiento
conmutación
tornamiento
vuelta
revuelta
inversión
revolución
trastrocamiento
trastrueque
trastrueco
crisis
salto
trabuco
novedad
vicisitud
accidente
turno
alternación
perturbación
vaivén
luna
variación
variedad
modificación
reformación
reforma
enmienda
corrección
innovación
innovamiento
renovación
demudación
inmutación
transformación
trasformación
trasformamiento
transformamiento
transubstanciación
evolución
conversión
metamorfosis
metamorfosi
metamorfóseos
transfiguración
transmutación
trasmutación
transmudación
trasmudación
trasmudamiento
transición [tiva
justicia conmuta-
permuta

mutabilidad
alterabilidad
variabilidad
radicalismo
proteísmo
variedad

cambiar
mudar
modificar
volver
trastocar
trastrocar
transponer
invertir
alternar
camodar
tornar
voltear
extraviar
alterar
variar
diferenciar
desemejar
despintar
disfrazar
desfigurar
deformar
tergiversar
desnaturalizar
corromper
innovar
inmutar
demudar
preternaturalizar
transformar
trasformar
transfigurar
trasfigurar
metamorfosear
convertir
transmutar
trasmutar
trasmudar
transformar
transubstanciar
reducir
traducir
parar
poner
desconocer

volverse
trocarse
declinar
ponerse [etc.)
caer (enfermo,

hacerse
devenir
resumirse
resolverse
salir
venir a ser
llegar a ser
parar en
pasar a
dar en
virar
evolucionar
variar
oscilar

mudar de hito
tomar otro giro
volverse la tortilla
volver la hoja
mudar de manos
trocar las manos
mudar de bisiesto
» el pellejo
salir de su paso
sacar de sus casillas
dar uno la vuelta
ser otro hombre
cambiar la casaca
mudar de semblante
pasar de un extremo a otro [tos
ahorcar los hábi-

cambiador
modificador
modificante
modificativo
modificatorio
alterador
alterante
alterativo
conmutador
innovador
inmutativo
transformador
trasformador
transformante
transformativo
trasformativo
reformador
reformista
transmutativo
transmutatorio
trasmutatorio
conversivo
proteo

cambiante
cambiadizo
variante
variable
desigual
diferente
versátil
proteico
proteiforme
evolutivo
evolucionista
voltario
tornadizo
inconstante
inestable
cambiable
cambiadizo
mudable
mudadizo
alterable
modificable
vertible
variable
convertible
transmutable
trasmutable
transformable
transfigurable
reformable
metamorfósico

variablemente
mutatis mutandis
párrafo aparte

—

CAMBUR
(V. *Plátano*)

—

CAMINO (19)

camino
calca
tira
martillo
martillado
vía
» de comunicación
viaje
cruzado
crucero
cañón
cruz
carcoma
estrada
línea
arriate
serventía
ferrocarril

vía crucis
calvario

carretera
carrera
carrendera
pista
autopista
calzada
arrecife
camino real
calzada romana

camino vecinal
» carretero
» carreteril
» de ruedas
rúa
carruna
congostra
carril
camino carril
arrastradero
bajada

arteria
red
camino trillado
» trivial
» asendereado

senda
veril
sendero
senderuelo
cancha
derecho
vereda
trillo
derrota
ceja [dura
camino de herra-
» » sirga

trocha
fragosidad
fragura

atajo
alcorce
atajuelo
derecera
derechera
trochuela
rodeo
ronda
acceso

travesía
hijuela
pasaje
galería
coladero
puerto
estrechez
confluencia
bifurcación
bivio
trivio
cruce
desviación
variante
meandro
pical
confluencia

cañada
camino de cabaña
cabañera
galiana
real cañada
cordel
vereda
colada
cordel de merinas
azagador
azagadero

ruta
recorrido
jornada
trayecto
trayectoria
baquía
avenida
calle
paseo
rampa
cuesta

obra pública
» de fábrica
viaducto
puente
alcantarilla
badén
estriberón

guardacantón
guardarruedas
marmolillo
cuenta
cembo
terraplén
terrapleno
desmonte
pavimento
peralte
trinchera
albardilla
releje
relej
bache
piedra miliar
señalización

asenderar
senderar
senderear
asenderear
romper camino
abrir camino [no
procurar el cami-
aviar
atajar
martillar

bachear
recebar
apisonar
hacer clavo
ir a
salir
dar a
señalizar
desembocar
confluir

vialidad
bacheo
recebo
zaborra
almendrilla
guijo
casquijo
piedra
grava
afirmado
macadam
firme
tapacantos
rodillo
apisonadora
préstamo

ingeniero de caminos
ayudante de obras públicas
peón caminero
machetero
gastador

holladero
cabañal
vial
caminero
baqueano
baquiano
itinerario
batido
impracticable

—

CAMISA (10)

camisa
camisón
hermana
carona
luna
prima
certa
serta
lima
cairelota
cerristopa
camisola
camiseta (camisa
corta) [larga)
camisón (camisa
caracol [jer)
camisón (de mu-
camiseta
elástica
elástico
cotona
tipoy
túnica
tunicela
sayuela
capisayo
camisolín
cástula

pechera
chorrera
arandela
guirindola

abanino
escote
vistas
cuello
carlanca
cabezón
cabezo
lechuga
lechuguilla
asiento
tirilla
cuello
puño
vuelta
contramangas
lacayo
canesú
árbol
hombrillo
encosadura
cuadrado
cuadradillo
pañal
rodo
palomino

encamisar
encapillarse

camisero

camisería

encamisado
descamisado

—

CAMISETA
(V. *Camisa*)

—

CAMPAMENTO
(V. *Alojamiento*)

—

CAMPANA (1, 29)

campana
bronce
campaneta
carillón
queda

campanilla
címbalo
cimbalillo
cimbanillo
aljaraz
segundilla
timbre

cencerro
cencerra
changarra
changarro
arrancadera
truco
zumba
cencerro zumbón
cencerrillas
bozal
canaula

esquila
esquileta
esquilón
campano
alambre

cascabel
cascabillo
cascabelero
sonajas
sonajero
sonajuela
timbre
gong
gongo

tantán
batintín

bronce
metal campanil
caloto
badajo
espiga
badajuelo
lengua
mazo
yugo
cabeza
cigüeña
espárrago
castigadera
escrupulillo
torniquete

campanear
campanillear
tocar
tintinar
tilintear
retiñir
repicar
repiquetear
tocar a vuelo las campanas
echar a vuelo las campanas
tocar a fuego
doblar [nas
» las campa-
clamorear
encordar
cencerrear
esquilar
encascabelar
acampanar
fundir
descamisar

campanilleo
repique
rebato
alarma
repiquete
repiqueteo
tintineo
cencerreo

campanada
campaneo
tañido
talán
badajada
tintín
tintineo
retintín
tilín
campanillazo
timbrazo
campanología

toque
alba
toque del alba
apelde
pelde
ángelus
oración
oraciones
plegaria
ánimas
queda
agonía
doble
posa
clamor

campanero
campanillero
campanólogo

campanario
torre
espadaña

acampanado
campanudo

encampanado
campanil
campaniforme
cencerril
encencerrado
encascabelado

a campana herida
» tañida
a pino

—

CAMPANILLA
(V. *Campana*)

—

CAMPO
(V. *Tierra*)

—

CANA
(V. *Canicie*)

—

CANAL (2)

canal
canaleja
canaleta
canalón
gárgola
caz
canoa
alfagra
desaguador
roza
cavalillo
acequia
cequia
pitarque
presa
cauce
cuérnago
comuna
madre
sangradera
cequeta
cicoleta
cacera
febrera
agüera
almenara
hijuela
azarbe
azarbeta
reguera
almatriche
reguero
regata
regadero
regadera
canalillo
contrarreguera
cancillera
contracanal
chiflón
atarjea
atajea
atajía
tajea
agogía
saetín
cañariega
desagüe
alcantarilla
caño
conducto
escorredor
escorredero
estrecho (de mar)
canalizo
freo
cazarro
goterón

tablero
solera

espuenda
balate
quijero
banzo
venora
cembo
sangradura
ladrón
brazal
boquilla
sifón
rafa
fortacán
cajero
riba
partidor
repartidor
arca
cambija
esclusa
compuerta
tapa
escorredor
busco
gallipuente
enruna
ribacera
lodo

canalizar
encanalar
encanalizar
encambijar
encañonar
acequiar
sangrar
escotar
esbogar
galguear
mondar
regar

canalización
derivación
corrivación
aguallevado
palería
desbrozo
desbroce
hidrogogía
acequiaje
alfardilla

ingeniero de caminos, canales y puertos
acequiador
acequiero
zabacequia
cabecequia
manobrero
esclusero
esquiparte

acanalado
canalado

—

CANALIZAR
(V. *Canal*)

—

CANAPÉ
(V. *Asiento*)

—

CANASTO
(V. *Cesta*)

—

CÁNCER (12)

cáncer
cancro
cangro
carcinoma
zaratán

epitelioma
cefaloma
noma
escirro
sarcoma
tumor

cancerarse
encancerarse

canceroso
cancerado
canceriforme
cancroideo
carcinomatoso

—

CANCEROSO
(V. *Cáncer*)

—

CANCIÓN
(V. *Canto*)

—

CANDELABRO
(V. *Candelero*)

—

CANDELERO (2)

candelero
lampadario
candela
lucerna
lucerno
velador
palmatoria
paletilla
bujía
almenara
cirial
ambleo
hachero
blandón
antorchero
antorchera
tedero
melampo
vela
alumbrado

candelabro
flamero
cornucopia
aplique
centellero
centillero
tenebrario
ceriolario

araña
candil
lustro

brazo
mechero
cubo
descanso
arandela
apuracabos
apurador
almendra
candelerazo

—

CANDIDEZ (26)

candidez
candor
simplicidad
sencillez
ingenuidad
sinceridad
parvulez

inocentada
inocencia
inexperiencia

cándido
sencillo
franco
simple
sincero
ingenuo
bendito
bondadoso
asimplado
candoroso
engañadizo
crédulo
inocente
inexperto
inocentón
columbino
candelejón
simplón
párvulo
bueno
bienaventurado
infantil
infantino
desdichado
pelele
bobo
bobote
bobarrón
bobalicón
necio
papanatas
papahuevos
papamoscas
paparote
papatoste
pazguato
cateto
panoli
panarra
primo
mollar
dupa
gaznápiro
guillote
isidro
paleto
pueblerino
boquimuelle
pobre diablo
alma de Dios
buen Juan [ma
Juan de buen alalma de cántaro

ser un bendito
comulgar con ruedas de molino
caerse de un nido
caérsele el moco

cándidamente
candorosamente

—

CÁNDIDO
(V. *Candidez*)

CANDIL
(V. *Alumbrado*)

—

CANGREJO
(V. *Crustáceo*)

—

CANICIE (7)

canicie
canas

canear
encanecer

escabechar
teñir

encanecimiento
tinte

cano
pelicano
rucio
canoso
entrecano
escabechado

—

CANO
(V. *Canicie)*

—

CANON
(V. *Censo)*

—

CANÓNICO
(V. *Der. Can.)*

—

CANÓNIGO
(V. *Canonjía)*

—

CANONIZAR
(V. *Santo)*

—

CANONJÍA (1)

canonjía
canonicato
canonjía doctoral
» lectoral
» de penitenciario
magistralía [cio
prebenda de oficanónica
chantría
colegiata

canónigo [ciario
» peniten-
» regular [na
» reglar
» lectoral
» doctoral
» magistral
premonstratense
premostratense
concanónigo
tesorero [rial
prelado consistocardenal de Santiago
pavorde
deán
canonesa

canonical
canonjible
capitular

—

CANSADO
(V. *Cansancio)*

—

CANSANCIO (14)

cansancio
lasitud
desaliento
debilidad
fatiga
fatigación
agujetas
rendimiento
rendición
extenuación
agotamiento
agobio
aperreo
ajetreo
jadeo
molimiento
moledura
moledera
molienda
cansera
candinga
saciedad
aburrimiento
fastidio
asco
molestia
importunación
descanso

cansar
fatigar
rendir
reventar
ajetrear
aperrear
desalentar
perseguir
moler
dejar molido
destroncar

cansarse
acansinarse
tronzarse
hipar
carlear
acezar
jadear
descuajaringarse
dar voces al viento
caerse uno a pedazos [molidos
tener los huesos
doler el alma de...
estar uno hasta el gollete
no poder más

fatigador
cansado
cansino
cansío
cansoso
canso
laso
fatigoso
trabajado
atrabajado
cascado
transido
despernado
jadeante
acezoso
ahíto

fatigadamente
fatigosamente [ra
con la lengua fuecon la lengua de un palmo
¡uf!
¡huf!
¡hum!

—

CANSAR
(V. *Cansancio)*

—

CANTANTE
(V. *Canto)*

—

CANTAR
(V. *Canto)*

—

CANTE
(V. *Canto)*

—

CANTERA
(V. *Piedra)*

—

CANTERÍA (11)

cantería
estereotomía
montea

cantear
desbastar
escuadrar
aplantillar
recuñar
escodar
dolar
dovelar
picar
picar la piedra
pinchar
relabrar
cincelar
falsear
almohadillar
asalmerar
encorchetar
encuartar
escasear

cantería
labra
relabra
labrado
falseo
almohadillado
almohadado

piedra
mármol
albañilería
mampostería
sillar
» lleno
» de hoja
chambilla
losa
loseta
dovela
acodo
despezo
ángulo de corte
tranquero
saltadura
tasquil
lasca
blandura

cantero
labrante
pedrero
picapedrero
dolador
cincelador

cincel
puntero
uñeta
escoda
escota
trinchante
pica
pico
escoplo
dolobre
sierra
fija
bocarte
martellina
maceta
(martillo, etc. V. *Mazo)*
cucarda
garlopín
cintrel
tirador
escuadra
gnomon
nomon
falsa escuadra
falsarregla
baivel
litocola
gabarro

—

CANTERO
(V. *Cantería)*

—

CANTIDAD (22)

cantidad
cuantidad
cuantía
unidad
abundancia
exceso
escasez
suficiencia
aumento
disminución
integridad
parte
porción
proporción
medida
dimensión
matemáticas

tanto
dosis
porqué
toma
tomadura
brazado
brazada
pulgarada
conjunto
centenada
millarada
miríada
millonada
cantidad negativa
» positiva
» racional
» real
» variable
» constante
» continua
» discreta
» exponencial [ria
cantidad imagina-
» concurrente
» alzada
aproximación

acuantiar
redondear
(contar, calcular, etc. V. *Cuenta)*

más
muy
mucho
harto
menos
poco
bastante
casi
nada
tan
cuan
tanto
cuanto
próximamente
mientras más
cuando más
» mucho
» menos

—

CANTO (29, 31)

canto
» de órgano
» figurado
» mesurable
voz
música
» armóuica
cante
» flamenco
» jondo
tarareo
canturreo
jacarandina
entonación
entonamiento
entono
garganteo
gorjeo
trinado
vocalización
coreo
paso de garganta
pasaje
carretilla
disyunta
gorgorito
gorgorita
acento
recitado
estilo recitativo

gallo
gallipavo
berrido
graznido
jijeo
relincho
grito

canturía
canturria
monodia
salmodia
nana
arrullo
rurrupata
canticio

cantar
jugar la voz
gorjear
gargantear
gorgoritear
gorgorear
jijear
chirriar
chirrear
tararear
canturriar
canturrear
cantusar

vocalizar
romper uno la voz
entrar
afinar
solfear
entonar
modular
salmear
repentizar
cantar a libro abierto
contrapuntear
payar
responder
corear

oficiar
capitular
salmodiar
coplear
jacarear
jalear
salomar
berrear
hacer el barbo

cantor, -ra
cantante
cantista
voz
cantarín
cantarina
cantatriz
tonadillera
cupletista
diva
almea
gorjeador
entonador
operista
divo
concertista
solista
comprimario
partiquino
contrapunte
duetista
corista
suripanta
orfeonista [dor
maestro concerta-

tiple
tiple ligera
soprano
contralto
tenor
barítono
bajo
bajón
bajo cantante
caricato
bufo
bajo profundo
contrabajo

cantador, ra
juglar
payador
pallador
milonguero
rapsoda
cancionista
madrigalista
tonadillera
bayadera
jacarero
jacarista
romancero
zarabandista
marzante
saetista
villanciquero

chantre
primicerio
primiclerio
capiscol
sochantre
socapiscol
veintenero
cantollanista
antifonero
versiculario
pasionero
pasionista
salmista
evangelista
evangelistero
infante de coro
niño del coro
infantillo
seise
escolano
escolanía

coro
orfeón
masa coral

concento [punto
payada de contra-
ronda
corega
corego
corifeo [lla
maestro de capi-

canto
cante
himno
corea
epinicio
tragedia
treno
retornelo
estribillo
contera
eco
despedida
deshecha

solo
obligado
dúo
dueto
terceto
cuatro
cuarteto
quinteto
sexteto
septeto
concertante
rondalla
oratorio

pieza
preludio
sinfonía
aire
aria
arieta
cantábile
romanza
rondó
balada
barcarola
pastorela
alborada
albada
nocturno
serenata
cavatina

canto gregoriano,
o llano
canto ambrosiano
música llana
intercidencia
neumas
cántico
salmo
salmodia
gorigori
tedéum
hosanna
tántum ergo
trisagio
invitatorio
improperios
antífona
pange lingua
stábat
magníficat
dies irae
benedictus
miserere
kirieleisón
pasillo
angélica
motete
alabado
aleluya
aurora
siesta
gozos
treno
saeta
villancico
villancejo

villancete (etc. V. *Música*)

himnario
libro de coro
» antifonal
» antifonario
» procesionario
tonario
cantoral
libro entonatorio
pasionario
capitulario
santoral
vesperal

copla
» de ciego
coplería
cantar
canción
cantiga
cántiga
cantiña
aire popular
tonada
tonadilla
alalá
juguete
saloma
zaloma
villanesca
pesamedello
trípili
zorongo
cachucha
villano
andola
habas verdes
mayos
marzas
alcalá
trágala
jácara
jacarandaina
jacarandina
jarandina

malagueña
rondeña
sevillanas
tirana
seguidillas [gas
» manche-
» cham-
bergas
seguidillas boleras
bolero
caña
polo
petenera
playeras
corralera
carcelera
soledad
soleares
granadinas
bulerías
alegrías
tientos
caleseras
martinete
debla
jabera
javera
taranta
caracoles
corrido de la costa
guajira
galerón
payada
vidalita
milonga
triste
areito
yaraví
alabado
fado
carmañola
marsellesa

ópera
zarzuela
música
melodía
letra
cantata
cantada
canción
cancioneta
copla
cantar
cantilena
cantinela
tonada
tono
trova
serena
endecha
balata
chacona
zarabanda
chanzoneta
letrilla
cancionero

cantable
canoro
mélico
gárrulo
lírico
guayado
coral

en voz
a capella

—

CAÑA (5, 36)

caña
cálamo
cañuela
cañucela
cánula
cañirla
litocálamo
narvaso
arundo
caña borde
carrizo
carricillo
cañeta
cañavera
encañadura
cisca
jisca
tibisí
cañacoro
caña de la India
caña de cuentas
capacho
caña brava
» espina
» de Batavia
» amarga
» agria
bambú
bambuc
tacuara
sacuara
guadua
guáduba
quila
anea
enea
papiro
sarrajón
icho
rota
roten
caña de Indias
» de Bengala
bengala
caña de **azúcar**
» dulce
cañaduz
bejuco
huibá
güin
cañavereria

cañuto
canuto
cañaheja
nudo
articulación
zafra

encañar
cañaverear
acañaverear

cañero
cañaverero

cañaveral
cañamelar
cañal
cañizal
cañizar
cañaliega
cañedo
cañizo
carrizal
ichal
zarzo
guadual

arundíneo
cañarí

—

CAÑADA
(V. *Valle*)

—

CÁÑAMO
(V. *Lino*)

—

CAÑERÍA
(V. *Conducto*)

—

CAÑO
(V. *Conducto*)

—

CAÑÓN
(V. *Artillería*)

—

CAPA (10)

capa
capeta
capeja
capingo
capa gascona
pañosa
nube
red
nublado
aguadera
agüela
albornoz
capuz
ferreruelo
herreruelo
herrero
bonito
redondel
palio
capota
capote
capa torera
capisayo
capotillo
manto caballeroso
pelosa
bohemio
bernia
capa aguadera
coroza
manto
manteo
mantehuelo
tilma

jaique
alquicel
alquicer
capuz
almucia
clámide

esclavina
muceta
camas
cambas
embozo
embozos
contraembozo
vueltas
beca
brochadura
fiador
cauda

capa
tapado
manteleta
pelerina
esclavina
talma
pavana
dengue
visita
gregorillo
capucha

encapar
capear
embozar
rebozar
arrebozar
desencapotar
desembozar

rebozo
arrebozo
taperujo

encapado

—

CAPACIDAD (17)

capacidad
cabida
cabimiento
aforo
porte
buque
bucosidad
espacio
espaciosidad
tonelaje
desplazamiento
arqueo
ordenación

caber
entrar
coger
tener lugar
hacer

cubicar
aforar
arquear
acantarar
calar las cubas

rasar
arrasar
descolmar
sisar
resisar

medidor
arqueador
almudero
contraste
fiel contraste

arqueo
arqueamiento
arqueaje

corredura
chorrada
chorretada
derrame

áridos
rasadura
arrasadura

rasero
rasera
raedor
aspilla

dedada
pulgarada
puñado
manípulo
puño
manada
almorzada
almozada
almuerza
ambuesta
puñera
brazado
(brazada, etc. V. *Haz*)
bocado
haldada
halda
sombrerada
capada
capillada
palada
paletada
cucharada
cestada
esportada
sartenada
calderada
caldero
caldera
copa
vaso
taza
jarro
botella
frasco
cantarada
cuba
tinaja
saco
zurronada
carretada
carrada
carretillada
carretonada
carga
cargo
castillo
soncle
garrote
montón

tonelada
» de arqueo
salma
tonel
» macho
cuarterola
metro cúbico
tonelada métrica
de arqueo
pie cúbico
codo de ribera cúbico

litro
decalitro
hectolitro
kilolitro
quilolitro
decilitro
centilitro
mililitro

pinta
galón
saco

bota
balsa
tina
moyo
alquez
barrica bordelesa
nietro
cuarterola
cañado
cañada
caneca
cántara
cántaro
cuartilla
azumbre
canequita
botella
jarro
pichola
pichella
cotofre
libra
cuartillo
chico
copa
ración
cortadillo
ocho
caña
dineral
colodro

cachucho
panilla
cuartán

almudí
almudín
almodí
cahíz
coro
carga
hanega
fanega
arroba
cuartilla
canasta
hemina
celemín
almud
celeminada
cuartillo
maquila
maquilero
copín
cuchar
salserón

cuartera
cuartal
picotín
robo
ferrado
barchilla
escudilla
caván
tinaja
ganta
chupa
apatán

sesquimodio
modio
cuadrantal
ánfora
metreta
urna
congio
sextario
acetábulo

cárcel
estéreo
aspilla

corbe
ataúd
maravedinada
cuartón
canadiella
ración

capaz
azumbrado
quintaleño

—

CAPAR
(V. *Castración)*

—

CAPAZ
(V. *Aptitud)*

—

CAPAZ
(V. *Capacidad)*

—

CAPILLA
(V. *Iglesia)*

—

CAPITAL
(V. *Bienes)*

—

CAPITEL
(V. *Columna)*

—

CAPOTE (10)

capote
capa
capucha
redingote
paletoque
gambeto
tudesco
pedro
pifo
arifarzo
tabardo
capisayo
roclo
gabán
cabriolé
anguarina
hongarina
fieltro
capote de monte
poncho
cari
sarape
manga
ruana
guardamonte
red de payo
capotillo
capuz
albornoz
chilaba
trincha
emponchado

encapotar
desencapotar

—

CAPRICHO
(V. *Arbitrariedad)*

—

CAPTACIÓN (25)

captación
seducción
don de gentes
atracción
incitación
tentación
persuasión
posesión
engatusamiento

congraciamiento
alcahuetería
sobornación
soborno
señuelo
halago
adulación
agasajo
caricia
engaño
madurativo

captar
cautivar
quillotrar
conquistar
robar
ganar
granjear
conciliar
absorber
cabildear
interesar
incitar
tentar
arrebatar
arrastrar
obligar
sugestionar
fascinar
hechizar
almibarar
engolosinar
azucararse
atraer
sonsacar
engaitar
engañar
alabar
adular
halagar
enganchar
cazar
persuadir
sobornar
seducir
alcahuetear
flechar
galantear
camelar
(enamorar, etc.
V. *Amor)*

saborear
enlabiar
propiciar
congraciar
encantar
encantusar
encatusar
engatusar
engaratusar
empalicar
prendar
chiflar
entruchar
engreír
embobar
encabestrar
insinuarse
quistarse
desbancar
hacer cocos
echar el gancho
hacer la rueda
hacer la puente de plata [quitar
dar sesos de mosganar la voluntad
hacer tilín [seso
tener sorbido el

seductor
sugestionador
engolosinador
engatusador
camelador
gancho
cazador
hechicero
alpargatilla

sirena
palomo ladrón

captatorio
seductivo
poseído
poseso

—

CAPTAR
(V. *Captación)*

—

CAPUCHA (10)

capucha
capuceta
capuchón
chaperón
almocela
cuculla
capillo
capirote
capellina
capilla
capillejo
capucho
capirucho
chapirón
capuz
gallaruza
albornoz
chilaba
capa
capote

descapillar
descapirotar

encapirotado
capilludo

—

CAPUCHO
(V. *Capucha)*

—

CARA (7)

cara
rostro
rostrillo
semblante
continente
gesto
visaje
faz
haz
figura
chuche
tablado
siena
mundo
fila
porra
hocico
jeta
jeroz
frontispicio
frente
testuz
testuzo
frente calzada
entrecejo
sobreceja
ceño
nariz
boca
labio
barba
oído
carrillo
tez

piel
fisonomía
fisionomía
facies
aspecto
facciones
rasgos
parecer
encaje de la cara
palmito
jeme
catadura
talante
perfil
mascarilla
máscara
cara de pascua
» de risa
» de aleluya
» de juez
» de viernes
» de pocos amigos
» de vinagre
desagrado

demudar
inmutarse
demudarse
ruborizarse
desfigurarse
desencajarse
desemblantarse
mudar de semblante
desrostrarse
derrostrarse
torcer la cara
vestir
palidecer
quebrar
curtir
asolear
tostarse
sentarse el sol

inmutación
demudación
desfiguración
desfiguramiento
amarillez
lipotimia
palidez
sonroseo
bochorno
rubor
vergüenza
paño
gesticulación
gesto
ceño
belleza
fealdad
afeite

fisonomista
fisónomo

carilargo
aguileño
aquilino
cariaguileño
perfilado
carialzado
carifruncido
hocicudo
hocicón
frontudo
frentón
carichato
carigordo
cariancho
carirredondo
cariharto
carilleno
vultuoso

encarnado
arrebatado
frescote
carilucio

pálido
cara de gualda
» de acelga
cadavérico
blanco
albino
moreno
morenote
morocho
apiñonado
mulato
amulatado
pardo
acholado
osco
hosco
fosco
chicharrón
atezado
tezado
quemado
tostado
negro
primo
greno
carinegro
delicado
bien parecido
bien carado
mal carado
agestado
encarado
arrostrado
carantamaula
cara de hereje
hombre de mala digestión
gestudo
cara de rallo
cara empedrada
cara apedreada
virolento
(blanco, amarillo, cobrizo, negro, mestizo, etc.
V. *Raza)*
desemblantado
alterado
caridoliente
cariacontecido
sesgo
rostrituerto
rostritorcido

facial
fisonómico
frontal
bifronte
jano

—

CARACOL
(V. *Molusco)*

—

CARÁCTER (15, 26)

carácter
modo de ser
humor
humoracho
(estado de ánimo, temple, etc.
V. *Disposición)*
natural
naturaleza
sello
condición
idiosincracia
personalidad
calidad
cualidad
calidades
facultades
dotes
dones
capacidad

aptitud
madera
instinto
genio
genial
geniazo
genialidad
índole
fondo
entrañas
inclín
manera
herencia
constitución
complexión
temperamento
inclinación
propensión
conducta
costumbres
caracterismo

caracterizar
determinar

flemático
sanguíneo
nervioso
linfático
bilioso
afable
apacible
bondadoso
delicado
sensible
insensible
desabrido
irritable
cruel
perverso
pendenciero

característico
genial
congenial
congénito
innato
idiosincrásico
acondicionado

genialmente

—

CARACTERÍSTICO
(V. *Carácter*)

—

CARBÓN (2, 36)

carbón
» de piedra
» mineral
hornaguera
coque
cok
galleta
menudo
almendrilla
cribado
granza
grancilla
carbonilla
escabillos
carbonita
antracita
hulla
lignito
lenita
madera fósil
turba
zaragalla
aglomerado
briqueta
ovoide
turba
alquitrán
brea mineral

negro animal
carbón animal
» vegetal
» de arranque
» de canutillo
cisco
picón
tizana
erraj
orujo
herraj
herraje
piñuelo
tizo
ciscón
morenillo
carboncillo

carbono
ácido carbónico
óxido de carbono

cepeda
cepera
turbera
turbal

carbonería
carbonera
coquera
cisquera
seraje
serado
emboquera
paniego
cogedor

carbonizar
carbonear
carbonar
encañar
encalar
hornaguear
pasarse

carbonización
carboneo
carbonera
horno de carbón
tizonera
boliche
bufarda
foya
carbonada
candelorio
montaracía

carbonero
cisquero
piconero
fabriquero

carbonoso
carbónico
hullero
carbonífero
hornaguero

—

CÁRCEL
(V. *Prisión*)

—

CARDA (10)

carda
cardencha
cardón
escobilla
regüeldo
peine
carducha
rastrillo
rastillo
escureta
carmenador
diabla

capota
palmar
escobilla
mano
púa
tejido

cardar
carduzar
emborrizar
carmenar
perchar
emborrar
emprimar
repasar

cardadura
percha
traite
emprimado
pelairía

cardador
carduzador
carmenador
pelaire
repasadora
cardero

curesca
cojal

cardería

—

CARDAR
(V. *Carda*)

—

CARDENAL (1)

cardenal
prelado
purpurado
camarlengo
cardenal in petto
» in péctore
penitenciario
vicecanciller
legado a látere
consistorio
cónclave
conclave [nales
colegio de cardepropaganda
conclavista
caudatario

cardenalato
congregación
curia romana
sacro colegio
consistorio
capelo (dignidad)
vicecancillería
eminencia

capelo (objeto)
píleo
birreta
birrete
púrpura

cardenalicio
eminentísimo
papable

—

CARDIACO
(V. *Corazón*)

—

CARDINAL
(V. *Horizonte*)

—

CARDO (5)

cardo
cardón
cardo setero
carlincho
cardo mariano
» de María
cardoncillo
cardo ajonjero
» aljonjero
ajonjo
aljonje
ajonjera
aljonjera
aljonjero
cepa caballo
angélica carlina
cardo corredor
» setero
eringe [rredor
cardo estelado co-
» borriqueño
» borriquero
toba
acantio
espina blanca
arrezafe
cardo yesquero
» huso
» estrellado
abrojo
tríbulo
calcitrapa
cardo lechar
» lechero
» bendito
» santo
arzolla
tallo
cardancho
cardencha
escobilla
mancaperro
caucha

cima
vilano
abuelo
papo
gavilán
escardillo
alcachofa
hortaliza

cardonal
cardizal
carduzal
cardal
goluba

—

CARECER
(V. *Carencia*)

—

CARENA
(V. *Arq. Nav.*)

—

CARENCIA
(15, 27, 33)

carencia
carecimiento
falta
ausencia
defecto
escasez
penuria
necesidad
pobreza
pérdida
déficit
insuficiencia
supresión
merma

descubierto
alcance
menester
negación
inexistencia
privación
remoción
mancamiento
laguna
elipsis
vacío
marra
desprevención
desapercibimiento
imprevisión
urgencia

carecer
faltar
fallecer
estar fallo
mancar
marrar
vacar
hacer falta
no tener para un remedio
no haber para un remedio
no tener sombra
bailar el pelado
extrañar
echar menos a una persona o cosa
desabastecer

incompleto
carente
careciente
faltante
falto de
exhausto
desprovisto
improvisto
desabastecido
desprevenido
desapercibido
desacomodado
desalhajado
desguarnecido
despoblado
desnudo
descalzo
manivacío
manvacío

defectible
falible
fallecedero
indispensable

nada
cosa
ni señal [nos
por carta de mesin
en blanco
en ayunas

—

CARGA (32, 38)

carga
cargo
capacidad
ajobo
yugo
carga mayor
» menor
tercio
zaga
sobrecarga
sobrepeso
recargo
carguío
cargamento
cargazón
traja

pacotilla
arruma
abarrote
viaje
angarillada
carretada
carrada
carro
galerada
lanchada
barcada
esquifada

fardo
bulto
envoltorio
embalaje
fardería
fardaje
sarcia
recua

lastre
zahorra
lingote
sorra
enjunque

cargar
encargar
embarcar
atravesar
carrillar
arrumar
angarillar
arrimar
estibar
atibar
lastrar
lastrear
alastrar

terciar la carga
romanear
romanar
requintar
ratigar

recargar
sobrecargar
abrumar
brumar
embalumar
agobiar
abarrotar
embarrotar
azorrar
capuzar
cargarse
cargar con
sobrellevar
soportar
posar

boyar
cabecear
ahocicar
sentarse la carga
estar hasta los topes

descargar
alijar
desembarcar
desarrumar
desatorar
fondear
hondear
deslastrar

carga
cargo
estiba
flete
manifiesto
sobordo
arrumaje
arrumazón
paleaje
barcaza
lastraje

descarga
descargue
relevación
fondeo
echazón
avería gruesa

cargador
estibador
lastrador
gabarrero
carguero
descargador
alijador

cargadero
descargadero
puerto
muelle

renga
cangalla
baga
sobrecarga
sobornal
cinchón
cincha
lazo
mecapal
artolas
cartolas
angarillas
aguaderas
arginas
pedreral
cacaxtle
taja
esportizo
aportadera
portadera

palanca
pinga
esteba
aviento

rodete
rueño
cabecil
yagual
rodillera
rodilla
sorqui
ata
albardilla
charretera
caballería
acémila
vehículo

boyante
alijado
zaguero
a la carga
a cuestas
a lomo
a corso
de vacío
en lastre
apa

—

CARGAR
(V. *Carga*)

—

CARICIA
(V. *Halago*)

—

CARIDAD
(V. *Altruismo*)

—

CARIÑO
(V. *Amor*)

—

CARIÑOSO
(V. *Amor*)

—

CARNAL
(V. *Lujuria*)

—

CARNAVAL (21, 31)

carnaval
carnal
carnestolendas
antruejo
entruejo [dres
jueves de compa-
jueves de coma-
dres
jueves gordo
» lardero
entierro de la sar-
dina
festividad

antruejar
disfrazarse
correr gallos

carnavalada
pega
rey de gallos
higuí (al)
bala
huevo
maza
serpentina
confeti
confetti

máscara
comparsa
estudiantina
tuna
pelele

carnavalesco

—

CARNE (9, 37)

carne
crioja
chicha
carne mollar
molledo
mollero
carne momia
caromomia
carnes blancas
carne de pelo
» de pluma
» valiente
» ahogadiza
» nueva
» trifa
» cediza
salvajina
torcida
osmazomo
(guisos de carne,
V. *Cocina*)

res
canal
vaca
ternera
cerdo
magro
lomo
matanza
cordero pascual
» lechal

día de carne
» de grosura

posta
puesta
tajada
presa
molla
pulpa
pulpeta
pulpetón
landrecilla
hebra
morrillo
badal
tollo
degolladero
falda
delgado
rabada
solomillo
lomillo
solomo
entrecuesto
filete
chuleta
chulla
almilla
tapa
espaldilla
cacha
alón
cañada
caña de vaca

carnaza
carnuza
carnuz
carniza
carroña
calesa
excrecencia
contrapeso
descargadura
piltrafa
piltraca
tocino
despojo
jifa
cascos
menudos
malcocinado
carne de sábado
menudillos
menudencias
gandinga
grosura
grasura
mondongo
achura [tos
duelos y quebran-
zarandajas
carrillada
garrón
mano
uña de vaca
callos
tripicallos
doblón de vaca
gallinejas
lechecillas
cordilla
revoltillo
molleja
asadura
corada
corazonada
bofena
bohena
hígado
higadillo
higadilla
higaja
meollada
sesada
sesos
criadillas
escritillas

jamón
jambón
magra
lacón
codillo

pizpierno
pernicote
tropezón
tasajo
charqui
carnaje
tapa
cecina
chacina
salazón
salón
adobado
adobo

asado
salpicón
bistec
biftec
churrasco
chicharrón

sacrificar
beneficiar
matar
atronar
carnear
cuerear
despellejar
desollar
descarnar
descargar
desosar
deshuesar
hacer el herbero
jamerdar
achurar
rastrear
calecerse

curar
ahumar
adobar
manir
salar
salpresar
atasajar
acecinar
cecinar
escabechar

matanza
beneficio
jifería
descarnadura
desolladura
salpresamiento
salazón
saladería
barbacoa

matarife
matachín
jifero
camalero
chulo
desollador
destazador
abastero
rastrero
encerrador
carnicero
criojero
tablajero
cortador
cortante
tajante
oficial [lla
gente de la cuchi-
achurador
menudero
casquero
mondonguero
tripero
tripicallero
gatunero
curador
salador
fiambrero

matadero
carnicería

tablada
macelo
rastro
camal
degolladero
desolladero
brete
bramadero
tajo
tajón
tajadero
tajador
jamerdana
contrato
tablajería
tabla
chanchería
saladería
saladero
hijuela
casquería
mondonguería
tripería
chacinería
embutidos

cachetero
cachete
cuchillo
jifero
tajadero
camal
varal

carnal
carnoso
carnudo
carniforme
encarnado
pulposo
escalado
mortecino
salvajino
sabadeño
sabadiego
jifero
entripado
salazonero

—

CARNERO
(V. *Oveja*)

—

CARNICERÍA
(V. *Carne*)

—

CARO
(V. *Encareci-
miento*)

—

CARPINTERÍA (11)

carpintería
ebanistería
marquetería
estereotomía

rebajo
despatillado
cospe
taladro
cotana
escopladura
escopleadura
boquilla
espera
uña
engargolado
entalladura
muesca
hueco
ranura
enclavadura
farda
gárgol

galce
deja
espaldón
barbilla
espiga
mecha
almilla
lengüeta
ensambladura
ensamblaje
ensamble
cola de milano
cola de pato
cuña
inglete
hijuela
contrafija
enlistonado
listón
canto
cabeza
contrapilastra
traspilastra
tapajuntas
cubrejunta
junquillo
moldura
larguero
barrote
cercha
cruz
garepa
fraga
colocho
acepilladura
cepilladura
viruta
serrín
escobina

carpintear
desbastar
cepillar
acepillar
azolar
desguazar
dolar
hachear
lijar
escofinar
aparar
agalibar
aplantillar
cuadrar
escuadrar
desalabear
escoplear
cajear
despatillar
espigar
desquijerar
entallar
ensamblar
almarbatar
acoplar
ayustar
encabezar
engargolar
entrejuntar
contrapear
machihembrar
embarbillar
engalabernar
encepar
encarcelar
desensamblar
desayustar
acuñar
listonar
enlistonar
chapear
enchapar
renvalsar
enchuletar
enmasillar
escasear
peinar
fijar

labra
labrado

relabra
desbaste
desbastadura
acepilladura
cepilladura
desalabeo
ensambladura
samblaje
ensamblaje
ensamble
ensamblado
encepadura
enmaderamiento
enmaderación
listonado
recorrido

carpintero
maderero
fustero
ebanista
tablajero
dolador
hachero [blanco
carpintero de
» de obras
de afuera [mar
carpintero de ar-
» de ca-
rretas [prieto
carpintero de
» de ri-
bera
maestro de aja
» de hacha
cabo de blanco
portaventanero
aladrero
fijador
ensamblador
listonero
escritorista
calafate

desbastador
cepillo
limpiadera
cepillo bocel
rasera
guillame
juntera
garlopa
galera
repasadera
guimbarda
avivador
acanalador
garlopín
junterilla
lumbrera
azuela
zuela
berbiquí
villabarquín
taladro
escarpelo
formón
escoplo
escofina
» de ajustar
lima
sierra
martillo
clavo
gramil
escuadra
plantilla
chaira
banco
asnillo
burro
borriquete
borrico
caballo
caballete
torno
picadero
grapón
codal
cárcel
telera

corchete
siete
barrilete
gato
lija
papel de lija
ampelita
puntilla
rúbrica fabril
(cola, pegar, etc.
V. *Adherencia*)
cazo
madera
madero
leño
armadura
armazón
puerta
ventana
mueble

carpintería
taller
ebanistería

carpinteril
entrepañado
contrapeado
ensamblado

a tope
ajustado a flor
a media madera
a cola de milano
a inglete [güeta
a ranura y len-
a cruz y escuadra

—

CARPINTERO
(V. *Carpintería*)

—

CARRERA (19, 31)

carrera
estivón
corrida
cosetada
disparada
apretón
repelón
remesón
espantada
correteo
correndilla
carrerilla
persecución

deporte
regata
carreras
pedestrismo
carrera de gamos
» de galgos
carreras de caba-
llos
concurso hípico
parejas
handicap
trote [*lleria*
(galope. V. *Caba-*

correr
calcorrear
volar
desalarse
exhalarse
hopear
dispararse
arrojarse
adelantar
arrancar
tomar soleta
picar soleta
salir pitando

apretar a correr
» los talones
ir rompiendo cin-
chas [cinchas
venir rompiendo
ir desempedrando
calles
dejar atrás los
vientos

tener pies
corretear
descorrer

circo
estadio
estádium
circuito
pista
corredera
velódromo
espina
arrancadero
meta
taina
hipódromo
cuadra
cancha
turf

corredor
corretón
volador
disparado
andador
andariego
corriente

carrerista
precursor
yoquey
jockey
jinete
juez de raya

a campo traviesa
a carrera abierta
a más correr
a todo correr
a revienta cinchas
a uña de caballo
desempedrando
las calles
sin poner los pies
en el suelo

—

CARRETA
(V. *Carruaje*)

—

CARRETERA
(V. *Camino*)

—

CARRIL
(V. *Ferrocarril*)

—

CARRILLO (7)

carrillo
moflete
mollete
cachete
cacha
buchete
carrillos de monja
boba, de trom-
petero
mejilla
pómulo
juanete
hoyo
hoyuelo
cara
quijada

descarrillar
sumirse [llos
hundirse los carri-

descarrilladura

carrilludo
cachetudo
cachetón
mofletudo
molletudo
cariampollar
cariampollado
angelón de reta-
blo

malar
genal
cigomático

—

CARRO
(V. *Carruaje*)

—

CARRUAJE (38)

carruaje
vehículo

carruco
carricoche
enfermería

carretería
tropa
retorno
coche
berlina
cupé
calesa
calés
calesín
tílburi
familiar
araña
bombé
mediafortuna
tartana
cesta
cabra
dog-cart
quitrín
troica
volante
volanta
silla volante
carrocín
landó
sedán
victoria
jardinera
birlocho
barrocho
milord
cabriolé
clarens
carretela
charrete
guayín
carricoche
coche de rúa
coche de estribos
tumbón
coche tumbón
» de colleras
» de camino
breack
faetón
góndola
coche de plaza
» de punto
taxímetro
taxi
manuela
simón
coche simón

alquila
diligencia
mensajería
ómnibus
autobús
autocar
trolebús
charabán
calchona
galera
» acelerada
silla de posta
solitaria

carroza
carriola
estufa
bávara
carro triunfal
chaparra
forlón
furlón
ambulancia
coche fúnebre
furgón
vagón
ténder
alijo
encabalgamiento
armón
avantrén

biga
triga
cuadriga
cuadriyugo
carruca
basterna

carro
carruco
plaustro
carro fuerte
carretón
carretoncillo
volquete
carromato
forcaz
catanga
cangallo
carreta
galea
carretilla
diablo
camión
camioneta
chirrión
zorra
galera
galerín
carrucho
garlera
cangalla
rodal
castillejo

ferrocarril
tranvía
automóvil

caja
chasis
armazón
pesebrón
ladillo
alero
aleta
salvabarros
guardabarros
culata
bolsa
fiancilla
cogotillo

capota
capirote
tumba
cercha
compás
tejadillo
fuelle

imperial
calamón

portezuela
compuerta
estribo
zancajera
antepecho
parachoques
parabrisas

avance
berlina
interior
rotonda
cupé
imperial
baca
testera
vidrio
bigotera
traspuntín
traspontín
trasportín
pescante
empanadilla

juego.
carro
rodete
cabezal
clavija maestra
abismal
bocatijera
palo de esteva
viga
palomilla
limonera
limón
volea
esteva
estevón
abarcón
lanza
pértigo
ballestilla
balancín
» grande
» pequeño
vara de guardia
volantín
lonja
guardacantón
guardapolvos
guardarruedas
tijera
sopanda
correón
pie de gallo
suspensión
ballesta
freno
cejadero
calzadera
torno
plancha

castillo
cama
lecho
bolsa
estranguadera
telera
tablado
traversa
tendal
verdugo
trinchera
varal
estacadura
puente
telero
estaquero
tijeras
lado
álabe
estora
estandorio
estadoño
estadojo
adral

costana
ladral
gobén
estirpia
lladral
pernales
telerín
cartolas
tapial
tablar
escalera
rabera

entalamadura
toldo
bigotera
tienda
pértigo
timón
tentemozo
mozo
estrinque
contravara
violín
frailecillo
trasga
ventril
travesaña
vara alcándara
galga
retranca
salvavidas
volandera
tornija
estrenque
estrinque
traba
rátigo
zaga

rueda
eje
batalla
manga
pezón
estornija
cibica
cibicón
pezonera
bocín

guiar
cochear
pilotear
carretear
acarrear
acarretear
ruar
encarrilar
cuartear
cejar
acular
enganchar
remolcar
fletar
engalgar
enrayar
bajar
apear
apearse
ratigar

patinar
volcar
cabecear
sonrodarse
chirriar
cantar

calzar
enejar
entalamar
aperar

vectación
gestación
tracción
caballería
carreteo
carretaje
acarreo

acarreamiento
acarreadura
carretería
carretonaje
camionaje
transporte
guionaje
vuelco
barquinazo

carrocero
maestro de coches
aperador
carrocería
carretería

escaleta
plantilla

alquilador
calesinero

cochero
auriga
automedonte
carruajero
piloto
cochero de punto
» de simón
calesero
calesinero
tartanero
tronquista
mayoral
zagal
postillón
delantero
volante
carrero
carretero
carretonero
acarreador
carretillero
cangallero
carromatero
volquetero
chirrionero

cochera
garaje
cocherón
punto
parada de coches
aparcamiento
estacionamiento
carretería

encochado
cocheril
carreteril
carretil
trasero
acarreadizo

—

CARTA (28, 38)

carta
mensaje
cartazo
carta abierta
» mensajera
» familiar
palmenta
epístola
misiva
certificado
escrito
escritura
papel
pliego
circular
(comunicación, oficio, etc. V. *Empleo*)
encíclica
pastoral
esquela
invitación

billete
besalamano
dos letras
cuatro letras
parte
tarjeta postal
postal
anónimo
fecha
firma
posdata
postdata
post scríptum
membrete
brevete
borrador
epistolario
epistolio

sobre
cubierta
sobrecarta
cierro
carpeta
faja
plica
sobrescrito
sobrescripto
sobre
dirección
sello
portacartas
pesacartas

escribir
responder
acusar recibo
dirigir
echar
franquear
sobrescribir
cartearse
corresponderse

carteo
respuesta
cajón
mensajería
continental
correo
correspondencia

epistológrafo
correspondiente
corresponsal
secretario [lar
» particular
dador
destinatario
remitente
cartero
sobrero

epistolar
misivo

—

CARTEL (28)

cartel
cartelón
inscripción
rótulo
cartela
placarte
pasquín
cedulón
letrero
anuncio
vítor
póliza
edicto
bando
proclamas
amonestaciones

fijar
pegar
pasquinar

cartelera
transparente
tablón de anuncios
cartelero
cedular

—

CARTERA
(V. *Bolsa)*

—

CARTILAGINOSO
(V. *Cartílago*)

—

CARTÍLAGO (7)

cartílago
cartilágine [so
tejido cartilagino-
ternilla
menisco
pericondrio
fibrocartílago
xifoides
mucronato
paletilla
epiglotis
lengüeta
lígula
aritenoides
cricoides

condrosis
condroma
tumor
condrografía
condrología

desternillarse
caerse la paletilla

cartilaginoso
ternilloso
fibrocartilaginoso
cóndrico
condrográfico
xifoideo

—

CARTÓN
(V. *Papel)*

—

CASA
(V. *Habitación*)

—

CASADO
(V. *Matrimonio*)

—

CASAMIENTO
(V. *Matrimonio)*

—

CASAR
(V. *Matrimonio*)

—

CASCABEL
(V. *Campana)*

—

CASCADA (3)

cascada
catarata
cachón
salto de agua
pimplón

chorro
chorrera
golpeadero

—

CÁSCARA (5)

cáscara
corteza
casca
cascarón
coca
coco
corteza
cachumbo
gachumbo
concho
ruezno
zurrón
arista
raspa
erizo
cúpula
escriño
cascabillo
cascabullo
capullo
piel
camisa
hojuela
hollejo
película
hollejuelo
epicarpio
binza
bienza
tela de cebolla
tela
túnica
fárfara
calucha
vaina
tabina
gárgola
brizna
gárbula
salvado

ventalla
valva
flor
pelusa
pelo

mondar
pelar
pilar
descascarar
descascar
descascarillar
escabullar
escoscar
descamisar
desvainar
escombrar
escabuchar
rabilar

peladura
descascarillado
desenvainadura

mondaduras
mondarajas
peladuras
mondas

perero
mondador
rabil

cascarudo

—

CASCO
(V. *Uña)*

—

CASCOTE
(V. *Escombro)*

—

CASTAÑA
(V. *Castaño)*

—

CASTAÑO (5)

castaño
castaño regoldano
regoldo

castaña
» regoldana
» pilonga
» apilada
» maya
calbote
callonca
erizo
candela
codina

magostar
escabuchar

castañero, -ra

magosto
regoldano
barago
castañar
castañal
castañera
castañeda
castañedo

cuerria
calboche
sardo
sarda
calpuchero

—

CASTIDAD (26)

castidad
pureza
limpieza
honor
pudor
decencia
decoro
modestia
incorrupción
continencia
honestidad
virtud
inocencia
vergüenza
virginidad
soltería
amor platónico
flor de azahar
voto de castidad

castificar

casto
puro
limpio
púdico
pudibundo
honesto
platónico
continente
quieto
anafrodita

castamente
honestamente

—

CASTIGAR
(V. *Castigo*)

—

CASTIGO (24, 27, 32)

castigo
castigación
punición
apenamiento
impunidad

catatán
sanción
merecido
reato
expiación
penitencia
justicia
escarmiento
castigo ejemplar
venganza
julepe
sepancuantos
paga
rayo
enmienda
recargo
condena
penalidad
vindicta pública
derecho penal
» criminal
circunstancia agravante
circunstancia atenuante
circunstancia eximente
setenas
talión
pena del talión
alberguería
carnereamiento

pena
» leve
» correccional
» aflictiva
» accesoria
» de la nuestra merced
trepa
correctivo
corrección disciplinaria
reprensión
amonestación
apercibimiento
suspensión de empleo
suspensión de sueldo
postergación
inhabilitación
suspensión
muerte civil
privación
degradación canónica
degradación real
» actual
pena pecuniaria
multa
comiso
confiscación
destierro
prisión
arresto
remo
galeras
gurapas
presidio
cadena
» perpetua
excomunión
condenación
purgatorio
infierno
vergüenza
afrenta
ofensa
baquetas
carrera de baquetas
poste
argolla
empicotadura
sambenito
gemonías
golpe
palmetazo
coqueta
cuaderno
galopeado
linchamiento
tormento
auto de fe

bolina
decalvación
azote

muerte
pena capital
» de la vida
» ordinaria
último suplicio
justicia
palo
suplicio
estema
crucifixión
fusilamiento
empalamiento
pringue
hervencia
fervencia
cúleo
canga
cepo colombiano
» de campaña

castigar
sancionar
estibar
infligir
escarmentar
penar
apenar
tomar enmienda
descargar la mano sobre
sentar la mano
» las costuras
asentar la mano
poner la mano en
dar con vaina y todo
dar un jabón
» una jabonadura
jabonar
mullírselas a uno
golpear
azotar
decalvar
setenar
talionar
linchar
diezmar
dezmar

castigar en la bolsa
multar
escarmenar
emplumar [les
sentenciar a baje-
supliciar
estemar
matar
ajusticiar
ejecutar
fusilar [mas
pasar por las ar-
arcabucear
ahorcar
colgar
guindar
dar garrote
ajustar o apretarle la golilla
crucificar
decapitar
degollar
estrangular
ahogar
descuartizar
desollar
aspar
acañaverear
cañaverear
lapidar
apedrear
empalar
pringar
lardar
lardear
atenacear
atenazar
enrodar
encestar
encubar
carnerear

sacar a la vergüenza
encorozar
marcar
herrar
empicotar
poner en un palo
cortar faldas

incurrir
expiar
cobrar
pagar el pato
cumplir
compurgar [las
pagarla o pagar-
pagarla doble
pagar con las setenas
pasar crujía

corrigendo
ajusticiado
bochado
ahorcado
cuarto

palmeta
palmatoria
férula
azote
flagelo
knut
látigo
picota
rollo
hacha
guardamigo
pie de amigo
canga
hopa
coroza
rocadero
estigma
suplicio
patíbulo
tablado
cadalso
garrote
horca
ene de palo
borne
basilea
viuda
finibusterre
horqueta
dogal
ahogadero
tajo
degolladero
guillotina
cruz
quemadero
brasero
gemonías
cáncana

penalista
criminalista

castigador
verdugo

penal
punitivo
penable
punible
setenado
rematado
disciplinario
penitenciario
patibulario

correccionalmente
a pan y agua
en capilla

—

CASTILLO
(V. *Fortificación*)

—

CASTO
(V. *Castidad*)

—

CASTRACIÓN (8)

castración
castradura
castra
capadura
esterilización
esterilidad
emasculación
infibulación
tienta

capar
castrar
emascular
esterilizar

capador
castrador
emasculador

mordaza

capador
castrapuercos

castrado
espadón
soprano
eunuco

carnero llano
castrón
oveja renil

capón
» de leche

capado
acaponado
rencajo

—

CASTRADO
(V. *Castración*)

—

CASTRAR
(V. *Castración*)

—

CASUAL
(V. *Casualidad*)

—

CASUALIDAD (16, 25)

casualidad
casualismo
azar
fortuna
eventualidad
ocasión
acaso
caso
capricho
ventura
aventura
contingencia
posibilidad
encuentro
hallazgo
suceso
suerte
lance de fortuna
relance
accidente
chiripa
chamba
chambonada
ocurrencia
bamba
bambarria
bambarrión
imprevisión

ocurrir
acertar a
venir rodada
tocar la china
aventurar
arriesgar
apostar
jugar

chambón
chiripero

casual
fortuito
aleatorio
accidental
incidental
emergente
contingente
imprevisto
inopinado
volandero
ocasional
esporádico
adventicio
inconsiguiente
inconsecuente

casualmente
fortuitamente
eventualmente
contingentemente
incidentalmente
incidentemente
accidentalmente
aventureramente
acaso
por acaso
por ventura [ra
a la buena ventu-
por accidente
a dicha
por dicha
por fortuna
de relance
sin querer
a ciegas

—

CATÁLOGO
(V. *Lista*)

—

CATEDRÁTICO
(V. *Enseñanza*)

—

CATÓLICO
(V. *Cristianismo*)

—

CAUCE (3)

cauce
calce
lecho
canal maestra
madre
zanjón
cubil
canal
álveo
badén
caja
cancha
socaz
zubia
rambla
ramblazo
ramblizo
yasa
vaguada
torrentera
barranco
barranca
barranquera
abarrancadero
robadizo
barco
rehoyo
carcavón
galacho
quiebra
quebrada
abertura
tragante
cárcava
carcavina
carcavón
certeneja
arroyo
arroyada
zanja
tijera
barrancal
ramblar
cargazón
cargadal
desagüe
abatidero
pontana

leja
acervo
retirada

encauzar
abarrancar
mondar

encauzamiento
abarrancamiento
encachado

subálveo
subfluvial
barrancoso

—

CAUDAL
(V. *Bienes*)

—

CAUDILLO
(V. *Militar*)

—

CAUSA (16, 25)

causa
» formal
» impulsiva

causa motiva
» motriz
» motora
» final
» instrumental
» eficiente
» primera
» segunda
materia
móvil
moción
premoción
tropiezo
génesis
origen
principio
razón
causal
porqué
ocasión
motivo
título
fundamento
pretexto
lugar
empeño
destino
sentido
fin
punto
» céntrico
desiderátum
eje
efecto
objetivo
meta
finalidad
objeto
intento
pábulo
apetito
apetite
soborno
madre
fomes
fómite
voz
presupuesto
presuposición
intríngulis
respeto
quid
incógnita
madre del cordero
agente
autor
artífice
coautor
hado
concausa
factor
elemento
después de Dios

causalidad
coeficiencia
suscitación
atribución
transcendencia
etiología
teleología

causar
hacer
producir
dar
obrar
labrar
formar
originar
ocasionar
determinar
motivar
producir
traer
promover
irrogar
acarrear
engendrar
generar
parir
criar
suscitar
levantar
armar
excitar
incitar
aportar
introducir
sembrar
meter
poner
infundir
comunicar
imprimir
inferir
deducir
responder
influir
refluir
refundir
redundar [cias
tener consecuen-
traer consecuen-
cias
traer consigo
costar
implicar
dar de sí
dar pie
dar lugar
mover a
echar a
tener la culpa de
ser parte a
» » para
entender
pesar
consistir en
estar en
ir
mirar

atribuir
tribuir
imputar

causante
causador
causativo
ocasionador
ocasional
originario
eficiente
coeficiente
producente
produciente
obrante
generante
generador
trascendente
trascendental
teleológico
último

porque
pues
por cuanto
por donde
por tanto
por lo tanto
tanto más que
» menos que
cuanto más que
cuanto y más
ipso facto
a fortiori
a fuer de
a título de
por mor de
por amor de
por intuito
a favor de
en gracia a
gracias a
merced a
supuesto que
por fas o por nefas
¿por qué?
¿cómo?
por
para
para que
de puro...
a fuerza de...
a santo de...
ob-

—

CAUSAR
(V. *Causa*)

—

CAUSTICO
(V. *Corrosión*)

—

CAVERNA (3, 11)

caverna
cueva
gova
antro
gruta
espelunca
algar
horado
sibil
socavón
canorca
salamanca
tuda
conejera
caño
guarida
albergue
cachulera
cavernidad
pirofilacio
soplador
covacha
covachuela
covezuela
bohedal
lago de leones
cavernosidad
concavidad
subterráneo
espeleología

entrada
puerta
sopladero
estalagmita
estalactita
cenote
zonote

encovar
encuevar
encavarse

cuevero
troglodita
espeleólogo

cavernario
cavernoso
troglodítico
rupestre

—

CAZA (31, 37)

caza
venación
cinegética
montería
altanería
cetrería
ballestería
caza mayor
caza menor
palomería
volatería
chuchería
aviceptología
cazar
venar
montear
correr monte
batir el monte
acosar
perseguir
enredar
palomear
buitrear
pajarear
chuchear
huronear
acabestrillar
cabestrar
perchonar
enviscar
cazar al espartillo
rondar
jalear
ojear
aojar
irse a ojeo
echar un ojeo
cazar en mano
recechar
cazar a espera
tirar al vuelo
abarcar
batir
matear
atraillar
levantar
volar
embudar
concertar
señolear
cucar
emplazar
tomar el viento
lacear
reclamar
chillar
agamitar
encañonar
ballestear
engalgar
alicortar
bullar
rematar
cobrar
encobrar
enlazar
laquear
apealar
apegualar
engarronar
empigüelar
desapiolar
cazar con perdi-
gones de plata
hacer mochila
tañer la occisa
desencarnar
escodar

encamarse
alastrarse
enmatarse
encadarse
trasconejarse
encodillarse
rehuir
rehurtarse
romper
embarrarse
encogollarse
empercharse
enligarse
enviscarse
darse
responder
frezar

portar
trasconejarse
tocar

caza
cacería
cazata
cacera
partida de caza
montea
carrera de gamos
batida
ojeo
chaco
sacadilla
gancho
lazo
mano
concierto
acecho
rececho
ladra
muestra
punta
resalto
humazo
enviscamiento
cobranza
día de fortuna
veda

gatada
ida
freza
cobra

cazador
cazadora
venadriz
escopetero
escopeta negra
hombre de campo
cosario
montero
» de traílla
» mayor
sotamontero
alguacil de la
montería
buitrero
ojeador
batidor
pajarero
alimañero
chuchero
cazador de alforja
parancero
redero
volatero
cechero
paradislero
lacero
huronero
perdiguero
novio
busca
manga
armada

pieza
res
caza
cacería
codillo
alimaña
matacán
engalgado
viento
redroviento
andadas
gamusino

perro

hurón
garigolo
garigola
traílla
prisuelo
risuelo

buey de cabestri-
llo
buey de caza
cabestrillo
calderuela

reclamo
cimbel
señuelo
enza
perdigón
pájaro
cimillo
añagaza
ñagaza
talamera

lazo
» ciego
percha
alzapié
cerda
oncijera
oncejera
zalagarda
acujera
hilo de conejo
alambre conejo

trampa
artimaña
armatoste
armadijo
losilla
casilla
caravana
ballesta
cepo
orzuelo
callejo
pitezna
cebo
carnada
carnaza

red
albanega
filopos
tela
contratela
buitrón
botón

liga
liria
visco
hisca
ajonje
yos
vareta
arbolete
arbolillo

boezuelo
espejuelo

reclamo
chilla
chillo
chifle
gamitadera
balitadera

escopeta
(bala, perdigones, etc. V. *Proyectil*)
(pólvora, fulminante, etc. V. *Explosivo*)
rallón
saetón
escaupil
escarcela
morral
zurrón
canana
cartuchera
perdigonera
percha
cuerna
trompa de caza

cazadero
coto
vedado
parque
puesto
espera
aguardo

aguardadero
tiradero
tollo
paso
paranza
huta
visera
cebadero
buitrera
vivar
caño
huidero
perdedero
agazapada
aulladero
bramadero
bañil
bañadero
baña
escodadero
ballestería

venatorio
cinegético

de pico
al volateo
a codillo
pico a viento
rabo a viento

—

CAZADOR
(V. *Caza*)

—

CAZAR
(V. *Caza*)

—

CEBA (37)

ceba
cebo
pasto
cebique
engorda
cibera
ciberuela
montanera
pamporcino
masón

cebar
engordar
sainar
endehesar
engargantar
castrar

cebadura
engorde

engordador

cebón
capón
capón de leche

caponera

cebadero
engordadero
bellotero

cebado
cibera

—

CEBADA (5)

cebada
granoto
ladilla
cebada ladilla
» perlada
hordiate
farro
alcacer
alcacel
riza
malta
puchada
paja

cebadal
alfalfal
alfaz
cebadera

cebadero

cebadazo

—

CEBAR
(V. *Ceba*)

—

CEBO
(V. *Ceba*)

—

CEBOLLA
(V. *Bulbo*)

—

CECINA
(V. *Carne*)

—

CEDAZO
(V. *Cribado*)

—

CEDER
(V. *Condescen-dencia*)

—

CEDRO (5)

cedro
» de la India
» deodara
» amargo
» blanco
» colorado
» dulce
» del Líbano
» de las misiones

cédride

—

CEGAR
(V. *Ceguera*)

—

CEGUERA (12, 13)

ceguera
ceguedad
(amaurosis, gota serena, etc. V. *Ojo*)
cecografía
gallina ciega

cegar
obcecar
ofuscar
deslumbrar

ciego
ceguecillo [-to
cieguecico, -llo,
ceguezuelo
cieguezuelo
invidente
anublado
añublado
cegarra
cegarrita
cegajoso
cegato
cegatoso
cegama
cecuciente
tientaparedes
vistoso

lazarillo
destrón
gomecillo

ciegamente
a obscuras
a ciegas
a cegarritas
a tientas

—

CEJA (7)

ceja
cejuela
entrecejo
gabelo
sobreceja
fruncimiento
ceño

fruncir
arquear las cejas

ciliar
cejudo
cejijunto
cejunto
superciliar

—

CELEBRAR
(V. *Festividad*)

—

CELESTIAL
(V. *Cielo*)

—

CELO
(V. *Celos*)

—

CELOS (14)

celos
celambre
achares
celera
celotipia
celosía
sospecha
duda
envidia
rivalidad
martelo
encelamiento
amor

celar
encelar
amartelar
dar celos
pedir celos
encelarse

celoso
celómano
encelado
acharado

—

CELOSÍA
(V. *Enrejado*)

—

CELOSO
(V. *Celos*)

—

CÉLULA
(V. *Histología*)

—

CEMENTERIO (11)

cementerio
cimenterio
campo santo
camposanto
necrópolis
sacramental
galilea
coto
almacabra
rauda
cripta
bóveda
nicho
celdilla
sepultura
horno crematorio
urna cineraria
catacumbas

hoyanca
columbario
osario
calavernario
carnero
osar
osero
huesera
fosal
crematorio

monda

cementerial

—

CEMENTO
(V. *Cal*)

—

CENAGOSO
(V. *Lodo*)

—

CENCERRO
(V. *Campana*)

—

CENICIENTO
(V. *Ceniza*)

—

CENIZA (2)

ceniza
escoria
residuo
hormigo
cernada
lejía

pavesa
bolisa
favila
cardeña
aligato
monjas
ladrón

cenizar
encenizar
incinerar
despavesar
encernadar

cineración
incineración
cenicero
hornía
buitrón
albero
cenizal
escorial

incinerable

cenizoso
ceniciento
color

cinéreo
cinerario
cinericio

—

CENSO (33)

censo
carga
tributo
censal
censo perpetuo
» de por vida
» irredimible
» muerto
» consignativo
» fructuario
mitadenco
censo reservativo
» mixto
» redimible
» al quitar
» enfitéutico
treudo
antípoca
enfiteusis
tributación [tico
contrato enfitéu-
foro
subforo
dominio
canon
laudemio
luismo
fadiga
gallina fría
yantar
decursas

acensar
acensuar [so
constituir un cen-
fundar un censo
cargar censo
aforar
atreudar
tributar
antipocar
levantar la voz
amortizar
luir

luición
feudalismo

foral (finca)

censualista
censalista
mojonero
forero

censatario
censalero
cabezalero
enfiteuta

censido
enfitéutico
censual
censal
foral

—

CENSOR
(V. *Reprobación)*

—

CENSURA
(V. *Reprobación*)

—

CENSURAR
(V. *Reprobación*)

—

CENTENO (5)

centeno
mestura
mitadenco
tranquillón
morcajo
morcacho
comuña
cornezuelo
centenal
centenar

centenero
centenoso
centenaza

—

CENTINELA
(V. *Guardia*)

—

CENTRAL
(V. *Centro*)

—

CENTRAR
(V. *Centro*)

—

CENTRO (17)

centro
punto céntrico
metacentro
centro de gravedad
homocentro
corazón
yema
entrañas
ombligo
vórtice
núcleo
interioridad
foco
eje
medio
promedio
comedio
justo medio
mitad

centrar
encentrar
promediar
centralizar
concentrar
descentrar
descentralizar

centralización
concentración
excentricidad
descentralización

central
céntrico

medio
centrado
concentrado
focal
interior
concéntrico
paracéntrico
medianero
moderado
excéntrico
descentrado
centrífugo
centrípeto

céntricamente
de medio a medio
excéntricamente

—

CEÑIDOR
(V. *Ceñimiento*)

—

CEÑIMIENTO (10, 20)

ceñimiento
ceñidura
desceñidura
fajamiento
fajadura
atacamiento
atacadura
envolvimiento
embrague
atadura
sujeción
asimiento
abrazamiento
abrazo
abracijo
abarcadura
abarcamiento
cercamiento
contorno

ceñir
rodear
fajar
recoger
receñir
recinchar
enzunchar
religar
amorronar
encordar
acordonar
embragar
abarcar
abarcuzar
abrazar
abrahonar
comprender
envolver
atacar
encorrear
desceñir
desfajar

ceñidor
cinturón
tirador
tahalí
tahelí
biricú
bridecú
talabarte
canana
forrajera
trena
cinto
» de onzas
chatonado
tachonado
apretadera
cincha
cintero
cincho
cinchuela
ventrera
cintura
cinturica
pretina
pretinilla
tejillo
trincha
trabilla
vencejo
faja
fajín
fajón
fajuela
fajero
alezo
candonga
vendaje
venda (etc. V. *Cirugía*)
tira (etc. V. *Banda*)
liga
atadero
cenojil
henojil
jarretera
jaretera
charretera
liguilla
ataderas
brazal
cerco
ceño
anillo
abrazadera
casquillo
virola
manguito
montadura
manija
zuncho
suncho
cuchillero
cinta
correa
broche
hebilla
punto
agujetas
recincho
chumbe
tapis
trarilongo
huincha
vincha
mástil
trarigüe
braga
briaga
hondilla
corsé
sostén

abrazador
abrazante
abarcador
cinto
sucinto
descinto

—

CEÑIR
(V. *Ceñimiento*)

—

CEÑO (28)

ceño
zuño
fuño
encapotadura
sobrecejo
sobreceja
entrecejo
sobreceño
capote
zumbel
gesto
expresión
cara

fruncir
encapotarse
enfoscarse [tro
encapotar el rostro
mirar de lado
» de medio lado

fruncimiento
encapotamiento

fruncidor

ceñudo
cejunto
capotudo
ceñoso
turnio

—

CEÑUDO
(V. *Ceño*)

—

CEPA
(V. *Vid*)

—

CEPILLAR
(V. *Cepillo*)

—

CEPILLO (10, 11)

cepillo
estregadera
limpiadera
escobeta
escobilla
brocha
bruza
broza
almohaza

cerda
cerdamen

acepillar
cepillar
limpiar

brucero
pincelero

(cepillo de carpintero, garlopa, guillame, viruta, etc. V. *Carpintería*)

—

CERA (37)

cera
» aleda
» vana
» virgen
» toral
» amarilla
» blanca
» vieja
» vegetal
» de palma
naftadil
adipocira
chapote
marqueta
brumo
cerón
reseco
secón
betón
abeja
vela

cerina
ceroleína
cerote
cerapez
betún
encáustico
barniz

encerar
enrehojar
modelar
descerar
despuntar

enceramiento
ceroplástica

cerero
cerero mayor

ingenio
aloquín
capillo

cerería
bujiería

céreo
cerífero
encáustico
encerado

—

CERÁMICA (11, 29)

cerámica
plástica
alfarería
alfaharería
pichelería

escultura
terracota
vasija
ladrillo
teja
loza
porcelana
china
vidriado
mayólica
caolín
gres
sanco
bizcocho
barro de hierbas
guaco
huaco

tiesto
tejoleta
tejuela

plasmar
modelar
moldear
sajelar
escarchar
servir
esturgar
vidriar
alvidriar

ceramista
alfarero
barrero
alfaharero
alcaller
botijero
tinajero
cantarero
alcarracero
ollero
jarrero
pichelero
cacharrero
pilero
lañador

arcilla
barro
arcilla figulina
barro
torno
horno
tabanque
alpañata
alaria
atifle
caballete
hornaza
zafre
mogate
vidriado
barniz
esmalte
alamina

alfar
alfahar
alcaller
alfarería
ollería
alcallería
cacharrería
barrera
barrero
cacharrero

cerámico
plástico
figulino
aporcelanado
a medio mogate
de medio mogate

—

CERCA
(V. *Cercanía*)

—

CERCADO
(V. *Cercamiento*)

—

CERCAMIENTO (11, 20)

cercamiento
circuición
contorno
cerramiento
cercado
cerca
cierro
cerramiento
cerrado
circunvalación
cuerria
pared
tapia
muria
palenque
tálea
frisa
tela
contratela
cordón
albitana
atajadizo
llatar
cinturón
bardiza
alambrada
enrejado
valla
vallado
valladar
vallar
sebe
varaseto
seto
seto vivo
cambronera
artos
zarza
espino
cerco
varganal
gallonada
albarrada
gallón
duba
chantado
pedriza

barrera
barreda
empalizada
palizada
estacada
ribero
ribera
palanquera
talanquera
tranquera
mampuesto
reparo
(balaustrada, barandilla, etc. V. *Antepecho*)
(trinchera, foso, etc. V. *Fortificación*)
(reja, etc. V. *Enrejado*)

várgano
aguja
trebo
quincha
barda
bardaguera
bardal
algorza
duendes
espalera

cercar
recercar
circundar
circuir
sitiar
ceñir
rodear
embotellar
acorralar
arrinconar
acordelar
cordelar
acordonar
aislar
alambrar
vallar
valladear
avallar
encambronar
enrejar
entablar
chantar
tapiar
murar
amurallar
pircar
bardar
embardar
quinchar
descercar
desbardar

cercado
cerrado
cancha
corral
trascorral
huerto
curvo
vedado
dehesa

cercador
recercador
circundante

valar
vallar

alambrado
amurallado

en corral

—

CERCANÍA (17)

cercanía
proximidad
proximidad (en el tiempo)
inmediación
contigüidad
unión
propincuidad
vecindad
paseo [cojos la tienda de los

acercar
aproximar
arrimar
avecinar
avecindar
unir
yuxtaponer
pegar
adosar
arbolar
colocar
acostar
apoyar
allegar
llegar
abocar
atracar
aplegar

acercarse
avecinarse
llegarse
juntarse
unirse
ajustarse
apropincuarse
quemarse
frisar
lindar
rozar
tocar
ir a los alcances

acercamiento
aproximación
aposición
perigeo
arrimo
arrimadura
abocamiento
apropincuación
aducción
yuxtaposición

cercano
próximo
inmediato
contiguo
rayano
propincuo
susano
adyacente
afín
afine
allegado
vecino
convecino
circunvecino
finítimo
junto
yunto
hito
citerior

acercador
aproximativo

arrimadero
arrimadizo
abordable

cerca
cerquita
cabe
cercanamente
próximamente
por ahí
a raíz
al pie
de cerca
a dos pasos
al lado
al alcance
a la orilla
a mano
al ojo
a par
a boca de jarro
a quema ropa
a toca ropa
a toca penoles
a toca, no toca
pie con pie
por poco
a pique
a dos dedos
dos dedos de
a la puerta
a la vuelta de la esquina
en poco
en nada
a borde
cis-

—

CERCANO
(V. *Cercanía*)

—

CERCAR
(V. *Cercamiento*)

—

CERDO (6)

cerdo
puerco
puerquezuelo
porquezuelo
porcallón
porcachón
cebón
gorrino
gorrín
guarro
gocho
cocho
cuchí
coche
cochi
cochino
marrano
marranillo
animal de bellota
cuino
tunco
tocino
gruñete
chancho
cochino de monte
» chino
campero
jaro
cariblanco
malandar
babirusa
báquira
tatabro
jabalina
jabalí

ganado de cerda
» moreno

vecería
vecera
piara
vez
vara
varada
cerdada
jarique

ceba
carozo
salón
perneo
engorda
San Martín
matanza

lechón
tetón
rostrizo
letón
marrancho
marranchón
sute
gorrino
gorrín
cochinillo
corezuelo
porcino
coche
gurriato
agostón
garrapo
cerdo de vida
» de muerte
tostón
rungo
corezuelo
verraco
varraco
verrón
frajenco [te
puerco de simien-
verriondez

castrón

cerda
puerca
trasca
porquecilla
marrana
cochina
chancha
lechona
manfla
tarasca
jeta
cogullada

carne
jamón
pizpierno
chacina
embutido
tocino
hoja de tocino
canal
lomo
magro
pernil
espaldilla
pajarilla
lacón
tempanil
congo
carrillada
sabanilla
carnicol
humero
porcipelo

bellotear
hozar
cefear
hocicar
ensobinarse
entrar en vara
pernear
atocinar

porquero
porquerizo
guarrero
varitero
rey

corneta
vinco
horca
gruñido

pocilga
cochiquera
zahúrda
lagareta
cochitril
cuchitril
teña
gorrinera
porqueriza
chiquero
peladero
dornajo
dornillo
barcal
batea
engordadero
puchada
cefea
bellotera
bellotero
pasto
ceba

porcino
porcuno
suideo
granillero
verriondo
hozador
jaro
de la vista baja
suidos

—

CEREAL
(V. *Cereales*)

—

CEREALES (5, 9)

cereales
herbal
panes
porreta
mies
pan
porrina
pared
greña

trigo
centeno
cebada
maíz
avena
arroz
zahína
alforfón
rubión
trigo sarraceno
arvicultura

grano
espiga
paja
arista
cáscara
cascabillo

granar
espigar
empanarse
empajar
matear
descabezarse
encañar

encañutar
encamarse
alheñarse
empajarse
apuntarse
apolvillarse
enzurronarse
atizonarse
echarse los panes
emparvar

tierra de sembradura [var
tierra de pan lle-
granero

parásito
gorgojo
mordihuí
caries
tizne
tizón
tizoncillo
negrillo
rabillo
hongo
patología vegetal

meseguero
ceriondo
cerollo
fallo
frumenticio
frumentario
ricial
rizal

—

CEREBRO
(V. *Encéfalo*)

—

CEREMONIA (31)

ceremonia
ceremonial
solemnidad
celebridad
celebración
triunfo
pompa
aparato
gala
recepción
besamanos
cortejo
día de gala
día de media gala
fausto
fiesta
acto
función
entrada
póliza
inauguración
coronación
bendición
consagración
procesión
festividad
culto
visita
saludo
despedida
cortesía
exequias

formalidad
prácticas
fórmula
requisito
rito
exterioridad
etiqueta
protocolo
levítico
ritual

solemnizar
inaugurar
celebrar
conmemorar
triunfar

solemnizador
celebrante
maestro de ceremonias
jefe de protocolo
rey de armas
ceremoniero
heraldo
faraute

solemne
ceremonial
ceremonioso
ceremoniático
rubriquista
ritual
protocolario
hierático

ceremoniosamente
ceremonialmente
ceremoniáticamente
de ceremonia
solemnemente

¡vítor!

—

CERERO
(V. *Cera*)

—

CEREZA
(V. *Cerezo*)

—

CEREZO (5)

cerezo
cerezal
cereceda
capulí
capulín
guindo
» griego
guindal
calabazón
calabazona

cereza
» garrafal
» mollar
ambrunesa
gayera
guinda
tomatillo
cereza póntica
capulina

cerezal
cereceda
guindalera

garrafal
garrofal
guindado

—

CERNER
(V. *Cribado*)

—

CERRADURA
(V. *Cerramiento*)

—

CERRAMIENTO (11, 20)

cerramiento
cerradura
cierre
cierro
oclusión
reclusión
encierro
imperforación
obliteración
infibulación
obstrucción
tapadura
sello hermético
impedimento
cercamiento
cerrojazo
taque
vuelta
segunda
descerrajamiento
descerrajadura
cerrajería

cerrar
tapiar
tabicar
pircar
condenar
incomunicar
aislar
obstruir
obliterar
ocluir
infibular
obturar
opilar
cegar
sellar
lacrar
entornar
encajar
juntar
traspellar
traspillar
volver
atrancar
tranquear
trancar
candar
acerrojar
abrochar
abotonar
pechar
echar la llave
echar llaves
correr llaves
torcer la llave
cerrar en falso
clausurar
encerrar
afianzar
sujetar
abrir
desechar
descerrajar
cerrajear

pasarse
atramparse
cerrarse

cerrador
cerramiento
llave

cerradura
cerraja
pechil [linillo
cerradura de mo-
» de loba
» de golpe
» de golpe y porrazo
pestillo
» de golpe
gacheta
cacheta
golpe
rastrillo
picolete
palastro
guardas
foliote
rodete
dentellón
secreto
ojo
bocallave
escudo
escudete

candado
candujo
Juan Díaz
cerrojo
herrojo
pedro
cerrón

picaporte
nariz
golpete [balón
picaporte de res-
pestillo
pasador
colanilla
fiador
aldaba
aldabilla
trinquete
tarabilla
tarambana
zoquetillo
falleba
españoleta
cremona
alamud
barra
bance
tranca
palo
cremallera

cerradero
cerradera
armella
armelluela
válvula
ventalla
grifo
esfínter

cerrador
oclusivo
hermético
cerradizo
cerrado
estadizo
sobrecerrado
cerrajero

inaccesiblemente
herméticamente
debajo de llave
bajo llave
a piedra y lodo

—

CERRAR
(V. *Cerramiento*)

—

CERRO
(V. *Montaña*)

—

CERROJO
(V. *Cerramiento*)

—

CERTAMEN
(V. *Concurso*)

—

CERTIDUMBRE (23)

certidumbre
certeza
certinidad
certitud
evidencia
» moral
ciencia

axioma
artículo de fe
dogma
regla
verdad [grullo
verdad de pero-
perogrullada
grullada

positivismo
infalibilidad
indefectibilidad
puntualidad
autenticidad
exactitud

descontar
evidenciar
constar

caerse de su peso
no tener vuelta de hoja
estar a la vista
saltar a la vista
» » » cara
» » los ojos

cierto
certísimo
claro
llano
obvio
evidente
axiomático
palpable
palmar
palmario
elemental
seguro
constante
visible
averiguado
patente
manifiesto
tangible
mortal
positivo
auténtico
histórico
indudable
indubitable
incuestionable
incontrovertible
inconcuso
innegable
inopinable
incontestable
irrebatible
indisputable
indiscutible
irrefutable
inatacable
inequívoco
certero
sólido
incontrastable
absoluto
matemático
efectivo
puntual
pasado en autoridad de cosa juzgada
irrefragable
deserrado
inerrable
infalible
fehaciente

ciertamente
cierto
indudablemente
indubitablemente
indubitadamente
evidentemente
indisputablemente
positivamente
concluyentemente
averiguadamente
infaliblemente
inviolablemente
constantemente
irrefragablemente
inconcusamente
palpablemente
sin duda
de cierto
por de contado
por supuesto
a buen seguro
a golpe seguro
al seguro
de seguro
de juro
sin disputa
sin falta
al cierto
a sabiendas
a ciencia cierta
a bola vista
de clavo pasado
a punto fijo
de positivo
a la fe
a buena fe
quizá y sin quizá
es visto
está visto
claro está
ni que decir tiene
por cierto
sí, por cierto
¡pues!
esas son habas contadas
como tres y dos son cinco [ma
pública voz y fa-

—

CERTIFICACIÓN
(V. *Testimonio*)

—

CERTIFICAR
(V. *Testimonio*)

—

CERVEZA (9)

cerveza
» doble
ale
faro
celia
chicha

cebada
malta
jiste
giste
cerevisina
levadura
lúpulo
hombrecillo

sidra
sagardúa

cerveceo
braceado

cervecero
chigrero

cervecería
bar
lagar
sidrería
chigre
bock

sidrero

—

CERVIZ
(V. *Cuello*)

—

CESACIÓN (21, 27)

cesación
cesamiento
cesantía
intermisión
suspensión
interrupción
prescripción
desuso
descanso
receso
vacaciones
paro
calma
aplacamiento
tregua
intervalo
armisticio
muerte
supresión
conclusión
fin
baja

cesar
salir
cerrar
ciar
escampar
amainar
romper
ceder
pasar
suspender
sobreseer
interrumpir
prescribir
dejar
quedar
vacar
hacer punto
dar punto
dar por terminado
echar la bendición
dar de mano
darse de baja
cortarse la coleta

cesante
ni señal

—

CESAR
(V. *Cesación*)

—

CESIÓN
(V. *Transmisión*)

—

CESTA (20)

cesta
cesto
gallinero
terrero
carabela
escusabaraja
escusa
panero
panera
cambucho
talega
guacal
huacal
jaba
roscadero
cuévano
covanillo
covanilla
catauro
escriño
argadillo
balay
cofín
copín
tipa
goja
corbe
cestón
cálato
banasto
banasta
macona
macuto
garrote
alguinio
fiambrera
portaviandas
canastro
canasta
canasto
albarsa
cofazo
nasa
chistera
tortero
oroya
calote
comporta
canastillo
mimbrera
fayanco
anguilero
azafate
tabaque
altabaque
vasera
cuenco
carriego
sobrepuesto
canistro
espuerta
asa

cabás
canastilla
cestaño

encestar
embanastar
desembanastar

mimbre
caña
bringas

cestería
comportería

cestero
canastero
canastillero
banastero
seronero
comportero
mimbroso

—

CESTO
(V. *Cesta*)

—

CETÁCEO (6)

cetáceo
ballena

ballenato
rorcual
músculo
yubarta
delfín
calderón
toñina
puerco marino
arroaz
golfín
marsopa
cerdo marino
marsopla
cachalote
orca
orco
urca
narval
unicornio de mar
» marino
catodonte

arponear

ballena (lámina córnea)
espermaceti
blanco de ballena
barbas de ballena
cetina
mamífero

ballenero (barco)
arpón
arponero

—

CETRERÍA (31, 37)

cetrería
caza
volatería
halconería
altanería

adiestrar
enseñar
hacer
templar
hacer las uñas
apiolar
encapirotar
encapillar
guarnecer
manjolar
desbuchar
desainar
enjardinar
señolear
volar

caer a la presa
caer al señuelo
pelar
rejitar
hacer la plumada
tullir
desemballestar
encascabelarse

ave (rapaces)
accípitre
halcón gentil
halcón
azor
» desbañado
terzuelo
neblí
nebí
alcaudón
caudón
gaudón
vuelo
pollo
pollez
muda
tulliduras
hamez
gorga
canelada
pasto
sainete
choca
papo
curalle
plumada

morrión
güérmeces
gazmol
agua vidriada

pihuela
pigüela
prisión
lonja
fiador
capirote
capillo
alcándara
percha
palo
cetro
muda

señuelo
alares
presa
prisión
ralea
herida
alcatenes

cetrero
halconero
» mayor
cazador mayor
catarribera
cebadero
buitrero
buhonero
buhero

grita
¡húchoho!
¡hucho!

altanero
raleón
gallinero
gotoso
zahareño
arañero
recreído
capirotero
grullero
gruero

de empuesta
pico por sí
al hilo del viento

—

CICATRIZ
(V. *Herida*)

—

CICLISMO (31, 38)

velocípedo
monociclo
bicicleta
biciclo
bici
tándem
triciclo
motociclo
moto
motocicleta
sidecar

guía
manillar
cuadro
sillín
cadena
cubrecadena
cárter
pedal
rueda
cámara
cubierta

pedalear
embalarse

ciclismo
velocipedismo
velódromo
carrera
deporte

velocipedista
ciclista
motorista

velocipédico

—

CIDRO
(V. *Limonero*)

—

CIEGO
(V. *Ceguera*)

—

CIELO (1)

cielo
gloria
capa del cielo
paraíso
» terrenal
reino de los cielos
patria celestial
corte celestial
limbo
seno de Abraham
(el otro mundo, etc. V. *Teología*)
empíreo
alturas
esfera
lo alto
olimpo
campos elíseos
» elisios
Valhala
glasor
paraíso de Mahoma [ma
chana

gloria
bienaventuranza
vida eterna
cielo
beatitud
visión beatífica
intuición
aureola
bienaventuranzas
escatología
salvación
nirvana

salvarse
gozar de Dios
estar con Dios

Iglesia triunfante
cuerpo glorioso
bienaventurado
comprensor
celícola
hurí
santo
ángel

celestial
celeste
célico
empíreo
sobrecelestial
paradisiaco
olímpico
divino
glorificador
glorioso
accidental

celestialmente
beatíficamente
de lo Alto
de tejas arriba

—

CIENCIA (23)

ciencia
disciplina
facultad
rama
especialidad
enciclopedia
dogmatismo
dogma
sabiduría
conocimiento
omnisciencia
erudición
ciencia infusa
nociones

ciencias abstractas
» exactas
» naturales
» morales
» políticas, etc.
matemáticas
astronomía
botánica
filosofía, etc.

cultivar
especializarse
aprender
enseñar
averiguar
descubrir
inventar

tratado
libro
teoría
hipótesis
suposición
técnica
tecnicismo
tecnología
composición

emporio
museo
laboratorio
ateneo
escuela

sabio
inventor
pozo de ciencia
oráculo
lumbrera
maestro
científico
facultativo
especialista
técnico
intelectual
ateneísta

científico
técnico
politécnico

científicamente
facultativamente

—

CIENO
(V. *Lodo*)

—

CIENTÍFICO
(V. *Ciencia*)

—

CIERTO
(V. *Certidumbre*)

—

CIFRA
(V. *Número*)

—

CIGARRILLO
(V. *Tabaco*)

—

CIGARRO
(V. *Tabaco*)

—

CILÍNDRICO
(V. *Cilindro*)

—

CILINDRO (17)

cilindro
» circular
» recto
» oblicuo
» elíptico
» de revolución
» truncado
columna
palo
hataca
fruslero
uslero
manguito
zurullo
zorcillo
rollo
rollete
rodillo
rodo
rulo
disco
semicilindro

base
generatriz
lado [ca
superficie cilíndri-
estría
arrollamiento

tornear
encanutar
arrollar
estriar
cilindrar

cilíndrico
rollizo
cilindróideo
semicilíndrico

—

CIMENTACIÓN (11)

cimentación
cimiento
fundamento
base
basa
firme
alacet
zapata
zarpa
zampeado
citarón
rediente
socalce
recalce
recalzo
escollera
vaciado
zanja
embasamiento

cimentar
zanjar [tos
abrir los cimien-
fundamentar
zampear
encajonar
recalzar

piedra fundamental
broma
bolón
pilote
zampa
cepo
azuche
ficha
maza
pilotaje
emparrillado
enrejado
carrilera
tientaguja
tienta
agalla

cimentador

de planta

—

CIMENTAR
(V. *Cimentación*)

—

CIMIENTO
(V. *Cimentación*)

—

CINC (4)

cinc
zinc
calamina
flor de cinc
lana filosófica
hierro galvanizado

galvanizar

galvanización
cincografía
aleación

blenda
piedra calaminar
caramilla
chumba
marasmolita
cadmía
atutía
tutía
tocía
tucía

cinquero

—

CINCEL (11)

cincel
puntero
punterola
uñeta
estique

cortafrío
tajadera

asentador
cercador
recercador
gradina
cortadera
desclavador
botador
escoplo

cincelar
labrar
tallar
cortar

cinceladura
cincelado
escultura
cantería
grabado

cincelador

—

CINCHA (38)

cincha
cincho
cinchuela
cincha de jineta
» de brida maestra
sobrecincha
sobrecincho
sifué
pegual
látigo
latiguera
tarabita
floreta
guarniciones

cinchar
ceñir
descinchar

cinchadura

—

CINE
(V. *Cinematógrafo*)

—

CINEMATÓGRAFO (29, 31)

cinematógrafo
cinema
cine
» sonoro
cinta
película
film
pantalla
fotograma
secuencia
doblaje

guión
noticiario
documental
reportaje

guionista
cineasta
productor

cinematografiar
impresionar
rodar
filmar
doblar
proyectar

cineasta
cinematografía
cinematográfico
peliculero
fotogénico

—

CINTA (10)

cinta
cintajo
banda
trencilla
pasamanería
encaje
adorno
ribete
galga
barbicacho
barboquejo
barbuquejo
barbiquejo
bocadillo
espiguilla
reforzado
cadarzo
colonia
media colonia
listón
terciado
chamberga
chamberguilla
hiladillo
rehiladillo
trenzadera
pineda
cinta manchega
huincha
balduque
cordelado
elástico
pena
rosa
moño
moña
moñajo
pedrada
favor
lacayo
siguemepollo
bigotera
caramba
prendedero
prendedor
perigallo
escarapela
lemnisco
insignia
tocado
toquilla
herrete
agujeta
cordón
lazada
lazo
nudo
atadura

cintura
cinturón
cinto
ceñimiento

encintar
lacear
herretear
clavetear

cintería
mercería
trenzadera
encintado

cintero

cinteado

—

CINTURÓN
(V. *Ceñimiento*)

—

CIPRÉS (5)

ciprés
» de Levante
aciprés
ciprés
ciprés

agalla de ciprés
piña de ciprés
nuez de ciprés
piñuela

cipresino
cupresino

—

CIRCO (31)

circo
anfiteatro
estadio
arena
hemiciclo
espoliario
vomitorio
espina
meta
caballitos
pista
gradería

lucha
carrera
histrionismo
prestidigitación
acrobacia
gimnasia
salto
equitación
danza
torneo
fiesta
espectáculo

luchador
púgil
acróbata
gimnasta
domador
histrión
contorsionista
equilibrista
barrista
excéntrico
funámbulo
payaso
pallaso
pallazo
clown

circense

—

CIRCULAR
(V. *Círculo*)

—

CÍRCULO (17)

círculo
» máximo
» menor
redondel
redondón
rolde
redondo
halo
nimbo
aureola
órbita
módulo
lúnula
aro
anillo
semicírculo
arco
hemiciclo

circunferencia
semicircunferencia
círculo
periferia
virol
orbe

rueda
tapa
disco
tejo
albacara
rodaja
ruedo
redondez
curvatura

sector
segmento
cuadrante
corona
radio
diámetro
semidiámetro
diámetro conjugado
(paralelo, ecuador, meridiano, etc. V. *Geografía*)

grado
minuto
» primero
» segundo
segundo
tercero
escrúpulo
instante

trazar
describir
inscribir
circunscribir
redondear
rodear
retajar
compás
» de vara

circular
semicircular
circunferencial
radial
diametral
orbicular
lenticular

circularmente
orbicularmente
circunferencialmente
redondamente

—

CIRCUNFERENCIA
(V. *Círculo*)

—

CIRCUNSTANCIA (15, 17, 25)

circunstancia
estado
medio
ambiente
escenario
accidente
particularidad
detalle
pormenor
dato
arrequives
requisitos
condición
modo
circunstancia agravante
circunstancia eximente
circunstancia atenuante
coincidencia
casualidad
suerte
cualidad
caso
suceso
casuismo

detallar
particularizar
pormenorizar

circunstancial
circunstanciado
accidental
casuista

circunstancialmente
circunstanciadamente

punto por punto
con pelos y señales
según y cómo
de todas maneras
de todos modos
en todo caso
siempre que
en todo cuento
una por una

—

CIRCUNSTANCIAL
(V. *Circunstancia*)

—

CIRIO
(V. *Vela*)

—

CIRUELA
(V. *Ciruelo*)

—

CIRUELO (5)

ciruelo
cirolero
pruno
bruno
bruño
gruño
verdal
verdejo
endrino
andrino
arañón
arañonero
arán
asarero
acacia bastarda

ciruela
pruna
pernigón
abricotina
redrojo
ciruela claudia
» de pernigón
» de data
» de fraile
» regañada
diaprea
cascabelillo
ciruela de dama
» imperial
» de corazoncillo
» de yema
» zaragocí
» porcal
» verdal
francesilla [na
ciruela damascena
» amacena
» almacena
almeiza
ciruela de Génova
» pasa
pansida
briñolas
endrina
andrina
abruñeiro
amargaleja

cirolar
endrinar

damasceno
amaceno
almaceno

—

CIRUGÍA (12)

cirugía
» menor
» ministrante

ortopedia
obstetricia
veterinaria
medicina

operar
intervenir
sondar
sondear
tentar
cateterizar
trepanar
escalpar
escarpelar
sajar
jasar
desbridar
distender
dislacerar
manifestar la herida
estrangular
sangrar
igualar la sangre
sangrarse
amputar
incidir
resecar
circuncidar
emascular
enuclear
batir la catarata
taponar
tomar la sangre
aglutinar
unir
cauterizar
escarificar
escarizar
encorecer
legrar
alegrar
algebrar
aliñar
coaptar
encasar
reducir
ensalmar
entablillar
entablar
intubar
invaginar
curar de primera intención

cicatrizar
vendar
enyesar
escayolar
epitimar
subintrar

eterizar
anastesiar
insensibilizar

operación
intervención
sacrificio
anestesia
curación
cisura
sajadura
jasadura
jasa
saja
sajía
cisión
excisión
lancetada
diéresis
punción
desbridamiento
dilatación
cateterismo
intubación
paracentesis
lancetazo
lancetada
acupuntura
sangría
flebotomía
sangradura
transfusión de la sangre
trepanación
traqueotomía
enterotomía
craneotomía
cefalotomía
ovariotomía
toracoplastia
litotomía
cistotomía
laringotomía
litotricia
laparotomía
talla
amputación
ablación
extirpación
avulsión
enucleación
resección
evulsión
divulsión
extracción
circuncisión
autoplastia
heteroplastia
osteoplastia
prótesis
rinoplastia
blefaroplastia
taponamiento
legradura
legración
reducción
coaptación
invaginación
intususcepción
sondaje
cauterización
escarificación
cauterio
botón de fuego
moxa

herida
llaga
bolsa
seno
úlcera
escara
puntos

cicatrización
muñón
tocón
manguito
secuestro
carne viva
bridas
colgajo
película
fungosidad
fungo
carne viciosa
cicatriz
costurón
callo
icor
sanie
sanies

torcedura
torcimiento
esguince
distorsión
lesión
fractura conminuta

médico
cirujano
quirurgo
cirujano romancista
operador
componedor
algebrista
aliñador
ensalmador
tocólogo
dentista
oculista
sacapotras
hernista
potrero
intubador
sangrador
flebotomiano
sajador
jasador
estuche del rey
practicante
manicuro
pedicuro
callista
tablajero
disecador
ortopedista
ortopédico
circuncidante

sanatorio
hospital
quirófano
rayos X
instrumental
aparato
escalera
espéculo
endoscopio
citoscopio

ductor
mandril
bisturí
escalpelo
escarpelo
lanceta
sangradera
neurótomo
lancetero
postemero
apostemero
escodegino
escarificador
sajador
trocar
fontanela
cefalótomo
craneótomo
trépano
raquítomo
flebótomo

legra
legrón
tienta
calador
algalia
argalia
cala
sonda
estilete
sonda acanalada
catéter
cánula
candelilla
bujía
pinzas
tenáculo
erina
torniquete
sacabala
tirafondo
buscabala
cornezuelo
cornete
carrilete

cauterio
» actual
» potencial
termocauterio
galvanocauterio
cáustico
piedra infernal
fuego potencial
ventosa
» seca
» escarificada
» sajada
sangradera

vendaje
venda
deligación
paño
liza
liga
vendaje enyesado
braguero
ligadura
fronda
charpa
cabestrillo
barbiquejo
fanón
férula
pulsera
espica
capellina
capelina
monóculo
ombliguero
suspensorio
galápago
longuetas
cruz de Malta
cabezal
escudo
lengüeta
tópico
bizma
epitema
defensivo
compresa
tapón
clavo
torunda
lechino
gasa
mecha
píldora
apósito
parche
pegote
pegatoste
aglutinante
esparadrapo
tafetán de heridas
» inglés
hoja berberisca
hilas raspadas
gasa esterilizada

sedal
catgut
bordón

quirúrgico
operatorio
traumático
ortopédico
escarificado
sajado
operable
irreductible
contentivo
incisorio
cauterizante
cicatrizal
sanioso
emplástico

—

CIRUJANO
(V. *Cirugía*)

—

CISCO
(V. *Carbón*)

—

CISTERNA
(V. *Estanque*)

—

CITAR
(V. *Llamamiento*)

—

CIUDAD
(V. *Población*)

—

CIUDADANÍA (30, 32)

ciudadanía
naturaleza
nacionalidad
naturalidad
carta de naturaleza
nación
nacimiento
extranjería

naturalizar
naturalizarse

naturalización

ciudadano
repúblico
republicano
quirite
habitante
vecino

ilota
apátrida

—

CIUDADANO
(V. *Ciudadanía*)

—

CIVILIZACIÓN
(V. *Cultura*)

—

CIVILIZAR
(V. *Cultura*)

—

CLARIDAD (29)

claridad
clareza
lucidez
perspicuidad
propiedad

aclarar
clarar
aclarecer
clarear
desembotar
desenvolver
desenlazar
desentrañar
desenmarañar
desenredar
resolver
desligar
dilucidar
hablar cristiano
hablar en cristiano
hablar en romance
decir cuantas son cinco
decírselo deletreado

aclaración
clarificación
esclarecimiento
dilucidación
distinción
determinación
explicación
indirecta del padre Cobos
descaro
descomedimiento

clarificativo
claro
entreclaro
preciso
expreso
redondo
palmar
meridiano
bien hablado
perspicuo
lúcido
cristiano
propio
dilúcido
distinto
terminante
cierto
rotundo
manifiesto
explícito
sinóptico
boca de verdades

claramente
claro
conocidamente
redondamente
rotundamente
declaradamente
manifiestamente
expresamente
explícitamente
exentamente
desnudamente
descarnadamente
desenvueltamente
en plata
en puridad
de claro en claro
en buen romance
en propios términos
a boca llena
al pan pan y al vino vino
pan por pan, vino por vino

—

CLARO
(V. *Claridad*)

—

CLASE (16)

clase
índole
carácter
rango
condición
naturaleza
cualidad
categoría
estalación
suerte
línea
grupo
reino

clase
subclase
sección
subsección
género
subgénero
especie
orden
familia
variedad
raza
tribu
tipo
ejemplar
individuo

clasificar
encasillar
catalogar
alfabetizar
subordinar
contar
individuar
individualizar

clasificación
lógica
taxonomía
dicotomía
tricotomía
los contrarios
catálogo
lista
encasillado
orden

clasificador
fichero
casillero

encasillable
genérico
congénere
específico
ideológico
dicotómico
tricotómico
taxonómico
inclasificable

genéricamente

—

CLASIFICACIÓN
(V. *Clase*)

—

CLASIFICAR
(V. *Clase*)

—

CLAVAR
(V. *Clavo*)

—

CLAVE
(V. *Criptografía*)

—

CLAVEL (5)

clavel
clavel reventón

ocelo
clavelito
clavellina
clavel de China
cantuta
clavel coronado
clavellina de pluma

capullo
bellota

—

CLAVICORDIO
(V. *Piano*)

—

CLAVO (11)

clavo
clavete
clavazón
enclavación
enclavamiento
remachado
punta
cabeza
tornillo

espiga
clavo estaquilla
almilla
saetín
hita
hitón
alfiler de París
punta de París
clavo tachuela
tachuela
hijuelas
tachón
chatón
broca
calamón
chinche
estoperol
agujuela
tacha
mena
clavo tabaque
tabaque
altabaque
chillón
clavo de chilla
chillón real
clavo de ala de mosca
» de media chilla
» de a ochavo
» de a cuarto
» bellotino
» bellotillo
» de pie
bellote
clavo bellote
» gemal
» de tercia
» tablero
» trabal
alfiler
clavo estaca
estaca
estaquilla
diente de lobo
clavo baladí
» hechizo
» de gota de sebo
clavo chanflón

bollón
clavo de roseta
» calamón
» romano
» de rosca

tornillo de rosca golosa
abismal

roblón
remache
perno
pernete
pernería
clavija
pasador

espiga
muletilla
chaveta
claveta
sobina
escalzador
tarugo

escarpia
alcayata

cabeza
espigón
robladura

clavar
enclavar
hincar
cebar
roblar
redoblar
remachar
rebotar
rebujar
revitar
empernar
clavetear
tachonar

desclavar
desenclavar
desroblar

clavera
tiradera
martillo
sacaclavos
sacabrocas
botador
menestrete
uñeta
desclavador
arrancaclavos

clavado
clavadizo
robladero
redoblón

—

CLERICAL
(V. *Sacerdote*)

—

CLÉRIGO
(V. *Sacerdote*)

—

CLERO
(V. *Sacerdote*)

—

CLIMA (3)

clima
constelación
cielo
tempero
templanza
temple
temperie
zona glacial
» templada
» tórrida

frío
calor
aire

climatología
climatografía
meteorología

aclimatar

aclimatación

climático
climatológico
isótero
isotermo
isoquímeno

—

CLUECA
(V. *Incubación*)

—

COACCIÓN (25)

coacción
coerción
obligación
exigencia
constreñimiento
compulsión
compelimiento
apremio
apretaderas
imposición
poder
fuerza
violencia
tiranía
encerrona
citote
citación
conminación
amenaza
intimación

compeler
compelir
obligar
ligar
coartar
coactar
constreñir
necesitar
hacer que...
precisar
empeñar
estrechar
astringir
adstringir
astreñir
astriñir
remolcar
mandar
traer
forzar
violentar
apremiar
imponer
atar
reducir
vencer
matar
hacer que
poner en
constituir en
dar la ley
meter en cintura
apretar los cordeles [de hacer
poner en estrecho
coger entre puertas
poner a parir
poner a los pechos
cantar el trágala
apretar los tornillos

poner un puñal al pecho
hacer venir a la gamella [bellos
llevar por los cabellos
traer a la melena
hacer venir a la madre
hacer entrar por vereda [cuarto
poner las peras a
poner las peras a ocho
hacer la forzosa

coactivo
coercitivo
compulsivo
coartador
obligante
obligatorio
obligado
forzado
forzoso
imperioso
imperativo
indispensable
compulso
coercible
incoercible

coactivamente
obligadamente
forzosamente
forzadamente
constreñidamente
por fuerza
de por fuerza
a la fuerza
al estrecho
mal a mal
quieras que no
velis nolis
mal de mi grado
mal de su grado
a la fuerza ahorcan
al que no quiere caldo, la taza llena

—

COACTIVO
(V. *Coacción*)

—

COÁGULO
(V. *Sólido*)

—

COBARDE
(V. *Cobardía*)

—

COBARDÍA (14, 26)

cobardía
collonería
temor
pusilanimidad
bajeza de ánimo
timidez
gallinería
poquedad
pobreza
acobardamiento
desaliento
collonada
huida
abandono
dejación
retractación
flaqueza
humildad

acobardar
cobardear

acobardarse
acollonarse
amorrongarse
acarroñarse
atortolarse
acoquinarse
amilanarse
encadarse
achucharrarse
achicarse
alebrarse
desmayar
desfallecer
comer uno liebre
alebronarse

gallina
capón
mandria
liebre
lebrón
mandilón
hominicaco
monicaco
calcillas
caco
longares
longuiso

cobarde
collón
follón
pávido
temeroso
miedoso
medroso
meticuloso
amilanado
pusilánime
afeminado
falso
menguado
consumido
lerdo
blando
blanco
blancote
cagón
cagado
cagueta
cagandando
cangalla
vilote
servil
gallinoso
pendejo
montonero
no morirá de cornada de burro

cobardemente
bellacamente
menguadamente

—

COBERTIZO (11)

cobertizo
tejado
sombra
abrigo
abrigaño
alojamiento
cabaña
portegado
tapadizo
tinglado
tejavana
porche
soportal
sotechado
vestecha
hastiales
galera
caramanchel
jacalón
marquesina
alpende
recova

cadahalso
galpón
paragranizo
corrido
socarreña
carretera
cabañal
hangar

toldo
palio
vela
tendal
toldillo
entoldado
entoldamiento
colgadura
sobrecielo
sombrajo
sombraje
umbráculo
enramada
entalamadura
tapanco
cayán
tapacete
ramada

pabellón
tienda [ña
» de campa-
carpa
cañonera
alfaneque
coba
tabernáculo
marquesina
marquesa
baldaquín
baldaquino
dosel
quiosco
kiosco
templete
mirador
belvedere
glorieta
cenador
cenadero
lonjeta
emparrado
pérgola
tinada
tinado
tinador
taina
tena
tenada
teinada
cochiquera

cubrir
entoldar
entalamar

tendero

—

COBRANZA (33)

cobranza
cobro
recaudación
recaudo
recaudamiento
pago
percibo
percepción
colectación
reembolso
recolección
colecta
apremio
exacción
retención
exigencia

cobrar
embolsar

recibir
colectar
recaudar
exigir
llevar
percibir
abonar
hacer efectivo
tomar en cuenta
reembolsarse
reintegrarse
pagarse por su mano
montazgar
amontazgar
portazgar

cobrador
recaudador
habilitado
recolector
colector
receptor
perceptor
rodero
cuartero
subcolector
exactor
mampostero
derechero
peajero
almojarife
almojerife
factor
tablajero
portazguero
serviciador
lezdero
alcabalero

recaudamiento
receptoría
colecturía
almojarifazgo
impuesto
diezmo
aduanas

recudimiento
recudimento
boletín

recaudación
colecturía
telonio
portazgo

cobratorio
cobradero
cobrable
vencido
levadero
incobrable
en cuenta

—

COBRAR
(V. *Cobranza*)

—

COBRE (4)

cobre
auricalco
alambre
vellón
venus
mina ludia

galápago
toral
charqui
caspa
roseta
oropel
bronce
(latón, etc.
V. *Aleación*)

pirita
malaquita
» azul
» verde
cobre verde
azurita
atacamita
llanca [ña
verde de monta-
verde de tierra
azul de montaña
ceniza azul
cenizas azules
cobre quemado
alhadida
vitriolo azul
piedra lipes
» lipis
calcosina
calcopirita
calcotriquita
telera
cardenillo
caparrosa
» azul
alcaparrosa
aceche
acije
acetite
ferrete
aleación
encobrado

cobrear
cementar

catín
toral

verdín
verdete
verdemontaña

cobreño
cobrizo
cúprico
cuprífero
éneo
cuproso
acijoso

—

COBRO
(V. *Cobranza*)

—

COCCIÓN (2)

cocción
cochura
ebullición
cocimiento
cocedura
digestión
asación
decocción
recocido
recocida
torrefacción
crudeza

cocer
recocer
hervir
herventar
dar un hervor
digerir
sancochar
(asar, freír, etc.
V. *Cocina*)
elijar
enhornar

encrudecer

cocedero
cochero

cocedizo
cocho
cocido
recocho

crudo
sancocho
correoso
verriondo
zapatero

—

COCER
(V. *Cocción*)

—

COCIMIENTO
(V. *Cocción*)

—

COCINA (2, 9, 11)

cocina
arte culinaria
gastronomía
gastrología
arte cisoria
sollastría

guisar
adobar
aderezar
cocinar
cocinear
espumar
aliñar

asar
soasar
emparrillar
rustir
rustrir
dorar
espetar
embroquetar
cocer
escalfar
abotonar
pasar por agua
estrellar
abuñolar
abuñuelar
sancochar
salcochar
freír
fritar
saltear
sofreír
ahogar
rehogar
estovar
marear
estofar
refreír
perdigar
aperdigar
emperdigar
lamprear
fiambrar
rellenar
trufar
mechar
amechar
rebozar
arrebozar
enalbardar
empanar
emborrazar
albardar
albardillar
desalar
escamar
deshilar
desvenar
manir
capolar

lardear
lardar
enlardar
cucharetear
jetar
achicharrar
asurar
esturar

encallarse
ahumarse
arrebatarse
soflamarse
afogarse
afogararse
pegarse
achicharrarse
asurarse
churruscarse
ronchar
fregar

asación
freidura
ebullición
cocción
cocimiento
torrefacción
salcocho
asuramiento
emborrazamiento
escamadura
moraga
mauraca
salpresamiento

alimento
condimento
salsa
refrito
manjar
vianda
guiso
plato
» montado
fuente
fuentada
morterada

caldo
sopa
pasta
gachas

guisote
bazofia
gazofia
mazacote
batiborrillo
batiburrillo
baturrillo
pegote
frangollo
bodrio
brodio
brodete
chicharrón

alcuzcuz
cuzcuz
cuscús

potaje
grasones
jusello
cocina
higate
jota
acemita
nabería
jerricote
cazuela
fricandó
fricasé
fricasea
caldereta
carnero verde
dobladura
cachuela
pastel en bote
cariucho

aconchadillo
mole
almendrate
celindrate
calabacinate
higate
morteruelo
ropa vieja
patagorrillo
patagorrilla
bruscate
coraznada
riñonada
tajadilla
chanfaina
platillo
menestra
pepitoria
gallina armada
gratonada
pipián
pepián
locro
lebrada
junglada
cochifrito
picadillo
picado
capolado
caldillo
jigote
albóndiga
almóndiga
almondiguilla
albondiguilla
ravioles
cubilete
alece
sobrehúsa
caracolada
alboronía
bornía
fabada
calalú

olla
ajiaco
cocido
puchera
los gabrieles
espuma
pote
olla podrida
puchero [mo
puchero de enfer-
presa
tumbo de olla
cabeza de olla
pringote
adafina
adefina
hervido

asado
carbonada
bistec
biftec
rosbif
churrasco
pachamanca
chicharrón
barbacúa
entreverado
gigote
somarro
morago
tapado
rostrizo

frito
refrito
fritada
fritura
fritanga
torreznada
croqueta
pisto
presa de caldo
ciquitroque
zaranga
tomatada

sesada
tortilla
rapingacho
borococo
garnacha
panucho
soldado de Pavía
ensaladilla
la merced de Dios
duelos y quebrantos

guisado
estofado
encebollado
cebollada
boronía
moronía
almoronía
zarapatel
ajoqueso
garbías [na
fruta a la catala-
alcachofado
esparragado
ajoarriero
guiropa
callos
tripicallos
callada
lampreado
carincho
olleta
gandinga
aporreado
carbonada
carapulca
tinola
cebiche
carapacho
arrollado
mirrauste
poroto

paella
manjar principal
» imperial
» blanco
» real
gualatina
cuajado
humita
pirco
sancocho
fresada
salmorejo
fufú
tequiche
escaldada
mote
ulpo
sanco
galianos
majado
salpicón

carne
pescado
conservas
embutidos

huevo [agua
huevo pasado por
» en agua
» en cáscara
» encerado
» duro
» estrellado
huevos revueltos
» bobos
huevo hilado
» batido

fiambre
bocadillo
butifarra
emparedado
queso de cerdo
cabeza de jabalí
pavo trufado

salpicón
mayonesa

aderezo
punto
ingrediente
relleno
albardilla
falsío
moraga
ralladura
capirotada
postre
pastel
dulce
sorbete
bebida

cocinero
maestro de cocina
sotoministro
pinche
sollastre
pícaro de cocina
galopillo
galopín de cocina
marmitón
pitancero
ranchero
guisador
guisandero
gastrónomo
adobador
atolero
sazonador
cantinera
cotufero
fumista

cocina
» económica
recocina
antecocina
trascocina
cocina de boca
albero
fogón
cadena
tuérdano
(llares, etc.
V. *Hogar*)
fuego
termosifón
trébedes
moza
maripérez
vasar
vasera
leja
especiero
armario
aparador
espetera

batería de cocina
cobre
alambres
espetón
espiche
picudo
filete
barbacoa
parrilla
asador
asnico
asnillo
broqueta
brocheta
aguja de mechar
aguja mechera
grasera
seso
rallo
rallador
paleta
rasera
pasador
colador
filtro
criba
espumadera

estrelladera
alambrera
escurridor
tajo
picador
molinillo
almirez
mortero
cubilete
cubiletero
flanero
calderil
fruslero
uslero
salera
cucharero
cucharetero

vasija
plato
taza
vaso
olla
ollaza
olluela
olla carnicera
cantimplora
picoa
piñata
canco
calboche
calpuchero
puchero
pucheruelo
papero
estufador
marmita
autoclave
digestor
pote
tupín
cazuela
cazolón
cazoleta
cazoleja
cazuela carnicera
besuguera
tortera
tertera
cajete
perol
perola
cazo
cacerola
callana
sartén
sarteneja
padilla
paila
paella
estrelladero
tacho
tacha
bacía
tarta
budinera
altamía
flanero
baño de María
portaviandas
fiambrera

culinario
coquinario
albardado
alcaparrado
sofrito
sancocho
crudo
zapatero
verriondo
correoso
desaceitado
seco
salado
tierno
como una leche

asadero
gastronómico

—

COCO
(V. *Palmera*)

—

COCUYO
(V. *Luciérnaga*)

—

COCHE
(V. *Carruaje*)

—

CODICIA
(V. *Avaricia*)

—

CODICIOSO
(V. *Avaricia*)

—

COFRADE
(V. *Cofradía*)

—

COFRADÍA (1)

cofradía
hermandad
congregación
archicofradía
sacramental
minerva
cabildo
esclavitud
esclavina
refugio
oratorio
conferencia
orden religiosa

cofrade
cofrada
concofrade
archicofrade
congregante
hermano
» mayor
» de la Doctrina Cristiana
esclavo
mayordomo
oblato
oblata
sulpiciano
camilo
sayón
prioste
abad
mayordomo
muñidor
mullidor
capiller
abogador
juanes
marianista
marista
marianita
redentorista
obregón
filipense
paúl
salesiano
patrón
hermana de la Caridad
marta
ursulina
salesiana

cetro
estandarte
insignia
escapulario
bolla
patente
haba
caridad

—

COGER
(V. *Asimiento*)

—

COGUJADA
(V. *Alondra*)

—

COHESIÓN
(V. *Adherencia*)

—

COHETE
(V. *Fuegos artificiales*)

—

COINCIDIR
(V. *Simultaneidad*)

—

COJEAR
(V. *Cojera*)

—

COJERA (12)

cojera
renquera
recancanilla

cojear
renquear
claudicar

encojar

claudicación
coxcojillo
coxcojeta

muleta
bastón
apoyo
ortopedia
cirugía

cojo
cojuelo
renco
rengo
candín
paticojo
cojitranco
pata coja
» galana
» chula
claudicante

a la pata coja

—

COJÍN
(V. *Almohada*)

—

COJO
(V. *Cojera*)

—

COL (5)

col
berza
posarmo
colleta
repollo
repolluelo
lombarda
llanta
coliflor
bróculi
brócul
brécol

bróquil
brecolera
bretón
tallo
colinabo
nabicol
colino
colina
troncho
respigo
berzal
huerto

—

COLA (6)

cola
coda
rabo
rabillo
hopo
cabos

macho
maslo
penca
nudo
hembra
nabo
mosqueador
ruin
extremidades
rabadilla
curcusilla
pluma
pelo

colear
rabear
hopear
espadañar

rabotear
descolar
desrabar
desrabotar
derrabar
escodar
rabiatar
sorrabar

coleo
raboteo
hopeo
rabeo
coleadura
coleada
coletazo
rabotada
derrabadura
colera
atacola
baticola
codón
caudal

rabudo
rabilargo
caudimano
rabicorto
rabón
colín
reculo
francolino
curto
rabicán
colicano
rabicano
urodelo
macruro
anuro

—

COLA DE PEGAR
(V. *Adherencia*)

—

COLADOR
(V. *Filtración*)

—

COLAR
(V. *Filtración*)

—

COLCHÓN (11)

colchón
» de viento
» de muelles
» de tela metálica
colchoneta
somier
bastidor
cabezal
plumón
plumazo
plumión
cócedra
traspuntín
traspontín
trasportín
hijuela
almadraque
jergón
jerga
marragón
marregón
márrega
márfega
empalletado

cornijal
cogujón
codujón

arcar
arquear
varear
mullir
embastar

colchonero
arcador
arqueador
marraguero

aguja colchonera
lana
pluma
mullido
borra
crin vegetal
molsa
basta

colchonería

—

COLECCIÓN (16, 20)

colección
conjunto
acopio
montón
recolección
excerpta
excerta
compilación
recopilación
repertorio
reportorio
surtido
muestrario
serie
lista
ramillete
floresta
florilegio
instituciones
suma
espicilegio
silva

biblioteca
hemeroteca
discoteca
oploteca
hoploteca
panoplia

museo
galería
exposición
gabinete
vitrina
álbum
ejemplar

coleccionar
compilar
copilar
allegar
reunir
acopiar
recopilar
colegir
enlegajar
clasificar

coleccionismo
filatelia
sigilomanía
numismática
bibliomanía

coleccionador
colector
coleccionista
compilador
copilador
recopilador
bibliómano

—

COLECCIONAR
(V. *Colección*)

—

COLECCIONISTA
(V. *Colección*)

—

COLECTIVOS
(V. *Conjunto*)

—

COLEGIAL
(V. *Colegio*)

—

COLEGIO (28)

colegio
» mayor
» menor
» militar
seminario
(escuela, instituto, etc. V. *Enseñanza*)
orden religiosa

hospedar

colegiatura
beca
capilla
dupla

rector
colegial
colegiala
colegial capellán
» de baño
» huésped
porcionista
becario
nuevc
moderno
antiguo
convictor
pensionista
medio pensionista
bolonio
cuida
familiar
(alumno, estudiante, etc.
V. *Aprendizaje*)

colegio
convictorio
pensionado

manto
loba cerrada
beca
rosca

colegial

—

COLGADURA
(V. *Tapicería*)

—

COLGANTE
(V. *Suspensión*)

—

COLGAR
(V. *Suspensión*)

—

COLMENA
(V. *Abeja*)

—

COLMILLO
(V. *Diente*)

—

COLOCACIÓN (20, 27)

colocación
posición
ponimiento
postura
positura
emplazamiento
ubicación
situación
bilocación
reposición
estructura
contextura
textura
planta
orden
desorden
actitud
porte
instalación
aplicación
conchabanza
orientación
dirección
verticalidad
horizontalidad
inclinación
yacimiento
contigüidad
superposición
apoyo
yuxtaposición
contraposición
interposición
inversión
subida
bajada
adelantamiento
atraso

colocar
poner
emplazar
disponer
orientar
situar
consignar
ubicar
instalar
reinstalar
aplicar
adaptar
presentar
acomodar
arrimar
estibar
echar
meter
plantar
chantar
estacionar
aparcar
depositar
asentar
apostar
sujetar
afianzar

colocarse
formar
ponerse
coger
constituir en

ponedor
disponedor
instalador
acomodador

puesto
ponedero
postizo

—

COLOCAR
(V. *Colocación*)

—

COLONIA
(V. *Emigración*)

—

COLONIAL
(V. *Emigración*)

—

COLONIZAR
(V. *Emigración*)

—

COLOR (2, 13, 29)

color
» del iris
» del espectro
» elemental
» complementario
colorido
tono
matiz
gradación
tintas
cambiantes
visos
aguas
fondo
mancha
línea
juego
trocatinte
tornasol
iridiscencia
dicroísmo
policromía
acromatismo
ensalada rusa
colorines
viveza
primavera
decoloración
palidez
lividez
cara

colorar
colorear
colorir
pintar
teñir
tomar el color
avivar
asombrar
matizar
tornasolar
irisar
esmaltar
abigarrar
jaspear
ajedrezar

coloración
irisación
reflejo
espectro
arco iris
» del cielo
» de San Martín
pigmento
afeite
cabello
barba
ojo, etc.

molada
salserilla

pelaje
capa
caballería
toro, etc.

ajedrezamiento
cromometría
colorimetría
colorímetro

blanco
negro
sable

gris
agrisado
gríseo
grisáceo
ceniciento
perlino
porcelana
plomizo
aplomado
plomoso
apizarrado
cárdeno
peciento
negruzco

agrisar

pardo
musco
amusco
musgo
bruno
habano
atabacado
noguerado
buriel
burriel
aburelado
franciscano
carmelita
pardusco
pardisco
vellorio
rucio
barroso
bazo
cari
acabellado
cabellado
castaño
albazano
marrón
bronceado
moreno
morenote
morocho
mulato
retinto
loro
sombra de hueso
» » Venecia
» » viejo

pardear
embazar

rojez
rojura
bermejura
rubicundez
enrojecimiento
rubor
frescor
púrpura
lacre
grana
carmín
múrice
granate
azarcón
rojete
cereza
arrebol
alconcilla
rosa
rosicler
carne de doncella

rojear
colorear
purpurear
bermejear
embermejecer
rosarse
herrumbrarse

enrojecer
enrojar
enrubescer
rubificar
empurpurar
embermejar
embermejecer
arrebolar
almagrar
enalmagrar
rusentar
rosear
azafranar
sonrosar
sonrosear
aherrumbrar
herrumbrar

rojo
roso
rosa
rubre
colorado
encarnado
encendido
carmesí
punzó
brasilado
abrasilado
sangriento
sanguíneo
ígneo
alazán
alazano
aborrachado
encarnadino
rusiente
purpúreo
purpurino
granate
escarlata
coccíneo
grancé
coralino
tinto
almagrado
lacre
carminoso
carmíneo
ardiente
rojeante
rodeno
rojizo
rojal
bermejo
bermejizo
bermejón
bermejuelo
sobermejo
aloque
rosillo
rosmarino
rúbeo
rubicundo
rubescente
róseo
rosado
rosáceo
sonrosado
royo
rufo
cobrizo
acobrado
encobrado
cobreño
aberenjenado
rojo alambrado
ultrarrojo
infrarrojo

amarillez
amarilleo

amarillear
amarillecer
enamarillecer
enamarillecerse
dorar

amarillo
gualdo
jalde
jaldre
jaldo
jaldado
limonado
pajizo
pajado
azufrado
encerado
amacigado
cerezón
amarillento
amarilloso
amarillejo
gualdado
rubio
blondo
flavo
catire
rucio
rútilo
dorado
áureo
rubial
anaranjado
naranjado
anteado
gamuzado
agamuzado
azafranado
galbanado
acanelado
canelado
agarbanzado
caqui
gilvo
melado
trigueño
datilado
leonado
aleonado
color de cera
hornaza

verdor
verdura
clorofila
cardenillo
verdín

verdear
verdeguear

verde
verdemar
verdemontaña
verdeceledón
celedón
verde botella
» oliva
verdegay
verdoyo
verdezuelo
verdete
verdejo
presado
verdino
glauco
verderón
verdoso
verdusco
verdinegro
porráceo
cetrino
aceitunado
aceitunil
oliváceo

azulamiento

azulear
azular
añilar

azul
» turquí
turquino
turquesado
azul de mar
» marino
» de ultramar
» ultramarino
azulete
añil
índigo
indio
zafirino
zafíreo
pavonado
azulado
azuloso
azulenco
azulejo
azul celeste
celeste
zarco
garzo
cerúleo
opalino
azulino
acaparrosado
acijado

livor
lila

amoratar
amoratarse

violado
violáceo
violeta
morado
moracho
amoratado
jacintino
cárdeno
lívido
acardenalado
columbino
caracho
aberenjenado
borracho
cinzolín
solferino
morel de sal
ultraviolado
ultravioleta

azur
blao
sinople
sinoble
gules
carnación
metal
esmalte
esmaltín

colorado
colorativo
colorante
incoloro

unicolor
monocromo
liso
acromático
cromático
bicolor
dicroico
berrendo
tricolor
vario
variado
pintado
azotado
abigarrado
bigarrado
jaspeado
salpicado
disciplinado
apedreado
alagartado
lagartado
ajedrezado
a cuadros
listado
a rayas
multicolor
versicolor
policromo
iridiscente
cambiante
opalescente
irisado
alegre
fresco
subido
llamativo
vistoso
charro
chillón
brillante

bajo
pálido
apagado
desmayado
quebrado
muerto
mate
complementario
sucio
sufrido

claro
obscuro
albarazado
tostado
retostado
requemado

—

COLUMNA (11)

columna
coluna
columna gótica
» entregada
» embebida
» toscana
» salomónica
» entorchada
mosaica
columna suelta
» rostral
» rostrada
» cuadrada
» corintia
» dórica
» compuesta
» ática
» jónica
» exenta
» abalaus-
trada
» aislada
antecolumna
cipo
rollo
marmolejo
mediacolumna
columnita
balaustre
entrearco
atlante
telamón
cariátide
apoyo
picota
poste
cilindro
pilar
pilastra
estilita

fuste
caña
escapo
caria
imóscapo
éntasis
contractura
garganta
sumóscapo
collarín
collarino
anillo
astrágalo
armilla
joya
tondino
apófige
capitel
chapitel
caulículo
caulícolo
almohadilla
ábaco
tablero
voluta
bálteo
acanto
tambor
estría
ranura
entrecanal
módulo
plinto
latastro
orlo
basa
cornisamento
ornamentación

columnata
peristilo
diostilo
anfipróstilo
tetrastilo
intercolumnio
estilometría
estilómetro

bornear

monóptero
períptero
áptero
polistilo
capitelado

—

COLLAR (10)

collar
cuello
collarín
collarejo
torques
torce
ahogador
ahogadero
gargantilla
argolla
argolleta
argollón
pena
cabestro
cabestrillo
bejuquillo
coral
corales
cuenta
perla
joya

agallón
pionía

collar (de perro)
carlanca
carranca
canaula
yugo
guarniciones
terrollo
collera
horcajo
horcate
virote
cadena

acollarar

—

COMBATE
(V. *Guerra*)

—

COMBATIENTE
(V. *Guerra*)

—

COMBATIR
(V. *Guerra*)

—

COMBINAR
(V. *Composición*)

—

COMBUSTIBLE
(V. *Combustión*)

—

COMBUSTIÓN (2)

combustión [nea
» espontá-
ustión
encendimiento
inflamación
deflagración
ignición
abrasamiento
ardimiento
arder
candencia
flagrancia
volcán
combustibilidad

flogisto
carnífice
fuego
fueguecillo
foguezuelo
fueguezuelo
fogaje
huego
incendio
conflagración
chispa
llama
hoguera
calor
luz
calefacción
humo
ceniza

quema
quemazón
quemamiento
auto de fe

quemadura
ampolla
resqueme
chamusquina
chamusco
socarra
socarrina
cremación
desfogue
hurgonada
mechazo
apagamiento
cortafuego
contrafuego
contracandela
raya

arder
chispear
crepitar
deflagrar
chisporrotear
flagrar
prender
tirar

encender
pasar
conflagrar
incendiar
pegar fuego
prender
emprender
alquitranar

atizar
escarbar
escalibar
cebar
encandilar
alegrar
avivar
despavesar
despabilar
tizonear
forigar
hurgonear
desfogar

quemar
requemar
resquemar
aburar
arder
sollamar
chamuscar
churruscarse
cauterizar
socarrar
somarrar
abrasar
escaldar
achicharrar
chicharrar
asurar
carbonizar
calcinar
tostar
cocer
hervir
asar
(freír, etc.
V. *Cocina*)
tocar a fuego
apagar
extinguir
ahogar
matar

combustible
incendaja
burrajo
aglomerado
madera
carbón
turba
leña
aceite
alcohol
amianto
asbesto

lumbre
candela
lengua de fuego
lumbrarada
lumbrerada
lumbrada
magosta
ascua
brasa
ceniza
rescoldo
calibo
borrajo
tizón
chamizo
quemado
quemada
perdón

yescas
lumbres
eslabón
rufón
yesca
hupe
enjutos
tamuja
mecha
pajuela
alegrador
velilla
mixto
cerilla
cerillo
fósforo
encendedor [llo
» de bolsi-
yesquero
esquero
fosforera
cerillera
cerillero
piróforo

despabilador
atizador
hurgador
atizadero
hurgón
hurgonero
hurgandero
allegador
espetón
tirabrasas
baleo
aventador
soplillo
fuelle
mechero
quemador

yesquero
fosforero

ígneo
pírico
ignito
vulcanio

quemador
encendiente
incendiario

inflamativo
abrasador
urente
comburente
quemante
requemante
abrasante
ardiente
flagrante
fragante
candente
incandescente
rusiente
tórrido
férvido
voraz
acandilado
ignescente
pirógeno
ignífero
ignívomo
ignipotente
ardentísimo

combustible
quemadero
crematorio
ustible
ardiñal
combusto
quemado
pasado
incombustible
ininflamable
refractario

COMEDOR
(V. *Alimento*)

—

COMENTAR
(V. *Explicación*)

—

COMENTARIO
(V. *Explicación*)

—

COMENZAR
(V. *Principio*)

—

COMER
(V. *Alimento*)

—

COMERCIANTE
(V. *Comercio*)

—

COMERCIAR
(V. *Comercio*)

—

COMERCIO (30, 35)

comercio
contratación
trato
negociación
negocio
correspondencia
tráfico
trapicheo
tráfago
traficación
trajín
trajino
transacción
operación
comisión
consignación
suministro
subasta
permuta
compraventa
liquidación
banca
bolsa
cuenta
contabilidad
balance
especulación
agiotaje
mercado
mercancía
mercadería
mercaduría
atijara
mercería
paquetería
quincallería

importación
exportación
saca
reexportación
cabotaje [taje
comercio de cabo-
prima
corretaje
correduría
factoría
giro
avance
avanzo
crédito
activo
pasivo
parroquia
clientela
[mercio
efectos de co-
cheque
talón
pagaré
libranza
letra de cambio
bono
carpeta
cartera
valores

pedido
factura
inventario
catálogo
caja
» registradora
lista de precios
libro copiador
cuenta corriente
libertad de comer-
cio
monopolio [cio
balanza de comer-
cierre
derecho mercantil
derecho marí-
timo

mercantilismo
industrialismo
caduceo

comerciar
vender
comprar
traficar
trafagar
negociar
mercadear
especular
tratar en
contratar
trapichear
trujamanear
trajinar
navegar
granjear
remesar
girar
facturar
registrar
importar
exportar
reexportar
establecerse
comanditar
mercantilizar
aparroquiar
desaparroquiar
acaparar
abrir un crédito
pasar
bloquear
desbloquear

comerciante
negociante
mercader
mercadera
mercadante
mercante
merchán
hebreo
negociante
tratante
traficante
trafagante
trafagador
marchante
trajinante
trajinero
negociador
especulador [ma
buena o mala fir-
importador
exportador [so
mercader de grue-
mayorista
minorista
proveedor
mercero
zarracatín
baratero
saltabanco
saltimbanco
saltimbanqui
aventurero
buhonero
achinero
charanguero
mercachifle
tilichero
baniano
comisionista
consignatario
intermediario
trujamán
corredor [mercio
corredor de co-
corredor de mer-
caderías
corredor de lonja
» de cam-
bios
corredor de oreja
» del peso
juez de sacas
consulado
prior
principal
corresponsal
factor
institor
viajante
dependiente
cajero
cajera
arquero
tarjador

comercio
plaza
razón social
gente de trato

factoría
factoraje
emporio
mercado
mercado negro
plaza
casa
lonja
contingente
almacén
tienda
depósito [mercio
cámara de co-

mercancía
género
efecto
mercaduría
vendeja [cio
artículo de comer-
abarrotes
exportación
traspaso
bloqueo
desbloqueo
existencias
comiso
decomiso

emplea
partida
prueba
muestra
muestrario
retal
maula
macana
mercería
quincalla
bujería
paquetería
buhonería
novedades

comerciable
negociable
liberado
exportable
guiado
ultramarino
surtido
incomerciable

comercial
mercantil
mercantivo
marchante
mercante
merchante
gremial

mercantilmente
por menor
por mayor
al contado
en comisión
de lance
de segunda mano

—

COMESTIBLE
(V. *Alimento*)

—

COMETA
(*Astron.*) (3)

cometa
» periódico
» barbato
» caudato
» corniforme
» crinito
rosa
estrella de rabo
ceratias
núcleo
cola
cabellera

cometario

—

COMETA
(*juguete*) (31)

cometa
volantín
birlocha
dragón
pandorga
milocha
bola
pandero
papalote
barrilete
cometón
sierpe
pájara
pajarica
pajarita
pajarilla
pájaro bitango
cambucho
cambucha
cachirulo
capuchina
cañuela
güín
frenillo
tirante
cola
cuerda

—

CÓMICO
(V. *Teatro*)

—

COMIDA
(V. *Alimento*)

—

COMISAR
(V. *Comiso*)

—

COMISIÓN
(V. *Delegación*)

—

COMISO (32, 33)

comiso
decomiso
confiscación
descamino
mazarrón
consumos
aduana

comisar
decomisar
confiscar
descaminar

confiscable

—

CÓMODA
(V. *Armario*)

—

COMODIDAD (13)

comodidad
bienestar
buena vida
vidorra
vida de canónigo
conveniencia
oportunidad
ocasión
facilidad
acomodamiento
agrado
un buen pasar
pasada
pasadía
victo
medianía
regalo
prosperidad
bonanza [to
las ollas de Egip-
molicie
jera
placer
descanso
vida canonical
» papal
abundancia
riqueza
egoísmo
euforia

bienvivir
pasar
vegetar
estar bien [mento
estar en su ele-
estar como el pez
en el agua
disfrutar
arrellanarse
repantigarse
repanchigarse
rellanarse
recalcarse [go
vivir con desaho-
regalarse
darse buena vida
estar a qué quieres
boca
estar en grande

cómodo
confortable
descansado
agradable
desahogado
conveniente
fácil
manejable
manual
manuable
portátil

holgado
acomodado
comodón
regalón
don Cómodo
torreznero
eufórico
egoísta

cómodamente
buenamente
acomodadamente
regaladamente
ricamente
a mesa puesta
como un patriarca
como verdolaga en
huerto
a cuerpo de rey
como a cuerpo de
rey
a qué quieres
cuerpo
a sus (mis, tus)
anchas

—

CÓMODO
(V. *Comodidad*)

—

COMPACTO
(V. *Densidad*)

—

COMPADECER
(V. *Compasión*)

—

COMPAÑERO
(V. *Acompañamiento*)

—

COMPAÑÍA
(V. *Acompañamiento*)

—

COMPARACIÓN (16, 22, 24)

comparación
grados de comparación
comparanza
colación
cotejo
examen
medida
confrontación
compulsa
compulsación
acordada
balance
balanza
parangón
paragón
paralelo
paridad
símil
metáfora
semejanza
igualdad
diferencia
equiparación
asimilación
proporción
contraposición
estadística

comparar
parangonar
paragonar
parificar
parear
cotejar
colacionar
conferir
confrontar
contraponer
compulsar
carear
acarear
acarar
concertar
paralelar
pintiparar
tantear
hondear
medir
asimilar
equiparar
contraponer
correr la comparación
correr la paridad

corrector
confrontante

comparativo
comparado
yuxtalineal
tamaño
tamañuelo
semejante
comparable
parangonable
equiparable
conmensurable
inconmensurable
incomparable
incomparado

comparativamente
tamañamente
remisivamente
incomparablemente
más
menos
para
ante
a vista de
como
cual
así
asimismo
así como
bien así como
otro tanto
tal
tan
atán
tanto
cuan
cuanto
mucho
lo menos
lo más

—

COMPARAR
(V. *Comparación*)

—

COMPÁS (11, 17, 29)

compás
bigotera
compás de pinzas
» de espesores [sos
compás de gruesos
» de calibres
» de cuadrante
compás de vara
» de proporción
forcípulo
pantómetra
escabena
falsarregla
falsa escuadra
baivel
pierna
tiralíneas
círculo
arco
dibujo
medida

compasar

—

COMPASIÓN (14, 31)

compasión
lástima
piedad
caridad
misericordia
miseración
conmiseración
clemencia
quebranto
compunción
duelo
dolor
pésame
pename
condolencia
aflicción
humanidad
humanitarismo
altruismo
ternura
terneza
enternecimiento
sentimiento
sensibilidad
sensiblería
perdón
tragicomedia
compadecer
sentir
lamentar
deplorar
compartir
compadecerse
dolerse
condolerse
adolecer
contristarse
conmoverse
compungirse
lastimarse
emblandecerse
ablandarse
apiadarse
arrancársele a uno las entrañas

conmover
enternecer
apiadar
quebrantar
amancillar
mover a piedad
dar lástima
ablandar las piedras
partir el corazón
» el alma
quebrantar el corazón [zón
atravesar el cora-

compasivo
compasible
misericordioso
piadoso
apiadador
benigno
blando
clemente
pío
hermano
humanitario
humano
humanal
caritativo
altruista [zón
blando de corasensible
sentimental
sensiblero
lastimero
ternerón
ternejón

enternecedor
triste
funesto
fúnebre

piadoso
doloroso
lamentable
lastimoso
deplorable
patético

compasivamente
piadosamente
misericordiosamente
clementemente
caritativamente
tiernamente
enternecidamente
sentimentalmente
lastimosamente
lastimeramente

—

COMPASIVO
(V. *Compasión*)

—

COMPELER
(V. *Coacción*)

—

COMPENDIO
(V. *Concisión*)

—

COMPENSACIÓN (27, 33)

compensación
contrapeso
contrarresto
contracambio
correspondencia
equilibrio
igualdad
indemnización
resarcimiento
responsabilidad
restitución
rescuentro
descuento
enmienda
enmendamiento
reparación
devolución
substitución
prestación
pago
precio
rastra
carga de justicia
daños y perjuicios
desquite
represalia
talión
expiación
recompensa
dedada de miel
remuneración
entrada por salida
comido por servido
pata es la traviesa

compensar
contrabalancear
contrapesar
hacer romana
contrarrestar
equilibrar
comediar
promediar
igualar
neutralizar
corresponder
retribuir
agradecer
indemnizar
reparar
resarcir
desagraviar
enmendar
sanear
subsanar
rescontrar
recompensar
pagar la peonada
pagar con usura
recobrar
recobrarse
resarcirse [mismo
compensarse a sí
quedar en paz

compensador
reparador
compensable
resarcible
incompensable

váyase mocha por cornuda
lo que no va en lágrimas va en suspiros
váyase lo uno por lo otro
en especie
uno con otro

—

COMPENSAR
(V. *Compensación*)

—

COMPETIDOR
(V. *Rivalidad*)

—

COMPLEJIDAD (22)

complejidad
complicación
composición
involucración
enredo
confusión
laberinto

complicar
enredar
involucrar
mezclar

complejo
complexo
complicado
múltiple
intrincado
difícil
laberíntico

—

COMPLEJO
(V. *Complejidad*)

—

COMPLETAR
(V. *Integridad*)

—

COMPLETO
(V. *Integridad*)

—

COMPLICADO
(V. *Complejidad*)

—

COMPLICAR
(V. *Complejidad*)

—

COMPONER
(V. *Composición*)

—

COMPOSICIÓN (20)

composición
compostura
síntesis
constitución
textura
contextura
estructura
disposición
reconstitución
complejidad
mezcla
matiz
combinación
organización
concordación
compaginación
estructuración
acoplamiento
unión
construcción
montaje
montura
armazón

compuesto
agregado
continuo
conjunto
todo
parte
parte integrante
componente
órgano
elemento
principio
ingrediente

componer
integrar
formar
hacer
constituir
combinar
casar
matizar
confeccionar
compaginar
estructurar
ajustar
tejer
arreglar
organizar
concretar
acoplar
armar
montar

entrar en
formar parte de
pertenecer a

compositor
componedor
combinador
armador
ajustador
montador

compuesto
complejo
combinado
combinatorio
combinable
sintético
estructural
sintetizable
incomponible
incomposible

sintéticamente

—

COMPRA
(V. *Compraventa*)

—

COMPRADOR
(V. *Compraventa*)

—

COMPRAR
(V. *Compraventa*)

—

COMPRAVENTA (33, 35)

compraventa
comercio
contrato
contrato de compraventa
transmisión
permuta
almoneda
subasta [bio
contrato de cam-
» de retrovendendo
carta de gracia
carta de venta
pancada

atención
coto
debitorio
retracto [ños
» de aleda-
» de comu-
saca [neros
retroventa
condición
redhibición
lesión
» enorme
» enormísima
antoría
evicción [ción
citación de evic-
saneamiento
justicia conmuta-
tiva
razón
precio
adicción a díe
adicción in díem
a díe

compra
cómpreda
merca
adquisición
demanda
recova
importe
comisión
correduría
corretaje
venta
enajenación
expendición
expendio
operación
salida
despacho
realización
vendeja
comisión
menudeo
regatonería
recatonería
recatería
regatería
buhonería
venta ambulante
barato
barata
baratillo
malbaratillo
liquidación
quemazón
oferta
reventa
existencias
saldo
ancheta
fía
retrovención
mohatra
pacto de retro
vendaje
vendí
vuelta
venalidad
simonía

mancipación
chalanería
chalaneo
regateo
refacción
alboroque
hoque
robra
robla
corrobra
juanillo
botijuela
adehala
yapa
llapa
alcabala
propina
comprar
mercar
tomar
feriar
regatear
recatear
regatonear
recatonear
picar
tantear
redimir
retraer
retractar
redhibir
mohatrar

vender
expender
despachar
feriar
realizar
pulir
salir de
marear
placear
hacer plaza
saldar
almonedear
almonedar
subastar
malvender
malbaratar
hacer barato
liquidar
revender
retrovender
pregonar
correr
pedir
estrenarse
hacer la estrena
persignarse
rastrear
pernear
varear
librear
fiar
hurtar
yapar
llapar
volver
estar de saca

comerciar
traficar
chalanear
trujamanear
conchabear
aparroquianar
aparroquiar
desaparroquiar
sanear
salir a la evicción
prestar la evic-
ción

comprador
cliente
parroquiano
vecero
marchante
marchanta
mercanchifle
comprero
parroquia
clientela

vendedor
vendedera
expendedor
almacenista
mayorista
minorista
detallista
proveedor
revendedor
revendón
revendedera
abarrera
mangón
feriante
buhonero
cajero
bufón
placero
regatón
regatero
recatón
cangallero
gorgotero
baratillero
saldista
carero
chamarilero
chamarillero
charanguero
chapucero
ropavejero
malbaratador
zarracatín
antor
merchante
merchán
chalán
saltabanco
saltaembanco
saltimbanqui
saltimbanco
baratillo (conjunto
de vendedores)
mohatrero
mohatrón

tienda
mercado
rastro
despacho
contaduría
ventanilla
ventanillo
taquilla

comprante
mercante
vendiente
mohatrante
chalanesco
aparroquiador

comprable
compradizo
compradero
vendible
venable
venal
docenal
enajenable
redhibitorio
invendible

por el tanto
por mayor
por menor
por menudo
a la menuda
de primera mano
de segunda mano
de lance
de ocasión
al fiado
para...

—

COMPRENDER
(V. *Comprensión*)

—

COMPRENSIBLE
(V. *Comprensión*)

—

COMPRENSIÓN (23)

comprensión
intelección
intelectiva
inteligencia
razón
penetración
criticismo
juicio
estudio
acuerdo
intuición
apercepción
concepción
aprehensión
concepto
representación
imagen
idea
nociones
rayo de luz
clarividencia
arte angélico
telepatía

inteligibilidad
comprensibilidad

comprender
entender
aprehender
sobrentender
conocer
percibir
concebir
tomar
aprender
alcanzar
explicarse
interpretar
estudiar
descifrar
deletrear
discernir
decernir
descernir
ver
leer
oír
palpar
empaparse
atemperarse
arrimarse
penetrar
taladrar
trascender
vadear
calar
ahondar
intuir
entrever
columbrar
vislumbrar
distinguir
descubrir
averiguar
acertar
caer
acordar
advertir
resolver
dar en el quid
caer en la cuenta
dar en la cuenta
caer en el chiste
tragarse la partida
ver el juego
darse cuenta
darse acato
hacerse cargo
cogerlas al vuelo
meterse en la ca-
beza
diquelar
chanelar
entrevar
trascender
entruchar
caerse de suyo

comprensor
comprendedor
conocedor
entendedor
perspicuo
trascendido
conociente
comprensible
aprehensible
conceptible
concebible
claro
fácil
perceptible
penetrable
cognoscible
conocible
inteligible
intelectivo
analizable
descifrable
explicable
escudriñable
investigable
sensible
dilúcido
distinto
patente
evidente
manifiesto
manual
elemental
comprenso
exotérico
intuitivo

inteligiblemente
¡toma!
¡tate!

—

COMPRESIÓN (2, 17)

compresión
compresibilidad
presión
tensión
opresión
apretamiento
apretón
apretujón
apretura
aprieto
apretadura
uñate
garrote
recalcadura
tupa
prensadura
aprensadura
astrición
astringencia
constricción
cilindrado
apisonamiento
estrujadura
estrujamiento
estrujón
pistura
expresión
extracción
magullamiento
machacadura
aplastamiento
molienda

comprimir
apretar
apretujar
reapretar
prensar
aprensar
oprimir
meter en un puño
apremiar
ceñir
cilindrar
astringir
astreñir
astriñir
constreñir
restriñir
estrangular
ahogar
agarrotar
engarrotar
trincar
apuñar
enclavijar
asir
unir
deprimir
contraer
aplastar
despachurrar
espanchurrar
apachurrar
despichar
achuchar
machacar
magullar
macar
apelmazar
tupir
entupir
azocar
atacar
atiborrar
atochar
atestar
entrizar
empaquetar
meter
concentrar
condensar
encajonar
entestecer
embanastar
inculcar
encalcar
recalcar
calcar
estibar
(pisar, hollar, etc.
V. *Pie*)
apisonar
pisonear
atirantar
templar
exprimir
apremiar
estrujar
pistar
repisar
extraer
sacar

compresor
apretador
prensa
» hidráulica
husillo
gato
tórculo
torno
torniquete
tortor
estaca
galápago
telera
émbolo
pisón
rodillo
cilindro
calandria
apisonadora
exprimidero
viga
molino
piezómetro
manómetro
baria
atmósfera

compresor
apretador
apretante
apretadero
apretativo
astrictivo
constrictivo
constringente
restrictivo
restringente
estíptico
prensador

aprensador
comprimente
compresivo
inculcador
estrujador

comprimido
compreso
apretado
espeso
opreso
denso
premioso
compresible
comprimible
apretadizo
incompresible
manométrico

apretadamente
recalcadamente
a pisón

—

COMPRIMIR
(V. *Compresión*)

—

COMPROBAR
(V. *Prueba*)

—

COMPUERTA
(V. *Presa*)

—

COMULGAR
(V. *Eucaristía*)

—

COMÚN
(V. *Participación*)

—

COMUNIDAD
(V. *Orden religiosa*)

—

COMUNIÓN
(V. *Eucaristía*)

—

CONCAVIDAD (18)

concavidad
cavidad
cóncava
cóncavo
cuenco
seno
sinuosidad
excavación
hoyo
sopeña
pozo
hidrofilacio
barranco
subterráneo
caverna
hendedura
vacío
vacuo
hueco
receptáculo
recipiente
concha
nicho
hornacina
capilleta
célula
celdilla
depresión
torca
agadón
hondonada
hondón
sima
foso
cava
fosa
cuenca
alveolo

cauce
surco
ranura
abolladura
bolladura
desigualdad

deprimir
sumir
hundir
abollar
cacarañar
desconchar
ampollar

deprimirse
abollarse
afollarse
bufarse
ahuecarse

cóncavo
bicóncavo
concavoconvexo
concoideo
entrante
profundo
hueco
orondo
horondo
depresivo

—

CÓNCAVO
(V. *Concavidad*)

—

CONCEDER
(V. *Concesión*)

—

CONCEJIL
(V. *Ayuntamiento*)

—

CONCEJO
(V. *Ayuntamiento*)

—

CONCENTRAR
(V. *Centro*)

—

CONCÉNTRICO
(V. *Centro*)

—

CONCERNIR
(V. *Relación*)

—

CONCESIÓN (25)

concesión
otorgamiento
beneficio
gracia
cortesía
dignación
merced
favor
donación
asignación
adjudicación
préstamo
privilegio
permisión
condescendencia
indulgencia
perdón
libro de lo salvado
impetra
albalá
albarán

conceder
otorgar
atorgar
exaudir
dar
dispensar
conferir
adjudicar
asignar
agraciar
hacer merced
franquear
acceder
subscribir
admitir
escuchar
atender
permitir
dignarse
ser servido
dar el sí
dar la razón
venir bien en
otorgar de cabeza
dar de barato
hacerse de rogar

concedente
concesionario
dispensador
rogado
concesible
graciable
corriente
conforme
bueno
pase
tránseat

—

CONCIENCIA (23, 26)

conciencia
personalidad
alma
interior
pecho
buche
coleto
yo
sujeto
persona
apercepción
subconsciencia
inconsciencia
automatismo
insensibilidad
síncope
moralidad
conciencia moral
fuero de la conciencia
fuero interno
tribunal de la conciencia
ley natural
naturaleza
dictados
sindéresis
cargo de conciencia
escrúpulo
pesar
remordimiento
reconcomio
roedor
escarabajeo
rescoldo
arrepentimiento
escrupulete
escrúpulo de monja
escrúpulo de Mari-gargajo
tiquis miquis
tiquismiquis
hazañería
reparo
melindre
delicadeza
afectación
conciencia errónea
conciencia elástica
manga ancha
absolvederas
tragaderas

percibir
advertir
sentir
apercibir
tener conciencia de
darse cuenta
caer en la cuenta
comprender
reflexionar
conocerse
entenderse
ajustarse con la conciencia
acusar la conciencia
escrupulizar
remorder
escarabajear
escarbar

enconar
cargar la conciencia
encargar la conciencia
argüir la conciencia

consciente
voluntario
subconsciente
inconsciente
involuntario
automático
reflejo
subjetivo
moral
concienzudo
escrupuloso
ancho de conciencia
estrecho de conciencia

conscientemente
inconscientemente
sin sentir
concienzudamente
en conciencia
interiormente
entre sí
entre mí
para mi capote
de botones adentro
para mí
para sí

—

CONCILIAR
(V. *Concordia*)

—

CONCILIO (1, 32)

concilio
sínodo
concilio general
» ecuménico
» nacional
» provincial
» diocesano
santo sínodo
esquema
dogma
definición
canon
indicción
actos
conciliábulo
asamblea
derecho canónico
conciliar
prelado
padre
legado

conciliar
ecuménico
sinodal
tridentino
valentino

—

CONCISIÓN (29)

concisión
precisión
laconismo
abreviatura
compendiar
compendizar
cifrar
recapitular
epilogar
substanciar
resumir
reducir
condensar
abreviar
sincopar
sintetizar
despachar
trasuntar
limitar
cortar
extractar
minutar
ceñir
concretar
sumar
epitomar
resolver
meter la mar en un pozo
sucintarse
concretarse
ceñirse, etc.

abreviación
substanciación
recopilación
resumen
recapitulación
recolección
epilogación
epílogo
compendio
suma
síntesis
sinopsis
cifra
sumario
argumento
perioca
extracto
excerpta
excerta
resunta
minuta
guión
pincelada
esquema
epígrafe
repertorio
prontuario
breviario
epítome
manual
vademécum
vade
venimécum
comentarios
súmulas
coleta
coletilla

compendiador
abreviador
extractador
epitomador
sumista

conciso
breve
corto
lacónico
lacón
preciso
concreto
directo
resoluto
restricto
compendioso
sentencioso
epilogal
sumista
sucinto
sumario
sintético
sinóptico

sumariamente
resumidamente
sucintamente
concisamente
abreviadamente
lacónicamente
secamente
trasuntivamente
compendiosamente
cempendiariamente
epitomadamente
resumidamente
en resolución
en resumen
en suma
en cifra
en resumidas cuentas
en compendio
en substancia
en una palabra
en dos palabras
en pocas palabras
sin ambages ni rodeos

por mayor
en plata
total

—

CONCISO
(V. *Concisión*)

—

CONCLUIR
(V. *Conclusión*)

—

CONCLUSIÓN (27)

conclusión
solución
decisión
terminación
fin
acabamiento
acabo
golletazo
remate
rematamiento
consumación
perfección
colmo
cima
corona
coronamiento
crisis

salida
éxito
suceso
colofón
inconclusión

concluir
acabar
terminar
ultimar
consumar
afinar
finalizar
extremar
rematar
cerrar
completar
apurar
agotar
sazonar
perfeccionar
clavetear
sellar
despachar
evacuar
absolver
ejecutar
cumplir
coronar
llevar a cabo
llevar al cabo
llevar hasta el cabo
dar cabo
dar cima
dar la última pincelada
echar el sello
poner el sello
echar la clave
echar la contera
cerrar la plana
echar a un lado
evacuar una diligencia
dar por concluida
dar por hecha una cosa
dar carpetazo
salir a salvo
causar estado

acabador
concluyente
conclusivo
perentorio
final
definitivo
decisivo
terminante
rotundo
expreso
formal
categórico
contundente
apodíctico
concluso
acabable

acabadamente
definitivamente
rotundamente
redondamente
rematadamente
en definitiva
en redondo
pro tribunal

esto es hecho
laus Deo
requiescat in pace
al fin se canta gloria
vale

—

CONCLUSO
(V. *Conclusión*)

—

CONCORDAR
(V. *Concordia*)

—

CONCORDIA (25)

concordia
conformidad
unión
unidad
unanimidad
hermandad
fraternidad
confraternidad
compañerismo
buena correspondencia
reciprocidad
ligamiento
paz
acuerdo
asentimiento
asenso
consenso
crédito
valor entendido
eclecticismo
sincretismo
moción
amistad
simpatía
adhesión
conciliación
reconciliación
arreglo
avenimiento
avenencia
concordación
acordamiento
igualación
mediación
ajuste
convenio
bandera de paz

concordar
concertar
unir
acoger
combinar
acomodar
aliar
fusionar
trabar
acabildar
confabular
muñir

conciliar
bienquistar
amistar
acordar
apaciguar
aplacar
avenir
ajustar
dirimir
componer
acoplar
mediar
terciar
reconciliar
pacificar
poner en paz
meter el bastón
asentir
convenir
concurrir
seguir
conceder
subscribir
dar
conformar
adoptar
prohijar
aprobar
dar la razón
abundar en sentido
convergir
adherirse
llevarse bien
ser con
hacer buena liga
hacer buenas migas
estar del mismo palo
estar a partir un piñón
darse las manos
llevarlas bien
seguir el humor
ponerse de parte de
hablar por boca de
irse con la corriente
dejarse llevar de la corriente
avenirse
ajustarse
acordarse
compadecerse
entenderse
fundirse
quistarse
acomodarse
averiguarse
transigir
acceder
frisar
confrontar
fraternizar
meterse en medio
meterse de por medio
simpatizar
hacer las amistades
echar pelillos a la mar
echar pelos a la mar
darse por buenos

concordador
concertador
tratador
avenidor
aveniente
tercero en discordia
hombre bueno
amigable componedor
árbitro
conciliador
reconciliador
conciliatorio
conciliativo
pacificador
transigente
acomodaticio
componible
de buena composición

acorde
concorde
concordante
unánime
bien avenido
conforme
conveniente
dirimente

concordemente
acordadamente
acordemente
amigablemente
unánimemente
unidamente
por unanimidad
mancomunadamente
de mancomún
de acuerdo
de concierto
de concordia
de consuno
a una voz
por aclamación
némine discrepante
perfectamente
no se hable más de
contigo me entierren
amén

—

CONCUBINATO
(V. *Amancebamiento*)

—

CONCURRENCIA (22, 20)

concurrencia
muchedumbre
multitud
infinidad
inmensidad
innumerabilidad
innumeridad
allegamiento
abundancia
conjunto
gente
cofradía
legión
un mundo
medio mundo
ganado
chusma
plebe
tropa
ejército
falange
colectividad
flota
caterva
procesión
acompañamiento
comitiva
séquito
caravana
romería
manada
gavilla
alcavela

turba
turbamulta
tumulto
tropel
desorden
confusión
alboroto
trulla
pelotón
garulla
remolino
torrente
barullo
cáfila
horda
matracalada
garullada
enjambre
jabardillo
jabardo
oleada
ola
río
riolada
granizada
agolpamiento
apretura
aprieto
apretamiento
hervidero
tracalada
bocanada de gente
chiquillería
muchachería
muchachada
granuja
granujería
germanía
gentecilla

concurso
reunión
punto céntrico
gentío
masa
afluencia
jubileo
animación
bulla
bullaje
prisa
mercado
feria
auditorio
lleno
senado
público
circo
entrada
función
velada
espectáculo

encuentro
vista
vistas
entrevista
ahogadero
publicidad
acudidero
hormiguero
conejera
comejenera

concurrir
afluir
confluir
acudir
ocurrir
visitar
frecuentar
cursar
cargar
convenir
hormiguear
gusanear
verbenear
bullir
remolinar
remolinarse
arremolinarse
remolinearse
agolparse
arrebatarse
bullir de gente
ahogarse la gente

concurrente
entrantes y salientes
cuantos aran y cavan
todo el mundo
ciento y la madre

concurrido
lleno
de bote en bote
animado
frecuentado
atopadizo
populoso
cosario
afluente
confluente

popularmente

—

CONCURRIDO
(V. *Concurrencia*)

—

CONCURRIR
(V. *Concurrencia*)

—

CONCURSO (27, 28, 31)

concurso
oposición
certamen
exposición
academia
juegos florales
fiesta
competición
campeonato
deporte
justa
suiza
discusión
rivalidad

lema
punto
tema
lección
lectura
ejercicio
palestra

abrir
convocar
actuar
oponerse
hacer oposiciones
concurrir
leer
mantener

opositor
rival
actuante
vejaminista
ejercitante
contrincante
coopositor
concursante
expositor
jurado
tribunal
juez
padrino
mantenedor
finalista
binca
trinca
cuatrinca

agonal

—

CONCHA (37)

concha
conca
conchuela
molusco
tortuga
perla
fósil
conquiliología

valva
charnela
espiral
caracol
caracola
caracolejo
bocina
fotuto
guarura
venera
veneruela
peche
pechina
taclobo
haba marina

casidulina
numulita
belemnita
ombligo marino
» de Venus
amonita
cuerno de Amón
madreperla
concha de perla
nácar
nacre
nacarón
chiqueadores
desbulla

caparazón
carapacho
coraza
espaldar
peto

carey
concha
caguama

desbullar

valvar
univalvo
bivalvo
polivalvo
conivalvo
testáceo

conchado
conchudo
concoideo
conquiforme
imbricado
anacarado
nacarado
nacáreo
nacarino

—

CONDENACIÓN
(V. *Infierno*)

—

CONDENADO
(V. *Infierno*)

—

CONDENAR
(V. *Infierno*)

CONDENSAR
(V. *Densidad*)

—

CONDESCENDENCIA (26)

condescendencia
transigencia
deferencia
concordia
dignación
voluntad
amor
permisión
blandura
suavidad
lenidad
agrado
contemplación
indulgencia
perdón
concesión
mimo
gurrumina
delicadeza
delicadez
facilidad
flaqueza
acomodamiento
transacción
accesión
contemporización
componenda
equilibrios
emplasto
pastel
tragantona
eclecticismo
desistimiento

condescender
deferir
acomedirse
servirse
dignarse

transigir
contemporizar
temporizar
obtemperar
otorgar
atorgar
venir
pastelear
empastelar
pactar
acomodarse
allanarse
prestarse
franquearse
escuchar
oír
blandear con
dar tiempo al tiempo
hacerse de miel
hacerse una jalea
dar por el gusto

conceder
ceder
flaquear
cejar
recular
amollar
subscribir
acceder
darse
entregarse
blandearse
revenirse
doblarse
doblegarse
resignarse
darse a partido
darse a buenas
venirse a buenas
dejarse vencer
complacer
contemplar
gratificar
mimar
malcriar
consentir

bragazas
calzonazos
calzorras
maridazo
gurrumino

condescendiente
deferente
complaciente
contemplativo
accedente
obsequioso
exorable
contentadizo
avenible
flexible
dúctil
blandeador
contemporizador
transigente
acomodadizo
acomodaticio
pastelero
elástico
caballo de buena boca
bien
bueno
convenido
conformes

—

CONDESCENDER
(V. *Condescendencia*)

—

CONDESCENDIENTE
(V. *Condescendencia*)

—

CONDICIÓN (15, 16, 25, 32)

condición
» callada
» tácita
» convenible
» desconvenible
condición casual
» mezclada
» posible
» imposible de derecho
condición imposible de hecho
condición honesta
» deshonesta
» torpe
» resolutoria
» necesaria
condición sine qua non
ley
formalidad
calidad
requisito
requilorio
precisión
arrequives
conque
restricción
cortapisa
limitación
posibilidad
cumplimiento
adimplemento
condicionalidad
eventualidad
cláusula
estipulación
contrato
convenio
obligación

condicionar
acondicionar
purificar
purificarse la condición
vencer
cumplir
anular

condicional
condicionado

condicionalmente
solamente que
si
si ya
según
en caso de que
cada y cuando
con tal que
como que
con que
siempre que
siempre y cuando que
con tanto que
a calidad de que
por tal foro
a truco
a menos que
sólo que
entonces
cuando
pues
ya que
dado que
en esta conformidad
en tal conformidad
según y conforme
como caigan las pesas

—

CONDICIONAL
(V. *Condición*)

—

CONDIMENTAR
(V. *Condimento*)

CONDIMENTO (9)

condimento
condimentación
aliño
salsa
adobo
aderezo
garo
especia
especiería
alcamonías
yuyos

ajo
pimienta
picante
pebre
pimienta blanca
» negra
» falsa
» inglesa
malagueta
pimienta de Chiapa [basco
pimienta de Tacari
salpimienta
clavo
clavillo
madreclavo
madre del clavo
nuez moscada
» de especia
macis
macia
jengibre
ajengibre
jenable
jenabe
ajenabe
ajenabo
mostaza negra
» blanca
» silvestre
mostaza
mostazo
alezna
anís
matafalúa
matalahúga
matalahúva
comino
alcaravea
menta
caparra
alcaparrón
alcaparra
tápara
tápana
taparote
azafrán
cachumba
pimentón
pimiento
perejil
hinojo
ajo
ajo blanco
cebolla
orégano
alharma
alhárgama
alárgama
alfarma
alhámega
alármega
cerafolio
perifollo
ajedrea
estragón
dragoncillo
oruga
hierbabuena
huacatay
cimate
aliaria
vainilla
canela
sal
aceite
vinagre
azúcar

condimentar
cundir
sazonar
aliñar
adobar
aderezar
especiar
salar
salpimentar
azafranar
escabechar

especiero

condimenticio
acanelado

especería
especiería

—

CONDUCTA (26)

conducta
proceder
comportamiento
porte
comporte
costumbre
vida
» privada
» y milagros
términos
paso
partida
credo
camino
sendero
táctica
política
diplomacia
consecuencia
claudicación
modus vivendi
razón de Estado
respetos humanos
convencionalismo
senequismo
antecedentes penales
testimoniales

virtud
moralidad
sinceridad
entereza
lealtad, etc.

vicio
inmoralidad
deslealtad
fingimiento
afectación
intriga, etc.

portarse
comportarse
conducirse
mostrarse
proceder
haberse
manejarse
tratarse
vadearse
pajear
gastarlas
amoldarse
mudarse
trocarse
transformarse
declinar
vivir

CONDUCTO (2)

conducto
conducción
acueducto
oleoducto
viaje
red
tronco
azacaya
presa
colector
partidor
repartidor
canal
cauce

desagüe
desaguadero
desaguador
vaciadero
vertedor
condutal
buzón
surtidero
emisario
cazarro
gárgola
canalón
canelón
canalera
bajada

alcantarilla
alcantarillado
cloaca
madre
madrona
albañal
albañar
albollón
albellón
caño
sumidero
atarjea
atajía
atajea
tajea
colector
val
banqueta
acometimiento
acometida
toma

tubo
caño
cañete
cañón
cañuto
canuto
cánula
dala
adala
aludel
puntel
bombillo
atanor
arcaduz
alcaduz
aguilón
fístula
tubo capilar
capilaridad

tubería
cañería
fontanería

arcaduz
encañado

enchufe
despezo
golilla
codo
codillo
sifón
mangueta
cantimplora
arca de agua
cambija
partidor
registro
cauchil
ventosa
respiradero
atabe
cebolla
lanza
manga
manguera
grifo
repartidor
válvula
hidráulica

entubar
encañutar
encañar
acometer
alcantarillar
injertar
enchufar
despezar
despiezar
abocardar
empalmar
huir
soldar
obstruir
desobstruir

cañero
fontanero

estaño
plomo
cáñamo
cuero
betún
trompo

tubular
capilar
canular
naranjero

—

CONEJO (6)

conejo
coneja
conejuelo
conejillo
conejo albar
conejillo de Indias
cobayo
cuy
cavia
acutí
acure
camera
gazapo
camada

liebre
liebrecilla
matacán
lebrato
liebrastón
lebrasto
lebrastón
liebratón
liebratico
liebrezuela
lebratón
lebrón
lebroncillo
lebrasta
farnaca

conejero

madriguera
conejera
conejar
conejal
vivar
vivera
caño
gazapera
conejuna
capillo
alambre conejo
carne de pelo
cacha
cunicultura
mixomatosis

zapatear
encodillarse

gatada
zapatazo

conejudo
cunicular
lebruno
leporino
lepórido
engalgado

—

CONEXIÓN
(V. *Enlace)*

—

CONFABULACIÓN (25)

confabulación
complot
inteligencia
connivencia
contubernio
aconchabamiento
conchabanza
ocultación
tacto de codos
intereses creados
entradas y salidas
intriga
enredo [dres
juego de compa-
compadrazgo
compadraje
compadrería
colusión
pandillaje
pandilla
asociación
conciliábulo
conseja
francmasonería
conventículo
conventícula
calpul
coto
monopolio
sinagoga
monipodio
engaño
componenda
maquinación
trama
pastel
entruchada
amasijo
entruchado
plante
conspiración
conjuración
conjura
comunidades
rebeldía
golpe de Estado

confabularse
conchabarse
aconchabarse
combalacharse
coludir
confabular
connivir
conspirar
maquinar
tramar
conjurar
ir al molino
estar de manga
ir de manga
hacerse de manga
estar en el ajo

confabulador
conspirador
conspirado
conjurado
colusor
laborante
entruchón [tes
entrantes y salien-
colusorio
carbonario
francmasón

—

CONFABULARSE
(V. *Confabulación)*

—

CONFEDERACIÓN
(V. *Asociación)*

CONFEDERARSE
(V. *Asociación)*

CONFERENCIA
(V. *Conversación)*

—

CONFERENCIAR
(V. *Conversación)*

—

CONFESAR
(V. *Penitencia)*

—

CONFESIÓN
(V. *Penitencia)*

—

CONFESOR
(V. *Penitencia)*

—

CONFIADO
(V. *Confianza)*

—

CONFIANZA (14)

confianza
confidencia
fiducia
fe
hoto
seguridad
seguro
esperanza
creencia
trato
amistad
preferencia
privanza
valimiento
intimidad
intrinsiqueza
familiaridad
sinceridad
naturalidad
libertades
lealtad
fideicomiso

confiar
fiar
fiarse
descansar
librar
contar con [de
ponerse en manos
» en brazos
entregarse en manos
echarse en brazos
dejarlo a Dios
confiarse
descuidarse
explayarse
desahogarse
ser muy de adentro
ser muy de casa
ser el brazo derecho
partir peras
ser de fiar
llamar a Dios de tu

privado
valido
favorito
confidente
fiduciario
fiable
confiable
confidencial
confiado
confianzudo
crédulo
franco
expansivo
efusivo
comunicativo
sociable
alegre
casero
familar
privado
de confianza

confiadamente
confidentemente
ciegamente
con los ojos cerrados
confidencialmente
íntimamente
familiarmente
en confianza
en hoto
de secreto
en »
mano a mano
de mano a mano
de ti para mí
de mí para ti
ínter nos
de solo a solo
de persona a persona
de trapillo
de capa y gorra

—

CONFIAR
(V. *Delegación)*

—

CONFIRMACIÓN (28)

confirmación
confirmamiento
ratificación
corroboración
revalidación
ratihabición
aprobación
demostración
prueba
coincidencia
garantía
sanción
crédito

confirmar
afirmar
corroborar
roborar
ratificar
convalidar
revalidar
fortalecer
sancionar
certificar
homologar
legalizar
mantener
afirmarse
refirmar
remachar
apoyar
favorecer
citar
alegar
acreditar
dar crédito
cerciorar
abonar
abundar en
insistir
remachar el clavo

confirmante
corroborante
confirmador
ratificatorio
corroborativo
confirmado
válido

confirmadamente
¡velay!

—

CONFIRMAR
(V. *Confirmación)*

—

CONFISCAR
(V. *Comiso)*

—

CONFITAR
(V. *Confitería)*

—

CONFITE
(V. *Confitería)*

—

CONFITERÍA (9)

confitería
dulce
» de platillo
» seco
golosinas
chucherías
galguerías
almíbar
alcorce
plato compuesto
ramillete
colineta
dulzaina
ensaladilla
perdones

azúcar
azucarillo
hielo
panal
esponjado
caramelo
bolado
volado
alfeñique
alfandoque
bolillos
periquillo
charamusca
sequillo
brinquiño
pasta
pastel
fruta de sartén

bizcocho
bizcochuelo
bizcocho borracho
lengua de gato
mazamorra
mamón
manguito
soplillo
canto
panatela
panela
mojicón
bizcotela
batido
mojí
mojil
budín
plum pudding
mantecada
bollo
torta
sorbete
galleta
barquillos

mazapán
pastelillo
quesadilla
hormigos
hormiguillo
secadillo
rosquilla
» tonta
rosquete
melindre
ñoclo
monís
grafioles
bollo maimón
pastaflora
alfajor
tequiche
casca

pellizco de monja
besico de monja
mantecado
polvorón

merengue
espumilla
teta de vaca
bienmesabe
suspiro

huevos dobles
» » que-
mados
huevos hilados
» moles
yema
» mejida
huevo mejido
» de faltri-
quera
capuchina
candiel
natillas
nata
crema

flan
flaón
tocino de cielo

manjar blanco
» lento
pella
manjar suave
natas
manjar de ángeles
aleluya

turrón
jijona
guirlache
crocante
barreta
cocada
nuégado
alegría
almendrado
alajú
alfajor
alejur
gofio
mazacote
alfandoque
zorrocloco

confite
gragea
pastilla
peladilla
cachunde
canelón
rajadillo
chocho
caramelo
bombón
anís
bala
casquiñón

confitura
conserva [da
» trojeza-
bocados
dulce de almíbar
ante
melote
mermelada
letuario
melada
jalea
» del agro
jaletina
compota
cajeta
cidrada
uvate
guayaba
piñonate
naranjilla
perada
polvo de batata
carne de membri-
llo
membrillate
codoñate
espejuelo
cabello de ángel
cabellos de ángel
cafiroleta
boniatillo
acitrón
diacitrón
azanahoriate
azanoriate
zanahoriate
calabazate
bocadillo
cochurra
tallo
gaznate
bérbero
frangollo
retorcido
torcido
cantúa
piñonate
empiñonado
amargo
amarguillo
cusubé
cocada
secadillo
manjarete
perillo
papín
pistache
ante
africano
betún [na
bocadito de la rei-

arrope
melado
melcocha
sobado
alfandoque
mostillo
mosto agustín

confitar
enconfitar
bañar
azucarar
clarificar
almibarar
acaramelar
caramelizar
amelcochar
escarchar
garapiñar
emborrizar
alcorzar
abizcochar
zarandar
azucararse

confitero
dulcero
turronero
arropiero
bizcochero
rosquillero

baño
almíbar
alcorza
camalote
punto de caramelo
tambor
berquera

confitería
dulcería
zucrería
repostería
turronería
bizcochería

confitado
almibarado
amerengado
acaramelado
garapiñado
abizcochado
alcorzado

—

CONFLICTO
(V. *Dificultad*)

—

CONFLUENCIA (17, 19)

confluencia
convergencia
corrivación
bifurcación
bivio
trivio
trifinio
cuadrivio
desembocadura
ramblar

confluir
convergir
converger
desembocar

confluencia
confluente
horcajo
mestas
pical
acudidero

confluente
convergente
tributario

—

CONFLUIR
(V. *Confluencia*)

CONFORME
(V. *Conformidad*)

—

CONFORMIDAD (16)

conformidad
correspondencia
coincidencia
concordancia
consonancia
asonancia
naturalidad
afinidad
simpatía
congruencia
congruidad
procedencia
puntualidad
exactitud
conciliación
concordia
hermandad
confraternidad
maridaje
unión
relación
conexión
unidad
univocación
encaje
confrontación
conveniencia
convención
oportunidad
importancia
comodidad
partido
utilidad
adecuación
acomodación
avenencia
adaptación
allanamiento
mimetismo
atemperación
amoldamiento
adhesión
imitación
adecuación
proporción
semejanza
igualdad
compatibilidad
adaptabilidad

acomodar
conformar
concertar
armonizar
harmonizar
hermanar
ajustar
apalabrar
adaptar
adecuar
coaptar
atemperar
contemperar
contraer
apropiar
aplicar

acomodarse
hacerse
conformarse
acceder
atenerse
ajustarse
encajar
atemperarse
amoldarse
armarse
someterse
adaptarse
saber vivir
querer
saber [le tocan
bailar al son que
andar con el tiem-
po
hallar la horma de
su zapato

concordar
acordar
concertar
coincidir
consonar
cuadrar
casar
jugar
ajustar
servir
seguir
contestar
condicionar
consentir

sentar
pegar
armonizar
corresponder
responder
hacer
ser
venir
compadecerse
encontrarse
hallarse
vivir
univocarse
estar bien
probar bien
venir bien
decir bien
condecir
ir con
caer bien o mal
ser de rúbrica
importar
ser conveniente
convenir
ser procedente
proceder
cumplir
conducir
querer
terciarse
hacer juego
venir a cuento
hacer al caso
ser del caso
venir al caso
» clavada una
cosa [al dedo
venir como anillo
» como nacida

congeniar
temperar
confrontar
frisar
hacer buena o ma-
la liga con [gas
hacer buenas mi-
ser dos para en
uno
darse las manos

conformador
acomodador
adaptante
concertador
concertante
contemperante
acomodadizo
acomodaticio
aplicativo
asimilativo

conforme
correspondiente
concordante
acorde
concorde
coincidente
conteste
competente
digno
condigno
decente
condecente
cortado
hermanado
compañero
gemelo
media naranja
caballo de buena
boca
amigable
paralelo
consonante
cónsono
cónsone
afín
uniforme

conveniente
convenible
nacido
clavado
exacto
pintiparado
condicionado
acondicionado
conducente
ductivo
cumplidero
pertinente
procedente
propio
especial
aparente
acomodado
capaz
apañado
congruente
congruo
adecuado
puntual
enderezado
apropiado
pintado
proporcionado
cómodo

convenido
bien venido
bien hallado
llano

adaptable
acomodable
compatible
aplicable
concordable
componible
conciliable
armonizable
harmonizable
asimilable
aplicadero

conformemente
competentemente
adecuadamente
acomodadamente
adaptadamente
consonantemente
apropiadamente
arregladamente
armoniosamente
armónicamente
harmoniosamente
harmónicamente
némine discre-
pante

conforme
en principio
a pelo
al pelo
a propósito
como pintado
de perlas
de molde
de perilla
de perillas
según
también
cual
acerca
de conformidad
en conformidad
a una mano
en uno
con arreglo
de esa manera
en consecuencia
cada cosa para su
cosa
ad hoc

—

CONFUNDIR
(V. *Confusión*)

—

CONFUSIÓN (24)

confusión
confusionismo
indistinción
obscuridad
ocultación
caos
indeterminación
ofuscación
incomprensión
ambigüedad
enredo
desorden
desordenación
desordenamiento
alboroto

entrevero
mezcla
eclecticismo
promiscuidad
turbiedad
complejidad
fárrago
mare mágnum
maremagno
estruendo
monserga
galimatías
embrollo
embrolla
revuelo
babilonia
babel
torre de Babel
guirigay
baraúnda
barahúnda
vorahúnda
zurriburri
preñez
bulto
niebla
tinieblas
desbarajuste
desbarahuste
turbulencia
olla de grillos
cajón de sastre
laberinto
dédalo [Roque
casa de tócame

confundir
enredar
mezclar
calabriar
emborronar
desdibujar
embrollar
complicar
embarullar
enmarañar
amarañar
marañar
intrincar
intricar
engarbullar
trabucar
desconcertar
despachurrar
apachurrar
meter a bulla [ce
echarlo todo a do-

confundirse
hacerse un ovillo
armarse un lío
hacerse un lío
traspapelarse
desaparecer

confuso
confusionista
impreciso
desdibujado
borroso
obscuro
complicado
denso
embolismático
ambiguo
laberíntico
nebuloso
brumoso
turbulento
turbio
imperceptible
insensible
enigmático
incomprensible
inanalizable
mixti fori

confusamente
indistintamente
promiscuamente
indiferentemente
plegadamente
imperceptible-
mente
arrebujadamente
remotamente
turbiamente
a granel
a carga cerrada
en tropel

—

CONFUSO
(V. *Confusión*)

—

CONGELAR
(V. *Hielo*)

—

CONGRATULA-CIÓN (26, 31)

congratulación
felicitación
parabién
pláceme
bienvenida
bienllegada
enhorabuena
norabuena
gratulación
exultación
visita
cortesía
cumplido
cumplimiento
agasajo
banquete
saludo
brindis

congratular
gratular
felicitar
aplaudir
alabar
aprobar
dar el parabién
cumplimentar
dar los días
dar las pascuas

congratularse
felicitarse
bañarse en agua
de rosas [rosada
bañarse en agua
alegrarse
brindar
beber
beber a la salud

bienvenido
congratulatorio
gratulatorio
cumplimentero

en hora buena
en buena hora
en buen hora

—

CONGRATULAR
(V. *Congratulación*)

—

CONGREGACIÓN
(V. *Cofradía*)

—

CÓNICO
(V. *Cono*)

—

CONJETURA (23)

conjetura
suposición
calandrajo
cálculo
asomo
atisbo
vislumbre
aprensión
presentimiento
previsión
predicción
profecía
brujuleo
sospecha
presunción
» de ley
» de solo
derecho
presunción de hecho y de derecho
presunción de hombre
presunción de juez
» violenta
indicios vehementes

conjeturar
sospechar
presumir
imaginar
creer
conocer
indiciar
opinar
hacer calendarios
» almanaques
prever
adivinar
profetizar
predecir
echar
brujulear
mirar por brújula
vislumbrar
columbrar
barruntar
alufrar
entrever
atinar
antojarse
traslucirse
trasvinarse
dar a uno el viento de una cosa
sacar por la uña el león

conjeturador
opinante

conjetural
conjeturable
presumible
presuntivo
presunto
indiciario
indiciado

conjeturalmente
presuntivamente

—

CONJETURAR
(V. *Conjetura*)

—

CONJUNCIÓN (28)

conjunción [ta
» compues-
modo conjuntivo
locución conjuntiva
conjunción copulativa
y
e
ni
nin
que
hasta
como

conjunción disyuntiva
o
u
ni

conjunción distributiva
ora
ahora
si
bien
siquiera
que
ya

conjunción adversativa
pero
mas
sino
siquiera
siquier
tan siquiera
empero
aunque
maguer
maguera
aun cuando
ahora que
aunque más
por mucho que
a pesar
no obstante
antes
antes bien
fuera de
salvo
excepto
más que
menos

conjunción causal
porque
pues
pues que
puesto que
supuesto que
por tanto
por lo tanto
que
como

conjunción final
para que
que
conque

conjunción condi-
si [cional
con que
con tal que
como

conjunción dubi-
cómo [tativa
por qué
pues

conjunción continuativa
conjunción ilativa
luego
pues
así
que
cuando
puesto que
conque

conjunción tem-
como [poral
cuando
cuanto
que

conjunción comparativa
como si
así
o
que

—

CONJ. CAUSAL
(V. *Causa*)

—

CONJ. CONDICIONAL
(V. *Condición*)

—

CONJUNTO (20, 22)

conjunto
agregado
conglomerado
conglomeración
conglobación
unión
adición
montón
cúmulo
revoltillo
revoltijo
tótum revolútum
sinfonía
porretada
acaparamiento
acopio
hato
hatajo
morralla
masa
aglomeración
apiñadura
apiñamiento
agrupación
grupo
adecenamiento
reunión
colección
serie
juego
surtido
incorporación
complejo
complexo
concreción
concreto
grumo
racimo
pared
cosecha
integridad
abundancia
concurrencia

colectividad
totalidad
clase
cuadro
gremio
grey
sección
familia
gente
asociación
corporación
asamblea
pléyade
hornada
promoción
personal
cuadrilla
parcialidad
partida
partido
patrulla
brigada
escuadra
mano
piña
redada

banda
manada
vara
bandada
piara
rebaño
averío
(conjunto de animales V. *Ave*, *Pez*, etc.)

juntar
agregar
unir
aglomerar
conglomerar
conglobar
congregar
llamar
agrupar
apiñar
reunir
amontonar
atropar
recoger
agavillar
engavillar
acuadrillar
arremolinar
arroscar
adecenar
adocenar

juntarse
reunirse
arrancharse
arrimarse
agolparse
arracimarse
racimarse

par
pareja
copla
duerno
binca
trinidad
terno
terna
triada
trinca
trecenario
cuaternidad
cuatrinca
cuaderno
quina
quinterna
quinterno
quinario
sena
septena
setena
muela de dados
decena
decenar
década
docena [le
la docena del fraicatorcena
veintena
veintenar
treintena
treintenario
cuarentena
cincuentena
quincuagena
centena
centenal
centenar
ciento
centenario
millar
mil

milenta
miríada
millonada

dúo
trío
terceto
cuarteto, etc.

triduo
semana
novena
(quincena, etc.
V. *Día*)
bimestre
(trimestre, etc.
V. *Mes*)
bienio
(trienio, etc.
V. *Año*)

tanda
mano
gruesa
resma
resmilla

doble
trino
(triple, cuádruple, etc. V. *Multiplicación*)

ayuntador
agregativo
colector
colectivo
sinóptico
global
centenario
milenario

colectivamente
alzadamente
en junto
por junto
de por junto
en grande
en total
en globo
a bulto
a barrisco
abarrisco
en tropa
a granel
en grueso
a montón
en bloque
chico con grande
a manadas

CONMEMORAR
(V. *Memoria*)

—

CONMOVER
(V. *Sentimiento*)

—

CONO (17)

cono
» recto
» oblicuo
» circular
» escaleno
» truncado
curtícono
tronco de cono
rollo
cucurucho
cartucho
alcartaz
alcatraz
cambucho
conoide

conicidad
superficie cónica
sección cónica
base
cúspide
vértice
lado
generatriz

cónico
conoidal
conoideo
coniforme

—

CONOCER
(V. *Sabiduría*)

—

CONOCIMIENTO
(V. *Sabiduría*)

—

CONQUISTA (34)

conquista
toma
tomada
expugnación
translimitación
reconquista

caballería
cabalgada
pecorea
pillaje
robo
pendolaje
invasión
piratería

conquistar
tomar
ganar
expugnar
entrar
forzar
saquear
pecorear
desencastillar
invadir
reconquistar

victoria
botín
azaría
presa
trofeo
despojo
despojamiento
triunfo

conquistador
caballero de conquista

conquistable
expugnable
combatible
forzado

—

CONQUISTAR
(V. *Conquista*)

—

CONSAGRACIÓN (1)

consagración
dedicación
ofrecimiento
bendición
sacramento

crisma
óleo
ánforas

consagrar
dedicar
ofrecer [trocinio
poner bajo el pa-
poner bajo la advocación
bendecir
inhalar
santificar
divinizar
deificar
consagrarse
sacrificarse
prometerse

desenviolar
expiar
reconciliar
purificar

consagrante
dedicante
santificante
sagrado
sacro
santo
santísimo
san
sacrosanto
sacratísimo
consagrado
bendito
santificado
hierático
jesnato
improfanable

sagradamente
sacramente

—

CONSAGRAR
(V. *Consagración*)

—

CONSCIENTE
(V. *Conciencia*)

—

CONSECUCIÓN (27)

consecución
conseguimiento
logro
felicidad
suerte
obtención
adquisición
victoria
conclusión
satisfacción
brillantez
adelantamiento
mejoramiento
hartura
cucaña
carambola
chiripa
chamba
acierto
casualidad

conseguir
aquistar
conquistar
captar
coger
agenciar
obtener
ganar
alcanzar
adquirir
lograr
lucrar
tomar
llevar
merecer
atrapar
cazar
sacar
agarrar
beneficiar
reportar
arrancar
guindar
pescar
birlar
empuñar
recabar
impetrar
granjear
merendarse
calzarse
procurarse
mamarse
salir con
llegar
arribar
vencer
dar en la vena
acabar con
salirse con [ya
salirse con la suya
salir airoso
cumplírsele su deseo
sacar limpio el caballo [claridad
salir a puerto de
arribar a puerto de claridad
ganar el pleito
tener en la mano
» en mano
coger al vuelo
llegar y besar el santo
sacar a pulso
saltar por las picas de Flandes
poner una pica en Flandes
coger a deseo
dar en blando
sacar fruto
» raja
» astilla
» tajada
echar buen lance
ganar terreno
» capítulo
lograrse
prevalecer
cuajar
topar
salir bien
estar en percha
venir a la mano
» a las manos
tener como en la bolsa

conseguidor
obtentor
chambón
chiripero

asequible
exequible
alcanzadizo
conquistable
granjeable

a sabor
a tiro
a cosa hecha
a medida del deseo
a la tercera va la vencida

—

CONSECUENCIA
(V. *Efecto*)

—

CONSEGUIR
(V. *Consecución*)

—

CONSEJERO
(V. *Consejo*)

—

CONSEJO (25, 27)

consejo
aviso
reflexión
exhortación
admonición
amonestación
amonestamiento
amonestamento
monición
recordatorio
toque
advertencia
recomendación
apercibimiento
lección
reparo
instrucciones
dictamen
juicio

asesoramiento
parénesis
dirección
consulta
documento
caja de consulta

tribunal
consejo
consejo Real de España y Ultramar [do
Consejo de Estado
» de Italia
» de Portugal [des
Consejo de Flandes
» de Hacienda
cámara de Castilla
consistorio
consultorio
sanedrín
sinedrio

aconsejar
consultar
avisar
dictaminar
evacuar
dar parecer
opinar
advertir
predicar
instruir
dirigir
exhortar
sugerir
proponer
recomendar
persuadir
asesorar
amonestar
apercibir
enseñar [capa
tirar a uno de la
dar de codo
dar del codo

consultar
comunicar
entrar en consejo
subir la consulta
tomar consejo de
pedir parecer
consejarse
asesorarse

asesoría

consejero
consejera
consiliario
consejero de capa y espada
ministro de capa y espada
viceconsiliario
mentor
ninfa Egeria
consultor
amonestador
amonestante
monitor
admonitor
aconsejador
asesor
adul
pensionario
lados

consultante
consultor
monitorio
parenético
consultivo
consultable
aconsejable

¡mira!
¡mucho ojo!
¡mucho ojo, que la vista engaña!
más ven cuatro ojos que dos

CONSENTIMIENTO
(V. *Permisión*)

—

CONSERVACIÓN (33)

conservación
guarda
criamiento
custodia
defensa
protección
manutención
mantención
entretenimiento
mantenimiento
subsistencia
higiene
asepsia
incolumidad
retención
retenimiento
detentación
posesión
reservación
ahorro
vida
depósito
museo
granero
algorín
repositorio
almacén
despensa
reposte
bodega
cava
conservas

tesorería
caja
proveeduría
arcas

cajón
alcancía
hucha
vidriola
cajeta
olla ciega
ladronera
hurtadinero
bolsa
embolso
enfundadura
taxidermia

conservar
mantener
entretener
sustentar
reservar
cultivar
alimentar
cuidar
proteger
defender
asegurar
custodiar

embalsamar
disecar
ahumar
salar
salpresar

conservarse
mantenerse
reservarse
permanecer

guardar
tener
guarecer
archivar
arrecadar
recaudar
engibar
recoger
arrobiñar
apañar
almacenar
atesorar
tesaurizar
achocar
ahuchar
ahorrar
alzar
depositar
retener
detener
detentar
quedarse con

embalar
envasar
encaramar
encambrar
entrojar
entrujar
atrojar
ensilar
embolsar
enfundar
encarpetar
encovar
encuevar
embodegar
introducir

conservador
conservante
conservativo
conservatorio

cajero
tesorero
vicetesorero
guardador
guardable
guardoso
retentivo
detentador
intruso
retenedor

preservador
curador
meseguero

debajo de llave
» de siete llaves
ojo al cristo, que es de plata

—

CONSERVAR
(V. *Conservación*)

—

CONSERVAS (9)

conservas
conservas alimenticias
conserva trojezada
encurtidos
variantes
alcaparrón
pepinillo
pescado
encabeche
salazón
embutido
carne
fruto
fruta
dulce
lata
bote

conservar
curar
salar
salpresar
salpimentar
escabechar
encurtir

revenirse
rehervirse

conservería
saladero

conservero

abrelatas

salpreso
curado
calcurado
calseco

—

CONSOLAR
(V. *Alivio*)

—

CONSPIRACIÓN
(V. *Confabulación*)

—

CONSPIRAR
(V. *Confabulación*)

—

CONSTANCIA (25, 26)

constancia
firmeza
entereza
longanimidad
severidad
perseverancia
perseverancia final

paciencia
tranquilidad
fijeza
empeño
persistencia
tenacidad
insistencia
aplicación
asiduidad
cumplimiento
lealtad
tesón
intransigencia
inflexibilidad
resistencia
obstinación
consecuencia
continuación
permanencia
decisión

perseverar
mantenerse
insistir
persistir
perseguir
cerrarse
atenerse
tenerse tieso
tener bigotes
hacer piernas

estarse, mantenerse en sus trece
llevar adelante
no volver la cara atrás [cuencia
guardar consecuencia
proceder ser consiguiente
ir consiguiente
ser consecuente

hombre de pecho
perro

constante
consecuente
igual
entero
perseverante
invariable
inmoble
inmóvil
inmutable
inconmovible
firme
férreo
tenaz
persistente
asiduo
frecuente
continuo
sistemático
tesonero
empeñoso
independiente de estómago

constantemente
perseverantemente
tenazmente
infatigablemente
acérrimamente
a pie firme
con empeño
en pie
a fuerza [nos
a fuerza de manos
hasta la muerte
sobre ello morena
avante con los faroles
adelante con la cruz
genio y figura hasta la sepultura
el que la sigue la mata

—

CONSTANTE
(V. *Constancia*)

—

CONSTELACIÓN
(V. *Estrella*)

—

CONSTITUCIÓN
(V. *Ley*)

—

CONSTRUCCIÓN (11, 27)

construcción
edificación
erección
alzamiento
alzadura
reconstrucción
reedificación
obra pública
ingeniería
arquitectura
arq. naval
carpintería
albañilería
cantería
mampostería
pintura, etc.

ladrillo
piedra
cal
arena
argamasa
madera, etc.

construir
fundar
fabricar
levantar
alzar
erigir
edificar
obrar
hacer
instituir
manufacturar
cimentar
componer [piedra
poner la primera piedra
reconstruir
reedificar

cimiento
andamio
armadura
casa
edificio
templo
teatro, etc.

fabricación
industria
máquina, etc.

constructor
arquitecto
contratista
fabricante
materialista
maestro mayor
» de obras
ingeniero civil
ayudante de obras públicas

inconstruible

de planta [ción
por administración
por contrata
por subasta

—

CONSTRUIR
(V. *Construcción*)

—

CONSUELO
(V. *Alivio*)

—

CÓNSUL (32)

cónsul
» general
vicecónsul
canciller
prior

cónsula
consulesa

derecho internacional

consulado
viceconsulado
cancillería

consular

—

CONSULADO
(V. *Cónsul*)

—

CONSULAR
(V. *Cónsul*)

—

CONSULTA
(V. *Consejo*)

—

CONSULTAR
(V. *Consejo*)

—

CONSULTIVO
(V. *Consejo*)

—

CONSUMIR
(V. *Gasto*)

—

CONSUMOS
(V. *Aduanas*)

—

CONTABILIDAD
(V. *Cuenta*)

—

CONTACTO
(V. *Contigüidad*)

—

CONTAGIAR
(V. *Contagio*)

—

CONTAGIO (12)

contagio
contagión
propagación
epidemia
endemia
epizootia
plaga
infección
lúe
autoinfección
infestación
inoculación
vacunación
septicemia
inquinamento
contagiosidad
epidemiología

ataque
caso
peste
pestilencia
estafilococia
estreptococia
neumococia
virus
germen
miasma
bacteria

contagiar
contaminar
pegar
infestar
infectar
inficionar
infeccionar
inocular
apestar
lacrar
inquinar
pasar
acordonar

cuarentena
enfermedad
salud
higiene
asepsia
desinfección
hospital
lazareto
inmunología

inoculador
contumaz

contagioso
pegadizo
pegajoso
infeccioso
infectivo
infecto
pestilente
séptico
sucio

pestilencialmente
a libre plática

—

CONTAGIOSO
(V. *Contagio*)

—

CONTAR
(V. *Cuenta*)

—

CONTENER
(V. *Inclusión*)

—

CONTENIDO
(V. *Inclusión*)

—

CONTENTO
(V. *Alegría*)

—

CONTIENDA (27)

contienda
contención
disputa
discusión
cuestión
disensión
pleito
rivalidad
competición
oposición
lucha
combate
guerra
pugna

lid
liza
torneo
pelea
peleona
desafío
pendencia
pendenzuela
baraja
riña
» tumultuaria
reyerta
sarracina
quimera
debate
cachetina
zurribanda
bronca
camorra
trifulca
alboroto
trapatiesta
cisco
jarana
pedrea
arca
trapisonda
zipizape
chipichape
zaragata
agarrada
agarrón
rifirrafe
pelotera
pelotero
petera
escarapela
gresca
repunta
herrería
marimorena
zafarrancho
danza
monote
bolina
rencilla
revuelta
choque
lance
encuentro
reencuentro
tropiezo
refriega
competencia
arrancasiega
zurra
cuchilladas
escaramuza
rifa
rija
brega
briega
bregadura
zalagarda
zacapela
zacapella
repelo
redopelo
rodapelo
pelamesa
pelazga
pelaza
bronquina
gazapera
sanfrancia
tambarimba
ataque
acometimiento
acometividad
prisa
rompimiento
contraste
tope
rebate
repique
repiquete
ruido
querella
pesadumbre
disgusto
fullona
follisca
chamusquina
paloteo
paloteado
cascarada
gazapina
tasquera
suiza
zuriza
cucarda
mitote
zafacoca
penchicarda
guapería [Roque
casa de tócame
belicosidad
pugnacidad
danza de espadas

contender
reñir
regañar
pendenciar
disputar
luchar
combatir
pugnar
lidiar
barajar
bregar
chocar
reluchar
ponerse
armarla
entramar
rifar
pelear
quimerear
quimerizar
pelotear
roñar
escarapelar
tropezar
zamarrear
fuñar
pelearse
trabarse
atravesarse
zapatearse
empelazgarse
desgreñarse
embregarse
resistirse
enredarse
enzarzarse
empelotarse
envedijarse
tomarse con
agarrafarse
emborullarse
recriminarse
escopetearse
picotearse
repiquetearse
asirse
acapizarse
apitonarse
acuchillarse

querer ruido
tener mal vino
buscar el pelo al huevo [na
oler a chamusqui-
armarse la gorda
andar al morro
» a mía sobre tuya
arderse la casa
haber moros y cristianos
haber de ello con de ello [es Cristo
haber la de Dios
armarse la de San Quintín [coro
andar paz por el
sobre si fue o si vino
meterse con
tomarse con
tener gana de fiesta
trabarse de palabras [bolos
echar a rodar los
tener palabras
andar a golpes, palos, etc.
andar a vueltas
andar al pelo
andar a la greña
andar a tres menos cuartillo
verse las caras
quebrar lanzas
tirarse los trastos a la cabeza
acabar a capazos
salir a capazos
venir a las manos
llegar a las manos
ponerse a brazos
menear las manos
habérselas con
medir las armas
darse de las astas
matarse con
sacarse los ojos

palestra
palenque
arena [mante
campo de Agra-

contendiente
manos largas
guapo
guapetón
matón
valentón
espadachín
buscarruidos
broquelero
matachín
camorrista
bochinchero
quimerista
contendedor
contendor
reñidor
parte
altercador
zaragatero
peleador
peleante
peleón
lidiador
lidiante
contrario
enemigo
pugnante

belicoso
pugnaz
guerrero
pendenciero
macarelo
ocasionado
peligroso
rencilloso
fuñador
acuchillador
tenorio
rijoso
rijador
abarrajado
agarrafador
refertero

puñal
reñido
recio
vivo
acalorado
caliente
encarnizado
empeñado

reñidamente
de palabra en palabra
a brazo partido
cuerpo a cuerpo
de poder a poder
fuerza a fuerza

CONTIGÜIDAD (17)

contigüidad
inmediación
medianería
contacto
osculación
tope
tangencia
proximidad
vecindad
cercanía
unión
adherencia
aledaños
frontera
linde
límite

poner en contacto
aplicar
adosar
apoyar
yuxtaponer
entestar
intestar
acercar

estar en contacto
lindar
alindar
pegar
tropezar
tocar
rozar
rasar
raspar
acariciar
lamer
besarse
rayar
confinar
colindar
confrontar
descabezar
comarcar
unirse
darse la mano con
partir la tierra

contiguo
adyacente
inmediato
paredaño
afín
allegado
rayano
conjunto
asurcano
vecino
limítrofe
lindante
lindero
colindante
aledaño
finítimo
comarcano
confinante
confín
convecino
contérmino
hito
tangente
fronterizo
inmediato
medianero

contiguamente
inmediatamente
vecinamente
pared por medio
boca con boca
al tope
a ras
ras con ras
ras en ras
a surco
para-

—

CONTIGUO
(V. *Contigüidad*)

—

CONTINENTE
(V. *Inclusión*)

—

CONTINGENCIA
(V. *Posibilidad*)

—

CONTINGENTE
(V. *Posibilidad*)

—

CONTINUACIÓN (27)

continuación
continuidad
prosecución
proseguimiento
seguimiento
seguida
constancia
insistencia
repetición
duración
perennidad
permanencia [to
proceso en infini-
prórroga
prorrogación
prolongación
curso
serie
progresión
proceso
ciclo
cadena
hilo
chorrillo

continuar
seguir
durar
subsistir
proseguir
proceder
adelantar
ir delante
llevar delante
insistir
chorrear
empalmar
prorrogar
mantener
conservar
seguir el hilo [no
no dejar de la ma-
anudar
añudar
reanudar
tomar el hilo
desdoblar la hoja

continuador
continuo
homogéneo
incontinuo
continuado
continuativo
seguido
corrido
ininterrumpido
incesante
incesable
inacabable
inagotable
perenne
perene
perennal
perenal
proseguible
asiduo
crónico
consecutivo
habitual
frecuente
monótono
espeso

continuamente
continuadamente
incesantemente
incesablemente
perennemente
perennalmente
de seguida
a hilo
de continuo
a la continua
arreo
a hecho
en derechura
de hora en hora
cada hora
de cada día
por instantes
por momentos
seguido
de una vez
de un tirón
de una tirada
de un aliento
de un golpe
sin respirar
sin interrupción
de una sentada
de una asentada
de una bolichada
sin levantar la mano
a renglón seguido
todavía
aún
¡adelante!

—

CONTINUAR
(V. *Continuación*)

—

CONTINUO
(V. *Continuación*)

—

CONTORNO (17)

contorno
dintorno
perfil
silueta
orla
orladura
corona
aureola
nimbo

derredor
rededor
redor
alrededores
alredores
afueras
ámbito
ambiente
atmósfera
perímetro
isoperímetro
circuito
bojeo
bojo
boj
periferia
ruedo
mena

círculo
circunferencia
exterioridad
circunstancia
vuelta
cercamiento
contorneo
circuición
circunscripción
retortero
periplo
circunnavegación
falso ruedo
lado

cuadro
marco
cerco
borde

rodear
arrodear
cercar
circunscribir
ceñir
dar vueltas
bojar
bojear
contornear
galibar

ambiente
circunstante
perimétrico
circunyacente
circunscrito
circunvecino

redondamente
en redondo
a la redonda
a torno
en torno
en contorno
alrededor
en rededor
alderredor
alredor
al, o en derredor
rededor
redor
circum-
peri-
anfi-

—

CONTRA
(V. *Oposición*)

—

CONTRABANDO
(V. *Aduanas*)

—

CONTRACCIÓN (17)

contracción
corrugación
restreñimiento
astricción
astringencia
pliegue
constricción
encogimiento
atrofia
crispadura
crispatura
crispamiento
calambre
garrampa
rampa
convulsión
trismo
espasmo
contractilidad
elasticidad
retractabilidad

sinalefa
concisión
abreviatura

contraer
retraer
crispar
astringir
astriñir
astreñir
restriñir
restringir
constreñir
estipticar
ensolver
apretar
estrechar
achicar
acortar
disminuir
condensar
contraerse
encogerse
consumirse
encoger
embeber

contráctil
retráctil
espasmódico
astrictivo
estíptico
astringente
engurruñido
consumido
astricto
crispado
contracto
compacto

—

CONTRADECIR
(V. *Impugnación*)

—

CONTRAER
(V. *Contracción*)

—

CONTRAPONER
(V. *Contraposición*)

—

CONTRAPOSICIÓN (20)

contraposición
oposición
resistencia
encaramiento
confrontación
contrabalanza
choque
gualdrapeo
cruce

contraponer
oponer
adosar
encarar
acarar
acarear
carear
enfrontar
enfrentar
afrontar
confrontar
comparar
contrastar
gualdrapear
cruzar
contrapear
invertir
oponerse a
confrontar con

mirar a
caer a
dar a
catar
hacer frente
» fachada
» juego
ganar la cara

contrapuesto
opuesto
encontrado
adverso
frontero
fronterizo
contrapeado
oponible
alterno

enfrente
frente
delante
adelante
frontero
contra
a frente
en frente
a la cabeza
cara a
de cara
cara a cara
de solo a solo
frente a frente
rostro a rostro
frente por frente
faz a faz
facha a facha
una de dos
hacia
para

—

CONTRASTE (fiel) (4, 10)

contraste
fiel contraste
alcalde alamín
marcador
» mayor
contraste de Castilla
almotacén
fiel almotacén
almutacén
almotazaf
motacén
medidor
fiel medidor
» de romana
romanero
romanador
fiel ejecutor
almotalafe
potador
potero
alamín
almudero
medida
peso
oro
plata
joyería

marca
patrón
punzón
marco
pote

contrastar
potar
empatronar
marcar

fielato
fieldad
alaminazgo
alaminadgo

almotacenazgo
almotacenía
almotazanía
alcoba

—

CONTRATA
(V. *Contrato*)

—

CONTRATAR
(V. *Contrato*)

—

CONTRATIEMPO
(V. *Desgracia*)

—

CONTRATO (32)

contrato
obligación
convenio
documento
concierto
estatuto
contrato unilateral
» bilateral
» sinalagmático
» aleatorio
» consensual
» perfecto
» notarial
» privado
» verbal
» tácito
cuasicontrato
casicontrato
compromiso
arreglo
feudo
contrata
asiento
ajuste
cláusula
» penal
» conminatoria
estipulación
condición
pliego de condiciones
arrendamiento
aparcería
compraventa
permuta
préstamo
comodato
servicio
seguro, etc.
capitulaciones
otorgo
cumplimiento
incumplimiento
multa
novación
conducción
operación
transacción

estatuto formal
dolo
daño emergente
equidad
rescisión
recisión

contratar
convenir
pactar
otorgar
atorgar
ajustar
concertar

logar
estipular
obligarse
parlamentar
celebrar
solemnizar
cerrar
perfeccionar
rescindir

contratante
estipulante
otorgante
celebrante
parte
contratista
asentista
notario
contractual
guarentigio
guarenticio
leonino

trato hecho

—

CONTRAVENENO
(V. *Veneno*)

—

CONTRIBUCIÓN
(V. *Impuesto*)

—

CONTUSIÓN
(V. *Golpe*)

—

CONVENIENTE
(V. *Conformidad*)

—

CONVENIO (25, 32)

convenio
convención
pacto
pacto explícito
concierto
fórmula
contrato
negociación
oferta
ofrecimiento
estipulación
capitulación
cláusula
tratado
alianza
concordato
armisticio
tregua
paz
trato
ajuste
asiento
feria
postura
compostura
partido
iguala
igualación
composición
tratamiento
acomodamiento
conveniencia
componenda
emplasto
transacción
compromiso
cábala
confianza
confabulación
avenencia

avenida
concordia
bandera de paz
modus vivendi
articulado
cláusula
protocolo
acta final
balada

negociar
pactar
estipular
apalabrar
ajustar
contratar
concertar
concluir
celebrar
asentar
conducir
igualar
destajar

convenirse
entenderse con
unirse
ajustarse
obligarse
acaparrarse
tratar
hablar
capitular
quedar en

convencional
alzado

convencionalmente
ad referéndum

—

CONVENIR
(V. *Conformidad*)

—

CONVENIRSE
(V. *Convenio*)

—

CONVENTO (1)

convento
conventualidad
monasterio
residencia
cenobio
asciterio
cartuja
rábida
rápita
laura
casa profesa
abadía
abadiato
abadiado
noviciado
colegio
jovenado
beaterio
recolección
porciúncula
priorato
dúplice
piso
iglesia conventual
decanía
orden religiosa

provincia
viceprovincia
custodia
guardianía
compás

claustro
claustra

clausura
puerta reglar
coro
sobreclaustro
sobreclaustra
celda
refectorio
mesa traviesa
infierno
calefactorio
provisoría
torno
locutorio
parlatorio
libratorio
grada
cratícula
comulgatorio
ropería
barbería
hospedería
enfermería
definitorio
discretorio
sala capitular
capilla

tumbo
becerro
patente
esquila
segundilla

provincial
provinciala
vicaria
rector
corrector
operario
cilleriza
escucha
monje

enclaustrar
sacar a libertad la novicia

conventual
abadengo
cenobial
monasterial
monástico
cartujano
cluniacense
claustral
profeso
recoleto

conventualmente

—

CONVENTUAL
(V. *Convento)*

—

CONVERGIR
(V. *Confluencia)*

—

CONVERSACIÓN (28)

conversación
coloquio
plática
charla
garla
garlo
cháchara
parlatorio
diálogo
interlocución
parlamento
parola
parolina
palique
palillo
parleta
parrafada
floreo
escopeteo
discreteo
murmuración
chisme
cotorreo
comentarios
conversa
golpe
careo
baturrillo
caraba
calandraca
pregunta
repuesta
discusión
razonamiento

conferencia
junta
consultación
consulta
sesión
vista
vistas
encuentro
visita
cita
entrevista
interview
(tema, tópico, etc. V. *Asunto)*
conversar
hablar
introducir
patullar
platicar
tertuliar
departir
dialogar
dialogizar
conferenciar
conferir
parlamentar
comunicar
charlar
tallar
perorar
hablar de
murmurar
cortar
echar un párrafo
trabar conversación [sación
sacar la conver-
dirigir la conversación
hablar en común
hacer palacio
mantener palacio
tener palacio
traer a colación
sacar a colación
meter baza
tomar el hilo
pegar la hebra
mantener tela
» la tela
hacer el gasto
escupir en corro
» en rueda
meter el cuezo
meterse en docena
meter su cuchara
echar su cuarto a espadas [espada
salir con su media
volver la hoja
interrumpirse

ver
visitar
abordar
estar con
abocarse
avistarse
verse
personarse
hablarse
entrevistarse
carearse
estar al habla
consultar

conversador
conversante
interlocutor
internuncio
colocutor
departidor
tertuliano
tertulio
tertuliante
contertulio
cancanoso
encontradizo

locutorio
parlatorio
tertulia
alcoba
mentidero
corrillo [rencias
salón de confe-

dialogal
dialogístico
implaticable

al habla
de silla a silla
de solo a solo
mano a mano
de persona a persona
párrafo aparte

—

CONVERSAR
(V. *Conversación)*

—

CONVERSIÓN (1)

conversión
catolización
abjuración
retractación
apostasía
catecumenado

convertir
apostolizar
cristianizar
catolizar
reconciliar

convertirse
bautizarse
abjurar
renegar
reconciliarse con la Iglesia

convertido
converso
confeso
catecúmeno
neófito
prosélito
cristiano nuevo
morisco
gazí
judío de señal
sabatario
(renegado, apóstata, etc. V. *Apostasía)*

mies
doctrina
reducción

—

CONVERSO
(V. *Conversión)*

—

CONVERTIDO
(V. *Conversión)*

—

CONVERTIR
(V. *Conversión)*

—

CONVEXIDAD (18)

convexidad
comba
bombeo
pandeo
barriga
panza
panzón
abolladura
bolladura
bollo
menisco
hinchazón
joroba
relieve
saliente
prominencia
punta
ángulo
filo
curvatura
redondez

abombar
combar
ahuecar
redondear

ahuecarse
afollarse

convexo
biconvexo
concavoconvexo
lenticular
orondo
esférico
abombado
panzudo
prominente
hueco

—

CONVEXO
(V. *Convexidad)*

—

CONVIDAR
(V. *Convite)*

—

CONVITE (31)

convite
agasajo
alifara
refresco
convidada
banquete
diversión
pipiripao
fiesta
colación
caridad
ágape
maesa
patente
cacharpari
caristias
brindis
ronda
membrete
esquela
ley cibaria

convidar
ofrecer
invitar
embribar
brindar
dar una comida
dar de comer
servir
hacer plato
escudillar
remojar [en ojal
estar de servilleta
estar de servilleta prendida [da
pagar la cantara-
cobrar el piso
desconvidar

convite
invitación
comensalía

convidador
convidante
invitante
anfitrión
donillero

convidado
invitado
comensal
huesped

convival
¡bomba!

—

CONVOCAR
(V. *Llamamiento)*

—

CONVULSIÓN (12)

convulsión
contracción
ataque de nervios
espasmo
pasmo
acceso
hipo
temblor
agitación
síncope
pataleta
palpitación
azogamiento
contorsión
tétanos
perlesía
tic
gesto
estremecimiento
escalofrío
calofrío
estremezón
muerte chiquita
carrillada
epilepsia
heril
gota caduca
» coral
morbo comicial
mal caduco
» de corazón
aura epiléptica
» histérica
alferecía
madre de niños
eclampsia
baile de San Vito
corea
rafania
risa sardesca
» sardonia
» sardónica

convelerse
estremecerse
acalambrarse
rilar

convulso
convulsionario
coreico
epiléptico
espasmódico
tetánico

convulsivo
epileptiforme
sardónico
clónico

—

CONVULSIVO
(V. *Convulsión)*

—

CÓNYUGE
(V. *Matrimonio)*

—

COOPERACIÓN
(V. *Ayuda)*

COOPERAR
(V. *Ayuda)*

COORDENADA (17)

coordenada
línea coordenada
polo
radio
ordenada
línea ordenada
plano coordenado
abscisa
línea abscisa
origen de las coordenadas
eje
» coordenado

—

COPA
(V. *Vaso)*

—

COPIA (28)

copia
» simple
» auténtica
contrahechura
imitación
traslado
trasunto
transcripción
testimonio
apógrafo
tanto
tanto de culpa
facsímile
facsímil
calco
plagio
variante
salto
duplicado
saca
extracta
auténtica

compulsa
testimonio
prueba
ampliación
réplica
reproducción
policopia
imprenta
fotografía
litografía

copiar
reproducir
trasladar
transcribir
trascribir
trasuntar
registrar
vaciar
sacar
extraer
poner en limpio
calcar
transflorar
plagiar
fusilar
saltarse

transcripción
calcado

copiador
copiante
copista
calcador
plagiario
estacionario

libro copiador
hectógrafo
velógrafo
ciclostilo
multicopista
papel carbón
calcador
pantógrafo

trasuntivamente
al pie de la letra
a plana renglón
a plana y renglón
por copia conforme
por concuerda

—

COPIAR
(V. *Copia*)

—

COPLA
(V. *Canto*)

—

COQUETEAR
(V. *Amor*)

—

CORAZÓN (7)

corazón
entrañas
entretelas
ala del corazón

pericardio
miocardio
endocardio
aurícula
ventrículo
válvula mitral
» tricúspide
sangre
arteria
vena

palpitar
latir
descorazonar

palpitación
latido
pulso
golpe
sístole
diástole
tac tac

cardiopatía
cardialgia
carditis
miocarditis
pericarditis
endocarditis
exocarditis
asistolia
extrasístole
aleteo
salto
taquicardia
bradicardia
dexiocardia
aneurisma
neurisma
angina de pecho
estenocardia
precordialgia
cardiografía
cardiograma

cordial
cardiaco
cordiaco
cardítico
cardiáceo
cardiálgico
precordial
ventricular
asistólico
cordiforme
acorazonado

cordialmente

—

CORBATA
(V. *Cuello*)

—

CORCHETE
(V. *Alguacil*)

—

CORCHO
(V. *Alcornoque*)

—

CORDEL
(V. *Cuerda*)

—

CORDERO
(V. *Oveja*)

—

CORDILLERA
(V. *Montaña*)

—

CORDÓN
(V. *Pasamanería*)

—

CORDURA (23, 26)

cordura
juicio
sindéresis
seso
asiento
tiento
sesudez
sensatez

tino
acierto
prudencia

estar en su juicio
estar en su acuerdo [cio
estar muy en juicio
asentar el juicio
acordar
ajuiciar
sentar la cabeza

cuerdo
cordato
juicioso
ajuiciado
cabal
sesudo
sensato
sabio
sapiente
meolludo
hombre de chapa
de peso

cuerdamente
juiciosamente
sensatamente

—

CORNISA
(V. *Moldura*)

—

CORNISAMENTO
(V. *Moldura*)

—

CORO
(V. *Canto*)

—

CORONA (10)

corona
diadema
lauréola
lauro
laurel
pancarpia
guirnalda
guirlanda
guirnaldeta
venda

insignia
blasón
florón
aureola
lemnisco
nimbo
halo
tiara

corona radiada
» radial
» radiata
» de rayos
» triunfal
» oval
» de ovación
» castrense
» valar
» vallar
» mural
» rostral
» rostrada
» rostrata
» olímpica
» naval
» de hierro
» obsidional
» gramínea

corona imperial
» real

corona del príncipe de Asturias
corona de infante
» ducal
» de duque
» de conde
» de vizconde
» de marqués
» de barón
coronel
corona mural
» de laurel
» » espinas
mortero

coronar
laurear
ceñir

coronación
coronamiento
coronamento

coronario

—

CORONAR
(V. *Corona*)

—

CORPORACIÓN (25, 30)

corporación
organismo
entidad
admón. pública
colectividad
comunidad
hermandad
asamblea
ayuntamiento
diputación
consejo
compañía
asociación
cuerpo
» facultativo
colegio
gremio
cofradía
orden religiosa
ateneo
academia
instituto
patronato
patronado
patronazgo
cámara
universidad
mayoría
minoría
personal
promoción
reunión
junta
pleno
directiva
ejecutiva

ordenanzas
constitución
reglamento
regla
estatuto
escalafón

incorporar
reincorporar
agremiar
afiliar
formar
admitir
recibir

incorporarse
afiliarse

colegiarse
escribirse
inscribirse
entrar
ingresar
ser de
pertenecer a
formar parte de

incorporación
incorporo
ingreso
recepción
admisión
alta
baja
reincorporación
consenso

individuo
miembro
recipiendario
gremial
académico
academista
censor
séviro
» augustal
decano
compañero
colega
concolega
miembro podrido (Supl.)

corporativo
colegiado
numerario
de número
orgánico

corporativamente
colegialmente
en cuerpo
en común

—

CORPORAL
(V. *Cuerpo*)

—

CORPÓREO
(V. *Materia*)

—

CORRAL (37)

corral
corraliza
cancha
encerradero
cortil
corte
cubil
corrincho
traspuesta
manguera
aprisco
apriscadero
redil
brosquil
telera
ovil
majada
majadal
apero
chivetero
chivitil
chivital
chiquero
boyera
boyeriza
boíl
avería
gallinero
trascorral
faisanería
paradina

pardina
pocilga
(V. *Cerdo, Oveja, Cabra, Ganado,* etc.)
guarida
establo

cobertizo
socarreña
corrido
carretera
novillero
pielga
manga
cañiza
mullida
pesebre
canoa

acorralar
arredilar
amajadar
embrosquilar
encorralar
desacorralar

acorralamiento

CORREA (10, 20, 34)

correa
correhuela
corregüela
guindaleta
correón
correaje
túrdiga
estórdiga
reata
trasca
guasca
huasca
manatí
lonja
mancuerna
tirante
banda
piel

cinturón
pretina
atalaje
tiros
tahalí
tiracol
tiracuello
fornitura
bandolera
portafusil
portacarabina
amiento
charpa
ación
estribera

agujeta
tireta
tiento
pihuela
zarria
majuela
coyunda
tirapié
portamantas
portalibros
portacaja
francalete
zambarco
sobeo
subeo
sopanda
coyunda
cornal
cornil
ventril
traílla

treílla
laja

afilador
asentador
suavizador

correero
trasquero
guarniciones

encorrear

correería
correazo

correoso

—

CORRECCIÓN (26)

corrección
enmienda
emienda
enmendación
enmendadura
rectificación
mejoramiento
perfección
lima
retoque
castigo
castigación
moderación
remiendo
remedio
censura
reparación
reposición
expiación
compensación
conversión
moralización
edificación
fe de erratas
cauterio
mano de gato
corregibilidad
reformatorio

corregir
enmendar -se
emendar
justificar
enderezar
salvar
mejorar
revisar
limar
pulir
retocar
perfeccionar
remendar
rehacer
reparar
soldar
reformar
rectificar
rectar
repasar
desbastar
castigar
expurgar
censurar
purgar
escarmentar
morigerar
raer
descarnar
reprender
poner enmienda
enmendar la plana
corregir la plana
mudar de vida
deshacer un yerro
poner en orden
poner en razón
traer a buen camino
moralizar
dar buen ejemplo
edificar

arrepentirse
convertirse
corregirse
enmendarse
reformarse
rectificarse
recogerse a buen vivir
retirarse a buen vivir
sentar la cabeza
mudar de vida
hacer libro nuevo
llamar Dios a uno

corrector
corregidor
enmendador
emendador
correctivo
correccional
disciplinario
rectificativo
edificante
edificativo
reformatorio
reformativo
tropológico

corregible
correcto
enmendable
emendable
incorregible
incurable

por mejor decir
¡miento!

—

CORREDERA (38)

corredera
diferenciómetro
carretel
nudo
barquilla
guindola

singladura
navegación

—

CORREDOR (11)

corredor
pasillo
pasaje
carrejo
tránsito
crujía
claustro
claustra
arcada
triforio
panda
calcídico
galería
mirador
solana
solejar
caída
pórtico
soportal
ándito
cenador
pérgola
emparrado
columnata
peristilo
túnel
subterráneo

—

CORREGIR
(V. *Corrección*)

—

CORREO (38)

correo
posta
correos
comunicaciones
parte
mala
paquebot
paquebote
pailebot
pailebote
paquete
estafeta
valija
hijuela
silla de postas
solitaria

correr la posta
ganar horas
franquear
certificar

correo
correo mayor
cursor
mensajero
ambulante
estafetero
estafeta
postillón
valijero
correo de gabinete
ordinario
extraordinario
expreso
alcance
correo a las diez
» a las quince
» a las veinte
cartero
peatón
hijuelero
palmentero
chasqui
alfaqueque
maestro de postas
paloma mensajera

correspondencia
vía
valija
saca
mesa de batalla
certificado [dos
valores declara-
paquete postal
impresos
encomienda
envío
mensaje
carta
tarjeta postal
postal
sello
sobre
banda
giro postal
sobre monedero

porte
reparto
franqueo
sello
franco
estampilla
timbre
matasellos
fechador
filatelia
casa de postas
administración
ambulancia de correos
cartería
caja
sala de batalla
buzón
recogida
lista de correos
apartado
caja de ahorros

postal
estafetil
filatélico
por la posta

—

CORRER
(V. *Carrera*)

—

CORRERÍA
(V. *Invasión*)

—

CORRIDA
(V. *Tauromaquia*)

—

CORRIENTE
(V. *Líquido*)

—

CORROER
(V. *Corrosión*)

—

CORROMPER
(V. *Corrupción*)

—

CORROSIÓN (27)

corrosión
desgaste
escozor
escocimiento
resquemo
resquemor
quemadura
estiómeno
úlcera
picazón
causticidad
acidez
ácido
potasa
sosa
álcali
cáustico
mostaza
sinapismo
cantárida
vejigatorio
ampolla

corroer
comer
irritar
escocer
quemar
resquemar
requemar
picar
causticar
estiomenar

corrosivo
corroyente
mordaz
mordiente
quemoso
cáustico
epispástico
revulsivo
corrosible

CORROSIVO
(V. *Corrosión*)

—

CORRUPCIÓN (9, 27)

corrupción
corruptela
putrefacción
pudrición
podrición
podredura
pudrimiento
podrimiento
podrecimiento
descomposición
sepsia
fermentación
tomaína
infección
contagio
bacteria
moho
pus

corrupción de costumbres
estragamiento
vicio
perversión
bizantinismo
decadencia

podredumbre
pudredumbre
cizaña
carroña
carnuz
carne cediza
putridez
corruptibilidad

corromper
empeorar
pervertir
depravar
malignar
malingrar
pudrir
podrir
podrecer
empodrecer
repudrir
repodrir
dañar
viciar
encarroñar
inficionar
infectar
infeccionar
cariar
envenenar

corromperse
pudrirse
dañarse
averiarse
marearse
sentirse
echarse a perder
descomponerse
macarse
picarse
recalentarse
ventearse
aventarse
enranciarse
ranciarse
carcomerse
corcarse
modorrarse
calecerse
caroncharse
alunarse
abombarse
zocatearse
acamarse
priarse
arder
estar tocado
» sentido

pudridero
podridero

corruptor
corrompedor
corruptivo
corrumpente
putrefactivo
séptico

podrido
pútrido
corrupto
putrefacto
infecto
carro
carroño
caronchoso
gusarapiento
pasado
pocho
tábido
cedizo
trasnochado
rancio
macarro

corruptible
putrescible
incorruptible
imputrible

corruptamente
corrompidamente

—

CORSARIO
(V. *Piratería*)

CORSÉ (10)

corsé
justillo
ajustador
jubón
cotilla
emballenado
apretador
cubrecorsé

ballena
elástico
ojetera

encorsetar
encorselar
emballenar
ceñir

corsetera
cotillero
emballenador

corsetería

—

CORSO
(V. *Piratería*)

—

CORTAR
(V. *Corte*)

—

CORTE (20)

corte
arte cisoria
estereotomía

corta
cortadura
división
separación
hendura
sección
bisección
disección
trisección
intersección
cruce

incisión
resección
cisión
cisura
cesura
chirlo
herida
ablación
extirpación
autopsia
vivisección
cirugía
tajo
taja
tajadura
tajamiento
retajo
talla
farda
tijeretada
tijerada
tijereteo
cospe
tarja
escote
escotadura
muesca
abscisión
cercenadura
cercenamiento
amputación
truncamiento
tronca
tala
siega
poda
tonsura
esquileo
desmoche
desmocha
desmochadura
castración
circuncisión
mutilación
degollación
decapitación
muerte

recorte
recortadura
cala
entrecortadura
despalme
despezo
picadura
ralladura

cortar
dividir
escindir
trozar
retazar
separar
disecar
bisecar
trisecar
filar
tajar
talar
atorar
aserrar
serrar
rebanar
rebanear
trinchar
llevar
entrecortar
retajar
romper
abrir
marlotar
sajar
amputar
circuncidar
tundir
pelar
trasquilar
tresquilar
tonsurar
motilar
rasurar
afeitar
rapar
mondar
esquilar
atusar
hacer las uñas
recortar
cercenar
encentar
encetar
decentar
escotar
descotar
podar
desmontar
chapodar
segar
repeler
descabezar
desmochar
mochar
truncar
destroncar
troncar
tranzar
rallar
roer
morder
picar
hacer jigote
mutilar
decapitar
desjarretar
jarretar
derrabar
rabotear
descolar
degollar
guillotinar

cortarse
intersecarse

partidor
micrótomo
plegadera
sacabocados
formón
hacha
cuchillo
guillotina
hoz
podadera
podón
calabozo
calagozo
bodollo
tijeras
sierra
escoplo
cincel
espada
arma blanca
filo

tajo
tajadero
tajadera
tajón

cercenadura
retajo
perfil
sección
pedazo
parte
muñón
raja
recortes
acortadijos
desperdicio
residuo

cortador
buena tijera

cortante
tajador
tajante
cercenador
circuncidante
trinchador
trinchante
mutilador
incisivo
incisorio
secante
bisector
bisectriz

truncado
cérceno
escotado
circunciso

cercenadamente
cercén
cércene
a cercén
de raíz
al rape

—

CORTEDAD (17)

cortedad
brevedad
concisión
pequeñez
escasez
acortamiento
alcorce
disminución

acortar
acorzar
alcorzar
reducir
menoscabar
contraer
disminuir
encoger
abreviar
atajar
atrochar

corto
curto
breve
estrecho
escaso
truncado
pequeño
chato
bajo
rabanero
rabicorto

—

CORTES
(V. *Asamblea*)

—

CORTÉS
(V. *Cortesía*)

—

CORTESANO
(V. *Rey*)

—

CORTESÍA (26)

cortesía
cortesanía
urbanidad
civilidad
cultura
educación
buena crianza
finura
distinción
afinamiento
perfiles
elegancia
delicadeza
delicadez
atención
gentileza
deferencia
obsequiosidad
pleitesía
rendibú
galantería
política
policía
diplomacia
comedimiento
tacto
mesura
moderación
corrección
respeto
modo
consideración
afabilidad
honestidad
caravana
sumisión
trato

palabras de buena crianza
buenos modales
expresiones
memorias
recuerdos
recados
cariños
saludos
saludes
encomiendas
fineza
obsequio
favor
cortejo
agasajo
caricia
cumplido
cumplimiento
tiquismiquis
tiquis miquis
patarata
azanahoriate
zanahoriate
etiqueta
afectación
libertad
llaneza
naturalidad
confianza
saludo
despedida
ceremonia
protocolo
reverencia
venia
inclinación
zalema
zaloma
zalamelé
mocha
buz
genuflexión
abrazo
visita
acogimiento
congratulación

urbanizar
pulir
afinar
educar
enseñar

afinarse
hablar bien
hablar bien criado
cumplir con
» por
visitar
cumplimentar
presentar sus respetos
encomendarse
saludar
alargar la mano
tender la mano
» una mano
apretar la mano
besar la mano
» los pies
estar a los pies de
despedirse
ceder el paso
hacer el buz
acoger
acompañar
obsequiar
agasajar
invitar
convidar
brindar
guardar ceremonia
hablarse de gorra

cortés
cortesano
urbano
tratable
fino
atento
correcto
distinguido
cumplido
afable
político
civil
delicado
galante
deferente
rendido
obsequioso
considerado
comedido
acomedido
educado
bien educado
bien enseñado
bienhablado
aristocrático
caballeroso
hombre de distinción
cumplimentero
etiquetero
ceremonioso
ceremoniero
ceremoniático
politicón
cortesanazo
formulario

cortésmente
cortesanamente
urbanamente
civilmente
distinguidamente
consideradamente
por cumplir
de, o por, cumplimiento
por ceremonia
de ceremonia

a la disposición de usted
para servir a usted
mejorando lo presente
Dios amanezca a usted con bien
servidor

—

CORTEZA (5)

corteza
cortezón
cortezuela
crústula
cáscara
cascarón
peladura
pela
costra
toba

líber
albura
alburno
alborno

corcho
casca
taño
toza
roña

quina
quinaquina
cincona
cascarilla
quebracho
macis
erizo
coco
tarsana
curtidos

descortezar
descascarar
pelar
mondar

descortezamiento
descortezo
descortezadura
descasque

descortezador
pelador
cascarillero

cortical

—

CORTINA
(V. *Tapicería*)

—

CORTO
(V. *Cortedad*)

—

CORVO
(V. *Curvatura*)

—

COSECHA (36)

cosecha
siega
agosto
agostillo
recolección
cobranza
frutos
cogida
guilla
chapisca
vendimia
brusco
rebusca
rebusco
vendeja
producción
rendimiento
esterilidad

cosechar
coger
recoger
agostar
vendimiar
esquilmar
tapiscar.
antecoger
varear

batojar
apalear
pertiguear
ordeñar
dimir
derrengar
solmenar
destorgar
alzar
» de eras
levantar de eras
rebuscar
racimar
espigar
respigar
cerrebojar

cosecha
cogida
varea
vareo
vareaje
espigueo
espigajo

agosto
verano
meses mayores
mies
rosa

cosechero
vendimiador
vareador
abaleador
apurador
remecedor
arriscador
dimidor
espigadora
espigadera
respigador
bellotero
rosero
cafetera

cogedera
derrengo
gorguz
manganilla
zanga
cuévano
sacadera
árguenas
árgueñas
talega
alguinio

—

COSECHAR
(V. *Cosecha*)

—

COSER
(V. *Costura*)

—

COSMÉTICO
(V. *Afeite*)

—

COSQUILLAS
(V. *Picor*)

—

COSTA
(V. *Ribera*)

—

COSTOSO
(V. *Encarecimiento*)

—

COSTUMBRE (26, 31)

costumbre
hábito
vezo
uso
regla
usanza
estilo
moda
pie
práctica
experiencia
método
conducta
virtud moral
rito
solía
rutina
tradición
maña
manía
corruptela
arregosto
automatismo
querencia
vicio
desuso

habituación
connaturalización
aclimatación
radicación
habitualidad
folklore
demosofía
costumbrismo
indigenismo
esnobismo
snobismo
derecho consuetudinario
albedrío

acostumbrar (intr.)
soler
usar
practicar
contraer
gastar
estilar
tener por flor
dar en la flor
dar en la tecla

estilarse
estar de moda
ser moda
» de moda
» del día
correr
ser de rúbrica
salir una moda
introducir

acostumbrar (tr.)
avezar
vezar
habituar
familiarizar
aclimatar
hacer
curtir
foguear
aguerrir
malvezar

hispanizar
españolizar
españolear
afrancesar
helenizar
acriollarse

enseñarse
darse a
entrar en
familiarizarse
hacerse familiar
nacer [de
tomar el chorrillo
irse por el chorrillo
andar al uso
hacer de las suyas

connaturalizarse
encallecerse
criar callos
hacer callos
tener callos
amalvezarse
regostarse
arregostarse

costumbrista

cristianesco
helenista
españolado
afrancesado

folklórico
indigenista

habitual
consuetudinario
no escrito
ritual
rutinario
rutinero
frecuente
común
corriente
convencional
acostumbrado
familiarizado
mostrado
enseñado
avezado
inveterado
baqueteado
envejecido
encallecido
sólito [liente
corriente y moliente
usado
usual
proverbial
sacramental
cursado
actuado
hallado
insólito
desacostumbrado
infrecuente

acostumbradamente
habitualmente
por lo común
usualmente
usadamente
vulgarmente
comúnmente
inveteradamente
a uso
al uso
ad úsum
a fuero
al fuero
a mi modo
a tu modo
de carrerilla
a la moderna
» » antigua
» » española
» » francesa
» » veneciana
» » valona, etc.

—

COSTURA (10)

costura
labor
» blanca
cosido
recosido
cosedura
encosadura
remiendo
zurcidura
deshiladura
vestidura
bordado
encaje

coser
labrar
apuntar
hilvanar
aparar
guitar
embastar
bastear
puntear
pegar
rematar
recoser
sobrecargar
sobrecoser
pespuntar
pespuntear
ribetear
cabecear
sobrehilar
dobladillar
entornar
repulgar
meter
acolchar
colchar
acolchonar
forrar
acojinar
remendar
zurcir
recoser
repasar
cusir
corcusir
entretallar
descoser
desapuntar
deshilvanar
deshilar
desfilachar
deshilachar
deshebrar
calar
desflecar
desflocar
desenhebrar
descoserse
deshilarse
nacerse

costura
costurón
cosido
puntada
tranco
derechuelo
dechado
diente de perro
hilván
basta
baste
embaste
paso
pasada
pasillo
punto
punto por encima
pestaña
filete
bastilla
sobrehilado
sobrehílo
dobladillo
repulgo
entorno
candelilla
jareta
jaretón
cadeneta
pespunte
medio pespunte
lomillo
guardilla
deshilado
vainica
vainilla
calado
enrejado

remiendo
zurcido
zurcidura
corcusido
culcusido
culo de pollo

costurera
labrandera
laborera
pespuntador
ribeteador
zurcidor
zurcidora
zurcidera
vainiquera
cortador
chalequera
pantalonera
(sastra, sastre, etc. V. *Vestidura*)

aguja
alfiler
hilo
hebra
oqueruela
dedal
alferga
rempujo
costurero
almohadilla
cojinete
punzón
canilla
lanzadera
tabaque
taller
probador
(moda, figurín, etc. V. *Vestidura*)

cosible
inconsútil

—

COSTURERA
(V. *Costura*)

—

COTA
(V. *Armadura*)

—

COTEJAR
(V. *Comparación*)

—

COTEJO
(V. *Comparación*)

—

COTILLA
(V. *Corsé*)

—

CRANEAL
(V. *Cabeza*)

—

CRÁNEO
(V. *Cabeza*)

—

CRASO
(V. *Grasa*)

—

CREACIÓN
(V. *Hacer*)

—

CREAR
(V. *Hacer*)

—

CRECER
(V. *Crecimiento*)

CRECIMIENTO (8)

crecimiento
recrecimiento
desarrollo
estirón
aumento
incremento
subida
progresión
creces
medra
medro
medros
intususcepción
yuxtaposición
vegetación
gigantismo
enanismo
raquitismo

crecer
sobrecrecer
hacerse
formarse
desarrollarse
granar
engordar
envaronar
madurar
prevalecer
medrar
desenvolverse
subir
trepar
espumar [puma
crecer como la espuma
subir de punto
espigarse
dar un estirón
crecer a palos
» como la mala hierba

crecido
espigado
buen mozo
alto
grande
adulto
fuerte
raquítico
redrojo

creciente
sobrecreciente
ascendente
crecedero

—

CRÉDITO
(V. *Deuda*)

—

CRÉDULO
(V. *Creencia*)

—

CREENCIA (1, 23)

creencia
fe
crédito
credulidad
creederas
tragaderas
tragaderos
convicción
convencimiento
fanatismo
tragantona

verosimilitud
credibilidad
certidumbre
confianza
duda
suposición
conjetura
(opinión, parecer, etc. V. *Juicio*)
incredibilidad

dogma
artículo de fe [fe
protestación de la
protesta de la fe
misterio
evangelio
credo
símbolo de la fe
» de los Apóstoles
dogmatismo
dogmática
religión
superstición
incredulidad

creer
juzgar
reputar
tener por
profesar
estimar
imaginarse
figurarse
pensar
opinar
hacérsele a uno
entender
esperar
consentir
admitir
adoptar
fiarse
parecerle a uno
estar uno en una cosa
tener para sí
darse por
creerse de uno
prestar fe
dar crédito
dar asenso
dar oídos [rrado
creer a puño ce-
» de ligero
creerse de ligero
» del aire
tragar
tener buenas tragaderas [cosa
tragarse alguna
» la píldora
tragárselas como ruedas de molino
comulgar con ruedas de molino
creer en brujas
dejarse engañar

profesar
creer
protestar
afirmar
dogmatizar
fanatizar
persuadir

creyente
confesor
crédulo
creedor
milagrero
confiado
papanatas
bonachón
cándido
visionario
fanático
soñador
incrédulo
dogmático
dogmatizante
dogmatizador
fanatizador
confesional

creíble
creedero
persuasible
verisímil
verosímil
probable
posible
plausible
valido
fidedigno
increíble

dogmáticamente
crédulamente

—

CREER
(V *Creencia*)

—

CRÍA (6, 37)

cría
criatura
feto
aborto
parto
rastra
cachorro
esguín
(pavezno, V. *Pavo*)
osezno, (V. *Oso*, etc.)
larva
pollo
hijo
niño

camada
cama
cría
lechigada
ventregada
cachillada
ganado menudo
cresa

criar
parir
formar
educar
amansar
enseñar
destetar
aborrecer
aburrir
abandonar

embriología
generación
parto
nacimiento
zootecnia
ganado

—

CRIADO
(V. *Servicio*)

—

CRIBA
(V. *Cribado*)

—

CRIBADO (20)

cribado
acribadura
cernido
cernidura
ahecho

cribar
acribar
cerner
cernir
pasar
colar
filtrar
peñerar
arelar
ahechar
aechar
albainar
jorcar
porgar
garbillar
zarandar
azarandar
zarandear
tamizar
despajar
desgranzar
separar

cribador
acribador
ahechador
garbillador
zarandador
zarandero
despajador

espumadera
pasapurés

criba
cribo
cándara
harnero
harneruelo
zaranda
zarandillo
cedazo
cedacito
cedazuelo
maritata
tamiz
tambor
graneador
granador
rompedera
peñera
vano
rallo
triguero
triguera
arel
juera
porgadero
cernedor
manare
garbillo
harnero alpistero
cedazo eléctrico
torno
cernera
varillas
cernedero
cernidero

granzas
barcia
residuo

ahechadero
cernedero

cedacero
harnerero

cedacería

—

CRIBAR
(V. *Cribada*)

—

CRIMEN
(V. *Delito*)

—

CRIPTÓGAMA (5)

hongo
alga
espora
esporo
ova
helecho
cola de caballo
polvo de tierra
liquen
urchilla
pulmonaria
licopodio
empeine
musgo
musco
verdín
rumiaco
lama
lapa
moho
bacteria

musgoso
criptógamas
acotiledóneas
talofitas
azoleas
hepáticas
equisetáceas
polipodiáceas

—

CRIPTOGRAFÍA (28)

criptografía
abreviatura
poligrafía
clave
contracifra
cifra
criptograma
anagrama
jeroglífico
tinta simpática

descifre
criptoanálisis

cifrar
descifrar

polígrafo

criptográfico
secreto
poligráfico
acróstico
bustrófedon

—

CRISTAL (2, 4)

cristal
vidrio
cristalización
mineralogía
dualidad
dimorfismo
isomorfismo
drusa
crucero
árbol de Diana
aguas madres
sistema
cristalografía
polarización
refracción
doble refracción

arista
cara
faceta
eje
simetría

cristalizar

cristalino
hialino
transparente
cristaloide
cristalográfico
isógono
isomorfo
dimorfo
monobásico
cristalizable
incristalizable

—

CRISTALIZAR
(V. *Cristal*)

—

CRISTIANISMO (1)

cristianismo
cristiandad
doctrina cristiana
catolicismo
fe católica
protestación de la fe
neocatolicismo
evangelio
evangelismo
catolicidad
ortodoxia
religión
apologética
heterodoxia
protestantismo

catequizar
acristianar
cristianizar
catolizar
evangelizar
descristianizar
descatolizar

catequismo
catequesis
cristianización
catolización
evangelización
reducción
descatolización

Jesucristo
catecismo
doctrina cristiana
pasto espiritual
Evangelio
Biblia
dogma
decálogo
mandamiento
precepto [vo
» afirmati-
» negativo
oraciones
ágape
cruz
lábaro

catequista
catequizante
doctrinero

cristiano
fiel
nazareno
cristiano viejo
» nuevo
ortodoxo
libelático
copto
cóptico
cofto
rumí
cautivo
mozárabe
almozárabe
muzárabe
muladí
maronita
armenio
católico
papista
neocatólico
neófito
catecúmeno
competente
catolicísimo
iglesia

cristiano (adj.)
cristianesco
católico
romano
catequístico

cristianamente
católicamente

—

CRISTIANO
(V. *Cristianismo*)

—

CRISTO
(V. *Jesucristo*)

—

CRÍTICA (24, 29)

crítica
» constructiva
censura
juicio
reseña
recensión
análisis
criticismo
hipercrítica

criticar
critiquizar
censurar
juzgar
analizar

crítico
censor
aristarco
zoilo
hipercrítico
criticastro
escalpelo

crítico (adj.)

—

CRONOLOGÍA
(V. *Fecha*)

—

CRONOLÓGICO
(V. *Fecha*)

—

CRONOMETRÍA
(V. *Reloj*)

—

CRUCE (17)

cruce
cruzamiento
entrecruzamiento
entrelazamiento

atravesamiento
intersección
cruz (la)
corte
encrucijada
cruzada
crucero
empalme
cuadrivio
bifurcación
confluencia
enrejado
línea transversal

cruzar
entrecruzar
contrapear
atravesar
pasar
entrelazar
tejer
cruzarse
intersecarse

crucial
cruzado
entrecruzado
diagonal
trivial

—

CRUEL
(V. *Crueldad*)

—

CRUELDAD (14, 26)

crueldad
crueza
inclemencia
severidad
inmisericordia
ira
impiedad
inhumanidad
maldad
perversidad
desalmamiento
insensibilidad
sevicia
aborrecimiento
envidia
saña
iras
ensañamiento
refinamiento
sadismo
encarnizamiento
fiereza
ferocidad
dureza
brutalidad
bruteza
violencia
salvajismo
canibalismo
barbarie
incultura
atrocidad
barbaridad
horror
monstruosidad
truculencia
judiada
gustazo
venganza

encruelecer
excitar
incitar
irritar

encruelecerse
endurecerse
empedernirse
ensañarse
encarnizarse
cebarse

tener malas tripas
» un corazón de bronce
» pelos en el corazón
no tener corazón
no tener entrañas
no tener prójimo

nerón
verdugo
sayón
barbarote
fiera
tigre
monstruo
pirata
troglodita
cuaima
atravesado
vándalo
beduino
caribe
alarbe
cafre
caníbal
caribal

cruel
cruento
inhumano
inhumanitario
deshumano
inclemente
riguroso
implacable
inexorable
impío
impiedoso
impiadoso
incompasivo
incompasible
inhospitalario
duro
insensible
empedernido
apedernalado
desnaturalizado
desapiadado
despiadado
desalmado
crudo
atroz
acerbo
truculento
sañudo
sañoso
crudelísimo
feroz
feroce
feral
sanguinoso
sangriento
sanguinario
sanguino
encarnizado
carnicero
bárbaro
brutal
neroniano
sádico

cruelmente
cruentamente
crudelísimamente
bravamente
inhumanamente
acerbamente
atrozmente [te
incompasivamen-
impíamente
despiadadamente
desapiadadamente
desalmadamente
sañosamente
sañudamente
encarnizadamente
sanguinariamente
sangrientamente
de muerte

—

CRUSTÁCEO (6)

crustáceo
cirrípedos
cirrópodos
anfípodos
podoftalmos
macruros
braquiuros
palinúridos
gámaros
decápodos

marisco
langosta
matacandil
palinuro
bogavante
elefante marino
lobagante
lubricante
lubigante
cabrajo
cigala
cigarra de mar
galera
langostino
langostín
cangrejo de mar
cámbaro
carramarro
cangrejo moro
araña de mar
centrina
centollo
centolla
centola
masera
noca
nocla
andarica
boca de la isla
meya
apancora
barrilete

cangrejo
cangrejuelo
cárabo
ástaco
jaiba
taracol

camarón
cámaro
gámbaro
gamba
esquila
quisquilla
carabinero
acocil
ermitaño
paguro
bernardo
piojo de mar

percebe
pie de cabra
escaramujo
bálano
pico
pie de burro
pinuca

cochinilla
milpiés
puerca
porqueta
gusano de San Antón
insecto
cefalotórax
carapacho
caparazón
anillo
boca
cirro
antena
cuerno
pinza
mandíbula
pedúnculo
artejo
tentáculo
tiento
ojo de cangrejo
caro

cetaria
cangrejera
cangrejero
ciguatera

cangrejero

—

CRUZ (1)

cruz
» latina
» patriarcal
» de Caravaca
» de Calatrava
» de Alcántara
» de Santiago
» de Montesa
» de San Antonio
» griega
» de Jerusalén
» potenzada
» cableada
» de Malta
» de San Andrés
» de Borgoña
» flordelisada
» gamada
esvástica
svástica

condecoración
cruz sencilla
encomienda
gran cruz
aspa [drés
» de San An-
cruceta
muletilla
compuesta

cruz (la)
señal de la cruz
lígnum crucis
crucifijo
cristus
guión
lábaro
crismón
vía crucis
calvario
humilladero
maya

martillo
pectoral
la laureada

árbol de la cruz
brazo de cruz
peana
pedestal
inri
manga
carcaj

cruzar
signar
persignar
santiguar
bendecir
crucificar
aspar
descruzar

crucificador
crucifixor
crucificado
crucifixión
crucero
crucífero
crucígero
cruciferario

cruciforme
crucial
paté
cruzado
entrecruzado

en cruz

—

CRUZAR
(V. *Cruce*)

—

CUADERNO
(V. *Libro*)

—

CUADRA
(V. *Establo*)

—

CUADRADO
(V. *Cuadrilátero*)

—

CUADRILÁTERO (17)

cuadrilátero
tetrágono
paralelogramo

cuadrado
cuadro
cuadrete
jaquel
escaque
casilla
marco
cuadrícula
rectángulo
cuadrilongo
rombo
rustro
losange
alegría
romboide
trapecio
trapezoide

cuadrar
cuadricular
encuadrar

cuadrilátero
cuadrangular
cuadrado
cuadro
cuadriforme
cuadriculado
cuadricular
cuadrante
ajedrezado
jaquelado
escaqueado
rectangular
cuadrilongo
rombal
romboidal
trapecial
trapezoidal

en cuadro

—

CUADRUMANO
(V. *Mono*)

—

CUADRÚPEDO (6)

cuadrúpedo
cuadrúpede
cuatropea
cuadropea
bestia
bicho
res
cabeza
abortón
abortín

badán
cuarto
» delantero
» trasero
pecho
encuentros
lomos
cruz
delgados
cía
cuadril
culo
anca
anqueta
grupa
pernil
nalgada
extremidades
pierna
bragada
brazo
brazuelo
caña
codillo
codo
corvejón
rodilla
babilla
babada
menudillo
corvejón
jarrete
tarso
animal
elefante
jabalí
cerdo
caballería
caballo
mulo
asno
rumiante
ganado
conejo
ratón
lobo
perro
gato
zorra
oso, etc.

amblar

cuadrupedal
cuadrupedante
lunanco

—

CUAJAR
(V. *Sólido*)

—

CUALIDAD (15)

cualidad
calidad
categorema
atributo
adjetivo
propiedad
propio
esencia
modo
naturaleza

condición
índole
rango
estofa
ley
tenor
clase
especie
suerte
raza
linaje
casta
ralea
laya
jaez
calimbo
pelaje
aspecto
muestra
calaña
metal
papel
carácter
caracterismo
cuantía
circunstancia
particularidad
calificación
epíteto
nota

bondad
maldad

calificar
adjetivar
apreciar
diputar
conceptuar
tener por
graduar
acondicionar
atribuir
determinar
clasificar
particularizar

ser
tener
adquirir
acondicionarse

calificador
calificativo
calificable
cualitativo
atributivo
adjetivo
abstracto
característico
acondicionado

calificadamente
en abstracto
como
en calidad de

—

CUARESMA (1, 21)

cuaresma
cuarentena
vieja
cuadragésima
quincuagésima
sexagésima
septuagésima
miércoles de ceniza
día de ceniza
miércoles corvillo
carnal
ramadán
ayuno
semana santa
festividad
domingo de Piñata

tomar la ceniza

miserere
cuaresma (libro)

cuaresmal
cuadragesimal

—

CUARTEL
(V. *Alojamiento*)

—

CUARZO
(V. *Sílice*)

—

CUBA (20)

cuba
cubeta
cubeto
bota
tonel
tonelete
pipa
pipote
cuñete
bocoy
barril
barrilete
barrilejo
barril bizcochero
barrica
tabal
anclote
belasa
almacén de agua
candiota
carral
cuarterola
tercerola
bajillo
casco
castaña
tina
combo
poíno

pipería
barrilería
barrilamen
barrilaje
tonelería
vasija
carrizada

fondo
frontal
témpano
tímpano
tiesta
sobanda
jable
tesón
emboza

duela
doga
cerco
arco
zarcillo
cello
liaza
cincho
cinchón
rumo
sotalugo

espita
espiche
espicha
grifo
dúcil
canilla
canillero
piquera
bitoque
falsete
botana

recebo
fondo
fondillón
madre
solera
sedimento

enarcar
ruñar
tempanar
cazumbrar
enjablar
encubar
abatir la pipería
embarrilar
entonelar

tonelero
cubero
candiotero
barrilero
arquero
carralero
cazumbrón
embarrilador

gato
abonador
sacafondos
sacafondo
abladera
doladera
dolobre
cuchillón
argallera
cazumbre
doladura

tonelería
cubería
tonelada

tonelería (taller)
barrilería
cubería
bodega

tonelero
fondado
abatido
avinado
acubado

—

CUBIERTA
(V. *Cubrimiento*)

—

CUBIERTO (9)

cubierto
servicio
posada
cucharal

cuchara
cuchar
cucharón
hataca
cuchareta
cucharilla
cuchar herrera
gallón

cucharetear
servirse

tenedor
trinche
trinchante
cuchillo
servilletero
mantelería
plato, etc.
minuta
servicio de **mesa**

cucharetero
cucharero
acucharado

—

CUBIL (37)

cubil
cubilar
guarida
abrigadero
albergue
manida
lobera
zorrera
raposera
osera
venadero
madriguera
hura
vizcachera
ratonera
cado
conejera
gazapera
topera
topinera
tejonera
huronera
querencia
dormida
nido
corral
establo
jaula

amadrigarse

—

CUBRIMIENTO (20, 28)

cubrimiento
ocultación
envolvimiento
cubierta
montera
sobrehaz
cobija
cobertura
tapadura
caparazón
sobrecubierta
cielo
paramento
tejado
empizarrado
cobertizo
caramanchel
tienda
entalamadura
toldillo
toldo
baca
capota
capirote
revestimiento
recubrimiento
revestido
entablación
entabladura
entable
envoltura
integumento
alfombra
entapizada
capa
tanda
tongada
lámina
imbricación
traslapo
solapo
embalaje
retobo
forro
cartera
carpeta

faja
funda
sobre
manguita
fanal
capelo
costra
encostradura
toba
tastana
baño
untadura
empegadura
tapadillo
embozo
rebujo
sombrero
capa
manta
tapiz
abrigo
vestidura
calzado
armadura
guarniciones

cubrir
recubrir
cobijar
cubijar
encobijar
forrar
enterrar
zafar
empedrar
revestir
traslapar
solapar
pisar
anublar
añublar
aterrar
arenar
enarenar
encenizar
encostrar
incrustar
empastar
bañar
almibarar
confitar
garapiñar
empegar
betunar
embetunar
abetunar
restañar
encauchar
entamar
velar
correr
coger
entoldar
toldar
entalamar
empavesar
abovedar
ensabanar
enmantar
entapizar
encubertar
entrapajar
felpar
arpillar
empergaminar
encorar
retobar
empellejar
entorchar
antorchar
ensogar
enserar
entablar
planchear
laminar
empelechar
enmaderar
enlatar
empapelar
encespedar
espartar

enjuncar
enzarzar
quinchar
enhenar

encasquetar
calar
encapotar
encapuchar
encapuzar
encapirotar
embozar
rebozar
arrebozar
arropar
velar
vestir

cubrirse
vestirse
tocarse
encasquetarse
emburujarse
tapujarse
taperujarse
tapirujarse
arrebujarse
rebujarse
encapotarse
encapucharse
encapuzarse
embozarse
arroparse
rebozarse
cobijarse
velarse

cubriente
cobijador
incrustante

cubierto
encobertado
encorazado
empergaminado
enlanado
encapullado
costroso
crustáceo

—

CUBRIR
(V. *Cubrimiento*)

—

CUCURBITÁCEAS (5)

cucurbitáceas
melón (planta y fruto)
meloncillo
meloncete
melón de Indias
» de la China
» chino
meloncillo de olor
andrehuela
pepe
vaharera

sandía (planta y fruto)
zandía
pepón
melón de agua
badea
albudeca
cidra cayote
chilacayote
chirigaita

calabaza
» bonetera
» pastelera
» confitera
» totanera
» vinatera

guaje
calabazo
calabazón
calabazona
nadadera
zapallo
ayote
auyama
tol
acocote
calabacín
calabacino

pepino (planta y fruto)
pepino zocato
cohombro (planta y fruto)
cogombro
cohombrillo
cohombrillo amargo
cogombrillo
pepino del diablo
alficoz
alpicoz
calabacilla
badea

lechosa
tayuyá
tacaco
ayote
chayotera
chayote
chote
cayote
cayota
cayapona
hortaliza

catabre
catabro

cama
cala
raja
caladura
melera

melonar
sandiar
calabazar
calabacera
ayotera
pepinar

calar

melonero

calabacero
calabacera

escrito
navideño
de cuelga

—

CUCHARA
(V. *Cubierto*)

—

CUCHILLO (9, 34)

cuchillo
cuchillejo
cuchillón
cuchillazo
cerda [rrero
cuchillo mango-
serranil
sacabuche
cañivete
canivete
tajamar
belduque
boga
mojarra
guadijeño
buchillo
bullón
dolabro
doladera
desguince
corvillo
chaira
cheira
chifla
tranchete
trinchete
recura
flamenco
mangorrera
chongo
faca
jifero
falce
falceño
carro falcado
cuchilla
cuchilleja
tajadera
cercenadera

navaja
navajuela
navajón
herramienta
machetona
alfiler
charrasca
perica

navaja de afeitar
hoja de afeitar
verduguillo
semanario
navajero

cortaplumas
tajaplumas
raspador

machete
cuma
quimbo
machinete
peinilla [tros
descuernapadras-
terciado
Juan machir
marrazo
bolo
macana
hoz
guadaña
(podadera, etc. V. *Poda*)
guillotina

lanceta
bisturí
escalpelo
escalplo
estira
pala
plegadera
lengüeta
descarnador
escarlador
daga
puñal
bayoneta
cuchillo bayoneta
» de monte

cubo
hoja
punta
filo
embotamiento
canto
recazo
cazo
lomo
filván
mango
cacha
muelle
golpetillo
vaina

empalmarse
encachar
anillar [ta
armar la bayone-
calar la bayoneta
cortar
herir
acuchillar
amachetear
machetear

cuchillada
cuchillazo
navajada
navajazo
macanazo
machetazo
bayonetazo
jiferada
viaje
sacabuche

cuchillería
cuchillero
acuchillador
cultrívoro

cuchillar
cultelado
cachicuerno

—

CUELLO (*Anat.*) (6, 7)

cuello
garganta
gollete
pescuezo
gaita
(laringe, etc. V. *Garganta*)
cerro
cogote
morrillo
degolladero
cerviz
cerviguillo
pestorejo
tozuelo
tozo
papo
occipucio
nuca
papada
nuez
(faringe, etc. V. *Tragadero*)
gatillo
hoyuela
hoyuelo
parótida
yugular
tiroides
tolano
pelo
cabello

degollar
descervigar
acogotar
acocotar
apercollar
estrangular
estozar
acollarar
acollarse
ahogar
ahorcar
guillotinar

degüello
degolladura
degollación
descervigamiento
estrangulación
parotiditis
tortícolis
torticolis
bocio
papera
papo
coto
cantimplora

degollador
degollante

cuellilargo
cuellierguido
cuellicorto
cervigudo
cogotudo
pescozudo
cervical
cervicular
occipital

—

CUELLO
(*Indum.*) (10)

cuello
foque
cuello acanalado
» alechugado
» apanalado
» escarolado
» postizo
» **planchado**
lechuguilla
gorguera
cuello duro (supl.)
» de pajarita (supl.)
» blando (supl.)

gola
golilla
collarín
gargantilla
gollete
abanillo
valona
escarola
marquesota
sobrecuello
arandela
maragato
alzacuello
esclavina
bobo
bobillo
abanino
cangilón
bies
tirilla
hopo
camisa
abrigo

estola
boa
orario
palatina
piel

bufanda
tapaboca
tapabocas

corbata
corbatín
chalina
plastrón
cogotera
alfiler de corbata
fistol
pasador
collar
abridor

desgolletar
descotar, -se
escotar, -se
corbatero

corbatería

engolado
engolillado
enlechuguillado

—

CUENTA (22, 35)

cuenta
cuentezuela
cálculo
calculación
matemáticas
cómputo
cuento
computación
suputación [cial
cálculo pruden-
cábala
enumeración
cuenta de la vieja
cuentas del Gran Capitán (las)
recuento
razón
epilogismo
presupuesto
avance
balance

importe
importancia
total
montante
monta
monto

trabacuenta
trascuenta
gabarro
rescuentro

reparo
adición
glosa
glosilla

contar
computar
suputar
echar cuentas
echar la cuenta
tomar en cuenta
girar la cuenta
numerar
connumerar
meter en cuenta
calcular
tantear
presuponer
poner
ajustar
liquidar
finiquitar
saldar
defenecer [dos
contar por los de-

abrir cuenta
llevar la cuenta
» las cuentas
» los libros
facturar
tarjar
datar
adatar
cubrir la cuenta
abonar
acreditar
imputar
cargar
adeudar
cargarse
rescontrar
extornar
cerrar la cuenta
tomar cuentas
tomar razón
recontar
pelotear
puntear
tranquilar
cuadrar
intervenir
reparar
agraviar

importar
ascender
subir
montar
sumar
hacer
componer
llegar
alcanzar
quedar alcanzado
salir
valer
costar

cuenta
capital
interés
asiento
abono
descuento
adeudo
solvencia
rescuentro
arqueo
balance
liquidación
transferencia
inventario
levantamiento
finiquito
defenecimiento
saldo
albaquía
glose
tanto por ciento
percentaje
porcentaje

contabilidad
teneduría de libros
partida doble
digrafía
cuenta corriente
banca [didas
ganancias y pér-
lucros y daños
avanzo
avance
partida
contrapartida
entrada
ingreso
egreso
salida
descargo
data
entrada por salida
haber
activo
debe
pasivo
capital líquido
superávit
déficit
descubierto
alcance

factura
recado
ajustamiento
receta
carta cuenta
estado
relación jurada
cuaderno
pandectas
trapacete
manual
libro de asiento
borrador

libro borrador
» diario [rio
» de inventa-
» de caja
» maestro
» mayor
» talonario
talonario
abonaré
(pagaré, efectos de comercio, etc. V. *Letra de cambio*)

contador
contable
calculador
computista
maestre racional
maestro racional
tenedor de libros
cajero
cuentadante
liquidador
interventor
malcontado

contaduría
contaduría general de valores
contaduría de provincia
contaduría general
» » de millones
contaduría mayor de cuentas
contaduría general de la Distribución
contaduría general del Reino
Tribunal de cuentas del Reino

tarja
tara
talla
ábaco
tablero contador
contal
contadero
caja registradora
máquina de calcular
aritmógrafo
baremo

contable
calculable
calculatorio
contadero
computable
numerable
numerativo
ascendiente
incalculable
incontable
sin cuento

líquido
ilíquido
bruto
neto

inclusive
exclusive

a buena cuenta
en descubierto

—

CUENTO
(V. *Narración*)

—

CUERDA (10, 20)

cuerda
cuerdezuela
cordezuela
cordería
cordelería
mazorca
ovillo
guindaleta
cordel
cordelejo
reinal
rainal
cordel de látigo
bramante
cáñamo
cazumbre
tramilla
hilo abramante
» bramante
» de acarreto
» de empalomar
» palomar
» de palomar
» de cartas
guita
mecate
sutileza
cabuya
laja
cocuiza
forrajera
huira
viento
aderra
tendel
látigo
lazo
baga
sobrecarga
cintero
terigüela
reata
apretadera
legadura
cordeta
agujetas
calzadera
cinta
(cordón, etc. V. *Pasamanería*)
hilo

maroma
cabo
estrenque
cable
» de alambre
cadena
toa
silga
sirga
andarivel
cuerda sin fin
briaga
estacha
tarabita

dogal
mancuerna
apea
manea
maneota
maniota
manija

soga
soguería
soguilla
cudria
lía
liatón
liaza
tomiza
libán
filete
hiscal
tralla
tralleta
traílla
treílla
crizneja
crezneja
beta
guasca
huasca
correa
honda
hondijo
hondilla
ramal
liñuelo
testigo

encordelar
acordelar
guitar
embrear
atar

cordelero
soguero
guitero
majagüero

cordelería
soguería
atarazana
cabestrería
galapo

funicular
palomar
acordonado
funiforme

—

CUERDO
(V. *Cordura*)

—

CUERNO (37)

cuerno
cornecico, -llo, -to
cuernezuelo
cornezuelo
cornete
cornamenta
cornadura
cuerna
herramienta
encornadura
cuatro orejas
asta
gama
cacho
cacha
madera del aire
pitón
punzón
punta
candil
garceta
husero
mogote
cercetas
hijo
redro
tiza
ballena
arma
vela
cuna

encornudar
apitonar
descorrear
desmogar
descornar
descogotar
escodar

cornear
acornar
acornear
amorcar
amurcar
topetar
topar
mancornar
embolar
apitonamiento
desmogue
cornada
cachada
amurco
paletazo
varetazo
hachazo
puntazo
morocada
mochada
topada
topetazo
encuentro

cornucopia
cuerno de abundancia
chifle
turullo
escodadero

rumiante
toro
oveja
cabra
tauromaquia

córneo
cornial
corniforme
ceratoideo
cornudo
cornalón
cornígero
astado
enastado
encornado
corniveleto
cornigacho
corniapretado
corniabierto
gacho
bicorne
tricorne
tricornio
mogón
despitorrado
cuatezón
cornúpeta
acorneador
corneador
topador
astiblanco
embolado
de cuatro orejas

—

CUERO
(V. *Piel*)

—

CUERPO (6, 7)

cuerpo
navío
árbol
gargamillón
coleto
corpachón
corpanchón
corpazo
el costal de los pecados
parte inferior
organismo
cadáver
carne

configuración
complexión
talle
contextura
hechura
organización
corpulencia
gordura
grosor
delgadez
estatura
altura

anatomía
anotomía
somatología
organología
organografía
esplacnología
esplacnografía
fisiología

región
lado
tronco
arca del cuerpo
badán
busto
torso
cabeza
cara
cuello
hombro
chueca
supraspina
pecho
escote
tabla
espalda
sobaco
encuentro
axila
islilla
aslilla
costado
lado
costillar
arca
cintura
cinto
talle
cinturón
cadera
rengadero
cuadril
regazo
falda
halda
ijada
ijar
vacío
hipocondrio
riñones
vientre
pubes
pubis
verija
vedija
ingle
bragadura
perineo
asentaderas

miembro
tercios
extremidades
cabos
brazo
mano
pierna
rodilla
pie

órgano
aparato
sistema
entraña
víscera
interiores
apéndice
ganglio
encéfalo
médula
ojo
nariz
oído
boca
garganta
bronquio
pulmón
corazón
estómago
vientre
ano
hígado
bazo
glándula
riñón
generación (órganos de la)
urinario (aparato)
histología
hueso
articulación
espinazo
diente
nervio
sangre
vena
humor
músculo
carne
carnosidad
carnecilla
carúncula
molledo
mollero
landrecilla
cartílago
piel
uña
cuerno
pelo
cabello
cola

seno
fosa
divertículo
pelvis
bacinete
vía
tubo
conducto
canal
canal torácico
vaso
» aferente
» excretorio
anastomosis
meato
emuntorio
válvula
comisura
lóbulo

encarnar
reencarnar
anatomizar
insertarse
disecar

encarnación
reencarnación
disección
disecación
autopsia
taxidermia

anatomista
anatómico
disector

anfiteatro anatómico

corporal
corpóreo
físico
constitucional
orgánico
organizado
complexionado

basilar
visceral
vascular
ventricular
eferente

saceliforme
bíceps
tríceps

frontal
temporal
subclavio
sobacal
axilar
pectoral
predorsal
mamario
epigástrico
dorsal
intercostal
subcostal
coxal
ciático
ceático
lumbar
abdominal
onfálico
umbilical
pubiano
pelviano
inguinal
inguinario
glúteo
sural
sacro
cerebroespinal

anatómico
anotómico
morfológico
organográfico

corporalmente
anatómicamente
salvo sea el lugar
salva sea la parte

—

CUESTA
(V. *Declive*)

—

CUESTIÓN
(V. *Problema*)

—

CUEVA
(V. *Caverna*)

—

CUIDADO (26, 27)

cuidado
atendencia
atención
vigilancia
diligencia
prudencia
reflexión
precaución
moderación
solicitud
celo
aplicación
preocupación
cuenta
cuido
curia
mimo
procuración
aviso
ojo
ojo avizor
esmero
aseo
pulcritud
amor
cariño
extremo
miramiento
escrupulosidad
minuciosidad
menudencia
puntualidad
cumplimiento
curiosidad
meticulosidad
refinamiento
impertinencia
cominería
nimiedad
primor
exactitud
corrección
perfección

cuidar
guardar
conservar
velar
guisar
atender

cuidar de
curar de
mirar por
tratar bien
popar
mimar
encargarse de
invigilar
guardarse
estar alerta
estar en todo
echar una vista
traer al ojo
no perder de vista
mirar por el virote
estar en sí
abrir el ojo
avivar los ojos
hacer estudio

esmerarse
extremarse
aplicarse
remirarse
despestañarse
desvelarse [nos
mirarse a las ma-
descuidarse
redondearse

cuidadoso
cuidoso
cuidante
curador
solícito
aliñoso
velador
negocioso
actuoso
activo
diligente
prevenido
próvido
esmerado
extremado
minucioso
mínimo
meticuloso
detenido
menudo
providente
concienzudo
nimio
curioso
escrupuloso
prolijo
pulcro
pulquérrimo
casero
casariego

cuidadosamente
solícitamente
alerta
alertamente
abonico
curiosamente
celosamente
ponderosamente
esmeradamente
elegantemente
desveladamente
minuciosamente
afinadamente
escrupulosamente
con todos cinco sentidos
pieza por pieza
como peras en tabaque
como oro en paño

¡atención!
¡aba! [asan carne
abre el ojo, que

—

CUIDADOSO
(V. *Cuidado*)

—

CUIDAR
(V. *Cuidado*)

—

CULINARIA
(V. *Cocina*)

—

CULO
(V. *Asentaderas*)

—

CULPA (26, 32)

culpa
» leve
» levísima
» lata
» jurídica
omisión
descuido
incumplimiento
tropiezo
caída
resbalón
desliz
deslizamiento
falta
lapso
yerro
error
culpa teológica
pecado
infracción
delito
fragilidad
flaqueza
imprudencia
culpabilidad
incurrimiento

incurrir
caer
deslizarse
resbalar
tropezar
cometer
pecar
tener o traer el faldón levantado

atribuir
echar la culpa
echar el muerto
hacer el cargo
cargar sobre
culpar
acusar
ser el dedo malo
exculpar
expiar

culpado
acusado
culpante
inocente
reo
culpable
culpabilísimo
frágil
incurso
irremisible
imperdonable

culpablemente
culpadamente
en descubierto
gravemente
venialmente

—

CULPABLE
(V. *Culpa*)

—

CULTIVAR
(V. *Cultivo*)

—

CULTIVO (36)

cultivo
culto
cultura
cultivación
labranza
laboreo
granjería
esquilmo
obrada
arada
beneficio
cainge
mujalata

agricultura
geoponía
geopónica
agrografía
agronomía
edafología
agronometría
economía rural
rotación de cultivo
silvicultura
selvicultura
arvicultura
praticultura
horticultura
floricultura
geórgica

cultivar
culturar
beneficiar
naturalizar
aclimatar
labrar
laborar
alijarar
arromper
artigar
roturar
escaliar
romper
desfondar
panificar
rozar
chapear
desboscar
desuñar
desgatar
arar
aricar
aladrar
arar yunto
cachar
labrar
aballar
acoyuntar
cabecear
barbechar
corar
milpear
labrar a cornijal
rajar los lomos
arar por lomos
alomar
alombar
forcatear
surcar
asurcar
desvolver
alzar
rearar
sobrearar
conrear
binar
mantornar
aparar
cruzar
volver
terciar
rebinar
cuartar
quintar
cohechar
agostar
cavar
recavar
entrecavar
escavanar
escabuchar
azadonar
acaballonar
amelgar
layar
lampear
jadiar
escardar
escardillar
carpir
sachar
sallar
resallar
desherbar
desyerbar
desrastrojar
excavar
aporcar
porcar
acohombrar
acogombrar
acollar
calzar
recalzar
amorillar
desaporcar
atetillar
ablaquear
desranillar
atablar
abancalar
gradar
traillar
tablear
rastrear
rastrillar
rastillar
escarificar
arrejacar
rejacar
colmatar
soguear
aperar

terrear
meteorizarse
otoñarse

roturación
meteorización
sazón
tempero
desazón
artiga
artica
roza
rozo
labor
vuelta
aradura
arada
chorra
surco
desrayadura
caballón
loba
cava
cavío
cavazón
cavadura
entrecava
excava
alumbra
escarda
escardadura
desyerba
deshierba
sachadura
resallo
barbechera
barbecho
cohecha
bina
binazón
binadura
terciazón
besana
abesana
reja
rastrillaje
rastrilleo
gradeo
azadada
azadazo
azadonada
azadonazo
acogombradura
aporcadura
ablaqueación
abono
riego
siembra
plantación
siega, etc.

cultivador
agricultor
agrícola
agrónomo [vo
capataz de culti-
ayudante de mon-
tes [mo
ingeniero agróno-
perito agrónomo
arboricultor
silvicultor
praticultor
arvicultor
horticultor
floricultor
viticultor

labrador
labriego
guillote
alijarero
quiñonero
quintero
veguero
terrazguero
terrajero
colono
llevador
torrero
labrantín
pelantrín
pegujalero
pegujarero
rehalí
rahalí

aperador
capataz
cortijero
vílico
hombre de campo
hombre del campo
campirano
rústico
gañán
destripaterrones
quintero
collazo
mercenario

sobrancero
huebrero
cachicán
manigero
manijero
sota
conde
mayoral
caporal [plaza
mozo de campo y
» de mulas
ranchero
chacarero
yanacón
yanacona
camilucho
temporal
temporil

arador
roturador
ahoyador
layador
escardador
escardadera
azadonero
cavador
cavaril
cavero
acoyuntero
coyuntero
binador
sallador
rozador
yuguero
yuntero
rastrillador
rastillador
rastreador
desyerbador
acogombrador
aporcador
deshojador
aparvador
chinampero
cabero

varada
gañanía [za
gente de gallaru-
» de capa par-
da
negrería

tierra
casa de labor
» de labranza
alquería
quintería
cortijo
estancia

yunta
par
revezo
yuntería
mancuerna
caballería

apero
aladrería
aliño
hierro
arado
carpidor
azada
pala
rastrillo
rastra
hoz
trillo
agavilladora
grada
horquilla
criba
coa
atabladera
traílla
recogedor
rufa
robadera

ruello
ruejo
andaraje
calcímetro

agrícola
agrológico
geopónico
agronómico
geórgico
agropecuario

cultivable
labradero
arable
rozable
culto
cultivado
sativo
labradoresco
labradoril

tornapeón (a)

—

CULTO (1)

culto
servicio
devoción
adoración
veneración
apoteosis
culto religioso
» sagrado
» interno
» externo
latría
culto de latría
» de dulía
» de hiperdulía
artolatría
culto indebido
» supersticioso
» superfluo
idolatría
angelolatría
demonolatría
luciferismo
pirolatría
heliolatría
egolatría
antropolatría
androlatría
necrolatría
zoolatría
ofiolatría
fetichismo
litolatría
falismo
totemismo
superstición
ocultismo

adorar
venerar
servir
oficiar
pontificar
celebrar
concelebrar
descubrir el Santísimo [tísimo
manifestar el San-
rezar
visitar
velar
andar novenas
correr las estaciones
santiguar, -se
signar
persignar, -se
inhalar
purificar
consagrar
hisopar
revestir
empaliar

idolatrar
gentilizar
ser de rúbrica
ocurrir

cantar
capitular
salmear

liturgia
ritual
ritualismo
ceremonia
rúbrica
rito
» simple
» doble
» semidoble
» mozárabe

día eclesiástico
témporas
tiempo de pasión
» pascual
quincuagésima
sexagésima
septuagésima
cuaresma
semana santa
tinieblas
mandato
angélica
adviento
calendario
festividad
adoración de los Reyes
flores de mayo

propiciación
sacrificio
misa
predicación
ofrenda
procesión
peregrinación
colecta
velaciones
rogativas
tedéum
exorcismo
bendición
exequias

oración
vía crucis
» sacra
calvario
vela
hora
cuarenta horas
estación
novena
novenario
infraoctava
octava
» cerrada
septenario
setenario
quinario
cuatriduo
ternario
triduo
trisagio
duenario

libación
lectisternio
misterios

santiguamiento
santiguada
santiguadera
santiguo
señal de la cruz
imposición de manos
inhalación
hisopadura
hisopada
hisopazo

rezo
rezado
oficio
» mayor
» parvo
coro
vigilia
sabatina
nocturno
conmemoración
consuetas
horas canónicas
» menores
maitines
matines
laudes
prima
tercia
sexta
nona
vísperas
completas
preces
sufragio
capítula
salmo
homilías
domínica
responsorio
antífona
invitatorio
versículo
gozos
improperios
parce
aleluya
hosanna
benedictus
magníficat
stábat
pange lingua
tántum ergo
canto (llano)
música

Biblia
misal
breviario
devocionario
ordo
diurno
salterio
códice
evangeliario
leccionario
epistolario
epistolio
maitinario
oficionario
capitulario
libro procesionario
episcopal
semana grande
octava
añalejo
burrillo
cuadernillo
cartilla
gallofa
epacta
consueta
epactilla
eucologio
penitencial
libro antifonal
» antifonario
tonario
cantoral
libro de coro
libro ritual
manual
calenda
santoral
martirologio

ornamentos
paramentos sacerdotales
vestiduras
vestimenta
pontifical

terno
colores litúrgicos
capa pluvial
» de coro
» magna
» consistorial
cauda
alba
dalmática
casulla
planeta
gorjal
cenefa
sobrepelliz
capona
roquete
giraldete
ínfulas
estola
orario
manípulo
estolón
humeral
cendal
banda
almaizar
velo
» humeral
» ofertorio
paño de hombros
superhumeral
efod
amito
taled
escapulario
racional
cíngulo
altar
cruz
frontal
frontalete
frontalera
sabanilla
sábana
mantel
gremial
capillo
atrilera
paño de púlpito
flabelo
palio

cáliz
calecico
copón
grial
patena
píxide
custodia
viril
lúnula
manifestador
conopeo [les
bolsa de corpora-
corporales
paño de cáliz
purificador
hijuela
palia
cornijal
jocalias

vinajera
vinajeras
ampolla
oliera

hostiero
hostiario

portapaz
sacra
propiciatorio
agnusdéi
agnus
reliquia
incienso
rosario

viso de altar
ramilletero

plata labrada
hisopo
asperges
acetre
cetre
calderilla
caldereta
benditera
agua bendita
libatorio

iglesia
larario
fábrica

adorador
adorante
adorable
venerador
venerante
cultor
celebrante
sacerdote

idólatra
santero [monias
maestro de cere-
rubriquista
ritualista
fiscal
chantre [*Canto*)
(sochantre, etc. V.

flabelífero
casullero

cultual
litúrgico
ritual
latréutico
ambrosiano
idolátrico
mozárabe
muzárabe

venerablemente

—

CULTURA (23)

cultura
civilización
progreso
adelantamiento
mejoramiento
perfección
(instrucción, etc. V. *Enseñanza*)
sabiduría
ciencia
arte
cortesía
costumbres, etc.
luces
ilustración
helenismo
hispanidad
indigenismo
intelectualidad

civilizar
ilustrar
europeizar

civilizador
civilizado
culto
cultural
indigenista

cultamente

—

CUMBRE (3)

cumbre
superioridad
altura

montaña
cúspide
culmen
cresta
corona
esquienta
pico
picacho
picota
galayo
teso
tozal
cima
copete
altura
cuerda
divisoria
meseta
ceja
cabeza
cabezo
cabezuelo
mamelón
glaciar
ventisquero
nieve

—

CUMPLIDOR
(V. *Cumplimiento*)

—

CUMPLIMIENTO (26)

cumplimiento
observación
observancia
regular observancia
guarda
acabamiento
satisfacción
conclusión
consecución
consumación
desempeño
oficiosidad
ritualidad
formalidad
disciplina
seriedad
crédito
legalidad
justicia
rectitud
exactitud
fidelidad
lealtad
asiduidad
severidad
puritanismo
religiosidad
religión
entereza
escrupulosidad
delicadeza
escrúpulo
cuidado
celo
descargo
fecho
expiación
supererogación
adimplemento

cumplir
cumplimentar
observar
obedecer
guardar
desempeñar
satisfacer
evacuar
absolver
tener
mantener
consumar
celar
esmerarse
hacer pago
estar bien
hacer papel
» su deber
» su oficio
descargar la conciencia
mantener su palabra
no doler prendas
quebrar el ojo al diablo

hombre de bien
» de hecho
» de palabra
» de pro
» de provecho

cumplidor
guardador
observante
cabal
celoso
esclavo
asiduo
formal
oficioso
solvente
fiel
leal
legal
religioso
severo
estrecho
puntual
exacto
escrupuloso
satisfactorio
cuidadoso
formalista
hecho y derecho

cumplidamente
honradamente
escrupulosamente
a satisfacción
en toda forma
a carta cabal
con todos los sacramentos

—

CUMPLIR
(V. *Cumplimiento*)

—

CUNA
(V. *Cama*)

—

CUÑA (2, 11)

cuña
calza
calzo
calce
trasca
escalmo
falca
llave
alza
alzaprima
ejión
abarrote
pescuño
mallete
dovela
tornija
traba
seso
cortadera

tarugo
zoquete
despezo
taco
coda
escalmo
nudillo
poíno
botana

acuñar
calzar
recalzar
recuñar
falcar
atarugar
descalzar

cuneiforme

—

CUÑADO
(V. *Hermano*)

—

CÚPULA
(V. *Bóveda*)

—

CURA
(V. *Sacerdote*)

—

CURACIÓN
(V. *Terapéutica*)

—

CURAR
(V. *Terapéutica*)

—

CUREÑA
(V. *Artillería*)

—

CURIA (romana) (1)

curia
» romana
iglesia
penitenciaría
signatura
dataría
cancelaría
cancelería
cancillería apostólica
consistorialidad
rota
congregación
propaganda
índice
rota de la nunciatura apostólica

papa
cardenal
vicecanciller
penitenciario
datario
consultor
auditor de la Rota
promotor de la fe
abogado del diablo
anatista
expedicionero
abreviador
regionario
maestro del sacro palacio
curial

nuncio
» apostólico
pronuncio
internuncio
ablegado
auditor de la nunciatura
protonotario apostólico
juez in curia

penitenciaría (local)
abreviaduría
abreviaturía
nunciatura
legacía

preces
método real
rótulo
decisión de Rota
bula
der. canónico

—

curial

—

CURIAL
(V. *Tribunal*)

—

CURSI
(V. *Inelegancia*)

—

CURVA
(V. *Curvatura*)

—

CURVATURA (17, 18)

curvatura
redondez
esfera
cilindro
cono
geometría

tortuosidad
ondulación
sinuosidad
corvadura
curvidad
vuelta
entortadura
encorvadura
encorvamiento
encorvada
doblamiento
vencimiento
inflexión
desviación
torsión
torcedura
torcimiento
tortedad
tortura
torcido
tuerce
retorcimiento
retorcedura
retorsión
torcijón
contorsión
contorción
retortijón
enroscadura
rosca
rizo
sortija
voluta
vilera
torzal
rueca
escorzo
arqueo
comba
combadura
vicio
pandeo
alabeo
alunamiento
seno
garrote
reviro
arrufadura
concavidad
convexidad
abarquillamiento
recoveco
meandro
revuelta
corcovo
recodo
rodeo

curva
línea curva
línea de doble curvatura
catenaria
círculo
órbita
onda
óvalo
hipérbola
parábola
parámetro
espiral
espira
elipse
hélice
lemniscata
conoide
sinusoide
cicloide
trocoide
epicicloide
epicicloide plana
epicicloide esférica
hipocicloide
folio de Descartes

eje
centro
foco
polo
diámetro
radio vector
vértice
grado de una curva
curvímetro
cuadratura

encorvar
acorvar
incurvar
recorvar
doblar
combar
acombar
cambar
arrufar
abangar
torcer
retorcer
entortar
enchuecar
retornar
arquear
enarcar
ovalar
escarzar
recodar
enroscar
retortijar
ensortijar
encrespar
rizar
abarquillar
alabear
pandear
empandar
bornearse
corcovar
agachar, -se
agobiar
gibar
encarrujarse
engarabatarse
cerchearse
achiguarse
abangarse
destorcer
rectificar

torcedor
torcedero
campilógrafo
compás
copador

curvo
corvo
curvilíneo
adunco
recorvo
combo
comboso
pando
alabeado
abarquillado
gurbio
gacho
cacho
torcido
torcedero
tuerto
retuerto
retorsivo
izquierdo
redondo
circular
elíptico
oval
ovalado
ovado
espiral
helicoidal
parabólico
hiperbólico
cicloideo
cicloidal
sinuoso
tortuoso
sinusoidal
ensenado
sigmoideo
revoltoso
falcado
falciforme
borneadizo
voltizo
rosqueado
encarrujado
encrespado
ensortijado
grifo
crespo
rizado

torcidamente
enroscadamente
tortuosamente

—

CURVO
(V. *Curvatura*)

—

CUSTODIA (33)

custodia
resguardo
reserva
conservación
cuidado
vigilancia
defensa
protección
guardia
salvaguardia
salvaguarda
encomienda
guardería
guardianía
meseguería

custodiar
escoltar

convoyar
guardar
depositar
recaudar [caudo
poner a buen re-
conservar

guarda
sobreguarda
guarda mayor
» jurado
» de vista
guardián
ángel custodio
ángel de la guar-
da

vigilante
guardia
carcelero
conserje
portero
sereno
presero
cancerbero
custodio
custodia

tesorero
receptor
recetor
depositario
depositante

consignatario
fiduciario
fideicomisario
cajero
cajera
almacenero

rondín
escopetero
hafiz
burgari
meseguero
viñador
viñadero
guardabosque
palmero

montanero
montaraz
dehesero
estanciero
florestero
horrero
trojero
alguacil de campo
» de la hoz
caballero de sierra
guardalmacén
guardarropa
convoyante

guardesa
montaraza
dueña

garita
casilla
bienteveo
cabaña
bramadera

conserjería
depósito
despensa
reposte
repositorio
tesoro
relicario
caja
tesorería
recetoría
receptoría

depositaría
» general

—

CUSTODIAR
(V. *Custodia*)

—

CUTÁNEO
(V. *Piel*)

—

CUTIS
(V. *Piel*)

—

CH

CHAFLÁN (18)

chaflán
achaflanadura
ochava
lado
ángulo
bisel
filo
borde

chaflanar
achaflanar
ochavar
biselar
abiselar
despalmar
descantear
matar
robar

achaflanador

achaflanado
biselado
ochavado
romo

—

CHANZA
(V. *Burla*)

—

CHAPA
(V. *Lámina*)

—

CHAPUZAR
(V. *Inmersión*)

—

CHARCA
(V. *Pantano*)

—

CHARCO
(V. *Pantano*)

—

CHARLATÁN
(V. *Lenguaje*)

—

CHARRO
(V. *Inelegancia*)

—

CHASQUEAR
(V. *Sonido*)

—

CHICO
(V. *Pequeñez*)

—

CHIMENEA
(V. *Hogar*)

—

CHISME (28)

chisme
chisma
chismería
chismografía
chismosería
comadreo
comadrería
entremetimiento
alparcería
cuento
embolismo
caramillo
chispas
reporte
mentira
chispazo
cañutazo
chinchorrería
gallofa
maraña
lío
enredo
intriga
historia
hablilla
parlería
patraña
bulo
infundio
trónica
murmuración
discordia

chismear
chismar
comadrear
cuchuchear
chispar
chismorrear
chismosear
cotillear
camandular
embolismar
enredar
chinchorrear
murmurar
meter
traer y llevar
llevar y traer
venir con cuentos
calumniar
malquistar
revolver caldos
meter el palo en candela

chismoso
chismero
chismógrafo
profazador
chinchorrero
infundioso
comadrero
malsín
caciplero
parlero
alparcero
pitoflero
chirlero
embolismador
azuzón
lioso
enredador
embarrador
marañero
marañoso
noticiero
cuentista
cuentero
cuentón
cotillero
cotilla
gacetilla
oreja
corrillero
placero
polizón
andorrero
corredor
correvedile
correveidile
viltrotera
cotarrera
corredor de oreja
alcahuete

—

CHISMOSO
(V. *Chisme*)

—

CHISPA (2)

chispa
» eléctrica
centella
rayo
chiribita
charamusca
centalla
morcella
moscella
moscas
monjas
pavesa
ceniza

chispear
chisporrotear
chispazo
chisporroteo
brillo
luz
combustión

chispeante
chisposo

—

CHOCAR
(V. *Choque*)

—

CHOCOLATE (9)

chocolate
caracas
pasta de chocolate
ladrillo de chocolate
racahut

cacao
teobroma
teobromina
guayaquil
pinole
macazuchil
polvo de Soconusco
soconusco
bombón

chocolate (bebida)

chocolatero
molendero

tarea de chocolate
labor de chocolate
millar

molino
metate
silleta
refinadera
rollo
hataca
molinillo
jícara
pocillo
mancerina

chocolatería
refino
lonja

—

CHOQUE (19)

choque
impacto
impacción
encuentro
encontrón
encontronazo
estrellón
reencuentro
recuentro
topetón
topetazo
tope
colisión
abordaje
trompada
beso
pechugón
trompicón
trompilladura
tropiezo
tropezón
tropezadura
traspié
cambalud
trastabillón
golpe
caída
rebote
sonido

impacto
bodocazo
virotazo
bombazo
balazo, etc.

chocar
entrechocar
abordar
dar con
dar en
besarse
topar
topetar
tocar
(rozar, etc. V. *Frotamiento*)
pegar
herir
encontrar
tropezar
trompezar
trompicar
trompillar
trastrabillar
faltar el suelo
dar de hocicos
resurtir

tropezadero
tropiezo
tropezón
chocador
tropezador
abordador

—

CHORREAR
(V. *Chorro*)

—

CHORRO (2)

chorro
caño
hilo
gota
surtidor
surtidero
lanza
saltadero
manantial
reguero
fuente ascendente
vena líquida
contracción de la vena fluida
hidráulica

chorretada
chisguete
chijetada
chispo
jeringazo
espadañada
ducha
irrigación

chorrear
brotar
fluir
saltar
echar
salir

chorreo
chorreadura
chorreón

—

CHOZA
(V. *Habitación*)

—

CHUMBERA
(V. *Cacto*)

—

CHUMBO
(V. *Cacto*)

—

CHUPAR
(V. *Succión*)

—

D

DADOS (31)

dados (juego de)
Juan Tarafe
canilla
veintiuna
maraca
rentilla
encuentro
parejas
terna
zozobra
camisa
suerte
azar
punto
arenilla

rey
taquín

dado
tarafe
brecha
peste
azar

dado falso
brocha
cabra
tarafada

terna
albaneses
hormigas
cuadros
muela de dados

as
can
quina
sena
seis

cubilete

tabas
carnicol
pito
saca

horca
chuca
chuque
taba
culo
carne

voila

jugar
barajar
cargar los dados
brechar
remolar
descargar la burra

albaneguero
albanés
hormiguero
brechero
taquinero
fullero

oca
pozo
morir

aduana (la)
caballo blanco
damas

—

DAGA
(V. *Espada)*

—

DAMAS (31)

damas
ajedrez
arcidriche
escaques
chaquete
tablas reales
andarraya
tres en raya
asalto
bisbis
biribís

jugar
salir
mover
escaquear
entablar
comer
coger al paso
soplar
soplar la dama
coronar
saltar
enrocar
encerrar
clavar
acochinar
jaquear
dar mate [do
dar mate ahoga-
hacer tablas

salida
entable
gambito
enroque
jaque
mate
jaque mate
tablas

pie de gallo
forzosa
ganapierde
al gana pierde
al gana gana

barata
cuaderna
quina
senas

tablero
damero
calle
casa
casilla
escaque
trebejo
pieza
chancho
dama
dama secreta
rey
reina
torre
roque
roqueta
caballo
alfil
arfil
peón

ajedrecista

escaqueado
ajedrezado
jaquelado
componado

—

DANZA
(19, 29, 31)

danza
dance
diversión
fiesta
música
canto
danzado
baile
bailoteo
tripudio
saltación
coreografía
escobillado
coda
baile serio
» de etiqueta
baile de cuenta
bailete
bailable
intermedio
entreacto
danza de cintas
danza de espadas
matachín
danza hablada
pantomima
sombras invisibles
sombras chinescas

bailar
dar un baile
danzar
tripudiar
bailotear
danzar de cuenta
deshacer la mudanza
jalear
jalearse
desplantarse
desgobernarse
desgoznarse
cabriolar
cabriolear
gambetear
zapatear
escobillar
trenzar
tejer
bornear
valsar
polcar
componer
comer pavo

mudanza
diferencia
expresión
alta
cadencia
figura
solo
cruzado
folía
cuatropeado
desplante
momo
gambeta
borneo
continencia
contenencia
paso
» grave
contrapás
rey
balancé
doble
retirada
batimán
cargado
campanela
salto y encaje
cabriola
cortado
trenzado
lazo
floreo
floreta
sostenido
carrerilla
carrera
girada
deshecha
despernada
derrengada
despatarrada
espatarrada
vacío
voleo
cimbrado
quebradillo
molinete

contradanza
cuadrilla
torneo
cotillón
rigodón
cadena
lanceros
cancán
galop
galopa
folías
folión

danza prima
sardana
contrapaso
jota
pandera
agudo
gallegada
muñeira
charrada
zorcico
periquín
giraldilla
sevillanas
fandango
fandanguillo
zapateado
panaderos
seguidillas [gas
» manche-
soledad
soleares
tientos
alegrías
bulerías
vito
cachucha
zorongo
jaleo
¡olé!
zarabanda
zarabando
habas verdes
marizápalos
zamacueca
zambacueca
cueca
milonga
pericón
gallarda
chacona
cariaco

triunfo
guaracha
españoleta
trípili
saltarelo
saltarel
hacha
villano
turdión
paradetas
canario
candamo
villanesca
tárraga
caballero
dama
alta
calladito
carola
gato
pésamedello
escarramán
rastreado
guimbarda
cacharpari
titundia
mariona
congo
folijones
matachín
sueño
corea
seguida
paisana
paloteado
paloteo
changüí

pataletilla
palmadilla
paspié
pie de gibao
encorvada
tumba
areito
jácara
albarillo
atajaprimo

boston
vals

polca
mazurca
varsoviana
redova

gavota
minué
minuete
pavana

chotis
pasacalle
pasodoble
tarantela
furlana
alemanda
alemana
danza baja
giga
jiga
bran de Inglaterra
czarda

habanera
danza
danzón
conga
tango

cachua
marinera
pallas
cielito
caluyo
campestre
bambuco
mitote
manseque

cumbé
rumba
cake-walk
zambapalo
zarambeque
candombe
guineo

baile (fiesta)
zambra
festín
sarao
saragüete
sundín
coliche
leila
jorco

aire popular (tonada para bailar)
gallegada
muñeira
jota
polca
redova
tarantela
bolero
galop
paisana
folijones
zamacueca
bambuco
canario
fandango
cumbé
cachucha
jácara
jacarandaina
jacarandina
zambapalo
guineo
gallarda
saltarén
zarambeque
villano
zarabanda
chacona
sevillanas
vito
corralera
zorongo
zapateado

zorcico
habanera
tango
rigodón
lanceros
vals
varsoviana
pavana
minué
gavota
jiga
giga

baile (paraje o local)
bailadero
candombe

danzador
danzante
danzarín
bailador
bailarín
tripudiante
milonguero
figurante
comparsa
saltarín
saltatriz
tanguista
bailarina
bayadera
almea

pareja
danza

acróbata
coribante
fandanguero
bolero
jotero
polquista
zarabandista
chaconero

moharracho
zangarrón
zarragón
matachín
histrión

bastonero
guión
alcalde
coreógrafo
bailinista

haya
mayo

corego
corega

albogue
(castañuelas, etc. V. *Instrumento*)

bailable
coreográfico
pírrico
gímnico

¡olé!
¡alza!

—

DAÑAR
(V. *Daño*)

—

DAÑO (24, 27)

daño
mal
tuerto
perjuicio
disfavor
maleficio
malicia
dolo malo
nocividad
detrimento
menoscabo
desventaja
empeoramiento
decadencia
desgaste
deterioro
malparanza
ajamiento
corrupción
roña
plaga
contagio
enfermedad
inconveniente
percance
siniestro
accidente
disconveniencia
desconveniencia
empecimiento
impedimento
malogro
desgracia
extorsión
estropicio
estrapalucio
quebranto
estrago
pupa
avería
extravío
mala partida
partida serrana
deservicio
deslealtad
herejía
estrago
ruina
privación
destitución
perdición
pérdida
rotura
destrucción
yactura
despeño
precipicio
precipitación
clavo
perro
tiro
molestia
chispazo
ramalazo
latigazo
palo
azote
varapalo
estacazo
palo de ciego
maltratamiento
golpe
herida
lesión
laceración
veneno
golpe de gracia
pan de perro
muerte
desagrado
abandono
enemistad
aborrecimiento
acometimiento
agresión
persecución
asechanza
amenaza
mal de ojo
hostilidad
venganza
sanción
mortificación
tequio
pena del talión

maldición
castigo
ofensa
ofensión
agravio
injuria
murmuración
intriga
(emboscada, etc. V. *Estratagema*)
calumnia
burla
zaherimiento
desprecio
depreciación
descrédito

dañar
damnificar
perjudicar
perseguir
malear
maliciar
enmalecer
maleficiar
empeorar
pervertir
menoscabar
deteriorar
averiar
ajar
lacerar
empecer
asestar
arruinar
ruinar
derrotar
descalabrar
despedazar
injuriar
deshonrar
atropellar
desgraciar
vulnerar
destroncar
desollar
lastimar
lesionar
inquietar
ofender
sacrificar
irrogar
reventar
perder
embromar
infestar
decentar
lacrar
acarrear
hacer mal
» mala obra
» mala vecindad
partir por el eje
dividir por el eje
poner la proa a una persona
volverse contra otro
hacer la cama
» mal tercio
» un pie agua
dar en la caperuza
dar que hacer

armar una cantera
hacer tiro
cortar las alas
hacer un flaco servicio
tirar al codillo
» al degüello
dar un cabe
dar mazada
sacar sangre
ensangrentarse contra

dañarse
perjudicarse
plagarse
caer
incurrir
sufrir
padecer
perderse
perecer
ser víctima
salirle caro
costar caro
dejar que lamer
salir condenado en costas

dañador
damnificador
dañoso
dañino
dañable
perjudicador
perjudicante
perjudicial
pernicioso
nocivo
nocible
nocente
nuciente
desventajoso
desfavorecedor
desfavorable
arruinador
costoso
pícaro
endemoniado
contrario
suicida
depopulador
injuriante
lesivo
lastimador
lastimero
insalubre
insano
malsano
malo
maléfico
pestífero
pestilente
pestilencial
deletéreo
infecto
infesto
emponzoñador
ponzoñoso
enconoso
infernal
inferno
perdición
azote
cachetero

damnificado
víctima
siniestrado
malparado
amolado
pagano
pagote
vulnerable

dañosamente
perjudicialmente
perniciosamente
pestíferamente
a fuego lento
en daño de
sin daño de barras

—

DAR
(V. *Entrega*)

—

DARDO (34)

dardo
arma arrojadiza
» bracera
jáculo
venablo
gorguz
azagaya
falárica
frámea
pilo
asta
arpón
jabalina
garrocha
sacaliña
tragacete
azcona
serpentina
cateya
zumbilín
jara
tostón
flecha
saeta
lanza

degüello
amiento
amento

lanzar
adardear
desembrazar
amentar
arponar
arponear

dardada
tiro

arponero

bracero

—

DEBAJO
(V. *Inferioridad*)

—

DÉBIL
(V. *Debilidad*)

—

DEBILIDAD (2)

debilidad
debilitación
debilitamiento
aflojamiento
hipostenia
atonía
depauperación
inanición
adinamia
astenia
endeblez
flojedad
imbecilidad
flaqueza
afeminación
languideza
languidez
langor
languor
lasitud
flaccidez
desmadejamiento
impotencia
despulsamiento
desfallecimiento
descaecimiento
caimiento
rendimiento
decadencia
quebranto
enervación
enervamiento
extenuación
agotamiento
exinanición

cansancio
síncope
enfermedad
delicadez
delicadeza
displicencia
apatía
desaliento

debilitar
enervar
abatir
desnervar
caducar
extenuar
enflaquecer
amortiguar
embotar
despulsar
limar
marchitar
desvirtuar
neutralizar
deslavar
deslavazar
desustanciar
desubstanciar
enfermar
postrar
desfallecer
derribar
jarretar
desjarretar
castrar
cancerar

debilitarse
desgastarse
descriarse
desmejorarse
depauperarse
enmagrecer
aplanarse
traspillarse
flaquear
flojear
desfallecer
languidecer
esmorecer
desbravecer
desbravar
estar hecho una pavesa
tener pocas chichas
ser de pocas guijas
no poderse tener
no poderse tener en pie
andársele la cabeza
torcer la cabeza

debilitante
enervante
enervador
extenuativo

baldragas
mandinga
escomendrijo
gurrumino
redrojo
redruejo
madeja

débil
tenue
sutil
grácil
flaco
flacucho
flojo
blando
lábil
frágil
quebradizo
quebrajoso
endeble
endeblucho

blandengue
remiso
lento
apagado
vacilante
inseguro
desmadejado
laso
desmalazado
desmazalado
lacio
pachucho
trasnochado
lánguido
deleznable

desfalleciente
caído
alcanzado
quebrado
alicaído
mesingo
zarrioso
cellenco
feble
delicado
delicaducho
enteco
entecado
canijo
raquítico
vacío
enerve
femenino
afeminado
cobarde
imbécil
fifiriche
cansado
canso
desmarrido
triste
gastado
exinanido
inválido
enfermo
exangüe
exánime
mortecino
imbele

débilmente
debilitadamente
feblemente
caducamente
desmayadamente
flacamente
lánguidamente

—

DEBILITAR
(V. *Debilidad*)

—

DECADENCIA (15, 27)

decadencia
decaimiento
descaimiento
descaecimiento
degeneración
debilidad
desnutrición
menoscabo
deterioro
decremento
descensión
disminución
degradación
empeoramiento
descenso
bajón
menguante
ocaso
desgracia
declinación

pérdida
ruina
ruinera
decrepitud
tara
pobreza
destrucción
corrupción
bastardía
bizantinismo

decaer
degenerar
descaer
descaecer
declinar
periclitar
depauperar
bastardear
desmedrar
perder
ir a menos
venir a menos
empeorar
menguar
empobrecer
arruinarse
desmoronarse
desmerecer
desdecir
despintar
bastardearse
ir cuesta abajo
ir cabeza abajo
ir de capa caída
andar de capa caída
andar de pie quebrado
andar de romanía
bajar de punto
caer uno de su estado
dar de cabeza
ir de rocín a ruin
venir de rocín a ruin
no ser su sombra
no ser ni sombra de lo que era
deshacerse una casa

decadente
decaído
degenerante
degenerado
decrépito
bastardo
espurio
alicaído

—

DECAER
(V. *Decadencia*)

—

DECANTAR
(V. *Transvasación*)

—

DECIDIR
(V. *Decisión*)

—

DECIR
(V. *Expresión*)

—

DECISIÓN (25)

decisión
determinación
solución
conclusión
resolución
acuerdo
medida

disposición
mandato
decreto
despacho
resulta
fallo
dictamen
definición
juicio
providencia
arbitraje
laudo
fetua
sentencia
libramiento
pronto
primer pronto
ultimátum
ultimato
voto de calidad

decidir
estatuir
establecer
declarar
dar por
resolver
determinar
fallar
tomar
acordar
deliberar
concluir
definir
cortar
trinchar
adoptar
querer
venir
venir en
disponer
mandar
someter
decretar
proveer
pronunciar
despachar
providenciar
fallar
sentenciar

decidirse
atreverse
remangarse
arremangarse
romper
resolverse
arrestarse
fijarse
reducirse
partir
coger y
tomar partido
tomar providencia
meterse de cabeza
echar el pecho al agua
echar por la calle de en medio
partir por en medio [dio
echar por en medio la manta
echar el fallo
quemar las naves
caer en la tentación [banco
herrar o quitar el
hacer una de pópulo bárbaro
dar el alma al diablo
salga lo que saliere

hombre de armas
tomar
emprendedor
enérgico
decidido
resuelto

decisivo
crucial
determinativo
terminante
contundente
resolutorio
resolvente
definitivo
deliberante
perentorio
irrevocable
apodíctico
concluyente
concluso
último

decisivamente
decididamente
resueltamente
resolutoriamente
resolutivamente
pro tribunal
a todo trance
a ultranza
dentro o fuera
a mano armada
a viva fuerza
por zancas o por barrancas [niere
venga lo que vi-
alea jacta est
¡ea!

—

DECISIVO
(V. *Conclusión*)

—

DECLAMAR
(V. *Recitación*)

—

DECLARACIÓN
(V. *Expresión*)

—

DECLIVE (3)

declive
declivio
declividad
pendiente
inclinación
arrastre
releje
capialzo
grada
surtida
escarpa
escarpe
escarpadura
contraescarpa
rampa
explanada
talud
llambria
buzamiento
rafa
acantilado
ladera
quijero
banzo
cámica
desgalgadero
verticalidad
cuesta
costana
costanilla
cuestezuela
costezuela
costera
recuesto
repecho
pecho
pechuga
costanera
reventadero

reventón
resayo
varga
ribazo
riba
ripa
zopetero
balate
lindazo
cotarro
vertiente
cotera
cotero
ladera
montaña
garma
subida
declinación
caída
precipicio
bajada
abajadero
derrame
cauce

escarpar
ataludar
ataluzar
peinar

clitómetro
eclímetro

escarpado
pendiente
pino
clivoso
costanero
costeño
inclinado
alamborado
retrepado
abrupto

cuesta arriba
pecho arriba
a repecho

—

DECOLORACIÓN (2)

decoloración
descoloración
descoloramiento
descolorimiento
palidez
palor
anemia
clorosis
caquexia
lividez
color quebrado
medias tintas
(tez, semblante, etc. V. *Cara*)

decolorar
descolorar
descolorir
robar el color
despintar
desteñir
caer
perder
palidecer
empalidecer
enmarillecerse

descolorante
decolorante

descolorido
incoloro
pálido
paliducho
lívido
cara de gualda
anémico
clorótico

exangüe
cadavérico
cadaveroso
cacoquimio
vomitado
aciguatado
panadizo
pocho
desvaído
(blanquecino, etc. V. *Blancura*)
apagado
débil
bajo

pálidamente

DECOLORAR
(V. *Decoloración*)

—

DECORO
(V. *Honor*)

—

DECOROSO
(V. *Honor*)

—

DECRETO
(V. *Ley*)

—

DECÚBITO
(V. *Horizontalidad*)

—

DEDO (7)

dedo
dedillo
mano
pie

lon cinco mandamientos
dátiles
gigantes
tijeras
jeme

pulgar
pólice
dedo pulgar
» gordo
» índice
» mostrador
» salutador
índex
dedo cordial
» de en medio
» del corazón
» anular
» médico
meñique
dedo meñique
» auricular

yema del dedo
falange
falangina
falangeta
nudillo
ñudillo
artejo
artículo
mentira
uña

apulgarar
teclear
tañer
tabalear
tamborear
castañetear
dedeo
dedada
carfología
castañeta
castañetazo
choclo
papirotazo
golpe
dactiloscopia
dactilografía
huella digital
» dactilar
pulgarada

panadizo
panarizo
doncella
sietecueros
teste
sindactilia
gafedad

dedil
dedal

digital
dactilar
dactilado
digitado
palmeado
cisípedo
didáctilo
digitígrado
interdigital
gafo
sindáctilo

DEFECTO
(V. *Imperfección*)

—

DEFECTUOSO
(V. *Imperfección*)

—

DEFENDER
(V. *Defensa*)

—

DEFENSA (27)

defensa
defensión
demanda
protección
amparo
guarda
abrigo
abrigaño
abrigadero
abrigado
socaire
barrera
obstáculo
impedimento
fortificación
polémica
poliorcética
auxilio
ayuda
(intercesión, etc. V. *Mediación*)
beneficio
custodia
vigilancia
conservación
resguardo
guardia
tuición
tutela
garantía
defensoría
alegato
apología
apologética
exculpación
defensiva
indefensión

armadura
arnés
arnés tranzado
empavesada
empalletado
filarete
paladión

escudo
broquel
broquelete
campanudo
rodancho
rueda
sombra
abrigo
égida
coraza
blindaje
defensivo
llave
antemural
baluarte
propugnáculo
reparo
antepecho
talanquera
guardapolvo
guardacantón
trascantón
recantón
guardarruedas
trascantonada
marmolillo
amuleto

angorra
delantal

defender
amparar
proteger
asegurar
patrocinar
apatrocinar
auxiliar
ayudar
propugnar
disputar
acoger
salvaguardar
valer
reparar
resguardar
vestir
cubrir
forrar
encartonar
escudar
adargar
exculpar
abogar
mirar por
volver por
salir por
tomar la voz
sacar la cara por
dar la cara por
defender a capa y espada
echar la capa a
sacar la espada por
estar al quite

defenderse
ampararse
acogerse
aconcharse
abroquelarse [va
estar a la defensi-
hacerse fuerte
volver por sí

defensor
defendedor
abogado
apologista
paladín
campeón
quijote
patrono
tutor
servador

defensivo
defendible
defendedero
defensorio
apologético
indefendible
indefensible
indefensable
indefenso

a favor de
en pro de
por
uñas arriba

DEFENSIVO
(V. *Defensa*)

—

DEFENSOR
(V. *Defensa*)

—

DEFINITIVO
(V. *Conclusión*)

—

DEFORMAR
(V. *Deformidad*)

—

DEFORME
(V. *Deformidad*)

—

DEFORMIDAD (12, 18)

deformidad
disformidad
aberración
distorsión
amorfia
informidad
malformación
teratología
monstruosidad
anomalía
irregularidad
deformación
desproporción
desfiguración
imperfección
fealdad
ortopedia
cirugía

raquitismo
lesión
joroba
cojera
(zambo, gafo, bizco, etc. V. *Pierna, Mano, Ojo,* etc.)

deformar
desformar
desemejar
disformar
desfigurar
disfrazar
desvolver
desamoldar
abortar

aborto
embrión
rudimento
engendro
monstruo
fenómeno
ectópago
quimera

deformador
deformatorio
deforme
disforme
amorfo
informe
molso
malhecho
desvuelto
contrahecho
grotesco
feo
alto (demasiado)
bajo (demasiado)
grueso
delgado
monstruoso
teratológico

deformemente
monstruosamente

—

DEFRAUDAR
(V. *Fraude*)

—

DEGENERAR
(V. *Decadencia*)

—

DEGLUCIÓN (7, 8, 9)

deglución
ingestión
ingerimiento
ingurgitación
tragantona
bocado
bolo alimenticio
bocanada
trago
lapo

deglutir
tragar
sorber
ingerir
engullir
ingurgitar
pasar
chascar
tragonear
masticar
mascar
comer
beber

atragantarse
atorarse
atarugarse
añuscarse
echarse un nudo

tragadero
tragaderas
canal
fauces
faringe
esófago
isófago
herbero
hebrero
garganta
boca
estómago

disfagia
esofagitis
faringitis
tragante
tragador
tragón
engullidor
tragable

faríngeo
retrofaríngeo
esofágico
faucal

a sorbimuerde

—

DEHESA (36, 37)

dehesa
acampo
redonda
canchón
coto
concia
dehesa carneril
» carnicera
» potril
» boyal
pasto
prado
monte
bosque

boalaje
millar
rodeo
novillero

adehesar
dehesar

adehesamiento
herbajero

borreguero
carnicero
redondo

—

DEJACIÓN (33)

dejación
dejamiento
dejo
dejada
abandono
huida
deserción
renuncia
renunciamiento
renunciación
» simple
desapropiamiento
desentrañamiento
resigna
resignación
desistimiento
abdicación
dimisión
despedida
desapropio
cesión
transmisión
desasimiento
remoción

dejar
abandonar
desamparar
apartar
deponer
desechar
soltar
renunciar
repudiar
declinar
abdicar
transmitir

abnegar
dimitir
resignar
saltar
remitir
perdonar
arrimar
arrinconar
ahorcar (los hábitos)
desistir
dar
soltar la carga
levantar mano
dar libelo de repudio [nes
desamparar bie-

desapropiarse
desposeerse
despojarse
desprenderse
separarse
retirarse
privarse
desasirse
descargarse
deshacerse de
quitarse
prescindir

dejador
dimisionario
dimitente
depuesto
resignante
renunciante
renunciatorio
renunciable
irrenunciable

—

DEJAR
(V. *Dejación*)

—

DELANTAL (10)

delantal
devantal
avantal
excusalí
escusalí
faldar
angorra
mantelo
mandil
mandilejo
cernidero
cernedero
tamba
defensa
protección

—

DELANTE
(V. *Anterioridad*)

—

DELEGACIÓN (25)

delegación
subdelegación
substitución
autorización
apoderamiento
agencia
diputación
vocería

encargo
cargo
compromiso
cometido
comisión
misión
empleo
servicio
mandado
manda
encomienda
encomendamiento
mensaje
carta
recomendación
instrucciones
atribuciones
(embajada, etc. V. *Der. internacional*)
legacía
fideicomiso

poder
mandato
procuración
procura
comisión
voz
veces
carta de creencia
» blanca
nombre
ratihabición
despacho
cédula
título
bastanteo

delegar
subdelegar
autorizar
facultar
cometer
comisionar
deferir
diputar
deputar
emplear
acreditar
apoderar
desapoderar
empoderar [rado
constituir apode-
dar la firma a
dar firma en blanco a
bastantear
encargar
encomendar
recomendar
endosar
endorsar
mandar
dejar
depositar
fiar
confiar
remitirse
poner en
poner en manos de
dejar en manos de
echar sobre las espaldas

encargarse
hacerse cargo
correr con
» por
servir
tomar
» sobre sí
» a cuestas
» la voz

delegante
subdelegante
comitente
poderdante
mandante
autorizante
autorizador
principal

delegado
subdelegado
encargado
comisionado
comisionista
comité
representante
agente
sustituto
vocero
comisión
encomendero
demandadero
andadero
mandadero
mandadera
criado
correo
mensajero
tornero

comisario
mandatario
diputado
legado
apoderado
poderhabiente
bastantero
ministro
ejecutor
subejecutor [cios
gestor de nego-
procurador
abogado
síndico
sexmero
factor
institor
factótum
testa de ferro
testaférrea
testaferro
lechuzo
capa rota [na
interpósita perso-
misionero
parlamentario
negociador
confidente
confidenta
diplomático

delegable
subdelegable
encomendable

por delegación
en nombre de
de parte de
por encargo o mandato
de parte del rey
a cuenta
a cuestas

—

DELEGAR
(V. *Delegación*)

—

DELGADEZ (17)

delgadez
tenuidad
sutileza
flacura
flaqueza
magrez
magrura
escualidez
amojamamiento
extenuación
consunción
emaciación
colicuación
marasmo
caterisis
demacración
adelgazamiento
enflaquecimiento
afilamiento
ahílo
atrofia
debilidad

filo
punta
lámina
banda
estrechez
degüello
garganta

adelgazar
atenuar
despezar
sutilizar
asutilar
asotilar
enflaquecer
espiritualizar
encanijar

adelgazarse
afeblecerse
afilarse
alfeñicarse
varearse
demacrarse
enjugarse
amojamarse
deshacerse
amagallarse
acecinarse
avellanarse
chuparse
ponerse delgado
adelgazar (intr.)
enflaquecer (intr.)
enflacar
escaecer
enmagrecer
desengrosar
desengrasar
acartonarse
apergaminarse
deshilarse
ahilarse
secar [sos
estar con los hue-
» como el naipe
podérsele contar los huesos
estar en la espina
estar hecho un costal de huesos
no tener mas que el pellejo
estar hecho un charal
ponerse en los huesos
quedarse en los huesos
quedarse en firme
» en la espina
» en la espina de Santa Lucía
parecer que le han chupado brujas
parecer que ha comido alejijas
salirse por el corbatín

adelgazador
atenuante

lambrijo
lambrija
fideo
cangallo
cangalla [losina
espíritu de la go-
gata parida
arpía
aleluya
esparvel
zancarrón
escuerzo
perigallo
momia
esqueleto
paja larga
estantigua
fariseo

delgado
delicado
menudo
minuto
exiguo
lineal
linear
extraplano
tenue
sutil
sencillo
fino
ligero
trefe
vaporoso
impalpable
grácil
estrecho
doblete
hembra

delgaducho
flaco
flacucho
flamenco
magro
momio
afilado
capilar
enjuto
cimbreño
cenceño
acordonado
esbelto
carniseco
descarnado
seco
reseco
desequido
pilongo
acartonado
consumido
desmedrado
macilento
entelerido
trasijado
hético
enteco
entecado
escuálido
espiritado
desmirriado
esmirriado
famélico
chupado
escurrido
lamido
vomitado
esqueletado
esquelético
escuchimizado
sin tripas ni cuajar

tenuemente

—

DELGADO
(V. *Delgadez*)

—

DELICADEZA (14, 26)

delicadeza
delicadez
nimiedad
ridiculez
melindrería
afectación
afeminación
ñoñez
damería
momería
mimo
camandulería
gollería
gullería
gulloría
golloría
gachas
halago
impertinencia
quisquilla
chinchorrería
dificultad
sibaritismo
melifluidad
melifluencia
gazmoñería
gazmoñada
hazañería
mañas
alfeñique
repulgo [nada
» de empa-
escrúpulo de monja [ri-gargajo
escrúpulo de Ma-
escrúpulos del padre Gargajo
escrúpulo
suspicacia
remilgo
melindre
escorrozo
mitote
dengue
capricho
finura
elegancia
filigrana
fililí
chuchería

melindrear
melindrizar
remilgarse
repulirse
alfeñicarse
alcorzarse
dormir los ojos
hacer ascos
tropezar en un garbanzo
estar criado entre algodones
tener entre algodones

alfeñique
merengue
gaita
alcorza
soplillo
vidrio [ra
licenciado vidrie-
mírame y no me toques
de la media almendra
petimetre

delicado
fino
fileno
grácil
pulcro
refinado
rebuscado
superferolítico
superfirolítico
melindroso
melindrero
mimoso
blando
blandengue
sensible

tierno
gachón
pamplinoso
pamplinero
remilgado
dengoso
denguero
niquitoso
momero
mitotero
alcorzado
menino
fuñique
mesingo

descontentadizo
malcontentadizo
exigente
sibarita
escolimoso
esquilimoso
ridículo
impertinente
irritable
sentido
susceptible
picajoso
picajón
quejicoso
quejilloso
cosquilloso
caramilloso
puntilloso
puntoso
puntuoso
repeloso
regañón
displicente
pelilloso
quisquilloso
vidrioso
asqueroso
ascoso
desabrido

delicadamente
regaladamente
muellemente
melifluamente
abemoladamente
primorosamente
pulidamente
como peras en tabaque
remilgadamente

¡huy!

—

DELICADO
(V. *Delicadeza*)

—

DELINCUENTE
(V. *Delito*)

—

DELINEACIÓN
(V. *Dibujo*)

—

DELINEAR
(V. *Dibujo*)

—

DELIRAR
(V. *Locura*)

—

DELITO (32)

delito
falta
incumplimiento
injusticia
infracción
pecado
crimen
atentado
exceso
demasía
deformidad
cuasidelito
delito notorio
» flagrante
tentativa
conato

circunstancia agravante
nocturnidad
premeditación
dolo
» malo
alevosía [za
abuso de confian-
» de superioridad
reincidencia
despoblado
en cuadrilla
menosprecio
allanamiento de morada
escalamiento
escalo
parentesco
vagancia

circunstancia eximente
imprudencia
defensa
locura

circunstancia atenuante [cación
arrebato y obce-
intención
amenaza
borrachera

delincuencia
codelincuencia
culpa
criminalidad
complicidad

derecho penal
» criminal
criminología
correccionalismo
mero imperio
enjuiciamiento
sentencia
castigo
expiación
extradición

cuerpo del delito
» de delito
ficha antropométrica
huellas dactilares

delinquir
perpetrar
cometer
incurrir
reincidir
consumar
infringir
violar
contravenir
atentar
encubrir
receptar
ofender
calumniar
matar
robar
estafar
malversar
desfalcar
expender
prevaricar
premeditar
arrogarse
usurpar
confesar
negar

delinquimiento
perpetración
implicación
encubrimiento
delito de lesa majestad
crimen de lesa majestad
(traición, etc.
V. *Deslealtad*)
alta traición
piratería
conspiración
conjuración
conjura
desacato
desobediencia
rebelión
rebeldía
perturbación
blasfemia
falsedad
subrepción
obrepción
falsificación
perjuicio
fullería
denegación de auxilio
prevaricación
malversación
peculado
prevaricato
baratería
depredación
concusión
soborno

aborto
lesión
lesión grave [ve
» menos gra-
golpe
herida
muerte (violenta)
desafío

deshonestidad
adulterio
violación
estupro
rapto

ofensa
afrenta
calumnia
amenaza

robo
receptación
peculado
estafa
contrabando
usurpación
imprudencia temeraria

delincuente
indiciado
criminal
cometedor
agraviador
infractor
transgresor
traspasador
perpetrador
hechor
malhechor
maleante
facineroso
forajido
apache

autor
cómplice
codelincuente
correo
consorte
encubridor
receptador
perista
polinche
garitero
capa
guardacapas
abrigador
reincidente

agresor
asesino
enemigo
vulnerario
sacamantecas
bandolero
bandido [dos
capitán de bandi-
ladrón
incendiario
quemador
petrolero
prevaricador
malversador
concusionario
expendedor

reo
rea
acusado
inculpado
procesado
criminoso
penado
penante
reo de Estado
doble
rematado
forzado [luz
disciplinante de
siervo de la pena
lapso
convicto
confeso
confidente
inconfeso

criminalista
correccionalista

delictivo
delictuoso
punible
reprensible
penal
criminal
criminoso
alto
frustrado
encubierto
obrepticio

mixti fori
en flagrante
en fragante
in fraganti
en cuadrilla

—

DEMÉRITO
(V. *Merecimiento*)

—

DEMONIO (1)

demonio
demoñejo
demoñuelo
demontre
demonche
diablo
diabla
diablesa
diablillo
diablejo
diaño
diantre
dianche
mengue
enemigo
tentador
espíritus
serpiente
el malo
el pecado
ángel de tinieblas
» malo
enemigo malo
diablo cojuelo
familiar
espíritu inmundo
» maligno
» infernal
demonio íncubo
» súcubo
lucifer
luzbel
belcebú
satanás
satán
ayacuá
pateta
patillas
mandinga
candinga
cachano
catete
mefistófeles
anticristo
antecristo
leviatán
cachidiablo
larvas
lemures

demonología
demonografía
demonolatría
diablismo
ocultismo
infierno

endemoniar
espiritar
endiablarse [blo
revestírsele el dia-

desendemoniar
desendiablar
exorcizar
conjurar

pacto
obsesión
demonomanía
demoniomanía
conjuro
exorcismo

endemoniado
endiablado
poseído
poseso
energúmeno
arrepticio

exorcista
exorcizante

diabólico
diablesco
demoniaco
satánico
luciferino
mefistofélico

diabólicamente

—

DEMOSTRACIÓN
(V. *Manifestación*)

—

DENEGAR
(V. *Negativa*)

—

DENSIDAD (2)

densidad
cohesión
dureza
macicez
consistencia
condensación
concentración
cuerpo
crasitud
espesor
trabazón
viscosidad
compactibilidad
compacidad
turbiedad
obscuridad
continuidad
tupa
compresión
condensabilidad
pelmazo
hebra
areometría

condensar
espesar
encrasar
engrosar
encerar
trabar
batir
dar cuerpo

apelmazar
desmullir
apretar
tupir
compactar

aglutinarse
conglutinarse
poderse cortar
hacer madeja
hacer hebra

areómetro
densímetro
aerómetro
pesalicores
pesaleches
galactómetro
lactómetro

condensador
condensante
condensativo
espesativo

denso
compacto
macizo
sólido
pesado
impenetrable
espeso
tupido
consistente
mazacote
mazorral
caliginoso
viscoso
pegajoso
(pastoso, etc.
V. *Pasta*)
(grasiento, etc.
V. *Grasa*)
condensable
compatible

densamente
macizamente

—

DENSO
(V. *Densidad*)

—

DENTISTA
(V. *Diente*)

—

DENTRO
(V. *Interioridad*)

—

DEPENDENCIA (25)

dependencia
subordinación
sujeción
supeditación
sumisión
adhesión
obediencia
pasividad
referencia
filiación
jerarquía
menoría
vasallaje
esclavitud
servilismo
inferioridad

accesorio
hijuela
consecuencia
condición

subordinar
mediatizar
someter

depender
pender
servir
reconocer [la
estar bajo la féru-
caer bajo la juris-
dicción
vivir a cuenta de

dependiente
accesorio
anexo
subordinado
subalterno
súbdito
sumiso
auxiliar
satélite
vasallo
tributario
feudatario
sufragáneo
sucursal
filial
sácope
inferior
sirviente
achichinque

disciplinal
jerárquico

subordinadamente
disciplinadamente
jerárquicamente
a merced
a mercedes
bajo
debajo de

—

DEPENDER
(V. *Dependencia*)

—

DEPENDIENTE
(V. *Dependencia*)

—

DEPILACIÓN (7)

depilación

(depilar, rapar, afeitar, etc.
V. *Pelo* y *Barba*)

depilatorio
dropacismo
atanquía

pinzas
tenacillas
depilador
depiladora
vellera

—

DEPILAR
(V. *Depilación*)

—

DEPILATORIO
(V. *Depilación*)

—

DEPONER
(V. *Destitución*)

—

DEPORTE (31)

deporte
sport
deportismo
profesionalismo
diversión
fiesta
record
marca

entrenamiento
competición
campeonato
final
semifinal
cuartos de final
eliminatoria
olimpiada
pentatlón
decatlón
copa

carrera
salto
natación
deslizamiento
equitación
rodeo
lucha
atletismo
gimnasia
esgrima
arma
tiro
juego
pelota
vehículo
vectación
gestación
ciclismo
automóvil
navegación
regata
remo
aeronáutica
viaje
turismo
excursionismo
escultismo
alpinismo
montañismo
montaña
patín
caza
cetrería
pesca

campo
estadio
estadium

entrenar, -se

deportista
deportante
explorador
alpinista
montañero
finalista
campeón
equipo

deportivo
pedestre

—

DEPORTIVO
(V. *Deporte*)

—

DEPOSITAR
(V. *Depósito*)

—

DEPÓSITO (33)

depósito
entrega
conservación
custodia
consigna
garantía
provisión
acopio
secuestración
secuestro
consignación
almacenamiento
almacenaje
fideicomiso
resguardo
warrant

depositar
consignar
secuestrar
fiar
confiar
dar
desfalcar

depositaría
» general
receptoría
tesorería
Caja de Depósitos y Consignaciones
banca
estanco
almacén
tienda
pontón
monte pío
montepío
arsenal
colección
museo
silo
granero
recipiente

depositario [ral
» gene-
tesorero
receptor
cajero
consignatario
almacenero
guardalmacén
guardarropa

depositador
depositante
secuestrador

en depósito

—

DEPRECIACIÓN (24, 33)

depreciación
desvalorización
desvaloración
devaluación
abaratamiento
abaratadura
baja
bajón
baratura
barata
baratía
modicidad
equidad
ganga
derroche
liquidación
saldo
quemazón

abaratar
depreciar
empequeñecer
desestimar
desvalorar
desvalorizar
devaluar
rebajar
bajar
desencarecer
desquilatar
baratear
barriscar
liquidar
realizar
saldar
quemar
malvender
malbaratar
beneficiar
chamuscar
bajar la mano

depreciador
abaratador, etc.
saldista

barato (adj.)
bajo
moderado
acomodado
convenible
módico
económico
razonable
sobrebarato
abatido
reducido
regalado
tirado

barato (adv.)
gratis
por los suelos
de lance
de ocasión [pan
por un pedazo de
a huevo

—

DEPRECIAR
(V. *Depreciación*)

—

DEPRESIÓN
(V. *Concavidad*)

—

DEPRIMIR
(V. *Concavidad*)

—

DERECHA (17)

derecha
lado

dirección
mano derecha
» diestra

estribor
bracio godo
caballo de mano

palíndromo

derecho
diestro
ambidextro
dextrorso
dextrógiro

dextrórsum

—

DERECHO (adj.)
(V. *Derechura*)

—

DERECHO (30, 32)

derecho
acción
pretensión
facultad
razón
poder
jurisdicción
título
atribuciones
autorización
competencia
capacidad
opción
privilegio
regalía
beneficio
expectativa
futura
alternativa
repetición
protesta
protestación
tercería
anexidades
conexidades
prescripción

derecho
» natural
» personal
» político
» de **ciudadanía**
» de **vecindad**
» de gentes
» positivo
» divino
» pretorio
» consuetudinario

albedrío
derecho no escrito
» civil
» común
» cesáreo
» público
» administrativo [**cional**
derecho interna-
« **marítimo**
« **canónico**
(derecho procesal, V. *Enjuiciamiento*)
(derecho penal, V. *Delito*, *Castigo*, *Prisión*, etc.)
derecho mercantil
» municipal

juridicidad
jurisprudencia

jurispericia
foro
epiqueya [téntica
interpretación au-
» usual
» doctrinal
justicia
buena fe [ley
igualdad ante la
ficción de derecho
» legal
postliminio
posliminio
supervención
enjuiciamiento

regla
(código, constitución, etc. V. *Ley*)
estatuto
» personal
» formal
» real
fueros
digesto
inforciado
instituta
pandectas
rúbrica
brocárdico

usar de su derecho
ejercitar
desistir
caducar
prescribir
asesorarse

abogar
abogadear
abrir bufete

abogacía
abogamiento
sigilo profesional

jurisconsulto
jurisperito
jurisprudente
legisperito
legista
leguleyo
jurista
civilista
criminalista
romanista
decretista
publicista
fuerista
muftí
pragmático
expositor
casuista
causídico

abogado
abogada [tado
abogado del Es-
letrado
vocero
asesor
licenciado
micer [bres
abogado de po-
amparo
abogadillo [no
abogado de secarábula
picapleitos
buscapleitos
buscarruido
tinterillo
papelista
catarribera
abogado firmón
procurador
pasante de pluma
curial

autor
causante
derechohabiente
causahabiente
(litigante, parte, etc. V. *Enjuiciamiento*)
cliente
clientela
bufete

honorarios
minuta
asesoría

despacho
bufete (oficina)
estudio

jurídico
lícito
procedente
legal
justinianeo

abogadil
abogadesco
a lo letrado
in utroque jure
in utroque

jurídicamente
civilmente
estrictamente
conforme a derecho
según derecho
de derecho
de jure
lisamente
ipso jure

—

DERECHO CANÓNICO (1, 32)

derecho canónico
» eclesiástico
» pontificio
canon
cánones
constituciones apostólicas
concilio
bula
breve
rescripto
encíclica
letra
decreto
decretal
decretales
extravagante
clementina
sinodal
sexto [ciano
decreto de Gra-
correctorio [rio
índice expurgato-
infalibilidad

elección canónica
compromiso
accesión

concordato
concordata
exequátur
regalía
potestad tuitiva
patronato real
regalismo
episcopalismo
ultramontanismo
concordatario

preconizar
retener
canonista
decretista
decretalista
regalista
ultramontano
febroniano

causas mayores
dubio
fuerza
comparendo
conservatorías
purgación [ro
privilegio del fue-
» del canon
conservatoría
ejecutorial

visitar
desligar
absolver a cautela
relajar [rona
llamarse a la co-
reasumir la corona
alzar la fuerza

simonía
solicitación

monición
amonestación
monitorio
monitoria
censura
censura ferendae sententiae
excomunión ferendae sententiae
entredicho
degradación canónica
cesación a divinis
deposición eclesiástica

suspensión
agravamiento
excomunión
anatema

juez ordinario
ordinario
juez conservador
vicario
provisor
protonotario apostólico
arcediano
inquisidor
oficial
compurgador
camarista
fiscal de vara

audiencia ecle-
visita [siástica
vicaría

simoniaco
simoniático
solicitante
percusor
peregrino
peregrinante
irregular

orden sacerdotal
orden
espiritualidad
orden mayor
jerarquía
presbiterato
misa
diaconato
diaconado
subdiaconado
subdiaconato
epístola
orden menor
grados
acolitado
lectorado
exorcistado
exorcista
ostiario
tonsura
prima tonsura
ordenado

iniciarse
ordenarse [sia
acogerse a la Igle-
ordenar
dar órdenes
concelebrar [nos
imponer las ma-
tonsurar
diaconizar

ordenación
crisma
coartación
comensalidad
irregularidad
extratémpora
intersticio
cartilla
proclama
publicata

sínodo [dal
examinador sino-
prosinodal
inquisición

sacerdote
papa
cardenal
curia romana
legación
legacía
prelado
cabildo
capítulo
iglesia
estalación
concatedralidad
canonjía
deanato
decanato
deanazgo
arciprestazgo
arciprestado
arcedianato
pavordía
prepositura
maestrescolía
sacristanía
chantría
personado
provisorato
resigna
resignación

dignidad
canónigo
capitular
prebendado
deán
arcipreste
arcediano
archidiácono
maestrescuela
chantre
capiscol
primicerio
pertiguero mayor de Santiago
doctoral
lectoral
magistral [yor
penitenciero ma-
personado
sacristán
prior
sochantre
veintenero
racionero
medio racionero
capa de coro
hebdomadario
pitancero
capero
caritatero
versiculario
abad
maitinante
capellán de coro
capellán mayor
obrero
presentado
fabriquero

apuntar
puntar
desapuntar

cabildo
presbiterio
cabildada

terzuela
preciosa
manuales [cer
derecho de acre-

cetro
barjuleta
altramuz

capitular
prebostal [tico
beneficio eclesiás-
» amovible
» ad nútum
pieza eclesiástica
personado
personaje
prestamería
capellanía
capilla real
prebenda
dignidad
ración
porción
media ración
título colorado

temporalidades
renta
diezmo [dos
bienes seculariza-
» de abadengo
patrimonio
espolio
mesa
becerro
manso
quindenio
fábrica [ca
derecho de fábri-
obra
obrería
obtento
prebenda
subsidio
pie de altar
componenda
capillo
rompimiento
mitra
vestuario
porción congrua
congrua
voto de Santiago
cuarta funeral
oblata
incardinación
sanctórum
abadía
prestamera
préstamo
gruesa
vacante

anualidad
refacción
catedrático
media anata
luctuosa
censo
procuración
sinodático
capelo [tampa
ducados de la es-

administración diocesana
beneficencia
colecturía
receptoría
recetoría
clavería
obrería (local)

patrimonialidad
patrimonio [nato
derecho de patro-
futura
coadjutoría
expectativa [vas
cartas expectati-
caballerato

colacionar
colar
presentar
habilitar
prebendar
unir
resignar
regresar
compermutar
constituir patrimonio
espiritualizar
eclesiastizar

institución canónica
colación
mes apostólico
mes ordinario
mes del obispo
afección
unión
residencia
servicio
dispensa
recle
recre
recésit
resigna
permuta

colador
presentero
postulador
indultario
ecónomo [lios
colector de espo-
espolista [fábrica
mayordomo de

beneficiado
combeneficiado
capellán
resignatario
coadjutor
excusador
comendatario
obtentor
prestamero
custodino
capellán real
abad

canónico
decretal
beneficial
colativo
patronado
incongruo
afecto
penitenciario
nutual
pilongo
abadengo

canónicamente
eclesiásticamente
mixti fori
mixtamente
simoníacamente
a mata candelas
a sacris
in utroque
por accesión

—

DERECHO ECLESIÁSTICO
(V. *Der. Can.*)

—

DERECHO INTERNACIONAL (32)

derecho internacional
derecho internacional público
derecho internacional privado
derecho de gentes
estatuto personal
» real
» formal
jus soli [**mo**
derecho marítimo
territorialidad
independencia
mar territorial
mar jurisdiccional
aguas jurisdiccionales [lidad
extraterritoria-
naturalización
nacionalidad
ciudadanía
vecindad
extranjería
minoría
internacionalidad
internacionalismo
panamericanismo
paneslavismo
hispanoamericanismo

diplomacia
diplomática [sa
mediación oficio-
negociación
embajada
carta credencial
carta de credencia
credenciales
recredenciales
instrucciones
despacho
referéndum
nota
memorándum
memorando
nota verbal
ultimátum
ultimato
exequátur
pase
paso
plácet

neutralidad
aislacionismo
neutralización
statu quo
paz
guerra
guerra marítima
(V. *Armada*)
beligerancia
bloqueo [pel
bloqueo en el pa-
piratería
extradición
victoria
derrota
sumisión
botín

cartel
postliminio [*sión*)
prisionero (V. *Pri-*
represalia
convenio (tratado, etc.)
concordato
preliminar
protocolo
libro amarillo
» azul
» blanco
» rojo, etc.
protocolo (ritual)
ceremonia

diplomático [tico
cuerpo diplomá-
cónsul
mediador
garante

embajador
embajadora
enviado extraordinario
ministro plenipotenciario
plenipotenciario
ministro residente
consejero
internuncio
encargado de negocios
secretario
agregado
» comercial
» militar
» naval
» cultural
negociador
apocrisiario
ministro
nuncio
persona grata

embajada
diputación
delegación
legación

introductor de embajadores
primer secretario de Estado y del despacho [do
ministro de Esta-
» de Asuntos Exteriores
correo de gabinete
intérprete

internacionalizar
translimitar
negociar
reconocer
acreditar

embajada (misión)
residencia
legación
legacía
plenipotencia
misión

embajada (local)
legación
cancillería [tado
Ministerio de Es-
» de Asuntos Exteriores

internacional
cosmopolita
autónomo
irredento
apátrida
neutral
aislacionista
moviente

concordatario
panamericano
diplomático
acreditado
oficioso

cerca de
ad referéndum

—

DERECHO MARÍTIMO (32, 35, 38)

derecho marítimo
abanderamiento
pabellón [ques
matrícula de bu-
derecho de bandera
habilitación de bandera
beneficio de bandera
barcaza
territorialidad
extraterritorialidad
puerto franco
escala franca
piratería
pendolaje
enjagüe
pecio

matricular
abanderar
fletar

patente de navegación
rol
pasavante
contenta
flete
falso flete
transporte
carga
contrato a la gruesa
contrato a riesgo marítimo [to
carta de fletamen-
fletamento
conocimiento
protesta de mar
arribada forzosa
avería
» gruesa
» simple
echazón
siniestro
naufragio
(salvamento, etc. V. *Seguridad*)
baratería de capitán
baratería de patrón
estadía [trón
sobrestadía
sobrestada
sobrestaría
angaria
soldada
capa
pacotilla
ancheta
impuesto
consulaje
capitanía [puerto
comandante de
» de provincia marítima

fletador
cargador
consignador
consignatario
matrícula

—

DERECHO MERCANTIL
(V. *Comercio*)

—

DERECHO PENAL
(V. *Delito*)

—

DERECHURA (18)

derechura
derechera
derecera
rectitud
camino derecho
horizontalidad
verticalidad
dirección
línea
regla
igualdad
lisura
enderezamiento
enderezo
tirantez

enderezar
adrizar
rectificar
rectar
alinear
enfilar
enristrar
desencorvar
destorcer
desalabear
desrizar
desenrizar
desencrespar
extender

echar por el atajo
echar por la calle de en medio
cortar por lo sano
quitarse de cuentos [historias
dejarse uno de
dejarse de cuentos
no andarse en chiquitas
ir al grano

derecho
recto
seguido
acuerdado
flechado
directo
perpendicular
normal
vertical
rectilíneo
erguido
tieso
eréctil
rígido
plano

derechamente
derecho
directamente
enderezadamente
perpendicularmente
a cordel
en derechura
en línea recta
vía recta
al hilo

vamos al caso
a quema ropa
de punta en blanco
sin ambages ni rodeos

—

DERMATOLOGÍA
(V. *Piel*)

—

DERRAMAMIENTO (2)

derramamiento
derrame
rebosamiento
rebosadura
desbordamiento
vertimiento
difusión
efusión
extravasación
transvasación
filtración
chorro
gota
inundación
dispersión
vertibilidad

derramar
verter
volcar
difundir
efundir
vaciar
evacuar

derramarse
irse
salirse
sobreverterse
extravasarse
trasvenarse
trasvinarse
rebosar
abantar
fluir
difluir
redundar
trasverter
desbordar
verterse
reverter
cundir

sobrante
derrame
desagüe
corredura
aceitada
chorrada

derramadero
vertedero
rebosadero
salida
agujero
abertura

derramador
vertedor
vertiente
difusivo

difuso
efuso
circunfuso

—

DERRAMAR
(V. *Derramamiento*)

—

DERRETIR
(V. *Fusión*)

—

DERRIBAR
(V. *Destrucción*)

DERROCHAR
(V. *Derroche*)

—

DERROCHE (26, 33)

derroche
despilfarro
desperdicio
desgastamiento
dilapidación
desaprovechamiento
pérdida [miento
dispendio
profusión
prodigalidad
liberalidad
barrumbada
borrimbada
burrumbada
fausto
malbarato
gasto

derrochar
dilapidar
despilfarrar
prodigar
triunfar
malgastar
malbaratar
malrotar
marlotar
malmeter
disipar
comer
tirar
desparramar
desbaratar
hundir
rehundir
desaguar
derretir
quemar
abrasar
derrotar
destruir
destrozar
desperdiciar
desaprovechar
perder

dar aire
ser un perdido
dar cuenta de
dar al traste con
tirar de largo
echar a mal
echar a perros
derramar la hacienda [tana
arrojar por la ven-
tirar por la borda
estar mal con su dinero [goteras
dar de culo en las
perder el tiempo
deshacerse entre las manos

derrochador
dilapidador
malgastador
despilfarrador
despilfarrado
malrotador
disipador
disipado
despendedor
desperdiciador
desperdiciado
pródigo
profuso
manirroto
derramado
perdigón
bolsa rota

despilfarradamente
desperdiciadamente
desaprovechadamente
profusamente

—

DERROTA (34)

derrota
rota
vencimiento
fracaso
malogro
inferioridad
desgracia
biaba
desastre
paliza
desbandada
huida
capitulación
apresamiento
dependencia
esclavitud
horcas caudinas
yugo
amán

(derrotar, vencer, etc. V. *Victoria*)

sucumbir
fracasar
perder
ceder
flaquear
capitular
parlamentar
dispersarse
entregarse
rendir las armas
someterse
perder terreno
dejar el campo libre [campo
abandonar el
llevar la peor parte
perder la batalla
quedar en la estacada
morder el polvo
irse con el rabo entre piernas
hallar la horma de su zapato

vencido
fuera de combate
víctima
prisionero
tributario

vencible
superable

DERROTADO
(V. *Derrota*)

—

DERROTAR
(V. *Derrota*)

DESABRIDO
(V. *Desabrimiento*)

—

DESABRIMIENTO (26)

desabrimiento
aspereza

asperidad
asperura
acedía
dureza
desagrado
desventura
desgracia
esquivez
esquiveza
desapacibilidad
escabrosidad
brusquedad
crudeza
mal humor
descortesía
displicencia
desdén
melindre
acrimonia
hiel
indiferencia
despego
hurañía
hosquedad
misantropía
insociabilidad
intratabilidad
inhospitalidad
antipatía
adustez
seriedad
severidad
rigor
rigurosidad
sequedad
sequete
despachaderas
descaro
descomedimiento
rabanillo
vuelta
tarascada
revívalo
réspice
ceño

tener condición
ser un cardo
ser como unas ortigas
estar hecho de hiel
fruncir el ceño

misántropo
hurón
erizo
cartujo
geniazo
diablo
vinagre
hazteallá
cara de vaqueta
cara de pocos amigos
cara de viernes
cara de vinagre
hombre de mala digestión
espantagustos
derramasolaces
atajasolaces
aguafiestas

desabrido
áspero
aspérrimo
desapacible
desagradable
descortés
grosero
indigesto
esquinado
irritable
roncero
brusco
sesgo
cariacedo
despegado
misántropo
displicente
descontentadizo
escolimoso
disgustado
gestudo
huraño
ingrato
pesado
delicado
renegado
cascarrón
malhumorado
frondio
regañón
carrañón
rezongón
rezongador
rezonglón
refunfuñador
serio
seco
secarrón
adusto
acedo
agrio
avinagrado
vinagroso
acre
amargo
atrabiliario
bilioso
inculto
montaraz
fiero
bravo
bravío
recio
duro
bronco
fuerte
ocasionado
terrible
severo
sacudido
sardesco
escabroso
imposible
inaguantable
intratable
incontratable
inconversable
desconversable
insociable
insocial
desasociable
inhóspito
inhospitalario
inhospital
inhospitable
inhospedable
solitario
esquivo
helado
glacial
fosco
hosco
furo
desdeñoso
arisco
rispo
zahareño
pesimista

desabridamente
ásperamente
acedamente
crudamente
secamente
avinagradamente
más áspero que un cardo

—

DESACATAR
(V. *Irreverencia*)

—

DESACATO
(V. *Irreverencia*)

—

DESACIERTO (27)

desacierto
desatino
don de errar
mala mano
deslumbramiento
ofuscación
torpeza
irracionalidad
indeliberación
descuido

desacertar
desatinar
errar
fallar
frustrar
perder la brújula
errar el golpe
estar dejado de la mano de Dios
estar fuera de Dios
estar desgraciado
no tocar pelota
no dar palotada
no dar pie con bola
perder la tramontana
apearse por las orejas
» » la cola
haberla hecho buena
remachar el clavo

locura
error
malogro
plancha
pifia
coladura
patinazo
tolondrón
chambonada
zarramplinada
cagada

desacertado
desatinado
desatalentado
desalumbrado
tolondro

desacertadamente
desatinadamente
desatentadamente
descaminadamente
desengañadamente
al primer tapón, zurrapas
cada paso es un gazapo
la primera, y ésa, en tierra
de mal en peor

—

DESACOPLAMIENTO (2, 20)

desacoplamiento
desencajamiento
desencajadura
desencaje
desembrague
desquiciamiento
desgobernadura
descoyuntamiento
dislocación
dislocadura
desarticulación
desasimiento
arrancadura
extracción
remoción
separación
desunión
inconexión
aislamiento

desacoplar
desmontar
desencajar
desajustar
destrabar
desquiciar
dislocar
desgobernar
desplomar
descoyuntar
desarticular
desgonzar
desvencijar
desenclavijar
desempotrar
desgargolar
desengarzar
desensamblar
desengastar
desconectar
desengranar
desembragar
desenchufar
desenganchar
deslabonar
deseslabonar
desenlabonar
desmembrar
separar
desunir
aislar

desquiciador
interruptor
conmutador

desacoplado
incomplexo

—

DESACOPLAR
(V. *Desacoplamiento*)

—

DESACREDITAR
(V. *Descrédito*)

—

DESACUERDO
(V. *Discordia*)

—

DESAFIAR
(V. *Desafío*)

—

DESAFINACIÓN
(V. *Afinación*)

—

DESAFINAR
(V. *Afinación*)

—

DESAFÍO (27, 32)

desafío
reto
cartel
apuesta
incitación
duelo
certamen
concurso
lance de honor
trance de armas
paso
monomaquia
combate
encuentro
lucha
esgrima
contienda
juicio de Dios
purgación vulgar
prueba
explicaciones
acta

desafiar
retar
provocar
aceptar
mojar la oreja
arrojar el guante
echar el guante
recoger el guante
publicar armas
sacar al campo
reñir
batirse
salir al campo
entrar en campo con
hacer campo
partir el sol
quedar en el campo

retador
desafiador
duelista
campeón
padrino
testigo
fiel de lides
juez de campo

campo del honor
campo
liza
plazo
desafiadero
estacada
cartel
ley de duelo

a primera sangre
a muerte

—

DESAGRADABLE
(V. *Desagrado*)

—

DESAGRADAR
(V. *Desagrado*)

—

DESAGRADECER
(V. *Ingratitud*)

—

DESAGRADO (13, 14)

desagrado
desplacer
disgusto
aflicción
descontento
descontentamiento
despesar
desabrimiento
importunación
desazón
pesadilla
molestia
hastío
fastidio
asco
repugnancia
grima
delicadeza
cojijo
despecho
ira
dejo
escozor
resquemor
requemo
resquemo
quemazón
requemazón
resquemazón
requemamiento
dolor
pesar
pesadumbre
mosca
tribulación
sinsabor
amargura
contrariedad
acíbar
hiel
hieles
agraz
agrazón
torozón
quitasueño
torcedor
cosa dura
lástima
incomodidad
descomodidad
sofoco
sofocación
sofoquina
sofocón
mal rato
mala noche
cuento
repunta
píldora
récipe
jaquimazo
ramalazo
varapalo
trabucazo
puñalada
púa
pelillo
nube de verano
enfado
enfadamiento
resentimiento
pique
amarulencia
queja
reconcomio
cicatriz
mosqueo
picazón
gruñido
rezongo
refunfuño
hocico
esguince
mala nota

desagradar
desplacer
displacer
disgustar
descontentar
desgraciar
desazonar
desasentar
ofender
abroncar
apestar
asesinar
amohinar
chocar
fastidiar
indigestarse
desabrir
acedar
agrazar
amargar
acibarar
escocer
requemar
resquemar
dar en rostro
dar en los ojos
quebrar los ojos

saber a cuerno quemado [llas
no saber a rosquitener mala sombra [devoción
no ser santo de su

disgustarse
agraviarse
añusgarse
contrariarse
resabiarse [mor
estar de mal hutorcer el gesto
poner jeta
estar con tanta jeta
estar de mala data
no estar de gracia
no estar para gracias
mirar de mal ojo
refunfuñar

desagradable
desapacible
desaplacible
desabrido
aguafiestas
derramasolaces
displicente
ingrato
árido
inameno
feo
desgraciado
triste
disgustoso
descontentadizo
malcontentadizo
insuave
acerbo
amargo
riguroso
molesto
brusco
malo
insoportable
antipático
aburrido
fastidioso
(repugnante, etc. V. *Asco*)
malsonante
despreciable
infernal

disgustado
desazonado
molesto
mal hallado

desagradablemente
disgustadamente
desapaciblemente
enhoramala
noramala
en mal hora
en mala hora
nora tal [vido
como Dios es seren mal punto
¡válgame Dios!

—

DESAGUAR
(V. *Desagüe*)

—

DESAGÜE (2, 20)

desagüe
avenamiento
drenaje
achique
palería

aguas inmundas
» residuales
lavazas

desaguar
desaguazar
desbalagar
avenar
desrayar
encañar
desangrar
achicar
jamurar
baldear
derramar
descargar
desocupar
vaciar
sacar

desembocar
entrar

desaguadero
desaguador
aliviadero
cuneta
canal
conducto
caño
condutal
zanja
aguanal
escorredero
escorredor
emisario
alcantarilla
albañal
albañar
cloaca
atarjea
atajea
atajía
tajea
arbollón
arbellón
albollón
albellón
esgueva
despidida
aguatiello
almenara
tragadero
escurridero
coladera
boquera
sobradero
rebosadero
sangradura
sangrador
val
husillo
bajada de aguas
abatidero
tijera
gavia
sumidero
buzón
buzonera
surtidero
(canalón, bajada, gárgola, etc. V. *Tejado*)
vierteaguas
despidiente

pileta
caldera
zaca
achicador

achichinque
palero
cavero

—

DESAIRADO
(V. *Desprecio*)

—

DESAIRAR
(V. *Desprecio*)

—

DESAIRE
(V. *Desprecio*)

—

DESALENTADO
(V. *Desaliento*)

—

DESALIENTO (14)

desaliento
desánimo
desanimación
descorazonamiento
displicencia
quebranto
languidez
languideza
desengaño
desesperanza
desfallecimiento
dejamiento
caimiento
decaimiento
descaecimiento
depresión
postración
dimisión
demisión
agobio
cansancio
debilidad
flaqueza
impotencia
aplanamiento
anonadamiento
anonadación
acabación
acabamiento
consternación
aflicción
timidez
temor
cobardía
indiferencia
desistimiento
inacción
amilanamiento
acoquinamiento
abajamiento
abatimiento
apocamiento
abyección
vileza
pesimismo
derrotismo

desanimar
desalentar
acobardar
acoquinar
acochinar
descorazonar
desesperanzar
desmayar
encoger
apocar
abatir
deprimir
consternar
helar
jarretar
descuajar
derrocar
postrar
aterrar
sepultar
abismar
quebrar o cortar las alas
echar un jarro de agua fría

desanimarse
desalentarse
abandonarse
amilanarse
dejarse
aplanarse
desaquellarse
aniquilarse
anonadarse
acuitarse
deprimirse
achucuyarse
flaquear
desmayar
enflaquecer
desistir
caerse el alma a los pies
caerse las alas
caerse las alas del corazón
caerse los palos del sombrajo
echarse al surco

desalentador
deprimente
depresivo
desalentado
desanimado
alicaído
triste
mustio
aliquebrado
alicorto
pobre
pobrete
pobreto
cuitado
apocado
tímido
miserable
mísero
misérrimo
miserabilísimo
lánguido
cabizbajo
cabezcaído
cabizcaído
desmazalado
desmalazado
abatido
muerto
dejado
avefría
pesimista
derrotista

desanimadamente
desalentadamente
abatidamente
apocadamente

—

DESALIÑADO
(V. *Desaliño*)

—

DESALIÑO (10, 26)

desaliño
desadorno
desatavío
descompostura
desaseo
desgaire
inelegancia
fealdad
ajamiento
escualor
escualidez
suciedad
andrajo

desaliñar
desaderezar
desadornar
desasear
descomponer
desataviar
desenjaezar
desentoldar
desguarnecer
desnudar
quitar
afear
desfigurar
chafar
ajar
empañar
deslustrar
estropear
romper

descuidarse
dejarse
abandonarse
andar hecho un harapo [das
estar hecho un Juparecer un Judas

adán
rompegalas
fardel
guiñapo
galopín
zanguayo
cabecilla
zamarro
apatusco
cuartazos
paja larga
estantigua
sacrismoche
sacrismocho
morcón
puerco
cochino
gorrino
marrano
lechón
montón de tierra

puerca
marrana
lechona
cochina
gorrina
pazpuerca
zangarilleja
pendón

desaliñado
descuidado
desaseado
distraído
abandonado
despeinado
mal puesto
desvaído
incompuesto
inelegante
estrafalario
extravagante
ridículo
fargallón
cínico
sórdido
arlote
desnudo
mantillón
perdulario
desastrado
astroso
destrozón
desarrapado
andrajoso
desandrajado
desharrapado
despilfarrado
pañoso
trapajoso
guiñaposo
trapiento
estropajoso
zarrapastroso
zaparrastroso
zarrapastrón
zancajoso
zancajiento
azacanado
sucio
chamagoso
jifero
espeso
escuálido [tapiz
arrancado de un

desaliñadamente
astrosamente
desastradamente
andrajosamente
zarrapastrosamente
al descuido
al desdén
a la birlonga
al trenzado

—

DESAMPARO
(V. *Abandono*)

—

DESAMUEBLAR
(V. *Mueble*)

—

DESANIMAR
(V. *Desaliento*)

—

DESAPACIBLE
(V. *Desabrimiento*)

—

DESAPARECER
(V. *Desaparición*)

—

DESAPARICIÓN (15)

desaparición
desaparecimiento
desvanecimiento
disipación
dispersión
eclipse
ocaso
puesta
ocultación
escamoteo
prestidigitación
cesación
supresión
destrucción
fin
inexistencia

disipar
evaporar
desmentir
anular
borrar
resolver [cosa
hacer caediza una
» perdidiza una cosa
correr burro

desaparecer
desparecer
esfumarse
perderse
gastarse
deshacerse
obscurecerse
traslumbrarse
eclipsarse
desvanecerse
difuminarse
hundirse
caer
prescribir

volar
hacerse noche
dar cantonada
huir

disipante
desvanecedor
disipable

ni señal
volavérunt

—

DESAPEGO
(V. *Indiferencia*)

—

DESAPROVECHAR
(V. *Inutilidad*)

—

DESARREGLAR
(V. *Desorden*)

—

DESARROPAR
(V. *Desnudez*)

—

DESASIMIENTO (20)
desasimiento
suelta
soltura
aflojamiento
despegadura
desatadura
desacoplamiento
desencadenamiento

desasir
desagarrar
soltar
dejar
desaprisionar
libertar
destrabar
desprender
separar
despegar
aflojar
desatar
desamarrar
quitar
arrancar
desencajar
desacoplar
deslabonar
desenlabonar
deseslabonar
desencadenar
desensartar
desenganchar
desatacar
deshebillar
desabrochar
desabotonar
desaferrar
desengarrafar
desengañilar
desenclavijar
dar
largar
alargar
lanzar
libertar
posar
dejar caer
arriar en banda

soltarse
desasirse
desprenderse
desgajarse
resaltar
saltar

soltador
suelto
separado
aislado
solo

—

DESASOSIEGO (14)
desasosiego
intranquilidad
disgusto
incomodidad
descomodidad
desazón
alteración
desagrado
inquietud
desatiento
perturbación
conturbación
confusión
tribulación
escarabajeo
agitación
desvelo
zozobra
alarma
angustia
ansia
ansión
ansiedad
impaciencia
expectación
preocupación
susidio
contrapeso
combate
conflicto
torozón
cominillo
preocupación
quebradero de cabeza
mala noche
podredumbre
carcoma
gusanillo
comezón
reconcomio
quemazón
remordimiento
voz de la conciencia
escrúpulo
molestia
cuidado
sospecha
duda
vacilación
alarma
temor
turbación
impaciencia

inquietar
desasosegar
desosegar
intranquilizar
alborotar
agitar
alarmar
consumir
zozobrar
desalmar
pudrir
asurar
acalorar
quemar
infernar
turbar
perturbar
remover humores
echar la pulga detrás de la oreja
tener en espinas
causar desasosiego
escarabajear
remorder
costar

inquietarse
desasosegarse
deshacerse
desvelarse
impacientarse
preocuparse
afligirse
erizarse
comerse
derretirse
avisparse
hacerse viejo

estar con el alma en un hilo
estar en el aire [do
estar como vendido
» en pecado
» colgado de los cabellos
estar en ascuas
» como en brasas
estar en espinas
no poder parar
tener duende
no caber el corazón en el pecho
no cocérsele el pan
no cocérsele el bollo
andar sin sombra

intranquilizador
inquietador
inquietante
revolvedor
alarmista
alarmante
desasosegado
conturbado
inquieto
intranquilo
zozobroso
solevantado
culo de mal asiento

inquietamente
desasosegadamente
en vilo [hilo
con el alma en un

—

DESATADURA (20)
desatadura
deslazamiento
desligadura
solución
desañudadura
desceñidura
desencadenamiento

desasimiento
aflojamiento
desacoplamiento

desatar
soltar
desasir
desanudar
desañudar
aclarar
disolver
desligar
correr
desprender
desenlazar
deslazar
desencintar
desatacar
desmajolar
desabotonar
desabrochar
desencordelar
desencadenar

desacoplar
desamarrar
destrincar
desapiolar
desmanear
desceñir
desfajar
desliar
desenvolver
desplegar
extender
desuncir

desatador
descinto
corredizo
indisoluble

—

DESATAR
(V. *Desatadura*)

—

DESATENDER
(V. *Distracción*)

—

DESATINAR
(V. *Desacierto*)

—

DESATINO
(V. *Desacierto*)

—

DESAVENIRSE
(V. *Discordia*)

—

DESCABALAR
(V. *Incompleto*)

—

DESCANSAR
(V. *Descanso*)

—

DESCANSO (27)
descanso
reposo
poso
holganza
calma
tregua
detención
cesación
inacción
quietud
ocio
sosiega
tranquilidad
sabatismo
siesta
bebida
alivio
consuelo
respiro
respiradero
oasis
feria
satis
asueto
recle
recre
recésit
quiete
fin de semana
vacación
diversión
festividad

descansar
reposar
sosegar
asosegar
holgar

sestear
desengrasar
desensebar
posar
respirar
sabatizar [tas
santificar las fiesaflojar la cuerda al arco
aflojar la cuerda
» las riendas
dar suelta
tomar huelgo
alzar de obra
desahogarse
distraerse
desavaharse
recogerse

descansadero (lugar)
descansillo
apeadero
etapa
tránsito

descansado
sedentario
calmo

feriado
festivo
mangonero

—

DESCARADO
(V. *Descaro*)

—

DESCARARSE
(V. *Descaro*)

—

DESCARGA
(V. *Carga*)

—

DESCARGAR
(V. *Carga*)

—

DESCARO (26)
descaro
descoco
desenvoltura
desempacho
descaramiento
impudencia
impudor
cinismo
contumelia
inmodestia
petulancia
empaque
desvergüenza
sinvergüenza
sinvergüencería
inverecundia
desfachatez
raimiento
procacidad
licencia
frescura
lisura
soltura
desplante
relente
deslenguamiento
descomedimiento
descompostura
demasía
descortesía
irreverencia
osadía
atrevimiento

valor
tupé
insolencia
desuello
desgarro
cerrería
avilantez
avilanteza

descararse
descocarse
desvergonzarse
desbocarse
descomponerse
atreverse
insolentarse
desmandarse
deslenguarse
avilantarse
plantar
chantar
dejar plantado

hablar claro
soltar la maldita
cantarlas claras
despacharse a su gusto
echar de vicio
decir el sueño y la soltura
decir cuántas son cinco
decir de una hasta ciento [ta
acusar las cuarendecir las verdades del barquero
echar los gigantones

no tener pelos en la lengua
no tener pelillos en la lengua
no tener frenillo en la lengua
no tener polilla en la lengua
no tener pepita en la lengua
ser capaz de decir una fresca al lucero del alba [la
apearse por la co-

fresca
rabotada
salida de tono
desvergüenza (dicho)
insolencia
descaro
plante
claridad
sorrostrada

farotón
hereje
herejote
desuellacaras
jarocho

rabisalsera
verdulera
rabanera
farota
farotona
soleta
tarasca
sota
moscona

descarado
descocado
deslavado
adelantado
desmesurado
desahogado
desfachatado
despachado

fresco
frescales
sereno
liso
cínico
desvergonzado
inverecundo
impudente
desollado
raído
carirraído
caridelantero
caradura
petulante
procaz
insolente
sobrado
zafado
desbocado
deslenguado
lenguaraz
lengüilargo
lenguatón
lengudo
malhablado
largo de lengua

descaradamente
descocadamente
desvergonzadamente
desahogadamente
desfachatadamente [mente
desenmascaradalibertadamente
desaforadamente
insolentemente
impúdicamente
descarnadamente
cínicamente
desgarradamente
desolladamente
sin suelo
con la frente levantada [llueve
éntrome acá que

—

DESCLAVAR
(V. *Clavo*)

—

DESCOLGAR
(V. *Suspensión*)

—

DESCOLORAR
(V. *Decoloración*)

—

DESCOLORIDO
(V. *Decoloración*)

—

DESCOMEDIDO
(V. *Descomedimiento*)

—

DESCOMEDIMIENTO (26)

descomedimiento
desmesura
inmoderación
intemperancia
destemplanza
desabrimiento
desconcierto
desorden
desenfreno
desentono
desentonación
desentonamiento
despotrique
destemple
descompostura
descortesía
desconsideración
incorrección
exceso
desmán
demasía
desaguisado
barbaridad
atrocidad
desenvoltura
descaro
atrevimiento
irreverencia
ira

descomedirse
desmedirse
descomponerse
desmesurarse
descompasarse
dispararse
destemplarse
desentonarse
desconcertarse
desordenarse
desmandarse
desatarse
desbaratarse
abalanzarse
estrellarse
despepitarse
desaforarse
demasiarse
propasarse
desvergonzarse

traspasar
exceder
despotricar
estrellarse con
salir de tono
irse del seguro
sacar los pies del plato
salir de la regla
» de sus casillas
calentársele a uno la boca
sacar los pies de las alforjas
saltar a la cara
perder los estribos
» la paciencia
perder la tramontana
alzar el grito
levantar el grito
levantar la voz
escupir por el colmillo [Pavía
echar por las de
subirse a las barbas
subirse a la parra
echar a rodar los bolos
echar por la tremenda
echar las patas por alto

salida de tono
rabotada
andanada
exabrupto
incorrección

descomedido
descompuesto
descompasado
destemplado
inmoderado
vivo
desconsiderado
malconsiderado
extremoso
retobado
desatentado
intemperante
incontinente
mal hablado
respondón

descomedidamente
desconsideradamente
descompuestamente
descompasadamente
inmoderadamente
inmodestamente
desentonadamente
desbocadamente
destempladamente
desaforadamente
desmesuradamente
locamente
ex abrupto
a tú por tú

—

DESCOMEDIRSE
(V. *Descomedimiento*)

—

DESCOMPONER
(V. *Descomposición*)

—

DESCOMPOSICIÓN (20)

descomposición
descompostura
desbaratamiento
desconcierto
desconcertadura
desarme
desmonte
desguace
desacoplamiento
dispersión
arrancadura
separación
desunión
abstracción
desintegración
desdoblamiento
aislamiento
análisis
electrólisis
espectroscopia

descomponer, -se
deshacer
desintegrar
desdoblar
abstraer
analizar
aislar
electrolizar
separar
desbaratar
desentablar
desconcertar
desarmar
desmontar
desacoplar
desencajar
abatir
desguazar
desparejar
desparpajar
descuadernar
desencuadernar
esguardamillar
desguarnecer
destejer
desurdir
descasar
deshebrar
desamoldar
destruir
desconcertador
analizador
analítico
descompuesto

analíticamente

—

DESCONCERTAR
(V. *Descomposición*)

—

DESCONFIANZA
(V. *Sospecha*)

—

DESCONFIAR
(V. *Sospecha*)

—

DESCONFORME
(V. *Desconformidad*)

—

DESCONFORMIDAD (16)

desconformidad
disconformidad
heterodoxia
discordancia
desconcordia
disonancia
discrepancia
desacuerdo
discordia
diferencia
diversidad
incongruencia
irrelación
inconexión
desproporción
contrariedad
contraste
oposición
inoportunidad
impropiedad
inconveniencia
desconveniencia
despropósito
incomposibilidad
incompatibilidad
antipatía
inadaptabilidad
asincronismo
anacronismo

parche
emplasto
pegote
postizo

desconformar
desconcertar
desigualar
desajustar
descasar
desparejar
deshermanar

despegarse
desconformarse
desconvenir
disconvenir
disonar
hacer disonancia
discrepar
discordar
contrastar
desdecir
decir mal
sentar mal
probar mal
desmentir
mentir
chocar
arremeter
embestir
desconocer
ir contra [cola
no pegar ni con
pegar como guitarra en un entierro
no venir el son con la castañeta
no ser de la cuerda de [bellos
traer por los casalir por peteneras

desconforme
disconforme
discordante
desacorde
discorde
dísono
chocante
detonante
disonante
maldispuesto
impertinente
inconveniente
desconveniente
disconveniente
desconvenible
inconvenible
incongruo
incongruente
incompatible
desproporcionado
desigual
diferente
inoportuno
impropio
inadecuado
improcedente
discrepante
contrastante
indigno
inaplicable
inconmensurable
inadaptable
mal hallado

a contrapelo
pelo arriba
como a un Santo Cristo un par de pistolas [tos
como perros y galos órganos de Móstoles
ni mucho menos

—

DESCONOCIDO
(V. *Ignorancia*)

—

DESCONTENTO
(V. *Aflicción*)

—

DESCONVENIR
(V. *Desconformidad*)

—

DESCORTÉS
(V. *Descortesía*)

—

DESCORTESÍA (26)

descortesía
impolítica
inurbanidad
incivilidad
mala crianza
corteza
incultura
tosquedad
torpeza
brutalidad
salvajismo
desatención
disfavor
desabrimiento
descomedimiento
descaro
irreverencia
desprecio
rudeza
ordinariez
vulgaridad
cinismo
grosería
rustiquez
patanería
vicio

chocarrería
chabacanería
astracanada
porquería
cochinada
cochinería
marranada
marranería
descuido
incorrección
naranjada
frailada
coz
lisura
rabotada
simpleza
palabrota
palabrada
malsonancia

ser descortés
ser arrimado a la cola

desairar
faltar
hablar mal
descomedirse
descararse
chocarrear
enseñar o asomar la oreja
soltar una coz
apearse por la cola

mala sociedad
ganapán
patán
gamberro
hastial
mogrollo
pataco
orejón
morral
zampabollos
zampatortas
zampabodigos
zampapalo
ganso
tío
harto de ajos
puerco
guarro
gorrino
caballero cubierto
duro de gorra

puerca
arrabalera
rabanera
verdulera
tía

descortés
grosero
inurbano

incivil
civil
desatento
montaraz
mal educado
mal enseñado
malcriado
consentido
mimado
resabiado
vicioso
malmirado
descomedido
desmesurado
descompuesto
descarado
grosero
garbancero
ordinario
común
vulgar
plebeyo
despreciable
ramplón
villano
villanchón
villanote
zafio
basto
rudo
cerril
cerrero
rústico
agreste
inculto
soez
jifero
cafre
guarango
chocarrero
chabacano
dicharachero
bufón
bufo
chulo
tabernario

descortésmente
desatentamente
inurbanamente
incivilmente
puercamente
groseramente
ordinariamente
cerrilmente
a tú por tú

—

DESCORTEZAR
(V. *Corteza*)

—

DESCRÉDITO
(24, 27)

descrédito
desdoro
desprestigio
deshonor
deshonra
mancha
desabono
deslustre
mengua
degradación
demérito
desvalorización
depreciación
desreputación
mala reputación
mala voz
prevención
impopularidad
ignominia
estigma
infamia
dolencia
oprobio
vituperio
confusión
vilipendio
profazo
fango
vergüenza
afrenta
caída
bancarrota

ofensa
vileza

difamación
disfamación
infamación
desprecio
detracción
murmuración
denigración
chantaje
zaherimiento

burla
vituperación
reprobación
calumnia
descalificación
despopularización
mancilla
mácula
tilde
padrón
lunar
tizón
borrón
baldón
sambenito
libelo
perqué

desacreditar
desconceptuar
desprestigiar
desopinar
descalificar
desautorizar
despopularizar
anular
menoscabar
amenguar
menguar
desvalorizar
desvalorar
desonzar
baldonar
detraer
detractar
maldecir
emplumar
deprimir
dilacerar
empañar
desdorar
deslucir
obscurecer
deslustrar
anublar
enlodar
enlodazar
manchar
amancillar
mancillar
salar
tiznar
entiznar
pringar
almagrar
notar
tildar
sambenitar
profanar
profazar
infamar
oprobiar
vituperar
vilipendiar
deshonrar
deshonorar
afrentar
estigmatizar
desollar
funestar
cauterizar
difamar
disfamar
desfamar
dejemplar
denigrar
descreer
poner mala voz
señalar con el dedo
echar un chafarrinón.

desacreditarse
desconceptuarse
deshonrarse
infamarse
desprestigiarse
despopularizarse
desdorarse
deprimirse
deslucirse
empañarse
mancharse
coinquinarse
perder
pasar por...
caer en nota [nes
andar en opinio-
andar en coplas

deshonrabuenos
desentierra-
muertos

chantajista
libelista

deshonrador
detractor
difamador
disfamador
infamador
iconoclasta

deshonroso
denigrante
denigrativo
indecoroso
desdoroso
oprobioso
ignominioso
afrentoso
infamante
infamatorio
infamativo
difamatorio
disfamatorio

desacreditado
desautorizado
desopinado
malmirado
desconceptuado
malquisto
impopular
mancillado [parte
célebre en mala
famoso en mala
parte

infame
vil
de historia

deshonrosamente
desautorizadamente
denigrativamente
menguadamente
afrentosamente
afrentadamente
vituperiosamente

—

DESCRIBIR
(V. *Descripción*)

—

DESCRIPCIÓN
(29)

descripción
explicación
reseña
revista
pintura
color local
imagen
cuadro
retrato
etopeya
monografía
narración
plan
señalamiento
filiación
especificación
hipotiposis
prosopografía

describir
representar
dibujar
trazar
copiar
pintar
retratar
fotografiar
especificar
pormenorizar

descriptivo
descriptor
colorista

gráfico
descripto
descrito
indescriptible

—

DESCUBIERTO
(V. *Descubrimiento*)

—

DESCUBRIMIENTO (20, 28)

descubrimiento
destapadura
abertura
manifestación
revelación
publicación
hallazgo
invención
olfato
radiestesia

descubrir
averiguar
mostrar
revelar
publicar
destapar
abrir
desobstruir
descobijar
desabrigar
desnudar
desenmascarar
destocar
sofaldar
desflorar
descornar
descorchar
desenvainar
quitar
descostrar
exhumar
desenterrar
correr la cortina
correr el velo
echar al aire
descubrir la oreja
enseñar la oreja
enseñar la pata
tirar de la manta
volar la mina
descubrir el pastel
quitar la hojaldre al pastel
tragarse la partida
comerse la partida

descubrirse
destaparse
desnudarse
despechugarse
estar descubierto
andar descubierto
destocarse
vivaquear

lugar descubierto
descampado
venta
vivac
vivaque

descubridor
inventor
zahorí

descubierto
destapado
desobstruido
manifiesto
desnudo
abierto
descercado
exento
escueto
pelado
raso
campero
desavahado
deschanzado

descubiertamente
a la descubierta
al descubierto
en descampado
al aire libre
al raso
a la rasa
a campo raso
a la intemperie
a la inclemencia
en cabellos
a granel
al sereno
al fresco

DESCUBRIR
(V. *Descubrimiento*)

—

DESCUIDADO
(V. *Descuido*)

—

DESCUIDAR
(V. *Descuido*)

—

DESCUIDO
(26, 27)

descuido
desatención
negligencia
distracción
inadvertencia
imprevisión
indeliberación
oscitancia
indiligencia
imprudencia
incuria
desaliño
desidia
dejadez
dejamiento
apatía
desgana
flojedad
flojera
indolencia
inercia
inacción
ocio
pereza
pigricia
morosidad
frialdad
frescura
desaplicación
inaplicación
omisión
mal recado
imperfección
culpa lata
» jurídica
paso de gallina

descuidar
desatender
abandonar
atropellar
papar
aflojar las riendas

descuidarse
abandonarse
distraerse
dormirse
flojear
tenderse
tumbarse
carabear
rodar
echarse a dormir
írsele la muda

adán
ave tonta
» zonza

descuidado
negligente
dejado
desidioso
incurioso
perdulario
tibio
omiso
abandonado
confiado
perezoso
holgazán
flojo
cosa perdida
pigre
pigro
desaplicado
inaplicado
perfunctorio
culposo
imperfecto

descuidadamente
negligentemente
trascordadamente
inadvertidamente
flojamente
tibiamente
desidiosamente
perfunctoriamente
sobrepeine
al descuido
al descuido y con cuidado
al desgaire
al desdén
a dejaprende
a punto largo
al trenzado
de bolazo
a la birlonga
a media talla

a medio mogate
de medio mogate
salga lo que saliere

—

DESEADO (V. *Deseo*)

—

DESEAR (V. *Deseo*)

—

DESECHO (V. *Residuo*)

—

DESEMBARAZAR (V. *Desobstrucción*)

—

DESENCAJAR (V. *Desacoplamiento*)

—

DESENFRENO (V. *Inmoralidad*)

—

DESENGANCHAR (V. *Gancho*)

—

DESENGAÑAR (V. *Desengaño*)

—

DESENGAÑO (26)

desengaño
escarmiento
desilusión
decepción
chasco
desencanto
desencantamiento
despecho
desaliento
desesperanza
sorpresa

desengañar
desilusionar
desimpresionar
deshacer un engaño
entubajar [uno
abrir los ojos a
echarle a uno un jarro de agua, o de agua fría
desengañarse
desilusionarse
desembelesarse
caer uno de su asno, de su burro, de su borrico
caer la venda de los ojos

desengañador
nugatorio

desengañado
escarmentado
escaldado
desdichado

desengañadamente

mírate en ese espejo

—

DESENREDAR (V. *Desenredo*)

—

DESENREDO (20)

desenredo
desenhetramiento
solución
explicación

desenredar
aclarar
desenmarañar
desmarañar
desembrollar
carmenar
descarmenar
desanudar
desañudar
desovillar
desarrebujar
desligar
desurdir
desenzarzar
desenhetrar

desenredado
inextricable

—

DESENTERRAR (V. *Entierro*)

—

DESENTUMECER (V. *Entumecimiento*)

—

DESENVAINAR (V. *Vaina*)

—

DESENVOLTURA (26)

desenvoltura
desenfado
desenfadaderas
desembarazo
soltura
elegancia
facilidad
expediente
expedición
desempacho
despejo
desahogo
esparcimiento
desencogimiento
gallardía
gentileza
anchura
llaneza
naturalidad
desparpajo
atrevimiento
descaro [to
descomedimien-
libertad
frescura
chulada
relente
aire de taco

soltarse
desatarse
descocarse
desempacharse
descomedirse
desencogerse
esparcirse
desenvolverse
despegarse
despejarse
romperse
soltar la maldita
despacharse a su gusto [papo
ponerse papo a
decir cuantas son cinco

desaturdir
desovillar

desenvuelto
despejado
desenfadado
despachado
expeditivo
desparejado
desparpajado
desembarazado
atrevido
resuelto
claro
ufano
barbián
desahogado
descarado
fresco
gallote
correntío
de rompe y rasga
rabisalsera

desenvueltamente
desenfadadamente
sueltamente
rotamente
desahogadamente
frescamente

—

DESENVUELTO (V. *Desenvoltura*)

—

DESEO (14, 25)

deseo
voluntad
pujo
voto
esperanza
ambición
curiosidad
aspiraciones
pretensiones
candidatura
sueño dorado
apetito
concupiscencia
lujuria [cible
apetito concupis-
apetencia
gana
propensión
afición
pasión
vehemencia
manía
talante
agrado
ansia
ansión
suspiro
anhelo
anhelación
empeño
acucia
ardicia
afán
agonía
avidez
codicia
envidia
hambre
» canina
sed
ardor
quemazón
comezón
prurito
hipo
dentera
pío
golosina
rogosto
vicio
capricho
antojo
antojuelo
golondro
rabanillo
desiderátum

desear
querer
apetecer
ambicionar
aspirar a
pretender
anhelar
ansiar
codiciar
acuciar
abarcuzar
demandar
envidiar
pedir
acariciar
satisfacer
cumplir
saciar
hartar

aficionar
acodiciar
engolosinar
incitar
antojarse
engalanarse

pirrarse
despepitarse
perecerse
perderse
desperecerse
desalmarse
exhalarse
consumirse
aficionarse
empicarse
finarse
apasionarse
desvivirse
despulsarse
arregostarse
lampar
alampar
hipar
piar
desalar
desalmar
reventar
propender
gustar de
aspirar a
rabiar por
suspirar por
penar por
penarse por
venir en deseo
irse los ojos por
irse el alma tras algo
dar dentera
llenar el ojo
hacer cosquillas
pedirle el cuerpo
beber los vientos por
beber los aires
no ver la hora de
andar sin sombra
saltársele los ojos
comerse con los ojos
echar el ojo
estar muerto por
hacerse la boca agua [tes largos
ponerse los dien-
alargarse los dientes
comerse las manos tras

deseador
deseoso
voluntario
desiderativo
ganoso
ávido
hambriento
sediento
apetecedor
codiciante
candidato
candidata
apetitivo
apetitoso
ambicioso
ansioso
hidrópico
aspirante
anhelante
anheloso
acuciador
acucioso
desalado
goloso
morrudo
golmajo
golimbro
golimbrón
galamero
lisiado
antojadizo
antojado
insaciable

deseable
desiderable
apetecible
codiciable
envidiable
apetitoso
suspirado
fruta prohibida

deseablemente
ambiciosamente
ávidamente
ansiosamente
ansiadamente
acuciadamente
acuciosamente
anhelosamente
desaladamente
caprichosamente
antojadizamente
insaciablemente
con empeño
a pedir de boca
con la lengua de un palmo [ñana
antes hoy que ma-
si quisiera Dios
plega o plegue a Dios
así...
¡ojalá!
amén

—

DESEOSO (V. *Deseo*)

—

DESESPERANZA (14)

desesperanza
desesperación
impaciencia
despero
despecho [miento
descorazona-
desilusión
desistimiento
desaliento
pesimismo
desengaño
sospecha
duda
incredulidad

desesperanzar
desesperar
desconfiar
desahuciar
desafuciar
despechar
descuajar
desengañar

desesperanzarse
desesperarse
impacientarse
clamar a Dios
pintar con negros colores

desesperante
desesperado
pesimista

desesperadamente
desahuciadamente
descorazonadamente
no hay tu tía

—

DESESPERANZAR (V. *Desesperanza*)

—

DESESPERAR (V. *Desesperanza*)

—

DESFAVORABLE (V. *Desgracia*)

—

DESGAIRE (26)

desgaire
desmadejamiento
afectación
desaire
desaliño
inelegancia

caerse a pedazos
írsele cada cuarto por su lado

tagarote
zanguayo
zanguango
espingarda
esparvel

desgarbado
desgalichado
desairado
desvaído
aspado
desmadejado
desgarbilado
molso

desairadamente
desgarbadamente

—

DESGARBADO (V. *Desgaire*)

—

DESGASTAR
(V. *Desgaste*)

—

DESGASTE (27)

desgaste
erosión
abrasión
corrosión
roedura
raspadura
frotamiento
ajamiento

desgastar
deshacer
adelgazar
comer
minar
consumir
gastar
morder
romper

pacer
roer
corroer
limar
afinar

desgastarse
gastarse
escomerse

abrasivo

desgastado
gastado
usado
lamido
rozado
consunto

—

DESGRACIA (27)

desgracia
infelicidad
adversidad
infortunio
infortuna
desdicha
desventura
desaventura
desamparo
abandono
peligro
mala sombra
mala suerte
mala andanza
malandanza
miseria
malaventura
malaventuranza
decadencia
cuita
trabajo
aflicción
desesperanza
pérdida
ruina
pobreza
fatalidad
mal cariz
pesimismo
hora menguada
día nefasto
año climatérico
vida de perros
siglo de hierro

contratiempo
accidente
caso fortuito
descalabro
peripecia
percance
revés
través
disgusto
daño
perjuicio
dificultad
conflicto
tropiezo
impedimento
malogro
fracaso
derrota
chasco
contrariedad
trago
tártago
hieles
cáliz
llaga
azar
trabajos
mal
maldición
desmán
tribulación
percance del oficio
gajes del oficio
golpe
azote
zurriagazo
rayo
frangente
tormenta
naufragio
chubasco
turbión
ramalazo
chamada
crujía
tragedia
calvario
calilla
plaga
calamidad
siniestro
desastre
catástrofe
cataclismo
hecatombe

augurar
agorar
ominar
ocurrir
acaecer
empeorar
malograrse
ir mal
pintar mal
estar de malas
haber pisado mala hierba
correr con desgracia
señalar con piedra negra
padecer
pasar crujía
sufrir una crujía
pasar una chamada
cercar a trabajos
parar en mal
librar mal
salir con las manos en la cabeza
salir por la ventana
salir al gallarín
hacerse uno las narices
cogerle el carro
caérsele la casa a cuestas
hundirse el mundo
parar en tragedia
ser el rigor de las desdichas
pasar la pena negra
pasar las penas del purgatorio
apurar la copa del dolor
tener mala pata
tener malos ojos
darse mal
dar mal
dar mal el naipe
correr mal la suerte
darse con un canto en los pechos

agorero
cenizo
gafe

desgraciado
desventurado
desdichado
desafortunado
infortunado
infeliz
infelice
malhadado
malaventurado
malandante
cuitado
lacerado
asendereado
aporreado
pobre
pobrete
pobreto
miserable
miserando
mísero
misérrimo
miserabilísimo
retablo de dolores
mártir
víctima
cenicienta

adverso
desfavorable
desagradable
impróspero
feo
nubloso
negro
duro
amargo
salado
triste
deplorable
lamentable
azaroso
aciago
siniestro
nefasto
fatal
fatídico
ominoso
desastrado
desastroso
astroso
arrastrado
funesto
fúnebre
infausto
trágico
calamitoso
catastrófico

mal
desgraciadamente
desfavorablemente
adversamente
azarosamente
infortunadamente
infelizmente
infelicemente
desventuradamente
desdichadamente
arrastradamente
infaustamente
funestamente
fatalmente
fatídicamente
desastradamente
desastrosamente
calamitosamente
miserablemente
míseramente
trágicamente
el mejor día
a lo mejor
con mal pie
a mal dar

—

DESGRACIADO
(V. *Desgracia*)

—

DESGRANAR
(V. *Grano*)

—

DESHABITUAR
(V. *Desuso*)

—

DESHACER (27)

descomposición
destrucción
desguace
desacoplamiento
desbarate
desbarato

deshacer
suprimir
reformar
anular
borrar
acabar
desordenar
destruir
corroer
romper
cortar
dividir
separar
desmoronar
desmenuzar
desmigajar
desmigar
desterronar
machacar
dispersar
disolver
desvanecer
desorganizar
descomponer
desencajar
desacoplar
desarmar
desarticular
desurdir
deshebrar
destejer
desmontar
desbaratar
desvencijar
desentablar
desguazar
quitar
arrancar
descarnar

deshacedor
desbaratante
evanescente
friable
deshecho

—

DESHONESTIDAD (26, 32)

deshonestidad
inhonestidad
liviandad
(licencia, libertinaje, etc. V. *Inmoralidad*)
impudor
impudicia
impudicicia
impudencia
indecencia
inmodestia
impureza
inmundicia
fealdad
torpeza
cinismo
desenvoltura
descaro
desvergüenza
obscenidad
pornografía
sicalipsis
verdura
profanidad
mocedad
lujuria
concupiscencia
sensualidad
placer
vicio
abusos deshonestos
atentado al pudor
comercio carnal
fornicación
amancebamiento
prostitución
violación
rapto
incesto
adulterio
alcahuetería
pederastia
bestialidad
pecado contra natura
pecado nefando
sodomía
generación
sexo

palabrota
palabrada
ajo
palabras libres
coprolalia
chocarrería
dicharacho
dicho
villanía
suciedad
indecencia
pulla
cuentos colorados
cuentos verdes
versos fesceninos
picardía
descuido
desliz
tropiezo
tocamiento
masturbación
onanismo
caricia
beso
picadero
bayú
serrallo
mancebía

coquetear
flirtear
travesear
retozar
mocear
periquear
garzonear
halconear
masturbarse
fornicar
putear
putañear

sátiro
libertino
puto
lujurioso
prójima
piruja
ninfa
mundana
prostituta
halconera
sota
escaldada
corralera
galante
fácil
frágil
ventanera

deshonesto
inhonesto
inhonestable
incasto
impúdico
impudente
licencioso
libre
profano
obsceno
torpe
sucio
sórdido
pornógrafo

alegre
picante
picaresco
escabroso
colorado
verde
malsonante
hediondo
sicalíptico
pornográfico

deshonestamente
inhonestamente
impúdicamente
livianamente
obscenamente

DESHONESTO
(V. *Deshonestidad*)

—

DESHONOR
(V. *Vileza*)

—

DESHONRA
(V. *Descrédito*)

—

DESIERTO
(V. *Despoblación*)

DESIGUALDAD
(V. *Diferencia*)

DESINFECCIÓN (12)

desinfección
fumigación
abstersión
esterilización
asepsia
limpieza
pureza

desinfectar
desinficionar
desapestar
descontagiar
desemponzoñar
fumigar
humear
flamear
esterilizar

pasterizar
pasteurizar
absterger
limpiar

fumigador
desinfectorio
fumigatorio

lazareto
autoclave
esterilizador

naftalina
cloro
hipoclorito
formol
timol, etc.

desinfectante
abstergente
abstersivo
aséptico
fumigatorio
antiséptico
antipútrido

—

DESINFECTANTE
(V. *Desinfección*)

—

DESINFECTAR
(V. *Desinfección*)

—

DESINTERÉS
(V. *Altruismo*)

—

DESINTERESADO
(V. *Altruismo*)

—

DESISTIMIENTO (25, 27)

desistimiento
desistencia
sobreseimiento
disuasión
cesación
retractación
(dimisión, abdicación, renuncia, etc. V. *Dejación*)
abandono
espantada
sumisión
inconstancia

desistir
sobreseer
dejar
abandonar
flaquear
ceder
substraerse
apartarse
separarse
desertar
desgaritarse
tumbarse
entregarse
rendirse
ciar
echarse atrás
soltar la carga
echarse en el surco [abierto
dejar el campo
dejar el campo libre
dar su brazo a torcer
disuadir
desviar
desencaprichar
apear

—

DESISTIR
(V. *Desistimiento*)

—

DESLEAL
(V. *Deslealtad*)

—

DESLEALTAD (26, 32)

deslealtad
infidelidad
infidencia
perfidia
alevosía
aleve
prodición
artificio
mala fe
trato doble
maquiavelismo
fe púnica
falsía
falsedad
perjurio
fingimiento
disimulo
mentira
zancadilla
engaño
intriga
estratagema
anticipada
prevaricato
incumplimiento
retractación
apostasía
traición
alta traición
felonía
defección
(deserción, etc. V. *Abandono*)
contrapasamiento
malcaso
revesa
vileza
mala partida
partida serrana
perrería
perrada
malón [za
abuso de confianza
carta de Urías
beso de Judas

traicionar
atraicionar
asesinar
vender
enzainarse
contrapasar
pasarse
no tener palabra
venir contra su palabra
comer a dos carrillos
retar

desleal
infiel
infidente
fementido
pérfido
judas
traidor
traicionero
atraidorado
tragafees
alevoso
aleve
felón
zaino
falso
vil
magancés
maganciero
tránsfuga
renegado
inconfidente
desertor
infidelísimo

deslealmente
infielmente
pérfidamente
fementidamente
alevosamente
alevemente
traidoramente
a traición
con alevosía
por detrás
a espaldas
a espaldas vuelas
por la espalda
a hurta cordel

—

DESLEÍR
(V. *Disolución*)

—

DESLIZAMIENTO (19)

deslizamiento
resbalamiento
resbalón
escullón
escurrimiento
lubricidad
desliz
traspié
esvarón
costalada
reptación
patinazo

deslizar
resbalar
correr
escurrir
escullir
desvarar
esbarar
esvarar
ronchar
desbarrar
esborregar
deleznarse [uno
írsele los pies a
correrse
dejarse correr
rodar
irse
descolgarse
escullirse
descabullirse
escabullirse
esmuciarse
escurrirse
pasar
rasar
arrastrarse
reptar
ratear
zallar
patinar

lubricar
lubrificar
engrasar

lubricación
lubrificación

anguila
cursor
corredera
engrase
grasa
esteatita

deslizadero
resbaladero
resbalera
desbazadero
montaña rusa
tobogán
patín
(trineo, etc. V. *Narria*)

lubricante
lubrificante
lubricador
lubricativo
deslizadero
deslizadizo
escurridizo
deslizante
deslizable
resbalador
resbalante
resbaladizo
resbaladero
resbaloso
liso
precipitoso
deleznable
vidrioso
nidio
lúbrico
lábil

—

DESLIZAR
(V. *Deslizamiento*)

—

DESLUCIR
(V. *Ajamiento*)

—

DESLUSTRAR
(V. *Deslustre*)

—

DESLUSTRE (2)

deslustre
matidez
deslucimiento
ajamiento
decoloración
suciedad
marchitamiento

deslustrar
deslucir
empañar
matar
esmerilar
obscurecer
desflorar
desaprensar
ajar

deslustrador

deslustrado
deslucido
empañado
amortiguado
apagado
mate
esmerilado
áspero
opaco

—

DESMAYARSE
(V. *Síncope*)

—

DESMAYO
(V. *Síncope*)

—

DESMERECER
(V. *Merecimiento*)

—

DESNUDAR
(V. *Desnudez*)

—

DESNUDEZ (10)

desnudez
desnudamiento
desabrigo
descalcez
(inmodestia, impudor, etc. [*dad*) V. *Deshonestidad*
desnudismo
exhibicionismo

desnudar
desvestir
desarropar
encuerar
quitar
descalzar
desmotar
desarrebujar
destocar
descubrir
desataviar
desabrigar
descobijar
remangarse
descotarse
escotarse
despechugarse
despojarse
andar a la cordobana
hacer fuerarropa
echar al aire

academia
hoja de parra
taparrabos
pampanilla
calembé

desnudador
adamita

desnudo
nudo
corito
calato
desabrigado
descalzo
destocado
escotado
remangado
desplumado
pelado
calvo
imberbe
descubierto

nudamente
desabrigadamente

en cueros, o en cueros vivos
en porreta
en pelo
en pelota
en pelele
al natural
en carnes
en vivas carnes
in púribus
en piernas
en pernetas [misa
en cuerpo de ca-
a culo pajarero

—

DESNUDO
(V. *Desnudez*)

—

DESOBEDECER
(V. *Desobediencia*)

—

DESOBEDIENCIA (25)

desobediencia
inobediencia
obstinación
indocilidad
irreverencia
independencia
repugnancia
deservicio
indisciplina
insubordinación
rebeldía

desobedecer
deservir
recalcitrar
replicar
resistir
negarse
repugnar
insubordinarse
indisciplinarse
crecerse
rebelarse
tirar coces

desobediente
inobediente
mal mandado
malmandado
desmandado
deservidor
indócil
insumiso
protestante
rebelde
indisciplinado
indisciplinante
insubordinado

—

DESOBEDIENTE
(V. *Desobediencia*)

—

DESOBSTRUCCIÓN (20)

desobstrucción
despejo
escampo
espacio
descombro
escombra
desbrozo
desbroce
zafarrancho
remoción
descubrimiento

desobstruir
desembarazar
rozar
desocupar
despejar
espejar
zafar
formejar
desbancar
escampar
escombrar
descombrar
franquear

dragar
desatorar
desatibar
descampar
desbrozar
desembrozar
despedregar
descantar
desatrampar
desatascar
desopilar
desatancar
desatrancar
zarcear
destapar
quitar
apartar
descubrir
limpiar
abrir
hacer lugar
hacer campo
hacer calle
hacer plaza
hacer corro
mondar la haza

despejado
desahogado
vacío
libre
desierto
escueto
destapiado
descampado
escampado
campero
raso
abierto
descubierto
expedito
desavahado
zafo
franqueable
¡plaza!

—

DESOBSTRUIR
(V. *Desobstrucción*)

—

DESOCUPAR
(V. *Vacío*)

—

DESORDEN
(16, 25)

desorden
desordenación
desordenamiento
confusión
anomalía
irregularidad
disformidad
deformidad
desconformidad
desarreglo
desarranche
desorganización
desajuste
desbarajuste
desbarahúste
destartalo
desparramo
desconcierto
desgobierno
anarquía
desparpajo
desate
caos
laberinto
trastorno
interversión
inversión

enredo
ovillo
embolismo
embrión
revoltillo
tótum revolútum
frangollo
mezcolanza
mescolanza
galimatías
entrevero
mezcla
montón
tendalera
tendal
tenderete
caterva
matalotaje
jarcia
fárrago
perturbación
alboroto
bullicio
baraúnda
barullo
barahúnda
barafunda
vorahúnda
zurriburri
turbación
behetría
lugar de behetría
liorna
ginebra
pandemonio
rebumbio
tropel
tropelia
atropello
atropellamiento
garbullo
tumulto
culebra
grillera
leonera
olla de grillos
arca de Noé
cajón de sastre
madeja sin cuenbabel [da
torre de Babel
babilonia
belén [Roque
casa de tócame
puerto de arrebatacapas
casa de locos
corral de vacas
campo de Agramante
merienda de negros
boda de negros
día del juicio

desordenar
confundir
desconcertar
desgobernar
descomponer
desentablar
desarreglar
desreglar
desajustar
desorganizar
desbarajustar
desbarahustar
destemplar
desmesurar
descompaginar
poner pies con cabeza
invertir
revolver
trasegar
pervertir
perturbar
disturbar
turbar
tumultuar
atumultuar

desordenarse
desarreglarse
desconcertarse
desmandarse
enturbiarse
vagar [cabeza
no tener pies ni
no tener atadero
andar manga por hombro [suelto
andar el diablo

desorganizador
trastornador
destemplador
conturbador
perturbador

bohemio

desordenado
inordenado
inordinado
heteróclito
confuso
inconcino
descorregido
descosido
inorgánico
turbulento
tumultuario
tumultuoso

desordenadamente
inordenadamente
desarregladamente
desorganizadamente
desconcertadamente
incoherentemente
confusamente
descosidamente
atropelladamente
descabelladamente
estragadamente
derramadamente
revueltamente

patas arriba
cosa con cosa
sin pies ni cabeza
a río revuelto
sin trastes
mal y de mala manera
de trompón
a trompón
a trasquilones
a la barata
a tontas y a locas
a la desbandada

—

DESORDENADO
(V. *Desorden*)

—

DESORDENAR
(V. *Desorden*)

—

DESPABILAR
(V. *Mecha*)

—

DESPACHO
(V. *Oficina*)

—

DESPEDIDA (31)

despedida
despedimiento
despido
tornada
dimisorias

recredenciales
adiós
deshecha
cacharpari
separación
partida
saludo
cortesía

despedir
licenciar
destituir
echar
expulsar
dar pasaporte
dar dimisorias
arrojar de sí
echar tan alto
enviar noramala
echar a la calle
enseñar la puerta
enviar al rollo
hacer ir al rollo
echar con cajas destempladas
poner de patas en la calle
poner de patitas en la calle
poner en la puerta de la calle [yo
plantar en el arroenviar a paseo

despedirse
separarse
marcharse
ausentarse
irse con Dios
despedirse a la francesa
salir por la puerta de los carros, o de los perros

¡a Dios!
adiós
con Dios
¡agur!
¡abur!
un pie tras otro
vale
a más ver
hasta más ver
hasta la vista
hasta después
hasta luego
a la paz de Dios
a Dios y veámonos [lan
a Dios que esquia Dios con la colorada [Josafat!
¡hasta el valle de

anda con Dios
vaya con Dios
vete con Dios
vete a paseo
a buscar la cagada del lagarto
váyase a espulgar un galgo

—

DESPEDIR
(V. *Despedida*)

—

DESPEGADURA
(20)

despegadura
desencoladura
desengrudamiento
desprendimiento
desasimiento
separación
desacoplamiento

despegar
desapegar
desprender
levantar
desasir
separar
desencolar
desengrudar
quitar
arrancar

despegador
despegable
despegadizo

—

DESPEGAR
(V. *Despegadura*)

—

DESPEJAR
(V. *Desobstrucción*)

—

DESPEÑAR
(V. *Caída*)

—

DESPERDICIAR
(V. *Derroche*)

—

DESPERDICIO
(V. *Residuo*)

—

DESPERTAR
(V. *Vigilia*)

—

DESPIERTO
(V. *Vigilia*)

—

DESPOBLACIÓN
(3, 11, 15)

despoblación
despoblamiento
despueble
despueblo
abandono
aislamiento
desolación
soledumbre
ausencia
partida
éxodo
emigración
maltusianismo

despoblar
deshabitar
desguarnecer
yermar
desamueblar
desamoblar

despoblarse

despoblado
soledad
andurrial
afueras
yermo
erial
páramo
palomera
paramera
llanos
dunas
estepa
sabana
pampa
travesía

desierto
oasis
espejismo

inhabitado
inhabitable
yermo
estepario
inculto
desolado
soledoso
deshabitado
desavecindado
desierto
desértico
vacío
vacante
solitario
mortuorio
encantado

DESPOBLADO
(V. *Despoblación*)

—

DESPOBLAR
(V. *Despoblación*)

—

DESPOJAR
(V. *Privación*)

—

DESPÓTICO
(V. *Dominio*)

—

DESPRECIABLE
(V. *Vileza*)

—

DESPRECIAR
(V. *Desprecio*)

—

DESPRECIO
(14, 24)

desprecio
desestima
desconsideración
desestimación
depreciación
menosprecio
repulsa
indiferencia
desdén
desatención
descortesía
desecho
vilipendio
desaprobación
descrédito
reprobación
irreverencia
burla
zaherimiento
befa
ludibrio
escupidero
sonsonete
tonillo
retintín
desaire
desgaire
bofetada
ultraje
descuerno
esguince
disfavor
feo
rabotada
popamiento

boche
higa
ventanazo
portazo
ofensa
maltratamiento

despreciar
desapreciar
renunciar
abandonar
despedir
repulsar
desechar
desestimar
arrumbar
relegar
arrinconar
menospreciar
desdeñar
desairar
deslucir
desatender
desfavorecer
popar
rebajar
reírse de
difamar
disfamar
desfamar
deshonrar
empequeñecer
vilipendiar
ultrajar
escupir
encorozar
ofender
maltratar

desdeñarse
despreciarse
tener a menos
tener a deshonra
tener en poco
tener en menos
hacer gestos a una cosa
volver las espaldas
volver el rostro
sacar la lengua
hacer ascos
mirar de reojo
mirar por encima del hombro
mirar sobre hombro
mirar de medio lado
mirar de lado
» de arriba abajo
echar a mal
echar por alto
echar a palacio
dar al diablo
dar higas
dar de codo
dar con el pie
no dársele un pepino
no dársele un bledo
no dársele un pito
no importar un pitoche
no dar por una cosa dos higas
dejar feo
volver a la cara
dar una bofetada
dar un boche
dar cantonada
dar con la puerta en la cara, en los hocicos, en las narices, en los ojos.
escupir en la cara
tratar a zapatazos
tratar a baqueta
tratar como un perro
traer al redopelo
poner a los pies de los caballos

despreciador
despreciativo
despectivo
desestimador
menospreciador
menospreciante
menospreciativo
desdeñador
desdeñoso
vilipendiador
irrisible
ridículo
despreciable
menospreciable
insignificante
de chicha y nabo
de poco más o menos

despectivamente
menospreciablemente
desdeñosamente
desdeñadamente
en ridículo
como quien oye llover
¡bah!
¡fu!
vaya al cielo
¡vítor la roncal!
¡arre allá!

—

DESPROPORCIÓN (16, 18)

desproporción
improporción
asimetría
disimetría
deformidad
disformidad
incomposición
descompás
desmesura
destartalo
incongruencia
desconformidad
desigualdad
diferencia
exceso
parte alicuanta

desproporcionar
desmesurar
desarreglar

desproporcionado
improporcionado
descompasado
descomedido
desmesurado
desmedido
asimétrico
desigual
irregular
destartalado
inconvenible
deforme

desproporcionadamente
desmedidamente

—

DESPROPORCIONADO
(V. *Desproporción*)

—

DESPROPORCIONAR
(V. *Desproporción*)

—

DESPUÉS
(V. *Posterioridad*)

—

DESTAPAR
(V. *Descubrimiento*)

—

DESTERRAR
(V. *Destierro*)

—

DESTIERRO (32)

destierro
exilio
mando
extrañamiento
extrañación
expatriación
proscripción
relegación
confinación
confinamiento
deportación
ostracismo
ablegación
petalismo
exterminio
desnaturalización
emigración
nostalgia
ausencia

desterrar
expulsar
relegar
desarraigar
confinar
internar
arraigar
extrañar
exterminar
relegar
ablegar
encartar
proscribir
pregonar
desnaturalizar
deportar

proscriptor

desterrado
deportado
confinado
proscripto
proscrito
emigrado
exiliado
forajido

de justicia en justicia

—

DESTILACIÓN (2)

destilación
cohobación
alambicamiento
sublimación
sedimento

destilar
alambicar
alquitarar
cohobar
desflemar
sudar
sublimar

destiladera
destilador
alambique
alquitara
alcatara
rectificador
cucúrbita
serpentín
culebra
nariz
corbato
refrigerante
resfriante
recipiente
montera
baño de María

destilería
destilatorio

destilador
destilatorio
destilable
sublimatorio

—

DESTILAR
(V. *Destilación*)

—

DESTINACIÓN
(V. *Destino*)

—

DESTINAR
(V. *Destino*)

—

DESTINO (1, 16, 25)

destino
destinación
designación
propuesta
asignación
ordenación
determinación
diputación
disposición
predestinación
predefinición
preordinación
suerte
casualidad
vocación
hado
estrella
signo
sino
fatalidad
fatalismo
necesidad
providencia
voluntad divina
el cielo
los cielos
el dedo de Dios
justos juicios de Dios
libro de la vida
vía
predicción
astrología

destinar
ordenar
señalar
asignar
designar
proponer
consignar
elegir
diputar
deputar
reservar
sentenciar
marcar
dejar
dedicar
consagrar
aplicar
distribuir
hadar
prescribir
predestinar
preelegir
predefinir
preordinar
nacer para
nacer a
estar escrito
estar de Dios
acaecer

destinador
diputador
predestinante
fatalista
predestinado
elegido
asignable
providencial
fatal

preordinadamente
providencialmente
celestialmente
de arriba
de tejas arriba

—

DESTITUCIÓN (25)

destitución
deposición
remoción
desacomodo
degradación
destronamiento
exoneración
desgracia
relevo
separación
suspensión
jubilación
cesantía
disponibilidad
despedida
licenciamiento
expulsión
amovilidad
pensión

destituir
deponer
separar
reformar
remover
amover
desacomodar
retirar
exonerar
privar
suspender
jubilar
licenciar
despedir
echar
arrojar
expulsar
relevar
mudar
substituir
empujar
derrocar
desfalcar
deshonorar
degradar
destronar
desentronizar
arrinconar
arrumbar
arrimar
dejar a pie
dejar en la calle
dar la cuenta
apear del empleo
limpiar el comedero

destituidor
destituido
cesante
retirado
degradado
depuesto
amovible

—

DESTITUIR
(V. *Destitución*)

—

DESTRUCCIÓN (27)

destrucción
destruición
anonadación
anonadamiento
aniquilación
aniquilamiento
supresión
desaparición
pérdida
desolación
asolamiento
asolación
devastación
desmantelamiento
saqueo
vandalismo
arruinamiento
eversión
demolición
voladura
derribo
desmoronamiento
exterminio
desbarate
desbarato
detrimento
daño
decadencia
deterioro
estrago
destrozo
rotura
ruina
muerte
riza
zafarrancho
despilfarro
desperdicio
derroche
(cataclismo, catástrofe, etc. V. *Desgracia*)

destructividad
vandalismo
destructibilidad

ruinas
tapera
suelo
derribo
escombro
escombrera
cascajera
residuo

destruir
desbaratar
devastar
asolar
desolar
talar
desmantelar
arrasar
arruinar

arrollar
romper
derribar
derruir
demoler
derrocar
descimentar
zapar
volar
minar
batir
tirar
hacer batería
batir en brecha
batir en ruina
abrir brecha
aportillar
descortinar
desmontar
destapiar
desparedar
desentablar
gastar
consumir
agotar
desgastar
corroer
devorar
degollar
sacrificar
matar
deshacer
hacer trizas
romper
resolver
desorganizar
desintegrar
descomponer
desmoronar
desboronar
desbrujar
moler
aniquilar
anular
borrar
derogar
anonadar
acotolar
derrotar
exterminar
extinguir
descastar
desmurar
extirpar
arrancar
descepar
echar abajo
echar por tierra
poner por tierra
dar al traste
dar por el pie
meter a barato
no dejar estaca en pared
hacer ceniza
reducir a cenizas
dar cuenta de [seco
dar cabo de
no dejar verde ni
no dejar piedra sobre piedra
poner a fuego y sangre
sembrar de sal

destruirse
deshacerse
caducar
arruinarse
aplanarse
allanarse
caerse
venirse abajo
venirse a tierra
no quedar piedra sobre piedra
no quedar títere con cabeza

destructor
destruidor
destructivo
destructorio
destruyente
desbaratador
desbaratante
batiente
devastador
asolador
demoledor
aniquilador
exterminador
voraz
destrozón
mangajón
langosta
polilla
carcoma

destruible
destructible
aniquilable
ruinoso
cadente

destructivamente
de rota
de rota batida

—

DESTRUIR
(V. *Destrucción)*

—

DESUNCIR
(V. *Yugo*)

—

DESUNIR
(V. *Separación*)

—

DESUSADO
(V. *Desuso*)

—

DESUSO (31)

desuso
deshabituación
prescripción
interrupción
cesación
olvido

desusar
desacostumbrar
perderse

deshabituar
desvezar
proscribir
desterrar
cortarse la coleta

desusado
desacostumbrado
inusitado
inusual
insólito
inhabituado
inhabitual
inaudito
obsoleto
infrecuente
nunca visto

desusadamente
desacostumbradamente
inusitadamente

de contrabando

—

DESVÁN (11)

desván
» perdido
» gatero
sobrado
doblado
sabaya
falsa
buharda
buhardilla
bohardilla
boardilla
guardilla
tabanco
chiribitil
zaquizamí
guardillón
camaranchón
caramanchón
fayado
altillo

sobradar

aguardillado
abuhardillado
trastero

—

DESVERGÜENZA
(V. *Descaro*)

—

DESVIACIÓN (17, 19)

desviación
deviación
desvío
desavío
descamino
descarrío
descarriamiento
divagación
virada
guiñada
laberinto
dédalo
circunvolución
extravío
aberración
divertículo
andurrial
receso
recoveco
requilorio
triquiñuela
apartamiento
codo
recodo
revuelta
zigzag
ángulo
bifurcación
dispersión
desalineación
deflexión
reflexión
refracción
torcimiento
torcedura
desplomo
inclinación
declive
curvatura
ondulación
desorientación
pérdida
escoliosis
cifosis
lordosis
joroba

rodeo
arrodeo
rodeón
digresión
preámbulo
circunloquio
circunlocución
perífrasis
perífrasi
ambages
escarceos
medios términos
evasiva
tergiversación
prolijidad
sugerimiento
símbolo

desviar
apartar
alejar
separar
divertir
distraer
detraer
hurtar
esquivar
ladear
desenfilar
desaviar
descaminar
desencaminar
despistar
descarriar
extraviar
desorientar
desalinear
desapuntar
baraustar
extravenar
revirar
torcer

desviarse
aberrar
divagar
perderse
extraviarse
empamparse
trasconejarse
traspapelarse
desperfilarse
hurtarse
marrar
torcer
volver
tirar
desgaritar
desmentir
desdecir
caer
ladear
senderear
vagar
rodear
perifrasear
gastar frases
garabatear [do
ir uno descaminado
echar por otra parte
echar por esos trigos, por los trigos de Dios
andar en vueltas
andar en zancas de araña
andarse por las márgenes
andarse en flores
andarse por las ramas

desviador
desorientador
transversal
colateral
digresivo
indirecto
mediato
perifrástico
ambagioso
tortuoso
sinuoso
laberíntico
patituerto
lateral
descentrado
descaminado
ni muerto ni vivo
perdido
perdidizo

a trasmano
indirectamente
perifrásticamente
tortuosamente
por tabla
por carambola
entre paréntesis
por paréntesis

—

DESVIAR
(V. *Desviación)*

—

DETALLE
(V. *Prolijidad*)

—

DETENCIÓN (19)

detención
detenimiento
detinencia
estasis
dilación
contenencia
paralización
estacionamiento
mansión
estada
permanencia
alto
parada
paradeta
estanco
estadía
sobrestadía
sobrestada
sobrestaría
empaque
estancación
estancamiento
compás de espera
espera
descanso
inacción
quietud
estabilidad

impedimento
dificultad
valla
rémora
atasco
atranco
atanco
marasmo
represa
embarrancamiento
interrupción
cesación
fin

detener
tener
contener
retener
embromar
aguantar
interceptar [so
coger a uno al pasalirle al paso
atar
estancar
represar
restañar
entretallar
parar
cortar
atajar
embazar
embargar
emplastar
empantanar
dificultar
impedir
paralizar
inmovilizar
encarpetar
suspender
enguerar
entullecer
frenar
engalgar
enrayar
atañer
embotellar
encolar

detenerse
tropezar
parar (intr.)
morir
estarse
quedar
reparar
esperar
estacionarse
demorar
hacer mansión
pernoctar
trasnochar
asentar el rancho
varar
encallar
hacer pie
acampar
campar [lla
pegársele... la si-
mutrera

pararse
hacer alto
posarse
asentarse
plantarse
armarse
atascarse
atollarse
remansarse
sonrodarse
encanarse
embarrancarse
entorcarse
enzarzarse

detenedor
parador
paralizador

freno
zapata
grillos
mota
caballón
dique
presa
torno
retranca
galga
mordaza
calzo
calzadera
estopor
trinquete
linguete
tope
tranquilla
trancahílo
sequete
meta
límite

paradero
parada
estación
fondeadero
escala
etapa
cuarentena
mansión
apeadero
tránsito
atolladero

atascadero
remanso
rebalsa
cadozo

detenido
pendiente
suspenso
inconcluso
estantío
estadizo
estacionario
estático
estancado
inestancable

detenidamente

¡so!
¡cho!
¡jo!
¡top!

—

DETENER
(V. *Detención*)

—

DETERIORAR
(V. *Deterioro*)

—

DETERIORO (27)

deterioro
deterioración
daño
desperfecto
desmejora
empeoramiento
menoscabo
detrimento
disminución
decadencia
depreciación
derogación
desmedro
estropeo
avería
ajamiento
deslustre
desgaste
corrupción
impureza
suciedad
rotura
destrucción
corrosión
mella
melladura
desportilladura
apolillamiento
apolilladura
maca
desconchón
cangallo

deteriorar
desmedrar
menoscabar
deslustrar
empeorar
estropear
afear
desfigurar
deformar
averiar
mellar
desportillar
romper
maltratar
perder
echar a perder
hacer mella

deteriorarse
estropearse
averiarse
descriarse
rebotarse
aniquilarse
carcomerse
apolillarse

polilla
carcoma

deteriorado
estropeado
desmantelado
raído
malo
tronado
apolillado
hormigoso
cocoso

—

DETERMINACIÓN (24)

determinación
fijación
limitación
delimitación
señalamiento
caracterización
exactitud
distinción
claridad
precisión
aquilatamiento
predeterminación
destino
prefinición
individuación
identidad
diferencia

determinar
precisar
fijar
formalizar
delimitar
especificar
individualizar
señalar
establecer
concretar
cristalizar
acotar
caracterizar
predeterminar
predefinir
prefinir
prefijar
poner los puntos sobre las íes

determinante
terminante
preciso
concluyente
definitivo
fijo
formal
concreto
categórico
expreso
taxativo
explícito
rotundo
contado
inconfundible

determinadamente
terminantemente
taxativamente
precisamente
rotundamente
concretamente

DETERMINAR
(V. *Determinación*)

—

DETRÁS
(V. *Posterioridad*)

—

DEUDA (33)

deuda
obligación
débito
pasivo
dividendo pasivo
saldo
déficit
debe
deber
adeudo
adeudamiento

deuda interior
deuda exterior
consolidado
deuda consolidada
» flotante
(bonos del Tesoro, títulos de la Deuda, etc. V. *Hacienda y Banca*)

obligación solidaria [munada
obligación mancotrampa
droga
pella
perrera
golilla
empeño
calvario

crédito
privilegio
atrasos
dita
cargadilla
interés
interés punitorio

solvencia
garantía
pago
cobranza
insolvencia
trampería

deber
adeudar
ser en cargo
vencer
alcanzar

endeudarse
adeudarse
empeñarse
entramparse
endrogarse
enditarse
contraer deudas
salir alcanzado
hacer flux
amortizar

aguardar
concursar
retener
ejecutar
ejecutar en los bienes
trabar ejecución
quebrar
alzarse

desadeudar
desempeñar
desentrampar
desahogarse
redondearse
consolidar
condonar
vencimiento
mora
moratoria
respiro
espera
carta de espera
quita
quita y espera
quitamiento
quitación
descuento
aceptilación
anticresis
corte de cuentas
cesión de bienes
compensación
enjagüe
confusión
contenta
ejecución
apremio
procedimiento ejecutivo

traba
embargo
apremio
trance
tranza
excusión
excursión [res
pleito de acreedoconcurso de acreedores
quiebra
» fraudulenta
falencia
crac
bancarrota
alzamiento
suspensión de pagos
citación de remate

deudor
codeudor
debiente
adeudado
atrasado
alcanzado
maula
insolvente
concursado
quebrado
fallido
alzado
buena firma
mala firma
tramposo
trampista
tracalero

acreedor
inglés
coacreedor
aceptilador
anticresista
consignatario
ejecutante
ejecutor
defensor
síndico
liquidador
coliquidador
sindicatura
sindicato
sindicado
saldista

solvente
ejecutable
incobrable
fallido
impago
debido
insoluto
ilíquido

refaccionario
refeccionario
quirografario
ejecutorio
sindical

al fiado
en descubierto
en tres pagas
en tres plazos
tarde, mal y nunca

—

DEUDOR
(V. *Deuda*)

—

DEVOCIÓN (1)

devoción
fervor
religión
misticismo
éxtasis
recogimiento
recolección
unción
piedad
religiosidad
celo
virtud

devotería
gazmoñería
gazmoñada
camandulería
fariseísmo
santurronería
hipocresía
fingimiento

culto
oración
retiro [tuales
ejercicios espiri-

obra pía
memoria
patronato [gos
patronato de le-

demanda
gazofilacio
nádir
habiz
habús

enfervorizar
afervorizar
afervorar
fervorizar
fervorar
edificar
enfervorizarse
hacer ejercicios
dar ejercicios
andar novenas
visitar [tos
comerse los san
camandulear

ejercitante
estacionero
misero

devoto
endevotado
practicante
piadoso
fervoroso
ferviente
pío
jaculatorio
timorato
mojigato
mogato
beato
beatuco
tragasantos
santurrón
santulón
santucho
misticón
hipócrita

devotamente
fervorosamente
piadosamente
píamente

—

DEVOLUCIÓN (33)

devolución
restitución
reintegración
reintegro
reemplazo
remplazo
retorno
reembolso
rembolso
retrocesión
extradición
vuelta
torna
tornas
recompensa
pago
entrega
compensación
recuperación

devolver
volver
tornar
restituir
reintegrar
integrar
redimir
compensar
reembolsar
rembolsar
retornar
retrovender
rendir
vomitar
tener vuelta

devolutivo
restitutorio
restituidor
restituible
reintegrable
devuelto

—

DEVOLVER
(V. *Devolución*)

—

DEVOTO
(V. *Devoción*)

—

DÍA (21)

día
sol
luz
relámpago
clarea
claro
día natural
» artificial
» solar
» sidéreo
» marítimo
» civil
» medio
» intercalar
» interciso
» de trabajo
» laborable

día de cutio
» de hacienda
» lectivo
» de fiesta
» festivo
» de guardar
» de precepto
» colendo
» quebrado
» feriado
» adiado
» diado
» entrillado
idos
idus
nonas
calendas

amanecer
mañana
mañanica
mediodía
» verdadero
» medio
hilo de media noche o de mediodía
siesta
resistero
resistidero
tarde
tardecica
serano
sobretarde
vísperas
oraciones
ánimas
crepúsculo
lubricán
caída del día
anochecer
noche

prima
tercia
sexta
nona
hora
semana
mes

fecha
entrada
festividad
feria
día de año nuevo
noche buena
» vieja
calendario
vigilia
víspera
antevíspera
octava
aniversario
día de años
cumpleaños
natal
santo
efemérides

triduo
cuatriduo
quinario
semana
septenario
setenario
octavario
novenario
década
trecenario
quincena
treintanario
cuarentena

amanecer
despuntar
transcurrir
entrar
tardecer
atardecer

anochecer
llevarse el día en

dial
diario
cotidiano
cuotidiano
efímero
triduano
cuatriduano
duodenario
quincenal
quincenario
novendial
natalicio
fasto
nefasto

diurno
matutino
matinal
matutinal
mañanero
meridiano
antemeridiano
postmeridiano
posmeridiano
ante merídiem
post merídiem
vespertino

hoy
mañana
trasmañana
pasado mañana
ayer
anteayer
antier
antes de ayer
anteanteayer
anteantier
trasanteayer
trasantier

diariamente
cotidianamente
día por día
de sol a sol
todo el santo día
el santo día
entre día
a la meridiana
a la caída del sol
a sol puesto
a la caída de la tarde
a principios del mes, año, etc.
antedía
de antedía

—

DIABLO
(V. *Demonio*)

DIABÓLICO
(V. *Demonio*)

—

DIALECTO
(V. *Lengua*)

DIÁLOGO
(V. *Conversación*)

—

DIÁMETRO
(V. *Círculo*)

—

DIARREA (8)

diarrea
cámaras
cursos
flujo de vientre
desconcierto
despeño
despeñamiento
escurribanda
viaraza
desbarate
desbarate de vientre
desate de vientre
desenfreno de vientre

seguidillas
cagalera
churrias
correncia
correntía
lientería
lientera
celíaca
disentería
colerina
melena
colicuación

estar, andar corriente

irse como una canilla, o de canilla
irse de vareta
cagarrusarse
escagarruciarse

diárrico
diarreico
camariento
suelto
lientérico
celiaco

—

DIBUJAR
(V. *Dibujo*)

—

DIBUJO (17, 29)

dibujo
» de figura
» del natural
» lineal, etc.
calco
sanguina
claroscuro
diseño
lineamento
lineamiento
delineación
delineamiento
delineamento
trazado
trazo
croquis
dintorno
contorno
perfil
perfiladura
silueta
estarcido
esfumación
tatuaje

esquicio
esbozo
estudio
proyecto
plano
bosquejo
rasguño
apunte

pintura
retrato
perspectiva
topografía

figura
cartón
ilustración
santo
mono
caricatura
caricato

proyección
ortografía
icnografía
ignografía
alzado
montea
plantilla
planta
sección
corte
esquema
esquematismo
diagrama
gráfica
álbum
mapa
grabado
anamorfosis
plumeado

mesa revuelta
viñeta
filete
avivador
fondo
garrote

dibujar
pintar
diseñar
delinear
figurar
describir
perfilar
contornear
trazar
caricaturizar
caricaturar
apuntar
estudiar
esquiciar
esbozar
tantear
rasguñar
rascuñar
esquematizar
montear
tatuar

plumear
lapizar
rasguear
esfumar
esfuminar
disfumar
difuminar
dibujar al trazo
puntear
estarcir
transflorar
calcar
picar el dibujo
pasar perfiles
borrar
raspar

dibujante
dibujador
delineador
delineante
diseñador
caricaturista

lápiz
pluma
tinta
color
carboncillo
carbón
esfumino
difumino
disfumino
tortillón

cisquero
regla
compás
cartabón
escuadra
plantilla
tiralíneas
transportador
trasportador
diágrafo
pantógrafo
hectógrafo
multicopista
papel
papel tela
tablero
chinche
fijador
goma
raspador

gráfico
esquemático
estereográfico
icnográfico
trazable
picado
caricaturesco
desdibujado

gráficamente
esquemáticamente

—

DICCIONARIO
(V. *Léxico*)

—

DICTAMEN
(V. *Juicio*)

—

DICTAR
(V. *Escritura*)

—

DICHO
(V. *Máxima*)

—

DIENTE (7)

diente
lumadero
clamo
dentecillo
dentezuelo
diente incisivo
cortador
diente de leche
» mamón
» extremo
sobrediente
dientes de ajo
pala

colmillo
diente canino
» columelar
presa
colmillejo
remolón
navaja

muela
quijal
diente molar
moleta
muela cordal
» del juicio

dentadura
herramienta
herraje
encía
caja de las muelas
quijada
boca

bulbo dentario
alvéolo
raigón
pala
corona
cemento
esmalte
marfil
dentina
sarro
tártaro
tosca
toba
limosidad
releje

dentecer
endentecer
dentar
echar
cerrar
morder
dentellar
adentellar
acerarse
rechinar
castañetear
enjuagar
enjaguar
escarbar
empastar
orificar
desdentar
descolmillar
endentar

dentellada
colmillada
colmillazo
mordedura
cascaruleta
rechinamiento
dentera

odontología
dentición
odontogenia
odontotecnia
ortodoncia

mella
melladura
helgadura
malformación
dentera
odontalgia
odontitis
caries
picadura
tintero
neguilla
neguillón
guijón
gingivitis
flemón
odontorragia

enjuague
enjuagadura
enjaguadura
empaste
orificación
prótesis dentaria
puente
dentadura postiza

dentista
odontólogo
sacamuelas
sacamolero

chupador
chupadero
chupete
cepillo
mondadientes
escarbadientes
limpiadientes
palillo
biznaga
palillero

masticador
enjuague
enjuagatorio
enjuagadientes
lavadientes
dentífrico
novocaína
descarnador
rizagra
llave
gatillo
pulicán
pelícano
botador
torno
orificador
gabinete

dental
dentario
dentiforme
denticular
colmillar
molar
gingival

dentado
dentellado
bidente
tridente
dentudo
dentón
picón
colmilludo
anisodonte
helgado
ahelgado
mellado
remellado
remellón
dentimellado
muelas de gallo
dientes de ajo
desdentado
desmolado
gelasino
denticonejuno
sarroso
odontológico
odontálgico

a dentelladas

—

DIEZMO (1)

diezmo
décima
primicias
emprima
rediezmo
noveno
tercias reales
minucias
menudos
menuceles
pontifical
albaquía
refitor
tazmía
cilla
cillazgo
excusado
rebujo
derecho canónico
impuesto

diezmar
rediezmar
alfarrazar

diezmero
dezmero
diezmador
codezmero
sobredezmero
cillero
cillerizo
fiel
tercero
sobretercero
tercería
fiel cogedor
excusado
montonero
mampostero
mayoral
camarero

dezmatorio
dezmería
tercia
fieldad
casa dezmera
» excusada

dezmero
dezmeño
dezmable
diezmal
decimal

—

DIFAMAR
(V. *Descrédito)*

DIFERENCIA (16)

diferencia
desigualdad
desemejanza
disimilitud
disparidad
discrepancia
discrimen
discriminación
variedad
preferencia
tolerancia
margen
aproximación
distinción
distancia
diferenciación
diversidad
desconformidad
desproporción
oposición

diferenciar
variar
diversificar
distinguir
discriminar
desigualar
desemparejar
desempatar
deshermanar

diferenciarse
distinguirse
diferir
desemejar
discrepar
distar
ir [cena
no entrar en do-

diferente
diverso
otro
vario
distinto
desigual
desemejante
desconforme
incomparable
inconmensurable
extremo
disímil
dispar
disparejo
desparejo
discrepante
apartado
diferencial
anisómero
heterogéneo

desemejantemente
diferentemente
diferente
desigualmente
diversamente
a diferencia
a distinción
ni con mucho
como de lo vivo a lo pintado
parecerse como un huevo a una castaña
ser harina de otro costal
ése es otro cantar
ésos son otros López

—

DIFERENCIAR
(V. *Diferencia)*

—

DIFERENTE
(V. *Diferencia)*

—

DIFERIR
(V. *Retardación)*

—

DIFÍCIL
(V. *Dificultad)*

—

DIFICULTAD (27)

dificultad
arduidad
embarazo
trabajo
pena
aflicción
martirio
escollo
obstáculo
impedimento
imposibilidad
inconveniente
contra
pero
contrariedad
oposición
pejiguera
engorro
gaita
quisquilla
arco de iglesia
negocio de mala digestión
fuerte cosa
huevo de Colón
mochuelo
papeleta
tropiezo
tope
nudo
nudo gordiano
problema
complejidad
duda
busilis
ápice
tecla
hueso
torete
caballo de batalla
puente de los asnos
conflicto
peligro
compromiso
trance
crisis
aprieto
apretón
apretura
apretamiento
lance
lance apretado
caso apretado
ahogo
reventón
apuro
apuración
paso
brete
presura
preñez
atrenzo
estrechez
estrecho
desgracia
quillotranza
embrollo
enredo
embolismo
danza
cazonal
espinar
espinapez
avispero
barranco
abarrancadero
pantano
cenegal
atolladero
tollo
callejón sin salida
dédalo
laberinto
labirinto

dificultar
entorpecer
erizar
emperezar
retardar
enlerdar
trabar
complicar
acuitar
cuitar
hacer la contra
poner chinitas
» chinas

tropezar
topar
hocicar
pujar
encallar
enredarse
atravesarse
atarse
abarrancarse
atascarse
atramparse
enzarzarse
atollarse
atrojarse
dar en duro
dar en hueso
verse negro
verse y desearse
estar aviado
verse ahogado
tener, estar con, el agua al cuello
estar con el agua al gollete
estar hasta el gollete
estar con el dogal al cuello, a la garganta
estar más perdido que Carracuca
venir ancha una cosa
necesitar Dios y ayuda
sufrir una crujía
meterse en un berenjenal
costar la torta un pan

ser difícil
ser lo malo
traérselas
no ser posible
tener bemoles
tener tres bemoles
tener pelos
tener muchos entresijos
ser menester la cruz y los ciriales
no tener cabo ni cuerda
hacer sudar
dar un hueso que roer
haber tela cortada
ser caso negado
pensar en lo excusado
meterse en honduras
agarrarse a un clavo, a un hierro, ardiendo
cerrar la puerta

difícil
dificultoso
dificultador
malo
grave
arduo
alto
desigual
imposible
intrincado
enredoso
complejo
confuso
inextricable
revesado
enrevesado
arrevesado
diabólico
incomprensible
engorroso
endiablado
molesto
embarazoso
complicado
apretado
peliagudo
climatérico
morrocotudo
sobrehumano
delicado
trabajoso
penoso
penado
laborioso
laboroso
premioso
apurado
peligroso
espinoso
pantanoso
inaccesible
inacceso
escabroso
laberíntico
duro de pelar
descontentadizo

difícilmente
dificultosamente
intrincadamente
mal
arduamente
embarazosamente
premiosamente
humanamente
escasamente
penosamente
apenas
a malas penas
a duras penas
a graves penas
con su sal y pimienta
como quien no dice nada
agua arriba
a repelones
a pujos
palmo a palmo
por más que
ni a dos tirones
ni por un cristo
¡que si quieres!
lo malo es que...
están verdes
ésa es más negra
ése es el cuento
no tan aínas
entre la espada y la pared
entre Escila y Caribdis
en calzas bermejas
en calzas prietas
allí fue ella
trabajo le mando
aquí hay mucho diablo
perdices en campo raso
¡échale un galgo!

—

DIFICULTAR
(V. *Dificultad)*

—

DIFUNDIR
(V. *Difusión)*

—

DIFUNTO
(V. *Exequias)*

—

DIFUSIÓN (28)

difusión
extensión
dispersión
producción
propagación
propaganda
transmisión
irradiación
efluvio
emanación
publicación
contagio
comunicación
comunicabilidad
divulgación
(radiodifusión, etc. V. *Radio)*
curso
cruzada
campaña
tradición
excomunión de participantes
entrega
difundir
transfundir
extender
dilatar
irradiar
radiar
esparcir
expandir
comunicar
transmitir
trascender
difluir

contagiar
pegar
espaciar
propagar
divulgar
publicar
enseñar

difundirse
extenderse
ramificarse
propagarse
circular
volar
correr
cundir
transcender
tener eco

propagador
propagandista
apóstol
propagante
propagativo
trascendental
trascendente
difuso
circulante
comunicativo
comunicable
extensivo
echadizo
de boca en boca

—

DIGERIR
(V. *Estómago*)

—

DIGESTIÓN
(V. *Estómago*)

—

DIGNIDAD (24, 30)

dignidad
título
tratamiento
dictado
prerrogativa
cargo
puesto
lugar
ocupación
empleo
honores
perejiles
escalón

crear
proveer
ungir
criar
proclamar
aclamar
enaltecer
investir
envestir
conferir
distinguir
dar
cubrirse de grande de España
tomar la almohada

tener
usar
firmarse [miento
apear el tratamiento

creación
asunción
ascensión
cobertura
cubertura

persona
personaje
patricio
hombre de punto
pensionario
prócer
prócero
procero
optimate
dignatario
magnate
magistrado

papa
cardenal
prelado
curia romana
canónigo
sacerdote, etc.

señor
señorito
señorío
ricohombre
condestable
camarlengo
mariscal

noble
título
título del reino
titulado
barón
baronesa
vizconde
vizcondesa
conde
condesa
marqués
marquesa
marquesote
duque
duquesa
grande de España
caballero cubierto
archiduque, -sa
príncipe
princesa

noble veneciano
lord
par
paresa
landgrave
burgrave
margrave
boyardo
mandarín
efendi
fendi
bey
dato
bajá
mirza
naire
orejón

rector
decano
doctor
licenciado
bachiller

soberano
rey
gobierno
militar, etc.

don
dom
mosén
ilustre
magnífico
excelencia
eminencia
serenidad [rio
vicario del imperio
vicediós
vicecristo

señorío
procerato

patriciado
protectorado
electorado
patriarcado

baronía
vizcondado
condado
marquesado
ducado
archiducado
grandeza
nobleza
fama

empleo
presidencia
primacía

papado
soberanía
cardenalato
provincialato
decanato
deanato
arciprestazgo
arcedianato
prepositura
trecenazgo
pavordía
capiscolía
estatuderato
margraviato
landgraviato
burgraviato
adelantamiento
condestablía
cayá

titular
condal
comital
condesil
ducal
archiducal
patriarcal
nato
de viso
de buena ropa

honoríficamente
in pártibus
in pártibus infidélium

—

DIGNO
(V. *Merecimiento*)

—

DIJE
(V. *Joya*)

—

DILACIÓN
(V. *Retardación*)

—

DILATAR
(V. *Extensión*)

—

DILIGENCIA
(V. *Intento*)

—

DILIGENTE
(V. *Intento*)

—

DILUIR
(V. *Disolución*)

—

DIMENSIÓN (17, 22)

dimensión
tamaño
magnitud
grandor
corpulencia
cuerpo
compás
marco
escuadría
extensión
grandeza
pequeñez
longitud
cortedad
anchura
luz
estrechez
altura
profundidad
línea
superficie
volumen
grosor
delgadez
porte
capacidad
medida
proporción
graduación
libro
madero

tamañito
dimensional

—

DINERO (33, 35)

dinero
dineruelo
pecunia
haber amonedado
papel moneda
moneda
becerro de oro
caudal
bienes
capital
costilla
tesoro
ahorro
din
cantidad
suma
vuelta
feria
paga
anticipo
oro
el vil metal
plata
níquel
unto de rana
unto de Méjico
ungüento mejicano
cumquibus
cónquibus
porqué
gato
parné
parnés
mosca
guita
barro
trigo
luz
monises
cuartos
contentos
guelte
gueltre
morusa
resuello
caire
nipos
quinas
ruche
dinero contante
» contante y sonante

dinero al contado
numerata pecunia
numerario
efectivo
metálico
valores declarados
valores
divisas
buen dinero
dares y tomares

dinerada
dineral
platal
canchal
doblonada
talega
talegas
remesa

peculio
alfileres
dinerillo
contantejo
fardialedra
taleguilla de la sal

numulario
caballo blanco
(prestamista, etc. V. *Préstamo*)

cambiar
volver
escarmenar
financiar
tener barro a mano

portamonedas
monedero
bolsa
caja
arca
hucha
alcancía

dinerario
pecuniario
contante

en efectivo
al contado
a dinero
a dinero contante
» » seco
al dinero

pecuniariamente
oros son triunfos

—

DIOS (1)

Dios
Señor
Todopoderoso
Creador
Plasmador
Glorificador
Salvador
Providencia
Cielo [citos
Señor de los ejér-
Su Divina Majestad
El Excelso
El Altísimo [to
el Gran Arquitec-
el Ser Supremo
Padre Celestial
» Eterno
Dios de los ejércitos
causa prima
causa primera
primer motor
alfa y omega
Tetragrámaton

Súrsum corda
Jehová
Adonaí
Adonay
Alá
eón
Dios Padre
Jesucristo
Espíritu Santo
Trinidad

(falsos dioses V. *Mitología*)

divinidad
deidad
aseidad
omnipresencia
brazo de Dios
ubicuidad
ubiquidad
omnisciencia
omnipotencia
inmensidad
eternidad
misericordia
justicia

teocracia
consistorio divino
deísmo
religión
mitología
panteísmo
politeísmo
monoteísmo
teosofía
antropomorfismo

deificar

deificación
apoteosis

divino
divinal
deífico
omniscio
omnisapiente
ubicuo
omnipotente
eterno
eternal
hacedor
criador
trino

ateo
ateísta
deicida

divinamente

—

DIPLOMÁTICO
(V. *Derecho internacional*)

—

DIPUTADO
(V. *Asamblea*)

—

DIQUE (2, 38)

dique
antedique
contradique
rompeolas
escollera
malecón
(muelle, etc. V. *Puerto*)
molo
tajamar
costón
espolón

espigón
esperón
espaldón
respaldón
trenque
ataguía
tepe
cestón
encajonado
contraataguía
presa
jorfe
césped
gallón
pared
hidráulica

—

DIRECCIÓN (17, 19)

dirección
curso
marcha
giro
sesgo
trayectoria
trazado
camino
ruta
itinerario
derrotero
carruchera
rumbo
viento
demora
navegación
plaga
arrumbamiento
guionaje
encaminamiento
encaminadura
tendencia
orientación
sentido
convergencia
divergencia
inclinación
viraje
derechura
desviación
derecha
izquierda
encaro
puntería
tiro

dirigir
ordenar
conducir
gobernar
guiar
orientar
señalizar
adiestrar
adestrar
encaminar
enderezar
endilgar
enviar
educar
senderear
senderar
encauzar
empuntar
enrielar
encarrilar
encarrillar
remolcar
referir
volver
derivar
virar
enhilar
regir
acaudillar
seguir [uno
llevar la mano a
visar
enfilar
asestar
baraustar
apuntar
encarar
encañonar
tirar

dirigirse
abrir camino
» la marcha
convergir
converger
enderezar
seguir
enristrar
tender a
dar a
» en
desembocar en
ir
enhilar
llevar
echar por
tomar por o a [te
cargar a una par-
» sobre una
parte
saber
guiarse
rumbear
arrumbar

director
conductor
ductor
ductriz
guiador
orientador
endilgador
rumbeador
cochero
automedonte
chófer
piloto
práctico
guía
cicerone
baquiano
baqueano
bordón
espolique
espolista
lazarillo
gomecillo
perro de ciego
postillón
cornaca
cornac
liviano

faro
semáforo
norte
cipo
indicador
indicación
señalización
jalón
pauta
mira
guía
itinerario
directorio
retenida
blanco
terrero
hito
meta

dirigible

hacia
hacia donde
contra
a lo largo
» » ancho
cara a
la vuelta de
camino de
mirando a
a una mano
a contramano

—

DIRECTO
(V. *Derechura*)

—

DIRIGIR
(V. *Dirección*)

—

DISCIPLINANTE
(V. *Penitencia*)

—

DISCÍPULO
(V. *Aprendizaje*)

—

DISCO
(V. *Círculo*)

—

DISCORDE
(V. *Discordia*)

—

DISCORDIA (25)

discordia
desconcordia
división
desunión
separación
descontentamiento
desavenencia
desacuerdo
disentimiento
disidencia
disensión
disenso
divergencia
diferencia
discrepancia
desconcierto
extrañeza
rozamiento
tropiezo
querella
disconformidad
desconformidad
conflicto
dificultad
contrariedad
oposición
rivalidad
impugnación
escisión
rompimiento
ruptura
cisma
cizaña
fermento
tea de la discordia
guerra
guerra civil
luchas intestinas
infierno
concitación
malquistamiento
chisme
manzana de la discordia
incitación

desavenir
desunir
dividir
descomponer
descompadrar
derribar
desquiciar
desfalcar
enredar
encismar
cismar
concitar
indisponer
malquistar
malmeter
cizañar
encizañar
infernar
esquinar
enemistar
azuzar
achuchar
enzarzar
enzurizar
engrescar
poner a mal
llevarse mal
ir contra
meter cizaña
levantar fuego
echar leña al fue- [go
go
añadir leña al fue-
revolver con
revolver el ajo
revolver el hato
armar, mover, le-
vantar, una can-
tera
armar pendencia
atizar el fuego
acabar a capazos

desavenirse
partirse
desconcertarse
desajustarse
encontrarse
enemistarse
encresparse
discordar
disentir
disidir
divergir
discrepar
diferenciar
desconvenir
desoonformar
desacotar
reñir
salir a capazos
ir cada cual por su camino
no haber hombre con hombre
llevarlas mal
hacer malas migas
no ser de la cuer-
da de
comerse unos a otros
tener la guerra declarada
arder en discor-
dias [cristianos
haber moros y
haber montescos y
capeletes
hundirse la casa,
el mundo

perros y gatos
tirios y troyanos
cegríes y abence-
rrajes [letes
montescos y cape-

pandillista
pandillero
partidario

concitador
concitativo
malquistador
azuzador
cizañador
cizañero
encizañador

discorde
discordante
disidente
discrepante
divergente
desavenido
mal avenido
indispuesto
malquisto
cismático
inconciliable

desacordadamente
cismáticamente
como perros y ga-
tos

—

DISCRECIÓN
(V. *Prudencia*)

—

DISCRETO
(V. *Prudencia*)

—

DISCULPAR
(V. *Exculpación*)

—

DISCURRIR
(V. *Razón*)

—

DISCURSO
(V. *Oratoria*)

—

DISCUSIÓN (27, 28)

discusión
controversia
polémica
razonamiento
dialéctica
desacuerdo
discordia
impugnación
argucia
debate
diferencia
altercado
altercación
cuestión
problema
trabacuenta
litigio
competición
competencia
contestación
bizantinismo
logomaquia
porfía
terquedad
terqueza
terquería
pugilato
rivalidad
apuesta
disputa
pelea
pelotera
petera
tontería
palestra
bronca
agarrada
lid
suiza
fuego
cuodlibeto
pleito ordinario
caballo de batalla
demandas y res-
puestas
dimes y diretes
dares y tomares
mases y menos
patatín patatán

discutir
debatir
controvertir
conferir
cuestionar
litigar
ventilar
argüir
argumentar
pelotear
palotear
contender
pelear
deliberar
disputar
batallar
reñir
altercar
porfiar
ahocicar
acalorar
escalibar
acalorarse
tirotearse
desgreñarse
estar a razones
habérselas con
uno
medir las armas
andar al daca y
toma
dar y tomar
estar sobre el ta-
pete [ñas
haber toros y ca-
estar a razones
ponerse a razones
atravesar razones
andar a la greña
andar a la melena
picarse las crestas
andar en quinti-
llas
ponerse en quin-
tillas
batirse el cobre
echar la escanda-
losa
darse de las astas
tirarse los bonetes
tirarse los trastos
a la cabeza
volver las nueces
al cántaro
buscar la lengua

discutidor
contendiente
arguyente
deliberante
controversista
polemista
disputador
disputante
altercador
altercante
porfiador
preopinante

discutible
debatible
controvertible
opinable

litigioso
bizantino
erístico

disputativamente
sobre si fue o si
vino

—

DISCUTIR
(V. *Discusión*)

—

DISFRAZ
(V. *Máscara*)

—

DISGUSTAR
(V. *Desagrado*)

—

DISGUSTO
(V. *Desagrado*)

—

DISIMULAR
(V. *Disimulo*)

—

DISIMULO (28)

disimulo
disimulación
el sueño de la liebre
paliación
eufemismo
disfraz
fingimiento
fábula
ocultación
astucia
engaño
embozo
tapujo
intríngulis
maca
velo
tinte
capa
socolor
pretexto
segunda intención
socarronería
sorna
malicia
táctica
connivencia
retrechería
deshecha
trastienda
recámara
solapa
diplomacia
jesuitismo

disimular
paliar
apaliar
desfigurar
disfrazar
divisar
enmascarar
embozar
encamisar
vestir
cubrir
dorar
empachar
solapar
sobresanar
desentenderse
desconocer
pasar
tapar
suplir
negar
reconcentrar
hacer la deshecha
» » disimulada [da
hacer la vista gordorar la píldora
dejarse caer
tragarse o comerse la partida
hacerse de nuevas
mirar de lado [do
» » medio lahacerse el chiquito
hacerse chiquito
quedarle otra cosa en el cuerpo
quedarle otra cosa en el estómago
mascar las agrias
andar por dentro la procesión

—

disimulado
disimulador
solapado
reservado
guardado
cerrado
retrechero
mojigato
mogato
taimado
sinuoso
tortuoso
retorcido
diplomático
espía
espión
espía doble
morlaco
morlón
camandulero
zorrastrón
zorrocloco
maulero
caldo de zorra
socarrón
camastrón
camastra
soga
soca
pajarraco
zamacuco
mosca muerta
mosquita muerta
callacuece
mátalas callando
cógelas a tiento y mátalas callando
pólvora sorda
gata de Juan Ramos

soltadizo
echadizo
paliativo
paliatorio
subrepticio

disimuladamente
bonitamente
bonicamente
diplomáticamente
embozadamente
solapadamente
azainadamente
ladronamente
subrepticiamente
obrepticiamente
como quien no quiere la cosa
como quien hace otra cosa
como quien tal cosa no hace
burla burlando
a bonico
a lo disimulado
a la disimulada
por lo bajo
por debajo de cuerda
a lo zaino
de zaino
a socapa
a excusa
a excusas
a la deshilada
a cencerros tapados
con sordina
callando
callandito
chiticallando
a la chita callando
a la chiticallando
el que no corre vuela

—

DISIPAR
(V. *Desaparición*)

—

DISMINUCIÓN (22)

disminución
diminución
minoración
aminoración
decremento
decrecimiento
descrecimiento
descrecencia
decadencia
degradación
descenso
baja
depreciación
mengua
menguamiento
amenguamiento
merma
menoscabo
deterioro
reducción
reducimiento
rebaja
rebajamiento
desfalco
descuento
tara
detasa
detracción
substracción

disminuir
diminuir
minorar
aminorar
abreviar
acortar
estrechar
contraer
adelgazar
menguar
amenguar
desmenguar
apocar
sisar
descolmar
menoscabar
anonadar
atenuar
debilitar
moderar
mitigar
aplacar
restringir
circunscribir
tasar
reformar
corregir
castigar
desfalcar
cercenar
circuncidar
mutilar
rebajar
depreciar
empobrecer
descargar
capar
recortar
chapodar
truncar
repelar
trasquilar
cortar
mellar
reducir
deducir
descantillar
rebatir
descontar
restar
ratear
substraer
escatimar
quitar hierro [no echar agua al vino

disminuirse
minorarse
escasear
decrecer
descrecer
menguar
mermar
bajar
decaer
declinar
agotarse
caer
aflojar
remitir
ceder
amainar
estrecharse

diminutivo
minorativo
menguante
atenuante
mermador
apocador
menoscabador
decreciente
reducible
amenguadero
disminuido
menoscabado
mordido

menos
de menos
en menos [nos
por carta de me-

—

DISMINUIR
(V. *Disminución*)

—

DISOLUCIÓN (2)

disolución
solución
dilución
desleimiento
desleidura
levigación
infusión
emulsión
diálisis
solubilidad
indisolubilidad
insolubilidad
saturación
aguas madres
claridad
densidad
turbiedad
sedimento

disolver
desleír
jetar
diluir
deshacer
colicuar
colicuecer
desatar
aclarar
batir
lixiviar
enlejiar
levigar
saturar
concentrar

disolución
tintura
coloide
disolvente
colicuante
vehículo
precipitado
menstruo

disolutivo
diluente
soluble
disoluble
saturable
insoluble
disuelto
en suspensión

fuerte
concentrado
cargado
saturado
débil
claro
claruchо
coloidal

—

DISOLVER
(V. *Disolución*)

—

DISPARAR
(V. *Tiro*)

—

DISPARATADO
(V. *Irracionalidad*)

—

DISPARATE
(V. *Irracionalidad*)

—

DISPARO
(V. *Tiro*)

—

DISPENSAR
(V. *Exención*)

—

DISPERSAR
(V. *Dispersión*)

—

DISPERSIÓN (19)

dispersión
diseminación
irradiación
esparcimiento
desperdigamiento
desparramo
desparramamiento
disgregación
desbandada
derramamiento
difusión
divergencia
apartamiento
separación
bifurcación
desviación
desaparición
raridad
salpicadura
rociamiento
rociada
puñado de moscas

dispersar
desparramar
desperdigar
esparcir
extender
tender
disgregar
sembrar
diseminar
disipar
despedir
difundir
irradiar
rociar
regar
salpicar
espolvorear
espolvorizar
espaciar
desmontar

dispersarse
desbandarse
desencogerse
desparramarse
desbordarse
derramarse
espaciarse
abrir

esparcidor
desparramador
radiador
disperso
difuso
suelto
raro
ralo

a la desbandada

—

DISPOSICIÓN (14)

disposición
estado de ánimo
actitud
temple
talante
natural
arte
tesitura
carácter
humor
humoracho
(inclinación, afición, etc. V. *Propensión, Repugnancia*, etc.)
buen humor
alegría
afabilidad
mal humor
aflicción
desabrimiento
desagrado
catoche
tinta

estar de buen gesto
» » mal »
estar climatérico
no estar con sus alfileres

alborotapueblos
malhumorado
frondio
de buen aire
de mal aire
de buen o mal talante

—

DISPUTA
(V. *Discusión*)

—

DISPUTAR
(V. *Discusión*)

—

DISTANCIA (17)

distancia
equidistancia
longitud

anchura
separación
espacio
envergadura
apartamiento
lejanía
año de luz
cercanía
perigeo
apogeo
perihelio
afelio
tracto
trecho
trayecto
camino
singladura
tirantez
rectitud
recorrido
alongamiento
delantera
alcance
posta
traviesa
travesía
salto
vuelo
oscilación
tirada
tiramira
tiro
intervalo
hueco
vacío
claro
blanco
laguna
internodio
entrecerca
interposición
huelgo
huida
helgadura
intersticio
poro
resquicio
hendedura
tris
límite
telémetro

distar
equidistar
estar a
alcanzar
distanciar
salvar

distante
equidistante
retirado
arrinconado
extremo
intersticial

distantemente
de trecho en trecho
a tiro de ballesta

—

DISTANCIAR
(V. *Distancia*)

—

DISTAR
(V. *Distancia*)

—

DISTINCIÓN (24)

distinción
separación
subdistinción
análisis
clareza
claridad
percepción
apreciación
discriminación
discernimiento
comprensión
vista
audición
tacto
juicio
determinación
diferencia
diversidad
particularidad
singularidad
característica
carácter

distinguir
subdistinguir
discriminar
discernir
decernir
comprender
determinar
identificar
reconocer
diferenciar
analizar
singularizar
marcar
caracterizar
sopuntar
separar
partir
modificar
distinguirse
diferenciarse
singularizarse
significarse

distintivo
insignia
marca
huella
indicación

distinto
distintivo
diacrítico
discerniente
modificante
característico
específico
claro
neto
categórico
circunstanciado
individual
independiente
distinguible
comprensible

distintamente
denominadamente
circunstanciadamente
menudamente
particularmente
por menudo
a la menuda
por partes
aparte
uno por uno

—

DISTINGUIR
(V. *Distinción*)

—

DISTRACCIÓN (23)

distracción
distraimiento
inadvertencia
desadvertimiento
oscitancia
desapercibimiento
desapercibo
evagación
divertimiento
desatención
enajenación
embabiamiento
desaplicación
descuido
imprevisión
irreflexión
olvido
enajenamiento
inconsciencia
diversión

distraer
descuidar
engañar
entretener

desatender
desoír
desadvertir
hacer orejas de mercader
pasar por alto
pasar de largo

distraerse
abstraerse
carabear
desparramarse
desenojarse
errar [samiento
derramar el pensamiento
tener la cabeza a las once
tener la cabeza a pájaros
tocar el violón
estar en Babia
estar en las Batuecas
pensar en las musarañas [rañas
mirar a las musarañas
mirar las telarañas
matar el tiempo
engañar el tiempo
hacerse el sueco

distraído
desatento
desadvertido
inadvertido
desapercibido
desentendido
ido
encantado

distraídamente
inadvertidamente
desadvertidamente
burla burlando
por un oído le entra y por otro le sale

—

DISTRAER
(V. *Distracción*)

—

DISTRAÍDO
(V. *Distracción*)

—

DISTRIBUCIÓN (33)

distribución
reparto
repartición
repartimiento
clasificación
ronda
compartimiento
adjudicación
entrega
donación
participación
prorrateo
rateo
proporción
erogación
economía
dividendo
parte
parte alícuota
porción
contingente
partija
partición
hijuela
herencia
partimiento
partimento
división
lote
pitanza
pitancería
tazmía
pan bendito

distribuir
repartir
dispensar
impartir
impertir
asignar
adjudicar
alijarar
dividir
partir
cuartear
descuartizar
dosificar
pitar
compartir
erogar
prorratear
ratear
hacer las partes
hacer rajas
repartir como pan bendito
tocar

distribuidor
distributor
distribuyente
repartidor
partidor
dispensador
despensero
pitancero
distributivo
repartidero
repartible

repartidamente
cada
todos
sendos
a... por...
parte (así), parte (de otro modo)
ya (así), ya (de otro modo)
ora... ora...
ahora... ahora...
sea... sea...
bien... bien..
por

—

DISTRIBUIR
(V. *Distribución*)

—

DISTRITO
(V. *Territorio*)

—

DISTURBIO
(V. *Perturbación*)

—

DISUADIR
(V. *Disuasión*)

—

DISUASIÓN (25)

disuasión
apeamiento
desistimiento
retractación
apostasía
desaliento
consejo
captación

disuadir
desaconsejar
desanimar
desencaprichar
desganar
destentar
desengañar
apartar
desviar
desarrimar
retraer
revocar
apear
blandear
doblar
doblegar
desaferrar
desarraigar
desinclinar
torcer
volver
volcar
trastornar
transmudar
quitar la voluntad
quitar de la cabeza [casco
quitar o raer del
poner por delante

disuasivo

—

DIVAGACIÓN (19)

divagación
evagación
desviación
zigzag
callejeo
rodeo
merodeo
idas y venidas
escarceos
bordonería
vagancia
ocio
pereza

vagar
vaguear
errar
divagar
vagabundear
vagamundear
zascandilear
mariposear
callejear
bordonear
barzonear
cazcalear
rutiar
pendonear
pindonguear
pajarear
zanganear
zangotear
zangolotear
garandar
cancanear
rodar
corretear
viltrotear
merodear
hopear
cantonear
trafagar
pasear
barloventear [za
andar de bardanazotar calles
rodar mundo [do
» por el mundo
andar al retortero
andar de pingo
estar de pingo
ir de pingo
irse a chitos
andar con el hato a cuestas
hacer novillos
» rabona
» corrales
» bolas
» pimienta
» gorra

vago
vagante
vagueante
vagaroso
vagabundo
ambulativo
giróvago
bordonero
errante
errabundo
radío
erradizo
errático
errátil
merodeador
lascivo
ambulante
volandero
volante
cerrero
cerril
cimarrón
aventurero
bohemio
gitano
nómada
nómade
andadero
viandante
callejero
azotacalles
trotacalles
aplanacalles
andalotero
corretón
correntón
cirigallo
viltrotera
rodona

de aquí para allí
de acá para allá
de acá para acullá [na
como alma en pena
de Ceca a Meca
de la Ceca a la Meca

—

DIVERGENCIA
(V. *Apartamiento*)

—

DIVERSIDAD (16)

diversidad
duplicidad
dualidad
pluralidad
multiplicidad

variedad
surtido
surtimiento
complejidad
heterogeneidad
diferencia
irrelación
inconexión
distinción
desconformidad
poligrafía

variar
diversificarse
diferenciarse

diverso
vario
variado
abigarrado
diversiforme
múltiple
multíplice
polifacético
distinto
ajeno
otro
nuevo
heterogéneo
anisómero
híbrido
surtido

al
otro
estotro
esotro
tercero
alguno que otro
uno que otro
unos cuantos
demás

diversamente
variamente
distintamente
todo es uno [pez
ésos son otros Ló-
eso es harina de
otro costal

—

DIVERSIÓN (14, 31)

diversión
divertimiento
recreación
recreo
joglería
rubiera
buen rato
manjar
placer
alegría
risa
regocijo
solaz
gusto
esparcimiento
ocio
pecorea
caraba
bureo
farsa
expansión
francachela
devaneo
velorio
regodeo
escorrozo
refocilación
refocilo
entretenimiento
entretención
distracción
pasatiempo
juego
pitos flautos
desenfado
desahogo
eutrapelia
holgura
holgueta
holgorio
jolgorio
parrandeo
huelga
juerga
farra
mocedad
jarana
jaleo
parranda
hollín
jollín
bachata
tracamundana
tambarria
samotana
rumantela
rumbatela
broma
burla
chacota
tararira
macana
pandereteo
papasal
bullicio
alboroto

fiesta
fiesta doble
festividad
ceremonia
festín
sarao
saragüete
velada
zambra
danza
convite
mitote
natalicio
boda
bautizo
gaudeamus
paseo
equitación
borricada
jira
partida de campo
día de campo
partida de caza
domingada
carava
pavonada
sanjuanada
magosto
manganeo
viaje
deporte
espectáculo
tauromaquia
circo
títeres
cucaña
verbena
caballitos
tiovivo
calesitas
montaña rusa

divertir
recrear
distraer
entretener
solazar
solacear
consolar
desopilar
relajar
refocilar
alegrar
embullar
engañar
embebecer
engrescar
dar suelta
divertirse
distraerse
entretenerse
festejarse
holgarse
regodearse
refocilarse
enjugascarse
desavaharse
desenojarse
despejarse
espaciarse
esparcirse
explayarse
desparramarse
embaírse
loquear
retozar
travesear
jugar
parrandear
farrear
añacear
correrla
estar de chirinola
buscar la flor del
berro
pasear la capa
darse una pavo-
nada
echar una cana al
aire [del berro
andarse a la flor
andar de gallo
estar metido en
harina
darse un verde
correr gallos
correr gansos
correr al ganso
alborotar el cortijo
» » cota-
rro

casino
círculo
peña
club [ción
casa de conversa-
recreo
tierra del pipiri-
pao

derramasolaces
derramaplaceres
juerguista
parrandista
parrandero
mitotero
zaragatero
fandanguero
carabero
chunguero
embullador
campechano
animado
vividor
gente del bronce
carpanta
sundín

divertido
recreativo
recreable
esparcido
disipado
solazoso
bueno
cómico
orgiástico

—

DIVERSO
(V. *Diversidad*)

—

DIVERTIR
(V. *Diversión*)

—

DIVIDIR
(V. *División*)

—

DIVINIZAR
(V. *Dios*)

—

DIVINO
(V. *Dios*)

—

DIVISIÓN (20, 22)

división
subdivisión
fracción
distribución
clasificación
separación
ramificación
partición
partimiento
partimento
fraccionamiento
fisión
fragmentación
bipartición
tripartición
graduación
segmentación
sección
bisección
dicotomía
trisección
tricotomía
hijuelación
parcelación
exfoliación
desmenuzamiento
desterronamiento
desmoronamiento
destrozo
despedazamiento
desmembración
descuartizamiento

división
dividendo
divisor
partidor
factor
submúltiplo
común divisor
cuociente
cociente
período
galera
número primo
número simple
números con-
gruentes
divisibilidad

dividir
subdividir
partir
» por entero
medio partir
separar
trujar
seccionar
escindir
segmentar
fragmentar
fraccionar
frangir
romper
bisecar
trisecar
atajar
bifurcar
trifurcar
dimidiar
demediar
tripartir
terciar
cuartear
descuartizar
diezmar
dezmar
adecenar
adocenar
parcelar
hijuelar
distribuir
graduar
acuartelar
lotear
cortar
rajar
cachar
hender
destazar
retazar
trocear
bocadear
despedazar
apedazar
destrozar
tronzar
capolar
desmembrar
compartir
trincar
picar
repicar
despizcar
reducir
moler
ajigotar
deshacer
descomponer
resolver
desmenuzar
exfoliar
desmigar
desmigajar
desmoronar
desterronar
desbriznar
rallar
hacer rajas
hacer jigote

fracción
parte
compartimiento
casilla
seno
dosificación

divisor
divisorio
divisivo

divisional
frangente
rajante
despedazador
desmenuzador
cuarteador
desmembrador

divisible
subdivisible
dividuo
divididero
fraccionable
partitivo
desmenuzable
desmoronadizo

dividido
diviso
fragmentado
geminado
bipartido
bífido
dicótomo
tripartito
trífido
trilocular
trilobulado
cuadripartido

partidamente
dicotómicamente

DIVORCIAR
(V. *Divorcio*)

—

DIVORCIO (30, 32)

divorcio
disolución
separación de
cuerpos
» de
bienes
repudiación
libelo de repudio
carta de repudio
descasamiento
difarreación

divorciar
descasar
repudiar

divorciarse
apartarse
separarse

divorciado
divorciada

—

DIVULGAR
(V. *Publicación*)

—

DOBLAMIENTO (18)

doblamiento
dobladura
duplicadura
doble
doblez
pliegue
dobladillo
bastilla
ángulo
codo
robladura
acodadura
curvatura
flexión
flexibilidad
lentor
correa
cimbreo
torcimiento
refracción
desviación
zigzag

doblar
torcer
quebrar
acodar
acodillar
redoblar
roblar
rebotar
doblegar
dobladillar
redoblegar
desdoblar
tazar
refractar
retorcer
jorobar
remachar
revitar
roblonar

doblarse
cerchearse
cimbrar
cimbrear
cimbrearse
mimbrear

ceder
mollear
encorvarse
agacharse

flexor
refringente
plegadizo
doblegable
encorvable
correoso
flexible
cimbreante
cimbreño
tierno

doblado
acodado

—

DOBLAR
(V. *Doblamiento*)

—

DOBLE
(V. *Dualidad*)

—

DÓCIL
(V. *Docilidad*)

—

DOCILIDAD (25)

docilidad
flexibilidad
benignidad
corregibilidad
dulzura
dulzor
apacibilidad
sumisión
dependencia
subordinación
disciplina
pasividad
obediencia
flaqueza
mansedumbre
inconstancia

ceder
flaquear
prestarse
acceder
ser como una cera
ser una malva
no tener voluntad propia
andar como el corcho sobre el agua
moverse a todos vientos

cordero
cordera
corderilla
Juan Lanas
maniquí
masa

dócil
obediente
convenible
dúctil
fácil
suave
bòquimuelle
bonachón
mollar
manual
blandengue
de cera
más blando que una breva

dócilmente
como una seda
como un guante

—

DOCTO
(V. *Sabiduría*)

—

DOCTRINA
(V. *Filosofía*)

—

DOCUMENTO (28, 32)

documento
monumento
instrumento
diploma
título
escrito
escritura
papel
pliego
comunicación
carta
dato
pergamino
carta pécora
pancarta
albalá
albarán
autos
rollo

diplomática
paleografía

cabeza
encabezamiento
ítem
matriz
pie
calce
cláusula
glosa
glosilla
nota marginal
firma
rúbrica
signo
sello

copia
minuta
compulsa
duplicado
saca
extracta
auténtica

documentación
expediente
legajo
tripas
firma
notas
minutario
bastardelo
cartulario
protocolo
repertorio
registro
archivo
cedulario

talón
resguardo
justificante
robra

despacho
carta partida por a, b, c,
carta plomada
firma tutelar

escritura
contraescritura
certificado
certificación
acta notarial
fe
testimonio
testificata
atestado
testimoniales
partida
acordada
bula

poder
inventario
obligación
compromiso
contrato
contrata
carta de venta
privilegio
dispensa
patente
concordia
antípoca
fundación
enfeudación
renuncia
repartimiento
apeo
denuncia
notificación
abdicación
mulquía
testamentaría, etc.

dar fe
otorgar
atorgar
actitar
pasar
expedir
extender
escribir
autorizar
legalizar
legitimar
autenticar
certificar
testimoniar
levantar acta
escriturar
documentar
protocolizar
protocolar
homologar
archivar
remitirse [crito
referirse a lo escrito
salvar
partir por a, b, c,
destalonar
traer aparejada ejecución

extraer
copiar

fe pública
autenticidad
otorgamiento
solemnidad
autenticación
certificación
homologación
legitimación
legalización
visado
busca
buscada
búsqueda

notario
notario mayor de los reinos
protonotario
notario apostólico
adul
notario de caja
» de diligencias

escribano
secretario
cartulario
tabelión
nuestramo
escribanillo
actuario
oficial de la sala criminalista
receptor [pañado
escribano acompañado
escribano de provincia
fiel de fechos
plumista
gente de pluma
escribana
tagarote
zurupeto
curial
pasante
oficial
datario
abreviador

registrador
archivero
archivista
corredor

notariado
notaría
colegio notarial
escribanía [no
oficial de escribano
notariato
fiat
tiras
chancillería
cancillería
curia romana

notaría (local)
escribanía
archivo
archivador

documental
documentado
instrumental
diplomático
escriturario
escripturario
talonario
quirógrafo
quirografario

notarial
notariado
escribanil

auténtico
fehaciente
simple

documentalmente
carta (s) canta (n)

—

DOGMA
(V. *Creencia*)

—

DOLER
(V. *Dolor*)

—

DOLOR (8, 13, 14)

dolor
» latente
» sordo
redolor
agudeza
sufrimiento
aflicción
daño
reliquia
pena
tormento
suplicio
nana
pupa
punzadura
punzada
cimbrón
ramalazo
rayo
clavo
dolor de viuda o de viudo
entrepunzadura
agujetas
dolor de ijada
miodinia
pleurodinia
punto de costado
descoyuntamiento
descoyunto
dolor nefrítico
pleuresía falsa
entuertos

doler
punzar
entrepunzar
traspasar
atormentar
lancinar
lastimar
retentar
sentirse de
rabiar
cocerse
ver las estrellas
estar en un grito
apurar la copa del dolor
apurar la copa de la desgracia

dolorido
adolorido
adolorado
doliente
redoliente
caridoliente

doloroso
lastimador
sensible
errático
agudo
pungente
punzante
fulgurante
lancinante
terebrante
indoloro
indolente
anodino

dolorosamente

¡ay!
¡ax!
¡huy!
¡guay!
¡ascuas!

—

DOLOROSO
(V. *Dolor*)

—

DOMAR
(V. *Mansedumbre*)

—

DOMINAR
(V. *Dominio*)

—

DOMINGO (1)

domingo
día del Señor
domínica
domingo de la Santísima Trinidad
domingo de Cuasimodo [ro
domingo de Lázaro
» de Pasión
» de Adviento
» de Pentecostés
domingo de Ramos
quincuagésima
sexagésima
septuagésima
domingada
día festivo
semana
festividad

endomingar
endomingarse

dominical
dominguero
endomingado

—

DOMÍNICA
(V. *Domingo*)

—

DOMINICAL
(V. *Domingo*)

—

DOMINIO (25)

dominio
dominación
señoraje
señoreaje
señorío
enseñoreamiento
autoridad
control
poder
potestad
potencia
imperio
yugo
cuchillo
mando
coacción
ucase
apremio
opresión
feudalismo
abuso
poder arbitrario
dominio absoluto
despotismo
dictadura
absolutismo
autocracia
intolerancia
tiranía
caudillaje
predominio
hegemonía
supremacía
superioridad
arbitrariedad
principada
golpe de Estado
subyugación
avasallamiento
tiranización
victoria
sujeción
represión
coyunda
servidumbre
terrorismo
dependencia

sumisión
servilismo

dominar
domeñar
rendir
preponderar
controlar
soberanear
imperar
señorear
someter
sujetar
arrendar
reducir
derribar
vencer
avasallar
supeditar
sojuzgar
subyugar
esclavizar
sopear
tiranizar
despotizar
oprimir
apremiar
ahogar
hundir
apresar
vejar
mimbrar
martillar
aherrojar
sofocar

vencerse
enseñorearse
sobreponerse
poseerse
reinar
poder
alzar la voz
hablar fuerte
» recio
» gordo
poner el pie sobre el cuello [chillo
tener horca y cuchillo
tener el mando y el palo
tener la sartén por el mango
tener el cucharón por el mango
mandar a puntapiés [queta
mandar a la baqueta
» a coces
meter en cintura
» en un puño
tener en sus manos
tener de la oreja
» agarrado por las narices
tener debajo de los pies
coger el pan bajo el sobaco
llevar de los cabezones

soberano
rey
jefe
gobernador
señor
amo
tirano
tiranuelo
déspota
autócrata
dictador
absolutista

dominador
dominadora
dominatriz
dominante
dominativo
exigente
predominante
señoreador
señoreante
avasallador
sojuzgador
subyugador
opresor

dominical
señorial
despótico
tiránico
tirano
imperioso
fanático
intolerante
dictatorial
absoluto
opresivo
opreso

imperiosamente
imperativamente
autoritariamente
dictatorialmente
tiránicamente
tiranamente
tiranizadamente
opresivamente
despóticamente
de poder absoluto
sobre

—

DOMINÓ (31)

dominó *(juego)*
dómino
chamelo
matador

ficha
as
doble
dominó *(fichas)*

encerrona
capicúa

dar
robar
fichar
pasar
ahorcar
cerrar el juego
cerrarse
hacer dominó

—

DON
(V. *Donación)*

—

DONACIÓN (33)

donación
dación
concesión
don
dona
doña
donativo
graciosidad
oferta
munúsculo
ofrenda
vendaje
adehala
robra
corrobra
alboroque
botijuela
juanillo
yapa
llapa
chorretada
chorrada
remuneración
gratificación
merced
dádiva
regalo
regalejo
obsequio
adiafa
cortesía
presente
recado
expresión
agasajo
fineza
recuerdo
regalaría
regalamiento
ayuda de costa
aguinaldo
aguilando
jamona
refacción
haya
hallazgo
estrena
ferias
contenta
albricias
cuelga
garama
joya
marzas
saya
pulsera de pedida
vistas
espiga
donas
pan de la boda
ajuar
ajovar
alfileres
canastilla
sangría
óbolo
soborno
mantillas
servicio
congiario
distribución
entrega
cesión
adjudicación
limosna
subsidio
subvención
mejora
propina
liberalidad

donación por causa de muerte
donación própter nuptias [salicia
donación esponsalicia
dote
excrex [vos
donación entre vivos
habiz
habús
legado
manda
título lucrativo
causa lucrativa

donar
dar
lomar
regalar
dadivar
conceder
ofrecer
presentar
agasajar
obsequiar
albriciar
legar
mandar
dejar
feriar
colgar
espigar
ofrendar
concurrir
contribuir
conferir
dispensar
dedicar
dirigir
hacendar
servir [tes
adobar los guantes
untar el carro

donador
donante
donatario
regalador
obsequiante

dado
regalado
gratuito
nuncupatorio
inoficioso

—

DONAIRE (26, 29)

donaire
donosidad
donosura
donosía
agudeza
humorismo
garbo
gracia
gracejo
gracejada
galanura
gallardía
salero
sal
sandunga
buena sombra
sombra
gachonería
gachonada
jovialidad
humor
festividad
parla
labia
jocosidad
comicidad
chispa
vis cómica
eutrapelia
eutropelia
ironía
burla
cortapisa
filis
ingenio

chiste
dicho
ocurrencia
salida
juego de palabras
» » vocablos
» » voces
retruécano
golpe
donaire
gracia
gracia de niño
jocosidad
galantería
galanía
humorada
chulada
chocarrería
chuscada
chanza
chanzoneta
lindeza
lindura
chilindrina
arranque
caídas
ribete
apodo
chascarrillo
epigrama
coba

comedia
sainete
parodia
farsa
bufonada
caricatura
astracanada
payasada
broma
ridiculez
risa

gracejar
entremesear
salpimentar
estar de fiesta
estar de gorja
echar un granito de sal [letes
gastar muchos ficletes
decir bellezas
tener buena sombra
estar hecho de sal

decidor
dicaz
dichero
gracioso
agraciado
chistoso
divertido
célebre
entretenido
salado
saleroso
resalado
sandunguero
gachón
monono
chirigotero
precioso
jocoso
donoso
donairoso
jacarandoso
gitano
chusco
agudo
ocurrente
chispeante
picante
festivo
famoso
florero
loquesco
juglar
chilindrinero
faceto
histrión
cómico
raro
grotesco
burlesco
extravagante

chistoso
sazonado
humorístico
irónico
satírico

graciosamente
chistosamente
donosamente
jocosamente
saladamente
chuscamente
cómicamente
con sal y pimienta

—

DONAR
(V. *Donación)*

—

DONCELLA
(V. *Virginidad)*

—

DONDIEGO (5)

dondiego
diego
Don Diego
dondiego de noche
dompedro
Don Pedro
donjuán
Don Juan
arrebolera
maravilla

—

DORADO (11)

dorado
doradura
estofado

dorar
sobredorar
aparejar
embolar
sisar
gratar
maquear
resanar
estofar
bruñir
pulir
abrillantar

dorador
batidor de oro, o de plata
batihoja
charolista

oro
pan [plata
librillo de oro, o oro batido
mordente
mordiente
metalla
aparejos
bol arménico
» de Armenia
estuco
sisa
cola de retal
diente de lobo
plomazón

—

DORADOR
(V. *Dorado)*

—

DORAR
(V. *Dorado)*

—

DORMIR
(V. *Sueño)*

—

DOS
(V. *Dualidad)*

—

DOSEL
(V. *Tapicería)*

—

DRAMÁTICA
(V. *Teatro*)

—

DRAMÁTICO
(V. *Teatro*)

—

DROGA
(V. *Farmacia*)

—

DUALIDAD (22)

dualidad
dualismo
duplicidad
duplicación
desdoblamiento
dicotomía
doble
duplo
par
pareja
ambo
copla
duerno
binca
casal
mancuerna
yunta
revezo
cobre
pareo
emparejadura
apareamiento
bisección
bipartición
bilocación

parear
aparear
aparearse
emparejar
hermanar
duplicar
reduplicar
doblar
redoblar
pluralizar

emparejador
binario
bimembre
dual
duplicado
dúplice
geminado
dicótomo
bifurcado
bífido
bipartido
pareado
gemelo
genízaro
dualista

dos
ambos
entrambos
dentrambos
ambos a dos
ambi-
di-
bi-

duplicadamente
doblemente
dobladamente
al doble
dos a dos
dos en dos
uno y otro
a pares
de solo a solo
de persona a persona
mano a mano
cara a cara

—

DUDA (23)

duda
dubitación
dubio
aporia
pregunta
discusión
conjetura
sospecha
suposición
incredulidad
hesitación
duda filosófica
aoristia
vacilación
escepticismo
pirronismo
incertidumbre
incertinidad
vislumbre
falibilidad
escrúpulo
escrupulete
dificultad
incomprensión
problema
reparo
tiquismiquis
tiquis miquis

dudar
hesitar
dificultar
escrupulizar
preguntar [tena
poner en cuarentena
poner en tela de juicio
estar, o poner, en compromiso
estar por ver
estar colgado de los cabellos
estar la pelota en el tejado

dudoso
dudable
dubitable
dubitativo
problemático
litigioso
disputable
opinable
cuestionable
confuso
contestable
contencioso
supuesto
hipotético
pendiente
indeciso
incierto
incertísimo
inverosímil
indemostrable
quizá
quizás
acaso
tal vez
por ventura

dudosamente
dubitativamente
inciertamente
problemáticamente
perplejamente
en balanza

a tiento
a tientas
Dios dirá
veremos
ver y creer
cuéntaselo a tu abuela
ésa es grilla
ahora lo veredes, dijo Agrajes
¡ca!
¡quiá!
¡bah!

—

DUDAR
(V. *Duda*)

—

DUDOSO
(V. *Duda*)

—

DUELO
(V. *Desafío*)

—

DUEÑO
(V. *Propiedad*)

—

DULCE (m.)
(V. *Confitería*)

—

DULCE (adj.)
(V. *Dulzura*)

—

DULZURA (13)

dulzura
dulcedumbre
dulzor
agridulzura

endulzar
adulzar
edulcorar
confitar
dulcificar
desacerbar
azucarar
garapiñar

endulzadura

azúcar
sacarina
miel
confitería
pastel

dulce
dulzaino
dulzón
dulzarrón
azucarado
doncel
dulcificante
edulcorante
agridulce
mulso

—

DURACIÓN (21)

duración
dura
perduración
durabilidad
diuturnidad
perpetuidad
perennidad
inmortalidad
memoria
eternidad
evo
perpetuación
radicación
perseverancia
pertinacia
pesadez [rial
obra de El Escorial
obra de romanos
siempreviva
infinitud

aguante
permanencia
persistencia
continuación
firmeza
estabilidad
siglo
tiempo
horas
vida
edad
cronicidad

perpetuar
eternizar
conmemorar
inmortalizar
vincular
prolongar
alargar

durar
aturar
continuar
persistir
subsistir
perdurar
perseverar
envejecer
arraigar
vivir
pasar
tirar
llegar
datar
extenderse
alargarse
eternizarse
perpetuarse
ir para largo
haber para rato
hacerse crónico
duradero
durable
diuturno
largo
prolongado
inextinguible
inacabable
interminable
perseverante
persistente
subsistente
imprescriptible
imperecedero
inmortal
vivaz
vitalicio
pertinaz
inveterado
crónico
inmanente
inmarcesible
inagotable
indefinido
ilimitado
increado
perenne
perennal
perenal
perdurable
perpetuo
eterno
eviterno
sempiterno
coeterno
inmemorial
permanente
permaneciente
antiguo

mucho
tanto
despacio
durante
duraderamente
largamente
prolongadamente
perdurablemente
perpetuamente
perennemente
perennalmente
inmortalmente
eternamente
eternalmente
sempiternamente
siempre
por espacio de
de continuo
cada vez que
cuando quiera
de por vida
para siempre
por siempre
siempre jamás
para sécula
para in sécula
por los siglos de los siglos
in perpétuam
ab aeterno

—

DURADERO
(V. *Duración*)

—

DURAR
(V. *Duración*)

—

DUREZA (2, 13)

dureza
endurecimiento
induración
temple
rezura
reciura
rigidez
tenacidad
tiesura
inflexibilidad
esclerosis
erección

piedra
acero
diamante
moleña
pedernal
roca

endurecer
endurar
enacerar
empedernir
templar
endurecerse
endurarse
encallarse
fraguar
erizar

duro
fuerte
fortísimo
recio
sólido
consistente
compacto
concreto
firme
férreo
pétreo
refractario
tenaz
tenace
terco
roblizo
trastesado
curado
acerado
adiamantado
diamantino
roqueño
guijeño
rígido
rigente
tieso
tiesto
rudo
calloso
yerto
eréctil
inflexible
inquebrantable
infrangible
irrompible
zapatero
correoso
coriáceo
crudo

duramente
rígidamente
tiesamente

—

DURO
(V. *Dureza*)

—

E

EBRIO
(V. *Borrachera)*

—

EBULLICIÓN (2)

ebullición
ebulición
hervor
hervidero
efervescencia
burbuja
borbotón
borbollón
borborito
espuma
cocción
fermentación

hervir
rehervir
bullir
borbotar
borboritar
borbollar
brollar
abantar
alzar el hervor
levantar el hervor
cocer
escaldar
guisar

hirviente
herviente
bullente
efervescente

—

ECLESIÁSTICO
(V. *Der. Canónico)*

—

ECLIPSAR
(V. *Eclipse)*

—

ECLIPSE (3)

eclipse
» solar
» lunar
» total
» parcial
» anular [rios
términos necesa-
términos posibles
corona
aureola
auréola
penumbra
dígito
cono
contacto
ocultación
sombra

eclipsar
eclipsarse

—

ECO
(V. *Sonido)*

—

ECONOMÍA *(Pol.)* (30, 33, 35)

economía
» política
crematística
monometalismo
bimetalismo
patrón oro
proteccionismo
libre cambio
librecambio
inflación
deflación
oportunismo
capitalismo
colectivismo
obrerismo
sindicalismo
socialismo
absentismo
maltusianismo

hacienda
bienes
riqueza
trabajo
ahorro
banca
dinero
renta
impuesto
aduanas

sindicato
cartel
monopolio

economista
proteccionista
oportunista
librecambista
colectivista
sindicalista
fisiócrata
maltusiano

económico
crematístico
colectivista

económicamente

—

ECONÓMICO
(V. *Economía)*

—

ECHAR
(V. *Expulsión)*

—

ECHARSE
(V. *Horizontalidad)*

—

EDAD (8, 21, 32)

edad
tiempo
primaveras
abriles
hierbas
yerbas
verdes
(edad de los animales: V. *Oveja, caballería, cerdo,* etc.)

niñez
uso de razón
juventud
madurez
edad crítica
menopausia
ancianidad
longevidad
dispensa de edad

mayor edad
mayoría
mayoridad
menor edad
menoría
minoría
menoridad
minoridad
tutela

cumpleaños
día
mes
año
años
día de años
festividad

cumplir
tener
alcanzar
entrar en edad
andar en

niño
hijo
joven
adulto
anciano

treintañal
cuarentón
cincuentón
cincuentaina
quintañón
sexagenario
setentón
(septuagenario, etc. V. *Año)*
primevo

—

EDIFICAR
(V. *Arquitectura)*

—

EDIFICIO
(V. *Arquitectura)*

—

EDIL
(V. *Ayuntamiento)*

—

EDUCAR
(V. *Enseñanza)*

—

EFECTIVO
(V. *Existencia)*

—

EFECTO (16)

efecto
consecuencia
secuela
corolario
rastra
acción
resultado
resultancia
resulta
éxito
producto
fruto
fruta
primicias

trascendencia
emanación
derivación
deducción
inducción
ilación
importancia
alcance
impresión
afección
ramificación
carambola
suceso
desenlace
fin
conclusión
consecución
malogro

causa
origen
relación
dependencia

inferirse
deducirse
seguirse
obedecer
deberse a
argüir
resultar
salir
cuajar
redundar
refluir
recaer
venir
refundir
nacer
ceder
consistir
trascender
transcender
arrojar
reflejar
repercutir
repercudir
implicar
venir a parar
quedar por
surtir efecto
tener consecuencias

hacer mella
rodearse las cosas
traer cola
tener cola
tener coleta
atar cabos
consiguiente
consectario
consecutivo
resultante
lógico
trascendente
transeúnte

consiguientemente
consecuentemente
naturalmente
por consiguiente
por consecuencia
en virtud de
por ende
por tanto
de resultas
de rebote
total

de ahí
pues
luego
conque
así que
de suerte que
de manera que
por manera que
de modo que

—

EFECTOS DE COMERCIO
(V. *Letra de cambio)*

—

EFECTOS PÚBLICOS
(V. *Hacienda)*

—

EFICACIA
(V. *Poder)*

—

EFICAZ
(V. *Poder)*

—

EFIGIE (1, 29)

efigie
imagen
imágenes
simulacro
figura
representación
modelo
hechura
dibujo

grabado
pintura
escultura
muñeco
retrato
emblema
símbolo
reliquia

santo
angelote
Niño Jesús
niño de la bola
Eccehomo
Nazareno
Crucifijo
Cristo
Santa Faz
Sacra Faz
Virgen
Dolorosa
paso
misterio
vera efigie
nacimiento
belén
piedad
apostolado

ídolo
idolejo
pagoda
huaco
anito
fetiche
icono
tótem
tabú

aureola
auréola
nimbo
corona
lauréola
potencia
banderola
enagüillas
pañete
argadillo
argadijo
peana
peaña
supedáneo
urna
andas

hornacina
camarín
trono
templete
adoratorio
sepulcro
baldaquino
relicario
humilladero

agnusdéi
agnus
medida
aleluya

iconografía
imaginería
idolología
idolatría

nimbar

idólatra
santero
imaginero
figurable
devoto
iconoclasta

—

EGOÍSMO (26)

egoísmo
egolatría
amor propio
individualismo
aislamiento
indiferencia
comodidad
placer
epicureísmo
mercantilismo
positivismo
utilitarismo
mezquindad
ingratitud

materializarse
mercantilizarse

egoísta
ególatra
narciso
comodón
don Cómodo
pancista
positivista
utilitario
interesado
interesal
metalizado
convenienciero
amigo de pelillo
» de taza de vino
filautero
rompenecios

interesadamente
pro domo sua
pane lucrando
quien pilla, pilla
al prójimo contra una esquina

—

EGOÍSTA
(V. *Egoísmo*)

—

EJE (2)

eje
semieje
árbol
peón
eje acodado
cigüeñal
manivela

gorrón
guijo
quicio
quicionera
pivote
pezón
cojinete
rodamiento
chumacera
rangua
collar

manga
cibica
cibicón
pezonera
estornija
batalla
clavija
chaveta
rueda
carruaje

enejar

axil
axial

—

EJECUTAR
(V. *Acción*)

—

EJEMPLO
(V. *Modelo*)

—

EJERCER
(V. *Acción*)

—

EJÉRCITO
(V. *Milicia*)

—

ELASTICIDAD (2)

elasticidad
tonicidad
reacción
flexibilidad

doblar
estirar
dar cuerda
atirantar
montar
ballestear
muellear
dar de sí
botar
rebotar

muelle
resorte
espiral
cuerda
ballesta
amortiguador
ballesta (arma)
arco
compás
seguro
pelo
calzo
contramuelle
goma
goma elástica
caucho
seringa
jebe
hule
ballena
ebonita

gomero
gomista
cauchero
hulero

elástico
flexible
correoso

—

ELÁSTICO
(V. *Elasticidad*)

—

ELECCIÓN (25)

elección
reelección
selección
elección canónica
compromiso
delegación
escogimiento
tría
trío
antología
florilegio

opción
iniciativa
disyuntiva
eclecticismo
libertad
alternativa
dilema
voluntad
decisión
preferencia
adopción
capricho
candidatura
elegibilidad
electividad
voto
» secreto
» de calidad
» decisivo
» activo
» pasivo
voz
» activa
» pasiva

votación
votada
votación nominal
» secreta
sorteo
sufragio
» universal
» restringido
plebiscito
referéndum

unanimidad
mayoría
» absoluta
» relativa
a pluralidad de votos
minoría

comicios
conclave
escrutinio
relance
empate
embuchado
pucherazo
colegio electoral

acta
papeleta
candidatura
bola
balota
altramuz
haba
urna
cántaro

elegir
seleccionar
reelegir
preelegir
echar la vista
optar
escoger
preferir
nombrar
destinar
florear
desnatar
tomar
acotar
triar
separar
entresacar
zarandear
escarmenar
pallar
hacer inquisición
echar la vista

votar
revotarse
encasillar
encantarar
balotar
relanzar
sacar
desencantarar
sortear
empatar
escrutar
regular los votos
ser, o tener voto
salir

elector
electorado
escogedor
escogiente
nominador
muñidor
electorero
palomo
optante
votador
votante
vocal
voto
compromisario
juez compromisario
juez de compromiso
encasillado
escrutador

electivo
electoral
elegible
reelegible
elegido
electo
reelecto
escogido

por mayoría
por unanimidad
por aclamación

—

ELECTORAL
(V. *Elección*)

—

ELECTRICIDAD (2)

electricidad
» positiva
» vítrea
» negativa
» resinosa
piezoelectricidad
electrónica
galvanismo
electromagnetismo
magnetismo
electrostática
electrodinámica
electrotecnia
electroquímica
electroacústica (Supl.)
telegrafía
telefonía
radio
galvanoplastia
galvanoplástica

polaridad
inducción eléctrica
» electromagnética
conductibilidad
conductividad
autoinducción
inductancia
conductancia
impedancia
alternancia
resistencia

tensión
potencial
voltaje
fuerza electromotriz
corriente eléctrica
» continua
» alterna
contracorriente
chispa eléctrica
rayo
fuego de San Telmo
meteoros (eléctricos)
onda eléctrica
onda hertziana
semiperíodo
catión
ion
ionosfera
electrólito
ámbar
resina

electrizar
acometer
conectar
enchufar
aislar
inducir
polarizar
despolarizar
deselectrizar
descargar
electrolizar
galvanizar
electrificar
detectar
radiar

electrización
deselectrización
detección
faradización
galvanización
electrificación
polarización
despolarización
electrólisis
corto circuito
derivación
tierra
descarga

electricista

máquina eléctrica
dinamo
dínamo
grupo electrógeno
turbogenerador
rotor
colector
delga
escobilla
devanado
inducido
central
electróforo
excitador
pila
par
elemento
resistencia
diafragma
acumulador
condensador
botella de Leiden
armadura
batería eléctrica
electroimán
carrete
bobina
solenoide
circuito
transformador
alternador
relevador
cohesor
detector
sintonizador
conmutador
rectificador
amplificador
llave
interruptor
cortacorriente
cortacircuitos
cuadro de distribución

arco voltaico
alumbrado
oscilador
oscilógrafo

timbre
llamador
pulsador
botón

conductor eléctrico
flexible
cable eléctrico
» submarino
red
acometida
enchufe
reóforo
fusible
aislador
polo
borne
terminal
electrodo
ánodo
cátodo
antena

gimnoto
torpedo

electrometría
electrómetro
electroscopio
péndulo eléctrico
espinterómetro
reómetro
contador
reóstato
galvanómetro
voltámetro
voltímetro
vatímetro
amperímetro
anmetro
caloriamperímetro

voltio
volt
amperio
amper
vatio
wat
ohmio
ohm
julio
joule
faradio
farad
culombio
coulomb
hectovatio
kilovatio
megohmio
microhmio
microvoltio
microfaradio

electrizador
electrizante
electrizable
eléctrico
electromotor
electrógeno
conductor
dieléctrico
aislador
electrodinámico
electrostático
electrónico
fotoeléctrico
termoeléctrico
electromagnético
galvánico
electroquímico
electrométrico
electrotécnico
hidroeléctrico
galvanoplástico
inductor
continuo
alterno
monofásico
bifásico
polifásico
farádico
catódico
astático
aperiódico
óhmico
teledirigido

eléctricamente
en serie
en derivación

—

ELÉCTRICO
(V. *Electricidad*)

—

ELEFANTE (6)

elefante
elefanta
proboscidio
mamut
mastodonte
dinoterio

colmillo
trompa
mano
marfil

barritar

naire
cornac
cornaca

aguijada
focino
trompada

elefantino
marfileño
ebúrneo

—

ELEGANCIA (14, 18, 24, 26, 29)

elegancia
distinción
nobleza
desenvoltura
facilidad
cortesía
finura
filustre
delicadeza
pureza
afectación
dandismo
gusto
buen gusto
buen tono
estilo
moda
crema
costumbre
garrideza
donaire
aticismo
gallardía
gala
fausto
galantería
coquetería
agrado
belleza
adorno
proporción

elegante
distinguido
atildado
señor
petimetre
dandi
lechuguino
lechuguina
figurín
paquete
adamado
galán
galano
ático
gallardo
garrido
ligero
airoso

elegantemente
floridamente
galanamente

—

ELEGANTE
(V. *Elegancia*)

—

ELEGIR
(V. *Elección*)

—

ELIPSE
(V. *Curvatura*)

—

ELÍPTICO
(V. *Curvatura*)

—

ELOCUENCIA
(V. *Oratoria*)

—

EMBALAJE (20, 38)

embalaje
enfardeladura
empaque
arpilladura
cubrimiento
envolvimiento
envío
carga
transporte
recipiente
tara
retobo
envase
desembalaje
desempaque

embalar
enfardar
enfardelar
arpillar
empaquetar
empacar
envasar
retobar
desembalar
desenfardar
desenfardelar
desempaquetar
desempacar

lío
atadizo
envoltorio
cabo
tanate
paquete
fardo
farda
paca
bulto
abarrote
fardel
bala
fardelejo
baleta
balón
frangote
tercio
sarcia
fardaje
fardería

embalaje
empaque
caja
corcho
paja
viruta
papel
serrín
jaula
jaulón
huacal
guacal
saco
cesta
bolsa
estuche
vasija
forro
arpillera
harpillera
rázago
malacuenda
halda
brea
bayón

embalador
paquetero
empaquetador
empacador
enfardelador
arpillador
enfardador
enfardadora
empacadora

—

EMBALAR
(V. *Embalaje*)

—

EMBALSE
(V. *Presa*)

—

EMBARCACIÓN (32, 38)

embarcación
barco
barcote
barquete
barquichuelo
nave
navecilla
naveta
navícula
navichuela
navichuelo
nao
bastimento
vaso
leño
fuste
pino
madero
caballo de palo

carcamán
carraca
potala
calabaza
calabazo
marina
» mercante
» de guerra
(V. *Armada*)
flota
flotilla
convoy
matalón
matalote
crucero

flotación
arqueo
capacidad
longitud
anchura
profundidad
través
mediana
cuartelada
línea del fuerte
escora

casco
buque
» en rosca
fondo
obra viva
lleno
compartimiento estanco
acastillaje
arq. naval

proa
prora
nariz
cabeza
mascarón de proa
parasemo
figurón de proa
espolón
esperón
rostro
acrostolio
león de proa
rompehielos
proel
proal

popa
culo
espejo de popa
escudo
galería
aleta
bovedilla
coronamiento
gaviete
popel

bordo
borde
costado
banda
amurada
estribor
babor
borda
amura
mura
lof
cachete
cubierta
sollado
soler
tilla
pana
talamete
alcázar
puente
entrepuentes
entrecubiertas
lanzamiento

toldilla
castillo de popa
duneta
sobrecámara
tienda
tapanco
tapacete
cenefa
cayán
caramanchel
castillo
carroza
tumbadillo
campechana
chopa
crujía
galería
combés
arrumbada
rumbada
bandín
jareta
ajedrez

mamparo
tablero
bobadilla
arcada
tambucho
alojamiento
camarote
camareta
litera
chupeta
cuna
rancho
gabón
beque
jardín
cajonada
batayola
pañol
panol
corulla
corrulla
sentina
bodega
cala
pantoque
llenos
pozo
plan
delgado
racel
rasel
tambor
sucucho
entremiche

antepecho
barandilla
frontal
caperoles
batayola
batallola
pasamano
crujía
andarivel
escalera

escotilla
lumbrera
boca
cuartel
brazola
contrabrazola
fogonadura
portilla
ballestera
alegría
engargolado
portalón
boca de combés
portería
clava
escobén
manguerón
groera
gatera
escotera
imbornal
embornal
gualdrín
serreta
bocina
burel
cubichete

propulsor
arboladura
velamen
timón
cabo
polea (motón, aparejo, etc.)
cadena
ancla
máquina
cuña
palanca
rueda
eje
bomba
caldera
chimenea
mambrú
alumbrado
carga
insignia
bandera
grímpola
flámula

brújula
clinómetro
defensas
empalletado
manguera
alquitranado
lampazo
bañadera
bomba
sacabuche
dala
adala
tiñuela
pala
guardainfante

buque
bajel
nave
navío
buque de vapor
vapor
piróscafo
buque de hélice
» de ruedas
» de vela
velero
vela
aeróscafo
buque mixto
» de cruz
» de pozo
» de guerra
ictíneo
sumergible
submarino
(acorazado, crucero, etc. V. *Armada*)
buque mercante
» mercantil
» particular
» de carga
carguero
navío mercante
transatlántico
trasatlántico
transporte [do
navío de alto bor-
» de transporte
» de carga
paquebote
pailebot
pailebote
paquebot
paquete
mala
mensajería
buque de cabotaje
embarcación menor
yate
guardapesca
goleta
escuna

bergantín
carabelón
goleta
bricbarca
bergantinejo
cúter
clíper
polacra
escampavía
gánguil
místico
bombarda
jangua
falucho
queche
dogre
gabarra
gabarrón
bombo
jabeque
chambequín
charanguero
cáraba
pingue
caramuzal
catascopio
mahona
urca
charrúa
canario
patache
pataj
patax
zambra
dorna
tartana
trincadura
lugre
laúd
balandro
cachirulo
balandra
quechemarín
cachamarín
cachemarín
trainera
bou
albatoza
jábega
alcabala
diemal
cárabo
chalana
gamela
balancela
tafurea
coquete
velachero
balahú
muleta
galubia
yola
yole
barcaza
barcón
pinaza
piragua
canoa
galindro
acal
almadía
chinchorro
góndola
falúa
artesa
lancha
chalupa
gasolinera
motora
vapora
lanchón
lasca
lancha fletera
barlote
bote
batel
batelejo
botequín
cachucha
cachucho
cayuco

cabana
buso
jarampero
tancal
esquife
podóscafo
serení
picuda
ballenera
ballener
barca
barga
barqueta
janga
caique
barquía
guadaño
barquichuela
barcalonga
palangrero
barca de pasaje
candray
caladora
calera
guampo
cascarón de nuez
cimba

pontín
panco
vilos
parao
prao
casco
salisipán
guilalo
garay
pamandabuán
lancan
banca
panca
baroto
vinta
barangay
gubán
barangayán
batanga
caracoa
caracora
bilallo
boanga
pango
sacayán
calaluz
junco
lorcha
sampán

chincharrero
curiara
sumaca
champán
guairo
bongo

zambra
cendal

galeaza
galera
galera bastarda
real
vicealmiranta
capitana
sultana
patrona
galeota
leño
galeón
carabela
carraca
carracón
inchimán
birreme
trirreme
cuadrirreme
azogue
actuaria

filibote
fusta

coca
barcolongo
barcoluengo
haloque
galizabra
buzo
pasacaballo
zabra
azabra
registro
saetía
esquiraza
escorchapín
corchapín
gripo
cópano
pinaza

remolcador
charrúa
lancha de atoaje
alijador
pontón
gabarra
batea
aljibe
tanque
pontón
gánguil
rompehielos
camello
balsa
garandumba
hidroplano
arca de Noé
arca del diluvio

embarcar
armar
fletar
reembarcar
desembarcar
saltar en tierra
tomar tierra
echar en tierra
zallar
trasbordar
transbordar
desfondar
navegar

embarco
embarque
embarcación
reembarque
carga
cargamento
cargazón
flete
transporte
desembarque
desembarco
trasbordo
transbordo
provisión
matalotaje
embarcadero
desembarcadero
planchada

armador
naviero
bajelero
polizón
llovido
tripulación
equipaje
(marinero, V. *Navegación*)
embarcador
naonato

navicular
naval
marinero
estanco
innavegable
velero
fino
bolinero
bolineador

barloventeador
celoso
posante
roncero
zorrero
zorro
tormentoso
balanceador
cabeceador
escotero
raquero
abierto
aquillado
planudo
lanzado
tirado
alteroso
de alto bordo
de vela latina
latino
afragatado
pesquero
trainero
onerario
cablero

—

EMBARCAR
(V. *Embarcación*)

—

EMBARGAR
(V. *Embargo*)

—

EMBARGO (32, 33)

embargo
» preventivo
traba
vía ejecutiva
juicio ejecutivo
ejecución
secuestro
secuestración
requisa
requisición
emparamento
emparamiento
empara
ampara
trance
tranza
incautación
retención
testamento
comiso
consignación
peso
nabo
embargabilidad
desembargo
deuda

embargar
secuestrar
emparar
amparar [bienes
aprehender los
ejecutar
trabar
trabar ejecución
traer aparejada ejecución
desembargar
levantar

embargador
sayón
agente ejecutivo
depositario

secuestrario
embargable
inembargable

—

EMBELLECER
(V. *Belleza*)

EMBETUNAR
(V. *Betún*)

—

EMBORRACHAR
(V. *Borrachera*)

—

EMBOSCADA
(V. *Estratagema*)

—

EMBOTAMIENTO (18)

embotamiento
embotadura
chatedad
despuntadura
despunte
rebaba
mella
mocho

embotar
enromar
arromar
embolar
despuntar
desafilar
desbocar
mellar
desacerar
entraparse

embotador

lomo
cazo
recazo
mocheta
peto
canto
botón del florete

romo
obtuso
boto
chato
desbocado
mellado
embolado
mocho
pompo
orinïento

—

EMBOTAR
(V. *Embotamiento*)

—

EMBRIAGUEZ
(V. *Borrachera*)

—

EMBRIOLOGÍA (8)

embriología
embriogenia
ontogenia
ovogenia
ovulación
cariocinesis
proliferación
biología
reproducción
fecundación
generación
parto
ginecología

sexo
huevo
ovisaco
blástula
endoblasto
placenta
secundinas
mola
pares
parias
prendedura
galladura
zurrón
corion
amnios
membrana caduca
» alantoides
vitelina
ombligo
cordón umbilical
espejuelo
manto
agua del amnios

germen
feto
nacido
aborto
engendro
preñado
criatura
vientre
muévedo
embrión
rudimento
óvulo
vesícula
vesícula ovárica
micrópilo
vitelo
cromosoma
genes

embrionario
embriogénico
embriológico
fetal
acéfalo
sietemesino
amniótico

—

EMBUDO
(V. *Transvasación*)

—

EMBUSTERO
(V. *Mentira*)

—

EMBUTIDO (9)

embutido
embuchado
chorizo
longaniza
salchicha
salchichón
sobrasada
butifarra
mortadela
morcilla
» ciega
morcillón
filloga
fiyuela
blanco
guarreña
sabadeña
sabadiega
fusco
pitarro
bandujo
tripote
obispillo
obispo
morcón
ciego
tanganillo
botagueña
tabea
bofeña
bohena
bueña
güeña
melliza
botarga
calceta
farinato
tarángana
mondejo
menudencias
chacina
zarajo
bodrio
picadillo
capolado
matanza
rueda
rodaja
tapa

embutir
embuchar
enfusar

mondongo
tripa
intestino

salchichero
choricero
butifarrero
morcillero
chacinero

choricería
salchichería
chacinería
chanchería
cambo

—

EMBUTIR
(V. *Embutido*)

EMIGRACIÓN (30)

emigración
migración
éxodo
expatriación
ostracismo
salida
ausencia
peregrinación
tránsito
destierro
transmigración
trasmigración
inmigración
colonización
indigenismo
población
despoblación
habitación
ciudadanía
extranjería

emigrar
transmigrar
trasmigrar
expatriarse
inmigrar
colonizar

emigrante
inmigrante
inmigrado
poblador
colono
colonizador
emigración
colonia

emigratorio
inmigratorio
migratorio
colonial

—

EMIGRAR
(V. *Emigración*)

—

EMOCIÓN
(V. *Sentimiento*)

—

EMOLUMENTOS
(V. *Remuneración*)

—

EMPANADA
(V. *Pastel*)

—

EMPAÑAR
(V. *Deslustre*)

—

EMPAPAR
(V. *Humedad*)

—

EMPEORAMIENTO (27, 15)

empeoramiento
peoría
desmejoramiento
declinación
decadencia
disminución
deterioro
ajamiento
deslustre
marchitamiento
perversión
lesión
destrucción

empeorar (tr.)
desmejorar
indisponer
agravar
pervertir
envilecer
bastardear
falsear
adulterar
ensuciar
manchar
deteriorar
corroer
romper
dañar
corromper
contagiar
envenenar
perder
degradar
depravar
afear

empeorar (intr.)
malignarse
decaer
degenerar
declinar
decrecer
retroceder
añejarse
envejecer
enfermar
morir
ir de mal en peor
andar de zocos en colodros
andar de Herodes a Pilatos
salir de Málaga y entrar en Malagón

peor
tanto peor
peor todavía
repeor
peyorativo

peormente

—

EMPEORAR
(V. *Empeoramiento*)

—

EMPERADOR
(V. *Soberano*)

—

EMPEZAR
(V. *Principio*)

—

EMPLEADO
(V. *Empleo*)

—

EMPLEAR
(V. *Empleo*)

—

EMPLEO (30)

empleo
ocupación
oficio
arte
cargo
encargo
honor
dignidad
menester
ministerio
ministración
colocación
situación
establecimiento
destino
acomodo
conchabanza
aconchabamiento
puesto
plaza
lugar
hueco
nicho
ración
vacante

sinecura
turrón
canonjía
(prebenda, beneficio eclesiástico, etc. V. *Der. Canónico)*
pera
ganga
ventaja

empleado
funcionario
oficinista
burócrata
ministrador
covachuelista
covachuelo
mandarín
papelista
formulista
cagatinta
cagatintas
presupuestívoro
candidato
nómino
electo
productor
personal

soberano
rey
ministro
secretario del despacho
subsecretario
director general
oficial mayor
mayor [tración
jefe de adminis-
jefe de negociado
oficial [ría
oficial de secreta-
oficiala
auxiliar
ayudante
agregado
supernumerario
temporero
semanero
aspirante
entretenido
suplente
meritorio
subalterno
suche
ujier
conserje
portero
ordenanza
mozo de oficio

gobernador
subgobernador
inspector
subinspector
interventor
intendente
veedor
habilitado
ordenador
contador
pagador
cajero
tesorero
conservador
administrador
albalaero
amín

secretario
(escribiente, V. *Escritura)*
amanuense
copista
mecanógrafo
taquígrafo

magistrado
escribano
notario
registrador
pasante
dependiente
curial
comerciante

Administración pública
ministración
burocracia [tado
servicio del Es-
Guía de Forasteros
gobierno
política
centralización
descentralización

carreras del Estado
(diplomacia, V. *Der. Intern.*)
(carrera judicial, V. *Magistrado*)
milicia
policía
enseñanza
correos
telégrafos
aduanas
(ingenieros, V. *Industria)*
contabilidad
comercio [etc.
banca y bolsa,

organismos del Estado
organismos del gobierno
presidencia
ministerio
departamento
cartera
secretaría del despacho
vicesecretaría
subsecretaría
dirección
dirección general
subdirección
sección
dependencia
centro
negociado
jefatura
prefectura
subprefectura
comisaría
delegación
oficialía
conserjería

primacía
provincialato
protomedicato
prepositura
plazas de capa y espada
intendencia
superintendencia
sobreintendencia
subintendencia
ayudantía
cancillería
depositaría
intervención
inspección
subinspección
veeduría
ordenación
tesorería
pagaduría
caja
habilitación
conservaduría
contaduría
despachada

proponer
nombrar
elegir
investir
envestir
conferir
dar
emplear
proveer
colocar
acomodar
asentar
instalar
dar posesión
encartar
destinar
adscribir
agregar
promover
ascender
subir
elevar
acrecentar
trompicar
asimilar
trasladar

residenciar
postergar
suspender
depurar
jubilar
destituir
reponer

pretender
optar
oponerse
hacer oposiciones
concurrir
entrar en cántaro
jurar
tomar posesión
beneficiar
enchufarse
ejercer
servir
ocupar
llenar
desempeñar
administrar
actuar
retener
detentar
regentar
regentear
reemplazar [llos
comer a dos carri-
masticar a dos ca-
rrillos
ascender
adelantarse
saltar
pasar por encima
permutar
antiguar
cesar
jubilarse

cursar
tramitar
correr
subir la consulta
bajar
expedir
avocar [pediente)
empozarse (un ex-
dar carpetazo
visar
registrar
oficiar
visitar
revistar
malversar

candidatura
oposiciones
concurso
terna
propuesta
información
nombramiento
nominación
investidura
envestidura
beneficio
adscripción
elevación
traslación
traslado
tránsito
ascenso
promoción
salto
permuta
licencia
permiso
vacaciones
dimisión
cese
suspensión
depuración
postergación
degradación
destitución
jubilación
vacante
resulta

servicio activo
aptitud
situación activa
» pasiva
antigüedad
años de servicio
inamovilidad
interinidad
compatibilidad
incompatibilidad
expectativa
futura
efectividad
excedencia
disponibilidad
clases pasivas
pensión

valor cívico
empleomanía
nepotismo
peculado
malversación
soborno

expediente
tripas
caja
decreto
orden
real orden
orden ministerial
» comunicada
comunicación
oficio
carta
circular
minuta
volante
informe
fecho
acordada
visto
conforme
cúmplase
antefirma
firma
curso
trámite
instrucción
vía reservada
paso
expedición
revista
pliego de cargos
» » descar-
gos
interrogatorio
expedienteo
balduque

credencial
título
despacho
patente [nencias
cédula de preemi-
carta blanca
hoja de servicios
planta
plantilla
nómina
nomenclatura
escalafón
oficina
manguito
mangote

atribuciones
competencia
jerarquía
categoría
grado
asimilación
sueldo
gratificación
quinquenio
manos puercas
ración de hambre
remuneración

oficinesco
burocrático

cancilleresco
nuncupatorio

efectivo (empleo)
perpetuo
vitalicio
inamovible
amovible
nutual
renunciable
residencial
oficial
particular
pegajoso

(empleado) pro-
pietario
titular
honorario
activo
ministrante
de plantilla
adscrito
afecto
eventual
interino
excedente
disponible
emérito
optante
cesante
suspenso
moderno

—

EMPLOMAR
(V. *Plomo*)

—

EMPOBRECER
(V. *Pobreza*)

—

EMPOLVAR
(V. *Polvo*)

—

EMPOLLAR
(V. *Incubación*)

—

EMPRENDER
(V. *Intento*)

—

EMPUJAR
(V. *Impulsión*)

—

ENAGUAS
(V. *Falda*)

—

ENAJENAMIEN-TO (14)

enajenamiento
ensimismamiento
embriaguez
letargo
insensibilidad
síncope
estupefacción
estupor
suspensión
cataplexia
asombro
pasmo
admiración
sorpresa
arrebato
arrebatamiento
embeleso
embelesamiento
encantamiento
encantamento
embebecimiento

enlabio
hielo
elevamiento
elevación
endiosamiento
arrobo
arrobamiento
abstracción
distracción
éxtasis
éxtasi
rapto
transporte
ilapso
embobamiento
alelamiento
embausamiento

prodigio
portento
maravilla
encanto
embeleso

enajenar
alienar
absortar
arrebatar
suspender
transportar
embargar
impedir
pasmar
aturdir
arrobar
carpir
embazar
aplanar
adarvar
helar
embriagar
encantar
embelesar
embeleñar
embobar

enajenarse
abstraerse
recogerse
arrobarse
extasiarse
ensimismarse
elevarse
endiosarse
embebecerse
embeberse
embobarse
estar ajeno de sí
quedar fuera de sí
estar fuera de sí
quedarse en, o he-
cho, una pieza
quedarse con la
boca abierta
papar moscas
quedarse despata-
rrado [zón
helársele el cora-
caérsele la baba

monote
pasmarote
estafermo

arrobador
estupendo
estupefactivo
estupefaciente

atónito
pasmado
suspenso
absorto
abstraído
alelado
estupefacto
helado
cuajado
turulato
tirulato
boquiabierto

patitieso
patidifuso
extático
petrificado

embebecidamente

—

ENAJENAR
(V. *Enajena-miento*)

—

ENALTECER
(V. *Enalteci-miento*)

—

ENALTECI-MIENTO (27)

enaltecimiento
encumbramiento
engrandecimiento
distinción
adelantamiento
exaltamiento
exaltación
asunción
ensalzamiento
sublimación
elevación
elevamiento
auge
honramiento
lustramiento
homenaje
apoteosis
gloria
glorificación
fama
ceremonia
condecoración

enaltecer
engrandecer
honrar
honestar
ennoblecer
glorificar
magnificar
gloriar
autorizar
calificar
solemnizar
abrillantar
condecorar
decorar
apellidar
convocar
proclamar
nombrar
caracterizar
alabar
aclamar
exaltar
elevar
levantar
relevar
alzar
realzar
ensalzar
sublimar
mirificar
encaramar
remontar
encumbrar
entronizar
entronar
enriquecer
levantar de punto
levantar del polvo
sacar del polvo
poner en cande-
lero [trojos
sacar de los ras-

ensalzador
magnificador
dignificante
glorificante

en auge
en pinganitos

—

ENAMORAR
(V. *Amor*)

—

ENCADENAR
(V. *Cadena*)

—

ENCAJAR
(V. *Acoplamiento*)

—

ENCAJE (10)

encaje
blonda
blondina
puntas
sol
puntilla
hiladillo
entredós
antolar
embutido
bordado
randa
guipur
bolillo
calado
prendido
tendido
pasamanería
adorno

chorrera
bobillo
escote
vuelillo
vuelo
abanino
puño
tocado

entolar
calar

mundillo
bolo
bolillo
palillo
majadero
majaderillo
majaderico
prendido
picado
molde

encajera
entoladora
randera

randado

—

ENCAJERA
(V. *Encaje*)

—

ENCALLADURA
(V. *Varadura*)

—

ENCALLAR
(V. *Varadura*)

—

ENCARECER
(V. *Encarecimiento*)

—

ENCARECIMIENTO (24, 33)

encarecimiento
carestía
alza
precio
sobreprecio
estraperlo
elevación
aumento
caro bocado
caricia
encarecer
subir
levantar
alzar el precio
tirar la barra
cargar la mano
subir a las nubes
llevar o pedir un sentido por
desollar vivo
costar un ojo, o los ojos, de la cara
valer un ojo de la cara
valer un sentido
costar un sentido
» » riñón
estar, o andar, por las nubes
ser un desuello
tener mucha pimienta

encarecedor
carero
desollador
caro
costoso
salado
alto
subido
insume
precioso
inapreciable
sobrecaro

caramente
costosamente
caro [oro, o plata
a peso de dinero,
a las valías
caro como aceite de Aparicio

—

ENCARGAR
(V. *Delegación*)

—

ENCARGO
(V. *Delegación*)

—

ENCARIÑARSE
(V. *Amor*)

—

ENCÉFALO (7)

encéfalo
cráneo
cabeza
sesos
sesada
meollada
meollo
cerebro
celebro
seso
cerebelo [rebral
circunvolución cerebral
anfractuosidad
cisura
cuerpo calloso
hipotálamo
ventrículo del encéfalo
ventrículo medio
ventrículos laterales
cuarto ventrículo
istmo del encéfalo
árbol
glándula pineal
substancia gris
» blanca
» cortical
lóbulo [cal
bulbo raquídeo
meninge
piamáter
pía madre
piamadre
duramáter
dura madre
duramadre
aracnoides
diástole
médula

encefalitis
meningitis
apoplejía
cataplexia
frenología
cerebración

encefálico
cerebral
cerebroespinal
meníngeo

apoplético

—

ENCENDER
(V. *Encendimiento*)

—

ENCENDIMIENTO (2)

encendimiento
inflamación
luz
llama
fuego
combustión

encender
incendiar
prender
pegar fuego

encenderse
inflamarse
arder

fósforo
cerilla
mixto
cerillo
velilla
encendedor [sillo
» de bolsillo
mecha
pajuela
alegrador
yesca
yescas
hupe
enjutos
lumbres
eslabón
rufón [ce)
(pedernal, V. *Sílice*)
fosforera
cerillera
cerillero
yesquero
esquero
chisquero

fosforero
yesquero

encendedor
encendiente
inflamativo

—

ENCERRAR
(V. *Encierro*)

—

ENCÍA
(V. *Diente*)

—

ENCIERRO (20)

encierro
encerramiento
encerradura
encerrona
reclusión
reclusorio
clausura
recogimiento
enceldamiento
emparedamiento
encovadura
cercamiento
aislamiento
inclusión
prisión
in pace
laberinto
jaula

encerrar
recluir
encajar
meter
introducir
internar
cerrar
guardar
cubrir
ocultar
depositar
limitar
encuadrar
enceldar
recoger
enclaustrar
encalabozar
encovar
encuevar
encarcavinar
emparedar
enjaular
engaviar
arredilar
embrosquilar
enchiquerar
encallejonar
encorralar
acorralar
embotellar
embovedar
emparedar
sitiar
obstruir

encerrarse
atrancarse
encastillarse
aislarse
consistir

encerrador
encarcelador
encastillador

encerrado
emparedado
encapullado
recluso
preso

—

ENCINA (5)

encina
encino
carrasca
carrasco
carrascón
mata parda
matacán
coscoja
maraña
chaparra
mata rubia
matarrubia
quejigo
cajiga
roble carrasqueño
sardón
chaparro
cerezo
roble
carvallo
carvayo
carvajo
robre
barda
roble albar
pellín
rebollo
mesto
melojo
roble negral
» negro
» villano
» borne
tocorno
carbizo
jaro
marojo
rebollo
haya
fabo

encinar
encinal
monte pardo
robleda
robledo
robredo
robledar
robledal
carrascal
carrasquera
carrascalejo
carvallar
carvajal
carbizal
carvalledo
carba
rebollar
rebolledo
melojar
chaparral
coscojar
coscojal
marañal
quejigal
cajigal
sardonal
mestal
morojal

rosijo
bellota
glande
breva
escriño
cascabullo
cascabillo
montanera
brugo
mida
zanga
agalla
zonzorro
melosilla
decortación

destorgar

glandífero
glandígero
bellotero
bellotera
cupulífero
fagáceo
abellotado
englandado
tocio
carrasqueño

—

ENCOGER
(V. *Encogimiento*)

—

ENCOGIMIENTO (17)

encogimiento
constricción
corrugación
retracción
fruncimiento
contracción
pliegue
dobladura
doblamiento

encoger
meter
retraer
arrugar
arrufar
adujar
recoger
fruncir
acarralar
embeber
engurruñar
engurruñir
gandujar
plegar
cerrar
doblar
descorrer
remangar
arremangar
arrezagar
sofaldar

encogerse
embeber (intr.)
acorralarse
revenirse
estrecharse
aovillarse
ovillarse
hacerse un ovillo
» una pelota
acuclillarse [ta
enarcarse
acurrucarse
acorrucarse
apangarse
amagarse
agacharse
acacharse
acocharse
agazaparse
agachaparse
arranarse
acarralarse
encogido
arrugado
engurruñido
retráctil

en cuclillas

—

ENCONTRAR
(V. *Hallazgo*)

—

ENCORVAR
(V. *Curvatura*)

—

ENCUADERNACIÓN (28)

encuadernación
pasta
» española
» italiana
media pasta

cajo
cartivana
lomera
cabezada
cadeneta
nervura
nervio
entrenervios
corte
canal
delantera
cantonera
bullón
posteta
ceja
libro

encuadernar
interfoliar
interpaginar
empastar
meter en tapas
encartonar
desvirar
cabecear
engrudar
afinar
plegar
encañonar
enlomar [perro
coser a diente de
reencuadernar
descuadernar
desencuadernar

encuadernador
encartonador
engrudador

telera
telar
ingenio
mesa
encuadernador
lengüeta
lengua
aguja
cantonero
botalomo
engrudo
gacheta
chifla

encuadernado
intonso

a la holandesa
a la inglesa
en pergamino
en tela
a la rústica
en rústica
a pasaperro

—

ENCUADERNADOR
(V. *Encuadernación*)

—

ENCUADERNAR
(V. *Encuadernación*)

—

ENCURTIDOS
(V. *Conservas*)

—

ENDEMONIADO
(V. *Demonio*)

—

ENDEREZAR
(V. *Derechura*)

—

ENDULZAR
(V. *Dulzura*)

—

ENDURECER
(V. *Dureza*)

—

ENEBRO (5)

enebro
nebro
junípero
cada
grojo
enebro de la miera
jabino

enebrina
nebrina

enebral
nebral
nebreda

—

ENEMIGO
(V. *Enemistad*)

—

ENEMISTAD (14, 31)

enemistad
enemiga
animadversión
desapego
despego
rozamiento
extrañeza
cuentos
chisme
discordia
rivalidad
aborrecimiento
hostilidad
rifa
contienda
desafío
combate
guerra
guerra abierta
bandera negra

enemistar
desobligar
descompadrar
desavenir
malquistar

enemistarse
desamistarse
desavenirse
disgustarse
desgraciarse
ladearse con
resfriarse
dividirse
repuntarse
contrapuntarse
contrapuntearse
rebelarse
encontrarse
pelearse
esquinarse
romper con
reñir
tarifar
rifar
quebrar
descompadrar
tronar con
caer de la gracia
romper las amistades
quebrar lanzas
ganar enemigos
negar o quitar uno el habla al otro
tomar las armas
echar los títeres a rodar
no hablarse
estar de monos
estar de punta
estar de uñas
estar de morros
estar de esquina
estar torcido
estar a matar

enemigo
enemigo jurado
adversario
contrario
pugnante
opuesto
hostil
inimicísimo
enemicísimo
enemistado
desamigado
reñido
tirante
frío
político
esquinado
esturado
rencoroso

enemigamente
hostilmente
a malas

—

ENEMISTADO
(V. *Enemistad*)

—

ENEMISTARSE
(V. *Enemistad*)

—

ENFADARSE
(V. *Ira*)

—

ENFADO
(V. *Ira*)

—

ENFERMAR
(V. *Enfermedad*)

—

ENFERMEDAD (8, 12)

enfermedad
dolencia
mal
afección
afecto
morbo
desgracia
novedad
desmejoramiento
ruinera
zangarriana
zanguanga
zamarrada
calentura de pollo por comer gallina
ramo
clamo
achaque
alifafe
tara
dolamas
aje
gotera
desazón
depresión
opilación
indisposición
escalofrío
síncope
arrechucho
destemple
molestia
malestar
arguello
chapetonada
chapetón
insolación
muerte
salud

epidemia
endemia
peste
pestilencia
contagio
cocoliste
pandemia
epizootia

invasión
incubación
caso
acceso
ataque
amagón
retoque
pródromo
aparato
estadio
período
intermitencia
crisis
hipercrisis
diacrisis
acmé
epacmo
fastigio
día decretorio
» crítico
paroxismo
parasismo
retroceso
defervescencia
mejoría
recaída
terminación
recidiva
convalecencia
lacra

patología
nosología
nosografía
nosogenia
patogenia
sintomatología
epidemiología
semeiología
semiología
semiótica
diagnosis
prognosis
síntoma
diagnóstico
síndrome
contraindicante
anamnesia
síntoma diacrítico
epifenómeno
accidente
señal
dolor
ansiedad
pirexia
fiebre
inflamación

euforia
diátesis
receptividad
aprensión
idiopatía
virulencia
morbilidad
morbididad
letalidad
antisepsia

hipertrofia
distrofia
atrofia
atonía
eretismo
aflujo
neoplasia
heteroplasia
pólipo
fungo
tumor
cáncer
hepatización
esclerosis
escleroma
reblandecimiento
necrosis
osteopatía
osteomalacia
hueso
cirrosis
melanosis
retracción
carnificación
combustión espontánea
degeneración
calcificación
estiómeno
úlcera
hidropesía
hidatismo
anasarca
gangrena
cangrena
esfacelo

oclusión
obstrucción
trombosis
obliteración
imperforación
atresia
estigma
estenosis
angiectasis
estrechez
adherencia
metástasis
contractura
paresia
intususcepción
invaginación
procidencia
prolapso
escoliosis
monorquidia

desnutrición
inanición
depauperación
desmineralización
atrepsia
degeneración
decaimiento
postración
anemia
clorosis
ictericia
avitaminosis
adinamia
astenia
caquexia
cacoquimia
marasmo
consunción
cateresis
tabes
tisis
delgadez
obesidad
polisarcia
grosor
encanijamiento
raquitis
raquitismo
cretinismo
infantilismo
escrofulosis
escrofulismo
tiroidismo
caratea
escorbuto
loanda
mal de loanda
berbén
cianosis
andancio
andancia
espanto

neurosis
neuralgia
analgesia
neurastenia
locura
hipocondría
vapores
síncope
ciática
ataxia
(epilepsia, corea, etc. V. *Convulsión*)
tic
gesto
tétanos
tétano
tetania
pasmo
espasmo
parálisis
apoplejía
hemiplejía
parálisis infantil
poliomielitis
cataplexia
histerismo
histérico
mal de madre
aura histérica
rafania
angina de pecho
cardialgia
estenocardia
catalepsia
bocio exoftálmico

hemicránea
cabeza
sinusitis
encéfalo
médula

indigestión
aerofagia
estómago
colibacilosis
peritonitis
vientre
diarrea
latirismo
psitacosis

reumatismo
reuma
artritismo
acidismo
gota
quiragra
podagra
lumbago
tortícolis
torticolis

viruela
vejiga
viruelas confluentes
viruelas locas
varicela
varioloide
sarampión
rubéola
roséola
escarlatina
escarlata
púrpura
fuego de San Antón
» » San Marcial
mal de San Antón
fuego sacro
» sagrado
erisipela
prurigo
psoriasis
melanosis
piel (enfermedades de la)

gripe
dengue
trancazo
influenza
catarro
constipado
resfriado
faringitis
crup
garrotillo
seudocrup
difteria
difteritis
tos ferina
coqueluche
pulmonía
neumonía

escrófula
tuberculosis
tuberculización
tisis
etiquez
hetiquez
hectiquez
fimatosis
neumococia
lupus
coxalgia
linfatismo
diabetes
glucemia
uretritis

cólera
cólera-morbo asiático
tifo asiático
colerina
tifus
lentor
tifo
paratifoidea
paratifus
tabardillo
tabardete
cocoliste
pinta
fiebre aftosa
fiebre tifoidea
tabardillo pintado
tifus exantemático
tifus petequial
fiebre petequial
peste bubónica
peste levantina
tifo de Oriente

fiebre amarilla
vómito negro
» prieto
tifus icterodes
tifo de América
fiebre de Malta
fiebre palúdica
fiebre mediterránea
malaria
paludismo

veneno
intoxicación
embriaguez
cocainismo
quinismo
siderosis
neumoconiosis
silicosis
antracosis
saturnismo
hidrargirismo
ciguatera

parásito
triquinosis
helmintiasis
beriberi
tripanosis
pirgüín
pirhuín
tricomicosis
hidrofobia
rabia
sífilis
gálico
mal francés
purgaciones
generación (enfermedades de la)
ginecología
vaginitis
septicemia
uremia
leucemia
piohemia
hemofilia
estreptococia
estafilococia
sangre (enfermedades)
carbunco
carbunclo
ántrax
(enfermedades del oído, V. *Oído*)
(enfermedades del ojo, V. *Ojo*)
(enfermedades del intestino, V. *Vientre*, etc.)
(enfermedades del corazón, V. *Corazón*)
(enfermedades de las arterias, V. *Vena*)
(enfermedades de los huesos, V. *Hueso*)
(angina, amigdalitis, etc., V. *Garganta*)

disartria
dislalia
pronunciación

hidrocefalia
hidrotórax
hidrocele

enfermar
adolecer
no estar católico
sentirse de...
caer enfermo
» malo
indisponerse
encojarse
desgraciarse
descomponerse
descriarse
quebrantarse
relajarse
arguellarse
desazonarse
entecarse
encanijarse
pasmarse
aniquilarse
candirse
estar de mala gana
estar tocado de una enfermedad
torcer la cabeza
caer en cama
» » la cama
estar de cuidado
estar hecho una odrina
no llegar al gallinero
no levantar cabeza
encamarse
hacer cama
estar en (la) cama
guardar (la) cama
ponerse en cura
amorriñarse
hacer la encorvada
» » despatarrada
mandarse
levantarse
recaer

paliar
apaliar
velar

acometer
atacar
retentar
amagar
rondar
correr una constelación
ser constelación

cascar
indisponer
afectar
agarrarse
subir
exacerbarse
obedecer
terminar
abortar
atrofiar
resolverse
recrudecerse

mortificar
irritar
lacrar
obliterar
obstruir
sincopizar
atrofiarse
hipertrofiarse
gangrenarse
cangrenarse
agangrenarse
esfacelarse

enfermo
paciente
cliente
doliente
podrigorio
pudrigorio
panadizo
alfeñique
flor de la maravilla
enfermería

enfermo
indispuesto
maldispuesto
endeblucho
malo
débil
caído
dejado
adolecente
adoleciente
morboso
mórbido
afectado
aprensivo
enfermizo
malucho
maluco
enfermucho
enfermoso
trasojado
malsano
macanche
escolimado
quebradizo
maganto
trabajoso
valetudinario
achacoso
achaquiento
delicado
canijo
enclenque
enteco
entecado
sute
antanino
escamocho
morriñoso
movido
grave
acabado
rematado
con un pie en el hoyo
con un pie en la sepultura
veraniego
convaleciente
talcualillo

asténico
caquéctico
clorótico
anémico
cianótico
pleurítico
modorro
pulmoniaco
asmático
neumónico
tísico
hético
ético
hético confirmado
héctico
calenturiento
calenturoso
febricitante
tífico
paratífico
paratifoideo
ictérico
ictericiado
colérico
coleriforme
colicuativo
sifilítico
uncionario
hidrófobo
rábido
rábico
rabioso
quebrado
potroso
acatarrado
encatarrado
virolento
varicoso
escrofuloso
raquítico
cretino
artrítico
reumático
coxálgico
gotoso
nervioso
cataléptico
hemipléjico
parapléjico
atáxico
adinámico
neurótico
neurasténico
hipocondríaco
guácharo
ciguato
aciguato

enfermo
enfermizo
morboso
mórbido
contagioso
patógeno
morbífico
epidémico
latente
virulento
crónico
leve
curable
grave
incurable
sagrado
agudo
galopante
larvado
latente
tórpido
epidemial
endémico
pandémico
pestilencioso
esporádico
intercurrente
fulminante

clorótico
anémico
disentérico
edematoso
gripal
escorbútico
colérico
asténico
tífico
tifoideo
atabardillado
hipocóndrico
atáxico
cataléptico
espasmódico
histérico
neurálgico
enfisematoso
hipertrófico
neoplásico
pultáceo
gangrenoso
tábido
caquéctico
diatésico
tabífico
metastático
pandémico
saturnino
cirrótico
nostras
eruptivo
tifoideo
neurótico
neurasténico
sifilítico
sifilográfico
varioloso
artrítico
reumático
escrofuloso
adinámico
hipocondriaco
coxálgico

enquistado
congestivo
pletórico
tábido
apasionado
endeñado
patológico
nosológico
sintomático
crítico
paroxismal
prodrómico
premonitorio
insalubre

achacosamente
por consentimiento

—

ENFERMIZO
(V. *Enfermedad*)

—

ENFERMO
(V. *Enfermedad*)

—

ENFITEUSIS
(V. *Censo*)

—

ENFLAQUECER
(V. *Delgadez*)

—

ENFRENTE
(V. *Contraposición*)

—

ENFRIAR
(V. *Frío*)

—

ENGANCHAR
(V. *Gancho*)

—

ENGAÑAR
(V. *Engaño*)

—

ENGAÑO (26, 28)

engaño
decepción
mentira
falsedad
disimulo
fingimiento
afectación
ocultación
embustería
artificio
astucia
captación
chasco
finta
argucia
tergiversación
falacia
falimiento
bribia
superchería
invención
filfa
música celestial
juego de cubiletes
maulería
magancería
magancia
tinte
trápala
trácala
mácula
embuchado
carnada
volada
carambola
andrómina
embudo
cancamusa
cantamusa
recancamusa
ratimago
embolado
changüí
alicantina
llamada
trampa
burlería
floraina
emboque
fraude
dolo
deslealtad
perjurio
mohatra
lesión
lesión enorme
» enormísima
estafa
banderillazo
sablazo
perro
sacaliña
socaliña
droga
gatada
picardía
magaña
pegata
morisqueta
fullería
embaimiento
enajenamiento
alucinación
embaucamiento
amaestramiento
ofuscación
embeleco
truco
señuelo
atractivo
fascinación
prestigio
ficción
pretexto
irrealidad

enlabio
trampantojo
embustería
filatería
jonjaina
jonjana
adulación
candonga
soflama
faramalla
farándula
asechanza
engañifa
engañifla
celada
lazo
ley de la trampa
zancadilla
manganilla
manganeta
maula
mamola
mamona
traspié
trapaza
trapacería
jarana
añagaza
ñagaza
farsa
tramoya
enredo
red
burla
treta
trecho
adrolla
papilla
camama
parchazo
primada
inocentada
candidez

entretenida
espera
ofrecimiento
largas
coba

engañar
mentir
tocar
trufar
deludir
iludir
mixtificar
embudar
burlar
chasquear
embromar
calvar
liar
emprimar
meter
encajar
frustrar
embocar
colar
seducir
engatar
embelecar
embaucar
embabucar
engaritar
engaitar
fascinar
enlabiar
camelar
entruchar
embaír
cascabelear
cubiletear
alucinar
encandilar
enflautar
engorgoritar
soflamar
engatusar
encatusar
encantusar
socaliñar
enclavar
clavar
entrampar
atrapar
carnear
timar
estafar
[otro
quedarse uno con
dársela
pagársela
diñársela
pegarla de puño
jugarla de puño
dar gato por liebre
vender gato por
liebre
pegar la (una) tostada
[da
dar la (una) tostada
dar la castaña
dar el pego
dar la entretenida
dorar la píldora
pegar una ventosa
meter la viruta
echar dado falso
dar dado falso
jugársela de codillo
coger en la loseta
poner una venda
en los ojos
armar lazo
tender un lazo
meter en la huerta
hacer la mamola
dar papilla

dar con la entretenida
dar largas
dar coba

capotear
trastear
embromar
capear
torear
pavonear
encantar
vender palabras
jugar a la pelota
con [go]
dar con la de ren-
decir con la boca
chica
decir con la boca
chiquita [boca
gastar pastillas de
cacarear y no po-
ner huevo
traer en palabras
traer al retortero
trapacear
trapazar
entrapazar
trampear
raposear
mentir

engañarse
caer
caer en el lazo
caer en el señuelo
andar en golon-
dros
picar el pez

engañador
engañante
engañamundo
engañamundos
iluso
invencionero
delusor
engaitador
trompero
maganciero
doble
trapacista
trapacero
tracista
droguista
trufador
trepante
churrullero
embudista
trapalón
tramposo
maulero
farandulero
charlatán
charlador
chirlón
alucinador
embaucador
embaidor
enlabiador
embelecador
prestigiador
engañabobos
sacamuelas
sacamolero
engañanecios
prestigioso
sacadineros
sacacuartos
socaliñero
emprestillador
petardista
sablista
tracalero
canchero
chacharero
circe

engañoso
ilusorio
ilusivo
delusorio
delusivo
fascinante
irreal
capcioso

nugatorio
frustráneo
doloso
fraudulento

engañado
dupa

engañosamente
delusoriamente
capciosamente
encubiertamente
alucinadamente
dolosamente
dobladamente
fantásticamente
de mala fe
a mala verdad
de burlas
de mentirijillas

—

ENGAÑOSO
(V. *Engaño*)

—

ENGARCE
(V. *Cadena*)

—

ENGARZAR
(V. *Cadena*)

—

ENGENDRAR
(V. *Generación*)

—

ENGORDAR
(V. *Grosor*)

—

ENGRANAR
(V. *Acoplamiento*)

—

ENGRASAR
(V. *Grasa*)

—

ENGREÍR
(V. *Orgullo*)

—

ENIGMA
(V. *Incomprensión*)

—

ENJALMA
(V. *Albarda*)

—

ENJUICIAMIENTO (32)

enjuiciamiento
arbitraje
sustanciación
instrucción
administración de
justicia
justicia ordinaria
derecho procesal
ley adjetiva
procedimiento
proceso
fuero
desafuero
expediente
judicatura
foro
figura
ficción legal
» de derecho

tela de juicio
estilo
vía
» ordinaria
» ejecutiva
juicio ejecutivo
vía contenciosa
administración
contenciosa
vía sumaria
continencia de la
causa
medicina legal

actuaciones
actuación
diligencia
emplazamiento
notificación
requerimiento
comparendo
recuesta
intimación
intervención
información
» sumaria
inspección ocular
vista de ojos
receptoría
insinuación
homologación
cargo

auto
proveído
fallo
sentencia
decreto
providencia
mandamiento
yusión
fetua
despacho [cia
auto de providen-
auto acordado
lo acordado
auto de oficio
» de legos
» interlocutorio
» definitivo
apremio
provisión
firma
contrafirma
carta
sobrecarta
carta acordada
acordada
conmonitorio
carta forera
» desaforada
» de comisión
» de emplaza-
miento
comparición
cédula de diligen-
cias
iniciativa
manifestación
remisoria
letra remisoria
carta misión
exhorto
suplicatorio
suplicatoria
edicto

inhibitorio
citatorio
auxiliatorio
incitativo
requisitorio
compulsorio
intimatorio
agravatorio
absolutorio
interlocutorio
confirmatorio
condenatorio
resolutorio
declinatoria

juicio
» declaratorio
» declarativo
» universal
» ejecutivo
» contencioso
» extraordina-
rio [rio
juicio contradicto-
» petitorio
» plenario
» posesorio
interdicto
atentado
atentación
antejuicio
aprehensión
asentamiento
grita foral
prevención
efecto devolutivo
» suspensivo
ley del encaje
arbitrio de juez
» judicial
avocación
avocamiento
amonestación
admonición
apercibimiento
requerimiento

enjuiciar [cia
administrar justi-
actuar
actitar
instruir
sustanciar
substanciar
conocer de un
pleito
conocer de una
causa
juzgar
procesar [so
fulminar el proce-
encausar
causar
encartar
empapelar
sumariar
conminar
acumular
reclamar
retener
prevenir
avocar
asumir
arrastrar la causa
arrastrar los autos
arrastrar el pleito
inhibir, -se
desaforar
alzar la fuerza
residenciar
vestir el proceso
homologar
habilitar días
» el día
enmendar
reponer
abrogar
sobreseer
transigir
ver
rever
revisar
hacer audiencia
hacer estrados
decir relación
hacer relación
oír en justicia
recibir a prueba
confesar
haber por confeso
tener por confeso
carear
afrontar
ver el pleito
abrir el juicio
surtir el fuero

juzgar
sentenciar
enjuiciar
fallar
decretar
determinar
declarar
pronunciar
proveer
expedir
sobrecartar
arbitrar
sentenciar (condenar, etc.)
absolver [tancia
» de la ins-
manifestar
echar el fallo
dar la causa por
conclusa
dar el pleito por
concluso
dar por concluso
desglosar
compulsar
cumplimentar
condenar en costas
asentar

pleitear
litigar
revolver
enjuiciar
poner pleito
pedir justicia
ir por justicia
pedir en justicia
poner por justicia
pedir en juicio
parecer en juicio
poner ante (el juez,
alcalde, etc.)
convenir en juicio
proceder contra
causar instancia
salir a la causa
salir a la demanda
contestar el pleito
comparecer
venir
apersonarse
presentarse
probar la coartada
mostrarse parte
salir a la deman-
da
contrafirmar [cho
estar uno a dere-
notificar
citar
encartar
citar para estrados
reconvenir en su
fuero
emplazar
requerir
suplicar
interpelar
apremiar
apercibir
demandar
protestar
» la fuerza
vindicar [contra
fundar intención
tener fundada in-
tención contra
deducir
intentar
producir
reproducir
libelar
repetir
insinuar
deponer
pedir
impartir
recurrir
ocurrir

decir de agravios
denunciar
acusar
querellarse
quejarse [nia
afianzar la calum-
absolver las pre-
guntas [nes
absolver posicio-
contestar la de-
manda
reconvenir
repreguntar
replicar
triplicar
articular
formar artículo
declarar
redargüir
recusar
declinar
excepcionar
salir con el pleito
sucumbir
desistir
apartarse
separarse
desertar [etc.)
apelar (recurrir,
estar a juzgado y
sentenciado
constar de autos
constar en autos
no estar en estado
no venir en estado

informar
relatar
alegar
asesorar
concluir

pleito
litigio
litis
lite
litispendencia
pendencia
litigación
pleiteo
contención
apellido
causa
pleito ordinario
» civil
» de cédula
cuantía
primera instancia
segunda instancia
tercera instancia
grado

acción [cia
» de jactan-
demanda
caso de corte
» favorable
hecho [cho
ignorancia de he-
» de de-
recho
caso fortuito
fuerza mayor
presunción
» de ley
» de sólo
derecho
presunción de he-
cho y de derecho
procedencia
competencia
atracción
personalidad
repetición
sumisión
incapacidad
caducidad de la
instancia

comparecencia
comparición

rebeldía
contumacia
fianza de arraigo

escrito
demanda
libelo
pedimento
petición
apellido
posición, -es
otrosí
traslado
declaración
pregunta
interrogatorio
compelación
repregunta
instancia
respuesta
contestación a la
demanda
réplica
dúplica
litiscontestación
replicato
contrarréplica
tríplica
reconvención
reclamación
reclamo
conocencia
artículo
incidente
artículo de previo
pronunciamiento
excepción [toria
» peren-
» dilato-
excusa [ria
señalamiento
plazo judicial
término de una
audiencia
» fatal
» perentorio
espera
perención
prescripción
nulidad
retrotracción
prueba
probanzas
prueba semiplena
testimonio
relación
apunte
informe [derecho
información de
papel en derecho
información en
derecho
alegación en de-
recho
alegato
alegación
alegato de bien
probado
articulado
conclusión
escrito de conclu-
siones
escrito de agravios
vista
vistilla
audiencia
revista
visto
sentencia
reserva
absolución de la
demanda
apartamiento
desistimiento
allanamiento

causa
proceso
pleito criminal
sumario
sumaria

atestado
juicio de faltas
juicio sumarísimo
plenario
caso de corte
residencia
acusación
sistema acusatorio
denuncia
denunciación
denuncia falsa
querella
contraquerella
procesamieto
encartamiento
cabeza de proceso
extradición
pesquisa
incomunicación
visita domiciliaria
secreta
tormento
fe de livores
declaración
interrogatorio
indagatoria
cuerpo del delito
» de delito
careo
rueda de presos
confesión
conocencia
compurgación
coartada
alibi [instancia
absolución de la
absolución libre
sentencia (conde-
na, etc.)
castigo
muerte civil
expiación

litigante
parte
pleiteante
pleiteador
pleitista
picapleitos
pobre
colitigante
consortes
litisconsorte
comparte
actor
actora
parte actora
causante
demandante
demandador
coadyuvante
tercerista
requirente
emplazador
apellidante
contrafirmante

tribunal
juez
magistrado
abogado
procurador
fiscal
acusador

denunciante
denunciador
querellante
querellador
demandado
inculpado
reo
acusado
coacusado
notificado
procesado
compareciente
declarante
confesante
convicto
negativo

inconfeso
rebelde
contumaz
ausente
bandido

autos
actos
proceso
decretero
libro penador
pleito
rollo
pieza de autos
apuntamiento
memorial ajustado
foja
libro del acuerdo
acumulación
desglose
compulsa
tanto de culpa

costas
expensas
litisexpensas
información de
pobreza
beneficio de po-
espórtula [breza
tiras
meaja
poyo

forense
judicial
prejudicial
extrajudicial
procesal
procesado
causídico
pasivo
ordinario
litigioso
contencioso
sumario
sumarial
sumarísimo
indagatorio
reivindicatorio
dilatorio
alongadero
extintivo
útil
pertinente
procedente
justiciable
probado
decisorio
acusatorio
odioso
concluso
fasto

judicialmente
jurídicamente
ordinariamente
plenariamente
en debida forma
pro tribunali [den
venga por su or-
como mejor haya
lugar de derecho
sumariamente
extrajudicialmente
sin estrépito ni fi-
gura de juicio
lisa y llanamente
criminalmente
interlocutoria-
mente
cumulativamente
en rebeldía
de oficio
ipso jure
de hecho
de facto
de plano
de previo y espe-
cial pronuncia-
miento

sub judice
a prueba y estése
mixti fori
misti fori

—

ENLACE (16, 20)

enlace
enlazamiento
enlazadura
conexión
conexidad
unión
enchufe
ensambladura
relación
ligazón
aligación
aligamiento
articulación
encadenamiento
encadenación
encadenadura
concatenación
eslabonamiento
engarce
engace
acoplamiento
trabazón
engranaje
combinación
red
coligación
coligamiento
coligadura
coherencia
cohesión
adherencia
vínculo
nexo
sistema
estrechez
parentesco
atadura
lazo
nudo
cifra
monograma
motivo
pretexto
causa
dependencia

enlazar
entrelazar
tejer
concadenar
concatenar
encadenar
eslabonar
combinar
trabar
engarzar
engazar
enganchar
ligar
atizonar
acoplar
enchufar
engranar
engargantar
empalmar
vincular

enlazarse
conexionarse, etc.

conexo
coherente
conectivo
conexivo

—

ENLAZAR
(V. *Enlace*)

—

ENMENDAR
(V. *Corrección*)

—

ENMIENDA
(V. *Corrección*)

—

ENNEGRECER
(V. *Negro*)

ENOJARSE
(V. *Ira*)

—

ENOJO
(V. *Ira*)

—

ENRARECER
(V. *Raridad*)

—

ENREDADERA
(V. *Trepadora*)

—

ENREDAR
(V. *Enredo*)

—

ENREDO (27, 20)

enredo
enredamiento
enredijo
contexto
contextura
complicación
complejidad
intrincación
intrincamiento
dédalo
dificultad
confusión
desorden
enmarañamiento
embrollo
embrolla
lío
taco
cambullón
chisme
cuento
revoltillo
revoltijo
tótum revolútum
trampantojo
andrómina
carambola
embudo
farsa
espinar
ajo
argado
baruca
enjuague
gatuperio
empanada
embolismo
tramoya
habilidad
trapisonda
intriga
maquinación
fregado
belén
tinglado
imbunche
añasco
candinga
maremagno
mare mágnum
maraña
ovillo
ovillejo
mixtifori
greña

tela
mezcla
jaral
tamal
laberinto

enredar
intrincar
intricar
confundir
embrollar
embolicar
embuñegar
zaragutear
zarabutear
añascar
enmarañar
amarañar
marañar
complicar
implicar
entrampar
bolear
engarbullar
trapisondear
intrigar
armar un lío
meter letra

enredarse
embrollarse
encresparse
mezclarse
envedijar, -se
prender
encabestrarse
turbarse
hacerse un lío
hacerse un ovillo
hacerse un taco

enredador
embrollador
embrollón
embarullador
lioso
enmarañador
trapisondista
zaragatero
diablillo
diablo cojuelo

enredoso
embrolloso
intrincado
intrincable
enmarañado
implicante
rebujado
laberíntico
inextricable

intrincadamente
embrolladamente

—

ENREJADO (11, 20)

enrejado
red
reja
rejuela
rejilla
alambrera
tela metálica
sobrevidriera
verja
rejado
enverjado
cercado
cancela
cancilla
romanilla
rodapié
grada
rastrillo
jareta
encañado
cañizo
arriate
espaldar
espaldera
espalera
contraespaldera
celosía
parmesana
corredera
bastidor
persiana
enjaretado
varaseto

enrejar
trenzar
cruzar
entretejer
entrelazar

rejería
verjería
chambilla

enrejado
enverjado
emperchado

rejero

trenzado
trenado

—

ENRIQUECER
(V. *Riqueza*)

—

ENSALADA (5, 9)

ensalada
» italiana
» rusa
» repelada
ensaladilla
codina
guacamole
carmelita
lechuga
lechuguino
lechuguilla
escarola
endibia
mastuerzo
berro
(pimiento, tomate, etc. V. *Hortaliza*)
aceite
vinagre
sal
condimento

ensaladera

—

ENSANCHAR
(V. *Anchura*)

—

ENSARTAR
(V. *Atravesamiento*)

—

ENSAYAR
(V. *Ensayo*)

—

ENSAYO (27)

ensayo
ensaye
reensayo
experimento
experiencia
prueba
probadura
probatura
tentadura
gustación
cata
recata
catadura
examen
especimen
tentativa
intento
noviciado
pinito
escandallo
tanteo
tecleo
salva
toque
piedra de toque
contraste
copela
crisol
soplete
docimasia
química
metalurgia

ensayar
reensayar
comprobar
examinar
experimentar
gustar
catar
paladear
saborear
olfatear
probar
intentar
tentar
palpar
tantear
pulsar
pulsear
teclear
poner a prueba
dar un toque
ensayarse
probarse
probar a
» fortuna
» la mano
tomar el pulso
» a pulso
medir el terreno
tentar el vado
probar las armas
tomar a prueba

ensayador
experimentador

tentativo
ensayado
experimental

experimentalmente

a prueba
a cala
de tiento en tiento

—

ENSENADA
(V. *Golfo*)

—

ENSEÑANZA (28)

enseñanza
enseñamiento
enseño
catequesis
aprendizaje
instrucción
ilustración
institución
amaestramiento
aleccionamiento
adiestramiento
adestramiento
entrenamiento
parábola
máxima
habilidad
disciplina
discipulado
apostolado
magisterio
maestría
doctrina
filosofía
tropología
secta
escuela
disciplina
programa
precepto
asignatura
clase
cátedra
lección
lectura
conferencia
curso
cursillo
día lectivo
repaso
repetición
paso
exámenes
concurso

educación
coeducación
leche
pañales
cortesía
cultura
pedagogía
puericultura
didascalia
didáctica
método activo
» intuitivo
» socrático
catequismo
escuela
formalismo
verbalismo
psitacismo
memorismo

instrucción pública
primeras letras
rudimentos
nociones
enseñanza primaria
instrucción primaria
primera enseñanza
segunda enseñanza
enseñanza superior

enseñanza mutua
bachillerato
licenciatura
estudios mayores
doctorado

enseñar
instruir
ilustrar
imponer
iluminar
alumbrar
iniciar
industriar
disciplinar
doctrinar
adoctrinar
catequizar
documentar
meldar
apacentar
demostrar
instituir

profesar
derramar doctrina
leer
explicar
meter en la cabeza
pasar
repasar
maestrear
presidir
echar lección
dar lección
tomar lección
pasear la cátedra
dar carrera
dar estudios
desenseñar

educar
criar
formar
amamantar
criar a los pechos
aleccionar
amaestrar
adiestrar
adestrar
entrenar
ensayar
ejercitar
desentorpecer
desbastar
descortezar
pulir
destetar
civilizar
desasnar

enseñador
instructor
ilustrador
doctrinador
doctrinante
preceptor
preceptista
doctor
guía
guión
lumbrera
oráculo
apóstol
hierofante

maestro
maestrillo
maestro de niños
» de escuela
» de primeras letras
maestro de primera enseñanza
ayudante
pasante
repetidor
leccionista
lector
dómine
pedante
maestra
amiga
ama
auxiliar
regente
presidente
profesor
catedrático
catedrático de prima
primario
conferenciante
ateneísta
catedrática
regenta

educador
pedagogo
mentor
ayo
ganso
zancarrón
institutriz
cicerone

profesorado
comprofesorado
claustro de profesores
gremio
facultad
magisterio
internado
externado
escuela
instituto de segunda enseñanza
instituto general y técnico
liceo
gimnasio
seminario
conservatorio
academia
maestría
pasantía
cátedra
auxiliaría
decanato

—

escuela
colegio
academia (local)
ateneo
museo
cátedra
toga
recompensa
vale
dupla
reprensión
parce
parco
cuaderno
poste
coqueta
(férula, palmeta, etc. V. *Castigo*, *Azote*)
docente
instructivo
ilustrativo
universitario
educativo
doctrinal
práctico
pedagógico
didáctico
didascálico
acroamático
pestaloziano
laico
magistral
magisterial
preceptoril
lectivo
educable
disciplinante
catequístico
enseñado
educado
ilustrado
secundario
cortés
descortés
rústico

didácticamente
instructivamente
pedagógicamente
magistralmente
ex cáthedra

—

ENSEÑAR
(V. *Enseñanza*)

—

ENSORDECER
(V. *Sordera*)

ENSUCIAR
(V. *Suciedad*)

—

ENSUEÑO (8)

ensueño
sueño
soñación
soñarrera
pesadilla
quimera
imaginación
oniromancia

soñar
ensoñar
trasoñar
dormir

soñador
ensoñador
soñante
onírico

—

ENTENDER
(V. *Comprensión*)

—

ENTENDIMIENTO
(V. *Inteligencia*)

—

ENTEREZA (25, 26)

entereza
constancia
fortaleza
energía
voluntad de hierro
aguante
valor
resistencia
confianza
independencia
decisión
intrepidez
determinación
resolución
aplomo
sangre fría
impasibilidad
firmeza
tesón
obstinación
inflexibilidad
severidad
intransigencia
inexorabilidad
carácter
hombradía
hombría
valor cívico
pecho
genio
elevación
longanimidad
generosidad
altruismo
nobleza
filosofía
paciencia
estoicismo
estoicidad
impavidez
imperturbabilidad
ataraxia
equilibrio
apatía
tranquilidad
ecuanimidad
equidad
justicia
igualdad de ánimo
presencia de ánimo
libertad del espíritu
revestir
dominarse
reprimirse
sobreponerse
hacerse obedecer
hablar recio
no pestañear
armarse de valor
hacer de la necesidad virtud
hacer de tripas corazón

entero
enterizo
enterísimo
dueño de sí mismo
señor de sí
hombre de barba
» de pecho
firme
afirmado
sistemático
impasible
inalterable
inconmovible
insensible
inmutable
inmudable
espartano
infracto
inflexible
intransigente
inexorable
inconquistable
inexpugnable
rebelde
imperturbable
impávido
estoico
cariparejo
ecuánime
intrépido
inmoble
impertérrito
indoblegable
rectilíneo
templado
bragado
equilibrado
fresco

impávidamene
estoicamente
sin pestañear
de firme
con la frente levantada
a mal tiempo, buena cara
de prueba

—

ENTERO
(V. *Integridad*)

—

ENTERRAR
(V. *Entierro*)

—

ENTIBIAR
(V. *Tibieza*)

—

ENTIERRO (20)

entierro
enterramiento
soterramiento
inhumación
sepelio
sepultura
mortuorio
dinde
exhumación

cadáver
difunto
cámara mortuoria
casa mortuoria
capilla ardiente
acompañamiento
duelo
entierro
funeral
exequias
gracia
dolorido
doliente
posa
gorigori
kirieleisón
responso
plañidera
llorona
lloradera
endechadera
luto
coche fúnebre
furgón
funeraria
cementerio
sacramental
féretro
galga
andas
ataúd
caja
obituario
esquela
corona
siempreviva

(túmulo, catafalco, honras, etc. V. *Exequias*)

enterrar
soterrar
inhumar
plantar
sepultar
sepelir
dar sepultura
depositar
sacar con los pies adelante
desenterrar
exhumar

descansar
pudrir [tierra
estar comiendo
estar mascando tierra

enterrador
sepulturero
sepultador
plantador
zacateca
saltatumbas
desenterrador

sepulto
funeral
funerario
ataudado

—

ENTRADA (19)

entrada
ingreso
reingreso
intrusión
entremetimiento
escalo
escalamiento
escalada
embocadura
introducción
invasión
irrupción
inmigración
allanamiento
importación

entrar
reentrar
ingresar
reingresar
embocar
subintrar
caber
coger
pasar
invadir
irrumpir
penetrar
escalar
allanar
catear
violentar
dar entrada
importar
introducir

entrarse
introducirse
meterse
zamparse
colarse
calarse
encajarse
deslizarse
encasquetarse
fletarse
insinuarse
inmigrar
entremeterse
entrometerse
atravesar o pisar los umbrales
meter la cabeza en
meter el pie
meterse de cabeza
entrar de rondón

entrada
entradero
boquete
abertura
agujero
boca
vestíbulo
puerta
portillo
contadero
embocadero
acceso
tránsito

accesibilidad
inaccesibilidad

billete
entrada
boleta
boleto
boletín
invitación
vale
localidad
póliza

entrante
intruso

accesible
inaccesible

adentro
¡adelante!

—

ENTRAR
(V. *Entrada*)

—

ENTRE
(V. *Interposición*)

—

ENTRECEJO
(V. *Ceja*)

—

ENTREGA (33)

entrega
entregamiento
entrego
entero
reintegro
transmisión
tradición
dación
donación
liberalidad
limosna
adjudicación
distribución
reparto
prestación
remuneración
pago
devolución

desembolso
herencia

entregar
dar
enturar
posesionar
lomar
alargar
apurrir
alcanzar
aprontar
prestar
rendir
echar
facilitar
suministrar
ministrar
proporcionar
procurar
deparar
adjudicar
distribuir
conceder
regalar
conferir
servir
confiar
encajar
largar
comunicar
impartir
impertir
ofrecer
aflojar
sudar
palmar
pagar
gotear
prodigar
llenar
colmar
heredar
dejar
ceder
transmitir
desentrañarse
privarse

entregador
dador
dante
cedente
adjudicador
contribuidor
adjudicatario
destinatario
beneficiario

entregado
dado

gratis

—

ENTREGAR
(V. *Entrega*)

ENTREMETERSE
(V. *Entremetimiento*)

—

ENTREMETIDO
(V. *Entremetimiento*)

—

ENTREMETIMIENTO (27)

entremetimiento
entrometimiento
ingerencia
injerencia
intromisión
intrusión
intrusismo
mediación
chisme
mangoneo
gorronería
mogollón
oficiosidad
servilismo
importunación

entremeterse
entrometerse
inmiscuirse
meterse
introducirse
injerirse
atravesarse
encajarse
pegarse
intervenir
mangonear
danzar
cuchareteear
cominear
cocinar
salsear
zascandilear
tijeretear
estar de más
meterse en todo
meterse a farolero
meter cuchara
meter cucharada
meterse en docena
escupir en corro
salir con su media espada
echar su cuarto a espadas
meterse donde no le llaman
meter las narices
meter el cuezo
meterse en camisa de once varas
meterse en vidas ajenas
meterse en libros de caballerías
meterse en la renta del excusado
meterse por el ojo de una aguja

metomentodo
chisgarabís
chiquilicuatro
cocinilla
mequetrefe
camasquince
aparcero
danzante
parásito
candiletero
atizacandiles
catasalsas
catacaldos
manifacero
manifecero
soplafuelles [bres
procurador de pobres
quijote
faraute
factótum
argadillo
bullebulle
alparcero
caciplero
Petrus in cunctis
pegadillo de mal de madre
entremetido
entrometido
caridelantero
mangoneador
mangonero
entrador
oficioso
cominero
salsero
fodolí
refitolero
cazolero
cazoletero
sacasillas
metesillas y sacamuertos

oficiosamente
intrusamente
con sus once de oveja

—

ENTRETEJER
(V. *Tejido*)

—

ENTREVISTA
(V. *Conversación*)

—

ENTROMETIDO
(V. *Entremetimiento*)

—

ENTUMECER
(V. *Entumecimiento*)

—

ENTUMECIMIENTO (12)

entumecimiento
envaramiento
torpor
atonía
letargo
letargia
sopor
sueño
insensibilidad
gafedad
anquilosis
parálisis
parálisis infantil
poliomielitis
perlesía
hemiplejía
paraplejía
diaplejía
aire
paresia
hormigueo
desentumecimiento

desperezo

entumecer
envarar
paralizar
engarabitar
entumirse
adormecerse (un miembro)
dormirse
morirse
encalambrarse
arrecirse
arrigirse
aterirse
pasmarse
engarrotarse
agarrotarse
engarabitarse

desentumecer
desentumir
destullecer
desadormecer
desperezarse
esperezarse
espurrirse
estirarse

paralítico
perlático
parapléjico
paraplético
paraliticado
yerto
entelerido
clueco
patitieso

—

ENTURBIAR
(V. *Turbiedad*)

—

ENUMERAR
(V. *Lista*)

—

ENVAINAR
(V. *Vaina*)

—

ENVASAR
(V. *Envase*)

—

ENVASE (20)

envase
embotellado
envolvimiento
embalaje
transvasación

envasar
enlatar
embudar
enfrascar
entonelar
embarrilar
embotar
empipar
embotellar
embotijar
introducir
llenar

envase
bote
lata
bidón
vasija
caja
estuche
recipiente
embudo
fonil

envasador
embarrilador
embotellador

—

ENVEJECER
(V. *Ancianidad*)

—

ENVENENAMIENTO
(V. *Veneno*)

—

ENVENENAR
(V. *Veneno*)

—

ENVIAR
(V. *Envío*)

—

ENVIDIA (14, 26)

envidia
livor
dentera
fruición
pelusa
pasioncilla
celos
emulación
rivalidad
aborrecimiento

envidiar [dia
comerse de envidia
» con los ojos
bañarse en agua rosada

envidioso
invido

—

ENVIDIAR
(V. *Envidia*)

—

ENVIDIOSO
(V. *Envidia*)

—

ENVILECER
(V. *Vileza*)

—

ENVÍO (38)

envío
misión
remisión
remesa
expedición
facturación
exportación
dirección
transporte
mensaje
correo
encargo
pedido
carga
carta
enviar
inviar
imbiar
remitir
dirigir
pasar
despachar
mandar
encargar
expedir
adjuntar
remesar
consignar
facturar
exportar
reenviar
reexpedir

cosario
posta
remitente
expedidor
destinatario

enviadizo
remisivo
enviado
remitido
premiso

—

ENVOLTORIO
(V. *Envolvimiento*)

—

ENVOLVER
(V. *Envolvimiento*)

—

ENVOLVIMIENTO (20)

envolvimiento
embalaje
cubrimiento
protección
integumento
forro
estuche
envoltorio
camisa
carpeta
túnica
membrana
rebujo
reburujón
rebuño
lío
rauta
petate
ovillo
fardo
farda
paquete
tanate
atadijo
cucurucho
cartucho
cambucho
alcatraz
alcartaz
corteza
cáscara
vestidura

envolver
liar
enroscar
envainar
encartuchar
empapelar
entrapajar
revolver
arrollar
enrollar
rollar
arroscar
arrebujar, -se
rebujar
reburujar
hatear
retobar
embalar
empaquetar
empacar
atar
fajar
ceñir
implicar

envolvedor
envolvedero
envolvente
amplexo
arrollable
envuelto

—

EPISCOPAL
(V. *Prelado*)

—

EPISTOLAR
(V. *Carta*)

—

ÉPOCA
(V. *Temporada*)

—

EQUITACIÓN (31, 38)

equitación
manejo
brida
jineta
gineta
caballería
doma [miento
desembravecimiento

cabalgar
jinetear
caballear
ruar
subir
montar
montar a caballo
subir a caballo
caer bien a caballo [llo
caer mal a caballo
ponerse bien, o mal, en un caballo
ahorcajarse
enhorquetarse
enancarse

apearse
desmontar
descabalgar
echar pie a tierra

poner a caballo
desmontar
desarzonar
contrapechar
apear

domesticar
amansar
desbravar
mampresar
arrendar
trabajar
picar
atondar
jinetear
enfrenar
aturar
chalanear
apadrinar
manejar
mandar
llevar
embridar
desencapotar
cambiar de mano
cambiar
trocar
revolver
alomar
derribar [ras
derribar las caderas

correr
repelar
trotar
levantar
galopar
galuchar
escapar
reventar
abrir la mano al caballo [suelta
correr a rienda suelta
abrigar
dar de espuela
dar de espuelas
dar de la espuela
dar de las espuelas
batir de repelón
meter piernas
poner piernas
perder los estribos
frenar
refrenar
enfrenar
sofrenar
barajar
tener las riendas
dar y tomar
ganar las riendas
parar de tenazón

correr sortija
correr pólvora
acudir
amblar
bracear
bailar
trenzar
botarse
taparse
tomar el paso
hacer pinturas
hacer tijera [llo
armarse el caballo
hacer piernas
hacer chazas
ponerse sobre las piernas
beber el freno
beber la brida
morder el freno
saborear el freno
tascar el freno

equitación
pirueta
trenzado
caracol
caracoleo
escarceos
cabriola
cambiada
hachazo
pareja
remesón [llos)
carrera (de caballos)
ayuda
aguijadura
serretazo
sofrenada
sobrefrenada
sobarbada
parada en firme

monta
montadura
descabalgadura

apeamiento
topeadura

montadero
apeadero

cabalgador
montador
jinete
caballista
yoquey
jockey
bridón
hombre de ambas sillas
caballero
maestrante
gaucho
maturrango
amazona
pie de cabalgar
pie de montar

desbravador
campirano
picador
chalán
amansador

alquilador
caminante
mozo de espuelas
» de campo y plaza
espolique

cabalgada
cabalgata
caballada
maestranza
borricada

(caballo, yegua, potro, etc. V. *Caballería*)
picadero
corredera
filete
brida
estribo
espuela
silla de montar
» jineta
» bastarda
guarniciones
bota de montar
» fuerte
» de potro
boto
zumel
fusta
baqueta
látigo
traba
moquillo
amazona

caballero
cabalgante
amazónico
amazonio
atasajado

uñas arriba
» abajo
» adentro
a caballo
de caballos
a jumentillas
asnalmente
en pelo
en cerro
a ancas
a las ancas
a horcajadas
a horcajadillas
a escarramanchones
a la pierna
a la brida
a la bastarda
a la estradiota
a mujeriegas
a asentadillas
a uña de caballo
pie a tierra

—

EQUIVALENCIA
(V. *Igualdad*)

—

EQUIVALER
(V. *Igualdad*)

—

EQUIVOCACIÓN
(V. *Error*)

—

EQUIVOCARSE
(V. *Error*)

—

EQUIVOCO
(V. *Ambigüedad*)

—

ERA
(V. *Trilla*)

—

ERGUIDO
(V. *Verticalidad*)

—

ERGUIR
(V. *Verticalidad*)

—

ERIAL (36)

erial
erío
eriazo
lleco
yeco
liego
vago
estivada
alijar
escalio
escajo
acampo
añojal
hoja
huelga
puna
rastrojo
rastrojera
barbecho
huebra
barbechera
barbechada
entrepanes
aramio
alcachofal

estepa
calvero
páramo
paramera
palomera
desierto

barbechar
yermar
ayermar
descansar
ensilvecerse

silvestre
calmo
agreste
virgen
cencido
calvo
baldío
bravo
inculto
incultivable
yermo
ayermado
alijariego
afrancesado

—

ERMITA
(V. *Iglesia*)

—

ERRANTE
(V. *Divagación*)

—

ERRAR
(V. *Error*)

—

ERROR (23)

error
errada
equivocación
equívoco
confusión
ofuscación
alucinación
incomprensión
tergiversación
engaño
desatino
anacronismo
deformidad
conciencia errónea
herejía
desacuerdo
falencia
quid pro quo
peccata minuta
punto
aprensión
imaginación
penseque
inexactitud
aberración
extravío
rescuentro
trascuenta
trabacuenta
yerro
» de cuenta
gabarro
gazapo
errata
lapsus linguae
lapsus cálami
desacierto
plancha
patinazo
torpeza
necedad
pifia
coladura
imperfección
falibilidad
falsedad
mentira
contumacia

equivocar
errar
trocar
trasnombrar
marrar
fallir
caer en
dar en
incidir
reincidir
incurrir
padecer
tomar por
trasoñar
desbarrar
errarse
equivocarse
engañarse
confundirse
colarse
trasoír
pasarse de listo
mentir el ojo
errar el tiro
dar de ojos
meter la pata
no dar palotada
dar traspiés
no dar pie con bola
no hacer cosa a derechas
tomar una cosa por otra
ir descaminado
ir fuera de camino
ir fuera de trastes
dar una en el clavo y ciento en la herradura
tomar el rábano por las hojas
no contar con la huéspeda

erróneo
errado
incurso
falible
mendoso
mendaz
mentiroso
confuso
iluso
inexacto
lapso
craso
dejado de la mano de Dios
malaconsejado
reincidente
contumaz

erradamente
erróneamente
equivocadamente
inexactamente
mendosamente

—

ERUCTAR
(V. *Flatulencia*)

—

ERUCTO
(V. *Flatulencia*)

—

ESCABEL
(V. *Tablado*)

—

ESCABROSIDAD (3)

escabrosidad
fragosidad
fragura
fraga
espesura
maleza
breñal
breñar
breña
guájaras
guájar
anfractuosidad
desigualdad
barranco
tumbo
aspereza
asperidad
asperura
obstrucción
altibajos
altos y bajos
accidente
escobio
terrera
reventadero
batidero
vericueto

escabroso
áspero
fragoso
intrincado
breñoso
cerril
erial
bravo
agrio
desigual
quebrado
anfractuoso
accidentado
intratable
salvaje
doblado
fuerte
abrupto
escarpado
tortuoso

escabrosamente

—

ESCABROSO
(V. *Escabrosidad*)

—

ESCALERA (11)

escalera
escalereja
escalerilla
escalerón
escalera excusada
» falsa
» de desahogo
» de servicio
escalera de caracol
» de husillo
escalinata
gradería
pretorio
quicio
gradas
chapera
rampa
cantil

tramo
tiro
ramal

descanso
descansillo
meseta
mesa
puntido
mesilla
» corrida
» quebrantada
rellano
desembarco
camarín
cambarín
camparín
ramal
tanobia

zanca
contrazanca
árbol
nabo
bolo
ojo de la escalera
caja de la escalera
hueco de la escalera
espiga

escala
» real (supl.)
» de viento (supl.)
flechaste
aflechate
brandal
escalera de mano
» de tijera
» doble
» de espárrago
escalera de escapulario
espárrago
gradilla

peldaño
paso
escalón
grada
grado
escalerón
sardinel
estribo
gualdera
zanca
zancajera
umbral
tranco
tranquillo
bancal
tabla
huella
contrahuella
mamperlán
mampirlán
mampelaño
mampernal
tabica
tojino

(barandilla, pasamano, etc. V. *Antepecho*)

arrancar
desembarcar
abancalar

escalonado
gradual
acantilado

—

ESCALÓN
(V. *Escalera*)

—

ESCAMONDAR
(V. *Poda*)

—

ESCAMOTEAR
(V. *Prestidigitación*)

—

ESCANDA
(V. *Trigo*)

—

ESCÁNDALO
(V. *Perversión*)

—

ESCANDALLO
(V. *Sonda* [*mar.*])

—

ESCAPAR
(V. *Huida*)

—

ESCARCHA
(V. *Rocío*)

—

ESCARNIO
(V. *Burla*)

—

ESCARPADO
(V. *Declive*)

—

ESCASEAR
(V. *Escasez*)

—

ESCASEZ (22)

escasez
poquedad
exigüidad
parvedad
parvidad
disminución
insuficiencia
falta
carencia
esterilidad
inexistencia
penuria
inopia
suspiro
apuro
carestía
careza
herejía
hambre
nimiedad
pequeñez
economía
pobreza
pobretería
pelonería
piojería
mezquindad
poco
punta
materia parva
pedazo de pan
migaja
miga
brote
nonada
miseria
tilde
puñado
pellizco
polvo
jota
sorbo
adarme
óbolo
tris
una sed de agua
lo negro de la uña
sombra
brizna
gota
grano
pizca
chispa
ápice
átomo
(partícula, etc.
V. *Parte*)

escasear
faltar
racionar
endurar
enrarecer
acortarse
no haber para un
bocado
no llegar a un
diente
no encontrar para
un remedio [bra
entrar pocas en li-
ser habas con-
tadas

escaso
exiguo
único
insuficiente
limitado
poco
poquito
tantico
corto
débil
módico
moderado
pobre
triste
ralo
lacerado
contado
tasado
falto
truncado
incompleto
raro
seco
roído
mordido
ridículo
irrisorio
insignificante
raquítico
homeopático
agotable
estéril

escasamente
estiradamente
cortamente
diminutamente
arrastradamente
apocadamente
dudosamente
nimiamente
difícilmente
parcamente
tasadamente
módicamente
con mano escasa

poco
pícol
justo
menos
mal
nada

algo
alicuanto
alguandre
algún tanto
alguno que otro
uno que otro
unos cuantos
tal cual
un si es no es
apenas
apena [uña
en el blanco de la

a poquitos
por quilates
por adarmes
por alambique
con cuentagotas
a pistos
a pujos
a media ración
si alcanza, no lle-
ga

—

ESCASO
(V. *Escasez*)

—

ESCATIMAR
(V. *Mezquindad*)

—

ESCENARIO
(V. *Teatro*)

—

ESCLAVINA
(V. *Capa*)

—

ESCLAVITUD
(25, 30)

esclavitud
servidumbre
gleba
sumisión
ilotismo
angaria
servicio
plagio
trata
famulato
manumisión
ahorría
carta de ahorría
» de ahorro
» de horro
emancipación
abolicionismo
peculio
feudalismo

esclavizar
plagiar
mancipar
emancipar
redimir
encomendar
herrar

manumitir
ahorrar
franquear
apellidar libertad

esclavo
siervo
» de la gleba
exarico
esclavo ladino
greno
burengue
ilota
monitor
consiervo
liberto
coartado
cimarrón
mezquino
odalisca
esclavatura
negrada

ingenuo
vientre libre
horro
manumiso
eunuco

virote
collar
hierro
marca
carimba
estigma
ergástula
ergástulo
galpón
conuco

patrono
plagiario
negrero
encomendero
esclavista
manumisor
antiesclavista
abolicionista

servilmente

—

ESCLAVO
(V. *Esclavitud*)

—

ESCLUSA
(V. *Canal*)

—

ESCOBA (11)

escoba
escobón
escobeta
barredera
abarredera [riza
escoba de caballe-
escobajo
deshollinador
deshollinadera
lampazo
abaleo
abaleadera
espartilla
plumero
cepillo

froncia
baleo
escobera
cabezuela
popote
escoba negra
tamujo
retama

cogedor

barrer
abarrer
sobrebarrer
escobar
escobillar
barrisquear
dar una escobada

escobada
escobazo
barrido
barredura
barrisqueo
limpieza

barreduras
basura
suciedad
polvo

barrendero
barredor
escobadera
escobero

—

ESCOLLO (3)

escollo
acollo
cabezo
arricete
abrojos
vigía
islote
con
médano
mégano
medaño
polipero
madrépora
rompiente
bajío
bajo
banco
peligro
placer
placel
alfaque
secadal
sirte
ratón
secano
laja
múcara
barra
caico
veril
entina
arrecife
restinga
restringa
encalladero
restingar
farallón
roca
peñasco

velar
escollar

vadoso
anegado
afarallonado
amogotado
sucio

—

ESCOMBRO (11)

escombro
escombra
zafra
atierre
cascote
enrona
enruna
ripio
cascajo
broza
rudera
cascotería
derribo
despojos
desecho
escoria
residuo

escombrera
cascajar
cascajal
cascajera
vertedero
desatierre
escorial

escombrar
enronar
enrunar
enripiar
encascotar
desenronar

derribo
destrucción
obstrucción

ripioso

—

ESCONDRIJO
(V. *Ocultación*)

—

ESCOPETA
(V. *Arma de
fuego*)

—

ESCOPLEAR
(V. *Escoplo*)

—

ESCOPLO (11)

escoplo
cotana
formón
formón de punta
corriente
badano
gubia
gurbia
mediacaña
márcola
diente de perro
escoplo de fijas
» de alfajía
» de media
alfajía
escoplo de cante-
ría
tempanador
trencha
cincel
boca

escoplear

escopleadura
escopladura
boquilla
caja
ranura
abertura
agujero
carpintería
cantería

—

ESCOZOR
(V. *Picor*)

—

ESCRIBANO
(V. *Documento*)

—

ESCRIBIENTE
(V. *Escritura*)

—

ESCRIBIR
(V. *Escritura*)

—

ESCRITO
(V. *Escritura*)

—

ESCRITOR
(V. *Literatura*)

—

ESCRITURA (28)

escritura
grafía
pictografía
ideografía
hieroglifismo
criptografía
anagrama
bustrófedon
autografía
mecanografía
dactilografía
cecografía
dictado
plumada
caligrafía
calografía
ortografía
pluma
claroscuro
cacografía
algarabía
grafología
grafomanía
paleografía
(estenografía, ta-
quigrafía, etc.
V. *Abreviatura*)
telegrafía

cifra
agrafia
borradura

quipos
ideograma
jeroglífico
hieroglífico
silabismo
fonema
runa
aljamía
signo
símbolo
letra
(letra cursiva
» corrida
» procesal
» española
» inglesa
» bastardilla
» redondilla,
etc. V. *Letra*)
carácter
ligado
plumada
trazo
trazo magistral
grueso
perfil
palo
cabeceado
pierna
palote
ojo
tilde
zapatilla
rasgo
gavilán
garrapato
garabato
gancho
ringorrangos
garambainas
escarabajos
garabatos
garrapatos

escribir
pintar
manuscribir
caligrafiar
taquigrafiar
estenografiar
transcribir
copiar
cifrar
dactilografiar
mecanografiar
entrelinear
interlinear
entrerrenglonar
rasguear
cabecear
tagarotear
borronear
emborronar
borrajear
burrajear
garrapatear
garabatear
escarabajear
encabezar
marginar
margenar
apuntar
atildar
tildar
puntar
trazar
llenar los blancos
rayar
subrayar
sopuntar

dictar
notar
poner
escribir al dictado
escribir a la mano
llevar la pluma

redactar
componer
minutar
consignar
estilar
extender
expedir
librar
tomar razón
tomar la razón
copiar
transcribir
trascribir
truncar
suplantar
tergiversar
firmar
borrar

hablar de
rezar
remitir

escribiente
escriba
escritor
secretario
secretaria
secretario particular
amanuense
copista
copiante
notario
memorialista
evangelista
chupatintas
cagatintas
empleado

calígrafo
perito calígrafo
pendolista
pendolario
plumista
plumífero
escribano
pluma
dactilógrafo
mecanógrafo
mecanografista
tipiadora
paleógrafo
ortógrafo
grafólogo
grafómano

escrito
escritura
manuscrito
apuntación
oficio
comunicación
volante
rótulo
letrero
cartela
documento
inscripción
libro
libro borrador
manifiesto
carta
mensaje
anónimo
renglones
apretado
papel
cartapel
papelón
papelucho
papelote
cédula
cedulón
papeleta
papelera
manuscrito
mesa revuelta
palimpsesto
autógrafo
borrador

borrón
minuta
copia
variante
literatura
texto
tenor
contenido
contexto
cuerpo
errata
mentira
corrección
castigo
firma

título
capítulo
artículo
párrafo
parágrafo
apartado
aparte
ítem
lección
línea
renglón
parte
columna
interlínea
interlineación
entrerrenglonadura

corchete
llave
coleta
blanco
claro
laguna
frente
pie
margen
respaldo

imprenta [bir
máquina de escri-
tipiadora
teclado
carro
cecógrafo
tecla
tabulador
numerador
escribanía
tinta
pluma
cajas
lápiz
pizarrín
tiza
buril
estilo
clarión
gis

papel
cuaderno
pliego
folio
hoja
cara
página
margen
orla
papel secante
teleta
vitela
pergamino
carta pécora

pizarra
encerado
tablero
tríptico

raspador
grasilla
alerce africano
papel secante
arenilla

salvadera [dera
polvos de salva-
» de carta
arenillero

cartera
carpeta
cartapacio
vademécum
venimécum
pisapapeles

falsilla
falsa
falsarregla
regla
pauta
seguidero
seguidor
papel pautado
renglonadura
ringlero
caídos
quebrados
muestra
materia
abecedario
plana
mesa

escritorio
bufete
contador
pupitre
escribanía
papelera
mesa
buró
gaveta
naveta
despacho
oficina

gráfico
fonético
homógrafo
ideográfico
jeroglífico
hieroglífico
cuneiforme
hierático
demótico
uncial
aljamiado
interlineal
respaldado
caligráfico
ológrafo
hológrafo
borroso
ilegible
incomprensible

garabatoso
garrapatoso
manuscrito
dactilográfico
mecanográfico
paleográfico

sobredicho
susodicho
precitado
preinserto
transcrito
trascrito
infrascrito
inédito

textualmente
arriba
abajo
más adelante
en limpio
de redondo
de propio puño
de la mano y pluma
a medio margen

cálamo currente
bustrófedon

—

ESCRÚPULO
(V. *Conciencia*)

—

ESCUCHAR
(V. *Audición*)

—

ESCUDO (34)

escudo
escudete
escudillo
égida
egida
clípeo
broquel
broquelete
faldudo
rodancho
rueda
campanudo
tablachina
adarga
pelta
parma
tarja
tarjeta
pavés
pavesina
rodela
rodeleja
luna
concha
cetra
vacarí
(coraza, etc. V. *Armadura*)
empavesada
pavesas
plúteo
galería
testudo
tortuga
galápago
mantelete
gata
defensa
armadura
fortificación
artillería

embrazadura
brazal
brazalete
bracil
enarma
cazoleta
brocal
mira

escudar
adargar
abroquelarse
embrazar
embroquelarse
broquelarse
arrodelarse
empavesar

embrazadura
broquelazo

escudero
broquelero
adarguero

empavesado
enrodelado
abroquelado

—

ESCUELA (28)

escuela
maestra
amiga
miga
labor
kindergarten
jardín de la infancia
chafallada
peneca
estudio
menores
mínimos
colegio
escuelas pías
alumnado
externado
taller
laboratorio
seminario
plantel
academia
(academias especiales, de infantería, militar, de aduanas, etc.)
conservatorio
escuela normal
instituto de segunda enseñanza
instituto general y técnico
liceo
gimnasio
universidad
estudio general
escuelas
(escuelas especiales, de arquitectura, de comercio, de agricultura etc.)
facultad mayor
teología
derecho
filosofía
filosofía y letras
ciencias
medicina
farmacia

aprender
estudiar
actuar
repetir
examinarse
aprobar
recibirse
revalidarse
bachillerarse
licenciarse
tomar la borla
arrastrar bayetas
rectorar

graduar
conferir
bachillerar
licenciar
doctorar

acto
tesis
pública
conferencia
paso

repetición
reparación
vespertina
sabatina
dominical
alfonsina
vejamen
cuodlibeto
mesilla
loable
acordada

colación
enseñanza
aprendizaje
exámenes
reválida
bachilleramiento
licenciamiento
doctoramiento

grado
magisterio
bachillerato
licenciatura
licencia
doctorado
rectorado
rectoría
cancelato
cancelariato
bedelía

catedrático
profesor
maestro
universitario
claustro
facultad
gremio
licencia de artes

rector
vicerrector
decano
pavorde
juez de estudio
primicerio
primiclerio
moderante
paraninfo
maestrescuela
estacionario
bedel

(alumno, discípulo, etc. V. *Aprendizaje*)
graduando
sustentante
laureando
doctorando [cia
primero en licen-
segundo en licen-
cia
rótulo

titulado
bachiller
bacalario
bachiller en artes
licenciado
deán
maestro
doctor

universidad (lo-
colegio [cal)
academia
escuela
menaje
cátedra
aula
clase
catedrilla
claustro
claustrillo
general
paraninfo
rectoría
decanato

toga
capirote
capelo
borla
muceta
título
diploma
panza de burra

cáncana
palmeta

palmatoria
puntero

escolar
escolástico
calasancio
normalista
universitario
académico
facultativo
cuodlibético
cuodlibetal
rectoral
doctoral

académicamente
escolásticamente

—

ESCULTOR
(V. *Escultura*)

—

ESCULTURA (29)

escultura
estatuaria
iconología
modelado
repujado
cinceladura
camafeo
talla
talladura
entalladura
entallamiento
entallo
imaginería
mazonería
relieve
alto relieve
todo relieve
bajo relieve
bajorrelieve
medio relieve
media talla
entretalladura
ornamentación
plástica
cerámica
ceroplástica
fundición
numismática
blasón

plasticidad
canon
módulo
asunto
expresión
estilización
factura
anatomía
cubismo

modelar
bosquejar
esbozar
apuntar
enlenzar
meter en puntos
sacar de puntos
cincelar
esculpir
insculpir
celar
tallar
entallar
entretallar
escarpar
repujar
bocelar
abollonar
bollar
realzar

escamar
relevar
repetir
repetirse
copiar
copiar del natural
anatomizar
encarnar
estofar
estilizar
pintar
policromar

maravilla del mundo

estatua
estatua ecuestre
escultura
boceto
pensamiento
composición
modelo
molde
copia
repetición
bronce
mármol
yeso
terracota
figura
figurilla
figura de bulto
cristo
virgen
santo
efigie
descendimiento
coloso
cariátide
canéfora
atlante
telamón
genio
amorcillo
tanagra
gigantilla
monigote
maniquí
muñeco
figura de cera
torso
bulto
bulto redondo
busto
herma
retrato
vaciado
mascarilla
desnudo
academia
grupo
retablo
díptico
monumento
sepultura
estela
vaso
anáglifo
jarrón
florero
pebetero
medallón
medalla
moneda
mascarón
paños
arrugón
atributo
filacteria
inscripción
repujado
bollo de relieve
bollón
arabesco
encarnación
» de pulimento
encarnación de paletilla

encarnación mate
encarnado
pintura a la chamberga

escultor
estatuario
imaginero
modelador
figurero
tallista
tallante
entallador
cincelador
decorador

estudio
taller
museo
» de reproducciones

cincel
gradina
cercador
recercador
escoplo
diente de perro
escarpelo
estique
palillos
compás

escultural
escultórico
plástico
estatuario
hierático
primitivo
académico
tallado
cubista
bollonado
orante
sedente
yacente
ecuestre
de género
policromado

ESCUPIR
(V. *Expectoración*)

—

ESENCIA (15)

esencia
ser
substancia
sustancia
existencia
materia
intimidad
entidad
noúmeno
naturaleza
natura
mesmedad
identidad
inmanencia
constitución
tenor
subsistencia
inherencia
propiedad
cualidad
carácter
particularidad
consubstancialidad
inseparabilidad
importancia
parte esencial
forma substancial
alma

fondo
substrato
espíritu
medula
médula
meollo
enjundia
miga
migajón
quid
toque
mónada
filosofía
metafísica
ontología

ser
resultar
constituir
esenciarse
informar
pertenecer
modificar

esencial
substancial
sustancial
principal
inherente
natural
inseparable
inmanente
intransmisible
intrínseco
propio
coesencial
consubstancial
consustancial
ínsito
ingénito
congénito
nativo
nacido
innato
constitutivo
informativo
concreto

esencialmente
sustancialmente
substancialmente
connaturalmente
de suyo
de sí
per se
en principio

—

ESENCIAL
(V. *Esencia*)

—

ESFERA (17)

esfera
esferoide
hemisferio
semiesfera
sector esférico
casquete esférico
segmento esférico
huso esférico
zona
centro
diámetro
triángulo esférico
(esfera armilar, V. *Astronomía*)

bola
bolita
globo
glóbulo
globulillo
pelota
pelote
rulo

píldora
burujo
rebujo
gurullo
rebuño
canica
grano
cuenta
agallón
vertello
corales

esfericidad
redondez

redondear
emburujar
aborujar
apelotonar

esférico
esferal
semiesférico
hemisférico
esferoidal
redondo
globuloso
globular
globoso

—

ESFÉRICO
(V. *Esfera*)

—

ESFUERZO
(V. *Intento*)

—

ESGRIMA (31)

esgrima
destreza
esgrimidura
asalto
alta
batalla
florete
desafío
deporte

esgrimir
manejar
jugar
blandir
montantear
muñequear
batallar
probar las armas
florear
estar en guardia
ponerse en guardia
cubrirse
descubrirse [da
presentar la espa-
tender la espada
afirmar
parar
quitar
desviar
rebatir
concluir
engavilanar
desarmar
desplantar
transferir
apartar la línea del punto
ganar los grados del perfil
ganar los tercios de la espada
poner uno el atajo
librar la espada
tocar el hierro
librar el hierro

correr la mano
zapatear [nes
contarle los boto-
tirarse a fondo
irse a fondo
meter el montante
asentar la espada

guardia
estado
planta
centro [ción
medio de propor-
línea
» del diámetro
» infinita
excéntrico de la
espada
atajo
compás
» recto
» transversal
» oblicuo
» curvo
» mixto
» de trepida-
ción
compás trepidante
» extraño
desplante

movimiento
» natural
» extraño
» remiso
» violento
» de re-
ducción
floreo
quite
parada
parada general
reparo
conversión [sión
cuarto de conver-
molinete
finta
pase
asalto
contra
ida
venida
balance
levada

estocada de puño
hurgón
hurgonazo
hurgonada
tajo
» diagonal
tiempo
revés
altibajo
expulsión
floretazo
botonazo

treta
» de llamar
» del tajo rom-
pido [tada
treta de la mano-
» del arrebatar
» del tentado
zambullida
cornada
especie
remesón
garatusa

maestro de esgri-
ma
maestro de armas
esgrimidor
esgrimista
diestro
batallador
travo
espada
floretista

espadachín
acuchilladizo

espada
espada de esgrima
» negra
sable
florete
arma blanca
botón
zapatilla
careta
peto
guante
manopla
sala de armas

en guardia
de cuadrado
uñas arriba
» abajo

—

ESLABÓN
(V. *Cadena*)

—

ESMALTAR
(V. *Esmalte*)

—

ESMALTE (11)

esmalte
barniz
vidriado
mogate
mayólica
cerámica
vidrio
porcelana
niel
nielado
ataujía
taujía
taracea

esmaltar
nielar
vidriar
alvidriar

esmaltador

—

ESÓFAGO
(V. *Deglución*)

—

ESPACIO (17)

espacio
extensión
lugar
dimensión
medida
capacidad
longitud
superficie
volumen
anchura
latitud
huelgo
holgura
vacío
margen
hueco
distancia
compartimiento
rincón
medio
área
órbita
dominio
terreno
trecho
campo
reino
región
esfera
ámbito
marco
cuadro
alcance
corro
combés
cancha

espaciosidad
amplitud
vastedad
inmensidad
redondez de la
tierra
limitación
infinidad
infinitud
impenetrabilidad

extenderse
coextenderse
continuarse
ocupar
comprender
ir
correr
transfretar

espacial
espacioso
extenso
amplio
dilatado
difuso
vasto
capaz
ancho
anchuroso
campuroso
holgado
hornaguero
despejado
desobstruido
desenfadado
desierto
inextenso

espaciosamente
holgadamente
en todo lo descu-
bierto [tremo
de extremo a ex-

—

ESPACIOSO
(V. *Espacio*)

—

ESPADA (34)

espada
acero
hoja
filosa
garrancha
abanico
fisberta
centella
baldeo
joyosa
bayosa
respeto
guadra
cuchilla
colada
tizona
parazonio
bracamarte
terciado
espadón
montante
espadín
espada de marca
» blanca
» negra
» de esgrima
florete
arma negra
cluden
herrusca
trastos

sable
abanico
chafarote
campilán
cris
charrasca
charrasco

alfanje
alfanjete
catán
catana
cimitarra
escarcina
yatagán
gangiar

estoque
verdugo
verduguillo
espetón
hurgón
picudo
espiche

machete
cuma
quimbo
guarrusca
daga
dagón
estaca
gumía

puñal
puñalejo
cuadro
bolo
baraustador
secreto
cuadrado
estilete
rejón
cachetero
cachete
puntilla
almarada
almavar
pistoresa
canjiar
broncha
misericordia
atacador
cuchillo
arma blanca

espiga
recazo
hoja
cuchilla
alma
teja
gavilán
arriaz
arrial
bigotes
arista
filo
mesa
lomo
guarda
guardamano
guarnición
taza
cazoleta
áliger
empuñadura
arriaz
pomo
manzana
tercio de fuerza
fuerza
tercio flaco
flaqueza
vaina

crujido
caña
quebrazas
fortalezas

tahalí
tahelí
tiracuello
tiracol
talabarte
biricú
bridecú
cinturón
tiros

tirar
jugar
blandir
esgrimir
asestar
baraustar
apuntar
estoquear
hurgonear
apuñalar
ceñir la espada
tirar de la espada
desnudar la espa-
da
desenvainar
desembanastar
envainar [pada
desceñirse la es-

templar
afilar
reseguir

esgrima
estocada
herida
sablazo
espetón
cintarazo
chinchorrazo
cimbronazo
alfanjazo
cinchazo
hurgonazo
mandoble
escarcinazo
hendiente
fendiente
puñalada
punzadura

espadachín
espadero
puñalero

acribillado
acuchillado
atacado
baraustado

espadería
bispón
escamel

ensiforme
apuñalado
cazudo
alfanjado

espada en cinta

—

ESPALDA (6, 7)

espalda
espaldar
dorso
espaldilla
envés
costillas
lomo
cerro
omóplato
hombro
espinazo
asentaderas
espaldas de moli-
nero
espaldas de pa-
nadero
respaldo
respaldar
respaldón
joroba

despaldillar
despaldar
desespaldar
despaletillar
deslomar

deslomadura
despaldilladura
espaldarazo
lumbago

dorsal
escapular
lumbar
espaldudo
lomudo
alomado
costilludo
lominhiesto
lomienhiesto

—

ESPANTO
(V. *Temor*)

—

ESPARCIR
(V. *Dispersión*)

—

ESPÁRRAGO (5)

espárrago
esparraguera
perico
espárrago perico
» triguero
» amarguero
esparragado (gui-
so)
cladodio
turión
hortaliza

esparragar
esparragal
esparragamiento

esparragador
esparraguero

—

ESPARTO (5, 10)

esparto
» basto
espartillo
atocha
atochón
atochuela
garbillo
raigón
pajón
barceo
berceo
albardín
hierba del maná

espartizal
espartal
atochal
atochar
bercial

espartar
atochar
enriar
cocer

espartero
atochero
espartañero

pleita
cogedera
cejo
espartilla
fascal
soguilla
lía
liatón
cuerda
ruedo
felpudo
estera
tapicería

espartería

—

ESPECIA
(V. *Condimento)*

—

ESPECIAL
(V. *Particularidad)*

—

ESPECIE
(V. *Clase)*

—

ESPECTÁCULO (31)

espectáculo
representación
función
cuadro
procesión
ceremonia
torneo
fiesta
(feria, etc. V. *Mercado)*
diversión
carnaval
teatro
cinematógrafo
sombras chinescas
» invisibles

panorama
escena
paisaje
vista
retablo
diorama
cosmorama
tutilimundi
linterna mágica
cuadros disolventes
(fantoche, autómata, etc. V. *Muñeco)*
figuras de cera
lucha
naumaquia
tauromaquia
circo
títeres
acrobacia
histrionismo
prestidigitación
deporte
juego
danza
carrera

teatro (lugar)
anfiteatro
tela
tablado
palenque
tribuna
palco
localidad
aforo
asiento

espectador
concurrencia
empresario
impresario
beneficiado
acomodador
taquillero

cartelera
contaduría
despacho
taquilla
billete

—

ESPECTRO (1)

espectro
aparición
visión
vista
fantasma
fantasmón
espanto
aparecido
sombra
espíritu
alma en pena
larva
vampiro
camuñas
coco
cuco
bu
cancón
marimanta
papón
estantigua
lémures
manes
duende
trasgo
calchona

imaginación
sueño
ensueño
pesadilla
alucinación
fantasmagoría
irrealidad
superstición
quimera
ocultismo
mitología

espectral
fantástico
fantasmagórico
quimérico

—

ESPEJO (2, 11)

espejo [entero
» de cuerpo
espejo de vestir
» de alinde
cristal
luna
espejo ustorio
horizonte artificial
foco
» real
» virtual
imagen
» real
» virtual

armario de luna
cornucopia
tremó
tremol
reflector
reverbero
espéculo

mirarse
reflejar
espejear
azogar

amalgama
alinde
azogamiento

reflejo
escardillo
aplanetismo
brillo
óptica

espejero

espejería

aplanético

—

ESPERA (21)

espera
aguardo
expectación
expectativa
acecho
esperanza
paciencia
sosiego
tranquilidad
tardanza
dilación
aguardada
plantón
cola
entretenida
impaciencia

esperar
aguardar
acechar
recechar
aguaitar
avizorar
atender
hacer tiempo
» hora
» cola
esperar sentado
ver venir
estar al husmo
» al olor
dar tiempo al tiempo
esperar el santo advenimiento
hacer antesala

hacer esperar
entretener [tenida
dar con la entretenida
capotear
torear
llevar poste
dar poste
» un plantón
» largas
engañar

aguardador
expectante
atento
arrimón
pendiente

soy contigo, con usted
a ver, veamos
veremos

—

ESPERANZA (14)

esperanza
espera
expectación
expectativa
perspectiva
olor
confianza
hoto
promesa
ofrecimiento
ilusión
espejismo
cuentas alegres
cuentas galanas
paciencia
mesianismo

esperanzar
ahuciar
confiar
dar esperanza
» intención
entretener
cascabelear

esperar
aguardar
atender
confiar
fiar
concebir
abrigar
alimentar
acariciar
ilusionarse

ver de color de rosa
prometerse [lices
prometérselas felices
hacerse la boca agua
hacer castillos de naipes [el aire
hacer castillos en el aire
levantar castillos de naipes
alimentarse de esperanzas
estar asomado a buena ventana
andar en golondros
estar al olor
» al husmo

esperador
esperanzado
confiado
confitado
ilusionado
optimista

esperado
mesías

de menos nos hizo Dios [bardas
aun hay sol en las bardas
aun está la pelota en el tejado
¡ánimo!

—

ESPERANZAR
(V. *Esperanza)*

—

ESPERAR
(V. *Espera)*

—

ESPESAR
(V. *Densidad*)

—

ESPESO
(V. *Densidad*)

—

ESPINA
(V. *Punta*)

—

ESPINAZO (6, 7)

espinazo
espina
esquena
rosario
raquis
nabato
entrecuesto
columna vertebral
espina dorsal
médula
medula
lomo
cerro
espalda

vértebra
espóndil
espóndilo
vértebra cervical
» dorsal
» lumbar
cerviz
atlas
axis
asfalita
sacro
cóccix
coxis
hueso palomo
rabadilla
curcusilla
hueso

escoliosis
cifosis
lordosis
joroba
raquialgia
coxigodinia

espinal
dorsal
vertebral
cordado
coccígeo
axoideo

lomudo
alomado
lominhiesto

—

ESPINO (5)

espino
tríbulo
arto
oxiacanta
espinera
espino negro
» blanco
» albar
níspero espinoso
níspero silvestre
espino cerval
espino majoleto
majoleto
marjoleto
espino majuelo
majuelo
pirlitero
marzoleto
espinablo
zarza
escaramujo
acanto
aspálato
agracejo
aulaga
alarguez
palo de la rosa
cambronera
cambrón
cambrones
erizo
ortiga
cardo
cacto
abrojo
trun
cadillos
amores
novios

majuela
majoleta
marjoleta
marzoleta

espinar
senticar
majolar

espina
púa
pincho
aguijón
uña
apículo
punta

—

ESPINOSO
(V. *Espino)*

—

ESPIRAL (17)

espiral
espira
armilla
hélice
(hélice de barco, V. *Propulsor)*
turbina
rosca
tornillo
barrena
resorte
zarcillo
voluta
contravoluta
archivolta
arquivolta
posta
bucle
rizo
caracol
encaracolado
columna salomónica
» entorchada
» mosaica

espiriforme
espiral
helicoidal
helicoide
helicoideo
acaracolado
voluble
coclear
vortiginoso

—

ESPÍRITU
(V. *Alma*)

—

ESPÍRITU SANTO
(V. *Trinidad*)

—

ESPIRITUAL
(V. *Alma*)

—

ESPOLETA
(V. *Proyectil*)

—

ESPONJA
(V. *Esponjosidad*)

—

ESPONJOSIDAD (2, 6, 13)

esponjosidad
fungosidad
esponjamiento
esponjadura
raridad
porosidad

esponja
esponjera
espongiario

esponjar
ahuecar
afofar
mullir
hispir

esponjarse
acorcharse
abombarse
avanecerse

esponjoso
fungoso
fofo
bofo
fonje
acorchado
poroso
hueco
orondo
horondo
ralo

—

ESPONJOSO
(V. *Esponjosidad*)

—

ESPUELA (38)

espuela
acicate
aguijón
roncadera
espolín
ferronas
rodaja
estribo

espolear
espolonear
picar
pifar
dar de espuela
picar de martinete
batir de repelón
calzar

espolada
espolazo
espoleadura
aguijadura
incitación
equitación
caballería

—

ESPUERTA (20)

espuerta
esportilla
esportón
capacho
capazo
capaza
caparazón
cebero
cenacho
sera
serija
sarria
sarrieta
red
sábana
corvillo
cibucán
serón
horón
serón caminero
zoncho
esportillo
capacha
serijo
serillo
serete
seraje
serado
herpil
barcina
barcal
revoco
frontera
cudria
encarre
cesto
recipiente
esparto

esportear
ensogar

seronero
terrero
esportillero

—

ESPUMA
(V. *Burbuja*)

—

ESPUTO
(V. *Expectoración*)

—

ESQUEJE
(V. *Plantación*)

—

ESQUELETO
(V. *Hueso*)

—

ESQUILAR
(V. *Esquileo*)

—

ESQUILEO (37)

esquileo
esquila

esquilar
trasquilar
tresquilar
marcear
embachar
afeitar
hacer la carona
batir la lana

esquilador
trasquilador
tijera
marceador
marcero
vellonero
vedijero
legador
morenero

esquiladero
esquileo
tendal
encerradero
bache
peguera
tijeras
esquiladora
albardilla
acial
badal
sudadero
pez

ganado
oveja
tijera
moreno
morenillo

lana
pelo
caballería
perro

a anequín
de anequín

—

ESQUINA
(V. *Ángulo*)

—

ESTABILIDAD (2, 19)

estabilidad
asiento
equilibrio
aplomo
seguridad
raigambre
consistencia
permanencia
duración
firmeza
fijación
sujeción
detención
quietud
centro de gravedad
lastre
cuña
cimentación
base

estabilizar
equilibrar
terciar
compensar
romanear
asentar
inmovilizar
consolidar
fijar
apuntar
sujetar
afianzar
atar
estibar
fondear
estable
estabilísimo
firme
fijo
hito
asentado
equilibre
inmovible
inmoble
inconmovible
inerrante
irredimible
definitivo
inalterable
permanente
estacionario
estereotipado
imborrable
indeleble
irreducible

establemente
arraigadamente
fijamente
permanentemente
duraderamente
de asiento

—

ESTABLE
(V. *Estabilidad*)

—

ESTABLECER
(V. *Fundación*)

—

ESTABLO (37)

establo
corte
estala
caballeriza
cuadra
regalada
yuntería
acemilería
cija
invernal
desteto
boyera
boyeriza
boíl
cabañal
pocilga
teña
zahúrda
cochiquera
cuchitril
cochitril
cazarra
corral
cobertizo
cubil

pesebre
pesebrejo
presepio
pesebrera
esquilmo
pajuz
cama
lecho
arrendadero
arrendador

estabular
establear
empesebrar
encuadrar

—

ESTACA
(V. *Plantación*)

—

ESTADÍSTICA (24, 22)

estadística
censo
padrón
catastro
lista
matrícula
esquema
diagrama
descripción
demografía
natalidad
mortalidad
nupcialidad
morbilidad
criminalidad
proporción
habitante
impuesto
comercio
aduanas

estadístico
estadista
demógrafo

estadístico
catastral
demográfico

—

ESTADÍSTICO
(V. *Estadística*)

—

ESTADO (15)

estado
ser
statu quo
principio
fin
conclusión
cambio
inconclusión
punto
positura
término
estación
situación
constitución
aspecto
curso
fase
etapa
circunstancia
suerte
condición
paraje
puesto
estado de ánimo
temple
(talante, humor, etc. V. *Disposición*)
carácter
modo

estar
ser
andar
vivir
quedar
ir
residir
hallarse
encontrarse
verse
sentirse

—

ESTADO (Polít.)
(V. *Nación*)

—

ESTAFA
(V. *Fraude*)

—

ESTAFAR
(V. *Fraude*)

—

ESTALLAR
(V. *Estallido*)

—

ESTALLIDO (13)

estallido
estallo
estampido
estampida
estrumpido
explosión
detonación
crepitación
decrepitación
deflagración
chasquido
reventazón
reventón
voladura
ruido
zambombazo
bocazo
bombazo
castañetazo
traque
traquido
trique
triquete
traqueo
traqueteo
tronido
trueno
tiro
disparo
descarga
petardo
fulminante

estallar
estrumpir
detonar
crepitar
decrepitar
crujir
traquear
traquetear
chasquear
reventar
deflagar
abrirse
romperse
dar un estallido
» crujido
» un estampido
» estampida
volar

pólvora
explosivo
barreno
(mina, etc. V. *Artill.*)
pirotecnia

estallante
detonante
crepitante
decrepitante
fulminante
deflagrador

¡pum!
¡cataplum!

—

ESTAMPA
(V. *Grabado*)

—

ESTAMPACIÓN
(V. *Grabado*)

—

ESTAMPAR
(V. *Grabado*)

—

ESTAMPIDO
(V. *Sonido*)

—

ESTANDARTE
(V. *Insignia*)

—

ESTANQUE (2, 36)

estanque
depósito
cocha
zafareche
tanque
alberca
albuhera
albohera
albufera
cisterna
cacimba
aljibe
alchub
piscina
picina
pecina
cetaria
vivero
fuente
pozo
pantano
presa
nansa
galapaguera
noque
chivo
canal
conducto
arca de agua
buzón
desagüe

estanquero
aljibero
alberquero

—

ESTANTE
(V. *Armario*)

—

ESTAÑAR
(V. *Estaño*)

—

ESTAÑO (4)

estaño
júpiter
galápago
casiterita
estannato
oro musivo
papel de estaño
» de plata
hojalata
aleación

estañar
restañar
galvanizar
desestañar
soldar

estañadura
restañadura
galvanización
soldadura

estañador
estañero

estánnico
estannoso

—

ESTAR
(V. *Estado*)

—

ESTATUA
(V. *Escultura*)

—

ESTATURA
(V. *Altura*)

—

ESTERA
(V. *Alfombra*)

—

ESTERAR
(V. *Alfombra*)

—

ESTÉRIL
(V. *Esterilidad*)

—

ESTERILIDAD (27, 36)

esterilidad
infecundidad
infructuosidad
aridez
mañería
impotencia
frialdad
frigidez

esterilización
castración
hibridismo

esterilizar
amular
enloquecer

esterilizador

horra
machorra
mañera
nulípara

estéril
estil
machío
impotente
frío
inerte
infructífero
infrugífero
infecundo
improductivo
inútil
infertilizable
árido
desierto
inculto
erial

—

ESTERILIZAR
(V. *Esterilidad*)

—

ESTIÉRCOL
(V. *Evacuación*)

—

ESTILO
(V. *Literatura*)

—

ESTIMACIÓN (24)

estimación
estima
estimativa
aprecio
apreciación
gusto
tasación
avalúo
evaluación
peritación
peritaje
precio
valor
contravalor
utilidad
valimiento
valía
valúa
valoría
mayor valía
plusvalía
monta
importancia
ser
substancia
interés
tomo
mérito
merecimiento
honra
honrilla
atención
consideración
crédito
respeto
fama
caudal
alhaja

estimabilidad
inestimabilidad
descrédito
desprecio

estimar
apreciar
preciar
saborear
valuar
evaluar
valorar
tasar
reputar
distinguir
considerar
mirar
amar
adorar
tener en
tener en aprecio
hacer caudal
hacer caso de
tener en cuenta
poner sobre la cabeza [ojos
poner sobre los
valer
merecer
pesar
no ser barro

estimador
estimatorio
estimativo
apreciador
preciador
apreciativo
estimable
inestimable
apreciable
recomendable
valioso
valeroso
inestimado

apreciadamente
como oro en paño

—

ESTIMAR
(V. *Estimación*)

—

ESTÍMULO
(V. *Incitación*)

—

ESTIVAL
(V. *Verano*)

—

ESTÓMAGO (7, 8, 9)

estómago
aparato digestivo
tubo digestivo
intestino
epigastrio
buche
ventrículo
libro
librillo
omaso
abomaso
panza
retículo
redecilla
bonete
cuajo
cuajar
ventrón
callos
tripicallos
doblón de vaca
molleja
mollejuela
mollejón
bezoar

tragadero
esófago
isófago
herbero
hebrero
herbario [go
boca del estómago
cardias
píloro
portanario
jugo gástrico
pepsina
peptona
jugo pancreático
jugo intestinal
lab
quimo
quilo
bolo alimenticio
alimento
deglución

comer
mascar
rumiar
digerir
gastar
cocer
descocer
quilificar
quimificar
sentar bien o mal
reposar la comida

indigestarse
ahitarse
asentarse
enaguachar
ahitar [mago
revolver el estómago
sentar mal
escarbar el estómago
desconcertarse el estómago
desempachar
desahitarse

apetito
inapetencia
digestión
concocción
descocedura
quimificación
quilificación
eupepsia
indigestión
entripado
apepsia
dispepsia
bradipepsia
saburra
desconsuelo
embargo [mago
empacho del estómago
empacho
asiento
cargazón
ahíto
atafea
ahitera
fastidio
cólica
pasacólica
pirosis
rescoldera
ardentía
acedía
vinagrera
hiperclorhidria
aclorhidria
vómito
flatulencia
diarrea
cacoquimia
gastropatía
gastrectomía
gastricismo
gastralgia
gastroenteritis
calambre de estómago
gastritis
gastrectasia

estomacal
estomatical
gástrico
gastrointestinal
pilórico
quiloso
saburroso
saburral
peristáltico
antiperistáltico
digestible
digerible
digestivo
péptico
eupéptico
indigesto
indigestible
empachoso
ahíto
desconsolado
dispéptico
gastrálgico

entre pecho y espalda

—

ESTOPA
(V. *Lino*)

—

ESTORBAR
(V. *Impedimento*)

—

ESTORNUDAR
(V. *Respiración*)

—

ESTRATAGEMA (27, 34)

estratagema
arma falsa
ardid de guerra
asechanza
engaño
astucia
diversión
emboscada
emboscadura
contraemboscada
celada
manganilla
zalagarda
algarada
trasnochada
encamisada
ensabanada
invasión
combate
guerra

emboscar
enselvar
divertir
encamisarse

—

ESTRECHAR
(V. *Estrechez*)

—

ESTRECHEZ (3, 17)

estrechez
estrechamiento
estenosis
estrangulación
angostura
delgadez
constricción
contracción
chiribitil
puño

estrechura
estrecho
cuello
gollete
pasaje
angostura
portillo
portel
portela
contadero
embocadero
coladero
colada
garganta
gollizo
escobio
puerto
paso
portachuelo
apretura
enfoscadero
callejón
quebrada
pasadizo
cañón
hoz
hocino
desfiladero
precipicio
istmo
lengua

estrechar
angostar
enangostar

ensangostar
estrangular
apretujar
reducir
encoger
ceñir
condensar

no caber de pies
estar como sardi-
na en banasta
estar como piojo
en costura [dor
entrar con calza-

estrecho
angosto
capilar
ahogado
reducido
justo
ajustado
apretado
escurrido
chupado
lineal
ceñido
riguroso
constrictor
ístmico
istmeño

estrechamente
angostamente

—

ESTRECHO
(V. *Estrechez*)

—

ESTRECHURA
(V. *Estrechez*)

—

ESTREGAR
(V. *Frotamiento*)

—

ESTRELLA (3)

estrella
estrellón
estrelluela
lucero
planeta
estrella fija
estrella fugaz
exhalación
perseidas
Estrella polar
Estrella del Norte
sol

brillo
magnitud
rayo
centelleo
parpadeo
titilación
constelación
asterismo
nebulosa
Vía láctea [tiago
Camino de San-
galaxia
cúmulo estelar
zodiaco

Aries
Tauro
Híades
Híadas
Atlántidas
Pléyades
Pléyadas
Hespérides
Cabrillas
Aldebarán
Géminis
Gemelos
Gaburón
Astillejos
Astilejos
Cástor
Pólux
Cáncer
León
Leo
Régulo
Virgo
Virgen
Libra
Balanza
Escorpión
Escorpio
Sagitario
Capricornio
Acuario
Piscis, etc.

Osa mayor
Hélice
Ursa
Norte
Septentrión
Carro
Carro mayor
Triones
Osa menor
Bocina
Carro menor
Cinosura
Dragón [etc.
Cola del dragón,

Orión
Cefeo
Casiopea
Hércules
Andrómeda
Triángulo boreal
Corona boreal
Bootes
Boyero
Arturo
Delfín
Auriga
Cochero
Cisne
Camaleopardo
Saeta
Unicornio
Lira
Serpiente
Serpentario
Ofiuco
Águila
Pegaso
Perseo
Ara
Altar
Hidra
Copa
Cráter
Centauro
Cuervo
Vaso
Pez austral
Pez volante
Argos
Navío argos
Paloma
Lobo
Mosca
Abeja
Cruz del Sur
Crucero
Pavón
Tucán
Eridano
Ballena
Corona austral
Can mayor
Can menor
Sirio
Canícula
Proción
Liebre [etc.
Triángulo austral,

estrellar
centellear
parpadear
titilar

titilación
centelleo
(orto, ocaso, etc. V. *Astronomía*)

estrellar
estelar
sideral
sidéreo
intersideral
asteroide
estrellado
estelífero
esteliforme
astrífero
espársil
centelleante
titilante
titilador

—

ESTREMECIMIENTO
(V. *Agitación*)

—

ESTRÍA
(V. *Ranura*)

—

ESTRIBO (38)

estribo
estafa
estribera
estriberón
zancajera
codillo
estribo vaquero
hondón
espuela

ación
estribera
arricés
cuja
correa

engargantar

acionero

estribería
guarniciones

—

ESTROPAJO
(V. *Fregado*)

—

ESTUCHE (20)

estuche
caja
bolsa
vaina
forro
relicario
funda
anteojera
antojera
portamonedas
monedero
cartera
fosforera
cerillera
cerillero
pistolera
envoltorio
envase
escriño
embalaje

guardar
conservar
proteger
cubrir
enfundar
encamisar
desenfundar

estuchista

—

ESTUDIANTE
(V. *Aprendizaje*)

—

ESTUDIAR
(V. *Aprendizaje*)

—

ESTUDIO
(V. *Aprendizaje*)

—

ESTUFA
(V. *Calefacción*)

—

ESTUPRO
(V. *Violación*)

—

ETIMOLOGÍA
(V. *Filología*)

—

ETNOGRAFÍA
(V. *Raza*)

—

EUCARISTÍA (1)

eucaristía
sacramento
Sacramento del altar
pan eucarístico
pan supersubstancial
El Santísimo
El Señor
El Sacramento
Nuestro Amo
Santa Cena
la comunión
día de Dios
» del Señor
sacrificio
mesa
cenáculo
reservado
reserva
manifiesto
culto
viático
hostia
forma
pan de los ángeles
Corpus
sanguis
pan ázimo
especies sacramentales

accidentes
misa

custodia
viril
patena
copón
cáliz
píxide
hostiario
grial
humeral
viso de altar
palio
conopeo

monumento
tabernáculo
sagrario
sanctasanctórum
luminaria
comulgatorio
cratícula
altar

consagrar
transubstanciar
sacramentar
manifestar
descubrir
reservar
ocultar
salir en público
rendir la bandera
rendir el arma

dar a Dios
» la comunión
comulgar
consumir
viaticar
sacramentar

recibir a Dios
comulgar
cumplir con el precepto
cumplir con la Iglesia
cumplir con la parroquia
hacer las diligencias de cristiano
velar

consagración
transubstanciación
exposición
descubierto
manifiesto
reserva
vela
comunión
comunión pascual
primera comunión
cédula de comu- [nión
artolatría
estación
alabado
pange lingua
tántum ergo
O salutaris
las cuarenta horas
adoración perpetua

eucarístico
transubstancial
sacramentado
concorpóreo
consumativo
comulgante

—

EUCARÍSTICO
(V. *Eucaristía*)

—

EVACUACIÓN (8)

evacuación
deposición
necesidad
necesidad mayor
necesidad menor
emunción
emuntorio
orina
menesteres
cámara
deposición
excreción
defecación
deyección
seceso
secreción

evacuar
excretar
excrementar
deyectar
defecar
ensuciar
obrar
deponer
descomer
hacer
soltar
cagar
evacuar el vientre
exonerar el vientre
mover el vientre
hacer de vientre
hacer una diligencia
hacer del cuerpo
descargar el vientre
estercolar
frezar
tullir

proveerse
desaguarse
ciscarse
mudarse
ensuciarse
escagarruciarse
zurrarse
zurruscarse
zullarse
regir
regir el vientre
traer bien gobernado el cuerpo
irse de cámaras
cortarse

estreñir, -se
constipar
soltar
aflojar

apretón
retortijón
torcijón
tenesmo
pujo
pujo de sangre
diarrea
estreñimiento
dureza de vientre
constipación de vientre

estipticidad
estiptiquez
estitiquez

excremento
deyecciones
excreta
cámara
heces
aguas mayores
mierda
caca
zulla
alhorre
pez
meconio
cagada
privada
plasta
mojón
zurullo
zorullo
coprolito
palomino
culera

coprología
escatología

estiércol
burrajo
abono
basura
fiemo
fimo
hienda
majada
freza
frez
bosta
cagajón
boñiga
boñigo
canina
chirle
sirle
sirria
cagarruta
cagaluta
gallinaza
palomina
guano
tulliduras

bacín
bacinica
bacinejo
vaso
vaso excretorio
bañado
sillico
perico
dompedro
tito
servicio
cantora
beque
zambullo
silleta
orinal
culera

purga
laxante
lavativa
supositorio
cala

retrete
cagadero
cagatorio
estercolero
estercolar
muladar
esterquilinio
pozo negro

cagón
flojo de muelles
esterquero
estercolero
corralero
casiller

estreñido
estíptico
cuerpo glorioso

excrementicio
excremental
excrementoso
fecal
estercóreo
estercolizo
escatológico
escatófilo
coprófago
emuntorio

—

EVACUAR
(V. *Evacuación*)

EVADIRSE
(V. *Evasiva*)

—

EVAPORAR
(V. *Gas*)

—

EVASIVA (26)

evasiva
evasión
efugio
subterfugio
escurribanda
salida
escapatoria
fuchina
escape
huida
calleja
callejuela
regate
rodeo
triquiñuela
descarte
tergiversación
medios términos
recurso
pretexto
excusa
excusación
disculpa
exculpación

evadirse
hurtarse
substraerse
eludir
escapar
regatear
huir
evitar
capotear
escapar por la tangente
tener desenfadaderas

evasivo

EVIDENTE
(V. *Certidumbre*)

—

EVITAR
(V. *Precaución*)

—

EXACTITUD (24, 22)

exactitud
propiedad
precisión
estrictez
apuración
religiosidad
rectitud
menudencia
rigor
formalidad
severidad
puntualidad
perfección
limpieza
oportunidad
asiduidad
escrupulosidad
escrúpulo
cuidado
cumplimiento
fidelidad
conformidad
proporción
regla
medida

justificar
rectificar
rectar
puntualizar
hilar delgado
poner los puntos sobre las íes

exacto
verdadero
textual
cabal
justo
preciso
cierto
fiel
fidelísimo
puntual
diligente
estricto
minucioso
menudo
escrupuloso
apurado
fijo
clavado
matemático
geométrico

exactamente
puntualmente
textualmente
debidamente
religiosamente
cuadradamente
matemáticamente
propiamente
cabalmente
cabal
ajustadamente
justamente
justificadamente
apuradamente
estrechamente
estrictamente
servilmente
no más
no menos
ni más ni menos
sin faltar un sí ni un no
bastante
pie con bola
en punto
a punto crudo
a tiempo crudo
a la hora horada
por filo
a punto fijo
al justo
al corriente
a cuenta y razón
con cuenta y razón
a raya
paso por paso
pieza por pieza
al pelo
a la letra
al pie de la letra
palabra por palabra
sin quitar ni poner
sin faltar una coma, una jota
a plana y renglón

—

EXACTO
(V. *Exactitud*)

—

EXAGERACIÓN (28)

exageración
ponderación
encarecimiento
engrandecimiento
andaluzada
protuguesada
caricatura
notición
especiota
mentira
hipérbole
exceso
afectación
adulación
inelegancia

exagerar
ponderar
hiperbolizar
encarecer
abultar
decantar
cacarear
engrandecer
trasloar
recargar
aumentar
inflar
hinchar
desorbitar
incriminar
pintar
echar por arrobas
echar de bolina
gastar almacén
recargar uno las tintas
bordar de realce
echar de baranda
poner sobre las estrellas
mirar o ver... con anteojo de aumento o de larga vista
ser mucho cuento
tirar de largo
tirar por largo
sacar de quicio

exagerador
exagerante
exagerado
hiperbólico
ponderador
cacareador
encarecedor
exagerativo
ponderativo
caricato
aparatero
aparatoso
extremoso
desmesurado
excesivo
tamaño
tamañuelo
semejante
ponderable
señor
de tres altos
exageradamente
exagerativamente
encarecidamente
caramente
hiperbólicamente

tan
atán
tanto
aun
todavía
non plus ultra
por tantos y cuantos
como quien no dice nada

incluso
inclusive
tal
si
así
cuanto más
cuanto y más
cuanto y más que
ni tanto ni tan poco
cuanto
cual
como
cuan
¡fuego!
no menos
que digamos
no es nada
ahí es nada
ahí que no es nada
¿digo algo?
montes de oro
¡chispas!

—

EXAGERAR
(V. *Exageración*)

—

EXALTACIÓN
(V. *Excitación*)

—

EXAMEN (23)

examen
exámenes
investigación
averiguación
atención
cuidado
inspección
control
vigilancia
reexaminación
reflexión
ensayo
ensaye
ensay
cata
recata
escrutinio
escudriñamiento
enjuiciamiento
análisis
disquisición
crítica
censura
discusión
registro
cacheo
reconocimiento
exploración
revista
revisita
revisión
requisa
repaso
inspección ocular
visorio
visura
comparación
introspección
biopsia
necroscopia
autopsia

examinar
mirar
buscar
reconocer
reexaminar
meditar
inspeccionar
controlar
visitar
explorar
atalayar
observar
ver
guipar
atender
considerar
contemplar
estudiar
auscultar
tantear
tratar
catar
recatar
calar
adentrar
ensayar
probar
registrar
cachear
desmenuzar
fiscalizar
profundizar
sondar
fondear
verificar
inquirir
averiguar
escrutar
aprender
revisar
pasar revista
rever
recorrer
repasar
espulgar
especular
esculcar
discutir
ventilar
requerir
pesar
juzgar
aquilatar
quilatar
alambicar
enfocar
conocer de
entender en
mirar el pro y el contra
pasar por tamiz
poner o estar sobre el tapete
tomar a peso
hacer inquisición
hacer cala y cata
dar un tiento
tomar el tiento
tomar cuentas
hacerse cargo

examinador
examinante
escrutador
escrutiñador
revisor
reveedor
veedor
perito
censor

—

EXÁMENES (28)

exámenes
examen
concurso
oposiciones
tentativa
secreta
pieza de examen
ejercicio
» oral
» escrito
» práctico

examinar
aprobar
suspender
catear
escabechar
calabacear
dar calabazas

examinarse
exponerse a examen

pasar
ganar año
perder año
llevar cola
llevar la cola

programa
sorteo
bola
papeleta
pregunta
problema
pega
chuleta

punto
nota
sobresaliente
notable
bueno
aprobado
reprobado
suspenso
cate
escabechina
carta de examen
papeleta de examen

examinador
examinante
juez
jurado
tribunal
protomedicato

examinando
opositor
concurrente
trinca

—

EXAMINAR
(V. *Examen*)

—

EXCAVACIÓN (18, 20)

excavación
extracción
avenamiento
vaciado
dragado
cava
socavación
socava
socavón
erosión
descalce
zapa
cavia
socarrena
concavidad
hueco
vacío
ahoyadura
hoyo
hoyuelo
rehoyo
boche
bote
foso
antefoso
contrafoso
cepa
fonsado
pozo
hoya
hoyuela
rehoya
cacaraña
fosa
gavia
alcorque
pileta
socarra
cachimba
cacimba
certeneja
cárcava
carcavuezo
carcavón
carcavina
freza
bache
badén
cuneta
caverna
mina
subterráneo
cimiento
zanja
salto de lobo
canal
cauce
torrentera
barranco
surco
ranura
testigo
dama

excavar
socavar
dragar
cavar
descalzar
rehundir
escarbar
hozar
ahondar
ahoyar
rehoyar
jirpear
zanjar
abrir
hornaguear
minar
trasminar
contraminar
zapar
fosar
frezar
zahondar
cacarañar
ahondar
profundizar

minador
zapador

excavadora
draga

hoyoso
hueco

—

EXCAVAR
(V. *Excavación*)

—

EXCEDER
(V. *Exceso*)

—

EXCELENCIA (24)

excelencia
excelsitud
celsitud
eminencia
altura
alteza
altitud
pináculo
elevación
levantamiento
sublimidad
soberanía
grandeza
grandiosidad
magnificencia
magnitud
prestancia
alabanza
importancia
dignidad
poder
fama
superioridad
apogeo
punto
notabilidad
preciosidad
exquisitez
finura
perfección
bondad
virtud
partes
prendas
dotes
reverendas
haber
merecimiento
ornamento
timbre
ventaja
recomendación
tesoro
desiderátum
sanctasanctórum
joya
alhaja
dije
perla
oro molido
mapa
fénix
gala'
admiración
yema
flor
nata
crema
espuma
buena pieza
flor y nata
canela
flor de la canela
cosa de mieles
miel sobre hojuelas
el disloque
buen bocado

sobresalir
relucir
no haber más
no caber más
no haber más que pedir
ser de rechupete
ser de chupete
ser pan y miel
poder pasar por las picas de Flandes
valer un imperio
entrar pocos en libra
llamar a Dios de tú

excelente
prestante
precelente
barí
baril
sublime
ideal
alto
excelso
extremado
superior
óptimo
espléndido
inmejorable
insuperable
imponderable
inestimable
inapreciable
soberano
relevante
adelantado
levantado
elevado
brillante
precioso
preciado
escogido
exquisito
superfino
refinado
selecto
primoroso
primo
rico
grandioso
magnífico
magnificentísimo
soberbio
maravilloso
peregrino
real
prodigioso
poderoso
colosal
superlativo
extraordinario

extra
último
subido
sahumado
florido
notable
singular
raro
famoso
noble
nobilísimo
eximio
almo
divino
divinal
valiente
gallardo
generoso
estimabilísimo
hermoso
perfecto
sin par
sin igual
maestro
de órdago
de forma
de marca
de marca mayor
de oro
de chipé
de buten
de mi flor
non plus ultra
de buena ley
de campanillas
bajado del cielo
venido del cielo

excelentemente
óptimamente
excelsamente
altamente
eminentemente
insignemente
divinamente
magníficamente
inmejorablemente
imponderablemente
famosamente
escogidamente
exquisitamente
guapamente
antonomásticamente

por antonomasia
por excelencia

—

EXCELENTE
(V. *Excelencia*)

—

EXCEPCIÓN
(V. *Exclusión*)

—

EXCEPTO
(V. *Exclusión*)

—

EXCESIVO
(V. *Exceso*)

—

EXCESO (22)

exceso
abundancia
superabundancia
sobreabundancia
superfluencia
exhorbitancia
exhuberancia
plétora
muchedumbre
preponderancia
redundancia
vicio
lujuria
sobra
sobrante
excedente
vuelta
premio
demasía
descuello
superioridad
colmo
nimiedad
pecado
pico
superávit
residuo
exageración
grandeza
gravedad
enormidad
disparate
barbaridad
atrocidad
cuentas del Gran Capitán
desproporción
descompás
destemplanza

sobrar
resobrar
exceder
traspasar
rebosar
rebasar
extremar
abundar
superabundar
sobreabundar
rabiar
extralimitarse
escurrirse
correrse
pasarse
pasar de la raya
pasarse de rosca
pasar de castaño oscuro
salir de madre
salir de regla [pes
estar hasta los topes
cargar la mano en
írsele la mano
darse un hartazgo
ser una cosa el acabóse

excesivo
excedente
sobrexcedente
sobreabundante
superabundante
sobrelleno
demasiado
corrido
nimio
harto
sobrante
sobrancero
supernumerario
redundante
exorbitante
insumable
inmoderado
inmódico
sobrado
disparatado
descompasado
descomedido
desmesurado
desaforado
desatentado
enorme
exhuberante
pecante
notable
garrafal
mortal
descomunal
monstruoso
bestial
feroz
fiero
furioso
tremendo
formidable
colosal
titánico
fenomenal
monumental
macanudo
fabuloso
extremo
loco
grande
largo de talle
de sobra
de más de marca
de marca mayor
como el diablo

excesivamente
demasiadamente
perdidamente
sobradamente
exorbitantemente
nimiamente
descomedidamente
descosidamente
desatinadamente
pesadamente
valientemente
desmedidamente
sobreabundantemente
superabundantemente
de superabundancia
fabulosamente
locamente [te
desmesuradamen-
descompasadamente
desaforadamente
superlativamente
grandemente
decentemente
sobradamente
de sobra
en demasía
sobre manera
de más
más
harto
demasiado
con exceso
en exceso
sin tino
a montones
sin suelo [tivo
en grado superla-
a rabiar
por carta de más

como un diablo
como un descosido
hasta no más
albarda sobre albarda
hiper-
ultra

—

EXCITACIÓN (14, 26)

excitación
alteración
sobreexcitación
exacerbamiento
exacerbación
excandecencia
irritación
irritamiento
exasperación
exaltación
exaltamiento
enardecimiento
encendimiento
animación
ardor
ansia
nerviosidad
nerviosismo
inflamación
arrebato
arrebatamiento
rapto
auge
acceso
acaloro
acaloramiento
fogosidad
fiebre
paroxismo
eretismo
orgasmo
emoción
pasión
agitación
efervescencia
tormenta
tempestad
marejada
mareta
violencia
batalla
inquietud
entusiasmo
sectarismo
fanatismo
frenesí
frenesía
enajenamiento
locura
borrachera
provocación

excitar
sobreexcitar
sobrexcitar
exaltar
animar
dar ánimos
conmover
vivificar
avivar
activar
mover
agitar
incitar
hurgar
instigar
soliviantar
estimular
provocar
ocasionar
picar
herir
engolosinar
quillotrar
exasperar
endurecer
enconar
irritar
exacerbar
enardecer
inflamar
encender
excandecer
acalorar
electrizar
entusiasmar
conmover
encalabrinar
encalabriar
jalear
fomentar
cebar
atizar
sacar de quicio
poner leña al fuego [fuego
echar aceite al
hacer cosquillas

excitarse
exaltarse
alterarse
fermentar [mula
írsele a uno la

excitador
excitante
excitativo
irritante
provocante
enardecedor
exasperante
soplador
avivador
encrespador

exaltado
convulso
excitable
provocativo
incalmable
irritable

—

EXCITAR
(V. *Excitación*)

—

EXCLAMACIÓN (14, 28)

exclamación
interjección
neuma
juramento
voto
taco
voz
grito

exclamar
emitir
lanzar
prorrumpir

¡ah!
¡oh!

¡eh!
¡he!
¡ce!
¡hola!
¡ta!
¡hum!
¡epa!
¡bueno!
¡caramba!
¡córcholis!
¡mecachis!

sorpresa
admiración
dolor
alegría
amenaza
llamamiento
incitación
alabanza
aplauso
aprobación
reprobación
queja, etc.

exclamatorio
exclamativo
interjectivo

—

EXCLAMAR
(V. *Exclamación*)

—

EXCLUIR
(V. *Exclusión*)

—

EXCLUSIÓN (20)

exclusión
excepción
irregularidad
exceptuación
eliminación
preterición
reservación
reserva
omisión
salvedad
exclusivismo
silencio
privación
substracción
remoción
expulsión
exención
separación
destitución
destierro
excomunión
ley sálica

excluir
eliminar
expulsar
exceptuar
exceptar
excepcionar
excomulgar
descomulgar
sacar
quitar
salvar
dejar
preterir
omitir
callar
relegar
repudiar
separar
desterrar
desechar
cortar
posponer
desheredar

prescindir de
abstraer de
dejar fuera
hacer caso omiso
dar de baja
dejar a salvo

exclusivo
excepcional
exceptivo
eliminador
exclusivista

excluso
salvo
excusable
prescindible
inadmisible

exclusivamente
exclusive
solamente
excepto
salvo
salvante
sólo
tan sólo
menos
al menos
por lo menos
a lo menos
cuando menos
sino
aparte
amén de
por lo demás
sin perjuicio
a las veces
nada
nadie
ni rey ni Roque

—

EXCOMULGADO
(V. *Excomunión*)

—

EXCOMULGAR
(V. *Excomunión*)

—

EXCOMUNIÓN (1)

excomunión
descomunión
anatema
anatematismo
excomunión ferendae sententiae
censura ferendae sententiae
censura latae sententiae
excomunión a matacandelas
excomunión de participantes
excomunión mayor
excomunión menor
castigo

excomulgar
descomulgar
anatematizar
conminar
lanzar
fulminar
agravar
reagravar
absolver a cautela

sextina
paulina
excomunión
letrones
der. canónico

excomulgador
descomulgador

excomulgado
marrano

—

EXCREMENTICIO
(V. *Evacuación*)

—

EXCREMENTO
(V. *Evacuación*)

—

EXCULPACIÓN (27)

exculpación
justificación
defensa
vindicación
disculpa
coartada
excusa
excuso
excusación
dispensación
descargo
exoneración
apología
salvedad
paliación
exención
pretexto
escurribanda
escapatoria
evasiva
salvación
purgación
purgamiento
expiación
absolución
sobreseimiento
circunstancia atenuante
circunstancia eximente
perdón
inocencia

exculpar
defender
descargar
dispensar
eximir
justificar
vindicar
sincerar
santificar
abonar
salvar
purgar
compurgar
expiar
indemnizar
explicar
subsanar
disculpar
excusar
paliar
apaliar
atenuar
suplir
colorear
sobredorar
cohonestar
honestar

disculparse
responder
excusarse
descargarse
echar la culpa
sacar mentiroso
asirse a las ramas
sacar la capa [da
probar la coartada
curarse en salud
cantar la palinodia

excusador
sincerador
vindicativo
disculpable
disimulable
plausible
excusable
venial
indisculpable
disculpablemente
disculpadamente

—

EXCULPAR
(V. *Exculpación*)

—

EXCUSA
(V. *Exculpación*)

—

EXCUSAR
(V. *Exculpación*)

—

EXECRABLE
(V. *Maldición*)

—

EXECRAR
(V. *Maldición*)

—

EXENCIÓN (25)

exención
dispensación
relevación
descargo
exoneración
exculpación
liberación
indulto
perdón
absolución
dispensa
permisión
privilegio
prerrogativa
preeminencia
derecho
libertad
excusa
franquicia
franqueza
puerta franca
inmunidad
irresponsabilidad
fuerza mayor
indemnidad
incumplimiento
infracción

eximir
exentar
franquear
desligar
libertar
liberar
dispensar
excusar
exculpar
perdonar
relevar
sobrellevar
reservar
indultar
redimir
desobligar
jubilar
excluir
exceptuar
licenciar
exonerar
destituir
quitar
hacer gracia
poner a uno en libertad
dar por quito

eximirse
exentarse
descartarse
escaparse

despacharse
excusarse
delegar

excusador
eximente
jubilante

exento
libre
franco
limpio
ajeno
irresponsable
inmune
sano y salvo
indemne

exentamente

—

EXEQUIAS (1)

exequias
honras
funerales
funerarias
animalias
parentación
velorio
velatorio
caridad
conmemoración de los difuntos
día de los difuntos
oficio de difuntos
misa de cuerpo presente
réquiem
misa de réquiem
misa de difuntos
memento
treno
parce
dies iræ
de profundis
misas gregorianas
esquela
recordatorio
aniversario
cabo de año
vigilia
novenario
novena
ofrenda
oblada
responso
responseo
kirieleisón
gracia
morrocote
bula de difuntos
nenia
epicedio
epiceyo
oración fúnebre
panegírico
elegía
necrología
obituario
luto

difunto
muerto
finado
de cujus
cadáver
aparecido

casa mortuoria
capilla ardiente
cámara mortuoria
catafalco
túmulo
tumba
paño de tumba
altar de ánima

doble
clamor
posa
toque de difuntos
campana

pompas fúnebres
funeraria
entierro
sepultura
cementerio

velar
responsar
responsear
endechar
tocar a muerto
doblar
clamorear
encordar

funeral
funerario
funéreo
novendial
fúnebre
mortuorio
lúgubre
necrológico

fúnebremente
requiescat in pace

—

EXIGENCIA (33)

exigencia
demanda
requerimiento
pretensión
derecho
reclamación
reclamo
reivindicación
exposición
exacción
petición
importunación
coacción

exigir
demandar
pedir
requerir
reclamar
vindicar
reivindicar
invitar
conminar
mandar
compeler

exigente
requeriente
requeridor
requirente
demandante
reclamante
reivindicatorio
exigible
exigidero

—

EXIGENTE
(V. *Exigencia*)

—

EXIGIR
(V. *Exigencia*)

—

EXIMIR
(V. *Exención*)

—

EXISTENCIA (15)

existencia
subsistencia
preexistencia
coexistencia
realidad
aseidad
devenir
verdad
veras
efectividad
substantividad
sustantividad
objetividad
existencialismo
presencia
esencia
substancia
importancia
substrato
supuesto
forma substancial
vida
estado
acción
suceso

ser
ente
entidad
objeto
cuerpo
cosa
criatura
entelequia
mónada

ontología
monadología

existir
preexistir
subsistir
coexistir
estar
obrar
yacer
quedar
ser
haber
darse
andar
militar
concurrir
florecer
hallarse
vivir
acaecer

ontólogo
existencialista

existente
existencial
subsistente
preexistente
coexistente
coevo
contemporáneo
real
actual
verdadero
hecho y derecho
positivo
objetivo
efectivo
histórico
práctico
substantivo
sustantivo
ontológico

efectivamente
realmente
actualmente
objetivamene
físicamente
verdaderamente
en realidad [dad
en hecho de verde hecho
de facto
de suyo

—

EXISTIR
(V. *Existencia*)

—

EXORDIO
(V. *Preámbulo*)

—

EXÓTICO
(V. *Extranjería*)

—

EXPECTORACIÓN (8)

expectoración
gargajeo
gargajeada

expectorar
escupir
gargajear
arrancar
esgarrar
desgarrar
desflemar
esputar
vomitar **sangre**

escupidura
escupitajo
escupitinajo
escupitina
escupetina
escupo
escupido
saliva
mucosidad
vómito
gargajo
pollo
flema
desgarro
expectoración
sangre
esputo
espadañada
hemoptisis
vómito de sangre

expectorante
escupidor
gargajiento
gargajoso
hemóptico
hemoptoico

escupidero
escupidera
escupidor
salivadera
dornillo

—

EXPECTORAR
(V. *Expectoración*)

—

EXPERIENCIA (23)

experiencia
empirismo
práctica
ensayo
fogueo
ejercicio
acción
habilidad
pericia
inteligencia
conocimiento
costumbre
mundología
escuela
lección
moraleja
ejemplo
enseñanza
escarmiento
desengaño
consejero

experimentar
notar
sentir
sufrir
tocar
ver
advertir
aprender
ensayar
foguear

escarmentar
foguear
desengañarse
tomar lección
» ejemplo
soltarse
versarse
foguearse
tener mundo [do
» mucho mundo
estar curtido en
» cocido en
haberle nacido los dientes en
haberle salido los dientes en
haber sido cocinero antes que fraile

perro viejo
toro corrido
matrero
hombre de mundo
maestro
maestrillo
practicón
experto
perito
veterano
trujamán

experimentado
experto
ducho
práctico
versado
advertido
cursado
corrido
envejecido
fogueado
recocido
madrigado
resoluto
acuchillado
mostrado
acostumbrado
baqueteado
asendereado
granado
escarmentado
escaldado
desengañado

experimental
empírico
familiar
pericial

experimentalmente
expertamente
pericialmente
empíricamente
prácticamente
a mí que las vendo

—

EXPERIMENTADO
(V. *Experiencia*)

—

EXPERIMENTAR
(V. *Experiencia*)

—

EXPERTO
(V. *Experiencia*)

—

EXPIACIÓN (26, 32)

expiación
lustración
purgación
purificación
paga
rastra
reato
enmienda
satisfacción
vindicta
vindicta pública
cumplimiento
castigo

expiar
purgar
lustrar
satisfacer
compensar
cumplir
pagar
sufrir
lastar
borrar
purificarse
pagarlas
pagarla doble
» con las setenas

pagadero
cabrón emisario
azazel
hazazel
expiatorio
expiativo
lustral
lústrico
inexpiable

—

EXPIAR
(V. *Expiación*)

—

EXPLICACIÓN (28)

explicación
explanación
ilustración
aclaración
solución
dilucidación
elucidación
esclarecimiento
especificación
instrucciones
desdoblamiento
definición
ejemplificación
demostración
disquisición
discusión
declaración
postilación
expresión
cuenta
descripción
exposición
exégesis
interpretación
narración
comentario

comento
crítica
recensión
nota
advertencia
introducción
preámbulo
escolio
glosa
glosilla
paráfrasis
apostilla
postilla
postila
margen
llamada
leyenda
lema
mote
letra
clave
elucidario
dilucidario

explicar
explanar
soltar
leer
descifrar
resolver
motivar
declarar
destebrechar
aclarar
clarar
clarificar
esclarecer
desatar
ilustrar
especificar
elucidar
dilucidar
deslindar
espejar
vaciar
parir
vulgarizar
definir
difinir
demostrar
mostrar
desarrebujar
desarrebozar
desarrollar
desplegar
interpretar

comentar
escoliar
glosar
apostillar
postillar
marginar
margenar
discantar
poner en claro
dar a entender
meter con cuchara [ra de palo
meter con cucha-

claridad
explicaderas
indirecta del padre Cobos
definido

explicador
aclarador
esclarecedor
dilucidador
declarador
declarante
definidor
glosador
escoliador
escoliasta
comentador
comentarista
postilador
talmudista

textualista
cicerone
exegeta

explicativo
aclaratorio
declaratorio
declarativo
especificativo
explicable
definible
inglosable

a saber
es a saber
esto es [nos
en buenos térmi-

—

EXPLICAR
(V. *Explicación*)

—

EXPLOSIVO (34, 2)

explosivo
dinamita
nitroglicerina
harina fósil
melinita
lidita
carbonita
carbodinamita
cordita
planclastita
nitrocelulosa
oro fulminante
fulminato
fulminante
mixto
piróforo

pólvora
» de papel
» » fusil
» » cañón
» » guerra
» viva
» de algodón
piroxilina
algodón pólvora
pólvora progresiva [te
pólvora detonan-
pólvora fulminante
pólvora de mina
» de caza
polvorín

salitre
clorato de potasa
arenillas
azufre
grisú
mofeta [nos
gas de los panta-

graneador
granador
rompedera

probeta
bombeta
frasco
jarra
gabón
cantimplora
chifle
cebador
polvorín
santabárbara
pañol

carga
estopín

cebo
deflagrador
detonador
cartucho
cápsula
pistón
cartuchería
canana
petardo
olla de fuego
salchicha [na
salchichón de mi-
fogata
recámara
barreno
(mina, contramina, etc. V. *Fortificación, Artillería.*)
mina submarina
torpedo
proyectil
artillería [les
fuegos artificia-

granear
granar
desgranar
cebar
cargar
descargar
volar
estallar

asoleo
estallido
voladura
disparo
tiro

explosivo
detonante

—

EXPÓSITO
(V. *Orfandad*)

—

EXPRESAR
(V. *Expresión*)

—

EXPRESIÓN (28)

expresión
dicción
lenguaje
manifestación
aserción
afirmación
testimonio
explicación
enunciación
enunciado
mención
declaración
información
deposición
revelación
exposición
comunicación
discurso
(dictamen, etc. V. *Juicio*)
memoria
proposición
protesta
protestación
confesión
profesión
redición
razón

expansión
espontaneidad
efusión
exclamación

explosión
tono
énfasis
tonillo
retintín
sonsonete
explicaderas
viveza
sentido
vida
alma
animación
elocuencia
vigor
fuerza
gesticulación
gesto
ademán
actitud
mímica
acción
recancanilla
rasgo
pincelada
concepto
signo
símbolo
eufemismo
sugerimiento

expresar
representar
rebosar
mostrar
deslizar
sugerir
insinuar
dar a entender
manifestar
explicar
decir
hablar
presentar
proclamar
exclamar
gritar
enunciar
mencionar
formular
concretar
cristalizar
exprimir
exponer
proponer
deponer
opinar
preopinar
protestar
profesar
observar
precisar
emitir
confesar
declarar
dar por
articular
pronunciar
proferir
prorrumpir
reseñar
enumerar
connumerar
nombrar
citar
alegar
anunciar
dar cuenta
notificar

echar
soltar
vomitar
endosar
largar
endilgar
ensartar
espetar
encajar
encasquetar
enflautar
asentar

plantar
chapar
recalcar
repetir
recordar
subrayar
acentuar
tratar de
formular
redactar
escribir

expresarse
darse a entender
producirse
declararse
desahogarse
explayarse
desembaular
despampanar
sonar
diz
no quedarse con nada en el cuerpo
no pudrírsele una cosa en el pecho
tener una cosa en la punta de la lengua

manifestador
diciente
dicente
proponedor
proponente
expositor
confesante
enunciativo
decible
decidero

expresivo
vehemente
animado
vivo
expansivo
parlero
gráfico
plástico
efusivo
significativo
simbólico
expreso
dicho
antedicho
susodicho
manifiesto
explícito
declarativo

expresamente
explícitamente
formalmente
señaladamente
expresivamente
enfáticamente
a lo vivo
al vivo

—

EXPRESIVO
(V. *Expresión*)

—

EXPULSAR
(V. *Expulsión*)

—

EXPULSIÓN (20)

expulsión
exclusión
desalojamiento
remoción
destitución

separación
extrañamiento
destierro
echamiento
lanzamiento
desahucio
evicción
emisión
exterminio
excomunión
ahucheo
extracción
evacuación
desagüe
jeringazo

vómito
expectoración

expulsar
expeler
carminar
rechazar
excluir
eliminar
escupir
brotar
hechar
emitir
lanzar
arrojar
despedir
desahuciar
desechar
barrer
abalar
retirar
desalojar
desaposentar
desencastillar
levantar
excomulgar
conjurar
ausentar
aventar
empuntar
limpiar
desenclavar
desanidar
proscribir
pasaportar
perseguir
pregonar
desterrar
extrañar
apartar
alejar
ahuyentar
espantar
avispar
zacear
zalear
zapear
carear
ojear
osear
oxear
ahuchar
mosquear
remontar

arrojar de sí
echar tan alto
enseñar la puerta
echar a la calle
plantar en la calle
dar pasaporte
poner de patitas en la calle
poner de patas en la calle
poner en la puerta de la calle
plantar en mitad del arroyo [yo
plantar en el arro-
echar con cajas destempladas
enviar a paseo
» al rollo
» noramala

enviar a escardar cebollinos
dar dimisorias a uno
dar humazo

irse mucho con Dios
irse bendito de Dios
salir por la puerta de los carros

expelente
echador
carminante
carminativo
ahuyentador
mosqueador

expulsado
expulso
proscrito
proscripto

¡afuera!
¡fuera!
¡largo!
¡largo de aquí!
¡arre allá!
¡arre!
¡jaque!
¡najencia!
¡jopo!
¡hopo!
¡penas!
¡ox!
¡os!
¡oxe!
¡oxte!
¡oste!
¡uste!
muste
moxte
moste
¡hospa!
¡huichi!
¡za!
¡zape!
¡zuzo!
¡chucho!
¡chucha!
¡taday!
¡alto ahí!
a la porra
un pie tras otro
vete a paseo
vete noramala
vete al infierno
váyase a espulgar un galgo
váyase a la porra

—

EXTASIARSE
(V. *Enajenamiento*)

—

ÉXTASIS
(V. *Enajenamiento*)

—

EXTENDER
(V. *Extensión*)

—

EXTENSIÓN (17)

extensión
desplegadura
desenvolvimiento
descogimiento
estiramiento
desarrugadura
dilatación
ampliación
amplificación
prolijidad
propagación
expansión
dispersión
ramificación
difusión
presión
expansibilidad
tensión
distensión
desperezo
pandiculación

amplitud
latitud
holgura
inmensidad
espacio

extender
dilatar
aumentar
ensanchar
alargar
distender
enderezar
prolongar
hinchar
ampliar
amplificar
explayar
propagar
expandir
dispersar
espurrir
difundir
derramar
untar
desplegar
apartar
separar
abrir
ahuecar
enrarecer
desarrollar
desenrollar
desenvolver
desdoblar
desarrugar
descoger
desencoger
desfruncir
tender
estirar
estirajar
estirazar
atirantar
tirar

extenderse
estirarse
abrirse
prestar
dar de sí
desperezarse
espurrirse

extensor
extensivo
dilatador
dilatativo
expansivo
tirador
ampliador
amplificativo
amplificador
ampliativo

extensible
dilatable
expansible
desarrollable
ampliable
inextensible

extenso
lato
teso
tirante
desenvuelto
mural
alargado
hueco
dilatado
amplio
amplísimo

extensivamente
extensamente
extendidamente
dilatadamente
prolongadamente

EXTERIOR
(V. *Exterioridad*)

—

EXTERIORIDAD (17)

exterioridad
exterior
materialidad
superficie
anterioridad
paramento
fachada
extradós
saliente
cara
aspecto
contorno
afueras
extremidad
corteza
cáscara
envolvimiento
embalaje

exteriorizar
descubrir
sacar
expulsar
apartar
desterrar

exterior
externo
foráneo
forano
superficial
somero
manifiesto
visible

exteriormente
externamente
extrínsecamente
fuera
afuera
defuera
por defuera
aparte
extramuros
a sobre haz
al descubierto
a flor

—

EXTERIORIZAR
(V. *Exterioridad*)

—

EXTERMINIO
(V. *Supresión*)

—

EXTRACCIÓN (20)

extracción
sacamiento
sacada
saca
entresaca
entresacadura
desenterramiento
exhumación
desmeollamiento
deshincadura
desucación
expresión
agotamiento
pistura
estrujamiento
estrujadura
estrujón
compresión

extraer
sacar
quitar
substraer
excluir
separar
arrancar
desencajar
descentrar
abrir
tirar de
sonsacar
entresacar
elegir
bucear
desenterrar
exhumar
descubrir
desencerrar
desencovar
desempozar
desabarrancar
desatascar
desenzarzar
desacorralar
desembanastar
desenjaular
desembaular
desencajonar
desalforjar
desembolsar
desenvainar
despasar
deshincar
desclavar
desenclavar
desatornillar
desentornillar
destornillar
desaprensar
destripar
desocupar
evacuar
vaciar
desinflar
desventar
desaguar
achicar
jamurar
jarrear
agotar
exprimir
comprimir
desjugar
deszumar
secar
estrujar
pistar

extractor
sacacorchos
tirabuzón
estrujador
exprimidero
exprimidera
estrujadura
bombillo
bombilla
gancho
rebañadera

extraente
sacador
exhumador
evacuante
estrujador
agotador

EXTRAER
(V. *Extracción*)

—

EXTRANJERÍA (30, 32)

extranjería
extranjía
extranjerismo
exotismo
exotiquez
naturaleza
emigración
inmigración
carta de naturaleza
exequátur
jus soli
extraterritorialidad
destierro
extradición
naturalización
guía de forasteros
hospitalidad
xenofobia
derecho internacional
frontera
pasaporte
nostalgia
soledad
ausencia

extranjerizar, -se
engringarse
naturalizar
nacionalizar

extranjero
bárbaro
alienígena
gringo
nación
forastero
foráneo
forense
forano
nuevo
advenedizo
intruso
indeseable
refugiado
levente
isidro
paleto
cuico
albarrán
albarráneo
albarraniego
carcamán
xenófobo
naturalizado

exótico
peregrino
extraño
exterior
(ajeno, impropio, etc. V. *Accidente*)

de extranjía
de extranjis
in pártibus infidélium
de fuera

—

EXTRANJERO
(V. *Extranjería*)

EXTRAÑO
(V. *Accidente*)

—

EXTRAORDINARIO
(V. *Irregularidad*)

—

EXTRAVAGANCIA (14, 26)

extravagancia
rareza
excentricidad
originalidad
capricho
irregularidad
genialidad
humorada
humor
humorismo
particularidad
quínola
adefesio
ridiculez
incongruencia
desconformidad
paradoja
tema
manía
locura

tipo
ente
apunte
facha
esperpento
adefesio
mamarracho
histrión
hazmerreír
quijote
cosa del otro jueves
rara avis in terris

extravagante
estrafalario
estrambótico
peripatético
extraño
original
famoso
excéntrico
paradójico
desusado
fantástico
singular
raro
despreocupado
grotesco
ridículo

extravagantemente
estrambóticamente
estrafalariamente
raramente

—

EXTRAVAGANTE
(V. *Extravagancia*)

—

EXTRAVIAR
(V. *Desviación*)

—

EXTRAVÍO
(V. *Desviación*)

—

EXTREMAUNCIÓN (1)

extremaunción
sacramentación
último sacramento
extrema unción

el santo óleo
santolio
los óleos
olio
viático
crisma
crismal
sacramento
muerte
exequias

olear
sacramentar
viaticar [mentos
recibir los sacra-
administrarse
viaticarse

óleo

oleado
sacramentado

—

EXTREMIDAD (17)

extremidad
cabo
borde
orilla
canto
lado
cara
exterioridad
filo
punta
cumbre
prominencia
saliente
culo
muz
recámara
remate
término
tope
espiga
chicote
herrete
cabete
fin
finibusterre
principio
alfa y omega
raíz
cepa
terminal
brazo
mano
pierna
pie
muñón
cabos
cola
cuerno

acabar
rematar
terminar
finalizar
concluir

extremo
diametralmente
de punta a cabo
de extremo a extremo

—

EXTREMO
(V. *Extremidad*)

—

EXVOTO
(V. *Ofrenda*)

—

F

FÁBRICA
(V. *Industria*)

—

FABRICACIÓN
(V. *Industria*)

—

FABRICAR
(V. *Industria*)

—

FÁCIL
(V. *Facilidad*)

—

FACILIDAD (27)

facilidad
posibilidad
simplicidad
comodidad
libertad
expedición
expediente
soltura
despachaderas
desenfadaderas
habilidad
aptitud
hábito
práctica
experiencia
desenvoltura
facilitación
ayuda
permisión
condescendencia
afabilidad
ventaja
ganga
cosa fácil
cosa de juego
juego de niños
huevo de Juanelo
» de Colón
coser y cantar

facilitar
posibilitar
simplificar
desenredar
aclarar
explicar
resolver
allanar
mascar
agilitar
suavizar
endulzar
endilgar
preparar
provocar
remover
obviar
quitar
zanjar
destrabar
desembargar
desobstruir
dar facilidades
abrir la puerta
hacer la puente de plata [santo
llegar y besar el
dar en blando
estar en la mano

facilitón
allanabarrancos

fácil
hacedero
factible
practicable
ejecutable
cómodo
obvio
llano
claro
comprensible
corriente
sencillo
ordinario
vulgar
ligero
franco
libre
asequible
alcanzadizo
conquistable
mañero
manual
manejable
llevadero
casero
barato
liso y llano
liso o llano como la palma de la mano
de clavo pasado

fácilmente
fácil
aína
descansadamente
expeditamente
corrientemente
corridamente
ligeramente
buenamente
bien

a placer
a pie enjuto
a pie llano
de ligero
a la mano
al alcance
a pocos lances
como una seda
como con la mano
como por la palma de la mano
como por viña vendimiada
detrás de la puerta

—

FACILITAR
(V. *Facilidad*)

—

FACULTAD
(V. *Poder*)

—

FAJA
(V. *Ceñimiento*)

—

FALDA (10)

falda
vestidura
faldas
faldeta
jaldeta
faldón
faldamento
faldamenta
halda
enfaldo
trascol
hopalanda
sopalanda
sobrefalda
tonelete
guardapiés
manteo
saya
sayuela
tapador
jabarda
pelleja
cubierta
campana
fondo
basquiña
redonda
tallado
gonela
saboyana
pelosa
brial
tapapiés
centro
refajo
faldellín
pumente
zagalejo
zagal
medriñaque
sotaní
gonete
anaco
patadión
delantal

enaguas
naguas
enagua
nagua
enagüillas
fustán
atorra
fondo
rodado
cucharetero
bajos

tontillo
sacristán
verdugado
verdugo
caderillas
arandillo
caderas
miriñaque
meriñaque
ahuecador
guardainfante
pollera
bullarengue
polisón
pompa

regazo
gremio
falda
halda
enfaldo
haldeta
volante
cola
candil
manera
paje

enfaldar
desenfaldar
sofaldar
arregazar
arrezagar
regazar
remangar
arremangar
encoger

sofaldo

haldudo
faldudo
faldero
haldero
faldicorto
enfaldador

—

FALSEDAD (23, 28, 32)

falsedad
engaño
mentira
bulo
fábula
cuento
cuento de viejas
chisme
especiota
exageración
notición
suposición
paradoja
error
convencionalismo
ilegitimidad
vicio
superchería
tergiversación
valimiento
artificio
oropel
compostura
duplicidad
doblez
obrepción
segunda intención
afectación
fingimiento
incitación
disimulo
paralogismo
argucia
sutileza
sutilidad
deslealtad
perjurio
falso testimonio
calumnia

falsear
falsificar
mentir
adulterar
ilegitimar
interpolar
viciar
suplantar
paralogizar
pervertir
corromper
contrahacer
imitar
no haber tal cosa
no haber tales carneros
traer los papeles mojados
hacer a dos caras
ser de dos haces
jugar con dos barajas
jugar a dos hitos
jurar en falso

falsificación
falseamiento
perjurio
adulteración
adulteramiento
contrahacimiento
imitación
suplantación

falsario
falso
falsificador
falseador
adulterador
superchero
trápala
trapalón
comentador
hombre de dos caras
cara con dos haces
gañín [hatra
caballero de mo-
» de industria

falso
refalsado
incierto
incertísimo
inexacto
seudo
pseudo
apócrifo
ilusivo
supuesto
aparente
inexistente
mentido
falsificador
falsificado
ful
incorrecto
absurdo
ilusorio
fabuloso
ficticio
postizo
artificial
imitado
contrahecho
especioso

engañoso
de mala ley
ilegítimo
infiel
infidelísimo
desleal
doble
bragado
fementido
bastardo
espurio
noto
adulterino
trefe
de similor

falsamente
apócrifamente
ilegítimamente
mentirosamente
dobladamente
doblemente
de falso
en falso
sobre falso
de mentirillas
de mentirijillas
de pega
de dientes afuera

—

FALSIFICAR
(V. *Falsedad*)

—

FALSO
(V. *Falsedad*)

—

FALTA
(V. *Incumplimiento*)

—

FALTAR
(V. *Incumplimiento*)

—

FALTO (DE)
(V. *Carencia*)

—

FALLO
(V. *Sentencia*)

—

FAMA (24)

fama
nota
merecimiento
concepto
opinión
posteridad
crédito
fe
aprobación
favor
auge
boga
aplauso
alabanza
séquito
aura
popularidad
populachería
notoriedad
voz
suposición
predicamento
aceptación
autoridad
estimación
título
dignidad
nobleza
excelencia
superioridad
nombre
renombre
nombradía
realce
noticia
sonido
olor
olor de santidad
fragancia
brillo
lustre
lucimiento
claridad
aureola
auréola
halo
palma
lauro
laureles
triunfo
esplendor
corona
florón
blasón
reputación
honra
honrilla
honor
prez
precio
exaltación
exaltamiento
celebridad
gloria
glorificación [ma
cumbre de la fa-
pináculo de la
gloria
ambición
clamor
honramiento
enaltecimiento
caso de honra
respetos humanos
erostratismo

afamar
acreditar
alabar
autorizar
reputar
caracterizar
calificar
enaltecer
engrandecer
realzar
esclarecer
ilustrar
ennoblecer
glorificar
aclamar
popularizar
dar fama
dar crédito

afamarse
acreditarse
florecer
brillar
ilustrarse
popularizarse
diferenciarse
volver por [ble
hacerse memora-
cubrirse de gloria
tener cartel
sentar o tener
sentado el cré-
dito
estar en grande
andar en lenguas
estar en boga
pasar por
pasar a la historia
vivir

notabilidad
celebridad
prohombre
gran hombre
grande hombre

famoso
afamado
bienfamado
acreditado
valido
bienquisto
bien mirado
popular
populachero
sonado
sonable
mentado
conocido
importante
inolvidable
memorable
recordable
memorando
memoratísimo
inmortal
distinguido
señalado

caracterizado
espectable
expectable
de expectación
notable
principal
granado
notabilísimo
magno
conspicuo
visible
claro
esclarecido
preclaro
noble
célebre
celebérrimo
renombrado
ilustre
perilustre
insigne
egregio
ínclito
perínclito
excelso
preexcelso
heroico
glorioso
glorificable
divo

glorificador
glorificante
honrador
honroso
honorario
honorífico

famosamente
célebremente
honorablemente
ilustremente
esclarecidamente
preclaramente
egregiamente
gloriosamente

—

FAMILIA (30, 32)

familia
familión
parentela
los suyos
los míos, etc.
gente
obligaciones
casa
clan
tribu
linaje
extracción
dinastía
raza
ralea
cuna
alcurnia
alcuña
prole
prosapia
sangre
casta
generación
origen
estirpe
cepa
solar
hogar
descendencia
nacimiento
dependencia
posteridad
sucesión
generación
costados
lado
línea
» recta
» transversal
cuarto
rama
varonía
mayorazgo

descendiente
venideros

vástago
hijo
sobrino
nieto

ascendencia
genealogía
progenie
progenitura
mayores
abolengo
abolorio
padres
pasados
antepasados
antecesores
predecesor
traseros

ascendiente
progenitor
patriarca
cabeza de casa
» de linaje
» mayor
» de familia
» de familias
pariente mayor
tronco
abuelo
padre
tío

parentesco
relación
enlace
intimidad
filiación
estado civil
apellido
patronímico
vínculo
deudo
entronque
entroncamiento
agnación
cognación
afinidad
cuñadía
connotación
connotado
alianza
consanguinidad
primazgo
sobrinazgo
compradazgo
comadrazgo
compaternidad
grado
nepotismo
adopción
tutela
patriarcado
matriarcado
consejo de familia
ley sálica
herencia

pariente
familiar
hermano
deudo
allegado
tataradeudo
escudero
cognado
colateral
transversal
afín
agnado
conjunto

cuarto de estar
lar

nacer
descender
entroncar
tocar
tocar de cerca
estar en rodilla
con
no le alcanzarán
galgos
emparentar
contraer paren-
tesco
entrar en la fami-
lia
adeudar
entroncar

mezclarse
estrecharse
reconocer por [lia
cargarse de fami-

genealogía
árbol genealógico
» de costados
libro verde
nobiliario
estema [sangre
información de
impureza de san-
gre
genealogista
linajista
rey de armas
heraldo
faraute

familiar
parental
genealógico
hereditario
estrecho
indirecto
desemparentado
gentilicio
consanguíneo
agnaticio
cognaticio
político
putativo
existimativo
limpio
casero
doméstico
hogareño
intestino
originario

familiarmente
domésticamente
estrechamente
de rodilla en ro-
dilla

—

FAMOSO
(V. *Fama*)

—

FANFARRÓN
(V. *Valor*)

—

FANFARRO-NADA
(V. *Valor*)

—

FANTASÍA
(V. *Imaginación*)

—

FANTASMA
(V. *Espectro*)

—

FARDO
(V. *Embalaje*)

—

FARMACÉU-TICO
(V. *Farmacia*)

—

FARMACIA (12)

farmacia
farmacología
materia médica
farmacognosia
droguería

farmacopea
recetario
antidotario
petitorio

preparar
confeccionar
confingir
dosificar
mezclar
emulsionar
levigar
disolver
filtrar
agitar
cocer
elijar
destilar
cohobar
sublimar
macerar
infundir
instilar
madeficar
edulcorar
acerar
tartarizar
pulverizar
moler
trociscar
regentar

propinar
obrar
operar
hacer efecto

farmacopoyesis
infusión
cocimiento
ebullición
asación
elijación
destilación
cohobación
condensación
instilación
pulverización
lavación
lavamiento
levigación

lavado
disolución
filtración
transvasación
maceración
madefacción
nutrición
edulcoración
epistación
machacamiento
emplastamiento
dosificación
polifarmacia
mezcla
emulsión
trituración
molienda
cribado
química
dil

farmacéutico
farmacopola
farmacólogo
boticario
apotecario
boticaria
regente
triaquero
simplista
droguero
droguista
herbolario
practicante
mancebo
ungüentario

medicamento
placebo
fármaco
medicina
melecina
materia médica
remedio
remedio heroico
medicamento heroico
remedio casero
mano de santo
panacea
panacea universal
elixir
específico
preparado
antídoto
magistral
simple
substancia
droga
excipiente
vehículo
botica
ingrediente
sucedáneo
medicación
virtud
dosis

semilla
hierba
hoja
flor
cabezuela
manzanilla
tila
flores cordiales
raíz
jalapa
mechoacán
mechoacán negro
contrahierba
corteza
quina
quinaquina
cincona
cascarilla
quina de Loja
calisaya
jugo
zumo
anfión
tereniabín
maná líquido
opio
goma quino
meconio
áloe
aloe
azabara
lináloe
áloe sucotrino
extracto tebaico
árnica
láudano
tierra japónica
cato
catecú
cachú
cachunde
tridacio
quino
letuario
lectuario
lactucario
cerasiote
acacia
quinina
barbitúricos
morfina
heroína
codeína
cocaína
cafeína
teína
cola
esparteína
ergotina
narcotina
pilocarpina
daturina
ditaína
digitalina
cetarina
guayacol
cerevisina
tiroidina
aceite
aceite de Aparicio
ricino
higuera del diablo
carapato
aceite serpentino
aceite de hígado de bacalao
miera
aceite de cada
aceite onfacino
onfacino
aceite alcanforado
aceite de almendras dulces
cardol
goma
maná
manito
angélica
goma adragante
tragacanto
sarcocola
goma arábiga
resina
gutagamba
colofonia
bedelio
opopónaco
opopónax
pez griega
serapino
escamonea
asa
» dulce
» olorosa
» fétida
sangre de Drago
lupulino
amoniaco
alumbre sacarino
» zucarino
caraña
gálbano
opobálsamo
sagapeno
liquidámbar
bálsamo natural
bálsamo del Canadá
bálsamo de Judea o de la Meca
bálsamo del Perú
» de copaiba
» de Tolú
» de copaiba de la India
copaiba
azúmbar
bálsamo
diacodión
estoraque
estoraque líquido
bálsamo artificial
aceite de palo
benjuí
menjuí
brea
alquitrán
ámbar gris
» pardillo
grasa
castóreo
almizcle

agua
nafa
agua de nafa
aguanafa
agua herrada
» de herreros
» angélica
» blanca
» de cerrajas
» oxigenada
» de cal
agua de azahar, de rosas, de Javelle, de melisa, etc.
agua mineral
» mineromedicinal

mineral
metal
leche de tierra
turbit mineral
polvo de Juanes
calomelanos
calomel
solimán
fuego muerto
mercurio dulce
sublimado
argento vivo sublimado [nio
hígado de antimonio
» de azufre
alkermes
quermes [te
limonada purgante
limonada seca
azufre vegetal
bol arménico
bolo arménico
bol de Armenia
bolo de Armenia
rúbrica lemnia
camaleón mineral
piedra divina
azafrán de Marte
crémor
» tártaro
tártaro emético
bezoárico mineral
flor de la sal
acero
aspirina
fenacetina
antipirina
salipirina
urotropina
cerebrina
denticina
salol
sulfonal
sulfamida
insulina
cortisona
adrenalina
ictiol
piramidón
formol
desinfectante
anestésico
vacuna
suero
inmunología

antibiótico
penicilina
estreptomicina
cloromicetina
aureomicina
terramicina

superstición
amuleto
bezoar
bezar
bezaar
piedra bezar
bezoárico
bezoárdico
bezoar oriental
dionisia
piedra nefrítica
alectoría [bestia
uña de la gran

analgésico
anodino
sedativo
sedante
antiespasmódico
antihistérico
paliativo
atemperante
narcótico
calmante
estupefactivo
dormitivo
tónico
reconstituyente
reparador
estimulador
roborante
corroborante
cordial
nervino
correctivo
analéptico
afrodisiaco
antiafrodisiaco
anafrodisiaco
abortivo
pectoral
expectorante
estomacal
eupéptico
aperitivo
abridor
desopilativo
derivativo
diversivo
repercusivo
expulsivo
evacuativo
evacuatorio
evacuante
carminativo
emenagogo
sudorífico
sudatorio
diaforético
diurético
evaporatorio
sialagogo
salivatorio
vomitorio
vómico
emético
vomipurgante
vomipurgativo
vomitivo
antiemético
purgatorio
purgativo
purgante
purga
drástico
catártico
minorativo
laxativo
laxante
solutivo
relajante
depurativo
alterante
veneno
contraveneno
antídoto
triaca
alexifármaco
antifármaco
mitridato
febrífugo
antipirético
vermífugo
vermicida
tenífugo
antihelmíntico
antiséptico
antipútrido
antivarioloso
antiescorbútico
antirrábico
antirreumático
antituberculoso
antivenéreo
antisifilítico
contrapeste
lavatorio
colutorio
gargarismo
colirio
emoliente
emulgente
emulsivo
demulcente
detergente
resolutivo
antiflogístico
ablandativo
depletivo
detumescente
abstergente
detersivo
esméctico
detersorio
lenitivo
linificativo
desecativo
mundificativo
fomento
fundente
astringente
astrictivo
constrictivo
estíptico
estítico
restriñidor
hemostático
vulnerario
sarcótico
encarnativo
digestivo
ungüento [llo
ungüento amarillo
ungüento amaracino
ungüento de soldado [cón
ungüento basilipopuleón
diaquilón
atutía
dialtea
apostolicón
cerato
ceroto
cerato simple
cerato de Saturno
cerato de Galeno
emplasto
magdaleón
encerado
géminis
blandura
sanalotodo
socrocio
pítima
epitimia
estomaticón
diapalma
tópico
bizma
bidma
bilma
parche
pegote
pegado
pegadillo
pegatoste
pomada
manteca
cearina
jabón
jaboncillo [niacal
linimento amolinimento
linimento
embrocación
embroca
grasa
cera
crema
glicerina
vaselina
lanolina
hisopo húmedo
murria
egipciaco
enema
ceromiel
alcatenes
revulsivo
revulsorio
rubefaciente
abirritante
caterético
escarótico
cáustico
epispástico
vesicante
callicida
picapica
cantárida
mosca
mosca de España
mosca de Milán
abadejo
cochinilla [Antón
gusano de San
(apósito, venda, gasa, tafetán, etc. V. *Cirugía*)

solución
tintura
elixir
extracto
alcohol
alcoholado
alcoholato
alcoholaturo
vino medicamentoso
vino medicinal
vinagre
infusión
cocimiento
pócima
apócema
apócima
tisana
asativo
bebedizo
potingue
poción
mixtura
expresión
emulsión
mejunje
menjunje
menjurje
jarabe
jarope

lamedor
arrope
rob
melito
jalea
julepe
electuario
diacatolicón
catolicón
catalicón
filonio
diasén
benedicta
opiata
opiato
alquermes
quermes
carmes
jirapliega
ojimiel
ojimel
oximel
oximiel
miel rosada
rodomiel
confección
diascordio
nardo
anacardina
láudano
píldora alefangina
oxicrato
guaraná
chimojo
amargo
aguardiente alemán
onfacomeli
semencontra
santonina

pastilla
tableta
trocisco
rótula
tabloide
comprimido
grajea
lápiz
píldora
perla
bolo
glóbulo
globulillo
gránulo
cápsula
sello
oblea
molada
muñeca
óvulo
supositorio
ampolla
inyectable

botica
apoteca
farmacia
oficina
dispensario
rebotica
rebotiga
botiquín
antidotario
ungüentario
droguería
especiería

(emulsor, matraz, etc. V. *Química*)
botamen
pucia
ojo de boticario
caceta
triaquera
triaquero
exprimidera
pildorero
manípulo
mortero
moleta

espátula
cuentagotas

libra medicinal
áureo
dracma
escrúpulo
óbolo
grano

farmacéutico
farmacológico
farmacopólico
medicinal
medicinable
medicamentoso
oficinal
galénico

balsámico
ceromático
opiado
opiáceo
alopiado
boricado
marcial
emulsivo
lento
elijable
masticatorio
ingrasante
incrasante
ungüentario
santo
pilular
de uso interno
» » externo

—

FARO (2, 3, 38)

faro
linterna
torre de farol

fanal
farola
farol
luz
destello
ocultación
eclipse
despertador
indicación
automovil

torrero

—

FAROL
(V. *Alumbrado*)

FASTIDIAR
(V. *Fastidio*)

FASTIDIO (14)

fastidio
tedio
tediosidad
monotonía
aburrimiento
aburrición
aborrecimiento
esplín
cansancio
impaciencia
saciedad
molestia
enfado
enfadamiento
repugnancia
desagrado
disgusto
asco

desgana
desgano
hámago
ámago
náusea
bostezo
desperezo

fastidiar
hastiar
enhastiar
enfadar
estomagar
aburrir
aborrecer
atediar
cansar
hartar
empalagar
encocorar
importunar
engorrar
abroncar
secar
apestar
heder
tener pocos lances
caerse de las manos

fastidiarse
aburrirse
embazarse
desganarse
bostezar
badallar
matar el tiempo
no poder consigo mismo

fastidioso
hastioso
amerengado
tedioso
enfadoso
aburrido
aborrecido
desanimado
pesado
latoso
plomífero
cargante
importuno
molesto
estomagante
reventino
insípido
soso
repetido
prolijo
soporífero
dormitivo
insoportable
harto

fastidiosamente
hastiosamente
tediosamente

—

FASTIDIOSO
(V. *Fastidio*)

—

FASTUOSO
(V. *Fausto*)

—

FATAL
(V. *Necesidad*)

—

FATIGA
(V. *Cansancio*)

—

FATIGOSO
(V. *Cansancio*)

—

FAUSTO (26)

fausto
fasto
fastuosidad
suntuosidad
solemnidad
boato
lujo
» asiático
alarde
vanidad
ostentación
orgullo
jactancia
afectación
presencia
esplendor
resplandor
resplendor
resplandecimiento
esplendidez
lucimiento
gala
gentileza
elegancia
autoridad
magnificencia
grandiosidad
grandeza
majestad
majestuosidad
visualidad
vistosidad
teatralidad
gloria
aparato
atuendo
atruendo
estruendo
estrépito
tronido
tren
adorno
pompa
pomposidad
rumbo
liberalidad
riqueza
derroche
pavonada
guapeza
guapos
bambolla
relumbrón
oropel
espantavillanos
exterioridad
pampanaje
profanidad
bizantinismo
soberbia
ceremonia
fiesta
función
espectáculo
apoteosis

ostentar
guapear
pompearse
aparatarse
lucirse
jactarse
estar en grande
portarse como un príncipe
echar la casa por la ventana
gastar mucho oropel
atar los perros con longaniza

fastuoso
faustoso
fastoso
lujoso
ostentoso
rumboso
generoso

bambollero
aparatoso
vistoso
teatral
babilónico
pomposo
pompático
retumbante
suntuario
suntuoso
bravo
soberbio
imponente
solemne
espléndido
magnífico
magnificentísimo
majestuoso
majestoso
señorial
regio
principote
hecho un brazo de mar

fastuosamente
fastosamente
suntuosamente
lujosamente
vistosamente
galanamente
pomposamente
rumbosamente
espléndidamente
magníficamente
grandiosamente
regiamente
majestuosamente
de mar a mar

—

FAVOR
(V. *Beneficio*)

—

FAVORABLE
(V. *Felicidad*)

—

FE
(V. *Creencia*)

—

FEALDAD
(14, 18, 24, 29)

fealdad
deformidad
desproporción
fiereza
monstruosidad
afeamiento
desaliño
ajamiento
desfiguración
visaje
mueca
gesto
ridiculez

afear
desagraciar
amancillar
manchar
deslucir
deslustrar
desfigurar
ajar
marchitar
parecer un coco
desafear

visión
monstruo
monstro
mostro

coco
caricatura
diablo
picio
cara de hereje
hominicaco
monicaco
personilla
bicharraco
facha
escarabajo
zancajo
zoquete
zurrapa
escomendrijo
bruja
arpía
harpía
calchona
carantona
pava

afeador
feo
feúcho
feúco
feote
feotón
malcarado
mal encarado
mal parecido
mal apersonado
macaco
endiablado
fiero
feróstico
horroroso
disforme
horrible
atroz
repugnante
asqueroso
espantoso
monstruoso
grotesco
repulsivo
innoble
inelegante
charro
cursi
torpe
dificultoso
incasable
deslustroso
antiestético
despreciable
más feo que Picio

feamente

—

FEBRIL
(V. *Fiebre*)

—

FÉCULA (36)

fécula
almidón
albumen
sagú
yuquilla
tapioca
mañoco
arrurruz
salep
chuño
grano
harina
sopa

almidonería

feculento
amiloideo

—

FECULENTO
(V. *Fécula*)

—

FECUNDACIÓN (8)

fecundación
muga
fertilidad
polinización
cierne
cabrahigadura
generación
esterilidad

fecundar
fecundizar
fertilizar
cabrahigar
cerner
semillar
asemillar

engendrar
empreñar
preñar
encintar
cubrir
padrear
saltar
tomar
coger
llenar
prender
mestizar
mugar

concebir
empreñarse
ser una coneja
estar fuera de cuenta

concepción
concebimiento
gestación
embarazo
gravidez
preñado
preñez
estado interesante
empreñación
gravidismo
vientre
tripa
barriga
achaque
superfetación
mes mayor
meses mayores
antojo
angioma
epitimia
parto

fecundador
fecundizador
fecundante
fecundativo
fecundable

embarazada
preñada
jeda
abierta
ocupada
encinta
paridora
paridera
grávida
impotente
estéril

fecundamente
de tiempo

—

FECUNDAR
(V. *Fecundación*)

—

FECUNDO
(V. *Fertilidad*)

—

FECHA (21)

fecha
data
posfecha
fecha ut supra
» » retro
antedata
posdata
anacronismo
paracronismo
sincronismo
término
vencimiento
señalamiento
plazo
exactitud
oportunidad
festividad

cronología
cronografía
cómputo
historia
estilo antiguo
estilo nuevo
áureo número
letra dominical
corrección gregoriana
día complementario
embolismo
calendario

época
tiempo
temporada
edad
era
» común, cristiana o de Cristo
era vulgar
» española
hégira
héjira
edad de piedra
» de los metales
edad antigua
» media
medioevo
medievo
edad moderna
renacimiento
siglo
» de oro
» dorado
» de plata
» de cobre
» de hierro
siglos medios
tiempos prehistóricos
tiempos fabulosos
prehistoria
arqueología
mitología

ciclo
período
jubileo
olimpiada
ciclo solar
» lunar [venal
» decemnovenal
» pascual
epacta
indicción
» romana
calendas
nonas
idus
idos
día
día diado
» adiado
semana
mes
año

efemérides
centenario
aniversario
cumpleaños
natal
santo
días
bodas de plata
» de oro [te
» de diamante

datar
fechar
calendar
antedatar
computar [pos
ajustar los tiempos

cronólogo
cronógrafo
cronologista

fechador
matasellos

cronológico
cíclico
calípico
gregoriano
anacrónico
contadero
antiguo
antediluviano
postdiluviano
medieval
medioeval
férreo
renacentista
moderno
corriente
actual

cronológicamente
por los años de
a fines
ut supra

—

FELICIDAD (27)

felicidad
dicha
suerte
prosperidad
fortuna
salud
auge
boga
manderecha
bonanza
beatitud
éxtasis
embriaguez
alegría
ventura
venturanza
buena estrella
buen augurio
buenaventura
buena ventura
venturón
bienandanza
buenandanza
buena andanza
buena man derecha
bienaventuranza
gloria

jauja
vida capulina
placer
bienestar
lecho de rosas
cielo sin nubes
siglo de oro
oasis
luna de miel
comodidad
riqueza

consecución
victoria
triunfo
éxito
fama
chiripa
chamba
bolichada
casualidad
viaje redondo
salto de mal año
terno seco
iris de paz
optimismo
albricias

afortunar
prosperar
felicitar
beatificar
bendecir

medrar
prosperar
florecer
salir a flote
echar buen pelo
pelechar
enriquecer
estar en su centro
» en su elemento
caer de pies
nacer de pie
» con estrella
tener estrella
tener potra
venir rodada
ver el cielo abierto
soplarle la musa
entrar con buen pie [derecho
entrar con el pie
dar bien
» » el naipe
acudir el juego
haber pisado una buena hierba
tener la cuesta y las piedras
librar bien
andar de ganancia [blanca
señalar con piedra
clavar la rueda de la fortuna [lla
campar con estrella
sonreírle a uno algún asunto
correr bien la suerte
soplar la fortuna
sonreír la fortuna
picar el viento
venir el parto derecho
correr el dado
alzar la cabeza
levantar cabeza
levantar el cuello
venir Dios a ver
bendecir Dios
hacerse con bendición [la miel
caerse la sopa en
a buen viento va la parva

feliz
dichoso
bendito
beato
beatífico
bienaventurado
afortunado
bienfortunado
bienhadado
venturoso
venturado
venturero
favorito
bienandante
alegre
boyante
ufano
encantado
radiante
satisfecho
campante
potroso
tiñoso
chambón
chiripero
niño de la bola
hombre de fortuna
paraninfo

favorable
feliz
felice
providencial
próspero
propicio
agradable
fasto
fausto
bonanzoso
segundo
próvido
diestro
risueño
sonriente
beatificante
floreciente
florentísimo
dorado
de oro

felizmente
dichosamente
bienaventuradamente
venturosamente
prósperamente
propiciamente
favorablemente
afortunadamente
por fortuna
bien
enhorabuena
en hora buena
en buena hora
en buen hora
a la buena hora
a flote
viento en popa
con pie derecho
con buen pie
en buen pie
en buen punto
de bien en mejor
en pinganitos

—

FELICITACIÓN
(V. *Congratulación*)

—

FELICITAR
(V. *Congratulación*)

—

FELIZ
(V. *Felicidad*)

—

FELPA
(V. *Terciopelo*)

—

FEMENINO
(V. *Mujer*)

—

FEO
(V. *Fealdad*)

—

FÉRETRO
(V. *Entierro*)

—

FERIA
(V. *Mercado*)

—

FERMENTACIÓN (2, 9)

fermentación
» tumultuosa
putrefacción
cociembre
efervescencia
espuma
corrupción

fermentar
recentar
leudar
aleudar
lleudar
ludiar
liudar
hervir
rehervir
cocer
arder

leudarse
venirse
arderse
ahervorarse
alechigarse
ahilarse
madrearse
modorrarse
corromperse
agriarse

levadura
pan
ludia
reciente
creciente
recentadura
fermento
diastasa
oxidasa
lab
bacteria
tela
telilla
masera

fermentador
fermentante
fermentable
fermentescible
antifermentescible
fermentado
leudo
ludio
modorro
ácimo

—

FERMENTAR
(V. *Fermentación*)

—

FERMENTO
(V. *Fermentación*)

—

FERROCARRIL (38)

ferrocarril
camino de hierro
vía férrea
línea férrea [gre
ferrocarril de san-
línea de circunva-
lación [lar
ferrocarril funicu-
» de cre-
mallera

carril
riel
raíl
contracarril
vía
entrevía
traviesa
durmiente
cojinete
eclisa
balasto
vía muerta
apartadero
entronque
carrilera
paso
aguja
cambio
placa giratoria
encarriladera
abanico
disco de señales
paso a nivel
barrera
barrera de golpe
túnel
viaducto
puente
locomotora
máquina
caldera
ténder
alijo
carbonera
guardallamas
arenero

vagón
vehículo
carruaje
departamento
compartimiento
berlina
reservado
coche cama
» salón [te
vagón restauran-
perrera
furgón
vagoneta
plataforma
batea
traviesa
rueda
eje
tope

tren
tren ascendente
» descendente
» correo
» directo
» rápido
» expreso
exprés
sudexpreso
tren de escala
» ómnibus
» regular
» discrecional
» ordinario
» carreta
tren mixto
» de recreo
» botijo
» especial
correo
mercancías
funicular
teleférico
tranvía
metropolitano
metro

estación
paradero
apeadero
andén
muelle
consigna
dock
gálibo
taquilla
billete
» kilométrico
» circular
» de ida y
talón [vuelta
hoja de ruta
detasa
marbete
etiqueta
tarifa

encarrilar
encarrillar
enrielar
empalmar
entroncar
balastar
transbordar
trasbordar
descarrilar
patinar
embarcar
facturar
electrificar

tracción
transporte
facturación
viaje
carga
maniobras
transbordo
trasbordo
descarrilamiento
descarriladura

ferroviario
carrilano
factor
maquinista
fogonero
guardafrenos
retranquero
guardagujas
cambiavía
cambiador
guardabarrera
guardavía
revisor

ferroviario
ferrovial
ferrocarrilero
transpirenaico
transandino
trasandino
transiberiano

—

FÉRTIL
(V. *Fertilidad*)

—

FERTILIDAD (36)

fertilidad
fecundidad
feracidad [sión
tierra de promi-
» prometida
abundancia
producción
reproducción
fecundación
generación

fertilizar
fecundizar
fecundar
meteorizar

fertilizador
fertilizante
abono
fertilizable

fértil
fecundo
viripotente
feraz
productivo
fructuoso
fructífero
prolífico
vicioso
pingüe
ubérrimo
ópimo
cencío

—

FERTILIZAR
(V. *Fertilidad*)

—

FESTIVIDAD
(1, 21, 31)

festividad
solemnidad
conmemoración
dedicación
ceremonia
función
gala
fausto
diversión
fiesta
domingo
sábado
fiesta simple
» doble
» semidoble
» fija o inmo-
ble
fiesta movible
» de guardar
» de precepto
vigilia
víspera
octava
ochava
infraoctava
octavario
cuarenta horas
culto

día de iglesia
disanto
día de precepto
» de guardar
» de fiesta
» festivo
» feriado
» inhábil
» colendo
» de misa
» de mano o
media fiesta
» interciso
» nefasto
puente
día entrillado
» quebrado
año
santoral
calenda
calendario

Natividad
Navidad
navidades
pascuas
nochebuena
noche buena
» vieja
Circuncisión
Epifanía
adoración [Reyes
adoración de los
Reyes
Anunciación
Concepción
Presentación
Purificación
Asunción
Candelaria
carnaval [niza
miércoles de ce-
miserere
cuaresma
cincuesma
adviento
galilea
fiesta de las Ca-
bañuelas
fiesta de los Ta-
bernáculos
cenopegias
Semana Santa
Pascua
pascua de flores
o florida
pascua de Resu-
rrección
aleluya
pascuilla
Ascensión
aparición
pascua del Espí-
ritu Santo
Pentecostés
domingo de Pen-
tecostés
cuasimodo
reviernes
Corpus
día de Dios
» del Señor
» de todos los
santos
conmemoración
de los difuntos
día de los difuntos
Trinidad
patrocinio de
Nuestra Señora
patrocinio de
San José
invención de la
Santa Cruz
maya
tránsito
transfixión
transverberación
dedicación
sanjuanada
sampedrada
sanmiguelada
peregrinación
romería
procesión

aniversario
fecha
días
natal
nadal
natalicio
santo
día onomástico
cumpleaños
tornaboda
jubileo
celebrar
ocurrir
caer
conmemorar [tas
celebrar las fies-
guardar, santificar
las fiestas
santificar los días
hacer domingo

hacer fiesta
hacer puente

eucologio
martirologio
calenda
calendario
ceremonial

festivo
solemne
pascual
navideño
infraoctavo
alto
bajo

—

FESTIVO
(V. *Festividad*)

—

FETIDEZ (13)

fetidez
mal **olor**
hedor
fetor
corrupción
sentina
pestilencia
suciedad
ventosidad
excremento
hediondez
peste
hedentina
fato
tafo
tufo
empireuma
sobaquina
cochambre
hircismo
pebete
humazo
grajo
catinga
ocena
mofeta

heder
apestar
oliscar
husmear
corromper
contaminar
aventar
carcavinar
encarcavinar
heder la boca
oler la boca
oler a chotuno

fétido
pestilente
pestilencial
hediondo
hidiondo
hediento
pestífero
maloliente
apestoso
mefítico
catingoso
catingudo
carroñoso
empireumático
viciado
estadizo

hediondamente

—

FÉTIDO
(V. *Fetidez*)

—

FETO
(V. *Embriología*)

—

FEUDAL
(V. *Feudalismo*)

—

FEUDALISMO (30)

feudalismo
feudalidad
feudo
» propio
» impropio
» recto
» ligio
» franco
» de cámara
estados
casa
dominio
propiedad
devisa
naturaleza
albergaje
pernada [da
derecho de perna-
fadiga
conducho

cacicato
cacicazgo

sumisión
dependencia
lealtad
vasallaje
encartación
dominicatura
trecén
tributo
prestación

soberano
señor
señor natural
señor de horca y
cuchillo
señorón
patrono
castellano
marqués
noble
comendero
cacique
cacica
faraute
feudista

daimio
samurai

vasallo
» de signo
feudatario
collazo
bucelario

enfeudar
infeudar
tantear
tributar
avasallarse

enfeudación
infeudación
señorada

lugar de señorío
señorío
señoría
lugar de behetría
behetría [mar
behetría de mar a
behetría cerrada
» de entre parientes
behetría de linaje
becerro de las behetrías

feudal
señorial
señoril
dominical
solariego

—

FEUDO
(V. *Feudalismo*)

—

FIADOR
(V. *Garantía*)

—

FIANZA
(V. *Garantía*)

—

FIAR
(V. *Garantía*)

—

FICCIÓN
(V. *Imaginación*)

—

FIEBRE (12)

fiebre
calentura
hipertermia
calenturilla
calenturón
causón
febrícula
destemplanza
décimas
temperatura
estuosidad
fiebre esencial
pirexia
fiebre sintomática
» sínoca
» sinocal
» continua
» intermitente
» remitente
» anticipante
» subintrante
» sincopal
» efémera
» efímera
» láctea
terciana
terciana de cabeza
ción
cuartana
» doble
fiebre eruptiva
» héctica
» hética
» perniciosa
» palúdica
» mediterránea
» amarilla
» de Malta
chucho
malaria
lipiria
fiebre aftosa
chavalongo
paratifoidea
paratifus
tifus
anofeles
enfermedad

estadio
recargo
subintración
horripilación
accesión
lisis
día de huelga
reacción
defervescencia
apirexia
algidez
período álgido
rigor

escupidura
sudamina
piretología

acalenturarse
recargarse
destemplarse
recargar la fiebre
limpiarse uno de fiebre
declinar la fiebre
subintrar
despejarse

termómetro
» clínico
gráfica

calenturiento
febricitante
atercianado
cuartanario
tercianario
infebril
apirético
antifebril
febrífugo
paratifoideo

febril
pirético
calenturiento
tercianario
cuartanal
cuartanario
acre
álgido

—

FIEL
(V. *Contraste*)

—

FIEREZA (26)

fiereza
ferocidad
bestialidad
salvajismo
crueldad
bravura
bravío
braveza
indocilidad

fiera
salvajina
animal

alzarse

fiero
feroz
feroce
cruel
bravío
bravo
bravoso
salvaje
salvajino
furo
abestiado
montaraz
montés
saltero
cerrero
cerril
bozal
bagual
jíbaro
cimarrón

cimarronada

indómito
indomable
indoméstico
indomado
indomesticable
redomón
zahareño
arañero
recreído
arisco
chúcaro
falso
traidor

fieramente
ferozmente

—

FIERO
(V. *Fiereza*)

—

FIESTA (31)

fiesta
regocijo
diversión
descanso
día festivo
» colendo

fiestas
regocijos
festejos
alegrías
días geniales
festival
función
solemnidad
celebridad
centenario
convite
(banquete, orgía, etc. V. *Alimento*)
protocolo
ceremonia
velada
juego
juegos florales
certamen
festividad
procesión
culto
espectáculo
danza
baile
zambra
leila
jorco
tango
gaudeamus
fiestas reales
vítor
recepción
besamanos
garden-party
kermesse
domingada
sampedrada
sanmiguelada
sanjuanada
mondas
romería
(feria, etc. V. *Mercado*)
luminaria
iluminaria
boda
tornaboda
noche de verbena
verbena
retreta
rúa
cascabelada
atoleadas
caneisitos [dina
entierro de la sar-
carnaval
endiablada
mojiganga
fiesta de armas
torneo
tela
justa
batalla
naumaquia
combate
folla
cañas
batalla de flores
carrera
carrera de gamos
» de cintas
cabalgata
carrozas
retreta
equitación
suiza
moros y cristianos
máscaras
toros
tauromaquia

algarrada
jubillo
toro de ronda
marcha
hoguera
falla
traca [les
fuegos artificia-
toro de fuego
tora
cabezas
coso

artesilla
alcancía
maya
moharracho
moharrache
matachín
zangarrón
zarragón
histrión
estafermo
pandorga
bausán
tazaña
tarasca
gigante
gigantón
cabezudo
cucaña
tiovivo
caballitos
tiro al blanco

juegos
» pitios
» nemeos
» taurios
olimpiada
saturnal
saturnales
compitales
juvenales
carmentales
lupercales
bacanales
hontanales
agonales
cereales
lemurias
caristias
caneforias
leneas
lerneas
panateneas
cárneas
corona olímpica

estar de fiesta
festejar
celebrar
enjunciar
endomingar, -se

enfiestarse
divertirse

tornear
justar
mantener
contrapechar
alcoholar
alanzar
correr cañas
» gallos
» gansos
» el ganso
correr o jugar alcancías
mantener la tela

correr lanzas
deshacer la lanza
correr la pólvora
» sortija
tirar lanzas a tablado

fiestero
festero
romeriego

justador
torneante
mantenedor
aventurero
parejero [do
lanzador de tabla-
guía
pareja
cuadrilla
juez

bacante
canéfora
canistro

lanza
taco
bohordo
roquete
borne
escudo
armadura
librea
mote
favor
precio

palenque
liza
valla
tela
tablado
andamio
mayo

festivo
jubilar
olímpico
juvenal
agonal
pitio
pítico
nemeo
bacanal
cereal
hontanal
florales
cibario
verbenero

—

FIGURA
(V. *Forma*)

—

FIJAR
(V. *Sujeción*)

—

FIJO
(V. *Sujeción*)

—

FILA
(V. *Serie*)

—

FILAMENTO
(V. *Hilo*)

—

FILO (18, 34)

filo
hilo
corte
boca
agudeza
tajo
tajador
filo rabioso
filván
contrafilo
releje
arista
aceros
punta
embotamiento
embotadura

afilar
aguzar
apuntar
vaciar
amolar
cabruñar
encabruñar
asentar
acicalar
suavizar
dar filo
dar un filo
sacar filo
» punta
triscar
trabar
reseguir
desafilarse
embotar

afiladura
amoladura
aguzadura
cabruño

afilador
amolador
amolanchín
vaciador
aguzador

afilón
afilador
piedra de afilar
afiladera
amoladera
aguzadera
muela
mollejón
molejón
asperón
carretón
carretoncillo
tibe

callón
esmoladera
chaira
eslabón
amoladuras
colodra
gachapo
correa
suavizador
asentador
triscador

afilado
filoso
filudo
agudo
buido
acerado
aguzado
aguzadero

—

FILOLOGÍA (28)

filología
filológica [rama
filología compa-
» compara-
tiva
lingüística
glotología
romanística
germanística
onomástica
isoglosa
etimología
étimo
gramática
lexicología
léxico
sincronía
diacronía
substrato
(semántica, etc.
V. *Significación*)
pronunciación
fonética
lengua
lenguaje
literatura

etimologizar

filólogo
lingüista
etimologista
etimólogo
etimologizante

filológico
lingüístico
etimológico
sincrónico
diacrónico

filológicamente
etimológicamente

—

FILOSOFÍA (23)

filosofía
filosofismo
filosofía natural
cosmología
cosmovisión
metafísica
ontología
epistemología
preterición
artes
teología
(psicología, etc.
V. *Alma*)
ética
(estética
V. *Belleza*)
moral
dogma
ideología
lógica
universales
categoremas
categorías
los contrarios
(causalidad, etc.
V. *Causa*)
espacio
tiempo
cantidad
cualidad
ser
entelequia
quinta esencia
eón
esencia
accidente
existencia
causa
finalidad
objeto
estado
circunstancia
modo

platonismo
neoplatonicismo
aristotelismo
peripato
pirronismo
estoicismo
epicureísmo
cinismo
pitagorismo
escolasticismo
escolástica
tomismo
averroísmo
maimonismo
escotismo
lulismo
vivismo
suarismo
cartesianismo
enciclopedismo
gasendismo
sansimonismo
espinosismo
kantismo
neokantismo
criticismo
hegelianismo
krausismo
enciclopedia

eclecticismo
sincretismo
espiritualismo
materialismo
hilozoísmo
fenomenalismo
idealismo
ontologismo
bovarismo
acosmismo
innatismo
gnosticismo
agnosticismo
docetismo
relativismo
particularismo
empirismo
positivismo
utilitarismo
hedonismo
pragmatismo
nominalismo
realismo
conceptualismo
determinismo
fatalismo
individualismo
naturalismo
panteísmo
emanantismo
monadismo
panspermia
atomismo
optimismo
tradicionalismo
dualismo
dinamismo
monismo
panenteísmo
humanismo
iluminismo
dogmatismo
escepticismo
racionalismo
sensualismo
pesimismo
existencialismo
nihilismo
molinismo
molinosismo
amoralismo
ortodoxia
heterodoxia
herejía

escuela
liceo
academia
filosofía y letras
facultad

filosofar
pensar
reflexionar
discurrir
argumentar
discutir
concebir
identificarse

filósofo
filosofador
filosofastro
discípulo
sofista
metafísico
cosmólogo
ideólogo
psicólogo
ontólogo

ortodoxo
heterodoxo
dogmático
ecléctico
escéptico
agnóstico
idealista
espiritualista
empírico
realista
sensualista
materialista
naturalista
vitalista
atomista
corpusculista
poligenista
positivista
escolástico
nominalista
nominal
conceptualista
panteísta
racionalista
determinista
finalista
tradicionalista
optimista
pesimista
nihilista
amoral

entitativo
socrático
platónico
académico
neoplatónico
alejandrino
aristotélico
peripatético
pitagórico
estoico
epicúreo
cínico
eleático
averroísta
lulista
luliano
escotista
suarista
enciclopedista
kantiano
hegeliano
krausista
cartesiano
gasendista
pragmático
existencialista

filosófico
filósofo
afilosofado
metafísico
cosmológico
ideológico
hermético
esotérico
exotérico
empírico
positivista
realista
panteístico
panteísta
naturalista
agnóstico
conceptualista
atomístico
corpuscular
ecléctico
sincrético
determinista
asociacionista
erístico
cirenaico
cínico
baconiano
sansimoniano
luliano
neokantiano
hegeliano
trascendental
transcendental

filosóficamente
metafísicamente
aristotélicamente

—

FILOSÓFICO
(V. *Filosofía*)

—

FILÓSOFO
(V. *Filosofía*)

—

FILTRACIÓN (2, 20)

filtración
infiltración
coladura
colada
bogada
bugada
exudación
destilación
permeabilidad
ósmosis
endósmosis
exósmosis
transvasación

filtrar
destilar
pasar
colar
recolar
trascolar
zarandar
infiltrar
purificar
cribar

rezumarse
trazumarse
transpirarse
trasvinarse
exudar
resudar
calar
recalar
trasminar
pasarse
extravenarse
trasvenarse
lloverse
sudar
impermeabilizar

filtro
filtrador
tinajero
destilador
destiladera
colador
coladero
cebolla
pasador
coladera
manga
cepillo
cuenco
escurridor
sebucán
zaranda
papel de filtro
membrana
embudo
tamiz
criba

gota
filtrado
rezumadero
gotera
sedimento
sudadero

filtrado
colado
permeable
poroso

—

FILTRAR
(V. *Filtración*)

—

FILTRO
(V. *Filtración*)

—

FIN (16, 21, 27)

fin
terminación
conclusión
desenlace
solución
acabamiento
acabo
acabijo
ultimación
consumación
éxito
cesación
declinación
ocaso
fenecimiento
perecimiento
agotamiento
agotadura
extinción
prescripción
vencimiento
supresión
final
término
clausura
cerrojazo
cabo
remate
límite
extremo
extremidad
punta
orilla
borde
suelo
dejo
paradero
terminación
desinencia
sufijo
zeda
zeta
omega
alfa y omega
epílogo
ultílogo
colofón
estrambote
estribillo
finibusterre
acabóse
último suspiro
la consumación
de los siglos
apocalipsis

finalizar
finir
acabar
terminar
concluir
completar
cumplir
ultimar
rematar
arrematar
fenecer
afinar
liquidar
finiquitar
extinguir
exterminar
apurar
suprimir
redimir
sellar
cerrar
clausurar
dar fin
acabar con
echar la clave
echar la contera
alzar de obra
dar la hora
dar de mano
dar fin
» remate
poner fin
bajar el telón
levantar la sesión
dar las boqueadas

acabarse
concluirse
terminarse
extinguirse
acabar
terminar
finalizar
rematar
salir
faltar
cesar
fallecer
fallir
declinar
caer
pasar, -se
prescribir
expirar
caducar
perecer
morir
fenecer

boquear
venir a
parar en

ultimador
concluyente
conclusivo
concluso
terminador
terminante
terminativo
terminal
finito
final
finible
acabable
terminable
extinguible
prescriptible

finalmente
últimamente
supremamente
de vencida
a la postre
al postre
a postremas
por último
al cabo, al cabo
» » y al fin
» » y a la postre
al fin y a la postre [da
al fin de la jornada
al fin y al cabo
al fin
por fin
por fin y postre
por final
en fin
por remate
por contera
en conclusión
a última hora
en último lugar

sanseacabó
cruz y raya
¡acabáramos!
apaga y vámonos
no se hable más de ello
ite missa est
finis coronat opus

—

FINAL
(V. *Fin*)

—

FINALIDAD
(V. *Causa*)

—

FINALIZAR
(V. *Fin*)

—

FINCA
(V. *Tierra*)

—

FINGIMIENTO (26, 28)

fingimiento
afectación
insinceridad
disimulo
engaño
dolo
falsedad
artificio
impostura
feila
exterioridad
doblez
doble
solapa
astucia
recoveco
fruncimiento
disfraz
integumento
hazañería
simulación
segunda intención
gatería
lamedor
guadramaña
gatatumba
zanguanga
camándula
bambolla
estratagema
pataleta
pasmarota
pasmorotada
ficción
fábula
comedia
escena
hipocresía
fariseísmo
teatinería
bigardía
mojigatería
mojigatez
gazmoñería
gazmoñada
delicadeza
beatería
santurronería
devotería
jesuitismo
camandulería [co
escándalo farisaico
respetos humanos
humildad de garabato
deo gracias
palabras fingidas
lágrimas de cocodrilo
calentura de pollo
oropel
relumbrón
espantavillanos
atarantapayos

fingir
afectar
infligir
mentir
pretextar
disimular
desfigurar
disfrazar
ocultar
simular
aparentar
representar
amagar
señalar
figurar
suponer

asacar
cohonestar
honestar
vestir
imitar

fingirse
hacerse el
darse por
darlas de
dárselas de
venderse por
contrahacerse
fruncirse
encojarse
aniñarse
camandulear
hacer el
hacer como que
hacer que hacemos
hacer la comedia
hacer el papel
hacer el paripé
hacerse el sueco
mamarse el dedo
llorar con un ojo
hacer la gata
hacer la gata ensogada [muerta
hacer la gata
hacer la encorvada [rrada
hacer la despataecharse por tierra
hacer la seráfica
» » de rengo
hacerse de nuevas
hacer la deshecha
gastar mucho oropel

fingidor
simulador
impostor
farsante
comediante
tramoyista
hazañero
hipócrita
guatimaña
fariseo
nebulón
testimoniero
mojigato
mogato
gazmoño
gazmoñero
beato
beatón
beatuco
misticón
santón
santurrón
santulón
santucho
santo de pajares
ángel patudo
moscón
camandulero
cabeza torcida
caballero de mohatra
margaritona

fingido
ficto
contrahecho
putativo
innatural
artificial
falso
apócrifo
fantástico
hechizo
postizo
supositicio
achacadizo
zanguayo
hazañero
insincero
jesuítico
afectado
teatral

doble
doblado
desleal

fingidamente
simuladamente
hipócritamente
farisaicamente
mentidamente
mentirosamente
fabulosamente
paliadamente
sobresano

—

FINGIR
(V. *Fingimiento*)

—

FINO
(V. *Finura*)

—

FINURA (27)

finura
fineza
delicadeza
delicadez
sutileza
tacto
habilidad
primor
pulcritud
suavidad
elegancia
buen tono
distinción
cortesía
exquisitez
gracia
gallardía
monería
monada
monís
filigrana
filili
filustre
filis
curiosidad
esmero
perfección
bondad
venustidad
venustez
belleza
excelencia

fino
refino
superfino
refinado
delicado
suave
exquisito
selecto
primoroso
pulcro
pulido
afiligranado
grácil
ligero
gracioso
atractivo
mono
monuelo
fileno
amable
delicioso
agradable
lindo
hermoso
venusto
elegante
sutil

finamente
afinadamente
delicadamente
delgadamente
melifluamente
blandamente
pulidamente
muellemente
abemoladamente
como peras en tabaque

—

FIRMA (28)

firma
media firma
antefirma
razón social
firma en blanco
nombre
estampilla
rúbrica
signo
sello
refrendación
refrendo
refrendata
legalización
visto bueno
aval
subscripción
obligación

firmar
signar
persignar
señalar
rubricar
subscribir
refrendar
legalizar
firmarse
firmar como en un barbecho
escribir

firmante
firmón
signatario
infrascrito
infrascripto
rubricante
suscritor
subscritor
subscriptor
refrendario
firmado
referendario

rubricado
suscrito
subscrito
subscripto

—

FIRMAR
(V. *Firma*)

—

FIRME
(V. *Firmeza*)

—

FIRMEZA (2)

firmeza
fortaleza
estabilidad
consistencia
solidez
dureza
resistencia
seguridad
sujeción

afianzar
afirmar
confirmar
asegurar
asentar
arraigar
consolidar
solidar
robustecer
reforzar
fortificar
roborar
fortalecer
barretear
barrear
abarrotar
embarrotar
encambronar
ferretear
precintar

afianzamiento
fortalecimiento
consolidación

refuerzo
precinto
precinta
cantonera
falso
tranca
barra
barrote
alma

firme
fijo
hito
sólido
fuerte
duro
consistente
resistente
macizo
redoblado
trabado
compacto
denso
apretado
de cal y canto

firmemente
sólidamente
afirmadamente
fijamente
de firme
a machamartillo
de prueba
a prueba de agua, de bomba, etc.

—

FISCO
(V. *Hacienda*)

—

FÍSICA (2)

física
» experimental
filosofía natural
cosmología
fisicoquímica
ciencias naturales
teoría
ley

relatividad
teoría cuántica
cuanto
entropía

materia
masa
molécula
átomo
densidad
impenetrabilidad
porosidad
esponjosidad
raridad
vacío
dureza
blandura
elasticidad
compresión
contracción
extensión
cohesión
coherencia
adsorción
tensión superficial
sólido

líquido
humedad
hidráulica
bomba
ludión
gas
presión
tensión
aire
elemento
éter
fluido
fluido imponderable
movimiento
fuerza
erg
ergio
decibelio
medida
sistema cegesimal
energía
trabajo
rendimiento
choque
inercia
equilibrio
quietud
estática
dinámica
mecánica
atracción
gravedad
gravitación
pesantez
pesadez [dad
centro de grave-
peso
levedad
giroscopio
giróstato
sonido
batimiento
interferencia
calor
luz
óptica
lente
fotografía
electricidad
rayos X
rayos Röntgen
magnetismo
telegrafía
radio
meteorología
radiación
luminiscencia
fosforescencia
onda
ondulación
período
detección
onda etérea
rayo
nodo
espectro
radiactividad
ensayo
experimento

acoplar
interferir
detectar

aparato
detector
péndulo
barómetro
termómetro [tica
máquina neumá-
máquina, etc.
gabinete de física
química

físico (m.)
físico (adj.)
radiactivo
cegesimal
escalar

—

FISIOLOGÍA (8)

fisiología
animalidad
vitalismo
psicofísica
economía animal
constitución
complexión
temperamento
somatología
metabolismo
año climatérico
carácter
humor
vida
eucinesia
salud
enfermedad
sueño
vigilia
fluido
tonicidad
tono
eretismo
orgasmo
fuerza
plétora
caloricidad
facultad
sinergia
simpatía
función
acción
reacción
reflejo
inhibición
biología
embriología
parto
nacimiento
crecimiento
sensibilidad
calorificación
movimiento
locomoción
aducción
abducción
circunducción
nutrición (**alimento**)
asimilación
evacuación
desasimilación
metabolismo
detrito
detritus
fagocitosis
secreción
hormón
hormona
respiración [gre)
circulación (**san-**
reproducción
generación

fisiólogo

fisiológico
funcional
complexional
vegetativo
libre

fisiológicamente

—

FLACO
(V. *Delgadez*)

—

FLAQUEAR
(V. *Flaqueza*)

—

FLAQUEZA (25, 26)

flaqueza
debilidad
desaliento
inconstancia
condescendencia
indiferencia
blandura
flexibilidad
benignidad
lenidad
indulgencia
fragilidad
humanidad
sumisión
esclavitud [nos
respetos huma-
cobardía

flaquear
aflojar
flojear
escampar
ceder
desistir
blandear
falsear
quebrar
rendirse
deslizarse
caer
cejar
darse
recular
claudicar
blandearse
emblandecerse
amollar
doblarse
doblegarse
revenirse
rajarse
cerdear
amainar
quitar hierro
agachar las orejas
aguar el vino
echar el pie atrás
darse a buenas
» a partido
dejarse vencer
desistir

autómata
fantoche
monigote
maniquí
Juan Lanas
» de las Viñas

flaco
débil
blando
frágil
amollante
fácil
condescendiente
doblegadizo
inconstante
vacilante
cobarde
servil

—

FLATULENCIA (8)

flatulencia
ventosidad
viento
neumatosis
flato
hidatismo
enfisema
timpanismo
timpanitis
meteorismo
borborigmo
sonido timpánico
estómago
vientre

eructo
eruto
eructación
erutación
regüeldo
taco
vapor

pedo
cuesco
traque
pedorrera
pluma
follón
zullón
pedorreta

timpanizar
meteorizar
entelar

eructar
erutar
regoldar
rotar
rutar
repetir

ventosear
ventear
peer
peerse
descoserse
follarse
zullarse
zurrarse
irse
irse de copas

flatulento
flatoso
flatuoso
ventoso
pedorrero
pedorro
zullenco
zullón
carminativo
timpánico

—

FLECO
(V. *Pasamanería*)

—

FLECHA
(V. *Saeta*)

—

FLETAR
(V. *Flete*)

—

FLETE (32)

flete
falso flete
fletamento [to
carta de fletamen-
póliza de fletamento
conocimiento
alquiler
arrendamiento
lanchaje
barcaje
quintalada
carga
transporte [mo
derecho maríti-

fletar
afretar

fletador
fletante
cargador

—

FLEXIBLE
(V. *Doblamiento*)

—

FLEXIÓN
(V. *Doblamiento*)

—

FLOJO
(V. *Aflojamiento*)

—

FLOR (5)

flor
florón
sobreflor
flor desnuda
» incompleta
» unisexual
» completa
» simple
» doble
» compuesta
» solitaria
» terminal
flores conglomeradas
galas
capullo
capillo
botón
bellota
campanilla
cabezuela
glomérulo
hacecillo
corimbo
maceta
umbela
flósculo
semiflósculo
ramillete
cima
racimo
espiga
panoja
amento
candelilla
tirso
vara
verticilo
sumidad
corola
pétalo
labelo
hoja
cáliz
calículo
sépalo
espata
garrancha
espádice
pinochera
involucro
gorguera
lacinia
lámina
gluma
pedúnculo
pedículo
raspa
raquis
receptáculo
tálamo
estambre
antera
borlilla
cierna
polen
androceo
pistilo
estigma
estilo
gineceo
ovario
carpelo
perigonio
periantio
nectario
néctar
perfume
semilla
fruto

rosa
camelia
clavel
azucena
jazmín
nardo
narciso
trompón
magnolia
geranio
alelí
azalea
begonia
lila
cinamomo
heliotropo
peonía
crisantemo
gladiolo
lirio
siempreviva
guisante de olor
pensamiento
violeta
nomeolvides
aster
mundo
mundillo
glicinia
pasionaria
reseda
amapola
pensel
(Para nombres de otras flores, V. *Planta, Arbusto, Árbol*)

florecer
florar
reflorecer
brotar
romper
abrir
echar
desabotonar
tramar
cerner
encandelar
cerrar
desflorecer
deshojar

florear
floretear
enflorar
enguirnaldar
adornar
gofrar

florecimiento
florescencia
floración
prefloración
floridez
trama
cierne
poliandria
poligamia
fecundación
inflorescencia
dehiscencia
desflorecimiento
deshojadura
lozanía
marchitamiento

floricultura
calendario de Flora
reloj de Flora
jardinería

ramo
ramillete

pomo
guirnalda
guirlanda
canastilla
flor artificial
flor de mano
gofrador
piocha
floripondio
corona

florista
florero
ramilletero
floricultor
jardinero

jardín
tiesto
maceta
florero
violetero
búcaro
macetero
jardinera
canéfora
florería (Supl.)
floristería (Supl.)

floral
florido
floreciente
florífero
florígero
floribundo
multifloro
bifloro
trifloro
unisexual
hermafrodita
monoico
dioico

criptógamas
fanerógamas
monopétalo
polipétalo
anisopétalo
gamopétalo
apétala
monosépalo
polisépalo
gamosépalo
asépalo
polistilo
estaminífero
tetrámero
pentámero
doble
amariposada
labiada
personada
disciplinado
alado
coronario
infundibuliforme
caliciforme
caliculado
calicular
caulífero
pedunculado
diurno
marcescente
arracimado
espiciforme
ladeado
opuesto
dístico
antófago

en flor
en cierne

—

FLORA
(V. *Flor*)

—

FLORECER
(V. *Flor*)

—

FLORILEGIO (29)

florilegio
antología
espicilegio
poliantea
crestomatía
analectas
selectas
centón
silva
parnaso
miscelánea
diván
romancero
colección
compendio
libro
literatura

antológico

—

FLOTACIÓN (2)

flotación
flotadura
flote
flotamiento
fluctuación
inmersión
emergencia
salida
hidráulica
natación
navegación
desplazamiento
calado
lengua del agua
línea de flotación
línea de agua
metacentro
obra viva
obra muerta
fondo
clinómetro
clinóscopo

flotar
sobrenadar
boyar
emerger
nadar
sobreaguar
fluctuar
calar
desplazar
poner a flote
desvarar
desembarrancar
desencallar
revirar
salvar

flotador
batanga
balancín
boya
corcho
calabaza
salvavidas

flotante
flotable
boyante
natátil
fluctuoso
fluctuante
emergente
insumergible
a flote

—

FLOTAR
(V. *Flotación*)

—

FLOTE
(V. *Flotación*)

—

FLUIDO
(V. *Líquido*)

—

FLUIR
(V. *Líquido*)

—

FOCA (6)

foca
lobo marino
becerro marino
vítulo marino
carnero marino
león marino
oso marino
morsa
elefante marino
manatí
pez mujer
pejemuller
vaca marina
manato
buey marino
rosmaro

sirenios
fócidos
pinnípedos
mamífero

—

FOFO
(V. *Esponjosidad*)

—

FOLLAJE
(V. *Hoja*)

—

FOLLETO
(V. *Libro*)

—

FONDEADERO
(V. *Ancla*)

—

FONDEAR
(V. *Ancla*)

—

FONDO
(V. *Base*)

—

FONÉTICA
(V. *Pronunciación*)

—

FONTANERÍA
(V. *Manantial*)

—

FORASTERO
(V. *Extranjería*)

—

FORENSE
(V. *Enjuiciamiento*)

—

FORESTAL
(V. *Bosque*)

—

FORJA (4)

forja
forjadura [na
forja a la catala-
horno
fragua
tobera
alcribís
crisol
taca
trompa
bigotes
repelones
encendajas
yunque
martillo
macho
bigornia
bigorneta
cayadilla
calda
fuelle
tenazas
metalurgia
hierro

forjar
fraguar
cinglar

forjador
batidor
herrador

forjado [llo
moldado a marti-

—

FORJADOR
(V. *Forja*)

—

FORJAR
(V. *Forja*)

—

FORMA (17, 18)

forma
figura
figurón
imagen
hechura
manifactura
manufactura
disposición
constitución
calaña
estampa
efigie
aspecto
apariencia
tipo
silueta
contorno
línea
dibujo
plástica
modo
manera
disposición
estructura
contextura
tamaño
proporción
dimensión
morfología
geometría

formar
conformar
informar
formalizar
figurar
configurar
moldear
modelar
moldar
labrar
concretar
plasmar
achaflanar
cuadrar
ochavar
redondear
abocinar
acampanar
desfigurar
deformar

formación
conformación
configuración
proteísmo
polimorfismo

molde
corazón
rosa
flor
estrella
escama
penacho
copete
remate
ornamentación
adorno

uniforme
semiforme
biforme
triforme
cuadriforme
diversiforme
multiforme
polimorfo
isomorfo
proteiforme
alto
bajo
grueso
delgado
oblongo
largo
apaisado
ancho
estrecho
recto
curvo
redondo
angular
plano
cóncavo
convexo
bicóncavo
biconvexo
concavoconvexo
esférico
cilíndrico
cónico
informe
deforme
amorfo

acopetado
acopado
infundibuliforme
esteliforme
oviforme
periforme
dendriforme
retiforme
trapeciforme
almenado
dactilado
acorazonado
cordiforme
arriñonado
atetado
apezonado
umbilicado
pisciforme
vermiforme
filiforme
arboriforme
dendrítico
alcachofado
lechugado
repolludo
amelonado
amadroñado
almendrado
apiñado
espiciforme
palmeado
palmado
tuberculoso
lenticular
abellotado
ahusado
fusiforme
arrocado
amolletado
navicular
aquillado
abarquillado
acucharado
acandilado
acampanado
encampanado
campanudo
horcado
cornial
corniforme
ceratoideo
pectiniforme
harpado
conquiforme
concoideo
acaracolado
farpado
denticular
dentellado
balaustrado
balaustral
ensiforme
sagital
apuñalado
flabeliforme
flabelado
en abanico
aparasolado
vesicular
ampollar
alomado
aboquillado
abocinado
embocinado
granujado
agranujado
acastillado
acubado
tumbado
ataudado
abohetado
abolsado
arracimado
racimado
apanalado
piriforme
pisiforme
calamiforme
vaginiforme
arranado
lacertiforme
anguiforme

formal
formante
formativo
formador
formatriz
figurativo
plasmante
plástico
proteico

—

FORMAL
(V. *Cumplimiento*)

—

FORMAR
(V. *Forma*)

—

FORMÓN
(V. *Escoplo*)

—

FORO
(V. *Censo*)

—

FORRAR
(V. *Forro*)

—

FORRO (10)

forro
aforro
viso
cambucho
carcaj
almofrej
funda
entretela
crehuela
retobo
envolvimiento
encuadernación
vaina
estuche
embalaje
cubrimiento
tapicería
vestidura

forrar
aforrar
remollar
tapizar
entapizar
acolchar
encolchar
enguatar
encordelar
ensogar
encabuyar
enserar
retobar
empergaminar
desaforrar

aforrador

—

FORTALECER
(V. *Fuerza*)

—

FORTALEZA
(V. *Fortificación*)

FORTIFICACIÓN (34)

fortificación [tar
arquitectura mili-
munitoria
areotectónica
sitio
contravalación
desmantelamiento
dúa
anúteba
tercería
zona polémica
afueras
polígono exterior
» interior
capital
gola
radio de la plaza
espacio muerto
ángulo muerto
línea de defensa
fijante [rasante
línea de defensa
línea obsidional
» de contra-
valación
línea de circunva-
lación [lud
cuartel de la sa-
arremetedero

fortalecimiento
fortificación
defensa
defensas
fortificación per-
manente
fortificación de
campaña
obra accesoria
» accidental
fortaleza
castro
posición
dominación
padrastro
cueto
fuerza
plaza
» de armas
» fuerte
presidio
llave del reino
fuerte
capitolio
acrópolis
alcolea
ciudadela
alcazaba
almodóvar
alcázar
propugnáculo
albacara
castillo
castillejo
castillete
castilluelo
cota
mota
torre
burche
torreón
cubo
torre albarrana
» del home-
naje
» maestra
garita
mira
caballero
roqueta
berma
lisera
poterna
tambor
rastrillo
puerta
antepuerta
contrapuerta
surtida
puente
puente levadizo
cabezal
báscula
cigoñal
explanada
glacis
anteglacis
cresta de la ex-
planada

arista
matacán
ladronera
gola
cola
diente de sierra
erizo
cabecera
cabeza de puente
avenida
galería
escuchas
estrella
contrafuerte
casa fuerte
palanca
fortín
caseta
blocao
albarrada
cobertizo
ronda

baluarte
bastión
luneta
flanco
fuego
ala
flanco retirado
sobrefaz
caserna
orejón
contrafrente

obra exterior
contraguardia
cubrecaras
cubreespaldas
luna (media)
bonete [na
cola de golondri-
tenaza
hornabeque
revellín
revellinejo
barbacana
mira
flecha
corona
obra coronada
través
travesía
lengua de sierpe

muralla
pared
esperonte
muro
murallón
antemural
camisa
casamuro
cortina
ala
lienzo
escarpa
alambor
crestería
almena
almenaje
almenado
falsabraga
contramuralla
contramuro
tenallón
frente
flanco
semigola
explanada
plataforma
plaza alta
cubelo
parapeto
antepecho
amparo
cortadura
barrera
espaldón
barbeta
merlón
adarve
banqueta
altura de apoyo
batiente

foso
excavación
fosado
antefoso
contrafoso
crique
pozo de lobo
cuneta
contraescarpa
camino cubierto
caponera
caponera doble
corredor
bajada al foso [ta
estrada encubier-
almenara
reducto
pastel
circunvalación
terraplén
atrincheramiento
trinchera
línea
trincherón
zapa [chera
caballero de trin-
capa
paralela
antestatura
nido de urraca
cortadura
ataques
contraataques
aproches
contraaproches
contratrinchera
barricada
cestón
caballo de Frisa
» » Frisia
puerco espín
» espino
abrojo
tala
abatida
enzarzada
blindaje
blinda
fajina
fajinada
salchicha
salchichón
candelero
gavión
cestonada
través
puerco
alambrada

empalizada
valla
estacada
palizada
palenque
tranquera
frisa
rastrillo
tálea
batería
artillería
cañonera
casamata
plaza baja
aspillera
» invertida
» apaisada

garganta
derrame
barbacana
tronera
saetera
flechera
ballestera
saetía

mina
contramina
hornillo
fogata
recámara
arqueta
contrapozo
encofrado
cabezal
mantelete
petardo
banco
brecha
barreno
explosivo [les
fuegos artificia-
zapapico
zapa
pala
azada
anúteba
anúbada

fortificar
acorazar
blindar
guarnecer
afortalar
abarbetar
encastillar
enmotar
torrear
engaritar
flanquear
contravalar
murar
amurallar
abastionar
abestionar
abaluartar
almenar
enalmenar
aspillerar
atronerar
tronerar
empalizar
barrear
frisar
cestonar
zapar
atrincherar
abrir trinchera
minar
contraminar
petardear
encofrar
empentar
desperfilar

parapetarse
espaldonarse
atrincherarse
afosarse
hacerse fuerte

desfortalecer
desmantelar
desguarnecer

fortificador
ingeniero militar
ingeniero general
pirobolista
zapador
palero
gastador
capitán de llaves
alcaide
alcaidesa
subalcaide
castellano

fortificado
fuerte
acastillado
atalayado
almenado
abaluartado
acasamatado
inatacable
inexpugnable
inconquistable
incontrastable

infortificable
desalmenado
desmantelado
a barbeta
a cureña rasa

—

FORTIFICADO
(V. *Fortificación*)

—

FORTIFICAR
(V. *Fortificación*)

—

FORTUNA
(V. *Suerte*)

—

FÓSIL (4, 6)

fósil
fosilización
yacimiento [ción
terreno de transi-
paleontología
paleontografía
icnología
paleofitología

fosilizarse

ictiolito
fitolita
mastodonte
megaterio
mamut
gliptodonte
iguanodonte
ictiosauro
plesiosauro
diplodoco
numulita
amonita
cuerno de Amón
belemnita
herátula
alcionito
judaica
piedra judaica
lengua de víbora
unicornio
coprolito
naftadil
litocálamo
ámbar
dendrita
geología

paleontólogo

fósil
fosilífero
paleontológico
paleontográfico

—

FOTOGRAFÍA (29)

fotografía
microfotografía
telefotografía
daguerrotipia
daguerrotipo
fotocromía
catatipia
calotipia
calitipia
fotograbado
heliograbado
fototipografía
fotolitografía
litofotografía
platinotipia
fotogrametría
cinematógrafo
radiografía

foco
distancia focal
luminosidad
abertura

fotografiar
daguerrotipar
litofotografiar
fotolitografiar
fotograbar

radiografiar
sensibilizar
albuminar
impresionar
exponer
enfocar
diafragmar
revelar
fotocopiar
fijar
virar
velar
reforzar
rebajar
retocar
ampliar

fotografía
retrato
instantánea
exposición
clisé
prueba negativa
» positiva
diapositiva
daguerrotipo
contratipo
fototipia
fotocopia
ferroprusiato
fotograbado
ampliación

cámara fotográfica
cámara oscura
cámara lúcida
estereoscopio
verascopio
veráscopo
telémetro
fotómetro
exposímetro
visor
ampliadora
fuelle
objetivo
lente
teleobjetivo
triplete
filtro
diafragma
» iris
obturador
disparador
chasis
trípode
desvanecedor
placa
película
microfilm
carrete
colodión
revelador
hidroquinona
metol
virador
fijador
hiposulfito
virofijador
iconógeno
rebajador
reforzador
cubeta
álbum
papel
celoidina

enfoque
revelado

fotógrafo
retocador

fotográfico
fotogénico
fototipográfico
fotolitográfico
microfotográfico
cinematográfico
ortocromático
albuminado

fotográficamente
fotolitográficamente
litofotográficamente

—

FOTOGRÁFICO
(V. *Fotografía*)

—

FRACCIÓN
(V. *Parte*)

—

FRÁGIL
(V. *Fragilidad*)

—

FRAGILIDAD (2)

fragilidad
friabilidad
inconsistencia
debilidad
inestabilidad
rotura

desmoronarse
deshacerse
disgregarse
romperse

frágil
rompedero
rompible
saltadizo
deleznable
lábil
vidrioso
vidriado
agrio
friable
delicado
frangible
partible
quebradizo
quebrajoso
resquebrajoso
resquebrajadizo
quebrantable
inconsistente
astilloso
rajadizo
rajable
desmoronadizo
clástico
de mírame y no me toques

frágilmente

—

FRAGMENTO
(V. *Parte*)

—

FRAILE
(V. *Orden Religiosa*)

—

FRAMBUESA
(V. *Frambueso*)

—

FRAMBUESO (5)

frambueso
sangüeso
churdón
chordón
fraga
frambuesa
sangüesa
churdón
mora

—

FRANCMASÓN
(V. *Francmasonería*)

—

FRANCMASONERÍA (1)

francmasonería
masonería
masonismo
asociación
irreligión

francmasón
masón
aprendiz
adepto
hermano
maestro
venerable
rosa-cruz
Gran Oriente
Gran Arquitecto

logia
tenida
acolada

triángulo
escuadra
compás
mandil

francmasónico
masónico
durmiente

—

FRATERNAL
(V. *Hermano*)

—

FRAUDE (33, 32)

fraude
fraudulencia
dolo
falacia
superchería
simulación
engaño
trato doble
trapaza
artimaña
trepa
mohatra
maca
volada
adrolla
arana
baratería
encubierta
trampa
pella
deuda
socaliña
gatazo
pegata
petardo
sablazo
aletazo
defraudación
contrabando
garrama
estafa
estelionato
hurto
robo
timo
timo del entierro
» de las limosnas [gones
timo de los perdi-
» de las misas
cartucho de perdigones
sable
penchicarda
pechardino de manga

defraudar
estafar
escarmenar
birlar
truhanear
trampear
petardear
socaliñar
sablear
timar
sisar
meter la uña
dar un timo
dar el cambiazo
pegar un petardo
» un parche
» un parchazo
» una bigotera
vivir sobre el país
cubrir el expediente

defraudador
estafador
timador
enterrador
colusor
birlador
mazarrón
chupón
aranero
aranoso
socaliñero
petate
trampeador
tramposo
zascandil
zaramullo
trampista
petardista
petardero
droguista
emprestillador
parchista
sablista
caballero de industria
caballero de mohatra

fraudulento
doloso
engañoso
falso
intérlope

fraudulentamente
encubiertamente

—

FRECUENCIA (21)

frecuencia
periodicidad
repetición
costumbre
frecuentación
asiduidad

frecuentar
menudear
soler
acostumbrar
acudir
cursar
trillar
traquear
traquetear
tomar por oficio
repetirse
abundar
bullir
menudear
chorrear
ser el pan nuestro de cada día

frecuentador
asiduo [cada día
el pan nuestro de
fruta del tiempo
pleito ordinario
moneda corriente

frecuente
usual
corriente
correntío
endémico
diario
común
acostumbrado
sólito
manual
regular
ordinario
natural
vulgar
general
abundante
espeso
periódico
recurrente
frecuentativo
habitual
repetido
infrecuente

frecuentemente
comúnmente
asiduamente
continuamente
ordinariamente
por lo común
de ordinario
de pasto
a menudo
a cada instante
» » credo
cada lunes y cada martes
a cada momento
a cada paso
a cada trique
a cada triquete
a cada trinquete
a cada triquitraque
a traque barraque

—

FRECUENTE
(V. *Frecuencia*)

—

FREGADO (10)

fregado
fregadura
lavado
limpieza

fregar
fregotear
estregar
trapear
desugar
aljofifar
arenar
frotar
lavar
limpiar

fregadero
fregador
barreño
barreña
lebrillo
librillo
artesa
artesón
dornajo
gamella
camella

estropajo
fregajo
fregador
aljofifa
albero
jabón
lejía
agua de fregar
lavazas

fregona
fregatriz
criada

—

FREGAR
(V. *Fregado*)

—

FREÍR
(V. *Cocina*)

—

FRENO
(V. *Brida*)

—

FRENOPATÍA
(V. *Locura*)

—

FRENTE
(V. *Cara*)

—

FRESA (5)

fresa
fragaria
fresera

fresa
madroncillo
fraga
fragaria
frutilla
meta
mayueta
metra
gorri
moriángano
fresón
gurbiote

estolón
latiguillo
fresal
frutillar

fresero

—

FRESCO
(V. *Frío*)

—

FRESÓN
(V. *Fresa*)

—

FRÍO (2, 13)

frío
frialdad
friura

frigidez
tibieza
gris
helor
fresco
fresca
frescura
frescor
fría
cencío

hielo
nieve

enfriar
resfriar
refriar
refrescar
refrigerar
serenar
aserenar
desavahar
pasmar
congelar
helar
penetrar
cortar
orear
abanicar
hacer aire

enfriarse
resfriarse
aterirse
arrigirse
arrecirse
helarse
engarabitarse
emparamarse
tiritar
titiritar
dar tiritones
dar diente con diente
estar hecho un hielo
estar hecho un carámbano

enfriamiento
resfriamiento
resfriado
entumecimiento
sabañón
friera
calofrío
escalofrío
repeluzno
infrigidación
aterimiento
refrigeración
refrigerio
refrescadura
criología
crioscopia
crianestesia
hibernación
frigoría

enfriador
refrigerante
resfriante
refriante
resfriador
refrigerativo
refrigerador
refrescante
refrescador
frigorífico

páramo
enfriadero
enfriador
enfriadera
frigorífico
nevera
fresquera
fiambrera
caño
cantina
alcarraza
caneco
caneca
cubillo
cantimplora
crióforo
criómetro
segundilla

friolero
friolento
friático
arrecido
esmorecido
aterido
yerto
entelerido
transido

frío
friísimo
frígido
álgido
algente
gélido
glacial
helado
congelado
crudo
fresco
frescote
frigidísimo
tibio

fríamente
glacialmente

FRISO
(V. *Moldura*)

—

FRONTÓN
(V. *Remate* [*Arq.*])

—

FROTAMIENTO (19)

frotamiento
frotación
frotadura
frote
fricción
confricación
fregamiento
masaje
amasamiento
fricación
friega
refregamiento
refregadura
refregón
restregadura
restregamiento
rozadura
roce
rozamiento
ludimiento
fregadura
fregado
estregadura
estregamiento
rascamiento
rascadura
estregón
restregón
estrigilación
erosión
abrasión
ajamiento
colisión
choque
adherencia
deslizamiento

frotar
ludir
luir
ajar
raer
desgastar
limar
lijar
apomazar
esmerilar
deslustrar
acicalar
pulir
sacar brillo
estregar
restregar
rozar
fricar
confricar
amasar
fregar
transfregar
trasfregar
refregar
frisar
peinar
revolcar
tazar
arrastrar
untar
friccionar
rascar
arañar
escarbar
rechinar
chirriar
chirrear
chillar

pasar rozando
tocar
rasar
raspar
lamer
acariciar
cosquillear
hacer cosquillas
besar
resbalar

frotarse
rozarse
rascarse
coscarse
concomerse
escozarse

rozadero
arandela

frotante
frotador
rascador
masajista

rascadera
cepillo
muñequilla
piedra pómez
estropajo

a frote
a flor de
a ras de
ras con ras
ras en ras

—

FROTAR
(V. *Frotamiento*)

—

FRUCTIFICAR
(V. *Fruto*)

—

FRUSLERÍA
(V. *Futilidad*)

—

FRUSTRADO
(V. *Malogro*)

—

FRUSTRAR
(V. *Malogro*)

—

FRUTA
(V. *Fruto*)

—

FRUTA DE SARTÉN (9)

fruta de sartén
fritillas
gajorro
gañote
gaznate
gaznatón
hojuela
fillós
filloas
sopaipa
oreja de abad
lasaña
frisuelo
melindre
juncada
risco
carbonada
buñuelo
alfinge
arrepápalo
almojábana
mojábana
cohombro
taco
calentito
churro
tejeringo
pestiño
prestiño
anzuelo
rosa
roseta
enmelado
farte
torta
pasta
pastel

buñolería
churrería
confitería
cocina

buñolero
churrero
calentera

abuñuelado

—

FRUTICOSO
(V. *Arbusto*)

—

FRUTO (5, 9, 36)

fruto
fruta
fruta del tiempo
primicia
emprima
redrojo
fruta seca
pasa
higo paso
ciruela pasa
grana
cascajo
cascaruja
cucas
cuelga
rastra

pomo
cariópside
baya
coca
morga
legumbre
haba
drupa
hesperidio
nuez
cápsula
sámara
cono
cúpula
glande
gálbula
pepónide
silicua
silícula
baga
aquenio
balausta
alfilerera
folículo
talayote
trun
utrículo
esporocarpio
esporangio
racimo
corimbo
umbela
gajo
arlo
colgajo
panoja
panocha
espiga
espigón
espiguilla
raspa [*Maíz*]
(mazorca, etc. V. vendeja

pericarpio
epicarpio
mesocarpio
sarcocarpio
endocarpio
carne
pulpa
tripas
manteca
gajo
pierna de nuez
escuezno
tastana
bizna
sutura
costilla
opérculo
placenta
carpelo
caja
cajilla
celdilla
núcleo
funículo
cordoncillo
rafe
granuja
corazón
hueso
pepita
cuesco
semilla
cáscara
piel
hollejo
vello
flor
corteza
vilano
milano
pezón
pedúnculo
rabo
rabillo
palo
receptáculo
tálamo
zumo
fructificar
frutar
frutecer
dar fruto
producir
llevar
cargar
granar
cerner
mulatear
madurar
enverar
envanecerse
macarse
pudrirse
desfrutar
despezonar
enloquecer

fructificación
granazón
grana
muestra
cierne
cargazón
madurez
maca
dehiscencia
pasera
pomología
carpología
recolección
esquilmo
vendeja

frutero
canastero
verdulero
placero
pasero
naranjero
limero
limonero
nuecero
avellanero
castañero
castañera
bellotera
zabarcera

frutería
garabito

frutal
fructífero
frugífero
pomífero
fructificable
fructificador
(V. *Árbol*—frutal —*Arbusto, Planta,* etc.)

univalvo
bivalvo
bicapsular
monospermo
dehiscente
indehiscente
abridero
abayado
racimoso
gajoso
peciluengo
pedunculado
capuchino
cabelludo
carpelar

azucarí
maduro
papandujo
pachucho
zocato
paso
seco
secadero
sequero
de cuelga
verdal
verde
inmaturo
primicial

tardío
serondo
seruendo
segundero
serótino
santiagueño
sanmigueleño
sanjuanero
sanroqueño
navideño
cadañego
bífero

vano
hollejudo
ahogadizo
porcuno
cochinero
frugívoro

esquilmeño
vecero
machío

fructíferamente
fructuosamente
en cierne

—

FUEGO
(V. *Combustión*)

—

FUEGOS ARTIFICIALES (31)

fuegos artificiales
fuegos
pólvora
cohete
» chispero
» tronador
volador
cargador
follón
petardo
trueno gordo
morterete
chupinazo
luz de bengala
buscapiés
carretilla
rapapiés
buscaniguas
trabuca
buscapiques
triquitraque
ciquitraque
traca
estrellón
girándula
rueda
árbol de fuego
» de pólvora
arbolito
tora
toro de fuego
castillo de fuego
guía
pebete
traque
traqueo
timón
cerotero
carcasa

estallido
explosivo
pólvora

artillería
fuego griego
olla de fuego
salchicha [mina
salchichón de cuerda calada
mecha
barreno

encohetar
cebar

pirotecnia
cohetería

pirotécnico
cohetero
polvorista
artificiero

pírico

—

FUELLE (2, 20)

fuelle
pava
barquín
barquinera
mancha
mozo
entonadera
trifulca
odre
aire

afollar
follar
manchar
soplar

follero
folletero
follador
afollador
manchador
sonique
palanquero

—

FUENTE
(V. *Manantial*)

—

FUERA
(V. *Exterioridad*)

—

FUERO
(V. *Jurisdicción*)

—

FUERTE
(V. *Fuerza*)

—

FUERZA (2)

fuerza
» bruta
» animal
» de sangre
energía física
resistencia
firmeza
dureza
elasticidad
tensión
intensidad
mecánica
dinámica
termodinámica
gravedad
peso
atracción
inercia
histéresis
equilibrio
física

caballo de vapor
kilográmetro
dina
erg
ergio
dinamómetro

fortaleza
brío
energía
eficacia
potencia
poder
entereza
violencia
pujanza
sobrepujanza
poderío
dinamismo
robustez
robusteza
reciura
reciedumbre
estrenuidad
rejo
canilla
puños
pulso
gávilos
jijas
virtud
enjundia
tono
vis
vigor
vigorosidad
nervio
nerviosidad
nervosidad
verdor
primavera
lozanía
fibra
vitalidad
vida
aliento
lena
espíritu
ánimo
alma
sustento

esfuerzo
ímpetu
impetuosidad
rempujo
impulso
impulsión
tracción
compresión
acción
reacción
intento
pechugón
puja
forcejo
forcejeo
forcejón
forzamiento
robustecimiento

ser fuerte
tener fuerza
» buenas espaldas
» brazo
» buenos cuartos
ser de bronce
estar de buena hebra

forzar
pujar
violentar
compeler

esforzarse
intentar
procurar
forcejar
forcejear
pulsear
bracear
hombrear
fortalecerse
arreciarse
rehacerse
tomar pie
alear
reverdecer
refrescar
fortalecer
fortificar
reforzar
rebatir
esforzar
robustecer
entesar
afianzar
consolidar
arreciar
endurecer
acerar
vigorizar
vigorar
avigorar
entonar
tonificar
corroborar
roborar
animar
reanimar
avivar
vivificar
revivificar
recriar
reparar
componer
confortar
conhortar
remozar
rejuvenecer
refrigerar
fomentar
educar
alimentar

fortalecimiento
entesamiento
robustecimiento
roboración
fortificación

fortalecedor
fortificador
fortificante
confortador
confortante
vigorizador
robustecedor
roborativo
tonificador
tonificante

sansón
hércules
cíclope
atleta
jayán
gigante
hombre de puños
» de manos
mozallón
gañán
hombracho
toro
roble
pellín

fuerte
enérgico
dinámico
fuertezuelo
fortezuelo
fortachón
fortísimo
incoercible
acérrimo
forzudo
forcejudo
nervudo
nervioso
robusto
roblizo
adiano
jampón
hercúleo
recio
duro
acerado
estrenuo
entero
macho
terete
rufo
terne
morocho
guijarreño
cereño
vigoroso
valiente
pujante
brioso
ardoroso
válido
frescachón
fornido
lacertoso
toroso
rehecho
trabado
trepado
doble
doblado
redoblado
costilludo
membrudo
rebolludo
canducho
toral
de pelo en pecho

fuertemente
forzudamente
esforzadamente
vigorosamente
enérgicamente
pujantemente
valientemente
valerosamente
robustamente
membrudamente
nervosamente
forzosamente
forzadamente
tiesamente
reciamente
fuerte
duro
tieso
de recio
a su poder
a todo poder
a manteniente
a pulso
a brazo partido

—

FUGAZ
(V. *Brevedad*)

—

FULLERÍA (31)

fullería
tahurería
engaño
fraude
naipe

verrugueta
guía
ballestilla
raspa
raspadillo
cernina
pego
zambuco
redoblón
pastel
panderete
tejadillo
flor
armada
astilla
cortadillo
ballestón
ala de mosca
naipe de mayor
» de tercio
dados (fullerías en los)
dado falso
brocha
cabra
tarafada

enfullar
florear
amarrar
salvar
matar
empandillar
apandillar
pandar
traspintar
verruguetear
armarla
descornar la flor
florear el naipe
torcerse
cargar los dados
remolar
brechar

fullero
tahúr
tramposo
carretero
jugador de ventaja
ventajista
tracalero
chamarillero
cuco
cierto
taquín
donillero
florero
salvatierra
griego
guillote
brechero
hormiguero

peladero
casa de juego
juego

fulleresco

—

FULLERO
(V. *Fullería*)

—

FUMAR
(V. *Tabaco*)

—

FUNCIÓN
(V. *Festividad*)

—

FUNCIONARIO
(V. *Empleo*)

—

FUNDACIÓN (27)

fundación
establecimiento
institución
patronato
erección
constitución
creación
implantación

fundar
fundamentar
instituir
crear

establecer
constituir
organizar
formar
instaurar
estatuir
empezar
erigir
levantar
alzar
construir
edificar
hacer
poblar
poner
asentar
plantar
plantear
implantar
aclimatar

fundador
patrono
autor
creador
establecedor
estableciente
instaurador
erector
constituyente
instituidor
institutor
instituyente
instituente
institucional
fundacional

—

FUNDAMENTAL
(V. *Fundamento*)

—

FUNDAMENTO (16)

fundamento
base
dato
apoyo
arranque
principio
origen
causa
razón
derecho
pretexto
alimento
cimiento
piedra angular
basa
pedestal
sostén
estribo
pie
puntal
estampidor
entibo
fuste
elemento
polo

antecedente
precedente
punto de partida
piedra fundamental
procedencia
legitimidad
título
resultando
dogma
alegato

fundamentar
fundar
cimentar
basar
apoyar
establecer

fundarse
apoyarse
estribar
entibar
partir de
atribuir a
llevar camino

fundamental
básico
elemental
primordial
radical
fundado
cimental
justo
justificado
procedente
legítimo
derecho
razonable

fundadamente
fundamentalmente
sólidamente

—

FUNDAR
(V. *Fundación*)

—

FUNDIR
(V. *Fusión*)

—

FÚNEBRE
(V. *Exequias*)

—

FUNERAL
(V. *Exequias*)

—

FURIOSO
(V. *Ira*)

—

FUSIL
(V. *Arma de fuego*)

—

FUSIÓN (2, 4)

fusión
fundición
refundición
conflación
derretimiento
licuefacción
liquefacción
licuación
liquidación
colicuación
ceración
vaciado
metalurgia

fusibilidad
infusibilidad
calor latente

fundir
refundir
rehundir
copelar
vaciar
moldear
derretir
deshacer
reducir
batir
regalar
deshelar
descuajar
descoagular
liquidar
licuar
colicuar
colicuecer
liquefacer
licuefacer
desleír
desatar
disolver

fundirse
derretirse
correrse

fundición
fundería
fuslina
herrería
horno
crisol
convertidor
mazarota
hierro
metal

soplete
fundidor
vaciador
fundente
fusor
reactivo
magistral
flujo
flúor
silicato
bórax

fundente
colicuante
descoagulante
delicuescente
fundible
conflátil
fusible
fúsil
liquidable
licuable
licuefactible
licuefactivo
fundido
infusible
refractario

—

FUSTIGAR
(V. *Látigo*)

—

FÚTIL
(V. *Futilidad*)

—

FUTILIDAD (24)

futilidad
insignificancia
frivolidad
superficialidad
superfluidad
inutilidad
inanidad
insubstancialidad
vanidad
necedad
puerilidad
niñería
niñez
ridiculez
broma
capricho
aire
tenuidad
sutileza
trivialidad
levedad
medianía
vulgaridad
facilidad
pequeñez
poquedad
gurrumina
escasez
irrealidad
ficción
fruslería
futesa
friolera
nadería
nonada
ripio
telaraña
tontería
tontuna
porquería
pamplina
pamplinada
tiritaña
pampringada
minucia
menudencia
pijotería
chuchería
baratija
bujería
oropel
relumbrón
ciegayernos
espantavillanos
atarantapayos
sacadineros
sacacuartos
apariencia
ruido
bagatela
accesorio
niquiscocio
bicoca
cirigaña
jota
chilindrina
paja
ajaspajas
pitos flautas
zarandajas
guagua
chirinola
pelitrique
embeleco
pelo
ardite
ápice
papanduja
aguachirle
palillo
papasal
borra
badea
borrufalla
forraje
barro

pamema
zampoña
bizantinismo
palabras al aire
chisme [dad
chisme de vecindad
conversación de puerta de Tierra
flor de cantueso
cosas de viento
humo de pajas
agua de cerrajas
cero a la izquierda [panada
repulgos de empanada
el parto de los montes [platos
nada entre dos platos
sus de gaita

no valer cosa
no valer un pito, o un pitoche
no valer un comino
no tener meollo
no importar o no montar una paja
no importar un clavo
no montar un cabello
no valer un cacao
no importar o no valer una chita
no importar o no valer un bledo
ser más el ruido que las nueces

fútil
insignificante
nimio
insubstancial
insustancial
sinsubstancia
desaborido
fruslero
frívolo
vano
huero
hebén
vacío
inane
inútil
bizantino
trivial
pueril
pobre
corto
infundado
mocoso
de chicha y nabo
de tres al cuarto
de medio pelo
de mala muerte
despreciable
desautorizado
baladí
superficial
superfluo
leve
levísimo
ligero
liviano
venial
anodino
tenue
veraniego

frívolamente
insubstancialmente
insustancialmente
levemente
gratis
una no es ninguna
por quítame allá esas pajas

—

FUTURO
(V. *Porvenir*)

—

G

GACHAS (9)

gachas
gachuela
gacheta
farinetas
puches
papas
poleadas
polenta
mazamorra
ulpo
alejija
talvina
atalvina
atole
atol
álica
zahínas
funche
atolillo
sanco
sucu
catete
sopa
pasta
masa

atolero
atolería
rebañadera

—

GALA (10, 28, 31)

gala
media gala
vestido de ceremonia
traje de ceremonia
» de serio
» de noche
» de etiqueta
vestido de etiqueta
vestido de serio
» de corte
los trapitos de cristianar
los trapos de cristianar
galas
bata
ropaje
manto
fraque
frac
smoking
levita
levosa
futraque
chaqué
uniforme (V. *Vestidura, Militar, Magistrado, Sacerdote,* etc.)

pompón
forrajera
fausto
ceremonia
fiesta

librear
embellecer
adornar
endomingarse

de punta en blanco
de tiros largos
de pontifical

—

GALANTEAR
(V. *Amor*)

—

GALANTEO
(V. *Amor*)

—

GALANTERÍA
(V. *Amor*)

—

GALÁPAGO
(V. *Tortuga*)

—

GALEOTE
(V. *Prisión*)

—

GALERAS
(V. *Prisión*)

—

GALERÍA
(V. *Corredor*)

—

GALÓN
(V. *Pasamanería*)

—

GALLARDEAR
(V. *Gallardía*)

—

GALLARDÍA (26)

gallardía
bizarría
gentileza
aire
airosidad
lozanía
donaire
gracia
sal
salero
elegancia
gala
galanura
galanía
donosura
garbo
marcialidad
garrideza
cimbreo
esbeltez
esbelteza
apostura
disposición
brío
garabato
atractivo
habilidad
destreza
agilidad
soltura
desenvoltura
despejo
desenfado
atrevimiento

valentía
bravosidad
bravosía
rasgo
valor
jactancia
trapío
guapeza
majeza
chulería

gallardear
garbear
bizarrear
guapear
pavonear
cimbrearse
ser como un pino de oro

gallardo
airoso
galán
gentil
apuesto
garrido
arrogante
franco
dispuesto
arriscado
alegre
gracioso
cimbreante
telendo
lozano
rejileto
tieso
arrecho
bizarro
marcial
brioso
lucido
garboso
agarbado
esbelto
cimbreño
juncal
elegante
garabatoso
arrufianado
guapo
guapetón
jacarandoso
majo
curro
chulo
chulapón
flamenco
manolo
macanero
gitano
zagal
galancete
buen mozo
buena moza

gallardamente
bizarramente
airosamente
garbosamente
garridamente
a lo jácaro

—

GALLARDO
(V. *Gallardía*)

—

GALLETA
(V. *Pan*)

—

GALLINA (6)

gallina
llueca
cloquera
clueca
coba
gomarra
piedra
soma
pita
gallipava
pintada
gallina de Guinea
gallina guinea
gallineta
chacha
chachalaca
guacharaca
cayaya
congolona
gallina fría

gallinería
gallinero

gallo
gallino
capiscol
misacantano
rey
obispo
caporal
masto

pechuga
entrepechuga
caparazón
alón
espoleta
cresta
crestón
barba
carúncula
agalla
enjundia
injundia
espolón [se *Ave*]
golilla (etc. véa-

pollo
tito
polla
capón
» de leche
marucho

piar
cacarear
cloquear
enclocar
encloquecer
escarbar
poner
gallear
gallar
pisar
aselarse
despicarse
apitonar
encrestarse
enmantarse
engurruñarse
echar a reñir
topar

clo-clo
quiquiriquí
riña de gallos
revuelo
cañazo

gallinero
corral
nido
ponedero
pollera
pollero
gallinería
pollería
comedero
bebedero
aseladero
aselador
cazarrica
gusanera

reñidero
gallera
gallería
cancha

ave
ala
pluma
carne
huevo
recova

moquillo
pepita
gabarro
totolate
gallinaza
zamuro

avicultor
gallinero
recovero
corralero
careador
gomarrero
gallero

crestado
crestudo
moñudo
papujado
reculo
francolino
pepitoso
calceto
calchón
calchudo
castellano
giro
enodrida
pión
cañamonado
mantudo
mantón

gallináceo
galináceo

gallístico
aviario
aviar

—

GALLO
(V. *Gallina*)

—

GANADERO
(V. *Ganado*)

—

GANADO (6, 37)

ganado
» mayor
» menor
» de pata hendida
» de pezuña hendida
ganado bravo
» lanar
» de cerda
» moreno
» en vena
» menudo
ganadería
hacienda
rebaño
rebañuelo
hato
hatajo
manada
grey
tropa
cabaña real
mayoralía
dula
almaje
acogido
punta
pico
madrina
hembraje
rebujal
pegujal
pegujar
rezago
desteto
haberío
apero
canga
bienes semovientes
torada
vacada
boyada
cabestraje
carnerada
cabrío
machada
cabaña
chicada
reala
rehala
borregada
rutel
vecería
vecera
vez
recua
yeguada
muletada
mulada
manada

res
bestial
cabeza de ganado
» de ganado mayor
cabeza mayor
» menor
julo
manso
caballería
asno
toro
cabra
oveja
cerdo
cuadrúpedo
rumiante
mamífero
animal

cría
anual
primal
andosco
trasandosco
pastenco
desmadrado
rastra
orejano
res de vientre
vacía
teticiega

pastorear
apacentar
pacer
pastar
apastar
repastar
herbajar
herbajear
herrenar
acoger
guardar ganado
alindar el ganado
dar a leche
abrevar
adaguar
salgar

acosar
apitar
correr ganado
» el ganado
carear
aballar
ajorar
manguear
amenazar
entablar
rodear
sabanear
amajadar
amalladar
estabular
apriscar
arredilar
redilar
redilear
acubilar
encorralar
acorralar
desacorralar
embrosquilar
apotrerar
empotrerar
encuadrar
encallejonar
enchiquerar
diezmar a portillo

granjear
hatajar
retazar
descarriar
desviejar
ahijar
desahijar
desmadrar
vedar

marcar
herrar
calimbar
ensortijar
peguntar
melar

echar
ahorrar
serviciar
hatear
esquilmar
esquilar
arrear
pecorear

acarrarse
desgaritarse
desmandarse
desmanarse
arriscarse
acamarse
engarmarse
entorcarse
acarbarse
horrarse

trashumar
extremar
ir en extremo
sestear
asestar
rodear
majadear
amajadar
cubilar
pastar
pacer
ramonear
bastonear
apezuñar

ganadería
zootecnia
granjería
pastoreo
pastoraje
pastoría
apacentamiento
pacedura
volteada
aparte
estabulación
rodeo
apiaradero
esquileo
paridera
parto
generación
comuña
» a ganancia
mayoralía

trashumación
invernada
ramoneo
parición
hierba

hierro
hierre
hierra
herradero
cercillo
muesca
veterinaria

cañada
jineta
carneraje
asequi
servicio
herbaje
borra
borro
servidumbre de abrevadero
cordel de merinas
enguera
arreada
apenamiento
holladura
montazgo
asadura
asaduría

ganadero
ganadero de mayor yerro
ganadero de mayor señal
posesionero
hacendado
recriador
entanciero
estante
riberiego
comuñero

mesta
concejo de la mesta
cuadrilla
apartado
alcalde de cuadrilla
» entregador
» de la Mesta
juez entregador
achaquero
ligallo
ligallero
carnereamiento
alcaidía
impuesto

pastor
ahijador
ganadero
merino
caporal
mayoral
rehalero
rabadán
albarrán
zagal
zagala
zagaleja
sarruján
dulero
adulero
vaquero
vaquerizo
borreguero
ovejero
carnerero
cabrerizo
cabrero
cabrera
guardacabras
porquerizo
porquero
rey
piariego
yegüerizo
tropero
vaciero
manadero
ayudador
hatero
ropero
campista
pegujalero
apartador
apacentador
abrevador
revecero
cabañero
sabanero
ayuda
pastoría
caporal
comuña
hatería

casa de ganado
gañanía
estancia
casa
cabaña
tugurio
hato
potrero
certeneja
corral
aprisco
establo
esquilmo
herradero
guarda

prado
pasto
dehesa
rodeo
andada
contadero
apartadero
sesteadero
sestero
sestil
sel
asestadero
carba
dormidero
apacentadero
invernadero
veranadero
priscal
amarizo
salega
salera
salero
salegar
barrero
abrevadero
abrevador
aguadero
mercado
rodeo
teso
cuatropea

camino
colada
camino de cabaña
cañada
galiana
vereda
cordel
azagadero
azagador

hatería
hatada
ropería
cabañería
aceitero
aceitera
cundido
cubrepán
zurrón

cayado
gancho
cachava
cayada
cayata
chivata
porrudo
tramojo
carlanca
trangallo
tarangallo
trabanco
turullo
bramadera
campana
cencerro
arrancadera
esquila
badajo
marca
escobado
hierro
carácter
carimbo
carimba
calimba
señal de tronca
calza
aceite de cada
miera
pegunta
mela

pecuario
agropecuario
pastoral
pastoril
pastoricio
gregal
pecorino
rebañego
estante
riberiego
campero
trashumante
travesío
ganadero
cañariego
careado
mesteño
horro
madrinero
revecero
cabañil
lanar
lanío
zahonado

pastorilmente
pastoralmente
a rehala
¡rita!

—

GANANCIA (33)

ganancia
provecho
utilidad
rendimiento
lucro
logro
beneficio
producto
granjeo
granjería
ingresos
juego
rifa
lotería
negocio
negociado
asunto
agio
margen
pro
ancheta
caída
precio
interés
usura
judiada
redada
botín
ventaja
negocio redondo
ganga
momio
regalo
recompensa
remuneración
manos libres
comisión
gratificación
gajes
dividendo
derecho de autor
agibílibus

ganar
adquirir
embolsar
sobreganar
sacar
obtener
beneficiar
explotar
percibir
cobrar
recibir
devengar
garbear
cosechar
tirar
limpiar
granjear
usurear
usurar
afeitar
desbancar
alambicar

sacar partido
sacar agua de las piedras
hacer jugada
ser una viña [jas
apretar las clavi-
encarecer
hacer su negocio
» su pacotilla
» su agosto
» su agostillo
ganar de comer
bandearse
buscárselas
trampear [ga
buscar la gandin-
ganarse la vida
buscarse la vida
ahorrar

lucrarse
beneficiarse
redondearse
hincharse
ponerse las botas
enriquecerse
hacerse de oro
aprovecharse
especular
picar el pez

producir
rendir
dar de comer

ganador
ganancioso
granjero
usurero
vividor
buscavidas
busquillo
araña
positivista
ambicioso
avaro
mezquino

lucrativo
lucroso
cuestuoso
cuestuario
ventajoso
productivo
reproductivo
gratuito
ganable
ganancial
líquido

en sustancia
en limpio
limpio de polvo y paja
pane lucrando

—

GANAPÁN
(V. *Transporte*)

—

GANAR
(V. *Ganancia*)

—

GANCHO (18)

gancho
ganchuelo
guincho
garabato
garabo
mozo
garfio
cayado
corvo
uña
corchete
gafete
broche
abotonador
rebañadera
gario
gafas
atadero
guizque
agalla
fiador
abete
grapa
laña
erina
lobo
arpón
lengüeta
anzuelo
arpeo
garra
gavilán
garrocha
arrejaque
bichero
ancla [*ca*)
anzuelo (V. *Pes-*
zarcillo

enganchar
engafetar
encorchetar
encadenar
eslabonar
garfear
engarabatar
garabatear
colgar
atar
desenganchar

engancharse
enzarzarse
enredarse
engorrarse

enganche
enganchamiento
garabateo
garabatada
asimiento
conexión
acoplamiento

enganchador
ganchoso
ganchudo

—

GANGA
(V. *Ventaja*)

—

GANGLIOS
(V. *Linfa*)

—

GANSO
(V. *Pato*)

—

GAÑÁN
(V. *Cultivo*)

—

GARANTÍA (32)

garantía
seguridad
recaudo
indemnidad
saneamiento
evicción
fianza
» de arraigo
» de estar a derecho
» de la haz
satisdación
caución
caución juratoria
» de indemnidad
caución judicátum solvi

aval
abono
palabra de rey
hipoteca
robra
gravamen
carga
embargo
rahína
prenda
» pretoria
fianza
rehén
dita
arras
acidaque
caparra
señal
precinto
precinta
marchamo
anticresis
resguardo
seguro
vale
firma
palabra
» de honor

garantizar
garantir
abonar
endosar
consignar
asegurar
avalar
marchamar
precintar
alambrar
fiar
afianzar
contraafianzar
dar fianza
dar fiador
salir »
» responsable
responder por otro
quedar por otro
dar la cara por otro
caucionar
hacer buena una cantidad
arraigar
sanear
cubrirse
hipotecar
afectar
obligar
prendar
hacer prenda
aprehender los bienes
pignorar
empeñar
desempeñar
quitar
liberar
levantar
cancelar
redimir
desafianzar

pignoración
empeño
desempeño
préstamo
cancelación
liberación

garantizador
garante
fiador
fianza
fía
abonador
fiador de salvo
» lego
» llano
» abonado
» carcelero
subfiador
cofiador
confiador
prendador
segurador
anticresista
avalista

casa de empeños
» de préstamos
monte de piedad

pignoraticio
hipotecable
hipotecario
anticrético
abonable
abonador
afecto
subsidiario

sobre
en fe
en prenda
en prendas
en empeño
en fiado [nero
a pagar de mi dinero
tened y tengamos
hipotecariamente
subsidiariamente

—

GARANTIZAR
(V. *Garantía*)

—

GARBO
(V. *Gallardía*)

—

GARBOSO
(V. *Gallardía*)

—

GARGANTA (7)

garganta
gargantón
gola
gorja
hoyuela
hoyuelo
hajuelo
cuello [ces
istmo de las fau-
úvula
campanilla
galillo
gallillo
amígdala
tonsila
agalla
timo
tiroides

tráquea
traquearteria
asperarteria
caña del pulmón
garguero
garganchón
gargüero
gargavero
gaznate
gañón
gañote
pasapán
faringe
tragadero
laringe
nuez
manzana de Adán
bocado de Adán
gañiles
glotis
epiglotis
lígula
lengüeta
ventrículo de la laringe
cricoides
aritenoides
cuerdas vocales
boca
lengua

angina
engina
esquinencia
esquinancia
agallas
amigdalitis
difteria
difteritis
garrotillo
crup
seudocrup
ahoguijo
istmitis
uva
laringitis [losa
» estridu-
» espasmódica
voz
ronquera
enronquecimiento
afonía
tajada
carraspera
carraspeo
nudo en la garganta
parotiditis
bocio

tragar
respirar
ahogar
intubar
atragantarse
atarugarse
atorarse
añusgar
ahogar

otorrinolaringología
intubación
laringoscopia
laringología
laringotomía
traqueotomía
gárgaras

intubador
laringólogo
otorrinolaringólogo

gutural
trifauce
traqueal
amigdalar
tonsilar
uvular
laríngeo
glótico
anginoso
diftérico
crupal

—

GARRA
(V. *Pie*)

—

GAS (2)

gas
» permanente
fluido
fluidos elásticos
vapor
hálito
ambiente
vaho
vaharina
espíritu
exhalación
efluvio
pestilencia
fetidez
perfume
mofeta
grisú
metano
butano
argón
argo
neón
neo
criptón
xenón
aire
nube
humo
viento
flatulencia
burbuja

fluidez
volatilidad
tensión
presión
compresión
densidad
raridad
vacío
corriente

neumática
atmología
aerostática
aerodinámica
vacío
aeronáutica
química

cianógeno
acetileno [do
gas del alumbra-
gas pobre
gasógeno
gasómetro
contador

gasificar
gasear
evaporar
vaporar
vaporear
evaporizar
vaporizar
volatizar
volatilizar
reducir
fumigar
sublimar
esmerar
insuflar
liquidar
condensar

exhalar
vahar
vahear
bafear
avahar
humear
desavahar
volatilizarse
desvanecerse
disiparse
desatufarse

gasificación
vaporización

vaporación
evaporación
volatilización
destilación
exhalación
desavahamiento
vaharada
fuga

vaporizador
exhalador
desvaporizadero
refrigerante
condensador
eudiómetro

máquina neumática
bomba neumática
recipiente
platina
probeta
caldera de vapor

gaseoso
gaseiforme
gasógeno
gasificable
aeriforme
vaporoso
espiritoso
volátil
sublimatorio
humoso
humeante
humante
deletéreo
irrespirable
lacrimógeno
halitoso
evaporable
vaporable
neumático
aerostático
aerodinámico

—

GASEOSO
(V. *Gas*)

—

GASTAR
(V. *Gasto*)

—

GASTO (33)

gasto
gastamiento
gastadero
dispendio
desembolso
egreso
impensa
expendio
expendición
consumo
consumición
consunción
consumimiento
merma
encentadura
encentamiento
carcoma
gomia
voracidad
desaguadero
derroche
fausto
sangría suelta
chorrillo
desagüe
costa
coste
cuota
precio
diario
ordinario
renglón
presupuesto
expensas
imprevistos
taleguilla de la sal
bolsillo secreto
causa onerosa
ley suntuaria
dietario
costas
litisexpensas

parsimonia
ahorro
mezquindad

gastar
desembolsar
expender
agotar
aburrir
aborrecer
contribuir
despender
romper
triunfar
desbastar
deshacer
decentar
encentar
encetar
demediar
desgastar
carcomer
corroer
chupar
desangrar
desatesorar
empobrecer
disminuir
absorber
secar
acabar
consumir
arrebañar
apurar
tragarse
disipar
supurar
desperdiciar
malgastar
fumarse
comerse
estrecharse
arruinarse
dar un tiento
dejar temblando
dar finiquito [sa
dar fin de una cosa
hacer flux
comer por los pies
ser un censo, o un censo perpetuo
no quedar cera en el oído
no haber más cera que la que arde

emplear
invertir
impender
echar caudal en
costear
pagar
curar
expensar
hacer el gasto
» la costa
tirar con pólvora ajena
alargar la bolsa
soltar la mosca
aflojar la mosca
rascarse la faltriquera [llo
rascarse el bolsi-
echar mano a la bolsa [enero
subir la cuesta de
gastarse
consumirse
revenirse
perderse
irse
menguar
mermar
castigar
hacerse sal y agua

gastador
gastoso
expendedor
agostador
voraz
consumidor
consuntivo
consunto
encentador

gastable
fungible
eventual

dispendioso
gravoso
cargoso
oneroso
costoso
caro

dispendiosamente
a toda costa
a costa de
a escote
a expensas de
¡arda Bayona!

—

GÁSTRICO
(V. *Estómago*)

—

GATO (6)

gato
gatazo
minino
michino
morro
morrongo
morrcño
micho
mizo
miz
mozo
bibicho
miau
mio
mino
desmurador

gata
morra
morronga
morroña
micha
minina
miza
zapaquilda

gato de Angora
» romano
» cerval
» clavo
» de clavo
» de algalia
civeta
gato montés
colocolo
caucel
ruin
gatería

gatear
murar
desmurar
mayar
maullar
miar
miagar
marramizar
ronronear
ratonarse
enratonarse
rabiar
zapear

maullido
mayido
maído
maúllo
ronroneo
bufido
miau
fufo
fu
gatada
marramao
marramau

moquillo
rabia
hidrofobia
cordilla
gatera
pajarería

felino
gatuno
gatesco
gatero
gateado
murador
cazador
maullador

¡zape!

—

GATUÑA (5)

gatuña
gatuna
gata
uña de gata
aznallo
asnallo
asnacho
arnacho
detienebuey
tentabuey
abreojos

—

GAVILLA
(V. *Haz*)

—

GENEALOGÍA
(V. *Familia*)

—

GENERACIÓN (8)

generación
engendramiento
procreación
eugenesia
cría
reproducción
fecundación
zootecnia
hibridismo
parto

cópula
coito
comercio
débito
» conyugal
accesión
acceso
ayuntamiento
congreso
concúbito
fornicación
fornicio
cubrición
monta
caballaje
garzonía
calipedia
maltusianismo
meretricio
prostitución
estupro
violación

amatividad
erotismo
orgasmo
amor
pubertad
pubescencia
venus
afrodisia
furor uterino
furor erótico
ninfomanía
histeromanía
satiriasis
masoquismo
sadismo
sodomía
lujuria
deshonestidad
celo
estro
brama
cachondez
verriondez
toriondez
potencia
viripotencia

anafrodisia
frigidez
frialdad
agenesia
climaterio
impotencia
ligamen
nudo
infibulación
esterilidad

engendrar
generar
reengendrar
fecundar
procrear
multiplicar
propagar
poblar
criar
producir
encastar
reproducir
ahijar
proceder

juntarse
cohabitar
copularse
ayuntarse
comprometerse
yacer
yogar
fornicar
hembrear
maridar
conocer
gozar
deshonrar
violar
estuprar
estar con
tener que ver un hombre con una mujer
tener parte con una mujer
cubrir
montar
cabalgar
saltar
coger
tomar
prender
llenar
acaballar
recelar
echar
acoplar
aparear
echar al contrario
amularse
lujuriar
padrear
machear
vaquear
torear
amorecer
carabritear
gallar
gallear
pisar

pubescer
estar en celo
estar caliente
hembrear
calentar
encelar
recalentar
calentarse
recalentarse
picarse [ficio
desligar el male-

partes
partes naturales
» pudendas
» vergonzosas
natura
vergüenzas
pubis
pubes
pelvis
bacinete
monte de Venus
verija
vedija
perineo
sexo
(miembro, pene, etc. V. *Testículo*)
semen
matriz
mamas
vulva
hipómanes
ovario
huevo
embriología

sífilis
venéreo
gálico
morbo gálico
mal francés
chancro
incordio
bubón
caballo
bubas
higo
blenorragia
uretritis
blenorrea
gonorrea
purgaciones
condón
preservativo
sifilografía
ginecología

paridera
acaballadero
parada
puesto
monta
remonta

engendrador
reengendrador
engendrante
generador
generativo
genitivo
genitor
padre
madrigado
procreador
procreante
calipédico
prolífico
criadero
castizo

semental
caballo padre
grullo
caballo recelador
recela
rufeiro
greñudo
garañón
guarán
hechor [miente
carnero de simaroto
morueco
murueco [te
puerco de simienverraco
varraco
verrón
ganado en vena
res de vientre
mamporrero

generable
engendrable
ingenerable
ingénito
congénito
eugenésico

púber
púbero
pubescente
potente
viripotente
núbil
salido
cachondo
verriondo
toriondo
moriondo
butiondo
botiondo
rijoso
lujurioso

monógamo
polígamo
vivíparo
ovovivíparo
ovíparo

fornicario
erotómano
invertido
sodomita
demonio íncubo
demonio súcubo

afrodisiaco
anafrodisiaco
antiafrodisiaco
impotente
frío

genital
genitorio
generante
fecundante
genitourinario
venéreo
genésico
coitivo
galicoso
blenorrágico
sifilítico [rántula
picado de la tarántula

—

GENERAL
(V. *Generalidad*)

—

GENERALIDAD (16)
generalidad
generalización
regla
universalidad
humanidad
catolicidad
comunidad
cosmopolitismo
común
totalidad
universo
conjunto
mayoría
masa
público
concurrencia
muchedumbre
plebe
abundancia
infinitud

universalizar
generalizar
pluralizar
difundir

toda persona
todito
cualquiera
quienquiera
cada cual
unos y otros
quien más quien menos
alma viviente
el común de las gentes
los nacidos [te
todo bicho vivientodo el mundo
todos
los más
el que más y el que menos
hasta las piedras
cuantos aran y cavan
chico con grande

general
universal
generalizable
generalizador
universo
católico
ecuménico
enciclopédico
total
absoluto
íntegro
completo
perfecto
regular
corriente
ordinario
vulgar
frecuente

generalmente
universalmente
en general, o por lo general
por punto general
por la mayor parte
por lo regular
en un todo
en absoluto

—

GENERALIZAR
(V. *Generalidad*)

—

GÉNERO
(V. *Clase*)

—

GENEROSO
(V. *Liberalidad*)

—

GENITAL
(V. *Generación*)

—

GENTILES
(V. *Mitología*)

—

GENTILICIOS (nombres)
(V. el *Apéndice*)

—

GEODESIA
(V. *Topografía*)

—

GEOGRAFÍA (3)
geografía
geografía física
geogenia
geogonía
geología
corografía
orografía
espeleología
hidrografía
geodesia
topografía
carta
mapa
astronomía
meteorología
geografía política
geopolítica
antropogeografía
etnografía
estadística
toponimia
cosmografía
cosmología

Tierra (la)
universo
mundo
suelo
globo
globo terráqueo
esfera terráquea
» terrestre
georama
orbe [terrestre
eje de la esfera
eje del mundo
hemisferio boreal
» austral
» occidental
» oriental
parte del mundo
mundo antiguo
el Nuevo Mundo
nación
población
colonia

norte
septentrión
N
sur
austro
ostro
mediodía
S
levante
oriente
este
leste
E
extremo oriente
occidente
oeste
ocaso
O
W
polo
cenit
nadir
ultramar
(**puntos cardinales** V. *Horizonte*)

círculo máximo
» menor
meridiano
primer meridiano
ecuador terrestre
horizonte
horizonte racional
línea equinoccial
paralelo
trópico
» de Cáncer
» de Capricornio
círculo polar [tico
» » ár-
» » antártico
longitud
latitud
nutación
apartamiento de meridiano
ángulo horario
punto equinoccial
zona
zona tórrida
» templada
» glacial
clima
tierra firme
continente
península
istmo
lengua de tierra
isla
montaña
cumbre
nieve
estrechura
peñasco
desfiladero
precipicio
barranco
volcán
valle
llanura
desierto
caverna
mar
escollo
golfo
cabo
canal
río
lago
pantano
ribera
delta

geógrafo
corógrafo [fo
ingeniero geógrainstituto geográfico

geográfico
corográfico
toponímico
terrestre
terreno
terráqueo
telúrico
geocéntrico
ecuatorial
equinoccial
tropical
intertropical
glacial
septentrional
boreal
norteño
hiperbóreo
meridional
ártico
antártico
ulterior
citerior
superior
inferior
transmontano
trasfretano
transcaucásico
transandino
cisalpino
ultramarino
continental
intercontinental
mediterráneo
ístmico
montañés
(anfiscio, etc. V. *Habitante*)
gentilicios

geográficamente
corográficamente

—

GEOLOGÍA (4)
geología
geogenia
tectónica
geogonía
estratigrafía
geodinámica
fisiografía
geognosia
orogenia
orognosia
mineralogía
petrografía
litosfera
endosfera
litología
litogenesia
geografía
geofísica

plutonismo
vulcanismo
neptunismo
cataclismo

formación
montaña
risco
volcán
estrato
estrato cristalino
lecho
capa
banco
terreno [ción
» de transipiso
subpiso
período
época
edad
era
glaciar
morrena
morena
terreno errático
iceberg
fósil

roca
mineral
litoclasa
diaclasa
fractura
falla
vena
veta
dique
abra
dirección
arrumbamiento
plegamiento

geoda
barrueco
berrueco
estalactita
estalagmita
dendrita
cemento
cimento
liso
canal
detritus
detrito
trumao
pirosfera
magma
gabarro
yacimiento
filón

arcilla
sílice
arena
piedra
caliza
caliza lenta
cal
granito
piedra berroqueña
pegmatita
pórfido
sabio
ofita
basalto
basanita
puzolana
pucelana
puzol
gres
traquita
meláfido
sienita
fonolita
perlita
eufótida
porcelanita
gneis
neis
arenisca
esmeril
diorita
diabasa
anfibolita
afanita
hornablenda
anhidrita
muriacita
dolomía
chiscarra
aluminita
cuarcita
mica
micacita
cayuela
canelita
marga
margal
marguera
almarga
pizarra
lava

estratificar
denudar

estratificación
metamorfismo
fosilización
denudación
erosión
abrasión
convulsión
erupción

geólogo
geognosta
litólogo
neptunista
plutoniano
plutonista
plutónico
vulcanista

geológico
tectónico
geognóstico
geogónico
geogénico
geotérmico
litológico
hipogénico
neptúnico
plutónico
neptuniano
granítico
porfídico
basáltico
dolomítico
clorítico
margoso
rodeno
metamórfico

estratigráfico
detrítico
sedimentario
diluvial
de aluvión
lacustre
primario
secundario
terciario
pleistocénico
cuaternario
intermedio
liásico
triásico
jurásico
cretáceo
eoceno
oligoceno
mioceno
plioceno
epizoico
cenozoico
mesozoico
paleozoico
siluriano
silúrico
cambriano
cámbrico
neolítico
paleolítico
pérmico
carbonífero
antracífero
antracitoso
conchífero
coralífero
devoniano
devónico
canstadiense

—

GEOMETRÍA (17)

geometría
geometría plana
geometría del espacio [criptiva
geometría des-
geometría algorítmica
geometría analítica
trigonometría
geodesia
agrimensura
topografía
espacio
extensión
forma
punto
línea
línea quebrada
» abscisa
» ordenada
ordenada
coordenada
orden
recta
vector
eje
director
directriz
generador
generatriz
radio
diámetro
diámetro conjugado
diagonal
apotema
bisectriz
mediana
cuerda
sagita
flecha
espada
secante
cosecante
tangente
asíntota
meridiano
ecuador

curva
arco
arco complementario
complemento
círculo
espiral
plano
área
superficie
ángulo
triángulo
cuadrilátero
polígono

volumen
cuerpo
sólido
cara
faceta
base
vértice
cúspide
lado
arista
arista de retroceso
centro
excentricidad

poliedro
poliedro regular
tetraedro
pentaedro
hexaedro
exaedro
hexaedro regular
cubo
paralelepípedo
heptaedro
octaedro
octaedro regular
eneaedro
decaedro
dodecaedro [lar
dodecaedro regu-
icosaedro
prisma
prisma poligonal
romboedro
pirámide

esfera
cono
conoide
sección cónica
cilindro
hiperboloide
hiperboloide de revolución
hiperboloide de un casco
hiperboloide de una hoja
hiperboloide de dos cascos
hiperboloide de dos hojas
paraboloide
paraboloide de revolución
elipsoide [lución
elipsoide de revo-
epicicloide plana
epicicloide esférica

figura
diagrama
esquema
sección
corte
perfil
alzada
dibujo

teorema
lema
postulado
escolio
demostración

colocación
situación
dirección
sentido
paralelismo
horizontalidad
verticalidad
inclinación
intersección
cruce
contorno
perímetro
equivalencia
cuadratura

dimensión
medida
longitud
altura
profundidad
anchura
volumen

equidistar
equivaler
inscribir
circunscribir
cuadrar
seisavar
ochavar
cruzarse

geómetra

geométrico
geometral
recto
curvo
quebrado
mixtilíneo
regular
irregular
equilátero
trilátero
rectángulo
rectangular
triangular
poligonal
cuadrado
trapezoidal
hexagonal
sexagonal
sextavado
ochavado
poliédrico
cúbico
octaédrico
prismático
ortorrómbico
esferoidal
inscrito
circunscrito
igual
semejante
homólogo
equivalente
isoperímetro
equidistante
focal

geométricamente

—

GESTICULAR
(V. *Ademán*)

—

GESTO
(V. *Ademán*)

—

GIMNASIA (31)

gimnasia
gimnástica
gimnasia sueca
acrobacia
calistenia
lucha
juego
fiesta
fuerza
ejercicio
flexión
dominación
plancha
saltación
salto
danza
batuda
carrera
lanzamiento
deporte

gimnasta
atleta
gladiador
discóbolo
acróbata
saltimbanqui
histrión

gimnasio
academia
palestra
liza
estádium
circo

trampolín
potro
pértiga
paralelas
trapecio
anillas
barra fija
pesas
poleas
disco

gimnástico
gímnico
atlético

—

GIMNÁSTICO
(V. *Gimnasia*)

—

GINECOLOGIA
(V. *Matriz*)

—

GIRAR
(V. *Vuelta*)

—

GIRASOL (5)

girasol
mirasol
tornasol
sol de las Indias
mirabel
perantón
acahual
gigantea
giganta
trompeta de amor

—

GIRATORIO
(V. *Vuelta*)

—

GITANO (3, 30)

gitano
cíngaro
bohemio
flamenco
gitanería
flamenquería

gitanada
gitanería
gitanismo
flamenquismo
germanía
caló
cante flamenco
cante jondo
aduar

agitanado
gitanesco
cañí
faraónico

gitanamente

—

GLADIADOR
(V. *Lucha*)

—

GLÁNDULA (7)

glándula [na
» endocri-
» holocrina
glándulas salivales
glándula sebácea
» sinovial
» lagrimal
» sudorípara
» pineal
» pituitaria
ganglio
emuntorios
folículo
secreción
secreción interna
pancreatina

adenología
endocrinología

hígado
hipófisis
páncreas [ria
glándula mama-
cuerpo tiroides
tiroides
epífisis
timo
riñón
cápsula renal
» suprarrenal
bazo
pajarilla
melsa
mielsa
molleja
parótida
amígdala
tonsila
agalla
cápsula atrabiliaria [mal
carúncula lagri-
testículo
próstata [per
glándula de Cow-

adenosis
adenitis
infarto
seca
andaderas
esplenitis
pancreatitis
sinovitis
bocio
parotiditis
papo
papera
cantimplora
muermo común
tonsilitis
amigdalitis
prostatitis
tiroidismo

excretar
segregar

glandular
glanduloso
ganglionar
adenoso
adenoideo
sebáceo
tiroideo
tonsilar
sinovial
pancreático
pancrático
endocrino

—

GLOBO
(V. *Aeronáutica*)

—

GLORIA
(V. *Cielo*)

—

GOBERNADOR
(V. *Gobierno*)

—

GOBIERNO (25, 30)

gobierno
gobernación
administración
administración activa
regencia
gerencia
intendencia
regimiento
dirección
autoridad

potestad
dominio
mando
enderezamiento
manejo
conducta
conducción
cargo
riendas
timón

gobernar
regir
mandar
administrar
dirigir
manejar
manipular
conducir
guiar
menear
regentar
regentear
mayordomear
superentender
tratar
disponer
tijeretear
enderezar
enjergar
tiranizar
calzarse
llevar la batuta

forma de gobierno
constitución
estado
república
régimen
gobierno absoluto
absolutismo
totalitarismo
monarquía
imperio
presidencialismo
bolchevismo
bolcheviquismo
soviet
autocracia
tiranía
despotismo
zarismo
cesarismo
dictadura
consulado
duunvirato
triunvirato
pentarquía
oligarquía
poliarquía
plutocracia
timocracia
teocracia
hierocracia
aristocracia
mesocracia
democracia
demagogia
oclocracia
ginecocracia
gobierno federal
gobierno representativo
gobierno parlamentario
burocracia
militarismo
anarquía
desgobierno
centralización
federación
confederación
gobierno federal
descentralización
autonomía
independencia
protectorado

directorio
regencia
corregencia

junta
señoría
areópago
mazorca

ministerio
gobierno
gabinete
consejo
consejo de ministros
cámara de Indias
» de Castilla
majzen
diván [pública
administración
poder ejecutivo
administración provincial
diputación
mancomunidad
ayuntamiento

gobernador
director
regente
regidor
rector
dirigente
enderezador
guía
gobernante
jefe
caudillo
soberano
rey
virrey
regente
corregente
canciller
gerente
ejecutiva
directiva

gobernador militar
gobernador civil
poncio
fajín
jefe político
prefecto
vicegobernador
vizconde
alcalde
oficial

ministro
» sin cartera
sotaministro
secretario del despacho
primer ministro
presidente
presidente del Consejo
subsecretario
valido
eunuco

magistrado
podestá
tetrarca
exarca
exarco
propretor
legado
triunviro
proconsul
tirano
tiranuelo
mazorquero

sultán
soldán
jedive
jerife
jarife
valí
nabab
nababo

gran visir
visir
bey
sanjaco
sátrapa
bajá
caíd
ámel
mandarín
curaca
caicamán

consejo
consejillo [nete
cuestión de gabi-
crisis ministerial
política
razón de Estado
materia de Estado
golpe de Estado
gaceta

ministerio
departamento
cartera
covachuela
oficina [sal
despacho univer-
ministerio de Estado
ministerio de la Gobernación
ministerio de lo Interior
ministerio de Hacienda
ministerio de Ultramar
ministerio de la Guerra
ministerio de Marina
ministerio de Gracia y Justicia
ministerio de Fomento
ministerio de Obras Públicas
ministerio de Industria y Comercio
ministerio de Instrucción Pública y Bellas Artes
ministerio de Educación Nacional
ministerio de Trabajo
ministerio de Agricultura
gobierno (edificio)

gobierno
cartera
jurisdicción
territorio
virreinato
exarcado
tetrarquía
arcontado
valiato
bajalato
amelía

gobernante
gubernativo
gobernativo
gubernamental
gobernable
ministrable
ministerial
antiministerial
oficial
oficioso
extraoficial

directivo
directorio
directorial
prefectoral
autonómico
federativo

autocrático
dictatorial
dictatorio
absolutista
totalitario
teocrático
timocrático
democrático
monárquico
oligárquico
poliárquico
republicano
anárquico
bolchevique
soviético

gubernativamente
ministerialmente
oficialmente
oficiosamente
de oficio
por vía de buen gobierno
anárquicamente

—

GOCE
(V. *Placer*)

—

GOLFO (3)

golfo
seno
regolfo
concha
bahía
rada
saco
abrigo
abrigadero
ensenada
abertura
ancón
anconada
angra
abra
broa
cala
caleta
fiordo
fondeadero
puerto
costa
playa
ribera
mar

—

GOLOSINA
(V. *Alimento*)

—

GOLOSO
(V. *Gula*)

—

GOLPE (12, 27)

golpe
golpazo
contragolpe
golpe seco
golpe en vago
toque
aldabada
aldabazo
aldabonazo
tiento
relámpago
chirlo
antuvión
antuviada
sosquín
vafe
pasagonzalo
empellón
empujón
impulsión
caída
costalada
costalazo
culada
guarrazo
porrazo
porrada
tamborilada
trastazo
zambombazo
zumbido
masculillo
sartenazo
tarja
sequete
chipichape
voleo
volea
tantarantán
traqueteo
traqueo
choque
portazo

cabezada
cabezazo
casquetazo
testarada
testada
testerada
testarazo
topetada
topetón
topetazo
topada
tope
morrada
morrón
calamorrada
calamorrazo
calabazada
coscorrón
molondrón
capitón
hocicada

manotada
manotazo
manotón
sopetón
revés
tabanazo
palmada
palmetazo
coqueta
guantada
guantazo
bofetada
bofetón
tortazo

voleo
chuleta
sopapo
solapo
tabanazo
tabalada
lapo
galleta
torta
catite
cate
cachetada
tapaboca
puñetazo
puñada
puñete
trompada
moquete
remoquete
cachete
taire
mojicón
mojí
soplamocos
torniscón

tornavirón
coca
macoca
mamporro
capón
cosque
trompis
metido
combo
jetazo
trompón
gaznatada
gaznatazo
gaznatón
sopapo
pescozón
pescozada
cogotazo
garnacha
pestorejón
pestorejazo
tozolada
tozolón
cale
capirotazo
papirotazo
papirotada
papirote
capirote
tincazo
pulgarada
pechugón
espaldarazo
nalgada
tamborilada
tamborilazo
zarpazo
zarpada

mangonada
codazo
encontrón
encontronazo
panzada
nalgada
rodillazo
rodillada

puntapié
puntillazo
puntillón
puntera
patada
pisada
pisotón
pancada
pernada
coz

palo
palo de ciego
varapalo
palotada
zurrido
lapo
trancazo
trancada
pontocón
garrotazo
estacazo
culatazo
bastonazo
sombrillazo
abanicazo
horconada
leñazo
baquetazo
vergajazo
verdascazo
vardascazo
varazo
varejonazo
sarmentazo
cachavazo
porrazo
porrada
cachiporrazo
cañazo
tizonazo
tizonada
linternazo

candelerazo
jarazo
palancada
aguzonazo
hurgonazo
herronada
macanazo
tablazo
chirlada
astillazo
azotazo
azote
lampreazo
latigazo
hostigo
trallazo
chicotazo
cordonazo
anguilazo
jaquimazo
ramalazo
disciplinazo
corbachada
cordelazo
cuartazo
correazo
rebencazo
zurriagazo
verdugazo
martillazo
martillada
mazada
mazazo
tenazazo
azadazo
azadada
azadonazo
palazo
paletada
badilazo
farolazo
linternazo
candilazo
cucharazo
pucherazo
sartenazo
redomazo
botellazo
calabazazo
alcanciazo
escobazo
tinterazo
jicarazo
jarrazo
librazo
silletazo
palmeta
palmetazo
pencazo
vejigazo
panderazo
panderetazo
guitarrazo
trompetazo
sombrerazo
bonetazo
capazo
capillada
pretinazo
taconazo
zapatazo
chapinazo
zapatillazo
pantuflazo
hormazo
talegazo
astillazo
taponazo
trompazo
mochazo
cachada
puntazo
puñalada
(cuchillada, etc. V. *Cuchillo*)
lanzada
lanzazo
espontonada

pedrada
cantazo

chinazo
lanchazo
guijarrazo
peñascazo
cascotazo
turronada
terronazo
pelotazo
ladrillazo
tejazo
tomatazo
naranjazo
tronchazo
bolazo

topetada
topetazo
mochazo
mochada
morocada
amurco
paletazo
picotazo
picotada
piquete
picada
picazo
herronada
aletazo
espolonazo
grupada
caballazo
trompada
trompazo
coz
coletazo
rabotada

golpear
percutir
cutir
asestar
azotar
batir
rebatir
batojar
herir
sacudir
volear
golpetear
gualdrapear
chapotear
guachapear
portear
petar
chocar

manotear
palmear
palmotear
codear
zapatear
patear
acocear
pisotear
apechugar
apencar
impulsar
arrojar
apedrear
jarrear

azotar
fustigar
flagelar
vapular
vapulear
mosquear
zurriagar
verberar
chicotear

apalear
palotear
varear
bastonear
bordonear
verguear
bejuquear
cintarear
cimbrar

aporrear
aporracear
macear
marrear
martillar
hachear

majar
machar
machacar
machucar
magullar
macar

topar
topetar
amurcar
picar
picotear
acocear
morder

pegar
dar
descargar
plantar
plantificar
atizar
encajar
largar
fletar
sacudir
paporrear
asentar
asestar
arrimar
alumbrar
propinar
administrar
zumbar

antuviar
hartar de

contundir
contusionar
solfear
santiguar
sobar
sotanear
tundir
zurrar
tundear
acogotar
apuñadar
apuñear
apuñar
apuñetear
acachetear
tostar
estezar
fajar
trompear
calentar
julepear
sopapear
moquetear
abofetear
cascar
batanear
acardenalar
descostillar
descrismar
descristianar
lacerar
dar catite

descargar bofetadas
cruzar la cara
quitar la cara
quitar los dientes
quitar los mocos
poner los cinco dedos en la cara
asentar la mano
asentar el guante
cascarle a uno las liendres
machacarle las liendres

cascarle las nueces
arrimar candela
sacudir el volvo a uno
tocar la solfa
tocar el cuadro
tentarle el bulto
tocarle el bulto
zurrar la badana
menear el bálago
sacudir » »
zurrar » »
menear el zarzo
tocar la pámpana
zurrar » »
poner como un pulpo
medirle las costillas
medirle las espaldas
derrengar a palos
doblar a palos
romper la crisma
romper los cascos
abrir la cabeza
andar a mía sobre tuya
dar con aire
dar de buen aire

percusión
golpeadura
golpeo
batimiento
batería
batidero
manoteo
manoteado
palmoteo
pisoteo
pisa
pateo
pateadura
pateamiento
acoceamiento
zapateo
chapaleo
repiqueteo

zurra
pie de paliza
pega
capuana
escurribanda
zurribanda
manta
tunda
trepa
leña
mano de azotes
mano de coces
zumba
friega
tentadura
felpa
soba
solfa
solfeo
somanta
meneo
vuelta
vuelta de podenco
tocata
tollina
tolena
sopapina
zamanca
sepancuantos
galopeado
jabón de Palencia

azotamiento
vapulación
vapuleo
vapuleamiento
vapulamiento
vápulo
lampreo
azotaina
azotina

sotana
verberación
lampreada
apaleamiento
paliza
bejuqueda
aporreo
aporreamiento
aporreadura
maceo
martilleo
flagelación
apedreamiento
apedreo
apedrea
pedrea
lapidación
machacadura
majadura
machaqueo
majamiento
magulladura
magullamiento
contusión
cardenal
maltratamiento
lesión
inflamación
herida
muerte

mazo
porra
palo
bastón
látigo
azote
correa
llave inglesa
proyectil
piedra
calza de arena
arma

golpeadero
cutidero
batidero
batiente
yunque
sufridera

golpeador
pulsativo
batiente
contundente
tundente
percuciente
contusivo
vapuleador
fustigante
flagelador
abofeteador
acoceador
aporreante
martillador
maceador
machacador
largo de manos
apaleador

contuso
apaleado
fustancado

a golpes
a puño cerrado
a machote

¡pum!
¡cataplum!
¡zas!
¡zis, zas!
¡tac, tac!
*tómate ésa!

—

GOLPEAR
(V. *Golpe*)

—

GOMA (36)

goma
gomosidad
mucilago
goma arábiga
» ceresina
» adragante
tragacanto
astrágalo
alquitira
grasa
guacia
gurbión
gorbión
cedria
cidria
maná
amoniaco
sarcocola
gutapercha
gutiámbar
sudor
cáncamo

caucho
goma elástica
» de borrar
seringa
jebe
hule
ebonita

gomorresina
incienso
mirra
» líquida
asa
» fétida
» dulce
» olorosa
opopónax
opopónaco
gutagamba
bedelio
gálbano
sagapeno
serapino
escamonea
resina

engomar
pegar
encauchar
vulcanizar

engomadura
adherencia
elasticidad
vulcanización

tichela

cauchera
palo de hule
siringa
matapalo
mezquite

gomista
gomero
cauchero
hulero

gomoso
mirrino
mirrado
gomero
gutífero
escamoneado
impermeable

GOMORRESINA
(V. *Goma*)

—

GOMOSO
(V. *Goma*)

—

GORDO
(V. *Grosor)*

GORDURA
(V. *Grosor)*

GORRA
(V. *Sombrero)*

—

GORRO
(V. *Sombrero)*

—

GORRÓN
(V. *Gorronería)*

—

GORRONERÍA (26, 33)

gorronería
mogollón
pegotería
tifus
godería
entremetimiento
convite
adulación
servilismo
mendicación
sable
sablazo
estafa

pegotear
vivir de mogollón
vivir de motolito
campar de golondro
vivir sobre el país
conocer el pesebre
sablear
comerle un lado a uno

gorrón
gorrista
gorrero
gorra
parásito
parasito
pegadizo
chupóptero
guagüero
sopista
pegote
panza al trote
estómago aventurero
tagarote
rozavillón
arrimadizo
comensal
conmensal
mogrollo
vividor
sablista
caballero de industria
caballero de la industria

de mogollón
de gorra
de guagua
a ufo
a la sopa boba
a costa ajena
gratis

—

GOTA (2)

gota
goterón
pinta
gotera
sudor
lágrima
perdón

gotear
pingar
llorar
lagrimecer
lagrimacer
chorrear
escurrir
destilar
estilar
rezumar
filtrarse
instilar

goteo
chorro
destilación
estilicidio
filtración
derramamiento
instilación

frasco cuentagotas
cuentagotas

gota a gota

—

GOTEAR
(V. *Gota)*

—

GOZAR
(V. *Placer)*

—

GOZNE (20)

gozne
gonce
charnela
charneta
pernio
pinzote
golfo
bisagra
alguaza
fija

puerca
perno
pala
pasador

juego
articulación

articular
fijar
engoznar
desgoznar
desgonzar
desengoznar

—

GOZO
(V. *Placer)*

—

GRABADO (29)

grabado
» al agua fuerte
» al agua tinta
» a media tinta [pas
grabado de estampas
grabado en dulce
» a puntos
» punteado
» en fondo
» hueco
» al humo
» en negro
» al barniz blando

litografía
litofotografía
fotolitografía
fotograbado
heliograbado
huecograbado
cincografía
cincograbado
calcografía
calcotipia
xilografía
pirograbado
fototipia
oleografía
cromolitografía
litocromía
tricromía
autografía
fotografía

grabar
cortar
esculpir
celar
burilar
cincelar
abrir
tallar
retallar
entretallar
entallar
morder
remorder
inscribir
granear
puntear
reportar
estarcir
ilustrar
iluminar
dibujar
pintar
estampar
imprimir
litografiar
litofotografiar
fotolitografiar
calcografiar
cromolitografiar
autografiar
fotograbar
acerar
fotografiar

grabadura
estampación
estampado
encuentro
buriladura
inscripción
burilada
contrarraya

grabado
prueba
estampa
fondo
campo
lámina
ilustración
vista
dibujo
viñeta
santo
grabazón
cabecera
marmosete
litografía
cromolitografía
cromo
oleografía
aguafuerte
aguatinta
acuatinta
platinotipia
atlas
aleluya
vida
reporte
prueba antes de la letra
clisé

grabador [nas
abridor de láminas
tallador
esculpidor
estampero
estampador
laminero
aguafortista
acuafortista
litógrafo
calcógrafo
xilógrafo
cromolitógrafo
fotograbador
reportista
planador
cincelador

buril
» de punta
» chaple redondo
punzón
graneador
aguja
punta seca
cincel
contrapunzón
piedra
prensa
tórculo
molde
lámina
plancha
mordiente
trama

estampería
litografía
calcografía
autografía

gráfico
litográfico
calcográfico
cromolitográfico
xilográfico
autográfico
fototípico
inscrito
inscripto

—

GRABADOR
(V. *Grabado)*

—

GRABAR
(V. *Grabado)*

—

GRACIA
(V. *Donaire)*

—

GRACIOSIDAD (24, 33)

graciosidad
gratuidad
supererogación
facilidad
ventaja
ganga
regalo
remuneración
utilidad
trabajar para el obispo
regalar
gratificar
obsequiar

gorronería
tifus
gorrón
parásito

gratuito
gracioso
grato
gratisdato
libre
franco
ventajoso
supererogatorio
honorario
honorífico
irremunerado
regalado
barato
limpio de polvo y paja

gratis
gratuitamente
graciosamente
bobamente
bobáticamente
de balde
de oque
de oquis
de hoquis
de guagua
de momio
de barato
de gracia
de rositas
de bóbilis
de bóbilis, bóbilis
por su bella cara
por su linda cara
por sus ojos bellidos [vadas
con sus manos lavadas
de **mogollón**
por amor al arte

—

GRACIOSO
(V. *Donaire)*

—

GRADA (36)

grada
grada de dientes
grada de cota
trapa
rastra
rastrillo
escarificador
extirpador
cultivador
cultivadora

gradar
allanar
rastrillar

gradeo

—

GRADO
(V. *Graduación)*

—

GRADUACIÓN (24, 2)

graduación
gradación
degradación
grado
minuto
» primero
» segundo
» tercero
segundo
tercero

jerarquía
escala
escalera
matiz
gama
serie
sucesión
progresión
aumento
disminución

graduar
escalonar
matizar
degradar
aumentar
disminuir
medir

graduador
escala
esfera
cuadrante
limbo
cero

gradual
graduable
jerárquico
escalonado
escalar
progresivo
paulatino
lento
suave
imperceptible

gradualmente
paulatinamente
sucesivamente
bonitamente
de grado en grado
poco a poco
paso a paso
más y más
a poquitos

—

GRADUAL
(V. *Graduación)*

—

GRADUAR
(V. *Graduación)*

—

GRAFITO
(V. *Lápiz)*

—

GRAMÁTICA (28)

gramática
gramatiquería
gramática general
gramática comparada
trivio
filología
etimología
retórica
literatura
analogía
morfología
análisis
sintaxis
prosodia
ortografía
escritura
letra

palabra
raíz
radical
tema
afijo
prefijo
sufijo
postfijo
posfijo
enclítico
proclítico
terminación
desinencia
inflexión
incremento
derivación

aglutinación
composición
parasíntesis
prefijación
enclisis
proclisis
haplología
anaptixis

parte de la oración
partícula
substantivo
sustantivo
apelativo
adjetivo
epíteto
atributo
predicado
primitivo
derivado
simple
compuesto
aumentativo
diminutivo
despectivo
(colectivo, véase *Conjunto*)
partitivo
gentilicio
proporcional
positivo
comparativo
superlativo
pronombre
artículo
verbo
participio
adverbio
preposición
conjunción
interjección

accidente
género
» masculino
» femenino
» neutro
» epiceno
» común
» ambiguo
número
» singular
» plural
» dual
flexión
declinación
conjugación
paradigma
apofonía
caso
» recto
» oblicuo
nominativo
genitivo
dativo
acusativo
vocativo
ablativo
locativo
instrumental

sintaxis
» regular
» figurada
relación
régimen
concordancia
construcción
aposición
término
sujeto
antecedente
consecuente
consiguiente
anáfora
persona
» agente
» paciente
primera persona
segunda »
tercera »
complemento
» directo
» indirecto
» circunstancial

oración
» simple
» compuesta
» afirmativa
» aseverativa
» negativa
» subordinada, etc.
proposición
proloquio
frase
cláusula
» simple
» compuesta
clausulado
período
prótasis
apódosis
inciso
colon
» perfecto
» imperfecto
suplemento
ablativo absoluto
paréntesis
locución
expresión
dicho
decir
frase
» hecha
» proverbial
proverbio
modismo
idiotismo

figura de dicción
aliteración
metaplasmo
aféresis
metátesis
prótesis
próstesis
contracción
apócope
apócopa
síncopa
síncope
paragoge
epéntesis

figura de construcción
asíndeton
pleonasmo
silepsis
traslación
translación
trasladación
elipsis
eclipsis
concisión
zeugma
zeuma
ceugma
adjunción
enálage
hipérbaton
anástrofe

solecismo
anacoluto
barbarismo
concordancia vizcaína
vizcainada
galicismo
neologismo
arcaísmo
idiotismo
círculo vicioso
perisología
prolijidad
rodeo
cacofonía

significación
ambigüedad
anfibología
sinonimia
paronimia
homonimia
antonimia
paronomasia
paranomasia

loísmo
laísmo
leísmo

gramatiquear
analizar
substantivar
adjetivar
calificar
singularizar
pluralizar
derivar
componer
declinar
conjugar
construir
suplir
enhilar
frasear
elidir
gerundiar
sincopar
apocopar

declinarse
conjugarse
ir por
regir
concordar
concertar
connotar

gramático
masoreta
dómine
leísta
laísta
loísta
mayorista
medianista
menorista
minimista
decurión
decuriato
decuria

gramática
compendio
epítome
prontuario
arte
copia

estudio
mayores
medianos
menores
mínimos
paso

gramatical
gramático
analógico
regular
heteróclito
derivativo
pospositivo
apositivo
atributivo
expletivo
connotativo
genérico
simple
compuesto
compositivo
derivado
parasintético
activo
pasivo
desinencial
flexional
concordante
conjugable
declinable
indeclinable
fuerte
temático
sintáctico
oracional
hiperbático
pleonástico
elíptico
paragógico
epentético
sincopado
protético
prostético
cacofónico

gramaticalmente
analógicamente
activamente
pasivamente
paronomásticamente
pleonásticamente

—

GRANADA
(V. *Granado*)

GRANADA
(V. *Proyectil*)

—

GRANADO (5)

granado
balaustra

granadino

granada
milgrana
minglana
mingrana
granada albar
granada zafarí
zajarí
zaharí
granada cajín
ciñuela
diente de perro
tastana
gajo

—

GRANAR
(V. *Grano*)

—

GRANDE
(V. *Grandeza*)

—

GRANDEZA (17)

grandeza
grandor
mayoría
vastedad
infinitud
extensión
magnitud
tamaño
dimensión
grosor
corpulencia
cuerpo
longitud
anchura
altura
gigantez
disformidad
aumento
crecimiento
exceso
abundancia
demasía
exorbitancia
enormidad
atrocidad
monstruo
mostro
gravedad
importancia
intensidad
superioridad
excelencia
magnificencia
grandiosidad
engrandecimiento
agrandamiento
mare mágnum
maremagno
enaltecimiento

agrandar
engrandar
engrandecer
ampliar
aumentar
agigantar

grande
gran
grandezuelo
grandillón
grandullón
grandote
considerable
magno
mangón
largo
alto
profundo
holgado
espacioso
amplio
vasto
ancho
fuerte
grueso
bueno
valiente
notable
gentil
considerable
cuantioso
capital
crecido
extremo
sumo
máximo
potente
fabuloso
loco
fenomenal
grandioso
monumental
macanudo
garrafal
superlativo
ingente
colosal
gigante
gigantesco
giganteo
agigantado
ciclópeo
ciclópico
titánico
titanio
formidable
tremendo
terrible
atroz
fiero
furioso
bestial
caballuno
monstruoso
disforme
mortal
excesivo
excedente
desaforado
desmesurado
desmedido
descomunal
grandísimo
extraordinario
enorme
exorbitante
astronómico
mayor
mayúsculo
máximo
inmenso
infinito
de a folio
de tomo y lomo
como una casa

grandemente
enormemente
mucho
tanto

—

GRANERO
(V. *Grano*)

—

GRANIZO (3)

granizo
cascarrina
piedra
pedrisco
hielo

granizar
cascarrinar
acantalear
apedrear

granizada
pedrisca
pedrisquero
cascarrinada
pedrea
precipitación

—

GRANO (5)

grano
granito
granillo
granizo
gránulo
semilla
bola

parva
suelos
cereales
espiga
granos
áridos
cáscara
residuo
granzas

corzuelo
barcia
fruto

granar
cerner
bagar
empanarse
fructificar
desgranar
garraspar
pilar
guardar
conservar
atrojar
entrojar
entrujar
ensilar
encamarar
encambrar
engranerar
empanerar
colmar
desgranarse
descabezarse

granazón
grana
granulación
desgrane
traspaleo
ensilaje
conservación

granero
hórreo
panera
galeón
grancero
algorfa
engolfa
almacería
cámara
silo
silero
silería
troj
truja
troje
trox
coscomate
bodega
alhóndiga
alfóndiga
alfóndega
lóndiga
almudín
almudí
almudina
alhorín
alfolí
alhorí
alholí
alforiz
niara
cilla
cija
cía
cillero
barbacoa
almiar
meda
pósito
camaraje

desgranador
ensilador
alfolinero
alfoliero
rascador
depositario

granular
granuloso
granoso
granujoso
graneado
granilloso
agranujado
miliar

granívoro
de guilla

—

GRASA (2, 9, 37)

grasa
grasura
grosura
gordura
manteca
adiposidad
sabanilla
carrillada
tocino
murceo
cochevira
pella
boto
zorrullo
chicharrón
chicharro
gorrón

sebo
sebillo
gordo
pringue
craso
lardo
unto
untaza
gordana
enjundia
injundia
saín
sainete
almizcle

manteca de vaca
mantequilla
butiro [des
manteca de Flan-
mantequilla de
leche [Soria
oleína
margarina
crema
vaselina
lanolina
parafina
estearina
churre
juarda
suarda
hisopo húmedo
ácido butírico

aceite
aceite de ballena
esperma de »
espermaceti
adipocira
cera [*macia*]
(pomada, V. *Far-*

engrasar
ensebar
lardear
mediar
entreverar
lubricar
lubrificar
untar
desengrasar
desainar
desbuchar
desensebar
desmantecar
mazar
enranciar

crasitud
graseza
graso
mantecosidad
pinguosidad
suciedad
untuosidad

ranciedad
ojos

engrasación
engrase
lubricación
lubrificación
untadura
desgrase

mantequera
mantequero
mantequillero

mantequería
mantequera
grasera
cremómetro

graso
craso
grasiento
grasoso
crasiento
lardoso
adiposo
seboso
sebáceo
pingüe
pringoso
untuoso
untoso
pingüedinoso
mantecoso
butiroso
gordo
lardero
aceitoso
rancio

—

GRASO
(V. *Grasa*)

—

GRATIFICA-CIÓN
(V. *Remunera-ción*)

—

GRATIS
(V. *Graciosidad*)

—

GRATITUD (14)

gratitud
agradecimiento
reconocimiento
correspondencia
remuneración
obligación
paga
lealtad
acción de gracias
hacimiento de [gracias
voto de gracias
tedéum
ofrenda
exvoto
bendición
recompensa
ingratitud

agradecer
reconocer
corresponder
responder [ca
estar a la recípro-
deber
compensar
regraciar
pagar
dar gracias
tomar en cuenta

darse por enten-
dido [uno
merecer bien de
pagar con usura
rodar uno por otro
besar la tierra que
otro pisa

agradecido
pan agradecido
reconocido

remuneratorio
antidoral
eucarístico

reconocidamente

¡gracias!
¡merced! o ¡mu-
chas mercedes!

—

GRATUIDAD
(V. *Graciosidad*)

GRATUITA-MENTE
(V. *Graciosidad*)

—

GRATUITO
(V. *Graciosidad*)

—

GRAVE
(V. *Gravedad*)

—

GRAVEDAD (24, 27)

gravedad
calidad
importancia
grandeza
dificultad
peligro

violencia
daño
maldad

agravar
reagravar
agriar
recargar
dificultar
enconar
excitar
empeorar
recrudecer
agravarse
picar en historia

agravación
agravamiento
reagravación
recrudescencia
recrudecimiento
recargo
empeoramiento
aumento

agravador
agravante
agravatorio
recrudescente

grave
importante
capital
trascendental
serio
difícil
comprometido
terrible
peligroso

mortal
fuerte
duro
recio
riguroso
atroz
enorme

gravemente
capitalmente
agravantemente

¡ahí es un grano de anís!

—

GRAVEDAD
(V. *Peso*)

—

GREDA
(V. *Arcilla*)

—

GRIFO (2)

grifo
grifón
espita
jeta
canilla
canillera
canillero
dúcil
bitoque
llave
llave de paso
lanza
válvula
macho
llave

espitar
abrir
cerrar

—

GRITAR
(V. *Voz*)

—

GRITERÍA
(V. *Alboroto*)

—

GRITO
(V. *Voz*)

—

GROSELLA
(V. *Grosellero*)

—

GROSELLERO (5)

grosellero
agrazón [tre
grosellero silves-
uva espina
uva crespa
casis

grosella
cascalleja

—

GROSERÍA
(V. *Descortesía*)

—

GROSERO
(V. *Descortesía*)

—

GROSOR (17)

grosor
grueso
espesor
dimensión
calibre
cuerpo
casco
canto
mena
contorno
volumen
solidez
corpulencia
bulto
balumba
balumbo
baluma
tomo
giba
mole
promontorio
refuerzo

obesidad
gordura
humanidad
coranvobis
(panza, etc. V. *Vientre*)
pesadez
adiposis
carnaza
carnosidad
rosca
rosco
rodaja

estereometría
capacidad
medida
metro cúbico
vara cúbica
cargo
decímetro cúbico
centímetro cúbico
codo geométrico
cúbico
cuerpo de hombre
dendrómetro

engrosar
abultar
aumentar
dilatar
extender
crecer
calibrar
cubicar

engordar
engrosar
engruesar
embastecer
embarnecer
encarnecer
echar carnes
cobrar carnes
criar carnes
tomar carnes
echar barriga, ca-
rrillos, pantorri-
llas, etc.
juntársele las
mantecas

hacer bulto
abultar [harina
estar metido en
estar de buen año
ser buena cuña
no caber en el pe-
llejo [pelo
relucir a uno el

abultamiento
engrosamiento
dilatación
embarnecimiento
hinchazón

polisarcia
hidropesía
hipertrofia
hinchamiento
inflamación

cuartazos
mollejón [blo
angelón de reta-
botija
zoquete
recoquín
retaco
morcón
zaborro
ceporro
tapón de cuba
pastel en bote
bamboche
talego
jergón [tas
colchón sin bas-

jamona
pandorga
narria
gigantilla
mamancona

grueso
grosezuelo
grosísimo
voluminoso
corpulento
corpudo
abultado
rebultado
turgente
túrgido
orondo
espeso
inflado
ahuecado

gordo
craso
gordal
gordinflón
gordiflón
gordillo
cachigordo
cachigordete
regordete
regordido
gordezuelo
carigordo
carnoso
rollizo
obeso
pesado
rechoncho
redoblado
entredoble
cipote

topocho
repolludo
aparrado
achaparrado
rehecho
metido
balumoso
cambuto
amondongado
nalgudo
culón
fondón
atocinado
mostrenco
recio
fresco
de tomo y lomo

volumétrico
estereométrico
cúbico

gruesamente

—

GRÚA
(V. *Cabria*)

—

GRUESO
(V. *Grosor*)

—

GRUMO
(V. *Sólido*)

—

GUADAÑA
(V. *Hoz*)

—

GUANTE (10)

guante
zurrado
quiroteca
manija
zoqueta
goluba
lúa
manopla
guantelete
cesto
cesta
cortezas

mitón
maniquete
confortante
dedil
manguito

enguantarse
calzar los guantes
calzarse los guan-
tes
descalzarse los
guantes
chiflar

guantero

ensanchador
marcial
cabritilla
baldés
baldrés
piel
chifla

guantería

GUAPO
(V. *Belleza*)

—

GUARDA
(V. *Custodia*)

—

GUARDAR
(V. *Conservación*)

—

GUARDIA (34)

guardia
» de honor
guardia de lanci-
lla
carabineros reales
alabarderos
zaguanete
guardia civil
tercio
policía

cuerpo de guardia
puesto
prevención
principal
vivac
vivaque
guarnición
presidio
cuarto
» vigilante
piquete
patrulla
pareja
convoy
avanzadilla
vanguardia
retaguardia
jefe de día
cabo de escuadra

guardia
abad
garzón
guarda de vista
plantón
relevo
imaginaria
centinela
centinela perdida
» de vista
escucha
vela
guaita
atalayero
vigía
bandolera
alabardero
chambergo
continuo
gendarme
guardia municipal
municipal
guardia civil
» de seguri-
dad
» de orden
público
civil
rondín
guindilla
guiri
miñón
mozo de escuadra
miguelete
sereno

velar
vigilar
vigiar
aguaitar
guaitar
acechar
rondar
patrullar
cargar
estar de guardia
entrar de guardia
salir » »
montar la guardia
montar la trinche-
ra
estar de centinela
hacer centinela
relevar
rendir

dar el santo
rendir el santo
dar el nombre
consignar las ór-
denes
correr la palabra
pasar la palabra

guarnecer
guarnicionar
presidiar

guarda
defensa
custodia
atención
cuidado
vigilancia
acecho
imaginaria
ronda
» mayor
contrarronda
sobrerronda
descubierta
rondín
parada
relevo
cuarto
vigilia
prima
modorra [rra
hora de la modo-
alba

consigna
contraseña
nombre
santo
seña

garita

¡alerta!
¿quién vive?
gente de paz

—

GUARIDA
(V. *Cubil*)

—

GUARISMO
(V. *Número*)

—

GUARNICIÓN
(V. *Guarniciones*)

—

GUARNICIO-
NERÍA
(V. *Guarniciones*)

—

GUARNICIO-
NERO
(V. *Guarniciones*)

—

GUARNICIONES (38)

guarniciones
guarnición
arneses
arreos
atelaje
atalaje
aparejo
aparejuelo
guilindujes
atuendos
cabalgar
montura
montadura
apero
silla de montar
silla
acionera
samugas
jamugas
jamúas
anganillas
silletas
sillín
sillón
silla bastarda
silla jineta
galápago
albardilla
fuste
grupera
gurupera
gurupetín
estanques
aguaderas
artolas
carona
carola
acitara
coraza
batalla
casco
tejuela
arzón
perilla
borrén
baste
contrafuerte
albarda
albardón
basto
remonta
caparazón
mochila
pellón
ación
estribo
brida
cabezada
freno
rienda
ronzal
tirantez
tiro

alzatirantes
sufra
zafra
azofra
francalete
anteojo
anteojera
antojera
amarra
amarro
gamarra
media gamarra
braguero
madrina
lomera
almohadilla
correa
collera
collerón
horcate
horcajo
cencerrillas
terrollo
yugo
pechera
antepecho
petral
pretal
zambarco
cincha
sobrecincha
sobrecincho
sifué
cinchón
barriguera
tirante
ataharre
retranca
arretranca
arritranca
sotacola
socola
baticola
grupera
tiracol
cejadero
sajador

jaez
adorno
jaeces
medio jaez
aderezo
alcafar
gualdrapa
tapanca
jirel
paramento
manta
mantilla
caparazón
sudadero
sobrepelo
guardamonte
telliz
mantaterilla
testera
quitapón
quitaipón
tapaojo
chapetón
encalada
bozal
cadenilla
hebillaje

penacho
garzota
colera
codón

carcaj
funda
pistolera
tapafunda
bolsa
cantinas
bozal
morral
espuela
látigo

aparejar
ensillar
albardar
enjalmar
cinchar
enganchar
uncir
atalajar
amadrinar
manear
acollarar
embozar
enjaezar
ajaezar
jaezar
encubertar
engualdrapar
desaparejar
desguarnecer
desensillar
desenganchar
desenjaezar

asentar
falsear
remontar
embastar
coser correal
labrar de correal

ensilladura
equitación
carga
tracción
carruaje

guarnicionero
talabartero
jaecero
frazadero
cabestrero
guadarnés

reglador
matacantos
corete
almoflate

guarnicionería
talabartería
lomillería
guadarnés
guarnés
acemilería
caballete
cabalhuste

a la jineta
a la inglesa
a la calesera

—

GUERRA (27, 32, 34)

guerra
guerra a muerte
guerra galana
guerra civil
estado de guerra
casus belli
pleito
hostilidad
difidación
neutralidad
beligerancia

declaración de guerra
bandera negra
» de combate

arte militar
milicia
Marte
Mavorte
estrategia
logística
agonística
táctica
tacticografía
fortificación

declarar la guerra
publicar la guerra
movilizar
encender
campear
juntar campo
estar en campaña
hallarse en campaña
salir a campaña
salir a la campaña
presentar la batalla [talla
representar la baromper las hostilidades
hostilizar
llegar a las armas
chocar
hacer armas
guerrear
batallar
combatir
pelear
luchar
contender
debatir
reñir
guerrillear
escaramuzar
escaramucear
avanzar
replegarse
envolver
cercar
copar
espiar
acechar
acometer
atacar
invadir
dar malón
sitiar
perseguir
vencer
conquistar
apresar
matar
libertar
huir [enemigo
volver la cara al
dar cuartel
no dar cuartel

batirse
encarnizarse
entreverarse
envolverse [da
vender cara su vi-
hacer riza
someterse [gre
haber mucha san-
alojarse

justar
tornear
lidiar

batalla
combate
pelea
lidia
lid
lucha
torneo
naumaquia
contienda
movilización
expedición militar
hostilidades
ofensiva
contraofensiva
avance
campaña
operación
jornada
translimitación
cruzada
aceifa
harca
batalla campal
acción
acción de guerra
hecho de armas
trance de armas
función
facción
alborada
albazo
interpresa
choque
refriega
sarracina
repiquete
rebate
arrebate
encuentro
reencuentro
recuentro
estratagema
golpe de mano
escaramuza
zalagarda
conflicto
acometimiento
invasión
correría
persecución
estado de sitio
sitio
ocupación
victoria
conquista
represalias
(merodeo, pillaje, saqueo, etc.
V. *Robo*)
posguerra
botín
derrota
repliegue
retirada
estrago
destrucción
degollina
(matanza, etc.
V. *Muerte*)
apresamiento
tregua
armisticio
interrupción
sumisión
paz

bullicio
alboroto
grito
grito de guerra
alarido
alarma
¡guerra!
¡Santiago!
¡somatén!

alojamiento
cuartel
campamento
campo de batalla
campo de operaciones
frente

teatro de la guerra
estacada
palenque
liza
arma
lanzallamas
cortina de humo

tributo
servicio de lanza
lanzas
fonsadera
fonsado
anúteba
cabalgada
botecario
botillería

(ejército,
V. *Milicia*)
armada
aeronáutica

guerrero
guerreador
guerreante
combatiente
combatidor
batallador
campeador
campeón
enemigo
beligerante
neutral
escaramuzador
guerrillero
montonero
partidario
militar
soldado
táctico
estratega

Sanidad militar
enfermero
camillero
Cruz Roja

bélico
belicoso
marcial
belígero
belísono
guerrero
armígero
aguerrido
estratégico
reñido

guerreramente
belicosamente
estratégicamente
con las armas en la mano
a la bayoneta
cuerpo a cuerpo

—

GUERRERO
(V. *Guerra*)

—

GUÍA
(V. *Dirección*)

—

GUIAR
(V. *Dirección*)

—

GUIJARRO
(V. *Piedra*)

—

GUIRNALDA
(V. *Corona*)

—

GUISADO
(V. *Cocina*)

—

GUISAR
(V. *Cocina*)

—

GUISO
(V. *Cocina*)

—

GUITARRA (29)

guitarra
vihuela
guitarrón
colachón
machete
guitarro
guitarrillo
cavaco
tiple
requinto
discante
cuatro
cinco
octavilla
guenebra
balalaika
samisén
(bandurria
mandolina, etc.
V. *Instrumento*)

mástil
clavijero
clavija
diapasón
traste
tapa
aro
ceja
puente
cejuela
cejilla
prima
cantarela
segunda
tercera
cuarta
recuarta
quinto
bordón

guitarrear
afinar
florear
puntear
rasguear
rasgar
zangarrear
trastear

guitarreo
rasgueo
rasgueado
punteado
floreo
patilla
cruzado
albarillo
campanela
armónico
falseta
saltarén

guitarrista
vihuelista
tocador
payador
tiple

guitarrero
violero
trasteante

guitarrería

guitarresco

—

GULA (26)

gula
gulosidad
glotonería
sibaritismo
tragonería
tragonía
tragazón
gastronomía
abdominia
insaciabilidad
apetito
voracidad
avidez
adefagia
desenfreno
borrachera
saciedad

glotonear
comer
devorar
tragar
zampar
rustrir
cargar
embaular
embocar
emborrar
embuchar
embutir

atracarse
aforrarse
apiparse
repapilarse
empiparse
atiborrarse
hincharse
rellenarse
arrebañar

tener buen diente
ser de buen comer
comer como un sabañón
comer como un tudesco
beber como un tudesco
engordar como un tudesco [dos
chuparse los dedos
mondar los huesos [ra
estar en montane-
dejar temblando alguna cosa
comer en un bocado
comer en dos bocados
servir al vientre
atacar bien la plaza
henchir el baúl
llenar el baúl
ponerse como un trompo [trompo
ponerse hecho un
darse un hartazgo
sacar el vientre de mal año
sacar la barriga de mal año [llete
estar hasta el go-
comer a dos carrillos
mascar a dos carrillos

bodas de Camacho
festín de Baltasar
orgía
(comilona, banquete, etc.
V. *Alimento*)

zampatortas
zampabollos
zampabodigos
zampapalo
tumbaollas
tragaldabas
tragamallas
epulón
ogro
heliogábalo
buena tijera
gomia
tarasca
gastrónomo
goloso
galamero
gulusmero
golmajo
golimbrón
golimbro
alcucero
morrudo
lamerón
laminero
lameplatos
lambistón
apetitoso
sibarita
dulcero

guloso
glotón
comedor
comilón
cenador
gandido
de buen comer
tragón
tragador
tragallón
tragantón
troglodita
zampón
jampón
devorador
voraz
vorace
gomioso
adéfago
desarreglado
desreglado
insaciable
gorrón

glotonamente
golosamente
opíparamente
vorazmente
fuerte

después de Dios, la olla

—

GUSANO (6)

gusano
gusanillo
gusarapo
insecto
parásito
protozoario
gusano de **seda**
anélido [roja
gusano de sangre
sanguijuela
sanguisuela

sanguja
sangonera
lombriz
lombrigón
lambrija
miñosa
milo
lombriz intestinal
verme
ascáride
filandria
sabela
tecol
tórsalo
rotífero
escolopendra
helminto
platelminto
nematelminto
tenia
solitaria
lombriz solitaria
oxiuro
cestodo
cisticerco
calesa
equinococo
filaria
triquina
larva
cogollero

cachazudo
saguaipe

anillo
escólex

helmintología
helmintiasis
gusanería
gusanera
cuquera
lombriguera

agusanarse

sanguijuelero

vermicular
vermiforme

verminoso
helmíntico
gusanoso
gusaniento
gusarapiento
agusanado

—

GUSTAR
(V. *Gusto*)

GUSTO (13)

gusto
sapidez
sabor
saborete
saborcillo
gustillo
boca
embocadura
paladar
punta
asperillo
dejo
dejillo
deje
regosto
sainete
sazón
condimento
salsa
alimento
cocina

mal gusto
disgusto
sinsabor
desabor
desabrimiento
desazón
resabio

resquemo
resquemazón
tasto
herrumbre
empireuma
insipidez
paragustia

gustar
probar
catar
paladear
saborear
ensayar
tastar
libar
relamerse
arregostarse

sazonar
sainetear
salpresar
condimentar
saborear

saber a
hablar al paladar
disgustar
desabrir
repetir
asperear

aherrumbrar
desazonar
desensebar

gustación
degustación
gustadura
saboreamiento
saboreo
paladeo
probadura
malacia

saboreador
gustador
catador
gastrónomo
gustativo
gustatorio
gustable
ingustable

gustoso
sabroso
sápido
saporífero
delicado
rico
regalado
apetitoso
delicioso

suculento
apetitivo
ambrosiaco
ambrosino

insípido
desabrido
disgustoso
áspero
fuerte
agudo
estíptico
peceño
empalagoso
simple
aguachento
acre
agrio
ácido
amargo
agridulce
dulce
salado
rancio
ahumado
quemado
picante

sabrosamente
sabe que rabia

—

H

HÁBIL
(V. *Habilidad*)

—

HABILIDAD (26)

habilidad
destreza
adiestramiento
arte
maestría
capacidad
aptitud
hábito
pericia
práctica
experiencia
ciencia
solercia
acierto
tino
competencia
don
disposición
expedición
expediente
desenfadaderas
facilidad
agilidad
prontitud
soltura
desenvoltura
inteligencia
industria
estudio
ingenio
ingeniatura
golpe de vista
apaño
maña
primor
mano
» izquierda
buena mano
buenas manos
sutileza de manos
limpieza
libertad
juego
tejemaneje
agibílibus
filis
diplomacia
política
técnica
táctica
estrategia
tiento
tacto
pala
pulso
gramática parda
lógica parda
mundología
baquía
artificio
ardid
astucia
trecha
treta
contratreta
amaño
zangamanga
trasteo
manganilla
estratagema
caballo de batalla

mañear
amañar
trastear
manejar
habilitar
legitimar
adiestrar
enseñar

apañarse
amañarse
bandearse
arbitrarse
ingeniarse
industriarse
componérselas
arreglárselas
saber
destrejar
mañear
acertar
adiestrarse
aprender

darse uno trazas
hacer habilidades
hacer divinidades
darse buena mano
jugar el lance
sacar las uñas
hacer en el filo de
una espada
ser un estuche
ser buen oficial
ser mucho hombre
pintarse solo
ser capaz de con-
tarle los pelos al
diablo
tener muchas ma-
nos [cho
tener buen despa-
no ser rana
hallárselo todo
hecho
pintar como que-
rer
dar el naipe para
conocer la aguja
de marear
estar en buenas
manos
sacar pelotas de
una alcuza [dra
poder poner cáte-
ser el demonio
ser el mismísimo
demonio
no ser zurdo
no ser manco
no ser cojo ni
manco
sacar partido
buscar las vueltas
cogerlas al vuelo
buscárselas
ganar

adiestrador
adestrador
artífice
agibílibus
ni buscado con un
candil

hábil
habilidoso
capaz
competente
apto
diestro
destrísimo
ambidextro
mañoso
apañado
cuidadoso
primoroso
dispuesto
expeditivo
despachado
buscavidas
vividor
araña
suelto
industrioso
fogueado
practicón
baqueano
baquiano
técnico
perito
especialista
virtuoso
experto
magistral
lúcido
artificioso
astuto
cucañero
volatinero
peliagudo
ardid
dije
laborera
el más pintado
hábilmente
mañosamente
diestramente
industriosamente
bonitamente
bonicamente
magistralmente
maestramente
amaestradamente

—

HABILITAR
(V. *Aptitud*)

—

HABITACIÓN (11)

habitación
residencia
presencia
convivencia
conventualidad
cohabitación
contubernio
vecindad
domicilio
morada
moranza
aposentamiento
ciudadanía
habitabilidad
arrendamiento

habitar
morar
demorar
parar
anidar
ocupar
vivir
residir
estar
hallarse
guardar la casa
estar con
convivir
cohabitar
conservar

alojarse
domiciliarse
aposentarse
establecerse
instalarse
naturalizarse
avecindarse
arraigarse
acimentarse
ranchear
tomar casa
poner casa
contraer domicilio
tener casa abierta
sentar el real
sentar los reales
tomar asiento
quedarse de
asiento
estar de asiento

domiciliar
adomiciliar
establecer
acabañar
amueblar
desamueblar
mudarse
alquilar
arrendar

población
edificio
vivienda
habitación
habitáculo
morada
domicilio
señas
dirección
paradero
casa abierta
estancia
mansión
apartamiento
rincón
apeadero
refugio
nido

casa
manida
cubil
garito
cuexca
caverna
caserón
casarón
casón
cas
casalicio
hogar
techo
cubierto
fuego
posada
lares
humos

palacio
pazo
palazuelo
palacete
aula
casa real
casa del rey
casa de aposento
casa solar
casa solariega
solar
casa paterna
cabo de armería

casita
bombonera
chabola
casucha
casucho
casuca
casilla
caseta
caseto
cabina
chiscón
candelecho
bienteveo

barraca
barracón
garita
garito
garitón
chacra
chácara
cabaña
cabañuela
choza
chozo
chozuela
borda
buchinche
nagüela
garabito
caney
quilombo
hornachuela
ruca
bohío
buhío
rancho
barbacoa
barbacuá
ropería
bajareque
cansí
chamizo
jacal
palafito

villa
hotel
chalet
quinta
quintana
casaquinta
castillo
casal
cigarral
carmen
carme
hormazo
casino

sitio
casa de placer

casa de campo
casa de labor
casa de labranza
cortijo
alquería
quintería
casería
caserío
gañanía
villoría
masada
masía
masa
mas
masería
manso
rafal
rafalla
torre
ribera
estancia
finca **agrícola**
galpón [ña
tienda de campa-
quiosco
pabellón
cobertizo
establo
corral
aprisco

casa de vecindad
casa de morado-
res
corral de vecin-
dad
conventico
conventillo
casa a la malicia
falansterio
convento
cuartel
alojamiento
caserna
hospedaje
albergue
casa abierta
casatienda
tienda
almacén

ministerio
gobierno
diputación
ayuntamiento
consistorio
comisaría
oficina
centro
casino
círculo
club
escuela
internado
colegio
rectoral
academia
museo
biblioteca
teatro
casa de baños
balneario
hospital
prisión

casar
caserío
rancho
cortijada
batey
poblado
población

acera
hacera
facera
manzana

isla
cuadra

piso
planta
alto
suelo
cuarto
partido
sótano
bodega
subterráneo
planta baja
accesorias
bajo
bajos
entresuelo
entresuelejo
principal
cuarto principal
altos
ático
guardilla
sotabanco
buharda
buhardilla
bohardilla
boardilla
desván
azotea
escalera
caja
patio
corredor

aposento
cuarto
estancia
piltro
garitón
habitación
pieza
recibimiento
recibidor
recibo
vestíbulo
portería
portal
zaguán
zaguanete
conserjería
antesala
antecámara
cámara
reservado
oratorio

camareta
camarín
pieza de recibo
asistencia
estrado
sala
salón
saloncillo
saleta
cuarto de estar
palacio
cuadra
tarbea
tocador
alcoba
cámara doblada
comedor
despensa
cocina
recocina
trascocina
baño
despacho
antedespacho
escritorio
rotonda
rotunda
gabinete
gineceo
cuarto de costura
» de los baú-
les
apartado
penetral

retraimiento
trascuarto
tambor
retrete
ropero
recámara
leonera
alguarín
guardamuebles
calefactorio
trébede
hipocausto
nevera

cuartucho
cubículo
socucho
sucucho
chiribitil
cochitril
cuchitril
cochiquera
zaquizamí
tabuco
chiscón
caramanchel
chambucho
mechinal
chamizo
tapera
tugurio
celda
célula
pastoforio

propietario
dueño
casero
palaciano
arrendatario
inquilino

habitante
habitador
residente
morador
conviviente
camarada
vecino

habitable
vividero
inhabitable
aguardillado
abuhardillado
exterior
interior
empanado

doméstico
casero
cabañero
cívico
palacial
domiciliario

domésticamente
caseramente
familiarmente

—

HABITANTE (3, 30)

habitante
habitador
morador
residente

regnícola
íncola
urbícola
burgués
burgueño
ciudadano
vecino
gentilicios
(V. el *Apéndice*)

provinciano
aldeano
pardal
payo
pueblerino
lugareño
villano
huertano
arrabalero
suburbano
emigrante
inmigrante
colono

aborigen
autóctono
natural
oriundo
paisano
conterráneo
coterráneo
conviviente
extranjero

nómada
cosmopolita
forastero
continental
intertropical

insular
insulano
isleño
peninsular
montañés
ártabro
serrano
norteño
meridional
abajeño
arribeño
ribereño
riberano
riberiego
amnícola
cavernícola
troglodita
sabanero
pampero
pampeano
llanero

celícola
terrícola
planetícola
selenita
marciano

antípoda
anteco
perieco
ascio
asciano
antiscio
anfiscio
heteroscio
periscio

población
casta
tierra
raza
densidad de po-
blación
censo
estadística
demografía

—

HABITAR
(V. *Habitación*)

—

HABITUAL
(V. *Costumbre*)

—

HABLADOR
(V. *Lenguaje*)

—

HABLAR
(V. *Lenguaje*)

—

HACER (27)

hacer
practicar
obrar
ejecutar
efectuar
realizar
causar
cometer
perpetrar
producir
fabricar
forjar
elaborar
trabajar
formar
plasmar
armar
confeccionar
componer
construir
inventar
imaginar
acabar
concluir
cumplir
engendrar
crear
criar
echar al mundo
sacar de la nada
establecer
fundar
rehacer
recrear
restablecer
reparar

hacimiento
hechura
factura
manufactura
fabricación
industria
mano de obra
trabajo
ocupación
oficio
acción
fundación
producción
generación
reproducción
construcción
creación
exámeron
confección
elaboración
comisión
procedimiento
modo

hacedor
creador
autor
padre
artífice
formador
formadora
formatriz
confeccionador
eficaz
obrante
operante
eficiente
ejecutivo
almo

obra
producción
hechura
fruto
producto
parto

hecho
rehecho
hacedero
factible
agible
practicable
creable
formable
elaborable
hechizo
artificial

—

HACIENDA (30, 33)

hacienda
hacienda pública
real hacienda
crédito público
crematística
economía
banca
bolsa
bienes
bienes nacionales
(bienes de la Igle-
sia. V. *Derecho Canónico*)
administración
económica
fisco
erario
tesoro
deuda pública
deuda interior
deuda exterior
deuda flotante
deuda consoli-
dada
consolidado
deuda perpetua
deuda amortiza-
ble
fondos de amorti-
zación
presupuesto
avanzo
ejercicio
año económico

efectos públicos
papel del Estado
vale real
cédula de abono
título
título al portador
obligación
bonos del Tesoro
cupón
billete
gran libro
inscripción
desembargo
fieldad

moneda
bienes patrimo-
niales
» de dominio
público
ingresos
gastos
empréstito
préstamo
interés [ría
cuenta de Tesore-
aval del Estado
monopolio
renta
renta creciente
renta menguante
renta general
aduanas
renta provincial
renta estancada
siete rentillas
impuesto
mojona
derecho de avería

avería
carga de aposento
diezmo
cilla [cos
bienes **eclesiásti-**

administrar
fiscalizar
beneficiar
arrendar
subastar
pujar

cuartear
rematar
hacer las rentas
pedir calidades
dar calidades
circular
cobrar
emitir
negociar
liquidar
consolidar
amortizar

administración
custodia
contabilidad
cuenta
cobranza
fiscalización
emisión
negociación
amortización
consolidación
conversión
transferencia
liquidación
arrendamiento de
rentas
presupuesto
superávit
déficit
contabilidad

fiscalizador
fiscal
agente fiscal
baile local
solicitador
comisionado de
apremio
sacamantas
alcabalero
pregonero
publicano
rentero
amín
recaudador
cobrador
depositario
cajero
habilitado
pagador
ordenador
interventor
tesorero
maestre racional

zona fiscal
Ministerio de
Hacienda
Tribunal de
Cuentas
Dirección de la
Deuda
Caja de Depósitos
Pagaduría
Contaduría General de la Distribución
Contaduría General del Reino
Contaduría General de Millones
sala de millones
agencia

hacendista
financiero

rentista
arbitrista
tenedor
portador

fiscal
financiero
crematístico
rentístico
nominativo
negociable
mobiliario
presupuestario

—

HACHA (34)

hacha
hachuela
hacheta
machado
segur
segurón
marrazo
destral
astral
destraleja
macheta
azuela
aja
zuela
astraleja
desbastador
hacha de armas
» de abordaje
ligua
piedra de rayo
ceraunia

pala
ojo
peto
mango

hachear
hachar
desbastar
cortar
podar

hachero
labrante
leñador
destralero

hachazo

—

HALAGAR
(V. *Halago*)

—

HALAGO (27)

halago
agasajo
beneficio
alabanza
lisonja
adulación
rendibú
ademán
captación
oficiosidad
cortesía
coba
fiesta
marrullería
marrulla
zarracatería
engatusamiento
mimo
vicio
ilécebra
papilla

lamedor
zalagarda
meguez
blandura
zalamería
zalama
zalamelé
jametería
zanguanga
lagotería
potetería
gitanería
gitanada
gatería
floreo
candonga
bribia
garatusa
ciquiricata
cirigaña
mentira oficiosa
roncería
ronce
soflama
zorrocloco
arrumaco
arremuesco
putería
gachonada
monada
caricia
beso
abrazo
palmada
mojinete
mamola
mamona
cariños
arrumacos
cucamonas
cocos
carocas
carantoñas
amoricones
angulemas
gachas
dingolondangos
galanteo
amor
regalo

halagar
regalar
obsequiar
festejar
roncear
popar
engaitar
engatar
engatusar
encatusar
encantusar
mimar
consentir
barbear
acariciar
sobar
besar
abrazar
cocar
tratar bien
pasar la mano por el cerro
traer la mano por el cerro

bailarle el agua delante
hacer cocos
lagotear
gitanear
escopetearse

halagador
halagüeño
halaguero
oficioso
obsequioso
acariciador
mimador
bribiador

zalamero
cocador
lagotero
roncero
carantoñero
caroquero
potetero
extremoso
sobón
pegajoso
empalagoso

agradable
oficioso
populachero
falaz
mimado
consentido

halagüeñamente
mimosamente
oficiosamente

—

HALCÓN (6)

halcón
» marino
» roqués
» letrado
» altanero
» montano
» campestre
» ramero
» redero
» niego
» soro
» alcaravanero
» garcero
» grullero
» zorzaleño
» coronado
arpella
alfaneque
halcón lanero
gerifalte
girifalte
gerifalco
garifalte
alforre
alhorro
caricari
terzuelo
torzuelo
prima
borní
neblí
(halcón gentil, V. *Ave*, rapaces)
accípitre

halconería
plumada
cuchillo
cetrería
halconera

halconado
resumbruno
falcónidos

—

HALLAR
(V. *Hallazgo*)

—

HALLARSE
(V. *Presencia*)

—

HALLAZGO (23)

hallazgo
hallada

encuentro
descubrimiento
volatería
invención
invento
acierto
solución
manifestación

hallar
encontrar
tropezar
topar
descubrir
inventar
coger
excogitar
sacar
acertar
atinar
quemarse
desencerrar
dar con
haber a las manos
dar en la vena
dar en la veta
echar la vista
echar la vista encima [dizo
hacerse encontra-
hallar la horma de su zapato

hallarse
encontrarse
parecer
cogerle a uno

hallador
descubridor
hallante
encontradizo
topadizo [ta
detrás de la puer-

¡eureka!

—

HAMACA
(V. *Cama*)

—

HAMBRE
(V. *Apetito*)

—

HAMBRIENTO
(V. *Apetito*)

—

HARINA (36)

harina
» abalada
» de flor
cernido
cernidura
cabezuela
soma
zoma
almodón
crimno
harija
harina lacteada
mandioca
fariña
anchi
máchica
maicena
cuaco
frangollo
salvado
gluten
fécula
acemite
rollón
mola
gofio

almidón
harinado
mañoco
yuca
guacamote
tina
gachas
pan

moler
florear
cribar
enharinar
rebozar

harinoso
harinero
panoso
farináceo
cereal
herbal

—

HARINERO
(V. *Harina*)

—

HARTAR
(V. *Saciedad*)

—

HARTAZGO
(V. *Saciedad*)

—

HARTO
(V. *Saciedad*)

—

HAYA (5)

haya
hayorno
fabo
coyán

hayuco
fabuco
ove

hayal
hayedo
hayucal
hayornal

—

HAZ (20, 36)

haz
fasces
hacezuelo
fajo
feje
coloño
gavilla
gabijón
garba
garbón
garbera
mostela
vencejera
manojo
manada
manojuelo
brazado
maña
moraga
morago
mazo
hacina
fajina
gavillero
engavillada
hijuela
gadejón
falcada

capón
seico
medero
meda
mogote
fascal
hiscal
tercenal
tresnal
fajinada
hacinamiento

(plumero, etc.
V. *Pluma*)
(ramillete, etc.
V. *Flor*)
(madeja, etc.
V. *Hilo*)

atar
envilortar
amanojar
agavillar
engavillar
atropar
barcinar
garbar
garbear
agarbillar
hacinar
enhacinar
medar
afascalar
atresnalar
atraznalar
engarberar

atadura
vilorta
vilorto
velorto
velorta
vencejo
tramojo
garrotillo

gavillador
agavilladora
gavillero
barcinador
mostelera
escalerilla

—

HAZAÑA
(V. *Valor*)

—

HEBILLA
(V. *Broche*)

—

HEBRA
(V. *Hilo*)

—

HEBREO
(V. *Judaísmo*)

—

HECES
(V. *Sedimento*)

—

HECHICERÍA
(V. *Superstición*
y *Ocultismo*)

—

HECHICERO
(V. *Ocultismo*)

—

HECHIZO
(V. *Ocultismo*)

—

HECHURA
(V. *Hacer*)

—

HEDER
(V. *Fetidez*)

—

HELADO
(V. *Hielo*)

—

HELAR
(V. *Hielo*)

—

HELECHO (5)

helecho
criptógama
fronda
fronde
felequera
polipodio
helecho macho
» hembra
lengua de ciervo
» cerval
» cervina
escolopendra
doradilla
culantrillo
calaguala
súrtuba
nito
quilquil
soro
helechal

—

HÉLICE (*Mar*)
(V. *Propulsor*)

—

HELMINTO
(V. *Gusano*)

—

HEMORRAGIA
(V. *Sangre*)

—

HENCHIMIENTO (20)

henchimiento
hinchimiento
henchidura
hinchazón
llenura
lleneza
llenez
plenitud
repleción
cargazón
atestamiento
rehenchimiento
recebo
relleno
terraplén
terrapleno
inflación
inflamiento
insuflación
plétora
preñez
saciedad
abundancia
colmo
exceso
obstrucción

henchir
llenar
enllenar
ocupar
invadir
inundar
poblar
empedrar
colmar
atestar
comprimir
apretar
recalcar
atarugar
atochar
atrabancar
abarrotar
atiborrar
emborrar
saturar
macizar
enchuletar
terraplenar
explanar
allanar
entarquinar
cargar
meter
introducir
rellenar
colmatar
cegar
tapar
rehenchir
rehinchir
empajar
repletar
sobrellenar
nutrir
embutir
rebutir
enfundar
envasar
infundir
empipar
arrasar
enaguachar
abocar
inflar
hinchar
insuflar
soplar

llenarse
cuajarse
inflarse
aventarse
derramarse

henchidor
inflativo
embudo
fonil

lleno
pleno
repleto
macizo
colmo
grávido
preñado
relleno
inexhausto
inagotable

colmadamente
a colmo
de bote en bote
hasta los topes

—

HENDEDURA (17)

hendedura
hendidura
fenda
abra
grieta
quiebra
quebradura
quebraja
quebraza
resquebradura
resquebrajadura
resquebrajo
agrietamiento
exfoliación
fractura
rotura
rompimiento
escisión
fisión
cuarteo
raza
racha
raja
rajuela
rendija
redendija
rehendija
hendija
gotera
fisura
falla
juntura
unión
intersticio
ranura
abertura
resquicio
sarteneja
zanja
crica
pelo
culebrilla
fortalezas
cisura
corte
incisión
caliche
agujero
surco
barranco
soplado
bufador
abra
precipicio

hender
hendir
agrietar
quebrajar
resquebrajar
esquebrajar
rajar
cortar
exfoliar
partir
abrir
romper
quebrantar
cascar

henderse
agrietarse
grietarse
grietearse
rajarse
ventearse
sentirse
consentirse
cuartearse
abrirse
saltar
resquebrar

hendimiento
agrietamiento
cascadura
cascamiento
venteadura

hendedor
hendible
fisil
fisible
abertal

agrietado
grietado
grietoso
cascante
quebrajoso
frágil
bífido
bisulco
fisípedo
bipartido
tripartido, etc.

—

HENDER
(V. *Hendedura*)

—

HEREDAR
(V. *Herencia*)

—

HEREDERO
(V. *Herencia*)

—

HEREJE
(V. *Herejía*)

—

HEREJÍA (1)

herejía
heterodoxia
cisma
secta
iglesia
impiedad
irreligión
apostasía
inquisición
conversión

adopcionismo
arrianismo
apolinarismo
socinianismo
antropomorfismo
molinosismo
quietismo
monotelismo
montanismo
nestorianismo
iluminismo
origenismo
sabelianismo
priscilianismo
gnosticismo
nosticismo
docetismo
acefalismo
mormonismo
pelagianismo
semipelagianismo
eutiquianismo
maniqueísmo
jansenismo
adamismo
adanismo
unitarismo
parsismo
mazdeísmo
confucianismo
lamaísmo
islamismo
judaísmo
protestantismo
calvinismo
puritanismo
religión
teosofía
paganismo
mitología
superstición

eón
abraxas

hereticar
dogmatizar [na
oler a chamusqui-
abjurar
reconciliarse

hereje
herejote
heresiarca
cismático
infiel
relapso
heterodoxo
sectario
dogmatizante
dogmatizador
dogmatista
iconoclasta
iconómaco
fanático
adepto
converso

gnóstico
nóstico
arriano
acaciano
apolinarista
iluminado
alumbrado
marcelianista
marcionista
adamita
jansenista
origenista
vadiano
maniqueo
melquisedeciano
nestoriano
novaciano
patriciano
pelagiano
semipelagiano
sociniano
samarita
berengario
montanista
monotelita
febroniano
ebionita
donatista
eutiquiano
begardo
beguino
flagelante
acéfalo
antitrinitario
antropomorfita
terapeuta
valdense
husita
molinista
molinosista
quietista
adopcionista
unitario
albigense
valentiniano
priscilianista
cuartodecímano
mormón
lamaísta

herético
heretical
mormónico

—

HERENCIA (33)

herencia
beneficio de inventario
beneficio de deliberar [cer
derecho de acremañería
representación
identidad de persona
sucesión
sucesión testada
sucesión intestada
sucesión forzosa
sucesión universal
troncalidad
ley sálica
transmisión
adquisición
usufructo

heredar
suceder
acrecer
coheredar

adquirir
adir la herencia
colacionar
traer a colación y
partición
caducar el legado

testar
testamentar
disponer
disponerse [to
ordenar testamen-
otorgar testamen-
to
instituir heredero
instituir por here-
dero
llamar
hacer llamamiento
heredar
legar
mandar
dejar
transmitir
mejorar
reconocer por hijo
preterir
desheredar
exheredar
desmandar
privar
rescindir
revocar
anular
quebrantar
quebrantar el tes-
tamento

protocolizar
adverar
homologar

herencia
heredad
herencia yacente
abolengo
as hereditario
acervo común
masa
mortual
sucesión

bienes
patrimonio
universalidad
manda
legado
espolio
legítima
mejora
quinto
divisa
cuadrante
uncia
dodrante
cuarta marital
cuarta falcidia
cuarta trebelánica
» trebeliánica

testamentifacción
otorgamiento
homologación
inventario
institución de he-
redero
llamamiento
delación
substitución
» vulgar
» ejemplar
» pupilar
» fideico-
misaria
preterición
captación
acrecencia
desheredamiento
desheredación
exheredación

testamento
última voluntad
última disposición
testamento abier-
to [cupativo
testamento nun-
testamento cerra-
do
testamento escrito
» ológrafo
» sacra-
mental
» marítimo
» militar
» de her-
mandad
» de man-
común
testamento adve-
rado
heredamiento
codicilo
memoria [taria
cédula testamen-
cabeza de testa-
mento
documento
dona
fideicomiso
fidecomiso
donación

testamentaría
intestado
abintestato
abertura
apertura
partición
partija
hijuela [rencia
adición de la he-
colación de bie-
nes
juicio universal
querella

testador
causante
de cujus
señora y mayora

heredero
» forzoso
legitimario
coheredero
asignatario
legatario
colegatario
substituto
heredípeta
cabalero
causahabiente
estirpe

testamentario
cabezalero
albacea
albacea dativo
fiduciario
fideicomisario
fideicomitente
espondalario
albaceazgo

hereditario
sucesorio
testamentario
codicilar
hológrafo
ológrafo
inoficioso
testado
intestado
heredado
transitivo
nuncupatorio
nuncupativo
heredable
sucesible
colacionable
troncal

ex testamento
ab intestato
pro indiviso
nominátim
a título universal
» » particular
a puertas cerra-
das
de travieso

HERIDA (12, 27)

herida
vulneración
lesión
traumatismo
llaga
canchera
rozadura
erosión
excoriación
desgarradura
desgarrón
grieta
achocadura
herimiento
machucamiento
machucadura
maltratamiento
contusión
descalabradura
corte
(fractura, etc.
V. *Hueso*)
(dislocación, etc.
V. *Articulación*)
quemadura
golpe
daño

punzadura
punzada
puntura
pinchazo
piquete
picadura
espoleadura
mordedura
bocado
dentellada
tarascada
arañamiento
arañazo

cuchillada
cuchillada de cien
reales
Dios te salve
navajada
navajazo
navajonazo
facazo
puñalada
puñalada trapera
sablazo
estocada
espichón
bayonetazo
puyazo
garrochazo
rejonazo
hurgonazo
hurgonada
lanzazo
lanzada
flechazo
saetazo
saetada
cortapiés
gusanera
degolladura
garranchazo
garranchada
rasponazo
viaje
mojada
chirlo
giro
jabeque

tiro
balazo
pistoletazo
escopetazo
carabinazo
perdigonada
arcabuzazo
mosquetazo
espingardada

herida penetrante
» contusa
» punzante
» mortal de
necesidad

labios
bridas
colgajo
carnadura
encarnadura
carnazón
hongo
bezo
carne viva
película
enconamiento
gangrena
infección

punto
unión
sutura
encarnamiento
cicatriz
huella
señal
botana
escara
costurón
bregadura
alforza
descalabradura
capadura
traumatología
tafetán inglés
cirugía

herir
vulnerar
lacerar
lastimar
inferir
asestar
cortar
punzar
pinchar
picar
señalar
mojar
pringar
almagrar
acribillar
acribar
traspasar
flechar
adardear
acuchillar
apuñalar
estoquear
acañaverear
cañaverear
carnear
malherir
matar
abrir la cabeza
hacer carne
hacer carnicería
hacer sangre
terciar la cara
hacer tajadas
coser a puñaladas

lesionar
lisiar
golpear
maltratar
achocar
machucar
descalabrar
romper la cabeza

correr sangre
estar hecho un
harnero
resollar por la he-
rida [rida
respirar por la he-
enconarse
alunarse
encarnar
sobresanar
cerrarse en falso
cicatrizar
entrapajar
unir
cerrar
curar

heridor
hiriente
percuciente
cicatrizante

herido
acuchillado
cariacuchillado
anavajado
plagado
rancajado
descalabrado
traumático
vulnerario
vulnerable

HERIR
(V. *Herida*)

HERMANA
(V. *Hermano*)

HERMANO (30)

hermano
maño
tato
tata
germano
germán
hermano carnal
» de padre
» consan-
guíneo
» de madre
» uterino
medio hermano
hermanastro [do
hermano bastar-
» de leche
colactáneo

gemelo
mellizo
mielgo
melgo
medio
cuate
coate
vopisco
ectópago

cuñado
concuñado
hermano político

hermandad
hermanazgo
fraternidad
confraternidad
doble vínculo
consanguinidad
hermanamiento
fratricidio
incesto
carne y sangre

hermanecer
hermanar

fraternizar
confraternar
deshermanar
deshermanarse

fraternal
fraterno
hermanal
hermanable
colateral
trigémino
fratricida

fraternalmente
hermanablemente

HERMOSEAR
(V. *Belleza*)

HERMOSO
(V. *Belleza*)

HERNIA (12)

hernia [da
» estrangula-
» umbilical
» inguinal,
etc.

relajación
quebradura
potra
cistocele
onfalocele
ovariocele
eventración

quebrarse
relajarse [a uno
cantarle la potra
reducir
operar

braguero
apretadero
cintero
tirabraguero

hernista
potrero
sacapotras
ortopédico
cirujano

herniado
quebrado
herniario
hernioso
potroso

HEROICO
(V. *Valor*)

HERRADOR
(V. *Herradura*)

HERRADURA (38)

herradura
casquillo
herradura hechiza
» de buey
casco
callo
lumbre
ramplón
herraje
callialto

herrar
forjar
encasquillar
atarragar
adobar
hacer la mano
abajar el casco
poner en fianza
arrimar el clavo
despalmar
espalmar
clavar
enclavar
desherrar
reherrar
descalzarse
chacolotear
chapalear
chapear

herradero

herrador
mariscal
encasquillador
veterinario

potro
bramadero
acial
aciar
badal
torcedor
pujavante
despalmador
espalmador
puntero
porrilla

espalmadura
despalmadura
despalme
clavadura
enclavadura
veterinaria

a ramplón

—

HERRAMIENTA
(V. *Utensilio*)

—

HERRAR
(V. *Herradura*)

—

HERRERÍA
(V. *Hierro*)

—

HERRERO
(V. *Hierro*)

—

HERRUMBRE
(V. *Moho*)

—

HERRUMBROSO
(V. *Moho*)

—

HERVIR
(V. *Ebullición*)

—

HETERODOXO
(V. *Herejía*)

—

HIBRIDISMO (37)

hibridismo
hibridación
cruzamiento
atavismo
raza
zootecnia

cruzar
mezclar
mestizar
bastardear

híbrido
mestizo
cruzado
atravesado
mixto
misto
bastardo
mulo
musmón

—

HÍBRIDO
(V. *Hibridismo*)

—

HIDALGO
(V. *Nobleza*)

—

HIDRÁULICA (2)

hidráulica
hidrostática
hidrodinámica
hidrotecnia
ósmosis
endósmosis
exósmosis
menisco
pulsación
capilaridad
chorro
cascada
gota
inmersión
flotación
agua
fluido
líquido
metacentro

arquitectura hidráulica
puente
puerto
dique
presa
ataguía
cestón
gavión
pilote
martinete
maza de Fraga
alcantarilla
arca de agua
cambija
alcubilla
cauchil
conducto
sifón
canal
estanque
fuente
riego
desagüe

aforar

hidrometría
aforo
aforamiento
medida
gasto
salto de agua
salto
columna
cascada
altura
caudal
estiaje
régimen
cauce
marco hidráulico

buey de agua
real de agua
real fontanero
muela
fila
ejarbe
teja
garbanzo de agua
pluma de agua
paja de agua
hila de agua
hila real de agua
merced de agua
data
toma
tomadero
molino
presa
pantano
puente

hidrómetro
reómetro
módulo
contador
flotador

máquina hidráulica
máquina
ariete hidráulico
cigoñal
cigüeñal
zangaburra
rosca de Arquímedes
cóclea
artificio de Juanelo

rosario
aceña
azud
azut
azuda
zuda
zúa
cenia
noria
sobrecruz
rodezno
rodete
danaide
marrano
camón
anillo
paleta
voladera
álabe
leva
levador
sobarbo
turbina
válvula
bomba
diabeto
rueda hidráulica
hélice

impuesto
alfardón
alfarda
censo de agua
ingeniero
hidráulico
hidrómetra
aguañón
maestro aguañón
maestro de ribera

hidráulico
hidrostático
hidrodinámico
hidrométrico

hidrostáticamente

—

HIEL
(V. *Bilis*)

—

HIELO (2, 9)

hielo
carámbano
candela
candelizo
canelón
calamoco
cerrión
pinganello
pinganillo
glaciar
helero
carranca
garapiña
iceberg
nieve
granizo
escarcha
escarche
rosada
helada blanca

helar
caer heladas
congelar
cuajar
garapiñar
enfriar
deshelar
derretir
fundir
escarchar

congelación
congelamiento
helamiento
helada
hielos
deshielo
fusión

helado
sorbete
canuto
queso helado
mantecado
arlequín
copete
frío
agua de nieve
segundilla

congelador
heladora
órgano
garapiñera
garrafa
garrafa corchera
corchera
corcha
corcho
cantimplora
frigorífico

patín

botillero
botiller
heladero

botillería
fresquería
nevería
heladería

helador
congelativo
congelante

helado
glacial
gélido
álgido
acarambanado
carambanado
rosado
frío

heladizo
helable
congelable
incongelable

—

HIERBA (5)

hierba
yerba
herbaza
hierbajo
yerbajo
yuyo
paja
arista
helecho
musgo
moho
hongo
(plantas herbáceas. V. *Planta*)
botánica

césped
céspede
verde
gasón
gleba
gallón
tepe
tapín
herbazal
hierbal
zacate
zacatón
zacatal
henar
gramal
alcacer
maleza
pasto
prado
forraje
herbaje
hierbas del señor San Juan
hierbabuena
yuyos
verdín
verdina
verdoyo
guisaso
acahual
manojo
garba
roza
rozo
cora
empina
camba
baraño
henasco
talqueza
otoño

reina de los prados
reseda
tetilla
ulmaria

herbecer
encespedar
enverdinar
enyerbarse
sorrapear
despalmar
desgramar
traspalar
carpir
rastrillar
rastillar
desherbar
repelar
desyerbar
escardar
desgatar
rozar
abarañar
henear
herborizar
siembra
siega
traspaleo
henaje

herbolario (persona)
hierbatero

guadaña
hoz
azada
sagallino
carpidor

henal
henil
tenada
almiar
herbolario (cosa)

herbáceo
herbario
herboso
yerboso
herbívoro

—

HIERRO (4, 11)

hierro
fierro
herrete
hierrezuelo
Marte
hierro dulce
hierro colado
hierro fundido
arrabio (Supl.)
fundición
alambre
barra
hierro tocho
» medio tocho
» tochuelo
» de doble T
» cabilla
» palanquilla
» varilla
» cellar
» arquero
» planchuela
» cuchillero
» cuadrado
» cuadradillo
» carretil
» de llantas
» albo
» pirofórico
palastro
plancha
lámina
llanta
pletina
cuadradillo
tocho
torcho
lingote
grano
aguzadura
herrezuelo
herrumbre
limaduras
moho

acero
alinde
alhinde
alfinde
allende
acero fundido
metal

mineral
mena
miñón
calón
canga
imán
piedra imán

calamita
etites
piedra del águila
mispíquel
colcótar
calciferrita
junquerita
siderosa
siderita
sideritis
hierro espático
hematites
oligisto
oligisto rojo
albín
ocre
sil
ocre tostado
ocre calcinado
ocre rojo
ancorca
ancorque
almagre
almánguena
marcasita
marquesita
margajita
pirita
pirita magnética
» de hierro
» arsenical
» marcial
leberquisa
piedra inga
caparrosa
ferrocianuro
almagral

fundir
forjar
fraguar
pudelar
cinglar
acerar
enacerar
templar
caldear
dar una calda
adulzar
destemplar, -se
galvanizar
cerrajear
maznar
tablear
estajar
sangrar la fragua
ferrar
ferretear
herrar
sufrir

herrumbrar
aherrumbrar
aherrumbrarse

siderurgia
forja
forjadura
forjado
pudelación
carburación
descarburación
horno
fundición
temple
revenido
conflación
adulzamiento
destemple
afinado
metalurgia
herrería
cerrajería
damasquinado
taracea
soldadura

forja
forja a la catalana
crisol
convertidor
mazo
martillo
acotillo
destajador
aplanador
lima
taladro
cincel
yunque
ayunque
bigornia
bigorneta
macho
cepo
sufridera
tenaza
cizalla
desvolvedor
escoria
chatarra
metralla
moco
moco de herrero
miñón
cagafierro
herraje

herrero
herreruelo
herrerón
ferrón
herrero de grueso
chispero
forjador
herrador
tenacero
destemplador
cerrajero
rejero
chapucero
ferretero
quincallero
quinquillero
chatarrero

herrería
ferrería
ferrería de chamberga
acería
cerrajería
calderería
ferretería
quincalla
quincallería

férreo
ferrizo
ferrugiento
atruchado
acerado
acerino

siderúrgico
marcial
férrico
ferroso
ferruginoso
ferrugíneo
piritoso
almagrero
ferrado
inoxidable

—

HÍGADO (7)

hígado
higaja
asadura
higadillo
higadilla
lóbulo
ala
vesícula biliar
conducto hepático
» cístico
colédoco
bilis

bazo
pajarilla
lechecillas
corada

hepatitis
hepatización
cirrosis
cólico hepático
esplenitis
esplenocele
calor del hígado

esplénico
hepático
cirrótico

—

HIGIENE (12)

higiene
» pública
» privada
profiláctica
profilaxis
preservación
dietética
higienización
eugenesia
fisiología
generación
alimento
bebida
habitación
vestidura
limpieza
baño
gimnasia
natación
deporte
carrera
salto
juego
equitación
salud
enfermedad
epidemia
contagio
desinfección
lazareto
cuarentena
vacunación
hospital
prostitución

higienizar
desinfectar
rusticar

higienista

higiénico
profiláctico
preservativo
antihigiénico

—

HIGO
(V. *Higuera*)

—

HIGUERA (5)

higuera
cabrahígo
higuera de Egipto
» loca
» moral
» silvestre
cornicabra
sayuela
higuera breval
brevera
sicómoro
amate
(chumbera, nopal, etc. V. *Cacto*)

higo
figo
verdoso
higo doñigal
higo melar
» boñigar
» zafarí
» zaharí
» zajarí
jaharí
bujarasol
bujalazor
martinenco
caralla
napolitano
bicariño
azaharillo
bacalar
bergazote
breva
albacora
bayoco
cabrahígo
higo paso
pan de higo

cabrahigar
encabrahigar
despicarazar
encofinar

cabrahigadura

higueral
figueral
cabrahigal

—

HIJA
(V. *Hijo*)

—

HIJO (30)

hijo
hija
hi
fi
hijuelo
hijuela
niño
vástago
retoño
señorito

hijo de familia
» legítimo
» de bendición
fruto de bendición
hijo habido en buena guerra
» bastardo
» noto
» natural
» de ganancia
» espurio
» mancillado
» adoptivo
» adulterino
borde
máncer
fornecino
hornecino
hijo incestuoso
» sacrílego
hijastro
alnado
entenado
antenado
hijo de leche
» político
caricarillo
yerno
nuera

unigénito
primogénito
mayorazgo
segundogénito
segundón
cuartogénito
benjamín

delfín
heredero
infante
príncipe

hijos
descendientes
prole
pedazo del alma
» del corazón
» de las entrañas
señorito
señoritingo
señorita
familia
filiación
primogenitura
mayorazgo
segundogenitura
peculio
patrimonio
bienes castrenses
» cuasi castrenses
niñez
orfandad
reconocimiento
legitimación
adopción

legitimar
reconocer
adoptar
destetar
heredar
cargarse de familia

filial
madrero
enorfanecido
huérfano
deshijado

filialmente

—

HILAR
(V. *Hilo*)

—

HILERA
(V. *Serie*)

—

HILO (10, 20)

hilo
hilete
filamento
hebra
hilera
hila
fibra
cabo
fique
hilaza
brizna
beta
filástica
cuerda
cordón
cañutillo
gusanillo
catgut
alambre

hilo de monjas
» de ensalmar
» de salmar
» primo
hilo de cajas
» de velas
» volantín
» palomar
hiladillo
estambre
hilo de pie
hilo de camello
hilado
hilaza
torzal
torzadillo
gurbión
gorbión
torcido
torcidillo
pita
hilo de pita
cucuiza
magüey
nito
liza
lizo
pie
pelo
sirgo
dobladillo
entorchado
basta
baste
hilván
hilacha
hilacho
hilaracha
oqueruela
mota
sedal
deshiladiz

madeja
madejeta
madejuela
primichón
capillejo
cadejo
cuenda
caballo
centenal
ovillo
ovillejo
devanador
canilla
lanzadera
carrete
bobina

hilar
rehilar
enrocar
estambrar
aspar
ovillar
aovillar
empuchar
encanillar
encañar
envolver
devanar

desovillar
desdevanar

ahilarse
madrearse
hacer hebra
enhebrar
enfilar
ensartar

hilanza
hilado
hila
hilandería
filandón

hilador
hilandero
hilanderuelo
devanador
aspador
encañador

hilandera
pelarruecas

cáñamo
lino
algodón
lana
seda
rayón
nilón
nailon
pelo de cabra
(yute, etc.
V. *Tejido*)

copo
copete
rocada
husada
estriga
pabilón
mechón
huso
malacate
torcedor
hueca
hilera
tortera
tortero
rueca
rocadero
rocador
cartapel
devanadera
argadillo
argadijo
aspa
aspador
aspadera
sarillo
pulidor
pulidero
lobo
hilandero

hilandería
fábrica de hilados
tienda de sedas
mercería

filamentoso
filiforme
fibroso
bifilar
trifilar
hebroso
ahebrado
hebrudo
arrocado
fusiforme
ahusado

briznoso
hiladero
hilado
briscado
laso
len

—

HINCAR
(V. *Introducción*)

—

HINCHAR
(V. *Hinchazón*)

—

HINCHAZÓN (12)

hinchazón
hinchamiento
abuhamiento
intumescencia
tumescencia
tumefacción
turgencia
inflamación
abultamiento
bulto
prominencia
chichón
bollo
porcino
porcel
brocino
burujón
borujón
haba
habón
tolondro
turumbón
bodoque
verdugo
verdugón
roncha
ronchón
infarto
seca
tumor
tuberosidad
edema
enfisema
empiema
hidropesía
henchimiento
inflación
agotamiento
deshinchadura
detumescencia

hinchar
abultar
levantar
inflamar
enconar
infartar
henchir
llenar
inflar
soplar
ahuecar
deshinchar
desinflar

hincharse
abotagarse
abotargarse
aporrillarse
embotijarse
hispirse
inflamarse
enconarse
enardecerse
deshincharse

hinchado
opado
abultado
abuhado
prominente
vultuoso
reventón
túmido
tumefacto
tumescente
turgente
mórbido
edematoso
hidrópico
intumescente
tuberoso

hinchadamente
a tolondrones

—

HIPNÓTICO
(V. *Hipnotismo*)

—

HIPNOTISMO (8)

hipnotismo
magnetismo ani- [mal
mesmerismo
sonambulismo
ocultismo

hipnotizar
magnetizar
dormir
sugestionar

hipnotización
sugestión
pase
hipnosis
hipnalismo
trance
sugerimiento
sueño
insensibilidad

hipnotizador
hipnotista
magnetizador

médium
medio
sonámbulo
sugestionable

hipnótico
magnético

—

HIPNOTIZAR
(V. *Hipnotismo*)

—

HIPO
(V. *Respiración*)

—

HIPÓCRITA
(V. *Fingimiento*)

—

HIPOTECA
(V. *Garantía*)

—

HISTOLOGÍA (7)

histología
tejido
» óseo
» nervioso
» muscular
» esponjoso
» conjuntivo
» unitivo
» laminoso
» adiposo
» mucoso
» elástico
» fibroso
parénquima
prosénquima
hueso
cartílago
nervio
músculo
adiposidad
grasa
sangre
mucosidad
pus
piel
pelo
cuerno
embriología
botánica

elemento anató-mico
célula
celdilla
vesícula elemen-tal
vesícula orgánica
célula germinativa
protoplasma
citoplasma
núcleo
seudópodo
blastema
blastodermo
fagocito
fibra
estroma
aréola
pigmento
membrana [taria
» pitui-
» alan-toides, etc.
cápsula
túnica
binza
tela
tegumento
mucosa
epitelio
endotelio
piel
vaso
conducto
vía

atrofiar
calcificar
mortificar
atrofiarse
carnificarse
degenerar

atrofia
hipertrofia
cariocinesis
gigantismo
calcificación
carnificación
degeneración
hepatización
mortificación
necrosis

histólogo

histológico
celular
celulario
intercelular
unicelular
policelular
celuloso
fibroso
vasculoso
vascular
capsular
areolar
coroideo
membranoso
membranáceo
epitelial
adiposo
mucoso
trófico
protoplasmático
parenquimatoso
proteico

—

HISTORIA (29)

historia
prehistoria
protohistoria
arqueología
historia universal
historia particular
coloniaje
historia sagrada
mitología
ficción
fábula
leyenda
legenda
tradición
folklore
(genealogía, etc.
V. *Familia*)
suceso
incidente
episodio
documento
monumento
testimonio
época
era
edad
» de piedra
» de los me-tales
edad antigua
» media
medioevo
medievo
edad moderna
(renacimiento, etc.
V. *Fecha*)

historiar
hacer historia
contar
referir
narrar
biografiar

historia
historieta
narración
novela histórica
poema heroico
gesta
epopeya
relato
relación
contexto
descripción
historial
crónica
crónico
cronicón
fastos
anales
década
decamerón
comentarios
diario
dietario
efemérides
diales
actas
vida
biografía
hagiografía
hagiología
santoral
martirologio
semblanza
autobiografía
memorias
necrología
anécdota
libro verde
historiografía
archivo

patricio
pompeyano
juliano
octaviano
trajano
teodosiano
carolingio
carlovingio

montesco
capuleto
capelete
negrete
comunero
portugalés
agramontés
vandeano
napoleónico
borbónico
califal
bolivariano

historiador
historiógrafo
cronista
analista
folklorista
linajista
bolandista
hagiógrafo
hagiólogo
biógrafo
biografiado
archivero

histórico
antehistórico
historial
prehistórico
protohistórico
tradicional
legendario
cronístico

neolítico
eneolítico
medieval
medioeval
biográfico
autobiográfico
anecdótico
necrológico

históricamente
historialmente
tradicionalmente
legendariamente

—

HISTORIA SA-GRADA
(V. *Biblia*)

—

HISTÓRICO
(V. *Historia*)

—

HISTRIÓN
(V. *Histrionismo*)

—

HISTRIONISMO (31)

histrionismo
acrobacia
prestidigitación
salto
danza
música
canto
poesía
burla
donaire
ridiculez
extravagancia
farsa
chocarrería
imitación
parodia
contorsión
ademán
mímica
pantomima
mamarrachada
bufonada
truhanada
albardanería

albardanear

histrión
juglar
albardán
bufón [placer
gentilhombre de
truhán
escura
mimo
momo
pantomimo
moharracho

moharrache
zaharrón
zarragón
zangarrón
matachín
zorromoco
botarga
fantoche
polichinela
arlequín
máscara
payaso
clown
saltimbanqui
saltimbanco
saltabancos
saltaembanco
saltaembancos
montambanco
ventrílocuo
charlatán
volatinero
prestidigitador
jugador de manos
transformista
parodista
malabarista
cultrívoro
equilibrista
histrionisa
juglaresa
juglara
espectáculo
circo

histriónico
juglaresco
bufo

—

HOGAR (2, 11)

hogar
horno
forja
fragua
lar
llar
llar bajo
llar alto
fóculo
fogarín
fogaril
hogaril
brasero
fogón
cadena
trampilla
tiro
cocina
cocina económica
combustión
calefacción

chimenea
» francesa
alcobilla de lumbre
manto
faldón
campana
revellín
alcabor

trashoguero
trasfuego
testero
tinera
fraile
cintura

llares
abregancias
caramilleras
calamillera
gramallera
tárzano
trébedes
moza
maripérez
morillo
arrimador
tuero
badil
badila
badelico
paleta
tenazas
cogedor
pantalla
corcho

hornillo
cocinilla
infiernillo
infernillo
gloria
cocina
fornelo
fornel
escalfador
hornilla
clíbano
anafe
alnafe
anafre
brasero
guaira
rejilla
parrilla
(deshollinador, etc. V. *Humo*)

conducto
chimenea [nea
cañón de chime-
torre
humero
mambrú
codo [menea
lengüeta de chi-
caballete
sombrerete

fumista
estufista
estufero
limpiachimeneas

fumistería

—

HOGUERA
(V. *Llama*)

—

HOJA (5)

hoja
hojuela
fronda
púa
aguja
arista
barbaja
fronde
rebotín
bráctea
bractéola
penca
cogollo
cohollo
repollo
rosijo
folio índico

hojuela
folíolo
lóbulo
lobo
gajo
lámina
limbo
disco
aurícula
lacinia
costilla
vena
nervio
nervadura
vello
estoma
vaina
pecíolo
rabillo
filodio
cabillo
botuto
apéndice
estípula
lígula
cladodio
calicillo

hoja perfoliada
» compuesta
» digitada
» pinada
» palmeada
» palmada
» escotada
» discolora
» escurrida
» envainadora
» entera
» enterísima
» dentada
» aserrada
» lanceada
» lanceolada
» aovada-lanceolada
» nerviosa
» trasovada
» acicular
» ensiforme
» flabeliforme
» axilar
» opuesta
» persistente
» caduca

follaje
frondas
copa
broza
verde
frondosidad
malhojo
marhojo
hojarasca
frasca
borrajo
tamuja
pinocha
seroja
serojo
borrusca
coscoja

brotar
hojecer
poblarse
verdear
repollar
acogollar
enviciar

follar
deshojar
esmuñir
desvenar

foliación
foliatura
prefoliación
filomanía
ciclo
defoliación
deshojadura
deshoje
marchitamiento
verduguillo

hojoso
hojudo
foliáceo
folicular
áfilo
calofilo
anisofilo
clorofilo
crespo
recortado
imbricado
peciolado
pinatífido
laciniado
denticulado
monófilo
unifoliado
cuadrifolio
pencudo
repolludo
frondoso
marcescente
sentado
alterno
ladeado
decurrente
acerado
morondo
moroncho
filófago

—

HOJALATA (4, 11)

hojalata
hoja de lata
lata
hoja de Flandes
» de Milán
lámina

hojalatero
tachero
alcucero

estaño
soldadura
tas
trancha

hojalatería

—

HOJALATERÍA
(V. *Hojalata*)

—

HOJALATERO
(V. *Hojalata*)

—

HOJALDRE
(V. *Pastel*)

—

HOJARASCA
(V. *Hoja*)

—

HOLGAR
(V. *Ocio*)

—

HOLGAZÁN
(V. *Pereza*)

—

HOLGAZANEAR
(V. *Pereza*)

—

HOLLÍN
(V. *Humo*)

—

HOMBRE (6)

hombre
hombrezuelo
homúnculo
hombretón
hombrachón
bagual
criatura
mortal
viador
prójimo
semejante
persona
individuo
varón
mujer
niño
joven
adulto
anciano
microcosmo
mundo menor
superhombre
androide
pitecántropo
antropopiteco
muñeco

gachó
gaché

humanidad [na
naturaleza humana-
linaje humano
el común de las gentes
los nacidos
generación
nuestros primeros padres
preadamitas

hombradía
hombría
alma
cuerpo

humanar
humanizar
humanizarse
hombrear

antropología
antropomorfismo
monogenismo
poligenismo
antropometría
etnografía
antropolatría
androlatría
filantropía
misantropía

humano
humanal
hominal
sobrehumano
bímano
bípedo
antropomorfo

antropólogo
antropómetra
monogenista
poligenista
antropocéntrico
antropológico

humanamente

HOMBRUNA
(V. *Marimacho*)

—

HONDA (34)

honda
hondijo
perigallo
guaraca
cáñamo
restallar
restrallar
chasquear

hondero
pedrero
fundibulario

hondazo
hondada

—

HONDO
(V. *Profundidad*)

HONESTIDAD (26)

honestidad
recato
castidad
honor
honra
decoro
decencia
modestia
pudor
pudicicia
pudibundez
vergüenza
moderación
virtud

recatarse
guardarse
mirarse

honesto
recatado
casto
decente
decoroso
modesto
púdico
pudoroso
pudibundo
platónico

honestamente
púdicamente
decentemente
recatadamente
platónicamente

—

HONESTO
(V. *Honestidad*)

—

HONGO (5, 9)

hongo
talofitas
mixomicetos
ascomicetos
esquizomicetos
oomicetos
musgo
liquen
criptógamas
diatomea
bacteria
fermento
levadura
llaullau

talo
huilte
sombrero
sombrerete
espora
esporangio
teca

micología
ficología

seta
setal
jeta
mízcalo
níscalo
nícalo
colmenilla
carraspina
cagarria
morilla
crespilla
senderuela
guibelurdín
galamperna
bejín
pedo de lobo
criadilla de tierra
turma de tierra
trufa
hongo yesquero
escarzo
agárico
garzo
robellón
morfa
moho
calchacura
cifela
caspa
rumiaco
roya
roña
pimiento
herrumbre
sarro
tizón
tizne
quemadura
caries
tizoncillo
negrillo
negrilla
zaño
alheña
carbón
carboncillo
cochayuyo
mildiu

cornezuelo
añublo
anublo
nublo
niebla
oídio
cenicilla
ceniza
cenizo
ceñiglo

alga
fuco
ova
lama
ajomate
navícula
ceiba
esfenosira
luche
huiro
coralina
musgo marino
casabe de bruja
sargazo
ocla

ovoso
algoso

—

HONOR (14, 26)

honor
honra
prez
fama
pundonor
punto de honor
punto de honra
punto
puntillo
honrilla
negra honrilla
amor propio
estimación propia
filaucía
filautía
vergüenza
honestidad
lacha
decoro
dignidad
seriedad
entereza
orgullo
sangre en el ojo
estimación
decencia
honradez
hombría de bien
lealtad
honorabilidad
honorificencia
caballerosidad
nobleza
desinterés
generosidad
altruismo

honrar
dignificar
enaltecer

honrarse
dignificarse
hacer punto de
no sufrir ancas
» » pulgas
tener a menos
desdeñarse
despreciarse

caballero
quijote
gente [gra
» de capa ne-

pundonoroso
puntilloso
puntoso
puntuoso
caballeroso
digno
decoroso
sano
respetable
distinguido
delicado
susceptible
orgulloso

honroso
honorable
honorífico
honrado
honesto
decente
noble

horosamente
honradamente
honorablemente
honoríficamente
pundonorosamen-
te
decentemente
decorosamente
dignamente
honoris causa

—

HONRADEZ
(V. *Moralidad*)

HONRADO
(V. *Moralidad*)
—

HORA (21)

hora
» temporal
ecuación
meridiano

media
cuarto
quinto
escrúpulo
minuto
» primero
segundo
minuto segundo
instante
mediodía
media noche
medianoche

ángelus
oraciones
ánimas
(horas canónicas,
etc. V. *Culto*)
cuadro de horas
horario
reloj

ser
dar
tocar
sonar

horario
por hora

ante merídiem
post merídiem

—

HORCA (32)

horca
horqueta
horquilla
borne
basilea
torga
viuda
finibusterre
ene de palo
palo
ahogadero
dogal
garrote
patíbulo

ahorcar
colgar
guindar
ahogar
estrangular
agarrotar
dar garrote
apretar la golilla
poner en un palo

ahorcadura
ahorcamiento
ahogamiento
castigo
muerte

ahorcado
bornido
horcado

—

HORIZONTAL
(V. *Horizontali-
dad*)

—

**HORIZONTALI-
DAD** (17)

horizontalidad
horizonte
nivel
paralelismo
llanura
superficie
línea de flotación
rasante
inclinación
desnivel

yacimiento
decúbito
» lateral
» supino
» dorsal
» prono o
ventral

nivelar
anivelar
enrasar
rasar
chafar
explanar
apaisar
desnivelar
estar a un andar

tender
acostar
encamar
abatir
tumbar
hacer **caer**

echarse
tenderse
acostarse
tumbarse
encamarse
rellanarse
arrellanarse
revolcarse
agacharse
agazaparse
agachaparse
abuzarse
alastrarse
ensobinarse
alebrarse
alebrestarse
encogerse [uñas
ponerse en veinte
yacer
medir el suelo

acostamiento
abatimiento
postración
prosternación
supinación
tendedura

nivelación
enrase
enrasamiento
desnivelación

nivel
» de agua
» de aire
» de escuadra
» de albañil
codal
tendel
rasero

nivelador
horizontal
plano
yacente
yaciente
tendido
tendedor
tendiente
apaisado
abuzado
supino
decumbente
alechigado
espalditendido
atasajado
horizontalmente
a nivel
a un andar
a pie llano
ras con ras
ras en ras
boca arriba
» abajo
de bruces
de buces
a cuatro patas

—

HORIZONTE (3)

horizonte
» sensible
confín
círculo máximo,
etc. V. *Geog.*)
rosa de los **vien-
tos**
polo
horizontalidad
geografía
astronomía

punto cardinal
norte
N
septentrión
aquilón
nordeste
nornordeste
noroeste
norueste
nornoroeste
nornorueste

sur
sud
S
mediodía
ostro
sudeste
sueste
sudoeste
sudueste
sudsudoeste
sudsudeste

este
E
oriente
saliente
levante
naciente
leste
estenordeste
estesudeste

oeste
O
occidente
ocaso
poniente
ueste
W
oesnorueste
oesnoroeste
uesnorueste
oessudueste
uessudueste
oessudoeste

orientar
dirigir

orientación
dirección

ártico
antártico
hiperbóreo
septentrional
boreal
norteño
nordestal
meridional
austral
oriental
levantino
occidental
occiduo
ponentisco
ponentino

—

HORMIGA (6)

hormiga
hormigüela
aluda
aladica
salpuga
anay
soplillo
galga
bibijagua
vivijagua
zompopo

hormiguero
tacurú
ácido fórmico

hormigoso
formicular
formicante

—

HORMIGÓN
(V. *Argamasa*)

—

HORMIGUEO
(V. *Picor*)

—

HORNILLA
(V. *Hogar*)

—

HORNILLO
(V. *Hogar*)

—

HORNO (2, 4)

horno
» de campaña
» de cuba
» de pava
» de manga
» alto
» castellano
» de gran ti-
ro [ro
horno de reverbe-
» de tostadi-
llo [ción
horno de calcina-
» de copela
hornaza
mufla
hornillo de atanor
catino
padilla
carquesa
arca
calera
cubilote
jabeca
chacuaco
boliche
guaira
cendradilla
buitrón
butrón
butrino
buitrino
botrino
tochimbo
galera
chimenea
(tahona, etc.
V. *Pan*)

adobío
cruz
testera
arbolillo
costero
camisa
copa del horno
hogar
plaza
hornera
solera
carbonalla
altar
copela
timpa
cuba
etalaje
crisol
obra
pila
reposadero
dama
cámara
parrilla
rejilla
sabalera
alcabor

cebadero
bigote
tragante
piquera
tobera
alcribís
bravera
bramadera
dragón

encender
cebar
atizar
enrojar
arrojar
encalar
calentar

cocer
fundir
forjar
calcinar
ahornar
enhornar
desenhornar
deshornar

hornada
ceba
calefacción
cocción
torrefacción
fundición
metalurgia

cebo
encendejas
combustible
carbón
fundente
brasca
fuego
llama
bigotes
repelones
ceniza
humo

cebadera
berlinga
hurgón
hurgandero
tirabrasas
lampazo
fuelle
pava
trifulca

hornero
hornera

fornáceo
fumívoro

—

HORQUILLA (36)

horquilla
horca
horca pajera
horcado
garabato
horcón
forchina
tornadera
horqueta
escarpidor
escarpiador
espenjador
bielda
bielga
mielga
bieldo
bielgo
bildo
bilda
gario
sarde
sacadera
trente
trifulca
aviento
aventador
ventilabro
cargador
volvedera
horconadura
rastro
rastrillo
horca (suplicio)
bidente
tridente
tenedor

gajo
diente
punta

ahorquillar
bifurcar
enhorcar
beldar
bieldar
abieldar
alberdar
bildar
aventar

horconada
bifurcación

horquetero
albeldadero

ahorquillado
bifurcado
bífido
trífido

—

HORRIBLE
(V. *Temor*)

—

HORROR
(V. *Temor*)

—

HORTALIZA (5, 9)

hortaliza
planta hortense
verdura
legumbre
hierba
yuyos
vendeja
gallofa
huerto

cogollo
cohollo
repollo
troncho
cima
pella

aporcar
porcar
calzar
espigarse

legumbres
vainas
judía verde
bajoca
ejote

col
berza
colleta
repollo
repojuelo
lombarda
llanta
coliflor
brócul
brécol
bróquil
bróculi
brecolera
bretón
tallo
colinabo
nabicol
colino
colina
berzal

alcachofa
cinara
alcachofera
alcarchofa
alcanería
alcaucil
alcancil
alcaucí
alcarcil
arcacil
alcacil
alcací
morrilla
gavilancillo
alcachofal

cardo
acelga
apio
panul
cardillo
tagarnina
colleja
tiratiros
verdezuela
verdolaga
bledo
armuelle

berro
berra
berraza
mastuerzo
balsamita mayor

berenjena
» zocata
» catalana
» morada
» moruna
» de huevo
berenjenín
berenjenal

tomate
tomatillo
tomatera
tomatal
pimiento

borraja
aleluya
acedera
acetosa
agrilla
nabiza
grelo
espinaca
milamores

lechuga
» romana
lechuguilla
lechuguino
escarola
chicoria
achicoria
endibia
mastuerzo
escorzonera
apio
esmirnio
ensalada

cebollana
cebollino
cebolla
ajo
bulbo
espárrago
pepino
calabacín
cucurbitácea
(patata, etc. V. *Tubérculo*)
(zanahoria, nabo, etc. V. *Raíz*)
(perejil, comino, etc. V. *Condimento*)
(seta, etc. V. *Hongo*)

verdulero
verdulera
alcachofero
tomatero
lechuguero
esparraguero

verdulería

hortense
cogolludo
tronchudo
foráneo
alcachofero
aberenjenado

—

HORTENSE
(V. *Hortaliza*)

—

HORTICULTURA
(V. *Huerta*)

—

HOSPEDAJE (11)

hospedaje
hospedamiento
alojamiento
cobijamiento
cobija
aposentamiento
acogimiento
hospedería
hospicio
posada franca
albergaje
hospitalidad
inhospitalidad
deshospedamiento

hotel
hostería
hostal
alberguería
albergue
cobijo
venta
ventorro
ventorrillo
confusión
fonda
fondín
fonducho
figón
casa de huéspedes
casa de pupilos
pupilaje
casa de dormir
casa de posada
posada
aposento
mesón
mesonaje
parador
motel
caserna
sospecha
escalón
tallón
tajón
talón
puerto
percha
fondac
tambo
cotarro
caravanera
caravansar
hospital
habitación
establo
corral

hospedar
alojar
albergar
aposentar
asilar
tener
cobijar
acoger
sentar a la mesa
desaposentar

hospedarse
alojarse
albergarse
posar
pernoctar
habitar
estar
parar
hacer noche
» tránsitos

pupilaje
pensión
hospedaje

hospedador
hospedante
anfitrión
hospedero
huésped
aposentador
albergador
alberguero
hostelero
hotelero
hosterero
fondista
patrón
pupilero
ventero
mesonero
posadero
mesonista
comporte
secreto
figonero
talonero
tambero
camero
mozo de mulas
mulatero
muletero
mozo de paja y cebadero [cebada
celeminero
criado

huésped
alojado
posante
pupilo
medio pupilo
pensionista
medio pensionista
huésped de aposento
convidado
invitado
comensal
parásito
gorrón

mesonil
venteril
mesonero
media con limpio

hospitalicio
hospitalario
inhospital
inhospitalario
inhospedable
inhóspito

—

HOSPEDAR
(V. *Hospedaje*)

—

HOSPITAL (12)

hospital
nosocomio
crujía
galera
cuadra
clínica
uncionario
enfermería
casa de socorro
» de beneficencia
» de maternidad
sanatorio
convalecencia
dispensario
lazareto
leprosería
malatería
coto
quirófano
manicomio [gre
hospital de la sanhospital de sangre
hospital de primera sangre
ambulancia
» volante
» fija
preventorio
pontón
asilo
Cruz Roja

cama
camilla
parihuela

hospitalizar
rebajarse

hospitalidad
hospitalización
estancia
cuarentena
alta
recetario

médico
cirujano
practicante

enfermero
hospitalero
mayoral [tradas
comisario de en-
cotarrero
barchilón
madre
camillero
calandria
camilo
hermana de la ca-
ridad

enfermo
herido

—

HOSPITALIDAD
(V. *Acogimiento*)

—

HOSTIA
(V. *Eucaristía*)

—

HOYO
(V. *Excavación*)

—

HOZ (36)

hoz
segur
calabozo
calagozo
segadera
segote
echona
hocino
hocete
falce
doladera
podón
podadera

guadaña
dalle
dalla
rozón
rozadera
címbara

guarda
gachapo
colodra
manija
mango

guadañadora

cortar
segar
podar
afilar
cabruñar
encabruñar

hozada
cabruño

falcario
falciforme

—

HUCHA
(V. *Ahorro*)

—

HUECO (17, 18)

hueco
oquedad
ahuecamiento

molde
vacío
agujero
tueco
toca
vaso
poro
intersticio
blanco
claro
laguna
corral
bordón
cavidad
concavidad
hornacina
depresión
hoyo
hoyuelo
seno
vientre
alma
caja
encaje
huida
sitio
huelgo
espera
entremiche
distancia
espacio
entrante
mella
melladura
helgadura
portillo
desportilladura
abertura
vano
agujero
escotadura
corte
muesca
farda
mortaja
uña
enclavadura
escopladura
escopleadura
botonera
cotana
boquilla
abrazadera [*llo*)
(ojo, etc. V. *Ani-*
carlinga
socarrena
escarabajo
geoda
ranura
surco
hendedura
excavación
caverna
mina

ahuecar
enhuecar
hinchar
inflar
mullir
hispir
esponjar
vaciar
excavar
mellar
escotar

ahuecarse
abolsarse
afollarse

ahuecador
mullidor
miriñaque
polisón

hueco
vacío
cañarí
orondo
horondo
hinchado
papujado
pomposo
ahuecado
abolsado
bofo
fofo
esponjoso

—

HUELLA (28)

huella
vestigio
memoria
residuo
reliquia
carácter
centella
señal
signo
indicación
marca
contraste
rastro
estela
aguaje
ceriballo
pista
impresión
estampa
fósil
pisada
pisadura
calcas
paso
patada
carril
carrilera
carrilada
lendel
rodada
rodera
carrero
jacilla
ralladura
uñada
doblez
doble
reguero
surco
chorrera
refregadura
restregadura
maca
lacra
mancha
resbaladura
hozadura
freza
ida
andadas
tiro
chasponazo
pedrada
quemadura
cardenal
contusión
golpe
herida
cicatriz
costurón
señal
chirlo
ramalazo
verdugón
pupa
porcino
picotazo
picazo
salpullido

(hollar, pisar, etc.
V. *Pie*)
estampar
imprimir
señalar
tacar
sellar

humear

—

HUÉRFANO
(V. *Orfandad*)

—

HUERTA (36)

huerta
huerto
huertezuela
huertezuelo
vergel
granja
fosa
burguete
fachina
cercado
jardín
ribera
hortecillo
navazo
almunia
almuña
cigarral
pomar
hocinos
chinampa
enjertal
fajina

tabla
tablar
tablero
cuadro
cantero
era
haza
tablada
bancal
albarrada
parata
caballón
lindón
albardilla
andador

labrar
cutilvar
sembrar
plantar
trasplantar
tablear
abancalar
erar
aporcar
porcar
acogollar
ablaquear
recalcar
acollar
acogombrar
acohombrar
desaporcar
desortijar
escamochar

horticultura
cultivo
siembra
plantación
riego
poda
injerto
acodo
acogombradura
aporcadura

hortaliza
legumbre
raíz
bulbo
cucurbitáceas

(fruta, V. *Árbol* y
Arbusto)

horticultor
hortelano
huertero
vergelero
cigarralero
azada
almocafre
garabo
garabato
pala
rastrillo

hortense
hortelano (adj.)
hortícola
chinampero
panocho

—

HUERTO
(V. *Huerta*)

—

HUESO (6, 7)

hueso
huesarrón
zancarrón
osecillo
osecico
osezuelo
huesezuelo
descargadura
tejido óseo
osteoblasto
periostio
marfil
unicornio
osteología
histología

apófisis
cóndilo
acromion
acromio
fosa
cavidad glenoidea
chueca
trocánter
hueso plano
lámina
cartílago
articulación
médula

hueso coronal
frontal
frental
arco superciliar
hueso parietal
hueso temporal
peñasco
mastoides
hueso occipital
hueso esfenoides
silla turca
cornete
cráneo
pericráneo
base del cráneo
calavera
cabeza

pómulo
malar
hueso maxilar
maxilar superior
» inferior
diente
muela
quijada
mandíbula [lar
hueso intermaxi-
palatino
hueso hioides
» etmoides
vómer
unguis
cigoma
yunque
martillo
lenticular
estribo
cuello
vértebra
espina
espinazo

esternón [nón
mango del ester-
apéndice xifoides
costilla
» verdadera
» falsa
» flotante
costillar
costillaje
omóplato
escápula
espaldilla
paletilla
paleta
acromion
apófisis
clavícula
islilla
asilla
cía
cea
cuadril
hueso innominado
íleon
ilion
isquion
acetábulo
pubis
pubes
sacro
cóccix

húmero
cúbito
radio
canilla
caña
olécranon
epitróclea
hueso escafoides
» navicular
» piramidal
trapecio
trapezoide
semilunar
unciforme
ganchoso (hueso)
metacarpianos
pisiforme
falange
falangina
falangeta
mano

fémur
zancarrón
zancajo
cangallo
pernicote
rótula
choquezuela
menisco
tibia
canilla
espinilla
caña
peroné
tobillo
calcáneo
chambaril
adrián
astrágalo
taba
tabilla
taquín
carnicol
chita
hueso cuboides
» cuneiforme
cuña
hueso escafoides
metatarsianos
pie

esqueleto
neuroesqueleto

la muerte
osamenta
osambre
armadura
armazón
articulación

osario
osero
huesera
osar
calavernario
cementerio

osificarse
necrosificar
cariarse
subintrar
deshuesar
desosar
descarnar
descoyuntar
dislocar
desconcertar
desgobernar
desnucar

osificación
osteopatía
osteomalacia
osteítis
periostitis
sobrehueso
necrosis
caries
cariadura
dislocación
dislocadura
luxación
lujación
desviación
torcedura
distensión
fractura
rotura
ruptura
fisura [ta
fractura conminu-
esquirla
crepitación
callo
osteoplastia
cirugía

óseo
ososo
huesoso
huesudo
osudo
marfileño
ebúrneo
osteológico
osteógeno
esquelético

petroso
alveolar
etmoidal
mastoideo
glenoideo
hioideo
esfenoidal
escapular
isquiático
acromiano
acromial
sesamoideo
costal
iliaco
humeral
radial
clavicular
claviculado
falangiano
cariado
desensortijado

—

HUÉSPED
(V. *Hospedaje*)

—

HUEVO (6)

huevo
huevezuelo
huevecillo
huevecito
ovezuelo
ovecico
albaire
huevo huero
batueco
postura
desove
nidal
nidada
(huevo frito, cocido, etc. V. *Cocina*) [*briol.*)
(óvulo, etc.V. *Em-*

clara
albura
yema
fárfara
bienza
binza
tela de cebolla
chalaza
engalladura
galladura
agalladura
prendedura
meaja de huevo
cascarón

ovario
huevera
oviducto
overa
madrecilla

huevar
aovar
ovar
desovar
poner
parir
enhuerar
engorar
incubar
(querochar, etc. V. *Abeja*)
(frezar, etc. V. *Pez*)
nido
nidal
ponedero
ponedor
desovadero

huevero
huevera
recovero
huevería
recova

ovoideo
oval
ovalado
oviforme
huero
gárgol
movido
ovíparo
ovovivíparo
ovívoro

—

HUIDA (19)

huida
fuga
evasiva
abandono
liberación
ausencia
evasión
deserción
tornillo
afufa
afufón
escape
escapada
escapamiento
escapatoria
escurribanda
escabullimiento
apelde
calleja
traspuesta
pira
partida
desbandada
la del humo
la ida del humo
estampida
salto de mata
marro
regate
recorte
cuarteo
esguince
rodeo
salto
carrera
pánico
ocultación

huir
rehuir
escapar
desertar
salir
emplumar
escabullir
chapescar
transmontar
tramontar
jopar
afufar
apeldar
revolar
esquivar
evitar
obviar
sortear
cucar

ahuyentar
expulsar
capotear

huirse
escaparse
marcharse
ausentarse
salvarse
despedirse
fugarse
deslizarse
escurrirse
pirarse
tocárselas
librarse
evadirse
desbandarse
zafarse
evaporarse
afufarse
aventarse
joparse
escabullirse
descabullirse
escullirse
guiñarse
guillarse
peñarse
amontonarse

liarlas
dar tornillo
escurrir la bola
poner pies en polvorosa
poner tierra en medio
poner tierra por medio
tomar el olivo
salir de naja
» de estampía
partir o embestir de estampía
irse a leva y a monte
andar a monte
hacerse escurridizo
dar esquinazo
tomar las afufas
estar sobre las afufas
salir pitando
apretarse el gorro
dar un cambiazo
tomar pipa
tomar soleta
apretar de soleta
picar de soleta
dar las espaldas
tornar las espaldas
volver las espaldas
volver el rostro
salir por la puerta de los carros
salir por la puerta de los perros
coger las de Villadiego
tomar las de Villadiego
tomar las calzas de Villadiego
coger o tomar las del martillado
tomar calzas
tomar viñas
tomar las viñas
irse por pies, o por sus pies
salvarse por los pies
salvarse por pies
perder el hato
írsele de entre las manos, de la mano

huidor
fugitivo
prófugo
tránsfuga
trásfuga
trásfugo
vilhorro
forajido
bandido
desertor
tornillero
huido
huidizo
cimarrón
montaraz
perdidizo
fugaz
evasor
centrífugo
eludible

a uña de caballo
a salto de mata
saltando bardales
viñas y Juan Danzante
pies, ¿para qué os quiero?

—

HUIR
(V. *Huida*)

—

HUMANIDAD
(V. *Hombre*)

—

HUMANO
(V. *Hombre*)

—

HUMEAR
(V. *Humo*)

—

HUMEDAD (2)

humedad
humidad
relente
sereno
serena
rocío
vapor
agua
niebla
lluvia
sudor

humedecer
humectar
mojar
macerar
madeficar
bañar
untar
remojar
escaldar
rehumedecer
chapotear
regar
rociar
salpicar
sumergir
pringar
impregnar
calar
recalar
empapar
embeber
ensopar

humedecerse
mojarse
calarse
recalarse
chapalear
chapotear
amerarse
rezumarse
infiltrarse
apulgararse
revenirse
despichar
estar hecho una sopa
estar hecho un pato
estar hecho un pato de agua

humectación
madefacción
fomento
mojadura
mojada
remojo
remojón
empapamiento

higroscopicidad
capilaridad
delicuescencia
absorción
higrometría
higroscopia

higrómetro
higroscopio
psicrómetro

humectante
humectativo
mojador
higroscópico
higrométrico
hidrófugo
delicuescente

húmedo
húmido
aguanoso
aguazoso
liento
lento
rociado
empapado
uliginoso
mojado
chorreando
hecho una sopa

—

HÚMEDO
(V. *Humedad*)

—

HUMILDAD (14, 26)

humildad
recato
modestia
reserva
encogimiento
deo gracias
contrición
vergüenza
timidez
docilidad
paciencia
obediencia
sumisión
servilismo
flaqueza
desaliento
humillación
rendimiento
bajeza

confundir
abatir
rebajar
(anonadar, etc. V. *Humillación*)

humillarse
abatirse
apocarse
retraerse
retractarse
rendirse
anularse
postrarse
prosternarse
arrastrarse
deshincharse
echarse por los suelos
arrastrarse por el suelo
echarse por tierra
no levantar los ojos
bajar el tono
ceder
bajar las orejas
» la cerviz
doblar la cerviz
» el espinazo
besar la correa
arrodillarse
ponerse de hinojos
(suplicar, etc. V. *Pedir*)

humilde
modesto
sencillo
apocado
obscuro
oscuro
tímido
respetuoso
afable
bondadoso
seráfico
pobre
bajo

abatido
rendido
cuitado
gusano
insignificante
ruin
terrero
pequeño
párvulo
profundo

humildemente
humilmente
modestamente

—

HUMILDE
(V. *Humildad)*

—

HUMILLACIÓN (27)

humillación
zaherimiento
desprecio
burla
ofensa
abatimiento
confusión
degradación
prostitución
arrastramiento
humildad
servilismo
vileza

humillar
abatir
achicar
confundir
ajar
deslucir
bajar
rebajar
avergonzar
despreciar
anonadar
postrar
doblegar
hollar
pisar
pisotear
ofender
acocear
desensoberbecer
desentonar
desendiosar
degradar
cachifollar
escachifollar
vencer
sojuzgar
oprimir
dominar
tener el pie sobre el cuello o sobre el pescuezo [uno
bajar los humos a
hacer bajar la cola a uno
darle en la cresta
quebrantar la cabeza
quebrarle a uno la condición
ajarle la vanidad

(humillarse, etc. V. *Humildad)*

humillador
humillante
depresor
depresivo
degradante

—

HUMILLAR
(V. *Humillación)*

—

HUMILLARSE
(V. *Humildad)*

—

HUMO (2)

humo
vapor
gas
fumada
fumarola
bocanada
tufo
humazo
humarazo
humarada
humareda
fumarada
fumosidad
fulígine
hollín
tizne
máscara
suciedad
ceniza
capnomancia

humear
humar
fumar
ahumar
ahumear

sahumar
ahumar
fumigar
humear

tiznar
entiznar
mascarar
manchar
desahumar
deshollinar

humada
ahumado
sahumerio
sahúmo
sahumadura
fumigación
sufumigación
zorrera
tiznón
tiznajo
tiznadura
tiro

deshollinador
fumista

fuego
hogar
chimenea
humero

limpiachimeneas
deshollinadera
escobón

humoso
fumoso
humeante
humante
fumante
humiento
fumífero
fumigatorio
holliniento
fuliginoso
negro
fumívoro
fumífugo

—

HUMOR (7)

humor
humoracho
linfa
húmedo radical
humor pecante
» vítreo
flema
mucosidad
bilis
grasa
sangre
humorosidad
aguanosidad
aguadija
aguosidad
serosidad
babilla
secreción
pituita
pus
sinovia
saliva
expectoración
sudor
cerilla
cerumen
recremento
fluxión
destilación
edema
pujamiento
corrimiento
flujo
supuración
reúma
reuma
escurribanda
rebalsa
peso
plenitud
plétora
repleción
congestión
extravasación
infiltración
retención
hidropesía
remoción
removimiento
revolución
desviación
discrasia
cacoquimia
emunción
transpiración
traspiración
orología

remover
divertir
repercutir
retundir
remover los humores [mores
desgastar los hu-

transpirar
traspirar
purgar
regurgitar
pecar
rebalsarse

humoral
humoroso
humorado
malhumorado
linfático
flemático
flemoso
seroso
sueroso
turgente
sanguíneo
bilioso
atrabiliario
pituitario
pituitoso
cacoquímico
hidrópico
colicuativo
recrementicio
transpirable
traspirable

—

HUMORISMO
(V. *Ironía)*

—

HUNDIMIENTO (20)

hundimiento
inmersión
naufragio
cataclismo
revenimiento
chiflón
ruina
destrucción
enterramiento
entierro
introducción
caída
depresión
concavidad
subterráneo

hundir
sumir
abismar
enterrar
sumergir
introducir
ahondar
profundizar
rehundir
deprimir
enfangar
atollar
enfusar
tragar
afondar
echar a fondo
echar a pique
barrenar
dar barreno

hundirse
deprimirse
desmoronarse
esborregarse
caerse
sumirse
afondar
zahondar
sumergirse
naufragar
irse a fondo
irse a pique

hundido
hundible
deprimente

—

HUNDIR
(V. *Hundimiento)*

—

HURTAR
(V. *Robo)*

—

HURTO
(V. *Robo)*

—

HUSO
(V. *Hilo)*

—

I

IDEA (23)

idea
lo absoluto
tipo
arquetipo
modelo
concepto
noción
prenoción
impresión
ocurrencia
rayo
intuición
percepción
apercepción
sensación
sentimiento
representación
imagen
pensamiento
bosquejo
rudimento
nociones
fantasía
vislumbre
conjetura
sospecha
idea fija
tema
títere
prejuicio
manía
ideación
gestación
ideario
ideología
idealidad
conocimiento
comprensión
imaginación
reflexión

idear
aprehender
concebir
abrigar
conceptuar
formar concepto
venirse a las
mientes

idealizar
poetizar

ideólogo
idealista

ideal
ideológico
sublime
perfecto
teórico
especulativo
transcendental
metafísico
inmaterial
poético
platónico

idealmente

—

IDEAL
(V. *Idea*)

—

IDÉNTICO
(V. *Identidad*)

—

IDENTIDAD (16)

identidad
unidad
coincidencia
conformidad
concordia
homogeneidad
uniformidad
monotonía
igualdad
semejanza
confusión
distinción

identificar
unificar
homogeneizar
uniformar
hermanar

coincidir
indentificarse
unificarse
unirse
fundirse
confundirse
ser todo uno [no
ser del mismo pa-

unificación
unión
fusión
determinación
identificación
filiación
señas personales
cédula de vecin-
dad [trica
ficha antropomé-
huellas dactilares
dactiloscopia

idéntico
mismo
propio
uno
igual
semejante
uniforme
monótono
homogéneo
congénere
equivalente
exacto
intercambiable
identificable

ídem
idénticamente
mismamente
justamente
uniformemente
monótonamente

—

IDENTIFICAR
(V. *Identidad*)

—

IDIOMA
(V. *Lengua*)

—

ÍDOLO
(V. *Efigie*)

—

IGLESIA (1)

iglesia
asociación
grey
gremio
comunión
rebaño
congregación de
los fieles
esposa de Cristo
seno de la Iglesia
viña del Señor
cristiandad
cristianismo
catolicismo
nave de San Pe-
dro
Iglesia oriental
» latina
» militante
» triunfante
comunión de la
Iglesia
comunión de los
santos

Iglesia papal
» primada
» patriarcal
patriarcal
Iglesia catedral
seo
catedral [tana
iglesia metropoli-
» mayor
» colegial
» parroquial
» conventual
colegiata
magistral [tuto
iglesia de esta-
» juradera
» fría
metrópoli
anejo
convento
campana
diaconía
parroquia
sagrario
tabernáculo
catedralidad
concatedralidad

(derechos parro-
quiales, fábrica,
etc. V. *Der. ca-
nónico*)

templo
» próstilo
iglesia
templete
iglesieta
estrella
casa de Dios
casa del Señor
casa de oración
casa de devoción
vaticano
basílica
basílica mayor
basílica menor
abadía
abadengo

catedral [tina
iglesia en cruz la-
» en cruz
griega
santuario
ermita
oratorio
eremitorio
ermitorio
adoratorio
larario
mezquita
(sinagoga, V. *Ju-
daísmo*)
pagoda
cu
teucali
teocali
apacheta
atrio
pórtico
puerta
propileo
lonja
antetemplo
anteiglesia
compás
barbacana
dextro
altozano
antuzano
galilea
períbolo
pilón
rosetón
(vidriera, etc.
V. *Ventana*)

torre
cimorro
cimborrio
pináculo
cúpula
bóveda
campanario
campana
veleta

subterráneo
cripta
hipogeo
coto
catacumbas

cementerio
sepultura

claustro
claustra
galería
patio
triforio
tribuna

cuerpo de iglesia
nave
» principal
crucero
crujía
girola
deambulatorio
cabecera
transepto
causídica

capilla mayor
presbiterio
altar
trasaltar
antealtar
iconostasio
cancel
camón
ábside
ábsida
capilla
capilleta
antecapilla
sagrario
antesacristía
sacristía
vestuario
cajonera
pastoforio
camarín

coro
antecoro
trascoro
sotacoro
socoro
entrecoro
lucera
órgano

baptisterio
bautisterio
pila
pileta
fuente bautismal

púlpito
cátedra del Espí-
ritu Santo
predicadera
ambón
almimbar
sombrero
tornavoz
recitáculo
atril
facistol
versícula
atrilera
confesonario
confesionario
comulgatorio
cratícula
rejilla
sillería
estalo
faldistorio
coma
misericordia
asiento
reclinatorio
propiciatorio
postrador

culto
alumbrado
lamparín
candelero
cirial [para
carretón de lám-
objetos **litúrgicos**
imagen
efigie
reliquia
exvoto

ofrenda
incienso
cepo
cepillo

entablar
erigir
construir
dedicar
profanar
purificar
reconciliar

advocación
vocación
dedicación
entablación
tumbo
becerro
cabreo
decanía
díptica
díptico

patrón
sacerdote
sacristán
capillero
capiller
santero
santera
vestal
mamacona
ermitaño
eremita
obrero
operario
fabriquero
silenciario
perrero
canicularío
azotaperros
echaperros
sillero

eclesiástico
santa
galicana
latina
filial
lateranense
eremítico
patronado

—

IGNORANCIA (23)

ignorancia
» supina
» invencible
» crasa
nesciencia
olvido
inocencia
inconsciencia
inexperiencia
necedad
ineptitud
torpeza
incultura
obscurantismo
ignorantismo
tosquedad
insipiencia
inerudición
pedantería
asofía
agnosia
analfabetismo
desconocimiento
incompetencia
idiotismo
tinieblas
letras gordas

ignorar
desconocer
rebuznar
no saber el abecé
no entender el abecé
no saber la cartilla
no saber el cristus
no saber lo que trae entre manos
no saber por dónde anda
no saber por dónde se anda
no saber lo que se pesca
no saber de la misa la media
no saber dónde tiene la cara
no saber dónde tiene los ojos
no entender jota
no saber una jota
» » las declinaciones
no distinguir lo blanco de lo negro
no saber quitarse los mocos
no saber cuántas son cinco
no haberlas visto más gordas
ver el cielo por embudo
oír campanas y no saber dónde
no haber oído campanas
estar en pañales
calzar pocos puntos
estar ajeno de
estar pez
hacerse de nuevas
pretender ignorancia

ignorante
ignaro
desconocedor
nesciente
desavisado
insipiente
ayuno
limpio
atrasado de noticias
profano
indocto
aprendiz
lego
laico
intonso
iliterato
inerudito
analfabeto
vulgo
superficial
frívolo
pedante [leta
erudito a la violeta
de misa y olla

necio
torpe
inexperto
inepto
inculto
tosco
ineducado
grosero
idiota
bolo
zote
monigote
mostrenco
modorro
marmolillo
alcornoque
calabaza
calabazo
calabazón
calabacín
naranjo
animal
asno
rocín
rocino
bestia
zafio
cuaco
borrego
cernícalo
avestruz
corta pala
corto sastre

desconocido
ignorado
ignoto
innoto
incógnito
inexplorado
incierto
secreto
oculto
indeterminado
un tal

recóndito
oculto
secreto
incomprensible

ignorantemente
nescientemente
crasamente
desconocidamente
indoctamente
legamente
al tuntún
al buen tuntún
en ayunas
a obscuras
a buenas noches
en blanco
in albis
ni por el forro
ni por sombra
los niños lo saben

—

IGNORANTE
(V. *Ignorancia*)

—

IGNORAR
(V. *Ignorancia*)

—

IGUAL
(V. *Igualdad*)

—

IGUALAR
(V. *Igualdad*)

—

IGUALDAD (16)

igualdad
parejura
paridad
emparejadura
exactitud
identidad
uniformidad
monotonía
sinonimia
homonimia
nivel
ras
equivalencia
equipolencia
equidistancia
potencialidad
ponderación
ecuación
coecuación
semejanza
consonancia
isocronismo
coincidencia
equilibrio
simetría
paralelismo
proporción
conformidad
correspondencia
reciprocidad

igualar
identificar
uniformar
aparear
emparejar
aparar
empatar
empardar
competir
equiparar
pintiparar
nivelar
anivelar
rasar
arrasar
raer
compensar
promediar
comediar
equilibrar
contrapesar
abalanzar
balancear
empatársela
hombrearse

equivaler
valer
valer por
igualar
alcanzar
emparejar
ladearse
equivocarse con
ser el vivo retrato de
irse allá
salirse allá
salir pata
ser pata
quedar pata
correr parejas
ir lado a lado
estar a un nivel
no ir en zaga
estar en un fil
estar en fil
ser todo uno [ño
ser del mismo paño
correr la comparación
correr por la misma cuenta

igualación
igualamiento
iguala
empate
equiparación
emparejamiento
rasadura
nivelación
equilibrio
asimilación
commensuración
comparación

igualador
igualitario
rasante
igual
parigual
par
parejo
mismo
idéntico
semejante
conforme
consonante
sinónimo
cuate
coate
uniforme
común
equivalente
equipolente
gemelo
hermanado
homónimo
homófono

unívoco
isócrono
isótropo
indiferente

igualmente
equivalentemente
potencialmente
también
así
asimismo
eso mismo
conforme
a la iguala
al igual
por igual
a este tenor
punto menos
a par
a la par
por parejo
mitad por mitad
mitad y mitad
de medio a medio
Morlés de Morlés
mano a mano
brazo a brazo
según y cómo
según y conforme
a modo [sero
por el mismo rasero
ras con ras
ídem por ídem
tanto monta
tanto
atán
lo menos
lo más
tal para cual
otra que tal [la
otra que bien bailámale hache
pata es la traviesa
ídem
ana
equi-
homo-
iso-

—

ILEGAL
(V. *Infracción*)

—

ILESO
(V. *Indemnidad*)

—

ILÍCITO
(V. *Prohibición*)

—

ILIMITADO
(V. *Infinitud*)

—

ILUMINAR
(V. *Luz*)

—

ILUSTRE
(V. *Fama*)

—

IMAGEN
(V. *Imaginación*)

—

IMAGINACIÓN (15, 23)

imaginación
imaginativa
magín
la loca de la casa
memoria
inventiva
fantasía
miente
mientes
ánimo
idealismo
idealidad
inspiración
figuración
vagueación
idealización
bovarismo
irrealidad
inexistencia
inmaterialidad

imagen
idea
representación
especie
simulacro
señal

ficción
mito
invención
fábula
parábola
novela
ilusión
fantasía
fantasmagoría
ensueño
alucinación
ofuscación
fingimiento
espejismo
vanidad
aprensión
prejuicio
capricho
quimera
utopía
utopia
visión
integumento
fantasma
espectro
ente de razón
entelequia
volatería
torre de viento
castillos en el aire
espacios imaginarios
sueños dorados
paraíso de los bobos

imaginar
concebir
idear
hallar
abrigar
acariciar
creer
inventar
representar
evocar
recordar
pensar
soñar
ensoñar
trasoñar
prefigurar
refigurar
fantasear
divagar
fingir
quimerizar
figurarse
soñar despierto
ver visiones
desimaginar

ofrecerse
antojarse
ocurrirse
ocurrir
pasar
saltar
venir [tes
venir a las mien-
caer en mientes
pasársele por la cabeza
ponérsele en la cabeza
metérsele en la cabeza

idealizar
espiritualizar
poetizar
elevarse
levantar el vuelo
alzar el vuelo
hacer un castillo en el aire

imaginativo
iluso
soñador
visionario
idealista
ideólogo
utopista
quimerista

imaginario
inexistente
inmaterial
ideal
fingido
falso
ilusorio
ficticio
supuesto
supositicio
fabuloso
parabólico
apócrifo
prodigioso
fantástico
utópico
quimérico
quimerino
novelesco
romancesco

imaginable
concebible
conceptible
excogitable
inexcogitable
ideal

imaginativamente
fantásticamente

—

IMAGINAR
(V. *Imaginación*)

—

IMÁN
(V. *Magnetismo*)

—

IMANTAR
(V. *Magnetismo*)

—

IMBRICACIÓN (20)

imbricación
rebasamiento
solapo
traslapo
tingladillo
escama
teja
pizarra

imbricar
solapar
asolapar
traslapar
encaballar
encabalgar
montar
pisar
rebasar
cubrir

imbricado
encamado

—

IMBRICADO
(V. *Imbricación*)

—

IMBRICAR
(V. *Imbricación*)

—

IMBUIR
(V. *Persuasión*)

—

IMITACIÓN (16)

imitación
contrahechura
contrahacimiento
emulación
fingimiento
traslado
remedo
artificio
bisutería
oropel
representación
afectación
simulacro
falsedad
trasunto
caricatura
parodia
copia
plagio
reproducción
segunda edición
refrito
facsímil
facsímile
eco
piada
reminiscencia
propiedad
arte
conformidad
semejanza
semejante
mimetismo
mimesis
mímica
armonía imitativa
onomatopeya
repetición
costumbre
rutina
modelo
efigie
retrato

imitar
contrahacer
calcar
sacar
representar
emular
remedar
arremedar
parodiar
tomar
hurtar
seguir
asemejar
copiar
plagiar
fusilar
robar
retratar
retraer
reproducir
simular
arrendar
modelarse
inspirarse en
tomar figura [de
seguir los pasos
seguir las huellas de [de
seguir las pisadas

imitador
epígono
arrendajo
mona
mimo
parodista
plagiario
imitante
gregario
remedador
copista
contrahacedor
émulo

imitatorio
imitativo
mímico
onomatopéyico
natural
imitado
artificial
contrahecho
paródico
imitable
remedable
inimitable

¿Dónde va Vicente? Donde va la gente
al paso que

—

IMITAR
(V. *Imitación*)

—

IMPACIENCIA (14, 26)

impaciencia
desasosiego
intranquilidad
urgencia
espera
excitación
violencia

impacientar
irritar
excitar

impacientarse
desesperar
deshacerse
derretirse
pudrir
pudrirse
repudrirse
repodrirse
desbautizarse
no tener espera
llenársele a uno el gorro
no cocérsele el pan
no cocérsele el bollo
pudrirle la sangre
quemarle la sangre
irritarse

impaciente
inquieto
súpito
vehemente
irritable
desesperante

impacientemente

—

IMPACIENTAR
(V. *Impaciencia*)

—

IMPACIENTE
(V. *Impaciencia*)

—

IMPARCIAL
(V. *Justicia*)

—

IMPARCIALIDAD
(V. *Justicia*)

—

IMPEDIMENTO (27)

impedimento
» dirimente
» impediente

obstáculo
estorbo
dificultad
trabajo
molestia
imposibilidad
embarazo
inconveniente
inhabilidad
ineptitud
óbice
contrario
oposición
resistencia
prohibición
veto
privación
limitación
quite
tropiezo
tope
valla
valladar
barrera
dique
presa
pantano
atolladero
atolladal
atolladar
freno
detención
obstrucción
nudo
atadero
atamiento
atasco
escollo
baruca
empacho
traba
prisión
pihuela
rémora
padrastro
chorra
engorro
empatadera
atajada
monte
atascadero
atranco
atranque
balsa
fuerza mayor
embargo

impedir
precaver
evitar
conjurar
remediar
prevenir
excusar
estorbar
imposibilitar
embarazar
embargar
empachar
entorpecer
dificultar
vedar
prohibir
negar
quitar
defraudar
ocupar
defender
desayudar
desbaratar
disuadir
perturbar
barrenar
parar
detener
paralizar
contener
atar
frenar
reprimir
interrumpir

quebrar
cortar
segar
empantanar
atajar
enfusar
atollar
atascar
erizar
emplastar
entrabar
cruzarse
obstruir
atar las manos
acortar los pasos
cortar las alas
quebrar o quebrantar las alas
cortar el revesino
cortar los pasos
poner chinitas
cerrar el paso
tener atadas las manos

empecer
obstar
obviar
implicar
topar
embarazarse
atascarse
tropezar
hocicar

impedidor
impediente
impeditivo
estorbador
obstante
embargante
embarazador
empecedero
empecible
estorboso

embarazadamente
a tropezones
al primer encuentro, azar
al primer tapón, zurrapas
lo malo es que

—

IMPEDIR
(V. *Impedimento*)

—

IMPENITENCIA (14, 26)

impenitencia
impenitencia final
ofuscación
obduración
obstinación
contumacia
resistencia
protervia
protervidad
rebeldía
pecado
impiedad
irreligión
insensibilidad
dureza de corazón
crueldad

obstinarse
empedernirse
tomarse con Dios
morir como un perro

impenitente
incontrito
empedernido
protervo
empecatado
contumaz
recalcitrante
guijeño
relapso
obstinado
insensible
impío
cosa perdida

endurecidamente
emperdernidamente

—

IMPENITENTE
(V. *Impenitencia*)

—

IMPERFECCIÓN (24, 27)

imperfección
deficiencia
incorrección
inconclusión
medianía
inferioridad
inhabilidad
torpeza
desacierto
descuido
precipitación
crudeza
tosquedad
grosería
deformidad
defecto físico
lesión
joroba

cojera, etc.
fealdad

defecto
falta
laguna
vicio
nulidad
falla
maca
mancamiento
manquedad
carencia
pero
tacha
mota
lunar
sombra
sino
borrón
pecado
caca
lacra
falca
desperfecto
deterioro
daño

chapucería
chapuz
chapuza
aborto
cargazón
plasta
plepa
birria
buñuelo
churro
sotreta
catana
macana
bodoque

adolecer
cojear
ser de pacotilla una cosa
tener más faltas que un juego de pelota
tener su ijada
descubrir la hilaza
ser un asco

embrión
ensayo
esbozo
croquis
diseño
borrador
proyecto
inconclusión
malogro

chafallar
chapucear
frangollar
fuñicar
mancar
guachapear
hacer con los pies

chafallón
chapucero
charanguero
fullero
farfallón
fargallón
frangollón
faramallero
faramallón
precipitado
mamarracho
mamarrachista
moharracho
moharrache
zaborrero
zamborotudo
zamborrotudo
zamborondón

imperfecto
defectuoso
defectivo
malo
mediano
falto
cojo
informe
semiforme
deforme
monstruoso
manco
incorrecto
incompleto
pendiente
a medio hacer
trabajoso
tachoso
tosco
áspero
grosero
chanflón
sucio
vacío
verde
inmaturo
precoz
chapucero
fulero
fulastre
furris
insignificante
guaso
zoquetudo
galopeado
descorregido
perfunctorio
de munición
de pacotilla
de media tijera

imperfectamente
defectuosamente
incorrectamente
perfunctoriamente
toscamente
grosamente
mazorralmente
roncamente
arrastradamente
chapuceramente
de, o a medio mogate
a punto largo
a sobrepeine
a la diabla
en fárfara
en álara
en escalones

—

IMPERFECTO
(V. *Imperfección*)

—

IMPERMEABILIDAD (2)

impermeabilidad
impenetrabilidad
obstrucción

impermeabilizar
embrear
alquitranar
encerar
engrasar
barnizar
calafatear

hule
ahulado
encauchado
linóleo
gutapercha
encerado
empegado

herbaje
camelote
barragán
chubasquero
impermeable
capa aguadera
capa gascona
aguadera
gabardina
sueste

impermeable
impenetrable
estanco

—

IMPERMEABILIZAR
(V. *Impermeabilidad*)

—

IMPERMEABLE
(V. *Impermeabilidad*)

—

IMPERTINENCIA (26, 27)

impertinencia
inoportunidad
necedad
despropósito
disparate
inconveniencia
indiscreción
curiosidad
barbarismo
molestia
tabarra
disco
rollo
tostón
lata
joroba
pesadez
chinchorrería
petitorio
embajada
importunación
vejez
frialdad
frescura
descaro
zanganada
badajada
jangada
pitada
clarinada
trompetada
trompetazo
salida de tono
pata de gallo [na
entrada de pavasalida de pavana
preámbulo
bachillería
cantilena
cantinela
perorata
relación de ciego

afectación
jactancia
orgullo

soltar
largar
encajar
endilgar
plantar

saltar
desafinar
desentonar
bachillerear

descararse
descomedirse
salir por peteneras
salir por los cerros de Úbeda
salir con su media espada
romper las oraciones

impertinente
preguntador
importuno
indiscreto
degollante
mirón
inconveniente
fastidioso
patoso
descortés
grosero
molesto
pesado
prolijo
empecatado
metemuertos
ofensivo

impertinentemente

—

IMPERTINENTE
(V. *Impertinencia*)

—

IMPERTURBABLE
(V. *Entereza*)

—

IMPÍO
(V. *Irreligión*)

—

IMPORTANCIA (24)

importancia
entidad
momento
monta
tomo
precio
valor
magnitud
cuantía
gravedad
consecuencia
trascendencia
urgencia
calidad
consideración
significación
alcance
fundamento
toque
espíritu
busilis
peso
enjundia
injundia
miga
migajón
médula
medula
meollo
entrañas
fuste
substancia
sustancia
esencia
principalidad
superioridad
nobleza
excelencia
dignidad
influencia

eficacia
autoridad
poder
nervio
grandeza
estimación
precio

cosa de entidad
alma
punto
cabecera
fuerza
grueso
suma
centro
piedra angular
rueda catalina
cuestión de gabinete
cuestión batallona
caballo de batalla

importar
interesar
convenir
montar
significar
valer [ción
ser de consideraser de consecuencia
tener que ver
merecer la pena
valer la pena
formar época
hacer »
picar en historia

figurar
pintar
papelear
hacer figura
» papel
» cabeza
ser alguien
ser el todo

importarle a uno
tocarle
irle en ello

ir al grano
apartar el grano de la paja [tos
dejarse de cuen-
» de historias

personaje
brazo derecho
protagonista
tuáutem
factótum

importante
urgente
conveniente
trascendental
serio
grave
vital
esencial
substancial
sustancial
saliente
enjundioso
significativo
apreciable
interesante
considerable
granado
respetable
notable
crecido
señalado
famoso
ruidoso
solemne
ambicioso

principal
capital
central
primordial
primario
fontal
matriz
toral
fundamental
cardinal
maestro
clásico
precipuo
poderoso
potísimo
preponderante
superior
grande
gran
inapreciable
excesivo
morrocotudo
enorme
atroz
valioso
de entidad
de viso
de mayor cuantía
de cuenta
de alto bordo
de tomo y lomo
de campanillas
de muchas campanillas

importantemente
considerablemente
principalmente
precipuamente
primariamente
mayormente
máximamente
máxime
ante todo
sobre todo
como quien no dice nada

ese es el cuento
¿es moco de pavo?
ahí es nada
» » un grano de anís
vamos al caso

—

IMPORTANTE
(V. *Importancia*)

—

IMPORTAR
(V. *Importancia*)

—

IMPORTUNACIÓN (27)

importunación
importunidad
insistencia
porfía
oficiosidad
indiscreción
impertinencia
acoso
asedio
embestida
instancia
clamoreo
monserga
batería
petitorio
petición
obstinación
persecución
reiteración

repetición
chinchorrería
majadería
pesadez
machaquería
machaconería
amoladura
moledera
machaqueo
machaca
machacadera
mosconeo
matraca
molestia
cansera
candinga

importunar
molestar
apretar
seguir
estrechar
porfiar
fatigar
fastidiar
aburrir
cansar
chinchar
machacar
machar
moler
amolar
majar
macear
mosconear
perseguir
rondar
asediar
acosar
embestir
atacar
sofocar
atafagar
rallar
acribillar
asaetear
saetear
achicharrar
porrear
descoyuntar
matar
cargar sobre
dar murga
dar un solo
no dejar ni a sol ni a sombra
romper a uno la cabeza
aporrarse

moscón
moscardón
mosca
moscatel
chinche
machaca
amolador
mazacote
mazo
posma
cataplasma
piojo pegadizo
quebrantahuesos

cócora
carlanca
calilla

importuno
pesado
machacón
moledor
majadero
oficioso
prolijo
embestidor
cargante
cargoso
chinchoso
pedigüeño
indiscreto

impertinente
latoso
latero
fastidioso
hastioso
enfadoso
jaquecoso
aratoso
espeso
fregado

importunamente
importunadamente
cansadamente
a tente bonete

¡dale bola!
dale que le das
zurra que es tarde

—

IMPORTUNAR
(V. *Importunación*)

—

IMPORTUNO
(V. *Importunación*)

—

IMPOSIBILIDAD (15, 27)

imposibilidad
imposibilidad metafísica
imposibilidad física
imposibilidad moral
impracticabilidad
improbabilidad
quimera
utopía
irracionalidad
dificultad
impotencia
impedimento
contradicción
oposición

locura
mirlo blanco
cuadratura del círculo

imposibilitar
inhabilitar
dejar sin acción
incapacitar
impedir

ser imposible
ser caso negado
no tener hechura una cosa
pensar en lo excusado
pedir la luna
pedir peras al olmo
pedir cotufas en el golfo
buscar pan de trastrigo

imposible
inhacedero
irrealizable
impracticable
icompatible
utópico
quimérico
inaccesible
inasequible
inalcanzable
absurdo
incomprensible
insoluble
inaceptable
inadmisible
improbable
inverosímil
dudoso
imposible de todo punto
imposible de toda imposibilidad

imposiblemente
difícilmente
dudosamente
humanamente
remotamente
nunca
hablar de la mar
ni soñarlo
ni por sueño
» » soñación
» » pienso
que me la claven en la frente
de Dios venga el remedio
cuando meen las gallinas
¡que si quieres!
no hay tu tía

—

IMPOSIBLE
(V. *Imposibilidad*)

—

IMPOTENCIA (25)

impotencia
imposibilidad
ineptitud
incompetencia
desautoridad
ignorancia
ineficacia
inutilidad
esterilidad
inacción
invalidez
nulidad
exinanición
inercia
abandono
debilidad
desaliento

paños calientes
la espada de Bernardo
la carabina de Ambrosio

no poder
estar imposibilitado

no poderse valer
no pinchar ni cortar
venir con malas cartas

imposibilitar
inhabilitar
incapacitar
desautorizar
anular
desarmar
apagar
paralizar

impotente
ineficaz
inactivo
inerte
incapaz
inválido
estéril
inútil
infructuoso
ocioso
frío
débil
exinanido

ineficazmente

—

IMPOTENTE
(V. *Impotencia*)

—

IMPREGNAR
(V. *Humedad*)

—

IMPRENTA (28)

imprenta
tipografía
estampa
estereotipia
estereotipa
monotipia
linotipia
tipocromía
bicromía
tricromía
electrotipia
xilografía
fototipografía
fototipia
tipolitografía
cromotipografía
cromolitografía
calcotipia
grabado
escritura

imprimir
publicar
estampar
tirar
retirar
reimprimir
editar
dar a la prensa
meter en prensa
sudar la prensa
dar a luz
sacar a luz
salir a luz
componer
levantar letra
ajustar
imponer
inculcar
espaciar
regletear
bloquear
compaginar
justificar
recorrer
recorrer el ajuste
parangonar
paragonar
sangrar
palmear
entintar
tamborilear
calzar
volar
apuntar
marcar
ajustar punturas
estereotipar
clisar
casar
descasar
encaballar
desimponer
empastelar
desempastelar
brozar
bruzar
distribuir
alzar
morder
repintar
remosquearse

leer
corregir
atender

impresión
edición
estampación
huella
tirada
tirado
clisado
retiración
reimpresión
composición
imposición
inculcación
ajuste
justificación
compaginación
recorrido
repartido
sangría
casado
punteado
registro
alzado
alce
encaballado

impreso
imprenta
edición
» príncipe
» principal
» diamante
tirada
» aparte
separata
jornada
ejemplar
libro
folleto
cuaderno
papel
» volante
hoja volante
remiendo
mapa
esqueleto
patrón
formulario
esquema
modelo

original
alcance
metido
banderilla
plana
página
portada
anteportada
contraportada
portadilla
cortesía
anverso
titulillo
título
rótulo
columna
línea
renglón
margen
birlí
encuentros
ladillo
galerada
prueba
contraprueba
capilla
crucero
pliego
duerno
terno
remetido
cuaderno
posteta
rueda
signatura
abecedario
reclamo
registro
registro de pliegos
colofón
pie de imprenta
encuadernación

molde
forma
composición
anverso
paquete
plancha
clisé
galvano
retiración
blanco
intercalos

letra
letra de imprenta
» de molde
caracteres
fundición
suerte
recado
fornitura
póliza
torta
pastel
punzón
punzonería
metal de imprenta

cuerpo
árbol (de la letra)
hombro
ojo
cran
punto
cícero
tipómetro

letra titular
letra de dos puntos
letra mayúscula
» de caja alta
» minúscula
» de caja baja
versal
versalita
versalilla
letra aldina
» de Tortis
» grifa
» grifada
» agrifada
» bastardilla
» negrita
» negrilla
» itálica
» chupada
» egipcia
compacto
letra redonda
» romana
» inglesa
» redondilla
» española
perla
tipo volado
parisiena
nomparell
miñona
glosilla
gallarda
breviario
entredós
lectura
cícero
atanasia
texto
parangona
misal
canon
peticano
peticanon
gran canon

regleta
filete
pleca
mediacaña
acento
capucha
corchete
llave
abrazadera
viñeta
orla
marmosete
bigote
espacio
cuadrado
cuadratín
corondel
crucero
medianil
piso

errata
yerro de imprenta
fe de erratas
bordón
deleátur
dele
letra corrida
cascabel
campanilla
diente
puntizón
calle
pastel
lardón
ladrón
fraile
aguja
borrones
maculatura
defecto
perdido
mano perdida

impresor
editor
tipógrafo
cajista
estereotipador
clisador
linotipista
lineotipista
cromista
monotipista
remendista
prensista
tirador
marcador
platinero
minervista
regente
corrector
atendedor
dobladora
encuadernador

imprenta
estereotipia
alzador
armario
caja
» alta
» baja
cajetín
caja perdida
contracaja
almacén
chibalete
capuchina
viñetero

componedor
cazuela
galerín
galera
volandera
divisorio
mordante
tamborilete
asentador
punta
taco
botador
alza
bruza
broza
bruzador
brozador

prensa
minerva
linotipia
monotipo
rotativa
numeradora
árbol (de la prensa)
cojinete
cilindro
platina
bandas
caballete
pierna
somera
cabeceras
cárcel
frasqueta
foliador
bala
moleta
tinta
tintero
rodillo
carro
cuadro
tacón
cofre
rama
tímpano
timpanillo
puntura
metedor
mantilla
lengüeta
sacador
abanico
plegadera
mojador
colador
colgador
foliador
guillotina

birlí
libertad de imprenta
censura
nihil obstat
imprimátur

editorial
tipográfico
estereotípico
electrotípico
cromotipográfico
elzeviriano
plantiniano
aldino
compacto
mazorral
afrailado
bizcorneado
impreso
reimpreso
inédito
príncipe
incunable
ulfilano

de molde
a línea tirada
a plana y renglón

—

IMPRESIÓN
(V. *Imprenta)*

—

IMPRESO
(V. *Imprenta)*

—

IMPREVISIÓN
(23, 26, 27)

imprevisión
desprevención
desapercibimiento
desadvertimiento
indisposición
inadvertencia
descuido
irreflexión
precipitación
indeliberación
imprudencia
improvisación
peripecia
frangente
sorpresa
contratiempo
escopetazo
accidente
emergencia
sobrevenida
repente
repentón
golpe de mano
ida
arranque
cabo suelto
caso fortuito
bamba
casualidad
azar

sobrevenir
ocurrir
caer
surgir
asaltar
saltear
acaecer
volverse la tortilla
caer por la chimenea una cosa
no contar con la huéspeda

improvisar

imprevisor
impróvido
descuidado
desprevenido
desapercibido
confiado
seguro

improvisador

imprevisto
improvisto
improviso
improvisado
inesperado
impensado
inopinado
insospechado
incogitado
insospechable
repentino
brusco
súbito
súpito
subitáneo
supitaño
frangente
como llovido
como caído de las nubes

desprevenidamente
improvisadamente
inesperadamente
no esperadamente
improvisamente
impensadamente
inopinadamente

impróvidamente
desproveídamente
desapercibidamente
bruscamente
repentinamente
súbitamente
subitáneamente
casualmente
fortuitamente
súbito
súpito

al improviso
de improviso
in promptu
a la improvista
sin pensar
a hurta cordel
a quema ropa
a (o de) tenazón
ex abrupto
de la noche a la mañana
de manos a boca
al primer aspecto
a primera vista
a primera faz
cálamo currente
entre las manos
de repente
de pronto
de súbito
de falondres
de sopetón
de sobresalto
de rebato
de rota
de relance
a sobrevienta
de antuvión
sin decir agua va
de estampía
a deshora
a deshoras
a sobrehora
a lo mejor
el día menos pensado
a secas y sin llover
donde menos se piensa
entre gallos y media noche
de rota batida

—

IMPREVISTO
(V. *Imprevisión)*

—

IMPRIMIR
(V. *Imprenta)*

—

IMPROBABLE
(V. *Inverosimilitud)*

—

IMPROVISO
(DE)
(V. *Imprevisión)*

—

IMPRUDENCIA
(26)

imprudencia
descuido
despreocupación
imprevisión
indeliberación
irreflexión
precipitación
indiscreción
desacierto
inoportunidad
alocamiento
descomedimiento
atrevimiento
temeridad
impertinencia
necedad
barbarismo

revelar
descubrir

abalanzarse
precipitarse
tirarse
desafinar
irse del seguro
írsele la boca a uno
» los pies
» la lengua
decir el sueño y la soltura
jugar con fuego

imprudente
hablador
charlatán
charlador
parlanchín
parolero
bocaza
boquirrubio
boquirroto
picotero
largo de lengua
alma de cántaro
ligero de lengua
indiscreto
necio
incauto
desaconsejado
desatinado
adelantado
alocado
atrevido
arriesgado
arrojado
temerario
descarado

imprudentemente
incautamente
indiscretamente
precipitadamente
desaconsejadamente

—

IMPRUDENTE
(V. *Imprudencia)*

—

IMPÚDICO
(V. *Deshonestidad)*

—

IMPUESTO
(30, 33)

impuesto
imposición
tributo
tributación
contribución
patente
derechos
emolumentos
encabezamiento
encabezonamiento
amillaramiento
gabela
canon
censo
carga
carga real
» concejil
» vecinal
gravamen
pecho
pechería
subsidio
arbitrios
libro
empréstito
pedido
catastro
farda
alfarda
alfardón
dacio
finta
personal
derrama
garrama
agarrama
garama
manlieva

prestación personal
prestación
sextaferia
mita
polo
falla
tequio
fonsadera
fonsado
botecario
botillería
lanzas
servicio de lanzas
anúteba
anúbada
cabalgada

vasallaje
alberguería
homicidio
parias
pregonería
juntorio
cena del rey
chapín de la reina
maravedí
monedaje
moneda forera
quinto
talla
vajilla
valimiento
yantar
villazgo
voto de Santiago
hoja de hermandad

derechos reales
transmisión
frutos civiles
alcabala
alquilate
lezda
contramarca
avería
cientos
camarería
vicésima
trecén
alcabala del viento
ramo del viento
almaja
almuertas
cuchar
acémila
tertil
cuatropea
cuadropea
colodrazgo
cántaro
mojona
bolla
bulla
almocatracía
salga

pasaje
pontaje
portaje

portazgo
pontazgo
montazgo
castillaje
castillería
rodaje

azaque
luctuosa
décima
catedrático
diezmo
(fábrica, etc. V. *Ecles.*)

tercera parte
tercia parte
fogaje
composición de aposento
composición de humazga [casa
infurción
enfurción
alajor
casa de aposento
cuartel
inquilinato

consumos
puertas
millones
aduanas
renta
octava
octavilla
reoctava
sisa
resisa
hemina
poya
almacenaje
alhondigaje
almojarifazgo
almojarifadgo
almojarifalgo
almojerifazgo

cequiaje
acequiaje
alfardilla
hecha
terrazgo
terraje
cedulaje
garfa
marzadga
buey de marzo
martiniega
censo de agua

alcaidía
arreala
jineta
boalaje
bovaje
bovático
recuaje
robla
roda
robda
cañada
carneraje
asadura
servicio
herbaje
borra
borro
asequi

judería
tora
alfarda
garrama
requinto
tequio

amarraje
anclaje
pilotaje
practicaje
muellaje
tonelaje
tonelada
limpia
almirantazgo
derecho de bandera

marco

encabezar
encabezonar
encartar
empadronar
cabrevar
amillarar
repartir
tallar
tarifar
derramar
echar
imponer
cargar
recargar
agravar
apremiar
octavar
reoctavar
cobrar
descabezar
desgravar
eximir

tributar
feudar
pagar
contribuir
pechar
quintar
encabezarse

hacienda
repartimiento
encabezamiento
encabezonamiento
capitación
reparto
colecta
derrama
cáñama
cáñina
cabrevación
encomienda
padrón
censo
lista
catastro
estadística
cabezón
amillaramiento
alcabalatorio
patente
arancel
alancel
timbre
póliza
líquido imponible
riqueza »
cupo
contigente
imposición
recargo
apremio
recaudación
alta
baja
cobranza
pago

recaudador
cobrador
alcabalero
almotabel
publicano [gay
cabeza de baran-

oficina
telonio
delegación
tesorería
depósito
contribuyente
contribuidor
pechero
tributante
tributario
contribuitario
excusado
rentero
vasallo
infurcioniego
amillonado

contributivo
imponible
tributario
alcabalatorio
arancelario
tributable
vicesimario

—

IMPUGNACIÓN (28)

impugnación
contradicción
refutación
confutación
rebatimiento
pateadura
pateamiento
revolcón
redargución
respuesta
argumento
reclamación
opugnación
contraproyecto
instancia
objeción
distingo
obyecto
contestación
contrademanda
reconvención
dúplica
réplica
tapaboca
dificultad
quinao
desmentida
desnegamiento
mentís
reclamo
negación
oposición
tergiversación
argucia
discusión
dialéctica
espíritu de contradicción

impugnar
repugnar
opugnar
discutir
contradecir
contraponer
argüir
redargüir
combatir
rebatir
refutar
confutar
rechazar
repeler
resistir
instar
contestar
objetar
atacar
hostigar
ladrar
triturar
desmentir
desnegar
argumentar
oponer
oponerse
reponer
replicar
guerrear
mosquear
tronar
rechazar la pelota
volver la pelota
sacudir el polvo
cascar las liendres
volver las palabras al cuerpo
estrellarse con
no tener que decir
negar
confundir
dejar pegado
sentar de culo
vencer

abogado del diablo
impugnador
impugnante
impugnativo
implicatorio
objetante
arguyente
confutador
confutatorio
refutatorio
argüitivo
contencioso
impugnable
rebatible
refutable
contradicho
contestable
ahora entro yo

—

IMPUGNAR
(V. *Impugnación*)

—

IMPULSIÓN (19)

impulsión
empujón
rempujón
empellón
empentón
envión
envite
propulsión
promoción
pechugón
apechugamiento
achuchón
empuje
empujo
impulso
ímpetu
ímpeto
arrastramiento
sequete
uñada
golpe
choque
movimiento

impulsar
impeler
propulsar
empujar
rempujar
arrempujar
empentar
empellar
empeller
emburriar
emboticar
apechugar
apechar
apencar
adelantar
antecoger
perseguir
achuchar
atropellar
volear
aventar
botar
apalancar
tranquear
arrastrar
echar abajo
arrojar
lanzar
rechazar
echar para atrás

impulsor
impelente
propulsor
empujador
impulsivo

—

IMPUNE
(V. *Impunidad*)

—

IMPUNIDAD (32)

impunidad
irresponsabilidad
indemnidad
seguridad
perdón
acogimiento

pedir venganza
clamar al cielo
quedarse riendo
quedar impune
dejar impune
retirar la acusación

absolver
sobreseer
exculpar
perdonar

impune
inulto

impunemente

—

IMPUREZA (20)

impureza
impuridad
mezcla
suciedad
mancha
turbiedad
sedimento
residuo

impurificar
viciar
falsificar
adulterar
infectar
contaminar
contagiar
corromper

impurificación
corrupción
adulteración
contaminación
contagio

impuro
inmundo
adulterado
mezclado
revuelto
turbio
manchado
metalado
sucio

impuramente

—

IMPURIFICAR
(V. *Impureza*)

—

IMPURO
(V. *Impureza*)

—

IMPUTAR
(V. *Acusación*)

—

INACCIÓN (27)

inacción
inactividad
ineficacia
inercia
indiferencia
despreocupación
pasividad
descuido
negligencia
omisión
culpa lata
quietismo
morosidad
impotencia
desaliento
interrupción
tregua
armisticio
espera
quietud
nirvana
parálisis
detención
paro
cesación
disponibilidad
jubilación
cesantía
retiro
ocio
vagancia
incumplimiento
pereza
descanso
sueño
fiesta
festividad
domingo
abstención
neutralidad
silencio

holgar
vegetar
perder el tiempo
no hacer
abstenerse
ayunar
dejar de
omitir
excusar
prescindir
inhibirse
desentenderse
descartarse
despreocuparse
desatender
guardarse
disimular
dejarse
abandonarse
dejar al tiempo
matar el tiempo
papar moscas
cazar musarañas
cruzarse de brazos

no dar paso
» » palotada
» » pie ni patada
no romper lanzas por nadie
no meterse en dibujos
no ser parte en
» tener arte ni parte
» tener cuenta con
» entrar ni salir en
» tocar pito
lavarse las manos
quitarse de ruidos
huir o hurtar el cuerpo
echar el cuerpo fuera
dejar que ruede la bola
oír, ver y callar

inactivo
pasivo
latente
virtual
inerte
indiferente
estéril
inútil
ineficaz
ocioso
abstinente
figura decorativa

honorario
neutral
inmóvil
contemplativo
platónico
expectante
detenido
pendiente
cesante
disponible
jubilado
retirado
negligente
flojo
perezoso

pasivamente
de vacío
con las manos en los bolsillos

ni quito ni pongo rey
una y no más
allá se las haya
al que le duele la muela, que se la saque

—

INACTIVO
(V. *Inacción*)

—

INAPETENCIA (8)

inapetencia
desgana
desgano
anorexia
indiferencia
saciedad
asco

desganarse
perder el apetito
no poder atravesar bocado

inapetente
desganado

—

INCAPACIDAD
(V. *Ineptitud*)

—

INCAPACITAR
(V. *Ineptitud*)

—

INCAPAZ
(V. *Ineptitud*)

—

INCENSAR
(V. *Incienso*)

—

INCIENSO (1)

incienso
incienso macho
» hembra
olíbano
orobias
mirra
timiama
resina
gomorresina
goma

incensar
turibular
turificar

incensación
incensada
turificación

incensario
turíbulo
botafumeiro
brasero
naveta
navecilla

turiferario
turibulario
turificador

turífero

—

INCITACIÓN (25)

incitación
incitamiento
incitamento
instigación
provocación
estímulo
instímulo
aguijón
estro
apetito
apetite
quillotro
aguijadura
inducción
inducimiento
tentación
seducción
escándalo
acuciamiento
impulso
hostigamiento
pinchazo
persuasión
captación
sugerimiento
halago
soborno

incentivo
incitativo
atractivo
acicate
espuela
despertador
picón
yesca

incitar
instigar
inducir
estimular
instimular
acicatear
aguijonear
pinchar
apremiar
compeler
provocar
hurgar
impeler
empujar
animar
enajenar
remolcar
invitar
convidar
mover
persuadir
inspirar
sugerir
quebrantar
alzaprimar
soliviantar
solevantar
excitar
desafiar
retar
arrastrar
picar
espolear
aguijar
aguizgar
achuchar
tocar
tentar
predisponer
malmeter
instar
estrechar
ahincar
apretar
importunar
quillotrar
enemistar
malquistar
concitar
enrabiar
engrescar
arrufar
zumbar
apitar
azuzar
aguzar
enviscar
enguizgar
guizgar
enzurizar
encerrizar
acuciar
azomar
enzalamar

dar pie
meter en calor
» » fuga
» » juego
poner espuelas
poner en el disparador
poner en el disparadero
levantar los cascos
dar una calda
levantar fuego
echar garbanzos
poner garbanzos

incitador
incitante

incitativo
instigador
inductor
inducidor
estimulante
provocante
provocativo
tentador
seductor
quillotrador
atractivo
escandaloso
subversivo
incendiario

¡ea!
¡sus!
¡arrea!
manos a la labor, o a la obra

—

INCITAR
(V. *Incitación*)

—

INCLINACIÓN (17)

inclinación
reclinación
declinación
oblicuidad
través
sesgo
sesgadura
revuelta
bies
falseo
alambor
chaflán
ángulo
desnivel
desnivelación
viaje
esviaje
derrame
escorzo
escora
ladeo
desplome
desplomo
vencimiento
buzamiento
rampa
talud
declive
atravesamiento
torcimiento
desviación
apartamiento
divergencia

inclinar
reclinar
respaldar
oblicuar
sesgar
trincar
ladear
bajar
escorzar
nesgar
falsear
escasear
llamar
debrocar
atravesar
terciar
soslayar
esquinar
torcer
derrengar
agobiar
acamar
desplomar
desaplomar
desnivelar
volcar

agobiar
desplantar
empinar
ataludar

inclinarse
reclinarse
respaldarse
retreparse
treparse
recostarse
echarse
vencerse
relejar
aplomarse
desplomarse
cargarse
cargar
declinar
irse
caer
orzar
escorar
acostar
esquerdear
buzar
estar una cosa a las once

clinómetro
clitómetro
eclímetro
clinóscopo
falsarregla
falsa escuadra
inclinador
inclinante
inclinativo

inclinado
oblicuo
torcido
avieso
sesgo
sesgado
vetisesgado
transversal
trasversal
transverso
trasverso
cruzado
diagonal
alamborado
enviajado
pino
escarpado
soslayo
soslayado
retrepado
trepado
derrengado
cacho
gacho
bajo
caído
vencido

oblicuamente
sesgadamente
sesgamente
diagonalmente
al bies
al sesgo
al soslayo
de refilón
al viso
al **través**
a »
de »
de travieso
a orza
a tuertas
a la deriva
fuera de escuadra

—

INCLINAR
(V. *Inclinación*)

—

INCLUIR
(V. *Inclusión*)

—

INCLUSIÓN (20)

inclusión
continencia
capacidad
admisión
cercamiento
ceñimiento
encierro

continente
recipiente
saco
embalaje

contenido
interioridad
enclave
isleo

incluir
cercar
ensolver
englobar
adjuntar
contener
tener
enzurronar
encerrar
comprender
abrazar
abarcar
admitir
encartar
embeber
refundir
reducir
encuadrar
circunscribir
injerir
inserir
enjaretar
embarcar
enclavar
introducir
añadir
esconder

entrañar
suponer
importar
implicar
involucrar
llevar consigo
consistir en
constar de
caer
caer dentro de

incluyente
inclusivo
contenedor
continente
conteniente
depositario
comprensivo
comprehensivo
comprendiente
preñado de

incluso
incluido
inserto
adjunto
enclavado
comprendido
implícito
tácito
encerrado

inclusivamente
implícitamente
virtualmente
inclusive
incluso
entre

—

INCOMBUSTIBLE (2)

incombustible
incombustibilidad
amianto
amianta
asbesto
albéstor
talco
espejuelo

incombustible
calorífugo
ignífugo
ininflamable
refractario
apagadizo
apagoso
asbestino

—

INCOMPLETO (22)

incompleto
descabal
dispar
desparejo
desparejado
medio
insuficiente
deficiente
deficitario
defectuoso
imperfecto
diminuto
semipleno
fragmentario
parcial
falto
escaso
trunco
truncado
mutilado
manco
cojo
capado
mordido
mocho
guacho
inconcluso
precoz
prematuro
inmaturo
rudimentario
semiforme

descabalar
desparejar
desfalcar
baldar
truncar
troncar
mutilar
cortar
substraer
disminuir

descabalamiento
desfalco
truncamiento
mutilación
imperfección
inconclusión
mengua
menguamiento
substracción
disminución
escasez
déficit
mitad
parte
carencia

incompletamente
truncadamente
por carta de menos
a medias
in fieri
ni bien
algo

—

INCOMPRENSIBLE
(V. *Incomprensión*)

—

INCOMPRENSIÓN (23)

incomprensión
ofuscación
ignorancia
incomprensibilidad
incomprehensibilidad
ininteligibilidad
dificultad
clave
cifra
criptografía
obscuridad
indeterminación
ambigüedad
confusión
enigma
problema
tergiversación
enredo
circunloquio
rodeo
abismo
misterio
secreto
monserga
galimatías
algarabía
jerga
jerigonza
guirigay
álgebra
griego
gringo
vascuence
camelo

hablar en camelo
no entrarle a uno una cosa
estar por esta cruz de Dios
oír campanas y no saber dónde
quedarse in albis
» en ayunas
» en blanco
» a media miel
estar en solfa
» » punto de solfa
» » árabe
» » arábigo

enigmatista

incomprensible
incomprehensible
ininteligible
absurdo
inexplicable
indemostrable
inconcebible
inimaginable
insabible
incognoscible
inaveriguable
inescrutable
imperscrutable
indescifrable
inescudriñable
inapeable
insondable
investigable
impenetrable
abstruso
metafísico
equívoco
enigmático
embolismático
denso
obscuro
turbio
revuelto
anfibológico
ambiguo
difícil
enrevesado
revesado
inextricable
complejo
complicado
crespo
nebuloso
cerrado
oculto
recóndito
profundo
arcano
esotérico
hermético
sibilítico
sibilino
ilegible
secreto

incomprensiblemente
enigmáticamente

a obscuras
en ayunas
en blanco
in albis
en flores
en cifra
como el negro del sermón

—

INCONCLUSIÓN (27)

inconclusión
incumplimiento
imperfección
precocidad
preñez
cabo suelto
proyecto
ensayo

pender
traer
estar por
» en el aire
» pendiente
» sobre el tapete
estar por hacer
» la pelota en el tejado
estar en jerga
quedar el rabo por desollar

dejar pendiente
aplazar
diferir
retardar

abortar
hacer tablas
quedarse a media miel

pendiente
inacabado
infinido
inconcluso
indeciso
irresuelto
aplazado
incompleto
imperfecto
inmaturo

provisionalmente
providencialmente
por pronta providencia
por primera providencia
por lo pronto
de momento
por el momento
a prima intención
en suspenso
a sobrepeine
en fárfara
en alara
a medias
a medio hacer
a medio ganchete
en cierne
» bosquejo
todavía colea
el cuento de nunca acabar
visto
por

—

INCONCLUSO
(V. *Inconclusión*)

—

INCONEXIÓN (16)

inconexión
independencia
desconformidad
incongruencia
incoherencia
simplicidad
inconmensurabilidad
heterogeneidad
diversidad
diferencia
desproporción
exclusión
excepción
separación
desacoplamiento
digresión
episodio
paréntesis
desviación
aislamiento

inconexo
inconsiguiente
inconsecuente
independiente
absoluto
incomplexo
incomplejo
incongruente
incongruo
deshilvanado
incoherente
aislado
diverso
heterogéneo
heteróclito
desproporcionado
inconmensurable
inconveniente
impropio
extraño
ajeno
accidental

incongruentemente
incongruamente
independientemente
no se entiende eso conmigo [pez
esos son otros Lópeces]

—

INCONEXO
(V. *Inconexión*)

—

INCONSTANCIA (25, 26)

inconstancia
inconsecuencia
intercadencia
desigualdad
variedad
volubilidad
mutabilidad
veleidad
versatilidad
voltariedad
vagueación
inestabilidad
instabilidad
ligereza
levedad
mudanza
vaivén
desvarío
revés
vena de loco [na
rueda de la fortu-
capricho
flaqueza
retractación
deslealtad
desistimiento

cambiar
variar
mudar
mariposear
moverse a todos los vientos
desgaritar
desmentir
pasarse
volverse
revotarse
mudar de bisiesto
echarse atrás

tener días
» vueltas
bailar a cualquier son [vientos
moverse a todos
cambiar la casaca
volver la casaca
» » hoja
tejer y destejer

camaleón
veleta
juguete
proteo
catacaldos
catasalsas

inconstante
inconsecuente
veleidoso
caprichoso
caprichudo
vario
variable
desigual
movedizo
movible
móvil
inestable
instable
mudable
mudadizo
barcino
ligero
liviano
errátil
incierto
inseguro
desleal
flaco
frágil
versátil
voluble
voltizo
voltario
tornátil
tornadizo
novelero
frívolo
volátil
informal
alocado
flaco de cabeza

inconstantemente
dejando una cosa por otra
de rama en rama
de tiento en tiento

—

INCONSTANTE
(V. *Inconstancia*)

—

INCONVENIENTE
(V. *Desconformidad*)

—

INCORPORAR
(V. *Corporación*)

—

INCORPÓREO
(V. *Inmaterialidad*)

—

INCREDULIDAD (1, 23)

incredulidad
descreimiento
descreencia
difidencia
infidelidad
desconfianza
duda
escepticismo
pirronismo
nihilismo
agnosticismo
ateísmo
volterianismo
impiedad
irreligión

descreer
repugnar
dudar
poner en duda
no entrarle a uno
no colar
torcer las narices
ver y creer

incrédulo
descreído
ateo
ateísta
escéptico
agnóstico
pirrónico
volteriano
nihilista

descreídamente
¡cal
¡quiá!
¡tararira!

—

INCRÉDULO
(V. *Incredulidad*)

—

INCREÍBLE
(V. *Inverosimilitud*)

—

INCRUSTACIÓN
(V. *Taracea*)

—

INCRUSTAR
(V. *Taracea*)

—

INCUBACIÓN (37)

incubación
echadura
cloquera
pollazón
huevo
pollo
cría
cloqueo
clo

ave
gallina
reproducción

incubar
encobar
empollar
echarse
sacar pollos
sacar los huevos
echar una gallina
echar una llueca
enclocar
encoclar
cloquear
clocar
encloquecer
allocarse
aborrecer

clueca
llueca
incubadora

—

INCUBAR
(V. *Incubación*)

—

INCULTO
(V. *Incultura*)

—

INCULTURA (23, 26, 36)

incultura
ineducación
ignorancia
necedad
atraso
analfabetismo
obscurantismo
oscurantismo
ignorantismo
rusticidad
rustiquez
rustiqueza
rudeza
incivilidad
simpleza
grosería
tosquedad
inhabilidad
torpeza
tochura
tochedad
zafiedad
charrada
vulgaridad
barbarie
barbarismo
fiereza
selvatiquez
selvatiqueza
salvajismo
pelo de la dehesa

aridez
esterilidad

diamante bruto
diamante en bruto
tabla rasa [ajos
villano harto de
cernícalo
rocín
naranjo
tío
obscurantista
oscurantista

inculto
iletrado
ineducado
incivil
vándalo
cafre
analfabeto
ignorante
corto
intonso
palurdo
rural
paleto
cateto
payo
patán
pataco
apatanado
gañán
meleno
pardillo
pardal
villano
villanote
villanchón
páparo
aldeano
aldeaniego
paisano
campirano
jíbaro
guanaco
alcornoque

matiego
carapachay
montuno
machín
guaso
bacallar
plebeyo
baturro
jarocho
tosco
tocho
bestia
necio
rústico
rusticano
rustical
zambombo
zamarro
cermeño
cuaco
barbaján
basto
charro
vulgar
pedestre
sayagués
grosero
zafio
bravío
rudo
cerrero
cortezudo
bárbaro
alarbe
gaucho
selvático
silvático
salvaje
de Somonte
harto de ajos
gente de capa parda

silvestre
espontáneo
borde
guacho
agreste
asilvestrado
árido
yermo
erial
de barbecho
cencido
virgen
desierto

indómito
montaraz
cimarrón
fiero
salvajino

incultamente
bárbaramente
barbáricamente
ordinariamente
rústicamente
rudamente
aldeanamente
zafiamente
cerrilmente

—

INCUMPLIMIENTO (26)

incumplimiento
inobservancia
omisión
descuido
olvido
retractación
falta
infracción
culpa
cargo
informalidad
broma
frivolidad
superficialidad
indeliberación
descuido
extravagancia
travesura
engaño
restricción mental
reserva mental
desobediencia
deslealtad
abandono
desistimiento

trastada
trastería
jugada
jangada
titeretada
fantochada
juego de niños

incumplir
faltar
inobservar
abstenerse
substraerse
omitir
pecar
sobreseer
perder
claudicar
eludir
evitar
hacerla
caer en falta
quedar mal
» por
» en descubierto
salir de compás
prevaricar
hacer birria
quebrar por
fumarse
faltar a la palabra
mentir
chasquear
engañar
quebrantar
mancar
romper
no tener palabra
dar mico
volver la hoja
venir contra su palabra
cacarear y no poner huevo
apuntar y no dar
ser jarabe de pico
gastar pastillas de boca [chica
decir con la boca

botarate
badulaque
títere
zascandil
trasto
mequetrefe
danzante
danzarín
tararira
gaitero
arlequín
saltabanco
saltaembanco
saltimbanco
saltimbanqui
chafandín
charlatán
zaramullo
sinsorgo
tronera [do
reloj desconcerta-

faltón
faltante
inobservante
informal
alocado
extravagante
desconcertado
malqueda
mamarracho
palabrero
claudicante
culpable
refractario

incumplido
inconcluso
pendiente

informalmente
de pico [acuerdo
si te vi no me

—

INCUMPLIR
(V. *Incumplimiento*)

—

INCURRIR
(V. *Culpa*)

—

INDECIBLE
(V. *Inexpresión*)

—

INDEFENSIÓN
(V. *Abandono*)

—

INDEFENSO
(V. *Abandono*)

—

INDELIBERACIÓN (23, 25, 26, 27)

indeliberación
irreflexión
imprevisión
olvido
distracción
impremeditación
precipitación
inconsideración
imprudencia
intrepidez
atrevimiento
inconsciencia
ceguera
ofuscación
prejuicio
atolondramiento
involuntariedad
automatismo
espontaneidad
instinto
irracionalidad

ligereza
viveza
ventolera
capricho
ida
venida
primera intención
repente
pronto
exabrupto
arrebato
palo de ciego
ímpetu
violencia
travesura
trastada
titeretada
calaverada
cascabelada
cadetada
niñada
chicada
muchachada
rapazada
golopinada
monada
copla de repente

deslizar
soltar [ria
hablar de memo-
hablar de repente
dejar correr la pluma
firmar en barbecho
hablar a tontas y a locas
tener mala cabeza
ser un cascabel
tener los sesos en los calcañales
tener el juicio en los calcañares
tener la cabeza a las once
tener la cabeza como una olla de grillos
tener cascos de calabaza
tener malos cascos
tener los cascos a la jineta

desconcertarse
destornillarse
cascabelear
calaverear
mocear
muchachear
niñear
hacer el cadete
partir de carrera
entrar a ojos cerrados

orate
locuelo
tolondrón
botarate
tarambana
tabardillo
cabezuela
trafalmejas
trafalmeja
cascanueces
chorlito
mono
niño
cochite hervite
trincapiñones
saltabardales
saltaparedes
marocha
calavera
calavera in coquis
perdis
tronera
trueno
calvatrueno
farotón
farota
cabecilla
cabeza de chorlito
mala cabeza
bala perdida

indeliberado
irreflexivo
impremeditado
insipiente
espontáneo
automático
infuso
instintivo
involuntario
mecánico
maquinal
inconsciente

inconsiderado
inconsulto
descabellado
destornillado
atolondrado
aturdido
atronado
alborotado
informal
travieso
temerario
intrépido
ciego
arrebatado
súbito
súpito
vivo
impulsivo
precipitado
precipitoso
somero
mal avisado
ligero de lengua
alocado
loquesco
sonlocado
loco
loco de atar
desjuiciado
herbolario
arbolario
inconstante
caprichoso

cascabelero
casquivano
casquilucio

ligero de cascos
alegre, barrenado de cascos
indeliberadamente
irreflexivamente
inconsideradamente
inconsultamente
ligeramente
livianamente
precipitadamente
desaconsejadamente
atolondradamente
atronadamente
alocadamente
inconscientemente
automáticamente
maquinalmente
instintivamente
por instinto
de ligero
de pronto
de **improviso**
in promptu
ex abrupto
a ciegas
a cierra ojos
a ojos cerrados
de carrera
de carretilla
de bolín, de bolán
a topa tolondro
a trompa y talega
a tuerto o a derecho
a troche y moche
de golpe y porrazo, o zumbido
de bote y voleo
sin más ni más
a humo de pajas
sin encomendarse a Dios ni al diablo
a la de Dios es Cristo
a la de Dios
a lo de Dios
al buen tuntún
a bultuntún
dé donde diere
salga pez o salga rana
cálamo currente

—

INDELIBERADO
(V. *Indeliberación*)

—

INDEMNE
(V. *Indemnidad*)

—

INDEMNIDAD (27)

indemnidad
incolumidad
exención
franquicia
privilegio
garantía
seguridad
invulnerabilidad
inmunidad
inmunización
iglesia
protección
integridad
salud
incorrupción
salvación
liberación
compensación

salir incólume
librar bien
escapar
evitar
cortar por lo sano
salvarse
tener siete vidas como los gatos

indemne
incólume
ileso
intacto
sencido
cencido
virgen
puro
incorrupto
salvo
sano
saludable
zafo
libre
exento
seguro
limpio
invulnerable
inatacable
inexpugnable
sin daño de barras

—

INDEMNIZAR
(V. *Compensación*)

—

INDEPENDENCIA (25)

independencia
inconexión
autonomía
autarquía
soberanía
poder
dominio
libertad
emancipación
imparcialidad
neutralidad
entereza
indocilidad
desobediencia

exención
privilegio
indemnidad

independizar, -se
hacerse independiente
emanciparse
campar por su respeto
hacer de su capa un sayo
ponerse el mundo por montera

independiente
absoluto
árbitro
imparcial
neutral
libre
mostrenco
emancipado
autónomo
autárquico
soberano
dueño de sus acciones
sin padre ni madre, ni perrito que le ladre
independientemente
independiente de por sí y ante sí

—

INDEPENDIENTE
(V. *Independencia*)

—

INDETERMINACIÓN (24)

indeterminación
indistinción
igualdad
semejanza
imprecisión
duda
alternativa
opción
empate
vacilación
vaguedad
generalidad
aproximación
bosquejo
proyecto
confusión
ambigüedad
desorden
enredo
fárrago
rodeo
medias tintas

cantidad indeterminada
pico
algo
alguanto
un tanto
un no sé qué

sugerir
apuntar
bosquejar
no ser carne ni pescado

pronombre indeterminado
pronombre indefinido
uno
alguno
alguien
tal
cual
cualquiera
cualquier
cualesquiera
cualesquier
quienquiera
quienquier
quienesquiera

individuo
quídam
persona
un tal
fulano
hulano
mengano
zutano
citano
robiñano
perengano
perencejo

ninguno
nada
nadie

todo
mucho
harto
bastante
demasiado
poco

alguno
algún
cierto
algunos
unos
unos cuantos
no sé cuantos
varios
tales
tal que
quién

indeterminado
indistinto
indefinido
indocumentado
anónimo
desconocido
vago
incierto
inestimado
indeciso
neutro
ambiguo
anfibio
equívoco
incoloro
condicional
impreciso
inclasificable
aproximado
nebuloso
confuso

indeterminable
inconmensurable
indefinible
indesignable
confundible

indeterminadamente
vagamente
anónimamente
indistintamente
en junto
por junto
en general
a hecho
a granel
en montón
a carga cerrada
unos con otros
a bulto
casi
según
tanto

—

INDETERMINADO
(V. *Indeterminación*)

—

INDICACIÓN (28)

indicación
denotación
señalización
manifestación
señal
auspicio
augurio
agüero
alfil
indicio
índice
repunta
barrunte
barrunto
promesa
pronóstico
predicción
conjetura
quillotro
anuncio
síntoma
argumento
asomo
ribetes
semejas
probación
prueba
premisa
pista
aparato
huella
pliegue
cicatriz
quemadura
costurón
vestigio
rastro
reliquia
paredón
ruina

marca
sello
estampilla
contraste
pegunta
pinta
punto
lunar
mancha
tatuaje
seña
seña mortal
reseña
contraseña
santo y seña
corte
muesca
tarja
tésera
símbolo
signo
abreviatura
insignia
divisa
bandera
muestra
ramo
lámpara
cuadro

rótulo
letrero
inscripción
firma
llamada
S. O. S.
reclamo
referencia
remisión
registro
signatura
ojo
obelisco
obelo
asterisco
nota
cruz
véase
pique
bis

poste
jalón
guía
venora
piedra miliar
monumento
hito
hita
mojón
muñeca
pilar
meta
cipo
abeurrea
machote
límite

índice
índex
puntero
manecilla
aguja
esfera
toque (militar)
sirena
apellido
alarma
ahumada
almenara
hoguera
ángaro
fuego
humada
linternón
hachote
fanal
faro
hacho
acho
telégrafo
» marino
semáforo
bola
disco de señales
bandera de señales
gallardete
insignia
boya
baliza
marcación

indicar
indiciar
denotar
mostrar
enseñar
apuntar
remitir
decir
argüir
vocear
anunciar
predicar
avisar
hacerse del ojo
darse de ojo
bizcar
cucar
guiñar
tacar
señalar
señalizar
marcar
subrayar
rayar
tarjar
sopuntar
registrar

reconocerse

pronombre demostrativo
éste
ése
aquél
esotro
estotro
aquéste
aquése

indicador
indiciador
indicativo
indicante
denotativo
demostrativo
sintomático
semafórico

—

INDICAR
(V. *Indicación*)

—

INDICIO
(V. *Indicación*)

—

INDIFERENCIA (14, 25)

indiferencia
inacción

pasividad
indolencia
inercia
desinterés
desgana
desgano
desapego
despego
despegamiento
desafición
olvido
dejamiento
dejación
desasimiento
abandono
desprendimiento
descariño
desamor
distancia
alejamiento
desvío
desdén
menosprecio
desestimación
desabrimiento
apatía
displicencia
insensibilidad
tibieza
frialdad
hielo
neutralidad
indiferentismo
adiaforia
cansancio
saciedad
inapetencia
aburrimiento
fastidio

desaficionar
desinclinar
desapasionar
desenamorar
desamorar
entibiar
descarnar

desapegarse
despegarse
desinteresarse
desencarnarse
descariñarse
desquerer
desaficionarse
desenamorarse
desapasionarse
retobarse
resfriarse [do
tenerle sin cuidado
no dársele a uno un higo [pino
no dársele un pepino
no dársele un pito
no importar un pitoche
no dársele un bledo [tas
no dársele dos chino
no darle frío ni calentura, o ni calor
no irle ni venirle
dejar que ruede, o dejar rodar la bola

abandonar
olvidar
dejar
desamar
desquerer
dar de lado
echar la bendición
encogerse de hombros

indiferente
desafecto
descastado
desamador
desamoroso
desamorado
indevoto
apático
displicente
neutral
igual
insensible
impasible
sordo
flemático
tibio
frío
glacial
adán

indiferentemente
despegadamente
tibiamente
ni fu ni fa

ahí me las den todas [año
tal día hará un
con su pan se lo coma
es material
arda Bayona
¡pche!
¡pchs!

—

INDIFERENTE
(V. *Indiferencia)*

—

INDIGESTIÓN
(V. *Estómago)*

—

INDIO (3)

indio
» bozal
» de carga
» naboria
indo
indezuelo
indianés
amerindio
indiófilo
camilucho
gaucho
cholo
meco
colla
cacique
cacica
encomendero
calpixque
chasqui
pongo
yanacona
esquimal

azteca
piel roja
zacateco
orejón
tolteca
quichua
quechua
iroqués
maya
aimará
tupi
tapuya
macuache
auca
puelche
gandul
calchín
comanche
caracará
carancho
agacé
calpul
abipón
bayá
yumbo
calchaqui
coronda
apache
chuchumeco
chichimeca
chaima
caiguá
naborí
guaraní
tamanaco
páparo
cario
araucano
mapuche
caribe
patagón
botocudo

charcas
carapachos
caracas
cataubas
cayapos
cocamas
carajas
camahuas
cariacos
(criollo, mestizo, etc. V. *Raza)*

indiada
encomienda
encomendamiento
toldería
toldo
aduar
caluma
mediquillo

reducción
gauchaje
chusma

encomendar
maloquear

malón
maloca

mita
tequio
indio
aindiado
incaico

—

INDIRECTO
(V. *Desviación)*

—

INDISCRECIÓN
(V. *Imprudencia)*

—

INDISCRETO
(V. *Imprudencia)*

—

INDISPENSABLE
(V. *Precisión)*

—

INDIVISO
(V. *Unidad)*

—

INDÓCIL
(V. *Indocilidad)*

—

INDOCILIDAD (25)

indocilidad
incorregibilidad
insumisión
impenitencia
obstinación
resistencia
desobediencia
indisciplina
oposición
rebeldía
independencia
entereza
fiereza

indócil
obstinado
tenaz
rebelde
duro de cerviz
de dura cerviz
duro
fuerte
renuente
remiso
reacio
díscolo
sacudido
revesado
enrevesado
atravesado
avieso
ingobernable
indisciplinado
levantisco
incorregible
impenitente
desobediente
indómito
fiero
bravo

—

ÍNDOLE
(V. *Carácter)*

—

INDÓMITO
(V. *Fiereza)*

—

INDUCIR
(V. *Persuasión)*

—

INDULGENCIA
(V. *Perdón)*

—

INDULGENTE
(V. *Perdón)*

—

INDUMENTARIA
(V. *Vestidura)*

—

INDUSTRIA (27)

industria
fabricación
fábrica
manufactura
obraje
producción
oficio
explotación
empresa
exposición
industrialismo
industrialización
mecanización (Supl.)
automatización
cibernética
ingeniería

fabricar
manufacturar
confeccionar
elaborar
obtener
hacer
producir
industrializar
mecanizar (Supl.)
automatizar
explotar
beneficiar

agricultura
caza
pesca
minería
metalurgia
construcción
vivienda
habitación
vestidura
calzado
comercio
banca
bolsa
transporte, etc.

fábrica
taller
tienda
almacén
depósito
establecimiento
primera materia

industrial
ingeniero industrial
perito industrial
técnico
fabricante
fabriquero
industrialista
expositor
intendente
industrial
fabril
manufacturero

industrialmente

—

INDUSTRIAL
(V. *Industria)*

—

INEFICAZ
(V. *Impotencia)*

—

INELEGANCIA (14, 18, 26, 29)

inelegancia
superfluidad
afectación
cursilería
cursería
ridiculez
extravagancia
imperfección
fealdad
tosquedad
vulgaridad
efectismo
ordinariez
grosería

adornar
recargar
cuajar
entarascar
endomingar

chabacanería
chocarrería
ramplonería
pedantería
pesadez
prolijidad
sosería
charrería
charrada
gaitería
adefesio
garambainas
arrumaco
arremuesco
follaje
ringorrangos
perifollos
angaripolas
moñas
colorines

inelegante
cursi
charro
efectista
churrigueresco
gaitero
chillón
recargado
historiado
pajarero
superfluo
ordinario
vulgar
plebeyo
chabacano
chocarrero
ramplón
tosco
de mal tono
de mal gusto
(estilo inelegante: V. *Literatura)*

—

INELEGANTE
(V. *Inelegancia)*

—

INEPTITUD (26)

ineptitud
incapacidad
incompetencia
incompatibilidad
nulidad
inhabilidad
torpeza
ignorancia
necedad
inexperiencia
impotencia
inutilidad

ser inepto
no servir a Dios ni al diablo

inhabilitar
incapacitar
descalificar
recusar
anular
desarmar
impedir

inhabilitarse
incapacitarse
descalificarse

inhabilitación
interdicción
anulación
prohibición
curatela
tutela

inepto
incapaz
incapacitado
inhábil
incompetente
nulo

negado
inerme
impotente
ineficaz
inútil
inexperto
torpe
débil [da
cero a la izquier-

ineptamente

—

INEPTO
(V. *Ineptitud*)

—

INESTABILIDAD
(2, 19)

inestabilidad
instabilidad
desequilibrio
fayanca
inconstancia
inconsistencia
inseguridad
mutabilidad
variabilidad
cambio
oscilación
vacilación
agitación
bamboleo
tambaleo
zangoloteo
zangoteo

desequilibrar
desasegurar
desquiciar
descomponer
desacoplar
alterar
cambiar
mover [na
edificar sobre are-
escribir en la are-
na

moverse
vacilar
cojear
flaquear
tambalear
cabecear
oscilar
bambolear
bambalear
caer
tambalearse
bambolearse
bambalearse
zangolotear
zangotear
zangolotearse
estar con un pie
en el aire

inestable
instable
frágil
móvil
movedizo
moble
inseguro
vacilante
cojo
vano
inconstante
precario
deleznable
deleble
mudable
sobrepuesto
postizo
portátil
hechizo

de quita y pon
prendido con alfi-
leres
al quitar

de falso
sobre falso
en falso
» vago
» vacío
» vilo
» tanganillas
» tenguerengue

—

INESTABLE
(V. *Inestabilidad*)

—

INEXISTENCIA
(15)

inexistencia
irrealidad
insubsistencia
preterición
ausencia
vacío
caos
carencia
nada
nadilla
cero
apariencia
simulacro
sombra
alucinación
ofuscación
perspectiva
ente de razón
espacios imagina-
rios
entelequia
idea
imaginación
ficción
fingimiento
quimera
sueño
ensueño
plataforma
pretexto
trampantojo
mentira
engaño
falsedad
nulidad
desaparición
cesación
supresión
destrucción

no ser
dejar de ser
cesar
desaparecer
disolverse
disiparse
desvanecerse
deshacerse
anularse
aniquilarse [da
reducirse a la na-
gastarse
agotarse
apagarse
morir

inexistente
insubsistente
aparencial
irreal
nulo
negativo
vano
aparente
especioso
mentiroso
engañoso

ilusorio
ilusivo
ficticio
maldito
falaz
falso
de relumbrón
virtual
supuesto
hipotético
imaginario
fantástico
quimérico
caótico
ideal
inconcebible
utópico
superficial
nominal
honorario
honorífico

nada
cosa
ni palabra
» gota [cosa
maldita de Dios la

ninguno
ningún
nadie [mante
ni piante ni ma-
ni rey ni Roque

aparentemente
imaginariamente
nominalmente
ex

—

INEXISTENTE
(V. *Inexistencia*)

—

INEXPERIENCIA
(23)

inexperiencia
impericia
ignorancia
torpeza
ineptitud
niñez
bisoñada
bisoñería
noviciado
novatada
aprendizaje
principio

estar con la leche
en los labios
tener la leche en
los labios
estar en pañales
tener pocas bar-
bas [embudo
ver el cielo por

inexperto
imperito
bisoño
novel
novato
novicio
principiante
aprendiz
tirón
pipiolo
bozal
colegial
párvulo
chico
niño
mocoso
boquirrubio

—

INEXPERTO
(V. *Inexperiencia*)

—

INEXPRESIÓN
(28)

inexpresión
incomunicación
reserva
ocultación
silencio
disimulo
inefabilidad
incomunicabilidad

callar
omitir
ocultar

inexpresivo
expletivo
seco
enigmático

impasible
parado
inexpresable
innominable
indecible
inefable
inenarrable
impronunciable
incomunicable
intransmisible
incomprensible
inconfesable
nefando
infando
implícito
tácito

tácitamente
indeciblemente
inefablemente
nefandamente
implícitamente

—

INEXPRESIVO
(V. *Inexpresión*)

—

INFAMAR
(V. *Descrédito*)

—

INFANCIA
(V. *Niñez*)

—

INFANTIL
(V. *Niñez*)

—

INFECCIÓN
(V. *Contagio*)

—

INFERIOR
(V. *Inferioridad*)

—

INFERIORIDAD
(17, 24)

inferioridad
bajura
profundidad
base
fondo
fundamento
cimientos
suelo
subterráneo
nadir

mínimum
limitación

desventaja
mengua
perjuicio
daño

humildad
dependencia
menoría
subordinación
obediencia
sumisión
humillación
servilismo

desmerecer
quedar por bajo
ser inferior
» para menos
» un niño de teta
no servir para des-
calzar a otro
no llegar a otro a
la suela del za-
pato
no llegarle al pie
no llegarle al zan-
cajo o a los zan-
cajos

inferior
deterior
mediano
imperfecto
malo
bajo
bajero
subyacente
ínfimo
menor
mínimo
secundario
subalterno
accesorio
desaventajado
desventajado
desventajoso
insignificante

desventajosamen-
te

desventajada-
mente

menos

bajo
debajo
abajo
ayuso
sub-
so-
soto-
sota-
hipo-

—

INFERIR
(V. *Razón*)

—

INFIERNO (1)

infierno
abismo
profundo
tártaro
averno
orco
erebo
caína
huerco
báratro
gehena
las calderas de
Pedro Botero

laguna Estigia
purgatorio
pandemónium

infernar
condenar

condenarse
perecer [piritual
padecer ruina es-

condenación [na
condenación eter-
(postrimerías, etc.
V. *Teología*)
perdición
ruina
castigo
damnación
pena de daño
pena de sentido
fuego eterno
tizonazo

demonio
cerbero
cancerbero
furia
Euménides
erinias

condenado
dañado
maldito
réprobo
precito
prescito
condenable
dañable

infernal
inferno
estigio
averno
tartáreo
orcinio

—

ÍNFIMO
(V. *Inferioridad*)

—

INFINITO
(V. *Infinitud*)

—

INFINITUD (17)

infinitud
infinidad
infinito
inmensidad
vastedad
océano
desacoto
innumerabilidad
innumeridad
grandeza
universo
espacio
mar
desierto

infinito
infinido
indefinido
inmenso
ilimitado
ilimitable
incircunscripto
descubierto
libre
franco
abierto
abertal
descercado
descampado

innumerable
innúmero
incalculable
inagotable
inexhausto
interminable
enésimo

infinitamente
inmensamente

—

INFLAMACIÓN (12)
inflamación
(-itis: dermitis, V. *Piel;* otitis, Véase *Oído,* etc.)
flegmasía
flogosis
rubor
enrojecimiento
buchete
carnazón
enconamiento
hiperemia
congestión
induración
catarro
constipado
exudación
exudado
falsa membrana
seudomembrana
pus
flemón
panadizo
sabañón
tumor
hinchazón
herida
infección
gangrena
fiebre

inflamar
desinflamar

inflamarse
enconarse
enardecerse
congestionarse
exudar
indurarse

inflamatorio
congestivo
flemoso
flegmonoso
catarral

—

INFLAR
(V. *Henchimiento)*

—

INFLEXIBLE
(V. *Dureza)*

—

INFLUENCIA
(V. *Poder)*

—

INFORMACIÓN (28)
información
indicación
razón
testimonio
manifestación
revelación
comunicación
declaración
edicto
despacho
tradición
fama
aviso
advertencia
advertimiento
observación
dictamen
juicio
nota
repaso
amonestación
intimación
intima
notificación
informe
referencia
barrunto
barrunte
confidencia
soplo
parte
participación
noticia
gacetilla
notición
bomba
especie
especiota
nueva
novedad
reporte
crónica
revista
reseña
recensión
reportaje
alcance
mensaje
carta
vereda
son
luz
escopetazo
píldora
antigualla
rumor
chisme
ficción
mentira
albricias

informar
enterar
instruir
imponer
iniciar
desayunar
tinturar
orientar
representar
participar
resollar
comunicar
noticiar
avisar
anunciar
denunciar
advertir
prevenir
intimar
significar
notificar
requerir
amonestar
decir
indicar
expresar
revelar
publicar
albriciar
cantar
dar parte
dar razón
hacer saber
hacer presente
poner al corriente de
ganar las albricias

enterarse
investigar
documentarse
conocer
aprender
saber
tomar voz
beber del pilón
beber en buenas fuentes
venir en conocimiento de

informador
informante
informativo
notificativo
confidente
noticiero
avisador
participante
portanuevas
nuncio
novelero
alarmista
gacetilla
gacetista
reportero
cronista
revistero
anunciante
pilonero
periodista
escritor
arsenal

de mano en mano
de oídas

—

INFORMAL
(V. *Incumplimiento)*

—

INFORMALIDAD
(V. *Imcumplimiento)*

—

INFORMAR
(V. *Información)*

—

INFORME
(V. *Deformidad)*

—

INFRACCIÓN (26, 32)
infracción
falta
culpa
olvido
descuido
omisión
pecado
delito
quebrantamiento
inobservancia
incumplimiento
desobediencia
descomedimiento
transgresión
trasgresión
agresión
rebasamiento
violación
contravención
conculcación
intrusión
intrusismo
traspaso
desafuero
contrafuero
atropello
atentado
tropelía
ilegalidad
ilegitimidad
corruptela
prevaricación
trampa legal
arbitrariedad
injusticia
deslealtad
violencia

infringir
delinquir
faltar
pecar
incurrir
claudicar
incidir
cometer
contravenir
transgredir
trasgredir
traspasar
translimitar
violar
conculcar
vulnerar
contaminar
lesionar
herir
pisotear
pisar
quebrantar
romper
barrenar
arrollar
atropellar
atentar
desaforar
prevaricar
intrusarse
desobedecer
cojear
venir contra ley

infractor
transgresor
trasgresor
contraventor
violador
claudicante
agresor
quebrantador
quebrador
conculcador
desaforado
intruso
ancho de conciencia
delincuente

ilegal
ilícito
inconstitucional
injusto
atentatorio
desordenado
desaguisado
venial
leve
grave
importante

ilegalmente
desaforadamente
atentadamente

—

INFRECUENCIA (21)
infrecuencia
peregrinidad
particularidad
rareza
raridad
cosa rara
extrañeza
excepción
irregularidad
desuso
prodigio
infrecuente
raro
desusado
insólito
peregrino
sorprendente
excepcional
particular
singular
único
irregular
extravagante
extraordinario

raramente
peregrinamente
alguna vez
tal cual vez
» y tal vez
una que otra vez
una vez que otra
a las veces
rara vez
por maravilla
por jubileo
de tarde en tarde
de cuando en cuando
de tiempo en tiempo
de higos a brevas
de Pascuas a Ramos

—

INFRECUENTE
(V. *Infrecuencia)*

—

INFRINGIR
(V. *Infracción)*

—

INFUNDADO
(V. *Arbitrariedad)*

—

INFUSIÓN
(V. *Té)*

—

INFUSORIO
(V. *Protozoario)*

—

INGENIO (23, 26)
ingenio
ingeniatura
inteligencia
imaginación
talento
genio
chispa
destello
agudeza
espíritu
despejo
penetración
clarividencia
trascendencia
perspicacia
perspicacidad
sutileza
sutilidad
viveza
prontitud
travesura
listeza
malicia
artificio
discreción
capacidad
habilidad
cantera
madera
cabeza
cerebro
caletre
mollera
chirumen
churumen
cacumen
acumen
pesquis
pupila
pestaña
quinqué
olfato
alfayo
vista de águila

ingeniosidad
ocurrencia
golpe
salida
relámpago
agudeza
chiste
pulla
donaire
viveza
flor
floreo
discreción
discreteo
juego de ingenio
» de palabras
» de vocablos
» de voces
pasatiempo

cultivar
despertar
despabilar
avispar
sutilizar
asutilar

ingeniarse
avisparse
despabilarse
arbitrarse
despuntar
conceptear
discretear
travesear
trastear
afilar el ingenio
aguzar el ingenio

ser una chispa
ser como una pimienta
ser una lanza
ser mucho hombre
no mamarse el dedo
no tener pelo de tonto [candil
poder arder en un
sentir crecer la hierba
sentir nacer la hierba
saber más que Lepe
decir divinidades
hacer divinidades
sacar polvo debajo del agua
estudiar con el demonio
cogerlas al vuelo
matarlas en el aire
cortar un cabello en el aire
partir un cabello en el aire
hender un cabello en el aire

hombre de fondo
» de cabeza
cabeza de hierro

ingenio
genio
águila
lince
zahorí
atleta
rayo [Cardona
más listo que el más pintado

ingenioso
talentoso
talentudo
genial
capaz
argumentoso
listo
penetrador
clarividente
perspicaz
linceo
profundo
trascendido
caladizo
sutil
fino
delicado
delgado
ambagioso
alambicado
licurgo
agudo
claro
despejado
vivo
vívido
vivaz
precoz
despierto
dispierto
despabilado
despercudido
avispado
chispoleto
chispeante
ocurrente
vivaracho

ingeniosamente
perspicazmente
sutilmente
agudamente
delgadamente
despiertamente
conceptuosamente

—

INGENIOSO
(V. *Ingenio*)

—

INGRATITUD (14)

ingratitud [to
desagradecimien-
desconocimiento
olvido
egoísmo
indiferencia
deslealtad
pan mal conocido

desagradecer
dar el pago
sembrar en mala tierra.

ingrato
desagradecido
desconocido
olvidadizo
olvidado
egoísta
descastado
desnaturalizado
hidalgo como el gavilán

ingratamente
desagradecidamente

si te vi, no me acuerdo

—

INGRATO
(V. *Ingratitud*)

—

INHABITADO
(V. *Despoblación*)

—

INHERENTE
(V. *Esencia*)

—

INICIAL
(V. *Principio*)

—

INJERTAR
(V. *Injerto*)

—

INJERTO (36)

injerto
enjerto
injeridura
ingeridura
injertación
enjertación
injerto de mesa
» de corona
» de coronilla
» de corteza
» de pie de cabra
» de canutillo
» de empeltre
» de escudete
patrón
guía
masto
púa
aguja
abridor
engeridor

injertar
enjertar
inserir
injertar de escudete
prender
agarrar
brotar
revenar

injertador
injerto (adj.)
enjerto (adj.)

—

INJURIA
(V. *Ofensa*)

—

INJURIAR
(V. *Ofensa*)

—

INJURIOSO
(V. *Ofensa*)

—

INJUSTICIA (26)

injusticia
iniquidad
ley del embudo
desigualdad
parcialidad
prejuicio
favoritismo
valía
componenda
acepción de personas
aceptación de personas
preferencia
privilegio
abuso
inmoralidad
ilicitud
ilegitimidad
ilegalidad
improcedencia
arbitrariedad
infracción
mala fe
malicia
deslealtad

sinrazón
entuerto
tuerto
injuria
agravio
ofensa
maldad
partida serrana

torcer
sobornar
recusar

apasionarse
torcerse
ladearse
descarriarse
encorvarse
preocuparse
particularizar
izquierdear
no ser o no tener voto

pagar el pato
pagar justos por pecadores
arder verde por seco
clamar a Dios

injusto
parcial
inicuo
torticero
iniquísimo
indebido
improcedente
gratuito
infundado
algarivo
inmerecido
inmérito
ilegal
torcido
violento
leonino
odioso
inmoral

injustamente
inicuamente
ilícitamente
ilegalmente
apasionadamente
parcialmente
a tuerto

—

INJUSTO
(V. *Injusticia*)

—

INMATERIAL
(V. *Inmaterialidad*)

—

INMATERIALIDAD (2, 15)

inmaterialidad
incorporeidad
espiritualidad
abstracción
idea
espíritu
espiritillo
alma
sombra
apariencia
espectro
ficción
quimera
inexistencia
éter
vacío

desmaterializar
espiritualizar
desencarnar
idealizar
poetizar
imaginar

inmaterial
incorpóreo
incorporal
inextenso
infigurable
intelectual
espiritual
irreal
invisible
intangible
impalpable
imponderable
imaginario
ideal
mental
abstracto
metafísico
suprasensible
sobrenatural

incorporalmente
espiritualmente
místicamente

—

INMATURO
(V. *Precocidad*)

—

INMERSIÓN (2, 20)

inmersión
sumersión
sumergimiento
demersión
calada
hundimiento
desplazamiento
zambullidura
zabullidura
zambullida
zabullida
zambullimiento
zabullimiento
buceo
zambuzo
chapuz
chapuzón
capuz
capuzón
calumbo
mojadura
baño
infusión
maceración
cocción

sumergir
inmergir
calar
zambullir
zabullir
zampuzar
chapuzar
capuzar
zapuzar
dar chapuz
somorgujar
somormujar
bañar
anegar
mojar
macerar
hundir
sumir
tragar
destemplar

zambullirse
zabullirse
calumbarse
perder pie
irse a pique
naufragar
ahogarse
hundirse
bucear
zahondar
chapalear
chaplear
desplazar

zambullidor
zabullidor
buzo
búzano
somorgujador

escafandro
escafandra
campana de buzo
submarino

inmerso
sumergible
insumergible

a lo somorgujo

—

INMORAL
(V. *Inmoralidad*)

—

INMORALIDAD (26)

inmoralidad
injusticia
venalidad
arbitrariedad
vicio
perversidad
pervertimiento
perversión
corrupción
soborno
inmodestia
indecencia
pravedad
depravación
crueldad
incorregibilidad
deslealtad
deshonor
vileza
libertad
irreverencia
impiedad
irreligión
libertad de conciencia
soltura
irregularidad
exceso
desaprensión
cerrería
distracción
diversión
extravío
mocedad
disolución
disipación
crápula
libertinaje
liviandad
deshonestidad
fábula milesia [to
amancebamien-
lujuria
placer
garzonía
garzonería
orgía
borrasca
saturnal
gula
borrachera
vagancia
bohemia
escándalo
desvergüenza
perdición
incontinencia [to
desapoderamien-
desorden
desenfreno
desfrenamiento
desenfrenamiento
cinismo
mala conducta
vida ancha
» airada
prostitución
juego

sentina
casa de trueno
conejera
cubil
guarida

desenfrenarse
licenciarse
despeñarse
travesear
tunear
cojear
jaranear
garzonear
correrla
correr sin freno
soltar la rienda
echarse el alma atrás, a las espaldas
vivir mal
dar que decir
andar en malos pasos
andar o estar mal advertido
entrar con todas, como la romana del diablo

libertino
garzón
calavera
truchimán
bandolero
desuellacaras
bigardo
bohemio
pícaro
perdis
perdido
lipendi
mariposón
viejo verde
hombre de la vida airada
diablo predicador

mesalina
coscolina
cosa perdida
prostituta

inmoral
licencioso
disoluto
torcido
malo
jaranero
distraído
libre
suelto
laxo
goliardo
desabrochado
desaprensivo
galocho
malacostumbrado
incorregible
desgarrado
roto
desbaratado
descerrajado
desvergonzado
bruto
deshonesto
lujurioso
crapuloso
borrasquero
borrascoso
escandaloso
gamberro
profano
de mala vida
maleante
delincuente
despreciable

licenciosamente
desenfrenadamente
disipadamente
disolutamente
libertadamente
con zurrapas

—

INMÓVIL
(V. *Quietud*)

—

INMUNOLOGÍA (12)

inmunología
inmunoterapia
inmunización
inmunidad
vacunoterapia
sueroterapia
seroterapia
serología

vacunación
revacunación
inoculación
inyección

anafilaxia
alergia
valencia

suero
vacuna
autovacuna
toxina
virus
ultravirus
tuberculina
antitoxina
anticuerpo
antígeno

antibiótico
penicilina
estreptomicina
cloromicetina
aureomicina
terramicina
cortisona
sulfamidas

vacunar
revacunar
inocular
inyectar

vacunador
lanceta
geringuilla

—

INMUTABLE
(V. *Permanencia*)

—

INNECESARIO
(V. *Superfluidad*)

—

INNOCUIDAD
(V. *Inocuidad*)

—

INNOCUO
(V. *Inocuidad*)

—

INOCENCIA (26)

inocencia
estado de la inocencia
justicia original
candor
inculpabilidad
irresponsabilidad
inocentada
candidez
virtud
exculpación
justificación
salva
coartada
absolución
» libre
sobreseimiento

justificar
no haber quebrado un plato

inocente
inculpable
inculpado
libre
absuelto
inofensivo
candoroso
cándido
irreprochable
inmaculado
angelical
puro
casto
virginal
inocuo

ángel patudo
recién nacido

inocentemente
inculpadamente
inculpablemente
candorosamente
angelicalmente

—

INOCENTE
(V. *Inocencia*)

—

INOCUIDAD (27)

inocuidad
innocuidad

indefensión
inocuo
innocuo
inocente
inofensivo
inerte
anodino
imbele
inerme
desarmado

sano
saludable
aséptico
higiénico

—

INOCUO
(V. *Inocuidad*)

—

INOPINADO
(V. *Imprevisión*)

—

INOPORTUNIDAD (21, 24)

inoportunidad
deshora
extemporaneidad
anticipación
retardación
desconformidad
improcedencia
impertinencia
necedad
despropósito
inconveniencia
indiscreción
disparate
zanganada
pampringada
coplas de Calaínos
salida de pavana

descolgarse
salir
desafinar
amanecer
meter la pata
tocar el violón
no estar el horno para bollos
no estar la Magdalena para tafetanes
venir como magníficat a maitines

espantanublados
destripacuentos

inoportuno
importuno
inconveniente
improcedente
intempestivo
extemporáneo
extemporal
prepóstero
inopinado
desusado
imprevisto
tardío
prematuro
anticipado

inoportunamente
importunamente
intempestivamente
extemporáneamente
prepósteramente

a destiempo
a deshora
a deshoras
contra pelo
a contrapelo
pelo arriba
sin tiempo
fuera de tiempo
fuera de propósito
entre gallos y media noche
a las veinte
tarde, mal y nunca
todo es uno

—

INOPORTUNO
(V. *Inoportunidad*)

—

INQUIETAR
(V. *Desasosiego*)

—

INQUIETO
(V. *Desasosiego*)

—

INQUIRIR
(V. *Investigación*)

—

INQUISICIÓN (1)

inquisición
Santo Oficio
consejo de la Inquisición
suprema
tribunal

inquisidor general
» ordinario
» apostólico
vara de inquisición
consultor del Santo Oficio
calificador del Santo Oficio
familiar
comisario de la Inquisición
comisario del Santo Oficio
familiatura
familiaridad
herejía
derecho canónico

secreto
tormento
castigo
excomunión
auto de fe
autillo
penitencia
sambenito
capotillo
» de dos haldas
» de dos faldas
aspa de San Andrés
cruz de Borgoña
coroza

sambenitar
ensambenitar [to poner el sambenito]

cárcel
prisión

hereje
penitenciado
emparedado

inquisitorial

—

INQUISIDOR
(V. *Inquisición*)

—

INQUISITORIAL
(V. *Inquisición*)

—

INSCRIBIR
(V. *Inscripción*)

—

INSCRIPCIÓN (28)

inscripción
apuntación
fecha
epigrama
epígrafe
epitafio
emblema
jeroglífico
símbolo
dedicación
filacteria
rótulo
etiqueta
marbete
cartel
leyenda
exergo
lápida
ábaco
laude
lauda
piedra
padrón
matrícula
empadronamiento
(registro, etc. V. *Lista*)
posta
cipo
obelisco
sepultura
monumento
epigrafía
escritura

inscribir
grabar
conmemorar

epigrafista
lapidario
epigráfico
anepigráfico

—

INSECTICIDA
(V. *Insecto*)

—

INSECTO (6)

insecto
gusano
sabandija
sabandijuela
parásito
crustáceo

trompa
labro
palpo
tentáculo
antena
epiglosis

ojo compuesto
ocelo
coselete
tórax
mesotórax
metatórax
caparazón
abdomen
apéndice
anillo
artejo
estigma
aguijón
résped
dardo
guizque
cuerno
navaja
pinza
ala
élitro
quitina
tela
nido
panal
jabardillo
entomología

metamorfosis
ninfa
crisálida
estado perfecto
palomilla
capullo
larva
cresa
queresa
querocha
carocha
landrilla
carrocha
muda

volar
cantar
zumbar
carrochar
querochar
morder
roer
punzar
picar
arrebozarse
arracimarse
apolillar
espulgar
esculcar
despiojar
desapolillar
desinsectar

oruga
ruqueta
teña
coco
cuca
gusano
gusano de **seda**
gata
royega
cuco
corocha
convólvulo
gusano revoltón
rosquilla
arañuelo
arañuela
brugo
mida
polilla
saltón
landrilla
társalo
rezno
rosones
estro
lita
cariedón
cascarrojas
pintón
callueso

himenópteros:
abeja
abeja carpintera
abeja albañila
abejorro
abejarrón
abejón
catzo
gabarro
centris
pica y huye
avispa
avispón
camoatí
crabrón
moscardón
moscarrón
ahorcadora
jicote
tacuache

avispero
panal
celdilla

hormiga
hormigüela
aluda
alúa
aladica
salpuga
anay
soplillo
galga
zompopo
bibijagua
vivijagua

hormiguero
hormigoso
formicular
formicante

neurópteros:
libélula
caballo del diablo
caballito del diablo [Vicente
caballito de San
matapiojos
gallito
hormiga león
cachipolla
efímera
comején
termes
termita
comejonera

coleópteros:
trímeros
tetrámeros
pentámeros
heterómeros
cerambícidos
girino
luciérnaga
lucerna
alumbranoche
gusano de luz
noctiluca
candelilla
candela
cocuyo
cucuyo
cucuy
cocuy
cocuyo ciego
tuco
alúa
escarabajo
escarabajuelo
escarabajo bolero
escarabajo pelotero
ciervo volante
torito
zapatero
catanga
carraleja
aceitera

abadejo
cubillo
cubilla
abad
matahombres
vinotera
carcoma
corca
coso
caroncho
gardama
caronjo
gorgojo
mordihuí
abejorro
esquila
cantárida
mosca de España
mariquita [tón
vaca de San Antón
cochinito de San Antón
santateresa
sananica
algavaro
alfazaque
macuba
asnillo
barrenillo
taladrilla
cicindela
cebrión
catarinita
pilme
catanga
carenóstilo
cárabo
melolonta
altica

ortópteros:
langosta
tara
langostón
cervatica
cigarrón
saltamontes
saltón
saltarén
caballeta
saltigallo
saltagatos
saltapajas
saltaprados
tapachiche
mosquito
zurrón
canuto
cañutillo
mantis religiosa
rezandera

grillo
grillo cebollero
grillo real
grillotalpa
alacrán cebollero
cortón
grillera

cucaracha
fótula
corredera
curiana
blata
barata
cortapicos
tijereta
piojillo
piojo
tisanuro
lepisma

hemípteros:
cigarra
cicada
cigarrón
áqueta
chicharra
cogollo
tetigonia

cochinilla
gusano de San Antón
grana
cucaracha
sananica
quermes
kermes
carmes
alquermes
chinche
vinchuca
chincharrero
tejedor
zapatero
calapatillo
galapatillo
garapito
mariquita
ajolín
cércopo
guagua
pulgón
piojuelo
filoxera
anopluro
piojo
ladilla

dípteros:
mosca
mosco
cínife
cénzalo, etc.
mosquito
típula
tábano
tabarro
colicoli
tabanera
jején
asilo
sotuto
tabolango
afanípteros
pulícidos
pulga
pulguera
pulgoso
nigua
pique
sote

lepidópteros:
bómbice
castuga
lagarta
mariposa

miriápodos:
miriópodo
ciempiés
cientopiés
mancaperro
escolopendra
cardador

entomólogo

insecticida
pelitre
cebadilla
tamínea
taminia
uva taminia
hierba piojera
albarraz
estafisagria
mastranzo

insectil
articulado
entomológico
locústido
efemérido
carábido
áptero
díptero
hemíptero
homóptero
himenóptero

neuróptero
ortóptero
coleóptero
lepidóptero
tisanuro
anopluro
dímero
tetrámero
octópodo
ceñido
flabelicornio
xilófago
escatófilo
insectívoro

—

INSEGURO
(V. *Inestabilidad*)

—

INSENSIBILIDAD
(8, 12, 13, 14)

insensibilidad
acorchamiento
anodinia
analgesia
cataplexia
carosis
síncope
atontamiento
inconsciencia
sopor
sueño
catalepsia
hipnotismo
letargo
parálisis
enajenamiento
impasibilidad
entereza
tranquilidad
indiferencia
nirvana

insensibilizar
embotar
atontar
acorchar
secar
anestesiar
cloroformizar
eterizar

insensibilizarse
acorcharse
no tener corazón
ser peña
ser una peña
quedar sin sentido
perder el conocimiento

insensibilización
anestesia
raquianestesia
crianestesia
cloroformización
eterización
hibernación

anestesista
anestesiólogo

tronco
alma de cántaro
panza al trote
panza de gloria

insensible
insensitivo
indolente
impasible
estupefacto

anestésico
analgésico
estupefaciente

estupefactivo
clorofórmico

cloroformo
cloral
éter
morfina
cocaína
heroína
novocaína

insensiblemente
sin pena ni gloria

—

INSENSIBILIZAR
(V. *Insensibilidad*)

INSENSIBLE
(V. *Insensibilidad*)

—

INSIDIA
(V. *Asechanza*)

—

INSIDIOSO
(V. *Asechanza*)

—

INSIGNIA (28, 34)

insignia
enseña
distintivo
divisa
timbre
lema
emblema
sobreseñal
trofeo
gaya
signo
símbolo
blasón
señal
marca
indicación
cruz

bandera
alam
banderín
bandereta
banderica
bandera blanca
» de paz
» negra
» de combate
» de inteligencia
bandera morrón
telégrafo marino
coronela
tafetanes [les
colores nacionapabellón
insignia
confalón
gonfalón
estandarte
dragón
lábaro
espetón
estandarte real
banderola
corneta
veleta
jirón
pendón
» posadero
» caballeril
» puñal
guión
palón

oriflama
grímpola
cataviento
flámula
gallardete
gallardetón
empavesada
empavesado
perejiles
guindamaina
repostero
asta
portabandera
pendiente
farpa
dado
corbata [ras
cuarto de bande-

uniforme
manto
librea
hábito
galón
serreta
entorchado
cordones
bocamanga
estrella
hombrera
charretera
sardineta
dragona
jineta
capona
pala
collar
torques
bula
gola
beca
muceta
borla
borlón
rosca
escapulario
faja
fajín
banda
bandolera
bandín
cíngulo
bálteo

cetro
vara
tirso
caduceo
jineta
parazonio
estoque
maza
báculo
lituo
bastón
bengala
segur
alabarda
manípulo
fasces
haces

capelo
tricornio
(quepis, etc. V. *Sombrero*)
escarapela
cucarda
chía
gorro frigio
airón
pompón
penacho
plumero

brazal
brazalete
luto

corona
diadema

tiara
palio
pectoral
condecoración
venera
remiendo
toisón
toisón de oro
placa
encomienda
cruz
gran cruz
aspa de San Andrés
cruz de Borgoña
flor de lis
águila
lagarto
tau
tao
espadilla
collar
compuerta

fanal
rollo

embanderar
empavesar
izar
enarbolar
tremolar
asegurar la bandera
afianzar la bandera
afirmar la bandera
saludar
arriar
rendir la bandera
amorronar

abanderado
portaestandarte
portaguión
alférez
corneta
dragonario
aquilífero
confalonier
confaloniero
gonfaloniero
gonfalonero
macero
signífero
tremolante

—

INSIGNIFICANTE
(V. *Futilidad*)

—

INSINUAR
(V. *Sugerimiento*)

—

INSIPIDEZ (13)

insipidez
insulsez
insubstancialidad
insustancialidad
desabor
sinsabor
desazón
desabrimiento
sosera
sosería
zoncera
zoncería

desazonar
desabrir
empalagar

insípido
insulso
jauto
jaudo
soso
zonzo
desaborido
desabrido
chirle
empalagoso
simple
insustancial

insípidamente

—

INSÍPIDO
(V. *Insipidez*)

—

INSOLUBLE
(V. *Disolución*)

—

INSPIRACIÓN (23, 29)

inspiración
inmisión
infusión
instinto
intuición
aflato
ciencia infusa
sugerimiento
vocación
llamamiento
iluminación
tocamiento
numen
vena
musa
camena
lira
entusiasmo
arrebato
enajenamiento
furor
excitación
estro
plectro
quid divínum
helicón
helicona

arte
poesía
música, etc.

inspirar
infundir
iluminar
soplar
sugerir
hablar Dios
inspirarse
soplarle la musa
estar en vena

inspirado
intuitivo
iluminado
inspirativo

inspiradamente
intuitivamente

—

INSPIRAR
(V. *Inspiración*)

—

INSTANTE
(V. *Brevedad*)

—

INSTAR
(V. *Petición*)

—

INSTINTIVO
(V. *Instinto*)

—

INSTINTO (23, 25)

instinto
instinto de conservación
estimativa
natural
sutileza
automatismo
inconsciencia
subconsciencia
indeliberación
reflejo
primer movimiento
corazonada
intuición
propensión

instintivo
reflejo
inconsciente
subconsciente
involuntario
automático
maquinal
irreflexivo

instintivamente
automáticamente
maquinalmente
inconscientemente
involuntariamente

—

INSTRUMENTAL
(V. *Instrumento*)

—

INSTRUMENTISTA
(V. *Instrumento*)

—

INSTRUMENTO (29)

instrumento músico
» de cuerda
» de arco
» de viento
» de metal
» de madera
» de percusión
instrumental

intrumentos de cuerda:
música rítmica
celesta
clave
clavicordio
clavicímbalo
clavicímbano
címbalo
piano
arpa
harpa
arpa eolia
anemocordio
sambuca
cubeta
guitarra
bandurria
mandurria
bandurria sonora
charango
bandola
bandolón
bandolín
laúd
archilaúd
tiorba
banjo
zanfonía
zarrabete
gaita
» zamorana
chinfonía
monocordio
monacordio
sonómetro
salterio
canón
dulcémele
baldosa
lira
nabla
nebel
cítara
citarilla
cítola
jiga

samisén
balalaica

plectro
púa
clavete

violín
sordino
viola
» de amor
alto
violonchelo
violoncelo
violón
contrabajo
rabel
rabelejo
guzla
trompa marina

clavijero
clavija
ceja
mástil
diapasón
traste
trasteado
tabla de armonía
ese
caja
tapa
aro
cordal
puente
puentecilla
alzaprima
alma

cuerda
nervio
prima
cantarela
segunda
tercera
bordón
entorchado
trascoda
cuerda falsa
» simpática
» al aire
encordadura

arco
talón
nuez
arqueada
sordina
resina
colofonia
pez griega

enclavijar
trastear
encordar
desencordar
descordar
desenclavijar
afinar
templar
acordar
tocar
tañer
sonar
cantar
preludiar
primorear
cencerrear
pisar
puntear
rasguear
teclear
en vacío

instrumentos de viento:
» neumáticos:

órgano
armonio
acordeón

metal
bronce
cobres
trompetería
tiroriros

clarín
cornamusa
corneta
cornetín
corneta de llaves
corneta de posta
trompeta
trompetilla
bocina
botuto
fotuto
añafil
lituo
sinfonía
trompa
corno
cuerina
cuerno
turullo
caracol
caracola
guarura
cuerno de caza
saxófono
saxofón
sarrusofón
trombón
» de pistones
» de varas
sacabuche
fiscorno
bombardino
bombardón
figle
clavicorno
oficleido
bugle
serpentón
helicón
tuba

madera
flauta
» travesera
» dulce
gaita
albogón
zampoña
avena
siringa
ajabeba
jabeba
jabega
alcoba
quena
tibia
cálamo
fístula
bastardilla
chirula
flautín
octavín
pífano
caramillo
sisallo
flautillo
pito
silbato
titiritaina
pipiritaña
pipitaña
suspiro
ocarina
armónica
mirlitón
gargavero
rondador
tarrico
flauta de Pan
castrapuercas
clarinete
requinto
dulzaina
albogue
chirimía
churumbela
chirumbela
bombarda
oboe
obué
orlo
torloroto
corno inglés
fagot
fagote
bajón
piporro
bajoncillo
sordón
contrafagot
contrabajón
serpentón
gaita gallega
cornamusa
fuelle
afollado
soplete
roncón

boquilla
embocadura
barrilete
lengüeta
estrangul
pipa
tudel
bomba
tono
pabellón
llave
pala
pistón
zapatilla

instrumentos de percusión
xilórgano
xilófono
trigón
tímpano
marimba
sistro
triángulo
chinesco
platillos
chinchín
címbalo
albogue
sonaja
sonajuela
tam-tam
gong
batintín
campana
crótalo
castañuela
castañeta
palillo

postiza
tarreña
tarrañuela
tejoleta
ferreñas
pulgaretas
taramba
birimbao
trompa gallega
» de París
piopollo
carraca
matraca
tarabilla
sonajas
maraca
maracá
caranga
carángano
carramplón
zambomba
furruco
sacabuche
pandorga
ginebra
carrasca
calabazo
morterete
tambor
redoblante
maza
timbal
pandero

organillo
pianillo
piano de manubrio
manubrio
cilindro
pianola
aristón
caja de música
reloj de música
fonógrafo
gramófono
bocina
cilindro
rollo
disco
fonocaptor
discoteca

tocar
tañer
pulsar
herir
rascar
arañar
cerdear
flautear
pitar
pifiar
alboguear
trompetear
bocinar
atabalear
(redoblar, V. *Tambor*)
castañetear
repicar
repiquetear
matraquear [dos
poner bien los deshacer hablar a un instrumento
tomar la embocadura
apagar la voz a un instrumento

afinar
templar
desafinar
subir
bajar
transportar
atiplar
requintar
octavar
instrumentar

sonido
castañeteado
castañeteo
crotalogía
matraqueo
tiroriro
trompetazo
trompeteo
tuturutú
clangor
teclado
música

instrumentista
tocador
tañedor
tañente
ejecutante
virtuoso [questa
director de ormúsico mayor
» de primera
solista
concertista
sinfonista
acompañante
acompañanta
estudiante de la tuna

ministril
musicante
murguista
pitoflero
organillero

orquesta
orquestra
música
» militar
banda
charanga
bunga
murga
estudiantina
tuna
rondalla
ronda

dúo
terceto
trío
cuarteto
quinteto
sexteto
septimino
octeto
coral

arpista
violinista
violín
concertino
rascatripas
chicharrero
violero
viola
violoncelista
violonchelista
contrabajo
violón
bandurrista
bandolonista
citarista
flautista
flauta
alboguero
flautín
ocarinista
pito
dulzainero
adufero
gaitero
chirimía
clarinetista
clarinete
requinto
oboe
fagotista
bajonista
bajón
contrabajonista

contrabajón
cornetín
clarín
clarinero
corneta
trompeta
trompetero
añafilero
añafil
bocinero
trompa
bajo
trombón
sacabuche
tambor
atabal
atabalero
pífano
cimbalero
campanólogo

tañimiento
tañido
sonido
son
toque
tatatá
taratántara
armónico
ejecución
digitación
dedeo
concierto
discante
recital
tesitura
música

instrumentista (constructor)
violero
guitarrero
trasteante
trompetero
flautero
alboguero

instrumental
orquestal
flautado
bronco
bajo
a son de...

—

INTEGRIDAD (22)

integridad
entereza
totalidad
generalidad
plenitud
indivisión
indivisibilidad
impartibilidad
inseparabilidad

todo
compuesto
continuo
conjunto
suma
adición
inclusión
junta
masa
máquina
complemento
suplemento
perfección
conclusión
indemnidad

integrar
reintegrar
componer
llenar
colmar
añadir
completar

coronar
acabalar
cabalar
reponer
remendar
suplir
terciar
llenar el número
no faltar un cabello
constar de

entero
enterizo
enterísimo
íntegro
indemne
integral
integérrimo
total
completo
colmado
bien hecho
llenero
plenario
pleno
cabal
exhaustivo
acabado
consumado
cumplido
calificado

todo
todito
cuanto
intacto
inviolado
en ser, o en su ser
virgen
sano
sencido
cencido
uno
indiviso
inconsútil
indivisible
impartible
incompartible
inseparable

integrante
parte (integrante)
completivo
sinóptico
complementario
suplementario
suplemental
adicional
accesorio
surtido

enteramente
totalmente
íntegramente
integralmente
completamente
plenamente
plenariamente
lleneramente
cumplidamente
consumadamente
rematadamente
indivisiblemente
indivisamente
in sólidum
completivamente
todo
del todo
prácticamente
de todo en todo
en todo y por todo
de todo punto
por entero
a carta cabal
en absoluto
de raíz
de lleno
a lo sumo
de sumo
a fondo

de medio a medio
en cuerpo y en alma
en peso [alma
hasta el tope
de claro en claro
de pe a pa
de popa a proa
del principio al fin
de cabo a rabo
de pies a cabeza
de lleno en lleno
de largo a largo
de arriba abajo
de alto a bajo
de tope a tope
de tope a quilla
de mar a mar
de la cruz a la fecha
parte por parte
letra por letra
palabra por palabra
a la letra
a roso y velloso
sin faltar una coma [limójilis
con todos sus ajiperdiz, o no comerla

—

INTELECTIVA
(V. *Inteligencia*)

—

INTELECTUAL
(V. *Inteligencia*)

—

INTELIGENCIA (23)

inteligencia
intelectiva
intelecto
inteleto
intelectualidad
especulativa
entendimiento
entendederas
razón
uso de razón
intelección
aprehensión
percepción
apercepción
cognición
raciocinio
juicio
comprensión
pensamiento
conocimiento
discernimiento
sentido
sentido común
» interior
imaginativa
mente
mientes
minerva
vista
clarividencia
alcances
cerebro
meollo
cabeza
chola
casco
quinqué
cacumen
pupila
intuición
instinto
talento
ingenio
habilidad
imaginación

reflexión
idea
asunto
objeto
incomprensión
necedad
torpeza

persona
personalidad
mentalidad
frenología
craneoscopia
psicometría
ángulo facial

calzar... puntos
conocer
saber
entender
comprender
pensar

intelectual
mental
especulativo
teorético

intelectivo
inteligente
sensato
juicioso
cuerdo
prudente
listo
(ingenioso, talentudo, etc. V. *Ingenio*)
anormal

cognoscitivo
comprensivo
comprehensivo
aprehensivo
intuitivo
profundo
caladizo
facial
comprensible

intelectualmente
mentalmente
especulativamente
entendidamente
despejadamente
intuitivamente
facialmente

—

INTEMPESTIVO
(V. *Inoportunidad*)

—

INTENCIÓN (25)

intención
propósito
designio
proyecto
decisión
mente
pensamiento
idea
reserva mental
afición
propensión
ofrecimiento
ánimo
deseo
voluntad
la suya

vista
mira
empeño
conato

Solicitud gratuita de catálogos
Free catalogue order form

Datos personales Personal details

Apellidos Surname ....

Nombre First Name ....

Profesión Profession ....

Dirección Particular ....
Home Address

Población Town ....

Provincia State ....

País Country ....

Temas de Catálogo Catalogue subjects

- ☐ **Arquitectura** Architecture
- ☐ **Construcción** Construction
- ☐ **Ingeniería y Electrónica** Engineering and Electronics
- ☐ **Informática** Computer Science
- ☐ **Diseño Gráfico y Dibujo** Graphic Design and Drawing
- ☐ **Interiorismo y Diseño Industrial** Interior Design and Industrial Design
- ☐ **Mass Media** Mass Media
- ☐ **Arte** Art
- ☐ **Interés general** General interest

Estimado lector,

Le quedamos muy agradecidos por adquirir este libro, el cual deseamos responda completamente a sus necesidades.
Si desea recibir el catálogo gratuitamente, por favor rellene sus datos personales e indique qué temas de catálogo son de su interés.

Dear reader,

Thank you for buying this book which we hope will be to your complete satisfaction.
If you would like to receive a free copy of our catalogue, please fill out the form with your personal details and indicate the subject(s) in which you are interested.

GG®

Franquear
como tarjeta
postal

Stamp
as a postcard.

Editorial Gustavo Gili, S.A.
Apartado de Correos 35.149
08080 Barcelona (España)

intento
ensayo
proyecto
empresa
máxima
intríngulis

objeto
finalidad
objetivo
efecto
fin
ideal
sentido
desiderátum
dulcinea
término
meta
hito
punto
blanco
centro
punto céntrico
alma del negocio
eje
fin último
causa
causa final
destino
teleología

intentar
designar
entender
estar por
aspirar a
mirar
catar
amagar
ir
dirigir
destinar
encaminar
llevar la mira
proponerse
premeditar
enderezarse
desear
pensar
querer
protestar
tratar de
tirar a
hacer a mal hacer
pretender
procurar [ceja
tener entre ceja y
tener ojo
poner los puntos
poner los puntos muy altos

intencional
intencionado
deliberado
bienintencionado
malintencionado
directo
terminativo
teleológico

intencionada-mente
intencionalmente
adredemente
apostadamente
adrede
de intento
aposta
a posta
a su posta
ex profeso
a sabiendas
a caso hecho
a cosa hecha
de industria
de propósito
de pensado
de caso pensado
a tiro hecho
a reserva de
a fin de
como
para

—

INTENSIDAD (2, 24)

intensidad
intensión
intensificación
entesamiento
energía
poder
tensión
fuerza
grado
fuga
viveza
vehemencia
rigor
violencia

intensificar
intensar

aumentar
arreciar
apretar
entesar
redoblar
agravarse

intenso
intensivo
hondo
profundo
extremo
grave
fuerte
recio
valiente
grande
extraordinario
excesivo
violento
vehemente
vivo
agudo
riguroso
rigoroso
rabioso
insufrible
cruel
doloroso

intensamente
intensivamente
a más y mejor

—

INTENSO
(V. *Intensidad*)

—

INTENTAR
(V. *Intento*)

—

INTENTO (26, 27)

intento
intención
intentona
tentativa
candidatura
proposición
propuesta
proyecto
plan
ensayo
empresa
impresa
cata
demanda
cruzada
campaña
gestión
gerencia
oficios
pasos
medios
diligencias
tejemaneje
cabildeo
diligencia
trámite
actividad
acucia
eficacia
agencia
acción
trabajo
solicitud
actuosidad
cuidado
celo
veras
esmero
curia
curiosidad
minuciosidad
oficiosidad
puntualidad
cumplimiento
exactitud
estudiosidad
estudio
aplicación
decisión
esfuerzo
precio
conato
empeño
afán
impulso
impulsión
pechugón
pelea
ardor
vehemencia
pujo
presura
ahínco
atrevimiento
fervor
afición [tencia
lo último de po-

procurar
intentar
tentar
proponer
tantear
probar
ensayar
proyectar
empezar
entablar
embarcarse
pretender
agenciar
diligenciar
encaminar
trazar
tramitar
actitar
trabajar
promover
empujar
acometer
abordar
emprender

querer
gestionar
laborar
cabildear
solicitar
minar
negociar
afanar
desemperezar
apretar
remover
pugnar
correr
pernear
patullar
patear
brujulear
aginar
trapichear
linear
enderezar
trajinar
cuidar
velar
celar
aplicarse
ejercitarse
darse a
tratar de
ver de
tirar a
hacer por
» para
dar en
deshacerse
afanarse
esforzarse
desvelarse
matarse
despizcarse
asparse
azacanarse
ayudarse
enfrascarse
enfroscarse
cebarse
arrojarse
arriesgarse
luchar
pelear
combatir
agotarse
sudar

andar tras
ir tras
estar con las espuelas calzadas
echar líneas
poner la proa
estar sobre
dar pasos
tomar los medios
andar las estaciones
hacer diligencias
tocar una tecla
dar caza
correr caravanas
hacer de su parte
poner de su parte
hacer un poder
hacer todo lo posible
hacer lo posible
hacer los imposibles
sacudir la pereza
apretar los puños
echarse a pechos
tomar a pechos
echar los hígados
estar muy metido
sacar fuerzas de flaqueza
hacer de tripas corazón
gastar el calor natural
componérselas
probar fortuna
afilar las uñas
no parar
echar el bofe
» los hígados
bailar de coronilla
andar de coronilla
» en un pie como grulla
» a vueltas con, para o sobre
hacerse añicos
hacerse rajas
no dejar la ida por la venida
matarse por
no perder punto
estirar la barra
asestar toda la artillería
empeñar la venera
echar toda el agua al molino
tocar todos los registros
no dejar o no quedar piedra por mover
mover cielo y tierra
envidar el resto
echar el resto
batir el cobre
navegar contra la corriente
salirse con la suya

buscavidas
buscavida
busquillo
bibijagua
trafagón
danzante
mujer de su casa

promotor
promovedor
emprendedor
gestor
agente
muñidor
solicitador
solicitante
procurador
procurante
tramitador
despachador
esforzador
candidato
aspirante
pretendiente
pretensor

diligente
solícito
cuidadoso
curioso
acucioso
afanoso
minucioso
prolijo
puntual
oficioso
agencioso
activo
actuoso
negocioso
aprovechado
hacendoso
hacendero
trajinero
aplicado
ahincado
listo
vivo
resuelto
largo
ubicuo

diligentemente
instantemente
ahincadamente
empeñadamente
acuciosamente
acuciadamente
fervientemente
servicialmente
con empeño
de gana
a toda furia
a pendón herido
hasta más no poder [sido
como un descoa remo y vela
hasta las cachas
a todo poder
a todo trapo
a viva fuerza
a destajo
de repeso
de hecho [tidos
con sus cinco sende pensado

—

INTERCEDER
(V. *Mediación*)

—

INTERCOLUMNIO
(V. *Vano* [*Arq*.])

—

INTERÉS (33, 35)

interés
» simple
» compuesto
» a prorrata
intereses a prorrata
juro porción
comodidad
tanto
sueldo por libra
interés legal
» punitorio
interusurio
» dotal
juro moroso
atrasos
caídos
ribetes
decursas
descuento
rédito
renta
utilidad
ganancia
ventaja
logrería
logro
mohatra
usura
daño emergente
capital
principal
tipo de interés
caudal
bienes
dita
préstamo
deuda

imponer
poner a réditos
dar a logro
prestar
capitalizar
lograr
usurear
usurar
mohatrar

producir
rentar
devengar
reditiar

interesado
logrero
usurero
mohatrero
mohatrante
mohatrón
hebreo
judío
prestamista
matatías
renovero
ditero

capitalista
caballo blanco

reditual
redituable
usurario

usurariamente
a razón de
sueldo a libra
al tirón
a dita

—

INTERESES
(V. *Interés*)

—

ÍNTERIN
(V. *Intervalo*)

—

INTERINO
(V. *Intervalo*)

—

INTERIOR
(V. *Interioridad*)

—

INTERIORIDAD (17, 20)

interioridad
interior
intimidad
sanctasanctórum
penetral
penetrales
centro
seno
entraña
entretelas
corazón
médula
riñón
núcleo
tripas
fondo
ánima
ánimo
fuero interno
conciencia
alma

hueco
entrante
intradós
vacío
profundidad
concavidad

internar
entrañar
concentrar
reconcentrar
incluir
cercar
encerrar
introducir
ocultar
acoger

internarse
introducirse
guarecerse
encerrarse
enriscarse
enfrascarse
enfroscarse
embreñarse
ensotarse
enzarzarse
emboscarse
encastillarse
entrar
adentrarse

internación
internamiento
enfrascamiento
enriscamiento
emboscadura
aislamiento

interior
interno
intráneo
central
intestino
intrínseco
profundo
íntimo
secreto
oculto
doméstico
subjetivo

interiormente
internamente
intrínsecamente
hasta los tuétanos

intramuros [tro
de botones aden-
para mi capote
entre
dentro
adentro
por dentro
por de dentro
en
in-
intra-
endo-

—

INTERJECCIÓN
(V. *Exclamación*)

—

INTERMITENTE
(V. *Interrupción*)

—

INTERNACIONAL
(V. *Derecho Internacional*)

—

INTERNAR
(V. *Interioridad*)

—

INTERPONER
(V. *Interposición*)

—

INTERPOSICIÓN (20)

interposición
inciso
digresión
paréntesis
rodeo
interpolación
intervalo
interrupción
distancia
entrevero
intercalación
intercaladura
embolismo
entrometimien-
mediación [to
compenetración
acoplamiento
mezcla

interponer
intercalar
interpolar
entremediar

entreverar
endentar
engranar
acoplar
entrometer
entremeter
introducir
insertar
injertar
interlinear
mezclar
entremezclar
entrelazar
entretejer

interponerse
entremeterse
embolismar
atravesarse
cruzarse
compenetrarse
mezclarse
estar en medio
mediar
intermediar

interpolador
interpuesto
intermedio
mediato
intermediario
interyacente
intercalar
medianero
entreverado

interpoladamente
entremedias
a trechos
entre
en medio
de por medio
inter-

INTERPRETACIÓN (28)

interpretación
comprensión
explicación
exégesis
cábala
masora
glosa
comentario
exposición
justificación
paráfrasis
hermenéutica
tergiversación
sentido [ticio
sentido acomoda-
inteligencia
significación
lección
lectura
traducción
anagogía
anagoge
sugerimiento
impugnación

interpretar
explicar
parafrasear
alegorizar
traducir
descifrar
exponer
comentar
glosar
leer
entender
tomar por
atarse a la letra

intérprete
interpretador

hermeneuta
interpretante
exegeta
escriturario
escriba
rabino
decretalista
vocabulario
parafraseador
parafraste
expositor

interpretativo
exegético
parafrástico
anagógico
hermenéutico
literal
lato

interpretativamente
anagógicamente

—

INTERPRETAR
(V. *Interpretación*)

—

INTÉRPRETE
(V. *Interpretación*)

—

INTERROGAR
(V. *Pregunta*)

—

INTERROGATIVO
(V. *Pregunta*)

—

INTERRUMPIR
(V. *Interrupción*)

—

INTERRUPCIÓN (21)

interrupción
discontinuación
descontinuación
discontinuidad
intermisión
intermitencia
alternación
intercadencia
solución de conti-
nuidad [nuo
solución de conti-
suspensión
parada en firme
recogida
detención
cesación
fin
pausa
receso
callada
interinidad
intervalo
omisión
silencio
paréntesis
inciso
digresión
rodeo
compás de espera
espacio
calma
clara
jolito
cierre
paro
descanso

vacación
inacción
tregua
inducia
vado
armisticio [mas
suspensión de ar-
interposición
distancia
hueco
intersticio
blanco
laguna
salto

interrumpir
suspender
descontinuar
discontinuar
intermitir
dejar
interpolar
recoger
interceptar
diferir
quebrar
romper
rezagar
trabucar
terminar
detener
atajar
truncar
destroncar
cortar
destronar
disolver

dar carpetazo
doblar la hoja
cortar el hilo
quebrar el hilo
cortar el hilo del
discurso
degollar el cuento
destripar o despa-
churrar el cuento
echar el tablacho
hacer » »
quitar las pala-
bras de la boca
salir al atajo
romper las ora-
ciones

interrumpirse
suspenderse
pararse
detenerse
callar
pausar
descansar
remitir
escampar
parar
quebrar
saltear
saltar
gotear
chorrear
salpicar
tomar huelgo
quedarse a media
miel

interruptor
destripacuentos

suspensivo
discontinuo
descontinuo
intermitente
intercadente
remitente
inconstante
atreguado

interrumpidamente
intercadentemente

en suspenso
a trechos
a tolondrones
a saltos
a golpes
a tragos
a sorbos
a remiendos
a días
a ratos
a pausas
entre paréntesis
de rato en rato
de tiempo en tiempo
de cuando en cuando
alto
¡alto ahí!
¡aro!
cepos quedos
no se hable más
en ello
no se hable más
de ello

—

INTERVALO (21)

intervalo
interrupción
detención
pausa
inducia
tregua
interinidad
ínterin
duración
brevedad
intermedio
espacio
comedio
medio tiempo
hueco
lugar
claro
blanco
laguna
silencio
intersticio
distancia
vacío
interregno
interregno parla-
mentario
entreacto
vagar
tiempo libre
coyuntura
ocasión
oportunidad
periodicidad
repetición

transcurrir
pasar
interinar
suplir
salpicar

transitorio
temporal
temporáneo
interino
provisional
precario
momentáneo
transeúnte
periódico
pasajero
fugaz
breve

temporalmente
transitoriamente
precariamente
provisionalmente
momentáneamente

providencialmente
interinamente
ad ínterim
entremedias
mientras
mientra
mientras tanto
en cuanto
en tanto
entre tanto
entre que
en medio
en esto
en estas y las otras
en estas y en estotras
en estas y estas
ínter
ínterin
en el ínterin
por el pronto
por de pronto
por lo pronto
por ahora
de momento
por el momento
por primera providencia
por pronta providencia [ción
de primera intenen administración

periódicamente
distantemente
de cuando en cuando
de vez en cuando
de tiempo en tiempo
a veces
tal cual vez
una que otra vez
a ratos
a tiempos
de trecho en trecho
a pausas
a días
a remiendos
a saltos
a golpes
en partes

—

INTERVENIR
(V. *Acción*)

—

INTESTINAL
(V. *Vientre*)

—

INTESTINO
(V. *Vientre*)

—

INTOLERABLE
(V. *Paciencia*)

—

INTOXICAR
(V. *Veneno*)

—

INTRATABLE
(V. *Desabrimiento*)

—

INTRIGA (27)

intriga
enredo
chisme
entremetimiento
entrometimiento
maquinación
trapisonda
pastel
empanada
cábala
tamal
tinglado
tinterillada
gatuperio
emboscada
asechanza
astucia
disimulo
maniobra
artificio
manejo
tejemaneje
trapicheo
danza
combina
enjuague
compadrazgo
chanchullo
ajo
trama
urdimbre
urdiembre
trabajo de zapa
complot
confabulación
malas artes
estraperlo
intereses creados

intrigar
enredar
trapichear
cabildear
trapisondear
entremeterse
confabularse

maquinar
laborar
tramar
urdir
desurdir
combinar
birlar
hacer la cama

intrigante
maquinador
maquinante
tejedor
trapisondista
urdemalas
chismoso
chanchullero
compadre
compinche
muñidor
enredador
entremetido
culebrón
aventurero
advenedizo
arribista
birlador

—

INTRIGANTE
(V. *Intriga*)

—

INTRIGAR
(V. *Intriga*)

—

INTRINCADO
(V. *Enredo*)

—

INTRODUCCIÓN (20)

introducción
metimiento
acoplamiento
importación
hincadura
impacción
fijación
enclavación
sujeción
inclusión
encierro
inserción
interposición
obstrucción
hundimiento
inmersión
penetración
impregnación
inyección
infiltración
imbibición
calada
absorción
penetrabilidad

meter
remeter
entremeter
entrometer
interponer
importar
contrabandear
alijar
pasar
entrañar
internar
hornaguear
zampar
zampuzar
zambucar
ensenar
incluir
ensolver
injerir
inserir
insertar
injertar
reconcentrar
imprimir
estampar
encanutar
encañutar
encalar
enzurronar
arrojar
encerrar
encajonar
enjaular
engaviar
empozar
encovar
encuevar
abarrancar
enterrar
hundir
sumergir

introducir
entrar
embutir
hincar
fijar
colocar
estacar
plantar
chantar
enterrar
clavar
enclavar
atornillar
afianzar
sujetar
encepar
empotrar
encajar
embeber
alojar
encuadrar
engarzar
engastar
atravesar
mechar
ensartar
llenar
echar
inflar
soplar
embudar
envasar
inyectar
embocar
encanastar
embanastar
encestar
ensacar
entalegar
encostalar
encapachar
encapazar
enzurronar
encajonar
embalar
envolver
empacar
empaquetar
envalijar
embaular
guardar
conservar
encorar
encorachar
embotar
entonelar
embarrilar
entinar
atestar
apretar
cerrar
obstruir

empapar
calar
sorber
encalar
embeber
absorber
penetrar
filtrar
infiltrar
impregnar
intimarse
entrevenarse

entrar
ahondar
cebar
encarnar

meterse
introducirse
zambullirse
entretallarse
engorrarse
internarse, etc.
compenetrarse
acoplarse

metedor
introductor
importador
contrabandista
matutero
engeridor
penetrante
penetrativo
coladizo
penetrable
permeable
inserto
enquistado
profundo

—

INTRODUCIR
(V. *Introducción*)

—

INUNDACIÓN (19)

inundación
anegación
anegamiento
inmersión
diluvio
aluvión
chorroborro
avenida
venida
crecida
creciente
llena
riada
arriada
arroyada
aguada
arrecil
aguaducho
torrente
correntía
derramamiento
corriente
río
lago
cataclismo
torrentero
torrontera
torrontero
ramblazo
rambla
arroyadero
cauce
pantano
estero
aguazal
bajial
lucio
albina
andarrío
robadizo
bardomera

inundar
anegar
arriar
sumergir
arramblar
alagar
arriarse
aguarse
aplayar
arramblarse

inundante
anegadizo
anegable
alagadizo
ramblizo
aluvial
diluviano
antediluviano
de aluvión

—

INUNDAR
(V. *Inundación*)

—

INÚTIL
(V. *Inutilidad*)

—

INUTILIDAD (24)

inutilidad
invalidación
desaprovechamiento
inanidad
inania
nulidad
futilidad
gratuidad
superfluidad
exceso

inutilizar
anular
malograr
desaprovechar
perdonar
perder
echar a perder
gastar
desperdiciar
arrumbar
arrimar
arrinconar
jubilar
enmohecer
desechar

ser inútil
sobrar
no haber que
estar de más
ser un asco
no valer un pito
» » cosa
no montar una paja
no servir a Dios ni al diablo
ser buena tierra para sembrar nabos
bobear
perder uno el tiempo
hacer por hacer
hablar por hablar
predicar en desierto
andar a grillos
azotar el aire [to
dar voces al vienmachacar o martillar en hierro frío [balde
gastar saliva en
echar lanzas en la mar
arar en el mar
gastar la pólvora en salvas
cazar moscas
sembrar en arena
hablar por demás
embadurnar papel
trabajar para el obispo
no echarse nada en el bolsillo

inutilizarse
pasarse
perderse
desperdiciarse
malograrse

trasto
traste
trastería
desecho
cachivache
tronco
Juan Palomo
milhombres
hombrecillo de agua y lana
pelele
cascaciruelas
tiracantos
echacantos
ablandabrevas
ablandahígos
montón de tierra
maula
plepa
sotreta
cachivada
chafalonía
estropajo
retobo
hojarasca
ripio
broza
engarnio
zupia
residuo
hueso

muérgano
ñaque
devaneo
rodeo
cansera
tiempo perdido
palabra ociosa
papel mojado
cero a la izquierda
la carabina de Ambrosio
la espada de Bernardo

desperdiciador
desperdiciado
desaprovechado
arrumbador

inútil
excesivo
nulo
improductivo
infructuoso
infructífero
insignificante
triste
inerte
inactivo
ineficaz
impotente
estéril
infrugífero
ocioso
vano
inane
superfluo
expletivo
redundante
ripioso
prolijo
ingrato
inconducente
inservible
desaprovechado
echadizo
excusado
mangorrero
arrinconado
desusado
de desecho

inútilmente
vanamente
infructuosamente
baldíamente
ociosamente
perdidamente
en balde
en vano
en vago
por demás
a pica seca
sin fruto
gratis

para ese viaje no se necesitan alforjas
buen jubón me tengo en Francia

—

INUTILIZAR
(V. *Inutilidad)*

—

INVADIR
(V. *Invasión)*

—

INVASIÓN (34)

invasión
irrupción
intrusión
entrada
correría
excursión
incursión
algara
algarada
maloca
malón
almogavería
cabalgada
cabalgada doble
acometimiento
guerra
francesada

invadir
irrumpir
entrar
asaltar
dar asalto
correr
hacer correrías
infestar
maloquear
almogavarear
acometer
ocupar

invasor
irruptor
algarero
corredor

—

INVENCIÓN (23)

invención
invento
hallazgo
descubrimiento
traza
máquina
fábrica
artificio
proyecto
arbitrio
improvisación
recurso
solución
combinación
medios
intento

patente [ción
» de invenprivilegio
» de invención
» de introducción
marca de fábrica
» » comercio
modelo industrial
canon
registro de la propiedad industrial

inventiva
imaginación
fantasía
ingenio
idea
inspiración

inventar
hallar
encontrar
descubrir
fraguar
forjar
discurrir
pensar
arbitrar
ingeniar
idear
imaginar
concebir
fingir
improvisar
excogitar
tejer
trazar
hacer
sacar
asacar
adelantar
levantar la liebre
sacar de su cabeza
levantar de su cabeza [de
ser de la cosecha

patentar

inventor
inventador
invencionero
inventivo
autor
padre
genio
arbitrador
trazador
tracista
novador
novator
fabricador
fraguador

patentado
original
de propia Minerva
de su casa [beza
de mi, su etc., ca-
» » » » cosecha
de mi santiscario

—

INVENTAR
(V. *Invención)*

—

INVERNAL
(V. *Invierno)*

—

INVEROSÍMIL
(V. *Inverosimilitud)*

—

INVEROSIMILITUD (15, 23)

inverosimilitud
inverisimilitud
improbabilidad
incredibilidad
inconveniencia
notición
absurdidad
imposibilidad
» moral
incredulidad
duda

hacerse dura una cosa
no ser de esperar

inverosímil
inverisímil
increíble
improbable
remoto
imposible
absurdo
irracional
inexistente

improbablemente
increíblemente
remotamente
ni por sueño
ni por pienso

—

INVERSIÓN (20)

inversión
cambio
retroceso
alternación
reciprocidad
transposición
hipérbaton
anagrama
anástrofe
palíndromo
retruécano
contraposición
preposteración
revolución
trabucación
trabuco
vuelco
tumbo
oposición
repelo
redopelo
rodapelo
redropelo
retroversión
subversión
revés
reverso [dalla
el revés de la meel reverso de la medalla
posterioridad

invertir
contraponer
trocar
subvertir
preposterar
volver
volcar
tumbar
voltear
voltejear
desdar
desandar
trastornar
trabucar
trastocar
trastrocar
camodar
trasnombrar
entornar
embrocar
volcarse
revolcarse
volquearse [nas
volverse las tor-

invertido
inverso
prepóstero
trastocado
trastrocado
trabucador
trabucante
trastornable

inversamente
bustrófedon
al revés
de revés
a zurdas
viceversa
al contrario
por el contrario
por lo contrario
a o por la inversa
a la trocada
a la trocadilla
pelo arriba
a pospelo
a contra pelo
a contrapelo
al redopelo
al redropelo
hacia atrás
a tuertas
patas arriba
cabeza abajo
boca abajo
al revés me las calcé
cuando pitos flautas, cuando flautas pitos
cuando pitos flautos, cuando flautos pitos

—

INVERSO
(V. *Inversión)*

—

INVERTIR
(V. *Inversión)*

—

INVESTIGACIÓN (23)

investigación
indagación
pregunta
inquisición
exploración
experimentación
descubrimiento
probanza
criticismo
batida
examen
ensayo
reconocimiento
tanteo
sondeo
escudriñamiento
escrutinio
busca
pesquisa
disquisición
encuesta
información
averiguación
averiguamiento
recepción
apuración
curiosidad
dialéctica
fisgoneo
fiscalización
vigilancia
atención
acecho
sonsacamiento
sonsaca
sonsaque
buscapié
tranquilla
lengua
llave
pala
tienta
pista
método

investigar
indagar
inquirir
perquirir
preguntar
escrutar
visitar
pesquisar
ensayar
buscar
otear
rebuscar
escudriñar
escarcuñar
esculcar
aquilatar
quilatar
ahondar
escarbar
revolver
brujulear
contraminar
intrigar
examinar
mirar
catar
atender
acechar
vigilar
oler
olfatear
oliscar
husmear
andar al husmo
andar a la husma
huronear
ventear
curiosear
fisgonear
fisgar
deshollinar
candiletear
meter las narices en
meterse en vidas ajenas [ajenas
saber las vidas
explorar
tantear
rastrear
sondar
sondear
vadear
trastear
bucear
merendar
descubrir campo
contar los pasos
seguir la pista
seguir la liebre
tentar la ropa
dar un toque
tomar lengua, o lenguas
lavar la lana
sacar la púa al trompo

descabezarse
descrismarse
descornarse
descalabazarse
darse de calabazadas [das
darse de cabeza-
» contra las paredes
» contra las esquinas

sonsacar
sacar
ganzuar
soltar especie
echar el cascabel
meter los dedos
tomar voz
averiguar
apurar
desentrañar
hallar
advertir
descubrir
penetrar
desenmascarar
desenvolver
desencapotar
desarrebozar
atinar
lincear
colegir
inferir
deducir
entender
sorprender
conocer
venir en conocimiento
poner en claro
sacar en limpio
beber en buenas fuentes [blo
hablar con el dia-

leer [nes
leer entre renglo-
comprender
coger
pillar
conocer el juego
dar en el hito
» » » busilis
» » » punto
» » la tecla
» » » yema
» » el clavo
» » » chiste
poner el dedo en la llaga
caer en el chiste
dar en el quid
acertar
ver el juego
quitar la careta
descubrir el pastel
quitar el hojaldre al pastel
comerse la partida [da
tragarse la parti-

laboratorio

sonsacador
ganzúa
sacatrapos
echadizo
soltadizo
espía
» doble
espión
sabueso
policía
hurón
hurguete
fiscal
buscavidas

investigador
inquiridor
inquisidor
inquisitivo
inquisitorio
pesquisidor
pesquisante
indagador
explorador
exploratorio
desenvolvedor
escudriñador
zahorí
curioso
mirón
fisgador
fisgón
husmeador
deshollinador
averiguador
descubridor
paradislero

indagatorio
probatorio
explicable
averiguable
investigable

curiosamente
averígüelo Vargas

—

INVESTIGAR
(V. *Investigación*)

—

INVIERNO (21)

invierno
ivierno
hibierno
solsticio hiemal
invernar
esterar

invernada
invernadero

invernal
hibernal
hibernizo
invernizo
hiemal
aquilonal
aquilonar

a boca de invierno

—

INVITAR
(V. *Convite*)

—

INYECCIÓN (12)

inyección
vacunación
sueroterapia
inmunología
jeringación
jeringatorio
lavativa
lavamiento
ayuda
enema
clister
clistel
cristel
irrigación

inyectar
jeringar
clisterizar
irrigar
introducir

jeringa
jeringuilla
lavativa
servicial
servicio
visitadora
gaita
clisobomba
mangueta
cánula
pitorro
bitoque
irrigador

ampolla
inyectable

jeringador
clistelera

—

INYECTAR
(V. *Inyección*)

—

IR
(V. *Traslación*)

—

IRA (14, 26)

ira
cólera
furia
furor
rabia
coraje
corajina
soberbia
saña
fiereza
indignación
desesperación
vesania
veneno
carraña
escorrozo

enojo
enojuelo
enfado
enfadamiento
molestia
fanfurriña
atufo
atufamiento
mosqueo
mohína
mohindad
despecho
resentimiento
pique
rencilla
ofensa
queja
reconcomio
requemo
resquemo
resquemor
quemazón
requemazón
resquemazón
requemamiento
picazón
escama
cicatriz
agrazón
pasioncilla
amarulencia
rencor
rancor
aborrecimiento
odio

irritación
irritamiento
airamiento
enfurecimiento
embravecimiento
enfurruñamiento
arrebato
arrebatamiento
pasión
violencia
exacerbación
exasperación

acceso
arranque
arrechucho
alteración
descomedimiento

rabieta
berrinche
berrenchín
entripado
entruchado
embuchado
basca
rebufe
ceño
regaño
bufido
sofión
estufido
gruñido
perra
perrera
perrería
petera
refunfuño
refunfuñadura
bramuras

irritabilidad
irascibilidad
impaciencia
iracundia
vidriosidad
delicadez
delicadeza
excitabilidad
excitación
desesperación
desesperanza
desabrimiento
vehemencia

irritar
airar
enojar
atufar
fastidiar
cabrear
hastiar
enchilar
encerrizar
infernar
excitar
provocar
impacientar
azuzar
achuchar
encalabrinar
encalabriar
endurecer
enviscar
incitar
malquistar
emborrascar
encrespar
disgustar
chocar
espiritar
volar
picar
quemar
resquemar
requemar
amostazar
amoscar
sublevar
indignar
despechar
encolerizar
enrabiar
enfurecer
embravecer
ensañar
enconar
desesperar
consumir
pudrir
endemoniar
sulfurar
agriar
exacerbar
excandecer
encarnizar
exasperar
encrudecer
dar en los ojos
» » rostro
echar garbanzos
poner »
sacar de tiento
sacar de tino
sacar de madre
tentar la paciencia [quillas
buscarle las cos-
sacar de sus casillas [lla
levantar de pati-
dar al diablo

encolerizarse
enfurecerse
sulfurarse
enfuriarse
encorajarse
encorajinarse
atocinarse
enfierecerse
entigrecerse
ensangrentarse
irritarse
airarse
enojarse
atufarse
espiritarse
amostazarse
indignarse
llenarse
impacientarse
arrebatarse
desbautizarse
descrismarse
repudrirse
repodrirse
destrizarse
escandalizarse
emberrenchinarse
emberrincharse
embotijarse
enarbolarse
azarearse
enchivarse
amontonarse
enfurruñarse
enfurruscarse
empurrarse [gas
tener malas pulgas
no sufrir cosquillas
montar en cólera
tomar cólera
tomarse de la cólera
emborracharse de cólera [lera
exaltársele la có-
exaltársele la bilis
llenarse de ira
subírsele la sangre a la cabeza
darse a perros
salir de sus casillas
comer pimienta
echar el hatillo al mar
subirse a la parra
perder los estribos
hinchársele las narices
subírsele el humo a las narices
llevársele el demonio
llevársele los demonios
llevársele todos los demonios
revestírsele el diablo [monio
revestírsele el de-
ahumársele a uno el pescado
no caberle el corazón en el pecho
descomedirse
rabiar
patear
patalear
pernear
saltar
brincar
amular
trinar
bufar
bramar
mugir
verraquear
varraquear
gruñir
rugir
refunfuñar
regañar
rezar
rezongar
murmurar
rutar
rumiar
rumbar
rugir
quejarse
asparse
aborrirse
desesperarse
poner gesto
fruncir
arrugar la frente
hablar entre dientes [lebras
echar sapos y cu-
echar espumarajos por la boca
echar chiribitas
echar fuego por los ojos
echar chispas
» rayos
» venablos
descargar la ira en
descargar la cólera en
saltarle a los ojos
comer vivo
traer sobre ojo
descargar el cielo
descargar la nube
descargar el nublado
echarlo todo a rodar
salir pitando
salir o ir atestando
andar o ir por dentro la procesión
morderse los dedos
comerse las uñas
pelarse las barbas
tirarse de las barbas [blo
estar dado al dia-
darse al diablo
tomar o coger el cielo con las manos
estar hecho un basilisco
ponerse de mil colores
estar hecho de hiel
darse contra una pared
estar de picadillo
venir de picadillo
tener malas cosquillas
estar por las nubes
ladrar a la luna
echarse con la carga

ofenderse
resentirse
sentirse
darse por sentido
picarse
mosquearse
concomerse
reconcomerse
escocerse
amoscarse
repudrirse
repodrirse
requemarse
formalizarse
repuntarse
contrapuntearse
gazmiarse
humear

energúmeno
furia
sierpe
ménade

cascarrabias
paparrabias
pulguillas
fuguillas
tufillas
geniazo
bejín
berrín

pólvora
botafuego
vidrio
perrengue
carraña

irritador
irritante
provocador
provocativo
provocante
exasperante
indignante

airado
colérico
corajudo
rabioso
crespo
furioso
furibundo
enfierecido
furente
furiente
furo
bravo
torvo
aferruzado
ardiondo
poseído
frenético
borracho
esquinado
esturado
quejoso
rencoroso

irritable
irascible
enfadadizo
enojadizo
arrebatadizo
violento
enconoso
feróstico
iracundo
impaciente
malsufrido
quisquilloso
cosquilloso
caramilloso
picajoso
picajón
puntuoso
puntoso
puntilloso
susceptible
vidrioso
sentido
resentido
delicado
repeloso

regañón
rezongón
rezonglón
rezongador
refunfuñador
carrañón
carrañoso
gruñón
rutón
rostritorcido
rostrituerto
ceñudo

airadamente
furiosamente
enojosamente
enfadosamente
rabiosamente
despechadamente
atufadamente
implacablemente
rencorosamente
quisquillosamente

ab irato
a sangre caliente
con mil de a caballo

¡pesia!
¡pesia tal!
¡carape!
¡caracoles!
¡caray!
¡caramba!
¡cómo!
¡cuerpo de tal!
¡cuerpo de mí!
¡cuerpo de Dios!
¡fuego de Dios!
¡cuerpo de Cristo!
¡fuego de Cristo!

—

IRONÍA (14, 26)

ironía
humor
humorismo
carientismo
aticismo
sal ática
ilusión
donaire
ingenio
broma
burla
zaherimiento
sátira
sarcasmo
causticidad
mordacidad
tonillo
sonsonete
retintín
chafaldita
chilindrina
epigrama
parodia
sugerimiento

ironizar
satirizar
zaherir
ridiculizar

ironista
humorista
burlón

irónico
humorístico
satírico
sarcástico
epigramático
cáustico
mordaz

irónicamente
humorísticamente

—

IRÓNICO
(V. *Ironía*)

—

IRRACIONAL
(V. *Irracionalidad*)

—

IRRACIONALIDAD (23)

irracionalidad
irracionabilidad
bestialidad
absurdidad
anormalidad
arbitrariedad
inverosimilitud
imposibilidad

disparate
error
disparatorio
dislate
disparo
desbarro
desacierto
enormidad
desatino
despapucho
descamino
despropósito
descabellamiento
desvarío
aberración
delirio
locura
devaneo
badomía
burrada
necedad
impertinencia
extravagancia
gazapatón
gazafatón
garrapatón
imprudencia
insensatez
incoherencia
improcedencia
inconsecuencia
inconexión
desconformidad
ficción
sueño
adefesio
engendro
paparrucha
esperpento
especiota
borrachera
patochada
ciempiés
enflautada
absurdo
absurdidad
viceversa
contradicción
oposición
contrasentido
tergiversación
argucia
paradoja
pie de gallo
» » banco
pata de banco
razón de pie de banco
salida de pie de banco

disparatar
desbarrar
disparar
desbaratar
desvariar
delirar
devanear
tergiversar
despotricar
echar las patas por alto
apearse por la cola [lebras
echar sapos y cu-
ir fuera de camino
no llevar pies ni cabeza [cabeza
no tener pies ni
hacer disonancia
hablar a tontas y a locas

irracional
bestial
brutal
irrazonable
desrazonable
absurdo
contradictorio
inverosímil
ilógico
infundado
paradójico
paradojo
disparatado
desatentado
disparatador
descabezado
descabellado
despropositado
extravagante
inconveniente
impertinente

irracionalmente
desatinadamente
disparatadamente
disparadamente
desvariadamente
descabezadamente
a troche y moche
a trochemoche
por los cerros de Úbeda

¡aprieta!
¡atiza!
¡arrea!
apaga y vámonos

—

IRREAL
(V. *Inexistencia*)

—

IRREALIDAD
(V. *Inexistencia*)

—

IRREFLEXIÓN
(V. *Indeliberación*)

—

IRREFLEXIVO
(V. *Indeliberación*)

—

IRREGULAR
(V. *Irregularidad*)

—

IRREGULARIDAD (16)

irregularidad
anomalía
anormalidad
anacronismo
exceso
extrañeza
extrañez
rareza
raridad
infrecuencia
desuso
peregrinidad
originalidad
arbitrariedad
extravagancia
particularidad
excepción
exclusión
exención
incumplimiento
infracción
desigualdad
desproporción
asimetría
desconformidad
deformidad
monstruosidad
enfermedad

monstruo
monstro
mostro
aborto
anormal
desvarío
ficción
fénix
quimera
prodigio [ves
cosa del otro jue-
cometa

bueno es
salirse de la regla
no estar en la cartilla
no estar en el mapa una cosa

irregular
anormal
informal
heteróclito
anómalo
anacrónico
monstruoso
sobrehumano
contranatural
sobrenatural
mágico
prodigioso
increíble
imposible
inconcebible
inaudito
paradójico
inverosímil
fenomenal
violento
extremo
avieso

extraordinario
nunca visto
no visto
extraño
accidental
excepcional
único
especial
particular
singular
importante
incomparable
inenarrable
indecible
admirable
perfecto
excelente
notable
eminente
ilustre
exclusivo
curioso
original
arbitrario
infrecuente
desusado
insólito
raro
peregrino
extravagante
estrambótico
barroco
ridículo
deforme
informe
desproporcionado
descomunal
piramidal
macanudo
excesivo
descomedido
desvariado
que canta el credo

irregularmente
extraordinariamente
terriblemente
descomunalmente
peregrinamente
desregladamente
fuera de quicio
no así como quiera, o no como quiera

—

IRRELIGIÓN (1)

irreligión
irreligiosidad
incredulidad
laicismo
libre examen
libertad de conciencia
librepensamiento
ateísmo
asebia
(escepticismo, racionalismo, materialismo, panteísmo, etc.
V. *Filosofía*)
profanidad
infidelidad
herejía
paganismo
mitología
ateísmo
anticlericalismo
clerofobia
francmasonería
indevoción
irreverencia
volterianismo
desacato
libertinaje
impiedad
impenitencia
teofobia
blasfemia
juramento
sacrilegio
profanación
apostasía
descatolización
hipocresía

desadorar
irreverenciar
profanar
jurar
descristianizar
descatolizar
blasfemar
no temer a Dios

irreligioso
descreído
tibio
indiferente
incrédulo
indevoto
irreverente
profano
laico
antirreligioso
anticatólico
anticristiano
anticlerical
impío
impiadoso
impiedoso
nefario
volteriano
espíritu fuerte
enciclopedista
librepensador
de la cáscara amarga
escéptico
ateo
teófobo
clerófobo
malsonante

irreligiosamente
irreverentemente
impíamente

—

IRRELIGIOSO
(V. *Irreligión*)

—

IRRESOLUTO
(V. *Vacilación*)

—

IRRESPETUOSO
(V. *Irreverencia*)

—

IRREVERENCIA (14, 26)

irreverencia
irrespeto
irrespetuosidad
desacato
desobediencia
desacatamiento
desconsideración
descomedimiento
descaro
desenvoltura
atrevimiento
burla
zaherimiento
reprobación
desdén
familiaridad
menosprecio
desprecio
ofensa
profanación
blasfemia

irrespetar
irreverenciar
desacatar
desconsiderar
descomedirse
faltar
menospreciar
ridiculizar

irrespetuoso
irreverente
desconsiderado
malconsiderado
desacatador
atrevido
adelantado
iconoclasta

irrespetuosamente
irreverentemente
desacatadamente

—

IRRITABLE
(V. *Ira*)

—

IRRITAR
(V. *Ira*)

—

ISLA (3)

isla
ínsula
ínsola
isleta
islote
isleo
cayo
mejana
antilla
guapí
secano
delta
atolón
columbrete
chivín
escollo
oasis

archipiélago
península
bojeo
contorno

bojar
bojear
aislar

insular
insulano
isleño

—

ISLAMISMO (1)

islamismo
islam
media luna
mahometismo
morisma
sufismo
sofismo
darislam
religión
égira
hégira
héjira
tierra moriega
tierra de moros
morería

Alcorán
Corán
zuna
sura
azora
aleya
alea
tahalí

Alá
Mahoma
paraíso de Mahoma
chana
hurí
profeta
nabí
anabí
santón
faquir
morabito
morabuto
derviche
santo
sacerdote
imán
calender
játib
almocrí
almuédano
almuecín
muecín
alcoranista
ulema
alfaquí
faquí
sultán
califa
jalifa
jedive
jeque
jerife
jarife
valí
visir
caíd
cadí
ámel
muftí
fatimita
fatimí
almohade
almorávid
almogávar
monfí
cegrí
árabe
moro
bereber
exarico
mozárabe
morisco
tagarino
creyente
morisma

califato
valiato
amelía
ramadán
amán
dahír
azalá
zalá
baraca
azaque

morisqueta
lelilí
lililí
lilaila
muna
alcuzcuz

mezquita
aljama
alminar
almimbar
alquibla
mihrab
macsura
zagüía
morabito
marabuto
rábida
randa
almacabra
convento

mahometizar
islamizar

mahometano
mahomético
mahometista
musulmán
muslime
muslímico
agareno
sarraceno
islámico
islamita
moro
mauro
moruno
moriego
mudéjar
modéjar
morisco
amoriscado
mozárabe
druso
sofí
maronita
muladí
gazí
enaciado
pápaz
pagano
perro

marlota
aljuba
chilaba
alquicel
almalafa
malafa
jaique
turbante
albornoz
almaizal
almaizar

alcoránico
coránico
jerifiano
jarifiano
panislamista

—

ISRAELITA
(V. *Judaísmo*)

—

IZQUIERDA (17)

izquierda
zurdería
izquierdo
siniestro
esquerro
levógiro
mano izquierda
» siniestra
» zoca
» zurda
bracio ledro
pie de montar
» de cabalgar
caballo de silla
babor
palíndromo

ezquerdear
enzurdecer

zurdo
zoco
zueco
zocato
maniego
mizo
mano de cazo

a izquierdas
a zurdas
a zocas
sinistrórsum
¡riá!

—

IZQUIERDO
(V. *Izquierda)*

—

J

JABALÍ (6)

jabalí
puerco
» montés
» salvaje
» jabalí
jabalí alunado
jabalina
puerca montés
» salvaje
cerdo
babirusa
cochastro
jabato
escudero
salvajina
res

colmillo
navaja
remolón
cota
escudo
seda
berrenchín
cubil
escarbadero
rebudio

hozar
arruar
rebudiar
barrearse

hozadero
aguzadero
porquera

jabalinero

—

JABÓN (10, 11)

jabón
» duro
» de piedra
» blando
jaboncillo
jabonete
jaboneta
jabón de olor
jabonete de olor
sebillo
adipocira
espuma
pompas de jabón
burbuja
bálago

barrilla
palo de jabón
hierba jabonera
paraparo
jabonera
jabonera de la Mancha
saponaria
albada
lanaria
herbada
palqui
parqui
tarsana
amole
lejía

saponificar
choquear
jabonar
enjabonar
lavar

saponificación
choqueo
jabonado
jabonadura
enjabonado
enjabonadura
mano de jabón
lavado
fregado

jabonero
jabonera
jabonador

jabonería
almona
caldera de jabón
trujal
chueca

jabonoso
saponáceo
saponificable

—

JACTANCIA (26)

jactancia
alabanza
alabancia
inmodestia
vanagloria
vanidad
fatuidad
orgullo
empresa
viento
ventolera
petulancia
presunción
dogmatismo
pedantería
presuntuosidad
ostentación
boato
fausto
fastuosidad
ufanía
junciana
postín
pisto
porra
leonería
fachenda
farol
rentoy
lilao
alardeo
alarde
exageración
mentira
amenaza
atrevimiento
faufau
farfolla
faramalla
farolería
faroleo
pavoneo
afectación
poleo
cacareo
enjuague
jinetada
barrumbada
borrumbada
burrumbada
montantada
bravata
bravura
valentonada
valentía
valentona
ronca
fieros
majencia
fanfarria
fanfarronada
majeza
guapeza
chulería
flamenquería

jactarse
alabarse
gloriarse
vanagloriarse
glorificarse
abantarse
ufanarse
engreírse
preciarse
apreciarse
pagarse
picarse
repicarse
relamerse
pavonearse
pompearse
pomponearse
achularse
achulaparse

presumir
blasonar
alardear
vocear
cacarear
exagerar
eructar
tremolar
fantasear

hombrear
fachendear
farolear
farandulear
papelonear
papelear
pavonear
lucir
desflemar
abantar
envalentonar
pompear
vociferar
montantear

venderse por
echarla de
darla de
tirarla de
hacerse el
hacer el paripé
darse tono
darse charol
darse pisto
pintarla
pintar la cigüeña
hacer piernas
echar piernas
hacer de persona
echarla de plancheta
hacer profesión de
hacer gloria de
» vanidad de
» blasón
» gala de una cosa
hacer gala del sambenito
tener a gala
echar de la gloriosa
ponerse moños
echar roncas
vender juncia
gastar mucho oropel
escupir doblones
escupir sangre
hablar a bocanadas [de sangre
echar bocanadas
echar doblonadas
írsele a uno la fuerza por la boca

jantancioso
jactabundo
egotista
inmodesto
alabancioso
orgulloso
vanaglorioso
vanidoso
fastuoso
fastoso
fachudo
fatuo
presumido
petulante
ufano
glorioso
glorificante
aparatoso
preciado
cacareador
vociferador
vociferante
blasonador
blasonante
alardoso
rumboso
ostentoso
ostentativo
rimbombante
pomposo
pompático
teatral
espectacular
afectado
pinturero
postinero
curro
moñista
charlatán
histrión
empampirolado
fachendoso
fachendón
fachendista
fachenda
fantasmón
espantajo
vendehúmos
papelón
papelero
farol
farolero
farolón
figurón
fachoso
parejero
escuderón
principote
patriotero
majo
flamenco
chulo
chulapo
achulado
chulesco

jactanciosamente
ostentosamente
vanagloriosamente
vanamente
petulantemente
presuntuosamente
ufanamente
de boca

sépase quién es Calleja
ya verán quién es Calleja

—

JACTANCIOSO
(V. *Jactancia*)

—

JACTARSE
(V. *Jactancia*)

—

JAMÓN
(V. *Carne*)

—

JARA (5)

jara
lada
ladón
hojaranzo
ojaranzo
jara negra
» cerval
» cervuna
» macho
» estepa

jaral

jaroso
ládano
jarazo

—

JARDÍN (36)

jardín
vergel

pensil
carmen
carme
hormazo
arrizafa
ruzafa
aguedal
montenegro
parque
casaquinta
huerta

cuadro
cantero
cuartel
macizo
pared
lazo
tablar
tablero
era
calle
avenida
laberinto
arriate
arriata
terraza
platabanda
andador
rosaleda
parterre
invernáculo
invernadero
estufa
umbráculo
pajote
albitana
espaldera
espalera
espaldar
contraespaldera
enrejado
arriata
arriate
encañado
emparrado
barbacoa
bosquete
plazoleta
glorieta
cenador
cenadero
quiosco
lonjeta
piscina
estanque

sembrar
plantar
injertar
podar
regar
enjardinar
ajardinar
rastrillar
rastillar
atusar
afeitar
desvahar
emparrar
encañar

jardinería
floricultura
siembra
plantación
injerto
poda
acodo
desvaho
riego
abono
tierra de brezo
flor
hierba
arbusto
árbol
botánica

jardinero
vergelero
floricultor
plantista
adornista

tiesto
maceta
pala
rastrillo
zapapico
azada
collalba
tutor
rodrigón
támbara
espantajo

jardinera
jardinero

—

JARDINERÍA
(V. *Jardín*)

—

JAULA (37)

jaula
jaulón
alcahaz
cávea
gavia
loquera
gayola
pajarera
canariera
grillera
garigola
caponera
huacal
guacal
pesquera
fogaril
fresquera

cetrería
pájaro
ave
gallina (etc.)

enjaular
engaviar
alcahazar
encerrar
desenjaular

—

JEFA
(V. *Jefe*)

—

JEFE (30)

jefe
jefa
subjefe
superior
superioridad
director
rector
ductor
decano
mayor
cabeza
amo
señor
caporal
cabecera
encargado
principal
prepósito
preboste
prefecto
patrono
compatroño
ranchero
contramaestre
soberano
rey
papa
prelado
(prior, etc.
V. *Comunidad*)
presidente
dictador
autócrata
tirano
senescal
estatúder
arconte
patriarca
dux
dogaresa
regente
regenta
gobernador
subgobernador
segundo
magistrado
alcalde
jefe **militar**
caudillo
acaudillador
adalid
cuadrillero
gallito
jeque
demagogo
leader
jalifa
amir
toqui
arráez
arraz
arrayaz
atamán
cabecilla
cabo
conde
almirante
alférez
centurión
decurión
corifeo
intendente
superintendente
ordenador
empleado

(duque, marqués, etc. V. *Dignidad*)
(sub-, vice-, etc. V. *Substituto*)

encabezar
acaudillar
acaudillarse
mandar
levantar bandera
ponerse al frente

jefatura
autoridad
poder
dominio
mando
gobierno
jurisdicción
superioridad
soberanía
presidencia
vicepresidencia
regencia
dirección
dictadura
caudillaje
intendencia
superintendencia
sobreintendencia
prepositura
arcontado
patriarcado
rectorado
patronato
patronazgo
compatronato
jalifato
dignidad
empleo

directoral
acéfalo

—

JERGA
(V. *Lengua*)

—

JERGÓN
(V. *Colchón*)

—

JERINGA
(V. *Inyección*)

—

JESUCRISTO (1)

Jesucristo
Jesús
» Nazareno
Cristo
Dios Hombre
Padre
Hijo de Dios
Hijo del hombre
Verbo
Palabra
Sabiduría eterna
» increada
El Divino Nazareno
Eterno
El Nazareno
El Crucificado
El Redentor
Nuestro Señor
El Señor
El Salvador
El Buen Pastor
El Niño de la Bola
Niño Jesús
Mesías
Unigénito
Cordero
Divino Cordero
Cordero de Dios
Cordero pascual
Galileo
Alfa

apóstol
bautista
Reyes magos
cirineo
verónica
samaritana
magdalena
el buen ladrón
el mal ladrón
deicida
anticristo

cenáculo
tierra santa
casa santa
crismón
lábaro
pañetes
sábana santa
sudario
Santa Faz
santo sepulcro
cruz
crucifijo
Eccehomo
efigie
inri
I. H. S.
portal de Belén
nacimiento
vía crucis

encarnar
humanizarse
humanarse
jesusear
misterio
paso
anunciación
encarnación
nacimiento
advenimiento
cristofanía
adoración
epifanía
natividad
navidad
nadal
circuncisión
presentación
degollación de los inocentes
huida a Egipto
Sermón de la Montaña
evangelio
parábola
predicación
pasión
prendimiento
flagelación
coronación de espinas
transfiguración
trasfiguración
cena
eucaristía
calvario
crucifixión
deicidio
las siete palabras
desprendimiento
descendimiento
resurrección
ascensión

casa santa
belén
reyes magos
nacimiento

redención
salvación
gracia
hipóstasis
trinidad
mesianismo
cristología
cristianismo

mesiánico
hipostático
inconsútil
jesnato

hipostáticamente

—

JESÚS
(V. *Jesucristo*)

—

JÍCARA
(V. *Taza*)

—

JINETE
(V. *Equitación*)

—

JIRÓN
(V. *Andrajo*)

—

JOFAINA
(V. *Lavado*)

—

JOROBA (12)

joroba
corcova
corcovet
giba
gibosidad
renga
chepa
merienda
cifosis
lordosis

corcovar
jorobar
gibar
engibar

jorobado
jorobeta
corcoveta
corcovado
gibado
giboso
contrahecho
cifótico
lordótico

—

JOROBADO
(V. *Joroba*)

—

JOVEN
(V. *Juventud*)

—

JOYA (10)

joya
joyón
joyuela
joyel
alhaja
pieza
presea
prenda
galas
aderezo
medio aderezo
corona
garvín
garbín
escofión
piocha
broche
botonadura
gemelos
botón
firmal
brocamantón
alfiler
rascador
rascamoños
pena
collar
gargantilla
(zarcillo, pendiente, etc. V. *Arete*)
brazalete
bezote
sortija
dije
dij
lunecilla
lunilla
media luna
muelle
patena
filis
filigrana
azabache
embustes
pinjante
colgante
pendiente
brinco
brinquiño
brinquillo
petillo
higa

cadena
cabestrillo

cabestro
catela
medallón
guardapelo
tembleque
tembladera
alcorcí
templete
mazaneta
lazo
miriñaque
atarantapayos
espantavillanos
chiqueadores

enjoyar
enjoyelar
alhajar
montar
montar al aire
engastar
engazar
sentar
engarzar
clavar
desclavar
desengastar
sedar
sedear
labrar
tallar
abrillantar
ciclar
quilatar
aquilatar

piedra preciosa
» fina
pedrería
gema
piedra ciega
» falsa
culo de vaso
doblete
claveque
pedrería
tresillo
ensaladilla
camafeo
cabujón
chatón
capitolino
pabellón
faceta
mesa
rondís
rondiz
aguas
pelo
nube
jardín
hierba
quilate
grano

diamante
naife
carbonado
brillante
solitario
diamante bruto
» en bruto
» brillante
» rebolludo
» tabla
» rosa
» del Brasil
almendra [te
punta de diaman-
fondo
chispa
rubí
rubín
rubí oriental
» espinela
carbúnculo
carbunclo
piropo
rubinejo
jacinto oriental
rubí balaje
balaje
balaj
espinela
rubicela
corindón
tibe
corundo [tal
esmeralda orien-
amatista oriental
zafiro
» blanco
» oriental
zafir
amatista
ametista
esmeralda
berilo
aguamarina
crisoberilo
cimofana
crisólito
rubí del Brasil
topacio
» ahumado
» de Hinojosa
» del Brasil
» de Sala-
manca
» oriental
» quemado
» tostado
crisólito oriental
jacinto
jacinto de Ceilán
jacinto occidental
circón
jergón
granate [mia
granate de Bohe-
» almandino
» noble
» oriental
» sirio
colofonita
piropo

melanita
grosularia
turquesa
calaíta
turquesa oriental
» occidental
ceramita
cerdeña
diásporo
peridoto
olivino
turmalina
chorlo
cianita
lapislázuli
lazulita
ópalo
» de fuego
» girasol
» noble
ceisatita
iris
ágata
venturina
margarita
perla
nácar
concha
coral
azabache
ámbar
ambar negro
llanca
peonía
huairuro
esmalte

montura
montadura
guarnición
engaste
engastadura
engarce
engarzadura
engazo
engazamiento
engace
pala
oro
plata
platino
metal
gliptoteca

joyero
joyera
enjoyelador
percocero
platero
argentero
argentario
prendero
diamantista
lapidario
abrillantador
quilatador
coralero

joyería
platería
prendería
bisutería

enjoyelado
enjoyado
diamantino
adamantino
adiamantado
diamantado
diamantífero
opalino
lapidario
jaquelado
fuerte

al aire

—

JOYERÍA
(V. *Joya*)

—

JUDAICO
(V. *Judaísmo*)

—

JUDAÍSMO (1)

judaísmo
hebraísmo
mosaísmo
ley de Moisés
Ley vieja
Atora
rabinismo
talmudismo
cábala
masora
farisaísmo
fariseísmo
saduceísmo
caraísmo
semitismo
antisemitismo

talmud
tora
tárgum
pugilar
macor
Biblia

judaizar
circuncidar

judería
sinagoga
sanedrín
sinedrio
aljama
tabernáculo
teocracia
sábado
año sabático
parasceve
pascua
pentecostés
cenopegias
fiesta de las ca-
bañuelas
fiesta de los ta-
bernáculos
taled
sacrificio
pacífico
holocausto
ablución
barahá
circuncisión
judiada
alfarda
pan ácimo
tora
adafina
adefina
carne trifa [sión
tierra de promi-
arca de la Alianza

sumo sacerdote
juez
arquisinagogo
anciano
gran rabino
rabino
talmudista
masoreta

escriba
rabí
háber
hacán
hagiógrafo
levita
nazareno

maná
pan de proposi-
ción

efod
racional
pectoral
superhumeral
propiciatorio
filacteria
timiama
piscina probática
macho cabrío
emisario
hazazel
azazel

rabinista
fariseo
filisteo
sabatario
caraíta
esenio
samaritano
saduceo

judío
judezno
israelita
semita
hebreo
chueta
butifarra
circunciso
prosélito
converso
confeso
judío de señal
judaizante
hebraizante
hebraísta
helenista
efraimita
recabita
sefardí
sefardita
judiada
pueblo elegido
las doce tribus
aljama

judaico
ajudiado
israelítico
hebraico
mosaico
rabínico
levítico
talmúdico
masorético
sinódico
farisaico
semítico
antisemítico
antisemita
inmundo

—

JUDÍA
(V. *Alubia*)

—

JUDICIAL
(V. *Enjuiciamiento*)

—

JUDÍO
(V. *Judaísmo*)

—

JUEGO (31)

juego
jueguezuelo
jugueteo
retozo
retozadura
travesura
niñería
broma
diversión
(juegos públicos,
V. *Fiesta*)

juegos de cálculo
damas y ajedrez
dominó
solitario
rompecabezas
tatetí

juego de suerte
» » azar
naipes
dados (y tabas)
lotería
lotería primitiva
ruleta
pleno
treinta y cuarenta
caballitos [llero
palillo de barqui-
tragaperras
bisbís
biribís
chapas
pan o vino
cara y cruz
morra
morra muda
correhuela
punta con cabeza
china

casa de juego
juego público
tabla de juego
tablero
tablaje
tablajería
garito
tasca
chirlata
tertulia
timba
timbirimba
la sala del crimen
tahurería
mandracho
mandrache
gazapón
leonera
matute
boliche
raqueta
coima
cancha

juego de sociedad
» » prendas
sortija
pasatiempo
corro
aleluyas
estampa
pájara pinta
bonetón
sopla, vivo te lo
doy
pánfilo
juego de tira y
afloja
Antón perulero
sentencia
estrecho
años
discreciones

juegos de destreza
deporte
billar
billar romano
bagatela
pelota
volante
golf
polo
polista
criquet
rana
sapo
prestidigitación

barra
tirar a la barra
hacer tiro
desbarrar

argolla
bola
croquet
pala
barras
bocas
culas
aro
cabe
cabe de paleta
cabe a paleta
choclón
estar en barras
choclar

mallo
palamallo
trasmallo

chueca
rula

vilorta
vilorto
cachava
cachurra
brilla

bolos
tira angosta
boliche
bolo
bol
bolín
cinco
birla
birlón

diez de bolos
emboque

veinte de bolos
cinca

birlar
tornear
dar cinco de corto

tiro
birle
golpe en bola
chirinola
cuatro

boliche
bolichero

bochas
bocha
boliche
arrima
bolera
bolín
bochazo
boche
bochar
bolear
cochar
arrime
bochista
cupitel (tirar de)
de rodillo a rodillo

bola
gochapeza
boleo

tala
toña
billarda
billalda
bigarda
estornija
estornela
tranco
escampilla
calderón
chirumba
palán
marro
cambocho
gambocho
tala
lipe

chito
chita
caliche
tejo
tejuelo
totoloque

calva
calvar
hito
tángano
tángana
tanganillo
mojón
tango
tanga
tarusa
tuta
turra
marro
marrón

rayuela
tanganillo
ladrillejo
castillejo
chasa
dedillo
canto

hoyuelo
hoyitos
boche
vico
bote
rana
gua
mochiliuna
apatusca
matasapo
palmo
gochapeza

herrón
rejo
hinque
picota

juego de los cantillos
pitas
canicas
chinas
león
cantillo
pita
pito
pitón
güito
canica
pedreta

juego de alfileres
punta con cabeza
crucillo
uñate

cabrillas
epostracismo
jugar a las tagüitas

infernáculo
rayuela
truque
luche
reina mora
semana
infierno
tres en raya
cuatro
castro

coxcojita, -lla
coscojita
a coxcox
coroneja
a la pata coja

marro
barra
tocatorre
chapar

escondite
te veo
esconder
escondidas
escondidos
dormirlas
aleleví
sobre
escondecucas
rey misto
justicias y ladrones

zurriago
nabero
pilares
dado (el)
maya

fil derecho
salto de la muerte
saltacabrillas
salto
espolique

arrepásate acá, compadre
las cuatro esquinas
candela
candelilla
gallina ciega
moma
mambullita
maitencito

batanes
pavada
quebrantahuesos
juego de la campana

hurta ropa
sortija
arráncate nabo
salta tú y dámela tú
salga la parida
ande la rueda, y coz con ella
a las ollas de Miguel
alalimón
tira y afloja
achachay
chirlomirlo
guzpatarra

juego de manos
abejón
abejarrón
moscardón
masculillo
silla de la reina
amagar y no dar
hacerse lagarejo
adivina quién te dio, que la mano te cortó
recotín recotán
sardineta
mamola
santo mocarro
santo macarro
papasal
pizpirigaña
pimpín
tortitas

juguete
trebejo
trástulo
correverás
corriverás
juguetería
chiche
muñeco
soldados de plomo
Juan de las Viñas
aro
peón
cometa
arre
zanco
comba
saltador
tocino
boliche
bilboquete
balero
diablo
diábolo
columpio
tambesco
mecedor
molinete
molino
voladera
rehilandera
rongigata
ventolera
gallo
honda
tiragomas
tirador
tirabeque
tirachinas
tirachinos
gomero
trabuco
taco
tirabala
tiratacos
cerbatana
cebratana
rehilete
repullo
garapullo
pajarita
pájara
tronera
tronadora
mariposa
sonajero
cascabelero
chicharra
morteruelo
trompa
rabel
zaranda
pito
silbato
rejiñol
cantarrana
bramadera
zumba
zurrumbera
tarabilla
rundún
chupapiedras
chupapoto
cunas
cuna (la)
calcomanía
pompas de jabón
escardillo
cardillo
calidoscopio
caleidoscopio

jugar
dar bien
juguetear
jugar discreciones
trebejar
retozar
divertirse
quedarse
andar a coz y bocado
jugar de manos
tener gana de rasco
acotar
desacotar
echar
pillar
ficar
espillar
tahurear
hacer juego
verlas venir
tirar de la oreja a Jorge
jugar hasta la camisa
timbar
jugar limpio
jugar el sol antes que salga
salir
pasar
cuartear
tantear
rociar
jugar los años

apostar
poner
querer
parar
topar
meter
hacer
atravesar
atravesarse
jugarse
echar a cara y cruz
jugar fuerte o grueso
echar el resto
envidar el resto
hacer de resto
poner por encima
doblar la parada
envidar
envidar de, o en falso
echar falso
ir a la par
ir al molino
echar cabras o las cabras
levantar un muerto
quedarse a espadas
sacarse la espina

ganar
pelar
desplumar
descañonar
desbancar
derretir
picar
salirse
alzarse
amallarse
copar
alzarse con el dinero

perder
ir perdido
quedarse a espadas
quedar limpio
hacerse perdidizo
dar lamedor
pasarse
azararse

jugada
lance
racha
mano
moza
relance
jugarreta
martingala
marcha del juego
partida
pasada
partido
» robado
ganapierde
cabecera
mesa de la vaca
burlote
rabona
timba
garito
carro
tablajería
fullería

apuesta
parada
travesía
traviesa
puesta
polla
pase
posta

espillo
resto
» abierto
pároli
envite
farol
dobla
ventaja
embuchado
vaca
fondo
armadilla
ribete
barato
tanteo
tanto
punto
raya
piedra
ficha

limpieza
tongo
jugador
jugante
juguetón
juguetero
retozón

jugador
compañero
rey
hombre
mohíno
mano
trasmano
trastrás
sega
zaga
pie
porra
partido
punto
apunte
banquero
parador
envidador
topador
tanteador
perdigón
zapatero
zapatera
chambón
chamarillón
tiñoso
mirón

tahúr
cuco
cuca
tablajero
garitero
pillador
chamarilero
ficante
espillador
brecha
brechador
fistol
bolo
dancaire
ventajista
fullero
baratero
vilagómez

mandrachero
leonero
coimero
coime
canchero
abrazador
croupier

tirolés
chicharrero

lúdico
aleatorio
alegre
sucio
por modo de juego
de boquilla
suerte y verdad

—

JUEZ
(V. *Magistrado*)

—

JUGADOR
(V. *Juego*)

JUGAR
(V. *Juego*)

—

JUGO (36)

jugo
suco

jugosidad
suculencia
substancia
sustancia
quintaesencia
extracto
» de carne
pisto
presa de caldo
gelatina seca
zumo
churumo
látex
leche
lechal
sanguaza
baba
babaza
savia
cazumbre
caldo
osmazomo
aguaza
sudor
humedad
licor
goma
resina
opio
melaza
regaliz
farmacia
asa
agraz
yare
rabazuz
liga
viscosidad
secreción
jugo pancreático
(jugo gástrico, quimo, quilo, etc. V. *Estómago*)

estrujar
exprimir
pistar
desjugar
deszumar
sudar

expresión
compresión
extracción
desucación
pistura
destilación
exprimidera
estrujadora

agracera

jugoso
zumoso
zumiento
sucoso
suculento
acuoso
aguanoso
lechal
lagrimoso

—

JUGOSO
(V. *Jugo*)

—

JUGUETE
(V. *Juego*)

—

JUICIO (24)

juicio
discernimiento
distinción
comparación
determinación
apreciación
estimación
imaginativa
estimativa
existimación
criterio
sentido común
naturaleza
cordura
prudencia
balanza
gusto
sentido
persuasión
censura
crisis
crítica
hipercrítica
autocrítica
eclecticismo

opinión
parecer
juicio
concepto
idea
conjetura
suposición
creencia
prejuicio
ley del encaje
arbitrariedad
sentir
plácito
doctrina
» común
dictamen
acuerdo
informe
ponencia
veredicto
sentencia
decisión
enjuiciamiento
consejo
consulta
voz
voto
» consultivo
» informativo
sufragio

juzgar
enjuiciar
censurar
criticar
apreciar
calificar
valorar
estimar
considerar
discernir
hacer distinción
tomarle las medidas (a uno)
conocer de
entender en
existimar
reputar
tener por
parecerle a uno
conocerse
opinar
sentir
creer
dictaminar
informar
emitir
librar
fallar
echar el fallo
someter

juzgador
juzgante
juez
discernidor
discerniente
opinante
preopinante
ponente
reputante
crítico
hipercrítico
censor
censurador
catón
anticrítico

enjuiciable
criticable
censorio

al parecer
a la cuenta
por la cuenta
por cuenta
a mi entender
a mi, tu, su ver

—

JUNCO (5, 36)

junco
junquera
junco marinero
junco marino
junco marítimo
tule
cayumbo
espadaña
bohordo
tome
totora
bazón
maza sorda
anea
enea
nea
gladio
gladiolo
gradiolo

junqueral
juncada
juncar
juncal
totoral
espadañal
anear
izaga
hondonal

juncal
juncoso
júnceo
juncino

—

JUNTA
(V. *Reunión*)

—

JUNTAR
(V. *Conjunto*)

—

JURAMENTO (1, 28)

juramento
jura
testimonio
salva
reserva mental
obtestación
homenaje
pleito homenaje
juramento judicial
» asertorio
ofrecimiento
juramento supletorio [lumnia
juramento de calumnia
juramento conminatorio [rio
juramento decisorio
» deferido
juramento indecisorio
juratoria
juratorio

juramento execratorio
maldición
blasfemia
exclamación
voto
taco
terno
perjurio
¡porvida!
verbo
ajo
palabrota
jura
pésete
pestes

jurar
afirmar
prestar juramento
alzar el dedo
jurar en vara de justicia
poner a Dios por testigo
juramentar, -se
conjurar
conjuramentar
conjuramentarse
confabularse

votar
jurar
abjurar
perjurar
echar tacos
echar verbos
tener mala lengua

jurador
jurado
juramentado
conjurado
votador
renegador
carretero

sobre palabra
bajo palabra

por Dios
par Dios
pardiez
vive Dios
por vida
por vida mía
por el siglo de mi madre [padre
por el siglo de mi padre
para mi santiguada [piro
por vida del chápiro
por vida del chápiro verde
voto al chápiro
voto va
voto a tal
voto a Dios
voto a Bríos
juro a Dios
voto a Cristo
voto a Cribas
voto a los ajenos de Dios
como hay Dios
como Dios está en los cielos
como Dios es mi padre [ciencia
en Dios y en conciencia
en Dios y mi alma
en Dios y mi ánima
así Dios me salve
para mis barbas
como hay viñas
por estas que son cruces
pelillos a la mar

—

JURAR
(V. *Juramento*)

—

JURÍDICO
(V. *Derecho*)

—

JURISCONSULTO
(V. *Derecho*)

—

JURISDICCIÓN (32)

jurisdicción
justicia ordinaria
competencia
autoridad
atribuciones
incompetencia
poder
fuero
cuchillo
horca y cuchillo
feudalismo
vara
dominio
mando
gobierno
carta blanca
Der. canónico
enjuiciamiento
tribunal
magistrado

carta forera [sa
jurisdicción forzosa
» voluntaria
» contenciosa
» acumulativa
» delegada
conservatoría
brazo real
» secular
derecho parroquial
mixto imperio
voto decisivo
fuero activo
fuero mixto
patria común
audiencia
territorio
extraterritorialidad

proceder
competer
incumbir
depender de
aforar
transterminar
atribuir jurisdicción
refundir la jurisdicción
refundirse la jurisdicción
prorrogar la jurisdicción [dicción
reasumir la jurisdicción
declinar la jurisdicción
surtir el fuero
impartir el auxilio

inhibición
prevención
sumisión
declinatoria
auto de legos

jurisdiccional
foral
forero
fuerista
competente
incompetente
indeclinable
transterminante
extraterritorial

foralmente
mixtamente
mistamente
mixti fori

—

JUSTICIA (26, 32)

justicia
derecho
razón
justificación
equidad
imparcialidad
neutralidad
igualdad
despreocupación
ecuanimidad
entereza
austeridad
severidad
rectitud
probidad
incorrupción
honradez
moralidad
conciencia
templo [va
justicia distributiva
» conmutativa
justicia ordinaria
administración de justicia
poder judicial
vara
justa
gura
huerca
durindaina
merecimiento
recompensa
castigo
juez
magistrado
tribunal
curia
enjuiciamiento

hacer justicia
igualar
justificar
corregir
castigar
perdonar
reparar
compensar
expiar [cia
tenerse a la justicia
dar a Dios lo que es de Dios y al César lo que es del César
quebrar el ojo al diablo
merecer

justiciero
ecuánime

justo
justificado
justificable
justificativo
recto
correcho
condigno
honesto
honrado
decente
derechero
merecido
ajustado
imparcial
independiente
equitativo
neutral
íntegro
incorruptible
insobornable

lícito
legítimo
procedente
legal
derecho
fundado
razonable
colorado
judicial
fasto

justamente
justicieramente
justificadamente
legítimamente
lícitamente
ajustadamente
derechamente
equitativamente
imparcialmente
desapasionadamente
dignamente
merecidamente
méritamente
justo
derecho
de justicia

—

JUSTO
(V. *Justicia*)

—

JUVENTUD (8, 21)

juventud
adolescencia
pubertad
pubescencia
mocedad
mancebía
nubilidad
oriente
verdor
verdores
abriles
abril
edad temprana
albor de la vida
albores de la vida
flor de la edad
flor de la vida
insenescencia
inexperiencia
travesura
(edad adulta, V. *Virilidad*)

pubescer
piñonear
mocear
tener pocas barbas
tener la leche en los labios
bullirle a uno la sangre
ser una criatura
juvenecer
rejuvenecer
remozar
enjordanar
caer en flor
malograrse
rejuvenecerse
remozarse
ir al Jordán
rejuvenecimiento
remozamiento
jordán
mocerío

hombre
varón
joven
jovenzuelo
adolescente
efebo
mozo
mocito
mocete
mozuelo
mozalbete
mozalbillo
mocetón
mozancón
gardo
garzón
mancebo
mancebete
muchacho
chacho
muchachuelo
pollo
pollito
pollancón
chicarrón
macuco
zangón
regojo
zagal
zagalejo
zagalón
zangarullón
moscatel
pimpollo
» de oro
chaval
chavó
chavea
monuelo
rapagón
bitongo
sietemesino
petimetre
señorito
señoritingo
estudiante
bachiller
novicio
inexperto
aprendiz
niño

muchacha
jovencita
polla
pollita
mujer
mocita
zagala
tobillera
ninfa

juventud
gatería
juvenil
juvenal
adolescente
mancebo
mozo
mocil
muchachil
púber
púbero
pubescente
impúber
imberbe
barbilampiño
redrojo
redruejo
núbil
casadero
veintenario
insenescente
verde
baboso
babazorro
mocoso
mocosuelo

—

JUZGADO
(V. *Tribunal*)

—

JUZGAR
(V. *Juicio*)

—

L

LABIO (7)

labio
labro
labrio
buz
bezo
bembo
belfo
befo
morro
hocico
jeta
boca

enlabiar
fruncir
reír
chupar
besar

comisura
pupa
bocera
releje
morreras
escupidura
mella
labio leporino
bigote
mosca

barbote
bezote
befo
belfo
rictus

morrudo
bembón
bezudo
picudo
hocicón
hocicudo
labihendido
remellado
remellón

labial
bilabial
bilabiado
labiodental
palatolabial

—

LABRADOR
(V. *Cultivo*)

—

LABRANZA
(V. *Cultivo*)

—

LACTANCIA
(V. *Leche*)

—

LACTAR
(V. *Leche*)

—

LADEAR
(V. *Lado*)

—

LADO (17)

lado
costado
flanco
ala
cuerno
canto
costera
borde
extremidad
faz
faceta
frente
chaflán
superficie
perfil
medio perfil
cara
anverso
anterioridad
reverso
posterioridad
mano
derecha
izquierda
banda
amura
babor
estribor
orilla
ribera
acera
sentido
dirección

ladear
ladearse
perfilarse
flanquear

lateral
ladero
colateral
adyacente
unilateral
bilateral
trilátero
cuadrilátero
equilátero
flanqueador
flanqueado
transversal
trasversal

lateralmente
de lado
de perfil

—

LADRILLO (11)

ladrillo
ladrillejo
adobe
atoba
tabicón
rasilla
ceramita
tesela
baldosa
baldosón
baldosín
baldosilla
mazarí
azulejo
olambrilla
alambrilla
alfardón
adefera
alizar
alicer
alboaire
alicatado
soga
tizón
almorrefa
teja

azulejería
carrón
labor
ripio
cascote
caliche

cortar
enrejalar
enrejar
empajar
cantear
agramilar
descafilar
escafilar
descacilar
ladrillar
enladrillar
azulejar
alicatar
ventearse

enladrillado
enladrilladura
ladrillero
tejero
tejera
azulejero
pilero

ladrillal
ladrillar
secadal
tejar
adobería
tejería
tejera
ladrillera
gavera
adobera
gradilla
rejal
daga
horno
gaceta
cangagua
arcilla
turba
carbonilla

ladrilloso
portero
pardo
pintón
recocho
santo
asardinado

—

LADRÓN
(V. *Robo*)

—

LAGAR
(V. *Vino*)

—

LAGO (3)

lago
ibón
libón
laguna
albufera
albuhera
albariza
albina
estero
estuario
marisma
lucio
bañil
bañadero
pantano
lagunazo
lagunajo
charca
estanque
palafito

alagar
enlagunar
aguarse

lagunoso
lagunero
lacustre
alagadizo
palustre
palúdico
pantanoso

—

LÁGRIMA (8)

lágrima
lagrimón
legaña
lagaña
pitaña
pitarra
magaña
lágrimas de cocodrilo
» de sangre
secreción

lagrimear
lagrimar
lagrimacer
deshacerse en lágrimas
llorar

lagrimeo
epífora
rija
llanto
lacrimatorio (vaso)

lagrimal
lacrimal
lagrimoso
lacrimoso
lacrimógeno
lagrimable

legañoso
lagañoso
pitarroso
pitañoso
magañoso
cegajoso

lacrimosamente

—

LAGUNA
(V. *Lago*)

—

LAICO
(V. *Profanidad*)

—

LAMER
(V. *Lengua*)

—

LÁMINA (4, 18)

lámina
launa
hoja
plano
plancha
planchuela
planchón
tabla
chapa
palastro
chapota
laminilla
placa
película
pellejo
piel
cáscara
cascarilla
oropel
lentejuela
talco
mica
hojuela
pan (de oro, etc.)
viruta
colocho
lonja
loncha
lonjeta
tira
fleje
tejo
disco
rueda
rodaja
roncha
rodancha
espato
chapería
vidrio

laminar
aplastar
calandrar
batir
batir hoja
enchapar
chapear
chapar
engatillar
planchear
blindar
exfoliar
rebanar

laminación
laminado
exfoliación
enchapado
engatillado
encostradura
blindaje
plaqué
hojalata
flor
cizalla

laminadora
cilindro
calandria
laminador
chapista
batihoja
oropelero

laminar
laminoso
foliáceo
esquistoso
espático

laminable
laminado
chapeado
chapado
ductil
maleable

—

LÁMPARA
(V. *Alumbrado*)

—

LAMPARILLA
(V. *Alumbrado*)

—

LANA (10, 37)

lana
» en barro
» de caídas
caídas
peladillos
añina
añinos
zalea
piel
oveja
estambre
liguana
vicuña
carmelina
albardilla
borra
pelote
entrepeines
vedija
vedijuela
pegujón
pegullón
pelluzgón
vellón
vellocino
tusón
pila
cardada
paca
molsa
cheviot
mugre
juarda
suarda
lanolina
grasa

tonsurar
esquilar
apartar
conchabar
correar
desgrasar
desaceitar
descadillar
peinar
repasar
cardar
arcar
arquear
varear la lana
emprimar

lanificio
lanificación
atención

copo
hilo
paño
fieltro
tejido
lavaje
azufrado

lanero
marcero
apartador
vedijero
tinero
echapellas
arcador
arqueador
descadillador

lanería
colchonería
apartadero
estiba
lonja
tino
lavado
carda
cardencha
carducha
peine

lanero
lanoso
lanudo
lanífero
enlanado
estamíneo
churra

—

LANCHA
(V. *Embarcación*)

—

LANGOSTA (insecto) (6)

langosta
tara
langostón
cervatica
cigarrón
saltamontes
saltón
saltarén
caballeta
saltigallo
saltagatos
saltapajas
saltaprados
tapachiche
mosquito
zurrón
canuto
cañutillo
plaga
insecto

—

LANZA (34)

lanza
lanza jineta [ta)
lanzón (lanza corta)
lanzuela
lancilla
asta
lancería
lanzón (lanza grande)
lanza porquera
media lanza
alabesa
alavesa
estradiota
jineta
espontón
angón
pica
vara larga
aguijada
espiga
chuzo
suizón
zuizón
chuzón
botavante
frámea
garrocha
garlocha
garrochón
rejón
partesana
ronca
corcesca
alabarda
sargenta
forchina
bidente
archa
cuchilla
bayoneta
guja
dardo
pilo
falárica
azagaya
gorguz
venablo
bohordo
taco
bichero
(banderola, etc. V. *Insignia*)

asta
palo
moharra
muharra
cubo
hierro
roquete
borne
abismal
gocete de lanza
arandela
virola
cuento
fuste
regatón
recatón
contera
alimaya
cuja
ristre
lancera
astillero

alancear
alanzar
lancear
justar
tornear
quebrar lanzas
correr lanzas
deshacer la lanza
calar la pica
enristrar
blandir
barrear
enastar
desenastar

enristre
lanzada
lanzazo
alanceadura
alanceamiento
bote
alabardazo
chuchazo
picazo
recatonazo
espontonada
garrochazo
rejonazo

torneo
tauromaquia

estafermo
tablado

lancero
alanceador
ulano
piquero
picador
piquería
alabardero
rejoneador
astero
astado

bracero

lanceolado
lanceado
alanzado
alabardado

—

LANZAMIENTO (19)

lanzamiento
lance
proyección
echamiento
echada
echazón
botadura
defenestración
tirada
tiro
abarramiento
voladura
expulsión
impulsión
eyaculación
emisión
erupción
emanación
efluvio
irradiación
dispersión

lanzar
alanzar
abalanzar
embocar
arrojar
arronjar
proyectar
bolear
botar
precipitar
despeñar
desgalgar
defenestrar
expulsar
emitir
irradiar
dispersar
rociar
salpicar
derramar
tincar
desembrazar
vibrar
sacudir
despolvorear
pelotear
encolar
tirar
despedir
fulminar
disparar
echar [ña
echar a la rebatiña
jitar
verter
escupir
vomitar

abarrar
acibarrar
abarrajar
achocar
estampar
batir
volar
volitar
revolotear
encajar
granizar
proyectar
jeringar
eyacular

lanzarse
arrojarse
tirarse
echarse
caer
(surgir, brotar, etc. V. *Salida*)

lanzador
arrojador
botador
emisor
tirador
eyector
discóbolo
arma (arrojadiza)
proyectil

vertedero
arrojadizo

rodeabrazo (a)

—

LANZAR
(V. *Lanzamiento*)

—

LÁPIZ (28, 29)

lápiz
» compuesto
» de color
» encarnado
sanguina
pastel
lapicero
calzador
mina

grafito
lápiz de plomo
» plomo
plombagina
plumbagina
carboncillo
chachal
lapizar
plomada
pizarrín
ampelita [rra)
(tiza, etc. V. *Pizarra*)
afilalápices

lapizar
dibujar
escribir

—

LARGO
(V. *Longitud*)

—

LARINGE
(V. *Garganta*)

—

LARVA
(V. *Insecto*)

—

LASTRE
(V. *Carga*)

—

LATERAL
(V. *Lado*)

—

LÁTIGO (38)

látigo
chicote
manopla
cuarta
fusta
vara
talero
tralla
trailla
tralleta
cimbado
chuzo
azote
zurriago
zurriaga
arreador
rebenque
vergajo
nervio
» de buey
manatí
guasca
huasca
cuerda
correa
knut
disciplina
anguila de cabo

latiguear
restallar
rastrallar
chasquear

picar
avispar
fustigar
hostigar
flagelar
arrear
incitar
aguijar
azotar
castigar
cruzar la cara

latigueo
latigazo
fustazo
trallazo
cuartazo
zurriagazo
lampreazo
hostigo
flagelación
fustigación
equitación

latiguero
fustigador
fustigante

—

LATÓN
(V. *Aleación*)

—

LAUREL (5)

laurel
lauro

lauredal
lloredo

laurear

laureola
lauréola

lauráceo
laurino
laurineo
laurífero

—

LAVADO (10)

lavado
lavada
lavadura
lavamiento
lavación
lavaje
loción
lavoteo
lavatorio
lava
lave
relave
ablución
mandato
baño
deslavadura
fregoteo
fregado
jabonado
jabonadura
enjabonadura
mano de jabón
ojo
aclarado

lavar
limpiar
relavar
lavotear
deslavar
deslavazar
despercudir
jamerdar
escaldar
desengrasar
lixiviar
jabonar
enjabonar
trapear
fregotear
fregar
frotar
sacar
enjuagar
enjaguar
aclarar
baldear
enjugar
colar
tender
solear
airear
secar

lavarse
dar aguamanos

lavadero
artesa
tina
baño
estregadero
banca
rodillero
tabla de lavar
tajo
taja
tajuela
moza
criada
jabón de Palencia
jabón
añil
lejía

enjugador
azufrador
tendedero

ropa
colada
tendido

agua
aguamanos
jabonaduras
espuma

enjuagatorio
colutorio
colirio
gargarismo

lavabo
tocador
palanganero
pajecillo
aguamanil
aguamanos
lavamanos
lavatorio
aljévena
aljáfana
ajofaina
aljofaina
jofaina
cofaina
zafa
palangana
palancana
porcelana
almofía
tazón
bidé
jabonera

toalla
toballa
toalleta
toballeta
tobelleta
hazaleja
paño de manos
peinador
toallero

lavador
abstergente
lavandero
lavandera

lavable

—

LAVANDERA
(V. *Lavado*)

—

LAVAR
(V. *Lavado*)

—

LAVATIVA
(V. *Inyección*)

—

LAZARETO
(V. *Hospital*)

—

LAZO
(V. *Atadura*)

—

LEAL
(V. *Lealtad*)

—

LEALTAD (26)

lealtad
fidelidad
homenaje
vasallaje
honradez
nobleza
ley
amistad
adhesión
constancia
fe
confianza
franqueza
sinceridad
observancia
cumplimiento

ser leal, fiel, etc.
cumplir
corresponder

leal
fiel
fido
confiable
confidente
constante
honrado
seguro
sincero
franco
devoto
amigo
acates
fidelísimo
(adepto, etc.
V. *Adhesión*)

lealmente
fielmente
sinceramente
legalmente
religiosamente
confidentemente
en buena guerra
cara a cara
faz a faz
facha a facha
rostro a rostro
frente a frente

—

LECTURA (28)

lectura
leída
lección
leyenda
recitación
énfasis
deletreo
ojeada
paso
repaso
vuelta
salto
paralexia
paleografía

leer
releer
meldar
descifrar
estudiar
recorrer
hojear
pasar
repasar
pasar los ojos por
pasar la vista por
echarse al coleto
quemarse las cejas
truncar
saltar
brincar
atrancar
atajar
pronunciar
recitar
dictar
deletrear
salmodiar
balbucir
balbucear
silabar
silabear
solfear
estorbarle a uno lo negro

lector
leedor
leyente
leído
deletreador
descifrador

abecedario
cartilla
silabario
catón
cartel
cartelón
escritura
manuscrito
libro
atril
retril
facistol
pupitre
gabinete de lectura
biblioteca

legible
leíble
descifrable
indescifrable
ilegible
inelegible
balbuciente

para sí
en alta voz

—

LECHE (9, 37)

leche
rayo de leche
apoyadura
apoyo
reteso
trastesón
calostro
suero
cuajo
cuajada
cáseo
caseína
nata
crema
moño
tona
manteca
azúcar de leche
lactina
lactosa
ácido láctico
lactato
lactescencia

lacticinio
cuajada en len
galacima
quefir
kefir
angola
leche condensada
harina lacteada
requesón
queso
dulce

ordeñar
muir
mecer
apoyar
desnatar
caseificar
descremar
mazar
maternizar
esterilizar
pasterizar
pasteurizar

cortarse
torcerse
triarse
agriarse
cuajarse
arrequesonarse
subir
salirse

amamantar
dar la teta
lactar (tr.)
atetar
tetar (tr.)
criar
paladear
destetar
quitar la teta
despechar
desmamar
acaronar

dar de mamar
dar el pecho
hacer las entrañas
escosar

mamar
mamujar
tetar (intr.)
atetar
lactar (intr.)
paladear
tomar el pecho
encalostrarse

ordeño
maternización
caseación
dieta láctea
galactopoyesis
poligalia
agalaxia
aglactación
ablactación
fiebre láctea
galactorrea
respigón
lactumen

lactancia
lactación
crianza
amamantamiento
destete
mamada

nodriza
nutriz
criandera
nana
madre de leche
lactante
ama
ama de cría
» de leche
pasiega
aña
ama seca
aña seca

vaca
cabra
oveja
burra

niño de teta
hijo de leche
hermano de leche
colactáneo

pecho
teta
ubre
mama
pelo
tetilla
pezonera
biberón
tetero
mamadera
destetadera
bozal
pesaleches
lactómetro
galactómetro
desnatadora
cremómetro

mamador
mamante
mamón
mamoso
mamantón
lactante
lechal
lechar
de leche
cipe
galactófago
lechero
lechera
burrero
ordeñador

lechera (vasija)
ordeñadero
lecherón
colodra
zapita
zapito
cuenco

lechería
cabrería
vaquería
casa de vacas
tambo

lácteo
lactario
lacticíneo
lechoso
lacticinoso
láctico
lactífero
lactescente
lactuoso
galactóforo
lechar

lechero
de leche
trastesado
escosa
bierva
teticiega

—

LECHOSO
(V. *Leche*)

—

LEER
(V. *Lectura*)

—

LEGAL
(V. *Ley*)

—

LEGAÑA
(V. *Lágrima*)

—

LEGISLAR
(V. *Ley*)

—

LEGUMBRE (5, 9)

legumbre
verdura
hortaliza
ensalada
tabilla

potaje
potajería
menestra
grano
vaina
jeruga
capí
tabina
gárgola
brizna
cáscara

abatojar
desbriznar
desvainar

garbanzo
garbanzuelo
gabrieles
cícera
galgana
torrado

judía
judío
judión
judihuela
alubia
habichuela
haba
caráota
fréjol
frijol
frisol
frijón
fisán
frisuelo
fásoles
calamaco
judía de careta
carica
caragilate
poroto
pallar
ayocote

guisante
arvejo
arveja
arvejote
arvejón
alverja
alverjana
aveza
veza
vicia
algarrobilla
ervilla
chícharo
pésol
bisalto
tirabeque
tito

haba
» panosa
habachiqui
estabón
cancha

lenteja
lanteja
lentejuela [tas
las mil y quinien-
yero
alcarceña

altramuz
atramuz
chocho
entracomo
lupino

almorta
arvejón
guija
tito
diente
muela
cicércula
cicercha

algarroba
garroba
guaba

garbanzal
guisantal
lentejar
habar
yeral
alcarceñal
alholvar
muelar

leguminoso
garbancero
pisiforme
verde

—

LEGUMINOSA
(V. *Legumbre*)

—

LEJANÍA (17)

lejanía
alejamiento
distancia
tiempo
antigüedad
pasado
porvenir

apartamiento
abducción
separación
partida
huida
ausencia
lontananza
retiro
destierro
desterrado
lejas tierras
alta mar
ultramar
ultrapuertos
los quintos infier-
nos

distar
estar lejos
hacer tiempo
hacer mucho

alejar
alueñar
alongar
posponer
retardar
separar
apartar

alejarse
alongarse
alargarse
ausentarse
marcharse
huir
irse de vista
perderse de vista
poner tierra de
por medio
poner agua de
por medio

lejano
lueñe
distante
remoto
pasado
antiguo
antiquísimo
venidero
retirado
apartado
inasequible

longincuo
mediato
extremo
último
ulterior
ultramontano
ultramarino
hiperbóreo
inaccesible

lejanamente
remotamente
lejos
lueñe
lejitos
lejuelos
allí
allá
acullá
al otro lado
trans-
aparte
a trasmano
a lo lejos
de lejos
de muy lejos
desde lejos
a tiro de ballesta
a lo largo
a legua
a leguas
a la legua
a cien leguas
de muchas, cien,
mil, leguas
en lontananza
lejísimos
donde Cristo dio
las tres voces
donde el diablo
perdió el poncho
de polo a polo
in pártibus

—

LEJANO
(V. *Lejanía*)

—

LEJÍA (10, 2)

lejía
lejío
colada
recuelo
metido
clarilla
cernada
enjebe
sosa
potasa
ceniza
carurú

enlejiar
colar
lixiviar
enjebar
empuchar

colada
lavado
química

coladora

cernadero
albero

lixivial

—

LEJOS
(V. *Lejanía*)

—

LENGUA (*Anat.*) (7)

lengua
lengüezuela
lengüeta
sinhueso
la desosada
maldita
navaja
résped
papila
frenillo
epiglotis
lígula
boca

sarro
saburra
relejo
glotitis
glositis
batraco
ránula
tumor

lengüetear
lamer
relamer
lamber
lambucear
lamiscar
laminar
chascar
deslenguar
trabarse la lengua
trastrabarse la
lengua
lamerse
relamerse

lengüeteo
lengüetada
lengüetazo
lenguarada
lamedura
lambida
lametón
lambetazo

lamedor
lamiente

lingual
lampasado
protráctil
sublingual
hipogloso

—

LENGUA (*Filol.*) (28)

lengua
lenguaje
idioma
habla
frase
fraseo
lengua materna
» vernácula
» natural
» popular
» viva
» muerta
» sabia
» vulgar
» madre
lenguas hermanas
lengua de flexión
» analítica
» sintética
» polisinté-
tica
» monosilá-
bica
» agluti-
nante
tecnología
dialecto
lengua franca
cenismo

germanía
jerga
jerigonza
jacarandina
jacarandaina
jacarandana
coa
lunfardo
cocoliche
caló
argot

lenguaje
filología
dialectología
asiriología
sinología

sánscrito
pracrito
prácrito
bengalí
indostaní
pali
pelvi
zendo
védico
parsi
persa
asirio

hebreo
lengua santa
arameo
caldeo
siriaco
sirio

griego
ático
jónico
eólico
dórico
romaico
latín
latinidad
latín clásico
» rústico
» vulgar
romano
romano rústico
bajo latín
baja latinidad
latín moderno
latinajo
osco
sabino
etrusco
gramática
nominativos

eslavo
ruso
polaco
checo
bohemio
bohemo
búlgaro
servio
croata
ruteno

germánico
teutónico
gótico
frisón
nórdico
islandés
sueco
danés
dinamarqués
noruego
holandés
neerlandés
flamenco
alemán
alto alemán
bajo alemán
anglosajón
inglés
celta

galo
galés
cimbro
escocés
bretón
gaélico
irlandés
lituano
letón

romance
román
español
castellano
cristiano
aljamía
fabla
latiniparla
galiparla
bable
leonés
sayagués
pejino
pejín
andaluz
extremeño
catalán
valenciano
panocho
mallorquín

francés
gabacho
franchute
franco
provenzal
lemosín
lengua de oc
lengua de oil
valón
gallego
portugués
italiano
toscano
rumano
dacorrumano
valaco
romanche
rético
retorromano
sardo
grisón
tirolés
friulano
triestino

vascuence
vascongado
vasco
éuscaro
éusquero
euscalduna
vizcaíno
guipuzcoano
turanio
húngaro
magiar
finés
finlandés
turco
estonio
lapón

azteca
araucano
aimará
quichua
quechua
quinché
mejicano
maya
tolteca
comanche
yucateco
nahuatle
naguatle
taino
chaima
caribe
cumanagoto
igorrote

chibcha
tamanaco
guaraní
iroqués
tupi
haitiano

árabe
arábigo
algarabía

egipcio
copto
cofto
abisinio
armenio
albanés
tibetano
siamés
javanés
malabar
japonés
chino
mandarín
mongol
mogol
samoyedo
malayo
tagalo
cebuano
bisayo
aeta
ita

esperanto
volapuk
lengua universal

hablar
saber
poseer
dominar
traducir

castellanizar
españolizar
españolar
hispanizar
romanizar
arcaizar
latinar
latinizar
latinear
grecizar
greguizar
helenizar
barbarizar

arcaísmo
antiquismo
cultismo
dialectalismo
neologismo
idiotismo
provincialismo
regionalismo
localismo
extranjerismo
barbarismo
aldeanismo
hebraísmo
caldeísmo
semitismo
arabismo
grecismo
helenismo
latinismo
latinajo
galicismo
provenzalismo
italianismo
lusitanismo
portuguesismo
germanismo
anglicismo
inglesismo
celtismo
hispanismo
hispanidad
españolismo
castellanismo

catalanismo
valencianismo
andalucismo
aragonesismo
asturianismo
vizcainada
americanismo
argentinismo
lunfardismo
mejicanismo
chilenismo
hondureñismo
colombianismo
ecuatorianismo
peruanismo
venezolanismo
filipinismo

latinización
casticismo
academia de la lengua

paleólogo
neólogo
casticista
académico
inmortal
romanista
romancista
cirujano romancista

ario
indoeuropeo
uralaltaico
neolatino
románico
jergal

hispanista
vascófilo
galicista
galiparlista
provenzalista
celtista
grecizante
helenista
latinista
latino
latinizante
orientalista
sanscritista
indianista
hebraizante
hebraísta
sinólogo
arabista
algarabiado
aljamiado
americanista
araucanista
esperantista

lenguaraz
ladino
bilingüe
trilingüe
plurilingüe
poligloto
polígloto
traductor

monosilábico
aglutinante
polisintético
de flexión
idiomático
vernáculo
dialectal
neológico
arcaico
macarrónico
afrancesado
pejino
galicado
galicano
languedociano
latino
ladino
grecolatino

germanesco
poligloto
políglota

latinamente
alatinadamente

—

LENGUAJE (28)

lenguaje
lengua
habla
palabra
sermón
frasis
boca
labio
expresión

lenguaje vulgar
tecnicismo
lenguaje figurado
tropología
fraseología
estilística
ropaje
locuela
acento
viva voz
pronunciación
tono
tonillo
dejo
desafinación
desentono
gallipavo
gallo
voz

articulación artificial
mímica
gesto
ademán
actitud
dactilología
abecedario manual
señal
indicación
símbolo
signo
escritura
paleología
paleografía
filología
gramática
oratoria

hablar
pablar
paular
maular
maullar
pronunciar
declamar
recitar
salmodiar
perorar
chamullar
razonar
clamar
fablistanear
proferir
enjaretar
boquear
ensartar
enhebrar
decir
tomar la palabra
hacer uso de la palabra
opinar
traer a cuento
hablar en el cuento
sacar a colación
traer siempre en la boca

respirar
resollar
desenmudecer
descoser los labios
despegar la boca
desplegar la boca
soltar el mirlo
acabar de parir
tener una cosa en la lengua
poner el paño al púlpito
predicar
arengar

charlar
chirlar
charlatanear
parlar
garlar
charlotear
desparpajar
rajar
parlotear
chacharear
picotear
vanear
badajear
bachillerear
desembanastar
cascar
descascar, -se
encanarse
desatarse
despepitarse
escucharse
soltar la sinhueso
soltar la tarabilla
meter baza
meter fajina
hablar de vicio
gastar palabras
echar párrafos
tener mucha lengua
ser todo hoja y no tener fruto
hablar a destajo
» por los codos
hablar por las coyunturas
hablárselo todo
hablar como una chicharra
hablar a chorros
» a chorretadas
hablar a borbotones
» de hilván
no dejar meter baza
hablar más que una urraca
irse como una canilla
irse de canilla
irse la boca
gastar frases
» almacén
» mucho almacén
calentársele la boca
gastar saliva en balde

prorrumpir
exclamar
vociferar
poner el grito en el cielo
gritar
tronar
alzar la voz
levantar la voz
despotricar
rezongar
refunfuñar
trapalear

impropiar
chapurrar
chapurrear
farfullar
harbullar
barbullar
gorjearse
chirlar
pujar
balbucir
balbucear
tartajear
tartalear
cancanear
tartamudear
cecear
trabarse la lengua
trastrabarse la lengua

musitar
mistar
mascullar
mascujar
mamullar
mascar
barbotar
barbotear
marmotear
murmurar
murmujear
cuchichear
cuchuchear
chuchear
bisbisar
secretear
susurrar
hablar entre dientes
decir entre dientes

hacer hablar
desamorrar
buscar la boca
destrabar la lengua
dar cuerda
dar la palabra
dirigir la palabra
hablar a coros

preguntar
responder
interrumpir
darse a entender
hablar por señas
hacer telégrafos
hablar con la mano
» con las manos
» por la mano

palabra
locución
elocución
verbo
dicción
giro
frase
proverbio
habla
discurso
monólogo
interrupción
exclamación
conversación
conferencia
entrevista
parla
charla
parloteo
charloteo
secreteo
cuchicheo
escucho
susurro
bisbiseo
balbuceo
murmullo
farfulla
algarabía

facundia
elocuencia
eubolia
facilidad
soltura
desparpajo
desenvoltura
decideras
explicaderas
explique
locuacidad
verbosidad
verba
verborrea
afluencia
pico
labia
parola
parolina
parlería
bachillería
desate
pleonasmo
rodeo
eufemismo
palabrería
palabreo
vaniloquio
faramalla
farándula
prosa
flujo de palabras
fraseología
retahíla
retartalillas
cháchara
trápala
broza
ripio
vanidad
tarabilla
garrulería
garrulidad
guirigay
monserga
charlatanismo
charlatanería
vanilocuencia
picotería
filatería
premiosidad
dificultad
afasia
disfasia
alalia
paralalia
ventriloquia
ventriloquismo

locutor
colocutor
hablante
parlante
charlante
garlante
proferente
facundo
afluente
diserto
verboso
pico de oro
boca de oro
altísono
grandísono
somnílocuo
sonámbulo
somnámbulo
orador
bienhablado

sacamuelas
cañahueca
badajo
tarabilla
chachalaca
faramalla
bachiller
bachillerejo
trápala
parlaembalde
pandero

adufe
chicharra
cotorra
cotorrera
bocaza

hablador
habladorzuelo
hablantín
hablanchín
hablistán
hablista
fodolí
parlador
parlón
parlero
parleruelo
parlanchín
charlador
charlatán
grajo
garlador
garlón
palabrero
parolero
palabrista
palabrón
chacharero
chacharón
locuaz
lenguaz
lenguaraz
lengudo
lengüilargo
gárrulo
garrulador
vanilocuente
vanílocuo
picotero
picudo
vocinglero
algareador
prosador
filatero
chirlón
churrullero
faramallero
faramallón
farandulero
bazagón
boquirroto
boquirrubio
blando de boca

infacundo
corto
susurrante
susurrador
chirlador
atropellado
farfulla
farfullador
farfullero
barbullón
premioso
balbuciente
malhablado
boca de gachas
media lengua
(tartamudo, etc.
V. *Pronunciación*)
afásico

locutorio
parlatorio
libratorio
figurado
logomático
charlatanesco
monótono
acompasado
premioso
mímico

oralmente
quedo
bajo
bajito
sovoz
bonico
ex abrupto

—

LENTAMENTE
(V. *Lentitud*)

—

LENTE (2)

lente
lentezuela
luna
luneta
carlita
lupa
cristal de aumento
menisco
ocular
objetivo
óptica

anteojo
espejuelo
monóculo
anteojos
espejuelos
quevedos
lentes
ojuelos
gafas
antiparras
impertinentes
anteojera
estuche

anteojo de larga vista
catalejo
anteojo prismático
gemelos
prismáticos
binóculo
telescopio
ecuatorial
telémetro
periscopio
helioscopio
retículo
colimador
buscador

cuentahílos
microscopio
ultramicroscopio
condensador
portaobjetos
platina
micrótomo

abertura
flint-glass
dioptría
aberración
cromatismo
aplanetismo
acromatismo
espejo
óptica
fotografía

enfocar
acromatizar

óptico
anteojero
cuatro ojos

aplanético
telescópico
microscópico
bifocal

—

LENTITUD (21)

lentitud
tardanza
duración
espacio
vagar
sosiego
tranquilidad
pausa
sorna
pereza
inacción
apatía
reflexión
paciencia
pesadez
pelmacería
posma
porrería
remanso
calma
cachaza
roncería
flema
melsa
pachorra
mandanga
cuajo
asadura
cachorreña
morosidad
dilación
rodeo
premiosidad
detenimiento
detinencia
detención
espera

tardar
detenerse
ser la vida perdurable
irse muriendo
gastar flema
tener buen cuajo
paseársele el alma por el cuerpo
retardar

pelma
pelmazo
posma
pachón
avefría
ganso
tortuga
cuerpo sin alma
sangre de horchata

lento
tardo
tardío
despacioso
espacioso
pausado
acompasado
suave
pando
paulatino
paciente
moroso
remiso
lerdo
torpe
perezoso
calmoso
calmudo
pesado
tardón
tardinero
parado
torpe
premioso
pánfilo
pigre
vilordo
soñoliento
indolente
lánguido
tibio
flojo
estantío
pachorrudo
flemático
flemudo
porrón
cachazudo
roncero
zorronglón
maturrango
tardígrado
gravígrado
bradi-

lentamente
espaciosamente
paulatinamente
gradualmente
bonitamente
pausadamente
pausado
mansamente
pesadamente
lerdamente
remisamente
perezosamente
despacio
despacito
a placer
de vagar
a o de quedo
a la larga
a tragos
poco a poco
pian pian
pian piano
paso a paso
paso por paso
paso entre paso
a paso de buey
a paso de tortuga
palmo a palmo
pisando huevos
andante
adagio
largo

—

LENTO
(V. *Lentitud*)

—

LEÑA (2, 36)

leña
leñame
tuero
leña rocera
rozo
fusta
despunte
chasca
chavasca
ramulla
ramojo
ramiza
encendajas
seroja
fajina
hornija
chamiza
támaras
chámara
chamarasca
charamuscas
chamada
brusca
escarabajas
ocote
tizón

haz
camatón
samanta
hijuela
capón
gadejón
garbón
tinada
calda
leño
bauza
trashoguero
tuero
arrimador
nochebueno
chamizo
ceporro
cádava
rama
sarmiento
madera

leñar
aleñar
atorar
rozar
retazar
crepitar
podar

astillero
chamicera
horna
carbonera

carga
brazado
brazada
garrote
soncle
estéreo
cárcel

leñador
leñatero
leñero
aceguero
carapachay
estepero
gabarrero
hornijero
carguillero

leñera
leñero
estepero

leñoso
verde

—

LEÑADOR
(V. *Leña*)

—

LEÑO
(V. *Leña*)

—

LEPRA (12)

lepra
» blanca
albarazo
albarraz
malatía
elefantiasis
elefancía
paquidermia
mal de San Lázaro
gafedad
leonina
guzpatara
piel (enfermedades)

leprosería
malatería
lazareto
hospital

leproso
gafo
elefanciaco
malato
lazarista
lazarino
lacerado
lazaroso
albarazado

—

LEPROSO
(V. *Lepra*)

—

LESIÓN (12, 27)

lesión
lastimamiento
traumatismo
golpe
contusión
cardenal
livor
atrición
equimosis
moradura
moretón
magullamiento
magulladura
mortificación
fe de livores
desolladura
desollón
colisión
erosión
excoriación
escoriación
escocedura
herida
mutilación
castración
mordedura
arañamiento
pellizco
punzadura
maltratamiento
(V. *Ojo*, *Mano*, *Brazo*, *Articulación*, *etc.*)

fractura (V. *Hueso*)
dislocación
dislocadura
luxación
lujación
esguince
distensión
relajación
relajamiento
torcedura
detorsión
distorsión
derrengadura
deslomadura
despaldilladura
hernia

tullimiento
tullidez
entumecimiento
atrofia
anquilosis
parálisis
baldadura
baldamiento
manquedad
mancamiento
manquera
cojera
traumatología
accidente del trabajo
deformidad
(ortopedia, etc.
V. *Cirugía*)

lisiar
lijar
lastimar
maltratar
estropear
dislacerar
reventar
golpear

arañar
morder
punzar
herir
mutilar
mancar
encojar
castrar

tullir
tullecer
baldar
relajar
distender
torcer
derrengar
ringar
descaderar
deslomar
desriñonar
dislocar
subintrar

relajarse
descuajaringarse
torcerse
desternillarse
tullirse
deshacerse
descriarse
tullecer
entullecer
no poderse valer
manquear
mover, armar o levantar una cantera

lisiado
tullido
derrengado
baldado
impedido
contrecho
imposibilitado
estropeado
manco
cojo
desensortijado
inválido
mútilo
renegrido
nidrio

traumático

—

LETRA (28)

letra
letrón
signo
carácter
fonograma
tipo
moción
runa
forma
ojo
palo
perfil
letra sencilla
» doble
cifra
monograma
enlace
abreviatura

vocal
semivocal
consonante
semiconsonante
(nasal, labial, etc. V. *Pronunciación*)

(negrilla, egipcia, versalita, etc. V. *Imprenta*)

letra de mano
» de **imprenta**
» mayúscula
» capital
» inicial
» uncial
» historiada
» florida
» pelada
» minúscula
» redonda
» redondilla
» romanilla
» pancilla
» gótica
» de Tortis
» inglesa
» bastarda
» magistral
» itálica
» metida
» cursiva
» corrida
» tirada
» cancilleresca
» procesada
» cortesana
» dórica
» toscana
» tiria

alfabetizar
marcar
escribir
pronunciar

A
B
be
C
ce
Ch
che
D
de
E
F
efe
G
ge
H
hache
I
J
jota
K
ca
ka
L
ele
Ll
elle
M
eme
N
ene
Ñ
eñe
O
P
pe
Q
cu
R
ere
erre
letra canina
S
ese
T
te
U
V
ve
uve
u consonante
W
ve doble
u valona
X
equis
Y
i griega
ye
letra pitagórica
Z
zeta
ceta
ceda
zeda
Ç
zedilla
cedilla
acento

alfa
beta
gamma
delta
digamma
épsilon
zeta
eta
theta
iota
kappa
lambda
my
ny
xi
ómicron
pi
rho
sigma
tau
ípsilon
phi
ji
psi
omega

alef
tau

alfabeto
abecedario
abecé
cristus
abecedario manual

alfabético
gótico
ulfilano
rúnico
runo
fonético
cúfico
cuneiforme

bilítero
dígrafo
trilítero
cuadriliteral

alfabéticamente
por orden alfabético
por abecé

LETRA (de cambio) (35)

letra
letra de cambio
cédula de cambio
aceptación
aval
provisión
endoso
endorso
endose
contenta
protesto
contraprotesto
resaca
cambio
recambio
descuento
redescuento
contracambio
conocimiento
cortesía
vencimiento
giro
» mutuo
valor en cuenta
» en sí mismo
» reservado en sí mismo
valor entendido
» recibido
» recibido en efectivo
» recibido en géneros
» recibido en mercancías
» recibido a cuenta
libro talonario

libranza
boletín
cheque
» cruzado

póliza
boleta
talón
letra abierta
crédito abierto
provisión de fondos

pagaré
abonaré
bono
efecto
papel
comercio
banca

girar
librar
aceptar
intervenir
endosar
endorsar
contentar
contraendosar
avalar
protestar
recambiar
beneficiar
negociar
descontar
vencer

girador
librador
librante
dador
tenedor
portador
tomador
cedente
endosante
endosatario
aceptador
aceptante
librado
avalista
pagador
protestante

endosable
vencido
perjudicado

al contado
a plazo
a la vista
a ... días vista
a letra vista
al usado

—

LETRERO
(V. *Rótulo*)

—

LEVANTAR
(V. *Subida*)

—

LEVE
(V. *Levedad*)

—

LEVEDAD (2, 24)

levedad
ligereza
ingravidez
liviandad
livianeza
tenuidad
feblaje
soplillo

aligerar
aliviar
desgravar
descargar

aligeramiento
alivio
descarga

leve
levísimo
falto de peso
feble
ligero
liviano
lene
ingrávido
ligeruelo
tenue
flotable
aéreo
vaporoso
volátil
ralo
delgado

levemente
ligeramente
tenuemente

—

LÉXICO (28)

léxico
léxicon
panléxico
diccionario
diccionario de la rima
diccionario de sinónimos
vocabulario
gradus ad Parnasum
tesoro
tesauro
glosario
calepino
enciclopedia
repertorio
catálogo
lista
concordancias
etimología
nomenclatura
tecnicismo

lexicología
lexicografía
combinación
artículo
palabra
etimología
raíz
definición
acepción
remisión
referencia
lexicografo
lexicólogo
diccionarista
vocabulista
nomenclátor
nomenclador

léxico
lexicológico
lexicográfico
alfabético
etimológico
ideológico
bilingüe
trilingüe, etc.
enciclopédico
polígloto
plurilingüe
técnico

lexicográficamente

—

LEY (30, 32)

ley
» orgánica
» marcial
» fundamental
» substantiva
» adjetiva
» positiva
» natural
» prohibitiva
» sálica
» suntuaria
» civil
» penal
» fiscal, etc.
código fundamental
carta
constitución
regla
precepto
resolución
régimen
establecimiento
ordenamiento
ordenanza
sanción
estatuto
» real
pragmática
(pragmática sanción, canon, etc. V. *Der. canónico*)
yugo
decálogo
Tablas de la ley
Biblia
zuna
Alcorán
Talmud
Tora
novela
plebiscito
bula
bula de oro
mandato

decreto
rescripto
cédula real
facultad
carta abierta
billete
sobrecédula
senadoconsulto
constitución
ucase
firmán
dahír
decretero

edicto
» pretorio
letras patentes
bando

introducción
preámbulo
parte
partida
capítulo
título
ley
artículo
apartado
precepto
articulado
antinomia

legislación
derecho escrito
código
cuerpo
organismo
instituta
pandectas
inforciado
auténtica
basílicas
fuero
» juzgo
» real
las siete partidas
ordenamiento real
recopilación
nueva recopilación
novísima recopilación
novísima
concordancias

derecho no escrito
albedrío
costumbre

legalidad
legitimidad
derecho
justicia
moralidad
cumplimiento
infracción

legislar
codificar
dictar
estatuir
regular
establecer
disponer
formalizar
legalizar
firmar
refrendar
sancionar
promulgar
poner en vigor
proclamar
aplicar
interpretar
derogar
abrogar

legislación
codificación
proclamación
sanción
cúmplase
vigencia
nulidad

legislador
legislativo
colegislador
licurgo
legista
leguleyo
doceañista
codificador
poder legislativo
cuerpo legislador
cuerpos colegisladores
parlamento
asamblea

legal
legítimo
estricto
estatutario
reglamentario
vigente
legislativo
gacetable
plebiscitario
constitucional
inconstitucional
anticonstitucional
antilegal
extralegal
draconiano

legalmente
lealmente
legítimamente
constitucionalmente
jurídicamente

de fuero
de derecho

—

LIBERACIÓN (27)

liberación
emancipación
manumisión
noxa
ahorro
franqueamiento
licenciamiento
redención
luición
quitación
quitamiento
relevación
desamortización
rescate
tallón
escape
evasión
huida
talla
libertad
independencia
libramiento
exoneración
exención
desestanco
recuperación
represión
seguridad
salvación
protección
ayuda
exculpación
defensa
excarcelación
excarceración
perdón
quita
licenciamiento
licencia
» absoluta
canuto
permisión

carta de horro
carta de ahorría

liberar
librar
redimir
preservar
proteger
defender
salvar
escapar
sacar
desoprimir
despenar
desatascar
desatollar

desabarrancar
exonerar
relevar
remediar
desentrampar
desempeñar
desadeudar
eximir
desestancar
dispensar
descargar
quitar
luir
redimir
redondear
rescatar
recobrar
desobligar
relajar
descuidar
libertar
licenciar
desamortizar
emancipar
enfranquecer
franquear
manumitir
ahorrar
absolver
exculpar
perdonar
cancelar
remitir
desencerrar
desencarcelar
excarcelar
desaherrojar
desaprisionar
desherrar
desatar
destrabar
desmanear
desaprensar
manifestar
soltar
lanzar
largar
poner en libertad
abrir la mano
sacar a paz y a salvo
sacar de las uñas
sacar de garras
libertar de las uñas de
sacar a hombros
sacar el pie del lodo

librarse
libertarse
desembarazarse
desocuparse
despreocuparse
redondearse
purgarse
emanciparse
desembanastarse
zafarse
salir
desenfrailar
escapar
evadirse
respirar
huir
salir horro
apellidar libertad
echar la carga de sí
sacudir el yugo
quitarse de encima [nas
romper las cadenas
salir del barranco
salir a gatas [bla
escapar en una tabla
salvarse en una tabla
agarrarse a un clavo ardiendo
escapar con vida
haber nacido

libertador
liberador
librador
librante
redentor
alfaqueque
emancipador
manumisor
rescatador
desamortizador
mercedario
mercenario

licenciado
manumiso
libre
cimarrón
montaraz
cerril
redimible
irredimible

—

LIBERAL
(V. *Liberalidad*)

—

LIBERALIDAD (26, 33)

liberalidad
generosidad
magnificencia
magnanimidad
munificencia
dadivosidad
largueza
franqueza
desasimiento
desprendimiento
abnegación
desinterés
altruismo
rumbo
rango
garbo
galantería
bizarría
esplendidez
lucimiento
abundancia
fausto
derroche
dádiva
favor
partido
beneficio
caridad
regalo

rumbar
portarse
lucirse
abrir la mano
franquear
dar hasta las entrañas
no tener nada suyo
no tener cosa suya
echar la casa por la ventana

generoso
liberal
noble
dadivoso
enriqueño
desprendido
desinteresado
largo
larguero
manilargo
pródigo
campechano
lucido

garboso
canario
rumbón
rumbático
rumboso
espléndido
comunicativo
franco
francote
bizarro
caritativo
munífico
munificente
munificentísimo
caballeroso

generosamente
liberalmente
largamente
dadivosamente
espléndidamente
lautamente
pródigamente
derramadamente
a manos llenas
a mano abierta
a puñados [mano
con franca, o larga

—

LIBERAR
(V. *Liberación*)

—

LIBERTAD (25, 26)

libertad
opción
autonomía
libre albedrío
independencia

democracia
liberalismo
gorro frigio
derecho
ingenuidad
ahorría
ciudadanía
fueros
franquicia
desobstrucción
puerta franca
soltura
salud
calle
amplitud
latitud
margen
holgura
anchura
familiaridad
espontaneidad
facultad
permisión
poder
atrevimiento
arbitrariedad
dominio
exención
inmunidad
privilegio
carta de horro
» » ahorría

ser libre [actos
ser dueño de sus
tener el camino expedito
soltar
manumitir
manifestar
franquear
desocuparse
desembarazar

excarcelar
desencarcelar
libertar
dar rienda suelta
desestacar
desestancar
desvincular
desobstruir [bre
dejar el campo libre

(liberal, demócrata, progresista, radical, republicano, etc. V. *Política*)
librepensador
libre
libérrimo
independiente
incoercible
voluntario
espontáneo
ingenuo
franco
saneado
limpio
disponible
horro
ahorrado
manumiso
exento
suelto
soltero
cerrero
cimarrón
cerril
montaraz
llano
libertado
licenciado
liberto
destiranizado
expedito
desembarazado
quito
zafo
discrecional

libremente
independientemente
ahorradamente
desembarazadamente
desocupadamente
desatadamente
a rienda suelta
a sus anchas
a mis, a tus, anchas
en franquía

—

LIBERTAR
(V. *Liberación*)

—

LIBRANZA
(V. *Letra de cambio*)

—

LIBRAR
(V. *Liberación*)

—

LIBRE
(V. *Libertad*)

—

LIBRO (28, 29)

libro
librote
libreto
librete
libretín

librillo
librejo
libraco
libracho
ejemplar
tomo
volumen
cuerpo

parte
fascículo
pliego
entrega
papel volante
pliegos de cordel
tríptico
título
capítulo
década
cabo
párrafo
folio
hoja
página
plana
carilla
anverso
recto
folio vuelto
columna
línea
renglón
margen
paginación
foliación
signatura

guarda
anteportada
anteporta
portada
portadilla
frontispicio
fachada
censura
imprimátur
nihil obstat
licencia
privilegio
principios
dedicatoria
preámbulo
texto
lección
cuerpo
fragmento
variante
pasaje
paso
nota
cita
llamada
interpolación
epígrafe
palabra
lugar
ilustración
lámina
dibujo
grabado
epílogo
ultílogo
índice
sumario
tabla
registro
reclamo
fe de erratas
colofón
pie de imprenta
ex libris

corte
canto
cantonera
canal
delantera
cabeza
lomo
cabecera
matriz

tapa
cubierta
tejuelo
forro
encuadernación
broche
manecilla

forma
formato
infolio
en folio
» » mayor
» » menor
en cuarto
» » menor
» » mayor
» » prolongado
en octavo
» » mayor
» » menor
» dozavo
» dieciseisavo
» treintaidosavo

cuaderno
duerno
quinterno
cinquina
libreta
cartilla
cartapacio
carnet
memorial
memoria
memorándum
memorando
manual
mamotreto
exfoliador
álbum

obra
escrito
escritura
impreso
impresión
publicación
hijo
parto
borrón
lucubración
trabajo
vigilia
ocios
anónimo
seudónimo
manuscrito
códice
legajo
borrador
original

folleto
folletín
monografía
opúsculo
estudio
discurso
ensayo
disertación
tesis
memorias
diales

cartilla
abecedario
cristus
catón
catecismo
cuestionario
epítome
compendio
elementos
rudimentos
nociones
manual
enquiridión
vademécum
vade

venimécum
elucidario
proverbiador
doctrinal
libro de texto
curso
tratado
flora
fauna

método
diccionario
libro sagrado
Biblia
(breviario, eucologio, etc. V. *Culto y Oración*)
almanaque
calendario
guía
guía de forasteros
» » teléfonos
anuario
directorio
revista
periódico
bibliografía

colección
miscelánea
centón
rapsodia
silva
centiloquio
florilegio
crestomatía
trozos escogidos
analectas
selectas
literatura
biblioteca
enciclopedia
dietario
epistolario
efemérides
agenda
formulario

códice
palimpsesto
tumbo
becerro
cabreo
díptica
díptico
varios

literatura
novela
poesía
teatro
historia
crítica, etc.

(libro de caja mayor, diario, etc. V. *Comercio*)
(código, etc. V. *Ley*)
portalibros

atril
atrilera
facistol
misal
plegadera
álbum
atlas

escribir
imprimir
publicar
dar a luz
sacar a luz
editar
reeditar
paginar
foliar
interpaginar
interfoliar
encuadernar

hojear
trashojar
trasfojar
leer
expurgar

impresión
publicación
edición
derechos de autor
propiedad intelectual
foliación
foliatura
paginación
encuadernación
imprenta
pergamino
papel

anónimo
clandestino
apócrifo
agotado
incunable
elzevirio
elezevir
edición príncipe
» diamante
libro de fondo
» » surtido

editor
librero
estacionario
bibliotecario
bibliógrafo
bibliófilo
bibliómano
bibliólatra
cervantófilo
censor
corrector
maestro del Sacro Palacio

editorial
biblioteca
librería
fondo [ra
gabinete de lectuíndice
catálogo
fichero
clasificación

librería

bibliografía
bibliología
bibliofilia
bibliomanía

monográfico
bibliográfico
folletinesco
colecticio
prologal
intonso
textual
enciclopédico
librerил
libresco

pássim
loco citato
en rama

—

LIBROS SAGRADOS
(V. *Biblia*)

—

LICENCIA
(V. *Permisión*)

LICENCIOSO
(V. *Inmoralidad*)

—

LICOR (9)

licor
poscafé
gotas

bebida
bebido
bebistrajo
bebienda
pistraje
pistraque
alcohol
vino
aguardiente
anís
peñascaró [beza
aguardiente de caharapo
seco
balarrasa
matarratas
ojén
anisado
aceite de anís
tajadilla
sosiega
bingarrote
mosolina
vinote
coñac
ron [ña
aguardiente de caflemas
cachaza
guaro
cañazo
chinguirito
mezcal
calamaco
betónica
calaguasca
vino de coco
» » nipa
ginebra
benedictino
curasao
curazao
kirsch
kummel
vodca
arac
ajenjo
absintio
vermut
bíter
anisete
marrasquino
noyó
amargo
alquermes
murtilla
tuba
rosolí
ratafía
mixtela

destilar
anisar
desbravar
desbravecer
rectificar
clarificar
aderezar
beber
tomar la mañana
matar el gusanillo

destilación
anisado

licorista
aguardentero
cañero
refinador

alambiquero
destilador
caritán

aguardentería
alambiquería
taberna
licorería
licorera

nectáreo
nectarino
aguardentoso
escarchado
espirituoso

—

LIDIA
(V. *Tauromaquia*)

—

LIDIAR
(V. *Tauromaquia*)

—

LIEBRE
(V. *Conejo*)

—

LIENDRE
(V. *Piojo*)

—

LIMA (11)

lima
culebra
carleta
mediacaña
limador
limatón
cantón redondo
bastarda
almendrilla
lima sorda
» muza
escofina
» de ajustar
escarpelo
fresa
rallo
rallador

limar
relimar
escofinar
fresar
rallar
alisar
frotar
raspar
raer
desgastar

limadura
ralladura

limador

limaduras
limalla
escobina
muzo

—

LIMAR
(V. *Lima*)

—

LIMBO (1)

limbo
seno de Abrahán

infierno
cielo
purgatorio

—

LIMITACIÓN (17, 25)

limitación
tasa
cortapisa
salvedad
restricción
prohibición
moderación
condición
coartación
localización
circunscripción
confinamiento
barrera
cercamiento
deslinde
deslindamiento
delimitación
demarcación
acotamiento
acotación
amojonamiento
mojonación
mojona
amugamiento
desrayadura
divisoria
lindería
hitación
amelgado
apeo
agrimensura
topografía

limitar
restringir
tasar
coartar
contraer
circunscribir
circunferir
encuadrar
localizar
confinar
cercar
ceñir
delimitar
demarcar
deslindar
desrayar
alindar
acotar
apear
amojonar
mojonar
hitar
amelgar
tributar
estacar
jalonar

limitarse
concretarse
reducirse
ceñirse
atarse
cifrar en

límite
confín
contigüidad
frontera
aledaños
ensanche
afueras
línea
raya
coto
borde
lado
contorno
periferia
orilla
extremidad
trifinio
confluencia

término
meta
taina
fin
finibusterre
rigor
máximum
máximo
extremo
colmo
culminación
fastigio
cumbre
altura
mínimum
mínimo
fondo

linde
lindero
lindera
lindazo
ribazo
espuenda
acirate
lomo
mota
guardarraya
surcaño
gavia
almorrón
caballete
caballón
señal
indicación
mojón
murias
marco
abeurrea
buega
muga
majano
mureño
morcuero
almora
coto
moto
hincón
hito
hita
chanto
muñeca
jalón
pina
cipo
poste
marmolillo
guardacantón
trascantonada
cavacote
testigos
mojonera
amojonamiento
clavera
divisa
patio

demarcador
deslindador
amojonador
estadero
apeador
agrimensor

limitativo
taxativo
restrictivo
restringente
circunferente
limitable
restringible

limitado
finito
definido
restringido
restricto
bastante
condicionado
circunscrito
circunscripto
incluso

limitáneo
lindante
lindero
limítrofe
medianero
colindante
arcifinio
fronterizo
rayano
divisorio
asurcano
intermedio
contiguo

limitadamente
restrictivamente
tasadamente
a raya
a lo sumo
cuando más
a lo más
a lo más, más
a todo tirar
no cabe más
nos plus ultra
a lo menos
por lo menos
al menorete
hasta
tan siquiera
siquiera
tan sólo
siempre
menos

¡basta!
¡bueno está!

—

LIMITAR
(V. *Limitación*)

—

LÍMITE
(V. *Limitación*)

—

LIMÓN
(V. *Limonero*)

—

LIMONERO (5)

limonero
limón
limero
bergamoto
cidro
cidral
cidrera
azamboero
azamboo
toronjo
agrura
azahar

limón
citrón
lima
bergamota
poncil
poncí
poncidre
limón ceutí
cidra
azamboa
zamboa
acimboga
cimboga
toronja
pomelo
agrios
gajo
luquete
pezón

limonada
citrato

limonar

limonado
cetrino
cítrico

—

LIMOSNA (33)

limosna
alimosna
caridad
providencia
buenas obras
beneficencia
donación
liberalidad
demanda
socorro
auxilio
misericordia
bono
cuestación
cuesta
colecta
guante
beneficio
sanctórum
petición
jubileo de caja
visita de pobres
conferencia

dar
socorrer
hacer bien
ofrecer
mantener
vestir
limosnear
pedir
pordiosear
gallofar
gallofear
mendigar

limosnero
demandador
cuestor
síndico
plegador
pobrero
santero
animero
bacinero
agostero
gallofo
gallofero
faquir
tablera
mendigante
mendigo

limosnera
macuto
cajeta
cajetín
cepo
cepillo
juan
bacín
bacina
bacinica
bacineta
demanda
tablillas de San Lázaro
tablilla de santero
tabletas
gazofilacio
guardianía
gallofa
sopa boba
» de los conventos

caritativo
limosnero
padre de pobres

—

LIMOSNERO
(V. *Limosna*)

—

LIMPIAR
(V. *Limpieza*)

—

LIMPIEZA (10, 11)

limpieza
nitidez
pulcritud
pureza
mundicia
aseo
curiosidad
policía
higiene

limpiar
relimpiar
asear
extremar
acicalar
escarolar
purificar
cribar
filtrar
espumar
refinar
purgar
repurgar
expurgar
espulgar
descaspar
escoscar
deterger
absterger
lavar
fregar
frotar
gratar
raer
raspar
baldear
apretar
enjugar
enjuagar
mundificar
mondar
escamondar
enlucir
enlustrecer
despalmar
abrillantar
desempañar
esmerar
ventear
engredar
atizar
despavonar
deshollinar
foguear
anidiar
cepillar
almohazar
bruzar
escobillar
barrer
rascar
afretar
quitar el **polvo**
desempolvar
desempolvorar
despolvorear
desembarrar
quitar el **moho**
desoxidar
desenmohecer
desherrumbrar
quitar **manchas**
dar una vuelta
lavar la cara

limpiarse
lucir
quitarse
sonarse
mudarse
borrarse
desaparecer
salir

limpiamiento
limpiadura
limpia
limpieza
limpión
detersión
abstersión
mundificación
purgación
expurgación
expurgo
mondadura
monda
aljofifado
fregado
lavado
despolvoreo
desempolvadura
desempolvoradura

limpiador
limpión
saçamanchas
quitamanchas
limpiabotas
limpiachimeneas
deshollinador
pocero

jabón
lejía
gasógeno
bencina
carburina
aguarrás
cloro
sosa
asperón
arena
greda
buro
tastaz
tiza

plumero
espolsador
sacudidor
zorros
vendos
correas
escobilla
escoba
escobillón
deshollinador
lanada
cogedor
cepillo
rodilla
bayeta
parella
aljofifa
almohaza
rasqueta
estropajo
limpiabarros
limpiapeines
limpiaplumas
limpiadientes
mondadientes
escarbaorejas
limpiaúñas

mundificante
expurgatorio

detersorio
detergente
detersivo
esméctico
abstergente
abstersivo
colativo

limpio
límpido
relimpio
lamido
curioso
aseado
nítido
nidio
claro
neto
terso
relso
puro
impoluto
inmaculado
pulcro
pulquérrimo
morondo
moroncho
mondo
lirondo
soplado
alindado
tacita de plata

limpiamente
netamente
aseadamente
curiosamente
inmaculadamente
limpio

como mil oros
» un oro
» una plata
» los chorros
del oro
limpio como una patena
más limpio que una patena

—

LIMPIO
(V. *Limpieza*)

—

LINAJE
(V. *Familia*)

—

LINDAR
(V. *Contigüidad*)

—

LINDE
(V. *Limitación*)

—

LÍNEA (17)

línea
liña
intersección
línea recta
» quebrada
zigzag
quingos
curva

orden
eje
» de simetría
semieje
radio
diámetro
cuerda
subtensa
flecha
sagita
espada
tangente
secante
asíntota
hipotenusa
cateto
lado
bisectriz
diagonal
apotema
generatriz
coordenada
perpendicular
vertical
horizontal
paralela
geometría

trazo
raya
rayuela
rayita
guión
tilde
tildón
tachón
vírgula
virgulilla
lista
vareta
canilla
ducha
veta
vena
gaya
banda
tira
arista
ángulo
estría
ranura
surco
ringlero
renglón
pauta
(fila, hilera, etc.
V. *Serie*)

rayado
pautado
renglonadura
falsilla
pentágrama
pentagrama
cuadriculado
casilla

linear
tirar
vetear
varetear
rayar
subrayar
interlinear
arañar
aruñar
rascar
barrear
borrar
tachar
pautar
reglar
rectificar
cuadricular
surcar
asurcar
alinear
acordelar
estacar
subtender

alineación
rayado
regla
reglón
regleta
filete
cuadrado
cuadradillo
pauta
tiralíneas
pautador
campilógrafo
escuadra
cartabón
gramil
compás

lineal
rayoso
rayado
alistado
listado
listeado
entrelistado
vetado
veteado
avetado
vetisesgado
largueado
bandeado
barrado
barreado
escrito
rectilíneo
mistilíneo
mixtilíneo
curvilíneo
subtenso

a cordel
en fila
seguido

—

LINFA (7)

linfa
humor
suero
sistema linfático
canal torácico
vena
vena láctea
vaso quilífero
escrófula
ganglio

linfatismo
adenia
adenopatía
escrofulismo
ganglionitis
infarto

linfático
ganglionar
escrofuloso

—

LINFÁTICO
(V. *Linfa*)

—

LINGUÍSTICA
(V. *Filología*)

—

LINO (5, 10)

lino
» caliente
» frío
» bayal
cárbaso
cerda
capullo
baga
sumidad
gárgola
linaza
harina de linaza

tiñuela
cáñamo
cáñamo indio
bango
chorrón
canal
cerro
pelluzgón

estopa
estopilla
cañamazo
sedeña
alrota
arlota
malacuenda
estopón
tomento
estopada
fana
escaba
tasco
agramiza
agramaduras
carrasca
cañamiza
bagazo
gabazo
arista
poya
hachís

mazorca
husada
tela
hilo
cuerda

linar
cañamar

bagar
jimenzar
espadar
espadillar
tascar
farachar
enriar
arriazar
empozar
agramar
rastrillar
rastillar
desbagar
desgargolar
asedar
cocer

enriamiento
enriado
arriaza
agramado
espadillado
espadillamiento
enriador
espadador
espadillador

poza
alberca
garabato
rastrillo
agramadera
agramador
gramilla
garmejón
caballete
espadilla
tascador
faracha
macla
maza
zarranja
sedadera
carriego

lináceo
líneo
cañameño
estopeño
estoposo

—

LIQUEN
(V. *Criptógama*)

—

LIQUIDAR
(V. *Fusión*)

—

LÍQUIDO (2)

líquido
licor
fluido
gas
burbuja
semifluido
pasta
masa
humedad

superficie
flor
nata
tela
turbiedad
sedimento

agua
mar
lluvia
manantial
fluencia
confluencia
río
arroyo
cascada
corriente
flujo
rebalaje
descorrimiento
regolfo
coz
contracorriente
remolino
chorro
gota
fuga
desagüe

bebida
licor
jugo
savia
linfa
sangre, etc.

liquidez
fluidez
densidad
liquidación
fluidificación
licuación
licuefacción
colicuación
fusión
derretimiento
deshielo
ebullición
destilación
filtración
rociamiento
riego
inmersión
disolución
flotación
transvasación
envase
hidráulica

liquidar
licuar
licuefacer
colicuar
colicuecer
fluidificar
aclarar
diluir
espesar
batir
derretir
fundir
reducir
fluir
correr
gotear
chorrear
rezumar
filtrar
descorrer
discurrir
descender
destilar
verter
refluir
regolfar
segregar
brotar
manar
salir
mojar
desbravar

líquido
licuable
licuante
licuefactible
licuefactivo
colicuante
colicuativo
fluido
semifluido
fluente
corriente
correntío
afluente
confluente
tributario
refluente
ambiente
irrestañable

líquidamente
hilo a hilo

—

LISIADO
(V. *Lesión*)

—

LISIAR
(V. *Lesión*)

—

LISO
(V. *Lisura*)

—

LISONJEAR
(V. *Adulación*)

—

LISTA (16)

lista
listín
serie
rol
índice
» expurgatorio
adversarios
catálogo
canon
minuta
menú
sílabo
elenco
tabla
cuadro
estado
relación
inventario
conocimiento
factura
letanía
retahíla
repertorio

programa
registro
censo
catastro
padrón
empadronamiento
alarde
descripción
estadística
vecindario
encasillado
matrícula
escalafón
nobiliario
díptica
dípticos
nómina
nomenclátor
nomenclador
nomenclatura
alcabalatorio
decretero
callejero
diccionario
fe de erratas
anuario
directorio
guía
memoria
necrología
arancel
tarifa
cuenta
plan
orden del día
detalle
lugar

enumerar
connumerar
encabezar
encabezonar
inventariar
alistar
listar
catalogar
encartar
empadronar
matricular
registrar
inscribir

alistarse
matricularse
registrarse

alistamiento
empadronamiento
encabezamiento
encabezonamiento
cabezón
encartamiento
encartación
fogueación
enumeración
catalogación
recapitulación
clasificación

alistador
catalogador
empadronador
matriculador
registrador
lexiarca

—

LISTO
(V. *Ingenio)*

—

LISTÓN
(V. *Palo)*

—

LISURA (13)

lisura
suavidad
tersura
ras
igualdad
llanura
pulidez
pulimento
lustre
finura
dulcedumbre
dulzura
blandura

alisar
igualar
acepillar
cepillar
sentar
suavizar
lenificar
lenizar
azemar
pulir
pulimentar
esmerar
repulir
bruñir
rebruñir
abrillantar
atezar
esmerilar
apomazar
lijar
limar
acuchillar
esturgar
descafilar
descacilar
escafilar

pulimento
alisadura
lijadura
raspadura
frotación

alisador
suavizador
pulidor
bruñidor
esmerador

cepillo
fresa
lima
lija
zapa
búfalo
trípoli
esmeril
piedra pómez

liso
suave
aterciopelado
terciopelado
lene
plano
llano
igual
roso
parejo
raso
fino

delgado
delicado
terso
relso
perspicuo
nidio
brillante
mondo
imberbe
lampiño
glabro
calvo

como una seda
como el pelo de la masa
como la palma de la mano

lisamente

—

LITERA
(V. *Angarilla)*

—

LITERARIO
(V. *Literatura)*

—

LITERATURA (28, 29)

literatura
bellas letras
buenas letras
letras humanas
mester de clerecía
humanidades
humanismo
lenguaje
retórica
poética
preceptiva
trivio
gramática
filología
inspiración
musa

escribir
redactar
estilar
literatear
borrajear
burrajear
borronear
emborronar
manchar papel
embadurnar papel
embarrar papel
echar peñoladas
parrafear
vivir de la pluma
dejar correr la pluma
menudear
entretejer
meter ripio
describir
expresar
narrar
componer
crear
improvisar
pergeñar
hilvanar
enhilar
novelar
centonar
refundir
almibarar
alambicar
retoricar
prosificar
perifrasear
arcaizar
cultiparlar
gongorizar
amanerarse
gerundiar [bien
poner la pluma
» » pluma mal
ser buen espada
cometer figuras
metaforizar
alegorizar
poetizar
amplificar
exornar
vestir
revestir
introducir
prologar
personificar
dialogar
transferir
desenlazar
calzar el coturno
remontarse a las nubes
traducir

escritura
imprenta
pluma
grafomanía

redacción
expresión
sugerimiento
símbolo

escrito
composición
declamación
obra
libro
revista
periódico
creación
lucubración
parto
improvisación
refrito
descripción
periplo
bestiario
narración
historia
novela
crítica
monólogo
oratoria
diálogo
coloquio
teatro
poesía
prosa
alegoría
florilegio
epigramatario

preámbulo
texto
contexto
contextura
textura
estructura
esqueleto
plan
acción
asunto
personaje
exposición
confirmación
invención
disposición
división
parte
fábula
enredo
máquina
trama
episodio
lance
relleno
nudo
catástasis
desenlace
desenredo
catástrofe
epílogo
epilogación
ciclo

escuela
tradición
clasicismo
purismo
conceptismo
marinismo
culteranismo
cultismo
gongorismo
cervantismo
realismo
romanticismo
naturalismo
simbolismo
impresionismo
colorismo
expresionismo
verismo
futurismo
neoclasicismo

estilo
fraseología
pluma
tono
carácter
nota
forma
lenguaje
elocución
interlocución
dicción
giro
frase
matices
latines
tópico
ripio
lugares comunes
vulgaridad

tropo
metáfora
traslación
translación
metagoge
catacresis
abusión
silepsis
sinécdoque
antonomasia
metonimia
trasnominación
metalepsis

figura
símil
semejanza
alegoría
comparación
enumeración
distribución
gradación
transición
clímax
aumentación
concatenación
epanástrofe
transposición
trasposición
transpunte
traspuesta
histerología
polisíndeton
asíndeton
disyunción
antífrasis
antítesis
paradiástole
paradoja
prosopopeya
personificación
etopeya
neuma
idolopeya
apóstrofe
énfasis
parresia
asteísmo
dialogismo
interrogación
erotema
anticipación
prolepsis
ocupación
sujeción
cleuasmo
concesión
permisión
epítrope
asociación
exclamación
epifonema
optación
obtestación
imposible
deprecación
imprecación
conminación
execración
reticencia
alusión
murmuración
precesión
preterición
pretermisión
atenuación
extenuación
lítote
circunlocución
perífrasis
perífrasi
rodeo
eufemismo
dubitación
suspensión
sustentación
corrección
epanortosis
amplificación
hipérbole
ironía
ilusión
sarcasmo
zaherimiento
sátira
eutrapelia
humorismo
carientismo
mimesis
retruécano
equívoco
conmutación
anfibología
repetición
anáfora
epanáfora
expolición
conmoración
tautología
batología
geminación
sinonimia
datismo
endíadis
epítome
epímone
epanodiplosis
epanalepsis
conversión
epístrofe
complexión
reduplicación
paronomasia
paranomasia
agnominación
conduplicación
epanástrofe
derivación
traducción
políptoton
aliteración
asonancia
armonía imitativa
similicadencia
onomatopeya

elegancia
galanura
galanía
floridez
sal ática
aticismo
donaire
claridad
concisión
espontaneidad
ingenio

soltura
unidad
movimiento
vigor
valentía
color
carácter
concinidad
elocuencia
grandilocuencia

amaneramiento
rebuscamiento
ampulosidad
cultedad
cultería
cultalatiniparla
conceptuosidad
hinchazón
elación
lirismo
llaneza
vulgaridad
intercadencia
obscuridad
ambigüedad
impropiedad
confusión
prolijidad

ateneo
liceo
salón
academia
certamen
concurso
juegos florales

escritor
literato
hombre de letras
gente de pluma
pléyade [letras
república de las
intelectual
académico
ateneísta
mecenas
pluma
autor
redactor
colaborador
compilador
comentarista
crítico
censor
creador
padre
publicista
buena pluma
prosista
prosador
estilista
hablista
clásico
arcaísta
arcaizante
purista
retórico
terminista
conceptista
cultiparlista
romántico
naturalista
simbolista
cervantista
cervantófilo
original
plagiario
anónimo
seudónimo

escribidor
escritorzuelo
foliculario
plumífero
grafómano

hebraísta
hebraizante
arabista
helenista
latinista
romanista
hispanista
sinólogo

tratadista
sumista
polígrafo
enciclopedista
prologuista
antólogo
tradicionista
biógrafo
historiador
narrador
relatador
relator
novelador
novelista
folletinista
folletista
fabulador
fabulista
cuentista
costumbrista
cuatrocentista
regnícola
polemista
satírico
secretista
ensayista
colorista
viajero
epistológrafo
místico
libretista
dialoguista
poeta

castizo (estilo)
puro
llano
sencillo
familiar
corriente
medio
templado
elegante
galano
ático
rodio
suelto
cortado
clausulado
inciso
lacónico
lapidario
conciso
didáctico
claro
lúcido
terso
fluido
florido
pintoresco
rotundo
rodado
grave
elevado
levantado
grandílocuo
grandilocuente
armonioso
conceptuoso
concino
poético
altísono

enfático
campanudo
gerundiano
hueco
ampuloso
hinchado
altisonante
declamatorio
pomposo
bombástico
conceptuoso
culterano
cultero
culto
cultipicaño
gongorino
crespo
azucarado
almibarado
meloso
peinado
atrabajado
lento
premioso
pálido
periodístico
memorialesco
amazacotado
indigesto
bajo
virulento
inculto
duro

sofocleo
aristofanesco
aristofánico
ciceroniano
virgiliano
cervantino
cervantesco
cervántico
quevedesco
gongorino
calderoniano
moratiniano
bretoniano
zolesco, etc.

literario
retórico
figurado
metafórico
trópico
tropológico
transpositivo
metonímico
eufemístico
episódico
dialogístico
hiperbólico
antonomástico
aliterado
lírico
épico
melodramático
anteclásico
clásico
neoclásico
romántico
caballeresco
humanístico

literariamente
retóricamente
sincopadamente
al correr de la pluma

—

LITURGIA
(V. *Culto*)

—

LITÚRGICO
(V. *Culto*)

—

LOBO (6)

lobo
loba
lobezno
lobato
coyote

aullar
otilar
encarnizarse
licantropía
encarnizamiento
lobero
aulladero
aúllo
escarbadero

lobuno
lobera
lobero
lupino
loboso
licántropo

—

LOCO
(V. *Locura*)

—

LOCURA (12, 23, 26)

locura
loquera
folía
alienación [tal
enajenación men-
insania
demencia
amencia
vesania
aberración
melancolía
insipiencia
delirio
devaneo
enloquecimiento
irreflexión
indeliberación
irracionalidad
extravagancia
capricho
chifladura
guilladura
transportamiento
lunatismo
manía
idea
tema
barreno

psicopatía
paranoia
esquizofrenia
demencia precoz
locura precoz
monomanía
erotomanía
lipemanía
megalomanía
cleptomanía
zoantropía
licantropía
erostratismo

tutela ejemplar
curaduría ejemplar

frenesí
frenesía
furor
furia
delírium tremens
avenate
luna
ramalazo
desvarío
taranta
vértigo
turbación
síncope
enajenamiento
intervalo claro
» lúcido

psicosis
estupor
amnesia
paramnesia
afasia
agrafía
paralalia
paralexia
coprolalia
agorafobia
claustrofobia
fotofobia
frenopatía [ria
manía persecuto-
alienismo
psiquiatría
psicoterapia
psicoanálisis

enloquecer
dementar
trastornar
chalar
chiflar
caducar
sacar de quicio
volver a uno el juicio
recoger

enloquecerse
aloquecerse
alocarse
enloquecer
ensandecer
dementarse
trastornarse
trastocarse
destornillarse
transportarse
achocharse
guillarse
chiflarse
volverse loco
estar mochales
privarse de juicio
volvérsele el juicio
perder la razón
perder la cabeza
volvérsele la cabeza
írsele la cabeza
descomponérsele la cabeza
perder la chaveta
perder el seso
cambiar el seso
secársele el cráneo [neo
tener seco el crá-

loquear
delirar
prevaricar
desvariar
chochear
estar fuera de juicio
estar fuera de su acuerdo
estar ido
tirar uno piedras
faltarle un tornillo

enloquecedor

loco
loco de atar
psicópata
paranoico
esquizofrénico
loculo
alocado
demente
anormal
orate
vesánico
lunático
alunado
hombre de lunas
ido
mochales
majareta
barrenado
chalado
chiflado
tocado [za
tocado de la cabe-
atreguado
faltoso
falto de juicio
desequilibrado
alienado
ajeno
desvariado
delirante
furioso
insipiente
venático
avenado
insano
maniático
maniaco
monomaniaco
megalómano
licántropo
lipemaniaco
erotómano
fotófobo
afásico

alienista
psiquiatra
psiquiatro
frenópata
loquero

manicomio
casa de locos
casa de orates
jaula
gavia
loquera
camisa de fuerza

locamente
a la loquesca

—

LODAZAL
(V. *Lodo*)

—

LODO (3)

lodo
barro
fango
cieno
gacha
reboño
limo
lama
légamo
légano
letame
tarquín
pecina
robo
bardoma
albardilla
bardomera
azolve
enruna
horrura
marisma

enlodadura
enlodamiento
encenegamiento
fangosidad
limosidad
ilutación

cazcarria
cascarria
zarria
zarpa
zarrapastra

salpicadura
suciedad

lodazal
lodazar
lodachar
barrizal
barrero
fangal
fangar
aguatocho
chapatal
gachapero
tacotal
ciénaga
cenagal
leganal
tollo
tolla
tolladar
atolladal
atolladar
atranco
atranque
atascadero
atolladero
tremedal
tremadal
tembladero
tembladera
tembladal
paúl
paular
trampal
huecú
lamedal
lapachar
humedal
desbazadero
cangrejal
bodonal
charco
pantano

limpiabarros
guardabarros
salvabarros
alero
aleta

enlodar
embarrar
barrar
enfangar
atarquinar
entarquinar
enlamar
enlegamar
alegamar
enrunar
enronar
zarpear
desenlodar
desembarrar
deslamar
dragar

enlodarse
embarrarse
enfangarse
encenagarse
alegamarse
aleganarse
atascarse
atollar
chapotear

lodoso
lúteo
fangoso
barroso
lamoso
limoso
legamoso
leganoso
cenagoso
cienoso
pantanoso
pecinoso
encenagado
cazcarriento
zarposo
zarriento
zarrioso

—

LÓGICA
(V. *Razonamiento*)

—

LOGRAR
(V. *Consecución*)

—

LOMBRIZ
(V. *Gusano*)

—

LOMO
(V. *Espalda*)

—

LONGITUD (17)

longitud
largo
largor
largura
largueza
tiro
eslora
lanzamiento
cruzamen
envergadura
dimensión
altura
profundidad

alargar
alongar
prolongar
estirar
tirar
estirajar
estirazar
tender
rodear

varear
anear
soguear
acordelar

alargamiento
prolongamiento
prolongación
estiramiento
tirón
estirón
estirajón
extensión

medida
medición
palmeo
telemetría

metro
decímetro
centímetro
milímetro
diezmilímetro
cienmilímetro
micromilímetro
micra
micrón

decámetro
cuadra
hectómetro
kilómetro
quilómetro
miriámetro

vara
vara de Castilla
vara de Aragón
ana
alna
yarda
fajo
toesa
hexápeda
aba
verga toledana
codo geométrico
» común
» real
» de rey
» perfecto
» mediano
» mayor
pasada
paso
paso geométrico
codo
codo de ribera
tercia
pie
pie geométrico
coto toledano
pulgada
pulgarada
palmo
cuarta
palmo menor
espita
jeme
coto
dedo
línea
punto

pértica
tornadura
echada
cana
braza
estadal
estado
cordel
destre
cuerda
soga
acto
estadio
cuadra
versta
milla
nudo
singladura
parasanga
topo
legua
hora
legua de posta
» de veinte al grado
legua de marina
» marítima
» de quince al grado
legua de veinticinco al grado

alargador
prolongador

regla
regla lesbia
cercha
plantilla
vara
metro
cinta
» métrica
cuerda
telémetro
nonio
vernier
micrómetro
comparador
escala
pitipié
retículo
tirapié
cartabón
curvímetro
largo
luengo
longo
longar
alongado
oblongo
prolongado
protráctil
longazo
longísimo
longuísimo
langaruto
longitudinal
alto
larguirucho
crecedero
profundo
sesquipedal
lineal
cumplido
prolijo

métrico
kilométrico
quilométrico
leguario
miliar
miliario
micrométrico
jemal
codal
cubital
palmar

semipedal
sesquipedal
magistral

largamente
alargadamente
longamente
longitudinalmente
en luengo
a lo largo
a la larga
de punta a punta
de uñas a uñas

—

LORO (6)

loro
lora
guaro
tui
tricahue
catana
cancán
papagayo
papagaya
arara
cotorrera
cotorra
catalnica
catey
paraba
cata
catita
catarinita
caturra
viudita
paraguay
loro del Brasil
perico
periquito
mariquita
zapoyolito
guacamayo
maracaná
guacamaya
guara
sitacidos
loros
ave (trepadoras)

garrir

alcándara
jaula

—

LOTERÍA (31)

lotería
» primitiva
rescuentro
promesa
extracto
ambo
terno
terno seco
cuaterna
quinterna
quinterno
quina
cinquina
la banderita (7)
toledo (13)
la niña bonita (15)
los dos patitos (22)
la edad de Cristo (33)
arriba y abajo (69)
las dos banderitas (77)
el abuelo (90)

lotería moderna
billete
suerte
décimo
vigésimo
participación
extracción
premio
premio gordo
aproximación
reintegro
sorteo
bombo
bola
número

rifa
tómbola
kermesse
lote

jugar
echar
sortear
rifar
salir
tocar

lotero
suertero
rifador

—

LOZA
(V. *Cerámica*)

—

LOZANÍA (36)

lozanía
verdor
verdura
vicio
verdín
verdoyo
vigor
frondosidad
frescura
fresquedad
verdinal
amenidad
proceridad
fuerza
salud

lozanear
lozanecer
reverdecer
enlozanarse
aviciar
alimentar
lozano
verde
fresco
frondoso
loco
lujuriante
galano
ameno
inmarcesible
inmarchitable

lozanamente

—

LOZANO
(V. *Lozanía*)

—

LUBRICACIÓN
(V. *Deslizamiento*)

—

LUCIÉRNAGA (6)

luciérnaga
lucerna
gusano de luz
alumbranoche
noctiluca
candela
candelilla
cocuyo
cucuyo
cucuy
cocuy
cocuyo ciego
carbunco
tuco
alúa

—

LUCRAR
(V. *Ganancia*)

—

LUCHA (27, 31)

lucha
rivalidad
oposición
acometimiento
guerra
contienda
combate
paso de armas
torneo
justa
palestra
desafío
pugilato
campeonato
boxeo
pancracio [mana
lucha grecorro-
» libre
llave
presa
zancadilla
tranquilla
contrapié
traspié
trascabo

atletismo
agonística
(juegos públicos, olímpicos, etc.
V. *Fiesta*)
gimnasia
deporte
carrera
salto
esgrima
tauromaquia

luchar
bregar
pelear
competir
reñir
combatir
boxear
lagartear

liza
arena
palenque
palestra
estadio
circo
espoliario
gimnasio
campo de Agramante

luchador
adversario
agonista
competidor
atleta
discóbolo
palestrita
pancraciasta
púgil
pugilista
boxeador
peso pesado
» ligero
» pluma
» gallo
árbitro
boleador
gladiador
gladiator
confector
bestiario
reciario
cestiario
laqueario
andábata
mirmillón
catervarios
parabolanos
cesto
ceroma
guante

atlético
paléstrico
agonístico
agonal
gímnico
gimnástico
gladiatorio

cuerpo a cuerpo

—

LUCHADOR
(V. *Lucha*)

—

LUCHAR
(V. *Lucha*)

—

LUGAR (17)

lugar
lugarote
lugarete
sitio
emplazamiento
colocación
situación
presencia
paraje
espacio
infinitud
limitación
punto
lado
región
esfera
escena
ámbito
medio
ambiente
zona
banda
parte
terreno
territorio
circuito
recinto
localidad
local
teatro
plaza
puesto
pago
término
distrito
cabo
asiento
rodal
rincón
palmo de tierra
pie de tierra
casilla
departamento
compartimiento
apartadizo
apartadijo
atajadizo
camarico
guarida
habitación

localización
data
color local
toponimia
topografía

localizar
situar
limitar
cercar
encerrar
colocar
fijar
datar
fechar

local
tópico
citerior
ulterior
a
en
aquí
acá
aquende
ahí
allí
allá
acullá
allende
aliende
adelante
plus ultra
arriba
alto
encima
asuso
suso
sobre
debajo
abajo
bajo
ayuso
yuso
dentro
fuera
delante
detrás
alrededor
cerca
lejos
enfrente
junto
derecha
izquierda
ende
donde
adonde
do
doquiera
doquier
dondequiera
adondequiera
aquí y allí
acá y allá
acá y acullá
pássim
ibídem
salva sea la parte
¿dónde?
¿adónde?

—

LUJURIA (26)

lujuria
lascivia
libídine
concupiscencia
erotomanía
erotismo
incontinencia
humanidad
carnalidad
carne
salacidad
lubricidad
liviandad
rijo
apetito **venéreo**
sensualidad
sexto mandamiento
placer
vicio
inmoralidad
obscenidad
deshonestidad
tocamiento
masturbación
onanismo
comercio carnal
fornicación
generación
rapto
violación
incesto
estupro
adulterio
prostitución
amancebamiento
sodomía
homosexualidad
pederastia
sadismo
masoquismo
bestialidad
satiriasis
ninfomanía
safismo
tribadismo
amor lésbico

lujuriar
lozanear
retozar
masturbarse
gozar
conocer
fornicar
putear
putañear

sátiro
perico entre ellas
periquito » »
mico
mozo
mocero
tropiezo
bacante
fornicador
fornicario
incestuoso
tenorio
burlador
súcubo
íncubo
homesexual

lujurioso
lujuriante
sensual
erótico
erotómano
carnal
lascivo
lacivo
libidinoso
lúbrico
lóbrigo
liviano
torpe
incontinente
verde
rijoso
rijador
salaz
sicalíptico
sibarítico
arrecho
cachondo
toriondo
moriondo
butiondo
faldero
mujeriego
braguetero
putero
putañero
burdel
salida

lujuriosamente
carnalmente
lascivamente
lúbricamente
libidinosamente
incestuosamente

—

LUJURIOSO
(V. *Lujuria*)

—

LUMBAR
(V. *Espalda*)

—

LUMINOSO
(V. *Luz*)

—

LUNA
(V. *Satélite*)

—

LUNAR
(V. *Satélite*)

—

LUNAR
(V. *Mancha*)

—

LUSTRE (2)

lustre
brillo
brillantez
albedo
tersura
tersidad
lisura
prensado
apresto
viveza
vivacidad
fulgor
resplandor
resplandecimiento
viso
reflejo
esplendor
lucimiento
lucero
esmalte
barniz
charol
pátina
ascua de oro
oropel
lentejuela
espejuelo
esmalte

brillar
rebrillar
lucir
relucir
fulgir
refulgir
rutilar
coruscar
chispear
rechispear
centellear
titilar
espejear
resplandecer
esplender
relampaguear
fulgurar
fucilar
rielar
cabrillear
irisar

abrillantar
lustrar
alustrar
enlustrecer
enlucir
desempañar
aluciar
tersar
atezar
bruñir
pulir
pulimentar
acicalar
esmerar
diamantar
gratar
satinar
glasear
calandrar
ciclar
avivar
alegrar
argentar
platear
dorar

lustramiento
bruñimiento
bruñidura
bruñido
pulimento
plateado
niquelado
dorado

lustrador
bruñidor
abrillantador
calandria
limpiabotas

esmeril
piedra pómez
bisagra
diente de lobo
betún

lustroso
brillante
brillador
lúcido
lucio
lucidor
luciente
reluciente
lucentísimo
esplendente
resplandeciente
radiante
rutilante
fulgente
refulgente
relampagueante
fúlgido
nítido
rútilo
coruscante
corusco
terso
relso
charolado
flamante
chispeante
centelleante
espejado
clarífico
argénteo
metalescente
autópsido

lustrosamente
brillantemente

—

LUTO (28, 31)

luto
duelo
aflicción
medio luto
alivio de luto

enlutar
encubertar
embicar
enlutarse
ponerse de negro
aliviar el luto
desenlutar

lutos
capuz
monjil
chía
enaguas
enagüillas
gasa
pena
brazal
brazalete
manto de humo
exequias
novenario
culto

enlutado
enjergado
de luto
a la funerala
a media asta

—

LUZ (2, 13)

luz
lumbre
fuego
llama
luz natural
(luz artificial, V. *Alumbrado*)
primera luz
luz directa
» cenital
segunda luz
trasluz
luz de luz
media luz
contraluz

luminosidad
resplandor

esplendor
resplandecimiento
lucimiento
fulgor
refulgencia
confulgencia
fulguración
claror
albor
blancura
claridad
irradiación
emisión
luminiscencia
fosforescencia
fluorescencia
ardentía
reflexión
ángulo de incidencia
ángulo de reflexión
refracción
doble refracción
difracción
polarización
polaridad
actinismo
fotofobia
tubo de Geissler
brillo
brillantez
lustre
color

transparencia
translucidez
opacidad
penumbra
sombra
globo
pantalla

destello
rayo
haz
raza
ráfaga
fugada
lampo
relumbro
relumbrón
relámpago
centelleo
titilación
reflejo
foco
aureola
nimbo
potencia
halo
fosfeno
encendimiento
apagamiento
extinción

sol
alba
luz difusa

aurora
crepúsculo
luna
luz zodiacal
lumbrera
lámpara
ascua
lucería
luminaria
iluminaria
luminar
lumbrera
lumbraria
fuegos fatuos
fuego de San Telmo
luciérnaga
gusano de luz
cocuyo
alumbrado
óptica

onda luminosa
fotón
lumen
candela
actinometría

proyector
espintariscopio
actinómetro
polarímetro

iluminar

alumbrar
dar luz
esclarecer
romper
batir
herir
bañar
amanecer
clarificar
abrillantar
clarear
irradiar
emitir
destellar
quebrar los ojos
resplandecer
relumbrar
esplender
coruscar
rutilar
fulgir
refulgir
arder
brillar
lucir
relucir
prelucir
fulgurar
relampaguear
chispear
centellear
centellar
titilar
fosforescer

fosforecer

alumbrador
alumbrante
iluminador
iluminativo
luminoso
lumínico
lumbroso
luminífero
iluminante
fúlgido
fulgente
refulgente
prefulgente
fulguroso
fulgurante
resplandeciente
resplendente
esplendente
esplendoroso
espléndido
relumbrante
relumbroso
clarífico

deslumbrador
deslumbrante
encandilador
coruscante
corusco
brillador
brillante
lúcido

lucidor
luciente
reluciente
lucentísimo
lucífero
lucifer
centellador
centelleante
centellante
parpadeante
titilante
relampagueante
radioso
radiante
claro
entreclaro
espejado
crepuscular
crepusculino

espectral
fotogénico
fosforescente
luminiscente
fluorescente
ultravioleta
actínico
dextrógiro
levógiro

luminosamente
esplendorosamente

—

LL

LLAGA
(V. *Úlcera*)

—

LLAMA (2)

llama
flama
soflama
foguezuelo
dardo
lengua de fuego
llamarada
fogarada
chamarasca
charada
deflagración
combustión
fogonazo
gozo
alegrón
onda
bigotes
repelones
fuegos fatuos
fuego de San Telmo
helena
soplete

hoguera
almenara
hogar
pira
candelada
alcandora
rogo
fogata
fogarata
fogón
fogaje
fuego
magosta
magosto
falla
ángaro
tea
señal

llamear
flamear
arder
fogarear
fogarizar
inflamar
encender
quemar
atizar
avivar
despabilar
alumbrar

llameante
flámeo
flamígero
flamívoro
inflamador
inflamable
combustible

—

LLAMAMIENTO (28)

llamamiento
llamada
llamado
evocación
apelación
reclamo
voz
grito
aldabada
aldabazo
aldabonazo
taque
toque
indicación
señal
rebato
alarma
invocación
vocación
invitación
convite
convocación
convocatoria
citación
cita
apellido
edicto
reunión
conversación
aviso
cédula ante díem
indicción

llamar
nombrar
evocar
dar una voz
vocear
aclamar
cantar
gritar
huchear
chitar
chistar
cecear
clamar
reclamar
piar
invocar
pedir **protección**
aldabear
tocar
picar
petar [abajo
echar las puertas
avisar
convocar
citar
muñir
reunir
hacer venir
apellidar
aplazar
emplazar
pasar lista

llamador
llamante
convocador
convocatorio
citador
citatorio
invocador
invocatorio
apelativo
evocador

aldaba
aldabón
llamador
tirador
picaporte
botón
pulsador
pera
timbre
campana

a voz de apellido

oye
oiga
ce
che
chis, chis
tras, tras
ta, ta
tris, trás
ah de casa
mus
chus
tus
tuso
tusa
to
cuz, cuz
morro
morra
mio
miz
mino
rita
pita
pío
cochi
coche
¡ori!
hala
hale
¡ala!
¡eh!
¡he!
¡epa!
¡hola!
¡húchocho!
¡hucho!

—

LLAMAR
(V. *Llamamiento*)

—

LLANO
(V. *Plano*)

—

LLANTO (14, 28)

llanto
lloro
lloriqueo
planto
plañimiento
plañido
guaya
gemiqueo
gimoteo
lloramico
lloradera
llorera
llantina
llantera
lagrimeo
pasadura
perra
perrera
pujo
pucheros
rabieta
verraquera
varraquera
pena
lágrima
aflicción
lamentación
jeremiada
sollozo
zollipo
singuto
vagido
suspiro
gemido
queja

llorar
lloriquear
lagrimear
lagrimar
lagrimacer
plañir
pujar
verraquear
varraquear
encanarse
sollozar
hipar
zollipar
gemiquear
gimotear
implorar
lamentar
soltar
quejarse

hacer pucheros
hacer cuchara
arrasársele los ojos de, o en, lágrimas
arrasársele los ojos de agua, o en agua
rasársele los ojos de agua, o en agua
rasársele los ojos de lágrimas, o en lágrimas
saltársele las lágrimas
correr las lágrimas
deshacerse en lágrimas
soltar el trapo
llorar a lágrima viva
llorar a moco tendido
llorar los kiries
coger una perra
estar hecho una botija, una Magdalena, etc.

llorador
lloroso
berrín
bejín
plañidera
lloradera
endechadera
llorona
lloraduelos
llorón
llorín
llorica
lacrimoso
huerco
tierno
sollozante
suspiroso
suspirón
quejoso
ojienjuto
lamentable
lamentoso
plañidero
lagrimable
flébil
luctuoso
lutoso

llorosamente
lacrimosamente
luctuosamente

—

LLANURA (3)

llanura
llano
llana
plana
llanada
planada
planicie
explanada
plaza
rellano
antuzano
altozano
terraza
espacio
descampado
rasa
raso
campaña
campo
campo raso
landa
páramo
desierto
erial
paramera
palomera
sabana
sao
pampa
estepa
meseta
mesa
tablazo
altiplanicie
acirate
ajarafe
aljarafe
alcarria
cantón
puna
valle
campiña
vega
pradera
canal
pando
ladería

era
alera
superficie
horizontalidad
nivel
plano

(allanar, nivelar, etc. V. *Plano*)

llanero

llano
plano
liso
raso
estepario
desértico
descampado
abierto
a nivel

—

LLAVE (11)

llave
sobrellave
llavín
picaporte
llave doble
llave de tercera vuelta
» maestra
» falsa
ganzúa
sierpe
calabaza
pescada
clauca
aellas
cerrón
llavero
llave de entrada
» dorada
punzón
cerradura
grifo
ojo
anillo
tija
paletón
guarda
rastrillo
diente
pertus
rodaplancha
pezón

abrir
cerrar
saltar
falsear la llave
falsear las guardas
ganzuar
descerrajar

llavero
clavero
clavario
llaverizo
gentilhombre de cámara

—

LLEGADA (19)

llegada
arribo
arribada
presencia
advenimiento
atajamiento
acceso
alcance
venida
sobrevenida
bienllegada
bienvenida

llegar
allegar
arribar
tomar puerto
tomar tierra
aterrar
aterrizar
hacer escala
recalar
amarar
rendir viaje
regresar
estar de vuelta
ganar
tocar
alcanzar
atajar
emparejar
dar alcance
rebasar
acercarse
venir
advenir
sobrevenir
ir
trasladarse
parar
aportar
plantificarse
amanecer
anochecer
ponerse
plantarse
allegarse
hallarse

bienvenido

—

LLEGAR
(V. *Llegada*)

—

LLENAR
(V. *Henchimiento*)

—

LLENO
(V. *Henchimiento*)

—

LLEVAR
(V. *Transporte*)

—

LLORAR
(V. *Llanto*)

—

LLOROSO
(V. *Llanto*)

—

LLOVER
(V. *Lluvia*)

—

LLOVIZNA
(V. *Lluvia*)

—

LLUVIA (3)

lluvia
pluvia
precipitación
aguas
agua lluvia
» llovediza
» pluvial
aguaviento
agua viento
agua nieve
aguanieve
nubada
nubarrada
aguacero
chaparrón
chaparrada
chapetón
chubasco
turbión
argavieso
turbonada
andalocio
manga de agua
tromba
cellisca
rujiada
torva
diluvio
temporal
oraje
tempestad
nube
llovizna
mollizna
mollina
mollino
marea
orvallo
sirimiri
cilampa
garúa
chipichipi
cernidillo
calabobos
rocío
tapayagua
matapolvo
cuatro gotas
gota
goterón
canalera
chapaleteo
chispa
clara
escampada
iris
arco iris
» del cielo
» de San Martín
bonanza
meteorología

llover
lloviznar
molliznar
mollizenar
amollinar
orvallar
pintear
cerner
garuar
rociar
gotear
chispear
chaparrear
cellisquear
acantalear
jarrear
arroyar
diluviar
meterse en agua
descargar el nublado
descargar el cielo
desgajarse el cielo
venirse el cielo abajo
correr los canales
caer chuzos
llover chuzos
nevar chuzos
escampar
asubiarse

pluviómetro
pluvímetro
udómetro
orinal del cielo

compluvio
vierteaguas
despidiente
canal
canalón
canelon
gárgola
rambla
cauce
inundación

impermeable
chubasquero
paraguas
coroza
capa aguadera
sueste
asubiadero

lluvioso
pluvioso
llovioso
desecho
pluviométrico

—

M

MACETA
(V. *Tiesto*)

—

MACHACADURA (20)

machacadura
machacamiento
machaqueo
majamiento
majadura
pistura
epistación
molienda
aplastamiento
estrujamiento
compresión
friabilidad

machacar
machucar
machar
majar
mallar
mazar
pisotear
agramar
pistar
arrepistar
golpear
triturar
cortar
moler
aplastar
apretar
desmenuzar
desmoronar
desterronar
deshacer
romper
partir
pulverizar
cascar
masticar
mascar
escachar
quebrantar
frangollar
cascamajar

machacador
machucador
majador

molino
majadero
pistadero
machaca
machadera
mano de almirez
mortero
mazo

—

friable

—

MACHACA-MIENTO
(V. *Machacadura*)

—

MACHACAR
(V. *Machacadura*)

—

MACHETE
(V. *Cuchillo*)

—

MACHÓN
(V. *Pilastra*)

—

MADEJA
(V. *Hilo*)

—

MADERA (11, 36)

madera
leñame
fuste
palo
leño
madera alburente
» de trepa
» de raja
» cañiza
» borne
» anegadiza
» en rollo
» de hilo
» en blanco
» quemada
» pasmada
» serradiza
» de sierra
» brava

albura
líber
médula
aguas
espejuelo
trepa
cerne
cerno
sámago
tempanillo
corteza
entrecorteza
entrecasco

acebolladura
cebolla
nabo
colaina
atronadura
heladura
doble albura
carne de gallina
nudo
brenga
ojo de perdiz

fibra
veta
vena
hebra
pelo
repelo
estopa
fenda
alabeo
reviro
brenza
tuerce
torcimiento
resudor
resudación
chirón
gangrena
cangrena
pata de gallina
hupe
escarzo
tueco
carcoma
coso
caroncho
caronjo
gardama
corca
tínea

escuadra
escuadría
escantillón
encuarte
tronco
troncón
troza
leño
escarzo
cogollo
testero
raigal
raberón
costero
támara
fraga
tiradera
enmaderación
enmaderamiento
enmaderado
maderamen
maderación
armadura
madero
traviesa
toza
palo
tabla
contrachapado
moldura
zoquete
despezo
tarugo
astilla
astillón
racha
leña

pino
pino tea
» melis
» alerce
pinabete
abeto
sapino
cedro
ciprés
cipariso
enebro
aznacho
chopo
álamo
aliso
abedul
limoncillo
almez
alerce
acacia
caoba
alcayoba
haya
fabo
teca
satín

caracolillo
nogal
ébano
abenuz
roble
robre
carvallo
carvayo
carvajo
encino
encina
castaño
olivo
acebuche
acebo
crébol
boj
naranjo
avellano
cerezo
peral
sibucao
sapán
narra
guayaco
palo santo
» de las Indias
gateado
palisandro
sándalo
ácana
acle
banaba
luma
palo de áloe
» áloe
» del águila
brasil
palo brasil
» del Brasil
» de Fernambuco
» de Pernambuco
brasilete
palo de rosa [che
» » Campe-
» campeche
cocobolo
aspálato
bancal
barbusano
bollén
árbol
arbusto

curar
creosotar
sallar
aserrar
trozar
desbastar
labrar
relabrar
encuartar
cachar
astillar
bromar
carcomer
resudar
alabearse
recalentarse
caroncharse

maderero
maderista
rajador
carpintero

maderería
almacén
corral de madera
carpintería
arq. naval
arboladura
carbolíneo

(estéreo, etc.
V. *Carga*)

leñoso
lignario
veteado
vetisesgado
repeloso
acebollado
revirado
ahogadizo
verguío
cañocal
acorchado
teoso
caronchado
caronchoso
lignívoro
xilófago

—

MADERO (11)

madero
madera
cuartón
cuartizo
escuadría
escuadra
marco
falseo
tabla
gema
jema
falca
sámago
coz
can
canecillo
zapata
entrega
entrada
punta
arista
fogonadura
patilla
encuentro

maderuelo
madera enteriza
arigue
rollo
rollizo
entena
plancha
sanjuán
virón
aguiero
quinzal
pertigueño
lata

catorcén
secén
cabrío
cuartón
tabicón
abitaque
curtizo
sexma
madero de a diez
doblero de a catorce
madero barcal
tabla barcal
medio madero
madero de a seis
doblero de a diez y ocho
cuartera
cuarta
madero de a ocho
doblero de a diez y seis
medio doblero
solera
madero cachizo
docén
ochavero [gueño
cuartón de pertialfarjía
alfajía
media alfajía
» alfarjía
terciado
tirante
tempanilla
crucero
jácena
tajón
vigueta
veinticuatrén
cachado
machón
tijera
cumbrera
tercia
cuaderno
pontón
fusto
troza
rebollón
sexmo
venturero
cincuentén
fuste
cuarentén
fuste de cuarentén
sesentén
guía
ensamblaje
fila
fila de carga
doblero
pino de cargo
catorzal
vigota
colaña
cuarta
pagana
tabla
tablón
tabloncillo
traviesa
marrano
parejuelo
hincón
poste
palo
imprenta
implantón
(mástil, mesana, etc. V. *Arboladura*)
viga
garda
trabe
vigueta
viga de aire
» maestra
jácena
carrera
frontal
cabio
asnas
costaneras
galgas
brochal
socarrena
barrate
aldabía
solivo
madero de suelo
madre
estantal
gualdera
sopanda
virón
coairón
cuairón
codal
polín
aguilón
puente
cargador
umbral
cuadrante
cuadral
durmiente
suela
solera
alma
pie derecho
puntal
tornapunta
tentemozo
cuento
perconteo
paral
percha
pilote
virotillo
espeque
estampidor
entibo
ademe
adema
estemple
asnado
fajado
camada
maderada
cadena
caballete
asnilla
asnas
armazón
(armadía, almadía, etc. V. *Balsa*)
tiradera
(rastrel, tirante, listón, etc. V. *Palo*)
(puntal, sostén, etc. V. *Apoyo*)
desroñar
desbastar
esquinar
escuadrar
umbralar
envigar
atizonar
entramar
embrochalar
engatillar
triangular
estantalar
acodalar
cerchearse
enmaderar
(revestir, etc. V. *Cubrir*)
enmaderamiento
enmaderación
artesonado
cubrimiento
maderaje
maderamen
maderación
enmaderado
viguería
envigado
acodalamiento
entibación
asiento
entramado
encadenado
cadena
forjado
apeo
apeamiento
contraviento
contignación
encabalgamiento
asnado
zanca de asnado
gemelos
andamio
armadura
suelo
carpintería
cebolla
raigal
maderero
ganchero
tablero
aserradizo
serradizo
gemoso
espiado
zapatudo

—

MADRE
(V. *Padre*)

—

MADRIGUERA
(V. *Cubil*)

—

MADRINA
(V. *Padrino*)

—

MADURAR
(V. *Madurez*)

—

MADUREZ (36)

madurez
madureza
sazón
punto
envero
maduración
madurar
colorear
tomar color
encerar
pintar
enverar
mulatear
regañar
pasarse
modorrarse
maduradero
guaca
toñil
cuerria
sardo
madurador
madurante
madurativo
maduro
hecho
cerollo
zorollo
cerondo
ceriondo
serondo
seruendo
camuliano
pasado
pansido
enverado
zarazo
papandujo
pachucho
blando
pocho
podrido
temprano
verde
inmaturo
maduramente
sazonadamente

—

MADUREZ
(V. *Edad*) (8, 21)

madurez
mayoría
mayoridad
mayor edad
edad adulta
» madura
» provecta
» de discreción
cierta edad
entrar en años
hacerse hombre
ajamonarse
joven
varón
hombre
mujer
hombre hecho
» de edad
» mayor
señor mayor
señora mayor
entrado en años
» en días
jamona
veintenario
treintañal
cuadragenario
(cuarentón, etc. V. *Año*)
maduro
adulto
machucho
provecto
talludo
de cierta edad
anciano

—

MADURO
(V. *Madurez*)

—

MAESTRA
(V. *Enseñanza*)

—

MAESTRO
(V. *Enseñanza*)

—

MAGIA
(V. *Ocultismo*)

—

MÁGICO
(V. *Ocultismo*)

—

MAGISTRADO (32)

magistrado
juez
juzgador
juez de palo
bravo
avisado
conjuez
conyúdice
acompañado
juez de primera instancia y de instrucción
juez ordinario
» de paz
» municipal
» de hecho
» delegado
» pesquisidor
» de encuesta
» visitador
» de alzadas
» de apelaciones
juez conservador
» árbitro
» arbitrador
» de competencias
juez acompañado
» ad quem
» apartado
» a quo
secuestro
subconservador
juez **eclesiástico** ordinario
prefecto
arcediano
magistrado
gobernador
canciller
ministro
togado
golilla
consejero
asesor
judicante
regente
oidor
auditor de guerra
» » marina
rubricante
juez mayor
» militar
capitán pasado
juez de policía
gobernadorcillo
juez de ganados
» » sementeras
merino
alguacil
alcalde mayor
» del rastro
» de corte
» de casa y corte
alcalde mayor entregador
alcalde de hijosdalgo
» de alzadas
» de sacas
» del crimen
» de la cuadra
» de obras y bosques
alcalde pedáneo
sargento
capitán preboste
alcalde de la hermandad
alcalde de noche
corregidor
asistente
mayoral
alcalde corregidor
» alamín
aportellado
adelantado
» de la corte
» mayor del rey
justicia mayor de Castilla
justicia mayor de la casa del rey
justicia mayor del reino
juez mayor de Vizcaya
gran canciller de las Indias
juez oficial de capa y espada
capitán de partido
corbata
justicia mayor de Aragón
zalmedina
inquisidor
baile
baile general
veguer [bla
ministro de la Tadesembargador
alcalde de la Mesta [lla
alcalde de cuadriachaquero [dor
alcalde entregajuez entregador
inquisidor de Estado
potestad
podestá
burgomaestre
dictador
cónsul
procónsul
presidente
pretor
propretor
prefecto [torio
» del pre-
» pretorio
subprefecto
duunviro
duunvir
triunviro
cuatorviro
decenviro
decenvir
centunviro
edil
» curul
» plebeyo
legado
tribuno [be
tribuno de la plecuestor
censor
accenso
irenarca
fecial
lictor
juez pedáneo
éforo
éfeta
arconte
polemarca
apocrisiario
areopagita
lexiarca
sufete

cadí
mandarín

poder judicial
judicatura
magistratura
baratería
tribunal
juzgado
justiciazgo
peritaje
auditoría
oidoría
corregimiento
directorio
dictadura
cancillería
curia romana

consulado
proconsulado
anfictionado
pretura
pretoría
cuestura
censura
duunvirato
cuatorvirato
decenvirato
tribunado
prefectura

entender en una cosa
juzgar
gobernar
visitar
acompañarse
torcer
corromper
sobornar
residenciar

justicia
jurisdicción
enjuiciamiento
arbitraje
nombramiento
discernimiento
recusación
residencia
prevaricación
injusticia

toga
ropa
golilla
vuelillo
garnacha
pretexta
mortero
vara
silla curul

judicial
dictatorio
consular
proconsular
pretorio
pretorial
pretoriano
pretoriense
duunviral
triunviral
decenviral
centunviral
tribunicio
tribúnico

—

MAGNÉTICO
(V. *Magnetismo*)

—

MAGNETISMO (2)

magnetismo [tre
» terres-
corriente astática
inducción magnética
inducción electromagnética
electromagnetismo
atracción
repulsión
imán
piedra imán
caramida
calamina
teame
teamide
imán artificial
electroimán
polo
carrete
bobina
solenoide
armadura
hierro dulce
sistema astático
brújula
campo magnético
línea neutra
meridiano magnético

electricidad

magnetizar
imanar
imantar
cebar
desimanar
desimantar

magnetización
imanación
imantación
desimanación
desimantación
reluctancia
(magnetismo animal, V. *Hipnotismo*)

magnético
magnetoeléctrico
electromagnético
astático

—

MAGNIFICENCIA
(V. *Fausto*)

—

MAHOMETANO
(V. *Islamismo*)

—

MAÍZ (5)

maíz
borona
mijo
millo
abatí
panizo
bonizo
zara
maíz morocho
maíz de Guinea
canguil
cuatequil
cañahua
teocinte
güiro
tlazol
mequiote
meyolote
malojo
narvaso
maloja
guate
chala
tusa
cabello
flote
tilo
perfolla
farfolla
pinochera
gallarofa
panca
papacla

mazorca
majorca
pinocha
panocha
panoja
espigón
choclo
chócolo
cenancle
jilote
muñequilla

raspa
zuro
tusa
garojo
carozo
cándalo

granar
jilotear
muñequear
cosechar
tapiscar
desgranar
despancar
espinochar
desperfollar
esfoyar

recolección
chapisca
esfoyaza
barbacoa
pintón
comal
huitrín

elote
mote
jojoto
tostado
cancha
canchón
gofio
harina
pinole
gachas
choclo
mazamorra
cajonga
frangollo
majado
talo
clascal
envuelto
memela
jora
guiñapo
flores de maíz
rosetas
rositas
rosas
cabritos
cancha blanca
cacalotes
pororó
esquite
sora
humita
olleta
ceina

maizal
cecesmil
maicería
milpa
bonizal
maicero
humitero
motero
aventurero
sarazo
camagua
mamoso

—

MAL
(V. *Maldad*)

—

MALDAD (24)

maldad
el mal
malignidad
mala acción
pasada
vicio
demasía
abuso
injusticia
defecto
hueso
imperfección
corrupción
malicia
inmoralidad
falsedad
deslealtad
vileza
crueldad
perversidad
peste
pecado
delito
daño
perversión
pesimismo
Arimán

malear
maliciar
malignar
malingrar
empeorar
pervertir
corromper
ser un asco

malo
malejo
mediano
feo
furris
ruin
insignificante
despreciable
detestable
infame
perro
infernal
diabólico
estigio
fatal
maldito
extremado
rematado
inmoral
maligno
perverso
peor
tanto peor
pésimo

mal
malamente
malditamente
fatalmente
perramente
pestíferamente
pésimamente

—

MALDECIR
(V. *Maldición*)

—

MALDICIÓN (27)

maldición
imprecación
execración
detestación
condenación
anatema
pésete
pestes
voto
taco
palabrota
juramento [torio
juramento execra-
blasfemia
(mal de ojo, embrujamiento, etc. V. *Ocultismo*)
amenaza

maldecir
imprecar
execrar
condenar
detestar
anatematizar
pesiar
abominar
renegar
blasfemar
jurar como un carretero
trasmatar
echar maldición
caer la maldición

maldiciente
execrador
execratorio
imprecatorio
blasfemante

maldito
marrano
execrable
execrando
detestable
sagrado
¡mal hayas!
¡fuera sea Dios!

—

MALDITO
(V. *Maldición*)

—

MALECÓN
(V. *Dique*)

—

MALETA
(V. *Caja*)

—

MALEZA (5)

maleza
maraña
broza
fusca
fosca
foscarral
barzal
algaida
moheda
soto
balsar
sardón
hojarasca
espesura
zarzal
jaral
escobo
breña
breñal
arcabuco
matorral
mato
matorralejo
tacotal
gaba
gándara
granda
manigua
hormiguero
monte
bosque
escabrosidad
erial

enmalecerse
empastarse

matoso
breñoso
espeso
fragoso
agreste

—

MALGASTAR
(V. *Derroche*)

—

MALO
(V. *Maldad*)

—

MALOGRAR
(V. *Malogro*)

—

MALOGRO (27)

malogro
malogramiento
frustración
fracaso
fiasco
deslucimiento
desacierto
torpeza
error
desgracia
desaprovechamiento
pérdida
derrota
aborto
intentona
nugación
defraudación
despecho
incumplimiento
desengaño
obra en pecado mortal
golpe en vago
derecho de pataleo

malograr
frustrar
defraudar
dificultar
imposibilitar
impedir
(desaprovechar, desperdiciar, etc. V. *Inutilidad*)
evitar
eludir
elidir
burlar
desvanecer
chasquear
dejar con un palmo de narices

salar
aojar
destripar
desgraciar
estropear
escacharrar
cagar
echar a perder
espantar la caza
echarlo todo a rodar

malograrse
desgraciarse
anublarse
emborrascarse
traspintarse
chasquearse
azararse
torcerse
frustrarse
estrellarse
fracasar
perderse
naufragar
escollar
fallar
quebrar
faltar
abortar
quedar mal
librar mal
errar el golpe
echar azar
dar gatillazo
volverse agua de cerrajas
irse abajo
venirse a tierra
caer en flor
quedar fresco
estar fresco

salir el tiro por la culata
errar el tiro
salir huero [blo
llevárselo el dia-
» la trampa

echar un mal lance [vago
dar en vacío o en
» en duro
» en hueso
hacerse las narices [puerto
naufragar en el
no salir la cuenta
perder capítulo
quebrar por
volver de vacío
salir por la ventana
salir al gallarín
quedarse lucido
» fresco
quedarse en blanco [ras
quedarse a obscu-
quedarse asperges
quedarse a la luna de Valencia
quedarse en la estacada
quedarse soplando las manos
quedarse al son de buenas noches
quedarse hecho un mico
quedarse compuesta y sin novio
quedar todos iguales
estar por esta cruz de Dios

hacer un pan como unas hostias
salir con las manos en la cabeza
salir con el rabo entre piernas
salir por el arbollón [ñal
salir por el alba-

fracasado
desairado
deslucido
empecatado
burlado
colgado
vencido
con las orejas caídas o gachas

frustratorio
frustráneo
fallido
abortado
incompleto
desgraciado
vano
inútil

deslucidamente
desairadamente
en vago
por más que
a la luna

date un limpión
límpiate, que estás de huevo

—

MALQUISTAR
(V. *Discordia)*

—

MALTRATAMIENTO (12, 27)

maltratamiento
maltrato
sevicia
daño
zaherimiento
burla
desprecio
ofensa
vejación
vejamen
zurriagazo
tropelía
atropello
opresión
coacción
violencia
empujón
manteamiento
manteo
pellizco
repelón
orejón
golpe
lesión
arañamiento
herida
muerte

maltratar
maltraer
zaherir
vejar
despreciar
ofender
ultrajar
injuriar
tratar mal
malparar
parar mal
dar una manta
abrir la cabeza

hacer las narices
dar con vaina y todo
poner
dañar
guindar
patear
sopapear
sopetear
zapatear
zamarrear
sopear
moler
triturar
trillar
mantear
(pegar, zurrar, apalear, etc.
V. *Golpear)*
atropellar
estrujar
pellizcar
arañar
lisiar
herir
derrengar
desriñonar
deslomar
ringar
descalabrar
estozar
estozolar
desnucar
matar

decir a uno cuántas son cinco
traer a mal traer
traer al redopelo
» al redropelo
tratar a zapatazos
» a la baqueta
dar mala vida
tratar como a un perro
poner la mano
poner manos violentas en
hacer carne
hacerse carne
poner como nuevo
poner como un Cristo
poner a los pies de los caballos

maltratador
manteador
ultrajante

maltratado
malparado
maltrecho
víctima
eccehomo

a mal traer
al retortero
al estricote

—

MALTRATAR
(V. *Maltratamiento)*

—

MALTRECHO
(V. *Maltratamiento)*

—

MALVERSACIÓN
(V. *Robo)*

MALVERSAR
(V. *Robo)*

—

MAMA (7)

mama
teta
pecho
tetilla
ubre
pezón
mamelon
aréola
aureola
auréola
círculo mamario
mamila

leche
galactocele
galactorrea
mastitis
reteso
pelo
respigón
zaratán
cáncer
escirro

mamadera
pezonera

mamar
lactar
retajar
mamario
mamilar
mamífero
lactífero
galactóforo
lechar

tetuda
tetona
pechugona
teticiega
atetado
apezonado

—

MAMAR
(V. *Leche)*

—

MAMARIO
(V. *Mama)*

—

MAMÍFERO (6)

mamíferos
acleidos
ungulados
unguiculados

bimanos:
hombre

cuadrumanos:
prosimios
mono

proboscidios:
elefante

paquidermos:
mastodonte
rinoceronte
unicornio
monoceronte
monocerote
bada
abada
cuerno
barritar
hipopótamo
caballo marino
» de mar
» de agua
tapir
danta
bestia
beorí

suidos:
cerdo
puerco
tatabro
jabalí
saíno

solípedos:
caballo
mulo
asno
cebra

rumiantes:
toro
vaca
oveja
cabra

carniceros:
fieras
salvajina
ferino
cebado

plantígrados:
oso
coatí
cuatí

cánidos:
perro
zorra
coyote
cayote
lobo
dingo
chacal
adive
adiva
papialbillo
patialbillo

félidos:
felinos

león
» real
leona
melena
guedeja
juba [león)
calentura (del
leonero
leonera
lago de leones
leonino

tigre
tigrillo
puma
leopardo
pardo
pardal
ocelote
pantera
jaguar
hiena
onza
lince
lobo cerval
» cervario
linceo
guepardo
gato
gato de algalía
civeta
mangosta
icneumón
meloncillo
melón

armiño
hurón
hurona
huronera
cado

vormela
turón
quique

garduña
fuina
rámila
rezmila

marta
» cebellina
cebellina
vero
visón

nutria
nutra
lutria
ludria
lataz
huillín
güillín

comadreja
collareja
villería
jineta
ganeta
donecilla
donosilla
dolonsilla
yaguané
mofeta
satandera
zorrillo
yaguré
mapurite
basáride
cacomiztle

tejón
tajugo
tasugo
melandro
mapache
perro mudo
cunaguaro
cangrejero

roedores:
lepóridos
conejo
conejillo de Indias
liebre
apereá
vizcacha
ardilla
gris
esquila
esguila
esguilo
esquilo
esquirol
arda
guiguí
taguán
lirón
hutía
jutía
conga
ratón
rata
castor
coipo
chinchilla
paca
capa
tepeizcuinte
satirio
marmota
jerbo
gerbo
puerco espín
» espino
espín
taltuza
corí
agutí
guatusa
guanta
curiel

carpincho
capincho

insectívoros:
erizo
topo
topera
topinera
tucutuco
musgaño
morgaño
musaraña
desmán
aire
almizclera
ratón almizclero

desdentados:
tardígrados
megaterio
armadillo
cachicamo
bolita
pichiciego
quirquincho
vergonzoso
pangolín
perezoso
perico ligero
calípedes
oso hormiguero
tamanduá

didelfos:
marsupiales
canguro
zarigüeya
rabopelado
carachupa
tacuacín
tlacuache
isodonte

ornitodelfos:
ornitorrinco

quirópteros:
murciélago

cetáceos
pinnípedos
sirenios
pisciformes
foca
león marino
morsa
manatí

—

MAMPOSTERÍA (11)
mampostería
albañilería
cantería
mazonería
calicanto [seco
mampostería en
mampostería ordinaria
mampostería concertada
emplenta

piedra
sillar
argamasa
pared
mampuesto
matacán
piedra seca
rajuela
banco
verdugo
brazada de piedra

mampostear
atizonar

mampostero

—

MAMPOSTERO
(V. *Mampostería*)

—

MANANTIAL (3, 11, 36)

manantial
manadero
fluencia
emanadero
mineral
venero
venera
venaje
nacimiento
ojo
fuente
fontana
fuentezuela
fontezuela
alfaguara
azanca
hidrofilacio
cenote
zonote
puquio
filtro
cacimba
burga
hervidero
libón
brollador
geiser

fontanar
fontanal
hontanar
hontanal
hontanarejo
remanal
llama
boteal
chortal
oasis

fuente
chafariz
taza
pilón
pila
pilar
pilarejo
estanque
surtidor
gárgola
girándula
grifo
caño
conducto
tubo
canal

pozo
pozuelo
noria
pozo artesiano
» airón
caldera
rebañadera
brocal
pozal
arcén
marrano
acetre
cetre
repullo
gario
garfios
cigoñal

radiestesia

manar
dimanar
nacer
surtir
surgir
fluir

salir
brotar
saltar
borbotar
borbotear
borbollar
borbollear
borboritar
borbollonear
brollar
secarse

captar
alumbrar
iluminar
empozar

salida
dimanación
alumbramiento
captación
vena
chorro
buey de agua
borbollón
borbotón
borbor
borboteo
borborito
gota
sudor

agua
aguas
termas
baño
manantial
agua de pie
aguapié
agua artesiana
aguas firmes
» falsas
» colgadas

fontanería
soldadura
hidráulica
bomba
noria

fontanero
cañero
pocero
zahorí

manantío
manadero
manante
remanso
brollador
dimanante
fontal
fontanal
hontanal
fontanero
fontícola
brotador
surgidor
surgiente
surgente
surtidor
castalio

—

MANAR
(V. *Manantial*)

—

MANATÍ
(V. *Foca*)

—

MANCEBA
(V. *Amancebamiento*)

—

MANCEBÍA
(V. *Prostitución*)

—

MANCHA (10)

mancha
mácula
maculatura
manchón
manchuela
labe
labeo
jostra
tilde
tacha
taca
maca
paño
suciedad
herrumbre
moho
lámpara
lamparón
chafarrinada
chafarrinón
mostacho
chorreón
chorreadura
tiznón
tiznajo
chapón
borrón
pringón
churrete
culera
palomino
pinta
lunar
rodal
rosa
roseta
rosetón
chapa
chapeta
ojeras
peca
lentigo
efélide
petequia
cabrillas
equimosis
cardenal
cicatriz
huella
señal
escudete
rabillo
mentira
selenosis
negro de la uña
piel (enfermedades de la)

jardín
hierba
remiendo
lucero

(manchas en la piel de los animales, V. *Caballería*, *Toro*, etc.)

(raya, veta, vena, etc. V. *Línea*)

manchar
motear
salpicar
inquinar
chafarrinar
ensuciar
percudir
apulgararse

jaspeado
punteado
punteada
salpicadura
salpicón

bencina
quitamanchas
limpieza

manchado
manchoso
manchadizo
maculado
pintojo
pintado
mosqueado
graneado
apedreado
jaspeado
abigarrado
goteado
salpicado
disciplinado
remendado
saraviado
atigrado
cebrado
pecoso
picoso
petequial
veteado
vergé
verjurado
vergueteado

—

MANCHAR
(V. *Mancha*)

—

MANDAR
(V. *Mando*)

—

MANDATO
(V. *Mando*)

—

MANDÍBULA
(V. *Quijada*)

—

MANDIL
(V. *Delantal*)

—

MANDO (25)

mando
imperio
señorío
poder
autoridad
control
bastón
caudillaje
acaudillamiento
mangoneo
superioridad
dominio
gobierno
prohibición
amenaza
intimación
conminación
coacción
arbitrariedad
severidad
obediencia
vías

mandato
mandado
mandamiento
yusión
decálogo
voz
viva voz
voluntad
orden
carta orden
precepto
prescripción
ordenanza
ordenamiento
ordenación

disposición
regla
ley
decreto
sentencia
dahír
ucase
bando
edicto
circular
bula
contraorden
contramandato
retractación

comando
consigna
orden del día
voz de mando
toque
portavoz
ordeno y mando
¡atención!
¡firmes!
a la derecha
fuego
alto
¡forte!
¡cierra España!
fiat

mandar
gobernar
ordenar
decretar
conminar
intimar
prevenir
disponer
estatuir
dictar
circular
establecer
preceptuar
prescribir
constituir
soberanear
imperar
señorear
sojuzgar
regentar
regentear

sargentear [jefe
mandar uno en tener horca y cuchillo
comandar
capitanear
acuadrillar
acaudillar
escudillar
mangonear
remandar
contramandar
controlar
dar órdenes
hacer órdenes
circular órdenes
tocar el pito
cantar
avisar
empuñar el bastón
hacerse obedecer
mandar a puntapiés
mandar a coces
» a la baqueta
ponerse los calzones o los pantalones

jefe
soberano
gobernador
comandante
militar
gallo
gallito
mandón

mandamás
mangonero
dueño del argamandijo
señor del argamandijo

mandante
imperador
disponente
dispositivo
imperativo
imperioso
imperante
conminatorio
preceptivo
prescripto
prescrito
dominante
autoritario

imperativamente
formalmente

—

MANEJAR
(V. *Mano*)

—

MANGA (10)

manga
mangote
mangajarro
manga corta
» boba
» de ángel
» perdida
» arrocada
monjil
manga de jamón
codín
follado
brahón
brahonera
bocamanga
vuelta
vuelillo
bebederos
puño
puño postizo
sisa
galón
insignia

manguito
manguilla
armadura

remangar
arremangar
arrezagar

arremango
remango

afollado
acuchillado
arremangado
aventado

—

MANGO
(V. *Asimiento*)

—

MANGUITO
(V. *Guante*)

—

MANÍA
(V. *Locura*)

—

MANIFESTACIÓN (28)

manifestación
mostración
demostración
ostensión
exteriorización
descubrimiento
remoción
expresión
indicación
revelación
publicación
exposición
exhibición
exhibita
presentación
ostentación
expansión
movimiento
aparición
aparecimiento
advenimiento
fenómeno
asomada
repunta
brote
reaparición
exhibicionismo

teatro
muestrario
vitrina
escaparate
tienda
mercado

manifestar
mostrar
exponer
declarar
ostentar
enarbolar
exhibir
presentar
producir
registrar
patentizar
evidenciar
deparar
exteriorizar
expresar
decir
alegar
revelar
publicar
vocear
descubrir
desflorar
extender
desplegar
abrir
desarrebozar
desenmascarar
desencapotar
desarrinconar
desempaquetar
desembalar
desencerrar
desencastillar
desenterrar
exhumar
sacar
enseñar
asomar
ventanear
iniciar
señalar
designar
indicar
ofrecer
pasear
quitar
hacer ver
» patente
» muestra
poner de manifiesto
poner de bulto
dar a conocer
dar señas
sacar a luz
correr la cortina
» el velo
descubrir la hilaza
descubrir la oreja
» el pastel [al pastel
quitar la hojaldre
enseñar las cartas
» el juego

abrirse
franquearse
divulgar
revelar [zón
declarar su corazón
traer a colación
» a consecuencia
vaciar el costal
hablarlo todo

mostrarse
manifestarse
presentarse
verse
descubrirse
resultar
conocerse
parecer
aparecer
reaparecer
amanecer
remanecer
venir
surgir
resurgir
salir
parir
brotar
pintar
asomar
dibujarse
lucir
trascender
transcender
apuntar
dar en los ojos
salir a los ojos
saltar a la cara
salir a la cara
saltar a la vista
ser de bulto una cosa
estar sangrando
salir a luz
dejarse ver
sacar la cabeza
salir a barrera
hacer ventana
salir en la colada
volar la mina

manifestante
manifestativo
demostrativo
mostrador
expositor
exponente
ostentador
ostensivo
exhibicionista
presentador
presentante
pareciente
remaneciente

manifesto
patente
obvio
ovio
ostensible
visible
aparente
llovido
palmar
palmario
evidente
paladino
público
notorio
sabido
claro
conspicuo
declarado
expreso
expuesto
escueto
desnudo
exotérico

mostrable
ostentible
sensible
presentable
representable

pronombre, adjetivo demostrativo
este
esta
esto
estos
estas
ese
esa
eso
esos
esas
aquel
aquella
aquello
aqueste, ta, to
aquese, sa, so
esotro, tra
estotro, tra
tal

manifiestamente
ostensiblemente
palpablemente
patentemente
palmariamente
expresamente
visiblemente
demostrativamente
derechamente
abiertamente
notoriamente
declaradamente
descubiertamente
desenmascaradamente
desarrebozadamente
rasamente

cara a cara
a cuerpo descubierto
a ojos vistas
a escala vista
a bola vista
de plano
de par en par
a la clara
a las claras
por lo claro
sin más acá ni más allá
sin reserva
sin rebozo
a cielo descubierto
al descubierto
a la descubierta
a cara descubierta
córam pópulo
a banderas desplegadas
de claro en claro

he
he aquí
he allí
heme
hete
ahé
velay

MANIFESTAR
(V. *Manifestación*)

—

MANIFIESTO
(V. *Manifestación*)

—

MANIPULACIÓN
(V. *Mano*)

—

MANJAR
(V. *Alimento*)

—

MANO (7)

mano
man
manaza
manota
manopla
manezuela
manecilla
cerra
labradora
ancla
rastillo
garro
garra
mano derecha
man derecha
mano izquierda
huesos
extremidades

muñeca
carpo
metacarpo
palma
dorso
pulpejo
tenar
monte de Venus
puño
llave de la mano
palmo
jeme [no)
huesos (de la ma-
dedo
uña

dar la mano
tender la mano
estrechar la mano
cruzar las manos

manejar
manipular
traer
tratar
maniobrar
operar
manear
manotear
andar con
tocar
asir
manosear
sobar
ajar
acariciar
mancar
manquear

enzurdecer
despamplonarse
maniatar

supinación
pronación
zurdería
manejo
manipulación
manipuleo
maniobra
sobajeo
manoseo
asimiento
puñado
puñada
manoteo
manoteado
manotón
manotazo
manotada
boxeo
lucha

manojo
manada
almorzada
almozada
almuesada
almuerza
ambuesta

pulso
tiento
tacto
ademán
golpe
palmada
prestidigitación
rayas de la mano
quiromancia
dactilología
abecedario manual
imposición de manos
pase magnético
maniluvio
besamanos

guante
guantelete
manopla
manguito
regalillo
estufilla

manquera
manquedad
mancamiento
quiragra

manipulador
manipulante
manoseador
maniego
manilargo
ambidextro
derecha
izquierda
zurdo
zocato
mano de cazo
manco
mancarrón
zopo
zompo
manicuro

palmar
carpiano
metacarpiano

bimano
bímano
cudrumano
cuadrúmano
centimano
centímano
manual
manuable
mangorrero
portátil
manejable
inmanejable

manualmente
a manteniente
prae mánibus
a mano
a brazo

—

MANOJO
(V. *Haz*)

—

MANQUEDAD
(V. *Lesión*)

—

MANSEDUMBRE (26)

mansedumbre
apacibilidad
domestiquez
domesticidad
afabilidad
docilidad
dulzura
suavidad
benignidad
obediencia

amansar
domesticar
desembravecer
domar
amaestrar
amadrinar
mampresar
jinetear
establear
desbravar
desbravecer
chalanear
aplacar
poner más suave que un guante

amansamiento
amanse
domesticación
domadura
doma [miento
desembraveci-
equitación
cetrería

domador
amansador
desbravador
campirano
picador
chalán
cornac
cornaca

manso
mansueto
mansejón
mansurrón
cabestro
doméstico
duendo
morroncho
tambero
leal
inerme
maestro
amaestrado
sabio
domesticable
domable

mansamente
mansito
como un cordero

—

MANSO
(V. *Mansedumbre*)

—

MANTA (10)

manta
» de viaje
tamba
vellida
vedilla
frezada
frazada
cobija
centón
rito
frisa
tapas
cobertor
lichera
cubrepiés
edredón
alhamar
márfaga
márrega
pellica
almozala
alifafe
sudadero
sudario
sobrepelo
gualdrapa
tapanca
jirel
paramento
mantilla
sobrejalma
sobrenjalma
abrigo

amantar
enmantar
encubertar
mantear
abrigar

mantero

—

MANTECA
(V. *Grasa*)

—

MANTEL
(V. *Mantelería*)

—

MANTELERÍA (9, 11)

mantelería
mantel
tabla de manteles
paño de mesa
tapete
carpeta
cubremantel
servilleta
toalleta
frutero
sobremesa
servilletero
aro
cubierto
servicio de **mesa**

alemanisco
alemanesco

sobre manteles
a manteles

—

MANTILLA
(V. *Manto*)

—

MANTO (10)

manto
mantehuelo
capa
capote
abrigo
pendil
ligero
cernícalo
manto de soplillo
burato
manto de humo
capellar
almejía
almejí
sábana
sabanilla
cama
colilla
duque
chía
rodo
falla

velo
islán
fláme
teristro
velete
mantilla
mantellina
mantilleja
rocador
rundel
alfanigue
cobija
rebociño
rebocillo
rebozo
arrebozo
casco de mantilla

toca
toquería
sarmentera
griñón
escarcela
impla
encarrujado
encartujado
vergüenza
cariñana
serenero
alquinal
barbicacho
tocador
toquilla
capidengue
pañuelo
zorongo
caramiello
tocado
sombrero
mitra
turbante
almaizar
almaizal
alfareme
brinco

rebozar
arrebozar

mantero
mantera
toquero

toquería

—

MANTÓN
(V. *Pañuelo*)

—

MANZANA
(V. *Manzano*)

—

MANZANILLA (5)

manzanilla
camomila
camamila
manzanilla común
» romana
oráculo del campo
manzanilla europea
» fina
» bastarda
» loca
abiar
albihar
bonina
manzanilla hedionda

magarzuela

—

MANZANO (5)

manzano
manzanal [go
manzano asperie-
manzanera
maguillo
maíllo
camueso
pero

manzanar
manzanal
pomar
pomarada
pumareda

manzana
poma
manzanita
manzana reineta
reineta
raneta
mingán
melapia
api [cha
manzana meladu-
ocal
repinaldo
dureto [ga
manzana asperie-
jabí
sagarmín
camuesa
fada

toñil
sidra
caspia

manzanil
málico
pomífero

—

MAÑANA
(V. *Día*)

—

MAPA (3)

mapa
» celeste
» terrestre
» geológico
» hidrográfico
» político, etc.
carta
plano
proyección
mapamundi
planisferio
mapaceli
mapa mudo
atlas
bibliomapa
portulano
escala
mapoteca

levantar
trazar
orientar

cartografía
cartometría
geomorfía
geodesia
topografía.
geografía
astronomía

cartógrafo

cartómetro

cartográfico
cartométrico

—

MÁQUINA
(V. *Mecánica*)

—

MAQUINACIÓN
(V. *Intriga*)

—

MAR (3)

mar
piélago
ponto
profundo
charco
líquido elemento
golfo
regolfo
rada
bahía
océano
Atlántico
Pacífico
Mediterráneo
Adriático
Báltico
mar Rojo
mar Negro
mar Caspio, etc.

oceanografía
oceanología
batometría
hidrografía
neptunismo
talasoterapia
salea

aguas [nales
» jurisdiccio-
mar jurisdiccional
alta mar
alto
mar ancha
» cerrada
(ensenada, bahía, V. *Golfo*)
fondeadero
puerto
dique
cala
sonda
crucero
estrecho
bósforo
brazo de mar
embocadura
silanga
rebasadero
pasaje
freo
pasa
paso
canalizo
caño
canal
gola
embocadero
bocana
archipiélago
banco
agua de fondo
» de placer
tablazo

fondo
lecho
cantil
múcara
conchuela
bajío
profundidad
braceaje
brazaje
escollo
columbrete
cabo
ribera
costa
playa
ría
desembocadura
barra
marisma
salinas

sal
adarce
alhurreca
espuma de la sal
lama
ardentía
fosforescencia
manta
sargazo
alga

corrientes
aguas
aguaje
remolino
hoya
revesa
reveza
hilero
agua del timón
noto bóreo
marea

ola
onda
cabrillas
palomas
palomillas
borregos
oleada
golpe de mar
maretazo
embate
embatada
batiente
rompiente
cachón
cáncamo de mar
buey
roción
reventazón
bore

cresta
tumbo
seno

oleaje
olaje
ondeo
ondulación
mareta
» sorda
escarceo
marullo
salsero
resalsero
cabrilleo
marejada

marola
marejadilla
chapullete
trapisonda
mar
» sorda
» gruesa
» alta
» brava
» larga
» tendida
» de fondo
» de leva
resaca
escancana
viento
tempestad
maremoto
bonanza
mar en bonanza

Neptuno
tritón
sirena
nereida
náyade
ondina
oceánide

ondear
rizarse
cabrillear
marullear
hervir
engrosar
picarse
enojarse
encresparse
alborotarse
entumecerse
engordar
enfurecerse
ensoberbecerse
hinchársele las narices
estar por las nubes

combatir
reventar
romper
espaldear
quebrar el mar
romperse el mar
quebrar las olas
romperse las olas
hacer aguaje
amainar
mancar
quedarse
hurtar
arder
salearse

marino
submarino
marítimo
pelágico
neptúneo
ecuóreo
ultramarino
oceánico
interoceánico
transfretano
mediterráneo
báltico
póntico
eritreo
magallánico, etc.

ondeante
undísono
algoso
acantilado
aplacerado
profundo
abisal
insondable

oceanográfico

—

MAR [Marina]
(V. *Navegación*)

MARAVILLA
(V. *Prodigio*)

—

MARAVILLAR
(V. *Prodigio*)

—

MARAVILLOSO
(V. *Prodigio*)

—

MARCA (28)

marca
contramarca
contraseña
cruz
raya
tésera
señal
señaleja
tarja
indicación
signo
insignia
signatura
carácter
distintivo
atributo
lema
filigrana
nota
reseña
rúbrica
punteado
mancha
estigma
hierro
herradero
hierra
hierre
ferrete
carimba
calimba
carimbo
calimbo
contrapunzón
cuño
contraste
estampilla
timbre
sello
pegunta
empega
almagre
señal de tronca
escobado
cercillo
muesca
huella
marca de fábrica
marchamo
precinto
etiqueta
marbete
vitola
mena
prueba
nombre
santo
seña
santo y seña
firma

marcar
remarcar
caracterizar
distinguir
contramarcar
señalar
sellar
tarjar
estampillar
traseñalar

empegar
peguntar
empeguntar
contrastar
melar
apuntar
puntear
numerar
notar
subrayar
marchamar
estigmatizar
herrar
calimbar
ferretear
imprimir

marcador
contraste (fiel)
estigmatizador
traseñalador

punzón
artera
numerador

—

MARCAR
(V. *Marca*)

MARCHA
(V. *Partida*)

—

MARCHAR
(V. *Partida*)

—

MARCHITAMIENTO (36)

marchitamiento
marchitez
ajamiento

marchitar
enmarchitar
ajar
deslucir
enmustiar
enlaciar
alaciar
abrasar
añublar

marchitarse
ajarse
enmustiarse
fogarearse
abochornarse
asolanarse
asolarse
aborrajarse
secarse
anublarse

marchito
mustio
muerto
ajado
lacio
verriondo
zocato
seco
reseco
puntiseco
marchitable
marcescente
inmarcesible

—

MARCHITAR
(V. *Marchitamiento*)

—

MARCHITO
(V. *Marchitamiento*)

—

MAREA (3)

marea
agua
contramarea
establecimiento de las mareas
establecimiento de puerto

aguas mayores
» menores
» muertas
estoa
repunte
revesa
reveza
resaca
escancana
macareo
pororoca

repuntar
reservar
crecer
estoar
culminar
menguar
desplayar
escorar
descarnar

flujo
influjo
creciente del mar
estuación
montante
entrante
marea viva
» muerta [te
aguas de crecien-
» vivas
aguaje
pleamar
plenamar
aguas llenas

reflujo
menguante
vaciante
aguas de menguante
fusentes
husentes
yusente
bajamar
» escorada

brasmología
mareógrafo

—

MAREARSE
(V. *Síncope*)

—

MAREJADA
(V. *Mar*)

—

MARFIL
(V. *Elefante*)

—

MARIMACHO (26)

marimacho
marimandona
machota
marota
farota
varona
virago
sargenta
sargentona
amazona
maritornes

masculinizarse
ponerse los calzones
ponerse los pantalones

hombruna
ahombrada

—

MARINA
(V. *Navegación*)

—

MARINA MILITAR
(V. *Armada*)

—

MARINERO
(V. *Navegación*)

—

MARIPOSA (6)

mariposa
tatagua
alevilla
castuga
procesionaria
átropos
calavera
cabeza de muerto
polilla
tínea
palomilla
pajarilla
paulilla
lagarta
cerástide
falena
bómbice
bayo
gusano de **seda**
esfinge
pirausta
piragón
piral
lepidóptero

ocelo
insecto
larva

amariposado
papilionáceo

—

MARISCO (6, 9)

marisco
(cigala, gamba, quisquilla, langosta, etc. V. *Crustáceo*)
percebe
ostra
lapa
almeja
bígaro
coquina
escaramujo
taca
molusco

mariscar
pescar

marsicador
marisquero
coquinero
camaronero

—

MÁRMOL (4, 11)

mármol
piedra mármol
mármol estatuario
lumaquela
brocatel
brecha
serpentina
serpentín
mármol serpentino
jaspe
piedra litográfica
sangre y leche
alabastro
tecali
alabastro oriental
» yesero
jaspón
tabla
vena
veta
piedra
roca
escultura
marmolería

empelechar

marmolista

marmóreo
sacaroideo
alabastrado
alabastrino
marmoleño
marmoroso
gateado
esquizado
cipolino

—

MAROMA
(V. *Cuerda*)

—

MARTILLO
(V. *Mazo*)

—

MÁRTIR
(V. *Martirio*)

—

MARTIRIO (1, 27)

martirio
persecución
tormento
suplicio
muerte
testimonio
aureola
palma
escorpión

martirizar
atormentar
matar

martirizador

mártir
protomártir
confesor
sarmenticio

martirologio
menologio
actas

martirial

—

MARTIRIZAR
(V. *Martirio*)

—

MÁS
(V. *Aumento*)

—

MASA (2)

masa
masilla
masón
gacha
gachuela
gacheta
papilla
plaste
gachas
magma
betún
aglutinante
pasta
argamasa
barro
lodo
pan
pella
pellada
plasta
zurullo
zorullo

amasar
masar
malaxar
confingir
sobar
bregar
heñir
hiñir
maznar
fedegar
repastar
plasmar
plastecer

amasadura
amasamiento
amasijo
confección
malaxación
plástica
cerámica

amasador

amasadera
masadera
masera
artesa

—

MASCAR
(V. *Masticación*)

—

MÁSCARA (31)

máscara
mascareta
mascarón
mascarilla
careta
carilla
carátula
carantamaula
carantoña
antifaz
cambuj
gambux
gambujo
gambuj
gambox
disfraz
tapujo
embozo
ocultación
dominó
capuchón

enmascarar
enmascararse
disfrazarse
encaratularse
desenmascarar

máscara
enmascarado
botarga
histrión
matachín
zarragón
homarrache
moharrache
moharracho
maya
cachidiablo
cagalaolla
destrozona
diablillo
cabezudo
gigantón
al higuí

máscaras
carnaval
mascarada
comparsa
mojiganga
endiablada
encamisada
caroca
baile de máscaras
piñata
fiesta

mascarero
caratulero

enmascarado
disfrazado
travestido
encubierto

—

MASCULINO
(V. *Varón*)

—

MASÓNICO
(V. *Francmasonería*)

—

MASTELERO
(V. *Arboladura*)

—

MASTICACIÓN
(8, 9, 20)

masticación
mascadura
mascada
mascujada
rumia
rumiadura
roznido
chiquichaque

masticar
mascar
triturar
mascujar
ronzar
roznar
ronchar
rucar
chirrisquear
remugar
mamullar
tascar
carrasquear
rumiar
abocadear
comer
roer
morder
cocarar

masticatorio
chicle
tabaco
buyo
betel
sapa
coca
hayo
brete
búcaro
barro
mambí
chimó
chapote

mascador
mascujador
masticador
rumiante

—

MATA
(V. *Arbusto*)

—

MATADERO
(V. *Carne*)

—

MATAR
(V. *Muerte*)

—

MATE (adj.)
(V. *Deslustre*)

—

MATE (m.)
(V. *Té*)

—

MATEMÁTICAS (22)

matemática
matemáticas
ciencias exactas
algoritmia
algoritmo
alguarismo
cuadrivio
aritmética
álgebra
analítica
geometría
(trigonometría, V. *Triángulo*)
número
notación
signo
» positivo
» negativo
más
menos
por
multiplicado por
dividido por
mayor que
menor que
igual
como
es a
radical
integral
infinito
subíndice
calderón
cálculo aritmético
cuenta
datos
operación
prueba
contraprueba
demostración
exactitud
aproximación
substitución
interpolación
eliminación
suma
adición
resta
substracción
multiplicación
división
fracción
regla de aligación
» » compañía
» » falsa posición
regla de oro
» » proporción
» » tres
» » tres compuesta
regla de interés
potenciación
cubicación
extracción de raíces
base
potencia
potestad
exponente
segunda potencia
cuadrado
tercera potencia
cubo
bicuadrado
cubocubo
raíz
» cuadrada
» cúbica
» irracional
índice
grado de una curva

cálculo algebraico
» diferencial
» infinitesimal
» integral
expresión
término
» negativo
» positivo
coeficiente
monomio
binomio
trinomio
cuadrinomio
polinomio
fórmula
grado
invariante
variable
incremento
periodo

razón
» aritmética
» por diferencia
» geométrica
» por cociente
término
extremo
medio
antecedente
precedente
consecuente
proporción
proporción continua
término medio
promedio [nal
media proporcio-
progresión aritmética
» ascendente
progresión descendente
progresión geométrica

gallarín
factorial
combinación
media diferencial
logaritmo
mantisa
característica
tablillas neperianas

igualdad
diferencia
equidiferencia
identidad
desigualdad
igualación
ecuación
coecuación

miembro
ecuación determinada [minada
ecuación indeter-
cálculo infinitesimal
diferencial
diferenciación
integral
cálculo integral
» diferencial
» de probabilidades
módulo
congruencia
congruente
función
serie
límite
integración
análisis

proposición
lema
axioma
enunciado
teorema
postulado
escolio
corolario
problema
» determinado
» indeterminado
cuestión
falsa posición
cuestión determinada
cuestión diminuta
» indeterminada
incógnita
x
solución
resultado

contar
sumar
restar
multiplicar
dividir
elevar a potencia
cuadrar
cubicar
extraer
proponer
despejar
eliminar
simplificar
reducir
substituir
combinar
interpolar
componer
destruirse
invertir
alternar
integrar
diferenciar
derivar
desarrollar
resolver
salir

matemático
aritmético
calculador
algebrista
analista
cuadrivista

ábaco [nes
criba de Eratóste-
máquina de calcular
aritmómetro

matemático
aritmético
algorítmico
algebraico
algébrico
logarítmico
neperiano
euclidiano
conjugado
diferencial
infinitesimal
integrable
integrante
conmensurable
racional
irracional
periódico

matemáticamente
aritméticamente

—

MATERIA (2, 15)

materia
» orgánica
» inorgánica
materia prima
primera materia
manobra
material
materiales
cuerpo
cosa
objeto
substrato
elemento
principio
fomento
pasto
alimento
asunto
substancia
esencia

elemento
masa
concreción
pared
corpúsculo
corpecillo
molécula
átomo
electrón
ion
anión
catión

extensión
dimensión
forma
(gravedad, V. *Peso*)

impenetrabilidad
cohesión
porosidad
compresibilidad
elasticidad
inercia
estado
sólido
líquido
gas

materializar
desmaterializar

materialidad
corporeidad
corporalidad
hilología
hilozoísmo
materialismo
física
química
geología
mineralogía
biología
histología

material
corpóreo
inanimado
físico
tangible
palpable
ponderable
elemental
corpuscular
molecular
intramolecular
atómico

materialmente
físicamente
corporalmente

—

MATERIAL
(V. *Materia*)

—

MATRIMONIAL
(V. *Matrimonio*)

—

MATRIMONIO (1, 30, 32)

matrimonio
» canónico
matrimonio civil
» rato
» de conciencia
matrimonio in extremis
matrimonio in artículo mortis
matrimonio a yuras
matrimonio clandestino
matrimonio morganático
matrimonio de la mano izquierda
matrimoño
casamiento
casaca
desposorio
unión
enlace
connubio
consorcio
conyungo
conyugio
coyunda
cruz del matrimo- [nio
maridaje
maridanza
sociedad conyugal
vínculo
afinidad

monogamia
bigamia [dinaria
» similitu-
» interpretativa
deuterogamia
levirato
poligamia
mormonismo
poliandria
endogamia
exogamia
nubilidad
nupcialidad
soltería
amancebamiento
adulterio
divorcio
separación
» de bienes
» de cuerpos
viudez

tener relaciones
ser dos para en uno
pelar la pava
comer hierro
mascar »
estar de saca
dar el sí
prometerse [no
dar palabra y ma-
desposarse
tomarse los dichos
pasar por la calle de la Pasa
mudar estado
pasar de un estado a otro
casarse
enlazarse
matrimoniar
contraer matrimonio
maridar
enmaridar
llevar a la iglesia
» al altar
tomar mujer [zo
dar un bragueta-

hacer vida
pedir
» la mano
» » novia
pagar la cantarada
cobrar el piso
sacar los recados
depositar [rio
sacar por el vica-
soplar uno la dama a otro

amonestar
correr las amonestaciones
correr las proclamas
publicar
abrirse las velaciones
cerrarse las velaciones
velarse

casar
unir
desposar
enlazar
dar estado
amadrinar
malcasar
repudiar
descasar

dotar
constituir la dote
aportar
espigar
llevar dote

noviazgo
relaciones
esponsales
desposorio
palabra de presente

dichos
palabra de matrimonio

amonestación
amonestamiento
proclama
publicación
banas
pregón
día de la joya
» del dicho
impedimento impediente [mente
impedimento diri-
dispensa [ciales
bendiciones nup-
farreación
difarreación
confarreación
conyungo
casamiento
matrimonio
boda
tornaboda
nupcias
himeneo
casorio
bodijo
bodorrio
teas maritales
» nupciales
velación
velo
flámeo
yugo
luna de miel
pan de la boda
bodas de plata
» de oro
» de brillantes
capitulaciones
capítulos matrimoniales

otorgo
dotación
indotación
arras
acidaque
espiga
dote
interusurio dotal
excrex
carta de dote
donación
donación esponsalicia
própter nuptias
donación própter nuptias
donas
vistas
bienes
bienes dotales
» estimados
» gananciales
» antifernales
» parafernales
ajuar
axovar
joyas
pulsera de pedida
brazalete
adventaja
aventaja
capital
mayos
epitalamio
tálamo
débito conyugal
nudo
castidad conyugal
serrallo
harem
harén

contrayente
desposando
casado
velado
cónyuge
consorte
cara mitad
media naranja
pariente
esposos
pareja
novio
novia
matrimonio

monógamo
bígamo
bínubo
madrigado
polígamo
malcasado
misógamo

novio
pretendiente
proco
futuro
prometido
carillo
esposado
desposado
esposo
marido
hombre
tío

novia
futura
prometida
alaroza
esposa
mujer
dueña
costilla
oíslo
malmaridada
matamaridos

celebrante
casamentero
padrino
paraninfo
prónuba

núbil
casadero
conyugable
viripotente
incasable
matrimonial
matrimonesco
conyugal
connubial
esponsalicio
antenupcial
nupcial
marital
maridable
uxorio
dotal
estimado

matrimonialmente
conyugalmente
maritalmente
maridablemente
in facie ecclesiae
en estado de merecer

—

MATRIZ (7)

matriz
madriz
útero
seno
madre
claustro materno
hocico de tenca
ovario [pio
trompa de Falo-
oviducto
monte de Venus
vulva
crica
naturaleza
sexo
ninfas
labios
clítoris
himen
virgo
vagina
menstruo

ginecología
ginecopatía
histerismo
vapores
ninfomanía
furor uterino
histeromanía
retroflexión
prolapso
mola
metritis
metrorragia
metralgia
metrorrea
leucorrea
flujo blanco
flores blancas
ovaritis
ooforitis
salpingitis
ovariocele
vaginitis
vulvitis
generación
fecundación
embriología
parto

ovariotomía
cirugía
pesario

ginecólogo

uterino
intrauterino
histérico
placentario
vaginal
ovárico
tubario
ginecológico

—

MATUTE
(V. *Aduanas*)

—

MÁXIMA (28)

máxima
sentencia
regla
precepto
mandato
concepto
pensamiento
símbolo
adagio
aforismo
principio
axioma
apotegma
artículo de fe
fórmula
epifonema
moraleja
maza de Fraga
mote
jeroglífica
decir
dicho
proverbio
anejín
anejir
refrán
frase
frase hecha
» proverbial
paremia
paremiología
evangelios abreviados
evangelios chicos
refranero
proverbiador

proverbiar
echar

refranista
proverbista
paremiólogo

aforístico
axiomático
sentencioso
conceptuoso
proverbial
paremiológico
gnómico
nómico

proverbialmente
sentenciosamente
conceptuosamente

—

MAYOR
(V. *Grandeza*)

—

MAYORAZGO (33)

mayorazgo
mayorazguete
mayorazgüelo
mayorazgo alternativo
mayorazgo de segundogenitura
mayorazgo incompatible
mayorazgo irregular
mayorazgo regular
mayorazgo de agnación rigurosa
mayorazgo de agnación verdadera [mineidad
mayorazgo de fe-
mayorazgo de masculinidad
manos muertas
tenuta
vinculación
vínculo
reintegración

agnación
representación
herencia
transmisión
feudo

amayorazgar
vincular
amortizar
dejar en cabeza de mayorazgo
translinear
traslinear
desamortizar
desvincular

mayorazgo
mayorazga
mayorazguista

amayorazgado
vinculable
tenutario
de juro
por juro

—

MAZO (11, 34)

mazo
maza
mazuelo
macillo
mallo
mallete
martillo
martillejo
atarraga
atabaca
acotillo
aplanador
copador
macho
machote
machota
maceta
martellina
escoda
escota
trinchante
cucarda
cateador
mandarria
bandarria
mazo rodero
envaina
malleto
porrilla
collalba
tingle
harpagón
destajador
estajador
estajadera
despuntador
almádena
almádana
almádina
almaina
almágana
almadaneta
almaganeta
almadeneta
combo
terciador
marra
martinete
maza de Fraga
machina
martillo pilón
batán
algabarra
machaca
machacadera
majadero
porra
clava
herramienta
cotillo
boca
mocheta
oreja
ojo
mango

macear
amartillar
martillar
martillear
forjar
batir
laminar
machacar
remachar
roblonar
romper
aplastar
clavar

maceador
martillador

mazada
mazazo
martilleo
martillazo
martillada
golpe

maleiforme
maleable

a martillo
a machamartillo

—

MECÁNICA (2)

mecánica
dinámica
cinemática
maquinaria
estática
hidrostática
hidrodinámica
termodinámica
mecanización
automatización
ingeniería

fuerza
energía
presión
potencia
» motriz
potencial
fuerza viva
» animal
» centrífuga
» centrípeta
» aceleratriz
momento
momento virtual
masa
equilibrio
» estable
» indiferente
» inestable
trabajo
rendimiento
acción
reacción
choque
resultante
inercia
fuerza de inercia
momento de inercia
resistencia
resistencia pasiva
rozamiento
frotamiento
kilográmetro
quilográmetro
caballo de vapor
ergio
dina
dinamómetro

movimiento
movimiento simple
» ecuable
» variado
» uniforme
» uniformemente acelerado
movimiento retardado
» uniformemente retardado
velocidad
» virtual
rapidez
aceleración
trayectoria
móvil

máquina
herramienta
aparato
mando
utensilio
mecanismo
instrumento
artificio
dispositivo
artilugio
tramoya
ingenio
artefacto
armatoste
armazón
mecánica
maquinaria
autómata
(máquinas de guerra, V. *Artillería*)

péndulo
» de compensación
palanca
balanza
cuña
tornillo
rosca
tuerca
tornillo sin fin
cremallera
gato
cric
plano inclinado
juanillo
molinete
(torno, V. *Cabrestante*)
cabrestante
baritel
cabria
montacargas
montaplatos

motor
automotor
servomotor
locomotor
locomóvil
locomotora
locomotriz
automotriz

máquina de vapor
máquina de vapor de efecto simple
máquina de vapor de efecto doble
máquina de vapor atmosférica
balancín
vástago
émbolo
pistón
cilindro
prensaestopa
acojinamiento
caja de distribución
contravapor
condensador
radiador
caldera
vapor

pieza
macho
espárrago
hembra
guía
cursor
deslizadera
acumulador
condensador de fuerzas
regulador
contador

clavo
clavija
chaveta

anillo
abrazadera
sujeción
collar
manguito
arandela
volandera
corona
alfardón
vilorta
junta

eje
pezón
espiga
gorrón
mango
asimiento
cigüeña
cigüeñal
pedal
cigüeñuela
rabil
manubrio
carraca
guijo
cojinete
chumacera
rodamiento
palomilla
rangua
palahierro
quicio
tejuelo
tajuelo
tejo
dado
rueda
volante
polea

acoplamiento
montaje
transmisión
» reversible
diferencial
biela
manubrio
manivela
cigüeñal
leva
excéntrica
embrague
engranaje
engargante
engargantadura
linterna
rueda dentada
piñón
cadena
correa
rodete
cambiador

trinquete
linguete
pales
escape
(freno, V. *Detención*)
retranca

válvula
ventalla
válvula de seguridad
diafragma
corredera
regulador

muelle
resorte
cuerda
contramuelle

paleta
álabe
leva
levador
hélice
máquina **hidráulica**
bomba
recambio

acoplar
mecanizar
automatizar
montar
conectar
endentar
engranar
enmalletar
embragar
arrancar
funcionar
andar
marchar
trabajar
muellear
desacoplar
desconectar
desembragar
desencajar
desengranar
guiar
revolucionar
zafarse

funcionamiento
función
arranque
marcha
embrague
desembrague
embolada
cilindrada

maquinista
mecánico
montador
ajustador
ingeniero
ingeniero mecánico
artífice
fogonero

mecánico
dinámico
dinamométrico
energético
estático
maquinal
automático
valvular
conjugado
centrípeto
centrífugo
locomovible

mecánicamente

—

MECANISMO
(V. *Mecánica*)

—

MECER
(V. *Oscilación*)

—

MECHA (2)

mecha
» de seguridad
mechón
torcida
matula
pábilo
pabilo
cuerda
mechero
traque
pajuela
estoperol
moxa
moco
costra
seta
morcella
chispa
despabiladura
despavesadura
botafuego
lanzafuego
serpentín
cacerina
vela
alumbrado

barreno
proyectil
explosivo

amechar
atizar
apabilar
espabilar
despabilar
despavesar
calar la cuerda

despabiladeras
espabiladeras
molletas
tenacillas
despabilador
¡calacuerda!

—

MEDALLA
(V. *Moneda*)

—

MEDIA (10)

media
calza
demias
media de peso
calcetón
medias calzas
cáscaras
follosas
leonas
tirantes
media de arrugar
media asnal
butifarra
peal
calcilla
estribera
pantorrillera
calcetín
elástico
calceta
escarpín
calzas atacadas
» bermejas

cabos
calzado
calzados

caña
barulé
tercio
cuchillo
peal (pie de la media)
pie
plantilla
soleta
zancajo

vuelta
nudillo
llanos
menguado
seguido
crecidos
cuadrado
azulete
dedo

punto
trabilla
carrera
repelón
tomate

liga
jarretera
charretera
cenojil
henojil
senojil
atadero
ataderas

hacer media
calcetear
crecer
menguar
soletar
soletear
cabecear
zurcir

aguja de hacer media
palillo
daguilla

mediero
calcetero
soletero
patas de perdiz

calcetería

—

MEDIACIÓN (27)

mediación
intervención
injerencia
buenos oficios
corretaje
correduría
arbitraje
diplomacia
intercesión
recomendación
protección
entremetimiento
conciliación
concordia
desavenencia
discordia
tercería
chisme
alcahuetería

mediar
promediar
terciar
tercerear
atravesarse
intervenir
inmiscuirse
mezclarse
interesarse
participar
(actuar, intervenir, etc. V. *Acción*)
entremeterse
interceder
abogar
hablar por
empeñarse
comprometer

interponer
empeñar
delegar
presentar
llevar
recomendar
encarecer
poner paz
conciliar
reconciliar
malquistar

estar de por medio
meterse de por medio
entrar de por medio
meter el montante
» el bastón
hablar por cerbatana

mediador
medianero
intermediario
conducto
corredor
agente
muñidor
negociador
moro de paz
tercero
terciador
tercera persona
» parte
tercero en discordia
amigable componedor
secuestrario
juez compromisario
» de compromiso
compromisario
hombre bueno
avenidor
conciliador
componedor
árbitro
cabildero
pastelero
oficioso

intercesor
abogado
abogada
abogador
recomendante
mediante
comendatorio
comendaticio
recomendatorio
propiciatorio

mediatamente
indirectamente
bajo mano
por debajo de mano
por segunda mano
por tercera mano
gracias a
merced a
por medio de

—

MEDIADOR
(V. *Mediación*)

—

MEDIANÍA (24)

medianía
medianidad
mediocridad
término medio
un buen pasar

burguesía
vulgaridad
moderación

no ser cosa mayor
» » » del otro mundo
» » cosa del otro jueves
mediano
regular
medianejo
mediocre
limitado
adocenado
vulgar
insignificante
trivial
pasable
pasadero
razonable
intermedio
entrefino
entreordinario
entreancho
entrelargo
entredoble, etc.
tal cual
talcualillo
de pacotilla
del común de los fieles
uno de tantos
media cuchara

medianamente
regularmente
pasaderamente
razonablemente
moderadamente
entre
así, así
tal cual
ni fu ni fa
entre merced y señoría

MEDIANO
(V. *Medianía*)

—

MEDIAR
(V. *Mediación*)

—

MEDICAMENTO
(V. *Farmacia*)

—

MEDICINA (12)

medicina
medicina legal
biología
anatomía
vivisección
embriología
histología
fisiología
higiene
salud
enfermedad
patología
pediatría
paidología
ginecología
frenopatía
oftalmología
rinoscopia
otorrinolaringología
dermatología
uroscopia
sifilografía
oncología
radiología
radioterapia
terapéutica
farmacia
cirugía
álgebra
obstetricia
clínica
semiótica
semiología
semeiología
etiología
epidemiología
inescación
superstición

galenismo
animismo
organicismo
mecanicismo
humorismo

médico
médica
doctor
galeno
esculapio
físico
facultativo
recetante
recetador
tebib
alfaquín
alhaquín
médico de cabecera
titular
partidario
médico de apelación
médico forense
protomédico

facultad
protomedicato
sanidad militar
» marítima
claustro de licencias

humorista
galenista
mecanicista
alópata
homeópata
hidrópata
higienista
naturista

terapeuta
internista
pulsista
patólogo
neurólogo
psiquiatra
dermatólogo
oculista
oftalmólogo
otólogo
(comadrón, tocólogo, etc. V. *Parto*)
pediatra
cirujano
algebrista
anestesista
anestesiólogo
dentista
manicuro
pedicuro
podíatra
callista
practicante
ministrante
topiquero
masajista
medicinante
interno
enfermero
camilo
sanitario
camillero
cicatricera

medicastro
medicucho
mediquín
mediquillo
medicinante
matasanos
curandero
melecinero
hierbatero
ensalmador
saludador
machi
saltimbanqui
saltimbanco
saltabanco
charlatán

visitar
asistir
pasar
auscultar
pulsar
diagnosticar
adietar
recetar
formular
indicar
contraindicar
propinar
inhibir
curar
(operar, V. *Cirugía*)
desahuciar
echar uno el fallo

visita
pulsación
palpación
percusión
auscultación
estetoscopia
endoscopia
radioscopia
radiografía
catoptroscopia
laringoscopia
diascopia
autopsia
biopsia
prognosis
pronosticación
diagnóstico
pronóstico
» reservado
serodiagnóstico
citodiagnóstico
consulta
consultación
apelación
ojo médico
» clínico

señal
síntoma
síndrome
contraindicación
reacción

receta
récipe
fórmula
recetario
ana
dil

clientela
partido
iguala
honorarios
dieta
conducta

consultorio
consulta
clínica
policlínica
dispensario
preventorio
sanatorio
casa de socorro
equipo quirúrgico
quirófano
sala de operaciones
anfiteatro
botiquín
hospital

termómetro clínico
endoscopio
estetoscopio
exploratorio
plesímetro
estomatoscopio
laringoscopio
rayos X
» Rœntgen
» ultravioleta
(instrumental, V. *Cirugía*)

médico
medicinal
medicinable
oficinal
diagnóstico
facultativo
yátrico
clínico
médicolegal
hipocrático
galénico
forense

médicamente
medicinalmente
in ánima vili

—

MÉDICO
(V. *Medicina*)

MEDIDA (24)

medida
» común
proporción
cantidad
unidad
módulo
tasa
regla
marca
escala
graduación
sistema
» métrico decimal
» cegesimal
topografía
geodesia
uranometría
agrimensura
geometría

línea
curva
ángulo
longitud
anchura
estrechez
altura
bajura

profundidad
superficie
extensión
contorno
volumen
grosor
capacidad
fuerza
mecánica
hidráulica
presión
óptica
electricidad
calor
sonido
peso
regla
compás

medir
mensurar
conmensurar
remedir
cronometrar
regular
graduar
compasar
tantear
escantillar
arquear
tasar
apreciar
varear
bojar
bojear
acordelar
soguear
medir a puños

medición
medida
mensura
conmensuración
remedición
vareaje
vareo
bojeo
metrología
exactitud
aproximación
mensurabilidad
conmensurabilidad
inconmensurabilidad

medidor
mensurador
contraste
contador

mensural
métrico
decimal
mensurable
conmensurable
conmensurativo
inmenso
desmedido
inmensurable
inconmensurable

medidamente
compasadamente
justamente
métricamente

—

MEDIO (27)

medio
medios
modo
manera
método
procedimiento
intento
vía
senda
camino
» derecho
rodeo
derrotero
portillo
puerta
arcaduz
partido
corte
lado
término medio
temple
temperamento
arbitrio
expediente
recurso
redención
diligencia
disposición
medida
previsión
traza
aliño
arte
artificio
maniobra
habilidad
astucia
intriga
preparación
provisión
elementos
agarradero
agarraderas
aldabas
influencia
protección
mediación
armas
asistencias
sanalotodo
polvos de la madre Celestina
ungüento amarillo
mano
adminículos
instrumento
utensilio
precio
esfuerzo
mecanismo
órgano
llave
sacabocados
resorte
destiladera
ramilla
escalón
escabel
trampolín

utilizar
valerse
esgrimir

mediante
por medio de
gracias a
merced a
a poder de

—

MEDIODÍA
(V. *Día*)

—

MEDIR
(V. *Medida*)

—

MEDITAR
(V. *Reflexión*)

—

MÉDULA (7)

médula
medula
meollo
tuétano
tútano
caña
cañada
caracú
encéfalo
(médula oblonga, V. *Encéfalo*)
médula oblongada
cuadrigémino
médula espinal
bulbo raquídeo
nervio

mielitis
osteomielitis
poliomielitis
siringomielia

desmeollar

medular
meduloso
meolludo

—

MEJILLA
(V. *Carrillo*)

—

MEJOR
(V. *Mejoramiento*)

—

MEJORA
(V. *Mejoramiento*)

—

MEJORAMIENTO (27, 15)

mejoramiento
mejoría
mejora
alivio
perfección
medra
medros
creces
aumento
aumentos
adelanto
reforma
conversión
arrepentimiento
bonificación
progreso
adelantamiento
ventaja
ascenso
enaltecimiento
superioridad
excelencia

mejorar
abonar
embonar
hacer
aliviar
sanar
limpiar
purificar
corregir
reparar
curar
perfeccionar
hermosear
adornar
enriquecer
renovar
regenerar
rejuvenecer
aumentar
acrecentar
desarrollar
medrar
ascender
ganar
progresar
prosperar
adelantar
florecer
pelechar
echar buena pluma
echar buen pelo
sanar
convalecer
subir
crecerse
formarse
añejarse

mejor
preferible
superior
de bien en mejor
miel sobre hojuelas

—

MEJORANA (5)

mejorana
mayorana
sarilla
sampsuco
amáraco
moradux
almoradux
almoraduj
almorabú

amaracino

—

MEJORAR
(V. *Mejoramiento*)

—

MELINDRE
(V. *Delicadeza*)

—

MELOCOTÓN
(V. *Melocotonero*)

—

MELOCOTONERO (5)

melocotonero
melocotón
alberchiguero
duraznero
durazno (árbol)
abridero
abridor
peladillo
violeto
pavía
pérsico
pérsigo
alpérsico
melocotón romano
griñón
briñón
prisco
albérchigo
albérchiga
durazno (fruto)
duraznilla
paraguaya
huesillo
blanquillo
fresquilla
orejón
melocotonar

—

MELÓN
(V. *Cucurbitáceas*)

—

MELOSO
(V. *Miel*)

—

MEMBRANA
(V. *Histología*)

—

MEMORIA (23)

memoria
memorión
retentiva
recordación
recuerdo
rememoración
remembranza
acuerdo
evocación
presencia
reminiscencia
noticia remota
especie remota
mención
repaso
decoración
decorado
fragilidad
amnesia
olvido

mnemotecnia
mnemotécnica
mnemónica
psitacismo

recordar
acordar
memorar
retener
remembrar
rememorar
evocar
despertar
desenterrar
reconstruir
hacer memoria
volver la vista atrás
traer a la memoria
echar en cara
refrescar la memoria
recorrer la memoria
traer una cosa en las mientes
darse una palmada en la frente
renovar la memoria
renovar la herida
encomendar a la memoria
imprimir
grabar
inculcar
repisar
puntualizar
aprender
estudiar
decorar
repasar
escribir en bronce
perpetuar
inmortalizar
conmemorar

dedicar
consagrar

acordarse
recordar
recapacitar
recapitular
alembrarse
sonar
vivir
tener presente
» a la vista
contar con [roto
no echar en saco roto
conservar la memoria de
no tener en olvido a una persona o cosa

ocurrirse
venir a las mientes
saltar
no despintársele
saber de carretilla
tener una cosa en la lengua o en la punta de la lengua
hacerse olvidadizo

conmemoración
inmortalidad
celebración
ceremonia
festividad
recordatorio
recordativo
agenda
memorándum
carnet
memento
vademécum
vade
cuaderno
libro
apuntación
documento
inscripción
monumento
cipo
estela
vestigio
aniversario
santo
día
cumpleaños
bodas de plata
» » oro
» » diamante
centenario
(cincuentenario, milenario, etc. V. *Año*)
día nefasto
» fasto

recordador
recordante
monitor
memorioso
memoroso
memorión

recordativo
memorativo
rememorativo
conmemorativo
conmemoratorio
mnemotécnico
memorable
memorando
memoratísimo
inmemorial

flaco de memoria
memoria de grillo
» de gallo

recordable
evocable
vivo
inolvidable
eternizable

de memoria
» cabeza

de coro
» carretilla
ya
si mal no me acuerdo

—

MENDICACIÓN (33)

mendicación
mendiguez
pordioseo
pordiosería
oración de ciego
cuesta
cuestación
petición
importunación
gorronería
mendicidad
pobreza
vagancia

mendigar
pordiosear
pedir
tender la mano
hacer la temblona
implorar la caridad
echar un guante
hacer una colecta
limosnear
bordonear
gallofar
gallofear
hambrear

limosna
tablillas de San Lázaro
bolsa
burjaca
burchaca
espulgadero

mendigo
pordiosero
pidientero
pobre
pobre limosnero
faquir
mendicante
mendigante
mendiganta
mangante
tablera
tabletero
zampalimosnas
sopista
sopón
gorrón
guitón
gallofero
cojo
lisiado
ciego
peregrino
vagabundo
vistoso
vergonzante

de puerta en puerta

—

MENDIGAR
(V. *Mendicación*)

—

MENDIGO
(V. *Mendicación*)

—

MENINGES
(V. *Encéfalo*)

—

MENOR
(V. *Pequeñez*)

—

MENOR (de edad)
(V. *Tutela*)

—

MENOS
(V. *Disminución*)

—

MENOSPRECIAR
(V. *Desprecio*)

—

MENOSPRECIO
(V. *Desprecio*)

—

MENSAJE (38)

mensaje
recado
embajada
misión
diputación
memorias
encargo
envío
carta
carta mensajera
respuesta
continental

encomendar
legar

mensajero
recadero
cosario
andador
propio
correo
mandadero
mandadera
demandadero
tornero
carta viva
avisador
escudero de a pie
llamador
veredero
sobajanero
guadapero
mochil
motil
motril
morillero
botones
edecán
correveidile
trainel
alcahueta
enviado
faraute
heraldo
nuncio
internuncio
ministro
gentilhombre
emisario
misionario
legado
diplomático
embajador
embajadora
paloma mensajera

—

MENSAJERO
(V. *Mensaje*)

—

MENSTRUACIÓN
(V. *Menstruo*)

—

MENSTRUAR
(V. *Menstruo*)

—

MENSTRUO (8)

menstruo
menstruación
regla
período
flor
mes
mala semana
costumbre
achaque
arate
mesillo
purgación
desopilación
sanguina
sangriza

menstruar
ser mujer
opilarse
desopilar
desopilarse

menostasia
falta
amenorrea
opilación
dismenorrea
menorragia
menopausia
edad crítica
climaterio
emenología
ginecología

menstruoso
menstruo
menstrual
catamenial
menorrágico
menstruante
emenagogo

menstrualmente

—

MENSUAL
(V. *Mes*)

—

MÉNSULA (11)

ménsula
modillón
can
canecillo
repisa
cartela
palomilla
ancón
apoyo
poyata
anaquel
vasar
ornamentación
moldura
resalto
prominencia

—

MENTAL
(V. *Locura*)

—

MENTIR
(V. *Mentira*)

—

MENTIRA (26, 28)

mentira
mentirilla
mentirón
embuste
embrollo
droga
arana
echada
renuncio
coladura
trola
bola
tela
bunga
guadramaña
faloria
falordia
volandera
guayaba
guáchara
gazapo
gazapa
macana
chapucería
choba
tinterillada
bernardina
berlandina
invención
patraña
patrañuela
trápala
bulo
infundio
paparrucha
patarata
farsa
papa
conseja
hablilla
habladuría
comento
trufa
jácara
filfa
fábula
fabliella
cuento
novela
moyana
rondalla
burlería
pajarota
pajarotada
borrego
coba
burlas
falacia
engaño
error
falsedad
impostura
calumnia
obrepción
mendacidad
chisme
exageración
fingimiento
disimulo
argucia

mentir
embustir
embustear
trapalear
trufar
bolear
colarse
inventar
zurcir
aparentar
fingir
engañar
desmentir

faltar a la verdad
mentir por la barba
mentir por la mitad de la barba
mentir con toda la boca [Gaceta
mentir más que la

mentiroso
mintroso
mentidor
mendaz
mendoso
mentido
delusorio
delusivo
charlatán
fanfarrón
falaz
falsario
engañoso
echacuervos
embustero
embusteruelo
embustidor
trufador
chapucero
bolero
trolero
embaidor
marfuz
fulero
droguista
impostor
invencionero
inventor
paradislero
petate
soñador
trápala
pataratero
infundioso
patrañero
macanero
macaneador
lioso
aranoso
aranero
parabolano
boca de verdades
costal de verdades
desmentidor

mentirosamente
mendosamente
falazmente
de boquilla
de mentirijillas
de mi santiscario
miente más que da por Dios
miente más que habla

—

MENUDEAR
(V. *Frecuencia*)

—

MERCADO (31, 35)

mercado
plaza
plazuela
azogue
azoguejo
ágora
plaza de abastos
feria
heria
feria franca
verbena
ferial
real
bola
rastro
encantes
gato
zacatín
baratillo
puesto
barraca
tenderete
carpa
cobertizo
teso
rodeo
perneo
cuatropea
cuadropea
recova
zoco
tienda
bazar
emporio
quintana
tianguis
tiánguez
trangues
alhóndiga
alfóndiga
alfóndega
lóndiga
almudí
almodí
almudín
almudena
basílica
lonja
bolsa
franco

almotacén
alhondiguero
alfondeguero
alcaide
asentador
puestero
puestera
feriante
cargador

—

MERCANCÍA
(V. *Comercio*)

—

MERCURIO (4)

mercurio
azogue
argento
argento vivo
hidrargirio
hidrargiro
amalgama
malgama
chinateado
hormigo
aludel
cinabrio
bermellón
garduja [co
precipitado blan-
» rojo
sublimado
calomelano
espargiro
pella
llapa
yapa
química

amalgamar
azogar
repasar
desazogar

levante
cochura
azogamiento
espejo
amalgamación
hidrargirismo
baile de San Vito
convulsión

azogado
modorro
cochurero

mercurial
mercúrico

—

MERECER [*to*]
(V. *Merecimien-*

—

MERECIMIENTO (24)

merecimiento
mérito
virtud
bondad
derecho
servicio
decoro
dignificación
estimación

desmerecimiento
demérito
indignidad
maldad
imperfección
vileza

merecer
meritar
dignificar
ganar
estarle bien empleada (a uno alguna cosa)
desmerecer

merecedor
mereciente
acreedor
digno
condigno
meritorio
de mérito
benemérito
meritísimo
merecido
justo

desmerecedor
indigno
inmeritorio
demeritorio
adocenado
inmerecido
injusto
incomprendido

merecidamente
méritamente
meritoriamente
dignamente
condignamente
meritísimamente
por sus puños
inmerecidamente
inméritamente

—

MERIENDA
(V. *Alimento*)

—

MÉRITO [*to*]
(V. *Merecimien-*

—

MES (21)

mes
mensualidad
entrada
enero
febrero
febrerillo
marzo
abril
mayo
junio
julio
agosto
septiembre
setiembre
octubre
noviembre
diciembre
vendimiario
brumario
frimario
nivoso
pluvioso
ventoso
germinal
floreal
pradial
mesidor
termidor
fructidor
ramadán
quintil
calendas
idus
nonas
bimestre
trimestre
cuatrimestre
semestre
tanda
demora
cuarentena
embolismo

estar a

mensual
duomesino
bimestral
bimestre (adj.)
bimensual
trimensual
tresmesino
tremés
trimestral
trimestre (adj.)
cuatrimestre
cincomesino
semestral
semestre (adj.)

sietemesino
diezmesino
trecemesino
marzal
marceño
marcelino
abrileño
anomalístico

mensualmente
trimestralmente
semestralmente

—

MESA (11)

mesa
mesilla
mesa de noche
tablón
mesa traviesa
trabanca
mostrador
banco
banca
contador
costurero
coqueta
tocador
hintero
expremijo
entremijo
entremiso
dolmen
mesa redonda
» franca
» gallega
» de gallegos
» de milanos
media mesa
segunda mesa

tablero
cabecera
aro
barrote
ala
chambrana
cencha
cercha
rodapié
caballete
patas
cajón
gaveta
tirador

mesa de **escribir**
escritorio
aparador
chinero
credencia
pajecillo
bufete
repuesto
repostería

consola
cantonera
rinconera
esquinera
esquinero
ménsula
velador
trípode
ataifor
arquimesa
camilla
meridiana
envolvedor
envolvedero

poner la mesa
cubrir la mesa
alzar la mesa
levantar la mesa
servir la mesa
quitar la mesa

mantelería
cubierto
servilletero
loza
vajilla
vasija
cristalería
vaso
vasa
cañero
almuerzo
servicio
» de **café**
» de **té**
bandeja
taza
sopera
plato
escudilla
escalfador
conca

calientaplatos
galletero
quesera
mantequera
mantequero
mantequillero
ensaladera
compotera
dulcera
dulcero
bonete
confitero
cubillo
frutero
vinagreras
aceiteras
angarillas
salvilla
salva
alcuza
taller
convoy
salsera
salserilla
salseruela
salsereta
azucarero
azucarera
salero
sardioque
pimentero
mostacera
mostacero
huevero
huevera
cascanueces
cascapiñones
palillero
lavafrutas
licorera
ramillete
descanso
centro de mesa

sobre mesa
de sobremesa

—

MESETA
(V. *Plano*)

—

MESTIZO
(V. *Hibridismo* y *Raza*)

—

METAL (2, 4)

metal
potasio
sodio
litio
rubidio
cesio
calcio
estroncio
bario
magnesio
cinc
cadmio
plomo
talio
cobre
plata
mercurio
itrio
terbio
cerio
lantano
didimio
erbio
iterbio
lutecio
germanio
aluminio
berilio
glucinio
indio
galio
escandio
manganeso
hierro
cobalto
níquel
cromo
molibdeno
tungsteno
volframio
uranio
plutonio
estaño
titanio
circonio
torio
vanadio
antimonio
estibio
bismuto
tantalio
niobio
oro
platino
platina
iridio
osmio
rutenio
rodio
paladio
radio
polonio
tierras raras
pecblenda
pechblenda
(metaloide, V. *Química*)

mineral
mena
ganga
pepita
régulo
ley
tenor
vena
veta [*nería*)
(filón, etc. V. *Mi-*

beneficiar
caldear
templar
destemplar
adulzar
blanquecer
recocer
fritar
licuar
bogar
desnatar
cementar
copelar
acrisolar
crisolar
cendrar
acendrar
encendrar
afinar
ensayar
berlingar
fundir
refundir
rehundir
enrielar
descamisar
forjar
laminar
estirar
metalizar
metalizarse
embancarse
hojear
gallear
subir de ley
bajar de ley

galvanizar
dorar
platear
niquelar
cromar
cobrear
esmaltar

fresar
engatillar

metalurgia
arte metálica
metálica
espagírica
metalistería
docimasia
docimástica

beneficio
ensayo
ensaye
reensaye
tratamiento
lava
lave
relave
apartado
cinglado
engatillado

cementación
afino
afinación
blanquición
blanquimento
blanqueación
blanquecimiento
copelación
desprendimiento
hormiguillo
fusión
fundición
refundición
aleación
liga
(amalgama, etc. V. *Mercurio*)
metalización
galvanización
galvanoplastia
dorado
plateado
niquelado
forja
crisolada
baño
sangría
colada
lingote
barra
riel
mazarota
granalla
cizalla
hoja
nervosidad
irisaciones
galleo
temple
cereza
flor
granzas
grasas
nata
pella
mata
escoria
horrura
residuo
ceniza
lámina
limaduras
viruta
alambre
quincalla
quincallería

fundente
magistral
castina
cendra
cemento
brasca
telera

fundición
fundería
fuslina
martinete
calderería
grasero
escorial

horno
hornaza

mufla
catino
crisol
fusor
callana
retorta
cornamusa
copela
convertidor
jito
molde
matriz
soplete
bebedero
albricias
bigotes
rielera
envaina
escalzador
berlinga

metalúrgico
metalario
metalista
metálico
ensayador
fundidor
aroza
refinador

metálico
metalífero
metalúrgico
espagírico
docimástico
vaciadizo
ametalado
autópsido
heterópsido
fino
precioso
nativo
bronco
dúctil
maleable
dócil
agrio
oxidable
inoxidable
de martillo

—

METALURGIA
(V. *Metal*)

—

METALÚRGICO
(V. *Metal*)

—

METEORO
(V. *Meteorología*)

—

METEOROLOGÍA (3)

meteorología
actinometría

meteoro
meteóro
viento
aire
atmósfera
troposfera
anticiclón
depresión
tiempo [rico
estado **atmosfé-**
clima
humedad
sequedad
calor
frío
terremoto
tromba
trompa
tifón
manga
remolino
hidrometeoro
lluvia
nieve
granizo
rocío
nube
tempestad
rayo (trueno, etcétera)
aurora boreal
» austral
fuego de Santelmo
santelmo
Cástor y Pólux
Helena
luz zodiacal
insolación
asoleada
asoleamiento
iris
arco iris
» del cielo
» de San Martín
vara de luz
corona
halo
halón
antihelio
parhelio
parhelia
paraselene
cerco
espejismo
espejeo
brillazón
fatamorgana
fuego fatuo
candelilla
fosforescencia
ardentía
aerolito
cometa
lluvia de estrellas
eclipse
astronomía

meteorologista

observatorio
barómetro
termómetro
higrómetro
anemómetro
veleta
globo sonda

gradiente
piscator
pronóstico
prognosis
predicción
almanaque zaragozano
calendario
cabañuelas

meteórico
meteorológico
meteorográfico

—

METER
(V. *Introducción*)

—

METÓDICO
(V. *Modo*)

—

MÉTODO
(V. *Modo*)

—

MEZCLA (20)

mezcla
mezcladura
mezclamiento
mezcolanza
mescolanza
mixtura
mistura
mixtión
mistión
conmistión
conmixtión
comistión
conmistura
permistión
promiscuación
composición
combinación
entremezcladura
impuridad
impureza
entrevero
enjerto
tejido
unión
incorporación
disolución
emulsión
pasta
masa
argamasa
ligación
liga
amalgama
malgama
aleación
conglobación
conjunto
compuesto
ingrediente
medicamento

mescolanza
heterogeneidad
complicación
promiscuidad
miscibilidad
diversidad

misceláneа
(centón, etc.
V. *Florilegio*)
colección
rapsodia
baturrillo
batiborrillo
batiburrillo
enredo
confusión
desorden
revoltillo
revoltijo
tótum revolútum
frangollo
ensaladilla
olla podrida
pot-pourri
matalotaje
surtido
jarcia
fárrago
farrago
ensalada
» rusa
potaje
pisto
calabriada
pepitoria
ensalada
morondanga
almodrote
mixtifori
mistifori
coctel
amasijo
gatuperio
embolismo
folla
morralla
mezclar
mixturar
misturar
inmiscuir
interponer
unir
aunar
coadunar
ligar
religar
amalgamar
incorporar
confingir
emulsionar
revolver
agitar
merar
amerar
templar
chapurrar
champurrar
aguar
bautizar
calabriar
cortar
diluir
adulterar
entremezclar
entreverar
tejer
promiscuar
complicar
enredar
confundir
emburujar
embarullar
involucrar
triscar
barajar

mezclarse
entreverarse
encarnarse

mezclador
mixturero
misturero
emulsor
amalgamador

mezcladora
coctelera
hormigonera

mixto
misto
miscible
surtido
conmisto
conmixto
conjunto
heterogéneo
híbrido
vario
jenízaro
misceláneo
promiscuo
confuso
revuelto
metalado
impuro
adulterado
falsificado
mezclable

mezcladamente
ana

—

MEZCLADO
(V. *Mezcla*)

—

MEZCLAR
(V. *Mezcla*)

—

MEZQUINDAD (26, 33)

mezquindad
cortedad
escasez
ahorro
parsimonia
cicatería
miseria
ruindad
tacañería
pequeñez
civilidad
avaricia
roñería
roña
tiñería
tiña
sordidez
nimiedad
piojería

escatimar
escasear
cicatear
miserear
tacañear
regatear
endurar
tasar [puño
ser uno como un
cerrar la mano
estrujar el dinero
rascarse pelo arriba
echar otro nudo a la bolsa

mezquino
escaso
mísero
misérrimo
estíptico
iliberal
tacaño
interesado
interesal
usurero
avaro
cutre
agarrado
roñoso
roña
roñica
manicorto
cicatero
cicateruelo
ahorrativo
parco
prudente
económico
escasero
escatimoso
estirado
guardoso
guardador
detenido
estreñido
apretado
prieto
atacado
duro
endurador
teniente
estrecho
menudo
nimio
falto
menguado
transido
ruin
miserable
sórdido
angustiado
amarranado
pijotero
lechero
cochino
piojoso
tiñoso
largo como pelo de huevo o de rata
verrugo
hombre menudo
cenaaoscuras
bolsa de hierro
indiano de hilo negro
ata el gato
poco
escaso

alambicado
roído
mezquinamente
miserablemente
míseramente
tacañamente
sórdidamente
con mano escasa
por adarmes
con cuentagotas

—

MEZQUINO
(V. *Mezquindad*)

—

MEZQUITA
(V. *Islamismo*)

—

MIEDO
(V. *Temor*)

—

MIEL (9, 37)

miel
aguí
miel **virgen**
eraje
miel silvestre
» blanca
» de caldera
» de caña
(V. *Azúcar*)
melaza
meloja
melcocha
arropía
melote
melada
aguamiel
hidromiel
hidromel

melosidad
melifluidad

melificar
melar
enmelar
amelar
desmelar
descorchar
escarzar

apicultura
abeja
colmena
cera

parra
parral
melero (lugar)
melificador

melero
melera
melcochero
meloso
mulso
melar

melifluo
melífero
melífico
melificado
aguamelado

MIEMBRO
(V. *Testículo*)

—

MIENTRAS
(V. *Simultaneidad*)

—

MIESES
(V. *Cereales*)

—

MIJO
(V. *Maíz*)

—

MILAGRO
(V. *Prodigio*)

—

MILAGROSO
(V. *Prodigio*)

—

MILICIA (30, 34)

milicia
servicio militar
contribución de sangre
soldadesca
ordenanza
disciplina
militarismo
antimilitarismo

reclutar
apellidar
levantar
llamar
militarizar
alistar
asoldar
asoldadar
atropar
levantar bandera
» banderas
alzar banderas
juntar campo
hacer gente
quintar
enganchar
reenganchar
dar de alta
instruir
aguerrir
foguear
dar de baja
borrar la plaza
licenciar
reformar
acuartelar
desarmar
derramar la gente de armas
derramar la gente de guerra
desmovilizar

alistarse
filiarse
cruzarse
tomar partido
sentar plaza
asentar plaza
venderse al rey
engancharse
reengancharse
ser alta
tener uno plaza por otro
seguir el pendón

militar
servir al rey
hacer el servicio
cumplir
servir
rebajarse
ser baja
dejar las armas
desertar
desbandarse
desrancharse

evolucionar
marchar
oblicuar
desfilar
contramarchar
conversar
envolver
abrirse
abrir claros
enguerrillarse
espinar
hacer alto

movilizar
alarmar
arengar
combinar
formar
motorizar
guarnecer
presidiar
enmasar
desplegar
destacar
escalonar
descabezar
regimentar
escuadronar
desenfilar
espaldonarse

saludar
terciar
rendir el arma
» la bandera
descansar sobre las armas

rondar
hacer **guardia**
» **centinela**
consignar las órdenes
cubrir
flanquear
convoyar
reconocer
campear
batir
» el campo
» la estrada
» la campaña
» la marcha
correr la campaña
descubrir campo
correr la línea
falsear las centinelas
» » guardas

santo y seña
orden del día

acometer
invadir
jaquear
afrontar
combatir
copar
cortar
vencer
conquistar
estar en cuadro
quedarse en cuadro
replegarse
retirarse
rendirse
evacuar
huir

acampar
alojar
municionar
amunicionar
racionar
requisar
forrajear
merodear
saquear
vivir sobre el país
robar

ejército
campo
milicia
tropa
gente de armas
hueste
apellido
fuerza armada
armas
fuerzas
poder
bandera
campamento
albergada

milicia nacional
» urbana
reserva
» territorial
voluntariado

arma
tropa de línea
gente de pelea
tropa ligera
socorro
infantería
» de línea
» ligera
» de marina
tercio
peonaje
almogote
caballería
» ligera
caballos
carabineros reales
artillería
ingenieros
intendencia
cuerpo facultativo
arma facultativa
aviación
aeronáutica
armada

escala
escala de reserva
plana mayor
estado mayor
estado mayor central
estado mayor general

ballestería
espingardería
mosquetería
arcabucería
escopetería
fusilería
piquería
lancería

ala
cuerno
costado
batalla [lla
centro de la batalla
cuerpo de la batalla [to
cuerpo del ejército
cuerpo de ejército
legión
asamblea
división
tropel
trozo

unidad
brigada
» mixta
batallón
regimiento
coronelía
capitanía
compañía
bandera
sección
cuarta
cuerpo
escolta
piquete
comando
pelotón
escuadra

escuadrón
escuadroncete
corneta
remonta
garrapata

guarnición
escalón
avanzada
destacamento
puesto
atalaya
vanguardia
avanguardia
algara
retaguardia
retaguarda
rezaga
espalda
sostén
retén
cabeza de puente
citara
convoy
cuerpo volante
granguardia
cabalgada
algara
algazara

falange
década
legión
» fulminatriz
cohorte
centuria
decuria
manípulo

áscar
mehala
almofalla
harca
tabor
mía
almogavaría
algazara
algarada

mesnada
cruzada
banda
partida
manga
guerrilla
soldadesca
montonera
golondrera
gente
patulea

reclutamiento
militarización
movilización
alistamiento
abanderamiento
suerte
apellidamiento
apellido
anúteba
anúbada
leva
arreada
conducta [ta
bandera de recluta
enganche
reenganche
reenganchamiento
reemplazo
licenciamiento
licencia absoluta
canuto
deserción
tornillo
degradamiento
desmovilización

quinta
cupo
contingente
conducta
recluta
soldado

filiación
plaza
alarde
alta
baja
licencia

arenga
proclama
voz de **mando**
toque
alarma
rebato
somatén

ejercicio
instrucción
fogueo
simulacro
armatura
posición militar
paso adelante
» atrás
» lateral
tiempo
paso ordinario
» regular
» lento
» redoblado
» largo
» corto
» ligero
» de ataque
» de carga

saludo
salva
formación
revista
desfile
parada
» de batalla
batalla
orden abierto
» cerrado
línea
hilera
fila
guerrilla
fondo
frente
» de batalla
cuadro
cúneo
cuño
columna
cuadrilongo
haz
escuadrón
espín
cerca
tacto de codos
cuerpo de caballo

revista
lista
reseña
muestra
alarde
revista de comisario

campaña
caballería
facción
guardia
centinela
relevo
pasaporte
pase
misa de campaña

táctica
movilización
maniobra
evolución
conversión [sión
cuarto de conversión
inversión
enfilada
flanqueo
enmasamiento
despliegue
marcha
avance
alojamiento
contramarcha
alto
reconocimiento
descubierta
seguridad
invasión
desembarco
acometimiento
carga
azaría
estratagema
combate
batalla
guerra
victoria
objetivo
conquista
botín
merodeo
derrota
baja
retirada
repliegue
sumisión
represalia

administración militar
racionamiento
requisa
requisición
remonta
mecánica
libro

armamento
pertrechos
suministros
utensilios
almacén
provisión
bastimento
vitualla
víveres
munición [rra
» de guemuniciones de boca
contrabando de guerra

etapa
mochila
socorro

arma
» **blanca**
» **de fuego**
(cañón, máquinas de guerra, etc. V. *Artillería*)
proyectil
pólvora
explosivo
armadura
escudo
municiones
impedimenta
convoy
bagaje (equipaje)

bagaje (bestia)
caballería
brigada

uniforme
vestuario
primera puesta
guerrera
dormán
pelliza
casaca
chupa
chupeta
chamberga
jubón
jaco
brial
tonelete
capotillo
capote
capote de montar
poncho
bohemio
gambeto
capirote
sardineta
insignia
corbatín
sombrero
equipo
fornitura
correaje
cinturón
cartuchera
granadera
portacarabina
cuja
mochila
maletín
» de grupa
macuto
forrajera
olla de campaña
gábata
cantimplora
caramayola
caramañola

ración
reenganche
utensilio
alcance
masa
gran masa
masita
refacción
pre
prest
plus
libro maestro
caballería

depósito
» de reserva territorial
zona
caja de recluta
» » reclutamiento
banderín
etapa
parada
base de operaciones
teatro de la guerra

campamento
alojamiento
cuartel
comandancia
capitanía
mayoría
sargentía mayor
prevención
cuerpo de guardia
contaduría de ejército
detall
corte
colegio
plaza de armas
parque
cantina

macuto
guerrera
jaco
forrajera

jefe
militar
soldado
oficial
táctico
estratega
estratego
antimilitarista
militarista
ordenancista

militar
militante
miliciano
castrense
de munición
táctico
maniobrero
flanqueante
concejil
chambergo
mochilero
mochillero
aventurero
harqueño
disciplinario
expedicionario
isabelino
mercenario
colecticio

militarmente
a marchas forzadas
a la deshilada
en pie de guerra
en batalla
campo a campo
a escala vista
a la bayoneta
a la funerala

—

MILITAR (34)

militar
mílite
militara
militarote
espadón
militante
soldado
guerrero
combatiente
apellidero
apellidador
hombre de guerra
» » pelea
mesnadero
miliciano
nacional
somatenista
conmilitón
comilitón
paisano
amazona
rabona
golondrino (soldado)
catinga
amapolo
soldado raso
» distinguido
» de haber
aventajado
cabo de fila
granadero
guzmán
recluta
» disponible
quinto
sorche
guiri
caloyo
bisoño
soldado de cuota
reemplazo
plaza viva
» muerta
rebajado
cuartelero
inválido
culón
disperso
excedente de cupo
reservista
soldado cumplido
veterano
licenciado
voluntario
aventurero
leude
prófugo
pasado
golondrino (desertor)
tornillero
desertor

legionario
triario
vélite
falangista
clasiario
lembario
falcario
astero
astado
espadario
cosaco
zuavo
cipayo
mameluco
jenízaro
bardiota
bucelario
ascari
áscari
almogávar
gandul
moro mogataz

infante
peón
hoplita
cazador
batidor
descubridor
corredor
explorador
exea
pistolo
dragón
soldado blanquillo
ribaldo
requeté
peonaje
de a pie

gastador
zapador
granadero

jinete
caballos
caballero de la jineta
montado
plaza montada
hombre de armas
montonero
batidor
húsar
ulano
reitre
herreruelo
estradiote
espay
espahí
algarero
moro de rey
célere
lanza
» castellana
castellano
coracero
capellina
celada
soldado desmontado

hondero
pedrero
fundibulario
balistario
ballestero
saetero
sagitario
asaeteador
arquero
flechero
flechador
alabardero
archero
pavesero
lacayo
lacayuelo
lansquenete
hachero
piquero
chucero
pica seca
» suelta
lanza
lancero
blandengue
montantero
suizo
zoizo
chambergo
artillero
bombardero
lombardero
petardero
fusilero
fusilero de montaña
fusilería
miquelete
miguelete
carabinero
escopetero
espingardero
mosquetero
arcabucero
despepitador
despepitado
trabucaire
miñón
antiparero
coselete
bacinete
almete
adarguero
empavesado
rodelero
lorigado

cabo
caporal
cabo de cuartel
» furriel
» de rancho
escuadra
cabo de escuadra
banderín
cuadrillero
almocadén
sargento
galonista
alabarda
guía
clases
tropa

abanderado
portaestandarte
portaguión
alférez
alférez mayor de Castilla
corneta
corneta de órdenes
gastador
antesignario
dragonario
sargento
comandante
brigada
cadete
suboficial
subalterno
alférez
subteniente
teniente
segundo teniente
primer teniente
oficial
capitán
capitán de llaves
capitán de lanzas
jefe
coronel
brigadier
comandante
teniente coronel
mayor general
mayor de brigada
comandante de armas
comandante general
general de brigada
» » división
mariscal de campo
teniente general
capitán general
general
oficial general
general en jefe
generalísimo

general de la caballería
maestro de caballería
» de los caballeros
maestro de los caballos
caballero cuantioso
» de alarde
escuadronista
remontista

caudillo
adalid
mandón
cabo
conde
almirante
alférez
electo
arráez
arraz
arráyaz
almocadén
almoacén
frontero
general de la frontera
mariscal
senescal
condestable
adalid mayor
maestre de campo
» » » general
cuartel maestre
cuartel maestre general
sargento mayor
» » de brigada
sargento general de batalla
sargento mayor de provincia
sargento mayor de la plaza
alférez mayor
» » de peones
» de pendón real
» del rey
capitán de guardias de corps
subrigadier
brigadier
exento
doncel
alcaide de los donceles
capitán a guerra

tribuno militar
legado
centurión
séviro
manipulario
tiufado
feldmariscal
jalifa
atamán
serasquier
agá
toqui

intendente
intendente de ejército
comisario de guerra
comisario ordenador
comandante mayor
habilitado
inspector
veedor
contralor
biarca
aposentador
vaguemaestre
uvaguemaestre
bagajero
brigadero
guardador
frumentario
furriel
furrier
factor
forrajeador
merodista
vivandero
cantinera
cantinero
reclutador
tallador

ayudante
cordones
edecán
garzón
cornetín de órdenes
corneta
rodelero
mochilero
mochillero
machacante
asistente
ordenanza
alojado
paje
criado

cuerpo
instituto armado
infantería

caballería
intendencia
artillería
aeronáutica
paracaidista
soldadesca
consejo de guerra

cuadro
oficialidad
plana mayor
estado mayor
» » general
generalato

sargenta
tenienta
capitana
comandanta
coronela
brigadiera
generala
mariscala
cantinera

ceñir la espada
sentar plaza
graduar
degradar
mandar
acaudillar
sargentear
capitanear
estar de cuartel
» » reemplazo
licenciar
dispensar

grado
graduación
cédula [dos
» de inváli-
derecho de espada
efectividad
sección de reserva
retiro
degradamiento
escalafón
escala
» de reserva

sargentería
sargentía
sargentía mayor
alferazgo
alferecía
alferezado
subtenencia
tenencia
tenientazgo
capitanía
comandancia
coronelía
generalato
capitanía general
mariscalía
mariscalato
centurionazgo

marcialidad
belicosidad
militarismo
antimilitarismo

soldadesco
cuartelesco
ordenancista
raso
gregario
graduado
patatero
vivo
indefinido
retirado
reformado

legionario
pretoriano
emérito

aventurero
merodeador
paisano
civil

(Para completar este grupo V. *Milicia*)

—

MIMBRE (5)

mimbre
bimbre
vimbre
mimbrera
vimbrera
mimbrón
arcazón
zade
zuma

mimbreral
mimbral

mimbroso
mimbreño

—

MINA (4)

mina
criadero
yacimiento
buzamiento
yacente
venero
minero
panizo
almadén
pozo
tiro
boqueta
bocamina
hornacho
cóncavo
arrugia
ahonde
chimenea

carbonera
alumbrera
azufrera
salina
arrugia
boratera

denuncio
subsuelo
terreno franco
pertenencia
estaca
demasía
mineral
real de minas
bonanza
asiento
barra

galería
subterráneo
socavón
caño
caña
pileta
escurridero
piso
plan
planta
entrepiso
hurto
bancada
altar
hastial
costero
pared
codal

rafa
llave
frontón
traviesa
contramina
cerrojo
rompimiento
despacho
cortadura
coladero
filón
vena
veta
hebra
mineral dormido
afloramiento
reventón
farallón
farellón
forastera
manto
catimía
metalada
guía
bolsa
bolsada
bocarrena
banco
antepecho
testero
alta
crestón
cobijas
pendiente
yacente
tejado
quemazón
aspa
fisura
soplado
hendedura
corrida
echado
arrastre
matriz
salbanda
caballo
borrasca

denunciar una mina
amparar
explotar
beneficiar
desvenar
aviar
laborear
pirquinear
dar al pirquén
trabajar al pirquén
catear
entibar
atinconar
ademar
encamar
encubar
atibar
despilarar
franquear
emboquillar
pintar
encapillar
empentar
escopetar
recuñar
trechear
deszafrar
desobstruir
desatorar
desatibar
pallar
pallaquear
escarmenar
cribar
garbillar
licuar
licuefacer
liquefacer
mineralizar
lavar

aclarar
aterrar
aterrerar
amainar
despoblar
cangallar

yacer
armar
aflorar
buzar
acometer
boquetear
acostarse la vena
acostarse el metal
mantearse
brocearse
emborrascarse

minería
explotación
beneficio
mineraje
laboreo
calicata
cata
busca
labores
excavación
corte
barreno
despojo
entibación
encamación
encofrado
enmaderación
destierre
broceo
trecheo
lava
lave
machote
varada
despilaramiento
desplome
derrumbamiento
derrumbe
revenimiento
chiflón
cochura

mineral
mena
ley
rodado
haba
pepita
tequio
encarre
requiebro
granzón
garbillo
arena
cangalla
remolido
despojos
despinte
relaves
lama
escombro
gandinga
bacisco
apure
ganga
callana
escoria
residuo

alpende
era
despensa
canchamina
molino
trapiche
bocarte
conacho
criba
garbillo
maritata
mesa de lavar
barcal

atrio
ábaco
gualdrilla
lavadero
cocha
jaula
torno
molinete
huso
malacate
baritel
cintero
ojal
amigo
escalera
espárrago
raedera
lampa
azada
(barrena, etc. V. *Taladro*)
punterola
sonda
despuntador
barreta
martillo
cateador
hitón
muletilla
manga
agogía
manguera
maritata
lámpara de los mineros
lámpara de seguridad
almijara
mofeta
grisú
piojo
manta
hatillo
madero
entibo
ademe
adema
estemple
fajado
galgas
racha
asnado
encostillado
encadenado
camada

escombrera
desatierre
escorial
atierre
terrero
desmonte
zafra

minero
minador
ingeniero de minas

capataz
mandón
roncador
aperador
aviador
cabecera
campista
colero
cateador

trabajador
minero
trecheador
amainador
cajonero
apurador
zafrero
picador
piquetero
barretero
apiri
hacendero
almijarero

barrenero
pegador
entibador
ademador
aladrero
despachador
achichinque
huidero
alarife
canchaminero
macuquero
cangallero
modorro
dúa
gavia
minería
pueble
entrada
tanda
endoble
doñas
hatería

minero
minal
encapado
estéril

—

MINERAL (4)

mineral
mineralogía
historia natural
gea
(cristalografía, V. *Cristal*)
geología
minería
química
dureza
densidad
elasticidad
fragilidad
textura
fractura
crucero
policroísmo
dimorfismo
metamorfismo
yuxtaposición
arborescencia
mineralización
beneficio

nódulo
geoda
bocarrena
fósil
corpa
riñón
azufrón
espato
ocre
fibra
lámina
gandinga
garbillo
ganga

mineral
afloramiento
azufre
carbón
grafito
plombagina
plumbagina
diamante
rubí
rubín
piedra preciosa
piedra pómez
pumita
mena
metal
oro
plata
níquel
mercurio

cobre
hierro
estaño
hornablenda
cinc
plomo
aluminio
piedra
roca
sílice
arena
pizarra
arcilla
mármol
cal
esparraguina
yeso
rejalgar
oropimente
génuli
sandáraca
estibina
quermes
molibdenita
baritina
espato pesado
» calizo
fluorina
fluorita
espato
espato flúor
» de Islandia
estronciana
estroncianita
trona
sal
epsomita
glauberita
espuma
magnesita
piedra loca
piedra de pipas
espuma de mar
ámbar
brucita
celestina
girasol
feldespato
obsidiana
plata encantada
espejo de los Incas
ortosa
albita
labradorita
piedra de la luna
» del labrador o del sol
piedra de las amazonas
sanidina
manganesa
alabandina
bauxita
pirolusita
escaquita
manganesia
manganolita
esteatita
serpentina
gimnita
jaspe
piedra jaspe
diaspro
diáspero
jade
piedra nefrítica
lemanita
piroxena
fosforita
amianto
asbesto
amianta
albéstor
talco
espejuelo
nacrita
agárico mineral (mica, micacita, etc. V. *Roca*)
anfíbol
clorita
axinita
cerita
diálaga
augita
afanita
actinota
peridoto
olivino
circón
jacinto
» de Ceilán
granate
grosularia
turquesa
» oriental
pechblenda
pecblenda
lapislázuli
lazulita
cianea
harina fósil
turmalina
chorlo
cianita
distena
lincurio
crisolito
cerasita
cedina
catoquita
esmaltina
carminita
casinita
calaíta
cerina
junquerita
urao

mineralizar
mineralizarse

mineralogista

despuntador
martillo
soplete

mineral
mineralógico
inorgánico
nativo
autópsido
heterópsido
metamórfico
dimorfo
suelto
acicular
astilloso
espático
bacilar
feldespático
carbonatado
magnesiano
magnesífero
asbestino
micáceo
talcoso
granatífero
boratero

—

MINERALOGÍA
Miner.
(V. *Mineral*)

—

MINERÍA, *Min.*
(V. *Mina*)

—

MINERO
(V. *Mina*)

—

MINISTERIO
(V. *Gobierno*)

—

MINISTRO
(V. *Gobierno*)

—

MIRADA
(V. *Vista*)

—

MIRAR
(V. *Vista*)

—

MIRTO (5)

mirto
murta
chequén
arrayán
» moruno
» brabántico
mirtídano

arrayanal
murtal
murtera
murtón

mirtino
mirtácea

—

MISA (1)

misa [to
sacrificio incruento
» del altar
misa mayor
» cantada
» solemne
» parroquial
» nueva
» conventual
» privada o rezada
» en seco
» votiva
» del gallo
» del alba
» de los cazadores
minerva
misa de aniversario
misa de cabo de año
» de parida
» de purificación
» de cuerpo presente
réquiem
misa de réquiem
» de difuntos
misas gregorianas
corrida de misas gregorianas
exequias
culto
festividad
ofrenda
oración

introito
kirie
quirie
kirieleisón
gloria
oración
colecta
epístola
gradual
secuencia
tracto
prosa
evangelio
credo
incarnatus
ofertorio
secreta
prefacio
sanctus
benedictus
canon
memento
consagración
paternóster
agnusdéi
comunión
poscomunión

lección
asperges
lavatorio
ablución
purificación
sacrificio
incensación
elevación
alzamiento
anáfora
sunción
bendición
signo
paz
intención
binación
liturgia
rito mozárabe
» griego
» ortodoxo
culto

misar
decir misa
revestirse
celebrar
oficiar
rezar
doblar
binar
consagrar
consumir
sumir
renovar
alzar
cantar misa
ayudar a misa
incensar
oír misa

hostia
oblata
pan
eucaristía
palia
vinajeras
ampollas
altar
misal
objetos **litúrgicos**
terno
casulla
manípulo
estola
(estolón, etc. V. *Culto*)
cuadrante
campanilla

sacerdote
celebrante
oficiante
terno
misacantano
ministro
evangelista
evangelistero
sacristán (monaguillo, etc.)
misero

—

MISMO
(V. *Identidad*)

—

MÍSTICA
(V. *Misticismo*)

—

MISTICISMO (1)

misticismo
mística
espíritu
aspiración
anagogía
unión
abandono
recolección
arrobamiento
trance
enajenamiento
éxtasis
éxtasi
arrebatamiento
arrebato
sequedad
meditación
consideración

meditar
contemplar
recogerse
abandonarse
deificarse
no ser uno de este mundo

místico
contemplativo
extático
arrobadizo
seco

místicamente

—

MÍSTICO
(V. *Misticismo*)

—

MITAD (22)

mitad
metad
medianía
medianidad
división
bisección
bifurcación
dicotomía

centro
medio
comedio
promedio
tercio
filo
divisoria
bisectriz

mediar
demediar
dimidiar
comediar
promediar
dividir

medio
subduplo
sesquiáltero
mitadenco
bífido
dicotómico

hemi-
semi-
sesqui-
a medias
de medio a medio
de por medio
mitad y mitad
a mediados

—

MITIGAR [to)
(V. *Aplacamien-*

—

MITOLOGÍA (1)

mitología
teogonía
cosmogonía
fábula
saga
panteología
paganismo
paganía
gentilismo
gentilidad
gentes
infidelidad
totemismo
superstición
ocultismo
herejía
mito
símbolo
quimera

dios
divo
deidad
divinidad
numen
genio
demonio
manes
lares
penates
diosa
diva
dea

Júpiter
Zeus
Juno
Hera
Apolo
Febo
Marte
Mavorte
Mercurio
caduceo
Vulcano
Neptuno
Urano
Plutón
Eolo
Saturno
Venus
Afrodita
Citerea
Machín
Cupido
Eros
amorcillo
Vesta
Latona
Esculapio
Jano
Palas
Minerva
Diana
Cibeles
Baco
evohé

Pan
Ceres
Pomona
Flora
Morfeo
Ganimedes
valquiria
Hado

Fortuna
Némesis

semidiós
semideo
héroe
heraclida
argonauta
titán
ciclope
cíclope
ojanco
ogro
arimaspo
arimaspe
centímano
lestrigón
lapita
pigmeo
semihombre
fauno
sátiro
silvano
centauro
bucentauro
hipocentauro
silfo
tritón
duende
trasgo
martinico
gnomo
nomo
elfo

semidiosa
semidea
gracias
musas
némesis
furias
parcas
euménides
erinias
larvas
lémures

horas
céleres
hada
fada
peri
amilamia
ninfa
sílfide
nereida
náyade
ondina
oceánide
oceánida
sirena
potámide
rusalca
apsara
oréade
orea
oréada
napea
hidriada
dríade
dríada
dría
hamadría
hamadríade
hamadríada
hénide
hespérides
salamandra
elfina
larva
ba

divinizar
deificar
endiosar
consagrar
crear
criar
trasguear

deificación
apoteosis

encarnación
avatar
destino
antropomorfosis

cielo
olimpo
campos elíseos
» elisios
elíseo
valhala
glasor
néctar
ambrosía
infierno
orco
báratro
averno
oráculo

corona radial
» radiada
» de rayos
» radiata
tirso
tridente
talares
égida
egida

mitólogo
mitologista
mitológico
panteólogo
fabulista

pagano
gentil
étnico
gentílico

mitológico
mítico
teogónico
divino
divo
deiforme
jovial
tonante
apolíneo
apolinar
pitio
vulcanio
cibeleo
mercurial
eolio
cereal
eleusino
vestal
báquico
tioneo
citereo
acidalio
dionisíaco
órfico
pítico
gorgóneo
icario
hectóreo
titanio
titánico
ciclópeo
ciclópico
satírico
meduseo
aduendado
elíseo
elisio
leteo
estigio
cabalino

—

MITOLÓGICO
(V. *Mitología*)

—

MOCO
(V. *Mucosidad*)

—

MODA
(V. *Costumbre*)

—

MODALES
(V. *Porte*)

—

MODELO (16, 28)

modelo
dechado
ejemplar
tipo
prototipo
arquetipo
ideal
belleza ideal
espejo
pauta
parangón
luz
simulacro
maqueta
figurín
horma
molde
padrón
precedente
espécimen
paradigma
formulario
esqueleto
impreso
calaña
original
origen
minuta
borrador
marcador
muestra
muestrario
matriz
machote
norma
normalización
patrón
pote
metro
medida
módulo
escantillón
descantillón
ságoma
plantilla
estarcido
cercha
gálibo
vitola
marco
picado
cartón
regla
ejemplo
» casero
verbigracia
modelo vivo
natural
naturaleza
clasicismo

ejemplificar
ejemplarizar
ejemplar
dar ejemplo
» la ley
predicar con el ejemplo
poner por caso
apropiar
edificar
enseñar
minutar
imitar
copiar
normalizar

ejemplar (adj.)
edificativo
edificante
típico
arquetípico
antitípico
clásico
magistral
perfecto
original
imitable
inimitable
particular
único
nuevo
raro

ejemplarmente
sin ejemplar
originalmente
por ejemplo
a modo de
verbi gratia

—

MODERACIÓN (26)

moderación
eutrapelia
eutropelia
mesura
comedimiento
regla
medida
composición
compostura
circunspección
modestia
honestidad
decencia
morigeración
moralidad
humildad
virtud
templanza
temperancia
templadura
temperación
templamiento
ten con ten
término medio
medianía
modo
medio
ponderación
discreción
tolerancia
eufemismo
prudencia
sobriedad
modicidad
frugalidad
parquedad
parcidad
parsimonia
continencia
freno
rienda
reportamiento
reportación
represión
refrenada
atenuación
disminución
mitigación
aplacamiento
paños calientes
alivio

moderar
mesurar
tasar
reglar
arreglar
componer
modificar
amortiguar
disminuir
corregir
morigerar
templar
entibiar
temperar
atemperar
quebrantar
enfriar
resfriar
calmar
mitigar
dulcificar
aliviar
aligerar
aplacar
ablandar
laxar
suavizar
alechigar

refrenar
frenar
sofrenar
reprimir
comprimir
contener
reportar
ir a la mano
quebrar
emblandecer
contemperar
atibiar
amortecer

moderarse
comedirse
medirse
mesurarse
temperarse
reglarse
reducirse
ceñirse
recogerse
atentarse
templarse
contenerse
limitarse
reportarse
repararse
reformarse
señorearse

recoger velas
ponerse en la razón
mudar de tono
amansar el trote
bajar el punto
quitar hierro
echar agua al vino
abrir la mano
tener la mano
tener Dios a uno de su mano
llevar los ojos clavados en el suelo

moderado
mesurado
compasado
arreglado
regular
eutrapélico
eutropélico
templado
temperatísimo
comedido
módico
contenido
modoso
novicio
modesto
decente
humilde
parco
parcísimo
religioso
sobrio
frugal

moderador
moderante
moderativo
moderatorio
correctivo
templador
amortiguador
temperante
atemperante
contemperante
atenuante
mitigador
mitigante
mitigativo
mitigatorio
suave

moderadamente
comedidamente
templadamente
temperadamente
compuestamente
arregladamente
honestamente
decentemente
suavemente
dulcemente
modestamente
frugalmente
ne quid nimis

¡despacio!
¡despacito!

—

MODERADO
(V. *Moderación*)

—

MODERAR
(V. *Moderación*)

—

MODERNO
(V. *Novedad*)

—

MODESTIA
(V. *Moderación*)

—

MODO (27)

modo
modalidad
cualidad
manera
ser
guisa
forma
formalidad
género
condición
disposición
suerte
estilo
escuela
talante
son
estado
tenor
procedimiento
temperamento
tranquillo
carácter
costumbre
práctica
actitud
conducta
política
táctica
técnica
fórmula
rito
ceremonia
receta
medios
sesgo
término medio
corte

salida
lado
carrera
curso
vía
(instrumento, etc. V. *Utensilio*)
derrotero
rumbo
camino
» común
método
régimen
regla
orden
sistema
ordenanza
razón
metodología
formalismo

emplear
aplicar
disponer
ordenar
metodizar
sistematizar

modal
metódico
sistemático

metódicamente
sistemáticamente
omnímodamente
talmente
mismamente
asimismo
así
comoquiera
a este tenor
de o en tal guisa
» modo
» condición
» manera
por manera
en manera
de forma
por vía
a guisa de
en o de tal guisa
a título de
en concepto de
en son de
como
que
según
» y conforme
tal
cual
tanto
también
con
por

—

MOGOLLÓN
(V. *Gorronería*)

—

MOHO (5)

moho
mogo
roña
hongo
herrumbre
herrín
orín
robín
rubín
óxido
pátina
pavonado
verdín
verdete
cardenillo
ácaro del moho

enmohecer
mohecer
amohecer
enroñar
oxidar

desenmohecer
desherrumbrar
desoxidar
atizar

enmohecerse
herrumbrarse
aherrumbrarse
musirse
enrobinarse
tomarse
encanecer
florecerse
escalfecerse
fermentar

enmohecimiento
oxidación
desherrumbramiento

mohoso
mohiento
herrumbroso
calumbriento
oriniento
ruginoso
eruginoso
roñoso
oxidado
florecido

—

MOHOSO
(V. *Moho*)

—

MOJAR
(V. *Humedad*)

—

MOJÓN
(V. *Limitación*)

—

MOLDE (18)

molde
modelo
prototipo
forma
horma
cubilete
cubiletero
flanero
turquesa
hembra
matriz
troquel
cuadrado
cuño
punzón
terraja
encella
formaje
esterilla
balero
bodoquera
galápago
caballico
gavera
clavera
rielera
toral
comporta
adobera

amoldar
moldar
moldear
ahormar

estampar
fundir
vaciar
reparar

amoldamiento
moldeado
vaciado
estampado
reproducción
imitación

amoldador
moldeador
vaciador

—

MOLDEAR
(V. *Molde*)

—

MOLDURA (11)

moldura
imposta
ataire
caveto
gola
cimacio
coronel
equino
esgucio
antequino
troquilo
talón
mediacaña
nervadura
lengüeta
junquillo
escocia
nacela
sima
canaladura
bocel
cordón
toro
bocelete
bocelón
medio bocel
cuarto bocel
óvolo
contrabocel
acodo
baqueta
baquetón
collarín
torillo
gradecilla
baquetilla
filete
cinta
cimbria
listel
listón
tenia
canaleto
coronamiento
cornisamento
cornisamiento
cornisón
cornijamiento
cornijón
cornijamento
entablamento
entablamiento
cornija
cornisa
tapajuntas
sofito
paflón
plafón
arquitrabe
alquitrable
corona
friso
zócalo
rodapié

encasamento
encasamiento
molduraje
faja
goterón
anillo
entrecalle
estría
ranura
entrecanal
avivador
revoltón
arquivolta
archivolta
metopa
rostro
agallón
ovario
almendra
gota
contero
contario
copada
guardavivos
guardasilla
terraja
tarraja
crucería
contrapilastra
ornamentación

moldurar
moldar
moldear
bocelar
atairar
aterrajar
atarrajar
abultar

moldeador

—

MOLER
(V. *Molienda*)

—

MOLESTAR
(V. *Molestia*)

—

MOLESTIA (27)

molestia
incomodidad
descomodidad
incomodo
desacomodamiento
inconveniencia
desconveniencia
disconveniencia
perjuicio
extravío
daño
tequio
penalidad
enojo
desagrado
disgusto
fastidio
desasosiego
pesadumbre
desazón
malestar
fatigas
cansera
dificultad
contrariedad
embarazo
estorbo
impedimento
engorro
pensión
pejiguera
calilla
friega

trabajo
hueso
sobrehueso
ganga
cancán
jácara
molienda
arate
giba
joroba
lavativa
cabronada
vaina
aperreo
mareo
pesadez
importunación
machadera
machaca
moledera
importunidad
chinchorrería
tabarra
tabarrera
rollo
disco
tostón
lata
carlanca
cargancia
sobrecarga
corma
gabarro
mortificación
despecho
laceria
vejación
burla

potro
verdugo
verruga
madrastra
gaita
droga
embeleco
incordio
postema
sinapismo
cataplasma
fuerte cosa
gajes del oficio
percances del oficio
vida de perros

mosca
porra
mazo
maza
machaca
molino
mazacote
plomo
majagranzas
ahuizote
pegote
piojo pegadizo
pegadillo de mal de madre

molestar
incomodar
desacomodar
aburrir
cansar
impacientar
fastidiar
importunar
irritar
enojar
apurar
agobiar
abrumar
hastiar
brumar
incordiar
chinchar
cargar
tarazar
encocorar

acongojar
mortificar
martirizar
volcar
aperrear
estorbar
enchilar
refreír
acribillar
engorrar
perseguir
acosar
hostigar
castigar
marear
lidiar
torear
freír
vejar
gibar
jorobar
jeringar
embromar
jacarear
corromper
trabajar

roer
fregar
majar
moler
amolar
reventar
brear
sobar
mimbrar
baquetear

descoyuntar
crucificar
aspar
quebrantar
potrear
baldar
atormentar
maltratar

encajar
endosar
encasquetar
espetar
embocar
largar

aporrarse
ser una muerte
» » desesperación
ser en carga
sentarse la carga
tener de chinches la sangre
llover sobre mojado

dar guerra
meterse con
dar remoquete
consumir la vida
traer a mal traer
hacer la barba
» aire
dar una jaqueca
romperle a uno los cascos
quebrantar a uno la cabeza
echar agraz en el ojo [cia
gastar la paciencia
matar con cuchillo de palo

molestador
incomodador
mortificador
amolador
ahuizote

molesto
molestoso

incómodo
desacomodado
malo
fastidioso
hastioso
cargante
cargoso
latoso
enfadoso
enojoso
engorroso
dichoso
cansado
empalagoso
sobón
pegajoso
repegoso
chinche
pesado
importuno
pesado
oneroso
vejatorio
pajolero

gravoso
grave
premioso
jaquecoso
estorboso
cancanoso
chinchoso
corrumpente
degollante
insoportable
imposible
hediondo

molestamente
incómodamente
desacomodada-mente

—

MOLESTO
(V. *Molestia*)

—

MOLIENDA (20, 36)

molienda
moltura
moledura
molturación
molimiento.
remolimiento
trituración
empergue
machacamiento
compresión

moler
molturar
remoler
triturar
pulverizar
aciberar
picar
desmenuzar
machacar
empergar
prensar
comprimir
desempalagar
picar la piedra
reboñar
maquilar

molino
molinejo
molinete [no]
molienda (moli-
molino de sangre
molino de viento
aceña
tahona
atahona
molino arrocero
trapiche
molinillo
rabil
mortero
metate
molinería
bocarte
zangarilla
guitarra

molinar
presa
caz
socaz
tragante
canal
paradera
zaya
presada
cubo

saetín
bocín
ojo
cañariega
reboño
aspa
rueda
rueda **hidráulica**
rodezno

tolva
orenza
tramoya
cibera
torna
canaleta
babilar
cítola
tarabilla
alguarín

muela
rueda de molino
ruejo
ruello
molón
piedra
volandera
corredera
galga
rulo
plataforma
andén
lendel
faldón
tambor
batán
asiento
» de tahona
solera
solero
moledera
concha
moleta
silleta
piedra bornera

palahierro
foramen
infierno
cárcavo
cárcamo

cruces
traba
bigarra
espada
pailar
almijarra
aliviador
bayal

molino de aceite
almazara
trujal
alfarje [sa)
empergue (pren-
prensa
piedra voladora
volandera
yusera
mortero
cuesco
regaifa
fuelle
bolsón

viga
alfargo
tenaza [ca)
empergue (palan-
cuello
calamón
horcajo
virgen
guiadera
horambre
trabón
marrano
ventril
pilón
libra
mayal

capacho
capaza
noque
encapachadura
cargo
aderra
escaza
taceta

lagar
alazana
alquerque
algorín
alforín
troj
troje
truja
alfarje
bomba
balsa

alpechinera
infierno

molinada
molada
molinaje
molienda (lo que se muele)
saquilada
talega
cibera
maquila
moldura
moltura (maquila)
puñera

obradura
pisa
viga
torcida
harina
harija
salvado
polvo
azúcar
aceite
alpechín
tinaco
morga
murga
jámila
aguachas
orujo
borujo
burujo
residuo

molinero
molendero
moledor
aceñero
añacal
agarrafador
molero
trapichero
maquilero
almazarero
pastero
cagarrache
husillero
atizador

moliente
molar
triturador
moledero
triturable
molido

—

MOLINETE
(V. *Cabrestante*)

—

MOLINO
(V. *Molienda*)

—

MOLUSCO (6)

molusco
marisco
concha
valva
opérculo
tentáculos
tientos
manto
malacología
conquiliología

cefalópodo
ostro
calamar
lula
chipirón
jibión
jibia
sepia
choco
pulpo
pólipo
argonauta
marinero
nautilo

acéfalo
bivalvo
almeja
verdigón
chirla
telina
tellina
mejillón
mitulo
vieira
ostra
ostia
ostro
ostrón
ostión
concha
berberecho
verderol
verdegón
dátil
uña
coquina
ajobilla
navaja
perna
broma
arca de Noé

gasterópodo
caracol
caracolejo [dero
caracol chupalan-
ciclóstoma
cigua
boquinegro
chapa
burgado
babosa
yuta
limaza
babaza (babosa)
babosilla
balate
lumiaco
limaco
caracol marino
bígaro
bigarro
nerita
margarita
caracola
buccino
bocina
abrojín
conchil
muergo
múrice
peñasco
cañadilla
trompo
huevo de pulpo
liebre marina
tafón
glauco
casco de burro
casis
mocejón
púrpura
piure
macha
chitón
quitón
oreja **marina**
caurí
cápulo
cambute
caraquilla
caramujo
oreja
lapa
lápade

desbullar
desbabar

almejar
ostrera
ostral
ostricultura

desbulla
baba
babaza (baba)
limazo

ostrero
ostrícola
ostrífero
caracolero
litófago
univalvo
bivalvo
malocológico
braquiópodo

—

MOMENTO
(V. *Tiempo*)

—

MOMIA
(V. *Cadáver*)

—

MONACILLO
(V. *Sacristán*)

—

MONAGUILLO
(V. *Sacristán*)

—

MONASTERIO
(V. *Convento*)

—

MONÁSTICO
(V. *Orden religiosa*)

—

MONDAR
(V. *Cáscara*)

—

MONEDA (29, 33, 35)

moneda
moneda sonante
cuartos
efectivo
divisa
moa
numisma
pieza
redondo
ceca
cabo de barra

medalla
medallón
patena
ficha
tanto
guitón
cauri

lado
cara
anverso
faz
frente
cruz
reverso
escusón
módulo
exergo
cuño
impronta
leyenda
nimbo
grafila
gráfila
cordoncillo
contorno

buena moneda
moneda metálica
» sonante
» amonedada, o contante y sonante
moneda corriente
numerario
metálico
nipos
quina
dinero
moneda divisionaria
» trabucante
» cortada
» obsidional
» jaquesa
talega
cartucho
arras
rendición

conducta

moneda imaginaria
talento
libra
» navarra
» valenciana
» catalana
» jaquesa
» mallorquina
» de Aragón
peso
» sencillo
» ensayado

ducado
» de plata
grano
doblón calesero
» sencillo
patacón
céntimo
milésima

moneda fiduciaria
papel moneda
asignado
billete de banco
billete
pápiro

dinero trocado
menudo
cambio
feria
calderilla
vellón
mota
cascajo
menudos
felús

oro
mina
juan dorado
escudo
salute
escudillo
durillo
doblilla
excelente
dobla
áureo
turquía
veintén

noble
onza de oro
media onza
amarilla
pelucona
centén
castellano
castellana de oro
pesante de oro
ducado
águila
ducado de la estampa
enrique
cruzado
ducado de oro
excelente de la granada
corona
dinero burgalés
maravedí de oro
florín
doblón
» de a ciento
» de a ocho
medalla
ojo de buey
doblón de a cuarto

plata
mina
juan platero
carlín
chambergo
patacón
escudo
maría
real de plata
» de plata doble o de plata vieja
» fuerte
» de a ocho
» de a cincuenta
» de a cuatro
» de a dos
» valenciano
dieciocheno

carilla
realete
tarín
real
real de vellón
realillo
realejo
maravedí de plata

maravedí alfonsino o blanco
dinerada
cruzado
plata quebrada
tornés
sanchete
corona
duro
duratón
peso
» fuerte
» duro
escudo
chulé
bolo
grullo
morlaco
patacón
peseta
beata

vellón
cascajo
moneda de vellón
bronce
maravedí
» burgalés
» de la buena moneda o de los buenos
maravedí nuevo
doblero
novén
maravedí novén
» viejo
» prieto
» cobreño
mofa
arienzo
sueldo
alfonsino
sesén
sesena
seisén
cárolus
quilate
mercal
metical
mizcal
cuartillo
sueldo bueno
» de oro
coba
cruzado
agnusdéi
gros
real de ardite
pepión
meaja
dinero

ochosén
sueldo menor
décima
perendengue
parpalla
parpallota
perpejana
pataca
chanflón
tarja
tarquia
concha
cuaderna
cuartillo
cuarto
calé
dinero ochavo
ochavo
» moruno
ludio

dinerillo
ramillo
charnel
blanca
cornado
cornadillo
foluz
cinquén
ardite
ferlín
moneda de soplillo
cuatrín
perra gorda o grande

perro grande
perrona
perra chica
perro chico
ochavo
céntimo

sólido
sueldo
tremís
denario
quinario
sestercio
libela
bigato
cuadrigato
as
» sextantario
semis
victoriato
antoniano

teruncio
cuadrante
dodrante
sextante
sescuncia
uncia
séxtula
sexma
dracma
mina
sueldo de oro
besante
óbolo
siclo
didracma

dólar
águila
centavo
cinco
plata mejicana
águila
media águila
cóndor
cuartilla
realito columnario
cabo de barra
medio
tostón
claco
tlaco
cacao
doblón
décimo
sucre
argentino
inca
sol
dinero
bolívar
fisco
boliviano
colón
balboa
tomín
macaco

zahén
zahena
mazmodina
cianí
rubia
dinar
serafín
metical

mizcal
aspro
morabetino
ceutí
felús
portugués
corona
escudo
cruzado
tostón
cinquino
cetís
reis
cetil

luis
napoleón
salute
franco
belga

lira
cequí
testón
bayoco
bayoque

libra esterlina
guinea
corona (inglesa)
chelín
penique
dinero

marco
corona (alemana)
tálero
táller
gros
corona (austriaca)
ducado

rublo
copeo
florín
placa
dinar
leva
soltaní
zoltaní
aspro
áspero
dárico
mohúr
rupia
tael
piastra
yen
sen

amonedar
monedar
monedear
monetizar
ligar
acuñar
cuñar
troquelar
batir moneda
labrar moneda
contrastar
resellar
acordonar
cerrillar
cercenar
falsificar

emitir
monetizar
desmonetizar
devaluar
depreciar
alterar la moneda
cambiar
reducir
trocar
derretir
expender

correr la moneda
pasar

valer
crecer
fluctuar
tener hoja

numismática
glíptica
amonedación
monedería
acuñación
braceaje
brazaje
ensayo
ensay
resello
patrón
ley
fuerza liberatoria
falta
feblaje
permiso
remedio
talla
valor
fuerza
premio
crecimiento
cambio
cambio minuto
agio
inflación
monetización
desmonetización
monometalismo
bimetalismo
monedaje
señoraje
señoreaje
derecho de braceaje

monedero
» falso
expendedor de moneda falsa
acuñador
tallador
grabador
argentario
apartador general de plata y oro
balanzario
balancero
juez de balanza
maestro de balanza
capataz
blanquecedor
resellante
guardamateriales
guardacuños

casa de moneda
ceca
sete
apartado
monetario

monedero
portamonedas

oro
plata
cobre
aleación
cuproníquel
vellón
liga
cizalla
contrapeso
roela
tejo
cospel

cuño
troquel
molde
cuadrado
punzón
contrapunzón
cerrilla

cerrillos
contramarca
prensa
tórculo
volante
balancín
muelles
craza
pesa dineral

numismático
monometalista
bimetalista
cambista
cambiante
cambianta
monetario
monedado
metálico
numismático
fuerte
feble
sencillo
falso
incuso
imperouso
alabiado
cortadillo
columnario
anepigráfico
hasaní
isabelino
macuquino
tornés
reyuno
suelto
cornúpeta

—

MONJE
(V. ***Orden religiosa***)

—

MONO (6)
mono
cuadrúmano
cuadrumano
primate
prosimio
simio
jimio
mona
simia
jimia
antropomorfo
antropoide
chimpancé
gorila
orangután
piteco
jocó
pongo
pitecántropo
antropopiteco
carayá
cercopiteco
cotomono
coras
mico
machín
maimón
mica
capuchino
mono capuchino
mico capuchino
mono negro
befo
mandril
cinocéfalo
cefo
cebo
celfo
cepo
zambo

papión
tití
mona
magote
macaco
macaca
lemur
cebú
coaita
cay
cuatí
coatí
araguato
aullador
congo
olingo [blanca
carablanca o cari-
cariblanco
caranegra
caripelado
cararrayada
caparro

abazón
cola
maza

monear

monada
monería

monesco
símico
simiesco
catirrinos
platirrinos
antropoideo

—

MONOLOGAR
(V. *Monólogo*)

—

MONÓLOGO (28)

monólogo
soliloquio
aparte
tirada
parlamento
recitación
discurso

monologar
soliloquiar
hablar
recitar [go
hablar uno consi-
» uno entre sí
decir uno para su sayo
» » para sí
» » entre sí

—

MONOPOLIO (33, 35)

monopolio
monopolización
acaparamiento
estanco
trust
cartel
renta estancada
privilegio

monopolizar
estancar
acaparar
acopiar
abarcar
atravesar
estanco (local)
estanquillo

monopolista
monopolizador
acaparador
atravesador
tercenista
arrendataria
logrero

—

MONOPOLIZAR
(V. *Monopolio*)

—

MONSTRUO
(V. *Deformidad*)

—

MONTAÑA (3)

montaña
altura
montañeta
montañuela
monte
volcán
pirene
acho
hacho
pico
picota
cuchilla
muela
cordillera
cadena de montañas
serranía
sierra
serratilla
serrijón
serrezuela
arricete
tiramira
cordal
gajo
macizo
alpes
estribo
estribación
contrafuerte
colina
eminencia
prominencia
promontorio
peñón
peña
morro
mota
mamelón
risco
peñasco
alcor
cueto
cerro
cerrejón
cerrajón
espigón
cuesto
altillo
altozano
collado
terromontero
cabezo
cabezuelo
mambla
teta
mogote
otero
oteruelo
cotero
cotera
loma
lomba
lomada
lometa
alcudia
montículo
duna
médano
mégano
medaño
algaida
morón
calpul
tacurú
iceberg

nudo
horcajo
espolón
cerrazón

garganta
estrechura
colada
escalar
encañada
cingla
alfoz
gollizo
puerto
antepuerto
portachuelo
coladero
tollón
collado
desfiladero
escobio
boquete
quebrada
congosto
cortadura

cumbre
teso
tozal
divisoria
arista
esquienta
cresta
cejo
falda
ladera
ladería
nevero
nieve
hielo
declive
precipicio

orografía
orogenia
orognosia
geología
escabrosidad
monte
montuosidad
alpinismo
montañismo

trepar
escalar
coronar
subir
faldear

alpinista
montañero
escalador

montañoso
montuoso
montuno
montañés
alpestre
alpino
cisalpino
transalpino
salvaje
medanoso
serrano
orográfico
orogénico
montano
citramontano
cismontano
tramontano
trasmontano
ultramontano
pirineo
pirenaico
traspirenaico
transpirenaico
penibético
atlántico
andino
transandino
ideo
helicona

ultrapuertos [de
de puertos allen-
» » aquen-
de

—

MONTAR
(V. *Equitación*)

—

MONTE
(V. *Bosque*)

—

MONTERA
(V. *Sombrero*)

—

MONTERÍA
(V. *Caza*)

—

MONTÍCULO
(V. *Montaña*)

—

MONTÓN (20)

montón
acervo
cúmulo
telera
mogote
congerie
pila
pilada
columna
rima
rimero
hacina
tonga
tongada
haza
caramillo
mojón
majano
murias
morena
parva
parvero
muelo
tropel
ovillo
jarcia
matalotaje
conjunto
mezcla
colección
abundancia

amontonar
acumular
cumular
coacervar
acopiar
apilar
empilar
enrejar
encastillar
hacinar
medar
enhacinar
centonar
emburujar
agolpar
aglomerar
reunir
conglobar
conglomerar

amontonamiento
acumulación
cumulación
coacervación
abultamiento
apilamiento
hacinamiento
aglomeración
conglomeración

amontonador
apilador
hacinador

acerval

amontonadamente
en montón
a granel
en orre

—

MONUMENTO
(V. *Arqueología*)

—

MORAL (26)

moral
ética
filosofía moral
deontología
moralidad
virtud
bondad
inmoralidad
vicio
maldad
perversidad
amoralidad
acción moral
obra
conciencia
obligación
cumplimiento
justicia
severidad
delicadeza
escrúpulo
respetos humanos
convencionalismo
conducta
costumbre

doctrina
disciplina
predicación
sentencia
máxima
proverbio
apotegma
mandamiento
decálogo
principios
moraleja
moralidad
tuciorismo

moralizar

moralizador
moralista
sumista
ético
tuciorista
casuista

moral
sano
inmoral
amoral
ético
tropológico
sentencioso

moralmente

—

MORALIDAD (26)

moralidad
bondad
virtud
» moral
fuero de la conciencia

probidad
austeridad
estrechez

severidad
rectitud
regla
honradez
hombría de bien
lealtad
buena fe
cumplimiento
exactitud
conciencia
integridad
justicia
entereza
honor
lealtad
delicadeza
desinterés
altruismo
pulcritud
limpieza [nos
» de ma-
manos limpias

moraleja
tropología
afabulación
parábola

bienvivir
caminar derecho
jugar limpio

hombre de pro o de provecho
hombre de capa negra
gente de bien

probo
honrado
decente
recto
justo
austero
correcho
correcto
honesto
morigerado
leal
íntegro
entero
concienzudo
sano
pulcro
puro
incorruptible
limpio de manos

moralmente
honradamente
rectamente [te
concienzudamen-
austeramente
legalmente
lealmente
a las derechas

—

MORCILLA
(V. *Embutido*)

—

MORDAZ
(V. *Zaherimiento*)

—

MORDEDURA (9, 12, 20, 27)

mordedura
mordimiento
muerdo
masticación
mascada
mordisco
bocado
mueso
dentellada
tenazada
tarascada
colmillada
colmillazo
herida
mordicación
picada
picadura
picotazo
picotada
roedura
ratadura

morder
mordiscar
mordisquear
remorder
adentellar
dentellear
abocadear
tarazar
atarazar
tarascar
apresar
hacer tenaza
tascar el freno
mordicar
fizar
picar
roer
pacer
bromar
corroer
ratonar
desgastar
rustir
carcomer
rosigar
apolillar

apolillarse
picarse

boca
diente
bozal
bozo
badal
acial
garabato

abozalar

mordedor
mordiente
mordicante
mordicativo
roedor

dentellado
alobadado
arratonado
apolillado
carcomido
gorgojoso

—

MORDER
(V. *Mordedura*)

—

MORIBUNDO
(V. *Muerte*)

—

MORIR
(V. *Muerte*)

—

MORRIÓN
(V. *Sombrero*)

—

MORTERO (20)

mortero
morteruelo
morterete
molcajete
pilón
almirez
almofariz
conacho
molino

majadero
maja
mano
mano de almirez
machacadera
pistadero

moler
triturar
majar
machacar

morterada
molienda
machacamiento

—

MORTIFICACIÓN
(V. *Penitencia*)

—

MOSAICO
(V. *Taracea*)

—

MOSCA (6)

mosca
moscón
moscardón
moscarrón
mosca de burro
» » mula
moscarda
mosca de la carne
coliguacho
tsetsé
mosquito

mosquear
arrebozarse

matamoscas
espantamoscas
mosquero
mosqueador
moscadero
cernaja

mosquino
mosquil

—

MOSQUITO (6)

mosquito
mosco
violero
cínife
cénzalo
cagachín
cagarropa
típula
rodador
ventifarel
guasasa
zancudo
jején
corasí

mosquitero
mosquitera

cenzalino
de trompetilla

—

MOSTAZA (5)

mostaza
ajenabo
ajenabe
jenabe
jenable
mostazo
mostaza blanca
mostaza negra
mostaza silvestre
alezna

mostazal

—

MOSTO
(V. *Vino*)

—

MOSTRAR
(V. *Manifestación*)

—

MOTIVO
(V. *Causa*)

—

MOTOCICLETA
(V. *Ciclismo*)

—

MOTÓN
(V. *Polea*)

—

MOVER
(V. *Movimiento*)

—

MOVIMIENTO (2, 19)

movimiento
movedura
moción
movición
conmoción
meneo
tropel [puesto
movimiento com-
» unifor-
me [lerado
movimiento ace-
» con-
tinuo

movilidad
inestabilidad
verticidad
locomotividad
tropismo
amovilidad
agilidad
cinética
cinemática
mecánica
aceleración
retardación
isocronismo
compás
ritmo

acción
ejercicio
gimnasia
oscilación
ondulación
vibración
agitación
temblor
convulsión

impulsión
tracción
abducción
lanzamiento
deslizamiento
frotación
frotamiento

traslación
trayectoria
locomoción
tránsito
viaje
andadura
carrera
salto
automovilismo
deporte
danza

entrada
salida
subida
bajada
adelantamiento
retroceso
vuelta
circunducción
transporte
vehículo

tiempo
repente
repentón
repullo
respingo
regate
marro
esguince
desguince
quiebro
cuarteo
concomimiento
concomio
ademán

mover
menear
tambalear
hurgar
bullir
rebullir
hormiguear
revolver, -se
bornear
jactar
cernear
cebar
disparar
jugar
batir
imprimir (movimiento)
conmover

moverse
mandarse
manejarse
levarse
dispararse
accionar
concomerse
coscarse
encoscarse
desgoznarse
desgobernarse
hornaguearse
funcionar
andar
marchar
regir
jugar
pasar
fluir
caminar
vacilar
oscilar
respailar
regatear
no criar moho
parecer uno una lanzadera

movedor
moviente
motor
motriz
motivo
meneador
cinético

movible
móvil
mueble
moble
movedizo
inestable
amovible
locomóvil
locomovible
ágil
portátil
volante
volandero
volátil
oscilante
isócrono
astático
manual
postizo
de quita y pon

MOZO
(V. *Transporte*)

—

MUCOSIDAD (8)

mucosidad
moco
moquita
mocarro
velas
pituita
flema
flemón
catarro
resfriado
constipado
moquillo
broncorrea
moqueo
secreción
expectoración

moquear
moquetear
limpiar
mocar
sonar
sonarse

sonadera
moquero
pañuelo

mucoso
mocoso
pituitoso
pituitario
viscoso

—

MUCHACHO
(V. *Niñez*)

—

MUCHEDUMBRE
(V. *Concurrencia*)

—

MUCHO
(V. *Abundancia*)

—

MUDABLE
(V. *Cambio*)

—

MUDANZA
(V. *Cambio*)

—

MUDAR
(V. *Cambio*)

—

MUDO
(V. *Silencio*)

—

MUEBLE (11)

mueble
trasto
traste
trastuelo
trebejo
trebejuelo
cacharpas
alpatana
prenda
belez
belezo
alhaja

antigualla
armatoste
cascajo
atuendo
atruendo
tarantín
tereque
tareco
tiliche
chisme
chirimbolo
cachivache
carraca

utensilio
mesa
mesa de noche
escritorio
asiento
reclinatorio
almohadón
cojín
alcoba
cama
armario
estante
cómoda
bargueño
vargueño
estrado
aparador
trinchero
comedor
gabinete
musiquero
tocador
lavabo
coqueta
paje

percha
atril
jardinera
macetero
oficina (muebles de)
cocina
vasija
(baúl, maleta, etc. V. *Caja*)

repisa
ménsula
reloj
lámpara
candelabro
pantalla
biombo
chimenea
(brasero, estufa, etc. V. *Calefacción*)
tapicería
alfombra

pie
pata
cencha
cuña

mobiliario
mueblaje
moblaje
ebanistería
ajuar
menaje
belez
atalaje
recámara
enseres
efectos
bártulos
maritatas
féferes
trastería
casa robada
hospital robado
mudanza

amueblar
amoblar
mueblar
moblar
ajuarar
alhajar
poner cuarto
poner la casa
cojear
calzar
desamueblar
desamoblar
desalhajar
desmantelar

mueblista
ebanista
carpintero
prendero

mueblería
guardamuebles
prendería

amueblado
alhajado
desmantelado

—

MUELA
(V. *Diente*)

—

MUELLE (Mar)
(V. *Puerto*)

—

MUERTE (8, 12, 15, 27, 32)

muerte
» natural
» senil
eutanasia
fallecimiento
finamiento
defunción
óbito
deceso
premoriencia
expiración
acabamiento
perecimiento
amortecimiento
amortiguamiento
amortiguación
partida
paso
tránsito
trance
jornada
hora
» suprema
hilo de la muerte
sueño eterno
postrimería
artículo de la muerte

elegía
nenia
necrolatría
necrología
panegírico
obituario
partida de defunción

agonía
asfixia
boqueada
estertor
sarrillo
carfología
herradura de la muerte
recomendación del alma
buena muerte
extremaunción
auxilios espirituales
viático
capilla ardiente
exequias
entierro
sepultura

la muerte
» descarnada
» cierta
» parca

mortandad
mortalidad
letalidad
inmortalidad

muerte violenta
» a mano airada
crimen
occisión
exanimación
golpe de gracia
puñalada de misericordia

matanza
matacía
matación
carnicería
hecatombe
sacrificio
suplicio
horca
hopa
tormento
martirio

suicidio
harakiri
homicidio
asesinato
deicidio
parricidio
matricidio
fraticidio
conyugicidio
uxoricidio
filicidio
infanticidio
feticidio
regicidio
tiranicidio
genocidio

ejecución
decapitación
degollación
degüello
degollina
gemonías
estrangulación
ahogamiento
linchamiento
guillotina
electrocución
(fusilamiento, pena de muerte, V. *Castigo*)
envenenamiento
enfermedad
golpe
herida
caída
desgracia

morir
fallecer
expirar
fenecer
finar
acabar
sucumbir
perecer
faltar
caer
pasar
palmar
espichar
despichar
premorir
morirse
irse
consumirse
acabarse
candirse
agonizar
boquear
penar
disponerse
estar en las últimas
tener sus horas contadas
estar en capilla
estar a la muerte
hallarse entre la vida y la muerte
a las puertas de la muerte
estar con el alma entre los dientes
estar con el alma en la boca
estar con un pie en la sepultura
con un pie en el hoyo, el sepulcro
estar al cabo o muy al cabo
luchar con la muerte
estar con la cadena en la mano
palpar la ropa
quebrarse los ojos
vidriarse los ojos
acabarse la candela

liarlas
diñarla
entregarla
liar el petate
doblar la servilleta
dar fin
soltar o largar la maleta
dar, dejar, o perder el pellejo
dar, dejar, o perder la piel
soltar el pellejo
salir de esta vida
» » este mundo
partir, o partirse de esta vida
pasar a mejor vida
estirar la pata, o la pierna
hincar el pico
cerrar el ojo, o los ojos
torcer la cabeza
quedarse como un pajarito
dar el alma, o dar el alma a Dios
entregar el alma, o entregar el alma a Dios
llamar Dios a uno
» » a juicio
caer en flor
exhalar el último suspiro

matarse
estrellarse
emparamarse
desplomarse
caerse redondo
morir vestido
perder la vida
dar la vida por
pagar con el pellejo
quedar en la estacada
quedar en el campo
caer, o morir como chinches
hacer la mortecina

auxiliar
desahuciar
agonizar
ayudar a bien morir
recomendar el alma
encomendar el alma
cerrar los ojos

matar
trasmatar
ejecutar
(fusilar, lapidar, etc. V. *Castigo*)
inmolar
sacrificar
acabar con
entregar
despenar
despachar
despabilar
linchar
destripar
despanzurrar
escabechar
acuchillar
apiolar
vendimiar
rematar
acorar
asesinar
acochinar
achinar
atocinar
birlar
envenenar
electrocutar
guillotinar
ahorcar
desnucar
ahogar
acogotar
acocotar
acachorrar
apercollar
estozar
decapitar
degollar
ahogar
estrangular
apedrear
lapidar
flechar
fusilar
arcabucear
balear
afrijolar
carnear
sacrificar
atronar

pasar por las armas
pegar cuatro tiros
pasar a cuchillo
hacer riza
diezmar
amortiguar
amortecer
quitar de en medio
dar mulé
hacer carne
quitar el pellejo
cortar el hilo de la vida
cortar la hebra de la vida
saltar la tapa de los sesos
dejar en el sitio
» o quedar seco
sacar uno los tuétanos a otro

suicidarse
desesperarse
cavar uno su fosa
tomarse el mal por su mano
tomarse la muerte por su mano

pudrir
descansar en paz
reposar en paz
descansar, o dormir en el Señor
dormir en Dios
estar con Dios
gozar de Dios
dormir con sus padres
estar comiendo, o mascando barro

matador
homicida
parricida
matricida
conyugicida
uxoricida
fratricida
filicida
infanticida
feticida
regicida
tiranicida
deicida
linchador
enemigo
vulnerario
parca
verdugo
asesino
sacamantecas
destripador
sicario
suicida
esquela
» de defunción

muerto
difunto
finado
extinto
exangüe
exánime
inánime
inanimado
corvado
premuerto
predifunto
occiso
atacado
baraustado
apuñalado
interfecto
mártir
víctima
cadáver
falleciente
expirante
sucumbiente
pereciente
premoriente
agonizante
moribundo
mortecino
semidifunto
semivivo
mortinato

mortal
capital
mortífero
letal
deletéreo
macabro
mortuorio
fúnebre
agónico
póstumo

mortalmente
lúgubremente
in extremis
in artículo mortis
a ultranza
a mano airada
sin decir Jesús

—

MUERTO
(V. *Muerte*)

—

MUESCA
(V. *Hueco*)

—

MUGRÓN
(V. *Acodo*)

—

MUJER (6)

mujer
mulier
varona
varonesa
hembra
meona
luda
gachí
guaricha
niña
doncella
joven
adulta
anciana
ciudadana
comadre
Eva
Venus
beldad
belleza

hermosura
palmito
jeme

heroína
amazona
(valquiria, ninfa, etc. V. *Mitología*)
hurí
(sirena, esfinge, etc. V. *Quimera*)
cariátide
(odalisca, bailarina, etc. V. *Danza*)

señora
dama
damisela
madamisela
dona
dueña
ama
criada
matrona
ricadueña
ricahembra
ricafembra
(novia, esposa, etc. V. *Matrimonio*)
señorita
hermana
madre
hija
tía
abuela
suegra
nuera
prima
sobrina
cuñada

mujerona
jamona
callonca
mujerzuela
pendón
bachillera
marisabidilla
lechuguina
sufragista
actora
marimacho
súcubo

bello sexo
sexo débil
mujerío
mujeriego
faldas
estrado
gallinero
gineceo
harén
harem
serrallo

femineidad
feminidad
ginecocracia
matriarcado
feminismo
antifeminismo
misoginia
castidad
virginidad
melindre
matrimonio
divorcio
deshonestidad
amancebamiento
prostitución
generación
esterilidad
ginecología

vestirse por la cabeza
doñear
ajamonarse

mujeril
mujeriego
faldero
femenino
femenil
femíneo
doncellil
feminista
adamada
afeminado
antifeminista
misógino

femenilmente
mujerilmente

—

MUJERIL
(V. *Mujer*)

—

MULA
(V. *Mulo*)

—

MULO (6)

mulo
macho
muleto
machuelo
mulo castellano
burdégano
macho romo
burreño
mohíno
cebadero
caballo mulero
mula
almifora
mula cabañil
candonga
mula de paso
huebra
lechuzo
quinceno
acémila
híbrido
caballería
asno

mulada
muletada
piara

amular
amularse
echar al contrario

mulatero
muletero
mulero
mulante
mozo de mulas
cabañil
mayoral

mular
pasero

—

MULTA (32)

multa
pena pecuniaria
escarmiento
setenas
garama
achaque
correduría
homicillo
pena de homicillo
comiso
indemnización

multar
montar
imponer
castigar en la bolsa
castigar
pechar
consignar

receptor general

libro penador
recepta

—

MULTAR
(V. *Multa*)

—

MULTIPLICACIÓN (22)

multiplicación
duplicación
reduplicación
doblamiento
redoble
redobladura
redoblamiento
duplicidad
dualidad
trasdobladura
triplicación
triplicidad
cuadruplicación
quintuplicación
sextuplicación
septuplicación
cuadrado
cubo
potencia
elevación a potencias
tabla pitagórica
cálculo
repetición
reproducción
aumento

multiplicar
duplicar
doblar
reduplicar
redoblar
triplicar
tresdoblar
trasdoblar
cuadruplicar
cuatrodoblar
quintuplicar
sextuplicar
septuplicar
octuplicar
decuplar
decuplicar
centuplicar
llevar

factor
multiplicando
multiplicador
coeficiente
producto
tabla pitagórica
» de Pitágoras
múltiplo
submúltiplo

doble
sesquidoble

triple
trestanto
cuádruple
cuádruplo
cuadruplicado
quíntuplo
óctuplo
óctuple

nónuplo
céntuplo

multiplicable
proporcional
tanto
por

—

MULTIPLICAR
(V. *Multiplicación*)

—

MULTITUD
(V. *Abundancia*)

—

MUNDO
(V. *Universo*)

—

MUNICIPAL
(V. *Ayuntamiento*)

—

MUNICIPIO
(V. *Ayuntamiento*)

—

MUÑECA
(V. *Muñeco*)

—

MUÑECO (31, 29)

muñeco
muñeca
muñequilla
moña
pepona
frailecito
polichinela
títere
fantoche
marioneta
pulchinela
monigote
dominguillo
dominguejo
matihuelo
tentetieso
tentemozo
siempretieso
brujilla
Juan de las Viñas
pelele
contrafigura
judas
botarga
pandorga
bausán
espantajo
estafermo
pasmarote
maniquí
gigantilla
autómata
androide
efigie
juguete

—

MURCIÉLAGO (6)

murciélago
murciégalo
murceguillo
morciguillo
morceguilla
murceguila
vespertilio
panique
orejudo
bermejizo

vampiro
macrófilo
quiróptero
alípedo
alípede

—

MURMURACIÓN (24)

murmuración
murmurio
murmureo
murmullo
mormullo
susurración
susurro
rezongo
rute
refunfuño
rumor
crítica
reprobación
detracción
censura
ladrido
habladuría
parladuría
dicho de las gentes
comidilla
platillo
plato
fábula
comentarios
tole tole
chascarrillo
chisme
maledicencia
calumnia
descrédito
zaherimiento
mentidero

murmurar
murmullar
mormullar
rezongar
refunfuñar
gruñir
rutar
comentar
hablar
cortar
censurar
críticar
detraer
desacreditar
morder
maldecir
despellejar
desollar
descuerar
rosigar
zaherir
achacar
imputar
atribuir

tener uno mala lengua
» buena o mala boca
cortar a uno un sayo
cortar de vestir
poner lengua en uno
traer en bocas a uno
poner boca o la boca en uno
tomar o traer a uno entre dientes
no dejar a uno hueso sano
darse un filo a la lengua
meterse en vidas ajenas
roerle a uno los huesos
hincar a uno el diente
desollarle a uno vivo
quitar a uno el pellejo
roer uno los zancajos a otro
poner cual digan dueñas
» de oro y azul
» como chupa de dómine
desenterrar los muertos
poner verde

murmurador
murmurante
susurrón
censor
zoilo
criticón
juzgamundos
secretista
bocón
maldiciente
maldecidor
renegado
malsín
mordaz
mordedor
triscón
tijera
buena tijera
navaja
deshonrabuenos
mala lengua
malas lenguas
boca de escorpión
lengua de escorpión
» de hacha
» de sierpe
» de víbora
» serpentina
o viperina

mordazmente
digan, que de Dios dijeron

—

MURMURADOR
(V. *Murmuración*)

—

MURMURAR
(V. *Murmuración*)

—

MURO
(V. *Pared*)

—

MUSA (29, 1)

musa
camena
castálidas
hipocrénides
helicónides
pegásides
piérides
tespíades
aónides
pimpleides
mitología
inspiración

castalio
heliconio
pimpleo
pierio

aonio
pegaseo
cabalino
camenal
—

MUSCULAR
(V. *Músculo*)
—

MÚSCULO (6, 7)

músculo
murecillo
landrecilla
babilla
babada
miolema
sarcolema
aponeurosis
inserción
tendón
nervio maestro
carne valiente
ligamento
nervio
musculatura
cuerdas
carnadura

músculo abductor
» aductor
pronador
supinador
flexor
extensor
constrictor
antagonista
inspirador
espirador
respirador
serrato

complexo
esplenio
espleníco
masetero
lagarto
deltoides
muñón
subescapular
trapecio
dorsal
pectoral
radial
cubital
pectíneo
bíceps
» braquial
tríceps
» braquial
» espinal
diafragma
piramidal
glúteo
sóleo
gemelo
bíceps femoral
tríceps femoral
sartorio
del sastre
isquiofemoral
tendón de Aquiles
lumbrical
esfínter

contraer
crispar
contorcerse
acalambrarse

miología
miografía

miodinia
mialgia
calambre

garrampa
rampa
espasmo
contractura
rigor
trismo
tétanos
contorsión
contorción
perlesía
convulsión
distensión
detorsión
relajación
(luxación, torcedura, etc. V. *Articulación*)
lesión

muscular
musculoso
intramuscular
aponeurótico
tendinoso
nervudo
ligamentoso
tetánico
—

MUSGO
(V. *Criptógama*)
—

MÚSICA (2, 13, 29, 31)

música
solfa
cuadrivio
música vocal
canto
recitado
estilo recitativo
música instrumental
» sagrada
» religiosa
» de cámara
» dramática
» de medio carácter
» rítmica
» armónica
» de baile
» ratonera
filarmonía
melomanía
musicomanía
musicalidad
oído

tonalidad
cromatismo
atonalidad
tono
modo
modo auténtico
» maestro
tono maestro
modo mayor
» menor
tono mayor
» menor
modo plagal
» discípulo
mixolidio
sílaba
cesolfaút
delasolré
elamí
fefaút
gesolreút
alamirré
befabemí
propiedad
becuadrado
escala del modo
octavo

deducción
mano
escala
carrerilla
gama
heptacordo
hexacordo
natura

intervalo
coma
semitono
» menor
» cromático
» diatónico
» mayor
» enarmónico
leima
tono
término
diesi
dítono
tercera
tercera mayor
» menor
semiditono
tritono
cuarta
diatesarón
tetracordio
quinta
diapasón
diapente
hexacordo
hexacordo mayor
» menor
sexta
» aumentada
» diminuta
heptacordo
séptima
» mayor
» menor
» aumentada
» diminuta
octava
décima
decena
quincena
tesitura
harmónico
armónico

tónica
supertónica
mediante
dominante
subdominante
superdominante
sensible

compás
ritmo
anacrusis
anacrusa
compás binario
compasillo
compás menor
» mayor
» ternario
» de 2 por 4
» » 12 » 8
» » 3 » 4
» » 3 » 8
» » 6 » 8
» » 9 » 8
» » 5 » 8
» » espera
pausa
parada
silencio
suspiro
aspiración
canto de órgano o figurado
canto mensurable

música mensurable
calderón
fermata
tiempo
dimensión
cadencia
síncopa
valor
máxima
longa
breve
cuadrada
semibreve
redonda
mínima
blanca
semínima
negra
corchea
semicorchea
fusa
semifusa
puntillo
tresillo
seisillo
sextillo
septillo
grupeto
trino
trinado
semitrino
mordente
apoyatura
trémolo
arpegio
arpegiado

movimiento
aire
andamento
presto
alegro
alegreto
andantino
andante
cantable
adagio
largo
maestoso

escribir
pautar
transcribir
puntar
compasar
digitar
componer
armonizar
harmonizar
cifrar
discantar
instrumentar
orquestar
corear
consonar
cerdear
afinar
desafinar
tener oído o buen oído
leer
repentizar
improvisar
solfear
cantar por becuadrado
vocalizar
cantar
llevar el compás
sincopar
transportar
bajar el punto
bemolar
tocar
tañer
sonar
toquetear
cencerrear
rascar
preludiar
primorear

interpretar
ejecutar
matizar
entrar
trinar
arpegiar
ligar
desligar
picar
atacar
modular
acompañar
callar
bisar
ensayar

melopeya
melopea
melografía
musicografía
musicología
composición
instrumentación
orquestación
contrapunto
contrapaso
fabordón
canon
fuga
guía
entrada
inversión
tema
motivo
contramotivo
frase musical
melodía
voz cantante
canto
reminiscencia
ritornelo
retornelo
vuelta
coda

armonía
harmonía
armonización
harmonización
polifonía
acompañamiento
bajo continuo
» cifrado
bajete
voz
especie
consonancia
concordancia
unisón
unísono
unisonancia
equisonancia
homofonía
disonancia
disón
acorde
bajo
suspensión
ligadura
anticipación
retardo
resolución
pedal
modulación
módulo
gradación
marcha armónica
enarmonía
cadencia
semicadencia

notación
apuntación
semiotecnia
transcripción
cifra
solfa
signo
neuma
nota
figura

punto musical
do
ut
re
mi
fa
sol
g
la
si
accidente
accidental
diesi
sostenido
bemol
doble bemol
» sostenido
becuadro
beduro
natural
pausa
suspiro
copia
música
letra
papel
libro de música
partitura
tetragrama
pentágrama
pentagrama
pautada
espacio
clave
llave
armadura
barra
corchete
regulador
bis
da capo

música
composición
pieza
repertorio
número
tiempo
alegro
largo
andante
adagio, etc.
final
introducción
obertura
sinfonía
preludio
intermedio
interludio
solo
obligado
estudio
concierto
capricho
impromptu
tema con variaciones
poema sinfónico
wagnerismo
verismo
jazz

dúo
dueto
terceto
trío
cuarteto
cuartete
quinteto
sexteto
septeto
septimino
octeto
capilla
cobla
coro

rondó
tocata
sonada
sonata

sonatina
sinfonía
pastoral
oratorio
misa
réquiem
juguete
fantasía
rapsodia

ópera
» cómica
tetralogía
opereta
melodrama
drama lírico
festival
bailable
zarzuela
tonada
tonadilla
aire
aire popular
soledad
canción
himno
marsellesa
cantable
aria
arieta
cavatina
cabaleta
nocturno
romanza
serenata
barcarola
madrigal
bolero
gavota

alborada
albada
albazo
esquinazo
jácara
mayos
pastorela
mariona
gato
guabina
galerón
trípili
danzón
folía
tiento
trova
siesta
zorcico
vito
zorongo
zamacueca
zambacueca
zambapalo
polca
polonesa
marcha
» real
» » fusilera
pasacalle
paso doble
pasodoble
retreta
popurrí

(minueto, vals, chacona, zarabanda, etc, V. *Danza*)

ensayo
ejecución
tañimiento
improvisación
calderón
concierto
recital
discante
solfeo
vocalización
variación
glosa
quiebro
fermata
floreo
carrerilla
expresión
claroscuro
fraseo
fuerte
piano
crescendo
decrescendo
diminuendo
morendo
mezza voce
ligado
picado
pizzicato

músico
cisne
melómano
filarmónico
musicómano
wagneriano
musicógrafo
musicólogo
compositor

director
maestro
» de capilla
festero
músico mayor
orquestador
melodista
modulador
modulante
contrapuntista
contrapuntante
sinfonista
operista
zarzuelista
cancionista
chanzonetero
madrigalista
tonadillero
caricato
villanciquero
chaconero
zarabandista
solfista
solfeador
vocalizador
cantante
repentista
ejecutante
concertista
solista
virtuoso
instrumentista

instrumento
batuta
metrónomo
atril
musiquero
lineógrafo

conservatorio
músico
musical
melódico
lírico
moduloso
homófono
consonante
cónsono
cónsone
tonal
disonante
atonal
acorde
discorde
concertante
harmónico
armónico
inarmónico
disjunto
bemolado
blando
diatónico
cromático
semicromático
enarmónico
diatónico cromático
diatónico cromático enarmónico
polifónico
sinfónico
operístico
zarzuelero
bufo
de carácter
agudo
sobreagudo
seco

figurado
sincopado
semicopado
fugado
coreado
de oído

duro de oído
musicalmente
melodiosamente
diatónicamente
a contratiempo

—

MUSICAL
(V. ***Música***)

—

MÚSICO
(V. ***Música***)

—

MUSLO
(V. ***Pierna***)

—

MUSULMÁN
(V. ***Islamismo***)

—

MUTUO
(V. ***Reciprocidad***)

—

N

NÁCAR
(V. *Concha*)

—

NACER
(V. *Nacimiento*)

—

NACIMIENTO (32)

nacimiento
nacencia
nación
natal
natío
natalicio
encarnación
natividad
navidad
natalidad
crecimiento
reproducción
generación
origen
oriente
principio
vida
renacimiento
resurrección
palingenesia

horóscopo
genetliaca
partida de nacimiento
días geniales
cumpleaños
día
día de años

nacer
venir al mundo
ver la luz
encarnar
renacer
resucitar

engendrar
echar al mundo
parir

naciente
renaciente

nacido
nato
natal
natalicio
nativo
natío
indígena
aborigen
autóctono
terrígeno
naonato
innato
ínsito
congénito
genetliaco
nonato
sietemesino
primogénito
segundogénito
cuartogénito
jesnato
póstumo
mortinato

de nacimiento
a nativitate

—

NACIÓN (30)

nación
gente
pueblo
país
clima
plaga
patria
tierra
terruño
occidente
territorio
dominios
territorialidad
suelo natal
frontera
límite
cuna
nido
metrópoli
colonia
origen
nacionalidad
naturaleza
naturalidad
ciudadanía
vecindad
autoctonía
paisanaje
nacionalización
naturalización
abanderamiento
colores nacionales
pabellón
fauna
flora

estado
potencia
monarquía
imperio
república
confederación
media luna
reino
corona
ducado
regencia
electorado
heptarquía
población
raza
pueblo

nacionalismo
estatismo
autarquía
regionalismo
provincialismo
patriotismo
patriotería
jingoísmo
civismo
altruismo
españolismo
hispanidad
cosmopolitismo
extranjería
afrancesamiento
nostalgia
añoranza
soledad
ausencia
emigración

ser oriundo de
nacionalizarse
naturalizarse
abanderar
acriollarse
merecer bien de la patria
españolizarse
extranjerizarse
afrancesarse

naturalizar
desnaturalizar
desterrar
nacionalizar

nacional
gentilicio
(V. Apéndice)
natural
natal
oriundo
originario
de nación
hijo
habitante
patriota
repúblico
patricio
connacional
compatricio
conterráneo
compatriota
coterráneo
conciudadano
paisano
ciudadano
vecino
los nuestros

nacionalista
apátrida
irredento

regnícola
peninsular
isleño
insulano
insular
istmeño
montañés
nativo
natal
aborigen
indígena
autóctono
vernáculo

nacional
patrio
étnico
patrimonial
interior
doméstico
intestino
endémico
patriótico
cívico
civil
patriotero
cosmopolita

nacionalmente
patrióticamente

—

NACIONAL
(V. *Nación*)

—

NADA
(V. *Inexistencia*)

—

NADAR
(V. *Natación*)

—

NAIPES (31)

naipes
baraja
juego
pasatiempo
fullería
cuaderno
bueyes
buyes
boyuda
huebra
libro de las cuarenta hojas
espillantes
lucas
maselucas
cartomancia

carta
naipe
punto
pinta
palo
manjar
oros
oro
copas
copa
espadas
espada
bastos
basto
carta blanca
figura
as
copeta
espadilla
dos
malilla
malilla abarrotada
tres
cuatro
cinco
seis
siete
mata
ocho
nueve
diez
sota
perica
marica
pendanga
caballo
perico
pericón
rey
casa grande

muestra
rentoy
triunfo
carta falsa
guarda
descarte
baceta
monte
brisca
mona
comodín
estuche
mala
malilla
azar

palo
» largo
» corto
» de favor
favor
favorito
pareja
tenaza
encuentro
tururú
escalera
escalerilla
runfla
runfada
tercia
flux
fallo
robo
encarte
trascartón
espadillazo
acuse

jugar
espillar
ficar
barajar
cortar
levantar
alzar
destajar
pintar
brujulear
mirar por brújula
dar
proponer
quinolear
robar
ir al robo
llevar
arrunflar
ligar
encartarse
plantarse
reservar
tener en buenas
irse de
descartarse
pedir
arrastrar
amollar
atravesar
asistir
servir
triunfar
matar
cargar
levantar
fallar

contrafallar
falsear
falsar
baldar
renunciar
tender
zapear
trascartarse

quebrar
entrar
ir
jugar
cartear
encartar
destriunfar
encerrar
merendar
ganar
tomar
doblar
cantar
acusar
embazarse
endosar
encimar
acodillar
sacar
desbancar
señalar
picar
repicar
morir
pasar
tallar
poner
apuntar
casar
saltar
amarraquear
envidar
trucar
reenvidar
retrucar
querer
topar
copar
peinar la baraja
» los naipes
verlas venir
tirar uno la oreja
» » las orejas
tirar de la oreja a Jorge [uñas
mirarse uno las
jugar discreciones
» los años
menear los pulgares
acudir el naipe
decirse
estar uno bien sentado
hacer uno la tena-
hacer ronda [za
dar julepe
echar el resto
envidar el resto

no ver carta
entrar con haches y erres
perder
meterse en baraja
entrarse en baraja
echar azar
despintársele a uno el juego
sacarse uno la espina
asentar uno la baza o su baza
entrar a uno en baza
soltar la baza
llevar uno julepe
pedir rey
cortar el revesino
dar capote

juego de naipes
juego de cartas
» carteado
» de envite
calidad
barajadura
baraje
alce
pase
encarte
descarte
empatadera
baza
ronda
renuncio
acuse
arrastre
piscolabis
fallada
contrafallo
todo
primeras
cinco primeras
diez últimas
capote
¡zape!
copo
apuesta
envite
vale
posta
puesta
polla
resto
» abierto
relance
reenvite
farol
dote
banca

puesta
repuesta
pillo
tapete verde
platillo
bolsilla
bolla

juego del hombre
hombre
mediator
birlonga
tercia real
cinqueño
cinquillo
comprado
compradillo
quintillo
manta
renegado
emperrada
chacho
repuesto
matador
mate

tresillo
calzón
dosillo
rocambor
estuche
» mayor
» menor
runfla
escarapela
entrada
blanquillos
dengue
tenaza
gancho
llave
perla
solo
bola
bolo
codillo
» y moquillo
vuelta
voltereta
volteleta

sacada
contra
encimada
enchilada
endose
dulces

cuatrillo
zanga
cascarela
cascarón
pozo
consolación

monte
faraón
puerta
albur
aire
gallo
judía
contrajudía
martingala
elijan
entrés
salto
talla
cargada
descargada
cané

banca
sietelevar
apunte

los cientos
ida y venida
tercera
tecera mayor real
cuarta
quinta
sexta
» mayor
» menor
séptima
» mayor
» menor
secansa
pique

revesino
carta vista
cabo
mohíno
napolitana
carambola

báciga
cuatrinca
catorce

quínolas
quinola
quinolillas
pericón
brincho

pendanga

truque
truco
truquiflor
perico
matarrata
mata
perica
retruque
marica

secansa
ali
secansa real
» corrida

mus
órdago
amarraco
amarreco
envido
tener medias

parar
andabola
carteta
presa y pinta
pintas
encaje
albures

brisca
tute
» arrastrado
guiñote
las cuarenta
burro
triunfo
burro empinado
burrada
cacho
flor
comercio
sacanete
ronda
chilindrón
pechigonga
garatusa
infierno
tomate
cargadas

siete
napolitana
ecarté
cuca y matacán
matacán
tenderete
» robador
rondín
malcontento
cuco
primera
mazo
malilla
alce
pecado
siete y media
quince
veintiuna
reinado
rentoy
treinta
» y una
perejila
flor
rentilla
treinta y cuarenta
color
contracolor
alcalde
ginebra
sacar cartas
dobladilla
berlanga
guerrilla
golfo
cometa
mona
bobo
tonto
julepe
la ciega
póker
póquer
escalera
bacará
solitario

jugador
fullero
fallador
fallo
baldo
semifallo
mano
pie
punto
banquero
burro
bolo
alburero
pelete
tresillista
naipera

al ver
a la dobladilla
a juego fuera

—

NALGAR
(V. *Asentaderas*)

—

NALGAS
(V. *Asentaderas*)

—

NARANJA
(V. *Naranjo*)

—

NARANJO (5)

naranjo
naranjero
limero
limonero

naranja
» agria
» cajel
» zajarí
» sanguina
» china
» mandarina o tangerina
mandarina
naranjilla
lima
bergamota
limón
agrios
casco
gajo
tastana
bagazo
morfa
azahar

naranjero
naranjal

—

NARCÓTICO
(V. *Sueño*)

—

NARIZ (6, 7)

nariz
narices
nares
pavias
napias
nachas
naso
narizota
narigón
nariguilla
narigueta
nariz perfilada
» aguileña
» respingada o respingona
narices remachadas
hocico
trompa
platirrinia
chatedad

alas
punta
ventana
ventanilla
fosa nasal
nariz

narigón
caballete
cornete
tabique [taria
membrana pituicoano
ollar
aventario
etmoides
vómer
moco
moquita
mucosidad

oler
desnarigar
mocar
sonarse
romadizarse
arromadizarse
estornudar
ganguear
ensortijar

rinitis
romadizo
resfriado
coriza
gangosidad
gangueo
vegetaciones
epistaxis
ocena
rinoscopia
rinoscopio
rinoplastia
pañuelo

estornudo
sonadera
sonadero
sonador
soplamocos
moquete
golpe
nariguera

nasal
narigudo
narigón
cariaguileño
nasudo

chato
nacho
romo
chingo
braco
apapagayado
arrezagado
respingona
desnarigado
nasofaríngeo
gangoso

—

NARRACIÓN (29)

narración
narrativa
relato
relación
caja de consulta
recontamiento
referencia
historia
cronicón
crónica
epopeya
poema épico
acta
anales
viaje
periplo
odisea
descripción
detalle
pormenor
leyenda

tradición
contexto
reseña
cuadro
versión
memorias
aventuras
biografía
autobiografía
conmonitorio
novela
fábula milesia
cuento
contezuelo
historia
parábola
milagrería
historieta
anécdota
anecdotario
chilindrina
trova
fábula
apólogo
fantasía
faloria
falordia
burlería
conseja
rondalla
cuento de viejas
jácara
chascarrillo
fabliella
habladuría
hablilla
murmuración
chisme
vejez
antigualla

narrar
referir
relatar
relacionar
reseñar
mencionar
recitar
retraer
representar
historiar
hacer historia

decir
novelar
fabular
contar
recontar
menudear
puntualizar
describir
detallar
extenderse

narrativa
máquina
moralidad
afabulación
narrador
relatador
relator
relatante
referente
tradicionista
cronista
fabulista
fabulador
cuentista
parabolano

narrativo
narratorio
tradicional
legendario
leyendario
parabólico
fabuloso
apológico
esópico
narrable
referible
inenarrable

—

de oído
relata réfero
por menor [les
con pelos y seña-
sin faltar un sí ni
un no
va de cuento
pues señor
érase que se era
y yo fui, vine, y no
me dieron nada

—

NARRAR
(V. *Narración*)

—

NARRIA (38)

narria
mierra
rastra
estirazo
basna
trineo
carretoncillo
troica
esquí
patín
» de ruedas

arrastrar
patinar
deslizar
deslizarse

patinador
esquiador

—

NATACIÓN
(19, 31)

natación
nadadura
baño
inmersión
flotación

nadar
bracear
hacer la plancha
» el muerto
bucear
somorgujar
sumergirse
hacer pie
perder pie

nadadero
piscina
estanque
playa

nadador
nadante
hijo del agua
almirante
natatorio

nadadera
calabaza
vejiga
salvavidas
chaleco salvavidas

natátil
a nado

—

NATAL
(V. *Nacimiento*)

—

NATURAL
(V. *Naturalidad*)

—

NATURALIDAD
(26, 29)

naturalidad
naturaleza
pureza
simplicidad
sinceridad
llaneza
abertura
franqueza
esparcimiento
familiaridad
campechanía
espontaneidad
ingenuidad
candidez
confianza
afabilidad

no meterse en
teologías
estar en casa [tú
llamar a Dios de

natural
connatural
congénito
ingénito
de **nacimiento**
innato
natío
nativo
propio
esencial
normal
regular
icástico
inafectado
ínsito
llano
franco
familiar
campechano
corriente
espontáneo
instintivo
automático
sencillo
simple
tenue
cencido
crudo
puro
virgen
sincero
genuino
ingenuo
afable

antinatural
contranatural
artificial

naturalmente
llanamente
abiertamente
caseramente
al natural
a la llana
a pata llana
a la pata llana
a la pata la llana
lisa y llanamente
a sus anchas
como Pedro por
su casa
de su natío

—

NATURALIZAR
(V. *Ciudadanía*)

—

NAUFRAGAR
(V. *Naufragio*)

—

NAUFRAGIO (38)

naufragio
encalladura
zozobra
salvamento

naufragar
zozobrar (intr.)
anegarse
hacer agua
perderse
hundirse
irse a pique

zozobrar (tr.)
echar a pique
salvar

náufrago
naufragante
hallador
raquero

pecio
derrelicto
raque
salvavidas
guindola
boya [bos
cañón de lanzacabos
lanzacabos

¡agua!
¡hombre al agua!
¡ropa a la mar!

—

NÁUFRAGO
(V. *Naufragio*)

—

NÁUSEA
(V. *Vómito*)

—

NAVAJA
(V. *Cuchillo*)

—

NAVEGACIÓN
(38)

navegación
náutica
marina
(marina de guerra, etc. V. *Armada*)

marinería
marinaje
mareaje
franquía
practicaje
pilotaje
maniobra [altura
navegación de
cabotaje
gran cabotaje
comercio de cabotaje
transfretación
circunnavegación
periplo
carrera de Indias
travesía
crucero
conserva
trinquetada
empopada
campaña
embarcación
regata
barqueo
barcada
viaje
transporte
flotación
mar
tempestad
bonanza [mo
derecho marítimo
(navegación aérea
V. *Aeronáutica*)

navegar
circunnavegar
cruzar
transfretar
trasfretar
fletarse
singlar
surcar
asurcar
hender
pasar el charco
barquear

matricular
marear
marinear
montar
patronear
pilotear
pilotar
tripular
estar de tope
equipar
esquifar
marinar
amarinar
enrolar
destripular
desarmar

botar
zarpar
desatracar
abrir
desabordarse
arrancar
desaferrar
largar
largarse
levarse
levar
» anclas
alzar velas
dar la vela
» vela
hacer a la vela
hacerse a la vela
largar velas
tender las velas
» velas
hacerse a la mar
desabocar
enmararse
engolfarse
franquearse
arrumbar
rumbear
marcar
demarcar
enderrotar
arrumbarse
marcarse
balizar
abalizar
abalizarse
corregir el rumbo
enmendar
cuartear la aguja
maestralizar
tomar el sol
» la estrella
echar el punto
demorar
arreglar

hacer rumbo
correr
arribar
aprovechar
baquear
ganar el viento
socollar
ir en bonanza
nortear
correr de latitud
sotaventarse
sotaventearse
estar a sobreviento
ponerse a sobreviento

bordear
dar bordadas
dar bordos
rendir una bordada
hurtar el viento
navegar a la cuadra
tomar una embarcación por la lúa
virar
revirar
cambiar
contravirar
guiñar
contraguiñar
tomar
» por avante
» la vuelta de
tierra
bolinear
barloventear
ir de bolina
navegar de bolina
voltejear [na
ceñir
venir al viento
capear
» el viento
correr un temporal
temporejar
correr fortuna
» a palo seco
ir de través
fachear
ponerse en facha
» a la capa
esperar » »
estarse » » »
estar a la corda
atravesarse
pairar
trincar
irse al garete
ganar
granjear
entrar
salir
regatear
costear
vaquear
ir o andar costa a
costa
barajar
» la costa
perlongar
rebasar
despuntar
doblar
escapular
montar
bojar
arranchar
empeñarse
tocar
verilear
arar
acularse
aterrarse
escollar

tropezar
encallar
varar
dar a la costa
amorrar
acantilar

arribar
rendir
» el bordo
abordar
abocar
acostar
recalar
hacer escala
aportar
tomar puerto
agarrar el puerto
refrescar
fondear
abrigar
ensenar
ensenarse
invernar
espiar
atoar
toar
formejar
palmear
atracar
acostar
abarloar
barloar
ponerse al habla
aferrarse

abordar
embicar
pasar por ojo
trompear
quebrantarse
aventarse
desvaírse
encapillarse
hacer agua
ahogarse
fracasar
zozobrar
dar al través
dar lado
» de lado
naufragar
abrumarse
abromarse

izar
adrizar
arrizar
enderezar
guindar
embalsar
largar
aflojar
desguindar
agarrochar
lampacear
baldear
zafar
desobstruir
formejar
desbancar
agalerar
picar
amadrinar
afrenillar
frenillar
cantar
palmearse
adujarse
zallar

desfondar
barrenar
dar barreno
echar a pique
» a fondo
hundir
achicar
desaguar
salvar

regir
gobernar
balancear
cabecear
arfar
machetear
rabear
encabritarse
atagallar
brandar
colear
bolinear
recalcar
roncear
dormirse
azorrarse
entumecerse
hocicar
amorrar
empopar
escorar
encostarse
arronzar
derrotarse
abatir
» el rumbo
derivar
decaer
devalar
davalar
destorcerse
sotaventarse
ir a la ronza
singlar
aproar
apopar
empopar
orzar
partir al puño
trasorcear
puntear
aconchar
aconcharse

maniobra
» alta
» baja
saloma
zaloma
barcarola
arboladura
velamen
cabo
timón
ancla
remo
boga
cía
ciaboga
ciaescurre
transporte
barcaje
carga
zafarrancho
zafada
baldeo
lampaceo
humazo
quinto
enrolamiento

rumbo
dirección
derrota
derrotero
ruta
rota
mareaje
viento
sostén
demora
mora
marca
marcación
punto de observación
punto de estima
resguardo
obrizo
boya
baliza

balizamiento
abalizamiento
estima
ortodromía
loxodromía
barlovento
sotavento
sobreviento
abatimiento
deriva
desviación
virada
guiñada
guiñadura
contraguiñada
cambiada
voltejeo

marcha
singladura
asengladura
día marítimo
milla
nudo
cable
braza
estela
aguaje
carrero
aguas

balance
balanceo
cabeceo
cuchareo
bandazo
bordada
bordo
repiquete
cabezada
arfada
socollada
escora
orza
recalcada
rabeada
rabeo
roncería

zarpa
desatracada
alzavela
leva
levada
arrancada
viada
estrepada
estrechón
embatada
espía

salida
procedencia
destino
escala
estala
recalada
aterraje
atracada
arribada
arribaje
acoderamiento
puerto
fondeadero
visita de sanidad
» » aspectos
patente de sanidad
libre plática
lazareto
cuarentena

abordaje
trompada
trompis
avería
zafacoca
costura
rumbo (abertura)
ratadura
vía de agua

agua
» muerta
» viva
» cuaderna
» sobre cuaderna
» alta
» baja
» de plan
» del pantoque

varadura
encalladura
zozobra
naufragio
salvamento
salvación

navegante
naviero
navegador
circunnavegador
nauta
protonauta
mareante
marinante
abab
(marinero, marino, etc. V. *Armada*)
tripulante
hombre de mar
hijo del agua
naonato
marinerazo
marinerote
marinero matalote
marinero de agua dulce
marinería
brigada
capitán
arráez
patrón
maestre
naviculario
práctico
piloto
pilotín
piloto de altura
» práctico
» de puerto
timonel
timonero
sobrecargo
maestre de jarcia
» » plata
serviola
gaviero
tope
pañolero
cuartelero
guardabanderas
cabo de luces
» de fogones
capitán de proa
patrón de bote
» de lancha
galerero
barquero
lanchero
batelero
botero
arráez
canoero
gabarrero
gondolero
piragüero
chalupero
maniobrista
juanetero
halacabuyas
grumete
paje
» de escoba
galopín
camarotero
lampacero
culembreado
chanfla
cimarrón

levente
marinero de trinquete
» a trinquete
contramaestre de muralla
marinería
marinaje
gente
gente de mar
mareantes
tripulación
equipaje
tercio
rancho
(galeote, cómitre, etc. V. *Galeras*)

carta de marear
braceaje
rosa náutica
cuadrante
cuarta
media partida
compensación
bolina
punto
» de longitud
» » escuadría
» » estima
» » fantasía
horizonte
depresión de horizonte
horizonte de la mar
derrotero
brújula
capillo
aguja giroscópica
círculo acimutal
» de reflexión
cuadrante de reflexión
cuadrante de reducción
detenta
sextante
octante
quintante
alidada
axiómetro
clinóscopo
clinómetro
ballestilla
virote
sonaja
reloj de longitud
» marino
acompañante
barómetro
amortiguador
sonda
corredera
farol de situación
cuaderno de bitácora
derrotero
regimiento
código de señales
rol

petate
coy
colchoneta
empavesada
pavesada
marsellés
sueste
travesía
adiafa
manguerón
lampazo

náutico
naval
ortodrómico
loxodrómico
transatlántico
marinero
marinesco
marinerado
amarinado
estanco
fino
escotero
roncero

navegable
practicable
circunnavegable
innavegable
inabordable
zafo
zozobrante

a la marinera
a la marinesca
vergas en alto
a palo seco
a orza
al pairo
de arribada
a toca penoles
tierra a tierra
de ancla a ancla
(a remolque, a jorro, etc. V. *Tracción*)

—

NAVEGANTE
(V. *Navegación*)

—

NAVEGAR
(V. *Navegación*)

—

NECEDAD (23, 26)

necedad (calidad de necio)
nesciencia
inepcia
ineptitud
incapacidad
insuficiencia
torpeza
ignorancia
incultura
inexperiencia
tontería
tontera
tontuna
tontedad
simpleza
candidez
sandez
imbecilidad
mentecatería
mentecatez
insensatez
brutalidad
bruteza
estupidez
idiotez
estolidez
estulticia
porrería
bojedad
memez
botez
chochez
frialdad
fatuidad
cortedad
tochedad
tochura
alpabarda
atontamiento
entontecimiento
abobamiento
embobecimiento
embrutecimiento
ofuscación
turbación

atontar
atontolinar
entontecer (tr.)
alelar
embobar
abobar
embobecer
encalamocar
enrudecer
emborrachar
embrutecer
arrocinar

atontarse
aneciarse
enneciarse
alelarse
aborricarse
anieblarse
entontecer (intr.)
ensandecer
necear
tontear
bobear
gansear
barbarizar
no ver más allá de sus narices
alcanzársele poco
no alcanzársele más
ser arrimado a la cola [cola
ser de hacia la
no saber cual es su mano derecha
no saber dónde tiene su mano derecha
no haber inventado la pólvora
no ser gran diablo
» » muy diablo
estar en Babia
» en el limbo
ser un bendito varón
estar en Belén
» bailando en Belén

necedad (acción necia)
mentecatada
majadería
tontería
tontada
sandez
arracacha
gedeonada
perogrullada
disparate
barbaridad
atrocidad
vaciedad
fatuidad
tochedad
bobada
bobería
bobera
memada
grullada
estupidez
pendejada
botaratada
patochada
porrada
panderada
perogrullada
pampirolada
papirolada
melonada
zamarrada
animalada
gansada
asnada
asnería
burrada
borricada
machada
caballada

impertinencia
imprudencia
importunación
descortesía

tonto de capirote
bobo de capirote
» » Coria
pobre hombre
santo varón
bendito
cabeza redonda
» de tarro
pedazo de alcornoque
» de animal
» de bruto
bravo bonete
gran bonete
brava cosa
media cuchara
el que asó la manteca

bodoque
samarugo
elemento
parapoco
maxmordón
zorzal
morral
marmolillo
candelejón
cacaseno
guaje
guanajo
pavo
guanaco
sinsonte
sinsubstancia
majagranzas
sinsorgo
ceporro
monote
zambombo
badajo
boje
bato
bambarria
zampatortas
zampabollos
zampabodigos
zampapalo
chirrichote
zamacuco
papanatas
papatoste
autómata
camueso
bucéfalo
badulaque
ciruelo
mamacallos
leño
mameluco
madero
bolonio
zoquete
pandero
adufe
pendejo
mastuerzo
palomo
burro
burra
borrico
borrica
borricote
pollino
asno
asnejón
macho
bestia

tonto
tontón
tontuelo
tontaina
tontiloco
tontucio
dundo
necio

necezuelo
bobo
bobalicón
bobarrón
bobatel
bobote
bobático
abobado
bobalías
babieca
tocho
chocho
pavitonto
apantallado
corto
limitado
obtuso
imbécil
mentecato
meliloto
memo
lerdo
bolo
mendrugo
idiota
inválido
tardo
tardón
topo
incapaz
porro
estulto
estólido
estúpido
torpe
lelo
lila
inepto
gilí
fatuo
fato
insensato
pamplinero
cipote
celestial
menguado
gurdo
rudo
bozal
tolondro
tolondrón
boto
gofo
brozno
zote
pasmón
cerrado
majadero
zopenco
cantimpla
motolito
bruto
abrutado
brutal
salvaje
papirote
paparote
zurumbático
beocio
blanco
chocho
panoli
simple
simplón
simplísimo
sandio
ganso
tuturuto
sansirolé
sancirolé
bausán
santo
zolocho
material
corto de vista [ra
cerrado de mollecargado de letras
incapaz de sacramentos
agudo como punta de colchón

más tonto que un hilo de uvas

embrutecedor
perogrullesco
grueso
tupido
supino

neciamente
tontamente
atontadamente
bobamente
bobáticamente
estúpidamente
estultamente

—

NECESARIO
(V. *Necesidad*)

—

NECESIDAD (16, 25)

necesidad
fatalidad
indefectibilidad
destino
hado
suerte
fuerza mayor
coacción
involuntariedad
obligación
precisión
urgencia

ser necesario
» de ene
estar escrito
tener que
deber
exigir [medio
no haber más re-
» tener más remedio [ción
no tener apela-
» poder más
» » menos
» » por menos

necesario
forzoso
preciso
fatal
imperioso
obligatorio
inexcusable
irrefragable
indeclinable
inapelable
irremediable
inevitable
ineluctable
ineludible
imprescindible
indispensable
indefectible
indeficiente
infalible
absoluto
vital
esencial
involuntario
maquinal
automático

necesariamente
forzosamente
fatalmente
inevitablemente
indefectiblemente
irremediablemente
irreparablemente
irresistiblemente

involuntariamente
precisamente
de necesidad
por necesidad
sin remedio
de remate
» juro
mal que bien
no hay tu tía
que quiera o no quiera
cueste lo que cueste

—

NECIO
(V. *Necedad*)

—

NEGACIÓN (28)

negación
negamiento
negativa
repulsa
nones
neguilla
restricción mental
nugación
juramento
incredulidad
oposición
impugnación
retractación

negar
cabecear
denegar
renegar
abnegar
excluir
no haber tal
contárselo a su abuela
no haber tales borregos
rechazar
encogerse de hombros
decir nones
anular
impugnar
poner en **duda**

negador
negante
negativo
negable
categórico

ninguno
ningún
nadie
nada

no
ni
nexo
nequáquam
tampoco
apenas
sin

no tal
no, por cierto
por nada
de ningún modo
de ninguna mane-ra [ra
en ninguna mane-
ni mucho menos
ni por asomo
» » sombra
» » lumbre
ni cosa que lo valga

nada menos [eso
» » que
quia
des-
in-
a-
il-
im-
ir-

negativamente
categóricamente
absolutamente
en absoluto
¡naranjas de la China!
¡ca!

—

NEGAR
(V. *Negación*)

—

NEGARSE
(V. *Negativa*)

—

NEGATIVA (25)

negativa
repulsa
nolición
denegación
negamiento
prohibición
oposición
impugnación
resistencia
repugnancia
desobediencia
obstinación

denegar
negar
repulsar
desestimar
desechar
esquivar
desconsentir
calabacear

negarse
rehusarse
excusarse
defenderse
no dignarse
extrañarse
resistir
rechazar
desairar
repugnar
cerdear

hacerse de rogar
» de pencas
no peinarse para decir nones
dejar feo
dar calabazas
cerrarse a la banda
andar en vueltas
echar la cerradera
ponerse de uñas
» en veinte uñas
enviar a escardar

negante
denegatorio
inadmisible
improcedente
inaceptable

inexorable
inflexible
riguroso
severo

no ha lugar
» hay mus
» hay tu tía
» en mis días
ni por esas o ni por esotras

a otra puerta que esta no se abre
a tu tía que te dé para libros
¡mañana!
¡naranjas!

—

NEGLIGENCIA
(V. *Descuido*)

NEGLIGENTE
(V. *Descuido*)

—

NEGOCIO
(V. *Ocupación*)

—

NEGRO (29, 2)

negro
prieto
tapetado
atezado
tezado
negruzco
negral
denegrido
negrestino
obscuro
oscuro
fusco
bruno
peciento
pizmiento
endrino
azabachado
fuliginoso
ahumado
quemado
tostado
como el betún
» » ala de cuervo
de **raza** negra

ennegrecer
tiznar
denegrecer
denegrir
atezar
alcoholar
nitratar

negrecerse
negrecer
negrear
renegrear
negreguear

negrura
negror
sable
ennegrecimiento
atezamiento

luto
tinta
atramento
atrabilis
tizne
tizna
negro de humo
alcohol
cohol
humo
hollín
carbón
negro animal
ébano
tizón

—

NEGRURA
(V. *Negro*)

—

NERVIO (6, 7)

nervio
niervo
nerviecillo
nervezuelo
filete nervioso
neurona
axón
cilindroeje
neuroeje
ramificación
anastomosis
placa
ganglio

nervio ciático
» vago
» crural
» facial
» óptico
» acústico, etc.
trigémino
neumogástrico
plexo
» sacro
» solar
gran simpático
encéfalo
médula

anastomosarse

inervación
fluido
espíritus animales
enervación
nerviosidad
nervosidad
nerviosismo
choque

neurología
neuropatía
neuritis
neuralgia
neurosis
ciática
ceática
histerismo
histérico
mal de madre
eretismo
tic
convulsión
ataxia

neurópata
nervioso
nervoso
nérveo
vasomotor
ganglionar

neurálgico
neurótico
histérico
atáxico

nerviosamente

—

NERVIOSO
(V. *Nervio*)

—

NEVAR
(V. *Nieve*)

—

NIDO (6, 37)

nido
nidal
muda
palomar
palomera
hornilla
adrián
grajero
colmena
avispero
gallinero
cubil
madriguera
guarida

anidar
nidificar
empollar
desanidar

nidada
cría
huevo
incubación

—

NIEBLA (3)

niebla
neblina
niebla meona
nebladura
camanchaca
cejo
dorondón
boira
taró
tarol
vaharina
briza
bruma
brumazón
marea
borrina
nube
vapor

calina
calorina
calima
fosca
calígine
obscuridad

aneblar
anieblar
empañar el aire

aneblarse
anieblarse
abrumarse

nebuloso
neblinoso
brumoso
brumal
abromado
calinoso

—

NIETO
(V. *Abuelo*)

—

NIEVE (3)

nieve
copo
ampo
moscas blancas
nevero
helero
glaciar
ventisquero
conchesta
agua nieve
escarcha
cinarra
granizo
hielo
nieves perpetuas

alpinismo
esquí
barajón
trineo
deporte

nevar
trapear
neviscar
algaracear
ventiscar
ventisquear
cellisquear
desnevar
espalar
descargar el nublado
esquiar

nevada
nevasca
nevazo
nevazón
nevisca
cellisca
falisca
ventisca
ventisco
torva
alud
lurte
avalancha
argayo

pozo de nieve
nevera (lugar)
nevería

nevero
nevera (persona)
esquiador

níveo
nevado
nevoso
nivoso
ventiscoso
desnevado

—

NINGUNO
(V. *Inexistencia*)

—

NIÑEZ (8, 21)

niñez
infancia
puericia
pañales
pequeñez
menor edad
muchachez
albor de la vida
albores de la vida
juventud

nacimiento
lactancia
destete
dentición
baba

(tos ferina, sarampión, etc. V. *Enfermedad*)
(eclampsia, véase *Convulsión*)

paidología
puericultura
puericultor
Gota de Leche
Maternidad
inclusa
hospicio
casa cuna

nodriza
(ama seca, niñera, etc. V. *Criada*)

niño
párvulo
criatura
bebé
chico
chiquillo
chiquito
chicuelo
chiquilín
chiquitín
chiquirritín
chiquirritico. -llo, -to
chicorro
chicorrotín
chicorrotillo
churumbel
rorro
guayate
morrocote
crío
cría
criatura
niño de teta
guagua
nene
angelito
angelico
angelote
guacho
braguillas
infante
infantillo
mocoso
mocosuelo
arrapiezo
pituso
pollito
zagal
zagala
rapaz
rapacejo
rapazuelo
muchacho
muchachuelo
chacho
mozuelo
chulo
chulamo
chaval
chavó
chavea
gurrumino
niño de la rollona
imbunche
chicote
macuco
galopín
niño zangolotino
» bitongo
sietemesino
regojo
feto
hijo
huérfano

niña
meona
infanta
infantesa
caracoleta

chiquillería
gente menuda
infancia
zaragalla
canalla
prole

aniñarse
ser uno una criatura
estar en mantillas
gorjearse
andar a tatas
» a gatas
» a gachas

envolver
empañar
remeter
entremeter
fajar
desempañar
encalostrarse

puerilidad
chiquillada
niñería
niñez
muchachada
muchachería
rapazada
rapacería
monería
monada
pino
pinito
recancanilla
coquito
travesura
juego

canastilla
envoltura
empañadura
envueltas
pañales
fajos
pañal
candonga
metedor
metido
metidillo
braga
culero
talega
mantillas
lecherón
apretador
fajero
estomaguero
ombliguero
babador
babero
babera
pechero
gorro
gorra
moña
marmota
capillo
capillejo
incapel
cambuj
gambeto
tonelete
chichonera
frentero
frontero
andadores
carretilla
pollera
andador
andaniño
andaderas
tacataca
(sonajero, chupador, etc. V. *Juego*)

niño (adj.)
pequeño
inocente
tierno
impúber

impúbero
amuchachado
achicado
aniñado
pueril
infantil
de todo tiempo
descalostrado
gachón
embracilado
empañado
desbragado
crecedero
niñero

paparrasolla
coco

mama
papa
taita
tato
tata
pupa
mea
pipí
caca
hipocorístico

puerilmente
aniñadamente
ro
¡ajó!
¡ajo!
¡ajó, taita!

—

NIÑO
(V. *Niñez*)

—

NÍQUEL (4)

níquel
niquelina
nicopirita
niquelocre
nicomelana
cuproníquel
aleación

niquelar

niquelado
niqueladura

niquelador

niquelífero

—

NIQUELAR
(V. *Níquel*)

—

NÍSPERO (5)

níspero
míspero
néspera
nispolero
cadápano

níspera
níspola
niéspola
niéspera

—

NITRO
(V. *Salitre*)

—

NIVEL
(V. *Horizontalidad*)

—

NOBLE
(V. *Nobleza*)

—

NOBLEZA (30)

nobleza
calidad
condición
esplendor
porte
sangre azul
limpieza de sangre
generosidad
hidalguía
hidalguez
infanzonía
caballerato
ricahombría
aristocracia
crema
estado noble
caballería
linajes
brazo de la nobleza
orden militar

magnanimidad
altruismo
caballerosidad
quijotismo
elación

ennoblecer
acaballerar
titular
enaltecer
empatar

calificarse
cubrirse de grande de España
tomar la almohada
ceñir la espada
velar las armas
hacerse de los godos

calzar espuela
ser godo
estar bien emparentado
estar muy emparentado
tener buenos papeles
escupir sangre
echar bocanadas de sangre

ennoblecimiento
enaltecimiento
prueba
probanzas
información de sangre
actos positivos
ejecutoria
carta ejecutoria
» de hidalguía
pergaminos
nobiliario
libro de oro
árbol genealógico
casa solar
» solariega
casal
calzas bermejas
título
título del reino
dignidad
armas
blasón

noble
aristócrata
grande
rico
príncipe
caballero
caballerete
caballero de espuela dorada
caballero pardo
» mesnadero
ermunio
guzmán
tagarote
orejón
caballero novel
hombre de distinción
godo
doncel
escudero
infanzón
valvasor
ricohombre
ricohome
ricadueña
ricahembra
dama
hidalgo
hijodalgo
hijadalgo
hijo de algo
hidalguete
hidalgüelo
hidalgote
hidalguejo
hidalgo de cuatro costados
hidalgo de solar conocido
» de bragueta
» de privilegio
» de ejecutoria
» de gotera
» de devengar quinientos sueldos
butifarra
senescal
cruzado
señor
señorón

rey de armas
heraldo
faraute
genealogista
informante
ennoblecedor

noble (adj.)
nobilísimo
titulado
aristocrático
principal
distinguido
caballeroso
caballeril
granado
generoso
ilustre
preclaro
linajudo
gótico
godo
solariego
hidalgo
ahidalgado
patricio
bien nacido
infanzonado
señorial
señoril
aseñorado
encopetado
de alto copete
garboso
redondo
nobiliario

noblemente
nobilísimamente
caballerosamente
hidalgamente
ahidalgadamente
aristocráticamente
señorilmente
señorialmente
esclarecidamente

—

NOCIONES (23)

nociones
noticias
elementos
principios
aprendizaje
fundamentos
instituciones
palillos
palos
rudimentos
epítome
baño
barniz
tintura
abecé
nominativo
erudición a la violeta

estar en el cristus
picar
haber oído campanas
oír campanas y no saber dónde

elemental
rudimentario
rudimental
primario
superficial
somero

elementalmente

—

NOCTURNO
(V. *Noche*)

—

NOCHE (21)

noche
capa
sorna
crepúsculo
caída de la tarde
anochecer
sonochada
queda
campana
conticinio
prima
primera noche
noche cerrada
media noche
medianoche
hilo de media noche
sobrenoche
noche intempesta
vela
velada
vigilia
cuarto
modorra
modorrilla
alba
dilúculo
trasnocho
trasnoche
trasnochada
alta noche
altas horas
las tantas

anochecer
cerrar la noche
echarse la noche encima
pernoctar
dormir
trasnochar
velar

nocturno
nocturnal
nocturnino
noctívago
nocharniego
lucharniego
nocherniego
noctámbulo
trasnochador
anochecedor
licnobio
nictálope

de noche
a prima noche
al avemaría
anoche
anteanoche
antenoche
antes de anoche
anteanteanoche
anteantenoche
trasanteanoche

—

NODRIZA
(V. *Leche*)

—

NOGAL (5)

nogal
noguera
noguerón

nuez
sonante
coca
nuez ferreña
carriona

pierna de nuez
escuezno
bizna
tastana
ruezno
concho
cariedón
nuégado
salpicón

escueznar

escoznete

nogueral
nocedal
noceda
noguerado

—

NOLICIÓN
(V. *Repugnancia*)

—

NOMBRAR
(V. *Nombre*)

—

NOMBRE (28)

nombre
denominación
prenombre
nombre de pila
gracia
apellido
patronímico
sobrenombre
nombre apelativo
cognomento
agnomento
renombre
fama
antenombre
razón social
firma
membrete
tratamiento
título

antroponimia
sinonimia
homonimia
anagrama
iniciales
enlace
monograma
cifra
abreviatura

nombre sustantivo
sustantivo
nombre apelativo
» genérico
» común
» propio
» numeral
» colectivo
» partitivo
» derivado
» verbal
» aumentativo
» diminutivo, etc.

apodo
apodamiento
alias
mal nombre
mote
sobrehúsa
nombre postizo
seudónimo

nombrar
nominar
denominar
cristianar
batear
bautizar
llamar
apellidar
titular
intitular
decir
mencionar
hacer mención
» mérito
mentar
aludir
señalar
apodar
motejar
sacar
poner
substantivar
sustantivar
trasnombrar

nombramiento
nominación
mención
elección
candidatura
llamamiento
bautismo
advocación
vocación
alusión personal
santo
días

llamarse
apellidarse

fulano
hulano
mengano
zutano
citano
perengano
robiñano
persona
N.
individuo **indeterminado**

nominador
denominador
monitor
apellidador
apodador
motejador
tocayo
colombroño

nominal
nominativo
denominativo
unívoco
titular
onomástico
antropónimo
patronímico
homónimo
sinónimo
epónimo
antónimo
innominable
inefable
innominado
anónimo
paulina

nominalmente
nombradamente
nominátim
substantivamente
alias
otras hierbas
anónimamente

—

NOMINAL
(V. *Nombre*)

—

NORIA (2, 36)

noria
anoria
ñora
arte
azuda
azacaya
rueda
aceña
cenia
guía
guiadera
peón
marrana
abrazador
puente
tiento
aspas
andaraje
aguador
arcaduz
alcaduz
cangilón
artesilla
zulaque
andén
lendel
máquina **hidráulica**
bomba
riego
pozo
norial

—

NOTA
(V. *Apuntación*)

—

NOTAR
(V. *Apuntación*)

—

NOTARIO
(V. *Documento*)

—

NOTICIA
(V. *Información*)

—

NOVEDAD (21)

novedad
novelería
golpe
extrañeza
sorpresa
choz
principio
invención
creación
torete
torillo
fruta nueva
noviciado

modernización
innovación
innovamiento
renovación
reposición
modernismo
snobismo
misoneísmo

crear
modernizar
innovar
renovar
remozar
restaurar
reponer
extrañar
hacer novedad
» mundo nuevo
» libro nuevo

novador
novator
innovador
novelero
novato
inexperto
modernista
misoneísta

nuevo
novísimo
novedoso
original
moderno
actual
neotérico
reciente
calentito
fresco
flamante
naciente
inesperado
inaudito
desusado

modernamente
recientemente
nuevamente
de nuevo
neo-

—

NOVELA (29)

novela
novelón
folletín
narración
romance
fábula milesia
libro de caballerías
tragicomedia
novelería
asunto
fantasía
descripción
exposición
acción
fábula
personaje
héroe
heroína
caballero andante
» aventurero
novelística

novelar
introducir

novelista
novelador

novelesco
novelístico
romancesco
romanesco
romántico
caballeresco
picaresco

—

NOVIO
(V. *Matrimonio*)

—

NUBARRÓN
(V. *Nube*)

—

NUBE (3)

nube
nublado
nublo
nube de lluvia
nubarrón
barda
nube de verano
cepa
gata
borreguillo
ráfaga
estrato
nimbo
cúmulo
tronero
cirros
rabos de gallo
carneros
borregos
celaje
celajería
arrebolada
arreboles
arrumazón
rumazón
cargazón
fuelle
ceja
cataratas
chubasco
chubasquería
nebulosidad
nubosidad
cerrazón
nefelismo
capote
día pardo
panza de burra
cielo borreguero
» viejo
arrebol
niebla
vapor
lluvia
granizo
tempestad
bonanza
meteorología

nublar
anublar
añublar
entoldar

nublarse
anublarse
anubarse
encelajarse
aborregarse
enmarañarse
ennegrecerse
obscurecerse
lanchar
cargarse
aparatarse
encapotarse
afoscarse
enfoscarse
aturbonarse
achubascarse
arrumarse
cargarse el tiempo
descomponerse el tiempo
entoldarse el cielo
cerrarse el cielo
» el día
obscurecerse el día
estar obscuro
hacer obscuro
armarse el granizo
desfogar
descargar

clarear
aclarar
alambrar
arrasar
rasarse
despejarse el tiempo
desencapotarse
» el cielo
despejarse el cielo
despejarse el día
abrir el día

nublado
nuboso
nubiloso
nubloso
ñubloso
nublo
sucio
pardo
anubarrado
anubado
nubífero
acelajado
empedrado
aborregado
cerrado
chubascoso
raso
tendido

nebulosamente

—

NUBLAR
(V. *Nube*)

—

NUDO (20)

nudo
ñudo
nudo ciego
» de tejedor
» corredizo
nexo
vínculo
paternóster
barril
barrilete
trancahilo
as de guía
cote
ahorcaperro
margarita
gorupo
lasca
piña
moquillo
gorlita
oqueruela
quipos
lazo
lazada
atadura
cabo (*Mar.*)
anudar
añudar
atar
desanudar
desañudar
desatar

anudadura
anudamiento
añudadura
añudamiento

anudador
añudador
nudoso
ñudoso

—

NUEVO
(V. *Novedad*)

—

NUEZ
(V. *Nogal*)

—

NULIDAD (24)

nulidad
anulación
invalidad
invalidación
irritación
desautorización
destitución
liberación
derogación
abrogación
revocación
descasamiento
casación
abolición
rescisión
cancelación
canceladura
redhibición
vicio de nulidad
desmandamiento
retractación
contramandato
contraorden
contracédula
contraescritura
contracarta
título colorado
abolicionismo

nulidad
invalidez
letra muerta
papel mojado
inutilidad
impotencia
caducidad
prescripción

anular
invalidar
irritar
infirmar
viciar
desvirtuar
desautorizar
revocar
derogar
abrogar
abdicar
abolir
quitar
cancelar
rescindir
casar
redhibir
enervar
desnervar
reformar
dirimir
amortizar
neutralizar
disolver
vencer
quebrantar
desavisar
desconvidar
desmandar
dar contraorden
dejar sin efecto

anularse
invalidarse
caducar
prescribir
caer en desuso

anulador
anulativo
revocador
revocatorio
revocante
derogatorio
rescisorio
abolicionista

anulable
irritable
revocable
prescriptible

nulo
ninguno
ningún
írrito
inválido
ilusorio
redhibitorio
dirimente

nulamente
inválidamente
írritamente

—

NULO
(V. *Nulidad*)

—

NUMERACIÓN
(V. *Número*)

—

NUMERAL
(V. *Número*)

—

NUMERAR
(V. *Número*)

—

NUMÉRICO
(V. *Número*)

—

NÚMERO (22)

número
cifra
guarismo
alguarismo
letra numeral
» de guarismo
número cardinal
» ordinal
(V. *Orden*)
» romano
» arábigo
» dígito
» simple [to
» compuesto
» par
» impar
» primero
» primo
» plano
» llano
» sólido
» perfecto
» deficiente
» superante
» cósico
» sordo
» abstracto
» concreto
» complejo
» denominado
» incomplejo
» entero
» decimal
» quebrado
» fraccionario
» mixto
» redondo
» racional
número irracional
» imaginario
» homogéneo
» heterogéneo
quebrado de quebrado
capicúa

numerar
enumerar
(duplicar, triplicar, etc. V. *Multiplicar*)

numeración
» binaria
» duodecimal
» vigesimal
» sexagesimal
» romana
» arábiga
algoritmo
tabla
criba de Eratóstenes
cero
uno
dos
tres
cuatro
cinco
seis
siete
ocho
nueve
diez
once
doce
trece
toledo
catorce
quince
la niña bonita
dieciséis
diecisiete
dieciocho
diecinueve
veinte
veintiuno
veintiún
veintidós
veintitrés
veinticuatro
veinticinco
veintiséis
veintisiete
veintiocho
veintinueve
treinta
cuarenta
cincuenta
sesenta
setenta
ochenta
noventa
ciento
cien
doscientos
docientos
trescientos
trecientos
cuatrocientos
quinientos
seiscientos
setecientos
ochocientos
novecientos
mil
millón
cuento
billón
bicuento
cuento de cuentos
trillón
cuatrillón
quintillón
I
V
X
L
C
D
M
calderón
millar
tantos

múltiplo
multiplicación
sesquiáltero
duplo
doble
dúplice
triple
triplo
tríplice
tresdoble
trestanto
trasdoblo
cuádruple
cuadriplicado
cuatrotanto
quíntuplo
séxtuplo
séptuplo
óctuplo
nónuplo
décuplo
undécuplo
duodécuplo
terciodécuplo
céntuplo
centiplicado

bi
bis
tri
deca
hecto
kilo
kili
quili
miria
número binario
» ternario
» trino
» cuaterno
» cuaternario
» quinario
» senario
» septenario
» setenario
» denario
» decenario
» docenario
» veinticuatreno
» veintiseiseno
» veinteseiseno
» cuarental
» quincuagenario
» centesimal
» milenario
» pelado

(par, terno, docena, etc. V. *Conjunto*)
unidad
dualidad
multitud

numeral
cardinal
ordinal
decimal
duodecimal
vigesimal
numérico
numerario
numerable
supernumerario
adjetivo numeral
» partitivo
» proporcional
numéricamente

—

NUMISMÁTICA
(V. *Moneda*)

—

NUNCA (21)

nunca
jamás
eternamente
eternalmente
nunca jamás
jamás por jamás
en la vida
en días de Dios
el día del juicio
en los días de la vida
alguandre
la semana que no tenga viernes
cuando meen las gallinas
cuando la rana críe pelos
las calendas griegas
ad calendas graecas
esperar sentado

—

NUNCIATURA
(V. *Curia*)

—

NUNCIO
(V. *Curia*)

—

NUTRICIÓN
(V. *Alimento*)

—

O

OBEDECER
(V. *Obediencia*)

—

OBEDIENCIA (25)

obediencia
obedecimiento
disciplina
docilidad
acatamiento
jura
cumplimiento
respeto
adhesión
obediencia ciega
sumisión
dependencia
servilismo

obedecer
obtemperar
deservir
inclinarse
someterse
jurar
bajar la cabeza
» los ojos
cerrar los ojos
estar a la devoción de

obedecedor
obediente
obsecuente
deservidor
sumiso
rendido
esclavo
subordinado
disciplinado
dócil
bien mandado
bienmandado
manejable
obediencial
obedecible

obedientemente
como un guante

—

OBEDIENTE
(V. *Obediencia*)

—

OBISPO
(V. *Prelado*)

—

OBJETO
(V. *Intención*)

—

OBJETOS LITÚRGICOS
(V. *Culto*)

—

OBLICUO
(V. *Inclinación*)

—

OBLIGACIÓN (25, 26)

obligación
» natural
» mixta
» civil
» solidaria
» mancomunada
obligatoriedad
solidaridad

deber
religión [to
comprometimiento
compromiso
novación
subscripción
convenio
contrato
ley
ofrecimiento
juramento
incumbencia
competencia
cuenta
reato
molestia
cargo
urgencia
necesidad
precisión
imposición
coacción
gravamen
peso
encargo
carga
» personal
tributo
impuesto
cruz
gabarro
gabela
lazo
cadena
vínculo
atadero
servidumbre
empeño
responsabilidad
cumplimiento
garantía
fianza
deuda
confusión
deontología
ética
moral

obligar
deber
haber de
tener que
» de

incumbir
competer
pertenecer
tocar
correr al ciudado de

contraer
asumir
estar a
salir a
responder de
cargar con
pechar con
reconocer
tomar sobre sí
hacerse responsable
echarse sobre las espaldas
echarse al hombro
atarse las manos
ligarse
ofrecer
subscribir
jurar
juramentarse
obligarse
comprometerse
empeñarse
endeudarse
adeudarse
ofrecerse
dar palabra
constituirse en, o por
prometer
cumplir
novar

imponer
compeler
comprometer
coger la palabra
gravar
cargar
gravitar
mancomunar
encargar la conciencia

obligatorio
obligativo
exigible
debido
necesario
indispensable
comisorio
imponente
impuesto
imperioso
imperativo
oneroso
competente
perteneciente
subsidiario
solidario
responsable
irresponsable
esclavo de
forzado
sujeto a
debiente

obligatoriamente
agravantemente
subsidiariamente
in sólidum
de cuenta y riesgo

—

OBLIGAR
(V. *Obligación*)

—

OBLIGATORIO
(V. *Obligación*)

—

OBRA
(V. *Libro*)

—

OBRERO
(V. *Trabajo*)

—

OBSCENO
(V. *Deshonestidad*)

—

OBSCURECER
(V. *Obscuridad*)

—

OBSCURIDAD (2, 13)

obscuridad
oscuridad
obscuración
lobreguez
lobregura
cerrazón
opacidad
calígine
sombra
sombras
tenebrosidad
tiniebla
tinieblas
nube
niebla
nebulosidad
contraluz
noche
noche cerrada
cámara obscura

obscurecimiento
oscurecimiento
entenebrecimiento
apagamiento
eclipse
ocultación
confusión
ofuscación
ambigüedad
incomprensión
ceguera

obscurecer
oscurecer
escurecer
enlutar
anochecer
obnubilar
anublar
velar
ensombrecer
entenebrecer
entenebrar, -se
lobreguecer
alobreguecer
enlobreguecer
lobreguear
desfigurar
eclipsar

atenebrarse
entenebrecerse
anochecerse
anochecer

obscuro
oscuro
lóbrego
tenebroso
sombrío
sombroso
fusco
fosco
negro
caliginoso [lobo
como boca de
nebuloso
opaco
entenebrecido
lucífugo
velar
eclipsable

obscuramente
oscuramente
tenebrosamente
a obscuras
a tientas
a buenas noches

—

OBSCURO
(V. *Obscuridad*)

—

OBSEQUIO
(V. *Agasajo*)

—

OBSERVANCIA
(V. *Cumplimiento*)

—

OBSERVAR
(V. *Atención*)

—

OBSTÁCULO
(V. *Impedimento*)

—

OBSTETRICIA
(V. *Parto*)

—

OBSTINACIÓN (25)

obstinación
constancia
entereza
pertinacia
tenacidad
obduración
impenitencia
tesón
tesonería
contumacia
renuencia
obcecación
resistencia
indocilidad
desobediencia
endurecimiento
encastillamiento
atasquería
empacamiento
emperramiento
empecinamiento

encarnizamiento
terquedad
terquería
terqueza
testarudez
testarronería
tozudez
testarada
testerada
testada
cabezonada
porfía
insistencia
tema
petera
capricho
prejuicio
manía
empeño
pesadez
importunación
impertinencia
exclusivismo
intransigencia
fanatismo
sectarismo
ofuscación

obstinarse
entercarse
empeñarse
encapricharse
encalabrinarse
encerrizarse
encastillarse
aferrarse
empecinarse
emperrarse
entecarse
encasquetarse
empacarse
revolcarse
inculcarse
tomar tema
decir tijeretas
ponérsele en el moño
metérsele en la cabeza
encajársele en la cabeza
casarse con su opinión
sentarse en la conclusión
estarse en sus trece
no dar su brazo a torcer
poner pies en pared
dar coces contra el aguijón

porfiar
insistir
pugnar
terquear
tenacear
machacar
macear
tozar
necear
importunar
volver a la carga
hacer hincapié

obstinado
pertinaz
pertinace
contumaz
cabezudo
cabezón
cabezota
cabeza de hierro
cabeciduro
samugo
terco
porfiado
testarudo
testarrón
cervigudo
atestado
entestado
tozudo
renuente
porfiado
porfioso
reacio
recalcitrante
impenitente
tenaz
tenace
terne
duro
férreo
tieso
sordo
empecinado
fregado
codorro
retobado
atascado
temoso
temático
taimado
rebelde
necio
caballero en

impersuasible
inconvencible
inapelable
incorregible
incontrastable
irreducible
irreductible
inexpugnable
acérrimo
exclusivista
fanático
sectario
duro de mollera

obstinadamente
contumazmente
pertinazmente
tercamente
porfiadamente
insistentemente
reñidamente
a pie juntillas
a tente bonete
a tema
erre que erre
tieso que tieso
Dios es Dios
¡dale!
¡dale, machaca!
tijeretas han de ser
efetá
a la otra puerta

—

OBSTINADO
(V. *Obstinación*)

—

OBSTINARSE
(V. *Obstinación*)

—

OBSTRUCCIÓN (20)

obstrucción
opilación
atascamiento
atasco
atoramiento
atranco
ocupación
dificultad
obstáculo
atravesamiento
impedimento
cerramiento
limitación
detención
valla
presa
dique
estacada
atolladero
oclusión
obliteración
atresia
opilación
congestión
embolia
infarto
hinchazón

obstruir
embarazar
ocupar
tomar
estorbar
cangar
entorpecer
interceptar
condenar
cegar
tapar
cerrar
taponar
embalumar
tupir
entupir
ocluir
atorar
embozar
enrunar
atascar
atrancar
trancar
tranquear
azolvar
atravesar
coger las calles
opilar
obliterar

obstruirse
atramparse
cegarse

obliterador
obturador
oclusivo
opilativo
obstruido
atascado
ciego
intransitable
infranqueable

atoradamente

—

OBSTRUIDO
(V. *Obstrucción*)

—

OBSTRUIR
(V. *Obstrucción*)

—

OCA
(V. *Pato*)

—

OCASIÓN
(V. *Oportunidad*)

—

OCIO (27)

ocio
desocupación
abstención
inactividad
inacción
ociosidad
holganza
descuido
desaplicación
inaplicación
bausa
pereza
holgazanería
haraganería
vagancia
vagar
tiempo
asueto
recreo
diversión
satis
punto
descanso
retiro
jubilación
disponibilidad
vacación
domingo
fiestas
vacaciones
festividad
fiesta
» de consejo
día de huelga
» feriado
huelga
huelga de brazos caídos
paro
» forzoso
horas muertas
ratos perdidos
espera

vagar
ociar
holgar
holgazanear
haraganear
vegetar
descansar
vacar
feriar
desenfrailar
pasear
ventanear
pasar el tiempo
matar » »
estarse de más
estar sin oficio ni beneficio
no tener oficio ni beneficio
andar de vagar
» de nones
cruzar las manos
quedarse con las manos cruzadas
mirarse las uñas
venir uno con las manos en el seno
hacer fiesta
» novillos
» rabona
» corrales
» pimienta
» bolas
» gorra
» puente
cruzarse de brazos
» de manos
papar moscas
mirar las musarañas
tomar el sol

señorito
señoritingo
zangón
zangarullón
galfarro
huelguista
estudiante pascuero
» torreznero
pascasio
bausán
gente de barrio
ocioso
desocupado
holgado
parado
venturero
cesante
retirado
jubilado
sobrancero
holgazán
perezoso
virote
vago
vagabundo
ventanero
contemplativo
vacío
inactivo

ociosamente
desaplicadamente
bobamente
mano sobre mano
con las manos cruzadas

—

OCIOSO
(V. *Ocio*)

—

OCULTACIÓN (28)

ocultación
escondimiento
desaparición
desaparecimiento
eclipse
disimulo
encubierta
fraude
estelionato
encubrimiento
receptación
subrepción
emboscadura
emboscada
estratagema
alcahuetería
empanada
incógnito
reticencia
discreción
secreto
sigilo
sigilo sacramental
reserva
» mental
clandestinidad
criptografía
poligrafía

ocultar
esconder
absconder
cubrir
encubrir
velar
negar
receptar
tapar
atapar
cerrar
celar
disfrazar
entapujar
zaboyar
desaparecer (tr.)
zampar
zambucar
zampuzar
hacer furo
ensenar
embozar
soterrar
sepultar
emparedar
enclaustrar
envolver
enterrar
internar
retirar
recatar
reservar
callar
omitir
disimular
fingir
reconcentrar
sacramentar
echar tierra
hacer uno la capa
echar en sal una cosa

ocultarse
esconderse
jugar al escondite
hurtarse
zafarse
transponerse
internarse
acorralarse
enfoscarse
hundirse
sepultarse
encavarse
agacharse
amagarse
achantarse
emboscarse
enselvarse
engorronarse

zambullirse
desaparecerse
desaparecer
trasponer
ponerse
guardar la cara
hacer la agachadiza
hacer perdidizo
hacer uno sacramento
andar con zapatos de fieltro
haber gato encerrado

ocultador
encubridor
alcahuete
arca cerrada
receptador
tapadera
cobertera
mano oculta
manto
nube
velo
cortina
pantalla
disfraz
secretario
anónimo

secreto
puridad
sanctasanctórum
arcano
arcanidad
arca cerrada
escucho
chiticalla
incógnita
póliza
embuchado
tapado
misterio
sacramento
entresijo
reconditez
la madre del cordero
cata
nitos
tapada
máscara

escondrijo
escondite
escondedero
escondido
amagatorio
rincón
chiribitil
gaveta
buche
entrañas
interioridad
interioridades
nido
nidal
madriguera
huronera
cachimán
ladronera
latebra
cachulera
traspuesta
tollo
laberinto
labirinto

oculto
encubierto
traspuesto
repuesto
escondido
retirado
manido
profundo
hondo
recóndito
arcano
latente
secreto
reservado
confidencial
anónimo
clandestino
encubridizo
latebroso
sinuoso
furtivo
subrepticio
misterioso
místico
sibilino
sibilítico
ignorado
inaveriguado
impenetrable
hermético
inobservable
incognoscible
insabible
inaveriguable
inescrutable
imperscrutable
inescudriñable
insondable
indescifrable
ininteligible
incomprensible
esotérico

ocultamente
secretamente
escondidamente
silenciosamente
calladamente
tácitamente
furtivamente
encubiertamente
cubiertamente
reservadamente
arcanamente
misteriosamente
recatadamente
retiradamente
clandestinamente
subrepticiamente
celadamente
sordamente
virtualmente
invisiblemente
en secreto
a puerta cerrada
en puridad

de oculto
de ocultis
de extranjis
a hurto
a hurtadillas
a hurta cordel
bajo mano
debajo de mano
por debajo de cuerda
a somorgujo
a lo somorgujo
por arte de birlibirloque

por debajo de tierra
a escondidas
en escondido
a escondidillas
de rebozo [dos
a cencerros tapados
a santo tapado
de incógnito
de tapadillo
a solapo
de solapa
de medio ojo
in péctore
en cifra
bajito
callando
callandito
callandico
a la chiticallando
a la chita callando
de callada [do
a las calladas
al oído
a escucho
al »
para mí, ti, etc.
de usted para mí
entre nosotros
a salto de mata
a sombra de tejado o de tejados
siete estados debajo de tierra
ésa es la madre del cordero

—

OCULTAR
(V. *Ocultación*)

—

OCULTISMO (1)

ocultismo
ciencias ocultas
espiritismo
metapsíquica
teosofía
cábala
gnosis
nosis
astrología
alquimia
prestidigitación
hipnotismo
mitología
superstición
adivinación
predicción
telepatía
magia
mágica
magia blanca
» natural
» negra
nigromancia
necromancia
goecia
teúrgia
tropelía
arte angélico
» de los espíritus
arte mágica
» notoria
hechicería
brujería
jorguinería
ahuizote
mandinga
magismo

brujear
enjorguinarse
evocar
conjurar
adivinar
predecir
encantar
hechizar
embrujar
hadar
catatar
ensalmar
santiguar
saludar
maleficiar
aojar
ojear
fascinar
atravesar
ligar
dar algo
echar las habas
desencantar
deshechizar
desaojar [cio
desligar el malefi-

embrujamiento
encantamiento
encantamento
encantorio
encanto
encantación
hechicería
prodigio
prestigio
evocación
conjuro
pacto
inescación
levitación
nosomántica
ensalmo
santiguadera

maleficio
mal de ojo
nudo
ligamen
ligadura
imbunche
fascinación
aojo
aojadura
aojamiento
bilongo
desencanto

varita mágica
» de virtudes
filtro
bebedizo
hechizo
palabras
abracadabra
abraxas
carácter
esvástica
svástica
sello de Salomón
nómina
cerco
círculo
rueda de Santa Catalina
cuadrado mágico
grimorio
eón
ectoplasma
amuleto

ocultista
espiritista
medio
médium
mago
mágico
cabalista
brujo
hechicero
jorguín
zahorí
cohen
encantador
fascinador
fascinante
tropelista
saludador
ensalmador

(fantasma, etc. V. *Espectro*)
demonio

santiguador
santiguadero
espantanublados
lobero
trasguero
maléfico
aojador
imbunche
mágica
bruja
jorguina
jurguina
jurgina
sorguiña
saga
pitonisa
fitonisa
calchona
desaojadera

aquelarre
sábado

mágico
brujesco
meigo
hechiceresco
hadado
cabalístico
mistagógico
teúrgico
meduseo

—

OCULTO
(V. *Ocultación*)

—

OCUPACIÓN (27)

ocupación
actividad
acción
labor
tarea
trabajo
encargo
dependencia
diligencia
cuidado
causa
asunto
negocio
negociado
negozuelo
quehacer
quehaceres
horas muertas
ocios
vagar
atenciones
faena
afán
arate cavate
servicio
ejercicio
ejercitación
jera
hiera
tráfago
perrera
vida
vía
profesión
» liberal
» manual
oficio
empleo
ciencia
arte
carrera
acomodo
colocación
ministerio
menester
hazaña
industria
comercio
sacerdocio
(vocación, afición, etc. V. *Propensión*)

ocupar
poner
aplicar
dedicar
destinar

ocuparse
trabajar
aplicarse
ponerse
dedicarse
consagrarse
acomodarse
darse a
vacar
entregarse
echarse
dejarse
embalumarse
enfoscarse
engolfarse
estar metido en harina
andar de prisa
no levantar cabeza
no caérsele de entre las manos
temporizar
engañar el tiempo
matar el tiempo

profesar
ejercer
ejercitar
actuar
cultivar
abrazar
usar
ministrar
desempeñar
seguir
abarcar
atender
manipular
intervenir
recibirse
darse de alta
entrar en
echar por
ir por
meterse
hacer de
oficiar de
estar de
meterse a
andar en
entender en una cosa
tener entre manos
traer entre manos
» al retortero
correr con

hombre de negocios
agente de negocios
profesor
comprofesor
profesante
facultativo
titular
ejercitante
cliente
profesional

ocupado
atareado
anegociado
agobiado
abrumado

—

OCUPARSE
(V. *Ocupación*)

—

ODIO
(V. *Aborrecimiento*)

—

ODRE (20)

odre
odrezuelo
odrina
utrículo
pellejo
barquino
cuero
corecillo
corezuelo
piezgo
corambre
colambre
zaque
zaca
balde
cacimba
pozal
fuelle
boto
botillo
bufia
borracha
bota
brocal
cantimplora
caballitos
rátigo

zaquear
encerotar
empajolar
empegar

odrero
botero
corambrero

piezgo
pielgo
pega
empegadura
botana
regalador

odrería
botería
botamen

—

OFENDER
(V. *Ofensa*)

—

OFENSA (27, 32)

ofensa
ofensión
injuria

caída
agravio
agraviamiento
tuerto
ultraje
afrenta
desprecio
desaire
burla
zaherimiento
escarnio
escarnecimiento
inri
oprobio
baldón
entuerto
descuerno
insolencia
descaro
descomedimiento
irreverencia
atrevimiento
demasía
sobra
herida
desaguisado
superchería
invectiva
diatriba
anónimo
coz
insulto
denuesto
denostada
dicterio
dicho
tarascada
rabotada
vituperio
vituperación
menosprecio
desalabanza
palabrita
palabrada
palabrota
botija verde
sonrojo

palabras de la ley, o del duelo
palabras mayores
» pesadas
picardías
claridades
crudeza
pulla
chocarrería
lindezas
linduras
contumelia
improperio
provocación
amenaza
blasfemia
maldición
reniego
derreniego
pedrada
herejía
tempestad
personalidad
personalismo
apóstrofe
paulina
pieza tocada
descortesía
impertinencia
molestia
maltratamiento
golpe

ofender
agraviar
insultar
ultrajar
injuriar
afrentar
faltar
provocar
personalizar
baldonar
baldonear
denostar
improperar
zaherir
infamar
renegar
denigrar
deshonrar
desonzar
vilipendiar
recriminar
molestar
humillar
maltratar
vituperar
ajar
herir
lastimar
espinar
atropellar
arrollar
plantar
acocear

ofenderse
agraviarse
sentirse
resentirse
picarse
mosquearse
amoscarse
formalizarse
enemistarse
brincar
saltar
darse por sentido
irritarse

descararse
atreverse
desatarse
desbocarse
descomedirse

inferir
proferir
lanzar
vomitar
soltar
espetar
encajar
largar
fletar
plantar
chantar
refregar
renegar
tratar
apitonarse
escopetearse

mojar la oreja
sacar la lengua
hacer una higa
dar una bofetada
escupir en la cara
tocar en un cabello [del corazón
llegarle a las telas
echarle el gato a las barbas
zurrar a uno la badana
poner las orejas coloradas
soltar la sinhueso
» » sin hueso
» » bramona
echar por aquella boca
tratar mal de palabra
poner como un trapo
» a uno cual digan dueñas
poner como ropa de pascua
poner como chupa de dómine
poner de oro y azul
poner como hoja de perejil
» verde
» de vuelta y media
sacar todos los trapos a la colada
decirse los nombres de las fiestas
volverla al cuerpo

ofensor
ofendedor
agraviador
agraviante
injuriador
injuriante
ultrajador
insultador
insultante
denostador
vituperador
vituperante
baldonador
afrentador
renegón
contumelioso
boquifresco
agresivo

ofensivo
injurioso
agravioso
insultante
denigrante
vituperioso
ultrajante
ultrajoso
humillante
irrespetuoso
insolente
contumelioso
afrentoso
vejatorio
duro
pesado
sangriento

leso

ofensivamente
injuriosamente
agraviadamente
denostadamente
denostosamente
contumeliosamente

a empujones
a empellones

so...
tío...

—

OFENSIVO
(V. *Ofensa*)

—

OFICIAL
(V. *Militar*)

—

OFICINA (11, 35)

oficina
oficio
estudio
covachuela
despacho
escritorio
bufete
establecimiento
administración
asentamiento
comisaría
comisariato
mesa
camarín
mayordomía
ministerio
departamento
organismo
centro
central
secretaría
subsecretaría
dirección
» general
subdirección
negociado
dependencia
agencia
ordenación
habilitación
intervención
caja
tesorería
delegación
contaduría
conservaduría
asesoría
cancillería
gobierno
prefectura
subprefectura
veeduría
inspección
subinspección
superintendencia
intendencia
legación
decanato
comandancia
capitanía
mayoría
ayudantía
sargentía
factoría
notaría
aduana

oficinista
empleado

mesa
armario
escritorio
papelera
taquilla
ventanilla
clasificador
fichero
archivador
pisapapeles
escribanía
carpeta
cartera
secante
secafirmas
pluma
tinta
papel
balduque
gastos de escritorio

oficinesco
cancilleresco

—

OFICIO (11, 27)

oficio
» servil
arte mecánica
oficialía
artesanía
menestralería
técnica
tecnicismo
tecnología
industria
comercio
ocupación
trabajo
albañilería
mampostería
cantería
carpintería
herrería, etc.
(sombrerero, sastre, zapatero, etc. véase *Sombrero, Vestidura, Calzado,* etc.)

dedicar, -se
enseñar
aprender

artesano
maestro
prohombre
oficial
oficiala
menestral
laborante
mancebo
mesero
trabajador
aprendiz
cuadrilla

taller
oficina
obrador
aparador
tren
tajo
banco
herramienta

mecánico
manual
técnico
tecnológico

—

OFRECER
(V. *Ofrecimiento*)

—

OFRECIMIENTO (25)

ofrecimiento
proposición
propuesta
promesa
prometimiento
promisión
repromisión
prometido
oferta
olor
invitación
convite
policitación
palabra
envite
puja
protesta
estipulación
letras espectativas
testimonio

compromiso
obligación
garantía
juramento
salva
palabra de rey
fe
simple promesa
voto
» simple
ofrenda
santa palabra
dedicatoria
manda
música celestial
hojarasca
cumplimiento
cumplido
buenas palabras
jarabe de pico
brivias
el oro y el moro
cumplimiento
retractación
engaño

ofrecer
prometer
asegurar
proponer
(pujar, licitar, etc. V. *Subasta*)
brindar
mandar
dedicar
consagrar
votar
hacer voto
enderezar
obligarse
subscribirse
ofrecerse
prometerse
presentarse
brindarse
comedirse
convidarse
correrse
comprometerse
quedar en
tener en memoria

dar palabra
empeñar la palabra
convidar
meter por los ojos
hacer y acontecer
apuntar y no dar
ser todo jarabe de pico
gastar pastillas de boca
decir con la boca chica
traer en palabras
» al retortero
dar largas
» la entretenida
cacarear y no poner huevo

ofrecedor
oferente
ofreciente
postor
licitador
prometedor
prometiente
palabrero
promisorio
dedicatorio
dedicativo
nuncupatorio

—

OFRENDA (1)

ofrenda
donación
sacrificio
oblación
libamen
libación
libamiento
sufragio
bodigo
capillo
roge
exvoto
voto
presentalla
milagro
camarico
cólibo
añal
oblada

monda
sepultura

ofrendar
libar
ofrecer
votar

votivo

—

OFRENDAR
(V. *Ofrenda*)

—

OFTALMOLOGÍA
(V. *Ojo*)

—

OFUSCACIÓN (23)

ofuscación
ofuscamiento
obcecación
ceguera
ceguedad
confusión
alucinación
alucinamiento
perturbación
fascinación
obnubilación
obscuridad
tiniebla
turbieza
velo
traslumbramiento
deslumbramiento
desalumbramiento
enajenamiento
prejuicio
manía
tema
títere
preocupación
obsesión
obstinación
locura
síncope

ofuscar
obscurecer
obcecar
obnubilar
cegar
alucinar
deslumbrar
traslumbrar
encandilar
vendar
trabucar
confundir
perturbar
turbar
entorpecer
alucinar
fascinar
embaír
atontar
abobar
cerrar los oídos
ofuscarse
padecer
obcecarse
chiflarse
ofuscarse el entendimiento
tener cataratas
amontonarse el juicio
vendarse los ojos
ver uno una cosa por tela de cedazo
tener una venda en los ojos
no saber uno por donde anda
tener en la punta de la lengua
meter a voces

deslumbrador
deslumbrante
fascinante

ofuscado
obseso
ebrio
borracho
deslumbrado
ciego
tientaparedes
farraguista
leso

obcecadamente
deslumbradamente

—

OFUSCADO
(V. *Ofuscación*)

—

OFUSCAR
(V. *Ofuscación*)

—

OÍDO (7)

oído
» medio
» externo
» interno
oreja
orejeta
orejuela
asa
mirla
gentes
vela
jertas
escarpias
hermanas
auditorio

pabellón de la oreja
perilla de la oreja
lóbulo
vestíbulo
trago
antitrago
hélice
hélix
alveario
tímpano
tambor
caja del tambor
estribo
yunque
martillo
laberinto
caracol
canales semicirculares

endolinfa
otolito
órgano de Corti
trompa de Eustaquio
cera de los oídos
cerilla
cerumen
(zarcillo, pendiente, etc. V. *Arete*)

orejear
amusgar
alastrar
desorejar
escarbar
desencapotar las orejas
oír
escuchar
herir

otitis
silbido de oídos
zumbido
otalgia
otorragia
otorrea
sordera
desorejamiento
otología
otoscopia
otorrinolaringología

otólogo
otorrinolaringólogo
otoscopio
escarbaorejas
mondaorejas
mondaoídos

escobado
muesca

orejudo
orejano
desorejado
desasado
oriscano
tronzo

acústico
ótico
auditivo
auricular
vestibular
timpánico

—

OÍR
(V. *Audición*)

—

OJAL
(V. *Botón*)

—

OJO (6, 7)

ojo
ojete
ojuelo
vista
vistoso
visante
fanal
rayo
quemante
avizores
columbres
luceros
güellos
clisos
ocelo
globo del ojo

conjuntiva
adnata
córnea
» transparente
» opaca
lo blanco del ojo
blancura del ojo
esclerótica
túnica úvea
aranea
coroides
iris
pupila
niña
niñeta
genilla
humor ácueo
cristalino
humor vítreo
cámara anterior del ojo
» posterior del ojo
retina
espongioblasto
mácula lútea
bastoncillo
nervio óptico
papila
órbita
cuenca
rabo del ojo
ángulo del ojo
paropia
comisura
pata de gallo
lagrimal
uña
carúncula lagrimal

párpado
pálpebra
pestaña
ceja

ojo overo
» regañado
» de besugo
» » breque

ojos vivos
» rasgados
» reventones
» saltones
» tiernos
» blandos
» de bitoque
» turnios
» inyectados

ver
mirar
abrir
cerrar
ocluir
entornar
guiñar
cucar
encandilar
guiñarse
hablar con los ojos
parpadear
pestañear
torcer la vista
trabar la vista
torcer los ojos
volver los ojos
poner los ojos en blanco
bizcar
bizcornear
embizcarse
inyectarse
hacer chiribitas
mirar contra el gobierno
mirar de través
quebrarse uno los ojos
encandilarse
saltar un ojo
entortar
alcoholar
alumbrar
despestañar
batir la catarata

vista
mirada
viveza
caída de ojos
parpadeo
pestañeo
nictación
guiño
guiñón
guiñada
guiñadura
lágrima
llanto

oftalmología
oftalmoscopia
oftalmía
exoftalmía
conjuntivitis
queratitis
miosis
midriasis
iritis
retinitis
surumpe
aglia
albugo
nube
niebla
granizo
nefelión
musaraña
tela
dragón
catarata
sufusión
paño
moscas volantes
chiribitas
glaucoma
tracoma
amaurosis
gota serena
ceguera
blefaritis
nistagm
entropión
ectropión
orzuelo
calaza
berrueco
uva
ojera
rija
fístula lagrimal

legaña
lagaña
pitarra
pitaña
magaña

imagen
» accidental
óptica
paropsia
fotofobia
obnubilación
ofuscamiento
discromatopsia
acromatopsia
daltonismo
astigmatismo
diplopía
ambliopía
estrabismo
presbicia
ametropía
hipermetropía
vista cansada
miopía
vista corta
nictalopía
fosfeno

oculista
oftalmólogo
óptico

oftalmoscopio
optómetro
astigmómetro
ojera
colirio
lavaojos
lente
ojialegre
ojienjuto
ojizarco
ojigarzo
ojimoreno
ojinegro
ojos de gato
» de sapo
miope
corto de vista
présbita
présbite
hipermétrope
cuatro ojos
topo
cegato
cegama
cegajoso
cegarrita
ciego
nictálope
ojizaino
atravesado
trasojado
bizco
bisojo
ojituerto
bizcorneado
bizcorneta
bizcuerno
estrábico
estrabón
tuerto
cíclope
ciclope
ojanco
monóculo
tierno de ojos
ojeroso
ojerudo
guiñador
guiñarol
daltoniano

ocular
oftálmico
oftalmológico
monocular
binocular
conjuntival
pupilar
retiniano
palpebral
ciliar
orbital
orbitario

garzo
zarco
pestañoso
remellado
remellón
ribeteado
saltado
saltón
vidrioso
lagrimoso
blando
turnio
legañoso
encarnizado
cobarde
emétrope
hipermétrope
astigmático

—

OLA
(V. *Mar*)

—

OLEAR
(V. *Extremaunción*)

—

OLER
(V. *Olor*)

—

OLFATO
(V. *Olor*)

—

OLIVO (5)

olivo
oliva
olivera
olivo manzanillo
manzanillo
aceituno
» silvestre
acebuche
zambullo
olivo acebucheno
» silvestre
oleastro
lechín
empeltre

olivar
garrotal
toconal
estacada
lagar
bancal

álabe
vestugo
garrote
escamujo
ramuja

flor
rapa
cierne
trama
esquilmo
aceitón

aceituna
oliva
aceituna corval
manzanilla
aceituna manzanilla
» tetuda
» zorzaleña
» de la Reina
» picudilla
» zapatera
murta
judiega
lechín
cornatillo
cornezuelo
cornicabra
celdrana
acebuchina
agracejo

florecer
cerner
tramar
escamujar
verdear
olivar

ordeñar
esmuñir
esmuir
entrujar
encapachar
encapazar

cosecha
aceitunera
tarea
soleo
almijar

márcola
tendal
cuñete

molienda
nubada
pisa
redolino
molino
trujal
empergue
olivero
aceitunero

aceite
hollejo
cáscara
escudete
orujo
borujo
burujo
brisa
terrón
bagazo
gabazo
carozo
coronta
garojo
cospillo
hojuela
sansa
bonijo
taladrilla

olivicultura
oleicultura
elaiotecnia
eleotecnia

aceitunero
apurador
remecedor
arriscador
tareero

oliváceo
olivoso
olivífero
aceitunil
aceitunado
acebuchal
acebucheno
a ordeño
en cierne

—

OLOR (13)

olor
efluvio
husmo
tufo
tufillo
tufarada
fragancia
buen olor
perfume
mal olor
miasma
fetidez
anosmia

olfacción
olfateo
husmeo
husma
exhalación
espiración
olfato
fato
tafo
viento
redroviento
berrenchín

nariz

olfatear
oler (tr.)
oliscar
olisquear
barruntar
husmear
aspirar
fisgar
ventear
gulusmear
golosmear
gazmiar
laminar
darle en la nariz

oler (intr.)
olorizar
exhalar
espirar
respirar
trascender
trasminar
volcar
tumbar
trastornar
encarcavinar
encalabrinar
encalabriar
atafagar
sofocar
asfixiar

oledor
husmeador
fisgón
ventor

olfatorio
olfativo
odorífero
odorífico
oliente
oledero
odorable
fragante
fragrante
trascendente
bienoliente
subido
agudo
acre
alegre
inodoro
desodorante

—

OLVIDAR
(V. *Olvido*)

—

OLVIDO (23)

olvido
desmemoria
desacuerdo
memoria de grillo
» » gallo
amnesia
paramnesia
descuido
omisión
inadvertencia
desadvertimiento
distracción
loto
leteo
ingratitud
desuso

olvidar
desaprender
desimaginar
desconocer
cancelar
desvanecer
enterrar
arrinconar
relegar
negar
desenseñar
borrarse de la memoria
borrarse de la memoria
caer en olvido
dar en olvido
» al olvido
echar en olvido
» al olvido
» tierra
entregar al olvido
poner en olvido
raer de la memoria
dejar en el tintero
dejarse en el tintero
quedársele en el tintero
dejar entre renglones
echarse a las espaldas
hacer el olvidadizo

olvidarse
desmemoriarse
desacordarse
trascordarse
írsele el santo al cielo
perder el hilo
tener en la punta de la lengua
haber perdido los memoriales
estar remoto

pasarse
írsele de la memoria
caerse de la memoria
huirse de la memoria
quedarse entre renglones

olvidado
arrinconado
olvidadizo
desmemoriado
abandonado
flaco de memoria
inmemorial

borrón y cuenta nueva

—

OMITIR
(V. *Silencio*)

—

ONDA
(V. *Ondulación*)

—

ONDEAR
(V. *Ondulación*)

—

ONDULACIÓN (18, 19)

ondulación
undulación
oscilación
vibración
onda
lóbulo
sinuosidad
curvatura
serpenteo
culebreo
flameo
bationdeo
sierpe
aguas
ondeado
festón

ondular
undular
ondear
flamear
flotar
fluctuar
serpear
serpentear
culebrear
hacer culebra
festonear
repicotear

ondulante
undulante
ondulatorio
undulatorio
ondoso
undoso
ondeante
undante
undívago
serpentino
ondeado
ondulado
sinuoso
serpenteado
festoneado
repicoteado
flexuoso
undísono

—

ONDULADO
(V. *Ondulación*)

—

ONDULAR
(V. *Ondulación*)

—

ONOMATOPEYA (28)

onomatopeya
retórica
imitación

tras
tris
paf
pum
cataplum
golpe
trapa
tan
tintín
tantarán
tantarantán
rataplán
tictac
tac, tac
tarara
tititaina
tintirintín
tuturutú
toque
sonido
instrumento (músico)

guau
miau
mu
quiquiriquí
hin
voz (animales)

onomatopéyico

—

OPACIDAD (2)

opacidad
intransparencia
obscuridad
turbiedad
paño
velo
sombra
pantalla
cortina

opaco
intransparente
translúcido
turbio
esmerilado
deslustrado
mate

opacamente

—

OPACO
(V. *Opacidad*)

—

OPCIÓN
(V. *Elección*)

—

ÓPERA
(V. *Música*)

—

OPINIÓN
(V. *Juicio*)

—

OPONER
(V. *Oposición*)

—

OPORTUNIDAD (21, 24)

oportunidad
tempestividad
puntualidad
exactitud
simultaneidad
conformidad
pertinencia
procedencia
congruencia
facilidad
comodidad

capacidad
ocasión
sazón
ocurrencia

tiempo
margen
lugar
resquicio
proporción
coyuntura
encrucijada
asa
asidero
asilla
pie
pretexto
vez
hora
la de...
punto
» crudo
término
día crítico
momento crítico
fecha
plazo
trance
lance
jornada
caso
circunstancia
suceso
casualidad
urgencia
tris
cabe de pala

ser oportuno
tocar
terciarse
encajar
causar
caer bien
ser del caso
hacer al caso
hablar al caso
venir al caso
» a cuento una cosa
» como anillo al dedo
entrar bien
hacerse hora de ver la suya

aprovechar
utilizar
buscar
asir
asirse
tomar pie
estar a la que salta
asirse de un cabello
asirse de un pelo
tener por la guedeja
agarrarse a un hierro ardiendo
ver el cielo abierto
dar margen

oportuno
tempestivo
ocasional
conveniente
congruente
pertinente
correspondiente
preciso
puntual
exacto
crítico
llovido del cielo
bajado del cielo

oportunamente
tempestivamente
pertinentemente
convenientemente
ocasionalmente

a tiempo
en tiempo
con tiempo
a su tiempo
en su día
en sazón
entonces
a estas alturas
a propósito
de paso

a punto
a buen punto
a pelo
de molde
de perilla

aquí te cojo aquí te mato
esta es la mía

—

OPORTUNO
(V. *Oportunidad*)

—

OPOSICIÓN (27)

oposición
contrariedad
implicación
imposibilidad
imposibilidad física
imposibilidad metafísica
antinomia
antilogía
antítesis
paradoja
cuestión
dificultad
obstáculo
impedimento
desconformidad
repugnancia
colisión
pugna
opugnación
impugnación
discusión
contienda
reacción
contraste
contradicción
contraposición
contra
encuentro
disyuntiva
renuncio
dilema
empatadera
contrabalanza
guerra
rivalidad
concurso
discordia
enemistad
aborrecimiento
incompatibilidad
antipatía
tema
tirria
antagonismo
dualidad
antiperístasis
desobediencia
rebeldía
resistencia
repugnancia
negativa
prohibición

oponer
contraponer
contrarrestar
opugnar
enfrentar
afrontar
resistir
combatir
reñir
desafiar
obstruir
dificultar
hacer rostro
afrontarse
carearse
verse con
» las caras

oponerse
ponerse
desfavorecer
sublevar
contraminar
contrariar
impugnar
ir contra
navegar contra la corriente
reclamar
llevar la contraria
hacer la contra
cortar los pasos
tomarla con
poner a pleito

ser opuesto
pelear
cruzarse
repugnar
contrastar
obstar
implicar

opositor
contraponedor
contradictor
opugnador
reclamante
contrastante
repugnante
reluctante
obstruccionista

rival
antagonista
contrincante
antítesis
antípoda
el reverso de la medalla
tirios y troyanos
capeletes y montescos
güelfos y gibelinos

opuesto
contrapuesto
contrario
encontrado
adverso
inverso
contradictorio

implicatorio
adversativo
antitético
antinómico
antónimo
pugnante
obstante
enemigo
desafecto
refractario
incompatible
paradójico
antagónico
contencioso

antiperistático

oponible
inconciliable

opuestamente
contrariamente
encontradamente
contradictoriamente
diametralmente

enfrente
en contra
en contrario
de poder a poder
aguas arriba
fuerza a fuerza
una de dos

pero
empero
sin embargo
no embargante
no obstante
en medio de
con todo, con todo eso
mal que le pese
mal de su grado
aunque
puesto que
bien que
con
cuando
si
si bien
antes
antes bien
cuanto más
cuanto quier
cuantimás
por mucho que
cuando no
todavía
así y todo
aun
aun cuando
a pesar
a despecho
maguer
maguera
contra

—

OPOSICIONES
(V. *Concurso*)

—

OPRIMIR
(V. *Dominio*)

—

ÓPTICA (2, 13)

óptica
catóptrica
dióptrica
radiación
incidencia
reflexión
reflejo
refracción
refringencia
birrefringencia
índice de refracción
refrangibilidad
distorsión
dispersión
descomposición
espectro
arco iris
espejismo
difracción
interferencia
polaridad
polarización
despolarización
aberración cromática
aberración de esfericidad
astigmatismo
anastigmatismo
cromatismo
acromatismo
micrografía
espectroscopia
fotometría
actinometría
fotoquímica
fotografía
topografía
astronomía

radiar
emitir
iluminar
proyectar
reflejar
refringir
refractar
polarizar
despolarizar
acromatizar

luz
brillo
brillazón
lustre
sombra
transparencia
opacidad
obscuridad
lumínico
onda luminosa
luminiscencia
fluorescencia
fosforescencia
actinismo
fotogenia

rayo
raza
rayo de luz
» de especies
» óptico
» incidente
» de la incidencia
» directo
» reflejo
» refracto
ángulo de incidencia
visual
rayo visual
dioptría
horópter
horóptero
ángulo óptico
pirámide óptica
foco
» virtual
» real
imagen
» real
» virtual
proyección

lente
retícula
retículo
periscopio
pantalla
espejo
prisma
microscopio
ultramicroscopio
platina
portaobjetos
estereoscopio
estereóscopo
espectroscopio
fosforoscopio
espintariscopio
polariscopio
cratícula
fotómetro
bujía
carcel
candela
reflector
proyector
refractómetro
astigmómetro
actinómetro
polarímetro
radiómetro
optómetro

cámara lúcida
» clara
» obscura
episcopio
epidiáscopo
cinematógrafo
telégrafo óptico
heliógrafo
fantasmagoría
linterna mágica
cosmorama
panorama
mundonuevo
mundinovi
tutilimundi
titirimundi
totilimundi
calidoscopio
caleidoscopio
micrógrafo

óptico
dióptrico
catóptrico
catadióptrico
focal
virtual
horoptérico
refracto
refractivo
refringente
monorrefringente
birrefringente
difrangente
refrangible
complementario
cromático
acromático
utrarrojo
infrarrojo
ultraviolado
ultravioleta
micrográfico
fotométrico
actinométrico
microscópico
espectral
espectroscópico
fantasmagórico
calidoscópico
dextrógiro
levógiro

ÓPTICO
(V. *Óptica*)

—

OPUESTO
(V. *Oposición*)

ORACIÓN (1)

oración
» vocal
» mental
deprecación
plegaria
azalá
zalá
petición
voto
preces
rezo
rezado
culto
acción de gracias (tedéum, etc. V. *Salmo*)
misa
devoción
visita de altares
salutación angélica
ángelus
avemaría
bendito
alabado
salve
credo
padrenuestro
padre nuestro
paternóster
oración dominical
gloria Patri
gloriapatri
gloria
hora santa
confíteor
confesión
acto de contrición
Señor mío Jesucristo
oración jaculatoria
jaculatoria
fervorín
estación
escapulario
rogativa
relaciones
trisagio
vía crucis
rosario

letanía
» de todos los santos
» de la Virgen
letanía lauretana
recomendación del alma
parce
exequias
amén

rezar
orar
adorar
pasar
devotar
rogar
implorar
invocar
pedir
hablar con Dios
tratar con Dios
rezar a coros
andar con las cruces a cuestas
andar estaciones
recomendar el alma

oratorio
iglesia

devocionario
eucologio
libro de misa
oracional
horas
semanilla
semana santa
triduo

novena
marial
reclinatorio
alquibla

almuédano
almuecín
muecín
sacerdote

orante
rezador
devoto
beato

—

ORADOR
(V. *Oratoria*)

—

ORATORIA (29)

oratoria
predicación
sermón
lenguaje
recitación
retórica
dialéctica
razonamiento
gramática
trivio
progimnasma

elocuencia
palabra
verbo
dicción
elocución
grandilocuencia
altilocuencia
movimiento oratorio
hilo del discurso
hebra
estilo
aticismo
sal ática
expresión
acción
ademán
actitud
pronunciación
unisonancia
obscuridad
claridad
concisión
prolijidad

orar
predicar
declamar
perorar
hablar
exponer
disertar
discursar
discursear
permitir
entrar
contraerse
espaciarse
alargarse
amanerarse
perderse
cortarse
volver
picar
panegirizar
arengar
apostrofar
tronar
decir bien
enhilar

improvisación
rectificación
discurso
oración
peroración
perorata
sermón
disertación
lección
declamación
conferencia
habla
charla
alocución
parlamento
arenga
apóstrofe
proclama
laudatoria
loa
defensa
requisitoria
panegírico
ditirambo
alabanza
diatriba
invectiva
catilinaria
sátira
soflama
zaherimiento

asunto
tema
perístasis
contexto
contextura
retazo
ripio
ilación
lugares oratorios
vulgaridad
gerundiada
gerundiana

exordio
preámbulo
introito
introducción
isagoge
exposición
invención
insinuación
disposición
división
proposición
narración
confirmación
refutación
transición
digresión
episodio
rodeo
enumeración
peroración
recopilación
epilogación
epílogo
latiguillo

orador
» sagrado
» forense
predicador
abogado
pico de oro
boca de oro
cicerón
demóstenes
monitor
panegirista
encomiasta
improvisador
repentista
gerundio
demagogo
declamador
disertante
dircursista
discursante
conferenciante
arengador
tribuno

plataforma
tribuna
púlpito

oratorio
elocuente
diserto
altilocuente
altílocuo
grandílocuo
ciceroniano
demostino
tribunicio
hortatorio
exhortatorio
panegírico
virulento
vindicativo
deslucido
deshilvanado

oratoriamente
elocuentemente

—

ORDEN (16)

orden
concierto
regularidad
regla
método
disciplina
jerarquía
rango
sistema
economía
sucesión
serie
proporción
equilibrio
simetría
armonía
euritmia
ritmo
tenor
razón
asiento
centro
estructura
gradación
grado
dependencia
lista
escala cerrada
escalafón

ordenación
ordenamiento
ordenanza
coordinación
coordinamiento
organización
reorganización
disposición
arreglo
uniformidad
unificación
alineación
orden alfabético
compaginación
sistematización
estructuración
agrupación
combinación
distribución
clasificación
clase
distinción
táctica
turno
vicisitud
alternación
adjetivo ordinal

ordenar
coordinar
concertar
estructurar
jerarquizar
arreglar
alfabetizar
orillar
aviar
disponer
organizar
reorganizar
metodizar
regularizar
componer
acomodar
casar
ajustar
concretar
compaginar
enhilar
tejer
combinar
guisar
trabajar
permitir
reformar
enquiciar
desenredar
desembrollar
poner una cosa en orden
formar
dar forma
numerar
adecuar
adecenar
adocenar

ordenador
ordenante
ordinal
coordinador
organizador
reorganizador
disponedor
compaginador
formador
formatriz

ordenado
metódico
dispuesto
gobernoso
consiguiente
consecuente
vicisitudinario

ordenadamente
concertadamente
metódicamente
compuestamente
coordinadamente
consecutivamente
arregladamente
dispositivamente
en orden
uno a uno
» por uno
» tras otro
por sus pasos contados

primeramente
segundamente
segundariamente
secundariamente
terceramente

primo
primer
primero
segundo
segundario
secundario
tercero
tercer
tercio
terciario
cuarto
quinto
sexto
seiseno
séptimo
sétimo
septeno
octavo
noveno
nono
décimo
deceno
undécimo
onceno
duodécimo
doceno
duodeno
decimotercero
decimotercio
decimatercia
decimatercera
tredécimo
treceno
decimocuarto
decimacuarta
catorceno
decimoquinto
decimaquinta
quinceno
decimosexto
decimasexta
dieciseiseno
decimoséptimo
decimaséptima
decimoctavo
decimaoctava
diecioclieno
deciocheno
decimonoveno
decimonono
decimanona
vigésimo
vicésimo
veinteno
veintésimo
veintidoseno
veinticuatreno
veintiseiseno
veintiocheno
veinteocheno
trigésimo
treinteno
tricésimo
trecésimo
treintaidoseno
cuadragésimo
quincuagésimo
cincuenteno
cincuentenario
sexagésimo
septuagésimo
octogésimo
ochenteno
nonagésimo
centésimo
centeno
ducentésimo
tricentésimo
cuadringentésimo
quingentésimo
sexcentésimo
septingentésimo
octingentésimo
noningentésimo
milésimo
millonésimo
billonésimo

mano
trasmano
sega
pie
último

uno
dos
tres
cuatro
cinco, etc.

—

ORDEN MILITAR (1, 30, 34)

orden
hábito
orden militar
» civil
» de caballería
caballería
» andante
caballerosidad
consejo de las órdenes militares
nobleza
altruismo

toisón
toisón de oro
temple
jarra
jarretera
merced
orden de la banda
legión de honor

acaballerar
condecorar
decorar
enaltecer
encomendar
velar las armas
cruzar, -se
armar caballero
ceñir espada
calzar la espuela o las espuelas
caballerear
llevar uno la cruz en los pechos
calzar o calzarse la espuela
correr o hacer caravanas o las caravanas

caballero
caballerote
caballerete
paladín
paladino
caballero novel
» del hábito
» de espuela dorada

caballero de contía o cuantía
maestrante
ermunio
caballero pardo
doncel
freile
freire
colegial militar
» freile
anciano
gran prior
prior
maestre
caballero gran cruz
comendador
subcomendador
encomendado
clavero
subclavero
recibidor
administrador de orden
obrero
pitancero
castellano
rey de armas
heraldo
faraute
perseverante
grefier
templario
mercenario
calatravo
alcantarino
familiar
santiaguista
sanjuanista
bailío
cabildo
trece
cruzado
montado
sacristán

freila
freira
sergenta
sargenta
comendadora

capítulo
» provincial
maestranza
asamblea
freiría
consejo
caravana
colegio militar
albergue
lengua
definiciones
acolada

dignidad
maestrazgo
clavería
conservaduría
bailiaje [so
beneficio compul-
cabimiento
encomienda
pan y agua
bastimento
bastimentos
pasaje

tratamiento
frey
fray

hábito
manto capitular
chorrera
remiendo
compuerta
tao
martillo
espadilla

condecoración
venera
insignia
cruz
» sencilla
encomienda
placa
gran cruz
banda
collar
pasador
ábaco

ecuestre
caballeresco
acaballerado
andantesco
maestral
caballerosamente

—

ORDEN RELIGIOSA (1)

orden
religión [da
» reforma-
congregación
cofradía
comunidad
familia
convento
descalcez
monacato
clero regular
monaquismo
claustro
clausura
monjío
familiatura
familiaridad
frailía
frailería
noviciado
observancia [cia
regular observan-

instituto
regla
correctorio
mónita
becerro
conventualidad
hermandad [dad
carta de herman-
patente [les
letras obediencia-
benedícite
obediencia
quiete
capítulo
definitorio
difinitorio
discretorio
cabildo
colación

fundar
reformar
enfrailar
hermanar
dotar

profesar
enfrailarse
enterrarse en vida
encerrarse
entrar en religión
» en colegio
tomar el hábito
» el velo
librar

descalzarse
desenfrailar
aseglararse
ahorcar los hábitos

secularizar
exclaustrar [tad
apellidar la liber-
sacar a libertad
a la novicia

inclaustración
voto
» simple
» solemne
» cuadragesimal

pobreza
propiedad
obediencia
precepto formal de obediencia
castidad
regularidad
recolección
clausura
probación
aprobación
noviciado
jovenado
profesión
velorio
velo
exclaustración
devoción de monjas

monje
religioso
regular
cenobita
sarabaíta
familiar
conventual
capilla
hijo
beato
hermano
hombre de orden
» de manga
juan
siervo
fraile
frailote
frailecillo
frailezuelo
frailuco
fraile de misa y olla

capipardo
cucarro
novicio
nuevo
noviciote
connovicio
neófito
profeso
pasante
presentado
corista
júnior
derviche
calender

fundador
patriarca
general
presidente
comendador
ministro general
definidor general
provincial [cia
padre de provin-
viceprovincial
comisario general de las Indias
comisario general de Jerusalén o Tierra Santa
ministro
» de la Orden Tercera
comisario
superior
prelado

prior
prepósito
suprior
abad
prelado consistorial
cenobiarca
rector
corrector
preboste
pavorde
prefecto
vicario de monjas
maestro
» de novicios
regente
lector
admonitor
conventual
guardián
custodio
definidor
» provincial
discreto

ministra
asistenta
clavaria
vicaria
» de coro
corretora
guarda
escucha
procuradora
provisora
cilleriza
sacristana
confesionera
tornera
lega
asistenta
andera
marta
mensajera
demandadera
criada

generalato
provincialato
discretorio
priorato
priorazgo
superiorato
supriorato
prebostazgo
maestría
guardianía
abadía
abadiado
abadiato
lectoría
lectura
púlpito
vicaría de coro
cillería
monjía

tratamiento
dom
fray
frey
padre
madre
hermano
hermana

asistente
vicario
» de coro
semanero
redentor
operario
procurador
protector
cillerero
cillerizo
racionero
refitolero
refectolero

campanero
agostero
sotoministro
coadjutor [tor
hermano coadju-
ropero
síndico

lego
hermano
hermanuco
donado
converso
confeso
motilón
mocho
monigote
alforjero
campero
barbón
mensajero
demandadero
criado

monja
monjita
beata
confesa
novicia
postulanta
dueña
canonesa
canonisa
sergenta
freila
recogida
señora de piso

provinciala
superiora
mayorala
abadesa
priora
prioresa
supriora
prelada
comendadora
sor
sóror
paternidad
maternidad
caridad
reverencia

casa (monasterio, claustro, etc. V. *Convento*)
distrito
territorio
priorato
abadía
abadengo
abadiado
libro de becerro
becerro

pitanza
colación
ayuno
platillo
segundillo
hierbas
vestuario
dote
prebenda
violario

hábito
cogulla
cugulla
cuculla
gollete
capilla
túnica
cruz
manto
sayuela
argayo
escapulario

traba
cordón
suelas
cerquillo

monjil
toca
griñón
velo

premonstratense
premostratense
mostense
mostén
canónigo reglar o regular
agustino
agustiniano
basilio
jesuita
iñiguista
bolandista
jerónimo
jeronimiano
cisterciense
antoniano
antonino
benedictino
benito
filipense
mercedario
mercenario
redentor
trapense
redentorista
carmelita
carmelitano
mínimo
teatino
trinitario
barnabita
cartujo
cartujano
cluniacense
capuchino
cordelero
franciscano
francisco
gilito
terciario
tercero
menor
familiar
conventual
observante
bernardo
dominico
dominicano
escolapio
calasancio
clérigo pobre de la Madre de Dios
isidoriano
alcantarino
lazarista
betlemita
camandulense
crucífero
camilo
agonizante
capacho
obregón
hermano de las Escuelas Cristianas
hermano de la Doctrina Cristiana
asuncionista
celestino
servita
camaldulense
salesiano
misionero
marista
marianita
marianista
pasionista
concepcionista
paúl
siervo

sacramentino
sulpiciano

Compañía de Jesús
orden de la Visitación
escuelas pías
trapa
cartuja
carmen
trinidad
oratorio
clérigos menores
capacha
camándula
camáldula
císter
cistel
aisagua

escolapia
calasancia
clarisa
cordelera
ursulina
teresa
menoreta
beguina
salesa
capuchina
concepcionista
oblata
adoratriz
arrepentidas
magdalenas
asuncionistas
misioneras
hijas de la caridad
hermanas de los pobres
hermanitas de los pobres

observante
claustral
hospitalario
recoleto
mendicante
mendigante
calzado
descalzo
jesuítico
seráfico
abacial
prioral
misional

enclaustrado
secularizado
bigardo
giróvago
exclaustrado
propietario

monacal
comunial
monástico
conventual
reglar
cenobítico
frailero
fraileño
frailengo
frailesco
frailuno
afrailado
monjil
monjero
antimonástico
monásticamente

—

ORDEN SACERDOTAL
(V. *Der. Canónico*)

—

ORDENADA
(V. *Coordenada*)

—

ORDENADO
(V. *Orden*)

—

ORDENAR
(V. *Orden*)

—

ORDINARIO
(V. *Regla*)

—

OREJA
(V. *Oído*)

—

ORFANDAD (30)

orfandad
abandono

abandonar
exponer
enechar
echar a la inclusa
» a o en la piedra

huérfano
enorfanecido
pupilo
pupila
doctrino
niño de la doctrina
expósito
cunero
echadizo
concejil
echadillo
enechado
peño
botado
niño de la piedra
hijo de la piedra
pedrero
inclusero
hijo de la cuna
» » » tierra
guacho
coto
jayón
deshijado

orfanato
asilo
inclusa
albergue
casa de expósitos
cuna
torno
piedra

—

ÓRGANO (29)

órgano
muérgano
realejo
órgano expresivo
claviórgano
armonio
harmonio
organillo
acordeón
sinfonía
concertina
piano

caja
teclado
tecla
doblemano
pedal
contra
secreto
árbol
fuelle
mancha
bocarón
entonadera
ventilla

caño
depósito
registro
clarín
orlo
tapadillo
nasardo
bombarda
flautado
celeste
doblete
eco
voz humana
trémolo
quincena
decimanovena
cañonería
cañutería
lengüetería
trompetería
contras
diapasón
sordina

organizar
teclear
pisar
entonar
manchar

organista
organero
entonador
manchador
palanquero
músico

—

ORGULLO (14, 26)

orgullo
argullo
soberbia
inmodestia
elación
altivez
altiveza
altanería
elevación
arrogancia
ufanía
imperio
lozanía
vanidad
presunción
vanistorio
fantasía
fatuidad
hinchazón
ventolera
quijotismo
entono
entonación
pedantería
suficiencia
afectación
virotismo
pescuezo
descuello
tramontana
ínfulas
fueros
tufos
aires
humos
humillos
flato
alas
barreno
toldo
porra
copete
penacho
postín
jactancia
fausto
satisfacción
confianza
amor propio
estimación propia

enorgullecimiento
ensoberbecimiento
engreimiento
envanecimiento
desvanecimiento
inflación
infatuación
engollamiento
ahuecamiento
endiosamiento
impertinencia
insolencia
descaro
descomedimiento

enorgullecer
altivecer
ensoberbecer
enfurecer
envanecer
desvanecer
engreír
infatuar
halagar
coquetear
adular

ensoberbecerse
enorgullecerse
altivarse
altivecerse
ufanarse
erguirse
engallarse
engolletarse
encampanarse
hincharse
fincharse
inflarse
humear
ensancharse
ancharse
extenderse
ahuecarse
esponjarse
elevarse
encumbrarse
entronarse
entronizarse
endiosarse
vestirse
revestirse
picarse
entonarse
encopetarse
entoldarse
engolondrinarse
enquillotrarse
arriscarse
envanecerse
desvanecerse
engreírse
ensimismarse
infatuarse
hispirse
hespirse

presumir
hombrear
tener a menos
» a deshonra
desdeñarse
despreciarse
darse pisto
ponerse moños
» tonto
no caber en sí
estar uno sobre sí
» o ponerse ancho
no caber en el pellejo
» » en este mundo
tener mucho gallo
ser tieso de cogote
parecer que ha comido asadores
mirarse a la sombra
habérsele muerto la abuela
hablar de papo
levantar el gallo
alzar el gallo
» » grito
alzar la cresta
levantar la cresta
» el vuelo
subir de tono
alzarse, levantarse o subirse a mayores
levantarse a las estrellas

hombre de bigote al ojo
fantasma
fantasmón
lucifer
carcamán
quiquiriquí
vanistorio
coquetón

muñeca
preciosilla
coqueta

inmodesto
orgulloso
argulloso
soberbio
soberbioso
superbo
elato
altivo
altanero
alentado
olímpico
dominante
arrogante
runflante
insolente
encastillado
empampirolado
empingorotado
emperingotado
encrestado
lomienhiesto
lominhiesto
pechisacado
estorado
soplado
envirotado
rozagante

patitieso
tieso como un ajo
encandilado
engolletado
finchado
hinchado
vacío
hueco
empinado
repicado
entonado
cogotudo
encopetado
copetudo
crestudo
vanidoso
vano
tontivano
fantasioso
fantástico
fatuo
ufano
satisfecho
orondo
horondo
afantasmado
estirado
confiado
presumido
presuntuoso
penoso
advenedizo
fanfarrón
pedante

orgullosamente
soberbiamente
soberbiosamente
vanamente
altivamente
desvanecidamente
arrogantemente
encumbradamente
imperiosamente
sobre sí

ORGULLOSO
(V. *Orgullo*)

—

ORIGEN (16)

origen
oriundez
principio
comienzo
razón de ser
causa
génesis
naturaleza
naturalidad
fundamento
fundación
etimología
raíz
cimiento
procesión
sucesión
procedencia
derivación
derivo
arranque
extracción
emanación
antecedencia
ascendencia
prioridad
anterioridad
nacimiento
cuna
familia
nidal
padre
madre
cabeza
venero
minero
mineral
manantial
manadero
fuente
germen
semilla
embrión
seminario
semillero
piedra fundamental
pecado original

proceder
provenir
derivar
arrancar
emanar
dimanar
promanar
nacer
salir
descender
venir
suceder
pulular
ser de
resultar

originarse
seguirse
tener principio
remontarse [agua
tomar de atrás el

procedente
proveniente
descendiente
emergente
emanante
dimanante
originario
oriundo
aborigen
indígena
autóctono
vernáculo
original
primitivo
pristino
primordial
primigenio
fontal
genesiaco
genético
gentilicio
(V. Apéndice)
derivado

originariamente
primitivamente
por parte de
de parte de
de nación
ab ovo
ab initio
desde
de

—

ORIGINAL
(V. *Modelo*)

—

ORIGINARIO de
(V. *Nación*)

—

ORIGINARSE
(V. *Origen*)

—

ORILLA
(V. *Borde*)

—

ORINA (8)

orina
orín
necesidad menor
aguas
» menores
meados
mea
chis
pis
pipí
urea

orinar
hacer aguas
desbeber
mear
jar

micción
meada
meadura
pujo
tenesmo

vejiga
» de la orina
vejigón
zambomba

esfínter
uretra
urétera
fosa navicular
meato
riñón
próstata
aparato genitourinario
pene

urología
mal de orina
incontinencia de orina

angurria
estangurria
estrangurria
estranguria
mal de piedra
litiasis
cólico renal
piedra
cálculo
arenas
arenillas
niebla
diuresis
tisuria
poliuria
disuria
anuria
albuminuria
glucosuria
glicosuria
lactosuria
cianuria
melanuria
diabetes
hematuria
uremia
fosfaturia
cromaturia

cistitis
uretritis
uroscopia
sacarimetría
talla
cirugía
cistotomía
cistoscopio

urólogo

meadero
retrete
mingitorio [ria
columna mingitorio
urinario
orinal
bacín
bacina
bacinilla
servicio
servidor
escupidera
tiesto
tibor
tiorba
chata
galanga

urinario
genitourinario
urinal
úrico
vesical
cístico
urético
diurético
uretral

meón
calculoso
pedregoso
diabético
urémico
poliúrico

—

ORINAL
(V. *Orina*)

—

ORINAR
(V. *Orina*)

—

ORNAMENTACIÓN (11)

ornamentación
decoración
adorno
ornamentaria

gótico florido
barroco
churriguerismo
bizantinismo
arquitectura
escultura
pintura
esgrafiado
marquetería
incrustación
esmalte

ornamentar
decorar
adornar
revestir
aplicar
cubrir
azulejar
cintar
almendrar
agramilar
estriar
istriar
esgrafiar
modelar
estatuar

ornamento [tal
motivo ornamen-
símbolo
atributos
blasón
alegoría
trofeo
medallón
lambrequín
modillón
remate
aplicación
sobrepuesto
moldura
cornisamento
ménsula
panel
painel
tablero
imposta
tracería
crestería
antefija
jambaje
artesón
casetón
arrabá
alizar
encostradura
zócalo
arrimadillo
friso
rodapié
arrocabe
óvolo
botón
espejo
gota
plato
arimez
doselete

antecuerpo
portada
tondo

cola
voluta
hélice
roleo
arquivolta
archivolta
contravoluta
encaracolado
gallón
agallón
subiente
florón
cinto
lazo
ajaraca
ajaracado
meandro
festón
colgante
pinjante
arabesco
alboaire
alicatado
aceituní
almocárabe
almocarbe
mocárabe
ataurique
imbricación
alveolar
acanaladura
canal
estría
ranura
glifo
triglifo
sobredintel
escamado
diente de perro
dentículo
dentellón
dentelete [te
punta de diaman-
almendra
arción
acanto
cardinas
lágrima
perilla
cartón
tarjeta
tarja

borde
orla
marco
cenefa
azanefa
cinta
posta
greca
festón
sobrepuerta
jarrón
antema
mascarón
bicha
gárgola
cariátide
canéfora
quimera
atlante
telamón
estatua

ornamentador
decorador
adornista
escayolista
papelista
empapelador
escultor
churriguerista

ornamental
decorativo
historiado
afiligranado
festoneado
rococó
grotesco

grutesco
brutesco
plateresco
barroco
denticulado
agallonado
angrelado
fajeado
anaglífico

—

ORNAMENTAL
(V. *Ornamentación*)

—

ORNAMENTO
(V. *Ornamentación*)

—

ORO (4)

oro
mina mayor
sol
cachucho
metal precioso

oro nativo
pepita
palacra
palacrana
quijo
piedra filosofal
elixir
elíxir

oro coronario
» obrizo
» de tíbar
» de copela
» guañín
» mate
» batido
» molido
» nativo
púrpura de Casio
oro fulminante
» en polvo
» potable
metal machacado
pan
librillo de oro
metalla

pallón
lingote
tejo
tejón
pasta
tumbaga
chafalonía
similor
electro
oro verde
oropel
dublé
liga
aleación

ley
quilate
grano
contraste

mina
arrugia
bolsa
placer
lavadero

escopetar
apartar
cimentar
apurar
tocar
quilatar
aquilatar

desquilatar
armar
ligar
orificar
dorar
desdorar

crisopeya
alquimia
orificia
apartado
cimentado
apure
pallón
ensaye
toque
agua regia
dorado
platería
orfebrería
joyería
damasquinado
incrustación
pasamanería

cimiento real
cemento real
cendra
crisol
copela
apartador
piedra de toque
aguja de toque

orífice
oribe
orfebre
platero
» de oro
joyero
batidor de oro
batihoja
tirador
quilatador
fiel **contraste**

áureo
aurífero
aurígero
dorado
bajo
enjoyelado
bajo de ley

—

ORTIGA (5)

ortiga
achune
cania
ortiga menor
» moheña
» de pelotillas
» romana
pringamoza
(espina, pua, pincho, etc., V. *Punta*)

ortigar, -se

ortigal

pinchoso
espinoso
urticante
urticáceas

—

ORTOGRAFÍA (28)

ortografía
cacografía
fonetismo [ca
ortografía foneti-
puntuación

puntación
acentuación

escribir
puntuar
pintar
acentuar
abrir el paréntesis
cerrar el paréntesis
comear
entrecomar
entrecomillar

punto
» final
» redondo
puntos suspensivos
línea de puntos
dos puntos
punto y coma
colon
coma
vírgula
comilla
medio punto
inciso
párrafo
parágrafo
aparte
calderón
guión
raya
división
paréntesis
comillas
corchete
apóstrofo
asterisco
admiración
admirante
interrogación
interrogante [te
punto interrogante
ápice
tilde
virgulilla
diéresis
crema

acento
» ortográfico
» prosódico
» tónico
» agudo
» grave
» circunflejo
capucha
espíritu
» áspero
» suave

ortógrafo

ortográfico
diacrítico
fonético

—

ORTOGRÁFICO
(V. *Ortografía)*

—

ORUGA
(V. *Insecto)*

—

OSCILACIÓN (19)

oscilación
vacilación
libración
bamboleo
bambaleo
abaniqueo
mecedura
tabaleo
aneaje
vaivén
zigzag
ir y venir
flujo y reflujo
balance
balanceo
cabeceo
incensada
tumbo
tumba
traqueo
barquinazo
nutación
agitación
vibración
ondulación
temblor
alternación
ritmo

oscilar
vacilar
fluctuar
hacer ojo
temblar
jinglar
titubear
bambolear
trastrabillar
zigzaguear
ondearse
mecerse
cunearse
columpiarse
bandearse
bambolearse
bambalearse
bambonearse
bambanearse

agitar
ondear
tremolar
blandir
mecer
remecer
tabalear
vaivenear
columpiar
hamaquear
balancear
acunar
cunear
cunar
arronar
brizar
anear
arrollar

(contonearse, anadear, etc. V. *Andar)*

cuna
mecedora
columpio
tambesco
hamaca
perpendículo
péndulo
reloj
báscula
balanza

oscilante
vacilante
ondeante
basculante
peneque
oscilatorio
pendular
fluctuante
mecedor

—

OSCILAR
(V. *Oscilación)*

—

ÓSEO
(V. *Hueso)*

—

OSO (6)

oso
osa
oso blanco
» marítimo
» negro
» pardo
» colmenero

osezno
esbardo
escañeto

osera

osuno

—

OSTENTACIÓN
(V. *Jactancia)*

—

OSTENTOSO
(V. *Jactancia)*

—

OTOÑAL
(V. *Otoño)*

—

OTOÑAR
(V. *Otoño)*

OTOÑO (21)

otoño
otoñada
veranillo
» de San Martín
» de San Miguel
entretiempo
tardío
caída de la hoja

otoñar

otoñizo
otoñal
autumnal

al caer de la hoja
» » la pámpana

—

OTRO
(V. *Diversidad)*

—

OVAL
(V. *Elipse)*

—

ÓVALO
(V. *Elipse)*

—

OVARIO
(V. *Matriz)*

—

OVEJA (6)

oveja
ovejuela
oveja renil
atona
artuña
sacadera
calamorra
garria
machorra

res lanar
pécora
rumiante
fanón
cabellos
collejas
lana
roña

carnero
ramiro
balante
velloso
carnero de cinco cuartos
ciclán
chiclán
carnero de símiente

morueco
murueco
mardano
mardal
marón
maroto
carnero llano
» adalid
» de dos dientes

musmón

cordero
corderuelo
cordera
corderuelo
corderilla
año
cordero rencoso
» mueso
» de so cesto
» endoblado
caloyo
cordero recental
» pascual
ternasco
cancín
borro
borra
borrego
primal
añojo
andosco
trasandosco
tercenco
sobreprimado

ganado lanar
» menor
rebaño
majada
carnerada
borregada
reala
rehala
mayoralía
rutel
chicada
cabaña

topar
topetar
tozar
acarrarse
amarizarse
amarizar
ahijar
(balar, etc. V. *Voz)*

amorecer
descorderar
desviejar
desrabotar
escodar
amajadar
empegar
empeguntar
estacionar
doblar
endoblar
emparejar

balido
be
topada
topetada
topetazo
topetón
morocada
mochada
empego
raboteo
esquileo
pastor
carnerero
ovejero
borreguero
cabañero

corral
aprisco
cazarra
paridero
pegunta
empego
empega
bocado

ovino
ovejuno
carneruno
arietino
borreguil

corderino
chotuno
churro
merino
chozpón
liguano
endoblado
rencoso
rubicán
caranegra
cargada
emparejada
lanar
lanío
moriondo

—

P

PABELLÓN
(V. *Cobertizo*)

—

PABILO
(V. *Mecha*)

—

PACER
(V. *Pasto*)

—

PACIENCIA (14, 26)

paciencia
aguante
suportación
sufrimiento
resignación
conformidad
longanimidad
estoicismo
perseverancia
entereza
tolerancia
condescendencia
disimulación
disimulo
connivencia
tragaderas
cabronada
cuajo
correa
flema
filosofía
pasividad
mansedumbre
calma
espera

sufrir
soportar
suportar
padecer
aguantar
resistir
sostener
comportar
endurar
conllevar
sobrellevar
llevar
ofrecer
pasar
vencer
digerir
rustir
trampear
tolerar
permitir
disimular
tragarse
resignarse
revestirse
aguantarse
conformarse
contemporizar
transigir
sacrificarse
encabezarse
jorobarse
aforrarse
fastidiarse
amocharse
afeitarse
amolarse
achantarse
pasar por
ir tirando
acomodarse al tiempo
bajar la cabeza
besar el azote
tascar el freno
tragar saliva
» quina
tener correa
aguantar mecha
» ancas
tener buen estómago [gaderas
tener buenas tra-
» » espaldas
armarse de paciencia
revestirse de paciencia
estar en el banco de la paciencia
probar la paciencia
cargarse de razón
encoger los hombros

hombre de mucha paciencia
yunque
molde de tontos
borricón
borricote
víctima

paciente
sufriente
sufridor
sufrido
manso
disimulador
pacienzudo
conforme
probado
tolerante
comprensivo
consentidor
cornudo
Job

tolerable
sufrible
sufridero
soportable
aguantable
pasadero
llevadero
comportable

intolerable
insufrible, etc.

pacientemente
resignadamente
tolerablemente

¿qué hemos de hacer?
¡cómo ha de ser!
¡vaya por Dios!
¡bendito sea Dios!

paciencia y barajar

—

PACIENTE
(V. *Paciencia*)

—

PACÍFICO
(V. *Paz*)

—

PACTAR
(V. *Convenio*)

—

PACTO
(V. *Convenio*)

—

PADECER
(V. *Pasividad*)

—

PADRE (30)

padre
padre de familia o de familias
cabeza
cabecera
progenitor
autor de (mis, tus, etc.) días
patriarca
amo
papá
papa
papaíto
papi
tata
taíta
padre adoptivo
» putativo
padrazo
padrón
padrastro
tío
compadre
padrino
abuelo

madre
madre de familia o de familias
señora y mayora
ama
vientre
mama
mamá
mamaíta
mami
matrona
matronaza
madrona
madraza
madrastra
tía
comadre
madrina

familia
padres
paternidad
patria potestad
maternidad
patriarcado
matriarcado
suegro
padre político
señor
consuegro
suegra
madre política
señora
consuegra

engendrar
reconocer
legitimar
adoptar

compadrar
consuegrar
consograr
empadrarse
enmadrarse

paterno
paternal
patrio
parental
materno
maternal
matronal
patriarcal
patrimonial
ascendiente

paternalmente
maternalmente

—

PADRINO (30)

padrino
apadrinador
ahijador
compadre
paraninfo
padre de pila
proco
madrina
padrina
comadre
prónuba
padrinos
ahijado

apadrinar
amadrinar
tener en la pila
sacar de pila
compadrar
adoptar

apadrinamiento
padrinazgo
madrinazgo
compadrazgo
compaternidad
comadrazgo
parentesco espiritual
bautismo
confirmación
matrimonio
desafío

—

PADRÓN
(V. *Lista*)

—

PAGANISMO
(V. *Mitología*)

—

PAGAR
(V. *Pago*)

—

PAGARÉ
(V. *Letra* [*de cambio*])

—

PÁGINA
(V. *Libro*)

—

PAGO (33)

pago
paga
bago
pagamento
pagamiento
libramiento
señalamiento
reembolso
reintegro
saldo
amortización
retribución
recompensa
comisión
remuneración
satisfacción
expiación
solución
consignación
granido
subvención
subsidio
rescate
vencimiento
impuesto
avance
bistrecha
bistreta
plazo
prorrata
descuento
menoscuenta
paga viciosa
» indebida o de lo indebido
deuda
precio
tarifa
arancel
costo
coste
costa
gasto
solvencia
insolvencia
recibo

pagar
abonar
satisfacer
ingresar
cubrir

solventar
liquidar
apoquinar
descontar
cancelar
enjugar
extinguir
pitar
desahogarse
poyar
recudir
retribuir
volver
reembolsar
rembolsar
indemnizar
integrar
enterar
reintegrar
saldar
situar
consignar
lastar
desembolsar
anticipar
adelantar
antepagar
socorrer
repagar
prestar
correr
retener
recoger un vale
redondear la hacienda
liberar
costear
contribuir
subvencionar
sufragar
poner
escotar
echar mano al bolsillo
hacer el gasto
rascarse el bolsillo
rascarse la faltriquera
cargar las cabras

gastar
remunerar

orden
mandamiento
libramiento
señalamiento

pagaduría
caja
pagadero
ordenación

pagador
ordenador
cajero
habilitado

pagano
pagote
solvente
satisfaciente
satisfactorio
buena paga
mala paga
perrera
deudor

pagado
pago
satisfecho
pagadero
chivateado

reembolsable
reintegrable
amortizable
impagable

al contado
a toca teja
un real sobre otro
a la inglesa
a escote

—

PAÍS
(V. *Nación*)

—

PAJA (36)

paja
picosa
pajuela
pajón
paja trigaza
cebadaza
paja centenaza
» pelaza
» larga
bálago
pajada
pajaza
pajuz
pajuzo
henazo
granzones
tamo
ajaspajas
suelo

bagazo
lino

rastrojo
restrojo
rispión
pajonal
gabijón

barcina
borguil
balagar
balaguero

pajar
pajera
almiar
niara
montonera
henil
hórreo
granero
cija
boquera
pajería

esterilla

empajar
escomar
pajear
despajar

despajadura
despajo

pajero
pajoso
pajizo
pajuno

—

PAJAR
(V. *Paja*)

—

PÁJARO (6)

pájaro
pájara
pajarraco
pajaruco
pajarote
pajarito
pajarico
pajarillo
pajarería
nidada
bandada
ave
pájaros
conirrostros
dentirrostros
fisirrostros
tenuirrostros
motacílidos
fringílidos
córvidos
trogloditas
cantoras
canoras

ruiseñor
filomela
filomena
chercán
roncal

canario
canaria
talín
granillo (enfermedad)
culero
helera
lera

verderón
verdecillo
verdezuelo
verdón
verderol
verdel
cañamero
acatéchili

jilguero
silguero
sirguero
pintadillo
sietecolores
cardelina
pintacilgo
colorín
golorito
siu
chamariz
chamarón
lúgano
cagachín
gorrión
gorriona
gurriato
gorriato
guacho
guácharo
guacharro
pardal
conoto
copetón
chincol

oropéndola
lútea
oriol
papafigo
virio
víreo
trupial
turpial
turupial

pinzón
pinchón
catachín
triguera
pinzón real
piñonero

alondra
aguzanieves

mirlo
mirla
miruella
miruello
merla
campanero
sinsonte
cenzonte

tordo
torda
tordella
tordillo
tordillejo
chirlomirlo
furare
tordo de agua
» serrano
» mayor
» de Castilla
cagaaceite
cagarrache
charla
zorzal
tordo alirrojo
malvís
malviz
ceoán
golondrina
progne
andorina
andarina
andolina
arandela
golondrino
salangana
avión
vencejo
oncejo
falcino
arrejaque
arrejaco

pardillo
pardilla
pardal
camachuelo
pajarel
pechirrojo
petirrojo
pechicolorado
pintarrojo
loica
lloica

pájaro mosca
» resucitado
tominejo
tomineja
tentenelaire
rundún
chupamirto
picaflor
chupaflor
colibrí
tucuso

reyezuelo
régulo
abadejo
avica
castañeta
cerrajerillo
ruin

herrerillo
trepatroncos
ollera
holleca
herreruelo
cerrojillo

pájaro moscón
papamoscas
moscareta
doral
muscícapa
muscaria

urraca
hurraca
marica
picaza
picaraza
pega
blanca
cotorra
gaya
picazo
alcaudón
caudón
gaudón
verdugo
desollador
pega reborda
picagrega
picaza chillona o manchada
rabilargo
gálgulo
mohíno

cuervo
corvecito
corvato
cacalote
chova
corvino
arrendajo
rendajo
glayo
corneja
grajo
graja
grajuelo
gayo
gallo de monte
grajuno (adj.)
cuerva
cuervo merendero

estornino
tordo [nario
» de campa-
tordancha
papafigo
papahígo
picafigo
becafigo

paro
» carbonero
monje
fringilago
carbonerica

abubilla
upupa
curruca
mosquita
arrendajo
rendajo
ave tonta
ave zonza
pájaro tonto
ave fría
avefría
frailecillo
cristofué
mariposa
clarín de la selva
cuicacoche
moscareta
muscaria
pájaro solitario
pájaro loco
tordo loco
arandillo
trepajuncos
yaacabó
pájaro trapaza
rabo de junco
cardenal
pitpit
pipí
ave del paraíso
manucodiata
pájaro del sol
sabanero
azulejo
guácharo
papagayo de noche
azabache
bengalí
hortelano
alionín
piquituerto
turca
trile
cabrero
ciensayos
cascanueces
carrizo
totí

pitirre
ave lira
yal
urutí
colegial
colilarga
araguirá
tomeguín
tapaculo
negrito
urutaú
zanate
sietecolores
toche
gallito
gallo de roca
loica
tigre
tijuil
agüío
fío
torito
chucao
moriche
danto
totorero
trabajador
paraulata
celestina
cazadora
pidén

pajarear
cazar

pajarero

pajarería
pajarera
jaula
nido
grajero
adrián
helera
lera
alpiste
cañamón

cantor
canoro
gárrulo
harpado
arpado
volandero

—

PALA (11, 36)

pala
laya
coa
zapa
sarsola
esquiparte
achicador
cuchara
vertedor
badil
badila
badelico
espumadera
estrelladera
rasera
paleta
espátula
palustre
lengüetilla
fija

ala de hélice
álabe
(astil, etc. V. *Mango*)

palear
apalear
traspalar
traspalear

palada
paletada
palazo

palero
paleador

—

PALABRA (28)

palabra
vocablo
voquible
verbo
voz
dicho
dicción
expresión
locución
término
terminote
terminacho
terminajo
viveza
lenguaje
materialidad
significación
sinonimia
polisemia
paronimia
paronomasia
homofonía
homografía
onomatopeya
tecnicismo
arcaísmo
neologismo
barbarismo
galicismo
vulgarismo
nomenclatura
terminología
tecnología
léxico
vocabulario
fonación
pronunciación
gramática
parte de la oración

dialectalismo
provincialismo
cultismo
(filipinismo, argentinismo, chilenismo, etc. V. *Lengua*)

nombre
prosodia
ortografía

vocabulista
verbalista

verbal
oral
sinónimo
homónimo
homófono
homógrafo
parónimo
antónimo
bilítero
trilítero
cuadriliteral
tetragrámaton
monosílabo
polisílabo
parisílabo
técnico
campanudo
vulgar

verbalmente
de palabra
en voz
a boca

—

PALACIO
(V. *Rey*)

—

PALANCA (2)

palanca
palanqueta
alzaprima
perpalo
espeque
mangueta
barra
palo
manuella
garrote
bayal
aliviador
pedal
guimbalete
empergue
ceprén
pie de cabra
arrancaclavos
torniquete
barrón
barreta
pinzón
leva

brazo
fulcro
hipomoclio
hipomoclion
punto de **apoyo**

apalancar
alzaprimar
embarrar
sopalancar
apontocar
arronzar
ronzar
tranquear
apoyar

palanquero
apalancamiento

PALEONTOLOGÍA
(V. *Fósil*)

PALETA
(V. *Pala*)

—

PALIDECER
(V. *Decoloración*)

—

PALIDEZ
(V. *Decoloración*)

—

PÁLIDO
(V. *Decoloración*)

—

PALMA
(V. *Palmera*)

—

PALMERA (5)

palmera
estípite
hijuela
palma
» real
palmiche
palma indiana

cocotero
seje
cocal (lugar)
cocotal (lugar)

macagüita
areca
bonga
miraguano
yuraguano
guano
yolillo
carandero
latania
fénix
catey
támara
caña danta
carosiero
burí
bulí
yagua
sotole
palmiche
palma negra
coyol
nipa
palmito
margallón
palmitera
yatay
yarey
moriche
chaguarama
chaguaramo
sagú
rota
caña de Indias
» de Bengala
roten
palasan
junco de Indias
junquillo
rafia
yuquilla
camotillo
caranday
carandaí

dátil
támaras
coco
laña
copra
canoa

palmar
támara
palmero

trepadera
palmífero
palmar
datilera
palmeado

—

PALO (11, 34, 36)

palo
(mástil, palo mayor, mesana, etc. V. *Arboladura*)
poste
puntal
chanto
hinco
jalón
madrina
tutor
rodrigón
apoyo
mástil
mástel
mayo
mango
empenta
madero
fustanque
fusta
espárrago
varizo
palitroque
palitoque
palote
tocho
coa
berlinga
pértiga
pertigal
cimillo
pinga
esteba
camal
varal
varapalo
vara
varita
varilla
rama
abarra
fuste
tallo
tronco
caña
junco
varejón
vareta
vergueta
vergeta
vírgula
verdasca
vardasca
garrote
garrota
tolete
listón
moldura
ristrel
rastrel
maestra
iguala
taujel
teguillo
tablizo
macana
tarja
tara
aguijada
bichero
cogedera
derrengo
zanga
guizque
palanca
cabio
cárcel
tranca
tranquilla
trangallo
taragallo
trabanco
tramojo
carlanca
marrillo
clava
ferrada
porra
cachiporra
maza
mazo
chivata
cayado
cayada
gayata
cachava
gancho
porrudo
bastón
balancín
zanco
caduceo
tirso
cilindro
barra
estaca
estacón
várgano
garrocha
garlocha
bolo
birla
bolín
estabuyo
zampa
pilote
bance
trenca
calvete
bimbalete
palazón
listonería

apalear
verguear
varear
empalar
golpear
azotar

—

PALO (Mar.)
(V. *Arboladura*)

—

PALOMA (6)

paloma
palomo
paloma silvestre
» brava
» torcaz
torcazo
urpila
yuré
sisella
paloma zorita, zura, zurana o zurita
paloma tripolina
» palomariega
» real
» rizada
» de toca
» monjil
» de moño
» moñuda
» buchona
» calzada
» duenda
» mensajera
palomo zarandalí
» zumbón
» ladrón
gura
azulona
camao
tojosita
collareja
cuculí
colipava
coliteja
pichón
palomino

arrullar
zurear
cantalear

palomear

arrullo
arrullamiento
zureo
colombofilia
palomar
palomera
descalzadero
palomina
nido
hornilla
bebedero
traba

palomero
colombófilo

columbino
zuro
zurano
zurito
zorito
gabacho
arrullador

—

PALPAR
(V. *Tacto*)

—

PAN (9)

pan
gracia de Dios
pan fermentado
peso de artifara
artifara
artife
marquiartife
hartón
segundillo
morena
pan de perro
perruna
canil
moyana

pan subcinericio
» de munición
» candeal
» de flor
» floreado
» de Viena
» aflorado
» regañado
» pintado
» sentado
» bazo
» de poya
» ázimo
» ceneño
hallulla
hallullo
jallullo
borona
mixtura
panchón
fisga
acemita
arepa
molleta
tortuca
cantuda
galleta
toña
soma
andada

corteza
miga
migajón
molledo
molla
regaño

hogaza
libreta
cuartal
panecillo
ceneque
chusco

mollete
pan mollete
coqueta
francesilla
doblero
criadilla
bizcochada
alcachofa
rollo
telera
pan mediado
cocol
gallofa
rosco
roscón
rosca
suegra
trena
trenza
catuto
marraqueta
bodigo
panática
morrocote

galleta
telera
broa
totoposte
bizcocho
mazamorra
costra
barquillo
suplicación
perillo
fulla
hostia
oblea [caciones
cañutillo de supli-
cantero
canto
canterito
zoquete
zato
rosigón
cuscurro
corrusco
coscorrón
sequete
esmola
codorno
carolo
mendrugo
rebojo
regojo
regojuelo
migajas
migaja
miaja
meaja
migajón
migajuela
meajuela
borona
farallo
masón

sopa
sopón
pampringada
pringada
mojada
mánfanos
soponcio
sopeteo

rebanada
tostada
untada
picatoste
mantecada
melada
torrija
torreja
tostón
tiborna
sopetón
churrusco
zurrusco

sopas
migas
gazpacho

pan seco
bocadillo
emparedado
sandwich
butifarra
companage
compango
cundido
cabañería

panificar
panadear
fresar
amasar
heñir
leudar
lleudar
aleudar
ludiar
leudarse
venirse
recentar
fermentar
gramar
pintar
cocer
hornear
ahornar
servir
arrojar
bizcochar
escalfar
descanterar
migar
desmigar
desmigajar
ensopar
sopar
sopear
sopetear
engañar el pan
mojar
pringar
empringar
sacar a pulso
cuscurrear
empanar
estar metido en harina

ahornarse
olivarse

panificación
panadeo
panadería
hornería
amasadura
masa
amasijo
tendido
hornada
cochura
mano
levadura
recentadura
hornaje
poya

panadería
tahona
atahona
apagador
calahorra
red
horno
horno de poya
» » campaña
padilla
barredero
amasadero
estrado
artesa
artera
budare
panera
hintero

masera
pintadera
carretilla
cayana

barquillero
hostiario
hostiero
añacal
panero
panera

panadero
tahonero
tahonera
atahonero
artifero
arrobero
panetero
hornero
cocolero
molletero
galletero
barquillero
suplicacionero
anacalo
canastero

paniego
candeal
candial
cereal
blanquillo
ácimo
floreado
aflorado
albarico
albarigo
albarejo
bregado
miguero
metido en harina
ciego
correoso
sentado
leudo
artófago

—

PANADERO
(V. *Pan*)

—

PANAL
(V. *Abeja*)

—

PANDERO
(V. *Tambor*)

—

PANECILLO
(V. *Pan*)

—

PANTALÓN (10)

pantalón
» bombacho
calzón bombacho
bombacha
follados
afollados
calzones
briaga
braga
bragas
zahones
zafones
delanteras
calzoneras
zamarros
chaparreras
pedorreras
botarga
garrasí
gregüescos

trusas
zaragüelles
alares
arrojados
valones
embudos
enagüetas
taleguilla

calzoncillos
pañetes
pijama

taparrabo
pampanilla
calembé
calza
calzón
calzas
tirantes
leonas
follosas
butifarras
calcillas
calzas atacadas
» bermejas
calzacalzón
medias
calzado

pernil
pernera
bragueta
manera
botica
trampa
trampilla
portañuela
alzapón
bragadura
entrepiernas
tiro
hondillo
fondillos
culera
cachirulo
boquilla
rodillera
pretina
trabilla
trincha
tirante
jarretera
charretera

atacar
desatacar
atacarse
desatacarse

sastre
pantalonera

culirroto
desbraguetado

—

PANTALLA (2, 11)

pantalla
transparente
volante
antipara
mampara
alaroz
hoja
biombo
iconostasio
cancel
camón de vidrios
visera
parabrisas
quitasol
persiana
tulipa
globo
reflector

sombrajo
sombra
toldo
cubierta

—

PANTANO (3, 36)

pantano
lago
laguna
embalse
marisma
ciénaga
vivero
certeneja
paúl
paular
trampal
pantanal
chortal
boteal
marjal
almarjal
llama
llamazar
llamargo
tabora
baña
bañil
bañadero
bañado
charca
charco
aguachar
encharcada
charcal
torco
bache
pecinal
lagareta
lagarejo
cilanco
chilanco
regajo
regajal
saladar
lavajo
nava
navajo
navazo
guedir
lagunajo
lagunazo
buhedo
bodón
poza
pozuela
pozanco
basa
balsa
balsa de sangre
embalsadero
badina
balsete
balsar
estero
estuario
restañadero
esteral
tolla
tollo
tolladar
ontrón
tremedal
tremadal
tembladal
tembladero
lodazal
polder
lodo
entarquinamiento
avenamiento
paludismo

empantanar
apantanar
aguazar
encharcar

embalsar
alagar
inundar
empozar
entarquinar
avenar
desecar

empantanarse
entramparse
aguarse

navacero

pantanoso
palustre
palúdico
alagadizo
anegadizo

—

PANTANOSO
(V. *Pantano*)

—

PAÑETE
(V. *Paño*)

—

PAÑO (10)

paño
mediopaño
sobrepaño
pañete
paño pardillo
pardillo
paño buriel
buriel
paño berbí
pardomonte
paño doceno
» catorceno
» dieciocheno
» veinteno
» veintidoseno
veintidoseno
paño veinticuatreno
veinticuatreno de capas
paño veintiseiseno
» veintiocheno
» treintaidoseno
contray
velarte
vellorí
vellorín
villorín
entrapada
grana
durando
palmilla
vicuña
cheviot
alpaca
estambre
sedán
castor
castorina
casinete
limiste
raja
rajeta
lana
fieltro
terciopelo

conrear
enconrear
arquear
arcar
abatanar
batanar

enfurtir
infurtir
rebotar
tundir
desborrar
despinzar
desmotar
escurar
desbruar
enjebar
engazar
enramblar
orillar
desorillar
descodar
desliñar
enmondar
descolar
apuntar
tabellar
atabillar

obraje
pelairía
enfurtido
tunda
tundición
tundidura
deslustre
enjebe
conreo
celestre
redopelo
rodapelo
redropelo
bancada
pilada

muestra
haz
cola
orillo
vendo
hirma
pezolada
lanilla
granilla
mota
vellora
borra
curesca
flojel
flojuelo
tundizno
tondiz
juarda
suarda
rancio
clara
envoltorio
doblado

pañería
obraje
batán
martinete
estante
mangueta
abete
bancada
rambla
rama
cardón
carda
rebotadera
tundidora
desmotadera
despinzadora
despinzas
despinces
greda
tierra de batán

pañero
pelaire
cardador
batanero
pilatero
tundidor
tundidora
despinzadera
desmotador
desmotadera
desmotadora
engazador
frisador
tirador

apañado
juardoso
acipado
infurto
canillado
acanillado

—

PAÑUELO (10)

pañuelo
pañizuelo
pañoleta
pañolón
chal
serenero
manto
sabanilla
mantón
» de Manila
tápalo
tonto
capidengue
zorongo
toquilla
tocado
cenefa
fleco
bordado

pañuelo de bolsillo [no
pañuelo de la ma-
» de hierbas

moquero
mocador
mocante
fazo
lienzo
sonadero
sonador
sudadero
sudario

pañolero
pañolera

pañolería

—

PAPA (1)

papa
pontífice
Padre Santo
Santo Padre [sia
cabeza de la Igle-
vicario de Jesucristo
Siervo de los siervos de Dios
vicediós
vicecristo
el pastor sumo
» » universal
dalai-lama
jerarca
papista
antipapa
papisa

curia romana
vaticano
cardenal
prelado
prelado doméstico
legado
nuncio
camarero
nepote
clericato de cámara

pontificar
crear
preconizar
adorar
recibir con palio

advenimiento
ascensión
asunción
sede plena
» vacante
consistorio
» público
» secreto
cámara apostólica
(conclave, V. *Cardenal*)

pontificado
papado
papazgo
sede apostólica
Santa Sede
silla
tiara
cátedra [dro
» de San Pe-
llaves de la Iglesia
Roma
Vaticano
infalibilidad
antipapado
antipontificado
nepotismo

encíclica
bula
breve
decreto
decretal
decretales
extravagante
motu proprio
concordato
rescripto pontificio
beneficio exento
dispensa
dispensación
pontifical

limosna de San Pedro
dinero de San Pedro
quindenio
diezmo [ca
renta **eclesiásti-**
silla gestatoria
tiara
camauro [dor
anillo del Pesca-
sandalia
mula
orario

santidad
beatitud
santísimo
Beatísimo Padre

papista
ultramontano
güelfo

pontificado
pontifical
pontificio
papal
papalino
papable
apostólico
vaticano
rescriptorio
consistorial
pontificalmente
papalmente
consistorialmente
ex cathedra

PAPAGAYO
(V. *Loro*)

—

PAPAL
(V. *Papa*)

—

PAPEL (28, 29)

papel
papiro
papel continuo
» de tina
» de mano
» de barba o de barbas
» de marca
» vergé
» verjurado
» vergueteado
» pluma
» de marca mayor
» de marquilla
» florete
» de seda
» de culebrilla
» de China
» japonés
» tela
» de fumar
» secante
» de calcar
» carbón
teleta
papel de estraza
» de estracilla
» de añafea
» de filtro
» de envolver
estracilla
papel quebrado
» costero
» atlántico
folio atlántico
papel de lija
lija

barbas
puntizones
corondel
marca de agua
filigrana

papel blanco
» en blanco
» ahuesado
» cuché
» sellado
» rayado
» pautado
» de música
» cuadriculado
» de luto
» sellado
» pintado

(ferroprusiato, etcétera, V. *Fotografía*)
(pergamino, etc. V. *Piel*)

pliego
» común
» prolongado
pieza
plieguecillo
plana
llana
cuartilla
volante
hoja volante
octavilla
cuaderno
cuadernillo
mano
costera
resma
» sucia
resmilla
bala
balón
rollo
legajo
ligarza
bolsa
cucurucho
sobre
envoltorio
celofán
paquete
carpeta
cartapacio
papelorio
papelería
papelote

cartón
» piedra
pasta
maculatura
papelón
cartulina
bristol
ficha
papeleta
cédula
tarjeta
tarja
tarjetón
invitación
esquela
carta
documento

esquinzar
desguinzar
arrepistar
glasear
satinar
calandrar
batir
acartonar
encartonar
empapelar
desempapelar
papelear
enlegajar
recortar
desbarbar

empapelado
papeleo
arrepisto
recortado
cortadura
recorte
acartonamiento

papelero
cartonero
laurente
apartador
levador
satinador

empapelador
papelista

papelera (fábrica)
papelería
cartonería

esquinzador
pasta
filigrana
lechada
desguince
guillotina
teleta
malleto
calandria
molino
pezón
espito
pudridor
henchimiento
floreta
trabanca
plegadera

papelero
continuo
caloso
hierático
cartonero
acartonado

—

PAQUETE
(V. *Embalaje*)

—

PAR
(V. *Dualidad*)

—

PARADA
(V. *Detención*)

—

PARAGUAS (10)

paraguas
quitaguas
antucá
lluvia

quitasol
sombrilla
parasol
guardasol
sombra

varilla
varillaje
paragüero

paragüería

paragüero

aparasolado

—

PARALELISMO (17)

paralelismo
equidistancia
paralela
paralelepípedo
pauta
pentágrama
línea

corrocar

cartabón
gramil

paralelo
equidistante

paralelamente
longitudinalmente
a hilo
al lado
a lo largo de
frente a

—

PARALELO
(V. *Paralelismo*)

—

PARALELOGRAMO
(V. *Cuadrilátero*)

—

PARÁLISIS
(V. *Entumecimiento*)

—

PARAR
(V. *Detención*)

—

PARASITISMO
(V. *Parásito*)

—

PARÁSITO (6, 12)

parásito
epizoario
endoparásito
entozoario
hongo
musgo
helecho
criptógama
moho
muérdago
almuérdago
liga
marojo
agraz
tiñuela
cuscuta
epítimo
casaisaco
cenizo
añublo
cornezuelo
mildiu
tizón
carbón
oídio
filoxera
patología vegetal
piojo
tiña
sarna
ácaro
abuje
rezno
estro
nigua
pulga
chinche
garrapata
ladilla
mosquito
pulgón
insecto
filaria
triquina
gusano
lombriz
lombriz intestinal
bacteria

parasitismo
parasitología
entozoología
desinsectación

parasiticida
parasítico
parasitario
radicícola

—

PARCIAL
(V. *Parte*)

—

PARCIALIDAD
(V. *Injusticia*)

—

PARCO
(V. *Parsimonia*)

—

PARED (11)

pared
paredón
plomada
pared mediana
» maestra
» medianera
medianería
medianil
muro
murete
muralla
murallón
jorfe
duba
dique
traviesa
citara
acitara
citarilla
citarilla sardinel
cerramiento
manguardia
tabique
» de carga
» de panderete
» sordo
antosta
tabicón
pared horma
horma
hormaza
albarrada
tapia
tapia acerada
» real
tapial
encajonado
gavera
pirca
pilca
costrada
quincha
bajareque
respaldo
respaldón
espaldera
cortafuego
tapiería
tabiquería
cercado
edificio
cimientos
fortificación

paramento
lienzo
panel
painel
paño
acera
hostigo
entrepaño
entreventana
macizo
contrafuerte
hastial
pilastra
arco
bóveda
romanato
remate
friso
cornisamento
vano
encuentro
rinconera
esquina
cantón
arrimo
mocheta
cuchillo
aguilón
albardilla
mojinete
albardón
aleta
sardinel
parapeto
antepecho
colaña
mamparo
desconchado
gatera
mechinal

inclinación
esviaje
viaje
retallo
retranqueo
descarga
releje
garrote
mechinal
agujal
enjarje
diente
dentellón
adaraja
releje
grieta
hendedura

murar
levantar
erigir
emparedar
tabicar
apuntalar
apoyar
retallar
relejar
retranquear
trujar
acerar
desconchar
empapelar

albañilería
mampostería
cantería
verdugo
verdugada
punto de fábrica
emplenta
tepe
cajón

tapial
aguja
codal
costal

mural
parietal
preñado
escalfado

—

PAREJA
(V. *Dualidad*)

—

PARENTESCO
(V. *Familia*)

—

PARIENTE
(V. *Familia*)

—

PARIR
(V. *Parto*)

—

PARLAMENTARIO
(V. *Asamblea*)

—

PARLAMENTO
(V. *Asamblea*)

—

PÁRPADO
(V. *Ojo*)

—

PARRA
(V. *Vid*)

—

PÁRROCO
(V. *Parroquia*)

—

PARROQUIA (1)

parroquia
iglesia
iglesia parroquial
feligresía
anejo
ayuda de parroquia
sagrario
pila
curato
campana
colación
territorio
abadía
rectoral

arreglo parroquial
derecho parroquial
parroquialidad
cuarta funeral
cura de almas
curato
vicaría perpetua
coadjutoria
tenencia
economato
registro
partida
asiento
fe
obituario

aparroquiar
desaparroquiar

párroco
cura
» párroco
» de almas
» propio
» ecónomo
vicario perpetuo
abad
plébano
doctrinero
prior
rector
coadjutor
sotacura
sacerdote
parroquiano
feligrés
parroquia
feligresía

parroquial
aparroquiado
sufragáneo

—

PARROQUIAL
(V. *Parroquia*)

—

PARSIMONIA (26, 33)

parsimonia
parquedad
parcidad
frugalidad
moderación
prudencia
ahorro
mezquindad
avaricia

economizar
ahorrar
guardar
endurar
lacerar
estirar
contar los bocados

estrecharse
ceñirse
recogerse
reducirse

parco
frugal
moderado
mesurado
mirado
ceñido
económico
ahorrativo
deslucido
mezquino
parcísimo
parsimonioso
religioso

parcamente
módicamente
religiosamente
a puñados
con cuentagotas

—

PARTE (22)

parte
» integral
» integrante
» alícuota
» alicuanta
fracción
división
número quebrado
proporción
cuota
cota
contingente
lote
escote
ración
partija
apartijo
apartadijo
porción
pedazo
fragmento
trozo
pieza
cacho
tranco
sección
tramo
segmento
sector
cuerpo
ala
extremo
cabo
punta
compartimiento
miembro
ramo
ramal
lóbulo
pie
pierna
núcleo
elemento
material
ingrediente
pormenor
detalle
accesorio
ajilimójili

tajada
presa
posta
tarazón
rebanada
roncha
loncha
lonja
rueda
cantero
gajo
raja
rodaja
témpano
bocado
mordisco
raedura
roedura
cercenadura
cercenamiento
rescaño
residuo
viruta
limaduras

astilla
astillón
esquirla
desportilladura
rotura
repelón
casco
tiesto
añicos
mazamorra
salpicón

partícula
partecilla
parcela
piecezuela
pecezuela
pedazuelo
parcela
triza
jirón
migaja
miga
migajada
migajuela
miaja
meaja
meajuela
pizca
chispa
amparo
ostugo
ápice
grano
gota
corpúsculo
molécula
átomo
brizna
pavesa
punto
mínima
pequeñez

partir
dividir
fragmentar
romper
cortar
separar
arrancar
descomponer

parcial
partitivo

fragmentario
fraccionario
incompleto
integral
integrante
diviso
divisional
divisionario
bífido
trífido
trilocular
unilateral

-avo
deci-
centi-
mili-

mitad
subduplo
sesquiáltero
bipartido
dicotómico
tercio
tercia
terzuelo
tripartito
trimembre
tricótomo
tricotómico
cuarto
cuarta
cuartel
cuarterón
cuaderna
cuadrante
quinto
requinto
sexto
sexma
sesma
seisavo
séptimo
sétimo
septeno
octavo
ochava
noveno
décimo
décima
decimal
undécimo
onceno
onzavo
duodécimo
duodeno
doceno
dozavo
duodecimal
dozavado
uncia
dodrante
trezavo
trecén
catorzavo
quindécimo
quinzavo
dieciseisavo
diecisieteavo
dieciochavo
diecinueveavo
vigésimo
veintésimo
vicésimo
veintavo
veinteno
trigésimo
tricésimo
treinteno
treintavo
treintena
treintaidosavo
cuarentena
cuadragésimo
cuarentavo
cincuenteno
quincuagésimo
cincuentavo
sexagésimo
sesentavo
septuagésimo
setentavo
octogésimo
ochenteno
ochentavo
nonagésimo
noventavo
centésimo
centeno
centavo
céntimo
ducentésimo
tricentésimo
cuadringentésimo
quingentésimo
sexcentésimo
septingentésimo
octingentésimo
noningentésimo
milésimo
diezmilésimo
cienmilésimo
millonésimo
diezmillonésimo
cienmillonésimo
milmillonésimo
diezmilmillonésimo
cienmilmillonésimo
billonésimo

parcialmente
en parte
a partes
por partes
a pedazos
en pedazos
hasta cierto punto

—

PARTICIPACIÓN (33)

participación
coparticipación
fautoría
implicación
copropiedad
coposesión
medianería
indivisión
comunidad
comunión
solidaridad
condominio
consorcio
» foral
asociación
intervención
ayuda
colaboración
aparcería
alparcería
facería
partido
quiñón
parte
porción
retracto de comuneros

participar
terciar
mojar
pringar
compartir
intervenir
jugar
entrar en
tomar parte en
tener parte en
ser parte en
ir a la parte
llamarse a la parte
subscribirse
ir a pérdidas y ganancias
entrar a la parte
» por uvas
ir de cuartillo
hacer tercio
meter las manos
» uno la mano en un plato
con otro
sacar tajada
pegar mangas
mezclarse una cosa en otra
entremeterse
promiscuar
pringar en todo

dar parte
hacer partícipe
comunicar
interesar

partícipe
participante
fautor
parte
porcionero
porcionista
particionero
parcionero
parcial
copartícipe
cointeresado
copropietario
coposesor
condueño
condómino
mediero
comunero
aparcero
partidario
alparcero
comunicante
cómplice
codelincuente
correo
consorte
compadre
comadre

común
comunal
solidario

mancomunadamente
acumulativamente
solidariamente
en común
de mancomún
de comunidad
pro indiviso
a medias
entre

—

PARTICIPAR
(V. *Participación*)

PARTICIPIO
(V. *Verbo*)

—

PARTÍCULA
(V. *Parte*)

—

PARTICULAR
(V. *Particularidad*)

—

PARTICULARIDAD (16)

particularidad
especialidad
propiedad
singularidad
unidad
peculiaridad
cualidad
esencia
individualidad
idiosincrasia
carácter
personalidad
intimidad
especialización
distinción
determinación
particularismo
exclusivismo
individualismo
escolasticismo
casuísmo
rareza
prodigio

particularizar
individualizar
individuar
identificar
especificar
distinguir
determinar
aislar
singularizar

particularizarse
singularizarse
distinguirse
especializarse

individualista
exclusivista
especialista

particular
especial
peculiar
característico
respectivo
específico
técnico
unívoco
propio
privativo
taxativo
privado
individual
individuo
personal
singular
único
solo
exclusivo
casuístico
circunstancial
extraordinario
portentoso
prodigioso
extraño
raro
extravagante
sui géneris

particularmente
especialmente
individualmente
singularmente
peculiarmente
señaladamente
mayormente
característicamente
específicamente
privativamente
privadamente
numéricamente
en particular
en especial
ad hoc

—

PARTICULARIZAR
(V. *Particularidad*)

—

PARTIDA (19)

partida
partencia
leva
marcha
propartida
encaminamiento
ida
retirada
evacuación
traslación
viaje
huida
salida
éxodo
despedida
ausencia
destierro
abandono
emigración
despoblación

marchar
partir
salir
arrancar
empuntar
desalojar
evacuar
desamparar
huir

marcharse
irse
retirarse
ausentarse
alejarse
despedirse
quitarse
levarse
mudarse
largarse
alargarse
guillarse
guiñarse
miñarse
fletarse
najarse
pirarse
alarse
estar con las botas puestas
estar con las espuelas calzadas
estar con el pie en el estribo
irse con Dios
alzar velas
levantar velas
alzar el vuelo
levantar el vuelo
tomar el tole
» la puerta
» la pipa
coger la puerta
» el camino
» la calle
volver las espaldas
tomar el portante
» el pendil
» el pendingue
» la rauta
» el trote
liar el hato
» los bártulos
hacer la maleta
ponerse en camino
coger el hatillo
ahuecar el ala
irse bendito de Dios
» mucho con Dios
salir, partir, de estampía
salir atestando
de levante
con un pie en el estribo

PARTIDARIO
(V. *Adhesión*)

—

PARTIDO
(V. *Adhesión*)

—

PARTIR (dividir)
(V. *División*)

—

PARTO (8, 32)

parto
alumbramiento
parición
malparto
omotocia
distocia
parto revesado
sobreparto
puerperio
paridera
entuertos
tuertos
mueso
loquios
fiebre puerperal
fiebre láctea
eclampsia puerperal
preñez
nacimiento
feto
cría
purificación
misa de parida

aborto
abortamiento
abortadura
movedura
abortón

parir
alumbrar
acostar
dar a luz
despachar
despacharse
librar
malparir
abortar
artuñar
mover
amover
tener la barriga a la boca
estar con la barriga a la boca
estar en días de parir
estar con dolores
romper aguas
salir de su cuidado
ser una coneja

gemelos
mellizos
trigéminos

partear
alumbrar
coronarse

partería
obstetricia
tocología
distocología
versión
operación
» cesárea

partera
comadre
matrona
comadrona
comadrón
tocólogo
partero
casa de maternidad
inclusa
paridera
fórceps
potro
pelvímetro
alezo

parturiente
parturienta
parida
encaecida
puérpera
malparida
primípara
primeriza
secundípara
multípara
paridora
cadañera
ovípara
vivípara
ovovivípara

puerperal
distócico
abortivo
ectrótico
nonato

—

PARVA
(V. *Trilla*)

—

PASA
(V. *Uva*)

—

PASADO (21)

pasado
la vida pasada
ayer
anterioridad
antigüedad
ancianidad
retrospección
retroactividad

pasado
pretérito
anterior
próximo
lejano
remoto
de marras
antepasado
antiguo
fiambre
vencido
caducado
retrospectivo
retroactivo
ex
que fue

retrotraer

ayer
anteayer
anteanteayer
trasanteayer
anoche
ayer noche
anteanoche
anteanteanoche
trasanteanoche
antaño
otrora
ya
allá
atrás
antes
un tiempo
en otro tiempo
hace tiempo
el otro día
últimamente
de antes
de días
hasta aquí
desde entonces
acá
yendo y viniendo días
in illo témpore
ab eterno

—

PASAJE
(V. *Tránsito*)

—

PASAMANERÍA (10)

pasamanería
cordonería
galoneadura
cordón
felpilla
primal
fiador
galón
trencilla
trencillo
trencellín
trancelín
vivo
sutás
pasamano
orifrés
garapiña
esterilla
alfardilla
cartusana
franja
fres
franjón
franjuela
vira
serreta
sardineta
bastoncillo
ojo de perdiz
golpe
bellota
agremán
fleco
flequezuelo
engandujo
canelón
cañutillo
rapacejo
flocadura
cerras
borla
borlón
madroño
tachón
campanilla
cairel
alamar
gusanillo
bricho
hojuela
escarchado
ramo
cadejo
cabete
herrete
hilo
cinta
bordado
adorno
pasamanar
galonear
trencillar
encordonar
cairelar
armar

pasamanero
cordonero
galoneador

pasamanería
cordonería
carretillo
maesilla
bolillo
rapacejo

encordonado
floqueado
fresado

—

PASAMANO
(V. *Pasamanería*)

—

PASAR
(V. *Tránsito*)

—

PASATIEMPO (31)

pasatiempo
diversión
devaneo
trastulo
conversación
tertulia
juego
juego de ingenio
» de palabra
» de sociedad
» de prendas
» del oráculo
solitario
rompecabezas
retruécano
calambur
juego de vocablos
» de voces
acertijo
acertajo
adivinanza
adivinaja
cosa y cosa
quisicosa
cosicosa
quesiqués
quincena
fuga de vocales
» de consonantes
ovillejo
logogrifo
jeroglífico
charada
todo
crucigrama
palabras cruzadas

problema

sacar
resolver
acertar
temporizar
echar damas y galanes
jugar los años

—

PASEAR
(V. *Paseo*)

—

PASEO (19)

paseo
paseata
ambulación
caminata
excursión
gira
expedición
bordada
pavonada
ejercicio
vectación
equitación
cabalgata
excursionismo
partida de campo
viaje

pasear
andar
deambular
callejear
ruar
vagar
orearse
airearse
salir
rondar
tomar el aire
» el sol
dar un paseo
dar una vuelta
hacer la rúa
estirar las cuerdas
» las piernas
extender las piernas
dar bordadas
» barzones

paseo
plaza
calle
camino
paseadero
paseador
andén
espolón
ambulacro
alameda
pretil
rambla
prado
acirate

caravana
expedición
ronda
duende

paseante
paseador
salidero
excursionista
peripatético

—

PASIÓN (14)

pasión
pasioncilla
afecto
vicio
sentimiento
emoción
amor
erotismo
aborrecimiento
ira
temor
accidente
deseo
afición
manía
enfermedad
muerte
gusanera
cadena
sujeción
llama
flama
fuego
incendio
volcán
efusión
arranque
arrechucho
ímpetu [to
primer movimiento
apasionamiento
acaloramiento
encendimiento
cebo
excitación
fiebre
fanatismo
entusiasmo
ceguera
ceguedad
paroxismo
extremos
efervescencia
locura
violencia
vehemencia
desfogue
sedición

apasionar
concebir
excitar
inflamar
retozar
bailar
penetrar
labrar
pungir
combatir
desfogar
prorrumpir
desbordar, -se
desencadenar
respirar
curar

apasionarse
abandonarse a
meterse en
entregarse a
engolfarse
empaparse
desmorecerse
perecerse
exaltarse
encresparse
inflamarse
encandilarse
calentarse
abrasarse
quemarse
recocerse
hervir
rehervir
palpitar
reventar
estallar
darse a
arder en
morir de
hervir la sangre
anudarse la voz
hacer extremos

apasionado
compasionado
prisionero
cautivo
ciego
ebrio
borracho
loco
esclavo

pasional
violento
vehemente
ardiente
patético
fanático
paroxístico
intenso
tirano
volcánico
febril
irresistible

apasionadamente
perdidamente

—

PASIVIDAD (27)

pasividad
paciencia
pasión
padecimiento
sufrimiento
pasibilidad
susceptibilidad
sensibilidad

padecer
sufrir
sentir
percibir
experimentar
ser objeto de
pasar
recibir
aceptar
tolerar
soportar
permitir
incurrir en
tomar
penar
lastar
aguantar
expiar
tomarle a uno
tener buenas espaldas
pasar por las picas

pasivo
paciente
víctima
mártir
carnaza
amolado
pasible
sensible
susceptible

pasivamente
a merced de
expuesto a
sujeto a

—

PASIVO
(V. *Pasividad*)

—

PASO (19)

paso
pasito
contrapaso
patada
zancada
tranco
trancada
cosetada
pisada
calcas
pinos
pinitos
paso militar
» corto
» largo
» redoblado
» ligero
» de ataque

paso de carga
» lento
» regular
» ordinario
» lateral
» adelante
» atrás
compás recto
» curvo
» transversal
paso de **danza**

andar
marchar
llevar el paso
apretar el paso
marcar el paso

cuentapasos
odómetro
hodómetro
podómetro

pasilargo
pasicorto

—

PASTA (9)

pasta
pastosidad
pastilla
masa
gachas
crema
pasta alimenticia
sémola
farro
alfitete
gurullo
celulita
carquiñol
alcuzcuz
cuzcuz
cuscús
fideos
aletría
estrellas
tallarines
ravioles
macarrones
sopa

empastar
repastar
amasar

fideero

pastoso
cremoso

—

PASTAR
(V. *Pasto*)

—

PASTEL (9)

pastel
pastelejo
pastelón
quesadilla
saboyana
gloria
cubilete
fajardo
bartolillo
timbal
empanadilla
aguja
repulgo
empanada
caldada
follada
costrada
monterrey
descubierta
destapada
artal
artalejo
artalete
tamal
bola
hayaca
tanela

pan
pasta
hojaldre
hojalde
hoja
relleno

torta
bollo
galleta
(dulce, yema, etc.
V. *Confitería*)

hojaldrar

pastelero
repostero
hojaldrista
tamalero

cubilete
cubiletero
barquilla
molde

pastelería
repostería
confitería

hojaldrado

—

PASTO (37)

pasto
apacentamiento
pacedura
tala
alenguamiento
ceba
pasto
repasto
pastura
pación
verde
hierba
herbaje
hierbal
herbazal
forraje
herrén
malojo
maloja
guate
zacate
zacatón
braña
ramón
montanera
bellotera
careo

pienso
heno
grano
semilla
paja
empajada
moyuelo
frangollo
salvado
subcierna
salgue
riza

pacer
repacer
pastar
repastar
apacentarse
rozar
tascar
ramonear
herbajar
herbajear
ahojar
campear
yacer
agostar
carear
rustrir
salegar

apacentar
apastar
alimentar
pensar
herrenar

cebadar
alenguar
arrendar a diente
cebar

pastadero
pasturaje
pastizal
pastos
zacatal
apacentadero
prado
dehesa
monte
maleza
andada
majada
majadal
atempa
invernadero
extremo
veranadero
alzada
rastrojera
agostadero
puertos
otoñada
enciso
ricial
suelta
dula
boalar

cebadera
talego
morral
caparazón
cebero
sarrieta
pesebre
corral
cuadra

cuarto
dula
facería
despensa
fustas
robla
robda
roda
media vecindad

comuneros
facero
posesionero
herbajero

pacedero
borreguero

a prado

—

PASTOR
(V. *Ganado*)

—

PATA
(V. *Pierna*)

—

PATENTE
(V. *Invención*)

—

PATÍN (38)

patín
» de ruedas
esquí
trineo
tobogán

patinar
esquiar
resbalar
deslizarse

patinazo
deslizamiento

pista
patinadero

patinador
esquiador

—

PATINAR
(V. *Patín*)

—

PATIO (11)

patio
patín
patiecillo
patinillo
patinejo
luna
ojo de patio
cenador
almizcate
impluvio
exedra
cavedio
buzonera

—

PATO (6)

pato
patito
pata
ánade
anadeja
anadino
anadón
parro
curro
carraco
quetro
pato de flojel
lavanco
alavanco
corconera
pato negro
fusca
ganso
ánsar
ansarón
gansarón
ansarino
navarro
canquén
oca
auca
ganso bravo
barnacla
juta

parpar
ansarero

ansarería

ansarino

—

PATOLOGÍA
(V. *Enfermedad*)

—

PATOLOGÍA VEGETAL (5, 36)

patología vegetal
fitopatología
salud
lozanía
vicio
hojarasca
marchitamiento
corrupción
fermentación
enfermedad
epifitia

caquexia
nebladura
quemadura
calzón
escabro
úlcera
chancro
cancro
gangrena
lagrimal
caries
griseta
gotera
rozadura
pata de gallina
cuadranura
necrosis
tabaco
pudrición
roya
morón
rabia
decortación
seda
respaldar
melosilla
hormigón
barrenillo
añublo
melera
quintral
agalla
agalluela
agallón
tora
coscojo
cacarro
bugalla
rebollo
grana
lobanillo
verruga
repulgo
verduguillo
aceitón
excrecencia
excrescencia
culebra
carboncillo

centella
rabillo
rascalino
agusanamiento
hongo
criptógama
musgo
moho
parásito
insecto
(V. *Madera*, *Trigo*, *Vid*, *Olivo*, etc.)

enfermar
secarse
ahervorarse
ahilar
acorarse
alimonarse
acedarse
arroyarse
alheñarse
agorgojarse
gorgojarse
atizonarse
apolvillarse
apolillarse
apaulillarse
apaularse
ahogarse
abochornarse
apiojarse
aquintralarse
apedrearse
empanarse
anudarse
azurronarse
enzurronarse

marchito
tabacoso
seco
muerto

—

PATRIA
(V. *Nación*)

—

PAVESA
(V. *Ceniza*)

—

PAVIMENTO
(V. *Suelo*)

—

PAVO (6)

pavo
pava
guajolote
guanajo
gallipavo
pavipollo
pavezno
pavo real
pavón
pavada

cresta
moco de pavo
carúncula
piña
coral
escobeta
rueda
ojos
abanico
pompa
pluma

titar
gluglutear

pavero

caruncular

—

PAVOR
(V. *Temor*)

—

PAZ (27, 32)

paz
» octaviana

calma
balsa de aceite
siglo de oro
tranquilidad
concordia
amistad
pacifismo
apacibilidad
afabilidad
neutralidad

pacificar
apaciguar
despartir
aquietar
aplacar
serenar
allanar
desenzarzar
reconciliar
hacer las paces
poner paz
meter paz
» el bastón
venir de paz
no romper lanzas
no hacer mal a nadie

pacificación
aplacamiento
apaciguamiento
beso de paz
iris de paz
preliminar
convenio
asiento
amán
caristias
perdón
portapaz
ramo de oliva
oliva
caduceo
bandera blanca
(armisticio, etc. V. *Tregua*)

pacificador
apaciguador
parlamentario
caduceador
iris de paz
moro de paz

pacífico
tranquilo
sosegado
quieto
pacifista
neutral

pacíficamente

¡paso!

—

PECADO (1, 26)

pecado
culpa
culpa teológica
infracción
deuda
talega
pecado original
caída
pecado de comisión
» de omisión
» material
» actual
» habitual
» venial
» grave
» capital
» mortal
» contra natura
pecado contra naturaleza
pecado nefando
» de bestialidad
pecadillo
caso reservado
» de conciencia
escándalo pasivo
ocasión próxima
» remota
venialidad
tentación
arrepentimiento
conversión
penitencia
casuística
moral
teología

maldad
vicio
ira
pereza
lujuria
gula
avaricia
orgullo
envidia, etc.

pecar
faltar
cometer
caer en
ofender a Dios
contaminar

pecador
pecante
pecadorizo
hombre viejo
relapso
nefandario

pecable
pecaminoso
consuetudinario
venial

pecaminosamente

—

PECADOR
(V. *Pecado*)

—

PECAR
(V. *Pecado*)

—

PECUNIARIO
(V. *Dinero*)

—

PECHO (6, 7)

pecho
pechuelo
chepo
garganta
caja del cuerpo
seno
peto
balsopeto
busto
tórax
mesotórax
tetilla
clavícula
esternón
costillas
región pectoral
» subclavia
» precordial

pechuga
pechera
espetera
escote
descote
boca del estómago
mama

bronquio
pulmón
diafragma
mediastino
huesos (del pecho)

tos
tuberculosis
pleurodinia
enfermedad

despechugarse
escotarse
descotarse

pectoral
torácico
precordial
pechiblanco

—

PEDAZO
(V. *Parte*)

—

PEDESTAL
(V. *Basa*)

—

PEDIR
(V. *Petición*)

—

PEGADURA
(V. *Adherencia*)

—

PEGAJOSO
(V. *Adherencia*)

—

PEGAR
(V. *Adherencia*)

—

PEINADO
(V. *Cabello*)

—

PEINE (10)

peine
batidor
carmenador
escarmenador
escarpidor
jaquero
estuche
tallar
lendrera
peinilla
caspera
partidor
limpiapeines

escureta
rebotadera
zarranja
canal
carda
almohaza
rasqueta
rascadera

peina
peineta
peinecillo
tocado

forzal
guardilla
púa
puado

cabello
barba
pelo

puar
apunchar
recurar

peinar
repeinar
traspeinar
crinar
batir
cardar

peinero
peinetero

recura
regador
escarlador
peinería

pectíneo
pectiniforme

—

PEINETA
(V. *Peine*)

—

PELAJE
(V. *Pelo*)

—

PELAR
(V. *Cabello*)

—

PELIGRAR
(V. *Peligro*)

—

PELIGRO (27)

peligro
riesgo
arrisco
inseguridad
contingencia
peligrosidad
exposición
albur
ocasión
inminencia
trance
aventura
ventura
vaivén
discrimen
sacrificio
nublado
borrasca
escollo
avispero
despeñadero
derrumbadero
necesidad
conflicto
azar
dificultad
caso apretado
lance apretado
diablura
olla de cohetes
tumbo de dado
amenaza
desgracia
imprudencia
alarma
rebato
somatén

peligrar
fluctuar
zozobrar
amenazar
caer
correr peligro
» riesgo
estar muy apretado
ver el pleito mal parado
ver las orejas al lobo
estar con el agua al cuello
estar vendido
» pendiente de un cabello
estar colgado de un hilo
pender de un hilo
tener la vida en un hilo
traer la vida jugada
llevar la vida jugada
andársele a uno la cabeza
estar sobre un volcán
escapar con vida
haber nacido en tal día

arriesgar
arriscar
apeligrar
aventurar
jugar
apostar
exponer
poner
comprometer
enredar
ocasionar
precipitar
sacrificar
poner en peligro
poner toda la carne en el asador
llevar al degüello
llevar al degolladero
llevar al matadero
dejar en la estacada
» en las astas del toro

arriesgarse
aventurarse
decidirse
exponerse
periclitar
venderse
pararse
perderse
tentar a Dios
buscar pan de trastrigo
meterse en la boca del lobo
jugar con fuego
buscar tres pies al gato
descubrir el cuerpo
echarse al agua
echar el pecho al agua
arrojarse a la mar

aventurero
venturero
atrevido
comprometedor
víctima
precípite
ocasionado
sujeto
propenso

peligroso
de cuidado
arriesgado
aventurado
expuesto
comprometido
climatérico
desigual
inhospitalario
resbaladizo
resbaloso
inminente
apretado
apurado
obscuro
temible

peligrosamente
arriesgadamente
aventureramente
inseguramente
dañosamente
en un tris
en balanza
pendiente de un hilo
con el credo en la boca
en los cuernos del toro
entre la cruz y el agua bendita
entre Escila y Caribdis
a daño de
a ventura
a la ventura
a todo ruedo
a lo que salga
salga lo que salga
sea lo que Dios quiera
a muerte o a vida
¡cuidado!
¡zape!
¡guarda Pablo!
no sea el diablo que...
S. O. S.

—

PELIGROSO
(V. *Peligro*)

—

PELO (7, 37)

pelo
bulbo piloso
raíz
cabello
barba
bigote
ceja
pestaña
vello
vellosidad
pelusa
pelambre
pelambrera
pelamesa
mechón
mecha
pegujón
pegullón
pelluzgón
pelotón
vedija
cerda
ceda
seda
seta
conejuna
porcipelo
crin
clin
copete
tusa
valona
barba

pendejo
remolino
galla
espejos
cerneja
calcha
estrella
lucero
blanco
guedeja
juba
alpaca
castor
pelote
pelo de cabra
lana
capa
pelaje
piel
caballería
toro
cabra
perro
lanosidad
tomento

empelar
pelechar
nacer
pelar
tonsurar
rapar
depilar
esquilar

peloso
peludo
piloso
velloso
velludo
vellido
lanoso
lanudo
cerdoso
cerdudo
sedeño
cernejudo
calchón
grenchudo
lanuginoso
lanado
tomentoso
mechoso
pelilargo
pelicorto
pelitieso
híspido
hirsuto
pelinegro
jaro
jarillo
rubicundo
rojo
retinto
pelirrojo
peliblanco
pelirrubio
peliblando
peliagudo
pechiblanco
colicano
rabicano
culinegro
boquinegro
atigrado
patiblanco
patialbo
atrípedo
remendado
lampiño
barcino
barceno
platero
cano
calvo

—

PELOTA (31)

pelota
pelotón
pelotilla
pelotería
pelota de viento
balón

botar
rebotar

sacar
› largo
› claro
servir
tomar
volver
restar
contrarrestar
chazar
dar quince y falta
jugar a las boni-cas
dar
pedir
pelotear
calentar
encolar

despejar
marcar

juego de pelota
› a largo
ple
ble
quiniela
avance
linao
torres
bonitas
raqueta
volante

fútbol
futbol
balón
balompié
baloncesto
balonmano
béisbol
córner
gol

marcar

tenis
lawn-tennis
polo
fuerte

bote
rebote
saque
saco
resto
voleo
volea
botivoleo
revés
pasajuego
pasavoleo
despeje
cotín
chaza
quince
falta
tongo

pala
cesta
chistera
raqueta
bate
brazal
tanteador
marcador
júbilos

pelotari
pelotero
tenedor
saque
resto
contrarresto
zaguero
chazador
raquetero

delantero
defensa
guardameta
portero
futbolista

apuesta
quiniela

frontón
juego
trinquete
cancha
jaialai
saque
raya
resto
azar
chaza
pelotazo

campo
meta
portería

a dos

—

PELUCA
(V. *Cabello*)

—

PELUQUERO
(V. *Cabello*)

—

PELLEJO
(V. *Cáscara*)

—

PELLIZCAR
(V. *Pellizco*)

—

PELLIZCO (12)

pellizco
pizco
pecilgo
repizco
pellizco retorcido
torniscón

pellizcar
pizcar
repizcar
cacarañar

pellizcador

—

PENA
(V. *Castigo*)

—

PENDENCIERO
(V. *Contienda*)

—

PENDER
(V. *Inconclusión*)

—

PENDIENTE
(V. *Inconclusión*)

—

PENDÓN
(V. *Insignia*)

—

PENE
(V. *Testículo*)

—

PENÍNSULA (3)

península
penisla
procurrente
quersoneso
istmo

peninsular
istmeño

—

PENITENCIA (1)

penitencia
tribunal de la pe-nitencia
confesión
› auricu-lar
› general
examen de con-ciencia
confesionario
atrición
contrición
confiteor
arrepentimiento
maceración
propósito de en-mienda
satisfacción
sigilo sacramental
conversión
expiación
absolución
absolución sacra-mental
perdón
penitencia canó-nica
› pública
austeridad
mortificación
ayuno
disciplina

confesar
oír de confesión
reconciliar
penitenciar [cha
ser de manga an-
tener manga an-cha
tener buenas ab-solvederas
absolver
perdonar

confesarse
confesar
acusarse
descargar la con-ciencia
ponerse bien con Dios
reconciliarse
cumplir la peni-tencia
mortificarse
macerarse
disciplinarse
nazarear

confesionario
confesonario
rejilla
yo pecador
acto de contrición

hábito de peniten-cia
capirote
sambenito
palo codal
cilicio
disciplinas
azote
abrojo
pelotilla
inquisición
emparedamiento

confesor
padre espiritual
director espiritual
médico espiritual
canónigo peniten-ciario
penitenciario
penitenciero

confesando
confesado
hijo de confesión
› espiritual
penitente
penitenta
austero
disciplinante
azotado
nazareno
padre del yermo
anacoreta
anacorita

aspado
flagelante
emparedado

penitencial
penitente
confesorio

sacramentalmente

—

PENSAMIENTO
(V. *Reflexión*)

—

PENSAR
(V. *Reflexión*)

—

PENSIÓN (33)

pensión
haber pasivo
renta
violario
censo
juro
beca
retiro
vitalicio
renta vitalicia
remuneración
cesantía
jubilación
viudedad
orfandad
supervivencia
tocas
donación
nominilla
ayuda
subsidio
subvención
caballerato

montepío

pensionar
apensionar
jubilar

pensionario
pensionado
pensionista
becario
jubilado
retirado
cesante
inválido
pasivo
clases pasivas

—

PENSIONADO
(V. *Pensión*)

—

PENSIONAR
(V. *Pensión*)

—

PEÑA
(V. *Piedra*)

—

PEÑASCO
(V. *Risco*)

—

PEÑASCOSO
(V. *Risco*)

—

PEÓN (31)

peón
trompo
trompón
trompa
zaranda
galdrufa
bujaina
peonza
pulga
perinola
perindola
moninfla
espigo
coquera

púa
punta
rejón
rejoncillo

cuerda
zurriago
zumbel
zapatilla

trompar
trompear
jugar al trompo
› a hurta cor-del
carrucar
hacer birria

romanina
cueca
geca
cachada
canelón
coca
can
meco
substancia
loca

trompero

—

PEONZA
(V. *Peón*)

—

PEOR
(V. *Empeora-miento*)

—

PEPINO
(V. *Cucurbitáceas*)

—

PEPITA
(V. *Semilla*)

—

PEQUEÑEZ (17)

pequeñez
parvedad
parvidad
parvulez
menudencia
cortedad
poquedad
escasez
exigüidad
brevedad
lo negro de la uña
materia parva

achicar
achiquitar
empequeñecer
parvificar
reducir
sisar
resisar
recortar
cortar
abreviar
disminuir

empequeñecimiento
achicamiento
achicadura
contracción
disminución

(partícula, etc. V. *Parte*)
(microbio, etc. V. *Bacteria*)

pequeño
pequeñuelo
parvo
párvulo
menudo
minuto
diminuto
manual
portátil
chico
chiquito
chiquitín
chicorrotico
chicorrotito
chicorrotillo
chicorrotín
chiquirritico
chiquirritín
chiquirritito
chiquirritillo
tamarrizquito
tamarrusquito
grácil
fileno
delgado
meñique
monis
enano
pigmeo
semihombre
liliputiense
títere
chisgarabís
chiquilicuatro
renacuajo
ranacuajo
zancajo
peonza
perinola
bajo
corto
exiguo
mezquino
ruin
ruinoso
raquítico
reducido
tamaño
insignificante
inapreciable
imperceptible
infinitesimal
estrecho

menor
mínimo
minúsculo
homeopático
microscópico
ultramicroscópico

pequeñamente
diminutivamente
menudamente
como un puño

—

PEQUEÑO
(V. *Pequeñez*)

—

PERA
(V. *Peral*)

—

PERAL (5)

peral
peruétano (árbol)
piruétano
bergamoto
bergamote
guadapero
cermeño
avuguero
donguindo

pera
bergamota
ocal
mosquerola
mosqueruela
musquerola
pera almizcleña
» calabacil
» verdiñal
» ahogadiza
pero
avugo
abubo
cermeña
peruétano (fruto)
perojo
caruja
asadero

compota
perada
peraleda
toñil

piriforme

—

PERCIBIR
(V. *Sensibilidad*)

—

PERCHA
(V. *Suspensión*)

—

PERCHERO
(V. *Suspensión*)

—

PERDER
(V. *Pérdida*)

—

PÉRDIDA (33)

pérdida
perdimiento
perdición
perdedero
privación
extravío
gasto
desgaste
derroche
perjuicio
daño
detrimento
déficit
desgracia
malogro
naufragio
ruina
quiebra
quebranto
merma
disminución
deuda
prescripción
caducidad
nulidad
roncha
trasquilimocho
juego
naipes
dados

perder
extraviar
jugar
decentar
desaprovechar

perderse
extraviarse
traspapelarse
trasconejarse
inutilizarse
derramarse
trasvenarse
rematarse
decaer
caer
tronar
ir en diminución
oler a perdices
quedar limpio
» en la calle
quedarse, estar, en cuadro
quedarse en cruz y en cuadro
quedarse a espadas
correr burro

perdedor
perdidoso
perdigón

perdido
perdidizo
irreivindicable
arruinado
arrancado
descalabrado
descaudalado
pobre

imperdible

a ruche

—

PERDIZ (6)

perdiz
» real
» blanca
» patiblanca
» blancal
» pardilla
estarna
perdiz cordillerana [na
urú

garbón
perdigón
perdigana
igualón
chochín
rey de banda

piñonear
ajear
serrar
apeonar
alambrear
embarrarse
cuchichiar
castañetear

pica
ajeo

buitrón
buitrino
alero
orzuelo
calderuela
boezuelo

perdiguero

—

PERDÓN (27)

perdón
remisión
condonación
olvido
aceptilación
rehabilitación

liberación
exculpación
venia
alafia
amán
gracia
indulto
día de indulto
amnistía
primilla
relevación
parce
absolución
» sacramental
» general
penitencia
indulgencia plenaria
» parcial
jubileo
» de caja
porciúncula
cruzada
bula
año santo
» de jubileo
altar privilegiado
» de alma
» de ánima

misericordia
clemencia
compasión
indulgencia
endolencia
lenidad
disimulo
condescendencia
absolvederas
manga ancha
venialidad

perdonar
condonar
remitir
olvidar
absolver
dispensar
rehabilitar
relevar
disimular
disculpar
indultar
amnistiar
conmutar
alzar
levantar
relajar
tolerar
consentir
pasar por alto
aflojar la cuerda
aflojar la cuerda del arco
llevar la mano blanda
perdonar hecho y por hacer
rebajar la pena

perdonador
perdonante
confesor de manga ancha
condonante
condonatorio
absolvente
remitente
remisorio
indulgente
condescendiente
parco
padrazo
padrón
madraza
madrona

perdonable
remisible
dispensable
indultable
graciable
venial
imperdonable
irremisible

indulgentemente
irremisiblemente

vaya bendito de Dios

—

PERDONAR
(V. *Perdón*)

—

PEREGRINACIÓN (1)

peregrinación
peregrinaje
éxodo
cruzada
viaje
romería
romeraje
bordonería
vela
fiesta
feria

peregrinar

peregrino
romero
palmero
velero

cuenca
calabaza
concha
venera
esclavina
pechina
peche
burjaca
burchaca
bordón
hospicio
hospital
perdones
sanso

—

PEREGRINO
(V. *Peregrinación*)

—

PEREZA (26)

pereza
pigricia
desaplicación
ociosidad
ocio
inacción
inercia
haraganería
holgazanería
haronía
poltronería
gandulería
roncería
tuna
hampa
vagancia
gandaya
zanganería
flojera
flojedad
galbana
chucha
carpanta
zangarriana
zanguanga
calma chicha
lentitud
acidia
ignavia
arlotería
dejadez
desidia
descuido
apatía
indiferencia
indolencia
somnolencia
soñolencia
moho
faranga
hobachonería
cancheo
camastronería
apoltronamiento

holgazanear
haraganear
perecear
haronear
roncear
gandulear
remolonear
flojear
bartolear
candonguear
magancear
canchear
pisar el sapo
criar molleja
ser de mala madera
andar a la gandaya
hacer la de rengo
» la zanguanga [co
echarse en el surco
pasar el rato
matar el tiempo
mirar las musarañas

emperezarse
apoltronarse
dejarse
empoltronarse
poltronizarse
deslomarse
desperezar
desperezarse
desemperezarse
estirarse

maltrabaja
maula
maulón
ablandahígos
ablandabrevas
rompepoyos
badea
vainazas
badanas
molondro
molondrón
maganzón
mangón
pelafustán
zanguango
zanguayo
zangandungo
zangandongo
zangandullo
ganso
zorro
madeja
pandorga

perezoso
ignavo
holgazán
holgón
haragán
harón
vago
gandul
holgachón
tumbón
roncero
panarra
arlote
poltrón
pigro
pigre
galbanoso
agalbanado
galbanero
soñoliento
remolón
roncero
blando
candongo
bigardo
vilordo
sobón
desidioso
negligente
dejado
desaplicado
flojo
falso
follón
culero
indolente
apático
poncho
inerte
acidioso
picaño

pícaro
guillote
vahanero
zángano
gabarro
gandumbas
mandria
mangón
cimarrón
canchero
hobachón
ahobachonado
pamposado
trashoguero

torreznero
vagabundo
blando de carona

perezosamente
haraganamente
flojamente
remisamente
indolentemente

—

PEREZOSO
(V. *Pereza)*

—

PERFECCIÓN (24, 27)

perfección
perfeccionamiento
mejoramiento
adelantamiento
progreso
bondad
excelencia
primor
delicadeza
delicadez
filigrana
fililí
garbo
graciosidad
belleza
adorno
finura
afinamiento
afinación
acabado
refinamiento
pulcritud
esmero
perfiles
retoque
cuidado
integridad
entereza
complemento
cumplimiento
conclusión
sazón
madurez
pureza
colmo
lleno
modelo
prototipo
quilate
aire
perfectibilidad

perfeccionar
afinar
refinar
sutilizar
asutilar
asotilar
idealizar
pulir
pulimentar
limar
adornar
hacer
apurar
alambicar
quintaesenciar
purificar
acendrar
acrisolar
bordar
perfilar
retocar
acabar
terminar
coronar
completar
concluir
puntualizar
dar cabo

poner en su punto
dar la última mano
dar la última pincelada
poner los puntos sobre las íes
echar o poner el sello
perfeccionarse
hacerse
lograrse
prosperar
llegar a colmo
no caber más
no haber más que pedir
poder pasar por las picas de Flandes
dar la hora

perfeccionador
afinador
perficiente
perfectivo
perfectible
progresivo

perfecto
perfeto
puro
clásico
magistral
maestro
correcto
cumplido
final
inimitable
único
acabado
consumado
cabal
completo
absoluto
hecho
adulto
peregrino
maduro
cuadrado
celestial
célico
ideal
hermoso
admirable
excelente
fino
esmerado
especioso
intachable
impecable
irreprehensible
irreprensible
irreprochable
de buena ley
valentísimo

perfectamente
preciosamente
primorosamente
hermosamente
alindadamente
acabadamente
bravamente
ricamente
cabalmente
cabal
consumadamente
eminentemente
bellamente
lindamente
correctamente
afinadamente
peregrinamente
divinamente
celestialmente
irreprensiblemente
bien
a la perfección
a conciencia
a fondo

a prueba
a derechas
a las maravillas
a las mil maravillas
de molde
de perlas
de lo lindo
de cuadrado
por sus cabales
mejor
tanto mejor
mejor que mejor

—

PERFECCIONAR
(V. *Perfección)*

—

PERFECTO
(V. *Perfección)*

—

PERFUMAR
(V. *Perfume)*

—

PERFUME (10, 13)

perfume
aroma
fragancia
aromaticidad
olor
vaho
tufo
nariz

oler bien
perfumar
perfumear
aromatizar
aromar
sahumar
embalsamar
almizclar
algaliar
ambarar
almacigar
azufrar

perfumería
perfume
esencia
aceite volátil
agua de olor
» de Colonia
colonia
almizcle
almizque
algalia
civeto
ambarina
ámbar gris
» pardillo
mirra líquida
estoraque
opopónax
opopónaco
bálsamo
gálbano
trementina de Quío
cachunde
goma
resina
incienso
mirra
estacte
espliego
alhucema
canarga
(violeta, heliotropo, jazmín, etc. V. *Flor)*
piel de España
pebete

cazoleta
poma
pomo
sahumerio
sahumadura
sahúmo
albohol
aromatización

ungüento nicerobino
pomada
brillantina
franchipán
pachulí
papel de Armenia
vaselina
glicerina

perfumista
perfumero
perfumador
embalsamador
algaliero

perfumería
botiquería

pebetero
perfumador
perfumadero
fumigatorio
sahumador
pulverizador
bujeta
bucheta
poma
junciera

aromático
oloroso
odorante
odorífico
odorífero
bienoliente
aromoso
aromado
aromatizante
fragante
almizcleño
almizqueño
balsámico
ambarino
fétido

perfumadamente

—

PERFUMERÍA
(V. *Perfume)*

—

PERIÓDICO (29)

periódico
periodicucho
diario
rotativo
hoja
gaceta
suplemento
revista
semanario
ilustración
boletín
órgano

número
sección
columna
plana
cuarta plana
anuncio
cartelera
reclamo
artículo
» de fondo
editorial

crónica
ecos
» de sociedad
información [ca
» gráfi-
grabado
sucesos
reseña
revista
crítica
comunicado
remitido
colaboración
inserción
insertación
suelto
gacetilla
obituario
esquela
necrología
alcance
folletín
trimestre
semestre

redactar
inspirar
insertar
colaborar
publicar

periodismo
prensa
reporterismo
reportaje
corresponsalía
interview
censura
fondo de reptiles

periodista
foliculario
redactor
editor responsable
diarista
noticiero
gacetero
gacetillero
revistero
reportero
currinche
plumífero
articulista
corresponsal
colaborador
escritor

redacción
imprenta
subscripción
faja
callejero
paquetero
gacetero
gacetera
suplementero
quiosco
hemeroteca

lector
gacetista

periodístico
reporteril
oficioso

—

PERIODISTA
(V. *Periódico)*

—

PERJUDICAR
(V. *Daño)*

—

PERJUDICIAL
(V. *Daño)*

—

PERJUICIO
(V. *Daño*)

—

PERJURAR
(V. *Perjurio*)

—

PERJURIO (1, 26, 28, 32)

perjurio
perjuro
juramento falso
reserva mental
restricción mental
mentira
incumplimiento
prevaricación
prevaricato
deslealtad
apostasía

perjurar
perjurarse
jurar en falso
prevaricar

perjuro
perjurador

—

PERLA (10)

perla
perlezuela
margarita
aljófar
chaquira
rostrillo
» grueso
» menudo
medio rostrillo
» rostrillo grueso
» rostrillo mejor
barrueco
berrueco
engaste
asientos
fantasías
cadenilla
media cadenilla

nácar
madreperla
concha
concha de perla
oriente
unión
perlería
hilo de perlas
collar
joyería
quilate
quilatera
placer

aljofarar
engastar
montar
aquilatar

perlino
perlero

—

PERMANECER
(V. *Permanencia*)

—

PERMANENCIA (15, 21)

permanencia
permansión
subsistencia
persistencia
existencia
continuación
duración
insistencia
estabilidad
asiento
quietud
firmeza
sujeción
invariación
statu quo
verdad
validez
constancia
conservación
invariabilidad
inalterabilidad
inmutabilidad
inconmutabilidad
intransmutabilidad

permanecer
subsistir
persistir
quedar
durar
perdurar
aturar
perseverar
reinar
resistir
aguantar
conservarse
mantenerse
sostenerse
estar en pie
ir pasando

permanente
permaneciente
(eterno, perpetuo, etcétera. V. *Duración*)
persistente
subsistente
fijo
estático
asentado
invariado
inalterado
intacto
vivo
vivaz
vigente
firme
estable
estabilísimo
crónico
habitual
inmutable
inmudable
invariable
inalterable
inmanente
inconvertible
impermutable
inconmutable
intransmutable
irreformable
irreducible
inmodificable
inquebrantable
imborrable
indeleble
inextinguible
indestructible
irremediable
incurable
irrevocable
indisoluble

permanentemente
invariablemente
invariadamente
inalterablemente
inmutablemente
indeleblemente
arraigadamente
in statu quo
de asiento
en pie
a hito
día y noche
bien se está San Pedro en Roma
siempre
durante

—

PERMANENTE
(V. *Permanencia*)

—

PERMISIÓN (25)

permisión
beneplácito
aprobación
permiso
licencia
pase
paso
pasaporte
salvoconducto
seguro
tránseat
exequátur
tolerancia
venia
impetra
benedícite
obediencia
plácet
consentimiento
anuencia
asentimiento
aquiescencia
condescendencia
paciencia
connivencia
otorgamiento
concesión
sí
accesión
fíat
autorización
autorizamiento
tarjeta
carta blanca
privilegio
facultad
delegación
poder
licitud

permitir
dejar
desvedar
licenciar
admitir
sufrir
tolerar
pasar
consentir
asentir a
otorgar
atorgar
autorizar
facultar
conceder
acceder
caber
condescender
dejar correr
dar pasada
pasar por alto
cerrar los ojos
hacer la vista gorda
hacer la salva
aflojar las riendas

permitidor
permitente
permisor
permisivo
autorizante
consintiente
anuente
tolerante
aquiescente
otorgante
otorgador
accedente

permitido
permitidero
permisible
autorizado
autorizable
lícito
legal
libre
tolerable
bueno

permisivamente
autorizadamente
oficialmente
lícitamente
sin tomar agua bendita
a ciencia y paciencia
con perdón
con paz sea dicho

—

PERMISO
(V. *Permisión*)

—

PERMITIDO
(V. *Permisión*)

—

PERMITIR
(V. *Permisión*)

—

PERMUTA (33, 35)

permuta
permutación
conmutación
compraventa
cambio
contracambio
concambio
recambio
intercambio
trueque
trueco
trocamiento
vuelta
barata
canje
retorno
compensación
garda
cambalache
cambullón
tracamundana
trocantín
trocatinta
chama
destrueque
destrueco
permutabilidad
conmutabilidad
reversibilidad

permutar
cambiar
recambiar
intercambiar
conmutar
canjear
trocar
retrocar
rescatar
renovar
trujamanear
cambalachear
cambalachar
chamar
chamarilear
gardar
conchabear
feriar
descambiar
destrocar

permutante
conmutativo
trocante
trocador
cambalachero

permutable
conmutable
trocable
canjeable
intercambiable

conmutativamente
trocadamente
en cambio
a trueque
a la trocada
a la trocadilla
mano a mano
pelo a pelo
» por pelo
taz a taz [jete
guájete por guá-
toma y daca

—

PERMUTAR
(V. *Permuta*)

—

PERPENDICULAR
(V. *Verticalidad*)

—

PERPETUAR
(V. *Duración*)

—

PERPETUO
(V. *Duración*)

—

PERRO (6)

perro
perra
chucho
chucha
can
cuzo
cuza
chusquel
gozque
gozquejo
cuzco
cachorro
cadillo
perrezno
cancerbero

perro de ayuda
» ventor
» de ajeo
» de engarro
» albarraniego
» bucero
» alforjero
» de busca
can de busca
» de levantar
perro de casta
» cobrador
» quitador
» tomador
» de muestra
» faldero
» de falda
perro guión
» lucharniego
» rastrero
» ganadero
» de punta y vuelta
braco
braquete
perro de presa
dogo
buldog
galgo
lebrel
lebrero
mastín [lobo
can que mata al
podenco
perdiguero
pachón
cárabo
sabueso
zarcero
zorrero
calungo
jateo
blanchete
perro ardero
» chino
» de aguas
choco
perro alano
» de lanas
» raposero
» zorrero
» jateo [va
» de Terranova
dingo
cangrejero
viento
canina

perrería
perrada
jauría
muta
traílla
treílla
recova
curruca
busca

encarnizar
encarnar
desencarnar
embozar
acollarar
atraillar
desatraillar
jalear
azuzar
achuchar
enviscar
apitar
incitar
huchear
aperrear

morder
tarascar
ladrar
ladrear
latir
hipar
gruñir
gañir
arrufarse
rabiar
cazar
parar
zarcear
matear
tocar
portar
apernar
zamarrear
traer a la mano

muestra
punta
montea
zamarreo

encarnadura
florín
jaleo
ladra
ladrido
latido
gañido
aullido
aúllo
gruñido
guau
carreras

encarna
encarne
cachondez
rabia
hidrofobia
moquillo
lita
landrilla
garrapata
usagre
vivo

cinografía
veterinaria

perrero
pertiguero
caniculario
montero de lebrel
cazador de alforja
aperreador
jaleador
echaperros

perruna
pan de perro
morena
canil
moyana
matacán
zarazas
cambil
traílla
laja
trangallo
tarangallo
taragallo
trabanco
bozal
bozalejo
bozo
frenillo
garabato
collar
carlanca
carranca
carranza
perrera
pajarería
perruno
canino
cánidos
canelo
barcino
cazador
ventor
ventero
ventoso
sagaz
apernador
cierto
conejero
jabalinero
venadero
careador
apodencado
galgueño
moloso
atravesado
cachondo
rabioso

¡tuso!
¡tusa!
¡zuzo!
¡tus!
¡chis!
¡chus!
¡mus!
¡cuz, cuz!
¡to!

—

PERSECUCIÓN
(19, 27, 34)

persecución
perseguimiento
prosecución
seguimiento
acosamiento
asechanza
alcance
hostigamiento
encarnizamiento
importunación
tribulación

perseguir
seguir
acosar
acosijar
hostigar
apretar
entrecoger
estrechar
correr
asenderear
entretallar
abacorar
manguear
apremiar
importunar
encarnizarse
arrinconar
alcanzar
apocar
afanar
picar
encalzar
ejecutar
acometer
sitiar
echar tras
dar tras
andar tras
ir tras
dar caza
seguir la pista
» el hopo
» la derrota
» el alcance
ir a los alcances
pisar los talones
picar la retaguardia
picar las espaldas
no dejar a sol ni a sombra
buscar el bulto
batir en brecha

perseguidor
hostigador
acosador
contraste
martillo
perseguido
acosado
guinchado

—

PERSEGUIR
(V. *Persecución*)

—

PERSEVERAR
(V. *Constancia*)

—

PÉRSICO
(V. *Melocotonero*)

—

PERSONA (32)

persona
ser humano
hombre
varón
mujer
joven
niño
criatura
vientre
feto
humano
cabeza
vida
individuo
particular
chico
tercera persona
tercero
parte
alma
» viviente
» nacida
bicho viviente
prójimo
semejante
cristiano
sujeto
sursuncorda
quídam
un tal
Fulano
Hulano [lotes
Perico de los pa-
Moya
Robiñano
Perengano
Perencejo
X
N
muchedumbre
paisanaje
gente [gente
el común de la
malas lenguas

personalidad
identidad
calidad
estado civil
identificación
filiación
estatuto personal
aptitud
ineptitud
familia
tutela
ausencia
registro civil
papeles
partida
ficha antropométrica
huella dactilar
documento
registro
asiento [dad
cédula de vecin-
cédula personal
carnet de identidad
subjetividad
egotismo
egocentrismo
egolatría
personificación
muerte civil

personaje
persona
protagonista
héroe
heroína
interlocutor
pícaro
gracioso
figurón
polichinela
pulchinela
arlequín
(actor, galán, etc.
V. *Teatro*)

filiar
fichar
identificar
conocer de rostro
capacitar
habilitar
inhabilitar
personificar
incorporar

pronombre personal
yo
yo mismo
miquis
Menda
este cura
el número uno
un servidor
mi
me
conmigo
nosotros, -tras
nos

tú
ti
te
contigo
vosotros, -tras
vos
os

él
ella
aquél, aquella
le
la
lo
se
sí
ellos, ellas
les
las
los
consigo

leísta
laísta
loísta

ello
dello, della
quien
quienquier
quienquiera
quienesquiera
cada uno
» cual
» quisque
» hijo de vecino
cualquier hijo de vecino
todos
nadie
ninguno
ningún

personal
unipersonal
impersonal
particular
ególatra
singular
individual
individuo
indeterminado
indocumentado
naonato
incapaz

personalmente
en persona
por sus puños
por su persona
impersonalmente
en impersonal
por mi parte
de mi parte
por barba
por cabeza

—

PERSONAJE
(V. *Persona*)

—

PERSONAL
(*pron.*)
(V. *Persona*)

—

PERSONALIDAD
(V. *Persona*)

—

PERSPECTIVA
(17, 29)

perspectiva
» aérea
» lineal
» caballera
proyección
» cónica
» ortogonal
ortografía geométrica
» degradada
» proyecta
estereografía
axonometría
topografía
dibujo
pintura
escenografía
escorzo
escorzado
anamorfosis
degradación
ordenación
óptica
punto de vista
» de la vista
» principal
» de distancia
rayo principal
línea de la tierra
altura de la vista
planta
alzado
sección
traza
proyecto
plano vertical
» óptico
» geométrico
» horizontal
tabla

escorzar
degradar
proyectar

estereógrafo
estereográfico
perspectivo
proyectante
proyecto
axonométrico

—

PERSUADIR
(V. *Persuasión*)

—

PERSUASIÓN
(25)

persuasión
convencimiento
convicción
exhortación
consejo
argumentación
afirmación
demostración
prueba
razonamiento
incitación
tentación
sugerimiento
captación
atracción
coacción

persuasiva
labia
influencia
ascendiente [les
argumento Aqui-
proselitismo

persuadir
convencer
impresionar
catequizar
vencer
tocar
reducir
seducir
tentar
fascinar
engañar
requerir
concluir
decidir
acabar con
paralogizar
imbuir
sugerir
inspirar
inculcar
prevenir
infiltrar
instalar
instilar
exhortar
inclinar
inducir
mover
incitar
atraer
confundir
quebrantar
meter
encasquetar
traer
llevar
entrar
ahormar
desengañar
sacar el cristo
poner delante de los ojos [cos
meter en los cas-
» » la cabeza
dar en la tetilla
abrir brecha
hacer brecha
meter por camino
averiguarse con
ganar la boca

persuadirse
convencerse
satisfacerse [cha
ser de manga an-
creer
dejarse llevar de

persuadidor
persuasor
catequizador
catequizante
palabritas mansas

convencedor
exhortador
persuasivo
suasorio
madurativo
exhortatorio
tentador
convincente
concluyente
contundente
convencido
convicto
más blando que una breva

persuasivamente
convincentemente
a media palabra

—

PERTENECER
(V. *Propiedad*)

—

PERTIGUERO
(V. *Sacristán*)

—

PERTRECHOS
(V. *Provisión*)

—

PERTURBACIÓN (25)

perturbación
trastorno
trastornamiento
trastornadura
subversión
convulsión
anarquía
desorden
alteración
desarreglo
confusión
belén
olla de grillos
contienda
movimiento
inquietud
efervescencia
desasosiego
turbación
alboroto
rebeldía
bochinche
bullicio
bullanga
escándalo
manifestación
remolino
huelga
revuelo
culebra
conflagración
somatén
cataclismo
disturbio
turbulencia
polvareda
conmoción
tumulto
rebelión
revuelta
motín
monote
amotinamiento
sedición
asonada
rebato
pronunciamiento
golpe de Estado
revolución
la Gloriosa
estado de alarma
» de guerra
» de sitio
ley marcial

perturbar
trastornar
subvertir
turbar
conturbar
revolver
remover
desgobernar
alborotar
aguar
acibarar
amotinar
enturbiar
disturbar
tumultuar
atumultuar
aguar la fiesta
alborotar el cortijo
ser ella
» ello
armarse la gorda
andar, estar, el diablo en Cantillana
andar el diablo suelto
estar en armas
echarse a la calle

perturbador
conturbador
aguafiestas
subversor
revolucionario
tumultuario
tumultuoso
turbulento
revoltoso
demagogo
faccioso
malcontento
travieso
bullanguero
rebelde
bullicioso
levantisco
indócil
subversivo
incendiario
alborotapueblos
derramasolaces
derramaplaceres

perturbado
perturbable
conturbado
revuelto
azaroso
accidentado
borrascoso
alborotado
turbio

perturbadamente
turbulentamente
tumultuosamente
tumultuariamente

—

PERTURBAR
(V. *Perturbación*)

—

PERVERSIDAD (26)

perversidad
maldad
vileza
malignidad
mala voluntad
malevolencia
odio
maleficencia
malicia
perfidia
zuna

arlotería
livor
proclividad
improbidad
nequicia
iniquidad
injusticia
protervidad
protervia
pravedad
estragamiento
perversión
corrupción
vicio
intención
siniestros
malos hígados
mala sangre
malas entrañas
crueldad
desalmamiento
severidad
enormidad
inmoralidad
amoralidad
impenitencia

ser el demonio
ser el mismísimo demonio
ser de buen pelo
no tener el diablo por donde coger o desechar a uno

hacer de las suyas
hacer alguna

fechoría
fechuría
mala acción
malhecho
maldad
jugada
pasada
travesura
desafuero
descomedimiento
daño
pecado
delito
perrería

caín
nene,
fariseo
barrabás
fierabrás
mala cuca
mal engendro
» bicho
facineroso
bandido
bandolero
harpía
arpía
demonio
lucifer
diablo encarnado
Arimán

maleador
maleante
maliciador
malévolo
malandrín
miserable
perverso
protervo
malvado
réprobo
reprobado
malintencionado
descomulgado
maldecido

malo
malicioso
malino
maligno

mal nacido
proclive
pravo
empecatado
inicuo
iniquísimo
nefario
ímprobo
deshonesto
inmoral
amoral
dañado
cancerado
avieso
siniestro
atravesado
bragado
magancés
maganciero
desalmado
maldito
endino
ahorcadizo
patibulario
mortal
condenado
endiablado
endemoniado
demoniaco
satánico
enorme
inaudito
monstruoso
nefando
infando

perversamente
aviesamente
protervamente
depravadamente
malignamente
maliciosamente
malvadamente
desalmadamente
nefariamente
de malas

—

PERVERSIÓN (26)

perversión
pervertimiento
empeoramiento
depravación
desmoralización
desedificación
escándalo
» activo
piedra de escándalo
mal ejemplo
campanada
contagio
contaminación
corrupción
soborno
inmoralidad
perversidad
vicio
pecado

pervertir
empeorar
malignar
malingrar
maliciar
malear
malvar
enmalecer
viciar
enviciar
depravar
estragar
rebajar
plagar
resabiar
picardear
desmoralizar

escandalizar
desedificar
corromper
prostituir
distraer
descaminar
desencaminar
desgastar
dañar
endiablar
bastardear
abastardar
desnaturalizar
inocular
emponzoñar
inficionar
apestar
contagiar
contaminar
infectar
pegar
ofender los ojos
echar a perder

pervertirse
malearse
malignarse
relajarse
torcerse
extraviarse
resabiarse
desheredarse
escandalizarse
arredomarse
decaer

pervertidor
desmoralizador
escandalizador
prevaricador
depravador
estragador
piedra de escándalo
ponzoña

pervertido
perverso
escandaloso
escandalizativo
vicioso
maleante
malignante
adúltero

escandalosamente

—

PERVERSO
(V. *Perversidad*)

—

PERVERTIR
(V. *Perversión*)

—

PESA
(V. *Peso*)

—

PÉSAME
(V. *Aflicción*)

—

PESAR
(V. *Peso*)

—

PESAROSO
(V. *Arrepentimiento*)

—

PESCA (31, 37)

pesca
» de altura
» » bajura

pesquería
bou
almadraba
» de tiro
» de vista [che
almadraba de buche
» de monteleva
costera
calamento
escosa
lance
bol
bolichada
cacea
copo
redada
veda

pescar
echar, o tender, la red, o las redes
encarnar
cebar
pescar de bayo
» al candil
envarbascar
amorgar
rastrear
cacear
embalar
arponear
fisgar
cloquear
calar
desenmallar
enjuagar
macizar
empatar
empatillar

dar estacha
» carrete

picar
enmallarse
mallar
desenmallar

arte
red
jarcia
cazonal
almadraba
atunar
atunera
rasgal
buche
cobarche
morralla
gánguil
albareque
tarraya
tralla
trasmallo
tarrafa
mascarana
bigorrella
cazarete
nasa
nansa
nasón
jeito
catanga
otarra
lampuguera
buitrón
butrón
butrino
botrino
buitrino
vulturín
carriego
pantasana
garlito
tiritaño
encañizada
cañal
cañaliega

paranza
colla
sobogal
tela
tilbe
corral

caña de pescar
mediana
rabiza
sedal
sedeña
tanza
hijuela
sotileza
rainal
carrete
carretel
calimate
veleta

arpón
fisga
tridente
cítora
cloque
bichero
estacha
raño
raña
arrejaque
garfio
potera
gancho
garabeta
guadañeta
anzuelo
hamo
atunera
besuguero
palangre
espinel
melgarejo
volantín
ballestilla
fondo
candelero
curricán
rascle
perchel
velo
mediomundo
filera
tesón
retel
garramincho
cambín
angazo
esquilero
salabre
tirafuera
madrillera
guadañeta

carnada
carnaza
cebo
macizo
raba
güeldo
bayo
bonitolera
balandro
trainera
barlote
dogre
tartana
gánguil
jábega
bol
calera
barcalonga
barquía
guardapesca
embarcación

pez
pescado
pieza
marisco

ballena
foca

pesquería
pesquera
caladero
almona
apostal
cala
placer
ribazón
pretor
banco
pozo
albarsa
cofazo
nasa
chistera
lercha
cambero
balagre

pescador
arráez
armador
cañero
arponero
anzolero
trainero
almadrabero
jabegote
jabeguero
aljerifero
almatrero
palangrero
ballenero
atunero
truchero
sabalero
camaronero
pulpero
coquinero
mariscador
tercio

piscatorio

—

PESCADO (6, 9)

pescado
fresco
pez
raspa
filete
panoja

pesca
lance
copo
boliche
morralla
porredana
caviar
cavial
huevas
freza

angula
salmón
dorada
dentón
atún
bonito
japuta
palometa
jurel
mújol
sarda
caballa
rape
pez espada
anguila
congrio
lamprea
cazón
corvina
sardina

maciza
arenque
boquerón
haleche
lacha
chanquete
bacalao
merluza
luz
pescadilla
besugo
pancho
pagel
salmonete
lenguado
gallo
mero
róbalo
rodaballo
lubina
sula
marisco
crustáceo
(calamar, etc. V. *Molusco*)
trucha
carpa
tenca
barbo
cacho
bermejuela
gobio
boga
lucio
cecial
pescada
cobre
mojama
tinapá
salazón
salón
escabeche
resalga
tegual
conservas

pescar
escamar
curar
lañar
ahumar
salar
escabechar
arencar
amojamar
marinar
amarinar

pescadería
freiduría
remojadero
perchel
moraga
mauraca
espetón
tabal
lota

pescadero
fresquero
playero
atunero
besuguero
sardinero
coquinero
camaronero
bolichero
freidor
curador

frescal
salmonado
asalmonado

—

PESCADOR
(V. *Pesca*)

—

PESCAR
(V. *Pesca*)

—

PESCUEZO
(V. *Cuello*)

—

PESEBRE
(V. *Establo*)

—

PESO (2)

peso
» bruto
» neto
» específico
» corrido
pesadez
pesadumbre
pesantez
gravitación
gravedad [dad
centro de grave-
metacentro
ponderosidad
preponderancia

pesada
peso
repeso
ponderación
romaneo
balanceo
tara
destara
desonce
carga
cargo
recargo
sobrecapa
lastre
zahorra
añadidura
añadido
agobio
brumamiento
apesgamiento

pesar (intr.)
gravitar
gravar
equiponderar
preponderar
agravarse
apesgarse
romanear
estribar
gravear
cargar sobre
apoyarse
hacer ojo
caer la balanza
venir a la romana
entrar la romana con

pesar (tr.)
ponderar
repesar
sopesar
sospesar
sompesar
tomar a pulso
» a peso una cosa
romanar
romanear
balancear
contrabalancear
contrapesar
equilibrar
correr
abalanzar
enfielar
afielar
oncear
cargar

agravar
engravecer
apesgar
brumar
abrumar
agobiar
destarar
desonzar
contrastar

romana
carrazón
báscula
tragaperras
pilón
roseta
balanza [berval
» de Roberval
peso de cruz
balancín
pesillo
pesacartas
brazo
astil
plato
platillo
ojo
fiel
fil
fiel de la romana
romanero
romanador
lengüeta
caja
alcoba
alcobilla
calamón
candela
guindaleta
gravímetro
pesaleches

pesa
pesga
contrapeso
contrabalanza
plomo
equilibrio
pesa dineral
dineral
» de oro
» de plata
» de quilates
pesante
cerate
pilón
librador

kilogramo
quilogramo
kilo
quilo
quintal métrico
tonelada
tonel macho
salma
hectogramo
decagramo
gramo
decigramo
centigramo
miligramo

libra
arrate
libreta
libra carnicera
arrelde
cuartilla
docena
arroba
quintal
centipondio
tonelada
» de peso
cuarterón
bes
onza
adarme
arienzo
tomín

silicua
gramo
carobo
áureo
dracma
escrúpulo
óbolo
grano

pico
chinanta
cate
tael
contrín
condrín
mas
manjelín
marco
ochava
dinero
quilate

óbolo
dracma
coclear
maquila
cahíz
millar
frasco de mercurio
carga
carga catalana
» aragonesa
fajo
támara
peso público
pote
contraste
alcoba

pesador
balanzario
maestro de la balanza
fiel contraste
contraste
almotacén
corredor del peso
ponderador
abrumador
brumador

ponderal
pesado
pesante
oneroso
ponderoso
grave
gravativo
amazacotado
bruto
neto
centrobárico
baricéntrico
arrobero
quintalero
ponderable
imponderable
leve
equiponderante

pesadamente
ponderosamente
en fiel
de repeso
en bruto
en canal

—

PESTAÑA
(V. *Ojo*)

—

PETICIÓN (25, 33)

petición
pedidura

pedimento
pedimiento
pedido
petitoria
petitorio
pido
daca
demanda
postulación
póstula
cuestación
cuesta
guante
préstamo
mendicación
sablazo

ruego
rogación
conjuro
imploración
recuesta
deprecación
súplica
suplicación
voz sumisa
impetración
plegaria
preces
oración

representación
instancia
solicitación
importunación
pretenso
pretensión
pretendencia
reclamación
reivindicación
exigencia
interpelación
obsecración
clamoreo
matanza
porfía
batería

memorial
solicitud
instancia
súplica
exposición
receta
recurso
membrete
brevete
cabeza de lobo

pedir
demandar
libelar
pordiosear
limosnear
mendigar
mangar
sablear
recuestar
recetar
suplicar
impetrar
impartir
deprecar
rogar
conjurar
invitar
orar
exorar
exhortar
perorar
implorar
clamar
clamorear
pretender
solicitar
postular
instar
insistir
reclamar
reivindicar
exigir

rodar
galantear
pugnar
importunar
embestir
estezar
clamar por
cargar sobre
encomendarse
valerse
acogerse a
favorecerse de
arrimarse a
acudir a
congraciarse
invocar
llamar
apelar
interpelar
formular
acorrer
correr a
recurrir a
recorrer a
congraciar [tas de
llamar a las puer-
entrecharse con

echar un guante
pedir justicia [de
echarse a los pies
alzar las manos
al cielo
hacer plegarias
apretar la mano
meter memorial
arrastrar bayetas
echar los hígados
por [la venida
no dejar la ida por
estar a la oreja
heder la boca
oler la boca

pedigüeño
pedigón
pidón
mendigante
agonioso
embestidor
arpía
sacadineros
sacacuartos
sablista
parásito
mendigo

pedidor
peticionario
cuestor
demandante
demandador
demanda
postulante
rogador
rogante
suplicante
impetrante
impetrador
reclamante
recurrente
deprecante
orante
orador
pretendiente
pretendienta
pretensor
aspirante
candidato
solicitador
solicitante
instante
interpelante

petitorio
rogativo
rogatorio
impetratorio
deprecativo
deprecatorio
memorialesco

propiciatorio
rogado

a petición
a pedimento
a súplica
a suplicación
a instancia
con encareci-
miento
por Dios
por todos los san-
tos o por todos
los santos del
cielo
así Dios te dé la
gloria

—

PETIMETRE
(V. *Afectación*)

—

PETRÓLEO
(V. *Aceite*)

—

PEZ (6)

pez
peje
pecezuelo
jaramugo
pizco
pescado
ictiolito

cardumen
cardume
manjúa
arribazón
ribazón
banco
majal

cola
aleta
barbilla
agalla
branquia
opérculo
ventrecha
vejiga natatoria
espina
esquena
raspa
lecha
lechaza
freza
hueva
ovas
escama

nadar
aletear
picar
mugar
frezar
desovar

desove
freza
muga

acantopterigios:
besugo
besuguete
orfo
faligote
haligote
pancho
pagel
pajel
breca
breque
salmonete
trilla
barbo de mar

mullo
lenguado
suela
lenguadeta
solla
tapaculo
gallo
pez de San Pedro
ceo
mero
cherna
róbalo
robalo
lobina
lubina
lobarro
céfalo
robaliza
dorada
dorado
doradilla
bajonado
dentón
atún
tonina
toñina
cordila
sorra
gañiles
bonito
bonítalo
melva
biza
albacora
japuta
palometa
jurel
chicharro
mújol
múgil
boga
liza
lisa
cabezudo
capitón
matajudío
galúa
caballa
sarda
escombro
pejesapo
pescador
sapo marino
rape
rana marina
» pescadora
alacrán marino
lampuga
antia
arnillo
zapatero
milano
lucerna
mena
volador
pez volante
cangüeso
romero
roncador
zorzal marino
merlo
aguají
cabrilla
budión
doncella
gallito del rey
baboso
chopa
golondrina
golondrino
rubio
escarcho
pez espada
emperador
jifia
espadarte
espada
gáleo
alfanje
pejerrey
canque

salpa
salema
pámpano
sargo
raño
candil
perca
baila
barbero
pagro
pargo
cecí
sesí
guachinango
boga
escorpina
escorpena
diablo marino
peje diablo
escorpina
escorpena
escorpera
rescaza
rascacio
escorpión
rémora
guaicán
pega
gaicano
pegador
pez reverso
tardanaos
corvina
corvo
castañola
dragón marino
escaro
mojarra
peje araña
araña
fice
papagayo
congo
pichihuén
arangorri
gallina de mar
centrisco
chocha de mar

acantopterigios y
otros peces de
agua dulce:
perca
percha
boga
madrilla
gobio
cacho
cadoce
cadoz
zarbo
lucio
coto
trucha
truchuela
lancurdia
cachuelo
barbo
comiza
farra
ferra
lobo
breca
siluro
tenca
zaparda
loína

malacopterigios
abdominales:
salmón
bical
salmón zancado
esguín
murgón
amuje
locha
loche
lasún
lisa
albur

carpa
dardo
charal
bermejuela
bagre
zurubí
mandí
gimnoto
sábalo
trisa
saboga
alosa
trucha de mar
reo
rubia
trancho
tímalo
timo
eperlano
sardina
espadín
bocarte
parrocha
sardineta
caramel
bocón
sardina arenque
arenque
arencón
celán
boquerón
aleche
alacha
alache
haleche
lorcha
alece
lacha
aladroque
anchoa
anchova
manjúa

malacopterigios
subranquiales:
bacalao
barbada
merluza
pescada
» en rollo
» fresca
luz
pescadilla
pijota
rodaballo
rombo
platija
platuja
acedía
romero
faneca

malacopterigios
ápodos:
martina
anguila
angula
morena
murena
catibo
congrio
anguilo

malacopterigios
cartilagíneos:
esturión
asturión
marón
marión
sollo
caviar
cascué

malacopterigios
lofobranquios:
caballo marino
» de mar
hipocampo
aguja
espetón

aguja paladar
saltón

selacios:
escualo
tiburón
marrajo
náufrago
amia
lamia
tintorera
gata
torpedo
tremielga
trimielga
tembladera
pez martillo
cornudilla
raya
águila
obispo
escrita
escuadro
cardario
pastinaca
gáleo
mielga
tolla
pimpido
colayo
alecrín
priste
pez sierra
sierra
carite
lija
melgacho
pintarroja
mustela
cazón
nioto
perro marino
tollo
angelote
peje ángel
centrino

malacopterigios plectognatos:
cofre
chapín
orbe
rueda
rodador
troco
roda
pez luna
luna
negrilla
zafío
cochino

ciclóstomos:
lamprea
lamprehuela
lampreílla
sable
candil
cají
blanquillo
vieja
casabe
castañeta
catalineta
guasa
abadejo
cojinúa
sula
patao
biajaiba
pejegallo
julia
cubera
picón
tepemechín
guajacón
anguila
dajao
sarda
pilvén
tararira

guabina
bobo
coroncho

pez no identificado:
garo

(otros animales marinos: V. *Cetáceo, Foca, Molusco, Crustáceo*)

ictiología
ictiografía
piscicultura
pesca

piscicultor
ictiólogo

piscifactoría
estanque
piscina
pecina
cetaria
vivero
vivar
vivera
desovadero
acuario
pecera

ictiológico
pisciforme
piscícola
piscívoro
ictiófago
sardinero
branquífero
branquial
subranquial
teleósteo
acantopterigio
malacopterigio
» abdominal
malacopterigio subranquial
malacopterigio ápodo
plectognato
lofobranquio
cartilagíneo
selacio
plagióstomos
sirenios
ciclóstomos
escamoso

—

PEZÓN
(V. *Mama*)

—

PIADOSO
(V. *Devoción*)

—

PIANO (29)

piano
» vertical
» de cola
fortepiano
pianoforte
pianillo
clavicordio
clave
espineta
clavicémbalo
clavicímbalo
clavicímbano
clavicordio
monacordio
manicordio
claviórgano

cémbalo
arpicordio

autopiano
pianola
órgano de manubrio
piano de manubrio
manubrio
cilindro
organillo

cuerda
registro
pedal
sordina
macillo
martinete
apagador
puente
secreto
clavijero
clavillo
tecla
teclado
costadillo
batiente

(tocar, V. *Instrumento*)
acompañar
teclear
pisar
afinar

pianista
pianístico

—

PICA
(V. *Lanza*)

—

PICANTE
(V. *Picor*)

PICAR
(V. *Picor*)

PÍCARO
(V. *Vileza*)

PICAZÓN
(V. *Picor*)

PICO
(V. *Zapapico*)

—

PICOR (8, 13)

picor
comezón
quemazón
rascazón
picazón
prurito
desazón
resquemo
escocimiento
hormiguillo
hormiguilla
picapica
hormigueo
hormigueamiento
cosquillas
cosquillejas
cosquilleo
concomimiento
concomio
reconcomio

picar
punzar
morder
alampar
raspar
resquemar
quemar
escocer
gusanear
hormiguear
cosquillar
cosquillear
comer vivo
rascar

coscarse
encoscarse
concomerse
reconcomerse

compungivo
rascón
mordaz
quemajoso
hormigoso
pruriginoso
hormigante
picante
raspante
corrosivo
urticante
cáustico

—

PIE (6, 7)

pie
piecezuelo
pecezuelo
pisante
cerra
pinrel
calcas
queso
pata
patita

extremidades
cabos
bajos
pierna
mano
garra
zarpa
manzana
manzanilla
casco
uña

dedo
dedo gordo
tarso
metatarso
huesos del pie
planta
tobillo
garganta
empeine
peine
llave del pie
gollizno
gollizo
talón
calcáneo
calcaño
calcañar
calcañal
carcañal
garrón
zancajo
astrágalo
cangallo

pisar
pisotear
sopear
hollar
rehollar
estampar
atropellar
patullar
patear
zapatear
taconear
tropezar
calcar
conculcar
repisar
apisonar
despearse
aspearse
rozarse
deszocar
patalear
andar
saltar
correr

pisada
piso
pisa
pisadura
pisotón
pisoteo
pataleo
huella
holladura
puntapié
puntillón
puntillazo
pontocón
puntera
zarpazo
zarpada
zaparrada
zaparrazo
patada
coz
golpe

podagra
despeadura
despeamiento
despeo
juanete
adrián
callo
dureza
clavo
ojo de gallo
» de pollo
escrúpulo
sabañón
pediluvio

medias
calzado
folgo
bolsa

pedicuro
podiatra
callista

patudo
patón
pateta
cojo
zopo
zompo
befo
gafo
zancajoso
zancajiento
escaro
juanetudo
ajuanetado
ajuaneteado

pedestre
pisador
celerípedo
alípede
plantígrado
digitígrado

unípede
bípedo
cuadrúpedo
hexápodo
decápodo
miriápodo
miriópodo
solípedo
fisípedo
bisulco
patihendido
digitado
cisípedo
palmeado
caprípede
caprípedo
patiblanco
patialbo
cuatralbo
atrípedo
ápodo
seudópodo

plantar
talonesco
pisado
hollado
cencido

de pies
en pie
a cuatro pies
a gatas
a pie juntillas
juntos los pies
de puntillas

—

PIEDAD
(V. *Compasión*)

—

PIEDRA (4, 11)

piedra
pedrezuela
piedrezuela
pedrejón
vena
veta
arista
turrón
roca
peña
peñuela
piedra viva
peñón
peñol
peña viva
risco
sopeña
mármol
granito [ña
piedra berroqueña
pórfido
basalto
fonolita
traquita
meláfido
cuarzo
sílice
jaspe
piedra ollar
serpentina
gimnita
diaspro
diáspero
piedra jaspe
jade
piedra nefrítica
neurita
lemanita
arcosa
cancagua
asperón
piedra de amolar
» afiladora o aguzadera
piedra amoladera
» melodreña
» pómez
» palmeada
» dura
» bornera
» franca

estalactita
estalagmita
caliza
salagón
yeso

nódulo
gabarro
haba
coquera
grano
agua de cantera

canto [dado
» pelado o ro-
piedra rodada
cantal
rollo
calejo
morro
morrillo
guijarro
peladilla
lágrima de Moisés
» de San Pedro
galga
sopa de arroyo
gorrón
chinarro
china
chinazo
guija
almendra
escrúpulo
callao
jejo

lancha
lanchuela
rajuela
loncha
lancho
lastra
laja
lastre
lastrón
chanto
lábana
llábana
lasca
tasquil
astilla

losa
loseta
lápida
adoquín
bordillo
marmolillo
guardarruedas
recantón
trascantón
trascantonada
guardacantón
afirmado
pavimento
pasadero
pasadera

aerolito
fósil
bezoar
cálculo

grava
guijo
cascajo
casquijo
recebo
firme
balastro
rocalla
pedrisco
pedrizal
zaborra
almendrilla
garbancillo
cargo
arena

bloque
molón
matacán
cancho
bolón
fraile
pedrusco
piedra oscilante
monolito
megalito
monumento
ara
altar
morena
hormazo
argayo
alud
huaico
murias
mureño
almora
morcuero
apacheta
majano
límite

cantera
banco de piedra
pedregal
pedrera
pedriza
pedriscal
pedroche
rolletal
rollar
carrascal
canchal
cantizal
cantal
cantorral
cascajar
cascajal
guijarral
gorronal
llera
glera
lanchar
apedreadero
pedrero

petrificar
fosilizar
lapidificar
recuñar
despedrar
despedregar
descantar
peinar
empedrar
enchinar
enchinarrar
desempedrar

apedrear
cantear
acantear
lapidar

picapedrero
cantero
petrificante
apedreador

almádana
almádena
almádina
almadaneta
almadeneta
almaganeta
marra
terciador
combo
mazo
barreno

cantería
mampostería
mampuesto
sillar
acera

petrificación
lapidificación
encuarte

pedrada
peñascazo
guijarrazo
turronada
golpe
pedrea
honda
arca
apedrea
apedreo
apedreamiento
epostracismo
panes
tagüitas

pétreo
lapídeo
lapidoso
sáxeo
saxátil
guijeño
guijoso
pedernalino
lapidífico
petrífico
moleño
dócil
petrificado
monolítico
megalítico
pedregoso
petroso
pedrizo
cantoso
guijarroso
guijarreño
cascajoso
cantalinoso

—

PIEDRA PRECIOSA
(V. *Joya*)

—

PIEL (6, 7, 10, 37)

piel
tegumento
cuero
vacuno
pellejo
pellejuelo
cuero interior
» exterior
» cabelludo
cutis
epidermis
película
cutícula
membrana
dermis
corion
panículo
blastodermo
papila
glándula
pigmento [ria
célula pigmenta-
queratina
dermatoesqueleto

pelo
pelaje
uña
concha
dermatología

dermatosis
dermatitis
dermitis
dermalgia
dermolisia
pigmentación
renitencia

carne de gallina
piel ansarina
escocedura
escoriación
excoriación
erosión
colisión
erupción
florescencia
eflorescencia
hervor de la sangre
efervescencia
calor del hígado
fuego
» del hígado
fogaje
alopicia [*bello*)
(alopecia, V. *Ca-*
rubefacción
rubicundez
eritema
salpullido
sarpullido
granulación
papulación
exfoliación
descamación
seca

ampolla
ampolluela
ampolleta
ponfo
hidátide
vejiga
vesícula
vejiguilla
flictena
pápula
cristalina
cantárida
aréola
auréola
aureola
pústula

buba
búa
búas
pupa
morreras
barro
barrillo
espinilla
grano
teste
tumor
postilla
costra
viruela
cacaraña
tusa

petequia
cabrillas
efélide
antojos
lunar
angioma
chapeta
mancha
tatuaje
peca
pinta
arruga
pata de gallo
mancilla
paño
roncha
ronchón
haba
habón
contusión
cardenal
equimosis
picor

verruga
cadillo

excrecencia
carnosidad
papiloma
fúrfura
caspa

callo
callosidad
dureza
ojo de gallo
ojo de pollo
callicida
sabañón
friera
espolón
grieta
quebraza
hoyo

brotar
salir
mudar

escocerse
escaldarse
sahornarse
granularse
engranujarse
apostillarse
salpullirse
aquebrazarse
cortarse
escarearse

curtir
atezar
tostar
erisipelar
ronchar
salpullir
sarpullir
enroñar
excoriar
escoriar
resquemar
encallecer
cacarañar
acardenalar
tatuar

eczema
acné
tiña
exantema
herpetismo
reumátide
seborrea
sifílide
herpe
cativí
culebrilla
empeine
urticaria
hormiga
erisipela
isípula
alfombrilla
alfombra
sarampión
rubéola
roséola
escarlatina
escarlata
viruela
varicela
vaharera
alhorre
meconio
algorra
lactumen
usagre
costra láctea
acores
sarna
favo
galga
pediculosis
pelagra
mal de la rosa
prurigo
pénfigo

rupia
alopecia
pelona
peladera
pelarela
zona
zóster
fuego pérsico
psoriasis
ptiriasis
intertrigo
chincual
vitiligo
impétigo
lentigo
miliar
púrpura simple
lupus
elafancía
paquidermia

picado de viruelas
cara de rallo
cara empedrada
» apedreada

cutáneo
subcutáneo
intercutáneo
dérmico
pellejudo
pelicular
cuticular
hipodérmico
epidérmico
pigmentario
pigmentado
pecoso
picoso
petequial
papilar
granular
granujiento
puposo
postilloso
papuloso
pustuloso
vejigoso
vesiculoso
postemoso
bubónico
barroso
cacarañado
cacarizo
calloso
verrugoso
averrugado
habado
ansarino
exantemático
discreto
confluente
herpético
erisipelatoso
tiñoso
roñoso
empeinoso
pelagroso
hormiguero
variolar
eczematoso
dermatológico

piel (zool.)
cuero
piel
pellico
pelleja
pelleta
pellejuela
pellejina
copina
vellón
zalea
zaleo
añinos
pelada

grano
flor

carnaza
retal
ombligada
cerrada
piezgo
pielgo
garra
pelo

cuero
cuero en verde
corezuelo
cuerezuelo
corecico
vaca
vaqueta
becerro
becerrillo
pelota
suela
correjel
cordobán
baldés
baldrés
astracán
carnero
zamarra
zamarro
cordero
corderina
corderuna
corderillo
abortón
badana
ante
gamuza
camuza
cabrina
cabritilla
boquina
cohobo
correal
estezado
petigrís
zorro
chinchilla
visón
marta
» cebellina
armiño
zorro azul
raposo ferrero
nutria
pergamino
carta pécora
vitela
añinos
piel de Rusia
zapa
lija
chagrén
chagrán
tafilete
marroquí
charol
guadamecí
guadamací
guadamecil
guadamacil
brocado

curtidos
peletería
pelambre
pelamen
pellejería
salvajina
corambre
colambre
solería

túrdiga
tórdiga
pergal
correa
azote
odre
guarniciones

desollar
despellejar
escorchar
descuerar
cuerear
copinar
descarnar
curtir
curar
estacar
estezar

abrevar
adobar
alzar corambre
zumacar
herbar
zurrar
apelambrar
pelambrar
despinzar
remellar
chiflar
apellar
charolar
acharolar
encorar
retobar
empellejar

desolladura
desuello
despellejadura
jifería
cuereada
descarnación
curtimiento
zurra
adobo
pellejería
tafiletería
guadamacilería
peletería
manguitería
pellón

abrigo
pelliza
pellica
pellico
zamarra
pello
manguito
regalillo
estufilla
guante
cuello
calzado

pellejero
pellijero
pelambrero
apelambrador
curtidor
tanador
blanquero
noquero
zurrador
guadamacilero
pergaminero
antero
corambrero
añinero
peletero
pelletero
manguitero
caninero
correero

escalplo
pala
garatura
debó
descarnador
estira
adobo
lavadura
pelambre

curtiente
tanino
garrobilla
casca
taño
curtido
eucalipto
lingue
mangle
pangue
cascalote

pellejería
peletería
desolladero
curtiduría
tenería
adobería
tafiletería
guarnicionería
correería
sobadero
pelambrera
noque
encalador
roñal

coriáceo
coráceo
encorazado
envesado
avitelado
apergaminado
armiñado
gamuno
cañariego

—

PIENSO
(V. *Pasto*)

—

PIERNA (6, 7)

pierna
gamba
pernaza
perneta
pata
patita
zanca
garra
remos
cabos
extremidades

pie
tobillo
maléolo
espinilla
canilla
cañifla
tarso (de las aves)
zanca (de las aves)
pantorrilla
pantorra
rodilla
corva
jarrete
muslo
pospierna
pernil
ingle
ingre
horcajadura
entrepiernas
sóleo
tendón de Aquiles
zancarrón
tibia
peroné
fémur
hueso (de la pierna)

pernear
patalear
patear
andar
zanquear
anadear
zambear
espurrir
entrepernar
despatarrarse
espatarrarse
esparrancarse
espernancarse
escarrancharse
estirar
cruzar
alargar
encojar
jarretar
cojear

despernar
perniquebrar
desjarretar
lesionar
maltratar

patada
pisada
pateo
pataleo
pernada
nalgada

pata de pobre
zanqueamiento
befedad
desjarrete
maltratamiento
lesión
varices
várices
cojera

patudo
patón
pantorrilludo
zancón
zanquilargo
zanquillas
piernitendido
zanquivano
zanqueador
pernicorto
perniabierto
patiabierto
pernituerto
patiblanco
patitieso
patituerto
cazcorvo
zanquituerto
estevado
patiestevado
zambo
patizambo
zámbigo
patojo
chueco
cambado
pateta
esparrancado
cojo

maleolar
sural
poplíteo
crural
femoral

en pernetas

—

PILAR
(V. *Pilastra*)

—

PILASTRA (11)

pilastra
pilastrón
contrapilastra
traspilastra
retropilastra
parástade
trasdós
estípite
pilar
machón
macho
cadena
rafa
contrafuerte
botarel
estribo
entibo
espolón
entrearco
anta
antas
pegollo
aleta
cepa
columna
apoyo

—

PIMIENTO (5)

pimiento
pimentón
morrón
pimiento morrón
» de hocico
de buey [te
pimiento de bone-
guindilla
cerecilla [cilla
pimiento de cere-
» de In-
dias
guindillo de las
Indias
ñora
ñoro
cornetilla [tilla
pimiento de corne-
ají
chile
chiltipiquín
rocote
tornachile
jeremía
pimentón
cáscara
pepita
binza
escombro
conservas
pimienta

enchilar
escombrar
desbinzar

ajicero

pimental
chilar
ajizal

—

PINCHAR
(V. *Punzadura*)

—

PINO (5)

pino
» piñonero
» doncel
» real
» manso
» albar
» blanco
» blanquillo
» de Valsaín
» negro
» negral
» melis
» pudio
» salgareño
pino cascalbo
» de Cuenca
» royo
» rodeno
» bravo
» marítimo
» tea
aznacho
aznallo
pinastro
candalo
pino carrasco
» carrasqueño
pincarrasco
pincarrasca
ocote
pinsapo
pimpollo
pimpollejo
pinocho
pinato

piña
pinocho
escama
piñón
hoja
púa
pinocha
alhumajo
tamujo
borrajo
coraznada
toza
roña
corteza
resina
madera

podar
escandalar
sangrar
resinar

casquero
cascapiñones

pinariego
pinífero

pinar
pinatar
pinarejo
pineda
pinsapar
pincarrascal
pimpollada
pimpollar
ocotal
rodenal
abetal

pinoso

—

PINTA
(V. *Mancha)*

PINTAR
(V. *Pintura)*

—

PINTOR
(V. *Pintura)*

—

PINTURA (11, 29)

pintura
pincel
manera
escuela
pintura rupestre
prerrafaelismo
impresionismo
cubismo
iconografía
dibujo

pintura
» al óleo
» al fresco
» al temple
» al pastel
acuarela
pintura a la aguada
» de aguazo
aguazo
lavado
iluminación
pintura de miniatura
miniatura
calcomanía
grisalla
pintura al encausto
» cerífica
encausto
incausto
pintura a la chamberga
transflor
trasflor
pintura embutida
» a dos visos
» tejida
» de porcelana
» figulina
» vítrea
» bordada
acuatinta
aguatinta
grabado
tatuaje

pintar
pincelar
estudiar
colorir
dibujar
cuadricular
cuadrar
recuadrar
copiar
» del natural
repetir
repetirse
calcar
tomar perfiles
pasar »
perfilar

moler
desgranzar
triturar

imprimar
emprimar
aparejar
entunicar
encolar
plastecer
emplastecer
enmasillar
dar color o colores
meter en color
» tintas
entintar
manchar
meter en claros
empastar

bosquejar
linear
esbozar
abocetar
historiar
acompañar
expresar
estilizar

bañar
velar
lavar
pintar al encausto
miniar
iluminar
matizar
encarnar
embijar
repintar
retocar
barnizar
dorar
platear
niquelar
broncear
estofar
transflorar
trasflorar
trasflorear
transflorear
revocar
jaspear
crispir
agramilar
abigarrar
motear
policromar
gayar
tatuar

entonar
acordar
realzar
recalzar
tocar
retocar
picar
definir
recortar
destacar
contornear
escorzar
apretar
modelar
anatomizar
relevar
templar
endulzar
difuminar
disfumar
desperfilar
corromper los perfiles
esfumar
amortiguar
degradar
apagar
matar
rebajar
aballar
teñir
adumbrar
obscurecer
sombrear
esbatimentar

pintarrajear
pintarrajar
pintorrear
embadurnar
tiznar

sobresaltar
chillar
pasmarse
degenerar
rechuparse

ejecución
pincelada
brochada
brochazo
toque
retoque
arrepentimiento
parche

imprimación
aparejo
encoladura
plastecido
mástique
embadurnamiento
mano
baño
veladura
mediatinta
sombreado
embije
barnizado
embarnizadura
rechupado

boceto
bosquejo
esbozo
borrón
mancha
estudio
rasguño
apunte
croquis
esquicio
pensamiento
ensayo
proyecto

cuadro
pintura
tabla
lienzo
cartón
fresco
lámina
díptico
tríptico
sarga
tapiz
copia
repetición

retrato
efigie
modelo
estadía
caricatura
desnudo
academia
perfil
medio perfil
dintorno
escorzo
figura
busto
figura moral
genio
iconología
iconografía
imaginería

grupo
retablo
historia
batalla
bambochada
ropaje
paños
trazo

vista
panorama
neorama
diorama
cosmorama
ciclorama
escenografía
caroca

paisaje
país
cabaña
marina
boscaje
verdura
bodegón
frutaje
frutero
florero
cacería
cebadero
naturaleza muerta

atributo
arabesco
subiente
filacteria
ornamentación
adorno
pintarrajo
aleluya
monigote

asunto
composición
ordenación
ordenanza
economía
dibujo
simetría
proporción
anatomía
acción
movimiento
valentía
relieve
expresión
afecto

fondo
campo
ambiente
terrazo
término
primer término
lontananza
cercas
lejos
perspectiva
rompimiento
gloria

color
colorido
templanza
acuerdo
sinfonía
empaste
pasta
tono
matiz
degradación
pátina
luz
luz primaria
» refleja o secundaria
claro
clarimento
toque
» de luz
» de oscuro
realce
degradación
claroscuro
mediatinta
sombra
plumeado

esbatimento
batimento
adumbración
apretón
cambiante
obscuro

pintor
pintora
pintor de historia
pincel
acuarelista
pastelista
templista
fresquista
imprimador
coloridor
colorista
empastador
sombreador

primitivo
prerrafaelista
impresionista
cubista

retratista
retratador
paisajista
paisista
marinista
escenógrafo
iluminador
ilustrador
miniaturista
detallista
sarguero
imaginero
imaginario
decorador

pintamonas
embadurnador
chafalmejas
pintor de brocha gorda

pincelero

color
pintura
anilina
tinta
trocatinte
albayalde
blanco de plomo
esplendor

laca
bol, bolo, arménico o de Armenia
etíope
bistre
melino
gutiámbar
gutagamba
espalto
aspalto
ante
ocre
ancorque
sil
calamocha
aje
sombra de hueso
» de Venecia
» de viejo
embazadura
nogalina
sepia
hormaza
azafrán
ancorca
tierra de Venecia
» » Holanda
albín
tierra verde
verdacho
verdete
verdevejiga
cardenillo
azul de Prusia
» de Sajonia
» de cobalto
esmalte
esmaltín
azul de ultramar
» ultramarino
encarnado
minio
orzura
rúbrica sinópica
colcótar
azarcón
almagre
almagra
almánguena
almazarrón
lápiz rojo
bermellón
pavonazo
morel de sal
oropimente
génuli
purpurina
escarlata
urchilla
frescor
carmín
» bajo
carmesí
encarnación
» de paletilla
encarnación de pulimento
encarnación mate
ostro
oro musivo

plaste
estuco
cernada
ceniza
aceite secante
aguarrás
templa
cola de retal
aguagoma
aguada
lápiz
lápiz de color
clarión
clarioncillo
fijador
barniz
chauche
esmalte

pincel
pincelote
brocha
brochón
brochuela
cerdamen
sedera
ensolvedera
empastador
asta
paleta
tabloza
tiento
cotoncillo
caballete
maniquí
espátula
imprimadera
grafito
vejiga
pincelero

tabla
» rasa
lienzo
revocadura
bastidor
marco

estudio
museo
pinacoteca
galería
salón
exposición
colección

pictórico
gráfico
pictográfico
iconográfico
escenográfico
encáustico

panorámico

orante
hierático
historiado
de género
barroco
caprichoso
grotesco
grutesco
brutesco
ecuestre
rupestre
gofo

pintado
bien manejado
mal »
académico

recortado
lamido
acorde
vago
sombrío
dulce
pastoso
jugoso
cálido
caliente
destemplado
desacordado
duro
agrio
pajarero
chillón
de brocha gorda

goyesco
pompeyano
pusinesco
albayaldado

de cuadrado
por alto
al óleo

—

PINZAS
(V. *Tenazas*)

—

PÍO, PÍA, (obra)
(V. *Devoción*)

—

PIOJO (6, 12)

piojo
piojuelo
cáncano
caranga
carángano
picón
Juan de Garona
gao
parásito
liendre
espulgo

piojería
piojera
miseria
lendrero

despiojar
espulgar
deslendrar

lendrera
peine
cebadilla

espulgador
piojoso
piojento
pedicular
lendroso

—

PIPA
(V. *Tabaco*)

—

PIRÁMIDE (17)

pirámide
» regular
» rectangular
» poligonal
» truncada
» recta
» inclinada

tronco de pirámide
obelisco
base
altura
apotema
cúspide
vértice

piramidal

piramidalmente

—

PIRATA
(V. *Piratería*)

—

PIRATEAR
(V. *Piratería*)

—

PIRATERÍA (32)

piratería
corso

piratear
corsear

pirata
raquero
filibustero
pechelingue
pichelingue
bucanero
corsario
armador
corsarista

patente de corso
carta de marca
» de contramarca
patente de contramarca
buena presa
mala presa
pendolaje
derecho marítimo
armada
guerra

pirático
corsario

—

PIROTECNIA
(V. *Fuegos artificiales*)

—

PISAR
(V. *Pie*)

—

PISTOLA [go]
(V. *Arma de fuego*)

—

PITA (5, 10, 36)

pita
pitera
cabuya
henequén
jeniquén
mezcal
maguey
agave
cocuy
cocui
caraguatá
carruata
cháguar

bohordo
lisera
pitaco
pitón
pitreo
fique
hilo de pita
cucuiza

pulque

—

PITO
(V. *Silbido*)

—

PIZARRA
(4, 11, 28)

pizarra
esquisto
talquita
ampelita
carleta

pizarral
pizarrería

empizarrar
escribir
dibujar

pizarrero

empizarrado
tejado
aguilón
calzón
pizarroso
pizarreño
apizarrado

—

PIZARROSO
(V. *Pizarra*)

—

PLACA
(V. *Lámina*)

—

PLACER
(8, 13, 14)

placer
delicia
deleite
gozo
goce
contento
blandura
dulzura
dulzor
holganza
solaz
bienestar
comodidad
regalo
molicie
buen paso
gusto
gustazo
regosto
gloria
felicidad
complacencia
complacimiento
satisfacción
contentamiento
agrado
delectación
deleitación
deleitamiento
delectación morosa

enajenamiento
aplacimiento
fruición
alegría
alboroto
regodeo
godeo
dejo
escorrozo
disipación
diversión
juego
deporte
fiesta

sensualismo
sensualidad
voluptuosidad
sibaritismo
concupiscencia
incontinencia
inmortificación
hedonismo
positivismo
epicureísmo
egoísmo
mercantilismo
mundo
profanidad

desenfreno
lujuria
gula
borrachera

gozar
disfrutar
fruir
saborear
apacentar

gozarse
complacerse
deleitarse
agradarse
regocijarse
regodearse
recrearse
travesear
contentarse
alegrarse
caérsele la baba
estar en su centro
no caber de contento
quitarse el amargor de la boca

aturdirse
encenagarse
enfangarse
materializarse

gozador
gozoso
gozante
animado
divertido
juerguista
alegre
fruente
complaciente
gustoso
regalón
mantecón
malacostumbrado
comodón
acomodado
Don Cómodo
sensual
voluptuoso
muelle
voraz
sibarita
sibarítico
epicúreo
hedonista
positivo
profano
mundano
mundanal

inmortificado
(placentero, deleitable, etc., véase *Agrado*)

placenteramente
gozosamente
gustosamente
deliciosamente
deleitosamente
deleitablemente
sensualmente
voluptuosamente
carnalmente
a placer
a satisfacción
a solaz
a contento

—

PLAN
(V. *Proyecto*)

—

PLANCHA
(V. *Planchado*)

—

PLANCHADO
(10)

planchado
aplanchado

planchar
aplanchar
alisar
allanar
estirar
encañonar
asentar
almidonar
desalmidonar

planchador
aplanchador
planchadora
tren de planchado

plancha
agarrador
agarradero
albardilla
almohadilla
bolillo
palo de planchar
medio queso
tabla
rociador
almidón
bórax
borra
borraj

—

PLANCHAR
(V. *Planchado*)

—

PLANEAR
(V. *Proyecto*)

—

PLANETA (3)

planeta
estrella errante
» errática
planeta primario
» inferior o interior
planeta exterior o superior

planeta oriental
» occidental
» tardo
» estacionario
satélite

Mercurio
Venus
lucero
lucífero
lucero del alba
» de la mañana
lucero de la tarde
fósforo
estrella de Venus
héspero
véspero
Tierra
Cibeles
Marte
Júpiter
Saturno
anillo de Saturno
Urano
Neptuno
asteroide
Ceres
Vesta
Plutón

apogear
perigear

eclipse
conjunción
elongación
paso
oposición
retrogradación
órbita [des
línea de los ápsi-
» de los nodos
nodo ascendente
» descendente
afelio
perihelio
fase
almogeo
cuadratura
astronomía
astrología

planetario
interplanetario
hespérido
mercurial
saturnal
saturnio
telescópico

—

PLANO (18)

plano
superficie
cara
llanura
rasa
espacio
descampado
campo raso
rellano
meseta
puna
extensión
explanada
explanación
allanamiento
gradeo
banqueo
arrasamiento
nivelación
desmonte
andenería
aplastamiento
achatamiento

allanar
aplanar
achatar
explanar
desmontar
rellanar
alisar
planchar
aparar
emparejar
nivelar
anivelar
igualar
acodar
gradar
traillar
atablar
tablear
rastrillar
asentar
arrasar
aplastar
prensar
comprimir
atortujar
desabollar
desalabear
rasar
raer
descolmar
terraplenar

allanador
aplanador
aplanadera
rodillo
rulo
ruello
ruejo
cilindro compresor
apisonadora
grada
rastrillo
atabladera
traílla
robadera
planímetro
nivel
» de aire
» de agua

pared
lámina
plancha
tabla
loncha
roncha
lonja
rebanada
disco

plano
llano
aplastado
chato
romo
arranado
liso
raso
descampado
escampado
como la palma de la mano
como el pelo de la masa

—

PLANTA (5)

planta
plantaje
plantación
vegetal
botánica
criptógama
hongo
alga
moho
bacteria
helecho
hierba

junco
alisma
llantén de agua
lirón
sagitaria
saetilla
saetía
azúmbar
damasonio
alheña
almea
achira
cereales
caña
sagú
yuquilla
camotillo
trigo
trigo sarraceno
alforfón
alforjón
rubión
cebada
cebadilla
espigadilla
centeno
maíz
avena
teatina
ballueca
mijo
millo
maicilla
arroz
panizo
» de Daimiel
» negro
maíz negro
bonizo
zahína
alpiste
triguera
grama
» del Norte
cerrillo
grama de olor
» de prados
gramilla
gramalote
cizaña
rabillo
borrachuela
joyo
luello
cominillo
heno
» blanco
holco
vallico
ballico
césped inglés
espicanardo
espicanardi
azúmbar
hierba mora
lágrima de David
» de Job
esquenanto
esquinanto
esquinante
junco oloroso
paja de camello
» de esquinanto
» de Meca
hierba de limón
cañota
millaca
cañuela
caña amarga
coirón
suita

coracán
almorejo
amor
lapa
tembladera
zarcillitos
cedacillo
cola de zorra
espiguilla
hierba de punta
rabillo de conejo
carricera
rabo de zorra
zaragüelles
arana
guizacillo
hierba fina
lastón
pata de gallo
guizazo
rompesacos
egílope
yabuna
teocinte
briza
carricillo
cañamazo
súrbana
cinta
cambute
cogón
chamiza
espolín
araña
tortero
cascolitro
camelote
gamalote
coligüe
cálamo
fenazo
garranchuelo
barba cabruna
barbas de chivo
hierba del maná
bromo
esteba
pajón
paja brava
zacate
hierba de Guinea
tucinte
carapucho
barrón
juncia
junza
cebolleta
babosa
cortadera
lleivún
estoquillo
castañuela
lenteja acuática
» de agua
flor de Santa Lucía
ananás
ananá
piña
chagual
puya
yaichihué
camalote
azucena
» anteada
lirio blanco
» de los valles
muguete
nardo
tuberosa
vara de nardo
» de José
» de Jesé
tulipán
tulipa
jacinto
bretaña
aloe
áloe
» sucotrino
linálоe
acíbar
zabila
sábila
zabida
azabara
olivastro de Rodas
aloético
puerro silvestre
ajipuerro
gamón
gamonal (lugar)
gamonita
asfódelo
matacandiles
baya
leche de gallina
» de pájaro
sueldacostilla
corona imperial
almizcleña
ciguaraya
martagón
cojate
tararaco
capulí
falangio
yuca
guacamote
izote
iguapate
cebolla albarrana
albarranilla
escila
esquila
ceborrincha
cebollana
cebollino
cebolla
bulbo
ajo
puerro
narciso
trompón
junquillo
flor de ángel
amancay
flor de lis
amacayo
azucena de Guernesey
» de Buenos Aires
amormío
pita
lirio
lilial
lis
lirio cárdeno
» hediondo
íride
jíride
efémero
ácoro bastardo
» palustre
falso ácoro
cacomite
flor de la maravilla
estoque
gallo
trique
callecalle
nuño
azafrán
abacá
jenjibre
ajenjibre
cojatillo
amomo
cardamomo
grana del Paraíso
granos del Paraíso
galanga
caña agria
cedoaria amarilla
orquídea
compañón de perro
satirión
guaria
flor de la abeja
torito
frailes
vainilla
aro
jaro
jarillo
yaro
arón
tragontina
sarrillo
pie de becerro
alcatraz
arísaro
rabiacana
candiles
candilillo
frailillos
colocasia
haba de Egipto
dragontea
taragontía
serpentaria
culebrilla
zumillo
cala
aro de Etiopía
lirio de agua
flor del embudo
papagayo
capa de rey
piragua
ácoro
cólquico
quitameriendas
hermodátil
vedegambre
eléboro blanco
veratro
cebadilla
sello de Salomón
» de Santa María
uva de raposa
aspidistra
espárrago
brusco
rusco
jusbarba
ñame
ube
nueza negra

matico
betel
congona
ortiga
parietaria
albahaquilla de río
cañarroya
ramio
muérdago
guate
almuérdago
agraz
marojo
liga
aristoloquia
ásaro
asáraca
asarabácara
oreja de fraile
candiles
acedera
acetosa
agrilla
vinagrera
zarrampín
acederilla
acetosilla
acederón
centinodia
saucillo
sanguinaria mayor
altamandría
correhuela
corregüela
albohol
romaza
achitabla
británica
ruibarbo
rabárbaro
ruipóntico
rapóntico
bistorta
ruipóntico indígena vulgar
quelenquelen
duraznillo
persicaria
hierba pejiguera
bledo
armuelle
acelga
orzaga
salgada
salgadera
marismo
álimo
espinaca
pazote
pasote
apazote
apasote
paico
hierba hormiguera
hierba de Santa María del Brasil
remolacha
betarraga
betarrata
cenizo
ceñiglo
armuelle borde
berza de pastor
alcanforada
rebollo
mirabel
ayuga
pinillo
hierba artética
perantón
sayón
ulluco
biengranada
saladilla
sargadilla
sapillo
sapina
salicor
barrilla
amaranto
flor de amor
borlas
borlones
moco de pavo
perpetua
» encarnada
amarantina
sempiterna
guirnalda
papagayo
capa de rey
nayuribe
calalú
dondiego
anamú
hierba carmín
gariofilea
betónica coronaria
clavel
neguilla
neguillón
lucérnula
candilejo
candileja
jabonera
» de la Mancha
saponaria
albada
lanaria
herbada
minutisa
manutisa
ramillete de Constantinopla
álsine
pamplina
pamplina de canarios
picagallina
colleja
verdezuela

tiratiros
verdolaga
trompo
cruz
ninfea
nenúfar
nenúfar amarillo
cobertera
golfán
azucena de agua
escudete
zapalota
loto
taropé
ranúnculo
botón de oro
hierba belida
sardonia
apio de ranas
centella
acónito
uva verga
» lupina
anapelo
napelo
pardal
matalobos
estafisagria
albarraz
hierba piojenta
» piojera
uva tamínea
» taminia
tamínea
clemátide
aján
virigaza
trabas
hierba de los lazarosos
hierba de los pordioseros
vilorto
vilorta
saltaojos
rosa maldita
» albardera
angélico
peonía
rosa de rejalgar
» montés
anemone
anemona
arañuela
araña
ajenuz
neguilla
aguileña
guileña
pelícanos
pajarilla
espuela de caballero
consólida
» real
consuelda
sínfito
francesilla
marimoña
eléboro negro
hierba ballestera
» de ballestero
celidonia menor
cabeza de perro
pulsatila
hepática
calta
amapola
ababa
ababol
abibollo
camelia
adormidera
dormidera
centaurea mayor
celidonia
golondrinera
hirundinaria
hierba de las golondrinas
zadorija
boca de guácharo
» de guacho
zapatilla de la reina
fumaria
palomina
palomilla
argemone
chicalote
glaucio
jaramago
yuyo
raqueta
ruqueta
sisimbrio
balsamita
glasto
pastel
hierba pastel
alhelí
alelí
alhelí de Mahón
rosa de Jericó
lepidio
viola
alboquerón
arbelcorán
albacorón
doblescudo
anteojo
mostaza
mastuerzo
escobilla amarga
berro
berrizal (lugar)
berra
berro de costa
berraña
berrera
berraza
balsamina mayor
col
colza
rábano
» silvestre
rabanillo
rabaniza
nabo
bunio
naba
nabo gallego
rapo
nabina
nabiza
alhuceña
oruga
matacandil
draba
carraspique
aliaria
coclearia
pan y quesillo
ruca
sabelección
reseda
gualda
siempreviva mayor
hierba puntera
siempreviva menor
uva de gato
» de perro
» cana
» canilla
trigos
uva de pájaro
hierba callera
ombligo de Venus
oreja
» de monje
» de abad
haba marina
sombrerillo
hierba de bálsamo
telefio
saxífraga
saxifragia
saxafrax
tetilla
filipéndula
pie de león
pata de león
alquimila
estelaria
estela
pimpinela
» mayor
» menor
sanguisorba
tormentila
sieteenrama
cincoenrama
quinquefolio
agrimonia
agrimoña
reina de los prados
ulmaria
barba de cabra
argentina
fresa
fragaria
garbanzo
guisante
arveja
arvejo
bisalto
haba
alubia
lenteja
altramuz
almorta
tito
muela
arvejón
cicercha
cicércula
guija
diente de muerto
algarroba
arvejote
áfaca
brusca
alfalfa
alfalfar (lugar)
alfalfe
alfalfez
torteruelo
aulaga
aliaga
aulaga vaquera
árgoma
ardeviejas
escajo
tojo
escobino
coletuy
guiri
otaca
gáraba
cadaval
tojal
alholva
alholvar (lugar)
albolga
fenogreco
yero
yervo
yeros
hieros
rica
herén
glicina
alcarceña
gatuña
trébol
trifolio
carretonero
pie de liebre
guisante de olor
haba de las Indias
clarín
regaliz
regalicia
regaliza
palo dulce
alcazuz
orozuz
cacahuete
cacahuate
cacahué
cacahuey
aráquida
maní
alacranera
escorpioide
alharma
alfarma
harma
alhámega
alárgama
alhárgama
alármega
ruda
díctamo blanco
fresnillo
cuasia
polígala
lechera amarga
euforbio
tártago
ricino
lechetrezna
titímalo
ésula
tornagallos
mercurial
malcoraje
folio
pichoa
golondrina
candelilla
nogueruela
galega
ruda cabruna
mimosa
sensitiva
mimosa púdica
» vengonzosa
meliloto
trébol oloroso
mielga
» azafranada
» de flor amarilla
» marina
higueruela
angelote
trébol hediondo
jiquilete
jiguilete
guanina
albaida
caracolillo
alama
encorvada
pipirigallo
esparceta
zulla
sulla
vulneraria
soja
sambrano
papilionáceo
legumbre
geranio
» de hierro
» de malva
» de rosa
» de sardina
cardenal
pelargonio
balsamina
momórdiga
nicaragua
miramelindos
adornos
gala de Francia
pico de cigüeña
relojes
aguja
» de pastor
» de Venus
alfileres
oca
aleluya
acederilla
abrojo
abrojal (lugar)
tríbulo
malva
» arbórea
» loca
» real
malvarrosa
varita de San José
camelo
malvavisco
altea
alcea
acalia
quingombó
quimbombó
abutilón
abelmosco
algalia
escoba babosa
tarasa
algodón
violeta
violar (lugar)
viola
pensamiento
trinitaria
flor de la trinidad
suspiro
pasionaria
pasionera
granadilla
parcha granadilla
murucuyá
leuréola hembra
salamunda
salicaria
arroyuela
primavera
vellorita
murajes
escarlata
pamporcino
pan porcino
artanita
artanica
pamplina de agua
lisimaquia
oreja de oso
ciclamino
belesa
genciana
canchalagua
canchelagua
cachanlagua
escoba amargosa
centaura menor
sietesangrías
gota de sangre
hiel de la tierra
cruciata
vinca
vincapervinca
estefanote
estrofanto
brusela
hierba doncella
quilmay
vencetósigo
berza de perro
» perruna
oxipétalo
arauja
viborán
biznaga
gingidio
culantro
cilantro
cadillo
amor
bardana
perifollo
perifollo oloroso
cerafolio
perfoliada
perfoliata
hinojo
» marino
perejil marino
» de mar
empetro
perejil
» de monte
oreoselino
comino
» rústico
laserpicio
alcaravea
anís
anisar (lugar)
anisal »
matalahúva
matalahúga
matafalúa
quijones
ácula
pie de gallina
ahogaviejas
eneldo
aneldo
neldo
aneto
angélica
» arcangélica
ameos
ami
fistra
servato
ervato
hierba de Túnez
peucédano
zanahoria
azanoria
azenoria
dauco
chirivía
pastinaca
arestín
arestil
apopónace
pánace
biznaga
ciguapate
cañaheja
cañajelga
férula
cañaherla
cañahierba
cañiherla
cañareja
cañerla
cicuta
» menor
perejil de perro
etusa
asa fétida
tembladerilla
tapsia
cañaheja hedionda
zumillo
sanícula
imperatoria
enante
arracachá
zucurco
macuca
apio
» caballar
» equino
perejil macedonio
apio cimarrón
panul
esmirnio
berrera
arsáfraga
llareta
amarguera
matabuey
convólvulo
dondiego de día
enredadera
» de campanillas
mechoacán
ruibarbo blanco
maravilla
copetuda (flor)
batata
boniato
buniato
boniatal (lugar)
suspiro
polemonio
borraja

raspilla
nomeolvides
miosota
miosotis
cinoglosa
lapila
lapilla
viniebla
lengua canina
» de perro
onoquiles
palomilla
» de tintes
pie de paloma
» columbino
orcaneta
» amarilla
onosma
lengua de buey
lenguaza
buglosa
argamula
melera
hierba melera
ancusa
consuelda
consólida
suelda
consuelda roja
ceriflor
becoquino
alacrancillo
pulmonaria
epítimo
cuscuta
verbena
sagrada hierba
hierba sagrada
cedrón
sandialahuen
espina de pescado
hierbabuena
hierba buena
» santa
» ballestera
menta
mienta
presta
huacatay
mastranzo
mastranto
mentastro
matapulgas
zabatán
mejorana
zamarrilla
polio
sándalo
azándar
sandalino
cantueso
azaya
albahaca
alhábega
alábega
alfábega
albahaquilla
ajedrea
cunila
jedrea
espliego
alhucema
tumo
hisopo
poleo
toronjil
toronjina
cidronela
abejera
melisa
aneota
hoja de limón
amaro
bácara
bácaris
esclarea
maro
almaro
escordio
ajote
alcino [tre menor
albahaca silves-
agripalma
cardíaca
marrubio
astabatán
consuelda menor
samarilla
alhucemilla
orégano
betónica
nébeda
camedrio
camedris
sideritis
clinopodio
albahaca silvestre
mayor
hiedra terrestre
calamento
calaminta
ortiga muerta
aguavientos
matagallos
pinillo
hierba artética
quinchamalí
patata
alquequenje
vejiguilla
vejiga de perro
solano
hierba mora
estramonio
tapa
tapate
pimiento [dias
guindillo de In-
belladona
atropa
beleño
» negro
mandrágora
mandrágula
petunia
túnica de Cristo
capulí
berenjena
dama de noche
huévil
rocote
tomatera
(fruto: tomate)
(sitio: tomatal)
beleño blanco
escrofularia
gordolobo
candelaria
verbasco
varbasco
dragón
boca de dragón
becerra
dragoncillos
gallocresta
cresta de gallo
orvalle
ormino
corota
linaria
verónica
eufrasia
graciola
digital
dedalera
cimbalaria
sanchecia
asarina
bignonia
orobanca
hierba tora
coronilla real
corona de rey
» real
acanto
hierba gigante
branca ursina
yuquilla
carmentina
plantaina
plantaje
llantén
» mayor
» menor
lencéola
quinquenervia
arta
estrella de mar
estrellamar
azaya
hierba estrella
zaragatona
zargatona
pulguera
arta de agua
coniza
arta de monte
rubia
granza
amor de hortelano
cuajaleche
presera
azotalengua
galio
asperilla
rubilla
hierba de las siete
sangrías
lengua de gato
bejuquillo
ipecacuana
carapico
rubial
yezgo
yebo
actea
valeriana
alfeñique
milamores
espicanardo
espicanardi
azúmbar
nardo
» índico
escabiosa
ambarina
cardencha
cardón
escobilla
viuda
cucurbitáceas
melón
sandía
estropajo
coloquíntida
cateramba
tuera
alhandal
nueza
nuerza
nueza blanca
anorza
brionia
aguilonia
silonia
cundiamor
abobra
cayapona
curuguá
rapónchigo
ruiponce
farolillo
uñoperquén
hierba lombrigue-
ra
abrótano
» macho
» hembra
brótano
ulaguiño
guardarropa
boja
aciano
aldiza
aciano mayor
» menor
azulejo
liebrecilla
achicoria
chicoria
camarroya
usillo
ajenjo
doncel
alosna
alazor [gayos
simiente de papa-
cártamo
cártama
árnica [ña
tabaco de monta-
arzolla
arsolla
abrepuños
matagallegos
aguaturma
tupinambo
pataca
artemisa
artemisia
altamisa
anastasia
artemisa pegajosa
ajea
pajea
amelo
estrellada
cerraja
cardimuelle
cardinche
gardubera
crisantemo
crisantema
sangre de Francia
costo
costino
dalia
gigantón
centaura
centaurea
damasquina
diente de león
amargón
almirón
flor de macho
escorzonera
salsifí de España
» negro
teta de vaca
estragón
dragoncillo
fárfara
tusilago
uña de caballo
zapatas
girasol
helenio
ala
énula campana
raíz de moro
hierba del ala
tanaceto
hierba cana
zuzón
suzón
cicimate
costo hortense
atanasia
hierba sarracena
» de Santa
María
» romana
» limpia
manzanilla
matricaria
arugas
expillo
magarza
milenrama
milhojas
altarreina
aquilea
artemisa bastarda
hierba meona
maravilla
flamenquilla
caléndula
flor de muerto
ojo de buey
santimonia
perpetua amarilla
siempreviva
» ama-
rilla
matacallos
salsifí
santónico
semencontra
tomillo blanco
vellosilla
pelosilla
pelusilla
oreja de ratón
olivarda
atarraga
atabaca
condrila
ajonjera juncal
maya
vellorita
margarita
chiribita
lámpsana
estrella
barbaja
clavelón
lechuga silvestre
ontina
pelitre
escobilla de ám-
bar
extraña
agérato
ambrosia
ambrosía
rompezaragüelles
eupatorio
cardo santo
guaco
coniza
viravira
sombrerera
cardillo
cardillar (lugar)
tagarnina
escarola
endibia
cardo
alcachofa
nevadilla
sanguinaria
quebrantapiedras
lechuga
» romana
lechugilla
cadillo
lampazo
lapa
bardana
amores
purpúrea
apegaderas
zarapón
cineraria
hierba impía
cachumba
escarchada
rimu
hipérico
corazoncillo
cori
hierba de San
Juan
todabuena
todasana
castellar
androsemo
ásciro
rodalán
farolillo
besico de monja
amol
quibey
tupa
tabaco del diablo
tabaco de monta-
ña
sésamo
alegría
ajonjolí
aljonjolí
cincollagas
begonia
lino
cárbaso
cáñamo
lúpulo
arándano
mirtilo
anavia
meruéndano
rasponera
ráspano
abia
centella
ceanoto
turubí
quinua
dengue
olluco
camambú
tiquizque
ocumo
canchalagua
cimate
caroba
coralito
cananga
canario
airampo
pitajaña
patanco
tarralí
carbonera
caraipo
pitillo
cañutillo
carrasposa
coona
quinchihue
cochayuyo
ceragallo
guacalote
caracola
guajaca
caramarama
garba
romerillo
támara
gavilana
flechilla
causeta
mancaperro
cola de caballo
polvo de tierra
heliotropo
heliotropio
aje
diosma
macazuchil
bombonaje
yezgo
alacayuela
cabezuela
alcaparra de In-
dias
pangue
guaicurú
gloxínea
carurú
yuyo colorado
capuchina
buganvilla
trepadora
bejuco
arbusto
árbol

—

PLANTACIÓN (36)

plantación
plantío
postura
encepe
trasplante
marqueo

desqueje
replantación
repoblación
siembra
cultivo
jardín
huerta
árbol
arbusto
vid
olivo, etc.

planta
plantón
pimpollo
barbado
barbudo
postura
golpe
estaca
garrote
rampollo
esqueje
tallo
acodo
injerto
raíz
semilla
cepellón

plantar
hincar
plantar de barbado
plantar de rama
» de postura
» a hoya
transponer
trasplantar
replantar
desquejar
esquejar
estaquillar
hacer postura
echar de cabeza
comarcar
marquear
enjardinar
rehoyar
acodar
sembrar
cultivar

plantío
plantel
planta
plantación
vivero
viveral
criadero
injertera
enjertal
temprano
bancal
calva
hoyo
clota
gavia

plantador
hortelano
jardinero

herrón
hocino
plantador
plantadora
desplantador

plantío
plantable
trasplantable
traspuesto
en liño
al tresbolillo

—

PLANTAR
(V. *Plantación*)

—

PLATA (4)

plata
argento
argente
metal precioso
mina menor
alcamor
plata nativa
trena
metal machacado
plata agria
» gris
» seca
» córnea
» roja
» bruneta
» sobredorada
rosicler
mulato
tacana
paco
negrillo
quijo
dublé
plomo de obra
» argentífero
» pobre
» rico
piedra infernal
nitrato de plata

pella
pasta
roela
moneda
piña
plata de piña
crazada
telilla
vuelta
hormiguillo
consumido
burilada
pallón
plateadura
árbol de Diana
argentería
chafalonía
liga
aleación
piedra de toque

desplatar
apurar
hormiguillar
llapar
yapar
enarenar
repasar
tocar
platear
argentar

desplatación
desplate
apure
tentadura
toque
apartado
ley
plateadura
orfebrería
platería
joyería

haciendo de beneficio

real de minas
buitrón
botrino
capellina
azoguería
arrastre
cendra
cendrada
fundente
magistral
llapa
yapa

colpa
desliz
guaira
copela
apartador
cendrazo
casquillas
aguja de toque
parragón
punzón
azoguero

plateador
argentario
argentero
argentador
platero
percocero
contraste (fiel)

argentoso
argénteo
argentífero
argéntico
argentino
argentado
plateado
fuerte
bajo de ley

—

PLÁTANO (5)

plátano
platanero
plátano guineo
pácul
cambur
» amarillo
» criollo
» hartón
» higo
» manzano
» titiaro
» pigmeo
» topocho

plátano (fruto)
banana
banano
platanar
platanal

—

PLATEAR
(V. *Platería*)

—

PLATERÍA (4, 10)

platería
percocería
orfebrería
filigrana
joyería

blanquecer
blanquear
gratar
argentar
afiligranar
platear
nielar
damasquinar

forja
hornaza
forma
lastra
tas
bruselas
escobilla
escobeta
hilera
balanzón
guindaleta
grata

jibión
jibia
lámpara de esmaltador
plata
oro
chafalonía
doradillo
zapa
gallón
porcelana
esmalte
niel
nielado
plateadura
galvanoplastia

platero
argentario
argentero
orfebre
orífice
percocero
hornacero
planador

platería (tienda)
afiligranado

—

PLATERO
(V. *Platería*)

—

PLATO (20)

plato
» sopero
» trinchero
platillo
flamenquilla
escudilla
conca
gábata
mancerina
macerina
ataifor
pátera
fuente
platel
ensaladera
esparraguera
tarina
gacha

almendrero
hortera
dornillo
cuenca
garapacho
budare
cubierto
cayana
tachuela
tajador
tajadera
comal
cubreplatos
escurridor
escurreplatos
bandeja
vajilla
servicio de **mesa**

escudillar
escullar
servir
hacer plato

escudillador

—

PLAYA
(V. *Ribera*)

—

PLAZA (11)

plaza
plazuela
placeta
placetuela
plazoleta
explanada
antuzano
altozano
ágora
foro
zoco
zoca
azogue
azoguejo
terrero
horuelo
glorieta
barreduela
portal
calle
paseo
mercado

placero

—

PLAZO (21)

plazo
término
intervalo
día diado
» adiado
fecha
año emergente
» fatal
temporada
quincena
cuarentena
vencimiento
término fatal
prescripción
perención
caducidad
prórroga
espera
moratoria
respiro
interrupción
aplazamiento
emplazamiento
señalamiento
citación
cita
llamamiento

aplazar
señalar
prefinir
predefinir
emplazar
adiar
prorrogar
ampliar
atreguar
dar hora
tomar hora

vencer
cumplir
caer
prescribir
cerrarse
caducar
correr el término
» el plazo
llegar la hora
anticipar
diferir
retardar
esperar
tomarse tiempo

cumplidero
vencedero
moratorio
fatal

perentorio
útil
improrrogable

dentro de
de aquí a...
a... días vista
a contar de
a más tardar
hasta
a plazos

—

PLAZOLETA
(V. *Plaza*)

—

PLEBE (30)

plebe
plebezuela
estado llano
» general
pueblo
burguesía
proletariado
villanaje
vulgo
multitud
común
populacho
populazo
vulgacho
turba
chusma
gentualla
marranalla
gentuza
chamuchina
balhurria
hampa
hampo [abajo
gente de escalera
música y acompañamiento
gente menuda
carne de cañón
gente de toda broza
corrincho
gavilla
zurriburri
churriburri
gente **vil**
» de medio pelo

plebeyez
vulgaridad
obscuridad
humildad
pobreza
villanía
villanaje
villanería
bajeza de nacimiento
democracia
oclocracia
demagogia

demagogo [be
tribuno de la plebe

plebeyo
pechero
villano
villanote
capipardo
hombre bueno
ciudadano
cogotudo
rocero
libertino
manolo
chispero
majo
chulo

chulapo
lépero
roto
pícaro
advenedizo
lana
pejina

allanarse
avillanarse
vulgarizarse
aplebeyarse
envilecerse

popular
populachero
plebeyo
proletario

llano
ordinario
menudo
humilde
villanesco
vulgar
obscuro
mal nacido
hampesco
hampo
esclavo

popularmente
mal se aviene el don con el Turuleque

—

PLEBEYO
(V. *Plebe*)

—

PLEGAR
(V. *Pliegue*)

—

PLEURA
(V. *Pulmón*)

—

PLIEGUE (18)

pliegue
repliegue
dobladura
doblamiento
ángulo
curvatura
articulación
arruga
fraile
pata de gallo
ruga
rugosidad
ondulación
doblez
doble
surco
ranura
alforza
lorza
alhorza
plisado
remango
arremango
frunce
papo
bollo
bullón
cangilón
cogido
lechuga
fuelle
tabla
cañón
duque
bolsa
buche
bocha

tontillo
rueda

plegar
replegar
doblar
arrugar
rugar
encarrujar
encoger
rebujar
arrebujar
remangar
arremangar
ondear
ondular
rizar
afollar
tablear
fruncir
tronzar
alechugar
escarolar
encañonar
planchar
gandujar
engurruñar
cerrar
descorrer
desplanchar
desplegar
extender

plegadura
plegado
arrugamiento
arrugación
fruncimiento
encogimiento

plegador
plegadera
plegado
fruncido
arrugado
encarrujado
carrujado
gandujado
rugoso
afollado
escarolado
plegable
plegadizo
flexible

—

PLOMIZO
(V. *Plomo*)

—

PLOMO (4, 11)

plomo
» rico
» pobre
» dulce
» corto
» de obra
» blanco
galápago
galena
alcohol
cohol
arenaza
blanco de plomo
blanco de España
albayalde
cerusa
cerusita
minio
azarión
orzura
litargirio
» de oro
» de plata
litarge
almártaga
almártega

masicote
anglesita
rúbrica sinópica
azúcar plomo
» de Saturno
árbol de Saturno
vitriolo de plomo
química

emplomar
soldar

emplomadura
soldadura
tubo
conducto
saturnismo

plomería
tas

plomero
emplomador

plomizo
plomoso
plúmbico
plúmbeo
aplomado
plomífero
saturnino

—

PLUMA (de escribir y de ave) (6, 10, 28, 29, 37)

pluma
plumilla
pelo
» malo
plumón
plumión
edredón
flojel
chupón
mamón

pluma
» en sangre
pena
cuchillo
timonera
tijera
cobija
remera
manta
mantón
pincel
aguadera
corva
vuelo
coberteras
piñón
piñoncillo
calcha

cañón
mástil
astil
cendal
barbas
tripas
aguas
ojo

plumaje
plumazón
plumería
plumerío
plumero
plumajería
plumada
penacho
penachuelo
penachera
moño
copete

cresta
crestón
airón
garzota
látigo
cogote
martinete
piocha
llorón
collar
golilla
cuello
marabú
cola

emplumecer
emplumar
encañonar
pelechar
nacer
mudar
espadañar

desplumar
descañonar
pelar

desplumadura
muda
hamez
peladero
ave
gallina
paloma
cetrería

pluma (de escribir)
cálamo
péñola
péndola
cañón
estilográfica
estilo
estilete
tiralíneas
tirador

corte
gavilán
punto
pelo
raspa

portaplumas
palillero
mango
cañonera
canutero
canuto
calzador
limpiaplumas
plumero

tajar
cortar
retajar
raspear
dar tinta
no dar tinta
mojar
escribir

escritura
lapsus cálami
dibujo

plumista
plumajero

plúmeo
peniforme
calamiforme

plumado
plumoso
plumífero
penígero
moñón
moñudo
penachudo
acollarado

igualado
resumbruno
implume
impenne

—

PLUMERO
(V. *Limpieza*)

—

POBLACIÓN (3, 11)

población
localidad
ésta
ésa
populación
poblado
garo
taragoza
taragozajida
capital
metrópoli
centro
emporio
cabeza
cabecera
corte
ciudad
urbe
municipio
ancha
villa
alzada
altozano
almarcha
pueblo
poblezuelo
poblacho
poblazo
poblachón
villaje
villar
villorrio
villeta
villero
puebla
pola
burgo
aldea
aldehuela
aldeorrio
aldeorro
lugar
lugarejo
lugarote
lugarete
ínsula
anejo
arrabal
cafería
zafería
aduar
caserío
casar
cabañal
ranchería
valle
tapera

feligresía
campanario
parroquia
municipalidad
municipio
capitalidad
villazgo
cabeza de partido
merindad
universidad
anfictionía
confederación

universidad de villa y tierra
coto
encartación

ansa
hansa
behetría
lugar de behetría
carta puebla

ciudadanía
vecindad

territorio
casco de población
almedina
radio de población
intramuros
ensanche
radio de ensanche
zona » »
arrabal
afueras
extramuros
suburbio
barrio
barriada
cuartel
morería
judería
lencería
acrópolis
capitolio

manzana
cuadra
isla
ciudadela
fortificación
puerta
postigo
portal
portillo
calle
plaza
paseo
jardín
edificio
mercado
cementerio

fundar
edificar
urbanizar
poblar
repoblar
colonizar
despoblar

urbanización
urbanismo
población
repoblación
colonización
despoblación

urbano
ciudadano
conciudadano
cívico
civil
metropolitano
público
hanseático
popular
realengo
municipal
aldeano
aldeaniego
suburbano
interurbano

poblador
habitante
urbanista

aldeanamente

—

POBLAR
(V. *Población*)

—

POBRE
(V. *Pobreza*)

—

POBREZA (33)

pobreza
indigencia
escasez
carencia
inopia
penuria
estrechez
miseria
necesidad
» extrema
ahogo
perecedero
trabajos
desdicha
desgracia
mengua
limpieza de bolsa
desharrapamiento
mezquindad
lacería
pelonería
piojería
hambre
desnudez

empobrecer
depauperar
esquilmar
arruinar
ruinar
desangrar

empobrecerse
arruinarse
desplomarse
fundirse
dar de culo en las goteras
dar con el culo en las goteras
perder
empobrecer
pobretear
perecer
malpasar
carecer
quedarse en cruz y en cuadro
quedarse en cuadro [das
quedarse a espa-
no tener un cuarto [to
estar sin un cuarto
andar, quedarse, a la cuarta pregunta
no tener blanca
estar sin blanca
» con la boca a la pared
andar a tres menos cuartillo
no conocer al rey por la moneda
estar a la cuarta pregunta
no tener casa ni hogar
no tener sobre qué caerse muerto
no tener sobre qué Dios le llueva
no tener con qué hacer cantar a ciego
no levantar cabeza
bailar el pelado
andar muerto de hambre
vivir de milagro
comerse de miseria
morirse de hambre

empobrecimiento
ruina
pérdida
privación
mendicación
limosna

empobrecedor

pobre
pobretón
pobrezuelo
pobrete
paupérrimo
pobre voluntario
» de solemnidad
» vergonzante
necesitado
desacomodado
alcanzado
tronado
indigente
inope
menesteroso
desheredado
proletario
hombre de nada
sopista
gorrón
pícaro
apurado
descamisado
desbragado
pelón
pelado
pelete
lacerioso
mezquino
mísero
miserable
arrastrado
aporreado
lázaro
agosto
hospiciano
asilado
acogido
mendigo
pordiosero
pidientero
zampalimosnas
pelagatos
brodista
motilón
atrasado
» de medios
corto de medios
de poca ropa
con un trapo atrás y otro adelante
más pobre que las ratas
piojo resucitado

pobrería
pobretería
pobrismo
hospital de sangre
pauperismo
proletariado
casa de esgrimidores
asilo
refugio
alberguería
casa de beneficencia
conferencia

pobremente
míseramente
apostólicamente
seráficamente
a media ración
por puertas
en camisa
con los tacones torcidos
una mano atrás y otra delante
a ruche
mal suena el don sin el din

—

POCO
(V. *Escasez*)

—

PODA (36)

poda
podadura
podazón
podo
monda
remolda
frada
escamonda
escamondo
ramoneo
acopadura
desmoche
desbroce
viticultura

podar
repodar
chapodar
cachipodar
compodar
castrar
mondar
remondar
escamondar
mochar
desmochar
desroñar
limpiar
esoandalar
desmarojar
desramar
ramonear
remoldar
escamujar
rapuzar
maestrear
destallar
deschuponar
desvastigar
terciar
afrailar
frailear
fradar
enfaldar
olivar
acotar
aparrar
acopar
armar
talar
cortar
cortar a casco
dejar horca y pendón

rama
guía
tetón
uña
chapodo
desbrozo
broza
desmocho
ramón
rosigo
chabasca
leña
podadera
podón
bodollo
calabozo
calagozo
corvillo

hocino
honcejo
honcete
hoz
márcola
hacha

podador
marcolador
desmarojador

en, o a, espaldera

—

PODAR
(V. *Poda*)

—

PODER (25)

poder
poder ejecutivo
» legislativo
» moderador
potestad
poderío
prepotencia
preponderancia
superioridad
omnipotencia
dominio
imperio
señorío
soberanía
protectorado
mando
jurisdicción
albedrío
discreción
arbitrio
facultad
posibilidad
acción
autoridad
capacidad
aptitud
habilidad
mano
entrada
voz
atribución
competencia
poderes
delegación
misión
carta blanca
cédula en blanco
patente en blanco
plenipotencia
salvoconducto
libertad
autorización
prerrogativa
privilegio
permisión
licencia
impetra
exención

potencia
potencialidad
pujanza
actividad
eficacia
eficiencia
virtud
virtualidad
veras
fuerza
acción
coacción
brazo secular
energía
vigor
naturaleza
nervio
rayo
empuje
ambición
esfuerzo
diligencia
peso
importancia
valor
valer
influencia
influjo
ascendiente
prestigio
vara
» alta
metimiento
valía
valimiento
empeño
privanza
amistad
camarilla
medio
medios
obra
arte
forma
uso

acción
campo
esfera de acción
» de actividad
ámbito
atmósfera
terreno
alcance

poder
valer
saber
tomar
asumir
dejar
reasumir
intervenir
influir
facultar
autorizar
alcanzar a
ser capaz de
extenderse a
tener mano con
» cabida con
tener gran cabida con o en
hacer figura
ser el todo

poderoso
potente
pudiente
prepotente
preponderante
omnipotente
todopoderoso
potísimo
soberano
irresistible
eficaz
eficiente
operoso
operativo
operante
operable
presentáneo
ardiente
vivaz
fervoroso
activo
heroico
fuerte
feliz
enérgico
intenso
vehemente
potencial
virtual
virtuoso
eminencial
valeroso
valioso
valiente

influyente
influente
prestigioso
jefe
patriarca

pájaro gordo
hombre de punto
magnate
cacique
de campanillas
de muchas campanillas

potestativo
facultativo
discrecional
arbitrario
autoritario
autorizante
autoritativo
reglado
jurisdiccional
público

poderosamente
potentemente
omnipotentemente
eficazmente
eficientemente
ejecutivamente
activamente
vivamente
facultativamente
autorizadamente
virtualmente
potencialmente
en potencia
valientemente
valerosamente
estrechamente
eminentemente
con eminencia
a su poder

—

PODEROSO
(V. *Poder*)

—

PODRIDO
(V. *Corrupción*)

—

POEMA
(V. *Poesía*)

—

POESÍA (29)

poesía
gaya ciencia
gaya doctrina
musas
juglería
juglaría
juglerería
juglarería
mester de juglaría
» de clerecía
musa
inspiración
estro
lira
trompa
lirismo
movimiento
ficción
fábula

asunto
trama

épica
lírica
rimas
canto
erótica
bucólica
teatro
liturgia

poética
arte poética
retórica
literatura
versificación
metrificación
arte métrica
métrica
rítmica
metro
ritmo
cadencia
número
medida
escansión
acento
» métrico
» rítmico
cesura
hemistiquio
rima
» perfecta
» imperfecta
media rima
consonancia
asonancia
armonía
terminación

poetizar
trovar
cantar
discantar
componer
versificar
métrificar
medir
escandir
rimar
aconsonantar
asonantar
cabalgar los versos
empalmar versos
montar los versos
sonetear
gongorizar
parodiar
improvisar
decir de repente
» de ovillejo
estar en vena
soplar la musa

constar
correr el verso
rimar
pegar
consonar
aconsonantar (intr.)
asonantar (intr.)

verso
versecillo
trova
carmen
verso suelto
» libre
» blanco
» llano
» agudo
» esdrújulo
» hiante
pie quebrado
» forzado
verso de cabo roto

verso bisílabo
» trisílabo
» cuadrisílabo

pentasílabo
hexasílabo
heptasílabo
septisílabo
octosílabo
octosilábico
eneasílabo
decasílabo
endecasílabo
endecasílabo de gaita gallega
endecasílabo anapéstico
dodecasílabo
cuaderna vía
verso alejandrino
» de arte mayor
» de arte menor
» de redondilla mayor
verso de redondilla menor
verso heroico
» quebrado
» sáfico
» adónico
» ecoico

verso trímetro
» pentámetro
» hexámetro
» senario
» leonino
» dactílico
» sáfico
» adónico
» espondaico
» anapéstico
» gliconio
» ropálico
» yámbico
» jámbico
» coriámbico
» trocaico
» cataléctico
» acataléctico
» ecoico
» ferecracio
» faleuco
» faleucio
» falisco
» asclepiadeo
versos fescenios

pie
dáctilo
espondeo
troqueo
coreo
yambo
anapesto
anfíbraco
anfímacro
antibaquio
antidáctilo
antispasto
baquio
coriambo
crético
dicoreo
dispondeo
diyambo
epítrito
jónico
moloso
periambo
pariambo
peón
proceleusmático
pirriquio
tribraquio
cesura
incisión

licencia poética
éctasis
sístole
diástole
diéresis

sinéresis
compresión
contracción
herimiento
hipermetría
ripio
prosaísmo
prosa

dístico
aleluyas
vida
pareado
terceto
tercerilla
cuarteta
cuarteto
cuartete
cuartel
redondilla
serventesio
castellana
quinteto
quintilla
lira
sextilla
seguidilla
» chamberga
octava
» real
octavilla
octava rima
décima
espinela
soneto
» caudato
sonetillo
silva
ensalada
letrilla
soplavivo

copla
coplón
copla de arte mayor
» de pie quebrado
estrofa
estancia
antistrofa
epodo
zéjel
casida
sáfica
romance
» corto
» de ciego
» de gesta
» heroico
» real
» endecasílabo
romancillo
galerón
letra
jácara
tercia rima
sexta rima
sextina
octava rima
endecha
» endecasílaba
» real
tornada
rondel
balada
arte de maestría mayor
» de maestría media
glosa
glosilla
eco
laberinto
ovillejo
acróstico
monstruo

estribillo
estrambote

bordón
epodo
epoda
contera
deshecha

versos
coplas
poema
epopeya
canto
cantar de gesta
leyenda
saga
rapsodia
purana
canción
invocación
ditirambo
oda
égloga
écloga
pastorela
idilio
canción
villancico
madrigal
carmen
rondel
dolora
epitalamio
himeneo
epinicio
himno
cántico
gozos
enfados
hosanna
tragedia
elegía
nenia
epicedio
epiceyo
ditirambo
anacreóntica
piscatoria
trova
trovo
serena
serrana
serranilla
vaqueira
lay
virolay
balada
cantilena
perqué
tensión
tensón
tenzón
bomba
epístola
macarronea
diálogo
conversación
sátira
zaherimiento
vejamen
epigrama
parodia
serventesio
sirventés
coplas de ciego
oración de ciego
coplones
aleluyas
vito
zorcico
serenata
canción
chanzoneta
dance
tonadilla
ensalada
alborada
cantiga
cántiga
coro
tonada
balata
chacona

música
salmo

colección
antología
florilegio
parnaso
diván
cancionero
romancero
ciclo
coplería

poeta
poetista
almea
vate
cisne
alumno de las musas
bardo
aedo
rapsoda
escaldo
cantor
venusino
trovero
trovador
trovista
relacionero
lírico
improvisador
payador
felibre
juglar
juglaresa
juglara
rimador
versificador
versificante
versista
metrificador
metrista
petrarquista
lakista
aravico
sonetista
epigramista
epigramático
epigramatorio
epigramatista
vejaminista
romancista
romancerista
jacarista
poetastro
coplero
coplista
bailinista
escritor
bohemio

parnaso
poetambre
academia
certamen
concurso
juegos florales

poético
epitalámico
erótico
épico
heroico
ditirámbico
anacreóntico
elegíaco
élego
idílico
bucólico
eclógico
pastoral
pastoril
mélico
lírico
genetliaco
epigramático
epigramatorio
paródico
madrigalesco
impoético

macarrónico
prosaico

homérico
pindárico
anacreóntico
aristofánico
horaciano
ovidiano
terenciano
virgiliano
plautino
trovadoresco
dantesco
petrarquesco
osiánico
calderoniano
alarconiano
cíclico
gnómico
nómico

monorrimo
consonante
asonante
aconsonantado
métrico
rítmico
estrófico
monóstrofe
encadenado

poéticamente
épicamente
líricamente
numerosamente

POETA
(V. *Poesía*)

POÉTICO
(V. *Poesía*)

POLAINA (10)

polaina
sobrecalza
sobrebota
botín
guardamonte
zapato botín
antipara, -s
cañiceras
grullas
sobreempeine
trabilla
calzas
cáligas
medias
pantalón
calzado

POLEA (2, 38)

polea
garrucha
carrucha
garruchuela
trocla
trócola
tripastos
carrillo
roldana
tambor
galápago
motón
topa
pasteca
vigota
retorno
rueda

polea fija
» movible
» simple
» loca
transmisión
monopastos
monospastos
polea combinada
polipasto
polispasto
trispasto
cuadernal
poleame
motonería
maniobra

aparejo
» real
aparejuelo
estrellera
talla
perigallo
troza
trapas
cenal
reclame
tecle
andarivel
carrillar
lantia
guindaste
serviola
gaviete

garganta de polea
caja
cajera
guarnimiento
tiro
tira
andullo
corona
rodete
burel
ostaga
suspensión
tracción

engazar
gargantear
aparejar
guarnir
laborear
tocar

encarrillarse
encarrilarse
encajerarse

—

POLICÍA (30)

policía
» secreta
» gubernativa
» urbana
» judicial
guardia
gendarmería
orden público
fuerza pública
vigilancia
somatén
mano fuerte
cuadrilla
Santa Hermandad
inquisición

comisario
inspector
agente de policía
policía
vigilante
alguacil
alguacil de ayuntamiento
corchete
capitán preboste
guardia municipal
dirección de seguridad
jefatura
comisaría
delegación
checa

urbano
rondín
aguilita
miquelete
miñón
cuadrillero

polizonte
guindilla
cachimbo
esbirro
chapa
detective

policial
policiaco

—

POLIEDRO
(V. *Geometría*)

—

POLÍGONO (17)

polígono
» inscrito
» circunscrito
» estrellado
triángulo
cuadrilátero
pentágono
hexágono
seisavo
sexángulo
hexángulo
heptágono
octágono
octógono
eneágono
nonágono
decágono
endecágono
undecágono
dodecágono
pentedecágono
pentadecágono

lado
» homólogo
ángulo
apotema
diagonal
centro
área
perímetro

ochavar

poligonal
multilátero
pentagonal
hexagonal
seisavado
heptagonal
ochavado
octagonal
octogonal
nonagonal
regular
irregular

—

PÓLIPO (6)

pólipo
anemone de mar
hongo marino
alción
alcionito
balate
criadilla de mar
hidra
madrépora
medusa
pulmón marino
aguamala
aguamar
aguaverde
acalefo
ortiga de mar
erizo de mar
» marino
equino
holoturia
cohombro de mar
equinodermo
estrellamar
estrella de mar
esponja
protozoario
animal

polipero
alcionio

radiados
equinodermos
acalefos
actinia

madrepórico

—

POLÍTICA (30)

política
» internacional
derecho político
legalidad
tradición
monarquía
república
forma de **gobierno**
régimen
instituciones
Estado
materia de Estado
razón de Estado
constitución
garantías constitucionales
libertad
opinión pública
referéndum
plebiscito
crisis ministerial
cuestión de gabinete
estado de sitio
estado de guerra
golpe de Estado
restauración
restauro
(disturbio, motín, etc. V. *Perturbación*)
(rebelión, revolución, etc. V. *Rebeldía*)
reacción
» neutral
cacicazgo
gobierno
nación

(derecha, izquierda, mayoría, minoría, oposición, etcétera, V. *Asamblea*)

autoritarismo
fascismo
despotismo
tiranía
monarquismo
realismo
tradicionalismo
neocatolicismo
dinastismo
alfonsismo
ministerialismo
carlismo
bonapartismo
democracia
liberalismo
izquierda
republicanismo
gorro frigio
jacobinismo
demagogia
socialismo
laborismo
marxismo
democratización
sansimonismo
furierismo
extremismo
radicalismo
terrorismo
comunismo
bolcheviquismo
totalitarismo
sindicalismo
anarquismo
nihilismo
acracia
desorden
rebeldía

imperialismo
panislamismo
pangermanismo
paneslavismo
panamericanismo
anexionismo
centralismo
autonomía
autarquía
unitarismo
federalismo
cantonalismo
regionalismo
catalanismo
nacionalismo
fenianismo
descentralización
separatismo
filibusterismo

oportunismo
posibilismo
maquiavelismo
clericalismo
feminismo
burocratismo
caciquismo
particularismo
individualismo
servilismo

politiquear
centralizar
descentralizar
mediatizar
liberalizar
democratizar
apostatar
purificar
resellarse
volver la casaca

político
correligionario
partidario
repúblico
estadista
hombre de Estado
» público
politicón
politicastro
maquiavelista
partidario
faccionario
ministerial
oposicionista
obstruccionista
cacique
gamonal
propagandista
ojalatero
individualista
oportunista
feminista
tránsfuga
tránsfugo
resellado

derechista
autoritario
imperialista
fascista
totalitario
absolutista
cesariano
timócrata
monárquico
realista
real
dinástico
gubernamental
conservador
legitimista
patriotero
servil
servilón
reaccionario
retrógrado
carlista
integrista
guiri
carca
clerical
neocatólico
neo
bonapartista
vandeano

demócrata
mesócrata
liberal
constitucional
doctrinario
cristino
isabelino
fusionista
doceañista
posibilista
reformista
transformista
progresista
moderado
tory
gibelino

izquierdista
demagogo
tribuno
antidinástico
anticlerical
republicano
radical
avanzado
exaltado
extremista
rojo
revolucionario
emigrado
jacobino
socialista
laborista
marxista
furierista
sansimoniano
comunista
bolchevique
sindicalista
libertario
anarquista
nihilista
ácrata
dinamitero
petrolero
terrorista
carbonario

centralista
centralizador
paneslavista
pangermanista
panamericanista
anexionista
unitario
unionista
descentralizador
federal
federalista
federativo
confederativo
cantonal
cantonalista
feniano
secesionista
regionalista
catalanista
vizcaitarra
girondino
autonomista
separatista
filibustero

partido
parte
facción
grupo
comunión
camarilla
requeté
sindicato
club
casino
trágala

político
impolítico
apolítico
demagógico
maquiavélico

políticamente

POLÍTICO
(V. *Política*)

—

POLO (3)

polo
» Norte
» Sur
» ártico
» antártico
» boreal
» austral
» magnético
norte
» magnético
aquilón
septentrión
geografía
astronomía

polar
circumpolar

—

POLVO (2)

polvo
polvos de **tocador**
povisa
harina
polvareda
tolvanera
tamo
serrín
aserrín
limaduras
carcoma
ceniza
suciedad

pulverizar
pulvificar

polvorizar
atomizar
porfirizar
dispersar
moler
rallar
machacar
entrapar

empolvarse
posarse

empolvar
empolvorar
empolvorizar
polvorear
escarchar
desempolvar
desempolvorar
despolvorear
espolvorear
espolvorizar
despolvar
apalear
sacudir
limpiar
barrer

escoba
escobilla
cepillo
plumero
secudidor
espolsador
zorros
vendos
correas
rodilla

pulverización
polvorización
atomización
polvoreamiento
empolvoramiento
desempolvadura
desempolvoradura
despolvoreo
sacudidura

pulverizador
pulverulento
polvoroso
polvoriento
pulverizable
polvorizable
impalpable

—

PÓLVORA
(V. *Explosivo*)

—

POLLO (6)

pollo
polluelo
pollastre
pollastro
pollancón
tito
pito
gomarrón
guacho
guácharo
guacharro
galpito
capón

pavipollo
pavezno
ansarino
anadón
palomino
pichón
perdigón
chochín

pollada
pollazón
parvada
nidada
echadura de pollos
pío
cría
ave
gallina
huevo
incubación, etc.

piar
atronarse

nido
pollera
pollero
recovero

—

POMPA
(V. *Fausto*)

—

PONDERAR
(V. *Exageración*)

—

PONER
(V. *Colocación*)

—

PONTÍFICE
(V. *Papa*)

—

PONTIFICIO
(V. *Papa*)

—

PORFÍA
(V. *Obstinación*)

—

PORFIADO
(V. *Obstinación*)

—

PORFIAR
(V. *Obstinación*)

—

PORRA
(V. *Palo*)

—

PORTAL
(V. *Vestíbulo*)

—

PORTARSE
(V. *Conducta*)

—

PORTE (26)

porte
exterioridad
disposición
exterior
presencia
apostura
aspecto
muestra
comporte
continente
aire
actitud
gallardía
adorno
desenvoltura
desgaire
desaliño
afectación
andar
ademán

maneras
modales

decente
arrecho
limpio
bien portado
hombre de buena capa
bien apersonado

mal portado
desgarbado
andrajoso
sucio

—

PORTENTO
(V. *Prodigio*)

—

PORTERO
(V. *Puerta*)

—

PÓRTICO
(V. *Puerta*)

—

PORVENIR (21)

porvenir
futuro
mañana
posterioridad
proximidad
lejanía
retardación
espera
destino
predicción
ofrecimiento
amenaza
(la otra vida, el otro mundo, etc. V. *Teología*)

futuro
futuro contingente
futurario
ulterior
venidero
advenidero
venturo
eventual
expectante
en germen
en cierne
por hacer
pendiente

ulteriormente
pronto
avante
desde ahora
mañana
trasmañana
pasado mañana
al otro día
en lo sucesivo
andando el tiempo
en lo porvenir
en adelante
de hoy en adelante
de esta hecha
a la vuelta de
dentro de
de aquí a
a partir de
a largo tiempo
más tarde o más temprano
a la corta o a la larga
veremos
y si no, al tiempo

—

POSARSE
(V. *Sedimento*)

—

POSEEDOR
(V. *Posesión*)

—

POSEER
(V. *Posesión*)

—

POSESIÓN (33)

posesión
coposesión
participación
tenencia
tención
detentación
tenuta
goce
asentamiento
poder
manos
propiedad
adquisición
conservación
usufructo
consolidación
dominio útil
arrendamiento
censo

tomar
poseer
haber
tomar posesión
posesionarse
tener
obtener
detentar
gozar de
conservar
amelgar
amojonar, etc.

posesionar
aposesionar
adjudicar
aplicar
dar posesión
investir
instalar
asentar
mantener
reintegrar
amparar en la posesión

acto de posesión
toma » »
institución corporal
juicio posesorio
» plenario
interdicto
mala voz
documento
título
mulquía
impensa [ción
bula de composi-

poseedor
posesor
poseyente
habiente
tenedor
portador
teniente
usufructuario
beneficiario
depositario
fiduciario
fideicomisario
amo
dueño
señor
precarista

pronombre posesivo
mi, mis [mías
mío, mía, míos,
tu, tus
tuyo, -a, tuyos, -as
su, sus [-as
suyo, -a, suyos,
nuestro, -tra,
-tros, -tras
vuestro, -tra,
-tros, -tras
cuyo

posesivo
posesorio
posesional
poseído
poseso
precario

de —

POSESIVO
(V. *Posesión*)

—

POSESORIO
(V. *Posesión*)

—

POSIBILIDAD (15, 27)

posibilidad
verosimilitud
probabilidad
eventualidad
evento
contingencia
contingente
futuro contingente
suceso
potencia
acción
poder
aptitud
términos hábiles
medio
riesgo
peligro
inminencia

poder ser
deber de
caber
ser fácil
ponerse a tiro
amenazar
estar para
habilitar
capacitar
posibilitar

posible
probable
verosímil
natural
contingible
contingente
aleatorio
eventual
acaecedero
acontecedero
potencial
hacedero
factible
viable
agible
dable
admisible
exequible
practicable
operable
realizable
ejecutable
fácil

probablemente
eventualmente
naturalmente
quizá
quizás
acaso
tal vez
todo cabe
según
según y cómo
» y conforme
por sí o por no
si a mano viene
por ventura

—

POSIBLE
(V. *Posibilidad*)

—

POSO
(V. *Sedimento*)

—

POSTA
(V. *Correo*)

—

POSTAL
(V. *Correo*)

—

POSTERIOR
(V. *Posterioridad*)

—

POSTERIORIDAD (17, 20, 21)

posterioridad
sucesión
seguida
seguimiento
resultado
efecto
continuación
serie
orden
alternación
vicisitud
turno
tanda

posposición
atraso
posfecha
posdata
postdata
paracronismo
retardación
porvenir
día siguiente
tornaboda
octava
infraoctava
aniversario
centenario
milenario
(terminación, final, etc. V. *Fin*)
ultimidad
extremidad
postrimería

parte posterior
trasera
culata
talón
zaga
zaguera
revés
reverso
envés
folio vuelto
cruz
contrahaz
dorso
espaldas

respaldo
vuelta
pie
rabera
popa
(recazo, lomo, etcétera. V. *Embotamiento*)

desinencia
sufijo
rabo
cola
retaguardia
epílogo
colofón

seguir
ir detrás
venir después
subseguir
subseguirse
suceder
sucederse
sobrevivir
rodar
resultar
segundar
escalonar
turnar
alternar
cerrar

posponer
postergar
rezagar
atrasar
seguidor
rastra
sombra
sucesor
sucediente
venidero
superveniente
porra
trastrás
futuro
sobreviviente
superviviente
supérstite
heredero

posterior
popel
siguiente
subsiguiente
subsecuente
subseyente
pospuesto
segundogénito
sucesivo
consecutivo
consecuente
pospositivo
vicisitudinario
ulterior
trasero
zaguero
zorrero
rezagado
penúltimo
antepenúltimo
último
postrero
postrer
postre
postremo
postrimero
postremero
postrimer
extremo
novísimo
ínfimo
supremo
póstumo
infrascrito

posteriormente
ulteriormente
últimamente
a última hora
en el acto
acto continuo
después
luego
de sobremesa
deque
desde que

así que
como
en seguida
apenas
apena
a poco
en cuanto
no bien

atrás
detrás
redro
a la cola
a la zaga
a, o en, zaga
al revés
abajo
bajo
ayuso
sobre
tras
pos
en pos
de reata
de empuesta
a raíz de
a posteriori

sucesivamente
consecutivamente
arreo
por su orden
a su vez
de lance en lance
de grado en grado
postreramente
postrimeramente
ya
por último
en, o por, fin
por fin y postre
al postre
a la postre
a postremas
por remate

tras
pos

—

POSTURA
(V. *Colocación*)

—

POYO
(V. *Asiento*)

—

POZO
(V. *Manantial*)

—

PRADERA
(V. *Prado*)

—

PRADO (5, 36, 37)

prado
» de guadaña
pradal
pradejón
pradera
pradería
fenal
braña
majada
cespedera
verdinal
camba
hondonal
larra
rodil
rodillo
garria
herbazal
ahijadero
sel
césped
gallón
tepe
hierba
pasto
praticultura

empradizar
empastar
empradizarse

praticultor
pradeño
praderoso
pratense

—

PREÁMBULO (29)

preámbulo
prólogo
loa
proemio
prefación
prefacio
galeato
advertencia
argumento
exordio
introducción
isagoge
introito
entrada
prolegómenos
nociones
preliminares
preludio
tiento
flores
prelusión
prolusión
encabezamiento
empuñadura
principio
preparación
propedéutica

libro
oratoria
predicación
literatura

entrar
prologar
preludiar

proemial
prologal
preliminar
isagógico
propedéutico

—

PRECAUCIÓN (26, 27)

precaución
caución
prevención
previsión
reflexión
preparación
cuidado
circunspección
moderación
prudencia
miramiento
seguridad
garantía
medias tintas
cautela
reserva
sospecha
recámara
trastienda
astucia
alevosía
disimulo
recato
recado
recaudo
cauterio
antídoto
contraveneno
contrahierba
evasiva
esguince
huida
baruca
evitación
impedimento

precaver
prever
prevenir
aprevenir
cautelar
precautelar
caucionar
preservar
evitar
vitar
eludir
obviar
ver
remediar
componer
reparar
conjurar
impedir
excusar
ahorrar
economizar
capear
sortear
soslayar
esquivar
huir
rehuir
evadir
salvar
libertar

precaverse
precaucionarse
cautelarse
acautelarse

reservarse
atentarse
guardarse
resguardarse
parapetarse

estar sobre sí
» » aviso
» con cien ojos
andar sobre el aviso
dormir con los ojos abiertos
andar, o estar, sobre los estribos
curarse en salud
escarmentar en cabeza ajena
tener uno en buenas
poner cobro
nadar y guardar la ropa
guardar la ropa
atar bien su dedo
oler el poste
parar el golpe
escurrir el bulto
hurtar el cuerpo
huir el cuerpo
echar el cuerpo fuera
falsear el cuerpo
escurrir, guardar o huir el bulto
huir de la quema

precavido
sagaz
discreto
reservado
prudente
guardado
cauto
cauteloso
desconfiado
reservón
receloso

preventivo
precautorio
evitable
vitando
excusable

precavidamente
cautamente
cautelosamente
preservativamente
quedamente
quedo
pasito
a beneficio de inventario
con cuenta y razón

las paredes oyen
a Segura le llevan preso
por lo que pudiere tronar
más vale un por si acaso que un ¡válgame Dios!
más vale un por si acaso que un quién pensara
haber moros en la costa

—

PRECAVER
(V. *Precaución*)

—

PRECEDER
(V. *Anterioridad*)

—

PRECIO (24, 33)

precio
» fuerte
» neto
» líquido
utilidad
estimación
importancia
valor
importe
monta
valía
valúa
valoría
avalío
valimiento
mayor valía
plusvalía
premio
contraprecio
contravalor
tanto alzado
alhaja
alfaya
postura
pitanza
canon
derechos
honorarios
emolumentos
tarifa
arancel
costa
costo
coste
sobreprecio
estraperlo
encuarte
adehala
señal
ganancia
remuneración
regalo
adquisición
compraventa
subasta
pago

tasa
tasación
ajuste
valuación
avaluación
evaluación
avalúo
valoración
justiprecio
escandallo
retasa
retasación
comisión
coto
alaminazgo

carestía
subida
encarecimiento
rebaja
regateo
descuento
baratura
depreciación

valer
estar a
importar
merecer
pasar
correr
ser
costar
salir a
estar en
ascender a
valer un Perú

valuar
valorar
valorear
valorizar
evaluar
avaluar
tasar
apreciar
justipreciar
estimar
pedir
tallar
cuantiar
amillarar
retasar
ajustar
regatear
concertar
tantear
fadigar
poner en precio
» precio
abrir precio
poner nombre
ponerse en razón

avalorar
encarecer
abaratar
alambicar
afinar
subir

bajar
rebajar

tasador
evaluador
estraperlista
alamín
contraste

estimatorio
apreciable
costoso
caro
módico
barato
último
alzado
gratuito

tasadamente
tanto más cuanto
» por tanto
por sus cabales
alzadamente
a destajo
en bruto
al pie de fábrica
» » » la obra
sobre vagón
a bordo
coste, seguro y flete

—

PRECIPICIO (3)

precipicio
precipitadero
despeñadero
derrocadero
derrumbadero
derrumbo
derrumbe
desgalgadero
voladero
acantilado
tajo
sima
salto
barranca
barranquera
abarrancadero
barranco
cantil
declive
altura
abismo
profundidad

caer
arrojar

precipitoso
vertical

—

PRECIPITACIÓN (26)

precipitación
prontitud
apresuramiento
festinación
aceleración
prisa
urgencia
atropellamiento
arrebato
disparada
tropel
tropelía
pasavolante
indeliberación
imprudencia
turbación
desorden
violencia
buñuelo
chapuza
imperfección

precipitar
acelerar
festinar
enjaretar
hilvanar
respailar
atrabancar
atropellar
embrollar
frangollar
guachapear
harbar
chapucear
arrebatar
zaragutear
farfullar
harbullar
embarullar
hablar atropelladamente
hablar a borbotones
dar mate ahogado
salir respailando
» de estampía

precipitarse
apresurarse
atropellarse
dispararse

precipitado
desapoderado
torbellino
atropellado
arrebatado
atolondrado
precipitoso
atronado
alborotado
desalado
alocado
vivo
raudo
súbito
súpito
impetuoso
fullero
fargallón
frangollón
farfullador
farfullero
embrollón
embrollador
galopeado

precipitadamente
precipitosamente
apresuradamente
disparadamente
atropelladamente
atronadamente
arrebatadamente
despeñadamente
farfulladamente
de prisa y corriendo
a espetaperro
a borbotones
a borbollones
a trancos
cochite hervite
sin más ni más
de golpe y porrazo
» » y zumbido
de tropel
a cierra ojos
a ojos cerrados
de bote y voleo
de bolazo

—

PRECIPITADO
(V. *Precipitación*)

—

PRECIPITAR
(V. *Precipitación*)

—

PRECISIÓN (25, 24)

precisión
indispensabilidad
necesidad
falta
menester
carencia
urgencia
obligación
condición
requisito
tuáutem

necesitar
urgir
requerir
ser menester
» fuerza
hacer falta
haber menester
ser de rigor
» de esencia
haber que
no poder más
» » menos
» » por menos
no tener remedio
» tener más remedio
» haber remedio
» » más remedio

indispensable
preciso
vital
necesario
forzoso
fatal
imprescindible
irreemplazable
insustituible
inexcusable
obligatorio
imperioso
urgente
esencial
conveniente
útil

indispensablemente
inexcusablemente
precisamente
necesariamente
por necesidad
sin remedio

—

PRECISO
(V. *Precisión*)

—

PRECOCIDAD (21, 36)

precocidad
anticipación
primicias
verdín

aborto
abortón
niño prodigio

precoz
adelantado
prematuro
inmaturo
abortivo
crudo
verde
tierno
teniente
cerollo
zorollo
suche
rodrejo

estar en hierba
» en leche
» en berza
» en cierne

prematuramente
en agraz
en flor

—

PRECOZ
(V. *Precocidad*)

—

PREDECIR
(V. *Predicción*)

—

PREDESTINAR
(V. *Destino*)

—

PREDICACIÓN (1, 29)

predicación
evangelización
apostolado
catequesis
oratoria
predicaderas
vereda
misión
hornazo

predicar
evangelizar
misionar
sermonar
sermonear

sermón
palabra de Dios
» divina
plática
homilía
panegírico
doctrina
ejercicios
exhortación
misiones
prédica
sermón de tabla
vespertina
vespertino
pasión
mandato
salutación
oración fúnebre
discurso

sermonario
cuaresma
homiliario

predicador
orador
orador sagrado
predicante
sermoneador
conventual
evangelizador
evangelista
protoevangelista
apóstol
misionero
misionario
canónigo magistral
echacuervos
jatib
apañador

púlpito
cátedra del Espíritu Santo
predicadera
almimbar
ambón
sombrero (de púlpito)
tornavoz
paño de púlpito

sermonario
cuaresmario
asermonado
predicable

—

PREDICADOR
(V. *Predicación*)

—

PREDICAR
(V. *Predicación*)

—

PREDICCIÓN (1)

predicción
previsión
suposición
conjetura
adivinación
adivinanza
adivinamiento
vaticinio
profecía
oráculo
pronóstico
horóscopo
juicio
sinario
jofor
presagio
prefiguración
señal
indicación
prenuncio
nuncio
telepatía
presentimiento
agüero
augurio
auspicios
alfil
promesa
programa
celaje
almanaque
calendario

predecir
antedecir
descontar
pronosticar
anunciar
prenunciar
denunciar
prefigurar
presagiar
(presentir, etc. V. *Previsión*)
adivinar
vaticinar
profetizar
augurar
agorar
inaugurar
ominar
hadar
deletrear
hacer almanaques
» calendarios
echar las cartas
darle a uno el corazón
auguración
sortilegio
cábala
suerte
buena ventura
buenaventura
grafología
estrellería
astrología
superstición
ocultismo
nigromancia
necromancia
quiromancia
cartomancia
sortiaria
onicomancia
ornitomancia
heteromancia
geomancia
piromancia
aeromancia
hidromancia
cataptromancia
capnomancia
alectomancia
ceromancia
espatulomancia
bibliomancia
oniromancia
actinomancia
lecanomancia
genetliaca
metoposcopia
onomancia
aruspicina
hieromancia
ceraunomancia
demonomancia
hieroscopia
uromancia

profeta
profetizador
profetizante
vidente
adivinador
adivino
divino
vate
precursor
mesías
el Bautista
vaticinador
vaticinante
vatídico
provicero
paraninfo
agorero
agorador
cohen
sortero
nabí
anabí
zahorí
grafólogo
sortílego
quiromántico
geomántico
hidromántico
genetliaco
aeromántico
nigromante
nigromántico
cartomántico
piromántico
horóscopo
geneático
hechicero
augur
arúspice
aurúspice
gitano

profetisa
sibila
pitonisa
fitonisa
saga

oráculo
trípode

entusiasmo
mesiazgo

adivinatorio
divinatorio
divinativo
augural
profético
profetal
vatídico
presagioso
présago
presago
sibilino
délfico
fatídico
ominoso
aciago

proféticamente
el mejor día
y si no, al tiempo

—

PREFERENCIA (25)

preferencia
precedencia
primacía
superioridad
distinción
particularidad
parcialidad
privanza
valimiento
afinidad
favor
protección
gracia
boga
confianza
amistad
predilección
nepotismo
sobrinazgo
favoritismo
acepción de personas
aceptación de personas
personalidad
pasión
propensión
prejuicio
injusticia
privilegio

preferir
anteponer
preponer
aventajar
elegir
mimar
distinguir
aceptar personas
estar por
tener debilidad por

ser preferido
privar

preferente
preferido
predilecto
elegido
privado
favorito
número uno
niño mimado

preferible
mejor
superior
primero

preferentemente
preferiblemente

de preferencia
antes
más
mejor (adv.)
primero

—

PREFERIBLE
(V. *Preferencia*)

—

PREFERIR
(V. *Preferencia*)

—

PREGUNTA (28)

pregunta
pescuda
repregunta
interrogación
interrogatorio
catequesis
catecismo
catequismo
pliego de preguntas
generales de la ley
posiciones
artículos
interpelación
investigación
examen
demanda
consulta
cuestión
quistión
cuestionario
propuesta
problema
caso
pega
quisicosa
preguntaderas
duda
curiosidad

preguntar
interrogar
interpelar
demandar
comunicar
articular
pedir cuenta
consultar
entrar en consulta
investigar
repreguntar
examinar

signo de interrogación
interrogante

pronombre interrogativo

preguntador
preguntante
interpelante
curioso
preguntón
interrogador
interrogante
interrogativo
catequístico

interrogativamente

y bien
¿no?
qué
cuál
cúyo
cuánto
cómo

quién
¿por qué?

—

PREGUNTAR
(V. *Pregunta*)

—

PREJUICIO (23, 24)

prejuicio
prejudicio
parcialidad
preferencia
arbitrariedad
ofuscación
intolerancia
obstinación
error
preocupación
prevención
cavilación
cavilosidad
obsesión
pesadilla
monomanía
manía
aprensión
antojo
aprensiones
rutina
costumbre
respetos humanos
espíritu de cuerpo
convencionalismo
el qué dirán

prejuzgar
preocuparse
preconcebir
revestirse
imbuirse
estar poseído

preocupar
influir
predisponer
sugestionar
captar

infundado
injusto
obsesivo
orejeado
caviloso

preocupadamente
parcialmente

—

PREJUZGAR
(V. *Prejuicio*)

—

PRELADO (1)

prelado
padres de la Iglesia
doctores de la Iglesia
príncipe de la Iglesia
cardenal
pastor
padre de almas
payo
nuncio
pronuncio
legado
apocrisiario
datario
auditor de la Rota
inquisidor ordinario
anciano

corepíscopo
primado
pontífice
patriarca
exarca
jerarca
capellán mayor del rey
» mayor de los ejércitos
vicario general castrense
» general de los ejércitos

arzobispo
Su Ilustrísima
metropolitano
obispo de la primera silla
diocesano
canciller mayor de Castilla

obispo
ordinario
juez ordinario
obispo sufragáneo
» regionario
» in pártibus
» in pártibus infidélium
obispo electo
» auxiliar
» de anillo
» de título
» titular
» comprovincial

coepíscopo
patriarca
asistente
comendador
coadministrador
espolista
abuna
prior
priora

familiar
paje
caudatario
archimandrita

obispar
pastorear
postular
mitrar
incardinar
preconizar

episcopologio
episcopado

concilio
consistorio secreto
confirmación
imposición de las manos
incardinación
decenales
carta pastoral
pastoral
testimoniales
letras comunicatorias
dimisorias
reverendas
exéat
canon
episcopal
pontificial
(regalía, etc. [*co*) V. *Der. canónico*

dignidad:
prelacía
prelatura
mitra
patriarcado
patriarcal

pontificado
dignidad
primado
primazgo
arzobispado
obispado
obispalía
episcopado
episcopalismo

jurisdicción:
diócesis
diócesi
archidiócesis
arquidiócesis
sede
iglesia
cátedra
arzobispado
episcopado
obispado
obispalía

sede
» plena
» vacante
espolio

báculo pastoral
cayado
croza
pontifical
faldistorio
mitra
birreta
ínfulas
capisayo
tunicela
muceta
mantelete
capa magna
» pluvial
» consistorial
cauda
cáligas
esposa
guión
pectoral
anillo pastoral
gremial
palio
crisma

reverendo
reverendísimo
ilustrísimo
venerable
monseñor

prelaticio
pastoral
arzobispal
arquiepiscopal
metropolitano
obispal
episcopal
patriarcal
sufragáneo
pontifical
comendaticio
consistorial
diocesano
suburbicario
mitrado

pontificalmente

—

PRELIMINAR
(V. *Preámbulo*)

—

PREMIAR
(V. *Recompensa*)

—

PREMIO
(V. *Recompensa*)

—

PRENDA
(V. *Garantía*)

—

PRENSA
(V. *Compresión*)

—

PREÑADA
(V. *Fecundación*)

—

PREÑEZ
(V. *Fecundación*)

—

PREPARACIÓN (27)

preparación
preparamiento
preparamento
preparativo
acondicionamiento
aparejamiento
aparejo
apresto
aliño
aparato
previsión
provisión
proyecto
ensayo
intento
prevención
providencia
destinación
disposición
organización
medida
avío
aviamiento
introducción
preliminares
preludio
preámbulo
propedéutica
apercibimiento
percebimiento
aprontamiento
parasceve

preparar
prevenir
disponer
aparejar
aprestar
apercibir
aprontar
proporcionar
disponer
aparar
parar
aderezar
aliñar
perdigar
aperdigar
emperdigar
alistar
aviar
arreglar
acondicionar
guisar
poner
hacer
preludiar
entablar
predisponer
elaborar
manufacturar
pertrechar
aprevenir
ocurrir
combinar
organizar
planear
proyectar
tramar
sembrar

amasar
mullir
enconrear
conrear
maherir

prepararse
prevenirse
apararse
armarse
ir a

tomar medidas
afilar las uñas
preparar, o liar, los bártulos
ponerse en arma
echar, o tender, las redes
reconocer el campo
estar para ello
» con las botas puestas
» con las espuelas calzadas
andar sobre aviso
estar siempre en la brecha
» con la lanza en ristre
traer en la manga
poner haldas en cinta

preparador
preparatorio
preparativo
preveniente
preventivo
aparejador
aviador
providente
próvido

preparado
dispuesto
aparejado
prevenido
listo
pronto
presto
orejeado
premiso
avisado

preparatoriamente
a punto
en punto de caramelo
a la vela
haldas en cinta
sobre las armas
por si acaso

—

PREPARAR
(V. *Preparación*)

—

PREPOSICIÓN (28)

preposición
» inseparable
partícula prepositiva
prefijo
régimen

a
con
de
en
por
par
para
sin
sobre
bajo
so
ante
tras
entre
cabe
hasta
desde
hacia
según
contra
incluso
ex

ab
ad
apud
auto
cata
circun
cis
citra
co
com
des
di
dia
dis
e
epi
equi
en
es
ex
extra
hiper
hipo
in
inter
meta
ob
para
per
peri
pos
post
pre
pro
re
res
retro
sin
son
sor
sos
sota
soto
su
sub
super
sus
trans
tras

prepositivo
preposicional
compositivo

—

PRESA (2, 36)

presa
dique
parada
empalomado
bocal
pesquera
azud
azut
azuda
zúa
zuda
torrecilla
tajamar
jagüey
atajadero
palizada
tijera
traviesa
puerto
ribera
ribero
bordo
alza
ataguía
alquezar
torna
torga
tornadero
mota
caballón
atochada
pollo
toma
bocacaz
boquera
boquerón
tragante
ladrón
ladronera
cajero

río
canal
esclusa
compuerta
escorredor
tapa
paradera
entrepuerta
tablacho
adufa
sangradera
templadera
tajaderas
cárcel
brenca
busco
desaguador

represar
rebalsar
embalsar
entibar
detener
estancar
escalar
apozarse

represión
represa
embalse
rebalse
rebalsa
balsa
basa
entibo
riego

presero
esclusero

—

PRESAGIAR
(V. *Predicción*)

—

PRESAGIO
(V. *Predicción*)

—

PRESCINDIR
(V. *Exclusión*)

—

PRESENCIA (15)

presencia
omnipresencia
ubicuidad
ubiquidad
bilocación
existencia
estado
asistencia
audiencia
interesencia
cara
estación
estancia
estadía
estada
mansión
residencia
habitación
vecindad
quedada
detención
permanencia
presentación
comparecencia
aparición
manifestación

careo
entrevista
visita
acto de presencia
frecuentación

nominilla
lista
dietas
asistencias

estar
ubicar
obrar
existir
haber
figurar
yacer
radicar
quedar
habitar
residir
tener
pasar
presenciar
asistir
frecuentar
cursar
hallarse
encontrarse
verse

presentar
poner al habla
carear
acarear
acarar

presentarse
personarse
apersonarse
afrontar
venir
acudir
comparecer
descolgarse
aportar
amanecer
anochecer
parecer
aparecer
ubicarse
bilocarse
pasar por
hacerse presente
dejarse caer
» ver

testigo
espectador
auditorio
público

presente
omnipresente
ubicuo
interesente
circunstante
estante
asistente
presencial
presentable
impresentable

presencialmente
residentemente

acá
aquí
doquier
doquiera
aquí y allá
delante
en persona
de persona a persona
delante de los ojos de
en los ojos de
a la vista de
en las barbas de
ante
(frente a frente, cara a cara, etc. V. *Contraposición*)

—

PRESENTARSE
(V. *Presencia*)

—

PRESENTE
(V. *Presencia*)

—

PRESENTIR
(V. *Previsión*)

—

PRESIDENCIA (25)

presidencia
jefatura
mesa
directiva
directorio
superioridad
preferencia

presidir
dirigir
gobernar
regir
mandar

presidente
presidenta
vicepresidente
director
decano
hermano mayor
usía
jefe
soberano
gobernador

presidencia (lugar)
cabecera
puesto de honor
asiento
sillón
escaño
mesa
tribuna

presidencial

—

PRESIDENCIAL
(V. *Presidencia*)

—

PRESIDENTE
(V. *Presidencia*)

—

PRESIDIARIO
(V. *Prisión*)

—

PRESIDIR
(V. *Presidencia*)

—

PRESIÓN
(V. *Compresión*)

—

PRESO
(V. *Prisión*)

—

PRÉSTAMO (33, 35)

préstamo
prestimonio
empréstito
prestación
dita
mohatra
avío
anticipo
adelanto
pignoración
hipoteca
garantía
mutuo
comodato
debitorio
préstamo a la gruesa
contrato a la gruesa
contrato a riesgo marítimo

prestar
prestir
emprestar
dar
anticipar
adelantar
amprar
bistraer
fiar
dar a logro
» a crédito
» dinero a daño
» » a interés
aviar
tomar prestado
pedir
empeñar
pignorar
petardear
trampear
pulir
mohatrar
lastar
amortizar
beber sobre tarja
desempeñar

prenda
empréstito
dares y tomares
alhaja
creces
daño emergente
lucro cesante
capital
interés
usura

casa de préstamos
» de empeños
empeño
papeleta de empeño
casa de agencia
agencia
monte
» de piedad
» pío

pósito
» pío
peñaranda

prestador
prestamista
caballo blanco
mutuante
comodante
aviador
prendero
empeñero
ditero
agenciero
mohatrero
usurero
hebreo
matatías

prestatario
mutuatario
mutuario
comodatario

prestadizo
comodable

fiado
precario
prestable
imprestable
de prestado
a dita

—

PRESTAR
(V. *Préstamo*)

—

PRESTIDIGITACIÓN (31)

prestidigitación
escamoteo
tropelía
prestigio
trampa
truco
engaño
apariencia
habilidad
juego de manos
» de pasa pasa
pasapasa
maese coral
maestre coral
masecoral
masicoral
masejicomar
salamanca
varita de virtudes
polvos de la madre Celestina

escamotear
escamotar

prestidigitador
jugador de manos
escamoteador
ilusionista
cubiletero
salamanquero
charlatán
fullero
histrión
malabarista
saltimbanqui
saltimbanco
saltabanco
saltabancos
saltaembanco
saltaembancos
montabanco
titiritero
circo
varilla de virtudes
varita de virtudes
cubilete
doble fondo

malabar
malabárico

limpiamente

—

PRESTIDIGITADOR
(V. *Prestidigitación*)

—

PRETEXTAR
(V. *Pretexto*)

—

PRETEXTO (25)

pretexto
achaque
disculpa
excusa
excusación
causa
motivo
ocasión
evasiva
subterfugio
salida
calleja
callejuela
escamocho
expediente
son
plataforma
presupuesto
especie
voz
título
comodín
asidero
asilla
pie
apariencia
capa
socapa
colorido
color
socolor
rebozo
velo
máscara
cubierta
solapa
ocultación
disimulo
fingimiento
falsedad
argucia
arbitrariedad
romances
bachillerías
cháncharras máncharras

pretextar
colorear
colorir
dorar
sobredorar
cohonestar
honestar
disculparse
excusarse
acogerse
valerse
asir
tomar pie de
asirse a las ramas

socolor
so color
a título
patatín patatán
que si fue, que si vino

—

PREVENCIÓN
(V. *Preparación*)

—

PREVENIR
(V. *Preparación*)

—

PREVER
(V. *Previsión*)

—

PREVISIÓN (23, 26)

previsión
presciencia
precognición
presentimiento
prenoción
perspectiva
profecía
prognosis
pronóstico
pronosticación
anuncio
indicación
predicción
preparación
barrunto
barruntamiento
remusgo
telepatía
corazonada
corada
sospecha
creencia
conjetura
suposición
precaución

prever
antever
preconocer
prevenir
aprevenir
presentir
sentir
prenotar
ver
presumir
barruntar
remusgar
pronosticar
predecir
anunciar
augurar
ominar
agorar
sospechar
mirar las cosas con anteojo de larga vista
mirar las cosas con anteojo de aumento
ver las cosas con anteojo de larga vista
ver las cosas con anteojo de aumento
darle el aire de
» el corazón
decirle el corazón
haberse tragado
tenerse tragado

previsor
presciente
pronosticador
barruntador
sagaz
previsto
antevisto
sobresabido
previsible
imprevisible

acumulativamente
a prevención
de prevención
por si acaso
por sí o por no valga lo que valiere
a todo evento
de repuesto
de respeto

—

PRIMAVERA (21)

primavera
entretiempo

primaveral
vernal

—

PRIMAVERAL
(V. *Primavera*)

—

PRIMERO
(V. *Principio*)

—

PRIMITIVO
(V. *Origen*)

—

PRIMO
(V. *Tío*)

PRIMOR
(V. *Finura*)

PRIMOROSO
(V. *Finura*)

—

PRINCIPAL
(V. *Importancia*)

PRÍNCIPE
(V. *Soberano*)

—

PRINCIPIO (16, 21, 27)

principio
comienzo
empiece
inicio
encentadura
empuñadura
origen
causa
rudimento
germen
embrión
brote
nacimiento
fundación
niñez
infancia
pañales
génesis
oriente
albor
aurora
anterioridad
extremo
cabecera
cabeza
arranque
raíz
cepa
partida
alfa
umbral
encabezamiento
preludio
preámbulo
esbozo
proyecto
nociones
repunta
movimiento
chispazo
estreno
estrena
primicias
patente

iniciación
iniciativa
inicio
incoación
advenimiento
implantación
inauguración
proclamación
apertura
encentamiento
encentadura

empezar
principiar
comenzar
incoar
iniciar
promover
instituir
implantar
intentar
lanzar
preludiar
entablar
enjergar
entamar
encabezar
emprender
abordar
embocar
esquiciar
criar
echar
romper
trabar
entablar
mover
empeñarse
insistir
establecer
fundar
inaugurar
proclamar

estrenar
enguerar
remojar
encentar
decentar
encetar

ponerse a
pasar a
echar a
soltar a
andarse a
entrar a
» en
soltarse
estrenarse
persignarse
poner mano en
poner por obra
meter un pie en
poner las manos
poner las manos en la masa
abrir las zanjas
poner la primera piedra
echar la primera [piedra
abrir camino
» paso
romper o saltar la valla
hacer la estrena
tomar la embocadura
embarcarse
tomar la iniciativa
dar el ejemplo
romper el hielo
» el fuego

tener principio
originarse
datar de
nacer
manifestarse
empezar
comenzar
prender
entrar
venir
picar
amanecer
alborear
brotar
apuntar
estar en mantillas

principiante
principiador
comenzante
inceptor
iniciador
encentador
incipiente
barbiponiente
novicio
novio
currinche
aprendiz
primerizo

inicial
pirmero
primitivo
primevo
anterior
iniciativo
incoativo
inaugural
preliminar
germinal
naciente
verde
rudimental
rudimentario
elemental
primicial
genesiaco
eviterno

originariamente
originalmente
primeramente
primitivamente
de primero
en primer lugar
desde
al pronto
de buenas a primeras
a los principios
a las primeras
a las primeras de cambio
de primera instancia
» » entrada
a primera cara
a primera vista
al pie de la cuesta
en germen
en cierne
ab initio
ab ovo
alfa y omega

—

PRISA
(V. *Prontitud*)

—

PRISIÓN (32)

prisión
apresamiento
aprisionamiento
encierro
reclusión
encarcelamiento
encarcelación
aherrojamiento
detención
arresto
prisión preventiva
quincena
cadena
trabajos forzados
» forzosos
presidio
cautiverio
cautividad
carcelería
pena
galeras
angustias
ansias
gurapas
penas
trabajos
remo
banco

prender
apresar
aprisionar
cautivar
detener
arrestar
retener
incomunicar
recargar
encarcelar
enrejar
enjaular
engaviar
enchiquerar
enchironar
encerrar
recluir
echar
reducir a prisión
poner a la sombra
meter donde no vea el sol
poner el capuchón

esposar
engrillar
engrilletar
aherrojar
aprisionar

visitar
excarcelar
liberar

caer en manos
darse preso
doblarse
guardar carcelería
estar en cadena
visitarse

prisión
encierro
inquisición
prevención
comisaría
delegación
abanico
prisión de Estado
penitenciaría
presidio
penal
cárcel
correccional
tropel
banasto
trápala
trápana
trena
angustia
acordada
caponera
casa de tía
temor
madrastra
chirona
gayola
ejército
galera
manifestación
ergástulo
ergástula
saladero
mazmorra
emparedamiento
in pace
sagena
baño
calabozo
celda
confusión
cija
horno
brete
breque
bartolina
judas
rastrillo
locutorio
alcaidía

grillete
calceta
arropea
carlanca
adobe
barra
grillos
prisiones
anillos
charniegos
antojos
hierros
vascuences
calzas
pihuelas
cepo
corma
horca
torga
nervio
manilla
maniota
brete
branza
esposas
cadena
cereceda
capuchón
sombrerillo
caridad

fianza carcelera
carcelería
carcelaje
calabozaje
cepadgo
malentrada
culebra
hábeas corpus
alivio
visita de cárcel
» de cárceles
alarde
excarcelación
excarceración
soltura
talla
rescate
liberación
libertad

preso
recluso
prisionero
» de guerra
cautivo
presidiario
presidario
penado
gastador
quincenario
corrigendo
treno
abrazado
angustiado
antojado
calzado
desposado
enrejado
confinado
incomunicado
emparedado
galeote [dinas
apaleador de sardinas
bogavante
remiche
espalder
cómitre
gente del rey
» de Su Majestad
» forzada
cuerda

cadena
mancuerna
collera
chusma

carcelero
alcaide
gurón
gorullón
banastero
banquero
apasionado
bastonero
calabocero
grillero
calcetero
cabo de varas
arifa
disimulo
alfaqueque

carcelario
carcelero
correccional
penitenciario
celular
excarcelable

—

PRISIONERO
(V. *Prisión*)

—

PRISMA
(V. *Geometría*)

—

PRIVACIÓN (33)

privación
despojo
despojamiento
expropiación
usurpación
expoliación
extorsión
exacción
desposeimiento
evicción
destitución
deposición
remoción
desapoderamiento
desentrañamiento
lanzamiento
desahucio
hurto
robo
desvalijamiento
desvalijo
pillaje
pilla
saco
saqueo
pérdida

privar
despojar
quitar
tomar
usurpar
confiscar
expoliar
desproveer
desaviar
expropiar
desapoderar
desaposesionar
desposeer
desheredar
desmandar
lanzar
inquietar
mermar
detraer
mondar
pelar
despeluzar
desplumar
desnudar
descañonar
despalmar
carmenar
estafar
guindar
birlar
chupar
robar
saquear
destruir
frustrar
dejar con un palmo de narices
arrinconar
desaparroquiar
despoblar
destituir
arruinar
empobrecer
dejar en la calle
» a pie
» sin camisa
» en pelota
» en cueros
chupar la sangre
sacar de entre las manos

privarse
despojarse
enajenarse
abstenerse
desentrañarse

ayunar [comer
quitárselo de su
» de la boca

expropiador
expoliador
privativo
ayuno

—

PRIVAR
(V. *Privación*)

—

PRIVILEGIO (32)

privilegio [ble
» favorable
» convencional
prerrogativa
patente
facultad
derecho
poder
libertad
permisión
pase
concesión
(favor, merced, etc. V. *Beneficio*)

exclusiva
monopolio
desigualdad
preferencia
parcialidad
preeminencia
distinción
regalía
inmunidad
dispensación
dispensa
veutaja
exención
exclusión
liberación
bula
franquicia
villazgo
entrada
indulto
caballería
sombrero
fuero
carta forera
» de gracia
desafuero
carta desaforada
tumbo
becerro

privilegiar
favorecer
eximir
desaforar

concertador de privilegios
fuerista

excusado
ermunio
aforado
desaforado
privilegiativo
privilegiado
inviolable

privilegiadamente

—

PROBABILIDAD
(V. *Posibilidad*)

—

PROBABLE
(V. *Verosimilitud*)

—

PROBAR
(V. *Prueba*)

—

PROBLEMA (23)

problema
problemática
punto
cuestión
pega
dubio
pregunta
cuestionario
asunto
duda
dubitación
incomprensión
caso
dificultad
ambigüedad
incógnita
quisicosa
cosa y cosa
cosicosa
quesiqués
torete
secreto
nudo gordiano
enigma
mote
jeroglífico
acróstico
logogrifo
rompecabezas
pasatiempo
charada
acertijo
acertajo
adivinanza
adivinaja
adivinalla

planteamiento
proposición
teorema
términos
datos
(cálculos, operaciones, etc. V. *Matemáticas*)
investigación
solución

plantear
proponer
residir
buscar
examinar
resolver

enigmatista
incomprensible
enigmático
insoluble
irresoluble

¿qué es cosa y cosa?
averígüelo Vargas

—

PROCEDER
(V. *Origen*)

—

PROCEDIMIENTO
(V. *Modo*)

—

PROCESIÓN (1)

procesión
teoría
letanía
letanías mayores
Semana Santa
Santo Entierro
rogaciones
rosario
minerva
doctrina
pompa
mondas
culto
carrera
peregrinación
romería
festividad
fiesta
manifestación
paseo

concurrencia
fila

alumbrar
empaliar
nazarear

cruz
carcaj
pendón
(bandera, estandarte, etc. V. *Insignia*)
palio
efigie
imagen
pasos
andas
carro triunfal
tazaña
altar
recibimiento
saeta

abanderado
crucero
cruciferario
crucífero
crucígero
cursor de procesiones
penitente
nazareno
sayón
armado
capirote
diablillo
pela
andadero
estante
costalero
gigante
gigantón
cabezudo
tarasca
tarascón
coca
gomia
enaguas [rio
libro procesionario

procesional

procesionalmente

—

PROCURADOR (32)

procurador
padrastro
alivio
remedio
amparo
personero
excusador
diligenciero
agente
representante
substituto

procurar
representar
bastantear

procuraduría
procuración
procura
personería
encargo
delegación
substitución
representación
bistreta
bastanteo
enjuiciamiento

—

PROCURAR
(V. *Intento*)

—

PRODIGIO (1)

prodigio
prodigiosidad
milagro
portento
asombro
ostento
quimera
fenómeno
maravilla
excelencia
máquina
señal
parto
paso

sobrenaturalismo
éxtasis
enajenamiento
doble vista
telepatía
adivinación
predicción

milagro
miraglo
estigma
reliquia
auténtica

taumaturgia
magia
ocultismo
amuleto
talismán
polvos de la madre Celestina

maravillar
sorprender
admirar

maravillarse
admirarse
extasiarse

milagrear
estigmatizar

taumaturgo
milagrero
hechicero
mago

prodigioso
portentoso
milagroso
maravilloso
mirífico
admirable
extraordinario
estupendo
sobrenatural
preternatural
sobrehumano
milagroso
mágico
feérico
quimérico

prodigiosamente
portentosamente
sobrenaturalmente etc.
a maravilla
por arte del diablo
por arte de birlibirloque

—

PRODIGIOSO
(V. *Prodigio*)

PRÓDIGO
(V. *Derroche*)

—

PRODUCCIÓN (27)

producción
obtención
creación
fundación
generación
fabricación
industria
oficio
arte
acción
trabajo
fecundación
fecundidad
fertilidad
palingenesia
reproducción
productividad
producibilidad
economía política

producir
engendrar
crear
criar
obtener
inventar
sacar
echar al mundo
fundar
causar
originar
hacer
manufacturar
ejecutar
fabricar
enjambrar
multiplicar

darse
salir a luz
venir
acudir
brotar
trabajar
abortar
dar

producto
producción
objeto
obra
hechura
parto
fruto
cosa
pieza
utensilio
herramienta
fruto en especie
valor
interés
renta
utilidad
ganancia

productor
producidor
producente
produciente
criador
productivo
producible

—

PRODUCIR
(V. *Producción*)

—

PRODUCTO
(V. *Producción*)

PROFANACIÓN (1, 32)

profanación
profanamiento
profanidad
violación
sacrilegio
perjurio
apostasía
blasfemia
irreligión

profanar
violar
quebrantar
funestar
irreverenciar

profanador
sacrílego
impío

sacrílegamente

—

PROFANAR
(V. *Profanación*)

—

PROFANIDAD (1)

profanidad
temporalidad
mundanalidad
mundanería

terrenidad
seglaridad
secularización
laicismo
irreligión
valle de lágrimas
mundo
siglo
respetos humanos
pompa
fausto
vanidad
demonio
carne
sensualidad
placer

laicizar
secularizar
desamortizar
temporalizar
mundanear
profanar

secularizarse
aseglararse
desenfrailar [tos
ahorcar los hábi-

profano
temporal
terrenal
terreno
mundano
mundanal
ultramundano
carnal
seglar
secular
secularizado
laical
laico
laicista
lego
civil
orden tercera
hombre de capa y espada
corbata

profanamente
temporalmente
seglarmente
mundanamente
de tejas abajo

—

PROFANO
(V. *Profanidad*)

—

PROFESIÓN
(V. *Ocupación*)

—

PROFETA
(V. *Predicción*)

—

PROFUNDIDAD (17)

profundidad
hondura
altura
fondo
profundo
pozo
puntal
calado
braza
braceaje
brazaje
batometría
batimetría
pico
bajura
bajo
bajío
concavidad
depresión
hondón
hondonada
aguas vertientes
hoyada
ahondo
excavación
inmersión
ocosial
torca
torcal
gándara
granda
precipicio
abarrancadero
salto
sima
furnia
abismo
caverna
subterráneo
entrañas de la tierra
centro de la tierra
los quintos infiernos

ahondar
profundizar
profundar
zahondar
calar
deprimir
cavar
excavar
hundir
rehundir
sumergir
no hacer pie
sondear

sonda
escandallo
batómetro
calón
barómetro

hondo
profundo
alto
deprimido
simado
abismal
abismático
abisal
insondable
penetrante

hondamente
profundamente

—

PROFUNDO
(V. *Profundidad*)

—

PROGRESIVO
(V. *Adelantamiento*)

—

PROHIBICIÓN (25)

prohibición
veto
ilicitud
precepto negativo
exclusión
negativa
interdicción
entredicho
tabú
impedimento
vedamiento
veda
vedado
contrabando
coto
dehesa [rio
índice expurgatorio
fruta prohibida
intrusión
intrusismo

prohibir
impedir
interdecir
entredecir
vedar
inhibir
defender
negar
privar
quitar
proscribir
desterrar
pregonar
condenar
excomulgar

prohibitorio
prohibitivo
prohibente

prohibido
ilícito
indebido
entredicho
malo
inmundo
ilegal
injusto
clandestino
proscripto

ilícitamente
indebidamente

—

PROHIBIR
(V. *Prohibición*)

—

PROHIJAR
(V. *Adopción*)

PROLIJIDAD (29)

prolijidad
difusión
detención
detenimiento
detinencia
nimiedad
amplitud
floridez
pomposidad
prosa
exceso
superfluidad
amplificación
pleonasmo
paráfrasis
desviación
rodeo
circunloquio
circunlocución
torcimiento
ambages
perisología
detalle
pormenor
ribete
circunstancia
fárrago
follaje
fraseología
filatería
lata
tabarra
rollo
disco
tostón
redundancia
repetición
verbosidad

extender
alargar
estirar
amplificar
diluir
hinchar
pormenorizar
puntualizar
desleír
divagar
rodear
involucrar
extenderse
alargarse
espaciarse
explayarse
dilatarse
vaciarse
dejar correr la pluma

prolijo
difuso
nimio
amplio
amplísimo
dilatado
largo
machacón
redundante
pleonástico
lato
latoso
latero
farragoso
circunstanciado
divagador
ambagioso
perifrástico
hablador

prolijamente
nimiamente
difusamente
circunstanciadamente
diminutamente
ampliamente
largamente
latamente
tendidamente
por largo
a la larga
por extenso
» menudo
» menor
punto por punto
ce por be
be por be
ce por ce [les
con pelos y señacon linderos y arrabales
hay tela cortada
largo y tendido
comienza y no acaba

—

PROLIJO
(V. *Prolijidad*)

—

PROLONGAR
(V. *Longitud*)

—

PROMESA
(V. *Ofrecimiento*)

—

PROMETER
(V. *Ofrecimiento*)

—

PROMINENCIA (18)

prominencia
eminencia
relieve
bulto
protuberancia
elevación
alterón
salida
proyectura
vuelo
pestaña
reborde
peruétano
piruétano
pingorote
remate
empino
convexidad
realce
turgencia
hinchazón
tumor
nudosidad
gibosidad
joroba
abombamiento
bollo
abolladura
lomo
caballón
saliente
deja
diente
dentellón
rediente
resalto
muela
teso
mota
puntal
montículo
montaña

pescante
acodo
ángulo
repujado

apófisis
cóndilo
mamelón
levantarse
alzarse
sobresalir
destacarse
resaltar
abultar
volar

levantar
alzar
relevar
abollar
repujar

prominente
túrgido
turgente
elevado
abultado
papujado
saltón
convexo

—

PROMINENTE
(V. *Prominencia*)

—

PRONOMBRE (28)

pronombre
(pronombre personal, V. *Persona*)
(pronombre demostrativo, véase *Manifestación*)
(pronombre posesivo, V. *Posesión*)
(pronombre interrogativo, véase *Pregunta*)
(pronombre relativo, V. *Relación*)
(pronombre indeterminado, véase *Indeterminación*)

leísta
loísta
laísta

pronominal
pronominado
sufijo
enclítico
tónico
átono

—

PRONTITUD (19, 21)

prontitud
rapidez
velocidad
alacridad
celeridad
agilidad
vivacidad
brevedad
subitaneidad
instantaneidad
abreviatura
ligereza
presteza
festinación
prisa
priesa
presura
precipitación
apresuramiento
apresuración
aceleración
aceleramiento
viveza
agudeza
acucia
diligencia
actividad
soltura
despachaderas
expedición
expediente
improvisación
ímpetu
impetuosidad
arranque
furia
resolución
vehemencia
urgencia
ida
relámpago
pasavolante
atrabanco
anticipación
aguijadura
incitación

acelerar
apresurar
activar
festinar
precipitar
aligerar
improvisar
abreviar
aliviar
aviar
adelantar
apremiar
calentar
despabilar
espabilar
meter prisa

acelerarse
apresurarse
ahincarse
menearse
arrear
despachar
correr
volar
aguijar
antainar
huir
darse prisa
ganar tiempo
» las horas
andar de prisa
alargar el paso
avivar el paso
apretar el paso
tomar el trote
» un paso
menear las tabas
» las manos
apretar, o picar de soleta
ir zumbando
dejar atrás los vientos
no poner los pies en el suelo
ir desempedrando las calles [res
menear los pulgadecir y hacer
correr la mano
ser una pólvora
ser un ave
tener buen despacho

acelerador
breviario
pólvora
rayo
zarandillo
bullebulle
pizpereta
pizpireta
perinola
veloz
rápido
raudo
vertiginoso
pronto
presto
momentáneo
célere
repentino
arrebatoso
listo
vivo
resuelto
presuroso
apresurado
ligero
ligeruelo
recio
ágil
suelto
activo
diligente
expedito
expeditivo
largo
acucioso
agudo
impígero
liberal
alado
alígero
impetuoso
febril

prontamente
velozmente
rápidamente
raudamente
ligeramente
prestamente
presurosamente
apresuradamente
aceleradamente
desaladamente
instantáneamente
vivamente
ágilmente
acuciosamente
liberalmente
ejecutivamente
avivadamente
pronto
presto
cedo
aína
recio
incontinente
aprisa
apriesa
a prisa
de prisa
de presto
de recio
de golpe
cuanto antes
cuanto más antes
antes con antes
de paso
a buen paso
a paso largo
a paso tirado
a paso de carga
más que de prisa
» » » paso
a toda prisa [do
de prisa y corriena más andar
a todo correr
a largas marchas
a grandes jornadas

al minuto
al momento
en el acto
en seguida
enseguida
luego luego
a, o de, galope
a la ligera
de corrida
de carrera
de un tirón
de revuelo
a o de golpe
a escape
a espetaperro
al trote
al vapor
por la posta
por, o en, el aire
por los aires
por ensalmo
a mata caballo
a uña de caballo
a remo y vela
de repelón
cálamo currente
en abreviatura
al vuelo
de vuelo
en volandas
en volandillas
en un verbo
del primer voleo
o de un voleo
de un vuelo o en un vuelo
a vuelta de ojo
en un abrir y cerrar de ojos
en un salto
en una escapada
sobre la marcha
de bote y voleo
en dos idas y venidas
dicho y hecho
de luego a luego
no ser visto ni oído
en dos zancadas
» » trancadas
» » trancos
» » paletas
cochite hervite
no bien
tres pies o un pie
a la francesa
como una bala
como el pensamiento
como alma que lleva el diablo
¡arrea!
¡andando!

—

PRONTO
(V. *Proximidad*)

—

PRONUNCIACIÓN (28)

pronunciación
prosodia
ortología
ortofonía
ortoepía
fonética
fonología [liano
triángulo orche-
» de Orchell
fonograma
quimógrafo
oscilógrafo

pronunciar
emitir
articular
herir
cortar
silabear
silabar
deletrear
decorar
hablar
recitar
acentuar

cargar
recalcar
subrayar
aspirar
inspirar
diptongar
triptongar
asimilar
disimilar
elidir
nasalizar
palatizar
ensordecer
labializar
asibilar
sonorizar
esdrujulizar
aconsonantar
balbucir
balbucear
titubear
titubar
rozarse
trabarse
trastrabarse
trastrabillar
trabucar
chapurrar
chapurrear
tartamudear
tartajear
tartalear
farfallear
gaguear
ganguear
hablar por las narices
sesear
cecear
zacear
acurrarse
sonar

dicción
fonación
emisión
herimiento
expresión
énfasis
articulación
silabeo
acentuación
acento
» prosódico
» tónico
ápice
entonación
dejo
dejillo
tonillo
sonsonete
retintín

cantidad
asonancia
cadencia
anacrusis
anacrusa
eufonía
cacofonía
homofonía
paronomasia
paronimia
sinalefa
sinéresis
diéresis
hiato
diptongación
elisión
apofonía
atracción
asimilación
disimilación
explosión
implosión
sonorización
asibilación
contracción
compresión

balbucencia
tartamudez

tartamudeo
cancaneo
gangosidad
gangueo
nasalización
seseo
ceceo
yeísmo
iotacismo
lambdacismo
rotacismo
medias palabras
trabalenguas

sonido
fonema
fonetismo
grafía
letra

sonoro
sordo
letra muda
» explosiva
fricativo
letra sibilante
» líquida
» aspirada
» canina
» vocal
vocal breve
» larga
» abierta
» nasal
semivocal
letra continua
» semivocal
» consonante
semiconsonante

letra labial
bilabial
nasal
dentolabial
dentolingual
gutural
paladial
velar
predorsal
prepalatal
pospalatal
medial
lingual
dental
interdental
alveolar
africada
apical
oclusiva
explosiva
implosiva
licuante

acento ortográfico
diéresis
tilde
virgulilla
espíritu
» suave
» rudo
» áspero

sílaba
diptongo
triptongo

fonólogo
fonetista
ortólogo
erasmiano
reucliniano

pronunciador
redicho
afectado
balbuciente
tartamudo
tartajoso
tartaja
farfalloso
gago

estropajoso
trapajoso
media lengua
lengua de trapo
» de estropajo
ceceoso
ceceante
zazo
zazoso
zopas
zopitas
tato
gangoso
jándalo

fonético
fónico
acentual
articulatorio
prosódico
ortológico
paronomástico
parónimo
homófono
silábico
eufónico
cacofónico
impronunciable
inarticulado

monosílabo
monosilábico
bisílabo
disílabo
trisílabo
cuatrisílabo
tetrasílabo
polisílabo

átono
atónico
inacentuado
tónico
sílaba protónica
» postónica
» tónica
» átona
» larga
» breve
» aguda
pretónico
enclítico
proclítico
agudo
oxítono
llano
grave
breve
paroxítono
esdrújulo
proparoxítono
sobresdrújulo

articuladamente
guturalmente
estropajosamente

—

PRONUNCIAR
(V. *Pronunciación*)

—

PROPAGAR
(V. *Difusión*)

—

PROPENDER
(V. *Propensión*)

—

PROPENSIÓN (14, 25)

propensión
tendencia
inclinación
inclín
proclividad
enza
(temple, humor, etc. V. *Disposición*)
predisposición
atracción
naturaleza
natural
carácter
idiosincrasia
instinto
costumbre
vicio
conato
pujo
intento
afición
interés
apasionamiento
preferencia
deseo
voluntad
vocación
devoción
afección
amor
querencia
adhesión
apego
inhesión
simpatía
filia
confrontación
arregosto
fuerte
flaco
debilidad
comidilla

adquisividad
amatividad
combatividad, etc.

propender
tender
arrostrar
preferir
desear
querer
tirar a
pecar de
» por
nacer para
simpatizar
ser uno tentado de la hoja
morir o morirse por

aficionar
encariñar
enamorar

aficionarse
inclinarse
ladearse
aquerenciarse
pagarse
prendarse
arregostarse
regostarse
encapricharse
engolosinarse
empicarse
empaparse
enviciarse
acodiciarse
acudiciarse
tomar el gusto
apasionarse
engalgarse
pegarse

propenso
sujeto
expuesto
proclive
prono
tendente
tendencioso
querencioso
aficionado
afecto
amigo
simpatizante
simpático
devoto
adicto
partidario
adepto
fanático

propensamente
aficionadamente
apegadamente

—

PROPENSO
(V. *Propensión*)

—

PROPIEDAD (30, 33, 35)

propiedad
derecho de propiedad
señorío mayor
pertenencia
pertenecido
dominio
» eminente
» directo
nuda propiedad
copropiedad
apropiación
acepción
donación
adquisición
adquisividad
participación
juro
título
» colorado
entradas y salidas
mulquía
herencia
posesión
conservación
usufructo
bienes
riqueza
capital
renta
ahorro
mayorazgo

escritura
documento
registro de la propiedad
asiento
anotación preventiva
catastro
parcela
juicio petitorio

pertenecer
ser de
tocar
corresponder
caber
alcanzar
caer
recaer
revertir
parar
consolidarse el usufructo

apropiar
adjudicar
inscribir
hacendar
dar
entregar
apropiarse
apoderarse
tomar
recibir
adquirir
participar
heredar
conquistar
robar

propietario
nudo propietario
dueño
dueña
señor
amo
ama
terrateniente
hacendado
arraigado
medianero
heredero
jurista
registrador

propio
proprio
perteneciente
patrimonial
dominical
solariego
cabal
saneado
apropiable
inalienable
intransferible
ajeno

propietariamente

—

PROPIETARIO
(V. *Propiedad*)

—

PROPINA
(V. *Remuneración*)

—

PROPIO
(V. *Propiedad*)

—

PROPONERSE
(V. *Intención*)

—

PROPORCIÓN (16, 18)

proporción
proporcionalidad
simetría
hermosura
armonía
ritmo
número
cadencia
euritmia
comparación
correspondencia
relación
conformidad
igualdad
reciprocidad
medida
canon
mensura
conmensuración
escala
ajuste
respecto
razón
cuota
cota
contingente
cupo

escote
parte alícuota
» alicuanta
» proporcional
tanto por ciento
porcentaje
percentaje
prorrata
prorrateo
rateo
tanto
regla de tres
matemáticas
cuenta

proporcionar
ajustar
compasar
adecuar
equilibrar
simetrizar
compartir
distribuir
escotar
prorratear
ratear
corresponder
responder

proporcional
alícuota
proporcionado
bien hecho
simétrico
orgánico
organizado
igual
armonioso
harmonioso
escultural
numeroso
proporcionable

proporcionalmente
proporcionadamente
proporcionablemente
simétricamente
numerosamente
a razón de
en su tanto
al justo
al respecto
a proporción
a medida que
a prorrata
prorrata
pro rata
rata parte

—

PROPORCIONADO
(V. *Proporción*)

—

PROPORCIONAL
(V. *Proporción*)

—

PROPORCIONAR
(V. *Proporción*)

—

PROPULSOR (38)

propulsor
hélice
paleta
álabe
ala
bastidor
armadura
rueda
tambor
cenefa
remo
helicómetro
máquina
impulsión
cohete

conectar
desconectar
paletear

—

PROSA (29)

prosa
prosita
prosa poética

aconsonantar

prosificación
literatura
lenguaje
estilo
poema
cadencia
ritmo
consonancia
asonancia
poesía
prosaísmo

prosificar
consonar

prosista
prosador
escritor
prosaico

prosaicamente

—

PROSAICO
(V. *Vulgaridad*)

—

PROSODIA
(V. *Pronunciación*)

—

PROSTITUCIÓN (30)

prostitución
ramería
putaísmo
putanismo
putería
puterío
amancebamiento
trata
alcahuetería
rufianada
rufianesca
chanfaina
oseta
deshonestidad
lujuria
acto **carnal**
fornicación
meretricio
vida airada
pornografía
generación
ginecología

prostituir
emputecer
pervertir
cortar faldas

prostituirse
putear
putañear
echarse al mundo
ganar con su cuerpo

prostituta
mujerzuela
mujercilla
mujer pública
» mundana
» perdida
» del arte
» de punto
» de la vida airada
mujer del partido
» de mala vida
mujer de mal vivir
moza de fortuna
» del partido
pecadora
pobreta
coima
ninfa
pupila
cortesana
dama cortesana
damisela
meretriz
horizontal
hetaira
hetera
ramera
rameruela
puta
putuela
putaña
zorra
zorrón
tía
chaleco
una tal
zurrona
cantonera
buscona

palleja
pendanga
perendeca
pelandusca
peliforra
pelota
tusona
rodona
mondaria
mundaria
chuquisa
gabasa
bagasa
mozcorra
gorrona
churriana
maturranga
capulina
tributo
maleta
lumia
desaguida
cellenca
callonca
gamberra
araña
germana
gaya
hurgamandera
maraña
maraca
marca
marquida
marquisa
grofa
coja
rabiza
pencuria
iza
cisne
lea
carcavera
baldonada
enamorada
desorejada
desmirlada
rufián
rufianejo
rufiancete
rufezno
rufo
chulo
germano
gancho
cabrón
ribaldo
gorrón
cherinol
jayán
ruido
león
consejo
espadachín
estafador
engibacaire
engibador
gayón
birlesco
birloche
belitrero

pendencia
aviso
navío de aviso
alcahueta

rufianesca
jacarandana
jacarandina
jarandina
germanía
esquifada
gente de carda
» de la carda
rodeo
cherinola
birlesca
cofradía
mandilada

bateles
padre de mancebía
taita
guardacoimas
guardaízas
tapador
cambiador
alcancía
canaca

jorgolín
jorgolino
pagote
trainel
mandilandín
mandil
mancil
maniblaj
faraute
novelero
piltro
reclamo
cabrito
pornógrafo

mancebía
ramería
burdel
lupanar
prostíbulo
putaísmo
putería
puterío
casa de mancebía
» de lenocinio
» pública
» de trato
» de camas
» de citas
» llana
» de compromiso
bayú
monte
montaña de pinos
campo de pinos
aduana
vulgo
pisa
cerco
cortijo
guanta
manfla
manflota
serrallo
harén

carta de mancebía
» de compañería
caire
caída
socorro
estafa

putesco
meretricio
rameril
halconero
rufianesco
arrufianado
arrufado
jacarandino
lupanario
manflotesco

—

PROSTITUIR
(V. *Prostitución*)

—

PROSTITUTA
(V. *Prostitución*)

—

PROTECCIÓN (27)

protección
amparo
defensa
guarda
guardia
apoyo
sostén
agarradero
ayuda
favor
auxilio
fomento
preservación
antemural
abrigo
refugio
asilo
pabellón
patrocinio
mecenazgo
auspicio
egida
égida
salvaguardia
salvaguarda
calor
sombra
adopción
clientela
padrinazgo
tutoría
fautoría
tutela
seguridad
garantía
encomienda
protectoría
acostamiento
manutención
presidio
acogimiento
nepotismo
sobrinazgo
conciliación
intercesión
recomendación
arrimo
mano
lado
valimiento
partido
palanca
lados
brazos
amarras
agarraderas
aldabas

proteger
amparar
defender
blindar
guardar
salvaguardar
acoger
acorrer
correr a
preservar
manutener
mantener
sostener
resguardar
acompañar
convoyar
escoltar
respaldar
conservar
favorecer
fomentar
cebar
apoyar
atender
recomendar
valer
mirar
abrigar
patrocinar
acuchar
apatrocinar
apadrinar
amadrinar
adoptar
despiojar
estar
dar la mano
» el brazo
mirar por
hacer sombra
» espaldas
criar a sus pechos
hacer hombre
guardar las espaldas

ampararse
arrimarse
escorarse
recurrir a
valerse
acogerse
disfrutar
depender
tener brazos
» el padre alcalde
agarrarse a, o de, buenas aldabas
tener buenas aldabas
tener guardadas las espaldas
» Dios en su seno
estar a merced de
no tener hombre

protector
protectriz
amparador
paño de lágrimas
valedor
fiador
mecenas
favorecedor
favoreciente
bienhechor
recomendante
tutor

tutriz
patrocinador
patrono
patrón
padrino
madrina
empeño
columna
pilar

(dueña, aya, carabina, etc. V. *Acompañamiento*)
guardacantón
marmolillo
áncora
sostén
abrigaño
guardarruedas
espaldera
(rodrigón, tutor, etc. V. *Apoyo*)
antepecho
escudo
armadura
chichonera

protectorio
tutelar
tuitivo
preservativo
preventivo
favorable

protegido
cliente
continuo
hechura
criatura
paniaguado
apaniguado
apaniaguado

—

PROTECTOR
(V. *Protección*)

—

PROTEGER
(V. *Protección*)

—

PROTESTANTE
(V. *Protestantismo*)

—

PROTESTANTISMO (1)

protestantismo
herejía
religión reformada
reforma
confesión de Augsburgo
anglicanismo
luteranismo
calvinismo
anabaptismo
metodismo
puritanismo
cuaquerismo
cuakerismo
pietismo
ritualismo
contrarreforma

protestante
confesionista
religionario
bibliólatra
luterano
calvinista
anglicano
hugonote
puritano
anabaptista
presbiteriano
conformista
sacramentario
metodista
ritualista
pietista
cuáquero
cuákero
temblador
ubiquitario
evangélico

pastor protestante
canuto

sínodo
servicio religioso

—

PROTOZOARIO (6)

protozoario
protozoo
zoófito
rizópodo
flagelado
foraminífero
radiolario
infusorio
mónada
ameba
amiba
tripanosoma
radiado
pólipo
bacteria
hongo
parásito
flagelo
zoofitología

—

PROVECHO
(V. *Utilidad*)

—

PROVECHOSO
(V. *Utilidad*)

—

PROVEER
(V. *Provisión*)

—

PROVERBIAL
(V. *Máxima*)

—

PROVERBIO
(V. *Máxima*)

—

PROVIDENCIA
(V. *Destino*)

—

PROVINCIA
(V. *Territorio*)

—

PROVISIÓN (15, 27, 33, 34)

provisión
proveimiento
aprovisionamiento
suministro
suministración
abastecimiento
abastamiento
surtimiento
racionamiento
avituallamiento
municionamiento
munición
surtido
avío
preparación
acopio
expediente
aderezo
aparato
tren
equipo
armamento
pertrechos
municiones
parque
depósito
almacén
conservación
abundancia
dotación
reserva
retén
repuesto
recambio
víveres
vitualla
mantenimiento
bastimento
forraje
alimento
pienso
abastos
abasto
prevención
subsistencia
matalotaje
despensa
bodega
diaria
hato
hatería
muna
viático
socorro
mochila
recado
alforja
giba
cocaví
asiento
veeduría
proveeduría

proveer
prevenir
dotar
aprovisionar
suministrar
administrar
proporcionar
surtir
suplir
abastecer
abastar
bastimentar
avituallar
vituallar
repostar
esquifar
cocarar

armar
acanchar
pertrechar
municionar
aviar
fardar
cumplir
acomodar
equipar
trajear
retejar
habilitar
abundar
guarnecer
guarnir
hacer con
dar abasto
» recado para tener qué comer
» la casa como una colmena
haber de todo como en botica
proveedor
provisor
obligado
abastecedor
abastero
asentista
asentador
tenedor de bastimentos
municionero
veedor
despensero
suministrador
surtidor
dotador
furriel
furrier

provisto
próvido
prevenido
proveído
reparado
socorrido
suministrable

próvidamente
a prevención
de repuesto
de respeto
de mampuesto
por junto

—

PROXIMIDAD (21)

proximidad
cercanía
vecindad
inmediación
inminencia
riesgo
víspera
novedad
modernidad
actualidad

aproximarse
acercarse
apropincuarse
avecinarse
venir
zumbar
querer
esperar
amagar
amenazar
picar en
faltar poco para
estar para
» a punto
» en punto
» al caer
» a la puerta
llamar a la puerta
ir a los alcances
ver las orejas al lobo

acabar de
estar chorreando sangre

próximo
anterior
posterior
futuro
propincuo
rayano
cercano
inmediato
mediato
inminente
vecino
contiguo
reciente
fresco
flamante
tierno
calentito
nuevo
moderno
recentísimo

próximamente
aproximadamente
cercanamente
contiguamente
hacia
cerca de
alrededor de

recientemente
recién
modernamente
últimamente
frescamente
nuevamente
ahora
ayer
endenantes

antes
hace poco
de poco tiempo a
de ayer acá
de ayer a hoy

pronto
ahora
ya
mañana
presto
luego
breve
en breve
a poco
en poco
por poco
a borde
a pique
a dos dedos
a las puertas de
en puertas
a punto de
en nada
en un tris
en contorno
a raíz
a mano
en vísperas
en cuatro días
de un día a otro
de hoy a mañana
del pie a la mano
por instantes
cuanto antes
» más antes
antes con antes
» y con antes
inmediatamente
en cuanto
luego que
así que
como
apenas
desde luego
al instante
al proviso
de contado
al punto
a la hora
man a mano
aína
aínas
en seguida
enseguida
seguidamente
acto continuo
en el acto
incontinenti
incontinente
sin parar
en caliente
de manos a boca
momentáneamente
circumcirca
para-

—

PRÓXIMO
(V. *Proximidad*)

—

PROYECCIÓN
(V. *Perspectiva*)

—

PROYECTAR
(V. *Proyecto*)

—

PROYECTIL (34)

proyectil
arma (arrojadiza)
saeta
piedra
bodoque
bolaño
pelota
almendra
mandrón
bala
plomo
balín
bala rasa
» roja
naranja
bala naranjera
» de cadena
» encadenada
» enramada
palanqueta
ángel
dumdum
granada
» real
» de mano
bomba
» atómica
pepinillo
torpedo
grinalde
alcancía
carcasa
bidón
perdigón
» zorrero
posta
munición
mostacilla
mostaza
bala fría
» perdida
cohete de guerra
» a la Congreve
pirotecnia

carga
munición
» de guerra
calibre
viento
tiro
cartucho
culote
casquillo
metralla
bote de metralla
dado
taco
explosivo
fulminante
espoleta
espiga
pipa
boquilla
collarín
cofia

cartuchería
balería
balerío
morterada
pollada

salero
saquete
cacerina
cartuchera
canana

calibrar
calzar
ensalerar
cargar
cebar
disparar
arrojar
asestar
lanzar
zumbar
rebumbar

trayectoria
balística
pirobalística
tiro
ráfaga
impacto
impacción
choque
bote
dirección
artillería
arma de fuego
honda

artificiero
artillero
torpedista

turquesa
balero
bodoquera
calibrador
pasabalas
pasabombas
vitola
pistón
sacapelotas

balístico
teledirigido

—

PROYECTO (11, 27)

proyecto
anteproyecto
plan
intención
intento
idea
sueño
ideal
deseo
aspiración
especulación
utopía
utopia
combinación
combina
maquinación
intriga
preparación
previsión
programa
orden del día
disposición
diseño
esbozo
bosquejo
apunte
esquicio
croquis
boceto
maqueta
esqueleto
esquema
minuta
borrador
borrón
traza
trazado
plano
planta
planteamiento
plantificación
contraproyecto

proyectar
planear
concebir
trazar
hilvanar
borronear
plantear
plantificar
calcular
fraguar
tantear
combinar
madurar
acariciar
especular
discurrir
bosquejar
esbozar
abultar
echar trazas
» líneas
inventar
ingeniarse
hacer composición de lugar

proyectista
calculista
fraguador

—

PRUDENCIA (26)

prudencia
sabiduría
sapiencia
sensatez
tino
acierto
tiento
tacto
pulso
aviso
madurez
seriedad
formalidad
chapa
juicio
cordura
reflexión
seso
cabeza
asiento
asentamiento
lastre
testa
substancia
discreción
compostura
talento
reserva
parsimonia
parquedad
parcidad
moderación
eubolia
ponderación
medida
mesura
circunspección
equilibrio
tranquilidad
ecuanimidad
fortaleza
entereza
aplomo
tira y afloja
ten con ten
precaución
dolo bueno
cuidado
atención
reflexión
previsión
astucia
sospecha

ajuiciar
asesar
madurar
haberle salido a uno la muela del juicio
estar, andar, con cien ojos
aturar
ir con el compás en la mano
medir las palabras
asentar el pie
caminar uno por sus jornadas
tentarse la ropa
nadar y guardar la ropa
hablar las paredes

prudente
cuerdo
providente
próvido
sabio
circunspecto
considerado
mirado
cauto
remirado
persona

moderado
mesurado
modesto
recatado
ponderoso
equilibrado
reverendo
sensato
formal
juicioso
ajuiciado
sesudo
acordado
cordato
sentado
asentado
atentado
maduro
machucho
discreto
avisado
precavido
reservado
buen varón
persona de pulso
gente de traza

prudencial
facultativo
potestativo

prudentemente
prudencialmente
mesuradamente
sesudamente
atentamente
avisadamente
discretamente
discrecionalmente
sensatamente
recatadamente
cautelosamente
derechamente
derecho
pasitamente
con pies de plomo
con su granito de sal [sal
con su grano de
tierra a tierra

—

PRUDENTE
(V. *Prudencia*)

—

PRUEBA (28, 32)

prueba
probación
contraprueba
reprueba
ensayo
explicación
demostración
razonamiento
argumento
comprobación
aprobación
confirmación
verificación
justificación
constancia
crédito
juramento
testimonio
documento
documentación
título
alegación
cita
autoridad [ción
pieza de convicción
texto
diagrama
muestra
ejemplo
ejemplificación
parificación

probanza
prueba plena
» semiplena
semiprobanza
presunción
prueba indiciaria
indicios vehementes
méritos del proceso
purgación canónica
juicio de Dios
salva
ordalías
ley caldaria
probatoria [rio
término probatorio
» ultramarino

probar
demostrar
hacer ver
justificar
razonar
solidar
convencer
persuadir
fundar
compurgar
comprobar
verificar
controlar
estatuir
contestar
acrisolar
evidenciar
ejemplificar
ejemplar
parificar
acreditar
ejecutoriar
documentar
alegar
aducir
invocar
citar
afrontar
carear
acarear
acarar
traer
» en consecuencia
autorizar
argüir
contextuar
traer a colación
hacer buena una cosa
probar la coartada

demostrarse
probarse
resultar
verificarse

probador
demostrador
verificador
justificante
comprobante
probatorio
demostrativo
apodíctico
contundente
convincente
concluyente
terminante
arguyente
evidente
cierto
verificativo
alegatorio
justificativo
probado
justificable
documentado
demostrable
probable
comprobable
alegable
convicto
textual

probadamente
demostrablemente
semiplenamente
en señal
a prueba y estése
a priori
a posteriori
loco citato
no me dejará mentir

—

PSICOLOGÍA
(V. *Alma*)

—

PUBLICACIÓN (28)

publicación
divulgación
promulgación
proclamación
vociferación
revelación
cacareo
manifestación
información
expresión
generalización
anunciación
revelación
descubrimiento
curso
propaganda
difusión
cruzada
campaña
acto
carta abierta
manifiesto
periódico
pregonería
pregón
proclama
bando
edicto
cedulón
tablilla
letrero
cartel
rótulo
anuncio
publicidad
resonancia
escándalo
bombo
reclamo
prospecto
programa

rumor
rute
son
voz común
» vaga
opinión pública
noticia
hablilla
cuento de horno
fábula
runrún
rurrú
tole-tole
faloria
falordia
chisme
chismografía
murmuración

publicar
divulgar
pervulgar
promulgar
generalizar
renovar
anunciar
(editar, sacar a luz, etc. V. *Imprenta*)
abrir
informar
decir
descubrir
mostrar
revelar
denunciar

proclamar
pregonar
gritar
cedular
vocear
vociferar
placear
predicar
echar
propalar
propagar
pronunciar
derramar
esparcir
sembrar
murmurar

hacer público
dar al público
sacar al público
» a la plaza
» a plaza
» al tablado
poner de manifiesto
» en circulación
echar a volar
» la voz
» a la calle
» en la calle
» en plaza o en la plaza
soltar la voz

echar en corro
» en el corro
» fama
dar un cuarto al pregonero
hacer palacio
echar bando
» un secreto en la calle
» las campanas al vuelo

darse al público
salir
» a barrera
» a volar
» a luz
dar que hablar
andar en coplas
andar de boca en boca
tener resonancia
beber del pilón
ser del dominio público
sonar
rugir
susurrarse
rumorearse
rezumarse
correr la voz
» fama
tomar voz
se dice
dizque
es fama

publicador
promulgador
divulgador
propalador
propagandista
palomo
anunciador
anunciante
nuncio
heraldo
paraninfo
pregonero
veredero
bramador
calandria

público
publicitario
oficial
notorio
noto
sabido
sonado
paladino
vulgar
divulgable
promulgable

públicamente
paladinamente
notoriamente
en alta voz
a voces
en publicidad
en público
de público
en plaza
en pública plaza
en faz y en paz
a los cuatro vientos [mundo
a la tabla del
delante de Dios y de todo el mundo
córam pópulo
urbi et orbe
a tambor batiente

—

PUBLICAR
(V. *Publicación*)

—

PUBLICIDAD
(V. *Publicación*)

—

PÚBLICO
(V. *Publicación*)

—

PUDOR
(V. *Honestidad*)

—

PUDOROSO
(V. *Honestidad*)

—

PUDRIRSE
(V. *Corrupción*)

—

PUEBLO
(V. *Raza*)

—

PUENTE (19)

puente
pontezuelo
pontezuela
puentezuela
pontecilla
puente cerril
» levadizo
cabezal
cigoñal
sambuca
báscula
puente colgante
transbordador
gallipuente
pasadera
pasadero
pasarela
pontana
cuna
plancha
planchada
pontón
» flotante
puente de barcas
viaducto
alcantarilla
hidráulica

andén
aleta
pretil
acitara
parapeto
antepecho
ojo
arcada
danza de arcos
pila
estribo
cuchillo
manguardia
encachado
nariz
tajamar
espolón
péndola
aguja
burel
cabezal
cabecera
cabeza de puente
vanguardias
arpeo
portavoz

pontear
tender
calar el puente

pontazgo
pontaje

pontonero

—

PUERCO
(V. *Cerdo*)

—

PUERIL
(V. *Niñez*)

—

PUERRO
(V. *Bulbo*)

—

PUERTA (11)

puerta
portezuela
puertezuela
vista
portón
contrapuerta
sobrepuerta
cierre metálico
puerta cochera
entrada
vestíbulo
salida
vomitorio
postigo
golpeado
vidriera
puertaventana
ventana
puerta de golpe
barrera de golpe
puerta clavadiza
ventanillo
compuerta
puerta secreta
» excusada
» falsa
» accesoria
» de corredera
» trasera
» de los carros
traspuerta
falsete
pernicho
surtida
rastrillo
poterna
puerta vidriera
camón de vidrios
romanilla
cancel
cancela
mampara
cierre
cancilla
tranquera
torno
torniquete
trampa
escotillón
escotilla
portalón
abertura
portillo
portela
resquicio
boquera
portillera
trampilla
rejilla
gatera
vano

marco
cerco
cuadro
contramarco
sobrecerco
alaroz
jambaje
jamba
quicial
quicio
quicialera
rejo
mangueta
puerca
engargolado
cabecero
dintel
lintel
lindel
platabanda
sobrecejo
cargo
cargadero
umbral
lumbral
umbralado
tranco
tranquero
limen
mocheta
hoja
batiente
larguero
peinazo
cabio
contrapilastra
tablero
entrepaño
cuarterón
panel
painel
ataire
chambrana
renvalso
burlete
nariz
montante
ventanillo
mirilla
portada
portalada
frontón
tambanillo
capialzada
alféizar
alfeiza
faja
fajón
mocheta
derrame
derramo
telar
marquesina

pórtico
portal
portalón
portalejo
soportal
galilea
portegado
polistilo
dístilo

herraje
gozne
bisagra
zapata
cerradura
cerrojo
pasador
pestillo
falleba
trinquete
golpete
tranquillo
llave
guardarruedas
aldaba
aldabón
(llamador, timbre, etc. V. *Llamamiento*)

dintelar
adintelar
enquiciar
enrasar
abrir
entornar
juntar
cerrar
portear
dar un portazo
emparejar
fijar
capialzar

portazo

portero
porterejo [dos
portero de estrahujier
ujier
usier
conserje
bedel
cancerbero
cerbero
chauz
plantón

portería
garita

carpintero
portaventanero

porteril

—

PUERTO (38)

puerto
portezuelo
puertezuelo
puerto habilitado
» de matrícula
» de depósito
» franco
» de arribada
estala
escala
» franca
apostadero
embarcadero
desembarcadero
aportadero
fondeadero
(bahía, ensenada, etc. V. *Golfo*)
surgidero
dársena
atracadero
antepuerto
canal
caño
bocana
ostial
esclusa de limpia
muelle
cortina de muelle
avanzadilla
andén
dique
pantalán
escollera
quebrantaolas
rompeolas
cadena
draga
cangilón
amarradero
proís
proíz
bolardo
noray
portulano

acantilar
dragar
encadenar

(zarpar, etc. Véase *Navegación*)
aportar
arribar
llegar
tomar puerto
embarcar
desembarcar
cargar
descargar

dragado

capitán del puerto
ayudante de puerto
ingeniero [to
capitanía de puer-

almirantazgo
impuesto
derecho marítimo

portuario

—

PUJA
(V. *Subasta*)

—

PUJAR
(V. *Subasta*)

—

PULIR
(V. *Lisura*)

—

PULMÓN (7)

pulmón
liviano
bofe
chofe
bofena
bohena
lóbulo
lobo
pleura
mediastino
bronquios
pecho

respiración
tos
asma
pulmonía
neumonía
perineumonía
bronconeumonía
pleuritis
pleuresía
» falsa
dolor de costado
punto de costado
pleurodinia
tuberculosis
caverna
hidrotórax
neumotórax
empiema
empihema
pectoriloquia

estetoscopio
fonendoscopio

pulmonar
pulmonado
neumónico
pleural
pleurítico
asmático
pulmoníaco
perineumónico

—

PULSACIÓN
(V. *Pulso*)

—

PULSAR
(V. *Pulso*)

—

PULSO (8)

pulso
pulsación
pulsada
pulsamiento
palpitación
retoque
pulso lleno
» sentado
» formicante
» serrátil
» serrino
» dicroto
» policroto
» filiforme
» arrítmico
» capricante
corazón
vena
arteria
sangre

pulsar (intr.)
latir
palpitar

tomar el pulso
pulsar (tr.)

arritmia
intercadencia
dicrotismo
extrasístole

esfigmómetro
pulsímetro
esfigmógrafo
esfigmograma

pulsátil
pulsativo
pulsante
palpitante

—

PULVERIZAR
(V. *Polvo*)

—

PUNDONOR
(V. *Honor*)

—

PUNDONOROSO
(V. *Honor*)

—

PUNIBLE
(V. *Castigo*)

—

PUNTA (18, 34)

punta
aguijón
fizón
espiga
espigón
pincho
estilete
punzón
contrapunzón
lezna
rejo
rejón
puya
gorguz
calce
apuntadura
púa
puncha
hebijón
espina
ahuate
rancajo
estaca
diente
pico
rostro
uña
pitón
ápice
apículo
peruétano
piruétano
pingorote
cúspide
cumbre
remate
cogujón
codujón
cujón
cornijal
cornejal
esquina
ángulo
canto
extremo
entrada
guincho
azuche
aguijada
hierro
arma (blanca)
diente
clavo
aguja
espuela
erizo
espino artificial
farpa
festón
gajo
garrancho
nariz
horquilla
picota

agudeza
sutileza
delgadez
filo

aguzar
agudizar
apuntar
afilar
amolar
sacar punta
ahusarse
punzar
despuntar
erizar
festonear

punzadura
aguzadura
aguzamiento
erizamiento
despuntadura
aguzadero
embotamiento

puntiagudo
apuntado
punzante
picudo
picudillo
narigudo
cogujonero
rostrado
rostral
alesnado
acicular
acuminado
acumíneo
mucronato
agudo
reagudo
aguzado
afilado
buído
puntoso
picoteado
erizado
hirsuto
espinoso
espíneo
espinal
arpado
harpado
dentado
farpado
festoneado
serrado
trisulco
tricúspide

—

PUNTAL
(V. *Apoyo*)

—

PUNTIAGUDO
(V. *Punta*)

—

PUNZADURA (12)

punzadura
punzada
puntura
pungimiento
punción
velicación
pinchadura
pinchazo
picadura
picada
picotada
salpullido
sarpullido
roncha
piquete
alfilerazo
espinadura
aguijonazo
picotazo
acupuntura
aguijadura
herida

punzar
punchar
pungir
pinchar
fizar
espichar
picar
repicar
mordicar
comer vivo
guinchar
lancinar
clavar
espinar
ortigar
aguijonear
estimular
aguijar
velicar

punzarse
pincharse
clavarse
estacarse

punta
aguijada
arma (blanca)

punzador
punzante
pungitivo
compungivo
pungente
pinchudo
lancinante

alacranado
atarantado
tarantulado

—

PUNZANTE
(V. *Punzadura*)

—

PUNZAR
(V. *Punzadura*)

—

PUÑAL
(V. *Espada*)

—

PUREZA (20)

pureza
puridad
purismo
incorrupción
homogeneidad
simplicidad
integridad
fineza
honestidad
castidad
incolumidad
incorruptibilidad
casticidad
casticismo

purificar
desenviolar
expiar
reconciliar
bendecir
limpiar
lavar
mundificar
mondar
apurar
depurar
acrisolar
cendrar
acendrar
encendrar
lustrar
purgar
repurgar
expurgar
adelgazar
cerner
cribar
filtrar
clarificar
refinar
quintaesenciar
alambicar
destilar
defecar
sanear

purificación
depuración
catarsis
purgación
expurgación
expurgo
saneamiento
desinfección
detersión
limpieza
ablución
lustración
refinación
refinadura
refino
quinta esencia
agua lustral

purificador
purificante
purificatorio
purificadero
mundificante
lustral
jordán
purgador
detersivo
detersorio
detergente
catártico

puro
simple
mero
mondo
solo
neto
nítido
absoluto
ideal
limpio
límpido
intacto
genuino
incólume
cencido
inviolado
incontaminado
inmaculado
impoluto
castizo
purista
casto
virginal
virgíneo
cendrado
acendrado
refino

puramente
meramente
acrisoladamente
incorruptamente
castizamente

—

PURGATORIO (1)

purgatorio
infierno
limbo

penar
purgar
expiar

ánima
» bendita
» del purgatorio
alma en pena
iglesia purgante
animero

—

PURIFICAR
(V. *Pureza*)

—

PURO
(V. *Pureza*)

—

PUS
(V. *Supuración*)

—

Q

QUEBRAR
(V. *Rotura*)

—

QUEBRARSE
(V. *Hernia*)

—

QUEDAR
(V. *Residuo*)

—

QUEJA (28)

queja
lamento
lamentación
llanto
querella
plañido
jeremiada
elegía
trenos
guaya
clamor
clamosidad
ululato
quejumbre
quejido
lástima
lloriqueo
gimoteo
gemido
cojijo
¡ay!
ayes
suspiro
sollozo
grito [leo
derecho de pata-

quejarse
murmurar
mormullar
rosigar
gruñir
protestar
lamentarse
querellarse
desahogarse
quillotrarse
gazmiarse
lastimarse
condolerse
dolerse
adolecerse
asparse
sentirse
endecharse
llevar a mal
lamentar
llorar
lloriquear
gimotear
gemiquear
gemir
suspirar
clamar
ayear
hipar
prorrumpir
exhalar
poner el grito en el cielo
estar en un grito
quejarse de vicio
tomar a mal

quejoso
jeremías
lloraduelos
lamentador
gemidor
lamentoso
doliente
querelloso
quejumbroso
quejilloso
quejicoso
gemebundo
gimoteador
ñoño
delicado
cojijoso

lastimero
lamentable
clamoroso
clamoso
luctuoso
pesimista
elegiaco

quejosamente
querellosamente
lamentablemente
dolorosamente
¡ay!

—

QUEJARSE
(V. *Queja*)

—

QUEJOSO
(V. *Queja*)

—

QUEMAR
(V. *Combustión*)

—

QUERER
(V. *Voluntad*)

—

QUESO (9, 37)

queso
formaje
queso manchego
» de Villalón
» de bola
» de hierba
chanco
chéster
catrintre
patagrás
ojo
sardineta

requesón
naterón
názula
boruga
cuajada
cáseo
almojábana

caseificar
quesear
cuajar
encellar

caseificación
caseación
extremadas
leche
manteca
hierba de cuajo
amor de hortelano
galio
ácaro del queso
» doméstico

quesero (persona)
quesera
ropero

quesera (objeto)
encella
esterilla
formaje
adobera
expremijo
entremijo
entremiso
cincho

quesería

caseoso
quesero (adj.)
caseico
ojoso
ciego
asadero

—

QUIEBRA
(V. *Deuda*)

—

QUIETO
(V. *Quietud*)

—

QUIETUD (19)

quietud
inmovilidad
reposo
calma chicha
estabilidad
fijeza
permanencia
inacción
calma
inercia
equilibrio
nirvana
letargo
sueño
ocio
sosiego
tranquilidad
paz
estatismo
estagnación
pasividad
detención
poso
descanso
catalepsia
anquilosis
entumecimiento
parálisis

aquietar
detener
parar
inmovilizar

estar de plantón
» en plantón
quedarse inmóvil
paraliticarse
anquilosarse
encalmarse
echarse
reposar
estacarse
calmar
permanecer
reposar la comida

quieto
quedo
inmóvil
inmoble
inmoto
inmueble
inmovible
inamovible
firme
fijo
inanimado
tieso
surto
estante
inactivo
calmoso
estático
estacionario
clavado
petrificado
sedentario
sosegado
casero
de una pieza
hombre de haldas
convidado de piedra

reposadamente
a pie firme
cepos quedos

—

QUIJADA (7)

quijada
quijar
quijal
mandíbula
carraca
carrillera
carretilla
mejilla
varilla
arco alveolar
asiento
hueso (de la cara)
carrillo
cara
barbada
pesebrejo
diente
boca

desquijarar

desquijaramiento
prognatismo

maxilar
mandibular
submaxilar
intermaxilar
quijarudo
prognato

—

QUIMERA (1, 6)

quimera
mitología
ficción
imaginación
invención
superstición
ocultismo
monstruo
mostro
ogro
gigante
cíclope
centímano
sirena
tritón
fauno
esfinge
vestiglo
endriago
dragón
cuélebre
dragona
dracena
semidragón
dragonites
semicapro
semicabrón
centauro
hipocentauro
unicornio
monocerote
monoceronte
hipogrifo
grifo
cancerbero
cerbero
hircocervo
lamia
amia
leviatán
hidra
basilisco
régulo
anfisbena
anfisibena
hipnal
pirausta
piral
piragón
fénix
arpía
harpía
rocho
ruc
memnónida
menonia
camahueto

quimerizar

quimerista

quimérico
quimerino

imaginario
gorgóneo
medúseo
mitológico
irreal
aparente
inexistente

—

QUIMÉRICO
(V. *Quimera*)

—

QUÍMICA (2)

química
» orgánica
» inorgánica
halografía
halología
fisicoquímica
electroquímica
fotoquímica
bioquímica
alquimia
farmacia
cristalografía
materia
sólido
líquido
agua
gas
mineral
cristal
cristaloide
coloide

afinidad
atracción
cohesión
actinismo
alcalinidad
alcalescencia
florescencia
homología
isomería
polimorfismo
alotropía
colorimetría
acidimetría
peso atómico
valencia
ambivalencia
polivalencia
equivalente
símbolo
nomenclatura
fórmula
cuerpo simple
elemento
cuerpo compuesto
radical
electrólito
anión
catión
ion
espíritu
régulo
esencia
extracto
flema
flogisto
precipitado
metaloide
gas
oxígeno
ozono
ozona
hidrógeno
nitrógeno
ázoe
gas hilarante
amoniaco
neo
neón
helio
argo
argón
xenón
criptón
flúor
cloro
boro
bromo
yodo
fósforo
» rojo
azufre
carbono
carbón
carbónidos
arsénico
silicio
selenio
telurio
volframio
polonio
cianógeno
amonio
acetilo

metal
oro
plata
argento vivo sublimado
sublimado corrosivo
árbol de Diana
mercurio
cobre
hierro
estaño
árbol de Saturno
extracto de Saturno
plomo
cinc
céridos
casitéridos

ácido
hidrácido
hidróxido
hidrato de carbono
ácido carbónico
» nítrico
agua fuerte
» regia
ácido sulfúrico
» sulfuroso
» hiposulfúrico
» hiposulfuroso
aceite de vitriolo
ácido sulfhídrico
hidrógeno sulfurado
ácido clórico
» clorhídrico
» muriático
espíritu de sal
ácido fluorhídrico
» cianhídrico
» prúsico
» fulmínico
» arsénico
» arsenioso
» salicílico
» silícico
» fosfórico
» hipofosfórico
» hipofosforoso
ácido bórico
» cítrico
» oxálico
» acético
» acetoso
» cinámico
» fórmico
» úrico
» tartárico
» tártrico
valeriánico
ácido benzoico
» láctico
» fénico
» pícrico
» esteárico
» cacodílico
anhídrido
» nítrico
» silícico
» sulfúrico
» sulfuroso
» bórico
» carbónico
» arsenioso
arsénico blanco
hidrato

base
álcali
cali

óxido
protóxido
bióxido
peróxido
sesquióxido
trióxido
deutóxido
tritóxido

potasa
sosa
soda
natrón
barrilla
cal
barita
glucina
magnesia
itria
litina
circona
sal
sal neutra
» amoniaca
» amoniaco
sobresal
amoniaco
almohatre
almocrate
salmiac
yeso
salitre
fosfato
fulminato
formiato
acetato
subacetato
urato
citrato
valerianato
prusiato
ferroprusiato
bicarbonato
sulfato
vitriolo
» verde
» azul
» blanco
» amoniacal
oxalato
carbonato
salicilato
borato
azoato
arseniato
nitrato
clorato
clorhidrato
muriato
hidroclorato
árbol de Marte
tartrato
tártaro
crémor tártaro
tártaro emético
rasuras
sal de acederas
» de plomo
» de Saturno
» prunela
azúcar de plomo
azúcar de Saturno
copaquira
adarce
alcaparrosa
aceche
caparrosa roja
» azul
» blanca
» verde
ceniza verde
silicato
caliche
acetite
cristal tártaro
aluminato
picrato
cianato
perborato
sal infernal
» de perla
» de nitro
caparrós
urao
trona
celidonato
cetilato
piedra lipis
hipofosfato
hipofosfito
superfosfato
acetato
estannato
cacodilato
cromato
bisulfato
hiposulfato
bicromato
picrato
permanganato
oleato
benzoato
bórax
borraj
borra
atíncar

sulfuro
arseniuro
seleniuro
bromuro
yoduro
cloruro
protocloruro
carburo
fosfuro
bisulfuro
cianuro
ferrocianuro
fluoruro
protosulfuro
percloruro
sulfito
arsenito
bisulfito
hiposulfito

hidrocarburo
grasa
aceite
margarina
oleína
petróleo
nafta
alquitrán
alquitrán mineral
parafina
vaselina
lanolina
estearina
bencina
gasoleno
gasolina
alcoholato
alcohol
éter
éster
metilo
aldehído
formol
etilo
metano
etano
butano
gas de los pantanos
acetona
acetileno
cetilo
fenol
carbol
carbolíneo
benzol
benceno
guayacol
creosota
carbodinamita
fenacetina
cloroformo
yodoformo
bromoformo
cloral
celulosa
» nítrica
nitrocelulosa
dextrina
sacarosa
azúcar de leche
lactosa
lactina
glucósido
solanina
levulosa
glicerina
alcanfor
cacodilo
amigdalina
tanino
salicina
teobromina
pectina
pectosa
gelatina
jaletina
albúmina
albuminoide
proteína
fibrina
papaína
urea
alizarina
adrenalina
ptialina
cerealina
canelina
cetrarina
citrina
absentina
mentol
hidroquinona
lecitina
lisol
apiol
gomenol
luteína
oxidasa
colina
noctilucina
carnina
cascarillina
carotina
castorina
ceroleína
cerina
centaurina
cariofilina
ceína
cedróleo
cedreno
cauchotina
cúrcuma
cerulina

alcaloide
anilina
tomaína
estricnina
nicotina
cafeína
teína
atropina
yohimbina
veratrina
boldina

goma
resina
alquitrán
cera
celuloide
caucho
galalita
medicamento
veneno

combinar
tratar
atacar
rectificar
analizar
disociar
descomponer
electrolizar
reducir
resolver
extraer
preparar
disolver
digerir
desflemar
saturar
precipitar
cohobar
destilar
evaporar
sublimar
moler
calcinar
granular
acidificar
dulzurar
oxidar
alcalizar
alcalinizar
neutralizar
oxigenar
ozonizar
hidrogenar
azoar
salificar
hidratar
carburar
carbonatar
yodurar
sulfatar
alcanforar
caseificar
desoxidar
desoxigenar
deshidratar
eflorecerse

metalizar
lapidificar

mezcla
combinación
síntesis
emulsión
reacción
» neutra
acción de presencia
catálisis
alcalescencia
eflorescencia
precipitación
disociación
análisis
» cualitativo
» cuantitativo

electrólisis
hidrólisis
diálisis
vía seca
» húmeda
disolución

saturación
sobresaturación
aguas madres
extracto acuoso
alcalización
salificación
sacarificación
circulación
lixiviación
destilación
sublimación
sublimado
cadmía
oxidación
hidratación
carburación
combustión
cocción
cohobación
infusión
digestión
fusión
fermentación
transvasación
deshidratación
desoxidación
desoxigenación
descarburación
condensación
lapidificación

químico
ingeniero químico
analista

laboratorio
filtro
alambique
tubo de ensayo
probeta
» graduada
retorta
cucúrbita
matraz
cápsula
vaso de reencuentro
aludel
alargadera
sahumador
alcalímetro
reactivo
tornasol
papel de tornasol
» de cúrcuma
ozonómetro
agitador
precipitante
refrigerante
catalizador
dializador
emulsor
emulsivo

electrolítico
sublimatorio

baño
baño de María
soplete
fundente
menstruo
flujo
flúor
termita
horno
registro
conducto

químico
analítico
sintético

ácido
alcalino
neutro
básico
anhidro
anfígeno
monovalente
univalente
ambivalente
halógeno
haloideo
homólogo

electronegativo
electropositivo
alotrópico
isómero
dextrógiro
levógiro
cristaloideo
amorfo
polimorfo
coloidal
coloideo
laminoso
oxidante
carburante
eflorescente
catalítico
reductor
desoxidante
desoxigenante
salificable
inoxidable
irreductible
desoxidable
flogístico
carbónico
nítrico
azoico
nitroso
nitrogenado
cálcico
sódico

sosero
barrillero
potásico
magnésico
antimonial
arsenical
fosfórico
fosfático
fosfatado
oxhídrico
clorhídrico
muriático
hidroclórico
clórico
silícico
sulfúrico
sulfuroso
sulfhídrico
oxálico
cinámico
acético
acetoso
benzoico
yódico
yodado
tánico
málico
titánico
fenicado
carbólico
celidónico

ciánico
albuminoso
caseico
cético
tartárico
creosotado
abséntico
metílico
tártrico
vitriólico
amónico
amoniacal
etéreo
esteárico
albuminoideo
amiláceo
alcaloideo

químicamente

—

QUITAR
(V. *Remoción*)

—

QUITASOL
(V. *Paraguas*)

—

R

RABO
(V. *Cola*)

—

RACIOCINIO
(V. *Razón*)

—

RACIONAL
(V. *Razón*)

—

RADIADO
(V. *Pólipo*)

—

RADIO (2)

radio
radiodifusión
radiofonía
perifonía
radiotelegrafía
radiotelefonía
telegrafía sin hilos
telefonía sin hilos
radioelectricidad
electrónica
electricidad
telecomunicación
televisión
radiestesia

(radiología, radioscopia, radioterapia, etc. V. *Medicina*)

emisor
emisora
radiotransmisor
perífono
micrófono
radiorreceptor
receptor
radio
heterodino
radiogoniómetro
televisor

antena
tierra
cohesor
detector
lámpara
válvula
pentodo
rejilla
transistor
condensador variable

altavoz
fonocaptor
magnetófono
magnetofón
radar

emitir
radiar
perifonear
radiotelegrafiar
transmitir
retransmitir
sintonizar

emisión
transmisión
retransmisión
radiotelegrama
radiograma
marconigrama
sintonía
sintonización
modulación

selectividad
longitud de onda
onda larga
» media
» normal
» corta
kilociclo
hertzio

radiofonista
radiotelegrafista
radiotelefonista
locutor
radioyente
radioescucha

radiofónico
radiotelegráfico
inalámbrico
magnetofónico
selectivo

—

RADIOTELEGRAFÍA
(V. *Radio*)

—

RAER
(V. *Raspadura*)

—

RAÍZ (5)

raíz
raiceja
raigón
bulbo
trenca
cepa
cepejón
nabo
raicilla
raicita
radícula
barbas
barbajas
fibra
fibrilla
rejo
raigambre
cepellón
encepe
rizoma
tubérculo
rizografía

raíces útiles:
nabo
bunio
naba
rapo
nabo gallego
nabiza
nabería
nabar
nabal

rábano
rabanete
rabanillo
rabanal
rabanero
rabanera

remolacha
betarraga
betarrata
degüello
zanahoria
azanoria
azenoria
dauco
chirivía
pastinaca
rapónchigo
ruiponce
escorzonera
barbaja
salsifí
» de España
» negro
teta de vaca
barba cabruna
arísaro
frailillos
rabicana
mechoacán
colocasia
haba de Egipto
quilquil
ipecacuana
ruibarbo
» blanco
ube
galanga
orozuz
regaliz
regalicia
regaliza
palo dulce
paloduz
alcazuz
china
lampatán
palo de rosa
rubia
ratania
secácul
raíz rodia
costo
turbino
cálamo aromático
cálanis
espicanardo
espicanardi
caví
oca
bejuquillo
barbajuelas
azúmbar

ñame
cacomite
catibía
cedoaria
» larga
» amarilla
cúrcuma
tángano

arraigar
radicar
enraizar
asir
prender
prevalecer
barbar
lanzar
encepar
acepar
desarraigar
erradicar
descepar
extirpar
arrancar
desuñar
desterrar
desbarbar

arraigo
radicación
desarraigo
erradicación
desplantación
arrancadura
arranque
rancajada
extirpación

raigal
radical
radicoso
radicícola
pivotante
palmeado
palmado
rizófago
arraigado
barbado
barbudo
apreso

radicalmente
de raíz
a raíz
de cuajo
a rapa terrón
al rape
a cercén

—

RALO
(V. *Raridad*)

—

RAMA (5)

rama
ramo
ramilla
ramito
brazo
gajo
vara
tallo
vástago
acodo
mugrón
sarmiento
palo
camal
álabe
cepo
latiguillo
serpollo
reviejo
tángano
cándalo
abarra
tronco

ramificación
bifurcación
horcadura
horcajadura
horqueta
desgajadura
axila
anastomosis

codillo
garrón
gancho
garrancho
tetón
uña

ramaje
enramada
ramada
lámpara
copa
carrujo
capullina
frondas
frondosidad
ramazón
ramojo
ramujo
ramiza
ramulla
frasca
ramón
escamujo
rosigo
desmocho
desbrozo
desbroce
chapodo
chabasca
leña
poda
escamondadura
mayo

enramar
ramificar
ramificarse
acopar
parrar
espesarse
achaparrarse
desgajar
desganchar

rámeo
rameal
ramizo
ramoso
frondoso
coposo
copado
aparrado
parrado
desvariado
loco

—

RAMAL
(V. *Bifurcación*)

—

RAMERA
(V. *Prostitución*)

—

RAMIFICACIÓN
(V. *Bifurcación*)

RANA
(V. *Anfibio*)

—

RANURA (18)

ranura
estría
raya
jable
gárgol
gargallo
galce
cárcel
acanaladura
canal
rebajo
corredera
surco
engargolado
engargotado
alefriz
desgranamiento
muesca
tarja
ondulación
pliegue
arruga
hendedura
hueco

acanalar
estriar
istriar
estriarse

acanalador
guimbarda

acanalado
canalado
estriado
rayado
ondulado
buido
bisulco
trisulco

—

RAPIDEZ
(V. *Prontitud*)

—

RAPTO
(V. *Violación*)

—

RARIDAD (2)

raridad
raleza
separación
porosidad
esponjosidad
tenuidad
escasez

rarificar
rarefacer
descongestionar
enrarecer
ahuecar
mullir
remullir

ralear
arralar
ardalear

rarefacción
enrarecimiento
vacío
dilatación
extensión
dispersión
descongestión
despoblación
rasa
calva
raza

rarificativo

raro
ralo
rarefacto
espaciado
disperso
claro
tenue
vaporoso
delgado
hueco
esponjoso

—

RARO
(V. *Raridad*)

—

RASCAR
(V. *Frotamiento*)

—

RASGAR
(V. *Rotura*)

—

RASGUÑO
(V. *Arañamiento*)

—

RASPADURA (20)

raspadura
raspamiento
raedura
raimiento
legración
legradura
rasura
rasión
rasuración

raspar
rozar
raer
alegrar
legrar
escarpar
acuchillar
rallar
limar
frotar
borrar

raspaduras
raeduras
limaduras
residuo

raspador
rasqueta
rastrillo
rastillo
cuchillo
raedera
raedor
rallador
rallo
lima

raspado
raído
raedizo
raíble

—

RASPAR
(V. *Raspadura*)

—

RASTRILLO (36)

rastrillo
rastillo
rastrilla
rastro
rastra
traílla
rufa
angazo
gario
retabillo
recogedor
rodillo
cogedera
allegadera
allegador
aparvadera
trapa
tragaz
púa
grada
horquilla

rastrillar
rastillar
rastrear

rastrillada
rastrillaje
rastrilleo

rastrillador
rastillador
rastreador

RASTRO
(V. *Rastrillo*)

—

RASTROJO
(V. *Paja*)

—

RATA
(V. *Ratón*)

—

RATIFICAR
(V. *Confirmación*)

RATÓN (6)

ratón
mur
ratona
rato
rata
lancha
tunduque
campañol
guarén
pericote
roedor

ratonar
desmurar
desratizar

ratonera
gato
trampa
humazo
roedura
desratización

ratonero
ratonesco
ratonil
arratonado

—

RAYA
(V. *Línea*)

—

RAYO (3)

rayo
chispa
» eléctrica
centella
centellón
exhalación
fulminación
choque de retroceso
ceraunografía

relámpago
lampo
relampagueo
fulguración
culebrina
fucilazo
fusilazo

trueno
tronido
tronada
pillán
fulgurita
ceraunia
piedra de rayo

fulminar
fulgurar
relampaguear
fucilar
tronar
tonar

pararrayos
pararrayo
ceraunómetro

fulminante
fulminador
fulminatriz
fulmíneo
fulminoso
fulgural
relampagueante
tronador
tronante
tonante
tronitoso
altitonante

—

RAZA (3, 30)

raza
» blanca
» amarilla
» cobriza
» negra
» de color
pueblo
casta
ralea
tribu
clan
familia
cabila
alcavela
alcavera
horda
negrada
hombre
nación

etnología
etnografía
geografía política
antropografía
antropometría
módulo
atavismo

Occidente
Oriente

hispanismo
iberismo
hispanoamericanismo
celtismo
americanismo
panamericanismo
paneslavismo
islamismo
judaísmo

ario
caucásico
altaico
latino
romanche
volsco
longobardo
lombardo
silingo
caspio
cimerio
salentino
secuano
marso
masageta
geta
quirguiz
pelasgo

iberos
celtíberos
cibarcos
pésicos
masienos
caporos
autrígones
gomeres
gomeles
carcamanes
carnios
cavaros
sabinos
galos
celtas
alóbroges
alóbrogos

bárbaros
suevos
alanos
vándalos
germanos
godos
gotones
visigodos
ostrogodos
baltos
ámalos
francos
sálicos
salios
bátavos
tungros
sicambros
catos
caucos
gépidos
hérulos
cuados
anglos
sajones
anglosajones
cimbros
cambrianos
letones
magiares
turcos
turcomanos
osmanlíes
otomanos
ugrios
fineses
eslavos
eslovacos
eslovenos
rutenos
cálibes

blanco
criollo
cachupín
cachopín
amarillo
canaca
negro
ñáñigo
primo
niño
tío
taita
bubi
pamue
pasa
negrero
bozal
bozalejo
muleque
mandinga
moreno
carabalí
zambo
lobo
callana

guanche
zulú
hotentote
gelfe
bosquimano
berberisco
cenete
garamanta
garamante
masilo
masilio

mestizo
amestizado
atravesado
roto
tornatrás
saltatrás
mulato
pardo
cholo
acholado
cuarterón
castizo
cuatratuo
morisco
zambo
zambaigo
cambujo
chino
ochavón
albarazado
jenízaro
genízaro
jíbaro
calpamulo
tentenelaire

caribe
azteca
maya
guaraní
quechua
quichua
carajas
cayapos
camahuas
páparos
carapachos
cataubas
tamanacos
tapuyas
cocamas
maoríes

sínico
japonés
anamita
mogol
mongol
heteo
parsi
paria
samoyedo
malayo

tagalo
bata
cusita
turcople

indio
gitano
bracmán
brahmán
brahmín
mahometano
judío
habitante

etnógrafo
etnólogo

étnico
racial
nómada
sedentario

tribal
tribual
gentilicio
etnográfico
etnológico
antropométrico
indoeuropeo
indogermánico
céltico
celtohispano
címbrico
germánico
anglosajón
angloamericano
gótico
godo
ostrogodo
vandálico
barbárico
hispanoamericano
(para completar este grupo, véase el apéndice *Gentilicios*)

—

RAZÓN (23)

razón
» natural
luz de la razón
raciocinio
lógica natural
uso de razón
edad de discreción
racionalidad
racionabilidad
discreción
sindéresis
cordura
discurso
especulativa
entendimiento
intelectualidad
intelecto
inteleto
entendederas
inteligencia
rectitud
dictados
raciocinación
lucubración
elucubración
razonamiento
metafísica
deducción
ilación
procedencia
inferencia
reflexión
juicio
lógica

raciocinar
razonar
entender
discursar
discurrir
deducir
inferir
educir
colegir
concluir
hilar [razón
rayar la luz de la
inventar
imaginar
maquinar
tejer
travesear
trastear
adelgazar
sutilizar
sacar en claro
» en limpio
estar a razón
» a razones
tener uno buenos papeles [uno
asistir la razón a

inferirse
deducirse
traslucirse
desprenderse
proceder
venir
nacer

razonador
razonante
deduciente
inductivo
deductivo
ilativo
especulativo
analítico
sintético
transcendental
trascendental

racional
razonado
razonable
razonablejo
derecho
justo
fundado
procedente
plausible
colorado
concluyente

—

RAZONABLE
(V. *Razón*)

—

RAZONAMIENTO (23, 28)

razonamiento
juicio
razón
discurso
especulación
deducción
educción
ilación
inferencia
abstracción
precisión
síntesis
análisis
clasificación
división
dicotomía
tricotomía
afirmación
negación
impugnación
refutación
redargución
tergiversación
argucia
distingo
petición de principio
sutileza
metafísica
disputa
prueba
demostración
consecuencia
consecuente
tesis
conclusión
conclusiones
equivalencia
equipolencia
apriorismo
ergotismo
verbalismo

razonar
disceptar
discurrir
argumentar
argüir
redargüir
proponer
definir
describir
distinguir
silogizar
reducir
resumir
permitir
retorcer
apretar el argumento
deducir
inferir
inducir
colegir
recolegir
abstraer
generalizar
sintetizar
analizar
resolver
contraer
atar cabos
juntar cabos
sacar por la uña al león
ergotizar
responder
demostrar
desatar el argumento
desatar la duda
repugnar

envolver contradicción
implicar contradicción
convertirse

argumentación
disceptación
razonamiento
raciocinio
razón
argumento
» a contrariis [minem
argumento ad hó-
» a pari
» a símili
» cornuto
» disyuntivo
» negativo
» Aquiles
silogismo cornuto
dilema
silogismo
forma silogística
figura del silogismo
camestres
premisa
mayor
menor
medio
conclusión
entimema
antecedente
precedente
consiguiente
abducción
sorites
epiquerema
considerando
visto
resultando

oración
sujeto
predicado
atributo
universal
cópula
supuesto

proposición [tiva
» afirma-
» negativa
proposición universal
» particular
proposición disyuntiva
» hipoté-
tica [na
proposición alter-
A
E
O
I
definición
dogma
distinción

teorema
corolario
consectario
postulado
escolio
contradictoria

categoría
categorismo
categorema
término
suposición
predicamento
predicable
comprensión
extensión
contradicción
principio de contradicción
antinomia
antítesis
antilogía
términos repugnantes
cuestión
contraprincipio
lugares comunes
razón de cartapacio

lógica
dialéctica
artes
súmulas
trivio

argumentista
argumentador
argumentante
argüidor
arguyente
lógico
dialéctico
sumulista
ergotista
sofista
lógico
logical
dialéctico
erístico
sintético
analítico
resolutivo
sumulístico
silogístico
entimemático
categórico
unívoco
apriorístico
preciso
indefinido

homólogo
positivo
antitético
universalísimo
predicamental
razonable
oracional
equipolente
antilógico

racionalmente
razonablemente
razonadamente
lógicamente
dado y no concedido
ergo
a posteriori
a priori

—

RAZONAR
(V. *Razón*)

—

REACCIÓN (27)

reacción
resistencia
contraataque
contracorriente
oposición
contrarresto
repulsión
revulsión
repercusión
choque de retroceso
recaída
contragolpe
contrarrevolución
resaca
reflujo
repliegue
contramarcha
contrapaso
retroceso
rebote
(resonancia, reverberación, eco, etc. V. *Sonido*)
reflejo
recobro
recuperación
devolución
reposición
elasticidad

reaccionar
repercutir
recaer
volver a
retroceder
rebotar
contrarrestar
(restablecer, reponer, etc. V. *Reposición*)
(arrostrar, afrontar, etc. V. *Resistencia*)
(reaccionario, etc. V. *Política*)

reactivo
retroactivo
antagónico
revulsivo
contraproducente
elástico

—

REAL
(V. *Rey*)

—

REALIDAD
(V. *Existencia*)

—

REBAJAR
(V. *Bajura*)

—

REBAJAR
(V. *Disminución*)

—

REBAÑO
(V. *Ganado*)

—

REBASAMIENTO (19)

rebasamiento
rebase
supervivencia
imbricación
extralimitación
translimitación
traspasación
traspasamiento
exceso
colmo
copete
derramamiento
infracción
transgresión
atropello
abuso

rebasar
salvar
pasar
colmar
traspasar
sobrepujar
doblar
propasar
salir
romper
atropellar
translimitar
transterminar

pasarse
pasarse de rosca
salirse
extralimitarse
propasarse
excederse
descomedirse
dar el pie y tomarse la mano

atropellador
transterminante

—

REBASAR
(V. *Rebasamiento*)

—

REBELARSE
(V. *Rebeldía*)

—

REBELDE
(V. *Rebeldía*)

—

REBELDÍA (25, 32)

rebeldía
indocilidad
contumacia
insubordinación
anarquía
desobediencia
conspiración
conjuración
intriga
perturbación
guerra civil
alboroto
asonada
revuelta
insurrección
rebelión
sedición
plante
motín
amotinamiento
alzamiento
levantamiento
sublevación
sublevamiento
solevación
solevamiento
solevantamiento
pronunciamiento
cuartelada
revolución
la gloriosa
contrarrevolución

facción
comunidades
germanías

sublevar
solevar
solevantar
rebelar
levantar
alborotar
alzar
amotinar
insurreccionar
poner en armas

sublevarse
rebelarse
alzarse
conspirar
insubordinarse
insurreccionarse
pronunciarse
amotinarse
echarse a la calle
desamotinarse

sublevador
perturbador
levantador
agitador
provocador
amotinador
tumultuante

rebelde
contumaz
revoltoso
amotinado
sedicioso
faccioso
revolucionario
trabucaire
conspirador
conspirado
insurrecto
insurgente
mambís
insumiso
subversivo
rebeldemente
sediciosamente

—

REBELIÓN
(V. *Rebeldía*)

—

REBOSAR
(V. *Derramamiento*)

—

REBOTAR
(V. *Rebote*)

—

REBOTE (19)

rebote
rebotadura
bote
resurtida
salto
resalto
rechazo
repercusión
choque
retroceso

epostracismo
panes
cabrillas
tagüitas

rebotar
botar
saltar
resaltar
resultar
surtir
resurtir
repercutir
repercudir
retroceder

rebotador

—

RECAUDAR
(V. *Cobranza*)

—

RECELO
(V. *Sospecha*)

—

RECEPCIÓN (33)

recepción
recibo
recibimiento
suscepción
toma
entrega
percepción
percibo
cobranza
aceptación
admisión
ingreso
entrada
visita
acogimiento
admisibilidad

recibir
percibir
receptar
acoger
adoptar
prohijar
tomar
aparar
gotear
admitir
readmitir
caber
incluir
recoger
absorber
coger
acoger
franquear la casa
aceptar
obtener
abrazar
acotar
apechugar
apechar
apencar
cargar con
hacerse cargo
entregarse
abrir la mano
hacer a todo
acusar recibo

estar admitido
entrar
correr

donatario
legatario
cesionario
concesionario
destinatario
consignatario
depositario
fiduciario
recibidor
receptor
recetor
recibiente
recipiente
aceptador
aceptante
susceptivo
susceptible
admisible
plausible

aceptable
recibidero
receptivo
inaceptable
inadmisible

aceptablemente
con los brazos abiertos

—

RECIBIR
(V. *Recepción*)

—

RECIBO (35)

recibo
recibí
acuse de recibo
resguardo
warrant
descargo
conocimiento
vale
cargaréme
albarán
quitanza
finiquito
liberación
carta de pago
» de pago y lasto
libro talonario
talonario
lasto
ápoca
contenta
contento
tornaguía
documento
garantía
destalonar
dar recibo
poner el recibí
acusar recibo

—

RECIENTE
(V. *Proximidad*)

—

RECIENTEMENTE
(V. *Proximidad*)

—

RECIPIENTE (20)

recipiente
receptáculo
célula
cápsula
vejiga
vesícula
utrículo

cauce
canal
presa
depósito
embalse
jagüey
rezumadero
estanque
cisterna
acuario
pecera
piscina
baño
bañera
pila
pilar
pilón
pileta
pilarejo
artesa
caldera
cuba
odre
ampolla
vasija
batería de **cocina**
servicio de **mesa**
plato
taza
vaso
envase
caja
cepillo
alcancía
hucha
bandeja
bolsa
cartucho
cucurucho
balón
saco
cesta
estuche
relicario
vaina
embalaje
envoltorio
armario
capacidad

—

RECIPROCIDAD (16)

reciprocidad
reciprocación
correspondencia
interdependencia
reacción
respuesta
relación
correlación
intercambio
permuta
compensación
alternación
mutualidad
mutualismo
seguros

reciprocar
responder
corresponder
darse la mano
reaccionar
alternar
permutar

mutualista

recíproco
mutuo
mutual
sinalagmático
bilateral
correlativo

recíprocamente
mutuamente
a torna punta
a tornapeón
uno a otro
hoy por ti y mañana por mí

—

RECÍPROCO
(V. *Reciprocidad*)

—

RECITACIÓN (28, 29)

recitación
declamación
lectura
oratoria
teatro
pronunciación
entonación
melopeya
melopea
canturria
canturía
relación de ciego
oración de ciego
monotonía

recitar
decir
pronunciar
entonar
decorar
dictar
notar
declamar
cantar
discantar
cortar
escucharse

recitáculo
recitado
narración
monólogo

recitador
rapsoda

—

RECITAR
(V. *Recitación*)

—

RECLAMAR
(V. *Exigencia*)

—

RECOBRAR
(V. *Recuperación*)

—

RECOGER
(V. *Acopio*)

—

RECOLECCIÓN
(V. *Cosecha*)

—

RECOMENDACIÓN
(V. *Mediación*)

—

RECOMPENSA (24, 33)

recompensa
recompensación
justicia distributiva
premio
precio
galardón
pago
remuneración
retorno
retribución
tornas
vuelta
compensación
merced
beneficio
parce
lote
enmienda
atijara
accésit
distinción
mención honorífica
vale
medalla
copa
gala
palio
laurel
lauro
flor natural
corona
» cívica
» civil
» mural
» obsidional
» castrense
» naval
» olímpica
asta pura
triunfo
ovación
orden
condecoración
(cruz, encomienda, collar, etcétera. V. *Orden militar*)

recompensar
remunerar
retribuir
satisfacer
premiar
galardonar
laurear
honrar
enaltecer
darse por entendido

premiador
galardonador
premiado
laureado
recompensable

en recompensa
en pago

—

RECOMPENSAR
(V. *Recompensa)*

—

RECONOCER
(V. *Examen)*

—

RECORDAR
(V. *Memoria)*

—

RECORRIDO
(V. *Camino)*

—

RECORTAR
(V. *Corte)*

—

RECREO
(V. *Diversión)*

—

RECTA
(V. *Línea)*

—

RECTO
(V. *Derechura)*

—

RECUERDO
(V. *Memoria)*

—

RECUPERACIÓN (33)

recuperación
recobro
reivindicación
reversión
represa
amortización
reembolso
rembolso
cobranza
restauración
restauro
compensación
reparación
liberación
desempeño
rescate
redención
talla
tallón
desquite
retroventa
mohatra
pacto de retro
interdicto de recobrar

recuperar
recobrar
vindicar
reivindicar
reconquistar
represar
sacar
redimir
retirar
rescatar
cobrar
restaurar
desquitar
amortizar
desempeñar
integrar
reintegrar
volver sobre sí

recobrarse
reintegrarse
desquitarse
reponerse
embolsar
reembolsarse
revertir
recaer

recuperador
recobrante
recuperativo
rescatador
restaurador
restaurante

reversible
reivindicable
recuperable
irrecuperable

—

RECURSO
(V. *Apelación)*

—

RECHAZAR
(V. *Repulsa)*

—

RED (37)

red
redecilla
retículo
enrejado
tejido
malla
ojo
contramalla
contramalladura
cope
redejón
gandaya
filarete
trampa
caza
pesca
caladero
sirga

red para cazar
jarcia
cáñamo
araña
arañuelo
manganeta
red del aire
buitrón
butrón
buitrino
botrino
alero
redejón
capillo
tiento
traba
calón
botón

arte de pesca
almadraba
atunera
atunar
cobarcho
buche
retuelle
gánguil
filera
paradera
pantasana
jábega
jábeca
bol
chinchorro
traíña
jurdía
boliche
bolichada
cinteta
arcanela
red barredera
» de jorrar
» de jorro
brancada
mandil
manga
samaruguera
traína
trabuquete
trasmallo
esparavel
esparvel
atarraya
tarraya
tarrafa
almancebe

redaya
cedazo
artete
entullada
refuelle
corvinera
barbera
sabalar
salmonera
rasgal
sepiera
jeito
barbero
sardinal
albareque
cartel
rapeta
garapita
cazonal
albéntola
cercote
caladera
armayada
sabogal
tela
teleta
almatroque
sollera
cinta
cintagorda
almorrefa
almoharrefa
cobarcho
tirona
mocarsio
napón
aljerife
aljarfa
aljarfe
retel
manga
remanga
garramincho
cambera
salabre
salabardo
redeña
cangrejera
esguilero

relinga
copo
boya
con
calimote
gallo
levas
plomada
ancorel
cingleta
sineira
pedral

cofia
jaulilla
sarria
teleta
hamaca

echar la red
redar
cazar
pescar
enredar
remallar
contramallar
amallarse
redero
pescador
jabegote

reticular
retiforme
redero
trenado
labrero
jabeguero

—

REDONDEAR
(V. *Redondez)*

—

REDONDEZ (18)

redondez
rotundidad
curvatura
esfericidad
orbe
redondón
órbita
círculo
corro
rosca
enrollado
roleo
voluta
muela
disco
rodaja
rodancha
rodajuela
platillo
tejo
tejón
esfera
globo
glóbulo
bola
bodoque
ovillo
ovillejo
borujo
burujo
gorullo
gurullo
burujón
borujón
morro
lóbulo
protuberancia
rollo
rulo
cilindro
cono
ovoide
convexidad
concavidad
rueda
arco
anillo
bóveda
disco, etc.

redondear
arredondear
tornear
ovalar
robar

aborujar
aburujar
aburujonar

redondo
rotundo
redondete
redondeado
orbicular
esférico
orondo
horondo
torneado
lenticular
discoidal
oval
ovalado
elíptico

en redondo

—

REDONDO
(V. *Redondez)*

—

REDUCIR
(V. *Disminución)*

—

REFERIR
(V. *Narración)*

—

REFLEJAR
(V. *Reflejo)*

—

REFLEJO (2)

reflejo
brillo
lustre
(reflexión, refracción, etc. V. *Óptica)*
ángulo de reflexión
» de incidencia
reverberación
reverbero
flama
resol
espejeo
espejismo
repercusión
rebote
eco
vislumbre
destello
aguas
viso
juego
cardillo
escardillo
tornasol
trasluz
cambiante
iridiscencia
ondas
catóptrica

reflejar
reflectar
espejar
reverberar
repercutir
repercudir
irisar
rebotar
verse

reflector
reverbero
espejo
pantalla

reflectante
reflexivo
reflector
reflejo
iridiscente
reverberante
tornasolado
al trasluz

—

REFLEXIÓN (23, 27)

reflexión
refleja
examen
atención
consideración
introspección
introversión
retiro
recogimiento
recolección
abstracción
especulación
razonamiento
juicio
deliberación
advertencia
acuerdo
consejo
cordura
cuidado
prudencia
cavilación
meditación
premeditación
estudio
cálculo
bartuleo
pensamiento
cerebración
cogitación
ponderación
faena
preocupación
quillotro
quebradero
monólogo

reflexionar
reflejar
meditar
cuidar
cavilar
cogitar
comedir
pensar
discurrir
repensar
deliberar
premeditar
recapacitar
repasar
considerar
ver
observar
juzgar
examinar
mirar
remirar
catar
tantear
pesar
ponderar
reparar
filosofar
especular
profundizar
cavar
rebinar
reinar
revolver
tornear
empollar
rumiar
masticar
digerir
madurar
bartulear
percatar
quillotrar
recogerse
abstraerse
preocuparse
torturarse
pasarse
detenerse
concentrarse
reconcentrarse
ensimismarse
abismarse
aconsejarse
prevenirse
ocuparse en
cuidarse de

fijar la consideración en

parar, o poner, mientes
hacer mementos
tener en cuenta
» en la mente
entrar en cuentas consigo
mirarse en ello
tentarse la ropa
meterse en sí mismo
entrar dentro de sí
» en sí mismo
ir y venir en
dar vueltas
dormir sobre
consultar, aconsejarse, con la almohada
hablar consigo
hablar, decir, entre sí
decir para sí
volver sobre sí
hacer calendarios
» almanaques
quebrarse, romperse, la cabeza
devanarse los sesos [cos
romperse los cascos
despertar a uno

pensador
pensativo
absorto
abstraído
distraído
discursivo
deliberante
considerante
meditativo
meditabundo
cogitabundo
cogitativo
especulativo
contemplativo
cabizcaído
cabezcaído
cabizbajo
mirado
remirado
considerado

reflexivo
reflejo
introspectivo
introverso
deliberado
preconcebido
deliberativo
cogitable

reflexivamente
deliberadamente
cavilosamente
acordadamente
premeditadamente
a sangre fría
para sí
a buena luz
bien mirado
con su grano, su granito, de sal
a humo de pajas

—

REFLEXIONAR
(V. *Reflexión*)

—

REFRÁN
(V. *Máxima*)

—

REFRENAR
(V. *Moderación*)

—

REFRESCAR
(V. *Frío*)

—

REFRESCO
(V. *Bebida*)

—

REFUTAR
(V. *Impugnación*)

—

REGADERA
(V. *Riego*)

—

REGALAR
(V. *Donación*)

—

REGALO
(V. *Donación*)

—

REGAR
(V. *Riego*)

—

REGISTRAR
(V. *Busca*)

—

REGLA (16)

regla
norma
criterio
precepto
mandato
principio
canon
máxima
compás
pie
pauta
guía
medida
modelo
ley
derecho
código
reglamento
ordenanza
ordinación
instituto
estatuto
instrucción
directorio
sistema
técnica
tecnicismo
método
gobierno
política
vía
directiva
directriz
divisa
arte
modo
medio
fórmula
receta
rúbrica
etiqueta
formalidad
frase sacramental
rito
(ritual, etc. V. *Culto*)
ceremonia
pleito ordinario
solemnidad
requisito
requilorio

formulario
prontuario

regulación
reglamentación
arreglo
régimen
orden
formulismo
formalismo
disciplina
costumbre
normalidad
regularidad
ortodoxia
frecuencia
trivialidad

regla
cuadradillo
cuadrado
iguala
reglón
mira
línea
alidada
nonio
vernier
regla de cálculo
cercha
plantilla
rasero
escantillón
descantillón
chantillón
cartabón
ságoma
cintrel
tirador
aspilla
norma
escuadra
gnomon movible
nomon movible
saltarregla
falsarregla
falsa escuadra
escuadra falsa
frasquía
pauta
falsilla
caído

regular
regularizar
reglar
preceptuar
arreglar
ordenar
reglamentar
pautar
normalizar
echar la regla
aplantillar
ser de cajón
» moneda corriente
no ser cosa del otro mundo

regulador
regularizador
regulativo
formulista
preceptista

regular
normal
regulado
reglado
formular
ritual
correcto
reglamentario
estatutario
sistemático
arreglado
proporcionado
ordinario
común
particular

corriente
» y moliente
mediano
recibido
general
frecuente
habitual
usual
exotérico
proverbial
trivial
natural
vulgar

regularmente
regladamente
normalmente
arregladamente
preceptivamente
formalmente
en forma
en regla
ordinariamente
de ordinario
comúnmente
vulgarmente
por lo común
» lo regular
» sus cabales
de tejas abajo

REGOCIJO
(V. *Alegría*)

—

REGRESAR
(V. *Regreso*)

—

REGRESO (19)

regreso
regresión
vuelta
venida
retorno
retornamiento
torna
tornada
tornadura
tornaviaje
resurrección
recurso
repatriación
retroceso

regresar
volver
venir
tornar
retornar
recurrir
recudir
resurtir
revolver
repatriar

volverse
restituirse
repatriarse

retornante
repatriado
resucitado
aparecido

a la vuelta
de vuelta

—

REGULAR
(V. *Regla*)

—

REINA
(V. *Rey*)

—

REINAR
(V. *Rey*)

—

REÍR
(V. *Risa*)

—

RELACIÓN (16, 24)

relación
correspondencia
comparación
conformidad
semejanza
analogía
afinidad
coherencia
vista
ilación
igualdad
diferencia
proporción
razón
razón directa
» inversa
dependencia
concernencia
pertinencia
contacto
conexidad
atingencia
referencia
respecto
habitud
trato
orden
connotación
parentesco
encadenamiento
conexión
enlace
órgano
engranaje
acoplamiento
correlación
reciprocidad
relatividad
(causalidad, etc. V. *Causa*)

concernir
atañer
competer
tocar
pertenecer
respectar
respetar
corresponder
encajar
proceder
connotar
mirar
estar
rozarse
referirse
relacionarse
decir relación
hacer al caso
ser del caso
venir al caso
apelar a
recaer en
entenderse con
rezar con
hablar con
tener que ver con
darse la mano con

relacionar
referir
aplicar

pronombre relativo

quien
tal
cual
cuyo
que
donde

relativo
correlativo
concerniente
perteneciente
referente
aferente
pertinente
conforme
análogo
respectivo
conexo
atañedero
atinente
congénere
condicionado
condicional

relativamente
correlativamente
respectivamente
respective
correspondientemente
congruentemente
congruamente
respecto a
» de
al respecto
con respecto
en orden
» razón
» atención
» consideración
» vista
ante
mediante
cuanto a
en cuanto a
acerca de
cerca de
tocante a
por intuito
para
sobre

—

RELÁMPAGO
(V. *Rayo*)

—

RELATIVO
(V. *Relación*)

—

RELATIVO (*Pron.*)
(V. *Relación*)

—

RELATO
(V. *Narración*)

—

RELATOR
(V. *Narración*)

—

RELIGIÓN (1, 30)

religión
teogonía
creencia
ley
religión natural
religiosidad
monoteísmo
deísmo
teísmo
antropomorfismo
diteísmo
dualismo

politeísmo
paganismo
gentilismo
gentilidad
paganía
mitología
helenismo
teosofía
animismo
modernismo
metempsicosis
metempsícosis

ortodoxia
tradición
cristianismo
cristiandad
religión católica
fe católica
evangelio
heterodoxia
herejía
protestantismo
religión reformada
contrarreforma

preadamismo
judaísmo
islamismo
budismo
brahmanismo
mazdeísmo
zoroastrismo
parsismo
vedismo
confucianismo
sintoísmo
druidismo
sabeísmo
totemismo
totem
fetichismo
tabú
superstición
ocultismo

culto
misticismo
idolatría
misterio
dogma
dogmática
teología
latitudinarismo
tolerantismo
tolerancia
controversia
libertad de cultos
» de conciencia
librepensamiento
indiferentismo
fanatismo
intolerancia
irreligión
hierología
hierografía

religioso
neófito
devoto
fanático
correligionario
siervo de Dios
justo
levítico
tolerante
latitudinario
librepensador
impío

monoteísta
deísta
teísta
dualista
politeísta

ortodoxo
cristiano
hereje

milenario
protestante
conformista
judío
mahometano
pagano
gentil
idólatra
étnico
gentes

budista
búdico
confuciano
confucianista
sintoísta
parsi
druídico
zoroástrico
isíaco
sabeliano
fetichista
teósofo
antropomórfico

religiosamente
fanáticamente
(V. el cuadro sinóptico n.º 1)

—

RELIGIOSO
(V. *Orden religiosa*)

—

RELIQUIA (1)

reliquia
» insigne
paz
estadal
muelle
dije
nómina
evangelios
lígnum crucis
caloto
auténtica

relicario
reliquiario
sepulcro
monumento
santuario
tahalí

laminero

—

RELOJ (21)

reloj
horario
cronómetro
cronógrafo
reloj de péndola
péndola
reloj de repetición
repetición
reloj de campana
» magistral
» marino
» de longitudes
acompañante
péndulo sidéreo
reloj despertador
despertador
reloj de bolsillo
» de pulsera
muestra
saboneta
extraplano
calentador
callana
tictac

reloj de arena
ampolleta
reloj de agua
segundero
clepsidra
metrónomo

reloj de sol
» solar
cuadrante
cuadrado de las refracciones
gnomon
nomon
índice
estilo
estilete
polo gnomónico
polo nomónico
radio de los signos
trígono
venero

dar
» la hora
marcar
señalar
adelantar
atrasar

dar cuerda al reloj
adelantar (tr.)
atrasar (tr.)

tiempo
medida
hora
adelanto
atraso
movimiento
estado absoluto

cuerda
caracol
cilindro
cubo
pesa
muelle real
llave
péndola
lenteja
compensador
rueda de Santa Catalina
rueda catalina
coronaria
árbol de ruedas
espiral
volante
disparador
escape
áncora
registro
sordina
repetición
esfera
mostrador
muestra
manecilla
mano
saeta
aguja
índice
índex
horario
minutero
segundero
caja
tapa
guardapolvo
relojera
cadena
leontina

relojería (arte)
gnomónica
nomónica

relojero

plataforma
árbol

relojería (lugar)

gnomónico
nomónico

—

RELOJERÍA
(V. *Reloj*)

—

RELOJERO
(V. *Reloj*)

—

RELLENAR
(V. *Henchimiento*)

—

REMANSO
(V. *Río*)

—

REMAR
(V. *Remo*)

—

REMATE (11)

remate
coronamiento
coronamento
coronación
cerramiento
moldura
ornamentación
adorno
copete
frontón
frontispicio
fastigio
témpano
tímpano
tambanillo
gablete
mojinete
acrotera
columna
chapitel
capitel
linterna
linternón
veleta
punta
boliche
perinola
perindola
perilla
manzana
manzanilla
bola
esfera

mocho
copetudo

—

REMEDIO
(V. *Reparación*)

—

REMENDAR
(V. *Remiendo*)

—

REMERO
(V. *Remo*)

—

REMIENDO (10)

remiendo
parche
pieza
reparación
compostura
zurcido
remonta
chafallo
culera
rodillera
codera
cuchillos
plantilla
soleta
puntera
picaño
capellada
medias suelas
botana
rotura
andrajo

remendar
apedazar
remontar
chafallar
reparar
recoser
apuntar
zurcir
coser

remendón
zapatero valiente
zurcidora

—

REMO (38)

remo
propulsor
pluma
zagual
pagaya
canalete
canalí
gaón
bayona
bueceye
palamenta
esquifazón

pala
luchadero
manigueta
guión
asidor

escálamo
escalmo
tolete
estrobo
horquilla
chumacera

banco
bancada
remiche
galeras

remar
bogar
halar
batir
paletear
singar
chapar
proejar
arrancar
picar
silgar
cinglar
ciar
acorullar

remadura
remamiento
paleteo
cía
ciaboga
boga
» larga
» arrancada
palada
singa
estrepada
bogada

remero
remador
remante
bogador
boga
bogante
bogavante
parel
tercerol
proel
espalder

buenaboya
bagarino
galeote
talamite
remiche [dinas
apaleador de sar-
remolar
manco (sin remos)

a remo
al remo
a boga lenta

—

REMOCIÓN (20)

remoción
removimiento
desplazamiento
alzadura
alzamiento
ausencia
huida
quite
eliminación
abstracción
separación
destitución
extracción
substracción
exclusión
privación
desobstrucción
descubrimiento
descaperuzo
desembozo
desencapotadura

quitar
remover
sacar
extraer
eliminar
desobstruir
desasentar
separar
obviar
excluir
retirar
deponer
apartar
soplar
desalojar
desplazar
alzar
levantar
recoger
tomar
pellizcar
arrebatar
arrancar
despabilar
cortar
raspar
borrar
anular
raer
rozar
lavar
mondar
despezonar
esquilar

desentoldar
desbarretar
desalhajar
desnudar
despoblar
desguarnecer
descubrir
destapar
desfijar
desclavar
desapoyar
desapuntalar
escarapelar
desvendar
desenvendar
desenmascarar
desarrebozar
desembozar
desencapotar
descaperuzar
descapillar
descapirotar
desabrirse
descascararse
desconcharse
destaparse
desencapotarse
desenchozarse
desarrebozarse
destocarse
descapirotarse
desbonetarse
descaperuzarse
desgorrarse
desvendarse
(deshojar, véase *Hoja;* desorejar, véase *Oreja;* desengrasar, véase *Grasa;* etc.)

quitarse
ausentarse
marchar
huir
rehuir

quitador
quitante
abstractivo

pelado
desnudo
despoblado
desprovisto

—

REMOLINO (3)

remolino
torbellino
ciclón
huracán
torva
tolvanera
manga
manga de viento
tifón
vórtice
vorágine
gorfe
gorga
hoya
olla
cadozo
cadoce
rebalaje
aguas del timón

remolinar
remolinear
arremolinar
arremolinarse
hacer ciaboga

vortiginoso
voraginoso
ciclonal
remolinante

—

REMOTO
(V. *Antigüedad*)

—

REMUNERACIÓN (33)

remuneración
precio
retribución
recompensa
premio
donación
privilegio remuneratorio
asignación
paga
haber
sueldo
ingreso
devengo
salario
estipendio
jornal
dieta
asistencia
estancia
semana
quincena
mes
mensualidad
mesada
aniaga
soldada
acostamiento
aventajamiento
misión
situado
situación
mesnadería
anata
quitación
sabido
alafa
mesilla
vendaje
iguala
derechos
honorarios
hechuras
luminarias

gratificación
sobresueldo
sobrepaga
regalía
obvención
subvención
viático
gastos de representación
» de residencia
ayuda de costa
excedencia
cesantía
retiro
vitalicio
pensión
renta
interés

emolumentos
tarifa
arancel
minuta
asesoría
corretaje
comisión
talla
travesía
retención
poyo
espórtula
meaja
pie de altar
derecho de estola
terzuela
manuales
preciosa
gajes
percances
provechos
conveniencias
plus
extra
propina
hallazgo
feria
gala
papeleta
alfileres
mangas
guantes
calzadura
merced
costa
mayoralía
doñas
yapa
llapa
agujeta
botijuela
botifuera
juanillo
camarón
jamona
aliadas
alboroque
hoque
adehala
ventaja
momio
manos libres
» limpias
» puercas
mamandurria
sobordo

enganche
reenganche
masa
gran masa
masita
alcance
ración
refacción
pre
prest
plus

remunerar
retribuir
recompensar
premiar
galardonar
asalariar
asoldar
asoldadar
estipendiar
pagar
gratificar
estar a sueldo
» a compango
correr
devengar
dotar
tasar
cobrar
retener
rociar

pago
salariado
participación
compensación
utilidad
rendimiento
ganancia

remunerador
remuneratorio
retribuyente
retributivo
gratificador
fijo
obvencional
eventual
antidoral

remunerado
asalariado
soldadero
estipendiario
racionista
remunerable

a jornal
en especie [do comido por servicio]

—

REMUNERAR
(V. *Remuneración*)

—

RENAL
(V. *Riñón*)

—

RENDICIÓN
(V. *Sumisión*)

—

RENDIRSE
(V. *Sumisión*)

—

RENEGAR
(V. *Apostasía*)

—

RENOVAR
(V. *Reposición*)

—

RENTA (30, 33, 35)

renta
(rentas públicas, V. *Hacienda, Deuda* y *Banca*)
siete rentillas
producto
frutos
utilidad
beneficio
ganancia
rendimiento
provento
rédito
rendición
alquiler
arrendamiento
interés
valor
(valores, título, cupón, etc. V. *Banca*)
riqueza
medios
bienes
posibles
renglón
quitación
renta rentada
rento
pan terciado
terraje
terrazgo
situado
encomienda
pera
excusado
censo
canon
pensión
retiro
jubilación
alimentos
asistencias
renta vitalicia
seguros
violario
(prebenda, beneficio, temporalidades, etc. V. *Der. canónico*)
remuneración
bimestre
trimestre
semestre
anualidad
encomienda
anata
corridos
caídos
atrasos

rentar
rendir
producir
redituar
fructificar
valer

gozar
comer
constituir renta vitalicia

rentista
rentero
rentado
pensionista
vitalicista
alimentista
alimentario
faneguero

rentoso
redituable
saneado
vitalicio
afecto

—

RENUNCIAR
(V. *Dejación*)

—

REÑIR
(V. *Contienda*)

—

REO
(V. *Delito*)

—

REPARACIÓN (27)

reparación
reparamiento
reparo
mejoramiento
compostura
arreglo
carena
refección
refacción
restauración
renovación
reforma
obra
chapuza
chapuz
adobo
vado
apaño
remiendo
remonta
recorrido
reposición
remedio
(ortopedia, etc. V. *Cirugía*)
corrección
enmienda
explicación
satisfacción
compensación
expiación
providencia
triaca
desagravio
soldadura
laña
ungüento amarillo

reparar
componer
recomponer
rehacer
arreglar
reformar
gobernar
aderezar
apañar
restaurar
resanar
resaludar
aperar
remontar
remendar
reconstituir
reconstruir
chapucear
refrescar
modernizar
(renovar, etc. V. *Reposición*)
reorganizar
rehabilitar
repintar
trastejar
retejar
chafallar
carenar
recorrer
sanear
gafar
lañar
soldar
pegar
coser
consolidar
enjaquimar
apedazar
echar piezas
remallar
remediar
subsanar
compensar
curar
lavar
desagraviar
corregir
purificar
purgar
expiar

reparador
reparativo
remediador
restaurador
restaurativo
lañador

compuesto
recompuesto
como nuevo
rehecho
reparable
remediable
subsanable
irreparable
irremediable

—

REPARAR
(V. *Reparación*)

—

REPARTIR
(V. *Distribución*)

—

REPELER
(V. *Repulsa*)

—

REPETICIÓN (21)

repetición
reproducción
imitación
reiteración
iteración
recaída
recidiva
reincidencia
reposición
alternación
vez
mano
vuelta
revuelta
ciclo
período
periodicidad
intermitencia
intervalo
oscilación
eco
ritmo
rima
compás
cadencia
frecuencia
frecuentación
redundancia
abundancia
multiplicación
menudeo
tris, tras
el pan de cada día
importunación
insistencia
redición
monotonía
cantilena
cantinela
costumbre
regosto
vicio

estribillo
muletilla
tranquillo
timo
bordón
bordoncillo
ritornelo
retornelo
disco
rollo
tostón
contera
batología
tautología
perisología
cacofonía
epímone
datismo
epanadiplosis
epanalepsis
epanáfora
anáfora
aliteración

aniversario
cumpleaños
efemérides
centenario
centenar
milenario

repetir
reiterar
iterar
reproducir
segundar
asegundar
bisar
binar
rebinar
duplicar
triplicar, etc.
ejercitarse
refrendar
rebatir
redoblar
volver a
tornar a
reincidir
insistir
menudear
frecuentar
golpear
redecir
inculcar
cantaletear
instar
porfiar
recalcar
recalcarse
alternar
dar en la gracia de
» en la flor
volver a la misma canción [boca
no caérsele de la
traer siempre en la boca
haber aprendido en viernes
llover sobre mojado

diario
cotidiano
cuotidiano
un día sí y otro no
trisemanal
bisemanal
semanal
hebdomadario
quincenal
quincenario
mensual
bimestral
bimensual
trimestral
semestral
anual
cadañero
cadañal
cadañiego
solemne
bienal
bisanual
trienal
trieñal
cuadrienal
quinquenal
sexenal
decenal
quindenial
vicenal
tricenal
cuadricenal
secular

repetidor
repitiente
muletillero
reiterativo
insistente
redundante
machacón
loro

repetido
reiterado
redundante
intermitente

cíclico
rítmico
periódico
cadencioso
acompasado
iterativo
nuevo
habitual
frecuente
continuado
espeso
ordinario
endémico
iterable
enésimo
cada

diariamente
mensualmente
semestralmente
anualmente

repetidamente
reiteradamente
redundantemente
periódicamente
suma y sigue
otra vez
da capo
bis
de nuevo
de ordinario
a millaradas
de cuando en cuando
de vez en cuando
a veces
a tiempos
a ratos
a trechos
a poder de
a fuerza de
a puro
sobre
re-
haberlo oído en viernes
¡dale que dale!
¡dale que le das!
¡dale que le darás!
¡dale bola!
¡erre que erre!
¡vuelta!
¡otra!

—

REPETIR
(V. *Repetición*)

—

RÉPLICA
(V. *Respuesta*)

—

REPLICAR
(V. *Respuesta*)

—

REPOSICIÓN (20, 27)

reposición
restablecimiento
reinstalación
reparación
reconstrucción
reedificación
reforma
renovación
renuevo
rehacimiento
reproducción
reconstitución
restauración
restauro
instauración
retorno
reversión
restitución
reintegración
devolución
reembolso
rehabilitación
regeneración
rejuvenecimiento
renacimiento
resurrección
repetición

reponer
restablecer
reinstalar
restituir
reducir
rehabilitar
volver
devolver
integrar
reintegrar
reformar
reparar
rehacer
renovar
instaurar
restaurar
reconstituir
regenerar
reconstruir
reedificar
refrescar
resucitar
reanudar
rejuvenecer
antipocar

reponerse
renovarse
recentarse
revivir
retoñar
reflorecer

restaurador
reparador
renovador
renovante
nuevo
regenerador
reconstituyente
instaurativo
rehecho
repuesto

—

REPRENDER
(V. *Reprensión*)

—

REPRENSIÓN (24)

reprensión
reprehensión
reprimenda
regaño
regañamiento
reñidura
increpación
reproche
reprobación
reconvención
afeamiento
capítulo
» de culpas
apercibimiento
apercebimiento
carta acordada
mesilla
amonestación
lección
bronca
regañina
corrección
» fraterna
» fraternal
sermón
sermoneo
vejamen
animadversión
repasata
repaso
recorrido
carga
carga cerrada
andanada
filípica
paulina
fraterna
resplandina
sepancuantos
rapapolvo
trepe
rociada
rujiada
réspice
cartazo
trallazo
carena
palmetazo
palmeta
sobarbada
serretazo
mandoble
latigazo
mano
felpa
carda
metido
salmorejo
pateadura
pateamiento
jabón
lejía
julepe
zurrapelo
peluca
claridades
desengaño
pulla
matraca
acusación
consejo
corrección
escarmiento
castigo

reprender
reprehender
desloar
corregir
apercibir
apercebir
amonestar
sermonear
predicar
reñir
regañar
roñar
increpar
residenciar
sofrenar
extrañar
solfear
sotanear
escarmentar
cauterizar
jabonar
enjabonar
dar un jabón
» una jabonadura
» una carda
cardar la lana
dar con la badila en los nudillos
cascar las nueces
sentar las costuras
poner como chupa de dómine
poner como ropa de pascua
cascar o machacar las liendres
apretar las clavijas
dar una calada
» una ropilla
poner la paletilla en su lugar
dar con vaina y todo
» una lección
» en rostro
» entre ceja y ceja
decir cuántas son cinco
poner como un trapo
» colorado
» las orejas coloradas
» de oro y azul
» como hoja de perejil
sentar la mano
echar los gigantones
cantarle o leerle la cartilla
echar las bulas
echar en, a, la cara
calentar las orejas
echar la escandalosa
soltarle el toro
echarle el toro
poner más blando, más suave, que un guante
llamar al orden
hacer mella

reprochar
afear
reprobar
improbar
bronquear
censurar
catonizar
reconvenir
argüir
zurrar
zaherir
matraquear
acusar
retar
descararse
enrostrar
echar en cara
dar en cara
echar a las barbas
humillar
amenazar
maltratar
castigar

reprensor
reprendiente
reprochador
reprochón
censurista
sermoneador
regañón
gruñón
carrañón
carrañoso
roncero
increpador
increpante
vituperador
vituperante

reprensible
reprehensible
vituperioso
vituperoso
vituperable
blasfemable
incalificable

—

REPRESA
(V. *Presa*)

—

REPRESAR
(V. *Presa*)

—

REPRESENTAR
(V. *Substitución*)

—

REPRESIÓN (25)

represión
refrenamiento
freno
señorío
detención
moderación
contención
cohibición
coerción
coacción
restricción
limitación
dique
serretazo
sofrenada
doma
prohibición

reprimir
frenar
refrenar
sofrenar
enfrenar
contener
comprimir
coercer
sujetar
dominar
señorear
cohibir
vencer
mortificar
domar
aplacar
cortar los vuelos
ir a la mano
atar corto
tirar del freno
meter en freno
tirar de la rienda
» de la cuerda

reprimirse
contenerse
comprimirse
dominarse
poseerse
aplacarse
vencerse
sufrir

represor
represivo
coercitivo
restrictivo
refrenable
coercible

¡quedo!

—

REPRIMIR
(V. *Represión*)

—

REPROBACIÓN (24)

reprobación
desaprobación
desalabanza
desautorización
reparo
distingo
tacha
nota
tilde
motejo
censura
crítica
diatriba
malas ausencias
caloña
afeamiento
desengaño
anatema
condenación
condena
maldición
vituperio
cara de perro
reproche
reconvención
acusación
calumnia
reprensión
murmuración
zaherimiento
protesta
protestación
silba
pita
chifla
burla
siseo
grita
abucheo
chicheo
pateo
suspenso
cate

reprobar
desaprobar
improbar
desechar
profazar
detestar
desalabar
desloar
desapadrinar
tachar
notar
tildar
atildar
reparar
motejar
afear
vituperar
censurar
reconvenir
desacreditar
criticar
fiscalizar
sindicar
reprochar
retraer
enrostrar
dar en rostro
hablar mal
protestar
acusar
condenar
anatematizar
execrar
abominar
fustigar
flagelar
zurrar
cauterizar
silbar
gritar
sisear
chichear
huchear
ahuchear
abuchear
patear
bichofear
no entrarle a uno
enviar a paseo
suspender
calabacear
dar calabazas

reprobador
reprobatorio
condenador
reprochador
reparador
reparón
reventador
moreno
malpensado
criticador
crítico
criticón
zoilo
censor
censurador
censurante
catón
censorio
censorino

reprobable
reprochable
mal visto
censurable
reprobado
incensurable

reprobadamente
¡malo!
¡abajo!
¡afuera!
¡fuera!
enhoramala
en mala hora
en mal hora
noramala
nora tal
¡anda a paseo!

—

REPROBAR
(V. *Reprobación*)

—

REPRODUCCIÓN (8, 27, 37)

reproducción
repetición
copia
propagación
difusión
fertilidad
producción
fecundidad
fecundación
criamiento
multiplicación
proliferación
fisiparidad
gemación
escisión
endogénesis
partenogénesis
generación
embriología
sexo
espora
esporo

reproducir
multiplicar
propagar
copiar
imitar
engendrar
hacer

reproducirse
propagarse
multiplicarse
cundir
pulular
verbenear
retoñar
retoñecer
revivir
resucitar

reproductor
propagador
prolífero
fértil
gemíparo
sexual
asexual

—

REPRODUCIR
(V. *Reproducción*)

—

REPTIL (6)

reptil
ofidio
saurio
dinosauro
plesiosauro
diplodoco
ictiosauro
iguanodonte
tarasca

bicha
sabandija
sabandijuela

herpetología
ofiología

reptar
arrastrarse
serpentear
undular

serpiente
sierpe
serpentón
serpezuela
culebra
culebrón
serpiente pitón
pitón
boa
crótalo
cascabela [bel
culebra de casca-
serpiente de cas-
cabel
bastardo
ocozoal
macagua
» tercio-
pelo
tragavenado
macaurel [ojos
serpiente de ante-
anaconda
cobra
cantil
canacuate
anfisbena
anfisibena
anfesibena
sabanera
tara
fara
drino
majá
mapanare
cuaima
coralillo
hidra
áspid
jubo
cenco
camisa

víbora
viborezno
cerasta
cerastas
cerastes
ceraste
hemorroo
yarará
tamagás
equis
toboba
áspid
áspide
hipnal
alicante
alicántara
amodita
coral
calabazuela
cocodrilo
crocodilo
gavial
caimán
yacaré
lagarto de Indias
taluďín
iguana
higuana
aligátor

lagarto
lagarta
lagartija
lagartijo
fardacho
gardacho
estinco
esquinco
escinco
chacón
catarańa
caraguay
carapopela
camaleón
dragón
lagartera
cordilo
cordula
eslizón
sepedón
sipedón
lución
sirón
garrobo

sargantana
sargantesa
zarandilla
sangordilla
segundilla
sagundil
sogalinda
salderita
gallego
salamanquesa
salamandria
salmántiga
salamanca
saltarrostro
estelión
geco
quelonio
quelónidos
tortuga
galápago
fósil
veneno
escama

serpentino
serpentígero
viperino
vipéreo
viborezno
salamandrino
anguiforme
lacertiforme

serpentinamente

—

REPUGNANCIA (14, 25)

repugnancia
resistencia
oposición
nolición
noluntad
renuencia
renitencia
repulsión
repulsa
desvío
desapego
desgana
fastidio
tedio
aversión
antipatía
aborrecimiento
asco
sacrificio
incompatibilidad
violencia
repelo
respingo
roncería
réplica
replicato
rezongo
refunfuño
refunfuñadura
desabrimiento
dificultad

repugnar
rehuir
rehusar
excusar
regatear
resistir
roncear
cerdear
orejear
ahocicar
respingar
cocear
replicar
retrucar
rezongar
rezar
murmurar
gruñir
regruñir
rechinar
negarse
zafarse
doler
hacerse cuesta
arriba
revolver las tripas
hacer una cosa
arrastrando
no entrar de los
dientes adentro

repugnante
forzado
violento
reacio
renitente
gruñón
respondón
rezongón
rezongador
refunfuñador
zorronglón
roncero
refractario
desabrido

repugnantemente
pesadamente
de mala gana
» mal grado
» » talante
mal de mi grado
a regañadientes
mal y de mala
manera
quedo que quedo

a la fuerza
a disgusto
a más no poder
a remolque
a rastra
a la rastra
a rastras
a pospelo
a repelones

¡un diablo!
más que el diablo
ni por un cristo

REPUGNAR
(V. *Repugnancia*)

—

REPUJADO
(V. *Escultura*)

—

REPUJAR
(V. *Escultura*)

—

REPULSA (25, 33)

repulsa
repulsión
exclusiva
negativa
repugnancia
propulsa
propulsión
rechazamiento
rechazo
repudiación
repudio
boche
desaire
renuncia
dejación
apartamiento
recusación
destitución
despedida
remoción
exclusión
expulsión
destierro

repeler
rechazar
rebotar
repulsar
propulsar
rehusar
excusar
recusar
renunciar
declinar
rehuir
resistir
repudiar
desechar
relanzar
desconocer
negar
desdeñar
desairar
calabacear
dejar
despreciar
desacotar
excluir
descartar
arrojar
desaposenta
despedir
apartar
despachar
volver
devolver
volver a la cara
negarse
resistirse
sacudirse
desembarazarse
desnudarse
mosquearse
sacudirse las pulgas
cerrar los oídos
dar calabazas
» ayotes
» de codo
» de lado
» un boche
» con la puerta en las narices
dar con la puerta en los hocicos, en la cara, en los ojos

repelente
repulsivo
rechazador
recusador
recusante
declinatorio

rechazado
recusado
desechado
repudiado
marfuz
recusable
irrecusable

abrenuncio
vade retro
ábsit
¡que si quieres!

—

REQUESÓN
(V. *Queso*)

—

RES
(V. *Ganado*)

—

RESALTAR
(V. *Prominencia*)

—

RESALTO (11, 18)

resalto
resalte
relieve
relevación
prominencia
convexidad
saliente
salida
salidizo
saledizo
vuelo
lanzamiento
proyección
proyectura
retecho
retallo
pabellón
arimez
teso
moldura
ornamentación
almohadilla
repisa
modillón
can
canecillo
ménsula
vierteaguas
despidiente
pestaña
ceja
cejuela
sobrecejo
cajo
cordoncillo
reborde
rebaba
diente
rediente
dentellón
adaraja
endejas
deja
patilla
enjarje
espiga
macho
lóbulo
onda
borde
lomo
caballete
caballón
filo
punta
remate
acrostolio
proa
tajamar

resaltar
sobresalir
resalir
volar
resultar
proyectarse
relevar
velar
levantarse

saliente
salido
voladizo
saltón
arrojado
prominente
convexo

—

RESBALADIZO
(V. *Deslizamiento*)

—

RESBALAR
(V. *Deslizamiento*)

—

RESERVAR
(V. *Conservación*)

—

RESFRIADO (12)

resfriado
resfrío
constipado
constipación
fluxión
romadizo
coriza
mormera
pasmo
espasmo
resfriamiento
resfriadura
catarro
inflamación
estornudo
mucosidad

resfriar
constipar
arromadizar

estornudar
resfriarse
constiparse
acatarrarse
arromadizarse
romadizarse
airearse [za
pasársele la cabe-

catarroso
constipativo

—

RESIDENCIA
(V. *Habitación*)

—

RESIDIR
(V. *Habitación*)

—

RESIDUO (22)

residuo
resto
resta
remanente
sobrante
restante
maula
retal
retazo
rebusco
desguay
cabo
muñón
saldo
rezago
albaquía
sobras
exceso
rebujal
brusco
rescaño
sobrados
relieves
sobejos
despojos
migajas
miajas
caspicias
escamocho
escurriduras
escurrimbres
cortinas
granzas
granzones
rabera
torna
barcia
rebañaduras
arrebañaduras
ahechadura
echaduras
acribaduras
triguillo
cerniduras
hormigo
triache
riza
rastrojo
restrojo
rispión
corzuelo
reliquia
vestigio
ceniza
escoria
cagafierro
chatarra
moco
» de herrero
miñón
cerón
escombro
desmonte
horrura
ripio
recortaduras
recortes
cortaduras
doladura
cizalla
acortadizos
virutas
limpiaduras
barreduras
basura
alisaduras
serrín
aserrín
limaduras
raeduras
despojo
piltrafas
jifa
broza
malhojo
marhojo
seroja
serojo
escamondadura
cáscara
corteza
pellejo
mondadura
mondarajas
mondas
peladuras
orujo
brisa
terrón
fraile
raspa
caspia
cibera
ciberuela
bagazo
gabazo
baga
escaba
sapa
magma
desecho
desperdicio
carniza
zarandajas
escarzo
inutilidad
futilidad
rebusca
zaborra
retobo
bafea
rincón
estropajo
paja
pajuz
sedimento
heces
aguas inmundas
» residuales
bazofia
purga
deyección
secreción
detrito
estiércol
evacuación

quedar
sobrar
restar

restante
sobrante
excedente
residual
echadizo
granzoso
brozoso

demás
etcétera

—

RESIGNARSE
(V. *Sumisión*)

—

RESINA (36)

resina
goma
gomorresina
oleorresina
bálsamo
barniz
medicamento

abetinote
abietino
aceite de abeto
almáciga
mástique
almástica
almástiga
almástec
almaste
sandáraca
grasilla
sangre de drago
laca
goma laca
colofonia
pez griega
brea seca
» crasa
copal
opopónaco
opopónaca
opopónace
opopónax
pánace
ládano
mangla
zopisa
cascol
cáncamo
euforbio
cúrcuma
elemí
lupulino
caraña
cipe
cedreleón
anime
tacamaca
» común
» angélica
mirra
» líquida
sagapeno
serapino
curare
aguajaque
trementina
» de Quío
miera
pez
» blanca
» de Borgoña
» negra
» naval
alquitrán
bálsamo natural
opobálsamo
bálsamo de Judea
» de la Meca
» del Canadá
» del Perú
» de calaba
» de María
aceite de María
copaiba
bálsamo de copaiba
aceite de palo
camibar
bálsamo de Tolú
benjuí
mejuí
estoraque
» líquido
azúmbar

ámbar
electro
succino
cárabe
ámbar gris
» pardillo
gafarrón
tea
cuelmo

resinar
entallar
sangrar
» la madera
empegar
desempegar

resinación
entalladura
sangría
sudor
peguera
pega

peguero
empecinado
resinoso
resinero
resinífero
masticino
almastigado
teoso

—

RESINOSO
(V. *Resina*)

—

RESISTENCIA (25, 27)

resistencia
contrarresto
renitencia
oposición
obstinación
obduración
impenitencia
afrontamiento
acareamiento
repugnancia
reacción
negativa
repulsa
desobediencia
indocilidad
rebeldía
obstrucción
rozamiento
intransigencia
severidad
entereza
aguante
fortaleza
fuerza
firmeza
dureza
correa
paciencia

resistir
resistirse
cerdear
remolonear
tener
sufrir
aguantar
soportar
recalcitrar
reaccionar
cuadrarse
plantarse [da
cerrarse a la bandera
tenerse fuerte
tenérselas tiesas
tenerlas tiesas
no dejarse ensillar
poner pies en pared
hacerse de pencas
» de rogar

contrarrestar
impedir
contrastar
contrariar
contradecir
impugnar
rebelarse
forcejar
forcejear
trabajar
pelear
lidiar
rechazar
rebatir
arrostrar
recibir
desafiar
afrontar
enfrontar
encarar
acarear
volverse
resolverse
hacer frente
» cara
» rostro
salir al encuentro
» al camino
mostrar, enseñar, diente
enseñar los dientes
poner el pecho a
dar el pecho

resistidor
soportante
renitente
reacio

resistente
resistivo
resistible
reactivo
fuerte
duro
tenaz
intransigente
recalcitrante
cereño
doble
redoblado
incansable
infatigable
indestructible

resistentemente
infatigablemente
incansablemente
quedo que quedo
a rostro firme

—

RESISTENTE
(V. *Resistencia*)

—

RESISTIR
(V. *Resistencia*)

—

RESOLUCIÓN
(V. *Atrevimiento*)

—

RESOLVER
(V. *Solución*)

—

RESONAR
(V. *Sonido*)

—

RESORTE
(V. *Elasticidad*)

—

RESPETABLE
(V. *Respeto*)

—

RESPETAR
(V. *Respeto*)

—

RESPETO (14, 26)

respeto
respetuosidad
reverencia
veneración
piedad
culto
admiración
miramiento
mesura
deferencia
cortesía
rendimiento
rendición
rendibú
saludo
inclinación
venia
genuflexión
cortesía
homenaje
enaltecimiento
consideración
tolerancia
sumisión
feudo
acatamiento
acato
observancia
regular observancia
devoción
obediencia

respetabilidad
majestad
decoro
honor
autoridad
seriedad
representación
fama
poder
importancia

respetar
acatar
deferir
obedecer
honrar
honestar
considerar
tributar
reverenciar
venerar
adorar
beatificar
saludar
enaltecer
postrarse
prosternarse
rendir honores
rendir la bandera
batir banderas
presentar armas
besar la tierra que otro pisa

inspirar respeto
imponer
suponer
ser presentable

caballero
varón
barba honrada
hombre de estofa
» de copete
padre de la patria
» de su patria
senado
ulmén
sanctasanctórum

respetador
respetuoso
respetoso
respetivo
obsequioso
honrador
reverenciador
reverente
deferente
atento
cortés

respetable
majestuoso
admirable
acatable
autorizado
calificado
considerado
circunspecto
grave
reverenciable
reverendo
venerable
venerando
venerabilísimo
augusto
imponente
tremendo
sagrado
sacratísimo

respetuosamente
respetosamente
reverentemente
obsequiosamente
acatadamente
humildemente
rendidamente
atentamente

—

RESPETUOSO
(V. *Respeto*)

—

RESPIRACIÓN (8)

respiración
respiro
aspiración
inspiración
inhalación
succión
espiración
suspiro
soplo

aliento
alentada
vaharada
resuello
resoplo
resoplido
ronquido
rebufe
hálito
huelgo
ocena

sobrealiento
anhélito
jadeo
acezo
acecido
fatiga
opresión de pecho
anhelación
ahoguío
ahogo
ahogamiento
sofocación
asfixia
soroche
puna
asma
disnea
apnea
opresión
estertor
sarrillo
crepitación
hervidero
sollozo

tos
tose
golpe de tos
tos convulsiva
» ferina
» perruna
tosidura
coqueluche
pechuguera
carraspeo
bostezo
oscitación
casmodia

hipo
hipido
singulto

estornudo
Dios te ayude [sé Jesús, María y José

respirar
aspirar
inspirar
inhalar
espirar
exhalar
alentar
resollar
resolgar
roncar
gañir
resoplar
anhelar
jadear
ijadear
carlear
acezar
desalentar

toser
destoserse
carraspear
hipar
bostezar
badallar

estornudar
asorocharse
apunarse
ahogarse
atufarse
suspirar

respiradero
conducto [rio
aparato respirato-
boca
nariz
garganta
pecho
bronquios
tráquea
pulmón
pleura
branquias
estigmas
agallas
espirómetro

respirador
respirante
inspirador
inspirante
espirador
anhelante
anheloso
asmático
hiposo
tosigoso
tosegoso
carrasposo
cavernoso
roncador
bostezador
bostezante
estertoroso
jadeante
acezoso
respiratorio

respirable
irrespirable
aspiratorio
inspiratorio
espiratorio
estornutatorio
traqueal

—

RESPIRAR
(V. *Respiración*)

—

RESPLANDECER
(V. *Luz*)

—

RESPLANDOR
(V. *Luz*)

—

RESPONDER
(V. *Respuesta*)

—

RESPUESTA (28)

respuesta
contestación
satisfacción
recado
consulta
oráculo [lo
palabras de oráculo
solución
litiscontestación
réplica
replicato
dúplica
tríplica
contrarréplica
reconvención
réspice
catequesis
catecismo
afirmación
negación
discusión
impugnación
despachaderas

responder
contestar
replicar
retrucar
reciprocar
reponer
objetar
duplicar
triplicar
acudir
satisfacer
resolver
absolver las proposiciones [nes
absolver posicio-
» las preguntas [do
darse por entendi-
sacudirse las pulgas
matarlas en el aire
devolver la pelota

respondedor
respondiente
replicador
replicante
interlocutor
catequístico

respondón
replicón
rezongón
retobado
contestable

a vuelta de correo

—

RESTABLECER
(V. *Reposición*)

—

RESTAR
(V. *Substracción*)

RESUCITAR
(V. *Resurrección*)

—

RESUELTO
(V. *Atrevimiento*)

—

RESULTADO
(V. *Efecto*)

—

RESULTAR
(V. *Efecto*)

—

RESUMEN
(V. *Concisión*)

—

RESUMIR
(V. *Concisión*)

—

RESURRECCIÓN (1)

resurrección
renacimiento
palingenesia
regeneración
revivificación

resucitar
revivir
resurgir
renacer

vivificar
reanimar
regenerar
reavivar
revivificar
volver a la vida
dar nueva vida

resucitador
cuerpo glorioso
ave fénix

resucitado
redivivo

—

RETAMA (5)

retama
hiniesta
ginesta
genista
escobera
aspálato
retama blanca
» común
gayomba
piorno
» amarillo
retama macho
» de olor
cambroño
retama negra
» de escobas
» de tintes
» de tintoreros

retamar
retamal
piornal
piorneda

retamero

—

RETARDACIÓN (19, 21)

retardación
retardo
detención
atraso
atrasamiento
retraso
dilación
aplazamiento
remisión
tregua
armisticio
intervalo
descanso
prórroga
prorrogación
plazo
alongamiento
tardanza
morosidad
demora
mora
inducia
dilatoria
dilatorias
largas
alargas
entretenida
estadía
sobrestadía
angaria
lentitud
espera

retardar
retrasar
atrasar
rezagar
postergar
posponer
diferir
dilatar
alargar
remitir
transferir
trasferir
demorar
reservar
enlerdar
encarpetar
endurar
perecear
emperezar
entorpecer
enguerar
embarazar
pausar
roncear
atreguar
aplazar
prorrogar
trasladar
arrastrar
trasnochar
dormir sobre
echar en remojo
entretener
capear
dar largas
ganar tiempo
dar cuerda
dar a la cuerda
tardar
tardarse
detenerse
retrasarse
eternizarse
ser la vida perdurable
ir largo
ir para largo
hacerse tarde
pegársele las sábanas
llegar a los anises
» a la aceituna
llegar a la hora del burro
llegar a la hora del arriero
ser el cuento de nunca acabar

retardador
retardatriz
fuerza retardatriz
retardativo
dilatorio
rezagante
tardador
moroso
tardo

retardado
tardío
tardinero
redrojo
serondo
seruendo
serotino
aplazable
prorrogable
inacabable

tardíamente
tarde
a las tantas
a deshora
a altas horas
a las veinte
a las mil y quinientas
morosamente
de día en día

a tropezones
veremos [día
mañana será otro
tarde piache

—

RETARDAR
(V. *Retardación*)

—

RETIRAR
(V. *Aislamiento*)

—

RETOÑAR
(V. *Tallo*)

—

RETOÑO
(V. *Tallo*)

—

RETORCER
(V. *Curvatura*)

—

RETÓRICA
(V. *Literatura*)

—

RETRACTACIÓN (28, 25)

retractación
retratación
contraorden
contracédula
contraaviso
contramandato
desabono
revocación
rescisión
palinodia
recantación
yo pequé
confiteor
abjuración
perjurio
apostasía
deslealtad
inconstancia
nulidad
revocabilidad

retractar
retratar
revocar
retirar
desmandar
contramandar
rescindir
desavisar
desconvidar
anular
abjurar

retractarse
desdecirse
desatestarse
desnegarse
desabonarse
revotarse
rajarse
ceder
flaquear
volverse atrás
cantar la gallina
echar el pie atrás
llamarse a engaño
» andana
» antana

retractable
retratable
revocable
rescindible

irretractable
irrescindible
irrevocable

revocablemente

—

RETRACTARSE
(V. *Retractación*)

—

RETRAIMIENTO
(V. *Aislamiento*)

—

RETRATAR
(V. *Retrato*)

—

RETRATO (29)

retrato
imagen
copia
autorretrato
vera efigies
efigie
representación
cabeza
cuerpo entero
medio cuerpo
busto
perfil
tres cuartos
silueta
miniatura
pintura
dibujo
grabado
fotografía
escultura
descripción
iconografía
original
modelo
estadía
parecido
semejanza

retratar
retraer
copiar
pintar
pincelar

estar hablando

retratista
retratador

—

RETRETE (11)

retrete
excusado
común
lugar común
privada
necesaria
secreta
letrina
latrina
casilla
garita
evacuatorio [dad
quiosco de necesibeque
jardín
watercloset
orina
evacuación
inodoro
bombillo
mangueta
desagüe
pozo negro

—

RETROCEDER
(V. *Retroceso*)

—

RETROCESO (19)

retroceso
retrocesión
regresión
retrogradación
reculada
retirada
retorno
revoco
repercusión
repercudida
reherimiento
retracción
rechazo
reacción
rebote
regolfo
coz
contramarcha
salto atrás
arredramiento
atraso
regreso

retroceder
retrogradar
retirarse
hacerse atrás
volver pie atrás
volver grupas
retrechar
recular
recalcitrar
cejar
recejar
ciar
tesar
desandar
descorrer
retraerse

rebotar
resurtir
repercutir
repercudir
refluir
regolfar

rechazar
arredrar
rebatir
relanzar
reherir
volver
revocar
retornar

regresivo
retrógrado
refluente

a reculones
atrás

—

REUNIÓN (20)

reunión
conjunto
asociación
sociedad
corporación
cofradía
congregación
agrupación
agrupamiento
grupo
delegación
triunvirato
pléyade
piña
mingaco
minga
rancho
corro
corrillo
cerco
pandilla
peña
corrincho
hato
rueda
rolde
coro [to
acompañamiento
concurrencia
manifestación
asamblea
conjunción
congreso
comicios
sesión
mitin
club
casino
junta
aljama
taifa
comité
ayuntamiento
ajuntamiento
cabildo
senado
academia
consejo
concilio
conclave
cónclave
dieta
definitorio
conciliábulo
conventículo
conventícula
conseja
sinagoga
calpul
cámara
camarilla
partido
confabulación

tertulia
cenáculo
recepción

salón
velada
serano
sarao
quermese
diversión
fiesta
hila
tizonera
esfoyaza
filandón
velatorio
velorio
visita
té
comida
simposio
banquete

reunir
juntar
ajuntar
arracimar
agavillar
cayapear
congregar
convocar
llamar
acabildar
agrupar
apiñar
hacer gente

reunirse
unirse
juntarse
abocarse
arrancharse
arrimarse
apeldarse
arracimarse

conversación
discusión
dictamen
ponencia
acta
ágora
basílica
casino
círculo
club
liceo
acudidero
conejera
rebotica

asistente
manifestante
concurrente
vocal
tertuliano
contertuliano
contertulio

—

REUNIR
(V. *Reunión*)

—

REVELACIÓN (28)

revelación
revelamiento
confidencia
indiscreción
manifestación
difusión
publicación
descubrimiento
acusación
soplo
indicio
indicación
señal

revelar
descubrir
manifestar
decir
exteriorizar
confesar
cantar
parlar
desembuchar
desbuchar
vomitar
buhar
escudillar
divulgar
propalar
publicar
pregonar
acusar
argüir
ralear
desenmascarar
desencastillar

espontanearse
clarearse
transparentarse
trasparentarse
reflejarse
franquearse
explayarse
abrirse
vaciarse
desabrocharse
descoserse
descomedirse
berrearse
correrse
venderse
escurrirse
remorderse

poner en pico
declararse a
confesar de plano
cantar de plano
abrir su corazón
descubrir su pecho a
abrir su pecho a
» su pecho con
fiar el pecho
declarar su pecho
quitarse el embozo
dejarse decir
soltar prenda
sacar a relucir
irse la lengua
soltar la lengua al aire
irse la mula
hablarlo todo
vaciar el costal
declarar su corazón [en la calle
echar un secreto
perder por el pico
hacer palacio
dar un cuarto al pregonero

escapársele una especie
vaciar el costal
resollar por la herida [rida
respirar por la herida
descubrir la hilaza [dera
descubrir la matener mucho pico
no retener nada en el estómago
no quedarse con nada en el pecho
no caber en el pecho
confesar sin tormento
nombrar partes

revelador
revelante
revelandero
hablador
indiscreto
descosido
viento
búho
hierofante
mistagógico

—

REVELAR
(V. *Revelación*)

—

REVENTAR
(V. *Estallido*)

—

REVÉS (al)
(V. *Inversión*)

—

REVESTIMIENTO
(V. *Cubrimiento*)

—

REVISTA
(V. *Periódico*)

—

REY (30)

rey
reinador
reyezuelo
virrey
reina
virreina
regente
corregente
gobernador
soberano
faraón
jefe
príncipe
princesa
conde de Barcelona [rias
príncipe de Asturias
princesa de Asturias
delfín
reyes magos
infante
infantillo
infanta
infantesa
casa real
corte
realeza
realdad
poder real

púrpura
cetro
estoque real
corona
trono
camón
cortina
manto
ínfulas
cota
dalmática
tabardo
palio
marcha real [ra
» » fusilera

reinar
regir
conreinar
empuñar el cetro
alzar por rey a
» rey a
cubrirse [da
tomar la almohada
dar almohada
primearse

reinado
correinado
regencia
corregencia
interregno
jornada
ley sálica
monarquía
dinastía
restauración

corte
besamanos
recepción
día de joya
» de gala
» de media gala

favorito
valido
cortesano
palaciego
palatino
áulico
hombre de Estado
continuo
cuarto militar
camarilla
alcoba

noble
gardingo
guarda mayor del cuerpo real
guarda mayor del rey
grefier
canciller
chanciller
» mayor
» del sello de la puridad
veedor
contralor
racional
maestre racional
maestre de hostal
maestro de hostal
almotacén
aposentador mayor de palacio
aposentador de camino
baile general
maestro de ceremonias [yor
mayordomo mayor
senescal [mana
mayordomo de semana
chambelán
camarlengo
gentilhombre
gentilhombre de cámara
» de entrada
» de boca
» de lo interior
» de la casa
» de manga
menino
bracero
acroy
sobrellave
camarero
» mayor
sumiller
» de corps
caballerizo [po
» de campo
» del rey
» mayor del rey
primer caballerizo del rey
ballestero mayor
cazador mayor
palafrenero mayor
guardadamas
batidor
carrerista
costiller

sobrestante de coches
librador
montero de cámara [nosa
montero de Espinosa
ujier de cámara
» de armas
armero mayor
paje de guión
guadarnés
alférez mayor de Castilla
alférez mayor del pendón de la divisa [rey
alférez mayor del rey
alférez mayor
ballestero [za
ballestero de maza
ballestero de corte
guardajoyas
joyelero
guardamuebles
tapicero mayor
cerero mayor
repostero
veedor de vianda
potajier
despensero mayor
escuyer
cortador
trinchante [rey
copero mayor del rey
» mayor de la reina
sausier
coquinario del rey
zatico
zatillo
hombre del rey
mozo de oficio
ayuda
limosnero
regalero
escudero de a pie
zorrero
casiller

capellán de honor
» de altar
» real
sumiller de cortina
capellán mayor del rey
ayuda de oratorio
capilla
protomédico
estuche del rey

protomedicato
facultad

dama
camarera mayor
señora de honor
dama de honor
dueña de honor
guardamujer
menina
camarista
azafata
cunera
asistenta

llave de entrada
» dorada
» capona
punzón
sumillería (cargo)
senescalía
senescalado
oficio de la boca
» de boca
repostería
sausería (cargo)

reales
real sitio
palacio
casa real
» del rey
alcázar
basílica
patrimonio real
capilla real
cancel
cámara
antecámara
saleta
audiencia
escucha
zaguanete
intendencia
mayordomía
maestría de la cámara
oficio
guardarropa [ños
cámara de los paños
cerería
guardajoyas
sumillería (lugar)
cocina de boca
panetería
sausería (lugar)
frutería
furriera
furriela
cava
aposento
aposento de corte
mesa de estado

caballerizas
regalada
acemilería

tratamiento
señor
majestad
primo
fidelísimo
católico
cristianísimo
gracioso
alfonsino
alfonsí
enriqueño
isabelino

real
reinante
correinante
regio
ungido
áulico
palatino
palaciego
palaciano
cortesano
» de cámara
monárquico
dinástico

regiamente

—

REZAR
(V. *Oración*)

—

RIACHUELO
(V. *Río*)

—

RIBERA (3)

ribera
orilla
margen
ribacera
soto
vera
borde
camino de sirga

costa
costera
litoral
lengua del agua
marina
marisma
estuario
estero
marea
sable
sablera
playa
playazo
playón
playuela
grao
cantil
acantilado
frontón
batiente
rompiente
vanguardias
declive
arrumbamiento
contracosta
balsadero
balsadera
leja
pedrero
restañadero
resalsero
(bahía, ensenada, etc. V. *Golfo*)

fondeadero
puerto

mar
río
lago

cabo
angla
punta
repunta
pezón
promontorio
morro
castro
hacho
duna
lengua de tierra
bojeo

despedir
bojar

ribereño
riberano
costero
costanero
costeño
litoral
playado
a pique

—

RICINO

ricino
rezno
crotón
cherva
querva
tártago de Venezuela
higuera infernal
higuera del infierno
higuera del diablo
higuereta
higuerilla
palmacristi

—

RICO
(V. *Riqueza*)

—

RIDICULEZ (14, 18, 24, 26, 29)

ridiculez
extravagancia
bufonada
truhanería
mamarrachada
arlequinada
albardanería
patarata
payasada
plancha
birria
torpeza
garambainas
jerigonza
histrionismo
inelegancia
vulgaridad
burla
caricatura
broma
risa

ridiculizar
caricaturizar
poner en ridículo
» en solfa
» en punto de solfa
bufonizar
hacer el oso
» el paso
» figuras

caricato
hazmerreír
mamarracho
moharracho
moharrache
homarrache
facha
adefesio
títere
estafermo
esperpento
pasmarote
tipejo
calandrajo
arlequín
visión
bicho
figura
» de tapiz
arrancado de un tapiz
ente
paso de comedia
irrisión
cachivache
ñaque
histrión

ridículo
extravagante
grotesco
charro
irrisorio
irrisible
cursi
risible
cómico
chocarrero
figurero
gaitero
bufonesco
fachoso
fachudo
despachurrado

ridículamente
grotescamente

—

RIDICULIZAR
(V. *Ridiculez*)

—

RIDÍCULO
(V. *Ridiculez*)

—

RIEGO (36)

riego
regadura
irrigación
sorriego
resfriado
baldeo
matapolvo
jarique
alema
rociamiento
correntía
agua cibera
aguacibera
inundación
hidráulica
cultivo

regar
sorregar
irrigar
canalizar
abrevar
rociar
rujiar
baldear
mojar
salpicar
bañar
doblar
entandar
adrar
jaricar
correntiar
matar el polvo

tribunal de las aguas

alporchón
dula
dúa
adula
cenia
hecha
almoceda
cafizamiento
ador
jarique
ley de aguas
tandeo
cosera

estanque
partidor
azud
torrecilla
arqueta
atochada
mota
pollo
caballón
presa
tablada
dique

regadera
rociadera
hurtagua
almarraja
almarraza
roseta
rallo
lluvia
alcachofa

reguera
reguero
almatriche
regadera
regadero
regona
cauce
codera
clavijera
abertura
boquera
bocacaz
boquilla
acequia
canal
colector
conducto
surco
noria
azuda
zuda
azut
zúa
máquina **hidráulica**
bomba
manga
manguera
lanza
boca de riego

alcorque
socava
torna
tornadero
torga

regador
regante
manguero

alamín
alcalde alamín
atandador
azutero
codero
alfardero
cabecequia
tablachero
atopile

regadío
regadizo
regable
irrigable
codero
sediento

a manta

—

RIESGO
(V. *Peligro*)

—

RIFA
(V. *Lotería*)

—

RÍGIDO
(V. *Dureza*)

—

RIGOR
(V. *Severidad*)

—

RIGUROSO
(V. *Severidad*)

—

RINCÓN
(V. *Ángulo*)

—

RIÑA
(V. *Contienda*)

—

RIÑÓN (7)

riñón
rene
riñonada
pelvis
uréter
cápsula atrabiliaria
» renal
» suprarrenal
orina

nefrosis
nefritis
cólico nefrítico
» renal
dolor nefrítico
mal de Bright
pielitis
cálculo
nefrolito

desriñonar

renal
suprarrenal
reniforme
nefrítico
arriñonado

—

RÍO (3)

río
guad
riacho
riachuelo
riatillo
afluente
subafluente
tributario
estero
brazo de río
ría
torrente
arroyo
arroyuelo
rivera
regato
regajo
roza
fragüín
clamor
reguero
cañada
potamología
hidrografía

manantial
nacimiento
cabecera
puntas
confluencia
horcajo
mestas
desembocadura
desembocadero
desemboque
barra

recodo
horqueta
meandro
caney
torno
delta
mejana
isla

remanso
rebalsa
cadozo
restaño
torna
tojo
pozo
pozanco
hoya
tabla de río
» de agua
tablar
tablazo
cancha
vado
esguazo
vadera
agua
caudal
corriente
fusentes
hilero
venaje
raudal
recial
rápido
rabión
cachón
chorrera
cascada
remolino

crecida
creciente
llena
ejarbe
macareo
pororoca
inundación
menguante
estiaje

cuenca
valle
arroyadero
arroyada
badén
zubia
cauce
rambla
alfaque
fondo
pongo
hoz
foz
hocino
honcejo
cañón
delta
isla
derrubio
huaico
cargadal
cañal
cañar
ribera

correr
fluir
bañar
regar
afluir
confluir
ahocinarse
encajonarse
remansarse
perderse
meterse
entrar
desaguar
vaciar
desembocar
desbocar
descargar
derramar
derrubiar
robar
hurtar
arrollar
arroyar
crecer
ir alto
desbravar
aplayar
entumecerse
hincharse
hinchársele las narices
menguar

vaciar
avadar
secarse

encauzar
canalizar
encañonar

vadear
esguazar
navegar [*ción)*
(sirgar, V. *Trac-*

vaquear
pelotear

canal
obra **hidráulica**
dique
presa
cestón
palizada
encajonado
ataguía
puente

embarcación
pontón
barga
oroya
tarabita
pelota
balsa
balsadera
balsadero
andarivel
sondaleza
hincón
vadeador

fluvial
fluviátil
subfluvial
hidrográfico
amnícola
caudaloso
caudal
crecido
alto
seco
torrencial
pando
flotable
vadeable
vadoso
esguazable
invadeable
impertransible
tiberino
guadianés
lerense

agua arriba
» abajo

—

RIQUEZA (33)

riqueza
abundancia
bonanza
bienestar
opulencia
bienes
dinero
fortuna
fortunón
oro
tesoro
potosí
india
jauja
becerro de oro
vellocino de oro
el oro y el moro
este mundo y el otro
tesoro de duende
hacienda
economía
economía política
censo
casa fuerte
tierra del pipiripao

enriquecimiento
ganancia
fausto
derroche

enriquecer
prosperar
ennoblecer
aumentar
acopiar
acumular
ahorrar
ganar
poseer
tener
tener bien herrada la bolsa
tener cuartos
» talego
» cubierto el riñón
vivir con desahogo
jugar de lomo
vivir en Jauja
lucirle el pelo
estar en grande
tener barro a mano
no saber lo que tiene
correr la moneda

enriquecerse
hincharse
engordar
granar
hacerse rico
» de oro
ponerse las botas
echar doblonadas
escupir doblones

enriquecedor

hombre de dinero
» de fondos
pájaro gordo
nabab
nababo
capitalista
indiano
perulero
ulmén
godo
habanero
potentado
potestad
millonario
archimillonario
multimillonario
fúcar
creso
mecenas
plutócrata
advenedizo

gente gorda
» de plaza
» de pelo
» de pelusa
nobleza
plutocracia
timocracia

rico
ricote
ricacho
ricachón
acomodado
hacendado
sobrado
sobrante
holgado
desahogado
pudiente
poderoso
opulento
granido
lauto
opimo
godeño
godizo
florido
valioso
dineroso
adinerado
acaudalado
caudaloso
amillonado
plutocrático

ricamente
opulentamente
largamente

—

RISA (14, 28)

risa
retozo de la risa
flujo de reír
» de risa
risotada
risoteo
risada
carcajada
caquino
riso
sonriso
sonrisa
risa falsa
» sardónica
» sardesca
» de conejo
risica

risibilidad
hilaridad
jocosidad
comedia
paso de comedia
tragicomedia
donaire
chiste
bufonada
histrionismo
(humorismo, etc. V. *Ironía*)
sátira
zaherimiento
(farsa, sainete, etc. V. *Teatro*)
(caricatura, parodia, etc. V. *Imitación*)
burla
pujo
chacota
extravagancia
ridiculez
cosquilleo
cosquillas
cosquillejas
chocoyo
coquito
camanance
sardonia

reír
reírse
sonreír
tomar
soltar
carcajear
encanarse
estar para reventar la risa
retozar la risa
» la risa en el cuerpo
comerse de risa
soltar el trapo
» el chorro
morirse de risa
finarse de risa
reventar de risa
reír a mandíbula batiente
descalzarse de risa
descoyuntarse de risa [risa
despedazarse de
desperecerse de risa
desternillarse de risa
caerse de risa

bufón
gentilhombre de placer
histrión

reidor
riente
risueño
sonriente
sonrisueño
carialegre
tentado a la risa
» de la risa
cosquilloso

reidero
risible
cómico
exhilarativo
ridículo
gelasino
hilarante
(divertido, jocoso, festivo, etc. Véase *Donaire*)

risiblemente

ja, ja, ja
je, je, je
ji, ji, ji
hi, hi, hi

—

RISCO (3, 4)

risco
peñasco
peña
peñón
faya
castro
sierro
roca
piedra
morro
cabezo
con
islote
roquedo
farallón
farillón
farellón
molejón
berrueco
tolmo
tormo
llambria
jorfe

precipicio
escollo
abrojos
riscal
peñascal
roquedal
roqueda
cancho
canchal
berrocal
carbonera
tolmera
tormera
tormellera
tormagal
escabrosidad
montaña
cumbre

riscoso
arriscado
enriscado
peñascoso
rocoso
roqueño
roquero
rupestre

—

RISIBLE
(V. *Risa)*

—

RISUEÑO
(V. *Risa)*

—

RÍTMICO
(V. *Ritmo)*

—

RITMO (21)

ritmo
rítmica
cadencia
compás
alternación
ciclo
(periodicidad, periódico, etc. V. *Repetición)*
medida
número
acento
cesura
escansión
intercadencia
intervalo
isocronismo
euritmia
armonía
proporción
pulso
arritmia
dicrotismo
síncopa
anacrusis
anacrusa

acompasar
marcar el compás
medir
escandir
acentuar
constar (el verso)
sincopar
alternar

rítmico
monorrítmico
eurítmico
isócrono
acompasado
cadencioso
numeroso
armonioso
moduloso
cíclico
sincopado
arrítmico
dicroto

a compás
a contratiempo, etcétera

—

RIVAL
(V. *Rivalidad)*

—

RIVALIDAD (27)

rivalidad
antagonismo
oposición
contienda
lucha
competencia
concurrencia
contención
concurso
certamen
oposiciones
apuesta
desafío
pique
pugna
emulación
envidia
celos
enemistad

competir
rivalizar
desafiar
emular
hombrear
apostar
apostarlas
apostárselas
entrar en liza
echar rivalidad
echarse a
ponerse con
apostarse
echar raya
declarar la guerra
subirse a las barbas
pisar los talones

competidor
rival
émulo
emulador
contrincante
contrario
adversario
enemigo
tirios y troyanos
güelfos y gibelinos
montescos y capeletes
giles y negretes
cegríes y abencerrajes
beamonteses y agramonteses
bejaranos y portugaleses

a cual más
a porfía
a competencia
sobre apuesta
de apuesta
a tema

—

RIZOMA
(V. *Raíz)*

—

ROBAR
(V. *Robo)*

—

ROBLE
(V. *Encina)*

—

ROBO (32, 33)

robo
» con fractura
escalo
rapto
privación

irregularidad
desfalco
malversación
peculado
concusión
rapacidad
rapacería
cleptomanía
uña
sutileza
feila
paulina
compuesta
piratería

hurto
ratería
estafa
aletazo
timo
sisa
sangría
juego de manos
tiro
garsina
garfiña
brasero
socorro
mete dos y saca cinco
garrama
abrazado
sangría
latrocinio
ladronicio
ladronería
ladronera
desvalijamiento
rapiña
pillaje
pilla
pecorea
saqueo
saqueamiento
depredación
atraco
salteamiento
salteo
capea
capeo
abigeato
arreada
apartamiento de ganado

robar
latrocinar
tomar
usurpar
coger
apandar
malversar
desfalcar
distraer
estafar
defraudar
cangallar
expilar
privar
despojar
arrancar
desvalijar
rapiñar
rapar
arrapar
despabilar
descorchar
saquear
entrar, meter, a saco
pillar
correr
saltear
atracar
depredar
capear
garbear
pecorear
merodear
receptar

hurtar
quitar
raspar
gatear
substraer
sainar
sangrar
limpiar
soplar
timar
ratear
escamotear
escamotar
pulir
sisar
afanar
arrear
auñar
desuñarse
aliviar
pellizcar
sonsacar
galimar
murciar
percollar
motar
bailar
buscar
garfiñar
garsinar
garramar
trincar
garrafiñar
garrapiñar
mariscar
carmenar
trabajar
fatigar
hormiguear
bolsear
calar
alternar
no ser manco
ensuciarse las manos

untarse
pringarse
tener las uñas afiladas
salir al camino
andar al camino
ir a la raspa
quitar a... la capa
dejar en pelota
hacer uno noche alguna cosa
hacerse noche
filtrarse

robo
hurto
alzado
sisa
presa
mercadería
empleo
calado
bobo
sobaquido
marisco
gavillada

ladrón
ladronzuelo
ladroncillo
ladrillo
rapaz
cleptómano
cleptomaniaco
caco
robador
rapiñador
rapante
despojador
depredador
desfalcador
desvalijador
atracador
saqueador
pillador
salteador

salterio
ermitaño de camino
capeador
ganzúa
archiganzúa
efractor
escalador
levador
golfín
bandolero
bandido
apache

ladrón cuatrero
cuatrero
apartador
caballista
abigeo
abigeato
almiforero
lobatón
gomarrero
gruñidor

hurtador
ratero
rateruelo
rata
descuidero
randa
sisador
sisón
choro
estafador
timador
carterista
perista
receptador
garitero

ratón
garduño
comadreja
mariscante
monfí
maleta
carrilano
grumete
gatera
cicarazate
cicatero
cicateruelo
alcatifero
murcio
murciélago
murcigallero
murciglero
juanero
lagarto
landrero
levador
azor
ermitaño
cangallero
tropelero
altanero
bajamanero
caleta
caletero
chirlerín
gollero
picador
desmotador
calabacero
corredor
cachuchero
hormiguero
comendador de bola

paletero
faltrero
fulidor
macuteno
voleador
galafate
redero
farabusteador
volatero
percador
hondeador

guzpatarero
gato
rastillero
raquero
volata
lechuza
mercader
buscón
chancero
cortabolsas
garabero
aquileño
filatero
ventoso
mareador
bajamano
birlesco
similirrate
buzo
salterio
birloche
belitrero
brasa
chucero
hacho
turlerín
atalaya
gerifalte
lobo
sacre
palanquín
bailón
baile
bailador
ciquiribaile
ave de rapiña

ladrona
mechera
salteadora
bandolera

rufián
santero
correo
carduzador
aliviador
antor
azorero
aguilucho
aguileño
avispón
piloto
polinche
poleo
alatés
gavillador
cofrade de pala
arrendador
cherinol

ladronesca
bandolerismo
bandidaje
gente de la garra
» de seguida
camada
jacarandaina
jacarandina
jacarandana
jarandina
esquifada
rodeo
cherinola
cofradía
birlesca
bateles

ganzúa
llave
calabaza
clauca
palanqueta
calador
linterna sorda
atarazana
aduana
puerto de arrebatacapas
caleta buena

ladronesco
engatado
listo de manos
largo de uñas

robado
robadizo
hurtado
rastillado
jacarandino

en cuadrilla
bajamano

ROBUSTO
(V. *Fuerza*)

—

ROCA
(V. *Geología*)

—

ROCIAMIENTO (2)

rociamiento
rociadura
rociada
rujiada
roción
rocío
aljófar
salpicadura
salpique
salpicón
asperges
aspersión
riego
gota

rociar
rujiar
rosar
salpicar
esparcir
derramar
asperjar
aspergear
hisopear
hisopar
espurrear
espurriar
estufarrar
escobazar
bautizar
irrigar
regar

rociador
aspersorio
hisopo
regadera

—

ROCIAR
(V. *Rociamiento*)

—

ROCÍO (3)

rocío
rociada
aljófar
marea
aguada
cencellada
escarcha
escarche
rosada
helada blanca
sereno
relente
cencío

rociar
rosar
escarchar
zaracear

rociado
escarchado

—

RODADA
(V. *Surco*)

—

RODAJA
(V. *Círculo*)

—

RODAR
(V. *Vuelta*)

—

RODEO
(V. *Desviación*)

—

RODILLA (7)

rodilla
hinojo
rótula
articulación
rodillera
sinovitis

arrodillar
ahinojar
humillar

arrodillarse
postrarse
prosternarse
hincarse
hincar la rodilla
doblar la rodilla
hincar las rodillas
hincarse de rodillas
castañetear

arrodillamiento
arrodilladura
arrodillada
genuflexión
postración

rodillada
rodillazo

reclinatorio
propiciatorio

rodillero
rodilludo
rotuliano
rotular
patelar

de rodillas
de hinojos
a media rodilla

—

ROER
(V. *Mordedura*)

—

ROGAR
(V. *Petición*)

—

ROMANA
(V. *Peso*)

—

ROMERÍA
(V. *Peregrinación*)

ROMO [to)
(V. *Embotamien-*

ROMPER
(V. *Rotura)*

—

RONCO
(V. *Afonía)*

—

RONDA
(V. *Guardia)*

—

RONDAR
(V. *Guardia)*

—

RONQUERA
(V. *Afonía)*

—

RONZAL (38)

ronzal
ramal
cabestro
bozo
bozal
diestro
camal
dogal
brida
guarniciones

cabestrar
encabestrar
desencabestrar

cabestrero

cabestrería

—

ROPA
(V. *Vestidura)*

—

ROSA
(V. *Rosal)*

—

ROSAL (5)

rosal
» amarillo
» de Alejandría
» de olor
» castellano
» de pitiminí
» de cien hojas
» blanco
mosqueta
» silvestre
escaramujo
alcaracache
rosal silvestre
» perruno
galabardera
gabarda
tapaculo
zarzaperruna
zarza lobera
agavanzo
gavanzo
carmín

rosa
roseta
rosetón
pimpollo
capullo
rosa de Jericó
» de pitiminí
zarzarrosa
gavanza
agavanza

rosalera
rosaleda

—

ROSARIO (1)

rosario
corona [gen
letanía de la Vir-
» lauretana
parte de rosario
tercio
salterio
camándula

guiar el rosario
dirigir el rosario
gloriar
rezar

sarta
decenario
cuenta
» de perdón
agallón
coco
frutilla
avemaría
padre nuestro
padrenuestro
gloria patri
diez
cruz

rosariero

—

ROTULAR
(V. *Rótulo)*

—

RÓTULO (28)

rótulo
rétulo
rotulata
rotulación
título
subtítulo
lema
epígrafe
rúbrica
rubro
inscripción
letrero
cartel
pasquín
placarte
transparente
anuncio
muestra
tejuelo
tarjeta
etiqueta
marbete

titular
intitular
sobrescribir
rotular
publicar

rotulador

—

ROTURA (20)

rotura
rompimiento
rompedura
ruptura
fractura
fracaso
confracción
efracción
refracción
quiebra
quebradura
brecha
escalo
estallido
explosión
reventón
reventazón
destrozo
estropicio
estrapalucio
golletazo
hendedura
cisura
quebranto
quebramiento
quebrantamiento
quebrantadura
desgarramiento
desgarradura
rasgadura
desgarrón
desgarro
rasgón
rasgado
siete
andrajo
desgajadura
dilaceración
mella
melladura
piquete
silbato
hueco
punto
tris

romper
fracturar
cortar
partir
trozar
tronzar
tronchar
desgajar
arrancar
separar
abrir
saltar
forzar
derrotar
descerrajar
cachar
escachar
escacharrar
esganchar
estrellar
esclafar
escaliar
fracasar
apitonar
rajar
rachar
hender
astillar
rasgar
desgarrar
descalandrajar
arpar
carpir
dilacerar
quebrantar
quebrar
requebrar
resquebrar

escalar
triturar
moler
destruir
aplastar
reventar
machacar
desmenuzar
deshacer
trisar
trizar
destrizar
zalear
destrozar
deteriorar
batir
mellar
desojar
desbocar
desboquillar
desportillar
aportillar
descantillar
escantillar
descantonar
desfondar
desgolletar
descular
hacer piezas
» trizas
» añicos
» cisco
» tortilla

romperse
sentirse
rendirse
descascarse
despezonarse
cortarse
irse
reírse
saltar
fallar
estallar
hacerse pedazos
estar hecho una criba

rompedor
rompiente
partidor
quebrador
quebrante
quebrantador
quebrantante
efractor
quebradera
rasgador
desgarrador
destrozador
desmallador
refringente
iconoclasta

mazo
trincapiñones
cascanueces

roto
rompido
quebrantado
jironado
rompible
rompedero
deleznable
quebradizo
quebrajoso
saltadizo
clástico
vidrioso
lezne
frágil
irrompible
infrangible

—

ROZAR
(V. *Frotamiento)*

—

RUBOR
(V. *Vergüenza)*

—

RUBORIZARSE
(V. *Vergüenza)*

—

RÚBRICA
(V. *Firma)*

—

RUDIMENTARIO
(V. *Nociones)*

—

RUDIMENTOS
(V. *Nociones)*

—

RUECA
(V. *Hilo)*

—

RUEDA (2)

rueda
rodezuela
rodaja
rodezno
volante
excéntrica
corona
tambor
disco
círculo
estrella
plataforma
rueda de **molino**
máquina **hidráulica**
tabanque
andaraje
albaraca
carreta
rueda dentada
polea

(diente, piñón, álabe, paleta, trinquete, linguete, etc. V. *Acoplamiento, Máquina)*

linterna
engranaje
rodaje
carruaje
carril
rodada
surco

eje
cubo
macilla
buje
loriga
sortija
bocín
estornija
radio
rayo
cambón
pina
cama
camba
cambucha
camón
calza
recalzón
recalzo
recalce
calzadura
calzadera
calce
camones
camonadura
torillo
plantilla
llanta
oruga
banda
neumático
cámara
cubierta
salvabarros
enrayar
encambar
enllantar
centrar
descentrar

enejar
endentar
rodar
rotar
rular
engargantar
engranar
acoplar

rodero
ruedero
ruano
dentado
desgranado

—

RUFIÁN
(V. *Prostitución)*

—

RUIDO
(V. *Sonido)*

—

RUIDOSO
(V. *Sonido)*

—

RUMBO
(V. *Navegación)*

—

RUMIANTE (6)

rumiante
rumiador
rumiantes
bóvidos
cérvidos
óvidos
antílopes
ganado

toro (vaca, ternera)
cabra
rupicabra
oveja (carnero, cordero)
jirafa
camello pardal
pardal
bisonte
toro mejicano
cíbolo
cíbola
camello
camellejo
gamello
garañón
camella
meharí
dromedario
uro
búfalo
carabao
cebú
gaurc
aurochs
gayal
antílope
cervicabra
gacel
gacela
gamuza
gamuzón
camuza
camuzón
rebeco
robezo
rupicabra
sarrio

búbalo
ciervo
cierva
venado
guazubirá
enodio
alero
cervato
anta
ante
dante
danta
alce
bestia
gran bestia
reno
rangífero
rengífero

caribú
tarando
berrendo
gamo
gama
dama
paleto
paletero
estaquero
gamezno
corzo
corza
corcino
cohobo
güemul
guanaco
llama [rra
carnero de la sie-

alpaca
paco
» llama
vicuña
taruga
almizclero
portaalmizcle
cabra de almizcle
cervatillo

herbero
hebrero
panza
herbario
redecilla
retículo
bonete
libro

librillo
cuajo
cuajar
cuajarejo
abomaso
ventrón
bezoar
cuerno

rumiar
remugar
rebramar
gamitar
bramar
amblar

rumia
rumiadura

brama
ronca
gamitido
voz

venadero
escodadero
picadero
caracha
camellería

rumiante
rumión
topetudo
cervuno
cervino
cerval
cervario

bufalino
acamellado
almizclero
almizcleño

—

RUMIAR
(V. *Rumiante*)

—

RUMOR
(V. *Publicación*)

—

RÚSTICO
(V. *Incultura*)

—

S

SABANA
(V. *Cama*)

—

SABER
(V. *Sabiduría*)

—

SABIDURÍA (23)

sabiduría
sapiencia
conocimiento
conocencia
cognición
saber
sabihondez
omnisciencia
(presciencia, presentimiento, etc. V. *Previsión*)
experiencia
pericia
competencia
vista
inteligencia
habilidad
conciencia
secreto
desengaño
erudición
lectura
cultura
instrucción
fondo
doctrina
teoría
literatura
letras
conocimientos
fuerte
arsenal
noticias
barniz
intuición
nociones
arte notoria
» angélico
» de los espíritus
teosofía
gnosis
nosis
perogrullada
verdad de Perogrullo
idea
dato
información
clave
llave
ciencia
empirismo
criticismo
notoriedad
certidumbre
templo (del saber)
doctorado

saber
conocer
entender
calar
observar
advertir
percatarse
echar de ver
resaber
poseer
dominar
enterarse
desayunarse

conocerse
reconocerse

estar... en...
» al corriente de
estar al tanto de
» en autos
» en los autos
» en el cuento
» en el caso
» al cabo de
» » » de la calle
estar fuerte en

tener el cabo del trenzado
estar en los ápices de [de
estar a lo último
no pecar de ignorancia
saber al dedillo
» como el avemaría

tener en la uña
saber cuántas son cinco
saber de buena tinta
llegar a oídos de
caer en
caer en la cuenta
ponerse al cabo de
ponerse al cabo de la calle [tos
ponerse en los audarse por entendido
saber más que Merlín
» más que Lepe
calzar muchos puntos
» pocos puntos
no ser cojo ni manco
no ser rana
tener muletas
ser más conocido que la ruda

hacer saber
informar
enseñar

sabio
salomón
séneca
amauta
doctor
fénix
mandarín
lumbrera
luminar
oráculo
háber
alfaquí
faquí
rabí
hacán
pensador
humanista
clérigo
hombre lleno
» de ambas sillas
hombre de todas sillas [letras
hombre de buenas
hombre de pro
» de provecho
hombre hecho
pozo de ciencia
maza de Fraga
buen sastre

sabido
sapiente
sapientísimo
valentísimo
noticioso
versado
competente
fuerte
inteligente
instruido
ilustrado
documentado
letrado
entendido
docto
culto
perito
técnico
erudito
general
universal
omniscio
omnisciente
omnisapiente

sabihondo
sabiondo
sabidillo
resabido
padre de concilio
Petrus in cunctis
sabelotodo
erudito a la violeta
leído y escribido
licenciado
marisabidilla
doctora
(pedante, etc. V. *Afectación*)

sabedor
sabiente
esciente
inteligenciado
enterado
consciente
cierto
certero
noticioso
consabidor
conociente
experto

sabido
consabido
sapiencial
teórico
cognoscitivo
noto
notorio
público
proverbial
corriente
común
familiar
trivial
trillado
pilonero
ordinario
inteligible
comprensible
incomprensible

sabiamente [te
sapientísimamenconscientemente
de ciencia propia
doctamente
eruditamente
escientemente
a sabiendas
con conocimiento de causa
de **memoria**

¡to!

—

SABIO
(V. *Sabiduría*)

—

SABLE
(V. *Espada*)

—

SABOR
(V. *Gusto*)

—

SACAR
(V. *Extracción*)

—

SACERDOTAL
(V. *Sacerdote*)

—

SACERDOTE (1)

sacerdote
clérigo
cura
ministro de Dios
» del Señor
eclesiástico
hombre de Iglesia
apostolical
secular
ungido
padre
mosén
bonete
farfaro
raso
pápaz
presbítero
compresbítero
oblato
capellán
abate
preste
fraile
confesor
director espiritual
arcipreste
religioso
canónigo
prelado
cardenal
papa
misionero
predicador
sacristán
seminarista
colegial
» capellán
becario
ordenando
ordenante
clérigo de corona
» de menores
minorista
coronado
ostiario
abate
tonsurando
tonsurado
diácono
levita
subdiácono
acólito
corista
lector
clérigo de cámara
simple sacerdote
clérigo de misa
celebrante
misacantano
misero
pasionero
pasionista
epistolero
evangelistero
exorcista
freile
freire

párroco
cura párroco
» propio
» de almas
padre de almas
cura
vicario perpetuo
abad
plébano
doctrinero
prior
rector
comendatario
cura ecónomo
coadjutor
coadyutor
sotacura [na
sumiller de corticolector
obituario
cura de misa y olla
canchero
moralista
capigorrón
capigorrista
capigorra
licenciadillo
saltatumbas
clerizonte
clerizángano

sacerdote
pastor **protestante**
parabolano
pope
pontífice
sumo sacerdote
flamen
» dial
» marcial
» quirinal
» augustal
augur
arúspice
aurúspice
coribante
hierofante
hierofanta
mistagogo [tal
sacerdote augus-
séviro augustal
cultrario
victimario
salio
levita
bracmán
brahmán
brahmín
bonzo
rabino
(imán, almuédano, etc. V. *Islamismo*)
gimnosofista
druida
lama
dalai-lama
mago

sacerdotisa
papisa
diaconisa
pitonisa
fitonisa
vestal
ménade
druidesa
aclla
ama (de cura)

brazo eclesiástico
iglesia
cabildo
capilla
sínodo diocesano
coro

clero
» secular
parroquia
clerecía
clериguicia
clerigalla
curia romana

entrar en la Iglesia
acogerse a la iglesia
apostatar
(ordenarse, etc. V. *Der. canónico*)
mudar estado
tonsurar
ahorcar los hábitos

sacerdocio [rio
sagrado ministe-
estado eclesiástico
altar
presbiterado
presbiterato
clericatura
clericato
clerecía
curato
cura de almas
vicariato
vicaría
» perpetua
doctrina
economato
coadjutoría
religión
culto

voto
crisma
licencias
corona
tonsura
hierocracia
teocracia
clericalismo
anticlericalismo
clerofobia
(orden sacerdotal, congrua, prebenda, beneficio, etc. V. *Der. canónico*)
diezmo

hábitos
sotana
sotanilla
loba
manteo
balandrán
manga
cuello
alzacuello
collarín
sobrecuello
esclavina
arillo
beca
vestidura
ornamentos **litúrgicos**
sombrero
teja
bonete
solideo
birrete

trábea
lituo
ínfulas
lauréola
laureola

templo
parroquia
abadía
vicaría
diaconía
seminario
seminario conciliar

sacerdotal
hierático
levítico
presbiteral
clerical
diaconal
arctado
artado

capilludo
incongruo
mistagógico
druídico
clerófobo
anticlerical

clericalmente
eclesiásticamente

—

SACERDOTISA
(V. *Sacerdote*)

—

SACIAR
(V. *Saciedad*)

—

SACIEDAD (8, 14)

saciedad
satisfacción
empalago
empalagamiento
hartura
saturación
indiferencia
cansancio
fastidio
asco
hartazgo
hartazón
hartada
atracón
panzada
tripada
empipada
tupitaina
tupa
empacho
empachera
asiento
borrachera
exceso
abuso
gula

saciar
satisfacer
hartar
rehartar
ahitar
repletar
saturar
empalagar
empachar
atracar
atestar
atarugar
atiborrar
empapujar
empapuzar
empapuciar

hartarse
llenarse
atracarse
atiparse
atiborrarse
forrarse
repletarse
empaparse
empajarse
empiparse
tupirse
darse un verde
quitarse el amargor [llete
estar hasta el go-
» hasta los topes [ronilla
estar hasta la coдoler el alma de

sacio
harto
reharto
tifo
repleto
ahíto
saciable
empachoso
empalagoso
dulzarrón

a pasto

—

SACO (20)

saco
saquete
saco de noche
saca
talega
talego
taleguilla
fardel
fardelejo
costal
costalejo
quilma
cebadera
morral
mochila
peltraba
churlo
churla
macuto
cutama
chuspa
coracha
corachín
garra
guangocho
sementero
manta
bayón
paniego
valija
bolsa
odre

ensacar
entalegar
encostalar
embalar

saquería
saquerío
talegada

saquero
saceliforme

—

SACRAMENTAL
(V. *Sacramento*)

—

SACRAMENTO (1)

sacramento
materia del sacramento
materia próxima del sacramento
materia remota del sacramento
forma
palabras
carácter
signo sensible
imposición de manos
bautismo
confirmación
penitencia
comunión
eucaristía
extremaunción
matrimonio
(orden sacerdotal, etc. Véase *Der. canónico*)

sacramentar
confirmar
ungir
administrar
recibir los sacramentos
descrismar

ministro del sacramento
sacerdote

crisma
óleos
olio
atafea
crismera
puntero
oliera
ánforas
piscina
manual
parroquia

sacramental
indeleble

sacramentalmente

—

SACRIFICAR
(V. *Sacrificio*)

—

SACRIFICIO (1)

sacrificio
ofrenda
hecatombe
holocausto
inmolación
oblación
ofrenda
litación
lustración
expiación
hostia
eucaristía
misa
propiciación
libamen
libamiento
mola

víctima
carne de cañón
carnaza
macho cabrío
emisario
cabrón emisario
hazazel
azazel
agua lustral
festón

sacrificar
inmolar
litar
libar
lustrar

sacrificadero
altar
ara
pira
fóculo
pátera
piscina probática
dolabro

sacrificador
sacrificante
inmolador
victimario
cultrario

lustral
lústrico
pacífico

—

SACRILEGIO
(V. *Profanación*)

—

SACRISTÁN (1)

sacristán
sacrista
sacristanejo
sacrismoche
sacrismocho
rapavelas
sacristán mayor
ayuda de oratorio
cetrero
cetre
crucero
diacónico
chupacirios
monacillo
monecillo
monago
monaguillo
acólito
misario
ceroferario
clerizón
obispillo
camilo
seise
escolano
infante de coro
niño de coro
infantillo
pertiguero
pertiguero mayor de Santiago
perrero
fiscal
templo (personal auxiliar del)

sacristana
diaconisa

acolitar
ayudar a misa

sacristanía
sacristía
cajonera
escolanía
pertiguería

sacristanesco
asacristanado

—

SACUDIDA
(V. *Agitación*)

—

SACUDIR
(V. *Agitación*)

—

SAETA (34)

saeta
saetilla
saetín
saetón
flecha
cometa
pasador
vira
virón
virote
» palomero
viratón

rehilete
rehilera
rehiletero
reguilete
repullo
garapullo
gallo
gallito
rallón
tiradera
cuadrillo
huibá
dardo

astil
casquillo
hierro
engorra

ballesta
ballestón

corva
cobarba
onagre
ballestería
desabrimiento

nuez
disparador
canal de ballesta
batalla
antepecho
caja
traspecho
rabera
cintadero
cureña
tablero
quijera
estribo
estribera
celada
verga
empulguera
pulguera
gafa
navaja
fiel
armatoste
cranequín
bodoquera

arco

honda
hondijo
perigallo
guaraca
cáñamo

cerbatana

lance
bodoque
piedra
proyectil

ballestada
flechazo
saetazo
saetada
hondazo
hondada

carcaj
carcax
carcaza
aljaba
flechero
cachucho
goldre
churana
flechería
coona
curare
veneno

armar
empulgar
engafar
encabalgar la ballesta
desarmar
desempulgar
emballestarse
tener diente
disparar
ballestear
flechar
asaetear
saetear
enhastillar
enherbolar
rehilar

ballestero
lacayo
lacayuelo
arquero
flechero
flechador
saetero
sagitario
asaetador
hondero
fundibulario
pedrero

sagital
enflechado
jostrado
desabrido

—

SAGRADO
(V. *Consagración*)

—

SAL (2, 9, 13)

sal
» común
» de cocina
sardioque
sal gema
» de compás
» pedrés
» piedra
» marina
(sales, V. *Quím.*)
albina
salumbre
salmuera
salsedumbre
salobridad
caliche
flor de la sal
salitre

salar
salpresar
curar
acecinar
cecinar
salgar
lañar
ensalobrarse
desalar

saladura
saladería
salazón
salcocho
salpimienta
conservas

mina
salina
lodano
espumero
salobral
saladar
salegar
salero
salega
salera
alfolí
alholí
alhorí
alforiz
salga

saladero
salador
salero
salín
toldo

salador
salinero
toldero

salino
salinero
salífero
salado
saladillo
sabroso
salobre
salobral
salobreño
salso
salpreso

—

SALADO
(V. *Sal*)

—

SALAR
(V. *Sal*)

—

SALIDA (19)

salida
emergencia
partida
despedida
ausencia
éxodo
expatriación
destierro
emigración
migración
expulsión
fuga
escape
escapatoria
huida
evasión
excursión
viaje
paseo
exosmosis
exudación
extravasación
derramamiento

orto
emersión
erupción
borbotón
borbollón
borbor
borborito
evacuación

salir
desembocar
desbocar
surgir
resurgir
aparecer
mostrarse
emerger
romper
reventar
prorrumpir
desembarcar
desembanastar
desfilar
desalojar
desamparar
desemboscarse
desapolillarse
respirar
ponerse uno en la calle
dar suelta
soltar
dar la hora

brotar
nacer
manar
dimanar
saltar
surtir
surgir
borbollar
borbollear
borbollonear
borboritar

salirse
evadirse
escaparse
desembanastarse
derramarse
rezumar
sudar
exudar
extravasarse
evacuar
filtrar
gotear

salida
puerta
abertura
agujero
salidero
manantial
desembocadura
desembocadero
desemboque
boca
deshecha
deshecho
entrada

saliente
emergente
surgente
surgidor
surtidor
brotador
remanoso
manantío
manantial
surto

—

SALIENTE
(V. *Prominencia*)

—

SALINO
(V. *Sal*)

—

SALIR
(V. *Salida*)

—

SALITRE (2)

salitre
nitro
alatrón
caliche
nitro cúbico
espuma de nitro
afronitro
nitrosidad
pólvora

salitrera
salitral
nitral
salitrería
nitrería
barrera
caliche
barrero

salitrero

salitroso
salitral
salitrado
salitrero
salado
nítrico
nitroso

—

SALIVA (8)

saliva
baba
limazo
salivazo
salivajo
escupitina
escupetina
escupidura
escupitajo
escupitinajo
espumarajo
espumajo
tialina

sialagogo
salivatorio

salivar
babear
desbabar
babosear
desalivar
espumajear
espumarajear
escupir
insalivar
ensalivar

salivación
insalivación
babeo
polisialia
ptialismo
tialismo
sialismo
sialorrea
expectoración

babero
babera
babador
pechero
delantal

salival
salivoso
baboso
babosuelo
boca de gachas

—

SALMISTA
(V. *Salmo*)

—

SALMO (1)

salmo
salterio
Biblia
salmo gradual
» penitencial
miserere
de profundis
salmodia
versículo
canto
liturgia

salmear
salmodiar

salmista

—

SALPICADURA
(V. *Rociamiento*)

—

SALPICAR
(V. *Rociamiento*)

—

SALSA (9)

salsa
mojete
apetite
sainete
caldillo
adobo
ahogo
caldo
sopa
condimento
jugo

almodrote
ajada
pampirolada
papirolada
ajiaceite
ajilimójili
ajilimoje
ajiaco
ajete
ajolio
ajo
ají
alioli
ajo blanco
pebre
pebrada
salsa blanca
besamela
treballa
mahonesa
mayonesa
vinagreta
mostaza
jenabe
jenable
mostillo
polvoraduque
pólvoras de duque
nogada
ajonuez
jinestada
salmorejo
escabeche
oruga
jirofina
almendrada
mirrauste

salsera
salserilla
salseruela

—

SALSEDUMBRE
(V. *Sal*)

—

SALTAMONTES
(V. *Langosta*)

—

SALTAR
(V. *Salto*)

—

SALTO (19)

salto
saltación
brinco
brinquiño
brinquillo
salto de trucha
» de carnero
pedicoj
batuda
cabriola
pirueta
volatín
salto mortal
» de campana
fil derecho
saltacabrillas
comba (juego)
juego
carrera (de obstáculos)
altibajo
tranco
bote
» de carnero
corveta
gambeta

balotada
corcovo
chozpo
rebote
impulso

saltar
brincar
botar
salvar
pingar
triscar
cabrear
retozar
danzar
chozpar
tomar carrerilla

saltadero
salto
trampolín
valla
alzadera
pértiga
saltador
comba (cuerda)

saltador
saltante
saltón
saltarín
saltarina
saltatriz
brincador
atleta
volatinero
saltimbanqui
saltabarrancos
histrión
capricante
saltígrado
saltable

a saltos
a la pata coja
a pies juntillas

—

SALUBRIDAD
(V. *Salud)*

—

SALUD (8)

salud
sanidad
salubridad
lozanía
robustez
buena disposición
euforia
eutaxia

insalubridad
enfermedad

sanar
curar
resucitar
restablecerse
reponerse
esponjarse
mejorar
desempeorarse
arribar
pelechar
aletear
trampear
convalecer
reconvalecer
levantarse
recobrarse
vestirse
salir
rusticar

cuidarse
sentar bien
dar la vida
pasarlo bien
gastar salud
vender salud
verter salud [loj
estar como un rejugar de lomo
alzar la cabeza
levantar cabeza
» el cuello
echar buen pelo,
buena pluma
cobrar fuerzas
ir al Jordán
volver de la muerte a la vida
comer pan con corteza

sanear
higienizar
beber a la salud

reacción
curación
restablecimiento
convalecencia
rusticación
analepsia
levantada

higiene
sanidad
saneamiento
visita de sanidad
patente de sanidad

médico
higienista
dirección de Sanidad
Sanidad Militar (sanatorio, casa de salud, lazareto, etc. Véase *Hospital*)

sano
bueno
católico
bien dispuesto
mal dispuesto

saludable
salutífero
salubre
salubérrimo
lujuriante
lozano
robusto
terne
tieso
rubicundo
fresco
frescachón
frescote
morocho [lla
flor de la maravi-
fuerte
convaleciente
eucrático
inmune
sanable
sanativo
sanitario
higiénico
viable

insalubre
malsano
insano
enfermo

en sana salud
en sanidad
en caja
en pie
de pie
de pies
a libre plática

sanamente
saludablemente
salutíferamente

—

SALUDAR
(V. *Saludo*)

—

SALUDO (31)

saludo
salutación
saludación
resalutación
salva
saludo a la voz
reverencia
inclinación
zalema
cabezada
venia
recuerdos
expresiones
recados
memorias
cortesía
paz
besamanos
visita
ceremonia
congratulación
sombrerazo
sombrerada
gorretada
gorrada
bonetada
espontonada
guindamaina
despedida

saludar
resaludar
presentar las armas
dar los buenos días
» la mano
estrechar la mano
alargar la mano
descubrirse

saludador

¡salud!
salve
¡hola! [Dios!
¡alabado sea
¡ave María!
paz sea en esta casa
Deo gracias
buenos días
buenas tardes
» noches
buena pro
con Dios
hasta la vista
hasta más ver
a más ver
¡vítor!
¡hurra!
¡hu! ¡hu! ¡hu!
¡epa!

—

SALVACIÓN
(V. *Seguridad*)

—

SALVADO (36, 37)

salvado
afrecho
bren
tástara
moyuelo
menudillo
canero
acemite
rollón
frangollo
cerniduras
hormigo
ahechaduras
aechaduras
salón
cerealina
moyana
cáscara

residuo

cribar

—

SALVAJE
(V. *Salvajismo*)

—

SALVAJISMO (23, 26)

salvajismo
salvajez
salvajada
salvajería
vandalismo
barbaridad
barbárie
incivilidad
incultura
descortesía
brutalidad
bruteza
ferocidad
irracionalidad
bestialidad
canibalismo
antropofagia
fiereza
crueldad

bestializarse
brutalizarse
embrutecerse

horda
salvaje
salvajuelo
salvajino
antropófago
indio
negro
cafre
caníbal
caríbal
beduino
vándalo
bárbaro
barbarote
vandálico
irracional
inculto
incivil
bruto
brutal
asnal
burral
bestial
abestiado
indomado
indoméstico
indomesticable
intratable
fiero

brutalmente
bestialmente
asnalmente

—

SALVAR
(V. *Seguridad*)

SALVO
(V. *Seguridad*)

—

SANAR
(V. *Salud*)

—

SANATORIO
(V. *Hospital*)

—

SANDÍA
(V. *Cucurbitáceas*)

—

SANGRAR
(V. *Sangre*)

—

SANGRE (7)

sangre
púrpura
crúor
sangraza
sanguaza
sangre venosa
» negra
» arterial
» roja
masa de la sangre
hematología
consanguinidad
vena
corazón

glóbulo
» rojo
hematíe
eritrocito
plaqueta
linfocito
leucocito
fibrina
suero
plasma
hemoglobina
coágulo
cuajarón
trombo

sanguificar
ensangrentar
sangrentar
congestionar
requemar
desangrar
sangrar
picar la vena
igualar la sangre
restañar
tomar la sangre

extravasarse
extravenarse
trasvenarse
coagularse

congestionarse
inyectarse
desangrarse
hervir a uno la sangre

sangrar
escupir
vomitar

sanguificación
sanguinolencia
circulación de la sangre

pulso
riego sanguíneo
presión
tensión
hipertensión
hipotensión
hematosis
plétora
pujamiento
hiperemia
estasis
sufusión
derrame
embolia
trombosis
hematocele
aporisma
congestión
apoplejía
hematuria
almorranas

anemia
cianosis
clorosis
leucocitemia
septicemia
toxemia
leucemia
glicemia
escorbuto
loanda

efusión
transfusión
hemorragia
metrorragia
menstruación
epistaxis
flujo de sangre
sangre de espaldas
(disentería, etc. V. *Diarrea*)
hematemesis
hemofilia
sangría
sangradura
sangría suelta
cirugía
desangramiento
ensangramiento
restaño
hemostasis

sangrador
sajador
jasador
cirujano
sanguijuela
hematozoario

sanguíneo
sanguinoso
sanguífero
sanguino
sangriento
sanguinolento
consanguíneo
cruento
fibrinoso
seroso
sueroso
cruórico
plasmático
vascular
vasculoso
hemorrágico
hemorroisa
congestivo
inyectado
cianótico
anémico
clorótico
exangüe

sangrientamente
cruentamente

—

SANGUÍNEO
(V. *Sangre*)

—

SANO
(V. *Salud*)
—

SANTIDAD
(V. *Santo*)
—

SANTIFICAR
(V. *Santo*)
—

SANTO (1)

santo
venerable
beato
doctor
confesor
apóstol
patriarca [sia
padre de la Igle-
Iglesia triunfante
mártir
virgen
patrón
patrono
fundador
intercesor
mediador
abogado
abogado del dia-
blo
hagiógrafo
hagiólogo
bolandista

santo
sant
san
sacrosanto
santísimo
augusto
bendito
bienaventurado
celícola
santificable
canonizable
aureolado
isidoriano
teresiano
hagiográfico
hagiológico

santón
santo de pajares
santurrón
santulón
santucho
santero
santera

santamente
sacrosantamente

—

santificar
beatificar
canonizar
glorificar
nimbar

santificación
canonización
beatificación
glorificación
conmemoración
día de todos los
Santos
advocación
letanía de los
Santos
(panegírico, etc.
V. *Predicación*)
culto
culto de dulía

santidad
santimonia
santería
incorrupción
olor de santidad
virtud
santurronería
hipocresía
fingimiento

hagiografía
hagiología
santoral
calenda
legenda
leyenda
leyenda áurea
legendario
santoral
martirologio
calendario
rótulo

efigie
aureola
reliquia
altar
trono
cielo

santificador
santificante
santificativo
justificador
postulador
promotor de la fe

SAPO
(V. *Anfibio*)
—

SARMIENTO
(V. *Vid*)
—

SARNA (12)

sarna
sarnazo
sarna perruna
codera
acariasis
caracha
carache
roña

ensarnecer

ácaro
arador de la sarna
parásito
piel (enfermeda-
des)

sarnoso
escabioso
carachoso
carachento

—

SARNOSO
(V. *Sarna*)
—

SASTRE
(V. *Vestidura*)
—

SATÉLITE (3)

satélite
luna
planeta secunda-
rio
planeta
selenografía
media luna
lunilla
lunecilla
lúnula
dicotomía
cuerno
mácula
novilunio
sicigia
interlunio
semilunio
plenilunio
lleno
lunación
fase
cuarto de luna
» creciente
» menguante
luna creciente
» en lleno
» llena
» menguante
» nueva
creciente de la lu-
na [luna
menguante de la
mes lunar perió-
dico
» lunar sinó-
dico
» anomalístico
neomenia
evección
libración
término eclíptico
eclipse
halo
paraselene
selenografía

crecer
terciar
quintar
llenar
menguar

selenógrafo
astrónomo
selenita

lunar
lunario
lunado
sublunar
plenilunar
dicótomo
novilunar
interlunar

—

SATÍRICO
(V. *Zaherimiento*)
—

SATISFACER
(V. *Pago*)
—

SAUCE (5)

sauce
salce
sauz
saz
blima
salguera
salguero
salgar
sauce cabruno
» blanco
» de Babi-
lonia
» llorón
desmayo
sargatillo
saciña
salciña
salzmimbre
mimbrera
saucera
sauceda
salcedo
saucedal
sauzal
salcinar
—

SAYA
(V. *Falda*)
—

SEBO
(V. *Grasa*)
—

SECAR
(V. *Sequedad*)
—

SECO
(V. *Sequedad*)
—

SECRECIÓN (8)

secreción
» interna
endocrinología
hipersecreción
excreta
exudado
evacuación

secretar
segregar
eyacular
evacuar

bilis
jugo gástrico
» pancreático
pepsina
quilo
leche
semen
saliva
sudor
lágrima
mucosidad
pus
orina
excremento

glándula
emuntorio
estómago

secretor
secretorio
segregativo

—

SECRETAR
(V. *Secreción*)
—

SECRETO
(V. *Ocultación*)
—

SECTA
(V. *Herejía*)
—

SECUESTRAR
(V. *Embargo*)
—

SECUESTRO
(V. *Embargo*)
—

SECULAR
(V. *Profanidad*)
—

SECUNDARIO
(V. *Accesorio*)
—

SED (8)

sed
anadipsia
polidipsia
adipsia
dipsomanía
sequedad

secar
hacer sed

llamar
apagar
beber

llamativo
enjutos
yesca
tajadilla
tapa

sediento
sitibundo
hidrópico
dipsómano
dipsomaniaco

—

SEDA (10, 37)

seda
» artificial
rayón
nilón
nailon
babosa
alcatife
seda joyante
pelo
orzoyo
trama
seda cruda
» cocida
» verde
» ahogada
» de capullos
» de todo ca-
pullo
» ocal
» redonda
» conchal
» medio con-
chal
» de candongo
» de candon-
gos
» azache
» porrina
» floja
atanquía
cadarzo
estopa
escarzo
filadiz
deshiladiz
maraña
capillejo
portada
mano
frufrú

menar
plegar
hilar
tejer

sericicultor
sedero
menador
jeliz
almotalafe
contraste
azarja
zarja
cepo
huso
torno de la seda
plegador
bastón
frailecillo
estrella
burro

hilo
tejido
tela (de seda)
torcido
tertil
sedería
alcaicería

gusano de seda
bómbice
bayo
gorrón
bajoca
judas
berrendo
mona
zapo
canute
levada
pito
capel
capullo
» ocal
adúcar
aldúcar
almendra
horadado
cadarzo
cáscara
granito
labor
simiente

mudar
avivar
frezar
subir
hilar
ocalear
atronarse
alandrearse

enzarzar
embojar
enraigonar
encañizar
desembojar
deslechar
enrastrar

muda
freza
dormida
amarillo

cordeta
cauza
avivador
gaveta
fraile
embojo
deslecho
revividero

sericicultura
sericultura

desembojadera

sedoso
sérico
sedeño
sedero
asedado
de toda seda
—

SEDIENTO
(V. *Sed*)
—

SEDIMENTO (2)

sedimento
sedimentación
precipitación
entarquinamiento
lodo
poso
asiento
fondillón
fondón
pie
hez
heces
borra
lía
lías
horrura
hondarras
bazofia
zurrapa
flema
flor
morcas
turbios
madre
zupia
cabezuela
solera
suelo
solada
sarro
turbiedad
suciedad
residuo

disolución
destilación
transvasación

sedimentar
depositar
precipitar
asentar
aclarar
clarificar
levigar
entarquinar
enlegamar

sedimentarse
asentarse
posarse
reposarse
asolarse
aconcharse
depositarse
serenarse

sedimentario
borroso
zurraposo
zurrapiento
feculento

—

SEDUCIR
(V. *Captación*)

—

SEGADOR
(V. *Siega*)

—

SEGAR
(V. *Siega*)

—

SEGLAR
(V. *Profanidad*)

—

SEGUIR
(V. *Posterioridad*)

—

SEGURIDAD (27)

seguridad
aseguranza
seguro
fieldad
incolumidad
indemnidad
invulnerabilidad
inmunidad
libertad
exención
garantía
rehén
resguardo

garantía
seguros
salvaguardia
salvaguarda
salvoconducto
pasaporte
pase
pasavante
sagrado
carta de guía
» de encomienda
» de seguro
» de amparo
protección
defensa
acogimiento
ocultación
asilo
áncora de salvación
tabla de salvación
refugio
puerto
salud
iglesia
» fría
recepto
receptáculo
acogeta
escudaño
sagrado
retraimiento
retirada
salvación
soteriología
salvamento
salvamiento
guarida
cuartel de la salud
paso libre
talanquera
pretil
(parapeto, barandilla, etc. V. *Antepecho*)
paladión
talismán
amuleto

salvar
librar
encobrar
tramontar
poner en cobro
asegurar
refugiar
guarecer
ocultar
defender
proteger

salvarse
salir
convalecer
acotarse
escapar
huir
librarse
acogerse
guarecerse
acorrerse
refugiarse
recogerse
remontarse
retraerse
ocultarse
agarrarse a un clavo ardiendo
estar en carrera de salvación
ponerse en cobro
hacer pie
tomar puerto
» iglesia
acogerse a las aras

arribar a puerto de claridad
salvar el pellejo
salvarse, escapar, en una tabla
vivir uno de milagro
picar de vara larga
tener seguras las espaldas
tener las espaldas guardadas
ver los toros desde la barrera
hablar desde la ventana

liberación
salvamento
salvamiento
salvación
salud
aseguramiento
inmunización

salvador
salvante
saludable
redentor
corredentor

firme
fijo
seguro
sano
salvo
sano y salvo
indemne
inmune
ileso
salvable
inamisible
incontrastable
inatacable
incontestable
inexpugnable
inviolable
inamovible
invulnerable
imperdible
irredimible

seguramente
salvamente
fuera de peligro
a cubierto
a salvo
en salvo
a su salvo
a salvamano
a man salva
a mano salva
a salva mano
a mansalva
sobre seguro
en seguro
a golpe seguro
fuera de cacho
libre de cacho
a pie enjuto
sin daño de barras
aquí que no peco iglesia me llamo
por la puente que está seco

—

SEGUROS (35)

seguro
» marítimo
» de incendios
» de accidentes
» sobre la vida, etc.
aseguración
contraseguro
reaseguro
seguro subsidiario
tontina
seguro mutuo
mutualidad
póliza
vitalicio
fondo muerto, perdido, o vitalicio
prima
sobreprima
extorno
riesgo
siniestro

asegurar
reasegurar
desasegurar

asegurador
reasegurador
actuario
compañía de seguros
minada

asegurado
beneficiario
vitalicista
actuarial

—

SEISE
(V. *Sacristán*)

—

SELLAR
(V. *Sello*)

—

SELLO (28)

sello
sigilo
sobresello
contrasello
signáculo
cerógrafo
anillo del Pescador
estampilla
cajetín
timbre
póliza
nema
plomo
marchamo
oblea
lacre
precinto
signo rodado
rueda
rodador
bula
constitución pontificia
impronta
grabado
monograma
carta
plica
sello de correos
franco
estampilla
sello volante
franqueo
matasellos
fechador
mojador
(cuño, troquel, etc. V. *Molde*)
punzón
contraste (fiel)
marca

carta
correo

sellar
contrasellar
sigilar
rubricar
señalar
estampillar
timbrar
plomar
emplomar
imprimir
bollar
bullar
lacrar
resellar
desellar
contrastar
cerrar
tabellar
marchamar
precintar

selladura
sigilación
estampillado
plomadura
resello
desselladura
sigilomanía
sigilología
dactiliología
filatelia

sellador
sello
timbrador
guardasellos
canciller
chanciller
canciller del sello de la puridad
canciller mayor
vicecanciller
filatelista

sellado
estampillado
plumbado

—

SEMANA (21)

semana
Semana Santa
hebdómada
septenario
semanería
feria

lunes
martes
miércoles
jueves
viernes
sábado
fin de semana
domingo

semanal
semanario
hebdomadario
ferial
bisemanal
sabático
sabatino
semanero
semanalmente
entre semana
de semana

—

SEMANA SANTA (1, 21)

Semana Santa
» grande
» mayor
ferias mayores
domingo de Ramos
día de Ramos
domingo de Pasión
Lunes Santo
Martes Santo
Miércoles Santo
Jueves Santo
» de la Cena
Viernes Santo
» de Indulgencias
Viernes de la Cruz
Parasceve
Sábado Santo
domingo de Resurrección

culto
oficios
pasillo
tinieblas
fares
lavatorio
mandato
monumento
sermón de las siete palabras
vía crucis
estación
miserere
procesión
angélica
aleluya

devocionario
semanilla
libro de **oración**

andar las estaciones

pasionero
pasionista
disciplinante
armado
soldado romano
sayón
costalero
nazareno
estante
capirote
chía

pasionario
tenebrario
matraca
judas

—

SEMANAL
(V. *Semana*)

—

SEMBLANTE
(V. *Cara*)

—

SEMBRADO
(V. *Siembra*)

—

SEMBRAR
(V. *Siembra*)

—

SEMEJANTE
(V. *Semejanza*)

—

SEMEJANZA (16)

semejanza
semejante
aproximación
semeja
similitud
símil
conciliación
maridaje
parentesco
parejura
parecido
parecencia
propiedad
referencia
apariencia
lejos
vislumbre
aire
sabor
viveza
analogía
asimilación
comparación
conformidad
afinidad
igualdad
parangón
paragón
sombra
copia
retrato
imitación
sosia
atavismo

asemejar
igualar
imitar

asemejarse
parecerse
heredar
rozarse
semejar
asimilar
rayar
inclinar
padrear
salir a
tirar a
retirar
saber a
recordar
darse un aire
estar hecho un...
ser el vivo retrato de
equivocarse con
correr parejas
ser primo hermano de
no quitar pinta

semejante
semejado
similar
símil
similitudinario
comparable
igual
parecido
aproximado
parejo
parigual
paralelo
propio
uniforme
vecino
rayano
pariente
hermano
gemelo
atávico
heredero
escupido
idéntico
conforme
hecho
pintiparado
análogo
analógico
afín
afine
otro
» que tal
hijo de su padre
» de padre
Dios los cría y ellos se juntan
de tal palo tal astilla
tal para cual
semejable
asimilativo

semejantemente
vivamente
análogamente
analógicamente
a la manera
a manera
en son de
así
asimismo
según
como
cual

—

SEMEJAR
(V. *Semejanza*)

—

SEMEN
(V. *Testículo*)

—

SEMILLA (5)

semilla
simiente
simienza
semen
caja
pepita
pipa
hueso
grano
cuesco
almendra
haba
núcleo
tito
granuja
hijuela
zapoyol

germen
embrión
machuelo
cotiledón
celdilla
rejo
rafe
binza
albumen
arilo
ligamaza
vilano
abuelo

semillas
granos
áridos
grana
almácigo
camuñas
comuñas

grano
cereales
trigo
cebada
centeno
avena
zahína
maíz
alforfón
panizo
sorgo
arroz
legumbres
yeros
hieros
almorta
algarroba
alpiste
cañamón
pamplina [rios
» de canacentinodia
altamandría
álsine
alazor
girasol
soto
alharma
alfarma
alhárgama
alárgama
alármega
alhámega
harma
alholva
mostaza
pimienta
comino

laserpicio
alcaravea
carvi
ajonjolí
aljonjolí
quingombó
aliaria
colza
condimento
jenabe
jenable
melga
mielga
colina
colino
respigo
cebollino
rabaniza
nabina
linaza
linuezo
chía
zaragatona
ameos
álaga
cayajabo
pionía
neguilla
cola
tagua
nuez vómica
matacán [nacio
pepita de San Ighaba tonca [no
polvo de capuchi-
medicamento

granar
granear
dar en grana
espigarse
desgranar
despepitar
deshuesar
sembrar

semillero
almáciga
plantario
amelga
emelga
almajara
vivero
potajería
sementera
sembrado

seminal
sementino
pepitoso
cotiledóneo
imbricado
espigado
monospermo

—

SENADOR
(V. *Asamblea*)

—

SENSACIÓN
(V. *Sensibilidad*)

—

SENSIBILIDAD (8, 13, 14)

sensibilidad
perceptibilidad
perceptividad
intuición
agudeza
hiperestesia
radiestesia
insensibilidad

sentido
» interior
» común
conocimiento
sensorio
» común
vista
oído
olfato
paladar
gusto
tacto

sensación
impresión
percepción
imagen
representación
excitación
sinestesia
seudestesia
alucinación
alucinamiento
sentimiento
placer
dolor
pasión

estesiología
estesiografía
estesiometría
estesiómetro

sentir
percibir
experimentar
notar
apreciar
advertir
observar
padecer
sufrir
entrar en impresionarse

afectar
educar
dar

desaturdir
desentorpecer
desencalabrinar
desatontar
desatolondrar

recobrarse
desembebecerse
volver en sí
» en su acuerdo

sensitivo
afectivo
impresionable
sensiblero
hiperestésico

sensible
organoléptico
sensorio
sensual
animal

perceptivo
agudo
perceptible
tangible
imperceptible
suprasensible
apreciable
insensible
sobrenatural

sensiblemente
perceptiblemente

—

SENSIBLE
(V. *Sensibilidad*)

—

SENSUALIDAD
(V. *Placer*)

—

SENTAR
(V. *Asiento*)

—

SENTENCIA (32)

sentencia
juicio
sentención
sentenzuela [va
sentencia definiti-
» firme
» pasada
en cosa juzgada

decreto
resolución
decisión
fallo
auto definitivo
interlocutorio
veredicto [ta
decisión de la Rolaudo
arbitramento
arbitraje
arbitrio
fetua
ejecutoría
encartamiento
condena
noche
tristeza
sentenciario

visto
considerando
resultando
reserva
aclaración
perpetuo silencio

sentenciar
fallar
echar uno el fallo
resolver
laudar
arbitrar
dictar
pronunciar
causar estado
fulminar
ejecutoriar
condenar
castigar
echar la ley
» toda la ley

pronunciamiento
pronuncia
enjuiciamiento
condenación
revisión
nulidad
casación
apelación
absolución
perdón
infierno
castigo

sentenciador
juez

confirmatorio
pasado en autoridad de cosa juzgada
ejecutorio
condenatorio
absolutorio

ex abrupto
irremisiblemente

—

SENTENCIAR
(V. *Sentencia*)

—

SENTENCIOSO
(V. *Máxima*)

—

SENTIDO
(V. *Sensibilidad*)

—

SENTIMENTAL
(V. *Sentimiento*)

—

SENTIMIENTO (14)

sentimiento
sentir
afecto
(estética, etc.
V. *Belleza, Fealdad,* etc.)

pasión
compasión
afectividad
instinto
emotividad
cordialidad
simpatía
antipatía
sentimentalismo
sensibilidad
sensiblería
delicadeza

emoción
conmoción
sensación
impresión
efecto
explosión
extraversión
estremecimiento
trauma psíquico
efusión
dramatismo
reconcomio
sabor

gusto
alegría
aflicción
amor
aborrecimiento

estado de ánimo
disposición
temple
humor
ambiente
atmósfera

cuadro
escena
espectáculo
drama
batería
carne de gallina

conmover
mover
emocionar
alzaprimar
alterar
impresionar
hacer impresión
arrebatar
excitar
pegar
encarnar
interesar
insinuarse
afectar
apasionar

conmoverse
(enternecerse, compadecer, etc. V. *Compasión*)
alterarse
estremecerse
inmutarse
aborrascarse
allamararse
apasionarse
tomarle a uno
temblar las carnes
dar un vuelco el corazón

sentir
experimentar
concebir
profesar
tener
abrigar
tomar
coger
cobrar

sentimental
sensible
sentible
sentido
interior
hondo
afectivo
impresionable
emocional
emotivo
emocionante
conmovedor
impresionante
sensacional
roedor
dramático
patético

sentimentalmente
sentidamente
patéticamente

—

SENTIR
(V. *Sensibilidad*)

—

SEÑAL
(V. *Indicación*)

—

SEÑALAR
(V. *Indicación*)

—

SEÑOR
(V. *Feudalismo*)

—

SEÑORÍO
(V. *Feudalismo*)

—

SEPARACIÓN (20)

separación
desunión
división
apartamiento
apartijo
apartadijo
atajo
claro
despartimiento
clasificación
disgregación
desbandada
desjuntamiento
aislamiento
abandono
inconexión
desconexión
desagregación
análisis
disociación
descomposición
disyunción
desviación
divergencia
bifurcación
ramificación
abscisión
segregación
desmembración
dismembración
desarticulación
desacoplamiento
desasimiento
desprendimiento
desvinculación
desglose
arrancadura
rotura
selección
tría
secreción
detracción
extracción
substracción
deducción
descuento
desdoblamiento
abstracción
remoción
exclusión
eliminación
distribución
expulsión
destierro
destitución
despedida

descentralización
separatismo
autonomía
escisión
secesión
cisma
discordia
divorcio

separar
desunir
desjuntar
atajar
apartar
alejar
desterrar
deportar
extrañar
distanciar
abrir
hacer calle
desviar
desagregar
segregar
despartir
desdoblar
despegar
descoser
cortar
desperdigar
esparcir
dispersar
dividir
retirar
rehuir
relegar
desaparroquiar

divorciar
desaparear
despezonar
desmembrar
desglosar
escardar
escardillar
descartar
tripular
eliminar
excluir
seleccionar
elegir
triar
cerner
cribar
zarandar
azarandar
revolver
quitar
alzar
levantar
reservar
ahorrar
disociar
centrifugar
disgregar
desincorporar
descentralizar
descongestionar
disolver
aislar
analizar
resolver
dirimir
desasir
desprender
desensamblar
deslabonar
deseslabonar
desenlabonar
desencadenar
desarticular
desconcertar
desacoplar
desconectar
desenchufar
destrabar
descomponer
deshacer
desatar
desamarrar
desabotonar
desabrochar
desaflojarse
abstraer
detraer
substraer
sacar
quintar
diezmar
dezmar
descarriar
desahijar
desmadrar
descorderar
destetar
desviejar

separarse
apartarse
desagregarse
desprenderse
saltar
resaltar
caerse
desgajarse
descomponerse
desacompañar
desarrancarse
desertar
desmanarse
desmandarse

extremarse
desaparroquiarse

(frontera, límite, etc. V. *Limitación*)
diafragma
(tabique, etc. V. *Pared*)
(valla, etc. Véase *Cercamiento*)
(barrera, etc. Véase *Impedimento*)
guión
raya
paréntesis
diéresis
crema

separador
separativo
separante
divisorio
apartador
quintador
despartidor
disyuntivo
dirimente
desmembrador
disgregador
disgregativo
disgregante
eliminador
abstractivo
abstracto

separado
suelto
discreto
preciso
libre
incomplejo
incomplexo
solo
descuadrillado
desamasado
apartado
descoligado
esparrancado

separable
dirimible
inseparable

separadamente
apartadamente
desunidamente
singularmente
partidamente
disyuntivamente
abstractivamente
en particular
aparte
uno a uno
uno por uno
de uno en uno
de por sí
o
u
¡ábate!
dia-

—

SEPARADO
(V. *Separación*)

—

SEPARAR
(V. *Separación*)

—

SEPULCRAL
(V. *Sepultura*)

—

SEPULCRO
(V. *Sepultura*)

—

SEPULTAR
(V. *Sepultura*)

—

SEPULTURA (11)

sepultura
fosa
huesa
hoya
hoyanca
hoyo
cárcava
yacija
enterramiento
siete pies de tierra
lugar religioso
cementerio
pudridero
sepulcro
tumba
tumbón
túmulo
sarcófago
carnero
carnerario
enterramiento
entierro
monumento
estela
cipo
coba
zagüía
comba
losa
huaca
guaca
ancuviña
arcosolio
lucillo
nicho
urna
columbario
mausoleo
mauseolo
panteón
hipogeo
cripta
catacumbas
cenotafio
macsura
quern
vaso lacrimatorio
lápida
laude
lauda
epitafio
inscripción
rompimiento
exequias

sepultar
enterrar
yacer
reposar
pudrir

enterrador
sepulturero
zacateca

sepulcral
tumulario
cinerario

—

SEQUEDAD (2)

sequedad
secura
sed
sequía
seca
verano
estiaje
secamiento
desecación
desecamiento
resecación
avenamiento
desagüe
aridez
enjutez
arefacción
oreo
agostamiento
ahornagamiento
marchitamiento

secar
resecar
desecar
pasar
deshumedecer
desavahar
enjugar
enjutar
empapar
lampacear
escurrir
aridecer
orear
airear
ventilar
ventear
tender
helar
pasmar
abochornar
agostar
arrebatar
abrasar
requemar
marchitar

secarse
revenirse
despichar
anublarse
helarse
asolarse
aborrajarse
asurarse
ahornagarse
azurronarse
sentarse la obra

sequedal
sequeral
secaral
secadal
sequero
sequío
secano
travesía
tastana
retirada

secante
desecante
desecativo
desecador
enjugador
secafirmas
papel secante
teleta
arenilla
salvadera
escurridor
escurreplatos
enjugadero
secadero
secadal
azufrador
tendedero
tendalero
tendal

berlinga
estufa
mundillo
berquera
secadora
sarda
barago

seco
sequeroso
sequizo
secadío
enjuto
reseco
desequido
resequido
yesca
árido
estéril
marchito
verdiseco
puntiseco
agostizo
insecable
hidrófugo
oreante

en seco
a pie enjuto

—

SER (v. y m.)
(V. *Existencia*)

—

SERA
(V. *Espuerta*)

—

SERIE (16, 20)

serie
orden
seguida
curso
sucesión
proceso
proceso en infinito
rueda
ciclo
retahíla
tirada
letanía
tiramira
longaniza
ringla
ringlera
renglera
rengle
ringle
fila
» india
hila
hilera
hilada
liño
linio
cola
ala
columna
andana
crujía de piezas
carrera
runfla
runflada
(secansa, flux, etc. V. *Naipe*)
escala
gradación
progresión
sarta
sartal
sartalejo
contal
ristra
riestra
horco
horca
ramo
carraza
rosario
cadena
recua
cáfila
procesión
teoría
desfile
línea
lista
continuación

proceder
ahilar
enfilar
enhilar
escalonar
graduar
hacer cola
ensartar

desfilar
desenfilar

sucesivo
subsiguiente
correlativo
escalonado
gradual
enésimo
procesional
deshilado

en fila
a la fila
a la hila
uno tras otro
de reata
en escalerilla

—

SERIEDAD (26)

seriedad
gravedad
importancia
formalidad
solemnidad
dignidad
señorío
severidad
entereza
inexorabilidad
entrega
fundamento
veras
mesura
circunspección
reserva
prudencia
sensatez
decoro
respeto
tiesura
tesura
empaque
énfasis
chapa
aplomo
prosopopeya
coranvobis
mirlo
mirlamiento
quijotería
afectación

enseriarse
formalizarse
señorearse
enseñorearse
cuadrarse
mirlarse
componer uno el semblante
no tener más que una palabra
hombre de veras
figurilla
sayón
cara de pocos amigos
» de vinagre
virote
tragavirotes
quijote

serio
jocoserio
tragicómico
grave
respetable
sentado
formal
digno
severo
tieso
gravedoso
circunspecto
sensato
ponderoso
sentencioso
solemne
señor
señoril
procero
prócero
prócer
proceroso
sesgo
adusto
seco
desabrido
cetrino
tétrico

seriamente
de veras
bromas aparte
fuera de bromas

—

SERIO
(V. *Seriedad*)

—

SERMÓN
(V. *Predicación*)

—

SERÓN
(V. *Espuerta*)

—

SEROSIDAD
(V. *Humor*)

—

SERPIENTE
(V. *Reptil*)

—

SERVICIO (30)

servicio
asistencia
asistimiento [to
acompañamien-
prestación
» personal
carga personal
azofra
sufra
esclavitud
trabajo
tanoría
camarería
famulato
famulicio
familiatura
familiaridad
escudería
escuderaje
alternativa

servir
asistir
escanciar
prestar servicios
comer el pan de uno
estar a compango
entrar a servir
alquilarse
escuderear
sisar

tomar
ajustar
asoldar
asoldadar
afirmar
firmar
contratar
ajornalar
jornalar
logar
conchabar
sonsacar
bistraer
dar tinelo

ajuste
ajustamiento
contrato
contrata
acomodo
colocación
conveniencia
conchabo
asalareo
conducción
cartilla
mando
dependencia
obediencia
salario
mesilla
remuneración
sisa
tinelo

amo
ama
nuestramo
nostramo
dueño
dueña
señor
señora
señorito
señorita
maestresa
patrón
patrono
empleador
empresario
encomendero
plagiario
coime
jefe

servidor
sirviente
criado
criaduelo
doméstico
fámulo
familiar
dependiente
chico
gomecillo
suzarro
estribo
paniaguado
apaniaguado
apaniguado
collazo
mercenario
añero
loguero
cenzayo
muchacho
mozo
mucamo
chino
yanacona
bata
naborí
pongo
tanor

gentilhombre
gentil hombre
menino
escudero
escuderete
armígero
paje
pajuncio
paje de armas
» de lanza
» de jineta
» de hacha
» de bolsa
» de cámara
montero de cámara
montero de Espinosa
(servidumbre de Palacio, V. *Rey*)
factótum
camarero
ayuda de cámara
cubiculario
lacayo
alacayo
lacayuelo
asistente
volante
groom
recadero
botones
ascensorista
mensajero

mayordomo
sacoime
maestresala
veedor
comprador
trinchante
credenciero
escanciador
escanciano
copero
pincerna
camarero
camarista
camarotero
tinelero
anacalo
casa

ayo
otáñez
rodrigón
destrón
lazarillo

caballerizo
palafrenero
mozo de paja y cebada
cebadero
celeminero
muletero
mulatero
mozo de caballos
» de espuela
» de espuelas
» de mulas
caminante
espolique
espolista
asistente
viajero
gañán
mozo de oficio
ordenanza
portero
conserje
bedel
escañero
macero

conclavista
donado
lego
hermano
hermanuco
confeso
muñidor
guardacoimas
guardaízas
reclamo
novelero
alatés
trainel
merdellón

sirvienta
criada
fámula
mayordoma
dama
ama
» de llaves
» de gobierno
dueña
» de medias tocas
casera
camarera
odalisca
azafata
menina
moza
» de cámara
doncella
asistenta
mandadera
mucama
china
moza de cántaro
fregona
fregatriz
maritornes
menegilda
mondonga
merdellona

aya
escucha
acompañanta
señora de compañía
carabina

niñera
zagala
cenzaya
orzaya
rolla
rollona
nana
aña
chacha
tata
nodriza
ama seca
» de brazos

lavandera
(cocinera, pinche, etc. V. *Cocina*)

criados
servidumbre
servicio
séquito
familia
los suyos
dependencia
dotación
personal
caballeriza
tinelo
(servidumbre de Palacio, V. *Rey*)

librea
uniforme
delantal

servil
servicial
famular
escuderil

escudero
pajil
lacayuno
lacayesco
dueñesco
fregonil
desacomodado
de escalera abajo

servicialmente
escuderilmente

—

SERVIDOR
(V. *Servicio*)

—

SERVIDUMBRE (33)

servidumbre
gabela
carga
gravamen
angaria
servidumbre legal
» pública
» forzosa
cambera
habitación
servidumbre de luces
servidumbre de acueducto
servidumbre de abrevadero
servidumbre de paso
servidumbre de aguas vertientes, etc.
predio dominante
» sirviente
usufructuario

—

SERVIL
(V. *Servilismo*)

—

SERVILISMO (25, 26)

servilismo
adulación
adhesión
sumisión
servicio
vileza
gorronería

arrastrarse
humillarse
adular
arrimarse al sol que más calienta

adepto
satélite
girasol
reptil
acólito
sacristán de amén
voto de amén
» de reata
quitamotas
lameculos
gorrón
esclavo

servil
servilón
suizo
lacayo
lacayil
lacayuno
lacayesco
alquilón
alquiladizo
bajo
abyecto
vil
despreciable
rastrero

servilmente

—

SERVILLETA
(V. *Mantelería*)

—

SERVIR
(V. *Servicio*)

—

SESGO
(V. *Inclinación*)

—

SETA
(V. *Hongo*)

—

SETO
(V. *Cercamiento*)

—

SEVERIDAD (26)

severidad
rigor
rigurosidad
rigorismo
riguridad
inexorabilidad
dureza
seriedad
austeridad
ceño
capote
encapotadura
entereza
justicia
puritanismo
estrictez
crudeza
aspereza
asperidad
asperura
intolerancia
intransigencia
justicia de enero
desabrimiento
crueldad
reprensión
castigo

hilar delgado
cargar la mano
apretar la mano
» la cuerda
tener la cuerda tirante
mirar con el rabo del ojo [ojo
mirar de rabo de
ser de bronce
» un bronce

hombre de bigotes
» » barba
hombre de calzas atacadas
ordenancista
rigorista
catón
cara de juez

severo
ríspido
rispo
áspero
rígido
rigente
riguroso
rigoroso
inexorable
inflexible
austero
justiciero
duro
seco
serio
adusto
turnio
cetrino
estricto
exigente
premioso
estrecho
» de conciencia
puritano
catoniano
intolerante
intransigente
indoblegable
implacable
draconiano

severamente
rigurosamente
rigorosamente
estrechamente
secamente
fríamente
duramente
crudamente
estrictamente
inexorablemente
inflexiblemente
agriamente
con mano pesada
a punta de lanza
a rajatabla
a sangre y fuego

—

SEVERO
(V. *Severidad*)

—

SEXO (7)

sexo
naturaleza
género
sexualidad
erotismo
líbido
hermafroditismo
hibridismo
generación
reproducción
ginecología
testículo
macho
varón
afeminación
hembra
mujer
marimacho

sexual
sexuado
entero
masculino
machuno
femenino
femíneo
hembruno
homosexual
andrógino
hermafrodita
hermafrodito
unisexual
bisexual
asexual
asexuado
neutro
ágamo
fanerógamo
monoico
dioico
criptógamo
(epiceno, ambiguo, etc. Véase *Gramática*)

—

SEXUAL
(V. *Sexo*)

—

SIDRA
(V. *Cerveza*)

—

SIEGA (36)

siega
segazón
mies
segada
arrancasiega
forraje
cosecha
prado
hierba

segar
tumbar
resegar
rapuzar
guadañar
dallar
forrajear
henificar
despanar
espigar

segador
segadora
segadera
guadañador
guadañero
guadañil
dallador
atador
agostero
barcinador
gavillero
mayoral
espigadora

espiga
cabra
mies
tramojo
cerda
morena
ducha
falcada
hozada
baraño
camba
manojo
haz
vencejo
atadura
paja
rastrojo

segadora (máquina)
guadañadora
hoz
guadaña
segote
zoqueta
manija
maniquete

segable
segadero
de raíz
a rapa terrón

—

SIEMBRA (36)

siembra
resiembra
sembradura
sementera
sementero
semencera
simienza
diseminación

sembrar
sementar
resembrar
sobresembrar
granear
empanar
volear
diseminar
amelgar
melgar
marquear
matear

verdear
campear
ralear
terrear

sembrador
labrador

sembradera
sembradora
calla
catabre
sementero
espantajo
espantapájaros
semilla

semillero
seminario
almáciga
vivero
plantario
almajara
hoya
acotada
abrigaño
golpe
puebla
almanta
melga
amelga
embelga
cebollino

sembrado
sembrada
sato
senara
socola
ricio
ricial
rizal
pegujal
pegujar
mieses
renadío
temprano
tardío
verdegal
manchón
clapa
calva
catabre
catabro

semental
sativo
sembradío
almaciguero
amelgado
a golpe
a voleo
a chorrillo

—

SIEMPRE
(V. *Tiempo*)

—

SIERRA (11)

sierra
serrezuela
serreta
sierra de mano
tronzador
sierra abrazadera
bracera
segueta
serrucho
argallera
sierra de trasdós
» de punta
recura

hoja
pelo
dientes
diente acolmillado
armas
codal
cabestrillo
tarabilla
triscador
trabador

aserrar
serrar
seguetear
aserruchar
cortar
triscar
trabar

aserradura
corte
aserraduras
serraduras
aserrín
serrín
traba

aserrador
serrador
chiquichaque

aserradero
aserrería
serrería
banco
burro
asnilla
cabrilla
tijera

serrino
serrátil
serradizo
aserradizo
aserrado

—

SIERVO
(V. *Esclavitud*)

—

SIGLO
(V. *Año*)

—

SIGNIFICACIÓN
(V. *Signo*)

—

SIGNIFICADO
(V. *Signo*)

—

SIGNIFICAR
(V. *Signo)*

—

SIGNIFICATIVO
(V. *Signo)*

—

SIGNO (28)

signo
» natural
» por costumbre
expresión
señal
seña
característica
indicación
índice
síntoma
huella
nota
marca
figura
representación
denominación
nombre
abreviatura
letra
carácter
ideograma
jeroglífico
hieroglífico
imagen
efigie
emblema
símbolo
intérprete
insignia

significado
significancia
significación
sentido
» recto
» figurado
» literal
» traslaticio
acepción
concepto
alcance
letra
lectura
lección
valor
sonido
extensión
comprensión
propiedad
unívoco
equívoco
contrasentido

semiótica
semiotecnia
semiología
semasiología
semántica

signar
consagrar
marcar

significar
querer decir
denotar
connotar
representar
figurar
trasferir
decir
expresar
atarse a la letra
simbolizar

significador
significante
significativo
connotante
connotativo
sinónimo
homónimo
característico
representativo
semántico
expresivo
propio
recto
literal
figurado
traslaticio
translaticio
traslato
lato
restringido

significativamente
unívocamente
literalmente
a la letra
al pie de la letra
latamente

SILBAR
(V. *Silbido)*

—

SILBATO
(V. *Silbido)*

—

SILBIDO (13)

silbido
silbo
chiflido
pitido
pitío
pitada
silba
chifla
rechifla

silbar
chiflar
rechiflar
chuflar
pitar

silbato
chiflato
chifla
chiflo
chifladera
chifle
chiflete
zampoña
caramillo
flautillo
castrapuercos
(pito, V. *Instrumento mús.)*
pipa
pipitaña
pipiritaña
avena
suspiro
sirena
alarma

silbador
silbante
sibilante
silboso

—

SILBO
(V. *Silbido)*

—

SILENCIO
(2, 13, 28)

silencio
insonoridad
soniche
callada
taciturnidad
conticinio
omisión
elipsis
eclipsis
reticencia
atajo
blanco
laguna
descuido
pretermisión
sigilo
sigilación
secreto
reserva
anónimo
tapaboca
mordaza
ocultación
disimulo
discreción

mudez
mutismo
enmudecimiento
sordomudez
afasia
nudo en la garganta
afonía

reinar el silencio
oír volar las moscas
callar
enmudecer
ensordecer
clausular
amorrar
amorugarse
aguantarse
sobrentender
callar la boca
hacer mutis
cerrar los labios
sellar el labio
» los labios
morderse la lengua
» los labios
coserse la boca
darse un punto en la boca
ponerse el dedo en la boca
no abrir la boca
no decir esta boca es mía
no descoser los labios
no despegar los labios
no descoser la boca
no despegar la boca
no desplegar la boca
no decir uno haches ni erres
no chistar
no decir un sí ni un no
no responder un sí ni un no
no decir malo ni bueno
no decir palabra
no hablar palabra
dar la callada por respuesta
oír, ver y callar
estar en muda
no tomar en boca
» » en la boca
pegársele la lengua al paladar
enmudecer
quedar mudo
ocultar
sigilar
guardar para sí
tapar
reservar
correr la cortina
» un velo sobre
echar un velo sobre
» candado a la boca
poner candado a los labios
» candado a la boca
guardar la boca
pegar la boca a la pared
entregar al silencio
no salir de uno
» » de la boca
quedarse con... en el pecho
quedarse con... en el cuerpo
quedar algo en el estómago
quedarse en el tintero

omitir
pretermitir
silenciar
olvidar
suprimir
excluir
cortar
pasar
saltar
brincar
truncar
prescindir
pasar en silencio
hacer caso omiso
dejar aparte
» en blanco
pasar en blanco
» » claro
» por alto
dejar a un lado una cosa
» en el tintero

acallar
callantar
acallantar
amordazar
enmordazar
hacer callar
imponer silencio
enmudecer
atajar
atarugar
arrumbar
cerrar la boca
tapar la boca
tapar bocas
meter el resuello en el cuerpo

silente
silenciario
silenciero
chiticalla
cazurro
cerrado
secretario
mudo
sordomudo
áfono
afónico

callado
silencioso
sordo
taciturno
tácito
secreto
sigiloso
reservado
atentado
insonoro
omiso
sobrentendido
olvidado
intacto

silenciosamente
calladamente
mudamente
sigilosamente
sordamente
mansamente
tácitamente
implícitamente
quedamente
quedo
quedito
pasito
callando
callandito
callandico
chiticallando
a la chita callando
de callada
a cencerros tapados
a la sordina
a la sorda
a lo sordo
a sordas
a bonico
entre sí
para su capote
sin decir oxte ni moxte
sin decir oste ni moste
sin sentirlo la tierra
sin decir palabra
sin hablar palabra
ni hablar ni parlar
ni habla ni parla
sin chistar ni mistar
sin decir tus ni mus
como tonto en vísperas
como el convidado de piedra
como en misa
antes mártir que confesor

son
punto en boca
chis
chist
chito
chitón
cortapicos y callares

—

SÍLICE (4)

sílice
silicato
sílice anhidra
cuarzo
quijo
arena
roca
piedra
cuarzo hialino
cristal de roca
claveque
prasio
cuarzo ahumado
jacinto de Compostela
venturina
trípoli
trípol
diatomita
sílex
pedernal
piedra de lumbre
» de chispa
» de escopeta
» de fusil
moleña
ágata
prasma
plasma
ceracate
cepita
ónice
ónix
ónique
piedra oniquina
menfita
sardónice
sardónique
sardónica
sardio
sardo
sardonio
crisoprasa
crisopacio
cornalina
corniola
cornerina
cornelina
alaqueca
restañasangre
alaqueque
heliotropo
diaspro sanguino
calcedonia
carniola
zafirina
piedra de Moca
nicle
pantera
ojo de gato
sanguinaria
leontodera
hidrófana
ceisatita
ópalo
» girasol
» noble
iris
carborundo
joyería

silíceo
cuarzoso

—

SILVESTRE
(V. *Incultura)*

—

SILLA
(V. *Asiento)*

—

SILLA DE MONTAR
(V. *Guarnición)*

—

SILLAR (11)

sillar
sillarejo
piedra angular
perpiaño
sillar lleno
» de hoja
menor
carretal
fastial
dovela
salmer
piedra
mármol

cara
paramento
acera

soga
tizón
contrahoja
lecho
sobrelecho
mano
arista
entrega
cola
almohadilla
almohada
anáglifo
labrar
bornear
retranquear

sillería
mampostería
cantería
mampuesta
hilada
junta

canteado
a contralecho
a soga
a tizón

—

SIMBOLIZAR
(V. *Símbolo)*

—

SÍMBOLO (28)

símbolo
imagen
figura
» moral
alegoría
emblema
esquema
cifra
empresa
efigie
iconografía
cuerpo
tipo
lema
mote
marmosete
signo
atributo
insignia
tropo
metáfora
» continuada
translación
traslación
ficción
simbolización
simbolismo
alegorización
alusión
sugerimiento
comparación
parábola
tropología
lenguaje figurado
representación
encarnación
personificación
prosopopeya
mito
mitología
quimera
blasón

simbolizar
alegorizar
representar
significar
compendiar
encarnar
personificar
figurar

simbólico
alegórico
emblemático
metafórico
mitológico
tropológico
figurado
traslaticio
típico
característico
simbolizable

simbólicamente
alegóricamente
metafóricamente
emblemáticamente
figuradamente
figurativamente
místicamente
traslaticiamente
translaticiamente

—

SIMIENTE
(V. *Semilla)*

—

SIMPLE
(V. *Simplicidad)*

—

SIMPLICIDAD (22)

simplicidad
sencillez
pureza
homogeneidad
unidad
simplificación
naturalidad

simplificar
descomponer
facilitar

simplificador
simplicista
simplista

simple
simplicísimo
sencillo
incompuesto
incomplexo
incomplejo
elemental
neto
uniforme
mero
estricto
escueto
mondo
limpio
puro
pelado
desnudo
aislado
solo
uno
mondo y lirondo
simplificable
incombinable

simplemente
puramente
estrictamente
escuetamente
meramente
mere
a palo seco

—

SIMPLIFICAR
(V. *Simplicidad)*

—

SIMULTANEIDAD (21)

simultaneidad
coincidencia
actualidad
concomitancia
coexistencia
presencia
contemporaneidad
concurso
concurrencia
acompañamiento
combinación
compatibilidad
sincronía
sincronismo
isocronismo
exactitud
oportunidad
intervalo
temporada
fecha

simultanear
sincronizar
coexistir
coincidir
corresponder
caer
concurrir
sobrevenir

cruzarse
agolparse
correr parejas
» a las parejas

contemporáneo
condiscípulo

simultáneo
coexistente
sincrónico
isócrono
coetáneo
coevo
coincidente
concurrente
concomitante
compatible

simultáneamente
coetáneamente
juntamente
conjuntamente
junto

al par
a la par
al paso que
a la vez
de camino
de paso
al mismo tiempo
a un tiempo
a una
por atún y a ver al duque
durante
mientras
mientra
mientras tanto
entretanto
entre que
en tanto que
en cuanto
a medida que
ínterin
en medio de
en esto
en éstas y éstas
en éstas y en estotras

—

SIMULTÁNEO
(V. *Simultaneidad)*

—

SINCERIDAD (26)

sinceridad
ingenuidad
naturalidad
familiaridad
confianza
realidad
veracidad
verdad
espontaneidad
sencillez
candor
candidez
lealtad
honradez [zón
limpieza de corazón
cordialidad
buena fe
franqueza
claridad
lisura
abertura
efusión
expansión
primera intención
crudeza
claridades
atrevimiento
descaro

explayarse
descubrirse
revelar
llevar el corazón en la mano
» el corazón en las manos
salirle del corazón
no tener más que una palabra
espontanearse
quitarse la máscara
» la mascarilla
hablar claro
poner las cartas boca arriba
ponerse papo a papo
cantarlas claras
decir cuántas son cinco
decir las cuatro verdades del barquero
» las verdades del barquero
acusar las cuarenta
no tener pelos en la lengua
no tener pelillos en la lengua
no tener uno pollla en la lengua
no tener frenillo
no tener frenillo en la lengua
no tener pepita en la lengua
ser capaz de decir una fresca al lucero del alba
ser capaz de plantar una fresca al lucero del alba

sincero
serio
ingenuo
sencillo
candoroso
abierto
cordial
expansivo
efusivo
explícito
comunicativo

llano
espontáneo
franco
francote
claro
real
leal
sano
veraz
natural
boquifresco
boca de verdades

sinceramente
francamente
sencillamente
llanamente
sanamente
limpiamente
ingenuamente
lisa y llanamente
cara a cara
sin rebozo
de buena fe
a la buena fe
» » » de Dios
de corazón
con el corazón en la mano
a barras derechas
si va a decir verdad
sin ambages ni rodeos

—

SINCERO
(V. *Sinceridad)*

—

SÍNCOPE (12)

síncope
desmayo
desvanecimiento
desfallecimiento
vahído
vaguido
sopitipando
vértigo
vapor
mareo
mareamiento
taranta
congoja
malagana
ahílo
aturdimiento
letargo
aletargamiento
lipotimia **[vios**
ataque de **ner-**
convulsión
catalepsia
epilepsia
eclampsia
alferecía
heril
colapso
deliquio
desgana
mala gana
desacuerdo
rapto
accidente
insulto
soponcio
patatús
telele
feila
paroxismo
asfixia
ahogamiento
turbación
parálisis
enajenamiento
enfermedad
insensibilidad

sincopizar
accidentar
embargar
suspender
aturdir
privar
tumbar
marear
atontar
entumecer
aletargar

desmayarse
desvanecerse
desfallecer
pasmarse
amortecerse
accidentarse
desplomarse
insultarse
privarse
ahilarse
marearse
almadiarse
almadearse
aletargarse
perder el sentido
» el conocimiento
irse la cabeza
» la vista
estar hecho un tronco
caerse redondo

volver
cobrarse
recuperarse
desatontarse
desatolondrarse

vertiginoso
letárgico
vaguido
insensible
patitieso

—

SITIADOR
(V. *Sitio)*

—

SITIAR
(V. *Sitio)*

—

SITIO (34)

sitio
estado de sitio
asedio
cerco
bloqueo
circunvalación
acometimiento
asalto
surtida
salida
descerco
polémica
poliorcética
brecha
fortificación

capitulación
sumisión
conquista

sitiar
cercar
asediar
bloquear
circunvalar
estrechar
ceñir la plaza
declarar el bloqueo
poner cerco

estar sobre una plaza
caminar a la zapa
cubrirse

descercar
violar el bloqueo
levantar el sitio
» el cerco
alzar el cerco
salir con banderas desplegadas

cordón
lobo
corona obsidional

sitiador
asediador
bloqueador
zapador
sitiado
ingeniero militar
descercador

obsidional
polémico
expugnable
inexpugnable

—

SITUACIÓN (17)

situación
disposición
posición
postura
aspecto
actitud
colocación
ubicación
yacimiento
exposición
estado
emplazamiento
lugar
dirección
lado
orientación
horizonte
(situar, poner, etc. V. *Colocación*)

estar situado
yacer
radicar
caer
dar
mirar
responder

situado
sito

fuera
dentro
sobre
debajo
alrededor
entre
cerca
lejos
etc.

—

SITUADO
(V. *Situación*)

—

SITUAR
(V. *Colocación*)

—

SOBERANO (30)

soberano
jefe
autócrata
monarca
rey
regente
príncipe
testa coronada
padre de la patria
archipámpano
poder moderador
instituciones
dinastía

déspota
emperador
imperador
césar
augusto
káiser
zar
czar
faraón
Gran mogol
rajá
sofí
kan
can
sha
sátrapa
sultán
soldán
el Gran señor
dey
miramamolín
el Gran turco
emir
amir
alamir
califa
jeque
negus
Preste Juan
micado
dux
podestá
vaivoda
hospodar
inca
inga
cacique
régulo
dinasta
potentado
toparca
tetrarca
dato
conde de Castilla

príncipe [gre
» de la san-
infante
elector
delfín
czarevitz
zarevitz
kronprinz
diádoco
jerife

soberana
emperatriz
zarina
czarina
sultana
gobernadora
coya

princesa
delfina
archiduquesa

proclamar
saludar
exaltar
coronar
entronizar
entronar
destronar

imperar
reinar
mandar
ceñir la corona
abdicar

proclamación
inauguración
exaltación
entronización
coronación
coronamiento
coronamento
advenimiento
audiencia
interregno
abdicación
destronamiento

soberanía
superioridad
dominio
dominación
potestad
reino
reinado
regencia
poder supremo
» esmerado
imperio
regalía
señoría
mando
gobierno
dignidad
majestad
púrpura
trono
solio
corte
cetro
inviolabilidad
delito de lesa majestad
crimen de lesa majestad

monarquía
principado
palatinado
califato
exarcado
tetrarquía
satrapía
cacicazgo
territorio

cetro
corona de hierro
camón
manto
púrpura
paludamento
trábea
ínfulas

supremo
mayestático
áulico
palatino
principesco
dinástico
imperial
imperatorio
imperante
cesáreo
cesariano
augustal
zariano
czariano
faraónico
mogólico
jerifiano
serenísimo

soberanamente

—

SOBORNAR
(V. *Soborno*)

—

SOBORNO (25, 32, 33)

soborno
sobornación
cohecho
corrupción
captación
injusticia
venalidad
baratería
delito

sobornar
cohechar
untar
comprar
corromper
dadivar [nero
acometer con di-
untar la mano a
» las manos a
» el carro
tapar la boca
falsear las guardas

venderse
ensuciarse
» las manos

unto de rana
» de Méjico
ungüento de Méjico
promesa
dádiva
juanillo
propina
regalo
donación

sobornador
cohechador
dadivado
venal
de so capa

—

SOBRAR
(V. *Exceso*)

—

SOBRE
(V. *Superioridad*)

—

SOBRENATURAL
(V. *Prodigio*)

—

SOBRESALIR
(V. *Superioridad*)

—

SOBRETODO
(V. *Abrigo*)

—

SOBREVENIR
(V. *Casualidad*)

—

SOBREVIVIR
(V. *Vida*)

—

SOBRINO
(V. *Tío*)

—

SOCIABLE
(V. *Afabilidad*)

—

SOCIAL
(V. *Sociedad* [*la*])

—

SOCIEDAD (35)

sociedad
compañía
empresa
razón social
asociación
corporación
participación
ganancia
beneficios
balance
pérdida
liquidación
disolución

sociedad accidental
cuentas en participación
sociedad comanditaria
» en comandita
comandita
sociedad anónima
sociedad de responsabilidad limitada
sociedad regular colectiva
sociedad de cuenta en participación
sociedad de socorros mutuos
mutualidad
compañía comanditaria
compañía en comandita
» regular colectiva
compañía anónima [guros
compañía de se-
cooperativa
cooperativa de consumo
cooperativa de producción
sindicato
consorcio

fundar
formar
constituir
aportar
comanditar
fusionar
disolver
liquidar

constitución
contrato
estatutos
reglamento
domicilio social
sede
casa
sucursal

aportación
capital
acción
» liberada
» preferente
» privilegiada
obligación [caria
» hipote-
cédula
dividendo activo
» pasivo
valores
banca
comercio
contabilidad

socio
» industrial
» capitalista
comanditario
mutualista
accionista
obligacionista
consejero
director
gerente
gestor
liquidador
empresario
dirección
gerencia
consejo
consejo de administración
persona jurídica
» social

social

en comandita

—

SOCIEDAD (la) (30)

sociedad
procomún
procomunal
causa pública
república
mundo
estado
nación
familia
población
humanidad

jerarquía
categoría
posición
condición
casta
clase
estado
esfera
nobleza
aristocracia
buena sociedad
burguesía
burocracia
clase media
mesocracia
estado llano
plebe
proletariado

raza
pueblo
tribu
grey
gente
curia

mundo antiguo
» moderno
patriarcado
matriarcado
monogamia
poligamia
esclavitud
feudalismo
socialización
gobierno
sociología

socialismo
comunismo
gregarismo
colectivismo
radicalismo
sindicalismo
cooperatismo
cooperativismo
industrialismo
marxismo
furierismo
política
ignorantismo

oscurantismo
feminismo
convencionalismo
respetos humanos

socializar

Ministerio de Trabajo
falansterio

sociólogo
socialista
marxista
sindicalista
furierista
sansimoniano

social
gregario
antisocial
sociológico

—

SOCIO
(V. *Sociedad*)

—

SOCIOLOGÍA
(V. *Sociedad [la]*)

SOCORRER
(V. *Ayuda*)

—

SOCORRO
(V. *Ayuda*)

—

SODOMÍA (32)

sodomía
pederastia
uranismo
pecado nefando
» contra natura
» contra naturaleza
afeminación
deshonestidad
lujuria

sodomita
pederasta
bardaje
bardaja
maricón
marión
mariol
marica
bujarrón
puto
garzón
invertido
nefandario
súcubo
sodomítico

—

SODOMITA
(V. *Sodomía*)

—

SOFISTA
(V. *Argucia*)

—

SOFISTICAR
(V. *Argucia*)

—

SOGA
(V. *Cuerda*)

—

SOL (3)

sol
estrella
febo
solazo
la gracia de Dios
sol con uñas

fotosfera
cromosfera
corona
fácula
lúnula
mancha
mácula
protuberancia
rayo verde
heliografía
helioterapia
heliolatría

salir
lucir
dar
batir
ponerse
tramontar
solear
asolear
asolanar
insolar

tomar el sol
coger el sol
asolearse
insolarse

salida
orto
postura
puesta
ocaso
amanecer
anochecer
carrera del sol
afelio
perihelio
solsticio
sicigia
acceso del sol
receso del sol
abraxas
rayos
halo
parhelio
parhelia
espectro solar
arco iris
luz
día
eclipse
cristal ahumado
helióstato
helioscopio
espectroscopio
lente
astronomía

asoleo
asoleada
solanera
soleamiento
insolación
heliotropismo
tabardillo
cocoliste

resol
solana
resolana
solanera
solanar
solejar
carasol
resistero
calor

solar
febeo
heliaco
ultrasolar
circunsolar
heliocéntrico
solsticial
saliente
poniente
a puesta de sol

—

SOLADO
(V. *Suelo*)

—

SOLADOR
(V. *Suelo*)

—

SOLAR
(V. *Suelo*)

—

SOLAR
(V. *Sol*)

—

SOLDADO
(V. *Militar*)

—

SOLDADURA (11)

soldadura
» autógena

suelda
unión
adherencia

soldar
estañar
desoldar

soldador
hojalatero
fontanero

lamparilla
soplete
soldador
cautín
estaño

soldable
insoldable
autógeno

—

SOLDAR
(V. *Soldadura*)

—

SOLEDAD
(V. *Aislamiento*)

—

SOLEMNE
(V. *Ceremonia*)

—

SOLEMNIZAR
(V. *Ceremonia*)

—

SOLIDEZ
(V. *Firmeza*)

—

SOLIDIFICAR
(V. *Sólido*)

—

SÓLIDO (2)

sólido
masa
concreción
concreto
cristal
terrón
núcleo
grumo
copo
coágulo
cuajarón
(tetraedro, dodecaedro, etc. Véase *Geometría*)
esfera
cono
cilindro
etc.

solidez
cohesión
densidad
dureza
textura
grumosidad

solidificar
solidar
consolidar
concrecionar
macizar
helar
congelar
coagular
cuajar
aterronar
apelotonar
condensar
apretar
comprimir
engrumecerse

solidificación
coagulación
consolidación
cuajamiento
cuajo
cuajadura
congelación
cristalización

consolidativo
coagulador
coagulante

sólido
concreto
compacto
consistente
denso
apelmazado
macizo
grumoso
coaguloso

—

SOLITARIO
(V. *Aislamiento*)

—

SOLO
(V. *Aislamiento*)

—

SOLTAR
(V. *Desasimiento*)

—

SOLTERÍA (30)

soltería
celibato
doncellez
doncellería
albarranía
nubilidad
estado honesto
virginidad
castidad
quedarse para vestir imágenes
quedar para tía

soltero
solterón
célibe
celibato
doncel
barragán
niño
joven
mozo
mocete
mozuelo
mozalbete
mozalbiello
novia
novio
mancebo
mancebete
albarrán
libre
casadero
núbil
incasable
innúbil
misógamo

doncella
zagala
zagaleja
prematura
jamona

en estado de merecer

—

SOLTERO
(V. *Soltería*)

—

SOLUBLE
(V. *Disolución*)

—

SOLUCIÓN (23)

solución
explicación
definición
resolución
respuesta
averiguación
clave
decisión
providencia
despacho
medida
arreglo
vado
temperamento
tramitación
medio
último recurso
desenlace
terminación
fin
hallazgo

resolver
solver
satisfacer
solventar
despachar
expedir
actitar
absolver
hallar
descubrir
adivinar
sacar
acertar
descifrar
despejar
desatar
desenredar
desenlazar
soltar
zanjar
ventilar
desvanecer
disipar
aclarar
orillar
arbitrar
tramitar
facilitar
prevenir
abrir camino
salir del paso
campaneárselas

solvente
satisfactorio
soluble
resoluble
insoluble

¡eureka!

—

SOLLOZO
(V. *Llanto*)

—

SOMBRA (2, 13)

sombra
penumbra
media luz
adumbración
entoldamiento
esbatimento
batimento
silueta
sombras chinescas
opacidad
obscuridad
eclipse

umbría
ombría
sombría
solombría

sombrear
asombrar
esbatimentar
entoldar
hacer sombra

sombrajo
sombraje
umbráculo
quitasol
pantalla
cobertizo
toldo
toldillo
entoldado
emparrado
enramada
enrame
tejado

anfiscios
heteroscios
periscios

sombreador
sombrío
sombroso
umbroso
umbrío
umbrátil
umbrático

—

SOMBRERO (10)

sombrero
sombrerete

sombrerazo
sombrerada
chapeo
poniente
píleo
causía
sombrero de copa
» de copa alta
sombrero redondo
» de pelo
chistera
galera
bolero
bomba
bimba
castora
gabina
güito
canariera
clac [lles
sombrero de muegavión
canoa
hongo
sombrero hongo
bombín
flexible
sombrero flexible
pavero
cachorra
chapelete
fieltro [japa
sombrero de jipijipijapa
panamá
salacot
sombrero cordobés
» castoreño
» gacho
» jarano
» chambergo
» a la chamberga
galero
sombrero calañés
» de calañas [te
sombrero de catijíbaro
rocador
rocadero
coroza
gorrilla
sombrero de teja
» de canal
» de canoa
canalón
sombrero de medio queso [do
sombrero apuntado
» de tres picos [nio
sombrero tricornio
» de tres candiles
» de candil
» encandilado
bicornio
falucho
sueste
cucho
cogotera
gorro
gorrete
gorro catalán
barretina
gorra
gorreta
birrete
birretina
caperuza
caperuceta
caperuzón
chía

capillo
capillejo
moña
chichonera
mortero
montera
monterilla
monteruca
monterón
papahígo
papalina
bicoquete
bicoquín
becoquín
cachucha
casquete
boina
marmota
píleo
bonete
solideo
ínfulas
birreta
mitra
capelo
tiara
camauro

casco (V. *Armadura*)
morrión
chacó
chascás
colbac
ros
leopoldina
quepis
teresiana
fez
turbante
caramiello

toca
capota
pamela
cachucha
escarcela
cofia
confiezuela
escofia
papalina
carapucho
capucha
manto
zorongo
pañuelo
tocado

copa
cimera
casco
casquillo
candil
ala
falda
visera
sobrevista
cintillo
trencillo
trancelín
trencellín
toquilla
galón
fleco
borla
pasamanería
plumaje
plumero
garzota
penacho
airón
látigo
flama
pompón
cogote
bicos
escarapela
cucarda
pedrada
galleta

barbuquejo
barboquejo
barbiquejo
barbicacho
barbijo
fiador
forrajera
carrillera
orejera
cogotera
cubrenuca

poner
tocar
calar
encasquetar
escofiar
ponerse
tocarse
cubrirse
destocarse
desbonetarse
desgorrarse
descaperuzarse
descubrirse
quitar
saludar

sombrerero
gorrero
monterero
bonetero
cachuchero
agujadera

conformador
horma
formillón
hormillón
plancha
teatina
yarey
sombrerera

sombrerería
gorrería
monterería
bonetería

ensombrerado
encaperuzado
amorrionado
empenachado
arrufaldado

—

SOMERO
(V. *Superficie*)

—

SOMETERSE
(V. *Sumisión*)

—

SONAR
(V. *Sonido*)

—

SONDA *(Mar)* (38)

sonda
plomada
sondaleza
bolina
escandallo
talasómetro
batómetro

sondar
sondear
fondear
escandallar
hondear

sondeo
sonda
rastreo
profundidad

sondable
insondable

—

SONDAR
(V. *Sonda*)

—

SONDEAR
(V. *Sonda*)

—

SONIDO (2, 13)

sonido
son
sonecillo
sonetico
sonsonete
soniquete

sonoridad
asonancia
consonancia
armonía
harmonía
disonancia
eufonía
monotonía
cacofonía
dentera
resonancia
resonación
eco
» múltiple
rimbombancia
retumbo
rimbombo
rimbombe
altisonancia
acento
voz
canto
cadencia
tañido
retintín
tintineo
tintirintín
retinte
retín
sonsonete
soniquete
pitada
susurro
susurrido
rumor
runrún
rute
murmurio
murmullo
mormullo
frufrú
ruido
» hechizo
chirrido
chirrío
garlido
silbido
rechinido
rechinamiento
rechino
estridor
estridencia
chinchín
zumbido
zumbo
zurrido
ronquido
chasquido
crujido
traquido
traqueo
traqueteo
tris
crepitación
explosión
detonación
estallido
estampido

estampida
taponazo
tiro
carabinazo
cañonazo
tronido
trueno
» gordo
trisca
chiquichaque
cascaruleta
palmada
castañeta
castañetazo
castañetada
zarpazo
zapatazo
zapateta
taconazo
tenazada
latigazo
taque
portazo
ventanazo
aldabada
aldabonazo
trompetazo
estruendo
estrépito
fragor
clangor
bramido
fracaso
trasbarrás
algarabía
barahúnda
baraúnda
vorahúnda
zarabanda
batahola
bataola
tabaola
titiritaina
cantaleta
cencerrada
esquilada
música
bullicio
gritería
alboroto
hervidero
gorgoteo
gorgor
borborigmo
rugido
chapaleteo
chapoteo
golpeteo
repiqueteo
golpeadero
toqueado
triquitraque
martilleo
tableteo
tableteado
palmoteo
pataleo
taconeo
chacoloteo
chapaleteo
trápala
chancleteo
aldabeo
tijereteo

acústica
diacústica
electroacústica (Supl.)
fonometría
fonografía
onda sonora
foco acústico
nodo
vientre
vibración
altura
timbre [nido
intensidad del sonido
» de la voz

fon
bel
belio
decibel
decibelio
tono
(tan, ¡zas!, ¡pum!, etc. V. *Onomatopeya* y *Golpe*)
homofonía
homonimia
eco
armónico
resonador
tornavoz
diapasón
sirena
megáfono
fotófono
fonógrafo
gramófono
disco
microsurco
dictáfono
magnetófono
magnetofón
altavoz
instrumento de música

sonar
asonar
resonar
retumbar
rimbombar
rebombar
rebumbar
retiñir
reteñir
retinglar
retronar
reclamar
responder
tocar
tintinar
tilintear
silbar
murmurar
mormullar
murmullar
susurrar
rutar
zumbar
rumbar
rehilar
brear
zurrir
zurriar
roncar
runflar
hervir
borbotar
borbollar
crujir
recrujir
rugir
fungar
chirriar
chirrear
chillar
rechinar
estridular
cantar
triscar
carrasquear
gruñir
restallar
rastrallar
restañar
estallar
chascar
chasquear
latiguear
taconear
patullar
guachapear
chacolotear
chapear
chapalear
tabletear
tabalear

castañetear
cencerrear
repiquetear
traquear
atronar
tronar
gemir
mugir
bramar
taladrar
disonar
apianar
registrar

sonoro
sonoroso
sonador
sonante
sonable
resonante
resonador
retumbante
rimbombante
ecoico
ruidoso
rumoroso
gemidor
zumbador
triscador
trasteador
crujiente
crujidero
chirriador
chirriadero
rechinante
rechinador
estallante
alharaquiento
estrepitoso
estruendoso
escandaloso
atronador
tronero
fragoroso
fragoso
tronante
tronitoso
alto
fuerte
agudo
sobreagudo
penetrante
chillón
bajo
grave
hueco
profundo
biensonante
dulcísono
undísono
ondisonante
canoro
gárrulo
parlero
armonioso
harmonioso
concentuoso
melodioso
eufónico
cadencioso
cadente
altísono
grandísono
gravisonante
belísono
disonante
dísono
cacofónico
estridente
instridente
áspero
ronco
bronco
brozno
seco
sordo
horrísono
horrisonante

acústico
fonográfico
magnetofónico
otacústico
nodal
unísono
unisón
polífono
articulado
inarticulado
(gangoso, nasal, gutural, etc. V. *Pronunciación*)
áfono
afónico
inaudible

sonoramente
ruidosamente
estrepitosamente
estruendosamente
¡pum!

—

SONORO
(V. *Sonido*)

—

SOÑAR
(V. *Ensueño*)

—

SOÑOLIENTO
(V. *Sueño*)

—

SOPA (9)

sopa
soponcio
caldo
sopicaldo
sopa boba
» dorada
» borracha
sopas de ajo
» de gato
maimones
cachorreñas
salmorejo
panetela
bizcochada
calandraca
bodrio
brodete
brodio
aguate
puré
papas
papilla
papero
grañón
gachas
pasta
pan
tropezón
presa
tajada

gazpacho
aguadillo
ajo blanco
capón de galera
tinola

sopar
sopear
ensopar
migar
calar la sopa
escudillar

sopista

sopera
plato (sopero)

—

SOPLAR
(V. *Soplo*)

—

SOPLILLO
(V. *Abanico*)

—

SOPLO (2)

soplo
soplido
sopladura
avienta
aflato
silbido
aliento
insuflación
respiración
espiración
flatulencia
aire
viento

soplar
bufar
inspirar
espirar
inhalar
insuflar
silbar
enflautar
hinchar
entonar
inflar
airear
aventar
ventilar
espurrear
espurriar

soplador
follador
afollador
entonador
manchador
palanquero
soplillo
soplador
aventador
baleo
esportilla
abanico
fuelle
trompa
soplete
cerbatana
cebratana

—

SOPOR
(V. *Sueño*)

—

SORBER
(V. *Succión*)

—

SORBETE
(V. *Hielo*)

—

SORDERA (12, 13)

sordera
sordedad
sordez
ensordecimiento
sordomudez
disecea

ensordecer
asordar
hacerse sordo
hacer oídos de mercader
tener oídos de mercader

oído
trompetilla
corneta acústica
cerbatana
cebratana
sordina
articulación artificial
abecedario manual
dactilología

ensordecedor

sordo
tardo
teniente
duro de oído
sordomudo
como una tapia

a otra puerta
a esotra puerta

—

SORDO
(V. *Sordera*)

—

SORDOMUDO
(V. *Sordera*)

—

SORPRENDER
(V. *Sorpresa*)

—

SORPRESA (14)

sorpresa
extrañeza
asombro
admiración
sensación
confusión
desconcierto
consternación
estupor
enajenamiento
imprevisión
indeliberación
desengaño
sobresalto
sobrevienta
repullo
ruido
golpe
trabucazo
ramalazo
campanada
chasco
exclamación

sorprender
admirar
pasmar
maravillar
causar admiración
conmover
turbar
desconcertar
enajenar
chocar
dar golpe
meter ruido
hacer ruido
tirar de espaldas
desengañar
enchilar
sobrecoger
asombrar
saltear
coger
cazar
pillar
pescar
interprender
buscar las vueltas
coger con las manos en la masa
coger con el hurto en las manos
coger en la trampa
coger in fraganti
» en flagrante
» en el garlito
» la ronda
apresar

sorprenderse
admirarse
extrañar
sobrecogerse
cogerle a uno de nuevo
hacerse cruces
persignarse
santiguarse
quedarse uno frío
» hecho una pieza

sorprendente
sensacional
chocante
extraño
extraordinario
admirable
sobrenatural
inesperado
repentino
imprevisto
flagrante

sorprendido
estupefacto
petrificado

¡ah!
¡oh!
¡o!
¡cómo!
¡cómo así!
¡calle!
¡zape!
¡hola!
¡cáspita!
¡hombre!
¡demonio!
¡demonios!
¡demontre!
¡diantre!
¡diablo!
¡caramba!
¡caray!
¡canario!
¡cáscaras!
¡carape!
¡canastos!
¡caracoles!
¡córcholis!
¡zapateta!
¡cuerno!
¡concho!
¡zambomba!
¡atiza!
¡anda!
¡sopla!
¡ave María!
¡válgame!
¡válgame, válgate, Dios!
¡to!
¡epa!
¡orí!
¿es posible?

—

SORTEAR
(V. *Suerte*)

—

SORTEO
(V. *Suerte*)

—

SORTIJA (10)

sortija
sortijón
sortijuela
sortijilla
ajustador
anillo
anillo de boda
» pastoral
esposa
cintillo
pasador
dedil
torzuelo
cerógrafo
unión
concordia
alianza
memorias
tumbaga
tumbagón
verdugo
tresillo
lanzadera
sello
joyería

anular

—

SOSERÍA (26, 29)

sosería
sosera
zoncera
zoncería
secatura
ñoñería
ñoñez
insulsez
desgracia
pavo
guasa
patarra
pesadez
asadura
mala sombra
mal ángel
mala pata
necedad
pavada
gansada
torpeza

fuñicar
tener mala sombra

soso
zonzo
zonzorrión
sosaina
insulso
insípido
desaborido
desabrido
seco
secatón
ñoño
frío
frión
friático
anodino
desagraciado
desgraciado
deslucido
patoso
patarroso
pavisoso
pavo
ganso

sosamente
zonzamente

insulsamente
fríamente

—

SOSO
(V. *Sosería*)

—

SOSPECHA (14)

sospecha
sospechas vehementes
indicios
olor
barrunto
conjetura
presunción
prevención
aprensión
prejuicio
asomo
suposición
desconfianza
difidencia
inconfidencia
incredulidad
duda
pensamiento
escrúpulo
escrupulete
malicia
espina
reconcomio
regomello
celos
suspicacia
escama
cuidado
desesperanza
desasosiego
temor
recelo
recelamiento

sospechar
desconfiar
dudar
fichar
temer
recelar
maliciar
presumir
remusgar
celar
pensar
ser mal pensado

temerse
olerse
recelarse
escamarse
escamonearse
remosquearse
reservarse
recatarse
maliciarse
sollisparse
guardarse
cabrearse
tener trazado
tragarse la partida
comerse la partida
no tenerlas todas consigo
estar sobre aviso
poner en cuarentena
darle a uno en la nariz una cosa
dar a uno en qué pensar
darle a uno mala espina una cosa
no oler bien
traer entre ojos
traer sobre ojo
antojársele los dedos huéspedes
inspirar desconfianza
no ser santo de la devoción

sospechoso
receloso
matrero
suspicaz
desconfiado
difidente
inconfidente
escamón
caviloso
escaldado
escarmentado
desengañado
receloso
celoso
indiciado
presunto
avispado
astuto
emponchado
maliciable
insospechado

sospechosamente
presuntamente
presuntivamente
suspicazmente
desconfiadamente
¡hum!
¡malo!
tararira
quiera Dios

—

SOSPECHAR
(V. *Sospecha*)

—

SOSPECHOSO
(V. *Sospecha*)

—

SOSTENER
(V. *Apoyo*)

—

SÓTANO
(V. *Subterráneo*)

—

SUAVE
(V. *Lisura*)

—

SUBASTA (33)

subasta
subastación
venta pública
almoneda
venduta
encante
tasación
oferta
ofrecimiento
prometido
pliego
» de condiciones

concurso
licitación
postura
puja
mejora
alzamiento
remate
requinto
adjudicación
derecho de tanteo
compraventa
arrendamiento
renta
servicio
hacienda

subastar
sacar a pública subasta

correr
almonedar
almonedear
encantar
citar de remate
retasar
rebajar
licitar
hacer postura
quintar
requintar
poner en tal cantidad
pujar
mejorar
doblar la parada
mejorar las rentas
rematar
tranzar
tantear
acabarse la candela

quedar por adjudicar

subastador
martillero
voceador
rematador
hastario
delal
licitador
licitante
postor
ponedor
pujador
requintador
rematante
mayor postor
mejor postor
adjudicatario
corredor

martillo
encante
rula
desierto

a la llana
a mata candelas
a vela y pregón
buena pro

SUBASTAR
(V. *Subasta*)

—

SUBIDA (19)

subida
subimiento
ascensión
ascenso
elevación
alzamiento
alzadura
monta
montadura
remonte
trepa
gateamiento
gateado
encumbramiento
superposición
levantamiento
soliviadura
solevación
solivio
sofaldo
arremango
remango
enhestadura
enhestamiento
erectilidad
erección (empinamiento, etc. V. *Verticalidad*)

subir (intr.)
ascender
montar
remontar
escalar
trepar
gatear
esquilar
esguilar
resquilar
repechar
vencer
coronar
encumbrar
engaviar
saltar
volar

subirse
alzarse
remontarse
engarriarse
encaramarse
engarbarse
repinarse
engarabitarse

levantar
elevar
subir (tr.)
alzar
izar
erizar
erguir
guindar
encaramar
encampanar
encumbrar
enriscar
encopetar
empingorotar
empinar
realzar
exaltar
enaltecer
sobrealzar
sobreponer
superponer
encimar
soalzar
solevantar
solevar
apalancar
soliviar
aupar
regazar
regacear
arregazar
arrezagar
sofaldar
arremangar
remangar
incorporar
enarbolar
arbolar
enarmonar
engarriar
enhestar
inhestar
poner **vertical**

subidor
subiente
ascendente
ascendiente
ascensional
montador
trepador
trepante
acrobático
escalador
escalona
empinante
elevador
levantador
levadizo
eréctil
inhiesto
enhiesto
vertical

subidero
escalera
trepador
trepadera
montador
montacargas
montaplatos
ascensor
cabria
polea
máquina

cuesta arriba
a repecho
río arriba
aguas arriba

¡aúpa!
¡upa!
¡arriba!

SUBIR
(V. *Subida*)

—

SUBLEVAR
(V. *Rebeldía*)

—

SUBLIMAR
(V. *Destilación*)

—

SUBSCRIBIR
(V. *Subscripción*)

—

SUBSCRIPCIÓN (32)

subscripción
suscripción
obligación
abono
contrato
periódico

subscribir
suscribir
abonar
subscribirse
suscribirse
abonarse
firmar

abono
turno
boletín

suscritor
subscritor
subscriptor
abonado
suscripto
subscripto

—

SUBSTANCIA
(V. *Esencia*)

—

SUBSTANCIAL
(V. *Esencia*)

—

SUBSTITUCIÓN (20)

substitución
sustitución
representación
suplencia
lugartenencia
interinidad
alternación
regencia
supleción
suplemento
reemplazo
relevo
cambio
permuta
subrogación
suplantación
revezo
quid pro quo
sucesión
remuda
remudamiento
veces
poderes
delegación

subdirección
subinspección
subintendencia
subdelegación

substituir
sustituir
reemplazar
reponer
novar
representar
vicarizar
regentar
subrogar
relevar
suceder
suplantar
desbancar
revezar
mudar
remudar
renovar
suplir
sobrellevar
servir
hacer las veces
estar en el pellejo de otro
hallarse en el pellejo de otro
llevar la palabra
» uno la firma de otro

subdirector
subgobernador
subinspector
subintendente
subcolector
subdelegado, etc.

pro- (procónsul, protutor, etc.)
vice- (vicepresidente, vicerrector, etc.)
sota- (sotaministro, sotacura, etc.)
substituidor
sustituidor
revezo
suplidor
suplente
substituto
sustituto
sucesor
auxiliar
pasante
vicario
portanveces
teniente

lugarteniente
internuncio
jalifa
caimacán
interino
mercenario
excusador
(apoderado, delegado, etc. Véase *Delegación*)

supleausencias
suplefaltas
tapagujeros
remedión
relevo
pericón
esquirol
sobrancero
sobrante
sobresaliente
sobresalienta
rey de romanos
representante
representación
portavoz
cuatro
testaferro
testa de ferro
editor
alter ego
suplantador

substitutivo
sustitutivo
subsidiario
sucedáneo
supletorio
suplemental
suplementario

substituible
sustituible
reemplazable
suplantable
cambiable
intercambiable
postizo
insustituible
irreemplazable
de recambio
de repuesto
de respeto
a prevención

por
en vez de
en lugar de
en igual de
en cambio

—

SUBSTITUIR
(V. *Substitución*)

SUBSTITUTO
(V. *Substitución*)

—

SUBSTRACCIÓN (22)

substracción
sustracción
detracción
resta
descuento
disminución
separación
exclusión
remoción

substraer
sustraer
detraer
restar
deducir
rebajar
destarar
disminuir
quitar
quintar
diezmar
sacar
tomar

minuendo
substraendo
sustraendo
resto
líquido
residuo
diferencia
signo negativo
menos
en neto

—

SUBSTRAER
(V. *Substracción* [*Arit.*])

—

SUBTERRÁNEO (3, 11)

subterráneo
subsuelo
sótano
bóveda
cueva
canorca
caverna
bodega
cantina
espundio
furnia
mina
galería
socavón
excavación
cimbre
silo
silero
cía
sibil
hipogeo
conejera
oficinas
grutas
catacumbas
cripta
hidrofilacio
aljibe
cisterna
galápago
túnel
profundidad
centro de la tierra

asotanar

subterráneo
soterraño
grutesco
rupestre

subterráneamente

—

SUCCIÓN (20)

succión
chupadera
chupada
chupetón
chupeteo
libación
sorbo
sorbición
sorbetón

chupar
chupetear
libar
chupar cachimbo
sorber
absorber
aspirar
hacer el vacío
mamar
beber

chupador
chupadorcito
chupadero
chupaderito
chupete

vampiro
chupón
chupativo
suctorio
sorbible

—

SUCEDER
(V. *Suceso*)

—

SUCESO (15)

suceso
sucedido
acaecimiento
acontecimiento
evento
hecho
historia
actualidad
cosas del mundo
rueda de la fortuna
circunstancia
concurrencia
simultaneidad
casualidad
(coyuntura, ocasión, etc. V. *Oportunidad*)
eventualidad
contingencia
contingente
futuro contingente
posibilidad
verosimilitud
superveniencia
caso
» fortuito
golpe de fortuna
especie
accidente
incidencia
precedente
chispazo
aventura
andancia
andanza
andulencia
emergencia
ocurrencia
supervención
novedad
encuentro
paso
lance
relance
escena
peripecia
anécdota
episodio
página
chiste
comedia
drama
desenlace
odisea
suerte
destino
necesidad
felicidad
desgracia
consecución
malogro

suceder
acaecer
avenir
acontecer
ocurrir
pasar
mediar
empezar

coger
asaltar
sorprender
sobrevenir
supervenir
estallar
advenir
venir
devenir
intervenir
ofrecerse
atravesarse
nacer
caer
recrecer
salir
efectuarse
terciarse
cumplirse
verificarse
tener lugar
darse
acertar a
haber
ser

contingente
contingible
posible
eventual
acontecedero
acaecedero
incidental
incidente
adventicio
ocurrente
superveniente
aleatorio
nuevo
casual
imprevisto
condicional
dudoso

incidentalmente
incidentemente
episódicamente
a ventura
a todo ruedo
acaso
quizá
tal vez
por ventura
si a mano viene
según

—

SUCIEDAD (10)

suciedad
impureza
porquería
inmundicia
cochinería
marranada
marranería
cochinada
guarrería
gorrinería
bacinada
asquerosidad
ascosidad
bascosidad
bardoma
ensuciamiento
polución
contaminación
infección
mancha
labe
labeo
jostra
borra
moho
chorreadura
pringón
cochambre
cochambrería
sicote
bahorrina
bazofia
roña
espesura
pringue
grasa
saín
churre
mugre
juarda
suarda
rancio
enjuagadura
lavazas
lavadura
polvo
lodo
basura
barrido
barreduras
escombro
escombra
espejuelo
bafea
marea
sarama
horrura
bocera
soeza
fosquera
privada
caca
mierda
excremento
evacuación
mucosidad
saliva
residuo
sedimento

ensuciar
manchar
macular
emporcar
ciscar
tiznar
entiznar
emborronar
chafarrinar
embadurnar
pringar
empringar
engrasar
enmugrar
enmugrecer
embijar
percudir
retestinar
contaminar
inquinar
coinquinar
enrunar
entintar
enmostar
salpicar
encerar
acomodar de ropa limpia

ensuciarse
ponerse
untarse
entraparse
entrapajarse
emplastarse
estar hecho un asco

pocilga
cuchitril
cochitril
cochiquera
zahúrda
corral de vacas
basurero
muladar
muradal
albañal
desagüe
retrete
letrina
sentina
jamerdana
cogedor
pozo negro

ensuciador
contaminador
emborronador
privadero
fematero
trapero
pocero

sucio
inmundo
poluto
manchoso
manchadizo
adán
desaseado
espeso
mantillón
escuálido
molso
bisunto
frondio
sórdido
abandonado
dejado
puerco
pazpuerca
roñoso
cochino
gorrino
guarro
marrano
lechón
chancho
asqueroso
apulgarado
mugriento
mugroso
churretoso
churriento
chamagoso
pringón
merdoso
merdellón
cochambroso
cochambrero
jifero
cínico

suciamente
puercamente
cochinamente
asquerosamente
desaseadamente
con zurrapas

—

SUCIO
(V. *Suciedad*)

SUDAR
(V. *Sudor*)

—

SUDOR (8)

sudor
trasudor
resudor
sudación
resudación
transpiración

diaforesis
sudor diaforético
mador
sobaquina
catinga
grajo
hircismo
adiaforesis
anhidrosis
secreción
sudamina

glándulas sudoríparas

sudar
resudar
trasudar
transpirar
traspirar
desudar

sudadero
sudadera
sudario
sobaquera
bache

sudoso
sudante
sudoriento
sudoroso
sudorífero
sudorífico
sudatorio
sudoríparo
madoroso
cantingoso
cantingudo

—

SUELDO
(V. *Remuneración*)

—

SUELO (11)

suelo
piso
solada
solar
terreno
tierra
camino
huello
tramo
pavimento
plataforma
sobresuelo
superficie

solado
solería
pavimentación
embaldosado
ladrillado
enladrillado
enladrilladura
enlosado
losado
empedrado
empedramiento
enguijarrado
encachado
adoquinado
afirmado
macadam
asfaltado
asfalto
tablado
entablado
entarimado
tarima
tarimón
tillado
entarugado
linóleo
alfombra
estera

solar
sobresolar
pavimentar
entramar
enrasillar
embotijar
embaldosar
enladrillar
ladrillar
enlosar
alosar
losar
enlanchar
empedrar
adoquinar
chantar
enguijarrar
encintar
enchinar
enchinarrar
enrollar
macadamizar
entarimar
tillar
acuchillar
entrevigar
entarugar
asfaltar
encerar

desenlosar
desenladrillar
desladrillar
desembaldosar
desempedrar
despedrar
desentarimar
pisar

bovedilla
revoltón
azotea
socarrena
tabica
fogonadura
viga
rastrel
ristrel
maestra
entramado
madero
asiento
alcatifa
ladrillo
baldosa
baldosón
baldosín
mosaico
alambrilla
olambrilla
cinta
tesela
losa
loseta
losilla
chanto
piedra
encintado
bordillo
firme
adoquín
maestra (línea)
cuña
tabla
tableta
entarugado
tarugo
macadam
asfalto
betún de Judea
asfalto judaico
espinapez
a hueso

solador
enladrillador
ladrillador
enlosador
entarimador
encerador
acuchillador
empedrador
desempedrador

aciche
arciche
reglón
rastro
angazo
enceradora
apisonadora

teselado

—

SUELTO
(V. *Desasimiento*)

—

SUEÑO (8)

sueño
mu
dormición
dormida
dormitación
adormecimiento
amodorramiento
azorramiento
zorrera
transposición
trasposición
aletargamiento
letargo
cabezada
ronquido
duermevela
siesta
» del carnero
canóniga
meridiana
resistero
descanso
somnolencia
soñolencia
soñera
modorra
soñarrera
dormideras
bostezo
sueño pesado
pesadilla
ensueño
noche toledana
insomnio
vigilia
sopor
coma
somnambulismo
sonambulismo
noctambulismo
narcotismo
narcosis
narcotización
toxicomanía
morfinismo
cocainismo
hipnalismo
hipnosis
hipnotismo
síncope
insensibilidad
hipnología
oniromancia
concubio
conticinio

dormir
sornar
cabecear
sestear
descansar
reposar
sosegar
asosegar
dormitar
bostezar
badallar
roncar
dormir con los ojos abiertos

caerse de sueño
acostarse
tumbarse
echarse
recogerse
tender la raspa
hacer la rosca
acostarse con las gallinas
hacer noche en
cerrar los ojos
pegar los ojos
coger el sueño
conciliar el sueño
estar con los angelitos
descabezar el sueño
quebrantar el sueño
dar cabezadas
dormir la siesta
» como un lirón
» a sueño suelto
estar hecho un tronco
dormir el vino
» a cortinas verdes
guardar el sueño

dormirse
adormecerse
transponerse
trasponerse
adormilarse
adormitarse
amodorrarse
azorrarse
amorrongarse

rondar
amagar
retentar
acometer
atacar [sueño
tomarle a uno el
recordar
despertar
adormecer
adormir
modorrar
amodorrecer
aletargar
narcotizar
embeleñar
hipnotizar
arrullar
arrollar
anear
mecer

beleño
belladona
opio
anfión
éter
morfina
narcotina
heroína
cocaína
barbitúricos
marihuana
marijuana
grifa
hachís
quif
kif
hipnal

durmiente
dormiente
dormidor
cabeceador
bostezador
marmota
lirón

difunto
dormilón
soñoliento
somnoliento
perezoso
amodorrado
amodorrido
semidormido
traspuesto
transpuesto
cuajado
albanado
somnámbulo
sonámbulo
somnílocuo
morfeo

dormitorio
alcoba
alcobilla
trasalcoba
cámara doblada
cubículo
echadero
cubil
cama
dormilona
camisa de dormir
camisón
caracol

arrullo
nana
rurrupata
ro ro

toxicómano
morfinómano
cocainómano

somnífero
soporífero
soporoso
dormidero
dormitivo
adormecedor
hipnótico
estupefaciente
estupefactivo
narcotizador
narcótico
letargoso
comatoso
pesado
ligero

soñolientamente
en sueños
entre sueños
» duerme y vela
a duerme y vela
durmiendo velando
a la serena [do
al sereno
a cierra ojos
a pierna suelta
» » tendida

—

SUERTE (16)

suerte
consorcio
fortuna
sombra
destino
necesidad
hado
signo
sino
estrella
ventura
rueda
golpe de fortuna
vida
vicisitud
altos y bajos
altibajos
suceso
casualidad
riesgo
felicidad
azar
desgracia

sortear
encantarar
insacular
imbursar
sacar
desencantarar
desinsacular
salir
tocar
diezmar
quintar
setenar
picar
echar suertes
» a cara y cruz
» pajas
» a pares y nones
jugar a pares y a nones
entrar en suerte
estar en cántaro
meter la mano en el cántaro
traerle la suerte
tocarle la china
decir bien o mal (la suerte)
dar bien o mal el juego
tener buen o mal naipe

sorteo
sorteamiento
insaculación
imbursación
desinsaculación
desencantaración
quinta

lotería
dados
naipes
juego de azar
urna
cántaro
bombo
bola
teruelo
redolino
china

sorteador
insaculador
consorte
compañero
tiñoso

sorteable

a la ventura [ra
a la buena ventu-
a lo que salga
sea lo que Dios quiera

—

SUFICIENCIA (22)

suficiencia
abastanza
autarquía
bienestar
medianía
exactitud
proporción

abundancia
saciedad
exceso

bastar
abastar
ser suficiente
alcanzar
llegar
no sobrar ni faltar
abundar
rodar

bastante
suficiente
congruo
congruente
pasadero
completo
capaz
competente
harto
saturado
lo justo
lo indispensable

suficientemente
bastantemente
a suficiencia

bastante
asaz
harto
bueno
algún
algo
» que
no más
basta de

—

SUFICIENTE
(V. *Suficiencia*)

—

SUFRIR
(V. *Paciencia*)

—

SUGERIMIENTO (28)

sugerimiento
sugerencia
sugestión
persuasión
autosugestión
obsesión
insinuación
indicación
consejo
inspiración
captación
indirecta
rodeo
eufemismo
ambigüedad
vareta
puntada
tiro
palabra preñada
medias palabras
alusión
» personal
quillotro
reticencia
neuma
indeterminación
signo
símbolo

sugerir
insinuar
inspirar
impresionar
seducir
apuntar
soplar
dictar
verter
aquellar
abrir camino
dar a entender una cosa
aludir
personalizar
personificar
personificarse
referir
decir relación
hacer relación
dejarse caer
tirar a ventana conocida [ñalada
tirar a ventana se-

sugestivo
sugerente
sugeridor
ninfa Egeria
musa
insinuador
insinuante
insinuativo
alusivo
reticente
palabritas mansas
tácito

a media voz

—

SUGERIR
(V. *Sugerimiento*)

—

SUJECIÓN (19, 20)

sujeción
precinto
traba
trabazón
trabamiento
contención
afianzamiento
trabadura
trabón
unión
adherencia
ensambladura
firmeza
fijación
consolidación
estabilidad
acoplamiento
retenida
cibica
cibicón
ancla
cáncamo
gancho
collar
pinzas
rodrigón
tutor
goma
cola
ligadura
soldadura
atadura
viento
grapa
grampa
laña
arpón
estribo
fiador
patilla
precinta
francalete
zambarco
aro
anillo
abrazadera
cuchillero
cincha
cincho
zuncho
suncho
escuadra
coda
gato
gatillo
barrilete
galápago
caballico
gafa
clavo
remache
clavija
chaveta
tornillo
broche
botón
presilla
encuadernador
sujetador
prendedor
prendedero
alfiler
(támbara, rodrigón, etc. V. *Apoyo*)

sujetar
afirmar
sentar
asentar
sustentar
asegurar
inmovilizar
retener
afianzar
trabar
aprisionar
asir
apresar
trincar
acogotar
atar
esposar
enhebillar
encorchetar
agarrotar
engarrotar
trancar
atrancar
clavar
enclavar
atornillar
remachar
roblonar
cebar
estaquillar
falcar

encolar
pegar
lastrar
lastrear
anillar
colgar
enganchar
abrochar
abotonar
cinchar
precintar
enzunchar
engrapar
lañar
engafetar
engatillar
engrilletar
despatillar
amadrinar
apoyar
enrodrigonar
enrodrigar
rodrigar
ahorquillar
fijar
apuntar
plantar
arrendar
afirmar
hirmar
confirmar
introducir
recibir
empotrar
incrustar
atarugar

sujetarse
asegurarse
espetarse
entallarse
acarrazarse

cebar
arraigar
tomar pie

sujetador
fijador
contentivo

sujeto
fijo
seguro
firme
inmóvil
inconmovible
estable

—

SUJETAR
(V. *Sujeción*)

—

SULFUROSO
(V. *Azufre*)

—

SUMA
(V. *Adición*)

—

SUMAR
(V. *Adición*)

—

SUMERGIR
(V. *Inmersión*)

—

SUMIDERO
(V. *Desagüe*)

—

SUMISIÓN (25)

sumisión
sometimiento
subyugación
rendición
rendimiento
capitulación
derrota
entrega
obediencia
docilidad
dedición
allanamiento
demisión
homenaje
pleito homenaje
humillación
respeto
acatamiento
acato
humildad
mansedumbre
resignación
pupilaje
feudo
vasallaje
avasallamiento
encartación
dependencia
subordinación
esclavitud
someterse
sujetarse
subyugarse
supeditarse
avasallarse
jusmeterse
humillarse
allanarse
entregarse
darse
dejarse
caer en manos
doblarse
doblegarse
plegarse
avenirse
prestarse
acomodarse
arreglarse
resignarse
amocharse
amansarse
desamotinarse
rendirse
darse, rendirse, entregarse, a discreción

flaquear
ceder
amollar
aflojar
recular
parlamentar
capitular
sucumbir
ahocicar
apechugar
jurar
acatar

darse a merced
» a partido
entregarse a merced
dar parias
rendir parias
hincar el pico
» la rodilla
caer de su burra
» de su burro
doblar la cabeza
» la rodilla
humillar la cabeza
» la rodilla
echarse por tierra
» a tierra
» en tierra

entrar por el aro
pasar por las horcas caudinas
dejarse vencer
darse por vencido
rendir las armas
» la espada
arriar bandera
salir con banderas desplegadas
caer debajo del poder de uno
ponerse en manos de [boca de
respirar por la
cantar el kirieleisón [día
cantar la palino-

sometido
rendido
sumiso
jusmeso
acatante
capitulante
sucumbiente
amollante
vasallo
forzado
esclavo

acatable
rendidamente
sumisamente
acatadamente

en cinta
debajo de
yo soy la carne y usted el cuchillo

SUMISO
(V. *Sumisión*)

—

SUNTUOSO
(V. *Fausto*)

—

SUPERFICIAL
(V. *Superficie*)

—

SUPERFICIE (17)

superficie
haz de la tierra
sobrefaz
sobrehaz
plano
tez
cara
faceta
página
plana
llana
lado
pared
suelo
superficialidad
exterioridad
exterior
lumbre del agua
anterioridad
posterioridad
lisura
aspereza
llanura
escabrosidad
superficie plana
» reglada
» curva
» desarrollable
» cilíndrica
» cónica
conoide
superficie esférica
redondez
esfera [da
superficie alabea-
paraboloide
hiperboloide
helicoide
forma
medida

medida superficial
escuadreo
área
cabida
parcela
agrimensura
topografía
geometría
planímetro

centímetro cuadrado
decímetro cuadrado
metro cuadrado
kilómetro cuadrado
miliárea
centiárea
deciárea
área

decárea
hectárea
kiliárea
quiliárea
pie cuadrado
vara cuadrada

acto mínimo
acto cuadrado
arapende
carro
estado
celemín
almud de tierra
marco real
pertenencia
demasía
destre superficial
estadal cuadrado
cuerda
jovada
juvada
yugada
ubada
jera
huebra
yunta
día de bueyes
arada
fanega de tierra
fanegada
hanegada
rebujal
jornal
aranzada
fanega de puño
» de sembradura
besana
mojada
mujada
mohada
cuartera
ferrado
soga
almudada
tahúlla
atahúlla
alfaba
marjal
hemina
robada
cana de rey
peonada
cahizada
cahíz
cuartal
obrada
cuarterada
cordel
caballería
balita
quiñón
braza
loán
acre
palo del pastor
carro de tierra
tapia

clima
postura
cato
caña
legua cuadrada

superficial
periférico
plano
cóncavo
convexo
somero
exterior
mural

superficialmente
someramente
livianamente
a flor de tierra
a flor de agua
a la flor del agua

—

SUPERFLUIDAD (24)

superfluidad
fárrago
inutilidad
redundancia
prolijidad
rodeo
relleno
ripio
floreo
carambainas
ringorrangos
perifollos
moños
angaripolas
follaje
gollería
gollorία
gullería
gullería
inelegancia
futilidad
exceso
excrecencia
excrescencia
abundancia
derroche

sobrar
no necesitar
pasar sin
pasarse sin
excusar

superfluo
supervacáneo
innecesario
desnecesario
inútil
insignificante
excusado
infundado
farragoso
historiado
redundante
recargado
barroco
abarrocado
prolijo

superfluamente
excusadamente

en vano
de vicio

—

SUPERFLUO
(V. *Superfluidad)*

—

SUPERIOR
(V. *Superioridad)*

—

SUPERIORIDAD (17, 24)

superioridad
superlación
supremacía
eminencia
preeminencia
supereminencia
hegemonía
dominio
preferencia
enaltecimiento
primacía
primado
precedencia
presidencia
preponderancia
predominio
predominación
predominancia
principado
superposición
sobrepujamiento
descollamiento
descuello
culminación
ventaja
victoria
record
auge
mejoría
perfección
excelencia
subida
altura
cenit
zenit
cumbre
cima
sumidad
fastigio
pináculo
picota
cúspide
ápice
vértice
copete
remate
apogeo
lo alto
todo lo alto
máximo
máximum
el colmo
lo último
límite

aventajar
ganar
superar
sobrar
sobrepujar
rebasar
exceder
sobrexceder
sobreexceder
culminar
velar
adelantar
pasar
llevar
requintar
preferir
vencer
eclipsar
salvar
sobresalir
descollar
escollar
despuntar
rayar
preceder
anteceder
presidir
valer
prevaler
preponderar
predominar
dominar
señorear
resplandecer
esplender
brillar
lucir
campar
campear
gallear
toser
salir
saltar
resaltar
destacar
rabiar

aventajarse
adelantarse
distinguirse
señalarse
destacarse
desigualarse
pasarse
empinarse
imponerse
sobreponerse
ser el gallo
hacerse el gallo
cortar el bacalao
poner el mingo
ser un hacha
ser el amo del cotarro
no haber quien le tosa a uno
llevarse la palma
» la mapa
perderse de vista
ser de punta
poner cátedra
tener la sartén por el mango
tener la cuesta y las piedras
hacer raya
excederse a sí mismo
echar el pie adelante
echar la pata
hacer sombra
aventajar
echar la pierna encima
dar uno quince y raya, o quince y falta, a otro
dar a uno cien vueltas
corregir la plana
enmendar la plana

rey
reina
príncipe
eminencia
primate
patricio
optimate
prócer
superhombre
gran bonete
as
primer espada
águila
coloso
gigante
titán
gallito
pájaro
buena pieza
estrella
el más pintado
aristocracia
nobleza

superior
superno
alto
culminante
cimero
encimero
empingorotado
soberano
supremo
sumo
procero
prócero
prócer
conspicuo
esplendente
precedente
preferente
sobresaliente
sobrepujante
campante
prevaleciente
eminente
preeminente
supereminente
dominante
predominante
excelente
(principal, importante, etc. V. *Importancia)*
grande
fuerte
excesivo
superlativo
sobrexcedente
pecante
aventajado
adelantado
primero
principal
luengo
primado
primicerio
primiclerio
primacial
de viso

superiormente
supremamente
soberanamente
descolladamente
aventajadamente
sumamente
eminentemente
eminencialmente
notablemente
superlativamente

más
en más
por excelencia
por antonomasia
archi-
arqui-
rete-
epi-
proto-
de categoría
mejorado en tercio y quinto
de alto coturno
alto
sobre
supra
encima
contra

—

SUPERSTICIÓN (1)

superstición
culto supersticioso
» indebido
(credulidad, etc. V. *Creencia)*
(idolatría, etc. V. *Culto)*
(iluminismo, etc. V. *Herejía)*
teosofía
cábala
fetichismo
totemismo
magnetismo
hipnotismo
abusión
agüero
(magia, hechicería, etc. V. *Ocultismo)*
(adivinación, buena ventura, etc. V. *Predicción)*

quimera
(trasgo, duende, etc. V. *Mitología)*
fetiche
totem
tabú
martes
trece
alidona
higa
proverbio
amuleto

supersticioso
heterodoxo
fetichista
agorero
abusionero
convulsionario
espantanublados

supersticiosamente
vanamente

—

SUPERSTICIOSO
(V. *Superstición)*

SUPLICIO
(V. *Castigo)*

—

SUPONER
(V. *Suposición)*

—

SUPOSICIÓN (23)

suposición
posición
presunción
supuesto
postulado
presuposición
presupuesto
condición
hipótesis
hipótesi
teoría
teórica
calandrajo
conjetura
sospecha
creencia
predicción

suponer
poner
presuponer
asentar
atribuir
admitir
dar por
hacer
poner caso
» por caso
tener por dicho
hacer cuenta
hacer la cuenta
hacerse cuenta
hacerse la cuenta
sobrentender
sobreentender
subentender
teorizar

suponedor
teorizante
especulativo

supuesto
seudo
pseudo
presupuesto
tácito
supositivo
supositicio
putativo
hipotético
admisible
teórico
infundado
gratuito
condicional

hipotéticamente
teóricamente

dado que
dado caso
demos caso
pongamos
sea...
sentada esta baza
sentada la baza
en inteligencia
en la inteligencia
caso que
presupuesto que
una vez que
sea o no sea
ahora bien
como quiera que

—

SUPRESIÓN (27)

supresión
elipsis
omisión
silencio
salto
blanco
laguna
claro
cesación
desaparición
destrucción
exterminio
anulación
inhibición
amortización
fin

suprimir
anular
deshacer
destruir
exterminar
matar
aniquilar
descastar
anonadar
extinguir
amortizar
escamotear
escamotar
desvanecer
extirpar
desinsectar
desratizar
raer
desarraigar
amputar
quitar
callar
omitir
excluir
cortar
atajar
truncar
cortar
ahogar
saltar
brincar
atrancar
borrar
acabar con
comerse las palabras

supreso
supresor
extirpable

elípticamente
dele
deleátur

—

SUPRIMIR
(V. *Supresión*)

—

SUPUESTO
(V. *Suposición*)

—

SUPURACIÓN (12)

supuración
piorrea
piogenia
secreción
empiema
corrimiento
otorrea
humor
infección
inflamación

supurar
correr
madurar
cocer

pus
podre
materia
podredumbre
icor
sanies
sanie
virus
bolsa
absceso
clavo
tubérculo
tumor
herida

supurante
supurativo
supuratorio
purulento
icoroso
sanioso
virulento
piógeno

—

SUPURAR
(V. *Supuración*)

—

SURCO (18, 36)

surco
entresurco
aladrada
carril
guacho
besana
abesana
entrevuelta
cabecera
péscola
desrayadura
torna
rodada
rodera
roderón
relej
releje
carrilera
carrilada
andel
lendel
almanta
tría
ralladura
estela
corte
estría
ranura
pliegue
arruga
hendedura
arroyada
arroyadero
zanja
cauce
aguanal
hueco
concavidad

surcar
asurcar
cabecear
amelgar
melgar
escalar
desurcar
arar

surcador
asurcano

—

SUSPENDER
(V. *Suspensión*)

—

SUSPENSIÓN (11, 20)

suspensión
colgamiento
enganchamiento

suspender
levantar
colgar
emperchar
tender
enganchar
guindar
arrizar
embalsar
izar
ahorcar
descolgar

estar pendiente
pender
colgar (intr.)
flotar
pingar
pinjar
arrastrar
estar en banda
caer en banda

suspensión de Cardán

percha
perchero
paragüero
clavijero
colgadero
espetera
gancho
garabato
alcándara
alcándora
cuelgacapas
capero
mozo
capotera
astillero
candilero
pescante
tendedero
tárzano
aguilón
guindaste
serviola
cabria
grúa
escaleta
horca
espenjador
guizque
cuerda
correa
tahalí
tahelí
tiracuello
tiracol
charpa
portafusil
portacarabina
bandolera
braga
briaga
honda
hondilla
balso
eslinga
estrobo
camello

colgante (m.)
colgajo
arlo
pendiente
pinjante
rabo
rastra
cola
faldón
borla
fleco
trapecio
hamaca
aretes

suspendedor
suspensorio

suspenso
colgadizo
colgandero
colgante (adj.)
colgadero
pendiente
péndulo
pensil
volandero
volador

en peso
en vilo
en el aire
a pulso
en volandas
a toca, no toca
a la pendura

—

SUSPICAZ
(V. *Sospecha*)

—

SUSTENTAR
(V. *Afirmación*)

—

SUSTO
(V. *Temor*)

—

T

TABACO (31)

tabaco
nicociana
tabaco de hoja
» capero [te
» de somon-
» de su-
monte
» de regalía
» moruno
» holandés
» holandilla
» turco
» peninsular
» de vena
» negro
» colorado
» rubio
macuba
virginia
boliche
tabaco de humo
» de pipa
labor
picadura
derecho de regalía
terceno

hoja
palillo
mancuerna
andullo
libra
punta
quebrado
desecho
desechito
capadura
calentura
cogollero
cachazudo
nicotina
betún

cigarro
tabaco
cigarro puro
puro
chicote
veguero
habano
tabaco maduro
breva
trompetilla
entreacto
panetela
coracero
tagarnina
señorita
bocadito
tirulo
tripa
capa
capillo
boquilla
perilla
vitola
mena

cigarro de papel
cigarrillo
pitillo
papelillo
pajilla
tusa
emboquillado
cabecilla
papel de fumar
mortaja
librillo

colilla
punta
pucho
yegua

rapé
tabaco rapé
» de polvo
» de barro
» verdín
» vinagrillo
» de vina-
grillo
» de palillos
» cucara-
chero
» de cuca-
racha
» groso
vinagrillo
chimó

opio
sarapia
yagua
hachís
cáñamo indio
marihuana
marijuana
grifa
quif
kif

desbotonar
empilonar
manojear
despalillar
desvenar
cabecear
torcer
emboquillar
encanutar
encajetillar
bolear
embotar
arderse
ventearse
boletar
fumar
purear
cabecear
pitar
pipar
chupar cachimbo
tomar tabaco

fumada
fumarada
bocanada
humo
rapé
polvo
narigada
tabaquismo
nicotismo

tabaquero
tabacalero
tabaquista
cigarrero
cigarrera
pitillera
estanquero
estanquillero
expendedor
fumador
tabaquista
tabacoso
colillero

pipa
cachimbo
cachimba
narguile
chibuquí
calumet
tabaquera
cazoleta
boquilla
tenacillas
cortapuros
cortacigarros
cenicero
ámbar
espuma de mar

tabacal
vega
tabaquería
cigarrería
expendeduría
expendio
estanco
saca
fumadero

tabaquera
petaca
cigarrera
purera
pitillera
fusique
fosique
cajeta
cajetilla
boleta
tercio
uña
cuje

tabacalero
tabacoso
fumador
fumante
fumable
infumable
horro
habano

—

TABAS
(V. *Dados*)

—

TABERNA
(V. *Vino*)

—

TABERNÁCULO
(V. *Altar*)

—

TABIQUE
(V. *Pared*)

—

TABLA (11)

tabla
lámina
plancha
plúteo
anaquel
tableta
tablilla
tablón
tabloncillo
tabicón
madera de sierra
» serradiza
tabla de gordo
» de gordillo
» portadilla
portaleña
tabla alcaceña
» de coto
implantón
imprenta
portada
valais
ripia
lata
tabla de chilla
chilla
tejamaní
tejamanil
foraño
levadura
costero
frontera
duela
chapa

tablaje
tablero
tablazón
entablado
atabladera
entarimado
tablado
suelo
tarima
armazón
abatido
tableo
entabladura
entablación
entable
carpintería
madera

entablar
enmaderar
tablear
aserrar
desentablar
deslatar

tabular

—

TABLADO (11)

tablado
tinglado
entablado
tabla
armazón
balsa
andamio
palenque
plataforma
tribuna
grada
palco
cadalso
cadahalso
patíbulo
cubichete

tarima
tarimón
(entarimado, tillado, etc. V. *Suelo*)
peana
peaña
carriola
estrado
escabel
escañuelo
alzapié
banqueta
silletín
asiento
postrador

—

TABLERO
(V. *Damas*)

—

TACTO (13)

tacto
tiento
tino
desatiento
tocamiento
toque
tangencia
tentón
palpamiento
palpadura
palpación
asimiento
manoseo
hurgamiento
titilación
cosquilleo
cosquillas
cosquillejas
sobadura
soba
sobo
sobajamiento
sobajadura
sobado
ajamiento
rozamiento
frotamiento

tocar
retocar
toquetear
pulsar
palpar
apalpar
tentar
tentalear
tangir
acariciar
hurgar
andar
cosquillear
cosquillar
titilar
manejar
manipular
manosear
sobar

sobajar
resobar
bordonear
rascar
frotar

mano
dedo
piel
tentáculo
trompa

tocante
tangente
tentador
pulsador
manoseador
hurgador
cosquilloso

táctil
tocable
tangible
palpable
sobadero

intocable
intangible
impalpable
incorporal
intacto
cencido

a tientas
a tiento
por el tiento
a tienta paredes
a tino

—

TALADRAR
(V. *Taladro*)

—

TALADRO (11)

taladro
perforación
agujero
abertura
atravesamiento
trepanación
escalo

taladrar
atravesar
punzar
parahusar
barrenar
perforar
calar
agujerear
avellanar
fresar
trepanar
apolillar

taladro
mandril
parahúso
trincaesquinas
arquillo
berbiquí
chicharra
sacabocados
barrena
barreno
barrena de mano
» de caracolillo
broca
brócula
lengüeta
avellanador
escariador
aguja
alfiler
clavo
punta
punzón
puntero
lezna
lesna
alesna
subilla
estaquillador
rompedera
alegrador
alegra
fresa
trépano
abocardo
abonador
aviador
calador
sonda
bandeador
escobina
cincel
escoplo
(polilla, barrenillo, carcoma, etc. V. *Insecto*)

taladrante
barrenero

—

TALENTO
(V. *Ingenio*)

—

TALISMÁN
(V. *Amuleto*)

—

TALLA
(V. *Escultura*)

—

TALLER
(V. *Oficio*)

—

TALLO (5)

tallo
talluelo
maslo
mástil
estípite
bohordo
escapo
lleta
porreta
cuello
grillo
cima
troncho
pella
mata
macolla

vástago
vástiga
retoño
renuevo
raíjo
gamonito
serpollo
hijuelo
barbado
retallo
brote
brota
sierpe
súrculo
hijo
cogollo
cohollo
pendón
follón
chupón
mugrón
pitón
estolón
reveno
verdugo
verdugón
verduguillo
latiguillo
bederre
resalvo
remocho
pimpollo
pimpollejo
pinocho
aljuma
rebrote
bastón
bornizo
hijato

cabo
entrenudo
medula
médula
pulpa
germen
plúmula
plumilla
(rizoma, V. *Raíz*)
sarmiento
bulbo
acodo
zarcillo
yema
rama
tronco
paja
caña
junco
bejuco
renoval
pimpollar

brotar
abrotoñar
rebrotar
nacerse
entallecer
tallecer
grillarse
agrillarse
retoñar
retoñecer
retallecer
retallar
ahijar
serpollar
revenar
pulular
pimpollecer
pimpollear
apimpollarse
amacollarse

talludo
pampanoso
fruticoso
apanojado
rastrero
voluble
lampiño
pimpolludo
unicaule
multicaule
acaule
cauliforme
caulescente
surculado
surculoso

—

TAMAÑO
(V. *Dimensión*)

—

TAMBOR (29)

tambor
caja
parche
redoblante
candombe
marimba
tango
carángano
carramplón
tam-tam

témpano
parche
bordón
maza
palillo
baqueta
palote
portacaja

tamboril
tamborete
tamborín
tamborino
tamborilete
atabal
atabalete
atabalejo

tambora
tamborón
bombo

timbal
tímpano
témpano
caldera
nácara

pandero
pandera
pandereta
panderete
adufe

tamborear
redoblar
tamborilear
tamboritear
panderetear
tabalear

redoble
tamborileo
pandereteo
toque
rataplán
tantarantán
tamborilada
tamborilazo

tambor mayor
redoblante
tamborilero
tamborinero
tamboritero
timbalero
bombo
panderetero [res banda de tambopanderada

a tambor batiente
con tambor batiente

—

TANGIBLE
(V. *Tacto*)

—

TAPA
(V. *Tapadura*)

—

TAPADURA (20)

tapadura
tapamiento
obturación
obstrucción
cerramiento
cubrimiento
calafateo

tapar
atapar
taponar
entapujar
enfoscar
obturar
calafatear
enchuletar
aturar
atarugar
encorchar
atascar
amordazar
obstruir
cerrar
tabicar
tapiar
condenar
cegar
sellar
atronar
cubrir

tapa
tapadera
tapadero
tapador
témpano
obturador
grifo
válvula
opérculo
cápsula
cubierta
cobertera
serreta
manguerón
taperujo
tapirujo
corcho
buzón
bitoque
espiche
falsete
tapón
taponería
taco
chuleta
tapabalazo
burlete
tapajuntas
hatijo

(zulaque, mástique, masilla, etc. V. *Betún*)
taponero
corchotaponero

descorchador
sacacorchos
tirabuzón

taponería
embotelladora

tapador
obturador
opilativo
hermético
estanco
impermeable

—

TAPAR
(V. *Tapadura*)

—

TAPARRABO
(V. *Pantalón*)

—

TAPIA
(V. *Pared*)

—

TAPICERÍA (11)

tapicería
colgadura
arambel
harambel
empaliada
cortinaje
toldo
entoldado
entoldamiento
toldadura
guarnición
caídas
palia
albenda

dosel
palio
baldaquín
baldaquino
pabellón
sobrecielo
colgadura de cama
antecama
tornalecho
mosquitero
mosquitera
alcala

cortina
cortinón
antepuerta
guardapuerta
compuerta
repostero
cortinilla
visillo
transparente
trasparente
velo

tapiz
estroma
zofra
alfombra
estera
paño
» de lampazo
» de corte
» de Arrás
» de ras
carpeta
poyal
bancal
almohadón
cojín
almohada
espaldares
antimacasar

sobrepuerta
doselera
galería
guardamalleta
cenefa
gotera
alzapaño
cercha
anilla
bollo
volante
faralá
farfalá
falbalá
fleco
pasamanería

tapizar
entapizar
encortinar
emparamentar
colgar
endoselar
entoldar
entalamar
correr
fresar
descolgar
emborrar
atiborrar

rehenchir
bolsear

tapicero
camero

tapicería
fábrica de tapices
lizo
árbol de lizo
cartón
moqueta
reps
plexiglás
relleno
mullido
crin vegetal
borra
pelote
pelotería
carrasca

—

TAPIZ
(V. *Tapicería*)

—

TAPÓN
(V. *Tapadura*)

—

TAQUIGRAFÍA
(V. *Abreviatura*)

—

TARACEA (11)

taracea
ataracea
marquetería
embutido
incrustación
ataujía
taujía
damasquinado
encaje
mosaico [dera
» de ma-
» vegetal
pintura de mo-
saico
foceifiza
tesela

taracear
ataracear
embutir
incrustar
filetear
damasquinar

mosaísta

—

TARDANZA
(V. *Lentitud*)

—

TARDAR
(V. *Lentitud*)

—

TARDE (adv.)
(V. *Retardación*)

—

TARDE (f.)
(V. *Día*)

—

TARDÍO
(V. *Retardación*)

—

TARIMA
(V. *Tablado*)

—

TARUGO
(V. *Cuña*)

—

TASA
(V. *Precio*)

—

TAUROMAQUIA (31)

tauromaquia
toros
corrida de toros
fiesta nacional
taurios
puyada
novillada
novillos
algarrada
becerrada
capea
capeos
encerrona

enchiquerar
entorilar
encallejonar
encintar
embolar
enmaromar
encohetar
brindar
torear
lidiar
correr
alternar
sortear
citar
alegrar
ahormar
abrir
gallear
capear
capotear
sacar la capa
desacorralar
desarmar
colear
barbear
derribar
parear
banderillear
cuartear
agarrochar
garrochar
garrochear
picar
varear
poner varas
rejonear
sacar bien el caballo
sacar limpio el caballo
trastear
desempeñarse
recibir
aguantar
descordar
atronar
descabellar
degollar
apuntillar
acachetar
tomar el olivo
cortarse la coleta

abrir plaza
romper plaza
entrar
amurcar
amufar
embestir
cornear
tirar derrotes
encampanarse
entablerarse
aconcharse
enfrontilarse
coger
enganchar
empitonar
encunar
embrocar
revolcar
haber hule
tomar varas
cerdear
cerrar plaza

tienta
apartado
encierro
algarrada
jubillo
manganeo
despejo
corrida
toreo
lidia
tercio
faena
suerte
quiebro
recorte
cuarteo
regate
lance
galleo
quite
larga
verónica
farol
rejoneo
lanzada
lanzada de a pie
empeño
vara
puyazo
garrochada
garrochazo
marronazo
capotazo
trasteo
pase
muletazo
volapié
descabello
golletazo
bajonazo
coleada
alternativa
aviso

torero
torera
toreador
diestro
novillero
tauromaco
taurómano
taurófilo
torería
picador
rejoneador
caballero en plaza
lancero
varilarguero
garrochista
agarrochador
banderillero
coleador
espada
primer espada
primera espada
estoqueador
media espada
sobresaliente
cachetero
puntillero
mozo de estoques
enterrador
maleta
capitalista
mono sabio
monosabio
alguacilillo
chulo
usía
tablajero
traje de luces
» corto
taleguilla
moña
mona
coleta
capa
» torera
capote
trapo
capote de paseo
banderilla
» de fuego
rehilete
reguilete
garapullo
palos
palitroques
alegradores
lengüeta
pica
garlocha
garrocha
garrochón
espiga
vara larga
» de detener
puya
rejón
rejoncillo
media luna
desjarretadera
muleta
muletilla
trapo
engaño
estoque
cachetero
puntilla
botarga
dominguillo
canastilla

toro
toro de muerte
morlaco
bicho
cornúpeta
cornúpeto
toro de puntas
» de cola
embolado
morucho
capeón
toro de ronda
vaca del aguardiente

jubillo
lidiadero
sobrero
cunero
claro
marrajo
boyante
pastueño

trapío
divisa
moña
parche
los rubios

derrote
cornada
varetazo
puntazo
hachazo
rasponazo
viaje
cogida
salto de campana
caída de latiguillo

tentadero
apartadero
encierro
encerradero
chiquero
toril
plaza de toros
coso
redondel
ruedo
arena
talanquera
barrera
barreda
burladero
arrastradero
contrabarrera
entrebarrera
callejón
tendido
tabloncillo
andanada
balconcillo
palco

tauromáquico
taurómaco
torero
taurino

al alimón
al quiebro
al cuarteo
de sobaquillo
a pasatoro
de ballestilla
libre de cacho

—

TAZA (20)

taza
tazón
tacita
plantosa
bernegal
bol
cocharro
tachuela
jícara
jicarón
pocillo
pilche
mate
tibor
múrrino
catavino
albornía
salsera
salserilla
salsereta
salseruela
arrebolera
vaso
vasija
plato

—

TÉ (9)

té
» verde
» negro
» perla
cha
casina
teína

mate
pazote
epazote
pasote
apasote
pizate
paico
hierba de Santa María del Brasil
hierba hormiguera
té de Méjico
té de jesuitas
té del Paraguay
té borde de España
[pa
té borde de Euro-
hierba del Paraguay
caminí
cayajabo
catata
alpamato

bebida
infusión
té
mate
tajú

matear
cebar

matero

tetera
cafetera
caldera
pava
mate
bombilla
bombillo
churumbela

lecusa
cimarrón

—

TEATRAL
(V. *Teatro*)

—

TEATRO (11, 29, 31)

teatro
comedia
arte teatral
» dramático
dramaturgia
dramática
teatralidad
escenificación
escena
galería

farándula
carátula
histrionismo
autoría
dramatismo
verismo
declamación
representación
función
particular
teatro
escena
ensayo general
recitación
latiguillo
actitud
gesto
ademán

representar
dar
echar
poner
reponer
poner en escena
escenificar
dramatizar
introducir
estudiar
atajar
ensayar
binar
doblar
apuntar
dar su paño
interpretar
caracterizar, -se
entremesear
sainetear
desenlazar
estar en escena

pisar bien las tablas
degollar
capotear
abonarse
desabonarse
dar cuchillada

drama
dramón
representación
comedia
pieza
misterio
auto
» sacramental
interludio
pastoral
monólogo
tragedia
tragicomedia
melodrama
comedia
» heroica
» togada
» de enredo
» de carácter
» de capa y espada
» de figurón
comedión
atelana
entremés
cambaluz
loa
juguete
pasillo
sainete
género chico
proverbio
paso
folla
revista
fin de fiesta
remedión
mimo
sátira
farsa
parodia
libreto
libro
ópera
melodrama
zarzuela
tonadilla
baile
bailete
variedades
danza
pantomima
cuadros vivos
carocas (fantoches, etc. V. *Muñeco*)

tetralogía
trilogía
parte
jornada
acto
tanda
entreacto
intermedio
blanco

prólogo
loa
introito
prótasis
exposición
epítasis
nudo
catástasis
solución
desenlace
catástrofe
epílogo
epilogación

fábula
argumento
enredo
trama
acción
peripecia
paso de comedia
agnición
anagnórisis
unidad
» de tiempo
» de lugar
acotación

escena
cuadro
coro
diálogo
monólogo
relación
parlamento
tirada
soliloquio
aparte
paño
pie
embolado
morcilla
embuchado
transición
contorsión
mutis

repertorio
papel
parte
personaje
figura
» moral
protagonista
figurón
héroe
heroína
arlequín
polichinela
pulchinela

dramaturgo
dramático
comediógrafo
trágico
cómico
sainetero
entremesista
farsista
parodista
mimógrafo
zarzuelista
libretista

empresario
director de escena
actor
actriz
comediante
representante
representanta
representador
cómico
trágico
farandulero
farsante
bululú
racionista [dio
parte de por medio
sobresaliente
partiquino
comparsa
figurante
figuranta
corista
cantante
cómico de la legua
comicastro
morcillero
histrión
transformista
mimo
pantomimo
sátiro

bufo
moharracho
moharrache
homarrache
contrafigura
parte
figura
galán
galancete
barba
caricato
bobo
gracioso
faraute
dama
» joven
sobresalienta
característica
farsanta
suripanta
corista
histrionisa

acompañamiento
comparsa
coro
corifeo

compañía
» de verso
elenco
farándula
garnacha
cambaleo
farsa
gangarilla
bojiganga
mojiganga
naque
ñaque
bolo
compañía de la legua
gira
pipirijaina

apuntador
puntador
consueta
apunte
traspunte
estudiante
alzapuertas
metemuertos
sacasillas
metesillas y sacamuertos
guardarropa
autor
acomodador
tramoyista
arroje
despabilador
alumbrante
andador
avisador
taquillero
beneficiado
escenógrafo

espectador
mosquetero
alabardero
claque
reventador
moreno
senado
mosquetería
concurrencia

teatro
coliseo
corral
patio
platea
palenque
taburetes
alojero
degolladero
luneta

butaca [ta
butaca de orquesta
orquesta
orquestra
cubillo
faltriquera
palco
» de platea
antepalco
aposento
alojero
grada
paraíso
galería
cazuela
gallinero
tertulia
anfiteatro
delantera
vomitorio
cávea
cúneo

escenario
tablado
carretón
proscenio
escena
palco escénico
tablas
concha
tornavoz
batería
candilejas
varal
melampo
embocadura
escenografía
foro
decoración
decorado
telón
» corto
» de boca
» de foro
forillo
rompimiento
alcahuete
apariencias
bastidor
bambalina
bambalinón
trasto
aplique
foso
contrafoso
escotillón
escotadura
telar
arrojes
chimenea
mutación
máquina
tramoya
bofetón
devanadera
pescante
vuelo
faldeta

vestuario (local)
guardarropía (local)

camarín
saloncillo
foyer
taquilla
casilla
despacho
contaduría

guardarropía (ropa)
vestuario (ropa)
attrezzo
tonelete
sayo bobo
botarga
coturno
cluden

entrada
localidad
cuchillada
beneficio
media parte

entrada
boletín [lida
contraseña de sa-
cartel
programa

teatral
teátrico
escénico
dramatizable
dramático
trágico
cómico
tragicómico
melodramático
lírico
ínfimo
protático
asainetado
sainetesco
entremesil
pantomímico
farandúlico
mímico
arlequinesco
histriónico
plautino
terenciano
alarconiano
mosqueteril

teatralmente
dramáticamente
escénicamente
escenográficamente
melodramáticamente

entre bastidores
al paño

—

TECHO (11)

techo
techado
techumbre
contratecho
cubierta
cúpula
bóveda
colmo
tejado
suelo

armadura
armazón
enmaderamiento
enmaderado
enmaderación
contignación
alfajía
carrera
tirante
tirantilla
madero
cielo raso
cañizo
lisera
chillado
alfarje
bovedilla
revoltón
tendido
destechadura

ornamentación
artesonado
artesón
almocarbe
almocárabe
casetón
lagunar

lacunario
rosa
rosetón
cubo
racimo
almizate
harneruelo
estalactita

techar
cubrir
destechar
envigar
artesonar
enmaderar

techador

bajo techado
a teja vana

—

TECHUMBRE
(V. *Tejado*)

—

TEDIO
(V. *Fastidio*)

—

TEJA (11)

teja
tejuela
tejoleta
combada
teja árabe
» plana
cobija
roblón
canal
álabe
luneta
estora
bocateja
aguilón
carruco
caliche
tejamanil
tejamaní

tejar
entejar
retejar
asolar
cubrir

tejero
tejador
retejador

tejar
tejería
tejera
labor
secadal

galápago
caballico
gavera
molde
tejado

—

TEJADO (11)

tejado
tejadillo
techo
techumbre
bóveda
cúpula
cubierta
marquesina
cobertizo
azotea
montera

monterón
sobradillo
guardapolvo
colgadizo
bauzado
colmo
mediagua
sotechado
teja vana

vertiente
agua
faldón
tendido
contraarmadura
lima
» hoya
» tesa

alero
alar
aleta
ala
alero de mesilla
» de chaperón
chaperón
alero corrido
socarrén
rafe
tejaroz

canalón
canelón
canalera
canal
» maestra
canoa
gárgola
fiador
bajada
gotera

caballete
lomera
albardón
albardilla
mojinete
antepecho
acroterio
romanato
remate
veleta
pararrayos
armadura
contignación
lata
ripia
tejamanil
tejamaní
lisera
cañizo
cinta
arcatura
cámica
guardacalada
bohardilla
buhardilla
desván
compluvio
gatera

tejar
cubrir
retejar
trastejar
recorrer
recubrir
tomar las aguas
coger las aguas
empizarrar
empajar
destejar

lloverse
calarse

retejo
trastejo
trastejadura

trastejador
techador

plomero
pizarrero

teja
tortada
galápago
alcatifa
plomería
empizarrado
pizarra
calzón
hacha
sotole
bauza
talqueza
suita
coirón
paja
hoja, etc.

a teja vana
llovedizo

—

TEJAR
(V. *Tejado*)

—

TEJEDOR
(V. *Tejido*)

—

TEJER
(V. *Tejido*)

—

TEJIDO (10)

tejido
pieza
fazola
tela
paño
terciopelo
malla
ojo
zurcido
bordado
encaje
pasamanería
tapicería
red
retículo
punto
medias
ganchillo
crochet
elástico
encauchado
tela metálica
pleita
empleita
esterilla
estera
alfombra
enrejado
enrame
entretejedura
rejilla
trenza
ristra
quincha
cañizo
zarzo
sardo
sarda
sauale
cenefa
tuérdano

tegumento
histología

urdimbre
urdiembre
estambre
cadillos
lizo
abeadores

trama
fundamento
pezuelo
caedura
cuerpo
cuenta
alto
apresto
adobo
blanquimiento
blanquimento
tinte

tejer
urdir
tramar
echar tela
mallar
retejer
espesar
encanillar
encañar
encañonar
enlizar
plegar
espolinar
crillar
varetear
motear
adamascar
biscar
curar
aderezar
aprestar
engomar
engrasar
desaprensar
desaceitar
frisar
bollar
bullar
tabellar

entrelazar
entretejer
trenzar
tranzar
entrenzar
enredar
enramar

destejer
desurdir
destramar
desmallar
destrenzar

tejedura
tejeduría
textura
urdidura
entretejimiento
apresto
engomadura
prensado
carda
frisadura
desmalladura

tejedor
alhaquín
tramador
urdidor
entretejedor
mallero
frisador
tirador
canillero
sayalero
bancalero

tejedora
tejedera
urdidera
agujadera
canillera
albendera

seda
lino
algodón

lana
cáñamo
estopa
esparto
pelo
pelo de cabra
vicuña
conejuna
pita
pitera
cocui
cocuy
henequén
jeniquén
magüey
cabuya
ramio
carruata
caraguatá
cháguar
yute
abacá [la cáñamo de Manila]
yagua
jipijapa
saja
coco
quingombó
sisal
rafia
burí
bulí

hilo
hilaza
filamento
hebra
ramina
bonote
cuerda

almocatracía
bolla
bulla
impuesto

obraje
tejeduría
telar
telarejo
enjulio
enjullo
ensullo
estribera
antepecho
virote
estarjas
augates
lizo
contralizo
encuentros
templén
viadera
premidera
cárcola
peine
canal
empesador
lanzadera
espolín
jugadera
rayo textorio
canilla
broca
urdidera
urdidor
quisca
calandria
aguja

textorio
textil
entretejido
trenzado
trenado

—

TELA (10)

tela
género

trapo
paño
sobrepaño
telilla
red de pájaros
tela pasada
textura
tejedura
tejido
impermeable
gutapercha
plexiglás
tapicería
moqueta
alfombra

haz
derecho
envés
revés
orilla
orillo
orla
orladura
sobrehilado
lomo
ancho
doble ancho
paño
terna
rollo
corte de vestido
» de pantalón
fondo
campo
labor
cordoncillo
diagonal
cuajadillo
gusanillo
ladrillo
escarchado
encarrujado
carrujado
floripondio
tela
visos
aguas
carne de doncella
raya
lista
canilla
tirela
vareta
ducha

banda
tira
lienza
retazo
retal
maula
desguay
jira
retacería
muestra

hilacha
pelo
pelusa
flojel
flojuelo
tamo

barra
falla
pierna

escarabajo
calva
gabarro
raza
rasa
juarda
cuentahilos

trapo
trapajo
trapito
pispajo
estraza

estracilla
calandrajo
guiñapo
pingo
andrajo
trapería

seda
sedería
capullo
estofa
tiritaña
piñuela
nobleza
segrí
raso
» chorreado
rasoliso
falla
reps
saetín
saetí
satén
glasé
sirgo
granadina
primavera
persiana
ormesí
papelina
popelina
jamete
maraña
picote
capichola
esparragón
espolín
espumillón
tabí
liso
tafetán
bordadillo
teletón
sarga
soplillo
tercianela
gurbión
gorbión
gorgorán
gloria
gro
griseta
adúcar
aldúcar
pequín
frisado
sargueta
zarzahán
chaúl
china
jusi
catite
carmesí
punto de tafetán
damasco
brocado
brocatel de seda
algodón
cotonada
cotonía
alcotonía
cotón
muselina
percal
coco
percalina
cálico
caniquí
canequí
lona
carla
cantón
organdí
nanzú
nansú
otomán
céfiro
fineta
lampote
manta
mahón

cólera
trafalgar
tocuyo
zaraza
guinga
quimón
estopilla
estopón
bófeta
bofetán
retor
rayadillo
crudillo
caqui
florete
linón de algodón
piqué
fustán
fustal
fustaño
bombasí
madapolán
cretona
ruán
tarlatana
chaconada
coquillo
tachigual
gabardina
lienzo
lencería
lino
cañiza
crea
cutí
cotí
imperio
estrella
estopilla
bierzo
brabante
bramante
gámbalo
allariz
bretaña
cotanza
cotí
espumilla
holanda
holán
sinabafa
holandilla
holandeta
mitán
gante
aroca
cambray
cambrayón
trué
santiago
beatilla
angaripola
anjeo
donfrón
batista
cernadero
bocadillo
platilla
lorenzana
vivero
presilla
caza
coleta
coletilla
morlés
» de Morlés
milán
linón
fernandina
quintín
ranzal
retorta
zangala
clarín
bocací
bucarán
esterlín
coruña
irlanda
carisea
camelotón

caserillo
chavarí
brin
capa de rey
lana
paño
pana
terciopelo
casimir
casimira
cachemir
castor
castorcillo
castorina
bayeta
bayetón
castilla
boquín
franela
estambrado
lanilla
burato
filderretor
escarlatina
alepín
sayal
ruana
anascote
tartán
fusta
serafina
filipichín
arretín
frisa
guirnalda
herbaje
rusel
droguete
cristal
cúbica
carro de oro
barragán
blanqueta
cordellate
bernia
albornoz
lamparilla
» mom-perada
rasilla
principela
lila
londrina
telilla
sempiterna
perpetuán
perdurable
rompecoches
ratina
camelia
alquicer

púrpura
velloso
merino
peldefebre
camelote
» de aguas
camellón
gamella
camelotina
picote
picotillo
fieltro
quinete
sagatí
estameña
estameñete
cariseto
reps
casineta
casinete
filelí
lilaila
calamaco
calimaco
lama
cáñamo
cañamazo
vitre
pacaje

mantalona
brinete
esterilla
estopa
estopilla
estopón
angulema
cerrón
harpillera
arpillera
rázago
malacuenda
retobo
coletón
guangocho
guangoche
gangocho
humaina
lona
brocatel
sedeña
brin
tabinete
crinolina
surá
yute
abacá
piña
ayate
astracán

alpaca
vicuña
pelo de camello
sinamay
nipis
medriñaque
lustrina
brocado
brocato [altos
brocado de tres
brocadillo
camocán
fondón
velillo
tisú
restaño
duende
lama
alama
ciclatón
mezcla
mezclilla
mezclado
muaré
moer
moaré
mué
muer
damasco
damasquillo
damasina
anafalla
anafaya
filoseda
media china
muletón
inglés
indiana
impla
ñandutí
peñasco
ruán
gasa
tul
cendal
crespón
toca
borlón
granadina
madrás
requemado
granatín
aceituní
setuní
tartarí
escarlata
albengala

camanonca
sayalete

dril
terliz
calamaco
sarga
jerga
jerguilla
jergueta
marga
márraga
márrega
márfaga
márfega
crehuela
alquicel
camelote
chamelote
camelote de pelo
chamelotón
mantaterilla

tejer
orillar
felpar
acarralar
irse
emborracharse
perder
embeber
encoger
hacer visos

lencero
lencera
sinamayera
fustanero
maulero
trapero
andrajero

pañería
novedades
lencería
sedería
maulería
trapería
ropería de viejo
ropavejería

tupido
tapido
entero
doble
entredoble
ralo
claro
calvo
delgado
fresco
entreancho

brochado
embrochado
arrasado
asaetinado
asargado
sargado
damascado
adamascado
agrisetado
acastorado
acambrayado
cambrayado
nubarrado
nubado
atisuado
cendalí
glaseado
atafetanado
capicholado
sayalesco

crudo
escocés
barrado
abarrado
rameado
estampado
batido
pajarero
polímita
mileno

liso
labrado
gurbionado
acanillado
canillado
aborlonado
razado
raboso
hilachoso
asuardado
a rayas
» listas
» cuadros

—

TELAR
(V. *Tejido*)

—

TELEFÓNICO
(V. *Telégrafo*)

—

TELÉFONO
(V. *Telégrafo*)

—

TELEGRAFÍA
(V. *Telégrafo*)

—

TELEGRÁFICO
(V. *Telégrafo*)

—

TELÉGRAFO (2)

telégrafo
» óptico
» marino
heliógrafo
semáforo
telégrafo eléctrico
» sin hilos
llamador
manipulador
transmisor
radio
teletipo
altavoz
teléfono
micrófono
auricular
tubo acústico
locutorio
excitador
dúplex
múltiplex
línea telegráfica
red
estación
central

telegrafiar
cablegrafiar
radiotelegrafiar

comunicaciones
telecomunicación
telegrafía
telefonía

abecedario telegráfico
parte
alfabeto Morse
despacho
telegrama
» cifrado
heliograma
cablegrama
cable
telefonema
conferencia

telegrafista
radiotelegrafista

telefonista
calambre de los telegrafistas

telegráfico
radiotelegráfico
cablegráfico
cablero
telefónico

telegráficamente
telefónicamente

—

TEMA
(V. *Asunto*)

—

TEMBLAR
(V. *Temblor*)

—

TEMBLOR (19)

temblor
tremor
trepidación
titilación
trémolo
centelleo
estremecimiento
estremezo
estremezón
palpitación
agitación
vibración
oscilación
rehilo
tiritón
tiritona
carrillada
escalofrío
calofrío
calosfrío
repeluzno
espeluzno
convulsión
terremoto

temblar
tremer
retemblar
temblequear
tembletear
trepidar
vibrar
rehilar
rilar
centellear
rielar
palpitar
titilar
estremecerse
dentellar
castañetear
rilarse
calofriarse
calosfriarse
azogarse
tartalear
tiritar
titiritar
dar uno tiritones
hacer la tiritona
herir de pie y de mano

estremecer
agitar
tremolar
sacudir
conmover

temblador
tembloroso
tembloso
temblante
temblón

trémulo
tremulento
tremulante
tremoloso
tremente
tembleque
estremecedor
trépido
trepidante
vibratorio

titilador
titilante
escalofriado

trémulamente

—

TEMBLOROSO
(V. *Temblor*)

—

TEMER
(V. *Temor*)

—

TEMIBLE
(V. *Temor*)

—

TEMOR (14)

temor
recelo
rescoldo
cuidado
aprensión
regomello
desconfianza
sospecha
miedo
» cerval
pánico
medrana
asco
cerote
jindama
gindama
julepe
canguelo
canguis
mieditis
espanto
pavor
pavidez
pavura
asombro
terror
horror
(-fobia: hidrofobia, agorafobia, etc.)
susto
sobresalto
nudo en la garganta
alarma
aldabada
zalagarda
trabucazo
destiento
rebato
alboroto
repullo
aspaviento
espaviento
esparajismo
espantada
tragantona
sorpresa
turbación
inseguridad
desasosiego
desaliento
amenaza
peligro

amedrentamiento
intimidación
sobrecogimiento
amilanamiento
acoquinamiento
aterramiento
horripilación
terribilidad
terribleza
terriblez
horridez
horribilidad
pavorosidad
grima
cobardía
timidez
vergüenza
temblor

temer
ayunarle a uno
soñar a uno
recelar
sospechar
temblar
terrecer
aspaventar
despavorir

atemorizarse
amedrentarse
asustarse
sobrecogerse
remosquearse
recatarse
escamarse
escamonearse
azararse
espantarse
horrorizarse
rebotarse
encresparse
despeluzarse
escarapelarse
zurrarse
zurruscarse
ciscarse
no saber donde meterse
encogérsele el ombligo
estar con el alma en un hilo
pender de un hilo
no tenerlas todas consigo
no llegarle la camisa al cuerpo
hacerle cosquillas una cosa
temblar las carnes
dar diente con diente
herir de pie y de mano
temblarle la contera
temblarle la barba
atravesársele un nudo en la garganta
ponérsele los pelos de punta
ponérsele los cabellos de punta
ponérsele los cabellos tan altos
encogerse de hombros
írsele la sangre a los talones
írsele la sangre a los zancajos
no quedar gota de sangre en el cuerpo
no quedar gota de sangre en las venas
quedarse yerto
caerse muerto de miedo
morirse de miedo
ciscarse de miedo

atemorizar
acobardar
acollonar
intimidar
imponer
amedrentar
asustar
arredrar
acorralar
amilanar
acoquinar
acochinar

sobresaltar
tomar
alarmar
asombrar
sombrar
espantar
quitar el hipo
avispar
despatarrar
aspaventar
aglayar
estremecer
aterrar
aterrorizar
terrecer
horrorizar
horripilar
meter en un puño
meter las cabras en el corral

espantajo
gomia
tarasca
marimanta
fantasma
espectro
quimera
coco
cuco
cancón
bu
papón
paparrasolla
demonio
duende
trasguero
amedrentador
espantador
aterrador
terrorista
alarmista
alarmante

temedor
temiente
temeroso
receloso
aprensivo
tímido
cobarde
asustadizo
espantadizo
asombradizo
pusilánime
timorato
miedoso
medroso
meticuloso
espavorido
despavorido
pavorido
pávido
azorado
formidoloso
entelerido
pendiente de un hilo
más muerto que vivo

temible
temeroso
temedero
medroso
torvo
fiero
espantoso
espantable
pavoroso
terrorífico
terrífico
terrible
terribilísimo
lamentable
horrible
horroroso
hórrido
horrífico
horrendo
horribilísimo
horripilante
horripilativo
horrísono
horrisonante
despeluznante
espeluznante
truculento
tremendo
tremebundo
imponente
formidable
formidoloso
dantesco
apocalíptico

temerosamente
medrosamente
pavorosamente
despavoridamente
terriblemente
espantosamente
espantablemente
horrendamente

¡guarda!
¡gua!
quiera Dios
no sea el diablo que
¿en qué pararán estas misas?

—

TEMPERATURA
(V. *Calor*)

—

TEMPESTAD (3)

tempestad
tormenta
borrasca
procela
inclemencia
fortuna
temporal
tiempo
tiempo de fortuna
cordonazo de San Francisco
colla
nube de verano
cerrazón
braveza
nube
viento
galerna
mar
remolino
torbellino
hurivarí
manga
manguera
tromba
rayo
trueno
tronada
lluvia
granizo
nieve

tempestar
aborrascarse
emborrascarse
venirse el cielo abajo

armarse el granizo
descargar

tempestuoso
tormentoso
borrascoso
proceloso
riguroso
inclemente
deshecho
iracundo
accidentado
afortunado

tempestuosamente

—

TEMPLE
(V. *Disposición*)

—

TEMPLO
(V. *Iglesia*)

—

TEMPORADA (21)

temporada
época
era
etapa
calendas
período
tiempo
estación
invernada
invierno
primavera
verano
otoñada
otoño
pascua
adviento
navidad, etc.
vacaciones
fecha
plazo
siembra
sementera
cohecho
barbechera
florada
escarzo
rodrigazón
grana
espigueo
meses mayores
climaterio
siega
poda
podazón
cosecha
zafra
campaña
vendimia
bellotera
bellotero
varada
escamujo
trilla
molienda
veranada
montanera
rastrojera
engordadero
matanza
San Martín
rabotea
esquileo
castra
extremadas
quesería
navideño
de temporada

—

TEMPORAL
(V. *Tiempo*)

—

TEMPRANO
(V. *Anticipación*)

—

TENACILLAS
(V. *Tenazas*)

—

TENAZAS (11)

tenaza
tenazas
tornillo
tenazuelas
tenacillas
dentones
alicates
pinzas
despinzas
despinces
paje
bruselas
gato
gatillo
pulicán
pelícano
gafa
muelles
gorguz
cogedera
cascanueces
cascapiñones
sacabalas
sujetapapeles
sacaclavos

atenazar
atenacear
tenacear
engafar
agarrar
despinzar
asir
apretar
sujetar

tenazada
tenazazo

tenacero

—

TENDER
(V. *Horizontalidad*)

—

TENDERO
(V. *Tienda*)

—

TENDÓN
(V. *Músculo*)

—

TENEDOR
(V. *Cubierto*)

—

TENER
(V. *Posesión*)

—

TENSIÓN (2)

tensión
tirantez
tiesura

tesura
erección
retesamiento
reteso
compresión
presión
tracción
elasticidad

atirantar
tesar
atesar
atiesar
entiesar
entesar
retesar
aballestar
templar
cazar
extender
aguantar

tensor
templador
viento
tarabilla
polea
manómetro
atmósfera

tirante
tenso
subtenso
tieso
teso
tiesto
rígido
manométrico

—

TENSO
(V. *Tensión*)

—

TENUE
(V. *Delgadez*)

—

TEÑIR
(V. *Tinte*)

—

TEOLOGÍA (1)

teología
» mística
» ascética
» escolástica
» dogmática
polémica
teología positiva
» natural
teodicea
teología pastoral
» moral
casuística
escolástica
agustinianismo
tomismo
molinismo
suarismo
probabilismo
congruismo
tuciorismo
laxismo
latitudinarismo
diablismo
generacionismo
milenarismo
patrística
patrología
escatología
soteriología
argumento
dogmatismo
hermenéutica
interpretación
libre examen
monoteísmo
religión
herejía [co
derecho canónico

ley de Dios
» antigua
» de Moisés
tablas de la Ley
ley escrita
» nueva
» de gracia
» evangélica
vías
libro de la vida
revelación
misterio
dogma
artículo de fe
creencia
lugares teológicos
decálogo
mandamiento
precepto
» negativo
alfonsina
suma

inspirar
espirar
ilustrar
infundir
predestinar
predefinir
influir
espiritualizar
iluminar
revelar
visitar
justificar
purificar
santificar
recriar
reengendrar

estigmatizar
permitir
abandonarse
peregrinar
estar en gracia
teologizar

providencia
predefinición
predeterminación
destino

vocación
inspiración
llamamiento
preordinación
predestinación
premonición
intuición
toque
influencia
moción
voz del cielo
gracia
» original
» eficaz
» actual
» concomitante
» santificante
estado de la inocencia
justicia original
naturaleza
salud
don
vida
peregrinación
carisma
espíritu
talento
devoción

acto humano
» del hombre
obra viva
» muerta
virtud
vicio
pecado
temor de Dios
caso de conciencia
justificación
mérito de condigno
consustancialidad
consubstancialidad
unión hipostática
necesidad grave
» de precepto
necesidad de medio
nolición

vida
mundo
profanidad
plenitud de los tiempos
reino de Dios
vida futura
la otra vida
eternidad
evo
el otro mundo
el otro barrio
novísimo
postrimería
escatología
muerte
juicio
» universal
» final
» particular
día del juicio
día de juicio
valle de Josafat
tribunal de Dios
resurrección de la carne

condena
condenación
infierno
gloria
cielo

viador
peregrino
hombre nuevo
vaso de elección
Hijo de Dios
justo
arquetipo
cuerpo glorioso
ángel

agilidad
bilocación
impasibilidad
claridad
sutileza
sutilidad
auréola
aureola

teólogo
doctor
Santo Padre
padre de concilio
juez prosinodal
examinador sinodal
calificador del Santo Oficio
canónigo lectoral
dogmático
tomista
sumista
panteólogo
congruista
casuista
probabilista
latitudinario
milenario
laxo
ultramontano

tesis
tentativa
principio

teológico
teologal
teólogo
patrístico
expositivo
infuso
beatífico
dignificante
justificante
preternatural
nacional
consubstancial
casuístico
escatológico

teológicamente
beatíficamente
materialmente
ultratumba

—

TEOLÓGICO
(V. *Teología*)

—

TEÓLOGO
(V. *Teología*)

—

TERAPÉUTICA (12)

terapéutica
tratamiento
medicina
método
régimen
dieta
intolerancia
dietética
posología
materia médica
farmacia
alopatía
homeopatía
dosimetría
hidroterapia
hidropatía
hidrología médica
psicoterapia
sicoterapia
mecanoterapia
metaloterapia
fisioterapia
radiología
radioterapia
raditerapia
radiumterapia
rayos X
helioterapia
fototerapia
electroterapia
magnetoterapia
galvanoterapia
aeroterapia
aeración
arenación
ilutación
talasoterapia
climatoterapia
climaterapia
naturismo
psicoanálisis
sicoanálisis
organoterapia
opoterapia
sueroterapia
seroterapia
curandería
enfermedad
medicina
cirugía

medicinar
medicamentar
curar
propinar
administrar
inmunizar
jarabear
jaropar
jaropear
jarapotear
emboticar
purgar
gargarizar
irrigar
insuflar
inhalar
engrasar
incrasar
faradizar
constreñir
deterger
desopilar
descongestionar
emolir
ensolver
resolver
velicar
friccionar
amasar
abirritar
desenconar

evacuar
revelar
castrar
desaojar
aplicar
anodinar
emplastar
epitimar
bizmar
bilmar
fomentar
ampollar

sanar
guarecer
sobrecurar
aliviar
paliar
tonificar
entonar
temperar
reconstituir
ensalmar
saludar
mudar aires
» de aires
dar de alta
» el alta

ponerse en cura
convalecer
recobrar la **salud**

medicación
medicinamiento
ensalmo
indicación
contraindicación
polifarmacia
dosificación
purgación
purgamiento
sangriza
jaropeo
jaropote
gargarismo
gárgara
inyección
vacunación
inmunología
irrigación
inhalación
insuflación
sufumigación
vaporización
sudores
embrocación
fomento
fomentación
emplastadura
friega
amasamiento
masaje
malaxación
velicación
revulsión
urticación
faradización
diatermia
desopilación
descongestión
(sangría, V. *Sangre*)
curación
curativa
cura
alivio

medicamento
droga
tópico
apósito
vendaje
tafetán
aglutinante
colodión
esparadrapo
espadrapo
parche
chiqueadores
pegado
pegadillo
paño
epitema
epítima
bizma
bilma
botana
reparo
cataplasma
puchada
embroca
cayanco
sinapismo
moxa
vejigatorio
cáustico
cantárida
unciones
ungüento
unto
untadura
fricción
inyección
lavativa
suero medicinal
vacuna
tuberculina
antitoxina

hila
intubador
inhalador
cauterio
irrigador
jeringa
jeringuilla
supositorio
cala
guisopillo
hisopillo
instrumental

curador
sanador
saludador
ensalmador
terapeuta
(médico, practicante, enfermero, etc., V. *Medicina*)

curativo
santo
cíclico

cauterizador
cicatrizativo
cicatrizante
curable
medicable
purgable
inmedicable
incurable
insanable
médico
medicinante
terapéutico
alopático
homeopático
dosimétrico
dietético
hidropático
hidroterápico
opoterápico
radiológico

sobresano

—

TERCIOPELO (10)

terciopelo
terciopelado
velludo
veludo
vellido
velludillo
veludillo
rizo
pana
tripe
felpa
› larga
altibajo
catalufa
frisa
orzoyo
encarrujado
carrujado

alcántara
cárcola
bastoncillo
abucates
carquerol
canaleta
corvillo
tallarola
tela
tejido

terciopelero
vellutero

aterciopelado
terciopelado
felpado
afelpado
felposo
felpudo
labrado

—

TERGIVERSACIÓN (28)

tergiversación
argucia
retorcimiento
retruécano
anfibología
ambigüedad
malicia
corrupción
corruptela
vicio
contrasentido
alteración
error
pretexto
evasiva
rodeos
medios términos

engaño
falsedad
mentira
enredo

tergiversar
torcer
retorcer
trocar
suplantar
interpolar
violentar
desfigurar
trabucar
intrincar
intricar
fruncir
trovar
viciar
envenenar
acriminar
escatimar
continuar
glosar
contaminar
torcer las palabras
trocar las palabras
mudar las palabras
dar torniquete a
andar en zancas de araña
interpretar en mal sentido [te
echar a mala parte
echar a mal
tomar en mala parte
› por donde quema
› el rábano por las hojas
andar en jerigonzas
poner dolo en

tergiversador
malicioso
mal pensado
tergiversable
violento
falso
torcido

trocadamente

—

TERGIVERSAR
(V. *Tergiversación*)

—

TERMINANTE
(V. *Conclusión*)

—

TERMINAR
(V. *Fin*)

—

TERNERA
(V. *Toro*)

—

TERNILLA
(V. *Cartílago*)

—

TERNURA
(V. *Compasión*)

—

TERREMOTO (3)

terremoto
temblor de tierra
seísmo
sismo

cataclismo
remezón
convulsión
microsismo
epicentro
sismología
seismología

sismógrafo
sismómetro

sísmico
sismológico

—

TERRENAL
(V. *Profanidad*)

—

TERRENO
(V. *Tierra*)

—

TERRIBLE
(V. *Temor*)

—

TERRITORIAL
(V. *Territorio*)

—

TERRITORIO (30)

territorio
territorialidad
lugar
paraje
nación
población
estado
país
tierra
tierra firme
aguas jurisdiccionales
continente
hemisferio
isla
península
suelo
región
clima
plaga
dominios
posesiones
latitud
genovesado
protectorado
colonia
granero
cantón
cantonada
comarca
cuenca
redonda
marca
provincia
departamento
comitado
vilayato
taha
cercado
sesmo
sexmo
sexma
alfoz
cera
agro
pago
pertenencia
castellanía
enclave
jurisdicción
demarcación
distrito
partido
cabeza de partido

término
› redondo
limitación
campo
circunscripción
sacada
encartación
contorno
ayuntamiento
municipio
concejo
parroquia
compás
anteiglesia
alrededores
afueras

reino
imperio
república
virreinato
virreino
principado
palatinado
patriarcado
exarcado
toparquía
tetrarquía
decuria
satrapía
consulado
veguería
veguerío
sultanía
califato
sanjacado
sanjacato
senescalado
bajalato
valiato
bailiazgo
bailía
encomienda
cacicazgo
adelantamiento

terrazgo
señorío
baronía
infanzonazgo
vizcondado
condado
margraviato
burgraviato
landgraviato
marquesado
ducado
archiducado
infantado
parroquia
abadía
arcedianato
obispado
arzobispado
mitra
diócesis
diócesi
vicaría
vicariato
decanato
deanato
deanazgo
lengua
legacía
pavordía

gobierno
prefectura
comandancia
capitanía
capitanía general
intendencia
delegación
subdelegación
recaudamiento
corregimiento
alcaidía
merindad
maestrazgo
rastro de la corte
juzgado

territorial
jurisdiccional
local
regional
provincial
cantonal
trasmarino
señero
contérmino
arcifinio
enclavado

—

TERRÓN
(V. *Tierra*)

—

TESORO
(V. *Bienes*)

—

TESTADOR
(V. *Herencia*)

—

TESTAMENTARIO
(V. *Herencia*)

—

TESTAMENTO
(V. *Herencia*)

—

TESTAR
(V. *Herencia*)

—

TESTÍCULO (7)

testículo
teste
testigo
compañón
genital
criadillas
escritillas
turma
dídimo
vesícula seminal
epidídimo
bolsas
escroto
dartos
rafe
torillo
próstata [Cowper
glándulas de

semen
esperma
lecha
simiente
zoospermo
espermatozoo
espermatozoide

miembro
› viril
pene
falo
príapo
méntula
pudendo
verga
glande
bálano
balano
prepucio
capullo
frenillo

eyacular
circuncidar
retajar

erección
priapismo

falismo
eyaculación
polución
masturbación
espermatorrea
generación
circuncisión
castración
orina

poliorquidia
monorquidia
didimitis
orquitis
hidrocele
sarcocele
fimosis
postitis
prostatitis
gonorrea
purgaciones
sífilis

cojudo
entero
ciclán
chiclán
cordero rencoso
circunciso
incircunciso

testicular
prostático
peniano
prepucial
seminal
seminífero
espermático

—

TESTIGO
(V. *Testimonio*)

—

TESTIMONIO (32)

testimonio
atestación
atestadura
atestiguación
atestiguamiento
testificación
adveración
información
interrogatorio
deposición
dicho
protesta
protestación
careo
afirmación
certificación
atestado
partida
fe
palabra
› de honor
juramento
prueba
alegación
cita
epígrafe
lema
refrendación
refrendo
legalización
legitimación
autentificación

testimoniar
testificar
atestar
atestiguar
adverar
afirmar
deponer
declarar

dar fe
hacer fe
certificar
legalizar
legitimar
autenticar
visar
abonar
avalar
refrendar
cerciorar
poner las manos en el fuego
probar
contestar
acotar
rubricar
desatestar
hacer testigos
examinar testigos
presentar testigos
preguntar
absolver las preguntas
absolver posiciones
repreguntar
tachar
recusar
purgar la infamia
repartir orejas

certificado
certificación
testificata
acta
letra
fe
fe de vida
visado
aval
patente
testigo
dato
título
auténtica
documento
firma
sello

testigo
atestante
testigo de vista
» ocular
» de oídas
» abonado
» mayor de toda excepción
testigo sinodal
» de cargo
» de descargo
guarda jurado
testigo singular
» variante
» falso
espondalario
testimoniero
testimoñero
referendario
refrendario
secretario
compurgador
tachador
mártir

examen de testigos
recepción
información ad perpétuam
información ad perpétuam rei memóriam
generales de la ley
pregunta
artículos
posiciones
repregunta
tacha

recusación
falso testimonio
calumnia
perjurio

testimonial
testificativo
testifical
testificante
protestativo
certificatorio
credencial
conteste
auténtico
negativo
tachable
recusable

auténticamente
a fe mía
por mi fe
visto bueno
no me dejará mentir

—

TEXTIL
(V. *Tejido)*

—

TEZ
(V. *Cara)*

—

TÍA
(V. *Tío)*

—

TIBIEZA (2, 13)

tibieza
temple
templanza
tempero
suavidad

entibiar
atibiar
tibiar
templar

entibiadero

tibio
templado
fresco
amoroso
suave

—

TIBIO
(V. *Tibieza)*

—

TIEMPO (21)

tiempo
transcurso
trascurso
proceso
ciclo
espacio
suceso
lapso
tracto
decurso
discurso
curso
pieza
rato
hora
día
semana
mes
año

edad
era
siglo
época
período
reinado
temporada
intervalo
tirada
trecho
asentada
sentada
fecha
duración
brevedad

ocupación
distribución
ocio
ratos perdidos

cronometría
cronología
cronoscopio
ampolleta
reloj

transcurrir
trascurrir
huir
correr
andar
avanzar
pasar
mediar
promediar
llegar
distar
hacer
haber
invertir
gastar
matar el tiempo
llevar
tener tiempo
» lugar
cronometrar

temporal
temporáneo
temporario
intemporal
cronométrico

cuando
cuanto
aquí
allí
entonces
en aquel entonces
a la sazón
de algún tiempo a esta parte
a la que
ya
siempre
» jamás
nunca
cuando quier
por tiempo [sado
el día menos pen-
cuando menos se piensa
a lo mejor
sabe Dios cuándo
cuando Dios quiera
para
por

—

TIENDA (35)

tienda
casatienda
comercio
establecimiento
casa abierta
lonja
sucursal

despacho
expendeduría
expendio
escritorio
bazar
mercado
botica
botiga
almacén
depósito
economato
factoría
factoraje
dock
bodega
tercena
alfolí
almona
tendezuela
tenducha
tenducho
tendajo
tendejón
tenderete
terantín
cajón
puesto
tabanco
quiosco
jardín
boliche
buchinche
trucha
barraca
baratillo
malbaratillo
buhonería
covachuelas

mercería
cuchillería
ferretería
carretería
fumistería
albardería
valentía
zapatería
obligación
azucarería
refino
cajón
abacería
coloniales
cañaverería
prendería
cacharrería
estanco
cambalache
quincallería
red
alcaicería
florería (Supl.)
floristería (Supl.)
(panadería, véase *Pan)*
(lechería, V. *Leche*, etc.)

trastienda
rebotica
rebotiga
muestra
rótulo
escaparate
aparador
vidriera
vitrina
anaquel
estante
estantería
mostrador
tablero
trampa
librador

vender
despachar
aparroquiar
desaparroquiar
almacenar
comprar

acaserarse
alzar tienda

tendero
comerciante
almacenista
cajonero
boticario
botiguero
buhonero
bufón
vendedor
vendedera
dependiente
mancebo
hortera
aprendiz
motril

comprador
parroquiano
vecero
cliente
marchante
parroquia
clientela
acaseramiento
casería

TIERNO
(V. *Blandura)*

—

TIERRA (La)
(V. *Geogr.*)

—

TIERRA (36)

tierra
(la Tierra, V. *Geografía)*
geología
territorio

terreno
suelo
superficie
zona

derrubio
terrero
terraplén
torrontero
torrontera
terrón
tormo
gasón
gleba
tabón
terroso
caballero
tierra de miga
» bolar
» de Segovia
» blanca
talque
tasconio
arcilla
(ocre, tierra blanca, etc. V. *Color)*
arena
cal
roca
risco
piedra
barro
légamo
lodo
tierra vegetal
» negra
humus
mantillo
majadal
subsuelo
terruño
blanquizal
albero

albear
albar
albarizo
gredal
alpañata
rubial
rojal
bermejal
almagral
negrizal
tierra mulata
» abertal
terreno agarrado
terrezuela
campo regadío

campo
campecillo
campecico
campichuelo
campillo
campiello
campiña
ejido
salida
ensanche
campaña
verdón
campo raso
tierra campa
» blanca [var
» de pan lle-
» de sembra-
mies [dura
milpa
labrados
hierbas viejas
cenero
rotura
roturación
arroto
rompido
arrompido
roza
rocha
artiga
arada
labrada
barbecho
sembrado
bosque
monte
coto
dehesa
prado
tierra de regadío
vega
huerta
agua cibera
aguacibera
pólder
secano
sequío
sequero
secadal
rulo
solana
solanar
solejar
umbría
ombría
rastrojería
rastrojo
restrojo
rispión

saladar
salobrar
secaral
sequedal
sequeral

predio
finca
solar
parcela
predio rústico
bienes
bienes sedientes
» raíces
» inmuebles

heredad
heredamiento
donadío
decanía
hacienda
hacenduela
hacendilla
hacendeja
fundo
latifundio
minifundio
labranza
hijuela
terrones
rafal
calmil
estancia
potrero
hato
rancho
ranchería
coto redondo
término redondo
lugar acasarado
granja
cortijo
cortinal
cortina
cortiña
raín
lugar
curvo
repajo
josa
poseído
eria
agro
llosa
paradina
pardina
(trigal, V. *Trigo;*
cebadal, V. *Cebada;*
pinar, V. *Pino,* etc.)
huerta
jardín
casa (de campo)
corral
establo
era (**trilla**)
lagar
granero (**grano**)
pajar (**paja**)

terreno
terruño
terruzo
terrezuela
terrazgo
pegujal
pegujar
pegujalejo
cabal
tramo
tranzón
cantero
mancha
mácula
chorra
cuartón
suerte
serna
quinto
quiñón
cosera
alfaba
rebujal
arada
aradura
jovada
juvada
yugada
jera
huebra
cahíz
cahizada
peonería
peonía
conuco
senara
haza
hazuela
besana
hoja
añada
cuartel
medianil
tabla
bancal
banca
parata
balate
poyato
amelga
emelga
mangada
longuera
veril
estórdiga
albardón
mozada

área
solar
firme
superficie

terrosidad
tempero
meteorización
sazón
desazón
sed
riego
abono
cultivo
rusticación
geonomía
agrología
edafología
agrimensura
topografía

desmontar
terraplenar
enronar
enrunar
abancalar
allanar
cultivar
dehesar
adehesar
cansar
esquilmar
hacendarse
rusticar

granjero
cortijero
estanciero
hacendado
labrador

térreo
terroso
terrizo
terrino
terreno
terreño
terrígeno
geófago
campestre
campesino
campal
agrario
agreste
rústico
rural
rustical
veguero
suburbano
sublunar

labrantío
labradío
regadío
regadizo
arable
arijo
plantío
sembradío
triguero
paniego
noval
ricial
rizal
tempranal
fértil
echadizo

cencío
ennatado
recio
descampado
abierto
abertal
campero
desavahado
albarizo
desazonado
fariño
delgado
terregoso
margoso
aurragado
ahurragado
calverizo
estéril
erial
liego
lleco
yeco
enfermo

geonómico
predial
realengo
asurcano
redondo
aboyado
aperado

ruralmente
tierra adentro

—

TIESTO (36)

tiesto
maceta
macetón
canco
callana
pote
albahaquero
jardinera
florero
violetero
ramilletero
macetero
testeraje

—

TIJERAS (10)

tijeras
tijera
tijeruela
tijereta
tijerilla
tiseras
cizalla
tenacillas
mordientes
hermanas
despabiladeras
espabiladeras
despabilador
molletas
despavesaderas
clavillo
clavito
fiel
ojos

tijeretear
cortar
pelar
trasquilar
(cortar el pelo, V. *Cabello*)
esquilar

tijereteo
tijeretada
tijeretazo
esquileo

—

TIMBAL
(V. *Tambor*)

—

TIMIDEZ (26)

timidez
temor
cobardía
desaliento
flaqueza
apocamiento
pusilanimidad
irresolución
vacilación
cortedad
encogimiento
cuitamiento
pobreza
poquedad
empacho
embarazo
vergüenza
languidez
languideza
bajeza de ánimo
atamiento
retraimiento
aturdimiento
turbación
el qué dirán

apocarse
cortarse
encogerse
enarcarse
atarugarse
empacharse
embarazarse
embazarse
azararse
avergonzarse
turbarse
fruncirse
ser para poco
no ser hombre de pelea
no tener corazón
parecer un doctrino
pisar el sapo

doctrino
colegial
siervo de Dios
calcillas
infeliz
pobrete
pobre hombre
mandria
poquita cosa
hombre para poco
parapoco
aguacatal [ra
licenciado Vidrie-
Juan Lanas

tímido
timorato
apocado
encogido
consumido
corto
cuitado
desdichado
pusilánime
apagado
(desconcertado, aturdido, V. *Turbación*)
atado
atarugado
escrupuloso
premioso
detenido
remiso
retraído
atacado
desmanotado
empachado
modesto
vergonzoso
falto
miserable
mísero
misérrimo
miserabilísimo
angustiado
desventurado
ñoño
corito
de poquito
corto de genio
(indeciso, irresoluto, V. *Vacilación*)

tímidamente
encogidamente
como gallina en corral ajeno
tierra a tierra

—

TÍMIDO
(V. *Timidez*)

—

TIMÓN (38)

timón
gobernalle
gobierno
clavo
espadilla
bayona
cabilla
guarés
caña del timón
ceguiñuela
pinzote
macho del timón
aguja
patilla
azafrán
telera
cercha
grajado
timonera
rancho de Santa Bárbara
limera
guardín
varón
galdrope
tambor
servomotor
axiómetro
agua del timón

timonear
botar
gobernar
navegar
desgobernar

timonero
timonel

—

TINTA (28, 29)

tinta
» china
» de imprenta
» comunicativa
» simpática
agalla de roble
bugalla
encausto
encauste
barniz
borrón
chapón
arenilla [ra
polvo de salvade-
polvos de cartas
papel secante
secafirmas
pluma
imprenta

entintar
mojar la pluma
correrse la tinta

tintero
gropos
algodones
cendales
escribanía
salvadera
arenillero
almohadilla
tampón
bala
rodillo
moleta

—

TINTE (10)

tinte
teñidura
tintura
tinción
tinta
retinte
almagradura
enrubio

teñir
tintar
entintar
tinturar
colorar
engazar
azumar
reteñir
estebar
alumbrar
desengomar
desgomar
escabechar
alheñar
enrubiar
purpurar
almagrar
añilar
desteñir
descolorar

teñirse
tomar el color
despintarse

tintorero
tintorera

cocimiento
bullón
embazadura
lejío
mordente
mordiente
alumbre
pie
tinte
colorante

anilina
nogalina
pintura
color
enrubio
añil
palo de Campeche
palo del Brasil
palo brasil
brasil
rubia
alizarina
púrpura
purpurina
grana
» de sangre
» de toro
cochinilla
azafrán
sándalo
ostro
pastel
bija
alheña
alcana
achiote
achote
alazor
ferrete
fucsina
buccino
quercitrón
caparrosa verde
cúrcuma
areca
póquil
carapa
quintral
nazareno
tataré
amarillo
tara

tintorería
tinte
tina
caloríd oro
troque

tintóreo
entintado
tinto
retinto
agallado
enrubiador

—

TINTORERÍA
(V. *Tinte*)

—

TÍO (30)

tío
tito
tía
tita
avúnculo
tío carnal
» segundo
» tercero
» abuelo
tía abuela
sobrino
resobrino
primo
» carnal
» segundo
avuncular

—

TIRA
(V. *Banda*)

—

TIRANÍA
(V. *Dominio*)

—

TIRANTE
(V. *Tensión*)

—

TIRAR
(V. *Tracción*)

—

TIRO (34)

tiro
disparo
fuego
rebufo
detonación
explosión
estallido
culatazo
coz
desabrimiento

disparar
jugar
tirar
calar la cuerda
hacer fuego
dar fuego
» gusto al dedo
asestar
descargar
descerrajar
encajar
tirotear
fulminar
ballestear
asaetear
flechar
balear
escopetear
arcabucear
cañonear
acañonear
bombardear
bombear
torpedear
ametrallar
lombardear
batir
contrabatir
apuntar
dirigir la puntería
poner la puntería
encarar

disparar a mampuesto
tirar por elevación
» por línea recta
disparar al aire
alcanzar
dar
acertar
atinar [dera
asegurar la ban-
hacer salvas

balística
pirobalística
proyectil
trayectoria
alcance
potencia
albalastrilla
telémetro

puntería
encaro
tiro
» directo
» indirecto
fuego oblicuo
tiro fijante
línea de mira

ángulo de tiro
objetivo
blanco
acertero
terrero
diana
fama
tino
acierto

tiro
» al blanco
» de pichón

(pedrada, apedrear, etc., V. *Piedra*)
hondazo
hondada
flechazo
saetazo
ballestada
esmerilazo
pistoletazo
mosquetazo
arcabuzazo
trabucazo
fusilazo
escopetazo
perdigonada
metrallazo
bombazo
cañonazo
chupinazo
lombardada
andanada
tiroteo
escopeteo
bombardeo
cañoneo
torpedeo
torpedeamiento
arcabucería
fuego nutrido
descarga cerrada
carga cerrada
fuego de batallón
» graneado
» incendiario
salva
contrasalva

armas (arrojadizas)
» de fuego
cañón
honda
(ballesta, flecha, etc. V. *Saeta*)
(tirador, gomero, etc. V. *Juego*)
caza
tirador
disparador
artillero
apuntador
puntero
certero

a tiro hecho
a boca de jarro
a quema ropa
a tenazón
de tenazón
a codillo

—

TÍTULO
(V. *Dignidad*)

—

TIZNAR
(V. *Humo*)

—

TIZNE
(V. *Humo*)

—

TOALLA
(V. *Lavado*)

—

TOCA
(V. *Manto*)

—

TOCADO
(V. *Cabello*)

—

TOCADOR
(V. *Afeite*)

—

TOCAR
(V. *Tacto*)

—

TOCINO (9)

tocino
murceo
lardo
fresco
maharrana
tocino saladillo
» entreverado
» alunado
» rancio
hoja de tocino
témpano
menudencias
torrezno
grasa
carne
cerdo

albarda
albardilla
mecha
saltón

atocinar
salar
lardear
mechar
alunarse
agusanarse

tocinero
tocinera

tocinería
tocinera

lardáceo
lardoso

—

TODO
(V. *Integridad*)

—

TOLDO
(V. *Cobertizo*)

—

TOLERABLE
(V. *Paciencia*)

—

TOLERANCIA
(V. *Paciencia*)

—

TOLERAR
(V. *Paciencia*)

—

TOMA (33)

toma
tomadura
apoderamiento
apropiación
adquisición
admisión
recepción
incautación
ocupación
presa
interpresa
asunción
reasunción
detentación
confiscación
comiso
interceptación
usurpación
arrebatamiento
arrebatiña
rebatiña
araña
rapto
conquista
privación
substracción
robo
rapacidad
adquisividad

tomar
abrazar
asumir
reasumir
coger
cargar con
recoger
asir
apresar
captar
capturar
adquirir
alcanzar
obtener
recibir
gafar
garrapiñar
apañar
apañuscar
gargar
barrer
abarrer
rebañar
espigar
arrebañar
acaparar
acopiar
acotar
quitar
arrancar
arrebatar
arrapar
tarrascar
chupar
absorber
pellizcar
descontar
detraer
plagiar
hurtar
arramblar
arramplar
apandar
saltear
pillar
sangrar
usurpar
birlar
pisar
escamotear
estafar
robar
despojar

señorear
requisar
ocupar
preocupar
forzar
interprender
interceptar
detentar
recobrar
apropiarse
adueñarse
apoderarse
adjudicarse
asimilarse
aplicarse
arrogarse
incautarse
intrusarse
untarse
pringarse
quedarse con
entregarse
hincar el diente
echar mano de
alargar la mano
partir por entero
andar a la rebatiña
echar la zarpa
meter la mano en
hacer furo
alzarse con
levantarse con una cosa
alzarse con el santo y la limosna
alzarse con el santo y la cera
cargar con el santo y la limosna
entrar a saco
meter a saco
poner a saco
no ser manco

raja
tajada
astilla
trasquilón
usurpación

esponja
sanguijuela
vampiro
heredípeta
tomador
tomajón
tomón
arrebatador
usurpador
ocupador
ocupante
detentador
apropiador
barredero
arrogador
pillador

—

TOMAR
(V. *Toma*)

—

TONEL
(V. *Cuba*)

—

TONELERÍA
(V. *Cuba*)

—

TONELERO
(V. *Cuba*)

—

TONGADA (18)

tongada
tonga
dómida
capa
tanda
daga
hilada
lecho

cama
camada
alfombra
yacimiento
estrato
piso
lámina
horizontalidad
paralelismo
estratificación

superponer
cubrir
untar
extender
estratificar

—

TONTEAR
(V. *Necedad*)

—

TONTILLO
(V. *Falda*)

—

TONTO
(V. *Necedad*)

—

TOPOGRAFÍA (3, 17)

topografía
geodesia
geomorfía
fotogrametría
telemetría
hipsometría
planimetría
altimetría
taquimetría
agrimensura
agronometría
geometría
trigonometría
astronomía
medida
longitud
altura
superficie
triangulación
jalonamiento
apeo
cabreve
cabrevación
mojona
demarcación
catastro
acotación
ecuación personal

basar
triangular
acordar
nivelar
anivelar
jalonar
apear
parcelar
echar una cuerda
levantar un plano
acotar
cabrevar

estación
divisoria
plano de nivel
curva de nivel
base
arrumbamiento
declinación
ángulo cenital
altura accesible
» inaccesible
plano
plan
traza
cota
proyección
mapa

topógrafo
geodesta
geómetra [mo
ingeniero agrónomo
perito agrónomo
apeador
cadenero
portamira

teodolito
taquimetro
anteojo
heliőstato
heliotropo
círculo repetidor
brújula
sextante
cuadrante de reflexión
cuadrado geométrico
telémetro
cartabón
plancheta
eclímetro
clitómetro
grafómetro
planímetro
goniómetro
escuadra de agrimensor
curvímetro
depresiómetro
arbalestrilla
pantómetra [ca
línea cordométri-
» de las cuerdas

línea aritmética
» de partes iguales
» de los sólidos
» de los polígonos
coordenada
acordada
alidada
dioptra
pínula
mirilla
limbo
nivel
» de aire
» de agua
altímetro
barómetro
jalón
mira
piquete
banderola
cadena
cuerda
cinta

topográfico
taquimétrico
geodésico
telemétrico
altimétrico
agrimensorio

topográficamente

—

TOPOGRÁFICO
(V. *Topografía*)

—

TOQUE (34)

toque
señal
llamamiento
mando
celéustica
clarinada
diana
alborada
maitinada
queda
asamblea
llamada
tropa
generala
botasilla
monta
rebato
somatén
marcha
fajina
calacuerda
toque de baquetas
retreta
retirada
redoble
tarara
taratántara

tocar
» arma
» el arma
batir la marcha
» llamada
tocar a degüello
a trompa tañida

tambor
campana
instrumento (corneta, trompeta, etc.)

—

TORCER
(V. *Curvatura*)

—

TORCIMENTO
(V. *Curvatura*)

—

TORERO
(V. *Tauromaquia*)

—

TORMENTO (27 32)

tormento
cuestión
» de tormento
tortura
ansia
molino
peligro
torneo
inquisición
suplicio
castigo
maltratamiento
golpe
muerte, etc.

atormentar
dar tormento a uno
torturar
atenazar
atenacear
agarrotar
martirizar

confesar
gargantear
revelar

atormentador
torturador
verdugo
inquisidor
cantor

potro
torno
caballo de palo
caballejo
caballete
garrote
parrillas
mancuerda
trampazo
tormento de cuerda
trato de cuerda
tormento de garrucha
» de toca
peine
empulgueras
escorpión
loro
checa

atormentadamente

—

TORNEAR
(V. *Torno*)

—

TORNEO
(V. *Fiesta*)

—

TORNERO
(V. *Torno*)

—

TORNILLO (2)

tornillo
clavo de rosca
tornillo de rosca golosa
» micrométrico
tirafondo
husillo
tornillo sin fin
sacacorchos
tirabuzón
sacatrapos
sacabalas
rosca
hélice
filete
paso
tuerca
matriz
madre
caracola
contratuerca
arandela
tarraja
terraja [tes
» de cojinecojinete
terraja de agujero cerrado [jar
macho de aterra-
atornillador
destornillador
desvolvedor
llave
» de tuerca
» inglesa

entornillar
aterrajar
atarrajar
avellanar
atornillar
enroscar
destornillar
desatornillar
desentornillar
cebar
pasarse de rosca
trasroscarse

atornillamiento
destornillamiento

torculado
helicoidal

—

TORNO (11)

torno
súcula
torneadura
tornería

mandril
estante

(molinete, calandria, cabrestante, güinche, chigre, grúa, etc. V. *Cabria*)

tornear
redondear
centrar
encentrar

tornero
torneador
torneante
fustero
trompero

tornátil

—

TORNILLO (2)

TORO (6)

toro
torete
animal de cuatro orejas
toro abanto [lla
» de campani-
(toro de lidia, novillo, etc., véase *Tauromaquia*)

vaca
vaquillona
vaca abierta
bierva

buey
boyazo
bueyecillo
bueyezuelo
boyezuelo
boezuelo
vaco
toruno
manso
cabestro
cotral
cutral
yunta

ternero
choto
ternera
terneruela
ternero recental
recental
recentín
sobreño
becerro
becerra
becerrilla
jato
niñato
vaquilla
chorato
novillo
novillejo
novilla
novilleja
jata
eral
utrero
utrera
novillo terzón
magüeto
cuatreño

torada
vacada
vaquería
boyada
minada
suelta
cabestraje
novillada

cuadrúpedo
rumiante
mamífero
ganado
tauromaquia

testuz
melenera
cerviz
rubios
vergajo
cuerno
leche
generación
toriondez
mugido
bramido
rugido
bufido
rebufe
mu

envacar
encabestrar
mancornar
afrontilar
acoplar
torcar
desbecerrar
aguijar
agarrochar
retajar
muescar

mugir
remudiar
bufar
aturnear
cabestrear
ramalear
amusgar
amurcar
escarbar
vaquear
acogotarse
carretearse
(cornear, embestir, empitonar, etc. V. *Tauromaquia*)

vaquero
vaquerizo
boyero
novillero
becerrero
conocedor
derribador
agarrochador

topetada
topetón
topetazo
topada
mochada
amurco
paletazo [no)
cornada (V. *Cuerrezno*
veterinaria

vaqueriza
vaquería

bostar
corral
tambo
tinada
parada
novillero
apartado
apartadero
encierro
destetadera
bozal
capacho
camellón
artesa
cernaja
mancuerna
aguijada
desjarretadera
pica
garrocha
virola
braguero
yugo
tracción

cabestraje
boalage
bovaje
bovático
apartado

taurino
vacuno
vaquerizo
vaquero
boyuno
bueyuno
bovino
boyal
becerril
caracú
cansino
amosquilado
engatillado
toriondo
butiondo
madrigado
tambero
pastueño
manso
jarameño
jeda
tinco
careto
botinero
berrendo
salinero
salino
chorreado
cárdeno
zahonado
capirote
capirucho
sardo
bragado
albardado
alcoholado
aguanés
barcino
barceno
listón
caribello
ensabanado
meleno
lombardo
bocinero
zaino
ojalado
jabonero
ratino
sirgo
faldinegro
galano
tozalbo
overo
meco
gateado

aboyado
de cuatro orejas

¡jau!

—

TORPE
(V. *Torpeza)*

—

TORPEZA (26)

torpeza
inhabilidad
desmaña
desgracia
deslucimiento
botez
indisposición
ineptitud
incompetencia
impericia
inexperiencia
imprevisión
ignorancia
necedad
aturdimiento
turbación
entorpecimiento
desacierto
melonada
topinada
plancha
imperfección
error

tener malos dedos para organista
no ser para silla ni para albarda
írsele la mano a uno
entorpecer
atontar

pobre hombre
pobrete
zarramplín
apatusco
bolo
trompo
acebuche
modrego
chancla
chancleta
peal
topo
ganso
tolondro
tolondrón
fuñique
adoquín
marmolillo
zangandullo
zangandongo
zangandungo
cauque
media espada
» cuchara
maleta

torpe
entorpecedor
inhábil
desmañado
desmanotado
zote
empachado
amarranado
(aturdido, etc V. *Turbación)*
pasmón
chambón
porro
premioso
tardo
deslucido
rudo

tosco
tropezoso
incapaz
cerrado
tupido
tonto
chapucero
buñolero
corto de manos
de poquito

torpemente
desmañadamente
imperitamente

—

TORRE (11)

torre
burche
torreón
torrejón
crochel
cubo
torrecilla
garita
alta [je
torre del homenaje
» maestra
» albarrana
atalaya
atalayuela
talayote
fortificación
cúpula
media naranja
linterna
campanario
campanil
campana
chapitel
aguja
cimorro
alminar
faro
castillo
bastida
iglesia

torrear

—

TORREFACCIÓN (2)

torrefacción
calcinación
calcinamiento
reverberación
tostación
tostadura
tueste
tostado
cochura

tostar
retostar
calcinar
carbonizar
torrar
turrar
socarrar
requemar
achicharrar
rustrir
rustir
asar
cocer

tostador
calcinador

tostón
torrado

horno
tostadero
tostador

tambor
parrilla
calcinatorio
cocina
metalurgia

tostado
torrefacto
calcinable
refractario

—

TORRENTE
(V. *Río)*

—

TORTA (9)

torta
tortita
coca
torta de reyes
regañada
hornazo
mona
» de Pascua
regaifa
almorí
nochebueno
melado
marquesote
bica
toña
carlota
seca
tortada
tarta
alpistera
alpistela
torta perruna
aceitada
coscarana
molleta
ginebrada
almojábana
mojábana
cazabe
casabe
quitasolillo
pan de tierra
capultamal
cachapa
chalupa
enchilada
arepita
cazuela mojí

media noche
bollo
bolluelo
bolla
rosca
rosco
roscón
ensaimada
mojicón
mojí
mantecado
mantecada
mustaco
trenza
trena
paciencia
magdalena
macarrón
mostachón
caraca
suizo
sobado
bamba
hallulla
hallullo
jallullo
talo
galianos
totoposte
galleta
pastel

pan
carlota rusa
confitería
repostería

tortero
bollero
repostero

bollería
masera

—

TORTUGA (6)

tortuga
reptil
quelónidos
quelonios
carey
caray
laúd
caguama
casco de mula
hicotea
jicotea
calapé
galápago
garapacho
morrocoyo
morrocoy
galapagar

concha
carapacho
coraza

quelonio
testudíneo

galapaguera

—

TOS
(V. *Respiración)*

—

TOSCO
(V. *Tosquedad)*

—

TOSER
(V. *Tos)*

—

TOSQUEDAD (26, 27)

tosquedad
bruteza
basteza
bronquedad
rudeza
corteza
rustiquez
rusticidad
patanería
grosería
chapucería
chabacanería
ramplonería
inelegancia
catana
fealdad
aspereza
deslustre
imperfección
incultura
grosería
salvajismo

desbastar
embastecerse

tosco
tocho
basto
burdo
grosero
bronco
brozno
guaso
mazorral
mazacote
grotesco
chabacano
chanflón
ramplón
material
de brocha gorda
de somonte
de sumonte
de bombo y platillos
de cascabel gordo
ordinario
rudo
bruto
terco
patán
pataco
palurdo
babazorro
orejón
hastial
mogrollo
ganapán
villano
monigote
charro
zarrio
zoquetudo
zamborotudo
zamborrotudo
zamborondón
cerril
rocín
rocino
agreste
bravío
cafre
salvaje

toscamente
rudamente
burdamente
broznamente
rústicamente
grosamente
broncamente
roncamente
chabacanamente
bárbaramente
en bruto

—

TOSTADURA
(V. *Torrefacción)*

—

TOSTAR
(V. *Torrefacción)*

—

TRABAJADOR
(V. *Trabajo)*

—

TRABAJAR
(V. *Trabajo)*

—

TRABAJO (27)

trabajo
» intelectual
» manual
trabajuelo
arte mecánica
labor
laborío
labradura
labranza
faena
fajina

afán
azana
cutio
obra
mano de obra
manos
maniobra
manipulación
operación
profesión
actividades
ocupación
lucubración
estudio
ejercicio
racionalización
servicio
empleo
industria
comercio
oficio
arte
cultivo

afán
fatiga
fatigación
laboriosidad
esfuerzo
intento
pena
tarea
trote
tute
zurra
pelea
ajobo
enfado
aperreo
ajetreo
reventadero
matadero
arate cavate

prestación personal

vereda
sufra
azofra
angaria
hacendera
demora
tequio
servidumbre
esclavitud
tributo
impuesto

aflicción
molestia
reventón
perrera
crujía
sacrificio
martirio
sudor
laceria
trabajos forzados
» forzosos
fatigas
trasudores
tramojos
duelos
ducas
haciendas

jornada
jornal
obrada
obrería
jera
hiera
vela
vigilia
día de trabajo
» de cutio
» de hacienda
» laborable
semana inglesa
accidente del trabajo

manufactura
manifactura
obraje
obra
» de manos
peonada
peonía
tarea
tajo
tanda
adra
tonga
destajo
estajo
chapuz
chapuza
minga
amasijo

obra de romanos
dificultad
hueso
sobrehueso
mochuelo
remo
noria
cruz
calvario
vía crucis
vida de perros
purgatorio

trabajar
atrabajar
labrar
laborar
laborear
elaborar
colaborar
obrar
actuar
hacer
lucubrar
velar
afanar
aginar
atrafagar
bregar
pelear
remar
sudar
insudar
desengrasar
desensebar
azofrar
sextaferiar
garbear
sabotear
procurar

ocuparse
ponerse a
darse a
dedicarse
consagrarse
atarearse
ajetrearse
azacanarse
deshacerse
afanarse
acalorarse
aporrearse
desuñarse
aperrearse
matarse
cansarse

buscárselas
poner de su parte
ganar la vida
vivir de manos
» por manos
batirse el cobre
darse un tute
arrimar el hombro
no holgar la madera [de balde
no comer el pan
estar hecho un azacán

andar a la brega
verse y desearse
sudar la gota gorda
» el quilo
» el hopo
echar el bofe
» los bofes
» las asaduras
» la hiel
» los hígados
romperse la cabeza
consumir la vida
llevar la carga
llover sobre mojado

dar trabajo
señalar tarea
ocupar
atarear
trabajar [der
dar en qué entender un hueso que roer
caer que hacer
hacer que hacemos

ajustar
ajornalar
logar

trabajador
trabajante
laborante
labrador
colaborador
obrero
productor
asalariado
proletario
bracero
jornalero
peón
» suelto
» de mano
operario
gañán
temporil
artesano
aprendiz
maestro
encargado
contramaestre
oficial
ayudante
empresario
empleador

destajero
estajero
destajista
estajista
temporal
añero
mitayo
pirquinero
esquirol
capataz
patrono
contratista
jefe
obrajero
sobrestante
amo
mayoral
cabo de maestranza

sota
labrador
listero
canchero
calpixque

peonaje
equipo
dotación
brigada

cuadrilla
dúa
mita
brazos
obrerismo
gremio
sindicato
comité paritario
jurado mixto
(huelga, etc. V. *Ocio*)

paro
» forzoso
sabotaje

oficina
laboratorio
tienda
fábrica
taller
obra
tajo
tabanco

trabajador
afanador
afanoso
laborioso
laboroso
hacendoso
codicioso
infatigable
aplicado
estudioso
industrioso
incansable
diligente
vividor
araña
buscavidas
yunque
azacán
burro
burra
burro de carga

trabajoso
laboroso
laborioso
difícil
penoso
penado
ingrato
costoso
afanoso
operoso
ímprobo

trabajado
atrabajado
encallecido
aperreado
asendereado
atareado
agobiado
cansado

laboral
laborable
servidero
obrero

trabajosamente
trabajadamente
penosamente
penadamente
apenas
afanosamente
afanadamente
trasudadamente
arrastradamente
a costa de
a toda costa
por sus puños
laboriosamente
a fuerza de [do
a remo y sin suel-
a pica seca
a destajo

—

TRABAJOSO
(V. *Trabajo*)

—

TRABUCO [go)
(V. *Arma de fue-*

—

TRACCIÓN (19)

tracción
tiramiento
remolque
atoaje
arrastre
arrastramiento
zaleo
tirón
estirón
estirajón
repelón
mesadura
orejón
estrepada
solivión
tensión
extensión

tirar
halar
jalar
izar
cobrar
bracear
aballestar
aguantar
remolcar
dar remolque
atoar
toar
sirgar
arramblar
arrastrar
zaparrastrar
zalear
atirantar
extender

tractor
propulsor
remolcador
sirga
espía
remolque
yunta
tiro
gabita
encuarte
caballería
carruaje
yugo
guarniciones

arrastrante
arrastradizo
rastrero
tirante

a la rastra
a rastra
a rastras
ajorro
a jorro
a remolque
a la sirga

—

TRADUCCIÓN (28)

traducción
» directa
» inversa
versión
traslación
trujamanía
composición
paráfrasis
original
fidelidad
literalidad

traducir
interpretar
trasladar
descifrar
verter
volver
arromanzar
romanzar
romancear
vulgarizar
construir

traductor
intérprete
lengua
joven de lenguas
trujamán
trujimán
truchimán
dragomán
drogmán
romanceador
romanzador
naguatlato
destebrechador

interpretación de lenguas
léxico

libre
literal
servil
interlineal
yuxtalineal
traducible
intraducible

mocosuena
palabra por palabra
literalmente
libremente

—

TRADUCIR
(V. *Traducción*)

—

TRADUCTOR
(V. *Traducción*)

—

TRAER
(V. *Transporte*)

—

TRAGADERO
(V. *Deglución*)

—

TRAGAR
(V. *Deglución*)

—

TRAGO
(V. *Bebida*)

—

TRAICIÓN
(V. *Deslealtad*)

—

TRAICIONAR
(V. *Deslealtad*)

—

TRAIDOR
(V. *Deslealtad*)

—

TRAJE
(V. *Vestidura*)

—

TRAMPA (37)

trampa
artimaña
armadijo
callejo
artificio
lazo
esplique
ballesta
armatoste
lengüeta
pozo de lobo
orzuelo
losa
loseta
lancha
ratonera
» de agua
gato de agua
cucarachera
billarda
tilbe
cambullón
zalagarda
oncejera
caza
red
pesca
(liga, liria, etc. V. *Caza*)
estratagema
asechanza
engaño

entrampar
atramparse

—

TRANQUILIDAD (14)

tranquilidad
sosiego
quietud
confianza
serenidad
» de conciencia
ecuanimidad
ataraxia
filosofía
equidad
entereza
eutimia
paciencia
despreocupación
indiferencia
frescura
neutralidad
paz
bonanza
placidez
afabilidad
calma
flema
sangre fría
espera
ocio
quietud
descanso
silencio
balsa de aceite
satisfacción
quietación
reportación
moderación
aplacamiento
seguridad

tranquilizar
tranquilar
aquietar
quietar
calmar
sedar
sosegar
asosegar
serenar
aserenar
adormecer
asegurar
desalterar
satisfacer
templar
moderar
aplacar
apaciguar

tranquilizarse
aquietarse
satisfacerse
reponerse
rehacerse
volver sobre sí
reposar
dormir
dejar
gastar flema
beber fresco

tranquilizador
quietador
sedante
sosegador
aplacador
calmante

calmoso
tranquilo
sosegado
sesgado
sesgo
quieto
sereno
serenísimo
descuitado
descuidado
reposado
surto
cariparejo
inmutable
impávido
frío
flemático
fresco
panza en gloria
plácido
suave
pacífico
manso
apacible
afable

tranquilamente
quietamente
plácidamente
suavemente
sosegadamente
asosegadamente
sesgadamente
sesgamente
imperturbablemente
a pierna suelta
a pierna tendida
a la bartola
a sangre fría

—

TRANQUILIZAR
(V. *Tranquilidad*)

—

TRANQUILO
(V. *Tranquilidad*)

—

TRANSCURRIR
(V. *Tiempo*)

—

TRANSCURSO
(V. *Tiempo*)

—

TRANSIGIR
(V. *Condescendencia*)

—

TRANSITAR
(V. *Tránsito*)

—

TRÁNSITO (19)

tránsito
tráfico
trámite
paso
pasamiento
pasadura
pasada
traspaso
servidumbre de paso
transmigración
trashumación
traslimitación
esguazo
emboque
atravesamiento
cruce
transmonte
rebasamiento
traslación
viaje
navegación
paseo
carrera
corrida
estivón
trayecto
circulación
idas y venidas

transitar
circular
andar
correr
recorrer
zarcear
pasar
repasar
arrepasar
traspasar
trasvolar
pasar de largo
atravesar
travesar
entrar
escalar
cruzar
franquear
colar
trascolar
escolar
trasterminar
salvar
saltar
vadear
esguazar
balsear
doblar
transmontar
trasmontar
trashumar
portearse
ir y venir
abrir camino
abrir paso
romper
hender
surcar

mandarse
servirse
comunicar
dar a
serviciar

pasaje
paso
tránsito
comunicación
travesía
travesío
pasada
pasadizo
camino
hijuela
angostura
estrechura
apretura
coladero
portillo
portel
portela
portilla
enfoscadero
túnel
vado
vadera
esguazo
puente
pasadera
pasadero
abertura
entrada
salida

pasaporte
pase
carta de guía
salvoconducto
seguro
aseguramiento
visado
permiso
seguridad

impuesto
peaje
pedaje
pasaje
portazgo
portaje
pontazgo
pontaje
montazgo
cambera
castillería
castillaje
barcaje
recuaje
holladura
asaduría
asadura

transeúnte
pasante
circulante
trashumante
transterminante
trasterminante
ave de paso
tránsfugo
tránsfuga

transitable
practicable
franqueable
libre
vadeable
pasadero
transitado
concurrido
frecuentado
atopadizo
céntrico

acompañado
pasajero
andado
intransitable
intratable

de paso
al paso
de pasada
de parte a parte
al través
por
trans

¡paso!
¡cancha!

—

TRANSMISIÓN (33, 35)

transmisión
trasmisión
cesión
procesión
enajenación
enajenamiento
paso
traspaso
traspasación
traspasamiento
transferencia
trasferencia
endoso
circulación
delegación
envío
difusión
mancipación
retracto convencional
tradición
entrega
compraventa
arrendamiento
donación
préstamo
herencia
adquisición
alienabilidad
cesibilidad

transmitir
transferir
trasferir
ceder
endosar
endorsar
enajenar
alienar
disponer de
pasar
traspasar
negociar
inmovilizar

transmitirse
pasar a
venir a

precio
prima
traspaso

transmisor
enajenante
enajenador
transferidor
translativo
traslativo
endosante
cedente
cesionista
cesionario
cesonario
causahabiente

transmisible
transferible
trasferible
traspasable
negociable
endosable
alienable
cesible
hereditario
inalienable
intransferible

—

TRANSMITIR
(V. *Transmisión*)

—

TRANSPARENCIA (2)

transparencia
trasparencia
diafanidad
opalescencia
translucidez
traslucimiento
traslumbramiento
trasluz
claridad
velo
cendal
papel de calcar
vidrio
cristal, etc.

transparentarse
trasparentarse
traslucirse
transflorar
trasflorar
traspintarse
triarse
clarearse
entrepareceerse
entrelucir

trasparente
transparente
diáfano
pelúcido
translúcido
traslúcido
trasluciente
hialino
aerófano
claro
ralo
perspicuo
semitransparente
semidiáfano
opalino
opalescente
vaporoso

diáfanamente
al trasluz

—

TRANSPARENTAR
(V. *Transparencia*)

—

TRANSPARENTE
(V. *Transparencia*)

—

TRANSPORTAR
(V. *Transporte*)

—

TRANSPORTE (32, 38)

transporte
trasporte
transportación
trasportación
transportamiento
trasportamiento
convección
importación
exportación
transfusión
transvasación
saca
pasaje
tránsito
transmisión
traída
tracción
traedura
llevada
lleva
conducción
conducencia
conducta
porte

porteo
bagaje
arrastre
trajín
trajinería
ajobo
trecheo
traqueteo
traqueo
arriería
harriería
viaje
acarreo
acarreamiento
acarreadura
carreteo
carretaje
carretería
carretonaje
camionaje
caravana
tracción
traslación
mudanza
transbordo
trasbordo
exprés
mensaje
envío
correo

transportar
trasportar
transferir
trasferir
trasplantar
conducir
trasladar
transbordar
trasbordar
facturar
guiar
derivar
portear
enviar
trajinar
ajobar
trechear
ajorar
esportear
regir
sobarcar
asobarcar
cargar
acarrear
carretear
traer
retraer
reportar
ir por
ir a por
llevar
pasar
alargar
pasear
traspasar
exportar
importar
escoltar
convoyar
embalar

lenzuelo
sagallino
caballería
guarniciones
vehículo
angarillas
narria
carruaje
ferrocarril
funicular
teleférico
embarcación
balsa
oroya
aeronáutica
carga
embalaje

facturación
carta de porte
conocimiento
factura
talón
pase
guía

precio
porte
flete
impuesto
renta de sacas
atijara
carretonaje
camionaje
barcaje
pasaje
quintalada
detasa

transportador
trasportador
transbordador
factor
porteador
portador
cosario
conductor
conductero
llevador
traedor
acarreador
atijarero
trajinero
trajinante
fletante
agencia
mensajería

mozo de cordel
» de cuerda
» de esquina
» de estación
cargador
soguero
soguilla
sobajanero
fardero
changador
ganapán [bajo hermano del trafaquín
calcatrife
galafate
alhamel
aljamel
bastaje
trascantón
palanquín
capachero
esportillero
costalero
mecapal

pajero
ajobero
cacaxtlero
bagajero
tameme
canchero
maletero
caletero
caleta

harriero
arriero
arrierito
harruquero
recuero
burrero
picamulo
almocrebe
atajador
cosario
ordinario

conductivo
eferente
transportable
conductible
portátil
traedizo
acarreadizo
gestatorio

a mano
a andaniño
a lomo
a corso
a cuestas

—

TRANSVASACIÓN (2, 19, 20)

transvasación
trasiego
transfusión
trasfusión
transfundición
trasfundición
decantación
filtración
extravasación
derramamiento
envase

transvasar
trasvasar
transfundir
trasfundir
trasegar
trasmudar
zaquear
decantar
desliar
embrocar
abocar
embudar
envasar

trasegador
transfusor
trasfusor
decantador
embudador

embudo
fonil
tragavino
envasador
pipeta
ciato
recipiente

transfusible
infundibuliforme

—

TRANSVASAR
(V. *Transvasación*)

—

TRANVÍA (38)

tranvía
carro urbano
tranvía de sangre
cangrejo
jardinera
remolque
estación
encachado
trolebús
metropolitano
metro
ferrocarril
carruaje

plataforma
salvavidas
trole
tope

billete
trayecto
parada
cobrador
conductor
revisor
inspector
tranviario
tranviero

tranviario

—

TRAPO
(V. *Tela*)

—

TRÁQUEA
(V. *Garganta*)

—

TRASERO
(V. *Asentaderas*)

—

TRASLACIÓN (19)

traslación
translación
trasladación
traslado
trashumación
locomoción
ambulación
mudanza
mudamiento
cambio
transvasación
remoción
removimiento
transposición
trasposición
transpuesta
traspuesta
transmisión
trasmisión
traspaso
trasiego
traspaleo
transporte
tránsito
ida
marcha
partida
viaje
regreso
tornada
tornadura
acudimiento
afluencia
venida
sobrevenida
llegada

caballería
vehículo
natación
navegación
vuelo
etc.

trasladar
transponer
trasponer
cambiar
mudar
transmudar
trasmudar
transportar
transmitir
trasmitir
mover
guiar
remover
trastear
trasegar
traspalar
traspalear
extraviar
voltear [randillo
traer como un zarandillo
trasladarse
mudarse
levantar la casa
andar con el hato a cuestas
trasplantarse
llegarse
arrastrarse
arrebatarse
ir
dirigirse
encaminarse
enderezar
enhilar
adeliñar
seguir
echar por
venir

andar
ambular
caminar
viajar
celeminear
marchar
correr
recorrer
nadar
pasar
acudir
ocurrir
visitar
asistir
llegar

trasladador
trasladante
locomotor
locomóvil
transferidor
transponedor
trasponedor
yente
viniente
trasladable
transpositivo
traspositivo
transmisible
trasmisible
portátil
movible

—

TRASLADAR
(V. *Traslación*)

—

TRASPASAR
(V. *Transmisión*)

—

TRASPASO
(V. *Transmisión*)

—

TRASPLANTAR
(V. *Plantación*)

—

TRASTO
(V. *Mueble*)

—

TRATABLE
(V. *Afabilidad*)

—

TRATAMIENTO (30, 31)

tratamiento
trato
dictado
cortesía
antefirma
título
dignidad
tratamiento impersonal
tuteo
voseo

tu
vos
don
señor
seor
sor
seó
caballero
gentilhombre
señorito
señoritingo
nostramo
nuestramo
señora
seora
doña
señorita
misia
usted
usarced
usarcé
vuesarced
merced
vuestra merced
señoría
usía
useñoría
vueseñoría
vuecelencia
usencia
vuecencia

tata
tío
tía

sir
míster
ladi
milord
miladi
miss
su gracia
madama
monsieur

frey
fray
dom
reverendo
reverendísimo
monseñor
expectable
espectable
ilustrísimo
excelente
excelentísimo
serenísimo
eminentísimo
santísimo
beatísimo Padre

hermano
sor
soror
paternidad
maternidad
caridad
reverencia
excelencia
eminencia
beatitud
santidad
venerable

licenciado
micer
maese
alteza
celsitud
serenidad
majestad
sire

pariente
primo
tío
niño
taita

llamar
nombrar
tratar de
hablar de
dar tratamiento
tutear
vosear
señorear
hermanear
apear el tratamiento
tutearse
primearse

impersonalmente
de tú por tú

—

TRATAR DE...
(V. *Asunto*)

—

TRATO (31)

trato
tratamiento
siglo
relaciones
relación
correspondencia
amistad
comunicación
conocimiento
roce
comercio
frecuentación
alternancia
acceso
introducción
entrada
valimiento

familiaridad
llaneza
intimidad
intrinsiqueza
comunión
(hospitalidad, etc. V. *Acogimiento*)
ceremonia
confianza
afabilidad
naturalidad
cortesía
agasajo
saludo
visita
tarjeteo
carta familiar

tratar con
correr con
alternar
conocer
conservar
comerciar
frecuentar
lidiar
presentar
introducir

tratarse
codearse
rozarse
hablarse
estar al habla
meterse
entrar en el mundo
ser muy de adentro
hacerse familiar
familiarizarse
intimar

amigo
conocido
conocimientos
amistades
relaciones

tratable
comunero
familiar
afable
sociable
intratable
incontratable

—

TRAVÉS (AL)
(V. *Atravesamiento*)

—

TRAVESEAR
(V. *Travesura*)

—

TRAVESURA (26)

travesura
diablura
trastada
barrabasada
enredo
picardía
casquetada
jangada
mataperrada
barraganada
muchachada
chiquillada
mocedad
torería
mal recado
argado
disparate
rubiera
calaverada
alboroto
informalidad
atrevimiento
desenvoltura

travesear
trebejar
enredar
revolver
picardear
triscar
diablear
jugar
juguetear
retozar
zaragutear
zarabutear
hacer alguna
tener el diablo, los diablos, en el cuerpo
ser de la piel del diablo, o de Barrabás
ser el demonio
ser el mismísimo demonio
estudiar con el demonio

travieso
revuelto
revoltoso
enredador
bullicioso
vivaracho
alocado
retozador
retozón
juguetón
saltarín
revesado
enrevesado
confiscado
empecatado
guerrero
encandaloso
inquieto
indino
malo
zaragutero
zarabutero
desobediente
diablo
hijo del diablo
diablejo
diablillo
manifecero
manifacero
saltabardales
saltaparedes
trasgo
mataperros
barrabás
fierabrás
zarandillo
diablo cojuelo

—

TRAVIESO
(V. *Travesura*)

—

TREGUA
(V. *Interrupción*)

—

TRÉMULO
(V. *Temblor*)

—

TREN
(V. *Ferrocarril*)

—

TREPADORA (5)

trepadora
hiedra
yedra
hiedra arbórea
cazuz
hederáceo

madreselva
pasionaria
pasionera
granadina
murucuyá
parcha granadilla
farolillo
besico de monja
arauja
capuchina
alcaparra de Indias
balsamina
momórdiga
vid
ampelopsis
parra virgen
cepa virgen
uvayema
jazmín
jazmín real
lúpulo
hombrecillo
vainilla
turbit
bignonia
cambute
cambutera
oxipétalo
tasi
curuguá
guacalote
caracola
guajaca
tarralí
cundiamor
tocino
votri
uvillo
enredadera
convólvulo
enredadera de campanillas
mechoacán
ruibarbo blanco
suspiro
maravilla
boqui
coguilera
abobra
clemátide
aján
trabas
hierba de los lazarosos
hierba de los pordioseros
bejuco

—

TRESILLO
(V. *Naipe*)

—

TRIACA
(V. *Veneno*)

—

TRIANGULAR
(V. *Triángulo*)

—

TRIÁNGULO (17)

triángulo
trígono
cuchillo
cartabón
nivel de albañil
enjuta
delta
frontón
sello de Salomón
nesga
sesga
pila
triángulo isósceles
» equilátero
» rectángulo
» ortogonio
» oblicuángulo
» acutángulo
» oxigonio
» obtusángulo
» ambligonio
» escaleno
» plano
» esférico
» esférico rectángulo
» esférico birrectángulo
triángulo esférico trirrectángulo
triángulo cuadrantal

triangulación
resolución

triangular

ángulo
lado
base
altura
área
cateto
hipotenusa
perpendículo
mediana
línea trigonométrica
tangente
» de un ángulo
cotangente
tangente segunda de un ángulo
tangente segunda de un arco
tangente de un arco
» primera de un arco
seno
» verso
» segundo
coseno
» verso
secante
» segunda
cosecante
trigonometría
trigonometría esférica
[plana trigonometría

triangular
triangulado
triángulo
deltoides
cuneiforme
trigonométrico

triangularmente

—

TRIBU
(V. *Raza*)

—

TRIBUNAL (32)

tribunal
» de **exámenes**
» de justicia
» colegiado
fuero exterior
» externo
justicia
sombra
juzgado
» de provincia
» de primera instancia
» municipal
» de paz
bureo
audiencia
» pretorial
» de los grados
chancillería
corte
consejo de guerra
» de disciplina
tribunal supremo
» de Cuentas
almirantazgo

tabla del Consejo
sala
» de justicia
» del crimen
» de mil y quinientas
sala de Indias
» de apelación
saleta
sala de gobierno
» de vacaciones
junta de descargos
excusado
consejo
consejo colateral
provincia
casa de contratación de las Indias
cámara de Indias
tribunal de las aguas
consejo real
» de Castilla
» de Aragón
» de Indias
» de la Inquisición
inquisición
Santa Hermandad
curia romana
audiencia eclesiástica
sanedrín
visita
vicaría
rota

parlamento
(cortes, congreso, senado, etc. V. *Asamblea*)
convento jurídico
consulado
triunvirato
centunvirato
areópago

cónsul
consejero de capa y espada
ministro de capa y espada
corbata

jurado
juraduría
jurado en cap
juez de hecho
juez
árbitro
magistrado
abogado
ministerio público
fiscalía
fiscal
padrastro
rigor
vengainjurias
fiscal criminal
» civil
» de lo civil
» togado
» de Su Majestad
promotor fiscal
auditor
oficial de sala
alguacil mayor
curial
ponente
relator
escribano
oficial
ministro
alguacil
ujier
hujier
usier
paje de bolsa
repartidor
curia
policía judicial

hacer sala
(juzgar, etc.
V. *Enjuiciamiento*)

competencia
jurisdicción
apertura
clausura
semanería
alarde
acuerdo
día de Tribunales
enjuiciamiento
justicia
arbitraje
veredicto
sentencia

tribunal
palacio de justicia
foro
audiencia
juzgado
basílica
pretorio
diván
auditoría
secreto
secretaría
relatoría
escribanía
fiscalía
sala
estrados
barra
banquillo

curialesco

—

TRIBUTO
(V. *Impuesto*)

—

TRIGO (5)

trigo
pan
grito
pez
cereal
grano

sémola
grañón
majado
covín
frangollo
cáscara
cascabillo
arista
argaya
ahechadura
corzuelo
paja
cierne
cierna
harina
salvado

trigo candeal
» común
jeja
mijo ceburro
trigo piche
hembrilla
trigo fanfarrón
» moro
» moruno
fontegí
fiñana
bascuñana
trigo salmerón
rey de los trigos
trigo alonso
» rubión
» cascalbo
álaga
trigo álaga
» garzul
» morato
» moreno
trigo azul
» azulejo
» azulenco
jijona
trigo mocho
» chamorro
» desraspado
tosa
toseta
trigo aristado
» raspudo
» trechel
» tremés
» tremesino
» de marzo
» marzal
» otoñal
» seruendo
» de invierno
» zorollo
» pelón
» peloto
» berrendo
» racimal
» del milagro
» redondillo
» durillo
» duro
tino
trigo cañihueco
» cañivano
» de Polonia
» de Bona
» bornero
» lampiño
» melar
cuchareta
trigo cuchareta
trigo chapado
carraón
escalla
escanda
escaña
fisga
farro
escandia
espelta
comuña
mestina
mestura
tranquillón
morcajo
morcacho
mitadenco
aechadura
ahechadura
acemite
triguillo

aculebrarse
cerner
berrendearse
echarse los panes
envasar
ahervorarse
azurronarse

trigal
trigos
alhóndiga

paja
centella
tizón
mote
alcaor
hongo
patología veg.

triguero
camarero

triguero
tritíceo
trigueño
frumentario
frumenticio
candeal
blanquillo
albarejo
albarico
albarigo
ceburro
desraspado
derraspado
arisblanco
arisprieto
arisnegro
raspinegro
cañivano
espélteo
aventurero

en cierne

—

TRIGONOMETRÍA
(V. *Triángulo*)

—

TRILLA (36)

trilla
trigla
trilladura
despajadura
despajo
abaleo
apaleo
traspaleo
aparvamiento
avienta

trillar
retrillar
abalear
balear
palear
apalear
traspalar
traspalear
emparvar
esparvar
aparvar
cambizar
tornear
desraberar
allegar
rastrillar
despajar
desparvar
desemparvar
aventar
soplar

bieldar
abieldar
amuelar
barcinar

trillador
trillique
aventador
acarreador

era
eruela
alera
terrizo

trillo
trilla
trilladera
trilladora
aventadora
tarara
cañizo
cambizo
dental
tiratrillo
mayal
manal
garrote
allegador
allegadera
berasqui
rastra
recogedor
cambiza
aparvadero
rastrillo
sarria
lenzuelo
bieldo
andaraje
cobra
collera de yeguas

parva
parvero
parvada
haz
greña
fraile
muelo
terrero
terraguero
pez
montón
cara de montón
rabo
rabera
grano
suelos
paja
tamo
residuo

trillado
arrastradizo

—

TRILLAR
(V. *Trilla*)

—

TRILLO
(V. *Trilla*)

—

TRINEO
(V. *Narria*)

—

TRINIDAD (1)

Trinidad
trimurti
noción
persona
hipóstasis
espiración
espiramiento
coigualdad
Padre
Padre Eterno
Hijo
Dios hombre
Jesucristo
Espíritu Santo
Paráclito
Paracleto
Consolador
lengua de fuego
bajada
Pentecostés
frutos del Espíritu Santo
dones
consejo
prudencia
cordura
entendimiento
inteligencia
sabiduría
ciencia
piedad
devoción
fortaleza
entereza
temor de Dios
paz
unción
instinto
trisagio

espirar
trino
coigual
coeterno
unitario
espirativo
hipostático
paraclético

—

TRISTE
(V. *Aflicción*)

—

TRISTEZA
(V. *Aflicción*)

—

TRITURAR
(V. *Molienda*)

—

TRIUNFAR
(V. *Victoria*)

—

TRIVIAL
(V. *Vulgaridad*)

—

TROCAR
(V. *Permuta*)

—

TROMPO
(V. *Peón*)

—

TRONCO (5)

tronco
tallo
árbol
palo
madero
pie
rebollo
cañón
duramen
leño
madera
cerne
carne
medula
médula
pulpa
corteza
mondón
cepa
nudo
garrancho
cachopo
horcadura
cruz
rama
tocón
tueco
tueca
troza
chueca
zoca
toza
troncón
tocona
trompillo
raberón
raíz

troncal
toconal

—

TROPA
(V. *Milicia*)

—

TROPEZAR
(V. *Choque*)

—

TRUCOS
(V. *Billar*)

—

TRUENO
(V. *Rayo*)

—

TRUEQUE
(V. *Permuta*)

—

TUBÉRCULO (5, 9)

tubérculo
tuberosidad
cebolleta
bulbo
hortaliza
raíz
rizoma
patata
papa
chuletas de huerta
criadilla de tierra
trufa
batata
batatín
camote
camotillo
buniato
moniato
boniato
camareto
aje
chufa
cuca
cotufa
pataca
aguaturma
tupinambo
patata de caña
papa de caña
ñame
oca
caví
cacomite
ulluco
olluco
sagú
fécula

patatar
patatal
buniatal
chufería

escarcear

patatero
chufero

tuberculoso
tuberoso

—

TUBERCULOSO
(V. *Tubérculo*)

—

TUBO
(V. *Conducto*)

—

TUERCA
(V. *Tornillo*)

—

TULLIDO
(V. *Lesión*)

—

TUMOR (12)

tumor
tuberosidad
hinchazón

inflamación
induración
bulto
dureza
nacencia
nacido
nacida
sobrehueso
lobanillo
lupia
cirro
nudo
nodo
tofo
tubérculo
sietecueros

ganglio
ganglión
escrófula
lamparón
puerca
landre
landrilla

papera
muermo común
parótida
bocio
papo
coto
cantimplora
flemón
párulis

bubón
mal de bubas
bubas
incordio
caballo
goma

oncología
neoplasma
osteoma
neuroma
lipoma
fibroma
queratoma
mioma
hematoma
aneurisma
neurisma
adenoma
condiloma
condroma
papiloma
aporisma
trombo
sarcoma
cancroide
oncoma
cáncer
epitelioma
escirro
pólipo

varicocele
sarcocele
hematocele
neumatocele
quebradura
hernia

ántrax
carbunco
carbunclo
pústula maligna
hura

divieso
furúnculo
forúnculo
clavo
golondrino
avispero
grano
granillo
granujo
pápula
postilla
berrueco
orzuelo
clacota
(panadizo, etc. V. *Dedo*)
(verruga, vejiga, callo, etc. V. *Piel*)

absceso
vómica
postema
apostema
talparia
topinaria
talpa
seno
quiste
zurrón
almorrana

ranas
ránula
sapillo
helera
lera

veterinaria

apostemar
enquistarse
apostemarse
aporismarse
madurar
cocer
abrirse
supurar
resolverse
(sajar, etc. V. *Cirugía*)

enquistamiento
retropulsión
metástasis
supuración
cirugía
(madurativo, resolutivo, etc. V. *Medicamento*)

tumoroso
apostemoso
buboso
bubónico
bubático
gomoso
carbuncoso
carbuncal

cirroso
frío
crudo
maligno

—

TURBA
(V. *Carbón*)

—

TURBACIÓN (14, 26)

turbación
turbamiento
desasosiego
conturbación
consternación
vacilación
confusión
perplejidad
confundimiento
desconcierto
desorientación
azoramiento
aturdimiento
síncope
atarantamiento
atronamiento
atarugamiento
atolondramiento
atoramiento
aturrullamiento
timidez
borrachez
enajenamiento
estupefacción
ceguedad
ceguera
ofuscación
sofocón
rebotación
disgusto
sorpresa
empacho
vergüenza

turbar
conturbar
consternar
atribular
ofuscar
deslumbrar
enajenar
confundir
achicar
aturrullar
aturullar
embarazar
aplastar
desatentar
desatinar
alterar
perturbar
trastornar
desasosegar
sorprender
aturdir
esturdecer
atolondrar
atortolar
atontar

agitar
encalabrinar
encalabriar
encarcavinar
atafagar
acibarar
volcar
adarvar
desquiciar
despachurrar
apachurrar
amotinar
entrecoger
desempanar
azorar
azarar
atarantar
atalantar
abombar
atronar
apabilar
apabullar
aturrar
aturriar
plantar
desorientar
desconcertar
despampanar
volver tarumba
» loco
apagar los fuegos

turbarse
embarbascarse
perderse
empacarse
emborricarse
azorarse
azararse
consternarse
azogarse
atarugarse
atragantarse
rebotarse
(demudarse, inmutarse, etc. V. *Cara*)

atajarse
apocarse
cortarse
achararse
amoscarse
enarcarse
perder pie [za
subirse a la cabe-
desconcertarse
aporrar
tartalear
estar fuera de sí
tragar saliva
tener la cabeza como una olla de grillos

turbador
turbante
turbativo
turbulento
aturdidor
conturbativo
desconcertante
despampanante

turbado
tolo

tolondro
tolondrón
atolondrado
aturdido
contribulado
atarantado
bombo
abombado
confuso
achicado
acharado
tamañito

turbadamente
atolondradamente
un color se le iba y otro se le venía

TURBADO
(V. *Turbación*)

—

TURBAR
(V. *Turbación*)

—

TURBIEDAD (2)

turbiedad
turbieza
turbulencia
enturbiamiento
turbia
calina
caliginosidad
opacidad
obscuridad
sedimento

enturbiar
turbar
revolver
alterar
posarse

turbio
túrbido
revuelto
borroso
vidrioso
opaco
confuso

turbiamente

—

TURBIO
(V. *Turbiedad*)

—

TURNO
(V. *Alternación*)

—

TUTELA (30, 32)

tutela
tutoría

guarda
tutela dativa
» testamentaria
» legítima
» ejemplar
cotutela
curatela
curaduría [plar
» ejem-
protutoría
protección
interdicción
incapacidad

menoría
minoría
minoridad
menor edad
pupilaje
niñez
orfandad

discernir
habilitar
emancipar

gracias al sacar
emancipación
habilitación
restitución in íntegrum
venia [tos
frutos por alimen-

tutor
tutriz
tutor legítimo
» testamenta-
» dativo [rio
ecónomo

protutor
contutor
cotutor
curador
» ad bona
» ad lítem
juez tutelar
guardador
consejo de familia
menor edad
mayor edad

cliente
menor
pupilo
pupila
huérfano
pródigo
desmemoriado
incapacitado
loco

tutelar
pupilar

—

TUTOR
(V. *Tutela*)

—

U

ÚLCERA (12)

úlcera
llaga
plaga
caries
seno
fagedenia
noli me tángere
chancro
exutorio
serpigo
fuente
fontículo
fístula
afta
antracosis
cáncer
carnosidad
callosidades
botana
postilla
absceso
pústula
tumor
herida
supuración

ulcerar
exulcerar
llagar
lagar
afistular
estiomenar

ulcerarse
llagarse
sentarse
enfistolarse
encentarse
decentarse
cancerarse
encorar
encorecer

ulceración
exulceración
encoriación
sahorno
costra
encostradura

ulceroso
ulcerativo
ulcerante
fistular
fistuloso
serpiginoso
fagedénico
verminoso
sarcótico
aftoso
sórdido
encarnativo

—

ULCERADO
(V. *Úlcera*)

—

ULCERAR
(V. *Úlcera*)

—

ÚLTIMO
(V. *Posterioridad*)

—

UNCIR
(V. *Yugo*)

—

UNDULAR
(V. *Ondulación*)

—

ÚNICO
(V. *Unidad*)

—

UNIDAD (22)

unidad
uno
individuo
cosa
persona
as
fénix
rara avis in terris
unicidad
entidad

unificación
centralización
identificación
indivisibilidad
monismo
integridad
individualidad
individuación
particularidad
exclusivismo
singularidad
simplicidad
inconexión
aislamiento

unificar
aunar
adunar
igualar
agrupar
centralizar
juntar
aislar
separar
estar de nones

un
uno
sesquiáltero
unitario
indiviso
indivisible
individuo
individual
exclusivo
exclusivista
simple
mero
puro
homogéneo
único
solo
suelto
desparejo
inigualado
incomparado
incomparable
irreemplazable
insustituíble
particular
singular
impar
non
sin par
sin igual
sin ejemplar
uni-(celular, lateral, etc.)
mono-(sílabo, cotiledóneo, etc.)

únicamente
individualmente
numéricamente
meramente
exclusivamente
solamente
sólo
a secas
cada
uno a uno
uno por uno
por cabeza
por barba
sendos
de non

exclusive
no más

—

UNIDO
(V. *Unión*)

—

UNIFICAR
(V. *Unidad*)

—

UNIÓN (20)

unión
continuidad
cohesión
adherencia
inherencia
consubstancialidad
esencia
hipóstasis
inseparabilidad
masa
unidad
conjunto
mezcla
combinación
fusión
identificación
unificación
coadunación
coadunamiento
ajuntamiento
ayuntamiento
hermanamiento
solidaridad
vínculo
cópula
apareamiento
pareo
adhesión
adición
acompañamiento
reunión
asociación
corporación
asamblea
incorporación
incorporo
síntesis
anexión
coaptación
conjunción
agregación
conglobación
amalgama
aleación
armazón
atadura
sujeción
acoplamiento
acopladura
enlazamiento
enlace
articulación
gozne
juntura
empalme
empalmadura
engatillado
enchufe
junta
ensambladura
ensamblaje
ensamble
anastomosis

sínfisis
sinalefa

unir
juntar
ajuntar
yuntar
formar
reunir
agavillar
gavillar
arredomar
aunar
adunar
coadunar
contraer
anexar
anejar
anexionar
incorporar
conglomerar
conglobar
centralizar
concentrar
reconcentrar
embeber
agregar
apeñuscar
englobar
encepar
fusionar
fundir
mezclar
combinar
maridar
hermanar
aparear
casar
mancornar
asociar
acompañar
adjuntar
anudar
añudar
atar
amadrinar
ligar
colegir
afectar
zurcir
coser
empalmar
soldar
pegar
ensamblar
conectar
ayustar
copular
entestar
intestar
topar
sujetar
engatillar
embrochalar
acoplar

enlazar
articular

unirse
juntarse
arrimarse
cerrarse
llegarse
coserse con
› **contra**
esenciarse
combinarse
conglomerarse
reconcentrarse
fundirse

unidor
unitivo
copulativo
conjuntivo
conexivo
hipostático
accesorio

unido
uno
junto
yunto
continuo
anexo
anejo
conexo
conjunto
adjunto
adscrito
nato
adnato
adherente
inseparable
solidario
indisoluble
inherente
unible

unidamente
juntamente
conjuntamente
sintéticamente
copulativamente
individuamente
individualmente
solidariamente
indisolublemente
inseparablemente
hipostáticamente
al tope
a tope
a un tiempo
a la par
también

y
e
con

co-
com-

—

UNIR
(V. *Unión*)

—

UNIVERSAL
(V. *Generalidad*)

—

UNIVERSIDAD
(V. *Escuela*)

—

UNIVERSO (15, 23)

universo
universidad
generalidad
universalidad
integridad
infinitud
materia
caos
mundo
cosmos
macrocosmo
mundo mayor
demiurgo
orbe
naturaleza
creación
elementos
quinta esencia
región [mundo
constitución del
cosmogonía
cosmografía
cosmología
uranografía
filosofía natural
cosmovisión
astronomía
astrología
geografía
tierra
esfera
globo
cielo

cosmólogo

universal
general
completo
cosmopolita
mundial
mundano
mundanal
transmundano
cósmico
cosmogónico
cosmológico
cosmográfico

—

UNO
(V. *Unidad*)

—

UNTADURA (20)

untadura
untamiento
unción
ungimiento
untura
ungüento
unto
ilutación
suciedad
embadurnamiento
perfusión
empegadura
inmersión
baño
capa
cubrimiento
pintura
barniz
grasa
alquitrán
resina
(untura, embrocación, etc. V. *Terapéutica*) (linimento, pomada, etc. V. *Farmacia*)
afeite
betún
bálsamo
extremaunción

untar
ungir
reuntar
entreuntar
rebozar
embadurnar
pintar

trullar
embarrar
barrar
aceitar
engrasar
lardear
emboñigar
empavonar
embetunar
abetunar
betunar
embolar
alquitranar
embrear
brear
empecinar
empegar
bañar
lardar
cubrir
manchar
dar de
frotar

untador
embadurnador

—

UNTAR
(V. *Untadura*)

—

UÑA (6, 7)

uña
uñuela
uñeta
haba
blanco de la uña
selenosis
albugo
mentira
flor

mano
dedo
pie
garfa
garra
pata

casco
empeine
suelo
vaso
bajos
palma
huello
tapa
saúco
ranilla
pulpejo
talón

zapatilla
carnicol
pezuña
pesuña
pesuño
chátaras
madera
bolillo
tejuelo

sacar las uñas
desenvainar
arpar
auñar
rasguñar
apezuñar
arañar
desuñar
herrar

uñada
uñarada
uñate
garfada
garfiada
garfazo
arañazo
rasguño
arañamiento

onicopatía
onicosis
griposis
onicofagia
padrastro
respigón
uñero
gavilán
limpiaúñas
veterinaria

manicuro
callista
pedicuro

ungular
ungulado
unguiculado
uñoso
garrudo
cascudo
zapatudo
casquiacopado
casquiñuelo
casquiderramado
casquiblando
casquimuleño
bisulco
acopado
palmitieso

—

URBANO
(V. *Población*)

—

URGENCIA (21, 24)

urgencia
perentoriedad
inminencia
premura
apremio
apuro
aprieto
acudidero
acucia
acuciamiento
atosigamiento
aguijadura
obligación
exigencia
necesidad
precisión
precipitación
(prisa, rapidez, etc. V. *Prontitud*)

apremiar
apremir
acuciar
atosigar
tosigar
entosigar
apurar
agonizar
acalorar
apretar
estimular
estrechar
compeler
instar
acelerar
incitar
aguijar
dar prisa
apretar la mano

urgir
correr prisa
dar prisa
tener prisa
estar de prisa
comerle los pies
ser puñalada de pícaro

apremiador
atosigador

urgente
perentorio
indispensable
apremiante
imperioso
premioso
ejecutivo
inaplazable

urgentemente
perentoriamente
apremiadamente
de prisa
aprisa

¡hala!
¡ala!
¡hale!
¡arrea!
¡andando!
¡andandito!
¡al avío! [de para luego es tarde]

—

URGENTE
(V. *Urgencia*)

—

URINARIO
(V. *Orina*)

—

USAR
(V. *Uso*)

—

USO (31, 33)

uso
usanza
empleo
(manejo, manipulación, etc. V. *Mano*)
gasto
aplicación
oficio
función
menester
ministerio
servicio
utilidad
usucapión
usufructo
servidumbre
disfrute
explotación
beneficio

manera
modo
estilo
costumbre
moda
práctica
ejercicio
acción
abuso
desgaste

usar
emplear
dedicar
aplicar
practicar
introducir
manejar
esgrimir
tratar
traer
llevar
gastar
hacer
echar
servirse
valerse
utilizar
hacer uso de
recurrir a
arreglarse con
ejercer
ejercitar
abusar

cambalache
prendería
trapería
ropavejería
ropería de viejo
baratillo
malbaratillo
rastro

usuario
superficiario
usufructuario
beneficiario
concesionario

prendero
trapero
andrajero
ropavejero
chamarilero
chamarillero

usado
usual
proverbial
manido
ajado
deteriorado
andrajoso
traído
tronado
sobado
andado
viejo
de ocasión
de lance
de pasto
de surtido
para todo trote
a todo pasto

—

USUFRUCTO (33)

usufructo
gozar y gozar
viudedad
caballería
uso
censo
posesión
propiedad

usufructuar
disfrutar
gozar
consolidarse el usufructo

usufructuario
fructuario
superficiario
usuario
beneficiario
guillote

—

USURA
(V. *Interés*)

—

UTENSILIO (11, 27)

utensilio
instrumento
mueble
máquina
herramienta
herramental
estuche
arma

recado
juego
tren
aparejo
aparato
aladrería
material
argamandijo
jarcia
provisión

utensilios
útiles
enseres
aparejos
avíos
aperos
pertrechos
adminículos
trastos
bártulos
trebejos
cacharpas
arneses
adherentes
cachivaches
chirimbolos
alpatanas
amaños
menesteres
medios

mazo
martillo
cincel
escoplo
taladro
cuchillo
sierra
hacha
tenaza
lima
pala, etc.

albañilería
cantería
carpintería
encuadernación, etc.

instrumentalmente
con
por medio de

—

ÚTIL
(V. *Utilidad*)

—

UTILIDAD (24)

utilidad
útil
comodidad
cómodo
conveniencia
valor
validez
precio
servicio
provecho
pro
beneficio
rendimiento
rendición
producto
frutos civiles
lucro
logro
interés
ganancia
renta
usura
fruta
fruto
vendimia
esquilmo
zumo
jugo
granillo
comodín
pez
dije
alhaja
plata
ventaja
escusa
ganga
obra pía
bocado sin hueso

asunto
negocio
partido
filón

utilizar
aprovechar
beneficiar
usar
lograr
gozar
disfrutar
explotar
vendimiar
estrujar
aprovecharse
lucrarse
valerse
servirse
esgrimir
prevalerse
aplicar
dedicar
consagrar
acogerse
poner por
echar mano de
no perdonar
no desechar ripio
no perder ripio
tender las velas
asir, coger, tomar, la ocasión por el copete, por la melena, por los cabellos
sacar raja
» tajada
» astilla
» partido
arrimar el ascua a la sardina

rendir
producir
responder
redituar
fructificar
usufructuar
dejar
aprovechar
costearse
valer
servir
interesar
prestar
agradecer
lucir
ser para
tener cuenta
ser una viña
hacer a todo

utilización
uso
usufructo
aprovechamiento
valimiento
disfrute
utilitarismo

aprovechador
aprovechante
aprovechado
proficiente
utilitario
interesado
interesal
positivista

útil
eficaz
conveniente
provechoso
beneficioso
convenible
fructuoso
fértil
lucrativo
lucroso
bueno
oficioso
servicial
valioso
válido
precioso
proficuo
redituable
reditual

utilizable
aprovechable
explotable
positivo
disponible
servible
servidero

útilmente
provechosamente
aprovechadamente
ventajosamente
fructuosamente
convenientemente

para —

UTILIZAR
(V. *Utilidad*)

—

UVA (36)

uva
vid
uvada
granuja
garulla
envero

uva tempranilla
» ligeruela
» tinta
» rojal
» royal
» jatibí
» jabí
» ferreal
» alarije
» larije
» arije
» herrial
» bodocal
» tortozón
» albarazada
» albilla
albillo
uva cigüete
» torrontés
» lairén
» abejar
» jaén
» moscatel
» verdeja
» teta de vaca
» turulés
» hebén
» hebén prieta
palomina
Pedro Jiménez
Pedrojiménez
Pero Jiménez
Perojiménez
perojimén
malvasía
masvale
garnacha
galeana
aragonesa
parrel
rufeta
cardenilla
cencivera
calagraña
beuna
herbasco
balancia

cierne
cierna
agraz
agracejo
agracillo
agrecillo
agrazón
acetín

pasa
pansa
pasa gorrona
» de Corinto
escombro
gandinga
uvate

vendimia
racimo
racima
cencerrón
redrojo
redruejo
redrojuelo
gajo
gancha
carpa
garpa
raspa
colgajo
panoja
hilo de uvas
arlo
brusco
cuelga

burujo
borujo
hollejo
pellejo
cuesco
hueso
pepita
semilla
pulpa
zumo
vino
orujo
casca
brisa
bago
bagullo
residuo
escobajo
raspajo
rampojo
escoyo
esquilmo

enverar
mostear
desmostarse
remostarse
remostecerse
lagarearse
hacerse lagarejo

picar
despalillar
escombrar
despichar
descobajar
escobajar

uvero
pasero
pisador
pisaúvas
pinchaúvas

pisa
trujal
pie
cuévano
covanillo
covanilla
aportadera
sacadera
árguenas
yol
cesto
espuerta
pasera
almizar

uval
uvero
racimal
racimudo
racimoso
pintón
agraceño
valdepeñera
pasa
pansida
de cuelga

—

V

VACA
(V. *Toro*)

VACACIÓN
(V. *Ocio*)

—

VACANTE
(V. *Vacío*)

VACIAR
(V. *Vacío*)

—

VACILACIÓN (25)

vacilación
perplejidad
indecisión
irresolución
flaqueza
indeterminación
confusión
titubeo
turbación
fluctuación
inseguridad
desasosiego
balance
empate
alternativa
ambigüedad
duda
incertidumbre
escrúpulo
sospecha
desconfianza
conjetura

vacilar
dudar
titubear
titubar
fluctuar
oscilar
(tantear, probar, etc. V. *Ensayo*)
trastabillar
batallar
pujar
zozobrar
reblar
balancear
ir y venir
dar vueltas
cespitar
suspender el juicio
poner en balanza
andar a tienta paredes
estar como el alma de Garibay

vacilante
irresoluto
irresuelto
irresoluble
indeciso
perplejo
titubeante
oscilante
fluctuante
indeterminado
indeterminable
remiso
detenido
atacado
alma en pena
tímido
cobarde

perplejamente
entre dos aguas
en balanza
en balanzas

—

VACILAR
(V. *Vacilación*)

—

VACÍO (2, 17, 20)

vacío
vacuo
capacidad
hueco
holgura
intervalo
laguna
blanco
vacante
vacancia
vacación
vacatura
resulta
vacuidad
vanidad
ausencia

vaciar
desocupar
evacuar
desvaír
escurrir
desembarazar
desobstruir
excavar
sacar
agotar
sorber
desaguar
verter
desinflar
enrarecer
hacer el vacío
derramar

vaciarse
salirse
quedar vacío
vacar

vaciamiento
evacuación
agotamiento
rarefacción
extracción
succión
expulsión

máquina neumática
campana
platina
bomba
vaciador
vaciante
vaciadero
ventosa

vacío
vacuo
mediado
vano
hueco
cóncavo
vaco
vago
vacante
deshabitado
desierto

—

VACUNA
(V. *Vacunación*)

—

VACUNACIÓN (12)

vacunación
revacunación
inmunología
inoculación
inyección

vacunar
revacunar
inocular

vacunador

vacuna
linfa
pústula
lanceta

—

VACUNAR
(V. *Vacunación*)

—

VACUNO
(V. *Toro*)

—

VAGABUNDO
(V. *Vagancia*)

—

VAGANCIA (26)

vagancia
vaguedad
vagueación
evagación
vagabundeo
inacción
pereza
holgazanería
guitonería
bordonería
tuna
brida
gandaya
picardía
vida de **pícaro**
gorronería

vaguear
divagar
vagar
vagabundear
vagamundear
corretear
trafagar
rutiar
zanganear
mangonear
viltrotear
tunar
callejear
barzonear
pindonguear
pendonear
cazcalear
bigardear
guitonear
gallofear
gallofar
pajarear
bordonear
garandar
mantear
irse a chitos
dar barzones
ir, andar, estar, de pingo
correr la tuna
andar al retortero
(hacer rabona, novillos, etc. V. *Ausencia*)

gente perdida [za
» de toda bro-
paseante en corte
caballero andante
azotacalles
aplanacalles
mataperros
pan perdido
polizón
pelagallos
pelgar
bohemio
atorrante
virote

pindonga
albendera
zangarilleja
viltrotera

vagabundo
vagamundo
vagante
vagueante
errático
giróvago
callejero
placero
corrillero
andorrero
andador
andalotero
zoquetero
venturero
cantonero
advenedizo
zangón
gandul
baldío
bribón
bribonzuelo
bordonero
bigardo
capigorrón
capigorrista
capigorra
guitón
gallofero
gallofo
holgazán
pícaro
mendigo

—

VAGAR
(V. *Divagación*)

—

VAGÓN
(V. *Ferrocarril*)

—

VAGUEAR
(V. *Vagancia*)

—

VAINA (20, 34)

vaina
» abierta
funda
aderezo
guarda
estuche

abrazadera
brocal
boquilla
contera

envainar
desenvainar [da)
desnudar (la espa-
tirar (la espada)

vainero
envainador
vaginiforme

—

VALENTÓN
(V. *Valor*)

—

VALER
(V. *Precio*)

—

VALÍA
(V. *Estimación*)

—

VALIDEZ (24)

validez
valor
vigor
vigencia
firmeza
irrevocabilidad
autenticidad
duración
permanencia
fuerza
acción
eficacia
utilidad
poder

validar
convalidar
revalidar
ratificar
sancionar
homologar
otorgar
autorizar
autenticar
fundamentar
salvar
certificar

estar vigente
valer
regir
obligar
urgir
correr
subsistir

validación
homologación
revalidación
convalidación
ratihabición
autorización
sanción
confirmación
ratificación

válido
valedero
vivo
firme
subsistente
comisorio
vigente
en vigor
irrevocable
obligatorio
solemne

válidamente
irrevocablemente

—

VÁLIDO
(V. *Validez)*

—

VALIENTE
(V. *Valor*)

—

VALOR (14, 26)

valor
valentía
valerosidad
coraje
intrepidez
temeridad
arrojo
braveza
bravura
bravosidad
ardimiento
arresto
denuedo
estrenuidad
virtud
osadía
atrevimiento
acometividad
furia
esfuerzo
brazo
pecho
corazón
corazonada
arranque
hígados
redaños
agallas
alas
aliento
ánimo
animosidad
espíritu
brío
resolución
ardor
aceros
jijas
gávilos
libertad
envalentamiento
arriscamiento
entereza
impavidez
temple
hombradía
magnanimidad
generosidad
heroicidad
heroísmo
epopeya

bizarría
gallardía
desgarro
crudeza
guapeza
majeza
majencia
bravuconería
matonismo
valentonada
valentona
avalentamiento
bravuconada
fanfarronería
fanfarronada
fanfarronesca
fanfarria
farfantonería
farfantonada
plantilla
baladronada
blasonería
rodomontada (Supl.)
bernardina
amenaza
giro
jactancia
afectación

ser valiente
» muy hombre
tener mucho corazón
» pelos en el corazón
» cinco dedos en la mano
tener cara para no temer rey ni roque
cobrar el barato

animar
reanimar
alentar
levantar
confortar
enfervorizar
fervorizar
fervorar
afervorar
afervorizar
esforzar
reforzar
avalorar
envalentonar
desacobardar
encorajar

animarse
envalentonarse
crecerse
recrecerse
encampanarse
respirar
arrufarse
arrufaldarse
arriesgarse
afrontar
arrostrar
desafiar

fanfarronear
fanfarrear
bravear
bravocear
rajar
baladronear
guapear [millo
escupir por el colechar fieros
» chufas
hacer fieros
echar chuzos
desquijarar leones
vender juncia
dar cédula de vida
campar de garulla
blasonar del arnés
írsele la fuerza por la boca
no tener más que palabras

animación
confortación
confortamiento
conforte
conhorte

valentía
hazaña
hecho de armas
empresa
proeza
gesta
sergas
hombrada
heroicidad
heroísmo
timbre
rasgo
guapeza
insolencia

animador
alentador
enfervorizador
confortativo

hombre de pelo en pecho
hombre de corazón
zagal
león
gallo
cid
campeador
campeón
quijote
héroe
epónimo
heroína
leona

valiente
valeroso
bizarro
bravo
bravoso
animoso
espiritoso
espirituoso
alentado
alentoso
ahigadado
farruco
esforzado
estrenuo
fuerte
varonil
masculino
atrevido
libre
arrestado
restado
osado
ardido
determinado
denodado
estoico
espartano
invencible
intrépido
agalludo
guapo
gallardo
arrogante
arrufianado
templado
impertérrito
impávido
tieso
aplomado
temerario
indomable
belicoso
pendenciero
pródigo
bárbaro
barbarote
valentísimo
heroico
épico
perínclito
hazañoso
de pelo en pecho

fanfarrón
fanfarria
farfantón
farfante
espadachín
arrebatapuñadas
bravucón
bravatero
bravote
bravonel
bigornio
plantista
trabucaire
guapo
majo
curro
jácaro
jacarando
jaque
jaquetón
cheche
matón
perdonavidas
tragahombres
rompesquinas
matasiete
matamoros
rajabroqueles
manjaferro
hombre de la vida airada [airada
gente de la vida
» del bronce
los de la bigornia

valentón
avalentonado
avalentado
terne
ternejal
temerón
bravo
macareno
crudo
baladrón
bocón
tartarinesco
braveador
hampón
jácaro
escarramanado
follón

valientemente
valerosamente
animosamente
alentadamente
impávidamente
bravamente
briosamente
denodadamente
arrojadamente
guapamente
temerariamente
heroicamente
hazañosamente
a la heroica
a rostro firme
a lo jácaro

¡hala!
¡ala!
¡ánimo!

—

VALORES
(V. *Banca)*

—

VALUAR
(V. *Precio*)

—

VALLA
(V. *Cercamiento)*

—

VALLE (3)

valle
val
vallejo
vallejuelo
llanura
pando
hoya
profundidad
arroyada
arroyadero
hocino
hoz
cuenca
isleo
umbría
ombría
sombría
solombría
cañada
estrechez
abertura
canal
derrame
cajón
abra
collado
colladía
collada
nava
navajo
cauce
vaguada

—

VANIDAD
(V. *Orgullo*)

—

VANIDOSO
(V. *Orgullo*)

—

VANO (11, 17)

vano
hueco
arcada
luz
lumbre
galería
vistas
umbral
umbralado
arco
puerta
ventana
alféizar
alfeiza
mocheta
telar
derrame
derramo
mainel

intercolumnio
intercolunio
éustilo

pared
tabique
columna
pilastra

vaciar

sístilo
diástilo

—

VAPOR
(V. *Gas*)

—

VARA
(V. *Palo*)

—

VARADURA (38)

varadura
varada
varamiento
encalladura
zaborda
zabordo
zabordamiento
naufragio

varar
encallar
embarrancar
abarrancar
embancar
zabordar
aconcharse
enarenarse
dar a la costa
» al través

encallar
varar
echar al través
desencallar
poner a flote

cama
carenote

botador

—

VARAR
(V. *Varadura)*

—

VARÓN (6)

varón
padre
macho
gachó
hombre
hombretón
hombrachón
niño
joven
adulto
virilidad
edad viril
madurez
masculinidad

sexo
sexo fuerte
» feo
generación

vestirse por los pies
mear en pared

varonil
viril
masculino
hombruno
fuerte

varonilmente
virilmente

—

VARONIL
(V. *Varón*)

—

VASALLO
(V. *Feudalismo*)

—

VASAR
(V. *Anaquel*)

—

VASIJA (20)

vasija
recipiente
bacía
belez
belezo
vaso
tarraza
cacharro
cachucho
cachirulo
cachivache
chirimbolo

cerámica
alfarería
alcallería
ollería
loza
vajilla
vasa
porcelana
vidriado
utensilios de **mesa**
» de **cocina**
cristalería

fondo
asiento
barriga
cuello
gollete
borde
pico
bebedero
pitón
pitorro
tubuladura
asa
cobertera
tapa
tiesto

ciato
crátera
almarraza
almarraja
regadera
arcaduz
cangilón
trujaleta
parral
mochuelo
modorrillo
pecera

urna
pito
rejiñol
canario
pistero
picoleta
galleta
zafra
alcuza
aceitera
vinagrera
convoy
salvilla
metreta

artesa
cuba
casco
tonel
odre
jofaina
orinal
taza
vaso
plato
bandeja
envase
embalaje

tinaja
tinajón
tinajuela
tina
tinaco
tineta
pocillo
pozuelo
pozal
acetre
orza
tinajero

olla
ollaza
olluela
picoa
canco
pote
puchero
puchera
perol
tucho
facha
caldereta
callana

cubo
cubeto
cubeta
balde
mono
cacimba
candiota
herrada
timba
zaque

barreño
barreña
lebrillo
librillo
tarriza
terrizo
albornía
apaste
cuenco
colodra
zapita
zapito
lecherón
ordeñadero
comedero
bebedero

cántaro
cántara
cantarillo
cantarera
cantaral
ánfora
múcura

hidria
pierna
botija
botijuela
barrilla
parrilla

botijo
boteja
pipo
pipote
piporro
porrón

jarra
jarreta
terraza
zalona
jarro
pitaflo
pichel
barroso
bobillo
penado
penadilla
penante
aguamanil
aguamanos
aguatocho
catavino
cantarilla
bocal
bock
parra
barril
perulero
adecuja

alcarraza
gorgoreta
albarrada
rallo
talla
gargantilla

botella
botellón
limeta
sifón
termo
termos

caneca
caneco
pimpina
cápsula
bombona
damajuana
castaña
garrafa
garrafón

ampolla
redoma
pucia
probeta
matraz
retorta
cucúrbita
digestor
alcolla
barral
balón
frasco
frasquete
pomo
bellota
balsamera
balsamerita
alcoholera
frasquera
cantimplora
caramañola
caramayola

tarro
tatarrete
bote
horma
lata
grasera

tetera
mate
cafetera
pava
caldera
hervidor
chocolatera
chocolatero
confitera
arropera
lechera
alcuzcucero

jarrón
tibor
tiesto
maceta
macetón
florero
violetero
búcaro
barro
junciera
tichela

pipeta
catalicores
venencia
avenencia
cazo
cacillo
caceta
escaza
balanzón
escullador
tanque

hataca
cuchara

bacín
bacinejo
beque
vaso
bañado
dompedro
cantora
vaso excretorio
orinal

calabacino
calabazo
catabre
catabro
guacal
huacal
bototo
bombón
tapara
gachumbo
cachumbo
coco
tabo
totuma

alfarero
alcaller
cacharrero
botellero
sartenero
alcucero

cacharrería
tinajería
tinajero
botellería
cantarería
cantarera
zafariche

desasado

—

VASO (20)

vaso
póculo
cocharro
caña

tercio
cortadillo
chato
cubilete
barro
pote
traste
papelina
tembladera
vidercome
velicomen
burlador
penado
enjuague
enjuagatorio
lavadientes
verdó
cuerna
colodra
cacho
aliara
liara
plantosa
bolsa turca

copa
copón
copeta
sobrecopa
cáliz
calecico
grial
tibor
ciborio
crátera
anáglifo
ponchera
bol
múrrimo
libatorio

vasera
cañero
copera
copero
licorera

pincerna

—

VÁSTAGO
(V. *Tallo*)

—

VECINDAD (30)

vecindad
media vecindad
carta de vecindad
avecindamiento
patria común
vecindario
ciudadanía
domicilio
población
nación

avecindar
avecinar
avecindarse
establecerse
echar raíces
tomar asiento
adquirir, constituir domicilio
asentar el rancho

vecino
hijo de vecino
medio vecino
vecino mañero
convecino
compadre
vecina
comadre
munícipe
domiciliario
habitante

residente
ciudadano
albarrán
extranjero

vecindario
vecindad
generalidad
ayuntamiento
comunidad
común
estado general
» común
comunal (m.)
adra

vecinal
comunal (adj.)
concejil

—

VECINO
(V. *Vecindad*)

—

VEGETAL
(V. *Botánica*)

—

VEGETAR
(V. *Botánica*)

—

VEHEMENCIA
(V. *Violencia*)

—

VEHEMENTE
(V. *Violencia*)

—

VEHÍCULO (38)

vehículo
angarillas
litera
hamaca
narria
trineo
patín
carretilla
carretón
ambulancia
carruaje
ferrocarril
tranvía
automóvil
velocípedo
ciclismo
ascensor
oroya
transbordador
» funicular
teleférico
barquilla
andarivel
embarcación
balsa
aeronáutica
transporte
carga
dirección
impulsión
tractor
tracción
deslizamiento

—

VEJEZ
(V. *Ancianidad*)

—

VELA (*Mar*)
(V. *Velamen*)

VELA (2)

vela
velón
vela María
candela
candelilla
lucerna
planeta
bujía
cirio
» pascual
ambleo
amblehuelo
blandón
hacha
hachote
hachón
hacheta
antorcha
codal
cerilla
cerillo
librillo de cera
estadal
morterete
lamparilla

candelero
fanal
guardabrisa
brisera
virina
apagador
matacandelas
apagavelas
mano de Judas

entorchar
antorchar
gotear
cerotear
correrse

velero
candelero

cera
cera vieja
sebo
estearina
esperma [na
» de balle-
fuellar
mecha
moco
pabilo
pábilo
ladrón
bañador
alisador
cercenadera

velería
grasería

—

VELAMEN (38)

velamen
velaje
trapo
trapío
trapajería
aparejo [nico
» de aba-
esquifazón

vela
lino
paño
cárbaso
manta

verga
envergadura
brusca
grátil
gratil
pujamen
pujame
alunamiento
baluma
caída
puño
saco
lúa
boneta
vaina
bigorrilla
batidero
faja
sobresano
antagalla
empalomadura
palomado
ollao
ollado
zurcidera
bolso
papo de viento
seno

vela mayor
» bastarda
bastardo
borda
papahígo
papafigo
juanete
vela latina
» de cruz
» cuadra
» de cuchillo
» cangreja
» tarquina
» al tercio
» encapillada
» de abanico
bergantina
mesana
sobremesana
artimón
trinquete
triquete
borriquete
cataldo
treo
guaira
espiga
redonda
morral
tiple
broquel
candonga
carbonera
baticulo
maricangalla
arrastraculo
matasoldados
caraja
montera
monterilla
perico
escandalosa
gavia
velacho
guardahúmo
ala
pala
arrastradera
rastrera
cebadera
sobrecebadera
contracebadera
foque
trinquetilla
fofoque
contrafoque
petifoque
entrepena
salvatodo
unción

cabo
driza
relinga
empuñidura
tomador
aferravelas
batafiol
matafiol
candaliza
briol
briolín
apagapenol
bolina
contrabolina
escota
escotín
contraescota
contraescotín
amura
palanquín
contrapalanquín
chafaldete
boliche
poa
camiseta
garrucho
arboladura
aparejo
cenal
motón
polea

velejar
aparejar
envergar
aculebrar
orientar
tomar el viento
atagallar
acuartelar
enmarar
amurar
cambiar
largar
templar
atesar
cazar
empuñir
abroquelar
hacer pajaril
antagallar
arrizar
alotar
halar
desamurar
acortar la vela
» vela
apocar velas
amainar
agolar
amollar
empañicar
arranchar
enjuncar
tomar rizos
arriar
meter
cargar
aferrar
matafiolar
apagar
desaparejar
desenvelejar
desenvergar
desadujar
esperar a la capa
estar a la capa
estarse a la capa
flamear
tocar
relingar
socollar
gualdrapear
zapatear
ondear
emparcharse
atochar
portar
rifarse

relingar
cordear
empalomar
alunar
enjuncar
desrelingar
degollar
envergue
flameo
zapatazo
latigazo
estrechón
parchazo
gualdrapazo
socollada
derrame
rifadura
arriada
arriadura
mareaje
luazo
gualdrapeo
alzavela

velero

lona
loneta
cotonía
vitre
mantalona
brin
brinete
pacaje
hilo de velas
» volatín
filete
rempujo

a palo seco
en calzones
a todo trapo
a toda vela [das
a velas desplega-
a vela y remo
a remo y vela

—

VELAR
(V. *Vigilia*)

—

VELETA
(V. *Viento*)

—

VELO
(V. *Manto*)

—

VELOCIDAD
(V. *Prontitud*)

—

VELOCÍPEDO
(V. *Ciclismo*)

—

VELÓN
(V. *Alumbrado*)

—

VELOZ
(V. *Prontitud*)

—

VELLO
(V. *Pelo*)

—

VENA (7)

vena
vaso
vena cardiaca
» coronaria
» porta
» emulgente
» ranina
» leónica
» cefálica
» ácigos
» subclavia
» yugular
» cava
vena basílica
» safena
» láctea
anguina

arteria
aorta
» ventral
carótida
arteria emulgente
» ranina
» celiaca
» coronaria
arteriola [ta
cayado de la aor-

túnica
tronco
válvula
anastomosis
aparato circulato-
corazón [rio
sangre

extravenarse
sangrar

angiología
angiografía
flebología
arteriología
arteriografía
hipertensión
latido
flebitis
várice
varice
variz
aortitis
arteriosclerosis
trombo
trombosis
aneurisma
neurisma
angioma
angina de pecho

cirugía
flebotomía

venal
venoso
intravenoso
vascular
arterial
arterioso
aórtico
varicoso

—

VENCER
(V. *Victoria*)

—

VENCIDO
(V. *Derrota*)

—

VENDEDOR
(V. *Compraventa*)

—

VENDER
(V. *Compraventa*)

—

VENDIMIA
(V. *Cosecha*)

—

VENENO (12, 27)

veneno
ponzoña
tósigo
bocado
filtro
bebedizo
zumaque
belladona
láudano
arsénico
sublimado [sivo
» corro-
argento vivo su-
blimado
ácido prúsico
cianuro
óxido de carbono
sales de **plomo**
» de **cobre**
» de **mercu-**
agua tofana [**rio**
polvos
cardenillo
verdín
verdete
estricnina
hierbas [tero
hierba de balles-
» mora
cicuta
cornezuelo
cizaña
lechetrezna
cólquico
acónito
ranúnculo
estramonio
beleño
heléboro
cebadilla
laurel cerezo
lauroceraso
manzanillo
hongo
criptógamas
upas
canjura
curare
yare
colliguay
coona
zarazas
matacán
morcilla
insecticida
solanina
toxina
virus

opio
morfina
cocaína
heroína
barbitúricos
hachís
marihuana
marijuana
grifa
quif
kif

serpiente
escorpión
tarántula
insecto
araña, etc.

contraveneno
antídoto
antifármaco
alexifármaco
mitridato
triaca
teriaca
contrahierba
bezoar
» occidental
» oriental
bezar
piedra bezar
estelión
estelón
alcaloide
(nicotina, etc. V. *Química*)
farmacia
química
planta

envenenar
avenenar
avelenar
emponzoñar
inficionar
intoxicar
entosigar
atoxicar
atosigar
toxicar
tosigar
herbolar
enherbolar
envarbascar
desemponzoñar

envenenarse
azogarse
ciguatarse
aciguatarse

envenenamiento
emponzoñamiento
jicarazo
intoxicación
inoculación
infección
contagio
alcoholismo
yodismo
ergotismo
toxicomanía
morfinomanía
morfinismo
tabaquismo
narcotismo
nicotismo
atropismo
argirismo
hidrargirismo
saturnismo
doblado
toxemia
mitridatismo
venenosidad
toxicidad
toxicología
salva

envenenador
emponzoñador
toxicólogo

venenoso
venenífero
tosigoso
tosegoso
tóxico
ponzoñoso
deletéreo
mefítico
mortífero
letal
malsano
ciguato
aciguatado
triacal
teriacal
bezoárico
bezoárdico
antitóxico
toxicológico

ponzoñosamente

—

VENENOSO
(V. *Veneno*)

—

VENERAR
(V. *Culto*)

—

VENÉREO
(V. *Generación*)

—

VENGANZA (27)

venganza
vindicta
vindicación
Némesis
ira
iras
satisfacción
despique
desquite
esquite
talión
represalia
sangre en el ojo
desagravio
expiación
reparación
compensación
amenaza
castigo
desafío

vengar
vindicar
desquitar

vengarse
satisfacerse
despicarse
desquitarse
desforzarse
desagraviarse
deshacer agravios
tomar satisfacción
beber la sangre
lavar con sangre
pagar en la misma moneda
pagárselas a uno
jurárselas

vengador
vindicador
deshacedor de agravios
desfacedor de entuertos

vengativo
vindicativo
vindicatorio
vengable

vengativamente
ojo por ojo
diente por diente

—

VENGAR
(V. *Venganza*)

—

VENIR
(V. *Traslación*)

—

VENOSO
(V. *Vena*)

—

VENTA
(V. *Compraventa*)

—

VENTAJA (33)

ventaja
aventajamiento
ganancia
utilidad
comodidad
ocasión
gorronería
partido
logro
ganga
sinecura
canonjía
prebenda
momío
mina
mamandurria
caponera
breva
turrón
pera
ancheta
chamba
chambonada
bicoca
pitanza
negocio redondo
buen bocado
bocado sin hueso
carne sin hueso
usura

aprovecharse
tener una viña
hallarse una viña
caer por la chimenea
encontrar una mina
ir a gusto en el machito
dar ventaja
» partido

ganguero
parásito
gorrón
ventajoso
barato
gratuito
descansado
fácil
mollar
pegajoso

—

VENTAJOSO
(V. *Ventaja*)

—

VENTANA (11)

ventana
ventano
ventanilla
ventanillo
ventanico
ventanuco
ventanal
ventana rasgada
» de guillotina
ventana frailera (Supl.)
vano
abertura
vista
ventosa
luminaria
parteluz
ajimez
rosetón
rosa
transparente
vidriera
cratícula
lucero
lucera
claro
celaje
buharda
bohardilla
buhardilla
boardilla
guardilla
lumbrera
lucerna
claraboya
ojo de buey
tragaluz
tronera
saetera
saetía
buhedera
espejuelo
trampilla
rejilla
mirilla
torno
escucha
compluvio
portilla
puertaventana

balcón
balconcillo
mirador
ajimez
camón
cierro de cristales
cierre
coche parado

balconaje
ventanaje
vistas
luces
claros
huecos

herraje
gozne
falleba
españoleta
cerradura
hoja
postigo
frailero
contraventana
contravidriera
sobrevidriera
cuarterón
antipara
molinete
puerta (términos comunes a ventana)
montante
peana
peaña
despidiente de aguas
vierteaguas
fayanca
tranquero
rodapié
alféizar
alfeiza
antepecho
balaustrada
reja
enrejado
persiana
celosía
vidrio
cristal
verga

ventanear

ventanero
balconero

—

VENTILAR
(V. *Aire*)

—

VENTOSEAR
(V. *Flatulencia*)

—

VENTOSIDAD
(V. *Flatulencia*)

—

VER
(V. *Vista*)

—

VERANEAR
(V. *Verano*)

—

VERANO (21)

verano
estío
solsticio vernal
veranillo
canícula
caniculares

veranear
veranar

veraneo
veranada
veranero

veraneante

veraniego
estival
estivo
canicular

—

VERAZ
(V. *Verdad*)

—

VERBAL
(V. *Palabra*)

—

VERBO (28)

verbo
radical
terminación
desinencia

voz
» activa
» pasiva
modo
» infinitivo
» indicativo
» imperativo
» subjuntivo
» deprecativo
» optativo
» potencial
persona
número
tiempo
» simple
» compuesto
presente
pretérito
» perfecto
» imperfecto
» indefinido
» pluscuamperfecto
aoristo
futuro
» perfecto
» imperfecto
condicional
» simple
» compuesto
participio
» activo
» pasivo
» de presente
» de pretérito
gerundio
supino
verbo substantivo
» adjetivo
» auxiliar
» activo
» transitivo
» factitivo
» neutro
» intransitivo
» regular
» pasivo
» deponente
» pronominado
» reflexivo
» reflejo
» recíproco
» impersonal
» unipersonal
» incoativo
» frecuentativo
» irregular
» defectivo
» determinante
» determinado

conjugar
personalizar
impersonalizar

conjugación
paradigma
flexión
inflexión
reflexión
apofonía
reciprocación

verbal
simple
compuesto
derivado
postverbal
participial

impersonalmente

—

VERBOSIDAD
(V. *Lenguaje*)

—

VERDAD (23)

verdad
la pura verdad
verdad moral
criterio
certidumbre
dogma
artículo de fe
evangelio
ortodoxia
testimonio
verdades como puños
veras
exactitud
autenticidad
realidad
fetén (la)
chipé
chipén
axioma
verdad de Perogrullo
grullada
perogrullada
desengaño
veracidad
lealtad
legalidad
sinceridad
cordialidad

franqueza
neutralidad

hablar verdad
decir bien
» el Evangelio
hablar el Evangelio
tratar verdad
no quedarle otra cosa
estar en lo firme
» en lo cierto
tener razón
probar
desengañar

hombre de verdad
» de veras
» liso
perogrullo

verdadero
real
hecho y derecho
cierto
legítimo
ortodoxo
genuino
propio
natural
auténtico
católico
puro
estricto
fundado
probado
histórico
efectivo
positivo
indiscutible
evidente
matemático
exacto
infalible
infalsificable
verosímil

veraz
verídico
sincero
verdadero
ingenuo
cándido
fiel
fidelísimo
leal
fidedigno
digno de fe
» de crédito
serio
sano

verdaderamente
realmente
efectivamente
actualmente
en realidad
físicamente
a fe
de verdad
en verdad
a la verdad
a decir verdad
en hecho de verdad
en rigor
con efecto
en efecto
de veras
a ley de caballero, de cristiano
no digamos

—

VERDADERO
(V. *Verdad*)

—

VERDE
(V. *Precocidad*)

—

VERDUGO (32)

verdugo
ejecutor de justicia
oficial
sayón
carnífice
ganzúa
falso
vigolero
bochero
bederre
mochín
boche

castigo
tormento
muerte

—

VERDURA
(V. *Hortaliza*)

—

VERGA
(V. *Arboladura*)

—

VERGONZOSO
(V. *Vergüenza*)

—

VERGÜENZA (14)

vergüenza
verecundia
dignidad
honor
avergonzamiento
empacho
timidez
modestia
humildad
confusión
turbación
arrepentimiento
corrimiento
rubor
sonrojo
sonroseo
erubescencia
bochorno
pavor
pavo
soflama
llamarada
alfamarada
fogaje
abochornamiento
paño
eritrosis

avergonzar
humillar
reprender
acusar
zaherir
despreciar
abochornar
correr
confundir
abroncar
soflamar
sofocar
acholar
abrasar
sonrojar
sonrojear
poner colorado
sacar los colores
» los colores a la cara
sacar los colores al rostro
dejar feo

avergonzarse
empacharse
afrentarse
ruborizarse
sonrojarse
sonrosearse
enrojecerse
embermejarse
embermejecer
encenderse
atajarse
azararse
azarearse
bajar los ojos
caerse la cara de vergüenza
no saber dónde meterse
salir los colores a la cara [rostro
salir los colores al
ponerse de mil colores
subirse el pavo
ir rabo entre piernas [la pared
quedar pegado a
atravesarse un nudo en la garganta

ruboroso
pudoroso
pudibundo
verecundo
vergonzoso

avergonzado
confuso
confundido
abochornado
corrido [mona
» como una
con las orejas gachas
pegado a la pared
en berlina
escurrido

vergonzoso
torpe
feo
empachoso
pudendo
erubescente
humillante
aflictivo
infamante

vergonzosamente
ruborosamente

—

VERJA
(V. *Enrejado*)

—

VEROSÍMIL
(V. *Verosimilitud*)

—

VEROSIMILITUD (15, 23)

verosimilitud
verisimilitud
probabilidad
credibilidad
apariencia
posibilidad
suposición
conjetura
creencia
certidumbre

verosímil
verisímil
probable
posible
creíble
creedero
admisible
aceptable
plausible

verosímilmente
verisímilmente
probablemente
creíblemente
moralmente

—

VERSO
(V. *Poesía*)

—

VÉRTEBRA
(V. *Espinazo*)

—

VERTEBRAL
(V. *Espinazo*)

—

VERTER
(V. *Derramamiento*)

—

VERTICAL
(V. *Verticalidad*)

—

VERTICALIDAD (17)

verticalidad
perpendicularidad
plomada
plomo
perpendículo
tranquil
acantilado
planta
erguimiento
alzadura
alzamiento
enhestadura
enhestamiento
empinadura
empinamiento
erección
erizamiento
erectilidad

enhestar
inhestar
empinar
levantar
alzar
incorporar
enderezar
parar
subir
aplomar
enarmonar
encandelar
plantar
pingar
arbolar
enarbolar
erguir
erizar
enerizar
horripilar
despeluzar
despeluznar

erguirse
cuadrarse
plantarse
espetarse
enderezarse
engallarse
empinarse
soliviantarse
levantarse
incorporarse
encabritarse

cenit
zenit
tajo
precipicio
declive
inclinación

vertical
normal
erecto
enhiesto
inhiesto
encandilado
híspido
hirsuto
pino
pingado
pingorotudo
empinado
tajado
pivotante
cortado a pico
acantilado
escarpado
erguido
engallado
tieso
arremangado
arregazado
perpendicular
normal
derecho
parado
eréctil
duro
rígido
como una vela

verticalmente
a plomo
en pie
de pie
en candela
en pleno
en pinganillas
a pique
upa

—

VESTÍBULO (11)

vestíbulo
propileo
exedra
atrio
anteiglesia
compás
galilea
pilón
antuzano
altozano
alfajía
períbolo
lonja
peristilo
dístilo
polistilo
pérgola
pórtico
porche
portalada
portegado
portal
portalejo
cobertizo
marquesina
galería
claustro
columnata
soportal
vestecha
hastiales
estragal
zaguán
azaguán
zaguanete
ancillo
casapuerta
portería
garita
conserjería
recibo
recibidor
recibimiento
entrada
puerta

—

VESTIDO
(V. *Vestidura*)

—

VESTIDURA (10)

vestidura
vestido
vestimenta
vestuario
veste
indumento
indumentaria
atuendo
atavío
pelaje
traje
ropa
ropeta
ropilla
ropón
ropa hecha
prenda
jaez
paños
trapos
hábitos
ropaje
equipo
ajuar
joyas
terno
flux
pijama
piyama
mono
centro
uniforme
librea
galas
primera puesta
traje de ceremonia
traje de etiqueta
vestido de ceremonia
» de etiqueta
» de serio
paños de excusa
gala

guardarropía
guardarropa
trapajería
pingos
adefesio
mondongo
jerapellina
aparejo redondo
sayo
saco
jergón
picote
antigualla
gaitería
engreimiento
adorno
hato
petate
hatada
hatería
hatillo
lío

ovillo
calcha
farda
andrajo

corte
talle
moda
estilo
hechura
confección

tiro
cuerpo
haz
contrahaz
canesú
talle
cuello
manga
hoja
cuarto

delantera
espalda
espaldilla
mantón
vuelo
ensanche
metido
cuadrado
cuchillos
fonas
hijuela
nesga
sesga
bies
asiento
escudete
remiendo
embono
tabla
cañón
solapa
solapo
solape
cartera
golpe
pata
patilla
portezuela
ojetera
presilla
falda
halda
faldillas
faldeta
cola
cangilón
bajos
faldón
fimbria
orilla
dobladillo
entorno
ribete
limbo
ruedo
jirón
tirana
cuchilladas
escotadura
escotado
escote
descote
cabezón
degolladura
degollado
degolladero
sisa
sobaquera
relámpago
sacadura
forro
entretela
trape
fuerza
bebederos
tontillo
rueda
ruedo

fraile
colchadura
falso

adorno
aderezo
guarnición
» al aire
hombrera
hombrillo
codera
peto
petillo
bordado
gayadura
cortapisa
picadura
alfarda
guadameco
crespín
almenilla
majaderico
molinillo
pliegue
frunce
tabla
bollo
bullón
papo [tañeta
guarnición de casgandujado
tomadero
volante
faralá
falbalá
farfalá
farandola
borde
orla
orladura
arrequive
requive
pestaña
caracolillos
trepa
trepado
vivo
onda
pasamanería
tachonería
tachón
cairel
alamar
brandeburgos
recamo
cinta
síguemepollo
reforzado
bigotera
encaje
randa
vuelo
vuelillo
chorrera
calados
gola

puño
perifollos
garambainas
perendengues
firuletes
guilindujes
perejiles
arrumacos
guara
abalorio
lentejuelas

abrigo
sobreveste
sobrevesta
sobrevista
caracalla
capa
capote
manto
capucha
impermeable

ropa talar
ropón

faldulario
fandulario
faldamenta
faldamiento
andulario
toga
» palmada
» picta
pretexta
túnica
» palmada
cástula
peplo
clámide
palio
dalmática
almática
cíclada
ciclatón
paludamento
estola
estolón
trábea
dulimán
chilaba
almalafa
malafa
marlota
hopa
túnico
sayo
sarco de popal
pellón
pellote
enfaldo
gramalla

bata
andriana
paños
chamerluco
quimono
kimono
amazona

garnacha
toga
tunicela
capisayo
mantelete
sotana
sotanilla
loba
» cerrada
balandrán
hábito
cogulla
monjil
dominó

sayo
saya
cubierta
sayete
sayuelo
ságula
sago
vistoso
tapador
pellejo
padre
sarco
jabarda
sayo baquero
bonito sayagués
cuzma
ropilla [das
capote de dos fal-
» de dos hal-
das
capotillo de dos faldas
» de dos haldas

paletoque
coleto
blusa
blusón
bolero
chapona
camisola

chambra
caracol
marinera
centro

casaca
casacón
casaquilla
chamarra
chamarreta
zamarra
zamarro
zamarrón
caftán
chupa
chupeta
chupín
gonela
cuera
» de ámbar
» de armar
corocha
saltaembarca
saltambarca
media bata
jaqueta
jaquetilla
jaquetón
levita
levosa
futraque
chaqué
frac
fraque

chaqueta
americana
cazadora
guerrera

smoking
chaquetilla
guayabera
torera
fígaro
bolero
calesera
traje corto
casaquín
chaquetón
marsellés
dormán
tuina
carmañola
pelliza
cotona

jubón
armador
primo
cotón
justo
jaco
saco
jubón ojeteado
gambaj
apretado
monillo
almilla
corpiño
corpiñejo
corpecico
coletillo
tontillo
sacristán
jaleco
jileco
chaleco
centro
jersey
cotardía

corsé
cubrecorsé
justillo
ajustador
apretador
chupetín
emballenado

pantalón
calzas

medias
delantal
brial
tonelete
cinturón
faja

ropa de cámara
» de levantar
viso
túnica
salto de cama
peinador
paños menores
bañador
entrepiernas
braga
muda
remuda
pechera
tripero
combinación
camisa
(mortaja, sudario, etc. V. *Cadáver*)

ropa blanca
hilo
sabanilla
lencería
pañuelo
toalla
peinador
navajero
ropa de **cama**
» de mesa
mantelería

(envoltura, envueltas, fajos, pañales, etc. V. *Niñez*)

(frontal, mantelillo, etc. V. *Altar* y *Culto*)

prelado
sacerdote
militar
armadura
etc.

cabos
calzado
polaina
guante
sombrero
tocado
corbata
collar
piel
joya
bastón
paraguas

vestir
trajear
poner
chantar
sobrevestir
envolver
uniformar
alcorzar
emperifollar
purpurar
fardar
recargar
sobarcar
remangar
sofaldar
quitar
desnudar

vestirse
ponerse
encajarse
traerse
tocarse
encapillarse
embrocarse

ensayalarse
lucirse
aparatarse
endomingarse
alindongarse
aforrarse
ahorrarse
llevar
traer
vestir
nadar

estar muy casera
mudarse
cubrirse
descubrirse
desnudarse

sentar
asentar
estar
venir
caer
vestir
entallar
solapar
bolsear
respingar

cortar
entretallar
entallar
acertar
ajustar
descotar
escotar
degollar
sisar
acuchillar
ajironar
plegar
fruncir
alforzar
tronzar
tablear
nesgar
solapar
forrar
entretelar
algodonar
enguatar
colchar
coser
rematar
guarnecer
orlar
orillar
picar
tachonar
trajear
cortar de vestir
» de tijera
sacar de borrador
sentar las costuras
planchar

sastre
jastre
alfayate
alfayat
cortador
modista (m.)
jubonero
coletero
golillero
capotero
calcetero

pretinero
jubetero
batero
ropero
prendero
ropavejero
remendón

sastra
sastresa
alfayata
costurera
modista (f.)

modistilla
chalequera
pantalonera
mantera
albendera

tejido
tela
broche
botón
tijeras
aguja
alfiler

figurín
maniquí
modelo
moña
muñeca
alcándora
alcándara
tablero
jabón de sastre
jaboncillo de sastre

sastrería
alfayatería
ropería
jubetería
sayalería
tienda de modas
novedades
mercería
corte
zacatín
prisa
probador
costura
planchado

ropería
lencería
ropero
armario
guardarropa
costurero

gallardía
desgaire
elegancia
inelegancia

petimetre

máscara
garnacha
arlequín
facha
narria
mosca en leche

indumentario
acuchillado
jironado
colchado
nesgado
joyante
rozagante
galán
galano
garrido
gaitero
militar
vueludo
ancho
llano
entallable
estrecho
chupado
escurrido
talar
rabilargo
rabanero
rabicorto
zancón
raído
traído
andado
portado (bien o mal)

de largo
de corto
de paisano
de uniforme
de **gala**
de media gala
de etiqueta
de color
de **luto**
de camino
a la calesera
a la chamberga
en cuerpo [misa
en mangas de ca-
de capa y gorra
de trapillo
para todo trote
hecho
a la medida
de primera comunión

—

VESTIGIO
(V. *Huella*)

—

VESTIR
(V. *Vestidura*)

—

VETERINARIA (37)

veterinaria
albeitería

enfermedad
epizootia
enzootia
dolames
dolamas
glosopeda
fiebre aftosa
carbunco
carbunclo
cimorra
catalepsia
cataplexia
lamparón
» del buey
espundia
lechino
lechín
gabarro
hormiguillo
galápago
barro
bacera
porrilla
barbilla
eslabón
entrepalmadura
atronamiento
corvaza
corva
clavo
» pasado
aventadura
ardínculo
vivo
sobrepié
sobretendón
codillera
cinchera
juanete
sobremano
sobrecaña
alifafe
trasfollo
ajuagas
agrión
respigón
lobado
aforisma
disminución
descuadrillado

lerdón
lerda
infosura
aguadura
garbanzuelo
esparaván
» seco
» huesoso
esparaván de garbanzuelo
esparaván boyuno
arestín
aristino
arestil
aristín
tofo
raza
rafa
pelo

pajazo
blancura del ojo
dragón
relámpago
espibia
espibio
estibia
espibión
huélfago
huérfago
aguja
adivas
muermo
tolanos
tolones
haba
grapa
ránula
batraco
sapillo
barba
alevosa
boquera
calentamiento
ahoguijo
resfriadura
asoleo
escalentamiento
encebadamiento
acebadamiento
enfosado
torozón
torzón
torcijón
encalmadura
desainadura
ceño
cincho
solapa
solapamiento
agalla
aguaza
basca
hormigón
actinomicosis
vacuna
ranilla
zangarriana
basquilla
cuchareta
comalía
morriña
pera
saguaipe
modorra
nebladura
torneo
amarilla
humillo
cucharilla
cerda
sarna
landrilla
usagre
albarazo
blanca morfea
roña
caracha
carache
rezno

escabro
pepita
gabarro
granillo
helera
lera
culero

herida
úlcera
matadura
tocadura
nafra
alcanzadura
alcance
atronadura
clavadura
enclavadura
enrejadura
enrejada
almohadilla
casco atronado
derrabadura
desherradura
estrangol
rodillera
encabestradura
uña
cuarto
espoleadura
escarza

meteorismo
triquinosis
rabia
hidrofobia

encebadar
acebadar
clavar
enrejar
matar
nafrar
cargar
despaldillar
carroñar

amarizarse
marizarse
atorozonarse
empastarse
asolearse
encalmarse
achajuanarse
amurriñarse
apirgüinarse
encebadarse
salmuerarse
ratonarse
ababillarse
tropezarse
alcanzarse
cruzarse
alunarse
descerrumarse
despaldarse
respaldarse
descuadrillarse
acodillar
aguarse
acebadarse
rabiar

acernadar
cargar
paladear
herrar
destalonar
desgobernar
foguear
labrar a fuego
hacer la mano

veterinario
albéitar
mariscal
herrador
protoalbéitar
protoalbeiterato

agua blanca
brebajo

rociada
juncada
oxalme
cambil
cernada
morenillo
moreno
rotura
contrarrotura
carga
desgobernadura
desgobierno
puntura
infibulación
castración
fuego
cauterio
quemadero

acial
aciar
badal
torcedor
frenillo
mordaza
escalerilla
bocado
fleme
ballestilla
potro
legrón
cornezuelo
cuernezuelo
sedal

epizoótico
alobadado
torzonado
muermoso
amormado
emballestado
ancado
arestinado
ceñoso
entrepretado
alunado
habado
forruncho
trasfollado
desortijado
claro
gafo
abierto

—

VETERINARIO
(V. *Veterinaria*)

—

VEZ
(V. *Repetición*)

—

VÍA
(V. *Camino*)

—

VIAJAR
(V. *Viaje*)

—

VIAJE (19)

viaje
» redondo
viajata
caminata
camino
carcoma
calca
excursión
expedición
gira
veraneo
paseo
correría
jornada
dieta
itinerario

camino
trayecto
partida
etapa
escala
llegada
regreso
traslación
migración
emigración
peregrinación
peregrinaje
romería
romeraje
travesía
navegación
circunnavegación
periplo
odisea
exploración

turismo
excursionismo
nomadismo

viajar
caminar
andar
vagar
peregrinar
peragrar
recorrer
correr
lustrar
transitar
trafagar
traficar
marchar [no
ponerse en camino
hacer la maleta
hatear
liar los bártulos
estar con el pie en el estribo
tener el pie en el estribo
estar con las espuelas calzadas
estar con las botas puestas
ver tierras
» mundo
no parar en ninguna parte
dar la vuelta al mundo

viajero
viajador
viajante
viandante
caminante
peregrinante
peregrino
mochilero
golondrino
excursionista
explorador
turista
trotamundos
pasajero
pasaje
polizón
llovido
ambulativo
ambulante
caravana

provisión
equipaje
viático
tren
paquete
bulto
baúl
cofre
mundo
maleta
maletón
maletín
valija

neceser
sombrerera
capotera
portamantas
portamanteo
manga
barjuleta
alforjas
ballesta
giba
árguenas
árgueñas
manta de viaje
cantimplora
mochila
macuto

billete
» kilométrico
pase
pasavante
pasaporte
salvoconducto

ferrocarril
embarcación
carruaje
vehículo
caballería
posta
casa de postas
hospedaje

—

VIAJERO
(V. *Viaje*)

—

VIANDA
(V. *Cocina*)

—

VÍBORA
(V. *Reptil*)

—

VIBRACIÓN (19)

vibración
agitación
temblor
cimbreo
ondulación
oscilación
onda
onda eléctrica
» hertziana
nodo
vientre
sonido
acústica
electricidad

vibrar
cimbrear
cimbrar
mimbrear
blandir
blandear

cimbrearse
ondular
oscilar
vibrar

vibrante
vibratorio
vibrátil

—

VIBRAR
(V. *Vibración*)

—

VIBRATORIO
(V. *Vibración*)

—

VICE...
(V. *Substitución*)

—

VICEVERSA
(V. *Inversión*)

—

VICIAR
(V. *Vicio*)

—

VICIO (24, 26)

vicio
enviciamiento
estragamiento
viciosidad
siglo de hierro
flaco
maña [uno
pie de que cojea
achaque
resabio
tanda
cizaña
siniestro
llaga
peste
infección
defecto
falta
imperfección
incumplimiento
inmoralidad
desenfreno
maldad
perversidad
perversión
placer
tabaco
juego
lujuria
gula
borrachera
pereza
peccata minuta
pecado
delito

viciar
enviciar
malvezar
pegar
corromper
picardear
pervertir

enviciarse
viciarse
torcerse
extraviarse
resabiarse
adolecer
contraer
alimentar
recaer
amanerarse [das
volver a las anda-
picardearse
abandonarse
relajarse
encenagarse
enfangarse
perderse
desuñarse
darse a
correrla
andarse a la flor
del berro
enseñar la oreja
descubrir la oreja
cojear del mismo
pie que
no tener el diablo
por donde dese-
charlo

vicioso
mañoso
invirtuoso
chamuscado
resabiado
disoluto
talludo
encallecido
calavera
tronera
trueno
calvatrueno
perdis
perdido
desuellacaras
perdulario
travieso
crápula
crapuloso
licencioso
alacranado
picado de la ta-
rántula
depravado
cosa perdida
encenagado
gorrón

capital
contagioso
pegajoso
pecaminoso
sobrado
desconcertado

viciosamente

—

VICIOSO
(V. *Vicio*)

—

VÍCTIMA
(V. *Sacrificio*)

—

VICTORIA (34)

victoria
vencimiento
vencida
debelación
triunfo
trofeo
cuartel
dominio
superación
superioridad
consecución
conquista
botín
premio
laureles
palma
corona

ovación
triunfo
corona castrense
gaya
epinicio

vencer
debelar
destronar
causear
rendir
derrotar
batir
rechazar
romper
dispersar
deshacer
desbaratar
partir
destronar
quebrantar
perseguir
aplastar
reducir
someter
superar
sobrepujar
allanar
quebrar
apear
vadear
salvar
descabezar
prevenir
pasar por encima
ganar
franquear

deslucir
turbar
aturdir
avergonzar
humillar
chafar
escachifollar
cachifollar
envolver
acorralar
entrecoger
encestar
confundir
despampanar
hundir
acogotar
ahocicar
acachorrar
revolcar
zurrar
despachurrar
arrollar
poder a
hacer sombra
echar la pata
mojar la oreja
hacer polvo
poner la ceniza en
la frente
dar en la cabeza
» en la cresta
» en la caperuza
llevar de calle
llevarse de calle
alcanzar de razo-
nes
envolver en razo-
nes
tapar la boca
apagar los fuegos
hacer morder el
polvo [tierra
hacer morder la
tener el pie sobre
el cuello

triunfar
garlear
ganar
lucir
portarse
esmerarse
desempeñarse
desenredarse
desenvolverse
sobreponerse
quedar con luci-
miento
salir vencedor
cosechar laureles
llevarse la palma
ganar la palma
» la palmeta
» la palmato-
ria
dar golpe en bola
sacar limpio el ca-
ballo
salir avante
quedar señor del
campo
poner en fuga
quedar el campo
por
llevar la mejor
parte
cantar victoria
no haber lanza
enhiesta
no quedar lanza
enhiesta

vencerse
violentarse
dominarse
mortificarse

victorioso
vencedor
airoso
triunfador
triunfante
triunfal
ovante
debelador
superante
invicto
invito

vencible
superable
vadeable
invencible
inatacable
inexpugnable
inconquistable
incontrastable

victoriosamente
triunfalmente
triunfantemente
brillantemente
lucidamente
invenciblemente
invictamente
¡al fin!

—

VICTORIOSO
(V. *Victoria*)

—

VID (5)

vid
» salvaje
» silvestre
uvayema
ampelopsis
labrusca
parriza
parrón
parra
» de Corinto
cepa
cepón

pámpana
pámpano
greña
sarmiento
barbado
sarmentazo
sarmentillo
sarmiento cabe-
zudo
jerpa
serpa
esforrocino
pulgar
perchón
saeta
guía
barbado
barbón
mugrón
rastro
codal
codadura
provena
greñuela
medero
cañuto
caballo
caballete
alargadera
cargador
carreña
pámpano
pampanaje
zarcillo
bollón
abollón
tetilla
cierzas
flor
cierne
cierna
uva
vino

viña
viñedo
viñuela
pago
entreliño
almanta
viduño
veduño
vidueño
majuelo
majoleto
marjoleto
greña
tirana
virote
parral
emparrado
bacelar
bacillar
horca
horquilla
gayola

cerner
asemillar
granar
ralear
arralar
abarrilar

callear
poner a almanta
traspalar
cavar
jirpear
tronquear
acobijar
mullir
mullicar
majencar
desacollar
binar
rendar
edrar
rebinar
acollar
apercollar
arropar las viñas
caponar
encapachar
arrodrigonar
arrodrigar
desvezar
deslechugar
deslechuguillar
desmamonar
romper
alumbrar
escotorrar
espergurar
esforrocinar
desbarbillar
despimpollar
despampanar
despampanillar
despamplonar
despleguetear
cerchar
acodar
(amugronar, véase
Acodo)
podar
compodar
maestrear
perchonar

sarmentar
ensarmentar
entrapar
sulfatar
azufrar
desmajolar
vendimiar

viticultura
ampelología
ampelografía
cava
agostado
traspaleo
bina
renda
rebina
tercia
acobijo
cortamalla
acodo
poda
sarmentera
despampanadura
despampano
desplegueteo
pampinación
azuframiento
vendimia
cosecha

serpia
jerpa
corrimiento
hirculación
filoxera
mildiu
oídio
coroch
piral de la vid
ceniza
cenicilla
cenizo
ceñiglo
lágrima
escabro
césped

viticultor
vitícola
ampelógrafo
viñero
viñador
vinariego
mayeto
azufrador
sulfatador
binador
despampanador
sarmentador
deslechugador

bienteveo
candelecho

vitícola
vitivinícola
ampelídeo
sarmentoso
fornecino
hebén
agracera
herrial
torrontés
lairén
jaén
moscatel
bodocal

en cierne

—

VIDA (8, 15)

vida
vivir
existencia
subsistencia
vidorria
vitalidad
viabilidad
vivacidad
edad
año climatérico
tiempo
jornada
semblanza
carrera
vivienda
peregrinación
valle de lágrimas
días
hilo de la vida
estambre de la
savia [vida
vida animal
» vegetativa
principio vital
organización
alma
supervivencia
sobrevivencia
longevidad
macrobia
macrobiótica
avivamiento
vivificación
revivificación
resurrección
(postrimería, la
otra vida, etc.
V. *Teología)*
palingenesia
biografía
fe de vida

biología
biodinámica
biogeografía
ontogenia
embriología
fisiología
calor natural
vitalismo
animismo
transformismo
darvinismo
evolucionismo
selección natural
lucha por la existencia
atavismo
germen
rudimento
principio inmediato

evolución
involución
mendelismo
genotipo
fenotipo
gen
gameto
cromosoma

medio
simbiosis
tropismo
mimetismo
vivisección
nacimiento
muerte

vivir
existir
subsistir
vegetar
ir tirando
pasar
gastar la vida
alcanzar en días
pervivir
sobrevivir
enterrar a otro
revivir
bullir
rebullir
pestañear
resucitar
vivificar
vitalizar
avivar
reavivar
activar
galvanizar
biólogo

transformista
darvinista
evolucionista

vivo
semivivo
vital
biótico
biológico
climatérico
organizado
orgánico
vivíparo
ovovivíparo
vivífico
vivaz
vívido
vividero
viable
vivificativo
vivificador
vivificante
vividor
viviente
redivivo
espiritoso
sobreviviente
superviviente
supérstite
longevo
macrobio
vitalicio
existente
imperecedero

biógrafo

en vida

—

VIDRIERO
(V. *Vidrio)*

—

VIDRIO (11)

vidrio
» bufado
» esmerilado
» deslustrado
vidro
cristal
cristal hilado [via
lágrima de Batá-
» de Holanda
luna
viril
espejo
lente
talco
abalorio
cañutillo
cuenta
vidriera
fulgurita
esmalte
plexiglás
cubiletería

vitrificar
vidriar
alvidriar
fritar
templar
soplar
grujir
brujir
enmasillar
esmerilar
deslustrar
biselar

vitrificación
frita
temple
horno
carquesa
arca
mármol
pontil
puntel
escoria
zafre
moleta

ventana
vidriera
» de colores
cristalera
puerta
vasija

vidriero
cristalero
botellero

punta de diamante
diamante
grujidor
brujidor
tingle
varilla
verga
masilla

vidriería
cristalería

vítreo
vidriado
vidrioso
vitrificable
cristalino
hialino
hialoideo
opalescente
transparente

—

VIEJO
(V. *Ancianidad)*

—

VIENTO (3)

viento
vientecico, -llo, -to
aire
soplo
anemografía
anemometría
meteorología

brisa
hálito
aflato
aura
oral
orilla
céfiro
favonio
fagüeño
vahaje
marea
ventolina
remusgo
airecillo
pelo de aire
viento calmoso
aire colado
corriente
gris
poleo
chiflón
zurrusco
bochorno
zonda
simún
viento fresco
viento frescachón
brisote
paraca
pampero
ventarrón
ventolera
vendaval
galerno
galerna
galernazo
torbellino
remolino
tremolina
ventisco
ventisca
nevasca
tromba
trompa
manga de viento
huracán
ciclón
tifón
baguio
tornado
hurivari
travata
vórtice

vientos generales
viento marero
» terral
» forano
caldereta
concón
virazón
viento etesio
vientos altanos
» alisios
» contraalisios
monzón
burgalés

navegación
viento en popa
» largo
» a un largo
arriero
viento de proa
» de bolina
» a la cuadra
» puntero
» escaso
cascarrón
travesía
viento abierto

rosa de los vientos
» náutica
amuso
viento entero
» cardinal
medio viento
línea del viento
filo del viento

norte
bóreas
aquilón
tramontana
trasmontana
albornez
chocolatero
cierzo
cércera
zarzaganete
zarzagán
zarzaganillo
descuernacabras
matacabras
nortada

sur
noto
austro
ostro
sueste
castellano
vendaval
surada

este
leste
levante
oriente
euro
solano
solanazo
rabiazorras
subsolano

oeste
poniente
céfiro
algarbe
ponientada
ponientazo

nordeste
gregal
tracias
brisa
viento maestral
mistral
minstral
lesnordeste
estenordeste
nornordeste
nordestazo
nordestada

noroeste
norueste
cauro
coro
regañón
gallego
nornorueste
oesnorueste
uesnoroeste
noroestada
noroestazo

sudeste
siroco
jaloque
lebeche
levantichol
estesudeste
lessueste
sudsudeste
estesudeste
sudestada
sudoeste
ábrego
ábrigo
áfrico
garbino
oessudoeste
uessudueste
sudsudoeste
sudoestada

soplar
correr
espirar
bramar
rugir
silbar
ventear
ventar
ventiscar
ventisquear
refrescar
cercear
cerciar
picar el viento
enojarse
huracanarse
entablarse
declararse
velar
cambiar
llamarse
rolar
recalar
regolfarse
altar el viento

descomponerse el tiempo
nortear
lestear
alargar el viento
alargarse
amainar
agolar
encalmarse
quedarse
echarse
mancar
escasear el viento
azotar
acamar
verberar
combatir
aventar

flor del viento [to
bocanada de vien-
» de aire
volada
soplada
polvareda
ráfaga
racha
refregón
fugada
hostigo
ventada
ventola
ventolera
sobrevienta
sobreviento
ramalazo
embatada
grupada

entablada
collada
virazón
contraste
regolfo
rebolsa
rebolso
zozobra
coleada
macareos
alargada
escaseadura
callada
recalmón
calma
calmazo
calma chicha
tempestad
bonanza

ventorrero
sopladero
ventisquero
puerto de arrebatacapas
barlovento
sotavento
colaire

socaire
abrigo
abrigaño
abrigada
abrigado
abrigadero

veleta
gobierna
giralda
giraldilla
cataviento
anemoscopio
anemógrafo
anemómetro

ventoso
airoso
ahilado
galeno
encañonado
travesío
platanero

huracanado
ciclonal
vortiginoso
boreal
aquilonal
anemográfico
anemométrico

—

VIENTRE (7)

vientre
ventrón
ventrecillo
ventrezuelo
abdomen
barriga
tripa
andorga
arca del pan
baúl
panza
baltra
panzón
pancho
timba
ventrecha
sorra

epigastrio
hipogastrio
hipocondrio
empeine
pubis
pubes
bajo vientre
pelvis
ombligo
cordón umbilical
peritoneo
epiploon
epiplón
redaño
omento
mesenterio
entresijo

estómago
hígado
(bazo, páncreas, etc. V. *Glándula*)
matriz
vaso quilífero
entrañas
aparato **urinario**

intestinos
tubo intestinal
tripas
bandullo
bandujo
mondongo
tripería
vientre
intestino delgado
hila
duodeno
yeyuno
íleon
asa
intestino grueso
» ciego
colon
apéndice
» cecal
» vermicular
» vermiforme
recto
tripa del cagalar
morcón
ano
embutido

achiguarse
ocluir
invaginar
meteorizar
destripar

desbarrigar
despanzurrar
despancijar
desintestinar
timpanizarse
mudarse

perístole
enteritis
enteropatía
gastroenteritis
colitis
enterocolitis
duodenitis
apendicitis
tiflitis
invaginación
intususcepción
peritonitis
ascitis
timpanitis
timpanización
meteorismo
borborigmo
rugido
flatulencia
cólico
torcijón
retortijón de tripas
cólico cerrado
» miserere
miserere
nudo de tripas
entripado
íleo
vólvulo
volvo
dureza de vientre
estreñimiento
diarrea
lombriz
evacuación
excremento
ventrera
tripero

hernia
laparotomía
paracentesis
operación cesárea
lavativa

ventrudo
ventroso
barrigudo
barrigón
panzudo
panzón
tripón
tripudo
cuba
desbarrigado
ascítico

ventral
abdominal
intestinal
gastrointestinal
celiaco
alvino
epigástrico
hipogástrico
hipocóndrico
mesentérico
meseraico
miseraico
omental
peritoneal
entérico
mondonguil
duodenal
cólico
cecal
ileocecal
rectal
apendicular
peristáltico
antiperistáltico
gasterópodo

—

VIGA
(V. *Madero*)

—

VIGENTE
(V. *Validez*)

—

VIGILANCIA (34)

vigilancia
atención
cuidado
celo
examen
inspección
vigía
acecho
guardia
custodia
vigilia
trasnochada

vigilar
velar
vigiar
atalayar
registrar
celar
hacer posta
estar alerta
andar con la barba sobre el hombro
no dormirse en las pajas
examinar
inspeccionar
superentender
alertar

vigilante
alerto
atalayador
atalaya
hachero
vigía
avizor
testigo de vista
espía
centinela
policía
argos
fiel
encargado
interventor
celador
guarda
sereno
estanciero
capataz
contramaestre
prefecto
intendente
superintendente
inspector
» jefe
subinspector
sobrestante
jefe

atalaya
atalayuela
cofa
candelecho
bienteveo
torre

vigilantemente
alertamente
¡alerta!
¡alto!

—

VIGILAR
(V. *Vigilancia*)

—

VIGILIA (8)

vigilia
despertamiento
toque de diana
pervigilio
velación
velada
vela
vigilancia
guardia
centinela
desvelo
desvelamiento

lucubración
insomnio
noche toledana
trasnocho
trasnochada
sonochada
madrugada

velar
trasnochar
sonochar
pernoctar
lucubrar
abrir los ojos
despabilarse
desvelarse
espantar el sueño
no pegar el ojo
» » los ojos
» cerrar los ojos
pasar de claro en claro la noche
pasar en claro la noche
no dormir sueño
despertarse
despertar
recordar

desvelar
desadormecer
despertar
dispertar
recobrar

velador
vigilante
vigilativo
despabilado
despertante
despierto
dispierto
insomne

despertador
dispertador
reloj

en vela
a cierra ojos

—

VIHUELA
(V. *Guitarra*)

—

VIL
(V. *Vileza*)

—

VILEZA (14, 26)

vileza
envilecimiento
deshonor
deshonra
descrédito
degradación
encanallamiento
perversión
corrupción
inmoralidad
maldad
vicio
cobardía
humillación
abyección
apocamiento
servilismo
infamia
alevosía
bastardía
indecoro
escándalo
ruindad
tunantería
bajeza
mezquindad
pequeñez
suciedad
tragaderas

envilecer
abaldonar
enruinecer
encanallar
abellacar
avillanar
aplebeyar
manchar
mancillar
ensuciar
enlodar
enlodazar
humillar
abatir
degradar
prostituir
desacreditar
deshonrar

envilecerse
deshonestarse
arrastrarse
enfangarse
desheredarse
vulgarizarse
avillanarse
abellacarse
aplebeyarse
apicararse
encanallarse
engranujarse
embellaquecerse
abarrajarse
abribonarse
apelgararse

pillear
picarizar
picardear
tunear
tunantear
charranear
bellaquear
bribonear
golfear
bribar
tragarse
ser un cualquiera
ser buena maula
tener cara de corcho [gaderas
tener buenas tra-
» buen estómago
ser un asco
» una mala vergüenza
perder la vergüenza
caer en mal caso
arrastrase por el suelo
echar un chafarrinón
andar a la briba
echarse a la briba

oler a puchero de enfermo

caso de menos valer

indignidad
paciencia
cabronada
indelicadeza
borrón
vituperio
vergüenza
mecánica

picardía
picardihuela
trastada
gatada
jugarreta
ratería
mala pasada
» partida
partida serrana
perrada
perrería
pillada
pillería
bellacada

bellaquería
granujada
granujería
tunantada
tunantería
tunería
golfería
chulada
truhanada
truhanería
bribonada
ribaldería
canallada
villanía
villanería
villanada
traición
deslealtad
charranada
charranería
porquería
guarrería
cochinería
cochinada
marranada
marranería
bazofia
bacinada

mamarracho
tipejo
figurilla
chuchumeco
drope
avechucho
renacuajo
sacabuche
gurrumino
lipendi
paria
guiñapo
andrajo
calandrajo
echacantos
tiracantos
sacapelotas
cascaciruelas
espantanublados
pelagatos
pelagallos
pelgar
pelafustán
pinchaúvas
espantajo
zaragate
mondrego
andarrío
zabulón
bergante
sollastre
chulo
pardal
pendón
cabrón
rufián
ruido
rufo

canalla
puerco
deshonrabuenos
bacín
vaina
zurriburri
churriburri
zascandil
zaramullo
peal
badulaque
quídam
zarramplín
trompeta
petate
ñiquiñaque
granuja
granujilla
golfo
randa
perillán
apunte
sabandija
guaja
ficha
rejuz
cara de vaqueta
miembro podrido
buena finca
» hipoteca
hijo de su madre
tal por cual
de poco más o menos
de chicha y nabo

tunanta
tunantuela
suripanta
cotarrera
marrana
puerca
tusa
ramera

gente non sancta
» de la vida airada
» de toda broza

hez
hato
gavilla
chusma
chusmaje
plebe
canalla
gentecilla
patulea
marranalla
carpanta
corrincho
morralla
zurriburri
gurrullada
grullada
picaresca
picardía
gazapera
gazapina
coluvie
lechigada
taifa
bahorrina
hampa
heria
golfería
granujería
granuja
chulería
pillería
picaresca
bribonería
mandilandinga

niquiscocio
ñiquiñaque
mecánica
hueso
barro
zurrapa

zupia
maula
purriela
palillos
patarata
puerilidad

vil
grosero
plebeyo
furris
torpe
innoble
indigno
indignante
indino
endino
infame
abyecto
abatido
alquiladizo
alquilón
servil
bajo
bajuno
bahúno
ínfimo
terrero
rastrero
ratero
rahez
soez
ruin
miserable
apocado
ledro
desorejado
desmirlado
tabernario
astroso
marrano
gorrino
tacaño
enalmagrado
indocumentado
villano
avillanado
atruhanado
achulado

despreciable
desdeñable
desengañado
abominable
contentible
espernible
deshonrible
menudo
mangorrero
echadizo
chamagoso
mecánico
ordinario
prosaico
vulgar
común
envilecedor
degradante
indecente
incalificable
inconfesable
impresentable
desatendible
civil
vituperable
blasfemable
indecoroso
deshonroso
vilipendioso
nefando
infando

pícaro
» de tres suelas
» de cuatro suelas
» de siete suelas

picarote
picaresco

picaril
pillo
pillín
pilluelo
pillete
pillastre
pillastrón
pillabán
picaño
vahanero
chambre
gatallón
malandrín
belitre
mantés
mantillón
bellaco
bellacuelo
abellacado
ludio
maco
tuno
tunante
tunantuelo
truhán
truhanesco
atruhanado
escurra
charrán
canallesco
acanallado
sinvergüenza
consentidor
echacuervos
bribón
bribonzuelo
abribonado
bribonesco
bribiático
hampón
hampesco
hampo
alfarnate
galopín
galopo
ganforro
ribaldo
arrastrado
aporreado
fregado
carcamán
catatè

vilmente
villanamente
ruinmente
deshonradamente
indignamente
bajamente
apocadamente
abajadamente
rateramente
rastreramente
feamente
cochinamente
servilmente
indecorosamente
indecentemente
ignominiosamente
oprobiosamente
infamemente
infamadamente
pícaramente
picarescamente
abaldonadamente
truhanamente
desechadamente

—

VINAGRE (9, 36)

vinagre
vinagrillo
aceto
acetato

vinagrada
posca
acidez

avinagrar
envinagrar
encurtir
avinagrarse
torcerse
repuntarse
volverse

vinagreras
aceiteras
convoy
taller
angarillas
salvilla
vinajeras
acetímetro

vinagrero
vinagroso
avinagrado
acético
acetoso

—

VINCULAR
(V. *Mayorazgo*)

—

VÍNCULO
(V. *Mayorazgo*)

—

VINICULTURA
(V. *Vino*)

—

VINO (9, 36)

vino
tiple
caldo
zumo de cepas
» de parras
agua de cepas
leche de los viejos
mostagán
zumaque
morapio
pío
cáramo
turco
bebida

mosto
mostazo
esperriaca
arrope
vino verde
dolaje
duelaje
atestadura

vino blanco
» tinto
» cubierto
» tintillo
tintillo
vino clarete
clarete
vino pardillo
» albillo
» aloque
verdea
vino seco
» abocado
» dulce
» arropado
» de yema
» de mesa
» de pasto
» de una oreja
» de dos orejas
» de dos hojas
» de tres hojas, etc.
» generoso
» de postre
» de solera
» de lágrima

valdepeñas
rioja
priorato
carló
carlón
tostadillo
tintilla
garnacha
vino garnacha
» de garnacha
beuna
jerez
montilla
manzanilla
pajarete
vino amontillado
pedrojiménez
perojiménez
malvasía
fondillón
vino moscatel
cariñena
málaga
oporto
lácrima Christi
vino de Burdeos
burdeos
vino de Borgoña
borgoña
champaña
champán
másico
cécubo
falerno
vino barbera

vinazo
vino de agujas
» peleón
» atabernado
vinagrón
vino de garrote
vinaza
vinillo
zupia
repiso
vino de cabezas
aguapié
casca
trasmosto
torcedura
aguachirle
agüetas
purrela
chacolí
vermut
calabriada
sangría
limonada de vino
alcohol
holandas
aguardiente

vino medicinal
» medicamentoso
roete

vinosidad
ranciedad
rabanillo
rábano
verde
amargo
flor
yema
ojo de gallo
heces
sedimento
tártaro
fucsina

deshollejar
escobajar
descobajar
despichar
hacer pie
pisar
fermentar
cocer
criar
bastonear

dar bastón
arropar
encabezar
cabecear
revinar
mostear
enmostar
remostar
componer
merar
amerar
embrisar
aderezar
enyesar
empajolar
bautizar
envinar
desliar
» el mosto
quitar la cabezuela
encolar
atestar
embodegar
encubar
sentar las botas
embotellar
vender al ramo
bautizar el vino
cristianar el vino
calabriar
aspillar
quitar la paja
beber
escanciar
servir
subirse a predicar

desbravar
desbrevarse
ahilarse
torcerse
apuntarse
repuntarse
volverse
atufarse
avinagrarse
remostarse
remostecerse

vinicultura
enología
enotecnia
enografía
enometría
vendimia
despalillado
estrujón
vinificación
fermentación
ciecembre
deslío
trasiego
transvasación
enyesado
remosto
encolado
vinatería
tabernería
copeo
cortina
tapa
luquete

almijar
lagar
lagarejo
lagareta
jaraíz
trujal
tino
pisadera
calamón
gamellón
gamillón
manizuela
trullo
trujal
trujaleta
tinillo
cascajar

cocedero
cocedor
bodega
atarazana
candiotera
caño
zarcera

taberna
tambarria
mezquita
ermita
cantina
caramanchel
vinatería
tasca
tasquera
buchinche
alegría
bayuca
bodegón
bodegoncillo
pensamiento
recambio
pulpería
ramo
carpeta

octavilla
colodrazgo
reoctava
resisa
mojona
dineral

uva
(raspajo, escobajo, etc. V. *Uva*)
hollejo
orujo
casca
brisa
fraile
pie
cargo
pisa
cuévano
comporta
mono
bocal
metreta
barcal
alcadafe
pozal
pozuelo
pocillo
belez
belezo
catavino
venencia
avenencia
traste
porrón
calabaza
» vinatera
calabacino
vinajeras
rátigo
guaje
cuba
tonel
barbillera
poíno

enoscopio
enómetro
enobarómetro
prensa
trujal
meseta
zaranda
mecedor
mecedero
mejedor
briaga
vinicultor
vinícola
vinariego
enógrafo
enólogo

pisador
pisaúvas
lagarero
corito
bodeguero
catavinos
mojón
arrumbador
cocedor
tabernero
bufiador
montañés
aldrán

vínico
vinoso
vinario
vinar
vinatero

vinoso
vinícola
vinático
enotécnico
enológico
rancio
licoroso
cabezudo
embocado
abocado
ajerezado
desahumado
entrapado
moro
cristiano
tabernario
anacreóntico
báquico
de somonte

—

VIÑA
(V. *Vid*)

—

VIOLACIÓN (32)

violación
violencia
fuerza
tarquinada
estupro
desfloración
rapto
abducción
deshonestidad
lujuria
delito

violar
forzar
deshonrar
estuprar
constuprar
gozar
desflorar
raptar
robar

forzador
estuprador
constuprador

raptor
rapta
raptada

—

VIOLAR
(V. *Violación*)

—

VIOLENCIA (14, 26)

violencia
impetuosidad
ímpetu
intensidad
ira
furor
furia
frenesí
arrebato
pronto
virulencia
descomedimiento
fuerza
vehemencia
alma
decisión
entereza
hervor
efusión
fogosidad
ardimiento
ardor
calor
pasión
excitación
viveza
braveza
eficacia
actividad
poder
efracción
llamarada
pólvora
viento
sobrevienta
extremos
alharaca
ceguera
ceguedad
fanatismo
brutalidad
brusquedad
rudeza
salvajismo

violentar
obligar
forzar
compeler

excitarse
descomedirse
irritarse
desatarse
desencadenarse
desenfrenarse
echar por la tremenda

ir zumbando
salir pitando
» atestando

violento
intenso
vehemente
efusivo
extremoso
ahincado
impulsivo
brusco
febril
ardiente
ardiondo
fogoso
ardoroso
ciego
fanático
extremista
intemperante
autoritario
desabrido
vivo
raudo
impetuoso
rudo
arrebatado
súbito
hervoroso
férvido
caluroso
arrebatoso
bravo
banderizo
alborotado
rabioso
virulento
furibundo
furioso
desapoderado
empeñado
implacable
irrefrenable
volcánico
deshecho

violentamente
vehementemente
impetuosamente
fuertemente
forzosamente
reciamente
ardientemente
acaloradamente
ardorosamente
encendidamente
estiradamente
arrebatadamente
rápidamente
desapoderadamente
frenéticamente
perdidamente
de firme
duro
a rienda suelta
a empujones
a empellones
a contrapelo
a pospelo

—

VIOLENTO
(V. *Violencia*)

—

VIRGEN
(V. *Virginidad*)

—

VIRGEN (LA) (1)

Virgen (la)
Nuestra Señora
María
Madre de Dios
Deípara
Purísima
Inmaculada
Gloriosa
Dolorosa
Piedad

virginidad
maternidad
limpieza

salutación angélica
anunciación
concepción
encarnación
visitación
transfixión
trasfixión
transverberación
trasverberación
asunción
purificación
tránsito
dormición
candelaria
patrocinio de Nuestra Señora
presentación
expectación
flores de mayo
avemaría
salve
rosario
marianismo
mariología
mariolatría

culto de hiperdulía
oficio parvo
horas
letanía
gozos
ángelus
stábat

virginal
virgíneo
mariano
marial

—

VIRGINAL
(V. *Virginidad*)

—

VIRGINIDAD (8)

virginidad
entereza
integridad
flor
pureza
palma
himen
virgo
doncellez
doncellería
soltería
castidad
honestidad

enterrar con palma
desvirgar
desflorar
violar

desfloramiento
violación

virgen
la **Virgen**
doncella
doncelluela
doncelleja
doncellueca
damisela
madamisela
escosa
prematura
doncel
vestal
aclIá
mamacona

virgen
virginal
virgíneo
doncellil
entero
incorrupto
cenero
cencido
sencido
inmaturo
casto
soltero

—

VIRIL
(V. *Varón*)

—

VIRILIDAD
(V. *Varón*)

—

VIRTUD (24, 26)

virtud
» cardinal
» teologal
» moral

impecabilidad
santidad
edificación
bondad
honradez
moralidad
castidad
prudencia
justicia
(fortaleza, V. *Entereza*)
(templanza, véase *Moderación*)
paciencia
benignidad
paz
abstinencia
fe
esperanza
(caridad, etc. V. *Amor* y *Altruismo*)
ascetismo
ascética
vida espiritual
vía
cenobitismo
(recolección, retiro, etc. V. *Aislamiento*)
austeridad
estrechez
(frugalidad, etc. V. *Parsimonia* y *Moderación*)
mortificación
penitencia
humildad
pelea
ejemplo
puritanismo
misticismo

vivir bien
ganar el cielo
comprar el cielo
conquistar el cielo
negarse a sí mismo
mortificarse
atesorar
alimentar
relucir
merecer
(morigerarse, enmendarse, etc. V. *Corrección*)
hacer la seráfica

varón de Dios
hombre espiritual
dechado
asceta
estilita
filósofo
cenobita
anacoreta
ermitaño
monje
beato
venerable
santo

virtuoso
morigerado
impecable
ejemplar
incorruptible
catoniano
puritano
ascético

virtuosamente
ejemplarmente

—

VIRTUOSO
(V. *Virtud*)

—

VISCOSO
(V. *Adherencia*)

—

VISIBLE
(V. *Vista*)

—

VISITA (31)

visita
visitón
visita de cumplido
» de cumplimiento
entrada por salida
recibimiento
recepción
audiencia
besamanos
té
comida
convite
agasajo
visitación
visiteo
entrevista
cita
conferencia
conversación
cortesía
saludo
presentación
despedida
tarjeta

visitar
ver
pasarse por
cumplimentar
hacer antesala
pasar tarjeta
pedir audiencia
devolver la visita
pagar la visita
recibir
acoger
estar de recibo
» de aparador
pegarse la silla

visitante
visita
visitador
visitero

—

VISITAR
(V. *Visita*)

—

VISTA (13)

vista
ver
ojo
perspicacia
perspicacidad
vista de lince
claridad de la vista
» de los ojos
ceguera
lente
visibilidad
luz
claridad
transparencia
invisibilidad
opacidad
obscuridad
óptica

visión
circunvisión
televisión
mirada
miramiento
miradura
mirotón
encaro
ojeada
vistazo
visura
intuito
columbrón
atisbo
atisbadura
revisión
revista
deslumbramiento
obnubilación
ofuscación
acromatopsia
daltonismo

mirar
ojear
atisbar
otear
asestar
fisgar
catar
acatar
desmicar
enturar
camelar
deshollinar
remirar
lincear
despestañarse
desojarse
avispedar
bornear
bizquear
ver por brújula
atender
examinar
observar
vigilar
velar
acechar
amaitinar
levantar
alzar
clavar
estar a la mira
» con cien ojos
andar con cien ojos
no perder de vista
tener los ojos en
poner los ojos en
clavar los ojos
» la vista
poner la vista
echar una mirada
fijar la vista
mirar de hito
» de hito en hito
comerse con la vista
no quitar los ojos de
revolver los ojos
mirar con el rabillo del ojo
mirar de rabillo de ojo
» de reojo
» por encima
» por cima
» de arriba abajo
dar una vista
dar una ojeada
extender la vista
enzainarse

ver
distinguir
percibir
contemplar
divisar
dar vista
avistar
herir
guipar
observar
advertir
descubrir
echar la vista encima
hallar
tropezar
notar
reparar
avisar
echar de ver
antever
rever
revisar
pasar revista

entrever
columbrar
vislumbrar
alufrar
trasver
visear
encatalejar

verse
distinguirse
entrelucir
entreparecerse
saltar a los ojos
» a la vista
irse de vista

entelar
cedacear
hacer los ojos telarañas
no ver gota
no ver siete sobre un asno
no ver tres sobre un asno
no ver tres en un burro
encandilar
aguzar
amusgar
deslumbrar
traslumbrar

punto visual
miradero
mirador
miranda
mira
mirilla
observatorio
balcón
registro
atalaya
asomada
belvedere
descubridero
vistillas
viso

campo visual
horizonte
punto de vista
perspectiva
vistosidad
visualidad
vistas
espectáculo
panorama
paisaje
aspecto
cuadro
sinopsis

mirador
mirante
mirón
catante
vidente
zahorí
veedor
oteador
boquiabierto
avizorador
atalayador
atisbador
longividente
espectador

visual
visorio
visivo
perspicaz
lince
linceo
agudo
penetrante
cegato
topo
daltoniano
ciego

visible
(ostensible, patente, etc., véase *Manifestación*)
claro
sinóptico
obvio
ovio
invisible
indistinto
indistinguible
imperceptible

visiblemente
invisiblemente
ocularmente
visu (de)
a vista de ojos
a vista de pájaro
a primera vista
a prima faz
a primera faz
prima facie
a media vista
a ojos cegarritas
sin pestañear

—

VITICULTURA
(V. *Vid*)

—

VITRIFICAR
(V. *Vidrio*)

—

VIUDEZ (30)

viudez

enviudar
desenviudar

segundas nupcias
viudedad
tocas
pensión
reserva
cuarta marital
levirato
cencerrada
esquilada

viudo
viudal
vidual

—

VIUDO
(V. *Viudez*)

—

VÍVERES
(V. *Alimento*)

—

VIVIR
(V. *Vida*)

—

VIVO
(V. *Vida*)

—

VOCABLO
(V. *Palabra*)

—

VOCABULARIO
(V. *Léxico*)

—

VOCEAR
(V. *Voz*)

—

VOLAR
(V. *Vuelo*)

—

VOLÁTIL
(V. *Gas*)

—

VOLATINERO
(V. *Acrobacia*)

—

VOLCÁN (3, 4)

volcán
volcanejo
volcán apagado
» extinto
montaña

cráter
caldera
boca de infierno
ausoles
fumarola
fumorola
solfatara
bufador
erupción
deyección
lava
espodita
escoria
piedra pómez
pumita

volcánico
avolcanado
étneo
crateriforme
lávico

—

VOLCÁNICO
(V. *Volcán*)

—

VOLUMEN
(V. *Grosor*)

—

VOLUNTAD (25)

voluntad
» virgen
albedrío
gana
la real gana
merced
arbitrio
facultad discrecional
libertad
arbitrariedad
manía
capricho
voluntariedad
espontaneidad
entrañas
mente
amor

gusto
placer
(afición, inclinación, vocación, etc. V. *Propensión*)

talante
guisa
agrado
deseo
volición
intención
elección
dignación
consentimiento
condescendencia
permisión
veleidad
finalidad
obstinación
abulia
inhibición

(noluntad, nolición, etc. V. *Repugnancia*)

querer
dignarse
servirse
usar de su derecho
tener a bien
» por bien
darle la gana
» la real gana
arbitrar

voluntario
volitivo
voluntarioso
espontáneo
libre
libérrimo
arbitrario
caprichoso
arbitrativo
arbitrable
discrecional
facultativo
deliberado
intencionado
reflexivo

indebido
involuntario
automático
irreflexivo
abúlico

voluntariamente
buenamente
espontáneamente
sueltamente
de motivo propio
motu proprio
voluntariosamente
arbitrariamente
al albedrío
a discreción
ad líbitum
de buena gana
de buena voluntad
de voluntad
ad nútum
a lo discreto
bien
» a bien
de bien a bien
a buenas
de buenas a buenas
de buen grado
de grado
de su grado
a dos manos
con mil amores
con el alma y la vida

—

VOLUNTARIO
(V. *Voluntad*)

—

VOLVER
(V. *Vuelta*)

—

VOMITAR
(V. *Vómito*)

—

VÓMITO (8)

vómito
asco
arcada
arqueada
basca
náusea
ansias
amago
regurgitación
vomitona
gargantada
espadañada
(vómito de sangre, etc. V. *Expectoración*)
saliva

vomitar
nausear
basquear
arquear
provocar
arrojar
lanzar
desembuchar
volver
devolver
trocar
retrocar
revesar
rendir
rebosar
trasbocar
gormar
jitar
rejitar
jetar
regurgitar
desaguarse [da
cambiar la comida
» la peseta
volverse el cuajo
echar las tripas
echar las entrañas
echar la primera papilla

vomitador
vomitón
gormador
nauseabundo
nauseoso
nauseativo
vomitivo
vomitorio
vómico
emético
antiemético
vomipurgante
vomipurgativo
porráceo

—

VOTAR
(V. *Elección*)

—

VOTO
(V. *Elección*)

—

VOZ (13, 28)

voz
sonido
fonación
emisión
lenguaje
pronunciación
fonética
recitación
oratoria
ventriloquia
ventriloquismo
pectoriloquia
canto
acento
gorjeo
afinación
desentono
muda
ronquedad
ronquera
broncofonía
afonía

volumen
timbre
metal
acento
inflexión
entonación
tesitura
extensión
cuerda

chorro de voz
torrente de voz
pecho
garganta
vozarrón
vocejón
voz de trueno
» aguda
» de cabeza
falsete
gallo
gallipavo

tiple
soprano
contralto
tenor
barítono
bajete
bajo
bajo cantante
contrabajo
cantante

grito
alarido
chillido
frémito
estufido
apito
sanso
jijeo
relincho
bramo
bramido
rugido
berrido
apellido
ululato
ululación
bufido
baladro
aclamación
exclamación
queja
clamor
clamoreada
clamoreo
reclamo
vocinglería
vociferación
gritería
alboroto

Santiago
evohé

levantar
alzar
subir
ahuecar
entonar
bajar
abemolar
desanudar la voz
aclarar la voz
mudar la voz
atiplarse

vocear
vociferar
gritar
chivatear
chillar
apitar
laridar
ajordar
algarear
huchear
ulular
bramar
baladrar
adulear
apellidar
jijear
vibrar
penetrar
gallear
arrendar

gorjearse
desgañitarse
desgañifarse
desgargantarse
desgaznatarse
despepitarse
meter a barato

voceador
vocinglero
ventrílocuo
tiplisonante
palabrimujer
gritón
gritador
gridador
chillador
chillón
chirlador
baladrero
berreón
jarro
algarero
canoro
gárrulo
garrulador

vocal
fónico
fonético
oral
agudo
penetrante
chillón
clamoroso
estentóreo
abaritonado
atenorado
flauteado
aflautado
argentino
argentado
pastoso
pardo
empañado
tomado
cascado
quebradizo
quebrajoso
cavernoso
engolado
sepulcral
profundo
aguardentoso
gangoso
fañoso
bajo
ronco

entrecortado
inarticulado

vocalmente
oralmente
de viva voz
alto
fuerte
a voces
a voz en cuello
a voz en grito
a grito herido
a grito pelado
a media voz
a sovoz
al oído
pasitamente
pasito
abonico
bajo
paso
quedo
quedito
quedamente

voces de los animales:
barrito (elefante)
rugido (león)
tauteo (zorra)
bufido (toro y caballo)
estufido (toro y caballo)
rebufe (toro y caballo)
gañido (perro)
ladrido »
ladra »
latido »
gruñido »
guau guau »
aúllo (perro y lobo)
aullido (perro y (lobo)
miau (gato)
maúllo »
maullido »
mayido »
maído »
marramau »
marramao »
ronroneo »
fu »
fufo »
relincho (caballo)
relinchido »
hin »
rebuzno (asno)
roznido »
mugido (toro)
mu »
bramido »
frémito »
berrido »
gamitido (gamo)
ronca »
brama (ciervo)
rebramo »
balido (oveja)
be »
gruñido (cerdo)
gruñimiento »
trino (pájaro)
trinado »
gorjeo »
arrullo (paloma)
zureo »
reclamo (ave)
ululación »
ajeo (perdiz)
pío (pollo)
pitío »
piada »
piulido »
clo (gallina)
cloqueo »
cacareo »
quiquiriquí (gallo)
cucú (cuclillo)

graznido (cuervo y ganso)
chirrido (grillo y chicharra)
garlido » »
silbo (serpiente)

barritar (elefante)
bufar (toro y caballo)
rebufar » »
rugir (león)
ladrar (perro)
ladrear »
latir »
gañir »
regañir »
arrufarse »
regañar »
aullar (perro y lobo)
ulular (perro y lobo)
otilar (lobo)
maullar (gato)
mayar »
miar »
miagar »
bufar »
ronronear »
marramizar »
mugir (toro)
remudiar »
aturnear »
berrear »
balar (oveja)
balitar »
balitear »
gamitar (gamo)
agamitar »
roncar »
bramar (ciervo)
rebramar »
gruñir (cerdo)
rebuznar (asno)
roznar »
relinchar (caballo)
rebudiar (jabalí)
arruar »
himplar (pantera)
garrir (loro)
hablar (pájaros)
parlar »
cantar »
reclamarse »
responder »
piar (pollo)
pipiar »
piular »
chirriar (grillo y chicharra)
trisar (golondrina)
cacarear (gallina)
clocar »
cloquear »
arrullar (paloma y tórtola)
zurear (paloma)
cantalear »
cuchichiar (perdiz)
castañetear »
piñonear »
ajear »
serrar »
grajear (grajo y cuervo)
croajar » »
crascitar » »
croscitar » »
crocitar » »
graznar (cuervo y ganso)
gaznar » »
voznar » »
parpar (pato)
crotorar (cigüeña)
gruir (grulla)
croar (rana)
groar »
charlear »

titar (pavo)
gluglutear »
grillar (grillo)

boca
garganta
megáfono
reclamo
gamitadera
balitadera

ladrador
ladrante
aullante
aullador
mayador
maullador
miador
rugiente
rugible

rebuznador
relinchador
relinchante
mugidor
bramador
bramante
balador
balante
gruñidor
piador
cacareador
graznador

—

VUELO (19)

vuelo
revuelo
altanería
revoloteo
volada
contenencia
calada
falsada
migración
pasa

volar
hender
surcar
asurcar
revolar
revolear
revolotear
volitar
circunvolar
trasvolar
portearse
emigrar

levantar el vuelo
alzar el vuelo
batir las alas
remontarse
cernerse
rastrear
calar
abatirse
engarbarse
posarse
asentarse

ave
insecto
ala
aeronáutica

volátil
volador
voladero
volante
revolante
volantón
volandero
surcador
rastrero
terrero

en volandillas
en volandas

—

VUELTA (19)

vuelta
media vuelta
conversión
vuelta en redondo
volteo
vuelco
revuelco
inversión
movimiento de rotación
rotación
rotadura
ruedo
revolución
revolvimiento
revuelta
voltereta
volteleta
volteta
tumba
giro
cerco
convolución
circunvolución
laberinto
dédalo
molinete
torno
rodeón
borneo
borneadura
contorneo
rodeo
arrodeo
circulación
circunducción
circunnavegación
viraje
desviación
salto de campana
vuelta » »
salto mortal
pirueta
cabriola
danza

vértigo
mareo

tortor
aduja
coca
guarne
remolino
verticidad
curvatura
redondez
contorno

girar
voltear
rodar
rotar
rutar
rolar
rular
ronchar
remolinar
remolinear
versar
virar
rodear
arrodear
circular
contornear
contornar
rollar
enrollar
tornear
rondar
hacer caracoles
revolar
revolotear
volitar
volquearse
remolinarse
arremolinarse

volver
voltear
voltejear
bailar

rodear
bornear
revolver
invertir
revolcar
trastumbar
derribar
arrollar
remolinear
desdar

volteador
rodeador
rodador
rodante
rotante
remolinante

giratorio
girante
rotatorio
circulatorio
circulante
voluble
loco
volvible
tornátil
rotable
rodadero
rodadizo

circularmente
al retortero
alrededor

—

VULGAR
(V. *Vulgaridad*)

—

VULGARIDAD (26, 29)

vulgaridad
trivialidad
inelegancia
vulgarismo
ordinariez
chabacanería
impertinencia
necedad
prosa
prosaísmo
camino trillado
lugares comunes
tópicos
dicharacho
vejez
vulgarización

ser del montón
ser un cualquiera
andar en manos de todos
vulgarizar
adocenar, -se
familiarizar

vulgarizador
vulgo
galería
público
concurrencia
plebe

vulgar
trivial
trillado
andado
manido
adocenado
sobado
ramplón
general
común
corriente
ordinario
grosero
pedestre
chabacano
exotérico
inelegante
plebeyo
popular
despreciable
inculto
rocero
bajo
prosaico
sanchopancesco
de por ahí

vulgarmente
vulgo (adv.)
comúnmente
por lo común
trivialmente
prosaicamente
chabacanamente

—

VULVA
(V. *Matriz*)

—

Y

YACER
(V. *Horizontalidad*)

—

YEGUA
(V. *Caballería*)

—

YEMA (5)

yema
gema
botón
turión
gromo
grumo
bollón
abollón
caparrón
plúmula
plumilla
gemación
brote
retoño
brotar
gemificar
botonar
abotonar
agarbanzar
apitonar
abollonar

en yema

—

YESO (2, 4, 11)

yeso
espejuelo
selenita
anhidrita
aljez
aljor
alabastrita
alabastrites
alabastro yesoso
alabastrina
yesón
gasón
aljezón
zaborro
yeso negro
» blanco
» mate
» espejuelo
lechada
pellada
bizcocho
amasijo
enyesadura
estuco
estuque
marmoración
escayola
granzas

matar
enyesar
escayolar
entomizar
fraguar

yesero
aljecero
albañil
guitarra
horno
cuezo
cueza
terraja
tarraja
cahíz

yesar
yesal
aljezar
yesera
yesería
aljecería

yesoso
selenitoso
yesero
gipsífero
muerto

—

YESOSO
(V. *Yeso*)

—

YUGO (38)

yugo
jubo
ubio
yugueta
dentejón
uñidura

gamella
camella
pezón
frontil
frontalera
melena
melenera
rolla
rollo
coyunda
cobra
toza
cornal
cornil
ventril
sobeo
subeo
mediana
hembrilla
latigadera
cincha
guarnición
tracción

uncir
uñir
juñir
enyugar
enfrontilar
ensobear
acoyundar
desuncir
desyugar
desenyugar
tirar
tesar

uncidor

—

Z

ZAHERIMIENTO (27)

zaherimiento
mortificación
vejación
vejamen
murmuración
descrédito
detracción
declamación
molestia
burla
sarcasmo
ironía
sátira
epigrama
epístola
serventesio
sirventés
letrilla
ilusión
palabra picante
quemazón
matraca
carreras
cuodlibeto
pinchazo
dardo
rehilete
reguilete
pulla
indirecta
espigüela
vareta
remoque
remoquete
caroca
pasquín
pasquinada
cartel
soflama
libelo
trágala
invectiva
diatriba
reprensión
lejía
rociada
reprobación
ofensa

mordacidad
causticidad
dicacidad
picante
acrimonia
retintín
retinte
retín
sonsonete

zaherir
mortificar
ofender
detraer
detractar
vejar
avejar
escarnecer
molestar
satirizar
personalizar
avergonzar
cancerar
freír
pinchar
ladrar
morder
cantaletear
candonguear
matraquear
abuchear
pasquinar
reprender
censurar
decir entre burlas
y veras
mullírselas a uno
echar coplas
cantarle el trágala
poner una bande-
rilla [ca
dar por donde pe-
dar en las mata-
duras [vo
poner como nue-
levantar ronchas
plantar, clavar
una banderilla
escribir con san-
gre

repuntarse
contrapuntearse
darse de las astas

zaheridor
vejador
vejaminista
zoilo
pullista
soflamero
candonguero
libelista
matraquista
satírico
sátiro
satirizante
sarcástico
epigramático
mortificante
picante
mordicante
acre
mordedor
mordaz
dicaz
acerado
cáustico
agresivo
punzante
incisivo
virulento
venenoso

mordazmente
picantemente
cáusticamente
satíricamente
epigramática-
mente
caninamente
con su sal y pi-
mienta

—

ZAHERIR
(V. *Zaherimiento*)

—

ZAHÍNA (5)

zahína
sahína
sorgo
daza
adaza
adacilla
ardurán
melca
maíz de Guinea
panizo negro
alcandía
alcandial
cereales

zahinar
sahinar

—

ZAPAPICO
(11, 36)

zapapico
pico
azadón
» de peto
azada
espiocha
piocha
piqueta
piquetilla
picoleta
dolobre
bate
alcotana
petalla
mazo
utensilio
picar
cavar
desmontar
zapar
minar

—

ZAPATERO
(V. *Calzado*)

—

ZAPATO
(V. *Calzado*)

—

ZARCILLO (5)

zarcillo
cercillo de vid
cirro
tijereta
tijerilla
tijeruela
pleguete
manecilla
chocallo
tallo
asimiento
sujeción

—

ZARZA (5)

zarza
zarzuela
barza
cambrón
silva
espino

zarzamora
mora
garrabera
cari

zarzal
barzal
busquizal

enzarzar
zarzoso
zarceño

—

ZARZAMORA
(V. *Zarza*)

—

ZINC
(V. *Metal*)

—

ZODIACO (3)

zodiaco
zodíaco
eclíptica
cuadrante
cuarta
signo
estrella
constelación
Aries
Carnero
Tauro
Toro
Géminis
Gemelos
Cástor
Pólux
Cáncer
Leo
León
Virgo
Virgen
Libra
Balanza
Escorpio
Escorpión
Sagitario
Capricornio
Acuario
Piscis
Peces
Trígono

zodiacal
zoomorfo
cuadrúpedo
cardinal
mudo

—

ZOOLOGÍA (6)

zoología
zoografía
zoofitología
reino animal
zootomía
vivisección
morfología
organología
organografía
historia natural
paleontología

animalidad
animalización
organismo
organización
metamorfosis
atavismo
zootecnia
veterinaria
hibridismo
gregarismo
instinto [males)
voz (de los ani-
fisiología
biología
embriología
taxidermia
clasificación

animal
animalejo
animálculo
animalucho
irracional
bruto
brutal
bestia
bestezuela
bestión
treza
fiera
salvajina
alimaña
musaraña
bicho
bicharraco
cojijo
sabandija
sabandijuela
fauna
fósil

cuerpo
cabeza
cara
quijada
barba
cuello
pecho
espalda
lomo [*taderas*)
(trasero, V. *Asen-*
brazo
mano
dedo
pierna
rodilla
pata
pie
garra
pinzas
tentáculo
tiento
antena
cuerno
cola
ventosa

tejido
parénquima
prosénquima
histología
hueso
vértebra
articulación

cartílago
nervio
músculo
sangre
humor

ojo
boca
labio
lengua
diente
nariz
oído
oreja
garganta
bronquios
pulmón
tragadero
estómago
vientre
ano
corazón
vena
glándula
riñón
hígado
mama
sexo

dermatoesqueleto
caparazón
tubérculo
púa
piel
concha
escama
cuerno
uña
pelo
pluma

vertebrado
hombre
cuadrumanos
mamíferos
solípedos
cuadrúpedos
caballería
rumiante
ganado
alípedos
quirópteros
murciélago
cetáceos
sirenios
pinnípedos
fócidos
foca
manatí
aves
reptiles
testáceos
quelonios
tortuga
batracios
anfibios
anuros
pez
tunicados
invertebrados
moluscos
artrópodos
articulados
anillados
crustáceos
insectos
arácnidos
araña
gusanos
lombriz
helminto
equinodermos
radiados
equino
balate
erizo de mar
» marino
cohombro de mar
holoturia
estrellamar
estrella de mar
hierba estrella
celentéreos
celenterios
espongiarios
esponja
acalefos
madreporarios
ortiga de mar
medusa
pulmón marino
aguamala
aguamar
aguaverde
pólipo
anemone de mar
hongo marino
alción
criadilla de mar
hidra
madrépora
madrepórico
coralina
actinia
foraminíferos
protozoos
protozoarios
zoófito
infusorio
bacteria

ecología
habitación
habitáculo
querencia
cama
guarida
cubil
estregadero
revolcadero
envolvimiento
revolvedero
escarbadero
bañadero
aguadero
veranero
parque zoológico
casa de fieras
museo
acuario

disecar

zoólogo
naturalista
taxidermista
disecador

animal
zoológico
zoográfico
bimano
bípedo
bípede
caudimano
cuadrumano
cuadrúpedo
digitígrado
plantígrado
tardígrado

(herbívoro, frugívoro, insectívoro, carnívoro, omnívoro, etcétera. V. *Alimento*)

ovíparo
vivíparo
ovovivíparo
andrógino

terrestre
marino
acuático
acuátil
abisal
anfibio
saxátil
radicícola
escatófilo
parásito
sedentario
diurno
nocturno
inerme
venenoso
manso
querencioso
viejo
fiero
ruin

(calificativos del animal por el color del pelo, la forma y disposición de alguna de sus partes, órganos, etcétera. V. *Pelo, Piel, Cuerno, Boca, Pata,* etcétera)

—

ZOOLÓGICO
(V. *Zoología*)

—

ZOOTECNIA (37)

zootecnia
cría
recría
pasto
ceba
castración
cruce
cruzamiento
hibridismo
selección
reproducción
generación
incubación
veterinaria
zoología

criar
recriar
cebar
cruzar
» las castas
mestizar
encastar

ganadería
ganado
caballería
caballo
mulo
asno
toro
vaca
buey
oveja
cabra
cerdo
perro
gato
conejo
ave
gallina
huevo
pavo
pato
paloma
pájaro
pez
abeja
gusano de **seda**

criador
recriador
ganadero

criadero
granja
estancia
establo
corral
redil
cubil
nido

zootécnico

—

ZORRA (6)

zorra
raposa
añas
zorruela
vulpeja
vulpécula
aguará
tigrillo
zorro
raposo
raposo ferrero
zorro azul
zorruelo
garcía
culpeo
isatis
chilla

tauteo

zorrería
zorrera
raposería

zorruno
vulpino
raposuno
raposino

—

ZORROS
(V. *Limpieza*)

—

ZUMO
(V. *Jugo*)

—

ZURCIR
(V. *Costura*)

—

ZURDO
(V. *Izquierda*)

—

ZURRA
(V. *Golpe*)

—

APÉNDICE
DE
NOMBRES GENTILICIOS

Además de los gentilicios propiamente dichos, se incluyen los despectivos y apodos que se aplican a los naturales de algunos lugares; como «gatos», a los madrileños; «choriceros», a los extremeños; «farrucos», a los asturianos, etc.

Los nombres de algunos continentes, naciones y ciudades (ÁFRICA, AMÉRICA, ASIA, ALEMANIA, ESPAÑA, FRANCIA, GRECIA, INGLATERRA, ITALIA, ROMA, etc.), impresos en versales, van acompañados, no sólo de los correspondientes gentilicios, sino de muchos otros vocablos (nombres, adjetivos y verbos) que se relacionan directamente con la respectiva denominación geográfica; v. gr.: *hispanófilo, españolismo, españolada; hispánico, hesperio; hispanizar, españolizar*, etc.

La denominación que toman los habitantes de un paraje a causa de la forma o situación del territorio en que residen, se ha de buscar en el vocablo que designa ese territorio. Así, «istmeño» se buscará en **istmo;** «isleño», en **isla;** etc.

Para completar la información que contiene este APÉNDICE, el lector podrá consultar con fruto en la PARTE ANALÓGICA los grupos de **Habitante** y **Raza.**

REMISIONES. Las referencias en cursiva, como V. *Italia*, se han de buscar en este mismo APÉNDICE. Las palabras en negrita, como **Islamismo, Raza, Indio**, etc., remiten a la PARTE ANALÓGICA.

A

Abadín (Lugo)
abadiense

Abanilla (Murcia)
abanillero

Abarán (Murcia)
abaranero

Abenójar (Ciudad Real)
abenojareño

Abertura (Cáceres)
abertureño

Abisinia (África)
abisinio

Abla (Almería)
abulense

Ablitas (Navarra)
ablitense
ablitero

Abrucena (Almería)
abrucense

Abruzo (Italia)
abruzo
peligno

Acebedo (Orense)
acebedo

Acebo (Cáceres)
acebano

Acehuchal (Badajoz)
acehuchaleño

Acehúche (Cáceres)
acehucheno

Adamuz (Córdoba)
adamuceño

Adeje (Canarias)
adejero

Ademuz (Valencia)
ademuceño

Adra (Almería)
abderitano

Adzaneta (Castellón)
adzanatero

Afganistán (Asia)
afgano

—

ÁFRICA

africano
afro
sudafricano
boer

africanista
(cartaginés, púnico, etc. V. ***Cartago*****)**
cirenaicos
cireneos
cirineos
getulos
garamantas
lotófagos
berberiscos
cenetes
cenhegíes
masamudas
númidas
uticenses
havaras
havares
bereberes
beduinos
mauritanos
masilios
masilos
(árabes, moros, etc. V. Islamismo y ***Arabia*****)**
gelfes
cafres
zulús
hotentotes
pamúes
bubis

—

Agost (Alicante)
agostense

Agramunt (Lérida)
agramuntés

Ágreda (Soria)
agredano
agredeño

Aguarón (Zaragoza)
aguaronsense

Aguaviva (Teruel)
aguavivano

Agudo (Ciudad Real)
agudeño

Aguete (Canarias)
aguetero

Aguilafuente (Segovia)
aguilucho

Aguilar (Córdoba)
aguilarense

Aguilar de Campoo (Palencia)
aguilareño

Aguilar del Río Alhama (Logroño)
aguilareño

Águilas (Murcia)
aguileño

Aguilera (La) (Burgos)
aguilereño

Agüimes (Canarias)
agüimense

Agullent (Valencia)
agullentino

Ahillones (Badajoz)
pahilón

Aibar (Navarra)
aibarés

Ainzón (Zaragoza)
ainzonero

Ajofrín (Toledo)
ajofrinero

Alacuás (Valencia)
alacuasero

Alaejos (Valladolid)
alejano

Alagón (Zaragoza)
alagonero

Alájar (Huelva)
alajeño

Alameda (La) (Málaga)
alamedano

Alameda de la Sagra (La) (Toledo)
alamedano

Alamillo (Ciudad Real)
alamillero

Alanís (Sevilla)
alanisense

Alaró (Baleares)
alarón

Álava (Provincias Vascongadas)
alavés
alavense
vascongado
babazorro

Alayor (Baleares)
alayorense

Albacete
albacetense
albaceteño

Alba de Tormes (Salamanca)
albense

Albaida (Valencia)
albaidense

Albaladejo (C. Real)
albaladejeño

Albalat de la Ribera (Valencia)
albalatero

Albalate del Arzobispo (Teruel)
albalatino

Albánchez (Almería)
albanchecero

Albánchez (Jaén)
albanchecino

Albania (Balcanes)
albanés
albano

Albares de la Ribera
berciano [(León)

Albarracín (Teruel)
albarracinense

Albatera (Alicante)
albaterano
albaterense

Albelda (Logroño)
albeldense

Albentosa (Teruel)
albentoseño

Alberca (La) (Cuenca)
alberqueño

Alberca (La) (Sala-
albercano [manca)

Alberguería de Arga-
ñán (Salamanca)
albergallo

Alberique (Valencia)
alberiquense

Albesa (Lérida)
albesense

Albi (Lérida)
albiense

Albi (Francia)
albigense

Albiñana (Tarragona)
albiñanense

Albocácer (Castellón)
albocacense

Alboloduy (Almería)
alboloduyense

Albolote (Granada)
alboloteño

Alborache (Valencia)
alborachero

Alboraya (Valencia)
alborayense

Alborea (Albacete)
alboreano

Albox (Almería)
albojense
alboxense

Albudeite (Murcia)
albudeitero

Albuñol (Granada)
albuñolense

Albuñuelas (Granada)
albuñolero

Alburquerque (Bada-
alburquerqueño [joz)

Alcácer (Valencia)
alcacero

Alcalá de Chisvert
(Castellón)
chisvertense

Alcalá de Guadaira o
de los Panaderos (Se-
alcalareño [villa)

Alcalá de Henares
alcalaíno [(Madrid)
alcaladino
complutense

Alcalá de Júcar (Alba-
alcalaeño [cete
alcalaíno

Alcalá de los Gazules
alcalaíno [(Cádiz)
alcaladino

Alcalá del Río (Sevilla)
alcalareño

Alcalá del Valle (Cá-
alcalareño [diz)

Alcalá la Real (Jaén)
alcalaíno

Alcanadre (Logroño)
alcanadreño

Alcántara (Cáceres)
alcantareño
alcantarino

Alcantarilla (Murcia)
alcantarillero

Alcañices (Zamora)
alistano

Alcañiz (Teruel)
alcañizano

Alcaracejos (Córdoba)
mogino

Alcaraz (Albacete)
alcaraceño

Alcarraz (Lérida)
carracero
carrasero

Alcarria (Cast. la Nue-
alcarreño [va)
arriacense

Alcaudete (Jaén)
alcaudetense

Alcaudete de la Jara
alcaudetano [(Toledo)

Alcázar (Granada)
alcazareño

Alcázar de San Juan
(Ciudad Real)
alcaceño

Alcira (Valencia)
alcireño

Alcobendas (Madrid)
alcobendano

Alcocer (Guadalajara)
alcocereño

Alcolea de Calatrava
(Ciudad Real)
alcoleano

Alcolea del Río (Sevi-
alcoleano [lla)

Alconchel (Badajoz)
alconchelero

Alcontar (Almería)
alcontareño

Alcora (Castellón)
alcorano
alcorense

Alcorisa (Teruel)
alcorisano

Alcover (Tarragona)
alcoverense

Alcoy (Alicante)
alcoyano

Alcubierre (Huesca)
alcoberreño

Alcublas (Valencia)
alcublano

Alcudia (Almería)
alcuditense

Alcudia de Carlet
alcudiano [(Valencia)
alcudiense

Alcuéscar (Cáceres)
alcuesqueño

Aldaya (Valencia)
aldayero

Aldeacentenera (Các-
aldeano [res)

Aldeadávila de la Ri-
bera (Salamanca)
riberano

Aldea del Rey (Ciudad
aldeano [Real)

Aldeanueva de Barba-
rroya (Toledo)
jareño

Aldeanueva de Ebro
aldeano [(Logroño)

Aledo (Murcia)
aledano

Aleixar (Tarragona)
aleixarense

Alejandría (Egipto)
alejandrino

Alella (Barcelona)
alellense

—

ALEMANIA

Germania
Reich
ansa
zollverein

germanizar
germanización
germanismo

alemán
alemanés
alemánico
germano
germán
germánico
teutón
tudesco
anseático

longobardos
cuados
marcomanos
borgoñeses
godos
vándalos
salios
sálicos
francos
sajones
turingios
silingos
sicambros
pisones
bávaros
catos
caucos
tungros
hunos
gépidos
(V. *Prusia*, *Silesia*, etcétera)

—

Alesanco (Logroño)
alesanquino

Alfacar (Granada)
alfacarino

Alfafar (Valencia)
alfafarense

Alfambra (Teruel)
alfambrino

Alfarnate (Málaga)
alfarnatés
alfarnateño

Alfaro (Logroño)
alfareño
alfarense

Alfaz del Pino (El)
alfacino [(Alicante)

Alforja (Tarragona)
forjatán

Alfoz (Lugo)
alfocense

Algaba (La) (Sevilla)
algabeño

Algaida (Baleares)
algaidense

Algámitas (Sevilla)
algamiteño

Algar (Cádiz)
algarense
algareño

Algarbe (Portugal)
algarabío

Algarinejo (Granada)
algarinejeño

Algeciras (Cádiz)
algecireño

Algemesí (Valencia)
algemesiñero

Algerri (Lérida)
algerriense

Algete (Madrid)
algeteño

Algimia de Almonacid
algimiano [(Castellón)

Alginet (Valencia)
alginetino

Algodonales (Cádiz)
algodonaleño

Alguaire (Lérida)
alguairense

Alguazas (Murcia)
alguaceño

Alhama (Almería)
alhamero
aljameño

Alhama (Granada)
alhameño

Alhambra (C. Real)
alhambreño

Alhaurín el Grande
alhaurino [(Málaga)

Alhendín (Granada)
alhendinense

Alia (Cáceres)
aliano

Aliaguilla (Cuenca)
aliaguillero

Alicante
alicantino

Aliseda (Cáceres)
aliseño

Aljaraque (Huelva)
aljaraqueño

Almacera (Valencia)
almacerense

Almachar (Málaga)
almacharense

Almadén (C. Real)
almadenense

Almagro (Ciudad Real)
almagreño

Almansa (Albacete)
almanseño

Almargen (Málaga)
almargeño

Almatret (Lérida)
almatretense

Almazán (Soria)
adnamantino
almazanense

Almazora (Castellón)
almazorino

Almedinilla (Córdoba)
almedinillense

Almenara (Castellón)
almenarense

Almenara Alta (Léri-
almenarense [da)

Almendralejo (Bada-
almendralejeño [joz)

Almendro (El) (Huel-
almendrero [va)

Almendros (Cuenca)
almendruco

Almería
almeriense
urcitano

Almodóvar del Campo
(Ciudad Real)
almodovareño
almodoveño

Almodóvar del Río
cuco [(Córdoba)

Almoguera (Guadala-
almoguereño [jara)

Almolda (La) (Zarago-
almoldano [za)

Almonacid de Zorita (Guadalajara)
almonacileño

Almonte (Huelva)
almonteño

Almoradí (Alicante)
almoradideño

Almorox (Toledo)
almorojano

Almudévar (Huesca)
almudevano

Almunia de Doña Godina (La) (Zaragoza)
almuniense

Almuñécar (Granada)
almuñequero
sexitano

Almusafes (Valencia)
almusafense

Alomartes (Granada)
alomarteño

Álora (Málaga)
aloreño
perote

Alós de Balaguer (Lérida)
alosense

Alosno (Huelva)
alosnero

Alozaina (Málaga)
alozainense

Alpandeire (Málaga)
alpandeireño

Alpartir (Zaragoza)
alpartilejo

Alpera (Albacete)
alperino

Alpujarra
alpujarreño

Alquería de la Condesa (Valencia)
alqueriense

Alsacia (Francia)
alsaciano

Alsasua (Navarra)
alsasuano

Altafulla (Tarragona)
altafullense

Altea (Alicante)
alteano

Altura (Castellón)
alturano
alturense

Allande (Oviedo)
allandés

Allariz (Orense)
alaricano

Aller (Oviedo)
allerano

Alloza (Teruel)
allocino
allozano

Amberes (Bélgica)
antuerpiense

Amer (Gerona)
amerense

—

AMÉRICA

Nuevo Mundo
Indias Occidentales

americano
indiano
indio
criollo
gaucho
amerindio

(mestizo, mulato, negro, etc. V. **Raza**)

esquimal
norteamericano
estadounidense
yanqui
centroamericano
sudamericano
hispanoamericano
iberoamericano

americanismo
panamericanismo
americanista

precolombino
transatlántico

(V. *Andes, Antillas, Cuba,* etc.)

—

Ames (Coruña)
mahián

Amézqueta (Guipúzcoa)
amezquetano

Amposta (Tarragona)
ampostino

Ampuero (Santander)
ampuerano

Ampurdán (Gerona)
ampurdanés

Amusco (Palencia)
amusqueno

Ancona (Italia)
anconitano

Andalucía
andaluz
bético
jándalo
gachó
gaché

Andes
andino
trasandino
colla

Andoain (Guipúzcoa)
andoainense

Andorra
andorrano

Andosilla (Navarra)
andosillano

Andújar (Jaén)
andujareño
andurense
iliturgitano

Anglés (Gerona)
anglesense

Anglesola (Lérida)
anglesolense

Angües (Huesca)
angüesano

Aniñón (Zaragoza)
aniñocense

Anna (Valencia)
annero

Anora (Córdoba)
noriego

Ansó (Valle de) (Huesca)
ansotano

Ansoaín (Navarra)
ansoainés

Antas (Almería)
antuso

Antella (Valencia)
antellano

Antequera (Málaga)
antequerano
anticariense

Antigüedad (Palencia)
antigüedeño

Antillas
antillano
caribe
caríbal
caníbal

Antioquía (América)
antioqueno
antioqueño

Anué (Navarra)
anués

Anzuola (Guipúzcoa)
anzolano

Añover de Tajo (Toledo)
añoverano
añovereño

Aoiz (Navarra)
aoisco

Arabia (Asia)
árabe
alárabe
alarbe
arabio
sarraceno
sarracín
ismaelita
agareno
nabateo
sabeo
moabita

Aracena (Huelva)
arundense

Arafo (Canarias)
arafero

Aragón
aragonés
baturro

Aragón (Alto)
somontano

Arahal (El) (Sevilla)
arahalense

Araiz (Navarra)
araiztarrés

Aram
arameo

Aramayona (Álava)
aramayonés

Aranaz (Navarra)
aranacense

Aranda de Duero (Burgos)
arandino

Aranda de Moncayo (Zaragoza)
arandino

Arándiga (Zaragoza)
arandiguino

Arauco (Chile)
araucano

Arbeca (Lérida)
arbequense

Arbo (Pontevedra)
arboense

Arboleas (Almería)
arboleano

Arbós (Tarragona)
arbosense

Arbucias (Gerona)
arbuciense

Arcos de la Frontera (Cádiz)
arcobricense
arqueño

Arcos de las Salinas (Teruel)
salinero

Archena (Murcia)
archenero

Archidona (Málaga)
archidonés

Ardales (Málaga)
ardaleño

Arechavaleta (Guipúzcoa)
arechavaletano

Arenal (El) (Ávila)
arenalo

Arenas de Iguña (Santander)
iguñés
valnero

Arenas del Rey (Granada)
arenusco

Arenas de San Pedro (Ávila)
arenero
arenense

Arenys de Mar (Barcelona)
arenyense

Arenys de Munt (Barcelona)
arenyense

Ares (Coruña)
aresano

Ares del Maestre (Castellón)
arense

Arévalo (Ávila)
arevalense

Arezzo (Italia)
aretino

Argamasilla de Alba (Ciudad Real)
argamasillero

Argamasilla de Calatrava (Ciudad Real)
rabanero

Arganda (Madrid)
argandeño

Argel (África)
argelino

Argelia (África)
argelino

Argentina
argentino

Argentona (Barcelona)
argentonés

Arguedas (Navarra)
arguedano

Arico (Canarias)
ariquero

Ariño (Teruel)
ariñero

Ariza (Zaragoza)
aricense

Arjona (Jaén)
arjonero
urgabonense

Arjonilla (Jaén)
arjonillero

Armenia (Asia)
armenio

Arnedillo (Logroño)
arnedillero

Arnedo (Logroño)
arnedano

Arnés (Tarragona)
arnesano

Arnoya (Orense)
arnoyés

Aroche (Huelva)
aruceño

Arrecife (Puerto del) (Canarias)
arrecifeño

Arriate (Málaga)
arriateño

Arroyo del Puerco (Cáceres)
arroyano

Arroyo de San Serván (Badajoz)
arroyano

Arroyomolinos de León (Huelva)
arroyeno

Arroyomolinos de Montánchez (Cáceres)
molinero

Artá (Baleares)
artanense

Artajona (Navarra)
artajonés

Artana (Castellón)
artanense

Artenara (Canarias)
artenariense

Artesa de Segre (Lérida)
artesense

Artois (Francia)
artesiano

Arucas (Canarias)
aruquense
aruqueño

Arzúa (Coruña)
arzuano

Ascalón (Palestina)
ascalonita

Ascó (Tarragona)
asconense

—

ASIA

Oriente
Extremo Oriente

asiático
oriental

eurasiático

babilonios
bactrianos
bitinios
calcedonios
caldeos
cenaucos
capadocios
cesarienses
efrateos
elamitas
eolios
escitas
masagetas
fenicios
beritenses
frigios
gálatas
galileos
hircanos
caspios
idumeos
jonios
judíos
laodicenses
libios
lidios
licios
medos
midios
naciancenos
ninivitas
partos
samaritas
samaritanos
samosatenos
sardianos
sogdianos

(chinos, japoneses, manchúes, etc. V. **Raza**)

(V. *Siberia*, *India*, etc.)

—

Asiria (Asia)
asirio

Aspe (Alicante)
aspense

Astillero (Santander)
astilleriense

Astorga (León)
astorgano
asturicense
maragato

Astudillo (Palencia)
astudillano

Asturias
asturiano
astur

farruco (el recién salido)

Ataquines (Valladolid)
ataquinero

Atarfe (Granada)
atarfeño

Ateca (Zaragoza)
atecano

Atenas (Grecia)
ateniense
ático

Atienza (Guadalajara)
atienzano
bragado

Auñón (Guadalajara)
auñonense

Ausejo (Logroño)
ausejano

Australia
australiano

Austria
austriaco
austrida

Ávila
avilés
abulense

Avilés (Oviedo)
avilense
avilesino

Aviñón (Francia)
aviñonés
aviñonense

Avión (Orense)
avionés

Ayala (Valle de)
ayalés [(Álava)

Ayamonte (Huelva)
ayamontino

Ayelo de Malferit (Valencia)
ayelense

Ayna (Albacete)
ayniego

Ayora (Valencia)
ayorense
ayorino

Azagra (Navarra)
azagrés

Azanuy (Huesca)
zanuyo

Azcoitia (Guipuzcoa)
azcoitiano

Aznalcóllar (Sevilla)
aznalcollero
aznalcollense

Azpeitia (Guipúzcoa)
azpeitiano

Azuaga (Badajoz)
arsense
azuagueño

Azuara (Zaragoza)
azuarino

B

Babia (León)
babiano

Bacares (Almería)
bacareño

Badajoz
badajocense
badajoceño
pacense

Badalona (Barcelona)
badalonés

Badolatosa (Sevilla)
badolatoseño

Baena (Córdoba)
baenense
baenero

Baeza (Jaén)
baezano
bastetano
betiense

Báguena (Teruel)
baguenense

Bagur (Gerona)
bagurense

Bailén (Jaén)
bailenense

Balaguer (Lérida)
balagariense

Balazote (Albacete)
balazoteño

Balbases (Los) (Burgos)
balbaseño

Baleares (Islas)
balear
payés (a los campesinos)

Baltanás (Palencia)
baltanasiego

Ballesteros de Calatrava (Ciudad Real)
ballestereño

Bande (Orense)
bandés

Bañeras (Alicante)
bañerense

Bañeza (La) (León)
bañezano

Bañolas (Gerona)
bañolense

Baños de la Encina
bañusco [(Jaén)

Baracaldo (S. Vicente de) (Vizcaya)
baracaldés

Barajas de Melo
barajeño [(Cuenca)

Barbará (Tarragona)
barbarense

Barbastro (Huesca)
barbastrense
barbastrino

Barcarrota (Badajoz)
barcarrotense
barcarroteño

Barcelona
barcelonés

Barco de Ávila (El)
barcense [(Ávila)
barqueño

Barco de Valdeorras
valdeorrés [(Orense)

Bargas (Toledo)
bargueño
vargueño

Barlovento (Canarias)
barloventero

Baronía de Rialp (Lérida)
baronialpense

Barraco (Ávila)
barraqueño

Barranca (Valle de)
borundés [(Navarra)

Barrax (Albacete)
barrajeño

Barrios (Los) (Cádiz)
barreño

Barrios de Sala (Los)
berciano [(León)

Barro (Pontevedra)
barroso

Basauri (Vizcaya)
basauriano
basauriense

Basilea (Suiza)
basiliense
basileense
basilense

Batavia (Holanda ant.)
bátavo

Batea (Tarragona)
bateano

Batuecas (Valle de las)
batueco [(Salamanca)

Baviera (Alemania)
bávaro

Bayamo (Cuba)
bayamés

Bayas (Italia)
bayano

Bayona (Francia y
bayonés [Pontevedra)
bayonense

Baza (Granada)
baztetano
bastitano

Baztán (Valle de) (Navarra)
baztanés

Bearne (Francia)
bearnés

Beasain (Guipúzcoa)
beasainense

Beas de Segura (Jaén)
serreño

Becerreá (Lugo)
becerrense

Becerril de Campos
becerrileño [(Palencia)

Becilla de Valderaduey (Valladolid)
becillano

Bechí (Castellón)
bechinense

Bédar (Almería)
bedarense
bedareño

Bedmar (Jaén)
bedmareño

Begas (Barcelona)
begatán

Begastro (Murcia)
begastrense

Begíjar (Jaén)
begijense
burginense

Begoña (Vizcaya)
begoñés

Beja (Portugal)
pacense

Béjar (Salamanca)
bejarano
bejerano

Belchite (Zaragoza)
belchitano

Belén (Tierra Santa)
betlemita

Bélgica
belga

Belianes (Lérida)
belianense

Belinchón (Cuenca)
belinchonero

Belmez (Córdoba)
belmezano

Belmez de la Moraleda
moraledo [(Jaén)

Belmonte (Cuenca)
belmonteño

Belmonte (Oviedo)
belmontino

Belorado (Burgos)
beliforano

Belver de los Montes
belverisco [(Zamora)

Belvís de la Jara (Toledo)
belviseño

Bellpuig (Lérida)
bellpugense

Bellreguart (Valencia)
bellreguartense

Bellvey (Tarragona)
bellveyense

Bellvís (Lérida)
bellvisense

Bembribe (León)
bembribense
berciano

Benabarre (Huesca)
barnabense
benabarrense

Benacazón (Sevilla)
benacazonero

Benahadux (Almería)
benaducense

Benalmadena (Málaga)
benalmadenero
benalmadeno

Benalúa de las Villas (Granada)
benaluense

Benamaurel (Granada)
benamaurelense

Benamejí (Córdoba)
benamejicense

Benamocarra (Málaga)
benamocarreño

Benaocaz (Cádiz)
benaocaceño

Benaoján (Málaga)
benaojano

Benasal (Castellón)
benasalense

Benasque (Huesca)
benasqués

Benavente (Zamora)
benaventano

Benavides (León)
benavidense
riverano

Benejama (Alicante)
benejamense

Benejúzar (Alicante)
benejucense

Bengala (Indostán)
bengalí

Benicarló (Castellón)
benicarlando
benicarlonense

Benidorm (Alicante)
benidormense

Benifairó de Valldigna (Valencia)
benifairoñero

Benilloba (Alicante)
benillobense

Beniopa (Valencia)
beniopense

Benisa (Alicante)
benisense
benisero

Benisanet (Tarragona)
benisanetano

Benitachell (Alicante)
benitachellense

Benitagla (Almería)
benitaglense

Benizalón (Almería)
benizalonense

Benquerencia (Badajoz)
benquerenciano

Berástegui (Guipúzcoa)
berasteguiano

Berbegal (Huesca)
berbegalense

Berbería (África)
bereber
berberisco
berberí

Bérchules (Granada)
berchulero

Berga (Barcelona)
bergadán

Bérgamo (Italia)
bergamasco

Bergondo (Coruña)
bergondés

Berja (Almería)
birgitano

Berlanga (Badajoz)
berlangueño

Berlanga de Duero (Soria)
berlangués

Berlín (Alemania)
berlinés

Bermeo (Vizcaya)
bermeano

Bermillo de Sayago (Zamora)
sayagués

Berna (Suiza)
bernés

Berrocal (Huelva)
berrocaleño

Betanzos (Coruña)
brigantino

Bétera (Valencia)
beterano

Bética (hoy Andalucía)
bético

Biar (Alicante)
biarense

Bicorp (Valencia)
bicorino

Bienvenida (Badajoz)
barreño
bienvenido

Bierzo (León)
berciano
ratiño (despect. ant.)

Biescas (Huesca)
biesqués

Bigastro (Alicante)
bigastreño

Bilbao (Vizcaya)
bilbaíno

Biota (Zaragoza)
biotano

Birmania (Indochina)
birmano

Bisayas (Filipinas)
bisayo

Bisbal (La) (Gerona)
bisbalense

Bisbal del Panadés (Tarragona)
bisbalense

Blanca (Murcia)
blanqueño

Blancafort (Tarragona)
blancafortín

Blanes (Gerona)
blandense

Blázquez (Córdoba)
blazqueño

Boada (Salamanca)
boadense

Boadilla de Rioseco (Palencia)
boadillano

Boal (Oviedo)
boalés

Bocairente (Valencia)
bocairentino

Bodonal de la Sierra (Badajoz)
bodonalero

Bogarra (Albacete)
bogarreño

Bogotá (Colombia)
bogotano

Bohemia
bohemo
bohemio
bohemiano

Boiró (Coruña)
boirense

Bola (La) (Orense)
bolense

Bolaños (Ciudad Real)
bolañego

Bolbaite (Valencia)
bolbaitino

Bolea (Huesca)
boleano

Bolívar (Ecuador)
bolivarense

Bolivia
boliviano

Bolonia (Italia)
boloñés
bononiense

Boltaña (Huesca)
boltañés

Bollo (El) (Orense)
boiés

Bollullos de la Mitación (Sevilla)
bollullero

Bollullos del Condado (Huelva)
bollullero

Bonares (Huelva)
bonareño
bonariego

Bonete (Albacete)
bonetense

Bonillo (El) (Albacete)
bonillero

Boñar (León)
boñarense

Boqueijón (Coruña)
boqueijonista

Borgoña (Francia)
borgoñón

Borja (Zaragoza)
borjano
borsaunense

Borjas (Lérida)
borjense

Borjas del Campo (Tarragona)
borjatán

Bormujos (Sevilla)
bormujero

Bornos (Cádiz)
bornense
bornicho

Borox (Toledo)
borojeño

Borredá (Barcelona)
borredanés

Bosnia
bosnio
bosniaco

Bosque (El) (Cádiz)
bosqueño
serrano
serraniego

Bot (Tarragona)
botense

Brabante (Países Bajos)
brabanzón

Braga (Portugal)
bracarense

Brasil
brasileño

Brazatortas (Ciudad Real)
torteno

Brea (Zaragoza)
hebreo

Breda (Gerona)
bredense

Brenes (Sevilla)
brenense

Breña Alta (Canarias)
breñusco

Breña Baja (Canarias)
breñusco

Bretaña
bretón

Brihuega (Guadalajara)
birocense
brihuego
briocense

Brión (Coruña)
mahián

Briones (Logroño)
lironero

Briviesca (Burgos)
briviescano

Brozas (Las) (Cáceres)
brocense
broceño

Bruch (Barcelona)
bruguense

Bruselas (Bélgica)
bruselense

Budia (Guadalajara)
budiense
budio

Buenos Aires (Argentina)
bonaerense
porteño

Buéu (Pontevedra)
bueuense

Bugarra (Valencia)
bugarreño

Bujalance (Córdoba)
bujalanceño
bursabolitano

Bujaraloz (Zaragoza)
bujaralocense
bujaralocino

Bulbuente (Zaragoza)
bulbuentero

Bulgaria
búlgaro

Bullas (Murcia)
bullense
bullero

Buñol (Valencia)
buñolense

Buñuel (Navarra)
buñuelero

Burbáguena (Teruel)
burbagueniense

Burdeos (Francia)
bordelés

Burgo (Málaga)
burgueño

Burgo de Osma (Soria)
burgués

Burgos
burgalés y ant. burgueño

Burguillos (Badajoz)
burguillano
burguillense

Burjasot (Valencia)
burjasotense

Burriana (Castellón)
burrianense

Busot (Alicante)
busoteano

C

Cabanellas (Gerona)
cabanellense

Cabañal (El) (Valencia)
cabañalero

Cabañas (Coruña)
cabañés

Cabañas de Yepes (Toledo)
cabañil

Cabeza de Buey (Badajoz)
capusbovense

Cabeza del Griego (Cuenca)
ercavicense

Cabezas del Villar (Ávila)
cabezudo

Cabezas de San Juan (Las) (Sevilla)
cabeceño

Cabezón (Valladolid)
cabezonero

Cabezuela (Cáceres)
cabezueleño

Cabra (Córdoba)
cabreño
egabrense

Cabra (Tarragona)
cabrense

Cabra del Santo Cristo [(Jaén)
cabrileño

Cabrales (Oviedo)
cabraliego

Cabranes (Oviedo)
cabranés
cabraniego

Cabrillas (Salamanca)
cabrillense

Cabuérniga (Santander)
cabuérnigo
cahornicano

Cáceres
cacereño

Cadaqués (Gerona)
cadaquesense

Cádiar (Granada)
cadiareño

Cádiz
gaditano

Cala (Huelva)
caleño

Calabria (Italia)
calabrés

Calaceite (Teruel)
calaceitano

Calaf (Barcelona)
calafino

Calafell (Tarragona)
calafellense

Calahorra (Logroño)
calahorrano
calagurritano

Calamocha (Teruel)
calamochano

Calanda (Teruel)
calandino

Calañas (Huelva)
calañés

Calasparra (Murcia)
calasparreño

Calatayud (Zaragoza)
bilbilitano

Calatorao (Zaragoza)
calatorense

Calatrava (Mancha)
calatraveño

Caldas de Montbuy [(Barcelona)
caldense

Caldas de Reyes (Pon-[tevedra)
caldense

Caledonia (Gran Bre-[taña)
caledonio

Calella (Barcelona)
calellense

Calera de León (Bada-[joz)
calereño

Calera y Chozas (Tole-[do)
calerano

California (América del [Norte)
californio
californiano

Calomarde (Teruel)
calomardino

Calonge (Gerona)
calongense

Calpe (Alicante)
calpino

Calzada de Calatrava (Ciudad Real)
calzadeño

Calzada de Oropesa (La) (Toledo)
calzadeño

Calzadilla (Cáceres)
calzadillano

Calzadilla de los Barros (Badajoz)
calzadillero

Calles (Valencia)
callejano

Callosa de Ensarriá [(Alicante)
callosino

Camagüey (Cuba)
camagüeyano

Camarasa (Lérida)
camarasense

Camas (Sevilla)
camero

Cambados (Ponteve-[dra)
cambadés

Cambil (Jaén)
cambileño

Cambrils (Tarragona)
cambrilense

Cameros (Sierra) (Lo-[groño)
camerano

Campana (La) (Sevilla)
campanero

Campanario (Badajoz)
campanariense

Campeche (Méjico)
campechano

Campillo de Altobuey [(Cuenca)
campillano

Campillos (Málaga)
campillense
campillero

Campo (Cáceres)
campeño

Campo (Pontevedra)
campés

Campo de Criptana (Ciudad Real)
campesino
criptano

Campofrío (Huelva)
campofrieño

Campoo (Santander)
campurriano

Camporrobles (Valen-[cia)
camporruteño

Campos (Baleares)
camponense

Campos (Murcia)
campero

Campos (Tierra de) [(Palencia)
campesino

Camprodón (Gerona)
camprodonés

Camuñas (Toledo)
camuñero

Canadá (América del [Norte)
canadiense

Canals (Valencia)
canalense

Canarias (Islas)
canario
canariense
guanche

Candamo (Oviedo)
candamino

Candás (Oviedo)
candasino

Candelaria (Canarias)
candelariero

Candelario (Salaman-[ca)
candelariense

Candeleda (Ávila)
candeledano

Candía (Creta)
candiota

Canena (Jaén)
canenero

Canet de Mar (Barce-[lona)
canetense

Canet lo Roig (Caste-[llón)
canetano

Cangas (Pontevedra)
cangués

Cangas de Onís (Ovie-[do)
cangués

Cangas de Tineo (Ovie-[do)
cangués

Caniles (Granada)
canilero

Canillas de Aceituno [(Málaga)
canillero

Canjáyar (Almería)
canjarero
canjilón

Canonja (La) (Tarra-[gona)
canonjino

Cantalapiedra (Salamanca)
cantalapetrense

Cantalejo (Segovia)
cantalejano

Cantavieja (Teruel)
cantaviejero

Cantillana (Sevilla)
cantillanero

Cantorbery (Inglaterra)
cantauriense

Cantoria (Almería)
cantoriano

Cañamero (Cáceres)
cañamerano

Cañaveral (Cáceres)
cañaveraliego

Cañete (Cuenca)
cañetero

Cañete de las Torres [(Córdoba)
cañetero

Cañete la Real (Má-[laga)
cañetero

Cañiza (La) (Ponteve-[dra)
cañicense

Caparroso (Navarra)
caparrosino

Capdepera (Baleares)
capdeperense

Capela (Coruña)
capelés

Capellades (Barcelona)
capelladense
capelladino

Carabaña (Madrid)
carabañero

Carabanchel (Madrid)
carabanchelero

Caracas (Venezuela)
caraqueño

Caravaca (Murcia)
caravaqueño

Carbajales de Alba (Zamora)
carbajalino

Carballino (Orense)
carballinés

Carballo (Coruña)
carballés

Carboneras (Almería)
carbonero

Carcabuey (Córdoba)
alcobitense

Carcagente (Valencia)
carcagentino

Cárcar (Navarra)
carcarés

Carcelén (Albacete)
carcelenero

Carchel (Jaén)
carcheleño

Carchelejo (Jaén)
carchelejeño

Cardedeu (Barcelona)
cardedeuense

Cardela (Granada)
cardeleño

Cardenete (Cuenca)
cardenetero

Cardona (Barcelona)
cardonense

Caria (Asia)
cario

Cariñena (Zaragoza)
cariñenense

Carlet (Valencia)
carletense
carletino

Carlota (La) (Córdoba)
carloteño

Carme (Barcelona)
carmelitano

Carmena (Toledo)
carmenero

Carmona (Sevilla)
carmonense
carmonés

Carnota (Coruña)
carnotán

Carolina (La) (Jaén)
carolinense

Carolinas (Islas)
carolino

Carpio (Valladolid)
carpeño

Carpio (El) (Córdoba)
carpeño

Carpio de Tajo (El) [(Toledo)
carpeño

Carranque (Toledo)
carranqueño

Carrascalejo (Cáceres)
jareño

Carratraca (Málaga)
carratraqueño

Carreño (Oviedo)
carreñino

Carril (Pontevedra)
carrileño

Carrión de Calatrava (Ciudad Real)
carrionero

Carrión de los Céspedes (Sevilla)
carrionero

Carrizo (León)
riverano

Carrizosa (Ciudad [Real)
carrizoseño

Cartagena (Murcia)
cartagenero
cartaginés

Cartago (África anti-[gua)
cartaginés
cartaginense
cartaginiense
peno
púnico

Cartajima (Málaga)
cartajimeño

Cartaya (Huelva)
cartayero

Cartelle (Orense)
cartellense

Casabermeja (Málaga)
casabermejano
casabermejeño

Casarabonela (Málaga)
casarabonelano

Casar de Cáceres (Cá-
casareño [ceres)

Casar de Escalona (El)
casareño [(Toledo)

Casares (Málaga)
casareño

Casariche (Sevilla)
casaricheño

Casarrubios del Monte
(Toledo)
casarrubiero

Casas de Benítez
beniteño [(Cuenca)

Casas de Ves (Alba-
casasdevesano [cete)

Casas Ibáñez (Albace-
ibañés [te

Casasimarro (Cuenca)
casasimarreño

Casasola de Arión (Va-
casasolino [lladolid)

Casatejada (Cáceres)
casatejado

Casavieja (Ávila)
casavejano

Cascante (Navarra)
cascantino

Caseda (Navarra)
casedano

Caseras (Tarragona)
caserano

Casillas (Ávila)
casillano

Casillas de Flores (Sa-
casillano [lamanca)

Caso (Oviedo)
casino

Caspe (Zaragoza)
caspolino

Cassá de la Selva (Ge-
casanense [rona)

Castalla (Alicante)
castallense

Castañar de Ibor (Cá-
castañero [ceres)

Castaño del Robledo
castañero [(Huelva)

Castejón de Monegros
castejonero [(Huesca)

Castelnou (Teruel)
castertino

Castelserás (Teruel)
castelserano

Castellar de Santiago
(Ciudad Real)
castellareño

Castellar de Santiste-
ban (Jaén)
castellarense
castellariego

Castellbisbal (Barcelo-
bisbalense [na)

Castell de Castells (Ali-
castellano [cante)

Castellfort (Castellón)
castellfortense

Castellfullit (Gerona)
castellfullitense

Castellnovo (Castellón)
castellnovense

Castelló de Farfaña
(Lérida)
castellonense

Castellón de Ampurias
(Gerona)
castellonense

Castellón de la Plana
castellonense

Castellote (Teruel)
castellotense

Castellserá (Lérida)
castellseranense

Castelltersol (Barcelo-
castelltersolense [na)

Castilblanco (Sevilla)
castilblanqueño

Castilla
castellano

Castilleja de la Cuesta
castillejano [(Sevilla)

Castilléjar (Granada)
castillejarano

Castillo de Aro (Gero-
valldearense [na)

Castillo de Bayuela
bayuelero [(Toledo)

Castillo de García Mu-
ñoz (Cuenca)
castillero

Castillo de las Guardas
(El) (Sevilla)
castillero

Castillo de Locubín
castillero [(Jaén)

Castillo de Villamalefa
castillero [(Castellón)

Castrejón (Valladolid)
castrejonero

Castril (Granada)
castrileño

Castrillo de Duero (Va-
lladolid)
empecinado (apodo)

Castro (Coruña)
castrés

Castro Caldelas (Oren-
caldelao [se)

Castro del Río (Córdo-
castreño [ba)

Castrogeriz (Burgos)
castreño

Castrogonzalo (Zamo-
castreño [ra)

Castromocho (Palen-
castromochino [cia)

Castropol (Oviedo)
castropolense

Castro Urdiales (San-
castreño [tander

Castuera (Badajoz)
castuerano

Catadau (Valencia)
catadino

Cataluña
catalán
payés (campesino)

Catamarca (Argentina)
catamarqueño

Catarroja (Valencia)
catarrojense

Catí (Castellón)
catinene

Catllar (Tarragona)
catllarense

Catoira (Pontevedra)
coitoirense

Catral (Alicante)
catralense
catralero

Caudete (Albacete)
caudetano

Caudete (Valencia)
caudeteño

Caudiel (Castellón)
caudielense

Caurel (Lugo)
caurelao

Cazalilla (Jaén)
cazalillero

Cazalla de la Sierra
cazallero [(Sevilla)
cazallense

Cazorla (Jaén)
cazorlense

Cebolla (Toledo)
cebollano

Cebreros (Ávila)
cebrereño

Ceclavín (Cáceres)
ceclavinero

Cedillo (Toledo)
cedillano

Cegama (Guipúzcoa)
cegamés

Cehegín (Murcia)
ceheginero

Ceilán (Indostán)
cingalés

Celanova (Orense)
celanovense

Celrá (Gerona)
celranense

Cellá (Teruel)
cellense

Cenia (La) (Tarragona)
cenicense
ceniense

Cenicero (Logroño)
cenicerense

Cenicientos (Madrid)
cenizo

Centellas (Barcelona)
centellense

Cepeda (Salamanca)
cepedano

Cerdaña (Cataluña)
sardanés
ceretano

Cerdedo (Pontevedra)
cerdedense

Cerdeña (Italia)
sardo

Cerecinos de Campos
campesino [(Zamora)

Cerezo de Riotirón
cerezano [(Burgos)

Cerro (El) (Huelva)
cerreño

Cervantes (Lugo)
cervantego

Cervelló (Barcelona)
cervellonense

Cervera (Cuenca)
cervereño

Cervera (Lérida)
cervariense

Cervera de la Cañada
cervereño [(Zaragoza)

Cervera del Maestre
cerverino [(Castellón)

Cervera del Río Alha-
ma (Logroño)
cerverano

Cervera del Río Pisuer-
ga (Palencia)
cerverano

Cerviá (Lérida)
cervianense

Cesena (Italia)
cesenés

Cespedosa (Salamanca)
cespedosense

Cetina (Zaragoza)
cetinense

Ceuta (Cádiz)
ceutí
ceptí (ant.)

Cevico de la Torre (Pa-
ceviqueño [lencia)

Cevico Navero (Palen-
ceviqueño cia)

Ciempozuelos (Madrid)
ciempozueleño

Cieza (Murcia)
ciezano

Cifuentes (Guadalaja-
cifuenteño [ra)

Cigales (Valladolid)
cigaleño

Cilleros (Cáceres)
cillerano

Cimanes del Tejar
cimanense [(León)

Cinco Olivas (Zarago-
cincoolivano [za)

Cinchtorres (Castellón)
cinchtorrano

Cintruénigo (Navarra)
cintroniguero
cirbonero

Cirat (Castellón)
ciratero

Cirauqui (Navarra)
cirauqués

Circasia (Rusia)
circasiano

Cisneros (Palencia)
cisneriense

Ciudadela (Baleares)
ciudadelano

Ciudad Real
ciudadrealeño

Ciudad Rodrigo (Sala-
mirobrigense [manca)

Clunia, hoy Coruña del
Conde (Arévacos)
cluniense

Coaña (Oviedo)
coañés

Cobdar (Almería)
cobdareño

Coca (Segovia)
caucense

Cocentaina (Alicante)
contestano

Codo (Zaragoza)
codino

Codoñera (La) (Teruel)
codoñerano

Codos (Zaragoza)
codino

Cofrentes (Valencia)
cofrentino

Cogeces del Monte
(Valladolid)
cogezano

Cogollos de Guadix
cogollero [(Granada)

Cogolludo (Guadalaja-
cogolludense [ra)

Coímbra (Portugal)
conimbricense

Coin (Málaga)
coinense
coineño

Colindres (Santander)
colindrés

Colmenar (Málaga)
colmenarense
colmenareño

Colmenar de Oreja (Madrid)
colmenarete

Colmenar Viejo (Madrid)
colmenareño

Colombia
colombiano

Colosas (Asia Menor)
colosense

Colunga (Oviedo)
colungués

Comares (Málaga)
comarés

Competa (Málaga)
competeño

Compostela, hoy Santiago de Compostela
compostelano

Congo (África)
congoleño
congo

Congosto (León)
berciano
congostino

Conil (Cádiz)
conileño

Constantí (Tarragona)
constantinense

Constantina (Sevilla)
constantinense

Constantinopla
constantinopolitano
bizantino

Constanza (Alemania)
constanciense

Consuegra (Toledo)
consaburense
consuegrero

Corbera (Barcelona)
corberense

Corbera de Alcira (Valencia)
corberano

Corbera de Ebro (Tarragona)
corberano

Córcega (Francia)
corso

Corcubión (Coruña)
corcubionés

Córdoba
cordobés

Corea (Asia)
coreano

Corella (Navarra)
corellano

Coreses (Zamora)
coresino

Coria (Cáceres)
coriano
cauriense

Coria del Río (Sevilla)
coriano
cauriense

Corinto (Grecia)
corintio

Coripe (Sevilla)
coripeño

Coristanco (Coruña)
coristanqués

Cornago (Logroño)
cornagués

Cornellá (Barcelona)
cornellense

Cornudella (Tarragona)
cornudellense

Coronada (Badajoz)
coronel

Coronil (El) (Sevilla)
coronileño

Corral de Almaguer (Toledo)
corraleño

Corral de Calatrava (Ciudad Real)
corraleño

Corrales (Zamora)
corralino

Corrales (Los) (Sevilla)
corraleño

Corral-Rubio (Albacete)
corralrubiense

Corte Concepción (Huelva)
cortesano

Cortegada (Orense)
cortegao

Cortegana (Huelva)
corteganés

Cortes (Navarra)
cortesano

Cortes de Arenoso (Castellón)
cortesano

Cortes de Baza (Granada)
corteño

Cortes de la Frontera (Málaga)
cortesano

Cortes de Pallás (Valencia)
cortesano

Coruña
coruñés
brigantino

Coruña del Conde (Burgos)
cluniense

Costa Rica (América Central)
costarricense
costarriqueño

Cosuenda (Zaragoza)
cosuendero

Cotillas (Murcia)
cotillano
cotillense

Cotovad (Pontevedra)
cotovadense

Covarrubias (Burgos)
covarrubiano

Covelo (Pontevedra)
covelense

Cox (Alicante)
cojero

Cózar (Ciudad Real)
cozareño

Creciente (Pontevedra)
crecentino

Cremona (Italia)
cremonés

Creta (Grecia)
cretense
crético

Cretas (Teruel)
cretense

Crevillente (Alicante)
crevillentino

Croacia
croata

Crotona (Italia)
crotoniata

Cruilles (Gerona)
cruillense

Cuart de Poblet (Valencia)
cuartano

Cuba
cubano
guajiro (al campesino blanco)
mambís
filibustero

Cubells (Lérida)
cubellense

Cudillero (Oviedo)
cudillerense

Cuéllar (Segovia)
cuellarano

Cuenca
conquense
cuencano

Cuenca de Campos (Valladolid)
cuenquín

Cuerva (Toledo)
corveño

Cuevas Bajas (Málaga)
cueveño

Cuevas del Becerro (Málaga)
cueveño

Cuevas del Valle (Ávila)
covachero

Cuevas de San Marcos (Málaga)
cuevacho

Cuevas de Vera (Almería)
cuevano

Culla (Castellón)
cullerano

Cúllar de Baza (Granada)
cullarense
cullareño

Cullera (Valencia)
cullerense

Cumaná (Venezuela)
cumanagoto

Cumbre (Cáceres)
cumbreño

Cumbres de San Bartolomé (Huelva)
cumbreño

Cumbres Mayores (Huelva)
cumbreño

Cuntis (Pontevedra)
cunteño

Curazao
curazoleño

Curdistán (Asia)
curdo
kurdo
caldeo

Curlandia (Rusia)
curlandés

Cútar (Málaga)
cutareño

CH

Chantada (Lugo)
chantadino

Chauchina (Granada)
chauchinense

Checa (Guadalajara)
checano

Checoslovaquia
checoslovaco

Cheles (Badajoz)
chelero

Chelva (Valencia)
chelvano

Chella (Valencia)
chellero

Chercos (Almería)
cherquero

Chert (Castellón)
chertolino

Cheste (Valencia)
chestaino

Chiclana (Jaén)
chiclanero

Chiclana de la Frontera (Cádiz)
chiclanero

Chile
chileno
chileño
roto (apodo)

Chillón (Ciudad Real)
chillonero

China
chino
china
chinesco
sínico

Chinchilla (Albacete)
chinchillano
chinchillense

Chinchón (Madrid)
chinchonense

Chindreja de Queija (Orense)
queixalao

Chipiona (Cádiz)
chipionero

Chiprana (Zaragoza)
chipranesco

Chipre (Isla)
chipriota
chipriote
ciprio
ciprino
cipriota
pafio

Chirivel (Almería)
chirivilense

Chirivella (Valencia)
chirivellero

Chiva (Valencia)
chivano
chivato

Chucena (Huelva)
chucenero

Chulilla (Valencia)
chulillano

Churriana (Málaga)
churrianense
churrianero

D

Daimiel (Ciudad Real)
daimieleño

Dalias (Almería)
dalieño

Dalmacia
dálmata

Damasco (Siria)
damasceno
damaceno
damasquino

Daroca (Zaragoza)
darocense

Degaña (Oviedo)
degañés

Deleitosa (Cáceres)
deleitoseño

Delos (Isla)
delio

Denia (Alicante)
dianense

Destriana (León)
valdornés

Deusto (Vizcaya)
deustuano

Deva (Guipúzcoa)
devarés

Deza (Soria)
dezano

Diezma (Granada)
diezmero

Dinamarca
dinamarqués
danés

Dolores (Alicante)
dolorense

Don Benito (Badajoz)
dombenitense

Doña Mencía (Córdoba)
menciano

Dos Aguas (Valencia)
dosagüeño

Dosbarrios (Toledo)
pajarero

Dos Hermanas (Sevilla)
doshermanense
nazareno

Dos Torres (Córdoba)
torremilanero

Dueñas (Palencia)
aldanense

Durango (Vizcaya)
durangués

Dúrcal (Granada)
durcaleño

E

Écija (Sevilla)
ecijano
astigitano

Ecuador
ecuatoriano
chagra (campesino)

Éfeso (Asia Menor)
efesio
efesino

Egea de los Caballeros (Zaragoza)
egeano

Egipto
egipcio
gitano
egipciano
egipciaco
egiptano
copto
cofto
menfita
moloso
egiptología
egiptólogo

Eibar (Guipúzcoa)
eibarrés

Elanchove (Vizcaya)
elanchovés

Elche (Alicante)
elchense
ilicitano

Elche de la Sierra (Albacete)
elchense

Elda (Alicante)
eldense
eldero

Elgóibar (Guipúzcoa)
elgoibarrés

Elgueta (Guipúzcoa)
elguetano

Elorrio (Vizcaya)
elorriano

Encartaciones (Las) (Vizcaya)
encartano

Encinacorba (Zaragoza)
encinacorbense

Encinedo (León)
cabreirés

Enciso (Logroño)
enciseño

Enfesta (Coruña)
enfestalés

Enguera (Valencia)
enguerino

Enguidanos (Cuenca)
enguidanés

Enova (Valencia)
enovense

Entrena (Logroño)
entrenense

Entre Ríos (Argentina)
entrerriano

Épila (Zaragoza)
epilano
epilense

Erandio (Vizcaya)
erandiense

Escacena del Campo (Huelva)
escacenero

Escala (La) (Gerona)
escalense

Escalona (Toledo)
escalonero

Escalonilla (Toledo)
escalonillano

Escandinavia
escandinavo

Escatrón (Zaragoza)
escatronero

Esclavonia
esclavón
esclavonio

Escocia
escocés

Escorial (Madrid)
escurialense
gurriato

Escoriaza (Guipúzcoa)
escoriazano

Escurial (Cáceres)
escurialego

Esguevillas de Esgueva (Valladolid)
esguevano

Eslida (Castellón)
eslidero

—

ESPAÑA
Hesperia
Iberia
Península Ibérica

español
hispano
hispánico
héspero
hesperio
peninsular
agote
farfán
cachupín
cachopín
gachupín
gallego
chapetón
godo
viracocha

españolismo
hispanidad
hispanismo
hispanoamericanismo

hispanista
hispanófilo

hispanizar
españolizar

españolización
españolada
españolería

a la española [banzos en toda tierra de garbanzos]

levante

iberos
celtas
celtíberos
santones
ártabros
cibarcos
caporos
fenicios
cartagineses
romanos
numantinos
vándalos
suevos
alanos
godos
ostrogodos
túrdulos
várdulos
arévacos
ilergetes
cántabros
vácceos
vascones
astures
pésicos
edetanos
tugienses
saldubenses
tartesios
contestanos
cerretanos
layetanos
mentesanos
indigetes
cosetanos
bastetanos
oretanos
deitanos
ilercavones
iliberitanos
iliberritanos
iliturgitanos
autrigones
ilipulenses
masienos
lacetanos
italicenses
itálicos
béticos
levantinos
levantiscos
mozárabes
muzárabes
almozárabes
moriscos
abencerrajes
cegríes
gomeres
gomeles
(árabes, bereberes, moros, etc. V. *Arabia, África*, etc.

**Islamismo
Judaísmo)**

—

Esparraguera (Barcelona)
esparraguerense

Espejo (Córdoba)
espejeño
ucubitano

Espera (Cádiz)
espereño

Espiel (Córdoba)
espeleño

Espinar (Segovia)
espinariego

Espinosa de los Monteros (Burgos)
espinosiego

Espinosa del Rey (Toledo)
jareño

Espluga Calva (Lérida)
espluguense

Espluga de Francolí (Tarragona)
espluguense

Esplugas (Barcelona)
espluguense

Espolla (Gerona)
espollense

Esquivias (Toledo)
esquiviano

Estadilla (Huesca)
estadillano

Estados Unidos de América Sep.
angloamericano
estadounidense
norteamericano
yanqui

Estella (Navarra)
estellés

Estepa (Sevilla)
estepeño
ostipense

Estepona (Málaga)
esteponero

Estonia
estoniano
estonio

Estrada (Pontevedra)
estradense

Estrella (La) (Toledo)
estrellano

Estremera (Madrid)
estremereño

Etiopía (África)
etíope
etiope
etiopio

Europa
eurasiático
europeo
chapetón
franco
(V. *Alemania, Inglaterra, España, Francia*, etc.)

Extremadura
extremadano
extremeño
choricero (vulg.)

F

Fabara (Zaragoza)
fabarol

Falset (Tarragona)
falsetense

Fatarella (Tarragona)
fatarellense

Fayón (Zaragoza)
fayonense

Felanitx (Baleares)
felanigense

Félix (Almería)
felisario

Fene (Coruña)
fenés

Feria (Badajoz)
corito

Fernán Caballero (Ciudad Real)
fernanduco

Fernán Núñez (Córdoba)
fernannuñés

Ferrara (Italia)
ferrarés

Ferreira (Granada)
ferreireño

Ferrerías (Baleares)
ferreriense

Ferrol (El) (Coruña)
ferrolano

Figueras (Gerona)
figuerense

Filipinas
filipino
tagalo
aeta
ita
polista
indio
indio sangley
natural
bata

Fines (Almería)
finense

Finestrat (Alicante)
finestratense

Finisterre (Coruña)
finisterrano

Finlandia
finlandés
finés

Fitero (Navarra)
fiterano

Flandes
flamenco

Flix (Tarragona)
flexense

Florencia (Italia)
florentino
florentín

Florida (América)
floridano

Fondón (Almería)
fondonense

Fonsagrada (Lugo)
buxanés
fonsagradino

Fontiveros (Ávila)
fontivereño

Fonz (Huesca)
fonticonense

Forcall (Castellón)
forcallano

Forcarey (Pontevedra)
forcarés

Formentera (Baleares)
formenterano

Fornelos de Monte (Pontevedra)
fornelense

Fortuna (Murcia)
fortunero

Foz (Lugo)
focense

Fraga (Huesca)
fragense

Fraile (Jaén)
frailero

—

FRANCIA

francés
galo
galicano
galicado
gabacho
franchute
franchote
franco
afrancesado

afrancesar
afrancesarse

afrancesamiento
gabachada
galicismo

galos
celtas
francos
normandos
gascones
gasconeses
alóbrogos
alóbroges
meldenses
cavaros
secuanos
occitanos
aquitanos
merovingios
salios

—

Frasno (El) (Zaragoza)
frasnero

Frechilla (Palencia)
frechillano

Fregenal de la Sierra
fregenalero [(Badajoz)

Freila (Granada)
freilero

Fresno el Viejo (Valla-
fresnero [dolid)

Frigiliana (Málaga)
frigilianero

Friol (Lugo)
friolés

Frisia (Holanda)
frisón
frisio

Fuencarral (Madrid)
fuencarralero

Fuengirola (Málaga)
fuengiroleño

Fuenmayor (Logroño)
fuenmayorano
fuenmayorense

Fuensalida (Toledo)
fuensalidano

Fuensanta (Jaén)
fuensanteño

Fuensanta (La) (Alba-
fuensanteño [cete)

Fuente Álamo (Alba-
fuentealamero [cete)

Fuente Albilla (Alba-
fuentealbillano [cete)

Fuente Cantos (Bada-
fuentecanteño [joz)

Fuentecén (Burgos)
ribereño

Fuente del Arco (Bada-
fuentelargueño [joz)

Fuente del Maestre (Badajoz)
bacalón

Fuente de Pedro Nava-
fuenteño [rro (Cuenca)

Fuente de Piedra (Má-
fontepedreño [laga)

Fuente el Fresno (Ciudad Real)
fuenteño

Fuenteguinaldo (Sala-
guinaldés [manca)

Fuenteheridos (Huelva)
fuenterideño

Fuentelaencina (Guadalajara)
fuentelencinero

Fuente la Higuera (Valencia)
fontino
fuenthiguerense

Fuente Ovejuna (Córdoba)
fuenteovejunense
fuenteovejeño

Fuentepelayo (Sego-
fuentepelayense [via)

Fuentesaúco (Zamora)
saucano

Fuentes de Andalucía
fontaniego [(Sevilla)

Fuentes de Béjar (Sala-
fuenterrico [manca)

Fuentes de Don Bermudo (Palencia)
fuentero

Fuentes de Ebro (Zara-
fuentino [goza)

Fuentes de Jiloca (Za-
fontense [ragoza)

Fuentes de Rubielos
fuentano [(Teruel)

Fuente Tójor (Córdo-
tojeño [ba)

Fuentidueña de Tajo (Madrid)
fuentidueñero

Funes (Navarra)
funés

Fustiñana (Navarra)
fustiñanense

G

Gabaón (Palestina)
gabaonita

Gabia la Grande (Gra-
gabiareño [nada)

Gádor (Almería)
gadorense

Gaeta (Italia)
gaetano

Gaibiel (Castellón)
gaibielano

Galaad (Palestina)
galaadita

Galdácano (Vizcaya)
galdacanés

Galera (Granada)
galerino

Gales (Inglaterra)
galés

Galia
galo

Galicia
gallego
galaico
farruco
ártabro

Galilea (Palestina ant.)
galileo

Galisteo (Cáceres)
galisteño

Gálvez (Toledo)
galveño

Gallegos de Solmirón (Salamanca)
galleguero

Gallur (Zaragoza)
gallurano

Gandesa (Tarragona)
gandesano

Gandía (Valencia)
gandiense

Gante (Bélgica)
gantés

Garachico (Canarias)
garachiquero

Garafía (Canarias)
garafiano

García (Tarragona)
garciense

Garcíaz (Cáceres)
garcieño

Garganta la Olla (Cá-
garganteño [ceres)

Gargantilla (Cáceres)
gargantillano

Garrafe de Torío
garrafense [(León)

Garriga (La) (Barcelo-
garriguense [na)

Garriguella (Gerona)
garriguellense

Garrovillas (Cáceres)
garrovillano

Garrucha (Almería)
garruchero

Gascueña (Cuenca)
gascón

Gastor (El) (Cádiz)
gastoreño

Gata (Alicante)
gatero

Gata (Cáceres)
gateño

Gátova (Castellón)
gatovano
gatovense
gatovero

Guacín (Málaga)
gaucineño

Gavá (Barcelona)
gavanés

Gea de Albarracín (Te-
geano [ruel)

Gelida (Barcelona)
gelidense

Gelsa (Zaragoza)
gelsano

Gelves (Sevilla)
gelveño

Genave (Jaén)
genavero

Génova (Italia)
genovés

Genovés (Valencia)
genovés

Georgia (Transcauca-
georgiano [sia)

Gerena (Sevilla)
gerenense

Gérgal (Almería)
gergaleño

Gerindote (Toledo)
gerindoteño

Gerona
gerundense

Gestalgar (Valencia)
gestalgino

Getafe (Madrid)
getafense
getafeño

Geve (Pontevedra)
geveiro

Gibraleón (Huelva)
onubense
panturrano

Gibraltar
gibraltareño

Gijón (Oviedo)
gijonés
gijonense
gejionense

Gilena (Sevilla)
gileneño

Ginebra (Suiza)
ginebrino
ginebrés

Ginebrosa (La) (Teruel)
ginebroso

Gines (Sevilla)
ginense

Gineta (La) (Albacete)
ginetense
ginetero

Ginzo de Limia (Oren-
limico [se)

Gironella (Barcelona)
gironellés

Gocia (Suecia)
gociano

Godella (Valencia)
godellero

Godelleta (Valencia)
godelletano

Gójar (Granada)
gojareño

Golmés (Lérida)
golmesense

Gomesende (Orense)
gomesendano

Gondomar (Ponteve-
gundemarino [dra)

Gor (Granada)
goreño

Gordo (El) (Cáceres)
gordeño

Gorza (Lorena)
gorciense

Gozón (Oviedo)
gauzonense

Gracia (Barcelona)
graciense

Grado (Huesca)
gradense

Grado (Oviedo)
gradense

Granada
granadino

Granadella (Lérida)
granadellense

Granadilla (Canarias)
granadillense
granadillero

Granado (El) (Huelva)
granadino

Granátula de Calatrava (Ciudad Real)
granatuleño

Grandas de Salime
grandalés [(Oviedo)

Granollers (Barcelona)
granollerense

Grañén (Huesca)
grañenense

Grao (El) (Valencia)
grauero

Graus (Huesca)
gradense

Grávalos (Logroño)
gravaleño

Grazalema (Cádiz)
grazalemeño
serrano
serraniego

—

GRECIA

griego
heleno
greco
helénico
ateniense
ateneo
ático
grecolatino
grecorromano

helenizar
helenismo
helenista

acayos
aqueos
aquivos
arcadios
árcades
tegeos
argivos
argólicos
ascreos
beocios
aonios
calidonios
dorios
epirotas
erétricos
etolos
etolios
eubeos
focenses
gálatas
espartanos
esparciatas
lacedemonios
lacedemones
laconios
locrenses
macedonios
macedones
macedónicos
estagiritas
filipenses
bisaltas
megarenses
milesios
nemeos
pelasgos
peloponenses
peonios
tebanos
tebeos
teyos
dirceos
tebaicos
tirintios

(V. *Chipre, Troya, Tesalia,* etc.)

—

Grijota (Palencia)
grijotano

Groenlandia
groenlandés
groelandés

Grove (Pontevedra)
grovero

Guadalajara
guadalajareño
caracense

Guadalcanal (Sevilla)
guadalcanelense

Guadalhortuna (Granada)
gualtuneño

Guadalix de la Sierra
guadaliceño [(Madrid)

Guadalupe (Cáceres)
guadalupense
guadalupeño

Guadamur (Toledo)
guadamureño

Guadasuar (Valencia)
guadasuareño

Guadix (Granada)
accitano
guadijeño

Guajar-Faragüit (Granada)
guajareño

Gualchos (Granada)
gualchero

Guardamar (Alicante)
guardamarenco

Guardia (La) (Jaén)
guardeño

Guardia (La) (Pontevedra)
guardés

Guardia (La) (Toledo)
guardiolo

Guardo (Palencia)
guardeño

Guareña (Badajoz)
guareñense

Guaro (Málaga)
guareño

Guarromán (Jaén)
guarromanense

Guatemala
guatemalteco

Guayaquil (Ecuador)
guayaquileño

Gudiña (La) (Orense)
gudiñés

Güejar-Sierra (Granada)
güejareño

Güeldres (Holanda)
güeldrés

Güeñes (Vizcaya)
güeñés

Guernica y Luno (Vizcaya)
guerniqués

Guía (Canarias)
guiense

Guijo (Córdoba)
guijeño

Guijuelo (Salamanca)
guijuelano

Guillena (Sevilla)
guillenero

Güimar (Canarias)
güimareño

Guinea (África)
guineo
guienés

Guipúzcoa
guipuzcoano
vascongado

Guisando (Ávila)
guisandero

Guissona (Lérida)
guisonense

Gumiel de Izán (Burgos)
gumellano

Gumiel del Mercado
gumellano [(Burgos)

Gurb (Barcelona)
gurbense

Guriezo (Santander)
guriezano

Gurrea de Gállego
gurretano [(Huesca)

H

Haba (La) (Badajoz)
jabeño

La Habana (Cuba)
habanero

Haití
haitiano

Hamburgo (Alemania)
hamburgués

Hannóver (Alemania)
hannoveriano

Haria (Canarias)
hariano

Haro (Logroño)
harense
jarrero

Haro (Rioja)
harense

Hellín (Albacete)
hellinense
ilunense

Herencia (Ciudad Real)
herenciano

Herencias (Las) (Toledo)
herenciano

Hernani (Guipúzcoa)
hernaniense

Herrera (Sevilla)
herrereño

Herrera (Zaragoza)
herrerino

Herrera del Duque
herrereño [(Badajoz)

Hervás (Cáceres)
hervasense

Higuera de Calatrava
higuereño [(Jaén)

Higuera de Vargas
higuereño [(Badajoz)

Higuera junto a Aracena (Huelva)
higuereño

Higuera la Real (Badajoz)
higuereño

Higueruela (Albacete)
higueruelano

Híjar (Teruel)
hijarano
hijarense

Hinojares (Jaén)
hinojariense

Hinojos (Huelva)
hinojero

Hinojosa de Duero (Salamanca)
hinojosero

Hinojosa del Duque
hinojoseño [Córdoba)

Hinojosa de San Vicente (Toledo)
jorgo

Hinojosos (Los) (Cuenca)
hinojoseño

Holanda
holandés
neerlandés

Holguera (Cáceres)
holguerano

Hondón de las Nieves (Alicante)
hondonense

Honduras
hondureño

Honrubia (Cuenca)
honrubiano

Hontanar (Toledo)
hontanariego

Horcajo de las Torres
horcajeño [Ávila)

Horcajo de Santiago
horcajeño [(Cuenca)

Horche (Guadalajara)
horchano

Hornachos (Badajoz)
fornacense
hornachego

Hornachuelos (Córdoba)
hornacholero

Horta (Tarragona)
hortense

Hospitalet (Barcelona)
hospitalense

Hostalrich (Gerona)
hostalriquense
hostalriqueño

Hoya-Gonzalo (Albacete)
hoyano

Hoyo de Pinares (El)
hoyanco [(Ávila)

Hoyos (Cáceres)
hoyano

Huelma (Jaén)
huelmense

Huelva
huelveño
onubense

Huércal (Almería)
huercaleño

Huércal-Overa (Almería)
huercaleño
huerquense

Huerta del Rey (Burgos)
lobo

Huerta de Valdecarábanos (Toledo)
huerteño

Huesa (Jaén)
osense

Huesca
oscense
tensino

Huéscar (Granada)
oscense

Huete (Cuenca)
hoptense
hueteño

Huétor-Santillán (Granada)
hueteño

Huétor-Tajar (Granada)
hueteño

Humanes (Guadalajara)
humanero

Hungría
húngaro
magiar

I

Ibahernando (Cáceres)
viveño

Ibarranguelua (Vizcaya)
ibarrangueluense

Ibdes (Zaragoza)
ibdeño

Ibi (Alicante)
ibiense

Ibiza (Baleares)
ibicenco

Ibros (Jaén)
iberiense
ibreño

Icod (Canarias)
icodero

Idiazábal (Guipúzcoa)
idiazabalense

Igea (Logroño)
igeano

Iglesuela (Toledo)
herguijeleño

Iglesuela del Cid (La)
iglesuelano [(Teruel)

Igualada (Barcelona)
igualadino

Igualeja (Málaga)
igualijeño

Iguña (Santander)
iguñés

Iliria (Austria)
ilirio

Illana (Guadalajara)
illanito

Illano (Oviedo)
illanés

Illas (Oviedo)
illano

Illescas (Toledo)
illescano

Illora (Granada)
illoreño

Illueca (Zaragoza)
illuecano

Inca (Baleares)
inquero

Incio (Lugo)
inciano

India (Indias Orienta-
indo [les)
indio
indezuelo
hindú

(indios de América,
V. **Indio**)

Indonesia
indonesio

indostán
indostanés

Infantes (Ciudad Real)
infanteño

Infiesto de Berbio
piloñés [(Oviedo)

—

INGLATERRA

Britania
Gran Bretaña
inglés
anglo
britano
británico
sajón
anglosajón
angloamericano
anglómano
anglomanía
protestantismo
anglicanismo

—

Iniesta (Cuenca)
iniestano

Instinción (Almería)
instincionero

Irán
iranio

Iria Flavia (Coruña)
iriense

Irlanda
irlandés
hibernés

Irún (Guipúzcoa)
irunés

Iscar (Valladolid)
iscariote

Isla Cristina (Huelva)
isleño

Islandia
islandés
islándico

Israel
israelí
israelita

Istán (Málaga)
istaneño

—

ITALIA

italiano
italo
italianizar
itálico
ausonio
héspero
hesperio
carcamán
latino·
grecolatino
(romano, etc. V. *Roma*)
cisalpino
transalpino
cispadano
transpadano

sabinos
oscos
etruscos
fesceninos
ligures
ligurinos
tirrenos
sibaritas
samnitas
samnites
pompeyanos
carnios
cumanos
eleáticos
toscanos
ecuos
caudinos
sícanos
lucanos
pestanos
longobardos
lombardos
marsos
ticinenses
pavianos
venusinos
albanos
tiburtinos

(V. *Abruzo*, *Ancona*,
Bérgamo, etc.)

—

Itrabo (Granada)
itrabeño

Iznájar (Córdoba)
iznajeño

Iznalloz (Granada)
iznallocense

Iznatoraf (Jaén)
torafeño

J

Jabugo (Huelva)
jabugueño

Jaca (Huesca)
jacetano
jaqués

Jadraque (Guadalajara)
jadraqueño

Jaén
jaenés
jiennense
giennense
aurgitano

Jalance (Valencia)
jalancino

Jalisco (Méjico)
jalisciense

Jalón (Alicante)
jalonero

Jamaica (Isla)
jamaicano

Jamilena (Jaén)
jamilenudo

Jana (La) (Castellón)
janense

Japón
japonés
japón
japonense
nipón

Jaraco (Valencia)
jaraquense

Jarafuel (Valencia)
jarafuelino

Jaraicejo (Cáceres)
mojino

Jaraiz (Cáceres)
jaraiceño

Jarandilla (Cáceres)
jarandillano

Jarilla (Cáceres)
jarillano

Jarque (Zaragoza)
jarqueño

Játiva (Valencia)
jatibés
jativés
setabense
setabitano

Java (Isla)
javanés
javo

Javalquinto (Jaén)
javalquinteño

Jávea (Alicante)
javiense
javiero

Jayena (Granada)
jayenero

Jeresa (Valencia)
jeresano

Jerez de la Frontera
jerezano [(Cádiz)

Jerez del Marquesado
jerezano [(Granada)

Jerez de los Caballeros
jerezano [(Badajoz)

Jerusalén (Palestina)
jerosolimitano
hierosolimitano
solimitano
jesubeo

Jijona (Alicante)
jijonenco
jijonense

Jimena (Jaén)
jimenato
jimenense

Jimena de la Frontera
jimenato [(Cádiz)
jimenense

Jimera de Libar (Má-
jimerano [laga)

Jódar (Jaén)
jodeño

Joló (Archipiélago)
joloano

Jorairátar (Granada)
zoragatero

Jorquera (Albacete)
jorquerano

Jubrique (Málaga)
jubriqueño

Jumilla (Murcia)
jumillano

Juneda (Lérida)
junedense

Junquera (La) (Gerona)
junquerense

Jurdes (Các. y Badajoz)
jurdano

L

Lacalahorra (Granada)
calahorreño

Laconia (Grecia)
laconio

Lagartera (Toledo)
lagarterano

Lage (Coruña)
lagés

Laguardia (Álava)
guardiense

Laguna (La) (Canarias)
lagunero
lagunés

Laguna de Duero (Va-
lagunero [lladolid)

Laguna de Negrillos
paramés [(León)

Lalín (Pontevedra)
lalinense

Lama (Pontevedra)
lamense

Lanaja (Huesca)
najino

Láncara (Lugo)
lancarino

Landete (Cuenca)
landetero

Langreo (Oviedo)
langreano

Lanjarón (Granada)
lanjaronense

Lanteira (Granada)
lanteirano

Lapeza (Granada)
peceño

Laponia (Europa Sep.)
lapón

Laracha (Coruña)
larachés

Lardero (Logroño)
larderano

Lareda (Santander)
laredano

Laroco (Orense)
larouqués

Laroles (Granada)
larolense

Laroya (Almería)
laroyano

Larrabezúa (Vizcaya)
larrabezuense

Laujar de Andarax (Al-
laujarense [mería)

Lavadores (Ponteve-
lavadoreño [dra)

Laza (Orense)
lazano

Lebrija (Sevilla)
lebrijano
nebricense
nebrijano

Lécera (Zaragoza)
lecerano

Leciñena (Zaragoza)
leciñense
leciñenero

Ledaña (Cuenca)
ledañés

Ledesma (Salamanca)
bletisense
ledesmino

Leganés (Madrid)
leganense

Leganiel (Cuenca)
leganito

Legazpia (Guipúzcoa)
legazpiano

Leiza (Navarra)
leizano

Lemnos (Isla del Egeo)
lemnio
lemnícola

León
leonés
legionense

Lepe (Huelva)
lepero

Lequeitio (Vizcaya)
lequeitiano

Lérida
leridano
ilerdense

Lerín (Navarra)
lerinsense

Lerma (Burgos)
lermeño

Lesbos (Isla)
lesbio
lesbiano

Letur (Albacete)
leturense

Letux (Zaragoza)
letujano

Lezuza (Albacete)
lezuceño

Librilla (Murcia)
librillano

Liébana (Santander)
lebaniego

Liétor (Albacete)
letuario
lietorense

Líjar (Almería)
lijareño

Lillo (Toledo)
lillero

Lima (América)
limeño

Limoges (Francia)
lemosín

Limpias (Santander)
lumpiense

Linares (Jaén)
linarense

Linares de la Sierra [(Huelva)
linarejo

Linares de Riofrío (Salamanca)
linariego
linarés

Línea (La) (Cádiz)
liniense

Liñola (Lérida)
liñolense

Liria (Valencia)
liriano

Lisboa
lisbonés
lisbonense

Lituania
lituano

Livonia (Rusia)
livonio

Logroño
logroñés
lucroniense

Logrosán (Cáceres)
logrosaniego
logrosano

Loja (Granada)
lojeño
lojano

Londres
londinense

Longares (Zaragoza)
longarino

Lopera (Jaén)
lopereño

Lora del Río (Sevilla)
loreño
loretaño

Lorca (Murcia)
lorquino

Lorcha (Alicante)
lorchano

Lorena (Francia)
lorenés

Lorenzana (Lugo)
lorenzanense

Losa (Valle) (Burgos)
losino

Losar de la Vera (Cáceres)
losareño

Lousame (Coruña)
lousamense

Lovaina (Bélgica)
lovaniense

Luarca (Oviedo)
luarqués

Lubrín (Almería)
lubrileño

Luca (Italia)
lucense
luqués

Lucaineta de las Torres [(Almería)
lucainense

Lúcar (Almería)
lucareño

Lucena (Córdoba)
elisano
lucentino

Lucena del Cid (Castellón)
lucenense

Lucena del Puerto [(Huelva)
lucenero
luceño

Lucillo (León)
maragato

Lugo
lucense
lugués

Luisiana (La) (Sevilla)
luisianense

Lumbier (Navarra)
lumbierino

Lumbrales (Salamanca)
lumbraleño

Lumpiaque (Zaragoza)
lumpiaquero

Luna (Zaragoza)
lunero

Lupión (Jaén)
lupariense
lupionense

Luque (Córdoba)
luqueño

Luxemburgo
luxemburgués

Lyon (Francia)
lionés
lugdunense

LL

Llacuna (La) (Barcelona)
llacunense

Lladó (Gerona)
lladonense

Llagostera (Gerona)
llagosterense

Llanes (Oviedo)
llanisco

Llansá (Gerona)
llansanense

Llardecans (Lérida)
llardecanense

Llera (Badajoz)
llerista

Llerena (Badajoz)
llerense

Llers (Gerona)
llersense

Llinás (Barcelona)
llinasense

Llivia (Gerona)
lliviense

Llombay (Valencia)
llombaino

Lloret de Mar (Gerona)
loretense

Llosa de Ranes (Valencia)
llosero

Lluchmayor (Baleares)
lluchmayorense
llummayorense

M

Macael (Almería)
macaelero

Macastre (Valencia)
macastreño

Maceda (Orense)
macedóneo

Macotera (Salamanca)
macoterano

Madagascar (África)
malgacho

Madrid
madrileño
matritense
gato (fam.)

Madridanos (Zamora)
madridanino

Madridejos (Toledo)
madridejense
madrideño

Madrigal de las Altas Torres (Ávila)
madrigaleño

Madrigueras (Albacete)
madriguerense

Madroñera (Cáceres)
madroñero

Maella (Zaragoza)
maellano

Magallón (Zaragoza)
magallonero

Magaz (León)
cepedano

Maguncia (Alemania)
maguntino

Maguilla (Badajoz)
maguillento

Mahón (Baleares)
mahonés

Mahora (Albacete)
mahoreño

Mairena de Aljarafe [(Sevilla)
mairenero

Mairena del Alcor (Sevilla)
mairenero

Malabar (Indostán)
malabar

Málaga
malacitano
malagueño

Malagón (Ciudad Real)
malagonense

Malcocinado (Badajoz)
malcocinense

Malgrat (Barcelona)
malgratense

Malón (Zaragoza)
malonero

Malpartida (Salamanca)
malpartideño

Malpartida de Plasencia (Cáceres)
chinato
malpartideño

Malpica (Coruña)
malpicán

Malta (Isla)
maltés

Malucas (Islas)
maluco

Maluenda (Zaragoza)
maluendero

Mallén (Zaragoza)
mallenero

Mallorca
mallorqués
mallorquín

Manacor (Baleares)
manacorense

Mancha (La)
manchego

Mancha Real (Jaén)
manchego

Mandayona (Guadalajara)
mandayonense
mandayonero

Manganeses de la Lampreana (Zamora)
manganero

Manila (Filipinas)
manileño
manilense

Manilva (Málaga)
manilveño

Manises (Valencia)
manisense
manisero

Manlleu (Barcelona)
manlleuense

Manresa (Barcelona)
manresano

Mansilla de las Mulas [(León)
mansillés

Mantua (Italia)
mantuano

Manuel (Valencia)
manuelense

Manzanares (Ciudad Real)
manzanareño

Manzanera (Teruel)
manzanerano

Manzanilla (Huelva)
manzanillero

Mañeru (Navarra)
mañeruco

Maracena (Granada)
maracenense

Maragatería (comarca de León)
maragato

Maranchón (Guadalajara)
maranchonero

Marbella (Málaga)
marbellense
marbellero

Marcilla (Navarra)
marcillés

Marchamalo (Guadalajara)
marchamalero
gallardo

Marchena (Sevilla)
marchenero

María (Almería)
mariano
mariense

Marín (Pontevedra)
marinense

Marmolejo (Jaén)
marmolejeño

Marquina (Vizcaya)
marquinés

Marsá (Tarragona)
marsanense

Marsella (Francia)
marsellés
marsiliense

Martiago (Salamanca)
martiagués

Martín de la Jara (Sevilla)
jareño

Martorell (Barcelona)
martorellense

Martos (Jaén)
marteño
tuccitano

Marruecos (África)
marroquí
marroquín
marrueco
moro

Masanasa (Valencia)
masanasero

Mascaraque (Toledo)
mascaraqueño

Maside (Orense)
masidao

Masnou (Barcelona)
masnouense

Masquefa (Barcelona)
masquefino

Mata (La) (Toledo)
mateño

Matanza (Canarias)
matancero

Matanzas (Cuba)
matancero

Matapozuelos (Valladolid)
matapozuelero

Mataró (Barcelona)
mataronés

Mayorga (Valladolid)
mayorgano

Mazarambroz (Toledo)
mazarambreño

Mazarrón (Murcia)
mazarronero

Mazo (Canarias)
mazuco

Meaño (Pontevedra)
meañés

Meca (Arabia)
mecano

Meco (Madrid)
mequero

Medellín (Badajoz)
metilense

Mediana (Zaragoza)
medianense

Medinaceli (Soria)
medinense

Medina del Campo (Valladolid)
medinense

Medina de Pomar (Burgos)
medinés

Medina de Rioseco (Valladolid)
riosecano

Medina-Sidonia (Cádiz)
asidonense
medinense

Mediona (Barcelona)
medionense

Meira (Lugo)
meirego

Méjico
mejicano
guachinango

Melgar de Fernamental (Burgos)
melgarense
melgareño

Melilla (África)
melillense

Melón (Orense)
melonés

Membrilla (Ciudad Real)
membrillato

Mena (valle de Burgos)
menés

Menasalbas (Toledo)
menasalbeño

Mendigorría (Navarra)
mendigorriano

Menjíbar (Jaén)
menjibareño

Menorca (Baleares)
menorquín

Méntrida (Toledo)
mentridano

Mequinenza (Zaragoza)
mequinenzano

Mercadal (Baleares)
mercadalense

Mérida (Badajoz)
emeritense
merideño

Mesía (Coruña)
mesiano

Mesina (Sicilia)
mesinés

Mestanza (Ciudad Real)
mestanceño

Miajadas (Cáceres)
miajadeño

Mieras (Gerona)
mierense

Mieres (Oviedo)
mierense

Miguel-Esteban (Toledo)
miguelete

Miguelturra (Ciudad Real)
miguelturreño

Mijas (Málaga)
mijeño

Milán (Italia)
milanés

Milo
melino

Minas de Riotinto (Huelva)
minero

Minaya (Albacete)
minayero

Minglanilla (Cuenca)
minglanillense
minglanillero

Mira (Cuenca)
mireño

Mirabel (Cáceres)
mirabeleño

Miraflores de la Sierra (Madrid)
mirafloreño

Miranda de Arga (Navarra)
mirandés

Miranda de Castañar (Salamanca)
mirandeño

Miranda de Ebro (Burgos)
mirandés

Miravet (Tarragona)
miravetano

Moaña (Pontevedra)
moañés

Mocejón (Toledo)
mocejonero

Moclín (Granada)
moclinense

Módena (Italia)
modenés

Mogarraz (Salamanca)
mogarreño

Mogente (Valencia)
mogentino

Mogolia (Asia)
Mongolia
mogol
mongol
calmuco

Moguer (Huelva)
moguereño

Mohedas de la Jara (Toledo)
jareño

Mojácar (Almería)
mojaquero

Molar (El) (Madrid)
molareño

Moldavia
moldavo

Molina (Murcia)
molinense

Molina de Aragón (Guadalajara)
molinés

Molinos (Teruel)
molinense

Molins de Rey (Barcelona)
molinense

Molvízar (Granada)
molviceño

Mollerusa (Lérida)
mollerusense

Mollet (Barcelona)
molletense

Mollina (Málaga)
mollinato

Molló (Gerona)
mollonense

Mombeltrán (Ávila)
villano

Mónaco
monegasco

Monachil (Granada)
monachileño

Moncada (Barcelona)
moncadense

Moncófar (Castellón)
moncofino

Monda (Málaga)
mondeño

Mondariz (Pontevedra)
mondarizano
mondaricense

Mondéjar (Guadalajara)
mondejano
mondejero

Mondoñedo (Lugo)
mindoniense

Mondragón (Guipúzcoa)
mondragonés

Monegrillo (Zaragoza)
monegrillense
monegrillero

Monesterio (Badajoz)
monesteriense
serrano
serraniego

Monfero (Coruña)
monferano

Monforte (Alicante)
monfortino

Monforte (Lugo)
monfortino

Monóvar (Alicante)
monovarense
monovero

Monreal del Campo (Teruel)
monrealense

Monroyo (Teruel)
monroyense

Monserrat (Valencia)
monserratero

Montalbán (Córdoba)
montalbeño

Montalbán (Teruel)
montalbanense

Montamarta (Zamora)
montamartino

Montán (Castellón)
gabacho

Montánchez (Cáceres)
montanchego

Montblanch (Tarragona)
montblanquense

Montbrió (Tarragona)
montbrionense

Monteagudo (Navarra)
monteagudano

Montealegre (Albacete)
montealegrino

Montefrío (Granada)
montefrieño

Montehermoso (Cáceres)
montehermoseño

Montejaque (Málaga)
montejaqueño

Montejícar (Granada)
montejiqueño

Montellano (Sevilla)
montellanés
montellanero

Montemayor (Córdoba)
montemayoreño

Montemolín (Badajoz)
montileño

Montenegro
montenegrino

Monterroso (Lugo)
monterrosino

Monterrubio de la Serena (Badajoz)
monrubrense

Montesa (Valencia)
montesino

Montevideo (Uruguay)
montevideano

Montiel (Ciudad Real)
montieleño

Montijo (Badajoz)
montijano

Montilla (Córdoba)
montillano

Montillana (Granada)
montillanero

Montornés (Barcelona)
montornense

Montoro (Córdoba)
montoreño

Montreal (Tarragona)
montrealense

Montroig (Tarragona)
montrogense
montrogino

Montroy (Valencia)
montroyero

Monturque (Córdoba)
monturqueño

Monzón (Huesca)
montisonense

Mora (Toledo)
moracho

Mora de Calatrava (Ciudad Real)
moraleño

Mora de Ebro (Tarragona)
morense

Mora de Rubielos (Teruel)
morano

Mora la Nueva (Tarragona)
moranovense

Moraleja (Cáceres)
moralejano

Moraleja del Vino (Zamora)
moralino

Morales del Toro (Zamora)
moralino

Morales del Vino (Zamora)
moralino

Moraña (Pontevedra)
morañés

Morata de Tajuña (Madrid)
morateño

Moratalla (Murcia)
moratallero

Moravia (Austria)
moravo

Morcín (Oviedo)
morciniego

Morell (Tarragona)
morellense

Morella (Castellón)
bisgargitano
morellano

Morlaquia
morlaco

Morón (Sevilla)
moronense

Morón de Almazán (Soria)
moronés

Moscovia (Rusia)
moscovita

Móstoles (Madrid)
mostolense
mostoleño
mostolero

Mota del Cuervo (Cuenca)
moteño

Mota del Marqués (Valladolid)
motano

Motilla del Palancar (Cuenca)
motillano

Motrico (Guipúzcoa)
motriquense

Motril (Granada)
motrileño

Moya (Cuenca)
moyano

Mucientes (Valladolid)
mucenteño

Muchamiel (Alicante)
muchamelero

Muel (Zaragoza)
muelense

Mugardos (Coruña)
mugardés

Mula (Murcia)
muleño

Mundaca (Vizcaya)
mundaqués

Munébrega (Zaragoza)
munebrecense

Munera (Albacete)
munereño

Munguía (Vizcaya)
munguiense

Munilla (Logroño)
munillense

Murcia
murciano

Murchante (Navarra)
murchantino

Murias de Paredes (León)
omañés

Murillo de Gállego (Zaragoza)
murillano

Murillo del Río Leza (Logroño)
murillense

Muro (Alicante)
mureño
murero

Muro (Baleares)
murero

Muros (Coruña)
muradano

Muros (Oviedo)
muradano
murense

Murtas (Granada)
murteño

Murviedro (Castellón)
murviedrés

N

Nájera (Logroño)
najerano
najerino

Nalda (Logroño)
naldeño

Nápoles (Italia)
napolitano
partenopeo

Narbona (Francia)
narbonés

Nava (Oviedo)
navarrusco
naveto

Navaconcejo (Cáceres)
navaconcejano

Nava del Rey (Valladolid)
navarrés

Nava de Roa (Burgos)
navarrusco

Navahermosa (Toledo)
navarmoseño

Naval (Huesca)
navalense

Navalcán (Toledo)
navalqueño

Navalcarnero (Madrid)
navalcarnereño

Navalmoral de la Mata (Cáceres)
moralo

Navalucillos (Toledo)
navalucillense

Navalvillar de Pela (Badajoz)
peleño

Navamorcuende (Toledo)
navaquendino

Navarra
navarro
agote

Navarrés (Valencia)
navarresino

Navarrete (Logroño)
navarretano

Navas de la Concepción (Sevilla)
navero

Navas del Marqués (Ávila)
navero

Navasfrías (Salamanca)
navasfrieño

Navia (Oviedo)
naviego

Navia de Suarna (Lugo)
naviego

Nazaret (Galilea)
nazareno
nazareo

Negreira (Coruña)
negreirés
nicrariense

Neira de Jusa (Lugo)
neirense

Nerja (Málaga)
nerjeño

Nerpio (Albacete)
nerpiano

Nerva (Huelva)
nervense

Nicaragua
nicaragüeño
nicaragüense

Nicea (Bitinia)
niceno

Nicomedia (Bitinia)
nicomediense

Níjar (Almería)
nijareño

Niza (Francia)
nizardo

Noalejo (Jaén)
noalejeño

Noblejas (Toledo)
noblejano

Noceda (León)
berciano

Nogales (Badajoz)
nogalense
nogaleño

Nogales (Lugo)
nogalense
nogaleño

Nogueruelas (Teruel)
noguerueleño

Nombela (Toledo)
nombelano

Nonaspe (Zaragoza)
nonaspino

Normandía (Francia)
normando
normano

Noruega
noruego

Novelda (Alicante)
noveldense

Novés (Toledo)
novesano

Noviercas (Soria)
noviercano

Noya (Coruña)
noyense

Nubia (África)
nubiense

Nucia (La) (Alicante)
nuciero

Nueva Carteya (Córdoba)
carteyano

Nueva Granada (Colombia)
neogranadino

Nueva York (América)
neoyorquino

Nueva Zelandia
neocelandés

Nules (Castellón)
nulense
nulero

O

Obanos (Navarra)
obanense

Ocaña (Toledo)
ocañense
olcadense

Ochandiano (Vizcaya)
ochandianés

Ohanes (Almería)
ohanense

Ojén (Málaga)
ojenete

Ojos (Murcia)
ojetero

Olba (Teruel)
olbano

Olesa de Monserrat (Barcelona)
olesanense
olesano

Oliana (Lérida)
olianero

Olías del Rey (Toledo)
olieño

Oliete (Teruel)
olietano

Olite (Navarra)
olitero

Oliva (La) (Canarias)
olivense
olivero

Oliva de Jerez (Badajoz)
olivero

Oliva de Mérida (Badajoz)
oliveño

Olivares (Sevilla)
olivareño

Olivares del Júcar (Cuenca)
olivareño

Olivenza (Badajoz)
oliventino

Olmeda (La) (Cuenca)
olmedano

Olmedo (Valladolid)
olmedano

Olot (Gerona)
olotense

Olula de Castro (Almería)
olulero

Olula del Río (Almería)
olulero

Olvega (Soria)
olvegueño

Olvera (Cádiz)
ilipense
olvereño

Ollería (Valencia)
ollerense

Onda (Castellón)
ondense

Ondara (Alicante)
ondareño

Ondárroa (Vizcaya)
ondarrés

Onil (Alicante)
onilense

Onís (Oviedo)
onisense

Onteniente (Valencia)
onteniense

Ontur (Albacete)
onturense

Oña (Burgos)
oñense

Oñate (Guipúzcoa)
oñatiense

Orán (Argelia)
oranés

Orba (Alicante)
orbense

Orce (Granada)
orcense
orcetano

Orcera (Jaén)
orcereño

Orcheta (Alicante)
orchetano

Órdenes (Coruña)
ordenense

Orduña (Vizcaya)
orduñés

Orense
auriense
orensano

Orgaz (Toledo)
orgaceño

Oria (Almería)
orialeño

Oriente
oriental

Orihuela (Alicante)
orcelitano
oriolano

Órjiva (Granada)
orjiveño

Oropesa (Toledo)
oropesano

Oroso (Coruña)
orosino

Orotava (La) (Canarias)
orotavense
villero

Orra (La) (Burgos)
ribereño

Ortigueira (Coruña)
ortegano
urticense

Os (Lérida)
osense

Osa de la Vega (Cuenca)
osense

Osca (hoy Huesca)
oscense

Osor (Gerona)
osorense

Osuna (Sevilla)
osunés
ursaonense

Oteiza (Navarra)
oteizano

Otero de Escarpizo (León)
cepedano

Otívar (Granada)
otiveño

Otura (Granada)
otureño

Oviedo
ovetense

Oxford
oxoniense

Oya (Pontevedra)
oyense

P

Pacheco (Murcia)
pachequense

Padrón (Coruña)
padronés

Padua (Italia)
paduano
patavino

Pájara (Canarias)
pajareño

Pajares (Zamora)
pajarero

Palacio de la Sierra) (Burgos)
serrano
pinariego

Palacios y Villafranca (Los) (Sevilla)
palaciego

Palafrugell (Gerona)
palafrugellense

Palamós (Gerona)
palamosense

Palau-Sabardera (Gerona)
palauense

Palau-Tordera (Barcelona)
palauense

Palazuelo de Vedija (Valladolid)
palazuelo

Palencia
palentino

Palenciana (Córdoba)
palencianero

Palenzuela (Palencia)
palenzolano

Palermo (Sicilia)
panormitano
palermitano

Palestina (Asia)
palestino

Palma (Baleares)
palmesano

Palma (La) (Huelva)
palmerino
palmesino

Palma del Río (Córdoba)
palmeño

Palmas (Las) (Canarias)
palmense

Palos de Moguer o de la Frontera (Huelva)
palense
palermo

Pals (Gerona)
palense

Pampliega (Burgos)
pampliegueño

Pamplona
pamplonés

Panamá
panameño

Pancorbo (Burgos)
pancorbino

Paniza (Zaragoza)
panicero

Papiol (Barcelona)
papiolense

Papuasia (Nueva Guinea)
papú

Paradas (Sevilla)
paradeño

Paradela (Lugo)
paradelino

Paraguay
paraguayo
paraguayano

Páramo (Lugo)
paramés

Parauta (Málaga)
parauteño

Parcent (Alicante)
parcentino

Pardo (El) (Madrid)
pardeño

Paredes de Nava (Palencia)
paredeño

Parets del Vallés (Barcelona)
paretense

París
parisiense

Parla (Madrid)
parleño

Parma (Italia)
parmesano

Paros (Isla)
pario

Parras de Castellote (Las) (Teruel)
parrino

Parres (Oviedo)
parragueso

Parrillas (Toledo)
parrillano

Partaloa (Almería)
partalobeño

Pas (Valle de) (Santander)
pasiego

Pasajes (Guipúzcoa)
pasaitarra

Pasarón (Cáceres)
pasaronigo

Pastoriza (Lugo)
bretonés
britoniense

Pastrana (Guadalajara)
pastranense
pastranero

Patagonia
patagón

Paterna (Albacete)
paterniego

Paterna (Almería)
paternero

Paterna (Valencia)
paternero

Paterna del Campo (Huelva)
paternino

Paterna de Ribera (Cádiz)
paternero

Pavía (Italia)
paviano
ticinense (V. *Ticino*)

Payo (El) (Salamanca)
payenco

Paz (La) (Bolivia)
paceño

Peal de Becerro (Jaén)
pealense

Pechina (Almería)
pechinense

Pedernoso (El) (Cuenca)
pedernoseño

Pedraja del Portillo (La) (Valladolid)
pedrajero

Pedrajas de San Esteban (Valladolid)
pedrajero

Pedralba (Valencia)
pedralbino

Pedreguer (Alicante)
pedreguerense
pedreguero

Pedrera (Sevilla)
pedrerense
pedrereño

Pedro Abad (Córdoba)
peroabadense

Pedroche (Córdoba)
gachero

Pedrola (Zaragoza)
pedrolense

Pedro Muñoz (Ciudad Real)
peromuñicense

Pedroñeras (Las) (Cuenca)
pedroñero

Pedrosa del Rey (Valladolid)
pedrosino

Pedroso (El) (Sevilla)
pedroseño

Pegalajar (Jaén)
pegalajareño
pegalajeño

Pego (Alicante)
pegolino

Pelahustán (Toledo)
pelanico

Penáguila (Alicante)
penaguilense

Pensilvania
pensilvano

Pentápolis
pentapolitano

Peñafiel (Valladolid)
peñafielense

Peñaflor (Sevilla)
peñaflorense

Peñamellera (Oviedo)
peñamellero

Peñaparda (Salamanca)
peñapardino

Peñaranda de Bracamonte (Salamanca)
peñarandino

Peñaranda de Duero (Burgos)
peñarandino

Peñarrubias (Málaga)
peñarrubiero

Peñas de San Pedro (Albacete)
peñero

Peñíscola (Castellón)
peñiscolano

Peraleda de la Mata (Cáceres)
garvino

Peraleda de San Román (Cáceres)
peraleo

Perales de Tajuña (Madrid)
peraleño

Peralta (Navarra)
peraltés

Peralta de Alcofea (Huesca)
peraltino

Peralta de la Sal (Huesca)
paraltense

Perelada (Gerona)
pereladense

Pereña (Salamanca)
pereñalo

Periana (Málaga)
perianense

Persia (Asia)
persa
persiano
pérsico

Perú
peruano
peruviano
perulero

Perusa (Italia)
perusino

Petra (Baleares)
petrense

Petrel (Alicante)
petrolanero

Petrola (Albacete)
petrolino

Piamonte (Italia)
piamontés

Picaña (Valencia)
picañero

Picardía (Francia)
picardo

Picasent (Valencia)
picasentero

Picazo (El) (Cuenca)
picaceño

Piedrabuena (Ciudad
piedrabuenero [Real)
piedrabuenense

Piedrafita del Cebrero
cebreirego [(Lugo)

Piedrahíta (Ávila)
piedrahitense

Piedralabes (Ávila)
piedralabeño

Piera (Barcelona)
pierense

Pilas (Sevilla)
pileño

Piloña (Oviedo)
piloñés

Pina (Zaragoza)
pinero

Pinarejo (Cuenca)
pinarejero

Pineda (Barcelona)
pinetense

Pinell (Tarragona)
pinellano

Pinilla de Toro (Zamo-
pinillejo [ra)

Pinos del Valle o Pinos
del Rey (Granada)
pinero

Pinoso (Alicante)
pinosero

Pinos Puente (Grana-
pinense [da)

Pinto (Madrid)
pintense
pinteño

Piña de Campos (Pa-
piñego [lencia)

Piornal (Cáceres)
piornalejo

Pirineos (algunos pue-
blos de su falda)
gabacho

Pisa (Italia)
pisano

Pitillas (Navarra)
pitillés

Pizarra (La) (Málaga)
pizarreño

Placencia (Guipúzcoa)
placentino

Pla de Cabra (Tarra-
planense [gona)

Planes (Alicante)
planense

Plasencia (España e
placentino [Italia)
placentín
plasenciano

Plencia o Plasencia
plenciano [(Vizcaya)

Pliego (Murcia)
pleguero

Pobla de Claramunt
(Barcelona)
poblatano

Pobla de Lillet (La)
poblatán [(Barcelona)

Pobla de Masaluca
(Tarragona)
masaluquense

Pobla de Montornés
(Tarragona)
pobletense

Poboleda (Tarragona)
poboledano

Pola de Labiana (Ovie-
labianés [do)
polés

Pola de Lena (Oviedo)
lenense

Pola de Siero (Oviedo)
poleso

Polán (Toledo)
polaneco

Polinesia
polinesio

Poliñá (Valencia)
poliñanero

Polonia
polaco
polonés

Polop (Alicante)
polopino

Pollensa (Baleares)
pollensín

Pollos (Valladolid)
pollero

Pomerania (Prusia)
pomerano

Ponce (Puerto Rico)
ponceño

Ponferrada (León)
ponferradino

Ponga (Oviedo)
pongueto

Pons (Lérida)
ponsico

Pontevedra
lerense
pontevedrés

Pontones (Jaén)
pontonero

Porcuna (Jaén)
porcunense

Porrera (Tarragona)
porrerano

Porreras (Baleares)
porrerense

Porriño (El) (Ponteve-
porriñés [dra)

Portage (Cáceres)
portageño

Portas (Pontevedra)
porteño

Port-Bou (Gerona)
portbouense

Portell (Castellón)
portellano

Portillo (Toledo)
portillano

Portillo (Valladolid)
portillano

Portugal
portugués
lusitano
luso
seboso (por enamorado)

Portugalete (Vizcaya)
portugalujo

Posadas (Córdoba)
maleno

Potes (Santander)
lebaniego

Poyales del Hoyo (Ávi-
hoyanco [la)

Poyo de San Juan
poyés [(Pontevedra)

Poza de la Sal (Burgos)
pozano

Pozoantiguo (Zamora)
pozantiguero

Pozoblanco (Córdoba)
pozoblanquero

Pozo Halcón (Jaén)
pocense
poceño

Pozorrubio (Cuenca)
pozorrubiero

Pozuelo (Albacete)
pozuelano

Pozuelo (Cáceres)
pozolano

Pozuelos de Calatrava
(Ciudad Real)
pozoleño

Prádanos de Ojeda
pradanisto [(Palencia)

Pradejón (Logroño)
pradejonero

Prades (Tarragona)
pradense

Prado del Rey (Cáce-
poblador [res)

Pradoluengo (Burgos)
pradoluenguino

Prat de Llobregat (Bar-
pratense [celona)

Pratdip (Tarragona)
pratdipense

Prats de Llussanés
pradenco [(Barcelona)

Pravia (Oviedo)
praviano

Préjano (Logroño)
prejanero

Premiá de Mar (Barce-
premianés [lona)

Priego (Córdoba)
prieguеño

Priego (Cuenca)
alcarreño

Provencio (El) (Cuen-
provenciano [ca)

Provenza (Francia)
provenzal

Pruna (Sevilla)
pruneño
pruniego

Prusia
prusiano

Puebla (La) (Baleares)
pueblero

Puebla de Alcocer (Ba-
puebleño [dajoz)

Puebla de Almenara
pueblero [(Cuenca)

Puebla de Almoradiel
(La) (Toledo)
pueblero

Puebla de Arenoso
pueblano [(Castellón)

Puebla de Castro (La)
morcillero [(Huesca)

Puebla de Cazalla (La)
puebleño [(Sevilla)

Puebla de Don Fadri-
que (Granada)
poblense
poblato

Puebla de Don Fadri-
que (Toledo)
fadriqueño

Puebla de Guzmán
puebleño [(Huelva)

Puebla de Híjar (La)
pueblano [(Teruel)

Puebla de la Calzada
(Badajoz)
poblanchino

Puebla del Caramiñal
pueblense [(Coruña)

Puebla del Maestre
puebleño [(Badajoz)

Puebla de los Infantes
(La) (Sevilla)
puebleño

Puebla de Montalbán
puebleño [(Toledo)

Puebla de Sanabria
sanabrés [(Zamora)

Puebla de Sancho Pé-
zorro [rez (Badajoz)

Puebla de Trives
trivés [(Orense)

Puebla de Valverde
(La) (Teruel)
pueblano

Puebla de Vallbona
poblano [(Valencia)

Puebla junto a Coria
(La) (Sevilla)
puebleño

Puebla Nueva (Toledo)
pueblano

Puenteareas (Ponteve-
puenteareense [dra)
pentearesano

Puente-Caldelas (Pon-
tevedra)
puentecaldelense

Puente-Cesures (Ponte-
cesureño [vedra)

Puente del Arzobispo
puenteño [(Toledo)

Puentedeume (Coruña)
puentedeumés

Puentedeva (Orense)
puentedevense

Puente-Genil (Córdo-
pontanense [ba)
puenteño

Puente la Reina (Nava-
puentesino [rra)

Puente-Sampayo (Pon-
sampayés [tevedra)

Puenteviesgo (Santan-
torrancés [der)

Puerto de Béjar (Sala-
puertense [manca)

Puerto de la Cruz de la
Orotava (Canarias)
portero

Puerto del Arrecife
arrecifeño [(Canarias)

Puerto de la Selva (Ge-
selvense [rona)

Puerto de Santa María
bonaerense [(Cádiz)
porteño
portuense

Puerto-Lápiche (Ciu-
puerteño [dad Real)

Puertollano (Ciudad
puertollanero [Real)

Puerto Real (Cádiz)
puertorrealeño

Puerto Rico
puertorriqueño
portorriqueño
borinqueño

Puerto-Serrano (Cádiz)
porserranense

Puigcerdá (Gerona)
puigcerdanés

Pujerra (Málaga)
pujerreño

Pulpí (Almería)
pulpileño

Pulla (Italia)
pullés

Puntallana (Canarias)
puntallanero

Purchena (Almería)
purchenero

Puzol (Valencia)
puzolense

Q

Quel (Logroño)
queleño

Quéntar (Granada)
quentariño
quenteño

Quero (Toledo)
quereño

Quesada (Jaén)
quesadense
quesadeño

Quintana de la Serena
quintanés [(Badajoz)

Quintana del Castillo
cepedano [(León)

Quintanar de la Orden
(Toledo)
quintanareño

Quintanar de la Sierra
serrano [(Burgos)
pinariego

Quintanar del Rey
(Cuenca)
quintanareño

Quinto (Zaragoza)
quintano

Quiroga (Lugo)
quirogués

Quirós (Oviedo)
quirosano

Quismondo (Toledo)
quismondano

Quito (América)
quiteño

R

Rabanal del Camino
maragato [(León)

Rafales (Teruel)
rafalense

Rafelguaraf (Valencia)
rafelguareño

Rágol (Almería)
ragoleño

Ragusa (Yugoslavia)
raguseo

Ramales de la Victoria
(Santander)
ramaliego

Rambla (La) (Córdoba)
rambleño

Rávena
ravenés

Real de Montroig (Va-
realero [lencia)

Real de San Vicente
(El) (Toledo)
realengo

Realejo Alto (Cana-
realejero [rias)

Realejo Bajo (Cana-
realejero [rias)

Recas (Toledo)
requeño

Redondela (Ponteve-
redondelano [dra)

Redován (Alicante)
redovanero

Regil (Guipúzcoa)
regilense

Reims (Francia)
remense

Reinosa (Santander)
reinosano

Relleu (Alicante)
relleuense
relleuero

Rentería (Guipúzcoa)
renteriano

Requena (Valencia)
requenense

Reus (Tarragona)
reusense

Rianjo (Coruña)
rianjeiro

Riaño (León)
riañés

Riaza (Segovia)
riazano

Riba (La) (Tarragona)
ribense

Ribadavia (Orense)
ribadaviense
riberaviano

Ribadeo (Lugo)
ribadense

Ribadesella (Oviedo)
ribadesellense
riosellano

Ribagorza (Condado
de) (Aragón)
ribagorzano

Ribarroja (Tarragona)
ribarrojano
ribarrojeño

Ribas (Gerona)
ribense

Ribera de Abajo
ribereño [(Oviedo)

Ribera de Arriba
ribereño [(Oviedo)

Ribera del Fresno (Ba-
ribereño [dajoz)

Ribesalbes (Castellón)
ribesalbense

Ricla (Zaragoza)
riclano

Ricote (Murcia)
ricoteño

Ridaura (Gerona)
ridaurense

Rieti (Italia)
reatino

Rif (Marruecos)
rifeño

Rigoitia (Vizcaya)
rigoitiano

Rinconada (La) (Sevi-
rinconero [lla)

Rincón de Soto (Logro-
rinconero [ño)

Río de la Plata
rioplatense

Rioja (Almería)
riojano

Rioja (La)
riojano

Río Janeiro
carioca
fluminense

Riola (Valencia)
riolero

Riolobos (Cáceres)
riolobo

Riosa (Oviedo)
riosano

Rioseco (Valladolid)
riosecano

Riotorto (Lugo)
riotortense

Ripoll (Gerona)
ripollés

Riudoms (Tarragona)
riudomense

Rivaflecha (Logroño)
rivaflechano

Riveira (Coruña)
riveirense

Roa (Burgos)
rivereño

Robleda (Salamanca)
robledano

Robledillo de Trujillo
(Cáceres)
robledillano

Robledo de Chavela
robledano [(Madrid)

Rociana (Huelva)
rocianero

Rochela (La) (Francia)
rochelés

Roda (Barcelona)
rodense

Roda (La) (Albacete)
rodense
rodeño

Rodas (Archipiélago)
rodio

Rojales (Alicante)
rojalense
rojalero

—

ROMA

ciudad eterna
foro

quirite
patricio

équite
(lictor, tribuno, etc.
V. **Magistrado**)
augur
(arúspice, etc.
V. **Sacerdote**)
Papa
romanizar
romanizarse
romanización
romano
románico
latino
neolatino
grecolatino
(italiano, etc. V. *Italia*)

Romeral (Toledo)
romeralejo

Roncal (Navarra)
roncalés

Ronda (Málaga)
arundense
rondeño

Ronquillo (El) (Sevilla)
ronquillero

Roquetas (Tarragona)
roquetense

Rosal (Pontevedra)
rosalino

Rosal de la Frontera
rosaleño [(Huelva)

Rosario (El) (Canarias)
rosariero

Rosas (Gerona)
rosense

Rosell (Castellón)
rosellano

Rosellón (Francia)
rosellonés

Rota (Cádiz)
roteño

Roterdam
roterodamense

Ruán (Francia)
roanés
ruanés

Rubí (Barcelona)
rubinense

Rubielos de Mora
rubielano [(Teruel)

Rubio (El) (Sevilla)
rubeño

Ruesga (Valle de)
ruesgano [(Santander)

Rumania
rumano

Rumelia (Turquía eu-
rumeliota [ropea)

Rus (Jaén)
ruseño

Rusia
ruso
moscovita

Rute (Córdoba)
ruteño

S

Sabadell (Barcelona)
sabadellense
sabadellés

Sabiote (Jaén)
sabioteño

Saboya (Francia)
saboyano

Sacedón (Guadalajara)
sacedonense

Saelices (Cuenca)
saeliceño

Sagunto (Valencia)
saguntino

Sahagún (León)
sahagunense

Sajonia (Alemania)
sajón

Salamanca
salmantino
salamanqués
salamanquino
salmanticense
charro (aldeano)

Salar (Granada)
salareño

Salas de los Infantes
(Burgos)
serranosmatiego
saleño

Salazar (Valle) (Nava-
salacenco [rra)

Salcedo (Pontevedra)
salcedano

Saldaña (Palencia)
saldañés

Salerno (Italia)
salernitano

Salinas (Alicante)
salinero

Salinas (Guipúzcoa)
salinero

Salinas (Oviedo)
salinero

Salmerón (Guadalaja-
salmeronense [ra)

Salobreña (Granada)
salambinense
salobreñero
salogreñero

Salsadella (Castellón)
salsadellense

Salta (Argentina)
salteño

Salteras (Sevilla)
saltareño

Salto (Uruguay)
salteño

Salvador (El)
salvadoreño

Salvaleón (Badajoz)
salvaleonés

Salvatierra (Ávila)
salvaterrano

Salvatierra de los Barros (Badajoz)
salvaterreno
salvaterreño

Sallent (Barcelona)
sallentino

Samos (Isla)
samio

Samos (Lugo)
samiense

Samotracia (Isla)
samotracio

Sampedor (Barcelona)
sampedrense

Samper de Calanda
samperino

Sanabria (Zamora)
sanabrés

San Agustín (Teruel)
agustino

Sanahúja (Lérida)
sanahujano

San Andrés de Llavaneras (Barcelona)
llavanerense

San Andrés de Palomar (Barcelona)
andresense

San Andrés y Sauces (Canarias)
saucero

San Asensio (Logroño)
sanasensiano

San Bartolomé (Canarias)
sambartolomero

San Bartolomé de las Abiertas (Toledo)
bartolo

San Bartolomé de la Torre (Huelva)
bartolino

San Bartolomé de Pinares (Ávila)
bartolo

San Bartolomé de Tirajana (Canarias)
tirajanero

San Baudilio de Llobregat (Barcelona)
samboyano

San Carlos de la Rápita (Tarragona)
rapiteño

San Celoni (Barcelona)
sancelonense

San Clemente (Cuenca)
sanclementino

San Cristóbal de la Laguna (Canarias)
lagunense

San Cristóbal o San Pedro de Premiá (Barcelona)
premianés

Sancti Spiritus (Cuba)
spirituano

San Esteban de Castellar del Vallés (Barcelona)
castellarense

San Esteban del Val (Ávila)
barranqueño

San Esteban Sasroviras (Barcelona)
sasrovirense

San Felíu de Codinas (Barcelona)
feliuense

San Felíu de Guíxols (Gerona)
guixolense

San Felíu de Llobregat (Barcelona)
sanfeliuense

San Fernando o Isla de León (Cádiz)
isleño

Sangenjo (Pontevedra)
sangenjino

San Ginés de Vilasar (Barcelona)
vilasanés

Sangüesa (Navarra)
sangüesino

San Hipólito de Voltregá (Barcelona)
voltreganés

San Ildefonso (La Granja) (Segovia)
granjeño

San Javier (Murcia)
sanjavierino

San Juan (Argentina)
sanjuanino

San Juan (Baleares)
sanjuanense

San Juan Bautista (Baleares)
sanjuanenco

San Juan de la Nava (Ávila)
sanjuaniego

San Juan de las Abadesas (Gerona)
sanjuanés

San Juan de Vilasar (Barcelona)
vilasanés

San Justo Desvern (Barcelona)
sanjustense

San Lorenzo de Hortons (Barcelona)
hortonense

San Lorenzo de la Muga (Gerona)
laurencio

San Lorenzo de la Parrilla (Cuenca)
parrillano

San Lorenzo Savall (Barcelona)
sanlorenzano

Sanlúcar de Barrameda (Cádiz)
sanluqueño

Sanlúcar de Guadiana (Huelva)
sanluqueño

Sanlúcar la Mayor (Sevilla)
sanluqueño
alpechinero

San Luis (Argentina)
sanluisero
puntano

San Lloréns del Cardosal (Baleares)
laurentino
llorensino

San Martín del Río (Teruel)
sanmartinero

San Martín de Oscos (Oviedo)
samartiego

San Martín de Provensals (Barcelona)
provensalense

San Martín de Trebejo (Cáceres)
sanmartiniego

San Martín de Unx (Navarra)
sanmartinejo

San Mateo (Castellón)
sanmateuano

San Miguel del Arroyo (Valladolid)
sanmigueleño

San Miguel de Salinas (Alicante)
salinero
sanmigueleño

San Pedro (Albacete)
sampedreño

San Pedro de Latarce (Valladolid)
sampedrín

San Pedro del Pinatar (Murcia)
pinatarense

San Pedro del Romeral (Santander)
pasiego

San Pedro de Premiá (Barcelona)
premianés

San Pedro de Ribas (Barcelona)
ribetano

San Pedro de Tarrasa (Barcelona)
samperense

San Pedro Pescador (Gerona)
sampetrense

San Pol de Mar (Barcelona)
sampolense

San Quintín de Mediona (Barcelona)
quintinense

San Quírico de Besora (Barcelona)
sanquircense

San Román de Hornija (Valladolid)
sanromaniego

San Roque (Cádiz)
sanroqueño

San Saturnino de Noya (Barcelona)
saturninense

San Sebastián (Guipúzcoa)
donostiarra
easonense

San Silvestre de Guzmán (Huelva)
sansilvestrero

Santa Amalia (Badajoz)
amalio

Santa Coloma de Gramanet (Barcelona)
colomense

Santa Coloma de Queralt (Tarragona)
colomín

Santa Comba (Coruña)
jalleiro

Santa Cristina de Aro (Gerona)
valdearense

Santa Cruz de la Palma (Canarias)
palmero

Santa Cruz de la Zarza (Toledo)
santacrucero

Santa Cruz del Retamar (Toledo)
churriego

Santa Cruz de Mudela (Ciudad Real)
santacruceño

Santa Cruz de Tenerife (Canarias)
tenerifeño
tinerfeño

Santa Elena (Jaén)
santaelenero

Santaella (Córdoba)
santaellano

Santa Eugenia de Vilarromá (Gerona)
vilarromanense

Santa Eulalia (Oviedo)
santallés

Santa Eulalia (Teruel)
santaulariano
santaulariense
santaularino

Santa Eulalia de Gállego (Zaragoza)
santolalano

Santa Fe (Argentina)
santafecino
santafesino

Santa Fe de Bogotá (Colombia)
santafereño

Santa Magdalena de Pulpis (Castellón)
madalenense

Santa Margarita (Isla)
margariteño

Santa Margarita (Baleares)
margaritense

Santa María del Berrocal (Ávila)
berrocaleño

Santa María del Campo (Burgos)
campesino

Santa María del Páramo (León)
paramés

Santa Marta (Badajoz)
santamartense

Santander
santanderino
montañés
santanderiense

Santa Olalla (Huelva)
santaolallero

Santa Pau (Gerona)
santapauense

Santa Perpetua de Moguda (Barcelona)
perpetuense

Santapola (Alicante)
santapolero

Santa Úrsula (Canarias)
santursulero

Santiago de Calatrava (Jaén)
santiagueño

Santiago de Compostela (Coruña)
santiagués
compostelano

Santiago de Cuba
santiaguero

Santiago de Chile
santiaguino

Santiago del Campo (Cáceres)
santiagueño

Santiago del Estero (Argentina)
santiagueño

Santiago Millas (León)
maragato

Santibáñez el Bajo (Cáceres)
santibañijo

Santiponce (Sevilla)
santiponceño

San Tirso de Abres (Oviedo)
santirsiago

Santisteban del Puerto (Jaén)
santistebeño

Santo Domingo
dominicano

Santo Domingo de la Calzada (Rioja)
calceatense

Santolea (Teruel)
santoleano

Santoña (Francia)
santoñés

Santoña (Santander)
santoñés

Santos (Los) (Badajoz)
agachado

Santo Tomé (Jaén)
tometense

San Vicente de Alcántara (Badajoz)
sanvicenteño

San Vicente de la Barquera (Santander)
evenciano

San Vicente de la Sosierra (Logroño)
renegado

San Vicente del Raspeig (Alicante)
sanvicentero

Sanzoles (Zamora)
sanzolero

Sárdica (Tracia)
sardicense

Sariñena (Huesca)
sariñenense

Sarreal (Tarragona)
sarrealense

Sarria (Lugo)
sarriano

Sarriá (Barcelona)
sarrianés

Sarriá (Gerona)
sarrianense

Sarrión (Teruel)
sarrionense

Sasamón (Burgos)
sasamonense

Sástago (Zaragoza)
sastaguino

Saucejo (El) (Sevilla)
saucejense
saucejeño

Saviñán (Zaragoza)
saviñanino

Sax (Alicante)
sajeño

Sayago (Zamora)
sayagués

Seca (La) (Valladolid)
lasecano

Sedano (Burgos)
castellano

Sedaví (Valencia)
sedaviense

Sedella (Málaga)
sedellano

Segorbe (Castellón)
segorbino
segobricense
segobrigense

Segovia
segoviano
segoviense

Segura (Guipúzcoa)
segurano

Segura de la Sierra
segureño [(Jaén)

Segura de León (Badajoz)
segureño

Selva (La) (Tarragona)
selvatán

Sella (Alicante)
sellano

Sellera (La) (Gerona)
sellerense

Senegal (África)
senegalés

Senés (Almería)
senesino

Señorín de Carballino
carballinés [(Orense)

Seo de Urgel (La) (Lérida)
urgelense

Sepúlveda (Segovia)
sepulvedano

Sequeros (Salamanca)
sequereño

Serantes (Coruña)
serantino

Serifo (Isla)
serifio

Serón (Almería)
seronero

Serós (Lérida)
serosense

Serrada (Valladolid)
serradense

Serrada (La) (Ávila)
serradense

Serradilla (Cáceres)
serradillano

Servia
servio

Sesma (Navarra)
sesmero

Setados (Pontevedra)
nevense

Setenil (Cádiz)
setenileño

Sevilla
sevillano
hispalense
hispalio
itálico

Siam (Asia)
siamés

Siberia (Asia)
siberiano

Sicilia (Italia)
siciliano
sículo
sicano
trinacrio

Sición (Peloponeso)
sicionio

Sidón (Fenicia)
sidonio

Sierra de Fuentes (Cáceres)
sierrafuenteño

Sierra de Gata (Salamanca)
serragatino

Sierra de Yeguas (Málaga)
serrano
serraniego

Sierro (Almería)
serrano
serraniego

Siete Aguas (Valencia)
sieteagüeño

Sigüenza (Guadalajara)
seguntino

Siles (Jaén)
sileño

Silesia (Alemania)
silesio
silesiano

Silla (Valencia)
sillano

Silleda (Pontevedra)
silledano

Simancas (Valladolid)
simanquino

Simat de Valldigna
simatense [(Valencia)
simatero

Sínope (Turquía asiática)
sinopense

Siracusa (Italia)
siracusano

Siria (Asia)
siriano
siríaco
sirio
siro

Siruela (Badajoz)
siroleño

Sisante (Cuenca)
sisanteño

Sitges (Barcelona)
sitgesano
sitgetano
suburense

Soba (Valle de) (Santander)
sobano

Sobarriba (León)
sobarribano

Sober (Lugo)
soberino

Sobrescobio (Oviedo)
coyán

Socovos (Albacete)
socovense
socoveño

Socuéllamos (Ciudad Real)
socuellamino

Sodoma (Palestina)
sodomita

Solana (La) (Ciudad Real)
solanero

Solera (Jaén)
solereño

Solivella (Tarragona)
solivellense

Solsona (Lérida)
solsonense
solsonino

Sollana (Valencia)
sollano

Sóller (Baleares)
sollerense

Somontín (Almería)
somontinero

Somozas (Coruña)
somozano

Son (Coruña)
soense

Soneja (Castellón)
sonejero

Sonseca con Casalgordo (Toledo)
sonsecano

Son Servera (Baleares)
serverense

Sorbas (Almería)
sorbense
sorbeño

Soria
soriano

Soriano (Uruguay)
sorianense

Sorihuela (Jaén)
sorihueleño

Sort (Lérida)
sortense

Sos (Zaragoza)
sopicón

Soses (Lérida)
sosense

Sot de Ferrer (Castellón)
sotero

Sotillo de la Adrada
sotillano [(Ávila)

Sotillo de la Ribera
sotillano [(Burgos)

Soto de Cameros (Logroño)
soteño

Sucre (Bolivia)
sucreño

Sudán (África)
sudanés

Sueca (Valencia)
suecano

Suecia
sueco

Suevia
suevo

Suiza
suizo
esguízaro
helvecio
helvético

T

Tábara (Zamora)
tabarés

Tabasco (Méjico)
tabasqueño

Tabernas (Almería)
tabernense

Tabernes de Valldigna
tabernero [(Valencia)
vallero

Taberno (Almería)
tabernero

Taboada (Lugo)
taboadés

Tabuenca (Zaragoza)
tabuenquino

Tacoronte (Canarias)
tacorontero

Tafalla (Navarra)
tafallés

Tagarabuena (Zamora)
taburón

Tahal (Almería)
tahalitano

Talarrubias (Badajoz)
talarrubiense

Talaván (Cáceres)
talavaniego

Talavera (cualquiera)
talaverano

Talavera de la Reina
talabricense [(Toledo)
talaverano

Talayuelas (Cuenca)
talayuelano
talayuelero

Tales (Castellón)
talero

Táliga (Badajoz)
taligeño

Tamarite de Litera
tamaritano [(Huesca)
tamaritense

Tánger (África)
tangerino
tingitano

Tapia (Oviedo)
tapiego

Taradell (Barcelona)
taradellés

Taramundi (Oviedo)
taramundés

Tarancón (Cuenca)
taranconense
taranconero

Tarapacá (Chile)
tarapaqueño

Tarazona (Albacete)
tarazonero

Tarazona (Zaragoza)
turiasonense

Tárbena (Alicante)
tarbenero

Tardienta (Huesca)
tardentano

Tarento (Italia)
tarentino

Tarifa (Cádiz)
tarifeño

Tarragona
tarraconense

Tarrasa (Barcelona)
egarense
tarrasense

Tárrega (Lérida)
tarreguense

Tartaria (Asia)
tártaro
quirguiz

Taso (Isla)
tasio

Tauste (Zaragoza)
taustano

Teba (Málaga)
tebano

Tegueste (Canarias)
teguestero

Tejas
tejano

Telde (Canarias)
teldense

Tembleque (Toledo)
temblequeño

Tendilla (Guadalajara)
tendillero

Tenerife (Canarias)
tinerfeño

Tepeaca (Méjico)
tepeaqués

Teresa (Castellón)
teresano

Teresa de Cofrentes
teresino [(Valencia)

Teror (Canarias)
terorense

Teruel
turolense

Terrer (Zaragoza)
terreno
terrino

Tesalia (Grecia ant.)
tesaliense
tésalo
tesalio
tesálico
dólope

Tesalónica (Macedo-
tesalonicense [nia)
tesalónico

Tesba (Palestina)
tesbita

Tetir (Canarias)
tetireño

Tetuán (África)
tetuaní

Teulada (Alicante)
teuleíno

Tévar (Cuenca)
tevano

Teverga (Oviedo)
tevergano

Tezcuco (Méjico)
tezcucano

Tiana (Barcelona)
tianés

Tíbet (Asia)
tibetano

Tibi (Alicante)
tibeño

Tiedra (Valladolid)
tiedrano

Tiemblo (El) (Ávila)
tembleño

Tierra del Fuego
fueguino

Tijarafe (Canarias)
tijarafero

Tíjola (Almería)
tijoleño

Timbra (Tróade)
timbreo

Tineo (Oviedo)
tinetense

Tinguis (hoy Tánger)
tingitano [(África)
tangerino

Tiro (Fenicia)
tirio

Tirol
tirolés

Titaguas (Valencia)
titagüeño

Tlascala (Méjico)
tlascalteca

Tobarra (Albacete)
tobarreño

Toboso (El) (Toledo)
toboseño
tobosino
tobosesco

Tocina (Sevilla)
tocinense

Tocón (El) (Granada)
toconero

Toledo
toledano
carpetano

Tolón (Francia)
tolonés

Tolosa (Guipúzcoa)
tolosano

Tolox (Málaga)
toloseño

Tomelloso (Ciudad
tomellosero [Real)

Tomiño o Seijo (Ponte-
tomiñés [vedra)

Tona (Barcelona)
tonense

Torá (Lérida)
toranés

Tordera (Barcelona)
torderense

Tordesillas (Vallado-
tordesillano [lid)

Tordoya (Coruña)
tordoense

Torelló (Barcelona)
torellonense

Tornavacas (Cáceres)
tornavaqueño

Torno (Cáceres)
torniego

Toro (Zamora)
toresano

Toro (El) (Castellón)
torano

Torquemada (Palen-
rabudo [cia)

Torralba de Calatrava
(Ciudad Real)
torralbeño
torralbo

Torrealhaquime (Cá-
torreño [diz)

Torreblanca (Castellón)
torreblanquino

Torreblascopedro
torreño [(Jaén)

Torrecampo (Córdoba)
torrecampeño

Torrecilla de Alcañiz
torrecillano [(Teruel)

Torrecilla de Cameros
(Logroño)
torrecillano

Torrecilla de la Orden
(Valladolid)
torrecillano

Torrecillas de la Tiesa
torrecillano [(Cáceres)

Torre de Don Miguel
torreño [(Cáceres)

Torre de Esteban Ham-
torreño [brán (Toledo)

Torre del Campo (Jaén)
torrecampeño

Torredembarra (Tarra-
gona)
torredembarrense

Torre de Santa María
torregueño [(Cáceres)

Torredonjimeno (Jaén)
torrejimenudo
torrejimeneño

Torrejoncillo (Cáceres)
torrejoncillano

Torrejoncillo del Rey
(Cuenca)
torrejoncillano

Torrejón de Ardoz
torrejonero [(Madrid)

Torrejón de Velasco
torrejonense [(Madrid)
torrejonero

Torrelaguna (Madrid)
torrelagunense

Torrelavega (Santan-
torrelavegano [der)
torrelaveguense

Torrelobatón (Vallado-
torreno [lid)

Torrellas de Foix (Bar-
torrellense [celona)

Torremanzanas (Ali-
torrero [cante)

Torremocha (Cáceres)
torremochano

Torrente (Valencia)
torrentino

Torrenueva (Ciudad
paniverde [Real)

Torre Pacheco (Murcia)
pachequense

Torreperogil (Jaén)
torreño

Torres (Jaén)
torreño

Torres de Albánchez
torreño [(Jaén)

Torres de Berrellén
torrero [Zaragoza)

Torres de Segre (Léri-
torrero [da)

Torrevieja (Alicante)
torrevejense
torreviejano

Torrico (Toledo)
torriqueño

Torrijas (Teruel)
torrijano

Torrijo de la Cañada
torrijano [(Zaragoza)

Torrijos (Toledo)
torrijeño

Torroella de Montgrí
torroellense [(Gerona)

Torroja (Tarragona)
torrojano

Torrox (Málaga)
torroseño

Torrubia del Campo
torrubiano [(Cuenca)

Tortellá (Gerona)
tortellense

Tortosa (Tarragona)
dertosense
tortosino

Toscana (Italia)
toscano
tusco

Totana (Murcia)
totanero

Tours (Francia)
turonense

Tous (Barcelona)
tousense

Tous (Valencia)
togüero
tohuero

Toved (Zaragoza)
tovedano

Toya (Bética)
tugiense

Toya (Jaén)
tugiense

Traiguera (Castellón)
traiguerino

Transilvania (Rumania)
transilvano

Trasmiera (Santander)
trasmerano

Trasparga (Lugo)
parragués

Trazo (Coruña)
tracense

Trebujena (Cádiz)
trebujenero

Tremp (Lérida)
trempolín

Trento (Italia)
tridentino

Trevélez (Granada)
treveleño

Triacastela (Lugo)
triacastelano
triacastelense

Trieste
triestino

Trigueros (Huelva)
triguereño

Trinidad (Cuba)
trinitario

Trípoli (África)
tripolitano
tripolino

Troya (Asia ant.)
troyano
dárdano
ilíaco
ideo
teucro

Trujillo (Cáceres)
trujillano

Tucumán (Argentina)
tucumano

Tudela (Navarra)
tudelano

Tudela de Duero (Va-
tudelano [lladolid)

Tudelilla (Logroño)
tudelillano

Tuéjar (Valencia)
tuejano

Tuineje (Canarias)
tuinejero

Túnez (África)
tunecino
tunecí

Turán (Asia central)
turanio

Turdetania
turdetano

Turégano (Segovia)
tureganense
turégano

Turis (Valencia)
turisano

Turleque (Toledo)
turlequeño

Turquía
turco
turquesco
turquí
turquino
otomano
osmanlí

Turre (Almería)
turrero

Turrillas (Almería)
turrillero

Túsculo (Lacio)
tusculano

Tuy (Pontevedra)
tudense

U

Úbeda (Jaén)
ubetense

Ubrique (Cádiz)
serrano
serraniego
ubriquense

Uclés (Cuenca)
ucleseño

Ucrania
ucranio
ruteno

Ujué (Navarra)
ujuetarro

Uleila del Campo (Almería)
uleilense

Unión (La) (Murcia)
unionense

Urda (Toledo)
urdeño

Urrea de Gaén (Teruel)
urreano

Uruguay
uruguayo

Usagre (Badajoz)
usagreño
panzón

Used (Zaragoza)
usedano

Useras (Castellón)
userano

Utebo (Zaragoza)
utebero

Utiel (Valencia)
utielano

Utrera (Sevilla)
utrerano

V

Vadillo de la Sierra (Ávila)
vadillano

Valaquia
valaco

Valcarlos (Navarra)
valcarlín

Valdealgorfa (Teruel)
valdealgorfano

Valdefresno de la Sobarriba (León)
sobarribano

Valdefuentes (Cáceres)
valdefuenteño

Valdefuentes (Salamanca)
valdefuenteño

Valdeganga (Albacete)
valdeganguero

Valdegovia (Valle de) (Álava)
valdeguñés
valdianguero

Valdelacasa (Cáceres)
jareño

Valdelarco (Huelva)
valdelarquino

Valdelosa (Salamanca)
valdelosino

Valdemorillo (Madrid)
valdemorillano

Valdeorras (El Barco de) (Orense)
valdorrés

Valdepeñas (Ciudad Real)
valdepeñero

Valdepeñas (Jaén)
valdepeñero

Valderas (León)
valderense

Valderrobres (Teruel)
valderrobrense

Valdés (Oviedo)
valdesano

Valdeverdeja (Toledo)
verdejo

Valdilecha (Madrid)
valdilechero

Valdunquillo (Valladolid)
junquillano

Valencia
valenciano

Valencia de Alcántara (Badajoz)
valenciano

Valencia de Don Juan (León)
coyantino
valenciano

Valencia de las Torres (Badajoz)
valenciano

Valencia del Ventoso (Badajoz)
valenciano

Valencina (Sevilla)
valencinero

Valenzuela (Ciudad Real)
valenzoleño

Valera de Abajo (Cuenca)
valeriense
valeroso

Valjunquera (Teruel)
valjunquerano

Valmaseda (Vizcaya)
valmasedano

Valmojado (Toledo)
valmojadeño

Valoria la Buena (Valladolid)
valoriano

Valsequillo (Córdoba)
valsequillero

Valtierra (Navarra)
valtierrano

Valverde de Júcar (Cuenca)
valverdeño

Valverde de la Vera (Cáceres)
valverdano

Valverde del Camino (Huelva)
valverdeño

Valverde de Leganés (Badajoz)
valverdeño

Valverde del Fresno (Cáceres)
valverdeño

Valverde de Llerena (Badajoz)
valverdeño

Vallada (Valencia)
valladino

Valladolid
valisoletano
vallisoletano
pinciano

Vall de Laguart (Alicante)
laguartino

Vall de Uxó (Castellón)
vallense

Vallecas (Madrid)
vallecano

Valle de Abdalagís (Málaga)
vallino

Valle de la Serena (Badajoz)
vallejo

Valle de Matamoros (Badajoz)
vallero

Valle de Oro (Lugo)
valledorense

Valle de Pas (Santander)
pasiego

Valle de Santa Ana (Badajoz)
santanero

Vallibona (Castellón)
vallibonense

Vallirana (Barcelona)
valliranense

Vallmoll (Tarragona)
vallmollense

Valls (Tarragona)
vallense

Varsovia
varsoviano

Vascongadas
vasco
vascongado
vascuence

Vecilla (La) (León)
vecillense

Vedra (Coruña)
vedralés

Vega del Bollo (La) (Orense)
bolés

Vega de Liébana (La) (Santander)
lebaniego

Vega de Pas (Santander)
pasiego

Vega de Ribadeo (Oviedo)
vegueño

Véimar o Sajonia Véimar (Alemania)
veimarés

Vejer de la Frontera (Cádiz)
vejeriego

Velada (Toledo)
veleño

Velefique (Almería)
velefiqueño

Vélez-Blanco (Almería)
velezano
egetano

Vélez-Málaga (Málaga)
veleño

Vélez-Rubio (Almería)
egetano
velezano
velezrubiano

Velliza (Valladolid)
vellizano

Vendée (La) (Francia)
vandeano

Vendrell (Tarragona)
vendrellense

Venecia (Italia)
veneciano
véneto

Venezuela (América)
venezolano

Venialbo (Zamora)
venialbero

Ventalló (Gerona)
ventallonense

Ventas con Peña Aguilera (Toledo)
venteño

Vera (Almería)
veratense

Veracruz (Méjico)
jarocho (campesino de la costa)

Vera de Plasencia (Cáceres)
verato

Verdú (Lérida)
verdunense

Vergara (Guipúzcoa)
vergarés

Verín (Orense)
verinense

Verona (Italia)
veronés
veronense

Vestfalia (Alemania)
vestfaliano

Vezdemarbán (Zamora)
marbano

Viana (Navarra)
vianés

Viana del Bollo (Orense)
bolés
vianés

Vianos (Albacete)
vianesco

Viator (Almería)
viatorense
viatoreño

Vicálvaro (Madrid)
vicalvareño

Victoria (Canarias)
victoriero

Victoria (La) (Córdoba)
victoriano

Vich (Barcelona)
ausense
ausetano
ausonense
vicense
vigitano

Viella (Lérida)
aranés

Viena (Austria)
vienés
vienense

Viena (Francia)
vienense

Vigo (Pontevedra)
vigués

Viguera (Logroño)
viguereño

Vilabella (Tarragona)
vilabellense

Vilaboa (Pontevedra)
vilaboés

Viladecáns (Barcelona)
viladecanense

Vilallonga del Campo (Tarragona)
vilallonguense

Vilanova de Sau (Barcelona)
vilanovino

Vilarrodona (Tarragona)
vilarrodonense

Vilaseca (Tarragona)
vilasecano

Vilches (Jaén)
vilcheño

Villablanca (Huelva)
villablanquero

Villabona (Guipúzcoa)
villabonense

Villacañas (Toledo)
villacañero

Villacarlos (Baleares)
villacarlino

Villacarriedo (Santander)
carredano

Villacarrillo (Jaén)
campiñés
villacarrillense

Villaconejos (Madrid)
conejero

Villada (Palencia)
villadino

Villa del Prado (Madrid)
pradeño

Villa del Río (Córdoba)
aldeano

Villadiego (Burgos)
villadiegués
villadieguino

Villaescusa (Zamora)
villaescusano

Villafranca (Guipúzcoa)
villafranqués

Villafranca (Navarra)
villafranqués

Villafranca de Córdoba (Córdoba)
villafranqueño

Villafranca de Duero (Valladolid)
villafranquino

Villafranca de la Sierra (Ávila)
villafranquino

Villafranca del Bierzo (León)
berciano
villafranquino

Villafranca del Cid (Castellón)
villafranquino

Villafranca de los Barros (Badajoz)
villafranqués

Villafranca de los Caballeros (Toledo)
villafranquero
villafranqués

Villafranca del Panadés (Barcelona)
villafranqués

Villafranqueza (Alicante)
palamonero

Villagarcía (Pontevedra)
villagarciano

Villagatón (León)
cepedano

Villagonzalo (Badajoz)
galapazuero

Villahermosa (Castellón)
villahermosiño

Villahermosa (Ciudad Real)
villahermoseño

Villahoz (Burgos)
gerbero

Villajoyosa (Alicante)
jonense
vilero
villajoyosano

Villajuán (Pontevedra)
villajonés

Villalar (Valladolid)
villarino

Villalba (Lugo)
villalbés

Villalba (Tarragona)
villalbense

Villalba de la Lampreana (Zamora)
villalbero

Villalba del Alcor (Huelva)
villalbero

Villalba del Alcor (Valladolid)
villalbés

Villalba del Rey (Cuenca)
villalbero

Villalcampo (Zamora)
camposino

Villalgordo del Cabriol (Valencia)
villalgordeño

Villalgordo del Júcar (Albacete)
villalgordeño

Villalmanso (Burgos)
cascajuelo

Villalmazo (Burgos)
cascajuelo

Villalón (Valladolid)
villalonés

Villalonga (Valencia)
villalonguero
villalongués

Villalpando (Zamora)
villalpandino

Villaluenga (Toledo)
sagreño

Villaluenga del Rosario (Cádiz)
villalongón

Villamanrique (Sevilla)
manriqueño

Villamarchante (Valencia)
villamarchantero

Villamartín (Cádiz)
villamartinense

Villamartín de Valdeorras (Orense)
valdorrés

Villamayor de Santiago (Cuenca)
villamayorense

Villamea (Orense)
villameano

Villamediana (Logroño)
villamedianense

Villamejil (León)
cepedano

Villamiel (Cáceres)
villamielano

Villamuriel de Cerrato (Palencia)
cerrateño

Villanubla (Valladolid)
villanublero

Villanueva de Alcardete (Toledo)
alcardeteño
villanuevero

Villanueva de Algaidas (Málaga)
algaideño

Villanueva de Arosa (Pontevedra)
villanuevés

Villanueva de Castellón (Valencia)
castellonense

Villanueva de Córdoba (Córdoba)
churro

Villanueva de la Jara (Cuenca)
jareño

Villanueva de las Cruces (Huelva)
cruceño

Villanueva de la Serena (Badajoz)
villanovense
villanuevés

Villanueva de la Sierra (Cáceres)
serrano
serraniego

Villanueva del Campo (Zamora)
campesino

Villanueva del Duque (Córdoba)
cuervo

Villanueva de los Caballeros (Valladolid)
villanuevicano

Villanueva de los Castillejos (Huelva)
castillejero

Villanueva de los Infantes (Ciudad Real)
infanteño

Villanueva del Rey (Córdoba)
villanovense

Villanueva del Trabuco (Málaga)
trabuqueño

Villanueva de Oscos (Oviedo)
villanovés

Villanueva de San Carlos (Ciudad Real)
pardillano

Villanueva y Geltrú (Barcelona)
vilanovés

Villarcayo (Burgos)
villarcayense

Villar de Arnedo (El) (Logroño)
villarejo

Villar de Ciervo (Salamanca)
cervato

Villar de Ciervos (Zamora)
cervato

Villar del Arzobispo (Valencia)
villarenco

Villar del Pedroso (Cáceres)
jareño

Villardompardo (Jaén)
villariego

Villarejo de Fuentes (Cuenca)
villarejeño

Villarejo del Valle (Ávila)
villarejano

Villarejo de Salvanés (Madrid)
villarejero

Villares (Los) (Jaén)
villariego

Villargordo (Jaén)
villargordeño

Villarino (Salamanca)
villariniense

Villarmayor (Coruña)
villarmayorés

Villarramiel (Palencia)
villarramielero

Villarrasa (Huelva)
villarrasero

Villarreal (Castellón)
villarrulense

Villarreal (Guipúzcoa)
urrechuano
villarrealense

Villarrobledo (Albacete)
villarrobledano
villarrobletano

Villarrodrigo (Jaén)
villarrodrigueño

Villarroya de la Sierra (Zaragoza)
villarroyense

Villarroya de los Pinares (Teruel)
villarroyano

Villarrubia de los Ojos (Cuidad Real)
villarrubiero

Villarrubia de Santiago (Toledo)
villarrubiero

Villarta de los Montes (Badajoz)
villartano
villarteño

Villaseca de la Sagra (Toledo)
sagreño

Villatobas (Toledo)
villatobano

Villatoya (Albacete)
toyano

Villaturiel (León)
villaturiense

Villaverde (Madrid)
villaverdense

Villaverde (Santander)
villaverdense

Villaverde del Río (Sevilla)
villaverdense

Villaviciosa (Oviedo)
villaviciosano

Villavieja (Castellón)
villavejense

Villavieja (Salamanca)
villaviejense

Villel (Teruel)
villelino

Villena (Alicante)
vigerrense
villenense

Vimbodí (Tarragona)
vimbodinense

Vinaixa (Lérida)
vinaixense

Vinaroz (Castellón)
vinarocense

Vinebre (Tarragona)
vinebrense

Vinuesa (Soria)
viscontino
visontino

Virginia (América)
virginiano

Viso del Alcor (El) (Sevilla)
visueño

Viso del Marqués (Ciudad Real)
viseño

Viso de los Pedroches (El) (Córdoba)
viseño

Vistabella (Castellón)
vistabellano

Vitigudino (Salamanca)
vitigudianense

Vitoria (Álava)
vitoriano

Viver (Castellón)
viverense

Vivero (Lugo)
vivariense

Viveros (Albacete)
vivereño

Vizcaya
vizcaíno

Vizcaya, Álava y Guipúzcoa
vascongado
vasco
provinciano

Y

Yaiza (Canarias)
yaicero

Yanguas (Segovia)
yangüés

Yanguas (Soria)
yangüés

Yatova (Valencia)
yatovense

Yébenes (Los) (Toledo)
yebenoso

Yebra (Guadalajara)
yebrano
yebrero

Yecla (Murcia)
yeclano

Yucatán (América)
yucateco

Yugoslavia
yugoslavo

Yunquera (Guadalaja-
trasquilado [ra)

Yunquera (Málaga)
yunquerano

Z

Zacatecas (Méjico)
zacateco

Zafarraya (Granada)
zafarrayero
zafarriño

Zahara (Cádiz)
zaharense

Zahínos (Badajoz)
zahinero

Zalamea de la Serena
ilipense [(Badajoz)
zalameo
zalameano

Zalamea la Real
zalameño [(Huelva)

Zaldivia (Guipúzcoa)
zaldiviano

Zamora
zamorano

Zamudio (Vizcaya)
zamudiano

Zaragoza
zaragozano
cesaraugustano

Zaratán (Valladolid)
zaratanero

Zarauz (Guipúzcoa)
zarauzano

Zarza Capilla (Bada-
zarceño [joz)

Zarza de Granadilla
zarceño [(Cáceres)

Zarza de Montánchez
zarceño [(Cáceres)

Zazuar (Burgos)
zazuarino

Zelandia
zelandés
celandés

Zorita (Cáceres)
zoriteño

Zorita (Castellón)
zuritano

Zotes del Páramo
paramés [(León)

Zucaina (Castellón)
zucainero

Zuera (Zaragoza)
zufariense

Zufre (Huelva)
zufreño

Zuhero (Córdoba)
zuhereño

Zújar (Granada)
zujareño

Zumárraga (Guipúz-
zumarragano [coa)

Zumaya (Guipúzcoa)
zumayano

Zurgena (Almería)
zurgenero

III

Parte alfabética

A

a. f. Primera *letra del abecedario español || *_Lóg._ Signo de la proposición universal afirmativa.

a. *prep. que indica dirección o término; tiempo en que sucede alguna cosa; lugar o situación en que se halla una persona o cosa; distancia en el espacio o en el tiempo, etc. También sirve para expresar distribución o comparación. Delante de infinitivos, equivale a veces a la conj. **si.** Denota el complemento del verbo precediendo a nombres o a infinitivos. Expresa igualmente el modo de la acción y tiene a veces el valor de **con, hacia, para, hasta, por, según,** etc.

a. part. insep. que expresa negación o privación.

aaronita. adj. Descendiente de Aarón. Ú. t. c. s. || Perteneciente o relativo a Aarón.

ab. prep. insep. que denota generalmente separación. || Separada se emplea sólo en algunas frases latinas.

aba. f. Medida antigua de *longitud equivalente a dos anas.

¡aba! interj. p. us. ¡*Cuidado!, ¡quita!

abab. m. *Marinero turco libre.

ababa. f. **Ababol.**

ababillarse. r. *_Veter._ Enfermar de la babilla un animal.

ababol. m. **Amapola.**

abacá. m. *Planta musácea, de cuyas hojas se saca un filamento *textil. || Filamento de esta planta. || *Tejido hecho con este filamento.

abacería. f. Puesto o tienda donde se venden *comestibles y a veces también otros artículos.

abacero, ra. m. y f. Persona que tiene abacería.

abacial. adj. Perteneciente o relativo al abad, a la abadesa o a la abadía.

ábaco. m. Cuadro con diez alambres paralelos y en cada uno de ellos otras tantas bolas movibles, usado en las escuelas para enseñar a los niños a *contar. || _Arq._ Parte superior en forma de tablero que corona el *capitel. También se da este nombre a varios muebles antiguos y a tableros y planchas con *inscripciones. || *_Min._ Artesa para lavar los minerales.

abacorar. tr. Hostigar, *perseguir.

abad. m. Título que llevan los superiores de las *comunidades. || En algunas provincias, *cura párroco. || Cura elegido para presidir un cabildo. || Título honorífico de la persona lega que posee alguna abadía con frutos secularizados. || En los antiguos cabildos catedrales, título de una dignidad. || Caudillo de una antigua *guardia compuesta de un **abad** y cincuenta ballesteros. || **Abadejo,** *insecto.

abada. f. **Rinoceronte.**

abadejo. m. **Bacalao.** || **Reyezuelo,** *pájaro. || **Carraleja,** *insecto coleóptero. || **Cantárida,** *insecto. || *Pez de las Antillas, de carne muy delicada.

abadengo, ga. adj. Perteneciente o relativo a la dignidad o jurisdicción del abad. || m. **Abadía,** *iglesia o *monasterio regido por un abad. || Poseedor de territorio o bienes **abadengos.**

abadernar. tr. _Arq. Nav._ Sujetar con badernas.

abadesa. f. Superiora en ciertas *comunidades religiosas.

abadía. f. Dignidad de abad o de abadesa. || Iglesia o *monasterio regido por un abad o una abadesa. || *Territorio, jurisdicción y bienes pertenecientes al abad o a la abadesa. || En algunas provincias, casa del *párroco. || *_Ecles._ Luctuosa que se paga a la muerte de un feligrés.

abadiado. m. **Abadía.**

abadiato. m. **Abadía.**

ab aeterno. loc. adv. lat. Desde la eternidad (*duración). || Desde muy *antiguo.

abajadero. m. Cuesta, terreno en *declive.

abajamiento. m. Acción y efecto de abajar. || ant. Bajeza, *desaliento.

abajar. intr. y tr. **Bajar.**

abajeño, ña. adj. Dícese del *habitante de las costas o tierras bajas. Ú. t. c. s.

***abajo.** adv. l. Hacia lugar o parte *inferior. || En lugar o parte *inferior. || En lugar *posterior. || **¡Abajo!** interj. que se emplea para *reprobar o condenar.

abalanzar. tr. Poner la *balanza en el fiel. || *Igualar, equilibrar. || *Lanzar violentamente. || r. Arrojarse a hacer algo con *imprudencia o descomedimiento.

abalar. tr. **Aballar.** || p. us. Agitar. || Ahuecar.

abalaustrado, da. adj. **Balaustrado.**

abaldonadamente. adv. m. Vilmente, con baldón.

abaldonar. tr. ***Envilecer.**

abaleadera. f. *Escoba.

abaleador, ra. m. y f. _Agr._ Persona que abalea.

abalear. tr. _Agr._ Separar, después de la *trilla, los granzones y la paja gruesa.

abaleo. m. _Agr._ Acción de abalear || *Escoba con que se abalea. || Plantas duras y espinosas de que se hacen escobas.

abalizamiento. m. *_Mar._ Acción y efecto de abalizar.

abalizar. tr. *_Mar._ Señalar con balizas. || r. _Mar._ **Marcarse.**

abalorio. m. Conjunto de cuentecillas de *vidrio agujereadas, con las cuales se adornan las *vestiduras y *bordados. || Cada una de estas cuentecillas.

abaluartar. tr. **Abastionar.**

aballar. tr. e intr. *Bajar, abatir. || Llevar o conducir *ganado. || *_Pint._ **Rebajar.** || *_Agr._ Ahuecar la tierra.

aballestar. tr. _Mar._ *Atirantar un cabo.

abanar. tr. Hacer aire con el abano.

abancalar. tr. *_Agr._ Desmontar un terreno y formar bancales en él.

abandalizar. tr. **Abanderizar.** Ú. t. c. r.

abanderado. m. Militar destinado a llevar la *bandera. || El que servía al alférez para descansarle en llevar la bandera. || El que lleva **bandera** en las *procesiones.

abanderamiento. m. Acción de abanderar o abanderarse. || *_Mil._ Alistamiento.

abanderar. tr. *_Der. Mar._ Matricular en un Estado un buque extranjero. Ú. t. c. r. || Proveer a un buque de los documentos que acreditan su bandera. Ú. t. c. r.

abanderizador, ra. adj. Que abanderiza. Ú. t. c. s.

abanderizar. tr. Dividir en *partidos o banderías. Ú. t. c. r.

abandonado, da. adj. *Descuidado. || *Sucio, *desaliñado.

abandonamiento. m. **Abandono.**

***abandonar.** tr. Dejar, desamparar a una persona o cosa. || No hacer caso de ella. || r. fig. Dejarse dominar por *pasiones o *vicios. || fig. *Descuidar uno sus deberes o su aseo. || fig. Sentir *desaliento. || *_Teol._ Hacer abandono.

abandonismo. m. Tendencia a *abandonar sin lucha algo que nos pertenece.

***abandono.** m. Acción y efecto de abandonar o abandonarse. || Entre los *místicos, entrega total del alma a Dios.

abangar. tr. Torcer, *encorvar la madera. Ú. t. c. r.

abanicar. tr. Hacer aire con el *abanico. Ú. t. c. r.

abanicazo. m. *Golpe dado con el abanico.

***abanico.** m. Instrumento para ha-

cerse aire. || fig. Cosa de figura de **abanico.** || fig. y fam. ***Sable.** || Señal que se usa en los *ferrocarriles para indicar la bifurcación de una vía. || En Madrid, la *cárcel celular. || *Germ.* ***Espada.** || *Mar.* Especie de *cabria para suspender grandes pesos. || **En abanico.** m. adv. En forma de **abanico.** || **Parecer** uno **abanico de tonta.** fr. fig. y fam. *Agitarse mucho y sin concierto.
abanillo. m. Adorno de ciertos *cuellos alechugados. || **Abanico.**
abanino. m. Adorno de gasa con que se guarnecía el *cuello del jubón.
abaniqueo. m. Acción de abanicar o abanicarse.
abaniquería. f. Fábrica o tienda de *abanicos.
abaniquero, ra. m. y f. Persona que hace o vende *abanicos.
abano. m. **Abanico.** || Aparato en forma de *abanico que, colgando del techo, sirve para hacer aire.
abantar. intr. *Derramarse un líquido al hervir. || r. *Jactarse.
abanto. m. *Ave rapaz semejante al buitre. || adj. Dícese del toro de *lidia espantadizo.
abarañar. tr. Recoger los baraños.
abaratadura. f. Abaratamiento.
abaratamiento. m. Acción y efecto de abaratar.
***abaratar.** tr. Disminuir o bajar el precio de una cosa, hacerla *barata.
abarbar. intr. Criar las *abejas.
abarbetar. tr. *Mil.* *Fortificar.
abarca. f. *Calzado que cubre la planta, los dedos o la mayor parte del pie, y se asegura con cuerdas o correas.
abarcado, da. adj. Calzado con abarcas.
abarcador, ra. adj. Que abarca.
abarcadura. f. Acción y efecto de abarcar.
abarcamiento. m. **Abarcadura.**
abarcar. tr. *Ceñir con los *brazos o con la mano alguna cosa. || fig. *Incluir, comprender. || fig. Tomar uno a su cargo muchas cosas o *negocios. || **Acaparar,** *monopolizar. || || Rodear un trozo de monte para *cazar.
abarcón. m. Aro de hierro que afianzaba la lanza de los *coches en la tijera.
abarcuzar. tr. **Abarcar.** || fig. Anhelar, *desear, codiciar.
abaritonado, da. adj. Dícese de la *voz parecida a la del barítono.
abarloar. tr. **Mar.* Situar un buque al costado de otro o de un muelle, batería, etc. Ú. t. c. r.
abarquero, ra. m. y f. Persona que hace o vende abarcas.
abarquillado, da. adj. De *figura de barquillo.
abarquillamiento. m. Acción y efecto de abarquillar o abarquillarse.
abarquillar. tr. *Encorvar una lámina flexible u otro cuerpo delgado y ancho, sin que llegue a formar rollo. Ú. t. c. r.
abarra. f. *Vara, rama larga.
abarracar. intr. *Mil.* *Acampar construyendo chozas o barracas. Ú. t. c. r.
abarrado, da. adj. **Barrado,** dícese del tejido.
abarraganamiento. m. **Amancebamiento.**
abarraganarse. r. **Amancebarse.**
abarrajado, da. adj. *Pendenciero.
abarrajar. tr. Abarrar, atropellar. || *Acometer al enemigo. || r. *Envilecerse.
abarramiento. m. Acción y efecto de abarrar.
abarrancadero. m. *Precipicio o *cauce profundo. || fig. Negocio o conflicto *difícil.
abarrancamiento. m. Acción y efecto de abarrancar o abarrancarse.
abarrancar. tr. Hacer *barrancos. || Meter en un barranco. Ú. t. c. r. || intr. **Varar,** *encallar. || fig. Meterse en negocio o lance de *difícil salida.
abarrar. tr. *Arrojar con violencia.
abarraz. m. ant. **Albarraz.**
abarredera. f. ***Escoba.**
abarrer. tr. **Barrer.**
abarrera. f. Mujer que *compra y vende por menor.
abarrilar. intr. Fructificar con escasez la *vid.
abarrisco. adv. m. **A barrisco,** en *conjunto.
abarrotar. tr. Apretar o dar *firmeza con barrotes. || *Mar.* Asegurar la estiba con abarrotes. || *Mar.* *Cargar un buque hasta su máxima capacidad. || *Llenar completamente algún local.
abarrote. m. *Mar.* *Fardo pequeño o *cuña que sirve para apretar la carga. || pl. Artículos de *comercio.
abarrotero, ra. m. y f. Persona que tiene tienda o despacho de abarrotes.
abarse. r. defect. *Apartarse. Ú. únicamente en el infinitivo y en la forma imperativa *ábate.*
abastadamente. adv. m. ant. Abundante o copiosamente.
abastamiento. m. Acción y efecto de abastar o abastarse.
abastante. adj. ant. Copioso, que *abunda.
abastanza. f. Copia, *abundancia. || *Suficiencia.
abastar. tr. **Abastecer.** Ú. t. c. r.
abastardar. intr. **Bastardear.**
abastecedor, ra. adj. Que abastece. Ú. t. c. s.
abastecer. tr. *Proveer de cosas necesarias. Ú. t. c. s.
abastecimiento. m. Acción y efecto de abastecer o abastecerse.
abastero. m. Abastecedor. || El que compra reses para vender la *carne.
abastionar. tr. **Fort.* Fortificar con bastiones.
abasto. m. *Provisión de víveres. || Parte menos principal de un *bordado. || pl. Provisiones. || adv. m. Copiosamente, con *abundancia. || **Dar abasto a** una cosa. fr. Proveer en la proporción necesaria.
abatanar. tr. Batir el *paño en el batán.
abate. m. *Clérigo de órdenes menores, y a veces simple tonsurado. || Presbítero o clérigo extranjero.
¡ábate! imper. del verbo abarse, *apartarse, usado como interjección.
abatí. m. **Maíz.**
abatida. f. **Fort.* Atrincheramiento formado con árboles cortados y con las ramas tendidas hacia el enemigo. Se llama también **tala.**
abatidamente. adv. m. Con abatimiento.
abatidero. m. Cauce de *desagüe.
abatido, da. adj. Abyecto, *despreciable. || Depreciado. || m. Atado de *tablas o duelas.
abatimiento. m. Acción y efecto de abatir o abatirse. || **Mar.* Ángulo que forma la embarcación con el rumbo.
abatir. tr. Derribar, hacer *caer por tierra. Ú. t. c. r. || Hacer que *baje una cosa. || Inclinar, tender, poner *horizontal. || fig. **Humillar.** || Causar *desaliento, *debilitar. Ú. m. c. r. || *Mar.* *Descomponer alguna cosa para reducir su volumen. || intr. **Mar.* Desviarse un buque de su rumbo. || r. *Humillarse. || *Bajar el ave que va *volando.
abatojar. tr. Batojar las *legumbres para que suelten el grano.
abayado, da. adj. *Bot.* Parecido a la baya.
abazón. m. Cada uno de los dos buches que dentro de la boca tienen los *monos.
abderitano, na. adj. Natural de Abdera. Ú. t. c. s. || Perteneciente a una de las ciudades de este nombre.
abdicación. f. Acción y efecto de abdicar. || Documento en que consta la **abdicación.**
abdicar. tr. *Dejar o renunciar voluntariamente algún derecho. || **Dejar,** abandonar creencias, opiniones, etc. || **Revocar,** *anular.
abdomen. m. ***Vientre.**
***abdominal.** adj. Perteneciente o relativo al abdomen.
abdominia. f. *Gula.
abducción. f. **Lóg.* Silogismo en que la mayor es evidente y la menor probable. || *Rapto. || *Zool.* Movimiento por el cual un miembro se *aleja del plano que divide imaginariamente al cuerpo en dos partes simétricas.
abductor. adj. V. **Músculo abductor.** Ú t. c. s.
abeacas. f. pl. Orejeras del *arado.
abeadores. m. pl. Lizos del *telar de terciopelo.
abecé. m. **Abecedario.** || fig. *Rudimentos de una ciencia o facultad. || **No entender** uno, o **no saber, el abecé.** fr. fig. y fam. Ser muy *ignorante.
***abecedario.** m. Serie de las *letras de un idioma, colocadas en cierto orden. || Cartel o librito con las letras para enseñar a leer. || **Impr.* Orden de las signaturas de los pliegos cuando van señalados con letras. || **manual.** Sistema de signos que se hacen con los dedos de la mano, y que usan principalmente los *sordomudos. || **telegráfico.** Conjunto de signos que se emplean en la *telegrafía.
abedul. m. *Árbol de las betuláceas, de unos diez metros de altura, cuya corteza da un aceite que se usa para curtir y aromatizar la piel de Rusia. || *Madera de este árbol.
***abeja.** f. Insecto himenóptero, que produce la cera y la miel. || **Mosca,** *constelación. || **albañila.** *Insecto himenóptero que vive apareado y no en enjambre. || **carpintera.** Himenóptero parecido al abejorro. || **machiega, maesa** o **maestra.** Hembra fecunda de la abeja común. || **neutra u obrera.** Cada una de las que carecen de la facultad de procrear y producen la cera y la miel. || **reina. Abeja machiega.**
abejar. adj. V. **Uva abejar.** || m. **Colmenar.**
abejarrón. m. **Abejorro.** || **Abejón,** *juego.
abejaruco. m. *Ave trepadora, perjudicial para los colmenares, porque se come las *abejas.
abejeo. m. Pasto de las abejas.
abejera. f. **Colmenar.** || **Toronjil.**
abejero, ra. m. y f. **Colmenero, ra.** || m. **Abejaruco.**
abejón. m. Zángano de la *abeja. || **Abejorro,** *insecto himenóptero. || *Juego de muchachos en que uno de ellos, puestas las manos en la boca e imitando el zumbido de un abejón, procura coger desprevenidos a los otros para darles una bofetada. || **Jugar al abejón con** uno. fr. fig. y fam. Tenerle en poco, hacer *burla de él.
abejorro. m. *Insecto himenóptero, que zumba mucho al volar. || *Insecto coleóptero que roe las hojas de las plantas; y sus larvas, las raíces.
abejuela. f. d. de **Abeja.**

abejuno, na. adj. Perteneciente o relativo a la abeja.
abelmosco. m. *Planta malvácea, cuyas semillas, de olor almizcleño, se emplean en perfumería.
abellacar. tr. Hacer bellaco, *envilecer. Ú. m. c. r.
abellotado, da. adj. De *figura de bellota.
abemoladamente. adv. m. **Dulcemente.**
abemolar. tr. Suavizar la *voz. ‖ *Mús.* Poner bemoles.
abencerraje. m. Individuo de una familia del reino musulmán granadino.
abenuz. m. **Ébano.**
aberenjenado, da. adj. De *color o figura de berenjena.
aberración. f. Extravío, *desviación. ‖ *Error. ‖ **Astron.* Desvío aparente de los astros. ‖ **cromática.** **Ópt.* Imperfección de las lentes que es causa de cromatismo. ‖ **de esfericidad.** **Ópt.* Falta de coincidencia de los rayos luminosos que deben encontrarse en el foco de una lente.
abertal. adj. Dícese del *terreno que se agrieta. ‖ *Abierto; dícese del campo o finca rústica que no están cerrados.
*__abertura.__ f. Acción y efecto de abrir o abrirse. *Hendedura, agujero. ‖ Grieta formada en la tierra. ‖ *Valle o terreno ancho y abierto entre dos montañas. ‖ ***Ensenada.** ‖ Diámetro útil de una *lente. ‖ fig. *Naturalidad, llaneza, *sinceridad y *afabilidad en el trato. ‖ *For.* **Apertura** de un *testamento.
abesana. f. **Besana.**
abestiado, da. adj. Que parece bestia, o de bestia.
abestionar. tr. ant. *Fort.* **Abastionar.**
abéstola. f. **Arrejada.**
abetal. m. Sitio poblado de *abetos.
abete. m. **Abeto.**
abete. m. Hierrecillo con un *gancho en cada extremidad, que se usa en la fabricación del *paño.
abetinote. m. *Resina líquida que fluye del *abeto o pinabete.
*__abeto.__ m. Árbol de la familia de las coníferas, de tronco alto y derecho, copa cónica de ramas horizontales, hojas en aguja y fruto en piñas casi cilíndricas. ‖ *Madera de este árbol ‖ **blanco. Abeto.** ‖ **del Norte, falso** o **rojo. Picea.**
abetuna. f. Pimpollo del *abeto común.
abetunado, da. adj. Semejante al *betún en algunas de sus cualidades.
abetunar. tr. **Embetunar.**
abeurrea. f. *Señal que se pone en un terreno público para *adquirir derecho de *edificar en él. Se usa esta voz en Vizcaya.
abey. m. *Árbol de las leguminosas. ‖ **hembra. Abey.** ‖ **macho.** *Árbol tropical, de la familia de las bignoniáceas.
abia. f. **Arándano.**
abiar. m. **Albihar.**
abibollo. m. **Ababol.**
abieldar. tr. **Bieldar.**
abiertamente. adv. m. Sin reserva, francamente.
*__abierto, ta.__ p. p. irreg. de **Abrir.** ‖ adj. Desembarazado, sin *obstrucción; raso. ‖ No murado o cercado. ‖ fig. Ingenuo, *sincero. ‖ fig. Dícese de la *caballería que sufre relajación de los miembros torácicos. ‖ *Mar.* Dícese de la *embarcación que no tiene cubierta. ‖ adv. m. **Abiertamente.**
abietíneo, a. adj. **Bot.* Dícese de ciertas coníferas. Ú. t. c. s. ‖ f. pl. *Bot.* Tribu de las coníferas, que comprende el *abeto, el *alerce y el espino.
abietino. m. **Abetinote.**
abigarrado, da. adj. De varios *colores mal combinados. ‖ Dícese también de lo heterogéneo y de *diverso sentido sin concierto.
abigarrar. tr. Dar a una cosa varios *colores mal combinados.
abigeato. m. *For.* *Hurto de ganado.
abigeo. m. *For.* El que *hurta ganado.
abigotado, da. adj. **Bigotudo.**
ab initio. loc. adv. lat. Desde el *principio. ‖ Desde tiempo muy *antiguo.
ab intestato. loc. adv. lat. Sin *testamento. ‖ Sin protección, en *desamparo.
abintestato. m. Procedimiento judicial sobre adjudicación de bienes del que muere sin *testamento.
abipón, na. adj. Dícese de una raza de *indios que habitaba cerca del Paraná. Ú. t. c. s. ‖ Perteneciente a estos indios.
ab irato. loc. adv. lat. Arrebatadamente, con *ira.
abirritante. adj. **Farm.* Que abirrita. Ú. t. c. s. m.
abirritar. intr. **Terap.* Hacer que cese la irritación.
abisal. adj. **Abismal** (del abismo). ‖ Dícese de la zona más profunda del *mar y de los *animales que habitan dicha zona.
abiselar. tr. **Biselar.**
abisinio, nia. adj. Natural de Abisinia. Ú. t. c. s. ‖ Perteneciente a este país de África. ‖ m. *Lengua **abisinia.**
abismal. adj. Perteneciente al abismo.
abismal. m. *Clavo con que se fijaba en el asta el hierro de la *lanza. ‖ Clavija maestra de un *carruaje.
abismar. tr. *Hundir en un abismo. Ú. t. c. r. ‖ fig. Confundir, *desalentar. Ú. m. c. r. ‖ r. fig. Entregarse del todo a la reflexión, a la tristeza, etc. ‖ *Admirarse.
abismático, ca. adj. *Profundo, insondable.
abismo. m. Cualquier *profundidad grande y peligrosa. ‖ ***Infierno.** ‖ fig. Cosa *incomprensible.
abitaque. m. **Cuartón.**
abitar. tr. *Mar.* Amarrar a las bitas el cable del *ancla fondeada.
abitón. m. *Mar.* Madero que se coloca verticalmente para *amarrar algún *cabo. ‖ pl. Muñones en que se sujeta el *ancla aferrada.
abizcochado, da. adj. Parecido al bizcocho.
abjuración. f. Acción y efecto de abjurar.
abjurar. tr. Desdecirse, *retractarse con *juramento.
ablación. f. **Cir.* Separación o extirpación de cualquier parte del cuerpo.
ablactación. f. Cesación de la *lactancia.
abladera. f. Herramienta para labrar el interior de los *toneles.
ablandabrevas. com. fig. y fam. Persona inútil o *perezosa.
ablandador, ra. adj. Que ablanda.
ablandadura. f. ant. **Ablandamiento.**
ablandahígos. com. fig. y fam. **Ablandabrevas.**
ablandamiento. m. Acción y efecto de ablandar o ablandarse.
ablandante. p. a. de **Ablandar.** Que ablanda.
*__ablandar.__ tr. Poner blanda una cosa. Ú. t. c. r. ‖ Laxar, suavizar. ‖ fig. *Moderar, *aplacar la ira, rigor, etc. Ú. t. c. r. ‖ intr. Calmar sus rigores los agentes *atmosféricos. Ú. t. c. r.
ablandativo, va. adj. **Farm.* Que tiene virtud de ablandar.
ablandecer. tr. **Ablandar.**
ablanedo. m. **Avellanedo.**
ablano. m. ***Avellano.**
ablaqueación. f. **Agr.* Cava al pie de un árbol.
ablaquear. tr. **Agr.* Cavar alrededor de un árbol.
ablativo. m. **Gram.* Uno de los casos de la declinación. ‖ **absoluto.** **Gram.* Expresión elíptica sin conexión gramatical con el resto de la frase.
ablegación. f. *Destierro.
ablegado. m. En la *curia romana, el encargado de entregar el birrete a los nuevos cardenales.
ablentar. tr. **Aventar.**
ablución. f. **Lavatorio.** ‖ Acción de *purificarse por medio del agua, como en la religión *judaica y otras. ‖ Ceremonia de purificar el cáliz en la *misa. ‖ pl. Vino y agua con que se hace esta purificación.
abnegación. f. Sentimiento *altruista que mueve al sacrificio de los propios afectos o intereses en servicio de Dios o para bien del prójimo.
abnegado, da. adj. Que tiene abnegación.
abnegar. tr. *Renunciar uno a sus deseos o intereses por *altruismo. Ú. m. c. r.
abobado, da. adj. Que parece bobo.
abobamiento. m. Acción y efecto de abobar o abobarse.
abobar. tr. Hacer bobo a alguno; *atontarle, *ofuscarle. Ú. t. c. r. ‖ **Embobar.** Ú. t. c. r.
abobra. f. Planta cucurbitácea, que se cultiva como *enredadera.
abocadar. tr. Tomar un bocado.
abocadear. tr. Herir o maltratar a bocados; *morder. ‖ Tomar bocados, *mascar.
abocado, da. adj. Dícese del *vino agradable al paladar. ‖ Dícese del jerez que contiene mezcla de *vino dulce y seco. Ú. t. c. s.
abocamiento. m. Acción y efecto de abocar o abocarse.
abocar. tr. *Asir con la boca. ‖ *Acercar, aproximar. ‖ *Transvasar o verter el contenido de un cántaro, costal, etc., en otro. ‖ r. *Reunirse unas personas con otras. ‖ intr. **Mar.* Comenzar a entrar en un canal, estrecho, puerto, etc.
abocardado, da. adj. De boca semejante a la de la trompeta; como el cañón de algunas *armas de fuego.
abocardar. tr. *Ensanchar la boca de un tubo o de un agujero.
abocardo. m. *Min.* **Alegra,** *barrena.
abocetado, da. adj. Que parece boceto.
abocetar. tr. *Pintar o dibujar un boceto.
abocinado, da. adj. De *figura de bocina. ‖ *Equit.* Dícese de la *caballería que lleva más caído el cuerpo sobre el cuarto delantero que apoyado en el trasero.
abocinar. tr. Dar a alguna cosa *forma de bocina. ‖ intr. fam. *Caer de bruces.
abochornado, da. adj. **Bochornoso.**
abochornar. tr. Causar bochorno el excesivo *calor. Ú. t. c. r. ‖ fig. **Sonrojar.** Ú. t. c. r. ‖ r. *Agr.* *Marchitarse las plantas por el excesivo calor o sequedad.
abofeteador, ra. adj. Que abofetea. Ú. t. c. s.
abofetear. tr. Dar de bofetadas.
abogacía. f. Profesión y ejercicio del *abogado.
abogada. f. Mujer que se halla legalmente autorizada para ejercer la

abogacía. ‖ fam. Mujer del abogado. ‖ fig. Intercesora o *mediadora.
abogadear. intr. Ejercer de *abogado con poca dignidad.
***abogado.** m. Perito en el derecho positivo que se dedica a defender en juicio los derechos o intereses de los litigantes, y a dar dictamen sobre las cuestiones legales. ‖ fig. Intercesor o *mediador. ‖ **del diablo.** fig. y fam. **Promotor de la fe.** ‖ Por ext. El que *impugna las buenas causas. ‖ **de pobres.** El que los defiende de oficio. ‖ **de secano.** fig. y fam. El que sin haber cursado la jurisprudencia entiende de leyes o presume de ello. ‖ fig. y fam. Rústico, avisado y *astuto en el manejo de negocios superiores a su educación. ‖ **firmón. Abogado** que por remuneración se dedica a firmar escritos ajenos.
abogador. m. **Muñidor.**
abogamiento. m. Acción y efecto de abogar.
abogar. intr. *Defender en juicio. ‖ fig. *Interceder en favor de alguno.
abohetado, da. adj. **Abuhado.**
abolengo. m. *Linaje de abuelos o antepasados. ‖ *For.* Patrimonio que viene de los abuelos.
abolición. f. Acción y efecto de abolir.
abolicionismo. m. Doctrina que propugna la abolición de la *esclavitud.
abolicionista. adj. Dícese del que procura la abolición de un precepto o costumbre.
abolir. tr. Derogar, *anular un precepto o costumbre.
abolongo. m. ant. **Abolengo.**
abolorio. m. **Abolengo.**
abolsamiento. m. Acción y efecto de abolsarse.
abolsarse. r. Tomar figura de bolsa; *ahuecarse. ‖ **Albañ.* Afollarse las paredes.
abolladura. f. Efecto de abollar o abollarse. ‖ Efecto de abollonar.
abollar. tr. Hacer a alguna cosa uno o varios bollos o *concavidades.
abollón. m. **Bollón.**
abollonar. tr. *Repujar formando bollones. ‖ intr. Arrojar las *plantas el bollón.
abomaso. m. *Veter.* **Cuajar.**
abombado, da. adj. *Aturdido; debilitado de la cabeza.
***abombar.** tr. Dar figura *convexa. ‖ fig. y fam. Asordar, *aturdir. ‖ r. Empezar a *corromperse una cosa. ‖ *Emborracharse.
abominable. adj. Digno de ser abominado.
abominablemente. adv. m. De modo abominable.
abominación. f. Acción y efecto de abominar. ‖ Cosa abominable.
abominar. tr. *Reprobar y *maldecir a personas o cosas. ‖ ***Aborrecer.**
abonable. adj. Que puede o debe ser abonado.
abonado, da. adj. Que es de *fiar. ‖ Dispuesto a decir o hacer una cosa; *atrevido. ‖ m. y f. Persona que ha tomado un abono o *subscripción.
abonador, ra. adj. Que abona. ‖ m. y f. Persona que abona al que prestó *fianza. ‖ m. *Barrena para abrir taladros en las *cubas.
abonamiento. m. **Abono.**
abonanzar. intr. *Calmarse la tormenta o serenarse el tiempo.
***abonar.** tr. *Aprobar o calificar de bueno. ‖ Salir por *fiador de alguno. ‖ Hacer buena alguna cosa, *mejorarla. ‖ *Confirmar o ratificar alguna cosa. ‖ → Echar *abonos a la tierra. ‖ Inscribir a una persona, mediante pago, para que pueda concurrir al *teatro u otra diversión, o *subscribirse para recibir algún servicio. Ú. m. c. r. ‖ ***Pagar.** ‖ *Com.* Asentar en las *cuentas corrientes las partidas que corresponden al haber. ‖ intr. **Abonanzar.**
abonaré. m. Documento expedido en representación de una partida de cargo sentada en *cuenta. ‖ *Pagaré.
abondadamente. adv. m. ant. **Abundantemente.**
abondar. intr. ant. **Abundar.** ‖ tr. ant. Abastecer.
abondo. m. ant. **Abundo.** ‖ adv. m. fam. **Abundantemente.**
abonico. adv. En *voz baja; con *cuidado.
***abono.** m. Acción y efecto de abonar o abonarse o *subscribirse. ‖ Derecho que adquiere el que se abona. ‖ Fianza, *garantía. ‖ → Substancia con que se abona la tierra.
aboquillado, da. adj. Que tiene forma de boquilla.
aboquillar. tr. Poner boquilla a alguna cosa. ‖ *Arq.* Dar a una abertura *forma abocardada.
abordable. adj. Que se puede abordar.
abordador, ra. adj. Que aborda.
abordaje. m. **Mar.* Acción de abordar. ‖ **Al abordaje.** m. adv. **Mar. Mil.* Pasando la gente del buque abordador al abordado.
abordar. tr. *Mar.* Llegar una embarcación a otra, *chocar o tocar con ella. ‖ **Mar.* Atracar una nave a un desembarcadero. ‖ fig. Acercarse a alguno para *conversar con él. ‖ fig. *Emprender un asunto. ‖ intr. **Mar.* Aportar, tomar puerto.
abordo. m. *Mar.* **Abordaje.**
abordonar. intr. ant. Andar o ir apoyado en un bordón.
aborigen. adj. *Originario del suelo en que vive. ‖ Dícese del primitivo *habitante de un país. Ú. m. c. s. y en pl.
aborlonado, da. adj. **Acanillado.**
aborrachado, da. adj. De *color encarnado muy encendido.
aborrajarse. r. *Secarse antes de tiempo las mieses.
aborrascarse. r. Ponerse el tiempo *borrascoso.
aborrecedero, ra. adj. ant. **Aborrecible.**
aborrecedor, ra. adj. Que aborrece. Ú. t. c. s.
***aborrecer.** tr. Tener aversión a una persona o cosa. ‖ *Abandonar algunos animales los huevos o las crías. ‖ **Aburrir,** *gastar. ‖ Aburrir, *fastidiar. Ú. t. c. r.
***aborrecible.** adj. Digno de ser aborrecido.
aborreciblemente. adv. m. De modo aborrecible.
aborrecido, da. p. p. de **Aborrecer.** ‖ adj. Dícese del que está aburrido.
***aborrecimiento.** m. Acción y efecto de aborrecer. ‖ **Aburrimiento,** *fastidio.
aborregarse. r. Cubrirse el cielo de *nubes blanquecinas.
aborrescencia. f. ant. **Aborrecimiento.**
aborrible. adj. ant. **Aborrecible.**
aborricarse. r. Embrutecerse.
aborrir. tr. ant. **Aborrecer.**
abortadura. f. ant. **Aborto.**
abortamiento. m. **Aborto.**
***abortar.** tr. *Parir antes del tiempo en que el feto puede vivir. Ú. t. c. intr. ‖ fig. Producir alguna cosa *deforme o abominable. ‖ intr. fig. Fracasar, *malograrse alguna empresa. ‖ **Bot.* Ser nulo o incompleto en las plantas el desarrollo de alguna de sus partes. ‖ Acabar, desaparecer alguna *enfermedad antes del término natural.
abortín. m. **Abortón** (animal).
abortivo, va. adj. Nacido antes de tiempo. ‖ **Farm.* Que sirve para hacer abortar. Ú. t. c. s. m.
***aborto.** m. Acción de abortar. ‖ Cosa abortada.
abortón. m. Animal *cuadrúpedo nacido antes de tiempo. ‖ *Piel del cordero nacido antes de tiempo.
aborujar. tr. Hacer que una cosa forme borujos. Ú. t. c. r. ‖ r. **Arrebujarse.**
abotagamiento. m. Acción y efecto de abotagarse.
abotagarse. r. *Hincharse el cuerpo de un animal, generalmente por enfermedad.
abotargarse. r. fam. **Abotagarse.**
abotinado, da. adj. Dícese del *calzado en figura de botín.
abotonador. m. Instrumento que sirve para asir el *botón y meterlo en el ojal.
***abotonar.** tr. *Cerrar una prenda de vestir, metiendo los *botones por los ojales. Ú. t. c. r. ‖ intr. Echar botones o *yemas las plantas.
abovedar. tr. Cubrir con *bóveda. ‖ Dar figura de bóveda.
ab ovo. loc. adv. lat. fig. Tratándose de narraciones, desde el *origen o desde tiempo muy *antiguo.
aboyado, da. adj. Dícese de la *tierra que se arrienda juntamente con bueyes para labrarla.
aboyar.*tr. *Mar.* Poner *boyas.
abozalar. tr. Poner bozal.
abra. f. *Ensenada o bahía no muy extensa. ‖ *Valle o abertura despejada entre montañas. ‖ Grieta o *hendedura producida en el terreno por efecto de concusiones sísmicas. ‖ *Mar.* Distancia entre los palos de la *arboladura.
abracadabra. m. Palabra *mágica a la cual se atribuía la propiedad de curar ciertas enfermedades.
abracijo. m. fam. **Abrazo.**
Abrahán. n. p. V. **Seno de Abrahán.**
abrahonar. tr. fam. *Ceñir o abrazar con fuerza a otro por los brahones.
abrasador, ra. adj. Que abrasa.
abrasamiento. m. Acción y efecto de abrasar o abrasarse.
abrasante. p. a. de **Abrasar.** Que abrasa.
abrasar. tr. Reducir a brasa, *quemar. Ú. t. c. r. ‖ Secar o *marchitar el excesivo calor o frío una planta. ‖ fig. Consumir, *malgastar. ‖ fig. *Avergonzar. ‖ intr. ***Quemar.** ‖ r. fig. Asarse, sentir mucho *calor. ‖ Estar muy agitado de alguna *pasión.
abrasilado, da. adj. Del *color del palo brasil. ‖ Que tira a este color.
abrasión. f. Acción y efecto de *raer o desgastar por *frotamiento. ‖ **Geol.* Acción destructora del mar sobre las costas.
abrasivo, va. adj. Que *desgasta por *frotamiento. Ú. t. c. s.
abraxas. m. Palabra simbólica expresiva del curso del Sol en los 365 días del *año. ‖ *Talismán gnóstico en que estaba grabada esta palabra.
abrazadera. adj. V. **Sierra abrazadera.** Ú. t. c. s. ‖ **Mec.* f. Pieza de metal u otra materia, que sirve para *sujetar alguna cosa, ciñéndola. ‖ **Impr.* **Corchete.**
abrazado, da. p. p. de **Abrazar.** ‖ adj. *Germ.* **Preso.**
abrazador, ra. adj. Que abraza. ‖ m. Hierro o palo que sirve en la *noria para mantener seguro el peón. ‖ Especie de *almohada larga y estrecha. ‖ El que solicitaba a otros para llevarlos a las casas de *juego. ‖ *Germ.* **Corchete,** *alguacil.
abrazamiento. m. Acción y efecto de abrazar o abrazarse.

abrazante. p. a. de **Abrazar.** Que abraza.

***abrazar.** tr. Ceñir con los brazos. Ú. t. c. r. ‖ Estrechar entre los brazos en señal de *cariño. Ú. t. c. r. ‖ fig. Rodear, *ceñir. ‖ fig. Comprender, *incluir. ‖ fig. Admitir, *recibir; mostrarse *partidario, seguir. ‖ fig. *Tomar uno a su cargo alguna cosa, *ocuparse en ella.

***abrazo.** m. Acción y efecto de abrazar o abrazarse.

abregancias. f. pl. **Llares.**

ábrego. m. *Viento sudoeste.

abrelatas. m. Utensilio para *abrir las latas de conservas.

abrenuncio. Voz usada familiarmente para dar a entender que se *rechaza alguna cosa.

abreojos. m. **Detienebuey.** ‖ **Abrojo.**

abrepuño. m. **Arzolla.** ‖ pl. *Planta ranunculácea.

abretonar. tr. **Mar. Mil.* Trincar los cañones al costado del buque en dirección de popa a proa.

abrevadero. m. Paraje donde se abreva al *ganado.

abrevador, ra. adj. Que abreva. Ú. t. c. s. ‖ m. **Abrevadero.**

abrevar. tr. Dar de *beber al *ganado. ‖ ***Regar.** ‖ Remojar las *pieles para adobarlas.

***abreviación.** f. Acción y efecto de abreviar.‖ **Compendio.**

abreviadamente. adv. m. En términos breves, sumariamente.

abreviador, ra. adj. Que *abrevia o compendia. Ú. t. c. s. m. ‖ m. Oficial de la *curia romana que tiene a su cargo extractar los documentos.

abreviadura. f. ant. **Abreviatura.**

abreviaduría. f. Empleo u oficina del abreviador.

abreviamiento. m. **Abreviación.**

***abreviar.** tr. Hacer *breve, reducir a menos tiempo o espacio. ‖ *Acelerar.

***abreviatura.** f. Representación de las palabras en la escritura con sólo varias o una de sus letras. ‖ Palabra representada de este modo. ‖ **Abreviaduría.**

abreviaturía. f. **Abreviaduría.**

abribonado, da. adj. Que tiene trazas o condiciones de bribón.

abribonarse. r. Hacerse bribón.

abricotina. f. Especie de *ciruela.

abridero, ra. adj. Que se *abre por sí o con facilidad. Dícese de los *frutos. ‖ m. Variedad de pérsico, cuyo fruto se abre con facilidad. ‖ *Fruto de este árbol.

abridor, ra. adj. Que abre. ‖ **Farm.* **Aperitivo.** ‖ m. **Abridero.** ‖ Hueso en que termina la aguja de *injertar. ‖ Cada uno de los dos *aretes que se ponen a las niñas en las orejas para horadarlas e impedir que se cierren los agujeros. ‖ Instrumento de hierro que servía para abrir los *cuellos alechugados. ‖ **de láminas.** ***Grabador.**

abrigada. f. **Abrigadero,** paraje defendido de los *vientos.

abrigadero. m. **Abrigada.**

abrigado. m. **Abrigada.**

abrigador, ra. adj. Que abriga. ‖ Encubridor de un *delito.

abrigaño. m. **Abrigo,** paraje defendido de los *vientos. ‖ *Cobertizo.

***abrigar.** tr. Defender, *proteger contra el frío. Ú. t. c. r. ‖ fig. Auxiliar, *amparar. ‖ fig. Tratándose de ideas o *sentimientos, tenerlos. ‖ **Equit.* Aplicar las piernas al vientre del caballo. ‖ **Mar.* Defender, resguardar la nave.

***abrigo.** m. Defensa contra el frío. ‖ Cosa que abriga. ‖ Prenda del traje que se pone sobre las demás y sirve para abrigar. ‖ Paraje defendido de los *vientos. ‖ fig. Auxilio, *protección. ‖ **Mar.* Lugar en la costa a propósito para abrigarse las naves.

ábrigo. m. **Ábrego.**

abril. m. Cuarto *mes del año. ‖ fig. *Edad juvenil. ‖ pl. fig. *Años de la primera *juventud. ‖ **Estar hecho un abril.** fr. fig. Estar lucido y *hermoso. ‖ **Parecer un abril.** fr. fig. **Estar hecho un abril.**

abrileño, ña. adj. Propio del mes de abril.

abrillantador. m. Artífice que abrillanta piedras de *joyería. ‖ Instrumento con que se abrillanta.

abrillantar. tr. Labrar como los brillantes otras piedras de *joyería y ciertas piezas de acero u otros metales. ‖ *Iluminar. ‖ fig. *Enaltecer.

abrimiento. m. **Abertura.**

***abrir.** tr. Descubrir lo que está cerrado u oculto. ‖ *Separar del marco la hoja o las hojas de la puerta. ‖ Descorrer el pestillo o cerrojo; desechar la llave. ‖ Tratándose de los cajones de una mesa o cualquier otro mueble, *sacarlos. ‖ Tratándose de partes del cuerpo del animal o de cosas articuladas, *separar las unas de las otras de modo que entre ellas quede un espacio mayor. ‖ Hablando del tiempo, empezar a clarear o serenarse la *atmósfera. ‖ *Cortar por los dobleces los pliegos de un libro. ‖ *Extender lo que estaba encogido, doblado o plegado. ‖ *Hender, rasgar. ‖ Tratándose de pliegos, paquetes, etc., despegarlos o romperlos para sacar lo que contengan. ‖ *Grabar, esculpir. ‖ fig. *Desobstruir, despejar. ‖ Dar *principio a las tareas de alguna corporación o establecimiento. ‖ fig. *Empezar. ‖ fig. Anunciar las condiciones para tomar parte en algún certamen o *concurso. ‖ fig. Encabezar, ir *delante. ‖ **Taurom.* Separar el toro de la barrera. ‖ intr. Tratándose de *flores, extenderse los pétalos que estaban recogidos en el capullo. Ú. t. c. r. ‖ *Esparcirse, ocupar mayor espacio. Ú. t. c. r. ‖ **Mar.* Desatracar una embarcación menor. ‖ r. Relajarse. ‖ fig. Separarse, *extenderse. ‖ fig. *Manifestar, *revelar una persona a otra su secreto.

abrochador m. **Abotonador.**

abrochadura. f. **Abrochamiento.**

abrochamiento. m. Acción de abrochar o abrocharse.

***abrochar.** tr. *Cerrar o ajustar con *broches, *botones, etc. Ú. t. c. r.

abrogación. f. Acción y efecto de abrogar.

abrogar. tr. *For.* Abolir, *anular.

abrojal. m. Sitio poblado de abrojos.

abrojín. m. *Molusco gasterópodo marino del que se obtenía la mejor púrpura.

abrojo. m. *Planta cigofilácea, de fruto casi esférico y armado de muchas púas. ‖ Fruto de esta planta. ‖ ***Cardo estrellado.** ‖ Instrumento de metal, en figura de **abrojo,** que solían poner los *disciplinantes en el azote. ‖ **Fort.* Pieza de hierro con cuatro púas o cuchillas abiertas en ángulos iguales, de modo que al caer al suelo siempre queda una hacia arriba. ‖ pl. *Mar.* *Riscos o *escollos a flor de agua.

abroma. m. *Arbusto de las bitneriáceas, de cuya corteza se hacen cuerdas muy resistentes.

abromado, da. adj. *Mar.* Obscurecido con vapores o *nieblas.

abromar. tr. ant. **Abrumar.**‖r. **Mar.* Llenarse de broma los fondos del buque.

abroncar. tr. fam. Aburrir, *disgustar, enfadar. Ú. t. c. r. ‖ *Avergonzar, abochornar.

abroquelado, da. adj. *Bot.* De forma de *broquel.

abroquelar. tr. *Mar.* Disponer las *velas para que el viento las hiera de proa. ‖ r. Cubrirse con el *broquel. ‖ fig. Valerse de cualquier *defensa material o moral.

abrótano. m. *Planta herbácea de la familia de las compuestas, de hojas muy finas. ‖ **hembra.** Planta herbácea de la familia de las compuestas, de hojas dentadas.‖ **macho. Abrótano.**

abrotante. m. ant. *Arq.* **Arbotante.**

abrotoñar. intr. **Brotar.**

abrumador, ra. adj. Que abruma.

abrumar. tr. Agobiar con algún *peso o *carga. ‖ Causar gran *molestia. ‖ r. Llenarse de bruma o *niebla la atmósfera.

abruñeiro. m. Fruto del endrino.

abrupto, ta. adj. **Escarpado,** *escabroso.

abrutado, da. adj. Que parece bruto, o de bruto.

abruzo, za. adj. Natural de los Abruzos. Ú. t. c. s. ‖ Perteneciente a este país de Italia.

***absceso.** m. *Med.* Acumulación de *pus en los tejidos orgánicos, que suele formar *tumor.

abscisa. f. *Geom.* Una de las dos distancias que sirven para fijar la posición de un punto sobre un plano con relación a los ejes *coordenados.

abscisión. f. *Separación de una parte pequeña de un cuerpo cualquiera, hecha con instrumento *cortante.

absconder. tr. **Esconder.**

absentina. f. **Quím.* Principio amargo del ajenjo.

absentismo. m. *Ausencia habitual del propietario de bienes raíces, con relación al lugar en que éstos radican.

ábsida. f. *Arq.* **Ábside.**

ábside. amb. *Arq.* Parte del *templo, abovedada y comúnmente semicircular, que sobresale en la fachada posterior. ‖ m. *Astr.* **Ápside.**

absintio. m. **Ajenjo.**

ábsit. Voz que se usa familiarmente para *rechazar una cosa o manifestar el deseo de que Dios nos libre de ella.

absolución. f. Acción de *absolver. ‖ **de la demanda.** **For.* Terminación del pleito, favorable al demandado. ‖ **de la instancia.** **For.* La que terminaba el proceso criminal por insuficiencia de la prueba. ‖ **de posiciones.** *For.* Acto de responder a ellas bajo juramento. ‖ **general.** Aplicación de indulgencias y comunicación de buenas obras que hacen algunas órdenes religiosas a los fieles en ciertos días del año. ‖ **libre.** *For.* Terminación del juicio criminal por fallo en que se declara la *inocencia del reo. ‖ **sacramental.** Acto de absolver el confesor al *penitente.

absoluta. f. *Afirmación hecha en tono de seguridad y magisterio.

absolutamente. adv. m. De manera absoluta. ‖ adv. de *negación. No; de ningún modo.

absolutismo. m. Sistema del *gobierno absoluto.

absolutista. adj. Partidario del absolutismo. Apl. a pers., ú. t. c. s. ‖ Perteneciente o relativo a este sistema de gobierno.

***absoluto, ta.** adj. Que excluye toda relación. ‖ Independiente, sin restricción alguna. ‖ fig. y fam. De carácter *despótico o dominante. ‖ **Lo absoluto.** La *idea incondicionada. ‖ **En absoluto.** m. adv. De una manera general y terminante.

absolutorio, ria. adj. *For.* Que contiene absolución.

absolvederas. f. pl. fam. Facilidad de algunos confesores en *absolver.

absolvente. p. a. de **Absolver.** Que absuelve.

***absolver.** tr. *Libertar de un cargo u obligación. ‖ Remitir a un *penitente sus pecados. ‖ *Resolver una duda. ‖ *Cumplir alguna cosa, *concluirla. ‖ **For.* Dar por libre al demandado o al reo.

absolvimiento. m. ant. **Absolución.**

absorbencia. f. Acción de absorber.

absorbente. p. a. de **Absorber.** Que absorbe. Ú. t. c. s.

***absorber.** tr. Atraer un cuerpo sólido y conservar entre sus moléculas las de otro en estado líquido o gaseoso. ‖ Recibir los tejidos orgánicos las substancias que contribuyen a la *nutrición. ‖ fig. Consumir, *gastar enteramente. ‖ fig. Atraer a sí, *captar, cautivar.

absorbible. adj. Dícese de la substancia que puede ser absorbida.

absorbimiento. m. **Absorción.**

***absorción.** f. Acción de absorber.

absortar. tr. Suspender, *enajenar. Ú. t. c. r.

absorto, ta. adj. Admirado, *enajenado.

abstemio, mia. adj. Que se abstiene de *bebidas alcohólicas.

abstención. f. Acción de abstenerse.

***abstenerse.** r. *Privarse de algo. ‖ → Dejar de hacer alguna cosa.

abstergente. adj. **Farm.* Dícese del remedio que sirve para absterger. Ú. t. c. s.

absterger. tr. *Med.* Limpiar y *desinfectar las superficies orgánicas.

abstersión. f. *Med.* Acción y efecto de absterger.

abstersivo, va. adj. Que tiene virtud para absterger.

***abstinencia.** f. Acción de abstenerse. ‖ *Virtud que consiste en privarse total o parcialmente de satisfacer los apetitos. ‖ Por excelencia, privación de comer carne.

abstinente. adj. Que practica la abstinencia.

abstinentemente. adv. m. Con abstinencia.

abstracción. f. Acción y efecto de abstraer o abstraerse.

abstractivamente. adv. m. Con abstracción.

abstractivo, va. adj. Que abstrae o tiene virtud para abstraer.

abstracto, ta. p. p. irreg. de **Abstraer.** ‖ adj. Que significa alguna *cualidad con exclusión de sujeto. ‖ **En abstracto.** m. adv. Con separación o exclusión del objeto en que se halla cualquiera cualidad.

abstraer. tr. *Separar mentalmente las cualidades de un objeto para considerarlas aisladamente. ‖ intr. Con la preposición *de,* *prescindir, excluir. ‖ r. *Enajenarse de los objetos sensibles.

abstraído, da. p. p. de **Abstraer.** ‖ adj. Retirado, que vive en *retraimiento.

abstruso, sa. adj. *Incomprensible o difícil de entender.

absuelto, ta. p. p. irreg. de **Absolver.**

absurdidad. f. **Absurdo.**

***absurdo, da.** adj. Contrario y opuesto a la razón. ‖ m. Dicho o hecho repugnante a la razón.

abubilla. f. *Pájaro insectívoro, del tamaño de la tórtola, con un penacho de plumas eréctiles en la cabeza.

abubo. m. **Cermeña.**

abucates. m. pl. Piezas del telar de *terciopelo.

abuchear. tr. Dar grita a uno; *censurarle públicamente con burlas.

abucheo. m. Acción de abuchear.

***abuela.** f. Respecto de una persona, madre de su padre o de su madre. ‖ fig. Mujer *anciana. ‖ **Contárselo uno a su abuela.** fr. fig. y fam. que se usa para *negar o poner en *duda.

abuelastro, tra. m. y f. Respecto de una persona, padre o madre de su padrastro o de su madrastra. ‖ Respecto de una persona, segundo o ulterior marido de su abuela, o segunda o ulterior mujer de su *abuelo.

***abuelo.** m. Respecto de una persona, padre de su padre o de su madre. ‖ **Ascendiente.** Ú. m. en pl. ‖ fig. Hombre *anciano. ‖ fig. En la *lotería de cartones, nombre que suelen dar al número noventa. ‖ fig. **Tolano,** *cabello del cogote. ‖ fig. **Vilano.** ‖ pl. El **abuelo** y la abuela.

abuhado, da. adj. Hinchado o abotagado.

abuhamiento. m. *Hinchazón.

abuhardillado, da. adj. En forma de buhardilla.

abuje. m. Ácaro rojo, *arácnido que se cría en las hierbas; se propaga a las personas y produce un picor insoportable.

abulense. adj. **Avilés.** Apl. a pers., ú. t. c. s.

***abulia.** f. Falta de *voluntad.

abúlico, ca. adj. Que padece abulia.

abultado, da. adj. Grueso, grande, de mucho *volumen.

abultamiento. m. Acción de abultar. ‖ Cúmulo, montón.

abultar. tr. Aumentar el bulto o *volumen de alguna cosa. ‖ fig. Ponderar, *exagerar. ‖ *Esc.* Hacer el *proyecto o boceto. ‖ intr. Tener o hacer bulto.

abuna. m. *Obispo de la Iglesia abisinia.

abundamiento. m. **Abundancia.** ‖ **A mayor abundamiento.** loc. adv. *Además, con mayor razón o certidumbre.

***abundancia.** f. Copia, gran cantidad.

abundancial. adj. *Gram.* V. **Adjetivo abundancial.**

***abundante.** p. a. de **Abundar.** Que abunda. ‖ adj. Copioso.

abundantemente. adv. m. Con *abundancia.

***abundar.** intr. Haber copia o gran cantidad de alguna cosa. ‖ **Bastar.** ‖ tr. *Proveer con abundancia. ‖ Con la prep. *en,* *aprobar un dictamen o parecer.

abundo. adv. m. **Abundantemente.**

abundosamente. adv. m. **Abundantemente.**

abundoso, sa. adj. **Abundante.**

abuñolado, da. adj. De figura de buñuelo.

abuñolar. tr. **Culin.* Freír huevos u otras cosas de manera que queden huecos y bien dorados.

abuñuelado, da. adj. **Abuñolado.**

abuñuelar. tr. **Abuñolar.**

¡abur! interj. fam. **¡Agur!**

aburar. tr. *Quemar.

aburrada. adj. Dícese de la *yegua destinada a la cría de mulas.

aburrición. f. fam. **Aburrimiento.**

aburrido, da. adj. Que aburre o causa *fastidio.

aburrimiento. m. *Cansancio, *fastidio, tedio.

aburrir. tr. *Molestar, *fastidiar. ‖ fam. Arriesgar o *gastar algún dinero o tiempo. ‖ **Aborrecer** las aves los huevos. ‖ r. *Fastidiarse, cansarse de alguna cosa.

aburujar. tr. **Aborujar.** Ú. t. c. r.

abusante. p. a. de **Abusar.** Que abusa.

***abusar.** intr. Usar mal, con exceso o indebidamente de alguna cosa.

abusión. f. **Abuso.** ‖ *Superstición. ‖ *Ret.* **Catacresis.**

abusionero, ra. adj. Agorero, *supersticioso.

abusivamente. adv. m. Con abuso.

abusivo, va. adj. Que se introduce por abuso o lo supone.

***abuso.** m. Acción y efecto de abusar. ‖ **de confianza.** Acción *desleal del que se aprovecha de la confianza de otro en beneficio propio. ‖ **Der.* *Pen.* Circunstancia agravante de ciertos delitos. ‖ **de superioridad.** Circunstancia agravante del *delito por la desproporción entre delincuentes y víctimas.

abusón, na. adj. Que abusa.

abutilón. m. Planta malvácea.

abuzarse. r. *Tenderse de bruces para *beber.

abyección. f. Bajeza, *vileza. ‖ **Abatimiento,** *desaliento.

abyecto, ta. adj. Bajo, *vil.

acá. adv. l. Indica *lugar próximo al que habla, pero menos limitado que *aquí.* ‖ Denota el tiempo *actual. ‖ **Acá y allá,** o **acá y acullá.** m. adv. **Aquí y allá.** ‖ **De acá para allá,** o **de acá para acullá.** m. adv. **De aquí para allí.**

acabable. adj. Que tiene fin y término.

acabación. f. Acabamiento, desaliento.

acabadamente. adv. m. Entera o perfectamente.

acabado, da. adj. *Perfecto, completo. ‖ Malparado, destruido, *viejo o *enfermo. ‖ m. *Perfeccionamiento de una obra.

acabador, ra. adj. Que acaba o concluye.

acabalar. tr. **Completar.**

acaballadero. m. Sitio en que los *caballos o asnos cubren a las yeguas. ‖ Tiempo en que las cubren.

acaballado, da. adj. Parecido al perfil de la cabeza del caballo.

acaballar. tr. Cubrir el caballo o el burro a la yegua para la *generación.

acaballerado, da. adj. Que parece *caballero. ‖ Que se precia de serlo.

acaballerar. tr. Dar a uno la consideración o condición de *caballero. ‖ Tomar las maneras de un caballero.

acaballonar. tr. *Agr.* Hacer *caballones.

acabamiento. m. Efecto o *cumplimiento de alguna cosa. ‖ Término, *fin. ‖ **Muerte.**

acabañar. intr. Construir *cabañas los pastores para guarecerse de la intemperie.

acabar. tr. Poner o dar *fin a una cosa. Ú. t. c. r. ‖ *Gastar, consumir. ‖ Poner mucho esmero en la *perfección de una obra. ‖ **Matar.** ‖ Seguido de la prep. *con* y un nombre de persona, *conseguir. ‖ intr. Rematar, concluir. ‖ **Morir.** ‖ Extinguirse, aniquilarse. Ú. t. c. r. ‖ Seguido de la prep. *con* y un nombre de persona o cosa o un pronombre, poner fin a la existencia de una persona o cosa; *suprimirla. ‖ Seguido de la prep. *de* y un infinitivo, haber ocurrido poco *antes lo que éste significa. ‖ **Acabar de parir.** fr. fig. y fam. Explicarse al fin la persona torpe en el *hablar.

acabellado, da. adj. De *color castaño claro.

acabestrillar. intr. *Cazar con buey de cabestrillo.

acabijo. m. fam. Término, *fin.

acabildar. tr. Juntar a muchos *conciliar sus opiniones.
acabo. m. **Acabamiento.**
acabóse. m. **Ser** una cosa **el acabóse.** fr. Haber llegado a un grado *excesivo o extremo. Se usa para encarecer desorden, destrucción u otro daño.
acabronado, da. adj. Semejante al cabrón.
***acacia.** f. Árbol de las leguminosas. ‖ *Madera de este árbol. ‖ **Farm.* Substancia astringente que se extrae del fruto de la **acacia** bastarda. ‖ **bastarda. Endrino.** ‖ **blanca,** o **falsa.** La espinosa con hojuelas aovadas, que se planta en los paseos de Europa. ‖ **rosa.** La de flores rosadas.
acacianos. m. pl. Herejes arrianos, de la *secta de Acacio.
acacharse. r. fam **Agacharse.**
acachetar. tr. **Taurom.* Rematar al toro con el cachete.
acachetear. tr. Dar cachetes.
acachorrar. tr. **Acogotar.**
academia. f. Casa donde enseñaron Platón y otros filósofos. ‖ Escuela *filosófica fundada por Platón. ‖ *Corporación científica, literaria o artística reconocida por el Estado. ‖ Junta o *reunión de los académicos. ‖ *Casa donde se reúnen. ‖ Junta o *certamen a que concurren algunos aficionados a las letras. ‖ Establecimiento de *enseñanza, privado o público. ‖ **Esc.* y **Pint.* Estudio de una figura entera y desnuda, tomada del natural.
académicamente. adv. m. De manera académica.
académico, ca. adj. Dícese del *filósofo que sigue la escuela de Platón. ‖ Perteneciente o relativo a las academias. ‖ Dícese de los estudios oficiales. ‖ **Esc.* y *Pint.* Perteneciente o relativo a la academia. ‖ m. y f. Individuo de una academia.
acaecedero, ra. adj. Que puede acaecer; *posible, *contingente.
***acaecer.** intr. **Suceder,** acontecer, ocurrir.
acaecimiento. m. ***Suceso.**
acafresna. f. **Serbal.**
acahual. m. Especie de *girasol. ‖ *Hierba alta de que suelen cubrirse los barbechos.
acal. m. Canoa u otra *embarcación.
acalabrotar. tr. *Mar.* Formar un *cabo de tres cordones.
acalambrarse. r. Contraerse los *músculos a causa del calambre.
acalefo. adj. *Zool.* Dícese del animal marino, radiado, como los *pólipos y medusas. Ú. t. c. s. ‖ m. pl. *Zool.* Clase de estos animales.
acalenturarse. r. Empezar a tener calentura.
acalia. f. **Malvavisco.**
acalmar. tr. **Calmar.**
acaloradamente. adv. m. Con calor o vehemencia.
acaloramiento. m. Ardor, arrebato de *calor. ‖ fig. *Excitación causada por alguna *pasión.
acalorar. tr. Dar *calor. ‖ *Excitar, fatigar con el demasiado trabajo o ejercicio. Ú. m. c. r. ‖ fig. Fomentar, *ayudar. ‖ fig. Avivar, excitar. ‖ fig. Mover, entusiasmar. ‖ fig. Enardecer, *inquietar. ‖ r. fig. Enardecerse en la *discusión. ‖ fig. Adquirir la *discusión tonos vivos.
acaloro. m. Acaloramiento, sofocación.
acallantar. tr. **Acallar.**
acallar. tr. Hacer *callar. ‖ fig. *Aplacar, sosegar. ‖ **Artill.* Apagar los fuegos del enemigo.
acamado, da. adj. **Blas.* Dícese de la pieza apoyada en el lado derecho del escudo.
acamar. tr. Hacer el *viento que se inclinen las mieses u otros vegetales semejantes. Ú. t. c. r. ‖ r. Echarse el *ganado en la dormida para pasar la noche. ‖ *Corromperse las frutas por el excesivo calor.
acambrayado, da. adj. Parecido al cambray.
acamellado, da. adj. Parecido al camello.
acampamento. m. **Campamento.**
acampanado, da. adj. De figura de *campana.
acampanar. tr. Dar *figura de campana. Ú. t. c. r.
***acampar.** intr. *Detenerse y permanecer en despoblado, ya sea en cualquier *alojamiento o a la intemperie. Ú. t. c. tr. y c. r.
acampo. m. **Dehesa.** ‖ *Erial.
acamuzado, da. adj. ant. **Agamuzado.**
ácana. amb. *Árbol de las sapotáceas, muy común en América. ‖ *Madera de este árbol.
acanalado, da. adj. Dícese de lo que pasa por *canal. ‖ De figura semicilíndrica. ‖ De figura de *estría.
acanalador. m. **Carp.* Herramienta para abrir las ranuras en los cercos y peinazos de puertas y ventanas.
acanaladura. f. *Arq.* *Ranura o estría.
acanalar. tr. Hacer canales o *estrías. ‖ Dar a una cosa forma de canal o teja.
acanallado, da. adj. Que participa de los defectos de la canalla.
acanchar. tr. *Mar.* *Proveer, abastecer una embarcación.
acandilado, da. adj. De figura de *candil. ‖ **Encandilado.**
acanelado, da. adj. De *color de canela.
acanelonar. tr. *Azotar con disciplina de canelones.
acanillado, da. adj. Aplícase a la *tela que forma canillas.
acantáceo, a. adj. **Bot.* Dícese de plantas dicotiledóneas, arbustos y hierbas, cuyo tipo es el acanto. Ú. t. c. s. ‖ f. pl. *Bot.* Familia de estas plantas.
acantalear. impers. Caer *granizo grueso, o *llover con fuerza.
acantarar. tr. Medir por cántaras.
acantear. tr. Tirar *piedras a uno, apedrearle.
acantilado, da. adj. Se dice del fondo del *mar cuando forma *escalones. ‖ Aplícase a la *costa cortada verticalmente. Ú. t. c. s. m. ‖ m. Escarpa o *declive casi *vertical.
acantilar. tr. **Mar.* Varar un buque en un cantil. Ú. m. c. r. ‖ *Mar.* Dragar un fondo.
acantio. m. **Toba,** cardo borriquero.
acanto. m. *Planta acantácea, con hojas largas, rizadas y espinosas. ‖ **Ornam.* Adorno hecho a imitación de las hojas de esta planta.
acantonamiento. m. *Mil.* Acción y efecto de acantonar las tropas. ‖ Sitio en que hay tropas acantonadas.
acantonar. tr. *Alojar las tropas en diversos lugares. Ú. t. c. r.
acantopterigio, gia. adj. *Zool.* Aplícase a los *peces de esqueleto óseo, que tienen espinosos los radios de la aleta dorsal. Ú. t. c. s. ‖ m. pl. *Zool.* Orden de estos peces.
acañaverear. tr. *Herir con *cañas cortadas en punta.
acañonear. tr. **Cañonear.**
acaparador, ra. adj. Que acapara. Ú. t. c. s.
acaparamiento. m. Acción y efecto de acaparar.
***acaparar.** tr. Monopolizar o adquirir mercancías en cantidad suficiente para dar la ley al mercado. ‖ fig. *Apropiarse algo tratando de que otros no lo posean.
acaparrarse. r. Ajustarse o *convenirse.
acaparrosado, da. adj. De *color de caparrosa.
acapillar. tr. *Asir, apresar.
acapizarse. rec. fam. Agarrarse uno a otro para *reñir.
acaponado, da. adj. Propio de un hombre *castrado; *afeminado.
acaracolado, da. adj. De *figura de caracol.
acarambanado, da. adj. **Carambanado.**
acaramelar. tr. **Confit.* Bañar de caramelo. ‖ r. fig. y fam. Mostrarse uno excesivamente *afable, *enamorado o melifluo.
acarar. tr. **Acarear.**
acarbarse. r. Resguardarse el *ganado vacuno, metiendo la cabeza entre los carbizos.
acardenalar. tr. Causar cardenales a uno. ‖ r. Salir al *cutis manchas de color cárdeno.
acareamiento. m. Acción y efecto de acarear.
acarear. tr. **Carear.** ‖ Hacer cara, *arrostrar.
acariasis. f. *Sarna.
acariciador, ra. adj. Que acaricia. Ú. t. c. s.
***acariciar.** tr. Hacer *caricias ‖ fig Tratar a alguno con *cariño. ‖ fig. *Rozar suavemente. ‖ fig. Considerar, con *deseo de que se realice, algún *proyecto o *esperanza.
acarnerado, da. adj. Dícese de la *caballería cuya cabeza se parece a la del carnero.
ácaro. m. *Arácnido traqueal, parásito. ‖ **de la sarna. Arador.** ‖ **de moho.** Variedad que ataca a las plantas.
acaronar. tr. Arrimarse la *nodriza la criatura a la cara para dormirla.
acarralar. tr. *Encoger un hilo en las *telas. Ú. m. c. r.
acarrarse. r. Juntarse las *ovejas a la sombra.
acarrascado, da. adj. Semejante a la carrasca.
acarrazarse. r. Echarse sobre uno y *sujetarle con fuerza.
acarreadizo, za. adj. Que se puede acarrear.
acarreador, ra. adj. Que acarrea. Ú. t. c. s. ‖ m. Encargado de conducir la mies a la *era.
acarreamiento. m. **Acarreo.**
acarrear. tr. *Transportar en carro. ‖ Por ext., transportar de cualquier manera. ‖ fig. Ocasionar o traer consigo cualquier *daño.
acarreo. m. Acción de acarrear. ‖ **De acarreo.** loc. Dícese de lo que no es del lugar donde está. ‖ fig. *Extraño.
acarroñar. tr. *Acobardar. Ú. t. c r.
acartonamiento. m. Acción y efecto de acartonar o acartonarse.
acartonarse. r. Ponerse como cartón. Dícese especialmente de las personas *viejas que se avellanan y quedan *delgadas.
acasamatado, da. adj. De forma de casamata. ‖ Dícese de la batería o *fortificación que tiene casamata.
acaseramiento. m. Acción y efecto de acaserarse.
acaserarse. r. Hacerse parroquiano de una *tienda.
acaso. m. *Casualidad. ‖ adv. m. Por casualidad. ‖ adv. de *duda. Quizá, tal vez. ‖ **Por si acaso.** m. adv. Por si llega a ocurrir alguna cosa; a *prevención.
acastillado, da. adj. ant. De figura de castillo.

acastillaje. m. Parte de la *embarcación que va fuera del agua.
acastillar. tr. **Arq.* *Nav.* Construir castillos a proa y a popa.
acastorado, da. adj. Semejante a la piel del castor.
acatable. adj. Digno de *acatamiento.
acatadamente. adv. m. Con *acatamiento.
acataléctico. adj. V. **Verso acataléctico.** Ú. t. c. s.
acatalecto. adj. **Acataléctico.** Ú. t. c. s.
***acatamiento.** m. Acción y efecto de acatar.
acatante. p. a. de **Acatar.** Que acata.
acatar. tr. Mostrar *sumisión y *respeto. || Echar de ver.
acatarrarse. f. Contraer catarro o *resfriado.
acatéchili. m. *Pájaro mejicano muy parecido al verderón.
acates. m. Persona muy fiel y *leal.
acato. m. **Acatamiento.** || **Darse** uno **acato.** fr. Darse cuenta, *entender una cosa.
acaudalado, da. adj. Que tiene mucho *caudal.
acaudalador, ra. adj. Que acaudala. Ú. t. c. s.
acaudalar. tr. Hacer o reunir caudal.
acaudillador, ra. adj. Que acaudilla. Ú. t. c. s.
acaudillamiento. m. Acción de acaudillar.
acaudillar. tr. *Mandar gente de guerra. || *Guiar, conducir. || r. Elegir *caudillo.
acaule. adj. *Bot.* Dícese de la planta que parece que no tiene *tallo.
acautelarse. r. **Cautelarse.**
accedente. p. a. de **Acceder.** Que accede.
***acceder.** intr. Consentir en lo que otro quiere. || Ceder uno en su parecer, *condescender.
accenso. m. *Magistrado romano que tenía derecho de convocar a juicio a determinadas personas.
accesibilidad. f. Calidad de accesible.
accesible. adj. Que tiene acceso. || fig. De fácil acceso; *afable.
accesión. f. Acción y efecto de *acceder. || Cosa *accesoria. || **Ayuntamiento,** acto de la *generación. || *For.* Modo de *adquirir consistente en que el dueño de una cosa se apropie, además de los frutos de ésta, lo que se le incorpore por obra de la naturaleza o del hombre. || *For.* Cosa de este modo adquirida. || *Med.* Ataque de una *fiebre intermitente. || **Por accesión.** m. adv. **Der.* *Can.* Uniéndose los disidentes al voto de la mayoría después de conocido el escrutinio.
accésit. m. *Recompensa que se otorga en un certamen al que, sin haber alcanzado el premio, merece ser galardonado.
acceso. m. Acción de *llegar o acercarse. || **Ayuntamiento** carnal. || *Entrada. || fig. Entrada al *trato con alguno. || **Arrebatamiento.** || **Pat.* Acometimiento o repetición de un estado morboso. || **del Sol.** *Astr.* Movimiento aparente con que se acerca el *Sol al Ecuador.
accesoria. f. *Edificio contiguo a otro principal, y dependiente de éste. Ú. m. en pl. || pl. *Habitaciones bajas con entrada independiente.
accesoriamente. adv. m. Por accesión. || De manera *accesoria.
***accesorio, ria.** adj. Que depende de lo principal; accidental. Ú. t. c. s. || **Secundario.**
accidentado, da. adj. Perturbado, *borrascoso. || Hablando del terreno, *escabroso, abrupto.
***accidental.** adj. No esencial. || *Casual. || *Teol.* Aplícase a los bienes que se gozan en el *cielo además de la vista de Dios. || m. **Mús.* **Accidente.**
accidentalmente. adv. m. De modo accidental.
accidentar. tr. Producir accidente. || r. Ser acometido de algún accidente o *síncope.
accidentario, ria. adj. **Accidental.**
***accidente.** m. Lo que no es esencial en una cosa. || *Suceso fortuito. || Suceso *desgraciado. || Suceso eventual o acción de que involuntariamente resulta un *daño. || Indisposición, enfermedad o *síncope. || *Pasión. || Irregularidad del terreno, *escabrosidad. || **Gram.* Modificación que sufren algunas palabras para cambiar de género, número, persona, etc. || **Pat.* Síntoma grave e inesperado. || **Mús.* Signo con que se altera la altura de un sonido. || pl. *Teol.* Cualidades propias del pan y del vino, que quedan en la *Eucaristía después de la consagración. || **Accidente del trabajo.** *Lesión corporal que sufre el que *trabaja por cuenta ajena. || **De accidente.** m. adv. ant. **Por accidente.** || **Por accidente.** m. adv. Por casualidad.
***acción.** f. Operación de una fuerza o potencia. *Resultado de esta operación. || Efecto de *hacer. || *Actitud, ademán. || *Gestos y movimientos con que la persona que habla da mayor *expresión a lo que dice. || *Poder o *posibilidad de ejecutar alguna cosa. || *Com.* Cada una de las partes en que se considera dividido el capital de una *sociedad. || Título que acredita la posesión de cada una de estas partes. || *Fís.* Energía con que actúa un agente. || *For.* *Derecho a pedir alguna cosa en juicio. || *For.* Modo legal de ejercitar este derecho. || *Mil.* ***Batalla.** || *Mil.* *Combate entre fuerzas poco numerosas. || *Pint.* Actitud o colocación del modelo. || **Lit.* En el *teatro, en la *novela y otros géneros, serie de hechos encadenados que forman el contenido de la obra. || **de gracias.** Expresión o manifestación de *gratitud. || **de guerra.** *Mil.* *Batalla. || **de presencia.** *Quím.* **Catálisis.** || **liberada.** *Com.* Aquella cuyo valor no se satisface en dinero, sino que se recibe como compensación de aportaciones o servicios. || **Mala acción.** Fechoría, *maldad, mala pasada. || **Coger** o **ganar** a uno **la acción.** fr. *Anticiparse a sus propósitos.
accionar. intr. Acompañar el discurso con *ademanes o movimientos para darle mayor expresión.
accionista. com. Dueño de una o varias acciones en una *sociedad mercantil.
accípite. m. Nombre común al halcón y a otras aves de *cetrería.
accitano, na. adj. Natural de Acci, hoy Guadix. Ú. t. c. s. || Perteneciente a esta ciudad.
acebadamiento. m. **Encebadamiento.**
acebadar. tr. **Encebadar.** Ú. t. c. r.
acebal. m. **Acebeda.**
acebeda. f. Sitio poblado de acebos.
acebedo. m. **Acebeda.**
acebo. m. *Árbol de las ilicíneas. Sus hojas tienen espinas en el margen; y la madera, que es blanca y muy dura, se emplea en ebanistería. || *Madera de este árbol.
acebollado, da. adj. Que tiene acebolladura.
acebolladura. f. Defecto que tienen algunas *maderas por haberse separado las capas que forman el tejido leñoso.
acebrado, da. adj. **Cebrado.**
acebuchal. adj. Perteneciente al acebuche. || m. Terreno poblado de acebuches.
acebuche. m. *Olivo silvestre. || Madera de este árbol.
acebucheno, na. adj. **Acebuchal.**
acebuchina. f. Fruto del acebuche.
acecido. m. fam. **Acezo.**
acecinar. tr. *Salar las *carnes y secarlas para que se conserven. Ú. t. c. r. || r. fig. Quedarse *delgado y enjuto; avellanarse.
acechadera. f. Sitio donde se puede acechar.
acechador, ra. adj. Que acecha. Ú. t. c. s.
acechamiento. m. **Acecho.**
acechanza. f. **Asechanza.**
***acechar.** tr. Observar o estar cautelosamente en *espera.
aceche. m. **Caparrosa.**
***acecho.** m. Acción de acechar.
acechón, na. adj. fam. **Acechador.** || **Hacer la acechona.** fr. fam. **Acechar.**
acedamente. adv. m. Con acedía.
acedar. tr. Poner aceda o *agria alguna cosa. Ú. m. c. r. || fig. Molestar, *disgustar. Ú. t. c. r. || r. **Pat.* *Veg.* Ponerse amarillas y enfermizas las plantas.
acedera. f. *Planta poligonácea que se emplea como condimento.
acederaque. m. **Cinamomo,** *árbol.
acederilla. f. *Planta poligonácea muy parecida a la acedera. || **Aleluya,** planta.
acederón. m. *Planta poligonácea, parecida a la acedera. Ú. m. en pl.
acedía. f. Calidad de acedo. || Indisposición del *estómago, por haberse acedado la comida. || fig. *Desabrimiento.
acedía. f. **Platija,** pez.
acedo, da. adj. ***Ácido.** || fig. Áspero, *desabrido. || m. El zumo agrio.
acefalia. f. Calidad de acéfalo.
acefalismo. m. **Acefalia.** || *Secta de los acéfalos.
acéfalo, la. adj. Falto de *cabeza. || Dícese del *feto sin cabeza. || Dícese de ciertos *herejes que no reconocían jefe. Ú. t. c. s. || fig. Aplícase a cualquier colectividad que carece de *jefe. || *Zool.* Aplícase a los *moluscos cuya cabeza apenas se distingue del cuerpo, como la almeja y la ostra. || m. pl. *Zool.* Clase de estos animales.
aceguero. m. *Leñador.
aceifa. f. Expedición *guerrera que hacían los sarracenos en verano.
aceitada. f. Cantidad de aceite derramado. || *Torta o bollo amasado con aceite.
aceitar. tr. *Untar con aceite.
aceitazo. m. **Aceitón,** *aceite turbio.
***aceite.** m. Líquido graso, de color amarillo verdoso, que se saca de la aceituna. || Por ext., líquido graso que se obtiene de otros frutos o semillas, de algunos animales y aun de substancias minerales. || Cualquier cuerpo graso y untuoso que se mantenga líquido a la temperatura media de los climas templados. || **de abeto. Abetinote.** || **de anís.** *Aguardiente anisado y con mucho azúcar. || **de Aparicio.** Medicamento cuyo principal ingrediente es el hipérico. || **de ballena.** Grasa líquida que se saca de la ballena. || **de cada. Miera.** || **de hojuela.** El que se saca de las balsas donde se recoge el alpechín. || **de infierno.** El que se recoge en el pilón llamado infierno. || **de ladrillo.** Líquido que se obtiene destilando **aceite** de oliva mezclado con polvo de ladrillo. || **de María. Bálsamo de María.** || **de oliva. Acei-**

te. ‖ **de palo. Bálsamo de copaiba de la India.** ‖ **de pie,** o **de talega.** El que se saca con sólo pisar las aceitunas metidas en una talega. ‖ **de vitriolo.** Ácido sulfúrico comercial. ‖ **esencial. Aceite volátil.** ‖ **fijo.** El que no se evapora. ‖ **mineral. Petróleo.** ‖ **onfacino.** El que se extrae de aceitunas sin madurar y se usaba como medicamento. ‖ **pesado.** Líquido denso que se extrae del alquitrán de hulla y se emplea en algunos motores de explosión. ‖ **secante.** El que en contacto con el aire se seca pronto; como el de linaza preparado para la *pintura. ‖ **serpentino.** El que se emplea como medicamento contra las lombrices. ‖ **virgen.** El que sale de la aceituna por primera expresión. ‖ **volátil.** El que procede de la destilación de partes aromáticas de las plantas. ‖ **Echar aceite al fuego,** o **en el fuego.** fr. fig. **Echar leña al fuego.**

aceitera. f. La que vende aceite. ‖ **Alcuza.** ‖ **Aceitero,** cuerno para llevar aceite. ‖ **Carraleja,** *insecto. ‖ pl. **Vinagreras.**

aceitería. f. Tienda donde se vende aceite. ‖ Oficio de aceitero.

aceitero, ra. adj. Perteneciente o relativo al aceite. ‖ m. El que vende aceite. ‖ Cuerno en el que llevan aceite los pastores. ‖ *Árbol de las Antillas, de madera muy dura.

aceitón. m. Aceite espeso y turbio. ‖ **Pat. Veg.* Líquido viscoso que segregan ciertos insectos en el *olivo y otras plantas, y en el cual se desarrolla la negrilla.

aceitoso, sa. adj. Que tiene aceite. ‖ Que tiene exceso de aceite. ‖ Que tiene crasitud semejante al aceite.

***aceituna.** f. Fruto del olivo. ‖ **corval.** La más larga que la común. ‖ **de la Reina.** La de gran tamaño y superior calidad. ‖ **manzanilla. Manzanilla, aceituna** menuda. ‖ **picudilla.** La de forma picuda. ‖ **tetuda.** La que remata en un pequeño pezón. ‖ **zapatera.** La que ya está pasada. ‖ **zorzaleña.** La muy pequeña y redonda. ‖ **Llegar** uno **a las aceitunas.** fr. fig. y fam. **Llegar a los anises.**

aceitunado, da. adj. De *color de aceituna.

aceitunera. f. Época en que se coge la aceituna.

aceitunero, ra. m. y f. Persona que coge o vende aceitunas. ‖ m. Sitio destinado para tener la aceituna.

aceituní. m. *Tela rica traída de Oriente. ‖ Cierta labor *ornamental de los edificios árabes.

aceitunil. adj. **Aceitunado.**

aceitunillo. m. *Árbol de las estiracáceas.

aceituno. m. **Olivo.** ‖ **silvestre. Aceitunillo.**

acelajado, da. adj. Que tiene celajes.

***aceleración.** f. Acción y efecto de *acelerar o acelerarse. ‖ **Mec.* Aumento de la velocidad en la unidad de tiempo. ‖ **de las estrellas fijas,** o **de las fijas.** **Astr.* Adelanto que se observa de un día a otro en el paso de una estrella por el meridiano con relación al paso del Sol por el mismo.

aceleradamente. adv. m. Con aceleración.

acelerador, ra. adj. Que acelera. Ú. t. c. s. m. ‖ m. Mecanismo del *automóvil que regula la entrada de la mezcla explosiva y permite acelerar más o menos el régimen de revoluciones del motor.

aceleramiento. m. **Aceleración.**

***acelerar.** tr. Dar celeridad. Ú. t. c. r.

aceleratriz. adj. V. **Fuerza aceleratriz.**

acelga. f. Planta *hortense, salsolácea. Es comestible. ‖ V. **Cara de acelga.**

acémila. f. *Mula o macho de carga. ‖ Antiguo *tributo.

acemilar. adj. Perteneciente a la acémila o al acemilero.

acemilería. f. Lugar destinado para tener las acémilas y sus aparejos.

acemilero, ra. adj. Perteneciente o relativo a la acemilería. ‖ m. El que cuida las acémilas.

acemita. f. *Pan hecho de acemite.

acemite. m. *Salvado con alguna porción de harina. ‖ Potaje de *trigo tostado y medio molido.

acendrado, da. adj. *Puro y sin mancha ni defecto.

acendramiento. m. Acción y efecto de acendrar.

acendrar. tr. Depurar, purificar los *metales por la acción del fuego. ‖ fig. *Purificar, limpiar.

acenefa. f. **Cenefa.**

acensar. tr. **Acensuar.**

acensuador. m. **Censualista.**

acensuar. tr. Imponer censo.

***acento.** m. Mayor intensidad con que se destaca determinada sílaba de una palabra al pronunciarla. ‖ Signo *ortográfico con que se indica a veces el acento. ‖ Particulares inflexiones de voz con que se distingue cada nación o provincia en el modo de *hablar. ‖ Modulación de la *voz. ‖ Sonido, tono. ‖ *Poét.* *Lenguaje, voz. ‖ **agudo.** El que se traza de derecha a izquierda. ‖ **circunflejo.** El que tiene la forma de un ángulo con el vértice hacia arriba. ‖ **grave.** El que se traza de izquierda a derecha. ‖ **prosódico. Acento** de intensidad. ‖ **tónico. Acento prosódico.**

acentuación. f. Acción y efecto de acentuar.

acentual. adj. *Pros.* Perteneciente o relativo al acento.

acentuar. tr. Dar *acento prosódico a las palabras. ‖ Ponerles acento ortográfico. ‖ fig. **Recalcar,** decir con énfasis o exagerando la *expresión. ‖ r. fig. **Tomar cuerpo.**

aceña. f. *Molino harinero de agua situado en el cauce de un río. ‖ **Azud,** máquina *hidráulica. ‖ *Noria de cajones.

aceñero. m. El que tiene una aceña o trabaja en ella.

acepar. intr. **Encepar.**

acepción. f. Sentido o *significación en que se toma una palabra o una frase. ‖ **de personas.** *Preferencia o *parcialidad.

acepilladura. f. Acción y efecto de acepillar. ‖ Viruta que se saca.

acepillar. tr. Alisar con cepillo de *carpintero. ‖ Limpiar, con *cepillo de cerda. ‖ fig. y fam. **Pulir,** *adornar, ataviar.

aceptable. adj. Capaz o digno de ser aceptado.

aceptablemente. adv. m. De modo aceptable.

aceptación. f. Acción y efecto de aceptar. ‖ *Aprobación, *alabanza. ‖ **de personas. Acepción de personas.**

aceptador, ra. adj. Que acepta. Ú. t. c. s. ‖ **de personas.** El que hace acepción de personas.

aceptante. p. a. de **Aceptar.** Que acepta. Ú. t. c. s.

aceptar. tr. *Recibir uno voluntariamente alguna cosa; admitirla. ‖ *Aprobar. ‖ Admitir un *desafío. ‖ Obligarse por escrito en una *letra de cambio* al pago de la misma.

aceptilación. f. *Perdón de una deuda.

acepto, ta. adj. *Agradable, que se acoge con gusto.

aceptor. m. **Aceptador.** Ú. sólo en la loc. **aceptor de personas. Aceptador de personas.**

***acequia.** f. Zanja o canal para la conducción de aguas.

acequiador. m. El que acequia.

acequiaje. m. *Tributo que se paga para la conservación de las acequias.

acequiar. intr. Hacer acequias.

acequiero. m. El que rige el uso de las acequias, o cuida de ellas.

***acera.** f. Orilla de la *calle, generalmente enlosada, destinada para la gente que va a pie. ‖ Fila de *casas que hay a cada lado de la calle. ‖ *Arq.* *Sillares con que se forman los paramentos de un muro. ‖ *Arq.* Paramento de una *pared.

aceración. f. Acción y efecto de acerar.

acerado, da. adj. De acero. ‖ Parecido a él. ‖ fig. *Fuerte y resistente. ‖ fig. Incisivo, *mordaz. ‖ *Bot.* Dícese de las *hojas cilíndricas y punzantes de algunas coníferas.

acerar. tr. Dar a un hierro las propiedades del acero. ‖ **Farm.* Dar al *agua u otros líquidos ciertas propiedades medicinales apagando en ellos acero hecho ascua. ‖ Dar un tenue baño de acero a las planchas de cobre de los *grabados. ‖ fig. Fortalecer. Ú. t. c. r. ‖ r. fig. Padecer dentera.

acerar. tr. Poner aceras. ‖ *Arq.* Reforzar con aceras una *pared.

acerbidad. f. Calidad de acerbo.

acerbo, ba. adj. *Ácido, acre. ‖ fig. *Cruel, *desagradable.

acerca. adv. l. y t. ant. **Cerca.** ‖ **Acerca de.** m. adv. Con *relación al *asunto de que se trata.

acercador, ra. adj. Que acerca.

acercamiento. m. Acción y efecto de acercar o acercarse.

***acercar.** tr. Poner cerca. Ú. t. c. r. ‖ r. Estar *próxima a suceder alguna cosa.

ácere. m. **Arce,** *árbol.

acería. f. Fábrica de *acero.

acerico. m. *Almohada pequeña. ‖ Almohadilla que sirve para clavar en ella *alfileres o agujas.

acerillo. m. **Acerico.**

aceríneo, a. adj. **Bot.* Dícese de árboles dicotiledóneos como el arce y el falso plátano. Ú. t. c. s. ‖ f. pl. *Bot.* Familia de estos árboles.

acerino, na. adj. poét. **Acerado.**

acernadar. tr. **Veter.* Aplicar o poner cernadas, o cataplasmas.

***acero.** m. Hierro combinado con carbono, que adquiere mayor dureza o elasticidad. ‖ fig. **Arma blanca.** ‖ fig. ***Espada.** ‖ **Farm.* Medicamento que se prepara con acero. ‖ pl. Temple y *filo de las armas blancas. ‖ fig. *Valor, ánimo, resolución. ‖ fig. y fam. Buen *apetito.

acerola. f. Fruto del acerolo. Es comestible.

acerolar. m. Sitio poblado de acerolos.

acerolo. m. *Árbol de las rosáceas.

aceroso, sa. adj. *Ácido, picante.

acerrador. m. *Germ.* Criado de justicia, *corchete.

acerrar. tr. *Germ.* *Asir, agarrar.

acérrimamente. adv. m. De modo acérrimo.

acérrimo, ma. adj. fig. sup. de **Acre.** Muy *fuerte. ‖ Muy decidido u *obstinado.

acerrojar. tr. Poner bajo cerrojo.

acertadamente. adv. m. Con acierto.

acertado, da. adj. Que tiene o incluye acierto.

acertador, ra. adj. Que acierta. Ú. t. c. s.

acertajo. m. fam. **Acertijo.**

acertajón, na. adj. **Adivinador.**

acertamiento. m. **Acierto.**

***acertar.** tr. Dar en el punto a que se dirige alguna cosa. ‖ Encontrar, *hallar. ‖ *Averiguar lo ignorado u oculto. ‖ Hacer con acierto alguna cosa. Ú. t. c. intr. ‖ Entre *sastres, recorrer la ropa cortada. ‖ intr. Con la prep. a y otro verbo en infinitivo, *acaecer impensada o casualmente alguna cosa. ‖ Agr. Prevalecer las plantas y semillas.

acertero. m. desus. **Blanco** para el tiro.

***acertijo.** m. Especie de enigma o *problema que se propone como pasatiempo.

aceruelo. m. Especie de albardilla. ‖ **Acerico** para los alfileres.

acervar. tr. ant. **Amontonar.**

acervo. m. *Montón de cosas menudas. ‖ *Bienes o haber que pertenece en común a una colectividad o a una herencia.

acescencia. f. Disposición a agriarse.

acescente. adj. Que se agría.

acetábulo. m. Medida antigua de *capacidad para líquidos. ‖ Cavidad de algunos *huesos en que encaja la cabeza de otro.

acetato. m. *Quím. Sal del ácido acético.

acético, ca. adj. *Quím. Perteneciente o relativo al *vinagre o sus derivados.

acetileno. m. Hidrocarburo que se obtiene por la acción del agua sobre el carburo de calcio. Es un *gas y se usa para el *alumbrado.

acetilo. m. *Quím. Radical hipotético del ácido acético.

acetín. m. ***Agracejo,** arbusto.

acetite. m. Denominación antigua común a varios acetatos. ‖ Acetato de cobre.

acetona. f. *Quím. Líquido incoloro y volátil, de olor fuerte y agradable.

acetosa. f. **Acedera.**

acetosidad. f. Calidad de acetoso.

acetosilla. f. **Acederilla,** *planta.

acetoso, sa. adj. **Ácido.** ‖ Perteneciente o relativo al *vinagre.

acetre. m. Caldero pequeño para sacar agua de un *pozo. ‖ *Liturg. Caldero pequeño en que se lleva el agua bendita.

acezar. intr. **Jadear.**

acezo. m. Acción y efecto de acezar.

acezoso, sa. adj. **Jadeante.**

aciago, ga. adj. Infausto, *desgraciado. ‖ Que presagia *desgracias.

acial. m. Instrumento que usan los *veterinarios, *herradores y esquiladores para oprimir el hocico de las bestias y tenerlas sujetas.

aciano. m. *Planta compuesta. ‖ **mayor.** Planta perenne medicinal. ‖ **menor. Aciano.**

acianos. m. **Escobilla,** *arbusto.

aciar. m. ant. **Acial.**

acíbar. m. **Áloe,** *planta liliácea. ‖ Jugo *amargo de esta planta. ‖ fig. *Disgusto, amargura.

acibarar. tr. Echar acíbar en alguna cosa. ‖ fig. Turbar el ánimo con algún *disgusto.

acibarrar. tr. fam. **Abarrar,** *lanzar.

aciberar. tr. Moler.

acicalado. m. Acción y efecto de acicalar o pulir.

acicalador, ra. adj. Que acicala. Ú. t. c. s. ‖ m. Instrumento con que se acicala.

acicaladura. f. Acción y efecto de acicalar o acicalarse.

acicalamiento. m. **Acicaladura.**

acicalar. tr. *Limpiar, afilar o bruñir las *armas blancas.* ‖ fig. Pulir, *adornar, peinar o dar *afeites. Ú. m. c. r. ‖ *Albañ. Dar a una pared el último pulimento.

acicate. m. *Espuela. ‖ fig. **Incitativo,** *estímulo.

acicatear. tr. *Incitar, estimular.

acicular. adj. De figura de *aguja. ‖ *Mineral. Dícese de la textura que se presenta en fibras delgadas.

aciche. m. Herramienta de *solador, que tiene dos bocas cortantes.

acidalio, lia. adj. Perteneciente o relativo a la diosa Venus.

acidaque. m. Arras que, por razón de *matrimonio, dan los mahometanos a la mujer.

***acidez.** f. Calidad de ácido.

acidia. f. *Pereza.

acidificar. tr. Quím. Dar propiedades ácidas.

acidioso, sa. adj. *Perezoso, flojo.

acidismo. m. *Pat. Conjunto de fenómenos morbosos atribuidos a la acidez de los humores.

***ácido, da.** adj. Que tiene sabor parecido al del vinagre o del limón. ‖ m. *Quím. Cualquiera de las substancias que pueden formar sales al combinarse con un óxido metálico o con otra base. ‖ **acético.** Quím. Cuerpo producido por la oxidación del alcohol vínico. ‖ **arsénico.** Quím. Cuerpo blanco, compuesto de arsénico, oxígeno e hidrógeno, y muy venenoso. ‖ **arsenioso. Anhídrido arsenioso.** ‖ **benzoico.** Quím. Cuerpo sólido blanco, que se obtiene del benjuí. ‖ **bórico.** Quím. Cuerpo blanco, en forma de escamas nacaradas solubles en el agua. ‖ **carbónico.** Quím. Nombre vulgar del **anhídrido carbónico.** ‖ **cianhídrico.** Quím. Líquido incoloro, de olor a almendras amargas y muy venenoso. ‖ **cinámico.** Quím. Cuerpo sólido, blanco, que se extrae de los bálsamos del Perú y de Tolú. ‖ **cítrico.** Quím. Cuerpo sólido, muy soluble en el agua, que se extrae del limón. ‖ **clorhídrico.** Quím. Gas incoloro, compuesto de cloro e hidrógeno. ‖ **clórico.** Quím. Líquido espeso, compuesto de cloro, oxígeno e hidrógeno. ‖ **esteárico.** Quím. Substancia blanca, en forma de laminillas nacaradas. ‖ **fénico.** Quím. Cuerpo sólido, compuesto de carbono, hidrógeno, oxígeno, que se emplea mucho como desinfectante. ‖ **fluorhídrico.** Quím. Cuerpo gaseoso, compuesto de flúor e hidrógeno. Se emplea para grabar en vidrio. ‖ **fórmico.** Quím. Líquido incoloro, de olor picante, análogo al que segregan las hormigas. ‖ **fulmínico.** Quím. Líquido muy volátil, compuesto de carbono, nitrógeno, hidrógeno y oxígeno. Es muy venenoso y forma sales explosivas. ‖ **láctico.** Quím. Líquido incoloro, que se extrae de la leche agria. ‖ **muriático.** Quím. **Ácido clorhídrico.** ‖ **nítrico.** Quím. Líquido fumante, compuesto de nitrógeno, oxígeno e hidrógeno. ‖ **oxálico.** Quím. Cuerpo sólido, blanco, cristalizable y muy venenoso. ‖ **pícrico.** Cuerpo sólido amarillo, que se obtiene por la acción del **ácido** nítrico sobre el fénico. ‖ **prúsico.** Quím. **Ácido cianhídrico.** ‖ **salicílico.** Quím. Cuerpo blanco, que se prepara combinando el **ácido** fénico y el anhídrido carbónico. ‖ **silícico.** Quím. **Sílice hidratada.** ‖ **sulfhídrico.** Quím. Gas inflamable y fétido que resulta de la combinación del azufre con el hidrógeno. ‖ **sulfúrico.** Quím. Líquido oleaginoso, compuesto de azufre, hidrógeno y oxígeno. ‖ **sulfuroso.** Líquido resultante de la combinación del anhídrido sulfuroso con el agua. ‖ Quím. **Anhídrido sulfuroso.** ‖ **tartárico,** o **tártrico.** Quím. Cuerpo sólido, blanco, que se extrae del tártaro. ‖ **úrico.** Quím. Compuesto de carbono, nitrógeno, hidrógeno y oxígeno, que se encuentra en la orina.

acidular. tr. Poner acídulo un líquido. Ú. t. c. r.

acídulo, la. adj. Ligeramente ácido.

***acierto.** m. Acción y efecto de acertar. ‖ fig. *Habilidad o destreza. ‖ fig. *Cordura, *prudencia.

aciguatado, da. adj. **Ciguato.** ‖ *Pálido y amarillento como el que padece ciguatera.

aciguatar. tr. Observar, *acechar. ‖ *Asir, agarrar.

aciguatarse. r. Contraer ciguatera.

acijado, da. adj. De color de acije.

acije. m. **Aceche.**

acijoso, sa. adj. Que tiene acije.

acimboga. f. **Azamboa.**

ácimo. adj. **Ázimo.**

acimut. m. *Astr. Ángulo que forma con el meridiano el círculo vertical que pasa por un punto de la esfera celeste.

acimutal. adj. Astr. Perteneciente o relativo al acimut.

ación. f. *Correa de que pende el *estribo.

acionera. f. Pieza de la *silla de montar*, de donde cuelga la ación.

acionero. m. El que hace aciones.

acipado, da. adj. Dícese del *paño bien tupido.

aciprés. m. ***Ciprés.**

acirate. m. *Caballón que sirve de *linde. ‖ **Caballón.** ‖ Senda que separa dos hileras de árboles.

acirón. m. **Arce,** árbol.

acitara. f. **Citara,** *pared. ‖ Pretil de *puente. ‖ Cubierta de un *asiento o de una *silla de montar*.

acitrón. m. Cidra en *dulce. ‖ Tallo de la biznaga mejicana, confitado.

aclamación. f. Acción y efecto de aclamar. ‖ **Por aclamación.** m. adv. **A una voz.**

aclamador, ra. adj. Que aclama. Ú t. c. s.

aclamar. tr. Dar voces la muchedumbre en *aplauso de alguna persona. ‖ *Enaltecer la multitud a alguno, confiriéndole algún honor o *dignidad. ‖ *Llamar a las *aves.

aclaración. f. Acción y efecto de *aclarar o aclararse. ‖ For. Rectificación de una *sentencia por el mismo juzgador.

aclarado. m. Acción y efecto de aclarar la ropa *lavada.

aclarador. m. Que aclara.

***aclarar.** tr. Disipar lo que estorba la *claridad o transparencia. Ú. t. c. r. ‖ *Apartar o quitar algo para dejar espacio libre. ‖ Empapar y exprimir en agua la ropa que se *lava hasta quitarle el jabón. ‖ fig. Poner en claro, *explicar. ‖ Mar. Desenredar. ‖ Min. Lavar por segunda vez los *minerales. ‖ intr. Ponerse claro el cielo cuando se disipan las *nubes. Ú. t. c. r. ‖ *Amanecer.

aclaratorio, ria. adj. Dícese de lo que aclara o *explica.

aclarecer. tr. **Aclarar.**

acle. m. *Árbol de las leguminosas, de más de 20 metros de altura. ‖ Madera de este árbol.

acleido, da. adj. Zool. Dícese del animal *mamífero que no tiene clavículas. Ú. t. c. s.

aclimatación. f. Acción y efecto de aclimatar o aclimatarse.

aclimatar. tr. Hacer que se *acostumbre un ser orgánico a un *clima distinto del suyo. Ú. m. c. r. ‖ fig.

*Establecer una cosa o hacer que prevalezca en parte distinta de aquella en que tuvo su origen. Ú. t. c. r.

aclocar. intr. **Enclocar.** Ú. m. c. r. ‖ r. fig. **Arrellanarse.** ‖ Ponerse en cuclillas.

aclorhidria. f. *Pat.* Falta de ácido clorhídrico en los jugos del *estómago.

aclla. f. Entre los incas, *sacerdotisa, *virgen destinada al culto del Sol.

acmé. f. **Pat.* Período de máxima intensidad en un proceso morboso.

acné. f. Erupción pustulosa de la *piel en la cara y parte superior del tórax.

acobardamiento. m. Acción y efecto de acobardarse.

***acobardar.** tr. Amedrentar, causar o poner miedo. Ú. t. c. r.

acobijar. tr. Abrigar las *cepas con acobijos.

acobijo. m. Montón de tierra que se apisona alrededor de las *vides para dar abrigo a las raíces.

acobrado, da. adj. De *color de cobre.

acoceador, ra. adj. Que acocea.

acoceamiento. m. Acción y efecto de acocear.

acocear. tr. Dar coces las *caballerías. ‖ fig. y fam. *Humillar, *ofender.

acocil. m. *Crustáceo de agua dulce parecido al camarón.

acocotar. tr. Acogotar.

acocote. m. *Calabaza cilíndrica, abierta por ambos extremos, que se usa en Méjico para chupar el aguamiel del maguey.

acocullado, da. adj. Achispado, algo *ebrio.

acocharse. r. Agacharse, agazaparse, *encogerse.

acochinar. tr. fam. *Matar a uno que no puede huir ni defenderse. ‖ fig. y fam. **Acoquinar.** ‖ En el juego de las *damas, encerrar a un peón.

acodado. adj. Doblado en forma de codo.

acodadura. f. Acción y efecto de acodar.

acodalamiento. m. *Arq.* Acción y efecto de acodalar.

acodalar. tr. Poner codales.

***acodar.** tr. *Apoyar uno el codo. Ú. t. c. r. ‖ → *Agr.* Meter debajo de tierra el vástago de una planta, salvo la punta, sin separarlo del tronco, para que eche raíces la parte enterrada. ‖ *Arq.* **Acodalar.** ‖ *Cant.* y *Carp.* Aplicar codales a la superficie de una piedra o de un madero, para ver si están *planos. ‖ *Doblar en ángulo recto.

acoderamiento. m. **Mar.* Acción y efecto de acoderar o acoderarse.

acoderar. tr. **Mar.* Amarrar con coderas. Ú. t. c. r.

acodiciar. tr. Encender en *deseo. Ú. t. c. r.

acodillar. tr. Doblar formando *ángulo. ‖ En ciertos juegos de *naipes, dar codillo. ‖ *Veter.* intr. Tocar el suelo con el codillo las *caballerías.

***acodo.** m. Vástago acodado. ‖ *Agr.* Acción de acodar. ‖ **Cant.* *Resalto de una dovela por debajo. ‖ *Arq.* *Moldura que forma el cerco de un vano.

acofrar. tr. *Agr.* Labrar formando *caballones.

acogedizo, za. adj. Que se acoge fácilmente y sin elección.

acogedor, ra. adj. Que se acoge. Ú. t. c. s.

***acoger.** tr. Admitir uno en su casa o compañía a otras personas. ‖ Admitir en la dehesa al ganado. ‖ fig. Tratándose de noticias, doctrinas, opiniones, etc., *asentir a ellas. ‖ fig. *Proteger, amparar. ‖ r. Refugiarse, ponerse en *seguridad. ‖ fig. Valerse de algún *pretexto.

acogeta. f. Sitio *seguro para huir de algún peligro.

***acogida.** f. Acción y efecto de *acoger. ‖ Lugar a propósito para acogerse.

acogido, da. m. y f. Persona *pobre o desvalida a quien se admite y mantiene en establecimientos benéficos. ‖ m. Conjunto de *caballerías que el dueño de una yeguada guarda y mantiene por cuenta de otro. ‖ En la Mesta, *ganado que el dueño de una dehesa admitía en ella.

***acogimiento.** m. **Acogida,** acción y efecto de acoger.

acogollar. tr. **Hort.* Cubrir las plantas delicadas para defenderlas del frío.

acogollar. intr. Echar cogollos las plantas. Ú. t. c. r.

acogombradura. f. **Agr.* Acción y efecto de acogombrar.

acogombrar. tr. **Agr.* **Acohombrar.**

acogotar. tr. *Matar con herida o golpe en el cogote. ‖ fam. Hacer *caer o vencer a una persona sujetándola por el cogote.

acohombrar. tr. **Agr.* **Aporcar.**

acojinamiento. m. **Mec.* Estorbo que produce el vapor cuando se comprime entre el émbolo y la tapa del cilindro.

acojinar. tr. **Acolchar.**

acolada. f. *Beso ritual en la *francmasonería. ‖ *Abrazo que se da al que acaba de ser armado *caballero.

acolar. tr. **Blas.* Unir, juntar.

acolchar. tr. Poner *algodón u otra fibra entre dos telas que se han de *coser.

acolchar. tr. *Mar.* **Corchar.**

acolchonar. tr. **Acolchar** las telas.

acolia. f. *Pat.* Supresión de la *bilis.

acolitado. m. **Ecles.* Una de las cuatro órdenes menores.

acolitar. intr. Desempeñar las funciones de acólito.

acólito. m. *Clérigo que ha recibido la orden del acolitado. ‖ *Monacillo.

acolmillado. adj. V. **Diente acolmillado.**

acollador. m. *Mar.* *Cabo que sirve para atirantar otros más gruesos.

acollar. tr. **Agr.* Cobijar con tierra el pie de los árboles, y el tronco de las vides. ‖ **Arq. Nav.* Meter estopa en las costuras del buque. ‖ *Mar.* Halar de los acolladores. ‖ r. Cogerse por el *cuello.

acollarado, da. p. p. de **Acollarar.** ‖ adj. Se aplica a los pájaros que tienen en el cuello *plumas de color distinto que en el resto del cuerpo.

acollarar. tr. Poner *collar. ‖ Unir unos *perros a otros por sus collares. ‖ Poner collares a las caballerías.

acollo. m. Escollo.

acollonar. tr. **Acobardar.** Ú. t. c. r.

acombar. tr. **Combar.** Ú. t. c. r.

acomedido, da. adj. *Cortés, amable.

acomedirse. r. *Acceder graciosamente a hacer un servicio.

acometedor, ra. adj. Que acomete. Ú. t. c. s.

***acometer.** tr. Embestir con ímpetu. ‖ Emprender, *procurar. ‖ Dominar inesperadamente a una persona los efectos del sueño, de una enfermedad, deseo, etc. ‖ **Albañ.*, **Electr.* y **Min.* Empalmar un ramal o derivación con la cañería, línea o galería principal.

acometida. f. **Acometimiento.** ‖ Empalme de un *conducto o línea *eléctrica con la conducción general.

acometiente. p. a. de **Acometer.** Que acomete.

***acometimiento.** m. Acción y efecto de acometer. ‖ Ramal de atarjea o *cañería.

acometividad. f. Propensión a *acometer o *reñir.

acomodable. adj. Que se puede acomodar.

acomodación. f. Acción y efecto de acomodar.

acomodadamente. adv. m. Ordenadamente, del modo *conveniente. ‖ Con *comodidad.

acomodadizo, za. adj. Que a todo se *acomoda o *accede.

acomodado, da. adj. *Conveniente, apto. ‖ *Rico. ‖ Amigo de la *comodidad. ‖ Moderado en el precio; *barato.

acomodador, ra. adj. Que acomoda. ‖ m. y f. En los *teatros y otros *espectáculos, persona que indica a los concurrentes su respectivo lugar.

acomodamiento. m. Transacción, convenio o acción de *transigir en alguna cosa. ‖ *Comodidad.

***acomodar.** tr. *Ordenar, arreglar, ajustar unas cosas con otras. ‖ Aplicar, adecuar, adaptar. ‖ *Poner en sitio conveniente. Ú. t. c. r. ‖ Poner *concordia, conciliar. ‖ Dar *empleo u *ocupación. ‖ *Proveer de lo necesario. ‖ intr. Venir a uno bien alguna cosa, convenirle. ‖ r. Avenirse, *transigir.

acomodaticio, cia. adj. **Acomodadizo.**

acomodo. m. *Empleo, *ocupación.

acompañado, da. adj. fam. De mucho *tránsito. ‖ Dícese de la persona que *acompaña a otra para entender con ella en algún asunto.

acompañador, ra. adj. Que acompaña. Ú. t. c. s.

***acompañamiento.** m. Acción y efecto de acompañar o acompañarse. ‖ *Concurrencia que va acompañando a alguno. ‖ Conjunto de personas que en las representaciones *teatrales figuran y no hablan. ‖ **Mús.* Sostén armónico de una melodía principal. ‖ **Mús.* Arte de la armonía aplicado a la ejecución del bajo continuo.

acompañanta. f. Mujer que *acompaña. ‖ *Criada, aya.

acompañante. p. a. de **Acompañar.** Que acompaña. ‖ m. *Mar.* *Reloj que se usa en las observaciones astronómicas.

***acompañar.** tr. Estar o ir en compañía de otro u otros. Ú. t. c. r. ‖ fig. *Juntar una cosa a otra. ‖ **Mús.* Ejecutar el acompañamiento. Ú. t. c. r. ‖ r. Juntarse un perito, *juez o magistrado con otro u otros para algún asunto.

acompasadamente. adv. m. De manera acompasada.

acompasado, da. adj. Hecho o puesto a compás; *rítmico. ‖ fig. Que tiene por hábito *hablar, *andar o moverse con *lentitud.

acompasar. tr. **Compasar.**

acomplexionado, da. adj. **Complexionado.**

acomunarse. r. Coligarse, *confederarse.

aconchabamiento. m. **Conchabanza.**

aconchabarse. r. fam. **Conchabarse.**

aconchadillo. m. *Guisado de carne.

aconchar. tr. Arrimar a cualquiera parte una persona o cosa para *defenderla de algún riesgo. Ú. m. c. r. ‖ **Mar.* Impeler el viento o la corriente a una embarcación hacia una costa u otro paraje peligroso. Ú. t. c. r. ‖ **Mar.* Acostarse completamente sobre una banda el buque varado. ‖ Posarse las *heces de un líquido. ‖ **Taurom.* Arrimarse el toro a la barrera para defenderse. ‖

rec. **Mar.* Abordarse sin violencia dos embarcaciones.

acondicionado, da. p. p. de **Acondicionar.** ‖ Con los advs. *bien, mal* u otros semejantes, se indica el *carácter, condición o *calidad.

acondicionar. tr. Dar cierta condición o *calidad. ‖ Dar al *aire que se respira en un recinto cerrado determinadas condiciones de presión, temperatura, humedad, etc. ‖ r. Adquirir cierta condición o *calidad.

acongojadamente. adv. m. Con ánimo acongojado.

acongojar. tr. *Afligir, molestar, oprimir. Ú. t. c. r.

acónito. m. *Planta vivaz ranunculácea, que se emplea en medicina.

aconsejable. adj. Que se puede aconsejar.

aconsejador, ra. adj. Que aconseja. Ú. t. c. s.

***aconsejar.** tr. Dar *consejo. ‖ r. Tomar *consejo.

aconsonantar. intr. Ser una palabra consonante de otra. ‖ Incurrir en la *prosa en el defecto de la consonancia. ‖ tr. Emplear en el *verso una palabra como consonante de otra.

acontecedero, ra. adj. Que puede acontecer.

acontecer. intr. *Acaecer, ocurrir, sobrevenir. Ú. el infinitivo y las 3.as pers. de sing. y pl.

acontecimiento. m. ***Suceso.**

acontentar. tr. **Contentar.**

a contrariis. expr. lat. *Lóg.* V. **Argumento a contrariis.**

acopado, da. adj. De *figura de copa. ‖ *Veter.* Dícese del *casco hueco y redondeado.

acopar. intr. Formar copa las *ramas de las plantas. ‖ tr. *Podar las plantas de manera que formen buena copa. ‖ **Arq. Nav.* Hacer en una pieza la concavidad necesaria para su ajuste con otra.

acopetado, da. adj. Hecho en forma de copete.

acopiador, ra. adj. Que acopia. Ú. t. c. s.

acopiamiento. m. **Acopio.**

***acopiar.** tr. Juntar en cantidad alguna cosa.

***acopio.** m. Acción y efecto de acopiar.

acopladura. f. Acción y efecto de acoplar dos piezas.

***acoplamiento.** m. Acción y efecto de acoplar o acoplarse.

***acoplar.** tr. En carpintería y mecánica, unir o encajar entre sí dos piezas. ‖ Ajustar una pieza al sitio donde deba colocarse. ‖ Parear *caballerías o *bueyes para yunta. ‖ Juntar un par de animales para la *generación. Ú. t. c. r. ‖ *Conciliar opiniones, sentimientos o cosas. Ú. t. c. r. ‖ **Fís.* Agrupar dos aparatos para que funcionen en combinación. ‖ r. fig. y fam. Encariñarse dos personas.

acoquinamiento. m. Acción y efecto de acoquinar o acoquinarse.

acoquinar. tr. fam. Amilanar, causar *temor o *desaliento. Ú t. c. r.

acorar. tr. *Afligir. Ú. t. c. r. ‖ *Matar, descabellar, atronar. ‖ **Pat. Veg.* Enfermar las plantas por algún accidente atmosférico.

acorazado. m. **Mar. Mil.* Buque blindado y de grandes dimensiones.

acorazamiento. m. Acción y efecto de acorazar.

acorazar. tr. Revestir con planchas de acero buques de guerra, *fortificaciones u otras cosas.

acorazonado, da. adj. De *figura de corazón.

acorchado, da. adj. Dícese de lo que es fofo y *esponjoso como el corcho.

acorchamiento. m. Efecto de acorcharse.

acorcharse. r. Ponerse una cosa *esponjosa y fofa como el corcho. ‖ fig. Quedar *insensible alguna parte del cuerpo.

acordablemente. adv. m. ant. **Acordadamente.**

acordada. f. **For.* Orden o despacho que un tribunal expide para que el inferior ejecute alguna cosa. ‖ Documento de comprobación de certificaciones que una oficina de la *administración pública* envía a otra a requerimiento de ésta. ‖ **Carta acordada.** ‖ Especie de Santa Hermandad establecida en Méjico. ‖ Cárcel, *prisión.

acordadamente. adv. m. De común *acuerdo. ‖ Con *reflexión.

acordado, da. adj. Hecho con *prudencia. ‖ **Lo acordado.** loc. **For.* Referencia que se hace a una resolución reservada de carácter disciplinario.

acordamiento. m. Conformidad, *concordia.

acordar. tr. *Decidir de común acuerdo. ‖ Determinar o decidir una sola persona. ‖ Resolver, determinar una cosa antes de mandarla. ‖ *Conciliar. ‖ Traer a la *memoria. Ú. t. c. r. ‖ Hacer recobrar la *cordura. ‖ *Mús.* *Afinar los instrumentos o las voces. ‖ **Pint.* Disponer armónicamente los tonos. ‖ intr. Concordar, convenir una cosa con otra. ‖ r. Ponerse de acuerdo. ‖ **Si mal no me acuerdo.** expr. fam. Si no me engaña la *memoria.

acorde. adj. *Conforme, concorde. ‖ Conforme, correspondiente; con armonía, en consonancia. ‖ m. **Mús.* Conjunto de tres o más sonidos simultáneos, combinados armónicamente.

acordelar. tr. *Medir algún terreno con cuerda o cordel. ‖ Señalar *líneas o perímetros.

acordemente. adv. m. **Acordadamente.**

***acordeón.** m. *Instrumento músico de viento, compuesto de una cajita de madera con lengüetas de metal, unida a un fuelle.

acordonado, da. adj. Dispuesto en forma de cordón. ‖ **Cenceño.**

acordonamiento. m. Acción y efecto de acordonar o acordonarse.

acordonar. tr. *Ceñir o sujetar con un cordón. ‖ Formar el cordoncillo de las *monedas. ‖ fig. *Cercar de gente algún sitio para aislarlo, y especialmente para evitar algún *contagio.

acores. m. pl. Enfermedad de la *piel, que los niños suelen padecer en la cabeza y la cara.

acornar. m. **Acornear.**

acorneador, ra. adj. Que acornea.

acornear. tr. Dar cornadas.

ácoro. m. *Planta aroidea. ‖ **bastardo** o **palustre,** o **falso ácoro.** *Planta irídea.

acorralamiento. m. Acción y efecto de acorralar o acorralarse.

acorralar. tr. Encerrar o meter los *ganados en el corral. Ú. t. c. r. ‖ fig. *Encerrar a uno dentro de estrechos límites. ‖ fig. Dejar a alguno confundido; *vencerle en la disputa sin tener qué responder. ‖ fig. Causar *temor, acobardar. ‖ r. *Germ.* Buscar un *escondrijo o *asilo, huyendo de la justicia.

acorrer. tr. **Socorrer.** ‖ intr. Pedir *protección. ‖ r. Refugiarse, *acogerse.

acorrimiento. m. *Socorro, amparo, asilo.

acorro. m. **Socorro.**

acorrucarse. r. **Acurrucarse.**

acortamiento. m. Acción y efecto de *acortar o acortarse. ‖ **Astr.* Diferencia entre la distancia real de un planeta al Sol o a la Tierra, y la misma distancia proyectada sobre el plano de la Eclíptica.

***acortar.** tr. Disminuir la longitud, duración o cantidad de alguna cosa. Ú. t. c. intr. y c. r. ‖ r. fig. Quedarse *escaso en lo que se hace o dice. ‖ **Equit.* Encogerse el caballo.

acorullar. tr. *Mar.* Meter los *remos bajo crujía.

acorvar. tr. **Encorvar.**

acorzar tr. **Acortar.**

acosador, ra. adj. Que acosa. Ú. t. c. s.

acosamiento. m. Acción y efecto de acosar.

***acosar.** tr. *Perseguir sin tregua a un animal o a una persona. ‖ fig. Perseguir, *importunar.

acosijar. tr. *Acosar.

acosmismo. m. Doctrina *filosófica que niega la existencia del mundo sensible.

acoso. m. Acción de acosar. ‖ *Importunación.

acostado, da. p. p. de **Acostar.** ‖ adj. **Blas.* Dícese de la pieza puesta al lado de otra pieza, o de la que siendo ordinariamente vertical se halla colocada horizontalmente.

acostamiento. m. Acción de acostar o acostarse.

acostamiento. m. **Estipendio.** ‖ *Protección.

acostar. tr. Echar o *tender a alguno para que *duerma o descanse. Ú. m. c. r. ‖ Arrimar o *acercar. Ú. t. c. r. ‖ **Mar.* Arrimar el costado de una embarcación a alguna parte. Ú. m. c. r. ‖ intr. Ladearse, *inclinarse hacia un lado un *edificio u otra cosa. Ú. t. c. r. ‖ *Parir. ‖ Llegar a la costa. ‖ r. fig. *Adherirse.

acostumbradamente. adv. m. Según costumbre.

***acostumbrar.** tr. Hacer adquirir costumbre. Ú. t. c. r. ‖ intr. Tener *costumbre.

acotación. f. **Acotamiento.**

acotación. f. Acción y efecto de acotar o anotar. ‖ *Apuntación que se pone en la margen de algún escrito. ‖ Cada una de las notas que se ponen en la obra *teatral, relativas a la acción de los personajes y al servicio de la escena. ‖ **Topogr.* **Cota.**

acotada. f. Terreno cercado que se destina a la *siembra de los árboles que deben plantar los vecinos.

acotamiento. m. Acción y efecto de acotar, o poner cotos.

acotar. tr. Poner cotos, señalar los *límites con ellos. ‖ Fijar o *determinar. ‖ Reservar el uso y aprovechamiento de un terreno por medio de cotos puestos en sus *lindes. ‖ *Podar un árbol cortándole todas las ramas por la cruz. ‖ r. Ponerse en *salvo o en lugar seguro.

acotar. tr. Poner acotaciones o *notas a un escrito. ‖ Aceptar o *admitir alguna cosa en los términos en que se ofrece. ‖ fam. *Tomar o *elegir para sí alguna cosa. ‖ fam. Atestiguar, *certificar sobre la fe de un tercero o de un escrito o libro. ‖ **Topogr.* Poner números o cotas.

acotiledón. adj. **Bot.* **Acotiledóneo.** Ú. t. c. s. m. ‖ m. pl. *Bot.* **Acotiledóneas.**

acotiledóneo, a. adj. **Bot.* Dícese de las plantas que no tienen cotiledones; como las algas y los musgos.

Ú. t. c. s. f. ‖ f. pl. *Bot.* Uno de los dos grandes tipos en que se divide el reino vegetal.
acotillo. m. *Martillo grueso que usan los herreros.
acoto. m. *Abono animal en terreno sembrado.
acotolar. tr. Aniquilar, *destruir con alguna cosa.
acoyundar. tr. Poner a los bueyes la coyunda o *yugo.
acoyuntar. tr. Reunir dos labradores caballerías que tienen de non, para formar yunta y hacer a medias la *labranza.
acoyuntero. m. Cada uno de los labradores que acoyuntan.
acracia. f. Doctrina *política basada en la supresión de la autoridad.
ácrata. adj. *Polít.* Partidario de la supresión de toda autoridad. Ú. t. c. s.
acre. m. Medida inglesa de *superficie, equivalente a 40 áreas y 47 centiáreas.
***acre.** adj. Áspero y picante al gusto y al olfato. ‖ fig. Áspero, *desabrido. ‖ *Med.* Aplícase al calor *febril acompañado de picor.
acrecencia. f. **Acrecentamiento.** ‖ **Derecho de acrecer.** ‖ *For.* *Bienes adquiridos por tal derecho.
acrecentador, ra. adj. Que acrecienta.
acrecentamiento. m. Acción y efecto de acrecentar.
acrecentante. p. a. de **Acrecentar.** Que acrecienta.
acrecentar. tr. ***Aumentar.** Ú. t. c. r. ‖ Hacer que uno adelante en *empleo, o *mejorar su situación de cualquier modo.
acrecer. tr. **Aumentar.** Ú. t. c. r. ‖ intr. *For.* Percibir el aumento que, por exclusión de algún partícipe, *adquieren los demás. Ú. t. c. r.
acrecimiento. m. Acción y efecto de acrecer. ‖ **Acrecencia.**
acreditado, da. adj. De crédito o *fama.
***acreditar.** tr. Hacer digna de crédito alguna cosa, *probarla. Ú. t. c. r. ‖ → *Afamar, dar crédito o reputación. Ú. t. c. r. ‖ *Confirmar que alguna persona o cosa es lo que representa o parece. ‖ Dar testimonio en documento fehaciente de la *delegación de facultades que se hace en una persona. ‖ *Com.* **Abonar** en *cuenta.
***acreedor, ra.** adj. Que tiene acción o derecho a pedir el pago de una deuda o el cumplimiento de alguna obligación. Ú. m. c. s. ‖ Que tiene *mérito para obtener alguna cosa.
acremente. adv. m. Ásperamente, agriamente.
acrianzado, da. adj. Criado o educado.
acribador, ra. adj. Que acriba. Apl. a pers., ú t. c. s.
acribadura. f. Acción y efecto de acribar. ‖ pl. **Ahechaduras.**
acribar. tr. **Cribar.** ‖ fig. **Acribillar.** Ú. t. c. r.
acribillar. tr. Abrir muchos *agujeros en alguna cosa. ‖ Hacer muchas *heridas o picaduras. ‖ fig. y fam. Molestar, *importunar.
acriminación. f. Acción de acriminar.
acriminador, ra. adj. Que acrimina. Ú. t. c. s.
acriminar. tr. *Acusar de algún crimen o delito. ‖ Imputar.
acrimonia. f. Calidad de acre. ‖ fig. Calidad de *mordaz.
acriollarse. r. Contraer un extranjero los usos y *costumbres del *país.
acrisoladamente. adv. m. De manera acrisolada.
acrisolar. tr. Depurar, *purificar en el crisol el oro u otros *metales. ‖ fig. Purificar, *perfeccionar. ‖ fig. Aclarar una cosa por medio de testimonios o *pruebas. Ú. t. c. r.
acristianado, da. adj. ant. Decíase del que se emplea en obras o ejercicios propios de cristiano.
acristianar. tr. fam. Hacer cristiano. ‖ fam. **Bautizar.**
acritud. f. **Acrimonia.**
acroamático, ca. adj. Aplícase al modo de *enseñar por medio de narraciones, explicaciones o discursos.
***acrobacia.** f. **Acrobatismo.** ‖ Cualquiera de las evoluciones espectaculares que se hacen con un *avión.
***acróbata.** com. Persona que baila o hace habilidades sobre cuerdas o alambres al aire. ‖ Volatinero; *gimnasta.
***acrobático, ca.** adj. Que sirve para facilitar la *subida. ‖ → Concerniente al *acróbata.
acrobatismo. m. Conjunto de habilidades propias de los *acróbatas.
acromático, ca. adj. **Ópt.* Dícese del cristal o del instrumento óptico que presenta las imágenes sin descomponer la luz.
acromatismo. m. **Ópt.* Calidad de acromático.
acromatizar. tr. Corregir el cromatismo de los *lentes y espejos.
acromatopsia. f. *Med.* **Daltonismo.**
acromial. adj. *Zool.* Perteneciente o relativo al acromion.
acromiano, na. adj. *Zool.* **Acromial.**
acromio. m. *Zool.* **Acromion.**
acromion. m. Parte más elevada del omóplato (*hueso), articulada con la clavícula.
acrónico, ca. adj. **Astr.* Se dice del astro que nace al ponerse el Sol, o se pone cuando éste sale. ‖ Dícese también del orto u ocaso del mismo astro.
acropodio. m. *Basa de una estatua.
acrópolis. f. El sitio más alto y con *fortificaciones en las *ciudades antiguas.
acróstico, ca. adj. Aplícase a la composición *poética cuyas letras iniciales, medias o finales de los versos forman un vocablo o una frase. Ú. t. c. s. m.
acrostolio. m. *Mar.* Espolón de las *embarcaciones antiguas. ‖ Adorno en la proa de las naves.
acrotera. f. *Arq.* Cualquiera de los pedestales que sirven de *remate en los frontones.
acroterio. m. *Arq.* Pretil o *antepecho que se hace sobre los cornisamentos para ocultar el *tejado.
acroy. m. Gentilhombre de la casa *real de Borgoña.
acta. f. *Narración o reseña escrita de lo sucedido en una *junta. ‖ *Certificación en que consta el resultado de la *elección de una persona para ciertos cargos. ‖ pl. Tratándose de un *mártir, hechos de su vida referidos en *historia coetánea y debidamente autorizada. ‖ **Acta notarial.** Relación fehaciente que extiende el *notario. ‖ **Levantar acta.** fr. Extenderla.
actea. f. **Yezgo.**
actinia. f. **Zool.* Género de pólipos. ‖ Estrellamar.
actínico, ca. adj. Perteneciente al actinismo.
actinismo. m. Acción *química de la *luz.
actinomancia. f. *Adivinación por medio de las estrellas.
actinometría. f. *Fís.* Parte de la física que estudia la acción *química de la *luz.
actinométrico, ca. adj. *Ópt.* Perteneciente o relativo al actinómetro.
actinómetro. m. *Ópt.* Instrumento para medir la intensidad de las radiaciones *luminosas y especialmente las solares.
actinomiceto. m. *Bacteria que produce la actinomicosis.
actinomicosis. f. **Veter.* Enfermedad de la raza bovina.
actinota. f. **Miner.* Anfíbol de color verde claro.
actitar. tr. **Tramitar.** ‖ intr. Actuar como *notario o escribano.
***actitud.** f. Postura del cuerpo humano. ‖ Postura de un animal. ‖ fig. *Disposición de ánimo.
activamente. adv. m. Con actividad o eficacia. ‖ **Gram.* En sentido activo.
activar. tr. Avivar, *excitar, *acelerar.
actividad. f. *Facultad de obrar. ‖ *Diligencia. ‖ *Prontitud en el obrar. ‖ pl. Conjunto de operaciones o *trabajos propios de una persona o entidad. ‖ **En actividad.** loc. adv. En acción.
activo, va. adj. Que obra o tiene virtud de obrar. ‖ *Diligente y eficaz. ‖ Que obra con *prontitud. ‖ Dícese del *empleado mientras presta servicio. ‖ **Gram.* Que denota acción en sentido gramatical. ‖ m. **Cont.* Importe total del haber de una persona natural o jurídica.
acto. m. Hecho o *acción. ‖ Hecho *público. ‖ Cada uno de los ejercicios literarios que servían de prueba en las *universidades. ‖ Cada una de las partes principales en que se dividen las obras *teatrales. ‖ Medida romana de *longitud (36 metros). ‖ pl. Actas de un concilio. ‖ **Acto cuadrado.** Medida *superficial romana que tenía 30 **actos** mínimos. ‖ **de conciliación.** Comparecencia de las partes desavenidas ante el juez municipal, para ver si pueden excusar el litigio. ‖ **de contrición.** *Arrepentimiento de haber ofendido a Dios, sólo por ser quien es. ‖ Fórmula con que se expresa este dolor. ‖ **de posesión.** Ejercicio o uso de ella. ‖ **de *presencia.** Asistencia breve y formularia a una reunión o ceremonia. ‖ **humano.** **Teol.* El que procede de la voluntad libre con advertencia del bien o mal que se hace. ‖ **mínimo.** Medida *superficial romana que tenía un **acto** de largo y cuatro pies de ancho. ‖ **Actos de los apóstoles.** Libro de la *Biblia, que contiene la historia de la fundación de la Iglesia y de su propagación por los apóstoles. ‖ **positivos.** Hechos que califican la virtud o *nobleza de alguna persona o familia. ‖ **Acto continuo,** o **seguido.** locs. advs. Inmediatamente *después. ‖ **En acto.** m. adv. En postura, en *actitud de hacer alguna cosa. ‖ **En el acto.** m. adv. **En seguida.**
***actor.** m. El que representa en el *teatro. ‖ **For.* Demandante o querellante.
actora. adj. **For.* V. **Parte actora.** ‖ f. *Mujer que demanda en juicio.
actriz. f. Mujer que representa en el *teatro.
actuación. f. Acción y efecto de actuar. ‖ pl. **For.* Autos o diligencias de un procedimiento.
actuado, da. adj. *Acostumbrado.
***actual.** adj. **Presente.** ‖ Que existe, sucede o se usa en el tiempo de que se habla. ‖ *Efectivo, real.
***actualidad.** f. Tiempo presente. ‖ Cosa o *suceso que atrae la *atención de las gentes.
actualizar. tr. Dar *actualidad a una cosa.
actualmente. adv. t. En el tiempo

presente. || adv. m. Real y verdaderamente.
actuante. p. a. de **Actuar.** Que actúa, y especialmente que actúa en unas *oposiciones. Ú. t. c. s.
***actuar.** tr. Poner en *acción. Ú. t. c. r. || intr. Ejercer una cosa actos propios de su naturaleza. || Ejercer funciones propias de su *empleo u oficio. || En las *universidades, defender conclusiones públicas. || Practicar los ejercicios en *concursos u oposiciones. || **For.* Formar autos.
actuaria. adj. *Mar.* *Embarcación ligera, que usaban los romanos.
actuarial. adj. Perteneciente al actuario de *seguros o a sus funciones.
actuario. m. **For.* Auxiliar judicial que da fe en los autos procesales. || **de *seguros.** Persona versada en los cálculos matemáticos y estadísticos concernientes a los seguros.
actuosidad. f. Cualidad de actuoso.
actuoso, sa. adj. ant. *Diligente, *cuidadoso.
acuadrillar. tr. *Juntar en cuadrilla. Ú. t. c. r. || *Mandar una cuadrilla.
acuafortista. com. Que *graba al agua fuerte.
acuantiar. tr. Fijar o determinar una *cantidad.
acuarela. f. *Pintura con colores transparentes diluidos en agua.
acuarelista. com. *Pintor de acuarelas.
acuario. m. Depósito de agua donde se tienen vivos *animales o *vegetales acuáticos.
acuario. m. *Astr.* Undécimo signo del *Zodiaco. || *Constelación zodiacal.
acuartelado, da. adj. *Blas.* V. **Escudo acuartelado.**
acuartelamiento. m. Acción y efecto de *acuartelar o acuartelarse. || Lugar donde se acuartela.
***acuartelar.** tr. Poner la tropa en cuarteles. Ú. t. c. r. || *Dividir un terreno en cuarteles. || *Mar.* Presentar más al viento la superficie de una *vela. || *Mil.* Retener a la *tropa en el cuartel para fines de orden público.
acuartillar. tr. Doblar con exceso las *caballerías las cuartillas.
acuático, ca. adj. Que vive en el *agua.
acuátil. adj. **Acuático.**
acuatinta. f. *Grabado que imita el dibujo a la aguada.
acubado, da. adj. De figura de cubo o de *cuba.
acubilar. tr. Recoger el *ganado en el cubil.
acucia. f. *Diligencia, *prisa. || *Deseo, anhelo.
acuciadamente. adv. m. **Acuciosamente.**
acuciador, ra. adj. Que acucia. Ú. t. c. s.
acuciamiento. m. Acción de acuciar.
acuciar. tr. *Incitar, *apremiar. || *Desear con vehemencia.
acuciosamente. adv. m. Con *diligencia o prisa. || Con *deseo vehemente.
acucioso, sa. adj. *Diligente, solícito. || Movido por un *deseo vehemente.
acuclillarse. f. Ponerse en cuclillas.
acuchar. tr. Abrigar, *proteger.
acucharado, da. adj. De figura parecida a la pala de una *cuchara.
acuchilladizo. m. Esgrimidor.
acuchillado, da. adj. fig. Dícese del que, a fuerza de trabajos y escarmientos, ha adquirido *experiencia de la vida. || fig. **Indum.* Que tiene aberturas semejantes a cuchilladas, bajo las cuales se ve otra tela.
acuchillador, ra. adj. Que acuchilla. Ú. t. c. s. || ***Pendenciero.** Ú. t. c. s. || m. El que tiene por oficio acuchillar *suelos de madera.
acuchillar. tr. Dar cuchilladas. || *Matar a cuchillo. || *Alisar o *raspar con cuchillas los pisos o los muebles de madera. || fig. **Indum.* Hacer aberturas, especialmente en las mangas, para que se vea debajo otra tela de distinto color. || rec. *Reñir con espadas o darse de cuchilladas.
acudiciarse. r. ant. *Aficionarse con vehemencia.
acudidero. m. Cosa que exige *urgente arreglo. || Lugar adonde suelen acudir y *reunirse determinadas personas y animales.
acudir. intr. *Ir uno a un sitio determinado de antemano. || Ir en *socorro de alguno. || Ir o asistir con *frecuencia a alguna parte. || Recurrir a alguno, *acogerse a su protección. || *Responder con prontitud. || *Producir frutos la tierra. || **Equit.* Obedecer el caballo.
acueducto. m. *Conducto artificial por donde va el agua a una población.
ácueo, a. adj. De agua. || De la naturaleza del *agua.
acuerdado, da. adj. Tirado a cordel.
***acuerdo.** m. *Decisión que se toma en los tribunales, o en cualquier junta o asamblea. || Resolución de una sola persona. || *Reflexión y prudencia para decidir. || *Conocimiento de alguna cosa. || Parecer, *opinión, consejo. || Recuerdo o *memoria. || **Pint.* Armonía del colorido. || **De acuerdo.** m. adv. De conformidad. || **Estar** uno **en** su **acuerdo,** o **fuera de** él. fr. Estar *cuerdo o *loco. || **Volver** uno **en** su **acuerdo.** fr. Volver en sí; recobrar la *sensibilidad.
acuilmarse. r. *Afligirse.
acuitadamente. adv. m. Con cuita.
acuitamiento. m. ant. **Cuita.**
acuitar. tr. Poner en *dificultad; *afligir. Ú. t. c. r.
acujera. f. Lazo para *cazar pajarillos.
ácula. f. **Quijones.**
aculado, da. adj. **Blas.* Dícese del caballo levantado del cuarto delantero y sentado con las patas encogidas.
acular. tr. Hacer que un animal, un *carro, etc., quede arrimado por detrás a alguna parte. Ú. t. c. r. || fam. **Arrinconar.** Ú. m. c. r. || r. **Mar.* Acercarse la nave a un bajo, o tocar en él en un movimiento de retroceso.
aculebrar. tr. Sujetar una *vela a su palo. || r. Quedar el *trigo sin germinar por falta de humedad.
aculebrinado, da. adj. *Artill.* Aplícase al *cañón parecido a la culebrina.
acullá. adv. l. En *lugar distante del que habla.
acullir. tr. ant. *Acoger, albergar.
acumen. m. ant. Agudeza, *ingenio.
acuminado, da. adj. Que termina en *punta.
acumíneo, a. adj. Acuminado.
acumulación. f. Acción y efecto de *acumular.
acumulador, ra. adj. Que acumula. Ú. t. c. s. || m. **Mec.* Aparato que sirve para almacenar el trabajo de una máquina. || Aparato que recibe *electricidad de un generador y la conserva para poder consumirla luego a voluntad.
***acumular.** tr. Juntar y amontonar. || *Imputar alguna culpa. || **For.* Unir unos autos a otros.
acumulativa. adj. *For.* V. **Jurisdicción acumulativa.**
acumulativamente. adv. m. *For.* Con acumulación. || *For.* **A prevención.**
acunar. tr. **Cunear,** *mecer.
acuñación. f. Acción y efecto de acuñar.
acuñador, ra. adj. Que acuña. Ú. t. c. s.
acuñar. tr. Troquelar las *monedas y medallas.
acuñar. tr. Meter *cuñas.
acuosidad. f. Calidad de acuoso.
***acuoso, sa.** adj. Abundante en *agua. || Parecido a ella. || De agua o relativo a ella. || *Jugoso.
acupuntura. f. **Cir.* Operación que consiste en clavar agujas en el cuerpo humano, para curar ciertas enfermedades.
acure. m. **Conejillo de Indias.**
acurrarse. r. Imitar la *pronunciación de los andaluces.
acurrucarse. r. *Encogerse, hacerse un ovillo.
acusable. adj. Que puede ser acusado.
***acusación.** f. Acción de acusar o acusarse. || **For.* Escrito en que se acusa.
acusado, da. m. y f. Persona a quien se acusa.
***acusador, ra.** adj. Que acusa. Apl. a pers., ú t. c. s.
acusante. p. a. de **Acusar.** Que acusa.
***acusar.** tr. Imputar a uno algún delito, culpa, vicio u otra cosa vituperable. || Denunciar, delatar. Ú. t. c. r. || *Censurar. || Avisar el recibo de una *carta o comunicación. || En los juegos de *naipes, avisar el jugador que posee ciertas cartas para que se le cuenten los tantos convenidos. || **For.* Resumir en el juicio los cargos contra el acusado y las pruebas de los mismos.
acusativo. m. **Gram.* Uno de los casos de la declinación.
acusatorio, ria. adj. **For.* Perteneciente o relativo a la acusación.
acuse. m. Acción y efecto de acusar recibo o de acusar en los juegos de *naipes. || Cada uno de los naipes que en el juego sirven para acusar.
acusete. m. Acusón, soplón.
acusica. m. Acusón, soplón.
acusón, na. adj. fam. Que tiene el vicio de *acusar. Ú. t. c. s.
***acústica.** f. Parte de la física que estudia la formación y propagación del *sonido.
acústico, ca. adj. Perteneciente o relativo al *oído. || Perteneciente o relativo a la acústica.
acutángulo. adj. *Geom.* Que tiene *ángulos agudos.
acutí. m. **Acure.**
achacadizo, za. adj ant. Simulado, *fingido.
achacar. tr. *Atribuir, *imputar.
achacosamente. adv. m. Con achaques, con poca salud.
achacoso, sa. adj. Que padece *enfermedad habitual. || Indispuesto o *enfermo levemente.
achachay. m. *Juego de muchachos.
achaflanadura. f. Acción y efecto de achaflanar.
***achaflanar.** m. **Chaflanar.**
achajuanarse. r. **Veter.* Sofocarse las caballerías cuando hace demasiado calor.
achantarse. r. fam. *Ocultarse para evitar un peligro. || Aguantar con *paciencia.
achaparrado, da. adj. fig. Aplícase a la persona *baja y *gruesa.
achaparrarse. r. Tomar un *árbol la forma de chaparro.
achaque. m. Indisposición o *enfermedad habitual. || fam. *Menstruo. || fig. *Preñez de la mujer. || *Asunto

o materia. ‖ fig. Excusa o *pretexto. ‖ fig. *Vicio. ‖ fig. *Acusación o denuncia que se hace con el fin de intimidar al acusado y sacarle dinero. ‖ *For.* *Multa.
achaquero. m. *Juez de la Mesta, que imponía multas contra los que quebrantaban los privilegios de los *ganados trashumantes.
achaquiento, ta. adj. **Achacoso.**
acharado, da. adj. *Celoso.
acharar. tr. Abroncar. ‖ r. Azararse.
achares. m. pl. *Celos.
acharolado, da. adj. Semejante al charol.
acharolar. tr. **Charolar.**
achatamiento. m. Acción y efecto de achatar o achatarse.
achatar. tr. Poner chata o *aplastada alguna cosa. Ú. t. c. r.
achicado, da. adj. **Aniñado.**
achicador, ra. adj. Que achica. Ú. t. c. s. ‖ m. *Mar.* Especie de *pala o cucharón de madera que sirve para achicar el agua.
achicadura. f. Acción y efecto de achicar o achicarse.
achicamiento. m. **Achicadura.**
***achicar.** tr. Amenguar el tamaño de alguna cosa. Ú. t. c. r. ‖ *Desaguar una mina, embarcación, etc. ‖ fig. *Humillar. Ú. t. c. r.
achicoria. f. *Planta compuesta, de hojas comestibles. La infusión se usa como remedio tónico aperitivo, y la raíz de algunas variedades se emplea como sucedáneo del *café.
achicharradero. m. Lugar en que hace mucho *calor.
achicharrar. tr. *Freír, cocer, asar o *tostar demasiado un manjar. Ú. t. c. r. ‖ fig. *Calentar demasiado. Ú. t. c. r. ‖ fig. *Importunar.
achichinque. m. Operario que trabaja en el desagüe de las *minas. ‖ Dependiente que acompaña a un superior.
achiguarse. r. *Encorvarse una cosa. ‖ Echar mucho *vientre una persona.
achinar. tr. fam. **Acochinar.** Ú. t. c. r.
achinelado, da. adj. De figura de chinela.
achinero. m. Buhonero.
achiote. m. **Bija.**
achique. m. Acción y efecto de achicar o *desaguar.
achiquitar. tr. Achicar.
achira. f. *Planta alismácea. ‖ *Planta cannácea, de raíz comestible. ‖ **Cañacoro.**
achispar. tr. Poner casi *ebria a una persona. Ú. t. c. r.
achitabla. f. Especie de romaza.
acho. m. **Hacho,** lugar elevado.
achocadura. f. Acción y efecto de achocar.
achocar. tr. *Arrojar alguna persona contra la pared. ‖ *Herir con palo, piedra, etc. ‖ fig. y fam. *Guardar dinero, *ahorrar.
achocharse. r. fam. Comenzar a chochear.
acholado, da. adj. Dícese de la persona que tiene la *tez del color del cholo.
acholar. tr. Correr, *avergonzar. Ú. t. c. r.
achote. m. **Achiote.**
achubascarse. r. Cargarse la atmósfera de *nubes.
achucuyarse. r. Abatirse, *desanimarse.
achuchar. tr. fam. *Aplastar, *comprimir con fuerza. ‖ fam. *Empujar a una persona contra algo.
achuchar. tr. **Azuzar.**
achucharrar. tr. **Achuchar.** ‖ r. Encogerse, *acobardarse.
achuchón. m. fam. Acción y efecto de achuchar.
achulado, da. adj. fam. Que tiene aire o modales de chulo.
achulaparse. r. **Achularse.**
achularse. r. Adquirir modales de chulo.
achune. f. **Ortiga.**
achupalla. f. *Planta bromeliácea, de cuyos tallos se hace una horchata muy agradable.
achura. f. **Carnic.* Despojos del animal vacuno, lanar o cabrío.
achurador. m. El que achura.
achurar. tr. Quitar las achuras a la res.
ad. *prep. inseparable; sólo se usa aislada en locuciones latinas: AD *hoc;* AD *líbitum,* etc.
adacilla. f. Planta, variedad de la adaza o *zahína.
adafina. f. **Culin.* Olla que los *hebreos dejan sobre un rescoldo el viernes por la noche para comerla el sábado.
adagio. m. *Máxima, proverbio, refrán.
adagio. adv. m. **Mús.* Con movimiento lento. ‖ m. *Mús.* Composición musical que se ejecuta con este movimiento.
adaguar. intr. *Beber el *ganado.
adala. f. *Mar.* **Dala.**
adalid. m. *Caudillo. ‖ fig. *Jefe o individuo muy principal de algún partido, corporación o escuela. ‖ **mayor.** Empleo o cargo de la milicia antigua española, que correspondía a lo que hoy se dice jefe de estado mayor general.
adamado, da. adj. Aplícase al hombre *afeminado. ‖ Fino, *elegante. ‖ Dícese de la *mujer vulgar que parece una dama.
adamadura. f. Fineza o prenda de *amor.
adamante. m. ant. **Diamante.**
adamantino, na. adj. **Diamantino.** Ú. m. en poesía.
adamar. tr. *Amar con vehemencia.
adamarse. r. Afeminarse.
adamascado, da. adj. Parecido al damasco.
adamascar. tr. Hacer en los *tejidos labores que imiten el damasco.
adamismo. m. Doctrina y *secta de los adamitas.
adamita. adj. Dícese de ciertos *herejes que celebraban sus congregaciones *desnudos y practicaban la poligamia. Ú. m. c. s. y en pl. ‖ Perteneciente o relativo a estos herejes.
adán. m. fig. y fam. Hombre *desaliñado y *sucio. ‖ fig. y fam. Hombre *descuidado e *indiferente.
adanismo. m. **Adamismo.**
adaptable. adj. Capaz de ser adaptado.
adaptación. f. Acción y efecto de adaptar o adaptarse.
adaptadamente. adv. m. **Acomodadamente.**
adaptante. p. a. de **Adaptar.** Que adapta.
adaptar. tr. *Acomodar. Ú. t. c. r. ‖ r. fig. Dicho de personas, *acomodarse a las circunstancias.
adaraja. f. *Arq.* **Diente,** pieza *saliente que se deja en una pared.
adarce. m. Costra salina que las aguas del *mar forman en los objetos que mojan.
adardear. tr. p. us. *Herir con dardo.
adarga. f. *Escudo de cuero.
adargar. tr. Cubrir con la adarga. Ú. t. c. r. ‖ fig. *Defender, proteger. Ú. t. c. r.
adarguero. m. El que hacía adargas. ‖ El que usaba adarga.
adarme. m. *Peso que tiene tres tomines y equivale a 179 centigramos. ‖ fig. Cantidad muy *escasa. ‖ **Por adarmes.** m. adv. fig. Con *escasez o *mezquindad.
adarvar. tr. Pasmar, *aturdir. Ú. t. c. r.
adarve. m. Camino detrás del parapeto y en lo alto de una *fortificación. ‖ Muro de una fortaleza.
adatar. tr. **Datar,** una *cuenta. Ú. m. c. r.
adaza. f. **Zahína.**
ad calendas graecas. exp. adv. lat. *Nunca.
addenda. m. pl. *Adiciones a una obra escrita.
adecenamiento. m. Acción de adecenar.
adecenar. tr. *Ordenar por decenas.
adecentar. tr. Poner decente; *adornar. Ú. m. c. r.
adecuación. f. Acción de adecuar o adecuarse.
adecuadamente. adv. m. A propósito, con oportunidad.
adecuado, da. adj. *Conveniente o conforme a las circunstancias.
adecuar. tr. *Acomodar una cosa a otra. Ú. t. c. r.
adecuja. f. *Vasija usada por los moriscos.
adefagia. f. *Zool.* Voracidad.
adéfago, ga. adj. *Zool.* **Voraz.**
adefera. f. *Azulejo cuadrado.
adefesio. m. fam. Despropósito, *disparate, *extravagancia. Ú. m. en pl. ‖ fam. *Vestidura ridícula y extravagante. ‖ fam. Persona de exterior *ridículo.
adefina. f. **Adafina.**
adehala. f. Lo que por *donación o convenio se añade al *precio convenido. ‖ Gajes; *propina.
adehesamiento. m. Acción y efecto de adehesar o adehesarse.
adehesar. tr. Hacer dehesa alguna tierra.
adelantadamente. adv. t. **Anticipadamente.**
adelantado, da. adj. ***Precoz.** ‖ *Excelente, *superior. ‖ fig. *Atrevido, *irrespetuoso. ‖ m. En lo antiguo, *gobernador de una provincia fronteriza, presidente o justicia mayor del reino o capitán general. ‖ **de la corte** o **del rey.** *Magistrado que oía las alzadas hechas ante el rey. ‖ **de mar.** Persona a quien se confiaba el mando de una *armada. ‖ **Por adelantado.** m. adv. **Anticipadamente.**
adelantador, ra. adj. Que adelanta.
***adelantamiento.** m. Acción y efecto de adelantar o adelantarse. ‖ *Dignidad de adelantado. ‖ *Territorio de su jurisdicción. ‖ fig. Ventaja, *mejora.
***adelantar.** tr. Mover hacia adelante. Ú. t. c. r. ‖ *Acelerar. ‖ **Anticipar.** ‖ Ganar la delantera a alguno *andando o *corriendo. ‖ Correr las agujas del *reloj. ‖ fig. Aumentar, *mejorar. ‖ fig. Añadir. *inventar. ‖ fig. *Aventajar a alguno. Ú. t. c. r. ‖ Poner *delante. ‖ intr. Andar el *reloj con más velocidad que la debida. ‖ Progresar en estudios, desarrollo físico, etc.
adelante. adv. l. Más allá. ‖ Siguiendo una dirección o camino. ‖ adv. t. Con algunas prep. o adv. denota tiempo *futuro. ‖ **¡Adelante!** interj. que se usa para ordenar o permitir que alguien *entre en alguna parte o para que *continúe haciendo alguna cosa.
adelanto. m. **Anticipo.** ‖ **Adelantamiento.**
adelfa. f. *Arbusto apocináceo, de hojas semejantes a las del laurel. Es venenoso.
adelfal. m. Sitio poblado de adelfas.

adelfilla. f. *Arbusto o mata timeleácea.
adelgazador, ra. adj. Que sirve para adelgazar.
adelgazamiento. m. Acción y efecto de adelgazar o adelgazarse.
***adelgazar.** tr. Poner delgada a una persona o cosa. Ú. t. c. r. ‖ fig. *Purificar, depurar. ‖ fig. *Discurrir con sutileza. ‖ intr. Ponerse delgado, enflaquecer.
adeliñar. tr. Componer, *adornar. ‖ intr. *Ir, dirigirse, encaminarse.
adema. f. *Min.* **Ademe.**
ademador. m. *Min.* Operario que hace o pone ademes.
***ademán.** m. Movimiento o actitud del cuerpo. ‖ pl. **Modales.**
ademar. tr. *Min.* Poner ademes.
***además.** adv. c. A más de esto o aquello.
ademe. m. **Min.* *Madero que sirve para entibar. ‖ *Min.* Cubierta o forro de madera con que se aseguran las obras en los trabajos subterráneos.
adenia. f. *Pat.* Hipertrofia simple de los *ganglios linfáticos.
adenitis. f. *Pat.* Inflamación de las *glándulas o de los ganglios linfáticos.
adenoideo, a. adj. Que tiene un aspecto o tejido parecido al de las *glándulas.
adenología. f. Parte de la anatomía, que trata de las *glándulas.
adenoma. m. *Pat.* *Tumor de estructura semejante a la de las glándulas.
adenopatía. f. Enfermedad de los *ganglios linfáticos.
adenosis. f. Enfermedad de las *glándulas.
adenoso, sa. adj. desus. **Glanduloso.**
adensar. tr. p. us. **Condensar.**
adentellar. tr. Hincar los *dientes. ‖ p. us. fig. ***Morder.** ‖ **Albañ.* Dejar en una pared dientes o adarajas.
adentrar. intr. Profundizar en el *examen de un asunto. ‖ r. Penetrar en lo *interior de una cosa.
adentro. adv. l. A, o en lo *interior. ‖ m. pl. Lo interior del *alma. ‖ **¡Adentro!** interj. que se usa para ordenar o invitar a una o varias personas a que *entren. ‖ **Ser** uno **muy de adentro.** fr. Tener mucha *confianza en alguna casa.
***adepto, ta.** adj. Iniciado en la *alquimia. Ú. t. c. s. ‖ Por ext., afiliado en alguna *secta o asociación. Ú. t. c. s. ‖ →Partidario de alguna persona o idea. Ú. t. c. s.
aderezamiento. m. **Aderezo,** *adorno.
aderezar. Componer, *adornar. Ú. t. c. r. ‖ ***Guisar.** ‖ *Condimentar los manjares. ‖ *Preparar. ‖ Remendar o *reparar. ‖ Mejorar por medio de ingredientes los *vinos y *licores. ‖ Dar apresto a los *tejidos. ‖ Guiar, dirigir.
aderezo. m. Acción y efecto de aderezar o aderezarse. ‖ Aquello con que se adereza. ‖ *Provisión de lo necesario para alguna cosa. ‖ Juego de *joyas de mujer. ‖ *Arreos para ornato del caballo. ‖ Guarnición de ciertas *armas blancas*. ‖ Remates de la *vaina. ‖ **Medio aderezo.** Juego de *joyas que sólo se compone de un broche y *aretes.
aderra. f. *Cuerda o soga con que se aprieta el orujo.
aderredor. adv. l. ant. **Alrededor.**
adestrado, da. adj. **Blas.* Dícese del escudo que en el lado diestro tiene alguna partición.
adestrador, ra. adj. **Adiestrador.** Ú. t. c. s.
adestramiento. m. **Adiestramiento.**
adestrar. tr. **Adiestrar.**
adeudado, da. Que tiene *deudas.
adeudamiento. m. Acción y efecto de adeudar.
***adeudar.** tr. **Deber,** tener alguna *deuda. ‖ Estar sujeto al pago de derechos de *aduanas o de otros impuestos. ‖ *Com.* **Cargar** en *cuenta. ‖ intr. Contraer *parentesco. ‖ r. **Endeudarse.**
adeudo. m. **Deuda.** ‖ Cantidad que se ha de pagar en las *aduanas. ‖ *Com.* Acción y efecto de adeudar.
adherecer. intr. ant. **Adherir.**
***adherencia.** f. Acción y efecto de adherir o pegar alguna cosa. ‖ *Unión anormal de algunas partes del cuerpo. ‖ fig. *Enlace.
adherente. p. a. de **Adherir.** Que adhiere o se adhiere. ‖ adj. Anexo, unido a una cosa. ‖ m. *Instrumento necesario para alguna cosa. U. m. en plural.
***adherir.** intr. Pegarse una cosa con otra. Ú. m. c. r. ‖ fig. Mostrar *adhesión. Ú. m. c. r. ‖ r. *For.* Utilizar el recurso interpuesto por la parte contraria.
***adhesión.** f. **Adherencia.** ‖ → fig. Acción y efecto de adherirse a la opinión o *partido de otro.
adhesivo, va. adj. Capaz de adherirse; *pegajoso.
adhibir. tr. *Unir, agregar.
ad hoc. expr. adv. lat. que se aplica a lo que se dice o hace para un fin *especial.
adiado, da. p. p. de **Adiar.** ‖ adj. V. **Día adiado.**
adiafa. f. *Regalo que se daba a los *marineros al desembarcar.
adiaforesis. f. Supresión del *sudor.
adiaforia. f. *Indiferencia.
adiamantado, da. adj. Parecido al diamante.
adiano, na. adj. *Fuerte, vigoroso. ‖ ant. Magnífico, excelente.
adiar. tr. Señalar o fijar día.
adicción a díe. loc. *For.* Pacto en que recibe el *comprador la cosa si no hay quien dé más por ella dentro de cierto plazo.
adicción in díem. loc. *For.* **Adicción a díe.**
***adición.** f. Acción y efecto de añadir. ‖ Añadidura. ‖ Reparo que se pone a las *cuentas. ‖ *Mat.* Operación de sumar.
adición de la herencia. loc. *For.* Acción y efecto de adir la *herencia.
adicionador, ra. adj. Que adiciona. Ú. t. c. s.
adicional. adj. Dícese de aquello que se añade.
adicionar. tr. Hacer o poner adiciones.
adicto, ta. adj. Aficionado, *propenso. ‖ *Adepto. ‖ Unido o *asociado a otro para entender en algún asunto. Ú. t. c. s.
adiestrador, ra. adj. Que adiestra. Ú. t. c. s.
adiestramiento. m. Acción y efecto de adiestrar o adiestrarse.
adiestrar. tr. Hacer diestro. Ú. t. c. r. ‖ *Enseñar. Ú. t. c. r. ‖ *Guiar.
adietar. tr. **Med.* Poner a dieta. Ú. t. c. r.
adimplemento. m. *For.* *Cumplimiento de una condición.
adinamia. f. *Pat.* *Debilidad del organismo.
adinámico, ca. adj. *Pat.* Perteneciente o relativo a la adinamia.
adinerado, da. adj. Que tiene mucho dinero; *rico.
adinerar. tr. Reducir a dinero los *valores.
adintelado. adj. V. **Arco adintelado.**
ad ínterim. expr. adv. lat. De manera *interina.
adiós. interj. **A Dios.** ‖ m. **Despedida.**
adipocira. f. *Grasa de los *cadáveres.
adiposidad. f. Calidad de adiposo.
adiposis. f. *Pat.* Obesidad.
adiposo, sa. adj. **Histol.* Grasiento, lleno de *grasa.
adipsia. f. Falta de *sed.
adir. tr. *For.* V. **Adir la herencia.**
aditamento. m. **Añadidura.**
aditivo. adj. Que se puede *añadir.
adiva. f. **Adive,** mamífero.
adivas. f. pl. **Veter.* Cierta inflamación de garganta.
adive. m. *Mamífero carnicero, parecido a la zorra.
***adivinación.** f. Acción y efecto de adivinar.
adivinador, ra. adj. Que adivina. Ú. t. c. s.
adivinaja. f. fam. **Acertijo.**
adivinalla. f. **Adivinaja.**
adivinamiento. m. **Adivinación.**
adivinanza. f. **Adivinación.** ‖ **Acertijo.**
***adivinar.** tr. Predecir lo futuro, oculto o desconocido. ‖ Descubrir por *conjeturas. ‖ *Resolver un enigma.
adivinatorio, ria. adj. Que incluye adivinación.
adivino, na. m. y f. Persona que adivina.
adjetivación. f. Acción de adjetivar o adjetivarse.
adjetivadamente. adv. m. *Gram.* A manera de adjetivo.
adjetival. adj. **Adjetivo.**
adjetivar. tr. Concordar el substantivo con el adjetivo. ‖ *Gram.* Aplicar *adjetivos. ‖ *Gram.* Dar al nombre valor de adjetivo. Ú. t. c. r. ‖ *Calificar.
***adjetivo, va.** adj. Que dice relación a una cualidad o accidente. ‖ *Gram.* **Nombre adjetivo.** Ú. t. c. s. ‖ *Gram.* Perteneciente al **adjetivo,** o que participa de su índole o naturaleza. ‖ **abundancial.** *Gram.* El que denota abundancia. ‖ **calificativo.** *Gram.* El que denota alguna calidad. ‖ **comparativo.** *Gram.* El que denota comparación. ‖ **determinativo.** *Gram.* El que determina la extensión en que se toma el substantivo. ‖ **gentilicio.** *Gram.* El que denota el *origen, *raza o patria de las personas. ‖ **numeral.** *Gram.* El que significa *número. ‖ **ordinal.** *Gram.* El numeral que expresa la idea de *orden o sucesión. ‖ **positivo.** *Gram.* El que no está en grado comparativo o superlativo. ‖ **superlativo.** *Gram.* El que denota la cualidad en su más alto grado.
adjudicación. f. Acción y efecto de adjudicar o adjudicarse.
adjudicador, ra. adj. Que adjudica. Ú. t. c. s.
adjudicar. tr. Declarar que una cosa es *propiedad de una persona. ‖ *Entregar o dar *posesión. ‖ *Distribuir. ‖ r. *Apropiarse uno alguna cosa.
adjudicatario, ria. m. y f. Persona a quien se adjudica alguna cosa.
adjunción. f. *For.* Modo de *adquirir semejante a la accesión. ‖ **Zeugma.**
adjunto, ta. adj. Que va o está *unido con otra cosa. ‖ *Accesorio. ‖ Dícese de la persona que acompaña a otra para *ayudarla en algún asunto. Ú. t. c. s. ‖ *Gram.* **Adjetivo.** ‖ m. **Aditamento.**
adjutor, ra. adj. Que ayuda a otro. Ú. t. c. s.
ad líbitum. expr. adv. lat. A *voluntad.
ad lítem. expr. lat. *For.* V. **Curador ad lítem.**
adminicular. tr. *For.* Ayudar.
adminículo. m. Lo que sirve de

*ayuda. ‖ *Utensilio u objeto que se lleva a prevención. Ú. m. en pl.

***administración.** f. Acción de administrar. ‖ Empleo de administrador. ‖ Casa u oficina del administrador. ‖ **activa.** Acción del *gobierno propia del poder ejecutivo. ‖ **contenciosa.** Acción del fuero judicial competente para resolver los conflictos entre los derechos administrativos de los particulares y los intereses del Estado. ‖ **de *justicia.** Acción de los tribunales para la aplicación de las leyes en los juicios civiles y criminales. ‖ **diocesana.** *Ecles.* La que tiene a su cargo la recaudación de una diócesis. ‖ **económica.** La que tiene a su cargo el manejo de la hacienda pública. ‖ **militar.** La que cuida de las atenciones materiales del *ejército. ‖ ***municipal.** La que corresponde a los ayuntamientos. ‖ **provincial.** La que está a cargo de los *gobernadores y diputaciones provinciales. ‖ ***pública. Administración activa.** ‖ **En administración.** m. adv. que se usa hablando de la prebenda poseída interinamente. ‖ También se usa al hablar de los *bienes administrados por terceras personas competentemente autorizadas por el juez. ‖ **Por administración.** m. adv. Tratándose de *construcciones o servicios, por cuenta de quien los dispone y no por contrata.

***administrador, ra.** adj. Que administra. Ú. t. c. s. ‖ m. y f. Persona que administra bienes ajenos. ‖ **Administrador de orden.** En las *órdenes militares*, caballero que se encarga de la encomienda de un menor o incapacitado.

administradorcillo. m. d. de **Administrador.**

***administrar.** tr. *Gobernar, regir. ‖ Servir o ejercer algún *empleo. ‖ **Suministrar;** *proveer. ‖ Tratándose de los *sacramentos, conferirlos. ‖ *Terap.* Dar o aplicar remedios. ‖ r. Tomar medicamentos o remedios. ‖ Recibir el viático y la *extremaunción.

administrativamente. adv. m. Por autoridad o procedimiento administrativo.

administrativo, va. adj. Perteneciente o relativo a la administración.

admirable. adj. Digno de admiración.

admirablemente. adv. m. De manera admirable.

***admiración.** f. Acción de admirar o admirarse. ‖ Cosa admirable. ‖ Signo *ortográfico (¡!) que se pone antes y después de cláusulas o palabras para darles sentido de exclamación o interjección.

admirador, ra. adj. Que admira. Ú. t. c. s.

admirando, da. adj. Digno de ser admirado.

admirante. m. *Ortogr.* **Admiración.**

***admirar.** tr. Causar *sorpresa o entusiasmo la consideración de alguna cosa inesperada. ‖ Causar placer la contemplación de alguna cosa hermosa o extraordinaria. ‖ Contemplar con sorpresa, entusiasmo o deleite alguna cosa notable. Ú. t. c. r.

admirativo, va. adj. Capaz de causar admiración. ‖ Admirado. ‖ Que denota admiración.

admisibilidad. f. Calidad de admisible.

admisible. adj. Que puede admitirse.

***admisión.** f. Acción de admitir.

***admitir.** tr. Recibir o dar entrada. ‖ **Aceptar.** ‖ *Permitir.

admonición. f. **Amonestación.** ‖ **Reconvención.**

admonitor. m. **Monitor.** ‖ Religioso encargado, en algunas *comunidades, de exhortar a la observancia de la regla.

adnata. f. *Zool.* **Conjuntiva.**

adnato, ta. adj. *Hist. Nat.* *Unido con otra cosa.

ad nútum. expr. lat. A *voluntad.

adobado. m. *Carne, y especialmente la de cerdo, en adobo.

adobador, ra. adj. Que adoba. Ú. t. c. s.

adobar. tr. Componer, *adornar. ‖ **Guisar.** ‖ Poner o echar en adobo las carnes. Curtir las *pieles. ‖ **Atarragar.**

adobasillas. m. El que compone *sillas.

adobe. m. Masa de barro en forma de *ladrillo, secada al aire.

adobe. m. Prisiones.

adobera. f. *Molde para hacer adobes. ‖ **Adobería.** ‖ Molde para hacer *quesos. ‖ Queso en forma de adobe.

adobería. f. Lugar donde se hacen adobes. ‖ **Tenería.**

adobío. m. *Metal.* Parte delantera del *horno.

adobo. m. Acción y efecto de adobar. ‖ Caldo, salsa que sirve para *condimentar o para conservar carnes y otros alimentos. ‖ Preparación de varios ingredientes que se usa para *curtir o dar apresto. ‖ **Afeite.** ‖ **Adorno.**

adocenado, da. adj. Vulgar.

adocenar. tr. *Ordenar por docenas, o *dividir en docenas. ‖ r. Quedarse sin sobresalir de lo *vulgar o corriente.

adoctrinar. tr. **Doctrinar.**

adolecente. p. a. de **Adolecer.** Que adolece.

adolecer. intr. Caer enfermo o padecer alguna *enfermedad. ‖ fig. Tener algún *defecto o *vicio. ‖ **Condolerse.**

adoleciente. p. a. de **Adolecer.** ‖ **Adolecente.**

***adolescencia.** f. Edad comprendida entre el término de la niñez y el comienzo de la edad adulta.

***adolescente.** adj. Que está en la adolescencia. Ú. t. c. s.

adolorado, da. adj. **Dolorido.**

adolorido, da. adj. **Dolorido.**

adomiciliar. tr. **Domiciliar.** Ú. t. c. r.

Adonaí. m. **Adonay.**

Adonay. m. Uno de los nombres hebreos de *Dios.

adonde. adv. l. A qué parte, o a la parte que. ‖ **Donde.**

adondequiera. adv. l. A cualquier parte. ‖ **Dondequiera.**

adónico. adj. V. **Verso adónico.** Ú. t. c. s.

adonio. adj. **Adónico.** Ú. t. c. s.

adonis. m. fig. Joven *hermoso.

adonizarse. r. Embellecerse como un adonis.

***adopción.** f. Acción de adoptar.

adopcionismo. m. *Herejía de los adopcionistas.

adopcionista. adj. Dícese de ciertos *herejes que sostenían que Cristo sólo era hijo de Dios por adopción. Ú. m. c. s. y en pl. ‖ Perteneciente o relativo a estos herejes.

adoptable. adj. Que puede ser adoptado.

adoptador, ra. adj. Que adopta. Ú. t. c. s.

adoptante. p. a. de **Adoptar.** Que adopta. Ú. t. c. s.

***adoptar.** tr. **Prohijar.** ‖ *Recibir o admitir alguna opinión; *asentir a ella. ‖ Tomar una *decisión reflexivamente.

***adoptivo, va.** adj. Dícese de la persona adoptada. ‖ Dícese de la persona que adopta. ‖ Dícese de la persona que uno elige para tenerla por pariente o del país que uno considera como su patria sin que lo sea.

adoquín. m. *Piedra labrada que se usa para *pavimentos. ‖ fig. Persona *torpe o ignorante.

adoquinado. m. *Suelo empedrado con adoquines. ‖ Acción de adoquinar.

adoquinar. tr. Empedrar con adoquines.

ador. m. Tiempo señalado a cada uno para *regar por turno.

adorable. adj. Digno de adoración.

adoración. f. Acción de *adorar. ‖ **de los Reyes.** La que hicieron los Reyes Magos al Niño *Jesús. ‖ **Epifanía.**

adorador, ra. adj. Que adora. Ú. t. c. s.

adorante. p. a. de **Adorar.** Que adora.

***adorar.** tr. Reverenciar a un ser como cosa divina. ‖ Reverenciar y honrar a Dios con el culto religioso. ‖ Reconocer los cardenales al *Papa, después de elegirlo, postrándose ante él. ‖ fig. *Amar con extremo. ‖ intr. **Orar,** rezar. ‖ **Adorar en.** Tener puesto el *cariño o la estimación en una persona o cosa.

adoratorio. m. *Templo de un *ídolo, en América. ‖ Retablo o capilla portátil.

adoratriz. f. Profesa de una orden *religiosa fundada para reformar las costumbres de las mujeres perdidas.

adormecedor, ra. adj. Que adormece.

***adormecer.** tr. Dar o causar *sueño. Ú. t. c. r. ‖ fig. Acallar, *aplacar. ‖ fig. Calmar, *tranquilizar. ‖ r. Empezar a dormirse. ‖ fig. Entumecerse. ‖ **Adormecerse en.** Perseverar.

adormecimiento. m. Acción y efecto de adormecer o adormecerse.

adormidera. f. *Planta papaverácea, de cuyo fruto se extrae el opio. ‖ Fruto de esta planta.

adormilarse. r. **Adormitarse.**

adormir. tr. **Adormecer.** Ú. t. c. r.

adormitarse. r. Dormirse a medias.

adornador, ra. adj. Que adorna. Ú. t. c. s.

adornamiento. m. Acción y efecto de adornar o adornarse.

adornante. p. a. de **Adornar.** Que adorna.

***adornar.** tr. Hermosear con adornos. Ú. t. c. r. ‖ fig. Existir en una persona alguna *excelencia o circunstancia favorable.

adornista. m. El que tiene por oficio la *ornamentación de los edificios y habitaciones.

***adorno.** m. Acción y efecto de adornar. ‖ Lo que sirve para adornar. ‖ **Vestido.** ‖ pl. **Balsamina,** *planta de los jardines. ‖ *Germ.* Chapines.

adosar. tr. Poner una cosa *contigua a otra o *apoyada en ella. ‖ *Blas.* Colocar espalda con espalda.

ad pédem lítterae. expr. adv. lat. **Al pie de la letra.**

adquirente. p. a. de **Adquirir.** Que adquiere.

adquiridor, ra. adj. Que adquiere. Ú. t. c. s.

adquiriente. p. a. de **Adquirir. Adquirente.**

***adquirir.** tr. Hacerse dueño de una cosa. ‖ *Ganar o conseguir algo por el propio esfuerzo.

***adquisición.** f. Acción de adquirir. ‖ Cosa adquirida.

adquisidor, ra. adj. **Adquiridor.** Ú. t. c. s.

adquisitivo, va. adj. *For.* Que sirve para adquirir.

adquisito, ta. p. p. irreg. ant. de **Adquirir.**

adquisividad. f. Sentimiento o instinto que impulsa a *apropiarse las cosas.

adra. f. *Turno. ‖ División de los *vecinos de un pueblo. ‖ **Prestación personal.**

adragante. adj. V. **Goma adragante.**

adraganto. m. **Tragacanto.**

adral. m. Cada uno de los enrejados o tablas que se ponen en los costados del *carro. Ú. m. en pl.

adrar. tr. Distribuir las aguas para el *riego.

***adrede.** adv. m. De propósito, con *intención.

adredemente. adv. m. **Adrede.**

ad referéndum. expr. adv. lat. A condición de ser aprobado por el superior o por aquel de quien se tienen los poderes. Se usa en *derecho internacional*.

adrenalina. f. **Quím.* y **Farm.* Substancia que se extrae de las glándulas suprarrenales y se usa como hemostático.

adrián. m. **Juanete,** *hueso del pie. ‖ *Nido de urracas.

adriático, ca. adj. Aplícase al mar o golfo de Venecia. Ú. t. c. s.

adrizar. tr. *Mar.* **Enderezar.**

adrogación. f. *Adopción de una persona libre.

adrolla. f. **Trapaza,** engaño, *astucia.

adrollero. m. El que compra o vende con engaño.

adscribir. tr. Asignar, atribuir. ‖ Destinar a un *empleo, cuerpo o servicio. Ú. t. c. r.

adscripción. f. Acción y efecto de adscribir o adscribirse.

adscripto, ta. p. p. irreg. **Adscrito.**

adscrito, ta. p. p. irreg. de **Adscribir.**

adsorber. tr. **Fís.* Atraer un cuerpo y retener en su superficie moléculas de otro en estado líquido o gaseoso.

adsorción. f. **Fís.* Acción y efecto de adsorber.

adstringir. tr. **Astringir.**

***aduana.** f. *Oficina pública establecida en la frontera de un Estado para registrar las mercaderías que pasan por ella y cobrar los derechos que adeudan. ‖ *Germ.* Lugar donde los *ladrones juntan las cosas hurtadas. ‖ *Germ.* **Mancebía.** ‖ *Juego de azar que se hace con cinco cartones y ocho *dados.

aduanar. tr. Registrar en la *aduana los géneros y pagar los derechos correspondientes.

aduanero, ra. adj. Perteneciente o relativo a la aduana. ‖ m. Empleado en la aduana. ‖ El encargado de perseguir el *contrabando.

aduanilla. f. Tienda de *comestibles.

aduar. m. Pequeña *población formada de tiendas o cabañas. ‖ Conjunto de barracas que los gitanos levantan en el campo. ‖ Ranchería de *indios americanos.

adúcar. m. *Seda basta, que rodea exteriormente el capullo. ‖ **Capullo ocal.** ‖ **Seda ocal.** ‖ *Tela de **adúcar.**

aducción. f. *Zool.* Movimiento por el cual se *acerca un miembro u otro órgano al plano que divide imaginariamente el cuerpo en dos partes simétricas.

aducir. tr. Presentar, alegar *pruebas, razones, etc. ‖ *Añadir.

aductor. adj. *Anat.* Dícese del *músculo capaz de ejecutar una aducción.

aduendado, da. adj. Que parece un duende.

adueñarse. r. *Apropiarse una cosa, hacerse dueño de ella.

adufa. f. Compuerta de una *presa.

adufe. m. *Pandero morisco.

adufero, ra. m. y f. Persona que toca el adufe.

aduja. f. *Mar.* Cada una de las vueltas de la cosa adujada.

adujar. tr. *Mar.* Recoger formando roscas un *cabo, cadena o vela enrollada. ‖ r. fig. *Mar.* *Encogerse, hacerse un ovillo.

adul. m. Asesor, *consejero del cadí. ‖ *Notario, escribano.

adula. f. **Dula.** ‖ **Ador.**

***adulación.** f. Acción y efecto de adular.

***adulador, ra.** adj. Que adula. Ú. t. c. s.

***adular.** tr. Alabar a uno, con exageración o sin motivo, para agradarle o captarse su voluntad.

adulatorio, ria. adj. Perteneciente o relativo a la adulación.

adulear. intr. Vocear como los aduleros.

adulero. m. **Dulero.**

adulón, na. adj. fam. Adulador servil. Ú. t. c. s.

adulteración. f. Acción y efecto de adulterar o adulterarse.

adulterador, ra. adj. Que adultera. Ú. t. c. s.

adulterante. p. a. de **Adulterar.** Que adultera.

adulterar. intr. Cometer *adulterio. ‖ tr. fig. Hacer *impura o *falsificar alguna cosa. Ú. t. c. r.

adulterinamente. adv. m. Con adulterio.

adulterino, na. adj. Procedente de adulterio. ‖ Perteneciente o relativo al adulterio. ‖ fig. *Falso.

***adulterio.** m. Ayuntamiento de hombre con mujer, estando uno de los dos o ambos casados con otra persona, respectivamente. ‖ *Der. Pen.* *Delito que cometen la mujer casada que yace con varón que no sea su marido, y el que yace con ella sabiendo que es casada.

***adúltero, ra.** adj. Que comete adulterio. Ú. t. c. s. ‖ fig. Viciado, corrompido.

***adulto, ta.** adj. Llegado al término de la adolescencia. Ú. t. c. s. ‖ Llegado a su mayor *crecimiento. ‖ fig. Llegado a su mayor *perfección.

adulzamiento. m. Acción de adulzar el *hierro.

adulzar. tr. Hacer dulce el *hierro u otro *metal. ‖ **Endulzar.**

adulzorar. tr. Dulcificar.

adumbración. f. **Pint.* Parte menos iluminada.

adumbrar. tr. Sombrear un dibujo o *pintura.

adunar. tr. *Unir, juntar. Ú. t. c. r. ‖ **Unificar.** Ú. t. c. r.

adunco, ca. adj. *Corvo, combado.

adunia. adv. m. En *abundancia.

adustez. f. *Desabrimiento en el trato.

adusto, ta. adj. Dicho de país o región donde hace excesivo *calor. ‖ fig. Austero, *serio. ‖ *Desabrido.

ad úsum. loc lat. Según el uso o la *costumbre.

ad valórem. expr. adv. lat. Con arreglo al valor. Se emplea para aplicar los derechos de *aduanas.

advenedizo, za. adj. *Extranjero o forastero. Ú. t. c. s. ‖ despect. Dícese de la persona cuyos antecedentes se desconocen. Ú. t. c. s. ‖ Dícese de la persona *plebeya o de humilde condición, que, sin más título que su riqueza, pretende figurar entre las clases altas de la sociedad. Ú. t. c. s.

advenidero, ra. adj. **Venidero,** *futuro.

advenimiento. m. *Llegada, especialmente si es esperada y solemne. ‖ Ascenso al trono. Dícese del *Papa y de los *soberanos. ‖ **Esperar** uno **el santo advenimiento.** fr. fig. y fam. *Aguardar algo que tarda mucho en realizarse.

advenir. intr. Venir o llegar. ‖ Ocurrir, *acaecer.

adventaja. f. *For.* Porción de bienes muebles que el *cónyuge sobreviviente puede tomar para sí antes de hacerse la partición.

adventicio, cia. adj. Extraño, *accidental; *casual. ‖ **Bot.* Aplícase al órgano que se desarrolla ocasionalmente.

adveración. f. Acción y efecto de adverar. ‖ **Certificación,** *testimonio.

adverar. tr. *Certificar, dar por cierta alguna cosa.

adverbial. adj. *Gram.* Perteneciente al adverbio.

adverbialmente. adv. m. *Gram.* A modo de adverbio.

***adverbio.** m. *Gram.* Parte de la oración que sirve para modificar la significación del verbo, del adjetivo o de otro adverbio. Hay **adverbios** de **lugar,** de **tiempo,** de **modo,** de **cantidad,** de **orden,** de **afirmación,** de **negación** y de **duda.**

adversamente. adv. m. Con adversidad.

adversario, ria. m. y f. Persona *enemiga o rival. ‖ m. pl. Entre eruditos, *notas puestas en una *lista, a fin de tenerlas a la mano para alguna obra.

***adversativo, va.** adj. *Gram.* Que implica o denota oposición.

adversidad. f. Calidad de *adverso. ‖ Suerte adversa, *desgracia. ‖ Situación desgraciada.

***adverso, sa.** adj. Contrario, desfavorable. ‖ Contrapuesto, puesto *enfrente.

advertencia. f. Acción y efecto de advertir o *informar. ‖ Parte de una obra en que se advierte al lector algo acerca de ella. ‖ *Aviso o breve información dirigida al público.

advertidamente. adv. m. Con advertencia.

advertido, da. adj. Capaz, experto.

advertimiento. m. **Advertencia.**

advertir. tr. Fijar en algo la atención, *observar. Ú. t. c. intr. ‖ Llamar la *atención de uno sobre algo. ‖ Avisar, *informar. ‖ Aconsejar, *amonestar. ‖ *Experimentar, *sentir. ‖ Echar de *ver. ‖ *Averiguar.

adviento. m. Tiempo *litúrgico que comprende desde el cuarto domingo anterior a la Nochebuena hasta esta *festividad.

advocación. f. Título o *nombre que se da a un *templo o a una imagen.

adyacente. adj. *Contiguo, inmediato, o *cercano.

aechadura. V. **Ahechadura.**

aechar. V. **Ahechar.**

aedo. m. *Poeta épico de la antigua Grecia.

aellas. f. pl. *Germ.* *Llaves.

aeración. f. **Terap.* Aprovechamiento de las propiedades del aire atmosférico para el tratamiento de las enfermedades. ‖ Introducción del aire en las aguas potables.

aéreo, a. adj. De *aire. ‖ Perteneciente o relativo al aire. ‖ fig. Fantástico, ilusorio; *infundado.

aerífero, ra. adj. Que lleva o conduce aire.

aeriforme. adj. Parecido al aire.

aerobio. adj. **Bact.* Aplícase al ser vivo que necesita del aire para subsistir. ‖ m. **Bact.* Ser microscópico que vive en el aire.

aerodinámica. f. Parte de la mecánica que estudia el movimiento de los *gases.

aerodinámico, ca. adj. Perteneciente o relativo a la aerodinámica. ‖ Dícese de los *automóviles y otros vehículos que tienen forma adecuada para disminuir la resistencia del aire.
aeródromo. m. Sitio destinado para la salida y llegada de *aeronaves o para aprender su manejo.
aerofagia. f. **Pat.* Enfermedad producida por la ingestión de aire en el estómago.
aerófano, na. adj. *Transparente.
aerofitas. adj. pl. **Bot.* Dícese de ciertas plantas que viven en el aire.
aeróforo, ra. adj. **Aerífero.**
***aerolito.** m. Masa mineral procedente de los espacios interplanetarios, que cae sobre la Tierra.
aerología. f. Estudio de las propiedades del *aire.
aeromancia. f. *Adivinación por medio del aire.
aeromántico, ca. adj. Perteneciente o relativo a la aeromancia. ‖ m. y f. Persona que la profesa.
aerómetro. m. Instrumento para medir la *densidad del aire.
aeronauta. com. Persona que navega por el aire.
***aeronáutica.** f. Navegación aérea.
aeronáutico, ca. adj. Perteneciente o relativo a la aeronáutica.
aeronaval. adj. Perteneciente a la *aeronáutica y a la *marina militar*.
***aeronave.** f. Vehículo que sirve para navegar por el aire.
aeroplano. m. Aeronave provista de uno o varios motores y de unos planos rígidos, llamados alas, convenientemente inclinados para sustentar el aparato durante la marcha.
aeropuerto. m. Aeródromo dotado de las instalaciones necesarias para el servicio de *aeronaves de las líneas regulares de navegación aérea.
aeróscafo. m. *Embarcación de vela.
aerosfera. f. *Atmósfera terrestre.
aerostación. f. Navegación aérea, *aeronáutica.
aerostática. f. Parte de la mecánica que estudia el equilibrio de los *gases.
aerostático, ca. adj. Perteneciente o relativo a la aerostática.
aeróstato. m. **Globo aerostático.**
aerostero. m. **Aeronauta.** ‖ Soldado de *aeronáutica.
aeroterapia. f. **Terap.* Tratamiento de ciertas enfermedades por medio del aire.
aeta. adj. Indígena de las montañas de Filipinas. Ú. t. c. s. ‖ Perteneciente o relativo a los **aetas.** ‖ m. *Lengua **aeta.**
***afabilidad.** f. Calidad de afable.
afabilísimo, ma. adj. sup. de **Afable.**
***afable.** adj. Agradable, bondadoso y amable en el trato.
afablemente. adv. m. Con afabilidad.
afabulación. f. *Moralidad de una fábula.
áfaca. f. *Planta leguminosa parecida a la lenteja.
afamado, da. adj. **Famoso,** ilustre.
***afamar.** tr. Hacer famoso. Tómase por lo común en buen sentido. Ú. t. c. r.
afán. m. *Trabajo excesivo. ‖ Anhelo, *deseo vehemente. ‖ Trabajo corporal.
afanadamente. adv. m. **Afanosamente.**
afanador, ra. adj. Que afana o se afana. Ú. t. c. s.
afanar. intr. Entregarse al *trabajo con apremio o necesidad. Ú. m. c. r. ‖ *Procurar con vehemente anhelo la consecución de alguna cosa. Ú. t. c. r. ‖ Trabajar corporalmente. ‖ tr. Trabajar a uno, *perseguirle, importunarle. ‖ **Hurtar.**
afaníptero, ra. adj. *Zool.* Dícese de los *insectos del orden de los dípteros, pero que carecen de alas. Ú. t. c. s. ‖ m. pl. *Zool.* Orden de estos insectos.
afanita. f. **Anfibolita.**
afanosamente. adv. m. Con afán.
afanoso, sa. adj. Muy penoso o trabajoso. ‖ Que se afana.
afantasmado, da. adj. Vanidoso, *orgulloso.
afarallonado, da. adj. Dícese del *bajío o cabo de figura de farallón.
afascalar. tr. Hacer fascales.
afasia. f. *Pat.* Pérdida del *lenguaje por perturbación cerebral.
afásico, ca. adj. Perteneciente o relativo a la afasia. ‖ Que la padece. Ú. t. c. s.
afeador, ra. adj. Que afea. Ú. t. c. s.
afeamiento. m. Acción y efecto de afear o afearse.
afear. tr. Poner *fea a una persona o cosa. Ú. t. c. r. ‖ fig. Tachar, *censurar.
afeblecerse. r. *Adelgazarse.
afección. f. *Efecto que produce una cosa sobre otra. ‖ Afición, *propensión. ‖ **Ecles.* Reserva en la provisión de un beneficio. ‖ *Enfermedad.
***afectación.** f. Acción de afectar. ‖ →Falta de naturalidad. ‖ Presunción en el modo de hablar, escribir, andar, etc.
afectadamente. adv. m. Con afectación.
***afectado, da.** adj. Que adolece de *afectación. ‖ Aparente, fingido. ‖ Afligido, sentido *triste.
afectador, ra. adj. Que afecta.
***afectar.** tr. Poner demasiado esmero o artificio en lo que se dice o se hace, o en el atavío de la persona. ***Fingir,** simular. ‖ **Anexar.** ‖ Hacer *sensación. Ú. t. c. r. ‖ Apetecer y procurar alguna cosa con ahínco. ‖ *For.* Imponer gravamen sobre una cosa para *garantía de alguna obligación. ‖ **Pat.* Producir alteración en algún órgano.
afectivo, va. adj. Perteneciente o relativo al afecto. ‖ Perteneciente o relativo a la *sensibilidad.
afecto, ta. adj. Inclinado o *aficionado a algo. ‖ **Ecles.* Aplícase al beneficio que tiene alguna particular reserva en su provisión. ‖ Dícese del *empleado o de otra persona que se destina a determinado servicio. ‖ Dícese de los bienes sujetos a alguna carga u obligación. ‖ m. Cualquiera de las pasiones o *sentimientos del ánimo y más particularmente *amor o cariño. ‖ **Pat.* **Afección.** ‖ **Pint.* Expresión y viveza.
afectuosamente. adv. m. Con afecto o cariño.
afectuosidad. f. Calidad de afectuoso.
afectuoso, sa. adj. Amoroso, cariñoso.
afeitada. f. Acción de afeitar o afeitarse.
afeitadera. f. ant. **Peine.**
afeitador. m. ant. **Barbero.**
afeitadora. f. ant. **Vellera.**
afeitadura. f. Afeitada.
***afeitar.** tr. *Adornar. Ú. t. c. r. ‖ Componer o hermosear con *afeites. Ú. t. c. r. ‖ →Raer con navaja la *barba o el bigote, o el pelo de cualquier parte del cuerpo. Ú. t. c. r. ‖ *Esquilar a una caballería las crines y las puntas de la cola. ‖ Recortar las hojas de una planta de jardín. ‖ Apurar los tratos y negocios para aumentar la *ganancia.
***afeite.** m. Aderezo, compostura. ‖ → **Cosmético.**
afelio. m. **Astr.* Punto de la órbita de un planeta en que éste se aleja más del Sol.
afelpado, da. adj. Hecho o tejido en forma de felpa. ‖ fig. Parecido a la felpa.
***afeminación.** f. Acción y efecto de afeminarse. ‖ Molicie, falta de energía varonil.
afeminadamente. adv. m. Con afeminación.
***afeminado, da.** adj. Dícese del que en su persona o en su porte se parece a las mujeres. Ú. t. c. s. ‖ Que parece de mujer.
afeminamiento. m. **Afeminación.**
***afeminar.** tr. Hacer a uno perder la energía varonil, o inclinarle a imitar la manera de ser de las mujeres. Ú. m. c. r.
aferente. adj. **Anat.* Que trae.
aféresis. f. **Gram.* Metaplasmo que consiste en suprimir una o más letras al principio de una palabra.
aferrador, ra. adj. Que aferra. ‖ m. *Germ.* **Corchete,** *alguacil.
aferramiento. m. Acción y efecto de aferrar o aferrarse.
aferrar. tr. Agarrar o *asir fuertemente. Ú. t. c. intr. ‖ *Mar.* Plegar las *velas. ‖ *Mar.* Atrapar, agarrar con el *bichero. Ú. t. c. intr. ‖ *Mar.* Asegurar la embarcación echando las *anclas. ‖ intr. *Mar.* Agarrar el *ancla en el fondo. ‖ r. fig. Insistir con *obstinación o porfía.
aferravelas. m. ant. **Tomador** para sujetar las velas.
aferruzado, da. adj. Iracundo, *furioso.
afervorar. tr. **Afervorizar.** Ú. t. c. r.
afervorizar. tr. **Enfervorizar.** Ú. t. c. r.
afestonado, da. adj. Labrado en forma de festón. ‖ Adornado con festones.
afgano, na. adj. Natural del Afganistán. Ú. t. c. s. ‖ Perteneciente a este país de Asia.
afianzamiento. m. Acción y efecto de afianzar o afianzarse.
***afianzar.** tr. Dar *fianza por alguno. ‖ Afirmar, *sujetar, sostener. Ú. t. c. r. ‖ *Asir.
***afición.** f. Inclinación, propensión a alguna cosa. ‖ *Amor, cariño. ‖ Ahínco, eficacia, *esfuerzo.
aficionadamente. adv. m. Con afición.
aficionado, da. adj. Que muestra *afición por alguna cosa. Ú. t. c. s. ‖ Que cultiva algún *arte sin tenerlo por oficio. Ú. t. c. s.
aficionador, ra. adj. Que aficiona.
***aficionar.** tr. Despertar *afición en alguno. ‖ r.*Enamorarse de una persona o *desear alguna cosa.
afielar. tr. **Enfielar.**
afijo, ja. adj. **Gram.* Dícese del pronombre personal cuando va unido al verbo, y de las partículas que se emplean en la formación de palabras derivadas y compuestas. Ú. m. c. s. m.
afiladera. f. Piedra de afilar.
afilador, ra. adj. Que afila. ‖ m. El que tiene por oficio afilar instrumentos cortantes. ‖ **Afilón,** correa para asentar el filo.
afiladura. f. Acción y efecto de afilar.
afilalápices. m. Instrumento para sacar punta a los lápices.
afilamiento. m. Adelgazamiento de alguna parte del cuerpo.
***afilar.** tr. Sacar filo. ‖ **Aguzar,** sacar *punta. ‖ r. fig. *Adelgazarse alguna parte del cuerpo.
afiliación. f. Acción y efecto de afiliar o afiliarse.

afiliar. tr. Juntar, *asociar una persona a cualquier colectividad. ‖ r. *Adherirse a una colectividad, secta, partido, etc.
afiligranado, da. adj. De filigrana. ‖ Parecido a ella. ‖ fig. Dícese de las cosas *finas y delicadas.
afiligranar. tr. Hacer filigrana. ‖ fig. Pulir, *adornar, hermosear.
áfilo, la. adj. *Bot.* Que no tiene *hojas.
afilón. m. Correa que sirve para asentar el *filo. ‖ **Chaira,** cilindro de acero para *afilar.
afilosofado, da. adj. Dícese del que imita la manera de ser de un *filósofo.
afillamiento. m. ant. **Prohijación.**
afillar. tr. **Prohijar,** *adoptar.
afín. adj. Próximo, *cercano, *contiguo. ‖ Que tiene afinidad con otra cosa. ‖ m. y f. *Pariente por afinidad.
*__afinación.__ f. Acción de afinar o afinarse.
afinadamente. adv. m. Con *afinación. ‖ Con *finura y *cuidado.
afinador, ra. adj. Que afina. ‖ m. *Mús.* El que tiene por oficio *afinar instrumentos. ‖ **Templador,** llave para afinar pianos.
afinadura. f. **Afinación.**
afinamiento. m. **Afinación.** ‖ **Finura,** cortesía.
*__afinar.__ tr. Perfeccionar. Ú. t. c. r. ‖ Hacer *cortés a una persona. Ú. m. c. r. ‖ Rectificar el *encuadernador la colocación de la cubierta. ‖ Purificar los *metales. ‖ → Poner en tono los instrumentos músicos con arreglo a un diapasón o acordarlos bien unos con otros. ‖ Aquilatar la calidad o el *precio de una cosa. ‖ intr. *Cantar o tocar entonando con perfección los sonidos.
afincar. intr. **Fincar,** *adquirir fincas. Ú. t. c. r.
afine. adj. **Afín.**
afinidad. f. *Semejanza o *conformidad de una cosa con otra. ‖ *Parentesco entre un cónyuge y los parientes del otro. ‖ **Quím.* Tendencia de los átomos de un cuerpo a combinarse con los de otro.
afino. m. Afinación de los *metales.
*__afirmación.__ f. Acción y efecto de afirmar o afirmarse.
afirmadamente. adv. m. Con firmeza o seguridad.
afirmado. m. **Firme,** *pavimento acondicionado para el paso de vehículos.
afirmador, ra. adj. Que afirma. Ú. t. c. s.
afirmante. p. a. de **Afirmar.** Que afirma.
*__afirmar.__ tr. Dar *firmeza. Ú. t. c. r. ‖ → Asegurar o dar por cierta alguna cosa. ‖ Ajustar a una persona para algún *servicio. Ú. t. c. r. ‖ r. *Apoyarse en algo para estar firme. ‖ *Ratificarse. ‖ **Esgr.* Adelantar, presentando la punta de la espada.
afirmativa. f. Proposición u opinión que *afirma.
afirmativamente. adv. m. De modo afirmativo.
*__afirmativo, va.__ adj. Que denota o implica *afirmación o aseveración.
afirolar. tr. *Adornar, componer. Ú. t. c. r.
afistular. tr. Hacer una fístula. Ú. m. c. r.
aflato. m. *Soplo. ‖ fig. ***Inspiración.**
aflautado, da. adj. Dícese de la *voz atiplada.
aflechate. m. *Mar.* **Flechaste.**
*__aflicción.__ f. Efecto de *afligir o afligirse.
aflictivo, va. adj. Dícese de lo que causa aflicción.
aflicto, ta. p. p. irreg. de **Afligir.**
afligente. p. a. ant. de **Afligir.** Que aflige.
afligible. adj. ant. **Aflictivo.**
afligidamente. adv. m. Con aflicción.
afligimiento. m. **Aflicción.**
*__afligir.__ tr. Causar tristeza o pena. Ú. t. c. r.
*__aflojamiento.__ m. Acción de aflojar o aflojarse.
*__aflojar.__ tr. Disminuir la presión o la tirantez. Ú. t. c. r. ‖ fig. y fam. *Entregar de mala gana o por necesidad dinero u otra cosa. ‖ intr. *Disminuir la intensidad de algo. ‖ *Flaquear en el esfuerzo.
aflorado, da. adj. **Floreado.**
afloramiento. m. Efecto de aflorar. ‖ *Mineral aflorado.
aflorar. intr. **Min.* Asomar a la superficie del terreno un mineral cualquiera.
afluencia. f. Acción y efecto de afluir. ‖ *Abundancia. ‖ fig. Facundia, *verbosidad.
afluente. p. a. de **Afluir.** Que afluye. ‖ adj. Facundo, que *habla con facilidad. ‖ m. Arroyo o *río que desemboca en otro principal.
afluir. intr. *Concurrir en gran número. ‖ Verter un *río o arroyo sus aguas en las de otro o en las de un lago o mar.
aflujo. m. **Pat.* Excesiva afluencia de líquidos a un tejido orgánico.
afofar. tr. Poner fofa o *esponjosa alguna cosa. Ú. t. c. r.
afogarar. tr. **Asurar.** Ú. m. c. r.
afollado. m. **Fuelle** del vestido. ‖ pl. **Follados,** *calzones.
afollador. m. **Follador,** el que sopla con el *fuelle.
afollar. tr. Soplar con los *fuelles. ‖ fig. *Plegar en forma de fuelles. ‖ r. *Albañ.* *Ahuecarse o formar *ampollas las paredes.
afondar. tr. **Echar a fondo,** *hundir. ‖ intr. Irse a fondo, *hundirse. Ú. t. c. r.
*__afonía.__ f. Falta de voz.
*__afónico, ca.__ adj. Falto de voz o de sonido.
áfono, na. adj. **Afónico.**
aforado, da. adj. Aplícase a la persona que goza de fuero o *privilegio. Ú. t. c. s.
aforador. m. El que afora.
aforamiento. m. Acción y efecto de aforar una heredad.
aforar. tr. Dar o tomar a *foro. ‖ Dar, otorgar *fueros. ‖ Reconocer y valuar los géneros para el pago de derechos de *aduanas, consumos, etcétera. ‖ **Hidrául.* Medir la cantidad de agua que pasa por un conducto en una unidad de tiempo. ‖ Calcular la *capacidad de un recipiente.
aforisma. f. **Veter.* Tumor que se forma por relajación o rotura de alguna arteria.
aforismo. m. Sentencia breve y doctrinal que se propone como *máxima.
aforístico, ca. adj. Perteneciente o relativo al aforismo.
aforo. m. Acción y efecto de aforar géneros o volúmenes. ‖ Capacidad total de las localidades de un *teatro u otro recinto para *espectáculos públicos.
aforrador, ra. adj. Que echa forros. Ú. t. c. s.
aforrar. tr. Poner *forro a alguna cosa. ‖ r. Ponerse mucha ropa, *abrigarse mucho. ‖ fig. y fam. *Comer y beber bien. ‖ Fastidiarse, resignarse, *someterse.
aforro. m. **Forro.** ‖ *Mar.* *Cabo delgado con que se aforra otro más grueso. ‖ Parte del cabo así aforrada.
a fortiori. exp. adv. lat. Con mayor razón.
afortunadamente. adv. m. **Por fortuna.**
*__afortunado, da.__ adj. Que tiene buena suerte. ‖ *Borrascoso. ‖ *Feliz, que produce felicidad.
afortunar. tr. Hacer *afortunado a alguno.
afosarse. r. **Fort.* Defenderse haciendo algún foso.
afoscarse. r. *Mar.* Cargarse la atmósfera de *nubes o vapores.
afragatado, da. adj. *Mar.* Que tiene aspecto de fragata.
afrailado, da. adj. **Impr.* Aplícase a lo impreso que tiene fraile.
afrailamiento. m. Acción de afrailar.
afrailar. tr. *Agr.* *Podar un árbol por junto a la cruz.
afrancesado, da. adj. Dícese de la finca que está de *barbecho o erial.
afrancesado, da. adj. Que imita con afectación a los franceses. ‖ Partidario de los franceses. Ú. t. c. s.
afrancesamiento. m. Tendencia exagerada a adoptar cuanto viene de Francia.
afrancesar. tr. Dar carácter francés a una cosa. ‖ r. Hacerse uno afrancesado.
afrecho. m. ***Salvado.**
afrenillar. tr. *Amarrar o sujetar con frenillos.
afrenta. f. *Descrédito y deshonra. ‖ *Ofensa, injuria. ‖ Dicho o hecho afrentoso. ‖ Deshonra que va aneja a las *penas impuestas por ciertos *delitos.
afrentadamente. adv. m. ant. **Afrentosamente.**
afrentador, ra. adj. Que afrenta. Ú. t. c. s.
afrentar. tr. Causar afrenta. ‖ r. Avergonzarse.
afrentosamente. adv. m. Con afrenta.
afrentoso, sa. adj. Dícese de lo que causa afrenta.
afretado, da. adj. Parecido a la franja.
afretar. tr. *Mar.* *Limpiar una *embarcación.
africado, da. adj. **Pros.* Dícese del sonido cuya articulación consiste en una oclusión y una fricación formadas rápidamente. ‖ Dícese de la letra que representa este sonido. Ú. t. c. s. f.
africanista. com. Persona que se dedica al estudio de lo concerniente al África.
africano, na. adj. Natural de África. Ú. t. c. s. ‖ Perteneciente a esta parte del mundo. ‖ **Confit.* Dulce de huevo y azúcar.
áfrico. m. **Ábrego.**
afrijolar. tr. *Matar a tiros.
afrisonado, da. adj. Parecido al caballo frisón.
afro, fra. adj. ant. **Africano.** apl. a pers., usáb. t. c. s.
afrodisia. f. *Pat.* Exaltación del apetito *venéreo.
afrodisiaco, ca o **afrodisíaco, ca.** adj. Dícese de lo que excita el apetito *venéreo. Ú. t. c. s. m.
Afrodita. n. p. f. **Mit.* Venus, diosa de la belleza y del amor.
afronitro. m. **Espuma de nitro.**
afrontado, da. adj. **Blas.* Dícese del escudo en que las figuras de animales se miran recíprocamente.
afrontamiento. m. Acción y efecto de afrontar.
afrontar. tr. *Contraponer, colocar una cosa enfrente de otra. Ú. t. c. intr. ‖ **Carear.** ‖ Hacer frente al enemigo. ‖ ***Arrostrar,** *resistir.
afrontilar. tr. Atar una res *vacuna por los cuernos.

afta. f. *Med.* *Úlcera pequeña que se forma en la *boca.
aftoso, sa. adj. Que padece aftas.
***afuera.** adv. l. Fuera del sitio en que uno está. ‖ En la parte *exterior. ‖ →f. pl. *Arrabales, alrededores de una población. ‖ **Fort.* Terreno despejado alrededor de una plaza. ‖ **¡Afuera!** expr. elípt. que se emplea para *expulsar a alguno o *apartarle de un lugar.
afufa. f. fam. **Fuga.** ‖ **Estar** uno **sobre las afufas.** fr. fam. Estar preparando la *huida. ‖ **Tomar las afufas.** fr. fam. ***Huir.**
afufar. intr. fam. ***Huir.** Ú. t. c. r.
afufón. m. fam. Fuga, *huida.
afusión. f. *Terap.* *Baño de chorro, total o parcial.
afuste. m. **Artill.* Armazón para montar un mortero u otra pieza. ‖ Cualquiera de las diversas armazones en que se montaban las piezas de artillería.
agá. m. *Oficial del ejército turco.
agabacharse. r. Imitar a los gabachos.
agabanado, da. adj. Que tiene forma de gabán.
agacé. adj. Dícese de ciertos *indios del Paraguay.
agachada. f. Maña, *astucia.
agachadera. f. **Cogujada.**
agachadiza. f. *Ave zancuda semejante a la chocha. ‖ **Hacer** uno **la agachadiza.** fr. fig. y fam. *Ocultarse.
agachaparse. r. **Agazaparse.**
agachar. tr. fam. *Bajar o inclinar hacia abajo la *cabeza o algún miembro. Ú. t. c. intr. ‖ r. fam. *Encogerse, *encorvarse hacia la tierra. ‖ fig. y fam. Permanecer *oculto o retirado durante algún tiempo.
agachona. f. *Ave acuática de Méjico.
agadón. m. Hondonada, *depresión estrecha.
agafar. tr. **Asir.**
agalaxia. f. *Pat.* Falta de *leche en las mamas.
agalbanado, da. adj. **Galbanoso.**
agalerar. tr. *Mar.* Dar a los toldos la forma conveniente para que despidan el agua.
agalibar. tr. **Arq. Nav.* Poner a escuadra.
agáloco. m. *Árbol de las euforbiáceas.
agalla. f. **Pat. Veg.* Excrecencia que se forma en el roble y otros árboles. ‖ **Amígdala.** Ú. m. en pl. ‖ Órgano de la *respiración de los *peces y batracios. Ú m. en pl. ‖ Cada uno de los costados de la cabeza del *ave. Ú. m. en pl. ‖ **Guizque,** palo con un *gancho en la punta. ‖ *Veter.* Ampolla. ‖ pl. *Pat.* Anginas. ‖ fig. y fam. *Valor, ánimo. ‖ **Agalla de *ciprés. Piña de ciprés.**
agallado, da. adj. Dícese de lo que se ha impregnado con tinta de agallas para teñirlo de negro.
agalladura. f. Galladura.
agallón. m. aum. de **Agalla.** ‖ Cada una de las cuentas de plata con que se hacen ciertos *collares. ‖ Cuenta de *rosario de madera. ‖ **Gallón,** cierta labor de las *molduras.
agallonado, da. adj. **Ornam.* Que tiene gallones.
agalluela. f. d. de **Agalla.**
agamitar. intr. *Mont.* Imitar la voz del gamo.
ágamo, ma. adj. **Bot.* Que carece de órganos *sexuales.
agamuzado, da. adj. **Gamuzado.**
agangrenarse. r. **Gangrenarse.**
ágape. m. Convite o *fiesta de los primeros *cristianos. ‖ Por ext., **banquete.**

agarbado, da. adj. **Garboso.**
agarbanzado, da. adj. De *color parecido al del garbanzo.
agarbanzar. intr. Brotar en los árboles las *yemas.
agarbarse. r. Agacharse, *bajar la cabeza.
agarbillar. tr. Hacer garbas.
agareno, na. adj. Descendiente de Agar. Ú. t. c. s. ‖ **Mahometano.** Ú. t. c. s.
agárico. m. *Hongo parásito de la encina y otros árboles. ‖ ***mineral.** Silicato de alúmina y magnesia, de aspecto esponjoso.
agarrada. f. fam. *Contienda, riña.
agarraderas. f. pl. fig. Personas con cuya ayuda o *protección cuenta alguno.
agarradero. m. Asa o *mango. ‖ fig. y fam. Amparo, *medios con que se cuenta para conseguir algo. ‖ *Mar.* **Tenedero.**
agarrado, da. adj. fam. *Mezquino.
agarrador, ra. adj. Que agarra. ‖ m. Almohadilla para coger la *plancha. ‖ fam. **Corchete,** alguacil.
agarrafador, ra. adj. Que agarrafa. ‖ m. Operario que maneja las seras en los *molinos de aceite.
agarrafar. tr. fam. Agarrar con fuerza. Ú. m. c. rec.
agarrama. f. **Garrama.**
agarrante. p. a. de **Agarrar.** Que agarra.
agarrar. tr. *Asir con la mano. ‖ Asir de cualquier modo. ‖ Tomar. ‖ fig. y fam. *Conseguir. ‖ r. Asirse fuertemente. ‖ fig. y fam. Apoderarse del paciente una *enfermedad rebelde al tratamiento.
agarro. m. Acción de agarrar.
agarrochador. m. El que agarrocha.
agarrochar. tr. **Taurom.* Herir a los toros con garrocha. ‖ **Mar.* Bracear las vergas para ceñir el viento.
agarrón. m. Acción de agarrar y tirar con fuerza. ‖ **Agarrada.**
agarrotar. tr. *Atar y *apretar fuertemente. ‖ Apretar una ligadura retorciéndola con un palo. ‖ Oprimir, *sujetar fuertemente. ‖ r. *Entumecerse o ponerse rígido algún miembro.
agasajador, ra. adj. Que agasaja. Ú. t. c. s.
***agasajar.** tr. Tratar y atender a uno con cariño. ‖ Halagar. ‖ Obsequiar, *regalar.
***agasajo.** m. Acción de agasajar. ‖ *Regalo o demostración de afecto y atención. ‖ *Refresco que se servía por la tarde.
***ágata.** f. Cuarzo translúcido, con franjas de varios colores.
agauja. f. **Gayuba.**
agavanza. f. Fruto del agavanzo.
agavanzo. m. **Escaramujo.**
agave. f. ***Pita,** planta amarilídea.
agavilladora. f. Máquina *agrícola que recoge y ata las *gavillas.
agavillar. tr. Hacer o formar gavillas. ‖ fig. **Acuadrillar.** Ú. t. c. r.
agazapada. f. Lugar donde se esconde la *caza.
agazapar. tr. fig. y fam. *Coger o *apresar a alguno. ‖ r. fam. Agacharse.
agencia. f. *Diligencia, solicitud. ‖ Cargo de agente. ‖ *Oficina del agente. ‖ Casa de *préstamos.
agenciar. tr. Solicitar, gestionar, *procurar. Ú. t. c. intr. ‖ *Conseguir alguna cosa con diligencia y habilidad.
agenciero. m. Dueño de una casa de *préstamos.
agencioso, sa. adj. Oficioso o diligente.
agenda. f. *Libro o cuaderno en que uno apunta lo que tiene que hacer.

agenesia. f. *Pat.* Imposibilidad de *engendrar.
agente. m. Persona o cosa que obra. ‖ Fuerza o *causa que produce un efecto. ‖ **de bolsa, de cambio,** o **de cambio y *bolsa.** Funcionario que interviene en las negociaciones de valores. ‖ **de negocios.** El que se dedica a gestionar *negocios ajenos. ‖ **de *policía.** Empleado subalterno de policía. ‖ **fiscal.** Empleado subalterno de la *hacienda pública.
agerasia. f. *Fisiol.* *Ancianidad robusta.
agérato. m. *Planta compuesta.
agermanarse. r. Entrar a formar parte de una germanía.
agestado, da. adj. Encarado. Ú. m. con los advs. *bien* y *mal.*
agestarse. r. Poner determinado gesto.
agestión. f. *Adición de materia.
agibílibus. m. fam. *Habilidad e ingenio para *ganarse la vida. ‖ fam. Persona que tiene esta habilidad.
agible. adj. Factible, que se puede *hacer.
agigantado, da. adj. De mucha *estatura. ‖ fig. *Grande, sobresaliente, excesivo.
agigantar. tr. fig. Dar a alguna cosa proporciones gigantescas. Ú. t. c. r.
ágil. adj. Ligero, *veloz, expedito. ‖ Que se *mueve con facilidad y soltura.
agilidad. f. Calidad de ágil. ‖ **Teol.* Una de las dotes de los cuerpos gloriosos.
agilitar. tr. Dar *facilidad para alguna cosa. Ú. t. c. r.
ágilmente. adv. m. Con agilidad.
aginar. intr. Ir y venir con *diligencia para algún fin. Ú. t. c. r.
agino. m. Acción y efecto de aginar o aginarse.
agio. m. *Ganancia que se obtiene del cambio de *moneda u otras operaciones de *banca. ‖ Especulación sobre el alza y la baja de los *valores.
agiotador. m. **Agiotista.**
agiotaje. m. **Agio.** ‖ Especulación abusiva.
agiotista. com. Persona que se emplea en el agiotaje.
agitable. adj. Que puede agitarse o ser agitado.
***agitación.** f. Acción y efecto de agitar o agitarse.
agitador, ra. adj. Que agita Ú. t. c. s. ‖ m. **Quím.* Varilla de vidrio para agitar los líquidos.
agitanado, da. adj. Que se parece a los *gitanos o es propio de ellos.
agitante. p. a. de **Agitar.** Que agita.
***agitar.** tr. Mover de un lado a otro repetidamente; sacudir; revolver un líquido. Ú. t. c. r. ‖ fig. *Inquietar, *excitar, *turbar. Ú. t. c. r.
aglactación. f. *Fisiol.* Supresión de la *leche en las mamas.
aglayar. tr. Causar asombro, pasmo, *temor.
aglia. f. Manchita en la córnea del *ojo.
aglomeración. f. Acción y efecto de aglomerar o aglomerarse.
aglomerado, da. m. Bloque artificial de *combustible, hecho de *turba y alquitrán.
aglomerar. tr. *Amontonar, juntar. Ú t. c. r.
aglutinación. f. Acción y efecto de aglutinar o aglutinarse. ‖ **Gram.* Unión de varias palabras para formar una sola.
aglutinante. p. a. de **Aglutinar.** Que aglutina. ‖ adj. Dícese de la *lengua en que predomina la aglutinación. ‖ **Cir.* Dícese del emplasto

que se pega fuertemente y del remedio que sirve para unir. Ú. t. c. s.
aglutinar. tr. **Conglutinar.** Ú. t. c. r. || **Cir.* Procurar la adherencia de los tejidos.
agnación. f. *Parentesco de consanguinidad entre agnados. || Orden de suceder en los *mayorazgos, de varón en varón.
agnado, da. adj. Dícese del *pariente por consanguinidad respecto de otro, cuando ambos descienden de varón en varón del mismo tronco. Ú. t. c. s.
agnaticio, cia. adj. Perteneciente o relativo al agnado. || Que viene de varón en varón.
agnición. f. **Teatro.* Reconocimiento de una persona.
agnocasto. m. **Sauzgatillo.**
agnomento. m. **Cognomento.**
agnominación. f. *Ret.* **Paronomasia.**
agnosia. f. Desconocimiento, *ignorancia.
agnosticismo. m. Doctrina *filosófica que no admite el conocimiento de lo absoluto, ni el de las causas primeras.
agnóstico, ca. adj. Perteneciente o relativo al agnosticismo. || Que profesa esta doctrina. Apl. a pers., ú. t. c. s.
agnus. m. **Agnusdéi.**
agnusdéi. m. Lámina gruesa de cera con la *efigie de Cristo o de algún santo. || Parte de la *misa, entre el paternóster y la comunión. || Antigua *moneda de vellón con mezcla de plata.
agobiar. tr. *Inclinar o *encorvar la *cabeza hacia el suelo. Ú. m. c. r. || Hacer que se doble o incline una cosa por el exceso de la *carga. || fig. Causar *molestia o preocupación.
agobio. m. Acción y efecto de agobiar o agobiarse. || Sofocación, *ahogo.
agogía. f. *Min.* *Canal de desagüe.
agolar. tr. *Mar.* **Amainar.**
agolpamiento. m. Acción y efecto de agolparse.
agolparse. r. *Juntarse de golpe muchas personas o cosas.
agonal. adj. Perteneciente a relativo a los *certámenes, *luchas y *fiestas públicas.
agonía. f. Congoja del que está para *morir. || fig. *Aflicción grande. || fig. *Deseo vehemente. || Toque de *campana cuando agoniza una persona.
agónico, ca. adj. Que se halla en la agonía. || Propio de la agonía.
agonioso, sa. adj. fam. Ansioso; que *pide con importunación.
agonista. com. ***Luchador.**
agonística. f. Arte de la *lucha atlética. || *Mil.* Ciencia de los *combates.
agonístico, ca. adj. **Agonal.**
agonizante. p. a. de **Agonizar.** Que agoniza. || adj. Dícese del *religioso que se dedica a auxiliar a los moribundos. Ú. t. c. s.
agonizar. tr. *Auxiliar al moribundo. || fig. y fam. *Apremiar. || intr. Estar el enfermo en la agonía.
ágora. f. *Plaza pública, en Grecia. || Asamblea o *reunión celebrada en dicha plaza.
agora. adv. t. **Ahora.**
agorador, ra. adj. **Agorero.** Ú. t. c. s.
agorafobia. f. Enfermedad *mental que produce una sensación de angustia ante los espacios vacíos y descubiertos.
agorar. tr. *Predecir con *superstición. || fig. *Presentir y anunciar *desgracias.
agorero, ra. adj. Que *adivina por agüeros, o cree en ellos. Ú. t. c. s. || Que *predice males o desdichas. Ú. t. c. s. || Dícese del ave que, según la superstición, presagia *desgracias.
agorgojarse. r. Criar gorgojo.
agostadero. m. Sitio o *pastos donde agosta el ganado. || Tiempo en que agosta.
agostado. m. *Agr.* Bina de las *viñas.
agostador. m. *Germ.* El que *gasta la hacienda de otro.
agostamiento. m. Acción y efecto de agostar o agostarse.
agostar. tr. *Secar el excesivo calor las plantas. Ú. t. c. r. || **Agr.* Labrar la tierra en agosto. || intr. *Pastar el ganado durante el verano en las dehesas.
agostero. m. Mozo que ayuda a los *segadores. || *Religioso destinado a recoger la *limosna de trigo y otros granos.
agostía. f. Empleo de mozo agostero.
agostillo. m. d. de **Agosto.** || **Hacer** uno su **agostillo.** fr. fig. y fam. **Hacer** su **agosto.**
agostizo, za. adj. Propenso a *secarse o a desmedrarse.
agosto. m. Octavo *mes del año. || Temporada de la *recolección de cereales. || **Cosecha.** || *Germ.* El *pobre. || **Hacer** uno su **agosto.** fr. fig. y fam. *Lucrarse, aprovechando la ocasión.
agostón. m. *Cerdo nacido en el mes de julio.
agotable. adj. Que se puede agotar.
agotador, ra. adj. Que agota.
agotamiento. m. Acción y efecto de agotar o agotarse.
agotar. tr. *Extraer todo el líquido contenido en alguna parte. Ú. t. c. r. || *Vaciar un recipiente. Ú. t. c. r. || fig. *Gastar, consumir, Ú. t. c. r.
agote. adj. Dícese de una gente del valle de Baztán y del individuo de esta *raza. Ú. t. c. s.
agovía. f. **Alborga.**
agozcado, da. adj. Parecido a un gozque o perrillo.
agracejina. f. Fruto del *agracejo, arbusto.
agracejo. m. d. de **Agraz.** || *Uva o *aceituna no llegada a madurar.
***agracejo.** m. Arbusto de las berberídeas, cuyo fruto, comestible, es la agracejina. || Árbol de las terebintáceas.
agraceño, ña. adj. *Agrio como el agraz.
agracera. f. Vasija en que se conserva el zumo del agraz.
agracero, ra. adj. Dícese de la cepa que sólo da agraz.
agraciado, da. adj. Que tiene *gracia. || Bien parecido, *guapo.
agraciar. tr. Dar gracia o *belleza. || *Conceder alguna merced.
agracillo. m. **Agracejo,** arbusto.
agradabilísimo, ma. adj. sup. de **Agradable.**
***agradable.** adj. Que agrada.
agradablemente. adv. m. De manera agradable.
agradamiento. m. **Agrado.**
***agradar.** intr. Complacer, dar gusto o satisfacción. || r. Hallar *placer.
***agradecer.** tr. Sentir o expresar *gratitud. || fig. *Compensar las cosas, con su mayor utilidad o de otro modo, el trabajo empleado en conservarlas o mejorarlas.
agradecido, da. adj. Que agradece. Ú. t. c. s.
agradecimiento. m. Acción y efecto de agradecer.
***agrado.** m. Acción y efecto de agradar. || *Afabilidad. || *Voluntad; *deseo.
agrafia. f. *Pat.* Pérdida de la facultad de *escribir por perturbación mental.
Agrajes. n. p. m. **Ahora,** o **allá, lo veredes, dijo Agrajes.** fr. proverb. que se emplea en son de *amenaza o para poner en *duda o negar algo.
agramadera. f. Instrumento para agramar.
agramado. m. Acción y efecto de agramar.
agramador, ra. adj. Que agrama. Ú. t. c. s. || m. **Agramadera.**
agramaduras. f. pl. **Agramiza.**
agramar. tr. *Machacar el *cáñamo o el *lino para separar la fibra.
agramilar. tr. *Albañ.* Raspar los *ladrillos para igualarlos. || *Arq.* Figurar hiladas de ladrillos.
agramiza. f. Desperdicio de la caña del cáñamo o del lino. || **Agramadera.**
agramontés, sa. adj. Dícese de una antigua facción de Navarra, enemiga de los beamonteses. Apl. a pers., ú. t. c. s.
agrandamiento. m. Acción y efecto de agrandar.
***agrandar.** tr. Hacer más grande una cosa. Ú. t. c. r.
agranujado, da. adj. De figura de *grano. || Que tiene o forma granos.
agranujado, da. adj. Que tiene las cualidades de granuja.
agrario, ria. adj. Perteneciente o relativo al *campo o al régimen de propiedad rural.
***agravación.** f. **Agravamiento.**
agravador, ra. adj. Que agrava.
agravamiento. m. Acción y efecto de agravar o agravarse.
agravante. p. a. de **Agravar.** Que agrava. || m. **Circunstancia agravante.**
agravantemente. adv. m. Con agravamiento. || Con gravamen u obligación.
***agravar.** tr. Aumentar el *peso de una cosa. || Oprimir con abligaciones o *tributos. ||→ Hacer alguna cosa más *grave. Ú. t. c. r. || Encarecer la *gravedad de alguna cosa.
agravatorio, ria. adj. Que agrava u ocasiona agravación. || **For.* Aplícase al despacho en que se reitera lo mandado y se compele a su ejecución.
agraviadamente. adv. m. Con agravio u ofensa.
agraviador, ra. adj. Que agravia. Ú. t. c. s. || *Germ.* *Delincuente.
agraviamiento. m. Acción y efecto de agraviar o agraviarse.
agraviar. tr. Hacer agravio. || r. Darse por ofendido.
agravio. m. *Ofensa. || Hecho o dicho con que se hace esta ofensa. || *Daño que se hace a uno en sus intereses. || *For.* Mal, daño o perjuicio que se alega como fundamento de una *apelación. || **Deshacer agravios.** fr. Tomar satisfacción de ellos; *vengarse.
agravioso, sa. adj. Que implica o causa agravio.
agraz. m. *Uva sin madurar. || *Zumo que se saca de esta uva. || **Agrazada.** || **Calderilla,** arbusto. || fig. y fam. Amargura, *disgusto. || **Echar** a uno **el agraz en el ojo.** fr. fig. Decirle algo desagradable. || **En agraz.** m. adv. fig. Antes de sazón; con *precocidad o *anticipación.
agraz. m. **Marojo.** || **Agracejo,** arbusto.
agrazada. f. *Bebida compuesta de agraz, agua y azúcar.
agrazar. intr. Tener gusto a agraz. || tr. fig. Disgustar.
agrazón. m. Uva silvestre. || **Grosellero silvestre.** || fig. y fam. Disgusto. *enfado.
agrazón. m. ***Agracejo,** arbusto.
agrecillo. m. **Agracillo.**

agredir. tr. defect. *Acometer a alguno para hacerle daño.
agregación. f. Acción y efecto de agregar o agregarse.
agregado. m. *Conjunto de cosas homogéneas, que forman cuerpo. ‖ *Empleado adscrito a un servicio con carácter accidental. ‖ **comercial.** Funcionario encargado de los asuntos comerciales en las misiones diplomáticas. ‖ ***diplomático.** El que sirve en la última categoría de la carrera diplomática. ‖ **militar.** El encargado de asuntos militares, en las misiones diplomáticas. ‖ **naval.** El encargado en dichas misiones de los asuntos navales.
agregar. tr. *Unir o juntar. Ú. t. c. r. ‖ Destinar accidentalmente a un *empleado a determinado servicio. ‖ **Anexar,** *añadir.
agremán. m. Labor de *pasamanería, en forma de cinta.
agremiar. tr. Reunir en gremio. Ú. t. c. r.
agresión. f. Acción y efecto de agredir. ‖ Acto que lesiona o *infringe el derecho de otro.
agresivamente. adv. m. De manera agresiva.
agresivo, va. adj. Propenso a *ofender o a provocar a los demás. ‖ Que implica provocación o ataque.
agresor, ra. adj. Dícese de la persona que *acomete a otra para hacerle daño. Ú. t. c. s. ‖ *For.* Se dice de la persona que lesiona el derecho de otra. Ú. t. c. s. ‖ **Der. Pen.* Dícese de la persona que da motivo a una querella o riña. Ú. t. c. s.
agreste. adj. Campesino o perteneciente al *campo. ‖ Áspero, *inculto. ‖ fig. *Tosco, *grosero.
agrete. adj. d. de **Agrio.** Ú. t. c. s.
agriamente. adv. m. fig. Con acritud. ‖ fig. **Amargamente.**
***agriar.** tr. Poner *agria alguna cosa. Ú. m. c. r. ‖ fig. *Irritar, excitar los ánimos; *agravar la discordia. Ú. t. c. r.
agriaz. m. **Cinamomo.**
***agrícola.** adj. Concerniente a la agricultura. ‖ com. **Agricultor, ra.**
agricultor, ra. m. y f. Persona que *cultiva la tierra.
***agricultura.** f. Cultivo de la tierra. ‖ Arte de cultivar la tierra.
agridulce. adj. Que tiene mezcla de agrio y de dulce. Ú. t. c. s.
agrietamiento. m. Acción y efecto de agrietar o agrietarse.
agrietar. tr. Abrir grietas. Ú. m. c. r.
agrifada. adj. V. **Letra agrifada.**
agrifolio. m. **Acebo.**
agrilla. f. **Acedera.**
agrillarse. r. **Grillarse** los *tallos.
agrimensor. m. Perito en agrimensura.
***agrimensura.** f. Arte de medir tierras.
agrimonia. f. *Planta rosácea.
agrimoña. f. **Agrimonia.**
***agrio, gria.** adj. **Ácido.** ‖ fig. Dícese del terreno *escabroso.‖ fig. Áspero, *desabrido. ‖ fig. Dícese del *metal *frágil, quebradizo. ‖ **Pint.* Dícese del colorido en que el contraste es muy violento. Ú. t. c. s. ‖ m. pl. Frutas **agrias,** como el *limón y otras semejantes. ‖ **Mascar las agrias.** fr. fig. *Disimular.
agrión. m. **Veter.* Tumefacción que suelen padecer las caballerías en el corvejón. ‖ **Agriaz.**
agripalma. f. *Planta labiada.
agrisado, da. adj. **Gríseo.**
agrisar. tr. Dar color gris.
agrisetado, da. adj. Parecido a la griseta, *tela.
agro. m. *Territorio jurisdiccional de ciertas ciudades. ‖ Extensión grande de *campo.
agro, gra. adj. ***Agrio.**
agronometría. f. **Topogr.* Ciencia que trata de la medición de grandes extensiones del campo.
agronomía. f. Conjunto de conocimientos aplicables al *cultivo de la tierra.
agronómico, ca. adj. Perteneciente o relativo a la agronomía.
agrónomo. m. Persona que profesa la agronomía. Ú. t. c. adj.
agropecuario, ria. adj. Perteneciente a la *agricultura y a la *ganadería juntamente.
agrumar. tr. Hacer que se formen grumos. Ú. t. c. r.
agrupación. f. Acción y efecto de agrupar o agruparse. ‖ *Conjunto de personas agrupadas.
agrupamiento. m. **Agrupación.**
agrupar. tr. *Reunir en grupo, apiñar. Ú. t. c. r.
agrura. f. Calidad de *agrio. ‖ Conjunto de árboles que producen frutas agrias. ‖ pl. **Agrios,** frutas agrias, como el limón.
***agua.** f. Líquido transparente, inodoro e insípido, que forma la lluvia y corre por los ríos y arroyos. También forma, con ciertas sales, el contenido de los mares. Es un compuesto de oxígeno e hidrógeno. ‖ Líquido que se obtiene por infusión, disolución o maceración de flores, plantas o frutos, y se usa en medicina o *perfumería. ‖ ***Lluvia.** ‖ *Arq.* Vertiente de un *tejado. ‖ **Mar.* Grieta o agujero por donde entra en la embarcación el **agua.** ‖ *Mar.* ***Marea.** ‖ pl. Visos o *reflejos que tienen algunas *telas, *plumas, *piedras preciosas*, *maderas, etc. ‖ ***Orina.** ‖ Manantial de **aguas** mineromedicinales. ‖ *Mar.* Las del mar, hasta cierta distancia de la costa. ‖ **Mar.* Corrientes del *mar. ‖ **Mar.* Estela o camino que ha seguido un buque. ‖ **Agua artesiana.** La de los pozos artesianos. ‖ **bendita.** La que bendice el sacerdote para usos *litúrgicos. ‖ **blanca.** La disolución en **agua** de acetato de plomo. ‖ **Veter.* La que se prepara con salvado y se da a beber a las caballerías. ‖ **cibera. Aguacibera.** ‖ **compuesta.** *Bebida que se hace de **agua,** azúcar y el zumo de algunas frutas. ‖ **cruda.** La que lleva en disolución mucho yeso. ‖ **cuaderna.** *Mar.* La que se halla encima de la cara alta de las cuadernas. ‖ **de azahar.** **Farm.* La que se prepara con la flor del naranjo. ‖ **de cal.** La que se prepara con cien partes de **agua** y una de cal. ‖ **de cepas.** fam. **Vino.** ‖ **de cerrajas.** La que se saca de la hierba cerraja. ‖ fig. Cosa *insignificante. ‖ **del amnios.** **Embriol.* Líquido contenido en la cavidad del amnios. ‖ **delgada.** La que tiene en disolución una cantidad muy pequeña de sales. ‖ **de nafa. Agua de azahar.** ‖ **de olor.** La que está compuesta con substancias aromáticas. ‖ **de palo.** **Farm.* Cocimiento de guayaco para curar el mal venéreo. ‖ **de pie.** El **agua** corriente. ‖ **de socorro.** *Bautismo administrado sin solemnidades, en caso de necesidad. ‖ **dulce.** La potable de poco o ningún sabor. ‖ **fuerte.** Ácido nítrico diluido en corta cantidad de **agua.** ‖ **Grabado al agua fuerte.** ‖ **gorda.** La que tiene en disolución gran cantidad de sales. ‖ **herrada.** Aquella en que se ha apagado hierro candente. ‖ **lustral.** Aquella con que se rociaban las víctimas para los *sacrificios. ‖ **lluvia.** La que cae de las nubes. ‖ **manantial.** La que brota de la tierra. ‖ **mineral.** La que lleva en disolución substancias minerales. ‖ **mineromedicinal.** La mineral que se usa para la curación de alguna dolencia. ‖ **muerta.** La estancada y sin corriente. ‖ **nieve.** La que cae de las nubes mezclada con nieve. ‖ **pesada.** Aquella en cuya composición entran dos *átomos de deuterio en lugar del hidrógeno. ‖ **regia.** **Quím.* Combinación del ácido nítrico con el clorhídrico. ‖ **termal.** La que brota del manantial con temperatura superior a la atmosférica. ‖ **tofana.** *Veneno muy activo. ‖ **vidriada.** **Cetr.* Especie de moquillo que suelen padecer los halcones. ‖ **viento.** *Lluvia con viento fuerte. ‖ **viva.** La que mana y corre naturalmente. ‖ **Aguas de creciente.** *Mar.* Flujo del mar. ‖ **del pantoque.** *Mar.* En el sentido horizontal, las que median entre la proa y la popa. ‖ **del timón.** *Mar.* Corriente producida por la marcha del buque. ‖ **de menguante.** *Mar.* Reflujo del mar. ‖ **falsas.** Las que se encuentran a poca profundidad y no son permanentes. ‖ **firmes.** Las de pozo o manantial perenne. ‖ **jurisdiccionales.** Las que están sujetas a la jurisdicción de un Estado hasta cierta distancia de la costa. ‖ **madres.** *Quím.* Las que restan de una disolución salina que no da ya más cristales. ‖ **mayores.** *Excremento humano. ‖ *Mar.* Las grandes *mareas de los equinoccios. ‖ **menores.** *Orina del hombre. ‖ *Mar.* *Mareas diarias. ‖ **muertas.** *Mar.* Mareas menores. ‖ **vivas.** *Mar.* Crecientes del mar. ‖ **Agua abajo.** m. adv. Con la corriente natural del **agua.** ‖ **Agua arriba.** m. adv. Contra la corriente natural del **agua.** ‖ fig. Con gran *dificultad. ‖ **Bailarle** uno **el agua delante** a otro. fr. fam. Adelantarse a sus deseos, por *halago o adulación. ‖ **Bañarse** uno **en agua rosada.** fr. fig. Alegrarse del bien ajeno, *congratularse. ‖ Sentir *envidia; alegrarse del daño ajeno. ‖ **Coger las aguas.** fr. *Arq.* Concluir de cubrir un edificio, ponerle el *tejado. ‖ **Como agua.** loc. fam. Con *abundancia. ‖ **Convertirse** una cosa **en agua de cerrajas.** fr. fig. *Malograrse. ‖ **Echar el agua.** fr. ***Bautizar.** ‖ **Echarse** uno **al agua.** fr. fig. Decidirse a arrostrar algún *peligro. ‖ **Echar** uno **toda el agua al molino.** fr. fig. Hacer todo el *esfuerzo para conseguir lo que desea. ‖ **Embarcar agua** un buque. fr. *Mar.* Recibir la del mar por encima de las bordas. ‖ **Entre dos aguas** m. adv. fig. y fam. Con duda y *vacilación. ‖ **Estar** uno **con el agua al cuello.** fr. fig. y fam. Estar en gran *dificultad o *peligro. ‖ **Hacer agua** un buque. fr. *Mar.* Recibirla por alguna grieta. ‖ **Hacer aguas.** fr. ***Orinar.** ‖ **Hacérsele** a uno **agua,** o **una agua la boca.** fr. fam. Recordar con deleite algún manjar. ‖ **Meterse en agua** el tiempo, el día, etc. fr. Hacerse lluvioso. ‖ **Tomar el agua.** fr. *Mar.* Tapar los agujeros por donde penetra en el buque.
aguacatal. m. Terreno poblado de aguacates.
aguacate. m. *Árbol de las lauráceas, cuyo fruto, parecido a una pera grande, se come con sal. ‖ Fruto de este árbol.
aguacatillo. m. *Árbol de las lauráceas, cuyo fruto comen los cerdos.
aguacero. m. *Lluvia copiosa y de corta duración.

aguacibera. f. Agua de *riego.
aguacil. m. **Alguacil.**
aguacha. f. *Agua encharcada y corrompida.
aguachar. m. **Charco.**
aguachar. tr. **Enaguachar.** Ú. t. c. r.
aguacharnar. tr. **Enaguazar.**
aguachas. f. pl. **Alpechín.**
aguachento, ta. adj. Aplícase a lo que pierde su *sabor por exceso de agua.
aguachinar. tr. **Enaguazar.**
aguachirle. f. Aguapié de ínfima calidad. ‖ fig. Cualquier *bebida sin fuerza ni substancia. ‖ fig. Cosa *insignificante.
aguada. f. **Albañ.* Color que se da a una pared para quitarle la mucha blancura del yeso. ‖ Sitio a propósito para surtirse de *agua potable. ‖ *Mar.* Provisión de agua potable. ‖ *Min.* *Inundación de una mina. ‖ **Pint.* Color disuelto en agua, sola o con ciertos ingredientes. ‖ **Pint.* Pintura hecha con colores así preparados. ‖ pl. Aguas potables. ‖ **Hacer aguada** un buque. fr. *Mar.* Surtirse de agua potable.
aguadera. adj. Dícese de una *capa impermeable. ‖ f. *Cetr.* Cada una de las *plumas anchas, que están después de las remeras del ala. ‖ pl. *Armazón para llevar a lomos cántaros o barriles de agua.
aguadero. m. **Abrevadero.** ‖ Sitio adonde van a beber algunos animales salvajes.
aguadija. f. *Humor claro que se forma en las llagas.
aguadillo. m. Gazpacho con mucha agua.
aguado, da. adj. **Abstemio.** ‖ Que tiene agua.
aguador, ra. m. y f. Persona que se dedica a llevar o vender *agua. ‖ m. Cada uno de los palos que unen los aros de que se compone la rueda vertical de la *noria.
aguaduchar. tr. ant. **Enaguazar.**
aguaducho. m. *Inundación, avenida impetuosa. ‖ Puesto donde se vende *agua.
aguadura. f. **Veter.* **Infosura.** ‖ **Veter.* Absceso del casco de las caballerías.
aguafiestas. com. Persona que *perturba cualquier diversión.
aguafuerte. f. Lámina *grabada al agua fuerte. ‖ Estampa obtenida con esta lámina.
aguagoma. f. Disolución de goma que usan los *pintores para desleír los colores.
aguagriero, ra. adj. Dícese de la persona que va a tomar las aguas ácidas del algún manantial. Ú. t. c. s.
aguaitacaimán. m. *Ave zancuda.
aguaitador, ra. adj. Que aguaita. Ú. t. c. s.
aguaitamiento. m. Acción de aguaitar.
aguaitar. tr. **Acechar.**
aguajaque. m. *Resina que destila el hinojo.
aguaje. m. **Aguadero** de palomas. ‖ *Mareas. ‖ *Mar.* Corrientes del *mar. ‖ *Mar.* **Aguada.** ‖ *Mar.* **Estela.** ‖ **Hacer aguaje.** fr. *Mar.* Correr con violencia las aguas del *mar.
aguají. m. *Pez acantopterigio de las Antillas.
aguallevado. m. Limpieza que se hace de las acequias y *canales dejando que la misma corriente arrastre el fango removido.
aguamala. f. **Medusa.**
aguamanil. m. Jarro o *vasija de pico para el agua de *lavarse las manos. ‖ *Jofaina para lavarse las manos. ‖ Por ext., **palanganero.**
aguamanos. m. Agua para lavar las manos. ‖ **Aguamanil,** jarro. ‖ **Dar aguamanos** a uno. fr. Servirle el agua para que se *lave las manos.
aguamar. m. **Aguamala.**
aguamarina. f. Variedad de berilo.
aguamelado, da. adj. Mojado o bañado con aguamiel.
aguamiel. f. Agua con *miel. ‖ Jugo del maguey.
aguanafa. f. Agua de azahar.
aguanal. m. *Surco para el *desagüe de los sembrados.
aguanés, sa. adj. Aplícase a la res *vacuna que tiene los costados de color distinto del de la barriga y del lomo.
aguanieve. f. **Agua nieve.**
aguanieves f. ***Aguzanieves.**
aguanosidad. f. Humor acuoso.
aguanoso, sa. adj. Empapado de *agua o muy *húmedo. ‖ *Jugoso.
aguantable. adj. Que se puede aguantar.
aguantar. tr. *Detener. ‖ Sufrir, *tolerar. ‖ *Resistir. ‖ *Mar.* *Atirantar un *cabo. ‖ **Taurom.* Matar en la misma postura en que se cita al toro y resistiendo su embestida. ‖ r. *Callarse.
aguante. m. Tolerancia, *paciencia. ‖ Fuerza para *resistir. ‖ fig. *Entereza.
aguañón. adj. V. **Maestro aguañón.**
aguapié. m. *Vino muy bajo que se hace añadiendo agua al orujo. ‖ **Agua de pie.**
aguar. tr. Añadir agua al vino o a otra bebida. Ú. t. c. r. ‖ fig. *Perturbar una fiesta, regocijo o alegría. Ú. t. c. r. ‖ r. Llenarse de agua algún sitio o *inundarse algún terreno. ‖ **Veter.* Dícese de las caballerías que enferman por haber bebido estando sudadas.
aguará. m. Especie de *zorra de la Argentina.
aguaraibá. m. **Turbinto.**
aguardada. f. Acción de aguardar.
aguardadero. m. **Aguardo,** para *cazar.
aguardador, ra. adj. Que aguarda. Ú. t. c. s.
***aguardar.** tr. Esperar alguna cosa. Ú. t. c. intr. ‖ Esperar a una persona que ha de venir o alguna cosa que ha de suceder. ‖ Dar tiempo al *deudor, para que pague.
aguardentería. f. Tienda en que se vende *aguardiente.
aguardentero, ra. m. y f. Persona que vende *aguardiente.
aguardentoso, sa. adj. Que tiene *aguardiente. ‖ Que parece de aguardiente. ‖ Dicho de la *voz, bronca.
***aguardiente.** m. Licor que, por destilación, se saca del vino y de otras substancias. ‖ **alemán.** **Farm.* Tintura alcohólica de jalapa, que se usa como purgante. ‖ **de cabeza.** El primero que sale de la destilación. ‖ **de caña.** El que se saca de la melaza.
aguardillado, da. adj. De figura de guardilla.
aguardo. m. Paraje oculto para aguardar la *caza. ‖ **Espera.**
aguarrás. m. Aceite de trementina, que se emplea para preparar *barnices y *pintura.
aguate. m. *Sopa o guisado que contiene exceso de agua.
aguatiello. m. Abertura de *desagüe.
aguatinta. f. **Acuatinta.**
aguatocha. f. ***Bomba.**
aguaturma. f. *Planta compuesta, de *tubérculos comestibles. ‖ *Tubérculo de esta planta, llamado también pataca.
aguaverde. f. Medusa verde.
aguaviento. m. **Agua viento.**
aguavientos. m. *Planta labiada.
aguavilla. f. **Gayuba.**
aguay. m. *Árbol de las apocináceas.
aguaza. f. **Veter.* Humor acuoso que se produce en algunos tumores. ‖ *Jugo de algunas plantas.
aguazal. m. Sitio donde se estanca el agua de lluvia.
aguazar. tr. **Encharcar.** Ú. t. c. r.
aguazo. m. **Pint.* Pintura a la aguada sobre lienzo blanco.
aguazoso, sa. adj. **Aguanoso.**
aguazul. m. **Algazul.**
aguazur. m. **Algazul.**
agudamente. adv. m. Con agudeza o *ingenio.
agudeza. f. Sutileza en la *punta o *filo de alguna cosa. ‖ Viveza y penetración del *dolor. ‖ fig. Perspicacia de los *sentidos. ‖ fig. Viveza de *ingenio. ‖ fig. Dicho agudo, *donaire. ‖ fig. *Prontitud.
agudizar. tr. Hacer aguda una cosa. ‖ r. Tomar carácter agudo una *enfermedad.
agudo, da. adj. Dícese del *corte o *punta muy delgados. ‖ fig. Sutil, *ingenioso. ‖ fig. Gracioso y oportuno. ‖ fig. Aplícase al dolor vivo y penetrante. ‖ fig. Dícese de la *enfermedad que alcanza pronto su intensidad máxima. ‖ fig. Se aplica a los *sentidos que perciben y distinguen con gran finura las sensaciones. ‖ fig. Dícese del olor subido. ‖ fig. Rápido, *veloz. ‖ *Mús.* Dícese del *sonido alto. ‖ **Pros.* Dícese de la palabra cuyo acento prosódico carga en la última sílaba. ‖ m. Aire con que termina el *baile de pandera.
aguedal. m. *Jardín marroquí con pabellones.
aguedita. f. *Árbol de las terebintáceas.
agüela. f. fam. **Abuela.** ‖ *Germ.* ***Capa.**
agüelo. m. fam. **Abuelo.**
agüera. f. Zanja o *canal para el agua llovediza.
agüero. m. *Presagio sacado del canto o vuelo de las aves o de otros indicios semejantes. ‖ Indicio o *señal de cosa futura. ‖ Predicción *supersticiosa.
aguerrido, da. adj. Ejercitado en la guerra.
aguerrir. tr. defect. Acostumbrar a la guerra. Ú. t. c. r.
agüetas. f. pl. **Aguachirle.**
aguí. f. Miel.
aguiero. m. *Madero rollizo de castaño.
aguija. f. **Guija.**
***aguijada.** f. Vara larga con punta de hierro que se usa para estimular a los bueyes y caballerías. ‖ Vara larga con un hierro de figura de paleta, que se usa para quitar la tierra que se pega a la reja del *arado.
aguijadera. f. **Aguijada.**
aguijador, ra. adj. Que aguija. Ú. t. c. s.
***aguijadura.** f. Acción y efecto de aguijar.
***aguijar.** tr. Picar con la *aguijada. ‖ fig. Estimular a las bestias con la voz o de otro modo. ‖ fig. **Estimular,** *incitar. ‖ intr. *Andar velozmente.
aguijón. m. *Punta de la *aguijada. ‖ Púa que en el abdomen tienen algunos *insectos y *arácnidos. ‖ Púa o *espina de las plantas. ‖ **Acicate.** ‖ **Estímulo,** *incitación.
aguijonada. f. **Aguijonazo.**
aguijonamiento. m. Acción y efecto de aguijonear.
aguijonazo. m. Punzada de aguijón.
aguijoneador, ra. adj. Que aguijonea. Ú. t. c. s.

aguijonear. tr. **Aguijar,** picar con la aguijada y estimular.
águila. f. *Ave rapaz diurna. || *Insignia de la legión romana. || Nombre de varias *monedas de oro, antiguas y modernas. || fig. Persona de mucho *talento. || *Astr.* *Constelación septentrional. || m. *Pez parecido a la raya. || **barbuda. Quebrantahuesos.** || **bastarda. Águila calzada.** || **blanca.** Especie de buitre. || **calzada.** La de tarsos enteramente cubiertos de plumas.|| **caudal,** o **caudalosa. Águila real.** || **exployada.** **Blas.* La de dos cabezas. || **imperial.** La de color casi negro. || **pasmada.** **Blas.* La que tiene plegadas o cerradas las alas. || **real.** La que tiene cola redondeada de mayor tamaño que las comunes.
aguilando. m. **Aguinaldo.**
aguileña. f. *Planta ranunculácea.
aguileño, ña. adj. Dícese de la *cara larga y delgada. || Dícese de la *nariz algo corva. || Perteneciente al águila. || m. *Germ.* **Aguilucho,** *ladrón.
aguilita. m *Policía, guardia.
aguilón. m. aum. de **Águila.** || Brazo de una *grúa. || *Caño de barro. || *Albañ.* *Teja o pizarra cortada en ángulo. || *Arq.* *Madero puesto diagonalmente en las armaduras de faldón. || **Blas.* Águila sin pico ni garras.
aguilonia. f. **Nueza.**
aguilucho. m. Pollo del águila. || Águila bastarda. || *Germ.* *Ladrón que entra a la parte.
aguín. m. *Arbusto de las coníferas.
aguinaldo. m. *Regalo que se da en Navidad. || Bejuco de las convolvuláceas.
agüío. m. Pájaro canoro.
agüista. com. Persona que asiste a un establecimiento para tomar aguas minerales.
aguizgar. tr. fig. **Aguijar,** *estimular.
***aguja.** f. Barrita de acero terminada en punta por un extremo y con un ojo en el otro, por donde se pasa el hilo para coser, bordar, etc. También las hay de hueso, madera y otros materiales. || Barrita de metal, sin punta ni ojo, que se usa para hacer *media. || Manecilla o indicador que se mueve en un disco graduado, como en el reloj, barómetro, etc. || Alfiler grande, de cabeza adornada, que se usa para el *tocado de las mujeres. || Pincho de los empleados de *consumos. || Varilla para asegurar los panales en las *colmenas. || Herramienta de punta encorvada que usan los *encuadernadores. || Horquilla para hacer malla. || En algunas *armas de fuego*, punzón que choca con el fulminante. || Buril que se usa para *grabar. || Cada uno de los dos trozos de *carril, articulados por uno de sus extremos, que sirve para hacer cambiar de vía a los carruajes. || Barra con agujeros y pasadores en sus extremos, para sujetar los tableros de un tapial. || Puntal de un *puente. || Obelisco, *monumento. || Chapitel alto y estrecho de una *torre. || *Pastel relleno de carne o pescado picados. || *Pez lofobranquio. || *Planta geraniácea. || Estaca agujereada que sirve para formar un *cercado. || *Agr.* Púa de un *injerto. || **Impr.* Arruga que forma el papel. || Pinzote del *timón. || pl. En los cuadrúpedos, costillas del cuarto delantero. || **Veter.* Enfermedad del caballo. || **Aguja capotera.** La más gruesa que usan las costureras. || **colchonera.** La grande que usan los colchoneros. || **de arria. Aguja espartera.** || **de bitácora.** *Mar.* **Aguja de marear.** || **de fogón.** **Artill.* Punzón de acero que se usaba para romper el cartucho. || **de gancho.** La que tiene una punta en forma de gancho, y sirve para hacer labores de punto. || **de marcar.** *Mar.* Aparato compuesto de una brújula y una alidada.|| **de marear.** *Mar.* **Brújula.** || **de pastor. Aguja,** planta geraniácea. || **de toque.** Cada una de las puntas de *oro o *plata de diferente ley de que se sirven los ensayadores. || **de Venus. Aguja de pastor.** || **de verdugado.** La más gruesa que usan los sastres. || **espartera.** La que sirve para coser *esteras. || **loca.** La magnética, cuando no se mantiene fija en dirección del Norte. || **magnética. Brújula.** || **paladar.** *Pez que tiene el cuerpo cubierto de escamas huesosas. || **Conocer** uno **la aguja de marear.** fr. fig. y fam. Tener *habilidad para manejar los negocios.
agujadera. f. Mujer que trabaja en *bonetes u otras cosas de punto.
agujal. m. *Agujero que queda en las *paredes al sacar las agujas de los tapiales.
agujerar. tr. **Agujerear.**
***agujerear.** tr. Hacer agujeros. Ú. t. c. r.
***agujero.** m. Abertura, generalmente redonda. || El que hace o vende *agujas. || **Alfiletero.**
agujeruelo. m. d. de **Agujero.**
agujeta. f. *Correa o *cinta con un herrete en cada punta, que sirve para *atar, ajustar o *ceñir la ropa o el calzado. || pl. *Dolores que ocasiona el excesivo ejercicio corporal. || *Propina.
agujetería. f. Oficio de agujetero. || Tienda de agujetero.
agujetero, ra. m. y f. Persona que hace o vende agujetas.
agujetilla. f. Muelle de las antiguas *armas de fuego*.
agujuela. f. d. de **Aguja.** || *Clavo algo mayor que la tachuela.
aguosidad. f. *Humor, serosidad.
aguoso, sa. adj. **Acuoso.**
¡agur! interj. que se usa para *despedirse.
agusanado, da. adj. Que tiene *gusanos o está roído por ellos.
agusanamiento. m. Acción y efecto de agusanarse.
agusanarse. r. Llenarse de *gusanos.
agustinianismo. m. Doctrina teológica de San Agustín.
agustiniano, na. adj. **Agustino.** || Perteneciente a la orden o doctrina de San Agustín.
agustino, na. adj. Aplícase al *religioso o religiosa de la orden de San Agustín. Ú. t. c. s.
agutí. m. *Mamífero roedor.
aguzadero, ra. adj. Que sirve para *aguzar. || f. Piedra de *afilar. || m. *Mont.* Sitio donde los *jabalíes suelen acudir a aguzar los colmillos.
aguzador, ra. adj. Que aguza. Ú. t. c. s.
aguzadura. f. Acción y efecto de *aguzar. || Cantidad de *acero que se añade para renovar la punta de la reja del *arado, la del pico o de otras herramientas.
aguzamiento. m. **Aguzadura.**
***aguzanieves.** f. Pájaro pequeño, ceniciento por encima, blanco por el vientre, y con alas y cola negras.
***aguzar.** tr. Sacar punta a una cosa. || **Afilar.** || fig. **Aguijar,** estimular, *incitar. || fig. Hablando de los dientes, prepararse para *comer. || fig. Hablando de la *inteligencia o de los *sentidos, hacerlos más perspicaces. || **Azuzar.**
aguzonazo. m. **Hurgonazo.**
aguzos. m. pl. Ramas de brezo usadas como antorchas para *alumbrarse.
¡ah! interj. con que se expresan los más diversos sentimientos.
ahajar. tr. **Ajar.**
ahé. adv. ant. He aquí.
ahebrado, da. adj. Compuesto de hebras.
ahechadero. m. Lugar destinado para ahechar.
ahechador, ra. adj. Que ahecha. Ú. t. c. s.
ahechadura. f. *Desperdicio que queda de ahechar los granos. Ú. m. en pl.
ahechar. tr. Limpiar con la *criba el trigo u otras semillas.
ahecho. m. Acción de ahechar.
ahelear. tr. Poner alguna cosa *amarga como *hiel. || intr. Tener sabor *amargo como la hiel.
ahelgado, da. adj. **Helgado.**
ahembrado, da. adj. **Afeminado.**
aherrojamiento. m. Acción y efecto de aherrojar.
aherrojar. tr. Poner a alguno grilletes o *prisiones de hierro. || fig. *Oprimir.
aherrumbrar. tr. Dar color o sabor de *hierro. || r. Tomar una cosa color o sabor de hierro. || Cubrirse de *herrumbre.
ahervorarse. r. **Pat. Veg.* *Fermentar el *trigo u otras semillas cuando están en montones.
ahí. adv. l. En ese *lugar, o a ese lugar. || En esta o esa cosa. || **De ahí.** De eso. || **Por ahí.** Por eso. || Por lugares *cercanos. || **De por ahí.** m. adv. con que se denota ser *vulgar y corriente alguna cosa. || **Por ahí, por ahí.** m. adv. **Poco más o menos,** *aproximadamente.
ahidalgadamente. adv. m. **Hidalgamente.**
ahidalgado, da. adj. Aplícase a la persona que muestra las cualidades propias de los hidalgos o *nobles. || Dícese también de las acciones nobles y *altruistas.
ahigadado, da. adj. *Valiente.
ahijadero. m. *Prado en que ahíjan las ovejas.
ahijado, da. m. y f. Cualquiera persona, respecto de sus *padrinos.
ahijador. m. *Pastor que cuida de las ovejas paridas y de las crías.
ahijar. tr. Prohijar o *adoptar al hijo ajeno. || Acoger cualquier animal al hijo ajeno para criarlo. || Poner a cada *cordero u otro animal con su propia madre o con otra para que lo críe. || fig. *Atribuir o imputar. || intr. Tener hijos. || *Agr.* *Retoñar una planta.
ahilado, da. adj. Dícese del *viento suave.
ahilar. tr. Poner en *fila. || intr. Ir en fila. || r. *Desmayarse. || Hacer hebra algunos líquidos *fermentados. || *Adelgazarse por alguna enfermedad. || Criarse débiles las plantas. || Criarse altos, derechos y con pocas ramas los árboles.
ahílo. m. Acción y efecto de ahilar o ahilarse.
ahincadamente. adv. m. Con ahínco.
ahincado, da. adj. Eficaz, *vehemente.
ahincar. tr. *Incitar con ahínco, apremiar. || r. Apresurarse, darse *prisa.
ahínco. m. *Esfuerzo, empeño o diligencia grande.
ahitar. tr. Causar ahíto. Ú. t. c. intr. || r. Comer hasta ponerse ahíto.
ahitera. f. fam. Ahíto, *indigestión.
ahíto, ta. adj. Aplícase al que padece embarazo de estómago. || fig. *Cansado, *harto. || m. Indigestión o embarazo de *estómago.

ahobachonado, da. adj. fam. Apoltronado, entregado a la *pereza.
ahocicar. tr. fam. *Vencer a uno en la *discusión obligándole a reconocer su error. ‖ intr. Rendirse en la discusión. ‖ Meter el buque la proa en el agua por llevar la *carga mal estibada.
ahocinarse. r. Correr los *ríos por hocinos estrechos y profundos.
ahogadero. m. Cordel delgado que se echaba a los que se *ahorcaban para ahogarlos pronto. ‖ Sitio en que hay excesiva *concurrencia. ‖ Cuerda de la *cabezada, que se ciñe al cuello. ‖ **Ahogador,** *collar de las mujeres.
ahogadizo, za. adj. Que se puede fácilmente ahogar. ‖ fig. Dícese de la *madera que, por ser muy pesada, se hunde en el agua.
ahogado, da. adj. Se dice del sitio *estrecho y poco aireado. ‖ m. y f. Persona que muere *ahogada en el agua.
ahogador, ra. adj. Que ahoga. Ú. t. c. s. ‖ m. *Collar que usaban las mujeres.
***ahogamiento.** m. Acción y efecto de ahogar. ‖ fig. **Ahogo.**
***ahogar.** tr. Matar a una persona o animal sumergiéndolos en el agua o impidiéndoles la respiración de otro modo. Ú. t. c. r. ‖ Matar a las plantas el exceso de agua. Ú. t. c. r. ‖ *Apagar el fuego. ‖ fig. Extinguir, *suprimir. Ú. t. c. r. ‖ fig. *Oprimir, fatigar. Ú. t. c. intr. y c. r. ‖ **Culin.* Estofar o rehogar. ‖ r. Carecer del espacio necesario. ‖ *Mar.* Sumergirse una cosa en el agua.
ahogaviejas. f. **Quijones,** hierba aromática, de las umbelíferas.
ahogo. m. fig. Aprieto, *dificultad. ‖ *Aflicción, congoja. ‖ **Ahoguío.** ‖ fig. Estrechez, *pobreza, escasez. ‖ *Salsa para rehogar.
ahoguijo. m. *Veter.* **Angina.**
ahoguío. m. Opresión y fatiga que dificultan la *respiración.
ahojar. intr. **Ramonear.**
ahombrado, da. adj. fam. **Hombruno.**
***ahondar.** tr. Hacer más *honda alguna cosa. ‖ *Excavar. ‖ *Introducir una cosa en otra más de lo que ya está. Ú. t. c. intr. y c. r. ‖ fig. *Investigar lo más profundo de un asunto.
ahonde. m. Acción de ahondar. ‖ **Mín.* Excavación que debía hacerse en las minas para conseguir la propiedad.
ahora. adv. t. A esta hora, en el tiempo *actual o presente. ‖ fig. En momento *reciente. ‖ fig. Dentro de poco tiempo, *pronto. ‖ conj. distrib. **Ora.** ‖ **Ahora bien.** m. adv. Dando por *supuesto lo que antecede. ‖ **Ahora que.** m. conj. que equivale a **pero.** ‖ **Por ahora.** m. adv. **Por el,** o **lo, pronto.**
ahorcadizo, za. adj. Persona *perversa, digna de ser ahorcada.
ahorcado, da. m. y f. Persona ajusticiada en la *horca. ‖ p. us. Persona condenada a morir en ella. ‖ pl. *Calzado parecido a los borceguíes.
ahorcadura. f. Acción de ahorcar o ahorcarse.
ahorcajarse. r. Ponerse a horcajadas.
***ahorcamiento.** m. Acción y efecto de *ahorcar.
ahorcaperros. m. *Mar.* *Nudo corredizo.
***ahorcar.** tr. Matar a uno echándole un lazo al cuello y colgándole de él en la horca u otra parte. Ú. t. c. r. ‖ En el juego del *dominó, impedir al contrario la colocación de las dobles.
ahorita. adv. t. fam. **Ahora.**
ahormar. tr. Ajustar una cosa a su *molde. Ú. t. c. r. ‖ fig. *Persuadir, hacer entrar en razón a alguno. ‖ **Taurom.* Obligar al toro con pases de muleta a que coloque la cabeza a la altura conveniente.
ahornagamiento. m. Acción y efecto de ahornagarse.
ahornagarse. r. *Secarse o abrasarse la tierra y sus frutos por el excesivo calor.
ahornar. tr. **Enhornar.** ‖ r. Quemarse el *pan en el horno.
ahorquillar. tr. *Sujetar con *horquillas las ramas de los *árboles. ‖ Dar figura de *horquilla. Ú. m. c. r.
ahorradamente. adv. m. Libremente.
ahorrado, da. adj. **Horro,** *libre. ‖ ‖ Que ahorra.
ahuchador, ra. adj. Que ahúcha. Ú. t. c. s.
ahorramiento. m. Acción de ahorrar o ahorrarse.
***ahorrar.** tr. Dar libertad al *esclavo. ‖ → Separar y *guardar algo de lo destinado para el gasto ordinario. Ú. t. c. r. ‖ fig. *Evitar. Ú. t. c. r. ‖ Conceder a los *pastores cierto número de cabezas libres de todo pago y gasto. ‖ Quitarse una prenda de vestir. ‖ r. Aligerarse de ropa.
ahorrativa. f. **Ahorro.**
ahorrativo, va. adj. Dícese del que ahorra con exceso.
ahorría. f. Calidad de horro.
***ahorro.** m. Acción de ahorrar. ‖ Lo que se ahorra.
ahoyador. m. El que hace hoyos.
ahoyadura. f. Acción y efecto de ahoyar.
ahoyar. intr. Hacer hoyos.
ahuciar. tr. Esperanzar.
ahuchador, ra. adj. Que ahúcha. Ú. t. c. s.
ahuchar. tr. *Guardar en hucha o en lugar seguro. ‖ Ahuyentar, expulsar.
ahuchear. tr. *Reprobar públicamente con una grita o de otro modo.
ahucheo. m. Acción de ahuchear.
ahuecador, ra. adj. Que ahueca. ‖ m. Miriñaque.
ahuecamiento. m. Acción y efecto de ahuecarse. ‖ fig. *Orgullo, envanecimiento.
***ahuecar.** tr. Poner *hueca alguna cosa. ‖ Mullir, poner más *blanda o menos compacta alguna cosa que estaba apretada. Ú. t. c. r. ‖ **Ahuecar la *voz.** fig. Hablar en tono más grave que el natural. ‖ r. fig. y fam. **Hincharse.**
ahuehué. m. **Ahuehuete.**
ahuehuete. m. *Árbol de las coníferas, que se cultiva en los jardines.
ahuesado, da. adj. De color de hueso.
ahuizote. m. *Anfibio de Méjico que, según creencia vulgar, es animal maléfico. Tal vez sea el **ajolote.** ‖ Persona que *molesta e importuna. ‖ *Hechicería, agüero.
ahulado. m. Tela *impermeable, hule.
ahumada. f. *Señal que se hace en las atalayas, quemando paja u otra cosa.
ahumado, da. adj. Aplícase a los cuerpos que, sin estar ahumados propiamente, tienen color obscuro en la superficie o por transparencia.
***ahumar.** tr. Poner al humo alguna cosa. ‖ Llenar de humo. Ú. m. c. r. ‖ intr. Echar humo lo que se quema. ‖ r. Tomar los *guisos sabor a humo. ‖ fam. **Emborracharse.**
ahumear. intr. **Humear.** Ú. t. c. r.
ahusado, da. adj. De figura de huso.
ahusarse. r. Irse adelgazando alguna cosa hacia la *punta, como el huso.
ahuyentador, ra. adj. Que ahuyenta. Ú. t. c. s.
***ahuyentar.** tr. Hacer *huir. ‖ fig. *Apartar de sí lo que aflige o molesta. ‖ r. Alejarse huyendo.
aijada. f. **Aguijada.**
ailanto. m. *Árbol de las terebintáceas cuyas flores son de olor desagradable.
aimará. adj. Dícese de los *indios que habitan la región del lago Titicaca. Apl. a pers., ú. t. c. s. ‖ Propio o perteneciente a estos indios. ‖ m. Lengua **aimará.**
aína. adv. t. **Presto.** ‖ adv. m. **Fácilmente.** ‖ **Por poco.**
aínas. adv. t. y m. **Aína.** ‖ **No tan aínas.** m. adv. Con cierta *dificultad.
ainda. adv. c. *Además.
aindamáis. adv. c. fam. y fest. A más, *además.
aindiado, da. adj. Parecido a los *indios.
airadamente. adv. m. Con ira.
airado, da. adj. V. **Vida airada.**
airamiento. m. Acción y efecto de airar o airarse.
airampo. m. *Cacto del Perú, cuya semilla se emplea para teñir.
airar. tr. **Irritar.** Ú. t. c. r.
***aire.** m. Mezcla de gases, principalmente nitrógeno y oxígeno, que forma la atmósfera terrestre. ‖ **Atmósfera.** Ú. t. en pl. ‖ **Viento.** ‖ fig. *Aspecto. ‖ fig. *Vanidad. ‖ fig. Manera de andar las *caballerías. ‖ *Futilidad. ‖ fig. Finura o *perfección en el modo de hacer las cosas. ‖ fig. *Gallardía y garbo en los movimientos. ‖ fam. Ataque de *parálisis. ‖ **Mús.* Movimiento más o menos vivo o pausado con que se ejecuta una obra musical. ‖ Música con que se canta una *canción. ‖ Salida de dos *naipes iguales en el juego del monte. ‖ **Mús.* **Canción.** ‖ pl. *Cabellos. ‖ **Aire colado.** Viento frío que corre por un paraje estrecho. ‖ **de suficiencia.** fig. *Afectación de magisterio. ‖ **de taco.** fig. y fam. *Desenvoltura, desembarazo. ‖ **popular.** Canción característica del pueblo. ‖ **Al aire.** m. adv. En *joyería, modo de engastar las piedras de manera que queden visibles por encima y por debajo. ‖ fig. De manera *infundada. ‖ fig. **Al aire libre.** m. adv. Al *descubierto, a la intemperie. ‖ **Azotar el aire.** fr. fig. y fam. Fatigarse *inútilmente. ‖ **Beber los aires.** fr. fig. y fam. **Beber los vientos.** ‖ **Cortarlas** uno **en el aire.** fr. fig. y fam. **Matarlas en el aire.** ‖ **Creerse del aire.** fr. fig. y fam. *Creer con facilidad. ‖ **Dar aire.** fr. fig. y fam. Dicho de dinero, gastarlo pronto o *derrocharlo. ‖ **Dar con aire,** o **de buen aire.** fr. fig. y fam. Herir o golpear con violencia. ‖ **Darle** a uno **el aire de** alguna cosa. fr. fig. y fam. Presentirla. ‖ **Darle,** o **darse,** uno **un aire** a otro. fr. fig. y fam. Tener con él alguna *semejanza. ‖ **De buen,** o **mal aire.** m. adv. fig. De buen, o mal, *temple. ‖ **Disparar al aire.** fr. Disparar sin hacer puntería. ‖ **Echar al aire.** fr. fam. *Descubrir, *desnudar alguna parte del cuerpo. ‖ **En el aire.** m. adv. fig. Con *prontitud o brevedad. ‖ **Estar en el aire.** fr. fig. y fam. Estar *pendiente de algún suceso eventual. ‖ **Hacer aire** a uno. fr. fig. Impeler el **aire** hacia él para refrescarle. Ú. t. el verbo c. r. ‖ **Matarlas en el aire.** fr. fig. Mostrar *ingenio en las respuestas. ‖ **Mudar aires,** o **de aires.** fr. Cam-

biar de lugar o de clima para recobrar la salud. || fest. Salir desterrado. || **Por el aire,** o **los aires.** loc. fig. y fam. Con mucha *prontitud. || **Tomar el aire.** fr. *Pasearse por algún sitio descubierto.
aire. m. *Mamífero insectívoro de unos 30 centímetros de largo.
aireación. f. Acción y efecto de *airear o airearse.
***airear.** tr. Poner al aire o ventilar. || r. Ponerse al aire. || Coger un *resfriado.
aireo. m. Acción y efecto de airear.
airón. m. **Garza real.** || Penacho de *plumas que tienen en la cabeza algunas aves. || Adorno de plumas para el *sombrero o para el *tocado de las mujeres.
airón. adj. V. **Pozo airón.**
airosamente. adv. m. Con gallardía.
airosidad. f. *Gallardía en el manejo del cuerpo.
airoso, sa. adj. Se aplica al tiempo o sitio en que hace mucho *aire. || fig. Garboso o *gallardo. || fig. Dícese del que queda *victorioso en cualquier empeño, con felicidad o lucimiento.
aisagua. Cierta *comunidad religiosa de Marruecos.
aislacionismo. m. Tendencia opuesta al intervencionismo en los asuntos *internacionales.
aislacionista. adj. Perteneciente al aislacionismo. || Partidario de éste. Ú. t. c. s.
aisladamente. adv. m. Con aislamiento.
aislado, da. adj. *Solo, apartado. || Suelto, *inconexo.
aislador, ra. adj. *Fís.* Aplícase a los cuerpos que interceptan el paso a la *electricidad y al calor. Ú. t. c. s. m.
***aislamiento.** m. Acción y efecto de aislar o aislarse. || fig. *Abandono, desamparo.
***aislar.** tr. Circundar de agua por todas partes. || Dejar una cosa sola y *separada de otras. Ú. t. c. r. || fig. Retirar a una persona del trato y vida social. Ú. m. c. r. || **Electr.* Apartar un cuerpo electrizado de los que no lo están.
aja. f. p. us. **Azuela.**
¡aja! interj. fam. que se emplea para denotar *aprobación.
ajabardar. tr. Formar jabardos.
ajabeba. f. Flauta morisca.
ajada. f. *Salsa que se hace con pan, ajos machacados y sal.
¡ajajá! interj. fam. **¡Ajá!**
***ajamiento.** m. Acción y efecto de ajar o ajarse.
ajamonarse. r. fam. Hacerse jamona una *mujer.
aján. m. **Clemátide.**
ajaqueca. f. **Jaqueca.**
ajaquecarse. r. Padecer jaqueca.
ajar. m. Tierra sembrada de ajos.
***ajar.** tr. Deslucir o deteriorar alguna cosa manoseándola. Ú. t. c. r. || fig. *Ofender o *humillar a uno. || r. *Marchitarse las flores.
ajaraca. f. **Ornam.* Lazo.
ajaracado. m. **Ornam.* Dibujo o pintura que forma ajaracas.
ajarafe. m. *Llanura *alta. || *Azotea.
ajardinar. tr. Convertir en jardín.
ajaspajas. f. pl. *Paja o tallo seco de la *cebolla, ajo y otras plantas análogas. || Cosa *insignificante.
aje. m. **Achaque.** Ú. más en pl.
aje. m. *Planta dioscórea sarmentosa. Sus rizomas *tuberculosos son comestibles. || Rizoma de esta planta.
aje. m. Cochinilla de Honduras, de la que se obtiene color amarillo.
ajea. f. **Artemisa pegajosa.**
ajear. intr. Quejarse la *perdiz cuando se ve acosada.
ajebe. m. **Jebe.**
ajedrea. f. *Planta labiada, muy olorosa. Es planta de adorno y se usa como *condimento.
ajedrecista. com. Persona diestra en el ajedrez.
***ajedrez.** m. Juego entre dos personas, cada una de las cuales dispone de 16 piezas que se pueden mover, según ciertas reglas, sobre un tablero dividido en 64 casillas, la mitad blancas y las otras negras, dispuestas alternativamente. || Conjunto de piezas que sirven para este juego. || *Mar.* **Jareta** de madera.
ajedrezado, da. adj. Que forma cuadros como las casillas del ajedrez.
ajenabe. m. **Jenabe.**
ajenable. adj. ant. **Enajenable.**
ajenabo. m. **Jenabe.**
ajengibre. m. **Jengibre.**
ajenjo. m. Planta compuesta, muy amarga y algo aromática. || *Licor compuesto con esencia de **ajenjo** y otras hierbas.
ajeno, na. adj. Perteneciente a otro. || ***Extraño.** || ***Diverso.** || fig. Exento, *libre de alguna cosa. || fig. Impropio o no conforme. || **Estar** uno **ajeno de** una cosa. fr. No tener conocimiento de ella. || **Estar** uno **ajeno de sí.** fr. fig. Estar desprendido de su propio interés.
ajenuz. m. **Arañuela,** planta.
ajeo. m. Acción de ajear.
ajerezado, da. adj. Dícese del *vino parecido al jerez.
ajero, ra. m. y f. Persona que vende ajos.
ajete. m. d. de **Ajo.** || Ajo tierno. || **Ajipuerro.** || *Salsa de ajo.
ajetrear. tr. *Cansar a uno excesivamente haciéndole *andar de un lado a otro. Ú. t. c. r.
ajetreo. m. Acción de ajetrearse.
ají. m. **Pimiento.** || **Ajiaco.**
ajiaceite. m. Composición o *salsa hecha de ajos machacados y aceite.
ajiaco. m. *Salsa de ají. || **Culin.* Olla podrida que se hace de legumbres, carne y ají.
ajicero, ra. adj. Perteneciente o relativo al ají. || m. y f. Persona que vende ají.
ajicola. f. Cola de *pegar que se hace de retazos de piel cocidos con ajos.
ajigotar. tr. Hacer jigote.
ajilimoje. m. fam. **Ajilimójili.**
ajilimójili. m. fam. *Salsa para los guisados. || pl. fig. y fam. Agregados, *accesorios. || **Con todos sus ajilimójilis.** loc. fig. y fam. Con todos sus requisitos, *completo.
ajimez. m. *Ventana arqueada, dividida en dos por una columna. || *Balcón saliente con celosía.
ajipuerro. m. **Puerro silvestre.**
ajironar. tr. Echar jirones a la *ropa. ||Hacer *jirones.
ajizal. m. Tierra sembrada de ají.
***ajo.** m. Planta liliácea, cuyo *bulbo blanco, redondo y de olor fuerte, se usa mucho como condimento. || Cada una de las partes o dientes en que está dividido este *bulbo. || *Salsa que se hace con **ajos.** || fig. y fam. *Afeite de que usan las mujeres. || fig. y fam. Negocio poco decente o *intriga en que intervienen varias personas. || fig. y fam. **Palabrota.** || **blanco.** *Condimento o salsa que se hace con **ajos** crudos machacados, miga de pan, sal, aceite y vinagre. || *Sopa fría que se hace con esta salsa desleída en agua. || **cañete, castañete** o **castañuelo.** Variedad del **ajo** común. || **cebollino. Cebollino.** || **chalote,** o **de Ascalonia. Chalote.** || **porro,** o **puerro. Puerro.** || **Harto de ajos.** loc. fig. y fam. *Rústico y *grosero. || **Revolver el ajo.** fr. fig. y fam. Dar motivo para que se renueve la *discordia. || **Tieso como un ajo.** loc. fam. Dícese del que por afectación u *orgullo anda muy derecho y erguido.
¡ajo! interj. **¡Ajó!**
¡ajó! interj. con que se acaricia a los *niños. También se dice **¡ajó, taita!**
ajoarriero. m. Guiso de *bacalao aderezado con ajos, aceite y huevos.
ajobar. tr. *Llevar a cuestas, cargar con alguna cosa.
ajobero, ra. adj. Que ajoba. Ú. m. c. s.
ajobilla. f. *Molusco acéfalo, común en los mares de España.
ajobo. m. Acción de ajobar. || *Carga que se lleva encima. || fig. Molestia, *trabajo.
ajofaina. f. **Aljofaina.**
ajolín. m. *Insecto hemíptero, parecido a la chinche.
ajolio. m. **Ajiaceite.**
ajolote. m. *Anfibio comestible, que habita en los lagos de la América del Norte.
ajomate. m. *Alga de agua dulce, formada por filamentos muy delgados, de color verde subido.
ajonje. m. Substancia *viscosa, parecida a la liga, que se saca de la raíz de la ajonjera. || **Ajonjera.**
ajonjera. f. *Planta perenne (*cardo) de las compuestas. || **juncal. Condrila.**
ajonjero. adj. V. **Cardo ajonjero.** || m. **Ajonjera.**
ajonjo. m. **Ajonje.**
ajonjolí. m. *Planta sesámea, cuyas semillas, amarillentas y muy menudas, son comestibles. || *Simiente de esta planta.
ajonuez. m. *Salsa de ajo y nuez moscada.
ajoqueso. m. *Guisado en que entran el ajo y el queso.
ajorar. tr. Llevar *ganado de una parte a otra.
***ajorca.** f. Argolla de metal, que se usa como brazalete o en la garganta de los pies.
ajordar. intr. Levantar la *voz; gritar.
ajornalar. tr. Ajustar por jornal. Ú. t. c. r.
ajorro. adv. m. **A jorro.**
ajote. m. **Escordio.**
ajotrino. m. **Ajipuerro.**
ajovar. m. ant. **Ajuar.**
ajuagas. f. pl. **Veter.* Úlceras que se forman en los cascos de las caballerías.
ajuanetado, da. adj. **Juanetudo.**
ajuaneteado, da. adj. **Ajuanetado.**
***ajuar.** m. Conjunto de *muebles, utensilios y *ropas de uso común en la casa. || Conjunto de muebles y demás objetos que lleva la mujer al *matrimonio.
ajuarar. tr. *Amueblar.
ajudiado, da. adj. Que se parece a los judíos.
ajuiciado, da. adj. **Juicioso.**
ajuiciar. tr. Hacer que otro tenga *cordura o juicio. Ú. m. c. intr.
ajumarse. r. fam. *Emborracharse.
ajuntamiento. m. Acción y efecto de ajuntar o ajuntarse.
ajuntar. tr. **Juntar.** Ú. t. c. r.
ajustadamente. adv. m. Con arreglo a lo justo.
ajustado, da. adj. *Justo, recto. || *Estrecho, ceñido.
ajustador, ra. adj. Que ajusta. Ú. t. c. s. || m. Jubón que se ajusta al cuerpo. || Anillo que se coloca después de la *sortija para evitar que

ésta se salga. || Mecánico que da la última mano a las piezas de metal de una *máquina o aparato.
ajustamiento. m. **Ajuste.** || Documento en que figura el ajuste de una *cuenta.
ajustar. tr. Hacer y poner alguna cosa de modo que se adapte exactamente a otra. Ú. t. c. r. || *Acomodar una cosa a otra. || *Encajar las varias partes de un todo. Ú. t. c. r. || *Arreglar, moderar. Ú. t. c. r. || Concertar, *pactar alguna cosa. || *Conciliar a los discordes o enemistados. || Comprobar una *cuenta y liquidar su importe. || Concertar el *precio de alguna cosa. || *Contratar a una persona para algún *servicio. Ú. t. c. r. || *Impr.* Distribuir las galeradas en planas. || intr. Venir justo. || r. Acomodarse, conformarse. || rec. Ponerse de *acuerdo unas personas con otras.
ajuste. m. Acción y efecto de ajustar o ajustarse. || Unión o buen contacto de unas partes con otras para su exacto *acoplamiento.
ajusticiado, da. m. y f. Reo que ha sufrido la *pena de muerte.
ajusticiar. tr. Aplicar al reo la *pena de muerte.
al. Contracc. de la prep. **a** y el artículo **el.**
ál. pron. indet. Otra cosa.
***ala.** f. Parte del cuerpo de algunos animales, que les sirve para volar. || *Hilera o *fila. || **Helenio.** || Parte inferior del *sombrero que sobresale de la copa. || **Alero** del *tejado. || Parte exterior de las ventanas de la *nariz. || **Aeron.* Cada una de las partes planas que sobresalen a ambos lados del avión para servirle de sustentación. || *Arq.* Cuerpo que se extiende a un lado del *edificio principal. || *Bot.* Membrana. || **Fort.* **Cortina, flanco.** || *Mar.* *Vela pequeña. || *Mec.* Paleta de *hélice. || *Mil.* Tropa que forma el extremo de un *ejército en orden de batalla. ||pl. fig. Osadía, *atrevimiento. || **Ala del corazón. Aurícula.** || pl. fig. Ánimos, *valor. || **de mosca.** *Germ.* *Fullería en el juego de naipes. || **Ahuecar el ala.** fr. fig. *Marcharse. || **Arrastrar el ala.** fr. fig. y fam. *Enamorar, galantear. || **Caérsele** a uno **las alas,** o **las alas del corazón.** fr. fig. Desmayar, *desanimarse. || **Cortar, quebrantar,** o **quebrar las alas** a uno. fr. fig. Desanimarle o *estorbarle lo que pretende.
¡ala! interj. **¡Hala!**
Alá. m. Nombre que dan a *Dios los *mahometanos y los cristianos orientales.
alá. adv. l. ant. **Allá.**
alabable. adj. ant. **Laudable.**
alabado. m. Motete que se canta en alabanza de la *Eucaristía. || *Oración en que se alaba a la Eucaristía y a la Virgen. || *Canto que entonaban los serenos de Chile al venir el día. || *Canto que entonan algunos trabajadores, al comenzar y al terminar la tarea diaria.
alabador, ra. adj. Que alaba. Ú. t. c. s.
alabamiento. m. **Alabanza.**
alabancero, ra. adj. Lisonjero, adulador.
alabancia. f. Alabanza. || *Jactancia.
alabancioso, sa. adj. fam. **Jactancioso.**
alabandina. f. *Mineral de color negro y brillo metálico. Es un sulfuro de manganeso.
***alabanza.** f. Acción de alabar o alabarse. || Palabras con que se alaba. || desus. ***Excelencia.**
***alabar.** tr. Elogiar, *aprobar con encomio. Ú. t. c. r. || r. *Jactarse.
***alabarda.** f. Arma ofensiva, que consta de una cuchilla transversal, aguda de un lado y de figura de media luna por el otro, puesta al extremo de una asta larga. || *Insignia de que usaban los sargentos de infantería.
alabardado, da. adj. De figura de alabarda.
alabardazo. m. Golpe dado con la alabarda.
alabardero. m. *Soldado armado de alabarda. || Soldado de una *guardia especial de los reyes de España. || fig. y fam. **Teatro.* Individuo que asiste para aplaudir la representación a cambio de la entrada gratuita o de otra remuneración.
alabastrado, da. adj. Parecido al alabastro.
alabastrina. f. Hoja delgada de alabastro que puede usarse en lugar de vidriera.
alabastrino, na. adj. De alabastro. || Semejante a él.
alabastrita. f. **Alabastro yesoso.**
alabastrites. f. **Alabastrita.**
***alabastro.** m. Mármol translúcido. || **oriental.** El muy translúcido y susceptible de hermoso pulimento. || **yesoso.** *Yeso duro y compacto, que se emplea en baldosas y en objetos de adorno.
álabe. m. *Rama de árbol combada hacia la tierra. || *Estera o zarzo que se pone a los lados del *carro. || *Teja del alero. || *Mec.* Paleta de una rueda *hidráulica. || **Mec.* Diente o parte saliente de una rueda, que, al girar ésta, levanta y deja caer, alternativamente, una palanca u otra pieza.
alabeado, da. adj. Dícese de lo que tiene alabeo.
alabear. tr. Dar a una superficie forma alabeada. || r. *Torcerse o combarse la madera labrada.
alábega. f. **Albahaca.**
alabeo. m. Vicio o *curvatura que toma una pieza de *madera, al alabearse. || Superficie de *curvatura irregular.
alabesa. f. **Alavesa.**
alabiado, da. adj. Dícese de la *moneda que, por defecto de acuñación, resulta con rebabas.
alacayuela. f. *Planta cistácea.
***alacena.** f. Hueco hecho en la pared con puertas y anaqueles, que se utiliza como *armario.
alacet. m. Fundamento de un edificio.
alaciarse. r. **Enlaciarse.**
alacrán. m. *Arácnido pulmonado, cuyo abdomen termina en un gancho perforado, con el que pica e introduce en la herida un veneno irritante. || Asa de un *botón. || Pieza del *freno de los caballos. || **cebollero. Grillo real.** || **marino. Pejesapo.**
alacranado, da. adj. Picado del alacrán. || fig. Aplícase a la persona que tiene algún *vicio o enfermedad.
alacrancillo. m. *Planta borragínea.
alacranera. f. *Planta leguminosa.
alacridad. f. *Alegría y *prontitud del ánimo para hacer alguna cosa.
alacha. f. **Haleche.**
alache. m. **Alacha.**
alada. f. Movimiento de subir y bajar las *alas.
aladar. m. *Cabello que hay a cada lado de la cabeza, y cae sobre las sienes. Ú. m. en pl.
aladica. f. **Aluda,** *hormiga de alas.
***aladierna.** f. Arbusto de las rámneas.
alado, da. adj. Que tiene alas. || fig. Ligero, *veloz. || *Bot.* De figura de ala.
aladrada. f. **Surco.**
aladrar. tr. **Arar.**
aladrería. f. Aperos de *labranza.
aladrero. m. *Carpintero que labra las maderas para las *minas. || Constructor de *arados.
aladro. m. ***Arado.**
aladroque. m. **Boquerón,** pez.
alafa. f. *Sueldo.
alafia. f. fam. *Perdón, misericordia.
álaga. f. *Trigo muy parecido al fanfarrón. || Grano de esta planta.
alagadizo, za. adj. Aplícase al terreno que fácilmente se encharca.
alagar. tr. Llenar de *charcos. Ú. t. c. r. || *Inundar.
alagartado, da. adj. Semejante a la piel del lagarto.
alagartarse. r. Apartar la *caballería los cuatro remos, de suerte que disminuya de altura.
alajor. m. *Tributo que pagaba al dueño del solar el que edificaba en éste.
alajú. m. *Dulce de almendras, nueces, pan rallado y miel cocida.
alalá. m. *Canto popular del norte de España.
alalia. f. Perturbación del *lenguaje que implica la imposibilidad de hablar.
alalimón. m. *Juego que hacen dos bandos de muchachos puestos uno frente al otro.
alam. m. Entre los moros, bandera, *insignia.
alama. f. *Planta leguminosa, que sirve para pasto.
alamar. m. *Botón con presilla u ojal sobrepuesto, que se cose a la orilla del vestido o capa. || **Cairel,** guarnición de *pasamanería.
alambicadamente. adv. m. Con excesiva sutileza.
alambicado, da. adj. fig. Dado con *mezquindad y poco a poco. || fig. **Sutil.**
alambicamiento. m. Acción y efecto de alambicar.
alambicar. tr. **Destilar.** || fig. *Examinar minuciosamente alguna cosa. || fig. Sutilizar con *ingenio el lenguaje o el pensamiento. || Afinar mucho el *precio de una mercancía.
***alambique.** m. Aparato para destilar por la acción del fuego. || **Por alambique.** m. adv. fig. Con *escasez o poco a poco.
alambiquería. f. Fábrica de *aguardientes.
alambiquero. m. El que tiene una alambiquería.
alambor. m. **Falseo** de un sillar o madero. || **Fort.* **Escarpa.**
alamborado, da. adj. Que tiene alambor.
alambrada. f. **Fort.* Red de *alambre grueso, que se coloca alrededor de las posiciones para dificultar su acceso.
alambrado. m. **Alambrera.** || Cerco de *alambres, alambrada.
alambrar. tr. *Cercar con alambre.
alambrar. intr. Aclarar, despejarse el cielo (*bonanza).
***alambre.** m. Hilo tirado de cualquier metal. || Nombre antiguo del *cobre y de sus *aleaciones. || Conjunto de *cencerros de una recua. || **conejo.** El que se usa para hacer lazos de *cazar conejos.
alambrear. intr. Rozar la *perdiz con el pico los alambres de la jaula. Ú. t. c. r.
alambrera. f. *Enrejado de alambre. || Cobertera de red de alambre.
alambrilla. f. **Olambrilla.**
alameda. f. Sitio poblado de *álamos.

‖ *Paseo con álamos o con árboles de otra clase.
alamín. m. Fiel *contraste de pesas y medidas. ‖ Maestro de obras a quien se encargaba del reconocimiento de trabajos de *arquitectura. ‖ Juez de *riegos.
alamina. f. Multa que pagaban los *alfareros por cargar demasiado los hornos.
alaminadgo. m. ant. **Alaminazgo.**
alaminazgo. m. Oficio de alamín.
alamir. m. **Amir.**
alamirré. m. En la *música antigua, tono que principia en el sexto grado de la escala de *do*.
***álamo.** m. Árbol de las salicíneas. ‖ *Madera de cualquiera de las especies de este árbol. ‖ **alpino. Álamo temblón.** ‖ **blanco.** El de corteza gris y hojas blanquecinas por una de sus caras. ‖ **líbico. Álamo temblón.** ‖ **negro.** El de corteza obscura y hojas verdes por las dos caras. ‖ **temblón.** Árbol parecido al chopo, cuyas hojas se mueven con facilidad a impulso del viento.
alampar. intr. Tener ansia o *deseo vehemente de alguna cosa. Ú. t. c. r. ‖ Causar *picor.
alamud. m. *Barra de hierro, cuadrada, que servía de pasador para *cerrar puertas y ventanas.
alanceador, ra. adj. Que alancea. Ú. t. c. s.
alancear. tr. Dar lanzadas.
alancel. m. ant. **Arancel.**
alandrearse. r. Desmedrarse los gusanos de *seda.
alangiáceo, a. adj. **Bot.* Dícese de árboles dicotiledóneos con drupas aovadas y semillas de albumen carnoso. Ú. t. c. s. ‖ f. pl. *Bot.* Familia de estas plantas.
alangieo, a. adj. **Bot.* **Alangiáceo.**
alano, na. adj. Dícese de un *pueblo que invadió a España en el siglo quinto. Ú. t. c. s. ‖ Perteneciente a este pueblo. ‖ **Perro alano.** Ú. t. c. s.
alantoides. adj. *Zool.* V. **Membrana alantoides.** Ú. t. c. s.
alanzar. tr. **Alancear.** ‖ Tirar lanzas a un tablado en ciertas *fiestas de a caballo. ‖ **Lanzar.**
alaqueca. f. **Cornalina.**
alaqueque. m. **Alaqueca.**
alar. m. **Alero,** de *tejado. ‖ Acera de la *calle. ‖ **Cetr.* Percha de cerdas para cazar. Ú. m. en pl. ‖ pl. *Germ.* *Calzones.
alara (en). m. adv. ant. **En fárfara.**
alárabe. adj. **Árabe.** Apl. a pers., ú. t. c. s.
alarbe. adj. **Alárabe.** Apl. a pers., ú. t. c. s. ‖ m. fig. Hombre *inculto o *cruel.
alarconiano, na. adj. Propio y característico del poeta *dramático don Juan Ruiz de Alarcón, o de sus obras.
alarde. m. **Mil.* Exhibición de los soldados y de sus armas. ‖ V. **Caballero de alarde.** ‖ *Lista en que se inscribían los soldados. ‖ Ostentación y *jactancia. ‖ Reconocimiento que las *abejas hacen de su colmena. ‖ Visita de *cárceles. ‖ Examen que hacen los *tribunales del estado de los negocios pendientes.
alardear. intr. Hacer alarde.
alardeo. m. Acción de alardear.
alardoso, sa. adj. **Ostentoso.**
alargada. f. *Mar.* Cesación momentánea del *viento.
alargadamente. adv. m. ant. **Extendidamente.**
alargadera. f. *Sarmiento amugronado. ‖ **Quím.* Tubo de vidrio que se adapta al cuello de las retortas.
alargador, ra. adj. Que alarga.
alárgama. f. **Alharma.**
alargamiento. m. Acción y efecto de alargar o alargarse.
***alargar.** tr. Hacer más *larga alguna cosa. Ú. t. c. r. ‖ Aumentar la *duración. Ú. t. c. r. ‖ Coger algo y *traerlo o *darlo a otro. ‖ *Soltar poco a poco alguna cuerda u otra cosa semejante. ‖ Hacer avanzar o *adelantar. ‖ fig. *Aumentar. ‖ r. *Alejarse. ‖ fig. Extenderse, tratar de algo con detenimiento o *prolijidad. ‖ *Mar.* Mudar de dirección el *viento.
alargas. f. pl. ant. **Largas.**
alarguez. m. Nombre que se ha dado a varias plantas *espinosas.
alaria. f. Utensilio de *alfarero que consiste en una chapa de hierro con dos puntas dobladas a escuadra.
alarida. f. Conjunto de alaridos.
alaridar. intr. desus. Dar alaridos.
alarido. m. *Grito de *guerra de los moros. ‖ Grito lastimero. ‖ Grito de *alegría.
alarifadgo. m. ant. **Alarifazgo.**
alarifalgo. m. ant. **Alarifazgo.**
alarifazgo. m. Oficio de alarife.
alarife. m. *Arquitecto o maestro de obras. ‖ **Albañil.**
alarma. f. *Señal que se da a un ejército o guarnición para que se prepare a la defensa o al *combate. ‖ **Rebato.** ‖ fig. Inquietud, *desasosiego o temor repentino.
alarmante. p. a. de **Alarmar.** Que alarma.
alarmar. tr. Dar alarma. ‖ fig. *Asustar, sobresaltar. Ú. t. c. r.
alármega. f. **Alharma.**
alarmista. com. Persona que propaga la alarma.
alaroz. m. Armazón con que se reduce el hueco de una *puerta para poner una mampara.
alaroza. f. ant. Esposa o recién *casada.
alarse. r. *Germ.* Partir, *marcharse.
alastrar. tr. **Amusgar.** ‖ r. *Tenderse en tierra un animal para no ser descubierto.
a látere. expr. lat. V. **Legado a látere.** ‖ fig. y fam. Persona que *acompaña a otra.
alaterno. m. **Aladierna.**
alatés. m. *Germ.* *Criado de un rufián o *ladrón.
alatinadamente. adv. m. Según la lengua latina.
alatón. m. **Alotón.**
alatonero. m. **Almez.**
alatrón. m. **Afronitro.**
alauda. f. **Alondra.**
alavanco. m. **Lavanco.**
alavecino, na. adj. **Fatimita.** Apl. a pers., ú. t. c. s.
alavense. adj. **Alavés.** Apl. a pers., ú. t. c. s.
alavés, sa. adj. Natural de Álava. Ú. t. c. s. ‖ Perteneciente a esta provincia.
alavesa. f. *Lanza corta.
alazán, na. adj. Dícese del *color rojo, parecido al de la canela. ‖ Dícese especialmente del *caballo que tiene el pelo de este color. Ú. t. c. s.
alazana. f. Lagar del *molino de aceite.
alazano, na. adj. **Alazán.** Ú. t. c. s.
alazo. m. Golpe dado con el *ala.
alazor. m. Planta de las compuestas. Sus flores, de color de *azafrán, se usan para teñir y sus semillas sirven para cebar *aves.
***alba.** f. ***Amanecer.** ‖ *Luz del día, antes de salir el Sol. ‖ **Liturg.* Vestidura blanca que se pone encima del hábito, para celebrar. ‖ *Germ.* **Sábana.** ‖ **Mil.* Último de los cuartos en que, para los *centinelas, se dividía la noche.
albacara. f. Recinto murado en la parte exterior de una *fortaleza. ‖ **Fort.* Torreón saliente.
albacara. f. Rodaja.
albacea. com. Persona encargada de cumplir el *testamento del finado y de custodiar sus bienes. ‖ ***Testamentario.** ‖ **dativo.** *For.* El nombrado judicialmente.
albaceazgo. m. Cargo de albacea.
albacetense. adj. **Albaceteño.**
albaceteño, ña. adj. Natural de Albacete. Ú. t. c. s. ‖ Perteneciente a esta ciudad.
albacora. f. **Breva.**
albacora. f. **Bonito,** *pez.
albacorón. m. **Alboquerón.**
albada. f. **Alborada,** *música o *canción. ‖ **Jabonera,** *planta.
albahaca. f. *Planta labiada, de olor aromático. ‖ **silvestre mayor. Clinopodio.** ‖ **silvestre menor. Alcino.**
albahaquero. m. *Tiesto para plantas. ‖ Gradilla para colocar tiestos.
albahaquilla. f. d. de **Albahaca.** ‖ **del campo,** o **de Chile.** *Arbusto de las leguminosas. ‖ **de río. Parietaria.**
albaida. f. *Planta leguminosa.
albainar. tr. Ahechar.
albaire. m. *Germ.* *Huevo de gallina.
albalá. amb. Carta o cédula real con alguna *concesión. ‖ *Documento público o privado.
albalaero. m. El que despachaba los albalaes.
albalastrilla. f. Instrumento para apreciar la distancia del blanco a que se *dispara.
albanado, da. adj. *Germ.* Dormido.
albanariego, ga. adj. Albarraniego.
albanecar. m. Triángulo de una *armadura formado por el par toral, la lima tesa y la solera.
albanega. f. Cofia o red para recoger el *cabello. ‖ Manga cónica de red para *cazar conejos. ‖ *Arq.* Triángulo formado por las piezas de una *armadura.
albaneguero. m. *Germ.* Jugador de *dados.
albanés. m. *Germ.* **Albaneguero.** ‖ pl. *Germ.* *Dados de jugar.
albanés, sa. adj. Natural de Albania. Ú. t. c. s. ‖ Perteneciente a este país. ‖ m. *Lengua **albanesa.**
albano, na. adj. Natural de Alba Longa. Ú. t. c. s. ‖ Perteneciente a esta antigua ciudad del Lacio.
albano, na. adj. **Albanés.** Apl. a pers., ú. t. c. s.
albañal. m. Canal de *desagüe para las aguas inmundas. ‖ Depósito de inmundicias. ‖ **Salir uno por el albañal.** fr. fig. y fam. Quedar *frustrado o deslucido en alguna empresa.
albañar. m. **Albañal.**
albañear. intr. ant. Trabajar en albañilería.
albañí. m. ant. **Albañil.**
***albañil.** m. Maestro u oficial de albañilería.
albañila. adj. V. **Abeja albañila.**
***albañilería** f. Arte de construir edificios u obras con ladrillos, piedra u otros materiales análogos. ‖ Obra de **albañilería.**
albañir. m. ant. **Albañil.**
albaquía. f. *Residuo o resto de alguna *cuenta. ‖ En el prorrateo de ganado para pagar diezmo, residuo o resto.
albar. adj. **Blanco.** ‖ m. *Terreno de secano.
albarán. m. Papel que se pone en las puertas o balcones, como señal de que la casa se *alquila. ‖ **Albalá.** ‖ *Recibo de un género que se entrega firmado al portador como resguardo.

albarazado, da. adj. Enfermo de albarazo.

albarazado, da. adj. De *color mezclado de negro y rojo, abigarrado. || *Etnogr. Dícese del descendiente de china y jenízaro, o de chino y jenízara. Ú. t. c. s.

albarazo. m. Especie de lepra.

albarca. f. Abarca.

albarcoque. m. Albaricoque.

albarcoquero. m. Albaricoquero.

*albarda. f. Aparejo de las caballerías de carga a modo de almohadón, relleno de paja, que se coloca sobre el lomo y cae por ambos lados. || Albardilla de tocino. || gallinera. La que tiene las almohadillas llanas.

albardado, da. adj. fig. Dícese de la res *vacuna que tiene el pelo del lomo de diferente color que el resto del cuerpo.

albardán. m. Bufón, *histrión.

albardanear. intr. ant. Usar de albardanerías.

albardanería. f. Bufonada.

albardar. tr. Enalbardar. || Albardillar.

albardela. f. Albardilla.

albardería. f. Sitio en que se hacen albardas. || Oficio de albardero.

albardero. m. El que tiene por oficio hacer *albardas.

*albardilla. f. Silla para domar potros. || *Lana muy tupida que las ovejas crían en el lomo. || Almohadilla de paja y cuero para coger las tijeras de *esquilar sin lastimarse los dedos, o para otros usos. || Agarrador, para la *plancha. || *Tejadillo que se pone sobre las *paredes para resguardarlas de la lluvia. || *Caballón con que los hortelanos dividen las eras. || Caballete de barro que queda entre las *rodadas del *camino. || Barro que se pega al dental del arado. || Lonja de *tocino con que se cubren algunas carnes para asarlas. || *Culin. Mezcla de huevos, harina, etc., para rebozar los manjares.

albardillar. tr. *Culin. Envolver con albardillas lo que se ha de asar.

albardín. m. Mata gramínea, muy parecida al *esparto.

albardinar. m. Sitio en que abunda el albardín.

albardón. m. aum. de Albarda. || Aparejo, a manera de albarda alta, que se pone en las caballerías para montar en ellas. || *Silla de montar* lisa. || Loma o *cerro que sobresale entre lagunas, esteros o charcos. || Albardilla de las paredes.

albardonería. f. Albardería.

albardonero. m. Albardero.

albarejo. adj. Candeal. Ú. t. c. s.

albareque. m. Red de *pesca parecida al sardinal.

albarico. adj. Albarejo. Ú. t. c. s.

*albaricoque. m. Fruto del albaricoquero. || Albaricoquero. || de Nancí. El mayor que el común, amarillo por un lado y rojo por el otro. || de Toledo. Variedad muy estimada, que tiene la almendra dulce.

*albaricoquero. m. Árbol de las rosáceas, cuyo fruto es el albaricoque.

albarigo. adj. Albarico. Ú. t. c. s.

albarillo. m. Acompañamiento de ciertas *danzas y canciones que se tocan en la *guitarra con movimiento vivo.

albarillo. m. *Albaricoquero cuyo fruto tiene la carne blanca. || Fruto de este árbol.

albarino. m. *Afeite blanco que usaban las mujeres.

albariza. f. *Laguna salobre. || Albar, terreno blanquecino.

albarizo, za. adj. Blanquecino. Se aplica al terreno. || m. Albero, terreno blanquecino.

albarrada. f. *Pared de piedra seca. || En las *huertas, parata sostenida por una pared. || *Cercado hecho de tierra. || *Fort. Reparo para defenderse.

albarrada. f. Alcarraza, *vasija.

albarrán. adj. Decíase del mozo o gañán *soltero. || Decíase también del *forastero. || m. *Pastor o mayoral.

albarrana. adj. V. Cebolla albarrana. Ú. t. c. s. || f. Albarranilla.

albarráneo, a. adj. ant. Forastero o *extranjero.

albarranía. f. ant. Estado de albarrán, *soltería.

albarraniego, ga. adj. ant. Albarráneo. || V. Perro albarraniego.

albarranilla. f. Especie de cebolla albarrana.

albarraz. m. Albarazo.

albarraz. m. Hierba piojera.

albarsa. f. *Cesto que usan los *pescadores.

albatoza. f. Cierta *embarcación pequeña.

albatros. m. Carnero del Cabo.

albayaldado, da. adj. Dado de albayalde.

albayalde. m. Carbonato básico de plomo, blanco, que se emplea en la *pintura.

albazano, na. adj. De *color castaño obscuro.

albazo. m. Alborada.

albear. intr. Blanquear, ponerse *blanca una cosa.

albedo. m. Potencia reflectora de un cuerpo iluminado; dícese especialmente del *brillo de los astros.

albedriar. intr. ant. Juzgar por albedrío.

albedrío. m. Libertad de elección o facultad de decidir entre varias tendencias de la *voluntad. || Determinación arbitraria, *capricho. || Costumbre *jurídica no escrita.

albedro. m. Madroño.

albéitar. m. Veterinario.

albeitería. f. Veterinaria.

albeldadero. m. Lugar destinado para albeldar.

albeldar. tr. Bieldar.

albeldense. adj. Natural de Albelda. Ú. t. c. s. || Perteneciente a dicha villa.

albellanino. m. Cornejo.

albellón. m. Albollón.

albenda. f. *Colgadura blanca con encajes de hilo.

albendera. f. Mujer que *tejía albendas. || fig. Mujer *callejera.

albengala. f. *Tela fina que se usaba para adornar los turbantes.

albéntola. f. *Red de hilo delgado, para pescar.

*alberca. f. Depósito de agua hecho con ladrillo o piedra. || Poza para macerar el *lino. || En alberca. m. adv. Tratándose de *edificios, con las paredes solamente y sin techo.

albercoque. m. Albarcoque.

albérchiga. f. Albérchigo.

albérchigo. m. Fruto del alberchiguero, parecido al *melocotón. || Alberchiguero. || En algunas partes, albaricoque.

alberchiguero. m. Variedad del *melocotonero. || Albaricoquero.

albergada. f. ant. *Campamento. || *Ejército acampado.

albergador, ra. adj. Que alberga a otro. Ú. t. c. s.

albergaje. m. Derecho del señor *feudal a alojarse en casa de un vasallo. || ant. Albergue.

albergar. tr. Dar albergue. || intr. Tomar albergue. Ú. t. c. r.

alberge. m. Albaricoque.

albergero. m. Albaricoquero.

*albergue. m. Lugar en que se halla *hospedaje o resguardo. || Cueva o paraje que sirve de *guarida a las fieras. || *Alojamiento separado de los caballeros de la orden de San Juan que pertenecían a una misma nación. || *Asilo para *huérfanos.

alberguería. f. *Tributo de alojamiento. || Posada. || Asilo para *pobres.

alberguero, ra. m. y f. ant. Persona que alberga. || Posadero.

albericoque. m. Albaricoque.

albero, ra. adj. Albar. || m. *Terreno blanquecino. || *Arena amarillenta que se usa para cubrir paseos. || Paño para los platos. || Cernadero para la colada. || Lugar en que se deposita la *ceniza.

alberquero, ra. m. y f. Persona que cuida de las albercas.

albéstor. m. ant. Asbesto.

albicante. adj. Que albea.

albicie. f. *Blancura.

albicolor. adj. De color blanco.

albigense. adj. Natural de Albí. Ú. t. c. s. || Perteneciente a esta ciudad de Francia. || Dícese de ciertos *herejes que combatían el uso de los sacramentos, el culto externo y la jerarquía eclesiástica. Ú. m. c. s. y en pl.

albihar. m. Manzanilla loca.

albillo, lla. adj. Dícese de cierta variedad de *uva. || m. Uva albilla.

albín. m. Hematites. || *Pint. Color carmesí que se saca de la piedra del mismo nombre y se emplea para pintar al fresco.

albina. f. *Laguna que forman las aguas del mar en las tierras contiguas. || *Sal que queda en estas lagunas.

albinismo. m. Calidad de albino.

albino, na. adj. Zool. Dícese del hombre o del animal cuya piel, *cabello, pluma, etc., resultan más *blancos que de ordinario por falta del pigmento colorante propio de la especie. Ú. t. c. s., apl. a pers. || Bot. Por ext., dícese de la planta que, en vez de su color propio, lo tiene blanquecino. || Perteneciente o relativo a los seres albinos.

albita. f. *Miner. Feldespato formado por silicato de alúmina y sosa.

albitana. f. *Cercado con que se resguardan algunas plantas de *jardín. || *Arq. Nav. Contrarroda o contracodaste de una embarcación menor.

albo, ba. adj. Blanco.

alboaire. m. *Ornamentación que se hacía con *azulejos en las bóvedas esféricas.

albogón. m. *Instrumento de viento a modo de flauta, de sonidos graves. || *Instrumento parecido a la gaita gallega.

albogue. m. Especie de dulzaina. || *Instrumento de viento, compuesto de dos cañas paralelas con agujeros. || Cada uno de los dos platillos de latón que se usan para marcar el ritmo en los *bailes.

alboguear. intr. Tocar el albogue.

alboguero, ra. m. y f. Persona que toca el albogue. || Persona que hace albogues.

albohera. f. ant. Albuhera.

albohol. m. Correhuela, *arbusto convolvuláceo. || *Planta franqueniácea, que sirve para hacer *barrilla.

albolga. f. ant. Alholva.

albollón. m. Sumidero o *desagüe de estanques, patios, etc. || Albañal.

albóndiga. f. *Culin. Bolita de carne o pescado picado y trabado con pan, huevos batidos y especias.

albondiguilla. f. Albóndiga.

alboquerón. m. *Planta crucífera, muy parecida al alhelí.
albor. m. **Albura.** ‖ *Luz del alba. ‖ fig. *Principio o comienzo de una cosa. ‖ **de la vida,** o **albores de la vida.** fig. *Infancia o *juventud.
alborada. f. Tiempo de *amanecer. ‖ Acción de *guerra al amanecer. ‖ *Toque militar al romper el alba. ‖ *Música al amanecer y al aire libre, para festejar a una persona. ‖ Composición *poética o musical destinada a evocar el amanecer.
albórbola. f. Gritería y *alboroto con que se demuestra alegría.
alborear. intr. *Amanecer o rayar el día.
alborecer. intr. **Alborear.**
alborga. f. *Calzado a manera de alpargata.
albornez. m. *Viento del norte.
albornía. f. *Taza grande de barro vidriado.
albornio. m. **Madroño.**
alborno. m. *Bot.* **Alburno.**
albornoz. m. *Tela de estambre muy fuerte. ‖ Especie de *capa con *capucha.
alborocera. f. **Madroño.**
alboronía. f. *Guisado de berenjenas, tomate, calabaza y pimiento.
alboroque. m. *Agasajo que se hace a los que median en una *venta.
alborotadamente. adv. m. Con alboroto o desorden.
alborotadizo, za. adj. Que por ligero motivo se inquieta.
alborotado, da. adj. Que obra con *precipitación. ‖ Vehemente.
alborotador, ra. adj. Que alborota. Ú. t. c. s.
alborotamiento. m. ant. **Alboroto.**
alborotapueblos. com. Alborotador. ‖ fam. Persona de buen humor y amiga de bullicio.
***alborotar.** tr. *Inquietar, *perturbar. Ú. t. c. r. ‖ Amotinar, *sublevar. Ú. t. c. r. ‖ **Alborozar.** Ú. t. c. r. ‖ intr. Causar alboroto. ‖ r. Tratándose del *mar, **encresparse.**
***alboroto.** m. Vocerío producido por una o varias personas. ‖ *Desorden. ‖ *Rebelión, motín. ‖ Sobresalto. ‖ **Alborozo.**
alboroza. f. Fruto de la alborocera o madroño.
alborozadamente. adv. m. Con alborozo.
alborozado, da. adj. Contento, *alegre.
alborozador, ra. adj. Que alboroza o causa alborozo. Ú. t. c. s.
alborozamiento. m. ant. **Alborozo.**
alborozar. tr. Causar gran *alegría. Ú. t. c. r.
alborozo. m. Gran *alegría.
albotín. m. **Terebinto.**
albriciar. tr. ant. Dar albricias. ‖ ant. Dar una *noticia grata.
albricias. f. pl. *Regalo que se da al que trae una buena *noticia, o con ocasión de algún suceso *favorable. ‖ Regalo que se pide por igual motivo. ‖ **Metal.* Agujeros que los fundidores dejan en la parte superior del molde. ‖ **¡Albricias!** expr. de júbilo.
albudeca. f. **Badea.**
albufera. f. *Laguna formada por el agua del mar.
albugíneo, a. adj. Enteramente *blanco.
albugo. m. *Med.* Mancha blanca que sale en la córnea del *ojo o en la base de las *uñas.
albuhera. f. **Albufera.** ‖ *Estanque, alberca.
álbum. m. *Libro en blanco, para coleccionar en él autógrafos, retratos, composiciones, etc. ‖ Libro formado de hojas de cartulina, dispuestas a manera de marcos, para colocar *fotografías, estampas, etc.
albumen. m. *Bot.* *Fécula que, en la *semilla, rodea el embrión.
albúmina. f. **Quím.* Sustancia incolora, que forma principalmente la clara de huevo.
albuminado, da. adj. Dícese de lo que está cubierto de albúmina o la contiene.
albuminar. tr. Preparar con albúmina los productos que se emplean en la *fotografía.
albuminoide. m. **Quím.* Género de cuerpos compuestos de carbono, hidrógeno, oxígeno y azufre, que forman parte de los seres vivos.
albuminoideo, a. adj. *Quím.* Que participa de la naturaleza de la albúmina.
albuminoso, sa. adj. Que contiene albúmina.
albuminuria. f. *Pat.* Existencia de albúmina en la *orina.
albur. m. *Pez malacopterigio abdominal. Se halla en los ríos y es comestible.
albur. m. En el juego del monte, los dos primeros *naipes que saca el banquero. ‖ fig. Contingencia o *riesgo de que depende el resultado de alguna empresa. ‖ pl. **Parar,** juego de *naipes.
albura. f. *Blancura perfecta. ‖ **Clara,** del huevo. ‖ *Bot.* Capa blanda, blanquecina, que se halla debajo de la *corteza. ‖ **Doble albura.** Cierto defecto que tiene la *madera.
alburero. m. El que juega a los albures.
alburno. m. *Bot.* **Albura** de la *corteza de las plantas.
alcabala. f. *Tributo que se pagaba al fisco en el contrato de *compraventa. ‖ **del viento.** Tributo que pagaba el forastero por los géneros que vendía.
alcabala. f. **Jábega,** *embarcación pequeña.
alcabalatorio, ria. adj. Perteneciente o relativo a la alcabala. ‖ Dícese del libro en que están recopiladas las disposiciones sobre las alcabalas. Ú. m. c. s. m. ‖ Se aplica a la *lista que servía para el repartimiento de las alcabalas. Ú. t. c. s. m.
alcabalero. m. El que *cobraba las alcabalas, o las tenía arrendadas. ‖ El que cobraba otros tributos.
alcabor. m. Hueco de la campana del *horno o de la *chimenea.
alcabota. f. **Escoba de cabezuela,** *arbusto.
alcacel. m. **Alcacer.**
alcacer. m. *Cebada verde y en hierba. ‖ **Cebadal.** ‖ **Retozarle** a uno **el alcacer.** fr. fig. y fam. Estar muy *alegre.
alcací. m. **Alcacil.**
alcacil. m. **Alcaucil.**
alcacilera. f. *Alcachofa silvestre, planta.
***alcachofa.** f. Planta hortense, de la familia de las compuestas. Produce una piña formada de hojas verdes, cuya base es comestible. ‖ Piña de esta planta. ‖ Piña del cardo. ‖ Pieza de *pan pequeña en figura de **alcachofa.** ‖ Especie de colador por donde sale el agua en las *regaderas. ‖ Pieza análoga en que termina el tubo de aspiración de las bombas.
alcachofado, da. adj. De figura de alcachofa. ‖ m. *Guisado hecho con alcachofas.
alcachofal. m. Sitio plantado de alcachofas. ‖ Erial en que abundan los alcauciles.
alcachofera. f. **Alcachofa,** planta. ‖ La que vende alcachofas.
alcachofero, ra. adj. Se dice de la planta que echa alcachofas. ‖ m. El que vende alcachofas.
alcadafe. m. Lebrillo que se usa para recoger el *vino que se derrama de las botas.
alcaduz. m. **Arcaduz.**
alcafar. m. ant. Cubierta del caballo.
alcahaz. m. *Jaula grande para aves.
alcahazada. f. Conjunto de aves vivas encerradas en el alcahaz.
alcahazar. tr. Encerrar aves en el alcahaz.
alcahuetazgo. m. **Alcahuetería.**
***alcahuete, ta.** m. y f. Persona que solicita por cuenta de otro a una mujer para fines lascivos. ‖ Persona que concierta o encubre amores ilícitos. ‖ fig. y fam. Persona o cosa que sirve para encubrir u *ocultar. ‖ fig. y fam. **Correveidile.** ‖ m. **Teatro.* Telón que se pone en lugar del de boca.
***alcahuetear.** tr. Solicitar por cuenta de otro a una mujer para fines lascivos. ‖ intr. Servir de alcahuete.
***alcahuetería.** f. Acción de alcahuetear. ‖ Oficio de alcahuete. ‖ fig. y fam. Acción de *ocultar o encubrir. ‖ fig. y fam. *Astucia.
alcaicería. f. *Aduana u oficina en que se pagaba el impuesto sobre la *seda. ‖ Barrio con *tiendas en que se vende seda.
alcaide. m. El que tenía a su cargo la defensa de alguna *fortaleza. ‖ Encargado de la custodia de los presos en la *cárcel. ‖ Encargado de la guardia y buen orden de la *alhóndiga. ‖ **de los donceles.** Capitán del cuerpo que formaban los donceles.
alcaidesa. f. Mujer del alcaide.
alcaidía. f. Empleo de alcaide. ‖ Casa u oficina del alcaide. ‖ Derecho que pagaba el *ganado al pasar por algunas **alcaidías.**
alcala. f. *Colgadura, pabellón de cama.
alcalaeño, ña. adj. Natural de Alcalá del Júcar. Ú. t. c. s. ‖ Perteneciente a este pueblo.
alcalaíno, na. adj. Natural de Alcalá de Henares, Alcalá de los Gazules o Alcalá la Real. Ú. t. c. s. ‖ Perteneciente a alguno de estos pueblos.
alcalareño ña. adj. Natural de Alcalá de Guadaira, de Alcalá del Río o de Alcalá del Valle. ‖ Perteneciente a alguno de estos pueblos. Ú. t. c. s.
alcaldada. f. Acción *arbitraria que ejecuta un alcalde u otra autoridad, *abusando de su poder.
***alcalde.** m. Presidente del ayuntamiento y delegado del gobierno en el orden administrativo. ‖ *Juez ordinario que presidía al mismo tiempo el concejo. ‖ El que conduce algunas *danzas. ‖ Juego de *naipes entre seis personas. ‖ **alamín. Alamín.** ‖ **corregidor. Corregidor.** ‖ **de barrio.** El que el **alcalde** nombra en las grandes poblaciones para que ejerza en barrio determinado las funciones que aquél le delega. ‖ **de casa y corte.** *Juez togado de la sala llamada de **Alcaldes.** ‖ **de corte. Alcalde de casa y corte.** ‖ **de cuadrilla. Alcalde de la Mesta.** ‖ **de hijosdalgo.** *Juez togado que conocía los pleitos de hidalguía. ‖ El que nombraba cada año el estado de hijosdalgo. ‖ **de la cuadra.** El de la sala del crimen de Sevilla. ‖ **de la hermandad.** El que conocía de los delitos cometidos en el campo. ‖ **de la Mesta.** Juez nombrado por el Concejo de la Mesta, para conocer de los pleitos entre pastores. ‖ **del crimen.** El de la sala del crimen. ‖ **del rastro.** Juez letrado de los que ejercían la juris-

dicción criminal. ‖ **de monterilla.** fam. El de alguna aldea. ‖ **de noche.** El encargado de rondar por la noche. ‖ **de obras y bosques.** Juez togado que tenía jurisdicción en los bosques y sitios reales. ‖ **de sacas.** Juez encargado de vigilar la exportación. ‖ **entregador.** *Juez del Concejo de la Mesta, encargado de las causas concernientes a *ganados y pastos. ‖ **mayor.** Juez de letras que ejercía la jurisdicción ordinaria en algún pueblo. En alguna provincia tenía también facultades gubernativas y económicas. ‖ **mayor entregador. Alcalde entregador.** ‖ **ordinario.** Vecino de un pueblo que ejercía en él la jurisdicción ordinaria. ‖ **pedáneo.** El que, en las aldeas, sólo entendía en asuntos de poca importancia y faltas leves.

alcaldesa. f. Mujer del alcalde.

alcaldía. f. Oficio o cargo de alcalde. ‖ Territorio de su jurisdicción. ‖ Oficina del alcalde.

alcalescencia. f. **Quím.* Paso de un cuerpo al estado alcalino, generalmente por fermentación de substancias orgánicas.

álcali. m. **Quím.* Nombre común a los óxidos e hidratos de ciertos metales que actúan como bases enérgicas.

alcalímetro. m. **Quím.* Instrumento con que se mide la cantidad de álcali contenida en un compuesto.

alcalinidad. f. **Quím.* Calidad de alcalino.

alcalino, na. adj. **Quím.* De álcali, o que tiene álcali.

alcalizar. tr. **Quím.* Dar a alguna cosa propiedades alcalinas.

alcaloide. m. **Quím.* Substancia de origen orgánico que, como los álcalis, se puede combinar con los ácidos para formar sales con éstos.

alcaloideo, a. adj. **Quím.* Aplícase a los principios orgánicos que pueden combinarse con los ácidos para formar sales.

alcaller. m. **Alfarero.** ‖ **Alfar.**

alcallería. f. Conjunto de vasijas de *barro.

alcamar. m. *Ave de rapiña del Perú.

alcamonías. f. pl. Semillas que se emplean en *condimentos. ‖ fig. y fam. **Alcahueterías.** ‖ m. fig. y fam. **Alcahuete.**

alcamor. m. *Alq.* La *plata.

alcana. f. **Alheña.**

alcaná. f. *Calle en que abundan las tiendas.

alcance. m. Acción y efecto de *alcanzar. ‖ *Persecución. ‖ Distancia a que llega la mano de una persona. ‖ Distancia a que llega el *tiro de las armas arrojadizas o de fuego. ‖ *Correo extraordinario. ‖ *Noticias de última hora, en un *periódico. ‖ Saldo deudor de una *cuenta. ‖ *Esgr.* Distancia a que se llega con la espada. ‖ fig. *Importancia, trascendencia. ‖ **Impr.* Parte de original que se distribuye a cada uno de los cajistas. ‖ **Veter.* Alcanzadura. ‖ pl. *Inteligencia, talento. ‖ **Dar alcance** a uno. fr. fig. Alcanzarle. ‖ **Ir** uno **a,** o **en, los alcances de** una cosa. fr. fig. Estar *próximo a conseguirla. ‖ **Seguir el alcance.** fr. *Mil.* *Perseguir al enemigo.

alcancía. f. *Hucha, vasija cerrada y con una hendedura estrecha por donde se echan monedas para *guardarlas. ‖ Bola hueca de barro seco al sol, que servía para hacer tiro corriendo **alcancías.** ‖ **Artill.* Olla llena de materias inflamables que, encendida, se arrojaba a los enemigos. ‖ **Correr,** o **jugar, alcancías.** fr. Tirárselas, en ciertas *fiestas, unos jinetes a otros.

alcanciazo. m. Golpe dado con una alcancía.

alcancil. m. **Alcaucil.**

alcándara. f. Percha para que se posen las aves de *cetrería, *loros, etc. ‖ *Percha para la ropa.

alcandía. f. **Zahína.**

alcandial. m. Tierra sembrada de alcandía.

alcandora. f. *Hoguera que se encendía para hacer señal.

alcándora. f. **Alcándara.** ‖ *Percha de *sastre.

alcanfor. m. **Quím.* Substancia blanca, cristalina, volátil, de olor característico, que se halla principalmente en el alcanforero. ‖ **Alcanforero.**

alcanforada. f. Planta salsolácea, que huele a alcanfor.

alcanforar. tr. Componer o mezclar con alcanfor.

alcanforero. m. *Árbol de las lauráceas, de cuyas ramas y raíces se extrae alcanfor.

alcántara. f. En los telares de *terciopelo, caja en forma de baúl, que sirve para guardar la tela que se va labrando.

alcantarilla. f. *Puentecillo en un camino. ‖ *Conducto subterráneo para recoger las aguas llovedizas o inmundas. ‖ **Hidrául.* **Arca de agua,** de forma cúbica.

alcantarillado. m. Conjunto de alcantarillas.

alcantarillar. tr. Hacer o poner alcantarillas.

alcantarino, na. adj. Natural de Alcántara. Ú. t. c. s. ‖ Perteneciente a cualquiera de las poblaciones así llamadas. ‖ Dícese de los *religiosos descalzos, reformados por San Pedro de Alcántara. Ú. t. c. s. ‖ m. *Caballero de la orden de Alcántara.

alcanzadizo, za. adj. Que se puede alcanzar con facilidad.

alcanzado, da. adj. Empeñado, que tiene *deudas. ‖ Falto de recursos.

alcanzador, ra. adj. Que alcanza. Ú. t. c. s.

alcanzadura. f. **Veter.* Contusión o herida que con los pies se hacen las caballerías en el pulpejo.

***alcanzar.** tr. Llegar a juntarse con una persona o cosa que va delante. ‖ Poder tocar algo desde donde uno está. ‖ *Coger alguna cosa alargando la mano. ‖ fig. Hablando de una persona, haber vivido al mismo tiempo que ella. ‖ fig. Haber uno vivido en determinado momento. ‖ fig. *Conseguir. ‖ fig. Tener *poder, fuerza para alguna cosa. ‖ fig. Entender, *comprender. ‖ fig. Hallar a uno deudor en una *cuenta. ‖ fig. Llegar a igualarse con otro. ‖ intr. Llegar hasta cierto punto. ‖ fig. Corresponder a uno alguna cosa. ‖ fig. *Bastar, ser suficiente. ‖ r. **Veter.* Hacerse alcanzaduras las caballerías.

alcañizano, na. adj. Natural de Alcañiz. Ú. t. c. s. ‖ Perteneciente a esta ciudad.

***alcaparra.** f. Arbusto de las caparídeas, cuyo fruto es el alcaparrón. ‖ Botón de la flor de esta planta, que se emplea como *condimento. ‖ **de Indias. Capuchina,** planta.

alcaparrado, da. adj. Aderezado con *alcaparras.

alcaparral. m. Sitio poblado de *alcaparras.

alcaparrera. m. **Alcaparra,** planta.

alcaparro. m. **Alcaparra,** planta.

alcaparrón. m. Fruto de la *alcaparra.

alcaparrosa. f. **Caparrosa.**

alcaracache. m. **Escaramujo.**

alcaraceño, ña. adj. Natural de Alcaraz. Ú. t. c. s. ‖ Perteneciente a esta ciudad.

alcaraván. m. *Ave zancuda, de cuello muy largo y cola pequeña.

alcaravea. f. Planta umbelífera cuyas flores sirven para *condimento. ‖ Semilla de esta planta.

alcarceña. f. **Yero.**

alcarceñal. m. Tierra sembrada de alcarceña.

alcarcil. m. **Alcaucil.**

alcarchofa. f. **Alcachofa.**

alcarracero, ra. m. y f. Persona que hace o vende alcarrazas. ‖ m. *Vasar en que se ponen.

alcarraza. f. *Vasija de barro poroso que, merced a la evaporación del agua que rezuma, *enfría la que queda dentro.

alcarreño, ña. adj. Natural de la Alcarria. Ú. t. c. s. ‖ Perteneciente a este territorio.

alcarria. f. Terreno *alto.

alcartaz. m. **Cucurucho.**

alcatara. f. **Alquitara.**

alcatenes. m. *Medicamento que se empleaba para curar aves de *cetrería.

alcatifa. f. Tapete o *alfombra fina. ‖ Broza o relleno que se echa en el *suelo antes de solarlo. ‖ Barro o *argamasa sobre que se asientan las tejas.

alcatifar. tr. ant. **Alfombrar.**

alcatife. m. ***Seda.**

alcatifero. m. *Germ.* *Ladrón que hurta seda.

alcatraz. m. **Alcartaz.** ‖ **Aro,** planta.

alcatraz. m. Pelícano americano.

alcaucí. m. **Alcaucil.**

***alcaucil.** m. *Alcachofa silvestre.

alcaudón. m. *Pájaro carnívoro, que se usó como ave de *cetrería.

alcavela. f. *Muchedumbre, manada, gavilla.

alcavera. f. Casta, familia, *tribu.

alcayata. f. **Escarpia.**

alcazaba. f. Recinto con *fortificaciones.

alcázar. m. ***Fortaleza.** ‖ Casa *real. ‖ *Mar.* En las *embarcaciones, espacio de la cubierta comprendido entre el palo mayor y la popa o la toldilla.

alcazareño, ña. adj. Natural de Alcázar. Ú. t. c. s. ‖ Perteneciente a cualquiera de las poblaciones así llamadas.

alcazuz. m. **Orozuz.**

alce. m. **Anta,** cuadrúpedo.

alce. m. En el juego de *naipes, porción de cartas que se corta. ‖ En el juego de la malilla, premio que se da por el valor de la última carta. ‖ Acción de recoger la caña de *azúcar cortada. ‖ **Impr.* Acción de alzar los pliegos.

alcea. f. Malvavisco silvestre.

alcedo. m. **Arcedo.**

alcino. m. *Planta labiada.

alción. m. **Martín pescador.** ‖ Especie de *pólipo.

alcionio. m. Polipero formado por alciones.

alcionito. m. Alcionio *fósil.

alcista. adj. **Banca.* Perteneciente al alza de los valores. ‖ com. Persona que juega al alza en la *Bolsa.

alcoba. f. Aposento para *dormir. ‖ Conjunto de los *muebles de una **alcoba.** ‖ **Caja** de la *balanza. ‖ *Peso público. ‖ **Jábega,** flauta morisca.

alcobilla. f. d. de **Alcoba.** ‖ **de lumbre.** *Chimenea para calentar una estancia.

alcocarra. f. *Gesto, mueca.

***alcohol.** m. **Galena.** ‖ Polvo *negro que se usa como *afeite. ‖ → Líquido transparente, inflamable y de olor grato, que se obtiene por destilación del vino y de otros licores o zumos. ‖ **absoluto.** El anhidro o privado de agua. ‖ **amílico.** El incoloro, aceitoso, de olor fuerte y desagradable. ‖ **etílico.** El incoloro de olor fuerte y agradable y sabor urente. ‖ **metílico.** Líquido muy volátil, que se obtiene de la madera descompuesta por el calor.

alcoholado, da. adj. Aplícase a la res *vacuna que tiene el pelo de alrededor de los ojos más obscuro que lo demás. ‖ m. Compuesto alcohólico que contiene en disolución algún *medicamento.

alcoholar. tr. Ennegrecer con alcohol. Ú. t. c. r. ‖ Lavar los *ojos con alcohol o con otro colirio. ‖ **Arq. Nav.* Embrear lo calafateado. ‖ *Quím.* Obtener alcohol.

alcoholar. intr. En las *fiestas de cañas, pasar una cuadrilla con ostentación por delante de sus contrarios.

alcoholato. m. **Farm.* Líquido que resulta de la destilación del alcohol con una o más substancias aromáticas.

alcoholaturo. m. *Medicamento que se obtiene macerando plantas frescas en alcohol.

alcoholero, ra. adj. Dícese de lo relativo a la producción y comercio del *alcohol. ‖ f. Fábrica de *alcohol. ‖ *Vasija para el alcohol usado como *afeite.

***alcohólico, ca.** adj. Que contiene alcohol. ‖ Referente al alcohol o producido por él. ‖ **Alcoholizado.** Ú. t. c. s.

alcoholímetro. m. Areómetro para apreciar la proporción de alcohol contenida en un líquido.

alcoholismo. m. Abuso de bebidas alcohólicas. ‖ *Envenenamiento o enfermedad ocasionada por tal abuso.

alcoholización. f. *Quím.* Acción y efecto de alcoholizar.

alcoholizado, da. adj. Dícese del que padece intoxicación alcohólica.

alcoholizar. tr. Echar alcohol en otro líquido. ‖ *Quím.* **Alcoholar,** fabricar alcohol.

alcolea. f. **Fort.* Castillo.

alcolla. f. *Vasija grande de vidrio.

alconcilla. f. Arrebol que se usaba como *afeite.

alcor. m. *Cerro o collado.

alcora. f. ant. **Astr.* Globo o esfera.

***Alcorán.** m. Libro sagrado de los *musulmanes, que contiene las revelaciones de Mahoma.

alcoránico, ca. adj. Perteneciente o relativo al Alcorán.

alcoranista. m. Doctor o expositor del Alcorán.

alcorce. m. Acción y efecto de alcorzar o *acortar. ‖ Senda o *camino por donde se ataja.

alcorcí. m. Especie de *joya.

alcornocal. m. Sitio poblado de alcornoques.

***alcornoque.** m. Árbol de las cupulíferas, cuya corteza es el corcho. ‖ fig. Persona *ignorante y *rústica.

alcornoqueño, ña. adj. Perteneciente al alcornoque.

alcorque. m. *Calzado con suela de corcho. ‖ *Germ.* **Alpargata.**

alcorque. m. *Excavación que se hace al pie de las plantas para detener el agua.

alcorza. f. **Confit.* Pasta blanca de azúcar y almidón. ‖ Pieza o pedazo de esta pasta. ‖ fig. Persona excesivamente *delicada.

alcorzado, da. adj. **Almibarado.**

alcorzar. tr. Cubrir de alcorza. ‖ fig. Pulir, *adornar.

alcorzar. tr. *Acortar, atajar.

alcotán. m. *Ave rapaz diurna, semejante al halcón.

alcotana. f. **Albañ.* Especie de *zapapico. A veces tiene boca por ambos extremos.

alcoyano, na. adj. Natural de Alcoy. Ú. t. c. s. ‖ Perteneciente a esta ciudad.

alcrebite m. **Azufre.**

alcribís. m. *Min.* **Tobera.**

alcribite. m. **Alcrebite.**

alcubilla. f. **Arca de agua.**

alcucero, ra. adj. fig. y fam. **Goloso.** ‖ m. y f. Persona que hace o vende alcuzas.

alcudia. *Cerro, collado.

alcuña. f. **Alcurnia.**

alcurnia. f. Ascendencia, *linaje.

alcuza. f. *Vasija de hoja de lata para el *aceite.

alcuzada. f. Porción de aceite que cabe en una alcuza.

alcuzcucero. m. Vasija para hacer alcuzcuz.

alcuzcuz. m. **Culin.* Pasta de harina y miel, reducida a granitos redondos. Es comida ordinaria de los moros, que lo toman cocido al vapor de agua.

alchub. m. **Aljibe.**

aldaba. f. Pieza de metal que se pone a las puertas para *llamar golpeando con ella. ‖ Barra o travesaño con que se aseguran, después de *cerrados, los postigos o puertas. ‖ pl. fig. Personas o medios con que uno cuenta para su *protección.

aldabada. f. Golpe que se da con la aldaba. ‖ fig. Sobresalto o *temor repentino.

aldabazo. m. Golpe recio dado con la aldaba.

aldabear. intr. Dar aldabadas.

aldabeo. m. Acción de aldabear.

aldabía. f. *Madero que se apoya horizontalmente sobre dos paredes opuestas, para sostener un tabique colgado.

aldabilla. f. Gancho que, entrando en una hembrilla, sirve para *cerrar ventanas, cajas, etc.

aldabón. m. aum. de **Aldaba.** ‖ **Aldaba.** ‖ *Asa grande de arca, caja, etcétera.

aldabonazo. m. **Aldabada.** ‖ **Aldabazo.**

***aldea.** f. Pueblo de corto vecindario.

aldeanamente. adv. m. Según el uso de la aldea.

aldeaniego, ga. adj. **Aldeano.**

aldeanismo. m. Locución propia de los aldeanos.

aldeano, na. adj. Natural de una aldea. Ú. t. c. s. ‖ Perteneciente a ella. ‖ fig. Inculto.

aldebarán. m. *Astr.* *Estrella principal de la constelación Tauro.

aldehído. m. **Quím.* Nombre genérico de los cuerpos derivados de los alcoholes, y compuestos de carbono, oxígeno e hidrógeno.

aldehuela. f. d. de **Aldea.**

aldeorrio. m. despect. Aldea muy pequeña.

aldeorro. m. despect. **Aldeorrio.**

alderredor. adv. l. **Alrededor.**

aldino, na. adj. **Impr.* Perteneciente o relativo a Aldo Manucio y otros famosos impresores de su familia.

aldiza. f. **Aciano.**

aldorta. f. *Ave zancuda.

aldrán. m. El que vende *vino en las dehesas.

aldúcar. m. **Adúcar.**

ale. f. Especie de *cerveza que se fabrica en Inglaterra.

alea. f. **Aleya.**

***aleación.** f. Acción y efecto de alear metales. ‖ **encontrada.** La de oro de ley con otro feble.

alear. intr. Mover las *alas. ‖ fig. Mover los brazos a modo de alas. ‖ fig. Cobrar *fuerzas el convaleciente.

***alear.** tr. Mezclar dos o más metales, fundiéndolos.

aleatorio, ria. adj. Perteneciente o relativo al *juego de azar. ‖ *For.* Dependiente de algún *suceso *casual.

alebrarse. r. *Tenderse en el suelo como las liebres. ‖ fig. **Acobardarse.**

alebrestarse. r. **Alebrarse.**

alebronar. tr. fig. **Acobardar.** Ú. t. c. r.

aleccionamiento. m. Acción y efecto de aleccionar o aleccionarse.

aleccionar. tr. Instruir, *enseñar. Ú. t. c. r.

alece. m. **Haleche.** ‖ *Guisado sazonado con el hígado del salmonete.

alecrín. m. *Pez selacio, carnicero, de cabeza obtusa, con dobles filas de dientes.

alecrín. m. *Árbol verbenáceo, cuya madera es semejante a la caoba.

alectomancia. f. *Adivinación por el canto del gallo.

alectoria. f. Piedra que suele hallarse en el hígado de los gallos viejos.

aleche. m. **Haleche.**

alechigarse. r. Acostarse.

alechugar. tr. *Plegar en figura de hoja de lechuga, como se usaba en ciertos cuellos y adornos del vestido.

aleda. f. **Cera aleda.**

aledaño, ña. adj. *Contiguo, lindante. ‖ Dícese de la tierra que linda con un pueblo o con otra tierra, y que se considera como parte *accesoria de ellos. Ú. t. c. s. m., y m. en pl. ‖ m. Confín, *límite. Ú. m. en pl.

álef. m. Nombre de la primera *letra del alfabeto hebreo.

alefangina. adj. *Farm.* V. **Píldora alefangina.** Ú. t. c. s.

alefriz. m. **Arq. Nav.* *Ranura que se abre en una pieza, para que en ella encajen los cantos o cabezas de los tablones.

alegación. f. Acción de alegar. ‖ *For.* **Alegato.**

alegamar. tr. Echar légamo en las tierras para *abonarlas. ‖ r. Llenarse de légamo.

aleganarse. r. **Alegamarse.**

***alegar.** tr. Citar, aportar algo para *prueba o *confirmación. ‖ intr. **For.* Traer el abogado leyes y razones en defensa de su causa.

alegato. m. **For.* Escrito en que expone el abogado los fundamentos del derecho de su cliente. ‖ **de bien probado.** *For.* Escrito en que mantenían los litigantes sus pretensiones al terminar la instancia.

***alegoría.** f. Ficción en virtud de la cual una cosa representa o simboliza otra distinta. ‖ Obra o composición de sentido alegórico. ‖ *Pint.* y *Esc.* Representación simbólica de ideas abstractas. ‖ **Ret.* Figura que consiste en exponer, por medio de metáforas consecutivas, un sentido recto y otro figurado a fin de dar a entender una cosa expresando otra diferente.

alegóricamente. adv. m. Con alegoría.

alegórico, ca. adj. Perteneciente o relativo a la alegoría.

alegorista. adj. Dícese del que explica las alegorías de la *Biblia.

alegorizar. tr. **Lit.* Interpretar alegóricamente alguna cosa; darle sentido o significación alegórica.

alegra. f. *Arq. Nav.* *Barrena.

alegraderas. f. pl. Facilidad para *alegrarse.

alegrador, ra. adj. Que alegra. Ú. t. c. s. ‖ m. Tira de papel retorcida, que sirve para *encender. ‖ pl. Banderillas de *lidia.

alegrante. p. a. de **Alegrar.** Que alegra.
alegranza. f. ant. **Alegría.**
***alegrar.** tr. Causar alegría. ‖ fig. Avivar, *hermosear. ‖ fig. Avivar la luz o el fuego. ‖ *Mar.* Aflojar un *cabo. ‖ **Taurom.* Excitar al toro para que acometa. ‖ r. Sentir alegría. ‖ fig. y fam. Ponerse uno ligeramente *ebrio.
alegrar. tr. *Raspar, raer. ‖ **Cir.* **Legrar.** ‖ *Mar.* Ensanchar un *agujero.
***alegre.** adj. Poseído de alegría. ‖ Propenso a la alegría. ‖ Que expresa, causa o es ocasión de alegría. ‖ fig. Vivo, brillante. ‖ De aspecto agradable y *atractivo. ‖ fig. y fam. Ligeramente *ebrio. ‖ fig. y fam. Algo libre o *deshonesto. ‖ fig. y fam. Ligero, *atrevido. ‖ fig. y fam. Dícese del *juego en que se apuesta más que de ordinario.
alegremente. adv. m. Con alegría.
alegrete, ta. adj. d. de **Alegre.**
alegreto. adv. m. **Mús.* Con movimiento menos vivo que el alegro. ‖ m. Composición o parte de ella que se ejecuta con este movimiento.
alegreza. f. ant. **Alegría.**
***alegría.** f. Animación y sentimiento grato que produce la posesión o esperanza de algún bien. ‖ Palabras u otros signos con que se manifiesta. ‖ **Ajonjolí.** ‖ **Confit.* Nuégado condimentado con ajonjolí. ‖ *Germ.* **Taberna.** ‖ Abertura o hueco de una porta. ‖ pl. Regocijos y *fiestas públicas. ‖ *Canto popular de copla breve y aire vivo y gracioso. ‖ *Danza con que se acompaña.
alegro. adv. m. **Mús.* Con movimiento moderadamente vivo. ‖ m. Composición o parte de ella que se ha de ejecutar con este movimiento.
alegrón. m. fam. Alegría intensa y repentina. ‖ fig. y fam. *Llama de poca duración. ‖ adj. m. fam. Dícese del aficionado a *galantear.
aleja. f. ***Vasar.**
alejamiento. m. Acción y efecto de *alejar o alejarse.
alejandrino, na. adj. Natural de Alejandría. Ú. t. c. s. ‖ Perteneciente a esta ciudad. ‖ **Neoplatónico.**
alejandrino. adj. V. **Verso alejandrino.** Ú. t. c. s.
***alejar.** tr. Poner lejos o más lejos. Ú. t. c. r.
alejija. f. *Gachas de harina de cebada. Ú. m. en pl. ‖ **Parecer que uno ha comido alejijas.** fr. fam. Estar muy *flaco.
alejur. m. **Alajú.**
alelamiento. m. Efecto de alelarse.
alelar. tr. Poner lelo. Ú. m. c. r.
alelevi. m. **Escondite,** *juego de niños.
alelí. m. **alhelí.**
aleluya. **Liturg.* Voz de que usa la Iglesia en demostración de júbilo. Ú. t. c. s. amb. ‖ interj. que se emplea para demostrar júbilo. ‖ m. Tiempo de Pascua. ‖ f. Cada una de las *estampitas, con la palabra **aleluya** escrita en ellas, que se arrojaban al pueblo en el oficio del Sábado Santo. ‖ Cada una de las *estampitas de un pliego en que se representa algún asunto, generalmente festivo, explicado en *versos pareados. ‖ *Dulce en forma de tortita redonda, con la palabra **aleluya** en relieve. ‖ *Planta oxalídea comestible. ‖ Planta malvácea. ‖ fig. y fam. *Pintura despreciable. ‖ Pareado, *verso. ‖ fig. Verso prosaico. ‖ fig. y fam. Persona o animal de extremada *delgadez. ‖ fig. *Alegría.
alema. f. Porción de agua de *riego que se reparte por turno. ‖ *Baños públicos en un río.
alemán, na. adj. Natural de Alemania. Ú. t. c. s. ‖ Perteneciente a este país de Europa. ‖ m. *Idioma **alemán.** ‖ **Alto alemán.** El hablado por los habitantes de la Alta Alemania. ‖ **Bajo alemán.** El de los habitantes de la Baja Alemania.
alemana. f. **Alemanda.**
alemanda. f. *Danza en la que intervienen varias parejas de hombre y mujer, procedente de la Baja Alemania o de Flandes.
alemanés, sa. adj. **Alemán.** Apl. a pers., ú. t. c. s.
alemanesco, ca. adj. **Alemanisco.**
alemánico, ca. adj. Perteneciente a Alemania.
alemanisco, ca. adj. Aplícase a cierto género de *mantelería.
alembrarse. r. ant. **Acordarse.**
alenguamiento. m. Acción y efecto de alenguar.
alenguar. tr. Ajustar el *arrendamiento de *pastos.
alentada. f. *Respiración no interrumpida.
alentadamente. adv. m. Con aliento o esfuerzo.
alentado, da. adj. Animoso, *valiente. ‖ Altanero, *orgulloso.
alentador, ra. adj. Que infunde aliento.
alentar. intr. **Respirar.** ‖ tr. Animar, infundir *ánimos. Ú. t. c. r.
alentoso, sa. adj. **Alentado.**
aleñar. tr. Hacer leña.
aleonado, da. adj. **Leonado.**
alepín. m. *Tela muy fina de lana.
alera. f. ant. Llanura en que están las eras para *trillar.
***alerce.** m. Árbol de las coníferas. ‖ *Madera de este árbol. ‖ **africano.** Variedad originaria de África, que florece en febrero.
alergia. f. **Inm.* Conjunto de fenómenos producidos por la absorción de una sustancia que da al organismo una sensibilidad especial para una nueva acción de dicha sustancia.
alerión. m. **Blas.* Aguilucho sin pico.
alero. m. Borde del *tejado, que sale fuera de la pared. ‖ Aletas de los *carruajes, que sirven para preservar de las salpicaduras de lodo. ‖ En la caza de *perdices, paredillas para encajonarlas y dirigirlas hacia la *red. ‖ **corrido.** *Arq.* El que rebasa la línea del muro. ‖ **de chaperón.** *Arq.* El que no tiene canecillos. ‖ **de mesilla.** *Arq.* El que vuela horizontalmente.
alero. adj. Dícese del ciervo joven que todavía no ha padreado.
alerón. m. Cada una de las partes móviles articuladas en el borde de las alas de un *avión.
alerta. adv. m. Con *vigilancia y *cuidado. ‖ Interjección que se emplea para excitar a la vigilancia.
alertamente. adv. m. **Alerta.**
alertar. tr. Poner alerta. ‖ intr. p. us. Estar alerta.
alerto, ta. adj. Vigilante.
alerzal. m. Sitio plantado de *alerces.
alesna. f. **Lesna.**
alesnado, da. adj. *Puntiagudo.
aleta. f. d. de **Ala.** ‖ Cada una de las membranas que tienen los *peces y otros animales marinos en el exterior del cuerpo y con las cuales se ayudan para nadar. ‖ Prolongación de la popa de algunas *embarcaciones. ‖ Alero del *tejado. ‖ *Arq.* Cada una de las dos partes del *machón que quedan visibles a los lados de una columna adosada. ‖ *Arq.* Cada una de las *paredes en talud que sirven para contener las tierras a los lados de un *puente o alcantarilla. ‖ **Arq. Nav.* Cada uno de los dos maderos corvos que forman la popa. ‖ *Mar.* Parte del costado de un buque. ‖ Chapas de figura adecuada, que van sobre las ruedas de los *carruajes y sirven para evitar las salpicaduras.
aletada. f. Movimiento de las alas.
aletargamiento. m. Acción y efecto de aletargar o aletargarse.
aletargar. tr. Causar letargo. ‖ r. Padecerlo.
aletazo. m. Golpe de ala o de aleta. ‖ fig. fam. *Estafa, sablazo, *hurto.
aletear. intr. Mover las alas sin volar. ‖ fig. **Alear,** mover los brazos. ‖ fig. Empezar a recobrar la *salud.
aleteo. m. Acción de aletear. ‖ fig. Palpitación violenta del *corazón.
aleto. m. **Halieto.**
aletría. f. **Fideos.**
aleudar. tr. **Leudar.** Ú. t. c. r.
aleve. adj. **Alevoso.** Ú. t. c. s. ‖ m. **Alevosía.**
alevemente. adv. m. **Alevosamente.**
alevilla. f. *Mariposa muy parecida a la del gusano de seda.
alevosa. f. *Veter.* **Ránula.**
alevosamente. adv. m. Con alevosía.
alevosía. f. *Precaución que toma el delincuente para cometer un *delito contra las personas sin correr riesgo. ‖ *Traición. ‖ **Con alevosía.** m. adv. A traición y sobre seguro.
alevoso, sa. adj. Dícese del que comete alevosía. Ú. t. c. s. ‖ Que implica alevosía.
alexifármaco, ca. adj. **Farm.* Dícese del medicamento que sirve de *contraveneno. Ú. t. c. s. m.
aleya. f. Versículo del Alcorán.
alezna. f. **Mostaza negra.**
alezo. m. *Faja con que se sujeta el vientre a las recién paridas. ‖ *Sábana plegada que se pone entre el cuerpo del enfermo y la ropa de cama ordinaria.
alfa. f. Primera *letra del alfabeto griego. ‖ **Alfa y omega.** expr. fig. *Principio y *fin. ‖ fig. Dícese de *Dios, principio y fin de todo.
alfaba. f. *Tierra de dos a cinco tahúllas.
alfábega. f. **Albahaca.**
alfabéticamente. adv. m. Por el orden del alfabeto.
alfabético, ca. adj. Perteneciente o relativo al alfabeto.
alfabetización. f. Acción y efecto de alfabetizar.
alfabetizar. tr. Disponer por orden alfabético.
***alfabeto.** m. **Abecedario.** ‖ **Morse.** El de puntos y rayitas, que se emplea en *telegrafía.
alfagra. f. *Canal o acequia.
alfaguara. f. *Manantial.
alfahar. m. **Alfar.**
alfaharería. f. **Alfarería.**
alfaharero. m. **Alfarero.**
alfajeme. m. ant. **Barbero.**
alfajía. f. *Carp.* **Alfarjía.** ‖ Maderos del *techo que se cruzan con las vigas. ‖ *Atrio, pórtico.
alfajor. m. **Alajú.** ‖ Rosquillas de alajú.
alfalfa. f. Mielga común que se cultiva para forraje. ‖ **arborescente.** *Arbusto de las leguminosas.
alfalfal. m. **Alfalfar.**
alfalfar. m. Tierra sembrada de alfalfa.
alfalfe. m. **Alfalfa.**
alfalfez. m. **Alfalfa.**
alfamarada. f. **Llamarada,** sonrojo, *vergüenza.
alfana. f. *Caballo corpulento.
alfandoque. m. **Confit.* Pasta hecha con melado, queso y anís. ‖ Alfeñique de panela.

alfaneque. m. Ave de cetrería, variedad de *halcón.
alfaneque. m. ant. *Pabellón de campaña.
alfanigue. m. ant. **Mantellina.**
alfanjado, da. adj. De figura de alfanje.
alfanjazo. m. Golpe o herida de alfanje.
alfanje. m. *Sable corto y corvo. ‖ ***Pez espada.**
alfanjete. m. d. de **Alfanje.**
alfaque. m. Banco de arena en la desembocadura de los *ríos. Ú. m. en pl.
alfaqueque. m. El que se dedica a *libertar esclavos y *prisioneros de guerra. ‖ Persona que servía de *correo.
alfaquí. m. Doctor o *sabio de la ley, entre los *mahometanos.
alfaquín. m. ant. ***Médico.**
alfar. m. Taller de *alfarero. ‖ **Arcilla.**
alfar. adj. Que alfa.
alfar. intr. Levantar el *caballo el cuarto delantero al galopar, sin doblar bastante los corvejones.
alfaraz. m. *Caballo para las tropas ligeras.
alfarda. f. *Impuesto que pagaban moros y judíos en los reinos cristianos. ‖ *Contribución por el aprovechamiento de las aguas.
alfarda. f. Adorno que usaban las mujeres. ‖ *Arq.* Par de una *armadura.
alfardero. m. El que cobra la alfarda.
alfardilla. f. Cantidad que se paga, además de la alfarda, por la limpieza de las *acequias.
alfardilla. f. **Esterilla** de *pasamanería.
alfardón. m. **Arandela,** anillo o disco perforado.
alfardón. m. **Alfarda,** contribución o impuesto.
alfardón. m. *Azulejo de seis lados.
alfareme. m. *Toca usada por los árabes para cubrir la cabeza.
alfarense. adj. Natural de Alfaro. Ú. t. c. s. ‖ Perteneciente a esta ciudad.
alfarería. f. Arte de fabricar vasijas de *barro. ‖ Taller donde se fabrican. ‖ Tienda donde se venden.
***alfarero.** m. El que hace vasijas de barro.
alfargo. m. Viga del *molino de aceite.
alfarje. m. Artefacto para *moler la aceituna antes de exprimirla. ‖ Sitio en que está el **alfarje.**
alfarje. m. *Techo con maderas labradas y entrelazadas.
alfarjía. f. *Carp.* *Madero de sierra que se emplea para cercos de puertas y ventanas. ‖ **Media alfarjía.** Madero de sierra de diez centímetros de tabla y siete de canto.
alfarma. f. **Alharma.**
alfarnate. adj. ant. *Pícaro, tuno.
alfarrazar. tr. Ajustar el pago del *diezmo de los frutos en verde.
alfaya. f. ant. *Precio.
alfayat. m. **Alfayate.**
alfayata. f. ant. **Sastra.**
alfayate. m. ant. **Sastre.**
alfayatería. f. ant. Oficio de alfayate.
alfayo. m. ant. *Ingenio, habilidad.
alfaz. m. **Alfalfar.**
alfazaque. m. *Insecto coleóptero, parecido al escarabajo.
alfeiza. f. **Alféizar.**
alféizar. m. *Arq.* Vuelta o derrame que hace la pared en un *vano de *puerta o *ventana.
alfeñicarse. r. fig. y fam. Afectar *delicadeza; remilgarse. ‖ fig. y fam. Adelgazarse mucho.
alfeñique. m. *Confit.* Pasta de azúcar cocida y estirada en barras retorcidas. ‖ fig. y fam. Persona *delicada y enfermiza. ‖ fig. y fam. Remilgo, *delicadeza, melindre. ‖ *Afeite.
alfeñique. m. **Valeriana.**
alferazgo. m. Empleo o dignidad de alférez.
alferecía. f. **Epilepsia.**
alferecía. f. **Alferazgo.**
alférez. m. *Oficial que llevaba la bandera o el *estandarte. ‖ **Segundo teniente.** ‖ Lugarteniente. ‖ **de fragata.** Oficial de la *armada que equivale a segundo teniente del ejército. ‖ **del pendón real,** o **alférez del rey.** El que llevaba el estandarte real en las batallas. ‖ **de navío.** Oficial de la *armada cuyo grado equivale al de primer teniente del ejército. ‖ **mayor de Castilla. Alférez del rey.**
alferezado. m. ant. **Alferazgo.**
alferga. f. Dedal para *coser.
alferraz. m. *Ave rapaz diurna, que se empleó en la cetrería.
álfico, ca. adj. *Blanquecino.
alficoz. m. **Cohombro.**
alfil. m. Pieza del juego de *ajedrez, que se mueve diagonalmente.
alfil. m. ant. **Agüero.**
alfilel. m. **Alfiler.**
***alfiler.** m. Barrita cilíndrica de metal con punta por uno de sus extremos y una cabecilla por el otro. ‖ *Joya en figura de alfiler o que lleva adherido un alfiler para su sujeción. ‖ *Árbol de las leguminosas, cuya madera se emplea en la construcción. ‖ pl. Cantidad que se da periódicamente a una mujer para el adorno de su persona. ‖ *Gratificación. ‖ *Juego de niños que consiste en empujar un alfiler para que se cruce con otro. ‖ *Planta geraniácea. ‖ *Clavo de cabeza plana y pequeña. ‖ **De veinticinco alfileres.** loc. fig. y fam. Con todo el *adorno posible. ‖ **No estar** uno **con** sus **alfileres.** fr. fig. y fam. No estar de buen *temple. ‖ **Prendido con alfileres.** expr. fig. y fam. *Inseguro, que ofrece poca estabilidad o firmeza.
alfilerazo. m. Punzada de alfiler.
alfilerera. f. Nombre del *fruto del geranio.
alfiletero. m. Estuche cilíndrico en que se guardan *alfileres y agujas.
alfinde. m. ant. **Acero.**
alfinge. m. ant. Buñuelo.
alfitete. m. *Pasta parecida a la sémola.
alfiz. m. Recuadro del *arco árabe.
alfócigo. m. ant. **Alfóncigo.**
alfolí. m. *Granero. ‖ Almacén de la *sal.
alfoliero. m. El que tiene a su cargo el alfolí.
alfolinero. m. **Alfoliero.**
***alfombra.** f. Tejido grueso o tapiz con que se cubre el piso de las habitaciones. ‖ fig. Capa de nieve, hierbas y otras cosas que *cubren el suelo y hermosean su aspecto.
alfombra. f. **Alfombrilla,** enfermedad.
***alfombrar.** tr. Cubrir el suelo con alfombra.
alfombrero, ra. m. y f. Persona que hace alfombras.
alfombrilla. f. *Dermat.* Enfermedad eruptiva, parecida al sarampión.
alfombrista. m. El que vende alfombras. ‖ El que las coloca en las habitaciones.
alfóncigo. m. *Árbol de las terebintáceas, cuyo fruto contiene una almendra oleaginosa, dulce y comestible, llamada pistacho. ‖ Fruto de este árbol.
alfóndega. f. ant. **Alfóndiga.**
alfondeguero. m. **Alhondiguero.**
alfóndiga. f. ant. **Alhóndiga.**
alfonsearse. r. fam. desus. *Burlarse de otro sin que él se dé cuenta.
alfonsí. adj. **Alfonsino.** ‖ V. **Maravedí alfonsí.**
alfónsigo. m. **Alfóncigo.**
alfonsina. f. Acto *universitario de teología o medicina que se celebraba en Alcalá.
alfonsino, na. adj. Perteneciente a alguno de los reyes españoles llamados Alfonso. ‖ m. *Moneda de la época de Alfonso el Sabio.
alfonsismo. m. Adhesión *política a alguno de los reyes españoles llamados Alfonso.
alforfón. m. *Planta poligonácea de cuyo fruto se hace pan en algunas comarcas. ‖ Semilla de esta planta.
alforín. m. **Algorín.**
alforiz. m. ant. **Alfolí.**
***alforja.** f. Bolsa doble que se usa para *viaje y acarreo. Ú. m. en pl. ‖ *Provisión de lo necesario para el viaje.
alforjero, ra. adj. Perteneciente a las alforjas. ‖ m. y f. Persona que hace o vende alforjas. ‖ Persona que lleva a otras en la alforja la *comida. ‖ m. Lego de algunas *comunidades que recoge en unas alforjas el pan y otras limosnas.
alforjón. m. **Alforfón.**
alforjuela. f. d. de **Alforja.**
alforre. m. ant. Especie de *halcón.
alforza. f. *Pliegue que se hace en las vestiduras para acortarlas o a manera de adorno. ‖ Gaza que se hace a bordo con los *cabos. ‖ fig. y fam. Costurón, cicatriz de una *herida.
alforzar. tr. Hacer alforzas.
alfoz. amb. Arrabal, *afueras. ‖ *Territorio de varios pueblos, que forman una jurisdicción.
***alga.** f. **Ova.** ‖ *Bot.* Nombre de ciertas plantas celulares acuáticas, de consistencia gelatinosa, con tallos en figura de cintas o filamentos. ‖ pl. *Bot.* Familia de estas plantas.
algaba. f. *Bosque.
algabarra. f. Tarugo que sujeta el macho del martinete.
algaida. f. Bosque o sitio lleno de *maleza.
algaida. f. **Médano.**
algaido, da. adj. Cubierto de ramas.
algalia. f. Substancia untuosa de olor fuerte y sabor acre, contenida en la bolsa que cerca del ano tiene el gato de **algalia.** ‖ Planta malvácea cuya semilla, de olor almizcleño, se emplea en *perfumería. ‖ m. **Gato de algalia.**
algalia. f. *Cir.* Especie de tienta algo encorvada, que se usa para las operaciones de la vejiga.
algaliar. tr. Perfumar con algalia.
algaliero, ra. adj. Dícese del que usa perfume de algalia. Ú. t. c. s.
algar. m. ant. *Caverna.
algara. f. Tropa de a caballo que hace *correrías. ‖ Correría de esta tropa.
algara. f. **Binza** de la cebolla.
algarabía. f. *Lengua árabe. ‖ fig. y fam. *Lenguaje o escritura *incomprensible. ‖ fig. y fam. *Gritería que forman varias personas que hablan a un tiempo. ‖ *Planta escrofulariácea, de la que se hacen escobas.
algarabiado, da. adj. Que sabe algarabía, o lengua árabe.
algarabío, a. adj. ant. Natural del Algarbe. Usáb. t. c. s.

algaracear. intr. Caer *nieve menuda.
algarada. f. **Algara,** *tropa de a caballo y correría que hace. || *Alboroto.
algarada. f. **Algarrada,** máquina de guerra.
algareador, ra. adj. ant. **Algarero.**
algarear. tr. ant. Vocear o gritar.
algarero, ra. adj. Voceador, parlero. || m. Jinete que formaba parte de una algara.
algarivo, va. adj. ant. **Extraño.** || ant. *Injusto.
algarrada. f. **Art.* Máquina de guerra para disparar contra las murallas.
algarrada. f. *Fiesta que consiste en echar al campo un toro para correrlo. || **Encierro** de los toros de *lidia. || **Novillada.**
***algarroba.** f. *Planta leguminosa, cuya semilla seca sirve de pienso. || Semilla de esta planta. || Fruto del *algarrobo, que es una vaina azucarada y comestible.
algarrobal. m. Sitio sembrado de *algarrobas. || Sitio poblado de *algarrobos.
algarrobera. f. **Algarrobo.**
algarrobero. m. **Algarrobera.**
algarrobilla. f. **Arveja.**
***algarrobo.** m. *Árbol de las leguminosas, cuyo fruto es la algarroba. || **loco. Ciclamor.**
algavaro. m. *Insecto coleóptero, negro y con las antenas muy largas.
algazara. f. Vocería de los *mahometanos al *acometer al enemigo. || *Alboroto producido por la *alegría. || Ruido, gritería. || ant. **Algara.**
algazul. m. Planta ficoidea, cuyas cenizas se utilizaban para hacer *barrilla.
***álgebra.** f. Parte de las matemáticas que trata de la cantidad considerada en abstracto y representada por letras u otros signos especiales. || **Cir.* Arte de componer los huesos dislocados.
algebraico, ca. adj. Perteneciente o relativo al álgebra.
algébrico, ca. adj. **Algebraico.**
algebrista. com. Persona que estudia o enseña el álgebra. || *Cirujano dedicado a la curación de dislocaciones. || *Germ.* **Alcahuete.**
algente. adj. poét. ***Frío.**
algidez. f. Frialdad glacial.
álgido, da. adj. Dícese del estado *febril o morboso acompañado de *frío glacial.
algo. pron. indet. con que se designa una cosa que no se quiere o no se puede nombrar, una cantidad no precisa, o una proporción, grado o intensidad *indeterminados. || m. ant. Patrimonio, *bienes. Usáb. t. en pl. || adv. c. Un *poco, de manera *incompleta, hasta cierto punto. || ant. *Bastante.
***algodón.** m. Planta malvácea, cuyo fruto es una cápsula que contiene varias semillas envueltas en una borra blanca. || Esta borra. || *Tela de **algodón.** || pl. Hebras de **algodón** que se ponían en el fondo del tintero para que no se mojara demasiado la pluma. || Bolitas de **algodón** que se colocan en los oídos. || **Algodón pólvora. Pólvora de algodón.**
algodonal. m. Terreno poblado de plantas de algodón. || **Algodón,** planta.
algodonar. tr. Rellenar de algodón.
algodoncillo. m. Planta de las asclepiadeas, cuyas semillas dan una borra parecida a la del algodón.
algodonería. f. Fábrica en que se trabaja la fibra del algodón.
algodonero, ra. adj. Perteneciente o relativo al algodón. || m. y f. Persona que trata en algodón. || m. **Algodón,** planta.
algodonosa. f. Planta de las compuestas, cubierta de una borra semejante al algodón.
algodonoso, sa. adj. Que tiene el aspecto del algodón.
algorfa. f. Sobrado que sirve de *granero.
algorín. m. Departamento separado que hay en los *molinos de aceite para que cada cosechero deposite en él su aceituna. || Patio en que están estos departamentos. || Lugar en que se *guarda harina, granos u otras cosas para tenerlas a mano.
algoritmia. f. **Mat.* Cálculo aritmético y algebraico.
algorítmico, ca. adj. Perteneciente o relativo al algoritmo.
algoritmo. m. **Algoritmia.** || *Mat.* Operación de cálculo y su notación correspondiente.
algorra. f. **Alhorre,** erupción cutánea.
algorza. f. p. us. **Barda** de las tapias.
algoso, sa. adj. Lleno de algas.
***alguacil.** m. Subalterno de la administración de justicia que ejecuta las órdenes del tribunal. || Antiguo gobernador de una ciudad, con jurisdicción civil y criminal. || Funcionario judicial que nombraban los pueblos. || *Araña pequeña, de patas cortas, que acecha a las moscas y salta sobre ellas. || **de ayuntamiento.** Ejecutor de los mandatos de los alcaldes. || **de campo, del campo,** o **de la hoz.** El que cuida de los sembrados. || **del agua.** *Mar.* El que cuida de la provisión de agua. || **de la montería.** El que guardaba los aparejos de la *montería.
alguacila. f. ant. **Alguacilesa.**
alguaciladgo. m. ant. **Alguacilazgo.**
alguacilazgo. m. Oficio de alguacil.
alguacilejo. m. d. de **Alguacil.**
alguacilesa. f. Mujer del alguacil.
alguacilillo. m. **Taurom.* Cada uno de los dos alguaciles que preceden a la cuadrilla durante el paseo.
alguandre. adv. c. ant. **Algo.** || adv. t. ant. ***Nunca.**
alguanto, ta. pron. indet. ant. **Alguno.**
alguarín. m. Aposentillo bajo para guardar alguna cosa. || Pilón donde cae la harina en el *molino.
alguarismo. m. ant. **Guarismo.** || ant. **Algoritmo.**
alguaza. f. Bisagra.
alguese. m. ***Agracejo,** arbusto.
alguien. pron. *indet. con que se representa una persona que no se nombra ni determina. || **Ser** uno **alguien.** fr. fam. Ser persona importante.
alguinio. m. *Cesta o cuévano grande para la *cosecha de frutos.
algún. adj. Apócope de **Alguno.** || **Algún tanto.** m. adv. Un poco, algo.
algunamente. adv. m. ant. De algún modo.
alguno, na. adj. que se aplica de manera *indeterminada a una persona o cosa entre otras iguales. || Bastante. || pron. indet. **Alguien.** || **Alguno que otro.** loc. Unos cuantos, *pocos.
alhábega. f. **Albahaca.**
alhadida. f. ant. *Quím.* Sulfato de *cobre.
***alhaja.** f. Joya. || *Adorno. || *Mueble decorativo. || fig. Cosa de mucho *precio o *utilidad. || fig. y fam. Persona o animal de *excelentes cualidades.
alhajar. tr. Adornar con *alhajas. || **Amueblar.**
alhamar. m. ant. *Manta encarnada.
alhámega. f. Alharma.
alhamel. m. **Acémila.** || **Ganapán.** || **Harriero.**
alhamí. m. *Banco de piedra revestido de azulejos.
alhandal. m. **Coloquíntida,** fruto.
alhaquín. m. ant. ***Médico.**
alharaca. f. *Ademán, gesto o expresión con que se manifiesta la *violencia de algún afecto. Ú. m. en pl.
alharaquiento, ta. adj. Que hace alharacas.
alhárgama. f. **Alharma.**
alharma. f. Planta rutácea, cuyas *semillas sirven de *condimento en Oriente, y también se comen tostadas.
alhelí. m. *Planta vivaz, crucífera, cuyas flores son muy apreciadas por sus colores y grato olor. || **de Mahón. Mahonesa.**
alheña. f. *Arbusto de las oleáceas. || Flor de este arbusto. || Polvo de hojas secas de esta planta que se emplea para *teñir. || **Azúmbar,** planta. || **Roya.** || **Tizón,** *hongo parásito.
alheñar. tr. *Teñir con polvos de alheña. Ú. t. c. r. || r. **Arroyarse.** || Anublarse las mieses.
alhinde. m. ant. **Alfinde.**
alhoja. f. **Alondra.**
alholí. m. **Alfolí.**
alholva. f. *Planta leguminosa. || Semilla de esta planta.
alholvar. m. Terreno sembrado de alholvas.
***alhóndiga.** f. Casa pública para la compraventa y contratación de *granos.
alhondigaje. m. **Almacenaje.**
alhondiguero. m. El que cuida de la alhóndiga.
alhorí. m. ant. **Alholí.**
alhorín. m. ant. **Alhorí.**
alhorma. f. *Campamento de moros.
alhorre. m. *Excremento de los niños recién nacidos. || **Dermat.* Erupción de los recién nacidos.
alhorro. m. **Alforre.**
alhorza. f. ant. **Alforza.**
alhucema. f. **Espliego.**
alhucemilla. f. Planta labiada.
alhuceña. f. Planta crucífera, cuyo fruto es una vainilla cilíndrica comestible.
alhumajo. m. Hojas de los *pinos.
alhurreca. f. **Adarce.**
ali. m. En el juego de la secansa, dos o tres *naipes iguales.
aliabierto, ta. adj. Abierto de alas.
aliaca. f. ant. **Aliacán.**
aliacán. m. **Ictericia.**
aliacanado, da. adj. **Ictericiado.**
aliáceo, a. adj. Perteneciente o parecido al *ajo.
aliadas. f. pl. *Gratificación que se daba a los fundidores.
aliado, da. adj. Dícese de la persona con quien uno se ha unido y coligado. Ú. t. c. s.
aliaga. f. **Aulaga.**
aliagar. m. **Aulagar.**
alianza. f. Acción de aliarse o *confederarse. || Pacto o *convenio. || *Parentesco contraído por casamiento. || fig. Unión de cosas que *cooperan a un propósito. || *Sortija.
alianzarse. r. ant. **Aliarse.**
aliar. tr. p. us. *Concordar o reunir para un fin común. || rec. *Confederarse los Estados unos con otros, contra los enemigos comunes. || Unirse o *asociarse con otro. Ú. t. c. r.
aliara. f. **Cuerna,** vaso de cuerno.
aliaria. f. *Planta crucífera, cuyas semillas, de olor parecido al del ajo, sirven para *condimento.
alias. adv. lat. Por otro *nombre. || m. **Apodo.**
alibi. m. **For.* Coartada.

alibilidad. f. Calidad de alible.
alible. adj. Capaz de *alimentar o nutrir.
álica. f. *Gachas de legumbres, y principalmente de espelta.
alicaído, da. adj. Caído de *alas. ‖ fig. y fam. *Débil, falto de fuerzas. ‖ fig. y fam. Triste y *desalentado. ‖ fig. y fam. Dícese del que ha *decaído de posición social.
alicántara. f. **Alicante.**
alicante. m. *Víbora pequeña y muy venenosa, de hocico remangado.
alicantina. f. fam. Treta, *astucia o *engaño.
alicantino, na. adj. Natural de Alicante. Ú. t. c. s. ‖ Perteneciente a esta ciudad.
alicanto. m. Arbusto de flor olorosa.
alicatado. m. Obra de *azulejos, generalmente de estilo árabe.
alicatar. tr. **Azulejar.**
alicates. m. pl. *Tenacillas de puntas cortas y fuertes, que se usan en varios oficios.
alicer. m. **Alizar.**
aliciente. m. *Atractivo.
alicortar. tr. Cortar las *alas o dejarlas inútiles para el vuelo.
alicorto, ta. adj. *Desalentado.
alícuota. adj. V. **Parte alícuota.** ‖ **Proporcional.**
alidada. f. Regla con una pínula en cada extremo, que sirve para dirigir visuales en los aparatos de *topografía.
alidona. f. Concreción lapídea que se suponía procedente del vientre de las golondrinas.
alienable. adj. **Enajenable.**
alienación. f. Acción y efecto de alienar. ‖ *Pat.* Trastorno *mental.
alienado, da. adj. *Loco, demente.
alienar. tr. **Enajenar.** Ú. t. c. r.
aliende. adv. l. y c. ant. **Allende.**
alienígena. adj. ***Extranjero.** Ú. t. c. s.
alienismo. m. Ciencia y arte del alienista.
alienista. adj. Dícese del médico dedicado al estudio y curación de las enfermedades *mentales. Ú. t. c. s.
aliento. m. Acción de alentar. ‖ ***Respiración.** ‖ fig. Ánimo, *valor. ‖fig. **Soplo.** ‖ **De un aliento.** m. adv. Sin tomar nueva respiración. ‖ fig. Sin pararse, de un modo *continuo.
alifa. f. Caña de *azúcar.
alifafe. m. fam. Achaque o *enfermedad, generalmente leve.
alifafe. m. *Veter.* Tumor sinovial en los corvejones.
alifafe. m. ant. Cobertor, *manta.
alifar. tr. Pulir, *adornar.
alifara. f. *Convite o merienda.
aligación. f. *Enlace, trabazón o unión. ‖ V. **Regla de aligación.**
aligamiento. m. **Aligación.**
aligar. tr. p. us. **Ligar.** Ú. t. c. r.
aligato. m. *Pavesa.
aligátor. m. **Caimán.**
áliger. m. ant. Parte de la guarnición de la *espada, que resguarda la mano.
aligeramiento. m. Acción y efecto de aligerar o aligerarse.
***aligerar.** tr. Hacer menos pesado. Ú. t. c. r. ‖ Abreviar, *acelerar. ‖ fig. *Aliviar, *moderar.
alígero, ra. adj. poét. **Alado.** ‖ fig. Rápido, veloz.
aligonero. m. **Almez.**
aligustre. m. **Alheña.**
alijador, ra. adj. Que alija. Ú. t. c. s. ‖ m. y f. El que se dedica a separar la borra de la simiente del *algodón. ‖ m. **Barcaza.**
alijar. m. Terreno inculto, *erial. ‖ pl. Ejidos, *afueras.
alijar. tr. Aligerar la *carga de una embarcación, o desembarcarla. ‖ Transbordar o desembarcar *contrabando. ‖ Separar la borra de la simiente del *algodón.
alijarar. tr. Repartir las tierras incultas para su cultivo.
alijarero. m. El que cultiva algún alijar.
alijariego, ga. adj. Perteneciente o relativo a los alijares.
alijo. m. Acción de alijar. ‖ Géneros de *contrabando. ‖ p. us. **Ténder.**
alim. m. Arbolito de las euforbiáceas.
alimaña. f. *Animal dañino. ‖ Animal perjudicial a la *caza menor.
alimañero. m. Guarda de *caza.
alimaya. f. Regatón de la *lanza.
alimentación. f. Acción y efecto de alimentar o alimentarse.
alimentador, ra. adj. Que alimenta. Ú. t. c. s.
alimental. adj. Que sirve para alimentar.
alimentante. p. a. de **Alimentar.** Que alimenta. Apl. a pers., ú t. c. s.
***alimentar.** tr. Dar alimento. Ú. t. c. r. ‖ Dar a los seres orgánicos lo necesario para su conservación y crecimiento. ‖ Suministrar a una máquina la energía necesaria para su funcionamiento. ‖ fig. Fomentar sentimientos, costumbres, etc. ‖ *For.* Dar alimentos. ‖ r. Tomar alimento.
alimentario. m. *For.* **Alimentista.**
alimenticio, cia. adj. Que alimenta.
alimentista. com. Persona que goza asignación para alimentos.
***alimento.** m. Cualquier substancia que sirve para nutrir el organismo. ‖ fig. Lo que sirve para mantener algún proceso físico o químico. ‖ fig. Lo que sirve para el fomento de sentimientos, costumbres, etc. ‖ pl. Prestaciones que, por obligación legal o contractual, se dan a una persona para su sustento. ‖ **Alimento combustible. Alimento respiratorio.** ‖ **plástico** o **reparador.** El que sirve para reparar las pérdidas de substancia que experimenta el organismo animal. ‖ **respiratorio.** El que sirve principalmente para la producción de calor y energía.
alimentoso, sa. adj. Que nutre mucho.
álimo. m. **Orzaga.**
alimoche. m. **Abanto.**
alimón (al). *Taurom.* m. adv. que se aplica al modo de hacer ciertas suertes entre dos lidiadores, cogiendo cada uno un extremo del mismo capote.
alimonarse. r. *Pat. Veg.* Ponerse amarillentos los árboles.
alimosna. f. ant. **Limosna.**
alindadamente. adv. m. ant. **Lindamente.**
alindado, da. adj. Presumido de lindo. ‖ Pulcro con *afectación. ‖ *Hermoso.
alindamiento. m. Acción y efecto de alindar una heredad.
alindar. tr. Poner o señalar las *lindes a una heredad. ‖ intr. **Lindar.**
alindar. tr. Poner lindo o *hermoso. Ú. t. c. r.
alinde. m. ant. **Alfinde.** ‖ ant. *Espejo de **alinde.** ‖ fig. ant. Superficie bruñida. ‖ **De alinde.** De aumento, dicho de lentes, anteojos, etcétera.
alindongarse. r. Vestirse con *afectación de elegancia.
alineación. f. Acción y efecto de alinear o alinearse.
alinear. tr. Poner en *línea recta. Ú. t. c. r.
aliñado, da. adj. Aseado, dispuesto.
aliñador, ra. adj. Que aliña. Ú. t. c. s. ‖ m. ant. *Administrador. ‖ m. y f. *Cir.* **Algebrista.**
aliñar. tr. **Aderezar,** *adornar. ‖ *Condimentar. ‖ *Preparar. ‖ Administrar. ‖ *Cir.* Arreglar o concertar los huesos dislocados.
aliño. m. Acción y efecto de aliñar o aliñarse. ‖ Lo que sirve para aliñar o aliñarse. ‖ *Preparación para hacer alguna cosa. ‖ *Condimento. ‖ ant. Apero de *labranza. Usáb. m. en pl.
aliñoso, sa. adj. Adornado. ‖ *Cuidadoso, aplicado.
alioli. m. **Ajiaceite.**
alionín. m. *Pájaro de unos siete centímetros de largo, que tiene la cabeza, la garganta y el pecho de color negro azulado y las alas negras con listas blancas.
alipata. m. *Árbol de las euforbiáceas.
alípede. adj. poét. Que lleva *alas en los *pies. ‖ *Zool.* **Alípedo.** Ú. t. c. s.
alípedo, da. adj. *Zool.* **Quiróptero.** Ú. t. c. s.
aliquebrado, da. adj. fig. y fam. **Alicaído,** *triste, *desalentado.
aliquebrar. tr. Quebrar las alas. Ú. t. c. r.
alirón. m. **Alón.**
alirrojo, ja. adj. De *alas rojas.
alisador, ra. adj. Que alisa. Ú. t. c. s. ‖ m. Instrumento de boj de que se sirven los cereros para alisar las *velas.
alisadura. f. Acción y efecto de *alisar o alisarse. ‖ pl. *Residuos que quedan de la madera, piedra u otra cosa que se ha alisado.
alisar. m. Sitio poblado de alisos.
***alisar.** tr. Poner lisa alguna cosa. Ú. t. c. r. ‖ Peinar ligeramente el *cabello.
aliseda. f. **Alisar.**
alisios. adj. pl. V. **Vientos alisios.** Ú. t. c. s.
alisma. f. *Planta de las alismáceas, que crece en terrenos pantanosos.
alismáceo, a. adj. *Bot.* Dícese de plantas monocotiledóneas acuáticas, con rizoma feculento, como la alisma y el azúmbar. Ú. t. c. s. f. ‖ f. pl. *Bot.* Familia de estas plantas.
aliso. m. *Árbol de las betuláceas. ‖ *Madera de este árbol, que es dura y blanca. ‖ **Rubia menor.** ‖ **negro. Arraclán.**
alistado, da. adj. **Listado.**
alistador. m. El que alista.
alistamiento. m. Acción y efecto de alistar o alistarse. ‖ Conjunto de mozos obligados a prestar servicio *militar.
alistar. tr. Sentar o *apuntar en *lista a alguno. Ú. t. c. r. ‖ r. Sentar plaza en la *milicia.
alistar. tr. Prevenir, *preparar, aparejar. Ú. t. c. r.
aliteración. f. *Ret.* Figura que consiste en el empleo de voces en que frecuentemente se repiten una o unas mismas letras. ‖ *Ret.* **Paronomasia.**
aliterado, da. adj. Que tiene aliteración.
alitierno. m. ***Aladierna.**
aliviadero. m. Vertedero o *desagüe de aguas embalsadas.
aliviador, ra. adj. Que alivia. Ú. t. c. s. ‖ m. *Palanca para levantar o bajar la piedra de los *molinos de harina. ‖ *Germ.* *Ladrón que escapa con lo que otro ha hurtado.
aliviamiento. m. **Alivio.**
alivianar. tr. **Aliviar.**
***aliviar.** tr. *Aligerar, hacer menos pesado. ‖ Quitar parte del peso que carga sobre una persona o cosa. Ú.

t. c. r. ‖ fig. Disminuir o mitigar la enfermedad. Ú. t. c. r. ‖ → fig. Disminuir o mitigar las molestias corporales o morales. Ú. t. c. r. ‖ fig. Tratándose del paso, *acelerarlo o alargarlo. ‖ fig. Tratándose de alguna obra, *acelerar su ejecución. ‖ *Levantar, soliviar. ‖ *Robar, hurtar.

***alivio.** m. Acción y efecto de aliviar o aliviarse. ‖ *Germ.* Descargo que da el *preso. ‖ *Germ.* **Procurador.**

alizar. m. Friso de *azulejos que se pone por adorno en la parte inferior de las paredes interiores. ‖ Azulejo de los destinados para el alizar.

alizarina. f. **Quím.* Principio colorante rojo que se extrae de la rubia.

aljaba. f. Caja para *flechas, que se llevaba pendiente del hombro.

aljafana. f. **Aljofaina.**

aljama. f. *Junta de moros o *judíos. ‖ ***Mezquita.** ‖ **Sinagoga.** ‖ Morería o judería.

aljamel. m. **Alhamel.**

aljamía. f. Nombre que daban los moros a la *lengua castellana. Hoy se aplica especialmente a lo *escrito en nuestra lengua con caracteres arábigos.

aljamiado, da. adj. Que hablaba la aljamía. ‖ Escrito en aljamía.

aljarafe. m. **Ajarafe.**

aljaraz. m. *Campanilla o esquila.

aljarfa. f. Parte central del aljerife.

aljarfe. m. **Aljarfa.**

aljecería. f. **Yesería.**

aljecero. m. **Yesero.**

aljerife. m. *Red muy grande para pescar.

aljerifero. m. El que pesca con aljerife.

aljévena. f. **Jofaina.**

aljez. m. Mineral de *yeso.

aljezar. m. **Yesar.**

aljezón. m. **Yesón.**

aljibe. m. ***Cisterna.** ‖ *Mar.* *Barco en cuya bodega se lleva el agua a las embarcaciones. ‖ *Mar.* Cada una de las cajas de palastro en que se tiene el *agua a bordo.

aljibero. m. El que cuida de los aljibes.

aljofaina. f. **Jofaina.**

***aljófar.** m. *Perla irregular y pequeña. ‖ Conjunto de perlas de esta clase. ‖ fig. Cosa parecida al aljófar, como las gotas de *rocío.

aljofarar. tr. Cubrir o adornar con aljófar alguna cosa.

aljofifa. f. Pedazo de paño basto para *fregar el suelo.

aljofifado. m. Acción de aljofifar.

aljofifar. tr. *Fregar con aljofifa.

aljonje. m. **Ajonje.**

aljonjera. m. **Ajonjera.**

aljonjero. m. **Ajonjero.**

aljonjolí. m. **Ajonjolí.**

aljor. m. **Aljez.**

aljorozar. tr. **Albañ.* Enfoscar con mortero una pared.

aljuba. f. Vestidura morisca, a modo de *abrigo o gabán con mangas cortas.

aljuma. f. *Retoño o brote nuevo de las plantas.

alkermes. m. **Alquermes.**

***alma.** f. Substancia espiritual que informa el cuerpo humano. ‖ Por ext., principio sensitivo que da *vida a los animales. ‖ fig. *Persona, individuo. ‖ fig. *Esencia o parte *principal de cualquier cosa. ‖ fig. Viveza, animación, *expresión. ‖ *Vehemencia, energía. ‖ fig. Lo que da ali[illegible]o y *fuerza a alguna cosa. ‖ fig. Lo que se mete en el hueco de algunas piezas para darles *firmeza y resistencia. ‖ fig. *Hueco de alguna cosa. ‖ Hueco del cañón de las *armas de fuego*. ‖ Pieza de hierro forjado que forma el recazo y espiga de la *espada. ‖ fig. En el violín y otros *instrumentos semejantes, palito que se coloca atravesado entre las tapas y debajo del puente. ‖ Parte central de las vigas de doble T. ‖ *Arq.* *Madero que, fijo verticalmente, sirve para sostener otros maderos o los tablones de los andamios. ‖ **de cántaro.** fig. y fam. Persona *indiscreta e *insensible. ‖ **de Dios.** fig. Persona muy bondadosa y *cándida. ‖ **en pena.** La que padece en el purgatorio. ‖ fig. Persona que anda *sola y *triste. ‖ **nacida** o **viviente.** expr. ponderativa que equivale a **nadie.** ‖ **¡Alma mía!** expr. de cariño. ‖ **Caérsele** a uno **el alma a los pies.** fr. fig. y fam. Abatirse, *desanimarse. ‖ **Como alma que lleva el diablo.** expr. fam. Con extraordinaria *prontitud. ‖ **Con el alma y la vida.** expr. Con mucho gusto, de muy buena *voluntad. ‖ **Dar** uno **el alma,** o **dar** uno **el alma a Dios.** fr. Expirar, *morir. ‖ **Dolerle** a uno **el alma de** alguna cosa. fr. fig. Estar *cansado, *harto de ella. ‖ **Echar,** o **echarse,** uno **el alma atrás,** o **a las espaldas.** fr. fig. y fam. Proceder sin atenerse a los dictados de la conciencia, o prescindiendo de todo respeto. ‖ **Encomendar el alma.** fr. **Recomendar el alma.** ‖ **Estar** uno **como el alma de Garibay.** fr. fig. y fam. No hacer ni deshacer, estar indeciso. ‖ **Estar** uno **con el alma en la boca,** o **entre los dientes.** fr. fig. y fam. Estar para *morir. ‖ **Estar** uno **con el alma en un hilo.** fr. fig. y fam. Estar *inquieto por el *temor de un grave riesgo. ‖ **Írsele el alma** a uno **tras** alguna cosa. fr. fig. y fam. *Desearla con ansia. ‖ **Paseársele** a uno **el alma por el cuerpo.** fr. fig. y fam. Ser muy calmoso e indolente. ‖ **Recomendar el alma.** fr. Decir las preces de la Iglesia a los que están para *morir.

almacabra. m. *Cementerio de moros.

***almacén.** m. Casa o edificio donde se guardan por junto cualesquiera géneros. ‖ Local donde los géneros se venden por mayor. ‖ **Impr.* Caja que contiene el surtido de matrices de un mismo cuerpo. ‖ **de agua.** *Mar.* Aljibe que se instala en la cubierta principal del buque. ‖ **Gastar** uno **almacén,** o **mucho almacén.** fr. fig. y fam. *Adornarse con exceso. ‖ fig. y fam. Gastar muchas palabras y *exageraciones para explicar alguna cosa de poca entidad.

almacenaje. m. Derecho o *impuesto que se paga por guardar las cosas en un almacén.

almacenamiento. m. Acción y efecto de almacenar.

almacenar. tr. Poner o *guardar en almacén. ‖ *Acopiar o guardar muchas cosas.

almacenero. m. **Guardalmacén.**

almacenista. com. Dueño de un almacén. ‖ Persona que despacha los géneros que en él se venden.

almaceno, na. adj. **Amaceno.**

almáciga. f. *Resina clara y algo aromática, que se extrae de una variedad de lentisco.

almáciga. f. Lugar en donde se siembran las *semillas de las plantas que se han de trasplantar después.

almacigar. tr. Sahumar o perfumar con almáciga.

almácigo. m. **Lentisco.** ‖ *Árbol de las terebintáceas.

almácigo. m. **Almáciga,** semillero.

almaciguero, ra. adj. Perteneciente o relativo a la almáciga o semillero.

almádana. f. **Almádena.**

almadaneta. f. d. de **Almádana.**

almadearse. r. p. us. **Almadiarse.**

almadén. m. *Mina de algún metal.

almádena. f. *Mazo de hierro con mango largo, para romper piedras.

almadeneta. f. d. de **Almádena.**

almadía. f. Especie de canoa usada en la India. ‖ **Armadía,** balsa.

almadiarse. r. **Marearse.**

almadiero. m. El que conduce o dirige la almadía.

almádina. f. **Almádana.**

almadraba. f. *Pesca de atunes. ‖ Lugar donde se hace esta pesca. ‖ *Red o cerco de redes para la pesca de atún. ‖ **de buche.** Pesca que se hace con atajadizos. ‖ **de monteleva.** La que se hace al paso de los atunes. ‖ **de tiro,** o **de vista.** La que se hace de día y con redes a mano donde hay muchas corrientes.

almadrabero. m. El que se ocupa en las operaciones de la almadraba.

almadraque. m. *Almohada o *colchón.

almadraqueja. f. d. de **Almadraque.**

almadraqueta. f. d. de **Almadraque.**

almadreña. f. **Zueco,** *zapato de madera.

almágana. f. **Almaganeta.**

almaganeta. f. **Almádana.**

almagesto. m. Libro de *astronomía.

almagra. f. **Almagre.**

almagrado, da. adj. De *color de almagre.

almagradura. f. Acción y efecto de almagrar.

almagral. m. Terreno en que abunda el almagre.

almagrar. tr. Teñir de almagre. ‖ fig. Notar, desacreditar, *infamar. ‖ *Germ.* *Herir de suerte que corra sangre.

almagre. m. *Miner.* Óxido rojo de hierro, que se emplea en la *pintura. ‖ fig. *Marca, señal.

almagreño, ña. adj. Natural de Almagro. Ú. t. c. s. ‖ Perteneciente a esta ciudad.

almagrero, ra. adj. Dícese del terreno en que abunda el almagre.

almaina. f. **Almádana.**

almaizal. m. **Almaizar.**

almaizar. m. Toca de gasa usada por los *mahometanos. ‖ **Humeral.**

almaja. f. *Impuesto que se pagaba en Murcia por algunos frutos cogidos en secano.

almajal. m. **Almajar.**

almajaneque. m. **Maganel.**

almajar. m. **Almarjal,** terreno poblado de almarjos.

almajara. f. Terreno abonado con estiércol reciente para que germinen prontamente las *semillas.

almaje. m. **Dula,** conjunto de cabezas de ganado.

almajo. m. **Almarjo.**

almalafa. f. *Vestidura talar que usan los moros.

***almanaque.** m. Registro de todos los días del año, distribuidos por meses, con datos astronómicos e indicaciones relativas a las festividades religiosas, actos civiles, etc. ‖ **Hacer almanaques.** fr. fig. y fam. **Hacer calendarios.**

almanaquero, ra. m. y f. Persona que hace o vende almanaques.

almancebe. m. Especie de *red que se usaba en el Guadalquivir.

almandina. f. **Granate almandino.**

almandino. adj. V. **Granate almandino.**
almánguena. f. **Almagre.**
almanta. f. **Entreliño.** ‖ Señal que se hace con dos *surcos grandes para dirigir las *siembras. ‖ **Poner a almanta.** fr. *Agr.* Plantar las *vides juntas y sin orden.
almarada. f. *Puñal agudo de tres aristas y sin corte. ‖ *Aguja grande para coser alpargatas. ‖ Barreta cilíndrica de hierro, con un mango, usada en los hornos de fundición de *azufre.
almarbatar. tr. *Carp.* Ensamblar dos piezas de madera.
almarbate. m. Madero cuadrado del alfarje, que une los pares de la *armadura.
almarcha. f. *Población situada en vega o tierra baja.
almarga. f. **Marguera.**
almario. m. **Armario.**
almarjal. m. Terreno poblado de almarjos.
almarjal. m. **Marjal,** terreno bajo.
almarjo. m. Cualquiera de las plantas que dan *barrilla. ‖ **Barrilla,** ceniza de dichas plantas.
almaro. m. **Maro.**
almarrá. m. Cilindro delgado de hierro, que sirve para alijar el *algodón oprimiéndolo contra una tabla.
almarraja. f. *Vasija de vidrio agujereada por el vientre, que se usaba para *regar.
almarraza f. **Almarraja.**
almártaga. f. Especie de *cabezada que se ponía a los caballos sobre el freno.
almártaga. f. *Quím.* **Litargirio.**
almártega. f. **Almártaga,** litargirio.
almártiga. f. **Almártaga,** cabezada.
almartigón. m. Almártiga tosca que sirve para atar las bestias al pesebre.
almaste. m. **Almástec.**
almástec. m. **Almástiga.**
almástica. f. **Almáciga,** *resina.
almástiga. f. **Almáciga,** *resina.
almastigado, da. adj. Que tiene almástiga.
almatrero. m. El que pescaba con almatroque.
almatriche. m. *Agr.* **Reguera.**
almatroque. m. *Red antigua, parecida al sabogal.
almavar. m. Almarada, *puñal de tres aristas.
almazara. f. *Molino de aceite.
almazarero. m. El que tiene a su cargo una almazara.
almazarrón. m. **Almagre.**
almea. f. **Azúmbar,** planta. ‖ Bálsamo del estoraque. ‖ Corteza del estoraque.
almea. f. Entre los orientales, mujer que improvisa *versos y *canta y *baila en público.
almecina. f. **Almeza.**
almecino. m. **Almez.**
almedina. f. En Marruecos, centro de *población.
almeiza. f. Ciruela damascena.
almeja. f. *Molusco acéfalo, de valvas casi ovales. Su carne es comestible.
almejar. m. Criadero de almejas.
almejí. f. **Almejía.**
almejía. f. *Manto pequeño que usaban los moros de España.
almena. f. Cada uno de los prismas que coronan los muros de las antiguas *fortalezas, a manera de parapeto con vanos intermedios para tirar contra los enemigos.
almenado, da. adj. fig. Guarnecido de adornos o cosas de figura de almenas. ‖ Que tiene figura de almena. ‖ m. **Almenaje.**

almenaje. m. Conjunto de almenas.
almenar. m. Pie de hierro sobre el cual se ponían teas encendidas para *alumbrarse.
almenar. tr. Coronar de almenas un edificio.
almenara. f. *Hoguera que se hace en las atalayas o torres como *señal convenida de que se acerca el enemigo o de otra cosa. ‖ *Candelero sobre el cual se ponían candiles.
almenara. f. Zanja por donde vuelve al río el sobrante de las *acequias. ‖ *Desagüe por donde rebosa un depósito.
*__almendra.__ f. Fruto del almendro. ‖ Este fruto separado de su envoltura o primera cubierta. ‖ Semilla encerrada en la cáscara de este fruto. ‖ *Semilla carnosa de cualquier fruto drupáceo. ‖ fig. Diamante de figura de **almendra.** ‖ fig. Cada una de las piezas de cristal que se cuelgan por adorno en las arañas, *candelabros, etc. ‖ fig. y fest. *Piedra o guijarro pequeños. ‖ *Proyectil, bala. ‖ Capullo de *seda. ‖ *Arq.* Adorno de *moldura en figura de **almendra.** ‖ **amarga.** La del almendro amargo, que es venenosa. ‖ **dulce.** La que es comestible. ‖ **mollar.** La de cáscara fácil de quebrantar. ‖ **De la media almendra.** loc. fam. Dícese de la persona muy *delicada o melindrosa.
almendrada. f. *Bebida compuesta de leche de almendras y azúcar.
almendrado, da. adj. De figura de almendra. ‖ m. *Dulce hecho con almendras, harina y miel.
almendral. m. Sitio poblado de almendros. ‖ **Almendro.**
almendrar. tr. *Ornam.* Adornar con almendras.
almendrate. m. Especie de *guisado que se hacía antiguamente con almendras.
almendrera. f. **Almendro.**
almendrero. m. **Almendro.** ‖ *Plato en que se sirven las almendras en la mesa.
almendrilla. f. *Lima rematada en figura de almendra. ‖ *Piedra machacada en fragmentos menudos, que se emplea para el firme de las *carreteras. ‖ *Carbón de piedra en trozos menudos.
*__almendro.__ m. Árbol de la familia de las amigdaláceas, cuyo fruto es la almendra. ‖ **amargo.** El de almendra amarga.
almendrolón. m. **Almendruco.**
almendrón. m. *Árbol de las mirtáceas, de fruto pequeño, ácido y comestible, con olor a almendra amarga. ‖ Fruto de este árbol.
almendruco. m. Fruto del *almendro, cuando todavía está verde la primera cubierta y tierna la segunda.
almenilla. f. Adorno de figura de almena.
almeriense. adj. Natural de Almería. Ú. t. c. s. ‖ Perteneciente a esta ciudad.
almete. m. Pieza de la *armadura antigua, que cubría la cabeza. ‖ Soldado que usaba **almete.**
*__almez.__ m. *Árbol de las celtídeas, cuyo fruto es la almeza. ‖ *Madera de este árbol.
almeza. f. Fruto del *almez. Es una drupa comestible, pequeña, redonda y negra.
almezo. m. **Almez.**
almiar. m. *Pajar al descubierto, formado con un palo vertical, alrededor del cual se va apretando la mies. ‖ Montón de *paja o heno formado así para conservarlo todo el año.

almíbar. m. Azúcar disuelto en agua y cocido hasta que toma consistencia de jarabe. ‖ ***Dulce de almíbar.**
almibarado, da. adj. fig. y fam. Meloso, excesivamente *afable y halagüeño. Dícese del modo de hablar de algunas personas.
almibarar. tr. Bañar o cubrir con almíbar. ‖ fig. Suavizar con arte y dulzura las palabras para *captarse la voluntad de otro.
almicantarada. f. **Almicantarat.**
almicantarat. f. *Astr.* Cada uno de los círculos paralelos al horizonte que se suponen en la esfera celeste.
almidón. m. *Fécula blanca, que se encuentra en las semillas y raíces de varias plantas.
almidonado, da. adj. fig. y fam. Dícese de la persona ataviada con *afectación.
almidonar. tr. Mojar la ropa blanca en agua, en la cual se ha desleído almidón.
almidonería. f. Fábrica de almidón.
almifor. m. *Germ.* **Caballo.**
almifora. f. *Germ.* **Mula.**
almiforero. m. *Germ.* *Ladrón que hurta caballerías.
almijar. m. Lugar donde se ponen las *uvas y *aceitunas para que se oreen.
almijara. f. Depósito de aceite para el *alumbrado, que había en las *minas de Almadén.
almijarero. m. Encargado de la almijara.
almijarra. f. Palo que entra en el árbol del *molino y al cual se ata la bestia.
almilla. f. Especie de jubón ajustado al cuerpo. ‖ Jubón cerrado, que se ponía debajo de la *armadura. ‖ Tira de *carne sacada del pecho de los puercos. ‖ *Carp.* **Espiga,** clavo de madera.
almimbar. m. Púlpito de las *mezquitas.
alminar. m. *Torre de las mezquitas.
almiral. m. ant. **Almirante.**
almiranta. f. Mujer del almirante. ‖ Nave que montaba el segundo jefe de una *armada.
almirantazgo. m. Alto tribunal o consejo de la *armada. ‖ Juzgado particular del almirante. ‖ *Impuesto que pagaban las embarcaciones mercantes a beneficio de la Marina Real. ‖ Jurisdicción del almirante. ‖ Dignidad del almirante.
almirante. m. El que en las cosas de mar tenía el mando absoluto sobre las *armadas, navíos y galeras. ‖ El que mandaba la armada, después del capitán general. ‖ El que desempeña en la armada cargo equivalente al de teniente general del ejército. ‖ *Caudillo. ‖ fig. Especie de adorno que usaban las mujeres para el *tocado. ‖ fig. Maestro de *natación.
almirantesa. f. ant. **Almiranta.**
*__almirez.__ m. *Mortero de metal.
almirón. m. **Amargón.**
almizate. m. Punto central del harneruelo en los *techos de maderas labradas.
almizcate. m. *Patio común a dos fincas urbanas.
almizclar. tr. Aderezar o aromatizar con almizcle.
almizcle. m. Substancia odorífera que se saca de la bolsa que el almizclero tiene en el vientre, y se emplea en *perfumería. ‖ Substancia *grasa que algunas aves tienen junto a la cola, y con la cual se untan las plumas para hacerlas impermeables.

almizcleña. f. *Planta liliácea, parecida al jacinto.
almizcleño, ña. adj. Que huele a almizcle.
almizclera. f. **Desmán,** mamífero insectívoro.
almizclero, ra. adj. **Almizcleño.** ‖ m. Animal *rumiante, sin cuernos, parecido al cabrito. Tiene en el vientre una bolsa ovalada en que segrega almizcle.
almizque. m. ant. **Almizcle.**
almizqueño, ña. adj. ant. **Almizcleño.**
almo, ma. adj. poét. Criador, alimentador, vivificador. ‖ poét. *Excelente, digno de veneración.
almoacén. m. ant. **Almocadén.**
almocadén. m. En la milicia antigua, *caudillo de tropa de a pie. ‖ Cabo que en Ceuta mandaba diez o doce hombres de a caballo. ‖ En Marruecos, *alcalde de barrio; sargento del ejército.
***almocafre.** m. Instrumento, a modo de *azada pequeña o garabato, que sirve para trasplantar.
almocárabe. m. **Ornam.* Adorno en forma de lazos. Ú. m. en pl.
almocarbe. m. **Almocárabe.** Ú. m. en pl.
almocatracía. f. *Impuesto que se pagaba antiguamente por los tejidos de lana.
almoceda. f. Derecho de tomar agua para *regar.
almocela. f. Especie de *capucha antigua.
almocrate. m. **Almohatre.**
almocrebe. m. *Arriero de mulos.
almocrí. m. Lector del *Alcorán en las mezquitas.
almodí. m. **Almudí.**
almodón. m. *Harina de trigo humedecido y molido, de la cual, quitado el salvado grueso, se hacía pan.
almodóvar. f. Plaza *fortificada.
almodovareño, ña. adj. Natural de Almodóvar del Campo. Ú. t. c. s.
almodrote. m. *Salsa de aceite, ajos y queso, con la cual se sazonan las berenjenas. ‖ fig. y fam. *Mezcla confusa de varias cosas.
almofalla. f. ant. **Alfombra.**
almofalla. f. ant. Campamento o *ejército acampado.
almófar. m. Parte de la *armadura antigua sobre la cual se ponía el capacete.
almofariz. m. ant. **Almirez.**
almofía. f. **Jofaina.**
almoflate. m. Cuchilla redonda para hacer *guarniciones.
almofrej. m. Funda en que se llevaba la *cama de viaje.
almofrez. m. **Almofrej.**
almogama. f. *Mar.* **Redel.**
almogávar. m. **Mil.* Soldado de una tropa que se empleaba en hacer *correrías.
almogavarear. intr. Hacer *correrías por tierras de enemigos.
almogavaría. f. Tropa de almogávares.
almogavería. f. Ejercicio de los almogávares.
almogeo. m. **Astr.* Oposición de dos planetas.
almogote. m. **Mil.* Cuerpo de infantería en línea de batalla.
***almohada.** f. Colchoncillo que sirve para reclinar sobre él la cabeza. ‖ Colchoncillo que sirve para *sentarse sobre él. ‖ Funda de lienzo blanco en que se mete la **almohada** de la cama. ‖ *Arq.* **Almohadilla** de un *sillar. ‖ **Artill.* Trozo prismático de madera, que sirve de apoyo a la cuña de puntería. ‖ **Aconsejarse,** o **consultar, con la almohada.** fr. fig. y fam. *Meditar con el tiempo necesario algún negocio. ‖ **Dar almohada.** fr. Dar la reina a una dama posesión de la grandeza de España.‖**Tomar la almohada.** fr. Tomar una dama posesión de la grandeza de España.
almohadado, da. adj. **Almohadillado,** que tiene almohadillas.
almohade. adj. Dícese de los secuaces del africano Aben Tumart, que, proclamándose Mesías del *Islam, dio lugar a la fundación de un nuevo imperio. Ú. t. c. s. y m. en pl. ‖ Perteneciente a los **almohades.**
almohadilla. f. Cojincillo sobre el cual cosen las mujeres. ‖ Cojincillo que hay en las *guarniciones de las caballerías de tiro. ‖ **Acerico** para *alfileres.‖Agarrador de la *plancha. ‖ *Arq.* Parte del *sillar que sobresale de la obra, con las aristas achaflanadas o redondeadas. ‖ *Arq.* Parte lateral de la voluta del *capitel jónico. ‖ **Veter.* Carnosidad que se les hace a las caballerías en los lados donde asienta la silla.
almohadillado, da. adj. *Arq.* Que tiene almohadilla. Ú. t. c. s. m. ‖ m. *Mar.* Macizo de madera que se pone entre el casco de hierro y la coraza de los buques de la *armada.
almohadillar. tr. **Cant.* Labrar los sillares de modo que tengan almohadilla.
***almohadón.** m. Colchoncillo que sirve para sentarse, recostarse o apoyar los pies en él. ‖ *Arq.* Cada una de las dos piedras inferiores del *arco, que están sobre los machones.
almoharrefa. f. ant. **Almorrefa.**
almohatre. m. **Sal amoniaco.**
almohaza. f. Instrumento que se compone de una chapa de hierro con cuatro o cinco *peines de dientes romos, que sirven para *limpiar las *caballerías.
almohazador. m. El que almohaza.
almohazar. tr. Limpiar las caballerías con la almohaza.
almojábana. f. *Torta de queso y harina. ‖ Especie de *fruta de sartén*, que se hace con manteca, huevo y azúcar.
almojarifadgo. m. ant. **Almojarifazgo.**
almojarifalgo. m. ant. **Almojarifazgo.**
almojarifazgo. m. *Impuesto que se pagaba por los géneros que salían del reino, o por los que se introducían en él. ‖ Oficio y jurisdicción del almojarife.
almojarife. m. Oficial que cuidaba de *recaudar las rentas y derechos del rey. ‖ Oficial encargado antiguamente de cobrar el almojarifazgo.
almojaya. f. Madero cuadrado que sirve para sostener *andamios.
almojerifazgo. m. **Almojarifazgo.**
almojerife. m. **Almojarife.**
almona. f. Sitio donde se *pescan los sábalos. ‖ ant. *Almacén público. ‖ **Jabonería.**
almóndiga. f. **Albóndiga.**
almondiguilla. f. **Almóndiga.**
***almoneda.** f. Venta pública de bienes muebles con licitación y puja. ‖ *Venta de los muebles de una casa, hecha por el dueño de ellos. ‖ *Venta de artículos a bajo precio.
almonedar. tr. **Almonedear.**
almonedear. tr. Vender en almoneda.
almora. f. **Majano.**
almorabú. m. **Almoradux.**
almoraduj. m. **Almoradux.**
almoradux. m. **Mejorana.** ‖ Sándalo, planta herbácea.
almorávid. adj. Se dice del individuo de una tribu del Atlas, que dominó el occidente de África y toda la España *árabe. Ú. t. c. s. y m. en pl. ‖ Perteneciente a los **almorávides.**
almorejo. m. *Planta gramínea, que crece en los campos cultivados.
almorí. m. Masa de harina, sal y miel, de que se hacen *tortas.
almoronía. f. **Alboronía.**
***almorrana.** f. Tumorcillo sanguíneo que se forma en la parte exterior del ano o en la extremidad del intestino recto. Ú. m. en pl.
almorraniento, ta. adj. Que padece almorranas. Ú. t. c. s.
almorrefa. f. ant. **Cinta,** red para atunes.
almorrón. m. *Caballón que se hace para dividir las eras.
almorta. f. *Planta leguminosa, con tallo herbáceo y ramoso y fruto en legumbre con cuatro simientes de forma de muela. ‖ Semilla de esta planta.
almorzada. f. Porción de cualquiera cosa suelta, que *cabe en el hueco de ambas manos.
almorzado, da. adj. Que ha almorzado.
almorzar. intr. Tomar el almuerzo. ‖ tr. *Comer en el almuerzo determinado manjar.
almosnar. tr. ant. Dar limosna.
almotabel. m. Cobrador de alcabalas.
***almotacén.** m. Fiel contraste de pesas y medidas. ‖ Oficina del contraste. ‖ Antiguo mayordomo del rey. ‖ V. **Fiel almotacén.** ‖ En Marruecos, vigilante del mercado y encargado de la tasa.
almotacenazgo. m. Oficio de *almotacén.‖ Oficina de almotacén.
almotacenía. f. Derecho que se pagaba al almotacén. ‖ **Almotacenazgo.**
almotalafe. m. ant. Fiel de la seda.
almotazaf. m. **Almotacén.**
almotazanía. f. **Almotacenía.**
almozada. f. ant. **Almorzada.**
almozala. m. ant. *Manta de cama.
almozárabe. adj. **Mozárabe.** Apl. a pers., ú. t. c. s.
almucia. f. ant. **Muceta.**
almud. m. Medida de *capacidad para áridos. ‖ **de tierra.** Media fanega de sembradura.
almudada. f. Medida *superficial en que cabe un almud de sembradura.
almudelio. m. ant. Medida y tasa del *alimento.
almudena. f. ant. **Alhóndiga.**
almudero. m. El encargado de custodiar las medidas de *capacidad para áridos.
almudí. m. **Alhóndiga.** ‖ Medida de seis cahíces.
almudín. m. **Almudí.**
almuecín. m. **Almuédano.**
almuédano. m. *Mahometano que desde el alminar convoca al pueblo a la *oración.
almuérdago. m. **Muérdago.**
almuertas. f. pl. *Impuesto sobre la venta de granos.
almuerza. f. **Almorzada.**
almuerzo. m. *Comida que se toma por la mañana. ‖ Comida que se toma durante el día y es la primera de las dos principales. ‖ Acción de almorzar.
almuna. f. ant. **Almona.**
almunia. f. *Huerto.
almuña. f. ant. **Almunia.**
almutacén. m. ant. **Almotacén.**
almutelio. m. ant. **Almudelio.**
alna. f. **Ana,** medida.
alnado, da. m. y f. **Hijastro, tra.**
alnafe. m. ant. **Anafe.**
alnedo. m. ant. Lugar poblado de alnos.

alno. m. ant. ***Álamo negro.**
aloa. f. ant. **Alondra.**
aloaria. f. ant. *Arq.* **Pechina.**
alobadado, da. adj. Mordido por el lobo.
alobadado, da. adj. **Veter.* Que padece lobado.
alobreguecer. intr. ant. **Lobreguecer.**
alóbroge. adj. Dícese de un antiguo *pueblo de la Galia. Ú. m. c. s. y en pl.
alobrógico, ca. adj. Perteneciente o relativo a los alóbroges.
alóbrogo. adj. **Alóbroge.** Ú. m. c. s. y en pl.
alobunado, da. adj. Parecido al lobo.
alocadamente. adv. m. Sin cordura.
***alocado, da.** adj. Que tiene cosas de loco. ‖ Irreflexivo, precipitado, falto de seso.
alocarse. r. Volverse loco.
alocución. f. *Discurso que, en ocasión solemne, dirige un superior a sus inferiores.
alodial. adj. *For.* Dícese de los *bienes libres de toda carga señorial.
alodio. m. Patrimonio alodial.
áloe o **aloe.** m. *Planta liliácea, de cuyas hojas se extrae un jugo muy amargo que se emplea en *farmacia. ‖ Jugo de esta planta. ‖ **Agáloco.** ‖ **sucotrino.** El de la isla de Socotora.
aloético, ca. adj. Perteneciente o relativo al áloe.
aloja. f. *Bebida compuesta de agua, miel y especias.
alojado, da. p. p. de **Alojar.** ‖ m. *Militar que recibe *alojamiento en alguna casa por disposición de la autoridad. ‖ m. y f. ***Huésped, da.**
***alojamiento.** m. Acción y efecto de alojar o alojarse. ‖ Lugar donde uno está alojado. ‖ Campamento. ‖ *Hospedaje gratuito que, por disposición de la autoridad, se da en los pueblos a la tropa. ‖ Casa en que está alojado el militar. ‖ Espacio de una *embarcación comprendido entre la cubierta principal y otra inmediata.
***alojar.** tr. *Hospedar. Ú. t. c. intr. y c. r. ‖ Dar *alojamiento a la tropa. Ú. t. c. r. ‖ *Introducir, encajar o *acoplar una cosa dentro de otra. Ú. t. c. r.
alojería. f. Tienda donde se vende aloja.
alojero, ra. m. y f. Persona que vende aloja. ‖ m. Puesto de aloja que había en los *teatros.
alomado, da. adj. Que tiene forma de lomo. ‖ Dícese de la *caballería que tiene el *espinazo encorvado hacia arriba.
alomar. tr. *Agr.* Formar surcos y *caballones al arar la tierra. ‖ **Equit.* Desarrollar en el caballo la resistencia por la parte del lomo. ‖ r. Fortificarse el caballo.
alombar. tr. **Alomar** la tierra.
alombra. f. ant. **Alfombra.**
alón. m. *Ala de ave, quitadas las plumas.
***alondra.** f. Pájaro de color pardo, con collar negro.
alongadero, ra. adj. ant. *For.* **Dilatorio.**
alongado, da. adj. **Prolongado.**
alongamiento. m. Acción de alongar. ‖ *Distancia.
alongar. tr. **Alargar.** ‖ **Alejar.** Ú. t. c. r.
alópata. adj. Que profesa la alopatía. Ú. t. c. s.
alopatía. f. Sistema *terapéutico que se propone producir en el organismo una disposición desfavorable a la enfermedad existente.
alopático, ca. adj. Perteneciente o relativo a la alopatía.
alopecia. f. Caída del *cabello por enfermedades de la *piel.
alopiado, da. adj. **Opiado.**
alopicia. f. ant. **Alopecia.**
aloque. adj. De *color rojo claro. ‖ Aplícase especialmente al *vino. Ú. t. c. s.
aloquecerse. r. Volverse *loco.
aloquín. m. Cerco de piedra, en que se cura al sol la *cera.
alosa. f. **Sábalo.**
alosar. tr. ant. **Enlosar.**
alosna. f. **Ajenjo.**
alotar. tr. *Mar.* **Arrizar.**
alotón. m. **Latón,** almeza.
alotropía. f. **Quím.* Variación que ofrece un cuerpo en cuanto a sus propiedades físicas sin cambiar de composición química.
alotrópico, ca. adj. Perteneciente o relativo a la alotropía.
aloya. f. **Alondra.**
alpabarda. f. *Necedad, tontería.
alpaca. f. Mamífero *rumiante de América, que se emplea como bestia de carga. ‖ fig. *Pelo de este animal. ‖ fig. *Paño hecho con este pelo. ‖ fig. *Tela gruesa de algodón.
alpaca f. **Metal blanco.**
alpamato. m. Arbusto de las mirtáceas, cuya hoja se usa en lugar de *té.
alpañata. f. Pedazo de badana de que usan los *alfareros para alisar las piezas.
alpañata. f. *Tierra gredosa de color rojo vivo.
alparcería. f. fam. **Aparcería.** ‖ **Chismografía.**
alparcero, ra. adj. fam. **Aparcero.** ‖ Dícese de la persona habladora y *chismosa. Ú. t. c. s.
alpargata. f. *Calzado de cáñamo, en forma de sandalia.
alpargatado, da. adj. Aplícase a los *zapatos hechos a modo de alpargatas.
alpargatar. intr. Hacer alpargatas.
alpargate. m. **Alpargata.**
alpargatería. f. Lugar donde hacen o venden alpargatas.
alpargatero, ra. m. y f. Persona que hace o vende alpargatas.
alpargatilla. com. fig. y fam. Persona que con *astucia o adulación se *capta la voluntad de alguno.
alpatana. f. **Trebejos,** trastos.
alpechín. m. Líquido fétido que sale de las aceitunas apiladas antes de la *molienda.
alpechinera. f. Lugar en que se recoge el alpechín.
alpende. m. *Cobertizo. ‖ Casilla para la herramienta en las *minas o en las obras públicas.
alpenstock. m. *Bastón de contera puntiaguda para la ascensión a las montañas.
alpérsico. m. **Pérsico.**
alpes. m. pl. *Montañas altas.
alpestre. adj. **Alpino.** ‖ fig. Montañoso. ‖ **Bot.* Dícese de las plantas que viven a grandes altitudes.
alpez. m. ant. **Alopecia.**
alpicoz. m. **Alficoz.**
alpinismo. m. *Deporte que consiste en la ascensión a los Alpes o a otras *montañas altas.
alpinista. com. Persona aficionada al alpinismo.
alpino, na. adj. Perteneciente a los Alpes.
alpiste. m. *Planta gramínea, cuya semilla sirve para alimento de los pájaros. ‖ *Semilla de esta planta.
alpistela. f. **Alpistera.**
alpistera. f. *Torta de harina, huevos y alegría.
alporchón. m. Edificio en que se subastan las aguas para el *riego.
alpujarreño, ña. adj. Natural de las Alpujarras. Ú. t. c. s. ‖ Perteneciente a esta región.
alquequenje. m. *Planta solanácea, cuyo fruto se hincha como una vejiga.
alquería. f. *Casa de labranza.
alquermes. m. *Licor de mesa, que se colora con el quermes animal. ‖ **Farm.* Electuario en que entraban el quermes animal y otros excitantes.
alquerque. m. Lugar de los *molinos de aceite en que se desmenuza la pasta de orujo.
alquetifa. f. ant. **Alcatifa.**
alquez. m. Medida de *capacidad para vino.
alquezar. m. *Presa o toma de las aguas de un río para el riego.
alquibla. f. Punto del horizonte hacia donde los *mahometanos dirigen la vista cuando *rezan.
alquicel. m. *Capa que usan los musulmanes. ‖ Tela a propósito para cubiertas de bancos.
alquicer. m. **Alquicel.**
alquila. f. Tablita o placa que llevan en lugar visible los *carruajes de alquiler para indicar que están libres.
alquilable. adj. Que puede ser alquilado.
alquiladizo, za. adj. Que se alquila. Apl. a pers., *servil. Ú. t. c. s.
alquilador, ra. m. y f. Persona que alquila.
alquilamiento. m. **Alquiler.**
***alquilar.** tr. Dar a otro alguna cosa para que use de ella con ciertas condiciones y a cambio de la cantidad convenida. ‖ Tomar de esta manera una cosa de otro. ‖ r. Ajustarse para algún *servicio.
alquilate. m. *Impuesto que se pagaba en Murcia sobre las ventas.
alquilé. m. **Alquiler.**
***alquiler.** m. Acción de alquilar. ‖ Precio en que se alquila alguna cosa.
alquilón, na. adj. despect. **Alquiladizo.** Apl. a pers., ú. t. c. s.
***alquimia.** f. Química rudimentaria de la Edad Media, que perseguía la transmutación de los metales en oro y la panacea universal.
alquímicamente. adv. m. Según las reglas de la alquimia.
alquímico, ca. adj. Perteneciente o relativo a la alquimia.
alquimila. f. **Pie de león.**
***alquimista.** m. El que profesaba el arte de la alquimia.
alquinal. m. *Toca que usaban las mujeres.
alquitara. f. **Alambique.**
alquitarar. tr. **Destilar.**
alquitira. f. **Tragacanto.**
***alquitrán.** m. Substancia untuosa obscura, que se obtiene de la destilación seca de substancias orgánicas y de minerales bituminosos. ‖ Composición de pez, sebo, grasa, resina y aceite. ‖ **mineral.** El producido destilando la hulla.
alquitranado, da. adj. De alquitrán. ‖ m. *Mar.* Lienzo impregnado de alquitrán.
alquitranar. tr. Untar de alquitrán. ‖ fig. ant. Incendiar, *quemar.
***alrededor.** adv. l. con que se denota la situación de lo que rodea alguna cosa, o el movimiento en torno a la misma. ‖ adv. c. fam. Cerca, con más o menos *aproximación. ‖ m. **Contorno.** Ú. m. en pl.
alrota. f. Desperdicio de la *estopa.
alsaciano, na. adj. Natural de Alsacia. Ú. t. c. s. ‖ Perteneciente a esta región de Europa.

álsine. f. *Planta cariofilea.
alta. f. *Danza antigua en compás ternario, que se bailaba por una pareja. ‖ Ejercicio que se hacía en las escuelas de baile. ‖ Orden que se da al enfermo para que salga del *hospital. ‖ Documento que acredita la entrada en el servicio activo del *ejército. ‖ Acta en que el contribuyente declara el ejercicio de industrias o profesiones sujetas a *impuestos. ‖ *Esgr.* Asalto público. ‖ *Germ.* ***Torre.*** ‖ **Dar de alta.** Declarar *curada a la persona que ha estado enferma. ‖ **Darse de alta.** fr. Ingresar en el número de los que ejercen una *profesión u oficio reglamentados. ‖ **Ser alta.** fr. Ingresar en un cuerpo del ejército.
altabaque. m. **Tabaque.**
altabaquillo. m. **Correhuela,** planta.
altaico, ca. adj. Dícese de una *raza originaria de los montes Altay.
altamandría. f. **Centinodia,** planta.
altamente. adv. m. De manera *excelente; en extremo.
altamía. f. Cazuela.
altamisa. f. **Artemisa.**
altanería. f. **Altura,** región alta de la atmósfera. ‖ *Vuelo alto de algunas aves. ‖ *Caza con halcones y otras aves de *cetrería. ‖ fig. Altivez, *orgullo.
altanero, ra. adj. Aplícase al *halcón y otras aves de rapiña. ‖ fig. Altivo, *orgulloso. ‖ m. *Germ.* *Ladrón.
***altar.** m. Lugar dispuesto para inmolar la víctima y ofrecer el sacrificio. ‖ En el culto católico, ara o piedra consagrada sobre la cual se celebra el sacrificio de la misa. ‖ Por ext., mesa en que está colocada el ara. ‖ *Astr.* **Ara,** *constelación. ‖ *Min.* Piedra que separa la plaza del hogar en los *hornos de reverbero. ‖ Banco de una *mina. ‖ **de alma,** o **de ánima.** El que tiene concedida *indulgencia plenaria. ‖ **mayor.** El principal, donde se coloca la imagen del santo patrono. ‖ **privilegiado. Altar de alma.**
altarejo. m. d. de **Altar.**
altarero. m. El que hace o adorna altares.
altaricón, na. adj. fam. Hombre o mujer de elevada *estatura.
altarreina. f. **Milenrama.**
altavoz. m. *Radio.* Aparato que reproduce en voz alta los *sonidos transmitidos por la electricidad.
altea. f. **Malvavisco.**
altearse. r. Elevarse el terreno.
alterabilidad. f. Calidad de alterable.
alterable. adj. Que puede alterarse.
alteración. f. Acción de alterar o alterarse. ‖ *Excitación, *enojo, *desasosiego. ‖ *Disputa.
alterado. adj. V. **Caldo alterado.**
alterador, ra. adj. Que altera. Ú. t. c. s.
alterante. p. a. de **Alterar.** Que altera. ‖ adj. *Farm.* Que modifica la composición de la sangre.
alterar. tr. *Cambiar la esencia, forma u orden de las cosas. Ú. t. c. r. ‖ *Turbar, inquietar, Ú. t. c. r.
alterativo, va. adj. Que tiene virtud de alterar.
altercación. f. Acción de altercar.
altercado. m. **Altercación.**
altercador, ra. adj. Que alterca. Ú. t. c. s.
altercante. p. a. de **Altercar.** Que alterca.
altercar. intr. Disputar, *discutir. Ú. t. c. rec.
álter ego. expr. lat. Persona de confianza, que *representa a otra.
***alternación.** f. Acción de alternar.
alternadamente. adv. m. **Alternativamente.**
alternado, da. adj. **Alternativo.**
alternador, ra. adj. Que alterna. ‖ *Electr.* Máquina dinamoeléctrica de corriente alterna.
alternancia. f. Acción y efecto de alternar o tener *trato unas personas con otras. ‖ *Electr.* Cambio de sentido de una corriente.
alternante. p. a. de **Alternar.** Que alterna.
***alternar.** tr. Hacer sucesivamente varias cosas, primero una y luego otra, o guardando entre ellas algún turno. ‖ *Taurom.* Actuar por primera vez con categoría de matador un novillero. ‖ *Mat.* Cambiar de lugar los términos de una proporción. ‖ intr. Sucederse por turno unas personas a otras o varias cosas entre sí. ‖ Tener *trato con alguien.
alternativa. f. Acción que puede ejercer una persona alternando con otra. ‖ Servicio en que turnan dos o más personas. ‖ *Opción. ‖ **Alternación.** ‖ *Taurom.* Ceremonia con que un espada ya acreditado autoriza a un principiante para que mate alternando con él.
alternativamente. adv. m. Con alternación.
***alternativo, va.** adj. Que alterna.
alterno, na. adj. **Alternativo.** ‖ *Bot.* Dícese de las hojas y otros órganos de las plantas cuando los de cada lado se insertan en la parte que corresponde al espacio que queda libre por el lado opuesto.
alterón. m. *Prominencia.
alteroso, sa. adj. ant. Alto, altivo. ‖ *Mar.* Dícese de la *embarcación que sobresale mucho del agua.
alteza. f. **Altura.** ‖ fig. Sublimidad, *excelencia. ‖ *Tratamiento que se daba a los hijos de los reyes de España, a los infantes, y a quienes concedía el monarca título de príncipes.
altibajo. m. *Terciopelo labrado. ‖ *Esgr.* Golpe de alto a bajo. ‖ *Salto. ‖ pl. fam. Desigualdades o *escabrosidad de un terreno. ‖ fig. y fam. Alternativa de la *suerte.
altica. f. Nombre común a varios *insectos que dañan las cosechas.
altilocuencia. f. **Grandilocuencia.**
altilocuente. adj. **Altílocuo.**
altílocuo, cua. adj. **Grandílocuo.**
altillo. m. *Cerro o lugar elevado. ‖ *Desván.
altimetría. f. Parte de la *topografía, relativa a la medición de alturas.
altímetro, tra. adj. Perteneciente o relativo a la altimetría. ‖ m. Aparato para medir *alturas.
altiplanicie. f. *Meseta de mucha extensión y a gran *altura.
altísimo, ma. adj. sup. de **Alto.** ‖ **El Altísimo. Dios.**
altisonancia. f. Calidad de altisonante.
altisonante. adj. **Altísono.** Dícese del *estilo en que abundan más de lo justo las voces propias del lenguaje literario o poético. ‖ Dícese del escritor u orador que emplea este estilo.
altísono, na. adj. Altamente sonoro, de alto *sonido. ‖ Dícese del *lenguaje o estilo muy elevado y de la persona que lo emplea.
altitonante. adj. poét. Que *truena de lo alto.
altitud. f. **Altura.** ‖ *Geogr.* *Altura de un punto de la tierra sobre el nivel del mar.
altivamente. adv. m. Con altivez.
altivar. tr. p. us. *Alabar, ensalzar. ‖ r. p. us. *Engreírse.
altivecer. tr. Causar altivez. Ú. t. c. r.
altivez. f. *Orgullo.
altiveza. f. **Altivez.**
altividad. f. ant. **Altivez.**
altivo, va. adj. *Orgulloso.
***alto, ta.** adj. Levantado, elevado sobre la tierra. ‖ De gran estatura. ‖ Dícese de las cosas que están en situación más elevada que otras de igual clase. ‖ Dícese del *río o torrente que trae más agua que de ordinario. ‖ fig. Arduo, *difícil. ‖ fig. *Superior o *excelente. ‖ fig. *Profundo. ‖ fig. Dicho de *delito u ofensa, gravísimo. ‖ fig. Dicho del precio de las cosas, *caro. ‖ fig. Dicho del *sonido, fuerte, resonante. ‖ fig. Dícese de la cuaresma, y de las *festividades movibles, cuando corresponden a una fecha más avanzada que en otros años. ‖ fig. Dícese de las últimas horas de la *noche. ‖ m. **Altura.** ‖ Sitio elevado. ‖ En las casas, cada uno de los pisos o suelos. ‖ En los brocados, cada uno de los planos de la labor a contar desde el fondo. ‖ p. us. **Viola,** instrumento de cuerda. ‖ pl. El piso o los pisos **altos** de una casa. ‖ adv. l. En lugar o parte *superior. ‖ adv. m. En voz fuerte. ‖ **Altos y bajos.** expr. fig. y fam. **Altibajos.** ‖ **De alto a bajo.** m. adv. **De arriba abajo.** ‖ **De tres altos.** loc. fig. que se usa para ponderar la significación de adjetivos y nombres. ‖ **En alto.** m. adv. A distancia del suelo. ‖ Hacia arriba. ‖ **Lo alto.** La parte superior. ‖ El *cielo, en sentido material o espiritual.
alto. m. *Mil.* *Detención de las tropas en marcha. ‖ *Mil.* Voz de *mando, para que se detenga la tropa. ‖ Voz con que se manda detenerse a alguno. ‖ **Hacer alto.** fr. Pararse.
altor. m. **Altura.**
altozano. m. *Cerro de poca altura. ‖ Sitio alto y ventilado de ciertas poblaciones. ‖ *Atrio de una iglesia.
altramuz. m. Planta leguminosa, cuyo fruto, en forma de vaina, contiene varios granos achatados, que se pueden comer después de remojados en agua salada. ‖ Fruto de esta planta. ‖ En algunos cabildos, caracolillo que sirve para votar.
***altruismo.** m. Sentimiento o norma de conducta que nos mueve a realizar el bien de otros, aun a costa del propio.
altruista. adj. Que profesa el altruismo. Ú. t. c. s.
***altura.** f. Elevación que tiene una cosa sobre la superficie de la tierra. ‖ *Dimensión de los cuerpos perpendicular a su base, y medida a partir de ésta. ‖ Región del aire, considerada a cierta distancia sobre la tierra. ‖ *Cumbre. ‖ fig. **Alteza,** excelencia. ‖ Altitud. ‖ *Astr.* Arco vertical que mide la distancia entre un astro y el horizonte. ‖ pl. **Cielo.** ‖ **Altura de apoyo.** *Fort.* Distancia vertical desde la línea de fuego a la banqueta. ‖ **de la vista.** *Persp.* Distancia de la vista al plano geométrico. ‖ **del Ecuador.** *Astr.* Arco de meridiano comprendido entre el Ecuador y el horizonte del punto de observación. ‖ **de polo.** *Astr.* Arco de meridiano comprendido entre el horizonte del punto de observación y el polo de su hemisferio. ‖ **meridiana.** *Astr.* La de los astros sobre el horizonte al pasar por el meridiano del observador. ‖ **A estas alturas.** loc. En esta *ocasión, en este tiempo, en la *actualidad.

alúa. f. **Cocuyo.**
*__alubia.__ f. **Judía.**
aluciar. tr. Dar *lustre a alguna cosa. ‖ r. Pulirse, *adornarse.
alucinación. f. Acción de alucinar o alucinarse. ‖ *Sensación subjetiva que no corresponde a una impresión normal en los sentidos.
alucinadamente. adv. m. Con alucinación.
alucinador, ra. adj. Que alucina. Ú. t. c. s.
alucinamiento. m. **Alucinación.**
alucinar. tr. *Ofuscar, producir una sensación ilusoria. ‖ *Engañar. Ú. t. c. r.
alucón. m. **Cárabo,** autillo.
alud. m. Masa de *nieve que se derrumba de los montes con violencia y estrépito.
aluda. f. *Hormiga con alas.
aludel. m. *Cañería de barro cocido, con ensanchamientos, que se emplea en Almadén para condensar los vapores de *mercurio. ‖ ant. *Quím.* Vasija para sublimar.
*__aludir.__ intr. Referirse a una persona o cosa, sin nombrarla. ‖ En algunas asambleas, mencionar un orador el *nombre o las palabras de determinada persona.
aludo, da. adj. De grandes alas.
alufrar. tr. **Columbrar.**
alum. m. **Alumbre.**
alumbra. f. Excavación.
*__alumbrado, da.__ adj. Dícese de ciertos *herejes, que pretendían alcanzar mediante la oración un estado perfecto que los eximía de toda práctica religiosa y aun de los pecados. Ú. m. c. s. y en pl. ‖ → m. Conjunto de luces para iluminar.
alumbrado, da. adj. Que tiene mezcla de *alumbre o participa de él.
alumbrador, ra. adj. Que alumbra. Ú. t. c. s.
alumbramiento. m. Acción y efecto de alumbrar o iluminar.‖fig. ***Parto.**
alumbranoche. f. Luciérnaga.
alumbrante. p. a. de **Alumbrar.** Que alumbra. ‖ m. El que cuida del alumbrado de los teatros.
*__alumbrar.__ tr. Llenar de luz. ‖ Poner luces en algún lugar. ‖ Acompañar con luz a una persona, cortejo, procesión, etc. ‖ Dar vista al ciego. ‖ fig. Descubrir *manantiales de aguas subterráneas. ‖ fig. Ilustrar, *enseñar. ‖ fig. Conceder Dios o sus santos, a una mujer, la gracia de un *parto feliz. ‖ fig. Hablando de *golpes, dar. ‖ *Agr.* Descubrir el tronco de la *vid y hacerle alcorque para que aproveche las lluvias. ‖ intr. *Parir la mujer. ‖ r. fam. **Tomarse del vino.**
alumbrar. tr. Impregnar los tejidos en una disolución de alumbre antes de *teñirlos.
*__alumbre.__ m. Sal blanca y astringente que se emplea en tintorerías y en farmacia. Es un sulfato doble de alúmina y potasa. ‖ **de pluma.** El cristalizado en filamentos. ‖ **sacarino,** o **zucarino.** *Farm.* Mezcla de alumbre y azúcar, que se usa como astringente.
alumbrera. f. *Mina o cantera de donde se saca alumbre.
alumbroso, sa. adj. Que tiene alumbre.
alúmina. f. *Quím.* Óxido de *aluminio.
aluminato. m. *Quím.* Combinación de la alúmina con ciertas bases.
*__aluminio.__ m. Metal de color blanco, resistente y poco pesado, que tiene muchos usos en la industria.
aluminita. f. Roca de que se extrae el alumbre.

aluminoso, sa. adj. Que tiene alúmina.
*__alumno, na.__ m. y f. Persona criada o educada desde su niñez por alguno, respecto de éste. ‖ Discípulo, respecto de su maestro, o de la escuela en que *estudia. ‖ **de las musas.** fig. **Poeta.**
alunado, da. adj. **Lunático.** ‖ *Veter.* Dícese del caballo o yegua que padece constipación.
alunamiento. m. *Mar.* Curva que forma la relinga de pujamen de algunas *velas.
alunarse. r. Corromperse el *tocino sin criar gusanos. ‖ *Veter.* Enconarse las mataduras.
alusión. f. Acción de *aludir. ‖ *Ret.* Figura que consiste en aludir a una persona o cosa. ‖ **personal.** La que se hace en las asambleas deliberantes, con mención del nombre o de los hechos de la persona a que se refiere.
alusivo, va. adj. Que alude o implica alusión.
alustrar. tr. **Lustrar.**
alutrado, da. adj. De color de lutria.
aluvial. adj. De aluvión.
aluvión. m. Avenida de agua, *inundación. ‖ *Abundancia de cosas o personas agolpadas. ‖ **De aluvión.** loc. *Geol.* Dícese de los terrenos que quedan al descubierto después de las avenidas.
alveario. m. *Zool.* Conducto externo del *oído.
álveo. m. *Cauce del río o arroyo.
alveolar. adj. *Zool.* Perteneciente o relativo a los alveolos. ‖ Dícese de la consonante que se *pronuncia aplicando la lengua a los alveolos de los dientes superiores. ‖ m. *Ornam.* En algunas columnas románicas, adorno en forma de panal.
alveolo o **alvéolo.** m. **Celdilla.** ‖ *Zool.* Cavidad de la mandíbula donde está engastado el *diente.
alverja. f. **Arveja.**
alverjana. f. **Arvejana.**
alverjón. m. **Arvejón.**
alvidriar. tr. **Vidriar.**
alvino, na. adj. *Zool.* Perteneciente o relativo al bajo *vientre.
alza. f. Pedazo de suela con que se aumenta por alguna parte la horma del *zapato. ‖ *Encarecimiento, aumento de precio que toma la moneda, los fondos públicos, etc. ‖ Regla graduada, fija en el cañón de las *armas de fuego*, que sirve para precisar la puntería. ‖ Madero que sirve para formar con otros una *presa. ‖ **Impr.* Pedazo de papel que se coloca sobre el tímpano de la prensa o debajo de los caracteres, para igualar la impresión. ‖ *Cuña.
alzacuello. m. Especie de corbatín, que usan los *clérigos. ‖ *Cuello que usaban las mujeres para mantener alzada la cabeza.
alzada. f. *Estatura del *caballo, desde el rodete del talón de la mano hasta la parte más elevada de la cruz. ‖ ***Apelación.** ‖ Lugar alto de *pastos de verano, con chozas para los vaqueros.
alzadamente. adv. m. Por un tanto alzado.
alzadera. f. Contrapeso para *saltar.
alzado, da. adj. Dícese del que hace *quiebra fraudulenta. ‖ Dícese del ajuste o *precio que se fija por adelantado en determinada cantidad. ‖ m. *Robo, hurto. ‖ *Dibujo que representa la fachada de un edificio o la proyección vertical, sin perspectiva, de una máquina, artefacto, etc. ‖ **Impr.* Ordenación de los pliegos de una obra impresa.

alzador. m. *Impr.* Sitio destinado para alzar los impresos.
alzadura. f. **Alzamiento.**
alzafuelles. com. fig. Persona que *adula.
alzamiento. m. Acción y efecto de alzar o alzarse. ‖ *Puja que se hace en una subasta. ‖ Sublevación, *rebelión. ‖ *Quiebra fraudulenta.
alzapaño. m. Cada una de las piezas que se fijan a los lados de una *cortina para poder tenerla recogida.
alzapié. m. Lazo para *cazar cuadrúpedos o aves. ‖ Banquillo o *escabel para los pies.
alzapón. m. Portezuela de los antiguos *pantalones.
alzaprima. f. ***Palanca.** ‖ *Cuña. ‖ **Puente** de los *instrumentos de arco.
alzaprimar. tr. Levantar con la alzaprima. ‖ fig. Incitar, avivar.
alzapuertas. m. **Teatro.* Actor que sólo sirve de criado o comparsa.
alzar. tr. **Levantar.** ‖ Elevar la hostia y el cáliz en la *misa. Ú. t. c. intr. ‖ *Quitar alguna cosa. ‖ Retirar del campo la *cosecha. ‖ **Agr.* Dar la primera reja al rastrojo. ‖ **Albañ.* Dar el peón al oficial la pellada de yeso. ‖ **Impr.* Poner en rueda todas las jornadas de una impresión, y sacar los pliegos uno a uno para ordenarlos y facilitar su encuadernación. ‖ r. **Levantar,** formar prominencia. ‖ Hacer *quiebra fraudulenta. ‖ En el *juego, retirarse en el momento de ganar sin esperar a que los otros se puedan desquitar. ‖ Fugarse y hacerse montaraz el animal doméstico. ‖ *Apelar ante un juez o tribunal superior. ‖ **Alzarse** uno **con** alguna cosa. fr. *Apoderarse de ella indebidamente.
alzatirantes. pl. *Artill.* Correas que sujetan los tirantes.
alzavela. m. Alboroto de los grumetes al largar las *velas para zarpar.
allá. adv. l. Indica lugar alejado del que habla, pero menos circunscrito o determinado que el que se denota con *allí.* ‖ adv. t. que, precediendo a nombres significativos de tiempo, denota el remoto o *pasado.
allanabarrancos. com. Persona que todo lo *facilita.
allanador, ra. adj. Que allana. Ú. t. c. s.
allanamiento. m. Acción y efecto de allanar o allanarse. ‖ *Conformidad con una demanda.
*__allanar.__ tr. Poner llana una cosa. Ú. t. c. intr. y c. r. ‖ fig. *Vencer alguna dificultad. ‖ fig. Pacificar. ‖ fig. Dar *entrada a la justicia en algún lugar cerrado. ‖ fig. *Entrar a la fuerza en casa ajena. ‖ r. *Caerse a plomo alguna construcción. ‖ fig. Sujetarse, *someterse, rendirse. ‖ fig. *Condescender, avenirse, conformarse. ‖ Igualarse a la *plebe el que es de más elevada condición.
allariz. m. Lienzo labrado en Allariz, Galicia.
allegadera. f. Utensilio agrícola, a modo de *rastrillo sin púas, que se usa en las eras para recoger los residuos de mies.
allegadizo, za. adj. Que se allega sin necesidad ni justificación.
allegado, da. adj. *Cercano, próximo. ‖ ***Pariente.** ‖ **Parcial,** *partidario de alguno. Ú. t. c. s.
allegador, ra. adj. Que allega. Ú. t. c. s. ‖ m. *Rastro de madera o tabla con que los labradores allegan la parva trillada. ‖ **Hurgón,** para atizar.
allegamiento. m. Acción de allegar o allegarse.
allegar. tr. *Recoger, juntar. ‖

*Acercar. Ú. t. c. r. || Recoger la *parva después de trillada. || Agregar, *añadir.||intr. **Llegar.** Ú. t. c. r.
allende. adv. l. De la parte de allá. || adv. c. **Además.**
allende. m. ant. **Alfinde.**
allí. adv. l. En aquel *lugar. || A aquel lugar. || adv. t. Entonces.
allocarse. r. Aclocarse.
alloza. f. **Almendruco.**
allozar. m. Lugar poblado de allozos.
allozo. m. **Almendro.** || *Almendro silvestre.
***ama.** f. Cabeza o señora de la casa o familia. || *Dueña de alguna cosa. || La señora respecto de sus criados. || *Criada de un clérigo. || Criada principal. || Mujer que da de *mamar a una criatura ajena. Se llama también **ama de cría.** || **de llaves,** o **de gobierno.** Criada encargada del manejo diario de la casa.||**seca.** Mujer a quien se confía el cuidado de los niños.
amabilidad. f. Calidad de amable.
amabilísimo, ma. adj. sup. de **Amable.**
amable. adj. Digno de ser amado. || *Afable, complaciente.
amablemente. adv. m. Con amabilidad.
amacayo. m. **Flor de lis,** planta.
amaceno, na. adj. **Damasceno,** dicho de algunos frutos. Ú. t. c. s.
amacigado, da. adj. De color amarillo.
amacollar. intr. Formar macolla las plantas. Ú. t. c. r.
amachetear. tr. Dar machetazos.
amachinarse. r. **Amancebarse.**
amado, da. m. y f. Persona amada.
amador, ra. adj. Que ama. Ú. t. c. s.
amadrigar. tr. fig. *Acoger bien a alguno. || r. Meterse en la madriguera o *guarida. || fig. Retraerse, vivir con *retraimiento.
amadrinado, da. adj. Dícese del *caballo que, enganchado ordinariamente con otros, se torna espantadizo cuando va solo.
amadrinamiento. m. Acción y efecto de amadrinar *caballerías.
amadrinar. tr. Unir dos caballerías con la madrina. || fig. **Apadrinar.** Ú. t. c. r. || *Amansar el ganado caballar y acostumbrarlo a ir detrás de la madrina. || *Mar.* *Unir dos cosas para que se refuercen mutuamente.
amadroñado, da. adj. Parecido al madroño.
amaestradamente. adv. m. Con maestría.
amaestrado, da. adj. Dispuesto con arte.
amaestradura. f. Artificio para disimular o *engañar.
amaestramiento. m. Acción y efecto de amaestrar o amaestrarse.
amaestrar. tr. *Enseñar o adiestrar. Ú. t. c. r. || **Amansar.**
amagallarse. r. Acartonarse, avellanarse.
amagar. tr. Mostrar *intención de hacer algo. Ú. t. c. intr. || ***Amenazar.** Ú. t. c. intr. || Estar alguna cosa *próxima a suceder. || Hablando de fenómenos fisiológicos o *enfermedades, manifestarse algunos síntomas de ellos. || fig. *Fingir que se va a hacer o decir alguna cosa. || r. fam. *Ocultarse. || **Amagar y no dar.** *Juego de muchachos, en el cual se amenaza con un golpe de la mano, sin llegar a darlo.
amagatorio. m. **Escondite.**
amago. m. Acción de amagar. || Señal o indicio de alguna cosa.
ámago. m. **Hámago.**
amagón. m. *Enfermedad o indisposición pasajera.
amainador. m. **Min.* Obrero que amaina.
amainar. tr. *Mar.* Recoger las *velas de una embarcación. || **Min.* Retirar de los pozos las cubas. || intr. Tratándose del *viento, aflojar, perder fuerza. || fig. *Flaquear o ceder en algún deseo; *disminuir el esfuerzo. Ú. t. c. tr.
amaine. m. Acción y efecto de amainar.
amaitaco. m. Refrigerio o *alimento ligero que se toma a media mañana.
amaitinar. tr. Observar con cuidado; *acechar.
amajadar. tr. Hacer la majada al *ganado menor en un terreno, para que lo abone. || intr. Recogerse el ganado en la majada.
amalgama. f. *Quím.* Aleación del *mercurio con uno o más metales. || fig. *Mezcla de cosas de naturaleza distinta.
amalgamación. f. *Quím.* Acción y efecto de amalgamar o amalgamarse.
amalgamador, ra. adj. Que amalgama. Ú. t. c. s.
amalgamar. tr. *Quím.* Alear el *mercurio con otros metales. Ú. t. c. r. || fig. *Mezclar cosas de naturaleza distinta. Ú. t. c. r.
ámalo, la. adj. Dícese de uno de los linajes más ilustres de los godos. Apl. a pers., ú. t. c. s.
amalvezarse. r. *Acostumbrarse, arregostarse.
amalladar. intr. **Malladar.**
amallarse. r. Enredarse en las mallas de la red.
amallarse. r. **Alzarse,** retirarse el ganancioso sin ofrecer desquite.
amamantamiento. m. Acción y efecto de amamantar.
amamantar. tr. Dar de *mamar.
amán. m. Voz que usan los moros para pedir *paz y *perdón cuando se someten.
amancay. m. Narciso amarillo de Chile. || Flor de esta planta.
***amancebamiento.** m. Trato ilícito y habitual de un hombre con una mujer.
***amancebarse.** r. Unirse en amancebamiento.
amancillar. tr. **Manchar,** *desacreditar. || *Afear, *ajar. || ant. Causar *compasión.
amanear tr. **Manear.**
***amanecer.** intr. Apuntar la luz del día. || *Llegar o estar en un paraje, situación o condición determinados al empezar el día. || *Aparecer alguna cosa al rayar el día. || fig. Empezar a manifestarse alguna cosa.|| tr. desus. Iluminar.
***amanecer.** m. Tiempo en que amanece.
amanecida. f. **Amanecer.**
amaneciente. p. a. de **Amanecer.** Que amanece.
amaneradamente. adv. m. Con amaneramiento.
amanerado, da. adj. Que adolece de amaneramiento.
amaneramiento. m. Acción de amanerarse.
amanerarse. r. Tratándose de *escritores, *oradores y *artistas, contraer el vicio de usar ciertas maneras o procedimientos, con daño de la variedad y espontaneidad de las obras o discursos. Ú. t. c. tr. || Contraer una persona, por *afectación, vicio semejante en los ademanes, modo de hablar, etc.
amanojar. tr. Juntar en *manojo.
amansador, ra. adj. Que amansa. Ú. t. c. s. || **Picador,** domador de caballos.
amansamiento. m. Acción y efecto de amansar o amansarse.
***amansar.** tr. Hacer *manso a un animal. Ú. t. c. r. || fig. *Aplacar, *aliviar, mitigar. Ú. t. c. r. || fig. Hacer *apacible a una persona. Ú. t. c. r.
amanse. m. **Amansamiento.**
amantar. tr. fam. Cubrir con *manta.
***amante.** p. a. de **Amar.** Que ama. Ú. t. c. s. || com. Hombre o mujer *amancebados. || pl. Hombre y mujer que se *aman.
amante. m. *Mar.* *Cabo grueso, provisto de un aparejo, que sirve para resistir grandes esfuerzos.
amantillar. tr. *Mar.* Halar los amantillos.
amantillo. m. *Mar.* Cada uno de los dos *cabos que sirven para mantener horizontal una verga cruzada.
amanuense. com. Persona que *escribe al dictado. || **Escribiente.**
amanzanamiento. m. Acción y efecto de amanzanar.
amanzanar. tr. Dividir un terreno en manzanas.
amañar. tr. Componer con maña alguna cosa. || r. Darse maña.
amaño. m. Disposición para hacer con maña alguna cosa. || fig. *Habilidad o *astucia para ejecutar o conseguir algo. Ú. m. en pl. || pl. Instrumentos o *utensilios convenientes para algún fin.
amapola. f. *Planta papaverácea, con flores rojas y semilla negruzca.
amapolarse. r. ant. Pintarse las mujeres con *afeites rojos.
amapolo. m. Durante la primera república en España, nombre que se daba a los que se alistaban en los batallones de francos.
***amar.** tr. Tener amor a personas o cosas.
amaracino, na. adj. De amáraco.
amáraco. m. ***Mejorana.**
amaraje. m. Acción y efecto de amarar.
amarantáceo, a. adj. **Bot.* Dícese de matas, arbustos y arbolitos dicotiledóneos cuyo tipo es el amaranto. Ú. t. c. s. f. || f. pl. *Bot.* Familia de estas plantas.
amarantina. f. Perpetua de flores encarnadas.
amaranto. m. *Planta amarantácea, con flores terminales a manera de cresta, y fruto de muchas semillas negras y relucientes.
amarañar. tr. ant. **Enmarañar.**
amarar. intr. Posarse en el agua una *aeronave.
amarescente. adj. Algo amargo.
amargaleja. f. **Endrina.**
amargamente. adv. m. Con amargura.
***amargar.** intr. Tener alguna cosa sabor desagradable parecido al de la hiel, el acíbar, etc. Ú. t. c. r. || tr. Comunicar sabor desagradable. || fig. Causar *aflicción o disgusto. Ú. t. c. r.
amargazón. f. ant. **Amargor.**
***amargo, ga.** adj. Que amarga. || fig. Que causa *aflicción o *disgusto. || fig. Que está afligido o disgustado. || fig. De carácter *desabrido. || m. **Amargor.** || *Dulce o *licor hecho con almendras **amargas.** || **Farm.* Medicamento en que entran ingredientes **amargos.**
amargón. m. **Diente de león.**
***amargor.** m. Sabor o gusto amargo. || fig. **Amargura,** aflicción, disgusto.
amargosamente. adv. m. **Amargamente.**
amargoso, sa. adj. **Amargo.**
amarguera. f. *Planta umbelífera.

amarguero. adj. V. **Espárrago amarguero.**
amarguillo. m. **Amargo,** dulce hecho con almendras amargas.
amargura. f. **Amargor.** ‖ fig. *Aflicción, *disgusto.
amaricado, da. adj. fam. **Afeminado.**
amariconado, da. adj. **Amaricado.**
amarilídeo, a. adj. **Bot.* Aplícase a plantas monocotiledóneas, vivaces, generalmente bulbosas, como el narciso, el nardo, etc. Ú. t. c. s. f. ‖ f. pl. *Bot.* Familia de estas plantas.
amarilla. f. fig. y fam. *Moneda de oro. ‖ **Veter.* Enfermedad del hígado que padece el ganado lanar.
amarillear. intr. Mostrar alguna cosa *color amarillo. ‖ Tirar a amarillo.
amarillecer. intr. Ponerse amarillo.
amarillejo, ja. adj. d. de **Amarillo.** ‖ **Amarillento.**
amarillento, ta. adj. Que tira a amarillo.
amarilleo. m. Acción y efecto de amarillear.
amarillez. f. Calidad de amarillo.
amarillo, lla. adj. De *color semejante al del limón. Ú. t. c. s. ‖ m. Letargo que padecen los gusanos de *seda en tiempo de niebla. ‖ **Tataré.**
amarinar. tr. **Marinar.**
amariposado, da. adj. De figura semejante a la de la *mariposa.
amaritud. f. **Amargor.**
amarizar. intr. Sestear las *ovejas. ‖ r. Copularse el ganado lanar.
amarizo. m. Sitio en donde se amariza el ganado.
amaro. m. *Planta labiada.
amarra. f. **Guarn.* Correa que va desde la muserola al pretal. ‖ *Mar.* *Cabo con que se asegura la embarcación en el puerto o paraje donde da fondo. ‖ pl. fig. y fam. *Protección.
amarraco. m. Tanteo de cinco puntos en el juego del mus.
amarradero. m. Poste, gancho o argolla donde se *amarra alguna cosa. ‖ *Mar.* Lugar donde se amarran los barcos.
amarradura. f. Acción y efecto de *amarrar.
amarraje. m. Impuesto que se paga en los puertos por el amarre de las naves.
amarranado, da. adj. *Torpe, pesado en los movimientos. ‖ *Mezquino.
***amarrar.** tr. Atar y asegurar por medio de cuerdas, cadenas, etc. ‖ fig. *Fullería en los juegos de naipes, que consiste en dejar varias cartas juntas al barajar.
amarrazón. f. ant. *Mar.* Conjunto de amarras.
amarre. m. **Amarradura.**
amarreco. m. **Amarraco.**
amarrequear. intr. Señalar o apuntar los amarracos.
amarrido, da. adj. Melancólico, *triste.
amarro. m. **Amarra.**
amarteladamente. adv. m. **Enamoradamente.**
amartelamiento. m. Enamoramiento excesivo.
amartelar. tr. Dar *celos. Ú. t. c. r. ‖ *Enamorar. Ú. t. c. r.
amartillar. tr. **Martillar.** ‖ Montar o poner en el disparador una *arma de fuego*.
amarulencia. f. Resentimiento, *enfado, *disgusto.
amasadera. f. *Artesa en que se amasa.
amasadero. m. Local donde se amasa el *pan.
amasadijo. m. ant. **Amasijo.**
amasador, ra. adj. Que amasa. Ú. t. c. s.
amasadura. f. Acción de *amasar. ‖ **Amasijo,** de harina.
amasamiento. m. **Amasadura.** ‖ **Terap.* Compresión metódica de las partes blandas del cuerpo con fines curativos.
***amasar.** tr. Formar o hacer masa. ‖ Revolver o sobar la masa. ‖ **Terap.* Practicar el amasamiento. ‖ fig. y fam. *Preparar con astucia las cosas para el logro de lo que se intenta.
amasia. f. Concubina.
amasiato. m. ***Amancebamiento.**
amasijo. m. Porción de harina amasada para hacer *pan. ‖ Acción de amasar. ‖ Porción de *masa. ‖ fig. y fam. Obra o *trabajo. ‖ fig. y fam. *Mezcla o confusión de especies inconexas. ‖ fig. y fam. *Confabulación, intriga.
amate. m. *Higuera de Méjico.
amatista. f. Cuarzo transparente de color de violeta, que se emplea en *joyería. ‖ **oriental.** Corindón violado.
amatiste. m. ant. **Amatista.**
amatividad. f. *Fren.* Instinto o deseo *venéreo.
amativo, va. adj. Propenso a amar.
amatorio, ria. adj. Relativo al *amor. ‖ Que induce a amar.
amaurosis. f. **Oftalm.* Pérdida total de la vista, ocasionada por lesión en la retina.
amauta. m. Entre los antiguos peruanos, persona *docta.
amayorazgar. tr. Vincular bienes a favor de ciertas líneas o personas.
amazacotado, da. adj. Pesado, excesivamente *denso o compacto. ‖ fig. Dicho de obras *literarias o *artísticas, pesado, falto de gracia y armonía.
amazona. f. Mujer guerrera cuya existencia suponían los antiguos en los tiempos heroicos. ‖ fig. Mujer *hombruna o varonil. ‖ fig. Mujer que *monta a caballo. ‖ fig. *Traje de falda larga, para montar a caballo las mujeres.
amazónico, ca. adj. Perteneciente a las amazonas.
amazonio, nia. adj. **Amazónico.**
ambages. m. pl. *Rodeos o caminos intrincados. ‖ fig. Rodeos de palabras o circunloquios.
ambagioso, sa. adj. Lleno de *ambigüedades.
ámbar. m. *Resina fósil, de color amarillo, que se emplea para pipas y boquillas, cuentas de collares, etc. ‖ **gris.** Substancia de color gris y de olor almizcleño, que se halla sobrenadando en ciertos mares. Se emplea en *perfumería y en *farmacia. ‖ **negro. Azabache.** ‖ **pardillo. Ámbar gris.**
ambarar. tr. ant. Dar a alguna cosa olor de ámbar.
ambarina. f. **Algalia.** ‖ **Escabiosa,** planta herbácea.
ambarino, na. adj. Perteneciente al ámbar.
ambiciar. tr. **Ambicionar.**
***ambición.** f. *Deseo ardiente, y especialmente el que tiene por objeto alcanzar *fama, *poder o riquezas.
ambicionar. tr. Desear ardientemente alguna cosa.
ambiciosamente. adv. m. Con ambición.
ambicioso, sa. adj. Que tiene ambición. Ú. t. c. s. ‖ Que muestra el ansia o *deseo vehemente de alguna cosa. Ú. t. c. s.
ambidextro, tra. adj. Que usa con igual destreza ambas *manos.
ambiente. adj. Aplícase a cualquier fluido que está *alrededor de un cuerpo. ‖ m. *Aire que rodea los cuerpos. ‖ fig. Conjunto de opiniones o *sentimientos que se forma en un momento dado acerca de alguna persona, acontecimiento, etc. ‖ **Pint.* Efecto de la perspectiva aérea que finge las distancias.
ambigú. m. Conjunto de *alimentos calientes y fríos con que se cubre de una vez la mesa. ‖ En los locales de espectáculos y recreos, sitio en que se sirven dichos manjares.
ambiguamente. adv. m. Con ambigüedad.
***ambigüedad.** f. Calidad de ambiguo.
***ambiguo, gua.** adj. Que puede entenderse de varios modos. ‖ Incierto, *confuso.
ámbito. m. *Contorno de un espacio o lugar. ‖ *Espacio comprendido dentro de un perímetro.
amblador, ra. adj. Dícese del animal que ambla.
ambladura. f. Acción y efecto de amblar.
amblar. intr. *Andar ciertos *cuadrúpedos moviendo a un tiempo el pie y la mano de un mismo lado, como la jirafa. ‖ **Equit.* Andar de este modo las *caballerías adiestradas al efecto.
amblehuelo. m. d. de **Ambleo.** ‖ *Cirio de dos libras de peso.
ambleo. m. *Cirio de kilo y medio de peso. ‖ *Candelero para este cirio.
ambligonio. adj. Dícese del *triángulo que tiene obtuso uno de sus ángulos.
ambliopía. f. **Oftalm.* Debilidad de la vista, sin lesión orgánica del ojo.
ambo. m. En la *lotería antigua, lance favorable para el que llevaba dos números iguales a los premiados. ‖ En la lotería de cartones, dos números contiguos de una fila, que han salido antes que los otros tres.
ambón. m. Cada uno de los púlpitos que suele haber a ambos lados del *altar mayor, para cantar la epístola y el evangelio.
ambos, bas. adj. pl. El uno y el otro; los *dos.
ambrosía o **ambrosia.** f. *Mit.* *Alimento de los dioses. ‖ fig. Manjar o bebida de gusto delicado. ‖ *Planta compuesta.
ambrosiaco, ca o **ambrosíaco, ca.** adj. De sabor muy agradable.
ambrosiano, na. adj. Perteneciente o relativo a San Ambrosio.
ambrosino, na. adj. **Ambrosiaco.**
ambrunesa. f. Especie de *cereza gruesa.
ambuesta. f. **Almorzada.**
ambulación. f. Acción de ambular, *paseo.
ambulacro. m. *Paseo plantado de árboles en hileras.
ambulancia. f. *Hospital ambulante que sigue a un ejército de operaciones. ‖ *Vehículo para el transporte de heridos y enfermos. ‖ **de *correos.** Oficina postal establecida en algunos trenes. ‖ **fija.** La que permanece en determinado sitio del campo de batalla. ‖ **volante.** La que lleva sus auxilios hasta la línea de fuego.
ambulante. adj. Que va de un lugar a otro sin tener asiento fijo. ‖ **Ambulativo.** ‖ m. Empleado de una ambulancia de *correos.
ambular. intr. p. us. *Ir de una parte a otra.
ambulativo, va. adj. Aplícase al carácter de ciertas personas inclinado a *vagar sin rumbo fijo.
ambulatorio, ria. adj. Que sirve para andar.
ameba. f. **Amiba.**

amechar. tr. Poner *mecha. ‖ **Mechar.**
amedrentador, ra. adj. Que amedrenta. Ú. t. c. s.
amedrentamiento. m. Acción y efecto de amedrentar.
amedrentar. tr. Infundir *temor. Ú. t. c. r.
ámel. m. Entre los árabes, *gobernador de un distrito.
amelar. intr. Fabricar *miel las abejas.
amelcochar. tr. Dar a un *dulce el punto de la melcocha. Ú. t. c. r.
amelga. f. Faja de terreno que se señala para esparcir la *simiente.
amelgado, da. adj. Dícese del *sembrado que ha nacido con desigualdad. ‖ m. Acción y efecto de amelgar o amojonar.
amelgar. tr. Hacer surcos para *sembrar con igualdad. ‖ Amojonar alguna parte del terreno.
amelía. f. Distrito gobernado por un ámel.
amelo. m. Planta compuesta.
amelonado, da. adj. De figura de melón. ‖ fig. fam. Rendidamente *enamorado.
amén. Voz que se dice, en la Iglesia católica, al fin de las *oraciones y significa: así sea. ‖ Úsase para *asentir o manifestar el *deseo de que suceda algo. Ú. t. c. s. m. ‖ **En un decir amén.** fr. fig. y fam. En un *instante.
amén. adv. m. Excepto, a excepción. ‖ adv. c. A más, *además.
***amenaza.** f. Acción de amenazar. ‖ Dicho o hecho con que se amenaza.
amenazador, ra. adj. Que amenaza.
amenazante. p. a. de **Amenazar.** Que amenaza.
***amenazar.** tr. Manifestar uno de algún modo su intención de hacer daño a otro. ‖ fig. Presagiar la proximidad de algún daño o *peligro. Ú. t. c. intr. ‖ ant. fig. Conducir el *ganado.
amencia. f. ant. **Demencia.**
amenguadero, ra. adj. ant. Que amengua.
amenguamiento. m. Acción y efecto de amenguar.
amenguar. tr. *Disminuir, menoscabar. ‖ fig. Deshonrar, *infamar.
amenidad. f. Calidad de ameno.
amenizar. tr. Hacer amena alguna cosa.
ameno, na. adj. *Agradable, atractivo por su belleza y *lozanía. ‖ fig. Aplícase también a las personas y cosas que distraen y deleitan el ánimo.
amenorar. tr. p. us. **Aminorar.**
amenorrea. f. *Pat.* Supresión del flujo *menstrual.
amentáceo, a. adj. **Bot.* Aplícase a las plantas que tienen las flores en amento. Ú. t. c. s. f. ‖ f. pl. *Bot.* Orden de estas plantas.
amentar. tr. Atar o tirar con amiento.
amento. m. **Amiento.** ‖ *Bot.* Espiga articulada por su base y compuesta de *flores de un mismo sexo.
ameos. m. Planta umbelífera. ‖ Semilla de esta planta, que se usó como diurético.
amerar. tr. **Merar.** ‖ r. Recalarse la humedad.
amerengado, da. adj. Semejante al merengue. ‖ Dícese de la persona obsequiosa con *afectación.
americana. f. Chaqueta.
americanismo. m. Vocablo o giro propio de los americanos que hablan español.
americanista. com. Persona que estudia lo relativo a América.
americano, na. adj. Natural de América. Ú. t. c. s. ‖ Perteneciente a esta parte del mundo.
amerindio, dia. adj. Voz que usan algunos para designar a los indígenas de América. Ú. t. c. s.
amestizado, da. adj. Que tira a mestizo.
ametalado, da. adj. Semejante al metal.
ametista. f. **Amatista.**
ametralladora. f. **Artill.* Máquina de guerra que dispara automáticamente y con repetición proyectiles de fusil.
ametrallar. tr. Disparar metralla contra el enemigo.
amétrope. adj. Que tiene ametropía.
ametropía. f. **Oftalm.* Nombre genérico de los defectos de refracción que se observan en el ojo.
amezquindarse. r. p. us. **Entristecerse.**
ami. m. **Ameos.**
amia. f. **Lamia.**
amianta. f. **Amianto.**
amianto. m. *Mineral de aspecto sedoso, que se emplea para hacer tejidos *incombustibles. Es un silicato de calcio, alúmina y hierro.
amiba. f. *Zool.* *Protozoario microscópico caracterizado por su organización elemental y por el modo de locomoción, consistente en cambios de forma con aparición de apéndices.
amicísimo, ma. adj. sup. de **Amigo.**
amiento. m. *Correa para sujetar la celada de la *armadura. ‖ Correa con que se ataba el *zapato. ‖ Correa con que se ataban por medio los *dardos y servía para arrojarlos.
amiga. f. *Manceba o concubina. ‖ *Maestra de escuela de niñas. ‖ *Escuela de niñas.
amigabilidad. f. Propensión a contraer *amistades.
amigable. adj. Que convida a la *amistad. ‖ Dicho de cosas, **amistoso.** ‖ fig. Que tiene unión o *conformidad con otra cosa.
amigablemente. adv. m. Con amistad.
amigacho. m. despect. de **Amigo.**
amigar. tr. **Amistar.** Ú. t. c. r. ‖ r. **Amancebarse.**
amígdala. f. *Zool.* Cada una de las dos *glándulas situadas a los lados de la entrada del esófago.
amigdaláceo, a. adj. **Bot.* Aplícase a los árboles o arbustos cuyo fruto tiene por semilla una almendra; como el cerezo, el ciruelo, etc. Ú. t. c. s. f. ‖ f. pl. *Bot.* Familia de estas plantas.
amigdalar. adj. *Anat.* Perteneciente o relativo a las amígdalas.
amigdalina. f. **Quím.* Substancia cristalizable contenida en las almendras amargas.
amigdalino, na. adj. Que tiene almendras.
amigdalitis. f. **Pat.* Inflamación de las amígdalas.
***amigo, ga.** adj. Que tiene amistad. Ú. t. c. s. ‖ **Amistoso.** ‖ fig. Aficionado o *propenso a alguna cosa. ‖ ‖ m. Hombre *amancebado. ‖ **Min.* Travesaño que se pone al extremo del tiro para que, montándose los operarios, bajen y suban por los pozos. ‖ **del asa.** fam. **Amigo** íntimo. ‖ **de pelillo** o **de taza de vino.** El *egoísta, que finge amistad por conveniencia.
amigote. m. aum. fam. de **Amigo.**
amiláceo, a. adj. Que contiene almidón.
amilamia. f. **Mit.* Hada o náyade protectora.
amilanado, da. adj. *Cobarde, pusilánime.
amilanamiento. m. Acción y efecto de amilanar o amilanarse.
amilanar. tr. fig. Causar *miedo, atemorizar. ‖ r. Abatirse, *desanimarse, *acobardarse.
amiloideo, a. adj. Semejante al almidón.
amillaramiento. m. Acción y efecto de amillarar. ‖ Padrón de los bienes amillarados.
amillarar. tr. Evaluar los caudales de los vecinos de un pueblo, para repartir entre ellos las *contribuciones.
amillonado, da. adj. Sujeto a la antigua contribución de millones. ‖ Muy *rico.
amín. m. En Marruecos, recaudador y administrador oficial.
aminoración. f. **Minoración.**
aminorar. tr. **Minorar.**
amir. m. *Príncipe o caudillo árabe.
***amistad.** f. Afecto entre personas, puro y desinteresado, que nace de la mutua estimación y simpatía. ‖ ***Amancebamiento.** ‖ Merced, *favor. ‖ pl. Personas con quienes se tiene *amistad o *trato.
amistar. tr. Unir en amistad. Ú. t. c. r. ‖ Reconciliar a los enemistados. Ú. t. c. r.
amistosamente. adv. m. Con amistad.
***amistoso, sa.** adj. Perteneciente o relativo a la amistad.
amitigar. tr. p. us. **Mitigar.**
amito. m. **Liturg.* Lienzo cuadrado y con una cruz en medio, que el sacerdote se pone sobre la espalda y los hombros para celebrar los oficios.
amnesia. f. Pérdida o debilidad notable de la *memoria.
amnícola. adj. Que habita o crece en las márgenes de los *ríos.
amnios. m. **Embriol.* Membrana interna que envuelve al *feto.
amniótico, ca. adj. **Embriol.* Perteneciente o relativo al amnios.
amnistía. f. *Perdón colectivo de ciertos delitos políticos, otorgado por ley.
amnistiar. tr. Conceder amnistía.
***amo.** m. Cabeza o señor de la casa o familia. ‖ *Dueño de alguna cosa. ‖ El señor respecto de sus *criados. ‖ Mayoral o capataz. ‖ Persona que tiene ascendiente o *dominio sobre otra u otras. ‖ **Nuestro amo.** Jesucristo en la *Eucaristía. ‖ **Ser uno el amo del cotarro.** fr. fig. y fam. Ser el principal en algún negocio.
amoblar. tr. **Amueblar.**
amochar. intr. Topar, embestir con la cabeza. ‖ r. Fastidiarse, resignarse, *someterse.
amodita. f. **Alicante,** víbora pequeña.
amodorrado, da. adj. Soñoliento, vencido por el *sueño.
amodorramiento. m. Acción y efecto de amodorrarse.
amodorrarse. r. Caer en modorra.
amodorrecer. tr. **Modorrar.**
amodorrido, da. adj. Que padece modorra.
amogotado, da. adj. *Mar.* De figura de mogote.
amohecer. tr. **Enmohecer.** Ú. m. c. r.
amohinar. tr. Causar mohína. Ú. t. c. r.
amojamamiento. m. *Delgadez o sequedad de carnes a consecuencia de los años.
amojamar. tr. Hacer mojama. ‖ r. **Acecinarse.**
amojelar. tr. *Mar.* Sujetar con mojeles.
amojonador. m. El que amojona.
amojonamiento. m. Acción y efecto

de amojonar. ‖ Conjunto de *mojones.
amojonar. tr. Señalar con mojones las *lindes.
amol. m. Planta sarmentosa, sapindácea, que se usa para envarbascar.
amoladera. adj. V. **Piedra amoladera.** Ú. t. c. s.
amolado, da. adj. Que ha padecido algún *daño.
amolador. m. El que tiene por oficio amolar instrumentos cortantes o punzantes. ‖ fig. fam. *Importuno, molesto.
amoladura. f. Acción y efecto de amolar. ‖ pl. Arenillas que se desprenden de la piedra al amolar.
amolanchín. m. **Amolador.**
amolar. tr. Sacar *filo o punta a una arma o instrumento en la muela. ‖ fig. y fam. Fastidiar, *importunar, *molestar.
amoldador, ra. adj. Que amolda. Ú. t. c. s.
amoldamiento. m. Acción de amoldar o amoldarse.
*__amoldar.__ tr. Ajustar una cosa al *molde. Ú. t. c. r. ‖ fig. *Acomodar la conducta de alguno a una pauta determinada. Ú. m. c. r.
amole. m. Nombre de varias plantas de Méjico, cuyos bulbos y rizomas se usan como jabón.
amollador, ra. adj. Que amolla. Ú. t. c. s.
amollante. p. a. de **Amollar.** Que amolla.
amollar. intr. Ceder, *flaquear, *someterse. ‖ En el juego del revesino echar una carta inferior a la jugada, teniendo otra superior. ‖ tr. *Mar.* Soltar o aflojar la escota de la *vela. Ú. t. c. intr.
amollentar. tr. Ablandar.
amolletado, da. adj. De figura de mollete.
amollinar. intr. **Molliznar.**
amomo. m. Planta cingiberácea.
amonarse. r. ***Emborracharse.**
amondongado, da. adj. fam. Aplícase a la persona *gorda y desgarbada. ‖ fam. Dícese también de sólo alguna parte del cuerpo.
amonedación. f. Acción y efecto de amonedar.
amonedado, da. adj. V. **Moneda amonedada.**
amonedar. tr. Reducir a *moneda algún metal.
*__amonestación.__ f. Acción y efecto de amonestar. ‖ **Correr las amonestaciones.** fr. Publicarlas en la iglesia.
amonestador, ra. adj. Que amonesta. Ú. t. c. s.
amonestamiento. m. **Amonestación.**
amonestante. p. a. de **Amonestar.** Que amonesta.
*__amonestar.__ tr. Aconsejar, hacer presente alguna cosa para que se practique o evite. ‖ Advertir, *informar. ‖ *Reprender. ‖ Publicar en la iglesia los nombres de las personas que quieren contraer *matrimonio. ‖ r. Ser amonestado, hacerse amonestar.
amoniacal. adj. Perteneciente o relativo al amoniaco.
amoniaco o **amoníaco.** m. **Quím.* Gas compuesto de ázoe e hidrógeno, que, en disolución acuosa, sirve de base para ciertas sales. ‖ *Gomorresina en lágrimas, que se usa como medicamento expectorante.
amónico, ca. **Quím.* Perteneciente o relativo al amoniaco.
amonio. m. *Quím.* Radical hipotético de las sales amoniacales.
amonita. f. *Concha *fósil de forma espiral.
amonita. adj. Dícese del individuo de un pueblo *bíblico de la Mesopotamia. Ú. t. c. s. y en pl. ‖ Perteneciente a este pueblo.
amontar. tr. Ahuyentar, hacer huir.
amontazgar. tr. **Montazgar.**
amontillado. adj. Dícese del *vino que imita al montilla. Ú. t. c. s.
amontonadamente. adv. m. **De,** o **en, montón.**
amontonador, ra. adj. Que amontona. Ú. t. c. s.
amontonamiento. m. Acción y efecto de amontonar o amontonarse.
*__amontonar.__ tr. Poner unas cosas sobre otras sin orden ni concierto. Ú. t. c. r. ‖ fig. *Recoger y mezclar varias especies. ‖ r. fig. y fam. Montar en cólera, *irritarse. ‖ fig. y fam. **Amancebarse.**
*__amor.__ m. Sentimiento afectivo que nos mueve a buscar lo que consideramos bueno para poseerlo o gozarlo. ‖ Sentimiento altruista que nos impulsa a procurar la felicidad de otra persona. ‖ Pasión que atrae un sexo hacia el otro. ‖ Blandura, suavidad, *condescendencia. ‖ Persona amada. ‖ *Cuidado con que se trabaja una obra deleitándose en ella. ‖ *Voluntad, consentimiento. ‖ pl. Relaciones amorosas. ‖ Objeto de cariño especial para alguno. ‖ Expresiones de **amor,** caricias. ‖**Cadillo,** planta umbelífera. ‖ **Amor al uso.** Arbolito de la familia de las malváceas. ‖ **de hortelano.** Planta rubiácea. ‖ **Almorejo.** ‖ **Lampazo.** ‖ **propio.** Inmoderada estimación de sí mismo. ‖ *Pundonor excesivo. ‖ Engreimiento, *vanidad. ‖ **Al amor de la lumbre.** expr. fam. Cerca de ella. ‖ **A su amor.** fr. **Holgadamente.** ‖ **Con mil amores.** expr. fam. Con mucho gusto. ‖ **En amor y compañía.** expr. fam. En *amistad y buena *compañía. ‖ **Hacer el amor.** fr. Enamorar, galantear. ‖ **Por amor al arte.** fr. fig. *Gratis, sin obtener recompensa. ‖ **Por amor de.** Por *causa de.
amoral. adj. Dícese de la persona desprovista de sentido *moral. ‖ Aplícase también a las obras y acciones en que se prescinde del fin moral. ‖ Sectario del amoralismo. Ú. t. c. s.
amoralidad. f. Calidad de amoral.
amoralismo. m. Sistema *filosófico que niega toda obligación y sanción.
amoratado, da. adj. Que tira a morado.
amoratarse. r. Ponerse morado.
amorcar. tr. p. us. **Amurcar.**
amorcillo. m. Figura de niño con que se representa a Cupido.
amordazador, ra. adj. Que amordaza. Ú. t. c. s.
amordazamiento. m. Acción y efecto de amordazar.
amordazar. tr. Poner mordaza.
amorecer. tr. Echar el morueco a la *oveja.
amorfia. f. Calidad de amorfo. ‖ *Deformidad.
*__amorfo, fa.__ adj. Sin forma regular o bien determinada. ‖ **Quím.* Dícese del cuerpo que no cristaliza.
amorgar. tr. Dar morga a los peces.
amorgonar. tr. **Amugronar.**
amoricones. m. pl. fam. Manifestación de *amor hecha con ademanes, señas o de otro modo.
amorillar. tr. **Agr.* Recalzar las plantas.
amorío. m. fam. **Enamoramiento.** ‖ pl. Relaciones amorosas.
amoriscado, da. adj. Semejante a los moriscos.
amormado, da. adj. Aplícase a la bestia que padece muermo.
amormío. m. Planta amarilídea.
amorosamente. adv. m. Con amor.
amoroso, sa. adj. Que siente *amor. ‖ Que denota amor. ‖ fig. *Blando, suave. ‖ fig. *Tibio, apacible.
amorrar. intr. fam. *Bajar o inclinar la *cabeza. Ú. t. c. r. ‖ fam. *Callar obstinadamente. Ú. t. c. r. ‖ **Mar.* **Hocicar** la embarcación. ‖ tr. *Mar.* Hacer que el buque cale mucho de proa.
amorreo, a. adj. Dícese del individuo de un pueblo *bíblico descendiente de Amorreo. Ú. m. c. s. y en pl. ‖ Perteneciente a este pueblo.
amorriñarse. r. Enfermar.
amorrionado, da. adj. p. us. De figura de morrión.
amorronar. tr. *Mar.* Enrollar la *bandera y ceñirla de trecho en trecho, para izarla en demanda de *auxilio.
amorrongarse. r. *Acobardarse. ‖ Quedarse *dormida una criatura.
amortajador, ra. m. y f. Persona que amortaja.
amortajamiento. m. Acción de amortajar.
amortajar. tr. Poner la mortaja al *cadáver.
amortecer. tr. **Amortiguar.** ‖ r. Desmayarse.
amortecimiento. m. Acción y efecto de amortecer o amortecerse.
amortiguación. f. **Amortiguamiento.**
amortiguador, ra. adj. Que amortigua. ‖ m. *Resorte o artificio mecánico que se emplea para evitar el efecto de las sacudidas bruscas. Se aplica a los barómetros marinos, a las cajas de los vehículos, a los *automóviles, etc.
amortiguamiento. m. Acción y efecto de amortiguar o amortiguarse.
amortiguar. tr. Dejar como muerto. Ú. t. c. r. ‖ fig. *Moderar, disminuir o hacer menos intensa o violenta alguna cosa. Ú. t. c. r.
amortizable. adj. Que puede amortizarse.
amortización. f. Acción y efecto de amortizar.
amortizar. tr. Pasar los bienes a manos muertas, *vincularlos. ‖ Redimir un *censo, *préstamo u otra deuda. ‖ *Recobrar los fondos invertidos en alguna empresa. ‖ *Suprimir empleos o plazas en un cuerpo u oficina.
amorugarse. r. Permanecer callado; ponerse taciturno.
amoscar. tr. ant. **Mosquear.** ‖ r. fam. **Enfadarse.** ‖ *Turbarse, aturdirse.
amosquilado, da. adj. Dícese de la res *vacuna que mete la cabeza entre las carrascas para defenderse de las moscas.
amostazar. tr. fam. *Irritar, enfadar. Ú. m. c. r.
amotinador, ra. adj. Que amotina. Ú. t. c. s.
amotinamiento. m. Acción y efecto de amotinar o amotinarse.
amotinar. tr. Alzar en motín o *rebeldía. Ú. t. c. r. ‖ fig. *Turbar la inteligencia o los sentidos. Ú. t. c. r.
amover. tr. **Remover,** *destituir. ‖ p. us. **Mover,** *abortar.
amovible. adj. Que puede ser apartado del lugar que ocupa, o *destituido del puesto o *empleo que tiene. ‖ Dícese también del cargo o beneficio cuyo titular puede ser distituido libremente.
amovilidad. f. Calidad de amovible.
ampara. f. *Embargo.
amparador, ra. adj. Que ampara. Ú. t. c. s.
*__amparar.__ tr. Favorecer, *proteger. ‖ *Embargar bienes muebles. ‖ Cumplir las condiciones con que se ad-

quiere el derecho de beneficiar una *mina. || r. *Acogerse a la protección de alguno. || *Defenderse.

***amparo.** m. Acción y efecto de amparar o ampararse. || Abrigo o *defensa. || **Chispa,** partícula. || *Germ.* Letrado o *procurador que favorece al preso.

ampelídeo, a. adj. *Bot.* Aplícase a ciertas plantas trepadoras cuyo tipo es la *vid. Ú. t. c. s. || f. pl. *Bot.* Familia de estas plantas.

ampelita. f. *Pizarra blanda que se emplea para *lápices de carpintero.

ampelografía. f. Descripción de la *vid y de su cultivo.

ampelología. f. Tratado del cultivo de la *vid.

ampelopsis. f. Nombre genérico de ciertas variedades de la *parra virgen.

amper. m. *Electr.* Nombre del amperio en la nomenclatura internacional.

amperímetro. m. *Electr.* Aparato para medir amperios.

amperio. m. Unidad de medida *eléctrica, que corresponde al paso de un culombio por segundo.

amplexo, xa. adj. *Bot.* Dícese del órgano que está rodeado o envuelto por otro.

ampliable. adj. Que puede ampliarse.

ampliación. f. Acción y efecto de ampliar.

ampliador, ra. adj. Que amplía. Ú. t. c. s. || f. *Fot.* Aparato para hacer ampliaciones.

ampliamente. adv. m. Con amplitud.

ampliar. tr. *Extender, dilatar. || Reproducir una *fotografía en tamaño mayor.

ampliativo, va. adj. Que amplía o sirve para ampliar.

amplificación. f. Acción y efecto de amplificar. || *Ret.* Desarrollo que por escrito o de palabra se da a un tema o proposición.

amplificador, ra. adj. Que amplifica. Ú. t. c. s. || *Electr.* Aparato que, utilizando energía externa, aumenta la amplitud de un *sonido o de otro fenómeno físico.

amplificar. tr. **Ampliar.** || *Ret.* Emplear la amplificación.

amplificativo, va. Que amplifica.

amplio, plia. adj. *Espacioso, ancho. || Detallado, *prolijo.

amplísimo, ma. adj. sup. de **Amplio.**

amplitud. f. *Espacio, dilatación. || *Espacio dilatado. || *Astr.* Ángulo que se mide sobre el horizonte y es complemento del acimut.

ampo. m. *Blancura resplandeciente. || Copo de *nieve.

***ampolla.** f. Vejiga formada por la elevación de la epidermis o de la cubierta superficial de un cuerpo. || *Vasija de vidrio, de cuello largo y angosto, y de cuerpo ancho y redondo en la parte inferior. || Pequeño recipiente de vidrio cerrado herméticamente, que contiene líquido para una *inyección. || **Vinajera.** || *Burbuja.

ampollar. adj. De figura de ampolla.

ampollar. tr. Hacer ampollas. Ú. t. c. r. || ***Ahuecar.**

ampolleta. f. d. de **Ampolla.** || **Reloj de arena.** || Tiempo que dura el paso de la arena en la ampolleta.

ampolluela. f. d. de **Ampolla.**

ampón, na. adj. Amplio, *ancho, ahuecado.

amprar. tr. Pedir o tomar en *préstamo.

ampulosidad. f. Calidad de ampuloso.

ampuloso, sa. adj. Dícese del *estilo hinchado y redundante.

ampurdanés, sa. adj. Natural del Ampurdán. Ú. t. c. s. || Perteneciente a esta región.

amputación. f. *Cir.* Acción y efecto de amputar.

amputar. tr. *Cortar. || **Cir.* Cortar y separar enteramente del cuerpo un miembro o porción de él.

amuchachado, da. adj. Que parece un muchacho, o de un muchacho.

***amueblar.** tr. Proveer de *muebles.

amuelar. tr. Recoger el trigo para formar el muelo en la *era.

amufar. tr. p. us. **Amurcar.**

amugamiento. m. **Amojonamiento.**

amugronador, ra. adj. Que amugrona. Ú. t. c. s.

amugronar. tr. *Agr.* *Acodar el sarmiento de una vid de modo que la nueva planta ocupe el vacío de una cepa.

amuje. m. Cría del salmón.

amujerado, da. adj. **Afeminado.**

amujeramiento. m. **Afeminación.**

amular. intr. Ser *estéril. || r. Inhabilitarse la yegua para criar, por haberla cubierto el mulo. || Amoscarse, *irritarse.

amulatado, da. adj. Semejante a los mulatos.

***amuleto.** m. Objeto portátil a que supersticiosamente se atribuye alguna virtud sobrenatural.

amunicionar. tr. **Municionar.**

amuñecado, da. adj. Que parece un muñeco.

amura. f. *Mar.* Parte del costado del *buque donde éste empieza a estrecharse para formar la proa. || *Anchura del buque por esta parte. || Cabo que hay en los puños bajos de las *velas mayores de cruz.

amurada. f. *Mar.* Parte interior de los costados del *buque.

amurallar. tr. **Murar.**

amurar. tr. *Mar.* Maniobrar con los puños de las *velas para que queden bien orientadas cuando se ha de navegar de bolina.

amurcar. tr. Dar el golpe el toro con los *cuernos.

amurco. m. Golpe que da el toro con los *cuernos.

amurriarse. r. *Afligirse.

amurriñarse. r. **Veter.* Contraer un animal la morriña.

amusco, ca. adj. **Musco,** de color pardo.

amusgar. tr. Echar hacia atrás las *orejas las caballerías y otros animales cuando se disponen a acometer. Ú. t. c. intr. || Recoger la vista para *ver mejor.

amuso. m. Pedestal con una superficie horizontal en que se trazaba una rosa de los *vientos.

amustiar. tr. fig. Poner mustio, *triste, desalentado. Ú. t. c. r.

an. part. insep. **A,** privativa o negativa.

ana. f. Medida de *longitud, equivalente poco más o menos a un metro.

ana. **Med.* Voz que se usa en las recetas para denotar que ciertos ingredientes han de ser de peso o partes iguales. || prep. insep. que significa **contra, sobre,** etc.

anabaptismo. m. Secta de los anabaptistas.

anabaptista. adj. Dícese del *hereje que cree que no se debe *bautizar a los niños antes de que tengan uso de razón. Ú. m. c. s.

anabatista. adj. ant. **Anabaptista.** Usáb. m. c. s.

anabí. m. **Nabí.**

anacalo, la. m. y f. Criado o criada de la hornera, que iba a las casas por el *pan que se había de cocer.

anacarado, da. adj. **Nacarado.**

anacardina. f. **Farm.* Confección que se hacía con anacardos.

anacardino, na. adj. Compuesto con anacardos.

anacardo. m. *Árbol de las terebintáceas. || Fruto de este árbol.

anaco. m. Tela que a manera de *falda usan algunas indias de América.

anacoluto. m. **Gram.* Inconsecuencia en el régimen o en la construcción de una cláusula.

anaconda. f. *Serpiente americana que llega a tener diez metros de longitud.

anacoreta. com. Persona que vive en *aislamiento y entregada a la contemplación y a la *penitencia.

anacorético, ca. adj. Perteneciente o relativo al anacoreta.

anacorita. com. ant. **Anacoreta.**

anacreóntico, ca. adj. Propio y característico del poeta griego Anacreonte, o de sus obras. || Dícese especialmente de las *poesías en que se cantan los placeres del *vino, del *amor, etc. Ú. t. c. s. f.

anacrónico, ca. adj. Que adolece de anacronismo.

anacronismo. m. Error que consiste en atribuir a un suceso *fecha distinta de la verdadera. || **Antigualla.**

anacrusa. f. **Pros.* y *Mús.* **Anacrusis.**

anacrusis. f. **Pros.* Sílaba átona que precede a la primera acentuada de un verso. || *Mús.* Nota o notas que en la parte débil del compás preceden al comienzo de un *ritmo.

ánade. amb. ***Pato.**

anadear. intr. *Andar una persona a semejanza del ánade.

anadeja. f. d. de **Ánade.**

anadino, na. m. y f. Ánade pequeño.

anadipsia. f. *Pat.* *Sed intensa.

anadón. m. Pollo del ánade.

anaerobio. adj. **Bact.* Aplícase al ser que puede vivir y desarrollarse fuera del contacto del aire.

anafalla. f. *Tela de seda o de algodón.

anafaya. f. **Anafalla.**

anafe. m. *Hornillo portátil.

anáfora. f. *Ret.* **Repetición.** || **Gram.* Referencia que hace una palabra a otra palabra o frase anterior. || Elevación de la hostia en la *misa.

anafre. m. **Anafe.**

anafrodisia. f. Disminución o falta del apetito *venéreo.

anafrodisiaco, ca o **anafrodisíaco, ca.** adj. **Antiafrodisiaco.** Ú. t. c. s.

anafrodita. adj. Dícese del que se abstiene de placeres carnales. Ú. t. c. s.

anaglífico, ca. adj. **Esc.* Que tiene relieves toscos.

anáglifo. m. **Esc.* Vaso u otra obra tallada, de relieve tosco. || *Sillar con una prominencia preparada para esculpir en ella.

anagnórisis. f. **Agnición.**

anagoge. m. **Anagogía.**

anagogía. f. *Interpretación mística de la *Biblia. || En sentido *místico, enajenamiento del alma en la contemplación de las cosas divinas.

anagógicamente. adv. m. Con anagogía.

anagógico, ca. adj. Perteneciente o relativo a la anagogía.

anagrama. m. *Inversión de las letras de una palabra o frase. || Palabra o frase que resulta de esta transposición de letras.

anal. adj. ant. **Anual.** || m. pl. *Narraciones de sucesos por años.

anal. adj. *Zool.* Perteneciente o relativo al *ano.

analectas. f. pl. **Florilegio.**
analepsia. f. *Med.* Restablecimiento de la *salud.
analéptico, ca. adj. *Med.* Dícese del régimen que tiene por objeto restablecer las fuerzas.
analfabetismo. m. Excesiva proporción de analfabetos en un país; *incultura, atraso.
analfabeto. adj. Que no sabe leer. Ú. t. c. s.
analgesia. f. *Med.* Carencia anormal de toda sensación dolorosa.
analgésico, ca. adj. **Farm.* Dícese de lo que suprime la sensación de dolor.
análisis. amb. *Distinción y *descomposición de las partes de un todo. ‖ fig. *Examen que se hace de alguna obra. ‖ **Gram.* Estudio que se hace de las palabras del discurso, para determinar la categoría y propiedades de cada una de ellas. ‖ **Mat.* Arte de resolver problemas por el álgebra. ‖ **cualitativo.** **Quím.* El que tiene por objeto aislar los elementos de un compuesto. ‖ **cuantitativo.** *Quím.* El que se emplea para determinar la cantidad de cada elemento. ‖ **espectral.** *Fís.* Método de **análisis** químico, fundado en la observación de las rayas del espectro.
analista. com. Autor de anales.
analista. m. **Mat.* y **Quím.* Persona que se dedica al estudio de la análisis.
analíticamente. adv. m. Con análisis o método analítico.
analítico, ca. adj. Perteneciente o relativo al análisis. ‖ Que procede por vía de análisis.
analizable. adj. Que se puede analizar.
analizador, ra. adj. Que analiza. Ú. t. c. s.
analizar. tr. Hacer análisis de alguna cosa.
análogamente. adv. m. Con analogía.
analogía. f. *Relación de *semejanza entre dos o más cosas. ‖ Parte de la *gramática, que trata de los accidentes y propiedades de las palabras.
analógicamente. adv. m. **Análogamente.** ‖ Según las leyes de la analogía gramatical.
analógico, ca. adj. **Análogo.**‖*Gram.* Perteneciente o relativo a la analogía.
análogo, ga. adj. Que tiene analogía con otra cosa.
anamita. adj. Natural (*raza) de Anam, región de la Indochina.
anamnesia. f. **Pat.* Parte de la historia clínica de un individuo, que se refiere a los fenómenos anteriores a la enfermedad.
anamorfosis. f. Pintura o *dibujo que sólo ofrece una imagen correcta desde un punto de vista determinado.
anamú. m. Planta fitolacácea.
ananá. m. **Ananás.**
ananás. m. Planta bromeliácea, que produce fruto grande en forma de piña, muy fragante, suculento y terminado por una corona de hojas. ‖Fruto de esta planta.
anapelo. m. **Acónito.**
anapéstico, ca. adj. Perteneciente o relativo al anapesto.
anapesto. m. Pie de la *poesía griega y latina compuesto de tres sílabas: las dos primeras, breves, y la otra, larga.
anaptixis. f. **Gram.* Aparición de una vocal entre dos consonantes.
***anaquel.** m. Cada una de las tablas puestas horizontalmente en los *armarios, alacenas, estantes, etc.
anaquelería. f. Conjunto de anaqueles.
anaranjado, da. adj. De *color semejante al de la naranja. Ú. t. c. s.
anarquía. f. Falta de *gobierno en un Estado. ‖ fig. *Desorden, confusión. ‖ *Perturbación de la vida pública por relajación de la autoridad.
anárquicamente. adv. m. De modo anárquico.
anárquico, ca. adj. Perteneciente o relativo a la anarquía.
anarquismo. m. Conjunto de doctrinas de los anarquistas.
anarquista. com. Persona que propugna la anarquía o la promueve.
anasarca. f. **Pat.* Hidropesía general del tejido celular.
anascote. m. *Tela fina de lana, asargada por ambos lados.
anastasia. f. **Artemisa,** planta de las compuestas.
anastigmático, ca. adj. **Ópt.* Dícese de las lentes y objetivos que no deforman la imagen.
anastigmatismo. m. *Ópt.* Carencia de astigmatismo.
anastomosarse. r. **Anat.* Comunicarse entre sí los nervios o los vasos.
anastomosis. f. *Bot.* *Unión de unas partes ramosas con otras de la misma planta. ‖ **Anat.* Unión de unos vasos o nervios con otros.
anástrofe. f. **Gram.* *Inversión violenta en el orden de las palabras.
anata. f. *Renta, frutos o emolumentos que produce en un año cualquier beneficio o empleo. ‖ **Media anata.** Derecho que se pagaba al ingreso de cualquier beneficio eclesiástico o pensión, y equivalía a la mitad de la renta anual.
***anatema.** amb. **Excomunión.** ‖ *Maldición.
anatematismo. m. **Anatema.**
anatematizar. tr. Imponer el *anatema. ‖ *Maldecir. ‖ fig. *Reprobar a una persona o cosa.
anatista. m. Oficial de la *curia romana*, que tiene a su cargo los libros de las medias anatas.
a nativitate. expr. adv. lat. **De nacimiento.**
***anatomía.** f. Disección o separación que se hace de las partes de un cuerpo orgánico, y especialmente del humano. ‖ Ciencia que estudia la estructura, situación y relaciones de las diferentes partes de los cuerpos orgánicos. ‖ **Esc.* y **Pint.* Disposición de los miembros externos que componen el cuerpo.
anatómicamente. adv. m. Conforme a las reglas de la anatomía.
***anatómico, ca.** adj. Perteneciente o relativo a la anatomía. ‖ m. y f. **Anatomista.**
anatomista. com. Profesor de anatomía.
anatomizar. tr. Hacer o ejecutar la anatomía de algún cuerpo. ‖ **Esc.* y **Pint.* Señalar en las figuras los huesos y músculos.
anavajado, da. adj. Herido con navaja.
anavia. f. **Arándano.**
anay. m. Insecto parecido a la *hormiga, que roe la madera y otras cosas.
anca. f. Cada una de las dos mitades laterales de la parte posterior de las *caballerías y *cuadrúpedos. ‖ Parte posterior de las caballerías. ‖ fest. **Nalga.** ‖ **No sufrir ancas.** fr. No consentir las caballerías que las monten en aquella parte. ‖ fig. y fam. Ser uno *pundonoroso, poco tolerante para las burlas u ofensas.
ancestral. adj. Perteneciente o relativo a los *abuelos o a los antepasados.
***ancianidad.** f. Último período de la vida ordinaria del hombre.
***anciano, na.** adj. Dícese del hombre o la mujer que tiene muchos años. Ú. t. c. s. ‖ ant. **Antiguo.** ‖ m. Entre los *israelitas, miembro del Sanedrín. ‖ En los tiempos apostólicos, *prelado o jefe de una iglesia. ‖ En las *órdenes militares*, cualquiera de los freires más antiguos.
ancillo. m. *Atrio o zagúan.
***ancla.** f. Instrumento de hierro, en forma de anzuelo doble, que, pendiente de una cadena, se echa al fondo del mar para que allí se aferre y sujete la embarcación. ‖ *Germ.* **Mano.** ‖ **de la esperanza.** La muy grande y que se utiliza en casos extremos. ‖ **Apear el ancla.** fr. *Mar.* Dejar el **ancla** a la pendura. ‖ **Echar anclas.** fr. **Dar fondo.** ‖ **Enmendar** una **ancla.** fr. *Mar.* Colocarla en dirección más ventajosa. ‖ **Levar anclas.** fr. *Mar.* Levantarlas para salir del fondeadero. ‖ **Picar** una **ancla.** fr. *Mar.* **Enmendar** una **ancla.**
ancladero. m. **Fondeadero.**
anclaje. m. *Mar.* Acción de anclar la nave. ‖ *Mar.* **Fondeadero.** ‖ *Mar.* *Tributo que se paga por *fondear en un puerto.
***anclar.** intr. *Mar.* **Echar anclas.** ‖ *Mar.* Quedar sujeta la nave por medio del ancla.
anclear. tr. Sujetar la nave por medio del ancla.
anclote. m. Ancla pequeña. ‖ *Tonel pequeño.
ancón. m. *Ensenada pequeña. ‖ **Rincón.** ‖ *Arq.* Cada una de las dos *ménsulas que se ponen a ambos lados de un vano para sostener la cornisa.
anconada. f. **Ancón,** ensenada para fondear.
anconitano, na. adj. Natural de Ancona. Ú. t. c. s.‖ Perteneciente a esta ciudad de Italia.
áncora. f. **Ancla.** ‖ fig. *Amparo en el peligro.
ancorar. intr. *Mar.* **Anclar.**
ancorca. f. **Ocre** para *pintar.
ancorel. m. Piedra que sirve para fondear la boya de una *red.
ancorería. f. Taller donde se hacen áncoras.
ancorero. m. El que tiene por oficio hacer áncoras.
ancorque. m. p. us. **Ancorca.**
ancusa. f. **Lengua de buey.**
ancuviña. f. Nombre que dan en Chile a las *sepulturas de los indios.
ancha. f. *Germ.* Población grande.
anchamente. adv. m. Con anchura.
anchar. intr. p. us. **Ensancharse.** ‖ tr. fam. **Ensanchar.** Ú. t. c. r.
ancheta. f. Pacotilla de *venta. ‖ Pequeña cantidad de género que una persona lleva a vender a cualquier parte. ‖ *Ganancia que se obtiene en un trato.
anchi. m. *Harina de cebada o de trigo.
anchicorto, ta. adj. Ancho y corto.
***ancho, cha.** adj. Que tiene más o menos anchura. ‖ Que tiene anchura excesiva. ‖ m. **Anchura.** ‖ **A mis, a tus, a sus, anchas,** o **anchos.** ms. advs. fams. Con *comodidad, con entera *libertad. ‖ **Estar, o ponerse,** uno **muy ancho, o tan ancho.** fr. fig. y fam. *Engreírse.
anchoa. f. **Boquerón,** pez. ‖ Boquerón curado en salmuera.
anchor. m. **Anchura.**

anchova. f. **Anchoa.**
anchuelo, la. adj. d. de **Ancho.**
***anchura.** f. **Latitud.** || fig. *Libertad, *desenvoltura.
anchuroso, sa. adj. Muy *ancho o espacioso.
anda. f. **Andas** para llevar imágenes.
andábata. m. *Gladiador que llevaba un casco que le tapaba los ojos.
andaboba. f. ant. **Parar,** juego de naipes.
andada. f. Acción y efecto de *andar. || ant. Viaje, camino. || *Pan muy delgado y sin miga. || Terreno en que suele *pastar un ganado. || pl. *Mont.* Huellas de perdices, conejos u otros animales. || **Volver uno a las andadas.** fr. fig. y fam. Reincidir en un *vicio.
andaderas. f. pl. Artificio formado con dos varas paralelas, que se usa para que los *niños aprendan a *andar. || **Seca,** infarto glandular.
andadero, ra. adj. Aplícase al terreno por donde se puede andar fácilmente. || **Andador,** *errante. || m. y f. ant. **Demandadero, ra.**
andado, da. adj. **Pasajero,** concurrido, de mucho *tránsito. Ú. m. con los advs. *más, menos, muy, poco,* etc. || Común, *vulgar, trivial. || *Usado o desgastado. Dícese de las ropas o vestidos.
andador, ra. adj. Que anda mucho. o con velocidad. Ú. t. c. s. || Que anda errante. Ú. t. c. s. || m. Ministro inferior de justicia. || **Avisador.** || Senda entre los cuadros de una *huerta. || **Pollera,** andaderas. || pl. Tirantes para sostener al niño cuando aprende a *andar.
***andadura.** f. Acción y efecto de andar. || **Paso de andadura.**
andalocio. m. Aguacero.
andalotero, ra. adj. **Callejero.** Ú. t. c. s.
andalucismo. m. Locución o modo de hablar peculiar de los andaluces.
andaluz, za. adj. Natural de Andalucía. Ú. t. c. s. || Perteneciente a esta región de España. || m. *Dialecto que se habla en Andalucía.
andaluzada. f. fam. *Exageración.
andamento. m. *Mús.* Movimiento y desarrollo de una composición.
andamiada. f. Conjunto de andamios.
andamiaje. m. Andamiada.
andamiento. m. ant. fig. Modo de proceder o portarse.
***andamio.** m. Armazón de tablones, pies derechos y puentes, que sirve para la construcción de edificios. || *Tablado que se pone en sitios públicos para ver desde él alguna fiesta. || fam. **Calzado.** || **colgado.** El suspendido con cuerdas.
andana. f. Orden de algunas cosas puestas en *hilera. || *Artill.* Conjunto de los cañones de una banda.
andana (llamarse uno). fr. fam. Desdecirse o *retractarse de lo que dijo o prometió.
andanada. f. Descarga cerrada de toda una andana. || *Taurom.* Localidad cubierta y con gradas, en las plazas de toros. || fig. y fam. *Reprensión severa y *descomedida.
andancia. f. ant. **Andanza.** || **Andancio.**
andancio. m. *Enfermedad epidémica leve.
¡andando! interj. con que se da *prisa a alguno.
andaniño. m. **Pollera.** || Modo de *transportar un objeto pesado haciéndolo girar alternativamente sobre los ángulos de su base.
andante. p. a. de **Andar.** Que anda.
andante. adv. m. *Mús.* Con movimiento reposado. || m. *Mús.* Composición musical o parte de ella que se ejecuta con este movimiento.
andantesco, ca. adj. Perteneciente a los *caballeros andantes o propio de ellos.
andantino. adv. m. *Mús.* Con movimiento algo más vivo que andante. || m. *Mús.* Composición musical que se ha de ejecutar con este movimiento.
andanza. f. Caso o *suceso. || **Buena andanza.** Buena fortuna. || **Mala andanza. Malandanza.**
***andar.** intr. Ir de un lugar a otro dando pasos. Ú. t. c. r. || *Ir de un lugar a otro las cosas. || *Moverse o funcionar una máquina, aparato, reloj, etc. || fig. **Estar,** sentirse, tener. || fig. *Ocuparse en algo. || Hablando del tiempo, pasar o correr. || **Andar a** (golpes, palos, etc.). Dar, repartir. || **Andar en** (un cajón, bolsillo, etc.). Tocar, hurgar, revolver. Ú. t. c. r. || **Andar con** (ácidos, papeles, etc.). *Manejar, manipular. || tr. **Recorrer.** || **A más, o a todo andar.** m. ad **A toda prisa.** || **Andar tras** alguna cosa. fr. fig. *Procurarla insistentemente. || **Andar tras** alguno. fr. **Andar** en su *persecución o busca.
***andar.** m. **Andadura.** ||→ pl. Modo de andar de las personas. || **Estar a un andar.** fr. Estar dos casas, aposentos o suelos en el mismo plano *horizontal.
andaraje. m. Rueda de la *noria. || Aparato para hacer andar el rodillo que se usa para afirmar el suelo de las *eras.
andarica. f. *Cangrejo de mar pequeño.
andariego, ga. adj. **Andador.** Ú. t. c. s.
andarín, na. adj. Dícese de la persona andadora, y especialmente de la que lo es por oficio. Ú. t. c. s.
andarina. f. **Andorina.**
andarivel. m. *Maroma tendida entre las dos orillas de un *río o entre otros dos puntos separados por el agua y mediante la cual pueden palmearse las embarcaciones menores. || *Mar.* Cuerda colocada a manera de pasamano. || *Mar.* **Tecle.** || Cesta o cajón que, pendiente de una maroma atirantada, corre de un extremo a otro de ella y sirve para pasar los ríos.
andarraya. f. Juego parecido al de *damas.
andarríos. m. **Aguzanieves.**
andas. f. pl. Tablero, a manera de *angarillas, que sirve para conducir efigies, personas o cosas. || Féretro.
andel. m. *Rodada que deja el paso de un vehículo.
andén. m. En las *norias y *molinos, sitio por donde anda la caballería que mueve el mecanismo. || Corredor. || Acera elevada que se construye junto a la vía en las estaciones del *ferrocarril. || Acera de un *puente. || **Anaquel.**
andenería. f. Gradería de bancales en una ladera.
andera. f. Demandadera de monjas.
andero. m. Cada uno de los que llevan en hombros las andas.
andilú. m. Instrumento de boj que usan los *zapateros para alisar el canto de la suela.
andino, na. adj. Perteneciente o relativo a la cordillera de los Andes.
ándito. m. *Corredor que exteriormente rodea un edificio.
andola. f. *Canción popular del siglo XVII.
andolina. f. **Andorina.**
andón, na. adj. **Andador.**
andorga. f. fam. **Vientre.**
andorina. f. **Golondrina.**
andorra. f. fam. Mujer andorrera.
andorrano, na. adj. Natural de Andorra. Ú. t. c. s. || Perteneciente a estos valles de los Pirineos.
andorrero, ra. adj. Callejero. Ú. t. c. s.
andosco, ca. adj. Aplícase a la res de *ganado menor que tiene dos años. Ú. t. c. s.
andrajero, ra. m. y f. **Trapero, ra.**
***andrajo.** m. Pedazo o jirón de ropa vieja. || fig. y despect. Persona o cosa *despreciable.
andrajosamente. adv. m. Con andrajos.
***andrajoso, sa.** adj. Cubierto de andrajos.
andrehuela. f. *Melón de cuelga.
andriana. f. Bata muy ancha que usaban las mujeres.
andrina. f. **Endrina.**
andrino. m. **Endrino.**
androceo. m. *Bot.* Tercer verticilo de la *flor, formado por los estambres.
androginia. f. *Bot.* Coexistencia en una misma planta de los dos órganos sexuales.
andrógino, na. adj. **Bot.* **Monoico.** || *Zool.* Se dice de los animales inferiores que, aun cuando reúnen los dos *sexos, no pueden fecundarse a sí mismos.
androide. m. *Autómata de figura de hombre.
androlatría. f. *Culto que se tributa a un hombre.
Andrómeda. f. *Astr.* *Constelación septentrional un poco al sur de Casiopea.
andrómina. f. fam. *Engaño, *enredo. Ú. m. en pl.
androsemo. m. **Todabuena,** planta.
andujareño, ña. adj. Natural de Andújar. Ú. t. c. s. || Perteneciente a esta ciudad.
andulario. m. **Faldulario.**
andulencia. f. **Andanza.**
andullo. m. *Mar.* Tejido que se pone en los *motones, para evitar el roce. || Hoja larga de *tabaco arrollada. || Manojo de hojas de *tabaco.
andurrial. m. Paraje *extraviado o fuera de camino. Ú. m. en pl.
anea. f. Planta tifácea, cuyas hojas se emplean para hacer asientos de *sillas, ruedos, etc. || **Espadaña.**
aneaje. m. Acción de anear o medir por anas.
anear. tr. Medir por anas.
anear. tr. *Mecer al niño en la cuna.
anear. m. Sitio poblado de aneas.
aneblar. tr. Cubrir de niebla. Ú. m. c. r.
anécdota. f. *Narración breve de algún suceso particular. Se aplica principalmente a las que se refieren a personajes históricos o muy conocidos.
anecdotario. m. Colección de anécdotas.
anecdótico, ca. adj. Perteneciente o relativo a la anécdota.
aneciarse. r. Hacerse necio.
anegable. adj. Que puede ser anegado.
anegación. f. Acción y efecto de anegar o anegarse.
anegadizo, za. adj. Que frecuentemente se anega. Ú. t. c. s. m.
anegamiento. m. **Anegación.**
anegar. tr. *Ahogar a uno *sumergiéndole en el agua. Ú. t. c. r. || **Inundar.** Ú. m. c. r. || ***Naufragar.**
anegociado, da. adj. Que se ocupa en muchos negocios.
anejar. tr. **Anexar.**
anejín. m. **Anejir.**
anejir. m. *Refrán puesto en verso.
anejo, ja. adj. **Anexo.** || m. Iglesia *parroquial sujeta a la de otro pue-

blo en donde reside el párroco. || Iglesia sujeta a otra principal del mismo pueblo. || Grupo de *población rural incorporado a otro, con el que forma municipio.

aneldo. m. **Eneldo,** planta.

anélido. adj. *Zool.* Dícese de los *gusanos de cuerpo blando y cilíndrico, como la lombriz y la sanguijuela. Ú. t. c. s. m. || m. pl. *Zool.* Clase de estos animales.

anemia. f. Empobrecimiento de la *sangre.

anémico, ca. adj. Perteneciente o relativo a la anemia. || Que padece anemia. Ú. t. c. s.

anemocordio. m. **Arpa eolia.**

anemografía. f. Estudio y descripción de los *vientos.

anemográfico, ca. adj. Perteneciente o relativo a la anemografía.

anemógrafo. m. El que profesa la anemografía. || **Anemoscopio.**

anemometría. f. Medición de la velocidad del *viento.

anemométrico, ca. adj. Perteneciente o relativo a la anemometría o al anemómetro.

anemómetro. m. Instrumento que sirve para medir la velocidad del *viento.

anémona o **anemona.** f. **Anémone.**

anémone o **anemone.** f. Planta ranunculácea. || Flor de esta planta. || **de mar.** *Pólipo de colores vivos.

anemoscopio. m. Instrumento que sirve para indicar la dirección del *viento.

aneota. f. **Toronjil,** planta.

anepigráfico, ca. adj. Dícese de la medalla, lápida, etc., que carece de *inscripción.

anequín (a, o de). m. adv. A razón de un tanto por cada res que se ha de *esquilar, y no a jornal.

aneroide. adj. V. **Barómetro aneroide.** Ú. t. c. s.

***anestesia.** f. Privación general o parcial de la sensibilidad.

anestesiar. tr. Producir artificialmente la *insensibilidad total o parcial del organismo.

***anestésico, ca.** adj. Perteneciente o relativo a la *anestesia. || Que produce o causa anestesia. Ú. t. c. s. m.

anestesiólogo. m. **Anestesista.**

anestesista. m. y f. Facultativo encargado de aplicar la *anestesia.

anetadura. f. Forro del arganeo del *ancla.

aneto. m. **Aneldo,** planta.

aneurisma. amb. *Tumor sanguíneo que se forma en una *arteria. || Dilatación anormal del volumen del *corazón.

anexación. f. ant. **Anexión.**

anexar. tr. *Unir o agregar una cosa a otra con dependencia de ella.

anexidades. f. pl. Derechos y cosas anexas o *accesorias a otra principal.

anexión. f. Acción y efecto de anexar.

anexionar. tr. **Anexar.**

anexionismo. m. Doctrina *política que propugna la anexión de algún territorio.

anexionista. adj. Partidario o defensor del anexionismo. Apl. a pers., ú. t. c. s.

anexo, xa. adj. *Unido o agregado a otra cosa como *accesorio o dependiente de ella. Ú. t. c. s.

anfesibena. f. **Anfisibena.**

anfi. prep. insep. que significa **alrededor.**

***anfibio, bia.** adj. Aplícase a los animales aptos para habitar en el agua y en la tierra. Ú. t. c. s. || Se dice de las plantas que pueden crecer en el agua o fuera de ella. || *Zool.* **Batracio.** Ú. t. c. s. || m. pl. *Zool.* Clase de estos animales.

anfibol. m. *Mineral compuesto de sílice, magnesia, cal y óxido ferroso.

anfibolita. f. *Roca compuesta de anfibol, feldespato, cuarzo o mica, de color verde obscuro.

anfibología. f. Doble sentido, *ambigüedad. || *Ret.* Figura que consiste en emplear voces de doble sentido.

anfibológicamente. adv. m. Con anfibología.

anfibológico, ca. adj. Que tiene o implica anfibología.

anfíbraco. m. Pie de la *poesía griega y latina, compuesto de tres sílabas, una larga entre dos breves.

anfictión. m. Cada uno de los diputados de la anfictionía.

anfictionado. m. Cargo de anfictión.

anfictionía. f. *Confederación de las antiguas ciudades griegas. || *Asamblea de los anfictiones.

anfictiónico, ca. adj. Perteneciente o relativo al anfictión o a la anfictionía.

anfígeno, na. adj. *Quím.* Dícese de los cuerpos incapaces de combinarse directamente con los metales para formar sales.

anfímacro. m. Pie de la *poesía griega y latina, compuesto de tres sílabas: la primera y última, largas, y la segunda, breve.

anfión. m. **Opio.**

anfípodos. m. pl. *Zool.* Orden de *crustáceos pequeños, llamados vulgarmente cangrejos pulgas.

anfipróstilo. m. *Arq.* Edificio con pórtico y *columnas en dos fachadas opuestas.

anfisbena. f. *Reptil fabuloso. || Reptil parecido a una culebra pequeña.

anfiscio, cia. adj. *Geogr.* Dícese del *habitante de la zona tórrida, cuya sombra, al mediodía, mira ya al norte, ya al sur, según las estaciones del año. Ú. m. c. s. y en pl.

anfisibena. f. **Anfisbena.**

anfiteatro. m. Edificio de figura redonda con gradas alrededor, que servía de *circo o se usaba para otros *espectáculos. || Conjunto de asientos, colocados en gradas semicirculares, que suele haber en las aulas y en los *teatros. || ***anatómico.** Lugar destinado a la disección de los cadáveres.

anfitrión. m. fig. y fam. El que tiene *convidados a su mesa.

ánfora. f. *Vasija usada por griegos y romanos, a modo de cántaro alto y estrecho, de cuello largo. || Medida antigua de *capacidad. || pl. Jarras en que el obispo consagra los óleos el Jueves Santo.

anfractuosidad. f. *Anat.* Surco sinuoso que separa las circunvoluciones del *cerebro. Ú. m. en pl. || *Escabrosidad del terreno.

anfractuoso, sa. adj. Quebrado, *escabroso, desigual.

anganillas. f. pl. **Angarillas.**

angaria. f. Antigua *servidumbre o prestación personal. || **Der. Mar.* Retraso impuesto a la salida de un buque para emplearlo en un servicio público.

angarillada. f. *Carga que se transporta en unas angarillas.

angarillar. tr. Poner *angarillas a una caballería.

***angarillas.** f. pl. Armazón formada con dos varas paralelas y un tabladillo en medio, en que se llevan, entre dos personas, materiales para edificios y otras cosas. || Armazón de cuatro palos en cuadro, de los cuales penden dos seras o grandes bolsas. Sirve para llevar cargas a lomo. || **Aguaderas.** || Armadura con dos botellitas, una para aceite y otra para vinagre, y a veces con recipientes para sal u otros condimentos. Se usa para el servicio de la *mesa.

angaripola. f. *Tela de hilo, estampada en listas de varios colores. || pl. fam. Adornos de mal gusto y *charros.

ángaro. m. **Almenara,** *hoguera.

angazo. m. Instrumento para *pescar mariscos. || **Rastro.**

***ángel.** m. Espíritu celeste criado por Dios. || *Teol.* Cualquiera de los espíritus celestes que pertenecen al último de los nueve coros. || Por antonomasia, el arcángel San Gabriel. || En el juego de los *trucos, ventaja que consiste en poder subir sobre la mesa para jugar. || *Artill.* **Palanqueta** (*proyectil con dos bolas). || fig. *Atractivo, simpatía. || **bueno.** El que no prevaricó. || **custodio,** o **de la guarda.** El que Dios tiene señalado a cada persona para su guarda o custodia. || **de luz. Ángel bueno.** || **de tinieblas,** o **malo. Diablo.** || **patudo.** fig. y fam. Persona que *finge o aparenta una *inocencia que no tiene.

Ángela. n. p. **¡Ángela María!** Exclamación que se usa para indicar que uno ha caído, al fin, en la cuenta de lo que le dicen.

angélica. f. *Planta umbelífera. || **Liturg.* Lección que se canta en Sábado Santo para la bendición del cirio. || **Farm.* Bebida purgante, compuesta de maná y otras cosas. || **arcangélica.** Planta umbelífera muy parecida a la **angélica,** que se emplea en medicina. || **carlina. Ajonjera.**

angelical. adj. Perteneciente o relativo a los *ángeles. || fig. Parecido a los ángeles o propio de ellos.

angelicalmente. adv. m. Con candor e *inocencia.

angelico. m. d. de **Ángel.** || fig. **Angelito,** niño de muy tierna edad. || fig. **Saltaojos.**

***angélico, ca.** adj. **Angelical.**

angelín. m. **Pangelín.**

angelito. m. d. de **Ángel.** || fig. *Niño de muy tierna edad. || **Estar con los angelitos.** fr. fig. y fam. Estar *dormido o muy distraído.

angelizarse. r. Purificarse espiritualmente.

angelolatría. f. *Culto supersticioso de los ángeles.

angelología. f. Tratado acerca de los ángeles.

angelón. m. aum. de **Ángel.** || **de retablo.** fig. y fam. Persona que tiene los *carrillos muy abultados.

angelote. m. aum. de **Ángel.** || fam. Figura grande de ángel. || fig. y fam. *Niño gordo, muy crecido para su edad, y de apacible condición. || fig. y fam. Persona muy bondadosa y *apacible. || *Pez marino del orden de los selacios, de cabeza redonda y con aletas muy grandes. || Especie de **higueruela,** planta leguminosa.

ángelus. m. *Oración que comienza con las palabras ÁNGELUS *Dómini.*

angiectasis. f. **Pat.* Dilatación de los vasos y del corazón.

angina. f. Inflamación de las amígdalas y de las regiones contiguas de la *garganta. || **de pecho.** *Enfermedad nerviosa acompañada de un dolor que se extiende desde el esternón hasta la espalda y el brazo izquierdo.

anginoso, sa. adj. Perteneciente o relativo a la angina.

angiografía. f. Descripción del aparato circulatorio (*vena).

angiología. f. Tratado del aparato circulatorio.

angioma. m. Med. **Antojo,** lunar.

angla. f. ***Cabo,** punta de tierra que entra en el mar.

anglesita. f. Sulfato de *plomo natural.

anglicanismo. m. Doctrina religiosa de la secta *protestante que hoy predomina en Inglaterra.

anglicano, na. adj. Que profesa el anglicanismo. Ú. t. c. s. ‖ Perteneciente a él.

anglicismo. m. Modo de hablar propio de la *lengua inglesa. ‖ Vocablo o giro de esta lengua empleado en otra.

anglo, gla. adj. Dícese del individuo de una *tribu germánica que se estableció en Inglaterra. Ú. t. c. s. ‖ **Inglés.** Ú. t. c. s.

angloamericano, na. adj. Perteneciente a ingleses y americanos. ‖ Dícese del individuo de origen inglés, nacido en América. ‖ Natural de los Estados Unidos. Ú. t. c. s. ‖ Perteneciente a ellos.

anglomanía. f. Afectación en imitar las costumbres inglesas.

anglómano, na. adj. Que adolece de anglomanía. Ú. t. c. s.

anglosajón, na. adj. Dícese del individuo procedente de los *pueblos germanos que antiguamente se establecieron en Inglaterra. Ú. t. c. s. ‖ Perteneciente a los **anglosajones.** ‖ m. *Lengua hablada por los **anglosajones.**

angola. f. *Leche agria.

angolán. m. Árbol de las alangiáceas, cuya raíz se usa como purgante.

angón. m. Antigua *lanza puntiaguda.

angorra. f. Trozo de cuero o tela gruesa, que se emplea en ciertos oficios para *defender las partes del cuerpo expuestas a rozamientos o quemaduras.

angostamente. adv. m. Con angostura o estrechez.

angostar. tr. Hacer angosto, *estrechar. Ú. t. c. intr.

angostillo. m. Pasadizo o *calle estrecha y corta.

angosto, ta. adj. *Estrecho.

angostura. f. Calidad de angosto. ‖ *Estrechura o paso estrecho.

angra. f. **Ensenada,** *golfo.

angrelado, da. adj. *Blas. Que remata en dientes muy menudos.

anguarina. f. Gabán sin mangas, a modo de *capote.

anguiforme. adj. De forma de *serpiente.

anguila. f. *Pez malacopterigio ápodo, de cuerpo largo, cilíndrico. Es comestible. ‖ *Arq. Nav. Cada uno de los dos largos maderos sobre los que se monta el buque para botarlo al agua. Ú. m. en pl. ‖ **de cabo.** En las galeras, **rebenque.**

anguilazo. m. Golpe dado con la anguila de cabo.

anguilero, ra. adj. Aplícase al canastillo que sirve para llevar anguilas. Ú. t. c. s. m.

anguilo. m. Congrio pequeño.

anguina. f. Veter. *Vena de las ingles.

angula. f. Cría de la anguila, que se come cocida y es manjar muy apreciado.

***angular.** adj. Perteneciente o relativo al *ángulo. ‖ De figura de ángulo.

angularmente. adv. m. En figura de ángulo.

angulema. f. *Tela de cáñamo o estopa. ‖ pl. fam. **Zalamerías.**

***ángulo.** m. Geom. Abertura formada por dos líneas que parten de un mismo punto. ‖ **Rincón** que forman dos paredes. ‖ Esquina o arista. ‖ **acimutal.** *Astr. El comprendido entre el meridiano de un lugar y el plano vertical en que está la visual. ‖ **agudo.** Geom. El menor o más cerrado que el recto. ‖ **cenital.** *Topogr. El que forma una visual con la vertical del punto de observación. ‖ **complementario.** Geom. **Complemento.** ‖ **curvilíneo.** Geom. El que forman dos líneas curvas. ‖ **de incidencia.** Geom. El que forma un rayo de *luz o una trayectoria cualquiera, que tocan en una superficie, con la normal del punto de contacto. ‖ **del *ojo.** Extremo donde se unen uno y otro párpado. ‖ **de mira.** *Artill. El que forma la línea de mira con el eje de la pieza. ‖ **de reflexión.** Geom. El que forma un rayo de luz con la normal a una superficie después de la incidencia. ‖ **de refracción.** Ópt. El que un rayo refractado forma en el punto de incidencia, con la normal a la superficie de separación de los dos medios transparentes. ‖ **diedro.** Geom. El formado por dos planos que se cortan. ‖ **entrante.** Geom. Aquel cuyo vértice entra en la figura o cuerpo de que es parte. ‖ **esférico.** Geom. El formado en la superficie de la esfera por dos arcos de círculo máximo. ‖ **facial.** Zool. El formado por dos rectas que se supone que parten de los alveolos de la mandíbula superior, una hacia la frente y otra hacia el conducto auditivo. ‖ **mixtilíneo,** o **mixto.** Geom. El que forman una recta y una curva. ‖ **muerto.** *Fort. El que no tiene defensa. ‖ **oblicuo.** Geom. El que no es recto. ‖ **obtuso.** Geom. El mayor o más abierto que el recto. ‖ **óptico.** El formado por las dos visuales que van desde el ojo del observador a los extremos del objeto que se mira. ‖ **plano.** Geom. El que está formado en una superficie plana. ‖ **poliedro.** Geom. **Ángulo sólido.** ‖ **rectilíneo.** Geom. El que forman dos líneas rectas. ‖ **recto.** Geom. El que forman dos líneas o dos planos que se cortan perpendicularmente. ‖ **saliente.** Geom. Aquel cuyo vértice sobresale en la figura o cuerpo de que es parte. ‖ **semirrecto.** Geom. El de 45 grados. ‖ **sólido.** Geom. El formado por varios planos que se cortan en un punto. ‖ **suplementario.** Geom. **Suplemento.** ‖ **triedro.** Geom. El formado por tres planos que concurren en un punto. ‖ **Ángulos adyacentes.** Geom. Los dos que a un mismo lado de una línea recta forma con ella otra que la corta. ‖ **alternos.** Geom. Los dos que a distinto lado forma una secante con dos rectas. ‖ **correspondientes.** Geom. Los dos que a un mismo lado forma una secante con dos rectas, uno entre ellas y otro fuera. ‖ **opuestos por el vértice.** Geom. Los que tienen el vértice común, y los lados de cada uno en prolongación de los del otro.

anguloso, sa. adj. Que tiene ángulos o esquinas.

angurria. f. fam. **Estangurria,** enfermedad de la *orina. ‖ Codicia.

angustia. f. *Aflicción, congoja. ‖ Germ. ***Cárcel.** ‖ pl. Germ. **Galeras.**

angustiadamente. adv. m. **Angustiosamente.**

angustiado, da. adj. fig. *Tímido, apocado. ‖ *Mezquino, miserable. ‖ m. Germ. Preso o galeote.

angustiar. tr. Causar angustia, *afligir. Ú. t. c. r.

angustiosamente. adv. m. Con angustia.

angustioso, sa. adj. Lleno de angustia. ‖ Que la causa o la padece.

anhelación. f. Acción y efecto de anhelar o *respirar fatigosamente.

anhelante. p. a. de **Anhelar.** Que anhela.

anhelar. intr. *Respirar con dificultad. ‖ Tener *deseo vehemente de conseguir alguna cosa. Ú. t. c. tr.

anhélito. m. *Respiración fatigosa.

***anhelo.** m. *Deseo vehemente.

anhelosamente. adv. m. Con anhelo.

anheloso, sa. adj. Dícese de la *respiración frecuente y fatigosa. ‖ Que respira de este modo. ‖ Que tiene o siente anhelo. ‖ Que causa anhelo.

anhídrido. m. *Quím. Cuerpo procedente de la deshidratación de los ácidos. ‖ **arsenioso.** Cuerpo blanco, compuesto de arsénico y oxígeno. ‖ **bórico.** *Quím. Cuerpo sólido compuesto de boro y oxígeno. ‖ **carbónico.** *Quím. Gas asfixiante compuesto de carbono y oxígeno. ‖ **nítrico.** *Quím. Cuerpo sólido, blanco, compuesto de nitrógeno y oxígeno. ‖ **silícico.** *Quím. **Sílice anhidra.** ‖ **sulfúrico.** *Quím. Cuerpo sólido, compuesto de azufre y oxígeno. ‖ **sulfuroso.** *Quím. Gas incoloro, compuesto de azufre y oxígeno.

anhidrita. f. Roca parecida al *yeso, formada por un sulfato de cal anhidro.

anhidro, dra. adj. *Quím. Aplícase a los cuerpos en cuya composición no entra el agua.

anhidrosis. f. Med. Disminución o supresión del *sudor.

aniaga. f. *Sueldo anual de un labrador.

anidar. intr. Hacer *nido las aves. Ú. t. c. r. ‖ fig. Morar, *habitar. Ú. t. c. r. ‖ tr. fig. Abrigar, *acoger.

anidiar. tr. *Albañ. Blanquear las paredes de la casa y hacer *limpieza general. ‖ r. Peinarse.

anidio. m. Acción y efecto de anidiar.

anieblar. tr. **Aneblar.** Ú. m. c. r. ‖ r. Alelarse, *atontarse.

aniego. m. **Anegación.**

anilina. f. *Quím. Alcaloide obtenido de la bencina procedente del carbón de piedra. Se emplea como materia colorante y en la *pintura.

anilla. f. Cada uno de los *anillos que sirven para colocar *colgaduras o cortinas. ‖ Anillo al cual se ata un cordón o correa para sujetar un objeto. ‖ pl. Pareja de anillos grandes de hierro, pendientes de sendas cuerdas, que se usan para hacer *gimnasia.

anillado, da. adj. *Zool. Dícese de los animales cuyo cuerpo imita una serie de anillos. Ú. t. c. s. m.

anillar. tr. Dar forma de anillo. ‖ Sujetar con anillos. ‖ Hacer o formar anillos los cuchilleros.

anillejo. m. d. de **Anillo.**

anillete. m. d. de **Anillo.**

***anillo.** m. Aro pequeño. ‖ Aro pequeño que se lleva para adorno en los dedos de la mano. ‖ Cada una de las dos series de camones que componen las ruedas *hidráulicas. ‖ Arq. Moldura que rodea los fustes de las *columnas. ‖ Arq. Cornisa que sirve de base a la cúpula. ‖ *Zool. Cada una de las bandas en que los *insectos, *gusanos y otros animales tienen dividido el cuerpo. ‖ Parte de la *llave por donde se agarra. ‖ pl. Germ. **Grillos.** ‖ **de boda.** El que recíprocamente se dan los que se casan. ‖ **del Pescador.** *Sello del Papa. ‖ **de Saturno.**

Astr. Corona que rodea a este *planeta. || **pastoral.** El que como insignia de su dignidad usan los *prelados. || **Venir** una cosa **como anillo al dedo.** fr. fig. y fam. Ser *conforme a lo deseado o venir con *oportunidad.
ánima. f. **Alma.** || Alma que pena en el *purgatorio. || fig. Hueco del cañón de las *armas de fuego. || pl. Toque de *campanas con que se avisa a los fieles para que rueguen por las **ánimas** del purgatorio. || *Hora a que se tocan las campanas para este fin.
animación. f. Acción y efecto de animar o animarse. || Viveza, *expresión en el *ademán o en el lenguaje. || *Concurrencia de gente.
animado, da. adj. *Alegre, divertido.
animador, ra. adj. Que anima.
animadversión. f. *Enemistad. || *Odio. || Reprobación o *reprensión severa.
***animal.** m. Ser viviente dotado de sensibilidad y movimiento espontáneo. || **Animal** irracional por oposición al hombre. || **de bellota.** **Cerdo.**
animal. adj. Perteneciente o relativo al **animal.** || fig. Dícese de la persona muy *ignorante. Ú. t. c. s.
animalada. f. fam. **Borricada,** barbaridad, *necedad.
animálculo. m. Animal microscópico.
animalejo. m. d. de **Animal.**
animalias. f. pl. *Exequias.
animalidad. f. Calidad de animal.
animalización. f. Acción y efecto de animalizar o animalizarse.
animalizar. tr. Hacer asimilables los *alimentos. Ú. t. c. r.
animalucho. m. despect. Animal de aspecto ruin o desagradable.
animar. tr. Infundir el alma. || Infundir *valor. || Infundir *fuerza y actividad a cosas inanimadas. || Hacer *agradable el aspecto de algún paraje. || Comunicar *alegría y movimiento a un concurso de gente. Ú. t. c. r. || r. Cobrar ánimo y esfuerzo; *atreverse.
anime. m. **Curbaril.** || *Resina de esta planta.
animero. m. El que pide *limosna para las ánimas del *purgatorio.
anímico, ca. adj. **Psíquico.**
animismo. m. Doctrina *médica que considera al alma como principio de acción de los fenómenos vitales de salud y de enfermedad. || *Religión de algunos pueblos incultos que atribuye una actividad voluntaria a los seres y fenómenos naturales.
animista. com. Persona que profesa el animismo.
***ánimo.** m. *Alma. || → *Valor, esfuerzo. || *Intención, voluntad. || fig. *Atención. || *Imaginación, pensamiento. || **¡Ánimo!** interj. para alentar a alguno.
animosamente. adv. m. Con ánimo.
animosidad. f. *Odio, enemistad, hostilidad.
animoso, sa. adj. Que tiene ánimo y valor.
aniñadamente. adv. m. Puerilmente.
aniñado, da. adj. Aplícase al que se parece a los niños. || Propio de los *niños.
aniñarse. r. Hacerse el *niño el que no lo es.
anión. m. *Electr.* Elemento de un compuesto que, en la electrólisis, se dirige al ánodo.
aniquilable. adj. Que se puede aniquilar.
aniquilación. f. Acción y efecto de aniquilar o aniquilarse.
aniquilador, ra. adj. Que aniquila. Ú. t. c. s.
aniquilamiento. m. **Aniquilación.**
aniquilar. tr. Reducir a la nada; *suprimir por completo. Ú. t. c. r. || fig. *Destruir enteramente. Ú. t. c. r. || r. fig. *Deteriorarse mucho alguna cosa. || fig. **Anonadarse,** *desanimarse.
anís. m. Planta umbelífera cuyas semillas, menudas y de sabor agradable, se emplean para aromatizar *licores y otros usos. || Semilla de esta planta. || Grano de **anís** con baño de azúcar. || Por ext., toda confitura menuda. || fig. **Anisado,** *aguardiente. || **de la China,** o **anís estrellado. Badián.** || **Llegar** uno **a los anises.** fr. fig. y fam. Llegar *tarde.
anisado. m. *Aguardiente anisado.
anisal. m. **Anisar.**
anisar. m. Tierra sembrada de anís.
anisar. tr. Echar anís o espíritu de anís a una cosa.
anisete. m. *Aguardiente anisado y con mucho azúcar.
anisodonte. adj. *Zool.* De *dientes desiguales.
anisofilo, la. adj. *Bot.* De *hojas desiguales.
anisómero, ra. adj. *Hist. Nat.* Formado de partes desiguales o irregulares.
anisopétalo, la. adj. *Bot.* De pétalos desiguales.
anito. m. *Ídolo familiar de los indios filipinos.
anivelar. tr. **Nivelar.**
***aniversario, ria.** adj. **Anual.** || m. Oficio y misa que se celebran en sufragio de un *difunto al cumplirse el año de su fallecimiento. || → Día en que se cumplen *años de algún suceso.
anjeo. m. *Tela basta de lienzo.
anmetro. m. *Electr.* Especie de amperímetro.
***ano.** m. Orificio del conducto digestivo, por el cual se expele el excremento.
anobio. m. *Insecto coleóptero que perfora los libros.
anoche. adv. t. En la noche de ayer.
anochecedor, ra. adj. Que se recoge tarde. Ú. t. c. s.
***anochecer.** intr. Empezar a venir la noche. || *Hallarse en determinado lugar o estado al empezar la noche. || r. poét. Quedar privada alguna cosa de luz o claridad.
***anochecer.** m. Tiempo durante el cual anochece. || **Al anochecer.** m. adv. Al acercarse la noche.
anochecida. f. **Anochecer,** tiempo en que anochece.
anochecido. adv. t. Al *anochecer.
anodinar. tr. **Terap.* Aplicar medicamentos anodinos.
anodinia. f. *Med.* Falta de dolor.
anodino, na. adj. **Farm.* Que sirve para calmar el dolor. Ú. t. c. s. m. || *Insignificante, ineficaz. || *Soso, insípido.
ánodo. m. *Fís.* Polo positivo de un generador de electricidad.
anofeles. adj. Dícese del *mosquito transmisor de la *fiebre palúdica. Ú. m. c. s.
anomalía. f. ***Irregularidad.** || **Astr.* Distancia angular del lugar verdadero o medio de un planeta a su afelio, vista desde el centro del Sol.
anomalidad. f. ant. **Anomalía.**
anomalístico. adj. *Astr.* V. **Año, mes anomalístico.**
anómalo, la. adj. *Irregular, extraño.
anón. m. **Anona,** arbolito anonáceo.
anona. f. Provisión de víveres.
anona. f. Arbolito de las anonáceas, de fruto comestible del tamaño de una manzana. || Fruto de este arbolito. || **del Perú. Chirimoyo.** || **de Méjico. Guanábano.**
anonáceo, a. adj. **Bot.* Dícese de árboles y arbustos dicotiledóneos cuyo tipo es la anona. Ú. t. c. s. f. || f. pl. *Bot.* Familia de estas plantas.
anonadación. f. Acción y efecto de anonadar o anonadarse.
anonadamiento. m. **Anonadación.**
anonadar. tr. **Aniquilar,** *suprimir, Ú. t. c. r. || *Disminuir mucho alguna cosa. || fig. *Humillar. Ú. t. c. r.
anónimamente. adv. m. De modo anónimo.
anónimo, ma. adj. Dícese de la obra o escrito que no lleva el nombre de su autor. || Dícese igualmente del autor cuyo *nombre no es conocido. Ú. t. c. s. m. || m. Escrito en que no se expresa el nombre del autor. || Carta o papel sin firma en que, por lo común, se dice algo *ofensivo. || *Secreto del autor que oculta su nombre.
anopluro, ra. adj. *Zool.* Dícese de los *insectos chupadores ápteros que viven como parásitos en muchos vertebrados; como el piojo. Ú. t. c. s. m. || m. pl. *Zool.* Orden de estos insectos.
anorexia. f. Falta anormal de *apetito.
anoria. f. **Noria.**
***anormal.** adj. Dícese de lo que accidentalmente se halla fuera de su natural estado. || com. Persona privada de alguno de los sentidos corporales o cuyo desarrollo *intelectual no guarda relación con el físico.
anormalidad. f. Calidad de anormal.
anorza. f. **Nueza blanca.**
anosmia. f. Disminución o pérdida del *olfato.
anotación. f. Acción y efecto de anotar. || **preventiva.** *For.* Uno de los asientos del registro de la *propiedad.
anotador, ra. adj. Que anota. Ú. t. c. s.
***anotar.** tr. Poner *notas. || ***Apuntar,** tomar nota.
anotomía. f. desus. **Anatomía.**
anqueta. f. d. de **Anca.** || **Estar** uno **de media anqueta.** fr. fam. Estar mal *sentado o sentado a medias.
anquialmendrado, da. adj. Se dice de la *caballería que tiene las ancas muy estrechas.
anquiboyuno, na. adj. Se dice de la *caballería que tiene muy salientes los extremos anteriores de las ancas.
anquiderribado, da. adj. Se dice de la *caballería que tiene la grupa muy en declive hasta el arranque de la cola.
anquilosamiento. m. Acción y efecto de anquilosarse.
anquilosar. tr. Causar anquilosis. Ú. t. c. r.
anquilosis. f. *Med.* Dificultad o imposibilidad de movimiento en una *articulación normalmente móvil.
anquirredondo, da. adj. Se dice de la *caballería que tiene las ancas muy carnosas y redondeadas.
anquiseco, ca. adj. Se dice de la *caballería que tiene las ancas descarnadas.
ansa. f. Antigua *confederación de varias ciudades de Alemania.
***ánsar.** m. Ave palmípeda, con plumaje general blanco agrisado, alas agudas que pasan de la extremidad de la cola, y pico anaranjado, dentellado y muy fuerte en la base. || **Ganso.**
ansarería. f. Paraje donde se crían ánsares.
ansarero, ra. m. y f. Persona que cuida ánsares.

ansarino, na. adj. Perteneciente al ánsar. || m. Pollo del ánsar.
ansarón. m. **Ánsar.** || **Ansarino,** pollo del ánsar.
anseático, ca. adj. Perteneciente al ansa o confederación de ciudades.
anserino, na. adj. Aplícase al aspecto de la *piel vulgarmente llamado «carne de gallina».
ansí. adv. m. ant. **Así.**
ansia. f. Malestar o *desasosiego. || *Aflicción del ánimo. || **Anhelo.** || *Germ.* *Tormento. || *Germ.* **Agua.** || pl. *Náuseas. || *Germ.* **Galeras.**
ansiadamente. adv. m. **Ansiosamente.**
ansiar. tr. *Desear con ansia.
ansiático, ca. adj. **Anseático.**
ansiedad. f. Estado de *desasosiego o agitación del ánimo. || *Pat.* Angustia que suele acompañar a muchas enfermedades.
ansina. adv. m. ant. **Así.**
ansión. m. aum. de **Ansia.** || *Aflicción, nostalgia.
ansiosamente. adv. m. Con ansia.
ansioso, sa. adj. Acompañado de ansias o congojas. || Que tiene ansia o *anhelo.
ansotano, na. adj. Natural de Ansó. Ú. t. c. s. || Perteneciente a este valle de Aragón.
anta. f. *Rumiante, parecido al ciervo, aunque de tamaño mayor. Es de cuello corto, cabeza grande y astas en forma de pala.
anta. f. **Menhir.** || *Arq.* *Pilastra embutida en un muro y con una columna delante. || *Arq.* *Pilastra que se levantaba a los costados de la puerta de la fachada de los templos. || pl. *Arq.* Pilastras que refuerzan y decoran los extremos de un muro.
antagalla. f. *Mar.* Faja de rizos de las *velas de cuchillo.
antagallar. tr. *Mar.* Tomar las antagallas.
antagónico, ca. adj. Que denota o implica antagonismo.
antagonismo. m. Contrariedad, *oposición substancial. || *Rivalidad habitual.
antagonista. com. Persona o cosa *opuesta o contraria a otra.
antainar. intr. Darse *prisa.
antamilla. f. **Altamía.**
antana (llamarse uno). fr. fam. **Llamarse andana.**
antanino, na. adj. Enclenque, *enfermizo.
antañazo. adv. t. fam. Mucho tiempo ha.
antaño. adv. t. En el *año *anterior al corriente. || Por ext., en tiempo *antiguo.
antañón, na. adj. Muy *viejo.
antártico, ca. adj. Perteneciente, o relativo al *polo **antártico.**
ante. m. **Anta,** rumiante. || **Búbalo.** || *Piel de **ante** adobada y curtida. || Piel de algunos otros animales curtida a semejanza de la del **ante.** || *Pint.* Color de ocre claro.
ante. prep. En *presencia de. || En *comparación, respecto de. || m. Plato con que se empezaba la *comida. || *Bebida refrigerante que se usa en el Perú, hecha con frutas, vino, azúcar y otros ingredientes. || Postre de bizcocho con *dulce de huevo. || Almíbar. || **En ante.** m. adv. ant. **Antes.**
anteado, da. adj. De color de ante.
antealtar. m. Espacio contiguo al altar.
anteanoche. adv. t. En la noche de anteayer.
anteantaño. adv. t. En el año que precedió inmediatamente al pasado.
anteanteanoche. adv. t. **Trasanteanoche.**
anteanteayer. adv. t. **Trasanteayer.**
anteantenoche. adv. t. **Anteanteanoche.**
anteantier. adv. t. fam. **Anteanteayer.**
anteayer. adv. t. En el día inmediatamente *anterior al de ayer.
antebrazo. m. Parte del *brazo desde el codo hasta la muñeca. || **Brazuelo** de las *caballerías.
antecama. f. Especie de *alfombra que se pone delante de la *cama.
antecámara. f. *Habitación que precede a la sala principal de un palacio o casa grande.
antecapilla. f. Pieza contigua a una capilla.
antecedencia. f. **Antecedente,** cosa antecedente. || **Ascendencia.**
antecedente. p. a. de **Anteceder.** Que antecede. || m. Cosa *anterior que sirve para juzgar hechos posteriores. || *Gram.* Término primero de la relación gramatical. || *Gram.* Oración o parte de ella a que hacen referencia los pronombres relativos. || *Log.* Primera proposición de un entimema. || *Mat.* Primer término de una razón.
antecedentemente. adv. t. **Anteriormente.**
anteceder. tr. **Preceder.**
antecesor, ra. adj. *Anterior en tiempo. || m. y f. Persona que *precedió a otra en alguna ocupación o dignidad. || m. **Antepasado,** ascendiente.
anteclásico, ca. adj. En *literatura y *arte, anterior a la época clásica.
anteco, ca. adj. *Geogr.* Aplícase a los *habitantes de la Tierra que ocupan puntos de la misma longitud y a igual distancia del Ecuador; pero unos por la parte septentrional y otros por la meridional. Ú. m. c. s. m. y en pl.
antecocina. f. Pieza anterior y contigua a la *cocina.
antecoger. tr. *Coger a una persona o cosa, llevándola por delante. || Hacer la *recolección antes de tiempo.
antecolumna. f. *Arq.* **Columna aislada.**
antecoro. m. Pieza que da ingreso al coro.
antecristo. m. **Anticristo.**
antedata. f. *Fecha anterior a la verdadera.
antedatar. tr. Poner antedata.
antedecir. tr. **Predecir.**
antedespacho. m. *Habitación que da ingreso al despacho.
antedía. adv. t. Antes de un día determinado. || En el día precedente o pocos días antes. || **De antedía.** m. adv. **Antedía.**
antedicho, cha. p. p. irreg. de **Antedecir.** || adj. Expresado anteriormente.
ante díem. expr. adv. lat. **Antedía.** || Empléase tratándose de avisos para convocar a una junta.
antediluviano, na. adj. Anterior al diluvio universal. || fig. **Antiquísimo.**
antedique. m. Espacio que suele haber delante del *dique.
antefija. f. *Ornam.* Adorno colocado verticalmente en el borde de los aleros.
antefirma. f. Fórmula del *tratamiento correspondiente a una persona o entidad, que, al dirigirse a ella por escrito, se ponía antes de la firma. || Denominación del *empleo, dignidad o representación del firmante de un documento, puesta antes de la *firma.
antefoso. m. *Fort.* Foso construido delante del principal.
anteglacis. m. *Fort.* Glacis que está delante del antefoso.
antegrada. f. *Arq.* *Nav.* Prolongación de la grada hacia el mar.
antehistórico, ca. adj. **Prehistórico.**
anteiglesia. f. *Atrio delante de la *iglesia. || Iglesia parroquial de algunos pueblos de ciertas provincias del norte de España. || Pueblo o distrito municipal de estas mismas provincias.
antejo. m. *Árbol de Cuba, de corteza morada y madera sin nudos.
antelación. f. *Anticipación.
antelucano, na. adj. ant. Aplicábase al tiempo de la madrugada.
antema. f. *Ornam.* Adorno imitado de las formas de la naturaleza.
antemano (De). m. adv. Con *anticipación, con *anterioridad.
antemeridiano, na. adj. Anterior al mediodía. || *Astr.* Dícese de los puntos del paralelo de un astro anteriores al de intersección con el meridiano.
ante merídiem. expr. lat. Antes del mediodía.
antemural. m. *Fortaleza, roca o montaña que sirve de *protección. || fig. *Defensa.
antena. f. **Entena.** || *Radio.* En los aparatos de radiotelegrafía, alambre conductor convenientemente dispuesto para emitir o recoger las ondas eléctricas. || *Zool.* Cada uno de los dos o más cuerpos largos y delgados, a manera de cuernos, que tienen en la cabeza casi todos los animales articulados.
antenado, da. m. y f. **Entenado, da.**
antenoche. adv. t. **Anteanoche.** || Antes de anochecer.
antenombre. m. *Nombre calificativo o tratamiento que se pone antes del nombre propio.
antenupcial. adj. Anterior a las nupcias.
anteocupar. tr. ant. **Preocupar.**
anteojera. f. *Estuche en que se guardan anteojos. || Cada una de las piezas que, en las *guarniciones de las caballerías, caen junto a los ojos, para obligar al animal a mirar hacia adelante.
anteojero. m. El que hace o vende anteojos.
***anteojo.** m. Instrumento óptico, compuesto de dos o más lentes, que se emplea para ver objetos lejanos. || pl. Instrumento óptico compuesto de cristales y armadura o guarnición que permite tenerlos sujetos delante de los ojos. || **Doblescudo.** || **Anteojo de larga vista.** El que sirve para ver a larga distancia. || **prismático.** El que, además de las lentes, lleva en su interior prismas para ampliar la visión.
antepagar. tr. *Pagar con anticipación.
antepalco. m. Espacio o pieza que da ingreso a un palco.
antepasado, da. adj. Dicho de tiempo anterior a otro tiempo *pasado ya. || m. *Abuelo o ascendiente. Ú. m. en pl.
antepasar. intr. p. us. Anteceder, suceder antes.
antepechado, da. adj. Que tiene antepecho.
***antepecho.** m. Pretil, murete o barandilla que se suele poner en parajes altos para evitar caídas. || En los *coches de estribos, pedazo de vaqueta con que se cubría el estribo, y en que se apoyaba el que iba sentado en él. || Pedazo ancho de vaqueta, que forma parte de las *guarniciones de las caballerías de tiro para protegerles el pecho. || Madero delgado que se pone en la

parte anterior del *telar de cintas. ‖ Huesecillo con que se guarnecía la parte superior de la nuez de la *ballesta. ‖ *Min. Banco de mineral.
antepenúltimo, ma. adj. Inmediatamente anterior al penúltimo.
anteponer. tr. Poner delante. Ú. t. c. r. ‖ **Preferir.** Ú. t. c. r.
anteporta. f. **Anteportada.**
anteportada. f. Hoja que precede a la portada de un *libro.
anteposición. f. Acción de anteponer.
anteproyecto. m. Cálculos y dibujos preliminares para redactar un *proyecto y, por ext., primera redacción de una ley, programa, etc.
antepuerta. f. *Cortina que se pone delante de una puerta. ‖ *Fort.* Segunda puerta que cierra la entrada de una fortaleza.
antepuerto. m. Terreno elevado y escabroso que en las *cordilleras precede al puerto. ‖ *Mar.* Parte avanzada de un *puerto artificial.
antepuesto, ta. p. p. irreg. de **Anteponer.**
antequerano, na. adj. Natural de Antequera. Ú. t. c. s. ‖ Perteneciente a esta ciudad.
antequino. m. *Arq.* **Esgucio.**
antera. f. *Bot.* Parte del estambre de las *flores que contiene el polen.
***anterior.** adj. Que precede en lugar o tiempo.
***anterioridad.** f. Precedencia en el tiempo.
anteriormente. adv. t. Con *anterioridad.
antero. m. El que tiene por oficio trabajar en ante.
***antes.** adv. t. y l. que denota prioridad de tiempo o lugar. ‖ conj. advers. Más bien, con preferencia; por el contrario. ‖ **Antes bien.** m. conj. que denota *oposición o *preferencia. ‖ **Antes con antes.** m. adv. **Cuanto antes.** ‖ **De antes.** m. adv. fam. De tiempo anterior.
antesacristía. f. Espacio o pieza que da entrada a la sacristía.
antesala. f. *Habitación delante de la sala; antecámara. ‖ **Hacer** uno **antesala.** fr. *Aguardar a ser recibido por una persona.
antestatura. f. *Fort.* Trinchera improvisada con fajinas o sacos de tierra.
antetemplo. m. Pórtico de un templo.
antevenir. intr. Venir antes o preceder.
antever. tr. Ver antes que otro. ‖ **Prever.**
antevíspera. f. Día inmediatamente anterior al de la víspera.
antevisto, ta. p. p. irreg. de **Antever.**
anti. prep. insep. que denota oposición o contrariedad.
antia. f. **Lampuga.**
antiaéreo, a. adj. Perteneciente o relativo a la defensa contra *aviones militares.
antiafrodisiaco, ca o **antiafrodisíaco, ca.** adj. Dícese del *medicamento o substancia que modera o anula el apetito *venéreo. Ú. t. c. s. m.
antibaquio. m. Pie de la *poesía griega y latina, que consta de dos sílabas largas seguidas de una breve.
antibiótico, ca. adj. *Inm.* Dícese de las substancias que impiden el desarrollo y proliferación de *bacterias y otros microorganismos. Ú. t. c. s.
anticariense. adj. Natural de Anticaria, hoy Antequera. Ú. t. c. s. ‖ Perteneciente a esta ciudad de la Bética.
anticatólico, ca. adj. Contrario a la religión católica.
anticiclón. m. *Meteor.* Área de alta presión barométrica.
***anticipación.** f. Acción y efecto de anticipar o anticiparse. ‖ *Ret.* Figura que consiste en refutar de antemano una objeción prevista. ‖ *Mús.* Nota de un acorde que no es propia del mismo, sino del siguiente.
anticipada. f. *Acometimiento *desleal sin dar tiempo a que el contrario se defienda.
anticipadamente. adv. t. Con anticipación.
anticipado, da. adj. Prematuro. ‖ **Por anticipado.** De antemano.
anticipador, ra. adj. Que anticipa. Ú. t. c. s.
anticipamiento. m. **Anticipación.**
anticipante. p. a. de **Anticipar.** Que anticipa o se anticipa.
***anticipar.** tr. Hacer que ocurra alguna cosa antes del tiempo señalado. ‖ Fijar tiempo anterior al señalado. ‖ Dar alguna cosa antes del tiempo regular o convenido. ‖ *Prestar dinero. ‖ r. Adelantarse una persona a otra en la ejecución de alguna cosa. ‖ Ocurrir una cosa antes del tiempo señalado.
anticipo. m. **Anticipación.** ‖ *Dinero anticipado.
anticlerical. adj. Enemigo del *clero u opuesto a la intervención de éste en la política. Ú. t. c. m.
anticlericalismo. m. Doctrina de los anticlericales.
anticonstitucional. adj. Contrario a la constitución de un Estado.
anticresis. f. Contrato en que el deudor consiente que su acreedor goce de los frutos de la finca que le entrega en *garantía, hasta que sea cancelada la *deuda.
anticresista. com. Acreedor en el contrato de anticresis.
anticrético, ca. adj. Perteneciente o relativo a la anticresis.
anticristo. m. En la religión católica, ser *diabólico que ha de perseguir cruelmente a la Iglesia y a sus fieles al fin del mundo.
anticrítico. m. El opuesto o contrario al crítico.
anticuado, da. adj. Que no está en uso mucho tiempo ha.
***anticuar.** tr. Declarar *antigua y sin uso alguna cosa. ‖ r. Hacerse antiguo.
anticuario. m. El que se dedica al estudio de las cosas *antiguas. ‖ El que las colecciona o negocia con ellas.
anticuerpo. m. *Inm.* Substancia que se produce en el organismo y que se opone a la acción de elementos patógenos.
antidáctilo. m. *Métr.* **Anapesto.**
antidinástico, ca. adj. *Polít.* Contrario a la dinastía reinante.
antidoral. adj. *For.* **Remuneratorio.** Aplícase a la obligación que tenemos de *agradecer los beneficios recibidos.
antidotario. m. Libro que trata de la composición de los *medicamentos. ‖ Lugar que había en las *farmacias para tener los antídotos.
***antídoto.** m. **Contraveneno.** ‖ fig. Medio o preservativo para *evitar un vicio o falta.
antiemético, ca. adj. *Farm.* Que sirve para contener el vómito. Ú. t. c. s. m.
antier. adv. t. fam. **Anteayer.**
antiesclavista. adj. Enemigo de la esclavitud. Ú. t. c. s. m.
antiescorbútico, ca. adj. *Farm.* Que es eficaz contra el escorbuto. Ú. t. c. s. m.
antiespasmódico, ca. adj. *Farm.* Que sirve para calmar los espasmos. Ú. t. c. s. m.
antiestético, ca. adj. Contrario a las leyes de la estética; *feo.
antifármaco. m. *Farm.* Contraveneno.
antifaz. m. *Máscara o cosa semejante con que se cubre la cara.
antifebril. adj. Que combate la *fiebre.
antifermentescible. adj. Que dificulta o impide la *fermentación.
antifernales. adj. pl. V. **Bienes antifernales.**
antiflogístico, ca. adj. *Farm.* Que sirve para calmar la inflamación. Ú. t. c. s. m.
antífona. f. *Liturg.* Breve pasaje que se canta o reza antes y después de los salmos y de los cánticos. ‖ fig. y fam. **Antifonario,** trasero.
antifonal. adj. V. **Libro antifonal.** Ú. t. c. s.
antifonario. adj. V. **Libro antifonario.** Ú. t. c. s. ‖ m. fig. y fam. **Trasero.**
antifonero, ra. m. y f. Persona que canta las antífonas.
antífrasis. f. *Ret.* Figura que consiste en designar personas o cosas con palabras que signifiquen lo contrario.
antígeno, na. adj. *Inm.* Dícese de las substancias que, introducidas en el organismo, estimulan la formación de anticuerpos. Ú. t. c. s. m.
antigramatical. adj. Contrario a las leyes de la gramática.
antigualla. f. Obra u objeto muy *antiguo. ‖ Noticia o relación de sucesos muy antiguos. Ú. m. en pl. ‖ Cosa que ya no está de moda.
antiguamente. adv. t. En lo antiguo.
antiguamiento. m. Acción de antiguar o antiguarse.
antiguar. tr. **Anticuar.** ‖ intr. Adquirir antigüedad en un empleo, cargo, etc. Ú. t. c. r. ‖ r. **Anticuarse.**
***antigüedad.** f. Calidad de antiguo. ‖ Tiempo antiguo. ‖ Historia antigua. ‖ Los hombres que vivieron en lo antiguo. ‖ Tiempo transcurrido desde el día en que se obtiene un *empleo. ‖ pl. *Monumentos u objetos artísticos de tiempo antiguo.
***antiguo, gua.** adj. Que existe desde hace mucho tiempo. ‖ Que existió o sucedió en tiempo remoto. ‖ Dícese de la persona que cuenta mucho tiempo en un empleo, ocupación o dignidad. ‖ m. En los colegios y otras comunidades, el que ha salido de moderno o nuevo. ‖ *Esc.* y *Pint.* Obra de arte griego o romano que se considera como modelo. ‖pl. Los que vivieron en siglos remotos. ‖ **De antiguo.** m. adv. Desde tiempo remoto.
antihelio. m. *Meteor.* Región más brillante de un halo.
antihelmíntico, ca. adj. *Farm.* Que sirve para combatir las lombrices. Ú. t. c. s. m.
antihigiénico, ca. adj. Contrario a las reglas de la *higiene.
antihistérico, ca. adj. *Farm.* Que es eficaz contra el histerismo. Ú. t. c. s. m.
antilegal. adj. Ilegal.
antilegómenos. m. pl. Capítulos de la *Biblia que en otro tiempo estuvieron excluidos de ella.
antilogía. f. *Oposición entre dos textos o expresiones.
antilógico, ca. adj. Perteneciente o relativo a la antilogía.
antílope. m. Género de *rumiantes de cornamenta persistente, como la gacela, la gamuza, etc. ‖ pl. *Zool.* Género de estos animales.
antilla. f. Cada una de las *islas

situadas en la parte del Océano Atlántico llamada mar de las Antillas. Ú. m. en pl.
antillano, na. adj. Natural de cualquiera de las Antillas. Ú. t. c. s. ‖ Perteneciente a cualquiera de ellas.
antimacasar. m. Lienzo o tapete que se ponía en el respaldo de las butacas y otros *asientos para que no se manchasen con las pomadas del cabello.
antimilitarismo. m. Oposición al desarrollo de los *ejércitos.
antimilitarista. adj. Partidario del antimilitarismo.
antimonástico, ca. adj. Enemigo de la preponderancia de las *comunidades religiosas.
antimonial. adj. *Quím.* Que contiene antimonio.
antimonio. m. *Metal blanco brillante, de estructura laminosa, que, aleado con el plomo, sirve para fabricar los caracteres de imprenta.
antinatural. adj. **Contranatural.**
antinomia o **antinomía.** f. *Oposición entre dos leyes o dos lugares de una misma ley. ‖ **Lóg.* Contradicción entre dos principios racionales.
antinómico, ca. adj. Que implica antinomia.
antioqueno, na. adj. Natural de Antioquía (Siria). Ú. t. c. s. ‖ Perteneciente a esta ciudad.
antioqueño, ña. adj. Natural de Antioquia (Colombia). Ú. t. c. s. ‖ Perteneciente a esta ciudad.
antipapa. m. El que pretende ostentar la calidad de *Papa contra el canónicamente elegido como tal.
antipapado. m. Ilegítima dignidad de antipapa. ‖ Tiempo que dura.
antipara. f. *Pantalla o biombo que se pone delante de una cosa para encubrirla. ‖ *Polaina o trozo de cuero que sólo cubre la parte delantera de la pierna. Ú. m. en pl.
antiparero. m. *Soldado que usaba antiparas.
antiparras. f. pl. fam. Anteojos, gafas.
antipatía. f. *Repugnancia natural o instintiva que se siente hacia alguna persona o cosa. ‖ fig. *Oposición, *desconformidad entre las cosas. ‖ *Odio, aborrecimiento.
antipático, ca. adj. Que causa antipatía.
antiperistáltico, ca. adj. *Zool.* Dícese del movimiento de contracción del *estómago y de los *intestinos, contrario al peristáltico.
antiperístasis. f. Acción de dos cualidades *opuestas, que se excitan recíprocamente.
antiperistático, ca. adj. Perteneciente o relativo a la antiperístasis.
antipirético. m. **Farm.* Medicamento eficaz contra la fiebre.
antipirina. f. **Farm.* Base compuesta de carbono, hidrógeno y nitrógeno, que se usa para rebajar la calentura y calmar los dolores nerviosos.
antípoca. f. *For.* Escritura de reconocimiento de un *censo.
antipocar. tr. *Restablecer una obligación. ‖ *For.* Reconocer un *censo.
antípoda. adj. *Geogr.* Dícese de cualquier *habitante del globo terrestre con respecto a otro que ocupe un lugar diametralmente opuesto. Ú. m. c. s. y en pl. ‖ fig. y fam. Se aplica a las cosas que entre sí tienen *oposición. Ú. m. c. s.
antipontificado. m. **Antipapado.**
antiprotón. m. Elemento del *átomo obtenido experimentalmente, que es un protón con carga eléctrica positiva.
antipútrido, da. adj. **Farm.* Que sirve para impedir la putrefacción. Ú. t. c. s. m.
antiquísimo, ma. adj. sup. de **Antiguo.**
antiquismo. m. **Arcaísmo.**
antirrábico, ca. adj. Que se emplea contra la rabia.
antirreligioso, sa. adj. **Irreligioso,** contrario a la religión.
antirreumático, ca. adj. **Farm.* Que sirve para curar el reúma. Ú. t. c. s. m.
antiscio. adj. Dícese de cada uno de los *habitantes de las dos zonas templadas que, por vivir sobre el mismo meridiano y en hemisferios opuestos, proyectan al mediodía la sombra en dirección contraria.
antisemita. adj. Enemigo de los *judíos. Ú. t. c. s.
antisemitismo. m. Doctrina contraria a la influencia de los *judíos.
antisepsia. f. *Med.* *Desinfección. ‖ Método que consiste en prevenir las *enfermedades infecciosas.
antiséptico, ca. adj. **Farm.* Que impide la infección o destruye sus gérmenes. Ú. t. c. s. m.
antisifilítico, ca. adj. **Farm.* Que sirve para curar la sífilis.
antisocial. adj. Contrario al orden *social.
antispasto. m. Pie de la *poesía griega y latina, compuesto de un yambo y un troqueo.
antistrofa. f. En la *poesía griega, segunda parte del canto lírico compuesto de estrofa y **antistrofa.**
antitanque. adj. *Mil.* Dícese de la *artillería y *proyectiles destinados a destruir tanques de guerra.
antítesis. f. *Fil.* *Oposición de dos juicios o afirmaciones. ‖ Persona o cosa enteramente *opuesta a otra. ‖ **Ret.* Figura que consiste en contraponer una frase o una palabra a otra de contraria significación.
antitético, ca. adj. Que denota antítesis.
antitóxico, ca. adj. Que combate la intoxicación.
antitoxina. f. **Inm.* Anticuerpo que se forma por la introducción de una toxina determinada y sirve para neutralizar nuevos ataques de la misma toxina.
antitrago. m. Prominencia del pabellón de la *oreja, opuesta al trago.
antitrinitario, ria. adj. Dícese de ciertos *herejes que niegan que en Dios haya tres personas distintas. Ú. m. c. s. ‖ Perteneciente a esta herejía.
antituberculoso, sa. adj. Que combate la tuberculosis.
antivenéreo, rea. adj. Que combate las enfermedades venéreas.
antófago, ga. adj. *Zool.* Que se *alimenta de flores.
antojadizamente. adv. m. Con antojo.
antojadizo, za. adj. Que tiene antojos con frecuencia.
antojado, da. adj. Que tiene antojo de alguna cosa. ‖ *Germ.* Preso con grillos.
antojarse. r. Inspirar alguna cosa un *deseo vehemente y, por lo general, caprichoso. ‖ Ofrecerse una cosa como probable.
antojera. f. **Anteojera.**
antojo. m. *Deseo vivo y pasajero de alguna cosa. ‖ *Capricho, y especialmente el que suelen tener las mujeres durante la preñez. ‖ Conjetura. ‖ pl. Lunares o tumorcitos que suelen presentar en la *piel algunas personas, y que el vulgo atribuye a caprichos no satisfechos de sus madres durante el embarazo. ‖ *Germ.* **Grillos.**
antojuelo. m. d. de **Antojo.**
antolar. m. Tira estrecha de *encaje.
antología. f. ***Florilegio.**
antólogo. m. Autor de una antología.
Antón. n. p. **Antón perulero, cada cual atienda a su juego.** Cierto *juego de prendas.
antoniano, na. adj. Dícese del *religioso de la orden de San Antonio Abad. Ú. t. c. s. ‖ Perteneciente a esta orden. ‖ m. *Moneda que se usó durante la decadencia del Imperio romano.
antónimo, ma. adj. *Gram.* Dícese de las palabras que expresan ideas *opuestas. Ú. t. c. s. m.
antoniniano, na. adj. Perteneciente o relativo a cualquiera de los emperadores Antoninos.
antonino, na. adj. **Antoniano.** Apl. a pers., ú. t. c. s.
antonomasia. f. **Ret.* Sinécdoque que consiste en poner el nombre apelativo por el propio o el propio por el apelativo. ‖ **Por antonomasia.** m. adv. Por *excelencia.
antonomásticamente. adv. m. Por antonomasia.
antonomástico, ca. adj. Perteneciente o relativo a la antonomasia.
antor. m. *For.* Persona que *vende de buena fe una cosa *hurtada.
antorcha. f. **Hacha,** hachón para *alumbrar.
antorchar. tr. **Entorchar.**
antorchera. f. **Antorchero.**
antorchero. m. *Candelero para poner antorchas.
antoría. f. *For.* Derecho de reclamar contra el antor.
antosta. f. **Tabique.**
antracífero, ra. adj. Que contiene antracita.
antracita. f. *Carbón fósil poco bituminoso.
antracitoso, sa. adj. Que contiene antracita o participa de sus cualidades.
antracosis. f. *Pat.* *Úlcera maligna. ‖ **Pat.* Neumoconiosis producida por el *carbón.
ántrax. m. *Med.* *Tumor inflamatorio en el tejido subcutáneo, generalmente acompañado de fenómenos generales de mucha gravedad.
antro. m. *Caverna, cueva.
antropocéntrico, ca. adj. Dícese del sistema filosófico que considera al *hombre como el centro de la creación.
antropofagia. f. Costumbre de *comer carne humana.
antropófago, ga. adj. Que come carne humana. Ú. t. c. s.
antropogeografía. f. Parte de la geografía que estudia las condiciones de la vida humana y su distribución en la Tierra.
antropografía. f. Parte de la antropología que trata de la descripción de las *razas humanas.
antropoide. m. *Zool.* Nombre genérico que se da a los grandes *cuadrumanos sin cola.
antropoideo, a. adj. Dícese de los *monos sin cola, como el orangután.
antropolatría. f. Culto del hombre.
***antropología.** f. Ciencia que trata del *hombre, física y moralmente considerado.
antropológico, ca. adj. Perteneciente o relativo a la antropología.
antropólogo. m. El que profesa la antropología.
antropómetra. m. Perito en antropometría.
antropometría. f. Tratado de las

proporciones y medidas del cuerpo humano.
antropométrico, ca. adj. Perteneciente o relativo a la antropometría.
antropomórfico, ca. adj. Perteneciente o relativo al antropomorfismo.
antropomorfismo. m. *Religión o doctrinas que atribuyen a la divinidad la figura o las cualidades del hombre. ‖ *Herejía de los antropomorfitas.
antropomorfita. adj. Dícese de ciertos *herejes que atribuyen a Dios cuerpo humano. Ú. m. c. s.
antropomorfo, fa. adj. Dícese de los *monos que tienen alguna semejanza corporal con el hombre. Ú. t. c. s.
antroponimia. f. Estudio de los *nombres propios de persona.
antropónimo. m. *Nombre propio de persona.
antropopiteco. m. *Mamífero que algunos suponen haber sido el precursor del *hombre.
antruejada. f. *Broma grotesca.
antruejar. tr. Embromar o hacer burla en *carnaval.
antruejo. m. Los tres días de *carnaval.
antucá. m. Sombrilla que podía usarse como *paraguas.
antuerpiense. adj. Natural de Anturpia, hoy Amberes. Ú. t. c. s. ‖ Perteneciente a esta ciudad.
antuviada. f. fam. *Golpe dado de improviso.
antuviado, da. adj. Que se anticipa.
antuviador, ra. adj. ant. Que antuvia. Usáb. t. c. s.
antuviar. tr. ant. *Adelantar, *anticipar. Usáb. t. c. r. ‖ fam. Dar de repente un golpe.
antuvión. m. fam. Golpe o *acometimiento repentino. ‖ **De antuvión.** m. adv. fam. De repente, de modo *inopinado. ‖ **Jugar de antuvión.** fr. fam. *Adelantarse al que quiere hacer algún daño.
antuzano. m. *Atrio o plazuela delante de una casa.
***anual.** adj. Que sucede o se repite cada *año. ‖ Que dura un año.
anualidad. f. Calidad de anual. ‖ Importe anual de una *renta o carga periódica.
anualmente. adv. t. Cada año.
anuario. m. *Libro que se publica de año en año y contiene convenientemente ordenados los datos que interesan a los que cultivan ciertas materias o ejercen determinada profesión.
anúbada. f. **Anúteba.**
anubado, da. adj. **Anubarrado.**
anubarrado, da. adj. Cubierto de *nubes. ‖ fig. Pintado imitando nubes.
anubarse. r. **Anublarse.**
anublado, da. adj. *Germ.* **Ciego.**
anublar. tr. Ocultar las *nubes el azul del cielo o la luz del Sol o la Luna. Ú. t. c. r. ‖ fig. Obscurecer, empañar. ‖ fig. *Marchitar o *secar las plantas o alguna parte de ellas. Ú. m. c. r. ‖ *Germ.* Cubrir cualquiera cosa. ‖ r. fig. Desvanecerse o *malograrse alguna esperanza.
anublo. m. **Añublo.**
anudador, ra. adj. Que anuda. Ú. t. c. s.
anudadura. f. **Anudamiento.**
anudamiento. m. Acción y efecto de anudar o anudarse.
***anudar.** tr. Hacer nudos. Ú. t. c. r. ‖ Juntar o unir mediante un nudo. Ú. t. c. r. ‖ fig. Juntar, *unir. Ú. t. c. r. ‖ fig. *Continuar lo interrumpido. ‖ r. Dejar de crecer los seres orgánicos y quedar imperfectos.
anuencia. f. **Consentimiento.**
anuente. adj. Que consiente.
anulable. adj. Que se puede anular.
anulación. f. Acción y efecto de *anular o anularse.
anulador, ra. adj. Que anula. Ú. t. c. s.
anular. adj. Perteneciente o relativo al *anillo. ‖ De figura de anillo.
***anular.** tr. Dar por nula o dejar sin fuerza alguna disposición. ‖ fig. Incapacitar, desautorizar a uno. Ú. t. c. r. ‖ r. fig. Retraerse, *humillarse.
anulativo, va. adj. Dícese de lo que tiene fuerza para anular.
anuloso, sa. adj. Compuesto de anillos.
anunciación. f. Acción y efecto de anunciar. ‖ Por antonomasia, el anuncio de la Encarnación hecho por el Arcángel a la *Virgen. ‖ *Festividad con que la Iglesia conmemora este hecho.
anunciador, ra. adj. Que anuncia. Ú. t. c. s.
anunciante. p. a. de **Anunciar.** Que anuncia. Ú. t. c. s.
***anunciar.** tr. Dar *noticia o aviso de alguna cosa. ‖ *Publicar, hacer saber. ‖ **Pronosticar.**
***anuncio.** m. Acción y efecto de anunciar. ‖ Conjunto de palabras o signos con que se anuncia algo. ‖ **Pronóstico.**
anuo, nua. adj. **Anual.**
anuria. f. *Pat.* Supresión de la *orina.
anuro, ra. adj. *Zool.* Dícese de ciertos *anfibios desprovistos de cola. ‖ pl. Clase que forman estos anfibios.
anúteba. f. *Llamamiento a la *guerra. ‖ Antigua prestación personal para reparar las *fortificaciones. ‖ *Tributo que se pagaba por redimirse de esta prestación.
anverso. m. En las *monedas y medallas, cara o lado principal. ‖ *Impr.* Cara en que va impresa la primera página de un pliego. ‖ *Impr.* Forma con que se imprime el anverso de un pliego.
anzolero. m. El que hace o vende anzuelos.
anzuelo. m. Garfio de metal en que se pone algún cebo para *pescar. ‖ Especie de *fruta de sartén*. ‖ fig. y fam. *Atractivo o aliciente.
aña. f. **Nodriza.**
añacal. m. El que llevaba trigo al *molino. ‖ Tabla en que se lleva el *pan al horno. Ú. m. en pl.
añacalero. m. *Albañ.* El que acarrea materiales para las obras.
añacea. f. ant. Fiesta, diversión.
añacear. intr. ant. Regocijarse, *divertirse.
añada. f. Temporal bueno o malo que hace durante un año. ‖ Cada una de las hojas de una *tierra de labor.
añadido. m. **Postizo,** y más particularmente trenza de *cabello postiza. ‖ Añadidura con que se completa el *peso.
***añadidura.** f. Lo que se añade a alguna cosa. ‖ Lo que el vendedor da más del justo *peso, o el pedazo pequeño que añade para completarlo.
***añadir.** tr. Agregar una cosa a otra. ‖ *Aumentar.
añafea. f. **Papel de añafea.**
añafil. m. Trompeta morisca. ‖ **Añafilero.**
añafilero. m. El que toca el añafil.
añagaza. f. Señuelo para *cazar aves. ‖ fig. Artificio para *atraer con *engaño.
añal. adj. **Anual.** ‖ Se dice de la cría de ganado que tiene un año cumplido. Ú. t. c. s. ‖ m. *Ofrenda que se da por los difuntos el primer año después de su fallecimiento.
añalejo. m. *Calendario para los eclesiásticos, que señala el rezo y oficio divino de todo el año.
añas. f. Especie de *zorra del Perú.
añascar. tr. fam. Juntar o *recoger poco a poco cosas menudas y de poco valor. ‖ *Enredar, embrollar. Ú. t. c. r.
añasco. m. *Enredo.
añejar. tr. Hacer añeja alguna cosa. Ú. t. c. r. ‖ r. Alterarse algunas cosas con el transcurso del tiempo, ya *mejorándose, ya *empeorándose.
añejo, ja. adj. Dícese de ciertas cosas que tienen uno o más años. ‖ fig. y fam. Que tiene mucho tiempo.
añicos. m. pl. *Pedazos pequeños en que se divide alguna cosa, al romperse.
añil. m. Arbusto de las leguminosas, de cuyos tallos y hojas se obtiene una substancia colorante azul. ‖ Esta substancia. ‖ *Color azul que tiene.
añilar. tr. *Teñir de añil.
añilería. f. Hacienda donde se cultiva y elabora el añil.
añina. f. *Lana del cordero que se esquila por primera vez.
añinero. m. El que trabaja en añinos. ‖ El que comercia con ellos.
añinos. m. pl. *Pieles no tonsuradas de corderos de un año o menos. ‖ *Lana de corderos.
***año.** m. *Astr.* Tiempo que transcurre durante una revolución real de la Tierra en su órbita alrededor del Sol. ‖ Período de doce meses, a contar desde el día 1.º de enero hasta el 31 de diciembre, ambos inclusive. ‖ Período de doce meses, a contar desde un día cualquiera. ‖ fig. Persona que cae con otra en el sorteo de damas y galanes que se hacía por diversión la víspera de **año** nuevo. ‖ pl. Día en que alguno cumple **años.** ‖ **Año anomalístico.** *Astr.* Tiempo que transcurre entre dos pasos consecutivos de la Tierra por el afelio o el perihelio de su órbita. ‖ **árabe. Año lunar.** ‖ **astral,** o **astronómico.** *Astr.* **Año sidéreo.** ‖ **bisiesto.** El que excede al **año** común en un día, que se añade al mes de febrero. ‖ **civil.** El que consta de un número cabal de días: 365, si es común, ó 366 si bisiesto. ‖ **climatérico.** El séptimo o noveno de la edad de una persona, y sus múltiplos. ‖ El que es calamitoso. ‖ **común.** El que consta de 365 días. ‖ **de gracia. Año** de la era cristiana. ‖ **de jubileo. Año santo.** ‖ **de luz.** *Astr.* *Distancia recorrida por la luz durante un año. ‖ **eclesiástico.** El que gobierna las solemnidades de la Iglesia. ‖ **económico.** Espacio de doce meses durante el cual rigen los presupuestos de gastos e ingresos públicos. ‖ **embolismal.** El que se compone de 13 lunaciones. ‖ **emergente.** El que se empieza a contar desde un día cualquiera que se señala, hasta otro igual del **año** siguiente. ‖ **fatal.** *For.* El que se señalaba como término perentorio para ciertos efectos. ‖ **intercalar. Año bisiesto.** ‖ **lunar.** *Astr.* Período de 354 días. ‖ **nuevo.** El que está a punto de empezar o el que ha empezado recientemente. ‖ **político. Año civil.** ‖ **santo.** El del jubileo universal. ‖ **sideral,** o **sidéreo.** *Astr.* Tiempo que transcurre entre dos pasos consecutivos de la Tierra por el mismo punto de su órbita. ‖ **sinódico.** *Astr.* Tiempo que media entre dos conjunciones consecutivas de la Tierra con un mismo planeta. ‖ **trópico.** *Astr.* Tiempo que

transcurre entre dos pasos consecutivos de la Tierra por el mismo equinoccio. ‖ **vulgar. Año común.**
año. m. *Corderito recién nacido.
añojal. m. Pedazo de tierra que se deja *erial.
añojo, ja. m. y f. *Cordero de un año cumplido.
añoranza. f. **Soledad,** *aflicción causada por la *ausencia.
añorar. intr. Padecer añoranza.
añoso, sa. adj. De muchos años.
añublar. tr. **Anublar.**
añublo. m. *Hongo parásito que ataca los cereales.
añudador, ra. adj. Que añuda. Ú. t. c. s.
añudadura. f. **Añudamiento.**
añudamiento. m. Acción y efecto de añudar o añudarse.
añudar. tr. **Anudar.** Ú. t. c. r.
añusgar. intr. Atragantarse. ‖ Hacerse un nudo en la *garganta. ‖ fig. Enfadarse o *disgustarse.
aojador, ra. adj. Que hace mal de ojo.
aojadura. f. **Aojo.**
aojamiento. m. **Aojo.**
aojar. tr. **Ocult.* Hacer mal de ojo. ‖ fig. *Malograr una cosa.
aojar. tr. **Ojear** la *caza.
aojo. m. Acción y efecto de aojar o hacer mal de ojo.
aónides. f. pl. Las *musas.
aonio, nia. adj. **Beocio.** Apl. a pers., ú. t. c. s. ‖ fig. Perteneciente o relativo a las *musas.
aoristia. f. Incertidumbre, *duda filosófica.
aoristo. m. Pretérito indefinido del *verbo griego.
aorta. f. *Arteria que nace del ventrículo izquierdo del corazón. ‖ **ventral.** Parte de ella comprendida entre el diafragma y el punto en que se bifurca.
aórtico, ca. adj. Perteneciente o relativo a la aorta.
aortitis. f. Inflamación de la aorta.
aovado, da. adj. De figura de huevo.
aovado-lanceolado, da. adj. *Bot.* Dícese de la *hoja lanceolada, redondeada en la parte del peciolo.
aovar. intr. Poner *huevos las aves y otros animales.
aovillarse. r. fig. *Encogerse mucho, hacerse un ovillo.
apa. adv. m. **A upa.** ‖ A cuestas.
apabilar. tr. Preparar el *pabilo de las velas para encenderlas. ‖ Aturdir o *turbar los sentidos un olor fuerte y desagradable. Ú. t. c. r.
apabullar. tr. fam. **Aplastar.**
apabullo. m. fam. Acción y efecto de apabullar.
apacentadero. m. Sitio en que se apacienta *ganado.
apacentador, ra. adj. Que apacienta. Ú. t. c. s.
apacentamiento. m. Acción y efecto de apacentar o apacentarse.
apacentar. tr. Dar *pasto a los ganados. Ú. t. c. r. ‖ fig. Dar *enseñanza, instruir. ‖ fig. Cebar los deseos, satisfacer los *placeres. Ú. t. c. r. ‖ r. *Pacer el ganado.
***apacibilidad.** f. Calidad de apacible.
apacibilísimo, ma. adj. sup. irreg. de **Apacible.**
***apacible.** adj. Dulce y agradable en la condición y el trato. ‖ Suave, *bonancible, *agradable.
apaciblemente. adv. m. Con apacibilidad.
apaciguador, ra. adj. Que apacigua. Ú. t. c. s.
apaciguamiento. m. Acción y efecto de apaciguar o apaciguarse.
***apaciguar.** tr. Poner en *paz, aquietar. Ú. t. c. r.
apacorral. m. *Árbol gigantesco de Honduras, cuya corteza se emplea como febrífugo.
apache. adj. Dícese de ciertos *indios salvajes que habitaban al noroeste de Nueva España. Ú. t. c. s. ‖ fig. Bandido o salteador de las grandes poblaciones.
apacheta. f. Montón de *piedras que colocaban los indios peruanos en homenaje a la divinidad.
apachurrar. tr. p. us. **Despachurrar.**
apadrinador, ra. adj. Que apadrina. Ú. t. c. s.
apadrinamiento. m. Acción y efecto de apadrinar.
apadrinar. tr. Acompañar como *padrino a una persona. ‖ fig. Patrocinar, *proteger. ‖ **Equit.* Acompañar un jinete en caballo domado a otro jinete que monta un potro para domarlo.
apagable. adj. Que se puede apagar.
apagadizo, za. adj. Dícese de ciertas materias que son casi *incombustibles, o que se apagan fácilmente.
apagado, da. adj. De genio *tímido y apocado. ‖ *Descolorido, poco vivo de color. ‖ *Mate, poco brillante.
apagador, ra. adj. Que apaga. Ú. t. c. s. ‖ m. Pieza de metal, cónica, que sirve para apagar las *velas. ‖ Lugar de la tahona destinado a apagar las ascuas. ‖ En los *pianos, palanquita que apaga con un fieltro la vibración de las cuerdas mientras no se pisa la tecla correspondiente.
apagaincendios. m. *Bomba que se usa a bordo para apagar incendios.
***apagamiento.** m. Acción y efecto de apagar o apagarse.
apagapenol. m. *Mar.* Cada uno de los *cabos que sirven para cerrar o cargar las *velas de cruz.
***apagar.** tr. Extinguir el fuego o la luz. Ú. t. c. r. ‖ *Aplacar, moderar. Ú. t. c. r. ‖ Echar agua a la *cal viva. ‖ *Mar.* Cerrar los senos que el viento forma en las *velas cargadas. ‖ **Pint.* Rebajar el color. ‖ **Apaga y vámonos.** expr. fig. y fam. que se emplea para dar por *terminada alguna cosa.
apagavelas. m. **Matacandelas,** apagador.
apagón. m. Extinción pasajera y accidental del alumbrado eléctrico.
apagoso, sa. adj. Apagadizo.
apainelado. adj. *Arq.* V. **Arco apainelado.**
apaisado, da. adj. Dícese de las cosas de figura rectangular, como los cuadros, cuando son más *anchas que altas.
apaisar. tr. Dar forma apaisada.
apalabrar. tr. Citar a una persona o *convenir con ella verbalmente alguna cosa. ‖ Tratar de palabra algún negocio.
apalancamiento. m. Acción y efecto de apalancar.
***apalancar.** tr. Levantar, mover alguna cosa con *palanca.
apaleador, ra. adj. Que apalea. ‖ **de sardinas.** *Germ.* **Galeote.**
apaleamiento. m. Acción y efecto de apalear o golpear.
apalear. tr. Dar *golpes con palo u otra cosa semejante. ‖ Sacudir con palo o cosa semejante. ‖ **Varear.**
apalear. tr. *Aventar con pala el grano.
apaleo. m. Acción y efecto de apalear el grano.
apaliar. tr. desus. **Paliar.**
apalmada. adj. *Blas.* V. **Mano apalmada.**
apalpar. tr. fam. **Palpar.**
apanalado, da. adj. Que forma celdillas como el panal.
apancora. f. *Cangrejo marino de las costas de Chile.
apandar. tr. fam. Pillar, *tomar para sí alguna cosa.
apandillar. tr. Hacer pandilla. Ú. m. c. r. ‖ *Germ.* Hacer *fullerías.
apangarse. r. Agacharse, *encogerse.
apaniaguado, da. m. y f. ant. **Paniaguado, da.**
apaniguado, da. p. p. de **Apaniguar.** ‖ m. y f. **Paniaguado, da.**
apaniguar. tr. ant. **Alimentar.**
apanojado, da. adj. *Bot.* Dícese del *tallo de algunas plantas dispuesto en forma de panoja.
apantallado, da. adj. *Necio, tonto.
apantanar. tr. Llenar de agua algún terreno. Ú. t. c. r.
apantuflado, da. adj. De hechura de pantuflo.
apañado, da. adj. Semejante al *paño.
apañado, da. adj. fig. *Hábil, mañoso. ‖ fig. y fam. Adecuado, *conforme al fin a que se destina.
apañador, ra. adj. Que apaña. Ú. t. c. s. ‖ m. El que congrega gente para *predicarle.
apañadura. f. Acción y efecto de apañar o apañarse. ‖ Guarnición que se ponía al *borde de los ropas de *cama, frontales, etc. Ú. m. en pl.
apañalarse. r. *Acogerse a un lugar seguro.
apañamiento. m. **Apañadura.**
apañar. tr. Recoger y *guardar alguna cosa. ‖ *Asir. ‖ *Tomar alguna cosa con el fin de apropiársela. ‖ Aderezar, *adornar, ataviar. ‖ fam. *Abrigar. ‖ fam. *Reparar, componer, remendar. ‖ r. fam. Darse maña para hacer alguna cosa.
apaño. m. **Apañadura.** ‖ fam. Compostura, *reparación. ‖ fam. *Habilidad para hacer alguna cosa. ‖ Respecto de una persona, la que está *amancebada con ella.
apañuscador, ra. adj. fam. Que apañusca. Ú. t. c. s.
apañuscar. tr. fam. *Coger y apretar entre las manos alguna cosa, *ajándola. ‖ **Apañar,** *tomar para sí.
apapagayado, da. adj. Semejante al papagayo.
apapizar. tr. Empapuzar.
aparador, ra. adj. Que apara los materiales para el *calzado. Ú. m. c. s. ‖ m. *Mueble donde se guarda el servicio de la mesa. ‖ Por ext., **credencia,** *mesa o repisa inmediata al *altar. ‖ Taller. ‖ **Escaparate.** ‖ *Vasar. ‖ **Estar de aparador** una mujer. fr. fig. y fam. Estar muy compuesta en espera de recibir *visitas.
aparar. tr. Acudir con las manos o con la capa, falda, etc., a *recibir alguna cosa que otro echa desde cierta distancia. ‖ **Agr.* Dar segunda labor a las plantas. ‖ Coser las piezas de que se compone el *zapato, antes de ponerle la suela. ‖ Aparejar, *preparar. Ú. t. c. r. ‖ **Carp.* Igualar con la azuela tablas o tablones para que quede una superficie lisa.
aparasolado, da. adj. De figura de parasol. ‖ *Bot.* **Umbelífero.** Ú. t. c. s. f.
aparatarse. r. *Nublarse el cielo, prepararse para llover, nevar, etc. ‖ Vestirse con *pompa.
aparatero, ra. adj. Aparatoso, que *exagera.
***aparato.** m. Apresto, *provisión de lo necesario para algún fin. ‖ *Pompa, ostentación. ‖ *Señal que precede a alguna cosa. ‖→ Instrumento o *mecanismo para hacer experimen-

tos u operaciones. ‖ **Cir.* Apósito, vendaje o artificio que se aplica al cuerpo humano para curar una enfermedad o corregir una imperfección. ‖ **Anat.* Conjunto de órganos que concurren a una misma función. ‖ **Pat.* Síntomas con que aparece alguna enfermedad grave.
aparatoso, sa. adj. Que tiene mucho aparato o pompa. ‖ Que *exagera.
aparcamiento. m. Lugar destinado en las ciudades para aparcar *automóviles.
aparcar. tr. *Colocar en un parque carruajes y pertrechos de guerra. ‖ Colocar transitoriamente en un lugar público *automóviles u otros vehículos.
aparcería. f. Convenio de los que llevan en *común una granjería.
aparcero, ra. m. y f. Persona que tiene aparcería con otra u otras. ‖ **Comunero,** partícipe en una hacienda. ‖ Persona *entremetida.
apareamiento. m. Acción y efecto de aparear o aparearse.
aparear. tr. Ajustar una cosa con otra, de forma que queden *iguales. ‖ Unir o juntar formando *par. Ú. t. c. r. ‖ Juntar las hembras de los animales con los machos para la *generación. Ú. t. c. r. ‖ Ponerse o formarse de dos en dos.
***aparecer.** intr. Manifestarse, dejarse ver. Ú. t. c. r. ‖ Estar, *hallarse. Ú. t. c. r.
aparecido. m. *Espectro de un *difunto.
aparecimiento. m. **Aparición.**
aparejadamente. adv. m. **Aptamente.**
aparejado, da. adj. Apto, idóneo.
aparejador, ra. adj. Que apareja. Ú. t. c. s. ‖ **Albañ.* m. Oficial que prepara y dispone los materiales que han de entrar en las obras. ‖ Perito subalterno con título oficial, que interviene en las obras de *arquitectura.
aparejamiento. m. ant. Acción y efecto de aparejar o aparejarse.
aparejar. tr. *Preparar, prevenir. Ú. t. c. r. ‖ Poner el aparejo a las caballerías. ‖ Dar la preparación conveniente a la pieza que se ha de *dorar. ‖ *Mar.* Poner a un buque su aparejo. ‖ *Pint.* **Imprimar.**
***aparejo.** m. *Preparación. ‖ *Arreo necesario para montar o cargar las caballerías. ‖ Sistema de *poleas. ‖ **Arq.* Forma en que quedan colocados los materiales en una construcción. ‖ → *Mar.* Conjunto de *palos, vergas, jarcias y *velas de un buque. ‖ **Pint.* Preparación de un lienzo o tabla por medio de la imprimación. ‖ pl. *Utensilios y cosas necesarias para cualquier oficio. ‖ Materiales que sirven para aparejar lo que ha de *dorarse. ‖ *Pint.* **Imprimación.** ‖ **Aparejo de gata.** *Mar.* El que sirve para llevar el *ancla a la serviola. ‖ **Aparejo redondo.** *Traje de falda amplia y ahuecada que usan algunas mujeres de pueblo.
aparejuelo. m. d. de **Aparejo.**
aparencial. adj. Dícese de lo que sólo tiene existencia *aparente.
aparentar. tr. Dar a entender lo que no es o no hay. ‖ *Fingir.
***aparente.** adj. Que parece y no es. ‖ *Conveniente, adecuado. ‖ Manifiesto, visible. ‖ Que tiene determinado aspecto.
aparentemente. adv. m. Con apariencia.
a pari. expr. lat. *Lóg.* V. **Argumento a pari.**
aparición. f. Acción y efecto de *aparecer o aparecerse. ‖ *Espectro, fantasma. ‖ *Festividad con que la Iglesia conmemora la aparición de Cristo resucitado a los apóstoles.
***apariencia.** f. Aspecto exterior. ‖ *Verosimilitud, probabilidad. ‖ Cosa aparente o fingida. ‖ pl. **Teatro.* Telones, bastidores, etc.
aparrado, da. adj. Dícese de los *árboles cuyas ramas se extienden horizontalmente. ‖ fig. **Achaparrado,** bajo y rechoncho.
aparragarse. r. **Achaparrarse.**
aparrar. tr. Hacer que un *árbol extienda sus ramas en dirección horizontal.
aparroquiado, da. adj. Establecido en una parroquia.
aparroquiar. tr. Procurar parroquianos o clientes.
apartadamente. adv. m. Separada o secretamente.
apartadero. m. Lugar que se deja para que las personas o vehículos puedan *apartarse y dejar paso a otros. ‖ Terreno contiguo a los caminos que se deja para que pasten los *ganados que van de paso. ‖ Lugar en que se separan las diferentes calidades de la *lana. ‖ Sitio donde se aparta a unos *toros de otros para encajonarlos. ‖ **Ferr.* Trozo de vía enlazado con la principal, que sirve para maniobras.
apartadijo. m. **Apartadizo.** ‖ Porción pequeña que se aparta de alguna cosa.
apartadizo, za. adj. Huraño, *solitario, poco sociable. ‖ m. Sitio o *lugar que se separa de otro mayor, para diferentes usos.
apartado, da. adj. Retirado, distante, *lejano. ‖ *Diferente, distinto. ‖ m. *Aposento desviado del servicio común de la casa. ‖ Correspondencia que se aparta en el *correo para que los interesados la recojan. ‖Oficina de correos destinada a este servicio. ‖ Acción de separar las reses de una vacada. ‖ Acción de encerrar los toros antes de la *corrida. ‖ Operación por la que se determina la ley del *oro o de la *plata. ‖ *Min.* Conjunto de operaciones a que se somete el oro hasta obtenerlo completamente puro. ‖ *Min.* Operación de apartar metales. ‖ Edificio donde se hace esta operación para la fabricación de *monedas.
apartador, ra. adj. Que aparta. ‖ m. El que tiene por oficio separar las diferentes calidades de la *lana. ‖ El que aparta el *ganado. ‖ El que cuida en las fábricas de *papel de separar el trapo. ‖ Cápsula de cobre destinada a purificar los pallones de *oro. ‖ Retorta para sacar la *plata. ‖ **de ganado.** *Germ.* *Ladrón de ganado.
***apartamiento.** m. Acción y efecto de apartar o apartarse. ‖ Lugar apartado. ‖ *Habitación, vivienda. ‖ **For.* Acto judicial con que alguno desiste de la acción que tiene entablada. ‖ **de ganado.** *Germ.* *Hurto de ganado. ‖ **de meridiano.** Longitud del arco del paralelo terrestre comprendido entre dos meridianos.
***apartar.** tr. *Separar, desunir. Ú. t. c. r. ‖ *Quitar a una persona o cosa del lugar donde estaba. Ú. t. c. r. ‖ *Alejar, retirar. Ú. t. c. r. ‖ fig. *Disuadir. ‖ Separar las clases de lana. ‖ *Min.* Extraer el *oro contenido en las barras de plata. ‖ r. *Divorciarse los casados. ‖ *For.* *Desistir uno formalmente de la acción entablada.
aparte. adv. l. En otro lugar. ‖ A distancia, desde *lejos. ‖ adv. m. Separadamente. ‖ Con omisión, con *exclusión. ‖ m. **Teatro.* Lo que dice un personaje para sí o para otro personaje, pero sin que parezcan oírlo los demás. ‖ **Párrafo.** ‖ Espacio que, así en lo impreso como en lo *escrito, se deja entre dos palabras. ‖ Separación de las cabezas de *ganado que sean de distinto dueño.
apartidar. tr. Alzar o tomar *partido. ‖ r. Adherirse a un partido.
apartijo. m. **Apartadijo.**
aparvadera. f. **Allegadera.**
aparvar. tr. Hacer *parva con la mies.
apasionadamente. adv. m. Con *pasión. ‖ Con interés o *parcialidad.
***apasionado, da.** adj. Poseído de alguna pasión. ‖ *Partidario de alguno. ‖ m. *Germ.* Alcaide de la *cárcel.
apasionamiento. m. Acción y efecto de apasionar o apasionarse.
***apasionar.** tr. Causar, excitar alguna *pasión. Ú. m. c. r. ‖ *Afligir. ‖ r. *Aficionarse con exceso a una persona o cosa.
apasote. m. **Pasote.**
apastar. tr. **Apacentar.**
apaste. m. Lebrillo hondo de barro y con asas.
apatán. m. Medida de *capacidad para áridos usada en Filipinas, equivalente a un dozavo de cuartillo.
apatanado, da. adj. Rústico, *inculto.
apatía. f. Impasibilidad de ánimo. ‖ *Descuido, dejadez. ‖ *Indiferencia, displicencia. ‖ *Debilidad de carácter.
apático, ca. adj. Que adolece de apatía.
apátrida. adj. Dícese de la persona que carece de *patria o nacionalidad. Ú. t. c. s.
apatrocinar. tr. desus. **Patrocinar.**
apatusca. f. *Juego de muchachos que consiste en tirar a una pila de monedas con una piedra, para apropiarse las que caen cara arriba.
apatusco. m. fam. *Adorno, atavío. ‖ Persona *torpe y *desaliñada.
apaularse. r. desus. **Apaulillarse.**
apaulillarse. r. desus. **Agorgojarse** los cereales.
apea. f. Trozo de *soga con un palo a una punta y un ojal en la otra, que sirve para maniatar las *caballerías.
apeadero. m. Poyo que hay a la puerta de las casas, para *montar en las caballerías. ‖ Sitio del camino en que los viajeros pueden apearse. ‖ En los *ferrocarriles, sitio de la vía dispuesto para el servicio público, pero sin estación. ‖ fig. *Casa que alguno habita interinamente fuera de su residencia habitual.
apeador, ra. adj. Que apea. Ú. t. c. s. ‖ m. El que fija los *límites de las fincas rústicas.
apealar. tr. **Manganear.**
apeamiento. m. Acción y efecto de apear o apearse. ‖ **Apeo** de una construcción.
apear. tr. *Bajar a alguno de una *caballería o *carruaje. Ú. m. c. r. ‖ Maniatar las caballerías. ‖ Calzar un *carro. ‖ Deslindar, fijar los *límites de una finca. ‖ Cortar un *árbol por el pie. ‖ fig. *Vencer alguna dificultad. ‖ fig. y fam. *Disuadir. Ú. t. c. r. ‖ *Arq.* *Sostener provisionalmente alguna construcción o terreno. ‖ *Arq.* Bajar de su sitio alguna cosa.
apechar. intr. fig. **Apechugar,** *recibir de mala gana.
apechugar. intr. *Empujar con el pecho. ‖ fig. y fam. *Admitir alguna cosa con repugnancia.
apedazar. tr. **Despedazar.** ‖ *Remendar.
apedernalado, da. adj. **Pedernalino.**

apedrea. f. p. us. **Apedreo.**
apedreadero. m. Sitio donde suelen juntarse los muchachos para la pedrea.
apedreado, da. adj. *Manchado o salpicado de varios *colores.
apedreador, ra. adj. Que apedrea. Ú. t. c. s.
apedreamiento. m. Acción y efecto de apedrear o apedrearse.
apedrear. tr. Tirar *piedras a una persona o cosa. ‖ *Matar a pedradas. ‖ impers. Caer pedrisco o *granizo. ‖ r. Padecer daño con el granizo los frutales o las mieses.
apedreo. m. **Apedreamiento.**
apegadamente. adv. m. fig. Con apego.
apegaderas. f. **Lampazo,** planta de las compuestas.
apegarse. r. fig. Cobrar apego.
apego. m. fig. *Afición o inclinación particular. ‖ Afecto, *cariño. ‖ *Adhesión.
apegualar. intr. Hacer uso del pegual.
apelable. adj. Que admite apelación.
***apelación.** f. *For.* Acción de apelar. ‖ fam. Consulta de médicos. ‖ **Desamparar** uno **la apelación.** fr. *For.* No seguir la que interpuso. ‖ **Interponer apelación.** fr. *For.* **Apelar.** ‖ **Mejorar la apelación.** fr. *For.* Exponer el apelante agravios ante el juez superior. ‖ **No haber,** o **no tener apelación.** fr. fig. y fam. No haber remedio en alguna dificultad.
apelado, da. adj. *For.* Dícese del litigante favorecido por la sentencia contra la cual se apela. Ú. t. c. s.
apelado, da. adj. Dícese de dos o más *caballerías del mismo pelo o color.
apelambrar. tr. Meter los *cueros en agua y cal viva, para que pierdan el pelo.
***apelante.** p. a. de **Apelar.** Que apela de una sentencia. Ú. t. c. s.
***apelar.** intr. *For.* Recurrir al juez o tribunal superior para que enmiende o anule la sentencia dada por el inferior. ‖ fig. Recurrir a una persona para *pedirle protección o ayuda. Ú. t. c. r.‖ intr. Referirse, guardar *relación.
apelar. intr. Ser del mismo pelo o color dos o más *caballerías.
apelativo. adj. *Gram.* V. **Nombre apelativo.** Ú. t. c. s.
apeldar. intr. fam. Apelar a la *huida. ‖ r. *Reunirse.
apelde. m. En algunas comunidades, toque de *campana antes de amanecer. ‖ fam. Acción de apeldar.
apelgararse. r. Hacerse pelgar, *envilecerse.
apeligrar. tr. Poner en peligro.
apelmazar. tr. Hacer que una cosa esté más *apretada y *compacta que de ordinario. Ú. t. c. r.
apelotonar. tr. Formar pelotones. Ú. t. c. r.
apellar. tr. Adobar y sobar las *pieles antes de teñirlas.
apellidador, ra. adj. Que apellida. Ú. t. c. s. ‖ m. **Apellidero.**
apellidamiento. m. Acción de apellidar.
apellidante. m. *For.* El que presenta apellido en un proceso foral.
apellidar. tr. *Llamar o convocar a *gritos. ‖ Llamar a las armas. ‖ Aclamar con repetidas voces. ‖ *Nombrar a alguno por su apellido o nombre. Ú. m. c. r.
apellidero. m. Persona que formaba parte de hueste reunida por apellido.
apellido. m. *Nombre de familia con que se distinguen las personas. ‖ Nombre particular que se da a varias cosas. ‖ **Sobrenombre,** apodo. ‖ Convocación, *llamamiento para el *ejército. ‖ Hueste reunida por **apellido.** ‖ Seña que se daba a los soldados para que se aprestasen a tomar las armas. ‖ Clamor o grito. ‖ **For.* Causa en que pueden intervenir como testigos o declarantes todos cuantos quieran. ‖ **For.* Primer pedimento que se presenta al juez en los procesos forales.
apena. adv. m. **Apenas.**
apenamiento. m. Acción de apenar o intimar cierta *pena.
apenar. tr. Causar pena, *afligir. Ú. t. c. r. ‖ Intimar una *pena.
apenas. adv. m. **Penosamente.** ‖ Casi no. ‖ adv. t. Luego que, al punto que; inmediatamente *después.
apencar. intr. fam. **Apechugar,** *admitir con repugnancia.
apéndice. m. Cosa *añadida a otra, de la cual es parte *accesoria. ‖ **Bot.* Conjunto de escamas que tienen en su base algunos pecíolos. ‖ *Zool.* Parte del cuerpo animal unida o contigua a otra principal. ‖ Prolongación delgada y hueca que se halla en la parte inferior del *intestino ciego.
apendicitis. f. *Pat.* Inflamación del apéndice.
apendicular. adj. *Anat.* Perteneciente o relativo al apéndice.
apensionar. tr. **Pensionar.**
apeñuscar. tr. Apiñar, *unir, agrupar. ‖ Ú. m. c. r.
apeo. m. Acción y efecto de apear una construcción, de deslindar una finca o de talar un árbol. ‖ Instrumento jurídico en que constan los *límites de una finca. ‖ *Arq.* *Armazón, madero o fábrica con que se apea una construcción o terreno.
apeonar. intr. Andar aceleradamente las aves, y en especial las *perdices. ‖ *Andar a pie las personas.
apepsia. f. *Med.* Falta de *digestión.
aperado, da. adj. Dícese del cortijo abastecido de aperos de labranza.
aperador. m. El que tiene por oficio aperar. ‖ El que cuida de todas las cosas pertenecientes a la *labranza. ‖ Capataz de una *mina.
aperar. tr. Componer, *reparar, arreglar. ‖ Hacer y componer *carros y aparejos para las haciendas de campo.
apercazar. tr. Coger, *asir.
apercepción. f. *Fil.* Percepción acompañada de *atención *consciente.
apercibimiento. m. Acción y efecto de apercibir o apercibirse. ‖ *Reprensión disciplinaria.
apercibir. tr. Prevenir, *preparar lo necesario. Ú. t. c. r. ‖ *Amonestar, advertir. ‖ *For.* Hacer saber a una persona las sanciones a que está expuesta.
aperción. f. p. us. **Apertura.**
apercollar. tr. fam. Coger o *asir por el *cuello. ‖ fam. **Acogotar,** *matar. ‖ fig. y fam. Coger algo de prisa y sin ser visto.
aperdigar. tr. **Perdigar.**
apereá. m. *Mamífero de la Argentina, parecido al conejo.
apergaminado, da. adj. Semejante al pergamino.
apergaminarse. r. fig. y fam. **Acartonarse.**
aperiódico. adj. **Electr.* Dícese de una especie de galvanómetro.
aperitivo, va. adj. Que sirve para abrir el *apetito. Ú. t. c. s. m. ‖ **Farm.* Que sirve para desobstruir los tejidos. Ú. t. c. s. m.
apernador, ra. adj. *Mont.* Dícese del *perro que apierna. Ú. t. c. s.
apernar. tr. *Mont.* Asir o agarrar el *perro por las piernas la pieza de caza.
apero. m. Conjunto de instrumentos para la *labranza. ‖ Conjunto de animales destinados a las faenas agrícolas. ‖ Por ext., conjunto de *herramientas para cualquier oficio. Ú. m. en pl. ‖ **Majada,** *aprisco. ‖ **Equit.* Recado de montar.
aperreador, ra. adj. fam. Que aperrea. Ú. t. c. s.
aperrear. tr. Echar *perros a uno para que lo maten. ‖ fig. y fam. *Cansar mucho a una persona; causarle gran *molestia y *trabajo. Ú. m. c. r.
aperreo. m. fig. y fam. Acción y efecto de aperrear o aperrearse *trabajando.
apersogar. tr. *Atar un animal para que no huya.
apersonado, da. adj. **Bien,** o **mal, apersonado.** loc. De buena, o mala, presencia.
apersonamiento. m. *For.* Acción de apersonarse o comparecer.
apersonarse. r. **Personarse.** ‖ **For.* Comparecer como parte en un negocio.
***apertura.** f. Acción de abrir. ‖ *Principio o inauguración de las funciones propias de una asamblea, teatro, escuela, etc. ‖ Acto solemne de sacar de su pliego un *testamento para darle publicidad y autenticidad.
apesadumbrar. tr. Causar pesadumbre, *afligir. Ú. m. c. r.
apesaradamente. adv. m. Con pesar.
apesaramiento. m. Pesadumbre, *aflicción.
apesarar. tr. **Apesadumbrar.** Ú. t. c. r.
apesgamiento. m. Acción y efecto de apesgar o apesgarse.
apesgar. tr. Hacer *peso. ‖ r. Ponerse muy pesado.
apestar. tr. Causar o *contagiar la peste. Ú. t. c. r. ‖ Despedir *fetidez o mal olor. Ú. m. c. intr. ‖ fig. *Pervertir, viciar. ‖ fig. y fam. *Fastidiar.
apestillar. tr. *Asir o apresar algo de manera que no se escape.
apestoso, sa. adj. Que apesta.
apétala. adj. *Bot.* Dícese de la *flor que carece de pétalos.
apetecedor, ra. adj. Que apetece.
apetecer. tr. Tener *deseo de alguna cosa.
apetecible. adj. Digno de apetecerse.
apetencia. f. Gana de comer, *apetito. ‖ *Deseo natural o instintivo.
apetite. m. *Salsa para excitar el apetito. ‖ fig. Estímulo, *incitación.
apetitivo, va. adj. Aplícase a la potencia o facultad de apetecer. ‖ **Apetitoso,** que tiene buen *sabor.
***apetito.** m. Impulso instintivo que nos lleva a satisfacer las necesidades naturales. Se llama también **apetito concupiscible.** ‖ → Gana de comer. ‖ fig. Lo que *incita a desear alguna cosa.
apetitoso, sa. adj. Que excita el apetito. ‖ Que tiene buen *sabor. ‖ Que gusta de manjares delicados. ‖ Que sigue su *capricho.
apezonado, da. adj. De figura de pezón.
apezuñar. intr. Hincar en el suelo los bueyes las pezuñas cuando suben una cuesta.
api. f. Especie de *manzana.
apiadador, ra. adj. Que se apiada.
apiadar. tr. Causar piedad, dar *compasión. ‖ Tratar con piedad. ‖ r. Tener piedad o compasión.
apianar. tr. Disminuir notablemente la intensidad del *sonido.
apiaradero. m. Cuenta que hace el ganadero de las cabezas de cada *rebaño o piara.
apical. adj. Relativo al ápice o situa-

do en él. ‖ Dícese de la consonante en cuya *pronunciación interviene el ápice de la lengua. ‖ Letra que representa este sonido. Ú. t. c. s. f.
apicararse. r. Adquirir costumbres de pícaro.
ápice. m. Extremo *superior de alguna cosa. ‖ *Punta en que remata hacia arriba. ‖ *Acento o signo ortográfico que se pone sobre las letras. ‖ fig. *Parte muy *pequeña o *insignificante. ‖ fig. Lo más *difícil o delicado de un asunto. ‖ **Estar** uno **en los ápices de** alguna cosa. fr. fig. y fam. *Saberla con todo pormenor.
apícola. adj. Perteneciente o relativo a la apicultura.
apículo. m. *Bot.* *Punta corta, aguda y poco consistente.
apicultor, ra. m. y f. Persona que se dedica a la apicultura.
***apicultura.** f. Arte de criar *abejas para aprovechar sus productos.
apilador, ra. adj. Que apila. Ú. t. c. s.
apilamiento. m. Acción y efecto de apilar.
apilar. tr. Amontonar, hacer una pila o *montón de cosas, unas sobre otras.
apimpollarse. r. Echar pimpollos las plantas.
apiñado, da. adj. De figura de piña.
apiñadura. f. **Apiñamiento.**
apiñamiento. m. Acción y efecto de apiñar o apiñarse.
apiñar. tr. *Reunir, *juntar o agrupar estrechamente. Ú. t. c. r.
apiñonado, da. adj. De color de piñón. Dícese de la *tez morena.
apio. m. Planta *hortense, umbelífera, cuyo tallo y hojas son comestibles. ‖ **caballar.** Planta silvestre parecida al **apio** común. ‖ **cimarrón.** Apio silvestre de la Argentina. ‖ **de ranas. Ranúnculo.** ‖ **equino. Apio caballar.**
apiojarse. r. Llenarse de pulgón las plantas.
apiol. m. *Quím.* Cuerpo obtenido por destilación de la semilla del perejil. Se usa como emenagogo.
apiolar. tr. Poner pihuela. ‖ *Atar un pie con el otro de un animal muerto en la caza, para colgarlo. ‖ fig. y fam. **Prender,** *apresar. ‖ fig. y fam. ***Matar.**
apiparse. r. fam. Atracarse de *comida o bebida.
apirético, ca. adj. *Med.* Perteneciente o relativo a la apirexia.
apirexia. f. *Pat.* Falta de *fiebre.
apirgüinarse. r. *Veter.* Padecer pirgüín el ganado.
apiri. m. Operario que transporta mineral en las *minas.
apisonadora. f. Máquina locomóvil, montada sobre rodillos muy pesados, que se emplea para apisonar las *carreteras.
apisonamiento. m. Acción y efecto de apisonar.
apisonar. tr. *Apretar con pisón o de otro modo la tierra u otras cosas.
apitar. tr. Azuzar a los *perros para que saquen el ganado. ‖ **Gritar.**
apito. m. **Grito.**
apitonado. adj. Quisquilloso.
apitonamiento. m. Acción y efecto de apitonar.
apitonar. intr. Echar pitones los animales que crían *cuernos. ‖ Empezar los árboles a *brotar. ‖ tr. *Romper con el pitón o con el pico alguna cosa. ‖ r. fig. y fam. Repuntarse, *ofenderse mutuamente.
apizarrado, da. adj. De color de pizarra.
aplacable. adj. Fácil de aplacar.
aplacador, ra. adj. Que aplaca.
aplacamiento. m. Acción y efecto de aplacar o aplacarse.
***aplacar.** tr. Amansar, aquietar. ‖ Suavizar, mitigar. Ú. t. c. r.
aplacer. intr. *Agradar, contentar. Ú. t. c. r.
aplacerado, da. adj. *Mar.* Dícese del fondo del *mar cuando es llano y no muy profundo.
aplacible. adj. **Agradable.**
aplaciente. p. a. de **Aplacer.** Que aplace.
aplacimiento. m. Complacencia, *placer.
aplanacalles. com. **Azotacalles.**
aplanadera. f. Instrumento para *allanar el suelo.
aplanador, ra. adj. Que aplana. Ú. t. c. s. ‖ *Martillo grande que usan los *herreros para aplanar las chapas.
aplanamiento. m. Acción y efecto de aplanar o aplanarse.
aplanar. tr. ***Allanar.** ‖ fig. y fam. Dejar a uno *extasiado o suspenso con alguna cosa inesperada. ‖ p. us. **Aplastar.** ‖ r. *Caerse a plomo algún edificio. ‖ fig. *Desanimarse.
aplanchado. m. **Planchado.**
aplanchador, ra. m. y f. **Planchador, ra.**
aplanchar. tr. **Planchar.**
aplanético, ca. adj. Dícese de los *lentes y *espejos en que se ha corregido la aberración de esfericidad.
aplanetismo. m. *Ópt.* Propiedad de aplanético.
aplantillar. tr. Labrar con arreglo a plantilla.
***aplastamiento.** m. Acción y efecto de aplastar o aplastarse.
***aplastar.** tr. Deformar una cosa por compresión o golpe de manera que resulte más plana o más delgada. Ú. t. c. r. ‖ fig. y fam. Dejar a uno *turbado y sin saber qué hacer.
aplaudidor, ra. adj. Que aplaude. Ú. t. c. s.
***aplaudir.** tr. Palmotear en señal de aprobación o entusiasmo. ‖ Alabar, *aprobar de algún modo.
***aplauso.** m. Acción y efecto de aplaudir.
aplayar. intr. Salir un *río de madre.
aplazable. adj. Que puede aplazarse.
aplazamiento. m. Acción y efecto de aplazar.
aplazar. tr. *Convocar para tiempo y lugar determinados. ‖ **Diferir,** *retardar.
aplebeyar. tr. *Envilecer los gustos o los modales. Ú. t. c. r.
aplegar. tr. Arrimar o *acercar una cosa a otra.
aplicable. adj. Que puede o debe aplicarse.
aplicación. f. Acción y efecto de aplicar o aplicarse. ‖ fig. *Diligencia y asiduidad con que se hace alguna cosa, especialmente el estudio. ‖ *Ornamentación sobrepuesta y de distinta materia.
aplicadero, ra. adj. **Aplicable.**
aplicado, da. adj. fig. Que tiene aplicación, que estudia con ahínco.
aplicar. tr. *Poner una cosa sobre otra o en contacto con otra. ‖ fig. Hacer *uso en alguna cosa de los procedimientos adecuados. ‖ fig. Poner en relación con un individuo o caso particular lo que se refiere a otro u otros. ‖ fig. *Atribuir o imputar. ‖ fig. *Destinar, apropiar. ‖ *For.* Adjudicar la *posesión de alguna cosa. ‖ r. fig. Dedicarse a un *estudio o ejercicio. ‖ fig. Poner esmero y *diligencia en el *estudio.
aplicativo, va. adj. Que sirve para aplicar alguna cosa.
aplique. m. **Teatro.* Trasto. ‖ *Candelero que se fija en la pared.
aplomado, da. adj. Que tiene aplomo. ‖ **Plomizo.**
aplomar. tr. **Albañ.* Examinar con la plomada si la obra está a plomo. Ú. t. c. intr. ‖ *Arq.* Poner las cosas *verticalmente. ‖ Herir la bola de *billar de arriba abajo con el taco puesto verticalmente. ‖ r. **Desplomarse.**
aplomo. m. Gravedad, *seriedad, *prudencia. ‖ En el *caballo, posición de sus miembros con relación a ciertas líneas verticales. Ú. m. en pl.
apnea. f. *Med.* Falta o suspensión de la *respiración.
ápoca. f. *For.* *Recibo.
apocadamente. adv. m. Con poquedad. ‖ fig. Con *desaliento. ‖ Con *vileza.
***apocado, da.** adj. fig. De poco ánimo o espíritu. ‖ fig. *Vil o de condición despreciable.
apocador, ra. adj. Que apoca o disminuye alguna cosa. Ú. t. c. s.
Apocalipsis. m. Libro de la *Biblia que contiene las revelaciones de San Juan sobre el fin del mundo.
apocalíptico, ca. adj. Perteneciente o relativo al Apocalipsis. ‖ fig. Terrorífico, *horrible.
apocamiento. m. fig. Cortedad, *timidez. ‖ fig. **Abatimiento,** *desaliento. ‖ *Vileza.
***apocar.** tr. Minorar, *disminuir. ‖ fig. *Humillar. Ú. t. c. r.
apócema. f. **Far.* **Pócima.**
apócima. f. **Pócima.**
apocináceo, a. adj. **Bot.* Dícese de plantas dicotiledóneas, de hojas persistentes, flores hermafroditas y regulares y fruto capsular o folicular, como la adelfa. Ú. t. c. s. f. ‖ f. pl. *Bot.* Familia de estas plantas.
apócopa. f. *Gram.* **Apócope.**
apocopar. tr. **Gram.* Cometer apócope.
apócope. f. **Gram.* Metaplasmo que consiste en suprimir una o más letras al fin de una palabra.
apócrifamente. adv. m. Con fundamentos falsos o inciertos.
apócrifo, fa. adj. Fabuloso, *fingido. ‖ *Falso. ‖ Dícese de los libros de la *Biblia que, aunque atribuidos a autor sagrado, no están declarados canónicos.
apocrisiario. m. Embajador del imperio griego. ‖ Legado eclesiástico en la corte del aquel imperio.
apodador, ra. adj. Que acostumbra poner o decir apodos. Ú. t. c. s.
apodamiento. m. ant. **Apodo.**
apodar. tr. Poner o decir *apodos.
apodencado, da. adj. Semejante al podenco.
apoderado, da. adj. Dícese del que tiene poderes o *delegación de otro para representarle y proceder en su nombre. Ú. t. c. s. ‖ **Constituir apoderado.** fr. *For.* Nombrarlo en debida forma.
apoderamiento. m. Acción y efecto de apoderar o apoderarse.
***apoderar.** tr. Dar poder una persona a otra para que la *represente en juicio o fuera de él. ‖ → r. Hacerse uno *dueño de alguna cosa.
apodíctico, ca. adj. *Lóg.* Demostrativo, convincente, *decisivo.
***apodo.** m. Nombre que suele darse a una persona, tomado de sus defectos corporales o de alguna otra circunstancia. ‖ desus. Calificativo que, por *donaire, se aplica a una persona o cosa.
ápodo, da. adj. *Zool.* Falto de *pies. ‖ m. pl. Orden de *anfibios que, cuando son adultos, carecen de extremidades y tienen muy corta la cola.
apódosis. f. **Gram.* Segunda parte del período, en que se completa el sentido de la primera.

apófige. f. *Arq.* Cada una de las extremidades del fuste de la *columna en que aquél se ensancha para enlazar con la basa o el capitel.

apófisis. f. *Anat.* Parte saliente de un *hueso. || **coracoides.** La del omóplato.

apofonía. f. **Fon.* Alteración de las vocales en palabras de la misma raíz.

apogeo. m. **Astr.* Punto en que la Luna u otro astro se halla a mayor distancia de la Tierra. || fig. Grado *superior a que puede llegar alguna cosa.

apógrafo. m. *Copia de un escrito original.

apolilladura. f. Señal o agujero que hace la polilla.

apolillar. tr. *Roer la polilla las ropas u otras cosas. || r. Deteriorarse las ropas por efecto de la polilla.

apolinar. adj. poét. **Apolíneo.**

apolinarismo. m. Herejía de los apolinaristas.

apolinarista. m. *Hereje de la secta de Apolinar, que negaba que Cristo hubiese encarnado en un cuerpo humano. Ú. t. c. adj.

apolíneo, a. adj. poét. Perteneciente o relativo a Apolo.

apolítico, ca. adj. Enteramente ajeno a la *política.

Apolo. n. p. m. **Mit.* Entre los griegos, dios de las bellas artes.

apologética. f. Ciencia que expone las pruebas y fundamentos de la verdad de la religión *católica.

apologético, ca. adj. Perteneciente o relativo a la apología.

apología. f. Discurso en *defensa o *alabanza de personas o cosas.

apológico, ca. adj. Perteneciente o relativo al apólogo o fábula.

apologista. com. Persona que hace alguna apología.

apólogo, ga. adj. **Apológico.** || m. **Fábula,** *narración.

apoltronarse. r. Hacerse poltrón.

apolvillarse. r. **Atizonarse** los cereales.

apomado, da. adj. **Blas.* Dícese del escudo en que hay una mano sosteniendo una bola.

apomazar. tr. *Alisar con la piedra pómez.

aponeurosis. f. *Zool.* Membrana tendinosa con que suelen terminar los *músculos.

aponeurótico, ca. adj. *Zool.* Perteneciente o relativo a la aponeurosis.

apontocar. tr. *Sostener una cosa o darle apoyo con otra.

apopar. intr. *Mar.* Presentar la popa al viento o a la corriente.

apoplejía. f. *Med.* Suspensión súbita de la acción cerebral por derrame sanguíneo en el *encéfalo o las meninges.

apoplético, ca. adj. Perteneciente o relativo a la apoplejía. || Que padece apoplejía. Ú. t. c. s.

apoquinar. tr. fam. *Pagar; entregar dinero.

aporcador, ra. adj. Que aporca. Ú. t. c. s.

aporcadura. f. Acción y efecto de aporcar.

aporcar. tr. *Agr.* Cubrir con tierra ciertas plantas *hortenses para que se pongan más tiernas y blancas. || **Acollar,** arrimar tierra al pie de los *árboles.

aporia. f. Estado de incertidumbre y *duda.

aporisma. m. **Cir.* *Tumor sanguíneo formado por un derrame entre cuero y carne.

aporismarse. r. *Cir.* Hacerse aporisma.

aporracear. tr. **Aporrear.**

aporrar. intr. fam. Quedarse alguno *aturdido sin saber qué decir.

aporrarse. r. fam. Hacerse *molesto o *importuno.

aporreado, da. adj. **Arrastrado.** || m. *Guisado de carne.

aporreadura. f. **Aporreo.**

aporreamiento. m. **Aporreo.**

aporreante. p. a. de **Aporrear.** Que aporrea.

aporrear. tr. *Golpear con porra o palo. Ú. t. c. r. || r. fig. *Trabajar con ahínco y apremio.

aporreo. m. Acción y efecto de aporrear o aporrearse.

aporrillarse. r. *Hincharse las *articulaciones.

aportación. f. Acción de aportar. || Conjunto de *bienes aportados.

aportadera. f. Cada una de las dos *cajas que se *cargan en *caballerías para transportar ciertas cosas. || Recipiente que sirve para transportar la *uva hasta el lagar.

aportadero. m. Paraje donde se puede tomar *puerto.

aportar. intr. Tomar *puerto. || fig. *Llegar a parte no pensada, después de haber andado perdido. || Acudir, *presentarse en determinado lugar.

aportar. tr. *Causar, ocasionar. || *For.* Llevar cada cual la parte que le corresponde a la *sociedad de que forma parte. || Llevar bienes al *matrimonio el marido o la mujer.

aporte. m. **Aportación.**

aportellado. m. *Magistrado que administraba justicia en las puertas de los pueblos.

aportillar. tr. **Artill.* Romper una pared para entrar por la abertura. || *Romper cualquier otra cosa. || r. *Caerse alguna parte de pared.

aposentaderas. f. pl. Nalgas, *asentaderas.

aposentador, ra. adj. Que aposenta. Ú. t. c. s. || m. El que tiene por oficio aposentar. || **Mil.* Oficial encargado del *alojamiento de las tropas en marcha. || **mayor de palacio.** El que tenía a su cargo la separación de los cuartos de las personas reales.

aposentamiento. m. Acción y efecto de aposentar o aposentarse. || **Aposento.**

aposentar. tr. Dar habitación y *hospedaje. || r. Tomar *casa.

***aposento.** m. Cuarto o pieza de una *casa. || *Hospedaje. || Palco de los antiguos *teatros. || **de corte.** Viviendas que se destinaban para criados del *rey.

aposesionar. tr. **Posesionar.** Ú. m. c. r.

aposición. f. **Gram.* Colocación de dos o más substantivos consecutivamente sin conjunción.

apositivo, va. adj. **Gram.* Concerniente a la aposición.

apósito. m. **Cir.* Remedio que se aplica exteriormente con paños, vendas, etc.

aposta. adv. m. **Adrede.**

apostadamente. adv. m. fam. **Aposta.**

apostadero. m. Paraje donde hay gente apostada. || *Puerto o bahía en que se reúnen bajo un solo mando varios buques de la *armada. || Departamento marítimo.

apostal. m. Sitio donde abunda la *pesca en algún río.

***apostar.** tr. Pactar entre sí dos o más individuos, que el que tuviere razón en una disputa o acertare en algún pronóstico, se apropiará las cantidades u objetos previamente determinados. || *Poner personas o caballerías en determinado paraje para algún fin. Ú. t. c. r. || intr. fig. Competir, rivalizar.

***apostasía.** f. Acción y efecto de apostatar.

***apóstata.** com. Persona que comete apostasía.

***apostatar.** intr. Negar uno la creencia religiosa que profesaba. || Abandonar un religioso la orden a que pertenece. || Faltar un *clérigo habitualmente a las obligaciones propias de su estado. || Cambiar de doctrina o de partido *político.

apostema. f. **Postema.**

apostemar. tr. Hacer o causar apostema. Ú. m. c. r.

apostemero. m. **Postemero.**

apostemoso, sa. adj. Perteneciente o relativo a la apostema.

a posteriori. m. adv. lat. Dícese del *razonamiento o *prueba que consiste en ascender del efecto a la causa, o de las propiedades a la esencia.

apostilla. f. Acotación que interpreta, *explica o comenta un texto.

apostillar. tr. Poner apostillas.

apostillarse. r. Llenarse de postillas.

***apóstol.** m. Cada uno de los doce principales discípulos de Jesucristo, a quienes confió la *predicación del Evangelio. || También se da este nombre a San Pablo y a San Bernabé. || Con el art. *el*, por antonom., San Pablo. || El que predica el Evangelio y convierte a los infieles. || El que se consagra a la propaganda de alguna idea generosa. || **El apóstol de las gentes.** San Pablo.

apostolado. m. Oficio de *apóstol. || Congregación de los Apóstoles. || Conjunto de las *efigies de los doce apóstoles. || fig. Campaña de propaganda.

apostolical. m. *Sacerdote o eclesiástico.

apostólicamente. adv. m. Según las reglas y prácticas apostólicas. || fam. Con *pobreza y modestia.

***apostólico, ca.** adj. Perteneciente o relativo a los apóstoles. || Perteneciente al *Papa.

apostolicón. m. **Farm.* Ungüento compuesto de doce ingredientes.

apostolizar. tr. Procurar la *conversión de los infieles.

apostrofar. tr. Dirigir apóstrofes.

apóstrofe. amb. **Ret.* Figura que consiste en interrumpir el *discurso para encararse con alguna persona o cosa personificada. || fig. **Dicterio.**

apóstrofo. m. Signo *ortográfico (') que indica la elisión de alguna vocal.

apostura. f. *Gallardía, buena disposición en la persona.

aposturaje. m. **Arq.* *Nav.* Barraganete de la varenga.

apoteca. f. ant. **Botica.**

apotecario. m. ant. **Boticario.**

apotegma. m. Dicho breve y sentencioso, *máxima.

apotema. f. *Geom.* Perpendicular trazada desde el centro de un *polígono regular a uno de sus lados. || *Geom.* Altura de las caras triangulares de una *pirámide regular.

apoteósico, ca. adj. Perteneciente o relativo a la apoteosis.

apoteosis. f. Concesión, a ciertos héroes paganos, de los honores propios de los *dioses. || Prácticas de *culto derivadas de esta concesión. || fig. *Enaltecimiento de una persona con gran *pompa y aparato.

apotrerar. tr. Dividir una hacienda en potreros. || Poner el *ganado en un potrero.

apoyadura. f. *Leche que acude a

los pechos de las hembras cuando dan de mamar.
*__apoyar.__ tr. Hacer que una cosa estribe sobre otra. ‖ fig. *Proteger, *ayudar. ‖ fig. *Confirmar, probar. ‖ fig. Sacar la apoyadura a las vacas. ‖ *Equit.* Bajar el *caballo la cabeza. Ú. t. c. r. ‖ intr. Cargar, estribar. Ú. t. c. r. ‖ r. fig. Servirse de una persona o cosa como de apoyo.
apoyatura. f. **Mús.* Nota pequeña y de adorno, cuyo valor se toma de la nota siguiente.
*__apoyo.__ m. Lo que sirve para sostener. ‖ **Apoyadura.** ‖ fig. *Protección. ‖ fig. *Fundamento, *prueba o confirmación de un parecer o doctrina.
apozarse. r. **Rebalsarse.**
apreciable. adj. Capaz de ser apreciado o tasado. ‖ *Importante. ‖ fig. Digno de aprecio y *estimación.
apreciación. f. Acción y efecto de apreciar.
apreciadamente. adv. m. Con aprecio.
apreciador, ra. adj. Que aprecia. Ú. t. c. s.
*__apreciar.__ tr. Poner *precio. ‖→ fig. Reconocer y *estimar el mérito. ‖ fig. Formar *juicio de la magnitud o importancia de las cosas.
apreciativo, va. adj. Perteneciente al aprecio o estimación.
aprecio. m. **Apreciación.** ‖ Estimación afectuosa.
aprehender. tr. Coger, *asir. ‖ *Apresar. ‖ Incautarse de géneros de *contrabando. ‖ *Fil.* Percibir simplemente las cosas sin hacer juicio de ellas. ‖ *Comprender.
aprehendiente. p. a. de **Aprehender.** Que aprehende.
aprehensible. adj. Que puede ser *comprendido.
aprehensión. f. Acción y efecto de aprehender. ‖ **For.* Uno de los cuatro procesos forales privilegiados de Aragón.
aprehensivo, va. adj. Perteneciente a la facultad mental de aprehender.
aprehensor, ra. adj. Que aprehende. Ú. t. c. s.
apremiadamente. adv. m. Con apremio.
apremiador, ra. adj. Que apremia. Ú. t. c. s.
apremiante. p. a. de **Apremiar.** Que apremia.
*__apremiar.__ tr. Dar prisa, obligar a uno a que haga prontamente alguna cosa. ‖ *Oprimir, *apretar. ‖ *Compeler con autoridad. ‖ Imponer apremio de *contribución. ‖ **For.* Instar un litigante para que su contrario actúe en el procedimiento.
apremio. m. Acción y efecto de apremiar. ‖ Procedimiento ejecutivo de la Hacienda para la *cobranza de impuestos o descubiertos. ‖ Recargo de *contribuciones por demora en el pago.
aprendedor, ra. adj. Que aprende. Ú. t. c. s.
*__aprender.__ tr. Adquirir el conocimiento de alguna cosa por medio del estudio o de la experiencia. ‖ ‖ Conjeturar. ‖ Tomar algo en la *memoria.
*__aprendiz, za.__ m. y f. Persona que aprende algún arte u oficio.
*__aprendizaje.__ m. Acción de aprender algún arte u oficio. ‖ Tiempo que en ello se emplea.
aprensador, ra. adj. Que aprensa. Ú. t. c. s.
aprensadura. f. p. us. **Prensadura.**
aprensar. tr. **Prensar.** ‖ fig. Oprimir.
aprensión. f. **Aprehensión.** ‖ *Temor a contagiarse o a adquirir alguna *enfermedad. ‖ *Conjetura infundada. ‖ *Prejuicio.
aprensivo, va. adj. Dícese de la persona excesivamente preocupada de su salud y temerosa de las *enfermedades.
apresador, ra. adj. Que apresa. Ú. t. c. s.
*__apresamiento.__ m. Acción y efecto de apresar.
*__apresar.__ tr. Asir, hacer presa con las garras o *mordiendo. ‖ Tomar por fuerza alguna nave. ‖ **Aprisionar.**
apreso, sa. adj. Dícese del *árbol que ha *arraigado.
aprestar. tr. *Preparar, disponer lo necesario. Ú. t. c. r. ‖ **Aderezar** los *tejidos.
apresto. m. *Preparación para alguna cosa. ‖ Acción y efecto de aprestar los *tejidos. ‖ Almidón, cola u otros ingredientes que sirven para ello.
apresuración. f. **Apresuramiento.**
apresuradamente. adv. m. Con apresuramiento.
apresuramiento. m. Acción y efecto de apresurar o apresurarse.
apresurar. tr. Dar prisa, *acelerar. Ú. t. c. r.
apretadera. f. Correa o *cuerda que sirve para apretar o *ceñir alguna cosa. Ú. m. en pl. ‖ pl. fig. y fam. Instancias eficaces para *compeler a otro a que haga lo que se le pide.
apretadero, ra. adj. **Apretativo.** ‖ m. **Braguero.**
apretadizo, za. adj. Que se aprieta o comprime fácilmente.
apretado, da. adj. fig. *Difícil, peligroso. ‖ fig. y fam. *Mezquino o miserable. ‖ m. *Escrito de letra muy metida. ‖ *Germ.* **Jubón.**
apretador, ra. adj. Que aprieta. Ú. t. c. s. ‖ m. Instrumento que sirve para apretar. ‖ Almilla sin mangas. ‖ Especie de cotilla que se ajustaba al cuerpo de los *niños y a la cual se cosían los andadores. ‖ Faja que se pone a los *niños que están en mantillas. ‖ Cinta para el *tocado de las mujeres. ‖ *Sábana basta para sujetar los colchones.
apretadura. f. Acción y efecto de apretar.
apretamiento. m. **Aprieto.**
apretante. p. a. de **Apretar.** Que aprieta.
*__apretar.__ tr. Estrechar con fuerza, comprimir. ‖ Poner en algún empeño mayor *esfuerzo que de ordinario. ‖ fig. *Acosar a alguno. ‖ fig. *Afligir. ‖ *Incitar, *apremiar. ‖ **Pint.* Dar apretones. ‖ **Apretar a correr.** fr. fam. Echar a *correr. ‖ **¡Aprieta!** interj. fam. que denota que una cosa parece *absurda.
apretativo, va. adj. ant. Que tiene virtud de apretar.
apretón. m. Apretadura muy fuerte y rápida. ‖ fam. Movimiento violento del vientre, que obliga a evacuar inmediatamente el *excremento. ‖ fam. *Carrera violenta y corta. ‖ fig. y fam. *Dificultad, conflicto. ‖ **Pint.* Golpe de color obscuro que realza el contraste de los tonos.
apretujar. tr. fam. *Apretar mucho o reiteradamente. ‖ r. *Apretarse muchas personas en un recinto *estrecho.
apretujón. m. fam. Acción y efecto de apretujar.
apretura. f. Presión y estrechez motivadas por la excesiva *concurrencia de gente. ‖ Sitio o paraje *estrecho. ‖ fig. **Aprieto,** *dificultad.
aprevenir. tr. **Prevenir.**
apriesa. adv. m. **Aprisa.**
aprieto. m. **Apretura** de gente. ‖ fig. *Dificultad, conflicto. ‖ *Urgencia.
a priori. m. adv. lat. Dícese del *razonamiento o *prueba que consiste en descender de la causa al efecto, o de la esencia de una cosa a sus propiedades.
apriorismo. m. Método en que se emplea sistemáticamente el razonamiento a priori.
apriorístico, ca. adj. Perteneciente o relativo al apriorismo.
aprisa. adv. m. Con celeridad o *prontitud.
apriscadero. m. ant. **Aprisco.**
apriscar. tr. Recoger el *ganado en el aprisco. Ú. t. c. r.
*__aprisco.__ m. Paraje donde se recoge el ganado para resguardarlo de la intemperie.
aprisionar. tr. Poner en *prisión. ‖ Poner prisiones. ‖ fig. *Atar.
aproar. intr. *Mar.* Volver el buque la proa a alguna parte.
*__aprobación.__ f. Acción y efecto de aprobar. ‖ **Probación.**
aprobado. m. En *exámenes, nota de aptitud.
aprobador, ra. adj. Que aprueba. Ú. t. c. s.
aprobante. p. a. de **Aprobar.** Que aprueba. Ú. t. c. s.
*__aprobar.__ tr. Dar por buena una cosa. ‖ *Asentir a una doctrina u opinión.
aprobativo, va. adj. **Aprobatorio.**
aprobatorio, ria. adj. Que aprueba o implica aprobación.
aproches. m. pl. **Fort.* Trabajos que hacen los atacantes de una plaza, para acercarse a batirla.
aprontamiento. m. Acción y efecto de aprontar.
aprontar. tr. Prevenir, *preparar o disponer con prontitud. ‖ *Entregar sin dilación dinero u otra cosa.
apropiable. adj. Que puede ser apropiado.
apropiación. f. Acción y efecto de apropiar o *apropiarse.
apropiadamente. adv. m. Con propiedad.
apropiado, da. adj. Acomodado, *conveniente para el fin a que se destina.
apropiador, ra. adj. Que apropia. Ú. t. c. s.
*__apropiar.__ tr. Hacer propia de alguno cualquier cosa, *apoderarse de ella. ‖ Aplicar a cada cosa lo que le es más conveniente. ‖ fig. Acomodar el caso de que se trata a un *ejemplo conocido. ‖ r. *Tomar para sí alguna cosa.
apropincuación. f. Acción y efecto de apropincuarse.
apropincuarse. r. **Acercarse.**
aprovechable. adj. Que se puede aprovechar.
aprovechadamente. adv. m. Con aprovechamiento.
aprovechado, da. adj. Dícese del que sabe sacar *provecho de donde otros no lo encuentran. ‖ Aplicado, diligente.
aprovechador, ra. adj. Que aprovecha.
aprovechamiento. m. Acción y efecto de aprovechar o aprovecharse.
aprovechante. p. a. de **Aprovechar.** Que aprovecha.
*__aprovechar.__ intr. Servir de *provecho alguna cosa. ‖ *Adelantar o progresar en estudios, virtudes, etc. Ú. t. c. r. ‖ **Mar.* Orzar cuanto permite la dirección del viento reinante. ‖ → tr. Emplear con *utilidad alguna cosa. ‖ r. Sacar utilidad de alguna cosa.
aprovisionamiento. m. Acción y efecto de *proveer de lo necesario.

aprovisionar. tr. **Abastecer.**
***aproximación.** f. Acción y efecto de aproximar o aproximarse. || En la *lotería nacional, cada uno de los premios que se conceden a ciertos números que no salen en el sorteo pero que están inmediatos a otros premiados.
***aproximadamente.** adv. m. Con *proximidad, cerca. || De manera *aproximada.
***aproximado, da.** adj. Aproximativo, que supone *aproximación en más o en menos.
aproximar. tr. Arrimar, acercar. Ú. t. c. r.
aproximativo, va. adj. Que se aproxima o *acerca.
apsara. f. En la *mitología de la India, ninfa acuática.
ápside. m. **Astr.* Cada uno de los dos extremos del eje mayor de la órbita de un astro.
aptamente. adv. m. Con aptitud.
áptero, ra. adj. Que carece de *alas. || Dícese de ciertos templos antiguos sin *columnas.
***aptitud.** f. Lo que hace que una cosa sea adecuada para cierto fin. || Disposición natural de las personas para determinada actividad. || Idoneidad para obtener o ejercer un *empleo.
***apto, ta.** adj. Idóneo, hábil para alguna cosa.
apud. prep. lat. usada en las citas con la significación de *en la obra de.*
***apuesta.** f. Acción y efecto de apostar. || Cosa que se apuesta. || **De,** o **sobre, apuesta.** loc. fam. Con empeño y *rivalidad.
apuestamente. adv. m. Ordenadamente. || Con gallardía. || Con adorno y aliño.
apuesto, ta. adj. Ataviado, *adornado. || *Gallardo, bien plantado.
apulgarar. intr. Hacer fuerza con el dedo pulgar.
apulgararse. r. Llenarse la ropa blanca de *manchitas obscuras por efecto de la *humedad.
apulso. m. **Astr.* Contacto del borde de un astro con el retículo del anteojo.
apunarse. r. Padecer puna o soroche.
apunchar. tr. Abrir las púas del *peine.
***apuntación.** f. **Apuntamiento,** acción y efecto de apuntar. || **Mús.* Acción de escribir música. || *Mús.* **Notación.**
apuntadamente. adv. m. ant. **Puntualmente.**
apuntado, da. adj. Que hace *puntas por las extremidades. || **Blas.* Dícese de dos o más figuras que se tocan por la punta.
apuntador, ra. adj. Que apunta. Ú. t. c. s. || m. **Teatro.* Persona que, colocada entre los actores y el público, y oculta a la vista de éste, va recordando a aquéllos en voz baja su respectivo papel. || **Traspunte.** || *Germ.* ***Alguacil,** corchete.
apuntadura. f. Calce puesto a la *punta de una reja de *arado.
apuntalamiento. m. Acción y efecto de apuntalar.
apuntalar. tr. Poner puntales.
apuntamiento. m. Acción y efecto de apuntar. || **For.* Resumen de los autos hecho por el relator.
***apuntar.** tr. Asestar o dirigir una arma arrojadiza o de fuego. || *Señalar con el dedo o de otra manera. || Hacer alguna señal o *marca en lo escrito. || → Tomar nota por escrito. || Hacer un dibujo ligero. || Anotar la *ausencia de los que deben asistir al cabildo en las catedrales. || *Fijar provisionalmente una cosa con clavos, hilvanes, etc. || Sacar *punta. || En los juegos de *naipes, poner sobre una carta o junto a ella la cantidad que se quiere jugar. || fam. *Remendar o zurcir. || Pasar con hilo bramante los dobleces de las piezas de *paño. || **Teatro.* Ir el apuntador leyendo a los actores lo que han de recitar. || fig. Señalar o indicar. || fig. *Sugerir al que habla alguna especie para que recuerde lo olvidado. || **Impr.* Clavar el pliego en las punturas. || intr. Empezar a *manifestarse alguna cosa. || r. Empezar a agriarse el *vino. || fam. Empezar a *emborracharse. || Entallecerse los *cereales. || **Apuntar y no dar.** fr. fig. y fam. Dejar *incumplida una *promesa.
apunte. m. **Apuntamiento.** || *Nota que se hace por escrito de alguna cosa. || *Dibujo ligero. || **Teatro.* Voz del apuntador. || **Apuntador** o traspunte del teatro. || Escrito que va leyendo el apuntador. || **Puesta,** en los juegos de *naipes. || **Punto,** el que juega contra el banquero. || Persona *extravagante o ridícula. || fam. **Perillán.**
apuntillar. tr. **Taurom.* Dar la puntilla.
apuñadar. tr. **Apuñear.**
apuñalado, da. adj. De figura parecida a la hoja de un puñal.
apuñalar. tr. Dar de puñaladas.
apuñar. tr. *Asir o coger con la mano. || **Apuñear.** || intr. Apretar la mano para asegurar lo que se lleva.
apuñear. tr. fam. Dar de puñadas.
apuñetear. tr. **Apuñear.** Ú. t. c. r.
apuracabos. m. Pieza cilíndrica con una púa, que se pone en el *candelero para clavar los cabos de vela a fin de que se consuman por completo.
apuración. f. Acción y efecto de apurar la verdad o *exactitud de algo. || Apuro, *dificultad.
apuradamente. adv. m. fam. A la hora precisa. || Con tasa y limitación. || Con *exactitud.
apurado, da. adj. *Pobre, necesitado. || *Difícil, *peligroso. || *Exacto.
apurador, ra. adj. Que apura. Ú. t. c. s. || m. **Apuracabos.** || En la *cosecha de *aceituna, el que va derribando el fruto después del primer vareo. || **Min.* El que lava de nuevo las tierras.
apuramiento. m. Acción y efecto de apurar.
apuranieves. f. ***Aguzanieves.**
***apurar.** tr. *Purificar. || → Agotar, *consumir por completo. || *Concluir, rematar. || *Averiguar una cosa con todo pormenor. || fig. *Apremiar, dar prisa. || fig. *Molestar a uno e impacientarlo. || r. *Afligirse, preocuparse.
apure. m. *Min.* Acción de apurar los metales, y especialmente el *oro y la *plata. || **Min.* Residuos del lavado de los minerales de plomo.
apuro. m. *Dificultad, conflicto. || *Escasez notable. || *Aflicción.
apurrir. tr. **Alargar,** alcanzar algo y *darlo a otro.
aquebrazarse. r. Formarse grietas en la *piel de las extremidades.
aquejador, ra. adj. Que aqueja. Ú. t. c. s.
aquejar. tr. Acongojar, *afligir.
aquejoso, sa. adj. Afligido, acongojado.
aquel, lla, llo. pron. dem. con que se designa lo que está lejos de la persona que habla y de la persona con quien se habla. || m. fam. *Atractivo, donaire y gallardía de una persona.
aquelarre. m. Conciliábulo de *hechiceras.
aquellar. tr. fam. Verbo que se emplea para *sugerir el significado de otro que no se quiere expresar. Ú. t. c. r.
aquende. adv. l. De la parte de acá.
aquenio. m. *Bot.* *Fruto seco, indehiscente y con pericarpio distinto del tegumento de la semilla.
aqueo, a. adj. Natural de Acaya (Grecia). Ú. t. c. s. || Perteneciente a esta región.
aquerenciarse. r. Tomar *afición o querencia a un lugar. Dícese más bien de los animales.
aquese, sa, so. pron. dem. **Ese.** Se usa en poesía.
aqueste, ta, to. pron. dem. **Este.** Se usa en poesía.
áqueta. f. **Cigarra.**
aquí. adv. l. En este *lugar. || A este lugar. || Equivale a veces a **en esto** o **en eso,** o simplemente a **esto,** o **eso.** || En correlación con **allí,** suele designar sitio indeterminado. || adv. t. Ahora, en el tiempo *actual. || Entonces, en tal *tiempo u ocasión. || **Aquí y allí.** m. adv. que denota indeterminadamente varios lugares. || **De aquí para allí.** m. adv. De una parte a otra, *vagando.
aquiescencia. f. *Consentimiento.
aquiescente. adj. Que da su *consentimiento.
aquietador, ra. adj. Que aquieta.
aquietar. tr. Sosegar, apaciguar. Ú. t. c. r.
aquifolio. m. **Acebo.**
aquilatamiento. m. Acción y efecto de aquilatar.
aquilatar. tr. Examinar y medir los quilates del *oro y de las *perlas y piedras preciosas. || fig. *Examinar y apreciar debidamente el mérito de una persona o cosa. || Apurar la *investigación de alguna cosa.
aquilea. f. **Milenrama.**
aquilífero. m. El que llevaba la *insignia del águila en las legiones romanas.
aquilino, na. adj. poét. **Aguileño.**
aquilón. m. *Viento norte.
aquilonal. adj. Perteneciente o relativo al aquilón. || fig. Aplícase al tiempo de *invierno.
aquilonar. adj. **Aquilonal.**
aquillado, da. adj. *Mar.* Dícese del *buque que tiene mucha quilla.
aquintralarse. r. **Pat. Veg.* Cubrirse de quintral las plantas o contraer la enfermedad así llamada.
aquistar. tr. *Conseguir, conquistar.
aquitánico, ca. adj. Perteneciente a Aquitania (Francia).
aquitano, na. adj. Natural de Aquitania. Ú. t. c. s. || **Aquitánico.**
aquivo, va. adj. **Aqueo.**
ara. f. *Altar en que se ofrecen sacrificios. || *Piedra consagrada sobre la cual se celebra la misa. || *Astr.* *Constelación situada debajo del Escorpión. || ***Acogerse** uno **a las aras.** fr. fig. Refugiarse en lugar de *seguridad.
árabe. adj. Natural de Arabia. Ú. t. c. s. || Perteneciente a esta región. || m. *Idioma **árabe.**
arabesco, ca. adj. **Arábigo.** || m. **Esc.* y **Pint.* Adorno compuesto de tracerías, follajes, etc., que se emplea en frisos, zócalos y cenefas.
arábico, ca. adj. **Arábigo.**
arábigo, ga. adj. **Árabe.** || m. Idioma árabe. || **Estar** una cosa **en arábigo.** fr. fig. y fam. Ser muy difícil de entender o *incomprensible.
arabio, bia. adj. **Árabe.** Apl. a pers., ú. t. c. s.
arabismo. m. Giro o modo de ha-

blar peculiar de la lengua árabe. ‖ Vocablo o giro de esta lengua empleado en otra.
arabista. com. Persona que cultiva la lengua y literatura árabes.
arabizar. intr. Imitar la lengua, estilo o costumbres árabes.
arable. adj. A propósito para ser arado.
arabo. m. *Árbol de las eritroxíleas.
arac. m. *Licor espirituoso que se usa en Oriente y se obtiene del arroz fermentado.
arácneo, a. adj. Parecido a la *araña.
***arácnido, da.** adj. *Zool.* Dícese de los animales articulados, sin antenas y con respiración pulmonar o traqueal, como la araña. Ú. t. c. s. m. ‖ m. pl. *Zool.* Clase de estos animales.
aracnoides. adj. *Zool.* Aplícase a una de las tres *meninges que envuelven el encéfalo. Ú. m. c. s. f.
arada. f. Acción de arar. ‖ Tierra labrada con el arado. ‖ *Cultivo y labor del campo. ‖ *Superficie que puede arar en un día una yunta. ‖ Temporada en que se aran los campos.
***arado.** m. Instrumento agrícola que, con tracción animal o mecánica, sirve para abrir surcos continuos en la tierra y removerla.
arador, ra. adj. Que ara. Ú. t. c. s. ‖ *Arácnido traqueal, parásito y muy pequeño, que se introduce bajo la piel y produce la *sarna.
aradro. m. En algunas partes, **arado.**
aradura. f. Acción y efecto de arar.
aragonés, sa. adj. Natural de Aragón. Ú. t. c. s. ‖ Perteneciente a la región de este nombre. ‖ Dícese de una especie de uva tinta.
aragonesismo. m. Palabra o giro peculiar de los aragoneses.
aragonito. m. Carbonato de *cal, cristalizado en prismas hexagonales.
araguato. m. *Mono americano.
araguirá. m. *Pájaro de la Argentina de color rojo vivo.
aralia. f. *Arbusto de las araliáceas, con tallo leñoso lleno de espinas, hojas grandes, flores en corimbo y frutos negruzcos.
araliáceo, a. adj. *Bot.* Aplícase a ciertas plantas trepadoras, como la hiedra arbórea, o de tallo derecho, como la aralia. Ú. t. c. s. f. ‖ f. pl. *Bot.* Familia de estas plantas.
arambel. m. *Colgadura. ‖ fig. *Andrajo.
arameo, a. adj. Descendiente de Aram. ‖ Natural del país de Aram. Ú. t. c. s. ‖ m. *Lengua **aramea.**
aramio. m. Campo que después de labrado se deja de *barbecho.
arán. m. **Endrino.**
arana. f. *Mentira, embuste. ‖ *Fraude, estafa.
arancel. m. Tarifa oficial para la percepción de ciertos derechos, *impuestos, etc.
arancelario, ria. adj. Perteneciente o relativo al arancel. ‖ Perteneciente al arancel de *aduanas.
arandanedo. m. Terreno poblado de arándanos.
arándano. m. *Planta de las ericáceas, que tiene por frutos bayas negruzcas o azuladas, dulces y comestibles. ‖ Fruto de esta planta.
arandela. f. Platillo perforado que se pone en la parte superior del *candelero para recoger lo que se derrame. ‖ *Mec.* *Anillo metálico para evitar el roce entre dos piezas. ‖ Pieza de metal, de forma cónica, que se ponía en la empuñadura de la *lanza para defensa de la mano. ‖ *Cuello encañonado que usaron las mujeres.‖ Pieza de hoja de lata, a manera de embudo, que se pone alrededor del tronco de los *árboles, llena de agua, para impedir que suban los insectos. ‖ Candelabro que se fija lateralmente. ‖ *Mar.* Tablero para cerrar las portas en los buques de la *armada.
arandela. f. **Golondrina.**
arandillo. m. *Pájaro insectívoro, ceniciento y con las piernas rojas, que se mece a menudo en las cañas y juncos. ‖ **Caderillas.**
arandino, na. adj. Natural de Aranda de Duero. Ú. t. c. s.
aranea. f. *Anat.* Túnica transparente que contiene el humor cristalino del *ojo.
aranero, ra. adj. *Embustero. ‖ Estafador. Ú. t. c. s.
arangorri. m. *Pez acantopterigio, de color rojo y cabeza muy grande.
araniego. adj. V. **Gavilán araniego.**
aranoso, sa. adj. **Aranero.**
aranzada. f. Medida *superficial agraria equivalente a 447 deciáreas.
***araña.** f. Arácnido pulmonado, con ocho ojos dispuestos en arco, boca con dos palpos, cuatro pares de patas y abdomen abultado, que segrega una substancia que forma hilos sutilísimos. ‖ **Peje araña.** ‖ **Arañuela,** planta ranunculácea de hermosas flores. ‖ Planta gramínea. ‖ Especie de *candelabro suspendido, formado de varios brazos.‖ *Red para cazar pájaros. ‖ fig. y fam. Persona muy diligente para *ganarse la vida. ‖ fig. **Mujer pública.** ‖ **Arrebatiña.** ‖ *Carruaje parecido al bombé. ‖ Conjunto de *cabos delgados que parten desde un mismo punto. ‖ **de agua. Escribano del agua.** ‖ **de mar.** *Cangrejo de mar. ‖ **picacaballos.** *Arácnido de Honduras que les pica las patas a los caballos.
arañada. f. **Arañamiento.**
arañador, ra. adj. Que araña. Ú. t. c. s.
***arañamiento.** m. Acción y efecto de arañar o arañarse.
***arañar.** tr. Herir ligeramente el cutis con las uñas, un alfiler u otra cosa. Ú. t. c. r. ‖ Hacer *rayas en una superficie lisa. ‖ fig. y fam. *Recoger poco a poco y de varias partes lo necesario para algún fin.
***arañazo.** m. Acción y efecto de arañar.
arañero, ra. adj. *Cetr.* **Zahareño.**
araño. m. **Arañamiento.** ‖ **Arañazo.**
arañón. m. **Arán,** endrino.
arañonero. m. **Arañón,** endrino.
arañuela. f. d. de **Araña.** ‖ **Arañuelo.** ‖ Planta ranunculácea que da hermosas flores.
arañuelo. m. *Oruga que ataca las plantas y produce una tela parecida a la de la araña. ‖ **Garrapata.** ‖ *Red para cazar pájaros.
arapende. m. Medida *superficial usada por los antiguos españoles.
aráquida. f. Cacahuete.
arar. m. ***Alerce africano.**
***arar.** tr. Remover la tierra haciendo en ella surcos con el *arado. ‖ **Cuantos aran y cavan.** loc. fig. y fam. La *generalidad de las personas. ‖ fig. y fam. **Todo el mundo.**
arara. m. Papagayo.
arate. m. Cosa *molesta y necia. ‖ *Germ.* *Menstruación. ‖ **Arate cavate.** loc. fam. *Ocupación o trabajo habitual de índole humilde o rutinaria.
araticú. m. Árbol parecido al chirimoyo.
aratoso, sa. adj. Pesado, *importuno.
aratriforme. adj. Que tiene forma de *arado.
araucanista. com. Persona entendida en el idioma araucano.
araucano, na. adj. Natural de Arauco (Chile). Ú. t. c. s. ‖ Perteneciente a este país. ‖ m. Idioma de los **araucanos.**
araucaria. f. *Árbol de las coníferas, que crece hasta 50 metros de altura. ‖ **excelsa.** Especie de rápido crecimiento, que se cultiva en los jardines.
arauja. f. Planta *trepadora de las asclepiadeas.
aravico. m. *Poeta de los antiguos peruanos.
arbalestrilla. f. **Topogr.* Instrumento antiguo, especie de sextante de alidadas.
arbelcorán. m. **Alboquerón.**
arbellón. m. **Albollón.**
arbitrable. adj. Que pende del arbitrio.
arbitración. f. *For.* **Arbitramiento.**
arbitrador, ra. adj. Que arbitra. Ú. t. c. s. ‖ V. **Juez arbitrador.** Ú. t. c. s.
***arbitraje.** m. Acción o facultad de arbitrar. ‖ Juicio arbitral. ‖ **Banca.* Operación de cambio de valores mercantiles, en que se trata de aprovechar la diferencia de precio de unas plazas a otras para obtener ganancia.
arbitral. adj. Perteneciente o relativo al arbitrador o al juez árbitro.
arbitramento. m. *For.* Acción o facultad de dar sentencia arbitral. ‖ *For.* Sentencia arbitral.
arbitramiento. m. *For.* **Arbitramento.**
arbitrante. p. a. de **Arbitrar.** Que arbitra.
arbitrar. tr. Proceder uno con arreglo a su libre *arbitrio. ‖ **For.* Juzgar como árbitro. ‖ Discurrir, *inventar los medios para algún fin. ‖ r. **Ingeniarse.**
arbitrariamente. adv. m. Por arbitrio o al arbitrio. ‖ Con *arbitrariedad.
***arbitrariedad.** f. Acto injusto o infundado.
***arbitrario, ria.** adj. Que depende del arbitrio. ‖ Que incluye arbitrariedad.
arbitrativo, va. adj. **Arbitrario.**
arbitratorio, ria. adj. **Arbitral.**
***arbitrio.** m. Libre albedrío, facultad de opción. ‖ *Medio que se propone para el logro de algún fin. ‖ *Sentencia del juez árbitro. ‖ pl. Derechos o *impuestos para gastos públicos. ‖ **Arbitrio de juez, o judicial.** **For.* Facultad del juez para la apreciación circunstancial no fijada en la ley.
arbitrista. com. Persona que inventa proyectos extraordinarios o disparatados para el arreglo de la *hacienda pública.
***árbitro, tra.** adj. Dícese del que puede hacer alguna cosa por sí solo, sin dependencia de otro. Ú. t. c. s. ‖ V. **Juez árbitro.** Ú. t. c. s. ‖ m. El que en ciertos *deportes cuida de la aplicación del reglamento.
***árbol.** m. Planta perenne, de tronco leñoso y elevado, que se ramifica a cierta altura del suelo. ‖ Pieza de hierro en la parte superior del husillo de la prensa de *imprimir. ‖ En los *órganos, eje que, a voluntad del ejecutante, actúa sobre un registro. ‖ Punzón que usan los *relojeros. ‖ Cuerpo de la *camisa, sin las mangas. ‖ *Germ.* **Cuerpo** del hombre. ‖ *Arq.* Pie derecho que sostiene los peldaños de una *escalera de caracol. ‖ **Impr.* Altura de la letra desde la base hasta el hombro. ‖ *Mar.* **Palo.** ‖ *Mec.* *Eje fijo o

giratorio de algunas máquinas. || **de costados. Árbol** *genealógico. || **de Diana.** *Quím.* Cierta cristalización que se obtiene en una disolución de plata y mercurio en ácido nítrico. || **de fuego.** Armazón de madera para *fuegos artificiales. || **de Judas. Ciclamor.** || **de la canela. Canelo.** || **de la cera. Árbol** de las euforbiáceas, que exuda una materia semejante a la cera. || **de la ciencia del bien y del mal.** *Hist. Sagr.* El del Paraíso terrenal. || **de la cruz.** *Cruz en que murió Jesucristo. || **del amor. Ciclamor.** || **de la seda. Mata de la seda.** || **de la vida.** *Hist. Sagr.* El del Paraíso, que tenía la virtud de prolongar la existencia. || **Tuya.** || **Anat.* Conjunto de ramificaciones formadas en el cerebro. || **del cielo. Ailanto.** || **del clavo. Clavero.** || **del diablo. Jabillo.** || **del incienso. Árbol** de las terebintáceas, que da por exudación el incienso. || **del lizo.** En las fábricas de *tapices, palo que enfila los lizos. || **del pan. Árbol** de los trópicos, de las artocárpeas, cuyo fruto, de figura oval y muy voluminoso, contiene una substancia farinácea que, cocida, sirve de alimento. || **del Paraíso. Árbol** de las eleagnáceas, cuyas flores y hojas despiden olor aromático muy subido. || **de María. Calambuco.** || **de Marte.** *Quím.* Compuesto que se forma sobre los cristales de sulfato de hierro introducidos en una disolución de silicato y carbonato de potasa. || **de pie.** El que viene de semilla y no de cepa. || **de pólvora. Árbol de fuego.** || **de ruedas.** Eje de las ruedas del *reloj. || **de Saturno.** *Quím.* Cristalización que se obtiene introduciendo en una disolución de acetato de plomo una armadura de alambre adecuada. || **genealógico.** Cuadro descriptivo de los *parentescos en una familia. || **mayor.** *Mar.* **Palo mayor.** || **padre.** El que se deja en pie para que con su semilla se repueble el *monte.

arbolado, da. adj. Dícese del sitio poblado de árboles. || m. Conjunto de árboles. || *Germ.* Hombre de grande *estatura.

***arboladura.** f. *Mar.* Conjunto de árboles y vergas de un buque.

arbolar. tr. **Enarbolar.** || Poner la *arboladura a una embarcación. || *Arrimar derecho un objeto alto a una cosa. || r. **Encabritarse.**

arbolario, ria. adj. fig. y fam. **Herbolario.**

arbolecer. intr. **Arborecer.**

arboleda. f. Sitio poblado de árboles.

arboledo. m. **Arbolado.**

arbolejo. m. d. de **Árbol.**

arbolete. m. d. de **Árbol.** || Rama de árbol hincada en tierra y con varetas untadas de liga, que se usa para *cazar pájaros.

arbolillo. m. d. de **Árbol.** || **Arbolete** para cazar. || Murete lateral del *horno de cuba.

arbolista. com. Persona dedicada al cultivo de los *árboles. || Persona que comercia en ellos.

arbolito. m. d. de árbol. || **Árbol de fuego.**

arbollón. m. **Albollón.** || **Salir** uno **por el arbollón.** fr. fig. y fam. **Salir por el albañal.**

arborecer. intr. Hacerse árbol.

arbóreo, a. adj. Perteneciente o relativo al árbol. || Semejante al árbol.

arborescencia. f. Desarrollo y formación de las plantas arborescentes. || **Miner.* Semejanza de ciertos minerales o cristalizaciones con la forma de un árbol.

arborescente. adj. Dícese de la planta que tiene caracteres parecidos a los del *árbol.

arboricultor. m. El que se dedica a la arboricultura.

arboricultura. f. Cultivo de los árboles.

arboriforme. adj. De figura de árbol.

arbotante. m. *Arq.* *Arco por tranquil que se apoya por abajo en un botarel y arriba sirve de sostén a algún arco o *bóveda. || *Mar.* *Palo que sobresale del casco del buque para sostener cualquier objeto.

arbustivo, va. adj. *Bot.* Que tiene la naturaleza o calidades de arbusto.

***arbusto.** m. Planta perenne, de tallos leñosos y ramas desde la base.

***arca.** f. Caja de madera con tapa sujeta con goznes. || **Caja** para guardar caudales. || Horno de las fábricas de *vidrio, donde se ponen las piezas después de labradas. || En Valencia, pedrea que tenían los estudiantes unos con otros. || pl. Pieza donde se *guarda el dinero en las tesorerías. || **Anat.* Vacíos que hay debajo de las costillas. || **Arca cerrada.** fig. Persona muy reservada. || fig. Cosa *oculta o desconocida. || **de agua.** Casilla o depósito para recibir el agua y distribuirla. || **de la alianza.** *Hist. Sagr.* Aquella en que se guardaban las tablas de la ley. || **del cuerpo.** Tronco del cuerpo *humano. || **del diluvio. Arca de Noé.** || **del pan.** fig. y fam. **Vientre.** || **del testamento. Arca de la alianza.** || **de Noé.** *Hist. Sagr.* Especie de *embarcación en que se salvaron del diluvio Noé y su familia y los animales encerrados en ella. || *Molusco acéfalo, muy común en los mares de España. || fig. y fam. Pieza, caja o armario donde se encierran muchas y varias cosas.

arcabucear. tr. Tirar arcabuzazos. || *Matar con una descarga de arcabucería.

arcabucería. f. Tropa armada de arcabuces. || Fuego de arcabuces. || Conjunto de arcabuces. || Fábrica de arcabuces.

arcabucero. m. *Soldado armado de arcabuz. || Fabricante de arcabuces y de otras armas de fuego.

arcabucete. m. d. de **Arcabuz.**

arcabuco. m. *Monte muy espeso y lleno de maleza.

arcabuz. m. *Arma de fuego*, semejante al fusil, que se usó antiguamente.

arcabuzazo. m. *Tiro de arcabuz. || *Herida que causa.

arcacil. m. **Alcacil.**

arcada. f. Conjunto o serie de *arcos, especialmente en los *puentes. **Ojo** del arco de un puente. || *Náusea. Ú. m. en pl.

árcade. adj. Natural de la Arcadia (Grecia). Ú. t. c. s. || Perteneciente a este país. || m. Individuo de la academia romana llamada de los **Árcades.**

arcadio, dia. adj. **Árcade,** natural de Arcadia.

arcador. m. El que tiene por oficio arcar.

arcaduz. m. *Caño por donde se conduce el agua. || Cada uno de los caños de que se compone una cañería. || **Cangilón** de una *noria. || fig. y fam. *Medio o procedimiento para procurar u obtener alguna cosa.

arcaico, ca. adj. Perteneciente o relativo al arcaísmo. || Muy *antiguo.

arcaísmo. m. *Palabra, locución o frase *anticuadas. || Empleo de maneras de decir anticuadas.

arcaísta. com. Persona que emplea arcaísmos con frecuencia.

arcaizante. p. a. de **Arcaizar.** Que usa arcaísmos.

arcaizar. intr. Usar arcaísmos.

arcanamente. adv. m. Con arcano, misteriosamente.

arcanela. f. Cuarta parte de la *red llamada jábega.

arcángel. m. Espíritu celeste de jerarquía intermedia entre los *ángeles y los principados.

arcangélico, ca. adj. Perteneciente o relativo a los arcángeles.

arcano, na. adj. *Secreto, recóndito. || m. Secreto muy importante. || Cosa *incomprensible.

arcar. tr. **Arquear,** dar forma de arco. || Arquear la *lana.

arcatifa. f. **Albañ.* Mezcla de cal y arena muy fina.

arcatura. f. *Arq.* Arcada voladiza que remplaza los tejaroces.

arcazón. m. **Mimbre.**

arce. m. *Árbol de las aceríneas.

arcedianato. m. Dignidad de arcediano. || Territorio de su jurisdicción.

arcediano. m. **Ecles.* Juez ordinario que pasó a formar parte del cabildo catedral.

arcedo. m. Sitio poblado de arces.

arcén. m. *Borde, margen u orilla. || **Brocal** de un *pozo.

arciche. m. **Aciche.**

arcidriche. m. ant. Tablero de *ajedrez.

arcifinio, nia. adj. Dícese del territorio que tiene *límites naturales.

***arcilla.** f. Substancia mineral, ordinariamente blanca, combinación de sílice y alúmina. Empapada en agua se hace muy plástica y se emplea para hacer vasijas de barro, ladrillos, tejas, etc. || **figulina.** La que contiene caliza, arena, óxidos de hierro, etc., y es de uso corriente en alfarería.

arcillar. tr. Mejorar las tierras silíceas echándoles arcilla.

arcilloso, sa. adj. Que tiene arcilla. || Que abunda en arcilla. || Semejante a ella.

arción. m. *Arq.* Dibujo *ornamental que imita una red.

arciprestado. m. **Arciprestazgo.**

arciprestazgo. m. Dignidad o cargo de arcipreste. || Territorio de su jurisdicción.

arcipreste. m. **Ecles.* Presbítero que ejerce ciertas atribuciones, delegadas por el obispo, sobre los curas de un territorio determinado.

***arco.** m. *Geom.* Porción de curva. || *Arma hecha de una varilla elástica cuyos extremos están sujetos por una cuerda tensa. Sirve para disparar *flechas. || Varita delgada, ligeramente arqueada, que sirve para mantener tensas las cerdas con que se hieren algunos *instrumentos de cuerda. || Aro que ciñe las duelas de las *cubas. || → *Arq.* Fábrica en forma de **arco,** que cubre un vano entre dos pilares o puntos fijos. || **Electr.* Descarga luminosa entre dos conductores separados por un medio aislador. || **abocinado.** *Arq.* El que tiene más luz en un paramento que en el opuesto. || **adintelado.** *Arq.* El de intradós horizontal. || **alveolar.** *Zool.* Cada uno de los dos formados respectivamente por el borde superior y el inferior de cada quijada. || **a nivel. Arco adintelado.** || **apainelado. Arco carpanel.** || **apuntado.** *Arq.* El que consta de dos porciones de curva que forman ángulo en la clave. || **aviajado. Arco enviajado.** || **botarete. Arbotante.** || **carpanel.** *Arq.*

El que consta de varias porciones de diferente curvatura. || **cegado.** El que tiene tapiada su luz. || **complementario.** *Geom.* **Complemento.** || **conopial.** *Arq.* El muy rebajado y con una escotadura en el centro. || **crucero.** *Arq.* El que une en diagonal dos ángulos de una bóveda. || **de círculo.** *Geom.* Parte de la circunferencia. || **de iglesia.** fig. y fam. Cosa muy *difícil de ejecutar. || **del cielo. Arco iris.** || **de medio punto.** *Arq.* El que consta de un semicírculo entero. || **de San Martín. Arco iris.** || **enviajado.** *Arq.* El que tiene los machos o apoyos colocados oblicuamente respecto a su planta. || **escarzano.** *Arq.* El que es menor que el semicírculo del mismo radio. || **iris. Iris.** || **perpiaño.** *Arq.* El resaltado a manera de cincho. || **por tranquil.** *Arq.* El que tiene sus arranques a distinta altura uno de otro. || **realzado.** *Arq.* Aquel cuya altura es mayor que la mitad de su luz. || **rebajado.** *Arq.* Aquel cuya altura es menor que la mitad de su luz. || **suplementario.** *Geom.* **Suplemento.** || **toral.** *Arq.* El que sobresale del intradós de una bóveda. || **triunfal.** Monumento compuesto de uno o más arcos, que se erige en honor de una persona o para conmemorar algún hecho, especialmente una victoria señalada. || **voltaico.** Flujo de chispas en el punto donde se interrumpe un circuito eléctrico con un intervalo conveniente. || Aparato en que se utiliza este flujo para el *alumbrado. || **zarpanel.** *Arq.* **Arco carpanel.**

arcobricense. adj. Natural de Arcos de la Frontera. Ú. t. c. s. || Perteneciente a esta ciudad.

arcón. m. **Arca grande.**

arcontado. m. Forma de *gobierno en que el poder residía en los arcontes.

arconte. m. Magistrado o *jefe supremo a quien se confió el gobierno de Atenas. || Cada uno de los nueve magistrados que posteriormente se crearon con el mismo fin.

arcosa. f. Arenisca compuesta de granos de cuarzo mezclados con feldespato.

arcosolio. m. *Sepultura de las antiguas catacumbas.

arctado. adj. Dícese del *clérigo que tiene tiempo limitado para ordenarse.

archa. f. Arma, a modo de *lanza, compuesta de una cuchilla larga fija en la extremidad de una asta.

archero. m. *Soldado de la guardia principal de la casa de Borgoña, armado con archa. || Soldado de la compañía del preboste.

archi. Prefijo que denota preeminencia o *superioridad.

archí. m. Sargento de los jenízaros argelinos.

archicofrade. m. Individuo de una archicofradía.

archicofradía. f. *Cofradía más antigua o que tiene mayores privilegios que otras.

archidiácono. m. **Arcediano.**

archidiócesis. f. **Arquidiócesis.**

archiducado. m. *Dignidad de archiduque. || Territorio perteneciente al archiduque.

archiducal. adj. Perteneciente o relativo al archiduque.

archiduque. m. Duque revestido de autoridad superior a la de otros duques. || *Dignidad de los príncipes de la casa de Austria y de la de Baviera.

archiduquesa. f. Princesa de la casa de Austria, o mujer o hija del archiduque.

archiganzúa. m. fig. *Ladrón muy hábil.

archilaúd. m. *Instrumento de música antiguo, semejante al laúd, pero mayor.

archimandrita. m. En la Iglesia griega, dignidad inferior al *obispo.

archimillonario, ria. adj. Que posee muchos millones. Ú. t. c. s.

archinauta. m. En la antigua marina romana, cargo de contramaestre.

archipámpano. m. fest. Persona a quien imaginariamente se atribuye dignidad o autoridad *soberana.

archipiélago. m. Parte del mar poblada de *islas.

architalaso. m. En Grecia, **almirante.**

architriclino. m. Entre griegos y romanos, persona encargada de dirigir el servicio de la mesa en las grandes *comidas.

archivador, ra. adj. Que archiva. Ú. t. c. s. || m. Mueble de oficina para archivar *documentos, fichas, etcétera.

archivar. tr. Poner y guardar papeles en un archivo.

archivero. m. El que tiene a su cargo un archivo.

archivista. m. **Archivero.**

archivo. m. Local en que se custodian *documentos. || Conjunto de estos documentos.

archivolta. f. **Arquivolta.**

arda. f. **Ardilla.**

ardalear. intr. **Ralear,** hacerse ralo.

árdea. f. **Alcaraván.**

ardentía. f. **Ardor.** || **Pirosis.** || Especie de reverberación fosfórica que suele mostrarse en la *mar.

ardentísimamente. adv. m. Con mucho ardor.

ardentísimo, ma. adj. sup. de **Ardiente.**

***arder.** intr. Estar encendido. || fig. **Resplandecer.** || fig. *Fermentar el estiércol, produciendo calor y vapores. || fig. Estar muy agitado por alguna *pasión. || tr. **Abrasar.** Ú. t. c. r. || r. Echarse a perder, por efecto de la *fermentación, las mieses, las aceitunas, el tabaco, etc.

ardero, ra. adj. V. **Perro ardero.**

ardeviejas. f. fam. **Aulaga.**

ardicia. f. ant. *Deseo ardiente.

ardid. adj. *Hábil, *astuto. || m. Artificio hábil para el logro de algún intento.

ardido, da. adj. *Valiente, denodado.

ardidoso, sa. adj. Mañoso, *astuto.

ardiente. p. a. de **Arder.** || Que arde. || adj. Que causa ardor. || fig. *Vehemente, *eficaz. || fig. De *color rojo.

ardientemente. adv. m. Con ardor.

ardilla. f. *Mamífero roedor de cola muy poblada. Salta desde las copas de unos árboles a las de otros, y se alimenta de sus frutos.

ardimiento. m. Acción y efecto de arder o arderse.

ardimiento. m. *Valor, denuedo.

ardínculo. m. *Veter.* Absceso en las heridas de las caballerías.

ardiñal. adj. Que puede arder.

ardiondo, da. adj. Lleno de ardor o coraje.

ardite. m. *Moneda de poco valor que hubo antiguamente en Castilla. || fig. Cosa *insignificante.

ardor. m. *Calor grande. || fig. *Exaltación, *vehemencia. || *Deseo, anhelo. || fig. **Ardimiento,** valor.

ardorosamente. adv. m. Con ardor.

ardoroso, sa. adj. Que tiene ardor. || fig. *Vehemente, eficaz. || fig. *Fuerte, vigoroso.

arduamente. adv. m. Con gran *dificultad.

arduidad. f. Calidad de arduo.

arduo, dua. adj. Muy *difícil.

ardurán. m. Variedad de la *zahína de Berbería.

***área.** f. Espacio de tierra que ocupa un edificio. || Medida de *superficie, que es un cuadrado de diez metros de lado. || *Geom.* Superficie comprendida dentro de un perímetro. || Era o cuadro de terreno pequeño.

areca. f. *Palma cuyo fruto, del tamaño de una nuez, sirve para hacer buyo. || Fruto de esta planta.

arecer. tr. ant. **Secar.**

arefacción. f. Acción y efecto de *secar o secarse.

areito. m. *Canto popular de los antiguos indios de América. || *Danza que se bailaba con este canto.

arel. m. *Criba grande para el trigo.

arelar. tr. *Cribar el trigo con arel.

***arena.** f. Conjunto de partículas desagregadas de las rocas silíceas, que se acumulan en las orillas del mar o de los ríos. || *Mineral reducido a partes muy pequeñas. || fig. Sitio o lugar del combate o la *lucha. || fig. Redondel de la plaza para la *lidia de toros. || pl. Piedrecitas que se encuentran en la vejiga de la *orina. || **Arena bruja.** La más menuda que se saca de las acequias. || **de mina.** La que se saca de las formaciones geológicas. || **muerta.** La que por estar pura no sirve para el cultivo. || **Edificar sobre arena.** fr. fig. con que se denota la *inestabilidad de alguna cosa. || **Sembrar en arena.** fr. fig. de que se usa para denotar el trabajo *inútil.

arenáceo, a. adj. **Arenoso.**

arenación. f. *Terap.* Operación que consiste en cubrir con arena caliente el cuerpo de un enfermo.

arenal. m. Suelo de arena movediza. || Extensión grande de terreno *arenoso.

arenalejo. m. d. de **Arenal.**

arenar. tr. **Enarenar.** || Refregar con arena.

arenaza. f. Granito descompuesto que suele acompañar los filones de galena.

arencar. tr. Curar las sardinas al modo de los arenques.

arencón. m. Arenque grande.

arenero, ra. m. y f. Persona que vende arena. || *Ferr.* m. Caja en que las locomotoras llevan arena para soltarla sobre los carriles y aumentar la adherencia de las ruedas. También se llama así la caja que para el mismo fin llevan los tranvías.

arenga. f. *Discurso por lo general solemne y de elevado tono. || *Mil.* Alocución. || fig. y fam. Discurso impertinente y enfadoso.

arengador, ra. adj. Que arenga. Ú. t. c. s.

arengar. intr. Decir en público una arenga. Ú. t. c. tr.

arenilla. f. Arena menuda o limadura de hierro, que se echa en los *escritos recientes para secarlos. || pl. Salitre reducido a granos menudos para la fabricación de la *pólvora. || **Cálculo** de la vejiga de la *orina. || ant. *Dados que sólo tienen puntos por una cara.

arenillero. m. **Salvadera.**

arenisca. f. *Roca formada con granillos de cuarzo unidos por un cemento silíceo, arcilloso o calizo.

arenisco, ca. adj. Aplícase a lo que tiene mezcla de arena.

***arenoso, sa.** adj. Que tiene arena, o abunda en ella. || Que participa de la naturaleza y calidades de la arena.

arenque. m. *Pez malacopterigio abdominal, de unos 25 centímetros

de longitud, que se come fresco, escabechado o curado al humo.
aréola. f. **Dermat.* Círculo rojizo que limita ciertas pústulas. ‖ *Anat.* Círculo rojizo algo moreno que rodea el *pezón del pecho. ‖ **Histol.* Espacio comprendido entre los hacecillos de fibras o los vasos de algunos tejidos.
areolar. adj. *Zool.* Perteneciente o relativo a las aréolas.
areometría. f. Arte de medir con el areómetro.
areómetro. m. *Fís.* Instrumento que sirve para determinar las *densidades relativas o los pesos específicos.
areopagita. m. Cada uno de los jueces del Areópago.
areópago. m. *Tribunal superior de la antigua Atenas. ‖ fig. Nombre que se da por ironía a un grupo de personas a quienes se supone ocupadas en el *gobierno de algún negocio.
areosístilo. m. *Arq.* *Intercolumnio en que las columnas están acopladas de dos en dos.
areóstilo. m. *Arq.* *Intercolumnio en que la distancia de columna a columna es de ocho o más módulos.
areotectónica. f. Arte de construir *fortificaciones.
arepa. f. *Pan de maíz salcochado, amasado con huevos y manteca.
arepita. f. *Tortita de maíz, con papelón y queso.
arestil. m. **Arestín.**
arestín. m. *Planta umbelífera. ‖ **Veter.* Excoriación que padecen las caballerías en las cuartillas. ‖ **Veter.* En algunos otros animales, encendimiento de la sangre.
arestinado, da. adj. *Veter.* Que padece arestín.
***arete.** m. d. de **Aro.** ‖ → Arillo de metal que por adorno suelen llevar las mujeres atravesado en el lóbulo de la oreja.
aretino, na. adj. Natural de Arezzo (Italia). Ú. t. c. s.
arévaco, ca. adj. Natural de una región de la España Tarraconense. Ú. t. c. s. ‖ Perteneciente a esta región.
arfada. f. *Mar.* Acción de arfar.
arfar. intr. *Mar.* **Cabecear.**
argadijo. m. **Argadillo.**
argadillo. m. **Devanadera.** ‖ Armazón con que se forma la parte inferior del cuerpo de algunas *efigies. ‖ fig. y fam. Persona *bulliciosa y *entremetida. ‖ *Cesto grande de mimbres.
argado. m. *Enredo, *travesura.
argalia. f. **Algalia,** tienta de *cirugía.
argallera. f. Serrucho curvo para ruñar las *cubas.
argamandel. m. **Andrajo.**
argamandijo. m. fam. Conjunto de varias cosas menudas o *utensilios que sirven para algún fin.
***argamasa.** f. Mezcla de cal, arena y agua que se emplea en las obras de albañilería.
argamasar. tr. Hacer argamasa.
argamasón. m. Pedazo grande de argamasa.
argamula. f. **Lengua de buey.**
argán. m. *Árbol de las sapotáceas, de fruto comestible cuyas semillas dan aceite.
árgana. f. Máquina a modo de *grúa.
árganas. f. pl. Especie de *angarillas, formadas con dos cuévanos.
argandeño, ña. adj. Natural de Arganda (Madrid). Ú. t. c. s. ‖ Perteneciente a esta villa.
arganel. m. **Astr.* Círculo pequeño de metal, parte del astrolabio.
arganeo. m. Anillo de hierro en el extremo superior de la caña del *ancla.
árgano. m. **Árgana.**
argavieso. m. **Turbión.**
argaya. f. ant. Arista de *trigo.
argayar. impers. Desprenderse argayos.
argayo. m. Porción de tierra y *piedras que *cae por la ladera de un monte. ‖ **de nieve. Alud.**
argayo. m. Prenda de *abrigo que usaban algunos religiosos sobre el hábito.
argel. adj. Dícese de la *caballería que solamente tiene blanco el pie derecho.
argelino, na. adj. Natural de Argel o de Argelia. Ú. t. c. s. ‖ Perteneciente a esta ciudad o región.
argemone. f. *Planta papaverácea, cuyo jugo lechoso se emplea en algunas partes como antídoto contra la mordedura de las serpientes.
argén. m. **Blas.* Color blanco o de plata.
argentada. f. *Afeite que usaban las mujeres.
argentado, da. adj. **Plateado.**
argentador, ra, adj. Que argenta. Ú. t. c. s.
argentar. tr. **Platear.** ‖ Guarnecer alguna cosa con *plata. ‖ fig. Dar brillo semejante al de la plata.
argentario. m. **Platero.** ‖ Gobernador de los monederos.
argente. m. ant. **Argento.**
argénteo, a. adj. De *plata. ‖ Dado o bañado de plata. ‖ fig. Parecido a la plata.
argentería. f. *Bordado, filigrana u obra poco sólida de plata u oro.
argentero. m. **Argentario,** platero.
argéntico, ca. adj. *Quím.* Dícese de algunos compuestos de *plata.
argentífero, ra. adj. Que contiene plata.
argentina. f. Planta rosácea.
argentinismo. m. Locución peculiar de los argentinos.
argentino, na. adj. **Argénteo.** ‖ Natural de la República Argentina. Ú. t. c. s. ‖ Perteneciente a este país. ‖ fig. Dícese de la *voz clara y bien timbrada. ‖ m. *Moneda de oro de la República Argentina, que vale cinco pesos de oro.
argento. m. **Plata.** ‖ **vivo. Azogue.** ‖ **vivo sublimado.** *Quím.* **Solimán.**
argentoso, sa. adj. Que tiene mezcla de plata.
argila. f. **Arcilla.**
argiloso, sa. adj. **Arcilloso.**
argilla. f. **Arcilla.**
argirismo. m. *Envenenamiento producido por las sales de plata.
argivo, va. adj. Natural de Argos o de la Argólida (Grecia). Ú. t. c. s. ‖ Perteneciente a esta ciudad y país.
argo. m. **Argón.**
argólico, ca. adj. **Argivo.**
argolla. f. *Aro grueso de metal, y especialmente el que sirve para asir o amarrar alguna cosa. ‖ *Juego que consiste en hacer pasar, por una **argolla** hincada en el suelo, unas bolas de madera, golpeándolas con mazas adecuadas. ‖ *Pena que consistía en exponer al reo a la vergüenza pública, sujeto por el cuello con una **argolla.** ‖ Especie de gargantilla o *collar de adorno.
argolleta. f. d. de **Argolla.**
argollón. m. aum. de **Argolla.**
árgoma. f. **Aulaga.**
argomal. m. Terreno poblado de árgomas.
argón. m. Cuerpo simple, *gaseoso, que entra en la composición del *aire.
argonauta. m. **Mit.* Cada uno de los héroes griegos que fueron a la conquista del vellocino de oro. ‖ *Molusco marino, cefalópodo, que, cuando nada a flor de agua, se asemeja a una barquilla con velas y remos.
argos. m. fig. Persona muy *vigilante.
argot. m. Jerga, germanía.
***argucia.** f. Sutileza, sofisma. ‖ *Tergiversación o argumentación falsa, hecha con agudeza.
argüe. m. **Cabrestante.**
arguellarse. r. Desmedrarse por falta de salud.
arguello. m. Acción y efecto de arguellarse.
árguenas. f. pl. **Angarillas.** ‖ **Alforjas.** ‖ **Árganas.**
arguenero. m. El que hace o vende árguenas.
árgueñas. f. pl. **Árguenas.**
argüidor, ra. adj. Que arguye, disputa o contradice.
argüir. tr. Sacar en claro, deducir como *consecuencia. ‖ Descubrir, *probar. ‖ *Revelar. ‖ Echar en cara, *acusar. ‖ intr. *Discutir para *impugnar la opinión ajena. ‖ Oponer *argumentos.
argüitivo, va. adj. p. us. Que arguye o contradice.
argullo. m. ant. **Orgullo.**
argulloso, sa. adj. ant. **Orgulloso.**
argumentación. f. Acción de argumentar. ‖ **Argumento.**
argumentador, ra. adj. Que argumenta. Ú. t. c. s.
argumentante. p. a. de **Argumentar.** Que argumenta.
***argumentar.** intr. **Argüir,** impugnar.
argumentista. com. **Argumentador.**
***argumento.** m. Razonamiento que se emplea para probar una proposición. ‖ *Asunto de que se trata en una obra. ‖ *Resumen del asunto de la obra literaria o de cada una de sus partes. ‖ *Indicio o señal. ‖ **a contrariis.** El que parte de la oposición entre dos hechos. ‖ **ad hóminem.** El que se funda en las opiniones o actos de la misma persona a quien se dirige. ‖ **a pari,** o **a símili.** El fundado en razones de semejanza. ‖ **Aquiles.** Raciocinio que se tiene por decisivo. ‖ **cornuto. Dilema.** ‖ **disyuntivo.** El que tiene por mayor una proposición disyuntiva. ‖ **ontológico.** *Teol.* El empleado para demostrar a priori la existencia de Dios. ‖ **Apretar el argumento.** fr. Reforzarlo. ‖ **Desatar el argumento.** fr. Darle solución.
argumentoso, sa. adj. desus. Solícito, *ingenioso.
arguyente. p. a. de **Argüir.** Que arguye.
aria. f. **Mús.* Composición sobre cierto número de versos para una sola voz.
aricar. tr. **Arrejacar.** ‖ *Arar muy superficialmente.
aridecer. tr. Hacer árida alguna cosa. Ú. t. c. intr. y c. r.
aridez. f. Calidad de árido.
árido, da. adj. *Seco, de poco jugo y humedad. ‖ *Estéril. ‖ fig. Falto de amenidad, poco atractivo. ‖ m. pl. *Granos, *semillas y otras cosas sólidas a que se aplican medidas de *capacidad.
arienzo. m. Cierta *moneda antigua de Castilla. ‖ *Peso equivalente a 123 centigramos.
aries. m. *Astr.* Primer signo del *Zodiaco. ‖ *Astr.* *Constelación zodiacal.
arieta. f. d. de **Aria.**
arietario, ria. adj. Perteneciente al ariete de guerra.

ariete. m. **Artill.* Máquina que se empleaba para batir murallas. ‖ **Mar. Mil.* Buque de vapor con un espolón muy reforzado para embestir otras naves. ‖ ***hidráulico.** *Mec.* Máquina para elevar agua utilizando la fuerza de una corriente del mismo líquido.
arietino, na. adj. Semejante a la cabeza del carnero.
arifa. f. En Marruecos, alcaidesa de una *cárcel de mujeres.
arifarzo. m. *Capote de dos faldas.
arigue. m. *Madero enterizo.
arijo, ja. adj. Aplícase a la tierra delgada y fácil de cultivar.
arilo. m. *Bot.* Envoltura de algunas *semillas.
arillo. m. Aro de madera para armar el alzacuello de los *clérigos. ‖ ***Arete,** zarcillo.
Arimán. m. En la India, nombre del espíritu del *mal.
arimaspe. m. **Arimaspo.**
arimaspo. m. **Mit.* Cada uno de los pobladores de una región asiática, que tenían solamente un ojo.
arimez. m. *Arq.* *Resalto que como refuerzo u *ornamentación suele haber en algunos edificios.
ario, ria. adj. Dícese del individuo de un *pueblo primitivo que habitó el centro de Asia y del cual proceden los pueblos indoeuropeos. Ú. t. c. s. ‖ Dícese de las lenguas que hablaron estos pueblos. ‖ Perteneciente a los **arios.** ‖ Por ext., **jafético.**
arique. m. Tira de yagua que se emplea para atar.
arísaro. m. *Planta de las aroideas, herbácea, de cuya raíz se extrae abundante fécula.
arisblanco, ca. adj. De aristas o raspas blancas.
arisco, ca. adj. *Desabrido, intratable. ‖ Dícese del animal huraño o *indómito.
arisnegro, gra. adj. De aristas o raspas negras.
arisprieto, ta. adj. **Arisnegro.**
arista. f. Filamento áspero de la *cáscara que envuelve el grano de trigo y el de otras plantas gramíneas. ‖ Pajilla del cáñamo o *lino. ‖ *Borde o *ángulo diedro de un *sillar, *madero, etc. ‖ Intersección de dos mesas en las *armas blancas*. ‖ *Piedra, guijarro. ‖ **Fort.* Línea saliente formada por la intersección de dos planos del glacis. ‖ **Geom.* Línea que resulta, por la parte exterior, de la intersección de dos superficies que forman un ángulo.
aristado, da. adj. Que tiene aristas.
aristarco. m. fig. *Crítico excesivamente severo.
aristín. m. **Aristino.**
aristino. m. *Veter.* **Arestín.**
aristocracia. f. *Gobierno ejercido por las personas más notables del Estado. ‖ Clase *noble. ‖ Clase que *sobresale entre las demás.
aristócrata. m. Individuo de la aristocracia. ‖ Partidario de la aristocracia.
aristocráticamente. adv. m. De modo aristocrático.
aristocrático, ca. adj. Perteneciente o relativo a la aristocracia. ‖ Fino, *cortés, distinguido.
aristofanesco, ca. adj. Aristofánico.
aristofánico, ca. adj. Propio y característico del poeta griego Aristófanes.
***aristoloquia.** f. Planta aristoloquiácea. ‖ **hembra. Aristoloquia redonda.** ‖ **larga,** o **macho.** La de raíz fusiforme. ‖ **redonda.** La de raíz redonda.
aristoloquiáceo, a. adj. **Bot.* Dícese de hierbas, matas o arbustos dicotiledóneos, cuyo tipo es la aristoloquia. Ú. t. c. s. f. ‖ f. pl. *Bot.* Familia de estas plantas.
aristón. m. *Instrumento músico de viento a modo de organillo.
aristón. m. *Arq.* *Esquina de una obra de fábrica.
aristoso, sa. adj. Que tiene muchas aristas.
aristotélico, ca. adj. Perteneciente o relativo a Aristóteles. ‖ Partidario de su doctrina. Ú. t. c. s.
aristotelismo. m. **Peripato.**
aritenoide. adj. Dícese de ciertos cartílagos de la *laringe.
***aritmética.** f. Parte de las matemáticas que estudia la composición y descomposición de la cantidad representada por números.
aritméticamente. adv. m. Según las reglas de la aritmética.
aritmético, ca. adj. Perteneciente o relativo a la aritmética. ‖ m. y f. Persona que profesa la aritmética.
aritmógrafo. m. Máquina de *calcular.
aritmómetro. m. Instrumento que sirve para ejecutar mecánicamente las operaciones aritméticas.
arjorán. m. **Ciclamor.**
arlar. tr. Poner las frutas en arlos.
arlequín. m. *Personaje cómico del antiguo *teatro italiano, vestido con un traje a cuadros o rombos de distinto color. ‖ Persona *vestida con este traje. ‖ fig. y fam. Persona *informal y *ridícula. ‖ fig. y fam. *Sorbete de dos o más substancias y colores.
arlequinada. f. Acción o ademán ridículo.
arlequinesco, ca. adj. Propio del arlequín o perteneciente a él.
arlo. m. ***Agracejo,** arbusto berberídeo. ‖ Colgajo de *frutas.
arlota. f. **Alrota.**
arlote. adj. ant. Holgazán, *perezoso. ‖ Descuidado, *desaliñado.
arlotería. f. *Pereza, bribonería. ‖ *Perversidad, picardía.
arma.** f. Instrumento destinado a ofender o defenderse. ‖ **Mil.* Cada uno de los grupos principales en que se divide un ejército por razón de las armas empleadas o por el modo de combatir. ‖ *Taurom.* *Cuerno, asta. ‖ pl. **Armadura.** ‖ Tropas o ejército de un Estado. ‖ Piezas con que se arman algunos instrumentos. ‖ fig. *Medios para conseguir alguna cosa. ‖ **Blas.* Blasones del escudo de las familias nobles o de los soberanos, naciones, etc. ‖ **Blas.* **Escudo.** ‖ **Arma arrojadiza.** La que se arroja desde lejos. ‖ **blanca. La de hoja de acero, como la espada. ‖ **defensiva.** La que sólo sirve para defenderse. ‖ **de fuego***. La que se carga con pólvora. ‖ **de precisión.** La de fuego construida con especial esmero. ‖ **de puño.** La que consiste en una hoja de hierro y acero con punta y corte, y se maneja con una sola mano. ‖ **falsa.** Acometimiento fingido, para probar la gente o para alguna estratagema. ‖ **negra.** Espada o florete con un botón en la punta, con que se aprende la esgrima. ‖ **ofensiva.** La que sirve para ofender. ‖ **Armas blancas.** **Blas.* Las que llevaba el caballero novel, sin empresa en el escudo. ‖ **falsas.** **Blas.* Las formadas contra las reglas del arte. ‖ **parlantes.** **Blas.* Las que representan un objeto de nombre igual o parecido al de la persona o Estado que las usa. ‖ **De armas tomar.** loc. fam. Dícese de la persona que muestra brío y *resolución para empresas arriesgadas. ‖ **Estar en arma,** o **en armas.** fr. Estar *perturbada una región con guerras civiles. ‖ **Hacer armas.** fr. Pelear, hacer guerra. ‖ Amenazar uno con **arma** en mano. ‖ **Llegar a las armas.** fr. Llegar a *reñir o pelear. ‖ **Medir las armas.** fr. fig. Reñir, pelear. ‖ fig. *Discutir de palabra o por escrito. ‖ **Pasar** a uno **por las armas.** fr. *Mil.* Fusilarlo. ‖ **Presentar armas.** fr. *Mil.* Hacer la tropa los honores militares poniendo el fusil frente al pecho. ‖ **Publicar armas.** fr. *Desafiar a combate público. ‖ **Rendir el arma.** fr. *Mil.* Hacer la tropa los honores a la *Eucaristía, hincando en tierra la rodilla e inclinando las **armas.** ‖ **Sobre las armas.** loc. *Mil.* En su puesto y preparado. ‖ **Tocar el arma,** o **tocar arma.** fr. *Mil.* Dar el *toque convenido para advertir a los soldados que tomen las **armas.** ‖ **Velar** uno **las armas.** fr. Guardarlas, haciendo centinela por la noche, el que había de ser armado *caballero.
***armada.** f. Marina militar de un Estado. ‖ **Escuadra,** conjunto de buques de guerra agrupados para determinado fin. ‖ Forma en que se prepara el lazo para lanzarlo y *apresar los animales. ‖ *Germ.* Flor que el *fullero hace en los naipes. ‖ *Mont.* Línea de *cazadores que acechan a las reses. ‖ **Mont.* Manga de gente con perros.
armadera. f. *Mar.* **Cuaderna de armar.**
***armadía.** f. Conjunto de maderos unidos con otros, a manera de *balsa, para poderlos conducir a flote.
***armadijo.** m. **Trampa,** para *cazar.
armadilla. f. *Germ.* Dinero que uno da a otro para que juegue por él.
armadillo. m. *Mamífero desdentado, parecido al cerdo, con la piel cubierta de laminillas córneas.
armado. m. Hombre vestido como los antiguos soldados romanos, que suele figurar en las *procesiones de *Semana Santa*.
armador, ra. m. y f. Persona que arma o monta alguna cosa. ‖ m. El que por su cuenta arma una *embarcación. ‖ **Corsario.** ‖ El que recluta gente para la *pesca de la ballena o del bacalao. ‖ **Jubón.**
***armadura.** f. Conjunto de piezas de hierro con que se cubrían el cuerpo los combatientes. ‖ Pieza o conjunto de piezas sobre que se arma alguna cosa. ‖ *Armazón. ‖ *Arq.* Conjunto de maderos o vigas de hierro, convenientemente enlazados, que forman la cubierta de un edificio. ‖ Esqueleto de los vertebrados. ‖ *Fís.* Cada uno de los cuerpos conductores separados por otro aislador, con que se forman los condensadores *eléctricos. ‖ *Fís.* Pieza de hierro dulce con la cual se evita que los *imanes pierdan sus propiedades. ‖ *Mar.* Aro de metal con que se refuerza la unión de algunas cosas. ‖ **Mús.* En la notación musical, conjunto de signos que indican la clave y el tono.
armajal. m. **Almarjal.**
armajo. m. **Almarjo.**
armamento. m. **Mil.* Conjunto de todo lo necesario para la guerra. ‖ Conjunto de *armas para un cuerpo militar. ‖ Armas y fornitura de un soldado. ‖ Equipo y *provisión de un buque.
armar. tr. Vestir o poner a uno *armas ofensivas o defensivas. Ú. t. c. r. ‖ Proveer de armas. Ú. t. c. r. ‖ *Preparar y equipar para la guerra. Ú. m. c. r. ‖ Tratándose de cier-

tas armas, aprestarlas para disparar. || *Combinar y juntar entre sí las varias piezas de que se compone un mueble, máquina, etc. || Sentar, *apoyar una cosa sobre otra. || Poner en *pasamanería hilo de oro o de plata sobre otro metal. || Podar los árboles para darles una forma determinada. || fig. y fam. Disponer, fraguar, *hacer alguna cosa. Ú. t. c. r. || fig. y fam. *Causar *discordias, enredos, *contiendas, etc. Ú. t. c. r. || fig. y fam. **Aviar,** *proveer de lo necesario. Ú. t. c. r. || intr. *Convenir una cosa a alguno, ser *conforme a su deseo. || *Min.* Yacer el mineral entre las rocas. || r. fig. Disponerse a acometer con ánimo una empresa o a resistir una contrariedad. || **Plantarse** un animal, *pararse. || **Armarla.** fr. fam. En el juego, hacer *fullerías. || fam. Promover *alboroto o *contienda.

***armario.** m. Mueble con puertas y anaqueles en lo interior, para guardar objetos. || **de luna.** El que tiene un *espejo en la parte exterior de las puertas.

armatoste. m. *Máquina o *mueble tosco, que ocupa un espacio excesivo en relación con la utilidad que rinde. || fig. Persona muy corpulenta y poco útil. || **Armadijo.** || Aparato con que se armaban las *ballestas.

armatura. f. *Mil.* Simulacro de combate entre los romanos.

armayada. f. Especie de *red para pescar.

***armazón.** f. **Armadura** sobre la cual se monta algo. || Conjunto de maderos o piezas convenientemente enlazados para algún fin. || m. Esqueleto.

armella. f. *Anillo de hierro o metal que suele tener una espiga o tornillo para clavarlo en parte sólida.

armelluela. f. d. de **Armella.**

armenio, nia. adj. Natural de Armenia (Asia). Ú. t. c. s. || Perteneciente a este país. || Dícese de ciertos cristianos de Oriente. Ú. t. c. s. || m. Lengua **armenia.**

armería. f. Edificio o sitio en que se guardan *armas antiguas. || Arte de fabricar armas. || Tienda en que se venden armas. || **Blasón.**

armero. m. Fabricante de armas. || Vendedor de armas. || Aparato de madera para tener las armas. || **mayor.** Jefe de la real armería.

armífero, ra. adj. **Armígero.**

armígero, ra. adj. Dícese del que lleva armas. || fig. Belicoso o inclinado a la guerra. || m. Escudero que llevaba las armas de su señor.

armilar. adj. V. **Esfera armilar.**

armilla. f. ant. **Armella.** || *Arq.* **Astrágalo** de una *columna. || *Arq.* **Espira.** || **Astr.* Antiguo instrumento parecido a la esfera armilar.

armiñado, da. adj. Guarnecido de armiños. || *Blanco como el armiño.

armiño. m. *Mamífero carnicero de piel muy suave y delicada, parda en verano y blanquísima en invierno. La punta de la cola es negra. || *Piel de este animal. || **Blas.* Figura convencional, a manera de mota negra y larga, sobre campo de plata.

armipotente. adj. Poderoso en armas.

armisonante. adj. poét. Que lleva armas que suenan al chocar unas con otras.

armisticio. m. *Tregua o suspensión de hostilidades.

armón. m. **Artill.* Juego delantero de la cureña de campaña.

armonía. f. Unión o combinación de *sonidos acordes. || En el lenguaje hablado, acertada combinación de sonidos, cadencias y acentos, que resulta grata al oído. || fig. Conveniente *proporción y correspondencia de unas cosas con otras. || fig. *Amistad. || **Mús.* Arte de formar y enlazar los acordes. || **imitativa.** Evocación o sugerimiento, mediante la sonoridad de las palabras, de ciertas representaciones mentales o de determinados sentimientos.

armónica. f. *Instrumento músico compuesto de láminas de cristal de desigual longitud, que se golpean con un macillo. || *Instrumento músico provisto de una serie de orificios con lengüeta. Se toca soplando o aspirando por estos orificios.

armónicamente. adv. m. De manera armónica.

armónico, ca. adj. Perteneciente o relativo a la armonía. || m. **Mús.* Cada uno de los sonidos, más agudos que el fundamental, que acompañan naturalmente a éste y le dan su timbre especial. || **Mús.* Cualquiera de estos sonidos que se obtiene apoyando suavemente el dedo en determinados puntos de una cuerda en vibración.

***armonio.** m. Órgano pequeño, al cual se da el aire por medio de un fuelle que se mueve con los pies.

armoniosamente. adv. m. Con armonía.

armonioso, sa. adj. *Sonoro y agradable al oído. || fig. Que tiene armonía o *proporción entre sus partes.

armonística. f. Ciencia que trata de las concordancias de la *Biblia.

armonizable. adj. Que puede armonizarse.

armonización. f. **Mús.* Acción y efecto de armonizar.

armonizar. tr. Poner en armonía o *conformidad dos o más cosas que deben concurrir al mismo fin. || **Mús.* Escribir los acordes correspondientes a una melodía o a un bajete. || intr. Estar en *conformidad y armonía.

armuelle. m. *Planta salsolácea. En algunas partes se cultiva como *hortaliza. || **Bledo.** || **Orzaga.** || **borde. Cenigla.**

arna. f. Vaso de *colmena.

arnacho. m. ***Gatuña.**

arnasca. f. *Artesa o pila de piedra.

arnaúte. adj. **Albanés,** natural de Albania.

arnés. m. Conjunto de armas de acero *defensivas que se acomodaban al cuerpo. || pl. *Guarniciones de las caballerías. || fig. y fam. *Utensilios o cosas necesarias para algún fin. || **Arnés tranzado.** El de piezas articuladas.

árnica. f. Planta de las compuestas. Las flores y la raíz tienen sabor acre, aromático y olor fuerte, que hace estornudar. Se emplea en *farmacia. || Tintura de **árnica.**

arnillo. m. *Pez acantopterigio, de figura y color parecidos a los del barbero.

***aro.** m. Pieza de hierro o de otra materia rígida, en figura de circunferencia. || Anillo grande de hierro con espigón movible, que sirve para el juego de la argolla. || Armadura de madera, circular o no, que sostiene el tablero de la *mesa. || En la *guitarra, violín y otros *instrumentos, piezas curvas de madera que, con las tapas, forman la caja. || Servilletero. || *Juguete en forma de **aro.** || **Arete.** || **Entrar** uno **por el aro.** fr. fig. y fam. *Rendirse a la voluntad ajena.

aro. m. *Planta aroidea con raíz tuberculosa y feculenta. || **de Etiopía. Cala,** planta.

¡aro! interj. con que se interrumpe a uno, dándole a *beber al mismo tiempo una copa de licor.

aroca. f. *Tela fabricada en Arouca (Portugal).

aroideo, a. adj. **Bot.* Dícese de las plantas monocotiledóneas herbáceas, tuberculosas o con rizoma, como el aro y la cala. Ú. t. c. s. f. || f. pl. *Bot.* Familia de estas plantas.

***aroma.** f. *Flor del aromo. || m. Goma, bálsamo o hierba de mucha fragancia. || → *Perfume.

aromar. tr. **Aromatizar.**

aromaticidad. f. Calidad de aromático.

***aromático, ca.** adj. Que tiene aroma o *perfume agradable. || V. **Cálamo aromático.**

aromatización. f. Acción de aromatizar.

aromatizante. p. a. Que aromatiza.

aromatizar. tr. Dar o comunicar aroma a alguna cosa.

aromo. m. Árbol de las leguminosas, especie de *acacia.

aromoso, sa. adj. **Aromático.**

aron. m. **Aro,** planta.

aroza. m. **Metal.* Capataz de una fundición.

arpa. f. *Instrumento músico, de figura triangular, con cuerdas colocadas verticalmente y que se tocan con ambas manos. || **eolia.** Instrumento compuesto de una caja sonora con varias cuerdas, y en el cual se producían los sonidos exponiéndolo a una corriente de aire.

arpado, da. adj. Que remata en dientecillos *puntiagudos como de sierra.

arpado, da. adj. Dícese de los *pájaros de canto grato y armonioso.

arpadura. f. *Arañazo o rasguño.

arpar. tr. *Arañar con las uñas. || *Rasgar alguna cosa.

arpegiado, da. adj. *Mús.* Dícese del acorde que se ejecuta como arpegio.

arpegiar. intr. Hacer arpegios.

arpegio. m. **Mús.* Sucesión más o menos acelerada de los sonidos de un acorde.

arpella. f. *Ave rapaz diurna, de color pardo en el pecho y el vientre, que anida en tierra cerca de los sitios pantanosos.

arpeo. m. *Mar.* Instrumento de hierro con unos *ganchos.

arpía. f. Ave *quimérica, cruel y sucia, con el rostro de doncella y lo demás de ave de rapiña. || fig. y fam. Persona codiciosa. || fig. y fam. Mujer *perversa. || fig. y fam. Mujer muy *fea y *delgada. || *Germ.* Corchete o alguacil.

arpicordio. m. Instrumento parecido a un *piano, en el cual se ponían las cuerdas en vibración mediante púas combinadas con las teclas.

arpillador. m. El que tiene por oficio arpillar.

arpilladura. f. Acción y efecto de arpillar.

arpillar. tr. Cubrir *fardos con harpillera.

arpillera. f. **Harpillera.**

arpista. com. Persona que toca el arpa.

arpón. m. Instrumento de *pesca que se compone de un astil de madera con una punta de hierro que forma a cada lado un pico aguzado y vuelto hacia atrás para que haga presa una vez clavado el instrumento. || *Arq.* **Grapa.**

arponado, da. adj. Parecido al arpón.

arponear. tr. Herir a los peces con el arpón.

arponero. m. El que fabrica arpones. || El que *pesca o caza con arpón.

arqueada. f. En los *instrumentos músicos de arco, paso de éste sobre las cuerdas sin cambiar de dirección. || **Arcada,** náusea.

arqueador. m. Perito que arquea las embarcaciones.

arqueador. m. El que tiene por oficio arquear la *lana.

arqueaje. m. **Arqueo** de una embarcación.

arqueamiento. m. **Arqueaje.**

arquear. tr. Dar figura de *arco. Ú. t. c. r. || Varear y ahuecar la *lana con un arco de una o dos cuerdas. || intr. **Nausear.**

arquear. tr. Medir la *capacidad de una embarcación.

arqueo. m. Acción y efecto de arquear o doblar en arco.

arqueo. m. Acción de arquear una embarcación. || *Mar.* *Capacidad de una embarcación.

arqueo. m. **Cont.* Reconocimiento de los caudales que existen en la caja de una casa de comercio u oficina.

***arqueología.** f. Ciencia que estudia todo lo que se refiere a las artes y a los monumentos de la antigüedad.

***arqueológico, ca.** adj. Perteneciente o relativo a la arqueología. || fig. Antiguo.

arqueólogo. m. El que profesa la arqueología.

arquería. f. Serie de *arcos.

arquero. m. *Com.* **Cajero,** encargado de la caja.

arquero. m. *Soldado que peleaba con arco y flechas. || El que tiene por oficio hacer aros para *cubas.

arqueta. f. d. de **Arca.** || **Fort.* Cajoncito en que se ponía el explosivo de una mina. || Obra de fábrica, en forma de caja, con varias entradas y salidas, para distribuir en los jardines el agua de *riego.

arquetipo. m. *Teol.* Tipo soberano y eterno, que sirve de ejemplar a los hombres. || *Modelo original.

arquetón. m. aum. de **Arqueta.**

arquibanco. m. Banco largo con respaldo o sin él, cuyo *asiento es la tapa de uno o más cajones.

arquidiócesis. f. Diócesis arquiepiscopal.

arquiepiscopal. adj. **Arzobispal.**

arquillo. m. Arco que usan los cerrajeros para hacer girar el *taladro.

arquimesa. f. Mueble con tablero de *mesa que sirve de tapa a varios cajones.

arquisinagogo. m. El principal de la sinagoga.

***arquitecto.** m. El que profesa o ejerce la arquitectura.

arquitectónico, ca. adj. Perteneciente o relativo a la arquitectura.

***arquitectura.** f. Arte de proyectar y construir edificios. || **civil.** Arte de construir edificios de carácter civil. || ***hidráulica.** Arte de conducir y aprovechar las aguas, o de construir obras debajo de ellas. || **militar.** Arte de fortificar. || **naval*.** Arte de construir embarcaciones. || **religiosa.** Arte de construir edificios de carácter religioso.

arquitrabe. m. *Arq.* Parte inferior del *cornisamento.

arquivolta. f. Conjunto de *molduras que decoran un *arco en su paramento vertical anterior.

arrabá. m. **Ornam.* Adorno en forma de marco rectangular, que, en el estilo árabe, circunscribe el arco de las puertas y ventanas.

***arrabal.** m. Barrio fuera del recinto de la población. || Cualquiera de los sitios extremos de una población. || Población anexa a otra mayor.

arrabalero, ra. adj. Habitante de un arrabal. Ú. t. c. s. || fig y fam. Dícese de la persona, y especialmente de la mujer, que en su porte y lenguaje da muestras de ordinariez y *grosería. Ú. t. c. s.

arrabiadamente. adv. m. ant. Con rabia, airadamente.

arracacha. f. *Planta umbelífera, semejante a la chirivía, pero de raíz más grande y muy exquisita. || fig. *Necedad, pie de banco.

arracada. f. *Arete con adorno colgante. || *Mar.* **Racamento.**

arracimado, da. adj. En racimo.

arracimarse. r. Unirse o *juntarse algunas cosas en figura de racimo.

arraclán. m. *Árbol de las rámneas.

arraclán. m. **Alacrán.**

arráez. m. Caudillo o *jefe árabe o morisco. || Capitán de embarcación. || Jefe de una almadraba.

arraigadamente. adv. m. Fijamente, con fijeza o permanencia.

arraigadas. f. pl. *Mar.* *Cabos o cadenas con que se aseguran las obenqaduras de los masteleros.

arraigado, da. adj. Poseedor de *bienes raíces. || m. *Mar.* Amarradura de un *cabo.

***arraigar.** intr. Echar o criar *raíces. Ú. t. c. r. || fig. Hacerse muy *firme y *duradera alguna cosa inmaterial. Ú. m. c. r. || *For.* Prestar *garantía para las resultas de un juicio. Ú. t. c. r. || tr. Confinar a una persona. || r. Establecerse de asiento, adquirir fincas.

arraigo. m. Acción y efecto de arraigar o arraigarse. || **Bienes raíces.**

arralar. intr. **Ralear,** hacerse *rala una cosa.

arramblar. tr. Dejar los ríos o torrentes cubierto de *arena el suelo *inundado. || fig. *Tomar de una vez y violentamente todo lo que se encuentra a mano. || r. Quedarse el suelo cubierto de arena a causa de una avenida.

arranado, da. adj. Dícese de las cosas que presentan una forma más *baja o achatada que la usual.

arranarse. r. Agazaparse, *encogerse.

arrancaclavos. m. *Palanca con un extremo achaflanado y hendido, que sirve para sacar *clavos.

arrancada. f. Acción y efecto de *arrancar violentamente. || **Mar.* Empuje de un buque al emprender su marcha o al aumentar repentinamente la velocidad.

arrancadera. f. *Cencerro que llevan los mansos.

arrancadero. m. Punto desde donde se echa a *correr. || Parte más gruesa del cañón de algunas *armas de fuego*.

arrancado, da. adj. fig. y fam. Dícese del sujeto que ha *perdido sus bienes. || **Blas.* Se dice del árbol o planta que descubre sus raíces.

arrancador, ra. adj. Que arranca. Ú. t. c. s.

***arrancadura.** f. Acción de arrancar.

arrancamiento. m. **Arrancadura.**

arrancapinos. m. fig. y fam. Hombre *bajo y de poca corpulencia.

***arrancar.** tr. Sacar de raíz. || Sacar con violencia una cosa del lugar en que está sujeta. || Quitar con violencia. || fig. Obtener o *conseguir algo de una persona a fuerza de instancias o amenazas. || fig. *Apartar con violencia o con astucia a una persona de alguna parte. || fig. Desprender las flemas para la expectoración. || **Mar.* Dar a un barco mayor velocidad de la que lleva. Ú. t. c. intr. || intr. Partir de *carrera. || fam. *Marcharse o salir de alguna parte. || fig. Provenir, traer *origen. || *Arq.* Principiar el *arco o la bóveda sobre el salmer o la imposta. || Iniciarse el funcionamiento de una *máquina o el movimiento de traslación de un *automóvil u otro vehículo.

arrancasiega. f. Acción de *segar parte de las mieses y arrancar el resto. || fig. *Contienda o riña en que se cruzan palabras ofensivas.

arranciarse. r. **Enranciarse.**

arranchar. tr. **Mar.* Contornear la costa. || *Mar.* Cazar y bracear el aparejo de una embarcación.

arrancharse. r. *Juntarse en ranchos. Ú. t. c. intr.

arranque. m. Acción y efecto de arrancar. || fig. Movimiento repentino de *ira u otra *pasión. || fig. *Prontitud demasiada en alguna acción. || fig. Ocurrencia viva e *inopinada. || fig. Pujanza, brío. Ú. más en pl. || *Arq.* Principio de un *arco o bóveda. || *Principio o punto de unión de algún miembro con el resto del organismo animal o vegetal.

arrapar. tr. **Arrebatar.**

arrapiezo. m. **Harapo.** || fig. y despect. *Niño o muchacho mal vestido.

arrapo. m. **Harapo.**

arras. f. pl. Lo que se da como prenda o *garantía en algún contrato o concierto. || Las trece *monedas cuya entrega constituye una de las ceremonias del *matrimonio. || *For.* Donación que el esposo hace a la esposa.

arrasado, da. adj. De la calidad del raso, o parecido a él.

arrasadura. f. **Rasadura.**

arrasamiento. m. Acción y efecto de arrasar.

arrasar. tr. *Allanar la superficie de alguna cosa. || Echar por tierra, *destruir. || **Rasar,** igualar con el rasero. || *Llenar de líquido una vasija hasta el borde. || intr. Quedar el cielo raso. Ú. t. c. r.

arrastraculo. m. *Mar.* *Vela pequeña que se largaba debajo de la botavara.

arrastradamente. adv. m. fig. y fam. *Imperfecta o defectuosamente. || fig. y fam. Con *trabajo o escasez. || fig. y fam. Con *desgracia.

arrastradera. f. *Mar.* Ala del trinquete.

arrastradero. m. *Camino por donde se hace, en el monte, el arrastre de maderas. || **Taurom.* Sitio por donde se sacan arrastrando los toros muertos.

arrastradizo, za. adj. Que se lleva o puede llevarse a rastra. || Que ha sido trillado.

arrastrado, da. adj. fig. y fam. *Pobre. || *Desgraciado. || fig. y fam. *Pícaro. Ú. t. c. s. || Dícese del juego de *naipes en que es obligatorio servir a la carta jugada.

arrastramiento. m. Acción de arrastrar o arrastrarse.

arrastrante. m. El que arrastraba bayetas en las universidades.

***arrastrar.** tr. Llevar a una persona o cosa por el suelo, tirando de ella. || fig. Llevar uno tras sí el dictamen de otro. || intr. Trasladarse de lugar, mediante ciertos movimientos del cuerpo, los animales que no tienen patas. Ú. m. c. r. || *Ir de un punto a otro rozando con el cuerpo en el suelo. Ú. m. c. r. || *Colgar o estar pendiente una cosa hasta tocar en el suelo. || En varios juegos de *naipes, jugar carta a que han de servir

los demás jugadores. ‖ r. fig. *Humillarse vilmente.
arrastre. m. Acción de arrastrar. ‖ Transporte. ‖ Acción de arrastrar en los juegos de *naipes. ‖ Acción de arrastrar bayetas en las universidades. ‖ **Min.* *Declive de las paredes de un pozo de mina. ‖ *Min.* Molino donde se pulverizan los minerales de *plata.
arrate. m. Libra de 16 onzas.
arratonado, da. adj. Comido o roído de ratones.
arrayán. m. Arbusto de las mirtáceas (*mirto). ‖ **brabántico.** Mata de la familia de las mirtáceas. ‖ **moruno.** El de hojas más pequeñas que el común.
arrayanal. m. Terreno poblado de arrayanes.
arráyaz. m. **Arráez.**
arraz. m. **Arráez.**
¡arre! interj. Que se emplea para arrear a las bestias. ‖ m. fam. *Caballería ruin. ‖ **¡Arre allá!** exclam. fam. de *desprecio.
arreada. f. *Robo de ganado.
arreador. m. **Zurriago.**
arreala. f. *Impuesto que se pagaba por ciertos rebaños de la Mesta formados a reala.
arrear. tr. Estimular a las *caballerías con la voz o *aguijarlas de otra manera para que echen a andar, o para que aviven el paso. ‖ Llevarse violenta o furtivamente *ganado ajeno. ‖ intr. Darse *prisa. ‖ **¡Arrea!** interj. fam. para meter *prisa. ‖ fam. **¡Aprieta!**
arrear. tr. Poner arreos, *adornar.
arrebañador, ra. adj. Que arrebaña. Ú. t. c. s.
arrebañadura. f. fam. Acción y efecto de arrebañar. ‖ pl. *Residuos que se recogen arrebañando.
arrebañar. tr. *Recoger alguna cosa sin dejar nada. ‖ *Apurar el contenido de un plato o vasija.
arrebatacapas. m. V. **Puerto de arrebatacapas.**
arrebatadamente. adv. m. Con *precipitación e impetuosamente. ‖ fig. Con *vehemencia y violentamente.
arrebatadizo, za. adj. fig. Propenso a arrebatarse.
arrebatado, da. adj. Precipitado y *violento. ‖ fig. Inconsiderado, *irreflexivo. ‖ Dicho del color de la *cara, muy encendido.
arrebatador, ra. adj. Que arrebata. Ú. t. c. s.
arrebatamiento. m. Acción de arrebatar o arrebatarse. ‖ fig. *Excitación producida por alguna pasión, y especialmente por la *ira. ‖ **Éxtasis.**
arrebatapuñadas. m. p. us. **Matón.**
arrebatar. tr. *Tomar alguna cosa con violencia y fuerza. ‖ Coger las cosas con *precipitación. ‖ Hablando de las mieses, *secarlas o agostarlas el demasiado calor. Ú. t. c. r. ‖ fig. *Atraer alguna cosa, como la vista, la atención, el ánimo. ‖ fig. *Conmover profundamente. ‖ fig. *Enajenar el ánimo. ‖ r. Enfurecerse, dejarse llevar de la *ira. ‖ Asarse o cocerse mal y precipitadamente un *guisado por exceso de fuego.
arrebatiña. f. Acción de recoger precipitadamente alguna cosa cuando son varios los que pretenden *apoderarse de ella.
arrebato. m. **Arrebatamiento,** *ira. ‖ *Enajenamiento. ‖ **Arrebato y obcecación.** *Der. Pen.* Una de las circunstancias que atenúan la responsabilidad.
arrebatoso, sa. adj. *Veloz, *violento, repentino.
arrebol. m. *Color rojo que toman a veces las *nubes. ‖ *Afeite rojo. ‖ pl. **Arrebolada.**
arrebolada. f. Conjunto de *nubes enrojecidas por los rayos del Sol.
arrebolar. tr. Poner de arrebol. Ú. m. c. r.
arrebolera. f. *Tacita en que se ponía el arrebol. ‖ Mujer que vendía arrebol. ‖ ***Dondiego de noche.**
arrebollarse. r. Despeñarse.
arrebozar. tr. **Rebozar.** Ú. t. c. r. ‖ r. Arracimarse las *abejas u otros *insectos.
arrebozo. m. **Rebozo.**
arrebujadamente. adv. m. fig. *Confusa o embozadamente.
arrebujar. tr. Hacer un rebujo. ‖ r. *Cubrirse y *envolverse con la ropa de la cama o con alguna prenda de vestir.
arrecadar. tr. *Guardar, poner a buen recaudo.
arreciar. intr. Aumentar en *intensidad alguna cosa. Ú. t. c. r. ‖ r. Fortalecerse, cobrar *fuerzas.
arrecife. m. **Calzada,** *camino empedrado. ‖ Banco o *bajío casi a flor de agua.
arrecil. m. *Avenida, inundación.
arrecirse. r. *Entumecerse por exceso de *frío.
arrecho, cha. adj. Tieso, erguido, *gallardo. ‖ *Lujurioso.
arrechucho. m. fam. **Arranque,** ímpetu de *ira. ‖ fam. *Enfermedad repentina y pasajera.
arredilar. tr. Meter en redil.
arredomado, da. adj. **Redomado.**
arredondear. tr. **Redondear.** Ú. t. c. r.
arredramiento. m. Acción y efecto de arredrar o arredrarse.
arredrar. tr. *Apartar, separar. Ú. t. c. r. ‖ fig. Retraer, hacer *retroceder. Ú. t. c. r. ‖ fig. Amedrentar, *asustar. Ú. t. c. r.
arredro. adv. l. Atrás, detrás o hacia atrás.
arregazado, da. adj. fig. Dícese de la *nariz, labio, etc., que vuelve algo hacia arriba.
arregazar. tr. Recoger las *faldas hacia el regazo. Ú. m. c. r.
arregladamente. adv. m. Con sujeción a *regla. ‖ **Con arreglo.** ‖ fig. Con *orden y moderación.
arreglado, da. adj. Sujeto a regla. ‖ fig. Ordenado y *moderado.
***arreglar.** tr. Reducir o sujetar a regla. Ú. t. c. r. ‖ *Componer, *ordenar. ‖ *Preparar. ‖ *Reparar, concertar. ‖ **Arreglárselas.** fr. fam. **Componérselas.**
arreglito. m. fam. *Amancebamiento; lío.
***arreglo.** m. Acción de arreglar o arreglarse. ‖ *Regla, *orden. ‖ *Acuerdo, conciliación. ‖ fam. ***Amancebamiento.** ‖ *Solución. ‖ **Con arreglo.** m. adv. Conformemente, según.
arregostarse. r. fam. *Aficionarse a alguna cosa.
arregosto. m. fam. *Afición que se toma a una cosa.
arrejacar. tr. *Agr.* Dar a los sembrados una labor a través de los surcos que se abrieron para sembrar el grano.
arrejaco. m. **Arrejaque,** pájaro.
arrejada. f. **Aguijada** del arado.
arrejaque. m. Garfio de hierro con tres puntas, que se usa para *pescar. ‖ **Vencejo,** pájaro.
arrejerar. tr. *Mar.* Sujetar la embarcación con dos *anclas por la proa y una por la popa.
arrelde. m. *Peso de cuatro libras. ‖ Pesa de un **arrelde.**
arrellanarse. r. Ensancharse en el *asiento con toda comodidad. ‖ fig. Vivir uno en su empleo con gran *comodidad y satisfacción.
arremangado, da. adj. fig. Levantado o vuelto hacia arriba.
arremangar. tr. *Levantar, recoger hacia arriba las *mangas, los pantalones, las *faldas, etc. Ú. t. c. r. ‖ r. fig. y fam. Tomar una *decisión enérgica.
arremango. m. Acción y efecto de arremangar o arremangarse.
arrematar. tr. fam. Rematar, dar *fin.
arremedar. tr. **Remedar.**
arremetedero. m. *Fort.* Paraje por donde puede atacarse una plaza.
arremetedor, ra. adj. Que **arremete.** Ú. t. c. s.
arremeter. tr. *Acometer con ímpetu y furia. ‖ intr. Arrojarse con presteza. ‖ fig. y fam. Chocar, *desconvenir, ofender a la vista alguna cosa.
arremetida. f. Acción de arremeter. ‖ Carrera corta que emprende el *caballo.
arremetimiento. m. **Arremetida.**
arremolinar. tr. Producir *remolino. ‖ fig. Hacer que la *muchedumbre se agrupe alrededor de algo. Ú. t. c. r.
arrempujar. tr. **Rempujar.**
arremuesco. m. **Arrumaco.**
arrendable. adj. Que puede o suele arrendarse.
arrendación. f. **Arrendamiento.**
arrendadero. m. *Anillo de hierro sujeto en la pared, que sirve para *atar las caballerías en los *pesebres.
arrendado, da. adj. Se dice de las *caballerías que obedecen a la rienda.
arrendador, ra. m. y f. Persona que da en *arrendamiento alguna cosa. ‖ **Arrendatario, ria.** ‖ m. *Germ.* El que compra las cosas hurtadas.
arrendador, ra. adj. Que sabe arrendar un caballo. Ú. t. c. s. ‖ m. **Arrendadero.**
arrendajo. m. *Pájaro parecido al cuervo, pero más pequeño y de color gris morado. Destruye los nidos de algunas aves canoras, cuya voz imita para sorprenderlas. ‖ Ave americana del orden de los *pájaros, de color negro brillante. Su canto es hermoso, y tiene la particularidad de remedar la voz de otros animales. ‖ fig. y fam. Persona que *imita las acciones o palabras de otra.
***arrendamiento.** m. Acción de arrendar bienes. ‖ Contrato por el cual se arrienda. ‖ Precio en que se arrienda.
arrendante. p. a. de **Arrendar.** Que arrienda.
***arrendar.** tr. Ceder o adquirir mediante precio el aprovechamiento temporal de cosas inmuebles, o de beneficios o rentas.
arrendar. tr. *Atar y asegurar por las riendas una caballería. ‖ **Equit.* Enseñar al caballo a que obedezca a la rienda. ‖ fig. **Sujetar.**
arrendar. tr. *Imitar o remedar la voz o las acciones de alguno.
***arrendatario, ria.** adj. Que toma en *arrendamiento alguna cosa. Ú. t. c. s.
***arrendaticio, cia.** adj. Perteneciente o relativo al *arrendamiento.
***arreo.** m. Atavío, *adorno. ‖ → pl. *Guarniciones de las caballerías. ‖ *Accesorios o cosas menudas que pertenecen a otra principal.

arreo. adv. t. De manera *continua, sin interrupción.
arrepanchigarse. r. fam. **Repantingarse.**
arrepápalo. m. Especie de buñuelo.
arrepentida. f. Mujer que, dolida de sus pecados y mala vida, se encierra en un convento para vivir religiosamente en *comunidad.
***arrepentimiento.** m. Pesar de haber hecho alguna cosa. ‖ *Pint.* Corrección o retoque que se advierte en los dibujos y pinturas.
***arrepentirse.** r. Pesarle a uno de haber hecho o haber dejado de hacer alguna cosa.
arrepiso, sa. p. p. irreg. de **Arrepentirse.**
arrepistar. tr. Picar y *machacar el trapo con que se fabrica la pasta del *papel de tina.
arrepisto. m. Acción de arrepistar.
arrepticio, cia. adj. Endemoniado.
arrequesonarse. r. Torcerse la *leche y formar requesón.
arrequife. m. Cada una de las dos palomillas de hierro que lleva el almarrá.
arrequive. m. Labor o guarnición que se ponía en el borde del *vestido. ‖ pl. fam. *Adornos o atavíos. ‖ fig. y fam. *Circunstancias o requisitos.
arrestado, da. adj. Audaz, atrevido; *valiente.
arrestar. tr. Detener, poner *preso. ‖ r. Tomar una *decisión arriesgada.
***arresto.** m. Acción de arrestar. ‖ Detención provisional del presunto reo. ‖ Reclusión por un tiempo breve, como corrección o *pena. ‖ Arrojo, *resolución, atrevimiento. Ú. m. en pl.
arretín. m. **Filipichín.**
arretranca. f. **Retranca.**
arrevesado, da. adj. **Revesado.**
arrezafe. m. **Cardo borriqueño.**
arrezagar. tr. **Arremangar.** Ú. t. c. r. ‖ *Levantar, mover de abajo arriba.
arria. f. **Recua.**
arriada. f. **Riada.**
arriada. f. *Mar.* Acción de arriar las *velas.
arrial. m. **Arriaz.**
arrianismo. m. *Herejía de los arrianos.
arriano, na. adj. Dícese de los *herejes sectarios de Arrio, el cual enseñaba que el Hijo de Dios no es consubstancial con el Padre. Ú. m. c. s. ‖ Perteneciente o relativo al arrianismo.
arriar. tr. *Mar.* Bajar las *velas o las banderas que están izadas. ‖ *Mar.* *Aflojar o soltar un *cabo, cadena, etc.
arriar. tr. *Inundar. Ú. t. c. r.
arriata. f. **Arriate.**
arriate. m. Era estrecha para plantas de adorno junto a las paredes de los *jardines y patios. ‖ *Camino o paso. ‖ **Encañado,** enrejado de cañas para plantas.
arriaz. m. Gavilán de *espada. ‖ Puño de la espada.
arriaza. f. Acción de arriazar.
arriazar. tr. Empozar el *lino.
***arriba.** adv. l. A lo *alto, hacia lo alto. ‖ En lo alto, en la parte alta. ‖ En lugar *anterior. ‖ En dirección hacia lo que está más alto. ‖ En los escritos, antes o antecedentemente. ‖ Con voces expresivas de cantidades, denota aumento o *exceso. ‖ **Arriba y abajo.** fam. Denominación que se da al número 69 en la *lotería de cartones. ‖ **De arriba.** loc. fig. De Dios, de la *Providencia. ‖ **De arriba abajo.** m. adv. Por completo, del *todo.
arribada. f. Acción de arribar. ‖ *Mar.* Bordada que da un buque. ‖ **forzosa.** *Der. Mar.* Accidente del comercio marítimo, cuyas consecuencias jurídicas determina la ley. ‖ **De arribada.** m. adv. *Mar.* *Denota la acción de dirigirse o llegar la nave a un puerto distinto del de destino.
arribaje. m. **Arribada.**
arribar. intr. *Mar.* Llegar la nave al puerto. ‖ Llegar la nave, por caso fortuito, a un puerto que no sea el de destino. ‖ *Llegar por tierra a cualquier parte. Ú. t. c. r. ‖ fig. y fam. Convalecer. ‖ fig. y fam. Llegar a ver o *conseguir lo que se desea. ‖ *Mar.* Dejarse ir con el viento.
arribazón. f. Gran afluencia de *peces en determinadas épocas y regiones.
arribeño, ña. adj. Aplícase, por los *habitantes de las costas, al que procede de las tierras altas. Ú. t. c. s.
arribista. adj. Advenedizo, *intrigante, que ha alcanzado una posición superior a sus méritos.
arribo. m. **Llegada.**
arricés. m. Cada una de las dos hebillas con que se sujetan las aciones de los *estribos.
arricete. f. *Cordillera de rocas a flor de agua.
arridar. tr. *Mar* Tesar los *cabos, y especialmente las jarcias muertas.
arriendo. m. **Arrendamiento.**
arriería. f. Oficio o ejercicio de arriero.
***arriero.** m. El que trajina con *caballerías de carga.
arriesgadamente. adv. m. Con riesgo.
arriesgado, da. adj. Aventurado, *peligroso. ‖ *Atrevido, *imprudente.
***arriesgar.** tr. Poner a riesgo. Ú. t c. r.
arrigirse. r. p. us. **Arrecirse.**
arrima. f. ant. **Bocha,** *juego.
arrimadero. m. Cosa que puede servir de *apoyo o que se arrima a alguna parte para este fin.
arrimadillo. m. Friso de *estera o tela.
arrimadizo, za. adj. Aplícase a lo que está hecho de propósito para arrimarlo a alguna cosa. ‖ fig. Parásito, *gorrón. Ú. t. c. s. ‖ fig. El que interesadamente busca la *ayuda o *protección de otro. Ú. t. c. s.
arrimador. m. *Leño grueso que se pone en las chimeneas para que sirva de apoyo a los otros.
arrimadura. f. **Arrimo.**
arrimar. tr. ***Acercar.** Ú. t. c. r. ‖ fig. *Dejar, abandonar. ‖ fig. **Arrinconar,** no hacer caso de algo. ‖ fig. y fam. **Dar** (*golpes, palos, etc.). ‖ *Mar.* Estibar la *carga. ‖ r.*Apoyarse sobre alguna cosa. ‖ Agregarse, *juntarse a otros. ‖ fig. *Acogerse a la protección de uno. ‖ fig. Acercarse al conocimiento de alguna cosa. ‖ fig. *Amancebarse.
arrime. m. En el *juego de las bochas, lugar próximo al bolín.
arrimo. m. Acción y efecto de arrimar o arrimarse. ‖ *Báculo. ‖ fig. *Protección, amparo. ‖ *Pared sobre la que no carga peso. ‖ Pared medianera. ‖ Querido, amante. ‖ *Amancebamiento.
arrimón. m. El que *aguarda arrimado a la pared.
arrinconado, da. adj. Apartado, que *dista del centro. ‖ fig. Desatendido, *olvidado.
arrinconamiento. m. Retiro o *aislamiento.
arrinconar. tr. Poner alguna cosa en un *rincón. ‖ Retirarla del uso. ‖ *Perseguir a una persona o *cercarla. ‖ fig. *Privar a uno del favor que gozaba. ‖ *Destituirle. ‖ *Abandonar a uno, no hacer caso de él. ‖fig. **Arrimar,** abandonar. ‖ r. fig. *Retirarse del trato de las gentes.
arriñonado, da. adj. De *figura de riñón.
arriostrar. tr. Poner riostras.
arriscadamente. adv. m. Con *atrevimiento.
arriscado, da. adj. Formado o lleno de riscos. ‖ *Atrevido, resuelto. ‖ Ágil, *gallardo.
arriscador, ra. m. y f. Persona que recoge la *aceituna después de vareados los olivos.
arriscamiento. m. *Atrevimiento, *valor, resolución vigorosa.
arriscar. tr. **Arriesgar.** Ú. t. c. r. ‖ r. *Despeñarse las reses por los riscos. ‖ fig. *Engreírse o envanecerse.
arrisco. m. **Riesgo.**
arritmia. f. Falta de *ritmo regular. ‖ *Pat.* Irregularidad del *pulso.
arrítmico, ca. adj. Perteneciente o relativo a la arritmia.
arritranca. f. desus. **Retranca.**
arrizafa. f. **Ruzafa.**
arrizar. tr. *Mar.* **Tomar rizos.** ‖ *Mar.* *Colgar alguna cosa de modo que resista los balances. ‖ *Mar.* Atar o asegurar a uno.
arroaz. m. **Delfín,** cetáceo.
arroba. f. *Peso de 25 libras. ‖ En Aragón, peso de 36 libras. ‖ Pesa de una **arroba.** ‖ Medida de *capacidad para líquidos, que varía según las provincias y la clase de aquéllos. ‖ **Echar** uno **por arrobas.** fr. fig. y fam. *Exagerar mucho las cosas.
arrobadizo, za. adj. Que finge o suele arrobarse.
arrobador, ra. adj. Que causa arrobamiento.
arrobamiento. m. Acción de arrobar o arrobarse. ‖ **Éxtasis.**
arrobar. tr. **Embelesar.** ‖ r. *Enajenarse, quedar fuera de sí.
arrobero, ra. adj. De una arroba de *peso o poco más o menos. ‖ m. y f. Persona que surte de *pan a una comunidad.
arrobeta. f. Medida de *aceite, de 24 libras.
arrobiñar. tr. *Recoger una cosa para conservarla.
arrobo. m. **Arrobamiento.**
arrocabe. m. *Arq.* Maderamen que liga los muros entre sí y con la *armadura que han de sostener. ‖ *Ornamentación a manera de friso.
arrocado, da. adj. De figura de rueca.
arrocero, ra. adj. Perteneciente o relativo al *arroz. ‖ m. y f. Persona que cultiva arroz.
arrocinado, da. adj. Parecido al rocín.
arrocinar. tr. fig. y fam. **Embrutecer.** Ú. t. c. r. ‖ r. fig. y fam. *Enamorarse ciegamente.
arrochelarse. r. Desbocarse o plantarse el *caballo.
arrodajarse. r. *Sentarse en el suelo con las piernas cruzadas.
arrodear. intr. **Rodear.** Ú. t. c. tr.
arrodelar. tr. p. us. Resguardar a uno con rodela. ‖ r. Cubrirse con rodela.
arrodeo. m. **Rodeo.**
arrodillada. f. Genuflexión.
arrodilladura. f. **Arrodillamiento**

arrodillamiento. m. Acción de arrodillar o arrodillarse.
*__arrodillar.__ tr. Hacer que uno hinque la rodilla o ambas rodillas. ‖ intr. Ponerse de rodillas. Ú. m. c. r.
arrodrigar. tr. **Arrodrigonar.**
arrodrigonar. tr. *Agr.* Poner rodrigones a las *vides.
arrogación. f. Acción y efecto de arrogar o arrogarse.
arrogado, da. m. y f. Persona prohijada.
arrogador, ra. adj. Que se arroga alguna cosa. Ú. t. c. s.
arrogancia. f. Calidad de arrogante.
arrogante. adj. *Orgulloso, soberbio. ‖ *Valiente. ‖ *Gallardo.
arrogantemente. adv. m. Con arrogancia.
arrogar. tr. *For.* *Adoptar como hijo al huérfano o al emancipado. ‖ r. *Apropiarse indebidamente atribuciones o facultades.
arrojadamente. adv. m. Con arrojo.
arrojadizo, za. adj. Que se puede fácilmente arrojar o tirar.
arrojado, da. adj. fig. *Resuelto, *atrevido. ‖ *Imprudente. ‖ m. pl. *Germ.* *Calzones o zaragüelles.
arrojador, ra. adj. Que arroja.
*__arrojar.__ tr. *Lanzar con violencia una cosa, de modo que recorra cierta distancia. ‖ **Echar.** ‖ fam. ***Vomitar.** ‖ fig. Dar como *resultado (una cuenta, prueba, documento, etc.) ‖ r. Precipitarse, dejarse *caer. ‖ Ir violentamente hacia una persona o cosa. ‖ fig. Emprender con *resolución alguna cosa sin reparar en sus riesgos. ‖ **Arrojar** uno **de sí** a otro. fr. fig. *Despedirle con enojo; *expulsarle.
arrojar. tr. Calentar el *horno hasta enrojecerlo.
arroje. m. Cada uno de los hombres que en los *teatros se arrojaban desde el telar, asidos a las cuerdas que hacían subir el telón. ‖ pl. Lugar desde donde se arrojaban.
arrojo. m. fig. Intrepidez, *valor. ‖ Osadía, *atrevimiento.
arrollable. adj. Que se puede arrollar.
arrollado. m. Carne de puerco que se *guisa formando un rollo.
arrollador, ra. adj. Que arrolla.
arrollamiento. m. Acción y efecto de arrollar.
arrollar. tr. *Envolver una cosa de manera que forme rollo. ‖ Llevar *rodando alguna cosa sólida. ‖ fig. Desbaratar al enemigo. ‖ fig. *Vencer en la discusión a una persona, dejándola sin poder replicar. ‖ fig. Acunar, *dormir al niño *meciéndole. ‖ fig. *Infringir las leyes, atropellar los respetos y miramientos.
arromadizar. tr. Causar romadizo. ‖ r. Contraer romadizo.
arromanzar. tr. Poner en romance, o *traducir al castellano.
arromar. tr. Poner *roma alguna cosa. Ú. t. c. r.
arromper. tr. fam. Romper o roturar la tierra.
arrompido. m. **Rompido,** tierra roturada.
arronar. tr. *Mecer al niño en la cuna.
arronquecer. intr. ant. **Enronquecer.**
arronzar. tr. *Mar.* **Ronzar,** mover apalancando. ‖ intr. **Mar.* Caer el buque demasiado a sotavento.
arropador. m. Paño con que se abriga la caldera en que se derrite la *cera.
arropamiento. m. Acción y efecto de arropar o arroparse.
arropar. tr. Cubrir o *abrigar con ropa. Ú. t. c. r.
arropar. tr. Echar arrope al vino.
arrope. m. *Mosto cocido hasta que toma consistencia de jarabe. ‖ *Dulce que se hace cociendo en este mosto trozos de frutas. ‖ Almíbar de miel cocida y espumada. ‖ *Farm.* Jarabe concentrado hecho con alguna substancia medicinal.
arropea. f. **Grillete.** ‖ Traba que se pone a las *caballerías.
arropera. f. Vasija para arrope.
arropía. f. **Melcocha.**
arropiero, ra. m. y f. Persona que hace o vende arropía.
arroscar. tr. *Germ.* *Envolver o juntar.
arrostrado, da. adj. **Agestado.** Ú. con los advs. *bien* o *mal.*
*__arrostrar.__ tr. Hacer cara, resistir. ‖ intr. fig. Inclinarse o manifestar *propensión a alguna cosa. ‖ r. *Atreverse, arrojarse a luchar cara a cara.
arroto. m. Porción de *terreno recién roturado.
arroyada. f. *Valle por donde corre un arroyo. ‖ *Surco producido por el agua corriente. ‖ *Inundación causada por la crecida de un arroyo.
arroyadero. m. **Arroyada.**
arroyar. tr. Formar la *lluvia arroyadas. Ú. m. c. r. ‖ Formar arroyos.
arroyarse. r. Contraer roya las plantas.
*__arroyo.__ m. Corriente de agua de escaso caudal. ‖ *Cauce por donde corre. ‖ Parte de la *calle, por donde suelen correr las aguas. ‖ Por ext., ***calle.** ‖ fig. Afluencia o *corriente de cualquier cosa líquida. ‖ **Plantar,** o **poner,** a uno **en el arroyo.** fr. fig. y fam. **Plantarle,** o **ponerle, en la calle.**
arroyuela. f. **Salicaria.**
arroyuelo. m. d. de **Arroyo.**
*__arroz.__ m. Planta gramínea, cuyo fruto es un grano oval, harinoso y blanco, que, cocido, es alimento de mucho uso. ‖ Fruto de esta planta. ‖ **a banda.** Guiso de ***arroz** con pescado, a manera de paella.
arrozal. m. Tierra sembrada de arroz.
arruar. intr. *Mont.* Dar el *jabalí cierto gruñido cuando va perseguido.
arrufado, da. adj. ant. **Arrufianado.**
arrufadura. f. **Arq. Nav.* Curvatura que hacen las cubiertas de las embarcaciones.
arrufaldado, da. adj. Dícese del *sombrero levantado de ala.
arrufaldarse. r. Arrufarse, envalentonarse.
arrufar. tr. *Encoger o arquear. ‖ *Incitar, instigar. ‖ **Arq. Nav.* Dar arrufo al buque en su construcción. ‖ intr. *Mar.* Hacer arrufo. ‖ r. ant. Gruñir los *perros enseñando los dientes.
arrufianado, da. adj. Parecido al rufián.
arrufo. m. **Arq. Nav.* **Arrufadura.**
*__arruga.__ f. *Pliegue que se hace en la piel. ‖ Pliegue deforme o irregular que se hace en la ropa o en cualquier tela o cosa flexible.
arrugación. f. **Arrugamiento.**
arrugamiento. m. Acción y efecto de arrugar o arrugarse.
*__arrugar.__ tr. Hacer arrugas. Ú. t. c. r.
arrugia. f. Excavación que hacían los antiguos *mineros españoles para producir el hundimiento de las tierras auríferas de aluvión. ‖ Mina de *oro.
arrugón. m. **Esc.* Adorno que se hacía en las obras de talla.
arruinador, ra. adj. Que arruina. Ú. t. c. s.
arruinamiento. m. Acción y efecto de arruinar o arruinarse.
*__arruinar.__ tr. Causar ruina. Ú. t. c. r. ‖ fig. Destruir, ocasionar grave *daño. Ú. t. c. r. ‖ *Empobrecer. Ú. t. c. r.
arrullador, ra. adj. Que arrulla. Ú. t. c. s.
arrullar. tr. Enamorar con arrullos el *palomo o el tórtolo a la hembra. ‖ fig. *Adormecer al niño con arrullos. ‖ fig. y fam. *Enamorar una persona a otra con frases lisonjeras.
arrullo. m. Ronquido grave y monótono con que se enamoran las *palomas y las tórtolas. ‖ fig. Cantarcillo monótono para *adormecer a los niños.
arruma. f. *Mar.* División que se hace para distribuir la *carga en la bodega.
arrumaco. m. fam. Gesto o ademán con que se quiere demostrar *cariño. Ú. m. en pl. ‖ fam. Adorno *inelegante o estrafalario.
arrumaje. m. *Mar.* Distribución de la carga en un buque.
arrumar. tr. *Mar.* Distribuir y colocar la *carga en un buque. ‖ r. *Mar.* Cubrirse de *nubes el horizonte.
arrumazón. f. *Mar.* Acción y efecto de arrumar. ‖ *Mar.* Conjunto de *nubes en el horizonte.
arrumbada. f. *Mar.* Corredor que había en la proa de las galeras, donde se colocaban los soldados para hacer fuego.
arrumbador, ra. adj. Que arrumba. Ú. t. c. s. ‖ m. El encargado de sentar las botas, y de trasegar, cabecear y clarificar los *vinos en las bodegas.
arrumbamiento. m. **Rumbo,** dirección.
arrumbar. tr. Poner una cosa como *inútil en lugar excusado. ‖ fig. Arrollar a uno en la conversación hasta hacerle *callar. ‖ fig. **Arrinconar,** no hacer caso de una persona.
arrumbar. tr. *Mar.* Determinar la *dirección que sigue una costa. ‖ intr. **Mar.* Fijar el rumbo a que se navega. ‖ r. *Mar.* **Marcarse.**
arrunflar. tr. En los juegos de *naipes, juntar varias cartas de un mismo palo. Ú. m. c. r.
arrurruz. m. *Fécula que se extrae de la raíz de cierta planta.
arsáfraga. f. **Berrera.**
*__arsenal.__ m. Establecimiento en que se construyen y reparan embarcaciones. ‖ Depósito de *armas y otros efectos de guerra. ‖ fig. Conjunto de *noticias, datos, etc.
arseniato. m. **Quím.* Sal formada por el ácido arsénico con una base.
arsenical. adj. **Quím.* Perteneciente al arsénico. ‖ *Quím.* Que contiene arsénico.
arsénico. m. **Quím.* Metaloide de aspecto parecido al del hierro colado. ‖ **blanco. Anhídrido arsenioso.**
arsenioso. adj. *Quím.* V. **Ácido, anhídrido arsenioso.**
arsenito. m. **Quím.* Sal formada por el ácido arsenioso con una base.
arseniuro. m. **Quím.* Combinación del arsénico con otro cuerpo simple.
arsolla. f. **Arzolla.**
arta. f. **Plantaina.** ‖ **de agua. Zaragatona.** ‖ **de monte.** *Planta plantaginácea.
ártabro, bra. adj. Dícese del *habitante de una antigua región galaica. Ú. t. c. s. ‖ Perteneciente a esta región.
artado. adj. **Arctado.**
artal. m. Especie de *empanada.
artalejo. m. d. de **Artal.**
artalete. m. d. de **Artal.**

artanica. f. **Artanita.**
artanita. f. **Pamporcino.**
***arte.** amb. Virtud, *poder, *eficacia y *habilidad para hacer alguna cosa. ‖ → Acto mediante el cual *imita o expresa el hombre lo material o lo invisible, valiéndose de la materia o de sus propiedades sensibles. ‖ Todo lo que se hace por industria y habilidad del hombre. ‖ Conjunto de *reglas para hacer bien alguna cosa. ‖ desus. Libro que contiene los preceptos de la *gramática latina. ‖ Cautela, *astucia. ‖ Con los adjetivos *buen* o *mal* antepuestos, buena o mala *disposición. ‖ Aparato que sirve para *pescar. ‖ ***Noria.** ‖ pl. Lógica, física y metafísica. ‖ **Arte angélico.** Medio *supersticioso de adquirir el hombre la sabiduría por infusión. ‖ **bella.** Cualquiera de las que tienen por objeto expresar la *belleza. Ú. m. en pl. con el calificativo antepuesto. ‖ **cisoria.** La de trinchar. ‖ **de los espíritus. Arte angélico.** ‖ **de maestría mayor.** Artificio rítmico, usado antiguamente por los *poetas. ‖ **de maestría media.** El mismo artificio, con la sola diferencia de poderse variar una rima en cada copla. ‖ **liberal.** Cualquiera de las que principalmente requieren el ejercicio del entendimiento. Ú. m. en pl. ‖ **mágica.** ***Magia.** ‖ **mecánica.** Cualquiera de aquellas en que principalmente se necesita el *trabajo manual o el uso de máquina. ‖ **metálica. Metálica.** ‖ **métrica. Métrica.** ‖ **noble. Arte bella.** ‖ **notoria. Arte angélico.** ‖ **plumaria. Arte** de *bordar figurando aves o plumas. ‖ **poética. Poética.** ‖ **servil. Arte mecánica.** ‖ **tormentaria. Artillería.** ‖ **Malas artes.** Medios o *intrigas reprobables de que uno se vale para algún fin.
artefacto. m. Obra mecánica hecha según arte. ‖ *Máquina o aparato.
artejo. m. **Nudillo** de los *dedos. ‖ Cada una de las piezas articuladas que forman los apéndices de los *insectos y *crustáceos.
artellería. f. ant. Conjunto de máquinas, ingenios o instrumentos de guerra.
artemisa. f. *Planta olorosa compuesta. ‖ **Matricaria.** ‖ *Planta americana compuesta. ‖ **bastarda. Milenrama.** ‖ **pegajosa.** Especie muy parecida a la común, pero de cabezuelas glutinosas.
artemisia. f. **Artemisa.**
artera. f. Hierro con que cada uno *marcaba su *pan antes de enviarlo a un horno común.
arteramente. adv. m. Con artería.
***arteria.** f. Cada uno de los vasos que llevan la sangre desde el corazón a las demás partes del cuerpo. ‖ fig. *Calle o *vía de comunicación importante. ‖ **celiaca.** *Zool.* La que lleva la sangre al estómago. ‖ **coronaria.** *Zool.* Cada una de las propias del corazón. ‖ **emulgente.** *Zool.* Cada una de las que llevan la sangre a los riñones. ‖ **ranina.** *Zool.* La de la cara inferior de la lengua.
artería. f. Amaño, *astucia. Se toma a mala parte.
***arterial.** adj. Perteneciente o relativo a las arterias.
arteriografía. f. Descripción de las arterias.
arteriola. f. Arteria pequeña.
arteriología. f. Parte de la anatomía, que trata de las arterias.
arteriosclerosis. f. *Pat.* Endurecimiento de las arterias.
arterioso, sa. adj. **Arterial.** ‖ Abundante en arterias.
artero, ra. adj. Mañoso, *astuto. Se toma a mala parte.
***artesa.** f. Cajón cuadrilongo, por lo común de madera, en forma de tronco de pirámide invertido. Sirve para amasar el pan y para otros usos.
artesanía. f. Clase social constituida por los *artesanos. ‖ *Arte u obra de los artesanos.
***artesano, na.** m. y f. Persona que ejerce un arte u oficio mecánico.
artesiano, na. adj. Natural de Artois. Ú. t. c. s. ‖ Perteneciente a esta antigua provincia de Francia. ‖ V. **Pozo artesiano.**
artesilla. f. Cajón de madera que recibe el agua que vierten los arcaduces de la *noria. ‖ Juego que se practica en ciertas *fiestas y que consiste en pasar a caballo por debajo de una artesa pequeña llena de agua, y volcarla de un golpe de lanza con tal habilidad que no resulte mojado el caballero.
artesón. m. Artesa que sirve en las cocinas para *fregar. ‖ *Arq.* Cada uno de los adornos cuadrados o poligonales, que se ponen en los *techos y bóvedas. ‖ *Arq.* **Artesonado.**
***artesonado, da.** adj. *Ornam.* Adornado con artesones. ‖ m. *Ornam.* Techo adornado con artesones.
artesuela. f. d. de **Artesa.**
artete. m. *Red que se cala a corta distancia de la tierra.
artético, ca. adj. Dícese del que padece dolores en las *articulaciones. ‖ Dícese también de estos dolores.
artica. f. **Artiga.**
ártico, ca. adj. *Astr.* y *Geogr.* V. ***Polo ártico.** ‖ Perteneciente o relativo al polo **ártico.**
***articulación.** f. Acción y efecto de articular o articularse. ‖ Enlace de dos partes de una máquina o instrumento. ‖ Posición de los órganos de la voz para la *pronunciación de las letras. ‖ *Pronunciación clara y distinta de las palabras. ‖ *Bot.* Especie de coyuntura que forma en las plantas la unión de una parte con otra. ‖ *Zool.* Unión de un *hueso con otro. ‖ **artificial.** Juego de los órganos orales, con emisión o sin emisión de sonidos, de que se sirven los *sordomudos.
articuladamente. adv. m. Con pronunciación clara y distinta.
***articulado, da.** adj. Que tiene articulaciones. ‖ Dícese del *sonido de la voz humana modificada por la pronunciación. ‖ **Zool.* Dícese del animal que tiene el dermatoesqueleto formado de piezas que se articulan unas con otras; como los insectos y los crustáceos. Ú. t. c. s. ‖ m. Conjunto de los artículos de un tratado, *ley, etc. ‖ **For.* Conjunto de los medios de prueba que propone un litigante. ‖ pl. **Zool.* Una de las grandes divisiones zoológicas, que comprende los animales **articulados.**
***articular.** adj. Perteneciente o relativo a las articulaciones.
articular. tr. *Unir, enlazar. Ú. t. c. r. ‖ Dar a los órganos de la voz la disposición necesaria para *pronunciar. ‖ *Pronunciar las palabras clara y distintamente. ‖ **For.* Proponer medios de prueba o *preguntas.
articulatorio, ria. adj. **Pros.* Perteneciente a la articulación.
articulista. com. Persona que escribe artículos para *periódicos o revistas.
***artículo.** m. **Artejo.** ‖ Una de las partes en que suelen dividirse los escritos. ‖ Cada una de las divisiones de un *diccionario encabezada con distinta palabra. ‖ Cada una de las disposiciones numeradas de un tratado, *ley, reglamento, etc. ‖ Cualquiera de los escritos de mayor extensión que se insertan en los *periódicos u otras publicaciones análogas. ‖ *Mercancía, cosa con que se comercia. ‖ **For.* Cuestión incidental en un juicio. ‖ *For.* Cualquiera de las probanzas o *preguntas de un interrogatorio. ‖ → *Gram.* Parte de la oración que indica la extensión en que ha de tomarse el nombre a que se antepone. ‖ *Zool.* **Articulación,** unión de un hueso con otro. ‖ **de *comercio.** Cosa comerciable. ‖ **de fe.** Verdad que se ha de *creer como revelada por Dios. ‖ **definido** o **determinado.** El que limita la extensión del nombre a un objeto ya consabido. ‖ **de fondo.** El que en los *periódicos se inserta en lugar preferente y representa el criterio de la redacción acerca de algún tema importante. ‖ **de la muerte.** Último tiempo de la vida, próximo a la *muerte. ‖ **de previo pronunciamiento.** **For.* El incidente que, mientras se decide, paraliza el negocio principal. ‖ **de primera necesidad.** Cualquiera de las cosas indispensables para el sostenimiento de la vida. ‖ **indefinido** o **indeterminado.** El que se refiere a un objeto no consabido.
artifara. m. *Germ.* ***Pan.**
artife. m. *Germ.* **Artifara.**
artifero. m. *Germ.* **Panadero.**
artífice. com. **Artista,** el que practica alguna de las bellas *artes, o hace aplicación de ellas a una obra mecánica. ‖ fig. **Autor.** ‖ fig. Persona que tiene *habilidad para conseguir lo que desea.
***artificial.** adj. Hecho por mano o arte del hombre. ‖ Fingido, *falso.
artificialmente. adv. m. De manera artificial.
artificiar. tr. ant. Hacer con artificio alguna cosa.
artificiero. m. **Artill.* Artillero encargado de preparar las materias y máquinas explosivas e incendiarias usadas en la guerra.
***artificio.** m. *Ingenio o *habilidad con que está hecha alguna cosa. ‖ Máquina o aparato. ‖ → Cosa hecha por la mano del hombre, por oposición a la que es obra de la naturaleza. ‖ fig. Disimulo, *astucia. ‖ Doblez, deslealtad.
artificiosamente. adv. m. De manera artificiosa.
artificioso, sa. adj. Hecho con artificio o arte. ‖ fig. Disimulado, *astuto.
artiga. f. Acción y efecto de artigar. ‖ Tierra artigada.
artigar. tr. **Agr.* Romper un terreno para cultivarlo, quemando el monte bajo.
artilugio. m. despect. Artefacto o *mecanismo complicado, pero de poco rendimiento o de escasa solidez.
artillado. m. *Artillería de un buque o de una plaza de guerra.
artillar. tr. Armar de *artillería las fortalezas o las naves. ‖ r. *Germ.* Armarse.
***artillería.** f. Arte de construir y de emplear toda clase de máquinas de guerra, y de preparar municiones para las mismas. ‖ Tren de cañones y otras máquinas de guerra que tiene una plaza, un ejército o un buque. ‖ Cuerpo militar destinado al servicio de estas armas. ‖ **de a lomo. Artillería de montaña.** ‖ **de avancarga.** La que se carga por la boca. ‖ **de batalla,** o **de campaña. Artillería ligera, montada,** etc. ‖ **de costa.** La de grueso calibre, que se

emplea para defenderse de los ataques por mar. ‖ **de montaña.** La de pequeño calibre, que es conducida sobre mulos. ‖ **de plaza, de sitio** o **gruesa.** La que se compone de piezas de grueso calibre. ‖ **de retrocarga.** La que se carga por la culata. ‖ **ligera, montada, rodada** o **volante.** La destinada en los ejércitos para sostener y auxiliar a las tropas en campaña. ‖ **Asestar uno toda la artillería.** fr. fig. Hacer todo el *esfuerzo posible para conseguir alguna cosa. ‖ **Clavar la artillería.** fr. Meter clavos por los fogones de las piezas para dejarlas inservibles. ‖ **Desmontar la artillería.** fr. Sacarla de las cureñas o afustes. ‖ **Montar la artillería.** fr. Ponerla en las cureñas.

artillero. m. El que tiene por profesión el estudio y manejo de todo lo referente a la *artillería. ‖ Individuo que sirve en la artillería del ejército o de la armada. ‖ **de mar.** Marinero que sirve en la artillería de los buques.

artimaña. f. **Trampa.** ‖ fam. Artificio o *astucia para engañar.

artimón. m. *Mar.* Una de las *velas que se usaban en las galeras.

artina. f. Fruto del arto o cambronera.

***artista.** adj. Dícese del que estudiaba el curso de artes. ‖ → com. Persona que ejercita alguna arte bella. ‖ Persona dotada de la sensibilidad y disposición necesarias para algunas de las bellas artes.

artísticamente. adv. m. Con arte, de manera artística.

***artístico, ca.** adj. Perteneciente o relativo a las bellas artes.

artizar. tr. **Artificiar.**

arto. m. **Cambronera.** ‖ Por ext., nombre que se da a varias plantas *espinosas.

artocárpeo, a. adj. *Bot.* Dícese de *árboles o arbustos dicotiledóneos, cuyo tipo es el árbol del pan. Ú. t. c. s. f. ‖ f. pl. *Bot.* Familia de estas plantas.

artófago, ga. adj. Que come mucho *pan.

artolas. f. pl. Conjunto de dos *asientos que se colocan sobre una *caballería, a modo de aguaderas. ‖ Armazón para conducir a lomo la *carga.

artolatría. f. Adoración de la *Eucaristía.

artos. m. **Arto.**

artralgia. f. Dolor en las *articulaciones.

artrítico, ca. adj. *Pat.* Concerniente a la artritis.

artritis. f. *Pat.* Inflamación de las *articulaciones.

artritismo. m. **Pat.* Enfermedad causada por desórdenes de la nutrición, y que tiene muy varias manifestaciones.

artrografía. f. Descripción de las *articulaciones.

artrología. f. Tratado de las *articulaciones.

artrópodo, da. adj. **Zool.* **Articulado.** Ú. t. c. s. ‖ m. pl. Clase de estos animales.

artuña. f. *Oveja parida que ha perdido la cría.

artuñar. intr. Abortar el *ganado lanar.

Arturo. n. p. m. *Astr.* *Estrella de la constelación de Bootes.

arugas. f. pl. **Matricaria.**

árula. f. Ara pequeña.

arundense. adj. Natural de Arunda, hoy Ronda. Ú. t. c. s. ‖ Perteneciente a esta ciudad de la Bética.

arundíneo, a. adj. Perteneciente o relativo a las *cañas.

arundo. m. *Bot.* Género de plantas gramíneas al cual pertenece la *caña.

aruñar. tr. fam. **Arañar.**

aruñazo. m. fam. **Arañazo.**

aruño. m. fam. **Araño.**

arúspice. m. *Sacerdote romano que examinaba las entrañas de las víctimas para hacer presagios.

aruspicina. f. Arte supersticiosa de *adivinar por las entrañas de los animales.

***arveja.** f. ***Algarroba.** ‖ **Arvejo.** ‖ **silvestre. Afaca.**

arvejal. m. Terreno poblado de arvejas.

arvejana. f. **Arveja.**

arvejar. m. **Arvejal.**

arvejera. f. ***Algarroba,** planta.

arvejo. m. **Guisante.**

arvejón. m. **Almorta.**

arvejona. f. **Arveja.** ‖ **loca. Arveja silvestre.**

arvejote. m. **Arvejón.**

arvense. adj. **Bot.* Dícese de la planta espontánea que crece en los sembrados.

arvícola. adj. **Bot.* Que vive en los sembrados.

arvicultura. f. Cultivo de los *cereales.

arza. f. *Mar.* Estrobo.

arzobispado. m. Dignidad y jurisdicción del *arzobispo.

arzobispal. adj. Perteneciente o relativo al arzobispado.

***arzobispo.** m. Obispo de iglesia metropolitana o que tiene honores de tal.

arzolla. f. *Planta compuesta, con tallo herbáceo y con fruto oval y espinoso. ‖ **Cardo lechero.** ‖ **Almendruco.** ‖ *Planta herbácea compuesta, de tallo muy ramoso y cabezuela cubierta de espinas.

arzón. m. Fuste de la *silla de montar*.

as. m. *Moneda de cobre de los romanos, que valía 12 onzas. ‖ *Naipe que lleva el número uno. ‖ Punto único en una de las caras del *dado. ‖ **As de guía.** *Mar.* Cierto *nudo que se hace en los cabos. ‖ **As de oros.** fam. El *trasero. ‖ **hereditario.** Neto haber universal de una *herencia. ‖ **Ser uno un as.** *Sobresalir, ser el número uno.

***asa.** f. *Asidero en forma de arco o anillo. ‖ fig. **Asidero,** *ocasión, pretexto. ‖ *Germ.* **Oreja.** ‖ **En asas.** m. adv. **En jarras.** ‖ **Ser del asa,** o **muy del asa.** fr. fam. Ser *amigo íntimo de otro.

asa. f. *Jugo que fluye de diversas plantas umbelíferas. ‖ **dulce.** *Gomorresina parecida al benjuí. ‖ **fétida.** Planta perenne, umbelífera. ‖ *Gomorresina de esta planta, de olor muy fuerte y fétido, que se usa en medicina. ‖ **olorosa. Asa dulce.**

asá. V. **Así que asá.**

asacar. tr. Sacar, *inventar. ‖ *Fingir. ‖ *Atribuir, imputar.

asación. f. Acción y efecto de *asar. ‖ **Farm.* Cocimiento asativo.

asacristanado, da. adj. Que parece un sacristán.

asadero, ra. adj. A propósito para asarse.

asado. m. Carne asada.

asador. m. Varilla puntiaguda en que se clava y se pone al fuego lo que se quiere *asar. ‖ Aparato mecánico para asar.

asadura. f. **Carn.* Conjunto de las entrañas del animal. Ú. t. en pl. ‖ Hígado y bofes. ‖ ***Hígado.** ‖ *Impuesto por el tránsito de los *ganados. ‖ fam. Pachorra, *lentitud. ‖ fam. Falta de gracia, *sosería.

asaduría. f. **Asadura,** impuesto.

asaeteador, ra. adj. Que asaetea. Ú. t. c. s.

asaetear. tr. Disparar saetas contra alguien. ‖ Herir o matar con saetas. ‖ fig. *Importunar.

asaetinado, da. adj. Aplícase a ciertas telas, parecidas al saetín.

asainetado, da. adj. Parecido al sainete.

asalareo. m. Ajuste de un *servicio.

asalariado, da. adj. Dícese de la persona que presta algún *servicio mediante *remuneración. Ú. t. c. s.

asalariar. tr. Señalar salario.

asalmerar. tr. **Cant.* Dar a los estribos la forma de plano inclinado, para apoyar en ellos un *arco o bóveda.

asalmonado, da. adj. Parecido al salmón.

asaltador, ra. adj. Que asalta. Ú. t. c. s.

***asaltar.** tr. *Acometer una plaza o fortaleza. ‖ Acometer repentinamente y por sorpresa a las personas. ‖ fig. Venirle a uno de *improviso un pensamiento, enfermedad, etc.

asalto. m. Acción y efecto de asaltar. ‖ Juego parecido al de tres en raya, sobre un *tablero. ‖ **Esgr.* Acometimiento que se hace metiendo el pie derecho y la espada al mismo tiempo. ‖ *Esgr.* Combate simulado. ‖ **Dar asalto.** tr. **Asaltar.**

***asamblea.** f. *Reunión numerosa de personas convocadas para algún fin. ‖ → Cuerpo deliberante. ‖ Tribunal de la orden de San Juan. ‖ Conjunto de los principales funcionarios de ciertas *órdenes militares*. ‖ **Mil.* Reunión numerosa de tropas para su instrucción o para entrar en campaña. ‖ *Mil.* *Toque para que la tropa se forme.

asambleísta. com. Persona que forma parte de una asamblea.

***asar.** tr. Someter ciertos manjares, como carnes, pescados, frutas, etc., a la acción del calor para facilitar su digestión. ‖ r. fig. Sentir extremado ardor o *calor. ‖ **Asarse vivo.** fr. fig. y fam. **Asarse.**

asarabácara. f. **Ásaro.**

asáraca. f. **Ásaro.**

asardinado, da. adj. Aplícase a la obra hecha de *ladrillos puestos de canto.

asarero. m. **Endrino.**

asargado, da. adj. Parecido a la sarga.

asarina. f. *Planta escrofulariácea, que nace entre las peñas.

ásaro. m. *Planta aristoloquiácea, de olor fuerte y nauseabundo.

asativo, va. adj. **Farm.* Aplícase al cocimiento que se hace de alguna cosa con su propio zumo.

asaz. adv. c. *Bastante, harto, muy. ‖ adj. Bastante, mucho.

asbestino, na. adj. Perteneciente al asbesto.

asbesto. m. *Mineral semejante al amianto.

ascalonia. f. **Chalote.**

ascalonita. adj. Natural de Ascalón. Ú. t. c. s. ‖ Perteneciente a esta ciudad de Palestina.

áscar. m. En Marruecos, ***ejército.**

áscari. m. *Soldado de infantería marroquí.

ascáride. f. *Lombriz intestinal.

ascendencia. f. Serie de ascendientes de una persona.

ascendente. p. a. de **Ascender.** Que asciende.

ascender. intr. ***Subir.** ‖ Importar una cuenta. ‖ fig. *Adelantar en *empleo o dignidad. ‖ tr. Dar un ascenso.

ascendiente. p. a. de **Ascender. As-**

cendente. || com. *Padre, o cualquiera de los abuelos, de quien desciende una persona. || m. *Influencia moral de una persona sobre otra.
ascensión. f. Acción y efecto de ascender. || Por excelencia, la de *Cristo a los cielos. || *Festividad con que celebra la Iglesia este misterio. || Exaltación a una *dignidad suprema, como la de *papa o soberano.
ascensional. adj. Aplícase al movimiento de un cuerpo hacia arriba y a la fuerza que produce la *subida. || *Astr.* Perteneciente a la ascensión de los astros.
ascensionista. com. Persona que sube en un *globo libre.
ascenso. m. **Subida.** || fig. *Adelantamiento a mayor dignidad o *empleo.
ascensor. m. Máquina elevadora que se instala en un edificio para trasladar personas de unos a otros pisos. || **Montacargas.**
ascensorista. com. Persona encargada del servicio de un ascensor.
asceta. com. Persona que hace vida ascética.
ascética. f. **Ascetismo,** doctrina.
***ascético, ca.** adj. Dícese de la persona dedicada especialmente a la perfección cristiana. || Perteneciente o relativo a este ejercicio. || Que trata de la vida **ascética.**
ascetismo. m. Profesión de la vida ascética. || Doctrina de la vida ascética.
ascio, cia. adj. *Geogr.* Dícese del *habitante de la zona tórrida, donde dos veces al año, a la hora de mediodía, cae verticalmente el sol. Ú. t. c. s. y m. en pl.
ásciro. m. Planta parecida al hipérico.
asciterio. m. ant. **Monasterio.**
ascítico, ca. adj. *Pat.* Que padece ascitis. Ú. t. c. s.
ascitis. f. *Pat.* Hidropesía del *vientre.
asclepiadeo. adj. V. **Verso asclepiadeo.** Ú. t. c. s.
asclepiadeo, a. adj. *Bot.* Dícese de ciertas plantas dicotiledóneas; como la cornicabra y la arauja. Ú. t. c. s. f. || f. pl. *Bot.* Familia de estas plantas.
***asco.** m. Repugnancia que incita a vómito. || fig. Impresión desagradable causada por alguna cosa que repugna. || fig. Esta misma cosa. || fig. y fam. **Miedo.** || **Hacer** uno **ascos.** fr. fig. y fam. Hacer *melindres o afectar *desprecio sin motivo justificado. || **Ser un asco** una cosa. fr. fig. y fam. Ser muy indecorosa y despreciable.
ascomiceto, ta. adj. Dícese de cierta clase de *hongos. Ú. t. c. s. m.
ascosidad. f. Inmundicia que mueve a asco.
ascoso, sa. adj. **Asqueroso,** que siente asco.
ascreo, a. adj. Natural de Ascra. Ú. t. c. s. || Perteneciente a esta aldea de Beocia.
ascua. f. Pedazo de cualquier materia que *arde sin llama. || **de oro.** fig. Cosa que brilla mucho. || **Arrimar** uno **el ascua a** su **sardina.** fr. fig. y fam. *Aprovechar las ocasiones en beneficio propio. || **¡Ascuas!** interj. fest. con que se manifiesta extrañeza. || **Estar** uno **en ascuas.** fr. fig. y fam. Estar *inquieto.
aseadamente. adv. m. Con aseo.
aseado, da. adj. *Limpio, curioso.
asear. tr. *Adornar, componer con curiosidad y *limpieza. Ú. t. c. r.
asebia. f. *Irreligión, impiedad.
asechador, ra. adj. Que asecha. Ú. t. c. s.
asechamiento. m. **Asechanza.**
***asechanza.** f. Engaño o artificio para hacer daño a otro. Ú. m. en pl.
asechar. tr. Poner o armar asechanzas.
asecho. m. **Asechanza.**
asedar. tr. Poner el *lino tan suave como la seda.
asediador, ra. adj. Que asedia. Ú. t. c. s.
asediar. tr. *Sitiar, cercar un punto fortificado. || fig. *Importunar.
asedio. m. Acción y efecto de asediar.
aseglararse. r. Vivir como *seglar el que es clérigo o religioso.
asegundar. tr. Hacer por segunda *vez una cosa que se acaba de hacer por vez primera.
aseguración. f. **Seguro,** contrato relativo a algún riesgo.
asegurado, da. adj. Dícese de la persona que ha contratado un *seguro. Ú. t. c. s.
asegurador, ra. adj. Que asegura. Ú. t. c. s. || Dícese de la persona o empresa que *asegura riesgos ajenos. Ú. t. c. s.
aseguramiento. m. Acción y efecto de asegurar. || **Seguro,** salvoconducto.
aseguranza. f. *Seguridad, resguardo.
***asegurar.** tr. Dar *firmeza y seguridad a alguna cosa; afianzarla, *sujetarla. || *Apresar a una persona e impedirle que se defienda. || Librar de cuidado, tranquilizar. Ú. t. c. r. || *Afirmar la realidad o certeza de alguna cosa. Ú. t. c. r. || Preservar a las personas y las cosas. || Dar *garantía, con hipoteca o prenda, del cumplimiento de una obligación. || → Poner a cubierto a una persona o cosa de las consecuencias de un determinado riesgo, mediante ciertas condiciones. Ú. t. c. r.
aseidad. f. Atributo de *Dios, en virtud del cual *existe por necesidad de su propia naturaleza.
aseladero. m. Sitio en que se aselan las *gallinas.
aselador. m. **Aseladero.**
aselarse. intr. Acomodarse las *gallinas y otras aves para pasar la noche.
***asemejar.** tr. Hacer una cosa con *semejanza a otra. || Representar una cosa como semejante a otra. Ú. t. c. r. || intr. Tener semejanza. || r. Ser semejante.
asemillar. intr. **Cerner** las plantas el polen.
asendereado, da. adj. V. **Camino asendereado.** || fig. Agobiado de *trabajos o *desgracias. || Que tiene *experiencia en una cosa.
asenderear. tr. Hacer *caminos o senderos. || *Perseguir a uno.
asengladura. f. *Mar.* **Singladura.**
asenso. m. Acción y efecto de *asentir. || **Dar asenso.** fr. *Creer, dar crédito.
asentada. f. *Tiempo que sin interrupción está sentada una persona. || **De una asentada.** m. adv. De manera *continua, sin interrupción.
***asentaderas.** f. pl. fam. Nalgas.
asentadillas (a). m. adv. **A mujeriegas.**
asentado, da. adj. **Sentado,** juicioso, reflexivo. || fig. *Estable, *permanente.
asentador. m. El que asienta o cuida de que se asiente alguna cosa. || El que contrata por mayor víveres para el *mercado. || Instrumento de hierro, a modo de *cincel, que usan los herreros. || **Suavizador** para navajas de *afeitar. || **Impr.* **Tambo-rilete.** || **de real.** El que tenía a su cuidado *alojar un ejército.
asentamiento. m. Acción y efecto de asentar o asentarse. || **Establecimiento,** residencia. || fig. Juicio, *prudencia. || **For.* Posesión que daba el juez al demandador de algunos bienes del demandado.
asentar. tr. Poner a uno en un *asiento, descansando sobre las nalgas. Ú. m. c. r. || Colocar a uno en determinado lugar en señal de posesión de algún *empleo. Ú. t. c. r. || Poner alguna cosa de manera que permanezca *firme y *estable. || *Fundar, establecer (edificios, poblaciones, etc.). || Tratándose de *golpes, aplicar bien la mano, palo, etc. || *Allanar o alisar. || Afinar el *filo de una navaja de *afeitar. || Dar por *supuesta alguna cosa. || *Afirmar, dar por cierto. || Ajustar un *convenio. || Anotar o *apuntar alguna especie. || **For.* Poner al demandador en *posesión de algunos bienes del demandado. || intr. **Sentar** bien o mal un *vestido. || r. Posarse las aves. || *Posarse los líquidos. || Dicho del aparejo o la albarda, hacer daño a las caballerías. || **Arq.* Hacer asiento una obra. || Estancarse algún manjar en el *estómago.
asentimiento. m. **Asenso.** || **Consentimiento.**
***asentir.** intr. Mostrarse conforme con el parecer ajeno.
asentista. m. El que contrata la *provisión o suministro de víveres u otros efectos.
aseñorado, da. adj. Dícese de la persona ordinaria que imita en algo a los señores. || Parecido a lo que es propio de los señores.
aseo. m. *Limpieza, curiosidad, *adorno de la persona. || Esmero, *cuidado. || Apostura, *gallardía.
asépalo, la. adj. **Bot.* Que carece de sépalos.
asepsia. f. Estado libre de *infección. || *Cir.* *Desinfección escrupulosa para evitar el acceso al organismo de los gérmenes patógenos.
aséptico, ca. adj. *Med.* Perteneciente o relativo a la asepsia.
asequi. m. Cierto *impuesto que se pagaba por el *ganado menor.
asequible. adj. Que puede *conseguirse o alcanzarse.
aserción. f. Acción y efecto de *afirmar la certeza de alguna cosa. || Proposición en que se afirma.
aserenar. tr. **Serenar.** Ú. t. c. r.
asermonado, da. adj. Que participa de las cualidades propias del *sermón.
aserradero. m. Paraje donde se *asierra la madera.
aserradizo, za. adj. A propósito para ser aserrado. || Dícese del *madero aserrado.
aserrador, ra. adj. Que asierra. Ú. t. c. s.
aserradura. f. Corte que hace la sierra. || pl. **Aserrín.**
***aserrar.** tr. *Cortar con sierra.
aserrín. m. Conjunto de partículas de madera que resultan al aserrarla.
aserruchar. tr. *Aserrar con serrucho.
asertivamente. adv. m. **Afirmativamente.**
asertivo, va. adj. **Afirmativo.**
aserto. m. **Aserción.**
asertorio. adj. V. **Juramento asertorio.**
asesar. intr. Adquirir seso o *prudencia.
asesinar. tr. *Matar alevosamente a una persona. || fig. Causar viva *aflicción o grandes *disgustos. ||

fig. Engañar o hacer *traición a mansalva.
***asesinato.** m. Acción y efecto de asesinar.
asesino. com. Persona que asesina.
asesor, ra. adj. Que asesora. Ú. t. c. s. || Dícese especialmente del letrado encargado de asesorar a un *juez lego. Ú. m. c. s.
asesoramiento. m. Acción y efecto de asesorar o asesorarse.
asesorar. tr. Dar *consejo o dictamen. || r. Tomar consejo del letrado asesor. || Por ext., tomar consejo una persona de otra.
asesoría. f. Oficio de asesor. || Estipendio o derechos del asesor. || Oficina del asesor.
asestadero. m. **Sesteadero.**
asestadura. f. Acción de asestar.
asestar. tr. *Dirigir una *arma hacia el objeto que se quiere amenazar o atacar. || Dirigir la *vista o los anteojos. || Descargar contra un objeto el *proyectil o el *golpe de una arma. || intr. **Sestear** el ganado.
aseveración. f. Acción y efecto de aseverar.
aseveradamente. adv. m. Con aseveración.
aseverancia. f. ant. **Aseveración.**
aseverar. tr. *Afirmar o asegurar lo que se dice.
aseverativo, va. adj. Que asevera o afirma.
asexuado, da. adj. **Asexual.**
asexual. adj. *Bot. y Zool.* Que carece de *sexo. || *Bot. y Zool.* Dícese de la *reproducción en que no intervienen los sexos.
asfalita. f. *Anat.* Nombre de la quinta *vértebra lumbar.
asfaltado. m. Acción de asfaltar. || *Pavimento de asfalto.
asfaltar. tr. Revestir de asfalto.
asfáltico, ca. adj. De asfalto. || Que tiene asfalto.
asfalto. m. *Betún negro, sólido, que se derrite al fuego. Se emplea, mezclado con arena, en *pavimentos y revestimientos de muros.
asfíctico, ca. adj. Perteneciente o relativo a la asfixia.
***asfixia.** f. Estado de muerte aparente o inminente, que resulta de la suspensión de la respiración, por *ahogamiento u otras causas.
asfixiante. p. a. de **Asfixiar.** Que asfixia.
***asfixiar.** tr. Producir asfixia. Ú. t. c. r.
asfíxico, ca. adj. **Asfíctico.**
asfódelo. m. **Gamón.**
así. adv. m. De esta, o de esa manera. || Tanto, hasta tal punto, de tal suerte. || También, igualmente. || conj. comp. Tanto. || conj. ilat. En consecuencia, de suerte que. || **Así así.** m. adv. Tal cual, medianamente. || **Así como.** m. adv. **Así que.** || m. adv. y conjunt. De igual modo que. || **Así como así.** m. adv. De todos modos. || **Así mismo.** adv. m. De este o de *igual modo. || **También.** || **Así o asá; así o así.** exprs. fams. **Así que asá.** || **Así que.** m. adv. Tan luego como, al punto que. || m. conjunt. En consecuencia, de suerte que. || **Así que asá,** o **así que asado.** expr. fam. Lo mismo da, tanto monta. || **Así que así.** m. adv. **Así como así.**
asiático, ca. adj. Natural de Asia. Ú. t. c. s. || Perteneciente a esta parte del mundo.
asibilación. f. *Fon.* Acción y efecto de asibilar.
asibilar. tr. *Fon.* Hacer sibilante el sonido de una letra.
***asidero.** m. Parte por donde se ase alguna cosa. || fig. *Ocasión o pretexto.
asidonense. adj. Natural de Asido, hoy Medinasidonia. Ú. t. c. s. || Perteneciente a esta ciudad.
asidor. m. *Mar.* Manigueta que se ponía en el mango del *remo de las galeras.
asiduamente. adv. m. Con asiduidad.
asiduidad. f. *Frecuencia o aplicación constante a una cosa. || Puntualidad en el *cumplimiento repetido de una obligación. || *Constancia.
asiduo, dua. adj. *Frecuente, puntual, perseverante.
***asiento.** m. Mueble, poyo u otra cosa destinada para sentarse en ella. || Parte de la silla, banco, etc., en que se apoyan las nalgas. || Puesto que tiene alguno en cualquier tribunal o junta. || *Lugar en que está o estuvo fundado un pueblo o edificio. || Parte inferior de las vasijas y otras cosas que les sirve de *base. || **Poso,** *sedimento. || Acción y efecto de asentar un material en obra. || **Arq.* Descenso que se suele advertir en la obra edificada, a consecuencia de la compresión de los materiales y de su peso sobre el terreno. || *Convenio o ajuste de paces. || *Contrato para *proveer de dinero, víveres, etc. || *Apuntación de una cosa para que no se olvide. || Anotación que se hace en un registro o libro de *cuentas. || En América, territorio y población de las *minas. || Parte del *freno que entra en la boca de la caballería. || Espacio sin dientes en la mandíbula posterior de las *caballerías sobre el cual asienta el cañón del freno. || Indigestión. || fig. *Estabilidad, *permanencia. || fig. Cordura, *prudencia. || pl. *Perlas de forma semiesférica. || Tirillas que se ponen en los cuellos y puños de la *camisa. || **Asentaderas.** || **Asiento de colmenas.** Colmenar abierto. || **de molino.** Piedra armada para moler. || **de pastor.** Mata leguminosa. || **de tahona. Asiento de molino.** || **Estar** uno **de asiento.** fr. Estar establecido en un pueblo o paraje. || **No calentar** uno el **asiento.** fr. fig. y fam. Durar poco en el empleo. || **Tomar** uno **asiento.** fr. **Sentarse.**
asignable. adj. Que se puede asignar.
asignación. f. Acción y efecto de asignar. || Cantidad señalada por *sueldo o para un fin determinado.
asignado. m. Cada uno de los títulos que sirvieron de papel *moneda en Francia durante la Revolución.
asignar. tr. Señalar o *distribuir lo que corresponde a cada persona o cosa. || Señalar, fijar, *destinar.
asignatario, ria. m. y f. *For.* Persona a quien se asigna la *herencia o legado.
asignatura. f. Cada uno de los tratados que se *enseñan en un establecimiento docente.
asilado, da. m. y f. **Acogido, da.**
asilamiento. m. Acción y efecto de asilar.
asilar. tr. Albergar en un asilo. Ú. t. c. r.
***asilo.** m. Lugar privilegiado que sirve de refugio y *seguridad a los delincuentes. || Establecimiento benéfico en que se recogen menesterosos. || fig. Amparo, *protección.
asilo. m. *Insecto díptero.
asilvestrado, da. adj. Dícese de la planta silvestre que procede de otra cultivada.
asilla. f. **Islilla,** clavícula. || Asidero, *ocasión, pretexto.
asimetría. f. Falta de simetría.
asimétrico, ca. adj. Que no guarda simetría.
***asimiento.** m. Acción de asir. || fig. *Adhesión. || fig. Afecto, *cariño.
asimilable. adj. Que puede asimilarse.
asimilación. f. Acción y efecto de asimilar o asimilarse.
asimilar. tr. Asemejar, *comparar. Ú. t. c. r. || Conceder a un *empleado ventajas similares a las de otro de distinta carrera. || **Bot.* y *Zool.* Apropiarse los organismos las substancias necesarias para su *alimento o desarrollo. || *Gram.* Alterar un sonido para asemejarlo a otro que influye sobre aquél. || intr. Ser *semejante una cosa a otra.
asimilativo, va. adj. Dícese de lo que tiene fuerza para hacer semejante una cosa a otra.
a símili. expr. lat. *Lóg.* V. **Argumento a símili.**
asimismo. adv. m. **Así mismo.**
asimplado, da. adj. Que parece simple o *cándido.
asín. adv. m. fam. **Así.**
asina. adv. m. fam. **Así.**
asincronismo. m. Falta de coincidencia o simultaneidad.
asíndeton. m. **Ret.* Figura que consiste en omitir las conjunciones.
asinino, na. adj. **Asnino.**
asíntota. f. **Geom.* Línea *recta que, prolongada indefinidamente, se acerca de continuo a una curva, sin llegar nunca a encontrarla.
***asir.** tr. Tomar o coger con la mano. || Tomar de otro modo. || intr. Tratándose de plantas, *arraigar. || r. Agarrarse de alguna cosa. || fig. Tomar *ocasión o *pretexto para alguna cosa. || rec. fig. *Reñir de obra o de palabra.
asirio, ria. adj. Natural de Asiria. Ú. t. c. s. || Perteneciente a este país. || m. *Lengua **asiria.**
asiriología. f. Ciencia que trata de todo lo referente a los asirios.
asiriólogo. m. El versado en asiriología.
asistencia. f. Acción de asistir, o *presencia actual. || *Remuneración o emolumentos que se ganan con la **asistencia** personal. || *Socorro, ayuda. || Empleo de asistente o corregidor. || Tratamiento médico. || *Habitación destinada para recibir las visitas de confianza. || pl. *Renta o *medios que se dan a alguno para que se mantenga.
asistenta. f. Mujer del antiguo asistente municipal. || *Monja que asiste y suple a la superiora. || *Criada que servía en el palacio real a las damas y camaristas. || Criada seglar que sirve en convento de religiosas de las órdenes militares. || Mujer que hace interinamente oficio de *criada, en una o varias casas, sin pernoctar en ellas.
asistente. p. a. de **Asistir.** Que asiste. || m. Cualquiera de los dos *obispos que ayudan al consagrante en la consagración de otro. || Funcionario público que en ciertas villas tenía las mismas atribuciones que el corregidor. || *Religioso nombrado para asistir al general de una orden. || *Soldado destinado al *servicio personal de un jefe u oficial. || **a Cortes.** Cada uno de los consejeros de la real cámara que reconocían los poderes de los procuradores a Cortes.
asistimiento. m. Servicio, asistencia.
asistir. tr. *Acompañar a alguno en un acto público. || Prestar determi-

nados servicios. ‖ *Servir interinamente. ‖ Socorrer, *ayudar. ‖ Tratar a un enfermo para su *curación. ‖ intr. Concurrir con frecuencia a alguna casa o reunión. ‖ Estar o hallarse *presente. ‖ En ciertos juegos de *naipes, echar carta del mismo palo que la jugada anteriormente.

asistolia. f. Enfermedad del *corazón producida por la debilidad de la sístole.

asistólico, ca. adj. Perteneciente a la asistolia.

asma. f. Enfermedad que se manifiesta por una *respiración anhelante con exacerbaciones periódicas.

asmático, ca. adj. Perteneciente o relativo al asma. ‖ Que la padece. Ú. t. c. s.

asna. f. Hembra del asno. ‖ pl. *Maderos que cargan sobre la viga principal.

asnacho. m. Mata leguminosa. ‖ ***Gatuña.**

asnada. f. fig. y fam. **Asnería,** necedad.

asnado. m. *Madero que se usa para entibar los costados de ciertas minas.

asnal. adj. Perteneciente o relativo al *asno. ‖ fam. Bestial o brutal. ‖ fig. V. **Media asnal.**

asnalmente. adv. m. fam. Cabalgando en un asno. ‖ fam. Brutalmente.

asnallo. m. **Asnacho,** *gatuña.

asnejón. m. aum. y despect. de **Asno,** persona *necia.

asnería. f. fam. Conjunto de asnos. ‖ fig. y fam. *Necedad.

asnico. m. Utensilio de *cocina para afirmar el asador.

asnilla. f. Sostén formado con un *madero horizontal *apoyado en cuatro tornapuntas que sirven de pies. ‖ *Albañ.* Armazón compuesta de un madero con dos pies derechos que se usa para apear una pared.

asnillo. m. *Insecto coleóptero, cuyo abdomen termina en dos tubillos, por donde lanza un líquido volátil. ‖ **Asnico** de cocina.

asnino, na. adj. fam. **Asnal.**

***asno.** m. Animal solípedo, más pequeño que el caballo y con las orejas más largas, que se emplea como caballería y como bestia de carga. ‖ fig. Persona *necia. Ú. t. c. adj. ‖ **silvestre.** Variedad del **asno,** de pelo pardo y andar muy veloz, que habita algunas regiones del África. ‖ **Caer** uno **de** su **asno.** fr. fig. y fam. *Desengañarse, conocer que ha errado.

asobarcar. tr. fam. **Sobarcar.**

asobinarse. r. Quedar una *caballería, al caer, con la cabeza metida entre las patas delanteras. ‖ Por ext., quedar una persona hecha un ovillo al *caer.

asocarronado, da. adj. Que parece socarrón o de socarrón.

***asociación.** f. Acción de asociar o asociarse. ‖ Conjunto de los asociados. ‖ *Ret.* Figura que consiste en decir de muchos lo que sólo es aplicable a uno solo, con el fin de atenuar el propio elogio o la censura de los demás.

asociacionismo. m. *Psicol.* Doctrina que funda el mecanismo intelectual sobre la asociación de ideas.

asociado, da. adj. Dícese de la persona que acompaña a otra en alguna comisión o encargo. Ú. t. c. s. ‖ m. y f. Persona que forma parte de una asociación.

asociamiento. m. **Asociación.**

***asociar.** tr. Dar a uno por compañero persona que le ayude. ‖ Juntar una cosa con otra. ‖ Tomar uno compañero que le *ayude. ‖ r. Reunirse para algún fin.

asofia. f. *Ignorancia.

asolación. f. **Asolamiento.**

asolamiento. m. Acción y efecto de asolar o *destruir.

asolanar. tr. Dañar o *marchitar el viento solano las plantas, frutas, etc. Ú. m. c. r.

***asolapar.** tr. *Imbricar, asentar una cosa sobre otra de modo que la cubra parcialmente, como las tejas en el tejado.

asolar. tr. Poner por el suelo, *destruir, arrasar. ‖ r. Tratándose de líquidos, ***posarse.**

asolar. tr. *Secar o *marchitar los campos el calor, una sequía, etc. Ú. m. c. r.

asoldadar. tr. **Asoldar.** Ú. t. c. r.

asoldar. tr. Tomar a *sueldo. Ú. t. c. r.

asoleada. f. **Insolación.**

asoleamiento. m. **Insolación.**

asolear. tr. Exponer al *sol una cosa por algún tiempo. ‖ r. Acalorarse tomando el sol. ‖ Ponerse muy moreno, por haber andado mucho al sol. ‖ *Veter.* Contraer asoleo los animales.

asoleo. m. Acción y efecto de asolear. ‖ *Mil.* Exposición de la *pólvora al sol, después de granulada. ‖ *Veter.* Enfermedad caracterizada principalmente por sofocación y violentas palpitaciones.

asomada. f. Acción y efecto de *manifestarse o dejarse ver por poco tiempo. ‖ Paraje desde el cual se empieza a *ver algún lugar.

asomar. tr. *Mostrar alguna cosa por una abertura, o por detrás de alguna parte. Ú. t. c. r. ‖ Dejar entrever. ‖ intr. Empezar a mostrarse. ‖ r. fam. Tener algún principio de *borrachera.

asombradizo, za. adj. **Espantadizo.**

asombrador, ra. adj. Que asombra.

asombrar. tr. Hacer *sombra una cosa a otra. ‖ Obscurecer un *color mezclándolo con otro. ‖ fig. *Asustar. Ú. t. c. r. ‖ fig. Causar grande *admiración. Ú. t. c. r.

asombro. m. *Susto, espanto. ‖ Grande *admiración. ‖ *Portento, maravilla.

asombrosamente. adv. m. De manera asombrosa.

asombroso, sa. adj. Que causa asombro o admiración.

asomo. m. *Indicio o señal. ‖ *Sospecha, *conjetura. ‖ **Ni por asomo.** m. adv. De ningún modo.

asonada. f. Reunión o concurrencia numerosa con *perturbación del orden público.

asonancia. f. Correspondencia de un sonido con otro. ‖ fig. Correspondencia o *conformidad de una cosa con otra. ‖ *Métr.* Identidad de vocales en las terminaciones de dos palabras a contar desde la última acentuada. ‖ *Ret.* Vicio, así de la prosa como de la *poesía, que consiste en el uso inoportuno de voces asonantes.

asonantar. intr. Ser una palabra asonante de otra. ‖ Incurrir en el vicio de la asonancia. ‖ tr. Emplear en la rima una palabra como asonante de otra.

asonante. p. a. ant. de **Asonar.** Que asuena o hace asonancia. ‖ adj. Dícese de cualquiera voz con respecto a otra de la misma asonancia. Ú. t. c. s.

asonar. intr. Hacer asonancia.

asordar. tr. *Ensordecer a alguno con ruido fuerte cercano al oído.

asorocharse. r. Padecer soroche.

asosegar. tr. **Sosegar.** Ú. t. c. intr. y c. r.

asotanar. tr. Excavar el suelo para construir *sótanos o bodegas.

asotilar. tr. ant. **Asutilar.** Usáb. t. c. r.

aspa. f. Conjunto de dos palos atravesados en figura de una X. ‖ Instrumento que sirve para aspar el *hilo. ‖ Velamen del *molino de viento formado de cuatro brazos en cruz. ‖ Cada uno de estos brazos. ‖ *Blas.* **Sotuer.** ‖ *Min.* Cruce de dos vetas. ‖ pl. Maderos en *cruz que hacen andar la rueda de la *noria. ‖ **Aspa de San Andrés.** *Insignia de la casa de Borgoña. ‖ Cruz de paño rojo, que se ponía en el capotillo de los penitenciados por la *Inquisición.

aspadera. f. **Aspa** para el hilo.

aspado, da. adj. Dícese del que por *penitencia llevaba los brazos extendidos en cruz, atados por las espaldas a un madero u otra cosa. Ú. t. c. s. ‖ fig. y fam. Aplícase al que, por estrechez del vestido, no puede mover los brazos con soltura.

aspador, ra. adj. Que aspa. Ú. t. c. s. ‖ m. **Aspa** para el hilo.

aspálato. m. Nombre dado a varias plantas *espinosas parecidas a la retama. También se da este nombre a varias *maderas olorosas.

aspalto. m. *Pint.* **Espalto.**

aspar. tr. Hacer madeja el *hilo en el aspa. ‖ Clavar en una aspa a una persona, como *suplicio de muerte. ‖ fig. y fam. Mortificar o *molestar mucho a alguno. ‖ r. fig. Mostrar con *quejas o aspavientos *ira o dolor. ‖ Aplicarse con gran *esfuerzo al logro de algo.

aspaventar. tr. Atemorizar, *asustar.

aspaventero, ra. adj. Que hace aspavientos. Ú. t. c. s.

aspaviento. m. *Ademán desmedido o demostración afectada de *temor, *admiración o sentimiento.

aspearse. r. **Despearse.**

***aspecto.** m. Apariencia de las cosas a la vista. ‖ Orientación de un edificio. ‖ *Astrol.* Situación respectiva de dos astros con relación a las casas celestes que ocupan. ‖ **cuadrado.** *Astrol.* El de dos astros cuando quedan entre ambos dos casas vacías. ‖ **partil.** *Astrol.* Aquel en que la diferencia de longitudes es un múltiplo de la dozava parte del círculo. ‖ **sextil.** *Astrol.* El de dos astros cuando queda entre ambos una casa vacía. ‖ **trino.** *Astrol.* El de dos astros cuando quedan entre ambos tres casas vacías.

ásperamente. adv. m. Con aspereza.

asperarteria. f. **Tráquea.**

asperear. intr. Tener *sabor áspero.

asperete. m. **Asperillo.**

***aspereza.** f. Calidad de áspero. ‖ Desigualdad del terreno, *escabrosidad. ‖ *Desabrimiento, *severidad.

aspergear. tr. **Asperjar.**

asperges. m. fam. Antífona que comienza con esta palabra. ‖ fam. y fest. *Rociamiento o aspersión. ‖ fig. y fam. **Hisopo** para asperjar. ‖ **Quedarse** uno **asperges.** fr. fig. y fam. No lograr lo que esperaba, quedar *frustrado.

asperidad. f. **Aspereza.**

asperiego, ga. adj. V. **Manzano asperiego.** Ú. t. c. s.

asperilla. f. *Planta herbácea, olorosa, de la familia de las rubiáceas.

asperillo. m. Gustillo *agrio de la fruta poco madura.

asperjar. tr. **Hisopear.** ‖ **Rociar.**

áspero. m. **Aspro.**

***áspero, ra.** adj. Insuave al tacto, por tener la superficie desigual o rasposa. ‖ **Escabroso.** ‖ fig. Desapa-

cible al gusto o al oído. ‖ fig. *Desabrido, riguroso.
asperón. m. Arenisca que se emplea para la construcción, y también, cuando es de grano fino, en piedras de *afilar.
aspérrimo, ma. adj. sup. de **Áspero.**
aspersión. f. Acción de asperjar.
aspersorio. m. Instrumento con que se asperja.
asperura. f. **Aspereza.**
áspid. m. *Víbora que tiene las escamas de la cabeza iguales a las del resto del cuerpo. Es muy venenosa. ‖ *Serpiente venenosa, pequeña.
áspide. m. **Áspid.**
aspidistra. f. *Planta esmilácea, acaule, que se cultiva para adorno de las habitaciones.
aspilla. f. Listón que lleva marcada una escala para apreciar, introduciéndolo en un recipiente de *capacidad conocida, la cantidad de líquido que contiene.
aspillar. tr. Averiguar, mediante la aspilla, la cantidad de *vino envasado en cubas.
aspillera. f. *Fort.* Abertura larga y estrecha en un muro, para disparar por ella.
aspillerar. tr. Hacer aspilleras.
aspiración. f. Acción y efecto de aspirar. ‖ En la teología *mística, afecto ardiente que impulsa al alma hacia Dios. ‖ *Fon.* Sonido que resulta cuando se emite el aliento con fuerza hallándose abierto el canal articulatorio. ‖ **Mús.* Espacio. ‖ f. pl. *Deseos, pretensiones, ambición.
aspirado, da. adj. *Fon.* Dícese del sonido que se pronuncia emitiendo con cierta fuerza el aire de la garganta. ‖ Dícese de la letra que representa este sonido. Ú. t. c. s. f.
aspirante. p. a. de **Aspirar.** Que aspira. ‖ m. Persona que ha obtenido derecho a un *empleo o que ocupa el grado inferior en ciertas carreras.
aspirar. tr. Atraer el aire exterior a los pulmones. ‖ Pretender o *desear alguna cosa. ‖ *Gram.* Dicho de la *h*, *pronunciarla como una *j* muy suave.
aspiratorio, ria. adj. Perteneciente o relativo a la aspiración.
aspirina. f. **Farm.* Éter acético del ácido salicílico, que se emplea como analgésico y antirreumático.
aspro. m. *Moneda turca de muy poco valor.
***asquear.** intr. Tener o mostrar *asco de alguna cosa. Ú. t. c. tr.
asquerosamente. adv. m. Puerca o suciamente.
asquerosidad. f. Cosa que causa asco.
asqueroso, sa. adj. Que causa *asco. ‖ Que tiene asco. ‖ *Delicado, melindroso para la comida.
asta. f. Arma ofensiva de los antiguos romanos, compuesta de un astil terminado por una punta en un hierro aguzado. ‖ Palo de la *lanza, pica, dardo, etc. ‖ Lanza o pica. ‖ Palo a cuyo extremo se pone una *bandera. ‖ **Cuerno** del toro. ‖ **Arq. Nav.* Cada una de las piezas del enramado del buque que van desde la cuadra a popa y proa. ‖ *Mar.* Extremo superior de un masteleríllo. ‖ *Mont.* Tronco principal del *cuerno del ciervo. ‖ *Pint.* Mango de brocha o pincel. ‖ **pura. Asta** sin hierro que se daba por *recompensa al soldado que se distinguía en la batalla. ‖ **A media asta.** fr. que denota estar a medio izar una bandera en señal de *luto. ‖ **Darse de las astas.** fr. fig. y fam. Batallar cuerpo a cuerpo. ‖ fig. y fam. *Zaherirse mutuamente en la conversación. ‖ fig. y fam. **Porfiar.** ‖ **De asta.** m. adv. **Albañ.* Hablando de ladrillos, **a tizón.** ‖ **De media asta.** m. adv. *Albañ.* Hablando de ladrillos, **a soga.**
astabatán. m. **Marrubio.**
ástaco. m. *Cangrejo de agua dulce.
astado. adj. Dícese del animal que tiene *cuernos. ‖ m. **Astero.**
astático, ca. adj. *Electr.* Dícese del sistema formado por dos agujas *imantadas que se colocan una encima de otra y con los polos invertidos.
asteísmo. m. **Ret.* Figura que consiste en dirigir ingeniosamente una *alabanza con apariencia de reprensión.
astenia. f. **Pat.* Debilidad, decaimiento considerable de fuerzas.
asténico, ca. adj. **Pat.* Perteneciente o relativo a la astenia.
aster. m. *Planta compuesta, cultivada en los jardines por su *flor.
asterisco. m. Signo *ortográfico (*) empleado para llamada u otros usos convencionales.
asterismo. m. *Astr.* **Constelación.**
astero. m. *Soldado romano, que peleaba con asta.
asteroide. adj. De figura de *estrella. ‖ m. Nombre que se da a ciertos *planetas pequeños, cuyas órbitas se hallan comprendidas entre las de Marte y Júpiter.
astigitano, na. adj. Natural de Ástigi, hoy Écija. Ú. t. c. s. ‖ Perteneciente a esta ciudad.
astigmatismo. m. **Opt.* Imperfección del *ojo o de los instrumentos ópticos, que produce cierta deformación de la imagen.
astigmómetro. m. **Opt.* Instrumento que sirve para apreciar el astigmatismo.
astil. m. *Mango que tienen las hachas, azadas y otros instrumentos semejantes. ‖ Palillo o varilla de la saeta. ‖ Barra horizontal, de cuyos extremos penden los platillos de la *balanza. ‖ Barra de hierro por donde corre el pilón de la romana. ‖ Eje córneo de la *pluma de ave.
astilejos. m. pl. *Astr.* **Astillejos.**
astilla. f. *Fragmento irregular que se desprende de la madera al romperla. ‖ El que salta o queda del pedernal y otros minerales. ‖ *Germ.* Flor hecha en los naipes. ‖ **Sacar** uno **astilla.** fr. fig. y fam. *Lograr alguna parte del *provecho o ganancia que se pretende.
astillar. tr. Hacer astillas.
astillazo. m. *Golpe que da una astilla al desprenderse de la madera.
astillejos. m. pl. *Astr.* Cástor y Pólux, *estrellas de la constelación de Géminis.
astillero. m. Percha en que se ponen las picas y *lanzas. ‖ Establecimiento donde se construyen y reparan buques, *arsenal. ‖ Lugar del *monte en que se hace corte de *leña.
astillón. m. aum. de **Astilla.**
astilloso, sa. adj. Aplícase a los cuerpos que fácilmente saltan o se rompen formando astillas.
astorgano, na. adj. Natural de Astorga. Ú. t. c. s. ‖ Perteneciente a esta ciudad.
astracán. m. *Piel de cordero recién nacido, muy fina y con el pelo rizado. ‖ *Tela gruesa de lana o de pelo de cabra, que por una de sus caras va cubierta de filamentos largos rizados.
astracanada. f. despect. Obra de *teatro ligera; farsa. ‖ Dicho o chiste *grosero.
astrágalo. m. **Tragacanto.** ‖ *Arq.* Cordón en forma de anillo, que se pone sobre la basa de la *columna y debajo del friso del capitel. ‖ *Artill.* Anillo de adorno en los *cañones de artillería. ‖ *Zool.* *Hueso corto en la parte superior y media del tarso, vulgarmente denominado **taba.**
astral. adj. Perteneciente o relativo a los astros.
astral. m. **Destral.**
astreñir. tr. **Astringir.**
astricción. f. Acción y efecto de astringir.
astrictivo, va. adj. Que astringe o tiene virtud de astringir.
astrífero, ra. adj. poét. Estrellado o lleno de estrellas.
astringencia. f. Calidad de astringente. ‖ **Astricción.**
astringente. p. a. de **Astringir.** Que astringe.
astringir. tr. *Contraer alguna substancia los tejidos orgánicos. ‖ fig. *Compeler, constreñir.
astriñir. tr. **Astringir.**
***astro.** m. Cuerpo celeste.
astrofísica. f. Parte de la *astronomía que estudia la constitución física de los astros.
astrolabio. m. **Astr.* Antiguo instrumento en que estaba representada la esfera celeste, provisto de limbos graduados y alidadas, para observar los movimientos de los astros.
astrologal. adj. ant. **Astrológico.**
***astrología.** f. Antigua ciencia de los astros, que pretendía, además, *predecir los sucesos por los movimientos de aquéllos. ‖ **judiciaria. Astrología.**
astrológico, ca. adj. Perteneciente o relativo a la astrología.
astrólogo, ga. adj. **Astrológico.** ‖ m. y f. Persona que profesa la astrología.
***astronomía.** f. Ciencia que trata de cuanto se refiere a los astros, y principalmente a las leyes de sus movimientos.
astronómicamente. adv. m. Según los principios y reglas de la astronomía.
astronómico, ca. adj. Perteneciente o relativo a la astronomía. ‖ fig. y fam. Dícese de las *cantidades extraordinariamente *grandes.
astrónomo. m. El que profesa la astronomía.
astrosamente. adv. m. Puercamente, con *desaliño.
astroso, sa. adj. **Desastrado.** ‖ fig. Vil, *despreciable.
***astucia.** f. Calidad de astuto. ‖ **Ardid,** artificio engañoso.
astucioso, sa. adj. **Astuto.**
astur. adj. Natural de cierta región de la España Tarraconense. Ú. t. c. s. ‖ **Asturiano.** Ú. t. c. s.
asturianismo. m. Locución o modo de *hablar peculiar de los asturianos.
asturiano, na. adj. Natural de Asturias. Ú. t. c. s. ‖ Perteneciente a este principado.
asturicense. adj. Natural de Astúrica, hoy Astorga. Ú. t. c. s. ‖ Perteneciente a esta ciudad.
asturión. m. **Esturión.** ‖ **Jaca,** caballo de poca alzada.
astutamente. adv. m. Con astucia.
***astuto, ta.** adj. Que tiene habilidad e ingenio para engañar o evitar el engaño.
asuardado, da. adj. **Juardoso.**
asubiadero. m. Lugar donde puede uno asubiarse.
asubiar. intr. Guarecerse de la *lluvia. Ú. t. c. r.
asueto. m. *Vacación por un día o una tarde.
asumir. tr. *Tomar para sí.

asunción. f. Acción y efecto de asumir. ‖ Elevación de la *Virgen al cielo por obra de Dios. ‖ *Festividad con que la Iglesia celebra este misterio. ‖ Hablando de las supremas dignidades, acto de ser *exaltado a ellas por elección o aclamación.

asuncionista. adj. Dícese del *religioso de la congregación agustiniana de la Asunción de María. Ú. t. c. s.

***asunto.** m. Materia de que se trata. ‖ Tema o argumento de una obra. ‖ Lo que se representa en una obra de *pintura o *escultura. ‖ **Negocio.**

asuramiento. m. Acción y efecto de asurar o asurarse.

asurar. tr. Requemar los *guisados. Ú. m. c. r. ‖ Abrasar los sembrados el *calor excesivo. Ú. m. c. r. ‖ fig. Causar *desasosiego, intranquilizar. Ú. m. c. r. ‖ r. **Asarse.**

asurcano, na. adj. Dícese de las tierras de labor *contiguas y de quienes las labran.

asurcar. tr. **Surcar.**

asuso. adv. l. **Arriba.**

asustadizo, za. adj. Que se asusta con facilidad.

***asustar.** tr. Dar o causar susto. Ú. t. c. r.

asutilar. tr. **Sutilizar.** U. t. c. r.

ata. f. Rodete de lienzo que se pone en la cabeza para llevar alguna *carga.

atabaca. f. **Atarraga.**

atabacado, da. adj. De color de tabaco.

atabal. m. **Timbal.** ‖ *Tambor pequeño. ‖ **Atabalero.**

atabalear. intr. Producir los caballos con los cascos un ruido semejante al que hacen los atabales. ‖ Imitar con los dedos este ruido.

atabalejo. m. d. de **Atabal.**

atabalero. m. El que toca el atabal.

atabalete. m. d. de **Atabal.**

atabanado, da. adj. Dícese de la *caballería de pelo obscuro y con pintas blancas.

atabardillado, da. adj. Que parece tabardillo (*enfermedad).

atabe. m. Registro que se deja en una *cañería para que salga el aire.

atabernado. adj. V. **Vino atabernado.**

atabillar. tr. En el obraje de *paños, doblarlos o plegarlos.

atabladera. f. *Tabla para *allanar la tierra ya sembrada.

atablar. tr. *Allanar con la atabladera.

atacable. adj. Que puede ser atacado.

atacadera. f. Barra para atacar la carga de los *barrenos.

atacado, da. adj. fig. y fam. *Tímido, *irresoluto. ‖ fig. y fam. Miserable, *mezquino. ‖ *Germ.* Muerto a puñaladas.

atacador, ra. adj. Que ataca. ‖ m. Instrumento para atacar los *cañones de artillería. ‖ *Germ.* **Puñal.**

atacadura. f. Acción y efecto de atacar o atacarse los vestidos.

atacamiento. m. **Atacadura.**

atacamita. f. Mineral de *cobre de color verde.

atacar. tr. *Atar, abrochar, *ceñir al cuerpo cualquier pieza del vestido. Ú. t. c. r. ‖ Meter y *apretar una cosa en alguna cavidad. ‖ *Acometer. ‖ fig. *Importunar con alguna pretensión. ‖ fig. Tratándose del sueño, enfermedades, etc., **acometer,** empezar a producir efecto. ‖ *Quím.* Ejercer acción una substancia sobre otra. ‖ *Mús.* Producir un sonido de manera que se destaque de los demás.

atacir. m. **Astrol.* División de la bóveda celeste en doce casas. ‖ *Astrol.* Instrumento en que se halla representada esta división.

atacola. m. Correa con que se mantiene recogida la *cola del caballo.

atadera̲s. f. pl. fam. Ligas para las *medias.

atadero. m. Lo que sirve para *atar. ‖ Parte por donde se ata alguna cosa. ‖ Gancho, anillo, etc., en que se ata alguna cosa. ‖ Liga para las *medias. ‖ fig. *Impedimento, sujeción. ‖ **No tener atadero.** fr. fig. y fam. No tener orden ni concierto.

atadijo. m. fam. *Envoltorio pequeño y mal hecho.

atado, da. adj. fig. Dícese de la persona *apocada. ‖ m. Conjunto de cosas atadas.

atador, ra. adj. Que ata. Ú. t. c. s. ‖ m. Entre *segadores, el que ata los haces o gavillas.

***atadura.** f. Acción y efecto de atar. ‖ Cosa con que se ata. ‖ fig. Conexión, enlace.

atafagar. tr. Sofocar, *aturdir, especialmente con *olores fuertes. Ú. t. c. r. ‖ fig. y fam. *Importunar con insistencia.

atafea. f. Ahíto o hartazgo. ‖ *Saciedad.

atafetanado, da. adj. Semejante al tafetán.

atagallar. intr. **Mar.* Navegar un buque muy forzado de vela.

ataguía. f. *Dique de tierra u otro material con que se ataja el paso del agua mientras se construye una obra *hidráulica.

ataharre. m. **Guarn.* Banda que, desde la parte posterior de la silla o *albarda, pasa por las ancas de la caballería para impedir que el aparejo se vaya hacia adelante.

atahona. f. **Tahona.**

atahonero. m. **Tahonero.**

atahorma. f. Especie de águila de color ceniciento.

atahúlla. f. **Tahúlla.**

ataifor. m. *Plato hondo antiguo. ‖ *Mesa redonda y pequeña usada por los musulmanes.

atairar. tr. Hacer ataires.

ataire. m. *Moldura que se hace en puertas o ventanas.

atajada. f. Acción de atajar o impedir. ‖ Acción de ir por un atajo.

atajadero. m. *Caballón que se pone en las regueras para distribuir el agua de riego.

atajadizo. m. Tabique o cualquiera otra cosa con que se ataja o *cerca un lugar o terreno. ‖ Porción menor del terreno atajado.

atajador, ra. adj. Que ataja. Ú. t. c. s.

atajamiento. m. Acción de atajar o atajarse.

atajaprimo. m. *Baile criollo, especie de zapateado.

atajar. intr. Ir por el atajo. ‖ tr. Cortar el *camino a la persona o animal que huye. ‖ *Separar parte de un espacio o terreno por medio de un tabique, biombo, etc. ‖ Señalar con rayas en un escrito la parte que se ha de *suprimir. ‖ Impedir, *detener el curso de alguna cosa. ‖ fig. *Interrumpir a uno. ‖ r. fig. *Turbarse o correrse de *vergüenza, miedo, etc.

atajasolaces. m. **Espantagustos.**

atajea. f. **Atarjea.**

atajía. f. **Atajea.**

atajo. m. Senda por donde se abrevia el *camino. ‖ Acción y efecto de atajar parte de lo escrito. ‖ *Separación o división de alguna cosa. ‖ **Esgr.* Treta para herir directamente al adversario. ‖ Pequeño grupo de cabezas de *ganado. ‖ fig. y fam. *Abundancia, copia. ‖ **Echar uno por el atajo.** fr. fig. y fam. Ir por *derecho a la solución de una dificultad o mal paso.

atajuelo. m. d. de **Atajo.**

atalajar. tr. Poner las *guarniciones a las caballerías de tiro.

atalaje. m. **Atelaje.** ‖ fig. y fam. *Ajuar.

atalantar. tr. Agradar, convenir.

atalantar. tr. **Atarantar.** Ú. t. c. r.

atalaya. f. *Torre construida en lugar alto, para *vigilar desde ella. ‖ *Altura desde donde se *ve mucho espacio de tierra o mar. ‖ m. Persona que *vigila desde la **atalaya.** ‖ *Germ.* **Ladrón.**

atalayado, da. adj. **Fort.* Dícese de la fortaleza que tiene ladroneras para observar.

atalayador, ra. adj. Que atalaya. Ú. t. c. s. ‖ fig. y fam. Que atisba o procura averiguar lo que sucede. Ú. t. c. s.

atalayamiento. m. ant. Acción y efecto de atalayar.

atalayar. tr. *Vigilar el campo o el mar desde una atalaya o altura. ‖ fig. Observar o *acechar.

atalayero. m. *Centinela para observar y avisar los movimientos del enemigo.

atalayuela. f. d. de **Atalaya.**

ataludar. tr. ant. Dar talud o *declive.

ataluzar. tr. **Ataludar.**

atalvina. f. **Talvina.**

atamán. m. Título del general o *caudillo de los cosacos.

atamiento. m. ant. **Atadura.** ‖ fig. y fam. *Timidez o cortedad de ánimo. ‖ *Impedimento, obstáculo.

atán. adv. c. ant. **Tan,** apócope de tanto.

atanasia. f. **Hierba de Santa María.**

atanasia. f. **Impr.* Carácter de letra de catorce puntos.

atanco. m. p. us. Atasco, atranco.

atandador. m. El que fija los turnos para el *riego.

atanor. m. *Tubo de barro para la conducción de agua. ‖ Cañería formada con estos tubos. ‖ V. **Hornillo de atanor.**

atanquía. f. Ungüento *depilatorio. ‖ **Adúcar** del capullo de *seda. ‖ **Cadarzo,** seda de calidad inferior.

atañedero, ra. adj. Tocante o perteneciente.

atañer. intr. Tocar o pertenecer, guardar *relación. ‖ tr. *Detener a un animal que va desmandado.

atapar. tr. **Tapar.**

ataque. m. Acción de atacar o *acometer. ‖ *Fort.* Conjunto de trabajos de trinchera para expugnar una plaza. ‖ fig. Acometimiento de algún accidente o *enfermedad. ‖ fig. Pendencia.

ataquiza. f. Acción y efecto de ataquizar.

ataquizar. tr. **Amugronar.**

***atar.** tr. *Unir, juntar o sujetar con ligaduras o nudos. ‖ fig. *Impedir el movimiento. ‖ r. fig. Ponerse en situación *difícil. ‖ fig. Ceñirse o *limitarse a una materia determinada.

ataracea. f. **Taracea.**

ataracear. tr. **Taracear.**

atarantado, da. adj. Picado de la tarántula. ‖ fig. y fam. Inquieto y *bullicioso. ‖ fig. y fam. *Aturdido.

atarantamiento. m. Acción y efecto de atarantar o atarantarse.

atarantapayos. m. **Espantavillanos.**

atarantar. tr. **Aturdir.** Ú. t. c. r.

ataraxia. f. *Entereza, tranquilidad de espíritu.
atarazana. f. ***Arsenal,** astillero. ‖ Lugar en que trabajaban los que hacían *cuerdas. ‖ Bodega. ‖ *Germ.* Escondrijo de *ladrones.
atarazar. tr. *Morder o rasgar con los dientes.
atardecer. m. Última parte de la tarde; *anochecer.
atardecer. intr. **Tardecer.**
atarear. tr. Poner o señalar tarea. ‖ r. Entregarse al *trabajo.
atarfe. f. **Taray.**
atarjea. f. Caja de ladrillo con que se visten las *cañerías para su defensa. ‖ *Conducto de *desagüe para aguas inmundas. ‖ *Canal o acueducto.
atarquinar. r. Llenar de tarquín. Ú. m. c. r.
atarraga. f. **Olivarda,** planta.
atarraga. m. ant. **Martillo.**
atarragar. tr. Dar forma a la *herradura con el martillo.
atarrajar. tr. **Aterrajar.**
atarraya. f. **Esparavel,** red de pesca.
atarugamiento. m. fam. Acción y efecto de atarugar o atarugarse.
atarugar. tr. *Sujetar una obra de carpintería con tarugos o *cuñas. ‖ *Tapar con tarugos los agujeros. ‖ fig. y fam. Hacer *callar a alguno. Ú. t. c. r. ‖ fig. y fam. **Atestar,** *llenar apretando. ‖ fig. y fam. **Atracar,** *hartar. Ú. t. c. r. ‖ r. fig. y fam. **Atragantarse.** ‖ *Turbarse, perder el aplomo.
atasajado, da. adj. fam. Dícese de la persona que va atravesada sobre una caballería.
atasajar. tr. Hacer tasajos la *carne.
atascadero. m. Paraje *cenagoso donde se atascan los carruajes o las personas. ‖ fig. *Impedimento para la continuación de un proyecto.
atascado, da. adj. Obstinado, terco.
atascamiento. m. **Atasco.**
atascar. tr. *Tapar con tascos o estopones un agujero o hendedura. ‖ *Obstruir un conducto. Ú. t. c. r. ‖ fig. Poner *impedimentos a algún designio. ‖ r. Quedarse detenido en un terreno *cenagoso. ‖ fig. y fam. Quedarse *detenido por alguna *dificultad u obstáculo. ‖ Quedarse detenido en un discurso sin poder proseguir.
atasco. m. *Impedimento que no permite el paso. ‖ *Obstrucción de un conducto.
atasquería. f. **Terquedad.**
ataúd. m. Caja en que se lleva a *enterrar un cadáver. ‖ Medida antigua de *capacidad para granos.
ataudado, da. adj. De figura de ataúd.
ataujía. f. Obra de *taracea de metales y *esmaltes.
ataurique. m. Labor hecha con yeso, que usaban como *ornamentación los moros españoles.
ataviar. tr. Componer, *adornar. Ú. t. c. r.
atávico, ca. adj. Perteneciente o relativo al atavismo.
***atavío.** m. Compostura y *adorno. ‖ fig. **Vestido.** ‖ pl. Objetos que sirven para adorno.
atavismo. m. *Semejanza con los *abuelos. ‖ **Biol.* Tendencia de los *animales y *vegetales a volver al tipo originario.
ataxia. f. **Pat.* Desorden de las funciones del sistema *nervioso.
atáxico, ca. adj. **Pat.* Perteneciente o relativo a la ataxia. ‖ **Pat.* Que padece ataxia. Ú. t. c. s.
atediar. tr. Causar *tedio. Ú. t. c. r.
ateísmo. m. Opinión o doctrina del ateo. ‖ *Irreligión.
ateísta. adj. **Ateo.** Apl. a pers., ú. t. c. s.
ateje. m. *Árbol de las borragíneas, de fruto dulce y gomoso, en figura de racimo.
atelaje. m. **Tiro** de caballerías. ‖ *Guarniciones de las bestias de tiro.
atelana. adj. f. Aplícase a ciertas obras latinas de *teatro, a modo de sainete. Ú. t. c. s. f.
atemorizar. tr. Causar *temor. Ú. t. c. r.
atempa. f. *Pastos.
atemperación. f. Acción y efecto de atemperar o atemperarse.
atemperante. p. a. de **Atemperar.** Que atempera. Ú. t. c. s.
atemperar. tr. *Moderar. Ú. t. c. r. ‖ *Acomodar una cosa a otra. Ú. t. c. r. ‖ r. Enterarse bien de una cosa, *comprenderla.
atenacear. tr. Arrancar con tenazas pedazos de carne a una persona (*tormento). ‖ fig. *Afligir cruelmente.
atenazar. tr. **Atenacear.**
***atención.** f. Acción de atender. ‖ Acto de *cortesía, de respeto u obsequio. ‖ Contrato de compra o venta de *lanas, sin determinación de precio. ‖ pl. *Negocios, obligaciones. ‖ **¡Atención!** interj. *Mil.* Voz de mando con que se advierte a los soldados que va a empezar un ejercicio. ‖ Se usa también para recomendar *cuidado. ‖ **En atención.** m. adv. Atendiendo, teniendo presente.
atendedor, ra. m. y f. **Impr.* Persona que atiende.
atendencia. f. Acción de atender.
***atender.** tr. ***Aguardar,** esperar. ‖ → intr. Aplicar los sentidos al conocimiento de alguna cosa. Ú. t. c. tr. ‖ Tener en cuenta alguna cosa. ‖ Cuidar de alguna persona o cosa. Ú. t. c. tr. ‖ **Impr.* Leer uno para sí el original de un escrito, mientras otro va leyendo la prueba en alta voz.
atendible. adj. Digno de atención.
atenebrarse. r. **Entenebrecerse.**
ateneísta. com. Socio de un ateneo.
ateneo. m. Establecimiento dedicado al cultivo de las *ciencias y las *artes, sostenido por una *asociación privada. ‖ *Edificio en que radica.
ateneo, a. adj. **Ateniense.** Ú. t. c. s.
atener. intr. ant. Seguido de las preps. *a* o *con,* *andar al mismo paso que otro. ‖ r. *Acogerse a la protección de una persona o cosa. ‖ *Acomodarse uno en sus acciones a alguna cosa.
ateniense. adj. Natural de Atenas. Ú. t. c. s. ‖ Perteneciente a esta ciudad o a la antigua república del mismo nombre.
atenorado, da. adj. Dícese de la *voz que participa del timbre o extensión propias del tenor.
atentación. f. **Atentado,** abuso de autoridad.
atentadamente. adv. m. Con tiento. ‖ De manera *ilegal.
atentado, da. adj. *Prudente, moderado. ‖ Hecho con mucho tiento o en *silencio. ‖ m. Procedimiento de cualquiera autoridad que implique *abuso. ‖ *Delito o infracción grave.
atentamente. adv. m. Con atención. ‖ Con respeto.
atentar. tr. Emprender o ejecutar alguna cosa con *infracción de lo dispuesto. ‖ Intentar un *delito. ‖ r. Proceder con *precaución. ‖ Contenerse, *moderarse.
atentatorio, ria. adj. Que implica atentado.
atento, ta. adj. Que tiene fija la atención en alguna cosa. ‖ *Cortés, cometido. ‖ adv. m. **En atención a.**
atenuación. f. Acción y efecto de atenuar. ‖ **Ret.* Figura que consiste en no expresar directamente el juicio, sino negando lo contrario de aquello que se quiere afirmar.
atenuante. p. a. de **Atenuar.** Que atenúa.
atenuar. tr. Poner *tenue o delgada alguna cosa. ‖ fig. *Disminuir alguna cosa.
ateo, a. adj. Que niega la existencia de *Dios. Apl. a pers., ú. t. c. s.
atepocate. m. **Renacuajo.**
aterciANADO, da. adj. Que padece tercianas. Ú. t. c. s.
aterciopelado, da. adj. Semejante al terciopelo.
aterecerse. r. **Aterirse.**
aterecimiento. m. ant. Acción y efecto de aterecerse.
atericiarse. r. ant. **Atiriciarse.**
aterimiento. m. Acción y efecto de aterirse.
aterirse. r. Pasmarse de *frío.
atermancia. f. *Fís.* Calidad de atérmano.
atérmano, na. adj. *Fís.* Que difícilmente da paso al *calor.
atérmico, ca. adj. **Atérmano.**
aterrador, ra. adj. Que aterra.
aterrajar. tr. Labrar con la terraja los *tornillos y tuercas. ‖ *Albañ.* Hacer *molduras con la terraja.
aterraje. m. **Mar.* y **Aeron.* Acción de tomar tierra.
aterramiento. m. Acción y efecto de aterrar o causar terror.
aterrar. tr. Derribar, hacer *caer al suelo. ‖ Causar terror, *asustar. Ú. t. c. r. ‖ fig. Postrar, abatir, desanimar. ‖ *Cubrir con tierra. ‖ **Min.* Echar los escombros en los terreros. ‖ intr. *Llegar a tierra. ‖ r. **Mar.* Acercarse a tierra los buques.
aterrerar. tr. *Min.* **Aterrar,** echar en el terrero.
aterrizaje. m. Acción de aterrizar.
aterrizar. intr. **Aeron.* Tomar tierra un aparato de aviación.
aterronar. tr. Hacer terrones. Ú. m. c. r.
aterrorizar. tr. **Aterrar,** causar terror. Ú. t. c. r.
atesar. tr. ant. **Atiesar.** ‖ *Mar.* *Atirantar.
atesorar. tr. *Acopiar y *guardar dinero o cosas de valor. ‖ fig. Tener muchas *virtudes, gracias o perfecciones.
atestación. f. Deposición de *testigo.
atestado. m. *Documento oficial o *testimonio en que se hace constar como cierta alguna cosa. ‖ pl. Testimoniales.
atestado, da. adj. **Testarudo.**
atestadura. f. **Atestamiento.** ‖ Porción de mosto con que se atiestan las cubas de *vino.
atestamiento. m. Acción y efecto de atestar o llenar.
atestar. tr. *Llenar alguna cosa hueca, apretando lo que se mete en ella. ‖ *Introducir una cosa en otra. ‖Rellenar con mosto las cubas de *vino. ‖ fig. y fam. **Atracar,** *hartar de alimento. Ú. m. c. r.
atestar. tr. *For.* **Testificar,** dar *testimonio. ‖ **Ir** o **salir atestando.** fr. fam. con que se denota que alguno se va dando muestras de *ira.
atestiguación. f. Acción de atestiguar.
atestiguamiento. m. **Atestiguación.**
***atestiguar.** tr. Afirmar como *testigo alguna cosa.
atetado, da. adj. De figura de teta.
atetar. tr. Dar la teta. ‖ intr. **Mamar.**
atetillar. tr. **Agr.* Hacer una excava

alrededor de los *árboles, dejando algo de tierra junto al tronco.
atezado, da. adj. Que tiene la *tez tostada y obscurecida por el sol. ‖ De color *negro.
atezamiento. m. Acción y efecto de atezar.
atezar. tr. Poner *liso, terso o con *lustre. ‖ **Ennegrecer.** Ú. t. c. r.
atibar. tr. *Min.* Rellenar las excavaciones de una mina.
atibiar. tr. **Entibiar.**
atiborrar. tr. *Llenar alguna cosa de borra. ‖ fig. y fam. **Atracar,** hartar. Ú. m. c. r.
aticismo. m. **Lit.* Delicadeza y buen gusto que caracteriza a los escritores y oradores atenienses de la edad clásica.
ático, ca. adj. Natural del Ática o de Atenas. Ú. t. c. s. ‖ Perteneciente a este país o a esta ciudad de Grecia. ‖ Perteneciente o relativo al aticismo. ‖ m. Uno de los dialectos de la *lengua griega. ‖ **Arq.* Último piso de una *casa, más bajo de techo que los demás.
atierre. m. **Min.* Escombro producido por hundimiento natural.
atiesar. tr. Poner tiesa una cosa. Ú. t. c. r.
atifle. m. Utensilio de barro, a manera de trébedes, que usan los *alfareros en el horno.
atigrado, da. adj. Manchado como la piel del tigre.
atijara. f. *Mercancía. ‖ Precio de *transporte. ‖ *Recompensa.
atijarero. m. **Porteador.**
atildado, da. adj. Pulcro, *elegante.
atildadura. f. **Atildamiento.**
atildamiento. m. Acción y efecto de atildar o atildarse.
atildar. tr. Poner tildes a las letras. ‖ fig. *Censurar. ‖ fig. *Adornar, asear. Ú. t. c. r.
atinadamente. adv. m. Con tino.
atinar. intr. *Hallar a tiento lo que se busca. ‖ Hallarlo por *conjetura o por casualidad. Ú. t. c. tr. ‖ *Acertar a dar en el blanco.
atíncar. m. **Bórax.**
atinconar. tr. **Min.* Asegurar los hastiales para evitar hundimientos.
atinente. adj. Tocante, *relativo o perteneciente.
atingencia. f. *Relación, conexión.
atiparse. r. *Hartarse, atracarse de *alimento.
atiplar. tr. Levantar el tono de un *instrumento. ‖ r. Hacerse más aguda la *voz de una persona.
***atirantar.** tr. Poner tirante una cosa. ‖ Asegurar con tirantes las piezas de una *armadura.
atiriciarse. r. Contraer la ictericia.
atisbador, ra. adj. Que atisba. Ú. t. c. s.
atisbadura. f. Acción de atisbar.
atisbar. tr. *Mirar, *acechar recatadamente.
atisbo. m. **Atisbadura.** ‖ **Vislumbre,** *conjetura.
atisuado, da. adj. Parecido al tisú.
atizacandiles. com. fig. y fam. **Soplafuelles.**
atizadero. m. Lo que sirve para atizar.
atizador, ra. adj. Que atiza. Ú. t. c. s. ‖ m. Instrumento que sirve para atizar. ‖ El que en los *molinos de aceite arrima la aceituna a la piedra.
atizar. tr. Remover el *fuego o añadirle combustible. ‖ *Despabilar. ‖ fig. *Excitar las pasiones. ‖ fig. y fam. **Dar** (golpes, palos, etc.). ‖ **¡Atiza!** interj. fam. **¡Aprieta!**
atizar. tr. *Limpiar con tiza.
atizonar. tr. **Albañ.* Enlazar a tizón. ‖ *Albañ.* Asentar la cabeza de un madero en el espesor de una pared. ‖ r. Contraer tizón los *cereales.
atlante. m. *Arq.* Cada una de las *estatuas de hombres que se ponen en lugar de *columnas.
atlántico, ca. adj. Perteneciente al monte Atlas o Atlante. ‖ Dícese del océano que se extiende desde las costas occidentales de Europa y África hasta las orientales de América. Ú. t. c. s.
atlántidas. f. pl. **Híadas.**
atlas. m. Colección de *mapas geográficos, en un volumen. ‖ Colección de láminas. ‖ *Zool.* Primera *vértebra de las cervicales.
atleta. m. Competidor en cualquiera de los ejercicios deportivos, *lucha, *salto, carrera, etc., de Grecia o Roma. ‖ fig. Hombre corpulento y de grandes *fuerzas.
atlético, ca. adj. Perteneciente o relativo al atleta.
atletismo. m. Afición a los ejercicios atléticos. ‖ Doctrina acerca de ellos.
atmología. f. Tratado de la evaporación.
***atmósfera.** f. Masa de aire que rodea la Tierra. ‖ Fluido gaseoso que rodea un cuerpo cualquiera. ‖ Fluido que rodea un *astro. ‖ fig. Espacio a que se extiende el *poder o eficacia de una persona o cosa. ‖ fig. *Sentimientos que inspira una persona o cosa. ‖ *Mec.* *Tensión equivalente al peso de una columna de aire de toda la altura de la **atmósfera** terrestre.
atmosférico, ca. adj. Perteneciente o relativo a la atmósfera.
atoaje. m. *Mar.* Acción de atoar.
atoar. tr. *Mar.* Llevar a remolque una nave. ‖ *Mar.* **Espiar,** halar de un cabo.
atoba. f. **Adobe.**
atocinado, da. adj. fig. y fam. Dícese de la persona muy *gorda.
atocinar. tr. Partir el *cerdo en canal; hacer los *tocinos y salarlos. ‖ fig. y fam. *Matar a uno alevosamente. ‖ r. fig. y fam. *Irritarse. ‖ fig. y fam. *Enamorarse perdidamente.
atocha. f. **Esparto,** planta.
atochada. f. *Caballón o *presa que se hace en los bancales, para contener el agua.
atochal. m. **Espartizal.**
atochar. m. **Atochal.**
atochar. tr. Llenar alguna cosa de *esparto. ‖ Por ext., *llenar alguna cosa de cualquiera otra materia, apretándola. ‖ *Mar.* Oprimir el viento una *vela contra su jarcia. Ú. t. c. r. ‖ r. *Mar.* Quedar un cabo preso entre otras cosas que dificultan su laboreo.
atochero, ra. m. y f. Persona que transportaba la atocha.
atochón. m. Caña de la atocha. ‖ **Esparto.**
atochuela. f. d. de **Atocha.**
atojinar. tr. *Mar.* Poner tojinos en las vergas.
atol. m. **Atole.**
atole. m. *Bebida a manera de *gachas claras, que se hace con harina de maíz, disuelta en agua o leche hervida.
atoleadas. f. pl. *Fiestas que se celebran en Honduras y en las cuales se obsequia a los invitados con atole.
atolería. f. Lugar donde se hace o vende atole.
atolero, ra. m. y f. Persona que hace o vende atole.
atolillo. m. *Gachas de maíz, azúcar y huevo.
atolón. m. *Isla madrepórica de forma anular con una laguna interior que comunica con el mar.
atolondradamente. adv. m. Con atolondramiento.
atolondrado, da. adj. fig. Que procede sin reflexión; *alocado.
atolondramiento. m. Acción de atolondrar o atolondrarse.
atolondrar. tr. **Aturdir.** Ú. t. c. r.
atolladal. m. **Atolladero.**
atolladar. m. **Atolladal.**
atolladero. m. **Atascadero.**
atollar. intr. Dar en un atolladero. Ú. t. c. r. ‖ r. fig. y fam. **Atascarse.**
***atómico, ca.** adj. Perteneciente o relativo al átomo.
atomismo. m. Doctrina *filosófica, que pretende explicar la formación del mundo por el concurso fortuito de los átomos.
atomista. com. Partidario del atomismo.
atomístico, ca. adj. Perteneciente o relativo al atomismo.
atomización. f. Acción y efecto de atomizar.
atomizar. tr. Reducir a *polvo finísimo.
***átomo.** m. Elemento que se consideraba como la *parte más pequeña a que podía reducirse la *materia. ‖ Partícula material de pequeñez extremada. ‖ fig. Cualquier cosa muy *pequeña.
atona. f. *Oveja que cría un cordero de otra madre.
atonal. adj. Dícese de la *música concebida sin sujeción a una tonalidad determinada.
atonalidad. f. Calidad de atonal.
atondar. tr. **Equit.* Estimular con las piernas al caballo.
atonía. f. *Med.* Falta de tono o *debilidad de los tejidos contráctiles.
atónico, ca. adj. **Átono.**
atónito, ta. adj. Admirado o enajenado.
átono, na. adj. **Pros.* Sin acentuación prosódica.
atontadamente. adv. m. Indiscreta o neciamente.
atontamiento. m. Acción y efecto de atontar o atontarse.
***atontar.** tr. *Aturdir o atolondrar. Ú. t. c. r. ‖ Entontecer. Ú. t. c. r.
atontolinar. tr. ***Atontar.**
atopadizo, za. adj. Dícese del paraje en que hay gran *concurrencia y es fácil tropezar con personas conocidas.
atopile. m. El que en las haciendas de caña tiene a su cargo la distribución de los *riegos.
atoque. m. *Adorno, aliño.
atora. f. ant. La ley de Moisés.
atoradamente. adv. m. ant. Con obstrucción.
atoramiento. m. Acción de atorarse o atragantarse.
atorar. tr. Atascar, *obstruir. Ú. t. c. intr. y c. r. ‖ r. Atragantarse.
atorgar. tr. **Otorgar.**
atormentadamente. adv. m. Con tormento.
atormentador, ra. adj. Que atormenta. Ú. t. c. s.
***atormentar.** tr. Causar *dolor o *molestia corporal. Ú. t. c. r. ‖ Dar *tormento al reo. ‖ fig. Causar *aflicción. Ú. t. c. r.
atornillador. m. **Destornillador.**
atornillar. tr. Introducir o apretar un *tornillo dándole vueltas. ‖ Sujetar con tornillos.
atorozonarse. r. **Veter.* Padecer torozón las caballerías.
atorra. f. *Saya bajera.
atorrante. adj. *Vagabundo y pordiosero. Ú. t. c. s.

atortolar. tr. fam. *Aturdir, *acobardar. Ú. t. c. r.
atortorar. tr. *Mar.* Fortalecer con tortores.
atortujar. tr. *Aplastar alguna cosa.
atosigador, ra. adj. Que atosiga. Ú. t. c. s.
atosigamiento. m. Acción de atosigar o atosigarse.
atosigar. tr. fig. *Apremiar con insistencia. Ú. t. c. r. || *Envenenar, intoxicar.
atoxicar. tr. p. us. **Atosigar.** Ú. t. c. r.
atrabajado, da. adj. *Cansado de trabajos. || **Lit.* Dícese del estilo que revela falta de naturalidad y exceso de trabajo.
atrabajar. tr. p. us. Hacer pasar *trabajos.
atrabancar. tr. Hacer alguna cosa con *precipitación y sin esmero. || Abarrotar, *llenar.
atrabanco. m. Acción de atrabancar.
atrabiliario, ria. adj. *Med.* Perteneciente o relativo a la atrabilis. || fam. De genio áspero y *desabrido. Ú. t. c. s.
atrabilioso, sa. adj. *Med.* **Atrabiliario.**
atrabilis. f. *Med.* *Bilis negra y acre.
atraca. f. **Arq. Nav.* Acción de ajustar en su sitio algún tablón u otra pieza.
atracada. f. **Atracón.** || **Mar.* Acto de atracar una embarcación.
atracadero. m. Paraje donde pueden atracar las embarcaciones menores.
atracador. El que atraca en poblado para *robar.
atracar. tr. fam. Hacer *comer y beber con exceso, *hartar. || Saltear en poblado. || **Mar.* Arrimar unas embarcaciones a otras, o a tierra. || intr. *Mar.* Arrimarse en una embarcación a tierra o a otra embarcación. || r. **Hartarse.**
***atracción.** f. Acción de atraer. || Fuerza para atraer. || **For.* Razones por las que a unos autos les son acumulados otros. || **molecular.** *Fís.* La que ejercen recíprocamente las moléculas de los cuerpos mientras están en contacto. || **universal.** *Fís.* La que ejercen unos sobre otros los cuerpos a través del espacio.
atraco. m. Acción de atracar o saltear en poblado.
atracón. m. fam. Acción y efecto de atracar o atracarse de comida o bebida.
***atractivo, va.** adj. Que atrae o tiene fuerza para atraer. || m. Gracia o *agrado en las personas, que atrae la voluntad.
atractriz. adj. f. *Fís.* **Atractiva.**
***atraer.** tr. Traer hacia sí alguna cosa. || fig. *Captar la voluntad de una persona.
atrafagar. intr. *Trabajar con afán.
atragantar. tr. p. us. *Tragar con dificultad. || r. No poder tragar algo que se atraviesa en la garganta. || fig. y fam. *Turbarse en la conversación.
atraíble. adj. Que se puede atraer.
atraicionar. tr. **Traicionar.**
atraidorado, da. adj. Que procede como traidor.
atraidoramente. adv. m. ant. A traición.
atraillar. tr. Atar los *perros con traílla. || *Mont.* Seguir el *cazador la res, guiado por el perro asido con la traílla.
atraimiento. m. Acción de atraer.
atramento. m. p. us. Color *negro.
atramparse. r. Caer en la *trampa. || Cegarse u *obstruirse un conducto. || Caerse el pestillo de la puerta, de modo que quede *cerrada. || fig. y fam. Detenerse en alguna *dificultad.
atramuz. m. **Altramuz.**
atrancar. tr. *Cerrar la puerta por dentro con una tranca. Ú. t. c. r. || **Atascar,** *obstruir. Ú. m. c. r. || intr. fam. *Andar a pasos largos. || fig. y fam. *Leer muy de prisa, *suprimiendo cláusulas o palabras. || r. *Encerrarse asegurando la puerta con una tranca.
atranco. m. **Atolladero.**
atranque. m. **Atranco.**
atrapar. tr. fam. Coger o *apresar al que huye. || fam. *Coger alguna cosa. || fig. y fam. *Conseguir alguna cosa. || fig. y fam. *Engañar.
***atrás.** adv. l. Hacia la parte o en la parte que está a las espaldas de uno. || *Detrás. || Úsase también para expresar tiempo *pasado. || Aplicado al hilo del discurso, lo *anterior. || **¡Atrás!** interj. de que se usa para mandar *retroceder. || **Hacia atrás.** expr. fig. y fam. Al *revés de lo que se dice.
atrasado, da. adj. Alcanzado, lleno de *deudas.
atrasamiento. m. **Atraso.**
***atrasar.** tr. **Retardar.** Ú. t. c. r. || Fijar un hecho en época posterior a la verdadera. || Hacer que retrocedan las agujas del *reloj. || intr. Señalar el reloj tiempo que ya ha pasado. Ú. t. c. r. || r. Quedarse atrás.
***atraso.** m. Efecto de atrasar o atrasarse. || fig. *Incultura. || pl. Pagas o *rentas vencidas y no cobradas.
atravesado, da. adj. Que tiene los *ojos un poco vueltos. || Dícese del animal cruzado o *híbrido. || fig. Que tiene *perversa intención. || Mulato o mestizo.
atravesador, ra. adj. Que atraviesa. || p. us. **Acaparador.** Ú. t. c. s.
atravesamiento. m. Acción y efecto de atravesar.
atravesaño. m. **Travesaño.**
***atravesar.** tr. Poner una cosa sobre otra de manera que pase de una parte a otra. || Tender a una persona o cosa sobre una caballería. || Pasar de través. || Pasar un cuerpo penetrándolo de parte a parte. || Poner delante algo que impida el paso. || *Pasar cruzando de una parte a otra. || En algunos *juegos, *apostar. || En el juego del hombre, meter triunfo a la carta que viene jugada. || **Aojar,** hacer mal de ojo. || **Mar.* Poner una embarcación en facha. Ú. t. c. r. || r. *Interponerse una cosa entre otras. || fig. *Entremeterse en una conversación. || fig. Interesarse, *mediar en un asunto ajeno. || fig. *Acaecer alguna cosa que altera el curso de otra. || Chocar con alguno, *reñir con él. || fig. En los *juegos de interés, haber cantidades apostadas.
atrayente. p. a. de **Atraer.** Que atrae.
atraznalar. tr. **Atresnalar.**
atreguado, da. adj. **Lunático.** || Que está en *tregua con su enemigo.
atreguar. tr. Dar o conceder treguas. Ú. t. c. r.
atrenzo. m. Conflicto, *dificultad.
atrepsia. f. *Pat.* Debilidad y desnutrición de los niños de pecho.
atréptico, ca. adj. Que no es nutritivo.
atresia. f. **Pat.* Imperforación u *obstrucción de un orificio del cuerpo humano.
atresnalar. tr. Poner y ordenar los haces en tresnales.
atreudar. tr. Dar en *enfiteusis.
***atrever.** tr. desus. Dar atrevimiento. || r. Determinarse a algún hecho o dicho arriesgado. || Insolentarse, *descararse. || fig. Llegar a *ofender.
atrevidamente. adv. m. Con atrevimiento.
***atrevido, da.** adj. Que se atreve. Ú. t. c. s. || Hecho o dicho con atrevimiento.
***atrevimiento.** m. Acción y efecto de atreverse.
***atribución.** f. Acción de atribuir. || Cada una de las *facultades que corresponden a una persona por razón de su cargo.
***atribuir.** tr. Aplicar, por conjetura, hechos o cualidades a alguna persona o cosa. Ú. t. c. r. || Asignar una cosa a alguno como de su competencia. || Señalar una cosa como *causa de otra. || fig. Achacar, *imputar.
atribulación. f. **Tribulación.**
atribular. tr. Causar tribulación. || r. Padecerla.
atributivo, va. adj. Que indica o enuncia un atributo o *cualidad.
***atributo.** m. Cada una de las cualidades o propiedades de un ser. || **Gram.* Lo que se predica de un sujeto. || **Pint.* y **Esc.* *Símbolo que denota el carácter y representación de las figuras. || *Teol.* Cualquiera de las perfecciones propias de *Dios.
atrición. f. *Aflicción y dolor de haber ofendido a Dios, por miedo a las penas eternas. || *Lesión producida por desolladura o aplastamiento.
atril. m. *Mueble en forma de plano inclinado, para sostener libros o papeles abiertos, que se han de *leer.
atrilera. f. Cubierta que se pone al atril en las misas solemnes.
atrincheramiento. m. Conjunto de trincheras.
atrincherar. tr. **Fort.* Cerrar o ceñir con trincheras. || r. Ponerse en trincheras a cubierto del enemigo.
***atrio.** m. Espacio descubierto, y por lo común cercado de pórticos, que hay en algunos edificios. || Andén que hay delante de algunos templos. || **Zaguán.** || **Min.* Cabecera de la mesa de lavar.
atrípedo, da. adj. *Zool.* Se dice de los animales que tienen negros los *pies.
atrirrostro, tra. adj. *Zool.* Se dice de las *aves que tienen negro el pico.
atristar. tr. ant. **Entristecer.** Usáb. t. c. r.
atrito, ta. adj. Que tiene atrición.
atrocidad. f. *Crueldad grande. || fam. *Exceso, demasía. || fam. Dicho o hecho muy *necio o *atrevido.
atrochar. intr. *Andar por trochas.
atrofia. f. **Pat.* Falta de desarrollo de cualquiera parte del cuerpo. || **Pat.* Consunción de cualquiera parte del cuerpo.
atrofiar. tr. Producir atrofia. || r Padecer atrofia.
atrojar. tr. **Entrojar.** || r. fig. y fam. No hallar salida en una *dificultad.
atrompetado, da. adj. **Abocardado.**
atronadamente. adv. m. Precipitadamente.
atronado, da. adj. *Precipitado, *alocado, irreflexivo.
atronador, ra. adj. Que atruena.
atronadura. f. Daño de algunas *maderas, consistente en hendiduras que van desde la corteza hacia el centro del árbol. || *Veter.* **Alcanzadura.**
atronamiento. m. Acción de atronar o atronarse. || Aturdimiento o *tur-

bación causada por algún golpe. || *Veter. Enfermedad que padecen las caballerías en los cascos.
atronar. tr. Asordar o perturbar con *ruido como de trueno. || **Aturdir.** || *Tapar los oídos de una caballería. || Dejar sin sentido a una res en el *matadero con un golpe de porra. || *Taurom.* *Matar un toro, hiriéndolo en medio de la cerviz. || r. Aturdirse con el ruido de los truenos los *pollos, los gusanos de *seda, etc.
atronerar. tr. Abrir troneras.
atropa. f. *Bot.* Nombre científico de la belladona.
atropado, da. adj. *Agr.* Dícese de las plantas de ramas recogidas.
atropar. tr. **Mil.* Juntar gente en tropas o en cuadrillas. Ú. t. c. r. || *Juntar, reunir la mies en *gavillas.
atropelladamente. adv. m. Con *desorden y *precipitación.
atropellado, da. adj. Que habla u obra con *precipitación.
atropellador, ra. adj. Que atropella. Ú. t. c. s.
atropellamiento. m. **Atropello.**
atropellar. tr. Pasar precipitadamente por encima de alguna persona, *pisándola o causándole *daño. || Empujar violentamente o hacer *caer a alguno para abrirse paso. || fig. Agraviar a alguno *abusando de la fuerza o poder que se tiene. || fig. *Ofender o *maltratar a uno de palabra. || fig. Menospreciar o *infringir las leyes, las reglas sociales, etc. Ú. t. c. intr. || fig. Hacer una cosa precipitadamente y con *descuido. || r. fig. *Precipitarse demasiado en las obras o palabras.
atropello. m. Acción y efecto de atropellar o atropellarse.
atropina. f. **Quím.* Alcaloide que se extrae de la belladona y se emplea para dilatar las pupilas de los ojos.
atropismo. m. *Envenenamiento con la atropina.
átropos. f. Nombre de la *mariposa vulgarmente llamada cabeza de muerto.
atroz. adj. Fiero, *cruel. || Enorme, *grave. || fam. Muy *grande.
atrozar. tr. *Mar.* Tesar la troza.
atrozmente. adv. m. De manera atroz.
atruchado, da. adj. Dícese del *hierro colado cuyo grano semeja a las pintas de la trucha.
atruendo. m. **Atuendo.**
atruhanado, da. adj. Que parece truhán o propio de truhán.
attrezzo. m. **Teatro.* Conjunto de utensilios para el servicio de la escena.
atuendo. m. *Pompa, ostentación. || Atavío, *vestido. || *Mueble viejo e inútil. || pl. Aparejos o *guarniciones del asno.
atufadamente. adv. m. Con enfado o enojo.
atufado, da. adj. Dícese del que usaba tufos.
atufamiento. m. **Atufo.**
atufar. tr. fig. Enfadar, *irritar. Ú. m. c. r. || r. Recibir o tomar tufo. || Tratándose de licores, y especialmente del *vino, avinagrarse o *agriarse.
atufo. m. *Enfado o enojo.
atumultuar. tr. **Tumultuar.** Ú. t. c. r.
atún. m. *Pez acantopterigio de dos a tres metros de largo, cuya carne, tanto fresca como salada, es de gusto agradable. || **Arq. Nav.* Hilada de tablas al costado de algunos buques. || **Por atún y a ver al duque.** expr. fig. y fam. que se usa para indicar que alguna cosa se hace con dos fines.
atunar. f. **Almadraba.**
atunera. f. Anzuelo grande para pescar atunes.
atunero, ra. m. y f. Persona que trata en atún. || m. *Pescador de atún.
aturar. tr. Hacer durar. || Hacer parar a las bestias. || intr. **Durar.** || fig. Obrar con asiento y *prudencia.
aturar. tr. fam. *Tapar herméticamente.
aturbantar. tr. *Mar.* Ligar a su respectivo palo un *cabo pendiente.
aturbonarse. r. Cubrirse el cielo de *nubes de tormenta.
***aturdido, da.** adj. **Atolondrado,** *alocado.
aturdidor, ra. adj. Que aturde.
aturdimiento. m. *Turbación o suspensión de los sentidos por efecto de un golpe, de un ruido extraordinario, etc. || fig. Perturbación moral. || fig. *Torpeza, falta de desembarazo para ejecutar alguna cosa. || *Med.* Estado morboso acompañado de zumbidos y mareos.
***aturdir.** tr. Causar aturdimiento. Ú. t. c. r. || fig. Causar mucha *admiración. Ú. t. c. r.
aturnear. intr. Mugir los *toros.
aturrar. tr. *Aturdir, ensordecer.
aturriar. tr. **Aturrar.**
aturrullar. tr. fam. *Aturdir a uno, turbarle de modo que no sepa qué decir o cómo hacer una cosa. Ú. t. c. r.
aturullamiento. m. **Atolondramiento.**
aturullar. tr. **Aturrullar.** Ú. t. c. r.
atusador, ra. adj. Que atusa. Ú. t. c. s.
atusar. tr. Recortar e igualar el *cabello con tijeras. || Igualar en los *jardines con tijeras el follaje de ciertas plantas. || Alisar el cabello con la mano o el peine mojados. || r. fig. Componerse con demasiada *afectación.
atutía. f. Óxido de *cinc que se adhiere a los conductos y chimeneas de los hornos donde se tratan compuestos de dicho metal. || Ungüento medicinal hecho con **atutía.**
auca. f. **Oca,** ánsar.
auca. adj. Dícese del *indio araucano que corría la Pampa en las cercanías de Mendoza. Ú. t. c. s.
audacia. f. Osadía, *atrevimiento.
audaz. adj. Osado, *atrevido.
audazmente. adv. m. Con audacia.
audible. adj. Que puede ser oído.
***audición.** f. Acción de oír.
audidor. m. ant. **Auditor.**
audiencia. f. Acto de oír los *soberanos u otras autoridades a las personas que acuden a ellos. || Ocasión para aducir razones o pruebas, que se ofrece a un interesado en juicio o en expediente. || Lugar destinado para dar **audiencia.** || *Tribunal colegiado. || Distrito de la jurisdicción de este tribunal. || Edificio en que se reúne. || **de los grados.** Se llamó así la **audiencia** de Sevilla. || **eclesiástica.** Tribunal de un juez eclesiástico. || **Dar audiencia.** fr. Admitir el soberano o las autoridades a las personas que desean hablarles. || **Hacer audiencia.** fr. **For.* Ver y determinar los pleitos y causas.
auditivo, va. adj. Que tiene virtud para *oír. || Perteneciente al órgano del *oído.
auditor. m. **Oyente.** || **de guerra.** Funcionario del cuerpo jurídico militar que interviene en los procedimientos judiciales del fuero de guerra. || **de la nunciatura.** Asesor del *nuncio en España. || **de la Rota.** Cada uno de los doce prelados que forman el tribunal romano llamado Rota. || **de marina.** *Juez letrado que entiende en las causas del fuero de mar. || **de Rota. Auditor de la Rota.**
auditoría. f. Empleo de auditor. || Tribunal o despacho del auditor.
auditorio. m. *Concurrencia de oyentes.
auditorio, ria. adj. **Auditivo.**
augates. m. pl. Ciertos listones del *telar de seda.
auge. m. *Exaltación en dignidad o posición social. || **Astr.* **Apogeo.**
augita. f. *Mineral formado por un silicato doble de cal y magnesia.
augur. m. *Sacerdote de la antigua Roma, que practicaba oficialmente la *adivinación por el canto de las aves y otros signos análogos.
auguración. f. *Adivinación por el vuelo y el canto de las aves.
augural. adj. Perteneciente al agüero o a los agoreros.
augurar. tr. **Agorar.**
augurio. m. **Agüero.**
augustal. adj. Perteneciente o relativo al *emperador romano Augusto.
augusto, ta. adj. Dícese de lo que infunde o merece gran *respeto. || Dictado que llevaron algunos *emperadores romanos y sus mujeres.
aula. f. Sala donde se enseña en las *universidades o casas de estudios. || poét. Palacio de un príncipe soberano.
aulaga. f. *Planta leguminosa que se emplea como pienso. || Por ext., nombre que se da a varias *matas de la misma familia. || **merina. Asiento de pastor.** || **vaquera.** Planta leguminosa muy ramosa.
aulagar. m. Sitio poblado de aulagas.
áulico, ca. adj. Perteneciente a la corte o al palacio. || *Cortesano o palaciego. Ú. t. c. s.
aulladero. m. Sitio donde aúllan los *lobos.
aullador, ra. adj. Que aúlla. || m. pl. *Zool.* Grupo de *monos platirrinos, propios de la América del Sur.
aullante. p. a. de **Aullar.** Que aúlla.
aullar. intr. Dar aullidos.
aullido. m. *Voz penetrante y prolongada del *lobo, el *perro y otros animales.
aúllo. m. **Aullido.**
aumentable. adj. Que se puede aumentar.
aumentación. f. **Ret.* Especie de gradación en que el sentido va en aumento.
aumentador, ra. adj. Que aumenta alguna cosa.
aumentante. p. a. de **Aumentar.** Que aumenta.
***aumentar.** tr. Hacer mayor la cantidad, el tamaño o la intensidad de alguna cosa. Ú. t. c. intr. y c. r.
aumentativo, va. adj. **Gram.* Aplícase a los vocablos que aumentan en algún sentido la significación de los positivos de que proceden.
***aumento.** m. Acrecentamiento, extensión o intensificación de una cosa. || Adelanto o *mejoramiento en conveniencias o empleos. Ú. m. en plural.
aun. adv. c. y m. Hasta, también, inclusive. Denota a veces idea de encarecimiento o ponderación. || **Aun cuando.** m. conjunt. advers. **Aunque.**
aún. adv. t. y m. **Todavía.**
aunamiento. m. Acción y efecto de aunar o aunarse.
aunar. tr. *Unir, *asociar para algún fin. Ú. m. c. r. || **Unificar.** Ú. t. c. r.

auniga. f. *Ave palmípeda de Filipinas.
aunque. conj. advers. con que se denota *oposición. ‖ **Aunque más.** m. conjunt. **Por mucho que.**
auñar. tr. fam. Hurtar, *robar. ‖ Apezuñar.
¡aúpa! interj. **¡Upa!**
aupar. tr. fam. Ayudar a *subir o a levantarse.
aura. f. *Viento suave y apacible. ‖ fig. *Aprobación general, aplauso, fama. ‖ **epiléptica** o **histérica.** *Pat.* Sensación peculiar que precede a los paroxismos epilépticos o histéricos.
aura. f. *Ave de las rapaces diurnas, del tamaño de una gallina.
auranciáceo, a. adj. *Bot.* Dícese de árboles y arbustos dicotiledóneos, siempre verdes; como el naranjo, el limonero y el cidro. Ú. t. c. s. f. ‖ f. pl. *Bot.* Familia de estas plantas.
aurelianense. adj. Perteneciente a Orleáns, ciudad de Francia.
áureo, a. adj. De *oro. ‖ Parecido al oro. ‖ m. *Moneda de oro antigua. ‖ *Peso de cuatro escrúpulos, que se usaba en farmacia.
aureola o **auréola.** f. Círculo luminoso que suele figurarse detrás de la cabeza de las *efigies de los santos. ‖ **Aréola.** ‖ fig. Gloria o *fama que alcanza una persona. ‖ *Astr.* Corona sencilla o doble que se observa en los *eclipses de sol. ‖ **Teol.* Resplandor que acompaña, en la bienaventuranza, a cada estado y jerarquía.
aureolar. tr. Adornar como con aureola.
aureomicina. f. **Inm.* Antibiótico derivado del *streptomyces aureofacibus*, que se emplea en forma de clorhidrato.
aurero. m. Lugar donde se reúnen muchas auras (*aves).
aurgitano, na. adj. Natural de Aurgi, hoy Jaén. Ú. t. c. s. ‖ Perteneciente a esta ciudad.
auricalco. m. *Cobre, bronce o latón.
aurícula. f. *Zool.* Cada una de las dos cavidades de la parte superior del *corazón. ‖ *Bot.* Prolongación de la parte superior del limbo de las *hojas.
auricular. adj. Perteneciente o relativo al *oído. ‖ m.*Dedo pequeño de la mano. ‖ Parte del receptor *telefónico que se aplica al oído.
auriense. adj. Natural de Auria o Aregia, hoy Orense. Ú. t. c. s. ‖ Perteneciente a esta ciudad. ‖ **Orensano.** Apl. a pers., ú. t. c. s.
aurífero, ra. adj. Que lleva o contiene *oro.
auriga. m. El que dirige las caballerías que tiran de un *carruaje. ‖ *Astr.* *Constelación boreal.
aurígero, ra. adj. **Aurífero.**
aurívoro, ra. adj. Codicioso de oro.
aurochs. m. *Zool.* Uro, especie de bisonte.
aurora. f. *Luz difusa que precede inmediatamente a la salida del Sol. ‖ fig. *Principios de alguna cosa. ‖ *Bebida compuesta de leche de almendras y agua de canela. ‖ fig. **Liturg.* *Canto religioso que se entona al amanecer. ‖ **boreal.** *Meteoro luminoso que se observa hacia el Norte en el hemisferio septentrional y se atribuye a la electricidad. ‖ **Despuntar,** o **romper, la aurora.** fr. Empezar a *amanecer.
aurragado, da. adj. Aplícase a la tierra mal labrada.
aurúspice. m. **Arúspice.**
auscultación. f. **Med.* Acción y efecto de auscultar.
auscultar. tr. **Med.* Explorar los sonidos propios de ciertas cavidades internas, mediante la aplicación, a la región correspondiente, del oído o del estetoscopio.
***ausencia.** f. Acción y efecto de ausentarse o de estar ausente. ‖ Tiempo en que alguno está ausente. ‖ *For.* Condición legal de la persona cuyo paradero se ignora. ‖ **Buenas,** o **malas, ausencias.** *Alabanza o *censura que se hace de una persona ausente.
ausentado, da. adj. **Ausente.**
***ausentar.** tr. Hacer que alguno parta o se aleje de un lugar. ‖ r. Separarse de una persona o lugar.
***ausente.** adj. Dícese del que está separado de alguna persona o lugar. Ú. t. c. s. ‖ *For.* Persona de quien se ignora si vive aún y dónde está.
ausetano, na. adj. Natural de Ausa, hoy Vich. Ú. t. c. s. ‖ Perteneciente a esta ciudad. ‖ **Vigitano.**
ausoles. m. pl. Grietas propias de terrenos *volcánicos.
ausonense. adj. **Ausetano.**
ausonio, nia. adj. Natural de Ausonia. Ú. t. c. s. ‖ Perteneciente a este país de Italia.
auspicio. m. **Agüero.** ‖ *Protección, amparo. Ú. m. en pl. ‖ pl. Señales que, en el comienzo de una empresa, se interpretan como *presagio favorable o adverso.
austeramente. adv. m. Con austeridad.
austeridad. f. Calidad de austero. ‖ *Mortificación de los sentidos.
austero, ra. adj. *Agrio, áspero al gusto. ‖ Que hace vida de *penitencia o mortificación. ‖ *Severo, rígido. ‖ De acrisolada *honradez.
austral. adj. Perteneciente al Sur.
australiano, na. adj. Natural de Australia. Ú. t. c. s. ‖ Perteneciente a este continente.
austriaco, ca o **austríaco, ca.** adj. Natural de Austria. Ú. t. c. s. ‖ Perteneciente a esta nación de Europa.
austrida. adj. p. us. **Austriaco.**
austro. m. *Viento que sopla de la parte del Sur.
autarquía. f. Condición de lo que se *basta a sí mismo. ‖ **Polít.* *Independencia económica de una *nación.
autárquico, ca. adj. Perteneciente o relativo a la autarquía.
auténtica. f. *Testimonio en que consta la identidad y verdad de alguna *reliquia o *milagro. ‖ *Copia autorizada. ‖ *For.* Cualquiera de las Constituciones recopiladas de orden de Justiniano.
autenticación. f. Acción y efecto de autenticar.
auténticamente. adv. m. Con autenticidad, o en forma que haga fe.
autenticar. tr. Autorizar o *certificar alguna cosa.
autenticidad. f. Calidad de auténtico.
auténtico, ca. adj. Acreditado de *cierto y positivo. ‖ Autorizado o legalizado; que hace fe pública. ‖ *Mús.* V. **Modo auténtico.**
autentificar. tr. *Certificar la autenticidad de una cosa.
autillo. m. Auto particular del tribunal de la *Inquisición.
autillo. m. *Ave rapaz nocturna, parecida a la lechuza.
auto. m. **For.* Decisión judicial. ‖ Composición *dramática en que intervienen personajes bíblicos o alegóricos. ‖ pl. *For.* Conjunto de actuaciones de un procedimiento judicial. ‖ **Auto acordado.** *For.* Determinación tomada con asistencia de todas las salas. ‖ **de fe.** Castigo público impuesto por la *Inquisición. ‖ **definitivo.** *For.* El que impide la continuación del pleito. ‖ **de legos.** *For.* Providencia de un tribunal superior, para que algún juez eclesiástico se inhibiera del conocimiento de una causa. ‖ **de oficio.** *For.* El que provee el juez sin pedimento de parte. ‖ **de providencia.** *For.* El que da el juez mandando lo que debe ejecutarse. ‖ **interlocutorio.** *For.* El que decide un asunto accidental. ‖ **sacramental.** **Auto** *dramático escrito en loor del misterio de la Eucaristía. ‖ **Estar** uno **en autos,** o **en los autos.** fr. fig. y fam. Estar enterado de alguna cosa. ‖ **Hacer auto de fe** de una cosa. fr. fig. Quemarla. ‖ **Poner** a uno **en autos.** fr. fig. Enterarle de algún negocio.
auto. m. Coche automóvil.
auto. Voz que se usa como prefijo con la significación de *propio, por sí mismo.*
autobiografía. f. Vida o *historia de una persona, escrita por ella misma.
autobiográfico, ca. adj. Perteneciente o relativo a la autobiografía.
autobombo. m. *Alabanza o elogio desmedido que uno hace de sí mismo.
autobús. m. Ómnibus *automóvil que presta servicio en las poblaciones.
autocar. m. Ómnibus *automóvil para viajes y excursiones.
autoclave. m. *Vasija metálica con cierre hermético para resistir la presión interior del vapor.
autocracia. f. Sistema de *gobierno en el cual una sola persona ejerce la suprema autoridad.
autócrata. com. Persona que ejerce por sí sola en un Estado la autoridad suprema.
autocrático, ca. adj. Perteneciente o relativo al autócrata o a la autocracia.
autocrítica. f. Crítica de sí mismo.
autoctonía. f. Calidad de autóctono.
autóctono, na. adj. Aplícase a los pueblos *originarios del país en que viven. Ú. t. c. s.
autodidáctica. f. Arte de *aprender sin maestro.
autodidacto, ta. adj. Que se instruye por sí mismo, sin auxilio de maestro. Ú. t. c. s.
autodidaxia. f. Práctica o ejercicio del autodidacto.
autofagia. f. *Nutrición de un organismo a expensas de su propia substancia.
autógeno, na. adj. Dícese de la *soldadura entre dos partes de un mismo metal, sin interposición de otro.
autogiro. m. **Aeron.* Avión provisto de dos hélices, una que gira verticalmente actuada por un motor, y otra que gira horizontalmente en rotación automática y sirve de sustentación al aparato.
autografía. f. Procedimiento para reproducir lo *escrito, mediante una piedra preparada al efecto. ‖ Oficina donde se autografía.
autografiar. tr. Reproducir un escrito por medio de la autografía.
autográfico, ca. adj. Perteneciente o relativo a la autografía.
autógrafo, fa. adj. Aplícase al *escrito de mano de su mismo autor. Ú. t. c. s. m.
autoinducción. f. **Electr.* Producción de corriente inducida en un circuito, a consecuencia de la modificación de la corriente primaria.

autoinfección. f. *Infección causada en un organismo por sus propios productos sépticos.

***autómata.** m. Aparato que, mediante un mecanismo oculto, realiza determinadas operaciones. ‖ Máquina que imita la figura y los movimientos de un ser animado. ‖ fig. y fam. Persona que se deja dirigir por otra.

automáticamente. adv. m. De manera automática.

automático, ca. adj. Perteneciente o relativo al autómata. ‖ Dícese del mecanismo o aparato que funciona sin que intervenga la acción de una persona. ‖ fig. Maquinal o *indeliberado. ‖ m. Especie de corchete o *botón metálico.

***automatismo.** m. *Fisiol.* Ejecución de actos diversos sin intervención de la *conciencia ni de la voluntad.

automatización. f. **Mec.* Acción y efecto de automatizar.

automatizar. tr. **Mec.* Aplicar a una industria maquinaria automática para reducir la mano de obra.

automedonte. m. fig. **Auriga.**

automotor, ra. adj. Dícese de la *máquina, instrumento o aparato, que funciona merced a una fuerza interior.

automotriz. adj. f. **Automotora.**

***automóvil.** adj. Que se mueve por sí mismo. Aplícase principalmente a los vehículos de motor mecánico. Ú. t. c. s. m.

***automovilismo.** m. Conjunto de conocimientos referentes a la construcción, funcionamiento y manejo de vehículos *automóviles. ‖ Uso del automóvil como deporte.

automovilista. com. Persona que conduce un *automóvil.

autonomía. f. Estado del pueblo que goza de *independencia política. ‖ fig. Libertad e *independencia de cualquier entidad e individuo.

autonómico, ca. adj. Perteneciente o relativo a la autonomía.

autonomista. adj. Partidario de la autonomía política. Apl. a pers., ú. t. c. s.

autónomo, ma. adj. Que goza de autonomía.

autopiano. m. Pianola.

autopista. f. *Camino especialmente acondicionado para el tránsito de *automóviles.

autoplastia. f. **Cir.* Operación que consiste en restaurar un tejido con otro tejido sano del mismo individuo.

autopsia. f. **Med.* Examen anatómico del *cadáver.

autópsido, da. adj. Dícese de los *minerales que tienen aspecto metálico.

autor, ra. m. y f. El que es *causa de alguna cosa. ‖ El que *inventa una cosa. ‖ Persona que ha hecho alguna obra científica, *literaria o *artística. ‖ Entre los *cómicos antiguos, el que cuidaba de administrar los intereses de la compañía. ‖ **Der. Pen.* Persona que comete el delito o induce directamente a otras a ejecutarlo. ‖ *For.* **Causante.**

autoría. f. Calidad de autor. ‖ Empleo de autor de las antiguas compañías cómicas.

autoridad. f. Calidad o representación de una persona por su cargo, nacimiento o méritos. ‖ *Poder, facultad. ‖ Poder que cada pueblo tiene establecido para su *gobierno interior. ‖ *Mando o *dominio que tiene una persona sobre otra que le está subordinada. ‖ Persona revestida de algún poder. ‖ Crédito y *fama de que goza una persona o cosa en determinada materia. ‖ Ostentación, *fausto. ‖ Texto o expresiones que se *alegan en apoyo de lo que se dice.

autoritariamente. adv. m. De modo autoritario.

autoritario, ria. adj. Que se funda exclusivamente en la autoridad. ‖ Partidario del principio de autoridad. Ú. t. c. s. ‖ Dícese de la persona que, constituida en autoridad, *abusa de ella.

autoritarismo. m. Sistema fundado en la sumisión incondicional a la autoridad.

autoritativo, va. adj. p. us. Que incluye o supone autoridad.

autorizable. adj. Que se puede autorizar.

autorización. f. Acción y efecto de autorizar.

autorizadamente. adv. m. Con autoridad. ‖ Con autorización.

autorizado, da. adj. Dícese de la persona digna de respeto.

autorizador, ra. adj. Que autoriza. Ú. t. c s.

autorizamiento. m. **Autorización.**

autorizante. p. a. de **Autorizar.** Que autoriza.

autorizar. tr. Dar a uno *facultad, *permiso o *comisión para hacer alguna cosa. ‖ Dar fe el escribano o notario en un *documento. ‖ *Comprobar una cosa con texto o sentencia de algún autor. ‖ *Aprobar. ‖ *Enaltecer a una persona o cosa.

autorretrato. m. *Retrato de una persona hecho por ella misma.

autosugestión. f. *Med.* Sugestión que parece espontánea en una persona.

autovacuna. f. **Inm.* Vacuna preparada con microbios o virus del sujeto a que se ha de aplicar.

autrigón, na. adj. Dícese del individuo de un antiguo *pueblo del norte de España. Ú. m. c. s. y en pl. ‖ Perteneciente a este pueblo.

autumnal. adj. **Otoñal.**

auxiliador, ra. adj. Que auxilia. Ú. t. c. s.

auxiliante. p. a. de **Auxiliar.** Que auxilia.

auxiliar. adj. Que auxilia. Ú. t. c. s. ‖ m. *Empleado subalterno. ‖ Profesor encargado de substituir a los *catedráticos.

***auxiliar.** tr. Dar *auxilio. ‖ Ayudar a bien *morir.

auxiliaría. f. Empleo de auxiliar de un catedrático.

auxiliatorio, ria. adj. **For.* Aplícase al despacho que daban los tribunales superiores, para el cumplimiento de las providencias de los inferiores. Ú. t. c. s. f.

***auxilio.** m. *Ayuda, socorro.

auyama. f. Especie de calabaza.

avacado, da. adj. Dícese de la *caballería que tiene mucho vientre como las vacas.

avadar. intr. Menguar los *ríos hasta el punto de que se puedan vadear. Ú. m. c. r.

avahar. tr. *Calentar con el vaho alguna cosa. ‖ intr. Echar de sí o despedir vaho. Ú. t. c. r.

aval. m. *Com.* *Firma que se pone al pie de una *letra de cambio* u otro efecto para *garantía de su pago en caso de no efectuarlo la persona principalmente obligada.

avalar. tr. *Garantizar por medio de aval.

avalentado, da. adj. Propio del *valentón.

avalentamiento. m. p. us. Bravuconada.

avalentonado, da. adj. **Valentón.**

avalío. m. ant. **Avalúo.**

avalista. m. El que avala una letra de cambio.

avalorar. tr. Dar valor o precio a alguna cosa. ‖ fig. Infundir *valor.

avaluación. f. **Valuación.**

avaluar. tr. **Valuar.**

avalúo. m. **Valuación.**

avallar. tr. p. us. *Cercar con valla una heredad.

avambrazo. m. Pieza de la *armadura antigua, que servía para cubrir el antebrazo.

avance. m. Acción de avanzar. ‖ Anticipo de dinero. ‖ En ciertos *carruajes, parte anterior de la caja, que es de quita y pon. ‖ **Avanzo,** balance o presupuesto. ‖ Juego de *pelota en que cada adversario puede avanzar con ella hasta hacerla pasar de un límite señalado en el terreno.

avanecerse. r. **Acorcharse.** Dícese de la fruta.

avanguardia. f. ant. *Mil.* **Vanguardia.**

avantal. m. **Devantal.**

avante. adv. l. y t. ant. **Adelante.**

avantrén. m. **Artill.* Juego delantero de los carruajes.

avanzada. f. **Mil.* Partida de soldados destacada para observar al enemigo.

avanzadilla. f. Especie de malecón estrecho sobre pilotes.

avanzar. tr. *Adelantar. ‖ intr. Ir hacia adelante. ‖ *Acometer, atacar. Ú. t. c. r. ‖ Tratándose de tiempo, acercarse a su fin. Ú. t. c. r.

avanzo. m. **Balance** comercial. ‖ **Presupuesto** de alguna obra.

avaramente. adv. m. **Avariciosamente.**

***avaricia.** f. Afán excesivo de adquirir y poseer riquezas.

avariciosamente. adv. m. Con avaricia.

***avaricioso, sa.** adj. **Avariento.**

avariento, ta. adj. Que tiene avaricia. Ú. t. c. s.

***avaro, ra.** adj. **Avariento.** Ú. t. c. s.

avasallador, ra. adj. Que avasalla. Ú. t. c. s.

avasallamiento. m. Acción y efecto de avasallar o avasallarse.

avasallar. tr. *Dominar, someter a obediencia. ‖ r. Hacerse *vasallo de algún rey o señor. ‖ Rendirse, *someterse.

avatar. m. **Mit.* Nombre que se da a cada una de las encarnaciones de Vichnú.

***ave.** f. Animal vertebrado, ovíparo, de respiración pulmonar, sangre caliente y cuerpo cubierto de plumas, con dos extremidades posteriores para la marcha y dos anteriores, llamadas alas. ‖ pl. *Zool.* Clase de estos animales. ‖ **Ave brava.** La silvestre que no se domestica. ‖ **de cuchar,** o **de cuchara.** Ave acuática cuyo pico se asemeja en algún modo a una cuchara. ‖ **del Paraíso.** *Pájaro de color rojizo, con cabeza dorada y garganta azul, cuyas alas se distinguen por unas plumas muy largas y filiformes. ‖ **de paso.** La que emigra en ciertas épocas del año. ‖ fig. y fam. Persona que se detiene poco en algún lugar. ‖ **de rapiña.** *Zool.* Cualquiera de las carnívoras que tienen pico y uñas muy robustos, como el águila. ‖ fig. y fam. Persona que se apodera de lo que no es suyo. ‖ **fría. Ave** zancuda que tiene en la cabeza un moño de cinco o seis plumas rizadas. ‖ fig. y fam. Persona de poco espíritu y muy *calmosa. ‖ **lira.** *Pájaro de Oceanía, cuya cola tiene la forma de una lira. ‖

rapaz o **rapiega. Ave de rapiña.** || **tonta.** *Pájaro del tamaño del gorrión, que hace sus nidos en tierra, y se deja coger con facilidad. || **zonza. Ave tonta.** || fig. y fam. Persona *descuidada y sin viveza.|| **Ser** uno **una ave.** fr. fig. y fam. Ser muy *veloz.

avecilla. f. d. de **Ave.** || **de las nieves. Aguzanieves.**

avecinar. tr. **Acercar.** Ú. m. c. r. || **Avecindar.** Ú. m. c. r.

avecindamiento. m. Acción y efecto de avecindarse. || Lugar en que uno está avecindado.

***avecindar.** tr. Conceder *vecindad. || r. Establecerse en algún pueblo en calidad de vecino. || Acercarse.

avechucho. m. *Ave de figura desagradable. || fig. y fam. Sujeto *despreciable o ridículo.

avefría. f. **Ave fría.**

avejentado, da. adj. Que parece más viejo de lo que es.

avejentar. tr. Hacer que uno parezca más *anciano de lo que es. Ú. m. c. r.

avejigar. tr. Levantar vejigas sobre alguna cosa. Ú. t. c. intr. y c. r.

avelenar. tr. ant. **Avenenar.**

avellana. f. Fruto del *avellano. || **de la India,** o **índica. Mirobálano.**

avellanador. m. Herramienta a modo de barrena, que tiene, en vez de rosca, una cabeza estriada con la cual se *ensancha la entrada de los *taladros.

avellanal. m. **Avellanar.**

avellanar. m. Sitio poblado de *avellanos.

avellanar. tr. *Ensanchar la entrada de los agujeros para los tornillos, a fin de que la cabeza de éstos quede embutida en la pieza taladrada. || r. fig. Arrugarse y ponerse enjuta una persona o cosa.

avellaneda. f. **Avellanar.**

avellanedo. m. **Avellaneda.**

avellanera. f. ***Avellano.** || La que vende avellanas.

avellanero. m. El que vende avellanas.

***avellano.** m. Arbusto de las coriláceas, cuyo fruto es la avellana. || *Madera de este arbusto. || *Árbol de las euforbiáceas, de cuyo tronco se obtiene goma elástica.

avemaría. f. *Oración que comienza con las palabras con que el arcángel San Gabriel saludó a la Virgen. || Cada una de las cuentas pequeñas del *rosario. || **Ángelus.** || **Al avemaría.** m. adv. **Al *anochecer.** || **En un avemaría.** loc. fig. y fam. En un instante.

¡ave María! exclam. con que se denota asombro o extrañeza. || Úsase también como saludo al llamar o entrar en una casa. || **¡Ave María Purísima!** exclam. **¡Ave María!**

***avena.** f. Planta gramínea, que sirve para alimento de caballerías y otros animales. || Grano de esta planta. || poét. **Zampoña.** || **caballuna.** Especie muy parecida a la **loca.** || **loca. Ballueca.** || **morisca. Avena loca.**

avenáceo, a. adj. Parecido a la avena.

avenado, da. adj. Que tiene vena de *loco.

avenal. m. Terreno sembrado de avena.

avenamiento. m. Acción y efecto de avenar.

avenar. tr. *Desaguar, dar salida a las aguas o a la excesiva humedad de los terrenos, por medio de zanjas o cañerías.

avenate. m. *Bebida hecha de avena mondada y cocida en agua.

avenate. m. Arranque de *locura.

avenenar. tr. **Envenenar.**

avenencia. f. *Pacto, transacción. || *Conformidad y *concordia.

avenencia. f. p. us. **Venencia.**

avenible. adj. Fácil de avenirse o concertarse.

aveníceo, a. adj. Perteneciente a la avena.

***avenida.** f. Creciente extraordinaria de un río o arroyo. || Camino. || Vía o *calle ancha con árboles a los lados. || fig. Concurrencia o *abundancia de varias cosas. || **Avenencia,** *convenio. || *Fort.* Desfiladero, camino, puente, etc., que conduce a una plaza fuerte.

avenido, da. adj. Con los advs. *bien* o *mal,* concorde o conforme, o al contrario.

avenidor, ra. adj. Que *media entre dos o más sujetos, para *conciliar sus diferencias. Ú. t. c. s.

aveniente. p. a. de **Avenir.** Que aviene.

avenimiento. m. Acción y efecto de avenir o avenirse.

avenir. tr. *Conciliar, ajustar las partes discordes. Ú. m. c. r. || intr. **Suceder,** *acaecer. Ú. en el infinit. y en las terceras personas de sing. y pl. || r. Ponerse de acuerdo. || Transigir, someterse. || Hablándose de cosas, hallarse en armonía o conformidad.

aventado, da. adj. **Arremangado.**

aventador, ra. adj. Dícese del que *avienta y limpia los granos. Ú. t. c. s. || Aplícase a la máquina que se emplea con este fin. Ú. t. c. s. || m. ***Bieldo.** || Ruedo pequeño, comúnmente de esparto, que sirve para aventar el fuego. || *Min.* Válvula del tubo de aspiración de las *bombas.

aventadura. f. **Veter.* Enfermedad de las caballerías, que consiste en formarse hinchazón y tumor.

aventaja. f. *For.* **Adventaja.**

aventajadamente. adv. m. Con ventaja.

aventajado, da. adj. Que aventaja a lo ordinario o muestra *superioridad en algún aspecto. || m. *Mil.* *Soldado raso que tiene alguna ventaja en el sueldo.

aventajamiento. m. **Ventaja.**

***aventajar.** tr. Conceder alguna ventaja o preeminencia. Ú. t. c. r. || *Adelantar, anteponer, preferir. || r. Adelantarse, llevar ventaja.

aventamiento. m. Acción de aventar.

***aventar.** tr. Dirigir una corriente de *aire a alguna cosa. || Echar al viento alguna cosa. Dícese ordinariamente de los granos que se limpian en la era. || Impeler el viento alguna cosa. || fig. y fam. *Expulsar a una persona. || En los ingenios, exponer el *azúcar al aire y al sol. || r. Llenarse de viento algún cuerpo. || fig. y fam. *Huir. || Despedir *fetidez la carne que se empieza a corromper.

aventario. m. *Veter.* Cada una de las dos canales de la *nariz de las caballerías.

aventura. f. *Suceso o lance extraño. || *Casualidad. || Riesgo, *peligro.

aventurar. tr. Arriesgar, poner en *peligro. Ú. t. c. r. || Decir alguna cosa *atrevida de la que se tiene cierta *duda.

aventureramente. adv. m. **A la ventura.** || A modo de aventurero.

aventurero, ra. adj. Que busca aventuras. Ú. t. c. s. || Que tomaba parte en las justas o *torneos. Ú. t. c. s. || Que entraba voluntariamente en la *milicia y servía a su costa al rey. Ú. t. c. s. || Dícese del *soldado o tropa mal disciplinada. Ú. t. c. s. || Que va a vender comestibles a algún lugar. Ú. t. c. s. || Aplícase a la persona que, por medio de *intrigas, trata de conquistar rápidamente una elevada posición social. Ú. m. c. s. || Dícese de algunos cereales que granan fuera del tiempo apropiado para su cultivo. || Dícese del *trigo de secano. || m. Mozo que los tratantes en *caballerías toman temporalmente a su servicio. || *Mar.* Aspirante sin sueldo ni uniforme, que alternaba a bordo con los guardias marinas.

avergonzamiento. m. ant. Acción y efecto de avergonzar o avergonzarse.

***avergonzar.** tr. Causar *vergüenza. || r. Tenerla o sentirla.

avería. f. Casa o *corral donde se crían *aves. || **Averío.**

avería. f. Daño o *deterioro que padecen las mercaderías. || Derecho de avería. || fam. *Daño o perjuicio. || **Der. Mar.* Daño que por cualquier causa sufre la embarcación o su carga. || **gruesa.** Gasto ocasionado por el salvamento de un buque o de su cargamento, pagadero proporcionalmente por todos los interesados. || **vieja.** En la Casa de la Contratación de Indias, repartimiento que se hacía para atender al **derecho de avería.**

averiar. tr. Causar avería o *deterioro. || r. *Corromperse alguna cosa.

averiguable. adj. Que se puede averiguar.

averiguación. f. Acción y efecto de averiguar.

averiguadamente. adv. m. **Seguramente.**

averiguador, ra. adj. Que averigua. Ú. t. c. s.

averiguamiento. m. **Averiguación.**

***averiguar.** tr. Inquirir la verdad. || Descubrir la verdad. || **Averiguarse con** alguno. fr. fam. Ponerse de *acuerdo con uno; convencerlo, *persuadirlo.

averío. m. *Abundancia o conjunto de muchas *aves.

averno. m. poét. **Infierno.**

averno, na. adj. Perteneciente o relativo al averno.

averroísmo. m. Doctrina del *filósofo árabe Averroes.

averroísta. adj. Que profesa el averroísmo. Apl. a pers., ú. t. c. s.

averrugado, da. adj. Que tiene muchas verrugas.

aversión. f. *Repugnancia u *odio que se tiene a alguna persona o cosa.

Avesta. n. p. m. Nombre de los *libros sagrados* de los persas.

avestruz. m. *Ave corredora, la mayor de las conocidas. || **de América. Ñandú.**

avetado, da. adj. Que tiene vetas.

avetarda. f. **Avutarda.**

avetoro. m. Especie de garza, de color leonado.

aveza. f. **Arveja.**

avezar. tr. **Acostumbrar.** Ú. t. c. r.

aviación. f. **Aeron.* Locomoción aérea con vehículos más pesados que el aire. || Cuerpo *militar que utiliza este medio de locomoción.

aviador, ra. adj. Dícese de la persona que gobierna o tripula un aparato de aviación. Ú. t. c. s. || m. Individuo que presta servicio en la aviación militar.

aviador, ra. adj. Que avía o *prepara alguna cosa. Ú. t. c. s. || m. *Barrena que usan los calafates. || El que costea labores de *minas.

‖El que *presta dinero para determinados fines industriales.
aviamiento. m. **Avío,** *preparación.
aviar. tr. Prevenir o *preparar alguna cosa para el camino. ‖ fam. Alistar, arreglar, poner en *orden. Ú. t. c. r. ‖ fam. Despachar, *acelerar la ejecución de lo que se está haciendo. ‖ fam. *Proveer a alguno de lo que le hace falta. Ú. t. c. r. ‖ *Prestar dinero o efectos para ciertas industrias. ‖ Costear las labores de una *mina para resarcirse de los préstamos hechos a su dueño. ‖ *Arq. Nav.* Repasar los calafates las costuras de un buque. ‖ **Estar** uno **aviado.** fr. fig. y fam. Estar rodeado de *dificultades.
aviar. adj. **Aviario.**
aviario, ria. adj. Dícese de las enfermedades de las *gallinas y otras aves domésticas.
avica. f. **Reyezuelo,** *pájaro.
aviceptología. f. Arte de *cazar pájaros.
aviciar. tr. Abonar la tierra.
avicultor, ra. adj. Que practica la avicultura. Ú. t. c. s.
avicultura. f. Arte de criar las *aves y de aprovechar sus productos.
ávidamente. adv. m. Con avidez.
avidez. f. Ansia, *codicia. ‖ *Deseo vehemente.
ávido, da. adj. Ansioso, codicioso.
aviejar. tr. **Avejentar.** Ú. m. c. r.
avienta. f. Aventamiento del grano.
aviento. m. **Bieldo.** ‖ *Bieldo grande para cargar la paja en los carros.
aviesamente. adv. m. Siniestra o *perversamente.
avieso, sa. adj. Torcido, inclinado, *irregular. ‖ fig. *Perverso o mal inclinado.
avigorar. tr. **Vigorar.**
avilantarse. r. **Insolentarse.**
avilantez. f. Audacia, *descaro, *atrevimiento.
avilanteza. f. **Avilantez.**
avilés, sa. adj. Natural de Ávila. Ú. t. c. s. ‖ Perteneciente a esta ciudad.
avilesino, na. adj. Natural de Avilés. Ú. t. c. s. ‖ Perteneciente a esta población asturiana.
avillanado, da. adj. Que parece villano o propio de villano.
avillanamiento. m. Acción y efecto de avillanar o avillanarse.
avillanar. tr. Hacer que alguno degenere de su nobleza y proceda como villano o *plebeyo. Ú. m. c. r.
avinado, da. adj. Dícese de lo que está empapado en vino, como las cubas.
avinagradamente. adv. m. fig. y fam. Agriamente, con desabrimiento.
avinagrado, da. adj. fig. y fam. De condición acre y *desabrida.
avinagrar. tr. Poner *agria una cosa. Ú. m. c. r.
aviñonense. adj. **Aviñonés.** Apl. a pers., ú. t. c. s.
aviñonés, sa. adj. Natural de Aviñón. Ú. t. c. s. ‖ Perteneciente a esta ciudad de Francia.
avío. m. *Prevención, apresto. ‖ *Comida que llevan al campo los trabajadores. ‖ *Préstamo que se hace a labrador o minero. ‖ pl. fam. *Utensilios necesarios para alguna cosa. ‖ **¡Al avío!** loc. fam. con que se *apremia a uno para que apresure la ejecución de alguna cosa.
avión. m. *Pájaro parecido al vencejo. ‖ En algunas provincias, vencejo.
***avión.** m. **Aeroplano.** ‖ **de chorro.** El que obtiene su propulsión mediante la salida de gases por su parte posterior.
avioneta. f. *Avión pequeño y de poca potencia.
avisadamente. adv. m. Con *prudencia o sagacidad.
avisado, da. adj. Prudente, *astuto. ‖ m. *Germ.* **Juez.** ‖ **Mal avisado.** Que obra de modo *irreflexivo.
avisador, ra. adj. Que avisa. Ú. t. c. s. ‖ m. *Mensajero que se ocupa en llevar avisos de una parte a otra.
***avisar.** tr. *Informar o dar noticia de algún hecho. ‖ *Llamar, convocar. ‖ *Amonestar. ‖ *Germ.* *Ver, observar.
***aviso.** m. *Noticia. ‖ Advertencia, *consejo. ‖ Atención, *cuidado. ‖ *Prudencia. ‖ **Mar. Mil.* Buque de guerra pequeño y muy ligero, para llevar órdenes. ‖ *Germ.* **Rufián.** ‖ **Taurom.* Advertencia que hace el presidente al espada cuando prolonga demasiado la suerte de matar. ‖ **Andar,** o **estar,** uno **sobre aviso,** o **sobre el aviso.** fr. Estar prevenido, proceder con *precaución.
avispa. f. *Insecto himenóptero, que tiene en la extremidad posterior del cuerpo un aguijón con el que introduce, al picar, un humor que produce inflamaciones dolorosas.
avispado, da. adj. fig. y fam. *Listo, despierto, agudo. ‖ *Germ.* *Suspicaz, reservado.
avispar. tr. Estimular con el *látigo o *aguijar a las caballerías. ‖ fig. y fam. Hacer despierto y avisado a alguno. Ú. t. c. r. ‖ *Germ.* Inquirir. ‖ *Germ.* **Espantar.** Ú. t. c. r. ‖ r. fig. *Inquietarse.
avispedar. tr. *Germ.* Mirar con cuidado o disimulo.
avispero. m. Panal que fabrican las avispas. ‖ Lugar en donde está el panal. ‖ Conjunto o multitud de avispas. ‖ fig. y fam. Negocio *difícil y propenso a disgustos. ‖ *Med.* Grupo de *tumorcitos o diviesos, con varios focos de supuración.
avispón. m. aum. de **Avispa.** ‖ Especie de avispa, mucho mayor que la común. ‖ *Germ.* El que espía para *robar.
avistar. tr. Alcanzar con la *vista alguna cosa. ‖ r. Reunirse una persona con otra para *conversar sobre algo.
avitaminosis. f. Carencia de vitaminas. ‖ *Enfermedad producida por la falta de ciertas vitaminas.
avitelado, da. adj. Parecido a la vitela.
avituallamiento. m. Acción y efecto de avituallar.
avituallar. tr. *Proveer de vituallas
avivadamente. adv. m. Con viveza.
avivador, ra. adj. Que aviva. ‖ m. Hueco que se deja entre dos *molduras. ‖ Cepillo de *carpintero, para hacer molduras. ‖ Papel con agujeros, que se pone encima de la simiente de los gusanos de *seda. ‖ **Albañ.* Hierro para destacar las molduras corridas con terraja.
avivamiento. m. Acción y efecto de avivar o avivarse.
avivar. tr. Dar nueva *fuerza y vigor. ‖ *Excitar, animar. ‖ fig. Encender, acalorar. ‖ fig. Tratándose del fuego, hacer que *arda más. ‖ Tratándose de una lámpara o luz artificial, hacer que dé más claridad. ‖ fig. Hablando de los *colores, ponerlos más vivos. ‖ intr. Hablando de la semilla de los gusanos de *seda, empezar a nacer éstos. Ú. t. c. r. ‖ Cobrar *vida. Ú. t. c. r.
avizor. adj. V. **Ojo avizor.** ‖ m. El que avizora. ‖ pl. *Germ.* Ojos.
avizorador, ra. adj. Que avizora. Ú. t. c. s.
avizorar. tr. **Acechar.**
avo, va. Terminación que, añadida a los numerales, hace que éstos expresen las *partes en que se ha dividido una unidad.
avocación. f. *For.* Acción y efecto de avocar.
avocamiento. m. *For.* **Avocación.**
avocar. tr. **For.* Atraer o llamar a sí un juez o tribunal superior la causa que correspondía a otro inferior.
avoceta. f. *Ave zancuda, de cuerpo blanco con manchas negras, pico encorvado hacia arriba y dedos palmeados.
avolcanado, da. adj. Aplícase al lugar donde hay *volcanes.
avucasta. f. **Avutarda.**
avugo. m. Fruta del avuguero.
avuguero. m. Variedad del *peral.
avugués. m. **Gayuba.**
avulsión. f. *Cir.* ***Extirpación.**
avuncular. adj. Relativo al *tío o a la tía.
avúnculo. m. *Tío materno.
avutarda. f. *Ave zancuda, muy común en España, de gran tamaño y alas pequeñas, por lo cual su vuelo es corto y pesado.
avutardado, da. adj. Parecido o semejante a la avutarda.
¡ax! interj. de *dolor.
axial. adj. **Axil.**
axil. adj. Perteneciente o relativo al *eje.
axila. f. **Bot.* Ángulo formado por la articulación de cualquier parte de la planta con el tronco o la rama. ‖ *Zool.* **Sobaco.**
axilar. adj. *Bot.* y *Zool.* Perteneciente o relativo a la axila.
axinita. f. *Mineral compuesto principalmente de ácido bórico, sílice, alúmina y cal.
axioma. m. Principio, *verdad o proposición tan *evidente, que no necesita demostración.
axiomático, ca. adj. Incontrovertible, *evidente.
axiómetro. m. **Mar.* Instrumento que indica sobre cubierta la dirección del *timón.
axis. m. *Zool.* Segunda vértebra del cuello.
axoideo, a. adj. Perteneciente o relativo al axis.
axón. m. *Histol.* Prolongación principal de la célula *nerviosa.
axonometría. f. *Mat.* Estudio de la *proyección de figuras sobre un plano.
axonométrico, ca. adj. Perteneciente a la axonometría.
axovar. m. Heredad que recibe de sus ascendientes la mujer que contrae *matrimonio, y que se convierte en dote desde que nace prole.
¡ay! interj. con que se expresan muchos sentimientos y principalmente *dolor. ‖ m. Suspiro, lamentación, *queja.
ayacuá. m. *Diablo pequeño y maligno, según los indios argentinos.
ayalés, sa. adj. Natural del valle de Ayala. Ú. t. c. s. ‖ Perteneciente a este valle.
ayate. m. *Tela rala de hilo de maguey.
ayear. intr. p. us. Repetir ayes, *quejarse.
ayer. adv. t. En el *día inmediatamente *anterior al de hoy. ‖ fig. Poco tiempo ha. ‖ fig. En tiempo *pasado. ‖ m. Tiempo pasado. ‖ **De ayer acá. De ayer a hoy.** exprs. figs. En breve tiempo; de poco tiempo a esta parte.
ayermar. tr. Dejar yermo algún paraje.
ayo, ya. m. y f. Persona encargada en las casas de la custodia y *enseñanza de los niños o jóvenes.
ayocote. m. Especie de fríjol más grueso que el común.

ayote. m. **Calabaza.** || **Dar ayotes.** fr. fig. **Dar calabazas.**

ayotera. f. **Calabacera.**

ayúa. f. *Árbol de las rutáceas.

***ayuda.** f. Acción y efecto de ayudar. || Cosa que sirve para ayudar. || Entre *pastores, **aguador.** || *Medicamento líquido que se introduce por el ano. || ***Lavativa,** jeringa. || V. **Perro de ayuda.** || *Equit.* Estímulo que el jinete comunica al caballo. || m. Subalterno que, en el palacio *real, servía bajo las órdenes de su jefe. || *Mar.* *Cabo o aparejo que se pone para mayor seguridad de otro. || **de cámara.** *Criado cuyo principal oficio es cuidar del vestido de su amo. || **de costa.** Socorro en dinero para costear en parte alguna cosa. || *Remuneración que se suele dar, además del sueldo, al que ejerce algún empleo o cargo. || **de oratorio.** *Clérigo que, en el palacio *real, hacía el oficio de *sacristán. || **de parroquia.** *Iglesia que ayuda a alguna parroquia. || **de vecino.** fam. Auxilio ajeno.

ayudador, ra. adj. Que ayuda. Ú. t. c. s. || m. *Pastor que tiene el primer lugar después del mayoral.

ayudante. p. a. de **Ayudar.** Que ayuda. || m. En algunos cuerpos de la *administración, oficial subalterno. || *Maestro de escuela suplente. || Profesor subalterno que ayuda a otro superior en el ejercicio de su facultad. || *Mil.* Oficial destinado a servir personalmente a las órdenes de un general o jefe superior. || **de montes. Capataz de cultivo.** || **de obras públicas.** El que auxilia oficialmente a los ingenieros de caminos.

ayudantía. f. Empleo de ayudante. || Oficina del ayudante.

***ayudar.** tr. Cooperar uno con su esfuerzo a que otro haga o consiga alguna cosa. || *Auxiliar, socorrer. || r. Hacer un *esfuerzo para el logro de alguna cosa. || Valerse de la cooperación o ayuda de otro.

ayuga. f. **Mirabel,** *planta.

ayunador, ra. adj. Que ayuna. Ú. t. c. s.

ayunante. p. a. de **Ayunar.** Que ayuna.

***ayunar.** intr. *Abstenerse total o parcialmente de comer o de beber. || Privarse de algún gusto. || Guardar el *ayuno eclesiástico. || **Ayunarle** a uno. fr. fig. y fam. *Temerle.

***ayuno.** m. Acción y efecto de ayunar. || Abstinencia, por precepto eclesiástico, de alguna de las comidas diarias o de ciertos manjares. || **natural.** Abstinencia completa desde las doce de la noche antecedente.

ayuno, na. adj. Que no ha comido. || fig. Privado de algún gusto o deleite. || fig. Que *ignora una cosa o no la comprende. || **En ayunas,** o **en ayuno.** m. adv. Sin haberse desayunado. || fig. y fam. Sin saber alguna cosa, o sin comprenderla.

ayunque. m. **Yunque.**

ayuntador, ra. adj. Que ayunta. Ú. t. c. s.

***ayuntamiento.** m. Acción y efecto de ayuntar o ayuntarse. || Junta, *reunión. || → Corporación compuesta de un alcalde y varios concejales para la administración y gobierno de un municipio. || **Casa consistorial.** || Cópula carnal.

ayuntarse. r. Tener cópula carnal.

ayuso. adv. l. **Abajo.**

ayustar. tr. *Mar.* *Unir dos *cabos por sus chicotes, o las piezas de madera por sus extremidades.

ayuste. m. *Mar.* Acción de ayustar. || *Mar.* Costura o unión de dos *cabos.

azabachado, da. adj. Semejante al azabache en el color.

azabache. m. Variedad del lignito, de hermoso color negro y susceptible de pulimento, que se usa para hacer *joyas y objetos de adorno. || *Pájaro pequeño con el lomo de color ceniciento obscuro y la cabeza y las alas negras. || Conjunto de dijes de **azabache.**

azabara. f. **Zabila.**

azabra. f. Antigua *embarcación ligera, parecida a un bergantín.

azacán, na. adj. Que se ocupa en *trabajos humildes y penosos. Ú. t. c. s. || m. **Aguador.** || **Hecho un azacán.** loc fig. y fam. Muy afanado en ocupaciones o trabajos.

azacanarse. r. p. us. **Afanarse.**

azacaya. f. *Noria grande. || Ramal o *conducto de aguas.

azache. adj. V. **Seda azache.** Ú. t. c. s.

***azada.** f. Instrumento que consiste en una pala de hierro, cortante por un borde y provista en el opuesto de un anillo donde encaja el astil, formando con la pala un ángulo agudo. || **Azadón.**

azadada. f. Golpe dado con azada.

azadazo. m. **Azadada.**

azadilla. f. **Almocafre.**

azadón. m. Instrumento que se distingue de la *azada en que la pala es algo curva y más larga que ancha. || **de peto,** o **de pico. Zapapico.**

azadonada. f. Golpe dado con azadón.

azadonar. tr. Cavar con el azadón.

azadonazo. m. **Azadonada.**

azadonero. m. El que trabaja con azadón.

azafata. f. *Criada de la *reina, a quien servía los vestidos y alhajas. || Camarera distinguida que presta sus servicios a bordo de un *avión.

azafate. m. Canastillo tejido de mimbres, a modo de *bandeja. También se hacen de paja, oro, plata y otras materias.

***azafrán.** m. Planta irídea, cuya flor tiene un estigma de color rojo anaranjado, dividido en tres partes colgantes. || Estigma de esta planta, que se emplea para condimentar manjares y para teñir de amarillo. || *Mar.* Madero exterior que forma parte de la pala del *timón. || *Pint.* Color amarillo anaranjado para iluminar. || **bastardo. Alazor.** || **de Marte.** *Farm.* Herrumbre de hierro. || **romí,** o **romín. Azafrán bastardo.**

azafranado, da, adj. De *color de azafrán.

azafranal. m. Sitio sembrado de azafrán.

azafranar. tr. Teñir de azafrán. || Poner azafrán en un líquido.

azafranero, ra. m. y f. Persona que cultiva o vende azafrán.

azagadero. m. **Azagador.**

azagador. m. Vereda o paso del *ganado.

azagaya. f. *Lanza o *dardo arrojadizo.

azaguán. m. ant. **Zaguán.**

azahar. m. *Flor del *naranjo, del *limonero y del cidro, que se emplea en medicina y perfumería.

azaharillo. m. Variedad de *higo de Canarias.

azainadamente. adv. m. **A lo zaino.**

azalá. m. Entre los mahometanos, ***oración.**

azalea. f. *Arbolito de las ericáceas, con hojas oblongas y hermosas flores reunidas en corimbo.

azamboa. f. Fruto del azamboero.

azamboero. m. Variedad del cidro.

azamboo. m. **Azamboero.**

azana. f. *Trabajo casero.

azanahoriate. m. Zanahoria confitada. || fig. y fam. Cumplimiento o expresión de *cortesía muy *afectada.

azanca. f. *Min.* *Manantial de agua subterránea.

azándar. m. **Sándalo.**

azanoria. f. **Zanahoria.**

azanoriate. m. **Azanahoriate.**

azaque. m. *Tributo que pagan los *mahometanos para fines religiosos.

azar. m. *Casualidad, caso fortuito. || *Desgracia *imprevista. || En los juegos de *naipes o *dados, aquel con que se pierde. || En el juego de trucos o *billar, cualquiera de los dos lados de la tronera que miran a la mesa. || En el juego de *pelota, esquina, saliente u otro estorbo. || **Echar azar.** fr. En los juegos de envite, tener una mala suerte. || fig. y fam. *Malograrse un empeño.

azarandar. tr. **Zarandar.**

azarar. tr. *Turbar, sobresaltar, *avergonzar. Ú. t. c. r. || r. *Malograrse un asunto. || Sobresaltarse, *asustarse. || *Turbarse, quedarse cortado. || Ruborizarse.

azarbe. m. *Acequia o cauce adonde van a parar los sobrantes o filtraciones de los riegos.

azarbeta. f. d. de **Azarbe.**

azarcón. m. **Minio.** || *Pint.* *Color anaranjado muy encendido.

azarearse. r. **Azararse,** ruborizarse. || *Irritarse, enfadarse.

azaría. f. *Mil.* En lo antiguo, ataque nocturno de la caballería.

azarja. f. Instrumento para coger la *seda cruda.

azarolla. f. **Acerola.** || **Serba.**

azarollo. m. **Acerolo.** || **Serbal.**

azarosamente. adv. m. Con azar, o *desgracia.

azaroso, sa. adj. Que tiene en sí azar o *desgracia.

azaya. f. En Galicia, **cantueso.**

azazel. m. **Hazazel,** cabrón expiatorio.

azcarrio. m. **Arce.**

azcona. f. Arma antigua arrojadiza, a manera de *dardo.

azemar. tr. Sentar, alisar.

azenoria. f. **Azanoria.**

ázimo. adj. V. **Pan ázimo.**

azimut. m. **Acimut.**

azimutal. adj. **Acimutal.**

aznacho. m. *Pino rodeno. || Madera de este árbol.

aznallo. m. **Aznacho.** || ***Gatuña.**

azoado, da. adj. Dícese del *agua que tiene ázoe.

azoar. tr. *Quím.* Impregnar de ázoe o nitrógeno. Ú. t. c. r.

azoato. m. *Quím.* **Nitrato.**

azocar. tr. *Mar.* Apretar un nudo o ligadura. || *Comprimir fuertemente.

ázoe. m. *Quím.* **Nitrógeno.**

azofaifa. f. **Azufaifa.**

azofaifo. m. **Azufaifo.**

azófar. m. **Latón.**

azofra. f. Prestación personal. || **Sufra.**

azofrar. intr. Prestar la azofra.

azogadamente. adv. m. fig. y fam. Con mucha celeridad y agitación.

azogamiento. m. Acción y efecto de azogar o azogarse.

***azogar.** tr. Cubrir con *azogue alguna cosa, como el cristal para hacer un *espejo. || r. Contraer un *temblor continuado a consecuencia de la absorción de vapores de azogue. || fig. y fam. Turbarse y agitarse mucho.

azogar. tr. Apagar la *cal con agua.

***azogue.** m. Metal blanco y brillante como la plata, más pesado que el plomo, y líquido a la temperatura ordinaria. || Cada una de las *embarcaciones que antiguamente lle-

vaban **azogue** de España a América. || **Ser uno un azogue.** fr. fig. y fam. Ser muy inquieto.
azogue. m. *Plaza de algún pueblo, donde se hace el *mercado.
azoguejo. m. d. de **Azogue,** *plaza del mercado.
azoguería. f. *Min.* Oficina donde se hacen las operaciones de la amalgamación.
azoguero. m. *Min.* Amalgamador.
azoico. adj. *Quím.* **Nítrico.**
azolar. tr. **Carp.* Desbastar la madera con azuela.
azoleo, a. adj. **Bot.* Dícese de ciertas plantas acotiledóneas acuáticas. Ú. t. c. s. f. || f. pl. *Bot.* Familia de estas plantas.
azolvar. tr. Cegar u *obstruir un conducto. Ú. t. c. r.
azolve. m. *Lodo o basura que obstruye un conducto.
azomar. tr. ant. *Incitar a los animales para que embistan.
azor. m. *Ave de rapiña como de medio metro de largo. || *Germ.* *Ladrón de presa alta. || **desbañado.** **Cetr.* El que no ha tomado el agua.
azora. f. Nombre que se da a los capítulos del *Alcorán.
azoramiento. m. Acción y efecto de azorar o azorarse.
azorar. tr. fig. *Turbar, sobresaltar. Ú. t. c. r. || fig. Irritar, encender. Ú. t. c. r.
azorero. m. *Germ.* El que acompaña al *ladrón y lleva lo que éste hurta.
azorramiento. m. Efecto de azorrarse.
azorrar. tr. *Mar.* *Cargar con exceso un buque haciendo que cale más de lo debido o que se incline sobre una banda.
azorrarse. r. Quedarse *adormecido.
azotable. adj. Que merece ser azotado.
azotacalles. com. fig. y fam. Persona ociosa y *callejera.
azotado, da. adj. De varios *colores. Dícese más de las flores. || m. Reo castigado con pena de azotes. || **Disciplinante.**
azotador, ra. adj. Que azota. Ú. t. c. s.
azotaina. f. fam. Zurra de *azotes.
azotalengua. f. **Amor de hortelano,** planta.
azotamiento. m. Acción y efecto de azotar o azotarse.
***azotar.** tr. Dar azotes. Ú. t. c. r. || fig. Dar *golpes una cosa contra otra, repetida y violentamente.
azotazo. m. Golpe fuerte dado con el *azote. || *Golpe dado en las nalgas con la mano abierta.
***azote.** m. Instrumento formado con cuerdas anudadas con que se castigaba a los delincuentes. || Vara, vergajo o tira de cuero que sirve para igual fin. || Golpe dado con el azote. || Golpe dado en las nalgas con la mano. || fig. *Daño, calamidad, *desgracia. || fig. Persona que es causa o instrumento de estos males. || pl. Pena que consistía en azotar públicamente al reo montado en un burro. || **Azotes y galeras.** fig. y fam. *Comida ordinaria que no se varía.
***azotea.** f. Cubierta llana de un edificio por la cual se puede andar. || *Casa hecha de adobes y con el techo plano.
azotina. f. fam. **Azotaina.**
azre. m. **Arce,** árbol.
azteca. adj. Dícese del individuo de un antiguo *pueblo que invadió el territorio que hoy ocupa Méjico. Ú. t. c. s. || Perteneciente a este pueblo. || m. Idioma **azteca.**
aztor. m. **Azor.**
azua. f. **Chicha,** bebida de los indios.
***azúcar.** amb. Substancia sólida, muy dulce y soluble en el agua, que se extrae de una especie de caña, de la remolacha y de otros vegetales. || **blanco. Azúcar de flor.** || **cande,** o **candi.** El que se presenta en cristales transparentes. || **de flor.** El más purificado. || **de leche.** **Quím.* Substancia de sabor dulce que se extrae de la leche. || **de lustre.** El molido y pasado por cedazo. || **de pilón.** El de flor y el de lustre, a los cuales se da forma cónica por medio de la presión. || **de plomo.** **Quím.* **Sal de plomo.** || **de quebrados.** El que está en pedazos por no haberse consolidado bien el pilón. || **de redoma.** El que se queda en las vasijas que han contenido jarabes. || **de Saturno.** **Quím.* **Sal de Saturno.** || **florete. Azúcar de flor.** || **mascabado.** El que contiene melaza. || **moreno.** El que tira a este color por efecto de la melaza que contiene. || **piedra. Azúcar cande.** || **quebrado.** El que no ha sido blanqueado. || **refino. Azúcar de flor.** || **rosado.** Azucarillo de color de rosa. || **terciado.** El que es de color pardo claro, por contener menos melaza que el moreno. || **Azúcar y canela.** Color de algunos *caballos, mezcla de blanco y rojo.
azucarado, da. adj. Semejante al azúcar en el gusto. || fig. y fam. *Afable y meloso en las palabras. || m. Especie de *afeite.
azucarar. tr. Bañar con azúcar. || *Endulzar con azúcar. || fig. y fam. Suavizar y endulzar alguna cosa. || r. **Almibararse.** || Cristalizarse el almíbar de las conservas.
azucarera. f. Vaso para poner azúcar en la mesa. || Fábrica de azúcar.
azucarería. f. Tienda en que se vende azúcar por menor.
azucarero, ra. adj. Perteneciente o relativo al azúcar. || m. Oficial encargado de ciertas labores en un ingenio de azúcar. || *Ave trepadora, de cuerpo pequeño, que se alimenta de jugos azucarados de las plantas. || **Azucarera,** vaso para el azúcar.
azucarí. adj. **Azucarado.** Aplícase a ciertos frutos.
azucarillo. m. Pasta seca y muy esponjosa, que se hace con almíbar y clara de huevo, y se usa para endulzar el agua.
azucena. f. *Planta liliácea, con tallo alto y flores terminales blancas y muy olorosas. || *Flor de esta planta. || **anteada.** Planta parecida a la anterior, pero de tallo ramoso. || **de agua. Nenúfar.** || **de Buenos Aires.** Planta amarilídea, con tallo alto y flores abigarradas de rojo, amarillo, blanco y negro. || **de Guernesey.** Planta amarilídea, con bohordo alto y flores terminales de color rojo vivo.
azuche. m. *Punta de hierro en la extremidad inferior del pilote.
azud. m. Rueda *hidráulica para sacar agua de un río, movida por la misma corriente. || *Presa para *regar.
azuda. f. **Azud.** || *Noria.
***azuela.** f. **Carp.* Herramienta compuesta de una plancha de hierro acerada y cortante, con mango corto de madera.
azufaifa. f. Fruto del azufaifo.
***azufaito.** m. *Árbol de las rámneas, cuyo fruto es la azufaifa. || **de Túnez.** Variedad del **azufaifo,** cuyo fruto es agrio. || **loto. Loto,** árbol de África.
azufeifa. f. **Azufaifa.**
azufeifo. m. **Azufaifo.**
azufrado, da. adj. **Sulfuroso.** || Parecido en el color al *azufre.
azufrador, ra. adj. Que azufra. Ú. t. c. s. || m. **Enjugador** para secar y sahumar la ropa. || Aparato con que se azufran las *vides.
azuframiento. m. Acción o efecto de azufrar.
***azufrar.** tr. Echar *azufre en alguna cosa. || Sahumar con él.
***azufre.** m. *Quím.* Metaloide de color amarillo, quebradizo y de olor característico. || **vegetal.** Materia pulverulenta amarilla, compuesta de esporos de licopodio. || **vivo.** El nativo.
azufrera. f. *Mina de azufre.
azufrón. f. Mineral piritoso en estado pulverulento.
azufroso, sa. adj. Que contiene azufre.
azul. adj. Del *color del cielo sin nubes. Ú. t. c. s. || **celeste. El más** claro. || **de cobalto.** Materia colorante usada en la *pintura, que se obtiene calcinando una mezcla de alúmina y fosfato de cobalto. || **de mar.** El obscuro. || **de montaña.** Carbonato de *cobre natural. || **de Prusia.** Substancia de color **azul** subido, compuesta de cianógeno y hierro, que se usa en la *pintura. || **de Sajonia.** Disolución de índigo en ácido sulfúrico, que se emplea como colorante. || **de ultramar.** Lapislázuli pulverizado que se usa en la pintura. || **marino. Azul de mar.** || **turquí.** El más obscuro. Es el sexto color del espectro solar. || **ultramarino. Azul de ultramar.**
azulado, da. adj. De color azul o que tira a él.
azulamiento. m. Acción y efecto de azular.
azulaque. m. **Zulaque.**
azular. tr. Dar o teñir de azul.
azulear. intr. Mostrar alguna cosa el color azul que en sí tiene. || Tirar a azul.
azulejar. tr. Revestir de azulejos.
azulejería. f. Oficio de azulejero. || Obra hecha de azulejos.
azulejero. m. El que hace azulejos.
azulejo, ja. adj. d. de **Azul.** || **Azulado.** || m. **Abejaruco.** || Pájaro americano. || **Aciano menor.**
***azulejo.** m. Ladrillo pequeño vidriado de varios colores, que se usa para revestimientos, frisos, etc.
azulenco, ca. adj. **Azulado.**
azulete. m. Viso de color azul que se da a algunas prendas de vestir.
azulino, na. adj. Que tira a azul.
azulona. f. Especie de *paloma de las Antillas.
azumar. tr. Teñir con algún zumo.
azúmbar. m. *Planta alismácea. || **Espicanardo.** || **Estoraque.**
azumbrado, da. adj. Medido por azumbres. || fig. y fam. **Ebrio.**
azumbre. amb. Medida de *capacidad para líquidos, equivalente a cuatro cuartillos.
azuquítar. m. d. fam. de **Azúcar.**
azur. adj. **Blas.* Dícese del color heráldico que en pintura se denota con el azul obscuro. Ú. t. c. s. m.
azurita. f. **Malaquita azul.**
azurronarse. r. Quedarse la espiga del *trigo sin salir del zurrón.
azut. m. **Azud.**
azutero. m. El que cuida del azut.
azuzador, ra. adj. Que azuza. Ú. t. c. s.
azuzar. tr. *Incitar a los perros para que embistan. || fig. *Irritar, encolerizar.
azuzón. m. Persona *chismosa.

B

b. f. Segunda letra del abecedario español. Su nombre es **be.**
ba. *Mit.* Nombre del *alma según los antiguos egipcios.
***baba.** f. *Saliva espesa que, en ciertas circunstancias, fluye de la boca de las personas y de algunos animales. ‖ Humor viscoso que, por diversas partes del cuerpo, segregan la babosa, el caracol y otros animales. ‖ Por ext., *jugo viscoso de algunas plantas. ‖ **Caérsele** a uno **la baba.** fr. fig. y fam. Quedarse *extasiado de *placer ante alguna cosa.
babada. f. **Babilla,** región muscular de los cuadrúpedos.
babadero. m. **Babador.**
babador. m. **Babero.**
babaza. f. Baba de los animales. ‖ **Babosa,** *molusco.
babazorro, rra. adj. Natural de Álava. Ú. t. c. s. ‖ Perteneciente a esta provincia.
babear. intr. Expeler o echar de sí la baba. ‖ fig. y fam. *Galantear a una mujer con excesivo rendimiento.
babel. amb. fig. y fam. Lugar en que hay gran *desorden y confusión. ‖ Sitio en que muchos hablan y no se entienden.‖ fig. y fam. Desorden y *confusión.
babeo. m. Acción de babear.
babera. f. Pieza de la *armadura antigua, que cubría la boca, barba y quijadas. ‖ **Babador.**
babero. m. Pedazo de lienzo que se pone a los *niños en el pecho, sobre el vestido, para que no lo manchen.
baberol. m. **Babera** de la armadura.
Babia. n. p. **Estar** uno **en Babia.** fr. fig. y fam. Estar *distraído.
babiano, na. adj. Natural de Babia. Ú. t. c. s. ‖ Perteneciente a este territorio de León.
babieca. com. fam. Persona floja y *necia. Ú. t. c. adj. ‖ n. p. Nombre del *caballo del Cid.
babilar. m. En los *molinos harineros, eje sobre el que se mueve la canaleja.
babilonia. f. fig. y fam. **Babel.**
babilónico, ca. adj. Perteneciente o relativo a Babilonia. ‖ fig. Fastuoso.
babilonio, nia. adj. Natural de Babilonia. Ú. t. c. s.
babilla. f. En las *caballerías y otros *cuadrúpedos, región formada por los músculos y tendones que articulan el fémur con la tibia y la rótula. ‖ Choquezuela de los cuadrúpedos. ‖ *Humor que, a consecuencia de la fractura de los huesos, se extravasa e impide la buena consolidación.
babirusa. m. Especie de *cerdo salvaje que se cría en Asia.
bable. m. *Dialecto de los asturianos.
babor. m. Lado *izquierdo de la *embarcación, mirando de popa a proa.
babosa. f. *Molusco gasterópodo, sin concha, que segrega una baba clara y pegajosa. ‖ *Cebolla añeja que se planta y produce otra. ‖ **Cebolleta.** ‖ *Germ.* **Seda.**
babosear. tr. Llenar o rociar de babas. ‖ intr. fig. y fam. **Babear.**
baboseo. m. fig. y fam. Acción de babosear.
babosilla. f. Especie de babosa pequeña.
baboso, sa. adj. Aplícase a la persona que echa muchas babas. Ú. t. c. s. ‖ fig. y fam. *Enamoradizo y rendidamente obsequioso con las mujeres. Ú. t. c. s. ‖ fig. y fam. Aplícase al que carece de condiciones para determinado intento. Ú. t. c. s. ‖ m. **Budión.**
babosuelo, la. adj. d. de **Baboso.** Ú. t. c. s.
babucha. f. *Zapato ligero y sin tacón, usado principalmente por los moros.
baca. f. Sitio en la parte superior de las diligencias y otros *coches, donde se colocan equipajes y otros efectos, resguardados con una tela embreada. ‖ Esta tela. ‖ Eslabón de una *cadena.
bacalada. f. Bacalao entero curado.
***bacalao.** m. *Pez malacopterigio subranquial. Es comestible, y se conserva salado y prensado. ‖ **Cortar el bacalao.** fr. fig. y fam. Tener la *superioridad o dominio en alguna cosa.
bacalar. m. Higo temprano.
bacalario. m. **Bachiller.**
bacallao. m. **Bacalao.**
bacallar. m. Hombre *rústico.
bacanal. adj. Perteneciente al dios Baco, o a las *fiestas en honor de este dios. Ú. m. c. s. f. y en pl. ‖ f. fig. Orgía o *banquete con mucho desorden y tumulto.
bacante. f. Mujer que celebraba las fiestas bacanales. ‖ fig. Mujer desvergonzada, *lujuriosa y *ebria.
bácara. f. **Amaro,** planta.
bacará. m. Cierto juego de *naipes.
bácaris. f. **Bácara.**
bacelar. m. **Parral.**
bacera. f. *Veter.* Enfermedad carbuncosa de los ganados acompañada de alteraciones en el bazo.
baceta. f. *Naipes que quedan sin repartir, después de haber dado a cada jugador los que le corresponden.
bacía. f. **Vasija.** ‖ Especie de jofaina para remojar la *barba, con una escotadura semicircular en el borde.
báciga. f. Juego de *naipes entre dos o más personas, cada una con tres cartas. ‖ Lance con que se gana la partida, y que consiste en hacer un punto que no pase de nueve.
bacilar. adj. Perteneciente o relativo a los bacilos. ‖ **Mineral.* De textura en fibras gruesas.
bacilo. m. *Bacteria de forma cilíndrica.
bacillar. m. **Bacelar.** ‖ *Viña nueva.
bacín. m. *Vasija de barro vidriado, que sirve para recibir el *excremento humano. ‖ Bacineta para pedir *limosna. ‖ fig. y fam. Hombre *despreciable y vil.
bacina. f. Caja o cepo para recoger *limosnas. ‖ *Orinal.
bacinada. f. Inmundicia arrojada del bacín. ‖ fig. y fam. Acción villana y *despreciable.
bacinejo. m. d. de **Bacín.**
bacinero, ra. m. y f. Persona que pide *limosna para el culto o para obras pías.
bacineta. f. Bacía pequeña para recoger *limosna.
bacinete. m. Pieza de la *armadura antigua, que cubría la cabeza a modo de yelmo. ‖ *Soldado que vestía coraza y **bacinete.** ‖ *Anat.* **Pelvis.**
bacinica. f. **Bacineta.** ‖ Orinal.
bacinilla. f. **Bacinica.**
bacisco. m. En Almadén, mineral menudo y tierra de la *mina, con que se moldean adobes que entran en la carga de los hornos. Ú. m. en pl.
Baco. n. p. m. *Mit.* Entre los romanos, dios de las vides y del vino.
baconiano, na. adj. Perteneciente al método y doctrina del *filósofo inglés Bacon.
***bacteria.** f. Microorganismo unicelular que se reproduce por excisión.
bacteriano, na. adj. Relativo a las bacterias.
bactericida. adj. Que mata las bacterias.
***bacteriología.** f. Parte de la microbiología, que estudia todo lo concerniente a las bacterias.
bacteriológico, ca. adj. Perteneciente a la bacteriología.
bacteriólogo. m. El que se dedica al estudio de la bacteriología.
bacterioterapia. f. *Terap.* Trata-

miento de las enfermedades por medio de los virus bacterianos.
bactriano, na. adj. Natural de la Bactriana. Ú. t. c. s. ‖ Perteneciente a esta región de Asia antigua.
***báculo.** m. Palo o cayado para apoyarse en él. ‖ fig. *Alivio, consuelo. ‖ **pastoral.** El que usan los *obispos.
bachata. f. *Diversión, holgorio.
bache. m. *Hoyo que se hace en un camino por el mucho tránsito. ‖ Paraje en que, por ser menor la densidad del aire, se produce un descenso brusco del avión.
bache. m. Sitio donde se encierra el ganado lanar para que sude, antes de *esquilarle.
bachear. tr. Arreglar las vías públicas rellenando los baches.
bacheo. m. Acción de bachear.
***bachiller.** com. Persona que ha recibido cierto grado académico.
bachiller, ra. m. y f. fig. y fam. Persona que *habla mucho y con impertinencia.
bachilleramiento. m. Acción y efecto de bachillerar o bachillerarse.
bachillerar. tr. Dar el grado de bachiller. ‖ r. Tomar el grado de bachiller.
bachillerato. m. Grado de bachiller. ‖ Estudios necesarios para obtener dicho grado.
bachillerear. intr. fig. y fam. *Hablar mucho e impertinentemente.
bachillerejo, ja. m. y f. d. de **Bachiller, ra.**
bachillería. f. fam. *Verbosidad impertinente. ‖ fam. Dicho infundado.
bada f. **Abada.**
badajada. f. Golpe que da el badajo en la *campana. ‖ fig. y fam. Necedad, *impertinencia.
badajear. intr. fig. y fam. *Hablar mucho y neciamente.
badajo. m. Pieza metálica que pende en lo interior de las *campanas, para hacerlas sonar. ‖ fig. y fam. Persona *habladora y *necia.
badajocense. Natural de Badajoz. Ú. t. c. s. ‖ Perteneciente o relativo a esta ciudad.
badajuelo. m. d. de **Badajo.**
badal. m. **Acial.**
badal. m. *Carne de la espalda y las costillas, principalmente hacia el pescuezo, en las reses de matadero.
badalonés, sa. adj. Natural de Badalona. Ú. t. c. s. ‖ Perteneciente a esta ciudad.
badallar. intr. **Bostezar.**
badán. m. Tronco del *cuerpo en el animal.
badana. f. *Piel curtida de carnero u oveja. ‖ m. fig. y fam. Persona indolente y *perezosa. Ú. m. en pl. ‖ **Zurrar** a uno **la badana.** fr. fig. y fam. Darle de *golpes. ‖ fig. y fam. *Ofenderle, maltratarle de palabra.
badano. m. *Carp.* *Formón ancho.
badea. f. Sandía, *melón o pepino de mala calidad. ‖ fig. y fam. Persona floja y *holgazana. ‖ fig. y fam. Cosa sin substancia.
badelico. m. *Germ.* **Badil.**
badén. m. Zanja, *excavación que forma en el terreno el paso de las aguas llovedizas. ‖ *Cauce que se hace en una *carretera para dar paso a un corto caudal de agua.
baderna. f. *Mar.* *Cabo trenzado, de uno a dos metros, que se emplea para sujetar el cable al virador.
badián. m. *Árbol de las magnoliáceas.
badiana. f. **Badián.**
badil. m. *Paleta de metal, para mover y recoger la lumbre en las chimeneas y *braseros.
badila. f. **Badil,** y más comúnmente el del brasero. ‖ **Dar** a uno **con la badila en los nudillos.** fig. y fam. *Reprenderle.
badilazo. m. Golpe dado con el badil o la badila.
badilejo. m. **Llana** de albañil.
badina. f. Balsa o *charca de agua.
badomía. f. Despropósito, *disparate.
badulaque. m. *Afeite que se usaba antiguamente. ‖ fig. y fam. Persona *necia e *informal. Ú. t. c. adj.
baenero, ra. adj. Perteneciente a Baena. ‖ Natural de esta población de Córdoba. Ú. t. c. s.
baezano, na. adj. Natural de Baeza. Ú. t. c. s. ‖ Perteneciente a esta ciudad.
bafea. f. Desperdicio, suciedad.
bafear. intr. **Vahear.**
baga. f. Cápsula que contiene las semillas del *lino.
baga. f. Soga con que se aseguran las *cargas de las caballerías.
bagá. m. *Árbol de las anonáceas, de fruto globoso, que sirve de alimento a los ganados. Sus raíces se usan como corcho.
bagacera. f. Lugar de los ingenios de *azúcar, en que se tiende el bagazo al sol.
bagaje. m. Equipaje militar de un *ejército en marcha. ‖ Bestia o vehículo para *transportar el equipaje militar.
bagajero. m. El que conduce el bagaje.
bagar. intr. Echar el *lino baga y semilla.
bagarino. m. *Remero libre asalariado.
bagasa. f. **Ramera.**
bagatela. f. Cosa *fútil. ‖ **Billar romano.**
bagazal. m. Terreno en que abundan los bagaes.
bagazo. m. Cáscara de la baga del *lino, después de separada de ella la linaza. ‖ *Residuo de la caña de *azúcar, de la *aceituna u otras cosas análogas, después de exprimidas.
bago. m. **Pago.** ‖ Grano de *uva.
bagre. m. *Pez malacopterigio abdominal, abundante en los ríos de América, de carne sabrosa y con pocas espinas.
bagual. m. *Hombre corpulento y poco inteligente.
bagual. adj. *Fiero, indómito. Dícese del ganado caballar, y también del vacuno. Ú. t. c. s.
bagualada. f. Manada de baguales, caballada.
baguarí. m. Especie de cigüeña de la Argentina.
baguio. m. En Filipinas, huracán.
bagullo. m. Hollejo de la *uva.
¡bah! interj. con que se expresa *duda o *desprecio.
baharí. m. *Ave rapaz diurna, del tamaño de una paloma.
bahía. f. *Ensenada que puede servir de abrigo a las embarcaciones.
bahorrina. f. fam. Conjunto de muchas cosas repugnantes mezcladas con agua *sucia. ‖ fig. y fam. Conjunto de gente *vil y soez. ‖ ***Suciedad.**
bahúno, na. adj. **Bajuno.**
baila. f. **Raño,** *pez.
bailable. adj. Dícese de la música compuesta para bailar. ‖ m. Cada una de las *danzas que se ejecutan en ciertos espectáculos teatrales.
bailadero. m. Sitio público para bailar.
bailador, ra. m. y f. Que baila. ‖ m. *Germ.* **Ladrón.**
***bailar.** intr. Mover con cierto orden el cuerpo, los pies y los brazos al compás de la música. Ú. t. c. tr. ‖ *Agitarse rápidamente una cosa sin salir de espacio determinado. ‖ **Retozar,** agitarse las *pasiones. ‖ *Equit.* Ejecutar el caballo algunos movimientos irregulares. ‖ Dar *vueltas el peón. Ú. t. c. tr. ‖ tr. *Germ.* **Hurtar.**
***bailarín, na.** adj. Que baila. Ú. t. c. s. ‖ m. y f. Persona que baila por profesión.
***baile.** m. Acción de bailar. ‖ Cada una de las maneras particulares de bailar; como vals, tango, jota, etc. ‖ *Fiesta en que se juntan varias personas y se baila. ‖ Espectáculo *teatral en que se representa una acción por medio de la mímica y se ejecutan varias danzas. ‖ *Germ.* ***Ladrón.** ‖ Paraje o local en que se baila. ‖ **de San Vito.** Nombre vulgar de ciertas enfermedades *convulsivas de los niños. ‖ **serio.** El de etiqueta.
baile. m. *Juez ordinario que había en ciertos pueblos de Aragón. ‖ **general.** Antiguo ministro del real patrimonio. ‖ **local.** El que entendía en lo tocante a rentas de la *hacienda.
bailete. m. *Baile de corta duración que se intercalaba en ciertas obras dramáticas.
bailía. f. Territorio sometido a la jurisdicción del baile. ‖ Territorio de alguna encomienda de las órdenes.
bailiaje. m. Especie de encomienda o dignidad en la *orden militar* de San Juan.
bailiazgo. m. **Bailía.**
bailinista. adj. desus. Decíase del *poeta que escribía la letra para los bailes. Usáb. t. c. s.
bailío. m. Caballero profeso de la orden de San Juan, que tenía bailiaje.
bailón. m. *Germ.* *Ladrón viejo.
bailotear. intr. *Bailar sin gracia ni formalidad.
bailoteo. m. Acción y efecto de bailotear.
baivel. m. *Cant.* Falsa escuadra o *compás con uno de sus brazos recto y curvo el otro.
baja. f. *Depreciación, disminución del precio de una cosa. ‖ Acta en que se declara la *cesación de industrias o profesiones sometidas a *impuesto. ‖ **Alemanda.** ‖ *Mil.* Pérdida o falta de un individuo. ‖ *Mil.* Documento que acredita la falta de un individuo. ‖ **Dar de baja.** fr. *Mil.* Tomar nota de la falta de un individuo. ‖ *Excluir a una persona del escalafón o nómina de un cuerpo o sociedad. ‖ **Darse de baja.** fr. fig. *Cesar en el ejercicio de una industria o profesión. ‖ Dejar de pertenecer voluntariamente a una sociedad o corporación. ‖ **Jugar a la baja.** fr. *Com.* Especular con los valores públicos o mercantiles, previendo su **baja.**
bajá. m. En Turquía, antiguamente, virrey o *gobernador. Hoy es título de *dignidad.
***bajada.** f. Acción de bajar. ‖ Camino por donde se baja. ‖ **al foso.** *Fort.* Excavación en rampa que hace el sitiador por debajo del camino cubierto. ‖ **de aguas.** Cada una de las canales con que se recoge y *desagua el agua que cae en un tejado.
bajalato. m. Dignidad de bajá. ‖ Territorio de su mando.
bajamanero. m. *Germ.* *Ladrón ratero.
bajamano. m. *Germ.* **Bajamanero.** ‖ adv. m. *Germ.* Debajo del sobaco.
bajamar. f. Fin o término del re-

flujo de la *marea. || Tiempo que éste dura.
bajamente. adv. m. fig. Con bajeza o *vileza.
***bajar.** intr. Cambiar de lugar, pasando a otro más bajo. Ú. t. c. r. || *Disminuir alguna cosa. || En la *administración pública* y en los tribunales, llegar el expediente despachado a la oficina que lo ha de publicar. || tr. Poner alguna cosa en lugar inferior. || **Rebajar.** || **Apear,** desmontar. Ú. t. c. intr. y c. r. || *Inclinar hacia abajo. || Disminuir el precio, *abaratar. || Hacer que un sonido sea menos agudo. || fig. Humillar. Ú. t. c. r. || r. Inclinarse hacia el suelo.
bajareque. m. Bohío o *choza muy pobre. || *Pared de palos entretejidos con cañas y barro.
bajel. m. **Buque.** || **Sentenciar** a uno **a bajeles.** fr. Condenarle a servicio forzado en los buques de la *armada.
bajelero. m. Dueño o patrón de un bajel.
bajero, ra. adj. **Bajo,** que está en lugar inferior. || Que se usa o se pone debajo de otra cosa.
bajete. m. d. de **Bajo.** || *Mús.* **Barítono.** || **Mús.* Tema que se da al discípulo de armonía para que escriba sobre él los acordes correspondientes.
bajeza. f. Acción *vil. || fig. Pequeñez y *humildad de una persona. || **de ánimo.** fig. **Poquedad,** *cortedad. || **de nacimiento.** fig. Origen *plebeyo.
bajial. m. Lugar que se *inunda en el invierno.
bajillo. m. *Cuba en que se guarda el vino.
***bajío.** m. En el mar y en las aguas navegables, altura del fondo que impide el paso de las embarcaciones. || Terreno bajo.
bajista. com. **Bolsa.* Persona que juega a la baja.
***bajo, ja.** adj. De poca altura. || Que está en lugar inferior. || Inclinado hacia abajo y que mira al suelo. || Hablando de *colores, poco vivo, *pálido. || Dícese del *oro y de la *plata, cuando tienen sobrada liga. || Dícese de la fiesta movible que cae más pronto que otros años. || fig. De origen *humilde o plebeyo. || fig. Despreciable, vil. || fig. Aplicado al lenguaje, *vulgar, ordinario, innoble. || fig. Dicho del precio, económico, *barato. || fig. Tratándose de *sonidos, grave o poco perceptible. || m. Sitio o lugar hondo. || **Bajío,** banco, escollo. || *Casco de las caballerías. Ú. m. en pl. || *Mús.* La más grave de las *voces humanas. || *Mús.* *Instrumento que, entre los de su clase, produce los sonidos más graves. || *Mús.* Persona que tiene aquella *voz, o que toca este instrumento. || **Mús.* Nota que sirve de base a un acorde. || Piso bajo de una *casa. || Parte inferior del *traje de las mujeres. || *Equit.* Manos y pies del *caballo. || **Bajo.** adv. l. **Abajo.** || adv. m. En voz **baja** o que apenas se oiga. || prep. **Debajo de.** || **Bajo cantante.** *Mús.* Barítono de *voz robusta. || **cifrado.** **Mús.* Parte de **bajo** sobre cuyas notas se escriben números y signos que determinan la armonización correspondiente. || **de agujas.** *Equit.* Dícese del *caballo más **bajo** de cruz que de grupa. || **profundo.** *Mús.* Cantor cuya *voz excede en gravedad a la ordinaria de **bajo.** || **Por lo bajo.** m. adv. fig. Recatadamente o con *disimulo.
bajoca. f. Judía verde. || Gusano de *seda muerto.
bajocar. m. Haza sembrada de bajocas.
bajón. m. *Instrumento músico de viento, de sonido grave. Consta de un tubo de madera, con llaves, en el que se inserta lateralmente la pipa de caña que produce el sonido. || **Bajonista.**
bajón. m. aum. de **Baja.** || fig. y fam. Notable menoscabo o *decadencia en lo material o espiritual.
bajonado. m. *Pez parecido a la dorada.
bajonazo. m. **Taurom.* **Golletazo.**
bajoncillo. m. *Instrumento músico parecido al bajón, pero más pequeño.
bajonista. m. El que toca el bajón.
bajorrelieve. m. **Bajo relieve.**
bajuelo, la. adj. d. de **Bajo.**
bajuno, na. adj. Bajo, *vil, soez.
***bajura.** f. Falta de elevación.
***bala.** f. Proyectil de las armas de fuego. || Confite redondo de azúcar. || Bolita hueca, llena de algún líquido, que se arrojaba por broma en *Carnaval. || *Fardo apretado de mercaderías. || Atado de diez resmas de *papel. || **Impr.* Almohadilla para entintar las galeradas cuando se sacan pruebas. || **de cadena,** o **encadenada.** La de hierro, partida en dos mitades, unidas con una cadenilla. || **enramada.** Palanqueta, barra de hierro con dos cabezas. || **fría.** fig. La que ha perdido casi por completo la velocidad. || **perdida.** La que va a dar muy lejos del blanco. || **Tarambana,** persona *alocada. || **rasa.** La sólida y esférica que se lanzaba aisladamente. || **roja.** La de hierro que se metía incandescente en la pieza de artillería. || **Como una bala.** expr. fig. y fam. Con *prontitud.
balada. f. **Balata.** || Composición *poética, de carácter lírico y tono melancólico, en que se refieren sucesos legendarios o tradicionales. || Composición poética provenzal, en estrofas de varia rima que terminan en un estribillo. || *Germ.* Concierto, convenio.
baladí. adj. De poca substancia, *insignificante.
balador, ra. adj. Que bala.
baladrar. intr. Dar baladros.
baladre. m. **Adelfa.**
baladrero, ra. adj. Gritador, alborotador.
baladro. m. *Grito, alarido.
baladrón, na. adj. Fanfarrón que blasona de *valiente.
baladronada. f. Hecho o dicho propio de baladrones.
baladronear. intr. Hacer o decir baladronadas.
balagar. m. Montón grande de bálago.
balagariense. adj. Natural de Balaguer. Ú. t. c. s. || Perteneciente o relativo a esta ciudad.
bálago. m. *Paja larga de los cereales después de quitarle el grano. || En algunas partes, paja trillada. || Espuma crasa del *jabón, hecha bolas. || **Balaguero.**
balagre. m. *Bejuco con que se hacen nasas para pescar.
balaguero. m. **Balagar.**
balahú. m. *Embarcación pequeña usada en Vizcaya.
balaj. m. **Balaje.**
balaje. m. Rubí de color morado.
balalaica. f. *Instrumento músico parecido a la guitarra, con la caja de forma triangular.
balance. m. *Oscilación o movimiento que hace un cuerpo, desviándose de su posición de equilibrio, ya a un lado, ya a otro. || fig. *Vacilación, inseguridad. || **Com.* Cómputo y *comparación del activo y el pasivo para averiguar el estado de los negocios. || *Com.* Documento en que consta el resultado de dicha operación. || **Esgr.* Movimiento que se hace inclinando el cuerpo sin mover los pies. || **Mar.* Movimiento que hace la nave inclinándose alternativamente a babor o a estribor.
balancé. m. Cierto *baile de origen francés.
balancear. intr. Dar balances, *oscilar. Ú. t. c. r. || fig. Dudar, *vacilar. || tr. *Igualar o poner en equilibrio.
balancela. f. Embarcación italiana de pesca.
balanceo. m. Acción y efecto de balancear o balancearse.
balancero. m. **Balanzario.**
balancia. f. *Uva blanca.
balancín. m. d. de **Balanza.** || Madero que se fija en la tijera de un *carruaje, paralelamente al eje de las ruedas delanteras. || Madero a cuyas extremidades se enganchan los tirantes de las caballerías. || Palo largo de que usan los *volatineros para mantenerse en equilibrio. || Volante pequeño para sellar *monedas y medallas. || **Mec.* Barra que puede moverse alrededor de un eje y se emplea para transformar un movimiento rectilíneo en otro circular continuo. || pl. *Mar.* *Cabos que penden de la antena de la nave.
balandra. f. *Embarcación pequeña con cubierta y sólo un palo.
balandrán. m. *Vestidura talar ancha y con esclavina que suelen usar los *clérigos.
balandro. m. Balandra pequeña. || Barco de *pesca, aparejado de balandra.
bálano. m. Cabeza del *miembro viril. || *Crustáceo cirrópodo que vive asido a las piedras.
balano. m. **Bálano.**
balante. p. a. de **Balar.** Que bala. || m. *Germ.* **Carnero.**
***balanza.** f. Instrumento para *pesar, formado de una barra suspendida horizontalmente en su punto medio, y de cuyos extremos penden dos platillos. || fig. *Comparación, *juicio. || *Astr.* **Libra.** || **de *comercio.** Estado comparativo de la importación y exportación en un país. || **de Roberval.** Aquella cuyos platillos quedan libres encima de la barra principal. || **En balanza,** o **en balanzas.** loc. fig. En *peligro o en *duda.
balanzario. m. El que en las casas de *moneda tiene el oficio de pesar los metales.
balanzón. m. Vasija de cobre de que usan los *plateros para limpiar la plata o el oro.
balar. intr. Dar balidos.
balarrasa. m. fig. y fam. *Aguardiente fuerte.
balastar. tr. Tender el balasto.
balasto. m. Capa de *piedra machacada, que se tiende sobre la explanación de los *ferrocarriles.
balata. f. Composición *poética que se hacía para *cantarla al son de la música de los bailes.
balate. m. Margen de una parata. || *Terreno en *declive, de muy poca anchura. || *Borde exterior de las *acequias.
balate. m. **Zool.* Animal *radiado, semejante al cohombro de mar, de carne comestible.
balausta. f. *Bot.* *Fruto carnoso dividido en celdillas, como la granada.

balaustra. f. Especie de *granado de flores grandes y dobles.
***balaustrada.** f. Serie de balaustres.
balaustrado, da. adj. De figura de balaustre.
balaustral. adj. **Balaustrado.**
***balaustre** o **balaústre.** m. Cada una de las *columnitas que forman los *antepechos de balcones, escaleras, etc.
balay. m. *Cesta de mimbre o de carrizo. || *Bandeja de madera con que se avienta el arroz antes de cocerlo.
balazo. m. Golpe de bala disparada con arma de fuego. || *Herida causada por una bala.
balboa. m. *Moneda de oro de Panamá, equivalente a cinco pesetas.
balbucear. intr. **Balbucir.**
balbucencia. f. Acción y efecto de balbucir.
balbuceo. m. Acción y efecto de balbucear.
balbuciente. p. a. de **Balbucir.** Que balbuce.
balbucir. intr. *Hablar o *leer con *pronunciación premiosa y vacilante.
balcánico, ca. adj. Perteneciente o relativo a la región europea de los Balcanes.
balcarrotas. f. pl. Mechones de *cabello que los indios de Méjico dejan colgar a ambos lados de la cara.
***balcón.** m. Hueco abierto desde el suelo, en la pared exterior de la habitación, con barandilla saliente. || Esta barandilla. || fig. **Miranda.**
balconaje. m. Conjunto de balcones de un edificio.
balconcillo. m. dim. de **Balcón.** || **Taurom.* Localidad sobre la meseta del toril.
balda. f. *Anaquel de *armario.
baldadura. f. Impedimento físico del que está baldado.
baldamiento. m. **Baldadura.**
baldaquín. m. Especie de *dosel de tela de seda. || Pabellón que cubre un *altar.
baldaquino. m. **Baldaquín.**
baldar. tr. Tullir, impedir una enfermedad o *lesión el uso de los miembros o de alguno de ellos. Ú. t. c. r. || **Fallar,** en el juego de *naipes. || fig. Causar a uno gran contrariedad. || ***Descabalar.**
balde. m. Cubo, y especialmente el de lona o cuero, que se emplea en las embarcaciones.
balde (de). m. adv. *Gratis. || **En balde.** m. adv. **En vano.**
baldear. tr. **Mar.* *Regar las cubiertas de los buques con los baldes. || Achicar, *desaguar con baldes una excavación.
baldeo. m. Acción de baldear. || *Germ.* **Espada.**
baldés. m. *Piel de oveja, curtida y adelgazada, que sirve para *guantes.
baldíamente. adv. m. En balde, *inútil u ociosamente. || Sin guarda.
baldío, a. adj. Aplícase a la tierra que no se labra, y tampoco a los *eriales. || Dícese del terreno que está de *barbecho. || Vano, *infundado. || *Vagabundo.
baldo, da. adj. **Fallo,** en el juego de *naipes.
baldón. m. *Ofensa o palabra afrentosa. || *Descrédito, deshonra.
baldonada. adj. f. ant. Aplicábase a la *ramera o mujer de mala vida.
baldonador, ra. adj. Que baldona. Ú. t. c. s.
baldonar. tr. *Ofender a alguno de palabra en su cara.
baldonear. tr. **Baldonar.** Ú. t. c. r.
baldosa. f. Antiguo *instrumento músico de cuerda parecido al salterio.
***baldosa.** f. Ladrillo de poco espesor que sirve para solar.
baldosilla. f. **Baldosín.**
baldosín. m. Baldosa pequeña.
baldosón. m. aum. de **Baldosa.**
baldragas. m. Hombre *débil, sin energía.
baldrés. m. ant. **Baldés.**
balduque. m. *Cinta basta, de color rojo, que se usa en las oficinas, para atar legajos.
balear. adj. Natural de las islas Baleares. Ú. t. c. s. || **Baleárico.**
balear. tr. **Abalear.** || Tirotear.
baleárico, ca. adj. Perteneciente a las islas Baleares.
baleario, ria. adj. **Baleárico.**
baleo. m. Ruedo de *estera, felpudo. || **Aventador,** soplillo. || **Escobilla,** planta de que se hacen escobas.
balería. f. Provisión de *balas de un ejército o una plaza.
balerío. m. **Balería.**
balero. m. *Molde para *balas de plomo. || **Boliche,** *juguete.
baleta. f. d. de **Bala,** fardo pequeño.
balhurria. f. *Germ.* Gente baja.
balido. m. *Voz del carnero, el cordero, la oveja, la cabra, el gamo y el ciervo.
balín. m. d. de **Bala,** *proyectil.
balista. f. **Artill.* Máquina usada antiguamente para arrojar piedras de mucho peso contra las murallas y fortalezas.
balistario. m. *Soldado que manejaba la balista.
balística. f. Ciencia que estudia el alcance del *tiro y la dirección de los *proyectiles.
balita. f. Medida *superficial agraria usada en Filipinas, equivalente a 27 áreas y 95 centiáreas.
balitadera. f. **Mont.* Instrumento de caña con que se imita la voz del gamo nuevo.
balitar. intr. Balar con frecuencia.
balitear. intr. **Balitar.**
***baliza.** f. **Mar.* Señal fija o flotante que sirve de *indicación o referencia.
balizamiento. m. **Abalizamiento.**
balizar. tr. **Abalizar.**
balneario, ria. adj. Perteneciente o relativo a *baños públicos. || m. Edificio con baños medicinales.
balneografía. f. Descripción de las distintas clases de baños.
balneología. f. Tratado de los baños.
balneoterapia. f. *Terap.* Tratamiento por medio de los *baños.
balompié. m. Fútbol.
***balón.** m. aum. de **Bala.** || *Fardo grande de mercancías. ||→ *Pelota grande de viento, con que se jugaba usando, en lugar de pala, un brazal de madera. || Este mismo juego. || *Pelota de fútbol. || Este juego. || Recipiente flexible para cuerpos gaseosos. || *Vasija esférica de vidrio con cuello prolongado. || **de papel.** Fardo de veinticuatro resmas de *papel.
baloncesto. m. Juego entre dos equipos en el que los tantos se ganan metiendo a mano el *balón en la meta contraria, especie de cesto formado por un aro de hierro del que pende una red.
balonmano. m. Juego entre dos equipos, cada uno de los cuales procura meter el *balón en la portería contraria, sin tocarlo con las piernas.
balota. f. Bolilla de que algunas comunidades usan para *votar.
balotada. f. *Equit.* Salto que da el *caballo alzando las patas como si fuese a dar un par de coces.
balotar. intr. *Votar con balotas.
balsa. f. Depresión del terreno o *charca que se llena de agua, natural o artificialmente. || En los *molinos de aceite, estanque donde van a parar las heces. || En Andalucía, media bota para vino. || **de aceite.** fig. y fam. Lugar o concurso de gente muy *tranquilo. || **de sangre.** Aquella en que se recoge el agua a fuerza de mucho trabajo y costa.
***balsa.** f. Conjunto de maderos unidos con que se forma una plataforma flotante. || *Germ.* Embarazo, impedimento.
balsadera. f. Paraje de un *río, donde hay balsa en que pasarlo.
balsadero. m. **Balsadera.**
balsamera. f. *Vasija pequeña y cerrada para poner bálsamo.
balsamerita. f. **Balsamera.**
balsámico, ca. adj. Que tiene bálsamo o cualidades de tal.
balsamina. f. *Planta cucurbitácea, sarmentosa y trepadora. || Planta geraniácea, cuyo fruto maduro arroja con fuerza la semilla en cuanto se le toca.
balsamita. f. **Jaramago.** || **mayor. Berro.**
***bálsamo.** m. Substancia aromática, que por incisión se obtiene de ciertos árboles, en forma de líquido más o menos espeso y transparente. || **Farm.* Medicamento compuesto de substancias comúnmente aromáticas. || **de calaba.** *Resina de calaba o calambuco. || **de copaiba.** Oleorresina del copayero. || **de Judea,** o **de la Meca. Opobálsamo.** || **del Canadá.** Oleorresina de una especie de abeto. || **del Perú.** *Resina parecida al **bálsamo** de Tolú. || **de María. Bálsamo de calaba.** || **de Tolú.** *Resina que se extrae de un árbol de las leguminosas. || **Ser** una cosa **un bálsamo.** fr. fig. Ser de mucha fragancia y perfecta en su especie; como el buen vino añejo.
balsar. m. **Barzal.**
balsear. tr. Pasar en balsas los ríos.
balsero. m. El encargado de conducir la balsa.
balsete. m. Balsilla o *charca pequeña.
balso. m. *Mar.* Lazo grande, de dos o tres vueltas, que sirve para *suspender cosas o personas.
balsopeto. m. fam. *Bolsa grande que se lleva junto al pecho. || fig. y fam. Interior del pecho.
bálteo. m. *Mil.* Cíngulo militar, que se usaba como *insignia. || *Arq.* Faja que ciñe la voluta del *capitel jónico.
báltico, ca. adj. Aplícase al *mar comprendido entre Dinamarca, Suecia y Rusia. Ú. t. c. s. || Perteneciente a este mar. || Dícese de los países que dan a este mar, como Finlandia, Estonia, Letonia, Lituania.
balto, ta. adj. Dícese de uno de los linajes más ilustres de los godos. Apl. a pers., ú. t. c. s.
baltra. f. *Vientre, panza.
baluarte. m. Obra de *fortificación de figura pentagonal, que sobresale del muro exterior. || fig. Protección y *defensa.
baluma. f. ant. **Balumba.** || *Mar.* Caída de popa de las *velas de cuchillo.
balumba. f. *Volumen que ocupan muchas cosas de poco peso.
balumbo. m. Calidad de lo que es más embarazoso por su *volumen que por su peso.
balumoso, sa. adj. De mucho peso.
***ballena.** f. Cetáceo que llega a crecer hasta más de 30 metros. || Cada

una de las láminas córneas y *elásticas que tiene la **ballena** en la mandíbula superior. ‖ Cada una de las tiras que se sacan de dichas láminas. ‖ *Astr.* *Constelación del hemisferio austral.

ballenato. m. Cría de la ballena.

ballener. m. *Embarcación de figura de ballena, que se usó en la Edad Media.

ballenero, ra. adj. Perteneciente o relativo a la pesca de la ballena. ‖ m. *Pescador de ballenas. ‖ f. Bote ligero que se lleva en los barcos balleneros.

***ballesta.** f. Máquina antigua de guerra para arrojar piedras o saetas gruesas. ‖ → Arma portátil, antigua, con una canal por donde salían flechas y bodoques impulsados por la fuerza elástica de un muelle en figura de arco. ‖ *Armadijo para cazar pájaros. ‖ Cada uno de los *resortes en que descansa la caja de los *coches. ‖ *Germ.* **Alforja.** Ú. m. en pl.

ballestada. f. Tiro de ballesta.

ballestazo. m. Golpe dado con el proyectil de la ballesta.

ballestear. tr. **Mont.* Tirar con la ballesta.

ballestera. f. Tronera o abertura por donde se disparaban las ballestas.

ballestería. f. Arte de la *caza mayor. ‖ Conjunto de ballestas. ‖ Gente armada de ellas. ‖ Casa en que se alojaban los ballesteros.

ballestero. m. El que disparaba con la ballesta. ‖ El que tenía por oficio hacer ballestas. ‖ El que cuidaba de las escopetas de las personas *reales cuando salían a cazar. ‖ **de corte.** Portero del *rey que tenía obligación de cumplir mandamientos de los alcaldes. ‖ **de maza.** Macero. ‖ **mayor.** Jefe de los **ballesteros** del *rey.

ballestilla. f. En los *carruajes, balancín pequeño. ‖ *Fullería. ‖ **Astr.* Antiguo instrumento para tomar las alturas de los astros. ‖ *Mar.* Arte de anzuelo y cordel para *pescar. ‖ *Veter.* **Fleme.** ‖ **De ballestilla.** m. adv. **Taurom.* Cierta manera de clavar la puntilla.

ballestón. m. aum. de **Ballesta.** ‖ *Germ.* **Ballestilla,** *fullería.

ballestrinque. m. *Mar.* Nombre de cierta ligadura que se hace en los *cabos.

ballico. m. *Planta gramínea, buena para pasto y para formar céspedes.

ballueca. f. Especie de *avena que crece entre los trigos.

bamba. f. **Bambarria,** chamba. ‖ Especie de *bollo muy esponjoso. ‖ *Andamio colgante.

bambalear. intr. **Bambolear.** Ú. m. c. r. ‖ fig. No estar segura alguna cosa. Ú. m. c. r.

bambaleo. m. **Bamboleo.**

bambalina. f. **Teatro.* Cada una de las tiras que cuelgan del telar horizontalmente, y figuran la parte superior de la decoración.

bambalinón. m. **Teatro.* Bambalina grande que, con sus bastidores, forma una embocadura que reduce la escena.

bambanear. intr. **Bambonear.** Ú. m. c. r.

bambarria. com. fam. Persona *tonta. Ú. t. c. adj. ‖ f. En el juego de *billar, acierto *casual.

bambarrión. m. fam. aum. de **Bambarria,** chamba.

bambochada. f. **Pint.* Cuadro que representa borracheras o banquetes ridículos.

bamboche. m. fam. Persona *baja y *gruesa, y de cara abultada y encendida.

bambolear. intr. Balancearse, *oscilar una persona o cosa a un lado y otro. Ú. m. c. r.

bamboleo. m. Acción y efecto de bambolear o bambolearse.

bambolla. f. fam. Boato, *fausto aparente, pompa *fingida.

bambollero, ra. adj. fam. Dícese del que gasta mucha bambolla.

bambonear. intr. **Bambolear.**

***bambú.** m. Planta gramínea, cuyos tallos son cañas leñosas que llegan a más de 20 metros de altura. Las cañas se emplean en la construcción de casas y en la fabricación de muebles y otros objetos; los nudos producen una especie de azúcar, y los brotes tiernos son comestibles.

bambuc. m. **Bambú.**

bambuco. m. *Baile popular en Colombia. ‖ Tonada de este baile.

banaba. f. *Árbol de las litrarieas. ‖ Madera de este árbol.

banana. f. **Banano.** ‖ **Plátano,** árbol acerineo.

banano. m. **Plátano.** ‖ **Cambur.**

banas. f. pl. ant. Amonestaciones *matrimoniales.

banasta. f. *Cesto grande.

banastero, ra. m. y f. Persona que hace o vende banastas. ‖ m. *Germ.* Alcaide de la *cárcel.

banasto. m. Banasta redonda. ‖ *Germ.* **Cárcel.**

***banca.** f. *Asiento de madera, sin respaldo, y a modo de mesilla baja. ‖ Cajón de tablas, donde se colocan las *lavanderas para preservarse de la humedad. ‖ *Embarcación usada en Filipinas, construida de un tronco ahuecado, con una o dos batangas a los costados. ‖ Cierto juego de *naipes. ‖ Cantidad de dinero que pone el que lleva el naipe en este juego. ‖ → *Comercio que consiste en operaciones de giro, cambio y descuento, apertura de créditos, servicio de cuentas corrientes y compraventa de efectos públicos en comisión. ‖ *Mesa de cuatro pies puesta en paraje público, en la que se tienen para la venta frutas y otras cosas. ‖ fig. Conjunto de bancos o banqueros. ‖ **Banco** para sentarse. ‖ **Bancal.**

bancada. f. Banco grande sobre el cual se tundían los tejidos en las fábricas de *paños. ‖ Porción de *paño preparada para ser tundida. ‖ **Arq.* Trozo de obra. ‖ *Mar.* Banco donde se sientan los remeros. ‖ **Min.* Escalón en las galerías subterráneas.

bancal. m. Trozo de *terreno rectangular para plantar legumbres y frutales. ‖ Parte de tierra que, por no estar al nivel de las otras, forma con ellas *escalones. ‖ Tapete que se pone sobre el banco. ‖ *Árbol de las rubiáceas. ‖ *Madera de este árbol.

bancalero. m. Tejedor de bancales.

bancario, ria. adj. Perteneciente o relativo a la *banca mercantil.

bancarrota. f. *Com.* **Quiebra.** ‖ fig. Desastre, *descrédito de un sistema o doctrina.

bance. m. Palo que se atraviesa en los portillos de las fincas para *cerrarlos.

***banco.** m. *Asiento de madera, piedra u otra materia dura, en que pueden sentarse varias personas. ‖ En las embarcaciones de *remo, asiento de los remeros. ‖ Madero grueso escuadrado, dispuesto horizontalmente sobre cuatro pies, que sirve como de mesa de trabajo en la *carpintería y otros *oficios. ‖ *Mesa que usaban los cambiantes. ‖ Establecimiento público de crédito, constituido en sociedad por acciones. ‖ Cama del *freno. Ú. m. en pl. ‖ En los mares y aguas navegables, *bajío que se prolonga en una gran extensión. ‖ Conjunto de *peces que en gran número van juntos. ‖ *Germ.* ***Cárcel.** ‖ *Arq.* **Sotabanco.** ‖ **Geol.* Estrato de grande espesor. ‖ **Min.* Macizo de mineral que presenta dos caras descubiertas. ‖ **Artill.* Cureña. ‖ **Fort.* Tabla con barandilla que forma parte del tren de puentes. ‖ **Albañ.* Hilada de mampostería. ‖ **azul.** Por antonomasia, aquel donde tienen su asiento los ministros en el *Parlamento español. ‖ **de *piedra.** Veta de una cantera. ‖ **pinjado.** Antigua máquina militar, debajo de la cual se llevaba el ariete. ‖ **Estar** uno **en el banco de la *paciencia.** fr. fig. y fam. Estar aguantando o sufriendo alguna grave molestia. ‖ **Herrar, o quitar el banco.** fr. fig. y fam. con que se invita a uno a *decir si ha de proseguir un empeño o desistir de él.

***banda.** f. Cinta ancha de colores determinados que, como distintivo de ciertas *órdenes militares* o civiles, se lleva atravesada desde un hombro al costado opuesto. ‖ → Faja o tira. ‖ Porción de gente armada. ‖ Parcialidad o conjunto de los *partidarios de alguno. ‖ **Bandada.** ‖ ***Lado.** ‖ Baranda de la mesa de *billar. ‖ Humeral que se pone el sacerdote. ‖ Llanta de las *ruedas. ‖ **Blas.* Cinta colocada en el escudo desde la parte superior de la derecha hasta la inferior de la izquierda. ‖ *Mar.* Costado de la nave. ‖ **Mil.* Conjunto de *tambores y cornetas, o de músicas militares. Por ext., se da el mismo nombre a otros cuerpos de músicos que emplean los mismos *instrumentos sin ser militares. ‖ pl. **Impr.* Carriles de hierro sobre los cuales va y viene el carro en algunas máquinas de imprimir. ‖ **Arriar en banda.** fr. *Mar.* *Soltar enteramente los cabos. ‖ **Cerrarse** uno **a la banda.** fr. fig. y fam. Mantenerse firme en un propósito, *negarse rotundamente a conceder lo que se pretende o desea. ‖ **De banda a banda.** m. adv. De parte a parte, o de uno a otro lado.

bandada. f. *Conjunto grande de *aves que vuelan reunidas.

bandarria. f. *Mar.* **Mandarria.**

bandazo. m. **Mar.* Tumbo violento que da una embarcación hacia cualquiera de los dos lados.

bandeado, da. adj. **Listado,** que tiene listas.

bandeador. m. Travesaño de una *barrena.

bandear. tr. Mover a una y otra banda. ‖ r. Tener *habilidad para gobernarse o para *ganarse la vida. ‖ **Columpiarse.**

***bandeja.** f. Pieza de metal o de otra materia, con fondo plano, a propósito para llevar vasos, tazas, etc., o para servir dulces u otros manjares sólidos.

***bandera.** f. Trozo de tela, de figura comúnmente rectangular, que se asegura por uno de sus lados a una asta y se emplea como insignia o señal. ‖ Trozo de tela, de uno o varios colores, que se cuelga como adorno o se usa para hacer señales. ‖ ‖ *Insignia de que usan las tropas de infantería. ‖ Gente o tropa que milita debajo de una misma **bandera.** ‖ **Mil.* Cada una de las compañías de un tercio. ‖ **blanca.** Bandera de paz. ‖ **de combate.** La nacional que usan los buques de la *armada en las acciones de guerra.

‖ **de recluta.** Partida de tropa destinada a reclutar soldados. ‖ **morrón.** *Mar.* La que está amorronada. ‖ **negra.** La de este color, que izaban los piratas. ‖ **A banderas desplegadas.** m. adv. fig. *Manifiesta o descubiertamente. ‖ **Arriar bandera,** o **la bandera.** fr. *Mar.* *Rendirse uno o más buques al enemigo. ‖ **Batir banderas.** fr. *Mil.* Hacer reverencia con ellas. ‖ **Dar** a uno **la bandera.** fr. fig. Reconocer ventaja en alguna materia. ‖ **Levantar bandera,** o **banderas.** fr. fig. Convocar gente de guerra. ‖ **Rendir la bandera.** fr. *Mar.* Arriarla en señal de *respeto o cortesía. ‖ **Salir con banderas desplegadas.** fr. *Mil.* Honor que se concede en algunas capitulaciones a los *sitiados.

bandereta. f. d. de **Bandera.**

bandería. f. Bando o parcialidad.

banderilla. f. **Taurom.* Palo delgado revestido de papeles rizados y con un arponcillo en el extremo, que usan los toreros para clavarlo en el cerviguillo de los toros. ‖ **Impr.* Papel que se pega en las pruebas o en el original para añadir o enmendar el texto. ‖ *Min.* Papel en forma de cucurucho que se coloca junto a la mecha de los *barrenos cargados. ‖ **de fuego.** La que está guarnecida de petardos que estallan al clavarla en el toro. ‖ **Clavar, plantar,** o **poner una banderilla** a uno. fr. fig. y fam. *Zaherirle con algún dicho satírico.

banderillazo. m. *Engaño, parche o sablazo.

banderillear. tr. Poner banderillas a los toros.

banderillero. m. *Torero que pone banderillas.

banderín. m. d. de **Bandera.** ‖ Cabo o *soldado de la infantería que lleva una banderita en el cañón del fusil. ‖ **Mil.* Depósito para enganchar reclutas.

banderizar. tr. **Abanderizar.** Ú. t. c. r.

banderizo, za. adj. Que sigue bando o parcialidad. ‖ fig. Vehemente, fogoso.

banderola. f. *Bandera pequeña. ‖ Bandera pequeña que se pone en algunas *efigies. ‖ Adorno de cinta que llevan los soldados de caballería en las lanzas.

bandidaje. m. **Bandolerismo.**

bandido, da. adj. El que *huye de la justicia llamado por bando. Ú. t. c. s. ‖ m. **Bandolero.** ‖ Persona *perversa.

bandilla. f. Tabla que se pone sobre la regala de los botes para evitar la entrada de agua.

bandín. m. d. de **Banda.** ‖ *Mar.* Cada uno de los *asientos que se ponen alrededor de las bandas.

bando. m. *Ley o *mandato publicado de orden superior. ‖ Solemnidad o acto de *publicarlo. ‖ **Echar bando.** fr. Publicar una ley o mandato.

bando. m. *Partido, parcialidad.

bandola. f. *Instrumento músico pequeño de cuatro cuerdas parecido al laúd. ‖ *Mar.* Armazón provisional que se pone en el buque que ha perdido algún palo de la *arboladura.

bandolera. f. Mujer que vive con bandoleros, o toma parte en sus delitos.

bandolera. f. *Correa que cruza desde el hombro izquierdo hasta la cadera derecha, y sirve para llevar colgada una *arma de fuego*. ‖ Banda usada por los guardias de Corps. ‖ fig. Plaza de guardia de Corps.

bandolerismo. m. Desafueros y violencias propias de los bandoleros.

bandolero. m. *Ladrón, salteador de caminos. ‖ fig. **Bandido,** persona *perversa.

bandolín. m. d. de **Bandola.** ‖ **Bandola,** instrumento de cuerda.

bandolina. f. Mucilago que sirve para mantener asentado el *cabello.

bandolón. m. aum. de **Bandola.** ‖ *Instrumento músico semejante en la figura a la bandurria, pero del tamaño de una guitarra.

bandolonista. m. El que toca el bandolón.

bandujo. m. *Embutido de carne picada, hecho en un tripa gruesa de cerdo. ‖ **Bandullo.**

bandullo. m. fam. *Vientre o conjunto de las tripas.

bandurria. f. *Instrumento músico de cuerda, semejante a la guitarra, pero mucho menor. Tiene seis cuerdas dobles y se toca con una púa de concha o de cuerno. ‖ **sonora.** La que tiene todas las cuerdas de alambre.

bandurrista. m. El que toca la bandurria.

bango. m. Especie de *cáñamo.

baniano. m. *Comerciante de la India.

banjo. m. *Instrumento que usan los negros, parecido a la guitarra.

banqueo. m. Desmonte de un *terreno en *planos escalonados.

banquera. f. Sitio donde se ponen las *colmenas sobre bancos. ‖ *Colmenar pequeño.

***banquero.** m. Jefe de una casa de *banca. ‖ El que se dedica a operaciones mercantiles de banca. ‖ En los *juegos de azar, el que lleva el *naipe o pone el dinero para pagar las apuestas. ‖ *Germ.* Alcaide de la *cárcel.

banqueta. f. *Asiento de tres o cuatro pies y sin respaldo. ‖ Banco corrido y sin respaldo. ‖ Banquillo o *escabel para los pies. ‖ Andén de alcantarilla subterránea. ‖ **Fort.* Obra de tierra o mampostería, a modo de banco corrido, desde la cual pueden tirar dos filas de soldados, convenientemente parapetados.

***banquete** m. d. de **Banco.** ‖ → *Comida a que concurren muchas personas, invitadas o a escote, y generalmente para agasajar a una persona o celebrar algún fausto suceso. ‖ Comida espléndida.

banquetear. tr. Dar banquetes o andar en ellos. Ú. t. c. intr. y c. r.

***banquillo.** m. d. de **Banco.** ‖ → Asiento en que se coloca el procesado ante el *tribunal.

banzo. m. Listón del bastidor, provisto de una tira de lienzo para coser a ella la tela que se ha de *bordar. ‖ Cada uno de los dos largueros paralelos o apareados que forman con otros una *armazón. ‖ **Quijero.**

baña. f. *Mont.* **Bañadero.**

bañadera. f. Especie de cuchara grande para refrescar los costados de la *embarcación.

bañadero. m. *Charco donde suelen bañarse los animales monteses.

bañado. m. **Bacín.** ‖ Terreno húmedo o *pantanoso.

bañador, ra. adj. Que baña. Apl. a pers., ú. t. c. s. ‖ m. Cajón o vasija que sirve para bañar algunas cosas. ‖ Traje para bañarse.

***bañar.** tr. Meter el cuerpo o parte de él en agua o en otro líquido. Ú. t. c. r. ‖ *Sumergir en un líquido. ‖ *Humedecer. ‖ Tocar algún paraje el agua del mar, de un río, etc. ‖ *Cubrir una cosa con una capa de otra substancia. ‖ *Untar por completo la superficie de un cuerpo. ‖ Entre *zapateros, dejar un borde a la suela en todo el contorno del zapato. ‖ Tratándose de la *luz o del aire, dar de lleno en alguna cosa. ‖ **Pint.* Dar una mano de color transparente sobre otro.

bañera. f. Mujer que cuida de los baños y sirve a las que se bañan. ‖ **Baño,** pila para bañarse.

bañero. m. Dueño de un baño. ‖ El que cuida de los baños y sirve a los que se bañan. ‖ **Bañador,** que baña.

bañezano, na. adj. Natural de La Bañeza. Ú. t. c. s. ‖ Perteneciente a esta villa.

bañil. m. *Mont.* **Bañadero.**

bañista. com. Persona que concurre a tomar baños. ‖ Por ext., **agüista.**

***baño.** m. Acción y efecto de bañar o bañarse. ‖ Agua o líquido para bañarse. ‖ Pila o recipiente que sirve para bañar o lavar todo el cuerpo o parte de él. ‖ Sitio donde hay aguas medicinales para bañarse. Ú. m. en pl. ‖ Capa de materia extraña con que queda *cubierta la cosa bañada. ‖ fig. **Tintura,** conocimiento superficial, *nociones. ‖ **Metal.* Masa de metal fundido en la plaza de un horno. ‖ **Pint.* Mano de color que se da sobre lo ya pintado. ‖ **Quím.* Vasija con agua, arena, ceniza, etc., que se pone directamente al fuego y en cuyo interior se coloca otra vasija con la substancia que se ha de calentar indirectamente. Se llama **baño de María** cuando la materia interpuesta es el agua.

baño. m. Especie de corral con aposentillos alrededor, en el cual los moros encerraban a los *prisioneros.

bañón. m. V. **Palo de Bañón.**

bañuelo. m. d. de **Baño.**

bao. m. **Arq. Nav.* Cada una de las piezas de la armazón de un buque que atraviesan de un costado a otro y sostienen la cubierta. ‖ *Mar.* Cada uno de los dos barrotes que sirven para sostener las cofas.

baobab. m. *Árbol de las bombáceas, cuyo tronco alcanza hasta 10 metros de circunferencia.

baptisterio. m. Sitio donde está la pila bautismal. ‖ **Pila bautismal.** ‖ *Arq.* Edificio próximo a un templo, donde se administraba el *bautismo.

baque. m. Golpe que da una cosa al *caer. ‖ **Batacazo.**

baqueano, na. adj. **Baquiano.**

baquear. intr. **Mar.* Navegar al amor del agua.

baquero. adj. V. **Sayo baquero.** Ú. t. c. s.

baqueta. f. Vara delgada o barrita de hierro que sirve para atacar las *armas de fuego*. ‖ **Equit.* Varilla de que usan los picadores para el manejo de los caballos. ‖ *Moldura redonda. ‖ pl. Palillos con que se toca el *tambor. ‖ *Castigo que consistía en hacer correr al reo entre dos filas de soldados que lo golpeaban al pasar. ‖ **Mandar** uno **a la baqueta.** fr. fig. y fam. *Mandar con *tiranía. ‖ **Tratar a la baqueta** a uno. fr. fig. y fam. Tratarle con *desprecio o *maltratarle.

baquetazo. m. Golpe dado con la baqueta.

baqueteado, da. adj. fig. Acostumbrado a negocios y trabajos. ‖ *Experimentado.

baquetear. tr. Dar o ejecutar el castigo de baquetas. ‖ fig. *Molestar.

baqueteo. m. Acción y efecto de baquetear.

baquetero. m. Pieza del fusil que sujeta la baqueta.

baquetilla. f. *Moldurita redonda.
baquetón. m. **Sacatrapos.** ‖ *Moldura redonda más gruesa que la baqueta.
baquía. f. Conocimiento práctico de los *caminos y vías de comunicación de un país. ‖ *Habilidad manual.
baquiano, na. adj. *Experimentado. ‖ Práctico de los *caminos. Apl. a pers., ú. t. c. s. ‖ m. *Guía para poder transitar por ellos.
báquico, ca. adj. Perteneciente o relativo a Baco. ‖ fig. Perteneciente a la *borrachera.
baquio. m. Pie de la poesía griega y latina, compuesto de una sílaba breve y dos largas.
báquira. m. *Cerdo salvaje de América.
bar. m. Establecimiento en que se sirven *bebidas para consumirlas, por lo común, de pie ante el mostrador.
baraca. f. En Marruecos, gracia divina atribuida a los jerifes, y que éstos creen transmitir como *bendición.
baracoa. m. *Bejuco americano muy flexible, que sirve para hacer ataduras.
barago. m. Zarzo para secar las *castañas.
barahúnda. f. *Ruido y *confusión grandes.
barahustar. tr. ant. **Barajustar.**
***baraja.** f. Conjunto de naipes que sirve para varios juegos. ‖ *Contienda entre varias personas. Ú. m. en pl. ‖ **Jugar** uno **con dos barajas.** fr. fig. y fam. Proceder con *falsedad. ‖ **Peinar la baraja.** fr. Manera de mezclar los naipes tomando uno de arriba y otro de abajo.
barajadura. f. Acción de barajar.
barajar. tr. En el juego de *naipes, mezclarlos unos con otros antes de repartirlos. ‖ En el juego de la taba o *dados, impedir la suerte que se va a hacer. ‖ fig. *Mezclar y revolver unas cosas con otras. Ú. t. c. r. ‖ **Equit.* Refrenar el caballo, tirándole de una y otra rienda. ‖ intr. *Reñir.
baraje. m. **Barajadura.**
barajón. m. Bastidor provisto de un tejido de varas que se sujeta al *pie para andar por la *nieve.
barajustar. tr. ant. Confundir, desordenar.
baranda. f. **Barandilla.** ‖ Borde o cerco de las mesas de *billar. ‖ **Echar** uno **de baranda.** fr. fig. y fam. Exagerar.
barandado. m. **Barandilla.**
barandaje. m. **Barandilla.**
barandal. m. Cada uno de los listones o barras que unen por arriba y por abajo los *balaustres. ‖ **Barandilla.**
***barandilla.** f. *Antepecho compuesto de balaustres y barandales.
barangay. m. *Embarcación de remos usada en Filipinas. ‖ Cada uno de los grupos de familias en que, bajo la vigilancia de un jefe, se divide la población en Filipinas. ‖ V. **Cabeza de barangay.**
barangayán. m. **Gubán.**
baraño. m. Heno recién *segado y tendido en tierra.
barata. f. **Baratura.** ‖ Trueque, *permuta. ‖ **Mohatra,** venta fingida. ‖ En el juego de las tablas reales, cierta disposición de las piezas. ‖ **Barato,** venta a bajo precio. ‖ **A la barata.** m. adv. Confusamente, en *desorden.
baratador, ra. adj. Que hace baratas o permutas. Ú. t. c. s.
baratear. tr. Dar una cosa por menos de su precio ordinario.
baratería. f. *For.* Engaño, *fraude, estafa. ‖ *For.* Delito del *juez que admite dádivas por dar una sentencia justa. ‖ **de capitán,** o **patrón.** **Der. Mar.* Acto u omisión en perjuicio del armador, del cargador o de los aseguradores.
baratero. m. El que cobra el barato de los que *juegan. ‖ Comerciante por menor.
baratía. f. **Baratura.**
baratija. f Cosa menuda y de poco valor. Ú. m. en pl.
baratillero, ra. m. y f. Persona que tiene baratillo.
baratillo. m. Conjunto de cosas *usadas, o de poco precio, que están de *venta en paraje público. ‖ *Tienda o puesto en que se venden. ‖ Sitio fijo en que se hacen estas ventas. ‖ Conjunto de gente ruin que se reunía al obscurecer en la vía pública para *comprar y vender, por lo común, con engaño.
baratista. com. ant. Persona que tiene por oficio trocar unas cosas por otras.
***barato, ta.** adj. Vendido o comprado a bajo precio. ‖ fig. Que se logra con poco esfuerzo; *fácil. ‖ m. *Venta de efectos a bajo precio. ‖ Dinero que da el que gana en el *juego, voluntariamente o por exigencia del baratero. ‖ adv. m. Por poco precio. ‖ **Cobrar el barato.** fr. fig. y fam. Predominar una persona por el miedo. ‖ **Dar de barato.** fr. fig. y fam. *Conceder graciosa o hipotéticamente alguna cosa. ‖ **De barato.** m. adv. De balde, *gratis. ‖ **Meter a barato.** fr. fam. Confundir al que habla dando *voces o moviendo *alboroto.
báratro. m. **Infierno.**
baratura. f. Bajo precio de las cosas vendibles.
baraúnda. f. **Barahúnda.**
baraustado, da. adj. *Germ.* Muerto a puñaladas. Ú. t. c. s.
baraustador. m. *Germ.* **Puñal.**
baraustar. tr. **Asestar** una arma. ‖ *Desviar el golpe de una arma.
***barba.** f. Parte de la cara comprendida entre el labio inferior y el cuello. ‖ Pelo que nace en esta parte de la cara y en los carrillos. Ú. t. en pl. ‖ Mechón pendiente del pellejo que cubre la quijada inferior del ganado *cabrío. ‖ Carúnculas colgantes que en la mandíbula inferior tienen algunas *aves. ‖ Primer enjambre que sale de la *colmena. ‖ Parte superior de la *colmena. ‖ **Rasura,** acción de rasurar o *afeitar. ‖ m. *Cómico que hace el papel de viejo o anciano. ‖ f. pl. *Raíces delgadas de las plantas. ‖ Bordes desiguales del *papel de tina. ‖ Filamentos de la *pluma de ave. ‖ **Barbilla,** sapillo. ‖ **Barba cabruna.** *Planta compuesta, de raíz comestible. ‖ **cerrada.** fig. La del hombre muy poblada y fuerte. ‖ **de ballena.** Lámina córnea de la boca de la *ballena. ‖ **de cabra.** *Hierba rosácea. ‖ **honrada.** fig. Persona digna y *respetable. ‖ **Barbas de chivo.** fig. y fam. Las que son escasas en los carrillos y largas debajo de la boca. ‖ fig. y fam. Hombre que las tiene de este modo. ‖ *Planta gramínea. ‖ **de zamarro.** fig. y fam. Las muy pobladas y crespas. ‖ **Andar** uno **con la barba por el suelo.** fr. fig. y fam. Ser muy *anciano. ‖ **Andar** uno **con la barba sobre el hombro.** fr. fig. Vivir con *vigilancia y constante *atención. ‖ **Echar a las barbas.** fr. fig. **Echar en cara.** ‖ **En las barbas de** uno. m. adv. En su *presencia. ‖ **Fondear a barba de gato.** fr. fig. *Mar.* *Fondear con dos anclas, de manera que sus cables formen ángulo recto. ‖ **Hacer la barba.** fr. *Afeitar la **barba** o el bigote. ‖ fig. y fam. Fastidiar, *molestar. ‖ fig. y fam. *Adular. ‖ **Mentir por la barba,** o **por la mitad de la barba.** fr. fig. y fam. *Mentir con descaro. ‖ **Por barba.** m. adv. Por cabeza o por *persona. ‖ **Subirse** uno **a las barbas** de otro. fr. fig. y fam. *Descomedirse, perder el respeto al superior, o querer *competir con él. ‖ **Temblarle** a uno **la barba.** fr. fig. y fam. Tener *miedo, estar con recelo. ‖ **Tener** uno **pocas barbas.** fr. fig. y fam. Tener pocos años o ser *inexperto.
barbacana. f. **Fort.* Obra avanzada para defender puertas, cabezas de puente, etc. ‖ Muro bajo a modo de antepecho. ‖ Saetera o tronera.
barbacoa. f. Zarzo sostenido con puntales, que sirve de *cama. ‖ *Andamio en que se pone el que guarda los maizales. ‖ *Casita construida sobre árboles o estacas. ‖ Tablado en lo alto de las casas, donde se guardan granos, frutos, etc. ‖ Emparrado para plantas enredaderas. ‖ Parrilla para *asar carne, hecha con varas de madera verde. ‖ *Carne asada de este modo.
barbacuá. f. **Barbacoa.**
barbada. f. Quijada inferior de las *caballerías. ‖ Cadenilla o hierro corvo que atraviesa de una cama a otra del *freno. ‖ *Pez malacopterigio subranquial, parecido al abadejo.
barbado, da. adj. Que tiene barbas. Apl. a pers., ú. t. c. s. ‖ m. *Árbol o sarmiento que se *planta con raíces. ‖ Renuevo o *tallo que brota de las raíces de los árboles o arbustos. ‖ *Germ.* **Cabrón,** macho cabrío. ‖ **Plantar de barbado.** fr. *Trasplantar un vástago o sarmiento que ha echado ya raíces.
barbaja. f. *Planta compuesta, parecida a la escorzonera. ‖ pl. Primeras *raíces que echan los vegetales recién plantados. ‖ Púas que tienen algunas coníferas en lugar de *hojas.
barbaján. adj. Tosco, *rústico. Ú. t. c. s.
barbajuelas. f. pl. d. de **Barbajas.**
barbar. intr. Echar barbas el hombre. ‖ Criar las *abejas. ‖ Echar *raíces las plantas.
bárbaramente. adv. m. Con barbarie, grosera y toscamente.
barbáricamente. adv. m. Al modo de los pueblos bárbaros.
barbárico, ca. adj. Perteneciente o relativo a los pueblos bárbaros.
barbaridad. f. Calidad de bárbaro. ‖ Dicho o hecho *necio o *atrevido. ‖ **Atrocidad,** *exceso, *descomedimiento.
barbarie. f. fig. Rusticidad, *incultura. ‖fig. *Crueldad.
barbarismo. m. Vicio del *lenguaje, que consiste en pronunciar o escribir mal las palabras, o en emplear vocablos impropios. ‖ fig. **Barbaridad.** ‖ fig. y fam. **Barbarie.**
barbarizar. tr. p. us. Adulterar una lengua con barbarismos. ‖ intr. fig. Decir barbaridades.
bárbaro, ra. adj. Dícese del individuo de cualquiera de los *pueblos que en el siglo V abatieron el imperio romano. Ú. t. c. s. ‖ Perteneciente a estos pueblos. ‖ fig. *Cruel. ‖ fig. *Valiente, temerario. ‖ fig. *Inculto, tosco. ‖ Grosero, ***brutal.**

barbarote, ta. adj. fam. aum. de **Bárbaro.**
barbastrino, na. adj. Natural de Barbastro. Ú. t. c. s. ‖ Perteneciente a esta ciudad.
barbaza. f. aum. de **Barba.**
barbear. tr. Llegar con la barba a cierta *altura. ‖ fig. **Hacer la barba,** *adular interesadamente. ‖ fig. Coger una res vacuna por el hocico y el cuerno, y torcerle el cuello hasta dar en tierra con ella. ‖ intr. fig. Acercarse o llegar casi una cosa a la *altura de otra.
barbechada. f. **Barbechera.**
barbechar. tr. *Agr.* Arar o labrar la tierra disponiéndola para la siembra. ‖ Dejar la tierra arada y sin sembrar, para que se meteorice y descanse.
barbechera. f. Conjunto de varios barbechos. ‖Tiempo en que se barbecha. ‖ Acción y efecto de barbechar.
***barbecho.** m. Tierra labrantía que no se siembra durante uno o más años. ‖ Acción de barbechar. ‖ Haza arada para sembrar después. ‖ **Firmar uno como en un barbecho.** fr. fig. y fam. Hacerlo sin examinar lo que *firma.
barbera. f. Mujer del barbero. ‖ Parte del casco de la *armadura, que cubre la barba.
barbería. f. Tienda del *barbero. ‖ Oficio de barbero. ‖ Sala destinada en las comunidades y otros establecimientos para servicios de *barbero o peluquero.
barberil. adj. fam. Propio de barberos.
***barbero.** m. El que tiene por oficio afeitar o hacer la barba. ‖ *Pez acantopterigio. ‖ **Adulador.**
barbero. m. *Red para pescar barbos.
barbeta. f. *Fort.* Trozo de parapeto destinado a que tire la artillería a descubierto. ‖ **A barbeta.** m. adv. **Artill.* y *Fort.* Dícese de la fortificación cuyo parapeto no cubre a los artilleros; y de la artillería puesta sobre este género de fortificación.
barbián, na. adj. fam. *Desenvuelto, *atrevido, arriscado. Ú. t. c. s.
barbiblanco, ca. adj. **Barbicano.**
barbicacho. m. *Cinta o *toca que se echa por debajo de la barba.
barbicano, na. adj. Que tiene cana la barba.
barbicastaño. adj. Que tiene la barba de color castaño.
barbiespeso. adj. Que tiene espesa la barba.
barbihecho. adj. Recién afeitado.
barbijo. m. **Barboquejo.**
barbilampiño. adj. Que tiene poca o ninguna barba.
barbilindo. adj. Aplícase al hombre pequeño, *afeminado y bien parecido. ‖ m. *Petimetre.
barbilucio. adj. **Barbilindo.**
barbiluengo. adj. Que tiene larga la barba.
***barbilla.** f. Punta o remate de la *barba o mentón. ‖ Apéndice carnoso que algunos *peces tienen en la parte inferior de la cabeza. ‖ Cartílago que rodea como aleta a ciertos *peces. ‖ **Carp.* Corte dado en la cara de un madero para que encaje en el hueco hecho en otro. ‖ **Veter.* **Sapillo,** especie de tumor. ‖ m. pl. Hombre de barba escasa.
barbillera. f. Rollo de estopa que se pone en las cubas para que, si sale algo de *mosto, destile por las puntas del rollo y caiga en una vasija puesta debajo. ‖ Especie de barboquejo que se suele poner a los *cadáveres para cerrarles la boca.
barbimoreno. adj. Que tiene la barba morena.
barbinegro, gra. adj. Que tiene negra la barba.
barbiponiente. adj. fam. Dícese del joven a quien empieza a salir la barba. ‖ fig. y fam. ***Principiante.**
barbipungente. adj. **Barbiponiente.**
barbiquejo. m. **Barboquejo.** ‖ Pañuelo que se pasa por debajo de la barba y se ata por encima de la cabeza. ‖ *Mar.* *Cabo que sujeta el bauprés al tajamar.
barbirrapado. adj. Que tiene rapada la barba.
barbirrojo. adj. **Barbitaheño.**
barbirrubio, bia. adj. Que tiene rubia la barba.
barbirrucio, cia. adj. Que tiene la barba mezclada de pelos blancos y negros.
barbitaheño, ña. adj. Que tiene roja la barba.
barbiteñido. adj. Que lleva teñida la barba.
barbitúrico. adj. **Farm.* Dícese de un ácido cristalino, cuyos derivados tienen propiedades *narcóticas. ‖ m. Nombre común a estos derivados.
barbo. m. *Pez de río de la misma familia que las carpas, y de carne comestible. ‖ **de mar. Salmonete.** ‖ **Hacer el barbo.** fr. fig. y fam. Dícese de la persona que gesticula fingiendo *cantar.
barbón. m. Hombre barbado. ‖ En la *orden religiosa* de la Cartuja, lego que se deja crecer la barba. ‖ **Cabrón,** macho cabrío. ‖ *Sarmiento barbado.
barboquejo. m. *Cinta con que se sujeta por debajo de la barba el *sombrero.
barbotar. intr. **Mascullar.** Ú. t. c. tr.
barbote. m. **Babera,** pieza de la armadura. ‖ Barrita de plata que llevan como insignia algunos indios de la Argentina, embutida en el *labio inferior.
barbotear. intr. **Barbotar.**
barbuchas. f. pl. **Barbillas.**
barbuchín. adj. **Barbilampiño.**
barbucho, cha. adj. De barba fuerte y rala.
barbudo, da. adj. Que tiene muchas barbas. ‖ m. **Barbado,** árbol o sarmiento con raíces.
barbulla. f. fam. *Alboroto y confusión de los que hablan a un tiempo y atropelladamente.
barbullar. intr. fam. *Hablar atropelladamente y metiendo mucha bulla.
barbullón, na. adj. fam. Que habla confusa y atropelladamente. Ú. t. c. s.
barbuquejo. m. **Barboquejo.**
barbusano. m. *Árbol de las lauráceas, de madera parecida a la caoba. ‖ *Madera de este árbol.
barbuta. f. Parte de la *armadura correspondiente a la barba.
barca. f. *Embarcación pequeña para pescar, navegar en las costas, o atravesar los ríos. ‖ **de pasaje.** Lancha grande y plana que se utiliza para atravesar los ríos.
barcada. f. *Carga que transporta una barca en cada viaje. ‖ Cada viaje de una barca.
barcaje. m. *Transporte de efectos en una barca. ‖ *Flete que por él se paga. ‖ Precio que se paga por *pasar el río en una barca.
barcal. m. *Artesa en que se colocan las vasijas de medir el *vino. ‖ **Dornajo.** ‖ Cajón chato, con abrazaderas de hierro, que se usa como *espuerta en algunas *minas.
barcalonga. f. Especie de barca de *pesca.
barcarola. f. Canción popular de los gondoleros de Venecia. ‖ *Canto de marineros, en compás de seis por ocho. ‖ Composición *musical que imita dicho canto.
barcaza. f. Lanchón para la carga y descarga de los buques.
barcelonés, sa. adj. Natural de Barcelona. Ú. t. c. s. ‖ Perteneciente a esta ciudad.
barceno, na. adj. **Barcino.**
barceo. m. **Albardín.** ‖ Albardín seco que se usa como *estera.
barcia. f. *Desperdicio que se saca al limpiar el *grano.
barcina. f. **Herpil.** ‖ Carga grande de *paja.
barcinador. m. El que barcina.
barcinar. intr. Coger las gavillas de mies y conducirlas a la *era.
barcino, na. adj. Dícese de los *toros, *perros y otros animales de *pelo blanco y pardo, y a veces rojizo. ‖ Dícese del político que con frecuencia cambia de partido.
***barco.** m. Vehículo flotante y de forma adecuada para llevar en su interior personas o cosas. ‖ *Barranco poco profundo.
barcolongo. m. *Embarcación antigua, larga y estrecha.
barcoluengo. m. **Barcolongo.**
barcón. m. **Barcaza.**
barcote. m. aum. de **Barco.**
barchilón, na. m. y f. Enfermero de un *hospital.
barchilla. f. Medida para áridos, cuya *capacidad varía según las provincias.
barda. f. *Armadura que antiguamente se ponía a los caballos para su defensa en la guerra, en los torneos, etc. ‖ Cubierta de ramaje, espinos, etc., que se pone sobre las tapias de los corrales, huertas y heredades, para su resguardo. ‖ *Seto de espinos. ‖ **Quejigo,** árbol. ‖ *Mar.* *Nube obscura, que sobresale pegada al horizonte.
bardado, da. adj. Armado o defendido con la barda.
bárdago. m. *Mar.* *Cabo que se sujeta al puño de las velas acuarteladas.
bardaguera. f. *Arbusto de las salicíneas, cuyos ramos más delgados sirven para hacer *cestas. ‖ p. us. **Barda** de las tapias.
bardaja. m. **Bardaje.**
bardaje. m. *Sodomita paciente.
bardal. m. **Barda,** cubierta de una tapia y seto o vallado.
bardana. f. **Lampazo,** *planta compuesta. ‖ **menor. Cadillo,** *planta umbelífera.
bardanza (andar de). fr. fam. Andar de aquí para allí, *vagar.
bardar. tr. Poner bardas a las tapias.
bardiota. adj. Dícese de ciertos *soldados bizantinos de la guardia personal del emperador. Ú. t. c. s.
bardiza. f. *Cercado de cañas.
bardo. m. *Poeta de los antiguos celtas. ‖ Por ext., poeta en general.
bardoma. f. *Suciedad, *lodo corrompido.
bardomera. f. Broza y *lodo que traen en las *avenidas los ríos y arroyos.
baremo. m. Libro o cuadro de *cuentas ajustadas.
barga. f. *Lancha de río.
bargueño, ña. adj. Natural de Bargas. Ú. t. c. s. ‖ Perteneciente a esta población. ‖ m. *Mueble de madera con muchos cajoncitos y gavetas.
barí. adj. **Excelente.**
baria. f. En el sistema cegesimal, unidad de *presión equivalente a una dina por centímetro cuadrado.
baría. f. *Árbol de las borragíneas,

de cuya corteza fluye una babaza que se emplea para clarificar el azúcar.
baricéntrico, ca. adj. *Fís.* Perteneciente al centro de gravedad.
baril. adj. **Barí.**
bario. m. *Metal blanco amarillento, difícil de fundir, y que se oxida rápidamente.
barita. f. **Quím.* Óxido de bario.
baritel. m. **Malacate,** *máquina a manera de *cabrestante.
baritina. f. **Miner.* Sulfato de bario.
barítono. m. *Mús.* *Voz media entre la de tenor y la de bajo. || *Mús.* Persona que tiene esta voz.
barjuleta. f. *Bolsa grande, cerrada con una cubierta, que llevaban a la espalda los caminantes. || Bolsa con dos senos, de que se usa en algunos cabildos para repartir las distribuciones.
barloa. f. *Mar.* Cable o *cabo grueso con que se sujetan los buques abarloados.
barloar. tr. *Mar.* **Abarloar.** Ú. t. c. intr. y c. r.
barlote. m. *Lancha pescadora usada en Galicia.
barloventear. intr. **Mar.* Avanzar contra el viento, navegando de bolina. || fig. y fam. *Vagar de una parte a otra.
barlovento. m. *Mar.* Parte de donde viene el *viento.
barnabita. adj. Dícese de los clérigos seculares de la congregación de San Pablo. Ú. t. c. s.
barnacla. m. *Pato marino.
***barniz.** m. Disolución de substancias resinosas en un vehículo volátil, que se aplica a las maderas, pinturas, etc., para darles lustre y hacerlas impermeables. || Baño que se da al *barro, *loza y porcelana, y que se vitrifica con la cocción. || *Afeite. || **Tintura,** *nociones, conocimientos ligeros. || Mezcla de trementina y aceite cocido, que entra en la composición de la *tinta de imprenta. || **del Japón. Ailanto.** || **Maque,** zumaque del Japón.
barnizado. m. Acción y efecto de barnizar. || En las exposiciones de *pintura, visita que hacen algunos invitados el día anterior al de inauguración.
barnizador, ra. adj. Que barniza. Apl. a pers., ú. t. c. s.
***barnizar.** tr. Dar barniz.
barógrafo. m. *Barómetro registrador.
barométrico, ca. adj. Perteneciente o relativo al barómetro.
***barómetro.** m. Instrumento para medir la presión atmosférica. || **aneroide.** El que consiste en una cajita metálica cerrada en la cual se ha hecho el vacío. || **de mercurio.** El que indica la presión del aire por la altura de la columna de mercurio contenida en un tubo vertical de vidrio. || **holostérico. Barómetro aneroide.** || **metálico.** El que consiste en un trozo de tubo de paredes muy delgadas y lleno de aire comprimido.
barón. m. *Título de dignidad.
baronesa. f. Mujer del barón. || Mujer que goza una baronía.
baronía. f. Dignidad de barón. || *Territorio o lugar sobre que recae este título.
baroto. m. Banca muy pequeña y sin batangas.
barquear. tr. Atravesar en barca un río o lago. || **Mar.* intr. Ir en barca de un punto a otro.
barqueo. m. Acción de barquear.
barquero, ra. m. y f. Persona que gobierna la *barca.
barqueta. f. d. de **Barca.**
barquete. m. d. de **Barco.**
barquía. f. *Embarcación pequeña de remo.
barquichuelo. m. d. de **Barco.**
barquilla. f. *Barca pequeña. || Molde, a manera de barca, para hacer *pasteles. || Cesto o artefacto en que van los tripulantes de un *globo. || *Mar.* Tablita lastrada que se ata al cordel de la *corredera y se echa al agua.
barquillero, ra. m. y f. Persona que hace o vende *barquillos. || m. Molde para hacer barquillos.
***barquillo.** m. Hoja delgada de pasta hecha con harina y azúcar, y arrollada en forma cónica o cilíndrica.
barquín. m. *Fuelle grande que se usa en las fraguas.
barquinazo. m. fam. Tumbo o vuelco de un *carruaje. || **Batacazo.**
barquinera. f. **Barquín.**
barquino. m. **Odre,** cuero preparado para servir de envase.
***barra.** f. Pieza larga de metal u otra materia, de forma generalmente prismática o cilíndrica. || *Palanca de hierro. || Rollo de oro, plata u otro *metal sin labrar. || Pieza cilíndrica de hierro con los extremos aguzados, con la cual se *juega, tirándola desde un sitio determinado. || Pieza de hierro para barretear. || Barandilla que, en una sala de sesiones o en un *tribunal, separa el lugar destinado al público. || En la mesa de *trucos, hierro en forma de arco. || Banco o *bajío de arena que se forma a la entrada de algunas rías. || Defecto de algunas *telas, a modo de raya de distinto color. || **Marro,** *juego de muchachos. || **Blas.* Tercera parte del escudo tajado dos veces, que coge desde el ángulo siniestro superior al diestro inferior. || *Mar.* La de hierro en que se aseguran los *presos a bordo. || *Min.* Cada una de las acciones de una *mina. || **Mús.* Línea vertical que corta el pentágrama para indicar la división de compases. || pl. En el *juego de la argolla, el frente señalado con unas rayas. || Arcos de madera que sirven de armadura a las *albardas y albardones. || Listones de madera delgados, con agujeros, para atirantar los banzos del bastidor de *bordar. || **Blas.* Listas o bastones. || **A barras derechas.** m. adv. Sin engaño, con *sinceridad. || **De barra a barra.** m. adv. De parte a parte. || **Estar** uno **en barras.** fr. fig. y fam. Tener su pretensión en buen estado. || **Estirar** uno **la barra.** fr. fig. y fam. Hacer todo el *esfuerzo posible para conseguir algo. || **Llevar a la barra** a uno. fr. fig. Residenciarle. || **Sin pararse en barras.** expr. adv. fig. Sin consideración de los inconvenientes, con *resolución. || **Tirar** uno **la barra.** fr. fig. y fam. Vender muy *caro.
barrabás. m. fig. y fam. Persona *perversa. || Criatura díscola y *traviesa.
barrabasada. f. fam. *Travesura grave.
barraca. f. *Casa pequeña construida toscamente y con materiales ligeros. || Vivienda rústica, hecha con adobes y cubierta con cañas a dos aguas. || Depósito o *almacén para cueros, lanas, cereales, etc.
barraco. m. **Artill.* Antigua pieza de grueso calibre.
barracón. m. aum. de **Barraca.**
barrachel. m. Jefe de los *alguaciles.
barrado, da. adj. Dícese de la *tela que saca alguna lista o *raya de distinto color. || **Blas.* Aplícase a la pieza sobre la cual se ponen barras.
barragán. m. Mozo *soltero.
barragán. m. Tela de lana *impermeable. || *Abrigo de esta tela.
barragana. f. **Manceba.** || Concubina que vivía en la casa del que estaba amancebado con ella.
barraganada. f. Travesura.
barraganería. f. **Amancebamiento.**
barraganete. m. **Arq. Nav.* Última pieza alta de la cuaderna.
barraganía. f. **Barraganería.**
barrajar. tr. Derribar a uno, hacerle *caer violentamente.
barral. m. Redoma grande y capaz de una arroba de vino, poco más o menos.
barranca. f. **Barranco.**
barrancal. m. Sitio donde hay muchos barrancos.
***barranco.** m. Despeñadero, *precipicio. || → Hendedura profunda que hacen en la tierra las aguas. || fig. *Dificultad.
barrancoso, sa. adj. Que tiene muchos barrancos.
barranquera. f. **Barranca.**
barraque. m. V. **A traque barraque.**
barraquero. m. Constructor de barracas.
barraquillo. m. **Artill.* Barraco pequeño y reforzado.
barrar. tr. **Embarrar,** untar de *lodo.
barrate. m. Viga pequeña.
barrear. tr. **Fort.* Cerrar, fortificar con maderos o fajinas. || **Barretear.** || *Borrar lo escrito, tacharlo con una raya. || intr. Resbalar la *lanza por la armadura del caballero acometido.
barrearse. r. Revolcarse los *jabalíes en el lodo.
barreda. f. **Barrera,** vallado.
barredero, ra. adj. fig. Que arrastra o se lleva cuanto encuentra. || m. Varal con unos trapos a su extremo, con que se barre el horno de hacer *pan. || f. *Escoba mecánica para barrer las calles.
barredor, ra. adj. Que barre. Ú. t. c. s.
barreduela. f. *Plazoleta, por lo común sin salida.
barredura. f. Acción de *barrer. || pl. *Suciedad o desperdicios que se juntan con la escoba. || *Residuos que suelen quedar como desecho de algunas cosas menudas.
barrefosos. m. **Artill.* Pieza de grueso calibre.
***barrena.** f. Herramienta para *taladrar, formada por un vástago de acero, con una rosca en espiral en su punta y una manija en el extremo opuesto. || Barra de hierro con uno o los dos extremos cortantes, que sirve para agujerear peñascos, sondar terrenos, etc. || **de mano.** La que tiene manija. || **de caracolillo.** Aguja para los *cañones, cuya punta termina en rosca. || **Entrar en barrena.** fr. fig. Caer a tierra un *avión sin gobierno, recorriendo la trayectoria en espiral.
barrenado, da. adj. fig. *Loco, demente.
barrenar. tr. Abrir agujeros con barrena o barreno. || **Dar barreno.** || fig. *Impedir o malograr la pretensión de alguno. || fig. *Infringir, conculcar.
barrendero, ra. m. y f. Persona que tiene por oficio barrer.
barrenero. m. El que hace o vende barrenas. || Operario que abre *barrenos.
barrenillo. m. Nombre vulgar de las *larvas de varios coleópteros que atacan la madera de los árboles. ||

Pat. Veg. Enfermedad que producen en los olmos y otros árboles.
***barreno.** m. **Barrena.** ‖ *Agujero que se hace con la barrena. ‖ → Agujero relleno de materia explosiva, que se hace en una roca o en una obra de fábrica, para hacerla volar. ‖ fig. *Vanidad. ‖ fig. Tema o *manía. ‖ **Dar barreno.** fr. *Mar.* Agujerear una embarcación para que se vaya a fondo.
barreña. f. **Barreño.**
barreño. m. *Vasija grande, de barro tosco, más ancha por la boca que por el asiento, que se usa para *fregar la vajilla.
***barrer.** tr. Quitar del suelo con la escoba el polvo, la basura, etc. ‖ *Tomar lo que hay en alguna parte sin dejar nada. ‖ **Barrer hacia dentro.** loc. fig. Procurar en toda ocasión el provecho propio.
barrera. f. *Cercado hecho de palos o tablas para vallar un lugar, cerrar un paso, etc. ‖ *Taurom.* Antepecho de madera que cierra el redondel de las plazas. ‖ fig. En las mismas plazas, **delantera.** ‖ fig. *Obstáculo que separa una cosa de otra. ‖ **de golpe.** La que queda asegurada al dar el golpe contra su quicio. ‖ La que se cierra automáticamente en los pasos a nivel de los *ferrocarriles. ‖ **Salir** uno **a barrera.** fr. fig. Exponerse a la *pública censura.
barrera. f. Sitio de donde se saca el *barro para los alfares. ‖ Montón de tierra que queda después de haber sacado el *salitre. ‖ *Alacena para guardar barros.
barrero. m. **Alfarero.** ‖ **Barrizal.** ‖ Terreno salitroso.
barreta. f. d. de **Barra.** ‖ Tira de cuero que suele ponerse en lo interior del *calzado. ‖ Trozo de arropía, cuadrado por lo común. ‖ Barra o *palanca pequeña que usan los *mineros y *albañiles.
barretear. tr. *Afianzar alguna cosa con barras.
barretero. m. *Min.* El que trabaja con barra, cuña o pico.
barretina. f. **Gorro catalán.**
barriada. f. **Barrio.** ‖ Parte de un barrio.
barrica. f. Especie de *tonel mediano.
barricada. f. *Fort.* Parapeto que se hace con barricas, carruajes volcados, piedras del pavimento, etc., para estorbar el paso al enemigo en las revueltas populares.
barrido. m. Acción de barrer. ‖ Barreduras.
barriga. f. **Vientre.** ‖ fig. Parte media abultada de una *vasija. ‖ fig. Comba que hace una pared. ‖ **Estar,** o **hallarse, con la barriga a la boca.** fr. fig. y fam. Hallarse en días de *parir.
barrigón, na. adj. fam. **Barrigudo.**
barrigudo, da. adj. Que tiene gran barriga.
barriguera. f. *Guarn.* Correa que se pone en la barriga a las caballerías de tiro.
***barril.** m. *Vasija de madera, de varios tamaños y formas, que sirve para conservar y transportar mercancías. ‖ *Cuba, tonel. ‖ Vasija de barro, de gran vientre y cuello angosto. ‖ *Nudo que por adorno se hace en las riendas.
barrila. f. **Botija.**
barrilaje. m. **Barrilamen.**
barrilamen. m. Conjunto de *barriles.
barrilejo. m. d. de **Barril.**
barrilería. f. Conjunto de barriles. ‖ Taller donde se fabrican. ‖ Sitio donde se venden.
barrilero. m. El que hace o vende barriles.
barrilete. m. d. de **Barril.** ‖ Instrumento fuerte de hierro en figura de siete, que usan los *carpinteros para *sujetar sobre el banco las piezas que labran. ‖ Pieza cilíndrica y giratoria del revólver (*arma de fuego*) en la que se colocan los cartuchos. ‖ *Cangrejo de mar comestible. ‖ En algunas provincias, ***cometa** (juguete). ‖ *Mar.* Especie de *nudo que se hace en algunos cabos para que no pasen del sitio en que deben quedar firmes. ‖ *Mús.* La pieza cilíndrica del clarinete más inmediata a la boquilla.
***barrilla.** f. Planta salsolácea ramosa, cuyas cenizas, que contienen sales alcalinas, sirven para obtener la sosa. ‖ Estas mismas cenizas. ‖ **borde.** Planta muy parecida a la anterior, de la que se distingue por ser vellosa. ‖ **de Alicante.** Planta de la misma familia que las anteriores, y con hojas más pequeñas y cilíndricas.
barrillar. m. Sitio poblado de barrilla. ‖ Paraje donde se quema.
***barrillero, ra.** adj. Que contiene o puede producir barrilla.
barrillo. m. **Barro,** granillo que se forma en la *piel.
***barrio.** m. Cada una de las partes en que se dividen los pueblos grandes o sus distritos. ‖ **Arrabal.** ‖ Caserío dependiente de otra población, aunque esté apartado de ella. ‖ **El otro barrio.** fig. y fam. El otro mundo, la eternidad.
barriscar. tr. Dar algo a bulto y sin peso ni medida.
barrisco (a). m. adv. En *conjunto, sin distinción.
barrisquear. tr. *Barrer con prisa y sin esmero.
barrisqueo. m. Acción y efecto de barrisquear.
barrista. m. Artista de *circo que trabaja en la barra fija.
barritar. intr. Emitir el *elefante su *voz característica.
barrito. m. Berrido del elefante.
barrizal. m. Sitio lleno de barro o *lodo.
***barro.** m. Masa que resulta de la unión de tierra y agua. ‖ *Lodo. ‖ **Búcaro,** vasija. ‖ fig. Cosa despreciable o *insignificante. ‖ fig. fam. *Dinero. ‖ **blanco. Arcilla figulina.** ‖ **No ser barro** una cosa. fr. fig. y fam. Tener valor o *estimación. ‖ **Tener** uno **barro a mano.** fr. fig. y fam. Contar con *dinero en abundancia.
barro. m. Cada uno de los granillos que salen en el *cutis a los que empiezan a tener barbas. ‖ *Veter.* Cada uno de los tumorcillos que salen al ganado mular y vacuno.
barroco, ca. adj. *Arq.* Dícese del estilo de ornamentación caracterizado por el abuso de *adornos en que predomina la línea curva. Por extensión se aplica a las obras de otras *artes.
barrocho. m. **Birlocho.**
barrón. m. aum. de **Barra.** ‖ *Planta perenne gramínea, que crece en los arenales marítimos. ‖ *Arq. Nav.* Arco de hierro hincado por sus extremos en el espejo de popa.
barroso, sa. adj. Dícese del terreno que tiene *barro o en que se forma barro fácilmente. ‖ De color de barro. ‖ m. *Germ.* **Jarro.**
barroso, sa. adj. Se aplica al rostro que tiene barros.
barrote. m. *Barra gruesa. ‖ Barra de hierro que forma parte de la armadura de algunas *mesas. ‖ Barra de hierro que sirve para *afianzar alguna cosa. ‖ *Carp.* Palo que se pone atravesado sobre otros palos o tablas para darles firmeza.
barrotín. m. *Arq. Nav.* Maderito escuadrado que forma un enjaretado.
barrueco. m. *Perla irregular. ‖ *Geol.* Nódulo esferoidal que se encuentra en algunas rocas.
barrumbada. f. fam. Dicho jactancioso. ‖ fam. *Derroche que se hace por *jactancia.
barruntador, ra. adj. Que barrunta.
barruntamiento. m. **Barrunto.**
barruntar. tr. *Conjeturar o *presentir. ‖ *Oler.
barrunte. m. Indicio, *noticia.
barrunto. m. Acción de barruntar. ‖ **Barrunte.**
bartola (a la). m. adv. fam. Con tranquilidad, sin ningún cuidado.
bartolear. intr. Hacer vida de *holgazán.
bartolillo. m. *Pastel pequeño relleno de crema.
bartolina. f. Calabozo estrecho.
bartulear. intr. Cavilar, *meditar, devanarse los sesos.
bartuleo. m. Acción de bartulear.
bártulos. m. pl. fig. *Utensilios, enseres de uso corriente; *trastos. ‖ **Liar los bártulos.** fr. fig. y fam. *Prepararlo todo para una mudanza u otro fin.
baruca. f. fam. *Enredo o intriga para *evitar o *impedir alguna cosa.
barulé. m. Rollo que se hacía con la *media revolviendo la parte de arriba.
barullo. m. fam. Confusión, *desorden. ‖ *Muchedumbre de personas en movimiento desordenado.
barza. f. **Zarza.**
barzal. m. Terreno cubierto de zarzas.
barzón. m. *Paseo ocioso. Ú. en la frase **dar barzones.** ‖ Anillo por donde pasa el timón del *arado en el yugo.
barzonear. intr. Andar *vagando.
***basa.** f. ***Base.** ‖ → *Arq.* Asiento o pedestal sobre que se pone la columna o estatua.
basa. f. **Balsa,** hueco de terreno que se llena de agua.
basada. f. *Arq. Nav.* Armazón que se pone en la grada, debajo del buque, y sirve para botarlo al agua.
basáltico, ca. adj. Formado de basalto.
basalto. m. *Roca volcánica, de color negro o verdoso, muy dura.
basamento. m. *Arq.* Cualquier cuerpo que se pone debajo de la caña de la columna, como la *basa y el pedestal.
basanita. f. **Basalto.**
basar. tr. *Apoyar o sentar algo sobre una base. ‖ fig. Fundar, apoyar. Ú. t. c. r. ‖ *Topogr.* Partir, en las operaciones geodésicas, de una base determinada. Ú. t. c. r.
basáride. f. *Mamífero carnívoro, parecido a la comadreja.
basca. f. Ansia, *náusea. Ú. m. en pl. ‖ Por ext., furia que siente el animal rabioso. ‖ fig. y fam. Arrechucho o ímpetu de *ira.
bascosidad. f. Inmundicia, *suciedad.
bascoso, sa. adj. Que padece bascas.
báscula. f. Aparato para medir grandes *pesos, que, colocados sobre una plataforma, actúan, mediante cierta combinación de palancas, sobre un brazo de romana. ‖ *Fort.* Máquina para alzar el *puente levadizo.

bascuñana. f. *Trigo fanfarrón, de aristas azuladas y negras.

***base.** f. Fundamento o apoyo en que descansa alguna cosa. || **Arit.* Cantidad distinta de la unidad, que ha de elevarse a una potencia dada. || *Arq.* **Basa.** || **Geom.* Línea o superficie en que se supone que insiste una figura. || **Quím.* Cuerpo que tiene la propiedad de combinarse con los ácidos para formar sales. || Recta que se mide sobre el terreno y de la cual se parte en las operaciones *topográficas. || **aérea.** Aeropuerto de la *aviación militar. || **del cráneo.** Parte inferior del mismo, formada por los *huesos occipital y temporales. || **de operaciones.** **Mil.* Lugar donde se concentra un ejército para la guerra. || **naval.** Lugar en que las fuerzas navales se preparan y pertrechan.

básico, ca. adj. **Quím.* Dícese de la sal en que predomina la base. || *Fundamental.

basilar. adj. **Anat.* Que sirve de base.

basilea. f. *Germ.* **Horca.**

basileense. adj. **Basiliense.** Apl. a pers., ú. t. c. s.

basilense. adj. **Basiliense.** Apl. a pers., ú. t. c. s.

basílica. adj. *Zool.* V. **Vena basílica.** Ú. t. c. s. || f. Palacio o casa *real. || Edificio que servía en Roma de *tribunal y de lugar de *reunión y de contratación. || Cada una de las trece *iglesias de Roma que gozan de varios privilegios. || Iglesia notable por algún concepto.

basílicas. f. pl. Colección de *leyes formada por orden del emperador bizantino Basilio el Macedonio.

basilicón. adj. V. **Ungüento basilicón.** Ú. t. c. s.

basiliense. adj. Natural de Basilea. Ú. t. c. s. || Perteneciente a esta ciudad de Suiza.

basilio, lia. adj. Dícese del monje que sigue la regla de San Basilio. Ú. t. c. s.

basilisco. m. Animal *quimérico, al cual se atribuía la propiedad de matar con la vista. || Pieza antigua de *artillería, de gran calibre y longitud. || **Estar** uno **hecho un basilisco.** fr. fig. y fam. Estar muy poseído de la *ira.

basna. f. Especie de *narria.

basquear. intr. Tener o padecer bascas.

basquilla. f. **Veter.* Enfermedad que padece el ganado lanar.

basquiña. f. *Saya negra.

basta. f. **Hilván.** || Cada una de las *ataduras que suele tener a trechos el *colchón. || Especie de albardón.

bastaje. m. **Ganapán.**

***bastante.** p. a. de **Bastar.** Que basta. || adv. c. Ni mucho ni poco; sin sobra ni falta. || No poco; algún tanto.

bastantear. intr. *For.* Declarar con su firma un abogado que el poder conferido a un *procurador es bastante para el fin a que se destina.

bastantemente. adv. c. *Suficiente y cumplidamente.

bastanteo. m. Acción de bastantear. || Documento o sello con que se hace constar.

bastantero. m. *For.* Oficial encargado antiguamente de bastantear los poderes.

***bastar.** intr. Ser una cosa suficiente y proporcionada para algún fin. || **Abundar.**

bastarda. f. *Lima de grano muy fino para dar lustre a las piezas de hierro. || **Artill.* Culebrina.

bastardear. intr. *Degenerar de su naturaleza los animales o las plantas. || fig. Aplicado a personas, *pervertirse, decaer. || fig. Aplicado a costumbres, instituciones, etc., decaer de su primitiva pureza.

bastardelo. m. **Minutario.**

bastardía. f. Calidad de bastardo. || fig. Dicho o hecho indigno del estado de cada uno.

bastardilla. f. *Instrumento a modo de flauta.

bastardillo, lla. adj. V. **Letra bastardilla.** Ú. t. c. s. m. y f.

bastardo, da. adj. Que *degenera de su origen o naturaleza. || V. **Hijo bastardo.** Ú. t. c. s. || V. **Letra bastarda.** Ú. t. c. s. || m. **Boa.** || *Mar.* *Vela que antiguamente se usaba en los navíos y galeras. || *Mar.* Especie de racamento. || **A la bastarda.** m. adv. **Equit.* En **silla bastarda.**

baste. m. **Basta,** hilván. || m. Especie de almohadilla que lleva la silla de *montar o la *albarda en su parte inferior.

bastear. tr. Echar bastas.

bastecimiento. m. ant. **Abastecimiento.**

basterna. m. Individuo de un *pueblo antiguo sármata. Ú. m. en pl. || f. *Carro peculiar de los antiguos **basternas.** || *Litera cubierta, llevada por caballerías, que usaban las damas romanas.

bastero. m. El que hace o vende las *albardas o bastos.

bastetano, na. adj. Natural de la Bastetania. Ú. t. c. s.

basteza. f. Calidad de basto; *tosquedad.

bastida. f. **Artill.* Antigua máquina militar a manera de torre y con un puente levadizo para el asalto.

bastidor. m. *Armazón, generalmente rectangular, en la que se atiranta un lienzo para *pintar, una tela para *bordar, etc. También se hace con barras de metal para otros usos. || Armazón de listones, cubierta de papel convenientemente pintado, que forma la parte lateral de una decoración *teatral. || *Mar.* Armazón en que se apoya la *hélice. || *Colchón de tela metálica. || Armazón metálica que soporta la caja de un *automóvil, vagón, etc. A veces se da este nombre al conjunto de dicha armazón con el motor y las ruedas. || **Entre bastidores.** loc. fam. Dícese de lo que se refiere a la organización interior de las representaciones *teatrales y a los actores.

bastilla. f. Hilván menudo a los extremos de la tela para que ésta no se deshilache.

bastimentar. tr. Proveer de bastimentos.

bastimento. m. **Embarcación.** || *Provisión para sustento de una ciudad, ejército, etc. || En la *orden militar* de Santiago, derecho de cobrar las encomiendas de este nombre. || pl. En la orden de Santiago, primicias de que se constituía encomienda.

bastión. m. **Fort.* **Baluarte.**

bastitano, na. adj. Natural de Baza. Ú. t. c. s. || Perteneciente a esta ciudad.

basto. m. Cierto género de *albarda. || As en el palo de naipes llamado **bastos.** || Cualquiera de los *naipes de este palo. || pl. Uno de los cuatro palos de la baraja española, cuyas figuras son a modo de clavas. || Almohadas que forman el lomillo.

basto, ta. adj. *Tosco, sin pulimento. || fig. Dícese de la persona *inculta, tosca o *grosera. || V. **Esparto basto.**

***bastón.** m. Vara o caña con puño y contera, que sirve para apoyarse al andar. || Insignia de *mando, generalmente de caña de Indias. || Palo redondo en que está envuelta toda la tela de *seda para pasarla desde allí al plegador. || *Tallo o brote tierno de carrasco. || **Blas.* Cada una de las dos o más listas que parten el escudo de alto a bajo, como las que tiene el de Aragón. || **Dar bastón.** fr. Entre cosecheros de *vino, *agitarlo con un palo. || **Empuñar** uno **el bastón.** fr. fig. Tomar el *mando. || **Meter** uno **el bastón.** fr. fig. *Mediar para poner *paz.

bastonada. f. **Bastonazo.**

bastonazo. m. Golpe dado con el bastón.

bastoncillo. m. Galón angosto. || *Anat.* Elemento de una de las capas de la retina del *ojo. || Palito del telar de *terciopelo.

bastonear. tr. Dar *golpes con bastón o palo. || **Dar bastón.** || intr. Comer bastones o brotes tiernos el ganado.

bastonera. f. Mueble para colocar en él *bastones y paraguas.

bastonería. f. Tienda en que se venden bastones.

bastonero. m. El que hace o vende bastones. || El encargado de mantener el orden en ciertos *bailes. || Ayudante del alcaide de la *cárcel.

***basura.** f. *Suciedad y especialmente la que se recoge barriendo. || *Excremento o estiércol de las caballerías.

basurero. m. El que lleva la *basura al sitio destinado para echarla. || Sitio en donde se amontona la basura.

bata. f. *Vestidura talar con mangas, que usan los hombres para casa. || Traje holgado y cómodo que, con el mismo fin, usan las mujeres. || Traje de cola que usaban las mujeres. || **Media bata. Batín.**

bata. m. En Filipinas, indio o mestizo de menor edad que sirve de *criado.

batacazo. m. Golpe fuerte y ruidoso que da alguna persona cuando *cae.

batafiol. m. *Mar.* Tomador hecho de un cabo delgado.

batahola. f. fam. Bulla, *ruido grande.

***batalla.** f. Combate de un ejército con otro, o de una armada naval con otra. En lo antiguo, centro del *ejército. || Cada uno de los trozos en que se dividía antiguamente el ejército. || Orden de **batalla.** || Justa o *torneo. || Encaje de la nuez de la *ballesta donde se pone el lance. || Parte de la *silla de montar* en que descansa el cuerpo del jinete. || Distancia de eje a eje en los *carruajes de cuatro ruedas. || fig. Agitación y *excitación del ánimo. || **Esgr.* Pelea con espadas negras. || **Pint.* Cuadro en que se representa alguna acción de guerra. || **campal.** *Mil.* La general y decisiva entre dos ejércitos. || *Mil.* La que se da en campo raso. || **de flores.** *Fiesta pública en que los concurrentes se arrojan flores. || **En batalla.** m. adv. *Mil.* Con el frente de la tropa extendido y con poco fondo.

batallada. adj. **Blas.* Dícese de la campana con lenguas de distinto esmalte.

batallador, ra. adj. Que batalla. || Renombre que se aplicaba al que había dado muchas batallas. || m. **Esgrimidor.**

batallar. intr. Pelear, reñir con armas. || fig. **Disputar.** || fig. *Vacilar, estar indeciso. || **Esgr.* Contender con espadas negras.

batallol. m. *Mar.* Bauprés pequeño que usan los jabeques.
batallola. f. *Mar.* **Batayola.**
batallón. m. Unidad táctica del arma de infantería. || Escuadrón de caballería.
batallona. adj. fam. V. **Cuestión batallona.**
batán. m. Máquina compuesta de gruesos mazos de madera, para golpear y enfurtir los *paños. || Edificio en que funciona esta máquina. || pl. *Juego que se hace entre dos o más personas tendidas en el suelo, levantando alternativamente las piernas y dándose mutuamente azotes y palmadas al son de la música.
batanar. tr. **Abatanar.**
batanear. tr. fig. y fam. Sacudir o dar golpes a alguno.
batanero. m. El que cuida de los batanes o trabaja en ellos.
batanga. f. Cada uno de los flotadores o balancines de cañas gruesas de bambú dispuestos a lo largo de los costados de las *embarcaciones filipinas.
bataola. f. **Barahola.**
batata. f. *Planta vivaz convolvulácea de tallo rastrero y raíces como las de la patata. || Cada uno de los *tubérculos comestibles de las raíces de esta planta. || **en polvo. Polvo de batata.**
batatín. m. d. de **Batata.** || Batata menuda.
bátavo, va. adj. Natural de Batavia. Ú. t. c. s. || Perteneciente a este país de Europa antigua.
batayola. f. *Mar.* *Barandilla de madera, que se colocaba sobre las bordas del buque para sostener los empalletados. || *Mar.* Caja cubierta con encerados dentro de la cual se acomodan los coyes de la tripulación.
bate. m. *Ferr.* Especie de *zapapico con una boca a modo de martillo para introducir el balasto debajo de los carriles. || Palo más grueso por el extremo libre que por la empuñadura, que sirve para rechazar la *pelota en el juego de béisbol.
***batea.** f. *Bandeja o azafate de madera. || **Bandeja.** || **Dornajo.** || *Barco pequeño de figura de cajón, que se usa en los puertos y arsenales. || *Vagón descubierto, con los bordes muy bajos.
batear. tr. **Bautizar.**
batehuela. f. d. de **Batea.**
batel. m. **Bote,** barco pequeño. || pl. *Germ.* Junta de *ladrones o de rufianes.
batelejo. m. d. de **Batel.**
batelero, ra. m. y f. Persona que gobierna el batel.
bateo. m. fam. **Bautizo.**
batería. f. Conjunto de piezas de *artillería dispuestas para hacer fuego al enemigo. || Unidad táctica del arma de artillería, que se compone de cierto número de piezas. || Obra de *fortificación destinada a contener piezas de artillería. || En los buques de la *armada, conjunto de cañones que hay en cada cubierta. || Espacio o entrepuente en que los mismos cañones están colocados. || Acción y efecto de batir. || **Brecha.** || Acumulador de *electricidad. || fig. En los *teatros, fila de luces del proscenio. || fig. Cosa que hace gran impresión en el ánimo. || fig. *Importunación. || **de *cocina.** Conjunto de utensilios metálicos necesarios para la cocina. || **eléctrica.** *Fís.* Sistema de varias pilas para producir una corriente *eléctrica. || *Electr.* Conjunto de acumuladores.
batero, ra. m. y f. Persona que tiene por oficio hacer batas.
batey. m. Lugar ocupado por las viviendas y otras construcciones en los ingenios de *azúcar. || Finca de campo de las Antillas.
batiborrillo. m. **Baturrillo.**
batiburrillo. m. **Batiborrillo.**
baticola. f. *Guarn.* Correa que termina en una especie de ojal, donde entra el maslo de la cola.
baticulo. m. *Mar.* *Cabo grueso que se da en ayuda de los viradores de los masteleros. || *Mar.* *Verga auxiliar que arman los faluchos y otras embarcaciones latinas.
batida. f. En la *montería, acción de batir el monte. || Reconocimiento de algún paraje en *busca de malhechores. || Acción de batir o acuñar. || *Acometimiento.
batidera. f. *Albañ.* Especie de *azada, de astil muy largo, que se emplea para batir la *argamasa. || Instrumento con que se cortan los panales al catar las *colmenas.
batidero. m. Continuo *golpear de una cosa con otra. || Lugar donde se bate y golpea. || Terreno que por lo desigual y *escabroso hace molesto el movimiento de los carruajes. || pl. *Arq. Nav.* Pedazos de tabla con que se protegen las bandas del tajamar. || *Mar.* Refuerzo de lona que se pone a las *velas.
batido, da. adj. Aplícase a las *telas de seda que hacen visos distintos. || Aplícase al *camino muy andado y trillado. || m. Masa de que se hacen hostias y bizcochos. || Claras, yemas o *huevos batidos. || *Bebida que se hace batiendo helado, leche y otros ingredientes.
batidor, ra. adj. Que bate. || m. Instrumento para batir. || *Mil.* Explorador que descubre y reconoce el campo o el camino. || Cada uno de los dos o cuatro jinetes que precedían a las personas *reales en revistas y solemnidades. || Cada uno de los *soldados escogidos de caballería que preceden al regimiento. || *Peine para el cabello. || *Mont.* El que levanta la caza en las batidas. || **de oro,** o **plata.** El que hace panes de estos metales.
batiente. p. a. de **Batir.** Que bate. || m. Parte del cerco de las *puertas, *ventanas, etc., en que baten cuando se cierran. || Lugar donde bate la *mar. || En los *pianos, listón de madera forrado de paño, en el cual baten los macillos. || *Fort.* Madero que se coloca para impedir que las ruedas de la cureña deterioren el parapeto. || *Mar.* Cada uno de los dos cantos verticales de las portas de las baterías.
batihoja. m. **Batidor de oro,** o **plata.** || Artífice que a golpes de martillo reduce los metales a *láminas.
batimán. m. Cierto movimiento que se hace con la pierna levantada, en algunos *bailes.
batimento. m. *Pint.* **Esbatimento.**
batimetría. f. Medición de *profundidades.
batimiento. m. Acción de batir. || *Fís.* Variación periódica de la amplitud de una *vibración al combinarse con otra de frecuencia ligeramente diferente.
batín. m. Bata que llega sólo un poco más abajo de la cintura.
batintín. m. *Campana que usan los chinos. Tiene la forma de un caldero y se toca con una porra forrada.
bationdeo. m. *Ondulación de una tela agitada por el aire.
batiportar. tr. *Mar. Mil.* Trincar la artillería de modo que las bocas se apoyen en el batiporte.
batiporte. m. **Mar. Mil.* Canto alto o bajo de la porta de una batería.
batir. tr. Dar *golpes, golpear. || Golpear para *destruir o echar por tierra alguna pared, edificio, etc. || Por ext., hablando de la tienda o el toldo, recogerlo, desarmarlo. || Hablando del *sol, el *agua, o el aire, dar directamente en alguna parte. || Mover con ímpetu y fuerza alguna cosa. || Mover y *agitar alguna cosa para que se condense o trabe, o para que se *liquide o *disuelva. || Martillar un metal hasta hacer con él una *lámina. || Peinar el *cabello. || Ajustar y acomodar las resmas de *papel. || *Vencer al enemigo. || **Acuñar** *monedas. || Reconocer un terreno para descubrir al enemigo, detener malhechores, ojear la *caza, etc. || Arrojar o dejar *caer desde lo alto alguna cosa. || Derribar. || r. Combatir, pelear. || **Abatirse** el ave de rapiña.
batista. f. *Tela de hilo muy fina.
bato. m. Hombre *necio o rústico.
bato. m. *Ave zancuda del tamaño del flamenco, con un collar rojo sobre el plumaje blanco.
batojar. tr. **Varear.**
batología. f. *Lit.* *Repetición de vocablos inmotivada y enojosa.
batometría. f. **Batimetría.**
batómetro. m. *Fís.* Aparato para medir la *profundidad del mar.
***batracio, cia.** adj. *Zool.* Dícese de los animales de sangre fría, que tienen respiración branquial en la primera edad, pulmonar después y, a veces, una y otra. Ú. t. c. s. m. || m. pl. *Zool.* Clase de estos animales.
batraco. m. *Veter.* Tumor que se forma en la *lengua.
batucar. tr. *Agitar o revolver un líquido.
batuda. f. Serie de *saltos que dan los *gimnastas por el trampolín unos tras otros.
Batuecas. n. p. **Estar uno en las Batuecas.** fr. fig. y fam. **Estar en Babia.**
batueco, ca. adj. Natural de las Batuecas. Ú. t. c. s. || m. *Huevo huero.
batuquear. tr. **Batucar.**
baturrada. f. Cosa propia de baturro.
buturrillo. m. *Mezcla de cosas heterogéneas. Úsase más tratándose de *guisados. || fig. y fam. En la conversación y en los escritos, mezcla de especies inconexas e inoportunas.
baturro, rra. adj. *Rústico aragonés. Ú. t. c. s. || Perteneciente o relativo al **baturro.**
batuta. f. Varita con que el director de una orquesta marca el compás de la *música. || **Llevar** uno **la batuta.** fr. fig. y fam. *Gobernar una corporación o conjunto de personas.
***baúl.** m. **Cofre.** || fig. y fam. **Vientre.** || **mundo.** El grande y de mucho fondo. || **Henchir,** o **llenar, el baúl.** fr. fig. y fam. *Comer mucho.
baulería. f. Lugar donde se hacen o venden baúles.
baulero. m. El que tiene por oficio hacer o vender baúles.
bauprés. m. *Mar.* *Palo grueso, horizontal o algo inclinado, que sobresale de la proa.
bausa. f. *Ocio, holgazanería.
bausán, na. m. y f. *Muñeco en figura de hombre, embutido de paja y vestido de armas. || fig. Persona *necia. || *Ocioso, holgazán.
***bautismal.** adj. Perteneciente o relativo al bautismo.
***bautismo.** m. Primero de los sacramentos de la Iglesia, destinado a borrar el pecado original y a con-

ferir el carácter de cristiano. ‖ **Bautizo.** ‖ ‖**Romper el bautismo** a uno. fr. fig. y fam. **Romperle la crisma.**
bautista. m. El que bautiza. ‖ **El Bautista.** Por antonom., San Juan, el precursor de Cristo.
bautisterio. m. **Baptisterio.**
bautizante. p. a. de **Bautizar.** Que bautiza.
*__bautizar.__ tr. Administrar el sacramento del bautismo. ‖ fig. Poner *nombre a una cosa. ‖ fig. y fam. Dar a una persona o cosa otro nombre que el que le corresponde. ‖ fig. y fam. Tratándose del *vino, mezclarlo con agua. ‖ fig. y fest. Arrojar casual o intencionadamente sobre una persona agua u otro líquido.
*__bautizo.__ m. Acción de bautizar.
bauxita. f. *Min.* Hidróxido de aluminio.
bauza. f. Trozo de *leña. ‖ Madero sin labrar.
bauzado. m. *Techumbre de una cabaña, armada con bauzas.
bávara. f. *Coche antiguo parecido a los llamados estufas.
bávaro, ra. adj. Natural de Baviera. Ú. t. c. s. ‖ Perteneciente a este país de Europa.
baya. f. *Fruto de ciertas plantas, carnoso y jugoso, que contiene semillas rodeadas de pulpa; como la uva. ‖ *Planta liliácea, de raíz bulbosa, cuyo bohordo produce multitud de florecitas de color azul obscuro. ‖ **Matacandiles.**
bayá. adj. Dícese del *indio que habitaba el occidente del río Paraguay. Ú. t. c. s. ‖ Perteneciente a estos indios.
bayadera. f. *Bailarina india.
bayal. adj. V. **Lino bayal.**
bayal. m. *Palanca que se usa en las tahonas para volver las piedras cuando es necesario picarlas.
bayamés, sa. adj. Natural de Bayamo. Ú. t. c. s. ‖ Perteneciente a esta ciudad de Cuba.
bayano, na. adj. Natural de Bayas. Ú. t. c. s. ‖ Perteneciente a esta ciudad de Italia.
bayeta. f. *Tela de lana, floja y poco tupida. ‖ **Arrastrar bayetas.** fr. Ir, el que pretendía beca en un colegio, a hacer las visitas y los actos de opositor con bonete y hábitos sueltos y arrastrando. ‖ fig. y fam. Cursar en una *universidad. ‖ fig. y fam. Andar *pidiendo o gestionando algo.
bayetón. m. aum. de **Bayeta.** ‖ *Tela de lana con mucho pelo.
bayo, ya. adj. Dícese de las *caballerías de color blanco amarillento. Ú. t. c. s. ‖ m. *Mariposa del gusano de seda, que se usa como cebo para pescar. ‖ Féretro.
bayoco. m. Antigua *moneda de cobre equivalente a unos cinco céntimos de peseta.
bayoco. m. *Higo o breva que se ha secado antes de llegar a sazón.
bayón. m. *Saco hecho con las hojas del burí, usado en Filipinas para *embalar. ‖ **Espadaña.**
Bayona. n. p. **Arda Bayona.** expr. fig. y fam. con que se denota *indiferencia ante el *gasto.
bayona. f. *Mar.* Especie de *remo más largo que los ordinarios. ‖ *Timón provisional.
bayonense. adj. **Bayonés.** Apl. a pers., ú. t. c. s.
bayonés, sa. adj. Natural de Bayona. Ú. t. c. s. ‖ Perteneciente a esta ciudad de Francia.
*__bayoneta.__ f. Arma blanca que se adapta exteriormente al extremo del cañón del fusil. ‖ **A la bayoneta.** m. adv. *Mil.* Sirviéndose de ella armada en el fusil. ‖ **Calar la bayoneta.** fr. *Mil.* Poner el fusil con la punta de la **bayoneta** al frente.
bayonetazo. m. Golpe dado con la bayoneta. ‖ Herida hecha con esta arma.
bayoque. m. **Bayoco,** antigua moneda.
bayosa. f. *Germ.* **Espada.**
bayú. m. Reunión indecente u *obscena. ‖ *Mancebía.
bayúa. f. **Ayúa.**
bayuca. f. fam. **Taberna.**
baza. f. Número de *naipes que en ciertos juegos recoge el que gana la mano. ‖ **Hacer baza.** fr. fig. y fam. Prosperar en cualquier asunto o negocio. ‖ **Meter baza.** Tomar parte en una *conversación.
bazagón, na. adj. Hablador, charlatán.
bazar. m. En Oriente, *mercado público. ‖ *Tienda en que se venden productos de varias industrias, comúnmente a precio fijo.
*__bazo, za.__ adj. De *color moreno y que tira a amarillo. ‖ → m. *Glándula vascular que está en el hipocondrio izquierdo, detrás del diafragma, entre el colon y las costillas falsas.
bazofia. f. Mezcla de *heces, sobras o desechos de *comidas. ‖ fig. Cosa soez y *despreciable.
bazucar. tr. *Agitar o revolver una cosa líquida moviendo la vasija en que está. ‖ **Traquetear.**
bazuquear. tr. **Bazucar.**
bazuqueo. m. Acción y efecto de bazuquear.
be. f. Nombre de la letra *b*. ‖ **Be por be.** m. adv. fig. **Ce por be.**
be. Onomatopeya de la *voz del carnero y de la *oveja. ‖ m. **Balido.**
beamontés, sa. adj. Dícese de una antigua facción de Navarra *rival de los agramonteses. Apl. a pers., ú. t. c. s.
bearnés, sa. adj. Natural del Bearne. Ú. t. c. s. ‖ Perteneciente a esta antigua provincia de Francia.
beata. f. Mujer que viste hábito religioso y vive con recogimiento, sin pertenecer a ninguna *comunidad. ‖ La que vive con otras en clausura o sin ella, bajo cierta regla. ‖ La que pide limosnas para la comunidad a que está agregada. ‖ fam. Mujer muy dada a toda clase de *devociones. ‖ fam. **Peseta.**
beatería. f. Virtud o devoción *fingidas.
beaterio. m. Casa en que viven las beatas formando *comunidad.
beatificación. f. Acción de beatificar.
beatíficamente. adv. m. *Teol.* Con visión beatífica.
beatificante. p. a. de **Beatificar.** Que beatifica.
beatificar. tr. Hacer *feliz a alguno. ‖ Hacer *respetable o venerable una cosa. ‖ Declarar el Papa que una persona goza de la eterna bienaventuranza y se le puede dar culto.
beatífico, ca. adj. *Teol.* Que hace bienaventurado a alguno.
beatilla. f. *Tela de hilo delgada y rala.
beatísimo. adj. V. **Beatísimo Padre.**
beatitud. f. *Bienaventuranza eterna. ‖ *Tratamiento que se da al *Papa. ‖ *Felicidad.
beato, ta. adj. *Feliz o bienaventurado. ‖ Dícese de la persona beatificada por el Papa. Ú. m. c. s. ‖ Que se ejercita en la *virtud. Ú. t. c. s. ‖ fig. Que *finge o afecta virtud. Ú. t. c. s. ‖ m. El que lleva hábito religioso, sin vivir en comunidad ni seguir regla determinada. ‖ fam. Hombre muy dado a toda clase de *devociones.
beatón, na. adj. Hipócrita.
beatuco, ca. adj. despect. de **Beato.**
bebé. m. Niño pequeño.
bebedero, ra. adj. Aplícase al agua u otro licor que es bueno de *beber. ‖ m. Vaso en que se echa la bebida a las *aves domésticas. ‖ **Metal.* Agujero que se deja en los moldes. ‖ Paraje donde acuden a beber las aves. ‖ Pico saliente que tienen algunas *vasijas y que sirve para beber. ‖ pl. Piezas de tela con que se refuerzan por dentro algunas partes del *vestido.
bebedizo, za. adj. **Potable.** ‖ m. Bebida que se da por *medicamento. ‖ Bebida a que se atribuía, *supersticiosamente, virtud para conciliar el *amor de otras personas. ‖ Bebida que contenía *veneno.
bebedor, ra. adj. Que bebe. ‖ fig. Que abusa de las bebidas alcohólicas. Ú. t. c. s.
beber. m. Acción de beber. ‖ **Bebida.**
*__beber.__ tr. Hacer que un líquido pase de la boca al estómago. ‖ *Absorber, *chupar. ‖ intr. ***Brindar.** ‖ fig. Hacer por vicio uso frecuente de bebidas alcohólicas. ‖ **Beber con blanco,** o **en blanco.** fr. Tener blanco el belfo un *caballo. ‖ **Beber fresco.** fr. fig. Estar *tranquilo y sin cuidado de lo que pueda suceder.
beberrón, na. adj. fam. Que bebe mucho. Ú. t. c. s.
bebestible. adj. fam. Que se puede *beber.
bebible. adj. fam. Aplícase a los líquidos que no son del todo desagradables al paladar.
*__bebida.__ f. Cualquier líquido simple o compuesto que se bebe. ‖ En sentido restricto, líquido compuesto o *licor alcohólico. ‖ *Descanso que toman los trabajadores del campo para echar un trago.
bebido, da. adj. Que ha bebido en demasía y está casi *ebrio. ‖ m. **Bebida** alcohólica o compuesta.
bebienda. f. **Bebida** alcohólica o compuesta.
bebistrajo. m. fam. Mezcla irregular y extravagante de *bebidas. ‖ fam. Bebida de aspecto o sabor desagradable.
beborrotear. intr. fam. *Beber a menudo y en poca cantidad.
beca. f. Faja de paño, a veces con una rosca, que como *insignia llevaban los *colegiales sobre el manto. ‖ Embozo de *capa. ‖ Especie de chía que usaban los *clérigos constituidos en dignidad. ‖ fig. Plaza o prebenda de *colegial. ‖ fig. El mismo *colegial. ‖ Plaza gratuita en un establecimiento docente, o ayuda pecuniaria que se concede a un *estudiante.
becada. f. **Chocha.**
becafigo. m. **Papafigo.**
becardón. m. **Agachadiza.**
becario. m. *Colegial o estudiante que disfruta de una beca.
becerra. f. *Vaca desde que deja de mamar hasta que cumple un año. ‖ **Dragón,** planta escrofulariácea.
becerrada. f. *Lidia o corrida de becerros.
becerrero. m. El que cuida de los becerros.
becerril. adj. Perteneciente al becerro.
becerrilla. f. d. de **Becerra.**
becerrillo. m. Piel de becerro curtida.
becerro. m. *Toro desde que deja de mamar hasta que cumple un año. ‖ *Piel de ternera curtida. ‖ *Libro

en que las *iglesias copiaban sus privilegios y pertinencias. ‖ Libro en que están sentadas las iglesias y piezas del real patronato. ‖ **de oro.** *Dinero, caudal, riquezas. ‖ **marino,** *Foca.
becoquín. m. **Bicoquín.**
becoquino. m. **Ceriflor.**
becuadrado. m. *Mús.* Primera de las llamadas propiedades en el canto llano. ‖ **Cantar por becuadrado.** fr. *Mús.* Girar dentro de los grados de la escala diatónica del *do*, principiando en el quinto grado
becuadro. m. *Mús.* Signo con el cual se anula el efecto de un sostenido o bemol para que la nota suene con su entonación natural.
beche. m. Macho *cabrío.
bedel. m. En las *universidades e institutos, empleado subalterno que cuida del orden, anuncia la hora de entrada y salida de las clases, etcétera.
bedelía. f. Empleo de bedel.
bedelio. m. *Gomorresina de olor suave y sabor amargo, que entra en varias preparaciones *farmacéuticas.
bederre. m. *Germ.* **Verdugo.**
beduino, na. adj. Dícese de ciertos árabes nómadas. Ú. m. c. s. ‖ m. fig. Hombre bárbaro y *cruel.
beduro. m. *Mús.* Becuadrado.
befa. f. *Burla grosera que denota *desprecio.
befabemí. m. En la *música antigua, indicación del tono que principia en el séptimo grado de la escala diatónica de *do*.
befar. intr. Alargar los *caballos el befo para alcanzar la cadenilla del freno. ‖ tr. *Burlar, escarnecer.
befedad. f. Calidad de befo o zambo.
befo, fa. adj. **Belfo.** Ú. t. c. s. ‖ De *labios abultados y gruesos. Ú. t. c. s. ‖ Zambo o zancajoso. Ú. t. c. s. ‖ m. **Belfo,** *labio de algunos animales. ‖ Especie de mico.
begardo, da. m. y f. *Hereje que profesaba doctrinas análogas a las de los gnósticos e iluminados.
begastrense. adj. Natural de Begastro, en la provincia de Murcia. Ú. t. c. s. ‖ Perteneciente a esta ciudad episcopal.
begonia. f. *Planta perenne, begoniácea, de flores sin corola y con el cáliz de color de rosa.
begoniáceo, a. adj. *Bot.* Aplícase a plantas que pertenecen al género de la begonia. Ú. t. c. s. f. ‖ f. pl. *Bot.* Familia de estas plantas.
beguina. f. Beata que forma parte de ciertas *comunidades religiosas existentes en Bélgica.
beguino, na. m. y f. **Begardo, da.**
behetría. f. Antiguamente, *población cuyos vecinos, como dueños de ella, podían recibir por *señor a quien quisiesen. ‖ fig. Confusión o *desorden.
béisbol. m. Juego entre dos equipos, en que los jugadores han de recorrer ciertos puestos o bases de un circuito, en combinación con el lanzamiento de una *pelota desde el centro de dicho circuito.
bejarano, na. adj. Natural de Béjar. Ú. t. c. s. ‖ Perteneciente a esta ciudad. ‖ Dícese de una facción *rival de los portugaleses. Apl. a pers., ú. t. c. s.
bejerano, na. adj. **Bejarano.** Apl. a pers., ú. t. c. s.
bejín. m. *Hongo de forma esférica que contiene un polvo negro, que se emplea para restañar la sangre. ‖ Persona que se *irrita fácilmente, y más comúnmente niño llorón.
bejucal. m. Sitio donde se crían o hay muchos bejucos.
***bejuco.** m. Nombre de diversas plantas tropicales, sarmentosas, y cuyos tallos, flexibles y resistentes, se emplean para ligaduras y jarcias, tejidos, bastones, etc.
bejuquear. tr. Varear, apalear.
bejuqueda. f. **Bejucal.** ‖ **Paliza.**
bejuquillo. m. Cadenita de oro que se usaba como *collar. ‖ **Ipecacuana.**
bel. m. *Fís.* Nombre del belio en la nomenclatura internacional.
belasa. f. Nombre de ciertas cubas grandes con las que se hacen balsas en el Nilo.
Belcebú. n. p. m. Lucifer.
belcho. m. *Mata de la familia de las gnetáceas, que crece principalmente en los arenales.
beldad. f. *Belleza de la mujer. ‖ *Mujer notable por su belleza.
beldar. tr. Aventar con el *bieldo las mieses.
belduque. m. *Cuchillo grande de hoja puntiaguda.
belemnita. f. *Fósil de figura cónica de maza, que procede de la extremidad del hueso o *concha interna de una clase de cefalópodos.
belén. m. fig. **Nacimiento,** representación del de *Jesucristo. ‖ fig. y fam. Sitio en que hay mucho *desorden. ‖ fig. y fam. La misma confusión y desorden. ‖ *Enredo, chisme. ‖ fig. y fam. Negocio o lance ocasionado a *perturbaciones o disturbios. Ú. m. en pl.
beleño. m. Planta solanácea, que posee propiedades *narcóticas. ‖ **blanco.** Planta del mismo género que la anterior, pero con las hojas redondeadas. ‖ **negro. Beleño.**
belérico. m. **Mirobálano.**
belesa. f. *Planta plumbagínea.
belez. m. ***Vasija.** ‖ *Ajuar doméstico. ‖ Tinaja para *vino o *aceite. ‖ *Germ.* Cosa de casa.
belezo. m. **Belez.**
belfo, fa. adj. Dícese del que tiene más grueso el *labio inferior. Apl. a pers., ú. t. c. s. ‖ m. Cualquiera de los dos labios del caballo y otros animales.
belga. adj. Natural de Bélgica. Ú. t. c. s. ‖ Perteneciente a esta nación de Europa. ‖ m. *Moneda usada en Bélgica.
bélgico, ca. adj. Perteneciente a los belgas, o a Bélgica.
bélico, ca. adj. Perteneciente o relativo a la *guerra.
belicosidad. f. Calidad de belicoso.
belicoso, sa. adj. *Guerrero, marcial. ‖ fig. *Pendenciero.
beligerancia. f. Calidad de beligerante.
beligerante. adj. Aplícase a la nación que está en *guerra. Ú. t. c. s.
belígero, ra. adj. poét. Dado a la *guerra, belicoso.
belio. m. *Fís.* Unidad de comparación de potencias acústicas o eléctricas.
belísono, na. adj. De *ruido bélico o marcial.
belitre. adj. fam. *Pícaro. Ú. t. c. s.
belitrero. m. *Germ.* *Rufián que estafa a los belitres.
belorta. f. **Vilorta** del *arado.
belvedere. m. *Pabellón, mirador o lugar donde se descubre una *vista agradable.
bellacada. f. **Bellaquería.**
bellacamente. adv. m. Con bellaquería.
bellaco, ca. adj. *Pícaro, ruin. Ú. t. c. s. ‖ *Astuto, sagaz. Ú. t. c. s.
bellacuelo, la. adj. d. de **Bellaco.**
belladona. f. *Planta solanácea, dotada de acción calmante, *narcótica y venenosa, y cuyo principio activo es la atropina.
bellamente. adv. m. Con primor o *perfección.
bellaquear. intr. Hacer bellaquerías.
bellaquería. f. Acción o dicho propio de bellaco.
bellasombra. f. **Ombú.**
bellerife. m. *Germ.* *Corchete o criado de justicia.
***belleza.** f. Propiedad de las cosas cuya contemplación produce deleite espiritual. ‖ *Mujer notable por su hermosura. ‖ **artística.** La de las obras de arte. ‖ **ideal.** Prototipo o *modelo de **belleza,** que sirve de norma al artista. ‖ **Decir bellezas.** fr. fig. Decir una cosa con *donaire.
bellido, da. adj. Bello, hermoso.
bello, lla. adj. Que tiene belleza.
***bellota.** f. *Fruto de la *encina, del roble y otros árboles del mismo género, que sirve principalmente de alimento para el ganado de cerda. ‖ Botón o capullo de *clavel sin abrir. ‖ *Vasija pequeña en que se echan especies aromáticas. ‖ Adorno de *pasamanería.
bellote. m. *Clavo grande con la cabeza parecida al cascabillo de la bellota.
bellotear. intr. Comer la bellota el ganado de cerda.
bellotera. f. La que coge o vende bellotas. ‖ Tiempo de recoger la bellota. ‖ Cosecha de bellota. ‖ **Montanera.**
bellotero. m. El que coge o vende bellotas. ‖ **Bellotera,** cosecha y montanera.
belloto. m. *Árbol de las lauráceas, cuyo fruto es una especie de nuez que sirve de alimento a los animales.
bembo. m. **Bezo,** y especialmente el del negro bozal.
bembón, na. adj. **Bezudo.** Dícese sólo de las personas.
bemol. adj. *Mús.* Dícese de la nota cuya entonación es un semitono más baja que la de su sonido natural. Ú. t. c. s. ‖ m. *Mús.* Signo que representa esta alteración del sonido. ‖ **Doble bemol.** *Mús.* Nota cuya entonación es de dos semitonos más baja que la de su sonido natural. ‖ *Mús.* Signo compuesto de dos **bemoles,** que representa esta doble alteración del sonido. ‖ **Tener bemoles,** o **tres bemoles** una cosa. fr. fig. y fam. Ser muy *difícil o desconcertante.
bemolado, da. adj. Con bemoles.
bemolar. tr. *Mús.* Poner bemoles.
ben. m. *Árbol de las leguminosas, cuyo fruto, del tamaño de la avellana, da por presión un aceite que se emplea en relojería y perfumería.
benceno. m. *Quím.* **Benzol.**
bencina. f. *Quím.* Mezcla de hidrocarburos procedentes de la destilación del petróleo, que se emplea para quitar *manchas.
bendecidor, ra. adj. Que bendice.
***bendecir.** tr. Alabar, ensalzar. ‖ Colmar de bienes a uno la Providencia. ‖ → Invocar en favor de alguna persona o cosa la protección divina. ‖ Hacer esta misma invocación, trazando cruces en el aire con la mano extendida o recitando ciertas preces. ‖ *Consagrar al culto divino alguna cosa, mediante determinada ceremonia.
***bendición.** f. Acción y efecto de bendecir. ‖ pl. Ceremonias con que se celebra el sacramento del *matrimonio. ‖ **Bendición episcopal,** o **pontifical.** La que en días solemnes dan el Papa, los obispos y otros prelados. ‖ **Echar la bendición** a una cosa. fr. fig. y fam. Levantar mano

en algún negocio; *cesar de intervenir en él. ‖ **Hacerse con bendición** una cosa. fr. fig. Hacerse con *felicidad. ‖ **Ser** una cosa **bendición de Dios.** fr. fig. y fam. Ser muy *abundante, o excelente.

benditera. f. *Liturg.* Pila para el agua bendita.

bendito, ta. p. p. irreg. de **Bendecir.** ‖ adj. *Santo o bienaventurado. ‖ *Feliz, afortunado. ‖ *Cándido o *necio. ‖ m. *Oración que empieza así: **Bendito** *y alabado sea,* etc.

benedícite. m. *Permiso que los *religiosos piden a sus prelados para ir a alguna parte. ‖ Oración que empieza con esta palabra para bendecir la *comida al sentarse a la mesa.

benedicta. f. *Farm.* Electuario de varios polvos purgantes y estomacales mezclados con miel espumada.

benedictino, na. adj. Perteneciente a la regla u orden de San Benito. Apl. a pers., ú. t. c. s. ‖ m. *Licor que fabrican los monjes de esta orden.

benedictus. m. *Mús.* *Cántico *litúrgico que se entona en algunas *misas.

beneficencia. f. Virtud de hacer bien. Práctica de obras buenas, y especialmente de *caridad. ‖ Conjunto de fundaciones *benéficas y de los servicios gubernativos referentes a ellas.

beneficentísimo, ma. adj. sup. de **Benéfico.**

beneficiación. f. Acción y efecto de beneficiar.

beneficiado, da. m. y f. Persona en beneficio de la cual se da una función de *teatro u otro espectáculo público. ‖ m. *Ecles.* El que goza un beneficio eclesiástico que no es curato o prebenda.

beneficiador, ra. adj. Que beneficia. Ú. t. c. s.

beneficial. adj. Perteneciente a beneficios eclesiásticos.

***beneficiar.** tr. Hacer bien. ‖ Cultivar una cosa para obtener *utilidad o *ganancia. ‖ *Cultivar un terreno para hacerlo productivo. ‖ Extraer de una *mina las substancias útiles. ‖ Someter al tratamiento conveniente los minerales que contienen *metal. ‖ Conseguir un *empleo por dinero. ‖ Administrar ciertas rentas públicas. ‖ Hablando de letras, *libranzas, etc., venderlas con *depreciación. ‖ Descuartizar una res para vender su *carne.

beneficiario. m. *For.* El que goza un territorio, predio o usufructo por merced de un superior.‖ Persona a cuyo favor se constituye un *seguro, renta, etc.

***beneficio.** m. Bien que se hace o se recibe. ‖ *Utilidad, provecho. ‖ *Cultivo de los campos, plantas, etc. ‖ Acción de beneficiar una res. ‖ Acción de beneficiar *minas o *minerales. ‖ Conjunto de emolumentos que obtiene un eclesiástico. ‖ Función de *teatro u otro espectáculo público, cuyo producto se destina a favorecer a una persona o institución. ‖ *For.* Derecho que compete a uno por ley o privilegio. ‖ **amovible,** o **amovible ad nútum. Beneficio** eclesiástico del cual se puede remover al que lo goza. ‖ **curado.** El que tiene obligación aneja de cura de almas. ‖ **de bandera.** Disminución de derechos arancelarios que pagan las mercancías transportadas en buques de la propia nación. ‖ **de deliberar.** *For.* El concedido por la ley al *heredero para aplazar la aceptación de la herencia hasta que se haya hecho el inventario. ‖ **de inventario.** Facultad de aceptar la *herencia sin quedar obligado a pagar a los acreedores del difunto más de lo que importe la herencia misma. ‖ **exento.** Aquel cuya provisión está reservada al *Papa. ‖ **simple.** El que no tiene obligación aneja de cura de almas. ‖ **A beneficio de inventario.** expr. adv. fig. Con reserva, con *precaución.

beneficioso, sa. adj. Provechoso, útil.

***benéfico, ca.** adj. Que hace bien.

benemérito, ta. adj. Que *merece premio u honores.

beneplácito. m. *Aprobación, *permisión.

benévolamente. adv. m. Con benevolencia.

benevolencia. f. *Benignidad y buena voluntad hacia las personas.

benevolentísimo, ma. adj. sup. de **Benévolo.**

benévolo, la. adj. *Benigno, bondadoso, que muestra buena voluntad o afecto.

bengala. f. Caña de Indias de que se hacen *bastones. ‖ *Insignia de mando militar, a modo de bastón. ‖ **Luz de bengala.**

bengalí. adj. Natural de Bengala. Ú. t. c. s. ‖ Perteneciente a esta provincia del Indostán. ‖ m. *Lengua que se habla en Bengala. ‖ *Pájaro pequeño, de alas puntiagudas y vivos colores.

benignamente. adv. m. Con benignidad.

***benignidad.** f. Calidad de benigno.

***benigno, na.** adj. *Afable, benévolo. ‖ fig. Templado, suave, *bonancible.

benito, ta. adj. **Benedictino.** Apl. a pers., ú. t. c. s.

benjamín. m. fig. *Hijo menor.

benjamita. adj. Descendiente de la tribu de Benjamín. Ú. t. c. s. ‖ Perteneciente o relativo a Benjamín.

benjuí. m. *Bálsamo aromático que se obtiene por incisión en la corteza de ciertos árboles.

benzoato. m. *Quím.* Sal que resulta de la combinación del ácido benzoico con una base.

benzoico, ca. adj. *Quím.* Perteneciente o relativo al benjuí.

benzol. m. *Quím.* Hidrocarburo que se obtiene destilando los aceites ligeros que quedan como residuo de la fabricación del gas del alumbrado.

beocio, cia. adj. Natural de Beocia. Ú. t. c. s. ‖ Perteneciente a esta región de Grecia antigua. ‖ fig. Tonto, *necio.

beodez. f. *Borrachera.

beodo, da. adj. Embriagado o *borracho. Ú. t. c. s.

beorí. m. Tapir americano.

beque. m. *Arq. Nav.* Obra exterior de proa. ‖ *Mar.* *Retrete de la marinería. Ú. m. en pl. ‖ fig. **Bacín.**

berasqui. m. Instrumento para recoger el grano en la *era.

berbén. m. **Loanda.**

berberecho. m. *Molusco bivalvo, de conchas estriadas casi circulares, que se come crudo o guisado.

berberí. adj. **Bereber.** Apl. a pers., ú. t. c. s.

berberídeo, a. adj. *Bot.* Aplícase a arbustos y matas cuyo tipo es el arlo. Ú. t. c. s. f. ‖ f. pl. *Bot.* Familia de estas plantas.

berberís. m. **Bérbero.**

berberisco, ca. adj. **Bereber.** Apl. a pers, ú. t. c. s.

bérbero. m. ***Agracejo,** arbusto. ‖ Fruto del **bérbero.** ‖ Confección hecha con este fruto.

bérberos. m. **Bérbero.**

berbiquí. m. Doble codo, que puede girar alrededor de un puño ajustado en una de sus extremidades, y tiene la otra dispuesta para encajar en ella un *taladro, broca, etc.

berceo. m. **Barceo.**

bercial. m. Sitio poblado de berceos.

berciano, na. adj. Natural del Bierzo. Ú. t. c. s. ‖ Perteneciente a este territorio.

beréber. adj. Natural de Berbería. Ú. t. c. s. ‖ Perteneciente a esta región de África. ‖ m. Individuo de la raza que habita el África septentrional.

berengario, ria. adj. Dícese de ciertos *herejes franceses que negaban la presencia real de Jesucristo en la Eucaristía. Ú. m. c. s. y en pl.

berenjena. f. *Planta solanácea, de fruto aovado o cilíndrico, comestible, cubierto por una película morada. ‖ Fruto de esta planta. ‖ **catalana.** Variedad de la común, cuyo fruto es casi cilíndrico y de color morado muy obscuro. ‖ **de huevo.** Variedad de la común, cuyo fruto es muy semejante a un huevo de gallina. ‖ **morada,** o **moruna. Berenjena catalana.**

berenjenal. m. Sitio plantado de berenjenas. ‖ **Meterse** uno **en buen, en mal,** o **en un, berenjenal.** fr. fig. y fam. Meterse en negocios *difíciles e intrincados.

berenjenín. m. d. de **Berenjena.** ‖ Variedad de la berenjena común, cuyo fruto es casi cilíndrico, y de color enteramente blanco.

bergadán, na. adj. Natural de Berga. Ú. t. c. s. ‖ Perteneciente a esta ciudad y a su comarca.

bergamasco, ca. adj. Natural de Bérgamo. Ú. t. c. s. ‖ Perteneciente a esta ciudad de Italia.

bergamota. f. Variedad de *pera muy jugosa y aromática. ‖ Variedad de lima muy aromática.

bergamote. m. **Bergamoto.**

bergamoto. m. Limero que produce la bergamota. ‖ *Peral que produce la bergamota.

bergante. m. *Pícaro.

bergantín. m. *Embarcación de dos palos y vela cuadrada. ‖ **goleta.** El que usa aparejo de goleta en el palo mayor.

bergantina. f. *Mar.* *Vela cangreja de los bergantines.

bergantinejo. m. d. de **Bergantín.**

bergantino. f. *Mar.* *Embarcación mixta de jabeque y bergantín.

bergazote. m. Variedad de *higo de Canarias.

beriberi. m. *Enfermedad caracterizada por polineuritis, debilidad general y rigidez dolorosa de los miembros. Es una especie de avitaminosis.

berilio. m. **Glucinio.**

berilo. m. Variedad de esmeralda, de color verdemar, blanco o azul, usada en *joyería.

beritense. adj. Natural de Berito. Ú. t. c. s. ‖ Perteneciente a esta ciudad de Fenicia.

berlandina. f. desus. **Bernardina.**

berlanga. f. Juego de *naipes en que se gana reuniendo tres cartas iguales.

berlina. f. *Coche cerrado, de dos asientos. ‖ En las diligencias y otros *carruajes de dos o más departamentos, el anterior, que es cerrado y sólo tiene una fila de asientos.

berlina (en). expr. adv. fig. En ridículo. ‖ Expuesto a la *vergüenza.

berlinés, sa. adj. Natural de Berlín. Ú. t. c. s. Perteneciente a esta ciudad de Prusia.

berlinga. f. *Vara verde, con que se remueve la masa fundida en los hornos *metalúrgicos. ‖ Cada uno de los *palos en que se atiranta la cuer-

da de tender la ropa a *secar. ‖ *Mar.* **Percha,** tronco enterizo.
berlingar. tr. Remover con la berlinga.
berma. f. **Fort.* Espacio al pie de la muralla para que las piedras que se desprenden de ella no caigan dentro del foso.
bermejal. m. Extensión grande de *terreno bermejo.
bermejear. intr. Mostrar alguna cosa el *color bermejo que en sí tiene. ‖ Tirar a bermejo.
bermejizo, za. adj. Que tira a bermejo. ‖ m. Especie de *murciélago.
bermejo, ja. adj. Rubio rojizo.
bermejón, na. adj. De *color bermejo o que tira a él.
bermejuela. f. *Pez malacopterigio abdominal, que abunda en algunos ríos de España. ‖ **Brezo,** *arbusto.
bermejuelo, la. adj. d. de **Bermejo.**
bermejura. f. Color bermejo.
bermellón. m. Cinabrio reducido a polvo.
bernardina. f. fam. **Mentira.** ‖ Baladronada, *jactancia. ‖ Relato en que se emplean, como palabras, voces que carecen de sentido.
bernardo, da. adj. Dícese del *monje o monja de la orden del Císter. Ú. t. c. s. ‖ m. Especie de *crustáceo.
bernegal. m. *Taza ancha de boca y de figura ondeada. ‖ Tinaja que recibe el agua que destila el filtro.
bernés, sa. adj. Natural de Berna. Ú. t. c. s. ‖ Perteneciente a esta ciudad y cantón de Suiza.
bernia. f. *Tela de lana basta para capas de abrigo. ‖ *Capa hecha de esta tela.
berniz. m. **Barniz.**
berozo. m. **Brezo.**
berquera. f. Enrejado de alambre sobre el cual extienden los confiteros los *dulces para que se sequen.
berra. f. **Berraza,** berro crecido.
berraña. f. Planta, variedad del berro común, pero no comestible.
berraza. f. **Berrera.** ‖ Berro crecido y talludo.
berrear. intr. Dar berridos los becerros u otros animales. ‖ fig. Gritar o *cantar desentonadamente. ‖ r. *Revelar o confesar alguna cosa.
berrenchín. m. Vaho o tufo que arroja el *jabalí furioso. ‖ fig. y fam. **Berrinche.**
berrendearse. r. Pintarse el *trigo.
berrendo, da. adj. Manchado de dos *colores. ‖ Dícese del *toro que tiene manchas de color distinto del de la capa. Ú. t. c. s. ‖ Se aplica al gusano de seda que tiene el color moreno. ‖ m. *Rumiante de América parecido al ciervo.
berreón, na. adj. Gritador, chillón.
berrera. f. Planta umbelífera, que se cría en las orillas de los riachuelos.
berrido. m. *Voz del becerro y otros animales que berrean. ‖ fig. *Grito desaforado de persona, o nota alta y desafinada al cantar.
berrín. m. **Bejín,** niño que *llora con rabia.
berrinche. m. fam. *Enojo grande, rabieta.
berro. m. *Planta crucífera, que crece en lugares aguanosos. Las hojas se comen en *ensalada.
berrocal. m. Sitio lleno de berruecos.
berroqueña. adj. V. **Piedra berroqueña.** Ú. t. c. s.
berrueco. m. Tumorcillo que se cría en las niñas de los *ojos. ‖ Tolmo granítico. ‖ **Barrueco.**
***berza.** f. **Col.** ‖ **de pastor. Ceñiglo.** ‖ **de perro, o perruna. Vencetósigo.**
berzal. m. Campo plantado de berzas.
bes. m. *Peso de ocho onzas.
besalamano. m. Esquela que empieza con la abreviatura B. L. M., se redacta en tercera persona y no lleva firma.
besamanos. m. Acto en que se besaba la mano del *rey, en señal de adhesión. Después se redujo a una simple *visita en ciertos días. ‖ El mismo acto celebrado en provincias ante la autoridad que representaba a las personas reales. ‖ Modo de *saludar acercando la mano derecha a la boca y apartándola de ella una o más veces.
besamela. f. *Salsa blanca que se hace con harina, crema, leche y manteca.
besana. f. **Agr.* Labor de surcos paralelos. ‖ Primer *surco que se abre cuando se empieza a arar. ‖ Medida *superficial agraria usada en Cataluña. ‖ **Haza.**
besante. m. Antigua *moneda bizantina de oro o plata. ‖ **Blas.* Figura que representa la moneda de este nombre.
***besar.** tr. Tocar alguna cosa con los labios, haciendo al propio tiempo una breve aspiración, en señal de afecto o respeto. ‖ fig. y fam. Tratándose de cosas inanimadas, tocar unas a otras.
besico. m. d. de **Beso.** ‖ **de monja. Farolillo,** planta.
***beso.** m. Acción de besar. ‖ **de Judas.** fig. El que se da con *deslealtad y falsa intención. ‖ **Comerse** a uno **a besos.** fr. fig. Besarle con vehemencia.
bestezuela. f. d. de **Bestia.**
bestia. f. *Animal *cuadrúpedo y, especialmente, *caballería. ‖ com. fig. Persona *rústica e *ignorante. Ú. t. c. adj. ‖ **de albarda.** Asno. ‖ **Gran bestia. Anta.** ‖ **Tapir.**
bestiaje. m. Conjunto de bestias de carga.
bestial. adj. *Brutal o *irracional. ‖ fig. y fam. De *grandeza *excesiva. ‖ m. Cabeza de *ganado mayor.
bestialidad. f. Brutalidad o *irracionalidad. ‖ Pecado de *lujuria cometido con una bestia.
bestializarse. r. Hacerse bestial.
bestialmente. adv. m. Con bestialidad.
bestiario. m. *Gladiador que luchaba con las fieras. ‖ En *literatura medieval, colección de fábulas referentes a animales.
bestión. m. aum. de **Bestia.**
bréstola. f. **Arrejada.**
besucador, ra. adj. fam. Que besuca. Ú. t. c. s.
besucar. tr. fam. **Besuquear.**
besucón, na. adj. fam. **Besucador.** Ú. t. c. s.
besugada. f. *Comida en que el besugo es el plato principal.
besugo. m. *Pez acantopterigio, de carne blanca de sabor delicado. ‖ Especie de pagel.
besuguera. f. La que vende besugos. ‖ Cazuela para *guisar besugos.
besuguero. m. El que vende besugos. ‖ Anzuelo para *pescar besugos.
besuguete. m. d. de **Besugo.** ‖ **Pagel.**
besuquear. tr. fam. *Besar repetidamente.
besuqueo. m. Acción de besuquear.
beta. f. Pedazo de *cuerda o *hilo. ‖ *Mar.* Nombre común a varios de los *cabos empleados en los aparejos.
beta. f. Segunda *letra del alfabeto griego.
betarraga. f. **Remolacha.**
betarrata. f. **Betarraga.**
betel. m. *Planta trepadora, de las piperáceas, cuyas hojas tienen sabor a menta, y sirven para la composición del buyo. ‖ **Buyo.**
betería. f. *Mar.* Conjunto de las betas que se llevan a bordo.
bético, ca. adj. Natural de la antigua Bética, hoy Andalucía. Ú. t. c. s. ‖ Perteneciente a ella.
betijo. m. Palito que se pone a los *cabritos encima de la lengua, de modo que les impida mamar.
betlemita. adj. Natural de Belén. Ú. t. c. s. ‖ Perteneciente a esta ciudad. ‖ Dícese del *religioso de la orden fundada por Pedro de Bethencourt. Ú. t. c. s.
betlemítico, ca. adj. Perteneciente a Belén. ‖ Perteneciente a los betlemitas.
betón. m. *Argamasa compuesta de cemento y piedras menudas. ‖ *Cera que está a la entrada de la colmena.
betónica. f. *Planta labiada, cuyas hojas y raíces son medicinales. ‖ Planta silvestre de Cuba, muy parecida a la anterior, y de la cual se hace *aguardiente aromático. ‖ **coronaria. Gariofilea.**
betuláceo, a. adj. **Bot.* Dícese de árboles o arbustos dicotiledóneos, cuyo tipo es el abedul. Ú. t. c. s. f. ‖ f. pl. *Bot.* Familia de estas plantas.
betuminoso, sa. adj. **Bituminoso.**
***betún.** m. Nombre de varias substancias naturales compuestas principalmente de carbono e hidrógeno, que arden con llama y olor peculiar. ‖ Mezcla de varios ingredientes, que se usa para dar lustre al *calzado. ‖ Infusión de *tabaco. ‖ Mezcla de azúcar y clara de huevo batida, que usan los confiteros para cubrir los *dulces. ‖ **Zulaque.** ‖ **de Judea, o judaico. Asfalto.**
betunar. tr. **Embetunar.**
betunería. f. Fábrica de betunes. ‖ Tienda donde los venden. ‖ Tienda de limpiabotas.
betunero. m. El que elabora o vende betunes. ‖ El que embetuna el *calzado.
beuna. f. *Uva de color bermejo. ‖ m. *Vino que se hace de esta uva.
bey. m. *Gobernador de una ciudad turca.
bezaar. m. **Bezoar.**
bezante. m. **Blas.* Figura redonda, llana y maciza, de metal.
bezar. m. **Bezoar.**
bezo. m. *Labio grueso. ‖ **Labio.** ‖ fig. Carne que se levanta alrededor de la *herida.
bezoar. m. Concreción calculosa que suele encontrarse en el estómago o en las vías urinarias de algunos cuadrúpedos, y que se consideraba como *antídoto y medicamento. ‖ **occidental.** El del cuajar de algunas especies de cabras. ‖ **oriental.** El del cuajar del antílope.
bezoárdico, ca. adj. **Bezoárico.**
bezoárico, ca. adj. Aplícase a lo que contiene bezoar, y a ciertos *antídotos y medicamentos. Ú. m. c. s. m. ‖ **mineral.** Peróxido de antimonio.
bezote. m. *Arete o arracada que usaban los indios de América en el labio inferior.
bezudo, da. adj. Grueso de labios.
bi. Prefijo que indica duplicación.
biaba. f. *Derrota.
biajaiba. f. *Pez del mar de las Antillas, cuya carne es muy apreciada.
biangular. adj. Que tiene dos ángulos.
biarca. m. *Oficial que en la milicia romana cuidaba especialmente de los víveres y de las pagas.

biaza. f. **Bizaza.**
biberón. m. Frasco provisto de un pezón de goma elástica, para la *lactancia artificial.
bibicho. m. **Gato.**
bibijagua. f. *Hormiga de Cuba. ‖ fig. Persona muy diligente.
***Biblia.** n. p. f. La Sagrada Escritura.
***bíblico, ca.** adj. Perteneciente o relativo a la Biblia.
bibliofilia. f. Pasión por los *libros raros.
bibliófilo. m. El aficionado a poseer libros raros o de mérito especial.
bibliografía. f. Ciencia que trata del conocimiento y descripción de los libros. ‖ Catálogo de *libros o escritos referentes a materia determinada.
bibliográfico, ca. adj. Perteneciente o relativo a la bibliografía.
bibliógrafo. m. El que profesa la bibliografía.
bibliólatra. m. Que tiene marcada afición a los *libros.
bibliología. f. Ciencia que trata de los *libros.
bibliomancia. f. *Adivinación que se practicaba abriendo un libro al acaso.
bibliomanía. f. Pasión de tener muchos *libros raros.
bibliómano. m. El que tiene bibliomanía.
bibliomapa. m. Atlas geográfico.
biblioteca. f. Local donde se conservan *libros convenientemente ordenados para la lectura. ‖ Conjunto de estos *libros. ‖ Obra en que se da cuenta de una colección de libros y de sus autores. ‖ Colección de libros o tratados análogos.
bibliotecario, ria. m. y f. Persona que tiene a su cargo el cuidado de una biblioteca.
bica. f. *Torta sin levadura que se hace en Galicia.
bical. m. Salmón macho.
bicameral. adj. Dícese del sistema político en que son dos las *asambleas o cámaras legislativas.
bicarbonato. m. *Quím.* Sal formada por una base y por ácido carbónico en doble cantidad que en los carbonatos neutros.
bicariño. m. Variedad de *higo de Tenerife.
bicéfalo, la. adj. Que tiene dos *cabezas.
bíceps. adj. *Zool.* Que tiene dos *cabezas o extremos redondeados. ‖ *Zool.* Dícese de los *músculos que tienen dos cabezas. Ú. t. c. s. ‖ **braquial.** *Zool.* El que va desde el omoplato a la parte superior del radio. ‖ **femoral.** *Zool.* El que está situado en la parte posterior del muslo.
bicerra. f. Especie de *cabra montés.
bici. f. fam. **Bicicleta.**
***bicicleta.** f. *Velocípedo de dos ruedas iguales.
biciclo. m. *Velocípedo de dos ruedas.
bicípite. adj. **Bicéfalo.**
bicoca. f. fig. y fam. Cosa muy *ventajosa y que cuesta poco trabajo.
bicolor. adj. De dos *colores.
bicóncavo, va. adj. *Geom.* Dícese del cuerpo que tiene dos superficies *cóncavas opuestas.
biconvexo, xa. adj. *Geom.* Dícese del cuerpo que tiene dos superficies *convexas opuestas.
bicoquete. m. **Papalina,** *gorra de dos puntas.
bicoquín. m. **Bicoquete.**
bicorne. adj. poét. De dos *cuernos o dos puntas.
bicornio. m. *Sombrero de dos picos.
bicos. m. pl. Ciertas puntillas de oro que se ponían en los birretes.
bicromato. m. *Quím.* Sal que contiene dos veces más de ácido crómico que el combinado con la base.
bicromía. m. *Impr.* Impresión o grabado en dos colores.
bicuadrado, da. adj. *Mat.* Dícese de la cantidad que es la cuarta potencia de otra.
bicuento. m. *Arit.* **Billón.**
bicha. f. fam. Entre personas supersticiosas, **culebra.** ‖ *Arq.* Figura fantástica que se emplea como *ornamentación.
bicharraco. m. despect. de **Bicho.**
***bichero.** m. *Mar.* Asta larga con un hierro de punta y gancho, que sirve en las embarcaciones menores para atracar y desatracar.
***bicho.** m. Cualquier animal pequeño. ‖ **Bestia.** ‖ *Taurom.* Toro de lidia. ‖ fig. Persona de figura ridícula. ‖ **viviente.** fam. **Alma viviente.** ‖ **Mal bicho.** fig. Persona *perversa.
bichofear. tr. Mostrar a uno *reprobación o desagrado con silbidos.
bichozno. m. Quinto *nieto, o sea hijo del cuadrinieto.
bidé. m. Cubeta de forma alargada, sobre la cual puede una persona colocarse a horcajadas para *lavarse.
bidente. adj. poét. De dos *dientes. ‖ m. *Arma compuesta de un palo largo con una cuchilla en forma de media luna. ‖ poét. Especie de *azada de dos dientes.
bidma. f. ant. **Bizma.**
bidón. m. *Recipiente o *envase de chapa metálica.
bidón. m. *Artill.* Antiguo *proyectil hueco, de forma cilíndrica.
biela. f. *Mec.* Pieza convenientemente articulada para transformar el movimiento de vaivén en otro de rotación, o viceversa.
bielda. f. *Bieldo que tiene dos palos cruzados entre los dientes, y sirve para cargar y encerrar la paja. ‖ Acción de beldar.
bieldar. tr. **Beldar.**
***bieldo.** m. Instrumento para beldar, compuesto de un palo largo, en cuyo extremo hay un travesaño con cuatro púas de madera. ‖ **Bielda.**
bielga. f. *Bieldo de dobles dimensiones que el ordinario.
bielgo. m. **Bieldo.**
***bien.** m. Aquello que se ofrece a la voluntad como su fin propio. ‖ Lo que es *bueno, útil o agradable. ‖ *Utilidad, *beneficio. ‖ adv. m. Según es debido, de manera razonable, acertada o *perfecta. ‖ Conveniente o *felizmente. ‖ Con gusto, con buena *voluntad. ‖ Sin inconveniente o dificultad. ‖ Denota a veces *condescendencia o asentimiento. ‖ Úsase repetido como conjunción distributiva. ‖ adv. c. *Mucho, muy bastante. ‖ Empléase también para denotar cálculo *aproximado. ‖ → m. pl. Hacienda, riqueza, caudal. ‖ **acensuados.** *For.* **Bienes** gravados con algún censo. ‖ **adventicios.** *For.* Los que adquiere el hijo de familia que está bajo la patria potestad. ‖ **alodiales.** *For.* Los que están libres de todo derecho señorial. ‖ **antifernales.** Los que el marido donaba a la mujer en compensación de la dote. ‖ **de abolengo.** *For.* Los heredados de los abuelos. ‖ **de difuntos.** Los de españoles y extranjeros que morían en Ultramar y cuyos herederos se hallaban ausentes. ‖ **de fortuna. Bienes.** ‖ **de propios. Bienes propios.** ‖ **dotales.** *For.* Los que constituyen la dote. ‖ **fungibles.** *For.* Los muebles de que no puede hacerse uso sin consumirlos. ‖ **gananciales.** Los adquiridos por el marido o la mujer durante la sociedad conyugal. ‖ **inmuebles. Bienes raíces.** ‖ **mostrencos.** Los muebles o los semovientes que carecen de dueño conocido. ‖ **muebles.** Los que pueden trasladarse de una parte a otra. ‖ **nullíus.** *For.* **Bienes** sin dueño. ‖ **parafernales.** *For.* Los que aporta la mujer al matrimonio fuera de la dote. ‖ **propios.** Los comunales que formaban el patrimonio de un pueblo. ‖ **raíces.** Las tierras, edificios, caminos, construcciones y minas; y los accesorios o derechos a los cuales se atribuye igual condición. ‖ **relictos.** *For.* Los que dejó alguno a su fallecimiento. ‖ **sedientes. Bienes raíces.** ‖ **semovientes.** Los que consisten en ganados. ‖ **vacantes.** Los inmuebles que no tienen dueño conocido. ‖ **Aprehender los bienes.** fr. *For.* *Embargarlos. ‖ **Bien a bien.** m. adv. De buen grado, *voluntariamente. ‖ **Si bien.** m. conjunt. **Aunque.** ‖ **Tener uno a bien, o por bien.** fr. Querer o dignarse hacer alguna cosa.
bienal. adj. Que se *repite cada bienio. ‖ Que dura un bienio. ‖ **Bot.* **Bisanuo.**
bienandante. adj. *Feliz, afortunado.
bienandanza. f. *Felicidad, dicha.
bienaventuradamente. adv. m. Con bienaventuranza, con felicidad.
bienaventurado, da. adj. Que goza de la *bienaventuranza eterna. Ú. t. c. s. ‖ Afortunado, *feliz. ‖ irón. Dícese de la persona demasiado *cándida. Ú. t. c. s.
***bienaventuranza.** f. Vista y posesión de Dios en el cielo. ‖ *Felicidad humana. ‖ pl. Las ocho felicidades que Cristo propuso a sus discípulos.
***bienestar.** m. **Comodidad.** ‖ Vida holgada.
bienfamado, da. adj. ant. De buena *fama.
bienfortunado, da. adj. **Afortunado.**
biengranada. f. *Planta salsolácea.
bienhablado, da. adj. Que habla cortésmente. ‖ Que no murmura.
bienhadado, da. adj. **Bienfortunado.**
bienhechor, ra. adj. Que hace bien a otras personas. Ú. t. c. s.
bienintencionadamente. adv. m. Con buena intención.
bienintencionado, da. adj. Que tiene buena intención.
bienio. m. Tiempo de dos *años.
bienllegada. f. **Bienvenida.**
bienmandado, da. adj. *Obediente y dócil.
bienmesabe. m. *Dulce de claras de huevo y azúcar para hacer merengues. ‖ *Dulce hecho con yemas, almendras y pan tostado.
bienoliente. adj. **Fragante.**
bienquerencia. f. Buena voluntad, *cariño.
bienquerer. m. **Bienquerencia.**
bienquerer. tr. Querer bien, *amar, apreciar.
bienqueriente. p. a. de **Bienquerer.** Que bienquiere.
bienquistar. tr. *Conciliar a una o varias personas con otra u otras. Ú. t. c. r.
bienquisto, ta. p. p. irreg. de **Bienquerer.** ‖ adj. De buena *fama. ‖ Apreciado, estimado.
biensonante. adj. Que suena bien.
bienteveo. m. **Candelecho.**
bienvenida. f. Venida o *llegada feliz. ‖ *Felicitación que se da a uno por haber llegado bien.
bienvenido. m. desus. **Bienvenida.**
bienvivir. intr. Vivir con holgura. ‖ Vivir con *honradez.
bienza. f. **Birza.**

bierva. f. *Vaca que ya no tiene la cría y sigue dando *leche.
bierzo. m. *Tela de hilo labrada en el Bierzo.
bies. m. Sesgo, *inclinación. ‖ Tira de tela cortada al sesgo, que se pone en algunos *vestidos.
bifásico, ca. adj. **Electr.* Dícese de un sistema de dos corrientes alternas, retrasadas la una de la otra en un semiperíodo.
bífero, ra. adj. **Bot.* Dícese de las plantas que fructifican dos veces al año.
bífido, da. adj. *Bot.* Hendido en dos partes.
bifilar. adj. *Electr.* Que tiene dos hilos.
bifloro, ra. adj. Que tiene o encierra dos *flores.
bifocal. adj. **Ópt.* Dícese de las *lentes que tienen dos focos.
biforme. adj. De dos *formas.
bifronte. adj. De dos frentes o dos *caras.
biftec. m. **Bistec.**
***bifurcación.** f. Acción y efecto de bifurcarse.
bifurcado, da. adj. De figura de *horquilla.
***bifurcarse.** r. Dividirse en dos ramales, brazos o puntas; como un camino, una rama de árbol, etc.
biga. f. Carro de dos caballos. ‖ poét. Tronco de *caballos que tiran de la biga.
bigamia. f. *For.* Estado del marido o de la mujer que, en vida de su cónyuge, contrae nuevo *matrimonio. ‖ *For.* Segundo *matrimonio que contrae el que sobrevive de los dos consortes. ‖ **interpretativa.** La que resulta del matrimonio con mujer que ha perdido su virginidad. ‖ **similitudinaria.** *Der. Can.* La que comete un religioso profeso o un clérigo casándose de hecho.
bígamo, ma. adj. Que se casa por segunda vez, viviendo el primer cónyuge. Ú. t. c. s. ‖ **Bínubo.** Ú. t. c. s. ‖ Casado con viuda, o casada con viudo. Ú. t. c. s.
bigarda. f. **Billarda.**
bigardear. intr. fam. Andar vagando.
bigardía. f. *Burla, fingimiento.
bigardo, da. adj. fig. Que se solía aplicar a los *monjes que vivían en el *desenfreno. Usáb. t. c. s. ‖ fig. *Holgazán, vicioso. Ú. t. c. s.
bígaro. m. *Caracol marino pequeño, de carne comestible.
bigarrado, da. adj. **Abigarrado.**
bigarro. m. **Bígaro.**
bigato. m. *Moneda romana de plata.
bignonia. f. Planta *trepadora, con grandes flores encarnadas, que se cultiva en los jardines.
bignoniáceo, a. adj. **Bot.* Aplícase a plantas arbóreas, sarmentosas y trepadoras, cuyo tipo es la bignonia. Ú. t. c. s. f. ‖ f. pl. *Bot.* Familia de estas plantas.
bigorneta. f. d. de **Bigornia.**
bigornia. f. Yunque con dos puntas opuestas.
bigornio. m. *Germ.* *Valentón que anda con otros en cuadrilla.
bigorrella. f. Piedra de gran peso que sirve para calar las collas de *pesca.
bigorrilla. f. *Mar.* Costura para unir al tope dos paños de *vela.
***bigote.** m. Pelo que nace sobre el labio superior. Ú. t. en pl. ‖ **Impr.* Línea horizontal, gruesa por en medio y delgada por los extremos. ‖ *Min.* En algunos *hornos, abertura semicircular para que salga la escoria. ‖ pl. *Min.* *Llamas que salen por esta abertura. ‖ *Min.* Infiltraciones de *metal en las grietas del horno. ‖ Hierrecitos que salían de la cazoleta, en algunas *espadas antiguas. ‖ **Tener uno bigotes.** fr. fig. y fam. Tener *constancia y entereza. ‖ **No tener malos bigotes** una mujer. fr. fig. y fam. Ser *hermosa.
bigotera. f. Tira de gamuza con que se cubren los *bigotes en casa o en la cama, para que se conserven rizados. ‖ Bocera que, cuando se *bebe, queda en el labio superior. Ú. m. en pl. ‖ Cierto adorno de *cintas que usaban las mujeres para el pecho. ‖ *Asiento plegable que hay en el interior de algunos *carruajes. ‖ **Puntera** del *calzado. ‖ *Compás pequeño. ‖ Prolongación delantera del toldo de las tartanas y otros *carruajes, para resguardarse del sol o de la lluvia. ‖ **Pegar** a uno **una bigotera.** fr. fig. y fam. Hacerle una *estafa.
bigotudo, da. adj. Que tiene mucho bigote.
bija. f. *Árbol de las bixíneas, cuya semilla da por maceración una substancia que sirve para *teñir de rojo. ‖ Fruto de este árbol. ‖ Semilla de este fruto. ‖ Pasta tintórea que se prepara con esta semilla. ‖ Pasta hecha con bermellón, que los indios americanos usaban como *afeite.
bilabiado, da. adj. **Bot.* Dícese del cáliz o corola cuyo tubo se halla dividido en dos partes.
bilabial. adj. Dícese del sonido en cuya *pronunciación intervienen los dos labios, y de la *letra que lo representa.
bilallo. m. Cierto *barco de pasaje usado en Filipinas.
bilao. m. *Bandeja que hacen los filipinos con tiras de caña.
bilateral. adj. *For.* V. **Contrato bilateral.**
bilbaíno, na. adj. Natural de Bilbao. Ú. t. c. s. ‖ Perteneciente a esta villa.
bilbilitano, na. adj. Natural de Bílbilis. Ú. t. c. s. ‖ Perteneciente a esta antigua ciudad. ‖ Natural de Calatayud. Ú. t. c. s. ‖ Perteneciente a esta ciudad.
bilboquete. m. **Boliche,** *juguete así llamado.
bilda. f. *Agr.* **Bielda.**
bildar. tr. **Bieldar.**
bildo. m. *Agr.* **Bieldo.**
***biliar.** adj. Perteneciente o relativo a la *bilis.
biliario, ria. adj. **Biliar.**
bilingüe. adj. Que habla dos *lenguas. ‖ Escrito en dos idiomas.
bilioso, sa. adj. Abundante de bilis. ‖ fig. Áspero, *desabrido.
***bilis.** f. Humor amarillento o verdoso, de sabor amargo, segregado por el hígado. ‖ **vitelina.** La de color amarillo obscuro. ‖ **Exaltársele** a uno **la bilis.** fr. fig. Conmoverse, *irritarse.
bilítero, ra. adj. De dos *letras.
bilma. f. **Bizma.**
bilmar. tr. **Bizmar.**
bilocación. f. *Teol.* *Presencia sobrenatural de una persona en dos lugares al mismo tiempo.
bilocarse. r. *Hallarse a un tiempo en dos distintos lugares o parajes.
bilongo. m. Mal de ojo; *hechicería.
billa. f. En el juego de *billar, lance que consiste en meter una bola en la tronera después de haber tocado con otra bola.
billalda. f. **Tala,** *juego de muchachos.
***billar.** m. Juego que consiste en impulsar por medio de tacos, y según ciertas reglas, bolas de marfil que ruedan en una mesa rectangular limitada por bandas elásticas. ‖ Lugar en que hay mesas para este juego. ‖ **romano.** *Juego de azar que consiste en un tablero inclinado, erizado de clavos y con casilleros numerados. Cada jugador echa a rodar una bolita y gana el que reúne más puntos.
billarda. f. **Billalda.** ‖ Trampa para coger lagartos.
billete. m. Antiguamente *decreto del rey comunicado por alguno de sus ministros. ‖ *Carta breve. ‖ Tarjeta o cédula que da derecho para *entrar u ocupar asiento en local, vehículo, etc. ‖ Cédula que acredita participación en una *rifa o *lotería. ‖ Cédula impresa o grabada que representa cantidades de cierta *moneda. ‖ **Blas.* **Cartela.** ‖ **kilométrico.** **Ferr.* El que autoriza para recorrer cierto número de kilómetros.
billetero. m. *Cartera pequeña de bolsillo para llevar billetes de banco.
billón. m. *Arit.* Un millón de millones.
billonésimo, ma. adj. *Arit.* Dícese de cada una de las *partes, iguales entre sí, de un todo dividido en un billón de ellas. Ú. t. c. s. ‖ *Arit.* Que ocupa el último lugar en una serie *ordenada de un billón de lugares.
bimano, na o **bímano, na.** adj. *Zool.* De dos manos. Dícese sólo del *hombre. Ú. t. c. s.
bimba. f. fam. **Chistera,** *sombrero de copa.
bimbalete. m. Rollizo que se emplea en la construcción de *armaduras y otros usos.
bimbral. m. fam. **Mimbreral.**
bimbre. m. fam. **Mimbre.**
bimembre. adj. De dos miembros o partes.
bimensual. adj. Que se *repite dos veces al *mes.
bimestral. adj. Que sucede o se repite cada bimestre. ‖ Que dura un bimestre.
bimestre. adj. **Bimestral.** ‖ m. Tiempo de dos *meses. ‖ Cantidad que se cobra o paga por cada **bimestre.**
bimetalismo. m. Sistema que admite como patrones el oro y la plata para las *monedas.
bimetalista. adj. Propio del bimetalismo o relativo a él. ‖ com. Partidario del bimetalismo.
bimotor. adj. Dícese de la *aeronave provista de dos motores y dos hélices. Ú. t. c. s. m.
bina. f. **Agr.* Acción y efecto de binar.
binación. f. Acción de binar.
binadera. f. Especie de *azada para quitar la broza.
binador. m. El que bina. ‖ Instrumento que sirve para binar las *viñas.
binadura. f. **Agr.* Acción y efecto de binar (las tierras o las viñas).
binar. tr. **Agr.* Dar segunda reja a las tierras de labor. ‖ Hacer la segunda cava en las *viñas. ‖ intr. Celebrar un sacerdote dos *misas en día festivo.
binario, ria. adj. Compuesto de *dos elementos.
binazón. f. **Bina.**
binca. f. Conjunto de dos opositores a una cátedra o prebenda.
bingarrote. m. *Aguardiente destilado del binguí.
binguí. m. *Bebida que en Méjico extraen del tronco del maguey.
binocular. adj. Relativo a los dos ojos.
binóculo. m. *Anteojo con lentes para ambos ojos.
binomio. m. **Álg.* Expresión alge-

braica formada por la suma o la diferencia de dos términos.
bínubo, ba. adj. *Casado segunda vez. Ú. t. c. s.
binza. f. **Fárfara,** telilla del *huevo. || Película que tiene la *cebolla por la parte exterior. || Cualquier membrana a panículo del cuerpo del animal. || *Simiente del tomate o del pimiento.
biodinámica. f. Ciencia de las fuerzas vitales.
biogeografía. f. Parte de la geografía que estudia la distribución de lo seres vivos en el globo.
***biografía.** f. *Historia de la vida de una persona.
biografiado, da. m. y f. Persona que es objeto de una biografía.
biografiar. tr. Hacer la biografía de una persona.
biográfico, ca. adj. Perteneciente o relativo a la biografía.
biógrafo, fa. m. y f. Escritor de *vidas particulares.
***biología.** f. Ciencia que estudia las leyes de la *vida.
biológico, ca. adj. Perteneciente o relativo a la biología.
biólogo. m. El que profesa la biología.
***biombo.** m. Mampara compuesta de varios bastidores articulados, que pueden plegarse unos sobre otros.
biopsia. f. **Med.* *Examen de un trozo de tejido tomado de un ser vivo.
bioquímica. f. Parte de la biología que estudia los fenómenos químicos que acompañan a los procesos vitales.
biótico, ca. adj. Relativo a la *vida.
bióxido. m. **Quím.* Combinación de un radical con dos átomos de oxígeno.
bipartición. f. *División de una cosa en dos partes.
bipartido, da. adj. Partido en *dos.
bípede. adj. **Bípedo.**
bípedo, da. adj. De dos pies. Ú. t. c. s. m.
biplano. m. *Avión cuyas alas están formadas por dos planos superpuestos.
bipontino, na. adj. Natural de Dos Puentes (Zweibrüken). Ú. t. c. s. || Perteneciente a esta ciudad alemana.
biribís. m. **Bisbís.**
biricú. m. *Cinturón de que penden dos correas unidas por la parte inferior. Sirve para llevar colgado el sable, espadín, etc.
birimbao. m. *Instrumento músico pequeño, que consiste en una lengüeta de acero montada en el interior de una barrita de hierro convenientemente encorvada.
birla. f. **Bolo,** trozo de palo para el juego de bolos.
birlador, ra. adj. Que birla. Ú. t. c. s. || *Germ.* **Estafador.**
birlar. tr. Tirar segunda vez la bola en el juego de bolos. || fig. y fam. *Matar o derribar a uno de un golpe o disparo. || fig. y fam. *Apropiarse o *conseguir, con habilidad o por medio de *intrigas, lo que otra persona pretendía. || *Germ.* **Estafar.**
birle. m. Acción de birlar en el juego de bolos.
birlesca. f. *Germ.* Junta de *ladrones o de rufianes.
birlesco. m. *Germ.* *Ladrón o *rufián.
birlí. m. **Impr.* Parte inferior que queda en blanco en las páginas de un impreso. || **Impr.* Ganancia que por ello obtiene el impresor.
birlibirloque (por arte de). loc. fam. Por medios *ocultos o extraordinarios.
birlocha. f. **Cometa,** juguete de muchachos.
birloche. m. *Germ.* **Birlesco.**
birlocho. m. *Carruaje ligero y sin cubierta, de cuatro ruedas y cuatro asientos, abierto por los costados y sin portezuelas.
birlón. m. En el *juego de bolos, bolo grande que se pone en medio.
birlonga. f. Variedad del juego del hombre. || **A la birlonga.** m. adv. fig. fam. Con *descuido o con *desaliño.
birmano, na. adj. Natural de Birmania. Ú. t. c. s. || Perteneciente o relativo a este país de Asia.
birrefringencia. f. **Ópt.* Doble refracción.
birrefringente. adj. Que tiene doble refracción.
birreme. adj. Dícese de la *embarcación que lleva dos filas de remos. Ú. t. c. s.
birreta. f. *Bonete cuadrado que usan los clérigos. Suele tener una borla que es roja para los *cardenales, morada para los *obispos y negra para los demás.
birrete. m. **Birreta.** || *Gorro coronado por una borla de color determinado, que es distintivo de los *profesores de las facultades universitarias. || **Gorro.** || **Bonete.**
birretina. f. *Gorro o birrete pequeño. || Gorra de pelo que usan algunos regimientos de húsares.
birria. f. Persona o cosa *ridícula. || **Hacer birria.** fr. Hablando del *peón, salir rodando sin bailar sobre la punta. || fig. fam. Fallar; dejar de cumplir algún compromiso.
bis. adv. c. Se emplea para dar a entender que una cosa se ha de *repetir. || prep. insep. que significa *dos* o *dos veces.*
bisabuelo, la. m. y f. Respecto de una persona, el padre o la madre de su *abuelo o de su abuela.
***bisagra.** f. Conjunto de dos planchitas que pueden girar alrededor de un pasador común, y sirven para facilitar el movimiento de las puertas y otras cosas que se abren y se cierran. || Palo de boj que usan los *zapateros para alisar y dar lustre al canto de la suela.
bisalta. adj. Dícese del individuo de un antiguo pueblo de Macedonia. Ú. m. c. s. y en pl.
bisalto. m. **Guisante.**
bisanual. adj. **Bot.* **Bienal.**
bisanuo, nua. adj. **Bot.* Dícese de la planta que sólo vive dos *años.
bisar. tr. **Mús.* *Repetir un artista su actuación a requerimiento del público.
bisayo, ya. adj. Natural de las Bisayas. Ú. t. c. s. || Perteneciente a estas islas de Filipinas. || m. *Lengua **bisaya.**
bisbís. m. *Juego de azar que se hace en un *tablero dividido en casillas con números y figuras. || Tablero que sirve para este juego.
bisbisar. tr. fam. **Musitar.**
bisbiseo. m. Acción de bisbisar.
bisecar. tr. *Geom.* *Cortar o *dividir en dos partes iguales.
bisección. f. *Geom.* Acción y efecto de bisecar.
bisector, triz. adj. *Geom.* Que divide en dos partes iguales. Ú. t. c. s.
***bisel.** m. Plano que resulta de cortar oblicuamente el canto de una lámina o plancha.
biselar. tr. Hacer biseles.
biselio. m. *Arqueol.* Silla o *asiento para dos personas.
bisemanal. adj. Que se *repite dos veces por *semana.
bisexual. adj. **Hermafrodita.** Ú. t. c. s.
bisiesto. adj. V. **Año bisiesto.** Ú. t. c. s. || **Mudar de bisiesto.** fr. fig. y fam. *Cambiar de lenguaje, de propósito o de conducta.
bisílabo, ba. adj. De dos sílabas.
bismuto. m. *Metal brillante, de color gris rojizo, muy frágil y fácilmente fusible.
bisnieto, ta. m. y f. Respecto de una persona, hijo o hija de su *nieto o de su nieta.
bisojo, ja. adj. ***Bizco.** Ú. t. c. s.
bisonte. m. *Rumiante del tamaño y figura de un buey, pero con los cuernos más abiertos, y el lomo arqueado o con una giba en medio.
bisoñada. f. fig. y fam. Dicho o hecho que revela *inexperiencia.
bisoñé. m. *Peluca para la parte anterior de la cabeza.
bisoñería. f. fig. y fam. **Bisoñada.**
bisoño, ña. adj. Aplícase al *soldado o tropa nuevos. Ú. t. c. s. || fig. y fam. Nuevo e *inexperto. Ú. t. c. s.
bispón. m. Rollo de encerado que usaban los fabricantes de *espadas.
bistec. m. Lonja de *carne de vaca *asada.
bístola. f. **Béstola.**
bistorta. f. *Planta poligonácea, cuya raíz es astringente.
bistraer. tr. *Prestar o tomar dinero adelantado. || **Sonsacar.**
bistre. m. **Pint.* Color obscuro preparado con hollín.
bistrecha. f. Anticipo de un *pago.
bistreta. f. **Bistrecha.** || Cantidad que se adelantaba a un procurador.
bisturí. m. **Cir.* Instrumento en forma de cuchillito, que sirve para sajar o hacer incisiones.
bisulco, ca. adj. *Zool.* De pezuñas partidas.
bisulfato. m. **Quím.* Sal formada por el ácido sulfúrico.
bisulfito. m. **Quím.* Sal formada por el ácido sulfuroso.
bisulfuro. m. **Quím.* Combinación de un radical con dos átomos de azufre.
bisunto, ta. adj. *Sucio, grasiento.
bisutería. f. Conjunto de objetos de metal artísticamente labrados y, especialmente, *joyería de *imitación.
bita. f. Cada uno de los postes de madera o hierro que sirven para *amarrar los cables del ancla cuando se fondea la nave.
bitácora. f. *Mar.* Armario inmediato al timón, en que se pone la *brújula.
bitadura. f. *Mar.* Porción del cable del *ancla, que se tiene preparada sobre cubierta para fondear.
bitango. adj. V. **Pájaro bitango.**
bitar. tr. *Mar.* **Abitar.**
bíter. m. *Licor alcohólico de sabor amargo, que se usa como aperitivo.
bitínico, ca. adj. Perteneciente a Bitinia, país de Asia antigua.
bitinio, nia. adj. Natural de Bitinia. Ú. t. c. s.
bitneriáceo, a. adj. **Bot.* Dícese de plantas dicotiledóneas, con fruto casi siempre capsular; como el cacao. Ú. t. c. s. f. || f. pl. *Bot.* Familia de estas plantas.
bitongo. adj. fam. V. **Niño bitongo.**
bitoque. m. Tarugo de madera con que se *tapa el agujero de los *toneles. || fig. Cánula de la jeringa. || **Grifo.**
bitor. m. **Rey de codornices.**
bitumen. m. **Betún.**
***bituminoso, sa.** adj. Que tiene *betún o semejanza con él.

bivalvo, va. adj. Que tiene dos valvas.
bivio. m. Punto de *confluencia de dos *caminos.
bixíneo, a. adj. **Bot.* Dícese de árboles y arbustos dicotiledóneos que tienen frutos capsulares; como la bija. Ú. t. c. s. f. ‖ f. pl. *Bot.* Familia de estas plantas.
biza. f. **Bonito,** pez.
bizantinismo. m. *Corrupción de la vida social por excesivo fausto en las costumbres. ‖ Exceso de *ornamentación en el arte. ‖ Afición a *discusiones bizantinas.
bizantino, na. adj. Natural de Bizancio, hoy Constantinopla. Ú. t. c. s. ‖ Perteneciente a esta ciudad. ‖ fig. Dícese de las *discusiones demasiado sutiles o sobre temas *insignificantes.
bizarramente. adv. m. Con bizarría.
bizarrear. intr. Ostentar bizarría.
bizarría. f. *Gallardía. ‖ *Valor. ‖ Generosidad, *liberalidad, esplendor.
bizarro, rra. adj. ***Valiente,** animoso. ‖ *Generoso, espléndido.
bizaza. f. *Alforja de cuero. Ú. m. en pl.
bizbirondo, da. adj. *Alegre, vivaracho.
bizcar. intr. Torcer los *ojos al mirar. ‖ tr. **Guiñar.**
***bizco, ca.** adj. Dícese de la persona que tuerce los *ojos al mirar. Ú. t. c. s.
bizcochada. f. *Sopa de bizcochos. ‖ *Panecillo con una hendedura en medio y a lo largo.
bizcochar. tr. Recocer el *pan para que se conserve mejor.
bizcochería. f. Tienda donde se venden bizcochos y otros comestibles.
bizcochero, ra. adj. Perteneciente o relativo al bizcocho. ‖ m. y f. Persona que hace bizcochos o los vende.
***bizcocho.** m. Pan sin levadura, que se cuece dos veces para que se conserve mucho tiempo, y con el cual se abastecen las embarcaciones. ‖ →Masa compuesta de la flor de la harina, huevos y azúcar, que se cuece al horno. ‖ *Yeso que se hace de yesones. ‖ Objeto de *loza o porcelana cocido sin esmalte ni barniz. ‖ **borracho.** El empapado en almíbar y vino generoso.
bizcochuelo. m. d. de **Bizcocho.**
bizcorneado, da. adj. **Bizco.** ‖ **Impr.* Se aplica al pliego que sale torcido.
bizcornear. intr. **Bizcar.**
bizcorneta. adj. **Bizco.**
bizcotela. f. *Bizcocho ligero, con un baño blanco de azúcar.
bizcuerno, na. adj. **Bizco.**
bizma. f. **Farm.* Emplasto confortante. ‖ Pedazo de baldés o lienzo cubierto de emplasto.
bizmar. tr. Poner bizmas. Ú. t. c. r.
bizna. f. Película que separa los cuatro gajitos de la *nuez.
biznaga. f. *Planta umbelífera, como de un metro de altura, con tallos lisos. ‖ Cada uno de los piececillos de las flores de esta planta, que se emplean para mondadientes. ‖ *Planta de Méjico que se distingue por tener tan sólo un tallo muy corto sin hojas.
biznieto, ta. m. y f. **Bisnieto, ta.**
bizquear. intr. Torcer la vista el que es *bizco.
blanca. f. *Moneda antigua de vellón. ‖ Moneda de plata. ‖ **Urraca.** ‖ *Mús.* **Mínima.** ‖ **morfea.** *Veter.* **Albarazo.** ‖ **No tener** uno **blanca.** fr. fig. No tener dinero.
blancazo, za. adj. fam. **Blanquecino.**
***blanco, ca.** adj. De color de nieve. Ú. t. c. s. ‖ Dícese de las cosas que sin ser **blancas** tienen color más claro que otras de la misma especie. ‖ Dícese del color de la *tez en la *raza humana europea, en contraposición con el de las demás. Apl. a pers., ú. t. c. s. ‖ fig. y fam. ***Cobarde.** Ú. t. c. s. ‖ m. Mancha o lunar de pelo **blanco** que tienen algunos caballos y otros animales. ‖ Objeto situado a conveniente distancia para ejercitarse en el *tiro y puntería. ‖ Por ext., todo objeto sobre el cual se dispara una arma de fuego. ‖ *Hueco o intermedio entre dos cosas. ‖ Hueco que en los escritos se deja sin llenar. ‖ **Intermedio,** entreacto. ‖ *Embutido de carne con especias y huevo. ‖ fig. *Finalidad u objeto a que se dirigen nuestros deseos o acciones. ‖ *Germ.* Hombre *necio. ‖ **Impr.* Forma o molde con que se imprime la primera cara de cada pliego. ‖ **de España.** *Quím.* Nombre común al carbonato básico de *plomo, al subnitrato de bismuto y a la creta lavada. ‖ **de huevo.** *Afeite que se hace con cáscaras de huevo. ‖ **de la uña.** Faja blanquecina en el nacimiento de la *uña. ‖ **de plomo. Albayalde.** ‖ **Lo blanco del** ***ojo. Córnea opaca.** ‖ **En blanco.** loc. adv. Dícese del libro o papel que no están escritos o impresos. ‖ fig. y fam. Sin conseguir lo que se pretende. ‖ Sin comprender lo que se oye o lee.
blancor. m. **Blancura.**
blancote, ta. adj. aum. de **Blanco.** ‖ fig. y fam. **Cobarde.** Ú. t. c. s.
***blancura.** f. Calidad de blanco. ‖ **del ojo.** *Veter.* **Nube.**
blancuzco, ca. adj. Que tira a blanco, o es de color blanco sucio.
blanchete. m. ant. *Perro blanquecino.
blanda. f. *Germ.* **Cama.**
blandamente. adv. m. Con blandura. ‖ fig. Suave y mansamente.
blandeador, ra. adj. Que blandea.
blandear. intr. *Flaquear, ceder. Ú. t. c. r. ‖ tr. *Disuadir a uno de su propósito o parecer. ‖ **Blandear con** uno. fr. *Condescender con él o complacerle.
blandear. tr. **Blandir** una arma. Ú. t. c. intr. y c. r.
blandengue. adj. Blando, *dócil. ‖ m. *Soldado armado con lanza, que defendía los límites de la provincia de Buenos Aires.
blandense. adj. Natural de Blanes. Ú. t. c. s. ‖ Perteneciente a esta villa.
blandicia. f. *Adulación. ‖ Molicie, *delicadeza.
blandiente. adj. Que se blande.
blandir. tr. Mover una *arma u otra cosa flexible con movimiento vibratorio. ‖ intr. p. us. Moverse con *agitación de un lado a otro. Ú. t. c. r.
***blando, da.** adj. Tierno, suave; que cede fácilmente a la presión. ‖ Tratándose de los ojos, **tierno.** ‖ Tratándose del tiempo, *bonancible, templado. ‖ fig. *Afable, dulce, benigno. ‖ fig. Afeminado y *holgazán. ‖ fig. De trato *apacible. ‖ fig. y fam. **Cobarde.** ‖ *Mús.* **Bemolado.** ‖ adv. m. Blandamente, con suavidad.
blandón. m. Hacha o *vela grande de cera de un pabilo. ‖ *Candelero en que se ponen estas hachas.
blanducho, cha. adj. despect. Algo *blando.
blandujo, ja. adj. fam. Algo blando.
***blandura.** f. Calidad de blando. ‖ Emplasto emoliente. ‖ Temperatura suave del ambiente. ‖ **Blanquete.** ‖ fig. Regalo, delicadeza. ‖ fig. *Afabilidad en el trato. ‖ fig. Palabra que *halaga. ‖ **Cant.* Capa blanda que tienen algunas piedras calizas.
blandurilla. f. *Afeite hecho con manteca de cerdo batida y aromatizada.
blanqueación. f. **Blanquición.** ‖ **Blanqueo.**
blanqueador, ra. adj. Que blanquea. Ú. t. c. s.
blanqueadura. f. **Blanqueo.**
blanqueamiento. m. **Blanqueo.**
***blanquear.** tr. Poner *blanca una cosa. ‖ **Albañ.* Dar una o varias manos de cal o de yeso blanco, diluidos en agua, a los paramentos o techos. ‖ Dar las *abejas cierto betún a los panales. ‖ **Blanquecer.** ‖ intr. Mostrar una cosa su color blanco. ‖ Tirar a blanco un color.
blanquecedor. m. Oficial que se ocupaba en blanquecer las *monedas.
blanquecer. tr. Limpiar los *metales preciosos. ‖ **Blanquear.**
blanquecimiento. m. **Blanquición.**
***blanquecino, na.** adj. Que tira a blanco.
blanqueo. m. Acción y efecto de blanquear.
blanquero. m. **Curtidor.**
blanqueta. f. *Tela basta de lana.
blanquete. m. *Afeite para blanquear el cutis.
blanquición. f. Acción y efecto de blanquecer los *metales.
blanquillo, lla. adj. **Candeal.** Ú. t. c. s. ‖ m. Durazno de cáscara blanca. ‖ *Pez de Chile. ‖ pl. En el juego del tresillo, los triunfos que no son de estuche ni figuras.
blanquimento. m. **Blanquimiento.**
blanquimiento. m. Disolución que se emplea para blanquear telas, metales, etc.
blanquinoso, sa. adj. **Blanquecino.**
blanquizal. m. **Gredal.**
blanquizar. m. **Blanquizal.**
blanquizco, ca. adj. **Blanquecino.**
blao. adj. *Blas.* **Azur.** Ú. t. c. s. m.
blas. m. En algunas partes, borriquillo para montura.
blasfemable. adj. **Vituperable.**
blasfemador, ra. adj. Que blasfema. Ú. t. c. s.
blasfemamente. adv. m. Con blasfemia.
blasfemante. p. a. de **Blasfemar.** Que blasfema. Ú. t. c. s.
***blasfemar.** intr. Decir blasfemias. ‖ fig. *Maldecir.
blasfematorio, ria. adj. **Blasfemo,** que implica blasfemia.
***blasfemia.** f. Palabra injuriosa contra Dios o las personas o cosas sagradas. ‖ fig. *Injuria grave contra una persona.
blasfemo, ma. adj. Que contiene blasfemia. ‖ Que dice blasfemia. Ú. t. c. s.
***blasón.** m. Arte de explicar los escudos de armas. ‖ Cada figura, señal o pieza de las que se ponen en un escudo. ‖ Honor o *fama. ‖ **Hacer** uno **blasón.** fr. fig. **Blasonar,** *jactarse.
blasonador, ra. adj. Que blasona de alguna cosa.
blasonante. p. a. de **Blasonar.** Que blasona.
blasonar. tr. Disponer un escudo de armas según las reglas del arte. ‖ intr. fig. Hacer *ostentación de alguna cosa.
blasonería. f. **Baladronada.**
blasonista. com. Persona entendida en la heráldica.
blastema. m. **Histol.* Cualquiera de las substancias amorfas difundidas en los tejidos orgánicos.

blastodermo. m. *Zool.* *Membrana situada debajo del corion.
blástula. f. **Embriol.* Óvulo fecundado que se segmenta para formar el blastodermo.
blata. f. **Cucaracha.**
ble. m. **Ple.**
bledo. m. *Planta salsolácea, de tallos rastreros. En muchas partes la comen cocida. ‖ **No dársele** a uno **un bledo de** alguna cosa. fr. fig. y fam. Mostrar *indiferencia o *desprecio por ella. ‖ **No importar,** o **no valer, un bledo** alguna cosa. fr. fig. y fam. Ser *insignificante.
blefaritis. f. *Pat.* Inflamación de los *párpados.
blefaroplastia. f. **Cir.* Restauración del párpado utilizando la piel inmediata.
blenda. f. *Miner.* Sulfuro de *cinc.
blenorragia. f. *Pat.* Enfermedad *venérea caracterizada por el catarro de la uretra.
blenorrágico, ca. adj. *Pat.* Perteneciente o relativo a la blenorragia.
blenorrea. f. *Pat.* Blenorragia crónica.
blima. f. **Sauce.**
blinda. f. **Fort.* Viga gruesa para construir un cobertizo defensivo. ‖ Bastidor de madera o armazón para contener las tierras en las trincheras.
blindaje. m. **Fort.* Cobertizo defensivo que se hace con blindas. ‖ *Mar.* Conjunto de planchas que sirven para blindar.
blindar. tr. *Proteger exteriormente alguna cosa contra los efectos de las balas, el fuego, etc., mediante planchas metálicas o de otro modo.
blocao. m. **Fort.* Fortín de madera, transportable.
blonda. f. *Encaje de seda.
blondina. f. Blonda angosta.
blondo, da. adj. **Rubio.**
bloque. m. Trozo grande de *piedra sin labrar. ‖ **Autom.* Pieza de fundición en cuyo interior se ha labrado el cuerpo de uno o varios cilindros y está provista de doble pared para el agua de refrigeración. ‖ **En bloque.** loc. fig. En *conjunto.
bloqueador, ra. adj. Que bloquea. Ú. t. c. s.
bloquear. tr. **Asediar.** ‖ **Com.* Inmovilizar la autoridad una cantidad o crédito, privando a su dueño de disponer de ellos. ‖ **Impr.* Reemplazar en una composición las letras que faltan por otras que se ponen ojo abajo. ‖ *Mar.* Cortar las comunicaciones a uno o más puertos enemigos.
***bloqueo.** m. Acción de bloquear. ‖ **Com.* Acción y efecto de bloquear una cantidad. ‖ *Mar.* Fuerza marítima que bloquea. ‖ **Violar el bloqueo.** fr. Entrar un buque neutral en punto o paraje bloqueado, o salir de él.
blusa. f. *Vestidura exterior a manera de túnica holgada y con mangas. ‖ Vestidura femenina a modo de jubón ceñido al talle.
blusón. m. **Indum.* Blusa larga que llega hasta más abajo de las rodillas.
boa. f. *Serpiente americana, la mayor de las conocidas. ‖ m. Prenda de piel o pluma que usan las mujeres para abrigo o adorno del *cuello.
boalaje. m. *Dehesa boyal. ‖ *Tributo que pagaba el dueño de bueyes.
boalar. m. Dula, sitio para *pastar. ‖ Dehesa boyal.
boanga. f. *Embarcación malaya de tres remos.
boardilla. f. **Buharda.**
boato. m. *Fausto y *ostentación en el porte exterior.
bobada. f. **Bobería.**
bobadilla. f. Mamparo colocado delante del bauprés en los *buques de proa abierta.
bobalías. com. fam. Persona muy boba.
bobalicón, na. adj. fam. aum. de **Bobo.** Ú. t. c. s.
bobamente. adv. m. Con bobería. ‖ Sin trabajo. ‖ *Gratis.
bobarrón, na. adj. fam. aum. de **Bobo.** Ú. t. c. s.
bobatel. m. fam. Hombre bobo.
bobáticamente. adv. m. **Bobamente.**
bobático, ca. adj. fam. Aplícase a lo que se dice o hace neciamente o con bobería.
bobear. intr. Hacer o decir boberías. ‖ fig. Emplear el tiempo en cosas *inútiles.
bobera. f. **Bobería.**
bobería. f. Dicho o hecho *necio.
bóbilis, bóbilis (de). m. adv. fam. **De balde,** *gratis. ‖ fam. Sin trabajo.
bobillo. m. *Vasija vidriada y con asa a modo de puchero. ‖ *Encaje que llevaban las mujeres prendido alrededor del escote.
bobina. f. **Carrete.**
bobo, ba. adj. De muy corto entendimiento y capacidad. Ú. t. c. s. ‖ *Necio, tonto. ‖ Extremadamente *cándido. Ú. t. c. s. ‖ fam. Bien cumplido, no escaso, *abundante. ‖ m. Adorno de que usaban antiguamente las mujeres por debajo de la barba para abultar la cara. ‖ Gracioso de *teatro. ‖ **Mona,** juego de *naipes. ‖ *Pez de los ríos de Guatemala y Méjico. ‖ *Germ.* Cosa *hurtada que ha parecido. ‖ **de Coria.** Personaje proverbial, símbolo de tontería y *necedad.
bobote, ta. adj. fam. aum. de **Bobo.** Ú. t. c. s.
***boca.** f. Cavidad con abertura, en la parte anterior de la cabeza del hombre y de muchos animales, por la cual se toma el alimento. ‖ Abertura anterior de la **boca.** ‖ Parte, en forma de tenaza, con que terminan las patas delanteras de los *crustáceos. ‖ fig. Lugar o *abertura que sirve de *entrada o *salida. ‖ fig. Orificio, *agujero. ‖ fig. En ciertas herramientas, *filo o parte aguzada con que cortan. ‖ Parte del *martillo en la cual van las orejas. ‖ fig. Hablando de *vinos, *gusto o sabor. ‖ fig. Órgano de la palabra. ‖ fig. Persona o animal a quien se mantiene y da de comer. ‖ pl. En el *juego de la argolla, parte del aro que tiene las rayas. ‖ **Boca de dragón. Dragón,** planta de adorno. ‖ **de escorpión.** fig. Persona *murmuradora y maldiciente. ‖ **de espuerta.** fig. y fam. La muy grande y rasgada. ‖ **de fuego.** Cualquier *arma de fuego*. ‖ **de gachas.** fig. y fam. Persona que *habla con tanta blandura que no se le entiende. ‖ fig. y fam. Persona que al hablar salpica con la *saliva. ‖ **de guácharo,** o **guacho. Pamplina,** planta herbácea. ‖ **de la isla.** Pinza de cierto *crustáceo comestible. ‖ **del *estómago.** Parte central de la región epigástrica. ‖ **Cardias.** ‖ **de lobo.** exp. fig. de que se usa para encarecer la *obscuridad. ‖ *Mar.* Agujero cuadrado en el medio de la cofa. ‖ **de oro.** fig. **Pico de oro.** ‖ **de riego.** Abertura en la cual se enchufa una manga para *regar calles, jardines, etc. ‖ **de risa.** fig. *Afabilidad. ‖ **de verdades.** fig. Persona que dice a otra con *claridad lo que sabe o siente. ‖ irón. Persona muy *embustera. ‖ **regañada.** fig. La que tiene un frunce que le impide cerrarse por completo. ‖ **A boca.** m. adv. Verbalmente o de *palabra. ‖ **A boca de costal.** m. adv. Sin medida, con gran *abundancia. ‖ **A boca de jarro.** m. adv. que denota la acción de *beber sin tasa. ‖ fig. **A quema ropa.** ‖ **A boca llena.** m. adv. Con *claridad, abiertamente. ‖ **Abrir boca.** loc. fig. Despertar el *apetito con algún manjar o bebida. ‖ **Andar de boca en boca** una cosa. fr. fig. Ser *pública y notoria alguna cosa. ‖ **Andar en boca de** alguno o algunos. fr. fig. Ser objeto de lo que éste o éstos hablen o digan. ‖ **A pedir de boca.** loc. adv. fig. A medida del deseo. ‖ fig. Con toda propiedad, exactamente. ‖ **A qué quieres, boca.** loc. adv. fig. **A pedir de boca.** ‖ **Blando de boca.** fig. Se dice de las *caballerías que sienten mucho los toques del bocado. ‖ fig. Se dice de la persona poco reservada. ‖ **Boca abajo.** m. adv. Tendido con la cara hacia el suelo. ‖ **Boca arriba.** m. adv. Tendido de espaldas. ‖ **Boca con boca.** m. adv. Estando muy juntos. ‖ **Buscar** a uno **la boca.** fr. fig. Dar motivo para que alguno diga lo que de otro modo callaría. ‖ **Calentársele** a uno **la boca.** fr. fig. Hablar con extensión acerca de algún punto. ‖ fig. Enardecerse, *descomedirse. ‖ **Callar** uno **la boca.** fr. fam. **Callar.** ‖ **Cerrar la boca** a uno. fr. fig. y fam. Hacerle *callar. ‖ **Cerrar** uno **la boca.** fr. **Callar.** ‖ **Con la boca abierta,** o **con tanta boca abierta.** loc. adv. fig. y fam. Suspenso o *admirado. ‖ **Coserse** uno **la boca.** fr. fig. y fam. **Cerrar** uno **la boca.** ‖ **De boca.** m. adv. con que se da a entender que aquello de que otro se jacta carece de realidad. ‖ **De boca en boca.** m. adv. con que se denota la manera de *propagarse las noticias. ‖ **Decir** uno alguna cosa **con la boca chica,** o **chiquita.** fr. fig. y fam. Ofrecer algo sin propósito de cumplirlo. ‖ **Decir** uno **lo que se le viene a la boca.** fr. fig. y fam. No tener miramiento en lo que dice. ‖ **Despegar,** o **desplegar,** uno **la boca.** fr. **Hablar.** Úsase más en frases negativas. ‖ **Duro de boca.** fig. Se dice de las *caballerías que sienten poco los toques del bocado. ‖ **Echar boca.** fr. fig. Acerar la de una herramienta cuando por el uso se ha gastado. ‖ Hablando de los tacos de *billar, repararles la punta. ‖ **Echar** uno **de,** o **por, aquella boca.** fr. fam. Decir contra otro palabras *injuriosas. ‖ **Estar** uno **a qué quieres boca.** fr. fig. Disfrutar de gran regalo. ‖ **Ganar** a uno **la boca.** fr. fig. *Persuadirle a que diga lo que otro desea. ‖ **Guardar** uno **la boca.** fr. fig. No hacer exceso en la comida. ‖ fig. *Callar lo que no conviene decir. ‖ **Hablar** uno **por boca de** otro. fr. fig. Conformarse, en lo que dice, con la opinión ajena. ‖ **Hablar** uno **por boca de ganso.** fr. fig. y fam. Decir lo que otro le ha sugerido. ‖ **Hacer boca.** fr. fig. y fam. Tomar algún *alimento o licor estimulante, a fin de preparar el estómago para la comida. ‖ **Hacer la boca a** una caballería. fr. fig. Acostumbrarla a llevar el bocado. ‖ **Heder la boca** a uno. fr. fig. y fam. Ser pedigüeño. ‖ **Irse** uno **de boca.** fr. fig. Dejarse llevar del vicio. ‖ fig. **Irsele la boca** a uno. ‖ **Irsele la boca** a uno. fr. fig. Hablar mucho y sin consideración, o con imprudencia. ‖ **Mentir** uno **con toda**

la boca. fr. fig. y fam. *Mentir de todo en todo. || **No abrir** uno **la boca.** fr. fig. *Callar cuando se debería hablar. || **No caérsele** a uno **de la boca** alguna cosa. fr. fig. Decirla con frecuencia y *repetición. || **No decir** uno **esta boca es mía.** fr. fig. y fam. No hablar palabra. || **Oler la boca** a uno. fr. fig. y fam. **Heder la boca** a uno. || **Quitar** a uno **de la boca** alguna cosa. fr. fig. y fam. Anticiparse uno a decir lo que iba a decir otro. || **Quitárselo** uno **de la boca.** fr. fig. y fam. Privarse de las cosas precisas para dárselas a otro. || **Ser la boca** de uno **medida.** fr. fig. y fam. Darle todo cuanto quiera o pida. || **Tapar la boca** a uno. fr. fig. y fam. *Sobornarle para que calle. || fig. y fam. Hacerle *callar con algún argumento concluyente. || **Traer en bocas** a uno. fr. fig. *Murmurar frecuentemente de él. || fig. Hablar de él a menudo. || **Traer** uno **siempre en la boca** una cosa. fr. fig. *Repetirla mucho.

bocabarra. f. *Mar.* Cada uno de los huecos que tiene el sombrero del *cabrestante, para encajar las barras.

bocacalle. f. Entrada o embocadura de una *calle.

bocacaz. m. Abertura de un caz o *presa por donde se da salida al agua de *riego.

bocací. m. *Tela de hilo gruesa y basta.

bocacha. f. aum. de **Boca.** || Trabuco naranjero.

bocadear. tr. Partir en bocados.

bocadillo. m. *Tela de hilo delgada. || *Cinta angosta. || *Alimento que se suele tomar entre almuerzo y comida. || *Dulce de guayaba. || Emparedado de jamón, carne, queso, etc., hecho con un panecillo cortado a lo largo. || *Dulce de coco o de buniato.

bocadito. m. Cigarrillo de picadura envuelto en hoja de *tabaco. || **de la reina.** *Dulce de leche, harina y clara de huevo.

bocado. m. Porción de comida que se introduce en la boca de cada vez. || Cantidad de *alimento sólido que cabe en la boca. || Un poco de comida. || *Mordedura o *herida que se hace con los dientes. || Pedazo de cualquier cosa que se arranca con la boca. || *Pedazo arrancado de cualquier cosa violentamente. || *Veneno que se da con el alimento. || Parte del *freno que entra en la boca de la caballería. || **Freno.** || Estaquilla que se pone en la boca a las reses lanares para que babeen. || *Veter.* Escalerilla para tener abierta la boca del animal. || pl. Fruta en *conserva, partida en pedazos que se dejan secar. || **de Adán.** Nuez de la *garganta. || **Bocado sin hueso.** fig. y fam. Cosa *buena sin mezcla de mal. || fig. y fam. *Ventaja, ganga. || fig. y fam. Empleo de mucha *utilidad y poco trabajo. || **Buen bocado.** loc. fig. y fam. con que se encarece la *excelencia de ciertas cosas. || **Con el bocado en la boca.** expr. fig. y fam. Acabado de comer. || **Contarle** a uno **los bocados.** fr. fig. Darle poco de comer. || fig. y fam. Tener particular cuenta con sus acciones. || **No haber para un bocado.** fr. fig. y fam. Ser muy escasa la comida u otra cosa.

bocal. m. *Vasija de boca ancha y cuello corto.

bocallave. f. Abertura de la *cerradura por donde se introduce la llave.

bocamanga. f. Parte de la *manga, que está más cerca de la mano.

bocamina. f. Entrada a una galería o pozo de *mina.

bocana. f. Canal estrecho de *mar entre una isla y tierra firme o en la boca de un *puerto interior.

bocanada. f. Cantidad de *bebida que se toma cada vez. || Cantidad de líquido que llena la *boca. || Porción de humo que se echa cuando se *fuma. || **de aire.** fig. **Bocanada de viento.** || **de gente.** fig. y fam. *Muchedumbre de gente que sale en tropel de algún lugar cerrado. || **de viento.** fig. Golpe de *viento repentino. || **Echar** uno **bocanadas.** fr. fig. y fam. Hablar con *jactancia. || **Echar** uno **bocanadas de sangre.** fr. fig. y fam. Blasonar de *nobleza. || **Hablar** uno **a bocanadas.** fr. fig. y fam. Hablar con fanfarronería.

bocarda. f. Trabuco de boca ancha.

bocarón. m. Parte que une el fuelle del *órgano con el tubo de viento.

bocarrena. f. *Miner.* Oquedad tapizada de cristalizaciones.

bocarte. m. Maceta de *cantero. || *Min.* Máquina para *triturar minerales.

bocarte. m. Cría de la sardina.

bocateja. f. *Teja primera de cada canal, junto al alero.

bocatijera. f. En los *carruajes de cuatro ruedas, parte donde se afirma la lanza.

bocatoma. f. Bocacaz.

bocaza. f. aum. de **Boca.** || m. fig. y fam. El que habla *imprudentemente.

bocazo. m. Explosión que sale por la boca del *barreno sin producir efecto.

bocear. intr. **Bocezar.**

bocel. m. *Arq.* *Moldura lisa de sección semicilíndrica. || V. **Cepillo bocel.** Ú. t. c. s. || **Cuarto bocel.** *Arq.* Moldura convexa cuya sección es un cuarto de círculo. || **Medio bocel.** *Arq.* Moldura en forma de medio cilindro.

bocelar. tr. Formar bocel a una pieza de plata u otra materia.

bocelete. m. d. de **Bocel.** || **Bocel.**

bocelón. m. aum. de **Bocel.**

bocera. f. Mancha o *suciedad que queda en la parte exterior de los *labios, de lo que se ha comido o bebido. || **Boquera,** pupa de los labios.

boceto. m. Borrón colorido que, por vía de ensayo, hacen los *pintores antes de pintar un cuadro. || *Proyecto de *escultura, ligeramente modelado.

bocezar. intr. Mover los labios las *caballerías cuando comen o beben.

bocín. m. Pieza redonda de esparto, que se ponía alrededor de los cubos de las ruedas de los *carros. || En los *molinos de cubo, agujero por donde cae el agua al rodezno.

bocina. f. **Cuerno,** *instrumento músico. || Instrumento de metal, en figura de trompeta, que se usa para hablar de lejos. || Instrumento semejante al anterior, provisto de lengüeta, que se hace vibrar mecánicamente. || Pabellón con que se refuerza el sonido en los gramófonos. || **Caracola,** caracol marino. || *Astr.* **Osa Menor.** || *Mar.* Revestimiento metálico con que se guarnece interiormente un orificio.

bocinar. intr. Tocar la bocina, o usarla para hablar.

bocinero. m. El que toca la bocina. || adj. *Taurom.* Dícese del *toro que tiene el hocico negro y el resto de la piel de otro color.

bocio. m. Hipertrofia de la *glándula tiroides. || Tumor en el cuerpo tiroides. || **exoftálmico.** **Pat.* Variedad de bocio caracterizado por la exoftalmía.

bock. m. Jarro para cerveza.

bocón, na. adj. fam. **Bocudo.** Ú. t. c. s. || fig. y fam. *Fanfarrón. Ú. t. c. s. || m. Especie de sardina mayor que la común.

bocoy. m. *Barril grande.

bocudo, da. adj. Que tiene grande la boca.

bocha. f. Bola de madera que se usa en el juego de **bochas.** || **Bolsa,** arruga de una tela. || pl. *Juego que consiste en tirar a cierta distancia unas bolas medianas y otra más pequeña.

bochado. m. *Germ.* **Ajusticiado.**

bochar. tr. En el juego de bochas, dar con una bola a otra para apartarla del sitio en que está. || fig. y fam. **Dar boche.**

bochazo. m. Golpe dado con una bocha a otra.

boche. m. *Hoyo pequeño que hacen los muchachos en el suelo para ciertos *juegos.

boche. m. **Bochazo.** || fig. y fam. *Repulsa, menosprecio. || **Dar boche,** o **un boche,** a uno. fr. fig. y fam. Rechazarle, desairarle.

boche. m. *Germ.* **Verdugo,** ejecutor de la justicia.

bochero. m. *Germ.* Criado del verdugo.

bochinche. m. Tumulto, *perturbación, alboroto.

bochinchero, ra. adj. Que toma parte en los bochinches. Ú. t. c. s.

bochista. com. Persona diestra en bochar.

bochorno. m. Aire caliente que sopla en el estío. || *Calor sofocante. || Encendimiento pasajero de la cara. || Sofocación producida por algún sentimiento interior. || fig. Rubor, *vergüenza.

bochornoso, sa. adj. Que causa o da bochorno.

***boda.** f. Casamiento, y fiesta con que se solemniza. Ú. m. en pl. || **de negros.** fig. y fam. Reunión en que reina gran *desorden y alboroto. || **Bodas de diamante.** *Aniversario sexagésimo de la **boda** o de otro acontecimiento señalado para quien lo celebra. || **de oro.** Aniversario quincuagésimo. || **de plata.** Aniversario vigésimo quinto.

bode. m. **Macho cabrío.**

bodega. f. Lugar donde se guarda y cría el *vino. || Cosecha de vino. || **Despensa.** || Granero. || En los puertos de mar, piezas bajas que sirven de *almacenes. || Pieza baja o sótano que sirve de habitación. || *Mar.* Espacio interior de los *buques desde la cubierta inferior hasta la quilla.

bodegón. m. Tienda donde se guisan y dan de *comer viandas ordinarias. || **Taberna.** || **Pint.* Cuadro en que se representan frutas, manjares, vasijas, etc.

bodegoncillo. m. d. de **Bodegón.** || **de puntapié.** Tiendecilla ambulante donde se venden cosas de *comer.

bodegonero, ra. m. y f. Persona que tiene bodegón.

bodeguero, ra. m. y f. Persona que tiene a su cargo la bodega.

bodigo. m. Panecillo que se suele llevar a la iglesia por *ofrenda.

bodijo. m. fam. *Boda desigual. || fam. Boda sin lucimiento.

bodocal. adj. V. ***Uva bodocal.** Ú. t. c. s. || Dícese también de las *vides de esta especie.

bodocazo. m. Golpe que da el bodoque de la ballesta.
bodollo. m. **Podón.**
bodón. m. *Charca que se seca en verano.
bodonal. m. Terreno encenagado. ‖ **Juncar.**
bodoque. m. Bola de barro endurecida al aire, que servía de *proyectil. ‖ **Burujo.** ‖ Relieve de forma redonda que se usa en algunos *bordados. ‖ fig. y fam. Persona *necia o de cortos alcances. Ú. t. c. adj. ‖ fig. Chichón, abultamiento o *hinchazón. ‖ Cosa *imperfecta.
bodoquera. f. *Molde para bodoques. ‖ Parte de la cuerda de la *ballesta donde se sujetaba el bodoque mediante un enrejado de cuerdas de guitarra. ‖ **Cerbatana.**
bodorrio. m. fam. **Bodijo.**
bodrio. m. *Sopa o caldo que se daba a los pobres en las porterías de algunos conventos. ‖ *Guiso mal aderezado. ‖ Sangre de cerdo mezclada con cebolla para hacer *morcillas.
bóer. adj. Dícese de los habitantes de la colonia del Cabo, que son de origen holandés. Ú. t. c. s. ‖ Perteneciente a esta región de África.
boezuelo. m. d. de **Buey.** ‖ Figura que representa un buey y que se usa en la *caza de *perdices.
bofe. m. **Pulmón.** Ú. m. en pl. ‖ **Echar** uno **el bofe,** o **los bofes.** fr. fig. y fam. *Trabajar excesivamente.
bofena. m. **Bofe.**
bofeña. f. **Bohena,** embutido de bofe.
bófeta. f. Cierta *tela de algodón delgada y tiesa.
bofetada. f. *Golpe que se da en el carrillo con la mano abierta. ‖ fig. Desaire, *desprecio.
bofetán. m. **Bófeta.**
bofetón. m. Bofetada dada con fuerza. ‖ Tramoya de *teatro que, mediante un artificio giratorio, hace desaparecer personas u objetos.
bofo, fa. adj. **Fofo.**
boga. f. *Pez de río, acantopterigio, de carne comestible. ‖ *Pez acantopterigio, de mar, de cuerpo comprimido y carne comestible.
***boga.** f. Acción de bogar. ‖ fig. *Aprobación general, *fama o *felicidad crecientes. ‖ com. **Bogador, ra.** ‖ **arrancada.** *Mar.* La que se hace con la mayor fuerza y precipitación. ‖ **larga.** *Mar.* La pausada.
boga. f. *Cuchillo pequeño de dos filos.
bogada. f. Avance de la embarcación por el impulso de un solo golpe de los *remos.
bogada. f. **Colada** de la ropa.
bogador, ra. m. y f. Persona que boga.
bogante. p. a. de **Bogar.** Que boga.
bogar. intr. *Mar.* ***Remar.** ‖ *Min.* **Desnatar,** quitar la escoria.
bogavante. m. Primer remero de cada banco de la galera. ‖ Lugar en que se sentaba este remero.
bogavante. m. *Crustáceo marino parecido a la langosta, pero con las pinzas mucho mayores.
bogotano, na. adj. Natural de Bogotá. Ú. t. c. s. ‖ Perteneciente a esta ciudad de América.
bohardilla. f. **Buhardilla.**
bohedal. m. *Min.* Bóveda de ciertas cavernas.
Bohemia. n. p. V. **Granate, rubí de Bohemia.**
bohemiano, na. adj. **Bohemo.** Apl. a pers., ú. t. c. s.
bohémico, ca. adj. Perteneciente al reino de Bohemia.
bohemio, mia. adj. **Bohemo.** Apl. a pers., ú. t. c. s. ‖ **Gitano.** Apl. a pers., ú. t. c. s. ‖ Dícese de la persona, y más especialmente del *poeta o *artista de costumbres libres y vida irregular y *desordenada. Ú. t. c. s. ‖ Dícese de la vida y costumbres de estas personas. ‖ m. *Lengua checa. ‖ *Capa corta que usaba la guardia de archeros. ‖ f. fam. Vida libre e irregular.
bohemo, ma. adj. Natural de Bohemia. Ú. t. c. s. ‖ **Bohémico.**
bohena. f. **Bofena.** ‖ *Embutido de los bofes del puerco.
bohío. m. *Cabaña hecha de ramas, cañas o paja y sin más respiradero que la puerta.
bohordo. m. Junco de la espadaña. ‖ *Lanza corta arrojadiza, de que se usaba en las fiestas de caballería. ‖ En las *fiestas de cañas y ejercicios de la jineta, caña cuyo primer cañuto se llenaba de arena o yeso fraguado. ‖ *Bot.* *Tallo herbáceo y sin hojas que sostiene las flores y el fruto de algunas plantas.
boicot. m. Exclusión o *aislamiento de toda relación comercial, que, por acuerdo de la clase o gremio correspondiente, se impone a un individuo o razón social.
boicotear. tr. Aplicar el boicot.
boicoteo. m. Acción y efecto de boicotear.
boíl. m. **Boyera.**
boina. f. *Gorra redonda y chata, de una sola pieza.
boira. f. **Niebla.**
boj. m. *Arbusto euforbiáceo, de madera amarilla, sumamente dura y compacta. ‖ *Madera de este arbusto. ‖ Bolo de madera sobre el cual cosen los *zapateros los pedazos de cordobán.
boj. m. *Mar.* **Bojeo.**
boja. f. **Abrótano.**
bojar. tr. Quitar la flor al cordobán, rayéndolo con la estira.
bojar. tr. *Mar.* *Medir el *contorno de una isla, cabo o porción saliente de la costa. ‖ intr. Tener una *isla o porción saliente de la costa determinada dimensión en circuito.
boje. m. **Boj,** arbusto. ‖ adj. *Necio.
bojear. tr. e intr. *Mar.* **Bojar.**
bojedad. f. *Necedad, simpleza.
bojedal. m. Sitio poblado de bojes.
bojeo. m. *Mar.* Acción de bojear. ‖ Perímetro o *contorno de una isla o cabo.
bojiganga. f. Compañía reducida de *cómicos, que daba representaciones en los pueblos pequeños.
bojo. m. *Mar.* Acción de bojar.
bol. m. **Ponchera.** ‖ *Taza grande y sin asa.
bol. m. **Redada.** ‖ **Jábega.**
bol. m. **Bolo.** ‖ **arménico,** o **de Armenia.** *Arcilla rojiza que se usa en *farmacia, en *pintura y como aparejo en el arte de dorar.
***bola.** f. Cuerpo esférico de cualquiera materia. ‖ *Juego que consiste en tirar con la mano una **bola** de hierro, y en el cual gana el jugador que al fin de la partida ha pasado con su **bola** más adelante. ‖ En el tresillo y otros juegos de *naipes, lance que consiste en hacer uno todas las bazas. ‖ Armazón compuesta de dos discos negros, cruzados entre sí perpendicularmente, que sirve para hacer *señales. ‖ ***Betún** para el calzado. ‖ *Cometa grande y redonda. ‖ fig. y fam. Embuste, *mentira. ‖ Tamal de figura esférica. ‖ *Germ.* **Feria,** *mercado. ‖ pl. **Argolla,** juego de este nombre. ‖ **Bola de nieve. Mundillo.** ‖ **A bola vista.** m. adv. fig. A las claras, de modo *manifiesto. ‖ **De** modo *cierto. ‖ **Dejar que ruede,** o **dejar rodar, la bola.** fr. fig. y fam. *Abstenerse de intervenir. ‖ fig. y fam. Mirar con *indiferencia. ‖ **Escurrir la bola.** fr. fig. y fam. *Huir, escapar. ‖ **Hacer bolas.** fr. fig. y fam. **Hacer novillos.**
bolada. f. Tiro que se hace con la bola. ‖ **Artill.* Caña del cañón.
bolado. m. **Azucarillo.**
bolaga. f. **Torvisco.**
bolagar. m. Sitio donde abunda la bolaga.
bolán. V. **De bolín, de bolán.**
bolandista. m. Individuo de una sociedad de jesuitas, formada para depurar los textos de las vidas de los *santos.
bolañego, ga. adj. Natural de Bolaños. Ú. t. c. s. ‖ Perteneciente a esta villa.
bolaño. m. *Proyectil de piedra que disparaban las bombardas y pedreros.
bolardo. m. Noray de hierro, con la extremidad superior encorvada, que se coloca junto a la arista exterior de un muelle.
bolazo. m. Golpe de bola. ‖ **De bolazo.** m. adv. fig. y fam. Con *precipitación y sin esmero.
bolchaca. f. fam. *Bolsillo o faltriquera.
bolchaco. m. fam. y despect. **Bolchaca.**
bolchevique. adj. **Pol.* Partidario del bolcheviquismo.
bolcheviquismo. m. Sistema de *gobierno que practica el colectivismo mediante la dictadura del proletariado.
bolchevismo. m. **Bolcheviquismo.**
boldina. f. Alcaloide extraído del boldo.
boldo. m. *Arbusto nictagíneo, de hojas siempre verdes y fruto comestible. La infusión de sus hojas se usa como estomacal.
boleador. m. *Germ.* El que hace caer a otro.
boleadoras. f. pl. Instrumento de dos o tres bolas, trabadas entre sí por correas, que se usa para *apresar o cazar animales, arrojándoselo a las patas o al cuello.
bolear. intr. En los juegos de trucos y *billar, jugar por entretenimiento y sin hacer partido. ‖ Decir muchas *mentiras. ‖ tr. Arrojar las boleadoras a un animal. ‖ fig. Envolver a uno en alguna intriga o *enredo.
bolear. tr. fam. **Arrojar.** ‖ intr. *Germ.* **Caer.**
boleo. m. Acción de bolear. ‖ Sitio en que se tira la bola.
bolera. f. **Boliche,** sitio para jugar a los bolos.
bolero, ra. adj. **Novillero,** que hace novillos. ‖ fig. y fam. Que dice muchas *mentiras. Ú. t. c. s.
bolero, ra. m. y f. Persona que *baila el bolero por profesión. ‖ m. **Mús.* Aire popular español, de compás ternario y movimiento reposado. ‖ *Baile que se hace al son de esta música. ‖ **Chistera,** *sombrero de copa. ‖ **Indum.* Chaquetilla corta de señora.
boleta. f. Billete que sirve de *entrada. ‖ Cédula que se da a los militares para su *alojamiento en un lugar. ‖ *Libranza para cobrar alguna cosa. ‖ Paquetito de *tabaco, que se vendía por menor.
boletar. tr. Hacer boletas de *tabaco.
boletero. m. Individuo que reparte las boletas de *alojamiento.
boletín. m. d. de **Boleta.** ‖ *Libranza para cobrar dinero. ‖ **Boleta,** billete de entrada o de alojamiento. ‖

Cédula de *subscripción a una obra. ‖ Revista o *periódico destinados a tratar de asuntos especiales. ‖ *Periódico que contiene disposiciones oficiales.
boleto. m. **Billete** de tren, entrada de teatro, etc.
bolichada. f. Lance de la *red llamada boliche. ‖ fig. y fam. Lance *afortunado en que se obtiene buena ganancia. ‖ **De una bolichada.** m. adv. fig. y fam. De un golpe, de una vez.
boliche. m. Bola pequeña para el *juego de las bochas. ‖ *Juego de azar que se ejecuta en una mesa cóncava, donde hay varios conductos cilíndricos, por donde pueden entrar las bolas que se lanzan al efecto. ‖ Juego de bolos. ‖ Lugar donde se ejecuta este juego. ‖ *Juguete compuesto de una bola taladrada sujeta con un cordón a un palito aguzado. El juego consiste en lanzar la bola al aire y acertar a introducir en el taladro la punta del palo. ‖ *Adorno torneado en que rematan algunos muebles. ‖ *Tabaco de clase inferior de Puerto Rico. ‖ *Horno pequeño para hacer *carbón de leña. ‖ *Horno pequeño de reverbero. ‖ *Tienda de baratijas. ‖ Figón. ‖ *Germ.* **Casa de juego.**
boliche. m. Jábega pequeña. ‖ *Pescado menudo. ‖ *Mar.* Bolina de las *velas menudas.
bolichero, ra. m. y f. Persona que tiene un *juego de bolos.
bolichero. m. Vendedor del pescado llamado boliche.
***bólido.** m. *Meteor.* Masa mineral en ignición que atraviesa rápidamente la atmósfera y suele estallar en pedazos.
bolillo. m. Palito torneado que sirve para hacer *encajes y pasamanería. ‖ En la mesa de *trucos, hierro redondo puesto perpendicularmente enfrente de la barra. ‖ Horma para aderezar vuelos de gasa o de encaje. ‖ Cada uno de estos vuelos. ‖ Hueso a que está unido el *casco de las caballerías. ‖ pl. Barritas de masa *dulce.
bolín. m. d. de **Bolo.** ‖ **Boliche,** bola pequeña. ‖ **De bolín, de bolán.** m. adv. fam. Inconsideradamente, de modo *irreflexivo.
bolina. f. *Mar.* *Cabo con que se hala hacia proa la relinga de barlovento de una vela. ‖ *Mar.* ***Sonda** para explorar fondos. ‖ *Mar.* Cada uno de los cordeles que sirven para colgar los coyes. ‖ *Mar.* *Castigo de *azotes, que se daba a los marineros a bordo. ‖ **Mar.* Respecto a un rumbo de la aguja, cada uno de los dos que distan seis cuartas de él. ‖ fig. y fam. *Alboroto, *riña. ‖ **Echar** uno **de bolina.** fr. fig. y fam. Proferir *amenazas. ‖ fig. y fam. *Exagerar sin consideración. ‖ **Ir,** o **navegar, de bolina.** fr. **Mar.* Navegar de modo que la dirección de la quilla forme con la del viento el ángulo menor posible.
bolineador, ra. adj. *Mar.* **Bolinero.**
bolinear. intr. *Mar.* **Ir** o **navegar, de bolina.**
bolinero, ra. adj. *Mar.* Dícese de la *embarcación que tiene la propiedad de navegar bien de bolina. ‖*Alborotador.
bolisa. f. En algunas partes, ***pavesa.**
bolita. f. d. de **Bola.** ‖ *Zool.* Armadillo.
bolívar. m. *Moneda de plata de Venezuela, que equivale a una peseta.
bolivarense. adj. Natural de Bolívar, provincia del Ecuador. Ú. t. c. s. ‖ Perteneciente a esta provincia.
bolivariano, na. adj. Perteneciente o relativo a Simón Bolívar o a su *historia.
boliviano, na. adj. Natural de Bolivia. Ú. t. c. s. ‖ Perteneciente o relativo a esta república de América. ‖ m. *Moneda de plata de Bolivia, equivalente a cinco pesetas.
bolo. m. Trozo de *palo labrado en forma cónica o cilíndrica y con una base plana para que se tenga derecho en el suelo. ‖ **Bola,** en ciertos *juegos de naipes. ‖ En el *juego de las cargadas, el que no hace ninguna baza. ‖ Compañía de *teatro que recorre los pueblos. ‖ fig. y fam. Hombre *ignorante o *necio. Ú. t. c. adj. ‖ Almohadilla para hacer *encaje. ‖ *Arq.* **Nabo,** de *escalera. ‖ **Farm.* Píldora más grande que la ordinaria. ‖ *Moneda de plata de cinco pesetas, usada en Cuba. ‖ pl. *Juego que consiste en poner sobre el suelo nueve **bolos** derechos, y tirar desde lejos con una bola tratando de derribarlos. ‖ **Bolo alimenticio.** *Alimento masticado e insalivado que de una vez se deglute. ‖ **arménico,** o **de Armenia. Bol arménico.** ‖ **Echar** uno **a rodar los bolos.** fr. fig. y fam. *Descomedirse o promover *contienda.
bolo. m. *Cuchillo grande, a manera de machete, usado en Filipinas.
bolón. m. *Piedra de regular tamaño que se emplea en los cimientos de las construcciones.
boloniо. adj. fam. Dícese de los estudiantes y graduados del *Colegio Español de Bolonia. Ú. t. c. s. ‖ fig. y fam. *Necio, ignorante. Ú. t. c. s.
boloñés, sa. adj. Natural de Bolonia. Ú. t. c. s. ‖ Perteneciente a esta ciudad de Italia.
***bolsa.** f. Recipiente de materia flexible, que sirve para llevar o guardar alguna cosa. ‖ Saquillo para llevar dinero consigo. ‖ Taleguilla de tafetán que usaban los hombres para llevar recogido el *cabello. ‖ **Folgo.** ‖ *Arruga o seno que hace un vestido o una tela. ‖ Pieza de estera en forma de saco, que pende debajo de algunos *carros, para colocar efectos. ‖ → fig. **Lonja** de contratación y conjunto de las operaciones que en ella se efectúan. ‖ fig. Reunión oficial de los que operan con fondos públicos. ‖ Local en que se reúnen. ‖ fig. Caudal o dinero de una persona. ‖ **Cir.* Cavidad llena de *pus. ‖ **Min.* Parte de un criadero donde el mineral está reunido con mayor abundancia. ‖ pl. Las dos cavidades del escroto en las cuales se alojan los *testículos. ‖ **Bolsa de corporales.** Carpeta de cartón forrado en que se guardan plegados los corporales. ‖ **de hierro.** fig. Persona miserable. ‖ **negra.** **Banca.* Mercado clandestino de divisas. ‖ **rota.** fig. **Manirroto.** ‖ **turca.** *Vaso de vaqueta para beber. ‖ **Bajar la bolsa.** fr. fig. Bajar el precio de los *valores que se cotizan en ella. ‖ **Castigar** a uno **en la bolsa.** fr. fam. Imponerle alguna multa o responsabilidad pecuniaria. ‖ **Jugar a la bolsa.** fr. fig. Comprar o vender al descubierto y a plazo *valores cotizables. ‖ **Subir la bolsa.** fr. fig. Subir el precio de los *valores que se cotizan en ella. ‖ **Tener** uno alguna cosa **como en la bolsa.** fr. Tener entera seguridad de *conseguirla.
bolsada. f. *Min.* **Bolsa** de mineral.
bolsear. intr. Hacer bolsas el vestido, las tapicerías, paños, etc. ‖ tr. *Hurtar del bolsillo el reloj o el dinero.
bolsera. f. Bolsa o talega para el *cabello, de que usaban las mujeres.
bolsería. f. Oficio de hacer bolsas. ‖ Fábrica de bolsas. ‖ Conjunto de ellas.
bolsero. m. El que hace o vende bolsas o bolsillos.
bolsico. m. **Bolsillo.**
bolsilla. f. *Germ.* Bolsa que llevan los fulleros para esconder los *naipes.
***bolsillo.** m. ***Bolsa** para el dinero. ‖ Saquillo cosido en los vestidos, que sirve para meter en él algunas cosas usuales. ‖ fig. **Bolsa,** *caudal. ‖ **De bolsillo.** loc. que denota ser una cosa adecuada para llevarla en la faltriquera. ‖ **No echarse** uno **nada en el bolsillo.** fr. fig. y fam. No resultarle provecho de alguna cosa. ‖ **Rascarse el bolsillo.** fr. fig. y fam. *Pagar, costear algo. ‖ **Tener** uno **en el bolsillo** a otro. fr. fig. y fam. Tenerlo convencido y dispuesto a obrar según se le pida.
bolsín. m. Reunión de los bolsistas para sus tratos, fuera de las horas y sitio de reglamento. ‖ Lugar donde habitualmente se verifica dicha reunión.
***bolsista.** m. El que se dedica a la compra y venta de *valores públicos.
bolso. m. **Bolsa** para el dinero. ‖ *Mar.* Seno que se forma en las *velas.
bolsón. m. En los *molinos de aceite, tablón con que se forra el suelo del alfarje. ‖ **Albañ.* Abrazadera de hierro que se usa en la *armadura de ciertas bóvedas.
bolla. f. *Impuesto que se pagaba por vender *tejidos de lana y seda. ‖ Derecho que se pagaba por fabricar *naipes.
bolla. f. *Bollo de harina de flor y leche. ‖ Mollete o panecillo de una libra de peso, que servía de obsequio en ciertas *cofradías.
bolladura. f. **Abolladura.**
bollar. tr. Poner un *sello de plomo en los tejidos.
bollar. tr. **Abollonar.**
bollén. m. *Árbol rosáceo. ‖ *Madera de este árbol.
bollería. f. Establecimiento donde se hacen bollos. ‖ Tienda donde se venden.
bollero, ra. m. y f. Persona que hace o vende bollos.
bollicio. m. Bullicio, *alboroto.
***bollo.** m. Panecillo de harina amasada con huevos, leche, etc.‖ *Convexidad o *prominencia que resulta en una pieza de metal u otra materia flexible por golpe dado o presión hecha en la cara opuesta. ‖ Cierto *pliegue de tela usado en guarniciones de *vestidos y en los adornos de *tapicería. ‖ fig. **Chichón.** ‖ *Alboroto, disputa, bronca. ‖ **maimón.** Roscón de masa de bizcocho. ‖ Mazapán relleno de conservas.
bollón. m. *Clavo de cabeza grande, que sirve para adorno. ‖ *Arete o pendiente con sólo un botón. ‖ Botón que echan las plantas, principalmente la *vid.
bollonado, da. adj. Adornado con bollones.
bolluelo. m. d. de **Bollo.**
***bomba.** f. Máquina para aspirar, impulsar o comprimir algún fluido. ‖ *Proyectil hueco y lleno de materia explosiva. ‖ Pieza hueca de cristal opalino, que sirve para difundir suavemente una luz puesta en su interior. ‖ En los *instrumentos músicos

de metal, tubo encorvado que por sus extremos enchufa con otros y sirve para afinar el instrumento. ‖ En los *molinos de aceite, tinaja soterrada. ‖ fig. *Noticia inesperada que causa *sorpresa y estupor. ‖ fig. y fam. *Versos que improvisa la gente del pueblo en sus jaranas. ‖ fig. **Pompa,** *burbuja. ‖ fig. y fam. **Borrachera.** ‖ fig. **Chistera,** *sombrero de copa. ‖ **atómica.** *Proyectil explosivo cuya enorme potencia es producida por la desintegración del *átomo de determinadas sustancias. ‖ **centrífuga.** Aquella en que se hace la aspiración y elevación del agua por medio de una rueda de paletas que giran rápidamente dentro de una caja adecuada. ‖ **de alimentación.** La que sirve para inyectar el agua en la caldera de vapor. ‖ **de mano.** *Mil.* La pequeña que se lanza con la mano. ‖ **neumática.** La que se emplea para extraer el aire y a veces para comprimirlo. ‖ **rotatoria. Bomba centrífuga.** ‖ **¡Bomba!** exclam. fig. con que en ciertos *convites anuncia uno que va a *brindar. ‖ **Caer como una bomba.** fr. fig. y fam. que se dice de la persona o cosa cuya inesperada presencia causa estupefacción entre los circunstantes. ‖ **Estar echando bombas** una cosa. fr. fig. y fam. Estar muy *caliente.

bombáceo, a. adj. *Bot.* Dícese de árboles y arbustos dicotiledóneos, cuyo tipo es el baobab. Ú. t. c. s. f. ‖ f. pl. *Bot.* Familia de estas plantas.

bombacha. f. *Pantalón bombacho. Ú. t. en pl.

bombacho. adj. V. **Calzón bombacho.** ‖ V. **Pantalón bombacho.** Ú. t. c. s.

bombarda. f. **Artill.* Antigua máquina militar, con un cañón de gran calibre. ‖ *Buque de dos palos, armado de morteros. ‖ *Embarcación de cruz, de dos palos, usada en el Mediterráneo. ‖ Antiguo *instrumento músico de viento, parecido a la chirimía. ‖ Registro del *órgano que produce sonidos muy fuertes y graves.

bombardear. tr. **Bombear,** atacar con disparos de bombas. ‖ Hacer fuego violento y sostenido de *artillería contra un objetivo.

bombardeo. m. Acción de bombardear.

bombardero. m. **Artill.* Artillero destinado al servicio de las bombardas. ‖ Artillero destinado al servicio especial del mortero. ‖ *Avión de bombardeo.

bombardino. m. *Instrumento músico de viento, de metal, semejante al figle, pero con pistones en vez de llaves.

bombardón. m. *Instrumento músico de viento, de grandes dimensiones, de metal y con pistones, que sirve de contrabajo en las bandas militares.

bombasí. m. **Fustán,** *tela.

bombástico, ca. adj. Dícese del *estilo altisonante y campanudo.

bombazo. m. Golpe que da la bomba al caer. ‖ Explosión o *estallido de este proyectil. ‖ Daño que causa.

bombé. m. *Carruaje muy ligero de dos ruedas, abierto por delante. ‖ Cierto género de pastel.

bombear. tr. Extraer o impulsar un líquido con una *bomba. ‖ Arrojar bombas de *artillería.

bombear. tr. **Dar bombo.**

bombeo. m. Comba, *convexidad.

bombero. m. El que tiene por oficio trabajar con la *bomba hidráulica. ‖ Cada uno de los individuos del cuerpo destinado a *apagar los incendios. ‖ *Cañón que sirve para disparar bombas.

bómbice. m. *Zool.* *Insecto lepidóptero, cuya oruga es el gusano de *seda.

bombilla. f. **Bombillo,** para *sacar líquidos. ‖ *Lámpara compuesta de una ampolla de cristal en cuyo interior hay un filamento adecuado para que, al paso de una corriente eléctrica, se ponga incandescente. ‖ Caña delgada para sorber el *mate. ‖ *Mar.* *Farol usado a bordo.

bombillo. m. Aparato con sifón, que se coloca en los desagües, *retretes, etcétera. ‖ Tubo de hojalata con un ensanche en la parte inferior, para *sacar líquidos. ‖ *Mar.* *Bomba pequeña para extinguir incendios.

bombín. m. d. de **Bomba.** ‖ fam. *Sombrero hongo.

bombo, ba. adj. fam. *Aturdido, atolondrado. ‖ m. *Tambor muy grande que se emplea en las orquestas y en las bandas militares. ‖ El que toca este instrumento. ‖ *Buque de fondo chato y proa roma. ‖ Caja redonda y giratoria que sirve para contener bolas o papeletas que han de sacarse a la *suerte. ‖ Recipiente de cuero, que, en ciertos juegos de *billar, sirve para contener bolas numeradas que han de distribuirse por suerte entre los jugadores. ‖ fig. *Alabanza exagerada y destinada al *público, que se hace de una persona o cosa. ‖ **Dar bombo.** fr. fig. y fam. Elogiar con exageración.

bombón. m. **Confit.* Confite de chocolate o azúcar, que en lo interior suele contener licor o crema.

bombón. m. *Vasija usada en Filipinas, hecha de un trozo de la caña espina.

bombona. f. *Vasija de vidrio de boca estrecha, muy barriguda y de bastante capacidad.

bombonaje. m. *Planta pandánea, de hojas palmeadas, que sirven para fabricar objetos de jipijapa.

bombonera. f. *Cajita para bombones.

bonachón, na. adj. fam. *Bondadoso, apacible y crédulo. Ú. t. c. s.

bonaerense. adj. Natural de la provincia de Buenos Aires. Ú. t. c. s. ‖ Perteneciente a esta provincia de la Argentina.

***bonancible.** adj. Tranquilo, sereno. Dícese del mar y de la atmósfera.

***bonanza.** f. Tiempo tranquilo o sereno en el mar. ‖ fig. **Prosperidad.** ‖ **Min.* Zona de mineral muy rico. ‖ **Ir en bonanza.** fr. **Mar.* Navegar con próspero viento.

bonanzoso, sa. adj. Próspero, *favorable.

bonapartismo. m. Partido o comunión *política de los bonapartistas.

bonapartista. adj. Partidario de Napoleón Bonaparte. Apl. a pers., ú. t. c. s. ‖ Perteneciente o relativo al bonapartismo.

bonazo, za. adj. aum. de **Bueno.** ‖ fam. Dícese de la persona *apacible.

***bondad.** f. Calidad de bueno. ‖ Natural inclinación a hacer el bien. ‖ *Apacibilidad de genio.

bondadosamente. adv. m. Con bondad.

***bondadoso, sa.** adj. Lleno de bondad, y de genio apacible.

bondoso, sa. adj. **Bondadoso.**

boneta. f. *Mar.* Paño que se añade a algunas *velas para aumentar su superficie.

bonetada. f. fam. Cortesía que se hace quitándose el bonete o el sombrero.

bonetazo. m. *Golpe dado con el bonete.

***bonete.** m. Especie de gorra, comúnmente de cuatro picos, usada por los eclesiásticos. ‖ fig. *Clérigo secular. ‖ Dulcera de vidrio ancha de boca y angosta de suelo. ‖ **Fort.* Obra exterior a manera de cola de golondrina. ‖ *Zool.* Redecilla de los *rumiantes. ‖ **Bravo bonete.** expr. irón. Persona *necia. ‖ **Gran bonete.** Persona importante y de gran influencia. ‖ **A tente bonete.** m. adv. fig. y fam. Con *porfía e insistencia. ‖ **Tirarse los bonetes.** fr. fig. y fam. *Discutir descompuestamente.

bonetería. f. Oficio de bonetero. ‖ Taller donde se fabrican bonetes. ‖ Tienda donde se venden.

bonetero. m. El que hace o vende bonetes. ‖ *Arbusto de las celastríneas, de hoja permanente, llamado también **evónimo.**

bonetillo. m. Cierto adorno de las mujeres sobre el *tocado.

bonetón. m. *Juego de prendas, parecido al de la pájara pinta.

bonga. f. **Areca.**

bongo. m. Especie de canoa usada por los indios de América. ‖ **Barca de pasaje.**

boniatillo. m. Cafiroleta hecha sin coco.

boniato. m. Planta convolvulácea que produce tubérculos azucarados comestibles. ‖ Cada uno de estos tubérculos.

bonícamente. adv. m. **Bonitamente.**

bonico, ca. adj. d. de **Bueno.** ‖ **A bonico.** m. adv. En voz baja; en *silencio.

bonificación. f. Ventaja económica que se concede a alguno.

bonijo. m. Hueso de la *aceituna molida.

bonina. f. **Manzanilla loca.**

bonísimo, ma. adj. sup. de **Bueno.**

bonítalo. m. **Bonito,** *pez.

bonitamente. adv. m. Con *habilidad o *disimulo.

bonitas. f. pl. Juego de *pelota que consiste en tirarla contra una pared y cogerla en el aire, contando las veces hasta que cae al suelo.

bonitera. f. Pesca del bonito, y temporada que dura.

bonito. m. *Pez acantopterigio, de cuerpo abultado, con lomo azul casi negro, y carne comestible.

bonito, ta. adj. d. de **Bueno.** ‖ Lindo, agraciado, *hermoso. ‖ m. *Germ.* **Ferreruelo.**

bonitolera. f. Pececillo artificial que se usa como cebo para los bonitos.

bonizal. m. Terreno poblado de bonizo.

bonizo. m. Especie de panizo.

bono. m. Tarjeta o medalla a modo de vale, que se da como *limosna y puede canjearse por comestibles u otros artículos, y a veces por dinero. ‖ **Com.* Título de deuda emitido por el Tesoro.

bononiense. adj. **Boloñés.** Apl. a pers., ú. t. c. s.

bonote. m. Filamento de la corteza del coco.

bonzo. m. *Sacerdote del culto de Buda en el Asia oriental.

boñiga. f. *Excremento del ganado vacuno.

boñigo. m. Cada una de las porciones o piezas del *excremento del ganado vacuno.

bootes. m. *Astr.* *Constelación próxima a la Osa Mayor.

boque. m. **Buco,** cabrón.

boqueada. f. Acción de abrir la boca los que están para *morir. ‖ **Dar las boqueadas,** o **estar dando las bo-**

queadas. fr. fig. y fam. Acercarse una cosa a su *fin.
boquear. intr. Abrir la *boca. ‖ Estar próximo a *morir. ‖ fig. y fam. Estar una cosa próxima a su *fin. ‖ tr. Decir una palabra.
boquera. f. Puerta de piedra que se hace en el caz para *regar las tierras.‖ Ventana del *pajar. ‖ Abertura o *puerta para entrada de los ganados. ‖ *Sumidero para las aguas inmundas. ‖ *Med.* Excoriación que se forma en las comisuras de la *boca. ‖ **Veter.* Llaga en la boca de los animales.
boquerón. m. aum. de **Boquera.** ‖ *Abertura grande. ‖ *Pez malacopterigio abdominal, pequeño, muy apreciado como comestible.
boqueta. f. **Min.* Abertura para ventilación de las labores subterráneas.
boquete. m. *Entrada angosta de un lugar. ‖ **Brecha.**
boquetear. tr. **Min.* Abrir boquetas o comunicar una galería con otra.
boqui. m. *Enredadera de la familia de las ampelídeas, cuyo tallo se emplea en la fabricación de cestos.
boquiabierto, ta. adj. Que tiene la *boca abierta. ‖ fig. Que está *extasiado mirando alguna cosa.
boquiancho, cha. adj. Ancho de *boca.
boquiangosto, ta. adj. Estrecho de *boca.
boquiblando, da. adj. **Blando de boca.**
boquiconejuno, na. adj. Dícese de la *caballería que tiene la boca parecida a la del conejo.
boquiduro, ra. adj. **Duro de boca.**
boquifresco, ca. adj. Aplícase a las *caballerías que tienen la boca muy salivosa. ‖ fig. y fam. Aplícase a la persona que, por *sinceridad o *atrevimiento, dice verdades desagradables.
boquifruncido, da. adj. Dícese de la *caballería que tiene estrechas las comisuras de los labios.
boquihendido, da. adj. De boca muy hendida. Se dice principalmente de las *caballerías.
boquihundido, da. adj. Dícese de la *caballería que tiene muy altas las comisuras de los labios.
boquilla. f. Abertura inferior del *pantalón. ‖ Abertura que se hace en las acequias para el *riego. ‖ Pieza que se adapta al tubo de varios *instrumentos de viento y sirve para producir el sonido, apoyando los labios en los bordes de ella o introduciéndola en la boca. ‖ Tubo pequeño en cuya parte más ancha se pone el cigarro para *fumarlo aspirando el humo por el extremo opuesto. ‖ Escopleadura. ‖ Abrazadera del *fusil. ‖ Orificio por donde se introduce la pólvora en los *proyectiles y bombas. ‖ Pieza de metal que guarnece la boca de la *vaina. ‖ Pieza donde se produce la llama en ciertos aparatos de *alumbrado. ‖ Extremo del *cigarro puro, por donde se enciende. ‖ Rollito de cartulina que se coloca en uno de los extremos de ciertos *cigarrillos. ‖ **De boquilla.** m. adv. De mentirijillas. Sin aprontar dinero en el *juego.
boquimuelle. adj. **Blando de boca.** ‖ fig. Aplícase a la persona *dócil y cándida.
boquín. m. Bayeta tosca.
boquina. f. *Piel del macho *cabrío.
boquinatural. adj. Dícese de la *caballería que ni es blanda ni dura de boca.
boquinegro, gra. adj. Aplícase a los animales que tienen la boca u hocico negro, siendo de otro color lo restante de la cabeza o de la cara. ‖ m. *Caracol terrestre muy común en España.
boquirrasgado, da. adj. De *boca rasgada.
boquirroto, ta. adj. **Boquirrasgado.** ‖ fig. y fam. Fácil en hablar, *indiscreto.
boquirrubio, bia. adj. fig. Que sin necesidad y con *imprudencia dice cuanto sabe. ‖ *Inexperto. ‖ m. fam. Mozalbete que presume de *enamorado.
boquiseco, ca. adj. Que tiene seca la boca. ‖ Dícese de la *caballería que no saborea el freno ni hace espuma.
boquisumido, da. adj. **Boquihundido.**
boquitorcido, da. adj. **Boquituerto.**
boquituerto, ta. adj. Que tiene torcida la boca.
boratera. f. *Mina de borato.
boratero, ra. adj. Perteneciente o relativo al borato. ‖ m. El que trabaja o negocia en borato.
borato. m. **Quím.* Combinación del ácido bórico con una base.
bórax. m. **Quím.* Sal blanca compuesta de ácido bórico, sosa y agua.
borbollar. intr. Hacer borbollones el agua.
borbollear. intr. **Borbollar.**
borbollón. m. Erupción que hace el agua sobre su superficie, cuando brota del *manantial o *hierve con violencia. ‖ **A borbollones.** m. adv. fig. **Atropelladamente.**
borbollonear. intr. **Borbollar.**
borbónico, ca. adj. Perteneciente o relativo a los Borbones.
borbor. m. Acción de borbotar.
borborigmo. m. Ruido de tripas producido por las *flatulencias *intestinales. Ú. m. en pl.
borboritar. intr. Borbotar, borbollar.
borborito. m. **Borbotón.**
borbotar. intr. *Brotar o *hervir el agua impetuosamente o haciendo ruido.
borbotear. intr. **Borbotar.**
borboteo. m. Acción y efecto de borbotear.
borbotón. m. **Borbollón.** ‖ **A borbotones.** m. adv. **A borbollones.** ‖ **Hablar** uno **a borbotones.** fr. fig. y fam. Hablar *precipitadamente queriendo decirlo todo de una vez.
borceguí. m. *Calzado abierto por delante, que llega hasta más arriba del tobillo y se ajusta por medio de cordones.
borceguinería. f. Taller donde se hacen borceguíes. ‖ Tienda o barrio donde se vendían borceguíes.
borceguinero, ra. m. y f. Persona que hace o vende borceguíes.
borcelana. f. Jofaina.
borcellar. m. *Borde de una vasija o vaso.
borda. f. *Mar.* *Vela mayor en las galeras. ‖ *Mar.* Canto superior del costado de un *buque.
borda. f. **Choza.**
bordada. f. **Mar.* Derrota que hace entre dos viradas una embarcación. ‖ fig. y fam. *Paseo corto y repetido de una parte a otra. ‖ **Dar bordadas.** fr. Navegar de bolina y de una banda a otra. ‖ **Rendir** el buque **una bordada.** fr. Llegar al sitio en que conviene virar.
bordadillo. m. Tafetán doble labrado.
***bordado, da.** adj. V. **Pintura bordada.** ‖ m. Acción y efecto de bordar. ‖ **Bordadura.** ‖ **a canutillo.** El que se hace con hilo de oro o plata rizado en canutos. ‖ **al pasado.** El que se hace pasando las hebras de un lado a otro de la tela. ‖ **a tambor.** El que se hace con punto de cadeneta en un bastidor pequeño. ‖ **de imaginería. Imaginería.** ‖ **de pasado. Bordado al pasado.** ‖ **de realce.** Aquel en que sobresalen mucho las figuras o adornos.
bordador, ra. m. y f. Persona que tiene por oficio bordar.
bordadura. f. Labor de relieve ejecutada en tela o piel con aguja y diversas clases de hilo. ‖ *Blas.* **Bordura.**
bordaje. m. *Mar.* Conjunto de tablones que cubren la embarcación.
***bordar.** tr. Adornar una tela o piel con bordados. ‖ fig. Ejecutar alguna cosa con *perfección y arte.
***borde.** m. Canto u orilla de alguna cosa. ‖ En las vasijas, orilla que tienen alrededor de la boca. ‖ **Bordo** de la embarcación. ‖ **A borde.** m. adv. A punto de suceder alguna cosa.
borde. adj. Aplícase a las plantas *silvestres. ‖ Dícese del *hijo o hija nacidos fuera de matrimonio. Ú. t. c. s.
bordear. intr. Andar por la orilla o *borde. ‖ *Mar.* **Dar bordadas.**
bordelés, sa. adj. Natural de Burdeos. Ú. t. c. s. ‖ Perteneciente a esta ciudad de Francia.
bordillo. m. Borde o encintado de una *acera. ‖ *Piedra labrada, estrecha y larga, con que se forma el encintado.
bordinga. f. *Arq. Nav.* Madero que se usa como refuerzo.
bordo. m. Lado o costado exterior de la *embarcación. ‖ **Bordada.** ‖ *Presa que hacen los labradores con estacas y césped, para dirigir o embalsar las aguas. ‖ **A bordo.** m. adv. En la embarcación. ‖ **Al bordo.** m. adv. Al costado de la nave. ‖ **Dar bordos.** fr. **Mar.* **Dar bordadas.** ‖ **De alto bordo.** expr. que se dice de los buques mayores. ‖ fig. Dícese también de las personas o cosas muy *importantes. ‖ **Rendir el bordo en,** o **sobre,** alguna parte. fr. *Mar.* Llegar a ella el buque.
bordón. m. *Bastón más alto que la estatura de un hombre, con regatón de hierro. ‖ *Verso quebrado que se repite al fin de cada copla. ‖ Voz o frase que con excesiva frecuencia y por vicio *repite una persona en la conversación. ‖ En los *instrumentos músicos de cuerda, cualquiera de las más gruesas que hacen el bajo. ‖ Cuerda de tripa atravesada diametralmente en el parche inferior del *tambor. ‖ fig. Persona que guía y sostiene a otra. ‖ **Cir.* Cuerda de tripa que se emplea para dilatar algún conducto del organismo. ‖ **Impr.* Omisión que comete el cajista.
bordoncillo. m. **Bordón,** muletilla, palabra o frase que se *repite a cada paso.
bordonear. intr. Ir tentando la tierra con el bordón. ‖ Dar palos con el bordón o *bastón. ‖ fig. Andar *vagando y pidiendo limosna.
bordonería. f. Costumbre viciosa de andar *vagando sin trabajar.
bordonero, ra. adj. **Vagabundo.** Ú. t. c. s.
bordura. f. **Blas.* Pieza honorable que rodea interiormente el ámbito del escudo.
bore. m. Golpe de *mar.
boreal. adj. Perteneciente al bóreas. ‖ *Astr.* y *Geogr.* **Septentrional.**
bóreas. m. *Viento norte.
borgoña. m. fig. **Vino de Borgoña.**
borgoñón, na. adj. Natural de Borgoña. Ú. t. c. s. ‖ Perteneciente a esta antigua provincia de Francia.
borguil. m. **Almiar.**

boria. f. *Niebla densa y baja.
boricado, da. adj. **Farm.* Dícese de las preparaciones que contienen ácido bórico.
bórico. adj. *Quím.* V. **Ácido bórico.**
borinqueño, ña. adj. **Portorriqueño.** Apl. a pers., ú. t. c. s.
***borla.** f. Conjunto de hilos o cordoncillos que, reunidos por uno de sus cabos y sueltos por el otro, penden en forma de cilindro o de media bola. ‖ *Insignia de los doctores y maestros en las *universidades. ‖ pl. **Amaranto.** ‖ **Tomar** uno **la borla.** fr. fig. Graduarse de doctor.
borlilla. f. **Antera.**
borlón. m. aum. de **Borla.** ‖ *Tela de lino y algodón sembrada de borlitas. ‖ pl. **Amaranto.**
borne. m. Extremo de la *lanza de justar. ‖ Cada uno de los botones o tornillos de metal en que suelen terminar los conductores de un aparato *eléctrico. ‖ *Germ.* **Horca.**
borne. m. **Codeso.**
borneadizo, za. adj. Fácil de torcerse o combarse.
borneadura. f. **Borneo.**
bornear. tr. *Mover una cosa dándole *vuelta. ‖ Torcer, ladear. ‖ Disponer y mover los sillares y otras piezas de arquitectura, hasta sentarlos en su debido lugar. ‖ Labrar en contorno las *columnas. ‖ intr. Hacer mudanzas con los pies en el *baile. ‖ *Mar.* Girar el buque sobre sus amarras, estando *fondeado. ‖ r. Torcerse, *encorvarse la madera.
bornear. tr. *Arq.* Mirar con un solo ojo teniendo el otro cerrado, para examinar si una cosa está derecha o en línea con otras.
borneo. m. Acción o efecto de bornear o bornearse. ‖ Balance o movimiento del cuerpo en la *danza.
borní. m. *Ave rapaz diurna, que habita en lugares pantanosos y anida en la orilla del agua.
bornido. m. *Germ.* **Ahorcado.**
bornio, a. adj. Dícese del *alcornoque aún no descorchado.
bornizo. adj. Dícese del *corcho de la primera pela. ‖ m. **Vástago.**
boro. m. **Quím.* Metaloide de color pardo obscuro.
borococo. m. Fritura de tomate y huevo.
borona. f. **Mijo.** ‖ **Maíz.** ‖ En varias provincias, *pan de maíz. ‖ **Migaja** del pan.
boronía. f. **Alboronía.**
borra. f. *Cordera de un año. ‖ Parte más basta y corta de la *lana. ‖ Pelo de cabra de que se rehinchen los cojines y algunos asientos de *tapicería. ‖ Pelo que el tundidor saca del *paño con la tijera. ‖ Pelusa de la cápsula del *algodón. ‖ Pelusa *sucia y polvorienta que se forma en los bolsillos, rincones, etc. ‖ *Tributo sobre el ganado. ‖ *Sedimento espeso que forman algunos líquidos. ‖ fig. y fam. Cosas inútiles o *insignificantes.
borra. f. **Bórax.**
borracha. f. fig. y fam. Bota para el vino.
borrachada. f. **Borrachera.**
borrachear. intr. Emborracharse frecuentemente.
***borrachera.** f. Efecto de emborracharse. ‖ Orgía. ‖ fig. y fam. *Disparate grande. ‖ fig. y fam. *Exaltación en la manera de hacer o decir alguna cosa.
borrachero. m. *Arbusto de las solanáceas, cuyo fruto causa delirio.
borrachez. f. **Embriaguez.** ‖ fig. *Turbación del juicio.
borrachín. m. d. de **Borracho.**
***borracho, cha.** adj. **Ebrio.** Ú. t. c. s. ‖ Que se embriaga habitualmente. Ú. t. c. s. ‖ Aplícase a algunos frutos y flores de *color morado. ‖ Dícese de las telas cuyos colores se corren al lavarlas. ‖ fig. y fam. Poseído de alguna pasión, y especialmente de la *ira.
borrachuela. f. **Cizaña,** planta.
borrachuelo, la. adj. d. de **Borracho.** Apl. a pers., ú. t. c. s.
borrador. m. *Escrito de primera intención, destinado a sufrir las correcciones necesarias. ‖ Libro en que los comerciantes hacen sus apuntes y *cuentas provisionales. ‖ **Sacar de borrador** a uno. fr. fig. y fam. *Vestirle limpia y decentemente.
***borradura.** f. Acción y efecto de borrar lo escrito.
borragíneo, a. adj. **Bot.* Dícese de plantas dicotiledóneas y herbáceas, como la borraja y el heliotropo. Ú. t. c. s. f. ‖ f. pl. *Bot.* Familia de estas plantas
borraj. m. **Bórax.**
borraja. f. *Planta borragínea, comestible, cuya flor se emplea como sudorífico.
borrajear. tr. *Escribir sin asunto determinado. ‖ Hacer rasgos para ejercitar la pluma.
borrajo. m. **Rescoldo.** ‖ Hojarasca de los *pinos.
***borrar.** tr. Hacer rayas sobre lo escrito, para que no pueda leerse o para dar a entender que no sirve. ‖ Hacer que la tinta se corra y desfigure lo escrito. Ú. t. c. r. ‖ Hacer desaparecer por cualquier medio lo representado con tinta, lápiz, etc. Ú. t. c. r. ‖ fig. Desvanecer, *suprimir, hacer que desaparezca una cosa. Ú. t. c. r.
***borrasca.** f. Tempestad, tormenta del mar. ‖ fig. Temporal fuerte o tempestad que se levanta en tierra. ‖ fig. *Peligro o contratiempo. ‖ fig. y fam. **Orgía.** ‖ En las minas, carencia de mineral.
***borrascoso, sa.** adj. Que causa borrascas. ‖ Propenso a ellas. ‖ fig. y fam. Dícese de la vida, diversiones, etc., en que predomina el *desenfreno y el libertinaje.
borrasquero, ra. adj. fig. y fam. Dícese de la persona dada a diversiones borrascosas.
borregada. f. Rebaño de borregos.
***borrego, ga.** m. y f. Cordero o cordera de uno a dos años. ‖ fig. y fam. Persona sencilla o ignorante. Ú. t. c. adj. ‖ m. fig. **Pajarota.** ‖ m. pl. fig. Cabrillas, espumas que forman las *olas. ‖ fig. *Nubecillas blancas a modo de vellones.
borreguero, ra. adj. Dícese de los *pastos adecuados para borregos. ‖ m. y f. Persona que cuida de los borregos.
borreguil. adj. Perteneciente o relativo al borrego.
borrén. m. En las *sillas de montar*, parte realzada que se forma en el encuentro del arzón con las almohadillas, delante y detrás.
borrica. f. **Asna.** ‖ fig. y fam. Mujer *necia. Ú. t. c. adj.
borricada. f. Conjunto o multitud de borricos. ‖ Cabalgata que se hace en borricos por *diversión. ‖ fig. y fam. Dicho o hecho *necio.
borrical. adj. fam. Propio del *asno o borrico.
borricalmente. adv. m. fam. **Asnalmente.**
***borrico.** m. ***Asno.** ‖ *Armazón compuesta de tres maderos en forma de trípode, que sirve a los *carpinteros para apoyar en ella la madera que labran. ‖ fig. y fam. **Asno,** persona necia. Ú. t. c. adj.
borricón. m. fig. y fam. Hombre demasiado *paciente y sufrido. Ú. t. c. adj.
borricote. m. fig. y fam. **Borricón.** Ú. t. c. adj.
borrina. f. *Niebla densa y húmeda.
borriqueño, ña. adj. Propio o perteneciente al borrico.
borriquero. adj. V. **Cardo borriquero.** ‖ m. Conductor de una borricada.
borriquete. m. *Carp.* **Borrico,** armazón en forma de trípode. ‖ *Vela que se pone sobre el trinquete para cuando éste se rifa.
borro. m. *Cordero que pasa de un año y no llega a dos. ‖ Impuesto semejante al tributo de borra.
borrón. m. *Mancha de *tinta que se hace en el papel. ‖ **Borrador,** escrito de primera intención. ‖ fig. *Imperfección que desluce o afea. ‖ fig. Acción *vil que causa *deshonra. ‖ **Hormiguero,** montón de hierbas para quemar. ‖ **Pint.* Primera invención o *proyecto para un cuadro, en colores o de claro y obscuro. ‖ **Borrón y cuenta nueva.** fr. fig. con que se da al *olvido o se *perdona alguna falta, deuda, etc.
borronear. tr. **Borrajear.**
borroso, sa. adj. Lleno de *heces. ‖ *Confuso, impreciso en el trazado.
borrufalla. f. fam. Hojarasca, *futilidad, cosa insignificante.
borrumbada. f. fam. **Barrumbada.**
bortal. m. **Madroñal.**
borto. m. Alborocera, madroño.
boruca. f. Bullicio, *alboroto.
boruga. f. *Requesón batido con el suero de la leche y azúcar.
borujo. m. **Burujo.** ‖ Masa que resulta del hueso de la *aceituna después de molida y prensada.
borujón. m. **Burujón.**
borundés, sa. adj. Natural del valle de la Borunda o de la Barranca. Ú. t. c. s. ‖ Perteneciente a esta comarca navarra.
boruquiento, ta. adj. *Bullicioso, alegre.
borusca. f. **Seroja.**
boscaje. m. *Bosque de corta extensión. ‖ **Pint.* Cuadro que representa un país poblado de plantas y animales.
boscoso, sa. adj. Que abunda en *bosques.
bósforo. m. *Geogr.* Estrecho entre dos tierras firmes por donde un *mar se comunica con otro.
bosniaco, ca o **bosníaco, ca.** adj. **Bosnio.** Apl. a pers., ú. t. c. s.
bosnio, nia. adj. Natural de Bosnia. Ú. t. c. s. ‖ Perteneciente o relativo a este país de Europa.
***bosque.** m. Sitio poblado de árboles. ‖ *Germ.* **Barba.** ‖ **maderable.** El que da árboles maderables.
bosquejar. tr. **Pint.* Indicar las figuras con su colorido, sin definir los contornos ni acabar el cuadro. ‖ **Esc.* Dar a las figuras la primera mano antes de perfeccionarlas. ‖ Ejecutar alguna obra material sin darle la perfección definitiva. ‖ fig. Indicar con alguna vaguedad o *indeterminación una idea o *proyecto.
bosquejo. m. Traza primera y no definitiva de una obra de arte. ‖ fig. Idea vaga o *aproximada de alguna cosa. ‖ **En bosquejo.** loc. fig. No concluido, *pendiente de la última mano.
bosquete. m. d. de **Bosque.** ‖ Bosque artificial en los *jardines.
bosquimán. m. Individuo de una *tribu del África Meridional.
bosta. f. *Excremento del ganado vacuno o del caballar.

bostezador, ra. adj. Que bosteza con frecuencia.
bostezante. p. a. de **Bostezar.** Que bosteza.
***bostezar.** intr. Abrir la boca involuntariamente y hacer una inspiración profunda. Es un acto reflejo que revela ordinariamente *sueño o *fastidio.
***bostezo.** m. Acción de bostezar.
***bota.** f. *Odre pequeño que remata en un cuello con boquilla de cuerno o madera por donde se llena de vino y se bebe. ‖ *Cuba para vino u otros líquidos. ‖ Medida de *capacidad para líquidos. ‖ →*Calzado generalmente de cuero, que sube más arriba del tobillo. ‖ **de montar.** La que cubre la pierna por encima del pantalón. ‖ **de potro.** Bota de montar hecha de una pieza con la piel de la pierna de un caballo. ‖ **fuerte.** La de montar. ‖ **Ponerse** uno **las botas.** fr. fig. y fam. *Enriquecerse o lograr una *ganancia extraordinaria.
botabala. f. Especie de baqueta.
botada. f. Acción y efecto de botar al agua una embarcación.
botado, da. adj. **Expósito.** Ú. t. c. s.
botador, ra. adj. Que bota. ‖ m. Pértiga con que los barqueros hacen fuerza en la arena para desencallar los barcos. ‖ *Carp.* Instrumento de hierro, a modo de *cincel sin afilar, para arrancar *clavos o para embutir sus cabezas. ‖ *Cir.* Hierro en forma de escoplo hendido, que usan los *dentistas. ‖ **Impr.* Trozo de madera que sirve para apretar las cuñas de la forma.
botadura. f. Acto de echar al agua un buque.
botafuego. m. **Artill.* Varilla de madera en cuyo extremo se ponía la *mecha encendida. ‖ fig. y fam. Persona que se *irrita fácilmente.
botafumeiro. m. Incensario.
botagueña. f. *Embutido de asadura de puerco.
botal. m. *Arq.* Medio *arco que sirve de estribo.
botalomo. m. Instrumento de hierro con que los *encuadernadores forman la pestaña en el lomo de los libros.
botalón. m. *Mar.* Nombre común a varias perchas de la *arboladura que se sacan hacia fuera de la nave.
botamen. m. Conjunto de botes de una *farmacia. ‖ *Mar.* **Pipería.**
botana. f. *Remiendo que se pone en los *odres. ‖ Taruguito con que se tapa un agujero en las *cubas de vino. ‖ fig. y fam. Parche que se pone en una *llaga. ‖ fig. y fam. *Cicatriz de una llaga.
***botánica.** f. Ciencia que trata de los vegetales.
botánico, ca. adj. Perteneciente a la botánica. ‖ m. y f. Persona que profesa la botánica.
botanista. com. **Botánico.**
***botar.** tr. *Arrojar o echar fuera con violencia. ‖ Echar al agua un buque después de construido o carenado. ‖ **Mar.* Echar el timón a la parte que conviene.‖ → intr. Saltar la *pelota u otra cosa elástica, después de haber chocado con el suelo, pared, etc. ‖ *Saltar, levantarse del suelo con ímpetu. ‖ Dar botes el caballo. ‖ r. **Equit.* Substraerse el caballo a la acción del bocado e intentar derribar al jinete.
botaratada. f. fam. Dicho o hecho propio de un botarate.
botarate. m. fam. Hombre *alocado e *informal. Ú. t. c. adj.
botarel. m. *Arq.* **Contrafuerte.**
botarete. adj. *Arq.* V. **Arco botarete.**
botarga. f. Antiguo *calzón ancho y largo. ‖ Vestido ridículo de varios colores que se usaba en algunas representaciones *teatrales. ‖ El que llevaba este vestido. ‖ Especie de *embutido. ‖ **Taurom.* Dominguillo que se usa en la fiesta de toros.
botasilla. f. *Mil.* *Toque de clarín para que los soldados ensillen los caballos.
botavante. m. *Lanza o chuzo que usaban los marineros para defenderse en los abordajes.
botavara. f. *Mar.* *Palo horizontal, que, apoyado en el coronamiento de popa, sirve para cazar la vela cangreja.
botavira. m. *Mar.* *Cabo que se pasa por seno a una cosa que se lleva rodando.
botazo. m. *Mar.* **Embono.**
bote. m. Golpe que se da con la *lanza o pica. ‖ Salto que da el *caballo cuando quiere tirar a su jinete. ‖ Salto que da la *pelota al chocar con una superficie dura. ‖ *Salto que da una persona o cosa, botando como la pelota. ‖ **Boche,** hoyo hecho en el suelo. ‖ **de carnero.** Salto muy peligroso que, para tirar a su jinete, da el caballo, levantando el cuarto trasero y dando a la vez pares de coces. ‖ **De bote y voleo.** expr. fig. y fam. Con *precipitación, *indeliberadamente, con prisa.
bote. m. *Vasija cilíndrica. ‖ **de metralla.** Tubo de metal u otra materia cargado de *proyectiles.
***bote.** m. Barco pequeño y sin cubierta.
bote. De bote en bote. fr. fig. y fam. Dícese del espacio o local completamente *lleno de gente.
boteal. m. desus. Paraje en que abundan los *manantiales.
botecario. m. Cierto *tributo que se pagaba en tiempo de guerra.
boteja. f. **Botijo.**
botella. f. *Vasija de vidrio con el cuello angosto, que sirve para contener líquidos. ‖ Todo el líquido que cabe en una **botella.** ‖ Medida de *capacidad para líquidos, equivalente a cuartillo y medio. ‖ **de Leiden.** *Fís.* Condensador *eléctrico en forma de **botella** o vaso de vidrio.
botellazo. m. *Golpe dado con una botella.
botellero. m. El que fabrica botellas o trafica con ellas.
botellón. m. aum. de **Botella.** ‖ **Damajuana.**
botequín. m. desus. *Mar.* Bote pequeño.
botería. f. Taller o tienda del botero. ‖ *Mar.* **Botamen.**
botero. m. El que hace *odres o botas para vino, aceite, etc.
botero. m. Patrón de un bote.
botez. f. *Torpeza, *necedad.
botica. f. Oficina en que se hacen y despachan *medicamentos o remedios. ‖ Conjunto de medicamentos. ‖ En algunas partes, *tienda. ‖ fig. *Droga o mejunje. ‖ fam. Bragueta del *pantalón. ‖ **Haber de todo** en alguna parte **como en botica.** fr. fig. y fam. Haber *provisión o surtido completo de cosas diversas.
boticaria. f. Profesora de farmacia. ‖ Mujer del boticario.
boticario. m. Profesor de *farmacia que prepara y expende las medicinas.
botifuera. f. *Gratificación, propina.
botiguero. m. En algunas partes, mercader de *tienda abierta.
botija. f. *Vasija de barro redonda y de cuello corto y angosto. ‖ **Botija verde.** En algunas partes, expresión injuriosa. ‖ **Estar hecho una botija.** fr. fig. y fam. Se dice del niño cuando se enoja y *llora. ‖ fig. y fam. Dícese también del que está muy *gordo.
botijero, ra. m. y f. Persona que hace o vende botijas o botijos.
botijo. m. *Vasija de barro poroso con asa en la parte superior. Lleva a un lado una boca por donde se llena y en la parte opuesta un pitón para beber.
botijuela. f. d. de **Botija.** ‖ **Agujeta,** gratificación. ‖ **Alboroque.**
botilla. f. Cierto *calzado de que usaban las mujeres. ‖ **Borceguí.**
botiller. m. **Botillero.**
botillería. f. Despacho, a manera de café, donde ve vendían *bebidas heladas o refrescos. ‖ **Botecario.**
botillero. m. El que hace o vende *bebidas heladas o refrescos.
botillo. m. Pellejo pequeño que sirve para llevar *vino.
botín. m. *Calzado antiguo de cuero, que cubría todo el pie y parte de la pierna. ‖ Calzado de cuero o de tela, que cubre la parte superior del pie y parte de la pierna.
***botín.** m. Despojo que se concedía a los soldados, a expensas del enemigo vencido. ‖ Conjunto de las armas y provisiones de un ejército *vencido.
botina. f. *Calzado moderno que pasa algo del tobillo.
botinería. f. Taller donde se hacen botines. ‖ Tienda donde se venden.
botinero. m. El que guardaba o vendía botín o presa.
botinero, ra. adj. Dícese de la res *vacuna de pelo claro que tiene negras las extremidades. ‖ m. El que hace o vende botines.
botiondo, da. adj. Dícese de la *cabra en celo. ‖ fig. Dominado por el apetito *venéreo.
botiquín. m. Mueble destinado a guardar *medicamentos para casos de urgencia. ‖ Conjunto de estos *medicamentos.
botito. m. Especie de bota de hombre, que se ciñe al tobillo.
botivoleo. m. Acción de jugar la *pelota a volea después que ha botado en el suelo.
boto, ta. adj. ***Romo** de punta. ‖ fig. *Necio, de cortos alcances. ‖ m. *Odre pequeño para vino, aceite, etc. ‖ Tripa de vaca, llena de *manteca. ‖ Bota alta enteriza para *montar a caballo.
botocudo, da. adj. Dícese del individuo de una *tribu de *indios del Brasil. Ú. t. c. s.
***botón.** m. **Yema.** ‖ *Flor que aún no se ha abierto y extendido. ‖ → Pieza pequeña, generalmente redonda, que se pone en los vestidos para que, entrando en el ojal, los sujete y asegure.‖ Piececita de forma cilíndrica o esférica que se atornilla en algún objeto, para que sirva de tirador, *asidero, etc. ‖ En el timbre eléctrico, piececita redonda que cierra el circuito. ‖ Labor a modo de anillo formado por bolitas o medias bolitas, que se usa en la *ornamentación. ‖ *Bot.* Parte central, ordinariamente esférica, de las *flores de la familia de las compuestas. ‖ **Esgr.* Chapita redonda que se pone en la punta de la espada o del florete. ‖ **Mont.* Pedazo de palo que tiene la *red de caza para asegurarla en los ojales del lado opuesto. ‖ **de fuego.** **Cir.* Cauterio que se da con un hierro u otra pieza de metal

enrojecida al fuego. ‖ **de oro. Ranúnculo.** ‖ **De botones adentro.** m. adv. fig. y fam. En lo *interior del ánimo; en la *conciencia.

botonadura. f. Juego de botones para un traje o prenda de vestir.

botonar. intr. Arrojar botones o *yemas las plantas.

botonazo. m. *Esgr.* Golpe dado con el botón de la espada o del florete.

botonera. f. *Carp.* *Hueco o caja que se hace en una *basa para que entre el botón de un pie derecho.

botonería. f. Fábrica de botones. ‖ Tienda en que se venden.

botonero, ra. m. y f. Persona que hace o vende botones.

botones. m. fig. y fam. Muchacho que, en los hoteles, casinos y otros lugares, sirve de *mensajero.

bototo. m. Calabaza para llevar agua.

botrino. m. **Butrino.**

botuto. m. Pezón largo que sostiene la *hoja del papayo. ‖ Trompeta de guerra de los indios del Orinoco.

bou. m. *Pesca en que dos barcas, apartada la una de la otra, tiran de la red, arrastrándola por el fondo. ‖ *Embarcación menor, destinada a esta pesca.

bourel. m. *Boya formada con muchos corchos pequeños.

bovaje. m. *Impuesto que se pagaba en Cataluña por las yuntas de *bueyes.

bovarismo. m. Teoría *filosófica que pretende dar valor de realidad a lo *imaginario.

bovático. m. **Bovaje.**

***bóveda.** f. *Arq.* Obra de fábrica, de forma arqueada, que sirve para cubrir, a manera de techo, el espacio comprendido entre dos muros o varios pilares. ‖ Habitación labrada sin madera alguna, cuya cubierta o parte superior es de **bóveda.** ‖ **Cripta.** ‖ **celeste. Firmamento.** ‖ **claustral. Bóveda de aljibe.** ‖ **craneal.** *Zool.* Parte superior e interna del cráneo. ‖ **de aljibe,** o **esquifada.** *Arq.* Aquella cuyos dos cañones cilíndricos se cortan el uno al otro. ‖ **en cañón.** *Arq.* La de superficie cilíndrica. ‖ **palatina.** *Zool.* **Cielo de la boca.** ‖ **por arista. Bóveda claustral.** ‖ **tabicada.** *Arq.* La que se hace de ladrillos puestos de plano. ‖ **vaída.** *Arq.* La formada de un hemisferio cortado por cuatro planos verticales y paralelos dos a dos.

bovedar. tr. ant. **Abovedar.**

bovedilla. f. Bóveda pequeña que se forja entre viga y viga para formar el *techo o *suelo de una habitación. ‖ *Mar.* Parte arqueada de la fachada de popa de los buques.

bóvidos. m. pl. *Zool.* Familia de rumiantes que comprende el buey, el antílope, etc.

bovino, na. adj. Perteneciente al buey o a la vaca.

boxeador. m. El que practica el boxeo; púgil.

boxear. intr. Batirse a puñetazos.

boxeo. m. Combate singular a puñetazos.

***boya.** f. Cuerpo flotante sujeto al fondo del mar, de un lago, de un río, etc., que se coloca como *señal. ‖ Corcho que se pone en la *red para que las plomadas o piedras que la cargan no la lleven a fondo.

boyada. f. Manada de bueyes.

boyal. adj. Perteneciente o relativo al ganado *vacuno.

boyante. p. a. de **Boyar.** Que boya o *flota. ‖ adj. fig. Que goza de bienestar y *felicidad creciente. ‖ *Mar.* Dícese del buque que cala poco por falta de *carga.

boyante. adj. *Taurom.* Dícese del toro que da juego fácil.

boyar. intr. *Flotar una cosa en el agua. ‖ *Mar.* Volver a *flotar la embarcación que ha estado en seco.

boyardo. m. Señor ilustre, antiguo feudatario de Rusia o Transilvania.

boyarín. m. *Mar.* Boya pequeña.

boyazo. m. aum. de **Buey.**

boyera. f. *Corral donde se recogen los bueyes.

boyeriza. f. **Boyera.**

boyerizo. m. **Boyero.**

boyero. m. El que guarda bueyes o los conduce.

boyezuelo. m. d. de **Buey.**

boyuda. f. *Germ.* Baraja de *naipes.

boyuno, na. adj. **Bovino.** ‖ V. **Esparaván boyuno.**

boza. f. *Mar.* Pedazo de cuerda con que se sujeta un *cabo, cadena, etc. ‖ *Mar.* *Cabo hecho firme en las embarcaciones menores, que sirve para amarrarlas a un buque, muelle, etc.

bozal. adj. Dícese del negro recién sacado de su país. Ú. t. c. s. ‖ fig. y fam. *Necio. Ú. t. c. s. ‖ Tratándose de caballerías, cerril, *indómito. ‖ m. Esportilla que se pone en la boca a las bestias de labor y de carga, para que no hagan daño a los sembrados. ‖ Lazo o armadura, hecho con correas, alambres, etc., que se pone a los *perros en el hocico para que no *muerdan. ‖ Tableta con púas de hierro, que se pone a los terneros para que no puedan *mamar. ‖ Adorno con *campanillas o cascabeles, que se pone a los caballos en el bozo. ‖ **Bozo,** *cabestro.

bozalejo. m. d. de **Bozal.**

bozo. m. Vello que apunta a los jóvenes sobre el labio superior antes de nacer el *bigote. ‖ Parte exterior de la *boca. ‖ *Cabestro que se echa a las caballerías sobre la boca, y que, después de hacer un nudo por debajo de ella, forma un cabezón con sólo un cabo. ‖ Bozal para los *perros.

brabante. m. *Tela fabricada en el territorio de este nombre.

brabántico. adj. V. **Arrayán brabántico.**

brabanzón, na. adj. Natural de Brabante. Ú. t. c. s. ‖ Perteneciente a este territorio de los Países Bajos.

bracamarte. m. *Espada antigua de un solo filo y de lomo encorvado cerca de la punta.

bracarense. adj. Natural de Braga. Ú. t. c. s. ‖ Perteneciente a esta ciudad de Portugal.

braceada. f. Movimiento de brazos ejecutado con ímpetu.

braceado. m. Operación que se practica, en la fabricación de *cervezas, para convertir la materia amilácea en glucosa.

braceador, ra. adj. Que bracea; dícese de los caballos.

braceaje. m. En las casas de *moneda, conjunto de operaciones para su fabricación.

braceaje. m. *Mar.* *Profundidad del mar en determinado paraje.

bracear. intr. Mover repetidamente los *brazos. ‖ *Nadar sacando los brazos del agua y echándolos alternativamente hacia adelante. ‖ fig. Esforzarse, forcejear. ‖ *Equit.* Doblar el *caballo los brazos al andar, de manera que parece que toca la cincha con ellos.

bracear. intr. *Mar.* Halar de las brazas para hacer girar las vergas.

braceo. m. Acción de bracear o mover los brazos.

bracera. f. *Carp.* *Sierra para espigar.

braceral. m. **Brazal,** pieza de la armadura.

bracero, ra. adj. Aplícase al *arma que se arrojaba con el brazo. ‖ m. El que da el *brazo a otro para que se apoye en él. ‖ **Peón,** jornalero, *obrero. ‖ El que tiene buen brazo para tirar barra, *lanza, etc. ‖ **De bracero.** m. adv. Cogiendo una persona el brazo de otra.

bracete. m. d. de **Brazo.** ‖ **De bracete.** m. adv. fam. **De bracero.**

bracil. m. **Brazal.**

bracillo. m. Cierta pieza del *freno de los caballos.

bracio. m. *Germ.* **Brazo.** ‖ **godo.** *Germ.* *Brazo derecho. ‖ **ledro.** *Germ.* Brazo izquierdo.

bracmán. m. **Brahmán.**

braco, ca. adj. V. **Perro braco.** Ú. t. c. s. ‖ fig. y fam. Aplícase a la persona que tiene la *nariz roma y algo levantada. Ú. t. c. s.

bráctea. f. *Bot.* *Hoja que nace del pedúnculo de la flor.

bractéola. f. *Bot.* Bráctea pequeña.

bradicardia. f. Ritmo excesivamente lento de las contracciones del *corazón.

bradipepsia. f. *Med.* *Digestión lenta.

brafonera. f. Pieza de la *armadura antigua, que cubría la parte superior del brazo.

braga. f. **Calzón,** pantalón. Ú. m. en pl. ‖ Cuerda con que se ciñe un fardo, una piedra, etc., para *suspenderlo en el aire. ‖ **Metedor,** pañal de los *niños. ‖ Prenda del *vestido interior que usan las mujeres y que cubre desde la cintura hasta el arranque de las piernas, con aberturas para el paso de éstas. Ú. m. en pl. ‖ pl. Especie de *calzones anchos.

bragada. f. Cara interna del muslo de las *caballerías y otros *cuadrúpedos.

bragado, da. adj. Aplícase al *buey y a otros animales que tienen la bragadura de diferente color que el resto del cuerpo. ‖ fig. Dícese de la persona *falsa o de intención *perversa. ‖ fig. y fam. Aplícase a la persona de *resolución y *entereza.

bragadura. f. Entrepiernas del hombre o del animal. ‖ Parte de los calzones o *pantalones, que corresponde a la entrepierna.

bragar. tr. *Artill.* Suspender un *cañón con la prolonga.

bragazas. m. fig. y fam. Hombre demasiado *condescendiente. Ú. t. c. adj.

bragote. m. *Mar.* *Cabo que por un extremo se asegura en el caz de la antena y por el otro lleva un motón.

braguero. m. Aparato o vendaje destinado a contener las *hernias. ‖ Cuerda que a modo de cincha se pone al *toro para montarlo en pelo. ‖ **Gamarra.** ‖ *Artill.* y *Mar.* *Cabo grueso con que se sujetan las piezas de *artillería para moderar el retroceso.

bragueta. f. Abertura de los calzones o *pantalones por delante.

braguetazo (Dar un). fr. Contraer *matrimonio un hombre pobre con una mujer rica.

braguetero. adj. fam. Dícese del hombre dado a la *lujuria. Ú. t. c. s.

braguillas. m. fig. *Niño que empieza a usar los calzones.

brahmán. m. Individuo de cierta

casta de la India en la cual se reclutan los *sacerdotes y doctores.
brahmanismo. m. Religión de la India, que reconoce a Brahma como a dios supremo.
brahmín. m. **Brahmán.**
brahón. m. Rosca que ceñía la parte superior del brazo en las *mangas de ciertas vestiduras.
brahonera. f. **Brahón.**
brama. f. Acción y efecto de bramar. ‖ Celo (*generación) de los ciervos y otros animales salvajes.
bramadera. f. Tablita delgada que, sujeta al extremo de una cuerda, se hace girar rápidamente en círculo y produce un zumbido. Es *juguete de niños. ‖ Instrumento que usan los *pastores para llamar al ganado. ‖ Instrumento que usaban los guardas de campo para espantar los ganados, hecho de un medio cántaro cubierto con una piel de cordero. ‖ **Bravera.**
bramadero. m. Poste al que se amarran los animales para *herrarlos, *amansarlos o matarlos. ‖ **Mont.* Sitio adonde acuden los ciervos.
bramador, ra. adj. Que brama. Ú. t. c. s. ‖ m. *Germ.* **Pregonero.**
bramante. p. a. de **Bramar.** Que brama.
***bramante.** m. *Cuerda delgada de cáñamo. Ú. t. c. adj.
bramar. intr. Dar bramidos. ‖ fig. Manifestar uno con *voces o gritos la *ira de que está poseído. ‖ fig. Hacer *ruido estrepitoso el viento, el mar, etc. ‖ Dar *voces, gritar.
bramido. m. *Voz del *toro y de otros animales salvajes. ‖ fig. *Grito que da una persona enfurecida. ‖ fig. *Ruido grande producido por la fuerte agitación del viento, del mar, etc.
bramo. m. *Germ.* Bramido o *grito.
bramón. m. *Germ.* **Soplón.**
bramona (Soltar la). fr. fig. Entre tahúres, prorrumpir en *injurias.
bramuras. f. pl. *Amenazas, bravatas, muestras de *ira.
bran de Inglaterra. m. *Baile usado en España antiguamente.
brancada. f. *Red barredera con que se ataja un trozo de río o brazo de mar para encerrar la pesca.
brancal. m. Conjunto de las dos ramas o largueros de la armazón de la cureña de *artillería.
brandal. m. *Mar.* Cada uno de los dos ramales de cabo sobre los cuales se forman las *escalas de viento. ‖ *Mar.* *Cabo grueso que se da en ayuda de los obenques de juanete.
brandar. intr. **Mar.* Girar el buque en sentido longitudinal hacia uno u otro costado.
brandeburgos. m. pl. **Indum.* Alamares para adorno de la casaca.
brandís. m. Casacón grande que se ponía sobre la casaca para *abrigo.
branque. m. *Mar.* **Roda.**
branquia. f. **Agalla** de los *peces. Ú. m. en pl.
branquial. adj. Perteneciente o relativo a las branquias.
branquífero, ra. adj. Que tiene branquias.
branza. f. Argolla o *anillo en que se aseguraba la cadena de los galeotes.
braña. f. *Pasto de verano donde hay agua y *prado.
braquete. m. d. de **Braco,** *perro.
braquial. adj. Perteneciente o relativo al *brazo.
braquicéfalo, la. adj. Dícese de la persona cuyo *cráneo es casi redondo.
braquiópodo. adj. Dícese del animal marino con aspecto de *molusco.
braquiuro. adj. Dícese de los cangrejos y otros *crustáceos que tienen el abdomen reducido y plegado debajo del tórax.
brasa. f. **Ascua.** ‖ *Germ.* **Ladrón.**
brasca. f. *Min.* Mezcla de polvo de carbón y arcilla con que se forma la copela de algunos *hornos *metalúrgicos.
***brasero.** m. Vasija redonda de metal, con borde ancho y plano, en la cual se echa lumbre para calentarse. ‖ Sitio que se destinaba para quemar a ciertos delincuentes. ‖ **Hogar.** ‖ *Germ.* **Hurto.**
brasil. m. *Árbol de las leguminosas, cuya *madera es el palo brasil. ‖ **Palo brasil.** ‖ Color encarnado que servía para *afeite.
brasilado, da. adj. De *color encarnado.
brasileño, ña. adj. Natural del Brasil. Ú. t. c. s. ‖ Perteneciente a este país de América.
brasilete. m. *Árbol de la misma familia que el brasil. ‖ Madera de este árbol.
brasmología. f. Tratado de las *mareas.
bravamente. adv. m. Con *valor y gallardía. ‖ **Cruelmente.** ‖ Bien, con *perfección. ‖ Con *abundancia.
bravata. f. *Amenaza proferida con *jactancia para intimidar a alguno. ‖ **Baladronada.**
bravatero. m. Guapo que echa bravatas.
braveador, ra. adj. Que bravea. Ú. t. c. s.
bravear. intr. Echar bravatas.
bravera. f. *Abertura o respiradero que tienen algunos *hornos.
braveza. f. **Bravura,** *fiereza, *valor. ‖ Ímpetu y *violencia de los elementos; como los del mar, los del viento, etc.
***bravío, a.** adj. Feroz, indómito. ‖ fig. Se dice de los árboles y plantas *silvestres. ‖ fig. Se aplica al que tiene *tosquedad y costumbres rústicas. ‖ m. Hablando de los toros y otras fieras, **bravura.**
bravo, va. adj. *Valiente. ‖ *Bueno, excelente. ‖ Hablando de animales, fiero o *indómito. ‖ Aplícase al mar cuando está alborotado y embravecido. ‖ Áspero, inculto, *escabroso. ‖ Enojado, enfadado, *violento. ‖ fam. *Valentón. ‖ fig. y fam. De genio *desabrido. ‖ fig. y fam. Suntuoso, *excelente. ‖ m. *Germ.* **Juez.** ‖ **¡Bravo!** interj. de *aplauso.
bravocear. tr. p. us. Infundir bravura. ‖ intr. **Bravear.**
bravonel. m. **Fanfarrón.**
bravosía. f. **Bravosidad.**
bravosidad. f. *Gallardía. ‖ Arrogancia, *jactancia.
bravoso, sa. adj. **Bravo.**
bravote. m. *Germ.* Fanfarrón, *valentón.
bravucón, na. adj. *Valentón, preciado de guapo. Ú. t. c. s.
bravuconada. f. Dicho o hecho propio del bravucón.
bravuconería. f. *Jactancia, majeza.
bravura. f. *Fiereza de los brutos. ‖ *Valentía de las personas. ‖ **Bravata,** *amenaza.
braza. f. *Mar.* Medida de *longitud, equivalente a 2 varas. ‖ Medida *superficial usada en Filipinas, equivalente a 36 pies cuadrados. ‖ *Mar.* *Cabo que laborea por el penol de las vergas.
brazada. f. Movimiento que se hace con los *brazos extendiéndolos hacia adelante y encogiéndolos luego. ‖ **Brazado.** ‖ **de piedra.** Medida que sirve de unidad en la compraventa de mampuestos.
brazado. m. Cantidad de *leña, palos, etc., que se puede abarcar de una vez.
brazaje. m. **Braceaje.**
brazal. m. Pieza de la *armadura antigua, que cubría el brazo. ‖ **Embrazadura** del *escudo. ‖ En el antiguo juego del *balón, instrumento de madera que se encajaba en el brazo desde la muñeca al codo. ‖ Sangría que se saca de un río o *acequia para regar. ‖ Tira de tela que ciñe el brazo izquierdo por encima del codo y que sirve de distintivo, de *insignia, o de señal de *luto. ‖ **Arq. Nav.* Cada uno de los maderos fijados por sus extremos en una y otra banda desde la serviola al tajamar.
***brazalete.** m. Aro de metal o de otra materia que, como adorno, se lleva rodeando el brazo por más arriba de la muñeca. ‖ **Brazal.**
brazalote. m. *Mar.* *Cabo que lleva un motón en un extremo y que por el otro se fija en el penol de la verga.
***brazo.** m. Miembro del cuerpo que comprende desde el hombro a la extremidad de la mano. ‖ Parte de este miembro desde el hombro hasta el codo. ‖ En las *caballerías y otros *cuadrúpedos, cada una de las patas delanteras. ‖ En las arañas, candelabros, etc., *candelero que sale del cuerpo central. ‖ Cada uno de los soportes laterales de algunos *asientos, que sirven para apoyo de los **brazos** del que está sentado. ‖ En la *balanza, cada una de las dos mitades de la barra horizontal que sostiene los platillos. ‖ *Rama de árbol. ‖ fig. Fuerza, *valor, brío. ‖ *Mec.* Parte de la *palanca comprendida entre el punto de apoyo y el de aplicación de la potencia o de la resistencia. ‖ pl. fig. Protectores, valedores. ‖ fig. Braceros, *obreros. ‖ **Brazo de *cruz.** Mitad del más corto de los dos palos que la forman. ‖ **de Dios.** Poder y grandeza de *Dios. ‖ **de la nobleza.** Cuerpo de la nobleza, que representaban sus diputados en las *Cortes. ‖ **del reino.** Cada una de las distintas clases que representaban al reino junto en *Cortes. ‖ **de mar.** Canal ancho y largo del *mar, que entra tierra adentro. ‖ **de río.** Parte del *río que se separa de la corriente principal y corre independientemente durante cierto espacio. ‖ **A brazo.** m. adv. **A mano.** ‖ **A brazo partido.** m. adv. Con los **brazos** solos, sin usar de armas. ‖ fig. A viva *fuerza. ‖ **Brazo a brazo.** m. adv. Cuerpo a cuerpo y con *iguales armas. ‖ **Con los brazos abiertos.** m. adv. fig. Con agrado y amor. ‖ **Cruzarse de brazos.** fr. fig. Estar o quedarse ocioso o *inactivo. ‖ **Dar el brazo** a uno. fr. fig. Ofrecérselo para que se apoye en él. ‖ **Dar** uno **su brazo a torcer.** fr. fig. Rendirse, *desistir de su dictamen o propósito. ‖ **Entregar al brazo secular** una cosa. fr. fig. y fam. Ponerla en poder de quien dé fin de ella prontamente. ‖ **Hecho un brazo de mar.** loc. fig. y fam. Dícese de la persona ataviada con mucho *fausto. ‖ **No dar** uno su **brazo a torcer.** fr. fig. y fam. Mantener con entereza u *obstinación el propio dictamen o propósito. ‖ **Ser el brazo derecho** de uno. fr. fig. Ser la persona de su mayor *confianza.

brazola. f. *Mar.* Reborde que refuerza la boca de las escotillas.
brazuelo. m. d. de **Brazo.** ‖ Parte de las patas delanteras de los *cuadrúpedos comprendida entre el codo y la rodilla. ‖ **Bracillo.**
***brea.** f. Substancia viscosa de color rojo obscuro que se obtiene por destilación de ciertas maderas. ‖ Especie de harpillera para *embalajes. ‖ *Arbusto de las compuestas, del cual se extraía una resina que se usaba en lugar de brea. ‖ *Mar.* Mezcla de **brea,** pez, sebo y aceite, que se usa para calafatear. ‖ **crasa.** Mezcla de partes iguales de resina, alquitrán y pez negra. ‖ **líquida. Alquitrán.** ‖ **mineral.** Substancia crasa y negra, que se obtiene por destilación de la hulla. ‖ **seca. Colofonia.**
break. (voz inglesa). m. *Coche de cuatro ruedas.
brear. tr. **Embrear.** ‖ fig. y fam. Maltratar, *molestar. ‖ fig. y fam. *Burlar, chasquear.
brebaje. m. *Bebida, y en especial la de aspecto o sabor desagradables. ‖ En los buques, cualquier bebida para los marineros.
brebajo. m. **Brebaje.** ‖ **Veter.* Refresco compuesto de salvado, sal y agua, que se da al ganado.
breca. f. **Albur,** *pez. ‖ Variedad de pagel con las aletas azuladas.
brécol. m. Variedad de la *col, de hojas más obscuras y recortadas que la común. Ú. m. en pl.
brecolera. f. Especie de brécol, que echa pellas como la coliflor.
brecha. f. Rotura que hace en la muralla la *artillería. ‖ Cualquier *abertura hecha en una pared. ‖ fig. Impresión que hace en el ánimo la *persuasión o sugestión ajena. ‖ *Germ.* **Dado.** ‖ m. *Germ.* El que tercia en el *juego. ‖ **Abrir brecha.** fr. *Mil.* *Arruinar con la artillería parte de la muralla de una plaza, castillo, etc. ‖ fig. *Persuadir a uno. ‖ **Batir en brecha.** fr. *Mil.* Percutir un muro. ‖ **Estar** uno **siempre en la brecha.** fr. fig. Estar siempre *preparado. ‖ **Montar la brecha.** fr. *Mil.* *Asaltar la plaza por la **brecha.**
brechador. m. *Germ.* El que entra a terciar en el *juego.
brechar. intr. *Germ.* Meter *dado falso en el juego.
brechero. m. *Germ.* El que mete dado falso.
brega. f. Acción y efecto de bregar. ‖ Riña o *contienda. ‖ fig. Chasco, *burla. ‖ **Andar a la brega.** fr. *Trabajar afanosamente.
bregado, da. adj. Dícese del *pan amasado después de sobar la masa.
bregadura. f. desus. **Brega.** ‖ desus. **Costurón,** *cicatriz de una herida.
bregar. intr. *Luchar, reñir. ‖ *Agitarse, *trabajar afanosamente. ‖ tr. *Amasar de cierta manera.
bren. m. **Salvado.**
brenca. f. Poste que en las acequias sujeta las compuertas o *presas de agua.
brenga. f. Fibra o haz de fibras reviradas en la *madera.
breña. f. Tierra *escabrosa entre peñas y poblada de *maleza.
breñal. m. Sitio o paraje de breñas.
breñar. m. **Breñal.**
breñoso, sa. adj. Lleno de breñas.
breque. m. **Breca,** variedad de pagel.
breque. m. *Prisión, cepo.
bresca. f. *Panal de miel.
brescar. tr. **Castrar** las *colmenas.
bretaña. f. *Tela fina fabricada en Bretaña. ‖ **Jacinto,** planta y flor.
brete. m. Cepo o *prisión de hierro que se pone a los reos en los pies. ‖ fig. y p. us. **Calabozo.** ‖ fig. Aprieto, *dificultad. ‖ fig. En los *mataderos, sitio cercado con fuertes maderos, para sacrificar las reses.
brete. m. Mezcla de ciertas hojas e ingredientes que usan los indios para *mascarla.
bretón, na. adj. Natural de Bretaña. Ú. t. c. s. ‖ Perteneciente a esta antigua provincia de Francia. ‖ m. *Lengua que hablan los bretones. ‖ Variedad de la *col. ‖ Renuevo o tallo de esta planta.
bretoniano, na. adj. Propio y característico de Bretón de los Herreros.
breva. f. Primer fruto que da la *higuera breval. ‖ Bellota temprana. ‖ *Cigarro puro algo aplastado. ‖ fig. *Ventaja lograda con escaso esfuerzo. ‖ fig. Fruto o baya del palqui.
breval. adj. V. **Higuera breval.** Ú. t. c. s. m.
***breve.** adj. De corta extensión o duración. ‖ *Gram.* Aplicado a palabras, **grave** o llana. ‖ m. Documento *pontificio que se usa para llevar la correspondencia política de los Papas y dictar resoluciones concernientes al gobierno y disciplina de la Iglesia. ‖ f. **Mús.* Nota musical que vale dos compases mayores. ‖ adv. m. **En breve.** ‖ **En breve.** m. adv. Dentro de poco tiempo, *pronto, en seguida.
***brevedad.** f. Corta extensión o duración de una cosa.
brevemente. adv. m. Con brevedad.
brevera. f. **Higuera breval.**
brevete. m. d. de **Breve.** ‖ **Membrete.**
breviario. m. Libro que contiene el rezo *litúrgico de todo el año. ‖ *Compendio. ‖ *Germ.* El que hace las cosas con *prontitud. ‖ **Impr.* Fundición de nueve puntos.
brevipenne. adj. *Zool.* **Corredor,** dícese de ciertas aves. Ú. t. c. s. ‖ f. pl. *Zool.* Familia u orden de estas *aves.
brezal. m. Sitio poblado de brezos.
brezo. m. *Arbusto ericáceo, muy ramoso, con flores pequeñas de color blanco verdoso o rojizas. La madera y la raíz sirven para hacer carbón de fragua.
brezo. m. **Brizo.**
briaga. f. *Cuerda o maroma gruesa de esparto con que se ceñía el orujo de la uva, para exprimirlo con la viga. ‖ **Braga.**
brial. m. *Saya de seda que usaban las mujeres. ‖ Faldón de tela que traían los hombres de armas desde la cintura hasta encima de las rodillas.
briba. f. Holgazanería, *vagancia picaresca. ‖ **Andar,** o **echarse,** uno **a la briba.** fr. Hacer vida de *pícaro.
bribar. intr. ant. **Andar a la briba.**
bribia. f. *Germ.* Arte de *engañar con *halago y buenas palabras.
bribiático, ca. adj. Propio de la briba.
bribión. m. *Germ.* El que practica la bribia.
bribón, na. adj. Haragán, *vagabundo, dado a la briba. Ú. t. c. s. ‖ *Pícaro. Ú. t. c. s.
bribonada. f. Picardía, bellaquería.
bribonear. intr. Hacer vida de bribón. ‖ Hacer bribonadas.
bribonería. f. Vida o ejercicio de bribón.
bribonesco, ca. adj. Perteneciente o relativo al bribón.
bribonzuelo, la. adj. d. de **Bribón.** Ú. t. c. s.
bricbarca. m. *Embarcación de tres palos sin vergas de cruz en el mesana.
bricho. m. Hoja sutil de plata u oro, que sirve para *bordados y *pasamanería.
***brida.** f. Freno del caballo con las riendas y el correaje que lo sujeta a la cabeza del animal. ‖ **Equit.* Cierta manera de montar a caballo. ‖ pl. *Cir.* Filamentos membranosos que se forman en los labios de las *heridas. ‖ **A la brida.** m. adv. **Equit.* A caballo en silla de borrenes con los estribos largos. ‖ **A toda brida.** fr. fig. **A todo *correr.** ‖ **Beber la brida.** fr. **Equit.* Coger el caballo la embocadura entre las muelas.
bridecú. m. **Biricú.**
bridón. m. **Equit.* El que va montado a la brida. ‖ Brida pequeña que se pone a los caballos. ‖ Varilla de hierro que se pone a los caballos debajo del bocado. ‖ *Caballo ensillado y enfrenado a la brida. ‖ Caballo brioso y arrogante.
briega. f. **Brega.**
brigada. f. **Mil.* Unidad orgánica de infantería o caballería formada por dos regimientos. ‖ **Mil.* Antigua agregación de tropa, de número variable. ‖ *Mil.* Grado *militar, entre los de sargento y alférez. ‖ Cierto número de bestias con sus tiros y conductores para llevar provisiones de campaña. ‖ *Conjunto de personas reunidas para ciertos *trabajos. ‖ **Mar.* Cada una de las secciones en que se divide la marinería de un buque.
brigadero. m. Paisano que sirve en las brigadas.
brigadier. m. *Oficial cuya categoría era inmediatamente superior a la de coronel en el ejército. ‖ *Militar que en los antiguos guardias de Corps desempeñaba las funciones del sargento brigada. ‖ En las antiguas compañías de guardias marinas, el que ejercía las funciones de cabo.
brigadiera. f. fam. Mujer del brigadier.
brigantina. f. En la *armadura antigua, coraza formada de launas imbricadas.
brigantino, na. adj. Propio de La Coruña, o relativo a ella.
brigola. f. **Artill.* Antigua máquina para batir las murallas.
Briján. n. p. **Saber más que Briján.** fr. fig. y fam. Ser muy *astuto.
brilla. f. **Cachurra.**
brillador, ra. adj. Que brilla.
***brillante.** p. a. de **Brillar.** Que brilla. ‖ adj. fig. Admirable o *excelente en su línea. ‖ m. **Diamante brillante.**
brillantemente. adv. m. De manera brillante.
brillantez. f. **Brillo.**
brillantina. f. Pomada para dar brillo al *cabello y la barba.
***brillar.** intr. Resplandecer, despedir rayos de luz propia o reflejada. ‖ fig. Mostrar *superioridad en alguna cosa.
brillazón. f. En algunas partes de América, **espejismo.**
***brillo.** m. Lustre o resplandor. ‖ fig. Lucimiento. ‖ *Fama, gloria.
brin. m. **Vitre.** ‖ Brizna o hebra del *azafrán. ‖ *Tela ordinaria y gruesa de lino para pintar al óleo.
brincador, ra. adj. Que brinca.
***brincar.** intr. Dar brincos o *saltos. ‖ fig. y fam. *Omitir con cuidado alguna cosa pasando a otra. ‖ fig. y fam. Resentirse, *irritarse demasiado. ‖ tr. Tomar un niño en brazos y subirlo y bajarlo como si saltara.
brinco. m. **Salto.** ‖ *Joya colgante de que usaron las mujeres.

brincho. m. En el juego de las quínolas, flux mayor.
brindador, ra. adj. Que brinda. Ú. t. c. s.
***brindar.** intr. *Congratularse, al ir a *beber vino, del bien que sucede o se desea a personas o cosas. || *Ofrecer a uno alguna cosa, convidarle con ella. Ú. t. c. tr. || fig. *Atraer, *convidar las cosas a que alguien se aproveche de ellas. || r. *Ofrecerse a hacer alguna cosa.
brindis. m. Acción de *brindar. || Lo que se dice al brindar.
brinete. m. *Tela de cáñamo que se usa para las *velas.
bringas. f. pl. Nombre que se da a los mimbres que atraviesan las costillas de una *cesta o canasta.
brinquillo. m. **Brinquiño.**
brinquiño. m. d. de **Brinco.** || *Alhaja que usaban las mujeres. || *Dulce muy delicado que se traía de Portugal. || **Estar hecho un brinquiño.** fr. fig. y fam. Estar muy compuesto y *adornado.
briñolas. f. pl. Especie de *ciruelas pasas.
briñón. m. **Griñón,** variedad de melocotón.
brío. m. **Pujanza.** Ú. m. en pl. || fig. *Valor, resolución, *atrevimiento. || fig. Garbo, *gallardía.
briol. m. *Mar.* Cada uno de los *cabos que sirven para cargar las relingas de las velas de cruz.
briolín. m. *Mar.* Briol que se pone en medio de la relinga del pujamen.
brión. m. **Arq. Nav.* Pie de roda.
brionia. f. **Nueza.**
brios! (¡voto a) expr. fam. **¡Voto a Dios!**
briosamente. adv. m. Con brío.
brioso, sa. adj. Que tiene brío.
briqueta. f. Conglomerado de *carbón u otra materia en forma de ladrillo.
brisa. f. *Viento de la parte del Nordeste. || Airecillo que, en las costas, suele soplar del mar, durante el día, y de la tierra durante la noche.
brisa. f. **Orujo.**
brisca. f. Juego de *naipes, en el cual se dan tres cartas a cada jugador. || El as o el tres de los palos que no son triunfo en el juego de la **brisca** y en el del tute.
briscado, da. adj. Se dice del *hilo de oro o plata, rizado, escarchado o retorcido, que se emplea en el tejido de ciertas telas.
briscar. tr. Tejer o hacer labores con hilo briscado.
brisera. f. Especie de guardabrisa.
brisote. m. Brisa dura y con fuertes chubascos.
brístol. m. Especie de cartulina.
brisura. f. **Blas.* **Lambel** u otra pieza de igual significado.
británica. f. Romaza de hojas vellosas.
británico, ca. adj. Perteneciente a la antigua Britania. || Perteneciente a Inglaterra.
britano, na. adj. Natural de la antigua Britania. Ú. t. c. s. || **Inglés.** Ú. t. c. s. || **Británico.**
briza. f. Género de *plantas gramíneas, que sirven para adorno y como pasto del ganado lanar.
briza. f. *Niebla.
brizar. tr. Acunar, *mecer.
brizna. f. Filamento o *partícula larga y delgada de una cosa. || *Hebra que tiene en la sutura la vaina de la judía y de otras *legumbres.
briznoso, sa. adj. Que tiene muchas briznas.
brizo. m. **Cuna.**
broa. f. Especie de galleta o bizcocho.
broa. f. *Mar.* *Ensenada de poco fondo.
broca. f. Carrete que dentro de la lanzadera lleva el hilo para la trama de ciertos *tejidos. || *Barrena de boca cónica que se usa para *taladrar. || *Clavo de cabeza cuadrada, con que los *zapateros afianzan la suela en la horma.
brocadillo. m. *Tela más ligera que el brocado.
brocado, da. adj. Decíase de la *tela entretejida con oro o plata. || m. Guadamecí dorado o plateado. || Tela de seda entretejida con oro o plata, de modo que el metal forme dibujos en la haz. || Tejido fuerte, todo de seda, con dibujos de distinto color que el fondo.
brocal. m. *Antepecho alrededor de la boca de un *pozo. || **Boquilla** de la *vaina. || Cerco de madera o de cuerno que se pone a la boca de la bota de vino. || Ribete de acero que guarnece el *escudo. || *Mil.* Moldura que refuerza la boca de las piezas de *artillería. || *Min.* Boca de un *pozo.
brocamantón. m. *Joya grande de oro o piedras preciosas, a manera de *broche.
brocárdico. m. desus. Entre jurisconsultos, axioma legal o refrán.
brocatel. adj. V. **Mármol brocatel.** Ú. t. c. s. || m. *Tela de cáñamo y seda, a modo de damasco. || **de seda. Brocado.**
brocato. m. **Brocado.**
brocearse. r. *Min.* Esterilizarse una *mina.
brocense. adj. Natural de las Brozas. Ú. t. c. s. || Perteneciente a esta villa.
broceo. m. *Min.* Acción y efecto de brocearse una mina.
brocino. m. **Porcino,** chichón.
brócul. m. **Bróculi.** || **Coliflor.**
brócula. f. Especie de *taladro.
bróculi. m. **Brécol.**
brocha. f. Escobilla de cerda con mango, que sirve para *pintar y para otros usos. || Entre fulleros, *dado falso y cargado. || **De brocha gorda.** expr. fig. Dícese del pintor y de la pintura de puertas, ventanas, etc. || fig. y fam. Dícese del mal *pintor. || fig. y fam. Aplícase a las obras de ingenio que revelan *tosquedad o mal gusto.
brochada. f. Cada uno de los toques o pasadas de la brocha sobre la superficie que se pinta.
brochado, da. adj. Aplícase a las *telas de seda que tienen alguna labor de oro, plata o seda.
brochadura. f. Juego de *broches que se solía traer en las *capas.
brochal. m. *Arq.* *Madero atravesado entre otros dos de un suelo cuando se ha de dejar en éste algún hueco.
brochazo. m. **Brochada.**
***broche.** m. Conjunto de dos piezas de metal, una de las cuales engancha en la otra. || Especie de imperdible que se usa como adorno y suele ser una pieza de joyería.
brocheta. f. **Broqueta.**
brochón. m. aum. de **Brocha.** || Escobilla de cerdas atada a una asta de madera, y que sirve para blanquear las paredes.
brochuela. f. d. de **Brocha.**
brodete. m. fam. d. de **Brodio.**
brodio. m. **Bodrio.**
brodista. com. desus. **Sopista.**
brollador, ra. adj. Que brolla. Ú. t. c. s. m. || m. *Manantial, surtidor.
brollar. intr. **Borbotar.**
***broma.** f. *Alboroto, algazara, *diversión. || → Chanza.
broma. f. *Molusco acéfalo, que se introduce en las maderas bañadas por las aguas del mar y las destruye.
broma. f. Masa de cascote, piedra y cal para rellenar huecos en *cimientos y paredes.
bromar. tr. Roer la broma la madera.
bromatología. f. Tratado de los *alimentos.
bromazo. m. *Broma pesada.
***bromear.** intr. Usar de *bromas o chanzas. Ú. t. c. r.
bromeliáceo, a. adj. **Bot.* Dícese de hierbas y matas monocotiledóneas, como el ananás. Ú. t. c. s. f. || f. pl. *Bot.* Familia de estas plantas.
bromista. adj. Aficionado a dar bromas. Ú. t. c. s.
bromo. m. **Quím.* Metaloide de color rojo pardusco y olor fuerte y repugnante. Es líquido a la temperatura ordinaria y muy venenoso.
bromo. m. *Planta gramínea, que sirve para forraje.
bromoformo. **Quím.* Compuesto de bromo análogo al cloroformo.
bromuro. m. **Quím.* Combinación del bromo con un radical.
bronca. f. fam. *Disputa ruidosa o *contienda. || *Reprensión áspera. || *Manifestación colectiva y ruidosa. de *desagrado.
broncamente. adv. m. Con bronquedad o aspereza.
***bronce.** m. *Aleación del cobre con el estaño, de color amarillento rojizo. || *Moneda de cobre. || fig. *Estatua o escultura de bronce. || fig. El cañón de artillería, la campana, el clarín o la trompeta. || **de aluminio.** *Aleación del cobre con el aluminio, de color muy parecido al del oro. || **Ser uno de bronce,** o **un bronce.** fr. fig. y fam. Ser inflexible y *severo. || fig. y fam. Ser *fuerte e infatigable en el trabajo.
bronceado, da. adj. De color de bronce. || m. Acción y efecto de broncear.
bronceadura. f. **Bronceado.**
broncear. tr. Dar color de bronce.
broncería. f. Conjunto de piezas de bronce.
broncíneo, a. adj. De bronce. || Parecido a él.
broncista. m. El que trabaja en bronce.
bronco, ca. adj. *Tosco, sin desbastar. || Aplícase a los *metales quebradizos y sin elasticidad. || fig. Dícese del *sonido, de la voz y de los *instrumentos que tienen sonido desagradable y áspero. || fig. De genio *desabrido.
broncoectasia. f. *Pat.* Dilatación de los *bronquios.
broncofonía. f. *Pat.* Resonancia anormal de la *voz en los *bronquios.
bronconeumonía. f. *Pat.* Inflamación de la mucosa bronquial y del parénquima del *pulmón.
broncorrea. f. *Pat.* Flujo mucoso de los *bronquios.
broncha. f. Arma corta, especie de *puñal.
bronquear. tr. *Reprender con severidad.
bronquedad. f. Calidad de bronco.
bronquial. adj. Perteneciente o relativo a los bronquios.
bronquina. f. fam. Pendencia, *riña.
***bronquio.** m. Cada uno de los dos conductos en que se bifurca la tráquea al penetrar en el pecho. Ú. m. en pl.
bronquiolo. m. Cada una de las úl-

timas ramificaciones de los *bronquios.

bronquitis. f. *Med.* Inflamación de la mucosa de los bronquios.

bronzo. m. desus. **Bronce.**

***broquel.** m. *Escudo pequeño de madera o de hierro, con una cazoleta en medio, para que la mano pueda empuñar el asa por la parte de adentro. ‖ **Escudo.** ‖ fig. *Defensa o amparo. ‖ *Mar.* Posición en que quedan las velas y vergas cuando se abroquelan.

broquelarse. r. **Abroquelarse.**

broquelazo. m. Golpe dado con broquel.

broquelero. m. El que hacía broqueles. ‖ El que usaba de ellos. ‖ fig. Hombre *pendenciero.

broquelete. m. d. de **Broquel.**

broquelillo. m. Botoncillo, con colgante o sin él, que usan las mujeres como *arete o pendiente.

broqueta. f. **Culin.* Aguja o estaquilla con que se ensartan las carnes para asarlas.

bróquil. m. **Brécol.**

brosquil. m. **Redil.**

brota. f. **Brote.**

brotadura. f. Acción de brotar.

brótano. m. **Abrótano.**

***brotar.** intr. Nacer o salir la planta de la tierra. ‖ Nacer o salir en la planta tallos, *hojas, etc. ‖ Echar la planta hojas o renuevos. ‖ Manar, *salir el agua de los *manantiales. ‖ fig. Aparecer en la *piel granos. ‖ fig. Tener *principio o empezar a *manifestarse alguna cosa. ‖ tr. Producir la tierra plantas, hierbas, etc. ‖ fig. Arrojar, producir.

brote. m. Pimpollo o *vástago que empieza a desarrollarse. ‖ *Principio o primera *manifestación de alguna cosa. ‖ Migaja, porción escasa de algo.

broza. f. Conjunto de *hojas, ramas y otros despojos de las plantas. ‖ *Desecho o desperdicio. ‖ *Maleza. ‖fig. Cosas *inútiles que se *hablan o escriben. ‖ *Impr.* **Bruza.**

brozador. m. *Impr.* **Bruzador.**

brozar. tr. *Impr.* **Bruzar.**

broznamente. adv. m. Ásperamente, *toscamente.

brozno, na. adj. **Bronco.** ‖ fig. *Necio, torpe.

brozoso, sa. adj. Que tiene o cría mucha broza.

brucero. m. El que hace o vende bruzas, cepillos, etc.

bruces (a, o de). m. adv. **Boca abajo.**

brucita. f. **Miner.* Magnesia hidratada, que se halla en cristales o masas compactas.

brugo. m. *Larva de un lepidóptero que devora las hojas de las *encinas. ‖ Larva de una especie de pulgón.

bruja. adj. Dícese de una *arena muy fina. ‖ f. **Lechuza.** ‖ *Hechicera que, según la *superstición popular, tiene pacto con el diablo. ‖ fig. y fam. Mujer fea y *anciana. ‖ **Creer en brujas.** fr. fig. y fam. Ser demasiado crédulo.

brujear. intr. Hacer brujerías.

brujería. f. Práctica *supersticiosa que el vulgo atribuye a las brujas. ‖ *Hechicería.

brujesco, ca. adj. Propio del brujo o de la brujería.

brujidor. m. **Grujidor.**

brujilla. f. Dominguillo, *muñeco siempre tieso.

brujir. tr. **Grujir.**

brujo. m. *Hechicero a quien se atribuye tener pacto con el diablo.

***brújula.** f. Barrita imanada que, puesta horizontalmente en equilibrio sobre una púa, se vuelve siempre hacia el norte magnético. ‖ *Mar.* Instrumento que se usa a bordo para saber el rumbo de la nave, compuesto de dos círculos concéntricos, uno de los cuales va fijo mientras el otro, solidario de una aguja magnética, puede girar libremente. ‖ Agujerito convenientemente dispuesto en la *escopeta para servir de mira. ‖ *Agujerito por donde, recogiendo la vista, se mira mejor un objeto. ‖ **Mirar por brújula.** fr. fig. **Brujulear.** ‖ **Perder la brújula.** fr. fig. Perder el tino, *desatinar. ‖ **Ver por brújula.** fr. fig. Mirar desde donde se descubre poco.

brujulear. tr. En el juego de *naipes, descubrir de éstos tan sólo lo preciso para conocer por las pintas de qué palos son. ‖ *Procurar por varios caminos el logro de una pretensión. ‖ fig y fam. Adivinar, descubrir por *conjeturas. ‖ Inquirir, *investigar.

brujuleo. m. Acción de brujulear.

brulote. m. Barco cargado de materias inflamables, que se dirigía sobre los buques de la *armada enemiga para incendiarlos.

bruma. f. *Niebla, y especialmente la que se forma sobre el mar.

brumador, ra. adj. **Abrumador.**

brumal. adj. Perteneciente o relativo a la bruma.

brumamiento. m. Acción y efecto de brumar.

brumar. tr. **Abrumar.**

brumario. m. Segundo *mes del calendario republicano francés.

brumazón. m. aum. de **Bruma.** ‖ *Niebla espesa y grande.

brumo. m. *Cera blanca para dar el último baño a las velas y cirios.

brumoso, sa. adj. **Nebuloso.**

bruno. m. *Ciruela negra. ‖ Árbol que la da.

bruno, na. adj. De color *negro u obscuro.

bruñido. m. Acción y efecto de bruñir.

bruñidor, ra. adj. Que bruñe. Ú. t. c. s. ‖ m. Instrumento para bruñir.

bruñidura. f. **Bruñido.**

bruñimiento. m. **Bruñido.**

bruñir. tr. Sacar *lustre o brillo a una cosa. ‖ fig. y fam. Aplicar *afeites al rostro.

bruño. m. **Bruno,** ciruela negra.

brusca. f. *Planta leguminosa cuya raíz se emplea en cocimiento contra los dolores reumáticos. ‖ **Chamarasca,** *leña menuda.

brusca. f. **Arq. Nav.* Procedimiento para trazar arcos y otras curvas. ‖ *Mar.* Ramaje con que se da fuego por fuera a las embarcaciones para limpiarlas.

bruscadera. f. Horquilla que usan los calafates para arrimar la brusca encendida.

bruscamente. adv. m. De manera brusca.

bruscate. m. *Guisado de asadura de carnero.

brusco, ca. adj. Áspero, *desabrido, *desagradable. ‖ Hecho con *prontitud, *imprevisto. ‖ m. *Planta esmilácea. ‖ *Residuos que no se recogen en la *vendimia.

brusela. f. **Hierba doncella.**

bruselas. f. pl. Pinzas o *tenazas que usan los *plateros para arrancar el metal que queda en las copelas.

bruselense. adj. Natural de Bruselas. Ú. t. c. s. ‖ Perteneciente a esta ciudad de Bélgica.

brusquedad. f. Calidad de brusco. ‖ Acción o procedimiento bruscos.

***brutal.** adj. Que imita o semeja a los brutos. ‖ Bárbaro, *cruel. ‖ m. **Bruto.**

brutalidad. f. Calidad de bruto. ‖ fig. *Salvajismo, incultura. ‖ *Necedad, incapacidad intelectual. ‖ fig. Acción torpe, grosera o *cruel.

brutalizarse. r. p. us. Proceder como los brutos o irracionales.

brutalmente. adv. m. Con brutalidad.

brutesco, ca. adj. **Grutesco.**

bruteza. f. **Brutalidad.** ‖ Falta de pulimento, *tosquedad.

bruto, ta. adj. *Necio, incapaz. Ú. t. c. s. ‖ Vicioso, torpe o desenfrenado. ‖ Dícese de las cosas *toscas y sin pulimento. ‖ m. *Animal irracional, y más especialmente, *cuadrúpedo. ‖ **En bruto.** m. adv. Sin pulir o labrar. ‖ Dícese del *peso, *precio o cantidad de que hay que hacer rebaja ulteriormente.

bruza. f. *Cepillo de cerdas muy fuertes, para limpiar las *caballerías, los moldes de *imprenta, etc.

bruzador. m. **Impr.* Tablero inclinado para limpiar las formas con la bruza.

bruzar. tr. Limpiar con la bruza.

bu. m. fam. *Fantasma imaginario con que se asusta a los niños. ‖ fam. y fest. Persona o cosa que pretende meter *miedo. ‖ **Hacer el bu.** fr. fig. Asustar.

búa. f. Postilla o tumorcillo que sale en la *piel. ‖ pl. **Bubas.**

buarillo. m. **Buaro.**

buaro. m. **Buharro.**

buba. f. **Búa.** ‖ pl. *Tumores blandos que se presentan en la región inguinal como consecuencia del mal venéreo.

búbalo, la. m. y f. *Rumiante, especie de antílope.

bubático, ca. adj. Perteneciente o relativo a las bubas. ‖ **Buboso.** Ú. t. c. s.

bubi. m. Individuo de raza negra, indígena de Fernando Poo.

bubón. m. *Tumor purulento y voluminoso. ‖ pl. **Bubas.**

bubónico, ca. adj. Perteneciente o relativo al bubón.

buboso, sa. adj. Que padece de bubas. Ú. t. c. s.

bucal. adj. Perteneciente o relativo a la *boca.

bucanero. m. *Corsario que, en los siglos XVII y XVIII, saqueaba las posesiones españolas de Ultramar.

bucaral. m. Sitio plantado de bucares.

bucarán. m. **Bocací.**

bucardo. m. Macho de la *cabra montés.

bucare. m. *Árbol de las leguminosas, que se planta para defender contra el sol los plantíos de café.

búcaro. m. *Arcilla olorosa que solían *mascar las mujeres. ‖ *Vasija hecha con esta arcilla.

buccino. m. *Caracol marino, cuya tinta se empleaba para *teñir telas.

bucear. intr. *Mar.* *Nadar debajo del agua. ‖ Trabajar como *buzo. ‖ fig. *Investigar acerca de algún asunto.

bucéfalo. m. fig. y fam. Hombre *necio, estúpido.

bucelario. m. *Soldado de ciertas milicias bizantinas. ‖ Entre los visigodos, hombre libre que voluntariamente se sometía al patrocinio de un *señor o magnate.

bucentauro. **Mit.* Especie de centauro que tenía el cuerpo de toro.

buceo. m. Acción de bucear.

bucero, ra. adj. V. **Perro bucero.** Ú. t. c. s.

buces (de). m. adv. **De bruces.**

bucle. m. Rizo de *cabello.

buco. m. **Cabrón,** macho de la cabra.

buco. m. *Abertura o agujero.
bucólica. f. Composición *poética del género bucólico.
bucólica. f. fam. **Comida.**
bucólico, ca. adj. Aplícase al género de *poesía en que se trata de la vida campestre. ‖ Perteneciente o relativo a este género de poesía. ‖ Aplícase al poeta que lo cultiva. Ú. t. c. s.
bucosidad. f. *Mar.* *Capacidad de un barco.
buchada. f. **Bocanada.**
buche. m. Bolsa membranosa que tienen las *aves en la parte anterior del cuello, destinada a recibir la comida. ‖ En algunos animales cuadrúpedos, **estómago.** ‖ Porción de líquido que cabe en la boca. ‖ **Bolsa,** pliegue o seno que hacen las telas. ‖ En las almadrabas, *red colocada en el ángulo que forman las dos alas de la manga. ‖ fam. *Estómago de los racionales. ‖ fig. y fam. Pecho, *conciencia o lugar en que se guardan los pensamientos secretos.
buche. m. *Borrico recién nacido.
bucheta. f. desus. **Bujeta.**
buchete. m. Mejilla *inflada.
buchinche. m. *Tienda o *habitación de aspecto mezquino.
buchón, na. adj. Dícese del *palomo o paloma domésticos que hinchan el buche desmesuradamente.
budare. m. *Plato que se usa para cocer el *pan de maíz.
búdico, ca. adj. Perteneciente o relativo al budismo.
budín. m. Plato de *dulce a modo de bizcocho.
budinera. f. Cazuela en que se hace el budín.
budión. m. *Pez acantopterigio.
budismo. m. *Religión fundada por Buda.
budista. com. Persona que profesa el budismo.
bueceye. m. *Mar.* Especie de canalete con que *reman los indios de Filipinas.
buega. m. Mojón para señalar *límites.
buen. adj. Apócope de **Bueno.**
buenaboya. f. **Bagarino.**
buenamente. adv. m. Fácilmente, cómodamente. ‖ **Voluntariamente.**
buenandanza. f. **Bienandanza.**
buenaventura. f. Buena suerte, *felicidad. ‖ *Predicción que hacen las gitanas por el examen de las rayas de las manos.
buenísimo, ma. adj. **Bonísimo.**
***bueno, na.** adj. Que tiene bondad en su género. ‖ *Útil y conveniente. ‖ *Agradable, *divertido. ‖ **Grande.** ‖ **Sano.** ‖ Demasiadamente *cándido. ‖ *Bastante, suficiente. ‖ Usado irónicamente con el verbo *ser*, *extraordinario, chocante. ‖ adv. m. *Basta. ‖ m. En *exámenes nota superior a la de aprobado. ‖ **A buenas.** m. adv. fig. De grado, voluntariamente. ‖ **De buenas a buenas.** m. adv. fam. Buenamente o sin repugnancia. ‖ **De buenas a primeras.** m. adv. A la primera vista, en el *principio.
buera. f. Postilla o grano que sale en la boca.
***buey.** m. Macho vacuno castrado. ‖ pl. *Germ.* *Naipes. ‖ **Buey de agua.** Medida *hidráulica aproximada. ‖ Golpe de agua que sale por un canal. ‖ *Mar.* Golpe de mar que entra por una porta. ‖ **de cabestrillo,** o **de caza. Buey** de que se sirven los *cazadores escondiéndose tras él. ‖ Armazón de arcos ligeros y de lienzo pintado que se usa para igual fin. ‖ **de marzo. Marzadga.** ‖ **marino. Vaca marina.**
bueyecillo. m. d. de **Buey.**
bueyezuelo. m. d. de **Buey.**
bueyuno, na. adj. **Boyuno.**
bufa. f. *Burla, bufonada.
bufador. m. *Grieta en los terrenos *volcánicos, por la cual sale humo y vapor.
bufalino, na. adj. Perteneciente o relativo al búfalo.
búfalo, la. m. y f. *Rumiante del mismo género que el toro, con los cuernos vueltos hacia atrás y las cuatro mamas en una sola línea. ‖ Tira de cuero puesta en un taco de madera, de que usan los cerrajeros para *pulir la obra.
bufanda. f. Prenda con que se envuelve y abriga el *cuello y la parte inferior de la boca.
bufar. intr. Resoplar con ira y furor el *toro, las caballerías y otros animales. ‖ *Soplar. ‖ fig. y fam. Manifestar el hombre su *ira resoplando con fuerza. ‖ r. Afollarse una pared.
bufarda. f. Agujero abierto a ras de tierra en la carbonera.
bufete. m. *Mesa de *escribir, con cajones. ‖ fig. *Despacho de un abogado. ‖ fig. Clientela del *abogado. ‖ **Abrir bufete.** fr. fig. Empezar a ejercer la abogacía.
bufia. f. Bota de vino.
bufiador. m. *Germ.* **Tabernero.**
bufido. m. *Voz del animal que bufa. ‖ fig. y fam. Expresión o demostración de *ira. ‖ *Grito.
bufo, fa. adj. Aplícase a lo *cómico que raya en vulgar y *grosero. ‖ **Chocarrero.** ‖ m. y f. *Cantante que hace papel de gracioso en la ópera italiana.
bufón. m. **Buhonero.**
bufón, na. adj. **Chocarrero.** ‖ m. y f. Truhán, *histrión que se ocupa en hacer *reír.
bufonada. f. Dicho o hecho propio de bufón. ‖ *Chanza satírica.
bufonearse. r. Burlarse, decir bufonadas. Ú. t. c. intr.
bufonería. f. **Bufonada.**
bufonesco, ca. adj. Bufo, chocarrero.
bufonizar. intr. Decir bufonadas.
bugalla. f. Agalla del roble, que sirve para hacer *tinta.
buganvilla. f. Género de *plantas de hojas moradas y flores verdosas.
bugir. intr. *Mar.* Rellenar de estopa los agujeros y hendeduras.
bugle. m. *Instrumento músico de metal, con llaves, que se usa en las bandas militares.
buglosa. f. **Lengua de buey.**
buhar. tr. *Germ.* Descubrir una cosa o dar soplo de ella.
buharda. f. **Buhardilla.**
buhardilla. f. *Ventana que sobresale en el tejado de una casa, con su caballete cubierto, y sirve para dar luz a los desvanes. ‖ *Habitación dispuesta en el *desván de una casa. ‖ ***Desván.**
buharro. m. *Ave de rapiña parecida al búho.
buhedera. f. Tronera, *abertura.
buhedo. m. Lagunajo o *charca que se seca en verano.
buhero. m. *Cetr.* El que cuidaba de los búhos de caza.
buhío. m. **Bohío.**
búho. m. *Ave nocturna, que se distingue por tener los ojos grandes y colocados en la parte anterior de la cabeza, sobre la cual tiene unas plumas alzadas que figuran orejas. ‖ fig. y fam. Persona que vive con *retraimiento. ‖ *Germ.* Soplón.
buhonería. f. Baratijas que llevan algunos vendedores ambulantes en un cesto o *tienda portátil. ‖ pl. Objetos de **buhonería.**
buhonero. m. El que lleva o *vende cosas de buhonería.
buido, da. adj. Aguzado, *puntiagudo. ‖ Acanalado o con *estrías.
buitre. m. *Ave rapaz, de gran tamaño, que se alimenta de carne muerta y vive en bandadas. ‖ **Gran buitre de las Indias. Cóndor.**
buitrear. intr. *Cazar buitres.
buitrera. f. Lugar en que los cazadores ponen el cebo al buitre. ‖ **Estar ya para buitrera.** fr. Dícese de la *caballería muy flaca o enferma.
buitrero, ra. adj. Perteneciente al buitre. ‖ m. *Cazador de buitres.
buitrino. m. desus. **Buitrón.**
buitrón. m. Arte de *pesca formado por dos conos de red concéntricos. ‖ Cierta *red para cazar perdices. ‖ * Horno de manga para fundir minerales argentíferos. ‖ Era donde, por medio del azogue, se benefician los minerales de *plata ya molidos y calcinados en hornos. ‖ Cenicero del hogar en los *hornos metalúrgicos. ‖ *Mont.* Artificio formado con setos de estacas, hacia el cual se acosa la *caza.
bujaina. f. Peón o *trompo de boj.
bujalazor. m. p. us. **Bujarasol.** Ú. t. c. adj.
bujarasol. m. Variedad de *higo que se cría en Murcia. Ú. t. c. adj.
bujarrón. adj. *Sodomita. Ú. t. c. s.
buje. m. Pieza cilíndrica de metal que guarnece interiormente el cubo de las *ruedas de los carruajes.
bujeda. f. **Bujedal.**
bujedal. m. **Bojedal.**
bujedo. m. **Bujedal.**
bujería. f. Baratija, *mercancía de poco valor.
bujeta. f. *Caja de madera. ‖ Pomo para *perfumes. ‖ Cajita en que se guarda este pomo.
bujía. f. *Vela de cera blanca o de estearina. ‖ *Candelero en que se pone. ‖ Pieza que, en los motores de *automóvil y otros de combustión interna, sirve para que salte la chispa que ha de inflamar la mezcla gaseosa. ‖ **Ópt.* Unidad empleada para medir la intensidad de la luz. ‖ **Cir.* **Candelilla.**
bujiería. f. **Cerería.**
***bula.** f. Distintivo, a manera de medalla, que llevaban al cuello los hijos de familias nobles, en Roma. ‖ *Sello de plomo que va pendiente de ciertos documentos pontificios. ‖ → Documento pontificio relativo a materia de fe o de interés general, autorizado con el sello de su nombre. ‖ **de carne.** La que da el Papa en dispensación de comer de vigilia en ciertos días. ‖ **de composición.** La que se da a los que poseen bienes ajenos, cuando no les consta el dueño de ellos. ‖ **de la Cruzada. Bula de la Santa Cruzada.** ‖ **de lacticinios.** La que permite a los eclesiásticos el uso de lacticinios. ‖ **de la Santa Cruzada. Bula** apostólica en que los papas concedían indulgencias a los que iban a la guerra contra infieles. ‖ **Echar las bulas** a uno. fr. Encomendarle por carga concejil la administración de las **bulas.** ‖ fig. y fam. Imponerle alguna carga o gravamen. ‖ fig. y fam. *Reprenderle severamente. ‖ **No valerle** a uno **la bula de Meco.** fr. fig. y fam. No haber remedio para él.
bulárcama. f. **Arq. Nav.* Cuaderna que se pone sobre el forro de la bodega.
bulario. m. Colección de bulas.

***bulbo.** m. *Bot.* Parte redondeada del tallo de algunas plantas, ya encima, ya debajo del terreno. ‖ **dentario.** *Anat.* Parte blanda y sensible contenida en el interior de los *dientes. ‖ **piloso.** *Anat.* La porción más abultada del fondo del folículo, que da origen al *pelo. ‖ **raquídeo.** *Anat.* Abultamiento de la *médula espinal en su parte superior.

bulboso, sa. adj. **Bot.* Que tiene bulbos.

buldog. m. *Perro de presa.

bulerías. f. pl. *Canto popular andaluz de ritmo vivo, que se acompaña con palmoteo. ‖ *Baile que se ejecuta al son de este canto.

bulero. m. Persona comisionada para distribuir las bulas de la Santa Cruzada.

buleto. m. **Breve,** documento pontificio.

bulevar. m. *Calle ancha y con árboles a ambos lados.

búlgaro, ra. adj. Natural de Bulgaria. Ú. t. c. s. ‖ Perteneciente a este Estado europeo. ‖ m. *Lengua **búlgara.**

bulí. m. **Burí.**

bulimia. f. *Med.* **Hambre canina.**

bulo. m. fam. Noticia *falsa, *mentira que se propala con algún fin.

***bulto.** m. *Volumen o tamaño de cualquiera cosa. ‖ Cuerpo cuya forma sólo se percibe *confusamente. ‖ *Prominencia causada por cualquier tumor o *hinchazón. ‖ Busto o *estatua. ‖ *Fardo. ‖ Maleta, paquete, etc., que se lleva para *viaje. ‖ Funda de la almohada. ‖ **redondo.** Obra escultórica aislada. ‖ **A bulto.** m. adv. fig. En *conjunto; por *aproximación. ‖ **Buscar** a uno **el bulto.** fr. fam. *Perseguirle con intención hostil. ‖ **Escurrir** uno **el bulto.** fr. fig. y fam. Eludir o *evitar un riesgo o compromiso. ‖ **Poner de bulto** una cosa. fr. fig. Referirla de modo que llame la atención. ‖ **Ser de bulto** una cosa. fr. fig. Ser muy evidente.

bultuntún (a). m. adv. fam. **Al tuntún.**

bululú. m. *Cómico que representaba él solo, comedias, mudando la voz según las personas que iban hablando. ‖ *Alboroto, tumulto, escándalo.

bulla. f. Gritería o *alboroto. ‖ *Concurrencia de mucha gente. ‖ **Meter a bulla.** fr. fig. y fam. Producir gran *confusión.

bulla. f. **Bolla,** impuesto.

bullaje. m. *Concurrencia y confusión de mucha gente.

bullanga. f. *Disturbio, *alboroto, rebullicio.

bullanguero, ra. adj. Alborotador, amigo de bullangas. Ú. t. c. s.

bullar. tr. **Bollar,** poner sello de plomo. ‖ **Mont.* Degollar al jabalí.

bullarengue. m. fam. Prenda que usaban las mujeres para abultar las *nalgas. ‖ Cosa *artificial o postiza.

bullebulle. com. fig. y fam. Persona *bulliciosa y *entremetida.

bullente. p. a. de **Bullir.** Que bulle.

***bullicio.** m. *Ruido y *alboroto que causa la mucha gente. ‖ Alboroto, sedición, *disturbio.

bulliciosamente. adv. m. Con inquietud, con bullicio.

***bullicioso, sa.** adj. Que produce bullicio. ‖ Dícese de aquello en que hay bullicio. ‖ Inquieto, desasosegado. ‖ Sedicioso, alborotador. Ú. t. c. s.

bullidor, ra. adj. Que bulle o se mueve con viveza.

bullir. intr. *Hervir el agua u otro líquido. ‖ *Agitarse una cosa con movimiento parecido al del hervor. ‖ fig. *Moverse confusamente una masa de insectos pequeños. Por ext. dícese de una muchedumbre de personas. ‖ fig. Agitarse una persona con viveza excesiva. ‖ fig. Moverse como dando señal de *vida. Ú. t. c. r. ‖ fig. Ocurrir con *frecuencia cosas de una misma naturaleza. ‖ tr. fig. *Mover, menear.

bullón. m. *Tinte que está hirviendo en la caldera.

bullón. m. **Encuad.* Pieza de metal en figura de cabeza de clavo, para guarnecer las cubiertas de los libros grandes. ‖ **Bollo,** pliegue. ‖ Especie de *cuchillo.

bumerang. m. *Arma arrojadiza usada por los indígenas de Australia.

bunga. f. Orquesta muy reducida. ‖ Embuste, *mentira.

buniatal. m. Campo plantado de buniatos.

buniato. m. **Boniato.**

bunio. m. Nabo que se deja para simiente.

buñolería. f. Tienda en que se hacen y venden buñuelos.

buñolero, ra. m. y f. Persona que hace o vende buñuelos.

***buñuelo.** m. *Fruta de sartén*, que se hace de masa de harina. ‖ fig. y fam. Cosa hecha *precipitadamente y con *imperfección.

***buque.** m. **Cabida,** capacidad. ‖ *Mar.* Casco de la nave. ‖ → *Mar.* Barco con cubierta, adecuado para navegaciones de importancia. ‖ **de cruz.** *Mar.* El que lleva velas cuadradas cuyas vergas se cruzan sobre los palos. ‖ **de guerra.** *Mar.* El de la armada. ‖ **de pozo.** *Mar.* El que no tiene cubierta sobre la de la batería. ‖ **en rosca.** *Mar.* El que está acabado de construir, sin aparejo ni máquinas. ‖ **submarino.** *Mar.* El de guerra que puede navegar sumergido.

burato. m. *Tela de lana o seda, que sirve para manteos. ‖ *Manto transparente.

***burbuja.** f. Glóbulo que forma el aire u otro gas en la masa de un líquido.

burbujear. intr. Hacer burbujas.

burbujeo. m. Acción de burbujear.

burchaca. f. **Burjaca.**

burche. f. **Torre.**

burda. f. *Mar.* Brandal de los masteleros de juanete.

burdégano. m. *Mulo, hijo de caballo y burra.

burdel. adj. *Lujurioso, vicioso. ‖ m. **Mancebía.** ‖ fig. y fam. Casa en que se falta al decoro con *alboroto y confusión.

burdelero, ra. m. y f. Alcahuete.

burdeos. m. fig. **Vino de Burdeos.**

burdinalla. f. ant. *Mar.* Nombre de ciertos *cabos que sujetaban el mastelero de la sobrecebadera.

burdo, da. adj. *Tosco, basto.

burel. m. **Blas.* Faja cuyo ancho es la novena parte del escudo. ‖ *Mar.* Molde para hacer el forro de los imbornales. ‖ Muletilla con que se engancha el extremo de una maroma en la lazada de otra, para formar los puentes volantes.

burelete. m. **Blas.* Cordón con que se enlazan los penachos y lambrequines.

burengue. m. *Esclavo mulato.

bureo. m. *Juzgado que conocía de las causas tocantes al fuero de la casa real. ‖ Entretenimiento, *diversión.

burga. f. *Manantial de agua caliente.

burgado. m. *Caracol terrestre.

burgalés, sa. adj. Natural de Burgos. Ú. t. c. s. ‖ Perteneciente a esta ciudad.

burgari. m. Vecino que hace, por turno, las funciones de *guarda rural.

burgés, sa. adj. ant. **Burgués.**

burgo. m. *Aldea dependiente de otra principal.

burgomaestre. m. Primer magistrado *municipal de algunas ciudades extranjeras.

burgrave. m. Señor de una ciudad.

burgraviato. m. Dignidad de burgrave. ‖ Territorio del burgrave.

burgueño, ña. adj. Natural de un burgo. Ú. t. c. s.

***burgués, sa.** adj. ant. Natural o habitante de un burgo. Usáb. t. c. s. ‖ Perteneciente al burgo. ‖→ m. y f. Ciudadano que forma parte de la *burguesía. ‖ Persona acaudalada.

***burguesía.** m. Conjunto de ciudadanos de la clase media acomodada.

burguete. m. *Huerto pequeño.

burí. m. *Palma que se cría en Filipinas, y de cuya médula se obtiene el sagú. ‖ Filamento *textil sacado de las hojas de esta planta.

buriel. adj. De *color rojo entre negro y leonado.

***buril.** m. Instrumento de acero, prismático y puntiagudo, que usan los grabadores. ‖ **chaple redondo.** El que tiene la punta en forma de gubia.

burilada. f. Trazo o rasgo de buril. ‖ Porción de *plata que los ensayadores sacan con un buril.

buriladura. f. Acción y efecto de burilar.

burilar. tr. *Grabar con el buril.

burjaca. f. *Bolsa grande de cuero que los *peregrinos llevaban pendiente del hombro.

***burla.** f. Dicho o acción con que se procura poner en ridículo a personas o cosas. ‖ **Chanza.** ‖ **Engaño.** ‖ En plural se dice en contraposición de **veras.** ‖ **Burla burlando.** m. adv. fam. No de veras. ‖ **Decir** una cosa **entre burlas y veras.** fr. *Zaherir a uno en tono festivo.

burladero. m. **Taurom.* Trozo de valla que se pone delante de las barreras para que pueda refugiarse el lidiador.

burlador, ra. adj. Que burla. Ú. t. c. s. ‖ m. Libertino que hace gala de *enamorar y deshonrar a las mujeres. ‖ *Vaso de barro con agujeros ocultos, que moja a quien se lo lleva a la boca para beber. ‖ Conducto oculto de agua que moja a los que se acercan incautamente.

***burlar.** tr. Chasquear, zumbar. Ú. m. c. r. ‖ **Engañar.** ‖ Frustrar, *malograr. ‖ r. Hacer burla de personas o cosas. Ú. t. c. intr.

burlería. f. *Burla, *engaño. ‖ *Cuento fabuloso. ‖ Engaño, ilusión. ‖ Irrisión.

burlescamente. adv. m. De manera burlesca.

burlesco, ca. adj. fam. Festivo, que implica *burla o chanza.

burleta. f. d. de **Burla.**

burlete. m. Tira de fieltro o cilindro de tela relleno, que se pone al canto de las hojas de *puertas y ventanas, para *tapar las rendijas e impedir que entre por ellas el aire exterior.

burlón, na. adj. Inclinado a decir burlas o a hacerlas. Ú. t. c. s. ‖ Que implica o denota burla.

burlonamente. adv. m. Con burla.

burlote. m. En los *juegos de azar, partida en que la banca es accidental y transitoria.

buro. m. **Greda.**

buró. m. Escritorio o bufete.

burocracia. f. Influencia excesiva de los *empleados públicos en el *gobierno del Estado. ‖ Clase *social que forman los empleados públicos.
burócrata. com. Persona que pertenece a la burocracia, *empleado público.
burocrático, ca. adj. Perteneciente o relativo a la burocracia.
***burra.** f. ***Asna.** ‖ fig. Mujer *necia e ignorante. Ú. t. c. adj. ‖ fig. y fam. Mujer *trabajadora y de mucho aguante. ‖ **Descargar la burra.** Cierto juego de tablas entre dos.
burrada. f. Manada de *asnos. ‖ fig. En el juego del burro, jugada hecha contra regla. ‖ fig. y fam. **Necedad.**
burrajear. tr. **Borrajear.**
burrajo. m. *Estiércol seco, usado como *combustible.
burral. adj. p. us. **Asnal.**
burreño. m. **Burdégano.**
burrero. m. El que tiene burras para vender la *leche de ellas. ‖ Dueño o arriero de burros.
burriciego, ga. adj. Cegato, casi *ciego.
burriel. adj. desus. **Buriel.**
burrillo. m. fam. **Añalejo.**
burrito. m. d. de **Burro.** ‖ **Flequillo.**
burro. m. **Asno.** ‖ *Armazón compuesta de dos brazos en ángulo, y un travesaño, que sirve para *apoyar la cabeza del madero que se ha de *aserrar. ‖ Rueda dentada central del torno de la *seda. ‖ Juego de *naipes en que se dan tres cartas a cada jugador. ‖ **empinado.** Juego de *naipes en que la baceta se parte en dos mitades, que se apoyan una en otra formando ángulo. El que al robar las tira se queda con toda la baceta. ‖ fig y fam. **Asno,** persona *necia. Ú. t. c. adj. ‖ fig. y fam. **Burro de carga.** ‖ fig. El que pierde en cada mano en el juego del **burro.** ‖ fig. **Escalera de tijera.** ‖ **de carga.** fig. y fam. Hombre *trabajador y de mucho aguante. ‖ **Caer uno de su burro.** fr. fig. y fam. **Caer de** su **asno.** ‖ **Correr burro** una cosa. loc. *Perderse, *desaparecer. ‖ **No ver tres en un burro.** fr. fig. y fam. Tener mala *vista.
burrumbada. f. fam. **Barrumbada.**
bursátil. adj. *Com.* Concerniente a la *bolsa.
burujo. m. Bola o plasta *redonda que se forma con varias partes de una cosa que se aglomeran o no se disuelven. ‖ **Borujo,** masa que se forma con el orujo prensado.
burujón. m. aum. de **Burujo.** ‖ **Chichón.**

***busca.** f. Acción de buscar. ‖ **Mont.* Tropa de cazadores y perros, que corre el monte. ‖ **Min.* Exploración.
buscabala. m. **Cir.* Instrumento para determinar la posición del proyectil en una herida.
buscada. f. **Busca,** acción de buscar.
buscador, ra. adj. Que busca. Ú. t. c. s. ‖ m. *Anteojo pequeño auxiliar que suele haber en los grandes telescopios.
buscamiento. m. Acción y efecto de *buscar.
buscaniguas. m. **Buscapiés.**
buscapié. m. fig. Especie que se suelta en conversación o por escrito para *averiguar disimuladamente la opinión ajena.
buscapiés. m. *Cohete sin varilla que, en lugar de elevarse, corre por tierra.
buscapiques. m. **Buscapiés.**
buscapleitos. com. Buscarruidos, picapleitos.
***buscar.** tr. Inquirir, hacer diligencias para encontrar alguna persona o cosa. ‖ *Germ.* Hurtar. ‖ **Buscársela.** fam. Procurarse con *habilidad medios de *ganarse la vida.
buscarruidos. com. fig. y fam. Persona inquieta, provocativa y *pendenciera. ‖ m. *Mar.* Buque de la *armada que iba de explorador.
buscavida. com. **Buscavidas.**
buscavidas. com. fig. y fam. Persona que se ocupa en *averiguar las vidas ajenas. ‖ fig. y fam. Persona que busca con *diligencia un modo lícito de *ganarse la vida.
busco. m. Umbral de una puerta de *esclusa.
buscón, na. adj. Que busca. Ú. t. c. s. ‖ Dícese de la persona que *hurta o estafa. Ú. t. c. s. ‖ f. **Ramera.**
busilis. m. fam. Punto *difícil o más *importante de un asunto.
buso. m. *Mar.* *Bote pequeño con dos proas.
búsqueda. f. **Busca.**
busquillo. m. fam. **Buscavidas.**
busto. m. Cabeza y parte superior del tronco, en el *cuerpo humano. ‖ *Escultura, retrato, etc., que comprende esta parte del cuerpo. ‖ *Pecho, y especialmente el de la mujer.
bustrófedon. adv. m. Manera de *escribir trazando un renglón de izquierda a derecha y el siguiente de derecha a izquierda.
butaca. f. *Silla de brazos con el respaldo inclinado hacia atrás. ‖ **Luneta,** *asiento en el patio de un *teatro.

butano. m. Hidrocarburo *gaseoso que se desprende de los pozos de *petróleo. Se usa como *combustible.
buten (de). loc. vulg. *Excelente, lo mejor en su clase.
butifarra. f. *Embutido de carne de cerdo cocida. ‖ Pan dentro del cual se pone un trozo de jamón y un poco de ensalada. ‖ *Media mal ajustada. ‖ fig. y fam. Individuo de la *nobleza, en Baleares.
butifarrero, ra. m. y f. Persona que tiene por oficio hacer butifarras.
butiondo, da. adj. Hablando del ganado *vacuno, *lujurioso. Por ext. se aplica a las personas.
butiro. m. *Manteca de vacas.
butiroso, sa. adj. **Mantecoso.**
butomeo, a. adj. **Bot.* Dícese de hierbas monocotiledóneas, perennes, palúdicas, cuyo tipo es el junco florido. Ú. t. c. s. f. ‖ f. pl. *Bot.* Familia de estas plantas.
butrino. m. **Buitrón.**
butrón. m. **Buitrón.**
buyador. m. **Latonero.**
buyes. m. pl. *Germ.* *Naipes.
buyo. m. Mixtura hecha con el fruto de la areca, hojas de betel y cal de conchas, que *mascan algunos naturales del Extremo Oriente.
buz. m. *Beso de *cortesía y reverencia. ‖ **Labio.** ‖ **Hacer** uno **el buz.** fr. fig. y fam. Hacer alguna demostración de *cortesía, rendimiento o *adulación.
buzamiento. m. **Min.* *Inclinación de un filón o de una capa del terreno.
búzano. m. p. us. **Buzo.** ‖ Antigua pieza de *artillería.
buzar. intr. **Min.* *Inclinarse hacia abajo los filones o las capas del terreno.
buzarda. f. **Arq. Nav.* Cada una de las piezas curvas con que se liga la proa de la embarcación.
buzcorona. m. *Burla que se hacía dando a besar la mano y descargando un golpe sobre la cabeza del que la besaba.
***buzo.** m. El que tiene por oficio trabajar sumergido en el agua. ‖ Cierta *embarcación antigua. ‖ *Germ.* *Ladrón.
buzón. m. *Conducto por donde *desaguan los *estanques. ‖ Abertura por donde se echan las cartas para el *correo, y receptáculo en que caen. ‖ Tapón de cualquier agujero para dar entrada o salida al agua. ‖ *Sumidero.
buzonera. f. *Sumidero de patio.

C

c. f. Tercera letra del abecedario español. Su nombre es **ce.** ‖ Letra numeral que tiene el valor de ciento en la *numeración romana.
¡ca! interj. fam. **¡Quia!**
cabal. adj. Ajustado a peso o medida, *exacto. ‖ Dícese de lo que cabe a cada uno. ‖ fig. *Completo, *perfecto. ‖ adv. m. **Cabalmente.** ‖ **Por sus cabales.** m. adv. Cabalmente o perfectamente. ‖ Por su justo precio. ‖ Por su orden.
cábala. f. Entre los *judíos, interpretación tradicional del Antiguo Testamento. ‖ Arte *supersticioso practicado por los judíos, basado en combinaciones de las letras hebraicas y de las palabras de la Sagrada Escritura. ‖ fig. *Cálculo supersticioso para adivinar una cosa. ‖ fig. y fam. Negociación o *intriga secreta.
cabalar. tr. p. us. **Acabalar.**
cabalero. adj. Dícese del hijo segundogénito o que no es *heredero. Ú. t. c. s.
cabaleta. f. *Mús.* Período final de algunas arias y otras piezas de ópera.
cabalgada. f. *Tropa de caballería que salía a correr el campo. ‖ *Tributo que debían hacer los vasallos saliendo en **cabalgada.** ‖ *Botín que se hacía en las **cabalgadas.** ‖ *Correría.
cabalgador, ra. m. y f. Persona que cabalga.
cabalgadura. f. *Caballería en que se cabalga. ‖ Bestia de carga.
cabalgante. p. a. de **Cabalgar.** Que cabalga.
cabalgar. m. Conjunto de los arreos y *guarniciones para andar a caballo.
cabalgar. intr. *Montar a caballo. Ú. t. c. tr. ‖ Andar a caballo. ‖ *Equit.* Mover el *caballo los remos cruzando el uno sobre el otro. ‖ tr. Cubrir el caballo u otro cuadrúpedo a su hembra para la *generación.
cabalgata. f. Reunión de muchos *jinetes. ‖ Comparsa de jinetes.
cabalhuste. m. **Caballete,** pieza del guadarnés.
cabalino, na. adj. *Mit.* Relativo al caballo Pegaso, al monte Helicón, y a la fuente Hipocrene.
cabalista. m. El que profesa la cábala.
cabalístico, ca. adj. Perteneciente o relativo a la cábala.
cabalmente. adv. m. *Exacta, justa o *perfectamente.
cabalonga. f. **Haba de San Ignacio.**
caballa. f. *Pez acantopterigio, de carne roja y poco estimada.
caballada. f. Manada de *caballos y yeguas. ‖ **Cabalgata.** ‖ **Animalada.**
caballaje. m. Acción de cubrir a la yegua para la *generación. ‖ Precio que se paga por ello.
***caballar.** adj. Perteneciente o relativo al caballo. ‖ Parecido a él.
caballazo. m. Encontrón que da un jinete a otro.
caballear. intr. fam. Andar frecuentemente a caballo.
caballejo. m. d. de **Caballo.** ‖ **Caballete,** potro de *tormento.
caballerato. m. *Ecles.* Derecho concedido al seglar que contrae matrimonio, para percibir pensiones eclesiásticas. ‖ La misma *pensión. ‖ Categoría intermedia entre la *nobleza y el estado llano, que existía en Cataluña.
caballerear. intr. Hacer del caballero.
caballerescamente. adv. m. De modo caballeresco.
caballeresco, ca. adj. Propio de *caballero. ‖ Perteneciente o relativo a la caballería de los siglos medios. ‖ Aplícase especialmente a la *literatura relativa a los *caballeros andantes.
caballerete. m. d. de **Caballero.** ‖ fam. Caballero joven, que muestra *afectación en su porte y modales.
***caballería.** f. Bestia caballar, mular o asnal. ‖ Cuerpo de *soldados montados. ‖ Cualquiera porción del mismo cuerpo. ‖ Cualquiera de las *órdenes militares* españolas. ‖ Preeminencia de que goza el *caballero. ‖ Empresa o acción propia de un caballero. ‖ Instituto propio de los caballeros que hacían profesión de las armas. ‖ Cuerpo de *nobleza. ‖ Conjunto de caballeros. ‖ Servicio *militar que se hacía a caballo. ‖ Porción de *botín que correspondía a cada caballero en la guerra. ‖ Suerte de tierra que se daba en *usufructo al que sostenía un hombre de armas con su caballo. ‖ Medida *superficial agraria equivalente a 60 fanegas. ‖ Arte de manejar las *armas y hacer otros ejercicios de caballero. ‖ **andante.** Profesión de los *caballeros aventureros. ‖ **mayor.** Caballo, yegua o mula. ‖ **menor.** Asno.
caballeril. adj. Perteneciente al caballero.
***caballeriza.** f. Lugar cubierto, destinado para estancia de caballerías. ‖ Conjunto de caballerías de una caballeriza. ‖ Conjunto de los *criados que la sirven.
caballerizo. m. El que tiene a su cargo el gobierno de la caballeriza. ‖ **de campo, o del rey.** Empleado de la servidumbre *real, que tenía por oficio ir a caballo junto al coche de las personas reales.
***caballero, ra.** adj. Que cabalga. ‖ fig. Seguido de la prep. *en,* indica *obstinación o persistencia en la opinión o el propósito. ‖ → m. Hidalgo de calificada nobleza. ‖ El que pertenecía a algunas de las órdenes de caballería. ‖ El que se porta con nobleza y *desinterés. ‖ Persona de *respeto. ‖ **Señor,** *tratamiento de cortesía. ‖ *Baile antiguo español. ‖ Depósito de *tierra sobrante de un desmonte. ‖ *Fort.* Obra de fortificación bastante elevada sobre otras de una plaza. ‖ **andante.** En los libros de caballerías, personaje que anda por el mundo buscando aventuras. ‖ fig. y fam. Hidalgo pobre y ocioso. ‖ **aventurero. Caballero andante.** ‖ **cuantioso.** Hacendado que tenía obligación de mantener armas y caballo. ‖ **cubierto.** Grande de España que podía ponerse el sombrero en presencia del rey. ‖ fig. y fam. Hombre *descortés que no se descubre cuando debiera hacerlo. ‖ **de conquista.** Conquistador a quien se repartían las tierras que ganaba. ‖ **de industria, o de la industria.** Hombre que con apariencia de **caballero** vive de la *estafa o del engaño. ‖ **de mohatra.** Persona que aparenta ser **caballero** no siéndolo. ‖ **Caballero de industria.** ‖ **de sierra.** En algunos pueblos, *guarda de a caballo. ‖ **en plaza.** *Taurom.* El que torea a caballo con rejoncillo. ‖ **novel.** El que aún no tenía divisa. ‖ **pardo.** El que, no siendo noble, alcanzaba privilegios de hidalgo. ‖ **A caballero.** m. adv. fig. A o desde mayor altura. ‖ **Armar caballero** a uno. fr. Vestirle las armas.
caballerosamente. adv. m. Generosamente, como caballero.
***caballerosidad.** f. Calidad de *caballeroso. ‖ Proceder caballeroso.
***caballeroso, sa.** adj. Propio de caballeros. ‖ Que tiene acciones propias de caballero.
caballerote. m. aum. de **Caballero.** ‖ fam. Caballero tosco y de mal porte.
caballeta. f. **Saltamontes.**
***caballete.** m. d. de **Caballo.** ‖ Arista horizontal en la parte más alta del *tejado, formada por el encuen-

tro de dos vertientes opuestas. ‖ Potro de madera, en que se daba *tormento. ‖ Madero en que se quebranta el *cáñamo o lino. ‖ **Guarn.* Pieza de los guadarneses, a manera de lomo, para tener bien colocadas las sillas. ‖ **Asnilla.** ‖ → ***Caballón.** ‖ Remate de algunas *chimeneas formado con dos tejas o ladrillos empinados que forman un ángulo. ‖ Prominencia que forma a veces el dorso de la *nariz. ‖ **Quilla.** ‖ **Atifle.** ‖ **Impr.* Tope de la prensa de mano. ‖ **Caballo,** roca estéril. ‖ **Pint.* Trípode, con una tablita transversal donde se coloca el cuadro.

caballico. m. d. de **Caballo.** ‖ **Galápago,** molde para hacer *tejas.

caballista. m. El que entiende de caballos y *monta bien. ‖ *Ladrón de a caballo.

caballito. m. d. de **Caballo.** ‖ pl. *Juego de azar, en el que se apuesta a una de varias figuritas de caballos, que giran concéntricamente en un aparato especial. ‖ En el *circo, ejercicios ecuestres. ‖ **Tiovivo.** ‖ Especie de *balsa compuesta de dos odres unidos entre sí. ‖ **del diablo.** *Insecto neuróptero, notable por su hermoso color azul y la rapidez de su vuelo. ‖ **de San Vicente. Caballito del diablo.**

***caballo.** m. Animal solípedo, de cuello y cola poblados de cerdas largas y abundantes. ‖ Pieza grande del juego de *ajedrez, que salta sobre las demás. ‖ *Naipe que representa un **caballo** con su jinete. ‖ **Burro,** *armazón que sirve de apoyo. ‖ Hebra de *hilo que se cruza al formar la madeja en el aspa. ‖ **Bubón.** ‖ *Sarmiento que brota con pujanza. ‖ **Min.* Masa de roca estéril que corta el filón metalífero. ‖ pl. *Mil.* *Soldados con sus correspondientes **caballos.** ‖ **Caballo aguililla.** En algunos países, cierto **caballo** muy veloz. ‖ **blanco.** Persona que *presta o pone *dinero para una empresa dudosa. ‖ **de agua. Caballo marino.** ‖ **de aldaba. Caballo de regalo.** ‖ **de batalla.** El que se reservaba para el día del combate. ‖ fig. Aquello en que sobresale una persona. ‖ fig. Punto más *importante o *difícil de una controversia. ‖ **de buena boca.** fig. y fam. Persona que se *acomoda fácilmente. ‖ **de Frisa,** o **Frisia.** **Fort.* Madero atravesado por largas púas de hierro, que se usa como defensa contra la caballería. ‖ **del diablo. Caballito del diablo.** ‖ **de mano.** El que se engancha a la derecha de la lanza. ‖ **de mar. Caballo marino.** ‖ **de palo.** fig. y fam. Cualquier *embarcación. ‖ **de regalo.** fig. y fam. El que se tiene reservado para el lucimiento. ‖ **de silla.** El que se engancha a la izquierda de la lanza. ‖ **de vapor.** Unidad de medida para expresar la *fuerza de una *máquina. Equivale a 75 kilográmetros. ‖ **marino. Hipopótamo.** ‖ *Pez lofobranquio. ‖ **padre.** El destinado para la monta de las yeguas. ‖ **recelador.** El destinado para incitar a las yeguas. ‖ **A caballo.** m. adv. Montado en una caballería. ‖ **A mata caballo.** m. adv. Atropelladamente, muy de prisa. ‖ **Con mil de a caballo.** expr. fam. de *enojo. ‖ **Sacar** uno **bien,** o **limpio, el caballo.** fr. **Taurom.* Salir del lance o de la suerte sin que el **caballo** padezca. ‖ fig. Salir *victorioso de una disputa o acusación.

***caballón.** m. Lomo entre surco y surco de la tierra arada. ‖ El que se levanta con la azada. ‖ El que se dispone para contener las aguas o darles dirección en los *riegos.

caballuelo. m. d. de **Caballo.**

caballuno, na. adj. Perteneciente o semejante al caballo. ‖ Dícese de ciertas cosas más *grandes o abultadas que las demás de su especie.

***cabaña.** f. Casilla tosca, hecha en el campo, generalmente de palos y ramaje, para refugio o habitación de gente humilde. ‖ Número considerable de cabezas de *ganado. ‖ Recua de *caballerías. ‖ En el juego de *billar, espacio dividido por una raya a la cabecera de la mesa. ‖ **Pint.* Cuadro en que hay pintadas **cabañas** de pastores con animales domésticos. ‖ **real.** *Ganado trashumante propio de los ganaderos que componían el Concejo de la Mesta.

cabañal. adj. Dícese del *camino o vereda por donde pasan las cabañas. ‖ m. *Población formada de cabañas. ‖ Cobertizo para el ganado.

cabañera. f. **Cañada,** vía para el ganado.

cabañería. f. Ración de pan, aceite, vinagre y sal que se da a los *pastores para una semana.

cabañero, ra. adj. Perteneciente a la cabaña. ‖ m. El que cuida de la cabaña o recua.

cabañil. adj. Perteneciente a las cabañas de los pastores. ‖ m. El que cuida de la cabaña o ganado.

cabañuela. f. d. de **Cabaña.** ‖ pl. **Meteor.* Pronóstico que, basado en el tiempo que hace en ciertos días, forma el vulgo para el año siguiente.

cabás. m. *Bolsa o cestillo de mano que usan las mujeres.

cabe. m. Golpe de lleno que en el *juego de la argolla da una bola a otra. ‖ **de pala.** fig. y fam. Ocasión u *oportunidad inesperada. ‖ **Dar un cabe.** fr. fig. y fam. Causar un *perjuicio o menoscabo.

cabe. prep. *Cerca de, junto a.

cabeceado. m. **Caligr.* Mayor grueso que se daba en la parte superior al palo de algunas letras.

cabeceamiento. m. **Cabeceo.**

cabecear. intr. Mover la *cabeza. ‖ Volver la cabeza de un lado a otro en señal de *negación. ‖ Dar cabezadas el que se va *durmiendo. ‖ Mover los *caballos reiteradamente la cabeza de alto a bajo. ‖ *Navegar la embarcación con movimiento sobre su eje menor, bajando y subiendo la proa. ‖ Moverse demasiado la caja de un *carruaje. ‖ Inclinarse a una parte o a otra lo que debía estar en equilibrio. ‖ Formar las puntas o cabezas de los *cigarros. ‖ tr. Dar a los palos de las letras el cabeceado. ‖ Añadir un poco de *vino añejo al nuevo para darle más fuerza. ‖ Poner el *encuadernador cabezadas a un libro. ‖ Reforzar el borde de las *esteras o ropas, *cosiéndoles alguna tira o guarnición. ‖ Poner nuevo pie a las *medias. ‖ Unir las hojas de tabaco, atándolas por los pezones. ‖ **Agr.* Arar las cabeceras.

cabeceo. m. Acción y efecto de cabecear.

cabecequia. m. Persona que tiene a su cargo el cuidado de las *acequias para el *riego.

cabecera. f. *Principio o parte *principal de algunas cosas. ‖ *Asiento preeminente o *presidencia de una reunión, convite, etc. ‖ Parte de la *cama que corresponde a la cabeza. ‖ Tabla o barandilla que suele haber en dicha parte. ‖ En algunos *juegos de azar, banca principal. ‖ *Arq.* Testero principal de una *iglesia. ‖ Origen de un *río. ‖Capital de un territorio. ‖ Adorno que se pone a la cabeza de una página, o impreso. ‖ Cada uno de los dos extremos del lomo de un *libro. ‖ ‖ Cada uno de los dos extremos de una tierra, adonde no puede llegar el surco del arado. ‖ **Almohada.** ‖ **Min.* Jefe de una cuadrilla de barreneros. ‖ f. pl. **Impr.* Cuñas con que se asegura el molde a la rama.

cabecero. m. Madero horizontal del cerco de una *puerta. ‖ Cabecera de la *cama.

cabeciancho, cha. adj. De cabeza ancha.

cabeciduro, ra. adj. **Testarudo.**

cabecil. m. Rodete que se pone sobre la cabeza para llevar el cántaro u otra *carga.

cabecilla. f. d. de **Cabeza.** ‖ Conjunto de dobleces con que se cierran los extremos del *cigarrillo de papel. ‖ com. fig. y fam. Persona *desaliñada, de mala conducta o *alocada. ‖ m. *Jefe de rebeldes.

cabellado, da. adj. De *color castaño con visos.

cabelladura. f. **Cabellera.**

cabellar. intr. Echar cabello. ‖ Ponérselo postizo. Ú. t. c. r.

cabellejo. m. d. de **Cabello.**

***cabellera.** f. El pelo de la cabeza, especialmente cuando es largo. ‖ Pelo postizo, *peluca. ‖ Ráfaga luminosa que rodea al *cometa crinito.

***cabello.** m. Cada uno de los pelos que nacen en la cabeza. ‖ Conjunto de todos ellos. ‖ Barbas de la mazorca del *maíz. ‖ **Cabello de ángel.** *Dulce de almíbar que se hace con la cidra cayote. ‖ **merino.** El crespo y muy espeso. ‖ **Asirse** uno **de un cabello.** fr. fig. y fam. Aprovechar cualquier *oportunidad. ‖ **Cortar** uno **un cabello en el aire.** fr. fig. Ser muy *listo. ‖ **En cabello.** m. adv. Con el **cabello** suelto. ‖ **En cabellos.** m. adv. Con la cabeza *descubierta y sin adornos. ‖ **Estar** uno **colgado de los cabellos.** fr. fig. y fam. Estar con *duda o *desasosiego. ‖ **Estar** una cosa **pendiente de un cabello.** fr. fig. y fam. Estar en *riesgo inminente. ‖ **No faltar un cabello** a una cosa. fr. fig. y fam. Estar *completa. ‖ **Podérsele ahogar** a uno **con un cabello.** fr. fig. y fam. Estar muy acongojado. ‖ **Traer** una cosa **por los cabellos.** fr. fig. Decir o citar algo que no guarda relación con lo que se discute.

cabelludo, da. adj. De mucho cabello. ‖ Aplícase a la fruta o planta cubierta de fibras largas y vellosas. ‖ Dícese del cuero de la cabeza.

cabelluelo. m. d. de **Cabello.**

***caber.** intr. Poder estar una cosa dentro de otra. ‖ Tener lugar o *entrada. ‖ Pertenecerle a uno alguna cosa. ‖ Ser *posible. ‖ tr. Tener *capacidad. ‖ **Admitir.** ‖ **No cabe más.** loc. con que se expresa haber alcanzado una cosa el *límite de *excelencia o *perfección posibles.

cabero. m. El que tiene por oficio echar *mangos a los instrumentos de *labranza.

cabestraje. m. Conjunto de cabestros. ‖ *Agasajo que se hace a los vaqueros.

cabestrante. m. **Cabrestante.**

cabestrar. tr. Echar cabestros a las bestias que andan sueltas. ‖ intr. *Cazar con buey de cabestrillo.

cabestrear. intr. Seguir la *caballería al que la lleva del cabestro.

cabestrería. f. Taller donde se hacen cabestros, *ronzales, etc. ‖ Tienda donde se venden.

cabestrero, ra. adj. Aplícase a las *caballerías que empiezan a dejarse llevar del cabestro. || m. El que hace o vende cabestros.

cabestrillo. m. **Cir.* Aparato pendiente del hombro para sostener la mano o el brazo lastimados. || *Cadena delgada que se usaba como *collar de adorno. || *Mar.* *Cabo corto que se usa para atar las velas. || Abrazadera que sujeta la hoja de algunas *sierras.

***cabestro.** m. Ramal que se ata a la cabeza o al cuello de la caballería. || *Buey manso que sirve de guía en las toradas. || **Cabestrillo,** *collar.

cabete. m. **Herrete,** cabo de metal en que rematan algunos cordones.

***cabeza.** f. Parte superior del cuerpo del hombre, que contiene el encéfalo y los principales órganos de los sentidos. || Parte correspondiente del cuerpo de los animales. || Parte de la cabeza humana excluida la cara. || *Principio o parte extrema de una cosa. || Parte opuesta a la punta del *clavo. || Parte superior de la armazón en que está sujeta la *campana. || *Cumbre de un monte. || **Carp.* Listón machihembrado al extremo de un tablero para evitar que éste se alabee. || fig. *Origen, principio. || fig. *Talento. || fig. **Persona.** || fig. **Res.** || fig. **Capital** de un reino. || m. *Jefe. || Jefe de una familia. || f. pl. Juego que se practicaba en algunas *fiestas y consistía en herir, con arma blanca o de fuego, al correr del caballo, figuras de personas o animales. || Por antonomasia, las de carnero asadas, que se venden en las calles de Méjico. || **Cabeza de ajo,** o **de ajos.** Conjunto de las partes o dientes que forman el *bulbo de esta planta. || **de casa.** El que por legítima descendencia del fundador tiene la primogenitura. || **de chorlito.** fig. y fam. Persona ligera y *alocada. || **de hierro.** fig. Persona *obstinada. || **de la Iglesia.** Título que se da al *Papa. || **del Dragón.** *Astr.* **Nodo ascendente.** || **de linaje. Cabeza de casa.** || **de lobo.** Cosa que se exhibe para justificar alguna *petición. || **de olla.** Substancia que sale en las primeras tazas del *caldo. || **de partido.** *Ciudad o villa principal de un *territorio, que comprende distintos pueblos. || **de perro. Celidonia menor.** || **de proceso.** **For.* Auto de oficio para la investigación del delito. || **de puente.** *Fortificación que lo defiende. || Posición *militar que establece un ejército a la orilla de un río o en una costa situadas en terreno enemigo. || **de tarro.** fig. y fam. Persona que tiene grande la **cabeza.** || fig. y fam. Persona necia. || **de *testamento.** Principio de él hasta donde empieza la parte dispositiva. || **de turco.** Persona a quien se *imputa algo, generalmente sin motivo. || **mayor.** La de algún linaje o *familia. || El buey, el caballo o la mula respecto del carnero o la cabra. || || **menor.** El carnero o la cabra respecto del buey, el caballo o la mula. || **moruna.** La del caballo de color claro que la tiene negra. || **redonda.** fig. y fam. Persona *necia o poco inteligente. || **torcida.** fig. y fam. Persona *hipócrita. || **Mala cabeza.** fig. y fam. Persona irreflexiva o *alocada. || **Abrir la cabeza.** fr. fig. y fam. **Descalabrar.** || **A la cabeza.** m. adv. **Delante.** || **Alzar cabeza** uno. fr. fig. y fam. Salir de la pobreza o empezar a ser *feliz. || fig. y fam. Recobrar la *salud. || **Andársele** a uno **la cabeza.** fr. fig. y fam. Estar perturbado o *débil. || fig. y fam. Estar en *peligro de perder su dignidad o empleo. || **Bajar** uno **la cabeza.** fr. fig. y fam. *Obedecer. || fig. y fam. Resignarse, tener *paciencia. || **Calentarse** uno **la cabeza.** fr. fig. y fam. Fatigarse en el trabajo mental. || **Dar** uno **de cabeza.** fr. fig. y fam. *Decaer en fortuna o autoridad. || **Dar en la cabeza** a uno. fr. fig. *Vencerle. || **De cabeza.** m. adv. **De memoria.** || **De mi cabeza, de su cabeza,** etc. expr. De propio ingenio o *invención. || **Echar de cabeza.** fr. *Agr.* Tratándose de vides y otras plantas, enterrar sus sarmientos para que arraiguen. || **Hacer** uno **cabeza.** fr. Ser el *principal en un negocio o grupo de personas. || **Henchir** a uno **la cabeza de viento.** fr. fig. y fam. *Adularle. || **Ir** uno **cabeza abajo.** fr. fig. y fam. *Decaer, arruinarse. || **Írsele** a uno **la cabeza.** fr. fig. Perturbársele el sentido o la razón. || **Levantar cabeza** uno. fr. fig. y fam. **Alzar cabeza.** || **Meter** uno **la cabeza en** alguna parte. fr. fig. y fam. Conseguir *entrar o ser admitido en ella. || **Meter** a uno **en la cabeza** alguna cosa. fr. fig. y fam. *Persuadirle de ella. || fig. y fam. *Enseñársela, venciendo su torpeza. || **Meterse** uno **de cabeza.** fr. fig. y fam. Entrar de lleno o con *resolución en un negocio. || **Metérsele** a uno **en la cabeza** alguna cosa. fr. fig. y fam. *Imaginarla con poco o ningún fundamento. || fig. y fam. Perseverar en un propósito o capricho. || **No levantar** uno **cabeza.** fr. fig. Estar muy *ocupado. || fig. No acabar de convalecer de una *enfermedad. || fig. No poder salir de la *pobreza. || **Pasarle a** uno una cosa **por la cabeza.** fr. fig. y fam. Antojársele, *imaginarla. || **Perder** uno **la cabeza.** fr. fig. Faltarle u ofuscársele la razón. || **Ponérsele** a uno **en la cabeza** alguna cosa. fr. **Metérsele en la cabeza.** || **Por** su **cabeza.** m. adv. Por su dictamen. || **Quebrantar** a uno **la cabeza.** fr. fig. *Humillar su soberbia. || **Quebrarse** uno **la cabeza.** fr. fig. y fam. *Reflexionar sin descanso en busca de una solución difícil. || **Quitar** a uno **de la cabeza** alguna cosa. fr. fig. y fam. *Disuadirle de ella. || **Romper** a uno **la cabeza.** fr. Descalabrarle. || **Romperse** uno **la cabeza.** fr. fig. y fam. **Devanarse los sesos.** || **Sacar la cabeza.** fr. fig. y fam. *Manifestarse o aparecer alguna cosa. || fig. y fam. Empezar a atreverse el que estaba antes abatido o tímido. || **Sentar** uno **la cabeza.** fr. fig. y fam. Corregirse el que era de costumbres desordenadas. || **Subirse** una cosa **a la cabeza.** fr. Ocasionar *turbación alguna cosa material o inmaterial. || **Tener** uno **la cabeza a las once,** o **a pájaros.** fr. fig. y fam. No tener juicio. || fig. y fam. Estar *distraído. || **Tener** uno **la cabeza como una olla de grillos.** fr. fig. y fam. Estar atolondrado. || **Tener** uno **mala cabeza.** fr. fig. y fam. Proceder de modo *irreflexivo. || **Tocado de la cabeza.** exp. fig. y fam. Dícese de la persona que empieza a perder el juicio. || **Torcer** uno **la cabeza.** fr. fig. y fam. **Enfermar.** || fig. y fam. **Morir.** || **Vestirse por la cabeza** una persona. fr. fig. y fam. Ser del sexo *femenino. || **Volvérsele** a uno **la cabeza.** fr. **Perder la cabeza.**

***cabezada.** f. *Golpe dado con la cabeza. || El que se recibe en ella. || Inclinación que involuntariamente hace con la cabeza el que se *duerme sentado. || Inclinación de cabeza, como *saludo de cortesía. || **Mar.* Acción de cabecear la embarcación. || → Correaje que ciñe y sujeta la cabeza de una caballería. || *Guarnición que se pone a las caballerías en la cabeza para afianzar el bocado. || Cordel con que los *encuadernadores cosen las cabeceras de los libros. || En las botas, cuero que cubre el pie. || Parte más elevada de un terreno. || **potrera.** La de cáñamo que se pone a los potros. || **Darse** uno **de cabezadas.** fr. fig. y fam. Fatigarse en vano por *averiguar alguna cosa.

cabezal. m. *Almohada pequeña en que se reclina la cabeza. || **Cir.* Pedazo de lienzo con varios dobleces, que se pone sobre las heridas. || *Almohada larga que ocupa toda la cabecera de la cama. || Colchoncillo angosto. || En los *carruajes, parte que va sobre el juego delantero. || **Fort.* Larguero superior del bastidor del encofrado de una mina. || **Fort.* En el *puente levadizo, viga que se apoya en la contraescarpa.

cabezalejo. m. d. de **Cabezal.**

cabezalero, ra. m. y f. **Testamentario, ria.** || Persona que hace cabeza entre los que llevan foro, para entenderse con el dueño común.

cabezazo. m. **Cabezada,** golpe con la cabeza.

cabezcaído, da. adj. desus. **Cabizcaído.**

cabezo. m. *Cerro alto. || *Cumbre de una montaña. || Montecillo aislado. || **Cabezón** de la camisa. || *Mar.* *Peñasco de cima redonda que sobresale poco o nada de la superficie del agua.

cabezón, na. adj. fam. **Cabezudo.** Ú. t. c. s. || m. aum. de **Cabeza.** || Padrón o *lista de los contribuyentes y *contribuciones. || Tira de lienzo doblado que se cose en la parte superior de la *camisa. || Abertura que tiene cualquier *vestidura para poder sacar la cabeza. || **Llevar,** o **traer, de los cabezones** a uno. fr. fig. y fam. *Dominarle y disponer de él aun contra su voluntad.

cabezonada. f. fam. Acción propia de persona terca u *obstinada.

cabezorro. m. aum. fam. Cabeza grande.

cabezota. f. aum. de **Cabeza.** || com. fam. Persona que tiene la cabeza muy grande. || fig. y fam. Persona terca, *obstinada. Ú. t. c. adj.

cabezudamente. adv. m. Terca y obstinadamente.

cabezudo, da. adj. Que tiene grande la cabeza. || fig. y fam. *Obstinado. || fig. y fam. Dícese del *vino muy espirituoso. || m. Cada una de las figuras de enanos de gran cabeza, que figuran en ciertas fiestas y *procesiones. || **Mújol.**

cabezuela. f. d. de **Cabeza.** || *Harina más gruesa del trigo. || *Heces del *vino. || *Planta perenne de las compuestas; se emplea para hacer *escobas. || **Farm.* Botón de la rosa, de que se saca una agua destilada. || *Bot.* Conjunto esférico o hemisférico de *flores con pedúnculo corto. || com. fig. y fam. Persona *alocada o de corto juicio. || **Quitar la cabezuela al mosto.** fr. Trasegar el *vino para separarlo de las heces.

cabezuelo. m. d. de **Cabezo.**

cabida. f. Espacio o *capacidad que tiene una cosa para contener otra. ||

Extensión *superficial de un terreno. ‖ **Tener** uno **cabida** o **gran cabida, con** alguna persona, o **en** alguna parte. fr. fig. Tener valimiento, *amistad o *poder.
cabila. f. *Tribu de beduinos o de bereberes.
cabildada. f. fam. Resolución *arbitraria, abusiva o imprudente de una comunidad o cabildo.
cabildante. m. Regidor o concejal.
cabildear. intr. Gestionar con *diligencia y maña para *captarse voluntades en un cuerpo colegiado o corporación.
cabildeo. m. Acción y efecto de cabildear.
cabildero. m. El que cabildea.
cabildo. m. *Ecles.* Cuerpo de eclesiásticos capitulares de una iglesia catedral o colegial. ‖ ***Ayuntamiento.** ‖ Junta celebrada por un **cabildo.** ‖ Sala donde se celebra. ‖ Capítulo que celebran algunas *órdenes religiosas* para elegir sus prelados. ‖ Junta de hermanos de ciertas *cofradías. ‖ En algunos puertos, sociedad de socorros mutuos.
cabilla. f. V. **Hierro cabilla.** ‖ **Arq. Nav.* Barra redonda de hierro con la cual se clavan las curvas y otros maderos. ‖ *Mar.* Barritas de madera o de metal, que sirven para manejar la rueda del *timón y para *amarrar los cabos de labor.
cabillero. m. *Mar.* Pieza con agujeros, por los que se atraviesan las cabillas que sirven para *amarrar los *cabos de labor.
cabillo. m. *Bot.* **Pezón.**
cabimiento. m. **Cabida,** *capacidad. ‖ En la *orden militar* de San Juan, derecho que tenían los caballeros para obtener encomiendas.
cabina. f. *Habitación o departamento reducido y aislado del exterior. ‖ Departamento reservado en el *avión para el piloto y el personal técnico.
cabio. m. Listón que se atraviesa a las *vigas para formar suelos y techos. ‖ *Arq.* *Madero menor que la carrera, sobre el cual van asentadas las vigas de suelo. ‖ *Arq.* Madero de suelo, que lleva ensamblado un brochal. ‖ *Arq.* **Cabrio,** de la *armadura de un tejado. ‖ *Arq.* Cada uno de los travesaños, superior e inferior, que forman un cerco de ventana, o el superior de una *puerta.
cabizbajo, ja. adj. Dícese de la persona que tiene la cabeza inclinada hacia abajo por *aflicción o *desaliento.
cabizcaído, da. adj. **Cabizbajo.**
cabizmordido, da. adj. fam. Deprimido de nuca.
cable. m. *Maroma gruesa. ‖ fam. **Cablegrama.** ‖ *Mar.* *Cabo grueso que se hace firme en el arganeo de una ancla. ‖ *Mar.* Medida de ciento veinte brazas. ‖ **de cadena.** *Mar.* *Cadena gruesa de hierro, construida de modo que no pueda hacer cocas. ‖ ***eléctrico.** Cordón formado por varios conductores aislados unos de otros. ‖ **submarino.** El eléctrico reforzado y aislado con esmero, que se emplea como conductor en las líneas telegráficas submarinas.
cableado, da. adj. **Blas.* Dícese de la *cruz cuyos palos tienen forma salomónica.
cablegrafiar. tr. Transmitir un despacho por cable.
cablegrama. m. Telegrama transmitido por cable submarino.
cablero, ra. adj. Dícese de los *buques especiales, encargados de tender y reparar los cables submarinos.
***cabo.** m. Cualquiera de los *extremos de las cosas. ‖ *Residuo o parte pequeña que queda de alguna cosa. ‖ **Mango.** ‖ En algunos oficios, *hilo o hebra. ‖ Lío pequeño que no llega a *fardo. ‖ → Lengua de tierra que penetra en el mar. ‖ En el juego del revesino, *naipe inferior. ‖ *Caudillo, *jefe. ‖ *Lugar. ‖ fig. **Fin,** terminación. ‖ Párrafo, división o capítulo. ‖ → *Mar.* Cualquiera de las cuerdas que se usan a bordo. ‖ *Mil.* Individuo de la clase de tropa, inmediatamente superior al soldado. ‖ pl. Piezas sueltas que se usan con el *vestido. ‖ Patas, hocico y crines del *caballo y yegua. ‖ fig. Especies varias que se han tocado en algún *asunto. ‖ **Cabo blanco.** *Mar.* El que no está alquitranado. ‖ **de año.** Aniversario en sufragio de un *difunto. ‖ **de armería.** En Navarra, *casa solariega. ‖ **de barra.** Real de a ocho mejicano. ‖ Última *moneda que se da cuando se ajusta una cuenta. ‖ **de cañón.** *Mar.* Soldado o marinero encargado del manejo de una pieza de artillería. ‖ **de escuadra.** *Mil.* El que manda una escuadra de *soldados. ‖ **de fila.** *Mil.* *Soldado que está a la cabeza de la fila. ‖ **de labor.** *Mar.* Cada una de las cuerdas que sirven para manejar el aparejo. ‖ **de maestranza.** Capataz de una brigada de obreros. ‖ **de mar.** Individuo de clase superior en la marinería de un buque de la *armada. ‖ **de rancho.** En los de marinería y tropa, su jefe. ‖ **suelto.** fig. y fam. Cosa *imprevista o que ha quedado *pendiente en algún negocio. ‖ **Cabos negros.** En las mujeres, pelo, cejas y ojos negros. ‖ **Al cabo.** m. adv. Al fin, por último. ‖ **Atar** uno **cabos.** fr. fig. Reunir antecedentes para sacar una *consecuencia. ‖ **De cabo a cabo.** m. adv. Del principio al fin. ‖ **De cabo a rabo.** m. adv. fam. **De cabo a cabo.** ‖ **En** mi **solo cabo, en** tu **solo cabo, en** su **solo cabo,** m. adv. A mis solas, a tus solas, a sus solas. ‖ **Estar** uno **al cabo de** una cosa, o **al cabo de la calle.** fr. fig. y fam. Estar bien enterado de alguna cosa. ‖ **Llevar** uno **a cabo,** o, **al cabo,** una cosa. fr. Ejecutarla, *concluirla. ‖ **No tener** una cosa **cabo ni cuerda.** fr. fig. y fam. Estar llena de *dificultades y contradicciones.
cabotaje. m. *Navegación o tráfico que se hace sin perder de vista la costa. ‖ Tráfico marítimo en las costas de un país determinado.
***cabra.** f. Rumiante doméstico, como de un metro de altura, con cuernos huecos, nudosos y vueltos hacia atrás. ‖ Hembra de esta especie. ‖ **Artill.* Máquina militar que se usaba antiguamente para tirar piedras. ‖ Espiga que queda en los rastrojos. ‖ **Brocha,** dado falso. ‖ *Carruaje ligero de dos ruedas. ‖ **Cabra de almizcle. Almizclero.** ‖ **del Tíbet.** *Cabra de pelo muy largo y fino, que vive en el Tíbet. ‖ **montés.** Especie salvaje, que vive en las regiones más escabrosas de España. ‖ **Cargar las cabras** a uno. fr. fig. y fam. Hacer que *pague solo lo que con otro u otros ha perdido. ‖ fig. y fam. *Imputarle algo sin motivo. ‖ **Meterle** a uno **las cabras en el corral.** fr. fig. y fam. Atemorizarle, infundirle *temor.
cabrahigadura. f. Acción y efecto de cabrahigar.
cabrahigal. m. **Cabrahigar,** terreno.
cabrahigar. m. Terreno poblado de cabrahígos.
cabrahigar. tr. Colgar sartas de cabrahígos en las higueras para facilitar la fructificación.
cabrahígo. m. *Higuera silvestre. ‖ Fruto de este árbol.
cabrajo. m. **Bogavante,** *crustáceo.
cabreado, da. adj. **Blas.* Dícese del caballo encabritado.
cabrear. tr. fam. Enfadar, *irritar. ‖ intr. Juguetear, *saltar. ‖ r. Escamarse, sentir *recelo.
cabreo. m. **Becerro,** libro en que se anotan los privilegios de algunas iglesias o comunidades.
cabrera. f. *Pastora de *cabras. ‖ Mujer del cabrero.
cabrería. f. Casa en que se vende *leche de cabras. ‖ Casa en donde se recogen las cabras por la noche.
cabreriza. f. Choza en que se guarda el hato y se recogen de noche los cabreros. ‖ **Cabrera,** mujer del cabrero.
cabrerizo, za. adj. Perteneciente o relativo a las cabras. ‖ m. **Cabrero,** pastor de cabras.
cabrero. m. *Pastor de cabras. ‖ *Pájaro poco más grande que el canario, propio de Cuba.
***cabrestante.** m. Torno colocado verticalmente que, al girar, arrolla una maroma o cable. Se emplea para mover grandes pesos.
cabrestillo. m. *Mar.* *Cabo delgado que se amarra desde los obenques al cepo de una ancla.
cabrevación. f. Acción y efecto de cabrevar.
cabrevar. tr. En los terrenos realengos, marcar las *lindes de las fincas sujetas al pago de los *impuestos del patrimonio real.
cabreve. m. Acción de cabrevar.
***cabria.** f. Máquina para levantar pesos, compuesta de tres maderos en trípode, de una polea suspendida del vértice, y de un torno.
cabriada. f. Rebaño de más de doscientas *cabras.
cabrilla. f. ***Pez acantopterigio, que** salta mucho en el agua. ‖ Trípode de madera en que los carpinteros *apoyan los maderos grandes para labrarlos o *aserrarlos. ‖ pl. *Estrellas visibles del grupo de las Pléyades. ‖ *Manchas o *ampollitas que se hacen en las piernas por permanecer mucho tiempo cerca del fuego. ‖ *Juego de muchachos, que consiste en tirar piedras planas sobre la superficie del agua de manera que corran dando saltos. ‖ Pequeñas *olas blancas y espumosas.
cabrillear. intr. Formarse cabrillas en el mar.
cabrilleo. m. Acción de cabrillear.
cabrina. f. ant. Piel de cabra.
cabrio. m. *Arq.* Madero colocado paralelamente a los pares de una *armadura de tejado. ‖ **Blas.* Pieza honorable, en forma de medio sotuer, que recuerda un compás abierto. ‖ *Madero de construcción de cierto largo y escuadría.
***cabrío, a.** adj. Perteneciente a las cabras. ‖ m. Rebaño de cabras.
cabriola. f. *Salto que dan los que *danzan, cruzando varias veces los pies en el aire. ‖ fig. **Voltereta** que dan los *volatineros. ‖ fig. Salto que da el *caballo, soltando un par de coces mientras se mantiene en el aire.
cabriolar. intr. Dar o hacer cabriolas.
cabriolé. m. Especie de birlocho o silla volante. ‖ *Capote con mangas o abertura en los lados para sacar los brazos.
cabriolear. intr. **Cabriolar.**
cabrión. m. **Arq. Nav.* Pedazo de

cuartón para clavar en la cubierta ciertas piezas.
cabrita. f. **Cabra,** máquina militar.
cabritero, ra. m. y f. Persona que vende carne de cabrito.
cabritilla. f. *Piel curtida de cabrito, cordero, etc.
cabrito. m. Cría de la cabra, desde que nace hasta que deja de mamar. || Entre *rameras, cliente. || pl. **Rosetas** de *maíz.
cabrituno, na. adj. Perteneciente o relativo al cabrito.
cabro. m. ant. **Cabrón.**
cabrón. m. Macho de la *cabra. || fig. y fam. El que consiente el *adulterio de su mujer. Ú. t. c. adj. || **Rufián.**
cabronada. f. fam. Acción *vil que permite alguno contra su honra. || fig. y fam. *Molestia grave e importuna que hay que *sufrir.
cabronzuelo. m. d. de **Cabrón.**
cabruno, na. adj. Perteneciente o relativo a la cabra.
cabruñar. tr. Sacar o renovar el *filo a la *guadaña.
cabruño. m. Acción y efecto de cabruñar.
cabujón. m. Piedra de *joyería tallada en forma convexa.
caburé. m. *Ave de rapiña, pequeña, que aturde con su chillido a los pájaros.
cabuya. f. **Pita,** planta. || Fibra de la *pita. || *Cuerda de pita. || *Mar.* **Cabuyería.** || **Dar cabuya.** fr. **Amarrar.**
cabuyera. f. Conjunto de las cabuyas de la hamaca.
cabuyería. f. *Mar.* Conjunto de *cabos menudos.
caca. f. fam. *Excremento humano. || fig. y fam. Defecto o *imperfección. || fig. y fam. *Suciedad, inmundicia.
cacahual. m. Terreno poblado de cacaos.
cacahuate. m. **Cacahuete.**
cacahuatero, ra. m. y f. Persona que vende cacahuates.
cacahué. m. **Cacahuete.**
cacahuete. m. *Planta anua leguminosa, cuyo fruto, que se introduce y sazona en la tierra, contiene dos o más semillas comestibles. || Fruto de esta planta.
cacahuey. m. **Cacahuete.**
cacalote. m. **Cuervo,** pájaro. || **Roseta** de *maíz.
***cacao.** m. Árbol de América, de la familia de las bitneriáceas, cuyo fruto es una vaina larga, que contiene abundantes semillas carnosas que se emplean como principal ingrediente del chocolate. || Semilla de este árbol. || *Moneda ínfima de los aztecas, que consiste en granos de **cacao.** || **No valer un cacao** alguna cosa. fr. fam. Ser muy *insignificante.
cacaotal. m. **Cacahual.**
cacaraña. f. Cada uno de los *hoyos de viruela u otras señales que hay en el rostro de una persona.
cacarañado, da. adj. Lleno de cacarañas.
cacarañar. tr. Ocasionar cacarañas la viruela. || *Pellizcar una cosa blanda dejándola llena de *hoyitos.
cacareador, ra. adj. Que cacarea. || fig. y fam. Que *exagera y pondera con *jactancia sus cosas.
cacarear. intr. Dar voces repetidas el gallo o la gallina. || tr. fig. y fam. *Exagerar con *jactancia las cosas propias.
cacareo. m. Acción de cacarear. || fig. y fam. *Jactancia hecha con *publicidad.
cacarizo, za. adj. **Cacarañado.**
cacarro. m. Agalla del roble.
cacaseno. m. fig. Tonto, *necio.
cacatúa. f. *Ave trepadora, con pico grueso, dentado en los bordes, y un moño de grandes plumas movibles a voluntad. Aprende a hablar con facilidad.
cacaxtle. m. *Armazón de madera para llevar una *carga a cuestas.
cacaxtlero. m. Indio que transporta mercancías en cacaxtle.
cacea. f. Acción de *pescar caceando.
cacear. tr. Revolver una cosa con el cazo. || intr. Mover los *pescadores incesantemente el anzuelo de un lado a otro.
caceo. m. Acción de cacear.
cacera. f. *Canal por donde se conduce el agua para regar.
cacera. f. **Cacería,** partida de caza.
cacereño, ña. adj. Natural de Cáceres. Ú. t. c. s. || Perteneciente a esta ciudad.
cacería. f. Partida de *caza. || Conjunto de animales muertos en ella. || **Pint.* Cuadro que figura una caza.
cacerina. f. Bolsa de cuero con divisiones, para llevar cartuchos y *balas. || *Mar.* Caja pequeña en que se llevaban los estopines o fulminantes con que se daba fuego a las piezas de *artillería.
cacerola. f. Vasija de *cocina, metálica y de figura cilíndrica, con asas o mango.
caceta. f. Cazo con fondo taladrado, que se usa en las *farmacias a modo de colador.
cacica. f. Mujer del cacique. || Señora de vasallos en alguna provincia o pueblo de *indios.
cacicato. m. **Cacicazgo.**
cacicazgo. m. Dignidad de cacique. || Territorio que posee el cacique. || fam. Autoridad e influencia del cacique *político.
cacillo. m. Cazo pequeño.
cacimba. f. *Hoyo que se hace en la playa para buscar *agua potable. || **Balde.**
caciplero, ra. adj. *Entremetido, *chismoso.
cacique. m. *Señor de vasallos en alguna provincia o pueblo de indios. || fig. y fam. Persona que, por motivos *políticos, ejerce una gran influencia en los asuntos de un pueblo o comarca.
caciquismo. m. Dominación o influencia de los caciques *políticos.
cacle. m. Sandalia tosca de cuero.
caco. m. fig. *Ladrón que roba con destreza. || fig. y fam. Hombre *cobarde y tímido.
cacodilato. m. **Quím.* Nombre genérico de las sales formadas por un ácido resultante de la oxidación del cacodilo.
cacodilo. m. **Quím.* Arseniuro de metilo.
cacofagia. f. *Pat.* Depravación del *apetito, que lleva a ingerir cosas que no son alimentos.
cacofonía. f. **Gram.* Vicio del lenguaje, que consiste en el encuentro o *repetición de unos mismos sonidos.
cacofónico, ca. adj. Que tiene cacofonía.
cacografía. f. Ortografía viciosa.
cacomite. m. *Planta de las irídeas, cuya *raíz, *tuberculosa y feculenta, se come cocida.
cacomiztle. m. **Basáride.**
cacoquimia. f. *Pat.* Depravación de los *humores. || **Caquexia,** desorden de la nutrición.
cacoquímico, ca. adj. Perteneciente o relativo a la cacoquimia. || Que padece cacoquimia. Ú. t. c. s.
cacoquimio, mia. m. y f. Persona que padece *aflicción y está *pálida y melancólica.
cacorra. f. ***Tristeza.**
cacorro. m. Hombre *afeminado; maricón.
***cácteo, a.** adj. *Bot.* Aplícase a las plantas de la familia de los cactos. || f. pl. *Bot.* Familia de estas plantas.
***cacto.** m. Nombre de diversas plantas vasculares, perennes, cuyo tipo es la higuera chumba.
cactus. m. **Cacto.**
cacumen. m. fig. y fam. Agudeza, *ingenio.
cacha. f. Cada una de las dos piezas que forman el mango de las navajas y de algunos *cuchillos. Ú. m. en pl. || Cada una de las ancas de la caza menor. || **Cachete,** *carrillo. || **Albañ.* Madero o tablón para andamios. || **Nalga.** || Mango de cuchillo o de navaja. || **Hasta las cachas.** m. adv. fig. y fam. Con todo el *esfuerzo y diligencia posibles.
cacha. f. **Cacho,** *cuerno.
cachada. f. Golpe que dan los muchachos, con la púa del *trompo bailando, en la cabeza de otro trompo. || **Cornada.**
cachado. m. *Carp.* *Madero aserrado a lo largo.
cachalote. m. *Cetáceo de quince a veinte metros de largo.
cachamarín. m. **Cachemarín.**
cachanlagua. f. **Canchalagua.**
cachano. m. fam. El *diablo.
cachapa. f. Panecillo o *bollo de maíz.
cachar. tr. Hacer cachos, *romper o *partir alguna cosa. || Rajar madera en el sentido de las fibras. || **Agr.* Arar una tierra alomada abriendo los lomos con la reja.
cacharpari. m. *Convite de *despedida. || *Baile que se celebra con este motivo.
cacharpas. f. pl. **Trebejos.**
cacharrería. f. Tienda de cacharros o *loza ordinaria.
cacharrero, ra. m. y f. Persona que vende cacharros o *loza ordinaria.
cacharro. m. *Vasija tosca. || Pedazo de ella que aún sirve para contener alguna cosa.
cachava. f. *Juego de niños que consiste en impulsar con un palo una pelota para hacerla entrar en ciertos hoyuelos abiertos en la tierra. || Palo que sirve para este juego. || **Cayado.**
cachavazo. m. *Golpe dado con la cachava.
cachavona. f. *Bastón grueso o cachiporra.
cachaza. f. fam. *Lentitud y poca energía en el modo de hablar o de obrar. || *Aguardiente de melaza. || En la fabricación del *azúcar, primera espuma que arroja el zumo de la caña.
cachazudo, da. adj. Que tiene cachaza. Apl. a pers., ú. t. c. s. || m. *Gusano que roe las hojas y el tallo del *tabaco.
cachear. tr. *Registrar a una persona la policía para quitarle las *armas que pueda llevar ocultas.
cachemarín. m. **Quechemarín.**
cachemir. m. **Casimir.**
cacheo. m. Acción de cachear.
cachera. f. *Abrigo de lana muy tosca.
cacheta. f. **Gacheta** de la cerradura.
cachetada. f. **Bofetada.**
cachete. m. *Golpe que con el puño cerrado se da en la cabeza o en la cara. || *Carrillo de la cara, y especialmente el abultado. || **Cachetero,** *puñal para sacrificar las reses. || *Mar.* Amura de babor.
cachetero. m. *Puñal corto y agudo

que usaban los malhechores. ‖ Puñal de forma semejante, con que se remata a las reses. ‖ Torero que remata al toro de *lidia con este instrumento. ‖ fig. y fam. El postrero entre los que causan un *daño a una misma persona o cosa.

cachetina. f. Riña a cachetes.

cachetón, na. adj. **Cachetudo.**

cachetudo, da. adj. **Carrilludo.**

cachi. Voz que se emplea como prefijo, con la significación del adv. **casi.**

cachicamo. m. **Armadillo.**

cachicán. m. **Capataz** de una hacienda rural. ‖ fig. y fam. Hombre *astuto. Ú. t. c. adj.

cachicuerno, na. adj. Aplícase al *cuchillo u otra arma que tiene las cachas de cuerno.

cachidiablo. m. fam. El que se *disfraza de botarga, imitando al *diablo.

cachifollar. tr. fam. Dejar a uno *humillado y confuso.

cachigordete, ta. adj. fam. d. de **Cachigordo.**

cachigordo, da. adj. fam. Dícese de la persona *baja y *gruesa.

cachillada. f. **Lechigada,** de animalitos.

cachimán. m. Escondrijo.

cachimba. f. **Cachimbo.** ‖ **Cacimba,** hoyo.

cachimbo. m. **Pipa** para *fumar. ‖ despect. *Guardia nacional, en el Perú. ‖ **Chupar cachimbo.** f. *Fumar en pipa.

cachipodar. tr. *Podar las ramas pequeñas.

cachipolla. f. *Insecto neuróptero, que vive a orillas del agua.

cachiporra. f. *Palo enterizo que tiene en un extremo una cabeza abultada.

cachiporrazo. m. *Golpe dado con una cachiporra.

cachirulo. m. *Vasija en que se suele guardar el aguardiente. ‖ *Embarcación muy pequeña de tres palos. ‖ Adorno que las mujeres usaban para el *tocado. ‖ En estilo bajo, cortejo, amante. ‖ *Vasija ordinaria y pequeña. ‖ Refuerzo interior que se pone al *pantalón de montar. ‖ ***Cometa** (juguete).

cachivache. m. despectivo. *Vasija, *utensilio, *trasto. Ú. m. en pl. ‖ despect. Cosa de este género arrinconada por *inútil. Ú. m. en pl. ‖ fig. y fam. Hombre *ridículo.

cachizo. adj. V. **Madero cachizo.** Ú. t. c. s.

cacho. m. *Pedazo pequeño de alguna cosa, y más especialmente el del pan y el de algunas frutas. ‖ Juego de *naipes que se juega con media baraja.

cacho. m. *Pez malacopterigio, que abunda en los ríos caudalosos de España.

cacho, cha. adj. **Gacho.** ‖ m. **Cuerno.** ‖ Cuerna o aliara. ‖ **Libre,** o **fuera, de cacho.** fr. *Taurom.* Fuera del alcance de los cuernos. ‖ fig. En *seguridad; a cubierto de todo riesgo.

cachola. f. **Arq. Nav.* Cada una de las dos curvas que forman el cuello de un palo, y sirven de apoyo a los baos que sostienen las cofas. ‖ *Mar.* Cada uno de los trozos de tablón colocados a ambos lados del bauprés. ‖ fam. ***Cabeza.**

cachón. m. *Ola que rompe en la playa. Ú. m. en pl. ‖ Chorro de agua que cae de poca altura y forma espuma. ‖ Corriente rápida de un *río.

cachondearse. r. Ponerse cachonda una persona. ‖ fam. *Burlarse de otro.

cachondeo. m. fam. Acción y efecto de cachondearse.

cachondez. f. Apetito *venéreo.

cachondo, da. adj. Dominado del apetito *venéreo. Dícese propiamente de la perra salida, pero se aplica también a las personas.

cachopín. m. **Cachupín.**

cachopo. m. *Tronco seco de árbol.

cachorra. f. *Sombrero flexible.

cachorreña. f. fam. *Lentitud, cachaza.

cachorreñas. f. pl. *Sopas hechas con aceite, ajos y pimentón.

cachorrillo. m. *Pistola pequeña.

cachorro, rra. m. y f. *Perro de poco tiempo. ‖ *Cría de otros mamíferos; como león, tigre, lobo, etc. ‖ m. **Cachorrillo.**

cachú. m. **Cato,** substancia medicinal.

cachua. f. *Baile de indios.

cachucha. f. *Bote o lanchilla. ‖ Especie de *gorra. ‖ fam. despect. *Sombrero de señora. ‖ *Baile popular de Andalucía, en compás ternario. ‖ Música de este baile.

cachuchero. m. El que hace o vende cachuchas (gorras). ‖ El que hace o vende cachuchos (alfileteros). ‖ *Germ.* *Ladrón que hurta oro.

cachucho. m. Medida de aceite equivalente a ocho centilitros. ‖ En la aljaba, hueco en que se metía cada *flecha. ‖ **Alfiletero.** ‖ **Cachucha,** lancha pequeña. ‖ *Vasija tosca y pequeña. ‖ *Germ.* ***Oro.**

cachucho. m. *Pez de las Antillas, de carne estimada.

cachuela. f. *Guisado que se hace con la asadura del puerco. ‖ *Guisado compuesto de hígados, corazones y riñones de conejo. ‖ **Molleja** de ave.

cachuelo. m. *Pez de río, malacopterigio abdominal, de carne fina y apreciada.

cachulera. f. *Cueva o *escondrijo.

cachumba. f. *Planta de las compuestas, que se emplea en vez del azafrán.

cachumbo. m. **Gachumbo.**

cachunde. f. Pasta de almizcle, ámbar y cato, de la que se hacen confites para *perfumar el aliento. ‖ **Cato,** substancia medicinal.

cachupín, na. m. y f. Mote que se aplica al español que se establece en América.

cachurra. f. *Juego de niños semejante al de la cachava. ‖ Palo que sirve para este juego.

cada. m. ***Enebro.**

***cada.** adj. Que sirve para expresar *distribución. ‖ **Cada cual. Cada uno.** ‖ **Cada que.** m. adv. Siempre que, o **cada** vez que. ‖ **Cada quisque.** loc. fam. **Cada cual.** ‖ **Cada y cuando que.** m. conjunt. Siempre que.

cadahalso. m. *Cobertizo de tablas.

cadalecho. m. *Cama tejida de ramas.

cadalso. m. *Tablado que se levanta para un acto solemne. ‖ El que se levanta para la ejecución de la *pena de muerte.

cadañal. adj. ant. Que se repite cada año.

cadañego, ga. adj. ant. **Cadañal.** ‖ Aplícase a las plantas que dan *fruto abundante todos los años.

cadañero, ra. adj. Que dura un año. ‖ **Anual.** ‖ Que pare cada año. Ú. t. c. s. f.

cadápano. m. ***Níspero.**

cadarzo. m. *Seda basta de los capullos. ‖ Camisa del capullo. ‖ *Cinta estrecha de seda basta.

cádava. f. Tronco de árgoma o de tojo que, después de una quema, sirve para *leña.

***cadáver.** m. Cuerpo muerto.

***cadavérico, ca.** adj. Perteneciente o relativo al cadáver. ‖ fig. Dícese de la cara *pálida y desfigurada como la de un cadáver.

cadaveroso, sa. adj. desus. **Cadavérico.**

cadejo. m. Parte del *cabello muy enredada. ‖ Madeja pequeña de *hilo o seda. ‖ Conjunto de muchos hilos para hacer borlas u otra cosa de *pasamanería.

***cadena.** f. Serie de eslabones enlazados entre sí. ‖ Cuerda de galeotes o *presos encadenados. ‖ Serie de palos unidos por medio de cables o eslabones, que sirve para cerrar la boca de un *puerto. ‖ Conjunto de piezas de alambre grueso, enlazadas como los eslabones, que se emplea para las mediciones *topográficas. ‖ fig. Sujeción que causa una *pasión. ‖ fig. *Continuación de sucesos. ‖ *Arq.* *Armazón de *maderos fuertemente ensamblados sobre la cual se levanta una fábrica. ‖ *Arq.* Madero o barra que resguarda la arista horizontal de un fogón de *cocina. ‖ *Arq.* Machón de sillería con que se fortifica un muro de ladrillo. ‖ *For.* *Pena aflictiva, de gravedad variable. ‖ **Danza.* Última figura del rigodón. ‖ **de montañas. Cordillera.** ‖ **sin fin.** La que, unidos sus extremos, forma un circuito cerrado.

cadencia. f. Conjunto de *sonidos o movimientos que se suceden o *repiten de un modo regular o medido. ‖ Grata distribución de los *acentos y pausas, en la *prosa o en el *verso. ‖ Efecto de tener un verso la acentuación que le corresponde. ‖ Conformidad de los pasos del que *danza, con la medida indicada por la música. ‖ **Mús.* Manera de terminar una frase musical. ‖ *Mús.* *Ritmo. ‖ **Mús.* Resolución de un acorde disonante sobre otro consonante.

cadencioso, sa. adj. Que tiene cadencia.

cadenero. m. *Topogr.* El que mide con la cadena.

cadeneta. f. Labor de *costura que se hace con hilo, en figura de cadena muy delgada. ‖ Labor que hacen los *encuadernadores en las cabezas de los libros. ‖ Cadena hecha de tiras de papel de colores, que se usa como *adorno en verbenas y otras diversiones.

cadenilla. f. Cadena estrecha que se pone por adorno en las *guarniciones. ‖ **y media cadenilla.** *Perlas de distintos tamaños.

cadente. adj. Que amenaza *caer o *destruirse. ‖ **Cadencioso.**

cadera. f. Cada una de las dos partes salientes que forman a los lados del *cuerpo los huesos de la pelvis. ‖ pl. **Caderillas.** ‖ **Derribar las caderas** a un caballo. fr. **Equit.* Derribarlo.

caderillas. f. pl. *Tontillo que servía para ahuecar la falda por las caderas.

cadetada. f. fam. Acción *irreflexiva, travesura.

cadete. m. Joven noble que ascendía a *oficial sin pasar por los grados inferiores. ‖ Alumno de una academia *militar. ‖ **Hacer el cadete.** fr. fig. y fam. Hacer cadetadas. ‖ *Galantear.

cadí. m. Entre *mahometanos, *juez que entiende en las causas civiles.

cadillar. m. Sitio en que se crían muchos cadillos.

cadillo. m. *Planta umbelífera, muy común en los campos cultivados, que da un fruto pequeño, erizado de espinas tiesas. || *Planta de la familia de las compuestas, cuyo fruto está cubierto de espinas ganchudas. Es muy común en los campos áridos. || **Verruga.** || pl. Primeros hilos de la urdimbre de un *tejido.

cadillo. m. **Cachorro.**

cadmía. f. Óxido de *cinc sublimado que contiene cadmio. || Por ext., cualquier sublimación metálica adherida a la bóveda de un horno.

cadmio. m. *Metal parecido al estaño.

cado. m. Huronera o *cubil.

cadoce. m. **Gobio.**

cadoz. m. **Cadoce.**

cadozo. m. **Olla,** lugar de un *río en que el agua se *detiene y remansa.

caducamente. adv. m. **Débilmente.**

caducante. p. a. de **Caducar.** Que caduca.

caducar. intr. **Chochear.** || Perder su validez, quedar *anulada una ley, testamento, etc. || *Finalizar o extinguirse un derecho, un plazo, etcétera. || fig. *Arruinarse o acabarse alguna cosa por efecto del tiempo o del mucho uso.

caduceador. m. Rey de armas que publicaba la *paz.

caduceo. m. *Mit.* Vara delgada, rodeada de dos culebras, atributo de Mercurio. Antiguamente era símbolo de la *paz y hoy simboliza el *comercio.

caducidad. f. Acción y efecto de caducar una ley, un derecho, un plazo, etc.

caduco, ca. adj. Decrépito, muy *anciano. || Perecedero, *fugaz. || *Zool.* V. **Membrana caduca.** Ú. m. c. s. f.

caduquez. f. Calidad de caduco.

caedizo, za. adj. Que cae fácilmente.

caedura. f. Materias *textiles que se desperdician en el telar.

***caer.** intr. Ir un cuerpo hacia el suelo por la acción de su propio peso. Ú. t. c. r. || *Inclinarse más o menos lo que estaba recto, por haber perdido el equilibrio. Ú. t. c. r. || Desprenderse una cosa del lugar en que estaba adherida. || Venir a dar un animal o una persona en el armadijo o *engaño preparado al efecto. || fig. Encontrarse impensadamente en algún *peligro. || fig. Dejar de ser, *desaparecer. || fig. *Perder la fortuna, empleo, etc. || fig. Incurrir en algún error o culpa, daño, etc. || Llegar a *entender algo. || fig. *Disminuirse, debilitarse alguna cosa.|| fig. Ir a parar donde no se pensaba. || fig. Cumplirse los *plazos en que empiezan a correr intereses. || fig. Corresponder a uno, generalmente por suerte, la *propiedad de alguna cosa. || fig. Estar *situado u orientado de cierta manera. || fig. Quedar *incluido en alguna categoría. || fig. *Coincidir un suceso con determinada época del año. || fig. Venir o sentar bien o mal. || fig. Hablando del día, de la tarde, etc., acercarse a su *fin. || fig. **Sobrevenir.** || fig. y fam. **Morir.** || tr. p. us. Hacer caer. || r. fig. Desconsolarse, *afligirse. || **Al caer de la hoja.** m. adv. fam. Al fin del *otoño. || **Caer que hacer.** fr. fam. Ofrecerse inopinadamente ocasión de *trabajar. || **Caerse de suyo.** fr. fig. Ser una cosa muy natural o fácil de *comprender. || **Caerse** uno **redondo.** fr. fig. Venir al suelo por algún desmayo u otro accidente. || **Estar** una cosa **al caer.** fr. fig. Estar muy *próxima a suceder.

***café.** m. **Cafeto.** || Semilla del cafeto. || Bebida que se hace por infusión con esta semilla tostada y molida. || Casa o sitio público donde se vende y toma esta bebida.

cafeína. f. *Farm.* Alcaloide que se obtiene de las semillas y de las hojas del café, del té y de otros vegetales, y se emplea como tónico del corazón.

cafería. f. *Aldea o cortijo.

cafetal. m. Sitio poblado de cafetos.

cafetalista. com. Persona dueña de un cafetal.

cafetera. f. Dueña de un café. || Mujer que vende café en un sitio público. || Vasija en que se hace o se sirve café.

cafetería. f. Despacho de café y otras *bebidas.

cafetero, ra. adj. Perteneciente o relativo al café. || m. y f. Persona que tiene por oficio coger la simiente del cafeto. || m. Dueño de un café. || El que vende café en un sitio público.

cafetín. m. d. de **Café** (local).

cafeto. m. *Árbol de las rubiáceas, de flores blancas y olorosas, parecidas a las del jazmín, y fruto en baya cuya semilla es el café.

cafetucho. m. despect. de **Café** (local).

cáfila. f. fam. *Serie o *muchedumbre de gentes, animales o cosas que van unos tras otros.

cafiroleta. f. *Dulce compuesto de buniato, coco rallado y azúcar.

cafre. adj. Dícese del individuo del pueblo indígena que habita en las colonias del Cabo y de Natal. Ú. t. c. s. || fig. Bárbaro y *cruel. Ú. m. c. s. || fig. *Grosero y *rústico. Ú. m. c. s.

caftán. m. *Vestidura que cubre el cuerpo hasta la mitad de la pierna, usada por los hombres y mujeres entre turcos y moros.

cagaaceite. m. *Pájaro insectívoro del mismo género que el tordo.

cagachín. m. *Mosquito pequeño y de color rojizo. || *Pájaro más pequeño que el jilguero, con plumaje de tonos azules y verdosos.

cagada. f. *Excremento que sale cada vez que se evacua el vientre. || fig. y fam. *Desacierto, disparate.

cagadero. m. Sitio donde va mucha gente a cagar.

cagado, da. adj. fig. y fam. *Cobarde, tímido.

cagafierro. m. Escoria de *hierro.

cagajón. m. Cada una de las bolas que suelen formar el *excremento de las caballerías.

cagalaolla. m. fam. El que va *disfrazado de botarga en algunas fiestas.

cagalar. m. V. **Tripa del cagalar.**

cagalera. f. fam. Repetición de cámaras; *diarrea.

cagaluta. f. **Cagarruta.**

cagandando. com. fam. **Cagueta.**

cagar. intr. **Evacuar el vientre.** Ú. t. c. tr. y c. r. || tr. fig. y fam. *Ajar, deslucir o *malograr alguna cosa.

cagarrache. m. Mozo que en el *molino de aceite lava el hueso de la aceituna. || **Cagaaceite.**

cagarria. f. **Colmenilla,** *hongo.

cagarropa. m. **Cagachín,** mosquito.

cagarruta. f. Cada una de las bolitas que suelen formar el *excremento del ganado menor.

cagatinta o **cagatintas.** m. fam. despectivo. **Oficinista.**

cagatorio. m. **Cagadero.**

cagón, na. adj. Que exonera el vientre muchas veces. Apl. a pers., ú. t. c. s. || fig. y fam. Dícese de la persona muy *cobarde. Ú. t. c. s.

caguama. f. *Tortuga marina. || Materia córnea de esta tortuga.

cagueta. com. fam. Persona *cobarde y apocada.

cahíz. m. Medida de *capacidad para áridos, equivalente en Castilla a 12 fanegas. || **Cahizada.** || Medida de *peso para el *yeso, equivalente a 15 quintales.

cahizada. f. Porción de *terreno que se puede sembrar con un cahíz de grano. || Medida *superficial agraria equivalente a 38 áreas.

caíble. adj. Que puede caer.

caico. m. *Bajío o arrecife grande.

caíd. m. Especie de *gobernador en algunos países *musulmanes.

***caída.** f. Acción y efecto de caer. || *Declive de alguna cosa. || Lo que cuelga de alto abajo, como cortinas, *colgaduras, etc. || *Galería interior de las casas de Manila. || fig. *Pecado de los ángeles malos y del primer hombre. || *Germ.* **Afrenta.** || *Germ.* Lo que gana la mujer con su cuerpo. || *Mar.* Altura o largo de las velas. || pl. *Lana que se desprende del vellón. || fig. y fam. Gracias, *donaires improvisados. || **Caída de latiguillo.** *Taurom.* La que sufre un picador cuando cae de espaldas. || **A la caída de la tarde.** m. adv. Al concluirse la tarde. || **A la caída del sol.** m. adv. Al ir a ponerse.

caído, da. adj. fig. Desfallecido, *debilitado, amilanado. || m. Cada una de las líneas oblicuas del papel pautado para aprender a escribir. || pl. *Intereses ya devengados.

caigua. f. Planta de las cucurbitáceas, cuyos frutos se comen rellenos de carne.

caiguá. adj. Dícese de ciertos *indios de la América Meridional. Ú. t. c. s.

caimacán. m. Lugarteniente del gran visir.

caimán. m. *Reptil saurio, muy parecido al cocodrilo. || fig. Persona *astuta.

caimiento. m. **Caída.** || fig. Desfallecimiento, *debilidad, *desaliento.

caimital. m. Terreno en que abundan los caimitos.

caimito. m. *Árbol silvestre de las sapotáceas, cuyo fruto contiene una pulpa azucarada y refrigerante. || Fruto de este árbol.

caína. f. Nombre de uno de los departamentos del *infierno imaginado por Dante.

cainge. m. *Agr.* Cierto sistema de cultivo usado en Filipinas.

caique. m. *Lancha muy ligera que se usa en los mares de Levante.

cair. m. *Mar.* *Cabo fabricado con fibra de coco.

caire. m. *Germ.* ***Dinero.** || *Germ.* Ganancia de la *ramera.

cairel. m. Cerco de la *peluca. || Adorno de *pasamanería, a modo de fleco.

cairelar. tr. Guarnecer la ropa con caireles.

cairelota. f. *Germ.* *Camisa de lujo.

caite. m. **Cacle.**

***caja.** f. Pieza hueca, hecha artificialmente, de madera, metal, cartón, etc., que sirve para meter dentro alguna cosa y que suele cerrarse con una tapa. || Mueble o armario de metal, para *guardar con seguridad *dinero y otros valores. || **Ataúd.** || Parte del *coche destinada para las personas. || **Tambor,** instrumento músico. || Parte exterior de madera, que cubre y resguarda algunos *instrumentos músicos, o les sirve de cuerpo principal de resonancia. || *Hueco en que se introduce alguna cosa. || Tarima de madera con un hueco en medio, donde se pone el *brasero. || Pieza de la *balanza y de la romana, en que entra el fiel cuando el peso está equilibrado. ‖ En las *armas de fuego*, pieza de madera en que se ponen y aseguran el cañón y la llave. ‖ En la *ballesta, hueco en que se encaja la nuez. ‖ Espacio destinado en un edificio para hacer la *escalera. ‖ Oficina pública de *correos situada en un pueblo. ‖ Pieza o compartimiento destinado en los bancos y casas de *comercio para recibir o guardar dinero y hacer *pagos. ‖ *Bot.* Vasillo membranoso que encierra la *semilla. ‖ **Impr.* Cajón con varias separaciones o cajetines, donde se tienen ordenados los caracteres. ‖ pl. Recado de *escribir que llevaban consigo los escribanos. ‖ **Caja alta.** **Impr.* Parte superior izquierda de la **caja,** en que se colocan las mayúsculas. ‖ **baja.** **Impr.* Parte inferior de la **caja,** en que se colocan las minúsculas. ‖ **de *ahorros.** Establecimiento destinado a recibir cantidades pequeñas que vayan formando un capital a sus dueños. ‖ **de consulta.** Parte expositiva que precede al dictamen del que hace la consulta. ‖ **de las muelas.** fam. Encías. ‖ **del cuerpo. Tórax.** ‖ **del tambor.** *Anat.* Cavidad del hueso temporal, que contiene los huesecillos del *oído. ‖ **de música.** *Instrumento que ejecuta mecánicamente un trozo de música mediante la rotación de un cilindro con puntas o de un disco agujereado. ‖ **de reclutamiento.** **Mil.* Organismo encargado de la inscripción, clasificación y destino de los reclutas. ‖ **perdida.** **Impr.* Parte superior derecha de la **caja,** donde se pone el galerín. ‖ **registradora.** La que se usa en el *comercio para registrar, señalar y sumar automáticamente el importe de las ventas. ‖ **Despedir** o **echar,** a uno, **con cajas destempladas.** fr. fig. y fam. *Despedirle o *echarle con malos modos. ‖ **En caja.** loc. fig. y fam. En buen estado de *salud.

cajear. tr. **Carp.* Abrir cajas o huecos en la madera.

cajel. adj. V. **Naranja cajel.**

cajera. f. Mujer que en las casas de *comercio está encargada de la caja. ‖ *Mar.* Abertura donde se colocan las *poleas de motones y cuadernales.

cajería. f. Tienda de cajas.

cajero. m. El que hace cajas. ‖ **Com.* Persona encargada de la entrada y salida de caudales. ‖ Caja o cajón que se forma en las *acequias junto a la *presa. ‖ **Buhonero.**

cajeta. f. d. de **Caja.** ‖ Cepo para recoger *limosna. ‖ Caja de *tabaco. ‖ Caja para postres y jaleas, y el *dulce que contiene.

cajeta. f. *Mar.* Trenza de filásticas o meollar.

cajete. m. Cazuela honda.

cajetilla. f. Envoltura de papel que contiene *tabaco picado o cigarrillos.

cajetín. m. d. de **Cajeta.** ‖ Estampilla con determinadas anotaciones, para *sellar documentos y valores. ‖ Cada una de estas anotaciones. ‖ **Impr.* Cada uno de los compartimientos de la caja.

cají. m. *Pez del mar de las Antillas.

cajiga. f. **Quejigo.**

cajigal. m. **Quejigal.**

cajilla. f. *Bot.* **Caja** que encierra la semilla.

cajín. adj. V. **Granada cajín.**

cajista. com. Oficial de *imprenta que compone lo que se ha de imprimir.

cajo. m. Pestaña o *resalto que forma el *encuadernador en el lomo de un libro sobre las primeras y últimas hojas.

***cajón.** m. aum. de **Caja.** ‖ *Caja, comúnmente de madera y de forma prismática, que sirve para embalar o guardar mercancías u otras cosas. ‖ Cualquiera de las cajas sin tapa que se pueden sacar y meter en el hueco dispuesto para ello en las *mesas, *armarios, etc. ‖ En los *estantes de libros, espacio que media entre tabla y tabla. ‖ Casilla de madera que sirve de *tienda o de obrador. ‖ *Cañada por cuyo fondo corre algún río o arroyo. ‖ Correspondencia que llegaba de España a América en los galeones. ‖ *Tienda de abacería. ‖ *Arq.* Cada uno de los espacios en que queda dividida una tapia por los machones y verdugadas de material más fuerte. ‖ **de sastre.** fig. y fam. Conjunto de cosas diversas y *desordenadas. ‖ **Ser de cajón** una cosa. fr. Ser *regular y corriente.

cajonada. f. *Mar.* Encasillado para colocar las maletas de la marinería.

cajonera. f. Conjunto de cajones que hay en las sacristías.

cajonería. f. Conjunto de cajones de un *armario o estantería.

cajonero. m. *Min.* Operario que recibe las vasijas en que se extraen las aguas. ‖ Dueño de un cajón o *tienda.

cajonga. f. Tortilla grande de *maíz mal molido.

cajuela. f. d. de **Caja.** ‖ *Árbol de las euforbiáceas.

cajuil. m. *Árbol que se cría en la isla de Santo Domingo.

cake-walk. m. Cierto *baile derivado de una danza de negros.

***cal.** f. Óxido de calcio: substancia blanca, cáustica y alcalina, que al contacto del agua se hidrata o apaga, y mezclada con arena forma la argamasa o mortero. ‖ *Alq.* Cualquier óxido metálico. ‖ **anhidra.** La que está privada de agua. ‖ **hidráulica.** Producto de la calcinación de piezas calizas con cierta porción de arcilla, que se endurece al contacto del agua. ‖ **muerta.** La apagada. ‖ **viva. Cal anhidra.** ‖ **Ahogar la cal.** fr. Apagarla. ‖ **De cal y canto.** expr. fig. y fam. Fuerte, resistente.

cala. f. Acción y efecto de calar un *melón u otras frutas semejantes. ‖ Pedazo cortado de una fruta para probarla. ‖ Mecha de jabón, rabo de perejil o cosa parecida que se introduce a los niños en el recto para provocar y facilitar la *evacuación. ‖ Entre *albañiles, rompimiento hecho para reconocer el grueso de una pared. ‖ Parte más baja en lo interior de un *buque. ‖ Paraje de *mar propio para pescar con anzuelo. ‖ Tienta que mete el *cirujano para reconocer la herida. ‖ *Germ.* **Agujero.** ‖ **Hacer cala,** o **hacer cala y cata.** fr. Reconocer, *examinar o ensayar alguna cosa.

cala. f. *Ensenada pequeña.

cala. f. *Planta acuática aroidea, que se cultiva en los jardines por su buen olor y hermoso aspecto.

calaba. m. **Calambuco.**

calabacear. tr. fig. y fam. **Dar calabazas.**

calabacera. f. Mujer que vende calabazas. ‖ *Bot.* Planta *cucurbitácea, cuyo fruto es la calabaza.

calabacero. m. El que vende calabazas. ‖ *Germ.* *Ladrón que hurta con ganzúa.

calabacero. m. *Árbol de Costa Rica, de cuyo fruto se hacen las vasijas llamadas guacales o jícaras.

calabacil. adj. V. **Pera calabacil.**

calabacilla. f. **Cohombrillo amargo.** ‖ Colgante del *arete de las orejas.

calabacín. m. Calabacita cilíndrica de corteza verde y carne blanca. ‖ fig. y fam. **Calabaza,** persona necia.

calabacinate. m. *Guisado hecho con calabacines.

calabacino. m. *Calabaza seca y hueca que se emplea como vasija.

***calabaza.** f. **Calabacera,** planta. ‖ Fruto de la calabacera. ‖ **Calabacino.** ‖ fig. y fam. Persona *ignorante. ‖ fig. y fam. *Mar.* *Buque pesado. ‖ *Germ.* **Ganzúa.** ‖ **bonetera,** o **pastelera.** La de forma de bonete. ‖ **confitera,** o **totanera.** La de mayor tamaño entre las conocidas. ‖ **vinatera.** La que forma cintura en medio y se usa, después de seca, para llevar *vino. ‖ **Dar calabazas.** fr. fig. y fam. *Reprobar a uno en exámenes. ‖ fig. y fam. *Rechazar la mujer al que la requiere de *amores.

calabazada. f. **Cabezada,** *golpe que se da con la *cabeza. ‖ **Darse** uno **de calabazadas.** fr. fig. y fam. Fatigarse en vano por *averiguar alguna cosa.

calabazano, na. adj. Dícese del *estudiante reprobado en los exámenes.

calabazar. m. Sitio sembrado de calabazas.

calabazate. m. *Dulce seco de calabaza. ‖ Cascos de calabaza en miel o arrope.

calabazazo. m. *Golpe dado con una calabaza. ‖ fam. Golpe que uno recibe en la cabeza.

calabazo. m. **Calabaza.** ‖ **Calabacino.** ‖ *Instrumento músico hecho del güiro largo ahuecado, que se toca pasando una varilla sobre las canales hechas en uno de sus lados.

calabazón. m. aum. de **Calabaza.** ‖ Especie de *cerezo de fruto grande.

calabazona. f. **Calabazón,** cerezo. ‖ Calabaza invernizа.

calabazuela. f. *Planta que se cría en la provincia de Sevilla y que se emplea contra la mordedura de la víbora.

calabobos. m. fam. *Lluvia menuda y continua.

calabocero. m. Carcelero encargado de los *presos que están en calabozo.

calabozaje. m. Derecho que pagaba al carcelero el que había estado en calabozo.

calabozo. m. Lugar incómodo y a veces subterráneo, donde se encierra a *determinados *presos. ‖ Aposento de *cárcel para incomunicar a un preso.

calabozo. m. Instrumento *cortante, de hoja ancha y fuerte, para *podar. ‖ Especie de *hoz.

calabrés, sa. adj. Natural de Calabria. Ú. t. c. s. ‖ Perteneciente a esta región de Italia.

calabriada. f. Mezcla de *vinos, especialmente de blanco y tinto. ‖ fig. *Mezcla de cosas diversas.

calabriar. tr. Mezclar, *confundir. ‖ *Mezclar *vinos.

calabrotar. tr. *Mar.* **Acalabrotar.**

calabrote. m. *Mar.* *Cabo grueso hecho de nueve cordones.

calacuerda. f. *Mil.* *Toque militar antiguo para acometer al enemigo. Era la orden de aplicar la *mecha a los arcabuces.

calada. f. Acción y efecto de calar o penetrar un líquido. ‖ Acción de *sumergir. ‖ *Vuelo del ave de ra-

piña. || **Dar una calada.** fr. fig. y fam. *Reprender ásperamente.
caladera. f. *Red para la pesca de mújoles.
caladero. m. Sitio a propósito para calar las *redes de *pesca.
caladizo, za. adj. Inteligente, *listo.
calado. m. Labor que con la aguja de *coser se hace en alguna tela, sacando o juntando hilos. || Labor que consiste en *taladrar papel, madera, metal u otra materia, con sujeción a un dibujo. || *Germ.* *Hurto que ha parecido. || *Mar.* *Profundidad a que llega la quilla, contada desde la línea de flotación. || *Mar.* Altura que alcanza la superficie del agua sobre el fondo. || pl. *Encajes o galones con que las mujeres guarnecían los jubones.
calador. m. El que cala. || Tienta del *cirujano. || Hierro con que los *calafates introducen las estopas en las costuras. || Punzón o aguja grande para abrir los sacos, barriles, etc., y *robar su contenido. || *Barrena acanalada para sacar muestras de ciertas mercaderías sin abrir los bultos.
caladora. f. Piragua grande.
caladre. f. **Calandria,** *pájaro.
caladura. f. **Cala,** acción de calar un *melón.
***calafate.** m. El que calafatea las *embarcaciones. || *Carpintero de ribera.
calafateado. m. Arte del calafate. || **Calafateo.**
calafateador. m. **Calafate.**
calafateadura. f. **Calafateo.**
***calafatear.** tr. Cerrar con estopa y brea las junturas de las embarcaciones de madera, para que no entre el agua.
calafateo. m. Acción y efecto de calafatear.
calafatería. f. **Calafateo.**
calafatín. m. Aprendiz de calafate.
calafetear. tr. **Calafatear.**
calagozo. m. **Calabozo** para *podar.
calagraña. f. Variedad de *uva de mala calidad. || **Uva torrontés.**
calaguala. f. *Helecho medicinal originario del Perú.
calaguasca. f. **Aguardiente.**
calagurritano, na. adj. Natural de la antigua Calagurris o de la moderna Calahorra (Logroño). Ú. t. c. s. || Perteneciente a esta ciudad.
calahorra. f. Casa con rejas por donde se daba el *pan en tiempo de escasez.
calahorrano, na. adj. **Calagurritano.**
calahorreño, ña. adj. **Calagurritano.**
Calaínos. n. p. V. **Coplas de Calaínos.**
calaíta. f. **Turquesa,** mineral usado en *joyería.
calaje. m. Cajón o gaveta.
calalú. m. Potaje compuesto de hojas de la planta de su nombre, y otras verduras e ingredientes. Lo comían principalmente los negros. || Nombre que se da en Cuba a una planta amarantácea. || Nombre que en El Salvador se da al árbol llamado quimbombó.
calaluz. m. *Embarcación pequeña usada en las Indias orientales.
calamaco. m. *Tela de lana delgada y angosta. || **Fríjol.** || **Mezcal,** *aguardiente.
calamar. m. *Molusco cefalópodo, de cuerpo a manera de bolsa, con ocho tentáculos provistos de ventosas. Es comestible.
calambac. m. *Árbol leguminoso, cuya madera es el palo áloe.
calambre. m. *Contracción involuntaria y dolorosa de ciertos músculos. || **de *estómago.** *Pat.* Gastralgia.
calambuco. m. *Árbol de las gutíferas, cuya resina es el bálsamo de María.
calambur. m. Juego de palabras.
calamento. m. *Planta medicinal perenne, labiada, que despide olor agradable, y se usa en medicina.
calamento. m. Acción de calar cualquier arte de *pesca.
calamidad. f. *Desgracia que alcanza a muchas personas.
calamiforme. adj. Dícese de las partes vegetales o animales que tienen figura de cañón de *pluma.
calamillera. f. **Llares.**
calamina. f. *Miner.* Carbonato de *cinc, anhidro. || *Cinc fundido. || Nombre vulgar del *hierro colado.
calaminar. adj. V. **Piedra calaminar.**
calaminta. f. **Calamento,** planta.
calamistro. m. *Arqueol.* Hierro usado antiguamente para rizar el *cabello.
calamita. f. **Calamite.**
calamita. f. **Piedra imán.** || **Brújula.**
calamite. f. Especie de sapo pequeño.
calamitosamente. adv. m. Con calamidad, desgraciadamente.
calamitoso, sa. adj. Que causa calamidades o las padece. || Infeliz, *desgraciado.
cálamo. m. Especie de flauta antigua. || **Caña,** de las gramíneas. || poét. **Pluma** para escribir. || **aromático.** *Raíz medicinal del ácoro. || *Planta gramínea, muy parecida al esquenanto. || **Cálamo currente.** loc. adv. lat. fig. Dícese de lo escrito de *improviso y al correr de la pluma.
calamocano. adj. fam. Algo *ebrio. || fam. **Chocho,** que chochea.
calamoco. m. **Canelón,** carámbano.
calamocha. f. **Pint.* Ocre amarillo de color muy bajo.
calamón. m. *Ave zancuda, que se alimenta de peces. || *Clavo que se usa para tapizar o adornar. || Cada uno de los dos palos con que se sujeta la viga para prensar la uva en el *lagar o *moler la aceituna.
calamón. m. Parte superior de la alcoba de la *balanza, donde se sujeta el garabato de que ésta se cuelga.
calamorra. adj. Se dice de la *oveja que tiene lana en la cara. || f. fam. **Cabeza.**
calamorrada. f. fam. **Cabezada,** golpe que se da con la cabeza.
calamorrazo. m. fam. *Golpe en la *cabeza.
calandraca. f. *Mar.* *Sopa que se hace a bordo con pedazos de galleta. || fig. *Conversación enfadosa.
calandrajo. m. fam. *Jirón grande que cuelga del vestido. || fam. *Trapo viejo. || fig. y fam. Persona *ridícula y *despreciable.
calandrajo. m. fam. Pronóstico, *suposición, *conjetura.
calandrar. tr. Pasar el *papel o la tela por la calandria.
calandria. f. **Alondra.** || *Germ.* **Pregonero.**
calandria. f. Máquina para prensar y dar *lustre a ciertas telas o al *papel. || Cilindro hueco de madera, colocado horizontalmente, que gira movido por el peso del hombre o los hombres que entran en él. Se emplea para levantar cosas pesadas, a manera de *torno. || com. fam. Persona que se finge enferma para permanecer en un *hospital.
cálanis. m. **Cálamo aromático.**
calántica. f. *Tocado antiguo de tela, semejante a una mitra.
calaña. f. *Modelo, forma. || fig. Índole o *calidad de una persona o cosa.
calaña. f. *Abanico muy ordinario con varillaje de caña.
calañés, sa. adj. Natural de Calañas (Huelva). Ú. t. c. s. || Perteneciente o relativo a este pueblo. || V. **Sombrero calañés.** Ú. t. c. s.
cálao. m. *Ave grande, trepadora, que se cría en Filipinas.
calapatillo. m. *Insecto hemíptero, que ataca los cereales.
calapé. m. *Tortuga asada en su concha, que se come en América.
calar. adj. **Calizo.** || m. Lugar en que abunda la piedra *caliza.
calar. tr. *Introducirse un líquido en un cuerpo permeable. || *Atravesar un cuerpo de una parte a otra, con espada, *taladro, etc. || Imitar la labor de *encaje en las telas, sacando o juntando algunos de sus hilos. || Agujerear tela, papel u otra materia de forma que resulte un dibujo parecido al encaje. || Cortar de un *melón o de otras frutas un pedazo con el fin de probarlas. || Dicho de la gorra, el *sombrero, etc., ponérselos, haciéndolos entrar mucho en la cabeza. Ú. t. c. r. || Hablando de las *lanzas y otras armas parecidas, inclinarlas hacia adelante en disposición de herir. || fig. y fam. Tratándose de personas, *conocer sus cualidades o intenciones. || fig. y fam. Penetrar, *comprender alguna cosa. || fig. y fam. *Entrarse en alguna parte. Ú. m. c. r. || Sacar con el calador una muestra de un fardo. || *Germ.* Meter la mano en el bolsillo de otro para *hurtar. || *Mar.* Arriar o *bajar un objeto resbalando sobre otro, como *mastelero, verga, etc. || *Mar.* *Sumergir en el agua las artes de *pesca, etc. || intr. *Mar.* Alcanzar un buque en el agua determinada *profundidad por la parte más baja de su casco. || r. *Mojarse una persona. || Abatirse las *aves sobre alguna cosa para hacer presa en ella. || *Germ.* Entrarse en una casa para *hurtar.
calasancio, cia. adj. **Escolapio.**
calato, ta. adj. *Desnudo, en cueros.
Calatrava. n. p. V. **Cruz de Calatrava.**
calatraveño, ña. adj. Natural de Calatrava. Ú. t. c. s. || Perteneciente o relativo a esta villa de la Mancha.
calatravo, va. adj. Dícese de los caballeros de la *orden militar* de Calatrava. Ú. t. c. s.
calavera. f. *Cabeza humana despojada de la carne y de la piel. || *Mariposa de cuerpo grueso y peludo, que tiene sobre el dorso del tórax unas manchas que forman un dibujo parecido a una calavera. || m. fig. Hombre *alocado o *vicioso. || **in coquis.** fig. y fam. **Calavera.**
calaverada. f. fam. Acción propia de un calavera. || *Travesura.
calaverear. intr. fam. Hacer calaveradas.
calavernario. m. **Osario.**
calaverón. m. aum. de **Calavera,** hombre alocado.
calaza. f. *Pat.* Orzuelo.
calboche. m. Olla de barro agujereada, que se usa para asar *castañas.
calbote. m. *Castaña asada.
calbotes. m. pl. Judías verdes.
calca. f. *Germ.* **Camino.** || pl. *Germ.* **Pisadas.**
calcado. m. Acción de calcar.
calcador, ra. m. y f. Persona que calca. || m. Instrumento para calcar.
calcáneo. m. *Anat.* *Hueso que forma el talón del *pie.
calcañal. m. **Calcañar.**

calcañar. m. Parte posterior de la planta del *pie.
calcaño. m. **Calcañar.**
calcañuelo. m. Cierta enfermedad que padecen las *colmenas.
calcar. tr. *Copiar un dibujo o relieve por contacto del original con el papel o la tela a que han de ser trasladados. || *Apretar con el *pie. || fig. *Imitar o reproducir con exactitud y a veces servilmente.
calcáreo, a. adj. Que tiene cal.
calcatrife. m. *Germ.* **Ganapán.**
calce. m. **Llanta** de la *rueda de un carruaje. || Porción de acero que se añade a la *punta de ciertas herramientas cuando están gastadas. || *Cuña que se introduce debajo de alguna cosa para levantarla o darle buen asiento. || Pie de un *documento.
calce. m. **Cauce.**
calceatense. adj. Natural de Santo Domingo de la Calzada. Ú. t. c. s. || Perteneciente a esta ciudad de la Rioja.
***calcedonia.** f. Ágata muy translúcida, de color azulado o lechoso.
calcedonio, nia. adj. Natural de Calcedonia. Ú. t. c. s. || Perteneciente a esta ciudad de Bitinia.
cálceo. m. *Arqueol.* *Calzado a manera de botas, que usaban los romanos.
calceolaria. f. *Arbusto de las escrofulariáceas, cuyas flores semejan un zapatito.
calcés. m. *Mar.* Parte superior de los palos mayores y *masteleros de gavia.
calceta. f. **Media** para las piernas. || fig. Grillete que se ponía al *preso. || *Embutido a manera de butifarra.
calcetar. intr. Hacer calceta o *media.
calcetería. f. Oficio de calcetero. || Tienda donde se vendían calzas y calcetas.
calcetero, ra. m. y f. Persona que hace calcetas. || m. *Sastre que hacía las calzas de paño.
calcetín. m. d. de **Calceta.** || *Media que sólo llega a la mitad de la pantorrilla.
calceto. adj. Dícese del pollo calzado. Ú. t. c. s.
calcetón. m. aum. de **Calceta.**
cálcico, ca. adj. *Quím.* Perteneciente o relativo al calcio.
calcicosis. f. *Pat.* Neumoconiosis causada por la *cal.
calcídico. m. *Arqueol.* *Corredor construido en sentido perpendicular al eje de un edificio.
calciferrita. f. *Miner.* Hidrofosfato de hierro.
calcificación. f. *Pat.* Alteración de los tejidos orgánicos debida al depósito de sales de cal.
calcificar. tr. Producir por medios artificiales carbonato de *cal.
calcilita. f. *Miner.* Piedra de cal compuesta.
calcilla. f. *Media sin pie, pero con una trabilla que sirve para sujetarla por abajo.
calcillas. f. pl. Calzas cortas y estrechas. || m. fig. y fam. Hombre *tímido o *cobarde. || fig. y fam. Hombre de *baja estatura.
calcímetro. m. *Agr.* Aparato que sirve para determinar la cal contenida en las tierras.
calcina. f. Hormigón, mortero, *argamasa.
calcinable. adj. Que puede calcinarse.
calcinación. f. Acción y efecto de calcinar.
calcinador, ra. adj. Que calcina. Ú. t. c. s.
calcinamiento. m. **Calcinación.**
***calcinar.** tr. Reducir a cal viva los minerales calcáreos por la acción del fuego. || → Someter al calor los minerales de cualquier clase, para que se desprendan las substancias volátiles.
calcinatorio. m. Vasija en que se calcina.
calcinero. m. **Calero,** el que calcina las piedras calizas.
calcio. m. *Metal blanco, que, combinado con el oxígeno, forma la *cal.
calcita. f. *Miner.* Carbonato de *cal puro.
calcitrapa. f. **Cardo estrellado.**
calco. m. *Copia que se obtiene calcando.
calcografía. f. Arte de estampar con láminas metálicas *grabadas. || Oficina donde se hace dicha estampación.
calcografiar. tr. *Estampar por medio de la calcografía.
calcográfico, ca. adj. Perteneciente a la calcografía.
calcógrafo. m. El que ejerce el arte de la calcografía.
calcomanía. f. Procedimiento que consiste en pasar de un papel a otro, o a una superficie cualquiera, imágenes de color convenientemente preparadas. || Imagen obtenida por este medio. || Papel o cartulina en que está la imagen antes de transportarla.
calcopirita. f. *Miner.* Sulfuro natural de *cobre y hierro.
calcorrear. intr. *Germ.* **Correr.**
calcorreo. m. *Germ.* Acción de calcorrear.
calcorro. m. *Germ.* **Zapato.**
calcosina. f. *Miner.* Sulfuro de *cobre.
calcotipia. f. **Impr.* Procedimiento para reproducir con relieve, en planchas de cobre, una composición tipográfica de caracteres movibles.
calcotriquita. f. *Miner.* Óxido de *cobre.
calculable. adj. Que puede reducirse a cálculo.
calculación. f. **Cálculo.**
calculadamente. adv. m. Con cálculo.
calculador, ra. adj. Que calcula. Ú. t. c. s. || Dícese de la máquina con que se ejecutan mecánicamente operaciones de *cálculo. Ú. t. c. s. f.
***calcular.** tr. Hacer cálculos.
calculatorio, ria. adj. Que es propio del cálculo.
calculista. adj. **Proyectista.**
***cálculo.** m. Cómputo, o *cuenta que se hace por medio de operaciones matemáticas. || **Conjetura.** || Concreción anormal que se forma en la vejiga de la *orina y en otros órganos. || pl. **Mal de piedra.** || **algebraico.** *Mat.* El que se hace con letras que representan las cantidades. || **aritmético.** *Mat.* El que se hace con números y algunos signos convencionales. || **diferencial.** *Mat.* Parte de las matemáticas que trata de las diferencias infinitamente pequeñas de las cantidades variables. || **infinitesimal.** *Mat.* Conjunto de los **cálculos** diferencial e integral. || **integral.** *Mat.* Parte de las matemáticas que enseña a determinar las cantidades variables, conocidas sus diferencias infinitamente pequeñas. || **prudencial.** El que se hace por *aproximación y sin buscar la exactitud.
calculoso, sa. adj. Perteneciente o relativo al mal de piedra. || Que padece esta enfermedad. Ú. t. c. s.
calcurado, da. adj. Curado o conservado con cal.
calcha. f. **Cerneja.** Ú. m. en pl. || Pelusa o *pluma que tienen algunas aves de los tarsos. || Conjunto de las *ropas y *cama de los trabajadores.
calchacura. f. Liquen semejante al islándico.
calchaquí. adj. Dícese del *indio que habita en el valle de Tucumán.
calchín. adj. Dícese de ciertos *indios de la Argentina. Ú. t. c. s.
calchón, na. adj. Dícese del *ave que tiene calchas. || Dícese de la *caballería que tiene muchas cernejas.
calchona. f. Fantasma o *espectro maléfico. || **Bruja.** || Diligencia, *coche. || Mujer *vieja y *fea.
calchudo, da. adj. **Calchón.**
calda. f. Acción y efecto de caldear. || Porción de *leña con que se receba un horno. || pl. *Baños de aguas minerales calientes. || **Dar calda,** o **una calda,** a uno. fr. fig. y fam. *Incitarle, estimularle para que haga alguna cosa. || **Dar una calda.** fr. Recalentar en la fragua el *hierro que se está trabajando.
caldaico, ca. adj. Perteneciente a Caldea.
caldaria. adj. V. **Ley caldaria.**
caldario. m. Sala donde los romanos tomaban *baños de vapor.
caldeado, da. adj. *Caliente.
caldeamiento. m. Acción y efecto de caldear.
***caldear.** tr. *Calentar mucho. Ú. t. c. r. || Poner al rojo el *hierro para labrarlo. Ú. t. c. r.
caldeísmo. m. Giro o modo de hablar propio de la *lengua caldea.
caldén. m. *Árbol de las leguminosas, cuya madera se emplea en carpintería.
caldeo. m. **Calda.**
caldeo, a. adj. Natural de Caldea. Ú. t. c. s. || **Caldaico.** || m. Lengua de los **caldeos.**
***caldera** f. Vasija de metal, grande y redonda, para calentar o cocer algo dentro de ella. || **Calderada.** || Caja metálica del timbal. || *Vasija para hacer el *mate. || **Tetera.** || **Blas.* Figura artificial cuyas asas terminan en cabezas de serpientes. || Cráter de un *volcán. || *Min.* Parte más baja de un *pozo. || **de jabón. Jabonería.** || **de vapor.** Recipiente cerrado donde se hace hervir el agua para que su vapor en tensión sirva de fuerza motriz. || **tubular.** La de esta clase que lleva en su interior varios tubos longitudinales, para aumentar la superficie de calefacción. || **Las calderas de Pero Botero.** expr. fig. y fam. El *infierno.
calderada. f. Lo que *cabe de una vez en una caldera.
calderería. f. Oficio de calderero. || Tienda y barrio en que se hacen o venden obras de calderero. || Taller donde se cortan, forjan y unen planchas y barras de *hierro o acero.
***calderero.** m. El que hace o vende obras de calderería.
caldereta. f. d. de **Caldera.** || **Calderilla,** 1.ª acepción. || *Guisado que se hace de pescado. || *Guisado que hacen los pastores con carne de cordero. || *Mar.* *Viento terral.
calderil. m. Palo con muescas para colgar el caldero en las *cocinas.
calderilla. f. **Liturg.* Caldera pequeña para el agua bendita. || Conjunto de monedas de valor inferior

al de la unidad monetaria. ‖ *Arbustillo de las grosularieas.
caldero. m. *Caldera pequeña de fondo semiesférico. ‖ Lo que cabe en esta vasija.
calderón. m. aum. de **Caldera.** ‖ *Juego de muchachos parecido al de la tala. ‖ Delfín (*cetáceo) de gran tamaño y cabeza voluminosa. ‖ **Arit.* Signo con que se denotaban abreviadamente los millares. ‖ *Gram.* Signo *ortográfico usado antiguamente como el párrafo. ‖ *Mús.* Signo que representa la suspensión del movimiento del compás. ‖ *Mús.* Esta suspensión. ‖ *Mús.* Improvisación que el cantor o el instrumentista ejecuta durante la suspensión del compás.
calderoniano, na. adj. Propio y característico de Calderón de la Barca como *escritor.
calderuela. f. d. de **Caldera.** ‖ Vasija en que los *cazadores nocturnos llevan la luz para deslumbrar las *perdices.
caldibache. m. despect. **Calducho.**
caldibaldo. m. **Calducho.**
caldillo. m. *Salsa de algunos guisados. ‖ *Guisado de carne picada, con caldo, orégano y otras especias.
***caldo.** m. Líquido que resulta de cocer en agua la vianda. ‖ Aderezo de la ensalada o del gazpacho. ‖ El jugo o guarapo de la caña de *azúcar. ‖ *Agr.* Cualquiera de los jugos vegetales destinados a la alimentación, como *vino, *aceite, etc. Ú. m. en pl. ‖ **alterado.** El que se hacía cociendo juntas ternera, perdices, ranas, víboras y varias hierbas. ‖ **de cultivo.** Líquido preparado para favorecer la proliferación de ciertas *bacterias. ‖ **esforzado.** El muy substancioso. ‖ **Hacer** a uno **el caldo gordo.** fr. fig. y fam. Obrar uno de modo que *beneficie a otro. ‖ **Revolver caldos.** fr. fig. y fam. Desenterrar cuentos viejos, para armar *chismes o rencillas.
caldoso, sa. adj. Que tiene mucho caldo.
calducho. m. despect. *Caldo de poca substancia o mal sazonado.
calduda. f. *Empanada caldosa de huevos, pasas, etc.
caldudo, da. adj. **Caldoso.**
cale. m. Apabullo, *golpe con que se *aplasta alguna cosa.
calé. m. *Germ.* *Moneda de cobre que valía un cuarto.
calecer. intr. Ponerse *caliente alguna cosa.
calecerse. r. *Corromperse la *carne y criar gusanos.
calecico. m. d. de **Cáliz.**
caledonio, nia. adj. Natural de la Caledonia, antigua región de la Gran Bretaña. Ú. t. c. s. ‖ Perteneciente o relativo a esta región.
***calefacción.** f. Acción y efecto de calentar o calentarse. ‖ Conjunto de aparatos destinados a calentar un edificio o parte de él. ‖ **central.** La procedente de un solo foco que, por medio de aparatos convenientemente distribuidos, eleva la temperatura en todo un edificio.
calefaciente. adj. Que produce calor.
calefactorio. m. Lugar que en algunos conventos tiene *calefacción para los religiosos.
caleidoscopio. m. **Calidoscopio.**
calejo. m. **Canto rodado.**
calembé. m. **Taparrabo.**
calenda. f. Lección del martirologio romano, con los nombres y hechos de los *santos, y las *festividades *litúrgicas. ‖ pl. En el antiguo cómputo romano, el primer *día de cada *mes. ‖ **Las calendas griegas,** expr. irón. que denota un tiempo que no ha de llegar: *nunca.
calendar. tr. Poner en las escrituras u otros instrumentos la *fecha completa.
***calendario.** m. **Almanaque.** ‖ **americano. Calendario de pared.** ‖ **de Flora.** *Bot.* Tabla de las épocas del año en que florecen ciertas plantas. ‖ **de pared.** El formado por un taco de tantas hojas como los días del año. ‖ **gregoriano.** El que no cuenta como bisiestos los años que terminan siglo, excepto cuando caen en decena de siglo. ‖ **juliano.** El que cuenta como bisiestos todos los años cuyo número es divisible por 4. ‖ **nuevo. Calendario gregoriano.** ‖ **reformado. Calendario gregoriano.** ‖ **Hacer** uno **calendarios.** fr. fig. y fam. Estar pensativo, *meditando a solas. ‖ fig. y fam. Hacer *conjeturas.
calendarista. com. Persona que hace o compone calendarios.
calendas. f. pl. Tiempo, *época.
calender. m. Monje *mahometano de cierta orden mendicante.
caléndula. f. **Maravilla,** planta.
calentador, ra. adj. Que calienta. ‖ m. Recipiente o aparato que sirve para * calentar. ‖ fig. y fam. Reloj de bolsillo demasiado grande.
calentamiento. m. Acción y efecto de *calentar o calentarse. ‖ **Veter.* Enfermedad que padecen las caballerías en las ranillas y el pulmón.
calentano, na. adj. Natural de Tierra Caliente. Ú. t. c. s. ‖ Perteneciente o relativo a este territorio.
***calentar.** tr. Hacer subir la temperatura. Ú. t. c. r. ‖ En el juego de la *pelota, detenerla algún tanto en la cesta o en la mano antes de arrojarla. ‖ fig. Avivar una cosa, para que se haga con más *prontitud. ‖ fig. y fam. Azotar, dar *golpes. ‖ r. Hablando de las bestias, sentir apetito *venéreo. ‖ fig. *Apasionarse en la disputa.
calentito, ta. adj. fig. y fam. **Reciente.** ‖ m. **Cohombro, churro.** Ú. m. en pl.
calentón. m. fam. Acto de calentarse de prisa o fugazmente. Ú. m. en la fr. **darse un calentón.**
***calentura.** f. **Fiebre.** ‖ Fermentación lenta que sufre el *tabaco apilado. ‖ En Cuba, nombre de una planta silvestre que crece en la humedad.
calenturiento, ta. adj. Dícese del que tiene indicios de calentura. Ú. t. c. s. ‖ **Tísico.**
calenturón. m. aum. de **Calentura.**
calenturoso, sa. adj. **Calenturiento.**
caleña. adj. Dícese de la piedra caliza.
caleño, ña. adj. Que puede dar o producir *cal.
calepino. m. fig. *Diccionario latino.
calera. f. Cantera que da la piedra para hacer *cal. ‖ *Horno donde se calcina la piedra caliza.
calera. f. Chalupa de *pesca.
calería. f. Sitio donde se muele y vende la *cal.
calero, ra. adj. Perteneciente a la *cal, o que la contiene. ‖ m. El que saca la piedra y la calcina en la calera. ‖ El que vende cal.
calés. m. **Calesa,** *carruaje.
calesa. f. *Carruaje de dos ruedas, con la caja abierta por delante y capota de vaqueta.
calesa. f. *Gusano que cría la *carne cuando empieza a corromperse.
calesera. f. Cierta chaqueta con adornos. ‖ pl. *Canto andaluz que solían entonar los caleseros.
calesero. m. El que tiene por oficio conducir calesas. ‖ **A la calesera.** m. adv. Dícese de las *guarniciones de coches y *trajes de cochero que imitan los de las antiguas calesas.
calesín. m. *Carruaje ligero, de cuatro ruedas y dos asientos.
calesinero. m. El que alquila calesines. ‖ El que tiene por oficio conducirlos.
calesitas. f. pl. **Tiovivo.**
caleta. f. d. de **Cala,** *ensenada pequeña. ‖ Dícese del barco que va tocando en las calas o caletas. ‖ En Venezuela, gremio de porteadores de mercancías.
caleta. m. *Germ.* *Ladrón que hurta por agujero.
caletero. m. Trabajador que pertenece a la caleta.
caletero. m. *Germ.* *Ladrón que va con el caleta.
caletre. m. fam. *Talento, discernimiento.
cali. m. *Quím.* **Álcali.**
cálibe. m. Individuo de un *pueblo de la Antigüedad, que habitaba en el Ponto. Ú. m. en pl.
calibo. m. **Rescoldo.**
calibración. f. Acción y efecto de calibrar.
calibrador. m. Instrumento para calibrar. ‖ Tubo cilíndrico de bronce, que se usa para apreciar el calibre de los *proyectiles.
calibrar. tr. Medir el calibre interior de las *armas de fuego.* ‖ Medir o reconocer el calibre de los *proyectiles, o el *grueso de alambres, chapas, etc. ‖ Dar al alambre, al proyectil, o al ánima del arma el calibre que se desea.
calibre. m. *Artill.* Diámetro interior de las armas de fuego. ‖ Por ext., diámetro interior de cualquier tubo. ‖ *Artill.* Diámetro del *proyectil. ‖ Por ext., diámetro de un alambre o *grueso de una chapa.
calicanto. m. **Mampostería.**
calicata. f. **Min.* Exploración que se hace en un terreno, para saber los minerales que contiene.
caliciflora. adj. **Bot.* Dícese de las plantas dicotiledóneas que tienen perigonio doble, como las rosáceas y las umbelíferas. Ú. t. c. s. ‖ f. pl. *Bot.* Clase de estas plantas.
caliciforme. adj. *Bot.* Dícese de la *flor que tiene forma de cáliz.
calicillo. m. *Bot.* Verticilo de apéndices foliáceos.
calicó. m. *Tela delgada de algodón.
caliculado, da. adj. *Bot.* Dícese de las flores que tienen calículo.
calicular. adj. *Bot.* Perteneciente o relativo al calículo. ‖ *Bot.* En forma de calículo.
calículo. m. *Bot.* Conjunto de apéndices foliáceos que rodea el cáliz de algunas *flores.
caliche. m. Piedrecilla caliza que queda en el barro de los *ladrillos o vasijas y que se calcina en el horno. ‖ Agujero o *hendedura por donde se sale una vasija. ‖ Costrilla de cal que suele desprenderse del enlucido de las paredes. ‖ *Juego del hito. ‖ *Salitre de sosa. ‖ **Calichera.** ‖ **Barrera,** tierra que queda después de sacar el *salitre.
calichera. f. Yacimiento de caliche.
***calidad.** f. Cualidad, índole o manera de ser de una persona o cosa. ‖ *Carácter, genio. ‖ *Condición que se pone en un contrato. ‖ fig. *Importancia o *gravedad de alguna cosa. ‖ Circunstancias *personales de un individuo en relación con algún empleo o dignidad. ‖ *Nobleza de la sangre. ‖ pl. Prendas del ánimo. ‖ Condiciones que se ponen en algunos juegos de *naipes. ‖ **A calidad de que.** m. adv. Con la *con-

dición de que. ‖ **En calidad de.** loc. Con el carácter de.
calidad. f. **Calidez.**
calidez. f. *Pat.* Calor, ardor.
cálido, da. adj. Que da *calor. ‖ Que produce ardor en el organismo animal. ‖ **Caluroso.** ‖ **Pint.* Se dice del colorido en que predominan los matices rojos.
cálido, da. adj. ant. **Astuto.**
calidonio, nia. adj. Natural de Calidonia. Ú. t. c. s. ‖ Perteneciente a esta ciudad de Grecia antigua.
calidoscópico, ca. adj. Perteneciente o relativo al calidoscopio.
calidoscopio. m. Aparato *óptico consistente en un tubo con dos o tres espejos inclinados de tal manera que, al mirar por un extremo ciertos objetos puestos en el otro, se ven multiplicados y formando figuras simétricas.
calientapiés. m. Calorífero para calentar los pies.
calientaplatos. m. Aparato para mantener calientes ciertos platos en la *mesa.
***caliente.** adj. Que tiene calor. ‖ fig. Acalorado, vivo. ‖ *Pint.* **Cálido.** ‖ Úsase como interjección para avisar, al que busca una cosa previamente escondida, que está próximo a *acertar. ‖ **En caliente.** m. adv. fig. Luego, *pronto. ‖ **Estar caliente.** fr. fig. Estar en celo un animal.
califa. m. Título de los *príncipes sarracenos sucesores de Mahoma.
califal. adj. Perteneciente al reinado de los califas.
califato. m. Dignidad de califa. ‖ Tiempo que duraba el gobierno de un califa. ‖ Territorio gobernado por el califa. ‖ Período histórico en que hubo califas.
calífero, ra. adj. Que contiene cal.
calificable. adj. Que se puede calificar.
calificación. f. Acción y efecto de calificar.
calificadamente. adv. m. Con calificación, de manera calificada.
calificado, da. adj. Dícese de la persona de autoridad y *respeto. ‖ Dícese de lo que reúne todas las condiciones requeridas.
calificador. m. El que califica. ‖ **del Santo Oficio.** *Teólogo al servicio del tribunal de la *Inquisición.
***calificar.** tr. Determinar las calidades de una persona o cosa. ‖ *Enaltecer, dar lustre y *fama a una persona o cosa. ‖ r. fig. Probar uno legalmente su *nobleza.
calificativo, va. adj. Que califica. ‖ *Gram.* Dícese del *adjetivo que denota alguna calidad. Ú. t. c. s.
californiano, na. adj. **Californio.** Ú. t. c. s. ‖ Perteneciente o relativo a California, país de América.
califórnico, ca. adj. **Californiano.**
californio, nia. adj. Natural de California. Ú. t. c. s.
cáliga. f. Especie de sandalia que usaban los soldados romanos. ‖ pl. *Polainas que usaron los monjes en la Edad Media, y posteriormente los obispos.
calígine. f. Niebla, *calina. ‖ *Obscuridad de la atmósfera.
caliginoso, sa. adj. Dícese del ambiente *denso, nebuloso y *obscuro.
***caligrafía.** f. Arte de trazar correctamente los signos de la *escritura.
caligrafiar. tr. *Escribir algo con letra clara y bien formada.
caligráfico, ca. adj. Relativo a la caligrafía.
calígrafo. m. El perito en caligrafía.
calilla. com. Persona molesta e *importuna. ‖ f. fam. *Molestia, *contratiempo.
calima. f. **Calina.**
calima. f. *Mar.* Conjunto de corchos enfilados que sirven de *boya.
calimaco. m. **Calamaco,** tela.
calimba. f. El hierro con que se *marcan los *ganados.
calimbar. tr. **Herrar,** marcar los ganados.
calimbo. m. fig. *Calidad, aspecto, *marca.
calimoso, sa. adj. **Calinoso.**
calimote. m. El corcho del medio, de los tres que se ponen a la entrada del copo para *pescar.
***calina.** f. Turbiedad de la atmósfera, producida por el vapor de agua.
calinoso, sa. adj. Cargado de calina.
calípedes. m. **Perico ligero.**
calipedia. f. Supuesto arte de *engendrar hijos hermosos.
calipédico, ca. adj. Perteneciente a la calipedia.
calípico. adj. Dícese del ciclo lunar equivalente a 76 *años.
calisaya. f. Especie de quina muy estimada.
calistenia. f. Ejercicio de *gimnasia para el desarrollo de las fuerzas musculares.
calitipia. f. Cierto procedimiento para sacar pruebas de *fotografía.
cáliz. m. *Vaso *litúrgico de oro o plata, que se usa en la *misa. ‖ *Poét.* Copa o *vaso. ‖ *Bot.* Cubierta externa de las *flores completas, casi siempre verde.
caliza. f. *Roca formada de carbonato de cal. ‖ **hidráulica.** La que por calcinación da cal hidráulica. ‖ **lenta. Dolomía.**
***calizo, za.** adj. Aplícase al terreno o a la piedra que tiene *cal.
***calma.** f. Estado de la atmósfera cuando no hay viento. ‖ fig. *Cesación o *interrupción de algunas cosas. ‖ fig. *Tranquilidad. ‖ fig. y fam. Cachaza, pachorra, *lentitud. ‖ **chicha.** Se dice, especialmente en la mar, cuando el aire está en completa quietud. ‖ fig. y fam. *Pereza. ‖ **En calma.** m. adv. Dícese del mar cuando no levanta olas.
calmante. p. a. de **Calmar.** Que calma. ‖ adj. **Farm.* Dícese de los medicamentos que quitan el dolor o aplacan los nervios. Ú. t. c. s. m.
***calmar.** tr. Sosegar, *tranquilizar, *aplacar. Ú. t. c. r. ‖ intr. Estar en calma.
calmazo. m. aum. de **Calma.** ‖ **Calma chicha.**
calmil. m. *Tierra sembrada junto a la casa del labrador.
calmo, ma. adj. Dícese del terreno o tierra *erial. ‖ Que está en *descanso.
***calmoso, sa.** adj. Que está en calma. ‖ fam. Aplícase a la persona cachazuda o perezosa.
calmuco, ca. adj. Natural de cierto distrito de la Mongolia. Ú. t. c. s. ‖ Perteneciente a los **calmucos.**
calmudo, da. adj. **Calmoso.**
caló. m. *Lengua o dialecto de los *gitanos.
calocéfalo, la. adj. *Zool.* Que tiene hermosa *cabeza.
calofilo, la. adj. *Bot.* Que tiene hermosas *hojas.
calofriarse. r. Sentir calofríos.
calofrío. m. **Escalofrío.** Ú. m. en pl.
calografía. f. **Caligrafía.**
calología. f. **Estética.**
calomel. m. **Calomelanos.**
calomelanos. m. pl. **Farm.* Protocloruro de mercurio sublimado.
calón. m. Palo redondo que sirve para mantener extendidas las *redes. ‖ Pértiga con que se puede medir la *profundidad del agua. ‖ *Min.* Vena de *hierro cargado de arena.
calonche. m. *Bebida alcohólica hecha con zumo de tuna brava y azúcar.
caloña. f. *Reprobación, censura.
calóptero, ra. adj. *Zool.* Que tiene hermosas *alas.
***calor.** m. *Fís.* Forma de energía que se manifiesta principalmente en la combustión y que produce, entre otros fenómenos, la fusión de los sólidos y la evaporación de los líquidos. ‖ Sensación que experimenta el cuerpo animal cuando se pone en contacto con otro cuerpo o con un ambiente que tiene más **calor.** Ú. t. c. f. ‖ Aumento extraordinario de temperatura que experimenta el cuerpo animal. ‖ fig. Ardimiento, actividad, *vehemencia. ‖ fig. *Protección, buena *acogida. ‖ fig. Lo más fuerte y vivo de una acción. ‖ **canicular.** fig. El excesivo y sofocante. ‖ **del hígado.** Mancha que aparece en las mejillas y se achaca a enfermedad del hígado. ‖ **específico.** *Fís.* Cantidad de **calor** que por kilogramo necesita un cuerpo para que su temperatura se eleve en un grado centígrado. ‖ **latente.** *Fís.* El que, sin aumentar la temperatura de los cuerpos que lo contienen, produce en ellos una alteración molecular. ‖ **natural.** El que producen las funciones orgánicas del cuerpo animal. ‖ **Gastar** uno **el calor natural** en una cosa. fr. fig. y fam. Poner en ella mucho *esfuerzo. ‖ **Meter en calor.** fr. fig. *Incitar, estimular.
caloría. f. *Fís.* Unidad de medida térmica equivalente al *calor necesario para elevar en un grado centígrado la temperatura de un litro de agua.
caloriamperímetro. m. **Electr.* Cierto aparato para medir la intensidad de una corriente eléctrica.
caloricidad. f. **Fisiol.* Propiedad vital por la que los animales tienden a conservar un calor superior al del ambiente.
calórico. m. *Fís.* Agente hipotético de los fenómenos del calor. ‖ **Calor.**
caloridoro. m. Aparato usado en *tintorería para aprovechar el calor de los baños.
calorífero, ra. adj. Que conduce y propaga el calor. ‖ m. Aparato con que se calientan las habitaciones. ‖ **Calientapiés.**
calorificación. f. **Fisiol.* Función del organismo vivo, de la cual procede el calor natural de cada individuo.
calorífico, ca. adj. Que produce o distribuye calor.
calorífugo. adj. Que se opone a la transmisión del calor. ‖ ***Incombustible.**
calorimetría. f. *Fís.* Medición del calor específico.
calorimétrico, ca. adj. *Fís.* Perteneciente o relativo a la calorimetría.
calorímetro. m. *Fís.* Instrumento para medir el calor específico de los cuerpos.
calorina. f. **Calina.**
calorosamente. adv. m. **Calurosamente.**
caloroso, sa. adj. **Caluroso.**
calosfriarse. r. **Calofriarse.**
calosfrío. m. **Calofrío.** Ú. m. en pl.
caloso, sa. adj. Dícese del *papel que se cala.
calostro. m. Primera *leche que da la hembra después de parida. Ú. t. en pl.
calotipia. f. **Calitipia.**
caloto. m. Metal que procedía de la *campana de un pueblo america-

no así llamado y que el vulgo consideraba como *reliquia.
caloyo. m. *Cordero o cabrito recién nacido. ‖ fig. **Quinto,** *soldado.
calpamulo, la. adj. Dícese del mestizo de albarazado y negra o de negro y albarazada. Ú. t. c. s.
calpixque. m. Capataz encargado, por los encomenderos, del gobierno de los *indios y del cobro de los tributos.
calpuchero, m. **Calboche.**
calpul. m. *Reunión, *confabulación, conciliábulo. ‖ Montículo que señala los antiguos pueblos de *indios.
calquín. m. Variedad mediana del águila propia de los Andes.
calseco, ca. adj. Curado con *cal.
calta. f. *Planta ranunculácea.
caltrizas. f. pl. **Angarillas.**
calucha. f. Corteza o *cáscara interior del coco, almendra o nuez.
caluma. f. Lugar de *indios.
calumbarse. r. *Sumergirse, darse un chapuzón.
calumbo. m. Acción y efecto de calumbarse.
calumbriento, ta. adj. ant. *Mohoso, tomado del orín.
calumet. m. *Pipa de fumar de forma especial que usan algunos indios en sus ceremonias.
***calumnia.** f. Acusación falsa, hecha maliciosamente para causar daño. ‖ *For.* Imputación falsa de un *delito de los que dan lugar a procedimiento de oficio. ‖ **Afianzar de calumnia.** fr. *For.* Antiguamente, obligarse el acusador a probar su imputación.
calumniador, ra. adj. Que calumnia. Ú. t. c. s.
***calumniar.** tr. Atribuir falsa y maliciosamente a otro alguna cosa deshonrosa, o algún delito de los que dan lugar a procedimiento de oficio.
calumniosamente. adv. m. Con calumnia.
***calumnioso, sa.** adj. Que contiene calumnia.
calungo. m. Especie de *perro de pelo crespo.
calura. f. p. us. **Calor.**
calurosamente. adv. m. Con calor.
caluroso, sa. adj. Que tiene calor. ‖ fig. Vivo, ardiente, *vehemente.
caluyo. m. *Baile indio.
***calva.** f. Parte de la cabeza de la que se ha caído el cabello. ‖ Parte de una piel o tejido, que ha perdido el pelo por el uso. ‖ En los *sembrados, plantíos, *montes, etc., sitio en que falta la vegetación. ‖ *Juego que consiste en derribar un madero o hito, arrojándole piedras que no den antes en el suelo. ‖ **de almete.** Parte superior de esta pieza de *armadura.
calvar. tr. En el *juego de la calva, dar en la parte superior del madero o hito. ‖ *Engañar a uno.
calvario. m. **Vía crucis.** ‖ fig. y fam. Sucesión de *desgracias y pesadumbres. ‖ fig. y fam. *Deudas.
calvatrueno. m. fam. *Calva grande que coge toda la cabeza. ‖ fig. y fam. Hombre *alocado o *vicioso.
calverizo, za. adj. Aplícase al terreno de muchos calveros.
calvero. m. Paraje de un *bosque, desprovisto de árboles. ‖ **Gredal.**
calvete. adj. d. de **Calvo.** Ú. t. c. s. ‖ Estaca, *palo.
calvez. f. **Calvicie.**
***calvicie.** f. Falta de pelo en la cabeza.
calvijar. m. **Calvero.**
calvinismo. m. *Herejía de Calvino. ‖ Su secta.
calvinista. adj. Perteneciente a la secta de Calvino. Apl. a pers., ú. t. c. s.
calvitar. m. **Calvijar.**
***calvo, va.** adj. Que ha perdido el pelo de la cabeza. Ú. t. c. s. ‖ Tratándose del terreno, desprovisto de vegetación. ‖ Dícese de la *tela que ha perdido el pelo.
***calza.** f. Prenda de vestir que cubría el muslo y la pierna. Ú. m. en pl. ‖ Cinta que se pone a algunos animales en las patas para distinguirlos de los otros. ‖ *Cuña con que se calza. ‖ fam. **Media.** ‖ **Pina** de la rueda. ‖ pl. *Germ.* Grillos de *prisión. ‖ **Calza de arena.** Especie de talego lleno de arena con que se *golpeaba a los delincuentes. ‖ **Calzas atacadas.** *Calzado antiguo que cubría las piernas y muslos. ‖ **Calzas bermejas. Calzas** rojas de que usaban los *nobles. ‖ **Medias calzas. Calzas** que sólo subían hasta la rodilla. ‖ **En calzas prietas.** expr. fig. y fam. En aprieto o *dificultad. ‖ **Tomar** uno **calzas,** o **las calzas de Villadiego.** fr. fig. y fam. *Huir, fugarse.
calzacalzón. m. Calza que cubría todo el muslo.
calzada. f. *Camino ancho y empedrado.
calzadera. f. *Cuerda delgada para atar el *calzado. ‖ Hierro con que se calza la rueda del *carruaje para que haga de freno. ‖ **Calzadura,** pina de la rueda.
***calzado, da.** adj. Dícese de los *religiosos que usan zapatos, en contraposición a los descalzos. ‖ Dícese de las *aves que tienen plumas hasta los pies. ‖ Aplícase a las *caballerías cuyas extremidades en su parte inferior tienen color distinto del cuerpo. ‖ **Blas.* Se dice del escudo dividido por dos líneas que parten de los ángulos superiores del jefe y se encuentran en la punta. ‖ → m. Todo lo que sirve para cubrir el pie de las personas, sea zapato, almadreña, media, etc. ‖ *Germ.* El que lleva grillos. ‖ m. pl. p. us. *Medias, calcetas y ligas.
calzador. m. Utensilio de forma acanalada, que se aplica al talón del pie para que entre mejor en el *zapato. ‖ Portaplumas, palillero o lapicero.
calzadura. f. Acción de calzar los zapatos u otra cosa. ‖ *Gratificación que se daba al que calzaba los zapatos. ‖ Cada uno de los trozos de madera que, en las *ruedas de algunos carros, substituyen a la llanta.
calzar. tr. Cubrir el pie, y algunas veces la pierna, con el *calzado. Ú. t. c. r. ‖ Tratándose de *guantes, *espuelas, etc., usarlos o llevarlos puestos. Ú. t. c. r. ‖ Poner calces. ‖ Poner una *cuña u otra cosa entre el piso y la rueda de un *carruaje para inmovilizarlo. ‖ Colocar una cuña entre el suelo y base de algún mueble para que no cojee. ‖ Admitir las armas de fuego *proyectil de un calibre determinado. ‖ fig. y fam. Tener poca o mucha *inteligencia. ‖ **Aporcar.** ‖ **Impr.* Poner con alzas los clisés o grabados, a la altura de la letra. ‖ **Calzarse** a alguno. fr. fig. y fam. *Gobernarle, manejarle. ‖ **Calzarse** uno alguna cosa. fr. fig. y fam. *Conseguirla.
calzo. m. **Calce,** cuña. ‖ *Resorte en que se aseguraba la patilla de la llave del arcabuz. ‖ *Mar.* Cada uno de los maderos que se usan a bordo para apoyar objetos pesados.
***calzón.** m. aum. de **Calza.** ‖ Prenda de vestir masculina que cubre desde la cintura hasta las rodillas, y está dividida en dos perneras o fundas, una para cada muslo. Ú. m. en pl. ‖ **Pantalón.** ‖ Lazo de cuerda con que se sostiene una persona como sentada en él. Lo usan los pizarreros en los *tejados. ‖ **Tresillo,** juego de *naipes. ‖ Enfermedad de la caña de azúcar. ‖ **bombacho. Calzón** ancho y abierto por un lado, que se usaba especialmente en Andalucía. Ú. m. en pl. ‖ **Calzarse,** o **ponerse,** una mujer **los calzones.** fr. fig. y fam. *Mandar en la casa sin hacer caso del marido. ‖ **En calzones.** m. adv. *Mar.* Se dice de las *velas mayores cuando se cargan los brioles, dejando cazados los puños.
calzonazos. m. fig. y fam. Hombre excesivamente *condescendiente.
***calzoncillos.** m. pl. *Calzones interiores de punto o de tela lavable.
calzoneras. f. pl. *Pantalón que se abotona de arriba abajo por los costados.
calzorras. m. fig. y fam. **Calzonazos.**
calla. f. *Agr.* Palo puntiagudo con que se abren hoyos para *sembrar.
callacuece. m. fam. **Mátalas callando.**
callada. f. *Silencio o efecto de callar. ‖ *Mar.* *Interrupción o *calma de la fuerza del viento o de las olas. ‖ **De callada.** m. adv. fam. Sin estruendo, en *secreto.
callada. f. **Cul.* Comida cuyo plato principal son callos guisados.
calladamente. m. adv. Con secreto o con silencio.
calladito. m. *Baile popular sin música.
***callado, da.** adj. Silencioso, reservado. ‖ Hecho con silencio o reserva.
callamiento. m. Acción de callar.
callana. f. *Vasija tosca que usan los indios para tostar maíz o trigo. ‖ Manchas callosas que, según el vulgo, tienen en las *asentaderas los descendientes de negros o zambos. ‖ **Min.* Escoria que aún contiene metal. ‖ Crisol para ensayar *metales. ‖ fig. *Reloj de bolsillo muy grande. ‖ **Tiesto.**
callandico, to. advs. m. fams. En *silencio, con *secreto o con *disimulo.
callando. adv. m. **Callandico.**
callantar. tr. **Acallar.**
callao. m. *Guijarro, peladilla de río. ‖ En las islas Canarias, terreno cubierto de cantos rodados.
***callar.** intr. No hablar. ‖ Guardar silencio. Ú. t. c. r. ‖ Cesar de producir cualquier sonido o ruido, las personas, los animales o las cosas. Ú. t. c. r. ‖ Abstenerse de manifestar lo que se siente o se sabe. Ú. t. c. r. ‖ tr. Tener reservada, no decir una cosa. Ú. t. c. r. ‖ **¡Calle!** interj. fam. con que se denota *sorpresa.
***calle.** f. Camino en el interior de las poblaciones. ‖ Nombre que se da a la población que depende de otra. ‖ *Germ.* **Libertad.** ‖ En los tableros de *damas y *ajedrez, serie de casillas. ‖ **Impr.* Línea de espacios que se forma ocasionalmente en una composición tipográfica. ‖ **de árboles.** Camino entre dos hileras de ellos. ‖ **Abrir calle.** fr. fig. y fam. Apartar, *separar la gente para que pase alguno. ‖ **Azotar calles.** fr. fig. y fam. Andar *vagando de **calle** en **calle.** ‖ **Dejar** a uno **en la calle.** fr. fig. y fam. *Privarle de sus bienes o *destituirlo de su empleo. ‖ **Echar** a uno **a la calle.** fr. fig. y fam. *Despedirle de casa. ‖ **Echar** uno **por la calle de en medio.** fr. fig. y fam. Ir uno *directamente y con *resolución a conseguir lo que pretende. ‖ **Echarse a la calle. Amotinarse.** ‖ **Hacer calle.** fr. fig.

y fam. **Abrir calle.** ‖ **Ir** uno **desempedrando las calles.** fr. fig. y fam. *Correr velozmente por ellas en coche o a caballo. ‖ **Llevar,** o **llevarse,** a uno **de calle.** fr. fig. y fam. *Vencerle, dominarle. ‖ **Pasear** uno **la calle** a una mujer. fr. fig. y fam. Cortejarla o *galantearla. ‖ **Plantar,** o **poner,** a uno **en la calle.** fr. fig. y fam. *Expulsarle de casa. ‖ **Ponerse** uno **en la calle.** fr. *Salir de casa. ‖ **Quedar,** o **quedarse,** uno **en la calle.** fr. fig. y fam. *Perder la hacienda. ‖ **Rondar** uno **la calle** a una mujer. fr. fig. **Pasear la calle** a una mujer.

callear. tr. Hacer calles en las *viñas.

callecalle. amb. Nombre de una *planta irídea medicinal.

calleja. f. d. de **Calle.** ‖ **Callejuela.** ‖ *Germ.* El acto de *huir de la justicia.

Calleja. n. p. **Sépase,** o **ya se verá,** o **ya verán, quién es Calleja.** expr. fam. con que alguno se *jacta de su poder o importancia.

callejear. intr. Andar *vagando de calle en calle.

callejeo. m. Acción y efecto de callejear.

***callejero, ra.** adj. Que gusta de callejear. ‖ m. Lista de las *calles de una ciudad. ‖ Nota de los domicilios de los suscriptores de un *periódico.

callejo. m. ***Trampa,** armadijo.

callejón. m. aum. de **Calleja.** ‖ Paso *estrecho y largo entre paredes o elevaciones del terreno. ‖ *Taurom.* Espacio comprendido entre la barrera y la contrabarrera. ‖ **sin salida.** fig. y fam. *Conflicto de imposible solución.

callejuela. f. d. despect. de **Calleja.** ‖ fig. y fam. *Evasiva o *pretexto.

callialto, ta. adj. Aplícase a la *herradura que tiene los callos gruesos. Ú. t. c. s.

callicida. m. Preparación o remedio para extirpar los callos.

callista. com. Persona que se dedica a extirpar y curar callos, uñeros y otras dolencias de los *pies.

callizo. m. **Callejón.** ‖ **Callejuela.**

***callo.** m. Dureza que se forma en la *piel, y especialmente en los *pies, manos, rodillas, etc. ‖ Cualquiera de los dos extremos de la *herradura. ‖ **Cir.* Cicatriz que se forma en la unión de los fragmentos de un *hueso fracturado. ‖ pl. Pedazos del *estómago de la vaca, ternera o carnero, que se comen *guisados. ‖ **Callo de herradura.** Pedazo de ella desgastado con el uso. ‖ **Criar, hacer** o **tener callos.** fr. fig. y fam. *Acostumbrarse a los trabajos o a los vicios.

callón. m. Utensilio que usan los *zapateros para *afilar las leznas.

callonca. adj. Dícese de la *castaña o bellota a medio asar. ‖ fig. *Mujer jamona y corrida. ‖ **Cellenca.**

callosidad. f. Dureza que se forma en la *piel, más extensa y menos profunda que el callo. ‖ pl. Durezas en algunas úlceras crónicas.

calloso, sa. adj. Que tiene callo. ‖ Relativo a él. ‖ V. **Cuerpo calloso.**

callueso. m. *Insecto que roe las hortalizas.

***cama.** f. Mueble para dormir, compuesto de una armazón de madera o metal sobre la que se coloca el colchón, almohadas, sábana, etc. ‖ Esta armazón por sí sola. ‖ *Colgadura para la **cama.** ‖ fig. Sitio donde se echan los *animales para su descanso. ‖ Mullido de paja u otras plantas que se pone en el piso de los *establos para que el ganado descanse. ‖ fig. Suelo del carro. ‖ fig. En el *melón y otros frutos, parte que descansa sobre la tierra. ‖ fig. ***Tongada.** ‖ **Camada.** ‖ *Mar.* Hoyo que forma en la arena una embarcación varada. ‖ **de galgos,** o **de podencos.** fig. y fam. La mal acondicionada. ‖ **turca. Otomana.** ‖ Armazón compuesta de un colchón de muelles y cuatro patas plegables que puede servir de ***cama.** ‖ **Media cama.** La compuesta solamente de un colchón, una sábana, una manta y una almohada. ‖ **Caer** uno **en cama,** o **en la cama.** fr. **Enfermar.** ‖ **Estar** uno **en cama; guardar** uno **cama,** o **la cama; hacer** uno **cama.** frs. Estar en ella por necesidad. ‖ **Hacer la cama** a uno. fr. fig. *Intrigar en secreto para *perjudicarle.

cama. f. Cada una de las palancas del *freno, a cuyos extremos interiores van sujetas las riendas. Ú. m. en pl. ‖ En el *arado, pieza encorvada, afianzada en el timón, en la cual encajan el dental, la reja y la esteva. ‖ **Pina** de *rueda. ‖ Cada uno de los pedazos de tafetán con que se hacían los *mantos de las mujeres. ‖ pl. Nesgas que se ponían a las *capas para que resultasen redondas.

camá. m. **Camao.**

camacero. m. *Árbol tropical de las solanáceas, cuyo fruto se usa para hacer vasijas.

camachuelo. m. **Pardillo,** pájaro.

camada. f. *Cría o conjunto de los hijuelos que paren de una vez la coneja, la loba u otros animales. ‖ Conjunto de cosas iguales extendidas formando *tongada. ‖ fig. y fam. Cuadrilla de *ladrones o de pícaros. ‖ **Min.* Piso de ademes en las galerías de las minas.

camafeo. m. Figura tallada de relieve en ónice u otra piedra de *joyería. ‖ La misma piedra labrada.

camagua. adj. Dícese del *maíz que empieza a madurar. ‖ f. *Árbol silvestre cubano, cuyo fruto sirve de alimento a varios animales.

camagüeyano, na. adj. Natural de Camagüey, región y provincia de la isla de Cuba. Ú. t. c. s. ‖ Perteneciente o relativo a este territorio.

camaguira. f. *Árbol silvestre, de madera muy apreciada.

camahuas. m. pl. Antigua *tribu de salvajes que vivía en el Perú.

camahueto. m. Animal acuático, *quimérico, que parece simbolizar en Chile las tempestades y las avenidas de los ríos.

camal. m. *Cabestro o cabezón con que se ata la bestia. ‖ *Palo grueso de que se suspende por las patas traseras al cerdo muerto. ‖ *Rama gruesa. ‖ *Matadero de reses.

camalara. f. *Árbol silvestre cubano, de buena madera.

camáldula. f. *Orden religiosa* fundada por San Romualdo.

camaldulense. adj. Perteneciente o relativo a la orden de la Camáldula. Apl. a pers., ú. t. c. s.

camaleón. m. *Reptil saurio de cola prensil y lengua contráctil, notable por los cambios de color que puede experimentar su piel. ‖ fig. y fam. Persona *inconstante o que muda con facilidad de pareceres o doctrinas. ‖ **Iguana.** ‖ Lagarto verde, grande, que trepa con ligereza a los *árboles. ‖ *Ave de rapiña, pequeña. ‖ **mineral.** Nombre vulgar del permanganato potásico.

camaleopardo. m. *Astr.* *Constelación boreal situada en la proximidad del polo.

camalero. m. **Matarife.** ‖ Traficante en *carnes.

camalotal. m. Paraje cubierto de camalotes.

camalote. m. *Planta acuática de las pontederiáceas, que se cría en los grandes ríos de América. ‖ Conjunto de estas plantas que, enredadas con otras, forman como islas flotantes. ‖ Nombre de una *planta cuya médula se usa en confitería para adornar cajas de dulces.

camama. f. *Broma, burla. ‖ *Engaño.

camambú. m. *Planta silvestre americana, que produce una frutilla blanca y muy dulce.

camamila. f. **Camomila.**

camanance. m. Hoyuelo que se forma a algunas personas junto a la boca cuando se *ríen.

camanchaca. f. *Niebla espesa y baja.

camándula. f. **Camáldula.** ‖ *Rosario de uno o tres dieces. ‖ fig. y fam. *Fingimiento, *astucia.

camandulear. intr. *Fingir mucha *devoción. ‖ Contar *chismes.

camandulense. adj. **Camaldulense.**

camandulería. f. **Gazmoñería.**

camandulero, ra. adj. fam. *Hipócrita, *astuto, disimulado. Ú. t. c. s.

camanonca. f. *Tela antigua para forros.

camao. m. *Paloma pequeña, cubana, de color pardo.

cámara. f. Sala o pieza principal de una *casa. ‖ **Ayuntamiento** (junta, *corporación). ‖ *Asamblea legislativa. ‖ En el palacio *real, pieza en donde sólo tenían entrada los gentileshombres y ciertas personas. ‖ *Agr.* Local en lo alto de una casa destinado a *granero. ‖ **Cilla.** ‖ Cualquiera de los departamentos que en los buques de la *armada se destinan a *alojamiento de los jefes y oficiales. ‖ Compartimiento anejo a los *hornos metalúrgicos, para condensar o transformar las substancias volatilizadas. ‖ En las *armas de fuego*, espacio que ocupa la carga. ‖ **Morterete** de artillería. ‖ **Deposición,** *evacuación del vientre. ‖ **Autom.* Tubo de goma que se hincha de aire y mantiene tensa la cubierta exterior. ‖ pl. **Diarrea.** ‖ **Cámara anterior de la boca.** Espacio que se extiende desde la abertura de la *boca hasta el istmo de las fauces. ‖ **anterior del *ojo.** Espacio comprendido entre la córnea y el iris. ‖ **apostólica.** Junta que administra el erario *pontificio. ‖ **clara. Cámara lúcida.** ‖ **de Castilla.** *Consejo supremo que tenía a su cargo negocios de suma importancia. ‖ **de combustión.** En los motores de *automóvil y otros de explosión, espacio libre entre la cabeza del pistón y la culata. ‖ **de Indias.** *Tribunal compuesto de ministros del Consejo de Indias. ‖ **del rey.** *Fisco real. ‖ **de los Comunes.** En Inglaterra, *asamblea legislativa compuesta de diputados. ‖ **de los Lores.** En Inglaterra, *asamblea legislativa compuesta de senadores. ‖ **doblada.** Aposento con alcoba. ‖ ***fotográfica.** Aparato que consta de un objetivo dispuesto en una cámara obscura en cuyo fondo se coloca la placa o la película sensible. ‖ **lúcida.** Aparato *óptico en el que, por medio de un prisma triangular, se obtiene la imagen de un paisaje, objeto, etc. ‖ **mortuoria. Capilla ardiente.** ‖ **obscura.** Aparato *óptico en que, por medio de una lente, se obtiene una imagen real de los objetos exteriores. ‖ **pos-**

terior de la *boca. Espacio comprendido entre el istmo de las fauces y la parte posterior de la faringe. || **posterior del *ojo.** Espacio comprendido entre el iris y el cristalino. || **De cámara.** loc. Aplícase al que en algún modo estaba adscrito al servicio del *rey o su familia. || **Irse** uno **de cámaras.** fr. Evacuar involuntariamente el vientre.
camarada. m. El que *acompaña a otro y come y *habita con él. || El que anda en compañía con otros y tiene con ellos *amistad y confianza.
camaradería. f. *Amistad o relación cordial entre camaradas.
camaraje. m. *Alquiler de la cámara donde se guardan los granos.
camaranchón. m. despect. *Desván.
camarera. f. *Criada distinguida, entre las que sirven en las casas principales. || Criada que sirve en las fondas, establecimientos de bebidas, etc. || **mayor.** Señora de más autoridad entre las que servían a la *reina.
camarería. f. Empleo u oficio de camarera. || Descuento que cobraba el camarero del rey en las libranzas extraordinarias.
camarero. m. Oficial de la cámara del *Papa. || En la casa *real de Castilla, jefe de la cámara del rey. || En algunos lugares, el encargado del *trigo del pósito o de los *diezmos. || *Criado distinguido en las casas principales. || Criado que sirve en las fondas y establecimientos análogos. || Mozo de café, horchatería, etc. || **mayor. Camarero** de la casa real de Castilla.
camareta. f. d. de **Cámara.** || *Cañoncito de hierro, que se dispara en algunas fiestas de los indios. || *Mar.* Cámara de los *buques pequeños. || *Mar.* Local que en los buques de la *armada sirve de alojamiento a los guardias marinas.
camareto. m. Nombre que se da en Cuba a un boniato que tiene los *tubérculos morados al exterior.
camarico. m. *Ofrenda que hacían los indios americanos a los sacerdotes. || fig. y fam. *Lugar preferido por algún motivo. || fig. y fam. Amorío, enredo *amoroso.
camariento, ta. adj. Que padece cámaras. Ü. t. c. s.
camarilla. f. Conjunto de personas que rodean a un *rey, a un político o a un personaje poderoso, y ejercen indirectamente una *influencia abusiva.
camarín. m. d. de **Cámara.** || Capilla pequeña colocada algo detrás de un *altar. || Pieza en que se guardan las alhajas y vestidos de una *efigie. || Cuarto del *teatro donde los actores se visten para salir a la escena. ||Pieza pequeña retirada donde se guardaban objetos delicados y alhajas. || **Tocador.** || **Despacho.** || **Cambarín.**
camarinas. m. *Arbolillo muy común que se cría en Moguer.
camarista. m. Ministro del Consejo de la Cámara. || f. *Criada distinguida de la reina.
camarlengo. m. *Cardenal presidente de la Cámara Apostólica y gobernador temporal en sede vacante. || Título de *dignidad semejante al de camarero en Castilla.
cámaro. m. **Camarón,** *crustáceo.
camarón. m. *Crustáceo marino comestible, de pequeño tamaño. || *Gratificación.
camaronera. f. Mujer que vende camarones. || *Red para pescarlos.
camaronero. m. El que pesca o vende camarones. || **Martín pescador.**
camarote. m. Compartimiento reducido que hay en los *barcos para poner la *cama.
camarotero. m. Camarero que sirve en los *barcos.
camarroya. f. Achicoria silvestre.
camarú. m. *Árbol del Brasil, cuya corteza, parecida a la quina, se emplea como medicamento.
camasquince. com. fam. Persona *entremetida.
camastra. f. *Astucia, *disimulo.
camastrear. intr. Hacerse el camastrón.
camastro. m. despect. *Cama pobre y mal arreglada.
camastrón, na. m. y f. fam. Persona *disimulada y *astuta que acierta a hacer lo que le conviene. Ü. t. c. adj.
camastronería. f. fam. Calidad de camastrón.
camatón. m. Haz pequeño de *leña.
camauro. m. *Gorro que usa el *Papa.
camba. f. **Cama** del *freno. || **Pina** de la *rueda. || Faja de *prado que va segando con la guadaña el que avanza en una dirección determinada. || *Hierba segada en cada una de dichas fajas. || pl. **Camas,** nesgas de la *capa.
cambado, da. adj. Patizambo.
cambalachar. tr. **Cambalachear.**
cambalache. m. fam. *Trueque de objetos de poco valor. || **Prendería.**
cambalachear. tr. fam. Hacer cambalaches.
cambalachero, ra. adj. Que cambalachea. Ü. t. c. s.
cambalada. f. Vaivén que hacen los *borrachos al andar.
cambaleo. m. Antigua compañía de *cómicos, compuesta ordinariamente de cinco hombres y una mujer.
cambalud. m. *Tropezón violento, pero sin caída.
cambaluz. m. Cierta representación *teatral a modo de entremés.
cambar. tr. Combar, *encorvar.
cambara. m. *Árbol americano, cuya corteza se emplea como febrífugo.
cambarín. m. Descansillo de la *escalera.
cámbaro. m. *Crustáceo marino comestible, sin cola.
cambera. f. *Red pequeña para pescar crustáceos.
cambera. f. *Servidumbre pública para el *tránsito de carruajes.
cambero. m. Rama delgada de sauce que usan los *pescadores para *ensartar los pescados.
cambeto, ta. adj. **Patiestevado.**
cambiable. adj. Que se puede cambiar.
cambiada. f. **Equit.* **Cambio.** || **Mar.* Acción de cambiar el rumbo, el aparejo, etc.
cambiadizo, za. adj. Mudable, sujeto a *cambio.
cambiador, ra. adj. Que cambia. || m. *Germ.* **Padre de mancebía.** || **Guardagujas.** || **Mec.* Pieza para cambiar la transmisión de la polea fija a la loca.
cambiamiento. m. Mutación, variedad.
cambianta. f. Mujer que se dedica a cambiar plata por calderilla, generalmente en la calle.
cambiante. p. a. de **Cambiar.** Que cambia. || m. Variedad de *colores o *reflejos que hace la luz en algunos cuerpos. Ü. m. en pl. || **Cambista.**
***cambiar.** tr. *Trocar o substituir una cosa por otra. Ü. t. c. intr. || Mudar, variar, transformar. Ü. t. c. intr. || Dar o tomar *moneda, billetes o papel moneda de una especie por su equivalente en otra. || **Equit.* Hacer que galope con pie y mano derechos el caballo que va galopando con pie y mano izquierdos, o al contrario. Ü. t. c. intr. || *Mar.* Bracear el aparejo. || *Mar.* **Virar.** || intr. Mudar de dirección el *viento. Ü. t. c. r.
cambiavía. m. **Guardagujas.**
cambiazo. m. aum. de **Cambio.** || **Dar el cambiazo.** fr. Cambiar una cosa por otra para cometer algún *fraude.
cambija. f. Arca de agua elevada de donde se reparte el agua a las *cañerías.
cambil. m. *Veter.* Compuesto de bol de Armenia, que se usó como medicina contra la diarrea de los *perros.
cambín. m. Nasa para *pescar, hecha de junco.
cambio.** m. Acción y efecto de cambiar. || Dinero menudo. || **Autom.* Sistema de engranajes que permite ajustar la velocidad del vehículo al régimen de revoluciones del motor. || *Com.* Tanto que se abona o cobra sobre el valor de una *letra de **cambio. || *Com.* Precio de cotización de los *valores mercantiles. || *Com.* Valor relativo de las *monedas de países diferentes. || *Ferr.* Mecanismo dispuesto en la confluencia de dos o más vías para que las locomotoras, coches, etc., vayan por la vía que conviene. || *For.* **Permuta.** || **minuto. Cambio** de la *moneda. || **Libre cambio.** Sistema *económico que favorece el comercio internacional. || Régimen aduanero fundado en esta doctrina. || **A las primeras de cambio.** loc. adv. fig. **De buenas a primeras.** || **En cambio.** m. adv. En lugar de, en vez de.
cambista. com. Que cambia dinero. || m. **Banquero.**
cambiza. f. Trozo de madera encorvado, que se arrastra por la era, tirando de los cordeles atados a ambos extremos, y sirve para amontonar la *parva.
cambizar. tr. Recoger con la cambiza la *parva.
cambizo. m. El timón del *trillo.
cambo. m. Aposento donde se cuelgan *embutidos para que se curen.
cambocho. m. Nombre de uno de los dos palos con que se *juega al calderón.
cambón. m. Parte de la *rueda de la carreta, por cuyo centro penetra el eje.
cambray. m. *Tela de hilo muy fina que se fabricaba en Cambray.
cambrayado, da. adj. Acambrayado.
cambrayón. m. *Tela parecida al cambray.
cambriano, na. adj. **Geol.* Relativo al primero de los cuatro períodos geológicos en que se divide la era primaria. || Perteneciente al terreno **cambriano.** || Dícese de los antiguos habitantes del país de Gales. Ü. t. c. s. || Perteneciente a este país o a sus habitantes.
cámbrico, ca. adj. **Cambriano.** Ü. t. c. s.
cambrillón. m. Cada una de las tiras de suela que los *zapateros ponen de relleno entre la exterior y la plantilla. Ü. m. en pl.
cambrón. m. *Arbusto de las rámneas, de ramas torcidas, enmarañadas y *espinosas. || **Espino cerval.** || **Zarza.** || **Espina santa.**
cambronal. m. Sitio o paraje en que abundan los cambrones o las cambroneras.

cambronera. f. Arbusto de las solanáceas, con multitud de ramas curvas y *espinosas, que suele plantarse en los *setos de las heredades.
cambroño. m. **Piorno** que se cría en la sierra de Guadarrama.
cambucha. m. **Pina** de la rueda. ‖ f. **Cambucho,** especie de *cometa.
cambucho. m. **Cucurucho.** ‖ *Cesto para los papeles inútiles, o para guardar la ropa sucia. ‖ Chiribitil, tugurio. ‖ *Forro de paja que se pone a las botellas. ‖ *Cometa pequeña de papel sin armadura.
cambuí. m. *Árbol de tronco liso, semejante al guayabo. ‖ Fruto de este árbol.
cambuj. m. *Máscara o antifaz. ‖ Capillo que ponen a los *niños para que tengan derecha la cabeza.
cambujo, ja. adj. Tratándose de *caballerías menores, morcillo. ‖ Dícese del descendiente de zambaigo y china, o de chino y zambaiga. Ú. t. c. s. ‖ Dícese del *ave que tiene la pluma y la carne negras.
cambullón. m. *Enredo, *trampa. ‖ **Cambalache.**
***cambur.** m. Planta de las musáceas, parecida al plátano. ‖ **criollo.** Variedad de fruto verdoso. ‖ **hartón. Cambur topocho.** ‖ **higo.** Variedad de fruto pequeño. ‖ **manzano.** Especie muy apreciada cuyo fruto tiene un ligero sabor a manzana. ‖ **pigmeo.** El de tallo más pequeño. ‖ **topocho.** El de fruto semejante a un plátano pequeño.
cambute. m. *Planta tropical gramínea. ‖ **Cambutera.** ‖ Fruto y flor de la cambutera. ‖ *Caracol grande y comestible.
cambutera. f. Nombre de un *bejuco silvestre, trepador, que se cultiva en los jardines.
cambuto, ta. adj. Rechoncho, *grueso.
camedrio. m. *Planta labiada.
camedris. m. **Camedrio.**
camelador, ra. adj. Que camela.
camelar. tr. fam. *Galantear, *enamorar. ‖ fam. *Seducir con *engaño o *adulación. ‖ *Ver, mirar.
camelete. m. Pieza grande de artillería, que se usó antiguamente.
camelia. f. *Arbusto de las rosáceas, de hojas perennes y flores muy apreciadas. ‖ *Flor de este arbusto. ‖ *Tela de lana fina. ‖ **Amapola.**
camelieo, a. adj. *Bot.* Dícese de árboles y arbustos dicotiledóneos, siempre verdes, cuyo tipo es la camelia. Ú. t. c. s. ‖ pl. *Bot.* Familia de estas plantas.
camelo. m. fam. **Galanteo.** ‖ fam. Chasco, *burla. ‖ Malva roja más grande que la ordinaria. ‖ **Hablar en camelo.** fr. fig. y fam. Hablar sin terminar las frases o intercalando en éstas palabras incongruentes o sin sentido, de manera que el lenguaje resulte *incomprensible.
camelote. m. *Tela fuerte e *impermeable, que antes se hacía con pelo de camello, y después con lana sola. ‖ **de aguas.** El prensado y lustroso. ‖ **de pelo.** El muy fino.
camelote. m. *Planta tropical gramínea.
camelotina. f. Especie de **camelote** (tela).
camelotón. m. *Tela basta parecida al camelote.
camella. f. **Gamella** (artesa).
camella. f. **Gamella** (del yugo).
camella. f. Hembra del camello. ‖ **Camellón,** *caballón.
camellejo. m. d. de **Camello.**
camellería. f. Oficio de camellero.
camellero. m. El que cuida de los camellos o trajina con ellos.
camello. m. *Rumiante de tamaño mayor que el de un *caballo, cuello largo, cabeza pequeña y dos jorobas en el dorso. ‖ Pieza antigua de *artillería gruesa. ‖ *Mar.* Mecanismo flotante destinado a *suspender las *embarcaciones. ‖ **pardal.** Jirafa.
camellón. m. **Caballón.** ‖ En algunas partes, **camelote** (tela).
camellón. m. Artesa cuadrilonga para abrevar al ganado *vacuno.
camena. f. poét. **Musa.**
camenal. adj. Perteneciente o relativo a las camenas o *musas.
camera. f. *Conejo silvestre de Colombia.
camerano, na. adj. Natural de la sierra de Cameros. Ú. t. c. s. ‖ Perteneciente a ella.
camero, ra. adj. Dícese de la *cama grande, en contraposición a la más estrecha o catre. ‖ Lo relativo a ella. m. y f. Persona que hace camas. ‖ Persona que alquila camas.
camestres. m. *Log.* Término mnemotécnico con que se designa cierta figura del silogismo.
camibar. m. **Copayero.** ‖ **Bálsamo de copaiba.**
cámica. f. *Declive del techo o del *tejado.
camilo. m. Muchacho que los romanos empleaban en el servicio del culto.
camilo. adj. Dícese del clérigo que pertenece a la *congregación fundada por San Camilo, para el servicio de los enfermos. Ú. t. c. s.
camilucho, cha. adj. Dícese del *indio que trabaja en la *labranza. Ú. t. c. s.
camilla. f. *Cama que servía para estar en ella a medio vestir. ‖ *Mesa de forma especial, cubierta con un tapete que cae hasta el suelo, bajo la cual se coloca una tarima con *brasero. ‖ Cama angosta, que puede cubrirse por completo, y sirve para la conducción de *enfermos y heridos.
camillero. m. Cada uno de los que transportan la camilla.
caminador, ra. adj. Que camina mucho.
caminante. p. a. de **Caminar.** Que camina. Ú. m. c. s. ‖ m. **Mozo de espuela.** ‖ *Ave chilena parecida a la alondra.
caminar. intr. Ir de *viaje. ‖ **Andar.** ‖ fig. Seguir su curso o *movimiento las cosas inanimadas. ‖ tr. Recorrer a pie o de otro modo cierta distancia. ‖ **Caminar derecho.** fr. fig. y fam. Proceder con rectitud.
caminata. f. fam. *Paseo largo. ‖ *Viaje corto que se hace por diversión.
caminero, ra. adj. Relativo al camino.
caminí. m. Variedad de *mate muy estimada.
***camino.** m. Tierra hollada por donde se transita habitualmente para ir de un lugar a otro. ‖ Vía que se construye para transitar. ‖ **Viaje.** ‖ Cada uno de los viajes que hace el aguador, o el que conduce alguna carga. ‖ fig. *Medios o *método para hacer alguna cosa. ‖ **carretero, o carretil.** El que está expedito para el tránsito de carruajes. ‖ **cubierto.** *Fort.* Terraplén que rodea y defiende el foso, y desde el cual puede hacer fuego la guarnición. ‖ **de cabaña. Cañada** (para el *ganado). ‖ **Cordel** (para el paso de *ganados). ‖ **de herradura.** El que sólo permite el paso de caballerías. ‖ **de hierro.** ***Ferrocarril.** ‖ **derecho.** fig. *Medio *directo para algún fin. ‖ **de ruedas. Camino carretero.** ‖ **de Santiago. Vía Láctea.** ‖ **de sirga.** El que hay en las orillas de ríos o canales para llevar las embarcaciones tirando de ellas. ‖ **real.** El que es ancho y capaz para carruajes. ‖ **trillado, o trivial.** El que es muy frecuentado. ‖ **vecinal.** El construido y conservado por el municipio. ‖ **Abrir camino.** fr. Facilitar el *tránsito. ‖ fig. Hallar el medio de *resolver una dificultad. ‖ fig. *Empezar o inventar alguna cosa. ‖ **Andar** uno **al camino.** fr. fig. Dedicarse al *robo en despoblado. ‖ **De camino.** m. adv. **De paso.** ‖ loc. Dícese del *traje y avíos que suelen usar los que van de viaje. ‖ **Ir cada cual por su camino.** fr. fig. Estar *discordes dos o más personas. ‖ **Ir** una cosa **fuera de camino.** fr. fig. Ser *absurda. ‖ **Ir** uno **fuera de camino.** fr. fig. Proceder con *error. ‖ **Llevar camino** una cosa. fr. fig. Tener *fundamento o razón. ‖ **Meter** a uno **por camino.** fr. fig. Reducirle a la razón. ‖ **Ponerse** uno **en camino.** fr. Emprender *viaje; partir. ‖ **Romper un camino.** fr. Abrirlo. ‖ **Salir al camino.** fr. fig. **Salir al encuentro.** ‖ fig. **Saltear,** *robar en despoblado.
camión. m. *Carro grande y fuerte para transportar cargas pesadas.
camionaje. m. Servicio de *transportes hecho con camión. ‖ Precio de este servicio.
camioneta. f. Vehículo *automóvil más pequeño que el camión.
***camisa.** f. Prenda interior de tela lavable. ‖ **Camisola** (camisa planchada). ‖ Telilla o *pellejo con que están cubiertos algunos frutos. ‖ Piel que deja la *serpiente de tiempo en tiempo. ‖ En el juego de la rentilla, suerte en que salen en blanco los seis *dados. ‖ Revestimiento interior de un *horno, de un cilindro de automóvil, etc. ‖ Capa de cal u otro material con que enjalbegan los albañiles. ‖ Funda en forma de red, hecha con materias incombustibles, que se usa en algunos aparatos de *alumbrado para aumentar su fuerza luminosa. ‖ *Fort.* Parte exterior de la muralla, que solía revestirse con piedras de color claro. ‖ **alquitranada, o de fuego.** *Artill.* Pedazo de tela impregnado de materia inflamable, que servía en la guerra para incendiar. ‖ **de fuerza.** Especie de **camisa** fuerte, con mangas cerradas en su extremidad, propia para sujetar a los *locos. ‖ **embreada. Camisa alquitranada.** ‖ **Dejar** a uno **sin camisa.** fr. fig. y fam. *Despojarlo de todos sus bienes. ‖ ‖ **En camisa.** m. adv. fig. y fam. Tratándose de la esposa, sin dote. ‖ **Meterse** uno **en camisa de once varas.** fr. fig. y fam. *Entremeterse uno en lo que no le importa. ‖ **No llegarle** a uno **la camisa al cuerpo.** fr. fig. y fam. Estar lleno de inquietud y *temor.
camisería. f. Tienda en que se venden camisas. ‖ Taller donde se hacen.
camisero, ra. m. y f. Persona que hace o vende camisas.
***camiseta.** f. Camisa corta y con mangas anchas. ‖ Camisa corta, ajustada y sin cuello, ordinariamente de punto.
camisola. f. *Camisa de hombre, de la cual se planchan el cuello, puños y pechera. ‖ Camisa que se ponía sobre la interior, y solía estar guarnecida de encajes. ‖ **Jubón.**
camisolín. m. Peto planchado, con cuello y sin espalda, que se pone sobre la camiseta, para excusar la camisola.

camisón. m. aum. de **Camisa.** ‖ Camisa larga. ‖ En algunas partes, camisa de hombre. ‖ En otras, camisa de mujer.
camisote. m. *Cota de mallas con mangas largas.
camita. adj. Descendiente de Cam. Ú. t. c. s.
camítico, ca. adj. Perteneciente o relativo a los camitas.
camoatí. m. Especie de avispa. ‖ Panal que fabrica este *insecto.
camocán. m. Brocado usado en los siglos medios.
camodar. tr. *Germ.* **Trastrocar.**
camomila. f. ***Manzanilla** (hierba e infusión).
camón. m. aum. de **cama** para dormir. ‖ Trono *real portátil. ‖ **Mirador,** balcón cerrado con cristales. ‖ **Pina** de la rueda. ‖ **de vidrios.** Cancel de vidrios para dividir una pieza.
camón. m. aum. de **Cama,** pieza del freno. ‖ Cada una de las piezas curvas que componen los dos anillos de las ruedas *hidráulicas. ‖ *Arq.* Armazón con que se forman las *bóvedas que llaman encamonadas. ‖ pl. Trozos gruesos de encina con que se forran las pinas de las *ruedas de las carretas.
camonadura. f. Conjunto de camones.
camoncillo. m. Taburetillo de estrado.
camorra. f. fam. *Riña.
camorrista. adj. fam. *Pendenciero. Ú. t. c. s.
camote. m. **Batata.** ‖ **Bulbo.** ‖ fig. **Enamoramiento.**
camotillo. m. Dulce de camote machacado. ‖ **Yuquilla.**
campa. adj. Dícese de la *tierra que carece de arbolado.
campal. adj. Perteneciente al campo.
***campamento.** m. Acción de acampar o acamparse. ‖ *Mil.* Lugar donde acampa un ejército. ‖ *Mil.* Tropa acampada.
campamiento. m. Acción y efecto de campar o sobresalir.
***campana.** f. Instrumento de metal, en forma de copa invertida, que, golpeado con el badajo, sirve en los templos para convocar a los fieles. ‖ fig. Cualquiera cosa que tiene forma semejante a la **campana.** ‖ fig. *Iglesia o *parroquia. ‖ En algunas partes, **queda.** ‖ *Germ.* *Saya. ‖ **A campana herida,** o **tañida.** m. adv. A toque de **campana.** ‖ **Echar las campanas a vuelo.** fr. fig. y fam. Dar *publicidad a alguna cosa agradable o que causa *alegría. ‖ **No haber oído** uno **campanas.** fr. fig. y fam. Que nota *ignorancia de las cosas comunes. ‖ **Oír** uno **campanas y no saber dónde.** fr. fig. y fam. Entender mal una cosa. ‖ Tener sólo *nociones incompletas de algo.
campanada. f. Golpe que da el badajo en la campana. ‖ Sonido que hace. ‖ fig. Suceso que causa *escándalo o general *sorpresa.
campanario. m. *Torre o armadura donde se colocan las campanas. ‖ Flor de la piña.
campanear. intr. Tocar las campanas con frecuencia. ‖ **Campanearselas** uno. fig. y fam. Buscar por sí mismo la *solución de alguna dificultad o conflicto.
campanela. f. Paso de *danza que consiste en dar un salto, describiendo al propio tiempo un círculo con uno de los pies. ‖ En la *guitarra, sonido de una cuerda al aire que forma acorde con otros sonidos pisados bastante arriba del diapasón.
campaneo. m. Reiterado toque de campanas. ‖ fig. y fam. **Contoneo.**
campanero. m. El que funde las *campanas. ‖ El que tiene por oficio tocarlas. ‖ *Pájaro parecido al mirlo, cuyo canto imita el sonido de una campana.
campaneta. f. d. de **Campana.**
campaniforme. adj. De *forma de *campana.
campanil. m. **Campanario.** ‖ Término municipal.
***campanilla.** f. Campana pequeña que se toca agitándola con la mano. ‖ **Burbuja.** ‖ **Úvula.** ‖ *Flor cuya corola es de una pieza en forma de campana. ‖ Adornos de figura de campana que se usan en *pasamanería. ‖ **Bejuco.** ‖ **Impr.* Letra mal encajada que suele caer haciendo ruido sobre la platina. ‖ **De campanillas,** o **de muchas campanillas.** expr. fig. y fam. Dícese de la persona de gran *importancia o *influencia.
campanillazo. m. Toque fuerte de la campanilla.
campanillear. intr. Tocar reiteradamente la campanilla.
campanilleo. m. Sonido frecuente o continuado de la campanilla.
campanillero. m. El que por oficio toca la campanilla.
campanillo. m. Cencerro de cobre o bronce, en forma de campana.
campano. m. **Cencerro.** ‖ **Esquila.** ‖ Árbol americano.
campanología. f. Arte del campanólogo.
campanólogo, ga. m. y f. Persona que toca piezas musicales haciendo sonar campanas o piezas de cristal que producen notas diferentes.
campante. p. a. de **Campar.** Que campa. ‖ adj. fam. Ufano, *feliz, *alegre, satisfecho.
campanudo, da. adj. Que tiene alguna semejanza con la *forma de la campana. ‖ Dícese del *vocablo de sonido muy sonoro, y del *estilo hinchado y retumbante. ‖ m. *Germ.* **Broquel.**
campanuláceo, a. adj. **Bot.* Dícese de las plantas dicotiledóneas, con flores de corola gamopétala y fruto capsular como el farolillo y el rapónchigo. ‖ f. pl. *Bot.* Familia de estas plantas.
campaña. f. *Campo llano sin montes ni aspereza. ‖ **Mil.* Duración de determinados servicios. ‖ *Mil.* Tiempo que está en operaciones un *ejército, una *armada o un buque de guerra. ‖ fig. Período en que una persona ejerce un cargo o profesión. ‖ fig. Cada ejercicio industrial o mercantil que corresponde a un determinado espacio de tiempo. ‖ Serie o conjunto de *esfuerzos enderezados a un fin. ‖ **Campo.** ‖ **Blas.* Pieza de honor, en forma de faja, que ocupa en la parte inferior del escudo todo lo ancho de él y la cuarta parte de su altura. ‖ **Batir la campaña.** fr. *Mil.* **Batir el campo.** ‖ **Correr la campaña.** fr. *Mil.* Reconocerla para observar al enemigo. ‖ **Estar,** o **hallarse, en campaña.** fr. *Mil.* Hallarse en operaciones de *guerra. ‖ **Salir a campaña,** o **a la campaña.** fr. *Mil.* Ir a la guerra.
campañol. m. Especie de *ratón campesino.
campar. intr. **Sobresalir** (entre otros, distinguirse). ‖ **Acampar.**
camparín. m. **Cambarín.**
campeador. adj. Decíase del que se distinguía por su *valor en las batallas. Usáb. t. c. s.
campear. intr. Salir a *pacer los animales domésticos. ‖ Verdear ya los *sembrados. ‖ **Campar** (sobresalir). ‖ Salir al campo en busca de algo. ‖ *Mil.* **Estar en campaña.** ‖ *Mil.* Sacar el ejército a combatir en campo raso. ‖ *Mil.* Reconocer con tropas el campo enemigo.
campecico, llo, to. ms. ds. de **Campo.**
campechana. f. *Mar.* Enjaretado que llevan algunas *embarcaciones menores. ‖ *Bebida compuesta de licores mezclados. ‖ **Hamaca.** ‖ **Mujer pública.**
campechanamente. adv. m. De manera campechana.
campechanía. f. Calidad de campechano.
campechano, na. adj. fam. Franco, *afable. ‖ Dispuesto para *bromas o *diversiones. ‖ fam. **Dadivoso.**
campechano, na. adj. Natural de Campeche. Ú. t. c. s. ‖ Perteneciente a esta ciudad y estado de Méjico.
campeche. m. V. **Palo campeche,** o **de Campeche.**
campeo. m. Sitio donde puede campear el ganado.
campeón. m. Héroe famoso en las *batallas. ‖ El que en los *desafíos antiguos hacía campo y entraba en batalla. ‖ Título que se da al vencedor en un concurso *deportivo convocado al efecto. ‖ fig. *Defensor esforzado de una causa o doctrina.
campeonato. m. Certamen o *concurso en que se disputa el título de campeón. ‖ Preeminencia o primacía obtenida en las luchas *deportivas.
campero, ra. adj. *Descubierto en el campo y expuesto a todos los vientos. ‖ Se aplica al ganado y a otros animales cuando no se recogen a cubierto. ‖ *Cerdo que anda al rebusco de bellota. ‖ Dícese de la *caballería adiestrada en el paso de ríos, montes, etc. ‖ Dícese de cierto andar del *caballo, a manera de trote muy suave. ‖ Aplícase a la persona que es muy práctica en faenas de campo. ‖ **Bot.* Dícese de las plantas que tienen las hojas o los tallos tendidos por el suelo. ‖ m. En algunas comunidades, *religioso destinado a cuidar de las haciendas del campo.
campesino, na. adj. Perteneciente al campo. ‖ Que suele andar en él. Ú. t. c. s. ‖ Natural de tierra de Campos. Ú. t. c. s. ‖ Perteneciente a ella.
campestre. adj. **Campesino.** ‖ m. *Baile antiguo de Méjico.
campichuelo. m. *Campo pequeño abierto y cubierto de hierba.
campiello. m. ant. **Campillo.**
campilán. m. *Sable recto cuya hoja va ensanchando hacia la punta. Es muy usado en Filipinas.
campilógrafo. m. Aparato para trazar *líneas *curvas.
campillo. m. Campo pequeño. ‖ **Ejido.**
campiña. f. Espacio grande de *tierra llana labrantía.
campiñés, sa. adj. Natural de Villacarrillo, Jaén. Ú. t. c. s. ‖ Perteneciente o relativo a dicha villa.
campirano, na. adj. Patán, *rústico. ‖ **Campesino.** Ú. t. c. s. ‖ Entendido en las faenas del campo. Ú. t. c. s. ‖ Diestro en *montar y *amansar caballos. Ú. t. c. s.
campista. m. Arrendador de *minas. ‖ Persona que recorre los campos para vigilar el *ganado.
***campo.** m. Terreno extenso fuera de poblado. ‖ Tierra laborable. ‖ En contraposición a sierra o monte, **campiña.** ‖ Sembrados, árboles y demás plantaciones. ‖ Sitio que se elige para un *desafío. ‖ **Término** (municipal). ‖ Extensión o *espacio real

o imaginario en que se supone comprendida alguna cosa. ‖ fig. Fondo o parte de un solo color, en las *telas, papeles, etc. ‖ fig. En el *grabado y las *pinturas, espacio que no tiene figuras. ‖ **Blas.* Superficie total e interior del escudo. ‖ **Fís.* Espacio en que se hace sensible un fenómeno *eléctrico, *magnético, etc. ‖ **Mil.* Terreno ocupado por un ejército. ‖ *Mil.* Algunas veces, el *ejército mismo. ‖En ciertos juegos y *deportes, terreno convenientemente acondicionado para practicarlos. ‖ **de Agramante.** fig. Lugar donde hay mucha confusión y *desorden. ‖ **de batalla.** *Mil.* Sitio donde combaten dos ejércitos. ‖ **de honor.** fig. Sitio donde se baten en *desafío dos o más personas. ‖ fig. **Campo de batalla.** ‖ **de pinos.** *Germ.* **Mancebía.** ‖ **magnético.** El espacio en que se hace sensible la inducción electromagnética de un *imán. ‖ **raso.** El que es *llano y sin nada que lo limite. ‖ **santo.** *Cementerio católico. ‖ **visual.** El espacio que abarca la *vista estando el ojo inmóvil. ‖ **Campos Elíseos,** o **Elisios.** *Mit.* Paraíso de los gentiles. ‖ **A campo raso.** m. adv. Al *descubierto, a la inclemencia. ‖ **A campo traviesa,** o **travieso.** m. adv. Dejando el camino y cruzando el **campo.** ‖ **Asentar el campo.** fr. *Mil.* **Acampar.** ‖ **Batir el campo.** fr. *Mil.* Reconocerlo. ‖ **Dejar** uno **el campo libre.** fr. fig. *Desistir de algún empeño en que haya competidores. ‖ **Descubrir campo,** o **el campo.** fr. *Mil.* Explorar la situación del ejército enemigo. ‖ **Entrar en campo con** uno. fr. Pelear con él en *desafío. ‖ **Hacer campo.** fr. Batallar cuerpo a cuerpo en *desafío. ‖ **Juntar campo.** fr. Reunir gente de *guerra. ‖ **Levantar el campo.** fr. Abandonar una tropa su campamento. ‖ fig. *Desistir de una empresa. ‖ **Marcar el campo.** fr. *Mil.* Determinar el espacio que ha de ocupar un ejército para *acampar. ‖ **Quedar el campo por** uno. fr. fig. **Quedar** uno **señor del campo.** ‖ **Quedar** uno **en el campo.** fr. fig. Caer *muerto en acción de guerra o en desafío. ‖ **Reconocer el campo.** fr. Explorarlo. ‖ **Sacar al campo** a uno. fr. fig. Desafiarlo. ‖ **Salir a campo,** o **al campo.** fr. fig. Ir a reñir en *desafío.

camporruteño, ña. adj. Natural de Camporrobles (Valencia). Ú. t. c. s. ‖ Perteneciente o relativo a dicha villa.

camposanto. m. *Cementerio católico.

camposino, na. adj. Natural de Villalcampo, en la provincia de Zamora. Ú. t. c. s. ‖ Perteneciente o relativo a dicho pueblo.

campuroso, sa. adj. Espacioso, holgado.

campurriano, na. adj. Natural de Campoo. Ú. t. c. s. ‖ Perteneciente a esta comarca de Santander.

camucha. f. fam. despect. de **Cama.**

camuesa. f. Fruto del camueso.

camueso. m. Árbol, variedad de *manzano, cuyo fruto es la camuesa. ‖ fig. y fam. Hombre *necio.

camuliano, na. adj. Se dice de las frutas cuando empiezan a *madurar.

camuñas. f. pl. En algunas partes, toda especie de *semillas, menos trigo, centeno o cebada. ‖ m. fam. *Fantasma imaginario con que se asusta a los niños.

camuza. f. **Gamuza.**

camuzón. m. aum. de **Camuza.**

can. m. ***Perro.** ‖ Pieza pequeña de *artillería antigua. ‖ **Gatillo** (de las *armas de fuego*). ‖ poét. **Can Mayor.** ‖ Golpe que en el juego del *peón se da al trompo que ha perdido. ‖ *Arq.* Cabeza de una *viga de la armadura, que sobresale al exterior y sostiene la cornisa. ‖ *Arq.* **Modillón.** ‖ **Mayor.** *Astr.* *Constelación meridional. ‖ **Menor.** *Astr.* *Constelación ecuatorial. ‖ **que mata al lobo. Perro mastín.** ‖ Especie de perro de caza.

can. m. **Kan.**

***cana.** f. Cabello que se ha vuelto blanco. Ú. m. en pl. ‖ **Echar** uno **una cana al aire.** fr. fig. y fam. Esparcirse, *divertirse. ‖ **Peinar** uno **canas.** fr. fig. y fam. Ser *viejo.

cana. f. Medida de *longitud equivalente a unas dos varas. ‖ Variedad de guano silvestre, parecido al coco. ‖ **de rey.** Medida *superficial agraria usada en Tarragona.

canabíneo, a. adj. **Bot.* Dícese de plantas dicotiledóneas, con tallo de fibras tenaces, flores masculinas distintas de las femeninas, y semillas sin albumen; como el cáñamo. Ú. t. c. s. ‖ f. pl. *Bot.* Familia de estas plantas.

canaca. m. despect. Individuo de *raza amarilla. ‖ Dueño de una *mancebía.

canáceo, a. adj. **Bot.* **Cannáceo.**

canacuate. m. Cierta *serpiente acuática, de gran tamaño.

canadiella. f. Antigua medida de *capacidad para líquidos.

canadiense. adj. Natural del Canadá. Ú. t. c. s. ‖ Perteneciente a este país de América.

canadillo. m. **Belcho.**

***canal.** amb. Cauce artificial por donde se conduce el agua. ‖ Parte más profunda y limpia de la entrada de un *puerto. ‖ En el *mar, paraje angosto por donde se puede navegar hasta salir a mayor anchura. ‖ m. Estrecho marítimo, obra de la industria humana. ‖ Brazo de *mar estrecho. ‖ amb. **Geol.* Cualquiera de las vías por donde las aguas o los gases circulan en el interior de la tierra. ‖ *Valle estrecho y *llano. ‖ *Teja que se coloca en los *tejados con la concavidad hacia arriba. ‖ **Anat.* Cualquier conducto del cuerpo. ‖ **Camellón,** artesa. ‖ Res de *carnicería, muerta y abierta, sin las tripas y demás despojos. ‖ Cavidad que se forma entre las dos ancas del *caballo cuando está muy gordo. ‖ *Peine que usan los *tejedores. ‖ *Cáñamo que se saca limpio de la primera operación en el rastrillo. ‖ Corte acanalado de los libros *encuadernados, por la parte opuesta al lomo. ‖ **Faringe.** ‖ *Arq.* **Estría.** Ú. t. c. m. ‖ **de ballesta.** Pieza larga y acanalada, de hueso u otra materia, que tenía el tablero de la *ballesta. ‖ **maestra.** En los ríos, *cauce o lecho. ‖ fig. y fest. **Tragadero.** ‖ **torácico.** *Zool.* Conducto al que afluyen los vasos linfáticos de la mayor parte del cuerpo. ‖ **Canales semicirculares.** Los tres del *oído interno. ‖ **Abrir en canal.** m. adv. Abrir de arriba abajo. ‖ **Correr las canales.** fr. *Llover mucho.

canalado, da. adj. **Acanalado.**

canaladura. f. *Arq.* *Moldura hueca en línea vertical.

canaleja. f. d. de **Canal.**

canalera. f. Canal del *tejado. ‖ Agua que cae por ella cuando llueve.

canaleta. f. Pieza de madera unida a la tolva, por donde pasa el grano a la muela del *molino. ‖ En los telares de *terciopelo, pieza de madera en forma de teja. ‖ **Canaleja.**

canalete. m. *Remo de pala muy ancha, que se usa también a modo de timón. Los hay también con dos palas, una a cada extremo. ‖ *Mar.* Devanadera.

canaleto. m. **Mediacaña,** moldura cóncava.

canalí. m. Canalete hecho de palma cana.

canalización. f. Acción y efecto de canalizar.

***canalizar.** tr. Abrir canales. ‖ Regularizar la corriente de un río o arroyo. ‖ Aprovechar para el *riego o la navegación las aguas corrientes o estancadas.

canalizo. m. *Mar.* *Canal estrecho entre islas o bajos.

canalón. m. Conducto que se pone en los *tejados para recoger el agua de *lluvia. ‖ **Sombrero de teja.**

canalla. f. fig. y fam. Gente baja, *vil. ‖ fig. fam. Los *niños. ‖ m. fig. y fam. Hombre *despreciable.

canallada. f. Acción o dicho propios de un canalla.

canallesco, ca. adj. Propio de la canalla o de un canalla.

canana. f. Cinto dispuesto para llevar cartuchos.

cananeo, a. adj. Natural de la tierra de Canaán. Ú. t. c. s. ‖ Perteneciente a este país asiático.

cananga. f. Planta olorosa, usada en *perfumería.

***canapé.** m. Escaño con *asiento y respaldo de tapicería, que sirve para sentarse o acostarse. ‖ **Sofá.**

canaria. f. Hembra del canario.

canariense. adj. **Canario,** natural de Canarias. Ú. t. c. s.

canariera. f. *Jaula grande o lugar a propósito para la cría de canarios. ‖ fig. fam. *Sombrero de copa.

canario, ria. adj. Natural de las islas Canarias. Ú. t. c. s. ‖ Perteneciente a ellas. ‖ m. *Pájaro pequeño, de plumaje amarillo, cuyo canto es muy apreciado. Se reproduce en cautividad. ‖ *Baile antiguo en compás ternario. ‖ Música de este baile. ‖ Cierta *embarcación latina que se usa en el Mediterráneo. ‖ fig. Persona *generosa y que da buenas propinas. ‖ fig. **Pito** que imita el gorjeo de los pájaros. ‖ Planta de flores amarillas que crece en los terrenos pantanosos. ‖ **¡Canario!** interj. con que se indica *sorpresa.

canasta. f. *Cesto de mimbres, ancho de boca, que suele tener dos asas. ‖ Medida de *capacidad para aceitunas, equivalente a media fanega. ‖ *Mar.* Conjunto de vueltas de *cabo, con que se tiene aferrada, mientras se iza, una vela o una bandera.

canastero, ra. m. y f. Persona que hace o vende canastos. ‖ Mozo que traslada el *pan en canasto desde el horno al enfriadero.

canastilla. f. *Cestilla de mimbres. ‖ Ropa para un *niño recién nacido. ‖ *Regalo que se solía dar a las damas de palacio. ‖ Agasajo de dulces y chocolates que se daba a los Consejeros cuando asistían a las *corridas de toros y otros espectáculos.

canastillero, ra. m. y f. Persona que hace o vende canastillas.

canastillo. m. Azafate hecho con mimbres.

***canasto.** m. Canasta de figura cilíndrica. ‖ **¡Canastos!** interj. con que se indica *sorpresa.

canastro. m. En algunas partes, **canasto.**

canaula. f. *Collar de madera que se pone a las reses y del cual pende la esquila.

cancagua. f. Nombre que se da en

América a cierta *arena empleada en la construcción.

cáncamo. m. Cierta *resina o *goma de un árbol de Oriente.

cáncamo. m. *Mar.* Armella fija en ciertas partes de los buques, que sirve para *sujetar motones, *amarrar cabos, etc. ‖ **de mar.** *Mar.* *Ola gruesa.

cancamurria. f. fam. **Murria** (tristeza).

cancamusa. f. fam. Artificio para *engañar.

cancán. m. *Baile descompuesto y extravagante, de origen francés.

cancán. m. *Molestia, fastidio.

cancán. m. Especie de *loro que no aprende a hablar.

cáncana. f. Banquillo en que el maestro hacía *sentar a los muchachos *castigados, poniéndolos a la vergüenza en la *escuela.

cáncana. f. *Araña gruesa, de patas cortas.

cancaneado, da. adj. Se dice de la persona picada de viruelas.

cancanear. intr. fam. *Vagar sin objeto determinado. ‖ Tartajear.

cancaneo. m. fam. Tartamudeo.

cáncano. m. fam. **Piojo.**

cancanoso, sa. adj. Dícese de la persona de *conversación *molesta.

cancel. m. Contrapuerta, generalmente de tres hojas y un techo, que se adosa a una *puerta, por fuera o por dentro, para evitar corrientes de aire y amortiguar los ruidos. ‖ En la *capilla de palacio, vidriera detrás de la cual se ponía el *rey. ‖ *Biombo.

cancela. f. *Verja que se pone en el umbral de algunas casas para reservar el portal del acceso del público. ‖ Verja de hierro labrado, que en muchas casas de Andalucía separa el portal o el recibimiento del patio.

cancelación. f. Acción y efecto de cancelar.

canceladura. f. **Cancelación.**

cancelar. tr. *Anular un instrumento público, una inscripción u otro escrito que tenía autoridad o fuerza. ‖ fig. Borrar de la memoria.

cancelaría. f. Tribunal de la *curia romana, donde se despachan las gracias apostólicas.

cancelariato. m. Dignidad y oficio de cancelario.

cancelario. m. El que en las *universidades tenía autoridad para dar los grados. ‖ Rector de universidad.

cancelería. f. **Cancelaría.**

***cáncer.** m. Tumor maligno, casi siempre incurable, que destruye los tejidos orgánicos animales. ‖ *Astr.* Cuarto signo del *Zodiaco. ‖ *Astr.* *Constelación zodiacal próxima a dicho signo.

cancerado, da. adj. Que participa del cáncer. ‖ Atacado del cáncer. ‖ fig. Epíteto que se aplica al corazón y al alma del hombre *perverso.

cancerar. tr. Consumir, *debilitar. ‖ Mortificar, *zaherir. ‖ r. Padecer *cáncer. ‖ Volverse cancerosas las úlceras.

cancerbero. m. *Mit.* Perro *quimérico de tres cabezas que guardaba la puerta de los *infiernos. ‖ fig. *Portero vigilante e incorruptible.

canceriforme. adj. Que tiene forma o aspecto de cáncer.

***canceroso, sa.** adj. Que tiene *cáncer o participa de su naturaleza.

cancilla. f. *Enrejado de palos que se usa como *puerta en huertos, corrales, etc.

canciller. m. Empleado auxiliar en las embajadas, legaciones y consulados. ‖ Antiguamente, secretario encargado del *sello real. ‖ Título que lleva, en algunos estados de Europa, el jefe o presidente del *gobierno. ‖ *Magistrado supremo, en algunos países. ‖ **mayor de Castilla.** Título honorario que usaba el *arzobispo de Toledo.

cancillera. f. *Canal de desagüe en las lindes de las tierras labrantías.

cancilleresco, ca. adj. Perteneciente o relativo a la cancillería. ‖ Ajustado al estilo de cancillería.

cancillería. f. Oficio de canciller. ‖ *Oficina auxiliar en las embajadas, legaciones y consulados. ‖ **apostólica.** Oficina de la *curia romana que expide las bulas.

cancín. m. *Cordero de un año.

***canción.** f. Composición en *verso, para cantarla o ponerle música. ‖ Música con que se canta esta composición. ‖ Composición lírica, dividida casi siempre en estancias largas, menos la última, que es más breve. ‖ Nombre antiguo de composiciones *poéticas de distintos géneros. ‖ **Volver uno a la misma canción.** fr. fig. y fam. *Repetir importunamente alguna cosa.

cancionero. m. Colección de canciones y poesías.

cancioneta. f. d. de **Canción.**

cancionista. com. Persona que compone o canta canciones.

canco. m. Especie de olla hecha de greda. ‖ **Maceta** (tiesto). ‖ **Nalga.** ‖ pl. Caderas anchas en la mujer.

cancón. m. fam. **Bu.**

cancro. m. **Cáncer.** ‖ *Pat. Veg.* Úlcera en la corteza de los árboles, la cual se resquebraja y segrega un líquido acre y rojizo.

cancroide. m. *Tumor parecido al cáncer.

cancroideo, a. adj. Que tiene aspecto de cáncer o cancro.

cancha. f. Local destinado a juego de *pelota. ‖ Parte del frontón en la cual juegan los pelotaris. ‖ En general, terreno, *espacio o sitio llano y despejado. ‖ Reñidero de *gallos. ‖ *Corral o cercado espacioso. ‖ **Hipódromo.** ‖ Paraje en que el cauce de un *río es más ancho. ‖ Lo que cobra el dueño de una casa de *juego. ‖ Camino. ‖ **¡Cancha!** interj. que se emplea para pedir que dejen libre el *tránsito.

cancha. f. *Maíz o habas tostadas. ‖ **blanca. Roseta** (de maíz).

canchal. m. Peñascal, lugar cubierto de *piedras. ‖ Abundancia de *dinero.

canchalagua. f. *Planta americana, de la familia de las gencianeas, muy semejante a la centaura menor. ‖ **de Aragón.** Lino purgante.

canchamina. f. Cancha o patio cercado en una *mina.

canchaminero. m. El que trabaja en una canchamina.

canchear. intr. *Holgazanear.

canchelagua. f. **Canchalagua.**

cancheo. m. Acción y efecto de canchear.

canchera. f. *Herida grande.

canchero, ra. adj. El que tiene una cancha de *juego o cuida de ella. ‖ Aficionado a canchear. ‖ m. *Clérigo de misa y olla, que saca dinero a sus feligreses. ‖ Trabajador encargado de una cancha. ‖ Se aplica al que señala los tantos en el *juego.

cancho. m. *Peñasco grande. ‖ **Canchal.** Ú. m. en pl. ‖ *Borde de un objeto. ‖ Casco de la *cebolla o del pimiento.

canchón. m. aum. de **Cancha.** ‖ Coto, *dehesa.

candado. m. *Cerradura suelta contenida en una caja de metal y provista de una barrita curva, que se atraviesa por las armellas dispuestas al efecto en puertas, ventanas, cajas, etc. ‖ *Arete, pendiente. ‖ Perilla de la *barba. ‖ pl. Las dos concavidades inmediatas a las ranillas, que tienen las *caballerías en los pies.

candaliza. f. *Mar.* Cada uno de los *cabos que hacen oficio de brioles en los cangrejos.

cándalo. m. *Rama deshojada. ‖ Panoja desgranada.

candalo. m. Variedad del *pino.

candamo. m. Antiguo *baile popular.

candar. tr. *Cerrar con llave. ‖ Por ext., cerrar de cualquier modo.

cándara. f. **Criba.**

cande. adj. V. **Azúcar cande.**

candeal. adj. V. **Pan, trigo candeal.** Ú. t. c. s.

candela. f. ***Vela** (para el alumbrado). ‖ Flor del *castaño. ‖ **Candelero.** ‖ *Fís.* Unidad de medida para la *luz. ‖ fam. **Lumbre.** ‖ fig. Claro que deja el fiel de la *balanza cuando se inclina a la cosa que se pesa. ‖ **Carámbano.** ‖ **Luciérnaga.** ‖ **Acabarse la candela.** fr. fig. Terminar en las *subastas el tiempo señalado para los remates. ‖ fig. y fam. Estar alguno próximo a *morir. ‖ **A mata candelas.** m. adv. con que se explica la última lectura de la *excomunión. ‖ **Arrimar candela.** fr. fig. y fam. *Golpear, dar de palos. ‖ **En candela.** m. adv. *Mar.* En posición *vertical. ‖ **Estar con la candela en la mano.** fr. fig. Estar próximo a *morir.

***candelabro.** m. *Candelero de dos o más brazos. ‖ Planta de las *cácteas, cuyos frutos se llaman tunas.

candelada. f. **Hoguera.**

candelaria. f. *Festividad con que conmemora la Iglesia la Purificación de la *Virgen. ‖ **Gordolobo.**

candelecho. m. *Choza levantada sobre estacas, para *vigilar desde ella la *viña.

candeledano, na. adj. Natural de Candeleda (Ávila). Ú. t. c. s. ‖ Perteneciente o relativo a esta villa.

candeleja. f. **Arandela** (del candelero).

candelejón. adj. *Cándido, excesivamente inocente o *necio.

candelerazo. m. *Golpe dado con un candelero.

***candelero.** m. Soporte que termina en un cubo hueco y sirve para mantener derecha la vela. ‖ **Velón.** ‖ Instrumento para *pescar, deslumbrando a los peces con teas encendidas. ‖ El que hace o vende candelas. ‖ *Fort.* Bastidor de madera compuesto de una solera y dos montantes, que se emplea como defensa contra el fuego enemigo. ‖ *Mar.* Cualquiera de los *puntales verticales fijos en una embarcación para sujetar en ellos *cabos, telas, listones, etc. ‖ **ciego.** *Mar.* El que no tiene anillo en la parte superior. ‖ **de ojo.** *Mar.* El que tiene anillo. ‖ **En candelero.** loc. fig. En situación preeminente.

candeleta. f. **Candaliza.**

candelilla. f. d. de **Candela.** ‖ *Cir.* Instrumento de goma elástica u otra substancia, que sirve para explorar y curar la uretra. ‖ *Planta euforbiácea que da un jugo lechoso y drástico. ‖ **Amento** (espiga articulada). ‖ Especie de *costura. ‖ *Luciérnaga. ‖ **Fuego fatuo.** Ú. m. en pl. ‖ **Hacerle a uno candelillas los ojos.** fr. fig. y fam. Brillarle los ojos al que está medio *borracho.

candelizo. m. fam. **Carámbano.**

candelorio. m. **Carbonada.**

candencia. f. Calidad de candente

candente. adj. Dícese de ciertos cuerpos, como el hierro, cuando, por la acción del *fuego, toman un color rojo vivo o casi blanco. ‖ fig. V. **Cuestión candente.**
candi. adj. **Cande** (azúcar).
candial. adj. **Candeal.**
candidación. f. Acción de cristalizarse el *azúcar.
cándidamente. adv. m. Con *candidez.
candidato. m. El que *desea o *procura obtener algún cargo o dignidad. ‖ Persona propuesta o indicada para una dignidad o un empleo, aunque no lo solicite.
candidatura. f. Reunión de candidatos a un *empleo. ‖ Papeleta en que va escrito o impreso el nombre de uno o varios candidatos. ‖ Propuesta a favor de una o varias personas para una dignidad o un cargo. ‖ Aspiración, *deseo de obtener un *empleo, cargo u honor.
***candidez.** f. Calidad de cándido.
***cándido, da.** adj. **Blanco.** ‖ → Sencillo, sin malicia ni doblez.
candiel. m. *Dulce que se hace con vino blanco, yemas de huevo y azúcar.
***candil.** m. Utensilio para alumbrar, formado por dos conchas de metal superpuestas; en la de encima se ponen el aceite y la torcida, y la de abajo lleva unida una varilla con garfio para colgarlo. ‖ Lamparilla manual de aceite. ‖ Punta alta de las *cuernas de los venados. ‖ fig. y fam. Pico del *sombrero. ‖ fig. y fam. Pico largo y desigual en las *faldas de las mujeres. ‖ *Pez cubano, cuyas escamas brillan en la obscuridad. ‖ **Araña,** candelabro. ‖ pl. *Planta aristoloquia que trepa por los troncos de los árboles. ‖ *Planta muy parecida al aro. ‖ **Arísaro.** ‖ **Adóbame esos candiles.** expr. fig. y fam. con que se señala una contradicción en lo que se oye. ‖ **Ni buscado con un candil.** expr. fig. y fam. que se aplica a la persona muy *hábil para el asunto que ha de encomendársele. ‖ **Pescar al candil.** fr. Hacerlo de noche, deslumbrando a los peces con una antorcha. ‖ **Poder arder en un candil.** fr. fig. y fam. Empléase para ponderar el *ingenio y astucia de una persona.
candilada. f. fam. Porción de aceite que se ha derramado de un candil.
candilazo. m. *Golpe dado con un candil.
candileja. f. Vaso interior del *candil. ‖ Cualquier vasija pequeña en que se pone aceite u otra materia combustible para que ardan una o más mechas. ‖ **Lucérnula.** ‖ pl. Línea de tres luces en el proscenio del *teatro.
candilejo. m. d. de **Candil.** ‖ **Candileja,** lucérnula.
candilera. f. *Mata labiada, de flores amarillas con el cáliz cubierto de pelos largos.
candilero. m. Percha para colgar los candiles.
candiletear. intr. Andar de un lado a otro para *averiguar lo que ocurre.
candiletero, ra. m. y f. Persona ociosa y *entremetida.
candilillo. m. **Arísaro.** Ú. m. en pl.
candilón. m. aum. de **Candil.**
candín. adj. **Cojo.**
candinga. f. *Importunación, machaqueo. ‖ Enredo. ‖ **Diablo.**
candiota. adj. Natural de Candía. Ú. t. c. s. ‖ Perteneciente a esta isla del Mediterráneo. ‖ f. *Barril para vino u otro licor. ‖ *Vasija grande de barro con una espita por la parte inferior, que se pone, como las tinajas del agua, sobre un pie.
candiote. adj. ant. **Candiota.** Apl. a pers., ú. t. c. s.
candiotera. f. Local donde están los envases en que se cría el *vino. ‖ Conjunto de estos envases.
candiotero. m. El que hace o vende candiotas.
candirse. r. Consumirse por una *enfermedad larga.
candombe. m. *Baile grosero de los negros de la América del Sur. ‖ Casa o sitio donde se danza este baile. ‖ *Tambor alto y de un solo parche.
candonga. f. fam. **Cancamusa.** ‖ fam. *Broma pesada. ‖ fam. *Mula de tiro. ‖ Lienzo en dobleces con que se *ciñe el vientre a los recién nacidos. ‖ *Mar.* *Vela triangular que usan algunas embarcaciones latinas. ‖ pl. *Aretes, arracadas.
candongo, ga. adj. fam. *Adulador, zalamero, *astuto. Ú. t. c. s. ‖ fam. *Perezoso que tiene maña para huir del trabajo. Ú. t. c. s.
candonguear. tr. fam. Dar a uno vaya o candonga. ‖ intr. fam. Huir del trabajo por *holgazán.
candongueo. m. Acción y efecto de candonguear.
candonguero, ra. adj. fam. Que suele dar candonga o *zaherir a otro.
candor. m. Suma *blancura. ‖ fig. *Sinceridad, pureza del ánimo. ‖ *Inocencia.
candorga. f. Planta parietal de hojas largas y carnosas, que se usaba como *amuleto.
candorosamente. adv. m. Con candor, con *inocencia.
candoroso, sa. adj. Que tiene candor. ‖ Inocente.
candray. m. *Embarcación pequeña de dos proas.
canducho, cha. adj. Fornido, robusto.
candujo. m. *Germ.* **Candado,** cerradura.
cané. m. Juego de azar, con *naipes, parecido al monte.
canear. intr. Empezar a tener *canas.
caneca. f. Botella de barro vidriado, que sirve para contener ginebra u otros licores. ‖ *Vasija de madera. ‖ Medida de *capacidad para líquidos. ‖ **Alcarraza.**
canecillo. m. *Arq.* **Can,** cabeza de una *viga que sobresale al exterior.
caneco, ca. adj. Que está *borracho o achispado.
caneco. m. **Caneca,** botella de barro.
canéfora. f. Doncella que en algunas *fiestas de la Antigüedad llevaba en la cabeza un canastillo con *flores. ‖ *Arq.* *Estatua de **canéfora** empleada como *ornamentación.
caneforias. f. pl. *Mit.* *Fiestas griegas en honor de Diana.
caneisito. m. *Fiesta popular en la que hay música, rifas, venta de dulces, etc. Ú. m. en pl.
canela. f. Corteza de las ramas del canelo, de olor muy aromático y sabor agradable, que es una *especia muy apreciada. ‖ fig. y fam. Cosa muy fina y *excelente.
canelada. f. *Cetr.* Cierto alimento que se daba al halcón.
canelado, da. adj. **Acanelado.**
canelar. m. Plantío de canelos.
canelero. m. **Canelo** (árbol de la canela).
canelilla. f. *Árbol que se cría en la isla de Cuba.
canelillo. m. **Canelo** (planta lauráceа).
canelina. f. *Quím.* Substancia cristalizable contenida en la canela blanca.
canelita. f. **Geol.* Especie de roca meteórica.
canelo, la. adj. De color de canela. ‖ m. *Árbol de las laurineas. La segunda corteza de sus ramas es la canela. ‖ *Árbol de las magnoliáceas. ‖ Planta laurácea.
canelón. m. **Canalón.** ‖ Carámbano que cuelga de las canales. ‖ Cada una de ciertas labores tubulares de *pasamanería. ‖ *Confite alargado que tiene dentro una raja de canela o de acitrón. ‖ fam. Extremo de los ramales de las disciplinas. ‖ Cachada que se da con un *trompo en otro. ‖ Rizo del *cabello.
canequí. m. **Caniquí.**
canequita. f. Medida de *capacidad para líquidos, equivalente a algo más de dos litros.
canero. m. *Salvado grueso.
canesú. m. Cuerpo de *vestido de mujer, corto y sin mangas. ‖ En las *camisas y otras ropas, parte de arriba a que se pegan el cuello, las mangas y el resto de la prenda.
caney. m. Recodo de un *río. ‖ *Cabaña o bohío cónico. ‖ *Choza redonda hecha con palos y cañas.
canfín. m. **Petróleo.**
canga. f. Yunta de *caballerías. ‖ *Arado para una sola caballería. ‖ Instrumento chino de *suplicio que consiste en una pieza de madera en que se aprisiona el cuello y a veces también las muñecas del reo. ‖ Suplicio que se aplica con este instrumento.
canga. f. Mineral de *hierro con arcilla.
cangagua. f. Tierra para hacer adobes.
cangalla. f. **Andrajo.** ‖ com. Persona o animal *flacos y desmedrados. ‖ Persona *cobarde. ‖ *Min.* Desperdicios de los minerales. ‖ Aparejo con albarda. ‖ *Germ.* **Carreta.**
cangallar. tr. *Robar en las minas. ‖ Defraudar al fisco.
cangallero. m. *Ladrón que roba en la *mina donde trabaja. ‖ El que compra cangalla robada. ‖ *Vendedor de objetos a bajo precio. ‖ *Germ.* **Carretero.**
cangallo. m. fam. Apodo que se da a la persona muy *alta o *flaca. ‖ **Zancajo.** ‖ Objeto *deteriorado. ‖ *Germ.* **Carro.**
cangar. tr. Estorbar, *obstruir un espacio cualquiera.
cangilón. m. *Vasija grande, generalmente en figura de cántaro. ‖ Cada una de las vasijas iguales atadas a una maroma doble que descansa sobre la rueda de la *noria. ‖ Cada una de las vasijas de hierro que forman parte de las dragas. ‖ Cada uno de los pliegues de figura cilíndrica que se hacían en los *cuellos. ‖ Cogido que se hace en los *vestidos de mujer.
cangre. m. Mata o tallo de yuca.
cangreja. adj. *Mar.* V. **Vela cangreja.** Ú. t. c. s.
cangrejal. m. Terreno *cenagoso lleno de ciertos cangrejillos negruzcos.
cangrejera. f. Nido de cangrejos. ‖ *Red para cogerlos.
cangrejero, ra. m. y f. Persona que coge o vende cangrejos. ‖ m. *Ave zancuda, parecida a la garza. ‖ **Cangrejera.** ‖ Carnívoro semejante al *perro, que se alimenta de cangrejos.
***cangrejo.** m. Crustáceo fluvial, comestible, con el cuerpo casi cilíndrico, de color verde obscuro, que por la cocción se vuelve rojo. Tiene las dos patas del primer par muy gruesas, con fuertes pinzas. ‖ *Mar.* *Verga que tiene en uno de sus

extremos una boca semicircular por donde ajusta al palo del buque. ‖ fig. fam. En Madrid, nombre que se daba a los *tranvías de ciertas líneas, por su color encarnado. ‖ **de mar. Cámbaro.** ‖ **moro.** El de mar, con manchas rojas.

cangrejuelo. m. d. de **Cangrejo.**

cangrena. f. **Gangrena.**

cangrenarse. r. **Gangrenarse.**

cangro. m. **Cáncer.**

canguelo. m. fam. Miedo, *temor.

cangüeso. m. *Pez acantopterigio.

canguil. m. *Maíz pequeño.

canguis. m. fam. **Canguelo.**

canguro. m. *Mamífero didelfo, herbívoro, que anda a saltos y que, cuando está quieto, se apoya en las patas y en la cola, que es muy robusta.

cania. f. **Ortiga menor.**

caníbal. adj. Dícese del *salvaje de las Antillas, que era tenido por antropófago. Ú. t. c. s. ‖ fig. Dícese del hombre *cruel y sanguinario. Ú. t. c. s.

canibalismo. m. Antropofagia atribuida a los caníbales. ‖ fig. Ferocidad o *crueldad propias de caníbales.

canica. f. Canela silvestre de la isla de Cuba. ‖ *Juego de niños que se hace con bolitas de barro, vidrio, mármol, etc. ‖ Cada una de estas bolitas.

***canicie.** f. Color cano del pelo.

canícula. f. Período del *año, comprendido entre fines de julio y comienzos de septiembre, en que son más fuertes los *calores. ‖ *Astr.* **Sirio.** ‖ **Astr.* Tiempo del nacimiento heliaco de Sirio.

canicular. adj. Perteneciente a la canícula. ‖ m. pl. Días que dura la canícula.

caniculario. m. **Perrero.**

cánidos. m. pl. *Zool.* Familia de mamíferos carniceros cuyo tipo es el *perro.

canijo, ja. adj. fam. *Débil y *enfermizo. Ú. t. c. s.

canil. m. *Pan de *perro. ‖ **Colmillo.**

canilla. f. Cualquiera de los *huesos largos de la pierna o del brazo. ‖ Cualquiera de los huesos principales del ala del *ave. ‖ *Grifo o espita que se pone en la parte inferior de la cuba o tinaja. ‖ Carrete con hilo, y que va dentro de la lanzadera en las máquinas de *tejer y *coser. ‖ *Raya que en las *telas suelen formar, por descuido, algunas hebras de distinto color o grueso. ‖ Juego de *dados. ‖ **Pantorrilla.** ‖ *Fuerza, vigor físico. ‖ **Irse uno como una canilla,** o **de canilla.** fr. fig. y fam. Padecer *diarrea. ‖ fig. y fam. *Hablar cuanto se viene a la boca.

canilla. adj. V. **Uva canilla.**

canillado, da. adj. **Acanillado.**

canillera. f. **Espinillera.**

canillero, ra. m. y f. Persona que hace canillas para tejer. ‖ m. Agujero que se hace en las tinajas o *cubas para poner la canilla. ‖ **Sauquillo.**

canime. m. *Árbol de Colombia que produce un aceite medicinal.

canina. f. *Excremento de *perro.

caninamente. adv. m. Rabiosamente.

caninero. m. El que recoge las caninas para las tenerías.

caninez. f. *Hambre canina.

canino, na. adj. Relativo al can. ‖ Aplícase a propiedades que tienen semejanza con las del *perro.

caniquí. m. *Tela delgada de algodón, que se hacía en la India.

canistro. m. *Arqueol.* *Cesta de junco que usaban los antiguos en sus *fiestas públicas.

canivete. m. *Navaja en forma de podadera.

canje. m. *Permuta, cambio, trueque.

canjeable. adj. Que se puede canjear.

canjear. tr. Hacer canje.

canjiar. m. *Puñal indio.

canjilón, na. adj. Natural de Canjáyar, en la provincia de Almería. Ú. t. c. s. ‖ Perteneciente o relativo a esta villa.

canjura. f. Cierto *veneno muy activo.

cannáceo, cea. adj. **Bot.* Dícese de las plantas monocotiledóneas, con raíz fibrosa, hojas envainadoras en la base del tallo, y semillas con albumen harinoso o casi córneo; como el cañacoro. ‖ f. pl. *Bot.* Familia de estas plantas.

***cano, na.** adj. Dícese del pelo o cabello que se ha puesto blanco. ‖ fig. *Anciano o antiguo. ‖ fig. y poét. **Blanco.**

canoa. f. *Embarcación de remo muy estrecha, que tiene la proa igual que la popa. ‖ Bote muy ligero que llevan algunos buques. ‖ **Sombrero de canoa.** ‖ *Canal de madera para conducir el agua. ‖ Vaina de los coquitos de la *palmera. ‖ Canal del tejado. ‖ Especie de *artesa o dornajo para que coman los cerdos.

canoero, ra. m. y f. Persona que gobierna la canoa.

***canon.** m. *Regla o precepto. ‖ **Der. Can.* Decisión establecida en algún *concilio. ‖ Catálogo de los *libros sagrados* admitidos por la Iglesia católica. ‖ Catálogo o *lista. ‖ Cierta parte de la misa. ‖ Libro que usan los *obispos en la misa. ‖ **Esc.* Regla de las *proporciones de la figura humana. ‖ Prestación pecuniaria periódica que grava una concesión del Estado. ‖ → *For.* Lo que se paga por un *censo al censualista. ‖ *For.* Precio del *arrendamiento rústico. ‖ **Impr.* Caracteres gruesos de veinticuatro puntos. ‖ **Mús.* Composición de contrapunto en que sucesivamente van entrando las voces, repitiendo cada una el canto de la que le antecede. ‖ pl. **Derecho canónico.** ‖ **Gran canon.** **Impr.* Grado de letra de imprenta, la mayor que se usaba.

canón. m. *Instrumento músico parecido al salterio.

canonesa. f. Mujer que vive en *comunidad en ciertas abadías, pero sin hacer votos solemnes.

canónica. f. Vida conventual de los *canónigos.

canonical. adj. Perteneciente al canónigo.

canónicamente. adv. m. Conforme a cánones.

canonicato. m. **Canonjía.**

***canónico, ca.** adj. Arreglado a los sagrados cánones. ‖ Se aplica a los libros y epístolas que se contienen en el canon de la *Biblia.

canóniga. f. fam. Siesta que se *duerme antes de comer.

***canónigo.** m. El que tiene una canonjía. ‖ **doctoral.** Prebendado de oficio, que es asesor jurídico del cabildo catedral. ‖ **lectoral.** *Teólogo del cabildo. ‖ **magistral.** *predicador propio del cabildo. ‖ **penitenciario.** Confesor propio del cabildo. ‖ **reglar,** o **regular.** El perteneciente a cabildo que observa vida conventual.

canonisa. f. **Canonesa.**

canonista. m. El que profesa el *derecho canónico*.

canonizable. adj. Digno de ser canonizado.

canonización. f. Acción y efecto de canonizar.

***canonizar.** tr. Declarar solemnemente *santo al que ha sido ya beatificado. ‖ fig. *Aprobar y *aplaudir alguna cosa.

***canonjía.** f. Cierta prebenda eclesiástica. ‖ fig. y fam. *Empleo cómodo y muy *ventajoso.

canonjible. adj. ant. Perteneciente al canónigo o a la *canonjía.

canope. m. *Arqueol.* Vaso destinado a contener las vísceras de los *cadáveres momificados.

canorca. f. **Cueva.**

canoro, ra. adj. Dícese del *ave de *canto grato y melodioso. ‖ Dícese, por ext., del *sonido agradable y melodioso.

canoso, sa. adj. Que tiene muchas *canas.

canquén. m. *Ganso silvestre de Chile.

cansadamente. adv. m. *Importuna y molestamente.

***cansado, da.** adj. Dícese de las cosas que se *debilitan o decaen. ‖ Aplícase a la persona o cosa que produce cansancio.

***cansancio.** m. Falta de fuerzas que resulta de haberse fatigado.

***cansar.** tr. Causar cansancio. Ú. t. c. r. ‖ Agotar la *tierra de labor. Ú. t. c. r. ‖ fig. Enfadar, *fastidiar. Ú. t. c. r.

cansera. f. fam. *Molestia causada por la *importunación. ‖ *Cansancio. ‖ Tiempo o esfuerzo empleado *inútilmente.

cansí. m. Entre los antiguos indígenas de Cuba, bohío o *choza del cacique.

cansino, na. adj. Aplícase al animal *cansado por sus esfuerzos, y particularmente a los *bueyes. Por ext., se aplica a las personas.

cansío, a. adj. *Cansado, fatigado.

canso, sa. adj. **Cansado.**

cansoso, sa. adj. Que produce *cansancio.

canstadiense. adj. **Geol.* Dícese de la época en que aparece la raza de Canstadt.

cantable. adj. Que se puede *cantar. ‖ **Mús.* Que se canta despacio. ‖ m. Parte de los libretos de zarzuela que se escribe en verso adecuado para que se le ponga música. ‖ Escena de la zarzuela en que se canta.

cantábrico, ca. adj. Perteneciente a Cantabria.

cántabro, bra. adj. Natural de Cantabria. Ú. t. c. s.

cantada. f. **Cantata.**

cantador, ra. m. y f. Persona que tiene habilidad para *cantar coplas populares.

cantal. m. Canto de *piedra. ‖ **Cantizal.**

cantalear. intr. Arrullar las *palomas.

cantaleta. f. Ruido de voces e instrumentos para *burlarse de alguna persona. ‖ Canción con que se hacía mofa de una o varias personas. ‖ fig. y fam. Chasco, vaya.

cantaletear. tr. *Repetir las cosas hasta la saciedad. ‖ Dar cantaleta.

cantalinoso, sa. adj. Dícese de la tierra en que abundan los cantos.

cantamusa. f. **Cancamusa.**

***cantante.** p. a. de **Cantar.** Que canta. ‖ com. Cantor a cantora de profesión.

***cantar.** m. *Copla puesta en música para cantarla. ‖ Especie de saloma que usan los trabajadores de tierra. ‖ **de gesta.** *Poesía popular en que se referían hechos de personajes históricos o legendarios. ‖ **de los Cantares.** Cierto libro del Antiguo Testamento. || **Ese es otro cantar.** expr. fig. y fam. Eso es *diferente.

***cantar.** intr. Emitir con los órganos de la voz una serie de sonidos modulados. Dícese de las personas y, por ext., de algunos animales. Ú. t. c. tr. || Producir algunos *insectos un sonido característico, haciendo vibrar ciertas partes de su cuerpo. || fig. Componer o *recitar alguna poesía. Ú. t. c. tr. || fig. En ciertos juegos de *naipes, decir el punto o calidades. || fig. y fam. Rechinar los ejes u otras piezas de los *carruajes cuando se mueven. || fig. y fam. Descubrir o *revelar alguna cosa. || *Mar.* **Avisar.** || *Mar.* Sonar el pito como señal de *mando. || *Mús.* Ejecutar con un *instrumento el canto de una pieza concertante. || **Cantar** uno **de plano.** fr. fig. y fam. *Revelar o confesar todo lo que sabe. || **Cantarlas claras.** fr. Hablar con *atrevimiento o *descaro.

cántara. f. Medida de *capacidad para líquidos, equivalente a ocho azumbres. || **Cántaro.**

cantarada. f. **Cántaro** (su contenido). || **Pagar la cantarada.** fr. *Convidar a beber el *novio forastero a los mozos del pueblo en que se echa novia.

cantaral. m. **Cantarera.**

cantarela. f. Prima de violín o de la *guitarra.

cantarera. f. Poyo de fábrica, o armazón de madera para poner los cántaros.

cantarería. f. Lugar donde se venden cántaros.

cantarero. m. **Alfarero.**

cantárida. f. *Insecto coleóptero, de color verde obscuro brillante, que, reducido a polvo o en tintura alcohólica, se emplea en *farmacia como vejigatorio. || Parche de **cantáridas.** || *Ampolla o llaga que producen las **cantáridas** sobre la *piel.

cantarilla. f. *Vasija de barro parecida a una jarra con la boca redonda.

cantarillo. m. d. de **Cántaro.**

cantarín, na. adj. fam. Aficionado con exceso a *cantar. || m. y f. **Cantante.**

cántaro. m. *Vasija grande de barro, angosta de boca, ancha por la barriga y estrecha por el fondo. También se hace de metal. || Todo el líquido que cabe en un **cántaro.** || Medida de *capacidad para vino. || Recipiente en que se echan las bolas o cédulas para hacer *sorteos. || **Piporro.** || *Impuesto municipal sobre el vino, aceite u otros productos agrícolas. || **A cántaros.** m. adv. En *abundancia. || **Entrar** uno **en cántaro.** fr. fig. Entrar en *suerte.

cantarrana. f. *Juguete con que se produce un ruido semejante al croar de la rana. Se hace con una cáscara de nuez en la cual se atiranta un trozo de pergamino atravesado por un hilo.

cantata. f. Composición poética de alguna extensión con música para *cantarla.

cantatriz. f. **Cantarina.**

cantazo. m. Pedrada o *golpe dado con canto.

***cante.** m. Acción y efecto de *cantar. || Cualquier género de canto popular. || Canción, sonsonete. || **flamenco.** El andaluz *agitanado. || **jondo. Cante flamenco.**

canteado, da. adj. *Albañ.* Dícese del *sillar, ladrillo u otro material puesto de canto.

cantear. tr. Labrar los *bordes o cantos de una tabla, piedra u otro material. || Poner de canto los *ladrillos. || **Apedrear.** || *Cant.* Labrar la piedra de sillería.

cantel. m. *Mar.* Trozo de *cabo para arrimar la pipería. Ú. m. en pl.

***cantera.** f. Sitio de donde se saca *piedra. || fig. Talento, *ingenio. || **Armar, levantar,** o **mover, una cantera.** fr. fig. y fam. Causar o agravar una *lesión. || fig. y fam. Promover graves *discordias.

***cantería.** f. Arte de labrar las piedras para las construcciones. || Obra hecha de piedra labrada.

canterito. m. Pedazo pequeño de *pan.

canterla. f. **Cantesa.**

***cantero.** m. El que labra las *piedras para las construcciones. || *Borde o canto de algunas cosas duras que se pueden partir con facilidad. || Trozo de *tierra laborable o de huerta. || **Cuadro** de un *jardín. || **Caballón.**

cantesa. f. Abrazadera con que se refuerzan las almadreñas.

canticio. m. fam. Canto frecuente y molesto.

cántico. m. Cada una de las composiciones poéticas de los libros sagrados y los *cantos *litúrgicos en que se dan gracias o tributan alabanzas a Dios. || Composición *poética en que se exalta algún sentimiento profano.

***cantidad.** f. Cualidad de lo que puede medirse o numerarse o de lo que es capaz de aumento o disminución. || Porción *abundante de alguna cosa. || Porción indeterminada de *dinero. || *Pros.* Tiempo que se invierte en la *pronunciación de una sílaba. || **alzada.** La suma total de dinero que se considera suficiente para algún objeto. || **concurrente.** La necesaria para completar cierta suma. || **constante.** *Mat.* La que conserva valor fijo en el desarrollo de un cálculo. || **continua.** *Mat.* La que consta de unidades o partes que no están separadas unas de otras. || **discreta.** *Mat.* La que consta de unidades o partes separadas unas de otras. || **exponencial.** *Mat.* La que está elevada a una potencia cuyo exponente es desconocido. || **imaginaria.** *Mat.* La que por la naturaleza de su definición no puede existir. || **negativa.** *Mat.* La que por su naturaleza disminuye el valor de las **cantidades** positivas a que se contrapone. || **positiva.** *Mat.* La que agregada a otra la aumenta. || **racional.** *Mat.* Aquella en cuya expresión no entra radical alguno. || **real.** *Mat.* La que realmente puede existir. || **variable.** *Mat.* La que no tiene valor constante y determinado. || **Hacer buena** una **cantidad.** fr. Abonarla, *garantizarla.

cantiga o **cántiga.** f. Antigua composición *poética para *cantarla.

cantil. m. Sitio que forma *escalón en la *costa o en el fondo del mar. || Borde de un *precipicio. || Especie de *culebra grande de Guatemala.

cantilena. f. *Cantar, copla. || fig. y fam. *Repetición *impertinente de alguna cosa.

cantillo. m. Piedrecilla para el *juego de los **cantillos.** || Cantón, *esquina. || pl. Juego que se hace con cinco piedrecitas.

cantimpla. adj. Dícese de la persona *tonta y callada. Ú. t. c. s.

cantimplora. f. **Sifón.** || *Vasija de metal que sirve para *enfriar el agua. || Frasco aplanado y forrado para llevar la bebida en *viaje. || Olla grande. || Vasija u *odre para el vino. || **Papera.** || Frasco de la *pólvora.

cantina. f. Sótano donde se guarda el *vino para el consumo de la casa. || Puesto público en que se venden *bebidas y algunos comestibles. || Pieza de la casa, donde se tiene el repuesto del *agua para beber. || *Caja dividida en compartimientos, para llevar las provisiones de boca. || pl. Estuche doble para llevar en los viajes las provisiones diarias. || *Bolsas de cuero, para llevar comida, que se colocan junto al borrén trasero de la silla de montar.

cantinela. f. **Cantilena.**

cantinera. f. Mujer que tiene por oficio servir bebidas a los *soldados en campaña.

cantinero. m. El que cuida de los licores y *bebidas. || El que tiene cantina.

cantiña. f. fam. **Cantar.**

cantista. adj. **Cantor.** Ú. t. c. s.

cantizal. m. Terreno donde hay muchos cantos.

***canto.** m. Acción y efecto de cantar. || Arte de cantar. || *Poema heroico. || También se llama así a otras composiciones *poéticas. || Cada una de las partes en que se divide el *poema épico. || *Mús.* Parte melódica que da carácter a una pieza de música concertante. || **ambrosiano.** El *litúrgico introducido por San Ambrosio. || **de órgano,** o **figurado.** El que se compone de notas diferentes en forma y duración. || **gregoriano,** o **llano.** El propio de la *liturgia cristiana. || **mensurable. Canto de órgano.** || **Al canto del gallo.** m. adv. fam. **Al** ***amanecer.** || **Al canto de los gallos.** m. adv. fam. A la medianoche.

canto. m. *Extremidad o *lado. || *Borde, punta o esquina de alguna cosa. || **Cantón,** *ángulo de un edificio. || En el *cuchillo, sable, etc., lado opuesto al filo. || Corte del *libro, opuesto al lomo. || *Grueso de alguna cosa. || *Carp.* Dimensión menor de una escuadría. || Trozo de *piedra. || *Juego que consiste en tirar una piedra lo más lejos posible. || *Bizcocho bañado en azúcar. || **de pan.** Cantero de *pan. || **pelado,** o **rodado.** *Piedra alisada a fuerza de rodar. || **Darse** uno **con un canto en los pechos.** Darse por *contento cuando lo que ocurre es más *favorable o menos *adverso de lo que se esperaba. || **De canto.** m. adv. De lado, no de plano.

cantollanista. com. Persona perita en el canto llano.

cantón. m. **Esquina.** || País, región, *territorio. || **Acantonamiento.** || Parte *alta aislada en medio de una *llanura. || *Blas.* Cada uno de los cuatro ángulos del escudo. || **de honor.** *Blas.* **Francocuartel.** || **redondo.** *Carp.* **Limatón.**

cantón. m. *Tela de algodón que imita al casimir.

cantonada. f. **Cantón.** || **Dar cantonada** a uno. fr. fig. **Darle esquinazo.**

cantonado, da. adj. *Blas.* Se aplica a la cruz o sotuer cuando los acompañan otras piezas en sus cantones.

cantonal. adj. Partidario o defensor del cantonalismo. Ú. t. c. s. || Perteneciente o relativo al cantón o al cantonalismo.

cantonalismo. m. Sistema *político que aspira a dividir el estado en cantones con cierta independencia. || fig. Desconcierto político por relajación del poder soberano en la nación.

cantonalista. adj. **Cantonal.** Ú. t. c. s.

cantonar. tr. **Acantonar.** Ú. t. c. r.

cantonear. intr. Andar *vagando.
cantonearse. r. fam. **Contonearse.**
cantoneo. m. fam. **Contoneo.**
cantonera. f. Pieza que se pone en los *ángulos de *libros, muebles u otros objetos, para darles firmeza o para adorno. ‖ **Rinconera,** mueble. ‖ *Ramera que anda por las esquinas.
cantonero, ra. adj. Que cantonea. Ú. t. c. s. ‖ m. Instrumento que usan los *encuadernadores para dorar los cantos de los libros.
cantor, ra. adj. Que canta. Ú. t. c. s. ‖ *Zool.* Dícese de ciertas *aves pequeñas que tienen los músculos de la laringe muy desarrollados; como el mirlo y el ruiseñor. ‖ *Germ.* El que declaraba en el tormento. ‖ f. fam. **Bacín.** ‖ f. pl. *Zool.* Orden de las aves **cantoras.**
cantoral. m. **Libro de coro.**
cantorral. m. **Cantizal.**
cantoso, sa. adj. Dícese del cantizal.
cantú. m. *Arbusto de las polemoniáceas que da unas flores muy hermosas.
cantúa. f. *Dulce seco, compuesto de boniato, coco, ajonjolí y azúcar moreno.
cantuariense. adj. Natural de Cantórbery. Ú. t. c. s. ‖ Perteneciente a esta ciudad de Inglaterra.
cantuda. f. *Pan moreno.
cantueso. m. *Planta perenne, de las labiadas, semejante al espliego. ‖ fig. y fam. V. **Flores de cantueso.**
canturía. f. Ejercicio de *cantar. ‖ Canto de música. ‖ Canto monótono. ‖ Tonillo monótono del que *recita alguna cosa.
canturrear. intr. fam. **Canturriar.**
canturreo. m. Acción de canturrear.
canturria. f. **Canturía,** canto monótono.
canturriar. intr. fam. *Cantar a media voz.
cantusar. intr. **Canturriar.**
cantuta. f. **Clavellina.**
cánula. f. Caña pequeña. ‖ *Cir.* Tubo corto que se emplea en diferentes operaciones. ‖ Tubo terminal de las *jeringas.
canular. adj. Que tiene forma de cánula.
canute. m. Cañuto. ‖ Gusano de *seda que enferma después de recordar.
canutero. m. **Cañutero.** ‖ Mango de la *pluma de escribir.
canutillo. m. **Cañutillo.**
canuto. m. **Cañuto.** ‖ fam. Licencia absoluta del *soldado. ‖ Mango de la pluma de escribir. ‖ *Sorbete cuajado en moldes cilíndricos. ‖ Tubo arcilloso que forma la *langosta.
canuto. m. Nombre popular que se da a los pastores *protestantes.
***caña.** f. Tallo de las plantas gramíneas. ‖ Planta gramínea de tallo leñoso, hueco, de tres a cuatro metros de altura. ‖ **Caña de Indias.** ‖ Canilla del brazo o de la pierna. ‖ **Tuétano.** ‖ Parte del *calzado, que cubre la pierna. ‖ Parte de la *media, desde la pantorrilla hasta el talón. ‖ *Vaso de forma ligeramente cónica, alto y estrecho. ‖ Medida de *capacidad para vino. ‖ Medida *superficial agraria de seis codos cuadrados. ‖ Grieta en la hoja de la *espada. ‖ Parte de la caja del *arma de fuego* portátil, en que ajusta el cañón. ‖ Tercer cuerpo del antiguo *cañón de artillería. ‖ *Arq.* **Fuste** (de la *columna). ‖ *Min.* Galería de *mina. ‖ pl. *Fiesta de a caballo en que los adversarios se arrojaban **cañas.** ‖ Cierta *canción popular andaluza. ‖ **Caña agria.** Planta diurética. ‖ **amarga.** *Planta gramínea de la América tropical. ‖ **borde.** Especie de carrizo. ‖ **brava.** Gramínea silvestre muy dura, cuyos tallos se emplean para la construcción. ‖ **danta.** Nombre de una variedad de *palmera. ‖ **de azúcar.** Planta gramínea, cuyo tallo está lleno de un tejido esponjoso del que se extrae *azúcar. ‖ **de Batavia.** Planta gramínea, cuyo tallo contiene un jugo abundante, acuoso y poco azucarado. ‖ **de Bengala. Caña de Indias.** ‖ **de Castilla. Caña de azúcar.** ‖ **de cuentas. Cañacoro.** ‖ **de Indias. Rota.** ‖ **de la India. Cañacoro.** ‖ **del *ancla.** *Mar.* Parte comprendida entre la cruz y el arganeo. ‖ **del pulmón. Tráquea.** ‖ **del timón.** *Mar.* Palanca encajada en la cabeza del *timón y con la cual se maneja. ‖ **de vaca.** Hueso de la pierna de la vaca. ‖ Tuétano de este hueso. ‖ **dulce. Caña de azúcar.** ‖ **espina.** Especie de *bambú de nudos espinosos. ‖ **Ser uno brava, buena,** o **linda, caña de pescar.** fr. fig. y fam. Ser muy *astuto.
cañacoro. m. Planta herbácea, de las cingiberáceas, cuyo fruto es una *caña dividida en tres celdas llenas de semillas globosas de que se hacen cuentas de rosario.
***cañada.** f. Espacio de tierra estrecho entre dos alturas. ‖ *Camino para los ganados trashumantes. ‖ **Caña de vaca.** ‖ *Tributo que se pagaba por el paso de los ganados. ‖ **Real cañada. Cañada** (para el tránsito de ganado).
cañada. f. En algunas partes, medida de *capacidad para vino. ‖ *Arroyo de curso intermitente.
cañadilla. f. Múrice comestible, cuya tinta servía para obtener el color de púrpura.
cañado. m. Medida de *capacidad para líquidos, equivalente a treinta y siete litros.
cañaduz. f. **Caña de azúcar.**
cañaduzal. m. **Cañamelar.**
cañafístola. f. **Cañafístula.**
cañafístula. f. *Árbol de las leguminosas, cuyos frutos contienen una pulpa negruzca y dulce, que se usa en medicina. ‖ Fruto de este árbol.
cañaheja. f. *Planta umbelífera, que produce una gomorresina parecida al sagapeno. ‖ Tallo principal de esta planta. ‖ **hedionda. Tapsia.**
cañaherla. f. **Cañaheja.**
cañahierla. f. ant. **Cañaherla.**
cañahua. f. Especie de *mijo con el cual, fermentado, se hace chicha (*bebida).
cañahuatal. m. Terreno plantado de cañahuates.
cañahuate. m. *Árbol parecido al guayaco.
cañahueca. com. fig. Persona habladora y que no guarda secreto.
cañajelga. f. **Cañaheja.**
cañal. m. **Cañaveral.** ‖ Cerco de cañas que se hace en los ríos para *pescar. ‖ Canal pequeño que se hace al lado de algún *río para que entre la pesca.
cañaliega. f. **Cañal** (cerco de cañas).
cáñama. f. Repartimiento de cierta *contribución.
cañamar. m. Sitio sembrado de cáñamo.
cañamazo. m. Estopa de *cáñamo. ‖ *Tela tosca de cáñamo. ‖ Tela de tejido ralo, adecuada para *bordar en ella. ‖ La misma tela después de bordada. ‖ *Planta gramínea forrajera.
cañamelar. m. Plantío de cañas de *azúcar.
cañameño, ña. adj. Hecho con hilo de cáñamo.
cañamero. m. **Verderón** (*pájaro).
cañamiel. f. **Caña de azúcar.**
cañamiza. f. **Agramiza.**
***cáñamo.** m. Planta de las canabíneas, cuyos tallos contienen una fibra textil y cuya simiente es el cañamón. ‖ *Tela de **cáñamo.** ‖ Suele tomarse por alguna de varias cosas que se hacen de **cáñamo;** como la *honda, los *cabos de los barcos, etc. ‖ **Bramante** (*hilo gordo). ‖ **de Manila. Abacá.**
cañamón. m. Simiente del cáñamo, que se emplea principalmente para alimentar *pájaros.
cañamonado, da. adj. Dícese de algunas *aves que tienen plumas verdosas.
cañamoncillo. m. *Arena muy fina.
cañamonero, ra. m. y f. Persona que vende cañamones.
cañar. m. **Cañal.**
cañareja. f. **Cañaheja.**
cañarí. adj. Dícese de lo que es *hueco como *caña.
cañariega. f. *Canal que se abre en las pesqueras de los *molinos.
cañariego, ga. adj. Aplícase a la *piel de la res lanar que se muere en las cañadas. ‖ Dícese también de los hombres, perros y caballerías que van con los *ganados trashumantes.
cañarroya. f. **Parietaria.**
cañavera. f. **Carrizo.**
cañaveral. m. Sitio poblado de cañas o cañaveras. ‖ Plantío de cañas.
cañaverear. tr. **Acañaverear.**
cañaverería. f. Paraje donde se vendían cañas.
cañaverero. m. El que vendía cañas.
cañazo. m. Golpe dado con una caña. ‖ **Aguardiente de caña.** ‖ Herida del *gallo de pelea en las cañas o piernas. ‖ **Dar cañazo** a uno. fr. fig. y fam. Dejarle *triste o pensativo.
cañedo. m. **Cañaveral.**
***cañería.** f. *Conducto o tubo para la conducción o distribución de algún fluido.
cañerla. f. **Cañaherla.**
cañero. m. El que hace cañerías. ‖ El que tiene por oficio cuidarlas.
cañero. adj. Que sirve para los trabajos de la caña. ‖ m. *Pescador de caña. ‖ Vendedor de caña de *azúcar. ‖ El que destila el *aguardiente de caña. ‖ Lugar en que se deposita la caña en los ingenios. ‖ Utensilio de *mesa, a modo de bandeja con agujeros, para colocar las cañas (*vasos).
cañeta. f. **Carrizo.**
cañete. m. d. de **Caño.** ‖ V. **Ajo cañete.**
cañí. adj. **Gitano.**
cañiceras. f. pl. *Polainas de vaqueta.
cañifla. f. El *brazo o *pierna flacos o enjutos.
cañiherla. f. ant. **Cañerla.**
cañihueco. adj. V. **Trigo cañihueco.**
cañilavado, da. adj. Aplícase a las *caballerías que tienen las canillas delgadas.
cañilero. m. **Saúco.**
cañillera. f. **Canillera.**
cáñina. f. **Cáñama.**
cañirla. m. **Caña.**
cañista. com. *Albañ.* Persona que hace cañizos o los coloca.
cañivano. adj. **Cañihueco.**
cañivete. m. *Cuchillo pequeño.
cañiza. adj. V. **Madera cañiza.** ‖ f. Especie de *tela. ‖ Conjunto de cañizos unidos entre sí para formar corralizas o *apriscos.
cañizal. m. **Cañizar.**
cañizar. m. **Cañaveral.**
cañizo. m. *Tejido de cañas y bramante o tomiza, que sirve para va-

ríos usos y especialmente para sostén del yeso en los cielos rasos, etc. ‖ **Cancilla.** ‖ El timón del *trillo.

***caño.** m. *Tubo corto de cualquier materia. ‖ **Albañal.** ‖ En el *órgano, conducto del aire que produce el sonido. ‖ **Chorro.** ‖ *Cueva donde se *enfría el agua. ‖ En las bodegas, subterráneo donde están las cubas. ‖ Galería de *mina. ‖ **Vivar.** ‖ *Mar.* Canal angosto navegable, de un puerto o bahía. ‖ *Mar.* **Canalizo.**

cañocal. adj. Dícese de la *madera que se raja fácilmente.

***cañón.** m. Pieza hueca y larga, a modo de tubo. ‖ En los *vestidos, *pliegue o doblez de figura más o menos cilíndrica. ‖ Parte córnea y hueca de la *pluma del ave. ‖ Pluma del *ave, cuando empieza a nacer. ‖ *Pluma de ave con que se escribe. ‖ Parte del pelo de la *barba inmediata a la raíz. ‖ → Pieza de *artillería, de gran longitud respecto a su calibre. ‖ Pieza de la antigua *armadura, que pertenecía al brazal. ‖ Cada uno de los dos hierros redondos que componen la embocadura de los *frenos de los caballos. ‖ *Tronco de un árbol. ‖ Paso *estrecho o garganta profunda entre dos montañas, por donde suelen correr los *ríos. ‖ **Camino.** ‖ *Germ.* Pícaro. ‖ **lanzacabos.** El pequeño, que sirve para disparar un proyectil especial con un cabo para que, asiéndose a éste, puedan salvarse los *náufragos. ‖ **naranjero.** El que calza bala del diámetro de una naranja. ‖ **obús.** Pieza que se emplea para hacer fuego por elevación con proyectiles huecos. ‖ **rayado.** El que tiene en el ánima estrías helicoidales.

cañonazo. m. Tiro del cañón de *artillería. ‖ *Estampido y estrago que causa.

cañonear. tr. Batir a cañonazos. Ú. t. c. r.

cañoneo. m. Acción y efecto de cañonear.

cañonera. f. **Tronera.** ‖ Espacio en las baterías para colocar la *artillería. ‖ Tienda de campaña. ‖ **Pistolera.** ‖ **Mar. Mil.* Porta para el servicio de la artillería. ‖ Portaplumas.

cañonería. f. Conjunto de los cañones de un *órgano. ‖ Conjunto de cañones de *artillería.

cañonero, ra. adj. Aplícase a los barcos pequeños que montan algún cañón. Ú. t. c. s.

cañota. f. *Planta gramínea.

cañucela. f. *Cañita delgada.

cañuela. f. d. de **Caña.** ‖ Planta anua, gramínea. ‖ Palito para arrollar la cuerda de la cometa.

cañutazo. m. fig. y fam. Soplo, *acusación. ‖ *Chisme, enredo.

cañutería. f. **Cañonería** (del órgano). ‖ Labor de oro o plata hecha con cañutillo.

cañutero. m. **Alfiletero.**

cañutillo. m. Tubito de *vidrio que se emplea en trabajos de *bordado y pasamanería. ‖ Hilo de oro o plata rizado para *bordar. ‖ Zurrón de la *langosta o saltamontes. ‖ Planta silvestre muy común, de flor azul celeste. ‖ **de suplicaciones. Suplicación** (barquillo). ‖ **De cañutillo.** m. adv. Uno de los modos de *injertar.

cañuto. m. En las *cañas, en los *sarmientos y demás tallos semejantes, parte intermedia entre nudo y nudo. ‖ *Tubo o conducto de palo, metal u otra materia, corto y no muy grueso. ‖ fig. y fam. **Soplón.** ‖ **Cañutero.**

cao. m. *Ave carnívora, muy semejante al cuervo, de la cual se conocen dos especies, llamadas **cao montero y cao pinatero.**

caoba. f. *Árbol de América, de las meliáceas, de unos veinte metros de altura, cuya madera es muy estimada para muebles. ‖ *Madera de este árbol.

caobana. f. **Caoba.**

caobilla. f. *Árbol silvestre de las Antillas, cuya madera es parecida a la caoba.

caobo. m. **Caoba.**

caolín. m. *Arcilla blanca muy pura que se emplea en la fabricación de la *loza y del papel.

caos. m. Primitivo estado de *confusión en que se supone la materia antes de la creación del mundo. ‖ fig. Confusión, desorden.

caótico, ca. adj. Perteneciente o relativo al caos.

cap. m. *Cabeza principal.

***capa.** f. Prenda de abrigo, larga y suelta, sin mangas, que usan los hombres sobre el vestido. ‖ Prenda de forma y uso análogo, para mujer. ‖ Lo que se *unta o sobrepone en una cosa para *cubrirla. ‖ Porción de algunas cosas que están extendidas unas sobre otras; *tongada. ‖ Hoja de *tabaco en que se envuelve la tripa del cigarro puro. ‖ *Cubierta con que se preserva de daño una cosa. ‖ *Pelaje de las *caballerías y otros animales. ‖ **Paca.** ‖ fig. *Pretexto con que se *disimula un designio. ‖ fig. **Encubridor.** ‖ fig. Caudal, hacienda. ‖ *Germ.* **Noche.** ‖ **Blas.* División del escudo abierto en pabellón desde la mitad del jefe hasta la de los flancos. ‖ **Der. Mar.* Cantidad que percibe el capitán de una nave, y se hace constar en la póliza de fletamento. ‖ **Fort.* Revestimiento que se hace con tierra y tepes sobre el talud del parapeto en las obras de campaña. ‖ **Geol.* **Estrato.** ‖ **aguadera.** La que se hace de tela *impermeable. ‖ *Mar.* Trozo de lona embreada que rodea al *palo de un buque en la parte próxima a la cubierta. ‖ **consistorial. Capa magna.** ‖ **de coro.** La que usan las dignidades, canónigos y demás prebendados para ciertos actos capitulares. ‖ Prebendado de alguna iglesia catedral o colegial. ‖ **del cielo.** fig. El mismo *cielo. ‖ **de rey.** Especie de lienzo que se usaba antiguamente. ‖ **Papagayo** (planta herbácea). ‖ **gascona. Capa aguadera.** ‖ **magna.** La que se ponen los *arzobispos y *obispos para asistir a los oficios divinos. ‖ **pigmentaria.** La más profunda de la epidermis. ‖ **pluvial.** La que se ponen los *prelados en actos del culto divino. ‖ **rota.** fig. y fam. Persona que se envía disimuladamente para algún *encargo importante. ‖ **torera.** La que usan los *toreros para su oficio. ‖ **Capa** corta y airosa que suele llevar la gente joven. ‖ **Andar** uno **de capa caída.** fr. fig. y fam. Padecer gran *decadencia material o moral. ‖ **De capa y gorra.** m. adv. fig. y fam. Con traje de *confianza. ‖ **Defender a capa y espada** a una persona o cosa. fr. fig. *Defenderla a todo trance. ‖ **De so capa.** m. adv. ant. Secretamente, con *soborno. ‖ **Echar** uno **la capa a** otro. fr. fig. Ocultar sus defectos, *defenderlo. ‖ **Esperar, estar,** o **estarse a la capa.** fr. **Mar.* Disponer las velas de la embarcación de modo que ande poco o nada. ‖ **Hacer** uno **de** su **capa un sayo.** fr. fig. y fam. Obrar uno según su propio albedrío y con entera *independencia en cosas que a él solo atañen. ‖ **Hacer** a uno **la capa.** fr. fig. y fam. Encubrirle. ‖ **Ir** uno **de capa caída.** fr. fig. y fam. **Andar de capa caída.** ‖ **Ponerse a la capa.** fr. **Esperar a la capa.** ‖ **Quitar** a uno **la capa.** fr. fig. y fam. *Robarle. ‖ **Sacar la capa.** fr. En la *lidia, desviar del cuerpo al toro con la **capa.** ‖ **Sacar** uno **la capa,** o **su capa.** fr. fig. Justificarse, *exculparse. ‖ **Tirar** a uno **de la capa.** fr. fig. y fam. *Amonestarle o advertirle de algún mal para que no caiga en él.

capá. m. *Árbol de las Antillas, parecido al roble.

capacear. tr. Transportar en capazos.

capacete. m. Pieza de la *armadura, que cubría y defendía la cabeza.

***capacidad.** f. Espacio vacío de alguna cosa en el que cabe otra u otras. ‖ Extensión o *espacio de algún sitio o local. ‖ fig. *Talento o *facultad para entender o hacer alguna cosa. ‖ fig. *Oportunidad. ‖ *For.* *Aptitud legal para ejercitar un derecho o desempeñar un cargo.

capacitar. tr. Hacer a uno apto, habilitarle para alguna cosa. Ú. t. c. r.

capacha. f. **Capacho.** ‖ Esportilla de palma para llevar fruta y otras cosas menudas. ‖ fig. y fam. *Orden religiosa* de San Juan de Dios.

capachada. f. Lo que cabe en un capacho o capacha.

capachero. m. El que portea en capachos alguna mercadería.

capacho. m. *Espuerta de juncos o mimbres. ‖ Media *sera de esparto con que se cubren los cestos de frutas y las seras del carbón. ‖ **Albañ.* Especie de espuerta de cuero o de estopa muy recia, para llevar la mezcla de cal y arena. ‖ Seroncillo de esparto apretado, compuesto de dos piezas redondas cosidas por el canto, que se llena de aceituna molida, para prensarla. ‖ **Zumaya** (ave zancuda). ‖ Planta tropical del género del cañacoro y de fruto comestible. ‖ fig. y fam. *Religioso de la orden de San Juan de Dios.

capada. f. fam. Lo que cabe en la punta de la capa extendida sobre ambos brazos.

capado, da. adj. fig. fam. *Incompleto, descabalado.

capadocio, cia. adj. Natural de Capadocia. Ú. t. c. s. ‖ Perteneciente a esta región de Asia.

capador. m. El que tiene el oficio de capar. ‖ **Castrapuercas.**

capadura. f. Acción y efecto de capar. ‖ Cicatriz que queda al castrado. ‖ Hoja de *tabaco inferior, que se emplea para picadura y para tripas.

***capar.** tr. *Castrar, extirpar o inutilizar los órganos* genitales. ‖ fig. y fam. *Disminuir, cercenar.

caparazón. m. **Guarn.* Cubierta que se pone al caballo que va de mano. ‖ *Cubierta que se pone encima de algunas cosas para su defensa. ‖ *Serón que contiene el *pienso y se cuelga de la cabeza de la caballería. ‖ Esqueleto torácico del *ave. ‖ Cubierta que protege las partes blandas del cuerpo de algunos *insectos, *arácnidos y *crustáceos.

caparídeo, a. adj. **Bot.* Dícese de plantas dicotiledóneas, cuyo tipo es la *alcaparra. Ú. t. c. s. ‖ f. pl. *Bot.* Familia de estas plantas.

caparra. f. En algunas partes, **garrapata.**

caparra. f. **Señal** (que se da en garantía).

caparra. f. ***Alcaparra.**

caparro. m. *Mono lanoso de pelo blanco.

caparrón. m. Botón que sale de la *yema de la vid o del árbol. ‖ Alubia.

caparrós. m. **Caparrosa.**

caparrosa. f. **Quím.* Sal compuesta de ácido sulfúrico y de cobre o hierro. ‖ **azul.** La que tiene *cobre. ‖ **blanca.** Sulfato de cinc. ‖ **roja.** La de hierro, roja, o amarilla de ocre. ‖ **verde.** La que tiene *hierro.

capataz. m. El que gobierna y *vigila a cierto número de *obreros. ‖ Persona a cuyo cargo está la *labranza. ‖ En las casas de *moneda, el encargado de recibir el metal marcado y pesado. ‖ **de cultivo.** Perito destinado a auxiliar a los ingenieros agrónomos y a los de montes.

***capaz.** adj. Que tiene espacio suficiente para contener en sí otra cosa. ‖ Grande o *espacioso. ‖ fig. *Conforme, proporcionado, *suficiente. ‖ fig. De buen *talento, instruido. ‖ → *For.* Apto legalmente.

capaza. f. **Capacho** (el que se usa en los molinos de aceite para prensar la aceituna).

capazmente. adv. m. Con capacidad, con anchura.

capazo. m. Espuerta grande.

capazo. m. *Golpe dado con la capa. ‖ **Acabarse, o salir, a capazos.** fr. fig. y fam. Parar una reunión en *discordias o *contiendas.

capción. f. **Captación.** ‖ *For.* **Captura.**

capciosamente. adv. m. Con artificio y engaño.

capciosidad. f. Calidad de capcioso.

capcioso, sa. adj. Artificioso, *engañoso.

capea. f. Acción de capear. ‖ *Lidia de becerros o novillos por aficionados.

capeador. m. El que capea.

capear. tr. *Robar a uno la *capa, especialmente en poblado y de noche. ‖ **Taurom.* Hacer suertes con la capa al toro o novillo. ‖ fig. *Evitar hábilmente un compromiso o un trabajo desagradable. ‖ fig. y fam. Entretener a uno con *engaños o evasivas. ‖ **Mar.* Sortear el mal tiempo. ‖ intr. **Mar.* Mantenerse sin retroceder más de lo inevitable, con viento contrario.

capeja. f. despect. *Capa pequeña o mala.

capel. m. Capullo del gusano de *seda.

capelete. m. Individuo de una familia de Verona, célebre por su *rivalidad con otra llamada de los Montescos.

capelina. f. **Cir.* **Capellina.**

capelo. m. Cierto derecho que los obispos percibían del estado eclesiástico. ‖ *Sombrero rojo, *insignia de los *cardenales. ‖ fig. Dignidad de *cardenal. ‖ **Fanal** (para resguardar del polvo).

capellada. f. **Puntera** (del calzado). ‖ *Remiendo que se echa en la pala a los *zapatos rotos. ‖ **Pala** (del calzado).

capellán. m. El que obtiene alguna capellanía. ‖ Cualquiera eclesiástico, aunque no tenga capellanía. ‖ *Sacerdote que dice misa en un oratorio privado. ‖ **de altar.** El que cantaba las misas solemnes en el palacio *real. ‖ Sacerdote que asiste al que celebra. ‖ **de coro.** Sacerdote sin prebenda, que asiste al coro. ‖ **de honor.** El que decía misa a las personas *reales en su oratorio privado. ‖ **mayor.** Superior de un cabildo o comunidad de **capellanes.** ‖ **mayor de los ejércitos.** Vicario general castrense. ‖ **mayor del rey.** Prelado que tenía la jurisdicción espiritual y eclesiástica en las casas y sitios reales. ‖ **real.** El nombrado por el rey.

capellanía. f. Fundación para misas y otras cargas pías.

capellar. m. Especie de *manto antiguo a la morisca.

capellina. f. Pieza de la *armadura, que cubría la parte superior de la cabeza. ‖ *Capucha para resguardarse del agua. ‖ fig. Soldado de a caballo, armado de **capellina.** ‖ **Cir.* Vendaje en forma de gorro. ‖ *Min.* Mufla para afinar la *plata en cantidad considerable.

capeo. m. Acción y efecto de capear. ‖ pl. **Capea.**

capeón. m. Novillo que se capea.

capero. m. El que asiste al coro y al altar con capa pluvial, por turno. ‖ **Cuelgacapas.**

caperol. m. **Arq. Nav.* Extremo superior de la roda en las embarcaciones menores. ‖ pl. Barandillas de la *embarcación.

caperuceta. f. d. de **Caperuza.**

caperuza. f. *Bonete que remata en punta inclinada hacia atrás. ‖ **Dar en caperuza** a uno. fr. fig. y fam. Hacerle *daño. ‖ *Vencerle en la disputa.

caperuzado, da. adj. *Blas.* **Capirotado.**

caperuzón. m. aum. de **Caperuza.**

capeta. f. d. de **Capa.** ‖ *Capa corta y sin esclavina.

capí. m. **Maíz.** ‖ Vaina de *legumbre cuando está tierna.

capialzado. adj. *Arq.* Dícese del *arco o dintel más elevado por uno de sus frentes para formar derrame. Ú. t. c. s.

capialzar. tr. *Arq.* Levantar un *arco o dintel por uno de sus frentes para formar derrame volteado.

capialzo. m. *Arq.* Derrame del intradós de una *bóveda.

capicúa. m. En el juego del dominó, lance que consiste en cerrarle con una ficha de puntos iguales a la del otro extremo. ‖ *Número que se lee igual de izquierda a derecha que de derecha a izquierda.

capichola. f. *Tela de seda que forma cordoncillo.

capicholado, da. adj. Semejante a la capichola.

capidengue. m. *Pañuelo o *manto pequeño con que se cubrían las mujeres.

capigorra. m. **Capigorrón.**

capigorrista. adj. fam. **Capigorrón.** Ú. t. c. s.

capigorrón. adj. fam. *Vagabundo que andaba comúnmente de capa y gorra. Ú. t. c. s. ‖ Dícese del *clérigo de órdenes menores que no llega a pasar a las mayores. Ú. t. c. s.

capilar. adj. Perteneciente o relativo al *cabello. ‖ fig. Se aplica a los *tubos muy finos o a los vasos muy sutiles de los cuerpos orgánicos.

capilaridad. f. Calidad de capilar. ‖ **Hidrául.* Conjunto de las propiedades de los tubos capilares, entre las que figura la de hacer subir hasta cierta altura el líquido que moja las paredes interiores de dichos tubos.

***capilla.** f. *Capucha sujeta al cuello de algunas capas, gabanes o hábitos. ‖ → Edificio contiguo a una iglesia, o que forma parte de ella, con altar y advocación particular. ‖ Cuerpo de capellanes, ministros y dependientes de la **capilla.** ‖ Cuerpo de *músicos de alguna iglesia. ‖ En los colegios, junta para tratar de los negocios de su comunidad. ‖ Oratorio portátil de los regimientos. ‖ **Oratorio** (de una casa particular). ‖ fig. y fam. *Religioso regular. ‖ **Impr.* Pliego que se entrega suelto durante la impresión de una obra. ‖ **ardiente.** fig. La de la iglesia en que se celebran honras solemnes por algún *difunto, con un túmulo muy iluminado. ‖ fig. Oratorio fúnebre en la misma casa del *difunto. ‖ **mayor.** Parte principal de la *iglesia, en que están el presbiterio y el altar mayor. ‖ **real.** La que es de regio patronato. ‖ La que tiene el *rey en su palacio. ‖ **Estar en capilla, o en la capilla.** fr. Dícese del reo desde que se le notifica la sentencia de *muerte hasta la ejecución. ‖ fig. y fam. Estar alguno esperando el inmediato resultado de un asunto importante.

capillada. f. Porción que cabe en la capilla o caperuza.

capillejo. m. d. de **Capillo.** ‖ Especie de cofia usada antiguamente. ‖ Madeja de *seda para coser.

capiller. m. **Capillero.** ‖ En algunas partes, muñidor de *cofradía.

capillero. m. Encargado de una capilla y de lo perteneciente a ella.

capilleta. f. d. de **Capilla** (de *iglesia). ‖ Nicho o *concavidad en figura de capilla.

capillo. m. Cubierta de lienzo que se pone en la cabeza a los *niños de pecho. ‖ *Capucha y mantilla que usaban las labradoras. ‖ Tela blanca que se pone en la cabeza de los *niños al *bautizarlos. ‖ Paño con que se cubría la *ofrenda de pan, etc., que se hacía a la iglesia. ‖ **Capirote** (para el halcón). ‖ Refuerzo con que se ahueca la punta del *zapato. ‖ **Rocadero** (envoltura de la rueca). ‖ Red con que se tapan las bocas de los vivares después de haber echado el hurón. ‖ Manga de lienzo para colar la *cera. ‖ **Capullo** (de la flor y del gusano de seda). ‖ Hoja de *tabaco que forma la primera envoltura de la tripa. ‖ **Mar.* Cubierta de hoja de lata con que se preservan de la humedad las bitácoras. ‖ *Mar.* Pedazo de lona con que se recubren los chicotes de los obenques. ‖ **de hierro. Capacete.**

capilludo, da. adj. Perteneciente a la capilla o semejante a ella. ‖ Que tiene o usa capilla.

capincho. m. **Carpincho.**

capingo. m. *Capa que se usó en Chile.

capipardo. m. Hombre *plebeyo, artesano. ‖ *Monje.

capirotada. f. **Culin.* Aderezo hecho con hierbas, huevos, ajos y especias, para rebozar otros manjares. ‖ Plato criollo que se hace con carne, maíz tostado y queso.

capirotado, da. adj. *Blas.* Dícese de cualquiera figura con caperuza.

capirotazo. m. *Golpe que se da estirando rápidamente un dedo de la mano que antes se ha sujetado con el pulgar.

capirote. adj. Dícese de la res *vacuna que tiene la cabeza de distinto color que el cuerpo. ‖ m. *Capucha antigua con falda que caía sobre los hombros. ‖ Muceta con capillo, del color respectivo de cada facultad, que usan los doctores en actos de la *universidad. ‖ Beca de los colegiales militares de Salamanca. ‖ Cucuruchos que traían en la cabeza los *disciplinantes en las procesiones de cuaresma. ‖ El que traen los que van a las *procesiones de *semana santa* tocando las trompetas o alumbrando. ‖ Caperuza de cuero que se pone a las aves de cetrería. ‖ **Capota** (de los carruajes). ‖ **Capirotazo.** ‖ fam. V. **Tonto de**

capirote. ‖ **de colmena.** Barreño o cesto invertido, con que se suelen cubrir las *colmenas.
capirotero. adj. **Cetr.* Dícese del halcón hecho al capirote.
capirucho. m. fam. **Capirote.**
capisayo. m. *Capotillo abierto, que servía de *capa y sayo. ‖ Vestidura común de los *obispos. ‖ **Camiseta.**
capiscol. m. **Chantre.** ‖ Sochantre que rige el coro. ‖ *Germ.* **Gallo.**
capiscolía. f. Dignidad de capiscol.
capitación. f. Repartimiento de *impuestos por cabezas.
***capital.** adj. Perteneciente a la *cabeza. ‖ Aplícase a los siete pecados o *vicios principales. ‖ Dícese de la *población principal y cabeza de un estado, provincia o distrito. Ú. t. c. s. ‖ Dícese de la *letra mayúscula. Ú. t. c. s. ‖ fig. *Principal o muy *grande. Ú. t. c. s. ‖ m. Hacienda, caudal. ‖ Cantidad de *dinero que se *presta o se deja a censo. ‖ Caudal que aporta el marido al *matrimonio. ‖ → *Bienes que producen intereses o frutos. ‖ f. **Fort.* Bisectriz de un ángulo saliente en el trazado de una fortificación. ‖ **líquido.** Residuo del activo, deducido el pasivo.
capitalidad. f. Calidad de ser una *población capital de *nación, de provincia, etc.
capitalismo. m. Régimen *económico fundado en el predominio del capital. ‖ Conjunto de capitales o capitalistas, como entidad económica.
capitalista. adj. Propio del *capital o del capitalismo. ‖ com. Persona acaudalada, principalmente en dinero o valores. ‖ *Com.* Persona que coopera con su capital a algún negocio. ‖ *Com.* V. **Socio capitalista.** ‖ **Taurom.* Muchacho que inesperadamente toma parte en una lidia de novillos. ‖ Espectador que baja al redondel al final de la corrida.
capitalizable. adj. Que puede capitalizarse.
capitalización. f. Acción y efecto de capitalizar.
capitalizar. tr. Fijar el capital que corresponde a determinado interés. ‖ Agregar al capital los *intereses.
capitalmente. adv. m. Mortalmente, gravemente.
capitán. m. *Oficial del ejército que manda una compañía, escuadrón o batería. ‖ El que manda un buque mercante de altura. ‖ Genéricamente, caudillo militar. ‖ *Jefe. ‖ **a guerra.** Autoridad civil habilitada para entender en asuntos de la jurisdicción de guerra. ‖ **de alto bordo. Capitán de navío.** ‖ **de bandera.** En la *armada, el que manda el buque en que va el general. ‖ **de corbeta.** Oficial de la *armada cuya categoría equivale a la de comandante del ejército. ‖ **de fragata.** Oficial de la armada, cuya categoría equivale a la de teniente coronel. ‖ **de lanzas.** El que mandaba lanceros de caballería. ‖ **de llaves.** En las plazas de armas, el encargado de abrir y cerrar las puertas. ‖ **de mar y guerra.** El que mandaba navío de guerra. ‖ **de navío.** Oficial de la armada, cuya categoría equivale a la de coronel. ‖ **de proa.** *Marinero encargado de la limpieza de los beques. ‖ **de puerto.** Oficial de la *armada encargado del orden y policía del *puerto. ‖ **general.** El superior de todos los oficiales de un ejército o *armada. ‖ Grado supremo de la milicia. ‖ **preboste.** Oficial que cuidaba de perseguir a los malhechores y de todo lo perteneciente a la *policía.
capitana. f. *Buque en que va embarcado el jefe de una escuadra. ‖ fam. Mujer que es cabeza de una tropa. ‖ fam. Mujer del capitán.
capitanear. tr. *Mandar soldados en calidad de capitán. ‖ fig. Mandar o conducir cualquiera gente, aunque no sea militar.
capitanía. f. Empleo de capitán. ‖ Antigua unidad del *ejército, equivalente al batallón o regimiento modernos. ‖ Compañía de soldados mandada por un capitán. ‖ **Anclaje** (tributo). ‖ **de puerto.** Oficina del capitán de *puerto. ‖ **general.** Cargo que ejerce el capitán general de un territorio. ‖ Este *territorio. ‖ Edificio donde reside el capitán general.
***capitel.** m. *Arq.* Parte superior de la *columna. ‖ *Arq.* **Chapitel.**
capitelado, da. adj. *Arq.* Adornado con capiteles.
capitolino, na. adj. Perteneciente o relativo al Capitolio. ‖ m. Cada una de las puntas de piedras preciosas que se usan en *joyería.
capitolio. m. fig. *Edificio majestuoso y elevado. ‖ **Acrópolis.**
capitón. m. Mújol o cabezudo (*pez). ‖ **Cabezada** (golpe en la cabeza). ‖ Voltereta.
capítula. f. **Liturg.* Lugar de la *Sagrada Escritura* que se reza en las horas del oficio divino.
capitulación. f. *Pacto hecho entre dos o más personas. ‖ Convenio en que se estipula la *rendición de un ejército, fortaleza, etc. ‖ pl. Estipulaciones que hacen por escritura pública los futuros esposos para el régimen de su *matrimonio. ‖ Escritura pública en que constan tales estipulaciones.
capitular. adj. Perteneciente o relativo a un cabildo o al capítulo de una orden. ‖ m. Individuo que tiene voto en un cabildo secular o eclesiástico o en un capítulo.
capitular. intr. *Pactar. ‖ *Rendirse una plaza de guerra o un ejército *vencido. ‖ **Liturg.* Cantar las capítulas. ‖ tr. Hacer a uno capítulos de cargos.
capitulario. m. **Liturg.* Libro de *coro que contiene las capítulas.
capitularmente. adv. m. En forma de capítulo o cabildo.
capítulo. m. Junta que celebran periódicamente las *órdenes religiosas*. ‖ En las *órdenes militares*, junta de los caballeros y demás vocales. ‖ Cabildo secular. ‖ *Reprensión grave hecha a un religioso en presencia de su comunidad. ‖ Cargo o falta que se *imputa a quien ejerció un empleo. ‖ División que se hace en los *libros o *escritos. ‖ ‖ **Cabildo.** ‖ **de culpas. Capítulo** (cargo o imputación). ‖ **provincial.** En la *orden militar* de San Juan, tribunal de apelación. ‖ **Llamar,** o **traer,** a uno **a capítulo.** fr. fig. Residenciarle.
capizana. f. Pieza de la *armadura del caballo, que cubría la parte superior del cuello.
capnomancia. m. *Adivinación por el *humo.
capolado. m. **Picadillo.**
capolar. tr. Despedazar, *dividir en trozos. ‖ **Culin.* Picar la carne para hacer picadillo. ‖ Cortar la *cabeza a alguno.
capón. adj. Dícese del hombre y del animal *castrado. ‖ Apl. a pers., ú. t. c. s. ‖ m. *Pollo que se castra cuando es pequeño, y se *ceba para comerlo. ‖ *Haz de sarmientos. ‖ *Mar.* *Cabo grueso que sirve para tener suspendida el *ancla. ‖ **de galera.** Especie de gazpacho. ‖ **de leche.** El cebado en caponera.
capón. m. fam. *Golpe dado en la cabeza con el nudillo del dedo del corazón, teniendo la mano cerrada.
capona. adj. fam. V. **Llave capona.** ‖ f. *Insignia militar como la charretera, pero sin canelones. ‖ Sobrepelliz sin mangas.
caponar. tr. Atar los sarmientos en la *vid, para que no estorben al labrar la tierra. ‖ *Mar.* Sujetar el *ancla con el capón.
caponera. adj. V. **Yegua caponera.** Ú. t. c. s. ‖ f. *Jaula de madera en que se pone a los capones para *cebarlos. ‖ fig. y fam. Sitio o casa en que alguno halla asistencia o regalo sin costa alguna. ‖ fig. y fam. **Cárcel.** ‖ **Fort.* Galería o casamata para el flanqueo de un foso o de varios. ‖ **doble.** Comunicación desde la plaza a las obras exteriores, defendida por ambos lados con parapetos.
caporal. m. El que hace de *jefe de alguna gente. ‖ El que tiene a su cargo el ganado que se emplea en la *labranza. ‖ Capataz de una estancia de *ganado. ‖ *Germ.* **Gallo.** *Mil.* **Cabo de escuadra.**
capororoca. m. *Árbol americano de las mirsíneas, cuyas hojas, arrojadas al fuego, estallan ruidosamente.
caporos. m. pl. Antiguo *pueblo de Galicia.
capota. f. Cabeza de la cardencha. ‖ *Sombrero femenino, ceñido a la cabeza, y sujeto con cintas por debajo de la barba. ‖ *Cubierta plegadiza que llevan algunos *carruajes.
capota. f. **Capeta** (*capa corta).
capotazo. m. **Taurom.* Suerte hecha con el capote para ofuscar o detener al toro.
***capote.** m. Capa de abrigo con mangas y con menos vuelo que la capa común. ‖ Capa corta, ligera y de color vivo, que usan los *toreros para la lidia. ‖ fig. y fam. **Ceño.** ‖ fig. y fam. **Cargazón** (de nubes). ‖ **de montar.** Prenda de uniforme que abriga también al caballo. ‖ **de monte.** Manta con una abertura en medio para meter por ella la cabeza. ‖ **Para mi capote.** m. adv. fig. y fam. En mi *interior. ‖ **Dar capote.** fr. fig. y fam. En algunos juegos de *naipes, hacer uno de los jugadores todas las bazas en una mano. ‖ **Echar un capote** a uno. fr. fig. y fam. Salir en su *ayuda.
capotear. tr. **Capear** (entretener a uno con engaños). ‖ **Capear** (torear con la capa). ‖ fig. *Evadir mañosamente las dificultades. ‖ **Teatro.* Representar una obra con omisiones y sin las decoraciones necesarias.
capoteo. m. Acción de capotear.
capotera. f. Percha para la ropa. ‖ Maleta de lienzo, abierta por los extremos.
capotero, ra. adj. V. **Aguja capotera.** ‖ m. El que hacía capotes.
capotillo. m. Prenda a manera de *capote o *capa, que llegaba hasta la cintura. ‖ *Capote corto que usaban las mujeres. ‖ **de dos faldas,** o **haldas.** Casaquilla hueca, abierta por los costados, con mangas que se podían dejar caer a la espalda. ‖ Capote que ponía la *Inquisición a los penitentes reconciliados.
capotudo, da. adj. **Ceñudo.**
caprario, ria. adj. Perteneciente a la *cabra.
capricante. adj. Dícese del *pulso irregular como si diese saltos.
capricornio. m. *Astr.* Décimo signo del *Zodiaco. ‖ *Astr.* *Constelación zodiacal que en otro tiempo debió

coincidir con el signo de este nombre.

*__capricho.__ m. Idea o propósito que uno forma, sin fundamento y, por lo general, fuera de lo corriente. ‖ Obra de *arte en que no se observan las reglas ordinarias. ‖ *Deseo vehemente.

caprichosamente. adv. m. Según el capricho.

caprichoso, sa. adj. Que obra por capricho. ‖ Que se hace por capricho. ‖ *Inconstante, voluble.

caprichudo, da. adj. **Caprichoso.**

caprifoliáceo, a. adj. **Bot.* Dícese de matas y arbustos dicotiledóneos, cuyo tipo es la madreselva. Ú. t. c. s. f. ‖ f. pl. *Bot.* Familia de estas plantas.

caprino, na. adj. **Cabruno.**

caprípede. adj. poét. **Caprípedo.**

caprípedo, da. adj. De pies de cabra.

cápsula. f. Cubierta de metal flexible, en forma de vasito, con que se *tapan las botellas y frascos después de taponados. ‖ Cilindro hueco de metal, muy pequeño, cerrado por una de sus bases, en cuyo fondo se coloca el fulminante para ciertas *armas de fuego*. ‖ *Bot.* *Fruto seco y hueco, que contiene las semillas. ‖ **Farm.* Envoltura insípida y soluble en que se introducen ciertos medicamentos para tragarlos sin que toquen al paladar. ‖ **Quím.* Vasija de bordes muy bajos para evaporar líquidos. ‖ *Zool.* *Membrana en forma de saco cerrado. ‖ **atrabiliaria,** o **renal.** *Med.* Cada uno de los dos cuerpos de apariencia glandulosa colocados encima del *riñón. ‖ **sinovial.** *Med.* La que segrega la sinovia. ‖ **suprarrenal.** *Med.* Órgano par, situado encima de la extremidad superior del *riñón.

capsular. adj. Perteneciente o semejante a la cápsula.

*__captación.__ f. Acción y efecto de captar.

*__captar.__ tr. Con voces que expresan voluntad o sentimientos, *atraer, despertar o *conseguir lo que estas voces significan. Ú. t. c. r. ‖ Tratándose de *manantiales, recoger convenientemente su caudal.

captatorio, ria. adj. Que capta.

captura. f. Acción y efecto de capturar.

capturar. tr. *Apresar a un delincuente.

capuana. f. fam. ***Zurra** (paliza).

capuceta. f. En algunas comarcas, diminutivo de capuz.

*__capucha.__ f. Capilla que las mujeres llevaban en las manteletas, caída sobre la espalda. ‖ **Capucho.** ‖ *Impr.* **Acento circunflejo.**

capuchina. f. *Planta *trepadora, de tallos sarmentosos, que se cultiva por adorno en los jardines, y se suele usar en ensaladas. ‖ *Lamparilla portátil de metal, con apagador en forma de capucha. ‖ *Dulce de yema en forma cónica. ‖ **Impr.* Conjunto de dos o más chibaletes unidos por su parte posterior. ‖ *Cometa sin varillas, cambucho.

capuchino, na. adj. Dícese del religioso descalzo de la *orden de San Francisco, que usa un capucho puntiagudo que cae hacia la espalda. Ú. t. c. s. ‖ Dícese de la religiosa que sigue la regla de los religiosos **capuchinos.** Ú. t. c. s. ‖ Perteneciente o relativo a la orden de los **capuchinos.** ‖ Aplícase a la *fruta muy pequeña.

*__capucho.__ m. Pieza del vestido, de figura cónica, que sirve para cubrir la cabeza.

capuchón. m. aum. de **Capucha.** ‖ *Abrigo femenino a manera de capucha. ‖ Prenda carcelaria, destinada a estorbar la comunicación entre los *presos fuera de las celdas. ‖ Dominó corto.

capuleto. m. **Capelete.**

capulí. m. *Árbol americano, de las rosáceas, parecido al *cerezo. ‖ Fruto de este árbol. ‖ **Capulina.** ‖ Fruto de una planta solanácea, parecido a una uva. ‖ **cimarrón.** El silvestre, que no se come.

capúlidos. m. pl. *Zool.* Familia de *moluscos gasterópodos, cuyo tipo es el cápulo.

capulín. m. **Capulí.**

capulina. f. *Cereza que produce el capulí. ‖ Árbol silvestre, de la familia de las tiliáceas, cuya fruta globosa es comestible. ‖ *Araña negra muy venenosa. ‖ **Ramera.**

cápulo. m. *Molusco gasterópodo, de la familia de los capúlidos, en figura de bonete cónico.

capultamal. m. *Torta de capulí.

capullina. f. Copa de árbol.

capullo. m. Envoltura en que se encierra, hilando su baba, el gusano de *seda para transformarse en crisálida. ‖ Obra análoga de las larvas de otros *insectos. ‖ Botón de las *flores, especialmente de la *rosa. ‖ **Cascabillo** (de la bellota). ‖ Manojo de lino cocido. ‖ *Tela basta hecha de seda de **capullos.** ‖ **Prepucio.** ‖ **ocal.** El formado por dos o más gusanos de seda juntos.

capuz. m. **Capucho.** ‖ Vestidura larga con *capucha y cola, que se ponía encima de la demás ropa, en señal de *luto. ‖ Cierta *capa o *capote que se usaba antiguamente. ‖ **Chapuz,** acción de chapuzar.

capuzar. tr. **Chapuzar.** ‖ *Mar.* *Cargar el buque de manera que cale más de proa.

capuzón. m. **Chapuzón.**

caquéctico, ca. adj. Relativo a la caquexia. ‖ Que padece caquexia. Apl. a pers., ú. t. c. s.

caquexia. f. *Bot.* *Decoloración de las partes verdes de las plantas. ‖ **Pat.* Degeneración del estado normal nutritivo.

caqui. m. *Árbol frutal, cuyo fruto rojo, del tamaño de una naranja, es comestible. ‖ Fruto de este árbol.

caqui. m. *Tela de algodón o de lana, de color ocre, que se empezó a usar para uniformes militares en la India, y de allí se extendió su empleo a otros ejércitos. ‖ *Color de esta tela.

caquino. m. *Risa muy ruidosa. Ú. m. en pl.

car. m. *Mar.* Extremo inferior y más grueso de la entena.

*__cara.__ f. Parte anterior de la cabeza humana desde el principio de la frente hasta la punta de la barba. ‖ Parte correspondiente de la cabeza de algunos animales. ‖ **Semblante.** ‖ Parte inferior del pan de *azúcar. ‖ Fachada o superficie *anterior de alguna cosa. ‖ *Superficie de alguna cosa. ‖ **Anverso.** ‖ fig. *Presencia de alguno. ‖ *Agr.* Conjunto de entalladuras contiguas hechas en un *árbol. ‖ *Geom.* Cada plano de un *ángulo diedro o poliedro. ‖ **Geom.* Cada una de las superficies que forman o limitan un poliedro. ‖ adv. l. **Hacia.** ‖ **apedreada.** fig. y fam. **Cara de rallo.** ‖ **con dos haces.** fig. y fam. Persona falsa. ‖ **de acelga.** fig. y fam. Persona de color verdinegro. ‖ **de aleluya.** fig. y fam. **Cara de pascua.** ‖ **de gualda.** loc. Persona muy *pálida. ‖ **de juez.** fig. y fam. Semblante *severo y adusto. ‖ **del montón.** *Agr.* Parte del trigo que, al aventarlo en la *era, cae del lado que sopla el viento, y es el grano mejor y de más peso. ‖ **de pascua.** fig. y fam. La *alegre y placentera. ‖ **de perro.** fig. y fam. Semblante expresivo de hostilidad o de reprobación. ‖ **de pocos amigos.** fig. y fam. Persona que tiene el aspecto desagradable o excesivamente *serio. ‖ **de rallo.** fig. y fam. La muy picada de viruelas. ‖ **de risa.** fig. y fam. **Cara de pascua.** ‖ **de vaqueta.** fig. y fam. Semblante *desabrido u hostil. ‖ fig. y fam. Persona que no tiene vergüenza. ‖ **de viernes.** fig. y fam. La macilenta y *triste. ‖ **de vinagre.** fig. y fam. **Cara de pocos amigos.** ‖ **empedrada.** fig. y fam. **Cara de rallo.** ‖ **y cruz.** Juego de las chapas. ‖ **A cara descubierta.** m. adv. fig. **Paladinamente.** ‖ **Caérsele** a uno **la cara de vergüenza.** fr. fig. y fam. **Sonrojarse.** ‖ **Cara a cara.** m. adv. Frente a frente. ‖ De manera franca y *leal. ‖ En *presencia, delante de alguno. ‖ **Cruzar la cara** a uno. fr. Darle en ella una bofetada, un latigazo, etc. ‖ **Dar en cara** a uno. fr. fig. *Reprenderle afeándole alguna cosa. ‖ **Dar la cara.** fr. fig. Responder de los propios actos. ‖ **Dar** uno **la cara por** otro. fr. fig. y fam. Salir a su *defensa. ‖ fig. y fam. Abonarle, responder por él. ‖ **De cara.** m. adv. **Enfrente.** ‖ **Echar a la cara,** o **en cara,** o **en la cara,** a uno alguna cosa. fr. fig. **Darle en cara.** ‖ fig. Recordarle algún beneficio que se le ha hecho. ‖ **Escupir en la cara** a uno. fr. fig. y fam. *Burlarse de él o decirle alguna *injuria. ‖ **Ganar la cara.** fr. fig. Ir con cuidado a ponerse enfrente de las reses. ‖ **Guardar** uno **la cara.** fr. fig. *Ocultarse. ‖ **Hacer a dos caras.** fr. fig. Proceder con *falsedad. ‖ **Hacer cara.** fr. Oponerse, *resistir. ‖ fig. y fam. Dar oído a lo que se propone. ‖ **Lavar la cara** a una cosa. fr. fig. y fam. *Limpiarla, asearla. ‖ **Lavar la cara** a uno. fr. fig. y fam. *Adularle. ‖ **No saber** uno **dónde tiene la cara.** fr. fig. y fam. con que se denota la incapacidad o *ignorancia de alguno. ‖ **No volver la cara atrás.** fr. fig. Proseguir con *constancia lo empezado. ‖ **Por su bella,** o **linda, cara.** m. adv. fig. y fam. con que se tacha de injustificada una pretensión del que carece de méritos para lograrla. ‖ **Quitar la cara.** fr. fig. y fam. que se usa para *amenazar a alguno con una bofetada u otro castigo. ‖ **Sacar** uno **la cara por** otro. fr. fig. y fam. **Dar la cara por** otro. ‖ **Salir a la cara** a uno alguna cosa. fr. fig. y fam. *Mostrarse en el semblante. ‖ **Saltar a la cara.** fr. fig. y fam. Responder con ira o *descomedimiento. ‖ fig. y fam. Ser una cosa cierta y *evidente. ‖ **Tener cara para hacer** una cosa. fr. Tener *atrevimiento o *valor para hacerla. ‖ **Terciar la cara** a uno. fr. *Herírsela de filo, para dejarle señalado. ‖ **Verse las caras.** fr. fig. y fam. Avistarse una persona con otra para darse mutuas quejas o para *reñir. ‖ **Volver a la cara** una cosa. fr. fig. y fam. No admitirla, *rechazarla con *desprecio.

cáraba. f. Cierta *embarcación grande usada en Levante.

caraba. f. *Conversación. ‖ *Broma, *diversión, holgorio.

carabalí. adj. Dícese del negro de cierta región africana.

carabao. m. *Rumiante parecido al

búfalo, de cuernos largos, gachos y comprimidos.
cárabe. m. **Ámbar.**
carabear. intr. *Descuidarse, *distraerse.
carabela. f. *Mar.* Antigua *embarcación, larga y angosta, con una sola cubierta, espolón a proa, popa llana y tres palos. ‖ *Cesta muy grande que, en algunas regiones, llevan las mujeres en la cabeza.
carabelón. m. *Mar.* Carabela pequeña.
carabero, ra. adj. Amigo de caraba o de *diversión.
carábidos. m. pl. *Zool.* Familia de *insectos cuyo tipo es el cárabo. Ú. t. c. s.
carabina. f. *Arma de fuego* parecida al fusil, pero de menor longitud. ‖ fig. fam. Señora de *compañía. ‖ **rayada.** La que tiene estrías en lo interior del cañón. ‖ **Ser** una cosa **la carabina de Ambrosio,** o **lo mismo que la carabina de Ambrosio.** fr. fam. Ser *inútil o *ineficaz.
carabinazo. m. *Estampido que da la carabina al dispararla. ‖ Estrago que hace el tiro de la carabina.
carabinera. f. Alondra moñuda.
carabinero. m. *Soldado que usaba carabina. ‖ Soldado destinado a la persecución del *contrabando. ‖ Crustáceo comestible algo mayor que la quisquilla. ‖ **Carabineros reales.** Cuerpo de caballería que pertenecía a la guardia real.
carablanca. m. Especie de mono propio de Colombia.
cárabo. m. *Embarcación pequeña usada por los moros. ‖ *Insecto coleóptero pentámero del que hay varias especies. ‖ ant. **Cangrejo.**
cárabo. m. **Autillo** (*ave rapaz).
cárabo. m. ant. Cierto *perro de caza.
carabritear. intr. Perseguir el macho cabrío montés en celo a la hembra.
caraca. f. Especie de *bollo de maíz.
caracalla. f. Prenda de *vestir, a manera de sobretodo, que usaron los romanos. ‖ *Peinado que estuvo de moda en el siglo XVIII.
caracará. adj. Dícese de ciertos *indios que habitan en la banda occidental del Paraná. Ú. t. c. s. ‖ Perteneciente o relativo a estos indios.
caracará. m. *Ave de rapiña, de la familia de las falcónidas.
caracas. m. *Cacao procedente de la costa de Caracas. ‖ fig. y fam. **Chocolate.**
caracas. m. pl. *Etnogr.* Tribu guaraní, que habitaba en los territorios del Río de la Plata.
caracatey. m. *Ave insectívora de color ceniciento salpicado de verde.
caracense. adj. **Guadalajareño.** Ú. t. c. s.
caracoa. f. *Embarcación de remo, que se usa en Filipinas.
***caracol.** m. Molusco gasterópodo, de concha revuelta en hélice, que tiene dos o cuatro tentáculos llamados vulgarmente cuernos, en donde están los ojos. Hay muchas especies, unas terrestres y otras acuáticas. ‖ *Concha de **caracol.** ‖ Pieza del *reloj, en la cual se enrosca la cuerda. ‖ Rizo redondo, hecho con el *cabello de las sienes, y sujeto con horquillas. ‖ Especie de *camisa que usan las mujeres para dormir. ‖ Blusa bordada que usan las señoras. ‖ **Chambra.** ‖ *Equit.* Cada una de las vueltas que el jinete hace dar al caballo. ‖ *Zool.* Una de las tres cavidades que constituyen el laberinto del oído. ‖ pl. *Cante andaluz de carácter alegre. ‖ **Caracol chupalandero.** El que se cría en los árboles y en las hierbas. ‖ **Hacer caracoles.** fr. fig. Dar *vueltas a una parte y a otra.
caracola. f. *Concha del caracol marino grande, de forma cónica, con la que se hace un *instrumento que produce un sonido como de trompa. ‖ *Caracol terrestre de concha blanca. ‖ **Tuerca.** ‖ Cierta planta *trepadora.
caracolada. f. *Guisado de caracoles.
caracolear. intr. Hacer caracoles el *caballo.
caracolejo. m. d. de **Caracol.**
caracoleo. m. Acción y efecto de caracolear.
caracolero, ra. m. y f. Persona que coge o vende caracoles.
¡caracoles! interj. **¡Caramba!**
caracoleta. f. Caracol pequeño. ‖ *Niña diminuta y traviesa.
caracolí. m. **Anacardo.**
caracolillo. m. *Planta leguminosa, de flores grandes, aromáticas y enroscadas en figura de caracol. ‖ Flor de esta planta. Ú. t. en pl. ‖ Cierta clase de *café, cuyo grano es más pequeño y redondo que el común. ‖ Cierta clase de caoba. ‖ pl. Guarnición que se ponía en el borde de los *vestidos.
caracora. f. Cierta *embarcación usada en las Molucas.
***carácter.** m. *Marca con que de algún modo se señala una cosa. ‖ Signo de *escritura. Ú. m. en pl. ‖ Estilo o forma de los signos en la escritura. ‖ Señal o figura *mágica. ‖ Hierro con que se distinguen los animales de un *rebaño. ‖ *Huella que deja en el alma alguna cosa conocida o sentida. ‖ Señal indeleble que imprimen en el alma ciertos *sacramentos. ‖ → Índole, condición o conjunto de cualidades que *distinguen una cosa de las demás. ‖ Modo de ser peculiar de cada persona. ‖ *Entereza y elevación de ánimo. ‖ Condición social, familiar o profesional de las personas. ‖ En las obras *literarias y artísticas, originalidad que las diferencia notablemente de lo vulgar. ‖ *Estilo. ‖ pl. Letras de *imprenta. ‖ **De medio carácter.** loc. fam. Sin cualidades bien definidas. Dícese en especial de la *música entre cómica y seria.
caracterismo. m. **Carácter,** índole, condición.
característica. f. **Mat.* Cifra o cifras que indican la parte entera de un logaritmo.
característicamente. adv. m. **Señaladamente.**
***característico, ca.** adj. Perteneciente o relativo al carácter. ‖ Aplícase a la *cualidad sobresaliente que sirve para distinguir una persona o cosa. Ú. t. c. f. ‖ m. y f. *Actor o actriz que representa personas de edad.
caracterización. f. Acción y efecto de caracterizar o caracterizarse.
caracterizado, da. adj. Distinguido, acreditado.
caracterizar. tr. *Determinar las cualidades peculiares de una persona o cosa, de modo que claramente se distinga de las demás. ‖ Autorizar o *enaltecer a una persona con algún empleo o dignidad. ‖ Representar un *actor su papel con verdad y fuerza de expresión. ‖ r. Vestirse el *actor y componer su fisonomía conforme al tipo que ha de representar.
caracú. m. Casta de ganado *vacuno argentino, más útil para carne que para el trabajo. ‖ Tuétano de los huesos que se echan en algunos guisos.
caracha. m. **Veter.* Enfermedad de los pacos y otros animales, semejante a la sarna. ‖ *Sarna de las personas.
carache. m. **Caracha.**
carachento, ta. adj. **Carachoso.**
caracho, cha. adj. De color violáceo.
carachoso, sa. adj. **Sarnoso.**
carachupa. f. **Zarigüeya.**
carado, da. adj. Con los adverbios *bien* o *mal,* que tiene buena o mala *cara.
caradura. m. fam. Persona *descarada y cínica.
caragilate. adj. Dícese de cierta variedad de judías.
carago. m. **Carao.**
caraguatá. f. Especie de *pita propia de América. ‖ Filamento *textil de esta planta.
caraguay. m. Lagarto grande.
caraipo. m. *Planta de la América del Sur.
caraira. f. *Ave de rapiña parecida al gavilán.
caraísmo. m. Doctrina de los caraítas.
caraíta. adj. Dícese del individuo de cierta secta *judaica. Ú. t. c. s. ‖ Perteneciente o relativo a los **caraítas.**
caraja. f. *Mar.* *Vela cuadrada que se larga en el botalón.
carajas. m. pl. *Etnogr.* *Tribu indígena del Brasil.
caralla. m. *Higo de pepita negra.
caramanchel. m. *Cubierta a modo de tejadillo, con que se cierran las escotillas en algunas *embarcaciones. ‖ Figón. ‖ **Cantina.** ‖ Tugurio. ‖ **Cobertizo.**
caramanchón. m. **Camaranchón.**
caramañola. f. *Vasija con un tubo para beber. ‖ **Caramayola.**
caramarama. f. *Planta forrajera.
caramayola. f. Cantimplora que usan los *soldados chilenos para llevar agua.
caramba. f. Moña que llevaban las mujeres en el *tocado.
¡caramba! interj. con que se denota *ira o *sorpresa.
carambanado, da. adj. Hecho carámbano.
carámbano. m. Pedazo de *hielo que queda pendiente al congelarse el agua que gotea por alguna parte. ‖ **Carao.**
carambillo. m. **Caramillo** (barrilla).
carambola. f. Lance del juego de trucos o *billar, que se hace con tres bolas, y consiste en que la impulsada por el jugador toque, directa o indirectamente, a las otras dos. ‖ En los trucos o billar, juego con tres bolas y sin palos. ‖ En el juego del revesino, jugada en que a un tiempo se sacan el as y el caballo de copas. ‖ fig. y fam. Doble *resultado que se *consigue mediante una sola acción. ‖ fig. y fam. Enredo, engaño. ‖ **rusa.** En el billar, aquella en que la bola despedida por el jugador toca a otra y ésta a la tercera. ‖ **Por carambola.** m. adv. fig. y fam. Indirectamente, por *rodeos.
carambola. f. Fruto del carambolo.
carambolear. intr. Hacer carambolas.
carambolero, ra. m. y f. **Carambolista.**
carambolista. com. Persona que juega bien las carambolas.
carambolo. m. *Árbol de las oxalídeas, de unos tres metros de altura.
caramel. m. Variedad de sardina, propia del Mediterráneo.
caramelizar. tr. **Acaramelar.** Ú. t. c. r.

caramelo. m. Pasta hecha de azúcar derretido que se deja enfriar sin que cristalice. ‖ V. **Punto de caramelo.** ‖ **Azucarillo.**
caramente. adv. m. **Costosamente.** ‖ **Encarecidamente.** ‖ **Rigurosamente.** Usáb. en las fórmulas de los juramentos.
caramera. f. Dentadura defectuosa.
caramesa. f. Mesa bien provista.
caramida. f. **Imán.**
caramiello. m. *Tocado o *sombrero a manera de mitra, usado por las mujeres en Asturias y León.
caramilla. f. **Calamina.**
caramillar. m. Terreno poblado de caramillos.
caramilleras. f. pl. **Llares.**
caramillo. m. Flautilla de caña u otra materia, que produce un sonido muy agudo. ‖ **Zampoña.** ‖ Planta *barrillera. ‖ *Montón mal hecho. ‖ fig. *Chisme, enredo.
caramilloso, sa. adj. fam. **Quisquilloso.**
cáramo. m. *Germ.* **Vino.**
caramujo. m. Especie de *caracol marino que se pega a los fondos de los buques.
caramuzal. m. *Buque turco de tres palos.
carancho. m. **Caracará** (indio del Paraná). ‖ **Búho.**
carandaí. m. *Palmera alta, cuya madera se emplea en construcción. De sus hojas se hacen pantallas y sombreros.
caranday. m. **Carandaí.**
carandero. m. *Palmera pequeña de Ceilán.
caranegra. adj. Dícese de una *oveja de raza especial. Ú. t. c. s. ‖ m. Especie de *mono negro.
caranga. f. **Carángano.**
carángano. m. **Cáncano** (piojo). ‖ *Instrumento de los negros que consiste en un trozo largo de bambú con una tira de cierta corteza atirantada, que se golpea con un palito.
carantamaula. f. fam. *Máscara de cartón, de aspecto horrible y feo. ‖ fig. y fam. Persona mal encarada.
carantoña. f. fam. **Carantamaula.** ‖ pl. fam. *Halagos y lisonjas para conseguir alguna cosa.
carantoñero, ra. m. y f. Persona que hace carantoñas.
caraña. f. *Resina de ciertos árboles terebintáceos americanos. ‖ Nombre de estos árboles.
carao. m. *Árbol cuyo fruto contiene una melaza de propiedades medicinales.
caraota. f. *Alubia o judía.
carapa. f. Planta meliácea que utilizaban los indios para *teñirse el cuerpo.
carapachay. m. En América, hombre *inculto y montaraz. ‖ *Leñador carbonero.
carapacho. m. Caparazón de las *tortugas, cangrejos y otros animales. ‖ *Guisado que se hace en la concha de los mariscos. ‖ pl. *Etnogr.* *Pueblo indígena del Perú.
carapato. m. Aceite de ricino.
¡carape! interj. **¡Caramba!**
carapico. m. *Planta rubiácea.
carapopela. m. Especie de lagarto venenoso del Brasil.
carapucho. m. **Capucho.** ‖ *Sombrero de forma ridícula. ‖ *Planta gramínea, cuyas semillas producen embriaguez.
carapulca. f. *Guisado criollo, hecho de carne y ají.
caraqueño, ña. adj. Natural de Caracas. Ú. t. c. s. ‖ Perteneciente a esta ciudad de Venezuela.
caraquilla. f. *Molusco parecido al caracol.
carasol. m. **Solana.**
carate. m. Cierta *enfermedad de los negros.
caratea. f. *Enfermedad escrofulosa, común en Nueva Granada.
carato. m. **Jagua.**
carato. m. *Bebida refrescante hecha con arroz o maíz molido.
carátula. f. **Careta,** *máscara. ‖ fig. *Histrionismo.
caratulado, da. adj. Que tiene cubierto el rostro con carátula.
caratulero, ra. m. y f. Persona que hace o vende carátulas.
caraú. m. *Ave zancuda, propia de la Argentina.
carauz. m. ant. Acto de *brindar apurando el vaso.
carava. f. Reunión que celebraban los labradores para *divertirse.
Caravaca. n. p. V. **Cruz de Caravaca.**
caravana. f. Grupo de gentes que en Asia y África se juntan para *viajar con más seguridad. ‖ En la *orden militar* de San Juan, campaña marítima, en persecución de piratas y moros. ‖ fig. y fam. *Compañía numerosa de personas que se reúnen para ir de campo. ‖ *Trampa para cazar pájaros. ‖ **Cortesía.** ‖ pl. *Aretes, arracadas. ‖ **Correr las caravanas.** fr. En la orden de San Juan, hacer sus pruebas en campaña los caballeros novicios. ‖ fig. y fam. Hacer *diligencias para lograr alguna pretensión.
caravanera. f. Posada en que se *hospedan las caravanas.
caravasar. m. En Oriente, *albergue destinado a las caravanas.
caray. m. **Carey.**
¡caray! interj. **¡Caramba!**
carayá. m. *Mono grande, aullador, de América.
carayaca. m. **Carayá.**
carba. f. Matorral de carbizos. ‖ Sitio donde sestea el *ganado.
carbalí. adj. **Carabalí.**
cárbaso. m. Variedad de *lino muy delgado. ‖ fig. Vestidura hecha de este lino.
carbinol. m. *Quím.* **Alcohol metílico.**
carbizal. m. **Carba** (matorral).
carbizo. m. *Roble que produce la bellota gorda y áspera.
carbodinamita. f. *Quím.* *Explosivo derivado de la nitroglicerina.
carbógeno. m. Polvo que sirve para preparar el agua de Seltz.
carbol. m. *Quím.* **Fenol.**
carbólico. adj. *Quím.* **Fénico.**
carbolíneo. m. **Quím.* Substancia obtenida por destilación del alquitrán de hulla, que sirve para impermeabilizar la madera.
***carbón.** m. Materia sólida y muy combustible, que resulta de la combustión incompleta de la leña o de otros cuerpos orgánicos. ‖ Brasa o ascua después de apagada. ‖ **Carboncillo.** ‖ *Hongo parásito, en forma de polvo negro, que ataca a los cereales. ‖ **animal.** El que se obtiene de los huesos. ‖ **de arranque.** El que se hace de raíces. ‖ **de canutillo.** El que se fabrica de las ramas delgadas. ‖ **de piedra,** o **mineral.** Substancia fósil, bituminosa y de color negro, que se halla en el seno de la tierra y arde con menos facilidad, pero dando más calor que el **carbón** vegetal. ‖ **vegetal.** El de leña.
carbonada. f. Cantidad grande de carbón que se echa de una vez al fuego. ‖ *Carne cocida, y después asada en las parrillas. ‖ *Fruta de sartén* hecha de leche, huevo y dulce. ‖ *Guisado nacional de varios países de América, compuesto de carne desmenuzada, rebanadas de choclos, zapallo, patatas y arroz.
carbonado. m. **Joy.* Diamante negro.
carbonalla. f. Mezcla de arena, arcilla y carbón, que se emplea para el suelo de los *hornos de reverbero.
carbonar. tr. Hacer carbón. Ú. t. c. r.
carbonario. m. Individuo de una sociedad secreta con fines *políticos y revolucionarios.
carbonatado, da. adj. **Miner.* Se aplica a toda base combinada con el ácido carbónico, formando carbonato.
carbonatar. tr. **Quím.* Convertir en carbonato. Ú. t. c. r.
carbonato. m. **Quím.* Sal resultante de la combinación del ácido carbónico con un radical.
carboncillo. m. Palillo carbonizado de brezo, sauce u otra madera ligera, que sirve para *dibujar. ‖ **Hongo** parásito de los cereales. ‖ Una clase de *arena negra. ‖ *Árbol silvestre, de cuyas flores penden largos filamentos.
carbonear. tr. Hacer *carbón de leña.
carboneo. m. Acción y efecto de carbonear.
carbonera. f. Pila de leña, preparada para el carboneo. ‖ Lugar donde se guarda carbón. ‖ Mujer que vende carbón. ‖ Mina de hulla. ‖ **Ferr.* Parte del ténder en que va el carbón. ‖ *Mar.* *Vela de estay mayor.
carbonería. f. Puesto o almacén donde se vende carbón.
carbonerica. f. **Paro carbonero.**
carbonero, ra. adj. Perteneciente o relativo al carbón. ‖ m. El que hace o vende carbón.
carbonero. m. *Árbol de Cuba, de madera dura y compacta.
carbónico, ca. adj. **Quím.* Se aplica a muchas combinaciones o mezclas en que entra el carbono.
carbónidos. m. pl. **Quím.* Grupo de substancias en cuya composición entra el carbono.
carbonífero, ra. adj. Dícese del terreno que contiene *carbón mineral. ‖ **Geol.* Dícese de todo lo relativo al período en que se formaron las masas de carbón de piedra.
carbonilla. f. *Carbón mineral menudo. ‖ Coque menudo, especialmente el que cae al través de la parrilla.
carbonita. f. Substancia carbonosa semejante al coque. ‖ *Explosivo compuesto de nitroglicerina, sulfuro de benzol y otros ingredientes.
carbonización. f. Acción y efecto de carbonizar o carbonizarse.
carbonizar. tr. Reducir a *carbón un cuerpo orgánico. Ú. t. c. r.
carbono. m. **Quím.* Metaloide simple cuya cristalización es el diamante.
carbonoso, sa. adj. Que tiene carbón. ‖ Parecido al carbón.
carborundo. m. Carburo de silicio artificial, de dureza casi igual a la del diamante.
carbuncal. adj. Perteneciente o relativo al carbunco.
carbunclo. m. **Carbúnculo.** ‖ **Carbunco.**
carbunco. m. **Veter.* *Enfermedad del ganado lanar, vacuno y cabrío, que puede transmitirse al hombre. ‖ **Ántrax.** ‖ **Cocuyo.**
carbuncosis. f. *Med.* Infección carbuncosa.
carbuncoso, sa. adj. **Carbuncal.**
carbúnculo. m. **Rubí.**

carburación. f. Acción y efecto de combinarse el carbono y el *hierro para producir el acero. ‖ Adición de un carburante al aire o a otro gas. Dícese más especialmente de la adición de gasolina al aire para obtener la mezcla explosiva que hace funcionar ciertos motores, como los de *automóvil. ‖ **Quím.* Acción y efecto de carburar.

carburador. m. Aparato que sirve para carburar. ‖ Pieza de los *automóviles, donde se efectúa la carburación.

carburante. adj. *Quím.* Que contiene hidrocarburo. Ú. t. c. s.

carburar. tr. *Quím.* Mezclar los gases o el aire atmosférico con carburantes.

carburina. f. Sulfuro de carbono usado para *limpiar las manchas de grasa en los tejidos.

carburo. m. **Quím.* Combinación del carbono con un radical simple.

carca. adj. despect. **Carlista.** Ú. t. c. s.

carcaj. m. **Aljaba.** ‖ Caja de cuero abierta por arriba y sujeta al cuerpo, en que los sacristanes meten el extremo del palo de la *cruz alta cuando la llevan en *procesión. ‖ Funda de cuero en que se lleva el rifle.

carcajada. f. *Risa violenta y ruidosa.

carcajear. intr. fam. Reír a carcajadas.

carcamal. m. fam. Persona *vieja y achacosa. Ú. t. c. adj.

carcamán, na. adj. Aplícase en Cuba al *extranjero de condición *despreciable. ‖ m. y f. Persona *orgullosa y de poco mérito. ‖ m. En la Argentina, italiano.

carcamán. m. *Mar.* Cualquier *buque grande, malo y pesado.

cárcamo. m. **Cárcavo.**

carcañal. m. **Calcañar.**

carcasa. f. Cierta bomba incendiaria.

cárcava. f. Hoya o *excavación que suelen hacer las avenidas. ‖ Zanja o foso. ‖ **Sepultura.**

carcavera. adj. ant. Decíase de la *ramera que andaba por las cárcavas.

carcavina. f. **Cárcava.**

carcavinar. intr. *Heder las sepulturas.

cárcavo. m. Hueco en que juega el rodezno de los *molinos.

carcavón. m. aum. de **Cárcava.** ‖ *Barranco que hacen las avenidas en la tierra.

carcavonera. f. **Peñascal.**

carcavuezo. m. *Hoyo profundo en la tierra.

carcax. m. **Carcaj.**

carcax. m. **Ajorca.**

carcaza. f. **Carcaj.**

carcel. m. **Ópt.* Unidad de medida para la intensidad luminosa basada en cierta lámpara de aceite.

***cárcel.** f. Edificio o local destinado para reclusión y custodia de los presos. ‖ Unidad de medida para la venta de *leñas. ‖ *Ranura por donde corren los tablones de una compuerta. ‖ **Carp.* Barra de madera con dos topes, entre los cuales se oprimen las piezas de madera encoladas, para que se peguen. ‖ **Impr.* Par de tablas que abrazan y sujetan el husillo.

carcelaje. m. Derecho que al salir de la cárcel pagaban los presos.

carcelario, ria. adj. Perteneciente o relativo a la cárcel.

carcelera. f. *Canto popular andaluz sobre las fatigas que pasan los presidiarios.

carcelería. f. Detención forzada, aunque no sea en la cárcel.

carcelero, ra. adj. **Carcelario.** ‖ m. y f. Persona que tiene cuidado de la cárcel.

carcinoma. m. Tumor *canceroso.

carcinomatoso, sa. adj. *Pat.* Relativo al carcinoma.

cárcola. En los telares, listón que mueve con los pies el *tejedor para hacer subir y bajar la viadera.

carcoma. f. *Insecto coleóptero muy pequeño, cuya larva roe y taladra la *madera. ‖ Polvo que produce este insecto después de roer la madera. ‖ fig. *Desasosiego o preocupación continua que consume al que la tiene. ‖ fig. Persona o cosa que poco a poco va *gastando la hacienda. ‖ *Germ.* **Camino.**

carcomer. tr. *Roer la carcoma la madera. ‖ fig. *Consumir poco a poco alguna cosa. Ú. t. c. r. ‖ r. Llenarse de carcoma alguna cosa.

carcón. m. Correa con argollas en sus extremos, para enganchar las varas de la silla de manos.

carcunda. adj. despect. **Carca.** Ú. t. c. s.

***carda.** f. Acción y efecto de cardar. ‖ Cabeza terminal del tallo de la cardencha, que se empleaba para sacar el pelo a los paños y felpas. ‖ Tabla cubierta de puntas de alambre, para preparar el hilado de la lana lavada. ‖ fig. y fam. *Reprensión. ‖ **Dar una carda.** fr. fig. y fam. *Reprender fuertemente.

cardada. f. Porción de lana que se carda de una vez.

cardador, ra. m. y f. Persona que carda la lana. ‖ m. *Insecto miriápodo de cuerpo cilíndrico y liso, que, cuando se ve sorprendido, se arrolla en espiral.

cardadura. f. Acción de cardar la lana.

cardal. m. **Cardizal.**

cardamomo. m. *Planta parecida al amomo, con el fruto más pequeño.

cardancho. m. Cardillo áspero y no comestible.

***cardar.** tr. Preparar con la carda una materia textil para el hilado. ‖ Sacar suavemente el pelo a los paños y felpas con la carda.

cardario. m. *Pez del género de las rayas, cuyo cuerpo está cubierto de aguijones.

cardelina. f. **Jilguero.**

***cardenal.** m. Cada uno de los prelados que componen el Sacro Colegio y forman el conclave para la elección del Papa. ‖ *Pájaro americano algo mayor que el tordo, con una faja negra alrededor del pico, y un penacho rojo. ‖ **Geranio.** ‖ **de Santiago.** Cada uno de los siete *canónigos de la iglesia compostelana, que tienen este título. ‖ **in péctore,** o **in petto.** Eclesiástico elevado a **cardenal,** pero cuya proclamación se reserva hasta momento oportuno.

cardenal. m. **Equimosis.**

cardenalato. m. Dignidad de cardenal.

cardenalicio, cia. adj. Perteneciente al cardenal (prelado).

cardencha. f. *Planta dipsácea, de flores terminales, cuyos involucros, rígidos y ganchosos, forman cabezas que se usan para *cardar los paños. ‖ **Carda** metálica.

cardenchal. m. Sitio donde se crían las cardenchas.

cardenilla. f. Variedad de *uva menuda.

cardenillo. m. *Quím.* Mezcla *venenosa de acetatos básicos de cobre, de color verdoso, que se forma en los objetos de *cobre o sus aleaciones. ‖ Acetato de cobre que se emplea en la *pintura. ‖ *Color verde claro.

cárdeno, na. adj. De *color amoratado. ‖ Dícese del *toro cuyo pelo tiene mezcla de negro y blanco. ‖ Dícese del *agua de color opalino.

cardeña. f. *Pavesa de la lumbre.

cardería. f. Taller en donde se carda la lana. ‖ Fábrica de cardas.

cardero. m. El que hace cardas.

cardiaca o **cardíaca.** f. **Agripalma.**

cardiáceo, a. adj. Que tiene forma de *corazón.

***cardiaco, ca** o **cardíaco, ca.** adj. Perteneciente o relativo al *corazón. ‖ Que padece del corazón. Ú. t. c. s.

cardialgia. f. **Pat.* Dolor agudo que se siente en el cardias.

cardiálgico, ca. adj. Perteneciente a la cardialgia.

cardias. m. *Zool.* Orificio superior del *estómago.

cardillar. m. Sitio en que abundan los cardillos.

cardillo. m. *Planta compuesta, que se cría en sembrados y barbechos. La penca tierna de las hojas se usa como *verdura.

cardillo. m. *Reflejo de sol producido por un espejo, con el cual se entretiene a los niños.

cardimuelle. m. **Cerraja.**

***cardinal.** adj. *Principal, fundamental. ‖ *Astr.* Se aplica a los cuatro signos del *Zodiaco en que empiezan respectivamente las estaciones del año. ‖ *Gram.* Dícese del adjetivo *numeral que expresa cuántas son las personas o cosas sin establecer ninguna otra relación de orden, proporción, etc.

cardinas. f. pl. *Arq.* Hojas parecidas a las del cardo, que se usan como *ornamentación en el estilo ojival.

cardinche. m. **Cardimuelle.**

cardiografía. f. *Med.* Procedimiento para registrar mecánicamente las pulsaciones del *corazón.

cardiograma. m. *Med.* Diagrama de los movimientos del *corazón.

cardiopatía. f. *Pat.* Nombre genérico de las enfermedades del *corazón.

cardítico, ca. adj. Relativo al corazón.

carditis. f. *Pat.* Inflamación del tejido muscular del *corazón.

cardizal. m. Sitio en que abundan los cardos y otras hierbas inútiles.

***cardo.** m. Planta compuesta, cuyas pencas se comen crudas o cocidas. ‖ **ajonjero,** o **aljonjero. Ajonjera.** ‖ **bendito. Cardo santo.** ‖ **borriqueño,** o **borriquero.** El que llega a unos tres metros de altura. ‖ **corredor.** Planta umbelífera, de hojas espinosas por el borde. ‖ **de María. Cardo mariano.** ‖ **estelado corredor. Cardo corredor.** ‖ **estrellado.** El de tallo peloso, hojas laciniadas, y flores blancas o purpúreas. ‖ **huso.** Planta parecida al alazor o cártamo. ‖ **lechar,** o **lechero.** El de tallo leñoso, cubierto de un jugo viscoso y blanquecino. ‖ **mariano.** El de tallos derechos y hojas abrazadoras, espinosas por el margen y manchadas de blanco. ‖ **santo.** El de tallo cuadrangular. ‖ **setero. Cardo corredor.** ‖ **yesquero. Cardo borriquero.** ‖ **Más áspero que un cardo.** expr. fig. y fam. Dícese de la persona *desabrida.

cardón. m. **Cardencha.** ‖ Acción y efecto de cardar el *paño. ‖ Planta bromeliácea cuyo fruto es el chagual. ‖ Planta que sirve para setos vivos. ‖ Nombre de varias *cácteas. ‖ **Cardo.**

Cardona. n. p. **Más listo que Cardona.** expr. fig. y fam. con que se pondera el *talento y expedición de alguno.

cardona. f. Especie de *cacto que se cría en Cuba.

cardonal. m. Sitio en que abundan los cardones.

cardoncillo. m. **Cardo mariano.**

carducha. f. *Carda gruesa de hierro.

cardume. m. **Cardumen.**

cardumen. m. **Banco** (de *peces). ‖ *Abundancia de cosas.

carduzador, ra. m. y f. Persona que carduza. ‖ *Germ.* El que negocia con la ropa que hurtan los *ladrones.

carduzal. m. **Cardizal.**

carduzar. tr. **Cardar.**

careado, da. adj. Se aplica al *ganado que está o va de careo (pasto).

careador. adj. Se aplica al *perro destinado a guiar las ovejas.

careador. m. El que cuida del *gallo durante la riña.

carear. tr. Poner a una o varias personas en *presencia de otra u otras, con objeto de *comprobar alguna cosa. ‖ Dirigir el *ganado hacia alguna parte. ‖ Dar la última mano a la cara del pan de *azúcar. ‖ fig. *Cotejar una cosa con otra. ‖ *Ahuyentar, espantar. ‖ intr. Ponerse enfrente, presentar la faz hacia una parte. ‖ *Pacer o pastar el ganado. ‖ r. Verse las personas para algún negocio. ‖ Arrostrarse resueltamente dos o más personas.

***carecer.** intr. Estar falto de alguna cosa.

careciente. p. a. de **Carecer.** Que carece.

carecimiento. m. **Carencia.**

careicillo. m. *Arbusto silvestre de Cuba.

carel. m. *Borde, orilla.

***carena.** f. **Arq. Nav.* Reparo y compostura del casco de la nave.

carena. f. fig. y fam. *Burla con que se zahiere y *reprende.

carenadura. f. Acción y efecto de carenar.

carenar. tr. *Mar.* *Reparar o componer el casco de la nave. ‖ **Carenar de firme.** fr. *Mar.* Reparar completamente el barco.

***carencia.** f. Falta o privación de alguna cosa.

carenero. m. **Arq. Nav.* Sitio o paraje en que se carenan buques.

carenóstilo. m. *Insecto carábido, común en España.

carenote. m. *Mar.* Cada uno de los tablones que se aplican a los lados de la quilla de una embarcación varada, para que se mantenga derecha.

carente. p. a. irreg. de **Carecer. Careciente.**

careo. m. Acción y efecto de carear o carearse. ‖ Porción de terreno en que se divide un *monte para la montanera. ‖ **Pasto.** ‖ *Conversación, charla.

carero, ra. adj. fam. Que acostumbra a vender *caro.

carestía. f. *Escasez de alguna cosa, y, especialmente, de los víveres. ‖ *Encarecimiento o subido precio de las cosas de uso común.

careta. f. *Máscara para cubrir la cara. ‖ Mascarilla de alambre con que los colmeneros preservan la cara de las picaduras de las *abejas. ‖ **Esgr.* Máscara de red metálica con que se resguarda la cara de los golpes del contrario. ‖ **Quitarle** a uno **la careta.** fr. fig. Desenmascararle.

careto, ta. adj. Dícese del animal de raza *caballar o *vacuna que tiene la cara blanca, y la frente y el resto de la cabeza de color obscuro.

carey. m. *Tortuga de mar, de tamaño grande, cuyos huevos se aprecian como manjar excelente. ‖ Materia córnea que se saca en chapas delgadas calentando por debajo las escamas de esta tortuga y sirve para fabricar peinetas y otros objetos. ‖ *Bejuco de hojas ásperas, que se usan como lija. ‖ Arbusto de Cuba que se usa para hacer *bastones.

careza. f. p. us. **Carestía.**

carfología. f. *Pat.* Agitación involuntaria que se observa en las manos de los que están próximos a *morir, que parecen coger algo en el aire o bien las ropas de la cama.

***carga.** f. Acción y efecto de cargar. ‖ Cosa que *pesa sobre otra. ‖ Cosa pesada que se transporta. ‖ Unidad de medida de *capacidad para algunos productos forestales. ‖ Cierta cantidad de granos, que en unas partes es de cuatro fanegas y en otras de tres. ‖ Cantidad de *explosivo, con proyectiles o sin ellos, que se echa en el cañón de una arma de fuego. ‖ Cantidad de explosivo con que se causa la voladura de una mina o barreno. ‖ Tributo, *impuesto. ‖ fig. *Censo, *servidumbre u otro gravamen real de la propiedad. ‖ fig. *Obligación aneja a un estado, empleo u oficio. ‖ fig. Pesadumbres y *aflicciones del ánimo. ‖ *Mil.* *Acometimiento o ataque resuelto al enemigo. ‖ *Mil.* Evolución de gente armada, para dispersar a los grupos de revoltosos. ‖ **Veter.* Bizma para las caballerías. ‖ **abierta.** *Mil.* Embestida al arma blanca en formación espaciada. ‖ **a fondo.** *Mil.* **Carga de petral.** ‖ **cerrada.** *Mil.* Embestida al arma blanca en formación compacta. ‖ fig. y fam. *Represión áspera y fuerte. ‖ **concejil.** Servicio exigible a todos los vecinos. ‖ **de aposento.** Renta en dinero que se pagaba en substitución del derecho de aposento. ‖ **de caballería.** *Mil.* Embestida de tropas de esta arma. ‖ **de justicia.** Obligación contraída por el Estado, de compensar a los que han sufrido alguna privación por razones de interés general. ‖ **de petral.** *Mil.* Embestida de caballería contra caballería y cuerpo a cuerpo. ‖ **mayor.** La que suele llevar una acémila. ‖ **menor.** La que suele llevar un asno. ‖ **personal.** Servicio a que están obligadas las personas. ‖ **real.** Gravamen sobre bienes inmuebles. ‖ **vecinal. Carga concejil.** ‖ **A carga cerrada.** m. adv. Dícese de lo que se compra a bulto. ‖ fig. Sin reflexión. ‖ fig. Sin distinguir. ‖ fig. A un tiempo, de una vez. ‖ **A cargas.** m. adv. fig. y fam. Con mucha *abundancia. ‖ **Echar** uno **las cargas** a otro. fr. fig. y fam. *Imputarle lo que no ha hecho. ‖ **Echarse** uno **con la carga.** fr. fig. y fam. *Enfadarse. ‖ **Llevar** uno **la carga.** fr. fig. Asumir cuidado o *trabajo de alguna cosa. ‖ **Sentarse la carga.** fr. fig. Lastimar la **carga** a la bestia. ‖ fig. y fam. Hacerse *molesta una empresa. ‖ **Ser en carga.** fr. *Molestar, enfadar. ‖ **Terciar la carga.** fr. Repartirla en tercios. ‖ **Volver a la carga.** fr. fig. Insistir con *obstinación en un empeño.

cargadal. m. Acumulación de tierra y otras substancias en el *cauce de los *ríos y acequias.

cargadas. f. pl. Cierto juego de *naipes.

cargadera. f. *Mar.* *Cabo para el laboreo de las velas.

cargadero. m. Sitio donde se *cargan y descargan mercancías. ‖ *Arq.* **Dintel.**

cargadilla. f. fam. Aumento de una *deuda por acumulación de los intereses.

cargado, da. adj. Dícese del tiempo o de la *atmósfera bochornosos. ‖ Aplícase a la *oveja próxima a parir. ‖ Dícese del líquido que contiene en *disolución o suspensión muchas substancias. ‖ **Blas.* Dícese de la pieza o armas sobre la que se han pintado otra u otras que no sean brisura. ‖ f. En el juego del monte, la carta a que se ha puesto más dinero. ‖ m. Movimiento de la *danza española, que consiste en poner el pie derecho en el lugar que ocupa el izquierdo.

cargador. m. El que embarca las mercancías para que sean *transportadas. ‖ El que tiene por oficio conducir *cargas. ‖ El que carga las escopetas. ‖ *Bieldo grande. ‖ En algunas *armas de fuego* automáticas, pieza en que se colocan los cartuchos. ‖ **Mozo de cordel.** ‖ *Cohete muy ruidoso. ‖ *Sarmiento algo recortado en la poda. ‖ Cada uno de los sirvientes que introducen la carga en las piezas de *artillería.

cargamento. m. Conjunto de mercaderías que *carga una embarcación.

cargancia. f. *Molestia, pesadez.

cargante. adj. Que carga o *molesta. ‖ *Importuno, fastidioso.

***cargar.** tr. Poner o echar peso sobre una persona o una bestia. ‖ Poner en un vehículo mercancías para transportarlas. ‖ Introducir la carga en cualquier *arma de fuego*. ‖ Acopiar con *abundancia algunas cosas. ‖ fig. *Comer o beber demasiado. ‖ fig. Aumentar el *peso de alguna cosa. ‖ fig. Imponer a las personas o cosas un *tributo u obligación. ‖ fig. *Imputar, achacar. ‖ fig. En algunos juegos de *naipes, echar sobre la carta jugada otra que la gane. ‖ fig. En el juego del monte, aumentar el dinero puesto a una carta. ‖ fig. y fam. Incomodar, *molestar. Ú. t. c. r. ‖ **Blas.* Pintar sobre una pieza o armas otra u otras que no sean brisura. ‖ *Com.* Anotar en las *cuentas las partidas que corresponden al debe. ‖ *Mar.* Tratándose de las *velas, recoger sus paños. ‖ *Mil.* *Acometer con fuerza y vigor a los enemigos. ‖ *Mil.* Evolucionar los *guardias de orden público para dispersar a la multitud. ‖ **Veter.* Untar las bestias caballares con su propia sangre, mezclada con otros ingredientes. ‖ intr. *Inclinarse una cosa hacia alguna parte. ‖ Mantener, tomar o **cargar** sobre sí algún *peso. ‖ *Apoyarse o descansar una cosa sobre otra. ‖ Junto con la prep. *con,* apropiarse, *tomar. ‖ Llevar los árboles *fruto en gran abundancia. ‖ fig. *Concurrir mucha gente a un lugar. ‖ fig. Tomar sobre sí alguna *obligación. ‖ fig. Con la prep. *sobre,* *imputar a uno culpas o defectos ajenos. ‖ fig. Junto con la misma prep., *importunar a uno. ‖ *Gram.* Recaer el *acento en una letra o sílaba. ‖ r. *Inclinar el cuerpo hacia alguna parte. ‖ fig. En las *cuentas, admitir el cargo de alguna cantidad. ‖ fig. Tratándose de la atmósfera, irse condensando las *nubes. ‖ fig. Con la prep. *de,* llegar a tener *abundancia de ciertas cosas. ‖ **Cargar delantero.** loc. fig. y fam. Haber bebido demasiado, estar algo *ebrio.

cargareme. m. Documento en que se hace constar el ingreso de alguna cantidad en alguna caja o tesorería.

cargazón. f. **Cargamento.** ‖ Pesadez sentida en alguna parte del cuerpo; como la *cabeza, el *estómago, etc. ‖ Aglomeración de *nubes espesas. ‖ Obra manual *imperfecta, *tosca o mal rematada. ‖ Abundancia de *frutos en los árboles y plantas.

cargo. m. Acción de cargar. ‖ *Carga o peso. ‖ Medida de *capacidad para *piedra, que equivale próximamente a un tercio de metro cúbico. ‖ Conjunto de capachos, llenos de aceituna molida, que se someten a la prensa del *molino de aceite. ‖ Cantidad de uva pisada que se pone de una vez bajo la acción de la prensa en el *lagar. ‖ Medida de *capacidad para maderas, equivalente a una vara cúbica. ‖ En las *cuentas, conjunto de cantidades de que uno debe dar satisfacción. ‖ fig. *Dignidad, *empleo, oficio. ‖ fig. *Obligación. ‖ fig. *Gobierno, dirección. ‖ fig. Falta que se *imputa a alguno. ‖ **Dintel.** ‖ **concejil.** Oficio obligatorio para los vecinos, como el de alcalde, concejal, etc. ‖ **de conciencia.** Lo que la grava. ‖ **de la república. Cargo concejil.** ‖ **Hacer cargo** a uno **de** alguna cosa. fr. *Imputársela. ‖ **Hacerse** uno **cargo** de alguna cosa. fr. *Encargarse de ella. ‖ *Comprenderla. ‖ *Examinar todas sus circunstancias. ‖ **Ser** uno **en cargo** a otro. fr. Ser su *deudor.

cargoso, sa. adj. Pesado, grave. ‖ Molesto. ‖ **Gravoso.**

carguero, ra. adj. Que lleva carga. ‖ m. **Acémila.** ‖ *Barco de *carga.

carguillero, ra. adj. Dícese del que tiene por oficio llevar cargas de *leña para los hornos.

carguío. m. Cantidad de géneros u otras cosas que componen la *carga. ‖ **Carga** (que se transporta).

cari. adj. Dícese del *color pardo claro. ‖ m. Especie de *capote. ‖ **Zarzamora.** ‖ Pimienta de la India.

caria. f. *Arq.* Fuste de *columna.

cariacedo, da. adj. Desapacible, *desabrido.

cariaco. m. *Baile popular de Cuba. ‖ *Bebida fermentada de jarabe de caña.

cariacontecido, da. adj. fam. Que muestra en el semblante *aflicción o sobresalto.

cariacos. m. pl. *Etnogr.* *Indios caribes.

cariacuchillado, da. adj. Que tiene en la cara alguna *cicatriz.

cariado, da. adj. Dícese de los *huesos dañados o podridos.

cariadura. f. El daño del *hueso cariado.

cariaguileño, ña. adj. fam. Que tiene larga y enjuta la *cara y algo corva la *nariz.

carialegre. adj. **Risueño.**

carialzado, da. adj. Que tiene la cara levantada.

cariampollado, da. adj. **Cariampollar.**

cariampollar. adj. **Mofletudo.**

cariancho, cha. adj. fam. Que tiene ancha la *cara.

cariaquito. m. *Arbusto vivaz que despide un aroma suave.

cariarse. r. Padecer caries un *hueso.

cariátide. f. *Arq.* *Estatua de mujer, con traje talar, y que hace oficio de *columna o pilastra. ‖ *Arq.* Por ext., cualquiera figura humana que se usa para el mismo objeto.

caríbal. adj. **Caníbal.** Ú. t. c. s.

caribe. adj Dícese del individuo de un *pueblo que ocupó una parte de las Antillas. Ú. t. c. s. ‖ Perteneciente a este pueblo. ‖ m. *Lengua de los **caribes.** ‖ fig. Hombre *cruel.

caribello. adj. Dícese del *toro que tiene la cabeza obscura y la frente con manchas blancas.

cariblanca. m. **Carablanca.**

cariblanco. m. *Puerco montés más pequeño que el jabalí.

caribú. m. Reno del Canadá.

carica. f. **Judía de careta.**

caricari. m. *Halcón brasileño.

caricarillo, lla. adj. Dícese del *hijo de un *viudo respecto de los hijos de una viuda con quien ha contraído matrimonio.

caricato. m. Bajo que hace en la *ópera los papeles de bufo. ‖ **Caricatura.**

caricatura. f. Figura, *dibujo o descripción en que se *ridiculiza a alguna persona, deformando o *exagerando sus facciones o su aspecto.

caricaturar. tr. **Caricaturizar.**

caricaturesco, ca. adj. Perteneciente o relativo a la caricatura.

caricaturista. com. Dibujante de caricaturas.

caricaturizar. tr. Representar por medio de caricatura a una persona o cosa.

***caricia.** f. Demostración cariñosa que consiste principalmente en pasar suavemente la mano por el cuerpo de una persona o animal. ‖ *Halago, agasajo. ‖ *Germ.* Cosa que cuesta cara.

cariciosamente. adv. m. Haciendo caricias.

caricioso, sa. adj. **Cariñoso.**

carichato, ta. adj. Chato, que tiene la cara aplanada.

***caridad.** f. *Virtud que consiste en *amar a Dios sobre todas las cosas, y al prójimo como a nosotros mismos. ‖ Virtud opuesta a la envidia; *altruismo. ‖ *Limosna o *auxilio a los necesitados. ‖ Refresco que dan algunas *cofradías o los que asisten a la fiesta del santo. ‖ Agasajo que se hacía con motivo de las honras de los difuntos. ‖ *Tratamiento usado en ciertas *órdenes religiosas*. ‖ *Comida de los *presos. ‖ *Mar.* Quinta *ancla de respeto.

caridelantero, ra. adj. fam. *Descarado y *entremetido.

caridoliente. adj. Que en el semblante manifiesta dolor.

caridoso, sa. adj. ant. **Caritativo.**

cariedón. m. Cierto *insecto que ataca a las *nueces.

carientismo. m. *Ret.* Figura que consiste en disimular delicadamente la *ironía.

caries. f. Úlcera de un *hueso. ‖ **Tizón** (*hongo parásito). ‖ **seca.** Enfermedad de los árboles, que destruye el tejido leñoso.

carifruncido, da. adj. fam. Que tiene fruncida la cara.

carigordo, da. adj. fam. Que tiene gorda la cara.

cariharto, ta. adj. **Carirredondo.**

carilampiño, ña. adj. **Barbilampiño.**

carilargo, ga. adj. fam. Que tiene larga la *cara.

carilucio, cia. adj. fam. Que tiene lustrosa la *cara.

carilla. f. **Careta.** ‖ **Dieciocheno** (*moneda de plata). ‖ Plana o *página.

carilleno, na. adj. fam. Que tiene abultada la cara.

carillo, lla. adj. *Amado, querido. ‖ m. y f. Amante, *novio.

carillón. m. Juego de *campanas que funciona mecánicamente.

carimba. f. *Marca que se ponía a los *esclavos. ‖ **Calimba.**

carimbo. m. Hierro para *marcar a los *ganados.

carincho. m. *Guisado americano hecho con patatas, carne y ají.

carinegro, gra. adj. Que tiene muy morena la *cara.

carininfo, fa. adj. De cara *afeminada.

cariñana. f. *Toca femenina usada antiguamente.

cariñar. intr. Sentir nostalgia. Ú. t. c. r.

cariñena. m. *Vino tinto muy dulce y oloroso.

***cariño.** m. Inclinación afectuosa hacia una persona o cosa. ‖ fig. Expresión y señal de dicho sentimiento. Ú. m. en pl. ‖ fig. Esmero, *cuidado e interés con que se hace una cosa.

cariñosamente. adv. m. Con cariño.

***cariñoso, sa.** adj. Afectuoso, amoroso.

cario, ria. adj. Natural de Caria. Ú. t. c. s. ‖ Perteneciente a esta región asiática.

carioca. adj. Natural de Río de Janeiro. Ú. t. c. s.

cariocar. m. *Árbol americano de gran altura.

cariocinesis. f. *Embriol.* Modo de división de la *célula.

cariofileo, a. adj. **Bot.* Aplícase a hierbas o matas dicotiledóneas, cuyo tipo es el clavel. Ú. t. c. s. ‖ f. pl. *Bot.* Familia de estas plantas.

cariofilina. f. **Quím.* Substancia contenida en el clavo de las Molucas.

cariópside. f. *Bot.* *Fruto seco e indehiscente a cuya única semilla está adherido el pericarpio; como el grano de trigo.

cariparejo, ja. adj. fam. Se dice de la persona de cara *imperturbable.

caripelado. m. Especie de *mono de Colombia.

carirraído, da. adj. fam. *Descarado, sin vergüenza.

carirredondo, da. adj. fam. Redondo de *cara.

cariséa. f. *Tela basta de estopa, usada antiguamente.

cariseto. m. *Tela basta de lana.

carisma. m. **Teol.* Don gratuito que concede Dios a una criatura.

carisquis. m. Especie de acacia, que se cría en Filipinas.

caristias. f. pl. *Mit.* *Convite familiar que los romanos celebraban en febrero de cada año, para fomentar la paz entre los parientes.

caritán. m. Colector de la tuba en Filipinas.

caritatero. m. Antiguo prebendado de la iglesia metropolitana de Zaragoza.

caritativamente. adv. m. Con caridad.

caritativo, va. adj. Que ejercita la *caridad. ‖ Perteneciente o relativo a la caridad.

carite. m. *Pez parecido al pez sierra.

cariucho. m. *Guisado americano, hecho de carne y patatas con ají.

cariz. m. Aspecto de la *atmósfera. ‖ fig. y fam. *Aspecto que presenta algún asunto.

carla. f. *Tela pintada de las Indias.

carlanca. f. *Collar ancho y fuerte, erizado de puntas de hierro, que se pone a los *perros de ganado para preservarlos de las mordeduras de los lobos. ‖ fig. y fam. Maula, *astucia. Ú. m. en pl. ‖ *Germ.* Cuello de camisa. ‖ **Grillete.** ‖ *Molestia causada por alguna persona *importuna. ‖ Persona de tal condición.

carlanco. m. *Ave zancuda, pequeña, de color azulado.

carlancón, na. m. y f. Persona *astuta. Ú. t. c. adj.
cárlanga. f. *Andrajo, harapo.
carlear. intr. **Jadear.**
carleta. f. *Lima para desbastar el hierro. ‖ Especie de *pizarra.
carlín. m. *Moneda española de plata, de la época de Carlos V.
carlina. adj. V. **Angélica carlina.** Ú. t. c. s.
carlincho. m. *Cardo corredor o setero.
carlinga. f. *Mar.* *Hueco, generalmente cuadrado, en que se encaja la espiga de un *palo.
carlismo. m. Orden de ideas profesadas por los carlistas. ‖ Partido *político de los carlistas.
carlista. adj. Partidario de los derechos de don Carlos de Borbón y sus descendientes a la corona de España. Ú. t. c. s.
carlita. f. *Ópt.* *Lente para leer.
carló. m. *Vino tinto que se produce en Sanlúcar de Barrameda.
carlón. m. **Carló.**
carlota. f. *Torta hecha con leche, huevos y azúcar. ‖ **rusa. Carlota.**
carlovingio, gia. adj. **Carolingio.** Ú. t. c. s.
carmañola. f. Especie de marsellés de cuello estrecho. ‖ *Canción revolucionaria francesa.
carme. m. **Carmen** (jardín).
carmel. m. Especie de llantén.
carmelina. f. Segunda *lana que se saca de la vicuña.
carmelita. adj. Dícese del religioso de la orden del Carmen. Ú. t. c. s. ‖ **Carmelitano.** ‖ Dícese del *color pardo. ‖ f. Flor de la planta llamada capuchina.
carmelitano, na. adj. Perteneciente a la orden del Carmen.
carmen. m. *Orden religiosa* mendicante.
carmen. m. En Granada, quinta con huerto o *jardín.
carmen. m. Composición *poética.
carmenador. m. El que carmena. ‖ Instrumento para carmenar. ‖ **Batidor** (*peine).
carmenadura. f. Acción y efecto de carmenar.
carmenar. tr. *Desenredar el *cabello, la lana o la seda. Ú. t. c. r. ‖ fig. y fam. **Repeler.** ‖ fig. y fam. *Despojar a uno de dinero o cosas de valor.
carmentales. f. pl. *Fiestas romanas en honra de la ninfa Carmenta.
carmentina. f. *Planta acantácea.
carmes. m. **Quermes.**
carmesí. adj. Aplícase al *color de grana dado por el quermes animal. Ú. t. c. s. ‖ m. **Pint.* Polvo de este color. ‖ *Tela de seda roja.
carmesita. f. *Miner.* Silicato hidratado de hierro y alúmina.
carmín. m. Materia de *color rojo vivo que se saca de la cochinilla. ‖ Este mismo color. ‖ *Rosal silvestre de flores rojas. ‖ Flor de esta planta. ‖ V. **Hierba carmín.** ‖ **bajo.** El que se hace con yeso mate y cochinilla.
carminar. tr. ant. **Expeler.**
carminativo, va. adj. **Farm.* Dícese del medicamento que favorece la expulsión de las *flatulencias. Ú. t. c. s.
carmíneo, nea. adj. De *color de carmín.
carminita. f. **Miner.* Arseniato anhidro de hierro y plomo.
carminoso, sa. adj. De *color que tira a carmín.
carmonés, sa. adj. Natural de Carmona. Ú. t. c. s.
carnación. f. **Blas.* Color natural que se da en el escudo a varias partes del cuerpo humano.
carnada. f. Cebo para *pescar o *cazar. ‖ fig. y fam. **Añagaza** (*engaño).
carnadura. f. Musculatura. ‖ **Encarnadura.**
carnaje. m. Tasajo.
***carnal.** adj. Perteneciente a la *carne. ‖ → Lascivo o lujurioso. ‖ Perteneciente a la lujuria. ‖ fig. Terrenal. ‖ m. Tiempo del año que no es cuaresma. ‖ ant. **Carnaval.**
carnalidad. f. *Lujuria.
carnalmente. adv. m. Con carnalidad.
***carnaval.** m. Los tres días que preceden al miércoles de ceniza. ‖ Fiesta popular que se celebra en tales días.
carnavalada. f. Acción o *broma propia del carnaval.
carnavalesco, ca. adj. Perteneciente o relativo al carnaval.
carnaza. f. Cara de las *pieles, que ha estado en contacto con la carne. ‖ **Carnada** (cebo). ‖ fam. Abundancia de *carnes en una persona. ‖ fig. *Víctima inocente.
carnazón. f. Inflamación de una herida.
***carne.** f. Parte blanda y mollar del cuerpo de los animales. ‖ Por antonomasia, la comestible de las reses de matadero. ‖ Alimento consistente en **carne** o despojos de un animal de la tierra o del aire, en contraposición a la comida de pescado. ‖ Parte mollar de la *fruta. ‖ *Teol.* Uno de los tres enemigos del alma, que inclina a la sensualidad y *lujuria. ‖ **Cerne.** ‖ **ahogadiza.** La de los animales que han muerto ahogados. ‖ **cediza.** La que empieza a corromperse. ‖ **de cañón.** fig. Tropa inconsideradamente expuesta a peligro de muerte. ‖ Gente *plebeya a quien se *sacrifica sin consideración. ‖ **de doncella.** Nombre que se daba al *color rosado de algunas *telas. ‖ *Árbol silvestre de Cuba, cuya madera se emplea en lanzas de carretas. ‖ **de gallina.** fig. Podredumbre que se presenta en algunas maderas. ‖ fig. Fenómeno que se produce en algunas regiones de la epidermis humana, por efecto de ciertas sensaciones o *emociones, y que le da el aspecto de la piel de las gallinas desplumadas. ‖ **de membrillo. Codoñate.** ‖ **de pelo.** La de caza que no es de pluma. ‖ **de pluma.** La de las aves comestibles. ‖ **de sábado.** Los despojos y grosura de los animales, que se permitía comer en este día. ‖ **mollar.** La magra y sin hueso. ‖ **momia.** La embalsamada de una persona o animal. ‖ fam. La de parte escogida y sin hueso. ‖ **salvajina.** La de animales monteses. ‖ **sin hueso.** fig. y fam. Conveniencia o empleo muy *ventajoso y de poco o ningún trabajo. ‖ **trifa.** La que expendían los carniceros *judíos. ‖ **valiente.** *Tendones en forma de cinta gruesa, que enlazan los músculos del cuello de las reses con las agujas. ‖ **viciosa. Fungosidad.** ‖ **viva.** En la *herida o llaga, la sana. ‖ **Carnes blancas.** Las comestibles de reses tiernas o de aves. ‖ **Carne y sangre.** loc. fig. *Hermanos y parientes. ‖ **Cobrar carnes.** fr. fam. *Engordar el que estaba flaco. ‖ **Criar carnes.** fr. Ir engordando. ‖ **Echar carnes.** fr. fam. **Cobrar carnes.** ‖ **En carnes.** m. adv. En cueros o *desnudo. ‖ **Hacer carne.** fr. fig. Hablando de los animales carnívoros, *matar. ‖ fig. y fam. *Herir o *maltratar a otro. ‖ **Hacerse carne.** fr. fig. Cebarse en el dolor. ‖ fig. *Maltratar uno su propia **carne.** ‖ **No ser** uno **carne ni pescado.** fr. fig. y fam. Ser de condición *indeterminada. ‖ **Poner** uno **toda la carne en el asador.** fr. fig. y fam. *Arriesgarlo todo de una vez. ‖ **Temblarle las carnes** a uno. fr. fig. y fam. Tener gran *miedo o *emoción. ‖ **Yo soy la carne y usted el cuchillo.** expr. fig. que denota *sumisión a la voluntad ajena.
carne. f. En las *tabas para jugar, parte algo cóncava, que forma una figura como S.
carnear. tr. Sacrificar y descuartizar las reses. ‖ fig. *Engañar a uno perjudicándole en sus intereses. ‖ *Herir y *matar con arma blanca.
cárneas. f. pl. *Fiestas lacedemonias en honor de Apolo.
carnecilla. f. Carnosidad pequeña que se forma en alguna parte del *cuerpo.
cárneo, a. adj. ant. Que tiene carne.
carnerada. f. *Rebaño de carneros.
carneraje. m. *Contribución que se paga por los carneros.
carnerario. m. **Carnero** (para echar los cadáveres).
carnereamiento. m. Pena que se imponía por hacer daño los carneros en alguna parte.
carnerear. tr. Degollar reses, en pena de haber hecho algún daño.
carnerero. m. *Pastor de carneros.
carneril. adj. V. **Dehesa carneril.**
***carnero.** m. *Rumiante doméstico, de cuernos huecos, angulosos, y arrollados en espiral, lana espesa y pezuña hendida: es animal muy apreciado por su carne y por su lana. ‖ Piel de **carnero** curtida. ‖ **Llama.** ‖ **adalid.** ant. **Carnero** manso para guía. ‖ **de cinco cuartos.** Especie africana. ‖ **de dos dientes.** ant. El que pasa de un año y no ha entrado en el tercero. ‖ **de la sierra,** o **de la tierra.** Nombre común a la alpaca, vicuña, guanaco y llama. ‖ ‖ **del Cabo.** *Ave palmípeda, mayor que el ganso. ‖ **de simiente.** El que se guarda para morueco. ‖ **llano.** fig. El castrado. ‖ **marino. Foca.** ‖ **verde.** El *guisado con perejil, ajos partidos, yemas de huevo y especias finas. ‖ **No haber tales carneros.** fr. fig. y fam. Ser *falso lo que se dice.
carnero. m. Lugar donde se echan los *cadáveres. ‖ **Osario.** ‖ *Sepultura de familia que solía haber en algunas iglesias.
carneruno, na. adj. Perteneciente al carnero. ‖ Semejante a él.
carnestolendas. f. pl. **Carnaval.**
carnet. m. Librito de *apuntaciones. ‖ Tarjeta o carterita que sirve para justificar alguna cualidad o derecho.
***carnicería.** f. Lugar donde se vende por menor la carne para el consumo. ‖ Destrozo y mortandad de gente. ‖ *Matadero. ‖ **Hacer carnicería.** fr. fig. y fam. Hacer muchas *heridas o cortar mucha carne a alguno.
carnicero, ra. adj. Dícese del *animal que da muerte a otros para comérselos. Ú. t. c. s. ‖ Se aplica al terreno en que pace el ganado que se destina al abasto público. ‖ fam. Dícese de la persona que come mucha carne. ‖ fig. *Cruel, sanguinario. ‖ m. y f. Persona que vende carne. ‖ m. pl. *Zool.* Una de las subdivisiones de la clase de los *mamíferos.
carnicol. m. **Pesuño.** ‖ **Taba.** Ú. m. en pl.
carnificación. f. *Pat.* e **Histol.* Alteración del tejido de ciertos órganos,

que toma el aspecto del tejido muscular.
carnificarse. r. Sufrir carnificación algún órgano o tejido.
carnífice. m. Nombre del *fuego entre los alquimistas. || ant. **Verdugo.**
carniforme. adj. Que tiene aspecto de carne.
carnina. f. **Quím.* Principio amargo contenido en el extracto de carne.
carniola. f. *Miner.* Variedad de la *calcedonia.
carnios. m. pl. *Etnogr.* Antiguo *pueblo que habitó la Italia septentrional.
carniseco, ca. adj. *Delgado, flaco.
carnívoro, ra. adj. Aplícase al *animal que se ceba en la carne cruda de los cuerpos muertos. Ú. t. c. s. m. || Dícese también del animal que puede alimentarse de carne.
carniza. f. fam. *Desechos de la carne que se mata. || fam. *Carne muerta.
carnosidad. f. Carne superflua que crece en una *llaga. || Carne que sobresale anormalmente en alguna parte del *cuerpo. || *Gordura extremada.
carnoso, sa. adj. De carne. || Que tiene muchas carnes. || Dícese de lo que tiene mucho meollo. || **Bot.* Dícese de los órganos vegetales formados por tejido perenquimatoso, blando y jugoso.
carnudo, da. adj. **Carnoso.**
carnuz. m. **Carroña.**
carnuza. f. despect. Carne basta o conjunto de ella que produce hastío.
***caro, ra.** adj. Que excede mucho del valor o estimación regular. || Subido de precio. || *Amado, querido. || adv. m. A un precio alto o subido.
caro. m. Comida que se hace en Cuba, con huevas de *cangrejo y cazabe.
caroba. f. *Planta cuyas hojas se emplean contra la escrófula.
carobo. f. *Peso equivalente a la vigésima parte de un gramo.
caroca. f. Decoración de lienzos y bastidores, en la que se *pintan escenas graciosas o *satíricas, y se coloca en algún lugar público con ocasión de ciertas fiestas populares. || **Teatro.* Composición bufa a semejanza de los mimos antiguos. || fig. y fam. Acción afectadamente lisonjera. || fig. y fam. **Carantoña.** Ú. m. en pl.
carocha. f. **Carrocha.**
carochar. tr. **Carrochar.**
carola. f. *Danza antigua.
carolina. f. **Cuyá.**
carolingio, gia. adj. Perteneciente o relativo a Carlomagno y a su familia y dinastía o a su tiempo. Ú. t. c. s.
carolino, na. adj. Natural de las Carolinas. Ú. t. c. s. || Perteneciente a estas islas.
carolo. m. Pedazo de *pan que se da de merienda a los jornaleros en algunos lugares.
cárolus. m. *Moneda flamenca que se usó en España.
caromomia. f. *Carne seca de los cuerpos humanos embalsamados, que se usó como medicina.
carona. f. Pedazo de tela gruesa acojinado, que se pone entre la silla o albarda y el sudadero. || Parte interior de la *albarda. || Parte del lomo de la *caballería en que apoya la **carona** de la albarda. || *Germ.* **Camisa.** || **Blando de carona.** loc. Se dice de las *caballerías en cuyo pellejo delicado se hacen fácilmente mataduras. || fig. y fam. Flojo y para poco trabajo. || fig. y fam. **Enamoradizo.** || **Corto,** o **largo, de carona.** loc. Dícese del caballo o yegua que tiene corta, o larga, la parte del lomo donde se coloca la **carona.** || **Hacer la carona.** fr. fig. y fam. Esquilar a las caballerías la **carona.**
caronchado, da. adj. Dícese de la *madera carcomida.
caroncharse. r. Carcomerse, podrirse la *madera.
caroncho. m. **Carcoma.**
caronchoso, sa. adj. Dícese de la *madera carcomida o podrida.
caronjo. m. **Caroncho** (carcoma).
caroñoso, sa. adj. Aplícase a las *caballerías que tienen mataduras.
caroquero, ra. adj. Que hace carocas. Ú. t. c. s.
carosiera. f. Fruto del carosiero.
carosiero. m. Especie de *palmera del Brasil, cuyo fruto es muy parecido al del manzano.
carosis. f. *Pat.* Sopor con *insensibilidad completa.
carótida. f. *Zool.* Cada una de las dos *arterias que por uno y otro lado del cuello llevan la sangre a la cabeza.
carotina. f. **Quím.* Materia colorante de la zanahoria.
caroto. m. *Árbol del Ecuador.
carozo. m. Raspa de la panoja del *maíz. || Hueso de la *aceituna con que se ceba a los *cerdos.
carpa. f. *Pez malacopterigio abdominal de agua dulce, de carne comestible.
carpa. f. Gajo de *uvas.
carpa. f. Toldo, *pabellón de *feria. || Tienda de campaña.
carpancho. m. Batea redonda de mimbres o varitas de avellano.
carpanel. adj. *Arq.* V. **Arco carpanel.**
carpanta. f. fam. *Hambre violenta. || *Pereza, flojera. || Pandilla de gente *alegre o de *pícaros.
carpe. m. **Hojaranzo** (especie de jara). || *Árbol silvestre, alto y tortuoso, que da una madera muy dura.
carpelar. adj. *Bot.* Que se refiere al carpelo.
carpelo. m. *Bot.* Cada una de las partes distintas que constituyen el ovario o el *fruto múltiple.
carpeño, ña. adj. Natural de Carpio. Ú. t. c. s. || Perteneciente a esta villa.
carpeta. f. *Cubierta de badana o de tela que se pone sobre las mesas. || Cartera grande para *escribir sobre ella. || Cubierta con que se guardan los legajos. || *Colgadura o paño que se ponía en las puertas de las tabernas. || Sobre de *carta.
carpetano, na. adj. Natural del reino de Toledo, antiguamente llamado Carpetania. Ú. t. c. s. || Perteneciente a él.
carpetazo (dar). tr. fig. En las oficinas, *interrumpir la tramitación de un expediente. || fig. Dar por *concluso un asunto.
carpiano, na. adj. *Zool.* Perteneciente o relativo al carpo.
carpidor. m. Instrumento usado para carpir.
carpincho. m. *Mamífero roedor anfibio, de un metro de largo, que vive en varias regiones de América.
carpintear. intr. Trabajar de *carpintero.
carpintera. adj. V. **Abeja carpintera.**
***carpintería.** f. Taller de carpintero. || Arte y oficio del carpintero.
carpinteril. adj. Relativo o perteneciente al carpintero o a la carpintería.
***carpintero.** m. El que por oficio trabaja y labra la madera. || **de armar.** **Carpintero de obra de afuera.** || **de blanco.** El que trabaja en taller y hace mesas, bancos, etc. || **de carretas.** **Carretero.** || **de obra de afuera.** El que hace las armaduras, entramados y demás armazones para la construcción. || **de prieto.** **Carpintero de carretas.** || **de ribera.** El que trabaja en obras navales.
carpir. tr. p. us. Rasgar, *arañar. Ú. t. c. r. || Dejar a uno *enajenado y sin sentido. Ú. t. c. r. || **Agr.* Escardar la tierra con el carpidor.
carpo. m. *Anat.* Una de las tres partes de la *mano, que se articula con el antebrazo y con el metacarpo.
carpobálsamo. m. Fruto del árbol que produce el opobálsamo.
carpófago, ga. adj. *Zool.* Dícese del animal que principalmente se *alimenta de frutos.
carpología. f. *Bot.* Parte de la botánica que estudia los *frutos.
carquerol. m. Cierta pieza de los telares de *terciopelo. Ú. m. en pl.
carquesa. f. *Horno para templar objetos de *vidrio.
carquexia. f. *Mata leñosa, leguminosa, parecida a la retama.
carquiñol. m. Pasta de harina, huevos y almendra machacada.
carraca. f. Antigua *embarcación de transporte. || despect. Barco viejo o tardo en navegar. || *Trasto, artefacto deteriorado. || *Arsenal. Actualmente nombre propio del arsenal de Cádiz.
carraca. f. *Instrumento de madera, provisto de una o varias lengüetas, que producen un ruido característico al chocar con los dientes de una rueda. || *Quijada seca de algunos animales. || **Mec.* *Mecanismo de rueda dentada y linguete que tienen algunas herramientas para que el movimiento de vaivén del mango sólo actúe en un mismo sentido.
carracero, ra. adj. Natural de Alcarraz, pueblo de la provincia de Lérida. Ú. t. c. s. || Perteneciente o relativo a este pueblo.
carraco, ca. adj. fam. *Viejo achacoso. Ú. t. c. s. || m. **Aura** (ave). || Ánade de paso, más pequeño que el común.
carracón. m. *Embarcación antigua.
Carracuca. n. p. **Estar más perdido que Carracuca.** fr. con que se suele ponderar la *dificultad en que se halla una persona.
carrada. f. **Carretada.**
carrafa. f. Fruto del *algarrobo.
carral. m. *Barril para acarrear vino. || **Carraco** (hombre viejo y achacoso).
carraleja. f. *Insecto coleóptero, parecido a la cantárida. || ant. **Cañaheja.**
carralero. m. El que hace carrales.
carramarro. m. **Cámbaro.**
carramplón. m. *Instrumento músico que usan los negros.
carranca. f. **Carlanca.** || *Hielo que se forma en las charcas.
carranza. f. Cada una de las puntas de hierro de la carlanca.
carraña. f. *Ira, enojo. || Persona propensa a estas pasiones.
carrañón. adj. **Regañón.** Ú. t. c. s.
carrañoso. m. **Carrañón.**
carrao. m. *Ave zancuda de pico largo. || pl. *Zapatos ramplones.
carraón. m. Especie de *trigo de poca altura, de grano comprimido, parecido al de la escanda.
carrasca. f. *Encina pequeña, o mata de ella. || Residuo del rastrillado del *cáñamo y lino, que se usa en tapicería. || *Instrumento músico de ne-

gros, consistente en un palo con muescas que se rasca con un palillo.
carrascal. m. Sitio poblado de carrascas. ‖ **Pedregal.**
carrascalejo. m. d. de **Carrascal.**
carrasco. adj. V. **Pino carrasco.** ‖ m. **Carrasca** (encina). ‖ Terreno cubierto de vegetación leñosa.
carrascón. m. aum. de **Carrasca.**
carrascoso, sa. adj. Dícese del terreno que abunda en carrascas.
carraspada. f. *Bebida compuesta de vino tinto aguado, miel y especias.
carraspear. intr. Sentir o padecer carraspera.
carraspeño, ña. adj. *Áspero.
carraspeo. m. Acción y efecto de carraspear.
carraspera. f. fam. Cierta aspereza en la *garganta, que produce ronquera o *afonía.
carraspina. f. **Colmenilla.**
carraspique. m. *Planta herbácea, crucífera, que se cultiva en los jardines.
carrasposo, sa. adj. Dícese de la persona que padece carraspera. Ú. t. c. s. ‖ Dícese de lo que es *áspero al tacto.
carrasquear. intr. Crujir entre los dientes lo que se *masca.
carrasqueño, ña. adj. Perteneciente a la carrasca. ‖ Semejante a ella. ‖ fig. y fam. *Áspero.
carrasquera. f. **Carrascal.**
carrasquilla. f. *Aladierna, nevadilla.
carrasquizo. m. *Arbusto parecido a la carrasca.
carraza. f. **Ristra.**
carrazón. m. *Romana grande.
carredano, na. adj. Natural de Villacarriedo. Ú. t. c. s. ‖ Perteneciente o relativo a dicha villa.
carrejo. m. **Pasillo,** *corredor.
carrendera. f. **Carrera** (camino real).
carreña. f. *Sarmiento con muchos racimos.
***carrera.** f. Movimiento rápido del hombre o animal que corre. ‖ Sitio destinado para correr. ‖ Curso de los *astros. ‖ *Camino real o carretera. ‖ *Calle que fue antes camino. ‖ Serie de calles que ha de recorrer una comitiva o *procesión. ‖ Fiesta de parejas o apuestas, que se hace a pie o a caballo para probar la ligereza. ‖ Pugna de velocidad entre personas que guían vehículos o montan animales. ‖ fig. *Serie de cosas puestas en hilera. ‖ fig. Línea de puntos que se sueltan en la *media o en cualquier tejido de punto. ‖ fig. **Crencha** (raya que separa el *cabello). ‖ fig. Camino o *método que sigue uno en sus acciones. ‖ fig. Duración de la *vida humana. ‖ fig. Profesión u *ocupación ordinaria de una persona. ‖ fig. *Modo de hacer alguna cosa. ‖ *Germ.* **Calle.** ‖ *Arq.* *Viga horizontal en las construcciones. ‖ *Danza.* **Carrerilla.** ‖ pl. Concurso hípico. ‖ **Carrera de baquetas.** *Mil.* *Castigo que consistía en correr el reo por entre dos filas de soldados, que le azotaban al pasar. ‖ fig. Serie de vejámenes inferidos a una persona. ‖ **de gamos.** *Fiesta antigua de *montería, que consistía en hacer entrar las reses en un paraje cercado, donde las desjarretaban los monteros a la vista de los invitados. ‖ **de Indias.** *Navegación que se hacía a aquellos reinos con mercaderías. ‖ **Dar carrera** a uno. fr. Costearle la *enseñanza de alguna facultad, arte u oficio. ‖ **De carrera.** m. adv. Con facilidad y *prontitud. ‖ fig. Sin reflexión. ‖ **Estar en carrera de salvación.** fr. Tener ya asegurada su salvación las ánimas del purgatorio. ‖ **Partir de carrera.** fr. fig. Emprender irreflexivamente una cosa.
carrerilla. f. d. de **Carrera.** ‖ Cierto paso de la *danza española antigua. ‖ *Mús.* Subida o bajada rápida del tono, pasando ligeramente por los puntos intermedios. ‖ *Mús.* Notas que expresan la **carrerilla.** ‖ **Saber** una cosa **de carrerilla.** fr. fig. y fam. Saberla de *memoria.
carrerista. com. Persona aficionada a las *carreras de caballos. ‖ La que hace carreras de velocípedos, bicicletas, etc. ‖ m. Caballerizo que iba delante del coche de las personas *reales.
carrero. m. **Carretero** (el que guía el carro). ‖ *Huella que dejan en los caminos la gente, los animales o los carros. ‖ **Estela.**
***carreta.** f. *Carro de dos ruedas, largo, angosto y más bajo que el ordinario, con un madero largo, que sirve de lanza, donde se sujeta el yugo. ‖ *Carro cerrado por los lados, que no tiene las ruedas herradas.
carretada. f. *Carga que lleva una carreta o un carro. ‖ Medida de *capacidad para la cal, de 120 arrobas. ‖ fig. y fam. Gran *abundancia de cualquier cosa. ‖ **A carretadas.** m. adv. fig. y fam. En abundancia.
carretaje. m. Trajín que se hace con carretas y carros.
carretal. m. *Sillar toscamente desbastado.
carrete. m. Cilindro, generalmente de madera, taladrado por el eje, que sirve para arrollar en él *hilos, alambres, etc. ‖ Rueda en que llevan los *pescadores el sedal. ‖ *Fís.* Arrollamiento de un conductor *eléctrico sobre una superficie cilíndrica, ya sea para imantar una barra de hierro colocada a modo de eje, ya sea para producir corrientes inducidas o para otros fines. ‖ **Dar carrete.** fr. Ir largando el sedal para que no lo rompa el pez que ha caído en el anzuelo.
carretear. tr. *Transportar una cosa en carreta o carro. ‖ Guiar un carro o carreta. ‖ r. Inclinar el cuerpo los *bueyes o *caballerías de tiro, echando el lomo hacia adentro y los pies hacia afuera.
carretel. m. **Carrete** (en que se lleva el sedal). ‖ *Mar.* Carrete para arrollar el cordel de la *corredera.
carretela. f. *Coche de cuatro asientos, con caja poco profunda y cubierta plegable. ‖ Ómnibus.
carreteo. m. *Transporte por medio de carros.
***carretera.** f. *Camino público, ancho y espacioso, dispuesto para carros y coches. ‖ *Cobertizo para los carros y aperos de labranza.
carretería. f. Conjunto de *carretas. ‖ Ejercicio de carretear. ‖ Taller en que se fabrican o reparan *carros y carretas. ‖ Barrio, plaza o calle en que abundan estos talleres. ‖ Lugar en las *afueras de una población, donde antiguamente se dejaban por la noche los carros.
carreteril. adj. Propio de los carreteros.
carretero. m. El que hace carros y carretas. ‖ El que los guía. ‖ *Germ.* **Fullero.** ‖ **Jurar como un carretero.** fr. fig. y fam. *Blasfemar, o echar *maldiciones.
carretil. adj. Perteneciente o relativo a la carreta.
carretilla. f. Carrito de mano, compuesto de un cajón sobre dos varas, que, por delante se apoyan en una rueda, y por detrás sirven para coger y conducir el *vehículo. ‖ Bastidor de madera montado sobre ruedas, que se usa para que los *niños aprendan a *andar. ‖ **Buscapiés.** ‖ **Pintadera.** ‖ *Carro de carga tirado por tres mulas. ‖ **Carreta.** ‖ *Quijada, mandíbula. ‖ **De carretilla.** m. adv. fig. y fam. Por *costumbre. ‖ De modo *irreflexivo. ‖ De *memoria.
carretillada. f. Lo que cabe en una carretilla.
carretillero. m. El que conduce una carretilla. ‖ **Carretero.**
carretillo. m. Especie de garrucha que tienen los telares de *pasamanería.
carretón. m. *Carro pequeño de dos ruedas, a modo de un cajón abierto, que puede ser arrastrado por una caballería. También los hay de cuatro ruedas. ‖ Armazón en que gira la piedra de *afilar y que sirve también para transportarla. ‖ Taburete sobre ruedas, en donde se pone a los niños pequeños. ‖ En Toledo, carro en que los *cómicos representaban los autos sacramentales. ‖ **de lámpara.** Garrucha para las *lámparas de las *iglesias.
carretonada. f. Lo que cabe en un carretón.
carretonaje. m. *Transporte en carretón. ‖ Precio de cada uno de estos transportes.
carretoncillo. m. d. de **Carretón.** ‖ *Carro muy pequeño. ‖ Especie de *trineo.
carretonero. m. El que conduce el carretón. ‖ **Trébol.**
carric. m. Especie de *abrigo muy holgado, con una o varias esclavinas.
carricera. f. *Planta gramínea.
carricillo. m. d. de **Carrizo.** ‖ Nombre vulgar de una hierba de pasto. ‖ Gramínea trepadora.
carrick. m. **Carric.**
carricoche. m. Carro cubierto cuya caja era como la de un *coche. ‖ despect. *Coche viejo o de mala figura. ‖ Carro de la basura.
carriego. m. **Buitrón** (arte de *pesca). ‖ *Cesta para echar en colada las madejas de *lino.
carriel. m. **Guarniel.** ‖ *Bolsa de viaje. ‖ **Ridículo** (bolso de las señoras).
***carril.** m. *Huella que dejan en el suelo las ruedas del carruaje. ‖ ***Surco** (del arado). ‖ *Camino capaz para el paso de un carro. ‖ → En las vías férreas, cada una de las barras que, formando dos líneas paralelas, sirven de sustento y de guía a las locomotoras, tranvías, etc.
carrilada. f. **Carril** (rodada).
carrilano. m. Operario del *ferrocarril. ‖ *Ladrón.
carrilera. f. **Carril** (rodada). ‖ Apartadero de una vía férrea. ‖ **Emparrillado.**
carrilete. m. *Cir.* Cierto instrumento usado antiguamente.
carrillada. f. *Grasa que tiene el puerco a uno y otro lado de la cara. ‖ Tiritón que hace *temblar las mandíbulas. Ú. m. en pl. ‖ pl. *Carnic.* Cascos de carnero o de vaca.
carrillar. m. *Mar.* *Aparejo pequeño.
carrillera. f. *Quijada de ciertos animales. ‖ Cada una de las *correas que forman el barboquejo del casco.
***carrillo.** m. Parte de la cara que comprende desde los pómulos hasta el borde de la mandíbula inferior. ‖ **Garrucha** (*polea). ‖ **Comer** uno **a dos carrillos.** fr. fig. y fam. Comer con *gula. ‖ fig. y fam. Tener

a un mismo tiempo varios *empleos lucrativos. || fig. y fam. Sacar utilidad de dos personas o parcialidades de opiniones contrarias.
carrilludo, da. adj. Que tiene abultados los carrillos.
carriño. m. *Artill.* **Avantrén.**
carriola. f. *Cama baja o tarima con ruedas. || *Carro de tres ruedas, en que solían pasearse las personas reales.
carriona. adj. Aplícase a la nuez ferreña. Ú. t. c. s.
carrizada. f. *Mar.* Fila de cubas amarradas que se conducen a modo de *balsa.
carrizal. m. Sitio poblado de carrizos.
carrizo. m. Planta gramínea o *caña, que crece cerca del agua. || Planta de Venezuela, gramínea, cuyos tallos contienen agua dulce. || *Pájaro pequeño de color pardo.
carro, rra. adj. *Podrido, pasado.
***carro.** m. Carruaje de dos o cuatro ruedas, con lanza o varas para enganchar el tiro, y varales o tablas en los costados. || Carga de un **carro.** || Juego del coche, sin la caja. || Pieza de las máquinas de *escribir dotada de un movimiento de traslación horizontal. || **Osa Mayor.** || *Germ.* El juego. || **Impr.* Tablero de hierro en que se coloca la forma que se va a imprimir. || **de asalto. Tanque.** || **de oro.** *Tela de lana muy fina. || **de tierra.** Medida agraria *superficial, cuyo lado oscila entre 44 y 48 pies. || **falcado.** El que antiguamente tenía fijas en los ejes unas cuchillas para herir al enemigo. || **fuerte.** El de gran resistencia. || **Mayor. Osa Mayor.** || **Menor. Osa Menor.** || **triunfal. Carro** grande de adornado, de que se usa en las procesiones y festejos. || **urbano. Tranvía.** || **Cogerle** a uno **el carro.** fr. fig. y fam. Ocurrirle algún contratiempo. || **Parar** uno **el carro.** fr. fig. y fam. *Aplacarse o moderarse el que está enojado. || **Untar el carro.** fr. fig. y fam. Regalar a alguno para conseguir lo que se desea. || *Sobornar.
carrocería. f. Establecimiento en que se construyen *carruajes. || Caja de los coches *automóviles asentada sobre el bastidor.
carrocero. m. Constructor de carruajes.
carrocín. m. **Silla volante.**
carrocha. f. Huevecillos de la *abeja o de otros *insectos.
carrochar. intr. Poner sus huevecillos los *insectos.
carromatero. m. El que guía un carromato.
carromato. m. *Carro que suele tener bolsas de cuerda para recibir la carga, y un toldo de lienzo y cañas.
carrón. m. Cantidad de *ladrillos que puede llevar un hombre. || Macizo de hierro colado usado en los ingenios de *azúcar.
carronada. f. *Cañón antiguo de marina.
carroña. f. *Carne *corrompida.
carroñar. tr. **Veter.* Causar roña al ganado lanar.
carroño, ña. adj. Podrido, corrompido.
carroñoso, sa. adj. Que huele a carroña.
carroza. f. *Coche grande y lujosamente decorado. || Por ext., se llama así a la que se construye para funciones públicas. || *Mar.* Cubierta provisional para defender de la intemperie algunas partes del *buque.
***carruaje.** m. Vehículo formado por una armazón de forma y construcción variables, montada sobre ruedas. || Conjunto de carros, coches, etcétera, para un viaje.
carruajero. m. El que guía cualquier clase de carruaje. || El que fabrica carruajes.
carruata. f. Especie de *pita de América.
carruca. f. *Arqueol.* *Coche de lujo que se usó en la antigua Roma.
carrucar. intr. Correr el *trompo o peonza.
carruco. m. despect. de **Carro.** || *Carro pequeño, cuyas ruedas, que carecen de rayos, giran con el eje. || Porción de tejas que puede cargar un hombre.
carrucha. f. **Garrucha.**
carruchera. f. Dirección, vía.
carrucho. m. Carro pequeño o desvencijado.
carrujado, da. adj. **Encarrujado.** || m. **Encarrujado.**
carrujo. m. **Copa** (del *árbol).
carruna. f. *Camino carretil.
***carta.** f. Papel escrito, y ordinariamente cerrado, que una persona envía a otra para comunicarle alguna cosa. || **For.* Despacho expedido por los tribunales superiores. || **Admón. púb.* Comunicación oficial entre el gobierno y las antiguas provincias de Ultramar. || Cada uno de los *naipes de la baraja. || *Constitución política otorgada por el soberano. || **Mapa.** || *Documento público. || **abierta.** La dirigida a una persona y destinada a la publicidad. || Despacho real. || La de crédito, por cuantía indefinida. || **acordada.** **For.* La que contiene *reprensión de un tribunal superior. || **blanca.** Nombramiento para un *empleo, sin el nombre del agraciado. || La que da *poder a uno para que obre discrecionalmente. || *Naipe que no es figura o no tiene valor especial. || **credencial.** La que se da al embajador o ministro, para que se le reconozca por tal. || **cuenta.** La que contiene la *cuenta de alguna cosa. || **de ahorría,** o **de ahorro. Carta de horro.** || **de comisión.** **For.* Provisión que despachaba el tribunal superior, dando delegación para algún negocio. || **de compañería. Carta de mancebía.** || **de contramarca.** La dada por un soberano a sus súbditos para ejercer el *corso. || **de crédito.** La que previene a uno que dé a otro dinero por cuenta del que la escribe. || **de creencia.** La que lleva uno para ser creído. || **Carta credencial.** || **de emplazamiento.** **For.* Despacho para citar o emplazar a alguno. || **de espera.** *For.* Moratoria concedida al *deudor. || **de fletamento.** Escritura para comprobar el contrato de fletamento. || **de gracia.** *For.* Pacto de retroventa. || **de guía.** Salvoconducto. || **de hidalguía. Ejecutoria.** || **de horro.** Escritura de *libertad que se daba al *esclavo. || **de legos.** *For.* **Auto de legos.** || **de mancebía.** ant. La que se hacía para seguridad del contrato de *mancebía. || **de marca. Patente de corso.** || **de marear.** Mapa con indicaciones para la *navegación. || **de naturaleza.** Concesión a un *extranjero de la gracia de ser tenido por natural del país. || **de pago.** Escritura en que el acreedor confiesa haber recibido lo que se le debía. || **de pago y lasto.** Instrumento que da quien cobra de otro que no es el principal obligado, y cede al pagador su acción contra el deudor. || **desaforada.** Despacho derogatorio de una exención. || **de Urías.** fig. Medio falso y *traidor para dañar a otro. || **de vecindad.** Despacho que se daba a uno para que fuese reconocido como *vecino de algún lugar. || **de venta.** Escritura pública en la que se *vende alguna cosa. || **ejecutoria,** o **carta ejecutoria de hidalguía. Ejecutoria.** || **falsa.** En algunos juegos de *naipes, la que no es triunfo. || **forera.** Provisión arreglada a los fueros y leyes. || *Privilegio real de exenciones. || **mensajera.** La que se envía a una persona ausente. || **orden.** La que contiene una orden o mandato. || **partida por A, B, C.** Instrumento que se escribía por duplicado y a dos columnas, poniendo en medio las letras A, B, C, por donde luego se cortaba el papel en zigzag. || Cada uno de los dos pedazos de este *documento. || **pastoral.** Escrito que dirige un *prelado a sus diocesanos. || **pécora. Pergamino.** || **plomada.** Escritura con sello de plomo. || **puebla.** Diploma en que se consignaban los derechos concedidos a los pobladores de un *pueblo recién fundado. || **vista.** En el juego del revesino, partido que consiste en poder ver el *naipe antes de tomarlo. || **viva.** fig. *Mensajero. || **Cartas expectativas. Letras expectativas.** || **A carta cabal.** loc. adv. Integramente, por *completo. || **Echar las cartas.** fr. Hacer con los naipes ciertas combinaciones, con el fin de *adivinar cosas ocultas o venideras. || **No ver carta.** fr. fig. y fam. Tener malos *naipes. || **Por carta de más,** o **de *menos.** fr. fig. y fam. Por *exceso, o por defecto. || **Sacar cartas.** Juego de *naipes en que se van contando desde el as todos los puntos, hasta que coincide el naipe con el punto contado. El jugador se guarda el naipe y gana al fin el que ha juntado mayor número. || **Tomar** uno **cartas en** algún negocio. fr. fig. y fam. *Intervenir en él. || **Venir** uno **con malas cartas.** fr. fig. y fam. Carecer de los medios para conseguir algún fin.
cartabón. m. Instrumento en forma de triángulo rectángulo isósceles, que se emplea en el *dibujo lineal. || Regla graduada que usan los *zapateros para medir la *longitud del pie. || *Arq.* Ángulo que forman en el caballete las dos vertientes de una armadura de *tejado. || **Topog.* Instrumento provisto de rendijas para dirigir visuales que formen entre sí ángulos rectos.
cartagenero, ra. adj. Natural de Cartagena. Ú. t. c. s. || Perteneciente a esta ciudad.
cartaginense. adj. **Cartaginés.** Apl. a pers., ú. t. c. s.
cartaginés, sa. adj. Natural de Cartago. Ú. t. c. s. || Perteneciente a esta antigua ciudad de África. || **Cartagenero.** Apl. a pers., ú. t. c. s.
cártama. f. **Cártamo.**
cártamo. m. **Alazor.**
cartapacio. m. *Cuaderno para escribir o tomar apuntes. || Carpeta para meter papeles. || Conjunto de papeles contenidos en una carpeta.
cartapel. m. *Escrito que contiene cosas inútiles o impertinentes. || **Rocadero** (envoltura de la rueca).
cartazo. m. aum. de **Carta.** || fam. Carta o papel que contiene alguna grave *reprensión.
carteado, da. adj. V. **Juego carteado.** Ú. t. c. s.
cartear. intr. Jugar los *naipes falsos para tantear el juego. || r. Corresponderse por *cartas.
***cartel.** m. Papel que se fija en un paraje público para hacer saber alguna cosa. || Cartón con letras, síla-

bas o palabras, que sirve para enseñar a *leer. ‖ *Der. Int. Escrito relativo al canje o rescate de los prisioneros, o a alguna otra proposición de los enemigos. ‖ Escrito en que públicamente se *desafiaba a otro. ‖ *Econ. Convenio entre varias empresas similares para evitar la mutua competencia. ‖ *Red para la pesca de la sardina. ‖ **Pasquín.** ‖ **Tener** uno **cartel.** fr. fig. Tener *fama o reputación en alguna cosa.

cartela. f. Pedazo de cartón, madera, etc., a modo de tarjeta, para *escribir en él alguna cosa. ‖ *Ménsula de más altura que vuelo. ‖ Cada uno de los hierros que *sostienen los balcones volados. ‖ *Blas. Cada una de las piezas de forma rectangular, que se ponen verticalmente y en serie en la parte superior del escudo. ‖ **abierta.** *Blas. La que lleva en el medio un agujero de otro esmalte. ‖ **acostada.** *Blas. **Cartela** apaisada.

cartelado, da. adj. *Blas. Se dice del escudo sembrado de cartelas.

cartelera. f. Armazón o superficie adecuada para fijar *carteles. ‖ Sección de un *periódico donde se anuncian los *espectáculos del día.

cartelero. m. El que se dedica a fijar carteles.

cartelón. m. aum. de **Cartel.**

carteo. m. Acción y efecto de cartear o cartearse.

cárter. m. Pieza de la *bicicleta destinada a proteger la cadena de transmisión. ‖ En los *automóviles, pieza que protege determinados engranajes y a veces sirve como depósito de lubricante.

***cartera.** f. Utensilio a modo de bolsa plana rectangular, que se lleva en el bolsillo, y suele contener divisiones para guardar papeles. ‖ *Estuche de igual forma y mayores dimensiones para guardar valores o documentos. ‖ *Cubierta formada de dos hojas rectangulares de cartón o piel, unidas por uno de sus lados, que sirve para dibujar o *escribir sobre ella. ‖ Adorno o tira de tela que cubre el bolsillo de algunas prendas del *vestido. ‖fig. Empleo de *ministro. ‖ fig. Ejercicio de las funciones propias de cada ministerio. ‖ Com. *Valores o efectos comerciales de curso legal, que forman parte del activo.

cartería. f. Empleo de cartero. ‖ Oficina de *correos, donde se recibe y despacha la correspondencia.

carterista. m. *Ladrón de carteras de bolsillo.

cartero. m. Repartidor de las *cartas del correo a domicilio.

cartesianismo. m. Sistema *filosófico de Cartesio o Descartes.

cartesiano, na. adj. Partidario del cartesianismo, o perteneciente a él. Apl. a pers., ú. t. c. s.

carteta. f. **Parar** (juego de naipes).

cartilágine. m. **Cartílago.**

cartilagíneo, a. adj. Zool. Dícese de los *peces que tienen el esqueleto sin osificar, el cráneo de una sola pieza y la piel sin escamas.

***cartilaginoso, sa.** adj. Relativo a los cartílagos. ‖ Semejante al cartílago.

***cartílago.** m. **Ternilla.**

cartilla. f. Cuaderno impreso, que contiene las letras y los primeros rudimentos para aprender a *leer. ‖ Tratado breve y elemental de algún oficio o arte. ‖ *Der. Can. Testimonio que dan a los ordenados, para que conste que lo están. ‖ *Cuaderno o libreta donde se anotan ciertos datos que luego se han de acreditar. ‖ **Añalejo.** ‖ **Cantarle,** o **leerle,** a uno **la cartilla.** fr. fig. y fam. *Reprenderle. ‖ **No estar en la cartilla** una cosa. fr. fig. y fam. Ser irregular o *extraordinaria. ‖ **No saber** uno **la cartilla.** fr. fig. y fam. *Ignorar los principios de alguna disciplina.

cartivana. f. Tira de papel o tela que se pone en las hojas sueltas para que se puedan *encuadernar.

cartografía. f. Arte de trazar *mapas o cartas geográficas.

cartográfico, ca. adj. Perteneciente o relativo a la cartografía.

cartógrafo. m. Autor de cartas geográficas.

cartolas. f. pl. **Artolas.** ‖ Adrales del carro, hechos de tablas.

cartomancia. f. Arte de *adivinar lo futuro por medio de los naipes.

cartomántico, ca. adj. Que practica la cartomancia. Ú. t. c. s. ‖ Perteneciente o relativo a la cartomancia.

cartometría. f. Medición de las líneas de las cartas geográficas.

cartométrico, ca. adj. Relativo a la cartometría.

cartómetro. m. Curvímetro.

***cartón.** m. Conjunto de varias hojas de pasta de papel, que por compresión forman un solo cuerpo. ‖ *Ornam. Adorno que imita las hojas largas de algunas plantas. ‖ *Pint. Dibujo o bosquejo en papel grueso, para servir de modelo en frescos, cuadros, *tapices, etc. ‖ **piedra.** Pasta de **cartón** o papel con ciertos ingredientes que, una vez seca, adquiere gran dureza.

cartonera. f. *Caja grande de cartón, con tapa, para sombreros, vestidos, etc.

cartonería. f. Fábrica en que se hace el cartón. ‖ Tienda en que se vende.

cartonero, ra. adj. Perteneciente o relativo al cartón. ‖ m. y f. Persona que hace o vende cartones u obras hechas en cartón.

cartuchera. f. *Mil. Caja, generalmente forrada de cuero, para llevar cartuchos. ‖ **Canana.**

cartuchería. f. Conjunto de cartuchos y municiones.

cartucho. m. Envoltorio o tubo que contiene la carga de *explosivo para cada tiro de una arma de fuego. ‖ *Envoltorio cilíndrico de *monedas de una misma clase. ‖ *Bolsa de papel fuerte o cartulina, para contener ciertos géneros. ‖ **Cucurucho.**

cartuja. f. *Orden religiosa* fundada por San Bruno. ‖ Monasterio o *convento de esta orden.

cartujano, na. adj. Perteneciente a la Cartuja. ‖ **Cartujo.** Apl. a pers., ú. t. c. s.

cartujo. adj. Dícese del religioso de la Cartuja. Ú. t. c. s. ‖ m. fig. y fam. Hombre taciturno.

cartulario. m. En algunos archivos, libro becerro o tumbo. ‖ ***Escribano.**

cartulina. f. *Cartón delgado, muy terso.

cartusana. f. Galón de bordes ondulados.

caruja. f. *Pera inverniza.

carúncula. f. Carnosidad eréctil, de color rojo vivo, que tienen en la cabeza algunos animales, como el *pavo. ‖ **lagrimal.** Zool. Grupo pequeño de *glándulas en el ángulo interno del *ojo.

carunculado, da. adj. Que tiene carúnculas.

caruncular. adj. Perteneciente o relativo a las carúnculas.

carurú. m. *Planta americana que sirve para hacer *lejía.

caruto. m. Especie de jagua.

carvajal. m. **Carvallar.**

carvajo. m. **Carvallo.**

carvallar. m. **Carvalledo.**

carvalledo. m. **Robledal.**

carvallo. m. **Roble.**

carvayo. m. **Carvallo.**

carvi. m. Farm. *Simiente de la alcaravea.

cas. f. Apócope de **Casa.**

cas. m. *Árbol de Costa Rica, cuyo fruto se usa para refrescos.

***casa.** f. Edificio para habitar. ‖ Piso o parte de una **casa.** ‖ **Familia.** ‖ Bienes, vasallos y rentas de un *señor. ‖ *Linaje que tiene un mismo apellido y viene del mismo origen. ‖ Establecimiento industrial o de *comercio. ‖ **Escaque** (del *ajedrez). ‖ En el juego de tablas reales, cada uno de los semicírculos laterales en donde se van colocando las piezas. ‖ **Cabaña** (de la mesa de billar). ‖ En algunas *sociedades, casinos, etcétera, nombre con que se llama a cualquiera de los *criados. ‖ **Casa abierta.** Domicilio o despacho del que ejerce alguna profesión o industria. ‖ *Tienda a puerta de calle. ‖ **a la malicia.** La que se edificaba antiguamente sólo con piso bajo, para librarse de la carga de aposento. ‖ **celeste.** *Astrol. Cada una de las doce partes en que se considera dividido el cielo. ‖ **consistorial. Casa** del *ayuntamiento. Ú. t. en pl. ‖ **cuna. Hospicio.** ‖ **de aposento.** La de Madrid que debía reservar una parte para el aposento de la corte. ‖ **de agencia. Casa de *préstamos.** ‖ **de banca. Banca.** ‖ **de *baños.** Balneario público. ‖ **de beneficencia.** *Hospital, hospicio o *asilo. ‖ **de calderas.** Edificio contiguo al trapiche, en los ingenios de *azúcar. ‖ **de camas. Mancebía.** ‖ **de campo.** La que está fuera de poblado, y sirve para cuidar del cultivo o para recreo. ‖ **de citas.** Albergue destinado al alojamiento temporal de parejas de amantes (*prostitución). ‖ **de compromiso. Casa de citas.** ‖ **de comidas. Figón.** ‖ **de contratación de las Indias.** *Tribunal que entendía en los negocios de Indias. ‖ **de conversación.** En el siglo XVII, casino o círculo de *recreo. ‖ **de Dios.** *Templo o iglesia. ‖ **de dormir.** Aquella en que se da hospedaje sólo para pasar la noche. ‖ **de empeños.** Establecimiento donde se *presta dinero mediante empeño de alhajas o ropas. ‖ **de esgrimidores.** La desaliñada y sin alhajas. ‖ **de expósitos. Inclusa.** ‖ **de huéspedes.** *Hospedaje en que, mediante cierto precio, se da estancia y comida, o sólo alojamiento, a algunas personas. ‖ **de juego.** La destinada a *juegos prohibidos. ‖ **de labor,** o **de labranza.** Aquella en que habitan los labradores en el campo. ‖ **de lenocinio. *Mancebía.** ‖ **de locos. Manicomio.** ‖ **del rey. Casa real.** ‖ **del Señor. Casa de Dios.** ‖ **de mancebía. Mancebía.** ‖ **de maternidad.** *Hospital destinado a la asistencia de parturientas. ‖ **de moneda.** La destinada para acuñar *moneda. ‖ **de moradores. Casa de vecindad.** ‖ **de oración. Casa de Dios.** ‖ **de orates. Casa de locos.** ‖ **de pailas.** En Cuba, **casa de calderas.** ‖ **de placer. Casa** de recreo en el campo. ‖ **de postas.** Parada donde tomaban caballos de repuesto los *correos. ‖ **de préstamos. Casa de empeños.** ‖ **de pupilos. Casa de huéspedes.** ‖ **de socorro.** Establecimiento benéfico donde se prestan los primeros auxilios (*medicina) a heridos o enfermos. ‖ **de tía.** fam. **Cárcel.** ‖ **de tócame Roque.** fig. y fam. Aquella en que reina la *confusión y hay con frecuencia *alborotos y *riñas. || **de trato. Mancebía.** || **de trueno.** fig. y fam. Aquella en que suele faltar buena crianza y moralidad. || **de vacas.** Establecimiento donde se tienen vacas, para vender su *leche. || **de vecindad.** La que contiene muchas viviendas reducidas. || **fuerte.** La que tiene *fortalezas para defenderse de los enemigos. || La muy acaudalada. || **llana. Mancebía.** || **mortuoria. Casa** donde hay algún difunto. || **paterna.** Domicilio de los padres. || **profesa.** La de religiosos que viven en *comunidad. || **pública. Mancebía.** || **real. Palacio.** || Personas *reales y conjunto de sus familias. || **robada.** fig. y fam. La que carece de muebles. || **santa.** Por antonomasia, la de Jerusalén, en que está el sepulcro de Cristo. || **solar,** o **solariega.** La más antigua y *noble de una familia. || **¡Ah de casa!** expr. fam. para *llamar en **casa** ajena. || **Arderse la casa.** fr. fig. y fam. Haber en ella *alboroto o *riña. || **Caérsele** a uno **la casa a cuestas.** fr. fig. y fam. Sobrevenirle grave *contratiempo. || **De** su **casa.** m. adv. De propia *invención. || **Echar** uno **la casa por la ventana.** fr. fig. y fam. Hacer alarde de *liberalidad o *magnificencia. || **Entrar** una cosa **como por su casa.** fr. fig. y fam. Venir ancha y holgada. || **Estar de casa.** fr. fig. Estar de llaneza. || **Franquear** a uno **la casa.** fr. Acogerle en ella, admitirle de visita. || **Guardar la casa.** fr. fig. Estarse en ella por necesidad. || **Levantar** uno **la casa.** fr. fig. *Trasladar su residencia a otro lugar. || **Poner casa.** fr. Tomar **casa** el que antes no la tenía. || **Poner la casa** a uno. fr. Poner en ella muebles para que pueda habitarla. || **Ser** uno **muy de casa.** fr. fam. Tener mucha *amistad y *confianza con los dueños.

casabe. m. **Cazabe.** || *Pez de las Antillas, de figura de media luna. || **de bruja.** Especie de *hongo.

casaca. f. *Vestidura ceñida al cuerpo, con mangas y con faldones hasta las corvas. || fam. **Casamiento.** || **Volver** uno **casaca,** o **la casaca.** fr. fig. y fam. Dejar el partido que seguía y adoptar el contrario.

casación. f. *For.* Acción de casar o *anular.

casacón. m. aum. de **Casaca.**

casadero, ra. adj. Que está en edad de *casarse.

casado, da. p. p. de **Casar** (contraer matrimonio). Ú. t. c. s. || m. **Impr.* Modo de concertar las páginas en la platina para que, doblado el pliego, queden numeradas correlativamente.

casaisaco. m. Vegetal *parásito adherido al tronco de las palmeras.

casal. m. Casería, *casa de campo. || Casa solariega. || Solar sin edificar. || *Pareja de macho y hembra.

casalicio. m. *Casa, edificio.

casamata. f. **Fort.* Bóveda muy resistente para instalar piezas de artillería.

casamentero, ra. adj. El que interviene para concertar *matrimonios, generalmente sin ánimo de lucro. Ú. t. c. s.

*__casamiento.__ m. Acción y efecto de casar o casarse. || Ceremonia nupcial. || Contrato de matrimonio.

casampulga. f. *Araña venenosa, pequeña, propia de América.

casamuro. m. **Fort.* Muralla sin terraplén.

casapuerta. f. Zaguán o portal.

casaquilla. f. Casaca muy corta.

casaquín. m. Casaca corta.

casaquinta. f. *Casa de recreo con algo de huerto o jardín.

casar. m. Conjunto de *casas que no llegan a formar pueblo.

casar. tr. *For.* *Anular, derogar.

*__casar.__ intr. Contraer matrimonio. Ú. m. c. r. || tr. Autorizar un sacerdote el sacramento del *matrimonio. || fam. Disponer un padre o superior el casamiento de persona que está bajo su autoridad. || fig. Poner sobre un *naipe un jugador y el banquero cantidades iguales. || fig. *Unir una cosa con otra. || fig. Disponer y *ordenar algunas cosas de manera que tengan correspondencia o *conformidad entre sí. Ú. t. c. intr.

casariego, ga. adj. **Casero** (aficionado a estar en su casa).

casarón. m. aum. de **Casa.** || **Caserón.**

casatienda. f. *Tienda junta con la vivienda del mercader.

casca. f. Hollejo de la *uva después de exprimida. || *Corteza de ciertos árboles, que se usa para curtir las *pieles. || **Conf.* Rosca de mazapán y cidra, bañada con azúcar. || **Cáscara.** || **Aguapié.**

*__cascabel.__ m. Bolita hueca de metal, con asa para colgarla y una o más aberturas en la parte inferior, dentro de la cual hay un trocito de hierro que la hace sonar a manera de campanilla. || Remate posterior, en forma casi esférica, de algunos cañones de *artillería. || **Impr.* Letra suelta que se levanta al pasar el rodillo. || **Echar el cascabel.** fr. fig. y fam. Soltar alguna especie en la conversación para *averiguar el efecto que produce. || **Ser** uno **un cascabel.** fr. fig. y fam. Ser *alocado o poco reflexivo.

cascabela. f. *Serpiente de cascabel.

cascabelada. f. Fiesta ruidosa que se hacía con los pretales de cascabeles. || fig. y fam. Dicho o hecho *irreflexivo.

cascabelear. tr. fig. y fam. *Engañar a uno con *esperanzas vanas. || intr. fig. y fam. Portarse de manera poco juiciosa o *alocada.

cascabelero, ra. adj. fig. y fam. Se dice de la persona *irreflexiva o de poco seso. Ú. t. c. s. || m. **Sonajero.**

cascabelillo. m. Variedad de *ciruela pequeña que suelta con facilidad el hueso.

cascabillo. m. **Cascabel.** || *Cascarilla que envuelve el grano de trigo o de cebada. || Cúpula de la bellota.

cascabullo. m. **Cascabillo** (de la bellota).

cascaciruelas. com. fig. y fam. Persona *inútil y *despreciable.

*__cascada.__ f. Despeñadero de agua.

cascado, da. adj. fig. y fam. Aplícase a la persona o cosa que se halla muy *cansada o gastada. || Dícese de la *voz que ha perdido la claridad del timbre.

cascadura. f. Acción y efecto de cascar o cascarse.

cascajal. m. **Cascajar.**

cascajar. m. Paraje en donde hay mucho cascajo. || Vertedero de la casca de la uva fuera del lagar.

cascajera. f. **Cascajar.**

cascajo. m. Guijo, fragmentos de *piedra, ladrillos y otras cosas análogas. || *Escombro, cascote. || Conjunto de *frutas de cáscara seca, como nueces, avellanas, castañas, etc. || fam. *Trasto inútil. || fig. y fam. ***Moneda de vellón.** || **Estar hecho un cascajo.** fr. fig. y fam. Estar *viejo y decrépito.

cascajoso, sa. adj. Abundante en piedras o guijo.

cascajuelo, la. adj. Natural de Villalmanzo, en la provincia de Burgos. || Perteneciente o relativo a dicha villa.

cascalote. m. *Árbol americano, de las leguminosas, cuyo fruto se emplea para curtir las *pieles.

cascalleja. f. *Grosella silvestre.

cascamajar. tr. Quebrantar una cosa, *machacándola.

cascamiento. m. **Cascadura.**

cascante. p. a. de **Cascar.** Que casca.

cascanueces. m. Utensilio de *mesa, a modo de *tenaza, para partir nueces, avellanas, etc. || *Pájaro dentirrostro de la familia de los córvidos. || fig. y fam. **Trincapiñones.**

cascapiñones. m. El que saca los piñones de las piñas. || Utensilio de *mesa, a modo de *tenaza, para cascar los piñones.

cascar. tr. Quebrantar, *machacar o hender una cosa. Ú. t. c. r. || fam. Dar a uno *golpes, pegarle. || fig. y fam. Quebrantar la salud de uno. Ú. t. c. r. || fam. **Charlar.** Ú. m. c. intr.

*__cáscara.__ f. Corteza o cubierta exterior de los huevos, frutas y otras cosas. || *Corteza de los árboles. || Capullo del que se extrae el gusano de *seda muerto. || Pimiento desecado. || Arista del *trigo. || pl. *Germ.* **Medias calzas.** || **Cáscara sagrada.** *Farm.* Planta cuya corteza tiene propiedades laxantes. || **¡Cáscaras!** interj. fam. que denota *sorpresa o admiración. || **Ser** uno **de,** o **de la, cáscara amarga.** fr. fig. y fam. Ser persona de ideas muy avanzadas (*irreligioso).

cascarada. f. *Germ.* *Alboroto, pendencia.

cascarela. f. **Cuatrillo.**

cascarilla. f. *Corteza de un árbol de las euforbiáceas, amarga, aromática y medicinal. || **Farm.* Quina de Loja. || *Lámina de metal muy delgada. || *Afeite hecho de cáscara de huevo.

cascarillal. m. Lugar en que abundan los árboles de quina.

cascarillero, ra. m. y f. Persona que recoge o vende cascarilla. || m. **Cascarillo.**

cascarillina. f. *Quím.* Principio amargo de la corteza del cascarillo.

carcarillo. m. *Arbusto que produce la quina o cascarilla.

cascarón. m. aum. de **Cáscara.** || Cáscara de *huevo. || En el juego de la cascarela, lance de ir a robar con espada y basto. || *Árbol parecido al alcornoque. || *Arq.* *Bóveda cuya superficie es la cuarta parte de la de una esfera. || **de nuez.** fam. *Embarcación muy pequeña.

cascarrabias. com. fam. Persona *irritable.

cascarria. f. **Cazcarria.**

cascarrina. f. **Granizo.**

cascarrinada. f. **Granizada.**

cascarrinar. intr. **Granizar.**

cascarrojas. m. pl. *Insectos que se crían en los buques.

cascarrón, na. adj. fam. Bronco, áspero y *desabrido. || *Mar.* Dícese del *viento muy fuerte. Ú. m. c. s.

cascarudo, da. adj. Que tiene gruesa la *cáscara.

cascaruja. f. **Cascajo** (frutas secas).

cascaruleta. f. **Cuchareta** (especie de *trigo). || fam. Ruido que se hace dándose golpes con la mano en la barbilla y haciendo chocar los *dientes.

*__casco.__ m. **Cráneo.** || Cada uno de los *pedazos de una vasija rota. || Cada una de las capas gruesas de la *cebolla. || Cuerpo o *grosor de algunas cosas; como pieles, telas, hortalizas, etc. ‖ Copa del *sombrero. ‖ Pieza de la *armadura, que cubre la cabeza. ‖ Cuerpo del *avión. ‖ *Guarn. Armazón de la silla de montar. ‖ Tonel, *cuba o *vasija que sirve para contener líquidos. ‖ *Mar.* Cuerpo de la *embarcación sin aparejo ni maquinaria. ‖ *Embarcación filipina de fondo plano. ‖ → En las caballerías, uña del pie o de la mano, en que se asienta la herradura. ‖ **Casquete** (para curar a los tiñosos). ‖ **Blas.* Pieza que imita el **casco** de la armadura y sirve para timbrar el escudo. ‖ Gajo de *naranja, granada, etc. ‖ pl. **Carnic.* Cabeza de carnero o de vaca, quitados los sesos y la lengua. ‖ fam. **Cabeza.** ‖ **Casco atronado.** **Veter.* El de la caballería que se ha dado algún alcance. ‖ **de burro.** Especie de *molusco. ‖ **de mantilla.** Su tela, aparte de la guarnición y el velo. ‖ **de mula.** Especie de *tortuga. ‖ **de *población.** Conjunto de sus edificios agrupados, hasta donde empiezan las afueras. ‖ **Abajar el casco.** fr. *Veter.* Cortar mucho del **casco** de las caballerías. ‖ **Alegre,** o **barrenado, de cascos.** loc. fam. Dícese de la persona *alocada. ‖ **Cortar a casco.** fr. *Podar de modo que el corte quede limpio. ‖ **Levantar de cascos** a uno. fr. fig. y fam. *Incitarle a que haga algo mediante promesas engañosas. ‖ **Ligero de cascos.** loc. fam. **Alegre de cascos.** ‖ **Meter** a uno **en los cascos** alguna cosa. fr. fig. y fam. *Persuadirle de ella. ‖ **Quitarle,** o **raerle,** a uno **del casco** alguna cosa. fr. fig. y fam. *Disuadirle de ella. ‖ **Romper** a uno **los cascos.** fr. **Romperle la cabeza.** ‖ **Romperse** uno **los cascos.** fr. fig. y fam. Fatigarse mucho con la *reflexión o el estudio. ‖ **Tener** uno **los cascos a la jineta,** o **malos cascos.** frs. figs. y fams. Ser *alocado o de poco juicio.

cascol. m. *Resina que sirve para fabricar lacre negro.

cascolitro. m. Planta gramínea de la América del Sur.

cascotazo. m. fam. Golpe dado con cascote, piedra, etc.

***cascote.** m. Fragmento de alguna fábrica de albañilería deshecha o derribada. ‖ Conjunto de *escombros.

cascotería. f. Abundancia de cascotes.

cascudo, da. adj. Aplícase a los animales que tienen mucho *casco en los pies.

cascué. m. Especie de sollo.

caseación. f. Acción de cuajarse la *leche.

caseico, ca. adj. **Quím.* **Caseoso.** ‖ Dícese de un ácido producido por la descomposición del queso.

caseificación. f. Acción y efecto de caseificar.

caseificar. tr. Transformar en caseína. ‖ Separar la caseína de la *leche.

caseína. f. *Quím.* Substancia albuminoidea de la *leche.

cáseo, a. adj. **Caseoso.** ‖ m. **Cuajada.**

caseoso, sa. adj. Perteneciente o relativo al *queso. ‖ Semejante a él.

casera. f. Ama de gobierno que presta *servicio a un hombre solo.

caseramente. adv. m. Con llaneza, con *naturalidad, sin ceremonia.

casería. f. *Casa aislada en el campo, con fincas rústicas dependientes de ella. ‖ Gobierno económico interior de una casa.

caserillo. m. Especie de *tela de hilo que se hacía en casa.

caserío. m. Conjunto de *casas. ‖ **Casería.**

caserna. f. Posada u *hospedaje a orilla de un camino. ‖ **Fort.* Bóveda construida debajo de los baluartes para *alojar soldados, víveres y otras cosas.

casero, ra. adj. Que se hace o cría en *casa o pertenece a ella. ‖ Que se hace en *familia o entre personas de *confianza. ‖ fam. Dícese de la persona aficionada a estar en su casa y a cuidar de su gobierno y economía. ‖ m. y f. Dueño de alguna casa, que la *alquila a otro. ‖ *Administrador de ella. ‖ **Inquilino.** ‖ Arrendatario agrícola de tierras que forman un lugar. ‖ **Estar muy casera** una mujer. fr. fam. Estar en su traje de *confianza.

caserón. m. aum. de **Casa.** ‖ Casa muy grande y destartalada.

caseta. f. *Casa pequeña de construcción ligera o provisional.

caseto. m. **Caseta.**

casetón. m. *Arq.* **Artesón.**

casi. adv. c. Cerca de, *aproximadamente, con corta diferencia. ‖ Por poco, poco menos de.

casia. f. *Arbusto leguminoso de la India, parecido a la acacia.

casicontrato. m. *For.* **Cuasicontrato.**

casida. f. Entre los árabes y persas, composición *poética de asunto amoroso.

casidulina. f. *Concha microscópica del Mediterráneo.

casilla. f. *Casita aislada o resguardo provisional para el *guarda de un campo, puerta de jardín, etc. ‖ Despacho de billetes de los *teatros. ‖ **Casa** (del tablero de *ajedrez). ‖ Cada una de las *divisiones del papel cuadriculado en que se anotan guarismos u otros datos. ‖ Cada una de las *divisiones o compartimientos de un casillero, *estante, etc. ‖ Trampa para *cazar pájaros. ‖ Excusado, *retrete. ‖ **Sacar** a uno **de sus casillas.** fr. fig. y fam. *Cambiar su método de vida. ‖ fig. y fam. *Irritarlo, hacerle perder la paciencia. ‖ **Salir** uno **de sus casillas.** fr. fig. y fam. Excederse, *descomedirse por *ira u otra pasión.

casiller. m. En el palacio *real, mozo que limpiaba los vasos inmundos.

casillero. m. *Estante con varias divisiones, para tener *clasificados papeles u otras cosas.

casimir. m. *Tela muy fina, generalmente negra.

casimira. f. **Casimir.**

casina. f. Especie de *té.

casineta. f. *Tela de lana, que se usaba para forros. ‖ **Casinete.**

casinete. m. Cierta *tela de calidad inferior al casimir. ‖ Pañete barato.

casinita. f. **Mineral.* Feldespato de bario.

casino. m. *Casa de *recreo, en el campo. ‖ *Asociación de *recreo, generalmente de hombres solos, en la que, mediante el pago de cierta cuota, se utilizan los locales y servicios de una casa convenientemente dispuesta. ‖ Esta *casa. ‖ **Club.** ‖ Asociación de recreo, formada por los adeptos de un partido *político o por hombres de una misma condición.

Casio. n. p. V. **Púrpura de Casio.**

casiopea. f. *Astr.* *Constelación boreal muy notable.

casiopiri. m. *Arbusto de la India, que se cultiva en los jardines.

casis. f. Planta muy parecida al *grosellero. ‖ *Molusco que vive en el Mediterráneo.

casitéridos. m. pl. **Quím.* Grupo que forman el estaño, el antimonio, el cinc y el cadmio.

casiterita. f. *Miner.* Bióxido de *estaño.

casmodia. f. *Pat.* Acción de *bostezar con excesiva frecuencia.

caso. m. *Suceso, acontecimiento. ‖ *Casualidad. ‖ *Oportunidad, ocasión. ‖ *Problema que se plantea o *pregunta que se hace. ‖ Tratándose de *enfermedades epidémicas, cada una de las invasiones individuales. ‖ **Gram.* Relación en que se encuentra una palabra con otra u otras por razón del oficio que desempeña. ‖ **apretado.** El de *difícil solución. ‖ **de conciencia.** **Teol.* Punto dudoso en materia moral. ‖ **de corte.** *For.* Causa civil o criminal que, por su importancia, se entabla ante una autoridad superior, prescindiendo de las justicias ordinarias. ‖ **de honra.** Lance en que está empeñada la *fama de una persona. ‖ **de menos valer.** Acción de que resulta *deshonor. ‖ **fortuito.** Suceso imprevisto y, por lo general, adverso. ‖ *For.* **Fuerza mayor.** ‖ **oblicuo.** **Gram.* Cada uno de los de la declinación, excepto el nominativo y el vocativo. ‖ **recto.** *Gram.* El nominativo y el vocativo. ‖ **reservado.** Culpa grave de que sólo puede absolver el superior. ‖ **A caso hecho.** m. adv. **De caso pensado.** ‖ **A cosa hecha.** ‖ **Caer** uno **en mal caso.** fr. fam. Incurrir en *deshonor. ‖ **Caso que.** m. adv. **En caso de que.** ‖ **Dado caso.** expr. *Supuesta tal o cual condición o cosa. ‖ **De caso pensado.** m. adv. De propósito, *adrede. ‖ **Demos caso.** expr. *Supuesta tal o tal cosa. ‖ **En caso de que.** m. adv. Si sucede tal o cual cosa. ‖ **En todo caso.** loc. adv. Como quiera que sea, en *absoluto. ‖ **Estar** uno **en el caso.** fr. fam. Tener pleno conocimiento de un asunto. ‖ **Hablar al caso.** fr. Hablar con *oportunidad y *acierto. ‖ **Hacer al caso** una cosa. fr. fam. Ser *conveniente u *oportuno. ‖ Tener *relación con el asunto de que se trata. ‖ **Hacer caso de** uno, o **de** una cosa. fr. fig. y fam. Mostrar *estimación a alguna persona o cosa. ‖ **Hacer caso omiso.** fr. Prescindir de alguna cosa; *omitirla. ‖ **Poner caso.** fr. Dar por *supuesta alguna cosa. ‖ **Poner por caso.** fr. **Poner caso.** ‖ Poner por *ejemplo. ‖ **Ser caso negado.** fr. fam. Ser casi *imposible o muy difícil alguna cosa. ‖ **Ser del caso** una cosa. fr. fam. **Hacer al caso.** ‖ **Venir al caso** una cosa. fr. fam. **Hacer al caso.**

casón. m. aum. de **Casa.**

casorio. m. fam. *Casamiento mal concertado o poco conveniente.

caspa. f. Escamilla que se forma en la cabeza a raíz de los *cabellos. ‖ La que forman las herpes. ‖ Musgo que se cría en la corteza de algunos árboles. ‖ *Miner.* Óxido que se desprende del *cobre antes de fundirlo.

caspera. f. **Lendrera.**

caspia. f. Orujo de la *manzana.

caspicias. f. pl. fam. Restos, *residuos de ningún valor.

caspio, pia. adj. Dícese del individuo de un antiguo *pueblo de Hircania. Ú. t. c. s. y en pl. ‖ Perteneciente a este pueblo.

caspiroleta. f. *Bebida compuesta de leche caliente, huevos, azúcar y otros ingredientes.

¡cáspita! interj. con que se denota *sorpresa o admiración.

caspolino, na. adj. Natural de Cas-

pe. Ú. t. c. s. ‖ Perteneciente a esta ciudad.
casposo, sa. adj. Lleno de caspa.
casquería. f. Tienda del casquero.
casquero. m. **Tripicallero.** ‖ Lugar donde se cascan los piñones.
casquetada. f. p. us. **Calaverada.**
casquetazo. m. **Cabezazo.**
casquete. m. Pieza de la *armadura, que servía para defender el casco de la cabeza. ‖ Cubierta de tela, cuero, etc., que se ajusta al casco de la cabeza. ‖ Empegado de pez que se ponía en la cabeza a los tiñosos. ‖ Media *peluca. ‖ **Cairel** (cabellera postiza). ‖ **esférico.** *Geom.* Parte de la superficie de la *esfera, cortada por un plano que no pasa por su centro.
casquiacopado, da. adj. Aplícase a la *caballería que tiene el *casco a manera de copa.
casquiblando, da. adj. Dícese de la *caballería que tiene blandos los *cascos.
casquiderramado, da. adj. Aplícase a la *caballería que tiene ancho de palma el *casco.
casquijo. m. Conjunto de *piedra menuda para hacer hormigón o para afirmar los caminos.
casquilucio, cia. adj. **Casquivano.**
casquilla. f. Entre *colmeneros, cubierta de las celdas donde se crían las reinas.
casquillas. f. pl. Cápsulas pequeñas que sirven a los *plateros para graduar el peso de los ensayes.
casquillo. m. *Anillo o abrazadera cilíndrica de metal, que sirve para reforzar la extremidad de una pieza de madera. ‖ Hierro de la *saeta. ‖ Parte metálica del cartucho de cartón. ‖ Cartucho metálico vacío. ‖ **Herradura.** ‖ Forro de tafilete o badana que se pone a los *sombreros.
casquimuleño, ña. adj. Dícese del caballo o yegua que tiene los *cascos como los de las mulas.
casquiñón. m. *Confit.* Caramelo grande con trocitos de almendra o de avellana.
casquivano, na. adj. fam. **Alegre de cascos.**
casta. f. Generación o *linaje. Dícese también de los irracionales. ‖ Parte de los *habitantes de un país que gozan de distinta consideración *social que los restantes. ‖ fig. *Calidad de una cosa. ‖ **Cruzar las castas.** fr. *Zoot.* Mezclar diversas familias de animales para mejorar o variar las **castas.**
castálidas. f. pl. Las *musas.
castalio, lia. adj. Perteneciente a la *fuente Castalia. ‖ Perteneciente a las *musas.
castamente. adv. m. Con castidad.
***castaña.** f. Fruto del castaño. ‖ *Vasija grande de barro o vidrio con cuello angosto. ‖ Especie de moño que con el *cabello se hacen las mujeres en la parte posterior de la cabeza. ‖ Pieza que sirve de chumacera a la maza mayor en los ingenios de *azúcar. ‖ *Barril pequeño. ‖ **apilada. Castaña pilonga.** ‖ **maya.** En Galicia, **castaña pilonga.** ‖ **pilonga.** La que se ha secado al humo y se guarda todo el año. ‖ **regoldana.** La que da el castaño silvestre. ‖ **Dar** a uno **la castaña.** fr. fig. y fam. Chasquearle, *engañarle.
castañal. m. **Castañar.**
castañar. m. Sitio poblado de castaños.
castañeda. f. **Castañar.**
castañedo. m. **Castañar.**
castañera. f. **Castañar.**
castañero, ra. m. y f. Persona que vende castañas.
castañero. m. *Ave palmípeda de la familia de las palomas.
castañeta. f. **Castañuela.** ‖ *Sonido que se produce haciendo que el *dedo de en medio resbale con fuerza sobre el pulgar y choque en el pulpejo de la misma mano. ‖ *Pez comestible parecido al jurel. ‖ **Reyezuelo** (*pájaro).
castañetada. f. **Castañetazo.**
castañetazo. m. Golpe que se da con las castañuelas, o con los dedos. ‖ *Estampido que da la castaña cuando revienta en el fuego. ‖ Chasquido fuerte que suelen dar las *articulaciones de los huesos al hacer un movimiento violento.
castañete. adj. d. de **Castaño.**
castañeteado. m. Son que se hace con las castañuelas.
castañetear. tr. Tocar las castañuelas. ‖ intr. Sonarle a uno los *dientes, por chocar repetidamente los de una mandíbula contra los de la otra. ‖ Sonarle a uno las choquezuelas de las *rodillas al andar. ‖ Producir el macho de la *perdiz un sonido peculiar a manera de chasquido. ‖ Hacer la castañeta con los dedos.
castañeteo. m. Acción de castañetear.
***castaño, ña.** adj. Dícese del *color de la cáscara de las castañas. Ú. t. c. s. ‖ Que tiene este color. ‖ → m. Árbol de las cupulíferas, de unos veinte metros de altura, con frutos a manera de zurrones espinosos, cuya simiente es la castaña. ‖ Madera de este árbol. ‖ **de Indias.** Árbol de la familia de las hipocastáneas, cuyo fruto, no comestible, es muy parecido al del **castaño** común. ‖ **regoldano.** El silvestre. ‖ **Pasar de castaño obscuro** una cosa. fr. fig. y fam. *Exceder en algún concepto de lo normal o tolerable.
castañola. f. *Pez acantopterigio, de carne blanca y floja.
castañuela. f. *Instrumento músico de percusión, compuesto de dos piezas cóncavas de madera, a modo de conchas. Se sujeta con un cordón al dedo pulgar o al de en medio y se repica con los demás dedos. ‖ *Planta ciperácea, que se cría en lagunas y sitios pantanosos, y sirve para cubrir las chozas. ‖ **Estar** uno **como unas castañuelas.** fr. fig. y fam. Estar muy *alegre.
castañuelo, la. adj. d. de **Castaño.** ‖ Dícese del color de los *caballos y yeguas.
castellana. f. Señora de un castillo. ‖ Mujer del castellano. ‖ Copla de cuatro *versos de romance octosílabo. ‖ **de oro. Castellano** (*moneda).
castellanía. f. *Territorio o jurisdicción independiente.
castellanismo. m. Giro propio del castellano, considerado como uno de los dialectos de la *lengua española.
castellanizar. tr. Dar forma castellana a un vocablo de otro *idioma.
castellano, na. adj. Natural de Castilla. Ú. t. c. s. ‖ Perteneciente a esta región de España. ‖ m. Idioma español, como *lengua nacional de España. ‖ *Moneda antigua de oro. ‖ Cincuentava parte del marco de oro. ‖ **Lanza** (hombre de armas). ‖ Señor de un castillo. ‖ Alcaide de un castillo. ‖ *Viento sur.
castellar. m. **Todabuena** (planta).
castellonense. adj. Natural de Castellón de la Plana. Ú. t. c. s. ‖ Perteneciente a esta ciudad.
casticidad. f. Calidad de castizo.
casticismo. m. Amor a lo castizo. ‖ Preferencia por las cosas castizas (idioma, costumbres, etc.).
casticista. com. Purista en el uso del *idioma.
***castidad.** f. Virtud opuesta a la lujuria.
castigación. f. **Castigo.**
castigadera. f. Cuerda con que se ata el badajo del *cencerro.
castigador, ra. adj. Que castiga. Ú. t. c. s. ‖ m. y f. fam. Persona que *enamora a otra del sexo opuesto.
***castigar.** tr. Aplicar un castigo. ‖ *Molestar, *afligir. ‖ **Escarmentar.** ‖ fig. Tratándose de obras o escritos, *corregirlos. ‖ fig. Tratándose de gastos, *disminuirlos. ‖ *Enamorar por puro pasatiempo o por jactancia a persona del otro sexo.
***castigo.** m. Pena que se impone al que ha cometido un delito o falta. ‖ fig. Tratándose de escritos, *corrección. ‖ **ejemplar.** El grave y extraordinario.
castilla. f. **Bayetón.**
Castilla. n. p. f. **Ancha es Castilla.** loc. fam. con que uno se anima o anima a otro para obrar con *atrevimiento y *audacia.
castillado, da. adj. *Blas.* Se aplica al escudo sembrado de castillos.
castillaje. m. **Castillería.**
castillejo. m. d. de **Castillo.** ‖ Carretón para que los niños aprendan a *andar. ‖ *Andamio para levantar pesos considerables. ‖ *Juego infantil que consiste en tirar a distancia una o más nueces sobre un montoncillo formado por otras cuatro. ‖ Cada una de las dos armazones laterales en que descansa el eje de los cilindros moledores, en los ingenios de *azúcar.
castillería. f. *Impuesto que se pagaba al *pasar por el territorio de un castillo.
castillete. m. d. de **Castillo.**
***castillo.** m. Lugar fortificado, cercado de murallas, baluartes, fosos, etcétera. ‖ *Artill.* Máquina militar de madera, en forma de *torre, que se montaba sobre un elefante. ‖ **Maestril.** ‖ *Capacidad de un carro, desde la escalera hasta lo alto de los varales. ‖ *Blas.* Figura que representa una o más torres. ‖ *Mar.* Parte de la cubierta principal del *buque, comprendida entre el trinquete y la proa. ‖ **de fuego.** *Pirot.* Armazón en que se colocan fuegos artificiales. ‖ **de popa.** *Mar.* Antiguamente solía llamarse así a la toldilla. ‖ **Hacer** uno **castillos de naipes.** fr. fig. y fam. Poner *esperanzas en alguna cosa sin medios suficientes para lograrla. ‖ **Hacer castillos, o un castillo, en el aire.** fr. fig. y fam. Abrigar *esperanzas *infundadas.
castilluelo. m. d. de **Castillo.**
castina. f. *Metal.* Fundente calcáreo que se emplea cuando el mineral contiene mucha arcilla.
castizamente. adv. m. De manera castiza y pura.
castizo, za. adj. De buen origen y que conserva con *pureza la casta. ‖ Aplícase al *lenguaje puro. ‖ Muy prolífico. ‖ En Méjico, **cuarterón.** Ú. t. c. s.
***casto, ta.** adj. Puro, honesto, que no incurre en sensualidad. ‖ fig. Se dice también de las cosas que muestran su original *pureza y alejan toda idea de sensualidad en quien las contempla.
castor. m. *Mamífero roedor, de cuerpo grueso, cubierto de pelo castaño muy fino; pies con cinco dedos

palmeados, y cola aplastada. Es anfibio, y construye con destreza sus viviendas a orillas de ríos o lagos. || Pelo de este animal. || Cierta *tela de lana.

Cástor. n. p. m. *Astr.* Una de las dos *estrellas principales de la constelación Géminis. || **y Pólux. Fuego de Santelmo.** || *Astr.* **Géminis.**

castora. f. ***Sombrero de copa alta.**

castorcillo. m. *Tela de lana, tejida como la estameña.

castoreño. adj. V. **Sombrero castoreño.** Ú. t. c. s.

castóreo. m. Substancia crasa, untuosa, de olor fuerte y desagradable, segregada por dos glándulas que tiene el castor en el abdomen. Se usa como *medicamento.

castorina. f. Tejido parecido a la *tela de castor. || **Quím.* Substancia cristalizada, resinosa y volátil, contenida en el castóreo.

castra. f. Acción de *castrar. || Tiempo en que se suele hacer esta operación.

***castración.** f. Acción y efecto de castrar.

castradera. f. Instrumento para castrar las *colmenas.

castrado. adj. Que ha sufrido la castración. Ú. t. c. s.

castrador. m. El que castra.

castradura. f. **Castración.** || **Capadura.**

castrametación. f. Arte de disponer los *campamentos militares.

castrapuercas. m. *Silbato compuesto de varios tubitos, de que usan los capadores para anunciarse.

castrapuercos. m. **Castrapuercas.**

***castrar.** tr. **Capar,** extirpar los órganos genitales o inutilizarlos para la procreación. || Secar o enjugar las llagas. Ú. t. c. r. || **Podar.** || Quitar a las *colmenas parte de los panales con miel. || fig. *Debilitar, enervar.

castrazón. f. Acción y efecto de castrar las *colmenas. || Tiempo de castrarlas.

castrense. adj. Aplícase a algunas cosas pertenecientes al *ejército o a la profesión militar.

castreño, ña. adj. Natural de Castrojeriz, de Castro Urdiales o de Castro del Río. Ú. t. c. s. || Perteneciente o relativo a dichos pueblos.

castro. m. *Juego infantil que consiste en hacer avanzar piedrecitas por unas rayas, dispuestas al modo de un ejército acampado. || *Campamento. || Altura donde hay vestigios de *fortificaciones antiguas. || *Peñasco que avanza de la *costa hacia el mar.

castro. m. **Castrazón.**

castrón. m. Macho *cabrío castrado. || *Puerco grande castrado.

castuga. f. Cierto *insecto lepidóptero de América.

cástula. f. Túnica larga interior que usaban a modo de *camisa las mujeres romanas.

***casual.** adj. Que sucede por casualidad.

***casualidad.** f. Acontecimiento imprevisto cuya causa se desconoce.

casualismo. m. Teoría que funda en el acaso el origen de los acontecimientos.

casualista. com. Persona que profesa el casualismo.

casualmente. adv. m. Por *casualidad.

casuárida. adj. Dícese de ciertas *aves corredoras cuyo tipo es el casuario. || f. pl. Familia de estos animales.

casuarina. f. *Árbol cuyas hojas son parecidas a las plumas del casuario.

casuario. m. *Ave corredora, de menor tamaño que el avestruz.

casuca. f. despect. **Casucha.**

casucha. f. despect. *Casa pequeña y mal construida.

casucho. m. despect. **Casucha.**

casuista. adj. Dícese del autor que expone casos prácticos de *teología moral. Ú. t. c. s. || Por ext., se aplica también al que expone casos prácticos propios de otra ciencia moral o *jurídica. Ú. t. c. s.

casuística. f. Parte de la *teología moral, que trata de los casos de conciencia.

casuístico, ca. adj. Perteneciente o relativo al casuista o a la casuística. || Se dice de las disposiciones legales que rigen casos *especiales.

casulla. f. Vestidura *litúrgica que se pone el sacerdote sobre las demás que sirven para celebrar el sacrificio de la *misa. || Grano de *arroz que conserva la cáscara.

casullero. m. El que hace casullas.

casus belli. expr. lat. Caso o motivo de *guerra.

cata. f. Acción de catar. || Porción de alguna cosa que se *examina o *ensaya. || **Calicata.** || Cosa *oculta. || **Dar cata.** fr. fam. Catar, mirar. || **Catear.**

cata. f. Acción de catear. || Cotorra.

cata. prep. insep. cuya significación primitiva es la de hacia abajo.

catabre. m. Vasija de *calabaza en que se lleva el grano para *sembrar.

catabro. m. **Catabre.**

catacaldos. com. fig. y fam. Persona *inconstante, que emprende muchas cosas sin fijarse en ninguna. || Persona *entremetida.

cataclismo. m. **Geol.* Trastorno grande del globo terráqueo, producido por el agua. || fig. Gran trastorno o *perturbación en el orden social o político.

catacresis. f. **Ret.* Tropo que consiste en usar una palabra con sentido traslaticio para designar una cosa que carece de nombre especial.

catacumbas. f. pl. *Subterráneos que utilizaban los primitivos cristianos como *templos y *cementerios.

catachín. m. **Pinzón.**

catadióptrico, ca. adj. **Ópt.* Dícese del aparato compuesto de espejos y lentes.

catador. m. El que cata.

catadura. f. Acción y efecto de catar. || *Semblante.

catafalco. m. Túmulo suntuoso para las *exequias solemnes.

catafracta. f. *Armadura cubierta de escamas de acero.

catalán, na. adj. Natural de Cataluña. Ú. t. c. s. || Perteneciente a este antiguo principado. || m. *Lengua hablada en Cataluña.

catalanismo. m. Tendencia *política que aspira a que Cataluña tenga cierta autonomía. || Expresión propia de la *lengua catalana.

catalanista. com. Partidario del catalanismo.

cataláunico, ca. adj. Dícese de los campos de la antigua Catalaunia, hoy Châlons de Marne.

cataldo. m. *Mar.* *Vela triangular a modo de arrastradera.

cataléctico. adj. V. **Verso cataléctico.** Ú. t. c. s.

catalecto. adj. **Cataléctico.** Ú. t. c. s.

catalejo. m. **Anteojo de larga vista.**

catalepsia. f. **Pat.* Estado nervioso que se caracteriza por la pérdida de la contracción voluntaria de los músculos y de la sensibilidad.

cataléptico, ca. adj. Perteneciente o relativo a la catalepsia. || Atacado de catalepsia. Ú. t. c. s.

catalicón. m. *Farm.* **Catolicón.**

catalicores. m. Pipeta para tomar pruebas de un líquido en su envase.

catalina. adj. V. **Rueda catalina.**

catalineta. f. *Pez de las Antillas.

catálisis. f. **Quím.* Reacción determinada entre dos o más cuerpos por la sola presencia de otro que permanece inalterado.

catalítico, ca. adj. **Quím.* Relativo a la catálisis.

catalizador. m. **Quím.* Cuerpo capaz de producir la catálisis.

catalnica. f. fam. **Cotorra.**

catalogación. f. Acción y efecto de catalogar.

catalogador, ra. m. y f. Persona que cataloga.

catalogar. tr. Anotar o registrar en un catálogo.

***catálogo.** m. Lista de personas o cosas puestas en orden.

catalpa. f. *Árbol de las leguminosas, de unos diez metros de altura.

catalufa. f. Tejido de lana afelpado, del cual se hacen *alfombras.

catamarqueño, ña. adj. Natural de la ciudad o provincia de Catamarca en la Argentina. Ú. t. c. s. || Perteneciente o relativo a esta provincia.

catamenial. adj. Relativo a la *menstruación.

catán. m. *Espada a manera de alfanje que usaban ciertos pueblos del Oriente.

catana. f. **Catán.** || despect. *Sable, en especial el largo y viejo. || Cosa *tosca o defectuosa. || *Loro verde y azul.

catanga. f. **Escarabajo.** || **Nasa** (para pescar). || *Carrito tirado por un caballo.

catante. p. a. de **Catar.** Que cata o mira.

cataplasma. f. **Terap.* Tópico de consistencia blanda, que se usa como emoliente. || Persona *importuna y *molesta.

cataplexia. f. *Pat.* Asombro o *enajenación que se manifiesta en los *ojos. || *Insensibilidad que se presenta de repente en una parte del cuerpo. || **Apoplejía.** || **Veter.* Catalepsia de los animales.

¡cataplum! interj. **¡Pum!**

catapulta. f. **Artill.* Máquina militar antigua para arrojar proyectiles.

catar. tr. Probar alguna cosa para examinar su *sabor. || *Examinar, registrar, *buscar. || **Castrar** (las *colmenas). || **Mirar.**

cataraña. f. *Ave zancuda, variedad de garza. || Lagarto de las Antillas.

catarata. f. *Cascada. || Enfermedad de los *ojos que consiste en la opacidad del cristalino, causada por una especie de telilla que impide el paso de la luz. || pl. Las *nubes cargadas de agua. || **Tener** uno **cataratas.** fr. fig. y fam. Estar *ofuscado.

catarinita. f. Variedad de cotorra. || *Insecto coleóptero pequeño, de color rojo.

catarral. adj. Perteneciente o relativo al catarro.

catarribera. m. **Cetr.* Jinete destinado a seguir los halcones. || fam. Se daba este nombre a los *abogados y *alcaldes mayores, así como a los pretendientes de estas plazas.

catarro. m. Flujo de las membranas mucosas. || *Inflamación aguda o crónica de estas membranas. || *Resfriado.

catarroso, sa. adj. Que habitualmente padece catarro. Ú. t. c. s.

catarrufín. m. *Mata silvestre, cuyas hojas exhalan un olor desagradable.

catarsis. f. Depuración de los *sentimientos por medio del *arte.

catártico, ca. adj. *Farm. Aplícase a algunos medicamentos purgantes.
catasalsas. com. fig. y fam. **Catacaldos.**
catascopio. m. *Arqueol.* *Embarcación muy ligera.
catástasis. f. *Ret. Punto culminante del poema épico o *dramático.
catastral. adj. Perteneciente o relativo al catastro.
catastro. m. *Contribución real que se pagaba por las rentas, fincas y otros bienes. ‖ Censo *estadístico de las fincas rústicas y urbanas.
catástrofe. f. Desenlace del poema *dramático, especialmente cuando es doloroso. ‖ Por ext., desenlace desgraciado de otros poemas. ‖ fig. Suceso *desgraciado que produce grave trastorno.
catastrófico, ca. adj. Relativo a una catástrofe o que tiene consecuencias propias de ella.
catata. f. *Mate amarillo grande.
catatán. m. fam. ***Castigo.**
catatar. tr. Hechizar.
catatė. adj. Aplícase a la persona *despreciable o insignificante. Ú. t. c. s.
catatipia. f. Procedimiento *fotográfico para obtener pruebas por medio de la catálisis.
cataubas. m. pl. *Tribu indígena de la América del Norte, ya extinguida.
catauro. m. Especie de *cesto usado en las Antillas para transportar frutas, carne, etc.
cataviento. m. *Mar.* *Banderita o sarta de ruedecitas de corcho circuidas de plumas, que se deja a merced del *viento para apreciar la dirección de éste.
catavino. m. Jarrillo o *taza para probar el vino. ‖ Agujerito en la parte superior de la tinaja, para probar el *vino.
catavinos. m. El que tiene por oficio catar los vinos. ‖ fig. y fam. *Borracho.
cate. m. *Peso que se usaba en Filipinas, equivalente a una libra castellana y seis onzas.
cate. m. *Golpe, bofetada. ‖ Entre estudiantes, suspenso en los *exámenes.
cateada. f. fam. Acción y efecto de catear.
cateador. m. *Min. El que hace catas para hallar minerales. ‖ *Min.* *Martillo de punta y mazo que usan los mineros.
catear. tr. **Catar** (*buscar). ‖ fig. y fam. Suspender en los *exámenes a un alumno. ‖ En América, explotar los terrenos en busca de alguna veta *minera. ‖ Allanar la casa de alguno.
catecismo. m. Libro en que se explica la doctrina *cristiana, en forma de diálogo. ‖ *Obra redactada en *preguntas y respuestas.
catecú. m. **Cato.** (substancia astringente).
catecumenado. m. Tiempo durante el cual se preparaba el catecúmeno.
catecúmeno, na. m. y f. Persona que se está instruyendo en la doctrina católica, con el fin de recibir el *bautismo.
cátedra. f. *Asiento elevado, desde donde el *maestro da la lección a los discípulos. ‖ **Aula.** ‖ fig. Empleo y ejercicio del *catedrático. ‖ fig. Facultad o asignatura que enseña un *catedrático. ‖ fig. Dignidad *pontifícia o episcopal. ‖ fig. Capital o matriz donde reside el *prelado. ‖ **del Espíritu Santo. Púlpito.** ‖ **de San Pedro.** Dignidad del Sumo *Pontífice. ‖ **Pasear** uno **la cátedra.** fr. fig. Asistir a ella cuando no acuden los discípulos. ‖ **Poder** uno **poner cátedra.** fr. fig. Sobresalir en una ciencia o arte. ‖ **Poner** uno **cátedra.** loc. fig. Hablar con pedantería y *afectación.
catedral. adj. V. **Iglesia catedral.** Ú. t. c. s.
catedralidad. f. Dignidad de ser catedral una *iglesia.
catedrática. f. Mujer que desempeña una cátedra. ‖ fam. Mujer del catedrático.
***catedrático.** m. El que tiene cátedra para dar enseñanza en ella. ‖ Cierta *contribución que se pagaba al prelado. ‖ **de prima.** El que tenía este tiempo destinado para sus lecciones.
catedrilla. f. Cátedra servida por bachilleres que aspiraban a la licenciatura.
categorema. f. *Lóg. *Cualidad por la que un objeto se clasifica en una u otra categoría.
categoría. f. *Lóg. y *Fil. Cada una de ciertas nociones generales y abstractas en las que se pretende incluir todas las formas posibles de conocimiento o la totalidad de cuanto existe. ‖ fig. Condición *social de las personas. ‖ fig. Una de las diferentes secciones de una *clasificación u ordenación. ‖ **De categoría.** loc. Dícese de la persona de elevada condición.
categóricamente. adv. m. De modo categórico.
categórico, ca. adj. Aplícase al discurso o proposición en que de modo *terminante se *afirma o se *niega alguna cosa.
categorismo. m. Sistema de categorías.
catela. f. *Arqueol.* Cadenilla de oro o de plata que los romanos usaban como *joya o adorno.
catenaria. adj. Dícese de la *curva que forma una cadena, cuerda, etc., suspendida entre dos puntos que no están situados en la misma vertical. Ú. m. c. s.
catenular. adj. De forma de *cadena.
cateo. m. Acción y efecto de catear.
catequesis. f. **Catequismo.**
catequismo. m. Acción y efecto de instruir en cosas pertenecientes a la *religión. ‖ Arte de *enseñar por medio de *preguntas y *respuestas.
catequista. com. Persona que instruye a los catecúmenos. ‖ La que ejerce el catequismo.
catequístico, ca. adj. Perteneciente o relativo al catequismo. ‖ Dícese de lo que está escrito en preguntas y respuestas.
catequizador, ra. m. y f. Persona que intenta *persuadir a otra para algún fin.
catequizante. p. a. de **Catequizar.** Que catequiza.
catequizar. tr. Instruir en la doctrina *cristiana. ‖ *Persuadir a uno a que ejecute alguna cosa.
cateramba. f. Coloquíntida de Egipto.
cateresis. f. *Pat. Extenuación.
caterético, ca. adj. *Farm. Aplícase a la substancia que cauteriza los tejidos.
caterva. f. *Muchedumbre de personas o *abundancia de cosas en *desorden.
catervarios. m. pl. *Gladiadores que luchaban en grupos.
catete. m. Nombre familiar que se da en América al *demonio. ‖ *Gachas que se hacen con caldo de cerdo.
catéter. m. *Cir. **Tienta.** ‖ *Cir.* **Algalia.** ‖ *Cir.* Sonda metálica con una canal para servir de guía a ciertos instrumentos cortantes.
cateterismo. m. *Cir. Maniobra que consiste en introducir un catéter en algún conducto del cuerpo.
cateterizar. tr. *Cir. Introducir un catéter en la vejiga.
cateto. m. *Geom. Cada uno de los dos lados que forman el ángulo recto en el triángulo rectángulo.
cateto. m. fam. Aldeano, palurdo, *rústico.
catetómetro. m. *Fís.* Instrumento para medir *alturas o pequeñas longitudes verticales.
catey. m. **Perico** (*loro). ‖ Especie de *palmera.
cateya. f. *Arma antigua arrojadiza, a manera de dardo, de punta acerada, provista de una correa en el extremo opuesto, para recogerla después de hecho el tiro.
catgut. m. *Hilo hecho de tripas de carnero, que se emplea en *cirugía.
catibía. f. *Raíz de la yuca, con que se hace una especie de panetela.
catibo. m. *Pez de las Antillas, especie de murena.
catigua. m. *Árbol de las meliáceas, propio de la República Argentina.
catilinaria. adj. Dícese de los *discursos pronunciados por Cicerón contra Catilina. Ú. m. c. s. f. ‖ f. fig. Escrito de *acusación o discurso vehemente dirigido contra alguna persona.
catimía. f. *Min. Vena de que se saca oro o plata.
catín. m. Crisol en que se refina el cobre.
catinga. f. *Fetidez propia de algunos animales y plantas. ‖ Olor que los negros exhalan cuando *sudan. ‖ **Sobaquina.** ‖ *Bosques del Brasil. ‖ m. Nombre que por desprecio dan los marinos chilenos a los *soldados de tierra.
catingoso, sa. adj. Se aplica a lo que tiene catinga o *fetidez.
catingudo, da. adj. **Catingoso.** Ú. en sentido despectivo o familiar.
catino. m. *Min. *Horno pequeño que se usaba antiguamente.
catión. m. *Electr. Elemento de un compuesto, que, en la electrólisis, se dirige al cátodo.
catire. adj. Dícese del individuo rubio, hijo de blanco y mulata o viceversa.
catirrinos. m. pl. Suborden de *monos.
catita. f. Especie de *loro.
catite. m. Piloncillo de *azúcar depurado. ‖ V. **Sombrero de catite.** ‖ *Golpe dado con poca fuerza. ‖ Especie de *tela de seda. ‖ **Dar catite** a uno. fr. fam. Darle de *golpes.
cativí. f. Enfermedad de la *piel, especie de herpe, que produce manchas moradas en todo el cuerpo.
cativo. m. *Árbol americano que llega a sesenta metros de altura.
cato. m. *Farm. Substancia astringente, que se extrae de una especie de acacia. ‖ Medida *superficial agraria equivalente a cuarenta varas en cuadro.
catoche. m. fam. Mal humor.
catódico, ca. adj. *Fís.* Perteneciente al cátodo.
cátodo. m. *Electr. Polo negativo de un generador o de una batería.
catodonte. m. *Cetáceo del tamaño de una ballena.
católicamente. adv. m. Conforme a la doctrina católica.
catolicidad. f. Universalidad de la doctrina *católica.
catolicísimo, ma. adj. sup. de **Católico.**

catolicismo. m. Comunidad y gremio universal de los que viven con arreglo a la religión *católica. ‖ Creencia de la Iglesia católica.
***católico, ca.** adj. ***Universal.** ‖ Perteneciente o relativo a la Iglesia Cristiana Romana. ‖ *Verdadero, cierto. ‖ Que profesa la religión **católica.** Apl. a pers., ú. t. c. s. ‖ Renombre que de antiguo tenían los *reyes de España. ‖ fig. y fam. Sano y perfecto. Ú. por lo común en la fr. **no estar muy católico.**
catolicón. m. *Farm.* **Diacatolicón.**
catolización. f. Acción y efecto de catolizar o catolizarse.
catolizar. tr. Hacer a uno *católico. ‖ r. Convertirse a la religión católica.
catón. m. fig. *Censor *severo.
catón. m. Libro compuesto de trozos de dificultad graduada, que sirve para aprender a *leer.
catoniano, na. adj. Aplícase a las *virtudes de Catón.
catonizar. intr. Censurar o *reprender con rigor y aspereza.
catóptrica. f. Parte de la *óptica, que trata de la reflexión de la luz.
catóptrico, ca. adj. Perteneciente o relativo a la catóptrica.
catoptromancia. f. Arte de *adivinar por medio del espejo.
catoptroscopia. f. **Med.* Examen del cuerpo humano por medio de aparatos catóptricos.
catoquita. f. **Miner.* Piedra bituminosa de la isla de Córcega.
catorce. adj. Diez más cuatro. ‖ **Décimocuarto.** Apl. a los días del mes, ú. t. c. s. ‖ m. Conjunto de signos con que se representa el número **catorce.** ‖ En el juego de la báciga, reunión de dos parejas de *naipes.
catorcén. adj. Se dice del *madero en rollo de catorce medias varas de longitud.
catorcena. f. Conjunto de catorce unidades.
catorceno, na. adj. **Décimocuarto.** ‖ V. **Paño catorceno.** Ú. t. c. s. ‖ Que tiene catorce años.
catorzal. adj. Se dice del *madero de hilo de catorce pies de longitud. Ú. m. c. s.
catorzavo, va. adj. Dícese de cada una de las catorce *partes iguales en que se divide un todo. Ú. t. c. s. m.
catos. m. pl. Antiguo *pueblo germano que habitó el territorio de Westfalia.
catre. m. *Cama ligera para una sola persona. ‖ **de tijera.** El que tiene lecho de tela o de cuerdas entrelazadas, y armazón compuesta de dos largueros, cada uno con dos patas que se cruzan en aspa, y están articuladas de manera que se puedan plegar.
catrecillo. m. *Silla pequeña de tijera.
catricofre. m. Cofre para recoger la cama, provisto de unos bastidores que pueden servir de catre.
catrintre. m. *Queso de leche desnatada.
caturra. f. *Loro pequeño.
catuto. *Pan cilíndrico, hecho de trigo machacado y cocido.
catzo. m. Especie de abejorro.
cauba. f. *Arbolito espinoso de la Argentina.
caucáseo, a. adj. Perteneciente a la cordillera del Cáucaso.
caucasiano, na. adj. **Caucáseo.**
caucásico, ca. adj. Aplícase a la *raza blanca o indoeuropea.
***cauce.** m. Lecho de los ríos y demás corrientes naturales. ‖ *Canal o conducto descubierto por donde corren las aguas.
caucel. m. *Gato montés americano.
caucense. adj. Natural de Coca. Ú. t. c. s. ‖ Perteneciente a esta villa.
caución. f. *Precaución o cautela. ‖ *For.* Seguridad personal o *fianza. ‖ **de indemnidad.** *For.* La que se otorga para eximir a otro de alguna obligación. ‖ **juratoria.** *For.* La que se abona con juramento.
caucionar. tr. *For.* Dar caución. ‖ *For.* *Precaver cualquier daño.
caucos. m. pl. Antiguo *pueblo del nordeste de la Germania.
caucha. f. Especie de *cardo, que se usa como antídoto de la picadura de la *araña venenosa.
cauchera. f. Planta que produce caucho.
cauchero. m. El que se ocupa en la obtención del caucho o en trabajarlo.
cauchil. m. **Arca de agua.**
caucho. m. ***Goma elástica.**
cauchotina. f. **Quím.* Compuesto de caucho, muy usado para impermeabilizar las pieles.
cauda. f. Falda o cola de la *capa magna que usan los *prelados.
caudado, da. adj. **Blas.* Aplícase al cometa que tiene cola o a la estrella que tiene una punta más larga que las otras.
***caudal.** adj. **Caudaloso.** ‖ → m. Bienes de cualquiera especie, y más comúnmente dinero. ‖ Cantidad de *agua que mana o corre. ‖ fig. *Abundancia de cosas inmateriales. ‖ **relicto.** *For.* **Bienes relictos.** ‖ **Echar caudal en** alguna cosa. fr. *Gastarlo en ella. ‖ **Hacer caudal de** una persona o cosa. fr. fig. Tenerla en aprecio y *estimación.
caudal. adj. Perteneciente o relativo a la *cola.
caudalejo. m. d. de **Caudal.**
caudalosamente. adv. m. Con mucho caudal o con grande *abundancia.
caudaloso, sa. adj. De mucha agua. ‖ **Acaudalado.**
caudatario. m. Eclesiástico que acompaña al *prelado para llevarle alzada la cauda.
caudato, ta. adj. V. **Cometa, soneto caudato.** ‖ *Blas.* **Caudado.**
caudatrémula. f. ***Aguzanieves.**
caudillaje. m. Mando o gobierno de un caudillo. ‖ **Caciquismo.** ‖ **Tiranía.**
***caudillo.** m. El que guía y manda la gente de guerra. ‖ *Jefe o director de algún gremio, comunidad o cuerpo.
caudimano o caudímano. adj. *Zool.* Dícese del animal que tiene *cola prensil, o se sirve de ella como de una extremidad.
caudino, na. adj. Natural de Caudio. Ú. t. c. s. ‖ Perteneciente a esta antigua ciudad samnita.
caudón. m. **Alcaudón.**
caulescente. adj. **Bot.* Dícese de la planta cuyo *tallo se distingue fácilmente de la raíz.
caulícolo. m. *Arq.* **Caulículo.**
caulículo. m. *Arq.* Cada uno de los vástagos que nacen de lo interior de las hojas que adornan el *capitel corintio.
caulífero, ra. adj. *Bot.* Dícese de las plantas cuyas *flores nacen sobre el tallo.
cauliforme. adj. De forma de *tallo.
caulote. m. *Árbol malváceo, americano, semejante al moral.
cauno. m. *Ave zancuda americana.
cauque. m. Pejerrey grande. ‖ fig. Persona *astuta. ‖ irón. Persona *torpe.
cauri. m. *Molusco gasterópodo cuya concha blanca y brillante servía de moneda en la India y costas africanas.
cauriense. adj. Natural de Caurio, hoy Coria. Ú. t. c. s. ‖ Perteneciente a esta antigua ciudad.
cauro. m. **Noroeste** (*viento).
***causa.** f. Lo que produce un efecto o resultado. ‖ Motivo o razón para obrar. ‖ Empresa o doctrina en que se toma interés o partido. ‖ **Litigio.** ‖ **For.* Proceso criminal. ‖ **eficiente.** *Fil.* Primer principio productivo del efecto. ‖ **final.** *Fil.* *Finalidad con que se hace alguna cosa. ‖ **instrumental.** La que sirve de instrumento. ‖ **lucrativa.** *For.* Título dimanado de la liberalidad. ‖ **onerosa.** *For.* La que implica conmutación o *gasto. ‖ **primera.** *Fil.* *Dios. ‖ **pública.** Utilidad y bien de la *sociedad. ‖ **segunda.** *Fil.* La que produce su efecto con dependencia de la primera. ‖ **Causas mayores.** En el *derecho canónico*, las reservadas a la Sede Apostólica. ‖ **Arrastrar la causa.** fr. **For.* Avocar un tribunal el conocimiento de alguna **causa** que pendía en otro. ‖ **Conocer de una causa.** fr. **For.* Ser juez de ella. ‖ **Hacer** uno **la causa de** otro. fr. *Ayudarle.
causa. f. fam. *Comida ligera, merienda.
causador, ra. adj. Que causa. Ú. t. c. s.
causahabiente. m. *For.* Persona que, por *herencia, *cesión u otro título, se ha subrogado en el derecho de otra u otras.
causal. adj. *Gram.* V. **Conjunción causal.** ‖ f. Razón y motivo de alguna cosa.
causalidad. f. Relación entre la *causa y el efecto.
causante. p. a. de **Causar.** Que causa. ‖ m. *For.* *Testador o persona de quien proviene el derecho que alguno tiene.
***causar.** tr. Producir la causa su efecto. ‖ Dar motivo u ocasión a que suceda una cosa. Ú. t. c. r. ‖ Por ext., ser *ocasión o darla para que suceda una cosa. ‖ **For.* Hacer causa o proceso.
causativo, va. adj. Que es origen o causa de alguna cosa.
causear. intr. *Comer fuera de horas; merendar. ‖ tr. fig. *Vencer fácilmente a una persona.
causeo. m. Merienda de fiambres o cosas secas.
causeta. f. *Planta herbácea que nace entre el lino.
causía. f. *Sombrero de fieltro y alas anchas, que usaron los antiguos griegos y romanos.
causídica. f. *Arq.* Crucero de *iglesia.
causídico, ca. adj. **For.* Perteneciente a causas o pleitos. ‖ m. **Abogado.**
causón. m. Indisposición que dura algunas horas y se manifiesta con fuerte *calentura.
cáusticamente. adv. m. De manera cáustica.
causticar. tr. Dar causticidad a alguna cosa.
causticidad. f. Calidad de cáustico. fig. Mordacidad en lo que se dice o escribe.
***cáustico, ca.** adj. Dícese de lo que corroe y desorganiza los tejidos animales. ‖ fig. *Mordaz, satírico. ‖ **Farm.* Aplícase al medicamento que desorganiza los tejidos, produciendo una escara. Ú. m. c. s. m. ‖ m. **Vejigatorio.**

cautamente. adv. m. Con precaución.
cautela. f. *Precaución y reserva. ‖ *Astucia. ‖ **Absolver a cautela.** fr. En *derecho canónico*, absolver al reo en la duda de si ha incurrido o no en la excomunión.
cautelar. tr. Prevenir, precaver. ‖ r. Precaverse.
cautelosamente. adv. m. Con cautela.
cauteloso, sa. adj. Que obra con cautela. ‖ fig. Que se hace con cautela.
cauterio. m. **Cauterización.** ‖ fig. Lo que sirve para *corregir o atajar algún mal. ‖ **Cir.* Medio empleado en cirugía para convertir los tejidos en una escara. ‖ **actual.** *Cir.* Pieza metálica que se aplica candente para la formación instantánea de una escara. ‖ **potencial.** *Cir.* El que obra por efecto de sus propiedades químicas.
cauterización. f. Acción y efecto de cauterizar.
cauterizador, ra. adj. Que cauteriza. Ú. t. c. s.
cauterizante. p. a. de **Cauterizar.** Que cauteriza.
cauterizar. tr. **Cir.* Curar con el cauterio. ‖ fig. *Corregir con *reprensiones o medidas severas algún vicio. ‖ fig. Tildar con alguna nota o *censura.
cautín. m. Aparato para *soldar con estaño.
cautivador, ra. adj. Que cautiva.
cautivar. tr. Hacer *prisionero al enemigo en la guerra. ‖ fig. Atraer, *captar, seducir. ‖ fig. Ejercer irresistible influencia en el *ánimo mediante un *atractivo físico o moral. ‖ intr. Ser hecho cautivo.
cautiverio. m. Estado del *prisionero de guerra que vive en poder del enemigo.
cautividad. f. **Cautiverio.**
cautivo, va. adj. Aprisionado en la guerra. ‖ En sentido restricto, decíase de los *cristianos hechos *prisioneros por los infieles. ‖ fig. El que es víctima de alguna pasión.
cauto, ta. adj. Que obra con *precaución.
cauza. f. Cajilla de esparto, para incubar la simiente del gusano de *seda.
cava. f. *Acción de cavar. ‖ En el palacio *real, oficina donde se cuidaba del agua y del vino. ‖ **Foso.**
cavaco. m. *Guitarra pequeña de cuatro cuerdas.
cavacote. m. Montoncillo de tierra hecho con la azada para marcar alguna *linde.
cavadera. f. *Azada.
cavadiza. adj. Aplícase a la *arena o tierra que se saca cavando.
cavador. m. El que tiene por oficio cavar la tierra.
cavadura. f. Acción y efecto de cavar.
cavalillo. m. Reguera o *acequia entre dos fincas.
caván. m. Medida filipina de *capacidad para áridos, equivalente a 75 litros.
cavar. tr. **Agr.* Levantar y mover la tierra con la azada, azadón u otro instrumento semejante. ‖ intr. *Ahondar, profundizar. ‖ fig. *Meditar profundamente en alguna cosa.
cavaril. m. **Cavador.**
cavaros. m. pl. Antiguo *pueblo de la Galia céltica.
cavatina. f. **Mús.* Aria de cortas dimensiones.
cavazón. f. Acción de cavar las tierras.
cávea. f. *Jaula que usaban los romanos para aves y otros animales. ‖ Cierta localidad del *teatro y del circo de los romanos.
cavedio. m. *Patio de la casa, en la antigua Roma.
***caverna.** f. *Concavidad profunda, *subterránea o entre rocas. ‖ *Germ.* **Casa.** ‖ *Med.* Hueco que resulta en el *pulmón y en algunos tejidos orgánicos después de evacuada la materia morbosa.
cavernario, ria. adj. Propio de las *cavernas.
cavernícola. adj. Dícese del habitante de las cavernas.
cavernidad. f. **Cavernosidad.**
cavernosidad. f. Oquedad, hueco natural de la tierra, *caverna. Ú m. en pl.
cavernoso, sa. adj. Perteneciente, relativo o semejante a la caverna. ‖ Aplícase a la *voz, a la *tos, o a cualquier sonido sordo y bronco. ‖ Que tiene muchas cavernas.
cavero. m. **Agr.* Obrero dedicado a abrir zanjas de desagüe.
caveto. m. *Arq.* *Moldura cóncava cuyo perfil es un cuarto de círculo.
caví. m. *Raíz seca y guisada de la oca del Perú.
cavia. f. Alcorque o *excavación.
cavia. m. **Conejillo de Indias.**
cavial. m. **Caviar.**
caviar. m. Manjar que consiste en huevas de esturión aderezadas de cierta manera.
cavidad. f. Espacio *hueco dentro de un cuerpo cualquiera.
cavilación. f. Acción y efecto de cavilar. ‖ **Cavilosidad.**
cavilar. tr. *Reflexionar tenazmente en una cosa atribuyéndole una importancia que no tiene.
cavilosamente. adv. m. Con cavilación.
cavilosidad. f. Aprensión, *prejuicio infundado.
caviloso, sa. adj. Propenso a cavilar. ‖ *Suspicaz, que se deja dominar por *prejuicios y conjeturas.
cavío. m. **Agr.* Cavadura.
cavo, va. adj. *Zool.* V. ***Vena cava.** Ú. t. c. s.
cay. m. **Mono capuchino.**
cayá. m. Título de *dignidad usado en Argel.
cayada. f. **Cayado.**
cayadilla. f. Instrumento que usan los *forjadores para juntar el carbón en el centro del hogar.
cayado. m. Palo o *bastón con el extremo superior arqueado, que suelen usar los pastores. ‖ *Báculo de los *obispos.
cayajabo. m. En las Antillas, nombre de una *semilla muy dura, de color rojo obscuro, que se usa como *amuleto. ‖ *Mate amarillo.
cayama. f. *Ave zancuda, acuática, de las Antillas, que se alimenta de peces.
cayán. m. **Tapanco.**
cayana. f. **Budare.**
cayanco. m. Cataplasma de hierbas calientes.
cayapear. intr. *Reunirse muchos para *acometer a uno solo.
cayapona. f. Planta americana, *cucurbitácea.
cayapos. m. pl. *Pueblo indígena del Brasil.
cayata. f. Cayado de *pastor.
cayaya. f. *Arbusto silvestre de las Antillas. ‖ Especie de chachalaca.
cayente. p. a. de **Caer.** Que cae.
cayeputi. m. *Árbol de las mirtáceas, con el tronco negro y los ramos blancos.
cayetés. m. pl. Nombre de uno de los *pueblos aborígenes de la América del Sur.
cayo. m. Cualquiera de las *islas rasas y frecuentemente anegadizas, que abundan en el mar de las Antillas.
cayota. f. **Cayote.**
cayote. m. **Chayote.** ‖ **Chilacayote. Coyote.**
cayuco. m. *Embarcación de una pieza, más pequeña que la canoa, con el fondo plano y sin quilla.
cayuela. f. *Roca caliza, de color azulado.
cayumbo. m. Especie de junco que nace en las ciénagas.
caz. m. *Canal artificial para tomar y conducir el agua.
***caza.** f. Acción de cazar. ‖ Animales salvajes, antes y después de cazados. ‖ *Avión de gran movilidad y rapidez, destinado preferentemente a reconocimientos y combates aéreos. ‖ **mayor.** La de jabalíes, lobos, ciervos, etc. ‖ **menor.** La de liebres, conejos, perdices, palomas, etcétera. ‖ **Andar a caza de** una cosa. fr. fig. y fam. *Buscarla o solicitarla. ‖ **Dar caza.** fr. *Perseguir. ‖ fig. Procurar con *esfuerzo alguna cosa. ‖ *Mar.* Perseguir una embarcación a otra. ‖ **Espantar** uno **la caza.** fr. fig. y fam. *Malograr un intento por precipitación o inadvertencia. ‖ **Levantar** uno **la caza.** fr. fig. y fam. Llamar la *atención sobre algún asunto que convenía mantener secreto. ‖ **Ponerse en caza.** fr. *Mar.* Maniobrar para que una embarcación escape de otra que la persigue.
cazabe. m. *Torta de harina de mandioca.
cazabraza. f. *Mar.* *Verga que se atraviesa en el coronamiento de popa.
cazadero. m. Sitio en que se caza o que es a propósito para cazar.
***cazador, ra.** adj. Que caza. Ú. t. c. s. ‖ Se dice de los animales que por instinto persiguen y cazan otros animales. ‖ m. *Soldado de tropas ligeras. ‖ **de alforja.** El que no mata la caza con escopeta, sino con perros, lazos, etc. ‖ **mayor.** Oficio de la casa *real que ejercía el montero mayor.
cazadora. f. **Americana** (chaqueta).
cazadora. f. *Pájaro insectívoro, de plumaje amarillo.
cazaescota. f. *Mar.* Botavara en que cazan la mesana algunas embarcaciones menores.
cazallero, ra. adj. Natural de Cazalla. Ú. t. c. s. ‖ Perteneciente a esta villa.
***cazar.** tr. Buscar o perseguir a las aves, fieras y otros animales para cogerlos o matarlos. ‖ fig. y fam. *Adquirir o *conseguir con destreza alguna cosa difícil. ‖ fig. y fam. *Captarse la voluntad de alguno con halagos o engaños. ‖ fig. y fam. *Sorprender a alguno. ‖ *Mar.* *Atirantar la escota de una *vela.
cazarete. m. Una de las piezas de la jábega o del boliche.
cazarra. f. *Pesebre hecho del tronco de un árbol, para dar pienso a las *ovejas.
cazarrica. f. *Artesa pequeña para la comida de las *aves de corral.
cazarro. m. Tronco de árbol ahuecado en figura de *canal.
cazata. f. **Cacería.**
cazatorpedero. m. *Mar.* Buque de la *armada, pequeño y de marcha muy rápida, destinado a la persecución de los torpederos enemigos.
cazcalear. intr. fam. *Vagar de una parte a otra, afectando diligencia.
cazcarria. f. *Lodo que se adhiere

y queda seco en la parte de la ropa que va cerca del suelo. Ú. m. en pl.
cazcarriento, ta. adj. fam. Que tiene muchas cazcarrias.
cazcorvo, va. adj. Aplícase a la *caballería que tiene las patas corvas. ‖ Dícese de la persona que tiene las *piernas torcidas.
cazo. m. *Vasija metálica por lo común semiesférica o cilíndrica y con mango largo. ‖ Vasija de metal, con un mango largo que termina en gancho. ‖ **Recazo** (parte opuesta al filo).
cazolada. f. Cantidad de comida que cabe en una cazuela.
cazoleja. f. d. de **Cazuela.** ‖ **Cazoleta** (de las armas de fuego).
cazolero. adj. **Cominero.** Ú. t. c. s.
cazoleta. f. d. de **Cazuela.** ‖ Pieza de las *armas de fuego* antiguas, inmediata al oído del cañón, que se llenaba de pólvora, para que, recibiendo las chispas del pedernal, inflamase la carga. ‖ Pieza redonda de acero, que se fija en la parte exterior del *broquel para cubrir su empuñadura. ‖ Pieza de hierro u otro metal, que se pone debajo del puño de la *espada y del sable, para resguardo de la mano. ‖ Especie de *perfume. ‖ Receptáculo pequeño que tienen algunos objetos, como la *pipa de fumar, el boliche, etc.
cazoletero. adj. **Cazolero.** Ú. t. c. s.
cazolón. m. aum. de **Cazuela.**
cazón. m. *Pez selacio, de carne basta, cuya piel áspera y gruesa sirve como lija.
cazonal. m. Conjunto de aparejos para la *pesca de los cazones. ‖ *Red para pescar cazones y otros peces grandes. ‖ fig. y fam. Negocio o empeño muy *difícil.
cazonete. m. *Mar.* Muletilla que se pone a la extremidad de un *cabo para pasarla por una gafa.
cazudo, da. adj. Que tiene mucho recazo.
cazuela. f. Vasija de *cocina más ancha que honda. ‖ *Guisado que se hace en ella. ‖ Sitio del *teatro a que sólo podían asistir mujeres. ‖ Paraíso, en los *teatros. ‖ fig. **Cazolada.** ‖ *Impr.* Componedor alto. ‖ **carnicera.** La grande. ‖ **mojí.** *Torta hecha con queso, pan rallado, berenjenas, miel y otras cosas.
cazumbrar. tr. Tapar con cazumbre las juntas de las duelas y tablas de las *cubas.
cazumbre. m. Cordel de estopa, con que se tapan las junturas de las tablas y duelas de las *cubas de vino. ‖ Savia de los árboles y *zumo de las frutas.
cazumbrón. m. Oficial que cazumbra.
cazurría. f. Cualidad de cazurro.
cazurro, rra. adj. fam. De pocas palabras, *callado y muy metido en sí. Ú. t. c. s.
cazuz. m. **Hiedra.**
ce. f. Nombre de la letra *c.* ‖ **Ce por be,** o **ce por ce.** m. adv. fig. y fam. *Prolija, circunstanciadamente.
¡ce! interj. con que se *llama a una persona.
cea. f. **Cía** (hueso de la cadera).
ceaja. f. *Cabra que no ha cumplido un año.
ceanoto. m. *Planta rámnea americana, vulgarmente conocida con el nombre de té de Jersey.
cearina. f. *Farm.* Pomada hecha con cera, ceresina y parafina líquida.
ceática. f. **Ciática.**
***ceba.** f. Alimentación especial y abundante que se da al ganado para que engorde. ‖ fig. Acción de alimentar los *hornos con el combustible necesario.
***cebada.** f. Planta gramínea, parecida al trigo, cuyo grano sirve de alimento a diversos animales. ‖ Simiente de esta planta. ‖ **ladilla.** Especie cuya espiga tiene dos órdenes de granos. ‖ **perlada.** La mondada y redondeada a máquina.
cebadal. m. Terreno sembrado de cebada.
cebadar. tr. Dar *pienso de cebada a las bestias.
cebadazo, za. adj. Perteneciente a la cebada.
cebadera. f. Morral para dar cebada al ganado en el campo. ‖ Arca o cajón en que se tiene la cebada para las caballerías.
cebadera. f. *Mar.* *Vela que se envergaba en una percha cruzada bajo el bauprés. ‖ *Min.* Cogedor de palastro para introducir la carga en el *horno a través del cebadero.
cebadero. m. El que vende cebada. ‖ **Mozo de paja y cebada.** ‖ Macho cargado de cebada, para dar de comer a la recua. ‖ *Caballería que va delante en las cabañas del ganado mular.
cebadero. m. El que tenía por oficio cebar aves de *cetrería. ‖ Lugar destinado a *cebar animales. ‖ Sitio en que se echa el cebo a la *caza. ‖ *Pintura de aves domésticas en acto de comer. ‖ *Min.* Abertura por donde se introduce mineral en el *horno.
cebadilla. f. Especie de cebada que crece espontánea en las paredes y caminos. ‖ Fruto de una planta americana del género del veratro, cuyo polvo se usa para matar *insectos. ‖ Raíz del eléboro blanco, cuyo polvo tiene los mismos usos.
cebado, da. adj. Dícese de la fiera que por haber probado carne humana es más temible. ‖ *Blas.* V. **Lobo cebado.**
cebador. m. Frasquito en que se llevaba *pólvora para cebar las armas de fuego.
cebadura. f. Acción y efecto de cebar o cebarse.
***cebar.** tr. Dar o echar cebo a los animales para engordarlos o *atraerlos. ‖ fig. Alimentar de *combustible una *lámpara, un *horno, etc. ‖ fig. Poner en las armas, proyectiles, barrenos, etc., el *explosivo necesario para inflamarlos. ‖ fig. Poner cebo al cohete. ‖ fig. Hablando de máquinas o aparatos, ponerlos en condiciones de empezar a funcionar. ‖ Hablando del *mate, prepararlo para el consumo. ‖ fig. Tratándose de la aguja magnética, tocarla a un *imán para darle fuerza. ‖ fig. Fomentar un afecto o pasión. Ú. t. c. r. ‖ intr. fig. *Introducirse y *sujetarse una cosa en otra; como el clavo en la madera. Ú. t. c. tr. ‖ r. fig. Entregarse con mucha diligencia y *esfuerzo a una cosa. ‖ fig. Encarnizarse, mostrarse *cruel.
cebellina. adj. V. **Marta cebellina.** Ú. t. c. s.
cebero. m. Capazo en que se echa el *pienso a las bestias.
cebiche. m. *Guisado de pescado con ají.
cebil. m. *Árbol de las leguminosas, cuya corteza es el zumaque.
cebique. m. *Cebo que dan las aves a sus hijuelos.
***cebo.** m. Comida que se da a los animales para engordarlos o atraerlos. ‖ fig. *Explosivo que se coloca en las armas de fuego, cartuchos, barrenos, etc., para producir la inflamación de la carga. ‖ fig. Porción de mineral que se echa de una vez para cebar el *horno. ‖ fig. Pábulo que se da a un afecto o *pasión.
cebo. m. **Cefo.**
***cebolla.** f. Planta hortense, de la familia de las liliáceas, cuyo bulbo, blanco, formado de capas tiernas y jugosas, de olor fuerte y sabor picante, se usa como alimento. ‖ Cepa o bulbo de esta planta. ‖ **Bulbo.** ‖ fig. Corazón del *madero acebollado. ‖ fig. Parte del velón, en que se echa el aceite. ‖ fig. Colador que se pone en las *cañerías para que no pase broza. ‖ **albarrana.** Planta liliácea, cuyo bulbo, semejante al de la **cebolla** común, tiene los cascos interiores más gruesos, acres y amargos. ‖ **escalonia. Chalote.**
cebollada. f. *Guisado cuyo principal ingrediente es la cebolla.
cebollana. f. *Planta muy parecida a la cebolla, cuyas hojas se comen en ensalada.
cebollar. m. Sitio sembrado de cebollas.
cebollero, ra. adj. V. **Grillo cebollero.** ‖ m. y f. Persona que vende cebollas.
cebolleta. f. *Planta parecida a la cebolla, con el bulbo pequeño y parte de las hojas comestibles. ‖ Cebolla común que se vuelve a plantar y se come tierna antes de florecer. ‖ Especie de juncia cuyos *tubérculos son parecidos a las chufas.
cebollino. m. Sementero de cebollas en sazón para ser trasplantadas. ‖ Simiente de cebolla. ‖ **Cebollana.** ‖ **Enviar** a uno **a escardar cebollinos.** fr. fig. y fam. *Echarlo, despedirlo enhoramala.
cebollón. m. aum. de **Cebolla.** ‖ Variedad de *cebolla menos picante que la común.
cebolludo, da. adj. Aplícase a las plantas y flores que son de cebolla o *bulbo.
cebón, na. adj. Dícese del animal que está cebado. Ú. t. c. s. ‖ m. *Cerdo.
ceborrincha. f. Cebolla silvestre.
cebra. f. *Mamífero solípedo parecido al asno, de pelo blanco amarillento, con listas transversales pardas o negras.
cebrado, da. adj. Dícese del *caballo o yegua que tiene, como la cebra, manchas negras transversales.
cebratana. f. **Cerbatana.**
cebrión. m. *Insecto coleóptero de cuerpo prolongado y de élitros blandos.
cebruno, na. adj. **Cervuno** (color de algunas caballerías).
cebú. m. *Rumiante bovino que tiene encima de la cruz una o dos gibas grasientas. Su carne es de buena calidad, así como la leche que da la hembra. ‖ Variedad del *mono americano llamado carayá.
cebuano, na. adj. Natural de Cebú. Ú. t. c. s. ‖ Perteneciente a esta isla del archipiélago filipino. ‖ m. *Lengua de los naturales de esta isla.
ceburro. adj. **Candeal.**
ceca. f. Casa donde se labra la *moneda. ‖ En Marruecos, **moneda.**
Ceca. f. **De Ceca en Meca. De la Ceca a la Meca.** locs, figs. y fams. De una parte a otra, de aquí para allí.
cecal. adj. Perteneciente o relativo al *intestino ciego.
ceceante. adj. *Fon.* Que cecea.
cecear. intr. *Pronunciar la *s* como *c.* ‖ tr. Decir ¡ce, ce! para *llamar a alguno.
ceceo. m. Acción y efecto de cecear.

ceceoso, sa. adj. Que pronuncia la *s* como *c*.
cecesmil. m. Plantío de *maíz temprano.
cecí. m. *Pez de las Antillas semejante al pargo.
cecial. m. Merluza u otro *pescado análogo, seco y curado al aire.
***cecina.** f. *Carne salada y desecada. ‖ Tira de carne delgada, seca y sin sal.
cecinar. tr. **Acecinar.**
cecografía. f. *Escritura de los ciegos.
cecógrafo. m. Aparato con que escriben los ciegos.
cécubo. m. *Vino célebre en la Roma antigua.
cecuciente. adj. Dícese del que se está quedando *ciego.
cechero. m. El que acecha en la *caza.
ceda. f. **Cerda** (pelo grueso).
ceda. f. **Zeda.**
cedacear. intr. Aplicado a la *vista, disminuir.
cedacería. f. Sitio donde se hacen cedazos. ‖ Tienda donde se venden.
cedacero. m. El que hace o vende cedazos.
cedacillo. m. *Planta gramínea, parecida a la tembladera.
cedacito. m. d. de **Cedazo.**
***cedazo.** m. Instrumento compuesto de un trozo de tela metálica o de cerdas, montada en un aro. Sirve para separar las partes finas, que atraviesan las mallas, de las más gruesas que quedan encima. ‖ Cierta *red grande para pescar.
cedazuelo. m. d. de **Cedazo.**
cedente. p. a. de **Ceder.** Que cede.
***ceder.** tr. *Dar, *transmitir, *traspasar a otro una cosa. ‖ intr. Rendirse, *someterse. ‖ *Resultar una cosa en bien o mal de alguno. ‖ Hablando de ciertas cosas, *aplacarse, mitigarse. ‖ Disminuirse o *cesar la *resistencia de una cosa.
cedilla. f. **Zedilla.**
cedizo, za. adj. Dícese de algunos alimentos que empiezan a *corromperse.
cedo. adv. t. *Pronto, luego, al instante.
cedoaria. f. *Raíz medicinal, de sabor acre y de olor aromático, que proviene de una planta del mismo género de la cúrcuma. ‖ **amarilla.** *Raíz de propiedades análogas a las de la anterior, procedente de una planta del género del jengibre. ‖ **larga. Cedoaria.**
cedras. f. pl. *Alforjas en que los pastores llevan el avío.
cedreleón. m. Aceite de cedro; especie de *resina que usaban los antiguos.
cedreno. m. *Quím.* Parte líquida de la esencia de cedro.
cedria. f. *Goma que destila el cedro.
cédride. f. Fruto del *cedro.
cedrino, na. adj. Perteneciente al cedro.
cedrito. m. *Bebida preparada con vino dulce y resina de cedro.
***cedro.** m. Árbol de las coníferas, de unos cuarenta metros de altura, cuya madera es aromática, compacta y de larguísima duración. ‖ *Madera de este árbol. ‖ **amargo,** o **blanco.** Una clase de las más estimadas. ‖ **colorado. Cedro dulce.** ‖ **de España. Sabina.** ‖ **de la India.** El de ramas inclinadas y hojas no punzantes. Cultívase como árbol de adorno. ‖ **del Líbano. Cedro.** ‖ **deodara. Cedro de la India.** ‖ **dulce.** Variedad gigantesca propia de Costa Rica.
cedróleo. m. *Quím.* Aceite esencial extraído del cedro.
cedrón. m. *Planta verbenácea, olorosa y medicinal.
cédula. f. Pedazo de *papel o pergamino escrito o para escribir en él. ‖ **ante díem.** Citación para el día siguiente, que hace el secretario de alguna comunidad. ‖ **de abono.** La que se daba por los tribunales de *Hacienda cuando el rey perdonaba algún débito. ‖ **de diligencias.** Despacho en que se daba comisión a un juez para hacer alguna averiguación. ‖ **de inválidos.** Orden del rey para el pase a las compañías de inválidos. ‖ **de preeminencias.** La que se daba al que cesaba en su *empleo, por causa justa y después de largos servicios. ‖ Orden del rey por la que se conservaba en su grado el fuero *militar al oficial retirado. ‖ **de vecindad. Cédula personal.** ‖ **en blanco.** La que se da firmada a alguno con *facultad de llenarla como le convenga. ‖ ***personal.** Documento de identidad en que consta el nombre, profesión, domicilio y demás circunstancias de cada vecino. ‖ **real.** ,Despacho del rey, expedido por algún tribunal superior. ‖ **testamentaria. Memoria** (escrito a que se refiere el testador). ‖ **Real cédula. Cédula real.** ‖ **Dar cédula de vida.** fr. fig. y fam. que se dice de los *fanfarrones y perdonavidas.
cedulaje. m. *Impuesto que se pagaba por el despacho de las cédulas reales.
cedular. tr. p. us. Publicar una cosa por medio de *carteles.
cedulario. m. Reunión de reales cédulas.
cedulón. m. fam. aum. de **Cédula.** ‖ Edicto. ‖ fig. **Pasquín.**
cefalalgia. f. *Pat.* Dolor de *cabeza.
cefalálgico, ca. adj. *Pat.* Relativo a la cefalalgia.
cefalea. f. *Pat.* Cefalalgia violenta y tenaz.
cefálico, ca. adj. *Zool.* Perteneciente a la cabeza.
cefalitis. f. *Pat.* Inflamación de la *cabeza.
céfalo. m. **Róbalo.**
cefaloma. m. *Pat.* *Cáncer de la médula.
cefalómetro. m. Aparato para tomar ciertas medidas del *cráneo.
cefalópodo. adj. *Zool.* Dícese de los *moluscos marinos que tienen el manto en forma de saco, como el pulpo y el calamar. Ú. t. c. s. ‖ m. pl. *Zool.* Clase de estos animales.
cefalotomía. f. **Cir.* Operación que consiste en abrir la *cabeza.
cefalótomo. m. **Cir.* Instrumento para practicar la cefalotomía.
cefalotórax. m. *Zool.* En los *crustáceos y otros animales, parte del cuerpo formada por la unión de la cabeza con el primer anillo del tórax.
cefea. f. Comida que buscan los *cerdos hozando en la tierra.
cefear. intr. **Hozar.**
cefeo. m. *Astr.* *Constelación boreal, próxima a la Osa Menor.
céfiro. m. **Poniente** (*viento de occidente). ‖ poét. Cualquier viento suave. ‖ *Tela de algodón casi transparente.
cefo. m. *Cuadrumano, originario de la Nubia.
cegajo. m. Macho *cabrío de dos años.
cegajoso, sa. adj. Casi *ciego, o que habitualmente tiene llorosos los *ojos. Ú. t. c. s.
cegama. com. **Cegato.**
***cegar.** intr. Perder enteramente la vista. ‖ tr. Quitar la vista a alguno. ‖ fig. *Ofuscar el entendimiento. Ú. t. c. intr. ‖ fig. *Cerrar o *tapar alguna cosa; como puerta, pozo, cañería, etc. ‖ fig. Tratándose de conductos, caminos, etc., *obstruirlos.
cegarra. adj. fam. **Cegato.** Ú. t. c. s.
cegarrita. adj. fam. Dícese de la persona que por debilidad de la vista necesita entornar los *ojos para ver. Ú. t. c. s.
cegato, ta. adj. fam. Corto de *vista o casi *ciego. Ú. t. c. s.
cegatoso, sa. adj. **Cegajoso.** Ú. t. c. s.
cegesimal. adj. V. **Sistema cegesimal.**
cegrí. m. Individuo de una familia del reino *musulmán de Granada. ‖ **Cegríes y abencerrajes.** loc. fig. **Tirios y troyanos.**
ceguecillo, lla. adj. d. de **Ciego.** Ú. t. c. s.
ceguedad. f. ***Ceguera.**
***ceguera.** f. Privación o falta completa de la vista. ‖ fig. *Turbación u *ofuscación del juicio.
***ceguera.** f. **Ceguedad.**
ceguezuelo, la. adj. d. de **Ciego.** Ú. t. c. s.
ceguiñuela. f. *Mar.* Hierro curvo que se clava en la espira de la caña del *timón.
ceiba. f. *Árbol americano, de las bombáceas, cuyas semillas están envueltas en una pelusa parecida al algodón, que se usa para rellenar almohadas. ‖ *Alga de figura de cinta que se cría en el Océano.
ceibo. m. *Árbol americano, cuyas flores rojas y brillantes, nacen antes que las hojas.
ceibón. m. Especie de ceiba de las Antillas.
ceína. f. *Quím.* Substancia extraída del *maíz.
ceisatita. f. *Miner.* Variedad de ópalo (*sílice).
***ceja.** f. Parte prominente y curvilínea, que limita por arriba la cuenca del ojo, y está cubierta de pelo. ‖ Este pelo. ‖ fig. *Resalto o parte saliente de algunas cosas. ‖ fig. Banda de *nubes sobre las cumbres de los montes. ‖ fig. Parte superior o *cumbre de la sierra. ‖ *Camino estrecho. ‖ Sección de un *bosque cortado por un camino. ‖ *Mús.* En los *instrumentos de cuerda, parte saliente entre el clavijero y el mástil, donde se apoyan las cuerdas. ‖ *Mús.* **Cejuela** (de la *guitarra). ‖ **Dar** a uno **entre ceja y ceja.** fr. fig. y fam. *Reprenderle o decirle en su cara alguna cosa desagradable. ‖ **Hasta las cejas.** m. adv. fig. y fam. Hasta lo sumo. ‖ **Quemarse** uno **las cejas.** fr. fig. y fam. *Estudiar mucho. ‖ **Tener** a uno **entre ceja y ceja.** fr. fig. y fam. Mirarle con *aborrecimiento o recelo.
cejadero. m. **Guarn.* Tirante que se asegura en la retranca de la guarnición de un *carruaje y sirve para cejar y retroceder.
cejar. intr. *Retroceder, andar hacia atrás. ‖ Andar hacia atrás las caballerías que tiran de un *carruaje. ‖ fig. *Flaquear, aflojar o *transigir en un empeño.
ceje. m. Cierta *mata que se emplea para curar las erupciones.
cejijunto, ta. adj. Que tiene las *cejas muy pobladas hacia el entrecejo, de suerte que casi se juntan. ‖ fig. **Ceñudo.**
cejilla. f. *Mús.* **Cejuela** (de la guitarra).
cejo. m. *Niebla que suele levantarse

sobre los ríos después de salir el Sol. || Corte vertical y profundo de una *montaña; tajo.
cejo. m. Atadura de *esparto con que se sujetan los manojos de esta misma planta.
cejudo, da. adj. Que tiene las cejas muy pobladas y largas.
cejuela. f. d. de **Ceja.** || *Mús.* Pieza suelta que se fija transversalmente sobre la encordadura de la *guitarra y sirve para elevar por igual la entonación del instrumento.
cejunto, ta. adj. **Cejijunto.**
celada. f. Pieza de la *armadura, que cubría la cabeza. || Parte de la llave de la *ballesta, que se arrima a la quijera. || *Soldado que usaba **celada.** || **borgoñota.** La que dejaba descubierta la cara.
celada. f. *Emboscada de gente de armas. || *Engaño, *asechanza.
celadamente. adv. m. A escondidas, en *secreto.
celador, ra. adj. Que *vigila. || m. y f. Persona destinada a ejercer *vigilancia.
celaje. m. Aspecto del cielo con *nubes, especialmente cuando son tenues y de varios matices. || Claraboya o *ventana. || fig. *Presagio favorable. || *Mar.* Conjunto de *nubes.
celajería. f. *Mar.* **Celaje** (conjunto de nubes).
calambre. f. ***Celos.**
celán. m. Especie de arenque.
celandés, sa. adj. **Zelandés.** Apl. a pers., ú. t. c. s.
celar. tr. Procurar con toda *diligencia el *cumplimiento de las leyes o de las obligaciones de cada uno. || *Observar a una persona, por *recelo que se tiene de ella. || *Vigilar a los dependientes o inferiores para que cumplan con sus deberes. || Atender con esmero a la persona amada, por tener *celos de ella.
celar. tr. Encubrir, *ocultar.
celar. tr. *Grabar en metal o madera. || Esculpir.
celastríneo, a. adj. *Bot.* Dícese de árboles y arbustos dicotiledóneos, cuyo tipo es el bonetero. Ú. t. c. s. f. || f. pl. *Bot.* Familia de estas plantas.
celastro. m. *Arbusto celastríneo americano, llamado vulgarmente cerezo de los hotentotes.
celda. f. *Aposento destinado al religioso o religiosa en su *convento. || Aposento individual en colegios y establecimientos análogos. || Cada uno de los aposentos para los presos en las *cárceles celulares. || **Celdilla** (del panal).
celdilla. f. Cada una de las casillas de los panales de las *abejas, avispas y otros insectos. || fig. **Nicho.** || **Cédula.** || *Bot.* Cada uno de los huecos que ocupan las *simientes en la caja o cajilla.
celdrana. f. Variedad de *aceituna gorda.
celebérrimo, ma. adj. sup. de **Célebre.**
celebración. f. Acción de celebrar. || *Aplauso, aclamación.
celebrador, ra. adj. Que celebra o *aplaude alguna cosa.
celebrante. p. a. de **Celebrar.** Que celebra. || m. *Sacerdote que está diciendo *misa.
***celebrar.** tr. *Alabar a una persona o cosa. || *Venerar solemnemente los misterios de la religión católica y la memoria de sus santos. || → Hacer solemnemente alguna función, *ceremonia, *convenio, *contrato u otro acto jurídico. || Conmemorar. || **Decir *misa.** Ú. t. c. intr.
célebre. adj. **Famoso** (en buen o mal sentido). || Notable, digno de *atención. || Chistoso, *gracioso.
célebremente. adv. m. Con celebridad.
celebridad. f. *Fama, renombre. || Conjunto de *ceremonias, festejos y otras cosas, con que se celebra una *fiesta o suceso. || fam. Persona célebre en algún arte o ciencia.
celebro. m. **Cerebro.**
celedón. adj. **Verdeceledón.**
celemín. m. Medida de *capacidad para áridos, que equivale a cuatro cuartillos. || Lo que cabe en un **celemín.** || Medida antigua *superficial que equivalía a 537 metros cuadrados.
celeminada. f. Porción de granos o cosa semejante, que cabe en el celemín.
celeminear. intr. Vagar, *ir y venir de un sitio para otro.
celeminero. m. **Mozo de paja y cebada.**
celentéreos. m. pl. *Zool.* Animales de simetría radiada, provistos de cavidad digestiva central y un sistema de canales periféricos.
celenterios. m. pl. *Zool.* **Celentéreos.**
celera. f. ant. **Celos.**
célere. adj. *Veloz, rápido. || m. Individuo del orden ecuestre en la antigua Roma. || f. pl. **Mit.* Las horas.
celeridad. f. *Prontitud, rapidez.
celerípedo, da. adj. De *pies ligeros.
celescopio. m. *Fís.* Aparato para alumbrar las cavidades de un cuerpo orgánico.
celesta. f. *Instrumento músico de teclado en que los sonidos se obtienen golpeando láminas de acero.
celeste. adj. Perteneciente al *cielo. || **Azul celeste.** || Dícese de un registro del *órgano que produce los sonidos muy dulces. Ú. t. c. s. || De *color azul claro.
***celestial.** adj. Perteneciente al *cielo, como mansión de los bienaventurados. || fig. *Perfecto, excelente. || irón. *Tonto o inepto. || fig. V. **Música celestial.**
celestialmente. adv. m. Por disposición del *cielo. || fig. *Perfecta, *agradablemente.
celestina. f. fig. **Alcahueta.**
celestina. f. **Miner.* Sulfato de estronciana.
celestino, na. adj. Dícese del individuo de la *orden religiosa* de los eremitas, fundada por el papa Celestino V. Ú. t. c. s. || Perteneciente o relativo a esta orden.
celestre. m. Baño que se daba a los *paños.
celéustica. f. Arte de transmitir las órdenes por medio de *toques militares.
celfo. m. **Cefo.**
celia. f. Bebida de los antiguos españoles, a modo de *cerveza.
celiaca o **celíaca.** f. *Pat.* *Diarrea blanquecina.
celiaco, ca o **celíaco, ca.** adj. *Zool.* Perteneciente o relativo al *vientre o a los intestinos. || *Pat.* Enfermo de celiaca. Ú. t. c. s. || Perteneciente a esta enfermedad.
celibato. m. ***Soltería.** || fam. Hombre *soltero.
célibe. adj. Dícese de la persona que no ha contraído matrimonio. Ú. t. c. s.
célico, ca. adj. poét. **Celeste.** || poét. **Celestial** (perfecto, delicioso).
celícola. m. *Habitante del *cielo.
celidonato. m. **Quím.* Sal resultante de la combinación del ácido celidónico con una base.
celidonia. f. *Planta herbácea, papaverácea, cuyo jugo amarillo y cáustico se ha usado para quitar las verrugas. || **menor.** Hierba ranunculácea, venenosa.
celidónico, ca. adj. **Quím.* Dícese de un ácido contenido en la celidonia.
celinda. f. **Jeringuilla** (*arbusto).
celindrate. m. *Guisado compuesto con cilantro.
***celo.** m. Cuidado y *diligencia con que se procura el *cumplimiento de los deberes. || Amor a la gloria de Dios y al bien de las almas. || *Envidia o *recelo de que lo que uno tiene o desea, llegue a ser alcanzado por otro. || Apetito *venéreo en los irracionales. || → pl. Sospecha de que la persona amada ponga su cariño en otra. || **Dar celos.** fr. Dar una persona motivo para que otra los sienta. || **Pedir celos.** fr. Hacer cargo a la persona amada de haber puesto su cariño en otra.
celofán. m. Lámina u hoja flexible, a modo de *papel transparente, que se usa para envolver.
celoidina. f. Colodión concentrado que se emplea en la preparación de papeles *fotográficos.
celómano, na. adj. Que tiene la *manía de los *celos. Ú. t. c. s.
celosamente. adv. m. Con celo.
***celosía.** f. *Enrejado que se pone en las ventanas para que las personas que están en lo interior vean sin ser vistas. || ***Celos.**
***celoso, sa.** adj. *Cumplidor, puntual. || Que tiene *celos. || **Receloso.** || *Mar.* Aplícase a la *embarcación que aguanta poca vela.
celotipia. f. Pasión de los *celos.
celsitud. f. Elevación y *excelencia de alguna cosa o persona. || **Alteza** (tratamiento).
celta. adj. Dícese del individuo de un *pueblo que se estableció en parte de la antigua Galia, de las Islas Británicas y de España. Ú. t. c. s. || Perteneciente a dicha nación. || m. *Lengua de los **celtas.**
celtibérico, ca. adj. **Celtíbero.** Ú. t. c. s. || Perteneciente a la Celtiberia.
celtiberio, ria. adj. **Celtibérico.** Apl. a pers., ú. t. c. s.
celtíbero, ra o **celtibero, ra.** adj. Natural de la antigua Celtiberia. Ú. t. c. s. || **Celtibérico.**
céltico, ca. adj. Perteneciente a los celtas.
celtídeo, a. adj. **Bot.* Dícese de árboles o arbustos dicotiledóneos, cuyo tipo es el almez. Ú. t. c. s. || f. pl. *Bot.* Familia de estas plantas.
celtismo. m. Doctrina que consideraba la *lengua céltica origen de la mayoría de las modernas. || **Arqueol.* Tendencia a reputar célticos los monumentos megalíticos. || Afición al estudio de lo relativo al pueblo celta.
celtista. com. Persona que cultiva la lengua y literatura célticas.
celtohispánico, ca. adj. Dícese de los *monumentos de la cultura céltica en la península española.
celtohispano, na. adj. **Celtohispánico.**
***célula.** f. Celda pequeña. || Seno, *concavidad. || → *Histol.* Elemento anatómico microscópico de los vegetales y animales. || **pigmentaria.** *Zool.* Cada una de las que contienen el pigmento de la piel.
celular. adj. Perteneciente o relativo a las células. || *Bot.* y *Zool.* Aplícase al tejido orgánico compuesto de celdillas, en contacto unas con otras. || *For.* Dícese de la *cárcel

en que los reclusos están sistemáticamente incomunicados en celdas.
celulario, ria. adj. Compuesto de muchas células.
celulita. f. *Pasta usada en la industria, que se obtiene machacando fibra leñosa con substancias minerales, cera y caucho.
celuloide. f. **Quím.* Substancia fabricada con pólvora de algodón y alcanfor, que se emplea en la industria para imitar el marfil, la concha, etcétera.
celulosa. f. **Quím.* Cuerpo sólido, que forma la envoltura de las células vegetales. ‖ **nítrica.** *Quím.* La que sirve para formar el colodión.
celuloso, sa. adj. Abundante en células.
cellar. adj. V. **Hierro cellar.**
cellenca. f. **Ramera.**
cellenco, ca. adj. fam. Dícese de la persona *débil por *vieja y decrépita.
cellisca. f. Temporal de *lluvia y *nieve muy menuda, con fuerte viento.
cellisquear. intr. Caer agua y *nieve muy menuda con fuerte viento.
cello. m. *Aro con que se sujetan las duelas de las *cubas.
cémbalo. m. **Clavicordio.**
cembo. m. Cada uno de los *caballones que suele haber a los lados de un arroyo, *acequia, *camino, etcétera.
cementación. f. Acción y efecto de cementar.
cementar. tr. **Metal.* Calentar una pieza de metal en contacto con otra materia para que adquiera aquélla ciertas cualidades. ‖ *Min.* Meter barras de hierro en una disolución de sales de *cobre para que este metal se precipite.
cementerial. adj. Perteneciente o relativo al cementerio.
***cementerio.** m. Terreno, generalmente cercado, destinado a enterrar cadáveres.
***cemento.** m. Cal muy hidráulica. ‖ Materia con que se cementa una pieza de *metal. ‖ **Geol.* Masa mineral que une los fragmentos o arenas de que se componen algunas rocas. ‖ *Zool.* Tejido óseo que envuelve la raíz de los *dientes. ‖ **armado. Hormigón armado.** ‖ **portland. Cemento** hidráulico. ‖ **real.** Pasta que usaban los orífices y plateros para los apartados del *oro.
cementoso, sa. adj. Dícese de lo que tiene los caracteres del *cemento.
cena. f. *Comida que se toma por la noche. ‖ Acción de cenar. ‖ **del rey.** En Navarra y Aragón, *tributo que se pagaba al rey para su mesa.
cenaaoscuras. com. fig. y fam. Persona que busca la *soledad. ‖ fig. y fam. Persona que por *mezquindad se priva de las comodidades regulares.
cenáculo. m. Sala en que *Jesucristo celebró la última cena. ‖ fig. *Reunión poco numerosa de personas que profesan las mismas ideas.
cenacho. m. *Espuerta honda y flexible, con una o dos asas, que sirve para llevar víveres, frutas o cosas semejantes.
cenadero. m. Sitio destinado para cenar. ‖ **Cenador** (de jardín).
cenado, da. adj. Dícese del que ha cenado.
cenador, ra. adj. Que cena. Ú. t. c. s. ‖ Que cena con exceso. Ú. t. c. s. ‖ m. Espacio o *pabellón que suele haber en los *jardines, cercado y cubierto de plantas trepadoras. ‖ Cada una de las *galerías que hay en la planta baja de algunas casas, alrededor del patio y sin pared que de él las separe.
cenagal. m. Lugar lleno de *cieno. ‖ fig. y fam. Negocio *difícil.
***cenagoso, sa.** adj. Lleno de cieno.
cenal. m. *Mar.* Aparejo que llevan los faluchos para cargar la *vela por alto.
cenancle. m. Mazorca del *maíz.
cenar. intr. Tomar la cena. ‖ tr. Comer en la cena determinados *alimentos.
concellada. f. *Rocío, escarcha.
cenceño, ña. adj. *Delgado o enjuto. Dícese principalmente de las personas. ‖ V. **Pan cenceño.**
cencerra. f. **Cencerro.**
cencerrada. f. fam. *Ruido que se hace con cencerros y otras cosas para dar broma a los *viudos la primera noche de sus nuevas bodas.
cencerrear. intr. Tocar insistentemente cencerros. ‖ fig. y fam. Tocar un *instrumento destemplado, o tocarlo mal.‖ fig. y fam. Hacer *ruido desapacible las puertas y ventanas cuando las mueve el viento, y los hierros de coches, máquinas, etc., cuando no están bien ajustados.
cencerreo. m. Acción y efecto de cencerrear.
cencerril. adj. ant. Perteneciente al cencerro.
cencerrillas. f. pl. Colleras con campanillas o cencerros.
cencerrión. m. ant. **Cerrión.**
***cencerro.** m. Campana pequeña y cilíndrica, hecha con chapa de hierro o de cobre, que suele atarse al pescuezo de las reses. ‖ **zumbón.** El que se pone al cabestro. ‖ **A cencerros tapados.** m. adv. fig. y fam. En *secreto, con *disimulo.
cencerrón. m. **Redrojo** (racimo de uvas).
cencido, da. adj. Dícese de la hierba o terreno que aún no ha sido *pisado.
cencío. adj. Se aplica al terreno *fértil. ‖ m. *Fresco de la ribera.
cencivera. f. *Uva menuda y *temprana.
cenco. m. *Reptil ofidio americano.
cencha. f. Traviesa en que se fijan las patas de las camas, butacas u otros *muebles.
cendal. m. *Tela muy delgada y *transparente. ‖ **Humeral.** ‖ Barbas de la *pluma. ‖ *Mar.* *Embarcación moruna de tres palos, armada en guerra. ‖ pl. Algodones del tintero.
cendalí. adj. Perteneciente o relativo al cendal.
céndea. f. En Navarra, conjunto de varios pueblos que componen un *ayuntamiento.
cendra. f. Pasta de ceniza de huesos, con que se preparan las copelas para afinar el *oro y la *plata.
cendrada. f. **Cendra.** ‖ Asiento de ceniza que se pone en la plaza del horno de afinar la *plata.
cendradilla. f. *Min.* *Horno pequeño para afinar metales preciosos.
cendrado, da. adj. **Acendrado.**
cendrar. tr. **Acendrar.**
cendrazo. m. Parte de la copela que se arranca con los pallones de plata.
cenefa. f. *Banda o tira sobrepuesta o tejida en los *bordes de las *cortinas, *pañuelos, etc. ‖ **Liturg.* En las casullas, lista de en medio, de tela o color diferente de la de los lados. ‖ Dibujo de *ornamentación que se pone a lo largo de los muros, pavimentos, etc. ‖ *Mar.* Madero grueso que rodea una cofa. ‖ *Mar.* Cada uno de los cantos circulares de la armazón de los tambores del *propulsor de ruedas.
ceneque. m. *Pan de munición. ‖ fam. Panecillo.
cenero. m. *Terreno o campo no pacido.
cenestesia. f. **Fisiol.* Conjunto de sensaciones fisiológicas, distintas de las de los sentidos, que dan al individuo el sentimiento de su propia existencia.
cenete. adj. Dícese del individuo de una *tribu berberisca.
cení. m. Especie de *latón muy fino.
cenia. f. Azuda o máquina *hidráulica elemental para elevar el agua. ‖ En Marruecos, ***noria.**
cenicense. adj. Natural de Cenia. Ú. t. c. s. ‖ Perteneciente o relativo a esta villa de la provincia de Tarragona.
cenicerense. adj. Natural de Cenicero, villa de la provincia de Logroño. Ú. t. c. s. ‖ Perteneciente o relativo a dicha villa.
cenicero. m. Espacio que hay debajo de la rejilla del hogar, para recoger la *ceniza. ‖ Sitio donde se recoge. ‖ Platillo donde echa el fumador la ceniza del cigarro.
cenicienta. f. Persona o cosa injustamente postergada.
***ceniciento, ta.** adj. De color ceniza.
cenicilla. f. **Oídio.**
cenismo. m. Mezcla de *dialectos.
cenit. m. **Astr.* Punto del hemisferio celeste *superior al horizonte de un punto de la Tierra, que corresponde *verticalmente a este punto.
cenital. adj. Perteneciente o relativo al cenit.
***ceniza.** f. Polvo de color gris claro que queda después de la combustión completa de la madera, carbón, etc. ‖ **Cenicilla.** ‖ fig. Reliquias de un *cadáver. Ú. m. en pl. ‖ *Pint.* **Cernada.** ‖ **azul,** o **cenizas azules.** ‖ Carbonato de *cobre artificial. ‖ **verde,** o **cenizas verdes.** **Quím.* Mezcla de sulfato de cobre con cierta combinación arsenical. ‖ **Hacer ceniza,** o **cenizas,** una cosa. fr. fig. **Reducirla a cenizas.** ‖ fig. y fam. *Destruirla. ‖ **Poner** a uno **la ceniza en la frente.** fr. fig. y fam. *Vencerle en algún empeño o disputa. ‖ **Reducir a cenizas** una cosa. fr. fig. *Destruirla reduciéndola a partes muy pequeñas. ‖ **Tomar** uno **la ceniza.** fr. Recibirla en la frente el primer día de *cuaresma.
cenízaro. m. *Árbol americano que se cubre de flores rosadas o rojas, y cuya fruta sirve de alimento al ganado.
cenizo, za. adj. **Ceniciento.** ‖ m. *Planta salsolácea. ‖ **Cenicilla.** ‖ fam. Persona que trae a los demás mala sombra o suerte *adversa.
cenizoso, sa. adj. Que tiene ceniza. ‖ Cubierto de ceniza. ‖ **Ceniciento.**
cenobial. adj. Perteneciente al cenobio.
cenobiarca. m. Superior de una *comunidad.
cenobio. m. ***Monasterio.**
cenobita. com. Persona que hace vida *monástica.
cenobítico, ca. adj. Perteneciente al cenobita.
cenobitismo. m. Método de vida que observan los cenobitas. ‖ Cosa peculiar de ellos.
cenojil. m. **Liga** (para las *medias).
cenopegias. f. pl. **Fiesta de los tabernáculos.**
cenotafio. m. *Monumento funerario que no contiene el cadáver de la persona a quien se dedica.
cenote. m. Depósito de *agua en algunas *cavernas profundas.
cenozoico, ca. adj. **Geol.* Se aplica

a los terrenos de la parte superior de la corteza terrestre.
censal. adj. **Censual.** ‖ m. **Censo** (contrato).
censalero. m. **Censatario.**
censalista. com. **Censualista.**
censar. tr. Hacer el censo o *padrón de los habitantes de un lugar.
censatario. m. El obligado a pagar los réditos de un *censo.
censido, da. adj. *For.* Gravado con censo.
***censo.** m. *Padrón que se hacía en Roma de las personas y haciendas. ‖ Padrón de la población o *riqueza de una nación. ‖ *Contribución que se pagaba por cabeza. ‖ Pensión que anualmente pagaban algunas iglesias a su prelado. ‖ → *For.* Contrato por el cual se sujeta un inmueble al pago de una pensión anual, como interés de un capital recibido. ‖ **al quitar. Censo** redimible. ‖ **consignativo.** Aquel en que se recibe alguna cantidad por la cual se ha de pagar una pensión anual, y que se asegura con bienes raíces. ‖ **de agua.** En Madrid, pensión que pagaban a la villa los dueños de casas que tenían agua de pie. ‖ **de por vida.** El que se impone por una o más vidas. ‖ **enfitéutico. Enfiteusis.** ‖ **fructuario.** El que se paga en frutos. ‖ **irredimible. Censo** perpetuo que por pacto no podía redimirse nunca. ‖ **mixto.** El que se impone sobre una finca, quedando además obligada la persona. ‖ **muerto. Censo irredimible.** ‖ **perpetuo.** Imposición sobre bienes raíces, en virtud de la cual queda obligado el comprador a pagar al vendedor cierta pensión cada año, y contrae además la obligación de no poder enajenar dichos bienes sin avisarlo al señor del **censo,** para que éste haga uso del derecho de tanteo o cobre cierta parte del precio de venta. ‖ **reservativo.** Aquel en que se pacta el pago al vendedor de cierta pensión cada año. ‖ **Cargar censo.** fr. Imponerlo sobre alguna cosa. ‖ **Constituir un censo.** fr. Recibir o entregar un capital gravando fincas determinadas. ‖ **Fundar un censo.** fr. fig. Establecer una renta, hipotecando para su seguridad bienes raíces. ‖ **Ser** uno o una cosa **un censo,** o **un censo perpetuo.** fr. fig. y fam. Ocasionar *gastos repetidos o continuos.
censor. m. *Magistrado de la antigua Roma encargado de formar el censo de la ciudad y de vigilar las costumbres de los ciudadanos. ‖ El que por orden de la autoridad examina obras *literarias y emite su *dictamen sobre ellas. ‖ En algunas *corporaciones, individuo encargado de velar por la observancia de los estatutos. ‖ El que es propenso a la *censura o *murmuración.
censorino, na. adj. **Censorio.**
censorio, ria. adj. Relativo al censor o a la censura.
censual. adj. Perteneciente al censo.
censualista. com. Persona a cuyo favor se impone un censo.
censuario. m. **Censatario.**
***censura.** f. En la antigua Roma, cargo y dignidad de censor. ‖ *Dictamen y *crítica acerca de una obra o escrito. ‖ Corrección o *reprobación de alguna cosa. ‖ *Murmuración. ‖ **Ecles.* Pena eclesiástica del fuero exterior. ‖ Intervención que ejerce el censor gubernativo en las comunicaciones de carácter público, en la prensa, etc.
censurable. adj. Digno de censura.
censurador, ra. adj. Que censura. Ú. t. c. s.
censurante. p. a. de **Censurar.** Que censura.
***censurar.** tr. Formar *juicio o dar dictamen de una cosa. ‖ Corregir, *reprobar. ‖ *Murmurar, vituperar.
censurista. com. Persona que tiene propensión a censurar.
centalla. f. *Chispa que salta del carbón vegetal.
centaura. f. *Planta compuesta. ‖ **mayor. Centaura.** ‖ **menor.** *Planta gencianácea.
centaurea. f. **Centaura.**
centaureo, a. adj. **Bot.* **Gencianeo.** Ú. t. c. s. f. ‖ f. pl. **Bot.* **Gencianáceas.**
centaurina. f. **Quím.* Substancia que existe en ciertas plantas amargas.
centauro. m. **Mit.* Monstruo *quimérico, mitad hombre y mitad caballo. ‖ *Astr.* *Constelación del hemisferio austral.
centavo, va. adj. **Centésimo** (centésima *parte). Ú. t. c. s. m. ‖ m. *Moneda americana que vale un céntimo de peso.
centella. f. ***Rayo** (chispa eléctrica). ‖ *Chispa que salta del fuego o del pedernal. ‖ fig. Reliquia o *huella de algún sentimiento o pasión. ‖ Enfermedad del *trigo. ‖ *Hierba venenosa. ‖ **Ranúnculo.** ‖ *Germ.* **Espada.**
centellador, ra. adj. Que centellea.
centellante. p. a. de **Centellar.** Que centella.
centellar. intr. **Centellear.**
centelleante. p. a. de **Centellear.** Que centellea.
centellear. intr. *Brillar una cosa con destellos variables y de coloración cambiante.
centelleo. m. Acción y efecto de centellear.
centellero. m. **Centillero.**
centellón. m. aum. de **Centella.**
centén. m. *Moneda española de oro, usada antiguamente.
centena. f. *Arit.* *Conjunto de cien unidades.
centenada. f. Cantidad como de ciento. ‖ **A centenadas.** m. adv. fig. **A centenares.**
centenal. m. Atador o cuenda de la *madeja.
centenal. m. **Centenar.**
centenal. m. Sitio sembrado de centeno.
centenar. m. **Centena.** ‖ **Centenario.** (fiesta). ‖ **A centenares.** m. adv. fig. con que se pondera la *abundancia de algunas cosas.
centenar. m. **Centenal** (sembrado de centeno).
centenario, ria. adj. Perteneciente a la centena. ‖ Dícese de lo que tiene alrededor de cien *años de existencia. ‖ m. Tiempo de cien años. ‖ *Fiesta que se celebra cada cien años. ‖Día en que se cumplen una o más centenas de años de algún suceso memorable o de la muerte o nacimiento de un personaje famoso. ‖ Fiestas que se celebran con dicho motivo.
centenaza. adj. V. **Paja centenaza.** Ú. t. c. s.
centenero, ra. adj. Aplícase al terreno en que se da bien el centeno.
***centeno.** m. Planta gramínea, muy parecida al trigo, y cuyos granos, que son de figura oblonga, están envueltos en un cascabillo áspero por el dorso y terminado en arista. ‖ Simiente de esta planta.
centeno, na. adj. **Centésimo.**
centenoso, sa. adj. Mezclado con centeno.
centesimal. adj. Dícese de cada uno de los *números del uno al noventa y nueve inclusive.
centésimo, ma. adj. Que ocupa por *orden el lugar correspondiente al número 100.‖ Dícese de cada una de las cien *partes iguales en que se divide un todo. Ú. t. c. s. m y f.
centi. Prefijo que tiene la significación de cien o de centésima *parte.
centiárea. f. Medida *superficial que tiene la centésima parte de una área.
centígrado, da. adj. Que tiene la escala dividida en cien grados.
centigramo o **centigramo.** m. Peso que es la centésima parte de un gramo.
centilitro o **centilitro.** m. Medida de *capacidad que tiene la centésima parte de un litro.
centiloquio. m. *Obra que tiene cien partes.
centillero. m. *Candelabro de siete luces.
centimano o **centímano.** adj. **Mit.* De cien manos. Aplícase a ciertos gigantes. Ú. t. c. s.
centímetro. m. Medida de *longitud que tiene la centésima parte de un metro.
céntimo, ma. adj. **Centésimo.** ‖ m. *Moneda que vale la centésima parte de la unidad monetaria.
***centinela.** amb. *Mil.* Soldado que vela con determinada misión. ‖ fig. Persona que observa o *vigila alguna cosa. ‖ f. Servicio del **centinela.** ‖ **de vista.** El que se pone al preso para que no le pierda de vista. ‖ **perdida.** *Mil.* El que se envía a correr la campaña.
centinodia. f. *Planta poligonácea, cuya semilla sirve de alimento a las aves.
centiplicado, da. adj. Que está centuplicado.
centipondio. m. **Quintal.**
centola. f. **Centolla.**
centolla. f. *Crustáceo marino, de caparazón casi redondo y con cinco pares de patas largas vellosas. Es comestible.
centollo. m. **Centolla.**
centón. m. *Manta hecha de gran número de piececitas de diversos colores. ‖ **Artill.* Manta grosera con que se cubrían las máquinas militares. ‖ fig. *Obra literaria compuesta principalmente de sentencias y expresiones ajenas.
centonar. tr. *Amontonar cosas sin orden. ‖ fig. Componer obras *literarias con retazos y sentencias de otras.
centrado, da. adj. Dícese de las cosas cuya *centro se halla en la posición que debe ocupar. ‖ *Blas.* V. **Mundo centrado.**
central. adj. Perteneciente al *centro. ‖ Que está en el centro. ‖ f. *Oficina donde están reunidos varios servicios públicos de una misma clase. ‖ Casa o establecimiento principal de una comunidad, empresa industrial, etc. ‖ Fábrica donde se produce la energía *eléctrica o se transforman las corrientes.
centralismo. m. Doctrina de los centralistas.
centralista. adj. Partidario de la centralización *política o administrativa. Apl. a pers., ú. t. c. s.
centralización. f. Acción y efecto de centralizar o centralizarse.
centralizador, ra. adj. Que centraliza. Ú. t. c. s.
centralizar. tr. Reunir en un *centro común. ‖ Hacer depender ciertas actividades, y especialmente las *políticas y administrativas, de un poder central. Ú. t. c. r. ‖ Asumir el po-

der público facultades atribuidas a organismos locales.
***centrar.** tr. Determinar el punto céntrico de una superficie o volumen. ‖ Colocar una cosa de modo que su centro coincida con un punto determinado. ‖ Entre *cazadores, coger en el centro de la munición la pieza sobre la cual se ha disparado. ‖ Entre torneros, colocar el objeto de modo que las puntas del *torno coincidan con el eje de rotación.
céntrico, ca. adj. **Central.** ‖ Que está próximo al centro.
centrifugar. tr. *Separar de una mezcla determinados componentes por medio de la fuerza centrífuga.
centrífugo, ga. adj. *Mec.* Que aleja del centro.
centrina. f. Especie de *araña de mar.
centrino. m. *Pez selacio, de carne poco estimada.
centrípeto, ta. adj. *Mec.* Que dirige o impele hacia el centro.
centris. m. *Insecto himenóptero propio de la América del Sur.
centrisco. m. *Pez acantopterigio llamado vulgarmente chocha de mar.
***centro.** m. *Geom.* Punto interior del círculo, del cual equidistan todos los de la circunferencia. ‖ *Geom.* En la *esfera, punto interior del cual equidistan todos los de la superficie. ‖ *Geom.* En los *polígonos y poliedros, punto en que todas las diagonales quedan divididas en dos partes iguales. ‖ Lo más *interior de una cosa. ‖ *Casa o lugar donde habitualmente se reúnen los miembros de una sociedad o corporación. ‖ Ministerio, dirección general u otra *oficina del Estado. ‖ *Traje corto de bayeta que usan algunas indias. ‖ fig. Objeto principal a que se aspira. ‖ fig. Parte más concurrida de una *población. ‖ Terno de pantalón, camisa y chaleco. ‖ **Esgr.* Parte del cuerpo que sirve de apoyo para hacer un esfuerzo. ‖ **de gravedad.** **Fís.* Punto en que se pueden contrarrestar, con una fuerza vertical, todas las de la gravedad que actúan en un cuerpo. ‖ **de la batalla.** *Mil.* Parte del *ejército que está en medio de las dos alas. ‖ **de mesa.** Vasija que se coloca para adorno en las *mesas de comedor. ‖ **Estar** uno **en** su **centro.** fr. fig. Estar bien hallado y a *placer en algún lugar u ocupación.
centroamericano, na. adj. Natural de Centro-América. Ú. t. c. s. ‖ Perteneciente a esta región.
centrobárico, ca. adj. *Mec.* Perteneciente o relativo al centro de gravedad.
centunviral. adj. Perteneciente o relativo a los centunviros.
centunvirato. m. Consejo de los centunviros.
centunviro. m. Cada uno de los cien ciudadanos que, en la antigua Roma, acompañaban al pretor para fallar en asuntos importantes.
centuplicar. tr. Hacer cien veces mayor una cosa. ‖ *Arit.* *Multiplicar una cantidad por ciento.
céntuplo, pla. adj. *Arit.* Dícese del resultado de *multiplicar por 100 una cantidad cualquiera. Ú. t. c. s. m.
centuria. f. Siglo. ‖ En la *milicia romana, compañía de cien hombres.
centurión. m. *Jefe de una centuria en la milicia romana.
centurionazgo. m. Empleo de centurión.
cenzalino, na. adj. Perteneciente al cénzalo.
cénzalo. m. **Mosquito.**
cenzaya. f. *Criada destinada a cuidar *niños.
cenzayo. m. Marido de la que ha sido cenzaya o niñera.
cenzonte. m. **Sinsonte.**
ceñar. tr. Guiñar, hacer señas o *gestos.
ceñido, da. adj. fig. Moderado y *parco en sus gastos. ‖ Aplícase a los *insectos que tienen muy marcada la división entre el tórax y el abdomen. ‖ Tratándose de prendas de vestir; *estrecho.
***ceñidor.** m. Faja, correa o cosa análoga con que se *ciñe el cuerpo por la cintura.
ceñidura. f. **Ceñimiento.**
ceñiglo. m. **Cenizo** (planta).
***ceñimiento.** m. Acción y efecto de ceñir o ceñirse.
***ceñir.** tr. Rodear, ajustar o apretar la cintura con el vestido u otra cosa. ‖ Cerrar o rodear una cosa a otra. ‖ fig. *Abreviar una cosa. ‖ *Mar.* ***Navegar de bolina.** ‖ r. fig. *Moderarse en las palabras, acciones, etc. ‖ Usar de *parsimonia en los gastos. ‖ fig. Amoldarse, *limitarse a una ocupación o trabajo.
ceño. m. *Aro que ciñe alguna cosa. ‖ **Veter.* Especie de cerco elevado que suele hacerse en la tapa del casco a las caballerías.
***ceño.** m. Demostración de enfado o de *severidad que se hace con el rostro, juntando y arrugando las cejas. ‖ fig. Aspecto *amenazador que toman ciertas cosas.
ceñoso, sa. adj. **Veter.* Que tiene ceño o cerco.
ceñoso, sa. adj. **Ceñudo.**
***ceñudo, da.** adj. Que tiene *ceño o sobrecejo.
ceo. m. **Gallo** (pez).
ceoán. m. *Ave parecida al tordo.
***cepa.** f. Parte del *tronco de las plantas inmediata a las raíces. ‖ → Tronco de la *vid. ‖ Arranque o *principio de algunas cosas. ‖ fig. Nucleo de una *nube. ‖ fig. Tronco de un *linaje. ‖ *Hoyo grande. ‖ *Arq.* En los *arcos y puentes, parte del manchón desde que sale de la tierra hasta la imposta. ‖ **caballo. Ajonjera.** ‖ **virgen.** Parra virgen.
cepadgo. m. Cantidad que pagaba el *preso al que le ponía en el cepo.
cepeda. f. Lugar en que abundan arbustos y matas de cuyas cepas se hace *carbón.
cepejón. m. *Raíz gruesa del árbol.
cepellón. m. *Agr.* Pella de tierra que se deja adherida a las *raíces de los vegetales para *trasplantarlos.
cepera. f. **Cepeda.**
cepilladura. f. **Acepilladura.**
***cepillar.** tr. **Acepillar.**
***cepillo.** m. Instrumento de *carpintería formado por un prisma cuadrangular de madera dura, por una de cuyas caras sobresale un poco una cuchilla. Sirve para labrar la madera. ‖ Instrumento hecho de manojitos de cerdas, o cosa semejante, fijos en una tabla, de modo que queden iguales las cerdas. Sirve para quitar el polvo a la ropa, y para otros usos análogos. ‖ **Cepo** (el que se pone en las iglesias). ‖ **bocel. Cepillo** de carpintero con hierros semicirculares para hacer mediascañas en la madera.
cepita. f. *Miner.* Especie de *ágata.
cepo. m. Gajo o *rama de árbol. ‖ Madero grueso y de más de medio metro de alto, en que se fija el yunque de los *herreros u otros instrumentos análogos. ‖ Instrumento hecho de dos maderos gruesos, con escotaduras semicirculares, entre los cuales se aseguraba la garganta o la pierna del *preso. ‖ Cierto instrumento para devanar la *seda. ‖ Trampa para *cazar lobos u otros animales, formada de dos piezas articuladas y armadas de puntas. ‖ Arquilla o recipiente con una abertura capaz para que pase de canto una moneda. Se usa principalmente en las iglesias para recoger *limosnas. ‖ Instrumento de madera con que se sujeta la pieza de artillería en el carro. ‖ *Arq.* Conjunto de dos vigas entre las cuales se sujetan los pilotes de una cimentación. ‖ **colombiano.** Castigo militar que se ejecutaba oprimiendo al reo entre dos fusiles. ‖ **de campaña. Cepo colombiano.** ‖ **del *ancla.** *Mar.* Pieza que se adapta perpendicularmente a la caña, y sirve para que alguna de las uñas agarre en el fondo. ‖ **Cepos quedos.** expr. fig. y fam. de que se usa para decir a alguno que se esté quieto, o para interrumpir lo que está diciendo.
cepo. m. **Cefo.**
cepón. m. aum. de **Cepa.**
ceporro. m. Cepa vieja que se arranca para leña. ‖ fig. Hombre rudo o *necio.
cepote. m. Pieza del fusil, que aseguraba por debajo el arco del guardamonte.
ceprén. m. **Palanca.**
cequeta. f. Acequia estrecha.
cequí. m. *Moneda antigua de oro, de valor de unas diez pesetas.
cequia. f. **Acequia.**
cequiaje. m. Contribución para el cuidado de las acequias.
***cera.** f. Substancia sólida, amarillenta, blanda y fácil de derretir, que segregan las abejas para formar las celdillas de los panales. ‖ Substancia análoga producida por otros insectos y por algunos vegetales. ‖ Conjunto de *velas o hachas de **cera** que sirven en alguna función. ‖ pl. Conjunto de las celdillas del *panal. ‖ **Cera aleda.** Betún con que las *abejas untan por dentro la colmena. ‖ **de los oídos.** Humor craso, amarillo rojizo, que se cría en el conducto de los *oídos. ‖ **de palma.** Substancia semejante a la **cera,** que se extrae de la palma. ‖ **toral. Cera** por curar. ‖ **vana.** La de los panales sin miel. ‖ **vegetal.** La que se extrae de las semillas del arbusto llamado pimientilla. ‖ **vieja.** La de los cabos de velas o cirios. ‖ **virgen.** La que está en el panal y sin labrarse. ‖ **Melar las ceras.** fr. Llenar de miel las abejas los panales. ‖ **No hay más cera que la que arde.** expr. fig. y fam. con que se expresa que un caudal u otra cosa se han *gastado por entero. ‖ **No quedar** a uno **cera en el oído.** fr. fig. y fam. Haber *gastado todos sus bienes. ‖ **Ser** uno **como una cera.** fr. fig. y fam. Ser de carácter *dócil.
ceracate. f. *Miner.* Especie de *ágata de color de cera.
ceración. f. *Quím.* Operación de *fundir metales.
cerafolio. m. **Perifollo** (planta).
ceragallo. f. *Planta perenne herbácea.
cerambícidos. m. pl. *Zool.* Familia de *insectos coleópteros, con antenas largas de once artejos y patas largas y delgadas.
***cerámica.** f. Arte de fabricar vasijas y otros objetos de barro, loza o porcelana. ‖ Ciencia que estudia estos mismos objetos, desde el punto de vista *arqueológico.
cerámico, ca. adj. Perteneciente o relativo a la cerámica.

ceramista. com. El que fabrica objetos de cerámica.

ceramita. f. Especie de piedra de *joyería. ‖ *Ladrillo de gran resistencia.

cerapez. f. **Cerote.**

cerasiote. m. **Farm.* Purgante que contiene jugo de cerezas.

cerasita. f. **Miner.* Silicato de alúmina y magnesia.

cerasta o **cerastas.** f. *Víbora grande y muy venenosa, que tiene una especie de cuernecillos encima de los ojos.

ceraste o **cerastes.** m. **Cerasta.**

cerástide. m. *Mariposa nocturna.

cerate. m. *Pesa usada antiguamente en España.

ceratias. m. *Astr.* *Cometa de dos colas.

cerato. m. **Farm.* Composición que tiene por base una mezcla de cera y aceite. ‖ **de Galeno. Cerato** simple con agua de rosas. ‖ **de Saturno. Cerato** de Galeno, a que se añade subacetato de plomo líquido. ‖ **simple.** El que sólo tiene aceite y cera.

ceratoideo, a. adj. Que tiene forma de *cuerno.

ceraunia. f. **Piedra de rayo.**

ceraunografía. f. Parte de la meteorología que estudia el *rayo y sus fenómenos.

ceraunomancia. f. *Adivinación por medio de las tempestades.

ceraunémetro. m. *Meteor.* Aparato para medir la intensidad de los *relámpagos.

cerbas. m. *Árbol muy corpulento de la India.

cerbatana. f. *Tubo o canuto en que se introducen bodoques u otros proyectiles, para que, al soplar con violencia por una de las extremidades, salgan aquéllos despedidos con fuerza. ‖ Instrumento parecido al anterior, que usan como *arma de caza algunos indios de América. ‖ Trompetilla para los *sordos. ‖ **Artill.* Culebrina de muy poco calibre usada antiguamente. ‖ **Hablar** uno **por cerbatana.** fr. fig. y fam. Manifestar por *mediación de otro lo que no quiere decir por sí mismo.

cerbero. m. **Cancerbero.**

cerca. f. *Valla, tapia o pared con que se rodea algún espacio, heredad etc., para su delimitación o resguardo. ‖ **Mil.* Formación de infantería, parecida al cuadro moderno.

***cerca.** adv. l. y t. Próxima o inmediatamente. ‖ m. pl. **Pint.* Objetos situados en primer término. ‖ **Cerca de.** m. adv. Aproximadamente. ‖ **Acerca de.** ‖ **De cerca.** m. adv. A corta distancia.

***cercado.** m. Huerto, prado u otro lugar rodeado con una cerca. ‖ **Cerca** (vallado, tapia, etc., con que se cerca). ‖ División *territorial del Perú que comprende la capital de un estado o provincia y los pueblos que de aquélla dependen.

cercador, ra. adj. Que cerca. Ú. t. c. s. ‖ m. Entre cinceladores, hierro sin corte, que sirve para *repujar.

***cercamiento.** m. Acción y efecto de cercar.

cercanamente. adv. l. y t. Próximamente, a poca distancia.

***cercanía.** f. Calidad de cercano. ‖ Contornos, *afueras. Ú. m. en pl.

***cercano, na.** adj. Próximo, inmediato.

***cercar.** tr. Rodear o circunvalar un sitio con vallado o pared, de suerte que resulte delimitado, cerrado o resguardado. ‖ Poner *sitio a una plaza. ‖ Rodear mucha gente a una persona o cosa.

cercear. intr. Soplar con fuerza el *viento cierzo.

cercén o **cercen.** adv. m. **A cercén.** ‖ **A cercén.** m. adv. *Cortado enteramente y en redondo. ‖ De raíz.

cercenadamente. adv. m. Con cercenadura.

cercenador, ra. adj. Que cercena. Ú. t. c. s.

cercenadura. f. Acción y efecto de cercenar. ‖ *Parte cercenada.

cercenamiento. m. **Cercenadura.**

cercenar. tr. *Cortar las extremidades de alguna cosa. ‖ *Disminuir, reducir.

cércene. adv. **Cercén.**

cérceno, na. adj. *Cortado a cercén.

cercera. f. *Viento cierzo muy fuerte.

cerceta. f. *Ave palmípeda, del tamaño de una paloma. ‖ pl. Pitoncitos blancos, de *cuerno, que nacen al ciervo en la frente.

cercillo. m. desus. ***Zarcillo.** ‖ **de vid.** *Agr.* **Tijereta.**

cerciorar. tr. Asegurar o *confirmar la verdad de una cosa. Ú. t. c. r.

***cerco.** m. Lo que *ciñe o rodea. ‖ Aro de *cuba. ‖ *Carp.* Marco de *puerta o ventana. ‖ Asedio o *sitio que se pone a una plaza. ‖ **Corrillo.** ‖ *Vuelta o movimiento circular. ‖ Figura que trazan los *hechiceros para hacer sus conjuros. ‖ **Meteor.* Aureola que presenta el Sol, y a veces la Luna. ‖ **Seto vivo.** ‖ *Germ.* **Mancebía.** ‖ **Alzar el cerco.** fr. Desistir del sitio de una plaza. ‖ **Levantar el cerco.** fr. **Alzar el cerco.**

cercopiteco. m. *Mono catirrino, propio del África.

cércopo. m. *Insecto hemíptero.

cercote. m. *Red para cercar peces.

cercha. f. **Cimbra.** ‖ Cada una de las varas curvas que sostienen las capotas de los quitrines u otros *carruajes. ‖ **Albañ.* Regla con tantas divisiones como hiladas han de entrar en el metro. ‖ *Arq.* *Regla flexible de madera, que sirve para medir superficies curvas. ‖ *Arq.* Patrón de contorno adecuado que se aplica de canto en un sillar para labrar en él una superficie curva. ‖ **Carp.* Cada una de las piezas que forman segmentos de círculo, con las cuales, convenientemente enlazadas, se forma el *aro de una *mesa redonda, un arco, etc. ‖ *Mar.* Círculo de madera que forma la rueda del *timón.

cerchar. tr. *Agr.* *Acodar las *vides.

cerchearse. r. Doblarse o *encorvarse las vigas o *maderos por efecto del peso que sustentan.

cerchón. m. *Arq.* **Cimbra.**

cerda. f. *Pelo grueso que tienen las caballerías en la cola y en el cuello. También se llama así el pelo de otros animales. ‖ Hembra del *cerdo. ‖ **Veter.* Tumor carbuncoso que se forma a los cerdos en el cuello. ‖ Lazo de **cerda,** para *cazar perdices. Ú. m. en pl. ‖ Mies segada. ‖ Manojo de *lino. ‖ *Germ.* **Cuchillo.**

cerdada. f. Piara de cerdos.

cerdamen. m. Manojo de cerdas preparadas para hacer brochas, *cepillos, etc.

cerdear. intr. *Flaquear de los brazuelos la *caballería. ‖ Dícese también de los toros de *lidia cuando están heridos de muerte. ‖ Sonar mal las cuerdas de un *instrumento. ‖ fig. y fam. Mostrar *repugnancia o *negarse a hacer alguna cosa.

***cerdo.** m. **Puerco.** ‖ **de muerte.** El que ha pasado de un año. ‖ **de vida.** El que no ha cumplido un año. ‖ **marino. Marsopa** (cetáceo).

cerdoso, sa. adj. Que cría y tiene muchas cerdas. ‖ Parecido a ellas por su aspereza.

cerdudo, da. adj. **Cerdoso.** ‖ fig. Dícese del hombre que tiene mucho *pelo en el pecho.

***cereal.** adj. Perteneciente a la diosa *mitológica Ceres. ‖ Dícese de las *fiestas que se hacían en honor de esta diosa. Ú. t. c. s. y en pl. ‖ → Aplícase a las plantas de frutos farináceos o que sirven para hacer *pan, y a estos frutos. Ú. t. c. s. m. y f.

cerealina. f. **Quím.* Fermento contenido en el *salvado.

cerebelo. m. Parte del *encéfalo, que ocupa las fosas occipitales inferiores.

cerebración. f. Conjunto de procesos de la actividad del *cerebro, consciente o inconsciente.

cerebral. adj. Perteneciente o relativo al cerebro.

cerebrina. m. *Medicamento antineurálgico.

***cerebro.** m. Parte superior y anterior del encéfalo. ‖ fig. **Cabeza** (*entendimiento).

cerebroespinal. adj. **Anat.* Que tiene relación con el cerebro y con la espina dorsal.

cereceda. f. **Cerezal.** ‖ *Germ.* *Cadena en que iban aprisionados los *presos.

cerecilla. f. **Guindilla** (*pimiento picante).

***ceremonia.** f. Acción o acto ajustado a ciertas reglas, que se ejecuta para dar *culto a las cosas divinas, o para honrar y *enaltecer personas o cosas profanas. ‖ Ademán *afectado, en *obsequio de una persona o cosa. ‖ **De ceremonia.** m. adv. De manera *solemne. ‖ **Por ceremonia.** ‖ **Guardar ceremonia.** fr. Observar compostura exterior. ‖ **Por ceremonia.** m. adv. con que se denota que uno hace alguna cosa tan sólo por *cortesía.

ceremonial. adj. Perteneciente o relativo al uso de las *ceremonias. ‖ m. Conjunto de formalidades que han de cumplirse para cualquier acto público o solemne. ‖ Libro en que están escritas las ceremonias correspondientes a ciertos actos.

ceremonialmente. adv. m. **Ceremoniosamente.**

ceremoniáticamente. adv. m. Con arreglo a las ceremonias.

ceremoniático, ca. adj. **Ceremonioso.**

ceremoniero. m. **Ceremonioso.**

ceremoniosamente. adv. m. Con ceremonia.

ceremonioso, sa. adj. Que observa escrupulosamente las *ceremonias. ‖ Que gusta de *cortesías y cumplimientos exagerados.

cereño, ña. adj. *Fuerte, *resistente.

céreo, a. adj. De cera.

cerería. f. Casa o tienda donde se trabaja o vende la *cera.

***cerero.** m. El que labra o vende la *cera. ‖ **mayor.** En la casa *real, persona que tenía a su cargo el oficio de la cerería.

Ceres. n. p. f. **Mit.* Entre los romanos, diosa de la fertilidad. ‖ m. **Astr.* Nombre de un asteroide descubierto en 1801.

ceresina. adj. V. **Goma ceresina.** Ú. t. c. s.

cerevisina. f. **Farm.* Levadura de *cerveza.

***cereza.** f. Fruto del cerezo. ‖ adj. Dícese del *color rojo obscuro. ‖ **mollar. Cereza.** ‖ **póntica. Guinda.**

cerezal. m. Sitio poblado de cerezos. ‖ **Cerezo** (árbol).

***cerezo.** m. Árbol de las amigdaláceas, cuyo fruto es la cereza. || *Madera de este árbol, que se emplea en ebanistería. || **Chaparro.** || **de los hotentotes. Celastro.** || **silvestre. Cornejo.**

ceriballo. m. Rastro, *huella, vestigio.

céridos. m. pl. **Quím.* Nombre genérico de varios cuerpos simples cuyo tipo es el cerio.

cerífero, ra. adj. Que produce o da *cera.

ceriflor. f. *Planta borragínea. || Flor de la misma planta.

cerilla. f. *Vela de cera, muy delgada y larga. || **Fósforo** (de estearina, madera, etc.). || Masilla de cera y otros ingredientes, que usaban las mujeres para *afeites. || **Cera de los oídos.**

cerillero, ra. m. y f. **Fosforera.** || Persona que vende cerillas.

cerillo. m. **Cerilla.** (vela de cera). || || Cerilla, fósforo. || *Árbol silvestre de Cuba, cuya madera se usa para bastones. || Planta gutífera de los países cálidos. || **Cerito** (arbusto).

cerina. f. Especie de *cera que se extrae del *alcornoque. || **Miner.* Silicato de cerio. || **Quím.* Substancia que se obtiene de la cera blanca.

cerio. m. *Quím.* *Metal de color pardo rojizo que se oxida en el agua hirviendo.

ceriolario. m. *Candelabro que usaban los romanos.

ceriondo, da. adj. Aplícase a los *cereales que empiezan a *madurar.

cerita. f. *Mineral formado por la combinación de varios silicatos, y cuyo aspecto es parecido al de la cera.

cerito. m. *Arbusto americano, cuyas flores blancas parecen de cera.

cermeña. f. Fruto del cermeño.

cermeño. m. Especie de *peral, cuyo fruto, muy aromático y sabroso, es la cermeña. || fig. Hombre *rústico y necio. Ú. t. c. adj.

cernada. f. Parte no disuelta de la ceniza, que queda en el cernadero al echar la *lejía. || **Pint.* Aparejo de ceniza y cola para imprimar. || **Veter.* Cataplasma de ceniza y otros ingredientes.

cernadero. m. Lienzo que se pone sobre la ropa, al hacer la colada, para que sólo pase la lejía. || *Tela de que se hacían valonas.

cernaja. f. Especie de fleco, que se pone a los *bueyes en el testuz, para espantarles las *moscas. Ú. m. en pl.

cerne. m. Parte más dura de la *madera que forma el *tronco de los árboles.

cernear. tr. *Mover alguna cosa con violencia.

cernedero. m. *Delantal que se pone el que cierne la harina. || Lugar para *cerner la harina.

cernedor. m. Torno para *cerner harina.

cerneja. f. Mechón de *pelo que tienen las *caballerías detrás del menudillo. Ú. por lo común en pl.

cernejudo, da. adj. Que tiene muchas cernejas.

***cerner.** tr. *Separar con el cedazo la harina del salvado, u otra cualquier materia reducida a polvo. || fig. *Observar, examinar. || fig. *Purificar, afinar los pensamientos y las acciones. || intr. Hablando de la *vid, del olivo y de otras plantas, estar *fecundándose la flor. || fig. *Llover menudo. || r. *Andar con *afectación moviendo el cuerpo a uno y otro lado. || Mover las aves sus *alas sin avanzar. || *Amenazar de cerca algún daño o desgracia.

cernera. f. Caballete para mover el *cedazo.

cernícalo. m. *Ave de rapiña. || fig. y fam. Hombre *ignorante y *rústico. Ú. t. c. adj. || *Germ.* *Manto de mujer. || **Coger un cernícalo.** fr. fig. y fam. *Emborracharse.

cernidero. m. **Cernedero.**

cernidillo. m. *Lluvia menuda. || fig. Modo de *andar contoneándose.

cernido. m. Acción de *cerner. || Cosa cernida, y especialmente la *harina.

cernidura. f. **Cernido.** || pl. *Residuo que queda después de cernida la harina.

cernina. f. *Fullería, trampa en el juego.

cernir. tr. **Cerner.**

cerno. m. Corazón de algunas *maderas duras.

cero. m. *Arit.* Signo *numeral sin valor propio. || *Fís.* En las escalas de los termómetros y otros aparatos semejantes, punto desde el cual se cuentan los *grados. || **Ser uno cero,** o **un cero, a la izquierda.** fr. fig. y fam. Ser *inútil.

ceroferario. m. *Monacillo o acólito que lleva el cirial.

cerógrafo. m. *Arqueol.* *Sortija con que los romanos *sellaban los cofres y armarios.

ceroleína. f. **Quím.* Una de las substancias que constituyen la *cera de las abejas.

cerollo, lla. adj. Aplícase a las mieses que al tiempo de segarlas están *verdes o poco maduras.

ceroma. f. Ungüento con que se frotaban los miembros los atletas antes de empezar la *lucha.

ceromancia. f. Arte de *adivinar echando cera derretida en una vasija llena de agua.

ceromático, ca. adj. **Farm.* Dícese del medicamento en que entran aceite y cera.

ceromiel. m. **Farm.* Mezcla de una parte de cera y dos de miel, que se empleaba en la cura de las heridas.

cerón. m. Residuo de los panales de la *cera.

cerondo, da. adj. *Maduro.

ceronero. adj. Dícese del que se dedica a comprar cerones. Ú. t. c. s.

ceroplástica. f. Arte de modelar la *cera.

cerorrinco. m. *Ave de rapiña parecida al halcón.

cerote. m. Mezcla de pez y cera de que usan los *zapateros para encerar los hilos. || fig. y fam. **Miedo.**

cerotear. tr. Dar cerote los *zapateros. || Gotear la cera de las *velas encendidas.

cerotero. m. Pedazo de fieltro con que los *pirotécnicos untan de pez los cohetes.

ceroto. m. *Farm.* **Cerato.**

cerquillo. m. Corona de *cabello que se dejan en la cabeza los individuos de algunas *órdenes religiosas*. || **Vira** (del calzado).

cerquita. adv. l. y t. Muy *cerca.

cerra. f. *Germ.* **Mano.**

cerrada. f. Parte de la *piel del animal, que corresponde al lomo.

cerradera. f. **Cerradero.** || **Echar uno la cerradera.** fr. fig. y fam. *Negarse en redondo a alguna cosa.

cerradero, ra. adj. Aplícase al lugar que puede cerrarse o al instrumento con que se *cierra. Ú. t. c. s. m. y f. || m. Parte de la cerradura, en la cual penetra el pestillo. || Agujero que se suele hacer en algunos marcos para el mismo fin. || Cordones con que se cierran las *bolsas.

cerradizo, za. adj. Que se puede cerrar.

cerrado, da. adj. Dícese de la persona muy *torpe o *necia. || fig. *Incomprensible, obscuro. || fig. Se dice de la atmósfera muy cargada de *nubes. || fig. y fam. Aplícase a la persona que procede con *disimulo y con *silencio. || m. **Cercado.**

cerrador, ra. adj. Que cierra. Ú. t. c. s. || m. Cosa que sirve para cerrar.

***cerradura.** f. **Cerramiento.** ||→Mecanismo de metal que se fija en puertas, cajas, muebles, etc., para cerrarlos por medio de uno o más pestillos que se hacen jugar con la llave. || **de golpe,** o **de golpe y porrazo.** La que se cierra automáticamente y sin llave. || **de loba.** Aquella que tiene en determinada figura los dientes de las guardas. || **de molinillo.** La que tiene movible y giratorio el tubo en que entra la tija de la llave.

cerraja. f. **Cerradura** (mecanismo para cerrar).

cerraja. f. *Planta herbácea de las compuestas, que se usa en medicina. || V. **Agua de cerrajas.**

cerrajear. intr. Ejercer el oficio de cerrajero.

cerrajería. f. Oficio de cerrajero. || Tienda donde se fabrican y venden *cerraduras y otros instrumentos de *hierro. || Paraje o calle en que abundan estas tiendas.

cerrajerillo. m. **Reyezuelo** (pájaro).

cerrajero. m. Artesano que hace cerraduras y otras cosas de *hierro.

cerrajón. m. *Cerro alto y escarpado.

***cerramiento.** m. Acción y efecto de cerrar. || Cosa que cierra o *tapa cualquier abertura. || *Cercado y coto. || División que se hace con *tabique en una habitación. || *Arq.* Lo que *remata el edificio por la parte superior.

***cerrar.** tr. Impedir de algún modo la comunicación entre un espacio limitado y lo que está fuera de él. || Encajar en su marco la hoja o las hojas de una puerta o ventana. || Cubrir, *ocultar o *tapar alguna cosa de manera que ya no pueda verse. Ú. t. c. intr. || Tratándose de los cajones de una mesa u otro mueble, *introducirlos en su hueco. || Tratándose de partes del cuerpo del animal o de cosas articuladas, unirlas al todo de que forman parte, o *juntarlas unas con otras. || *Encoger o *plegar lo que estaba extendido. || Hacer desaparecer una abertura. || Poner *fin a la actividad de una corporación, establecimiento, industria, etc. || fig. Poner fin a una cosa. || Declarar terminado un *plazo o lo que había de hacerse dentro del mismo. || Dar por firme un *contrato o convenio. || fig. *Cesar en el ejercicio de ciertas profesiones. || Tratándose de gente que camina en hilera, ir *detrás o en último lugar. || Embestir, *acometer. || intr. **Cerrarse** o poderse **cerrar.** || Dicho de *caballerías, llegar a igualarse todos sus dientes. || En el juego del *dominó, poner una ficha que impida a los otros jugadores colocar las que tengan. || Hablando de *heridas o llagas, cicatrizarse. || fig. Unirse, apiñarse. || fig. *Perseverar en un propósito. || **Cerrarse en falso.** fr. Se dice de la *herida que sólo está curada en apariencia.

cerras. f. pl. *Fleco de ciertas prendas de vestir.

cerrateño, ña. adj. Natural de Villamuriel de Cerrato, provincia de Pa-

lencia. Ú. t. c. s. ‖ Perteneciente o relativo a esta villa.
cerrazón. f. *Obscuridad grande que suele preceder a las *tempestades, producida por la acumulación de *nubes. ‖ Contrafuerte de una *cordillera.
cerrebojar. tr. Espigar, andar al rebusco.
cerrejón. m. *Cerro pequeño.
cerrería. f. fig. *Desenfreno de costumbres. ‖ Desenvoltura, *descaro.
cerrero, ra. adj. Que *vaga de cerro en cerro, *libre y suelto. ‖ **Cerril.** ‖ fig. Tratándose de personas, *inculto. ‖ *Amargo.
cerreta. f. *Arq. Nav.* **Brazal** (madero fijo en la serviola).
cerretano, na. adj. Natural de la Cerretania, hoy la Cerdaña. Ú. t. c. s. ‖ Perteneciente a esta región de la España Tarraconense.
cerrevedijón. m. Vedija grande.
cerril. adj. Aplícase al terreno *escabroso. ‖ Dícese de las *caballerías y del ganado vacuno *indómitos. ‖ fig. y fam. *Grosero, *tosco.
cerrilmente. adv. m. De manera cerril. ‖ A secas.
cerrilla. f. Instrumento para cerrillar la *moneda.
cerrillar. tr. Poner el cordoncillo a la *moneda.
cerrillo. m. **Grama del Norte.** ‖ pl. Hierros en que está grabado el cordoncillo para cerrillar.
cerrión. m. **Canelón** (carámbano).
cerristopa. f. *Camisa cuya parte delantera y superior era de cerro y el faldón de estopa.
***cerro.** m. *Cuello o pescuezo del animal. ‖ *Espinazo o lomo. ‖ → Elevación de tierra aislada y de menor altura que el monte. ‖ Manojo de *lino o cáñamo, después de rastrillado. ‖ **En cerro.** m. adv. **En pelo.** ‖ **Por los cerros de Úbeda.** loc. fig. y fam. con que se da a entender que uno habla fuera de propósito o *disparatadamente.
cerrojazo. m. Acción de echar el cerrojo recia y bruscamente. ‖ fig. Clausura o *fin inesperado de las sesiones de una corporación o asamblea.
cerrojillo. m. **Herreruelo** (pájaro).
***cerrojo.** m. Pasador de metal, con manija, sostenido horizontalmente por armellas. ‖ *Min.* Encuentro de dos galerías en forma de T.
cerrón. m. *Tela basta de estopa.
cerrón. m. *Germ.* *Llave o cerrojo.
cerruma. f. *Veter.* **Cuartilla** (de las *caballerías).
certa. f. *Germ.* **Camisa.**
***certamen.** m. *Fiesta *literaria en que se argumenta sobre algún asunto, comúnmente poético. ‖ fig. *Concurso abierto por autoridades o corporaciones, para estimular con premios al cultivo de las ciencias, las letras o las artes.
certeneja. f. Espacio cercado con hoyos contiguos y profundos para encerrar *ganado. ‖ *Excavación que se hace en el cauce de un río. ‖ *Pantano pequeño, pero profundo.
certeramente. adv. m. De un modo certero.
certero, ra. adj. Diestro y seguro en el *tiro. ‖ *Cierto, seguro. ‖ Que *sabe, que está bien informado.
certeza. f. **Certidumbre.**
***certidumbre.** f. Conocimiento seguro y evidente de alguna cosa.
***certificación.** f. Acción y efecto de certificar. ‖ Documento en que se certifica algo.
certificado, da. adj. Dícese de la carta o envío *postal que se certifica. Ú. t. c. s. ‖ m. **Certificación** (documento).
certificador, ra. adj. Que certifica. Ú. t. c. s.
***certificar.** tr. Afirmar alguna cosa dándola por cierta. ‖ Tratándose de envíos por *correo, hacerlos anotar en una lista especial y recoger el resguardo que así lo acredita. ‖ *For.* Hacer cierta una cosa por *documento público.
certificatorio, ria. adj. Que certifica o sirve para certificar.
certinidad. f. **Certeza.**
certísimo, ma. adj. sup. de **Cierto.**
certitud. f. **Certeza.**
cerúleo, a. adj. Aplícase al *color azul del cielo despejado.
cerulina. f. *Quím.* Azul de añil soluble.
ceruma. f. *Veter.* **Cerruma.**
cerumen. m. **Cera de los oídos.**
cerusa. f. *Quím.* Carbonato de *plomo.
cerusita. f. *Miner.* **Cerusa.**
cerval. adj. **Cervuno.**
cervantesco, ca. adj. **Cervantino.**
cervántico, ca. adj. **Cervantesco.**
cervantino, na. adj. Propio de Cervantes como *escritor.
cervantismo. m. Influencia de las obras de Cervantes en la *literatura general. ‖ Giro o locución cervantina.
cervantista. adj. Dedicado con especialidad al estudio de las obras y de la vida de Cervantes. Apl. a pers., ú. t. c. s.
cervantófilo, la. adj. Admirador entusiasta de Cervantes. ‖ Bibliófilo que se interesa especialmente por las obras de Cervantes. Ú. t. c. s.
cervariense. adj. Natural de la ciudad de Cervera, en la provincia de Lérida. Ú. t. c. s. ‖ Perteneciente a dicha ciudad.
cervario, ria. adj. **Cerval.**
cervatica. f. **Langostón.**
cervatillo. m. **Almizclero** (rumiante).
cervato. m. Ciervo menor de seis meses.
cerveceo. m. Fermentación de la *cerveza.
cervecería. f. Fábrica de *cerveza. ‖ Local en que se despacha.
cervecero, ra. m. y f. Persona que hace o vende cerveza.
cerverano, na. adj. Natural de Cervera. Ú. t. c. s. ‖ Perteneciente a esta villa.
***cerveza.** f. Bebida que se hace con granos de cebada germinados fermentados en agua, y se aromatiza con lúpulo. ‖ **doble. Cerveza** fuerte.
cervicabra. f. **Antílope** (rumiante).
cervical. adj. Perteneciente o relativo a la cerviz.
cervicular. adj. **Cervical.**
cérvidos. m. pl. Familia de *rumiantes que tiene por tipo el ciervo.
cervigal. m. *Almohada.
cervigudo, da. adj. De cerviz abultada. ‖ fig. *Obstinado, terco.
cerviguillo. m. Parte exterior de la cerviz, especialmente cuando es abultada.
cervillera. f. **Capacete** (de la armadura).
cervino, na. adj. **Cervuno.**
***cerviz.** f. Parte posterior del *cuello. ‖ **Bajar,** o **doblar,** uno **la cerviz.** fr. fig. *Humillarse. ‖ **Ser** uno **de dura cerviz.** fr. fig. Ser *indócil.
cervuno, na. adj. Perteneciente al ciervo. ‖ Parecido a él. ‖ Dícese de la *caballería de color semejante al del ciervo, o que tiene ojos parecidos a los de la cabra.
***cesación.** f. Acción y efecto de cesar. ‖ **a divinis.** *Ecles.* Suspensión canónica del culto en una iglesia.
cesamiento. m. **Cesación.**
cesante. p. a. de **Cesar.** Que cesa. ‖ adj. Dícese del *empleado a quien se priva de su empleo, dejándole ciertos derechos y, a veces, parte del sueldo. Ú. t. c. s.
cesantía. f. Estado de cesante. ‖ *Sueldo o *pensión que, según las leyes, disfrutan ciertos empleados cesantes.
césar. m. Título de dignidad que usaron algunos *emperadores romanos. ‖ **Emperador.**
***cesar.** intr. Interrumpirse o tener fin alguna cosa. ‖ Dejar de desempeñar algún empleo o cargo. ‖ Dejar de hacer lo que se está haciendo.
cesaraugustano, na. adj. Natural de la antigua Cesaraugusta, hoy Zaragoza. Ú. t. c. s. ‖ Perteneciente a esta ciudad.
cesáreo, a. adj. Perteneciente al imperio o a la majestad imperial. ‖ *Cir.* V. **Operación cesárea.**
cesariano, na. adj. Perteneciente a Julio César. ‖ Partidario de este emperador. Ú. t. c. s. ‖ Perteneciente al César.
cesariense. adj. Natural de Cesaria. Ú. t. c. s. ‖ Perteneciente a cualquiera de las antiguas ciudades de este nombre.
cesarismo. m. **Autocracia.**
cesarista. m. Partidario o seguidor del cesarismo.
cese. m. Nota que se pone en el título de un *empleado cuando cesa en su destino.
cesenés, sa. adj. Natural del Cesena. Ú. t. c. s. ‖ Perteneciente a esta ciudad de Italia.
cesibilidad. f. Calidad de cesible.
cesible. adj. *For.* Que se puede ceder o *traspasar.
cesio. m. *Metal alcalino, parecido al potasio.
***cesión.** f. Renuncia de alguna cosa, para *traspasar su posesión o propiedad a otra persona. ‖ **de bienes.** *For.* Dejación que los deudores hacen de sus bienes a favor de los acreedores.
cesionario, ria. m. y f. Persona en cuyo favor se hace alguna cesión.
cesionista. com. Persona que hace una cesión.
cesolfaút. m. En la *música antigua, tono que principia en el primer grado de la escala diatónica de do.
cesonario, ria. m. y f. **Cesionario.**
césped. m. *Hierba menuda y tupida que cubre el suelo. ‖ **Tepe.** ‖ Corteza que se forma en la *cepa en el lugar donde han sido podados los sarmientos. ‖ **inglés.** Ballico.
céspede. m. **Césped.**
cespedera. f. *Prado de donde se sacan céspedes.
cespitar. intr. *Vacilar, titubear.
cespitoso, sa. adj. *Bot.* Que crece en forma de *matas espesas.
***cesta.** f. Recipiente que se hace entretejiendo mimbres, cañas o tiras de maderas flexibles. ‖ **Cesta** larga y estrecha, en figura de uña que, sujeta a la mano, sirve a manera de pala, para jugar con ella a la *pelota. ‖ *Carruaje de cuatro asientos con caja de mimbre.
cestada. f. Lo que cabe en una cesta.
cestaño. m. **Canastilla** (cestilla).
cestería. f. Sitio o paraje donde se hacen cestos o *cestas. ‖ Tienda donde se venden. ‖ Arte del cestero.
cestero, ra. m. y f. Persona que hace o vende cestos o cestas.
cestiario. m. *Gladiador que combatía armado con el cesto.

***cesto.** m. *Cesta grande y, generalmente, más alta que ancha.
cesto. m. Armadura de la mano, usada por los antiguos *gladiadores, que consistía en correas guarnecidas, con puntas de metal.
cestodo. adj. Dícese del *gusano platelminto que forma cadena en el tubo digestivo del hombre y algunos animales; como la solitaria. ‖ m. pl. Clase de estos animales.
cestón. m. **Gavión** (cesto grande relleno de tierra o piedra que se emplea en *fortificación y para obras *hidráulicas). ‖ *Cesto grande.
cestonada. f. *Mil.* *Fortificación hecha con cestones.
cestonar. tr. *Fort.* Proteger con cestones.
cesura. f. Corte o pausa que se hace en el *verso después de ciertos acentos. ‖ En la poesía griega y latina, sílaba de una palabra, que, después de haber formado un pie, sirve para empezar otro.
ceta. f. **Zeta.**
***cetáceo, a.** adj. *Zool.* Dícese de los mamíferos pisciformes, como la ballena. Ú. t. c. s. m. ‖ m. pl. *Zool.* Orden de estos animales.
cetaria. f. *Estanque o vivero para la cría y conservación de *peces o *crustáceos.
cético, ca. adj. **Quím.* Dícese de un ácido extraído de la cetina.
cetil. m. *Moneda antigua portuguesa, cuyo valor era la tercera parte de una blanca.
cetilato. m. **Quím.* Sal formada por el ácido de cetilo y una base.
cetilo. m. **Quím.* Radical que se encuentra en ciertos alcoholes y en algunos cuerpos orgánicos.
cetina. f. Esperma de *ballena.
cetis. m. *Moneda antigua portuguesa, que valía la sexta parte de un maravedí de plata.
cetra. f. *Escudo de cuero de que usaron antiguamente los españoles.
cetrarina. f. **Quím.* Materia amarga que se halla en algunos líquenes.
cetre. m. **Acetre.** ‖ *Sacristán que lleva el acetre.
***cetrería.** f. Arte de criar y amaestrar los halcones y demás aves para la caza de volatería. ‖ *Caza que se hacía con halcones, azores y otras aves enseñadas a perseguir y matar la presa.
cetrero. m. Ministro que sirve con capa y cetro en las ceremonias *litúrgicas.
cetrero. m. El que ejercía la *cetrería.
cetrino, na. adj. Aplícase al *color aceitunado claro. ‖ Compuesto con cidra o que participa de sus cualidades. ‖ fig. Melancólico, *triste. ‖ Adusto, *severo.
cetro. m. Vara de oro u otra materia preciosa, que usan algunos *soberanos como *insignia de su dignidad. ‖ Vara larga de plata, o cubierta de ella, de que usan los prebendados *eclesiásticos y algunos capellanes. ‖ Vara que llevan en los actos públicos los mayordomos de algunas *cofradías. ‖ Vara o percha de la alcándara. ‖ fig. Reinado de un *príncipe. ‖ fig. Dignidad de tal.
ceugma. f. *Gram.* **Zeugma.**
ceutí. adj. Natural de Ceuta. Ú. t. c. s. ‖ Perteneciente a esta ciudad. ‖ m. Cierta *moneda antigua de Ceuta.
cía. f. *Hueso de la cadera. ‖ **Silo.**
cía. f. **Mar.* Acción y efecto de ciar.
ciaboga. f. **Mar.* Maniobra con que se hace dar vuelta a una embarcación bogando avante los *remos de una banda y para atrás los de la otra. ‖ **Hacer ciaboga.** fr. fig. Hacer *remolino algunas personas.
ciaescurre. m. **Mar.* Ciaboga que hacían las galeras.
cianato. m. **Quím.* Sal resultante de la combinación del ácido ciánico con una base o con un radical alcohólico.
cianea. f. *Miner.* **Lazulita.**
cianhídrico. adj. *Quím.* V. **Ácido cianhídrico.**
cianí. m. *Moneda antigua de oro, usada entre los moros de África.
ciánico, ca. adj. Dícese de un ácido resultante de la oxidación e hidratación del cianógeno.
cianita. f. **Miner.* **Distena.**
cianógeno. m. **Quím.* Gas incoloro, de olor penetrante, compuesto de nitrógeno y carbono, que se combina como los cuerpos simples.
cianosis. f. **Pat.* Coloración azul o lívida de la piel, procedente de la alteración de la *sangre o de su estancación en los vasos capilares.
cianótico, ca. adj. **Pat.* Relativo a la cianosis. ‖ Que padece cianosis.
cianuria. f. *Pat.* Emisión de *orina de color azulado.
cianuro. m. **Quím.* Sal resultante de la combinación del cianógeno con un radical simple o compuesto.
ciar. intr. *Retroceder. ‖ *Mar.* *Remar hacia atrás. ‖ fig. *Desistir de algún empeño, o *cesar en alguna cosa.
ciática. f. Neuralgia del *nervio ciático.
ciática. f. *Arbusto de hojas largas y estrechas como cintas, cuya semilla es una especie de nuez vómica.
ciático, ca. adj. **Anat.* Perteneciente a la cadera.
ciato. m. *Arqueol.* *Vasija usada por los romanos para *transvasar los líquidos.
cibal. adj. Dícese de lo relativo al *alimento.
cibarcos. m. pl. *Pueblo antiguo que habitaba la costa norte de Galicia.
cibario, ria. adj. Aplícase a las leyes romanas que regulaban las *comidas, *fiestas y convites del pueblo.
cibeleo, a. adj. poét. Perteneciente o relativo a la diosa Cibeles.
Cibeles. n. p. f. **Mit.* Entre ciertos pueblos del Asia Menor, diosa de la naturaleza. ‖ f. *Astr.* **Tierra.**
cibera. adj. Que sirve para *cebar. ‖ V. **Aguacibera.** ‖ f. Trigo que se echa en la tolva del *molino para que vaya cebando la rueda. ‖ Pienso que sirve para mantenimiento y *cebo. ‖ *Residuo de los frutos después de exprimidos. ‖ **Tolva.**
cibernética. f. Arte de construir y manejar aparatos y máquinas que, mediante procedimientos electrónicos (*átomo), efectúan automáticamente *cálculos complicados y otras operaciones similares.
ciberuela. f. d. de **Cibera.**
cibiaca. f. **Parihuela.**
cibica. f. *Barra de hierro con que se refuerza la parte superior de la manga de los *ejes de madera de los *carruajes. ‖ **Arq. Nav.* Grapa con que se *sujeta una pieza a otra.
cibicón. m. aum. de **Cibica.** ‖ *Barra más gruesa que la cibica, con que se refuerza la parte inferior de la manga de los *ejes.
cíbola. f. Hembra del cíbolo.
cíbolo. m. **Bisonte.**
ciborio. m. *Arqueol.* *Copa que usaban los antiguos griegos y romanos.
cibucán. m. *Espuerta hecha con tiras de corteza.
cica. f. *Germ.* ***Bolsa** (para llevar dinero).
cicada. f. *Zool.* Nombre científico de la cigarra.
cicarazate. m. *Germ.* **Cicatero** (*ladrón de bolsas).
cicatear. intr. fam. Hacer cicaterías.
cicatería. f. Calidad de cicatero. ‖ Acción propia de un cicatero.
cicatero, ra. adj. Ruin, *mezquino. Ú. t. c. s. ‖ m. *Germ.* *Ladrón que hurta bolsas.
cicateruelo, la. adj. d. de **Cicatero.** Ú. t. c. s.
cicatricera. f. Mujer que en los antiguos ejércitos españoles *curaba a los heridos.
***cicatriz.** f. *Huella o señal que queda de una *herida o llaga. ‖ fig. Impresión dolorosa o desagradable que queda en el ánimo por alguna cosa pasada.
cicatrización. f. Acción y efecto de cicatrizar o cicatrizarse.
cicatrizal. adj. Perteneciente o relativo a la cicatriz.
cicatrizante. p. a. de **Cicatrizar.** Que cicatriza. Ú. t. c. s.
cicatrizar. tr. Cerrar las *heridas o llagas, ya curadas. Ú. t. c. intr. y r.
cicatrizativo, va. adj. Que tiene virtud de cicatrizar.
cícera. f. Especie de garbanzo.
cicércula. f. **Almorta.**
cicercha. f. **Cicércula.**
cícero. m. **Impr.* **Lectura.** ‖ *Impr.* Unidad de medida usada en tipografía, que equivale a poco más de cuatro milímetros y medio.
cicerón. m. fig. *Orador muy elocuente.
cicerone. m. Persona que sirve a otras de *guía para *enseñarles una ciudad, museo, etc.
ciceroniano, na. adj. Propio y característico de Cicerón como *orador o *escritor.
cicimate. m. Especie de hierba cana medicinal.
cicindela. f. *Insecto coleóptero zoófago.
ción. f. **Terciana.**
ciclada. f. *Vestidura talar de que usaron antiguamente las mujeres.
ciclamino. m. *Planta primulácea, cuya raíz es purgante.
ciclamor. m. *Árbol de adorno, de las leguminosas, cuyas flores, de color carmesí, nacen en el mismo tronco, antes que las hojas.
ciclán. adj. Que tiene un solo *testículo. Ú. t. c. s. ‖ m. *Cordero cuyos testículos no salen al exterior.
ciclar. tr. Bruñir y dar *brillo a las piedras de *joyería.
ciclatón. m. *Vestidura a modo de túnica lujosa, usada en la Edad Media. ‖ *Tela de seda y oro con que se hacían dichas vestiduras.
cíclico, ca. adj. Perteneciente o relativo al ciclo. ‖ Aplícase al *poeta o al poema que abarca un ciclo entero. ‖ **Terap.* Aplícase a un antiguo tratamiento de las enfermedades crónicas.
***ciclismo.** m. Deporte de los aficionados a la bicicleta o al velocípedo.
ciclista. com. **Velocipedista.** ‖ Persona que practica el *ciclismo.
ciclo. m. Cada uno de ciertos períodos de *tiempo iguales, que se suceden sin interrupción. ‖ Serie de fases por que pasa un fenómeno periódico hasta que se *repite una fase anterior. ‖ **Lit.* Conjunto de tradiciones épicas relacionadas entre sí. ‖ *Bot.* Cada una de las espiras que forman alrededor del tallo los puntos de inserción de las *hojas. ‖ **decemnovenal, decemnovenario, o lunar.** **Cronol.* Período de

diecinueve *años. ‖ **pascual.** *Cronol.* Período de 532 años. ‖ **solar.** *Cronol.* Período de veintiocho años.
cicloidal. adj. Perteneciente o relativo al cicloide.
cicloide. f. *Geom.* *Curva plana descrita por un punto de una circunferencia que rueda sobre una línea recta.
cicloideo, a. adj. **Cicloidal.**
ciclón. m. **Huracán.**
ciclonal. adj. Perteneciente o relativo a los ciclones.
cíclope o **ciclope.** m. *Mit.* Cada uno de los gigantes, hijos del Cielo y de la Tierra, que tenían sólo un *ojo en medio de la frente.
ciclópeo, a. adj. Perteneciente o relativo a los cíclopes. ‖ Aplícase a ciertos *monumentos antiquísimos formados con piedras enormes. ‖ fig. **Gigantesco.**
ciclópico, ca. adj. **Ciclópeo.**
ciclorama. m. **Panorama.**
ciclostilo. m. Aparato que sirve para hacer muchas *copias por medio de una tinta especial.
ciclóstoma. m. *Molusco gasterópodo de pequeño tamaño.
ciclóstomos. m. pl. *Zool.* Orden de *peces de forma cilíndrica y oblonga, sin aletas pectorales ni ventrales, cuyo tipo es la lamprea.
ciclotrón. m. Aparato que actúa sobre elementos desprendidos del *átomo, haciéndoles recorrer determinada órbita con movimiento acelerado hasta imprimirles una enorme velocidad.
cicoleta. f. *Acequia pequeña.
cicuta. f. *Planta herbácea, umbelífera, cuyo zumo cocido hasta la consistencia de miel dura, es *venenoso. ‖ **menor.** *Planta herbácea, venenosa, de la familia de las umbelíferas, semejante al perejil.
cid. m. fig. Hombre muy *valiente.
***cidra.** f. Fruto del cidro, semejante al *limón. ‖ **cayote. Chilacayote.**
cidrada. f. Conserva hecha de cidra.
cidral. m. Sitio poblado de cidros. ‖ **Cidro.**
cidrera. f. **Cidro.**
cidria. f. **Cedria.**
cidro. m. Árbol de las auranciáceas, cuyo fruto, parecido al *limón, es la cidra.
cidronela. f. **Toronjil.**
ciega. f. Variedad del juego del julepe en que se vuelven los *naipes sin mirarlos.
ciegamente. adv. m. Con ceguedad.
***ciego, ga.** adj. Privado de la vista. Ú. t. c. s. ‖ fig. Poseído con vehemencia de alguna *pasión. ‖ fig. *Ofuscado por alguna *pasión. ‖ fig. Aplícase al pan o *queso que no tiene ojos. ‖ fig. Dícese de cualquier conducto *obstruido. ‖ m. **Morcón** (morcilla). ‖ **A ciegas.** m. adv. **Ciegamente.** ‖ fig. Sin conocimiento, de modo *irreflexivo.
cieguecico, ca, llo, lla, to, ta. adj. d. de **Ciego.** Ú. t. c. s.
cieguezuelo, la. adj. d. de **Ciego.** Ú. t. c. s.
cielito. m. *Baile de los gauchos, que se hace entre parejas asidas de las manos. ‖ Música de este baile.
***cielo.** m. Espacio indefinido en que se mueven los *astros, y que, contemplado desde la Tierra tiene, durante el día, el aspecto de una bóveda azul. ‖ **Atmósfera.** ‖ *Clima o temple. ‖ → Mansión en que los bienaventurados gozan la presencia de Dios. Ú. t. en pl. ‖ Gloria o bienaventuranza. ‖ fig. *Dios o su providencia. Ú. t. en pl. ‖ fig. Parte superior que *cubre algunas cosas. ‖ **borreguero. Cielo** aborregado. ‖ **de la boca. Paladar.** ‖ **raso.** *Techo de superficie plana y lisa. ‖ **viejo.** *Mar.* Color azul visible a través de los rompimientos del celaje. ‖ **Medio cielo.** *Astron.* Parte del meridiano que está sobre el horizonte. ‖ **A cielo abierto.** m. adv. Sin techo ni cubierta alguna. ‖ **A cielo descubierto.** m. adv. **Al descubierto.** ‖ **Bajado del cielo.** expr. fig. y fam. Perfecto, *excelente. ‖ **Cerrarse el cielo.** fr. fig. Cubrirse de *nubes. ‖ **Coger** uno **el cielo con las manos.** fr. fig. y fam. **Tomar el cielo con las manos.** ‖ **Descargar el cielo.** fr. **Descargar el nublado.** ‖ **Desencapotarse el cielo.** fr. fig. Despejarse de nubes. ‖ **Desgajarse el cielo.** fr. fig. Ser muy copiosa la *lluvia. ‖ **Despejarse el cielo.** fr. **Desencapotarse el cielo.** ‖ **Entoldarse el cielo.** fr. fig. **Cerrarse el cielo.** ‖ **Escupir** uno **al cielo.** fr. fig. Decir o hacer cosas que se vuelven en su daño. ‖ **Estar hecho un cielo.** fr. fig. y fam. Estar muy *alumbrado y adornado un templo u otro sitio. ‖ **Ganar** uno **el cielo.** fr. fig. Conseguir la bienaventuranza con virtudes y buenas obras. ‖ **Llovido del cielo.** loc. fig. y fam. que se dice de la persona o cosa que llega con gran *oportunidad. ‖ **Mover** uno **cielo y tierra.** fr. fig. y fam. Solicitar con suma *diligencia la ayuda de cuantos pueden cooperar al logro de una cosa. ‖ **Nublársele el cielo** a uno. fr. fig. *Afligirse. ‖ **Poner en el cielo,** o **los cielos,** a una persona o cosa. fr. fig. **Poner en las nubes** a una persona o cosa. ‖ **Tomar** uno **el cielo con las manos.** fr. fig. y fam. Hacer demostraciones vehementes de *enfado o de contrariedad. ‖ **¡Vaya** usted **al cielo!** expr. fig. y fam. con que uno *desprecia lo que otro dice. ‖ **Venido del cielo.** expr. fig. y fam. **Bajado del cielo.** ‖ **Venirse el cielo abajo.** fr. fig. y fam. Desatarse una *tempestad o *lluvia grande. ‖ **Ver** uno **el cielo abierto.** fr. fig. y fam. Presentársele *ocasión *favorable para conseguir lo que deseaba. ‖ **Ver** uno **el cielo por embudo.** fr. fig. y fam. Ser muy *inexperto o *ignorante.
ciempiés. m. *Insecto miriápodo, cuyo cuerpo está formado por veintiún anillos, con sendos pares de patas. Tiene en la boca unas mandibulillas córneas y ganchudas que, al morder el animal, sueltan un veneno muy activo. ‖ fig. y fam. Obra *disparatada o incoherente.
cien. adj. Apócope de **Ciento,** que se usa delante de los nombres.
ciénaga. f. Lugar *cenagoso o *pantanoso.
***ciencia.** f. *Conocimiento cierto de las cosas. ‖ → Cuerpo de doctrina metódicamente ordenado, que constituye un ramo particular de los conocimientos humanos. ‖ fig. *Sabiduría o erudición. ‖ fig. *Habilidad, maestría. ‖ **Gaya ciencia.** Arte de la *poesía. ‖ **Ciencias exactas.** Las que sólo admiten hechos rigurosamente demostrables. ‖ Por antonomasia, **matemáticas.** ‖ **naturales.** Las que tienen por objeto el conocimiento de las leyes y propiedades de los cuerpos. ‖ **A,** o **de, ciencia cierta.** m. adv. Con toda seguridad. ‖ **A ciencia y paciencia.** m. adv. A sabiendas de alguno y con su *consentimiento.
cienmilésimo, ma. adj. Dícese de cada una de las cien mil *partes iguales en que se divide un todo. Ú. t. c. s.
cienmilímetro. m. Centésima *parte de un milímetro.
cienmilmillonésimo, ma. adj. Dícese de cada una de las cien mil millones de *partes iguales en que se divide un todo. Ú. t. c. s.
cienmillonésimo, ma. adj. Dícese de cada una de las cien millones de *partes iguales en que se divide un todo. Ú. t. c. s.
***cieno.** m. Lodo blando que se deposita en el fondo de las lagunas o en sitios bajos y húmedos.
cienoso, sa. adj. **Cenagoso.**
ciensayos. m. *Pájaro que, debajo del plumaje, tiene vello muy espeso.
científicamente. adv. m. Según los preceptos de una ciencia.
***científico, ca.** adj. Perteneciente o relativo a la *ciencia. ‖ Que posee una o más ciencias. Ú. t. c. s.
ciento. adj. Diez veces diez. ‖ **Centésimo.** ‖ m. Signo o conjunto de ellos con que se representa el *número **ciento.** ‖ **Centena.** ‖ pl. *Impuesto de un tanto por ciento sobre las cosas que pagaban alcabala. ‖ Juego de *naipes que comúnmente se juega entre dos, y gana el que primero hace **cien** puntos. ‖ **Ciento y la madre.** loc. fig. y fam. *Muchedumbre de personas.
cientopiés. m. **Ciempiés** (*insecto).
cierna. f. Antera de la *flor del *trigo, de la *vid y de otras plantas.
cierne. m. Acción de cerner o *fecundarse ciertas plantas. ‖ **En cierne.** m. adv. En *flor. Dícese de la *vid, del *olivo, del *trigo y de otras plantas. ‖ **Estar en cierne** una cosa. fr. fig. Estar muy a sus *principios.
cierre. m. Acción y efecto de *cerrar o cerrarse. ‖ Cosa con que se *cierra. ‖ Mirador, *balcón cerrado con cristales. ‖ Clausura temporal de tiendas y otros establecimientos mercantiles, por lo regular concertada entre los dueños. ‖ **metálico.** Plancha metálica arrollable que se coloca para cerrar la *puerta de una tienda u otro establecimiento.
cierro. m. **Cierre.** ‖ Tapia o *cercado. ‖ **Sobre** (de carta). ‖ **de cristales. Mirador** (balcón cerrado con cristales).
cierta. f. *Germ.* **Muerte.**
ciertamente. adv. m. Con certeza.
***cierto, ta.** adj. Conocido con seguridad y convencimiento como verdadero e indubitable. ‖ Se usa como adjetivo *indeterminado. ‖ Dícese de los *perros que no yerran al levantar la caza. ‖ Que *sabe la verdad de algún hecho. ‖ *Germ.* **Fullero.** ‖ adv. afirm. **Ciertamente.** ‖ **Al cierto. De cierto.** ms. advs. **Ciertamente.** ‖ **Por cierto.** m. adv. **Ciertamente.**
cierva. f. Hembra del ciervo.
ciervo. m. *Rumiante que llega a más de un metro de altura, con las patas largas y finas y cola muy corta. El macho está armado de cuernos estriados, macizos y ramosos, que pierde y renueva todos los años. ‖ **volante.** *Insecto coleóptero, parecido al escarabajo, con mandíbulas ahorquilladas y ramosas, como los cuernos del **ciervo.**
cierzas. f. pl. Vástagos de la *vid.
cierzo. m. *Viento septentrional.
cifela. m. *Hongo que crece en los tejados.
cifosis. f. *Med.* Convexidad defectuosa de la espina dorsal; *joroba.
cifótico, ca. adj. Que padece cifosis.
cifra. f. **Número** (signo). ‖ Escritura convencional que sólo puede comprenderse conociendo la *clave. ‖ *Enlace de dos o más letras, que

como *abreviatura se emplea en sellos, marcas, etc. || **Abreviatura.** || Notación *musical por medio de números. || fig. *Compendio, resumen. || Símbolo, emblema. || *Germ.* **Astucia.** || **En cifra.** m. adv. fig. Obscura o misteriosamente. || fig. Con brevedad, en compendio.
cifrar. tr. Escribir en cifra. || fig. Compendiar, resumir, *abreviar. Ú. t. c. r. || fig. Seguido de la prep. *en*, *limitar o reducir a una sola cosa lo que ordinariamente procede de varias causas.
cigala. f. *Crustáceo de tamaño mayor que el langostín, de color claro y caparazón duro.
cigala. f. *Mar.* Forro que se pone al arganeo de *anclas y rezones.
cigalo. m. *Mar.* **Cigallo.**
cigallo. m. *Mar.* **Cigala** (forro).
cigarra. f. *Insecto hemíptero, de cabeza gruesa, ojos salientes, antenas pequeñas y abdomen cónico, en cuya extremidad tienen los machos un aparato con el cual producen un ruido estridente y monótono. || *Germ.* **Bolsa.** || **de mar.** *Crustáceo semejante a la langosta.
cigarral. m. En Toledo, *casa de campo con *huerta y arbolado.
cigarralero, ra. m. y f. Persona que habita en un cigarral o cuida de él.
cigarrera. f. Mujer que hace o vende *cigarros. || *Caja o mueblecillo en que se tienen cigarros. || **Petaca.**
cigarrería. f. Tienda en que se venden *cigarros.
cigarrero. m. El que hace o vende cigarros.
***cigarrillo.** m. Cigarro pequeño de picadura envuelta en un papel de fumar.
***cigarro.** m. Rollo de hojas de tabaco, que se fuma encendiéndolo por una punta y chupando por la otra. || **de papel. Cigarrillo.** || **puro. Cigarro.**
cigarrón. m. aum. de **Cigarra.** || **Saltamontes.** || *Germ.* *Bolsa grande.
cigofiláceo, a. adj. *Bot.* Dícese de plantas dicotiledóneas, cuyo tipo es la morsana. Ú. t. c. s. f. || f. pl. *Bot.* Familia de estas plantas.
cigofíleo, a. adj. **Cigofiláceo.**
cigoma. m. *Anat.* Nombre del *hueso malar o pómulo.
cigomático, ca. adj. *Zool.* Perteneciente o relativo a la *mejilla o al pómulo.
cigoñal. m. Pértiga que descansa por su mitad en un pie vertical ahorquillado, dispuesta de modo que, atando una vasija a un extremo y tirando del otro, puede sacarse agua de estanques o *pozos someros. || **Fort.* Viga que sirve para mover la báscula de un *puente levadizo.
cigoñino. m. Pollo de la cigüeña.
cigoñuela. f. *Ave zancuda, menor que la cigüeña.
cigua. f. *Árbol americano de las lauráceas. || *Caracol de mar.
ciguapa. f. *Ave de rapiña, nocturna, semejante a la lechuza.
ciguapate. f. *Planta umbelífera, aromática, que crece a orillas de los ríos.
ciguaraya. f. Nombre vulgar de una *planta liliácea de las Antillas.
ciguatarse. r. **Aciguatarse.**
ciguatera. f. *Enfermedad que se padece en Méjico por comer *crustáceos y peces en malas condiciones.
ciguato, ta. adj. Que padece ciguatera. Ú. t. c. s.
cigüeña. f. *Ave de paso, zancuda, como de un metro de altura, de cuello largo, cuerpo blanco y alas negras, que anida en las torres y árboles elevados. || Hierro sujeto a la cabeza de la *campana, donde se asegura la cuerda para tocarla. || Doble codo o manubrio que forma en su prolongación el eje de los tornos y otras *máquinas y sirve para imprimir a éstas un movimiento rotatorio. || **Artill.* Antigua máquina de guerra. || **Pintar la cigüeña.** fr. fig. y fam. **Pintarla.**
cigüeñal. m. **Cigoñal.** || **Mec.* Doble codo del eje de ciertas máquinas.
cigüeñar. tr. **Arq. Nav.* Compasear en el suelo la figura de las cuadernas.
cigüeño. m. p. us. **Macho de la cigüeña.**
cigüeñuela. f. d. de **Cigüeña** (manubrio).
cija. f. *Cuadra para el ganado lanar. || **Pajar.** || *Prisión estrecha. || **Cilla** (para los granos).
cilampa. f. **Llovizna.**
cilanco. m. *Charco.
cilantro. m. Culantro, *planta herbácea, umbelífera, que se ha usado como condimento y en medicina.
ciliar. adj. *Anat.* Perteneciente o relativo a las *pestañas.
cilicio. m. Saco o vestidura áspera que se usaba para la *penitencia. || Faja de cerdas o de cadenillas de hierro con puntas, que se usa para el mismo fin. || *Artill.* **Centón.**
cilindrada. f. **Mec.* En los motores de *automóvil y otros de émbolo, capacidad del cilindro.
cilindrado. m. Acción y efecto de cilindrar.
cilindrar. tr. *Comprimir con el cilindro o rodillo.
***cilíndrico, ca.** adj. *Geom.* Perteneciente al cilindro. || *Geom.* Dícese de la superficie curva engendrada por una recta que se mantiene paralela a otra, alrededor de la cual gira. || De forma de cilindro.
***cilindro.** m. *Geom.* Sólido limitado por una superficie cilíndrica cerrada. || *Geom.* Por antonomasia, el recto y circular. || Cierta pieza de las máquinas de *imprimir. || En América, *piano de manubrio. || **Mec.* Tubo en que se mueve el émbolo de una máquina. || Tambor de la máquina del *reloj, sobre el cual se enrosca la cuerda. || **circular.** *Geom.* El de bases circulares. || **compresor. Rodillo.** || **oblicuo.** *Geom.* El de bases oblicuas a las generatrices. || **recto.** *Geom.* El de bases perpendiculares a las generatrices. || **truncado.** *Geom.* El terminado por dos planos no paralelos.
cilindroeje. m. *Histol.* Cierto elemento de la célula *nerviosa.
cilindroideo, dea. adj. Parecido al cilindro.
cilla. f. Casa o cámara donde se recogían los *granos. || Renta del *diezmo.
cillazgo. m. Derecho que pagaban los partícipes en los *diezmos, por la conservación de los granos.
cillerero. m. En algunas *órdenes religiosas*, mayordomo del monasterio.
cillería. f. Cargo del cillero o la cilleriza.
cilleriza. f. En algunos *monasterios, monja que tiene la mayordomía.
cillerizo. m. **Cillero.**
cillero. m. El que tenía a su cargo guardar los *diezmos en la cilla. || **Cilla.** || Bodega, despensa.
cima. f. Parte *superior o *cumbre de las montañas, cerros y collados. || La parte más alta de los *árboles. || Tallo del *cardo y de otras *verduras. || *Conclusión o complemento de alguna obra. || *Bot.* Conjunto de *flores cuyos pedúnculos salen de un mismo punto y llegan a la misma altura. || **Dar cima** a una cosa. fr. fig. *Concluirla felizmente. || **Por cima.** m. adv. En lo más alto. || **Por encima.**
cimacio. m. *Arq.* **Gola** (*moldura).
cimarrón, na. adj. Dícese del *esclavo que huye al campo. Ú. t. c. s. || Dícese del animal doméstico que huye y se hace *fiero. || Aplícase a la especie *silvestre de una planta que se cultiva. || Dícese del *mate negro y sin azúcar. || *Mar.* fig. Dícese del *marinero poco trabajador. Ú. t. c. s.
cimarronada. f. Manada de animales cimarrones.
cimate. m. *Planta de Méjico, cuyas raíces se usan como *condimento.
cimba. f. Trenza de *cabello que usan algunos negros. || *Embarcación pequeña que empleaban los romanos en los ríos.
cimbado. m. *Látigo trenzado.
cimbalaria. f. *Planta herbácea, escrofulariácea, que se cría en las peñas y murallas. Se usa como planta de adorno en vasos colgantes.
cimbalero. m. El que toca el címbalo.
cimbalillo. m. *Campana pequeña.
címbalo. m. *Campana pequeña. || *Instrumento que usaban los griegos, muy parecido a los platillos.
cimbanillo. m. **Cimbalillo.**
címbara. f. **Rozón.**
cimbel. m. Cordel con que se mueve el ave que sirve de señuelo. || *Ave o figura de ella que se emplea como señuelo para *cazar.
cimboga. f. **Acimboga.**
cimborio. m. *Arq.* **Cimborrio.**
cimborrio. m. *Arq.* Cuerpo cilíndrico que sirve de base a la *cúpula. || *Arq.* **Cúpula.**
cimbra. f. *Arq.* *Armazón de figura conveniente para formar sobre ella un *arco o bóveda. || *Arq.* Curvatura de la superficie interior de un *arco o bóveda. || **Arq. Nav.* Vuelta o curvatura que se da a una tabla, para clavarla en el forro de un casco. || **Plena cimbra.** La que forma un semicírculo.
cimbrado. m. Paso de *baile que consistía en doblar rápidamente el cuerpo por la cintura.
cimbrar. tr. Imprimir movimiento ondulante o *vibratorio a una vara larga u otra cosa flexible, asiéndola por un extremo. Ú. t. c. r. || fig. y fam. *Golpear a uno con una vara o palo. || *Doblar una cosa elástica. Ú. t. c. r. || **Arq.* Colocar las cimbras en una obra.
cimbre. m. Galería *subterránea.
cimbreante. adj. *Flexible, elástico; que se cimbrea fácilmente.
cimbrear. tr. **Cimbrar.** Ú. t. c. r. || *Doblar a un lado y luego al otro una cosa flexible. Ú. t. c. r.
cimbreño, ña. adj. Aplícase a la vara u otra cosa *flexible que se cimbra. || fig. Dícese de la persona delgada que mueve el cuerpo con soltura y *gallardía.
cimbreo. m. Acción y efecto de cimbrar o cimbrearse.
cimbria. f. **Filete** (*moldura).
címbrico, ca. adj. Perteneciente a los cimbros.
cimbro, bra. adj. Dícese del individuo de un *pueblo antiguo que habitó la Jutlandia. Ú. m. c. s. y en pl. || m. *Lengua de los **cimbros,** uno de los dialectos del celta.
cimbrón. m. *Dolor lancinante.
cimbronazo. m. **Cintarazo.**
***cimentación.** f. Acción y efecto de cimentar.

cimentado. m. Afinamiento del *oro por el cimiento real.
cimentador, ra. adj. Que cimienta. Ú. t. c. s.
cimental. adj. ant. **Fundamental.**
***cimentar.** tr. Poner los cimientos de un edificio o fábrica. ‖ Afinar el *oro con cimiento real. ‖ **Fundar.** ‖ fig. Establecer los *fundamentos de algunas cosas espirituales.
cimenterio. m. **Cementerio.**
cimento. m. **Cemento** (de las rocas).
cimera. f. Parte superior del *morrión. ‖ **Blas.* Cualquier adorno que se pone sobre la cima del yelmo o celada.
cimerio, ria. adj. Dícese del individuo de un *pueblo antiguo que habitó junto al mar de Azof. Ú. m. c. s. y en pl. ‖ Perteneciente a este pueblo o región.
cimero, ra. adj. Dícese de lo que está en la parte *superior de alguna cosa elevada.
***cimiento.** m. Parte de la fábrica, que está debajo de tierra y sobre la cual estriba todo el edificio. Ú. m. en pl. ‖ Terreno sobre que descansa el edificio. ‖ fig. *Origen, fundamento y raíz de alguna cosa inmaterial. ‖ **real.** Composición de vinagre, sal común y polvo de ladrillo, que se empleó para afinar el *oro al fuego. ‖ **Abrir los cimientos.** fr. Hacer las zanjas en que se han de fabricar.
cimillo. m. *Vara larga y flexible, en cuyo extremo se sujeta el ave que sirve para la *caza con señuelo.
cimitarra. f. Especie de *sable usado por turcos y persas.
cimofana. f. Aluminato de glucina, de color verde amarillento, que se usa en *joyería.
cimorro. m. p. us. *Torre de las iglesias.
cinabrio. m. Mineral de color rojo, compuesto de azufre y *mercurio. ‖ **Bermellón.**
cinacina. f. *Árbol espinoso de las leguminosas.
cinámico, ca. adj. **Quím.* Perteneciente o relativo a la canela. ‖ *Quím.* V. **Ácido cinámico.**
cinamomo. m. *Árbol de adorno, de las meliáceas, de flores en racimos de color de violeta y de olor agradable, y cápsulas del tamaño de garbanzos, que sirven para cuentas de rosario. ‖ Cierta substancia aromática. ‖ **Alheña** (arbusto).
cinara. f. *Bot.* Nombre científico de la *alcachofa.
cinarra. f. *Nieve menuda.
***cinc.** m. Metal de color blanco azulado y brillo intenso, que tiene muchas aplicaciones en la industria.
cinca. f. En el *juego de los bolos, cualquiera falta que se hace y por la cual se pierden cinco rayas.
***cincel.** m. Barra de hierro, de veinte a treinta centímetros de largo, con boca acerada y recta de doble bisel, que se usa para labrar a golpe de martillo piedras y metales.
cincelado. m. **Cinceladura.**
cincelador. m. El que cincela.
cinceladura. f. Acción y efecto de cincelar.
cincelar. tr. Labrar con el *cincel piedras o metales. ‖ Hacer labores o *grabados con el cincel.
cinco. adj. Cuatro y uno. ‖ **Quinto.** Aplicado a los días del més, ú. t. c. s. ‖ m. Signo con que se representa el *número **cinco.** ‖ En el *juego de bolos, el que ponen delante de los otros, separado de ellos. ‖ *Naipe con **cinco** señales. ‖ Guitarrilla de **cinco** cuerdas. ‖ *Moneda de plata de valor de **cinco** centavos.
cincoenrama. f. *Planta herbácea de las rosáceas, con tallos rastreros y capaces de arraigar.
cincograbado. m. *Grabado en cinc por medio de un mordiente.
cincografía. f. Arte de dibujar o *grabar en una plancha de cinc preparada al efecto.
cincollagas. m. *Planta silvestre de Cuba, parecida al ajonjolí.
cincomesino, na. adj. De cinco *meses.
cincona. f. *Fam.* **Quina.**
cincuenta. adj. Cinco veces diez. ‖ **Quincuagésimo.** ‖ m. Signo o conjunto de signos con que se representa el *número **cincuenta.**
cincuentaina. f. Mujer de cincuenta años.
cincuentañal. adj. De cincuenta *años.
cincuentavo, va. adj. Dícese de cada una de las cincuenta *partes iguales en que se divide un todo. Ú. t. c. s. m.
cincuentén. adj. Aplícase al *madero de hilo, de cincuenta palmos de longitud con tres palmos de tabla por dos de canto. Ú. m. c. s. m.
cincuentena. f. *Conjunto de cincuenta cosas iguales. ‖ p. us. Cada una de las cincuenta *partes iguales en que se divide un todo.
cincuentenario, ria. adj. ant. Perteneciente al número 50. ‖ m. Conmemoración del día en que se cumplen cincuenta *años de algún suceso.
cincuenteno, na. adj. **Quincuagésimo.**
cincuentón, na. adj. Dícese de la persona que tiene cincuenta años cumplidos. Ú. t. c. s.
cincuesma. f. ant. Día de la pascua del Espíritu Santo.
***cincha.** f. Faja de cáñamo u otra materia, con que se asegura la silla o albarda a la caballería, ciñendo a ésta por debajo de la barriga. ‖ **de brida.** La que consta de tres fajas de cáñamo y se sujeta a la silla. ‖ **de jineta.** La que pasa por encima de la silla de jineta. ‖ **maestra.** La que consta de una sola faja. ‖ **A reventa cinchas.** m. adv. fig. **A mata caballo.** ‖ **Ir,** o **venir, uno rompiendo cinchas.** fr. fig. y fam. *Correr mucho en coche o a caballo.
cinchadura. f. Acción de cinchar.
cinchar. tr. Colocar y apretar las cinchas. ‖ Asegurar con cinchos de hierro.
cinchazo. m. **Cintarazo.**
cinchera. f. Parte del cuerpo de las *caballerías, en que se pone la cincha. ‖ **Veter.* Enfermedad que padecen los animales en la región donde se les cincha.
cincho. m. *Faja ancha para ceñir y abrigar el estómago. ‖ *Aro de hierro con que se ciñen y sujetan las duelas de la *cuba, maderos ensamblados, etc. ‖ Pleita de esparto que forma el contorno de la encella. ‖ **Cincha.** ‖ *Arq.* Porción de arco saliente en el intradós de una *bóveda de cañón. ‖ *Veter.* **Ceño** (del casco).
cinchón. m. Guasca muy estrecha que se usa como sobrecincha. ‖ Aro que sujeta las duelas de las *cubas. ‖ Sobrecarga de una caballería.
cinchuela. f. d. de **Cincha.** ‖ *Banda o faja angosta.
***cine.** m. fam. **Cinematógrafo.** ‖ **sonoro.** El provisto de un aparato especial que reproduce los sonidos correspondientes a las imágenes que se proyectan.
cineasta. com. Persona que tiene una intervención importante en una película *cinematográfica; como actor, director, productor, etc.
cinegética. f. Arte de la *caza.
cinegético, ca. adj. Perteneciente o relativo a la cinegética.
cinema. m. fam. Apócope de **Cinematógrafo.**
cinemática. f. Parte de la *mecánica, que estudia el movimiento en sus elementos de espacio y tiempo, prescindiendo de la fuerza.
cinematografía. f. Arte de representar el movimiento por medio de la fotografía.
cinematografiar. tr. Reproducir por medio del *cinematógrafo alguna cosa.
cinematográfico, ca. adj. Perteneciente o relativo al cinematógrafo o a la cinematografía.
***cinematógrafo.** m. Aparato fotográfico que recoge una serie de vistas instantáneas de una escena animada, que luego, proyectadas en sucesión muy rápida, dan la ilusión de que las imágenes se mueven. ‖ Local o edificio destinado a la proyección de estas vistas.
cineración. f. **Incineración.**
cineraria. f. *Bot.* *Planta compuesta, de flores olorosas, muy estimada como planta de adorno.
cinerario, ria. adj. **Cinéreo.** ‖ Destinado a contener cenizas de cadáveres.
cinéreo, a. adj. **Ceniciento.**
cinericio, cia. adj. De ceniza. ‖ **Cinéreo.**
cinética. f. Parte de la física que tiene por objeto el estudio del *movimiento.
cingalés, sa. adj. Natural de Ceilán. Ú. t. c. s. ‖ Perteneciente a esta isla de Asia.
cíngaro, ra. adj. **Gitano.** Ú. t. c. s.
cingiberáceo, a. adj. **Bot.* Dícese de plantas monocotiledóneas herbáceas, con rizoma rastrero o tuberoso, cuyo tipo es el jengibre. Ú. t. c. s. ‖ f. pl. *Bot.* Familia de estas plantas.
cingla. f. *Geog.* Relieve que por un lado tiene aspecto de *cordillera y por el otro desciende en planicies escalonadas.
cinglado. m. **Metal.* Depuración de las masas metálicas por medio del fuego.
cinglar. tr. Hacer andar un bote, canoa, etc., con un solo *remo puesto a popa.
cinglar. tr. *Forjar el hierro para limpiarlo de escorias.
cingleta. f. Cuerda que el jabegote lía al cabo de la jábega (*red) para tirar de él.
cíngulo. m. **Liturg.* Cordón o cinta con una borla a cada extremo, que usa el sacerdote para ceñirse el alba. ‖ Cordón que usaban por *insignia los soldados.
cínicamente. adv. m. Con cinismo.
cínico, ca. adj. Aplícase al *filósofo de cierta escuela, cuyo principal representante fue Diógenes. Ú. t. c. s. ‖ Perteneciente a esta escuela. ‖ Impúdico, *descarado, procaz. ‖ **Desaseado.**
cínife. m. **Mosquito.**
cinismo. m. Doctrina de los cínicos. ‖ Desvergüenza, *descaro en lo que uno hace o dice. ‖ Afectación de desaseo y *grosería. ‖ *Deshonestidad descarada.
cinocéfalo. m. Cuadrumano que no llega a un metro de largo, con cabeza redonda y hocico semejante al del perro dogo.
cinoglosa. f. *Planta herbácea, borragínea, con raíz fusiforme, que se emplea en medicina.
cinografía. f. Descripción y estudio del *perro.
cinosura. f. *Astr.* **Osa Menor.**

cinquén. m. *Moneda antigua castellana que valía medio cornado.
cinqueño. m. Juego del hombre entre cinco.
cinquero. m. El que trabaja en cinc.
cinquillo. m. **Cinqueño.**
cinquina. f. **Quinterna.**
cinquino. m. *Moneda portuguesa antigua, que valía cinco maravedís.
***cinta.** f. Tejido largo y angosto, que sirve para atar, ceñir, adornar, etc. ‖ Por ext., *tira de papel, celuloide u otra materia semejante. ‖ *Red fuerte de cáñamo, para pescar atunes. ‖ Hilera de baldosines que se pone en los *solados junto a las paredes. ‖ *Planta gramínea, con tallos estriados, como de un metro de alto. ‖ Listoncito plano de madera que cubre las junturas de la tablas en cierta clase de *tejados. ‖ *Arq.* **Filete** (de *moldura). ‖ *Arq.* Dibujo o motivo *ornamental a manera de tira estrecha que se pliega y repliega en diferentes formas. ‖ *Blas.* **Divisa.** ‖ *Mar.* Maderos que por fuera del costado del buque sirven de refuerzo a la tablazón. ‖ **Topogr.* Tira de acero, o de tejido especial, dividida en metros y centímetros, que sirve para medir *longitudes cortas. ‖ *Veter.* **Corona del casco.** ‖ **cinematográfica. Película.** ‖ **manchega. Pineda.** ‖ **En cinta.** m. adv. En sujeción o con sujeción.
cintadero. m. Parte del tablero de la *ballesta donde se asegura la cuerda.
cintagorda. f. *Red de cáñamo, de hilos fuertes y gruesos, que sirve de refuerzo a la primera con que detienen los atunes.
cintajo. m. despect. de **Cinta.**
cintar. tr. *Arq.* Poner cintas o fajas imitadas, como *ornamentación.
cintarazo. m. Golpe que se da de plano con la *espada.
cintarear. tr. fam. Dar cintarazos.
cinteado, da. adj. Guarnecido o adornado de *cintas.
cintel. m. *Arq.* **Cintra.**
cintería. f. Conjunto de *cintas. ‖ Comercio de ellas.
cintero, ra. m. y f. Persona que hace o vende cintas. ‖ m. *Ceñidor que usaban las aldeanas, adornado y tachonado. ‖ Soga o maroma que se *ciñe a alguna cosa. ‖ **Braguero.**
cinteta. f. *Red para pescar.
cintillo. m. Cordoncillo de seda, con flores, adornos de pedrería y otras labores, de que se usaba en los *sombreros para ceñir la copa. ‖ *Sortija guarnecida de piedras preciosas.
cinto, ta. p. p. irreg. de **Ceñir.** ‖ m. *Faja de cuero, estambre o seda, que se usa para ceñir y ajustar la cintura. ‖ **Cintura.** ‖ **de onzas.** El que ha solido llevarse interiormente, lleno de onzas de oro.
cintra. f. *Arq.* Curvatura de una bóveda o de un *arco.
cintrado, da. adj. *Arq.* Encorvado en forma de cintra.
cintrel. m. **Albañ.* Cuerda o *regla que, fija por un extremo en el centro de un *arco o bóveda, señala, en las distintas direcciones que se le da, la posición que corresponde a los sillares o ladrillos.
cintroniguero, ra. adj. Natural de Cintruénigo, villa de la provincia de Navarra. Ú. t. c. s. ‖ Perteneciente o relativo a dicha villa.
cintura. f. Parte más estrecha del *cuerpo humano, por encima de las caderas. ‖ *Cinta con que las damas solían apretar la **cintura** para hacerla más delgada. ‖ *Arq.* Parte superior de la campana de una *chimenea, donde empieza el cañón. ‖ *Mar.* Ligadura que se da a los *cabos contra sus respectivos palos. ‖ ‖ **Meter** a uno **en cintura.** fr. fig. y fam. Hacerle entrar en razón.
cinturica, lla, ta. f. **Cintura** (cinta, pretina).
***cinturón.** m. aum. de **Cintura.** ‖ Cinto de que se lleva pendiente la espada o el sable. ‖ Tira de cuero o de tejido fuerte que se usa para sujetar los pantalones a la cintura. ‖ Cinta o pretina con que se ciñen las mujeres el vestido por la cintura. ‖ fig. Serie de cosas que circuyen a otra.
cinzolín. adj. De *color morado.
ciñuela. f. Variedad de *granada.
cipariso. m. poét. ***Ciprés.**
cipayo. m *Soldado indio al servicio de una potencia europea.
cipe. adj. Dícese del niño encanijado durante la *lactancia. ‖ m. **Resina.**
ciperáceo, a. adj. **Bot.* Dícese de plantas monocotiledóneas, herbáceas, cuyo tipo es la juncia. Ú. t. c. s. ‖ f. pl. *Bot.* Familia de estas plantas.
cipo. m. Pilastra o trozo de *columna erigido en *memoria de alguna persona difunta. ‖ Poste que se coloca en los caminos, para *indicar la *dirección o la distancia. ‖ Hito, *mojón.
cipolino, na. adj. Dícese de una especie de *mármol micáceo. Ú. t. c. s.
cipote. adj. *Tonto, bobo. ‖ Rechoncho, *gordo.
***ciprés.** m. *Árbol de las coníferas, de tronco derecho, copa espesa y cónica, y cuya madera, rojiza y olorosa, pasa por incorruptible. ‖ *Madera de este árbol. ‖ **de Levante.** El de ramas abiertas.
cipresal. m. Sitio poblado de cipreses.
cipresino, na. adj. Perteneciente al ciprés. ‖ Hecho o sacado de él. ‖ Parecido al ciprés.
ciprino, na. adj. **Ciprio.**
ciprio, pria. adj. **Chipriota.** Apl. a pers., ú. t. c. s.
cipriota. com. **Chipriota.**
ciquiribaile. m. *Germ.* **Ladrón.**
ciquiricata. f. fam. Zalamería, demostración con que se intenta *halagar o *lisonjear a alguno.
ciquitraque. m. **Triquitraque.**
ciquitroque. m. **Pisto** (fritada).
circasiano, na. adj. Natural de Circasia. Ú. t. c. s. ‖ Perteneciente a esta región de la Rusia europea.
circe. f. Mujer astuta y *engañosa.
circense. adj. Aplícase a los juegos o espectáculos del *circo romano.
***circo.** m. En Roma, lugar destinado para algunos espectáculos, especialmente para la carrera de carros o caballos. ‖ Edificio público, con gradería para los espectadores y en medio un espacio circular, donde se ejecutan ejercicios ecuestres y gimnásticos. ‖ Conjunto de *asientos puestos en cierto orden para los invitados a alguna función. ‖ fig. *Concurrencia que ocupa estos asientos.
circón. m. **Miner.* Silicato de circonio, incoloro o amarillento rojizo, que se usa en *joyería.
circona. f. **Quím.* Óxido de circonio, que, cuando se calienta en ciertas condiciones, despide una luz blanca muy intensa.
circonio. m. *Miner.* *Metal muy raro, pulverulento y negro. Sólo le atacan la potasa en fusión o el ácido fluorhídrico acuoso.
circuición. f. Acción y efecto de circuir.
circuir. tr. Rodear, *cercar.
circuito. m. *Lugar o terreno comprendido dentro de un perímetro cualquiera. ‖ *Contorno. ‖ Trayecto en curva cerrada que se señala para *carreras de automóviles, motocicletas, etc. ‖ *Fís.* Línea que forman los conductores por donde circula una corriente *eléctrica. ‖ **Corto circuito.** **Electr.* El que se produce accidentalmente por contacto entre los conductores, sin que la corriente pase por la resistencia.
circulación. f. Acción de circular. ‖ *Tránsito de personas y vehículos por las vías urbanas. ‖ **Quím.* Operación que consiste en someter a la acción del fuego una substancia contenida en uno de los matraces del vaso de reencuentro, de modo que los vapores se condensen en el otro matraz y vuelvan a la masa de donde salieron.
circulante. p. a. de **Circular.** Que circula.
***circular.** adj. Perteneciente al círculo. ‖ De figura de círculo. ‖ f. Orden o *mandato que una autoridad superior dirige en igual forma a todos sus subalternos. ‖ Cada una de las *cartas o avisos iguales dirigidos a diversas personas.
circular. intr. *Andar o moverse en derredor. ‖ Ir y venir. ‖ Transitar, *pasar. ‖ Correr o *propagarse alguna cosa de unas personas a otras. ‖ Partir de un centro órdenes circulares. Ú. t. c. tr. por dirigir uno estas órdenes. ‖ Salir alguna cosa por una vía y *volver por otra al punto de partida. ‖ *Com.* Pasar los valores de una en otra persona.
circularmente. adv. m. En círculo.
circulatorio, ria. adj. Perteneciente o relativo a la circulación.
***círculo.** m. *Geom.* Superficie plana contenida dentro de la circunferencia. ‖ **Circunferencia.** ‖ Circuito, distrito. ‖ **Cerco** (que trazan los hechiceros. ‖ **Arqueol.* Antiguo recinto formado por menhires puestos de trecho en trecho. ‖ **Casino,** club. ‖ **acimutal.** **Mar.* Instrumento náutico portátil que tiene una alidada provista de dos pínulas, con las cuales se enfilan los objetos exteriores. ‖ **de reflexión.** Instrumento de astronomía náutica, que se compone de un **círculo** graduado y dos alidadas con un espejo cada una. ‖ **horario.** El que en la esfera celeste se hace pasar por los polos y el centro de un astro. ‖ ***mamario.** *Zool.* **Aréola.** ‖ **máximo.** *Geom.* El que tiene por centro el de la esfera y la divide en dos partes iguales o hemisferios. ‖ **menor.** *Geom.* El formado por cualquier plano que corta la esfera sin pasar por el centro. ‖ **polar.** **Astr.* Cada uno de los dos **círculos** menores que se consideran en la esfera celeste, paralelos al Ecuador y que pasan por los polos de la Eclíptica. ‖ **Geog.* Cada uno de los dos **círculos** menores que se consideran en el globo terrestre en correspondencia con los correlativos de la esfera celeste. ‖ **repetidor.** Instrumento empleado en la geodesia, que se compone de un **círculo** graduado y dos anteojos, y sirve para medir ángulos en cualquier plano. ‖ **vicioso.** **Gram.* Vicio de la oración, que se comete cuando dos cosas se explican una por otra recíprocamente.
circumcirca. adv. lat. que en estilo familiar suele emplearse en castellano con el significado de ***aproximadamente.**
circumpolar. adj. Que está alrededor del polo.

circun. prep. insep. que significa **alrededor.**
circuncenital. adj. **Astr.* Que está alrededor del cenit.
circuncidante. p. a. de **Circuncidar.** Que circuncida.
circuncidar. tr. *Cortar circularmente una porción del prepucio. ‖ fig. Cercenar, *disminuir o moderar alguna cosa.
circuncisión. f. Acción y efecto de circuncidar. ‖ Por excelencia, la de *Jesucristo. ‖ *Festividad con que anualmente celebra la Iglesia este misterio.
circunciso. p. p. irreg. de **Circuncidar.** Ú. t. c. s.
circundante. p. a. de **Circundar.** Que circunda.
circundar. tr. *Cercar, rodear.
circunducción. f. **Fisiol.* *Movimiento que se hace con un miembro del cuerpo, de manera que describa un cono cuyo vértice corresponde al punto de articulación.
***circunferencia.** f. *Geom.* Curva plana, cerrada, cuyos puntos son equidistantes de otro interior, situado en el mismo plano. ‖ *Contorno, periferia.
circunferencial. adj. Perteneciente a la circunferencia.
circunferencialmente. adv. m. En circunferencia.
circunferente. adj. Que circunscribe.
circunferir. tr. Circunscribir, *limitar.
circunflejo. adj. V. **Acento circunflejo.**
circunfuso, sa. adj. Difundido o extendido en derredor.
circunlocución. f. **Ret.* Figura que consiste en expresar por medio de un *rodeo algo que hubiera podido decirse con menos palabras.
circunloquio. m. *Rodeo de palabras que implica *prolijidad.
circunnavegable. adj. Que puede navegarse en derredor.
circunnavegación. f. Acción y efecto de circunnavegar.
circunnavegar. tr. *Navegar alrededor. ‖ intr. Dar un buque la vuelta al mundo.
circunscribir. tr. *Reducir a ciertos *límites. ‖ **Geom.* Formar una figura de modo que otra quede dentro de ella, pero tocándose ambas.
circunscripción. f. Acción y efecto de circunscribir. ‖ División de un *territorio.
circunscripto, ta. p. p. irreg. **Circunscrito.**
circunscrito, ta. p. p. irregular de **Circunscribir.** ‖ adj. **Geom.* Aplícase a la figura que circunscribe a otra.
circunsolar. adj. Que rodea al *Sol.
circunspección. f. *Atención, mesura. ‖ *Precaución, *moderación, prudencia. ‖ *Seriedad, decoro en acciones y palabras.
circunspecto, ta. adj. Cuerdo, *prudente. ‖ *Serio, *respetable.
***circunstancia.** f. *Accidente de tiempo, lugar, modo, etc., que acompaña substancialmente a alguna cosa. ‖ *Calidad o requisito. ‖ **agravante.** *For.* Motivo legal para recargar la *pena del *reo. ‖ **atenuante** *For.* Motivo legal para aliviarla. ‖ **eximente.** *For.* La que libra de responsabilidad criminal.
circunstanciadamente. adv. m. Con toda menudencia, sin omitir *detalles.
***circunstancial.** adj. Que implica alguna circunstancia o depende de ella.
circunstante. adj. Que está *alrededor. ‖ Dícese de los que están *presentes a alguna cosa. Ú. t. c. s.
circunvalación. f. Acción de circunvalar. ‖ **Fort.* Línea de atrincheramientos que sirven de defensa a una plaza o posición, contra el sitiador.
circunvalar. tr. Cercar, *sitiar una ciudad, fortaleza, etc.
circunvecino, na. adj. Aplícase a los lugares que se hallan *cerca y alrededor de otro.
circunvolar. tr. *Volar alrededor.
circunvolución. f. *Vuelta o rodeo. ‖ **cerebral.** Cada uno de los relieves que se observan en la superficie exterior del *cerebro.
circunyacente. adj. Que yace o está *alrededor.
cirenaico, ca. adj. Natural de Cirene. Ú. t. c. s. ‖ Perteneciente a esta ciudad de la Cirenaica. ‖ Aplícase a la escuela *filosófica fundada por Aristipo. Ú. t. c. s. ‖ Perteneciente a esta escuela.
cireneo, a. adj. **Cirenaico.**
cirial. m. Cada uno de los *candeleros altos que llevan los acólitos en las funciones de iglesia.
cirigallo, lla. m. y f. Persona que pasa el tiempo *vagando, sin hacer cosa de provecho.
cirigaña. f. *Adulación, *halago, zalamería. ‖ **Chasco.** ‖ Friolera, cosa *insignificante.
cirineo. m. fig. y fam. Persona que *ayuda a otra en algún trabajo.
cirineo, a. adj. **Cireneo.**
***cirio.** m. Vela de cera, larga y gruesa. ‖ **pascual.** El muy grueso, al cual se le clavan cinco piñas de incienso en forma de cruz.
cirolar. m. Lugar en que hay muchos *ciruelos.
cirolero. m. **Ciruelo.**
cirrípedo. adj. *Zool.* Aplícase a los *crustáceos que viven adheridos a las rocas, como el percebe, y cuya concha se compone de varias valvas, por entre las cuales el animal extiende sus tentáculos. Ú. t. c. s. ‖ m. pl. *Zool.* Orden de estos animales.
cirro. m. *Tumor duro indolente.
cirro. m. *Bot.* **Zarcillo** (de la vid). ‖ *Meteor.* *Nube blanca y ligera, en forma de lana cardada. ‖ *Zool.* Tentáculos de ciertos *crustáceos.
cirrópodos. m. pl. *Zool.* **Cirrípedos.**
cirrosis. f. *Pat.* Inflamación del *hígado con alteración de los tejidos.
cirroso, sa. adj. Que tiene cirros.
cirrótico, ca. adj. Perteneciente o relativo a la cirrosis.
***ciruela.** f. Fruto del ciruelo. ‖ **amacena. Ciruela damascena.** ‖ **claudia.** La redonda, de color verde claro y muy jugosa y dulce. ‖ **damascena.** La de color morado muy gustosa, aunque algo agria. ‖ **de dama. Cascabelillo.** ‖ **de data. Ciruela de pernigón.** ‖ **de fraile.** Especie de **ciruela** más o menos puntiaguda, de color comúnmente verde amarillento, con la carne adherida al hueso. ‖ **de Génova.** La grande y de color negro, que suelta el hueso limpio. ‖ **de pernigón.** La de color negro, muy jugosa. ‖ **de yema.** La de color amarillento, de buen sabor y que suelta el hueso limpio. ‖ **imperial. Cascabelillo.** ‖ **porcal.** Especie de **ciruela** gorda y basta. ‖ **regañada.** La que se abre hasta descubrir el hueso. ‖ **verdal.** La que tira a verde aunque esté madura. ‖ **zaragocí.** La amarilla, originaria de Zaragoza.
ciruelillo. m. *Árbol americano cuyas flores son de un color rojo escarlata.
***ciruelo.** m. *Árbol de las amigdaláceas, cuyo fruto es la ciruela. ‖ fig. y fam. Hombre *necio. Ú. t. c. adj.
***cirugía.** f. Parte de la medicina, que se propone curar las enfermedades por medio de operaciones manuales o con instrumentos. ‖ **menor,** o **ministrante.** La que comprende ciertas operaciones secundarias.
***cirujano.** m. El que profesa la cirugía. ‖ **romancista.** Decíase del que no sabía latín.
cis. prep. insep. De la parte de acá.
cisalpino, na. adj. Situado entre los Alpes y Roma.
cisca. f. **Carrizo.**
ciscar. tr. fam. *Ensuciar alguna cosa. ‖ r. *Evacuarse el vientre.
***cisco.** m. *Carbón menudo. ‖ fig. y fam. *Alboroto, *contienda, reyerta. ‖ **Hacer cisco.** f. fam. *Romper una cosa en fragmentos menudos.
ciscón. m. Restos que quedan en los hornos de *carbón.
cisión. f. *Corte, cisura o incisión.
cisípedo. adj. Que tiene el *pie dividido en dedos.
cisma. amb. *Separación, escisión entre los individuos de un cuerpo o comunidad. ‖ *Discordia.
cismar. tr. *Malquistar, sembrar *discordia.
cismáticamente. adv. m. De manera cismática.
cismático, ca. adj. Que se aparta de su legítima cabeza. Apl. a pers., ú. t. c. s. ‖ Dícese del que introduce cisma o *discordia. Ú. t. c. s.
cismontano, na. adj. Situado en la parte de acá de los montes.
cisne. m. *Ave palmípeda, de cabeza pequeña, cuello muy largo y flexible, patas cortas y alas grandes. ‖ *Ave palmípeda, semejante a la anterior, pero de plumaje negro. ‖ fig. *Poeta o *músico excelente. ‖ *Germ.* **Ramera.** ‖ *Astr.* *Constelación boreal de la Vía láctea.
cisneriense. adj. Natural de la villa de Cisneros, provincia de Palencia. ‖ Perteneciente o relativo a dicha villa.
cisoria. adj. V. **Arte cisoria.**
cispadano, na. adj. Situado entre Roma y el río Po.
cisquera. f. Lugar donde se almacena el cisco.
cisquero. m. El que hace cisco o lo vende. ‖ Muñequilla de lienzo, dentro de la cual se pone carbón molido. Golpeando con ella por encima de los *dibujos picados, se traspasan éstos a la tela o papel puestos debajo.
cista. f. *Caja que se usó antiguamente.
cistáceo, a. adj. *Bot.* **Cistíneo.**
cistel. m. **Cister.**
Cister. m. *Orden religiosa*, fundada por San Roberto.
cisterciense. adj. Perteneciente a la orden del Cister.
***cisterna.** f. Depósito subterráneo donde se recoge y conserva el agua.
cisticerco. m. Larva de tenia que vive entre el tejido celular del cerdo, y que, ingerida en el cuerpo humano, se transforma en solitaria.
cístico, ca. adj. Perteneciente a la vesícula biliar o a la vejiga de la orina.
cistíneo, a. adj. **Bot.* Dícese de plantas dicotiledóneas, arbustos o matas, cuyo tipo es la jara. Ú. t. c. s. f. ‖ f. pl. *Bot.* Familia de estas plantas.
cistitis. f. *Pat.* Inflamación de la vejiga de la *orina.
cistocele. f. *Pat.* Hernia de la vejiga.
cistoscopio. m. *Cir.* Instrumento para explorar la vejiga de la *orina.
cistotomía. f. **Cir.* Incisión de la vejiga de la *orina.
cisura. f. *Rotura o *hendedura sutil. ‖ **Cir.* Herida que hace el san-

grador en la vena. ‖ *Med.* Nombre de ciertos surcos del *cerebro.
cita. f. Señalamiento de día, hora y lugar para verse y *conversar dos o más personas. ‖ Pasaje de algún texto que se alega para *prueba de lo que se dice o refiere.
citación. f. Acción de *citar. ‖ **de remate.** *For.* La que se hace al *deudor para que pueda oponerse a la ejecución.
citador, ra. adj. Que cita. Ú. t. c. s.
citano, na. m. y f. fam. **Zutano.**
***citar.** tr. *Convocar a una o más personas señalándoles día, hora y lugar, para tratar de algún negocio. ‖ Alegar de palabra o por escrito algún texto para *prueba o *confirmación de lo que se dice o escribe. ‖ **Taurom.* Incitar al toro para que embista, o para que acuda a determinado paraje. ‖ **For.* Notificar a una persona el emplazamiento del juez.
cítara. f. *Instrumento músico algo semejante a la guitarra, pero más pequeño, que se toca con púa, como la bandurria.
citara. f. *Pared de medio pie de espesor. ‖ *Tropas que formaban los flancos del cuerpo principal.
citarilla. f. d. de **Citara.** ‖ **sardinel.** *Arq.* *Pared de medio pie, hecha de ladrillos puestos alternativamente de plano y de canto u oblicuamente.
citarista. com. Persona que toca la cítara.
citarón. m. Zócalo de *albañilería que sirve de base a un entramado de madera.
citatorio, ria. adj. *For.* Aplícase al mandamiento con que se *cita a alguno para que comparezca ante el juez. Ú. t. c. s. f.
citereo, a. adj. poét. **Mit.* Relativo a la diosa Venus.
citerior. adj. Situado de la parte de acá.
cítiso. m. **Codeso.**
¡cito! interj. ant. Voz para llamar a los perros.
citodiagnosis. f. **Med.* Método de diagnosticar basado en el examen de las células.
cítola. f. Tablita que pende sobre la piedra del *molino harinero. Sirve para que la tolva vaya despidiendo la cibera, y para conocer que se para el molino cuando la tablilla deja de golpear. ‖ **Cítara.**
citolero, ra. m. y f. ant. **Citarista.**
citoplasma. m. *Bot.* y *Zool.* Parte del protoplasma, que rodea el núcleo de la *célula.
cítora. f. Especie de arpón para pinchar los peces entre la arena.
citote. m. fam. Citación o intimación para *compeler a uno a que ejecute alguna cosa.
citramontano, na. adj. **Cismontano.**
citrato. m. **Quím.* Sal formada por la combinación del ácido cítrico con una base.
cítrico, ca. adj. **Quím.* Perteneciente o relativo al limón.
citrina. f. **Quím.* Aceite esencial del limón.
citrón. m. **Limón.**
***ciudad.** f. Población más importante que las villas. ‖ Conjunto de *calles y edificios que componen la **ciudad.** ‖ *Ayuntamiento de cualquier **ciudad.**
***ciudadanía.** f. Calidad y derecho de ciudadano.
***ciudadano, na.** adj. Natural o vecino de una ciudad. Ú. t. c. s. ‖ Perteneciente a la ciudad o a los **ciudadanos.** ‖ m. El que está en posesión de los derechos de ciudadanía. ‖ Individuo de la clase media. ‖ **Hombre bueno.**
ciudadela. f. **Fort.* Recinto interior de una plaza, que sirve de último refugio a su guarnición.
ciudad-realeño. adj. Natural de Ciudad Real. Ú. t. c. s. ‖ Perteneciente a esta ciudad.
civeta. f. **Gato de algalia.**
civeto. m. **Algalia.**
cívico, ca. adj. **Civil** (ciudadano). ‖ **Patriótico.** ‖ **Doméstico.**
civil. adj. **Ciudadano** (perteneciente a la ciudad). ‖ *Sociable, *cortés. ‖ p. us. *Grosero, vil. ‖ Aplícase a la persona que no es militar. ‖ *For.* Dícese de las instituciones y procedimientos jurídicos que regulan la condición de las personas, de la familia y de la propiedad. ‖ *For.* Dícese de las disposiciones *laicas, en oposición a las eclesiásticas; y de las referentes a los paisanos, enfrente de las especiales que rigen la organización militar. ‖ m. fam. **Guardia civil.**
civilidad. f. Sociabilidad, *afabilidad, *cortesía. ‖ p. us. Miseria, *mezquindad.
civilista. m. El que profesa el derecho civil.
***civilización.** f. Acción y efecto de *civilizar o civilizarse. ‖ Conjunto de conocimientos y costumbres que forman la *cultura o estado social de un pueblo o de una raza.
civilizador, ra. adj. Que civiliza. Ú. t. c. s.
***civilizar.** tr. Sacar del estado salvaje a pueblos o personas. Ú. t. c. r. ‖ Educar. Ú. t. c. r.
civilmente. adv. m. Con civilidad. ‖ *For.* Conforme al derecho civil.
civismo. m. Celo *desinteresado por las instituciones y bienes de la *patria.
cizalla. f. Instrumento, a modo de *tijeras grandes, para cortar las *planchas de metal. ‖ Recorte o fragmento de cualquier metal. ‖ *Residuo de los rieles de que se ha cortado la *moneda.
cizaña. f. *Planta gramínea, cuyas cañas crecen hasta más de un metro. Se cría en los sembrados y la harina de su semilla es venenosa. ‖ fig. *Vicio que se mezcla entre las buenas acciones o costumbres. ‖ fig. Cualquier cosa que *corrompe a otra. ‖ fig. Disensión, *discordia.
cizañador, ra. adj. Que cizaña. Ú. t. c. s.
cizañar. tr. Sembrar o meter cizaña (discordia).
cizañero, ra. adj. Que tiene el hábito de cizañar. Ú. t. c. s.
clac. m. *Sombrero de copa alta, plegable. ‖ Sombrero de tres picos, plegable.
claco. m. *Moneda antigua de cobre.
clacopacle. m. **Aristoloquia.**
clacota. f. *Tumorcillo o divieso.
clachique. m. Pulque sin fermentar.
cladodio. m. *Bot.* Órgano que toma apariencia de *hoja.
clamar. intr. *Quejarse a voces, pidiendo favor o ayuda. ‖ fig. Se dice de las cosas inanimadas cuando necesitan y parece que están *pidiendo alguna cosa. ‖ fig. *Hablar de manera grave y solemne.
clámide. f. *Capa corta y ligera que usaron los griegos y los romanos.
clamo. m. *Germ.* **Diente.** ‖ *Germ.* **Enfermedad.**
clamor. m. *Grito fuerte. ‖ *Voz lastimera. ‖ Toque de *campanas por los *difuntos. ‖ Voz o *fama pública. ‖ *Arroyo formado por la lluvia.
clamoreada. f. **Clamor** (grito o voz lastimera).
clamorear. tr. *Rogar con voces lastimeras para conseguir alguna cosa. ‖ intr. **Doblar** (las *campanas).
clamoreo. m. Clamor repetido o continuado. ‖ fam. Ruego *importuno.
clamoroso, sa. adj. Dícese del rumor que resulta de las quejas de mucha gente reunida. ‖ **Vocinglero.**
clamosidad. f. Calidad de clamoso.
clamoso, sa. adj. Que clama o grita.
clan. m. Nombre que en Escocia designaba *tribu o familia.
clandestinamente. adv. m. De manera clandestina.
clandestinidad. f. Calidad de clandestino.
clandestino, na. adj. Que se hace encubiertamente o en *secreto.
clanga. f. **Planga.**
clangor. m. poét. *Sonido de la trompeta o del clarín.
clapa. f. Calva que se produce en un *sembrado por no haber nacido la semillas.
claque. f. fig. y fam. Conjunto de los alabarderos de un *teatro.
clara. f. Materia viscosa y transparente que rodea la yema del *huevo. ‖ Parte de un *paño que por no estar bien tejido se trasluce. ‖ Principio de *calvicie que se advierte en alguna región de la cabeza. ‖ fam. Interrupción momentánea de la *lluvia.
claraboya. f. *Ventana abierta en el techo o en la parte alta de las paredes.
claramente. adv. m. Con claridad.
clarar. tr. **Aclarar.**
clarea. f. *Bebida que se hace con vino, azúcar, canela y otras cosas aromáticas. ‖ *Germ.* **Día.**
clarear. tr. Dar claridad. ‖ *Germ.* **Alumbrar.** ‖ intr. Empezar a *amanecer. ‖ Irse disipando las *nubes. ‖ r. ***Transparentarse.** ‖ fig. y fam. *Revelar uno involuntariamente sus propósitos.
clarecer. intr. ***Amanecer.**
clarens. m. *Coche de cuatro asientos con capota.
clareo. m. Acción de aclarar un monte.
clarete. adj. V. **Vino clarete.** Ú. t. c. s.
clareza. f. **Claridad.**
***claridad.** f. Calidad de claro. ‖ *Luz suficiente para distinguir bien los objetos. ‖ *Distinción con que por medio de la *vista y del oído, percibimos las sensaciones correspondientes. ‖ Distinción con que percibimos las ideas. ‖ **Teol.* Una de las cuatro dotes de los cuerpos gloriosos, que consiste en el resplandor que en sí tienen. ‖ fig. Palabra o frase con que se dice a uno *descaradamente algo desagradable u *ofensivo. Ú. m. en pl. ‖ fig. Buena opinión, *fama.
clarificación. f. Acción de clarificar.
clarificadora. f. Vasija para clarificar el guarapo del *azúcar.
clarificar. tr. *Iluminar, alumbrar. ‖ Aclarar alguna cosa. ‖ Poner claro lo que estaba turbio o lleno de *heces. Comúnmente se dice de los *licores.
clarificativo, va. adj. Que tiene virtud de clarificar.
clarífico, ca. adj. **Resplandeciente.**
clarilla. f. *Lejía que se saca de la ceniza.
clarimente. m. *Afeite de que usaban las mujeres.
clarimento. m. Color claro y vivo de cualquiera pintura. Ú. m. en pl.
clarín. m. *Instrumento de viento, semejante a la trompeta, pero más pequeño y de sonidos más agudos. ‖ Registro del *órgano. ‖ El que toca

el **clarín.** || *Tela de hilo muy delgada y clara. || **Guisante de olor.** || **de la selva.** *Pájaro americano, del tamaño del tordo. Vive en domesticidad y su canto es muy agradable.

clarinada. f. *Toque de clarín. || fam. Dicho *impertinente o desentonado.

clarinado, da. adj. **Blas.* Aplícase a los animales que llevan campanillas.

clarinero. m. **Clarín** (el que lo toca).

clarinete. m. *Instrumento músico de viento, que se compone de una boquilla de lengüeta de caña, y de un tubo formado por varias piezas de madera, con agujeros que se tapan con los dedos o se cierran con llave. || El que toca este instrumento.

clarinetista. m. El que toca el clarinete.

clarión. m. Pasta hecha de yeso mate y greda, que sirve para *escribir en los encerados y para otros usos.

clarioncillo. m. Pasta blanca en figura de barrita, que sirve para *pintar al pastel.

clariosa. f. *Germ.* **Agua.**

clarisa. adj. Dícese de la *monja que pertenece a la orden fundada por Santa Clara en el siglo XIII. Ú. t. c. s.

clarividencia. f. Facultad de *comprender claramente las cosas. || Penetración, *inteligencia, *talento.

clarividente. adj. Que tiene clarividencia.

***claro, ra.** adj. Bañado de luz. || Que se *distingue bien. || *Limpio, puro. || *Transparente. || Se aplica a las cosas líquidas o pastosas, menos densas que de ordinario. || Más ensanchado o *separado de lo regular; *ralo. || Dícese del *color no subido. || Inteligible, fácil de *entender. || Evidente, *cierto. || Expresado con *sinceridad y *desenvoltura. || Aplícase a la persona que se expresa de este modo. || **Taurom.* Dícese del toro que acude francamente al trapo. || Se dice del tiempo, día, noche, etc., en que la *atmósfera está despejada. || En los tejidos, **ralo.** || fig. Perspicaz, *listo. || fig. *Ilustre, famoso. || **Veter.* Se dice del *caballo que echa las manos hacia afuera. || m. Abertura por donde entra luz. || Espacio que media de palabra a palabra en lo *escrito. || *Intervalo o interrupción en una peroración o discurso. || *Hueco o *distancia que hay entre algunas cosas. || *Germ.* **Clarea** (día). || *Arq.* Luces de un edificio. Ú. m. en pl. || **Pint.* Porción de luz que baña la figura u otra parte del lienzo. || adv. m. **Claramente.** || **A la clara,** o **a las claras.** m. adv. *Manifiesta, públicamente. || **¡Claro!** expr. de que se usa para dar por cierto lo que se dice. || **De claro en claro.** m. adv. *Manifiestamente. || De un extremo a otro, por *completo. || **Meter en claros.** fr. **Pint.* Poner los pintores los **claros** en su lugar. || **Por lo claro.** m. adv. Claramente.

claror. m. *Resplandor o claridad.

claroscuro. m. **Pint.* Conveniente distribución de la luz y de las sombras en un cuadro. || *Pint.* Diseño que no tiene más que un color sobre el campo en que se pinta. || *Caligr.* Aspecto agradable que ofrece la *escritura mediante la acertada distribución de gruesos y perfiles.

clarucho, cha, adj. despect. Aplícase a la substancia *desleída en cantidad excesiva de líquido.

clascal. m. Tortilla de *maíz.

***clase.** f. *Orden, *conjunto o número de personas que tienen algunas condiciones comunes. || Grupo o categoría en que se consideran comprendidas diferentes cosas. || En las *universidades y *escuelas, conjunto de alumnos que reciben enseñanza de un mismo grado o en una misma materia. || Local en que explica el profesor, aula. || Lección que da el *maestro a los discípulos cada día. || Asignatura. || *Hist. Nat.* Conjunto de órdenes o de familias afines. || pl. *Mil.* Nombre genérico de los individuos de tropa que forman los escalones intermedios entre el oficial y el *soldado raso. || **media.** La que se halla entre las nobles y ricas y la de los que viven de jornal. || **Clases de etiqueta.** Parte de la servidumbre palatina. || **pasivas.** Conjunto de personas que perciben haberes pasivos, como *pensión, viudedad, etc.

clasiarios. m. pl. *Soldados que, en la antigua Roma, correspondían a la actual infantería de marina.

clasicismo. m. Sistema *literario o *artístico fundado en la imitación de los *modelos de la antigüedad.

clásico, ca. adj. Dícese del autor o de la obra que se consideran dignos de imitación en cualquier *literatura o *arte. Apl. a pers., ú. t. c. s. || *Principal o notable en algún concepto. || Perteneciente a la literatura o al arte de la antigüedad griega y romana. Apl. a pers., ú. t. c. s. || Partidario del clasicismo. Ú. t. c. s.

***clasificación.** f. Acción y efecto de clasificar.

clasificador, ra. adj. Que clasifica. Ú. t. c. s. || m. Mueble con cajoncitos o departamentos para guardar separadamente y con orden los papeles.

***clasificar.** tr. Ordenar y disponer por *clases.

clástico, ca. adj. *Frágil, quebradizo. || Desmontable.

clauca. f. *Germ.* **Ganzúa.**

claudia. adj. V. **Ciruela claudia.**

claudicación. f. Acción y efecto de claudicar.

claudicante. p. a. de **Claudicar.** Que claudica.

claudicar. intr. **Cojear.** || fig. Faltar en algún punto a lo debido o proceder defectuosamente. || *Flaquear, ceder.

claustra. f. **Claustro.**

claustral. adj. Perteneciente o relativo al claustro. Apl. a pers., ú. t. c. s. || V. **Bóveda claustral.**

claustrillo. m. Salón de algunas *universidades, más pequeño que el paraninfo.

claustro. m. *Galería que rodea el patio principal de una *iglesia o *convento. || Junta formada por el rector, autoridades y catedráticos de un establecimiento docente. || **de profesores.** || Conjunto de *catedráticos de algún centro oficial. || **materno. Matriz.**

claustrofobia. f. Perturbación *mental que se manifiesta por sensación de angustia causada por los espacios cerrados.

***cláusula.** f. *For.* Cada una de las disposiciones de un *contrato, *documento, etc. || **Gram.* y *Ret.* Conjunto de palabras que forma sentido cabal. || **compuesta.** **Gram.* y *Ret.* La que consta de dos o más proposiciones. || **simple.** **Gram.* y *Ret.* La que consta de una sola proposición.

clausulado, da. adj. **Cortado,** escrito en períodos o frases breves. || m. Conjunto de cláusulas.

clausular. tr. Cerrar o terminar el período.

clausura. f. En los *conventos, recinto interior donde no pueden entrar personas del otro sexo. || Prohibición que tienen las personas de las *órdenes religiosas* de salir de cierto recinto, y las seglares de entrar en él. || Vida religiosa o en **clausura.** || Acto solemne con que se *terminan o suspenden las deliberaciones de un *tribunal, corporación, etc.

clausurar. tr. **Cerrar.**

clava. f. *Palo o *bastón toscamente labrado, cuyo grueso va en aumento desde la empuñadura hasta el extremo opuesto. || *Mar.* Abertura superior, a ambas bandas de la cubierta de proa en algunas *embarcaciones, para dar salida al agua que embarcan.

clavadizo, za. adj. Dícese de las *puertas, ventanas y muebles adornados con *clavos de cabeza grande.

clavado, da. adj. Guarnecido o armado con *clavos. || *Exacto, puntual. || fig. **Pintiparado** (*conveniente, adecuado).

clavadura. f. **Veter.* Herida que se hace a las caballerías cuando algún clavo de la *herradura penetra hasta la carne.

***clavar.** tr. Introducir un clavo u otra cosa aguda en un cuerpo, a fuerza de golpes. || *Sujetar o fijar con clavos una cosa en otra. || *Introducir una cosa puntiaguda. Ú. t. c. r. || En *joyería, engastar las piedras en el oro o la plata. || *Veter.* Hablando de caballerías, causarles una clavadura. || Inutilizar un *cañón introduciendo en el oído un clavo de acero a golpe de mazo. || fig. Fijar la *mirada, los ojos, la atención, etc. || fig. y fam. *Engañar a uno perjudicándole. Ú. t. c. r.

clavario, ria. m. y f. **Clavero, ra.**

clavazón. f. Conjunto de *clavos.

***clave.** m. **Clavicordio.** || →f. Explicación de los signos convencionales para escribir en cifra. || Comentario o *explicación que necesitan algunos escritos para la inteligencia de su texto. || Noticia por la cual se *resuelve o hace comprensible algo que era enigmático. || *Arq.* Piedra con que se cierra el *arco o bóveda. || **Mús.* Signo que se pone al principio del pentágrama para determinar el nombre de las notas. || **Echar la clave.** fr. fig. *Concluir o *finalizar un negocio o discurso.

***clavel.** m. Planta cariofilea, que se cultiva por lo hermoso de sus flores, de colores diversos y olor muy agradable. || Flor de esta planta. || **coronado. Clavellina de pluma.** || **de China. Clavel** de hojas más anchas que el común, pero de flores más pequeñas.

clavelito. m. Especie de *clavel, cuyas flores, dispuestas en corimbos desparramados, despiden aroma suave por la tarde y por la noche. || Flor de esta planta.

clavelón. m. *Planta herbácea, de las compuestas.

clavellina. f. **Clavel,** principalmente el de flores sencillas. || *Planta semejante al *clavel común, pero de flores más pequeñas. || *Artill.* Tapón para impedir que el polvo entre por el oído del *cañón. || **de pluma.** Especie de *clavel con los tallos tendidos al principio y flores blancas o rojas con cinco pétalos finamente divididos en lacinias largas y estrechas. || Flor de esta planta.

claveque. m. Cristal de roca, en

cantos rodados, que se emplea en *joyería.

clavera. f. *Molde en que se forman las cabezas de los *clavos. ‖ Agujero por donde se introduce el *clavo. ‖ **Mojonera.**

clavería. f. Dignidad de clavero en las *órdenes militares*. ‖ Oficina *eclesiástica que recauda y distribuye las rentas del cabildo.

clavero. m. *Árbol de las mirtáceas, que da unas flores róseas en corimbo, cuyos capullos son los clavos de especia.

clavero, ra. m. y f. **Llavero, ra.** ‖ m. En algunas *órdenes militares*, caballero a cuyo cargo estaba la custodia de su principal castillo o convento.

claveta. f. Estaquilla o *clavo de madera.

clavete. m. d. de **Clavo.** ‖ *Mús.* La púa con que se toca la bandurria.

clavetear. tr. Guarnecer o adornar con *clavos. ‖ **Herretear.** ‖ fig. *Concluir una cosa, como negocio, convenio, etc., de manera completa y definitiva.

clavicémbalo. m. *Mús.* **Clavicímbalo.**

clavicímbalo. m. ant. **Clavicordio.**

clavicímbano. m. **Clavicordio.**

***clavicordio.** m. Antiguo *instrumento músico de teclado, parecido al *piano de cola, en el que las cuerdas se herían con lengüetas.

clavicorno. m. *Mús.* *Instrumento parecido al figle.

clavícula. f. *Zool.* Cada uno de los dos *huesos situados transversalmente en la parte superior del pecho.

claviculado, da. adj. Que tiene clavículas.

clavicular. adj. Perteneciente a la clavícula.

clavija. f. Pieza cilíndrica o algo cónica, que encaja exactamente en un agujero, y se utiliza como medio de *sujeción, *eje de giro, etc., y también para arrollar y atirantar las cuerdas de los *instrumentos de música. ‖ **maestra.** Barra de hierro que se usa en los *coches para fijar el carro sobre el juego delantero. ‖ **Apretarle** a uno **las clavijas.** fr. fig. y fam. *Reprenderle o exigirle con severidad el cumplimiento de su deber.

clavijera. f. Abertura en las tapias de los huertos para que entre el agua de *riego.

clavijero. m. Pieza maciza de madera o hierro, en que están hincadas las clavijas de los *pianos, guitarras y otros *instrumentos. ‖ **Percha** (para *colgar ropa). ‖ *Agr.* Parte del timón del *arado donde están los agujeros para la clavija.

clavillo, to. m. Pasador que sujeta las varillas de un *abanico o las dos hojas de unas *tijeras. ‖ **Clavo** (de especia). ‖ Cada una de las puntas de hierro colocadas en el puente y en el secreto del *piano, para dar dirección a las cuerdas.

claviórgano. m. Instrumento músico que tenía cuerdas como el *piano y tubos como el órgano.

***clavo.** m. Barrita de hierro con cabeza y punta, que sirve para fijarla en alguna parte, o para asegurar una cosa a otra. ‖ Callo duro y profundo que se forma sobre los dedos de los *pies. ‖ **Cir.* **Lechino.** ‖ Capullo seco de la flor del clavero, que se usa como *condimento. ‖ **Jaqueca.** ‖ *Daño que uno recibe. ‖ fig. *Dolor agudo, o grave *aflicción. ‖ **Veter.* Tumor que sale a las caballerías en la cuartilla. ‖ **baladí.** El de herrar menor que el hechizo. ‖ **bellote. Bellote.** ‖ **bellotillo.** El que mide unos quince centímetros. ‖ **chanflón.** El labrado toscamente. ‖ **de a cuarto.** El que tiene de largo unos ocho centímetros. ‖ **de ala de mosca.** El parecido al de chilla, con la cabeza aplanada lateralmente. ‖ **de a ochavo.** El que mide unos siete centímetros. ‖ **de chilla.** El de seis centímetros de largo y espiga delgada y piramidal. ‖ **de gota de sebo.** El de cabeza semiesférica. ‖ **de media chilla.** El de unos tres centímetros de largo. ‖ **de pie.** El que no pasa de veinte centímetros de largo. ‖ **de rosca. Tornillo.** ‖ **de tercia.** El que tiene algo menos de treinta centímetros. ‖ **hechizo.** El que se usa en la herradura hechiza. ‖ **jemal. Clavo bellote.** ‖ **pasado.** **Veter.* Tumor que pasa de un lado a otro. ‖ **romano.** El de adorno, con cabeza grande de latón labrado. ‖ **trabal.** El que sirve para unir y clavar las vigas. ‖ **Agarrarse** uno **a,** o **de, un clavo ardiendo.** fr. fig. y fam. Valerse de cualquier medio, para salir de una *dificultad, *salvarse de un peligro o conseguir alguna cosa. ‖ **Arrimar el clavo.** fr. *Veter.* Introducir por el casco de las caballerías al *herrarlas, tocando en lo vivo y dejándolas cojas. ‖ **Dar** uno **en el clavo.** fr. fig. y fam. *Acertar. ‖ **Dar una en el clavo y ciento en la herradura.** fr. fig. y fam. *Equivocarse a menudo. ‖ **De clavo pasado.** loc. adv. fig. *Evidente. ‖ fig. Muy *fácil de hacer o conseguir. ‖ **Hacer clavo.** fr. **Albañ.* Trabarse sólidamente los materiales de una edificación o la piedra del firme de un *camino. ‖ **No importar un clavo** una cosa. fr. fig. y fam. Ser *insignificante. ‖ **Remachar** uno **el clavo.** fr. fig. y fam. Añadir a un *desacierto otro mayor. ‖ fig. y fam. *Confirmar con nuevos argumentos lo que ya parecía probado. ‖ **Tener buen,** o **mal clavo.** fr. Hablando del *azafrán cuando está en flor, tener muchas hebras o pocas.

clemátide. f. *Planta ranunculácea *trepadora.

clemencia. f. *Indulgencia, virtud que modera el rigor de la justicia. ‖ *Compasión.

clemente. adj. Que tiene clemencia.

clementemente. adv. m. Con clemencia.

clementina. f. Cada una de las constituciones de la colección del *derecho canónico* publicada por el papa Juan XXII. ‖ pl. Esta colección.

clepsidra. f. **Reloj de agua.**

cleptomanía. f. Trastorno *mental caracterizado por el impulso de *robar.

cleptomaniaco, ca o **cleptomaníaco, ca.** adj. **Cleptómano.**

cleptómano, na. adj. Dícese de la persona que padece cleptomanía. Ú. t. c. s.

clerecía. f. Conjunto de personas que componen el *clero. ‖ Número de *clérigos que toman parte en una función de iglesia. ‖ Oficio u ocupación de clérigos. ‖ V. **Mester de clerecía.**

***clerical.** adj. Perteneciente al clérigo. ‖ fam. Partidario del clericalismo

clericalismo. m. Influencia excesiva del *clero en los asuntos *políticos.

clericalmente. adv. m. Como corresponde al estado clerical.

clericato. m. Estado y honor del *clérigo. ‖ **de cámara.** Empleo honorífico en el palacio del *papa.

clericatura. f. Estado clerical.

clerigalla. f. despect. **Clero.**

***clérigo.** m. El que ha recibido las órdenes sagradas. ‖ El que tiene la primera tonsura. ‖ En la Edad Media, hombre letrado y de estudios escolásticos. ‖ Por ext., el *docto, en general. ‖ **de cámara.** El que obtiene un clericato de cámara. ‖ **de corona.** El que sólo tiene la primera tonsura. ‖ **de menores.** El que sólo tiene órdenes menores. ‖ **de misa.** Presbítero o sacerdote. ‖ **pobre de la Madre de Dios. Escolapio.** ‖ **Clérigos menores.** Orden de **clérigos** escolares fundada por Juan Agustín Adorno.

cleriguicia. f. despect. **Clerecía.**

clerizángano. m. Clérigo holgazán o de malas costumbres.

clerizón. m. En algunas catedrales, *monacillo.

clerizonte. m. El que vestía de *clérigo sin estar ordenado. ‖ Clérigo mal vestido o de malos modales.

***clero.** m. Conjunto de los clérigos, de órdenes mayores y menores. ‖ Clase sacerdotal en la Iglesia católica. ‖ **regular.** El que se liga con los votos de pobreza, obediencia y castidad. ‖ **secular.** El que no hace dichos votos.

clerofobia. f. Odio manifiesto al *clero.

clerófobo, ba. adj. Que tiene clerofobia. Ú. t. c. s.

cleuasmo. m. **Ret.* Figura que consiste en atribuir, el que habla, sus buenas acciones a otro, o en atribuirse las malas de otro.

clíbano. m. *Hornilla portátil. ‖ *Mil.* Coraza que usaban los soldados persas.

cliente. com. Persona que está bajo la *protección o *tutela de otra. ‖ Respecto del que ejerce alguna *profesión, persona que utiliza sus servicios, y respecto de un comerciante, *comprador habitual.

clientela. f. *Protección con que los poderosos favorecen a los que se acogen a ellos. ‖ Conjunto de los clientes de una persona, *tienda u otros establecimientos.

***clima.** m. Conjunto de condiciones atmosféricas propias de una región. ‖ *País, región. ‖ Medida *superficial agraria que equivalía a unos 290 metros cuadrados. ‖ **Geog.* Espacio comprendido entre dos paralelos, en los cuales el día mayor del año se diferencia en determinada cantidad.

climaterapia. f. *Terap.* **Climatoterapia.**

climatérico, ca. adj. V. **Año climatérico.** ‖ Relativo a cualquiera de los períodos de la *vida considerados como críticos. ‖ Dícese de la *época o momento *peligroso por alguna circunstancia. ‖ **Estar** uno **climatérico.** fr. fig. y fam. Estar de mal *temple.

climaterio. m. Período de la vida que corresponde a la extinción de la función *genital.

climático, ca. adj. Perteneciente o relativo al *clima.

climatografía. f. Descripción o estudio de los *climas.

climatología. f. Tratado de los *climas.

climatológico, ca. adj. Perteneciente o relativo a la climatología. ‖ Perteneciente o relativo a las condiciones propias de cada *clima.

climatoterapia. f. **Terap.* Aplicación al tratamiento de las enfermedades, de las condiciones climatológicas de determinadas regiones.

clímax. m. *Ret.* **Gradación.**

clin. f. **Crin.**

clínica. f. Parte práctica de la enseñanza de la *medicina. ‖ Departamento de los *hospitales destinado a dar enseñanza. ‖ *Hospital o consultorio privado, regido por uno o varios médicos.
clínico, ca. adj. Perteneciente a la clínica.
clinómetro. m. Especie de nivel para medir la *inclinación de los terrenos. ‖ **Mar.* Aparato empleado a bordo para apreciar la diferencia de calado entre la proa y la popa.
clinopodio. m. *Planta herbácea, de las labiadas, con raíz vivaz y rastrera.
clinóscopo. m. **Clinómetro.**
clípeo. m. *Arqueol.* *Escudo antiguo de forma circular y abombada.
clíper. m. *Buque de vela fino y ligero. ‖ *Avión grande para el transporte de viajeros.
clisado. m. **Impr.* Acción y efecto de clisar. ‖ **Impr.* Arte de clisar.
clisador. m. *Impr.* El que tiene por oficio clisar.
clisar. tr. **Impr.* Reproducir con planchas de metal la composición de imprenta, mediante un molde.
clisé. m. **Impr.* Plancha clisada, y especialmente la que representa algún grabado. ‖ **Fot.* Negativa revelada y fijada.
clisobomba. f. Aparato para poner *lavativas, compuesto de una bomba y un sifón continuo.
clisos. m. pl. *Germ.* Los ojos.
clistel. m. **Clister.**
clistelera. f. Mujer que echaba clisteles.
clister. m. **Ayuda** (*lavativa).
clisterizar. tr. Administrar el clister. Ú. t. c. r.
clitómetro. m. **Topogr.* Instrumento que se emplea para medir la *inclinación del terreno.
clítoris. m. Cuerpecillo carnoso eréctil, situado en la comisura superior de la *vulva.
clivoso, sa. adj. poét. Que está en *cuesta.
clo. Onomatopeya con que se representa la voz de la *gallina clueca. Ú. m. repetida.
cloaca. f. *Conducto de *desagüe para aguas sucias o inmundicias. ‖ *Zool.* Porción final del intestino recto de las *aves.
clocar. intr. **Cloquear.**
clónico, ca. adj. *Pat.* Agitado, irregular. Dícese especialmente de los movimientos *convulsivos.
cloque. m. ***Bichero.** ‖ **Pesca.* Garfio enastado para enganchar los atunes en las almadrabas.
cloquear. intr. Hacer clo, clo la gallina clueca.
cloquear. tr. **Pesca.* Enganchar el atún con el cloque.
cloqueo. m. Cacareo de la *gallina clueca.
cloquera. f. Estado de las *gallinas y otras aves, que las incita a permanecer sobre los huevos para *empollarlos.
cloquero. m. El que maneja el cloque.
cloral. m. **Quím.* Líquido producido por la acción del cloro sobre el alcohol anhidro, y que se usa como *anestésico.
clorato. m. **Quím.* Sal formada por la combinación del ácido clórico con una base.
clorhidrato. m. **Quím.* Sal formada por la combinación del ácido clorhídrico con una base.
clorhídrico, ca. adj. **Quím.* Perteneciente o relativo a las combinaciones del cloro y del hidrógeno.
clórico, ca. adj. **Quím.* Perteneciente o relativo al cloro.
clorideas. f. pl. **Bot.* Familia de plantas gramíneas, que tienen las flores en espiga.
clorita. f. *Mineral compuesto de un silicato y un aluminato hidratados de magnesia y óxido de hierro.
clorítico, ca. adj. **Geol.* Dícese del terreno o roca en cuya composición se halla la clorita.
cloro. m. **Quím.* Metaloide gaseoso de color verde amarillento y olor fuerte y sofocante.
clorofila. f. **Bot.* Materia colorante verde de los vegetales.
clorofílico, ca. adj. Perteneciente o relativo a la clorofila.
clorofilo, la. adj. *Bot.* De *hojas verdes o amarillentas.
clorofórmico, ca. adj. Perteneciente o relativo al cloroformo.
cloroformización. f. *Med.* Acción y efecto de cloroformizar.
cloroformizar. tr. *Med.* Aplicar el cloroformo para producir la *anestesia.
cloroformo. m. *Quím.* Líquido incoloro, de olor agradable, compuesto de carbono, hidrógeno y cloro, que se emplea como *anestésico.
cloromicetina. f. **Farm.* e **Inm.* Antibiótico que se emplea por vía oral en el tratamiento de la fiebre tifoidea.
clorosis. f. *Enfermedad de las adolescentes, caracterizada por palidez del rostro y sensación de fatiga.
clorótico, ca. adj. Perteneciente o relativo a la clorosis. ‖ Dícese de la mujer que la padece. Ú. t. c. s.
cloruro. m. **Quím.* Combinación del cloro con un metal o ciertos metaloides.
clota. f. Hoya para *plantar un árbol o arbusto.
clown. m. Payaso de *circo.
club. m. *Junta de alguna *asociación política, a veces clandestina. ‖ Sociedad de *recreo. ‖ Local de dicha sociedad.
cluden. m. *Espada que usaban los *actores romanos.
clueco, ca. adj. Aplícase a la *gallina y otras aves cuando se echan sobre los huevos para *empollarlos. Ú. t. c. s. ‖ Dícese de la persona impedida por la *ancianidad.
cluniacense, adj. Perteneciente al *monasterio o congregación de Cluni, en Borgoña. Apl. a pers., ú. t. c. s.
cluniense. adj. Natural de Clunia, hoy Coruña del Conde. Ú. t. c. s. ‖ Perteneciente a esta ciudad.
co. prep. insep. equivalente a **con.**
coa. f. Palo aguzado que usaban los indios americanos para labrar la tierra. ‖ Instrumento de agricultura a modo de *azada. ‖ *Jerga hablada por los ladrones y presidiarios, en Chile.
***coacción.** f. Violencia que se hace a una persona para obligarla a que diga o ejecute alguna cosa.
coacervación. f. Acción y efecto de coacervar.
coacervar. tr. *Acopiar o *amontonar.
coacreedor, ra. adj. Que es acreedor juntamente con otro u otros. Ú. t. c. s.
coactar. tr. Compeler, obligar a alguno mediante *coacción.
coactivamente. adv. m. Con *coacción.
***coactivo, va.** adj. Que tiene fuerza de apremiar u obligar.
coacusado, da. adj. *For.* Acusado con otro u otros. Ú. t. c. s.
coadjutor, ra. m. y f. Persona que *ayuda y *acompaña a otra en ciertas cosas. ‖ m. El que tenía la futura de alguna prebenda *eclesiástica. ‖ *Clérigo destinado a ayudar al cura párroco en la cura de almas. ‖ En la Compañía de Jesús, el que no hace la profesión solemne.
coadjutoría. f. Empleo o cargo de coadjutor. ‖ Facultad de servir una prebenda *eclesiástica en vida del propietario, con derecho de sucederle en ella después de su muerte.
coadministrador. m. El que en vida de un *obispo propietario ejerce ciertas funciones de éste.
coadquirir. tr. *Adquirir juntamente con otro u otros.
coadunación. f. Acción y efecto de coadunar.
coadunamiento. m. **Coadunación.**
coadunar. tr. *Unir o *mezclar unas cosas con otras. Ú. t. c. r.
coadyutor. m. **Coadjutor.**
coadyutorio, ria. adj. Que *ayuda o auxilia.
coadyuvador, ra. m. y f. Persona que coadyuva.
coadyuvante. p. a. de **Coadyuvar.** Que coadyuva. ‖ com. **For.* En lo contencioso administrativo, parte que, juntamente con el fiscal, defiende a la administración.
coadyuvar. tr. Contribuir o *ayudar a la consecución de alguna cosa.
coagente. m. El que coopera a algún fin.
coagulación. f. Acción y efecto de coagular o coagularse.
coagulador, ra. adj. Que coagula.
coagulante. p. a. de **Coagular.** Que coagula.
coagular. tr. *Solidificar ciertos líquidos, como la sangre, leche, etc. Ú. t. c. r.
***coágulo.** m. *Sangre coagulada. ‖ Grumo extraído de un líquido coagulado. ‖ Masa coagulada.
coaguloso, sa. adj. Que se coagula o está coagulado.
coairón. m. *Madero de sierra, de diez a quince palmos de longitud.
coaita. f. Especie de *mono de América.
coalición. f. *Confederación, liga.
coáltar. m. *Brea de hulla que se emplea en medicina.
coalla. f. **Chocha.**
coamante. adj. Compañera o compañero en el *amor.
coano. m. *Anat.* Cada uno de los orificios posteriores de las fosas de la *nariz.
coapóstol. m. El que es *apóstol juntamente con otro.
coaptación. f. Acción y efecto de coaptar. ‖ **Cir.* Acción de colocar en su lugar los fragmentos de un hueso fracturado. ‖ *Cir.* Acción de restituir en su sitio un hueso dislocado.
coaptar. tr. Adaptar, *acomodar o hacer que convenga una cosa con otra.
coarrendador, ra. m. y f. Persona que juntamente con otra toma algo en *arrendamiento.
coarrendar. tr. Arrendar una cosa en unión de otro.
coarrendatario, ria. adj. Que toma en arrendamiento juntamente con otro. Ú. t. c. s.
coartación. f. Acción y efecto de coartar. ‖ **Ecles.* Precisión de ordenarse dentro de cierto término.
coartada. **For.* Prueba que alega el presunto reo de que estaba *ausente del paraje en que se cometió el delito.
coartado, da. adj. Aplícase al *esclavo o esclava que tenía pacto con el dueño para rescatarse. Ú. t. c. s.

coartador, ra. adj. Que coarta. Ú. t. c. s.
coartar. tr. *Limitar, restringir.
coate, ta. adj. **Cuate.**
coatí. m. **Cuatí.**
coautor, ra. m. y f. Autor o autora con otro u otros.
coba. f. fam. *Engaño con que se trata de *halagar a alguno. ‖ *Broma.
coba. f. *Germ.* **Gallina.** ‖ *Germ.* Moneda antigua de a real.
coba. f. En Marruecos, *pabellón o tienda de campaña que usa el sultán. ‖ En Marruecos, *cúpula. ‖ En Marruecos, edificio que contiene la *sepultura de un santón.
cobalto. m. *Metal de color blanco rojizo, duro y tan difícil de fundir como el hierro.
cobarba. f. *Germ.* **Ballesta.**
cobarcho. m. Una de las partes de la almadraba, que forma como una barrera de *red.
***cobarde.** adj. Pusilánime, que carece de valor y de brío. Ú. t. c. s. ‖ Hecho con cobardía. ‖ fig. Aplícase a la vista delicada.
cobardear. intr. Tener o mostrar cobardía.
cobardemente. adv. m. Con cobardía.
***cobardía.** f. Falta de valor.
cobayo. m. **Conejillo de Indias.**
cobejera. f. *Alcahueta.
cobertera. f. Disco de metal o de barro, con una asa o botón en medio, que sirve para *tapar las ollas y otras *vasijas. ‖ **fig. Alcahueta.** ‖ **Nenúfar.** ‖ pl. *Cetr.* Las dos *plumas centrales de la cola del azor y otras aves.
***cobertizo.** m. *Tejadillo volado en el paramento de un edificio, que sirve para guarecerse de la lluvia. ‖ Sitio cubierto ligera o rústicamente y abierto por alguno de sus lados, que sirve para resguardar de la intemperie personas, animales o cosas.
cobertor. m. **Colcha.** ‖ *Manta de abrigo para la *cama.
cobertura. f. **Cubierta.** ‖ Ceremonia con que los grandes de España tomaban posesión de su *dignidad poniéndose el sombrero delante del rey.
cobija. f. *Teja que se pone con la parte cóncava hacia abajo. ‖ *Mantilla corta de que usan las mujeres. ‖ Cada una de las *plumas pequeñas del ave, que cubren el arranque de las penas. ‖ **Cubierta.** ‖ **Manta.** ‖ pl. Ropa de la cama. ‖ Losas que forman el cielo de una galería de *mina.
cobijador, ra. adj. Que cobija. Ú. t. c. s.
cobijamiento. m. Acción y efecto de cobijar o cobijarse.
cobijar. tr. *Cubrir o tapar. Ú. t. c. r. ‖ fig. **Albergar.** Ú. t. c. r.
cobijo. m. **Cobijamiento.** ‖ *Hospedaje sin manutención.
cobista. com. **Adulador.**
cobla. f. **Copla.** ‖ **Mús.* En Cataluña, conjunto de músicos que se dedican a tocar sardanas.
cobra. f. Coyunda para *uncir bueyes. ‖ Cierto número de *yeguas enlazadas, y amaestradas para la *trilla.
cobra. f. *Serpiente venenosa de los países tropicales.
cobra. f. **Caza.* Acción de coger el perro la pieza muerta o herida, y traerla al cazador.
cobrable. adj. **Cobradero.**
cobradero, ra. adj. Que se ha de cobrar o puede cobrarse.
cobrador, ra. adj. Que cobra. ‖ m. y f. Persona encargada de cobrar.
***cobranza.** f. Acción y efecto de cobrar. ‖ Exacción o recolección. ‖ **Mont.* Acción de cobrar las piezas que se matan.
***cobrar.** tr. Percibir, por cuenta propia o ajena, alguna cantidad debida por otro. ‖ ***Recobrar.** ‖ Tratándose de ciertos afectos o *sentimientos, tomar o sentir. ‖ *Tirar de una cuerda o cosa parecida e irla recogiendo. ‖ **Adquirir.** ‖ **Mont.* Recoger las reses y piezas que se han herido o muerto. ‖ intr. Recibir un *castigo corporal. ‖ r. Recuperarse, volver en sí.
cobratorio, ria. adj. Perteneciente a la cobranza.
***cobre.** m. Metal de color rojo pardo, maleable y dúctil. ‖ Batería de *cocina, cuando es de **cobre.** ‖ pl. *Mús.* Conjunto de los *instrumentos metálicos de viento. ‖ **Cobre quemado.** Sulfato de **cobre.** ‖ **verde. Malaquita.** ‖ **Batir** uno **el cobre.** fr. fig. y fam. *Procurar alguna cosa con mucha viveza y empeño. ‖ **Batirse el cobre.** fr. fig. y fam. *Trabajar mucho. ‖ fig. y fam. *Disputar con mucho acaloramiento.
cobre. m. Atado de *dos pescadas de cecial.
cobrear. tr. Recubrir un metal con una capa de cobre.
cobreño, ña. adj. Aplícase al mineral que contiene cobre. ‖ Parecido al cobre en el color.
cobrizo, za. adj. Dícese del mineral que contiene *cobre. ‖ De *color de cobre.
***cobro.** m. **Cobranza.** ‖ **Poner cobro en** una cosa. fr. Tener *precaución y cautela. ‖ **Poner en cobro** una cosa. fr. Colocarla en paraje seguro. ‖ **Ponerse** uno **en cobro.** fr. *Acogerse adonde pueda estar con *seguridad.
coca. f. Arbusto del Perú, de las eritroxíleas, cuyas hojas se usan en cocimiento o infusión, y también para *masticarlas. ‖ Hoja de este arbusto, de la cual se extrae la cocaína.
coca. f. Baya pequeña y redonda.
coca. f. Tarasca que sacan en la *procesión del día del Corpus.
coca. f. Cierta *embarcación antigua. ‖ Cada una de las dos porciones en que suelen dividir el *cabello las mujeres, sujetándolo por detrás de las orejas. ‖ fam. **Cabeza.** ‖ fam. *Golpe que, cerrado el puño, se da con los nudillos en la cabeza de uno. ‖ **Cachada** (que se da con el *trompo). ‖ *Mar.* Vuelta que toma un *cabo.
coca. f. **Torta.**
cocada. f. *Dulce hecho con la medula rallada del coco. ‖ Especie de turrón.
cocador, ra. adj. fam. Que coca. Ú. t. c. s.
cocaína. f. **Farm.* Alcaloide de la coca del Perú, que se usa como anestésico y narcótico.
cocainismo. m. *Enfermedad producida por el abuso de la cocaína.
cocainómano, na. adj. Dícese de la persona que tiene el vicio de abusar de la cocaína. Ú. t. c. s.
cocal. m. **Cocotal.**
cocamas. m. pl. *Tribu indígena del Perú.
cocar. tr. fam. **Hacer cocos.**
cocarar. tr. *Proveer de coca americana.
cocaví. m. *Provisión de coca y, en general, de *víveres que llevan, en algunas regiones de América, los que viajan a caballo.
coccígeo, a. adj. Relativo al cóccix.
coccíneo, a. adj. **Purpúreo.**
***cocción.** f. Acción y efecto de cocer o cocerse.
cóccix. m. *Zool.* Hueso pequeño formado por cuatro *vértebras rudimentarias, en que termina por abajo el *espinazo.
coceador, ra. adj. Dícese de la *caballería que tira muchas coces.
coceadura. f. Acción y efecto de cocear.
coceamiento. m. **Coceadura.**
cocear. intr. Dar o tirar coces. ‖ fig. y fam. Resistir, *repugnar.
cocedero, ra. adj. Fácil de cocer. ‖ m. Local en que se cuece el *vino.
cocedizo, za. adj. **Cocedero** (fácil de cocer).
cocedor. m. El que se ocupa en cocer el mosto. ‖ **Cocedero** (lugar en que se cuece el *vino).
cócedra. f. ant. ***Colchón.**
cocedura. f. **Cocción.**
***cocer.** tr. Someter un manjar a la acción del calor para que se pueda comer. ‖ Someter ciertas cosas a la acción del fuego para que adquieran determinadas propiedades. ‖ Someter alguna cosa a la acción del calor, en un líquido, para que comunique a éste ciertas propiedades. ‖ *Digerir la comida. ‖ *Cir.* **Madurar.** ‖ intr. *Hervir un líquido. ‖ Hervir un líquido, como el vino, por efecto de la *fermentación. ‖ **Enriar.** ‖ r. fig. Padecer por largo tiempo un *dolor o incomodidad.
cocido. m. **Olla** (vianda preparada con garbanzos, carne, tocino, etc.).
cociembre. f. Fermentación del *vino.
cociente. m. *Arit.* Resultado que se obtiene *dividiendo una cantidad por otra.
***cocimiento.** m. **Cocción.** ‖ Líquido cocido con hierbas o con substancias medicinales, que se hace para *beber y para otros usos. ‖ Baño convenientemente preparado, en que se sumerge la lana, a fin de que reciba mejor el *tinte.
***cocina.** f. Pieza de la casa en que se guisa la comida. ‖ Potaje que se hace de legumbres y semillas. ‖ **Caldo.** ‖ fig. Manera especial de guisar de cada país. ‖ **de boca.** En palacio, aquella en que sólo se hacía la comida para las personas *reales. ‖ **económica.** *Hornilla de hierro en la cual la circulación de los gases comunica el calor a varios compartimientos.
cocinar. tr. *Guisar las viandas. ‖ intr. fam. *Entremeterse uno en cosas que no le tocan.
cocinear. intr. fam. Andar en cosas de cocina.
cocinero, ra. m. y f. Persona que tiene por oficio guisar.
cocinilla. m. fam. El que se *entremete en cosas domésticas, y especialmente en las que son propias de mujeres.
cocinilla, ta. f. Aparato a modo de *hornillo portátil, en que se utilizan combustibles líquidos o gaseosos. ‖ En algunas partes, chimenea para calentarse.
cóclea. f. **Rosca de Arquímedes.**
coclear. adj. *Bot.* En forma de *espiral.
coclear. m. Unidad de *peso equivalente a media dracma.
coclearia. f. *Planta herbácea, crucífera.
***coco.** m. Árbol de América, de la familia de las *palmas. Su fruto, del tamaño de un melón pequeño, tiene dos cortezas, una fibrosa y otra leñosa dura. Adherida a ésta, por dentro, tiene una capa de pulpa blanca, comestible, y en la cavidad central un líquido refrigerante. ‖ Fruto de este árbol. ‖ Segunda *cás-

cara de este fruto. ‖ **Percal** (*tejido).

coco. m. Larva de *insecto que se encuentra en el interior de algunos frutos, semillas, etc.

coco. m. Cada una de las cuentecillas de color obscuro, con agujeritos, de las cuales se hacen *rosarios.

coco. m. *Fantasma con que se mete *miedo a los niños. ‖ fam. *Gesto, mueca. ‖ **Hacer cocos.** fr. fam. *Halagar a uno con fiestas o *ademanes. ‖ fam. Hacer ciertas señas los que están enamorados. ‖ **Parecer,** o **ser,** uno **un coco.** fr. fig. y fam. Ser muy *feo.

cocó. m. Tierra blanquecina que se emplea para hacer *argamasa.

cocobacilar. adj. *Bact.* Perteneciente o relativo al cocobacilo.

cocobacilo. m. *Bact.* Bacilo de forma redonda.

cocobacteria. f. *Bact.* Bacteria de forma redonda.

cocobálsamo. m. Fruto del verdadero árbol del bálsamo de la Meca.

cocobolo. m. *Árbol americano de las poligonáceas. ‖ Madera de este árbol.

cocodrilo. m. *Reptil anfibio del orden de los saurios, de cuatro o cinco metros de largo, cubierto de escamas durísimas.

cocol. m. Panecillo en forma de rombo.

cocolera. f. Especie de tórtola.

cocolero. m. El que hace o vende cocoles.

cocoliche. m. *Jerga híbrida de español e italiano que se habla en la Argentina.

cocoliste. m. En Méjico, nombre que se da a cualquier *enfermedad epidémica. ‖ **Tabardillo.**

cócora. com. fam. Persona *importuna e impertinente. Ú. t. c. adj.

cocoso, sa. adj. Dañado del coco.

cocotal. m. Sitio poblado de cocoteros.

cocote. m. **Cogote.**

cocotero. m. **Coco** (árbol del coco).

coctel. m. *Bebida compuesta, en que entran varios licores y diferentes ingredientes y condimentos.

coctelera. f. *Vasija en que se mezclan, agitándola, los ingredientes de un coctel.

cocui. m. **Pita.**

cocuiza. f. *Cuerda que se hace con fibras del cocui.

cocuy. m. **Cocuyo.** ‖ **Cocui.**

***cocuyo.** m. Insecto coleóptero de unos tres centímetros de largo, con dos manchas amarillentas a los lados del tórax, por las cuales despide de noche una luz azulada bastante viva. ‖ *Árbol silvestre de las Antillas de unos diez metros de altura. ‖ **ciego.** Variedad menor del insecto **cocuyo,** que no produce fosforescencia.

cocha. f. *Min.* *Estanque que se separa del lavadero principal con una compuerta.

cochambre. m. fam. Cosa *sucia, grasienta y *fétida.

cochambrería. f. fam. Conjunto de cosas que tienen cochambre.

cochambrero, ra. adj. fam. **Cochambroso.** Ú. t. c. s.

cochambroso, sa. adj. fam. Lleno de cochambre. Ú. t. c. s.

cocharro. m. *Vaso o *taza de madera o de piedra.

cochastro. m. *Jabalí pequeño de leche.

cochayuyo. m. *Planta marina americana, en forma de *alga. Es comestible.

***coche.** m. Carruaje de cuatro ruedas, con una caja dispuesta para llevar sentadas dos o más personas. ‖ **cama.** El de ferrocarril que lleva varios compartimientos cuyos asientos se pueden convertir en camas. ‖ **de colleras.** El tirado por mulas guarnecidas con colleras. ‖ **de estribos.** El que tenía asientos en las portezuelas. ‖ **de plaza,** o **de punto.** El de alquiler destinado al servicio público. ‖ **de rúa.** El que no era de camino. ‖ **fúnebre.** El destinado para la conducción de cadáveres al cementerio. ‖ **parado.** fig. *Balcón o mirador en sitio céntrico y de mucho paso. ‖ **simón. Coche de plaza.** ‖ **tumbón. Tumbón.**

coche. m. **Cochino.** ‖ **Cochi.**

cochear. intr. Guiar las caballerías que tiran del *coche.

cochera. f. Paraje donde se encierran los coches. ‖ Mujer del cochero.

cocheril. adj. fam. Propio de los *coches y de los cocheros.

cochero. m. El que tiene por oficio guiar las caballerías que tiran del *coche. ‖ *Astr.* Nombre de una *constelación boreal. ‖ **de punto.** El que guía el coche de punto.

cochero, ra. adj. Que fácilmente se *cuece.

cocherón. m. aum. de **Cochera.**

cochevira. f. *Manteca de cerdo.

cochevís. f. **Cogujada.**

cochi. m. Voz con que se llama a los *cerdos.

cochifrito. m. *Guisado que se hace de tajadas de cabrito o cordero, que, después de medio cocido, se fríe y sazona con especias y vinagre.

cochigato. m. *Ave zancuda de Méjico.

cochina. f. Hembra del cochino.

cochinada. f. fig. y fam. **Cochinería.**

cochinamente. adv. m. *Suciamente. ‖ fig. y fam. Con bajeza.

cochinata. f. *Arq. Nav.* Cada uno de los maderos de la parte inferior de la popa, endentados en el codaste.

cochinería. f. fig. y fam. Porquería, *suciedad. ‖ fig. y fam. Acción indecorosa, *vil o *grosera.

cochinero, ra. adj. Dícese de ciertos *frutos de inferior calidad, como propios para la alimentación de cochinos. ‖ fam. V. **Trote cochinero.**

cochinilla. f. *Crustáceo de unos dos centímetros de largo, con el cuerpo anillado, y patas muy cortas. Habita en los parajes húmedos y se hace una bola cuando se cree en peligro.

cochinilla. f. *Insecto hemíptero, del tamaño de una chinche, que vive sobre el nopal. Reducido a polvo, se empleaba para *teñir de grana los tejidos. ‖ Materia colorante obtenida de dicho insecto.

cochinillo. m. Cochino o *cerdo de leche.

cochinito de San Antón. m. **Mariquita** (insecto).

cochino, na. m. y f. **Puerco.** ‖ fig. y fam. Persona muy sucia y *desaliñada. Ú. t. c. adj. ‖ fig. y fam. Persona cicatera o *mezquina. ‖ m. *Pez plectognato, de unos treinta centímetros de largo. ‖ **chino.** El que carece de cerdas.

cochiquera. f. fam. **Cochitril.**

cochite hervite. loc. fam. para significar que se hace alguna cosa con *precipitación y *prontitud. ‖ m. fam. Persona que muestra en sus acciones *indeliberación y aturdimiento.

cochitril. m. fam. **Pocilga.** ‖ fig. y fam. *Habitación estrecha y desaseada.

cocho, cha. p. p. irreg. de **Cocer.**

cocho, cha. m. y f. **Cochino** (cerdo).

cochura. f. **Cocción.** ‖ Masa de *pan amasado para cocer. ‖ *Min.* Calcinación en los hornos de Almadén de una carga de mineral de *azogue.

cochurero. m. *Min.* Operario encargado de cuidar del fuego en los hornos del *azogue de Almadén.

cochurra. f. *Dulce de guayaba con su semilla.

coda. f. **Cola.**

coda. f. *Mús.* Período adicional con que termina una pieza de música. ‖ *Mús.* Repetición final de una pieza de *baile.

coda. f. *Carp.* *Taruguito triangular, de madera, que se encola en el ángulo entrante formado por la unión de dos tablas.

codadura. f. Parte enterrada del *sarmiento acodado.

codal. adj. Que consta de un codo. ‖ Que tiene medida o figura de codo. ‖ m. Pieza de la *armadura antigua, que cubría el codo. ‖ *Vela de cera, del tamaño de un codo. ‖ *Mugrón de la vid. ‖ *Arq.* **Aguja** (de los tableros del tapial). ‖ *Arq.* *Madero atravesado horizontalmente entre las dos jambas de un vano o entre las dos paredes de una excavación. ‖ *Carp.* Cada uno de los dos travesaños en que se asegura la hoja de la *sierra. ‖ *Carp.* Cada una de las reglas que se aplican en las cabezas de un *madero para desalabear sus caras. ‖ Cada uno de los dos brazos de un *nivel de albañil. ‖ *Min.* Arco de ladrillo para contrarrestar la presión de los hastiales.

codaste. m. *Arq. Nav.* Madero grueso puesto verticalmente sobre el extremo de popa de la quilla.

codazo. m. *Golpe dado con el codo.

codear. intr. Mover los codos, o golpear con ellos. ‖ Tomar las dimensiones de la madera para cubicarla. ‖ r. fig. Tener *trato de igual a igual una persona con otra.

codeína. f. *Farm.* Alcaloide que se extrae del opio y se usa como calmante de la tos.

codelincuencia. f. Calidad de codelincuente.

codelincuente. adj. Dícese de la persona que delinque en compañía de otra u otras. Ú. t. c. s.

codeo. m. Acción y efecto de codear o codearse.

codera. f. *Sarna que sale en el codo. ‖ Pieza de adorno que se pone en los codos de algunas prendas de *vestir. ‖ *Remiendo que se echa en la parte que cubre el codo. ‖ La última parte de un cauce de *riego. ‖ *Mar.* *Cabo grueso con que se amarra el buque, para mantenerlo presentando el costado en determinada dirección.

codero, ra. adj. Dícese del terreno que recibe *riego al final del ador. ‖ m. El que aprovecha dicho riego.

codesera. f. Terreno poblado de codesos.

codeso. m. *Mata leguminosa, de uno a dos metros de altura.

codeudor, ra. m. y f. Persona que participa en una *deuda.

codezmero. m. Recibidor de *diezmos y partícipe de ellos.

códice. m. *Libro manuscrito en que se conservan obras o noticias antiguas. ‖ *Liturg.* Parte del misal y del breviario que contiene oficios particulares.

***codicia.** f. Apetito desordenado de riquezas. ‖ fig. *Deseo vehemente.

codiciable. adj. **Apetecible.**

codiciador, ra. adj. Que codicia. Ú. t. c. s.

codiciante. p. a. de **Codiciar.** Que codicia.
codiciar. tr. *Desear con ansia las riquezas u otros bienes.
codicilar. adj. Perteneciente al codicilo.
codicilo. m. Instrumento en que, con referenecia a un *testamento anterior, se solían hacer disposiciones de última voluntad.
codiciosamente. adv. m. Con codicia.
***codicioso, sa.** adj. Que tiene codicia. Ú. t. c. s. ‖ fig. y fam. *Trabajador, hacendoso.
codificación. f. Acción y efecto de codificar.
codificador, ra. adj. Que codifica.
codificar. tr. Hacer o formar un código.
código. m. Cuerpo de *leyes ordenadas sistemáticamente. ‖ *Ley extensa y completa que regula gran número de materias conexas. ‖ Recopilación de las *leyes o estatutos de un país. ‖ fig. Conjunto de *reglas sobre cualquier materia. ‖ **de señales.** *Mar.* Vocabulario convencional que usan los buques para comunicarse entre sí o con los semáforos. ‖ **fundamental.** La *Constitución de un Estado.
codillera. f. *Veter.* Tumor que padecen las caballerías en el codillo.
codillo. m. En las *caballerías y otros *cuadrúpedos, coyuntura del brazo próxima al pecho. ‖ Parte comprendida desde esta coyuntura hasta la rodilla. ‖ Trozo del hueso del *jamón, con algo de carne adherida. ‖ Parte de la *rama, que queda unida al tronco cuando aquélla se corta. ‖ *Mont.* Parte de la res, que está debajo del brazuelo izquierdo. ‖ **Codo** (del tubo). ‖ En el juego del tresillo y otros de *naipes, lance de perder el que ha entrado, por haber hecho más bazas que él alguno de los otros jugadores. ‖ ***Estribo** (de montar). ‖ *Arq. Nav.* Cada uno de los extremos de la quilla, desde los cuales arrancan, respectivamente, la roda y el codaste. ‖ **Jugársela** uno **de codillo** a otro. fr. fig. y fam. *Engañarle. ‖ **Tirar** a uno **al codillo.** fr. fig. y fam. Procurar *perjudicarle.
codín. m. *Manga estrecha del jubón.
codina. f. *Ensalada de *castañas cocidas.
codo. m. Parte posterior y prominente de la *articulación del *brazo con el antebrazo. ‖ En las *caballerías y otros cuadrúpedos, **codillo.** ‖ Trozo de *tubo, que, formando *ángulo sirve para variar la dirección de las tuberías o conductos. ‖ Medida de *longitud correspondiente a la distancia que media desde el **codo** a la extremidad de la mano. ‖ **común. Codo geométrico.** ‖ **de rey,** o **de ribera. Codo real.** ‖ **de ribera cúbico.** Medida de *capacidad, equivalente a 329 decímetros cúbicos. ‖ **geométrico.** Medida de media vara. ‖ **mayor.** Medida de longitud que tenía 32 pulgadas. ‖ **mediano.** El que tenía 24 pulgadas. ‖ **perfecto. Codo de rey.** ‖ **real.** El de 33 dedos. ‖ **Alzar** uno **el codo.** fr. fig. y fam. *Beber mucho vino u otros licores. ‖ **Dar** uno **de codo.** fr. fig. y fam. *Despreciar o *rechazar a personas o cosas. ‖ **Del codo a la mano.** expr. fig. con que se pondera la estatura pequeña de alguno. ‖ **Empinar** uno **de codo,** o **el codo.** fr. fig. y fam. **Alzar el codo.** ‖ **Hablar** uno **por los codos.** fr. fig. y fam. *Hablar demasiado.
codón. m. Bolsa de cuero para cubrir la *cola del caballo.
codoñate. m. *Dulce de membrillo.
codorniz. f. *Ave de paso, del orden de las gallináceas, de carne comestible.
codorno. m. Cantero de *pan.
codorro, rra. adj. Dícese de la persona *obstinada o terca. Ú. t. c. s.
codujón. m. **Cogujón.**
coecuación. f. *Mat.* Igualdad de términos.
coeducación. f. Educación que se da juntamente a los jóvenes de uno y otro sexo.
coeficiencia. f. Acción de dos o más *causas para producir un efecto.
coeficiente. adj. Que juntamente con otra *causa produce un efecto. ‖ m. *Alg.* Número que, escrito inmediatamente antes de un monomio, hace oficio de multiplicador. ‖ fig. y fam. Persona que habitualmente *acompaña a otra.
coepíscopo. m. *Obispo contemporáneo de otro u otros en una misma provincia eclesiástica.
coercer. tr. Contener, *reprimir, refrenar.
coercible. adj. Que puede ser coercido.
coerción. f. *For.* Acción de coercer.
coercitivo, va. adj. Dícese de lo que coerce.
coesencial. adj. Dícese de lo que es esencial juntamente con otra u otras cosas.
coetáneo, a. adj. Aplícase a las personas y a algunas cosas que *coinciden en una misma época. Ú. t. c. s.
coeterno, na. adj. *Teol.* Aplícase a las tres personas de la *Trinidad para denotar que son igualmente eternas.
coevo, va. adj. Dícese de las cosas que tuvieron una *existencia *simultánea.
coexistencia. f. *Existencia *simultánea de dos o más cosas.
coexistente. p. a. de **Coexistir.** Que coexiste.
coexistir. intr. *Existir una persona o cosa *simultáneamente con otra u otras.
coextenderse. r. Extenderse una cosa a la vez que otra u otras.
cofa. f. *Mar.* Meseta colocada horizontalmente en el cuello de un *palo.
cofaina. f. **Jofaina.**
cofazo. m. *Cesta o canasto que usan los pescadores para llevar la ropa y los útiles de *pesca.
cofia. f. *Red que se ajusta a la cabeza para recoger el *cabello. ‖ *Gorra que usaban las mujeres para abrigar y adornar la cabeza. ‖ Birrete almohadillado, que se llevaba debajo del yelmo de la *armadura. ‖ *Artill.* Casquillo con que se cubre la espoleta de un *proyectil para que no penetre la humedad.
cofiador. m. *For.* Fiador con otro, o compañero en la *fianza.
cofiezuela. f. d. de **Cofia.**
cofín. m. *Cesto o canasto.
cofrada. f. p. us. Mujer que pertenece a una *cofradía.
***cofrade.** com. Persona que pertenece a una *cofradía. ‖ **de pala.** *Germ.* Ayudante de *ladrones.
***cofradía.** f. Congregación que forman algunos devotos, para ejercitarse en obras de piedad. ‖ Gremio o *corporación formada para un fin determinado. ‖ *Germ.* *Muchedumbre de gente. ‖ *Germ.* Junta de *ladrones o *rufianes. ‖ *Germ.* Malla o *cota.
cofre. m. Mueble parecido al *arca, que sirve generalmente para guardar ropas. ‖ *Pez plectognato. ‖ fig. y fam. V. **Pelo de cofre.** ‖ *Impr.* Marco de madera, que en las antiguas máquinas abrazaba y sujetaba la piedra.
cofrero. m. El que hace o vende cofres.
cofto, ta. adj. **Copto.** Apl. a pers., ú. t. c. s.
cogedera. f. Varilla con que se coge el *esparto. ‖ Caja para recoger el enjambre de *abejas. ‖ *Palo largo terminado por varios hierros corvos o una *tenaza, que sirve para coger la fruta de las ramas altas de los árboles.
cogedero, ra. adj. Que está en disposición o sazón de cogerse. ‖ m. *Mango o asidero.
cogedizo, za. adj. Que fácilmente se puede coger.
cogedor, ra. adj. Que coge. Ú. t. c. s. ‖ V. **Fiel cogedor.** ‖ m. Especie de pala con bordes altos a los lados y a la parte de atrás, que sirve para recoger la *basura de las casas. ‖ Ruedo pequeño de esparto o palma, que sirve para el mismo fin. ‖ Utensilio en forma de cucharón, que sirve en las cocinas para coger el *carbón y la ceniza.
cogedura. f. Acción de coger.
***coger.** tr. Asir, agarrar o *tomar. Ú. t. c. r. ‖ Recibir o *admitir en sí alguna cosa. ‖ Recoger o *acopiar algunas cosas. ‖ Tener una cosa *capacidad o hueco para contener otras. ‖ Ocupar o *cubrir cierto espacio. ‖ *Hallar, encontrar. ‖ Descubrir, *averiguar, sorprender. ‖ Tomar u ocupar un sitio. ‖ Cubrir el macho a la hembra para la *generación. ‖ Sobrevenir, *acaecer inesperadamente. ‖ Unido a otro verbo por la conj. *y*, *decidirse a ejecutar la acción significada por éste. ‖ **Alcanzar.** ‖ *Taurom.* Herir o enganchar el toro con los cuernos a una persona. ‖ intr. **Caber.** ‖ **Coger** a uno **de nuevo** una cosa. fr. *Sorprenderle.
cogida. f. fam. *Cosecha de frutos. ‖ fam. *Taurom.* Acto de coger el toro a un torero.
cogido. m. *Pliegue que se hace en la ropa de las mujeres, en cortinas, etcétera.
cogitable. adj. Que puede ser objeto de *reflexión.
cogitabundo, da. adj. Muy pensativo.
cogitación. f. Acción y efecto de cogitar.
cogitar. tr. *Reflexionar o meditar.
cogitativo, va. adj. Que tiene facultad de pensar.
cognación. f. *Parentesco de consanguinidad por línea femenina. ‖ Por ext., cualquier parentesco.
cognado, da. m. y f. *Pariente de cognación.
cognaticio, cia. adj. Perteneciente al parentesco de cognación.
cognición. f. **Conocimiento.**
cognomento. m. *Nombre adicional, apodo o apellido que adquiere una persona o cosa por alguna circunstancia que en ella concurre.
cognoscible. adj. **Conocible.**
cognoscitivo, va. adj. Que es capaz de *conocer.
cogollero. m. *Gusano que vive en el cogollo del *tabaco y destruye la hoja.
cogollo. m. Lo interior y más apretado de algunas *hortalizas. ‖ Brote o *retoño que arrojan las plantas. ‖ Parte alta del tronco del pino, que se desecha al aprovechar la *madera. ‖ Chicharra grande.

cogolludo, da. adj. Dícese de la *hortaliza que tiene mucho cogollo.
cogombrillo. m. **Cohombrillo.**
cogombro. m. **Cohombro.**
cogón. m. *Planta gramínea, cuyas cañas sirven en Filipinas para techar las casas.
cogonal. m. Sitio abundante en cogones.
cogorza. f. fam. *Borrachera.
cogotazo. m. *Golpe dado en el cogote con la mano abierta.
cogote. m. Parte superior y posterior del *cuello. ‖ Penacho que se colocaba en la parte posterior del *morrión. ‖ **Ser uno tieso de cogote.** fr. fig. y fam. Ser *orgulloso o altanero.
cogotera. f. Trozo de tela que se sujeta por detrás del *sombrero, tricornio, ros, etc., y sirve para resguardar la nuca del sol o la lluvia. ‖ *Sombrero que se pone a las caballerías cuando han de sufrir un sol muy ardiente.
cogotillo. m. Arco de hierro que se ponía en los *coches detrás del fuste delantero.
cogotudo, da. adj. Dícese de la persona que tiene excesivamente grueso el cogote. ‖ fig. y fam. Dícese de la persona *orgullosa. ‖ m. *Plebeyo enriquecido.
cogucho. m. *Azúcar de inferior calidad.
cóguil. m. Fruto comestible del boqui.
coguilera. f. **Boqui.**
*__cogujada.__ f. Especie de *alondra que tiene un moño en la cabeza.
cogujón. m. Cualquiera de las *puntas que forman los colchones, almohadas, serones, etc.
cogujonero, ra. adj. De figura de cogujón, o que presenta cogujones.
cogulla. f. Hábito de varias *órdenes religiosas*.
cogullada. f. Papada del *puerco.
cohabitación. f. Acción de cohabitar.
cohabitar. tr. *Habitar juntamente con otro u otros. ‖ Hacer vida marital, o tener comercio *carnal, el hombre y la mujer.
cohecha. f. *Agr.* Acción y efecto de cohechar o alzar el barbecho.
cohechador, ra. adj. Que cohecha o *soborna. Ú. t. c. s.
cohechar. tr. *Sobornar al juez o funcionario para que obre contra justicia o derecho.
cohechar. tr. *Agr.* Alzar el barbecho.
cohecho. m. Acción y efecto de cohechar o dejarse cohechar o *sobornar.
cohecho. m. Época de cohechar la tierra.
cohen. m. y f. Persona que *adivina; *hechicero. ‖ ***Alcahuete.**
coheredar. tr. *Heredar conjuntamente con otro u otros.
coheredero, ra. m. y f. *Heredero juntamente con otro u otros.
coherencia. f. Conexión, *relación o *enlace de unas cosas con otras. ‖ *Fís.* **Cohesión.**
coherente. adj. Que tiene coherencia.
cohesión. f. Acción y efecto de *unirse a concentrarse las cosas. ‖ ***Enlace.** ‖ *Adherencia íntima entre las moléculas de un cuerpo. ‖ *Fís.* Fuerza de *atracción que las mantiene unidas.
cohesivo, va. adj. Que produce cohesión.
cohesor. m. *Electr.* Detector de las ondas hertzianas que se usó en la *telegrafía sin hilos.
cohetazo. m. desus. **Barreno.**
*__cohete.__ m. Tubo cargado de pólvora y otros explosivos, que, sujeto al extremo de una vara delgada que le sirve de cola, se eleva al empezar a arder por la parte inferior y estalla a cierta altura. ‖ **Barreno.** ‖ **a la Congreve.** *Artill.* *Proyectil que se usó contra la caballería y que consistía en un tubo de hierro con carga explosiva y una cola de madera. ‖ **de guerra. Cohete a la Congreve.**
cohetera. f. Mujer del cohetero.
cohetería. f. Taller de pirotécnico.
cohetero. m. El que hace *cohetes y otros artificios pirotécnicos.
cohibición. f. Acción y efecto de cohibir.
cohibir. tr. Refrenar, *reprimir.
cohobación. f. *Quím.* y *Farm.* Acción y efecto de cohobar.
cohobar. tr. *Quím.* *Destilar repetidas veces una misma substancia.
cohobo. m. *Piel de ciervo.
cohol. m. ant. **Alcohol.**
cohollo. m. **Cogollo.**
cohombral. m. Sitio sembrado de cohombros.
cohombrillo. m. d. de **Cohombro.** ‖ **amargo.** Planta *cucurbitácea, cuyo fruto, del tamaño de un huevo de paloma, se desprende al tocarlo y arroja con fuerza las semillas y el jugo. ‖ Fruto de esta planta.
cohombro. m. Planta *cucurbitácea, variedad de pepino, cuyo fruto es largo y torcido. ‖ Fruto de esta planta. ‖ *Fruta de sartén*, de la misma masa que se emplea para los buñuelos, en forma de cilindro acanalado. ‖ **de mar.** Animal *radiado, de cuerpo cilíndrico y boca rodeada de apéndices ramosos.
cohonestar. tr. Dar visos de buena a una acción o tratar de *excusarla con *pretextos y *fingimientos.
cohorte. f. Unidad táctica de infantería del antiguo *ejército romano, compuesta de varias centurias.
coicoy. m. Sapo pequeño americano.
coigual. adj. *Teol.* Dícese de las tres personas de la *Trinidad.
coigualdad. f. *Teol.* Calidad de coigual.
coihué. m. *Árbol americano de las fagáceas, de madera semejante a la del roble.
coima. f. **Manceba.**
coima. f. Lo que se pagaba al garitero, por el cuidado de las mesas de *juego.
coime. m. El que cuida del garito. ‖ Mozo de *billar. ‖ *Germ.* *Amo de casa.
coimero. m. **Coime** (garitero).
coincidencia. f. Acción y efecto de coincidir.
coincidente. p. a. de **Coincidir.** Que coincide.
*__coincidir.__ intr. *Convenir una cosa con otra. ‖ → Ocurrir dos o más cosas a un mismo tiempo. ‖ *Acomodarse una cosa a otra exactamente, en forma, dimensiones, etc. ‖ Llegar simultáneamente dos o más personas a un lugar.
coinquinar. tr. Manchar, *ensuciar. ‖ r. **Mancharse** (incurrir en *descrédito o deshonra).
cointeresado, da. adj. Interesado juntamente con otro u otros. Ú. t. c. s.
coipo. m. *Mamífero anfibio semejante al castor.
coirón. m. *Planta gramínea americana de hojas duras y punzantes, que se usa para techar las barracas.
coironal. m. Terreno en que abunda el coirón.
coitivo, va. adj. ant. Perteneciente al coito.
coito. m. Ayuntamiento del hombre con la mujer para la *generación.
coja. f. fig. y fam. *Ramera.
cojal. m. Pellejo que los cardadores se ponen en la rodilla, para *cardar.
cojate. m. *Planta liliácea de las Antillas.
cojatillo. m. Especie de jengibre silvestre.
*__cojear.__ intr. Andar con movimiento o ritmo desigual por no poder sentar con regularidad ambos pies. ‖ Moverse una mesa o cualquiera otro mueble, por mal asiento o falta de estabilidad. ‖ fig. y fam. *Infringir alguna regla de buena conducta. ‖ fig. y fam. Adolecer de alguna *imperfección.
*__cojera.__ f. Deformidad o lesión que impide andar con regularidad.
cojijo. m. Sabandija, *bicho. ‖ *Disgusto o *queja por motivo leve.
cojijoso, sa. adj. Que se queja o resiente por causa ligera.
*__cojín.__ m. Almohadón para sentarse, arrodillarse o *apoyarse sobre él alguna parte del cuerpo. ‖ *Mar.* Defensa de cajeta para que no se rocen determinados cabos.
cojinete. m. d. de **Cojín.** ‖ **Almohadilla.** ‖ **Mec.* **Chumacera.** ‖ Pieza de hierro con que se sujetan los carriles del *ferrocarril a las traviesas. ‖ Pieza cortante que sirve en las terrajas para labrar la espiral del *tornillo. ‖ **Impr.* Cada una de las piezas de metal que sujetan el cilindro.
cojinúa. f. *Pez de las Antillas, de unos treinta centímetros, cuya carne es muy apreciada.
cojitranco, ca. adj. despect. *Cojo, y especialmente el que da grandes zancadas y anda inquieto de una parte a otra. Ú. t. c. s.
*__cojo, ja.__ adj. Aplícase a la persona o animal que cojea. Ú. t. c. s. ‖ Dícese de la persona o animal a quien le falta una pierna o un pie, o tiene perdido el uso de uno de estos miembros. Ú. t. c. s. ‖ También se aplica al *pie o pierna que produce cojera. ‖ fig. Dícese también de algunas cosas inestables o que carecen de fundamento. ‖ **No ser uno cojo ni manco.** fr. fig. y fam. Tener mucha *sabiduría o *habilidad.
cojudo, da. adj. Dícese del animal no castrado.
cojuelo, la. adj. d. de **Cojo.** Ú. t. c. s.
cok. m. **Coque.**
*__col.__ f. Planta hortense, crucífera, con hojas muy anchas y de pencas gruesas, que se usa como verdura.
*__cola.__ f. Prolongación de la columna vertebral de algunos animales, que forma su extremidad posterior. ‖ Haz de cerdas que parte de esta extremidad. ‖ Extremidad posterior, estrecha y alargada, del cuerpo de algunos animales. ‖ Conjunto de *plumas que tienen las aves en la rabadilla. ‖ Porción que en algunas *ropas talares se prolongaba por la parte posterior. ‖ Extremidad de la pieza de *paño. ‖ *Extremidad posterior de alguna cosa, por oposición a cabeza o principio. ‖ Apéndice luminoso de los *cometas. ‖ Apéndice prolongado que se une a alguna cosa. ‖ *Fila de personas que *esperan vez. ‖ *Arq.* Entrega del *sillar. ‖ **Fort.* Parte posterior de una obra de fortificación. ‖ **Fort.* **Gola.** ‖ **de caballo.** *Planta herbácea de las equisetáceas, con tallos que terminan en una especie de ramillete de hojas filiformes. ‖ **de golondrina.** **Fort.* Obra de defensa en forma de ángulo entrante. ‖ **del Dragón.** *Astr.* Parte extrema de la *constelación de este nombre. ‖ **de milano,** o **de pato.** **Carp.* Espiga

de ensamblaje, en forma de trapecio, más ancha por la cabeza que por el arranque. ‖ Adorno arquitectónico hecho en esta forma. ‖ **de zorra.** *Planta gramínea. ‖ **A la cola.** m. adv. fig. y fam. **Detrás.** ‖ **Apearse** uno **por la cola.** fr. fig. y fam. Responder algún *disparate o *grosería. ‖ **Hacer bajar la cola** a uno. fr. fig. y fam. *Humillar su soberbia. ‖ **Hacer** uno **cola.** fr. fig. y fam. *Esperar vez, formando *fila con otras personas. ‖ **Llevar** uno **cola,** o **la cola.** fr. fig. En *exámenes u oposiciones públicas, llevar el último lugar. ‖ **Ser** uno **arrimado a la cola.** fr. fig. y fam. Ser *necio o de cortos alcances. ‖ **Tener,** o **traer, cola** una cosa. fr. fig. y fam. Tener *consecuencias graves.

***cola.** f. Substancia gelatinosa que se saca por cocimiento de raeduras y retazos de pieles, y que, disuelta en agua caliente, sirve para *pegar. ‖ **de boca.** Masa compuesta de **cola** de pescado y **cola** de retal, que se humedece con la saliva y sirve para pegar papeles. ‖ **de pescado.** Gelatina casi pura que se obtiene principalmente de la vejiga del esturión. ‖ **de retal.** La que se hace con las recortaduras del baldés, y sirve para preparar los colores al temple.

cola. f. *Farm.* Semilla de un árbol ecuatorial de cualidades tónicas y reconstituyentes.

colaboración. f. Acción y efecto de colaborar.

colaborador, ra. m. y f. El que colabora con otro. ‖ *Escritor que publica habitualmente artículos en un *periódico o revista, sin pertenecer a la redacción.

colaborar. tr. *Trabajar con otra u otras personas, especialmente en obras de ingenio.

colación. f. Acto de conferir un beneficio *eclesiástico, o un grado de *universidad. ‖ Cotejo. ‖ *Conversación que tenían los antiguos *monjes sobre cosas espirituales. ‖ Territorio que pertenece a cada *parroquia. ‖ Refacción que se acostumbra tomar por la noche en los días de *ayuno. ‖ Porción de dulces, frutas u otras cosas de *comer, que se da a los criados el día de nochebuena. ‖ Refacción de dulces u otras cosas con que se obsequia a un *convidado. ‖ **de bienes.** *For.* Manifestación que hace el *heredero forzoso de los bienes que recibió en vida del causante para que le sean descontados. ‖ **Sacar** uno **a colación** a una persona o cosa. fr. fig. y fam. Hacer *conversación de ellas. ‖ **Traer a colación.** fr. fig. y fam. *Alegar pruebas o razones. ‖ **Traer a colación y partición** una cosa. fr. *For.* Incluirla en la **colación** de bienes.

colacionable. adj. Que se debe traer a colación.

colacionar. tr. **Cotejar.** ‖ **Traer a colación y partición.** ‖ Hacer la colación de un beneficio *eclesiástico.

colactáneo, a. m. y f. **Hermano de leche.**

colachón. m. Especie de *guitarra con el mango muy largo.

colada. f. Acción y efecto de *colar la ropa. ‖ *Lejía en que se cuela la ropa. ‖ Ropa colada. ‖ Faja de terreno por donde pueden transitar los *ganados. ‖ Paso escabroso y *estrecho entre *montañas. ‖ **Metal.* Sangría que se hace en los altos hornos. ‖ **Salir** una **cosa en la colada.** fr. fig. y fam. *Aparecer, descubrirse lo que estaba olvidado y oculto.

colada. f. fig. y fam. Buena *espada, por alusión a la del Cid.

coladera. f. Cedacillo para licores. ‖ *Sumidero con agujeros.

coladero. m. Manga, cedazo, paño, etcétera, en que se *filtra o cuela un líquido. ‖ *Camino o paso *estrecho. ‖ *Min.* Boquete que se deja en el entrepiso de una *mina para echar los minerales al piso inferior.

coladizo, za. adj. Que penetra o se cuela fácilmente por dondequiera.

colador. m. El que confiere beneficios *eclesiásticos.

***colador.** m. **Coladero** (criba o manga para *colar líquidos). ‖ **Impr.* Cubeto con varios agujeros en el fondo, para hacer lejía de cenizas.

coladora. f. La que hace coladas.

coladura. f. Acción y efecto de *colar líquidos. ‖ fig. y fam. Acción y efecto de colarse o decir *mentiras. ‖ fig. y fam. *Error, *desacierto.

colagogo. m. *Farm.* Medicamento que favorece la secreción de la *bilis.

colaina. f. **Acebolladura.**

colaire. m. Lugar por donde pasa aire colado.

colambre. f. **Corambre.**

colana. f. Trago de *bebida.

colanilla. f. Pasadorcillo con que se *cierran puertas o ventanas.

colaña. f. *Tabique de poca altura, y especialmente el que sirve de *antepecho en las escaleras. ‖ *Madero de veinte palmos de longitud y seis pulgadas de tabla por cuatro de canto.

colapez. f. **Cola de pescado.**

colapiscis. f. **Colapez.**

colapso. m. *Pat.* *Síncope o postración repentina de las fuerzas vitales.

colar. tr. Conferir canónicamente beneficios *eclesiásticos.

***colar.** tr. Pasar un líquido por manga, cedazo, etc., para separar las materias en suspensión. ‖ fam. Pasar o hacer aceptar una cosa mediante *engaño. ‖ Blanquear la ropa con *lejía caliente. ‖ intr. *Pasar por un espacio o paraje estrecho. ‖ fam. *Beber vino. ‖ r. fam. *Entrarse a escondidas o sin permiso en alguna parte. ‖ fig. y fam. Decir inconveniencias o *mentiras. ‖ *Equivocarse por inadvertencia. ‖ **No colar** una cosa. fr. fig. y fam. No ser creída.

colateral. adj. Dícese de las cosas que están a uno y otro *lado de otra principal. ‖ Dícese del *pariente que no lo es por línea recta. Ú. t. c. s.

colativo, va. adj. Aplícase a los beneficios *eclesiásticos que necesitan colación canónica.

colativo, va. adj. Dícese de lo que tiene virtud de colar y *limpiar.

colayo. m. **Pimpido.**

colbac. m. *Mil.* Morrión de pelo, ensanchado por arriba, que se usaba en algunos países.

colcótar. m. *Quím.* Polvo rojo de peróxido de *hierro, que se emplea en pintura.

colcha. f. Cobertura de *cama que sirve de adorno y abrigo.

colchado, da. adj. Se dice de la prenda de *vestir forrada y acolchada.

colchadura. f. Acción y efecto de colchar.

colchar. tr. **Acolchar.**

colchar. tr. *Mar.* **Corchar** (un cabo).

colchero, ra. m. y f. Persona que hace o vende colchas.

***colchón.** m. Especie de saco cuadrilongo, cerrado por todos lados y relleno de lana, pluma, u otra materia blanda y elástica, que sirve para dormir sobre él. ‖ **de muelles.** Bastidor de madera o hierro, con resortes enlazados. ‖ **de tela metálica.** El de tela elástica de alambre, que se mantiene tirante en un bastidor de hierro o madera. ‖ **de viento.** El de tela impermeable henchido de aire. ‖ **sin bastas.** fig. y fam. Persona *gruesa y *desaliñada.

colchonera. adj. V. **Aguja colchonera.**

colchonería. f. **Lanería.** ‖ Tienda en que se hacen o venden colchones.

colchonero, ra. m. y f. Persona que hace o vende colchones.

colchoneta. f. *Cojín largo y delgado que se pone sobre el asiento de un banco o de otro mueble semejante. ‖ *Colchón delgado y estrecho.

cold-cream. m. Pomada hecha de cera blanca y aceite de almendras dulces, que se usa como *afeite.

coleada. f. Sacudida que dan con la *cola algunos animales. ‖ Cambio brusco en la dirección del *viento. ‖ **Taurom.* Acto de derribar una res tirándole de la cola.

coleador. m. **Taurom.* El que derriba al toro tirándole de la cola.

coleadura. f. Acción de colear.

colear. intr. Mover con frecuencia la *cola. ‖ **Taurom.* tr. En las corridas de toros, sujetar la res por la cola. ‖ Coger el jinete la cola al toro que huye, y derribarle tirando de ella. ‖ **Todavía colea.** expr. fig. y fam. con que se indica que una cosa está *pendiente o que aun no se conocen sus efectos.

***colección.** f. Conjunto de cosas de una misma clase, reunidas para algún fin particular.

coleccionador, ra. m. y f. Persona que colecciona.

***coleccionar.** tr. Formar colección.

coleccionismo. m. Afición a hacer *colecciones.

***coleccionista.** com. **Coleccionador, ra.**

colecta. f. Repartimiento de una *contribución. ‖ Acción y efecto de *recaudar los donativos voluntarios de los concurrentes a una reunión. ‖ Ciertas oraciones de la *misa. ‖ *Liturg.* Junta de los fieles en los templos de la primitiva Iglesia.

colectación. f. Acción y efecto de colectar.

colectar. tr. **Recaudar.**

colecticio, cia. adj. Aplícase al cuerpo de *tropa reclutada a la ventura. ‖ Dícese del tomo en que se reúnen *obras sueltas.

colectivamente. adv. m. En común, conjuntamente.

colectividad. f. *Conjunto de personas *asociadas para un fin.

colectivismo. m. Doctrina *económica que tiende a suprimir la propiedad particular.

colectivista. adj. Perteneciente o relativo al colectivismo. ‖ Dícese del partidario de dicho sistema. Ú. t. c. s.

***colectivo, va.** adj. Que tiene virtud de recoger o reunir. ‖ → Perteneciente o relativo a un conjunto.

colector. adj. Que recoge. ‖ m. El que hace alguna colección. ‖ **Recaudador.** ‖ *Clérigo que recibe las limosnas de las misas para distribuirlas entre los que las han de celebrar. ‖ *Conducto o canal que recoge las aguas sobrantes del *riego. ‖ *Conducto subterráneo en el cual vierten las alcantarillas. ‖ **Electr.* Anillo de cobre al que se aplican las escobillas para comunicar el inducido con un circuito exterior. ‖ **de espolios.** **Ecles.* El encargado de apartar de la herencia de los obispos los bienes que les pertenecían por razón de su dignidad.

colecturía. f. Recaudación o *cobranza de rentas. ‖ Oficio del que recibe y distribuye las limosnas de las misas. ‖ Oficina de recaudación.

colédoco. adj. Que contiene *bilis. ‖ m. *Anat.* Canal del *hígado que recibe el hepático y el cístico y remata en el duodeno.

colega. m. *Compañero en un colegio, *corporación, profesión, etc.

colegatario. m. Aquel a quien se ha legado una cosa juntamente con otro u otros.

colegiación. f. Acción y efecto de colegiarse.

colegiadamente. adv. m. En forma de colegio.

colegiado, da. adj. Dícese del individuo que pertenece a una *corporación que forma colegio.

*__colegial.__ adj. Perteneciente al *colegio. ‖ V. **Iglesia colegial.** Ú. t. c. s. ‖ m. El que tiene beca o plaza en un colegio. ‖ El que asiste a cualquier colegio. ‖ fig. y fam. Joven *inexperto y *tímido. ‖ *Pájaro que vive a orillas de los ríos. ‖ **capellán.** El encargado de cuidar de la iglesia del colegio. ‖ **de baño.** El que tomaba la beca como distinción honorífica. ‖ **freile.** El de cualquiera de los colegios de las *órdenes militares*. ‖ **huésped.** El que continuaba en el colegio sin voto ni ración. ‖ **militar. Colegial freile.**

colegiala. f. Alumna que tiene plaza en un *colegio o asiste a él.

colegialmente. adv. m. **Colegiadamente.**

colegiarse. r. Reunirse en colegio o *corporación los individuos de una misma profesión o clase.

colegiata. f. **Iglesia colegial.**

*__colegiatura.__ f. Beca o plaza de colegial o colegiala.

*__colegio.__ m. Comunidad de personas que viven en una casa destinada a la enseñanza. ‖ Casa o edificio del **colegio.** ‖ Casa o *convento de regulares, destinado a la enseñanza. ‖ Establecimiento de *enseñanza para niños y jóvenes. ‖ *Corporación de hombres de la misma dignidad o profesión. ‖ **apostólico.** El de los apóstoles. ‖ **electoral.** Reunión de electores para *votar. ‖ Sitio donde se reúnen. ‖ **mayor.** Residencia de estudiantes de facultad que viven bajo cierto régimen. ‖ **menor.** Comunidad de jóvenes dedicados a las ciencias, que vivían bajo la dirección de un rector. ‖ **militar.** Cualquiera de los **colegios** de las órdenes militares. ‖ **Entrar** uno **en colegio.** fr. Ser admitido en una comunidad.

colegir. tr. Juntar, *unir o *coleccionar. ‖ *Inferir una cosa de otra.

colegislador, ra. adj. Dícese del cuerpo que concurre con otro para la formación de las *leyes.

colemia. f. *Pat.* Presencia anormal de *bilis en la sangre.

colendo. adj. V. **Día colendo.**

coleo. m. **Coleadura.**

coleóptero, ra. adj. *Zool.* Dícese de los *insectos que tienen dos élitros córneos que cubren dos alas membranosas, como el escarabajo o la cantárida. Ú. t. c. s. ‖ m. pl. *Zool.* Orden de estos insectos.

colera. f. Adorno de la *cola del caballo.

cólera. f. ***Bilis.** ‖ fig. *Ira, enfado. ‖ m. Enfermedad infecciosa y epidémica, originaria de la India, caracterizada por vómitos, deposiciones alvinas, abundantes calambres y postración general. ‖ **asiático. Cólera** (enfermedad). ‖ **morbo. Cólera** (enfermedad). ‖ **Cortar la cólera** fr. fig. y fam. Tomar un refrigerio entre dos *comidas. ‖ **Cortar la cólera.** a uno. fr. fig. y fam. *Aplacarle, y especialmente por medio del castigo, de la amenaza, etc. ‖ **Montar** uno **en cólera.** fr. Airarse, encolerizarse. ‖ **Tomarse** uno **de la cólera.** fr. Perder el uso racional por la vehemencia de la *ira.

cólera. f. *Tela blanca de algodón engomada.

colérico, ca. adj. Perteneciente a la cólera. ‖ Perteneciente o relativo al cólera (enfermedad). ‖ Atacado de cólera (enfermedad). Ú. t. c. s. ‖ *Irritable, que se deja llevar de la cólera.

coleriforme. adj. *Med.* Aplícase a las *enfermedades que tienen síntomas parecidos a los del cólera (enfermedad).

colerina. f. *Enfermedad parecida al cólera (enfermedad), pero menos grave. ‖ *Diarrea.

colero. m. En América, capataz de *minas. ‖ **Blas.* Dícese del león que esconde la cola.

colesterina. f. Substancia grasa que existe normalmente en la *sangre, en la *bilis y en la yema del *huevo.

coleta. f. Mechón largo de *cabello en la parte posterior de la cabeza. ‖ Cabello envuelto desde el cogote en una cinta, como lo usaban los *toreros. ‖ **Crehuela.** ‖ fig. y fam. *Adición breve a lo escrito o hablado. ‖ **Media coleta.** La más corta que la ordinaria. ‖ **Cortarse la coleta.** fr. fig. Dejar su oficio el *torero. ‖ fig. *Cesar en alguna actividad o dejar una costumbre.

coletazo. m. *Golpe dado con la cola.

coletero. m. El que tenía por oficio hacer o vender coletos.

coletilla. f. **Coleta** (de cabello). ‖ *Adición breve a lo que se dice o escribe.

coletillo. m. Corpiño sin mangas.

coleto. m. Prenda de *vestir, hecha de ante, que cubre el cuerpo, ciñéndolo hasta la cintura. ‖ fig. y fam. *Cuerpo del hombre. ‖ fig. y fam. *Conciencia, *alma o interior de una persona. ‖ **Echarse** una cosa **al coleto.** fr. fig. y fam. *Comérsela o *bebérsela. ‖ fig. y fam. *Leer íntegramente un escrito.

coletón. m. *Tela de estopa a modo de harpillera.

coletuy. m. Nombre vulgar de varias *plantas leguminosas, de tallo leñoso.

colgadero, ra. adj. A propósito para colgarse. ‖ m. Garfio, escarpia u otra cosa que sirve para *colgar algo de ella. ‖ *Anillo que entra en el garfio o escarpia.

colgadizo, za. adj. Dícese de algunas cosas que necesitan estar colgadas. ‖ m. *Tejadillo saliente en un paramento y sostenido con tornapuntas.

colgado, da. adj. fig. y fam. Dícese de la persona *frustrada en sus esperanzas o deseos.

*__colgadura.__ f. Conjunto de tapices u otras telas con que se cubren y adornan las paredes, balcones, etc. ‖ **de cama.** Cortinas y cielo de la cama.

colgajo. m. Jirón o *andrajo colgante. ‖ Racimo de *uvas colgado para su conservación. ‖ **Cir.* Porción de piel sana que se reserva para cubrir la herida.

colgamiento. m. Acción y efecto de *colgar.

colgandero, ra. adj. **Colgante.**

*__colgante.__ p. a. de **Colgar.** Que cuelga. Ú. t. c. s. ‖ **Pinjante** (*joya). ‖ *Arq.* **Festón** (*ornamento).

*__colgar.__ tr. Poner una cosa pendiente de otra, sin que llegue al suelo. ‖ Revestir o adornar con tapices o *colgaduras. ‖ fig. y fam. **Ahorcar.** ‖ fig. *Regalar a uno una alhaja en el día de su santo o cumpleaños. ‖ fig. *Imputar, achacar. ‖ intr. Estar una cosa en el aire pendiente de otra. ‖ fig. Depender de la voluntad o dictamen de otro.

colibacilo. m. **Bact.* Bacilo que ordinariamente habita en el intestino del hombre y de algunos animales.

colibacilosis. f. *Med.* *Enfermedad producida por el colibacilo.

cólibo. m. *Liturg.* *Ofrenda.

colibrí. m. *Ave americana, muy pequeña, del género del pájaro mosca.

cólica. f. Cólico pasajero.

colicano, na. adj. Dícese del animal que tiene canas en la *cola.

cólico, ca. adj. Perteneciente al *intestino colon. ‖ m. Acceso doloroso, localizado en los *intestinos y caracterizado por violentos retortijones. ‖ **cerrado.** El acompañado de estreñimiento pertinaz. ‖ **hepático.** Acceso de dolor violento determinado por el paso de concreciones anómalas al través de los conductos *biliares. ‖ **miserere.** Oclusión *intestinal aguda. ‖ **nefrítico,** o **renal.** Acceso de dolor violentísimo, determinado por el paso de concreciones anormales por los uréteres del *riñón hasta la vejiga de la orina.

colicoli. m. Especie de tábano.

colicuación. f. Acción y efecto de colicuar o colicuarse.

colicuante. p. a. de **Colicuar.** Que colicua.

colicuar. tr. *Derretir o *desleír a la vez dos o más substancias sólidas o crasas. Ú. t. c. r.

colicuativo, va. adj. **Pat.* Aplícase a varios flujos que producen con rapidez el enflaquecimiento.

colicuecer. tr. **Colicuar.**

coliflor. f. Variedad de *col que echa una pella compuesta de diversas cabezuelas.

coligación. f. Acción y efecto de coligarse. ‖ Unión, *enlace de unas cosas con otras.

coligado, da. adj. Unido o confederado con otro u otros. Ú. t. c. s.

coligadura. f. **Coligación.**

coligamiento. m. **Coligadura.**

coligar. tr. *Asociar, unir. ‖ r. *Asociarse, confederarse para algún fin.

coliguacho. m. Moscardón negro de América.

coligüe. m. *Planta gramínea, de cuya semilla se hace sopa.

colilarga. f. *Pájaro insectívoro de Chile, que tiene en la cola dos plumas muy largas.

colilla. f. Resto que queda del *cigarro después de fumarlo. ‖ Tira ancha que llevaban los *mantos de mujer por detrás.

colillero, ra. m. y f. Persona que recogía colillas de *cigarro.

colimación. f. **Astr.* Rectificación de la dirección de un telescopio por medio del colimador.

colimador. m. **Astr.* *Anteojo auxiliar con retículo para rectificar las desviaciones de un telescopio.

colín. adj. Dícese del *caballo que tiene poca *cola.

colina. f. *Cerro o elevación del terreno, menor que una montaña.

colina. f. *Simiente de coles y berzas. ‖ **Colino** (plantío de coles).

colina. f. *Quím.* Substancia básica existente en la *bilis.

colinabo. m. Berza de hojas sueltas, sin repollar.

colindante. adj. Dícese de los campos o edificios *contiguos entre sí.

colindar. intr. *Lindar entre sí dos o más fincas.
colineta. f. **Ramillete** (de *confitería).
colino. m. **Colina** (simiente de coles). || Era de *coles pequeñas que aún no se han trasplantado.
colipavo, va. adj. Dícese de cierta clase de *palomas que tienen la cola más ancha que las demás.
coliquidador. m. Liquidador o síndico de quiebra juntamente con otro u otros.
colirio. m. *Farm.* Medicamento externo, que se emplea en las enfermedades de los *ojos.
colisa. f. *Mar.* Plataforma giratoria, sobre la cual se coloca un *cañón de artillería. || *Mar.* Cañón montado de ese modo.
coliseo. m. *Teatro destinado a las representaciones de tragedias y comedias.
colisión. f. *Choque de dos cuerpos. || Rozadura o lesión a consecuencia de *rozarse una cosa con otra. || fig. *Oposición y pugna de derechos, principios o intereses.
coliteja. adj. Dícese de las *palomas que tienen la cola en forma de teja. Ú. t. c. s. f.
colitigante. com. Persona que litiga en unión de otra.
colitis. f. *Pat.* Inflamación del *intestino colon.
coliza. f. *Mar.* **Colisa.**
colmadamente. adv. m. Con mucha *abundancia.
colmado, da. adj. *Abundante, *completo. || m. Figón o tienda donde se sirven *comidas. || Tienda de comestibles.
colmar. tr. *Llenar una cavidad cualquiera hasta que el contenido *rebase de los bordes. || Llenar las cámaras o *graneros. || fig. *Dar con abundancia.
colmatar. tr. **Agr.* Rellenar una depresión del terreno haciendo pasar agua cargada de materias terrosas en suspensión.
***colmena.** f. Cavidad natural o recipiente artificial que sirve de alojamiento a las abejas y en el cual forman sus panales. || **movilista.** La que tiene marcos movibles para que en ellos hagan las abejas los panales. || **rinconera.** La que tiene la obra sesgada. || **yacente.** La que está tendida a lo largo.
colmenar. m. Paraje o lugar donde están las colmenas.
colmenero, ra. m. y f. Persona que tiene colmenas o cuida de ellas.
colmenilla. f. *Hongo de sombrerete aovado, comestible.
colmillada. f. **Colmillazo.**
colmillar. adj. Perteneciente a los colmillos.
colmillazo. m. Golpe dado o herida hecha con el colmillo.
colmillejo. m. d. de **Colmillo.**
***colmillo.** m. Diente agudo y fuerte, colocado entre el último incisivo y la primera muela de cada lado. || Cada uno de los dientes en forma de cuerno, que tienen los *elefantes en la mandíbula superior. || **Enseñar** uno **los colmillos.** fr. fig. y fam. *Amenazar. || **Escupir** uno **por el colmillo.** fr. fig. y fam. Echar *fanfarronadas. || fig. y fam. *Descomedirse. || **Tener** uno **el colmillo retorcido.** fr. fig. y fam. Ser *astuto.
colmilludo, da. adj. Que tiene grandes colmillos. || fig. Sagaz, *astuto.
colmo. m. Porción de materia pastosa o de cosas menudas que *rebasa los bordes del vaso que las contiene. || fig. *Conclusión, *límite, complemento o *perfección a que llega alguna cosa. || **A colmo.** m. adv. **Colmadamente.**
colmo. m. *Techo de paja.
colmo, ma. adj. Que está colmado.
***colocación.** f. Acción y efecto de colocar o colocarse. || ***Situación.** || *Empleo o destino.
***colocar.** tr. Poner a una persona o cosa en su lugar. Ú. t. c. r. || fig. Poner a una persona en determinado estado, *empleo, etc. Ú. t. c. r.
colocasia. f. *Planta herbácea de las aroideas, de *raíz comestible.
colocolo. m. Especie de *gato montés.
colocutor, ra. m. y f. Persona que *habla con otra. || Cada una de las que toman parte en una *conversación.
colocho. m. **Viruta.** || Rizo de *cabello.
colodión. m. Disolución en éter de la celulosa nítrica, que se emplea en *terapéutica y *fotografía.
colodra. f. *Vasija de madera en forma de barreño, para ordeñar las cabras. || *Vasija de madera, en forma de herrada, en que se tiene el vino para irlo vendiendo por menor. || **Cuerna** (*vaso de cuerno). || Estuche de madera que lleva el segador para la piedra de *afilar la *guadaña. || **Ser** uno **una colodra.** fr. fig. y fam. Beber mucho vino.
colodrazgo. m. *Impuesto que se pagaba de la venta del vino.
colodrillo. m. Parte posterior de la *cabeza.
colodro. m. ant. Especie de *calzado de madera. || Medida de *capacidad para los líquidos.
colofón. m. *Impr.* Anotación puesta al *fin de los *libros, para indicar el nombre del impresor y el lugar y fecha de la impresión, o alguna otra circunstancia.
colofonia. f. *Resina sólida, que resulta de la destilación de la trementina. Se emplea en farmacia y para dar adherencia al arco de algunos *instrumentos de cuerda.
colofonita. f. Granate de color verde claro o amarillento rojizo, usado en *joyería.
coloidal. adj. **Quím.* Perteneciente o relativo a los coloides.
coloide. adj. **Quím.* Dícese del cuerpo que no cristaliza y que al desleírse en un líquido no forma verdadera solución. Ú. t. c. s.
coloideo, a. adj. *Quím.* **Coloidal.**
colombianismo. m. Vocablo o modo de hablar propio de los colombianos.
colombiano, na. adj. Natural de Colombia. Ú. t. c. s. || Perteneciente a esta república de América. || V. **Cepo colombiano.**
colombino, na. adj. Perteneciente a Cristóbal Colón o a su familia.
colombofilia. f. Cría y educación de *palomas mensajeras.
colombófilo, la. m. y f. Persona o asociación que se ocupa en la protección de las *palomas o en la cría y educación de las mensajeras.
colombroño. m. **Tocayo.**
colomín, na. adj. Natural de Santa Coloma de Queralt, en la provincia de Tarragona. Ú. t. c. s. || Perteneciente o relativo a esta villa.
colon. m. Segunda porción del *intestino grueso, entre el ciego y el recto. || **Gram.* Miembro principal del período. || **Ortogr.* Puntuación con que se distinguen estos miembros. || **imperfecto.** Aquel cuyo sentido pende de otro miembro del período. || **perfecto.** El que independientemente forma sentido.
colón. m. *Moneda de plata de Costa Rica, equivalente a 2,50 pesetas.
colonato. m. Sistema de explotación de las tierras por medio de colonos.
colonche. m. *Bebida que se hace con el zumo de la tuna colorada y azúcar.
***colonia.** f. Conjunto de personas que van de un país a otro para establecerse en él. || *País o lugar donde se establece esta gente. || Posesiones que tiene un Estado fuera de su territorio nacional, gobernadas ordinariamente por leyes especiales. || Gente que se establece en un territorio inculto de su mismo país para poblarlo y cultivarlo. || Este territorio. || Agrupación de viviendas construidas en el ensanche de una *población. || *Cinta de seda, lisa, de unos dos dedos de ancho. || **Media colonia.** Cinta de la misma especie, pero más angosta.
colonia. f. **Agua de Colonia.**
coloniaje. m. Nombre que en algunas repúblicas de América se da al período de su *historia en que formaron parte de la nación española.
***colonial.** adj. Perteneciente a la colonia. || *Com.* **Ultramarino.** Ú. m. c. s. y en pl.
colonización. f. Acción y efecto de colonizar.
colonizador, ra. adj. Que coloniza. Apl. a pers., ú. t. c. s.
***colonizar.** tr. Formar o establecer colonia en un país.
colono. m. *Habitante de una colonia. || Labrador que *cultiva una heredad por *arrendamiento y suele vivir en ella.
coloño. m. *Haz de leña, de tallos secos, etc.
coloquíntida. f. *Planta cucurbitácea, cuyos frutos se emplean como purgantes. || Fruto de esta planta.
coloquio. m. *Conversación entre dos o más personas. || Composición literaria en forma de diálogo.
***color.** m. Cualidad de los objetos que les permite reflejar o dejar pasar ciertos rayos de la luz y absorber otros, produciendo así en la retina una sensación específica. Ú. t. c. f. || Substancia preparada para *pintar o teñir. || El artificial que usan las mujeres como *afeite. || **Colorido.** || fig. *Pretexto, razón aparente. || fig. Carácter o tendencia que distingue a algunas cosas de otras similares. || **Blas.* Cualquiera de los cinco **colores** heráldicos. || En el juego de treinta y cuarenta, lance en que se acierta cuando el *naipe con que se empieza la primera serie es del color de la serie que gana. || **de cera. Color** amarillento. || **complementario.** El elemental que combinado con otro produce la luz blanca. || **elemental.** *Fís.* Cada uno de los siete en que se descompone la luz blanca. || **local.** Conjunto de los pormenores pintorescos que caracterizan un *lugar o un ambiente en determinado momento. || **quebrado.** El que ha perdido la viveza. || **Colores litúrgicos.** Los seis de que, según la solemnidad, hace uso la Iglesia en los oficios. || **nacionales.** Los que adopta por *insignia cada nación. || **De color.** expr. Hablando de vestidos, dícese del que no es negro. || Aplícase a las personas que no pertenecen a la *raza blanca, y más especialmente a los negros y mulatos. || **Meter en color.** fr. **Pint.* Sentar los **colores** y tintas de una pintura. || **Ponerse** uno **de mil colores.** fr. fig. y fam. Mudársele el **color** del rostro por *vergüenza o ira. || **Sacarle** a uno **los colores a la cara.** fr. fig. *Avergonzarle. || **Salirle** a

uno **los colores,** o **salirle los colores a la cara,** o **al rostro.** fr. fig. Ponerse colorado de vergüenza. || **So color.** m. adv. Con *pretexto. || **Tomar color.** fr. Empezar a *madurar los frutos. || **Tomar** una cosa **el color.** fr. *Teñirse o impregnarse bien de él. || **Un color se le iba y otro se le venía.** loc. fam. de que se usa para denotar la *turbación de ánimo de alguno.

coloración. f. Acción y efecto de colorar.

colorado, da. adj. Que tiene *color. || De color rojo. || fig. Dícese de lo que raya en *deshonesto. || fig. Aplícase a lo que tiene aparente fundamento de razón o de justicia.

colorante. p. a. de **Colorar.** Que colora. || adj. Dícese de la substancia orgánica que se emplea para *teñir fibras textiles. Ú. t. c. s. m.

colorar. tr. Dar de *color o *teñir alguna cosa.

colorativo, va. adj. Dícese de lo que tiene virtud de dar color.

colorear. tr. Colorar con uno o varios tintes. || fig. Dar o alegar algún *pretexto para hacer una cosa por justa. || fig. Cohonestarla después de hecha. || intr. Mostrar una cosa el color colorado que en sí tiene. || Tirar a colorado. || Tomar algunos frutos el color encarnado de su *madurez.

colorete. m. **Arrebol** (*afeite).

colorido. m. Tonalidad de conjunto que ofrece una *pintura a consecuencia de la distribución e intensidad de los diversos *colores. || fig. *Pretexto.

coloridor, ra. adj. *Pint.* **Colorista.** Ú. t. c. s.

colorimetría. f. **Quím.* Procedimiento de análisis químico fundado en la intensidad del color de las disoluciones.

colorímetro. m. Instrumento que sirve para la colorimetría.

colorín. m. **Jilguero.** || *Color vivo y que forma contraste violento o *charro con otros. Ú. m. en pl.

colorir. tr. Dar color. || fig. Alegar o buscar *pretexto. || intr. Tener o tomar color una cosa naturalmente.

colorismo. m. En *pintura, tendencia a dar preferencia al color sobre el dibujo. || En *literatura, propensión a recargar el lenguaje con calificativos vigorosos o pintorescos.

colorista. adj. **Pint.* Que usa bien el color. Ú. t. c. s. || fig. **Lit.* Dícese del escritor que emplea imágenes y *descripciones muy expresivas.

colosal. adj. Perteneciente o relativo al coloso. || Muy *grande. || fig. De *estatura mayor que la natural. || fig. *Excelente, extraordinario.

colosense. adj. Natural de Colosas. Ú. t. c. s. || Perteneciente a esta ciudad de Frigia.

coloso. m. *Estatua que excede mucho del tamaño natural. || fig. Persona o cosa que por sus cualidades *sobresale mucho entre sus similares. || Gigante.

colote. m. **Canasto.**

colpa. f. Colcótar que se emplea para beneficiar la *plata.

colquicáceo, a. adj. **Bot.* Dícese de ciertas plantas herbáceas, monocotiledóneas, perennes, con raíz bulbosa, cuyo tipo es el cólquico. Ú. t. c. s. f. || f. pl. *Bot.* Familia de estas plantas.

cólquico. m. Planta herbácea, de las colquicáceas, cuya raíz, semejante a la del tulipán, está envuelta en una túnica negra.

coludir. intr. **Ludir.** || *For.* Pactar o *confabularse en daño de tercero.

columbario. m. *Arqueol.* En los antiguos *cementerios romanos, serie de nichos para guardar las urnas cinerarias.

columbino, na. adj. Perteneciente a la *paloma, o semejante a ella. Aplícase en sent. fig. a la *candidez o inocencia.

columbrar. tr. *Ver desde lejos una cosa, sin distinguirla bien. || fig. *Conjeturar por indicios una cosa.

columbres. m. pl. *Germ.* Los *ojos.

columbrete. m. *Mar.* Mogote poco elevado que forma una *isla pequeña en medio del *mar.

columbrón. m. *Germ.* Lo que alcanza una mirada.

columelar. adj. V. **Diente columelar.** Ú. t. c. s.

*__columna.__ f. *Arq.* Apoyo vertical, generalmente cilíndrico, que sirve para sostener techumbres u otras partes de la fábrica. || Pieza de forma análoga que se usa para adornar edificios, muebles, etc. || Pila de cosas iguales, colocadas ordenadamente unas sobre otras. || **Impr.* En impresos o manuscritos, cualquiera de las partes en que suelen dividirse las planas por medio de un blanco que las separa de arriba abajo. || fig. Persona o cosa que sirve de amparo o *protección. || *Fís.* Porción de fluido contenido en un cilindro vertical. || *Mar.* Cada una de las filas de buques en que se divide una *armada. || *Mil.* Masa de *tropas dispuesta en formación de poco frente y mucho fondo. || **aislada.** La que no está arrimada a los muros, pilastras, etc. || **ática.** *Arq.* Pilar aislado de base cuadrada. || **compuesta.** *Arq.* La perteneciente al orden compuesto. || **corintia.** *Arq.* La perteneciente al orden corintio. || **cuadrada.** *Arq.* **Columna ática.** || **dórica.** *Arq.* La perteneciente al orden dórico. || **embebida.** *Arq.* La que parece que introduce en otro cuerpo parte de su fuste. || **entorchada.** *Arq.* **Columna salomónica.** || **entregada.** *Arq.* **Columna embebida.** || **exenta.** *Arq.* **Columna aislada.** || **gótica.** *Arq.* La perteneciente al estilo ojival. || **jónica.** *Arq.* La perteneciente al orden jónico. || **mingitoria.** Nombre que se dio a ciertos urinarios situados en la vía pública. || **rostrada,** o **rostral.** *Arq.* La que tiene el fuste adornado con rostros o espolones de nave. || **salomónica.** *Arq.* La que tiene el fuste contorneado en espiral. || **suelta.** *Arq.* **Columna aislada.** || **toscana.** *Arq.* La perteneciente al orden toscano. || **vertebral.** ***Espinazo.** || **Quinta columna.** Conjunto de los *partidarios de una causa nacional que tratan de servirla en territorio enemigo.

columnario, ria. adj. Dícese de la *moneda acuñada en América con dos columnas y la inscripción *plus ultra.*

columnata. f. Serie de *columnas en un edificio.

columpiar. tr. *Mecer al que está en un columpio. Ú. t. c. r. || r. fig. y fam. Mover el cuerpo contoneándose al *andar.

columpio. m. Cuerda fuerte atada en alto por sus dos extremos, para que sentándose una persona en el seno que forma abajo o en una barra o tabla dispuesta al efecto, pueda *mecerse.

coluna. f. p. us. **Columna.**

coluro. m. **Astr.* Cada uno de los dos círculos máximos de la esfera celeste, que, pasando por los polos, cortan a la Eclíptica, el uno en los puntos equinocciales, y el otro en los solsticiales.

colusión. f. *For.* Acción y efecto de coludir o *confabularse.

colusor. m. *For.* El que comete colusión.

colusorio, ria. adj. *For.* Que tiene carácter de colusión o la produce.

colutorio. m. **Farm.* Enjuagatorio medicamentoso.

coluvie. f. Pandilla de *pícaros.

colza. f. Especie de col, cuyas *semillas contienen un aceite que se emplea para la condimentación y el alumbrado.

colla. f. **Gorjal** (pieza de la *armadura). || Arte de *pesca compuesto de varias nasas colocadas en fila.

colla. f. Temporal que en los mares de Filipinas sopla generalmente del SO. || **Arq Nav.* Estopa que se embute en las costuras.

colla. adj. Habitante de las mesetas andinas. Ú. t. c. s. || *Indio mestizo.

collada. f. **Collado.** || *Mar.* Duración prolongada de un mismo *viento.

colladía. f. Conjunto de collados.

collado. m. *Cerro o colina. || Depresión suave o *cañada por donde se puede pasar de un lado a otro de una *cordillera.

collalba. f. *Mazo de madera que usan los jardineros.

*__collar.__ m. Adorno que usan las mujeres alrededor del cuello, formado de cuentas de vidrio, perlas, piedras preciosas, etc. || *Insignia de algunas magistraturas, dignidades, etc., que se lleva pendiente del cuello. || Aro de hierro u otro metal, puesto y asegurado al cuello de los malhechores, los *esclavos, etc. || *Aro, por lo común de cuero, que se ciñe al pescuezo de los animales domésticos para sujetarlos o para su defensa. || Faja de *plumas que ciertas aves tienen alrededor del cuello, de color distinto que el resto del plumaje. || **Blas.* Ornamento que rodea al escudo y lleva pendiente una condecoración. || **Mec.* *Anillo en cuyo interior gira un eje u otra pieza de máquina.

collareja. f. *Paloma silvestre americana de color azul. || **Comadreja.**

collarejo. m. d. de **Collar.**

collarín. m. d. de **Collar.** || Alzacuello de los *clérigos. || Sobrecuello que se pone en algunas casacas. || Reborde que rodea el orificio de la espoleta de los *proyectiles. || *Arq.* **Collarino.**

collarino. m. *Arq.* Parte del fuste de la *columna, comprendida entre el astrágalo y el capitel.

collazo. m. **Hermano de leche.** || Compañero de *servicio en una casa. || Mozo de *labranza a quien suelen dar algunas tierras que cultiva por su cuenta. || *Vasallo.

colleja. f. *Planta herbácea, de las cariofileas, que se come en algunas partes como *verdura.

collejas. f. pl. Tendones que los *carneros tienen en el pescuezo.

collera. f. **Guarn.* Collar de cuero o lona, relleno de borra o paja, que se pone al cuello a las caballerías o a los bueyes. || Adorno del cuello del caballo. || fig. Cadena de *presidiarios. || **de yeguas. Cobra** (reata de yeguas).

collerón. m. aum. de **Collera.** || Collera de lujo para los caballos de los coches.

colleta. f. Berza pequeña.

colliguay. m. *Arbusto euforbiáceo, cuyo jugo *venenoso sirve a los indios para enherbolar las flechas.

collón, na. adj. fam. *Cobarde. Ú. t. c. s.
collonada. f. fam. Acción propia del collón.
collonería. f. fam. **Cobardía.**
com. prep. insep. **Con.**
coma. f. Signo *ortográfico (,) que sirve para indicar la división de las frases o miembros más cortos de la oración o del período. ‖ Ménsula que suelen tener por debajo los *asientos movibles de las sillas de coro y que, cuando éstos se levantan, sirve de apoyo al que ha de estar de pie. ‖ **Mús.* Cada una de las cinco partes en que se divide el tono. ‖ **Sin faltar una coma.** expr. adv. fig. y fam. con que se pondera la *exactitud con que alguno ha dicho algo de memoria.
coma. m. *Pat.* *Sopor profundo de origen morboso.
comabacilo. m. **Bact.* Bacilo del cólera.
comadrazgo. m. *Parentesco espiritual que contraen la madre de una criatura y la *madrina de ésta.
comadre. f. **Partera.** ‖ Llámanse así recíprocamente la madrina de una criatura y la madre de ésta. ‖ fam. **Alcahueta.** ‖ fam. *Vecina o *amiga de confianza.
comadrear. intr. fam. *Chismear las mujeres.
comadreja. f. *Mamífero carnicero nocturno, de cabeza pequeña y patas cortas. ‖ *Germ.* *Ladrón, y especialmente el muchacho de quien se valen otros para robar.
comadreo. m. fam. Acción y efecto de comadrear.
comadrería. f. fam. *Chismes y cuentos.
comadrero, ra. adj. Dícese de la persona que trae y lleva *chismes por las casas. Ú. t. c. s.
comadrón. m. Médico que asiste a la mujer en el *parto.
comadrona. f. **Comadre** (partera).
comal. m. Disco de barro a manera de *plato, que se usa en Méjico para cocer las tortillas de maíz.
comalía. f. **Veter.* Hidropesía del ganado lanar.
comanche. adj. Dícese de ciertos *indios mejicanos. Ú. t. c. s. ‖ Perteneciente a estos indios. ‖ m. *Lengua usada por ellos.
comandancia. f. Empleo de comandante. ‖ Provincia o *territorio sujeto en lo militar a un comandante. ‖ *Edificio donde se hallan las oficinas de aquel cargo.
comandanta. f. fam. Mujer del comandante. ‖ *Mar.* Nave en que iba el jefe de una *armada.
comandante. m. Jefe *militar de categoría inmediatamente superior a la de capitán. ‖ Militar que ejerce el mando, aunque no tenga el empleo de **comandante.** ‖ **de armas.** Militar a quien corresponde el mando de un conjunto de tropas de diversos cuerpos. ‖ **de provincia marítima.** Jefe de marina que tiene autoridad superior provincial. ‖ **mayor.** Jefe encargado de la contabilidad en los cuerpos y establecimientos militares. ‖ **militar.** El que ejerce el mando de tropas, a veces con categoría inferior a la de oficial, en determinada localidad.
comandar. tr. *Mil.* *Mandar un ejército, destacamento, flota, etc.
comandita. f. *Com.* **Sociedad en comandita.** ‖ **En comandita.** m. adv. *Com.* En sociedad comanditaria.
comanditar. intr. Interesarse en una empresa como comanditario.
comanditario, ria. adj. Perteneciente a la comandita. Ú. t. c. s.
comando. m. *Mil.* *Mando militar. ‖ Pequeño grupo de *tropas de choque, destinado a hacer incursiones ofensivas en terreno enemigo.
comarca. f. División *territorial extensa, que comprende varias poblaciones.
comarcano, na. adj. Cercano, inmediato, *contiguo.
comarcar. intr. Confinar o *lindar entre sí países, pueblos o heredades. ‖ tr. *Plantar los árboles en líneas rectas y de modo que formen calles en todas direcciones.
comatoso, sa. adj. *Pat.* Perteneciente o relativo al coma.
comba. f. *Curvatura o *convexidad que toman algunos cuerpos sólidos; como maderos, barras, planchas, etc. ‖ *Juego de niños que consiste en saltar acompasadamente mientras se hace pasar una cuerda floja por debajo de los pies y luego sobre la cabeza del que salta. ‖ Esta misma cuerda. ‖ *Germ.* **Tumba.** ‖ **Hacer combas.** fr. fam. Columpiarse al *andar.
combada. f. *Germ.* **Teja.**
combadura. f. Efecto de combarse.
combalacharse. r. fam. Confabularse.
combar. tr. *Encorvar una cosa. Ú. t. c. r.
***combate.** m. Pelea, batalla. ‖ *Lucha entre personas o animales. ‖ fig. Lucha o *desasosiego interior del ánimo.
combatible. adj. Que puede ser combatido o conquistado.
combatidor. m. El que combate.
***combatiente.** p. a. de **Combatir.** Que combate. ‖ m. Cada uno de los *soldados que componen un ejército.
***combatir.** intr. **Pelear.** Ú. t. c. r. ‖ tr. *Acometer, embestir. ‖ fig. Tratándose de algunas cosas inanimadas, como las *olas, los *vientos, etc., batir, golpear, azotar. ‖ fig. *Contradecir, impugnar. ‖ fig. Dicho de las *pasiones del ánimo, agitarlo.
combeneficiado. m. **Ecles.* Beneficiado a la vez que otro u otros en una misma iglesia.
combés. m. *Espacio descubierto. ‖ *Mar.* Espacio en la cubierta superior de una *embarcación desde el palo mayor hasta el castillo de proa.
combina. f. fam. Combinación, plan, *proyecto. ‖ *Intriga.
combinable. adj. Que se puede combinar.
combinación. f. Acción y efecto de *combinar o combinarse. ‖ *Unión o existencia *simultánea de dos cosas en un mismo sujeto. ‖ Prenda que usan las mujeres por encima de la ropa interior y debajo del *vestido, que substituye al justillo y a las enaguas. ‖ En los *diccionarios, conjunto de vocablos que empiezan con unas mismas letras, colocados por orden alfabético. ‖ **Alg.* Cada uno de los grupos que se pueden formar con elementos diferentes, pero en número igual, tomados de una serie dada. ‖ Plan, *proyecto.
***combinar.** tr. *Unir cosas diversas, de manera que formen un compuesto. ‖ Disponer uno sus quehaceres según cierto *orden. ‖ Hablando de escuadras o ejércitos, juntarlos. ‖ fig. **Concertar** (voluntades o propósitos). ‖ **Quím.* Unir dos o más cuerpos en un compuesto cuyas propiedades sean distintas de las de los componentes. Ú. t. c. s.
combinatorio, ria. adj. Aplícase al arte de combinar.
combleza. f. Concubina, *manceba del hombre casado.
comblezado. adj. ant. Se decía del casado cuya mujer estaba *amancebada con otro.
comblezo. m. El que estaba *amancebado con mujer casada.
combo, ba. adj. Dícese de lo que está combado. ‖ m. Tronco o piedra grande sobre que se asientan las *cubas. ‖ Mazo. ‖ **Puñetazo.**
comboso, sa. adj. Combado.
combretáceo, a. adj. **Bot.* Dícese de ciertos árboles o arbustos dicotiledóneos, como el mirobálano y el júcaro. Ú. t. c. s. f. ‖ f. pl. *Bot.* Familia de estas plantas.
comburente. adj. *Fís.* Que se combina con el combustible para producir la *combustión. Ú. t. c. s. m.
combustibilidad. f. Calidad de combustible.
***combustible.** adj. Que puede arder. ‖ Que arde con facilidad. ‖ m. Leña, carbón, etc., que se quema para engendrar calor en los hornos, cocinas, máquinas, etc.
***combustión.** f. Acción y efecto de arder o quemar. ‖ **Quím.* Combinación de un cuerpo combustible con otro comburente. ‖ **espontánea.** *Fís.* La que se produce naturalmente en diversas substancias sin la aplicación de una llama. ‖ **Pat.* La que se produce en las partes grasas del cuerpo humano por el uso continuado y excesivo del alcohol.
combusto, ta. adj. Dícese de lo que está abrasado.
comear. tr. Poner comas en los escritos o hacer las correspondientes pausas al hablar.
comedero, ra. adj. Que se puede *comer. ‖ m. *Vasija donde se echa la comida a las aves y otros animales. ‖ **Comedor** (habitación para comer). ‖ **Limpiarle** a uno **el comedero.** fr. fig. y fam. *Destituirlo del empleo o cargo de que vive.
comedia. f. Poema *dramático de desenlace apacible o festivo, y cuyo asunto suele ser la pintura de las costumbres. ‖ Poema dramático de cualquier género que sea. ‖ Género cómico. ‖ **Teatro.** ‖ fig. *Suceso de la vida real, capaz de interesar y de mover a *risa. ‖ fig. *Fingimiento. ‖ **de capa y espada.** La que representa antiguas costumbres caballerescas. ‖ **de carácter.** Aquella cuyo fin principal es la pintura del carácter de las personas. ‖ **de figurón.** En el teatro español del siglo XVII, aquella en cuyo protagonista se pinta algún carácter o vicio ridículo y extravagante. ‖ **togada.** **Comedia** latina de argumento romano. ‖ **Hacer** uno **la comedia.** fr. fig. y fam. *Fingir o aparentar lo que no siente.
comediante, ta. m. y f. **Actor, actriz.** ‖ fig. y fam. Persona que *finge; hipócrita.
comediar. tr. **Promediar.**
comedidamente. adv. m. Con comedimiento.
comedido, da. adj. *Cortés, *moderado.
comedimiento. m. *Cortesía, *moderación.
comedio. m. *Centro de algún territorio o lugar. ‖ *Intervalo, interregno.
comediógrafo. m. Autor de comedias.
comedión. m. despect. aum. de **Comedia.**
comedir. tr. *Pensar, premeditar o preparar alguna cosa. ‖ r. *Moderarse, contenerse. ‖ *Ofrecerse para alguna cosa.
comedor, ra. adj. Que *come mucho. ‖ m. Pieza destinada en las casas

para *comer. || Establecimiento destinado para servir comidas.
comején. m. *Insecto neuróptero, blanco, que roe la madera, el cuero, el papel, etc.
comejenera. f. Lugar donde se cría comején.
comendador. m. Caballero que tiene encomienda en alguna *orden militar* o de caballería. || El que en las órdenes civiles tiene dignidad superior a la de caballero e inferior a la de gran cruz. || *Prelado de algunas casas de religiosos. || **de bola.** *Germ.* *Ladrón que anda de feria en feria.
comendadora. f. Superiora de los conventos de las *órdenes militares*. || Religiosa de ciertos conventos de las antiguas órdenes militares.
comendatario. m. *Clérigo secular que goza en encomienda un beneficio regular.
comendaticio, cia. adj. Aplícase a la carta de *recomendación que dan algunos *prelados.
comendatorio, ria. adj. Dícese de los papeles y cartas de *recomendación.
comendero. m. *Señor a quien se daba en encomienda alguna villa o lugar, con obligación de prestar juramento de homenaje.
comensal. com. Persona que vive en casa de otra y a expensas de ésta, como *invitado, familiar o dependiente. || Cada una de las personas que *comen en una misma mesa.
comensalía. f. *Compañía de casa y mesa.
comensalidad. f. **Ecles.* Obligación que tenía el ordenando de compartir durante cierto tiempo la casa y mesa de su prelado.
comentador, ra. m. y f. Persona que comenta. || Persona que inventa *falsedades.
***comentar.** tr. *Explicar el contenido de un escrito. || fam. Hacer comentarios.
comentario. m. Escrito que sirve de *explicación de una obra. || pl. Título que se da a algunas *historias escritas con brevedad. || fam. *Conversación sobre personas o sucesos de actualidad, y especialmente cuando sirve de ocasión para *murmuraciones.
comentarista. com. Persona que escribe comentarios.
comento. m. Acción y efecto de comentar. || **Comentario.** || **Embuste.**
comenzante. p. a. de **Comenzar.** Que comienza. Ú. t. c. s.
***comenzar.** tr. *Empezar una cosa. || intr. Tener una cosa principio.
comer. m. **Comida.**
***comer.** intr. Masticar el alimento y pasarlo al estómago. Ú. t. c. r. || Tomar alimento. || Tomar la comida principal del día. || tr. Tomar por alimento una cosa. || fam. Disfrutar alguna *renta o pensión. || fig. Gastar, consumir, *derrochar el caudal. || fig. *Desgastar, *corroer. || fig. En el juego del *ajedrez y en el de las *damas, ganar una pieza al contrario. || fig. Desvanecer o poner *pálido un color la acción del Sol o de la luz. || r. Sentir *desasosiego o inquietud. || **Comerse unos a otros.** fr. fig. con que se pondera la *discordia que hay entre algunas personas. || **Comer vivo.** fr. fig. Se usa para explicar la molestia que causan las pulgas u otros insectos que *pican o *punzan a las personas o animales. || **Ser de buen comer.** fr. que se dice del que **come** mucho. || Dícese también de los alimentos que son gratos al paladar. || **Sin comerlo ni beberlo.** loc. fig. y fam. Sin haber dado motivo para el daño o provecho que se recibe. || **Tener uno qué comer.** fr. fig. y fam. Tener lo suficiente para vivir.
comerciable. adj. Aplícase a los géneros con que se puede *comerciar. || fig. Dícese de la persona *sociable.
comercial. adj. Perteneciente al *comercio.
comerciante. p. a. de **Comerciar.** Que comercia. Ú. t. c. s. || com. El que tiene las condiciones legales para *comerciar.
***comerciar.** tr. Negociar comprando y vendiendo o permutando mercancías. || fig. Tener *trato unas personas con otras.
***comercio.** m. Negociación que se hace comprando, vendiendo o permutando unas cosas por otras. || *Trato de unas gentes o pueblos con otros. || fig. Conjunto de comerciantes. || fig. Comunicación *carnal o trato *deshonesto entre dos personas de distinto sexo. || Paraje o *calle en que abundan las tiendas. || *Tienda u otro establecimiento comercial. || Juego de *naipes entre cuatro o más personas. Cada una recibe tres cartas cubiertas y procura juntar tres iguales, cogiendo de las que luego se echan descubiertas. || Cierto juego de naipes que se juega con dos barajas. || **de cabotaje. Cabotaje.**
comestible. adj. Que se puede comer. || m. Todo género de mantenimiento. Ú. m. en pl.
***cometa.** m. *Astr.* Astro generalmente formado por un núcleo poco denso, acompañado de una prolongación luminosa a modo de cola. Describe una órbita muy excéntrica. || f. Armazón muy ligera, sobre la cual se extiende y pega papel o tela. Mantenida en cierta posición por medio de tirantes y atada al extremo de un bramante muy largo, se eleva por la fuerza del viento a gran altura, y sirve de *juguete a los muchachos. || Juego de *naipes en que el nueve de oros es comodín y gana doble si él termina el juego. || *Germ.* **Saeta.** || **barbato.** *Astr.* Aquel cuya atmósfera luminosa precede al núcleo. || **caudato.** *Astr.* Aquel cuya zona luminosa va detrás a modo de cola. || **corniforme.** *Astr.* Aquel cuya cola está encorvada. || **crinito.** *Astr.* Aquel cuya cola está dividida en varios ramales divergentes. || **periódico.** *Astr.* El que pertenece al sistema solar, y describe una órbita perfectamente calculada.
cometario, ria. adj. *Astr.* Perteneciente o relativo a los cometas.
cometedor, ra. adj. Que comete, y más comúnmente, que hace alguna mala acción, *delito, etc. Ú. t. c. s.
cometer. tr. Dar uno sus veces a otro, *confiando a su cargo y cuidado algún negocio. || Incurrir en alguna *culpa, error, *delito, etc. || Emplear figuras retóricas o gramaticales. || *Com.* Dar comisión mercantil.
cometido. m. *Comisión, encargo.
cometiente. p. a. ant. de **Cometer.** que comete.
cometimiento. m. ant. **Acometimiento.**
cometón. m. *Cometa grande que hacen los muchachos.
comezón. f. *Picor que se padece en alguna parte del cuerpo o en todo él. || fig. *Desasosiego que ocasiona el *deseo o apetito de alguna cosa.
comible. adj. fam. Aplícase a las cosas de *comer que no son enteramente desagradables al paladar.
cómicamente. adv. m. De una manera cómica.
comicastro. m. Mal cómico.
comicial. adj. Perteneciente o relativo a los comicios.
comicidad. f. Calidad de cómico o gracioso.
comicios. m. pl. *Junta o *asamblea que tenían los romanos para tratar de los negocios públicos. || Reuniones o actos *electorales.
***cómico, ca.** adj. Perteneciente o relativo a la comedia. || Decíase del que escribía comedias. Ú. t. c. s. || →Dícese del *actor que representa papeles jocosos. || Capaz de *divertir o de excitar la *risa. || m. y f. **Comediante, ta.** || **de la legua.** El que anda representando comedias en poblaciones pequeñas.
comichear. tr. **Comiscar.**
***comida.** f. **Alimento.** || Porción de alimento que se toma habitualmente a ciertas horas del día o de la noche. || Alimento principal que cada día toman las personas. || Acción de comer. || **de carne.** La que no es permitido tomar más que en día de carne. || **de pescado. Vigilia** (comida con abstinencia de carne). || **Cambiar la comida.** fr. **Vomitar.** || **Reposar** uno **la comida.** fr. Descansar durante la *digestión.
comidilla. f. fig. y fam. Gusto o agrado especial que uno halla en las cosas a que tiene *afición. || fig. y fam. Tema de *murmuración frecuente o general.
comido, da. adj. Dícese del que ha comido. || **Comido por servido.** expr. de que se usa para dar a entender que es escasa la *remuneración de un oficio o empleo. || **Comido y bebido.** expr. fam. Mantenido.
comienzo. m. *Principio de una cosa.
comilitón. m. **Conmilitón.**
comilitona. f. fam. **Comilona.**
comilón, na. adj. fam. Que *come mucho. Ú. t. c. s.
comilona. f. fam. *Comida variada y muy abundante.
comilla. f. d. de **Coma.** || pl. Signo *ortográfico (« ») que se pone al principio y al fin de las citas o ejemplos.
cominear. intr. *Entremeterse el hombre en menudencias propias de mujeres.
cominería. f. Minuciosidad exagerada. Ú. m. en pl.
cominero. adj. fam. Que cominea. Ú. t. c. s.
cominillo. m. **Joyo.** || fam. *Desasosiego, inquietud.
comino. m. *Planta herbácea, umbelífera, cuyas semillas de color pardo, olor aromático y sabor acre, se usan como *condimento. || Semilla de esta planta. || **rústico. Laserpicio.**
***comisar.** tr. Declarar que una cosa ha caído en *comiso.
comisaria. f. fam. Mujer del comisario.
comisaría. f. Empleo del comisario. || Oficina del comisario.
comisariato. m. **Comisaría.**
comisario. m. El que tiene poder y facultad para ejecutar alguna cosa por *delegación de otro. || Jefe de *policía. || **de entradas.** En algunos *hospitales, empleado que toma razón de las altas y bajas. || **de guerra.** *Mil.* Jefe *militar de intendencia. || **de la Inquisición,** o **del Santo Oficio.** Cualquiera de los ministros que este tribunal tenía en los pueblos principales del reino. || **general de Cruzada.** Eclesiástico que tiene a su cargo lo perteneciente a la bula de la Santa Cruzada. || **general de Indias.** En la orden de

San Francisco, religioso encargado del gobierno de sus provincias en Indias. ‖ **general de Jerusalén,** o **Tierra Santa.** Religioso de la orden de San Francisco, que, por nombramiento del rey, cuidaba de los caudales y obra pía de dicha orden en los Santos Lugares. ‖ **ordenador.** *Mil.* Funcionario que, a las inmediatas órdenes del intendente, substituía al veedor y al contador.

comiscar. tr. *Comer a menudo de varias cosas y en cortas cantidades.

***comisión.** f. Acción de cometer. ‖ → Orden y facultad que una persona da por escrito a otra para que haga alguna cosa. ‖ Encargo que una persona confía a otra. ‖ Conjunto de personas delegadas por una corporación o autoridad para entender en algún asunto. ‖ *Com.* *Remuneración, generalmente proporcional, que percibe el que vende una cosa por cuenta de otro.

comisionado, da. adj. Encargado de una comisión. Ú. t. c. s. ‖ *Alguacil, corchete. ‖ **de apremio.** El encargado por la Hacienda de ejecutar los apremios.

comisionar. tr. Dar *comisión a una o más personas para algún asunto.

comisionista. com. *Com.* Persona que se emplea en desempeñar comisiones mercantiles.

***comiso.** m. *For.* Pena en que incurre el que comercia en géneros prohibidos, consistente en la pérdida de los mismos. ‖ *For.* Cosa decomisada.

comisorio, ria. adj. *For.* Obligatorio o *válido por determinado tiempo.

comisquear. tr. **Comiscar.**

comistión. f. **Conmistión.**

comistrajo. m. fam. Mezcla extravagante de manjares.

comisura. f. *Anat.* Punto en que se unen los *labios, los *párpados u otras partes simétricas de un órgano. ‖ *Anat.* Sutura o *articulación de los huesos del cráneo por medio de dientecillos a manera de sierra.

comitado. m. División *territorial de Hungría equivalente a un departamento o condado.

comital. adj. **Condal.**

comité. m. **Comisión** (junta de personas delegadas). ‖ **Comité paritario.** El formado con un número igual de representantes de los patronos y de los *obreros.

comitente. p. a. de **Cometer.** Que comete o da poder o encargo a otro. Ú. t. c. s.

comitiva. f. ***Acompañamiento** (séquito).

cómitre. m. *Mar.* Persona que en las galeras tenía a su cargo la dirección de la boga y el castigo de remeros y *galeotes. ‖ Capitán de mar.

comiza. f. Especie de barbo, mayor que el común.

como. adv. m. De qué *modo o manera. ‖ De igual manera que. ‖ En las *comparaciones denota semejanza o igualdad, y corresponde a menudo con **así, tal, tan,** y **tanto.** ‖ **Según.** ‖ **En calidad de.** ‖ **Así que.** ‖ A fin de que. ‖ Acentuado (**cómo**) equivale a ¿por qué *causa?; y también expresa encarecimiento. ‖ Empléase como conjunción copulativa, equivaliendo a **que,** y como *condicional con el valor de **si.** ‖ **¡Cómo!** interj. con que se denota sorpresa o enfado. ‖ **Como quier que.** loc. adv. Como quiera que.

cómoda. f. *Mueble que tiene un tablero en la parte superior y tres o cuatro cajones que ocupan todo el frente.

comodable. adj. *For.* Aplícase a las cosas que se pueden *prestar.

cómodamente. adv. m. Con comodidad.

comodante. com. *For.* Persona que da una cosa en comodato.

comodatario. m. *For.* El que toma una cosa en comodato.

comodato. m. *For.* Contrato por el cual se da o recibe *prestada una cosa no fungible, con la obligación de restituirla.

***comodidad.** f. Calidad de cómodo. ‖ Posesión de las cosas necesarias para vivir a gusto y con descanso. ‖ Buena disposición de las cosas que *facilita su uso. ‖ *Ventaja, *utilidad.

comodín. m. En algunos juegos de *naipes, carta que se puede aplicar a cualquiera suerte favorable. ‖ fig. Lo que se *utiliza para fines diversos, según conviene al que lo usa. ‖ fig. *Pretexto habitual.

***cómodo, da.** adj. *Conveniente, oportuno, *fácil. ‖ m. p. us. *Utilidad.

comodón, na. adj. fam. Dícese del que gusta excesivamente de la *comodidad y regalo. ‖ *Egoísta.

comodoro. m. *Mar.* Nombre que se da en Inglaterra al capitán de navío cuando manda más de tres buques de la *armada.

comoquiera. adv. m. De cualquier *modo.

compacidad. f. Calidad de *compacto.

compactar. tr. Hacer *compacta una cosa.

compactibilidad. f. Calidad de compactible.

compactible. adj. Que se puede hacer *compacto o más compacto.

***compacto, ta.** adj. Dícese de los cuerpos de textura densa, apretada y poco porosa. ‖ **Impr.* Dícese de la impresión que en poco espacio tiene mucha lectura. ‖ m. *Impr.* Tipo ordinario muy chupado.

***compadecer.** tr. Dolerse de la desgracia ajena, sentirla. Ú. t. c. r. ‖ r. *Convenir una cosa con otra. ‖ Conformarse o ponerse de *acuerdo.

compadraje. m. Concierto o *confabulación de varias personas para *ayudarse mutuamente.

compadrar. intr. Contraer compadrazgo. ‖ Hacerse compadre o *amigo.

compadrazgo. m. *Parentesco espiritual que contrae con los padres de una criatura el padrino del bautismo o de la confirmación. ‖ **Compadraje.**

compadre. m. Llámanse así recíprocamente el *padrino de una criatura y el padre de ella. ‖ Con respecto a los padres del confirmado, el *padrino en la confirmación. ‖ En algunas otras partes, se suele llamar así a los *amigos, *vecinos y conocidos. ‖ **Arrepásate acá, compadre.** fr. **Las cuatro esquinas.**

compadrería. f. Lo que pasa entre compadres.

compaginación. f. Acción y efecto de compaginar o compaginarse.

compaginador. m. El que compagina.

compaginar. tr. Poner en buen *orden o *combinar convenientemente cosas que tienen alguna conexión o relación mutua. Ú. t. c. r. ‖ *Impr.* **Ajustar.**

companage. m. Lo que se *come para acompañar al *pan; como queso, fiambres, cebolla, etc.

compango. m. **Companage.** ‖ **Estar a compango.** fr. Recibir el *criado su manutención en dinero, y en trigo la ración de pan que le corresponde.

compaña. f. **Compañía.**

compañerismo. m. Vínculo o relación que existe entre *compañeros. ‖ *Concordia y buena correspondencia entre ellos.

***compañero, ra.** m. y f. Persona que acompaña a otra. ‖ En las corporaciones, comunidades, etc., cada uno de los individuos de que se componen. ‖ Cualquiera de los *jugadores que se unen y ayudan contra los otros. ‖ Persona que corre una misma *suerte con otra. ‖ fig. Hablando de cosas inanimadas, la que hace juego o *conviene con otra u otras.

***compañía.** f. Efecto de acompañar. ‖ Persona o personas que acompañan a otra u otras. ‖ *Asociación o junta de varias personas unidas para un mismo fin. ‖ Cuerpo de actores formado para representar en un *teatro. ‖ *Com.* ***Sociedad** (mercantil, de seguros, etc.). ‖ **Mil.* Cierta unidad orgánica de soldados a las órdenes de un capitán. ‖ **anónima.** *Com.* **Sociedad anónima.** ‖ **comanditaria.** *Com.* **Sociedad comanditaria.** ‖ **de Jesús.** *Orden religiosa* fundada por San Ignacio de Loyola. ‖ **del ahorcado.** fig. y fam. Persona que saliendo con otra, la *abandona o deja *sola cuando le parece. ‖ **de la legua.** La de cómicos de la legua. ‖ **de verso.** En los *teatros, **compañía** de declamación. ‖ **en comandita.** *Com.* **Sociedad comanditaria.** ‖ **regular colectiva.** *Com.* **Sociedad regular colectiva.**

compañón. m. **Testículo.** ‖ **de perro.** *Planta herbácea, vivaz, de la familia de las orquídeas, en cuya raíz hay dos tubérculos pequeños y redondos.

comparable. adj. Que puede o merece compararse con otra persona o cosa.

***comparación.** f. Acción y efecto de comparar. ‖ *Ret.* **Símil.** ‖ **Correr la comparación.** fr. Haber la igualdad conveniente entre las cosas que se comparan.

comparador. m. *Fís.* Instrumento que sirve para medir diferencias de *longitud pequeñísimas.

comparanza. f. **Comparación.**

***comparar.** tr. Examinar dos o más cosas para apreciar sus semejanzas o diferencias. ‖ **Cotejar.**

comparativamente. adv. m. Con comparación.

comparativo, va. adj. Dícese de lo que compara o sirve para comparar.

comparecencia. f. *For.* Acto de comparecer.

comparecer. intr. **For.* *Presentarse uno ante otro personalmente en virtud del llamamiento o intimación que se le ha hecho. ‖ Hacerse presente por medio de un representante o mediante un escrito.

compareciente. com. **For.* Persona que comparece ante el juez.

comparendo. m. **For.* Despacho en que se manda a uno comparecer.

comparición. f. *For.* **Comparecencia.** ‖ **For.* Auto del juez en que se ordena la comparecencia.

comparsa. f. En el *teatro, conjunto de personas que salen a escena y no hablan. ‖ Grupo de personas, vestidas de cierto modo, que asisten a las fiestas de *carnaval u otras análogas, tocando, bailando o representando alguna cosa. ‖ com. Persona que forma parte de una **comparsa** de *teatro.

comparte. com. **For.* Persona que es parte con otra en algún asunto civil o criminal.

compartimiento. m. Acción y efecto de compartir. ‖ Cada una de las *partes o *espacios que resultan de compartir un todo. ‖ **Departamento**

(de un vagón, caja, etc.). ‖ **estanco.** *Mar.* Cada una de las secciones, absolutamente independientes, en que se divide el interior de un *buque de hierro para que, aunque una se anegue, no entre el agua en las demás.

compartir. tr. *Dividir, *distribuir las cosas en partes. ‖ *Participar uno en alguna cosa.

***compás.** m. Instrumento formado por dos piezas largas, que terminan en punta, articuladas por su extremidad superior para que puedan abrirse o cerrarse. Sirve para trazar curvas y tomar distancias. ‖ Territorio señalado a un *monasterio. ‖ *Atrio de los conventos e iglesias. ‖ Resortes de metal que se abren o cierran para levantar o bajar la capota de los *coches. ‖ **Tamaño.** ‖ fig. *Regla o medida de algunas cosas. ‖ **Esgr.* Movimiento que hace el cuerpo al cambiar de lugar. ‖ *Mar.* y *Min.* **Brújula.** ‖ **Mús.* Cada uno de los períodos de tiempo iguales en que se marca el *ritmo de una frase musical. ‖ *Mús.* Movimiento de la mano con que se marca cada uno de estos períodos. ‖ *Mús.* División del pentágrama correspondiente a dicho período. ‖ **binario.** *Mús.* El de un número par de tiempos. ‖ **curvo.** **Esgr.* Paso que se da siguiendo el círculo que comprenden los pies de los tiradores. ‖ **de calibres.** El que tiene las piernas encorvadas con las puntas hacia afuera. ‖ **de cinco por ocho.** **Mús.* El que dura cinco corcheas, en vez de las ocho que corresponden al compasillo. ‖ **de cuadrante.** El que tiene un arco con un tornillo de presión para mantener fijas las puntas en la abertura que se quiera. ‖ **de doce por ocho.** **Mús.* El que tiene doce corcheas, en vez de las ocho que corresponden al compasillo. ‖ **de dos por cuatro.** **Mús.* El que tiene dos negras, en vez de las cuatro que corresponden al compasillo. ‖ **de espera.** **Mús.* Silencio que dura todo el tiempo de un **compás.** ‖ fig. *Detención o *interrupción de un asunto por corto tiempo. ‖ **de espesores,** o **de gruesos.** El de piernas encorvadas con las puntas hacia adentro. ‖ **de nueve por ocho.** **Mús.* El que tiene nueve corcheas, en vez de las ocho que corresponden al compasillo. ‖ **de pinzas.** El que en una de sus puntas lleva lápiz o tiralíneas. ‖ **de proporción.** El que tiene el eje de articulación movible en una ranura abierta a lo largo de las piernas. ‖ **de seis por ocho.** **Mús.* El que tiene seis corcheas, en vez de las ocho que corresponden al compasillo. ‖ **de trepidación.** **Esgr.* **Compás trepidante.** ‖ **de tres por cuatro.** **Mús.* El que tiene tres negras en vez de las cuatro que corresponden al compasillo. ‖ **de vara.** Regla con una punta fija en uno de sus extremos y otra movible a lo largo de ella, y sirve para trazar curvas de gran diámetro. ‖ **extraño.** **Esgr.* Paso que se da y empieza con el pie izquierdo, retrocediendo. ‖ **mayor.** **Mús.* El que tiene doble duración que el compasillo. ‖ **menor.** **Mús.* El que tiene la duración asignada a cuatro negras, y se señala con una C al principio de la composición, después de la clave. ‖ **mixto.** **Esgr.* El que se compone del recto y del curvo. ‖ **oblicuo.** **Esgr.* **Compás transversal.** ‖ **recto.** **Esgr.* Paso que se da hacia adelante por la línea del diámetro. ‖ **ternario.** **Mús.* El que se compone de tres tiempos o de un múltiplo de tres. ‖ **transversal.** **Esgr.* Paso que se da por cualquiera de los trazos del ángulo rectilíneo. ‖ **trepidante.** **Esgr.* El que se da por las líneas que llaman infinitas. ‖ **Llevar** uno **el compás.** fr. Marcarlo el que dirige una orquesta, coro, etc. ‖ **Salir** uno **de compás.** fr. fig. Proceder sin arreglo a sus obligaciones.

compasadamente. adv. m. Con medida.

compasado, da. adj. Prudente, *moderado.

compasar. tr. *Medir con el compás. ‖ fig. *Proporcionar las cosas de modo que ni sobren ni falten. ‖ **Mús.* Dividir en compases las composiciones.

compasible. adj. Digno de compasión. ‖ **Compasivo.**

compasillo. m. *Mús.* **Compás menor.**

***compasión.** f. Sentimiento de lástima motivado por la desgracia o mal que otro padece.

compasivamente. adv. m. Con compasión.

***compasivo, va.** adj. Que tiene compasión. ‖ Que fácilmente se mueve a compasión.

compaternidad. f. **Compadrazgo** (parentesco espiritual).

compatibilidad. f. Calidad de compatible.

compatible. adj. Dícese de las cosas que pueden coexistir o *acomodarse convenientemente entre sí, o de las circunstancias que pueden *coincidir en un mismo sujeto.

compatricio, cia. m. y f. **Compatriota.**

compatriota. com. Persona de la misma *patria que otra.

compatrón. m. **Compatrono.**

compatronato. m. Derecho y facultades de compatrono.

compatrono, na. m. y f. Patrono juntamente con otro u otros.

compelación. f. **For.* Interrogatorio basado en hechos y artículos.

***compeler.** tr. Obligar a uno, con fuerza o por autoridad, a que haga alguna cosa.

compelimiento. m. Coacción.

compelir. tr. ant. **Compeler.**

compendiador, ra. adj. Que compendia. Ú. t. c. s.

compendiar. tr. Reducir a *compendio. ‖ *Simbolizar, servir de emblema o representación.

compendiariamente. adv. m. **Compendiosamente.**

***compendio.** m. Exposición abreviada de lo más importante de un escrito o discurso. ‖ **En compendio.** m. adv. En forma compendiosa, de manera sucinta.

compendiosamente. adv. m. **En compendio.**

compendioso, sa. adj. Que tiene los caracteres de un compendio.

compendizar. tr. **Compendiar.**

compenetración. f. Acción y efecto de compenetrarse.

compenetrarse. rec. *Introducirse o *interponerse las partes de una cosa entre las de otra. ‖ fig. *Entenderse, asimilarse cada una de varias personas las ideas o sentimientos de las otras.

compensable. adj. Que se puede compensar.

***compensación.** f. Acción y efecto de compensar. ‖ Indemnización pecuniaria o en especie. ‖ *For.* Modo de extinguir obligaciones entre personas que son recíprocamente acreedoras y deudoras.

compensador. m. Péndulo de *reloj, cuya varilla está compuesta de varias barritas combinadas de modo que la longitud total no varíe por efecto de la dilatación de los metales.

***compensar.** tr. Neutralizar el efecto de una cosa con el de otra que obre en sentido contrario. Ú. t. c. r. ‖ Dar o hacer alguna cosa en resarcimiento del daño que se ha causado. Ú. t. c. r. ‖ **Compensarse** uno **a sí mismo.** fr. Resarcirse por su mano del daño o perjuicio que otro le ha hecho.

compermutar. tr. Permutar con otro un beneficio eclesiástico.

competencia. f. *Discusión o *contienda entre dos o más sujetos. ‖ **Rivalidad.** ‖ **Incumbencia.** ‖ *Aptitud, idoneidad. ‖ Conjunto de conocimientos que autorizan a uno para entender en determinada materia. ‖ **For.* Jurisdicción o potestad de un juez u otra autoridad para el conocimiento o resolución de un asunto. ‖ **A competencia.** m. adv. **A porfía.**

competente. adj. *Bastante, debido. ‖ *Conveniente, correspondiente, adecuado. ‖ Dícese de la persona a quien compete o incumbe alguna cosa. ‖ *Apto, idóneo, ‖ *Entendido, *docto en alguna materia. ‖ m. En la primitiva Iglesia, catecúmeno ya instruido.

competentemente. adv. m. Proporcionadamente, adecuadamente. ‖ Con legítima facultad o aptitud.

competer. intr. Pertenecer, *concernir, o incumbir a uno alguna cosa.

competición. f. **Competencia.** ‖ Acción y efecto de competir y más propiamente en los *deportes.

***competidor, ra.** adj. Que compite. Ú. t. c. s.

***competir.** intr. Contender entre sí dos o más personas que aspiran a una misma cosa. Ú. t. c. rec. ‖ *Igualarse una cosa a otra que sirve de comparación.

compilación. f. *Colección de noticias, leyes, etc.

compilador, ra. adj. Que compila. Ú. t. c. s.

compilar. tr. Reunir o *coleccionar en una obra extractos o materias de otros varios libros o documentos.

compinche. com. fam. *Amigo, *compañero.

compitales. f. pl. *Fiestas que los romanos hacían a sus lares protectores de las encrucijadas.

complacedero, ra. adj. **Complaciente.**

complacencia. f. Satisfacción y *placer que resulta de alguna cosa.

complacer. tr. *Acceder uno a lo que otro desea. ‖ r. Alegrarse y hallar *placer en alguna cosa.

complaciente. p. a. de **Complacer.** Que complace o se complace. ‖ adj. Propenso a complacer.

complacimiento. m. **Complacencia.**

***complejidad.** f. Calidad de complejo.

***complejo, ja.** adj. Dícese de lo que se compone de elementos diversos. ‖ Opuesto a simple o sencillo. ‖ m. *Conjunto de varias cosas. ‖ **Psicol.* Combinación de ideas, tendencias y emociones que permanecen en la subsconciencia, pero que influyen en la personalidad del sujeto y a veces determinan su conducta.

complementar. tr. Dar complemento a una cosa.

complementario, ria. adj. Que sirve para completar o perfeccionar alguna cosa. ‖ **Opt.* Dícese de los *colores que combinados dos a dos producen la sensación de luz blanca.

complemento. m. Cosa que se *añade a otra cosa para hacerla íntegra o perfecta. ‖ *Integridad. ‖ *Perfección, colmo de alguna cosa. ‖ *Geom.* *Ángulo que sumado con otro completa uno recto. ‖ **Geom.* Arco que sumado con otro completa un cuadrante. ‖ **Gram.* Palabra o frase en que recae directa o indirectamente la acción del verbo. ‖ **directo.** *Gram.* El que recibe la acción del verbo. directamente. ‖ **indirecto.** *Gram.* El que la recibe por medio de preposición e indirectamente.

completamente. adv. m. Por entero; sin que nada falte.

***completar.** tr. Integrar, hacer cabal una cosa. ‖ *Perfeccionarla.

completas. f. pl. **Liturg.* Última parte del oficio divino.

completivamente. adv. m. De un modo que completa.

completivo, va. adj. Dícese de lo que completa y llena.

***completo, ta.** adj. Íntegro, cabal. ‖ Acabado, *perfecto.

complexión. f. *Fisiol.* **Constitución** (estructura del *cuerpo humano). ‖ **Ret.* Figura que consiste en repetir en varios períodos sucesivos el mismo vocablo inicial y el mismo final, distintos entre sí.

complexionado, da. adj. Con los adverbios *bien* o *mal,* de buena o mala complexión.

complexional. adj. Perteneciente a la complexión.

complexo, xa. adj. **Complejo.**

complicación. f. Concurrencia y *mezcla de cosas diversas. ‖ *Complejidad. ‖ fig. *Enredo, intriga.

***complicado, da.** adj. Enmarañado, *confuso. ‖ Compuesto de *diversas piezas.

***complicar.** tr. *Mezclar entre sí cosas diversas. ‖ Hacer alguna cosa más *difícil, *intrincada o *confusa. ‖ r. Confundirse, embrollarse.

cómplice. com. Persona que, sin ser autora de un *delito, *participa en el mismo.

complicidad. f. Calidad de cómplice.

complot. m. fam. *Confabulación. ‖ Conspiración. ‖ fam. *Intriga.

complutense. adj. Natural de Alcalá de Henares. Ú. t. c. s. ‖ Perteneciente a esta ciudad.

compluvio. m. En las antiguas casas romanas, abertura rectangular de la *techumbre para dar luz y recoger las aguas de *lluvia.

compodar. tr. *Podar hacia la mitad los *sarmientos.

compón. m. **Blas.* Cada uno de los cuadrados de esmalte alternado que cubren el fondo de cualquier figura.

componado, da. adj. **Blas.* Dícese de toda figura o pieza formada por cuadraditos de esmaltes alternados.

componedor, ra. m. y f. Persona que compone. ‖ **Algebrista** (*cirujano). ‖ m. **Impr.* Regla con un borde a lo largo, en la cual se colocan una a una las letras y signos que han de componer un renglón. ‖ **Amigable componedor.** *For.* *Árbitro designado por las partes interesadas en una divergencia o litigio.

componenda. f. Cantidad que se paga por algunas *bulas y licencias cuyos derechos no tienen tasa fija. ‖ *Pacto o transacción censurable. ‖ fam. Acción de componer (acallar al que puede perjudicar).

componente. p. a. de **Componer.** Que compone o entra en la composición de un todo. Ú. t. c. s. m.

***componer.** tr. Formar un todo con cosas diversas o con partes de una misma cosa, dispuestas convenientemente. ‖ Formar un cuerpo o agregado de varias cosas o personas. ‖ Aderezar con ingredientes el *vino u otras bebidas. ‖ *Sumar dos o más partidas o números determinada cantidad. ‖ *Ordenar, concertar. ‖ *Reparar lo roto o deteriorado. ‖ *Adornar una cosa. ‖ Ataviar y engalanar a una persona. Ú. t. c. r. ‖ *Conciliar a los enemistados o discordes. Ú. t. c. r. ‖ *Evitar algún daño contentando al que puede causarlo. ‖ *Moderar, corregir. ‖ Tratándose de obras científicas o *literarias, musicales, etc., hacerlas, producirlas. ‖ **Impr.* Formar las palabras, líneas y planas, juntando las letras. ‖ **Mat.* Reemplazar en una proporción el antecedente por la suma del mismo con su consecuente. ‖ intr. Hacer *versos. ‖ Producir obras *musicales. ‖ **Componérselas.** fr. fam. Ingeniarse o mostrar *habilidad para lograr algún fin.

componible. adj. Dícese de cualquiera cosa que se puede *conciliar o *acomodar con otra.

comporta. f. Especie de *canasta para transportar las uvas en la vendimia. ‖ *Molde para solidificar el *azufre refinado.

comportable. adj. Soportable, *tolerable.

comportamiento. m. **Conducta** (manera de *portarse una persona).

comportar. tr. fig. Sufrir, *tolerar. ‖ r. *Portarse, conducirse.

comporte. m. *Conducta, modo de portarse. ‖ *Porte, modales o manejo del cuerpo. ‖ *Germ.* **Mesonero.**

comportería. f. Arte u oficio del comportero. ‖ Taller del comportero.

comportero. m. El que hace o vende comportas.

***composición.** f. Acción y efecto de componer. ‖ Pacto o *convenio. ‖ **Compostura** (mesura, moderación). ‖ Obra *científica, *literaria o *musical. ‖ Oración que se dicta en castellano al discípulo para que la *traduzca en la lengua que aprende. ‖ **Gram.* Procedimiento por el cual se forman vocablos agregando a uno simple preposiciones, partículas o palabras enteras. ‖ **Impr.* Conjunto de líneas, galeradas y páginas, antes de la imposición. ‖ **Mús.* Parte de la música que trata de las formas melódicas y de su combinación con el acompañamiento. ‖ **Pint.* y **Esc.* Arte de disponer las figuras y accesorios para conseguir el mejor efecto. ‖ **de aposento,** o **de casa.** Prestación que hacía el dueño de casa en Madrid para libertarla de huéspedes de aposento. ‖ **Hacer** uno **composición de lugar.** fr. fig. Formar un *plan en vista de las circunstancias del asunto de que se trata.

compositivo, va. adj. **Gram.* Aplícase a las preposiciones o partículas con que se forman voces compuestas.

compositor, ra. adj. Que compone. Ú. t. c. s. ‖ Que hace composiciones *musicales. Ú. t. c. s.

compostelano, na. adj. Natural de Compostela, hoy Santiago de Compostela. Ú. m. c. s. ‖ Perteneciente a esta ciudad.

compostura. f. Construcción y hechura de un todo que se compone de varias partes. ‖ *Reparación de una cosa deteriorada o rota. ‖ Aseo, *adorno de una persona o cosa. ‖ Ingrediente o preparación con que se *falsifica un género o producto. ‖ Pacto, *convenio. ‖ Modestia, *moderación, *prudencia. ‖ fig. *Artificio.

compota. f. *Dulce de fruta cocida con agua y azúcar.

compotera. f. Vasija en que se sirve a la *mesa compota o dulce de almíbar.

***compra.** f. Acción y efecto de comprar. ‖ Conjunto de los *comestibles que se compran para el gasto diario de las casas. ‖ Cualquier objeto comprado.

comprable. adj. Que puede comprarse.

compradero, ra. adj. **Comprable.**

compradillo. m. **Comprado.**

compradizo, za. adj. **Comprable.**

comprado. m. Juego entre cuatro jugadores, con ocho *naipes cada uno.

***comprador, ra.** adj. Que compra. Ú. t. c. s.

comprante. p. a. de **Comprar.** Que compra. Ú. t. c. s.

***comprar.** tr. Adquirir algo mediante dinero. ‖ ***Sobornar.**

***compraventa.** f. *For.* **Contrato de compraventa.**

cómpreda. f. **Compra.**

comprehensivo, va. adj. **Comprensivo.**

comprendedor, ra. adj. Que comprende.

***comprender.** tr. Abarcar, *ceñir, rodear por completo una cosa. ‖ *Contener, incluir en sí. Ú. t. c. r. ‖ → Entender, penetrar.

comprendiente. p. a. de **Comprender.** Que comprende.

comprensibilidad. f. Calidad de comprensible.

***comprensible.** adj. Que se puede comprender.

***comprensión.** f. Acción de comprender. ‖ Facultad de entender y penetrar las cosas. ‖ **Lóg.* Conjunto de cualidades que integran un concepto.

comprensivo, va. adj. Que tiene facultad de comprender o entender. ‖ Que *contiene o incluye. ‖ Dícese de la persona *tolerante.

comprenso, sa. p. p. irreg. de **Comprender.**

comprensor, ra. adj. Que comprende. Ú. t. c. s. ‖ *Teol.* Que goza la eterna *bienaventuranza. Ú. t. c. s.

comprero, ra. adj. **Comprador.** Ú. t. c. s. m.

compresa. f. **Cir.* Pedazo de lienzo, gasa, algodón, etc., que se aplica debajo de la venda.

compresbítero. m. Compañero de otro en el acto de recibir el presbiterado.

compresibilidad. f. Calidad de compresible.

compresible. adj. Que se puede comprimir.

***compresión.** f. Acción y efecto de comprimir. ‖ **Pros.* **Sinéresis.**

compresivo, va. adj. Dícese de lo que comprime.

compreso, sa. p. p. irreg. de **Comprimir.**

compresor, ra. adj. Que comprime. Ú. t. c. s.

comprimario, ria. m. y f. *Mús.* *Cantante de ópera que hace los segundos papeles.

comprimente. p. a. de **Comprimir.** Que comprime.

comprimible. adj. **Compresible.**

comprimido. m. **Farm.* Pastilla pequeña que se obtiene por compresión de sus ingredientes.

***comprimir.** tr. Hacer presión sobre una cosa para reducirla a menor volumen. Ú. t. c. r. ‖ fig. *Reprimir, refrenar, *moderar. Ú. t. c. r.

comprobable. adj. Que se puede comprobar.

comprobación. f. Acción y efecto de comprobar.

comprobante. p. a. de **Comprobar.** Que comprueba. Ú. t. c. s.

***comprobar.** tr. Verificar, confirmar una cosa, mediante pruebas que la acreditan como cierta.

comprofesor, ra. m. y f. Persona que ejerce la misma profesión que otra.

comprometedor, ra. adj. fam. Dícese de la persona o cosa que compromete o pone en *peligro. Ú. t. c. s.

comprometer. tr. Poner varias personas en manos de un *árbitro o *mediador la solución de algún desacuerdo, pleito, etc. Ú. t. c. s. ‖ Exponer a uno a algún *peligro o daño. Ú. t. c. r. ‖ Constituir a uno en una *obligación. Ú. m. c. r. ‖ rec. Tener relaciones *carnales los amantes antes del matrimonio.

comprometido, da. adj. Dícese de la situación, asunto, etc., que ofrece algún *peligro o puede tener consecuencias *graves.

comprometimiento. m. Acción y efecto de comprometer o comprometerse.

compromisario. adj. Aplícase a la persona en quien otras *confían para que, como *mediador, resuelva alguna cosa. Ú. t. c. s. ‖ m. Aquel por quien los electores se hacen representar para una *elección de segundo grado.

compromiso. m. *Delegación que hacen los *electores en uno o más de ellos a fin de que designen el que haya de ser nombrado. ‖ Acción y efecto de comprometer en jueces *árbitros o amigables componedores. ‖ Escritura o *documento en que consta la obligación de los que comprometen. ‖ *Obligación contraída. ‖ *Ofrecimiento hecho. ‖ *Dificultad, empeño. ‖ **Estar,** o **poner, en compromiso.** fr. Estar, o poner en *duda una cosa.

compromisorio, ria. adj. Perteneciente al compromiso entre partes.

comprovincial. adj. V. **Obispo comprovincial.**

comprovinciano, na. m. y f. Persona de la misma provincia que otra.

***compuerta.** f. Media *puerta, a manera de antepecho. ‖ → Tablero grueso y reforzado que encaja por cada lado en una ranura a lo largo de la cual puede deslizarse. Se coloca en las presas, canales, etc., para graduar o cortar el paso del agua. ‖ *Cortina que se ponía en las entradas de los *coches que no tenían vidrios. ‖ Pedazo de tela sobrepuesto, en que los comendadores de las *órdenes militares* traían la *cruz al pecho.

compuesta. f. *Germ.* Cambio de traje que hacen los *ladrones antes de que los vuelva a ver la persona a quien han robado.

compuestamente. adv. m. Con compostura. ‖ **Ordenadamente.**

compuesto, ta. p. p. irreg. de **Componer.** ‖ adj. fig. Mesurado, circunspecto. ‖ **Bot.* Aplícase a plantas dicotiledóneas, que se distinguen por sus flores reunidas en cabezuelas sobre un receptáculo común; como la dalia. Ú. t. c. s. f. ‖ **Gram.* Aplícase al vocablo formado de dos o más voces simples. ‖ **Quím.* V. **Cuerpo compuesto.** Ú. t. c. s. ‖ m. Agregado de varias cosas que componen un *todo. ‖ f. pl. *Bot.* Familia de las plantas **compuestas.**

compulsa. f. Acción y efecto de compulsar. ‖ *For.* *Copia sacada judicialmente y cotejada con su original.

compulsación. f. Acción de compulsar.

compulsar. tr. *Cotejar dos o más documentos. ‖ *For.* Sacar compulsas.

compulsión. f. *For.* Apremio y *coacción que se hace a uno por mandato de la autoridad.

compulsivo, va. adj. Que tiene virtud de *compeler.

compulso, sa. p. p. irreg. de **Compeler.**

compulsorio, ria. adj. **For.* Aplícase al mandato que da el juez para compulsar un instrumento o unos autos. Ú. t. c. s. m. y f.

compunción. f. *Arrepentimiento o dolor de haber cometido un pecado. ‖ *Compasión que causa el dolor ajeno.

compungido, da. p. p. de **Compungir.** ‖ adj. Atribulado, *afligido.

compungir. tr. Mover a compunción. ‖ r. *Arrepentirse de alguna culpa. ‖ *Compadecerse del mal ajeno.

compungivo, va. adj. Dícese de algunas cosas que *punzan o pican.

compurgación. f. *For.* **Purgación.**

compurgador. m. *For.* El que *atestiguaba con juramento acerca de la buena fama del acusado.

compurgar. tr. *For.* Pasar por la prueba de la compurgación.

computable. adj. Que se puede computar.

computación. f. **Cómputo.**

computar. tr. *Contar o calcular una cosa.

computista. com. Persona que computa.

cómputo. m. *Cuenta o cálculo.

comulación. f. **Acumulación.**

comulgante. p. a. de **Comulgar.** Que comulga. Ú. t. c. s.

***comulgar.** tr. Dar la sagrada comunión. ‖ intr. Recibirla.

comulgatorio. m. Barandilla delante del altar, ante la que se arrodillan los fieles que *comulgan. ‖ En los *conventos de religiosas, ventanilla por donde se les da la comunión.

***común.** adj. Dícese de aquello en que tienen participación por igual varias personas, y de aquello de que muchos disfrutan sin que sea propiedad particular de ninguno. ‖ Corriente, admitido de todos o de la mayor parte. ‖ *Ordinario, *frecuente y muy sabido. ‖ De calidad inferior. ‖ *Despreciable. ‖ m. Conjunto de *vecinos de cualquier ciudad o lugar. ‖ *Generalidad de personas. ‖ **Retrete** (excusado). ‖ **de tres.** En la gramática latina, adjetivo de una terminación para los tres géneros. ‖ **El común de las gentes.** expr. La mayor parte de las gentes. ‖ **En común.** m. adv. que denota posesión o disfrute de una cosa entre varios. ‖ **Por lo común.** m. adv. **Comúnmente.**

comuna. f. Acequia principal.

comunal. adj. **Común.** ‖ m. **Común** (vecindario de un pueblo).

comunalmente. adv. m. **En común.**

comunero, ra. adj. Popular, *afable para con todos. ‖ Perteneciente a las comunidades de Castilla. ‖ m. El que tiene parte indivisa con otro u otros en un inmueble. ‖ *Partidario de las comunidades de Castilla.

comunial. adj. Propio de alguna *comunidad. ‖ pl. Pueblos que tienen comunidad de pastos.

comunicabilidad. f. Calidad de comunicable.

comunicable. adj. Que se puede o debe comunicar. ‖ *Sociable, tratable.

comunicación. f. Acción y efecto de comunicar o comunicarse. ‖ *Trato entre dos o más personas. ‖ *Tránsito o contacto que se establece entre ciertas cosas. ‖ Cada uno de los medios que sirven para establecerlo. ‖ **Oficio** (escrito en que se comunica algo). ‖ pl. *Correos, *telégrafos, teléfonos u otros medios análogos para comunicarse las personas.

comunicado. m. Escrito que, en causa propia, se dirige a un *periódico para que lo publique.

comunicante. p. a. de **Comunicar.** Que comunica. Ú. t. c. s.

comunicar. tr. Dar *participación a otro en lo que uno tiene. ‖ *Propagar, difundir lo que uno tiene. ‖ *Informar, hacer saber a uno alguna cosa. ‖ *Conversar con alguno. Ú. t. c. r. ‖ *Consultar un asunto con alguno, *preguntarle su parecer. ‖ r. Tratándose de cosas inanimadas, tener correspondencia o paso unas con otras.

comunicativo, va. adj. Que tiene inclinación a comunicar a otro lo que posee. ‖ Dícese también de ciertas cualidades que tienden a *difundirse o propagarse. ‖ Accesible al trato, sociable, *afable.

comunicatorias. adj. pl. V. **Letras comunicatorias.**

***comunidad.** f. Calidad de común. ‖ Común de algún pueblo, provincia o reino. ‖ → Congregación de personas que viven unidas y bajo ciertas reglas; como los conventos, antiguos colegios, etc. ‖ Conjunto de *vecinos de una ciudad o villa realengas representado por su *ayuntamiento. ‖ pl. Levantamientos o *rebeliones populares, principalmente las de Castilla en tiempos de Carlos I. ‖ **De comunidad.** m. adv. **En común.**

***comunión.** f. *Participación en lo común. ‖ *Trato familiar. ‖ En la Iglesia católica, acto de recibir los fieles la *Eucaristía. ‖ El *Sacramento del altar. ‖ Congregación de personas que profesan la misma fe religiosa. ‖ *Partido político. ‖ **de los Santos.** Participación mutua que los fieles tienen en los bienes espirituales, como miembros de un mismo cuerpo.

comunismo. m. Sistema *político y *social que pretende abolir el derecho de propiedad privada.

comunista. adj. Perteneciente o relativo al comunismo. ‖ Partidario de este sistema. Ú. t. c. s.

comúnmente. adv. m. De uso o *costumbre común. ‖ De manera *ordinaria o *vulgar. ‖ ***Frecuentemente.**

comuña. f. *Trigo mezclado con *centeno. ‖ Aparcería de ganados. ‖ **a ganancia.** Aquella en que las pérdidas se reparten por igual entre ambas partes.

comuñas. f. pl. **Camuñas.**

comuñero. m. Partícipe en una comuña de ganado.

con. prep. que significa el *modo o instrumento para hacer alguna cosa. ‖ En ciertas locuciones, **aunque, a pesar de.** ‖ Juntamente y en *compañía. ‖ prep. insep. que expresa *unión. ‖ **Con que.** conj. condic. **Con tal que.**

con. m. *Peñasco que en el mar sale a flor de agua. ‖ Banda de ciertas *redes de pesca.

conacho. m. **Min.* *Mortero de piedra que se usaba para triturar minerales.

conato. m. *Intento. ‖ Diligencia y *esfuerzo en la ejecución de una cosa. ‖ *Propensión, tendencia. ‖ *Intención, propósito. ‖ *For.* Acto o *delito que se empezó y no llegó a consumarse.

conca. f. **Concha.** ‖ *Germ.* Escudilla, *plato.

concadenar. tr. fig. *Enlazar unas especies con otras.

concambio. m. **Canje.**

concanónigo. m. *Canónigo al mis-

mo tiempo que otro en una misma iglesia.
concatedralidad. f. Dignidad de catedral que tiene una *iglesia, pero unida con otra. ‖ Hermandad entre dos catedrales.
concatenación. f. Acción y efecto de concatenar. ‖ **Ret.* Figura que consiste en empezar dos o más cláusulas con la voz final de la cláusula anterior.
concatenamiento. m. ant. **Concatenación.**
concatenar. tr. fig. **Concadenar.**
concausa. f. Cosa que, juntamente con otra, es *causa de algún efecto.
cóncava. f. **Concavidad.**
***concavidad.** f. Calidad de cóncavo. ‖ Parte o sitio cóncavo.
***cóncavo, va.** adj. Que presenta una depresión esférica. ‖ m. **Concavidad.** ‖ **Min.* Ensanche alrededor del brocal de los pozos interiores de las minas.
concavoconvexo, xa. adj. Que presenta dos superficies opuestas una cóncava y otra convexa.
concebible. adj. Que puede concebirse o imaginarse.
concebimiento. m. **Concepción.**
concebir. intr. Quedar *fecundada la hembra. Ú. t. c. tr. ‖ fig. Formar *idea de una cosa, *comprenderla. Ú. t. c. tr. ‖ *Imaginar o *inventar alguna cosa. ‖ tr. fig. Comenzar a sentir alguna *pasión o afecto.
concedente. p. a. de **Conceder.** Que concede.
***conceder.** tr. *Dar, otorgar una cosa. ‖ *Asentir a lo que uno dice.
concejal. m. Individuo de un concejo o ayuntamiento.
concejalía. f. Cargo de concejal.
***concejil.** adj. Perteneciente al concejo. ‖ Común a los vecinos de un pueblo. Decíase de la gente enviada al ejército por un concejo. Ú. t. c. s. ‖ En algunas partes, ***expósito.** Ú. t. c. s.
***concejo.** m. **Ayuntamiento** (cabildo municipal). ‖ Uno de los nombres que se dan al municipio. ‖ Sesión celebrada por los individuos de un **concejo.** ‖ **abierto.** El que se tiene en público. ‖ **de la Mesta.** Junta que los pastores y ganaderos tenían anualmente para tratar de los negocios concernientes a sus *ganados.
conceller. m. Miembro del consejo *municipal en Cataluña.
concento. m. *Canto armonioso de diversas voces.
concentración. f. Acción y efecto de concentrar o concentrarse.
***concentrar.** tr. fig. Reunir en un *centro lo que estaba separado. Ú. t. c. r. ‖ *Quím.* Aumentar la proporción de materia *disuelta con relación al disolvente. Ú. t. c. r. ‖ r. **Reconcentrarse.**
***concéntrico, ca.** adj. *Geom.* Dícese de las figuras y de los sólidos que tienen un mismo *centro.
concentuoso, sa. adj. **Armonioso** (*sonido).
concepción. f. Acción y efecto de concebir; *preñez. ‖ Acto de ser concebida una criatura humana. Por excelencia, la **concepción** de la *Virgen Madre de Dios. ‖ *Festividad con que celebra la Iglesia el dogma de la Inmaculada **Concepción** de la Virgen.
concepcionista. adj. Dícese de la persona que pertenece a la tercera orden franciscana llamada de la Inmaculada Concepción. Ú. m. c. s. f.
conceptear. intr. Usar frecuentemente conceptos *ingeniosos.
conceptible. adj. Que se puede concebir o *imaginar. ‖ *Comprensible.
conceptismo. m. *Estilo de los conceptistas.
conceptista. adj. Aplícase a la persona que abusa del *estilo conceptuoso. Ú. m. c. s.
concepto. m. *Idea que concibe el entendimiento. ‖ *Expresión de un pensamiento por medio de la palabra. ‖ Agudeza, dicho *sentencioso. ‖ Opinión, *juicio. ‖ *Fama, buena o mala, que goza una persona.
conceptualismo. m. Sistema *filosófico que defiende la realidad de las nociones universales y abstractas.
conceptualista. adj. Perteneciente al conceptualismo. ‖ Partidario de este sistema. Ú. t. c. s.
conceptuar. tr. Formar concepto de una cosa.
conceptuosamente. adv. m. De manera conceptuosa.
conceptuosidad. f. Calidad de conceptuoso.
conceptuoso, sa. adj. *Sentencioso; lleno de conceptos demasiado sutiles o complicados. Dícese del *estilo y de la persona que lo emplea.
concernencia. f. Respecto o *relación.
concerniente. p. a. de **Concernir.** Que concierne.
***concernir.** intr. **Atañer** (tener *relación).
concertadamente. adv. m. Con orden y concierto.
concertado, da. adj. V. **Mampostería concertada.**
concertador, ra. adj. Que concierta. Ú. t. c. s. ‖ V. **Maestro concertador.** ‖ **de privilegios.** El que expedía la confirmación de los *privilegios reales.
concertante. p. a. de **Concertar.** Que concierta.
concertante. adj. *Mús.* Composición en que varias voces o instrumentos ejecutan simultáneamente cantos distintos e igualmente importantes. Ú. t. c. s. m.
concertar. tr. Ajustar, *ordenar, arreglar las partes de una cosa, o varias cosas entre sí. ‖ Tratar del *precio de una cosa. ‖ Pactar, *contratar. Ú. t. c. r. ‖ Poner de *acuerdo cosas diversas o intenciones diferentes. Ú. t. c. r. ‖ Acordar o *afinar entre sí voces o instrumentos músicos. ‖ Cotejar una cosa con otra. ‖ **Mont.* Reconocer el monte para preparar y dirigir la cacería. ‖ intr. *Convenir una cosa con otra. ‖ **Gram.* Concordar en los accidentes gramaticales dos o más palabras variables. Ú. t. c. tr.
concertina. f. Especie de *acordeón de forma hexagonal.
concertino. m. Violinista primero que en las orquestas toca los sólos de su *instrumento.
concertista. com. *Mús.* Persona que dirige un concierto o canta o toca en él. ‖ Solista de algún *instrumento.
concesible. adj. Que se puede conceder.
***concesión.** f. Acción y efecto de conceder. ‖ Privilegio o exclusiva que concede el gobierno a particulares o empresas para el aprovechamiento de riquezas naturales, ejecución de obras, explotación de servicios públicos, etc. ‖ **Ret.* Figura que consiste en dar por buena una probable objeción del adversario y refutar, a pesar de esto, su opinión.
concesionario. m. *For.* Persona a quien se hace una concesión.
concia. f. Parte vedada de un *monte.
***conciencia.** f. Suma de representaciones actuales o pasadas que permite al hombre obtener una imagen de su personalidad física y moral. ‖ Propiedad del espíritu humano de reconocerse a sí mismo, en su esencia y en sus modificaciones. ‖ Conocimiento interior del bien que debemos hacer y del mal que debemos evitar. ‖ *Conocimiento reflexivo de las cosas. ‖ **A conciencia.** m. adv. Según **conciencia.** Dícese de las obras hechas con *perfección y sin fraude. ‖ **Ancho de conciencia.** loc. fig. Dícese del que a sabiendas obra o permite obrar contra el rigor de la moral. ‖ **Cargar** uno **la conciencia.** fr. fig. Gravarla con pecados. ‖ **Descargar** uno **la conciencia.** fr. fig. *Cumplir las obligaciones de justicia. ‖ fig. **Confesar** (el penitente). ‖ **Encargar la conciencia.** fr. Ponerla en cargo, gravarla. ‖ **En conciencia.** m. adv. Según **conciencia,** de conformidad con ella. ‖ **Estrecho de conciencia.** loc. fig. Dícese del que es muy exigente o escrupuloso en cuanto a la moral.
concienzudamente. adv. m. A conciencia, de modo concienzudo.
concienzudo, da. adj. Dícese del que es de estrecha conciencia en lo moral. ‖ Aplícase a lo que se hace según ella. ‖ Dícese de la persona que *estudia o hace las cosas con mucha *atención o *cuidado.
concierto. m. Buen *orden y disposición de las cosas. ‖ Ajuste o *convenio. ‖ Función de *música, en que se ejecutan composiciones sueltas. ‖ **Mús.* Composición instrumental en que la parte más importante corresponde a determinado *instrumento. ‖ **Mont.* Acción de concertar. ‖ **De concierto.** m. adv. De común *acuerdo.
conciliable. adj. Que puede conciliarse, *acomodarse o ser compatible con alguna cosa.
conciliábulo. m. *Concilio, *junta o *asamblea, no convocados por autoridad legítima.
conciliación. f. Acción y efecto de *conciliar. ‖ *Conformidad y *semejanza de una cosa con otra. ‖ *Protección que uno se granjea.
conciliador, ra. adj. Que concilia. ‖ *Afable, condescendiente.
conciliar. adj. Perteneciente a los *concilios. ‖ m. Persona que asiste a un concilio.
***conciliar.** tr. Concertar y poner de *acuerdo a los que están discordes. ‖ Conformar doctrinas al parecer contrarias. ‖ *Captar o atraerse la voluntad y la benevolencia. Alguna vez se dice también del odio, antipatía, etc. Ú. m. c. r.
conciliativo, va. adj. Dícese de lo que concilia. Ú. t. c. s. m.
conciliatorio, ria. adj. Lo que puede conciliar o se dirige a este fin.
***concilio.** m. *Junta o *asamblea para tratar alguna cosa. ‖ Colección de los decretos de un **concilio.** ‖ → Junta de los obispos y otros eclesiásticos de la Iglesia católica, o de parte de ella, para deliberar sobre las materias de dogmas y de disciplina. ‖ **ecuménico,** o **general.** Junta de los obispos de todos los países de la cristiandad, convocados legítimamente. ‖ **nacional.** La de los prelados de una nación. ‖ **provincial.** La del metropolitano y sus sufragáneos.
concinidad. f. p. us. Calidad de concino.
concino, na. adj. p. us. Dícese del *estilo elegante y armonioso.
concisamente. adv. m. De modo conciso.
***concisión.** f. Brevedad y precisión

en el modo de expresar los conceptos.

*__conciso, sa.__ adj. Que tiene concisión.

__concitación.__ f. Acción y efecto de concitar.

__concitador, ra.__ adj. Que concita. Ú. t. c. s.

__concitar.__ tr. *Incitar a uno contra otro. || Promover *discordias.

__concitativo, va.__ adj. Dícese de lo que concita.

__conciudadano, na.__ m. y f. Cada uno de los ciudadanos de una misma *ciudad, respecto de los demás. || Por ext., cada uno de los naturales de una misma *nación, respecto de los demás.

__cónclave__ o __conclave.__ m. Lugar en donde los *cardenales se encierran para elegir *papa. || La misma junta de los cardenales. || fig. Junta o *reunión para tratar algún asunto.

__conclavista.__ m. Familiar o *criado que entra en el cónclave para asistir a los *cardenales.

*__concluir.__ tr. Dar remate a una cosa, ejecutarla o hacerla por completo. || Dar *fin, acabar. Ú. t. c. r. || *Decidir y resolver sobre lo que se ha tratado. || *Inferir, deducir una verdad de otras. || *Persuadir a uno o vencerle en la discusión. || **Esgr.* Ganarle la espada al adversario por el puño o guarnición. || **For.* Poner fin a los alegatos en defensa de una parte, después de haber respondido a los de la contraria.

*__conclusión.__ f. Acción y efecto de concluir o concluirse. || *Fin de una cosa. || *Decisión que se ha tomado sobre una materia. || Aserto o proposición que se defiende en las escuelas. Ú. m. en pl. || **Lóg.* Proposición que se pretende probar. || __En conclusión.__ m. adv. En suma, finalmente. || __Sentarse__ uno __en la conclusión.__ fr. fig. *Obstinarse en su opinión.

__conclusivo, va.__ adj. Dícese de lo que concluye o finaliza una cosa.

__concluso, sa.__ p. p. irreg. de __Concluir.__ || **For.* Se dice del juicio que está para sentencia.

__concluyente.__ p. a. de __Concluir.__ Que concluye o convence. || *Terminante, decisivo.

__concluyentemente.__ adv. m. De un modo concluyente.

__concocción.__ f. *Digestión de los alimentos.

__concofrade.__ m. Cofrade juntamente con otro.

__concoideo, a.__ adj. Semejante a la *concha. Aplícase a la fractura de los cuerpos sólidos que resulta en formas curvas.

__concolega.__ m. El que es del mismo colegio que otro.

__concomerse.__ r. fam. Mover los hombros y espaldas como quien siente en ellas alguna comezón o *picor. || Consumirse de *impaciencia, *arrepentimiento u otra pasión.

__concomimiento.__ m. fam. Acción de concomerse.

__concomio.__ m. fam. __Concomimiento.__

__concomitancia.__ f. Acción y efecto de concomitar.

__concomitante.__ p. a. de __Concomitar.__ Que *acompaña a otra cosa o *coopera con ella.

__concomitar.__ tr. *Acompañar una cosa a otra, u obrar *simultáneamente con ella.

__concón__ m. __Autillo__ (*ave). || *Viento terral en la costa sudamericana del Pacífico.

__concordable.__ adj. Que se puede concordar con otra cosa.

__concordablemente.__ adv. m. Con arreglo a otra cosa.

__concordador, ra.__ adj. Que concuerda y concilia. || Que *aplaca o mitiga. Ú. t. c. s.

__concordancia.__ f. *Conformidad de una cosa con otra. || **Gram.* Conformidad de accidentes entre palabras variables. || **Mús.* Ajuste y afinación de las voces que suenan juntas. || pl. Índice alfabético de vocablos contenidos en un libro, con indicación de los lugares en que se hallan. || __Concordancia vizcaína.__ **Gram.* La que cambia los géneros de los nombres.

__concordante.__ p. a. de __Concordar.__ Que concuerda.

*__concordar.__ tr. Poner de acuerdo lo que no lo está. || intr. Estar *conforme una cosa con otra. || **Gram.* Formar concordancia. Ú. t. c. tr.

__concordata.__ f. __Concordato.__

__concordatario, ria.__ adj. Perteneciente o relativo al concordato.

__concordato.__ m. *Convenio sobre asuntos eclesiásticos, entre el gobierno de un estado y la Santa Sede.

__concorde.__ adj. *Conforme.

__concordemente.__ adv. m. Conformemente, de común acuerdo.

*__concordia.__ f. Conformidad de pareceres y propósitos. || *Acuerdo o convenio entre litigantes. || Contrato o *documento en que consta lo convenido entre las partes. || __Unión__ (*sortija). || __De concordia.__ m. adv. De común *acuerdo.

__concorpóreo, a.__ adj. *Teol.* Dícese del que por medio de la *Eucaristía se hace un mismo cuerpo con Cristo.

__concreción.__ f. Acumulación de partículas que se unen para formar masas *sólidas, generalmente arriñonadas.

__concrecionar.__ tr. Formar concreciones. Ú. t. c. r.

__concretamente.__ adv. m. De un modo concreto.

__concretar.__ tr. *Combinar varias cosas para formar un todo con ellas. || *Abreviar, reducir a lo más esencial el asunto sobre que se habla o escribe. || r. *Limitarse a tratar de una cosa sola, con exclusión de otros asuntos.

__concreto, ta.__ adj. Dícese de cualquier objeto *determinado, con exclusión de cuanto pueda serle extraño o accesorio. || Que sufre __concreción.__ || m. __Concreción.__ || __En concreto.__ m. adv. En resumen.

__concubina.__ f. Mujer que vive con un hombre como si estuviera casada con él; *manceba.

__concubinario.__ m. El que tiene concubina.

*__concubinato.__ m. Trato de un hombre con su concubina.

__concubio.__ m. ant. Hora de retirarse a *dormir.

__concúbito.__ m. __Ayuntamiento__ (acto *venéreo).

__concuerda (Por).__ m. adv. con que se indica que la *copia de un escrito está conforme al original.

__conculcación.__ f. Acción y efecto de conculcar.

__conculcador, ra.__ adj. Que conculca.

__conculcar.__ tr. __Hollar__ (*pisar). || *__Infringir.__

__concuñado, da.__ m. y f. Cónyuge de una persona respecto del cónyuge de otra persona *hermana de aquella.

__concupiscencia.__ f. Apetito y *deseo de los bienes terrenos. || *Avaricia. || Apetito desordenado de *placeres *carnales.

__concupiscente.__ adj. Dominado por la concupiscencia.

__concupiscible.__ adj. V. __Apetito concupiscible.__

*__concurrencia.__ f. Reunión de muchas personas en un lugar. || *Simultaneidad de varios sucesos o cosas. || Asistencia, *ayuda.

__concurrente.__ p. a. de __Concurrir.__ Que concurre. Ú. t. c. s.

*__concurrido, da.__ adj. Dícese del lugar a que *concurre mucha gente.

*__concurrir.__ intr. Juntarse en un mismo lugar muchas personas. || Ocurrir *simultáneamente varias cosas, o *existir en un mismo sujeto. || Contribuir con una cantidad. || Estar de *acuerdo con otra persona. || Tomar parte en un *concurso.

__concursado, da.__ p. p. de __Concursar.__ || m. *Deudor declarado legalmente en concurso de acreedores.

__concursar.__ tr. *For.* Declarar el estado de insolvencia de una persona que tiene diversos acreedores.

*__concurso.__ m. *Concurrencia de gente. || Existencia *simultánea de sucesos, circunstancias o cosas diferentes. || *Ayuda para una cosa. || → Oposición que se hace a un empleo, premio, etc., presentando al efecto trabajos de la índole requerida, o alegando cada candidato sus méritos. || Invitación que se hace a los que pretenden ejecutar una obra o prestar un servicio a fin de elegir la propuesta que ofrezca mayores ventajas. || __de acreedores.__ *For.* Procedimiento judicial para aplicar los bienes de un *deudor al pago de sus acreedores.

__concusión.__ f. Acción de *sacudir violentamente. || *Delito del funcionario que hace una exacción en provecho propio.

__concusionario, ria.__ adj. Que comete concusión. Ú. t. c. s.

*__concha.__ f. Parte exterior y dura que cubre a los *moluscos, *tortugas, etc. || __Ostra.__ || __Carey.__ || Pantalla en forma de __concha__ que se coloca en el medio del proscenio de los *teatros para ocultar al apuntador. || *Ensenada, a veces poco profunda, pero muy cerrada, en la costa del mar. || *Moneda antigua de cobre. || __Solera__ (del *molino). || fig. Cualquier cosa que tiene la figura de la __concha__ de los animales. || *Germ.* __Rodela.__ || *Blas.* __Venera.__ || __de perla. Madreperla.__ || __Meterse__ uno __en__ su __concha.__ fr. fig. Vivir con *retraimiento. || __Tener__ uno __más conchas que un galápago,__ o __muchas conchas.__ fr. fig. y fam. Ser muy *astuto.

__conchabanza.__ f. Colocación o *empleo que disfruta una persona. || fam. Acción y efecto de conchabarse.

__conchabar.__ tr. Juntar, *asociar. || Mezclar varias calidades de *lana. || Contratar a alguno para un *servicio doméstico. Ú. t. c. r. || r. fam. *Confabularse.

__conchabear.__ tr. *Comprar, vender o *permutar.

__conchabo.__ m. Ajuste para el *servicio doméstico.

__conchado, da.__ adj. Dícese del animal que tiene conchas.

__conchesta.__ f. *Nieve acumulada en los ventisqueros.

__conchífero, ra.__ adj. **Geol.* Se aplica al terreno caracterizado por la abundancia de moluscos.

__conchil.__ m. *Molusco marino gasterópodo, de gran tamaño, cuya secreción se usaba para teñir.

__concho.__ m. Corteza exterior de la *nuez verde.

__¡concho!__ interj. fam. con que se denota *sorpresa.

conchudo, da. adj. Dícese del animal cubierto de conchas. ‖ fig. y fam. *Astuto, sagaz.
conchuela. f. d. de **Concha.** ‖ Fondo del *mar cubierto de conchas rotas.
condado. m. *Dignidad de conde. ‖ *Territorio o lugar a que se refiere el título nobiliario de conde.
condal. adj. Perteneciente al conde o a su dignidad.
conde. m. Uno de los *títulos nobiliarios con que los soberanos honran a ciertas personas. ‖ En las faenas de la *labranza, el que después del manijero gobierna a los que trabajan a destajo. ‖ *Caudillo que elegían los gitanos. ‖ Entre los godos españoles, *dignidad inferior a la de duque. ‖ **de Barcelona.** Título del rey de España. ‖ **de Castilla.** En la Edad Media, *soberano independiente en Castilla la Vieja.
condecente. adj. *Conveniente o acomodado.
condecir. intr. *Convenir o acomodarse una cosa con otra.
condecoración. f. Acción y efecto de condecorar. ‖ *Cruz u otra *insignia de honor y distinción.
condecorar. tr. *Enaltecer a uno con honores o condecoraciones.
condena. f. Testimonio que da el escribano de la *sentencia. ‖ Extensión y grado de la *pena. ‖ ***Sentencia.**
condenable. adj. Digno de ser condenado.
***condenación.** f. Acción y efecto de condenar o condenarse.
***condenado, da.** adj. **Réprobo.** Ú. t. c. s. ‖ fig. *Perverso.
condenador, ra. adj. Que condena o *censura. Ú. t. c. s.
***condenar.** tr. Pronunciar el juez *sentencia con la pena correspondiente. ‖ En el juicio civil, decretar el juez contra un litigante. ‖ *Reprobar una doctrina u opinión. ‖ *Cerrar o tapar de modo permanente una puerta, ventana, habitación, etc. ‖ r. Culparse a sí mismo, *acusarse. ‖ → Incurrir en la pena eterna.
condenatorio, ria. adj. Que contiene condena o puede motivarla. ‖ **For.* Dícese del pronunciamiento judicial que castiga al reo o impone alguna obligación al litigante.
condensabilidad. f. Calidad de condensable.
condensable. adj. Que se puede condensar.
condensación. f. Acción o efecto de condensar o condensarse.
condensador, ra. adj. Que condensa. ‖ m. *Fís.* Aparato para reducir los gases a menor volumen. ‖ *Mec.* Recipiente que tienen algunas *máquinas de vapor para que éste se liquide por la acción del frío. ‖ **de fuerzas.** *Mec.* **Acumulador.** ‖ **eléctrico.** *Fís.* Aparato para acumular *electricidad. ‖ **variable.** **Radio.* El formado por un sistema de placas fijas y por otro que gira sobre un eje y sirve para sintonizar.
condensante. p. a. de **Condensar.** Que condensa.
***condensar.** tr. Hacer que una cosa sea más *densa. ‖ Hacer que un gas o vapor pase al estado *líquido por disminución de su temperatura. Ú. t. c. r. ‖ fig. *Abreviar, resumir.
condensativo, va. adj. Dícese de lo que tiene virtud de condensar.
condesa. f. Mujer del conde, o la que por sí heredó u obtuvo un condado. ‖ *Título que se daba a la mujer destinada a acompañar a una gran señora.
condesar. tr. *Ahorrar, economizar.
***condescendencia.** f. Acción y efecto de condescender.
***condescender.** intr. Acceder o acomodarse por pura bondad al deseo de otro.
***condescendiente.** p. a. de **Condescender.** Que condesciende. ‖ adj. Pronto a condescender.
condesil. adj. fest. **Condal.**
condestable. m. El que antiguamente ejercía la primera *dignidad *militar. ‖ *Mar.* El que hace veces de sargento en la *artillería de la *armada.
condestablesa. f. Mujer del condestable.
condestablía. f. Dignidad de condestable.
***condición.** f. Naturaleza o *calidad de las cosas. ‖ *Carácter o genio de las personas. ‖ *Estado en que se halla una persona. ‖ Calidad del nacimiento o estado *social de los hombres. Suele usarse para indicar la calidad de *noble. ‖ Constitución fundamental de un pueblo. ‖ → Calidad o circunstancia con que se hace o promete una cosa. ‖ **callada. Condición tácita.** ‖ **casual.** *For.* La que no pende del arbitrio de los hombres. ‖ **convenible.** *For.* La que conviene al acto que se celebra. ‖ **desconvenible.** *For.* La que se opone a la naturaleza del contrato. ‖ **deshonesta.** *For.* **Condición torpe.** ‖ **imposible de derecho.** *For.* La que se opone a la honestidad o a la ley. ‖ **imposible de hecho.** *For.* La que consiste en un hecho irrealizable. ‖ **mezclada.** *For.* La que en parte pende del arbitrio de los hombres y en parte del acaso. ‖ **necesaria.** *For.* La que es preciso que intervenga para la validación de un contrato. ‖ **resolutoria.** *For.* La que invalida el título que la contiene. ‖ **sine qua non.** Aquella sin la cual no se hará una cosa o se tendrá por no hecha. ‖ **tácita.** *For.* La que, aunque expresamente no se ponga, virtualmente se entiende puesta. ‖ **torpe.** *For.* La que es inmoral. ‖ **De condición.** m. adv. De *modo, de manera. ‖ **Quebrarle** a uno **la condición.** fr. fig. *Humillarle o corregirle de sus defectos, contrariándole. ‖ **tener** uno **condición.** fr. Ser de genio *desabrido o fuerte.
condicionado, da. adj. **Acondicionado.** ‖ **Condicional.**
***condicional.** adj. Que incluye y lleva consigo una *condición.
condicionalidad. f. Calidad de condicional.
condicionalmente. adv. m. Con condición.
condicionar. tr. Hacer depender algo de una *condición. ‖ intr. *Convenir una cosa con otra.
condignamente. adv. m. De manera condigna.
condigno, na. adj. Dícese de lo que corresponde a otra cosa o es *conforme a ella en *justicia o en cuanto al *merecimiento. ‖ *Teol.* V. **Mérito de condigno.**
cóndilo. m. *Anat.* Eminencia redondeada, en la extremidad de un *hueso, que encaja en el hueco de otro y forma con él una *articulación.
condiloma. m. *Pat.* *Tumor o verruga parecida a la fresa.
condimentación. f. Acción y efecto de condimentar.
***condimentar.** tr. Sazonar los manjares.
condimenticio, cia. adj. Propio para condimentar.
***condimento.** m. Lo que sirve para sazonar la comida.
condiscípulo, la. m. y f. Persona que estudia con otras bajo la dirección de un mismo maestro.
condolecerse. r. **Condolerse.**
condolencia. f. Participación en el pesar ajeno; *compasión. ‖ **Pésame.**
condolerse. r. *Compadecerse.
condominio. m. *For.* Dominio de una cosa en *común con otra u otras personas.
condómino. com. *For.* **Condueño.**
condón. m. Funda de goma elástica que se usa en el acto *venéreo para evitar el contagio de ciertas enfermedades.
condonación. f. Acción y efecto de condonar.
condonante. p. a. de **Condonar.** Que condona. Ú. t. c. s.
condonar. tr. *Perdonar una pena o *deuda.
cóndor. m. *Ave rapaz diurna, parecida al buitre. Habita en los Andes y es la mayor de las aves que vuelan. ‖ *Moneda de oro que se usa en varios países de América.
condrico, ca. adj. Perteneciente o relativo al *cartílago.
condrila. f. *Planta herbácea, comestible, de las compuestas.
condrín. m. *Peso para metales preciosos equivalente a 37 centigramos.
condrografía. f. *Zool.* Parte de la anatomía, que trata de la descripción de los *cartílagos.
condrográfico, ca. adj. *Zool.* Perteneciente o relativo a la condrografía.
condrología. f. *Zool.* Parte de la organología, que trata de los *cartílagos.
condroma. m. *Pat.* *Tumor formado de tejido cartilaginoso.
condrosis. f. *Fisiol.* Formación de los *cartílagos.
conducción. f. Acción y efecto de conducir, *transportar o guiar alguna cosa. ‖ Ajuste o *contrato hecho por precio y salario. ‖ Cañería o *conducto para el paso de algún fluido.
conducencia. f. **Conducción.**
conducente. p. a. de **Conducir.** Que conduce, que es *conveniente para algún fin.
conducir. tr. *Llevar, *transportar. ‖ *Guiar en alguna dirección. ‖ *Gobernar un vehículo. ‖ *Gobernar o dirigir un negocio. ‖ Ajustar por precio o salario. ‖ intr. *Convenir, ser a propósito para algún fin. ‖ r. *Portarse bien o mal.
***conducta.** f. **Conducción.** ‖ Recua o carros que llevaban la *moneda a la corte. ‖ *Moneda cargada en la recua o carros. ‖ *Gobierno, guía, dirección. ‖ → Manera de proceder las personas con relación a la moral o a las reglas sociales. ‖ Iguala que se hace con el *médico. ‖ Remuneración que se le da. ‖ Comisión para reclutar *tropas. ‖ **Mil.* Gente reclutada que los oficiales llevaban a los regimientos.
conductancia. f. Propiedad de los cuerpos, que es la contraria de la resistencia *eléctrica.
conductero. m. El que tiene a su cargo llevar una conducta.
conductibilidad. f. *Fís.* **Conductividad.**
conductible. adj. Que puede ser conducido.
conductividad. f. Calidad de conductivo o conductor del calor, electricidad, etc.
conductivo, va. adj. Dícese de lo que tiene virtud de conducir.
***conducto.** m. Canal, comúnmente cubierto, que sirve para dar paso y salida a las aguas y otras cosas. ‖ Tubo o serie de ellos empalmados. ‖ **Anat.* Cada uno de los tubos o

canales que en los seres vivientes sirven a las funciones fisiológicas. ‖ fig. Persona por cuya *mediación se gestiona o averigua alguna cosa.
__conductor, ra.__ adj. Que conduce. Ú. t. c. s. ‖ _Fís._ Aplícase a los cuerpos según la mayor o menor facilidad con que conducen el *calor y la *electricidad. Ú. t. c. s. ‖ *__eléctrico.__ _Fís._ Alambre o cordón compuesto de varios alambres, destinado a transmitir la electricidad.
__conducho.__ m. *Comestible que podían pedir los *señores a sus *vasallos.
__condueño.__ com. El que posee en *común con otro el dominio o señorío de alguna cosa.
__condumio.__ m. fam. Manjar que se *come con pan.
__conduplicación.__ f. _*Ret._ Figura que consiste en repetir al principio de una cláusula la última palabra de la cláusula anterior.
__condutal.__ m. _Albañ._ Canal o *conducto de *desagüe para las aguas pluviales.
__conectador.__ m. Aparato o medio que se emplea para conectar.
__conectar.__ tr. _*Mec._ Combinar con el movimiento de una máquina el de un aparato dependiente de ella. ‖ *Acoplar un mecanismo a otro. ‖ Poner en circuito un aparato *eléctrico.
__conectivo, va.__ adj. Que une o pone en comunicación partes de un mismo aparato o sistema.
__coneja.__ f. Hembra del *conejo. ‖ __Ser una coneja.__ fr. fig. y fam. *Parir a menudo.
__conejal.__ m. __Conejar.__
__conejar.__ m. Vivar para criar conejos.
__conejera.__ f. Madriguera donde se crían conejos. ‖ __Conejar.__ ‖ fig. *Cueva estrecha y larga. ‖ fig. y fam. Casa donde *concurre o se *reúne gente de mal vivir. ‖ fig. y fam. *Sótano o lugar estrecho donde se recogen muchas personas.
__conejero, ra.__ adj. Que caza conejos. Dícese de los *perros. ‖ m. y f. Persona que cría o vende conejos.
__conejillo.__ m. d. de __Conejo.__ ‖ __de Indias.__ Mamífero roedor, parecido al *conejo, pero más pequeño, con orejas cortas, tres dedos en las patas posteriores y cuatro en las anteriores.
*__conejo.__ m. Mamífero roedor, de orejas muy largas y patas posteriores más largas que las anteriores. Su carne es comestible. ‖ __albar. Conejo__ blanco.
__conejuelo.__ m. d. de __Conejo.__
__conejuno, na.__ adj. Perteneciente al conejo. ‖ Semejante a él. ‖ f. *Pelo de conejo.
__conexidad.__ f. __Conexión.__ ‖ pl. Derechos y cosas anejas a otra principal.
*__conexión.__ f. *Enlace, trabazón, *relación estrecha de una cosa con otra. ‖ pl. *Amistades.
__conexionarse.__ r. Contraer conexiones o *amistades.
__conexivo, va.__ adj. Dícese de lo que sirve para *unir o *enlazar.
__conexo, xa.__ adj. Aplícase a lo que tiene conexión, *enlace o *relación con una cosa.
*__confabulación.__ f. Acción y efecto de confabular o confabularse.
__confabulador, ra.__ m. y f. Persona que se confabula.
*__confabular.__ intr. Tratar una cosa entre dos o más personas. ‖ → r. Ponerse de acuerdo dos o más personas para algún asunto y, más generalmente, en detrimento de otras.
__confalón.__ m. *Bandera o estandarte.
__confalonier.__ m. __Confaloniero.__
__confaloniero.__ m. El que lleva el confalón.
__confarreación.__ f. Forma de *matrimonio, entre los patricios romanos, en la cual la mujer entraba en comunidad de bienes con el marido.
__confección.__ f. Acción y efecto de confeccionar. ‖ _*Farm._ Medicamento de consistencia blanda, compuesto de varias substancias pulverizadas, aglutinadas con jarabe o miel.
__confeccionador, ra.__ adj. Que confecciona. Ú. t. c. s.
__confeccionar.__ tr. *Hacer, formar, *componer. ‖ _*Farm._ Hacer confecciones. ‖ Mezclar y preparar los medicamentos.
__confector.__ m. __Gladiador.__
*__confederación.__ f. *Asociación, liga o convenio entre personas, y más comúnmente entre naciones o estados. ‖ Conjunto de personas o de estados confederados.
__confederado, da.__ adj. Que entra o está en una confederación. Ú. t. c. s.
*__confederar.__ tr. Constituir o reunir en *confederación. Ú. m. c. r.
__confederativo, va.__ adj. __Federativo.__
*__conferencia.__ f. *Conversación entre dos o mas personas para tratar de algún negocio. ‖ En algunas *universidades, lección que llevan los estudiantes cada día. ‖ Disertación o *discurso sobre algún asunto de interés general. ‖ Junta que celebra cada una de las agrupaciones de San Vicente de Paúl, para preparar la visita a los pobres. ‖ Reunión de representantes de gobiernos o estados para tratar asuntos internacionales. ‖ Comunicación *telefónica interurbana.
__conferenciante.__ com. Persona que da una conferencia pública.
*__conferenciar.__ intr. *Conversar dos o más personas para tratar de algún asunto.
__conferir.__ tr. *Conceder a uno *dignidad, *empleo o facultades. ‖ Tratar y *discutir entre varias personas algún asunto. ‖ Cotejar y *comparar una cosa con otra.
__confesa.__ f. Viuda que entraba a ser *monja.
__confesado, da.__ m. y f. fam. __Hijo,__ o __hija, de confesión.__
__confesando, da.__ m. y f. Persona que acude al tribunal de la *penitencia.
__confesante.__ p. a. de __Confesar.__ Que confiesa. ‖ _*For._ Que confiesa en juicio. Ú. t. c. s.
*__confesar.__ tr. *Decir o declarar uno sus hechos, ideas o sentimientos. ‖ Reconocer uno su error, o culpa, obligado por las circunstancias. ‖ → Declarar el penitente al confesor los pecados que ha cometido. Ú. t. c. r. ‖ Oír el confesor al penitente. ‖ _*For._ Declarar el reo o el litigante ante el juez. ‖ __Confesar__ uno __de plano.__ fr. Declarar lisa y llanamente una cosa, y *revelarla por entero.
*__confesión.__ f. Declaración que uno hace de lo que sabe. ‖ → Declaración que el penitente hace al confesor, de los pecados que ha cometido. ‖ _For._ Declaración del litigante o del reo en el juicio. ‖ __auricular.__ La sacramental. ‖ __general.__ La que se hace de los pecados de toda la vida pasada, o de una gran parte de ella. ‖ Fórmula y oración para recibir algunos sacramentos. ‖ __de Augsburgo.__ Declaración de fe que los *protestantes presentaron a Carlos V. ‖ __Oír de confesión.__ fr. Ejercer el ministerio de confesor.
__confesional.__ adj. Perteneciente a una confesión o *fe religiosa.
__confesionario.__ m. __Confesonario.__ ‖ Manual o tratado en que se dan reglas para saber *confesar y confesarse.
__confesionista.__ adj. Que profesa la confesión de Augsburgo. Apl. a pers., ú. t. c. s.
__confeso, sa.__ adj. Dícese del que ha confesado su delito o culpa. ‖ Aplícase al *judío *convertido. Ú. t. c. s. ‖ m. *Monje lego, donado.
__confesonario.__ m. Especie de garita, con celosías a las lados y una compuerta por delante, en cuyo interior se sienta el sacerdote para oír las *confesiones sacramentales en las *iglesias.
*__confesor.__ m. El que profesa públicamente la fe de Jesucristo, y por ella está pronto a dar la vida. ‖ → Sacerdote que *confiesa a los penitentes. ‖ __de manga ancha.__ fig. y fam. El que es muy *indulgente.
__confesorio.__ m. __Confesonario.__
__confetti__ o __confeti.__ m. Pedacitos redondos de papel que se arrojan en *carnaval.
__confiable.__ adj. Aplícase a la persona cuya *lealtad inspira *confianza, o en quien se puede confiar.
__confiadamente.__ adv. m. Con seguridad y confianza.
*__confiado, da.__ adj. *Descuidado, imprevisor. ‖ Presumido, *orgulloso.
__confiador.__ m. _For._ __Cofiador.__
*__confianza.__ f. Esperanza que se tiene en las condiciones de una persona o cosa. ‖ Ánimo, *entereza y vigor para obrar. ‖ *Vanidad. ‖ *Pacto o confabulación, y especialmente entre comerciantes. ‖ Familiaridad en el trato ‖ __De confianza.__ loc. Dícese de la persona con quien se tiene *trato íntimo. ‖ Dícese de la persona o cosa que inspira *confianza. ‖ __En confianza.__ m. adv. __Confiadamente.__
__confianzudo, da.__ adj. Que muestra una *confianza excesiva o injustificada.
*__confiar.__ intr. *Esperar con firmeza y seguridad. Ú. t. c. r. ‖ → tr. Encargar o poner al cuidado de uno alguna cosa. ‖ *Depositar en uno, sin más seguridad que la buena opinión que de él se tiene, bienes, secretos u otras cosas. ‖ Dar *esperanza a uno de que conseguirá lo que desea.
__confidencia.__ f. __Confianza.__ ‖ *Revelación secreta.
__confidencial.__ adj. Que se hace o se dice en confianza o en secreto.
__confidencialmente.__ adv. m. De manera confidencial.
__confidente, ta.__ adj. Fiel, *leal, de confianza. ‖ m. *Canapé en que sólo pueden sentarse dos personas. ‖ m. y f. Persona a quien otra fía sus secretos o le *encarga la ejecución de cosas reservadas. ‖ Espía.
__confidentemente.__ adv. m. __Confidencialmente.__ ‖ Con fidelidad.
__configuración.__ f. Disposición particular o *forma de las partes de un cuerpo que lo distingue de otros semejantes.
__configurar.__ tr. Dar determinada *figura a una cosa. Ú. t. c. r.
__confín.__ adj. __Confinante.__ ‖ Raya o *límite que separa dos territorios. ‖ Último término a que alcanza la vista, *horizonte sensible.
__confinación.__ f. __Confinamiento.__
__confinado, da.__ adj. Que sufre la pena de *destierro. ‖ m. _For._ El que sufre la pena de confinamiento.
__confinamiento.__ m. Acción y efecto de confinar. ‖ _For._ Pena aflictiva que obliga a residir en cierto lugar, en libertad, pero bajo la vigilancia de las autoridades (*destierro).
__confinante.__ p. a. de __Confinar.__ Que confina.
__confinar.__ intr. *Lindar, estar conti-

guo o inmediato. ‖ tr. *Desterrar a uno, imponerle la pena de confinamiento.
confingir. tr. **Farm.* Incorporar o *mezclar una o más cosas con un líquido, hasta formar una *masa.
***confirmación.** f. Acción y efecto de confirmar. ‖ Nueva prueba de la certeza de una cosa. ‖ *Sacramento de la Iglesia católica, por el cual, el que ha recibido la fe del *bautismo se confirma en ella. ‖ **Ret.* Parte del discurso en que se aducen los argumentos para demostrar la proposición.
confirmadamente. adv. m. Con firmeza, seguridad y aprobación.
confirmador, ra. adj. Que confirma. Ú. t. c. s.
confirmamiento. m. ant. **Confirmación.**
confirmando, da. m. y f. Persona que va a recibir el sacramento de la confirmación.
confirmante. p. a. de **Confirmar.** Que confirma. Ú. t. c. s.
***confirmar.** tr. Corroborar la certeza de una cosa. ‖ Revalidar lo ya aprobado. ‖ Dar a una persona o cosa mayor *firmeza. Ú. t. c. r. ‖ Administrar el *sacramento de la confirmación.
confirmativo, va. adj. **Confirmatorio.**
confirmatorio, ria. adj. **For.* Aplícase al auto por el que se confirma otro anterior.
confiscable. adj. Que se puede confiscar.
confiscación. f. Acción y efecto de confiscar.
confiscado, da. adj. fam. *Travieso, endemoniado.
***confiscar.** tr. Privar a uno de sus bienes y aplicarlos al fisco.
confitado, da. adj. Confiado, lleno de *esperanza.
***confitar.** tr. **Confit.* Cubrir con baño de azúcar las frutas u otras cosas preparadas para este fin. ‖ Cocer las frutas en almíbar. ‖ fig. Endulzar, suavizar, *aplacar.
***confite.** m. Pasta hecha de azúcar y algún otro ingrediente, en forma de bolillas de varios tamaños. Ú. m. en pl.
confitente. adj. **Confeso.**
confíteor. m. fam. Confesión paladina o *retractación de algún error o falta.
confitera. f. Vasija o caja donde se ponen los confites.
***confitería.** f. Arte de fabricar dulces y confituras de todas clases. ‖ Casa donde se fabrican. ‖ Tienda donde los venden.
confitero, ra. m. y f. Persona que tiene por oficio hacer o vender todo género de *dulces y confituras. ‖ m. Vaso donde se servían en la *mesa dulces.
confitico, llo, to. m. Labor menuda que tienen algunas colchas.
confitura. f. Fruta u otra cosa *confitada.
conflación. f. **Fundición.**
conflagración. f. **Incendio.** ‖ fig. *Perturbación repentina del orden social.
conflagrar. tr. Incendiar.
conflátil. adj. Que se puede fundir.
***conflicto.** m. Lo más recio de un *combate. ‖ Momento en que aparece incierto el resultado del *combate. ‖ fig. Lucha interior, *desasosiego. ‖ fig. Apuro, *dificultad, *peligro.
***confluencia.** f. Acción de confluir. ‖ Lugar donde confluyen los ríos o los caminos.
confluente. p. a. de **Confluir.** Que confluye. ‖ m. **Confluencia** (de ríos o caminos).
***confluir.** intr. Juntarse dos o más corrientes de agua en un mismo paraje. ‖ fig. Juntarse en un punto dos o más *caminos. ‖ fig. *Concurrir en un sitio mucha gente.
conformación. f. Disposición de las partes que forman una cosa. ‖ Configuración, *forma.
conformador. m. Aparato con que se toma la medida y configuración de la cabeza para adaptar a ella el *sombrero.
conformar. tr. Ajustar, *acomodar una cosa con otra. Ú. t. c. intr. y c. r. ‖ intr. Convenir una persona con otra; *asentir a su opinión y dictamen. Ú. m. c. r. ‖ r. Resignarse a alguna cosa; *tolerarla.
***conforme.** adj. *Igual, proporcionado, correspondiente. ‖ Acorde con otro. ‖ Resignado y *paciente en las adversidades. ‖ adv. m. Según, con arreglo a, de igual manera que. ‖ **Según y conforme.**
conformemente. adv. m. Con unión y conformidad.
***conformidad.** f. *Semejanza. ‖ → Igualdad y correspondencia de una cosa con otra. ‖ *Concordia entre dos o más personas. ‖ Simetría y conveniente *proporción entre las partes de un todo. ‖ *Adhesión de una persona a otra. ‖ Tolerancia y *paciencia en las adversidades. ‖ **De conformidad.** m. adv. **Conformemente.** ‖ **En conformidad.** m. adv. Conforme, con arreglo a. ‖ **En esta,** o **en tal, conformidad.** expr. adv. En este supuesto, con esta *condición.
conformista. adj. Dícese del que en Inglaterra está conforme con la *religión oficial del Estado. Ú. t. c. s.
confortable. adj. *Cómodo, que favorece el bienestar material.
confortación. f. Acción y efecto de confortar o confortarse.
confortador, ra. adj. Que conforta. Ú. t. c. s.
confortamiento. m. **Confortación.**
confortante. p. a. de **Confortar.** Que conforta. Ú. t. c. s. ‖ m. **Mitón.**
confortar. tr. Dar *fuerza y ánimo. Ú. t. c. r. ‖ Aliviar, *consolar al afligido. Ú. t. c. r.
confortativo, va. adj. Dícese de lo que tiene virtud de confortar. Ú. t. c. s. m.
conforte. m. **Confortación.** ‖ **Confortativo.**
confracción. f. Rompimiento, acción de *romper o quebrar.
confraternar. intr. Hermanarse una persona con otra.
confraternidad. f. **Hermandad.**
confricación. f. Acción y efecto de confricar.
confricar. tr. **Estregar.**
confrontación. f. Careo entre dos o más personas. ‖ *Comparación o cotejo de una cosa con otra. ‖ Simpatía, afinidad o *atracción natural entre personas o cosas. ‖ Colocación de una persona o cosa *enfrente de otra.
confrontante. p. a. de **Confrontar.** Que confronta.
confrontar. tr. Carear una persona con otra. ‖ *Cotejar una cosa con otra. ‖ intr. Confinar, estar *contiguo. ‖ Estar o ponerse una persona o cosa *enfrente de otra. Ú. t. c. r. ‖ fig. Congeniar una persona con otra. Ú. t. c. r.
confucianismo. m. Doctrina religiosa, moral y política de los confucianos.
confuciano, na. adj. Perteneciente o relativo a la doctrina del filósofo chino Confucio. Ú. t. c. s.
confucionista. adj. **Confuciano.** Ú. t. c. s.
confulgencia. f. Resplandor producido por la convergencia de varias *luces.
confundible. adj. Dícese de lo que puede confundirse o ser confundido.
confundimiento. m. Acción y efecto de confundirse o *turbarse una persona.
***confundir.** tr. *Mezclar cosas diversas de modo que no puedan distinguirse unas de otras. Ú. t. c. r. ‖ Disponer las cosas o exponer las ideas de manera que no sea fácil ordenarlas, distinguirlas o comprenderlas. ‖ *Equivocar, *desordenar una cosa. Ú. t. c. r. ‖ fig. *Vencer a uno en la disputa. ‖ fig. *Humillar, abatir. Ú t. c. r. ‖ fig. *Turbar a uno. Ú. t. c. r.
confusamente. adv. m. Con desorden, con confusión.
***confusión.** f. Falta de orden y claridad. ‖ fig. *Vacilación, *desasosiego, *turbación del ánimo. ‖ fig. *Humillación. ‖ fig. *Descrédito, deshonra, ignominia. ‖ *Germ.* Calabozo o *cárcel. ‖ *Germ.* **Venta** (albergue, posada). ‖ *For.* Extinción de una *obligación por reunirse en un mismo sujeto el crédito y la deuda.
confusionismo. m. *Confusión, a veces voluntaria, en la expresión de las ideas.
confusionista. adj. Perteneciente o relativo al confusionismo. Apl. a pers., ú. t. c. s.
***confuso, sa.** p. p. irreg. de **Confundir.** ‖ adj. *Mezclado, revuelto. ‖ Obscuro, *dudoso. ‖ → Poco perceptible, difícil de distinguir. ‖ fig. *Turbado, *avergonzado. ‖ **En confuso.** m. adv. **Confusamente.**
confutación. f. Acción y efecto de confutar.
confutador, ra. adj. **Confutatorio.** Ú. t. c. s.
confutar. tr. *Impugnar de modo convincente la opinión contraria.
confutatorio, ria. adj. Que confuta.
conga. f. Hutía de gran tamaño.
conga. f. *Danza popular cubana, de origen africano, que se ejecuta por grupos colocados en doble fila y al compás de un tambor. ‖ *Música con que se acompaña esta danza.
congelable. adj. Que se puede congelar.
congelación. f. Acción y efecto de congelar o congelarse.
congelador. m. Vasija para congelar.
congelamiento. m. **Congelación.**
congelante. p. a. de **Congelar.** Que congela.
***congelar.** tr. Helar un líquido. Ú. m. c. r.
congelativo, va. adj. Que tiene virtud de congelar.
congénere. adj. Del mismo *género.
congenial. adj. De igual genio.
congeniar. intr. *Convenir dos o más personas en genio, *carácter o aficiones.
congénito, ta. adj. Que se *engendra juntamente con otra cosa. ‖ Connatural y como *nacido con uno.
congerie. f. *Montón de cosas.
congestión. f. Acumulación excesiva de *sangre en alguna parte del cuerpo. ‖ Aglomeración de mercancías, *automóviles u otras cosas, que produce perturbación.
congestionar. tr. Producir congestión. ‖ r. Padecer congestión.
congestivo, va. adj. *Pat.* Perteneciente a la congestión o que la produce.
congiario. m. Donativo que solían *dar al pueblo los emperadores romanos.
congio. m. Medida antigua de *ca-

pacidad para líquidos, equivalente a unos tres litros.

conglobación. f. Acción y efecto de conglobar o conglobarse. || fig. *Unión y *mezcla de cosas no materiales.

conglobar. tr. *Unir, juntar cosas o partes. Ú. t. c. r.

conglomeración. f. Acción y efecto de conglomerar o conglomerarse.

conglomerado. m. Efecto de conglomerar o conglomerarse.

conglomerar. tr. **Aglomerar.** || r. *Unirse o agruparse fragmentos de una o varias substancias de manera que resulte una masa compacta.

conglutinación. f. Acción y efecto de conglutinar o conglutinarse.

conglutinante. p. a. de **Conglutinar.** Que conglutina. Ú. t. c. s. m.

conglutinar. tr. Unir, *pegar una cosa con otra. || r. Unirse entre sí cosas pequeñas o partes de las mismas mediante una substancia que les dé cohesión, de modo que resulte un cuerpo *compacto.

conglutinativo, va. adj. Que tiene virtud de conglutinar. Ú. t. c. s. m.

conglutinoso, sa. adj. Que tiene virtud para conglutinar o *pegar.

congo, ga. adj. **Congoleño.** Apl. a pers., ú. t. c. s.

congo. m Cada uno de los huesos mayores de las patas posteriores del *cerdo. || *Baile cubano popular en parejas. || *Pez acantopterigio. || *Mono aullador americano.

congoja. f. Desmayo, desvanecimiento, *síncope. || Tristeza, angustia, *aflicción del ánimo.

congojar. tr. **Acongojar.** Ú. t. c. r.

congojosamente. adv. m. Con angustia y congoja.

congojoso, sa. adj. Que causa u ocasiona congoja. || Afligido.

congoleño, ña. adj. Natural del Congo. Ú. t. c. s. || Perteneciente a esta región de África.

congolona. f. *Gallina silvestre de América, de carne muy estimada.

congona. f. *Planta herbácea, americana, de las piperáceas.

congosto. m. Desfiladero entre *montañas.

congostra. f. En Galicia, callejuela o camino estrecho entre paredes o ribazos.

congraciador, ra. adj. Que procura congraciarse.

congraciamiento. m. Acción y efecto de congraciar o congraciarse.

congraciar. tr. *Captar la benevolencia o el afecto de uno. Ú. m. c. r.

***congratulación.** f. Acción o efecto de congratular o congratularse.

***congratular.** tr. Manifestar alegría y satisfacción una persona a otra a quien ha sucedido alguna cosa favorable. || r. Sentir alegría por el bien que suceda a otro.

congratulatorio, ria. adj. Que denota o supone congratulación.

***congregación.** f. *Junta o *asamblea para tratar de alguna cosa. || Nombre que se daba antiguamente a ciertos *partidos. || Reunión de muchos monasterios de una misma orden bajo la dirección de un superior general. || ***Cofradía.** || Comunidad de sacerdotes seculares, dedicados al ejercicio de los ministerios eclesiásticos, bajo ciertas constituciones. || En la *curia romana, cualquiera de las juntas encargadas del despacho de ciertos asuntos. || En algunas órdenes regulares, **capítulo.** || **de los fieles.** Iglesia católica o universal.

congregante, ta. m. y f. Individuo de una *congregación.

congregar. tr. *Juntar, agrupar, *reunir. Ú. t. c. r.

congresista. com. Miembro de un congreso científico, económico, etc.

congreso. m. *Reunión o *asamblea en que se tratan asuntos de interés general, científicos, internacionales, etcétera. || **Ayuntamiento** (para la *generación). || Edificio donde los diputados a cortes celebran sus sesiones. || *Asamblea nacional, parlamento. || **de los Diputados.** En España y en algunas repúblicas de América, cuerpo legislativo compuesto de personas nombradas directamente por los electores.

Congreve. n. p. V. **Cohete a la Congreve.**

congrio. m. *Pez malacopterigio ápodo, de carne blanca y comestible, pero con muchas espinas.

congrua. f. *Der. Can.* Renta que debe tener el que se ha de ordenar *in sacris.*

congruamente. adv. m. **Congruentemente.**

congruencia. f. Conveniencia, *conformidad, correspondencia. || *Oportunidad. || **Álg.* Expresión de la igualdad de los restos de las divisiones de dos números congruentes por su módulo.

congruente. adj. *Conveniente, oportuno. || **Álg.* Dícese de la cantidad que dividida por otra da un residuo determinado, que se llama módulo. || *Mat.* V. **Números congruentes.**

congruentemente. adv. m. De manera congruente.

congruidad. f. **Congruencia** (conformidad).

congruismo. m. **Teol.* Doctrina de los congruistas.

congruista. m. **Teol.* El que sostiene la opinión de que la gracia es eficaz por su congruencia con el carácter, vocación o voluntad del que la recibe.

congruo, grua. adj. **Congruente.**

conhortar. tr. ant. **Confortar.**

conhorte. m. Acción y efecto de conhortar.

conicidad. f. Calidad de cónico.

***cónico, ca.** adj. *Geom.* Perteneciente al *cono. || De forma de *cono.

conífero, ra. adj. **Bot.* Aplícase a árboles y arbustos dicotiledóneos, de fruto cónico, y cuyo ramaje presenta también un aspecto cónico; como el ciprés. Ú. t. c. s. f. || f. pl. *Bot.* Familia de estas plantas.

coniforme. adj. *Geom.* **Cónico.**

conimbricense. adj. Natural de Coimbra. Ú. t. c. s. || Perteneciente a esta ciudad de Portugal.

conirrostro, tra. adj. *Zool.* Dícese del *pájaro que tiene el pico corto y de forma cónica. || m. pl. *Zool.* Grupo de estos pájaros.

conivalvo, va adj. *Zool.* De *concha cónica.

coniza. f. *Planta herbácea, de las compuestas. || **Zaragatona.**

***conjetura.** f. Juicio probable que se forma con datos incompletos o por indicios o señales.

conjeturable. adj. Que se puede conjeturar.

conjeturador, ra. adj. Que conjetura.

conjetural. adj. Fundado en conjeturas.

conjeturalmente. adv. m. Con o por conjeturas.

***conjeturar.** tr. Formar *conjeturas.

conjuez. m. *Juez juntamente con otro en un mismo asunto.

conjugable. adj. Que puede conjugarse.

conjugación. f. **Gram.* Acción y efecto de conjugar. || *Gram.* Serie ordenada de todas las formas con que el verbo expresa sus diferentes modos, tiempos, números y personas.

conjugado, da. adj. **Mat.* Aplícase a las líneas o a los elementos que están enlazados por alguna ley o relación determinada. || **Mec.* Dícese de las máquinas que funcionan conjuntamente para producir un mismo efecto.

conjugar. tr. **Gram.* Exponer ordenadamente las formas de la conjugación de un verbo.

conjunción.** f. Junta, *unión. || **Astrol.* Aspecto de dos astros que ocupan una misma casa celeste. || **Astr.* Situación relativa de dos o más cuerpos celestes, cuando tienen la misma longitud. || → *Gram.* Parte de la oración, que sirve para enlazar las oraciones o las palabras unas con otras. || **adversativa.** *Gram.* La que denota oposición. || **causal. *Gram.* La que precede a la oración en que se motiva lo manifestado anteriormente. || **comparativa.** *Gram.* La que denota comparación. || **compuesta.** *Gram.* **Modo conjuntivo.** || **condicional***. *Gram.* La que denota condición. || **continuativa.** *Gram.* La que implica idea de continuación. || **copulativa.** *Gram.* La que enlaza simplemente una cosa con otra. || **distributiva.** *Gram.* La disyuntiva cuando se repite aplicada a términos diversos. || **disyuntiva.** *Gram.* La que denota separación, diferencia o alternativa. || **dubitativa.** *Gram.* La que denota duda. || **final.** *Gram.* La que denota la finalidad de lo manifestado anteriormente. || **ilativa.** *Gram.* La que enuncia una ilación o consecuencia. || **magna.** **Astrol.* La de Júpiter y Saturno.

conjuntamente. adv. m. **Juntamente.**

conjuntiva. f. Membrana mucosa que cubre parte de la superficie anterior del globo del *ojo.

conjuntival. adj. *Anat.* Relativo a la conjuntiva.

conjuntivitis. f. *Med.* Inflamación de la conjuntiva.

conjuntivo, va. adj. Que *une una cosa con otra. || *Gram.* Perteneciente o relativo a la *conjunción.

***conjunto, ta.** adj. *Unido o *contiguo a otra cosa. || *Mezclado con otra cosa diversa. || fig. Unido a otro por *parentesco o *amistad. || → m. Agregado de varias cosas iguales o diferentes.

conjura. f. **Conjuración.**

conjuración. f. *Confabulación, conspiración o acuerdo contra el estado, el soberano u otra autoridad.

conjurado, da. adj. Que entra en una conjuración. Ú. t. c. s.

conjurador. m. El que conjura.

conjuramentar. tr. Tomar *juramento a uno. || r. **Juramentarse.**

conjurante. p. a. de **Conjurar.** Que conjura. Ú. t. c. s.

conjurar. intr. *Confederarse con otro u otros, mediante juramento, para algún fin. Ú. t. c. r. || fig. *Conspirar las personas o cosas contra uno. Ú. m. c. r. || tr. **Juramentar.** || Decir contra los *demonios los exorcismos dispuestos por la Iglesia. || *Rogar encarecidamente en nombre de algún principio respetable. || fig. *Impedir, *evitar daño o peligro.

conjuro. m. Acción y efecto de conjurar los *demonios. || Imprecación o invocación que hacen los magos y *hechiceros. || *Ruego encarecido.

conllevador, ra. adj. Que conlleva. Ú. t. c. s.

conllevar. tr. *Ayudar a uno a lle-

var sus penas y trabajos. ‖ *Sufrirle sus flaquezas.
conmemoración. f. *Memoria que se hace de una persona o cosa. ‖ *Liturg.* Memoria que se hace de un santo, cuando el rezo del día es de otro santo o *festividad mayor. ‖ **de los *difuntos.** Sufragio que por las ánimas del purgatorio celebra la Iglesia el día 2 de noviembre.
***conmemorar.** tr. Hacer memoria o conmemoración.
conmemorativo, va. adj. Que conmemora.
conmemoratorio, ria. adj. **Conmemorativo.**
conmensal. com. p. us. **Comensal.**
conmensalía. f. p. us. **Comensalía.**
conmensurabilidad. f. Calidad de conmensurable.
conmensurable. adj. Sujeto a *medida o valuación. ‖ **Mat.* Aplícase a la cantidad que tiene con otra una medida común.
conmensuración. f. *Igualdad o *proporción que tiene una cosa con otra.
conmensurar. tr. Apreciar cantidades o dimensiones con una *medida común.
conmensurativo, va. adj. Que sirve para conmensurar.
conmigo. ablat. de sing. del pron. pers. de primera persona en gén. m. y f.
conmilitón. m. *Soldado *compañero de otro en la guerra.
conminación. f. Acción y efecto de conminar.
conminar. tr. **Amenazar.** ‖ *Amenazar con algún castigo el que tiene potestad para imponerlo. ‖ *For.* Intimar la autoridad un *mandato con apercibimiento de corrección o pena determinada.
conminatorio, ria. adj. Aplícase al *mandato o *juramento con que se conmina a una persona. Ú. t. c. s.
conminuta. adj. *Cir.* V. **Fractura conminuta.**
conmiseración. f. *Compasión.
conmistión. f. *Mezcla de cosas diversas.
conmisto, ta. adj. Mezclado.
conmistura. f. **Conmistión.**
conmixtión. f. **Conmistión.**
conmixto, ta. adj. **Conmisto.**
conmoción. f. *Movimiento o *agitación violenta. ‖ *Emoción fuerte y repentina. ‖ *Perturbación, disturbio, levantamiento. ‖ **cerebral.** Traumatismo que se padece en la *cabeza y que puede causar pérdida del conocimiento, parálisis y hasta la muerte.
conmonitorio. m. *Relato por escrito. ‖ **For.* Carta acordada en que se recordaba su obligación a un juez subalterno.
conmoración. f. *Ret.* **Expolición.**
conmovedor, ra. adj. Que conmueve.
***conmover.** tr. *Agitar o *mover fuertemente o con eficacia. Ú. t. c. r. ‖ Producir emoción. ‖ **Enternecer** (mover a compasión).
conmutabilidad. f. Calidad de conmutable.
conmutable. adj. Que se puede conmutar.
conmutación. f. Trueque o *permuta. ‖ *Ret.* **Retruécano.**
conmutador, ra. adj. Que conmuta. ‖ m. Aparato *eléctrico que sirve para que una corriente cambie de conductor.
conmutar. tr. *Permutar una cosa por otra.
conmutativo, va. adj. Aplícase a la *justicia que debe regular las *permutas.
connacional. adj. Que es de la misma *nación.
connatural. adj. Propio o conforme a la naturaleza del ser viviente.
connaturalización. f. Acción y efecto de connaturalizarse.
connaturalizarse. r. *Acostumbrarse uno a ciertas cosas que le eran extrañas.
connaturalmente. adv. m. De manera connatural.
connivencia. f. *Disimulo o *tolerancia del superior para las faltas de sus subordinados. ‖ Acción de *confabularse.
connivir. intr. Entenderse secretamente con uno en perjuicio de un tercero.
connotación. f. Acción y efecto de connotar. ‖ *Parentesco en grado remoto.
connotado. m. **Connotación** (parentesco).
connotante. p. a. de **Connotar.** Que connota.
connotar. tr. Hacer *relación. ‖ *Gram.* *Significar la palabra dos ideas: una accesoria y otra principal.
connotativo, va. adj. *Gram.* Dícese de lo que connota.
connovicio, cia. m. y f. Persona que hace el noviciado juntamente con otra.
connubial. adj. p. us. Perteneciente o relativo al connubio.
connubio. m. poét. **Matrimonio.**
connumerar. tr. Contar una cosa entre otras.
***cono.** m. *Geom.* Volumen limitado por una superficie cónica. ‖ *Geom.* Superficie cónica. ‖ *Bot.* *Fruto de las coníferas, formado por un conjunto apretado de escamas dispuestas simétricamente alrededor de un eje. ‖ Montaña de forma cónica. ‖ **circular.** *Geom.* El de base circular. ‖ **oblicuo.** *Geom.* El de base oblicua a su eje. ‖ **recto.** *Geom.* El de base perpendicular a su eje. ‖ **truncado.** *Geom.* Parte de **cono** comprendida entre la base y otro plano que corta todas las generatrices.
conocedor, ra. adj. Que sabe entender y discernir la naturaleza y propiedades de una cosa. Ú. t. c. s. ‖ m. Mayoral de ganado *vacuno.
conocencia. f. **Conocimiento.** ‖ **For.* Confesión que en juicio hace el reo o demandado.
***conocer.** tr. *Averiguar por medio de la *inteligencia la naturaleza, cualidades y relaciones de las cosas. ‖ *Entender, comprender. ‖ *Saber, estar enterado de algo. ‖ Percibir el objeto como distinto de todo lo que no es él. ‖ Tener *trato con alguno. ‖ Suponer o *conjeturar. ‖ *Intervenir o emitir *juicio en un asunto con facultad legítima para ello. ‖ Reconocer, confesar. ‖ fig. Hablando de una mujer, tener con ella comercio *carnal. ‖ r. *Juzgar justamente de sí propio.
conocible. adj. Que puede ser conocido.
conocidamente. adv. m. Claramente.
conocido, da. adj. Distinguido, *ilustre. ‖ m. y f. Persona con quien se tiene *trato, pero no amistad.
conociente. p. a. de **Conocer.** Que conoce.
***conocimiento.** m. Acción y efecto de conocer. ‖ Entendimiento, *inteligencia. ‖ **Conocido, da** (persona con quien se tiene *trato sin tener amistad). ‖ **Sentido** (uso de los *sentidos). ‖ desus. *Recibo. ‖ **Der. Mar.* Documento en que el capitán de un buque mercante declara tener a bordo ciertas mercancías que entregará a la persona y en el puerto designados por el remitente. ‖ *Com.* Documento o firma que se exige o se da para identificar la persona del que pretende cobrar una *letra de cambio*, cheque, etc. ‖ pl. Ciencia, *sabiduría. ‖ **Venir** uno **en conocimiento de** una cosa. fr. Enterarse de ella.
conoidal. adj. *Geom.* Perteneciente al conoide.
conoide. m. Sólido semejante al cono. ‖ *Geom.* Superficie engendrada por una recta que se mueve apoyándose en una curva y en otra recta y conservándose paralela a un plano. ‖ *Geom.* Cualquiera de las superficies *curvas que están cerradas por una parte y se prolongan indefinidamente por la opuesta; como el paraboloide de revolución.
conoideo, a, adj. De forma aproximadamente cónica.
conopeo. m. **Liturg.* Velo en forma de pabellón para cubrir por fuera el sagrario donde se reserva la *Eucaristía.
conopial. adj. *Arq.* V. **Arco conopial.**
conoto. m. Especie de gorrión americano de mayor tamaño que el europeo.
conque. conj. ilat. con la cual se enuncia una *consecuencia de lo que acaba de decirse. ‖ m. fam. ***Condición** (con que se hace o promete alguna cosa).
conquense. adj. Natural de Cuenca. Ú. t. c. s. ‖ Perteneciente o relativo a esta ciudad.
cónquibus. m. **Cumquibus** (*dinero).
conquiforme. adj. De figura de *concha.
conquiliología. f. Parte de la zoología, que trata de las *conchas de los moluscos.
***conquista.** f. Acción y efecto de conquistar. ‖ Cosa conquistada. ‖ Persona cuyo afecto o favores se han conseguido.
conquistable. adj. Que se puede conquistar o ganar. ‖ fig. *Fácil de *conseguir.
conquistador, ra. adj. Que conquista. Ú. t. c. s.
***conquistar.** tr. Adquirir o ganar a fuerza de armas una fortaleza, territorio, etc. ‖ fig. *Conseguir un empleo, distinción, etc. ‖ fig. *Captar la voluntad de una persona.
conrear. tr. *Preparar convenientemente alguna cosa para un fin determinado. ‖ Engrasar los *paños. ‖ **Agr.* Dar segunda reja a las tierras.
conreinar. intr. Reinar con otro en un mismo reino.
conreo. m. Acción y efecto de conrear.
consabido, da. adj. Aplícase a la persona o cosa ya sabida del que habla y del que escucha.
consabidor, ra. adj. Que juntamente con otro *sabe alguna cosa. Ú. t. c. s.
consaburense. adj. Natural de Consuegra. Ú. t. c. s. ‖ Perteneciente a esta villa de Toledo.
***consagración.** f. Acción y efecto de consagrar o consagrarse.
consagrante. p. a. de **Consagrar.** Que consagra. Ú. t. c. s.
***consagrar.** tr. Hacer sagrada a una persona o cosa. ‖ **Liturg.* Hacer el sacerdote los actos rituales para la consagración. ‖ Deificar los romanos a sus emperadores. ‖ *Ofrecer a Dios una persona o cosa. Ú. t. c. r. ‖ fig. Erigir un monumento para *conmemorar un suceso o en recuerdo de una persona. ‖ fig. *Utilizar con suma eficacia y ardor una

cosa para determinado fin. Ú. t. c. r. ‖ fig. Destinar una palabra para determinada *significación.
consanguíneo, a. adj. Dícese de la persona que tiene *parentesco de consanguinidad con otra. Ú. t. c. s. ‖ Referido a *hermanos, que no son de doble vínculo sino de padre solamente.
consanguinidad. f. *Parentesco de las personas que descienden de un mismo tronco.
***consciente.** adj. Que tiene *conciencia de sus actos y de los motivos internos que le mueven a obrar.
conscientemente. adv. m. De manera consciente.
conscripto. adj. V. **Padre conscripto.**
consectario, ria. adj. Que es *consecuencia de otra cosa. ‖ *Accesorio, anejo a otra cosa. ‖ m. **Corolario.**
***consecución.** f. Acción y efecto de conseguir.
***consecuencia.** f. *Log.* Proposición que se deduce necesariamente de ciertas premisas. ‖ Hecho o acontecimiento que sigue a otro como el *efecto a la causa. ‖ Relación perseverante entre la *conducta de un individuo y los principios que profesa. ‖ **En consecuencia.** expr. adv. que se usa para denotar que alguna cosa es *conforme a lo dicho anteriormente. ‖ **Por consecuencia.** m. adv. con que se da a entender que una cosa se infiere de otra. ‖ **Ser de consecuencia** una cosa. fr. Ser de *importancia. ‖ **Tener consecuencias** una cosa. fr. Tener determinado *efecto o ser *causa de otras. ‖ **Traer en consecuencia** una cosa. fr. *Alegarla.
consecuente. adj. Que viene inmediatamente *después en *orden o está situado a continuación. ‖ Dícese de la persona cuya conducta guarda la debida relación con los principios que profesa. ‖ m. *Log.* Proposición que se deduce de otra que se llama antecedente. ‖ *Mat.* Segundo término de una razón. ‖ *Gram.* Segundo de los términos de la relación gramatical.
consecuentemente. adv. m. **Consiguientemente.**
consecutivamente. adv. m. Inmediatamente *después, según cierto *orden. ‖ Uno después de otro.
consecutivo, va. adj. Que *sigue a otra cosa inmediatamente.
conseguimiento. m. **Consecución.**
***conseguir.** tr. Obtener o lograr lo que se pretende.
conseja. f. Fábula, patraña, *narración falsa, *mentira. ‖ **Conciliábulo.**
***consejero, ra.** m. y f. Persona que aconseja o tiene la misión de aconsejar. ‖ Persona que tiene plaza en algún consejo. ‖ *Diplomático cuya categoría está comprendida entre la de plenipotenciario de tercera y la de primer secretario. ‖ fig. Cualquier cosa que sirve de *experiencia para conducirse en la vida. ‖ **de capa y espada. Ministro de capa y espada.**
consejillo. m. Reunión que para asuntos de *gobierno suelen celebrar los ministros después de despachar con el jefe del Estado.
***consejo.** m. Parecer o dictamen que se da o toma para guiarse en algún asunto. ‖ *Tribunal supremo que se componía de diferentes ministros, y tomaba distinto nombre según el territorio y asuntos de su jurisdicción. ‖ Corporación consultiva encargada de informar sobre determinada materia de la administración pública. ‖ Cuerpo administrativo y consultivo en ciertas *sociedades o compañías. ‖ **Acuerdo.** ‖ *Germ.* *Rufián. ‖ **colateral.** Antiguo *tribunal supremo de Nápoles. ‖ **de Ciento.** Corporación *municipal antigua de la ciudad de Barcelona. ‖ **de Cruzada.** El que juzgaba de los asuntos pertenecientes a la *bula de la Santa Cruzada. ‖ **de Estado.** Cuerpo consultivo que entiende en los negocios más importantes del estado. ‖ **de familia.** *For.* Reunión de personas que intervienen en la *tutela de un menor o un incapacitado. ‖ **de guerra.** *Tribunal compuesto de generales, jefes u oficiales, que entiende en las causas de la jurisdicción *militar. ‖ **de Indias.** El que intervenía en lo relativo a las posesiones españolas de Ultramar. ‖ **de la *Inquisición.** Tribunal supremo en las causas sobre delitos contra la fe. ‖ **de las Órdenes militares.** El que ejercía jurisdicción sobre los caballeros de las *órdenes militares*. ‖ **de Ministros. Ministerio** (conjunto de los ministros del Estado). ‖ Reunión de los *ministros para tratar de los negocios de estado. ‖ **Entrar en consejo.** fr. *Consultar.
consenso. m. *Acuerdo, asentimiento general, y especialmente el de las personas que componen una *corporación.
consensual. adj. Dícese del *contrato que se perfecciona por el solo consentimiento.
consentido, da. adj. Dícese del marido que tolera el *adulterio de su mujer. ‖ Aplícase a la persona mimada con exceso.
consentidor, ra. adj. Que consiente o *tolera lo que debe y puede evitar. Ú. t. c. s.
***consentimiento.** m. Acción y efecto de consentir.
consentir. tr. *Permitir una cosa. ‖ *Creer una cosa. ‖ Sufrir, *admitir. ‖ *Halagar con exceso, especialmente a los niños. ‖ Ser demasiado *indulgente. ‖ intr. Ceder, *aflojarse las piezas que componen un mueble u otra construcción. ‖ *For.* Otorgar, obligarse. ‖ r. Empezar a *henderse o quebrarse una cosa.
conserje. m. *Portero o *empleado que tiene a su cargo la custodia, limpieza y llave de un edificio o establecimiento público.
conserjería. f. Oficio y empleo de conserje. ‖ *Habitación del conserje en el edificio que está a su cuidado.
***conserva.** f. Fruta hervida en agua con almíbar para que se conserve. ‖ Pimientos, pepinos y otros frutos conservados o *encurtidos en vinagre. ‖ *Mar.* *Compañía que se hacen varias embarcaciones navegando juntas para auxiliarse o defenderse. ‖ **trojezada.** La que se hace de pedazos muy menudos, como la de calabaza. ‖ **Conservas alimenticias.** Carnes, pescados, legumbres, etc., que convenientemente preparados y envasados se conservan durante mucho tiempo.
***conservación.** f. Acción y efecto de conservar o conservarse.
conservador, ra. adj. Que conserva. Ú. t. c. s. ‖ Que propugna en *política el mantenimiento de ciertas instituciones como encarnación de la tradición y del espíritu nacional. Apl. a pers., ú. t. c. s.
conservaduría. f. Empleo y oficio de juez conservador. ‖ Cargo de conservador en algunas dependencias públicas. ‖ Oficina del mismo.
conservante. p. a. de **Conservar.** Que conserva.
***conservar.** tr. Mantener una cosa de manera que no se pierda o deteriore. Ú. t. c. r. ‖ Hablando de costumbres, *continuar la práctica de ellas. ‖ Guardar con cuidado una cosa. ‖ Hacer *conservas.
conservativo, va. adj. Dícese de lo que conserva una cosa.
conservatoría. f. Jurisdicción del juez conservador. ‖ *Der. Can.* Letras apostólicas que se concedían a algunas comunidades, para nombrar a jueces conservadores. ‖ pl. Despachos que libraban los jueces conservadores.
conservatorio, ria. adj. Que conserva. ‖ m. Establecimiento oficial para la *enseñanza y fomento de la música, declamación u otras artes.
conservería. f. Arte de hacer conservas.
conservero, ra. adj. Perteneciente o relativo a la fabricación de *conservas. ‖ m. y f. Persona que se dedica a hacer *conservas.
considerable. adj. Digno de consideración. ‖ *Grande, cuantioso, *importante.
considerablemente. adv. m. Con notable *abundancia.
consideración. f. Acción y efecto de considerar. ‖ Entre los *místicos, asunto o materia sobre que se ha de meditar. ‖ *Cortesía, *respeto. ‖ **En consideración.** m. adv. **En atención.** ‖ **Fijar** uno **la consideración en** alguna cosa. fr. fig. *Reflexionarla con *atención. ‖ **Parar** uno **la consideración en** alguna cosa. fr. Aplicar la *atención a ella. ‖ **Ser de consideración** una cosa. fr. Ser de *importancia. ‖ **Tomar en consideración** una cosa. fr. Considerarla digna de atención. ‖ En ciertas juntas y *asambleas, declarar que una proposición merece ser discutida.
consideradamente. adv. m. Con consideración.
considerado, da. adj. Que suele obrar con *prudencia y *reflexión. ‖ Que trata a otros con consideración y *cortesía.
considerador, ra. adj. Que considera. Ú. t. c. s.
considerando. m. Cada uno de los *razonamientos fundamentales que preceden y sirven de apoyo a la parte dispositiva de una *sentencia, dictamen, etc.
considerante. p. a. de **Considerar.** Que considera.
considerar. tr. Pensar, *reflexionar una cosa con atención. ‖ Tratar a una persona con *respeto. ‖ *Juzgar, estimar. Ú. t. c. r.
considerativo, va. adj. Dícese de lo que considera.
consiervo. m. Siervo o *esclavo, juntamente con otro.
consigna. f. *Mil.* Órdenes que se dan al que manda un puesto, o al que hace *guardia o centinela. ‖ En estaciones de *ferrocarril, *depósito de equipajes y paquetes.
consignación. f. Acción y efecto de consignar.
consignador. m. *Com.* El que consigna mercaderías o buques a un corresponsal suyo.
consignar. tr. Destinar determinados réditos para el *pago de una deuda o renta. ‖ Designar la pagaduría que ha de cubrir obligaciones determinadas. ‖ *Destinar un lugar para *poner en él una cosa. ‖ Entregar en *depósito una cosa. ‖ Expresar por *escrito doctrinas, opiniones, datos, etc. ‖ *Com.* Enviar las mercaderías a la disposición de un corresponsal. ‖ *For.* *Depositar judicialmente alguna cantidad.
consignatario. m. El que recibe en

*depósito el dinero que otro consigna judicialmente. || *Acreedor que administra la finca que su deudor le ha consignado. || *Com.* Aquel para quien va destinado un buque, un cargamento o una partida de mercaderías. || **Der. Mar.* Persona que en los puertos de mar representa al armador de un buque.
consignativo. adj. V. **Censo consignativo.**
consigo. ablat. de sing. y pl., m. y f. de la forma reflexiva *se, si,* del pron. pers. de tercera persona.
consiguiente. adj. Que depende o es *efecto de otra cosa. || m. **Log.* Segunda proposición del entimema. || **Por consiguiente,** o **por el consiguiente.** m. conjunt. ilat. Por *consecuencia. || **Proceder** uno **consiguiente.** fr. Obrar con consecuencia.
consiguientemente. adv. m. **Por consecuencia.**
consiliario, ria. m. y f. **Consejero, ra.** || En varias corporaciones y sociedades, el que asiste con su *consejo al superior que las gobierna.
consintiente. p. a. de **Consentir.** Que consiente.
consistencia. f. Resistencia, *estabilidad, *firmeza. || Trabazón, *densidad, *cohesión entre las partículas de una masa.
consistente. p. a. de **Consistir.** Que consiste. || adj. Que tiene consistencia.
consistir. intr. Estribar, *apoyarse una cosa en otra. || Ser *efecto de una causa. || Estar una cosa *incluida o encerrada en otra.
consistorial. adj. Perteneciente al consistorio. Ú. t. c. s. || Aplícase a las dignidades que se proclaman en el consistorio del *papa.
consistorialmente. adv. m. En consistorio.
consistorio. m. Consejo que tenían los emperadores romanos. || Consejo que celebra el *papa con asistencia de los *cardenales. || Consejo municipal o *ayuntamiento. || Casa o sitio en que se celebra **consistorio.** || **divino.** fig. Tribunal de *Dios. || **público.** El que celebraba el *papa para recibir a los príncipes. || **secreto.** El que celebra el papa para proclamar los *prelados.
consocio, cia. m. y f. Socio con respecto a otro u otros.
consograr. intr. ant. **Consuegrar.**
consola. f. *Mesa estrecha, sin cajones y con un segundo tablero inmediato al suelo, que suele estar arrimada a la pared, y en la cual se colocan candelabros y otros adornos.
consolable. adj. Capaz de consuelo.
consolablemente. adv. m. Con consuelo.
consolación. f. Acción y efecto de consolar o consolarse. || En algunos juegos de *naipes, tanto que paga a los demás jugadores el que entra solo y pierde.
consolador, ra. adj. Que consuela. Ú. t. c. s. || Nombre que se da al *Espíritu Santo.
consolante. p. a. de **Consolar.** Que consuela.
***consolar.** tr. Aliviar la aflicción de uno. Ú. t. c. r.
consolativo, va. adj. **Consolador.**
consólida. f. **Consuelda.** || **real. Espuela de caballero.**
consolidación. f. Acción y efecto de consolidar o consolidarse.
consolidado, da. adj. **Hac.* Decíase de la deuda pública de carácter perpetuo, cuyos títulos producían una renta fija. Ú. t. c. s. m.
consolidar. tr. Dar *firmeza y *solidez a una cosa. || Convertir una *deuda flotante en fija o perpetua. || fig. Volver a juntar o *pegar lo que antes se había quebrado o roto. || fig. *Fortalecer la amistad, la alianza, etc. || r. *For.* Reunirse en un sujeto el *usufructo con la *propiedad.
consolidativo, va. adj. Dícese de lo que tiene virtud de consolidar.
consonancia. f. **Mús.* Cualidad de aquellos sonidos que, al combinarse, producen efecto agradable. || Identidad de *sonido en la terminación de dos palabras, desde la vocal que lleva el acento hasta el final. || En el *verso, uso no requerido por la rima, de voces consonantes muy próximas unas de otras. || fig. Relación de *igualdad o *conformidad.
consonante. adj. Dícese de cualquiera voz con respecto a otra de la misma consonancia. Ú. t. c. s. m. || V. **Letra consonante.** Ú. t. c. s. f. || fig. Que tiene relación de *igualdad o *conformidad con otra cosa. || **Mús.* Que forma consonancia. Ú. t. c. s.
consonantemente. adv. m. Con consonancia.
consonar. intr. **Mús.* Formar consonancia. || **Aconsonantar.** || fig. Tener algunas cosas *conformidad o relación entre sí.
cónsone. adj. **Cónsono.** || *Mús.* **Acorde.**
cónsono, na. adj. fig. **Consonante** (semejante, conforme). || *Mús.* **Consonante** (que forma consonancia).
consorcio. m. Participación de varios en la misma *suerte. || Unión o compañía *conyugal. || *Asociación de varias empresas industriales. || **foral.** Condominio entre hermanos.
consorte. com. Persona que participa en la misma *suerte que otra u otras. || *Cónyuge. || pl. **For.* Los que litigan unidos. || *For.* Los que juntamente son responsables de un *delito.
conspicuo, cua. adj. Ilustre, *famoso. || *Visible, sobresaliente.
***conspiración.** f. Acción de conspirar.
conspirado. m. **Conspirador.**
conspirador, ra. m. y f. Persona que conspira.
***conspirar.** intr. *Confabularse y *rebelarse algunos contra su superior o soberano. || Unirse contra un particular para hacerle daño. || fig. *Cooperar varias cosas a un mismo fin.
***constancia.** f. Firmeza del ánimo en las resoluciones. || Perseverancia en los propósitos.
constancia. f. Acción y efecto de hacer constar alguna cosa para que quede *prueba de ella.
constanciense. adj. Natural de Constanza. Ú. t. c. s. || Perteneciente a esta ciudad alemana.
***constante.** p. a. de **Constar.** Que consta. || adj. Que tiene constancia. || Duradero, persistente.
constantemente. adv. m. Con constancia. || Con notoria *certidumbre.
constantinopolitano, na. adj. Natural de Constantinopla. Ú. t. c. s. || Perteneciente a esta ciudad de la Turquía europea.
constar. intr. Ser *cierta y evidente una cosa. || Tener un *todo determinadas partes. || Tratándose de *versos, tener la medida y acentuación correctas. || Incluir, *contener en sí.
***constelación.** f. Conjunto de varias estrellas fijas, que, unidas por medio de líneas imaginarias, recuerdan más o menos la figura de ciertas cosas, cuyo nombre reciben. || *Clima. || **Astrol.* Aspecto de los astros al tiempo de levantar el horóscopo. || **Correr una constelación,** o **ser constelación.** fr. que se decía cuando reinaba alguna *enfermedad epidémica.
consternación. f. Acción y efecto de consternar o consternarse.
consternar. tr. Causar gran *turbación y *desaliento. Ú. m. c. r.
constipación. f. **Constipado.** || **de vientre.** *Med.* **Estreñimiento.**
constipado. m. **Catarro.** || ***Resfriado.**
constipar. tr. Cerrar los poros de la piel impidiendo la transpiración. || r. Acatarrarse, coger un *resfriado.
constipativo, va. adj. ant. Que produce constipación.
***constitución.** f. Acción y efecto de constituir. || *Esencia y naturaleza de una cosa que la diferencian de las demás. || Forma de *gobierno que tiene cada estado. || → Ley fundamental de un estado. || *Estado actual de alguna colectividad. || Cada una de las ordenanzas o estatutos con que se gobierna una *corporación. || **Fisiol.* Disposición y funcionamiento de los distintos sistemas y aparatos del ser viviente, que determinan el grado de vitalidad y resistencia de cada individuo. || *For.* En el derecho romano, *ley que establecía el príncipe. || **apostólica.** Decisión o mandato solemne del papa, en forma de *bula, rescripto o breve. || **atmosférica.** Condición de la atmósfera, con relación a los seres vivos. || **del *mundo.** Su creación. || **pontificia. Bula.** || **Constituciones apostólicas.** Cierta colección de reglas eclesiásticas atribuidas a los Apóstoles.
constitucional. adj. Perteneciente a la Constitución de un estado. || Adicto a ella. Ú. t. c. s. || Propio de la constitución fisiológica de un individuo o perteneciente a ella.
constitucionalmente. adv. m. Conforme o con arreglo a lo dispuesto por la Constitución.
constituir. tr. Formar, *componer. || *Fundar, establecer. Ú. t. c. r. || Con la prep. *en,* **poner** (en apuro, dificultad, etc). || Hacer que una cosa sea de cierta calidad o condición. || r. Seguido de una de las preposiciones *en* o *por,* asumir *obligación, cargo o cuidado.
constitutivo, va. adj. Dícese de lo que constituye una cosa en el ser de tal y la distingue de otras. Ú. t. c. s. m.
constituto, ta. p. p. irreg. ant. de **Constituir.**
constituyente. p. a. de **Constituir.** Que constituye, funda o establece. || adj. Dícese de las *Cortes convocadas para reformar la constitución del Estado. Ú. t. c. s. y más en pl.
constreñidamente. adv. m. Con constreñimiento.
constreñimiento. m. *Coacción que hace uno a otro para que ejecute alguna cosa.
constreñir. tr. Obligar, *compeler a uno a que haga alguna cosa. || *Med.* *Contraer y cerrar.
constricción. f. **Encogimiento.**
constrictivo, va. adj. Que tiene virtud de constreñir.
constrictor, ra. adj Que produce constricción. || **Fam.* Dícese de lo que se emplea para constreñir. Ú. t. c. s. m.
***construcción.** f. Acción y efecto de construir. || Arte de construir. || Obra de edificación ya construida. || **Gram.* Manera de disponer las pa-

labras en la oración. || *Gram.* V. **Figura de construcción.**
constructivo, va. adj. Dícese de lo que construye, por oposición a lo que destruye. Aplícase más a la *crítica.
constructor, ra. adj. Que construye. Ú. t. c. s.
***construir.** tr. Hacer con los materiales necesarios o con piezas ya preparadas, un edificio, mueble, máquina, etc. || Antiguamente, *traducir del latín o del griego al castellano. || **Gram.* Ordenar y enlazar las palabras para la debida expresión del pensamiento.
constuprador. adj. **Estuprador.** Ú. t. c. s.
constuprar. tr. **Estuprar.**
consubstancial. adj. Que es de la misma substancia y *esencia individua.
consubstancialidad. f. Calidad de consubstancial.
consuegrar. intr. Hacerse consuegro o consuegra.
consuegro, gra. m. y f. *Padre o *madre de un cónyuge, respecto del padre o madre del otro.
consuelda. f. *Planta herbácea de las borragíneas. || **menor.** *Planta herbácea de las labiadas. || **roja. Tormentilla.**
***consuelo.** m. *Descanso y alivio del dolor, molestia o aflicción. || Gozo, *alegría. || **Sin consuelo.** expr. adv. fig. y fam. Sin medida ni tasa, con gran *abundancia.
consueta. m. Apuntador de *teatro. || f. **Añalejo.** || pl. **Liturg.* Conmemoraciones que se dicen ciertos días al fin de las laudes y vísperas. || Reglas consuetudinarias por que se rige un cabildo eclesiástico.
consuetudinario, ria. adj. Dícese de lo que es de *costumbre. || *Teol.* Aplícase al *pecador que tiene costumbre de cometer alguna culpa.
***cónsul.** m. Cada uno de los magistrados que, durante un año, tenían en la República romana la suprema autoridad. || Cada uno de los jueces que componían el consulado (*tribunal de comercio). || → Persona encargada en un puerto o población de un estado extranjero de proteger las personas e intereses de los individuos de la nación que lo nombra. || *Magistrado de algunas repúblicas o municipios. || **general.** Entre cónsules de carrera, el que tiene categoría superior.
cónsula. f. Mujer del *cónsul.
***consulado.** m. Dignidad de cónsul romano. || Tiempo que duraba esta dignidad. || *Tribunal compuesto de prior y cónsules, que entendía en lo relativo al *comercio y a los comerciantes. || Cargo de cónsul de una nación. || Casa u oficina del cónsul.
***consular.** adj. Perteneciente a la dignidad de cónsul romano. || Perteneciente o relativo a los *cónsules de una nación en otra.
consulesa. f. fam. **Cónsula.**
***consulta.** f. Acción y efecto de consultar. || *Dictamen que se pide o se da acerca de una cosa. || *Conferencia entre abogados, *médicos u otras personas para asuntos profesionales. ||Dictamen que los consejos, tribunales u otros cuerpos dan por escrito al rey o al gobierno. || **Subir la consulta.** fr. Llevarla los ministros para el despacho.
consultable. adj. Digno de consultarse o preguntarse.
consultación. f. **Consulta** (entre médicos, abogados, etc.).
consultante. p. a. de **Consultar.** Que consulta.
***consultar.** tr. Tratar con una o varias personas sobre lo que se debe hacer en un negocio. || Pedir dictamen o consejo. || Dar los consejos, tribunales u otros cuerpos, al rey o al gobierno, dictamen por escrito sobre un asunto.
***consultivo, va.** adj. Aplícase a las materias que se deben consultar. || Se dice de las juntas o corporaciones establecidas para ser consultadas. || V. **Voto consultivo.**
consultor, ra. adj. Que da su parecer cuando se le consulta. Ú. t. c. s. || **Consultante.** Ú. t. c. s. || Cada uno de los individuos que con voz y voto forman parte de la *curia romana, sin ser cardenales. || **del Santo Oficio.** Ministro de la *Inquisición.
consultorio. m. Establecimiento privado donde se despachan *consultas sobre materias técnicas. || Establecimiento a donde concurren varios especialistas en *medicina para que consulten con ellos los enfermos.
consumación. f. Acción y efecto de consumar. || Acabamiento total. || **La consumación de los siglos.** El *fin del mundo.
consumadamente. adv. m. Entera o perfectamente.
consumado, da. adj. *Perfecto. || m. *Caldo de carnes muy substancioso.
consumador, ra. adj. Que consuma. Ú. t. c. s.
consumar. tr. Llevar a cabo o *ejecutar hasta su *conclusión alguna cosa. || *For.* Dar *cumplimiento a un contrato o a otro acto jurídico.
consumativo, va. adj. Que consuma o perfecciona. Dícese especialmente de la *Eucaristía.
consumero. m. despect. Empleado de *consumos.
consumición. f. **Consunción.** || **Consumo.**
consumido, da. adj. fig. y fam. Muy *flaco. || fig. y fam. *Tímido; apocado. || m. *Min.* Pérdida en el beneficio de la *plata por medio del azogue.
consumidor, ra. adj. Que consume. Ú. t. c. s.
consumimiento. m. **Consunción.**
***consumir.** tr. *Destruir, extinguir. Ú. t. c. r. || *Gastar. || Agotar, apurar, *desgastar. || Tomar el sacerdote en la *misa el cuerpo y sangre de Jesucristo, bajo las especies de pan y vino. Ú. t. c. intr. || Beber el vino de la ablución en la misa. || fig. y fam. Causar *desasosiego o aflicción. Ú. t. c. r.
***consumo.** m. *Gasto. || → pl. Impuesto municipal sobre los comestibles y otros géneros que se introducen en una población.
consunción. f. Acción y efecto de consumir o consumirse. || Enflaquecimiento.
consuno (de). m. adv. Juntamente, de común *acuerdo.
consuntivo, va. adj. Que tiene virtud de consumir.
consunto, ta. p. p. irreg. de **Consumir.**
consustancial. adj. *Teol.* **Consubstancial.**
consustancialidad. f. *Teol.* **Consubstancialidad.**
***contabilidad.** f. Calidad de contable. || → Sistema adoptado para llevar las *cuentas en las oficinas y casas de comercio.
contable. adj. Que puede ser contado. || m. El que lleva la *contabilidad de una empresa.
***contacto.** m. Acción y efecto de tocarse o estar contiguas dos o más cosas.
contadero, ra. adj. Que se puede o se debe *contar. || m. Pasadizo o *entrada dispuestos de manera que las personas o animales puedan pasar tan sólo de uno en uno.
contado, da. adj. **Raro** (*escaso). || *Determinado, señalado. || **Al contado.** m. adv. Con dinero contante. || **De contado.** m. adv. Al instante, *pronto, inmediatamente. || **Por de contado.** m. adv. Por supuesto, *ciertamente.
contador, ra. adj. Que cuenta. Ú. t. c. s. || m. El que lleva las *cuentas en las oficinas y casas de comercio. || Persona nombrada por juez o por las partes, para liquidar una cuenta. || *Mesa de madera que servía para contar el dinero. || Especie de escritorio o papelera. || Aparato que sirve para contar las revoluciones de una rueda, los movimientos de otra pieza de una máquina, o para *medir la cantidad de fluido que pasa por una cañería o circuito.
contaduría. f. Cargo y empleo de contador. || Oficina del contador. || || En los *teatros u otros edificios destinados a *espectáculos, local en que se expenden los billetes con anticipación. || **de Ejército.** Oficina donde se lleva la cuenta y razón de lo que cuesta el personal y los demás gastos del ramo de la guerra. || **de provincia.** Oficina donde se lleva la cuenta y razón de las contribuciones y rentas públicas, en la provincia correspondiente. || **general.** Oficina antigua destinada a reconocer y calificar todas las cuentas de los caudales de S. M. y del fisco. || **mayor de Cuentas.** Antigua oficina central equivalente al actual Tribunal de Cuentas.
***contagiar.** tr. Transmitir una enfermedad contagiosa. Ú. t. c. r. || fig. *Pervertir con el mal ejemplo. Ú. t. c. r.
***contagio.** m. Transmisión directa o indirecta de una enfermedad específica. || La misma *enfermedad contagiosa. || fig. *Perversión que resulta de la influencia ajena.
contagión. m. **Contagio.**
contagiosidad. f. Calidad de contagioso.
***contagioso, sa.** adj. Aplícase a las enfermedades que se transmiten por contagio. || Que padece una de estas enfermedades. || fig. Dícese de los *vicios y costumbres que se comunican con el trato.
contal. m. Sartal de piedras o cuentas para *contar.
contaminación. f. Acción y efecto de contaminarse.
contaminador, ra. adj. Que contamina.
contaminar. tr. Penetrar la *suciedad en un cuerpo, causando en él manchas y *fetidez. Ú. t. c. r. || *Contagiar. Ú. t. c. r. || fig. Corromper, *tergiversar o alterar un texto. || fig. *Pervertir, corromper. Ú. t. c. r. || fig. Hablando de la ley de Dios, *infringirla, *pecar contra ella.
contante. adj. Aplícase al *dinero efectivo. Dícese también **contante y sonante.**
contantejo. m. fam. Cantidad escasa de *dinero contante.
***contar.** tr. Numerar o computar las cosas. || *Narrar o referir un suceso. || Poner en cuenta. || Incluir a uno en el número o *clase que le corresponde. || intr. Hacer cuentas según reglas de aritmética. || **Contar** uno **con** una persona o cosa **para** algún fin. fr. Tener *confianza en ella. || **No ser bien contado,** o **ser mal contada,** a uno una cosa. fr. fig. Serle reprobada o afeada.

contario. m. **Contero.**
contemperante. p. a. de **Contemperar.** Que contempera.
contemperar. tr. **Atemperar.**
contemplación. f. Acción de contemplar.
contemplador, ra. adj. Que contempla. Ú. t. c. s. ‖ **Contemplativo.**
contemplar. tr. Examinar con *atención una cosa material o espiritual. ‖ Procurar *agradar a una persona mostrándose *condescendiente u obsequioso. ‖ En sentido *místico, ocuparse el alma en pensar en Dios y considerar los misterios de la religión.
contemplativamente. adv. m. Con contemplación.
contemplativo, va. adj. Perteneciente a la contemplación. ‖ Que contempla. ‖ Dado a *reflexionar. ‖ *Condescendiente, complaciente. ‖ En sentido místico, dado a la contemplación de las cosas divinas.
contemporaneidad. f. Calidad de contemporáneo.
contemporáneo, a. adj. Que *existe, *simultáneamente con otra persona o cosa. Ú. t. c. s.
contemporización. f. Acción y efecto de contemporizar.
contemporizador, ra. adj. Que contemporiza. Ú. t. c. s.
contemporizar. intr. Transigir, *condescender por algún respeto o fin particular.
contención. f. Acción y efecto de contener o *sujetar. ‖ *Contienda, *rivalidad o emulación. ‖ **For.* Pleito entre partes.
contencioso, sa. adj. Dado a *contradecir lo que otros afirman. ‖ **For.* Aplícase a las materias sobre que se litiga y al procedimiento para litigar. ‖ *For.* Dícese de las contiendas y asuntos sujetos al juicio de los tribunales.
contendedor. m. El que contiende.
contender. intr. *Reñir, pelear. ‖ Luchar, batallar. ‖ fig. ***Disputar.**
contendiente. p. a. de **Contender.** Que contiende. Ú. t. c. s.
contendor. m. **Contendedor.**
contenedor, ra. adj. Que contiene.
contenencia. f. Parada o *detención que hacen algunas aves cuando *vuelan. ‖ **Danza.* Paso de lado.
***contener.** tr. Incluir en sí una cosa a otra. Ú. t. c. r. ‖ *Reprimir o *detener el movimiento de un cuerpo. Ú. t. c. r. ‖ fig. Reprimir o *moderar una pasión. Ú. t. c. r.
***contenido, da.** adj. fig. Que se conduce con *moderación. ‖ m. Lo que se contiene dentro de una cosa.
conteniente. p. a. de **Contener.** Que contiene.
contenta. f. *Agasajo o *regalo. ‖ Certificación que daba el alcalde al comandante de las tropas *alojadas en un lugar acerca del buen comportamiento de ellas. ‖ Certificación que, en iguales casos y a petición del alcalde, daba el comandante. ‖ *Com.* **Endoso** (de una *letra de cambio*). ‖ *Mar.* Certificado de solvencia que se da a los oficiales de cargo de los buques. ‖ Finiquito que se da al que paga una *deuda.
contentadizo, za. adj. Que se contenta o *condesciende fácilmente.
contentamiento. m. **Contento** (*alegría).
contentar. tr. Satisfacer o *agradar a uno. ‖ *Com.* **Endosar** (una *letra de cambio*). ‖ r. Darse por contento.
contentible. adj. *Despreciable.
contentivo, va. adj. Dícese de lo que contiene o *sujeta. ‖ **Cir.* Dícese de la pieza de apósito que sirve para contener otras.
***contento, ta.** adj. Alegre, satisfecho. ‖ m. Alegría, satisfacción. ‖ *For.* Carta de pago o *recibo que sacaba el deudor ejecutado de su acreedor. ‖ pl. *Germ.* *Dinero o moneda corriente. ‖ **A contento.** m. adv. **A satisfacción.**
contera. f. Pieza de metal en que remata el extremo opuesto al puño del *bastón, paraguas, *vaina de la espada, etc. ‖ **Cascabel** (del *cañón de artillería). ‖ **Estribillo.** ‖ **Echar la contera.** fr. fig. y fam. **Echar la clave.** ‖ **Por contera.** m. adv. fig. y fam. Por remate, por *final. ‖ **Temblarle** a uno **la contera.** fr. fig. y fam. Sentir gran *temor.
contérmino, na. adj. Aplícase al pueblo o *territorio que *linda con otro.
contero. m. *Arq.* *Moldura en forma de cuentas en serie.
conterráneo, a. adj. Natural de la misma tierra que otro. Ú. t. c. s.
contertuliano, na. m. y f. Persona que concurre con otras a una tertulia.
contertulio, lia. m. y f. fam. **Contertuliano.**
contestable. adj. Que se puede *impugnar. ‖ Que admite contestación o *respuesta.
contestación. f. Acción y efecto de contestar o *responder. ‖ *Discusión o disputa. ‖ **a la demanda.** **For.* Escrito en el que el demandado se opone a la acción del demandante.
contestano, na. adj. Natural de la Contestania. Ú. t. c. s. ‖ Perteneciente a esta región que comprendía casi todo el antiguo reino de Valencia.
contestar. tr. *Responder a lo que se pregunta. ‖ Declarar y *certificar lo que otros han declarado mostrándose conteste con ellos. ‖ *Comprobar o confirmar. ‖ intr. *Convenir una cosa con otra.
conteste. adj. Dícese del *testigo cuya declaración está enteramente conforme con la de otro.
contexto. m. Orden de composición o disposición interior de una obra *literaria. ‖ Texto o contenido de ella. ‖ Por ext., *enredo o unión de cosas que se enlazan y entretejen. ‖ fig. Hilo del *discurso, de la *narración o de la *historia.
contextuar. tr. Acreditar o probar con textos.
contextura. f. *Composición o *colocación respectiva de las partes que componen un todo. ‖ **Contexto.** ‖ fig. Configuración o *forma corporal del hombre.
contezuelo. m. Cuentecillo.
conticinio. m. Hora de la *noche, en que reina el *silencio.
***contienda.** f. Pelea, disputa, riña o discusión.
contignación. f. *Arq.* Trabazón de vigas y cuartones con que se forman los *techos.
contigo. ablat. de sing. del pron. pers. de segunda persona en gén. m. y f.
contiguamente. adv. m. Con *contigüidad o *proximidad de tiempo o lugar.
***contigüidad.** f. Inmediación de una cosa a otra.
***contiguo, gua.** adj. Que está tocando a otra cosa.
continencia. f. Virtud que *modera las pasiones y apetitos humanos. ‖ *Castidad, abstinencia de los deleites carnales. ‖ Acción de contener. ‖ Cortesía o reverencia que se hacía en la antigua *danza española. ‖ **de la causa.** **For.* Unidad que debe haber en todo juicio.
continental. adj. Perteneciente a los países de un continente. ‖ m. Oficina pública de mensajerías. ‖ *Carta o aviso enviado por mediación de esta oficina.
***continente.** p. a. de **Contener.** Que contiene. ‖ adj. Dícese de la persona que practica la virtud de la continencia. ‖ m. Cosa que *contiene en sí a otra. ‖ Aire del *semblante y *porte del cuerpo. ‖ **Geogr.* Cada una de las grandes extensiones de tierra, separadas por el mar o por límites convencionales, en que se considera dividido el globo terrestre; como Europa, Asia, etc.
continentemente. adv. m. Con continencia.
***contingencia.** f. Posibilidad de que una cosa suceda o no suceda. ‖ Cosa que puede *acaecer o no. ‖ **Riesgo.**
***contingente.** adj. Que puede suceder o no suceder. ‖ m. **Contingencia.** ‖ Parte *proporcional con que uno contribuye en unión de otros para un mismo fin. ‖ **Com.* Cuota que se le señala a un país para la exportación, importación y producción de ciertas mercancías. ‖ **Mil.* Número de soldados que cada pueblo da para las quintas. ‖ **provincial.** Cantidad que consignan los ayuntamientos a favor de las diputaciones provinciales.
contingentemente. adv. m. Casualmente, por acaso.
contingible. adj. *Posible, que puede suceder.
***continuación.** f. Acción y efecto de continuar.
continuadamente. adv. m. **Continuamente.**
continuador, ra. adj. Que continúa una cosa empezada por otro. Ú. t. c. s.
continuamente. adv. m. Sin intermisión. ‖ Con frecuencia.
***continuar.** tr. Proseguir uno lo comenzado. ‖ intr. *Durar, permanecer sin interrupción. ‖ r. Seguir, extenderse en el *espacio.
continuativo, va. adj. Que implica o denota idea de continuación.
continuidad. f. Calidad de continuo. ‖ Continuación. ‖ Unión natural que tienen entre sí las partes de un todo homogéneo.
***continuo, nua.** adj. Que dura, obra o se sigue sin interrupción. ‖ Aplícase a las cosas que tienen *unión entre sí. ‖ Constante en su conducta. ‖ Dícese del *papel fabricado en piezas de gran longitud. ‖ m. *Todo *compuesto de partes unidas entre sí. ‖ Persona que recibía *protección de un señor y estaba obligada a servirlo. ‖ Individuo de un cuerpo de ciento, que estaba destinado a la *guardia del *rey. ‖ adv. m. **De continuo.** ‖ **A la continua.** m. adv. Continuamente, con continuación. ‖ **De continuo.** m. adv. **Continuamente.**
contonearse. r. Mover con *afectación los hombros y caderas al *andar.
contoneo. m. Acción de contonearse.
contorcerse. r. Sufrir o afectar contorsiones.
contorción. f. **Retorcimiento.** ‖ **Contorsión.**
contornado, da. adj. **Blas.* Dícese de los animales vueltos a la siniestra del escudo.
contornar. tr. **Contornear.**
contornear. tr. Dar *vueltas *alrededor de algo. ‖ **Pint.* Perfilar.
contorneo. m. Acción y efecto de contornear.
***contorno.** m. Conjunto de las líneas o superficies que limitan exteriormente un cuerpo, espacio, etc. ‖ Canto de la *moneda o medalla. ‖ *Te-

rritorio o *afueras que rodean una población. Ú. m. en pl. ‖ **En contorno.** m. adv. **Alrededor.**

contorsión. f. Movimiento irregular y *convulsivo. ‖ *Actitud o postura forzada. ‖ *Ademán grotesco y ridículo, propio de *histriones.

contorsionista. m. Artista de *circo que hace contorsiones.

***contra.** prep. con que se denota la oposición y contrariedad. ‖ **Enfrente.** ‖ **Hacia.** ‖ m. Concepto opuesto a otro. ‖ *Mús.* Pedal del *órgano. ‖ f. fam. *Dificultad, inconveniente. ‖ **Esgr.* Parada que se hace con un movimiento circular rapidísimo de la espada. ‖ **En contra.** m. adv. En *oposición de una cosa. ‖ **Hacer** a uno **la contra.** fr. fam. Oponerse a sus designios. ‖ **Hacer la contra. Ir a la contra.** frs. En el tresillo, ser principal contrario del hombre.

contraafianzar. tr. *Garantizar con hipoteca las obligaciones de otro.

contraalisios. m. pl. *Vientos contrarios a los alisios.

contraalmirante. m. Oficial general de la *armada, inmediatamente inferior al vicealmirante.

contraamantillo. m. *Mar.* *Cabo con que se refuerza el amantillo.

contraamura. f. *Mar.* *Cabo grueso que se da en ayuda de la amura de las velas mayores.

contraaproches. m. pl. **Fort.* Trincheras que hacen los sitiados para deshacer los trabajos de los sitiadores.

contraarmadura. f. *Arq.* Segunda vertiente que se da a un *tejado, poniendo contrapares que vuelen más.

contraarmiños. m. pl. **Blas.* Figura del escudo en que los armiños tieten cambiados los esmaltes.

contraataguía. f. Segunda ataguía para impedir las filtraciones.

contraataque. m. *Mil.* Reacción ofensiva contra el avance del enemigo. ‖ pl. **Fort.* Líneas fortificadas que oponen los sitiados a los sitiadores.

contraaviso. m. Aviso que anula o contradice otro anterior.

contrabajo. m. *Instrumento de cuerda, de forma parecida a la del violín, pero mucho mayor. Tiene tres o cuatro cuerdas y se toca de pie, colocado el instrumento verticalmente sobre el suelo. ‖ Persona que toca este instrumento. ‖ *Mús.* *Voz más grave y profunda que la del bajo ordinario. ‖ *Mús.* *Cantante que tiene esta voz.

contrabajón. m. *Mús.* *Instrumento de viento que suena una octava más grave que el bajón.

contrabajonista. m. *Mús.* Persona que toca el contrabajón.

contrabalancear. tr. Equilibrar los platillos de la *balanza. ‖ fig. Compensar.

contrabalanza. f. **Contrapeso.** ‖ fig. **Contraposición.**

contrabanda. f. **Blas.* Banda dividida en dos partes, una metálica y otra de esmalte.

contrabandado. adj. **Blas.* Se dice del escudo en que las bandas de cada parte llevan opuestos los esmaltes.

contrabandear. intr. Ejercitar el contrabando.

contrabandista. adj. Que hace habitualmente contrabando. Apl. a pers., ú. t. c. s.

***contrabando.** m. Comercio, importación o producción de mercancías, prohibidos por las leyes. ‖ Géneros y mercaderías prohibidos. ‖ Acción o intento de fabricar o introducir fraudulentamente dichos géneros. ‖ fig. Lo que es o tiene apariencia de ilícito, aunque no lo sea. ‖ fig. Cosa que se hace contra el uso ordinario. ‖ **de guerra.** Armas, municiones, víveres, etc., cuyo tráfico prohíben los beligerantes.

contrabarrera. f. **Taurom.* Segunda fila de asientos en los tendidos de las plazas de toros.

contrabasa. f. *Arq.* ***Pedestal.**

contrabatería. f. **Artill.* Batería que se pone contra otra del enemigo.

contrabatir. tr. *Artill.* *Disparar contra las baterías enemigas.

contrabita. f. **Arq. Nav.* Cada una de las curvas que sostienen las bitas por la parte de proa.

contrabocel. m. *Arq.* Especie de *moldura.

contrabolina. f. *Mar.* Segunda bolina (*cabo) que se da en ayuda de la primera.

contrabranque. m. *Mar.* **Contrarroda.**

contrabraza. f. *Mar.* *Cabo que se emplea en ayuda de la braza.

contrabrazola. f. Pieza que atraviesa las brazolas de la escotilla de un *buque y forma con ellas el marco de la abertura.

contracaja. f. **Impr.* Parte derecha superior de la caja.

contracambio. m. *Permuta o *compensación. ‖ *Com.* Importe del segundo cambio que se origina al recambiar una *letra.

contracanal. m. *Canal que se saca de otro principal.

contracandela. f. En las plantaciones de caña de *azúcar, *fuego que se da, en caso de incendio, en la parte del cañaveral de donde viene el viento, para que al llegar allí las llamas, queden detenidas.

contracarril. m. *Carril con que se refuerza una vía, dejando el espacio necesario para la pestaña de las llantas.

contracarta. f. **Contraescritura.**

***contracción.** f. Acción y efecto de contraer o contraerse. ‖ **Gram.* Metaplasmo que consiste en hacer una sola palabra de dos; como AL por *a el.* ‖ *Gram.* **Sinéresis.** ‖ **de la vena fluida.** *Fís.* Disminución de diámetro que experimenta un *chorro de fluido al salir por un orificio.

contracebadera. f. *Mar.* **Sobrecebadera.**

contracédula. f. Cédula con que se revoca otra anterior.

contracifra. f. **Clave** (para escritura cifrada).

contraclave. f. *Arq.* Cada una de las dovelas inmediatas a la clave de un *arco o bóveda.

contracodaste. m. **Arq. Nav.* Pieza de igual figura que el codaste que se coloca para reforzarlo.

contracolor. m. En el juego del treinta y cuarenta, suerte en que se gana cuando el primer *naipe de la primera serie es de color contrario al de la serie que gana.

contracorriente. f. *Meteor.* *Corriente derivada y de dirección opuesta a la principal.

contracosta. f. *Costa opuesta a la que encuentran primero los que llegan a una isla o península por los rumbos acostumbrados.

contracostado. m. *Arq. Nav.* **Embono.**

contracruz. f. *Mar.* **Trapa** (cabo provisional).

contráctil. adj. Capaz de contraerse con facilidad.

contracto, ta. p. p. irreg. de **Contraer.**

contractual. adj. Procedente del *contrato o derivado de él.

contractura. f. **Pat.* Acortamiento persistente de los *músculos. ‖ *Arq.* Disminución del diámetro de una *columna desde su tercio inferior.

contracuartelado, da. adj. **Blas.* Que tiene cuarteles contrapuestos.

contrachapado. m. Pieza de *madera formada por tres o más hojas delgadas, unidas con las fibras contrapuestas.

contradanza. f. *Baile de figuras, en que toman parte muchas parejas.

***contradecir.** tr. Decir uno lo contrario de lo que otro afirma. ‖ r. Decir uno lo contrario de lo que había afirmado anteriormente.

contradicción. f. Acción y efecto de contradecir o contradecirse. ‖ *Oposición, contrariedad.

contradictor, ra. adj. Que contradice. Ú. t. c. s.

contradictoria. f. **Lóg.* Cualquiera de dos proposiciones que no pueden ser a un mismo tiempo verdaderas ni a un mismo tiempo falsas.

contradictoriamente. adv. m. Con contradicción.

contradictorio, ria. adj. Que tiene contradicción con otra cosa.

contradicho, cha. p. p. irreg. de **Contradecir.**

contradique. m. Segundo *dique, construido cerca del primero.

contradriza. f. *Mar.* Segunda driza en ayuda de la principal.

contradurmente. m. **Contradurmiente.**

contradurmiente. m. **Arq. Nav.* Tablón unido al durmiente para reforzarlo por la parte inferior.

contraemboscada. f. Emboscada que se hace contra otra.

contraembozo. m. Cada una de las dos tiras, de color diferente del embozo, que se colocan a continuación de éste en la parte interior de la *capa.

contraempuñadura. f. *Mar.* *Cabo que se da en ayuda de la empuñadura.

contraendosar. tr. *Com.* Dar en pago una *letra de cambio* a un endosante de la misma.

***contraer.** tr. Estrechar, reducir a menor volumen o extensión. ‖ *Acomodar a un caso concreto proposiciones o máximas generales. ‖ Tratándose de *costumbres, *vicios, *obligaciones, etc., adquirirlos. ‖ Adquirir el vínculo *matrimonial. ‖ fig. Reducir o *limitar el discurso a un solo punto. Ú. t. c. r. ‖ r. Encogerse un nervio, un músculo u otra cosa.

contraescarpa. f. **Fort.* Pared en talud del foso, enfrente de la escarpa.

contraescota. f. *Mar.* *Cabo que se da en ayuda de la escota.

contraescotín. m. *Mar.* *Cabo que se da en ayuda del escotín.

contraescritura. f. *Documento otorgado para *anular otro anterior.

contraespaldera. f. *Enrejado o seto vivo que se pone delante de una espaldera.

contraestambor. m. **Arq. Nav.* **Contracodaste.**

contraestay. m. *Mar.* *Cabo grueso que ayuda al estay a sostener el palo correspondiente.

contrafagot. m. *Mús.* *Instrumento parecido al fagot, pero de mayor longitud y sonidos más graves.

contrafajado, da. adj. **Blas.* Que tiene fajas en que una mitad es de distinto metal o color que la otra mitad.

contrafallar. tr. En algunos juegos

de *naipes, poner un triunfo superior al del que falló antes.
contrafallo. m. Acción y efecto de contrafallar.
contrafigura. f. Persona o *muñeco con que en una representación *teatral se substituye a un personaje de manera que no se advierta la substitución.
contrafija. f. *Carp.* Tarugo o espiga que se encuentra con otra.
contrafilo. m. *Filo que se suele sacar a las armas blancas de un solo corte, por la parte opuesta a éste.
contrafirma. f. *For.* Recurso que se oponía a la firma. ‖ *For.* Despacho que expedía el tribunal al que se valía de este recurso.
contrafirmante. p. a. de **Contrafirmar.** Que contrafirma. ‖ com. *For.* Parte que tiene contrafirma.
contrafirmar. tr. *For.* Ganar contrafirma.
contraflorado, da. adj. *Blas.* Que tiene flores contrapuestas en el color y metal.
contrafoque. m. *Mar.* Foque, más pequeño que el principal, que se enverga por su cara de popa.
contrafoso. m. En los *teatros, segundo foso, debajo del primero. ‖ *Fort.* Foso que se suele hacer alrededor de la explanada, paralelo a la contraescarpa.
contrafrente. m. *Fort.* Especie de medio baluarte para defender las caras del principal.
contrafuego. m. Incendio que se provoca y en el cual se producen gases no comburentes, para *apagar o cortar los progresos de otro incendio en un bosque, monte, etc.
contrafuero. m. *Infracción de fuero.
contrafuerte. m. *Guarn.* Correa clavada a los fustes de la silla para sujetar la cincha. ‖ Pieza con que se refuerza el *calzado, por la parte del talón. ‖ *Arq.* *Pilastra saliente en el paramento de un muro, para fortalecerlo. ‖ *Fort.* Fuerte que se hace enfrente de otro. ‖ Cadena secundaria de *montañas que arranca de la principal.
contragolpe. m. *Med.* Efecto producido por un *golpe en sitio distinto del que sufre la contusión.
contraguardia. f. *Fort.* Obra exterior que forma un ángulo delante de los baluartes para cubrir sus frentes.
contraguía. f. En el tiro par, *caballería que va delante y a la izquierda.
contraguiñada. f. *Mar.* Cambio de dirección que se da al buque para contrarrestar una guiñada.
contraguiñar. intr. *Mar.* Hacer una contraguiñada.
contrahacedor, ra. adj. Que contrahace. Ú. t. c. s.
contrahacer. tr. *Imitar o *falsificar una cosa. ‖ fig. Remedar. ‖ r. **Fingirse.**
contrahacimiento. m. Acción y efecto de contrahacer.
contrahaz. f. Revés o parte *posterior opuesta a la haz.
contrahecho, cha. p. p. irreg. de **Contrahacer.** ‖ adj. Que tiene *joroba u otra *deformidad corporal. Ú. t. c. s.
contrahechura. f. *Imitación, *copia, remedo.
contrahierba. f. *Planta americana de la familia de las móreas, que se usaba como *contraveneno. ‖ fig. **Contraveneno** (precaución).
contrahilera. f. *Arq.* Hilera que sirve de defensa a otra.
contrahoja. f. Cara de un *sillar, opuesta al asiento que tenía en la cantera.
contrahuella. f. Plano vertical del *escalón o peldaño.
contraindicación. f. *Med.* Acción y efecto de contraindicar.
contraindicante. m. *Med.* Síntoma o estado patológico que contradice la indicación del remedio que parecía conveniente.
contraindicar. tr. *Med.* Disuadir de la aplicación de un remedio.
contrajudía. f. En el juego del monte, *naipe contrario al llamado judía.
contralecho (a). m. adv. *Arq.* Dícese de los sillares colocados con las capas de estratificación perpendiculares al plano de hilada.
contralizo. m. Cada una de las varillas del *telar que sirven para mover los lizos.
contralmirante. m. **Contraalmirante.**
contralor. m. Oficio honorífico de la casa *real de Borgoña, que intervenía en los gastos, cuentas, etc. ‖ En el cuerpo de artillería y en los hospitales del ejército, el que tiene el cargo de interventor.
contralto. m. *Mús.* *Voz media entre la de tiple y la de tenor. ‖ com. *Mús.* *Cantante que tiene esta voz.
contraluz. f. *Luz que ilumina los objetos por la parte opuesta a la que se mira.
contramaestre. m. En algunas fábricas y talleres, el que *vigila a los demás oficiales y obreros. ‖ *Jefe de uno o más talleres o tajos de obra. ‖ *Mar.* Oficial de mar que dirige la marinería, bajo las órdenes del oficial de la *armada.
contramalla. f. *Red de mallas anchas y fuertes, la cual, puesta detrás de otra red más ligera y apretada, sirve para detener el pescado. ‖ Cada una de las mallas de esta red fuerte, por entre las cuales entra la otra más ligera formando una bolsa.
contramalladura. f. **Contramalla.**
contramallar. tr. Hacer contramallas.
contramandar. tr. Ordenar lo contrario de lo *mandado anteriormente.
contramandato. m. **Contraorden.** ‖ Mandato contrario a otro anterior.
contramangas. f. pl. Adorno que usaban hombres y mujeres para cubrir las mangas de la *camisa.
contramano (a). m. adv. En *dirección *opuesta a la corriente o a la prescrita.
contramarca. f. Segunda *marca que se pone a las cosas ya marcadas para mayor comprobación. ‖ Derecho de cobrar un *impuesto previa la colocación de una señal en las mercancías. ‖ Este mismo impuesto. ‖ Marca con que se resella una *moneda.
contramarcar. tr. Poner contramarca.
contramarco. m. *Carp.* Segundo marco que se clava en el cerco de una *puerta fijo en la pared, para poner en él las vidrieras.
contramarcha. f. *Retroceso en el camino emprendido. ‖ *Mar.* Cambio sucesivo de rumbo que hacen los buques de una *armada al llegar a un punto determinado. ‖ *Mil.* Evolución con que una tropa cambia de frente.
contramarchar. intr. *Mil.* Hacer contramarcha.
contramarea. f. *Marea contraria a otra.
contramecha. f. *Mar.* Pieza que se ensambla con la mecha de los palos mayores de la *arboladura para darles las dimensiones necesarias.
contramesana. f. *Mar.* Árbol pequeño que se coloca a veces entre la popa y el *palo mesana.
contramina. f. *Fort.* Mina que se hace debajo de la de los contrarios. ‖ *Min.* Comunicación de dos o más minas para extraer los desmontes y sacar los minerales.
contraminar. tr. *Fort.* Hacer minas para encontrar las de los enemigos o destruirlas. ‖ fig. *Averiguar el propósito de alguno para *oponerse a él.
contramotivo. m. *Mús.* Motivo secundario que se combina con el principal.
contramuelle. m. Muelle o *resorte opuesto a otro principal.
contramuñones. m. pl. *Artill.* Contrafuertes metálicos que rodean los muñones del *cañón.
contramuralla. f. *Fort.* **Falsabraga.**
contramuro. m. *Fort.* **Contramuralla.**
contranatural. adj. Contrario al orden de la naturaleza.
contraofensiva. f. Acción de *guerra que se emprende para contrarrestar la ofensiva del enemigo.
contraorden. f. Orden o *mandato con que se *anula otro anterior.
contrapalado, da. adj. *Blas.* Que tiene palos contrapuestos.
contrapalanquín. m. *Mar.* Segundo palanquín que se da en ayuda del principal.
contrapalo. m. *Blas.* Palo dividido en dos.
contrapar. m. *Arq.* **Cabrio** (de una *armadura).
contrapartida. f. Asiento que se hace para corregir algún error en la *contabilidad.
contrapás. m. *Danza.* Cierta figura de la contradanza.
contrapasamiento. m. Acción y efecto de contrapasar.
contrapasar. intr. Pasarse al bando contrario. ‖ *Blas.* Estar dos figuras de animales en posición de pasar encontradas.
contrapaso. m. *Paso que se da a la parte opuesta del que se ha dado antes. ‖ *Mús.* Segundo paso que canta una voz cuando otra canta el primero. ‖ Cierto *baile de Cataluña.
contrapear. tr. *Carp.* Aplicar unas piezas de madera contra otras, de manera que sus fibras estén *cruzadas.
contrapechar. tr. *Equit.* En los *torneos y justas, hacer un jinete que su caballo dé con los pechos en los del caballo de su contrario.
contrapelo (a). m. adv. Contra la inclinación natural del pelo. ‖ fig. y fam. De manera *violenta o impropia. ‖ En sentido *inverso.
contrapesar. tr. Servir de contrapeso. ‖ fig. *Igualar, *compensar.
contrapeso. m. Peso con que se equilibra o compensa otro *peso. ‖ *Añadidura para completar el peso de *carne, pescado, etc. ‖ **Balancín** (de los volatineros). ‖ fig. Lo que se considera y estima suficiente para *compensar o moderar alguna cosa. ‖ *Metal.* *Moneda o cizalla que se refundía y acuñaba de nuevo. ‖ *Desasosiego.
contrapeste. m. *Farm.* Remedio contra la peste.
contrapilastra. f. *Arq.* Resalto que se hace en el paramento a ambos lados de una *pilastra o media columna. ‖ *Carp.* *Moldura que se pone al borde de la hoja de una *puerta o ventana y sirve para impedir el paso del aire.

contraplán. m. *Arq. Nav.* Tablón con que se refuerzan los planes.
contraponedor, ra. adj. Que contrapone. Ú. t. c. s.
*__contraponer.__ tr. *Comparar o cotejar. || → Poner una cosa enfrente de otra. || **Oponer.** Ú. t. c. r.
*__contraposición.__ f. Acción y efecto de contraponer o contraponerse.
contrapotenzado, da. adj. **Blas.* Que tiene potenzas encontradas en los metales o en el color.
contrapozo. m. **Fort.* Hornillo o fogata contra la galería o mina del enemigo.
contraprecio. m. *Precio o rescate de la misma naturaleza que la cosa rescatada.
contraprincipio. m. Aserción contraria a un principio reconocido por tal.
contraproducente. adj. Dícese del dicho o acto cuyos efectos se vuelven contra su autor.
contraprotesta. f. Protesta opuesta a otra.
contraprotesto. m. Declaración de no pagar una *letra de cambio* por haberla pagado ya.
contraproyecto. m. *Proyecto hecho para impugnar o contrarrestar otro.
contraprueba. f. **Impr.* Segunda prueba. || Nueva *prueba para comprobar la primera.
contrapuerta. f. **Portón.** || *Puerta situada detrás de otra. || *Fort.* **Antepuerta.**
contrapuesto, ta. p. p. irreg. de **Contraponer.**
contrapuntante. m. **Mús.* El que canta de contrapunto.
contrapuntarse. r. **Contrapuntearse.**
contrapuntear. tr. *Mús.* Cantar de contrapunto. || fig. *Zaherir una persona a otra. Ú. m. c. r. || r. fig. Picarse o *enemistarse entre sí dos o más personas.
contrapuntista. adj. **Mús.* El que es perito en el arte del contrapunto. Ú. t. c. s.
contrapunto. m. **Mús.* Concordancia armoniosa de voces contrapuestas. || Arte de combinar con un tema dado, según ciertas reglas, un canto o motivo independiente. || Este canto o motivo.
contrapunzar. tr. Remachar con el contrapunzón.
contrapunzón. m. Botador para remachar. || Matriz para hacer los punzones que se usan para acuñar *monedas. || Figura que como *marca ponían los arcabuceros en la recámara de las *armas de fuego*.
contraquerella. f. **For.* Querella que el querellado opone a la del querellante.
contraquilla. f. **Arq. Nav.* Pieza que cubre toda la quilla por la parte interior.
contrariamente. adv. m. **En contrario.**
contrariar. tr. Hacer *oposición o *resistir las intenciones y propósitos de los demás.
contrariedad. f. *Oposición o *desconformidad que tiene una cosa con otra. || *Contratiempo o *dificultad imprevista que impide o retarda el logro de un deseo.
contrario, ria. adj. *Opuesto a una cosa. Ú. t. c. s. f. || fig. Que *daña o perjudica. || m. y f. Persona que tiene *enemistad o *rivalidad con otra. || Persona que pleitea con otra. || Persona que lucha, *riñe o está en oposición con otra. || m. *Impedimento. || **Los contrarios.** Teoría de la *filosofía antigua para la *clasificación de las ideas. || **Al contrario.** m. adv. Al revés, de un modo *inverso. || **En contrario.** m. adv. **En contra.** || **Por el,** o **lo, contrario.** m. adv. **Al contrario.**
contrarracamento. m. *Mar.* Segundo racamento que se pone debajo del primero para sostener la *verga.
contrarraya. f. Cada una de las rayas de un *grabado que cruzan a otras.
contrarreforma. f. Movimiento *religioso, intelectual y político destinado a combatir la reforma luterana.
contrarregistro. m. Revisión de los adeudos por *aduanas o consumos hechos en una primera línea fiscal.
contrarreguera. f. Regadera o *canal hecho oblicuamente a la línea de pendiente para que las aguas no arrastren la labor.
contrarréplica. f. Contestación dada a una réplica. || **Dúplica.**
contrarrestar. tr. *Resistir, hacer frente. || Hacer *oposición. || Volver la *pelota desde la parte del saque.
contrarresto. m. Acción y efecto de contrarrestar. || Persona que, en el juego de *pelota, se encarga de volverla del saque.
contrarrevolución. f. Revolución política en sentido contrario de otra muy reciente.
contrarroda. f. **Arq. Nav.* Pieza de igual figura que la roda y empernada a ella por su parte inferior.
contrarronda. f. *Mil.* Segunda *ronda para mayor vigilancia de los puestos.
contrarrotura. f. **Veter.* Emplasto o parche para curar la rotura o relajación de alguna parte blanda del organismo.
contrasalva. f. Descarga de *artillería en contestación al saludo hecho de igual modo.
contraseguro. m. Contrato en que el asegurador se obliga a reintegrar al contratante las primas o cuotas percibidas, mediante ciertas condiciones.
contrasellar. tr. Poner un contrasello.
contrasello. m. *Sello más pequeño con que se marcaba el principal. || Señal que dejaba el mismo sello.
contrasentido. m. *Tergiversación o inteligencia contraria al sentido natural de las palabras o expresiones. || Deducción opuesta a los antecedentes. || Absurdo, *disparate.
contraseña. f. *Señal convenida entre varios para entenderse entre sí. || **Contramarca.** || *Mil.* Señal o palabra que se da a los *centinelas para que no dejen pasar al que no la conozca. || **de salida.** En los *teatros, circos, etc., tarjeta que se da a los espectadores que quieren salir durante la función para que puedan volver a entrar.
contrastable. adj. Que se puede contrastar.
contrastante. p. a. de **Contrastar.** || || Que contrasta o muestra oposición.
contrastar. tr. *Resistir, hacer frente. || Ensayar o comprobar la ley de los objetos de oro o plata, y *sellarlos con la marca oficial. || Tratándose de *pesas y medidas, comprobar su exactitud y acreditarlo con un sello o *marca. || intr. Mostrar notable *desconformidad u *oposición una cosa con otra.
*__contraste.__ m. Acción y efecto de contrastar. || *Oposición, *desconformidad o diferencia notable. || → El que ejerce el oficio público de contrastar. || Oficina donde se contrasta. || **Almotacén.** || *Peso público de la *seda cruda. || fig. *Contienda entre personas o cosas. || *Germ.* **Perseguidor.** || *Mar.* Cambio repentino de un *viento en otro contrario. || **de Castilla. Marcador mayor.**
*__contrata.__ f. *Documento, escritura o simple obligación firmada con que las partes aseguran los contratos que han hecho. || El mismo *contrato. || Contrato para ejecutar una obra material o prestar un *servicio. || Entre actores, cantantes, toreros, etc., contrato de *trabajo.
contratación. f. Acción y efecto de contratar. || *Comercio.
contratante. p. a. de **Contratar.** Que contrata.
*__contratar.__ tr. *Pactar o hacer *contratos o contratas. || **Ajustar** (*servicios). || Hacer operaciones de *comercio.
contratecho. m. *Arq.* Segundo *techo que se pone para mayor aislamiento o refuerzo.
contratela. f. *Mont.* Cerca de lienzos con que se estrechaba la *caza más aún que en la tela.
*__contratiempo.__ m. Accidente *imprevisto de índole *adversa o desagradable. || pl. *Equit.* Movimientos desordenados que hace el *caballo. || **A contratiempo.** m. adv. **Mús.* Dícese cuando una nota comienza después que una parte del compás y se prolonga hasta la parte siguiente.
contratipo. m. **Fot.* Negativa invertida.
contratista. com. Persona que por contrata ejecuta una obra, *construcción o *servicio.
*__contrato.__ m. Pacto entre partes que se obligan sobre materia o cosa determinada. || *Germ.* **Carnicería.** || **a la gruesa.** *Com.* **Contrato** de *préstamo sobre objetos expuestos a riesgos marítimos. || **aleatorio.** *For.* **Contrato** cuya materia es un hecho fortuito o eventual. || *For.* El que se hace a riesgo y ventura. || **a riesgo marítimo.** *Com.* **Contrato a la gruesa.** || **bilateral.** *For.* Aquel en que se pactan obligaciones recíprocas. || **consensual.** *For.* El que se perfecciona por el solo consentimiento. || **de arrendamiento.** *For.* **Contrato de locación y conducción.** || **de compraventa.** Aquel en que se obliga el vendedor a entregar la cosa que vende, y el comprador a dar el precio convenido. || **de locación y conducción.** *For.* Aquel en que se obliga el dueño de una cosa a conceder a otro el uso y disfrute de ella por tiempo determinado y mediante cierto precio o servicio. || **de retrovendendo.** *For.* Convención accesoria al **contrato** de *compra y venta, por la cual se obliga el comprador a restituir al vendedor la cosa vendida mediante la devolución del precio recibido. || **enfitéutico.** *For.* El conmutativo, por el cual el dueño de un inmueble cede el dominio útil, reservándose el directo, mediante percibo de un canon periódico y de un laudemio por cada enajenación. || **sinalagmático.** *For.* **Contrato bilateral.** || **unilateral.** *For.* Dábase este nombre a ciertos **contratos** en que uno de los contrayentes parecía más obligado que el otro. || **Casi contrato.** *For.* **Cuasicontrato.**
contratorpedero. m. *Mar.* Buque de la *armada, de marcha rápida.
contratrancanil. m. **Arq. Nav.* Hilada de tablones empernados en el trancanil.
contratreta. f. Ardid o *astucia de que se usa para desbaratar una treta o engaño.

contratrinchera. f. *Fort. **Contraaproches.**
contratuerca. f. Segunda *tuerca con que se refuerza la primera.
contravalación. f. *Fort. Acción y efecto de contravalar.
contravalar. tr. *For. Construir por el frente del ejército que sitia una plaza una línea fortificada.
contravalor. m. *Precio o valor que se da a cambio de lo que se recibe.
contravapor. m. *Mec. Corriente de vapor que obra en sentido inverso de la ordinaria, en una locomotora u otra máquina.
contravara. f. En los *carros catalanes, pieza de madera sobre la cual se elevan los varales.
contravención. f. Acción y efecto de contravenir.
***contraveneno.** m. *Medicamento para contrarrestar los efectos del veneno. ‖ fig. *Precaución para evitar un daño que se teme.
contravenir. tr. Obrar en contra de lo que está mandado; cometer una *infracción.
contraventana. f. Hoja de madera que se pone además de la vidriera en las *ventanas.
contraventor, ra. adj. Que contraviene. Ú. t. c. s.
contraveros. m. pl. *Blas. Veros unidos dos a dos por su base.
contravidriera. f. Segunda vidriera, que sirve para mayor abrigo.
contraviento. m. *Armazón de *maderos cruzados diagonalmente entre dos vigas.
contravirar. intr. *Mar. Virar en sentido contrario.
contravoluta. f. *Arq.* Voluta que duplica la principal.
contrayugo. m. *Arq. Nav.* Madero con que se refuerza el yugo.
contrazanca. f. *Carp.* Zanca de *escalera que va adosada a la pared.
contray. m. Especie de *paño fino que se fabricaba en Courtrai.
contrayente. p. a. de **Contraer.** Que contrae *matrimonio. Ú. t. c. s.
contrecho, cha. adj. Baldado, *tullido.
contrete. m. *Arq. Nav.* Puntal que sostiene una pieza horizontal. ‖ En los ingenios de *azúcar, travesaño que asegura la armazón superior del trapiche.
***contribución.** f. Cantidad con que se contribuye para algún fin, y principalmente para las cargas del Estado. ‖ **de sangre. Servicio militar.**
contribuidor, ra. adj. Que contribuye. Ú. t. c. s. ‖ m. *Germ.* El que da algo.
contribuir. tr. Pagar cada uno la cuota que le corresponde por un impuesto o repartimiento. ‖ Concurrir con alguna *donación para determinado fin. ‖ fig. *Ayudar a otros al logro de algún fin.
contribulado, da. adj. Que padece tribulación.
contributario, ria. m. y f. Tributario o contribuyente con otras personas.
contributivo, va. adj. Perteneciente o relativo a la *contribución.
contribuyente. p. a. de **Contribuir.** Que contribuye. Ú. t. c. s.
contrición. f. Dolor y *aflicción de haber ofendido a Dios por ser quien es. ‖ V. **Acto de contrición.**
contrín. m. *Peso usado en Filipinas, equivalente a 39 centígramos.
contrincante. m. Cada uno de los que forman parte de una trinca en las *oposiciones. ‖ *Competidor, rival.
contristar. tr. *Afligir, entristecer. Ú. t. c. r.
contrito, ta. adj. Que siente contrición. ‖ *Triste, afligido.
control. m. *Examen, intervención, inspección. ‖ *Dominio, supremacía, *mando.
controlar. tr. *Comprobar, *examinar, inspeccionar. ‖ *Dominar, *mandar.
controversia. f. *Discusión extensa y detenida entre dos o más personas y especialmente sobre puntos de *religión.
controversista. m. El que trata sobre puntos de controversia.
controverso, sa. p. p. irreg. ant. de **Controvertir.**
controvertible. adj. Que se puede controvertir.
controvertir. intr. *Discutir extensa y reiteradamente sobre una materia. Ú. t. c. tr.
contubernio. m. *Habitación con otra persona. ‖ Cohabitación ilícita o *amancebamiento. ‖ fig. *Confabulación.
contumacia. f. Tenacidad y *obstinación en el error. ‖ *For.* **Rebeldía.**
contumaz. adj. *Porfiado y tenaz en el *error. ‖ *Impenitente. ‖ Aplícase a las cosas que propagan los gérmenes de un *contagio. ‖ *For.* **Rebelde.** Ú. t. c. s.
contumazmente. adv. m. Con porfía y contumacia.
contumelia. f. *Ofensa dicha a una persona *descaradamente.
contumelioso, sa. adj. Injurioso, *ofensivo. ‖ Que dice contumelias.
contundente. adj. Aplícase a lo que produce *contusión. ‖ fig. Que produce *persuasión, o sirve de *prueba *decisiva.
contundir. tr. *Golpear. Ú. t. c. r.
conturbación. f. *Desasosiego, turbación.
conturbado, da. adj. Que conturba. Ú. t. c. s.
conturbar. tr. Alterar, *perturbar. Ú. t. c. r. ‖ fig. Intranquilizar, *turbar el ánimo. Ú. t. c. r.
conturbativo, va. adj. Dícese de lo que conturba.
***contusión.** f. Daño o *lesión en alguna parte del cuerpo por *golpe que no causa herida superficial.
contusionar. tr. Causar contusión.
contusivo, va. adj. Que causa contusión.
contuso, sa. adj. Que ha recibido contusión. Ú. t. c. s.
contutor. m. El que ejercía la *tutela juntamente con otro.
conuco. m. Parcela de *tierra que se concedía en Cuba a los *esclavos para que la cultivasen por su cuenta.
convalecencia. f. Acción y efecto de convalecer. ‖ Estado del convaleciente. ‖ Casa u *hospital destinado para convalecer los enfermos.
convalecer. intr. Recobrar la *salud el que ha estado enfermo. ‖ fig. *Salvarse una persona o una colectividad del peligro de decaimiento o postración.
convaleciente. p. a. de **Convalecer.** Que convalece. Ú. t. c. s.
convalidación. f. Acción y efecto de convalidar.
convalidar. tr. **Confirmar** (ratificar lo ya aprobado).
convección. f. *Fís.* Propagación del *calor en un fluido mediante el movimiento de sus partículas.
convecino, na. adj. *Cercano, próximo. ‖ Que tiene *vecindad con otro en un mismo pueblo. Ú. t. c. s.
convectivo, va. adj. *Fís.* Perteneciente o relativo a la convección.
convelerse. r. *Med.* Moverse *convulsivamente los músculos del cuerpo.
convencedor, ra. adj. Que convence. Ú. t. c. s.
convencer. tr. *Persuadir a uno por medio de razones a que desista de su dictamen o lo cambie. Ú. t. c. r. ‖ *Probarle una cosa de manera que no la pueda negar. Ú. t. c. r.
convencimiento. m. Acción y efecto de convencer o convencerse.
convención. f. *Convenio o pacto entre dos o más personas. ‖ *Conformidad de una cosa con otra. ‖ *Asamblea que asume todos los poderes de un Estado.
convencional. adj. Perteneciente al *convenio o pacto. ‖ Que resulta o se establece por *costumbre. ‖ m. Individuo de una convención política.
convencionalismo. m. Conjunto de *prejuicios o ideas *falsas que, por conveniencia *social, se tienen como verdaderas.
convencionalmente. adv. m. Por convención.
convenible. adj. *Dócil, transigente. ‖ Tratándose del precio, moderado, *barato. ‖ **Conveniente.**
convenido. adv. m. Que expresa *conformidad o *condescendencia.
conveniencia. f. *Conformidad entre dos cosas distintas. ‖ *Utilidad, provecho. ‖ *Pacto o convenio. ‖ Colocación de una persona para *servir en una casa. ‖ **Comodidad.** ‖ pl. *Remuneración especial o prestaciones que, además del salario, se daban a ciertos criados. ‖ Rentas, *bienes.
convenienciero, ra. adj. *Egoísta, que sólo atiende a su propia conveniencia. Ú. t. c. s.
***conveniente.** adj. *Útil, *oportuno. ‖ Conforme, concorde. ‖ Decente.
***convenio.** m. Ajuste, concierto, pacto.
***convenir.** intr. Ser de un mismo parecer y dictamen. ‖ *Concurrir varias personas a un mismo lugar. ‖ Corresponder, pertenecer. ‖ Ser a propósito, ser conveniente. ‖ r. Ajustarse, componerse, ponerse de *acuerdo.
conventícula. f. **Conventículo.**
conventículo. m. *Junta ilícita y clandestina; *confabulación.
conventillo. m. *Casa de vecindad de gente pobre.
***convento.** m. Casa en que viven los religiosos o religiosas bajo las reglas de su instituto. ‖ Comunidad de religiosos o religiosas que habitan en una casa. ‖ **jurídico.** En la antigua Roma, *tribunal para todos los pueblos de una provincia.
***conventual.** adj. Perteneciente al convento. ‖ m. Religioso que reside en un *convento. ‖ En algunas religiones, *predicador.
conventualidad. f. Residencia en un *convento. ‖ Asignación de un religioso a un convento determinado.
conventualmente. adv. m. En comunidad.
convergencia. f. Acción y efecto de convergir.
convergente. p. a. de **Convergir.** Que converge.
converger. intr. **Convergir.**
***convergir.** intr. Dirigirse dos o más líneas, caminos, etc., a un mismo punto. ‖ fig. Concurrir a un mismo fin los dictámenes de dos o más personas.
conversa. f. fam. *Conversación, palique.
conversable. adj. Tratable, *sociable.
***conversación.** f. Acción y efecto de hablar familiarmente una o varias

personas con otra u otras. ‖ *Reunión, compañía. ‖ *Amancebamiento o trato ilícito. ‖ **Dirigir la conversación** a uno. fr. Hablar con él.
conversador, ra. adj. Dícese de la persona que sabe hacer amena una *conversación.
conversante. p. a. de **Conversar.** Que conversa.
***conversar.** intr. Hablar una o varias personas con otra u otras. ‖ *Habitar en compañía de otros. ‖ Tener *trato y amistad unas personas con otras. ‖ **Mil.* Hacer conversión.
***conversión.** f. Acción y efecto de convertir o convertirse. ‖ Mudanza de mala vida a buena, *enmienda de las costumbres. ‖ **Mil.* Mutación del frente, de una fila, girando sobre uno de sus extremos. ‖ **Ret.* Figura que consiste en emplear una misma palabra al fin de dos o más cláusulas.
conversivo, va. adj. Que tiene virtud de convertir una cosa en otra.
***converso, sa.** p. p. irreg. de **Convertir.** ‖ adj. Dícese de los moros y *judíos convertidos a la religión católica. ‖ m. En algunas *órdenes religiosas*, **lego.**
convertible. adj. Que puede convertirse.
***convertido, da.** adj. **Converso.**
convertidor. m. **Metal.* Aparato para convertir la fundición de *hierro en acero.
***convertir.** tr. Mudar una cosa en otra. Ú. t. c. r. ‖ Traer a uno de la incredulidad o impiedad al reconocimiento y práctica de una religión. Ú. t. c. r. ‖ Traerle a las buenas costumbres. Ú. t. c. r. ‖ r. **Lóg.* Substituirse una palabra o proposición por otra de igual significación.
***convexidad.** f. Calidad de convexo. ‖ Superficie convexa.
***convexo, xa.** adj. Dícese de lo que forma prominencia más o menos esférica.
convicción. f. **Convencimiento.**
convicto, ta. p. p. irreg. de **Convencer.** ‖ adj. **For.* Se dice del reo a quien legalmente se ha probado su *delito aunque no lo haya confesado.
convictor. m. El que vive en seminario o *colegio sin ser de la comunidad.
convictorio. m. En los *colegios de jesuitas, departamento destinado a los educandos.
convidada. f. fam. *Convite en que sólo se invita a *beber.
convidado, da. m. y f. Persona que recibe un convite.
convidador, ra. adj. Que convida. Ú. t. c. s.
convidante. p. a. de **Convidar.** Que convida.
***convidar.** tr. Rogar una persona a otra que la acompañe a comer, beber, recrearse, etc. ‖ fig. Estimular, *incitar. ‖ r. *Ofrecerse espontáneamente para alguna cosa.
convincente. adj. Que convence.
convincentemente. adv. m. De manera convincente.
***convite.** m. Acción y efecto de *convidar.
convival. adj. Perteneciente o relativo al *convite.
convivencia. f. Acción de convivir.
conviviente. p. a. de **Convivir.** Que convive. ‖ com. Cada uno de aquellos con quienes se tiene *habitación en común.
convivio. m. ant. **Convite.**
convivir. intr. Vivir en compañía de otro u otros, *habitar bajo el mismo techo.
convocación. f. Acción de convocar.
convocador, ra. adj. Que convoca. Ú. t. c. s.
***convocar.** tr. Citar a varias personas para que concurran a determinado lugar. ‖ **Aclamar.**
convocatoria. f. Anuncio o escrito con que se convoca.
convocatorio, ria. adj. Dícese de lo que convoca.
convolvuláceo, a. adj. **Bot.* Dícese de árboles, matas y hierbas dicotiledóneos, cuyo tipo es la batata. Ú. t. c. s. f. ‖ f. pl. *Bot.* Familia de estas plantas.
convólvulo. m. *Larva de color verde amarillento que ataca la vid. ‖ ***Enredadera** (planta).
convoy. m. Escolta o *guardia para llevar con seguridad alguna cosa por mar o por tierra. ‖ Conjunto de los *buques o efectos escoltados. ‖ **Taller** (vinagreras para la mesa). ‖ fig. y fam. Séquito o *acompañamiento.
convoyante. p. a. de **Convoyar.** Que convoya.
convoyar. tr. Escoltar y *custodiar lo que se conduce de una parte a otra.
***convulsión.** f. Movimiento y agitación involuntarios de contracción y estiramiento de uno o más músculos del cuerpo. ‖ fig. *Agitación o *perturbación de la vida social. ‖ **Geol.* Sacudida producida por los *terremotos.
convulsionario, ria. adj. Que padece convulsiones. ‖ m. pl. Personas que, por *superstición, acudían al cementerio de San Medardo, en Francia, para recobrar la salud.
***convulsivo, va.** adj. Perteneciente a la convulsión.
convulso, sa. adj. Atacado de convulsiones. ‖ fig. *Excitado, inquieto.
conyúdice. m. **Conjuez.**
conyugable. adj. Maridable, apto para el *matrimonio.
conyugal. adj. Perteneciente a los cónyuges o al *matrimonio.
conyugalmente. adv. m. Con unión conyugal.
***cónyuge.** com. **Consorte** (marido o mujer). Ú. m. en pl.
conyugicida. com. Cónyuge que da muerte al otro cónyuge.
conyugicidio. m. *Muerte que da un cónyuge al otro.
conyugio. m. Matrimonio.
conyungo. m. Fórmula del *matrimonio.
coña. f. fam. *Burla, broma.
coñac. m. *Licor alcohólico de graduación muy elevada, obtenido por la destilación de vinos flojos y añejado en toneles de roble.
coñearse. r. fam. *Burlarse.
coona. f. Planta *venenosa que usaban los indios para enherbolar sus *flechas. ‖ Hoja de dicha planta.
***cooperación.** f. Acción y efecto de cooperar.
cooperador, ra. adj. Que coopera. Ú. t. c. s.
cooperante. p. a. de **Cooperar.** Que coopera.
***cooperar.** tr. Obrar o trabajar juntamente con otro u otros para un mismo fin.
cooperario. m. El que coopera.
cooperatismo. m. Régimen *social basado en la difusión de las sociedades cooperativas.
cooperativismo. m. **Cooperatismo.**
cooperativo, va. adj. Dícese de lo que coopera o puede cooperar. ‖ Dícese de lo que se hace por cooperación. ‖ f. *Sociedad cooperativa.
coopositor, ra. m. y f. Persona que con otra u otras concurre a las *oposiciones a un empleo, cátedra, etcétera.
***coordenado, da.** adj. *Geom.* Aplícase a las líneas que sirven para determinar la posición de un punto, y a los ejes o planos o que se refieren aquellas líneas. Ú. m. c. s. f.
coordinación. f. Acción y efecto de coordinar.
coordinadamente. adv. m. Con método y coordinación.
coordinado, da. adj. *Geom.* **Coordenado.**
coordinador, ra. adj. Que coordina. Ú. t. c. s.
coordinamiento. m. **Coordinación.**
coordinar. tr. Disponer varias cosas metódicamente y con cierto *orden.
***copa.** f. Vaso con pie para beber. ‖ Todo el líquido que *cabe en una **copa.** ‖ Conjunto de *ramas que forma la parte superior de un *árbol. ‖ Parte hueca y superior del *sombrero. ‖ *Premio que se concede en algunos *deportes. ‖ Medida de *capacidad para líquidos, equivalente a la cuarta parte de un cuartillo. ‖ *Brasero que tiene la figura de **copa.** ‖ Cada uno de los *naipes del palo de **copas.** ‖ *Astr.* Pequeña *constelación austral próxima a la Hidra. ‖ pl. Uno de los cuatro palos de la baraja española. en que se representan figuras de **copas.** ‖ Cabezas del bocado del *freno. ‖ **Copa del *horno.** Bóveda que lo cubre. ‖ **Irse** uno **de copas.** r. fig. y fam. Expeler alguna *ventosidad.
copada. f. **Cogujada.**
copada. f. *Moldura cóncava que une un cuerpo horizontal con otro vertical.
copado, da. adj. Dícese del *árbol que tiene copa.
copador. m. *Mazo o martillo de boca redondeada, que sirve para *encorvar chapas de hierro, cobre, etcétera.
copaiba. f. **Copayero.** ‖ **Bálsamo de copaiba.**
copal. adj. Aplícase a una *resina muy dura, que se emplea en la preparación de *barnices. Ú. t. c. s. m. ‖ *Árbol de las Antillas que produce esta resina.
cópano. m. *Barco pequeño usado antiguamente.
copaquira. f. **Quím.* Caparrosa o vitriolo azul.
copar. tr. Hacer en los *juegos de azar una puesta equivalente a todo el dinero de la banca. ‖ **Mil.* *Apresar a una fuerza militar, por haberle cortado la retirada.
coparticipación. f. Acción de *participar con otro u otros en alguna cosa.
copartícipe. com. Persona que tiene *participación con otra u otras en alguna cosa.
copayero. m. *Árbol americano de las leguminosas, cuyo tronco da el bálsamo de copaiba.
cope. m. Parte más espesa de la *red de pescar.
copé. m. *Betún natural que se encuentra en algunas regiones americanas.
copear. intr. Vender por copas las *bebidas. ‖ Tomar copas.
copec. m. *Moneda rusa equivalente a un céntimo de rublo.
copeisillo. m. *Árbol americano de las gutíferas.
copela. f. **Metal.* Vaso de figura de cono truncado, donde se ensayan los minerales de oro o plata. ‖ Plaza hecha en los *hornos de **copela** con arcilla apisonada.
copelación. f. **Metal.* Acción y efecto de copelar.
copelar. tr. **Metal.* Fundir minera-

les o metales en copela ó en hornos de copela.
copeo. m. Despacho de *vino por copas.
copera. f. Sitio donde se guardan o ponen las copas.
copernicano, na. adj. **Astron.* Perteneciente o relativo al sistema astronómico de Copérnico. Apl. a pers., ú. t. c. s.
copero. m. *Criado encargado de traer la copa y dar de *beber a su señor. || Mueble para guardar las *copas en que se sirven licores.
copeta. f. d. de **Copa.** || El as de copas.
copete. m. d. de **Copo** (para hilar). || *Cabello o mechón levantado sobre la frente. || Moño o penacho de *plumas que tienen algunas aves en lo alto de la cabeza. || Mechón de crin que cae al *caballo sobre la frente. || Adorno que suele ponerse como *remate en la parte superior de algunos muebles. || Parte superior de la pala del *zapato. || En los *sorbetes y otras cosas, colmo que tienen los vasos. || **Cima.** || fig. *Atrevimiento, *orgullo. || **De alto copete.** loc. Dícese de la gente *noble.
copetón. m. Gorrión moñudo.
copetuda. f. **Alondra.**
copetudo, da. adj. Que tiene copete. || fig. y fam. Dícese del *orgulloso o engreído de su nacimiento o de otras circunstancias.
copey. m. *Árbol americano, de las gutíferas, de mucha altura y hermoso ramaje.
***copia.** f. Multitud o *abundancia de una cosa. || Traslado o reproducción de un escrito o composición musical. || **Gram.* Lista de nombres y verbos, con los casos que rigen. || → Papel en que puntualmente se pone el contenido de un escrito, impreso o manuscrito. || → Reproducción exacta de una obra de pintura o escultura. || *Imitación servil del estilo o de las obras ajenas. || Remedo de una persona. || **Retrato.**
copiador, ra. adj. Que copia. Ú. t. c. s. || V. **Libro copiador.** Ú. t. c. s.
copiante. p. a. de **Copiar.** Que copia. || com. Persona que se dedica a copiar escritos ajenos.
***copiar.** tr. Escribir en una parte lo que está escrito o impreso en otra. || Ir *escribiendo lo que otro dice o dicta. || Reproducir una obra de pintura o escultura. || *Imitar la naturaleza en las obras de pintura y escultura. || *Imitar servilmente el estilo o las obras ajenas. || Remedar a una persona. || fig. poét. Hacer *descripción de una cosa.
copilador, ra. adj. **Compilador.** Ú. t. c. s.
copilar. tr. **Compilar.**
copilla. f. **Chofeta.**
copín. m. Medida de *capacidad para áridos equivalente a medio celemín.
copina. f. *Piel sacada entera.
copinar. tr. Desollar animales, sacando entera la *piel.
copiosamente. adv. m. De manera copiosa.
copiosidad. f. *Abundancia de una cosa.
copioso, sa. adj. *Abundante, cuantioso.
copista. com. **Copiante.**
***copla.** f. Combinación métrica o estrofa. || Composición *poética breve, que sirve de letra en las *canciones populares. || **Pareja.** || pl. fam. Versos. || **Copla de arte mayor.** La que se compone de ocho versos de doce sílabas que riman de cierta manera. || **Coplas de Calaínos.** fig. y fam. Especies remotas o *intempestivas. || **de ciego.** fig. y fam. Malas **coplas.** || **de repente.** Dicho *irreflexivo. || **Andar en coplas.** fr. fig. y fam. con que se denota ser pública alguna noticia o *rumor, y especialmente en *descrédito de una persona. || **Echar coplas** a uno. fr. fig. y fam. *Zaherirle.
coplear. intr. Hacer, decir o cantar *coplas.
coplería. f. Conjunto de coplas.
coplero, ra. m. y f. Persona que hace o vende coplas, romances y otras *poesías. || fig. Mal *poeta.
coplista. m. **Coplero** (mal poeta).
coplón. m. aum. de **Copla.** || despect. Mala composición poética. Ú. m. en pl.
copo. m. Porción de cáñamo, lana, algodón u otra materia textil, dispuesta para ser *hilada. || Cada una de las porciones de *nieve que caen de la atmósfera. || Grumo o *coágulo.
copo. m. Acción de copar. || Bolsa de *red con que terminan varios artes de pesca. || *Pesca hecha con estos artes.
copón. m. aum. de **Copa.** || Por antonomasia, copa grande de metal con baño de oro por dentro, en la que se guarda la *Eucaristía.
coposo, sa. adj. **Copado.**
copra. f. Médula del coco de la *palma.
coprofagia. f. Perversión del *apetito, que impulsa a ingerir inmundicias.
coprófago, ga. adj. Dícese de los animales que se *alimentan de *excrementos e inmundicias.
coprolalia. f. *Pat.* Perturbación mental caracterizada por el abuso de palabras *obscenas.
coprolito. m. *Excremento fósil. || Materia excrementicia endurecida en los intestinos.
coprología. f. *Med.* Estudio de los *excrementos humanos.
copropiedad. f. Propiedad en *común.
copropietario, ria. adj. Que posee una cosa en *común con otro u otros. Ú. t. c. s.
cóptico, ca. adj. **Copto.**
copto, ta. adj. *Cristiano de Egipto. Ú. t. c. s. || Perteneciente o relativo a los **coptos.** || m. *Idioma antiguo de los egipcios, que se conserva en el rito **copto.**
copudo, da. adj. Que tiene mucha copa.
cópula. f. *Atadura, ligamiento de una cosa con otra. || Acción de copularse para la *generación. || **Log.* Término que une el predicado con el sujeto.
cópula. f. *Arq.* **Cúpula.**
copular. tr. ant. Juntar o *unir una cosa con otra. || r. Unirse el macho con la hembra para la *generación.
copulativamente. adv. m. **Juntamente.**
copulativo, va. adj. Que *ata o *une una cosa con otra. || *Gram.* V. **Conjunción copulativa.**
coque. m. Substancia *carbonosa sólida, ligera y muy porosa, que resulta de la calcinación de la hulla en ciertas condiciones.
coqueluche. f. *Tos ferina.
coquera. f. Cabeza del *trompo.
coquera. f. *Hueco pequeño en la masa de una piedra.
coquera. f. Recipiente para tener el coque cerca de la *estufa o chimenea.
coqueta. adj. Dícese de la mujer que por *vanidad procura agradar o *enamorar a muchos hombres. Ú. t. c. s. || Mueble de *tocador a manera de *mesa con cajoncitos y espejos.
coqueta. f. **Palmetazo.** || *Panecillo de cierta hechura.
coquete. m. Cierta *embarcación pequeña.
***coquetear.** intr. Tratar de *agradar o *enamorar las personas de un sexo a las de otro, por mera *vanidad. || Procurar agradar a muchos a un tiempo.
coqueteo. m. **Coquetería.**
coquetería. f. Acción y efecto de coquetear. || Estudiada *afectación en los modales y adornos para mayor *atractivo.
coquetismo. m. **Coquetería.**
coquetón, na. adj. fam. Gracioso, *atractivo, *agradable. || Dícese del hombre que procura agradar o *enamorar a un tiempo a muchas mujeres. Ú. t. c. s.
coquillo. m. *Tela de algodón blanco.
coquina. f. *Molusco acéfalo, de valvas ovales muy aplastadas, y carne comestible.
coquinario, ria. adj. ant. Perteneciente a la *cocina. || **del rey.** El que antiguamente cuidaba de la comida de los *reyes.
coquinero, ra. m. y f. Persona que coge o vende coquinas.
coquito. m. Ademán o *gesto con que se procura hacer reír a los *niños.
coquito. m. *Ave americana gallinácea, parecida a la tórtola.
cora. f. División *territorial poco extensa, entre los árabes.
cora. f. Cierta *hierba del Perú.
coracán. m. *Planta tropical de las gramíneas, cuyas semillas pueden servir de alimento.
coráceo, a. adj. **Coriáceo.**
coracero. m. *Soldado de caballería armado de coraza. || fig. y fam. *Cigarro puro muy fuerte y de mala calidad.
coracina. f. Pieza de la *armadura antigua a modo de coraza pequeña.
coracoides. adj. *Zool.* Dícese de la apófisis del omóplato, que contribuye a formar la cavidad de la articulación del hombro. || *Zool.* V. **Hueso coracoides.** Ú. t. c. s.
coracha. f. *Saco de cuero que se usa como envase.
corachín. m. d. de **Coracha.**
corada. f. **Corazonada** (presentimiento). || **Asadura** (hígado y bofes).
coraje. m. *Valor, brío. || *Ira.
corajina. f. fam. Arrebato de *ira.
corajosidad. f. *Aborrecimiento, rencor.
corajudo, da. adj. **Colérico** (*irritable).
coral. m. Secreción caliza de estructura arborescente y color rojo producida en el mar por ciertos zoófitos. Se emplea en *joyería. || f. *Serpiente de Venezuela, muy venenosa, de color rojo y con anillos negros. || m. *Arbusto americano leguminoso de cuyas semillas se hacen sartas para *collares. || pl. Sartas de cuentas de **coral,** de que usan las mujeres por adorno. || Carúnculas rojas del *pavo. || **Fino como un coral.** expr. fig. *Astuto, sagaz.
coral. adj. Perteneciente al coro. || m. **Mús.* Composición vocal a varias voces. || Composición análoga para *instrumentos. || f. **Masa coral.**
coral. adj. V. **Gota coral.**
coralero, ra. m. y f. Persona que trabaja o trafica en coral.
coralífero, ra. adj. Que tiene corales, como el fondo del mar, las rocas, etcétera.

coralillo. m. *Serpiente americana muy venenosa.
coralina. f. **Zool.* Zoófito de unos dos milímetros de largo, con tentáculos semejantes a los pétalos de una flor y cuyo esqueleto calizo es el coral. ‖ *Alga ramosa, compuesta de tallos parecidos a los de ciertos musgos, que vive adherida a las rocas submarinas. ‖ Toda producción marina parecida al coral.
coralino, na. adj. De coral o parecido a él.
coralito. m. *Planta americana que da un fruto pequeño rojo.
corambre. f. Conjunto de cueros o *pieles, curtidos o sin curtir. ‖ **Cuero** (*odre). ‖ **Alzar corambre.** fr. Sacarla de las tinas los curtidores.
corambrero. m. El que trata y comercia en corambre.
córam pópulo. loc. lat. **En público.**
corán. m. **Alcorán.**
coránico, ca. adj. **Alcoránico.**
coranvobis. m. fam. *Aspecto de la persona que afecta *seriedad, y especialmente cuando es *gruesa o corpulenta.
corar. tr. Labrar chacras de indios.
coras. m. *Cuadrumano parecido al cinocéfalo.
corasí. m. *Mosquito de las Antillas, cuya picadura es dañina.
coraza. f. *Armadura de hierro o acero, compuesta de peto y espaldar. ‖ *Mar.* **Blindaje.** ‖ *Zool.* *Concha de la tortuga o del galápago.
coraznada. f. Corazón del *pino. ‖ *Guisado de corazones.
***corazón.** m. Órgano central de la circulación de la sangre, que en el hombre está situado en la cavidad del pecho algo a la izquierda. ‖ fig. Brío, *valor. ‖ fig. *Amor, cariño. ‖ fig. Buena voluntad, *benignidad. ‖ fig. *Centro, medio o parte *interior de una cosa. ‖ **Blas.* Punto central del escudo. ‖ **Abrir** uno su **corazón.** fr. fig. **Abrir su pecho.** ‖ **Atravesar el corazón.** fr. fig. Mover a *compasión. ‖ **Blando de corazón.** expr. fig. Que de todo se compadece. ‖ **Con el corazón en la mano.** loc. adv. fig. Con toda franqueza y *sinceridad. ‖ **Cubrírsele** a uno **el corazón.** fr. fig. *Afligirse mucho. ‖ **Declarar** uno **su corazón.** fr. *Manifestar o *revelar la intención o los sentimientos que tiene. ‖ **De corazón.** m. adv. Con *sinceridad. ‖ **Helársele** a uno **el corazón.** fr. fig. Quedarse *extasiado o suspenso. ‖ **No caberle** a uno **el corazón en el pecho.** fr. fig. Estar muy *inquieto, *afligido o *irritado. ‖ fig. Ser magnánimo. ‖ **No tener** uno **corazón.** fr. fig. Ser *insensible, *cruel o indiferente.
corazonada. f. Impulso *instintivo que mueve a realizar actos de *valor. ‖ **Presentimiento.** ‖ fam. **Carnic.* Asadura de un animal de matadero.
corazoncillo. m. *Planta herbácea hipericínea.
corbachada. f. *Golpe dado con el corbacho.
corbacho. m. Vergajo o *azote con que el cómitre castigaba a los forzados.
***corbata.** f. Tira de tela, larga y estrecha, que se pone alrededor del cuello y cuyas puntas se dejan caer sobre el pecho o se anudan de varias maneras. ‖ Lazo de cinta guarnecida con bordadura o fleco de oro o plata, que se usa como *insignia y se ata en las banderas y estandartes en lo alto del asta. ‖ Insignia propia de ciertas órdenes civiles. ‖ En el juego de *billar, paso de la bola del que juega por entre la que se proponía herir y dos bandas que forman ángulo. ‖ m. **Ministro de capa y espada.** ‖ *Seglar.
corbatería. f. Tienda donde se venden corbatas.
corbatero, ra. m. y f. Persona que hace o vende corbatas.
corbatín. m. *Corbata corta que se ajusta por detrás con un broche. ‖ **Mil.* Corbata de suela que usaban los soldados. ‖ **Salirse por el corbatín.** fr. fig. y fam. Se dice de la persona muy *delgada.
corbato. m. Refrigerador de agua fría en que está sumergido el serpentín del *alambique.
corbe. m. Medida antigua de *capacidad por *cestas o canastos.
corbeta. f. *Embarcación de guerra, semejante a la fragata.
corca. f. **Carcoma.**
corcarse. r. **Carcomerse.**
corcel. m. *Caballo ligero y de bastante alzada que servía de montura para los torneos y batallas.
corcesca. f. Partesana o *alabarda de hierro largo a manera de arpón.
corcino. m. Corzo pequeño.
corconera. f. Ánade o *pato de color negruzco.
***corcova.** f. *Joroba, protuberancia anormal en el pecho, en la espalda o en ambas regiones a la vez, producida por desviación de la columna vertebral.
corcovado, da. adj. Que tiene una o más corcovas. Ú. t. c. s.
corcovar. tr. Encorvar o hacer que una cosa tenga corcova.
corcovear. intr. Dar corcovos.
corcoveta. f. d. de **Corcova.** ‖ com. fig. y fam. Persona corcovada.
corcovo. m. *Salto que dan algunos animales encorvando el lomo. ‖ fig. y fam. *Curvatura, torcimiento.
corcusido. m. fam. *Costura o zurcido mal hechos.
corcusir. tr. fam. *Zurcir a fuerza de puntadas grandes y encogiendo la tela.
corcha. f. *Corcho conforme se arranca del alcornoque. ‖ **Corcho** (corchera o colmena). ‖ **Artill.* Disco de corcho con que se tapa la boca del cañón.
corcha. f. *Mar.* Acción y efecto de corchar.
corchapín. m. **Escorchapín.**
corchar. tr. *Mar.* Unir los cordones de un *cabo, torciéndolos uno sobre otro.
corche. m. **Alcorque** (chanclo).
corchea. f. **Mús.* Figura musical cuyo valor es la mitad de una negra.
corchera. f. Cubeta de corcho en que se pone la garrafa con nieve para *helar las bebidas.
corchero, ra. adj. Perteneciente o relativo al *corcho.
corcheta. f. Hembra en que entra el macho de un corchete.
corchetada. f. *Germ.* Cuadrilla de *corchetes.
***corchete.** m. *Broche de alambre compuesto de macho y hembra. ‖ Macho de este broche en forma de gancho. ‖ Pieza de madera, con unos dientes de hierro, con la que los *carpinteros sujetan en el banco las maderas para labrarlas. ‖ **Impr.* Signo de estas figuras (⁀‿[) que abraza dos o más guarismos, palabras, renglones, etc. ‖ Parte final de una palabra o período que, por no caber en el renglón, se pone encima o debajo de él, precedida de un **corchete.** ‖ → fig. Ministro inferior de justicia encargado de prender a los delincuentes.
corchetero, ra. m. y f. Persona que hace o vende corchetes.
corchetesca. f. *Germ.* **Corchetada.**
***corcho.** m. Parte exterior de la corteza del alcornoque. ‖ **Corchera.** ‖ **Colmena.** ‖ *Tapón de **corcho.** ‖ Caja de **corcho** para *embalaje. ‖ Tabla de **corcho** que se pone delante de las chimeneas para impedir que prendan las chispas. ‖ **Corche.** ‖ **bornizo.** El que se obtiene de la primera pela de los alcornoques. ‖ **segundero.** El que se obtiene de la segunda pela. ‖ **virgen. Corcho bornizo.**
¡córcholis! *interj. con que se denota *sorpresa.
corchoso, sa. adj. Semejante al corcho.
corchotaponero, ra. adj. Perteneciente o relativo a la industria de los *tapones de corcho.
corda (estar a la). fr. **Mar.* **Estar a la capa.**
cordado, da. adj. **Blas.* Dícese del instrumento músico o del arco cuyas cuerdas son de distinto esmalte. ‖ *Zool.* Dícese de los animales que tienen notocordio o columna *vertebral.
cordaje. m. *Mar.* Jarcia o conjunto de *cabos de una embarcación.
cordal. m. Pieza que en los *instrumentos de cuerdas, como el violín, sirve para atar éstas por el cabo opuesto al que se sujeta en las clavijas. ‖ *Cordillera pequeña.
cordal. adj. V. **Muela cordal.** Ú. t. c. s.
cordato, ta. adj. Juicioso, *prudente.
cordear. tr. *Mar.* Coser la relinga de las *velas.
***cordel.** m. *Cuerda delgada. ‖ *Longitud equivalente a cinco pasos. ‖ *Camino para los *ganados trashumantes. ‖ Medida *superficial agraria, equivalente a 414 centiáreas. ‖ **de látigo.** Especie de cordel más grueso que el bramante. ‖ **de merinas.** Servidumbre para el paso del *ganado trashumante. ‖ **A cordel.** m. adv. En *línea recta. ‖ **A hurta cordel.** m. adv. En el juego del *peón, lanzarlo al aire retirando con violencia la mano hacia atrás para poderlo coger en la palma de la mano. ‖ fig. y fam. Repentinamente y con *ocultación. ‖ fig. y fam. **A *traición.** ‖ **Apretar los cordeles** a uno. fr. fig. y fam. Estrecharle, hacerle *coacción.
cordelado, da. adj. Dícese de cierta cinta que imita al cordel.
cordelar. tr. *Cercar o rodear con cordeles.
cordelazo. m. *Golpe dado con cordel.
cordelejo. m. d. **Cordel.** ‖ fig. Chasco, *broma o cantaleta.
cordeleras. f. pl. Nombre que se dio antiguamente a las *monjas clarisas.
cordelería. f. Oficio de cordelero. ‖ Sitio donde se hacen cordeles y otras obras de cáñamo. ‖ Tienda donde se venden. ‖ **Cordería.** ‖ *Mar.* **Cordaje.**
cordelero, ra. m. y f. Persona que hace o vende cordeles y otras obras de cáñamo.
cordeleros. m. pl. Nombre que se dio antiguamente a ciertos *frailes franciscanos.
cordellate. m. *Tela burda de lana, cuya trama forma cordoncillo.
cordera. f. Hija de la *oveja, que no pasa de un año. ‖ fig. Mujer *dócil y *bondadosa.
cordería. f. Conjunto de cuerdas.
corderilla. f. d. de **Cordera.**

corderillo. m. *Piel de cordero adobada con su lana.
corderina. f. *Piel de cordero.
corderino, na. adj. Perteneciente al cordero.
***cordero.** m. Hijo de la oveja, que no pasa de un año. ‖ *Piel de este animal adobada. ‖ fig. Hombre *apacible, *dócil y *bondadoso. ‖ fig. Nombre que se da a *Jesucristo. ‖ **de so cesto.** El lechal. ‖ **endoblado.** El que se cría mamando de dos ovejas. ‖ **mueso.** El que nace con las orejas muy pequeñas. ‖ **pascual.** El que comían los hebreos en la pascua. ‖ **recental.** El que no ha pastado todavía. ‖ **rencoso.** El que tiene un *testículo dentro y otro fuera. ‖ **Divino Cordero.** fig. *Jesucristo.
corderuela. f. d. de **Cordera.**
corderuelo. m. d. de **Cordero.**
corderuna. f. **Corderina.**
cordeta. f. Trenza de esparto para atar los zarzos que se usan en la cría de gusanos de *seda.
cordezuela. f. d. de **Cuerda.**
cordiaco, ca o **cordíaco, ca.** adj. **Cardiaco.**
cordial. adj. Que tiene virtud para fortalecer el *corazón. ‖ Afectuoso, *cariñoso, afable. ‖ V. **Dedo cordial.** ‖ V. **Flores cordiales.** ‖ m. *Farm.* *Bebida que se da a los enfermos, para confortarlos.
cordialidad. f. Calidad de cordial o *cariñoso. ‖ *Sinceridad. ‖ *Afabilidad.
cordialmente. adv. m. Afectuosamente, de corazón.
cordiforme. adj. **Acorazonado.**
cordila. f. Cría del atún.
cordilo. m. *Reptil africano del orden de los saurios. ‖ *Reptil mencionado por los antiguos y que parece ser la cría de una salamandra.
cordilla. f. Trenza de tripas de carnero, o piltrafas de *carne, que se dan a comer a los *gatos.
***cordillera.** f. Serie de montañas enlazadas entre sí.
cordita. f. *Explosivo o pólvora sin humo que se fabrica en forma de cuerda.
cordobán. m. *Piel de cabra, curtida. ‖ Árbol silvestre de las Antillas, cuya semilla sirve de alimento a las aves y a ciertos animales domésticos.
cordobana (andar a la). fr. fam. Andar *desnudo.
cordobés, sa. adj. Natural de Córdoba. Ú. t. c. s. ‖ Perteneciente a esta ciudad.
cordojoso, sa. adj. ant. Muy afligido, acongojado.
***cordón.** m. Cuerda redonda de seda, algodón, lana u otra materia análoga. ‖ Cuerda con que se ciñen el hábito los individuos de algunas *órdenes religiosas*. ‖ Conjunto de puestos de tropa o gente colocados de distancia en distancia para *cercar o rodear algún paraje o para impedir el paso. ‖ *Arq.* **Bocel.** ‖ *Veter.* Raya o faja blanca que algunos *caballos tienen en la cara. ‖ pl. **Cordón** con dos borlas colgantes que usan algunos *militares como insignia. ‖ *Mar.* Los que se forman de filástica, para fabricar los *cabos. ‖ **Cordón umbilical.** *Zool.* Conjunto de vasos que unen la placenta de la madre con el vientre del *feto.
cordonazo. m. *Golpe dado con un cordón. ‖ **de San Francisco.** *Mar.* Temporal o *borrascas que suelen ocurrir hacia el equinoccio de otoño.
cordoncillo. m. Cada una de las rayas de relieve que forma el tejido en algunas *telas. ‖ Cierta labor que se hace en el canto de las *monedas. ‖ *Resalto que señala la juntura de las partes de algunos *frutos.
cordonería. f. Conjunto de objetos que fabrica el cordonero. ‖ Oficio de cordonero. ‖ Taller donde se hacen *cordones. ‖ Tienda donde se venden.
cordonero, ra. m. y f. Persona que hace o vende *cordones, flecos, etc. ‖ m. *Mar.* El que hace jarcia.
cordula. f. **Cordilo.**
***cordura.** f. Prudencia, buen juicio.
corea. f. *Danza que por lo común se acompaña con canto. ‖ *Pat.* **Baile de San Vito.**
coreano, na. adj. Natural de Corea. Ú. t. c. s. ‖ Perteneciente a este país de Asia.
corear. tr. Componer *música para ser cantada por coros. ‖ Acompañar con *coros una composición musical. ‖ fig. *Aprobar varias personas ostensiblemente, y a veces por *adulación, lo que otra dice.
corecico, llo. m. **Corezuelo.**
corega. m. Ciudadano griego que costeaba la enseñanza y vestido de los *coros de música y *baile.
corego. m. **Corega.**
coreico, ca. adj. *Pat.* Que padece corea.
coreo. m. Pie de la *poesía griega y latina, compuesto de una sílaba larga y otra breve.
coreo. m. Combinación o empleo de los *coros en la música.
coreografía. f. Arte de componer *bailes. ‖ Arte de representar en el papel un baile por medio de signos. ‖ En general, arte de la danza.
coreográfico, ca. adj. Perteneciente o relativo a la coreografía.
coreógrafo. m. Compositor de *bailes.
corepíscopo. m. *Prelado a quien se investía ocasionalmente del carácter episcopal.
corete. m. En las *guarniciones, rodajita de cuero que se pone debajo de las cabezas de los clavos.
corezuelo. m. d. de **Cuero.** ‖ **Cochinillo.** ‖ Pellejo del cochinillo asado.
cori. m. **Corazoncillo** (planta herbácea).
corí. m. **Curiel.**
Coria. n. p. V. **Bobo de Coria.**
coriáceo, a. adj. Perteneciente al *cuero. ‖ Parecido a él.
coriámbico, ca. adj. V. **Verso coriámbico.** Ú. t. c. s. ‖ Aplícase a la composición *poética escrita en estos versos.
coriambo. m. Pie de la *poesía griega y latina, compuesto de un coreo y un yambo.
coriano, na. adj. Natural de Coria. Ú. t. c. s. ‖ Perteneciente a la ciudad o a la villa de este nombre.
coribante. m. *Sacerdote de Cibeles, que, en las fiestas de esta diosa, *danzaba con movimientos descompasados.
corifeo. m. El que guiaba el coro en las antiguas representaciones *teatrales griegas y romanas. ‖ fig. El que es seguido de otros, como *jefe, en una opinión, secta o partido.
coriláceo, a. adj. **Bot.* Aplícase a árboles y arbustos dicotiledóneos, cuyo tipo es el avellano. Ú. t. c. s. f. ‖ f. pl. *Bot.* Familia de estas plantas.
corimbo. m. *Bot.* Grupo de *flores o *frutos que nacen en diferentes puntos del tallo y se juntan a la misma altura.
corindón. m. Alúmina cristalizada, de diversos colores y formas, que se usa en *joyería como piedra preciosa.
coríntico, ca. adj. **Corintio.**
corintio, tia. adj. Natural de Corinto. Ú. t. c. s. ‖ Perteneciente a esta ciudad de Grecia. ‖ V. **Orden corintio.**
corion. m. *Zool.* Membrana exterior que envuelve el *feto.
corisanto. m. Nombre de cierta orquídea americana.
corista. m. Religioso destinado al coro desde que profesa hasta que se ordena de *sacerdote. ‖ com. *Cantante que en las óperas y zarzuelas forma parte del coro.
corito, ta. adj. *Desnudo, en cueros. ‖ fig. *Tímido, apocado. ‖ m. Nombre que se ha dado a los montañeses y asturianos. ‖ Obrero que lleva odres de mosto o *vino desde el lagar a las cubas.
coriza. f. En Asturias y otras partes, abarca (*calzado).
coriza. f. **Romadizo.**
corladura. f. *Barniz que se da a las piezas niqueladas o plateadas para que parezcan doradas.
corlar. tr. Dar corladura.
corlear. tr. **Corlar.**
corma. f. Especie de *prisión o cepo compuesto de dos pedazos de madera, que se adaptan al pie del hombre o del animal. ‖ fig. *Molestia o gravamen.
cornac. m. **Cornaca.**
cornaca. m. En la India y otras regiones, el que *amansa, *guía y cuida un *elefante.
cornada. f. Golpe dado por un animal con la punta del *cuerno. ‖ **Esgr.* Treta que consiste en ponerse en el plano inferior para herir hacia arriba.
cornadillo. m. d. de **Cornado.** ‖ **Emplear,** o **poner,** uno su **cornadillo.** fr. fig. y fam. *Cooperar al logro de un fin.
cornado. m. *Moneda antigua de cobre.
cornadura. f. **Cornamenta.**
cornal. m. **Coyunda.**
cornalina. f. *Ágata de color de sangre o rojiza.
cornalón. adj. Dícese del toro que tiene muy grandes los *cuernos.
cornamenta. f. *Cuernos de algunos cuadrúpedos como el toro, ciervo, etc.
cornamusa. f. Trompeta larga de metal que termina en un pabellón ancho y que en el medio de su longitud hace una rosca muy grande. ‖ *Instrumento rústico, a manera de gaita. ‖ *Mar.* Pieza curva que se fija por el centro de manera que los extremos queden libres y hacia afuera, y sirve para *amarrar los *cabos ‖ **Metal.* Retorta de barro o vidrio para sublimar ciertos metales.
cornatillo. m. Variedad de *aceituna larga y encorvada a manera de cuerno.
córnea. f. *Zool.* Membrana gruesa y transparente, primera de las que componen el globo del *ojo. ‖ **opaca.** *Zool.* **Esclerótica.** ‖ **transparente.** *Zool.* **Córnea.**
corneador, ra. adj. **Acorneador.**
cornear. tr. **Acornear.**
cornecico, llo, to. ms. ds. de **Cuerno.**
corneja. f. Especie de cuervo, con el cuerpo de color ceniciento obscuro. ‖ **Buharro.**
cornejal. m. Terreno o sitio poblado de cornejos. ‖ **Cornijal.**
cornejo. m. *Arbusto muy ramoso, de la familia de las córneas.
cornelina. f. **Cornalina.**
córneo, a. adj. De *cuerno o parecido a él. ‖ **Bot.* Dícese de árboles, arbustos y hierbas dicotiledóneos, cuyo tipo es el cornejo o du-

rillo. Ú. t. c. s. ‖ f. pl. *Bot.* Familia de estas plantas.

córner. m. En el fútbol, saque de esquina cuando el *balón sale por la línea de portería, después de haberlo tocado algún jugador del equipo que la defiende.

cornerina. f. **Cornalina.**

corneta. f. *Instrumento músico de viento, semejante al clarín. ‖ Cuerno de que usan los porqueros para llamar a los *cerdos. ‖ *Bandera pequeña terminada en dos farpas. ‖ **Mil.* Antigua compañía de soldados de a caballo. ‖ *Mil.* *Instrumento, especie de clarín, usado para dar los toques reglamentarios a las tropas. ‖ m. El que toca la **corneta.** ‖ Oficial que lleva la **corneta** o estandarte de los dragones. ‖ **Corneta acústica. Trompetilla** (para los *sordos). ‖ **de monte.** Trompa de caza. ‖ **de órdenes.** *Soldado que sigue al *jefe para dar los toques de mando. ‖ **de posta.** Trompa pequeña que tocaban los postillones.

cornete. m. d. de **Cuerno.** ‖ *Zool.* Cada una de las pequeñas láminas óseas situadas en el interior de las fosas de la *nariz. ‖ pl. Instrumento de *cirugía.

cornetilla. f. **Pimiento de cornetilla.**

cornetín. m. d. de **Corneta.** ‖ *Instrumento músico de metal, con pistones o sin ellos. ‖ El que toca este instrumento.

cornezuelo. m. d. de **Cuerno.** ‖ **Cornatillo.** ‖ *Hongo, en forma de cuerno, que se cría en la espiga del *centeno. Se usa como medicamento. ‖ **Veter.* Instrumento hecho con una punta de cuerno de ciervo, que se usa para separar los vasos y tejidos en las operaciones quirúrgicas. ‖ **Cornicabra** (variedad de *aceituna).

corniabierto, ta. adj. Aplícase al toro que tiene los *cuernos muy separados.

cornial. adj. Dispuesto o fabricado en figura de *cuerno.

corniapretado, da. adj. Aplícase al toro que tiene los *cuernos muy juntos.

cornicabra. f. **Terebinto.** ‖ Variedad de *aceituna larga y puntiaguda. ‖ *Higuera silvestre. ‖ *Mata de la familia de las asclepiadeas.

corniforme. adj. De figura de *cuerno. ‖ *Astr.* V. **Cometa corniforme.**

cornigacho, cha. adj. Aplícase al toro que tiene los *cuernos algo inclinados hacia abajo.

cornígero, ra. adj. poét. Que tiene *cuernos.

cornija. f. *Arq.* **Cornisa.** ‖ *Arq.* Parte superior del cornijón.

cornijal. m. *Punta, ángulo o esquina. ‖ **Liturg.* Lienzo con que se enjuga los dedos el sacerdote en el lavatorio en la misa.

cornijamento. m. *Arq.* ***Cornisamento.**

cornijamiento. m. *Arq.* **Cornijamento.**

cornijón. m. **Cornijamento.** ‖ Esquinazo o *ángulo que forma la casa en la calle.

cornil. m. **Cornal.**

corniola. f. **Cornalina.**

***cornisa.** f. *Arq.* Cuerpo compuesto de *molduras que sirve de remate a otro. ‖ *Arq.* Parte superior del *cornisamento de un pedestal, edificio, etcétera.

***cornisamento.** m. *Arq.* Conjunto de *molduras que coronan una obra de arquitectura.

cornisamiento. m. *Arq.* ***Cornisamento.**

cornisón. m. **Cornijón.**

corniveleto, ta. adj. Dícese del toro que tiene los *cuernos altos y derechos.

cornizo. m. **Cornejo.**

corno. m. **Cornejo.**

corno. m. *Mús.* Nombre de varios *instrumentos de viento.

cornucopia. f. Cierto vaso de figura de *cuerno, que se usaba como símbolo de la *abundancia. ‖ *Espejo pequeño de marco tallado y dorado, que suele tener uno o más brazos a manera de *candelabros.

cornudilla. f. **Pez martillo.**

cornudo, da. adj. Que tiene *cuernos. ‖ fig. Dícese del marido cuya mujer ha cometido *adulterio. Ú. t. c. s.

cornúpeta. adj. Dícese del animal que figura en algunas *monedas, en actitud de acometer con los cuernos. Ú. t. c. s.

cornúpeto. m. fam. Toro de *lidia.

***coro.** m. Conjunto de personas reunidas para cantar o celebrar alguna cosa. ‖ En el *teatro griego y romano, conjunto de personas que, al terminar un acto, expresaban por medio de cantos los sentimientos que la representación producía en los ánimos. ‖ Parte de una tragedia encomendada a estas personas. ‖ Conjunto de tres o cuatro voces de distinta extensión, como son el tiple, tenor o bajo. ‖ Conjunto de personas que cantan simultáneamente una pieza concertada. ‖ Esta misma pieza. ‖ Composición *poética que le sirve de letra. ‖ Conjunto de *clérigos o religiosos congregados en el templo para cantar o rezar los divinos oficios. ‖ **Liturg.* Rezo y canto de las horas canónicas. ‖ Cada una de las dos bandas, derecha e izquierda, en que se divide el **coro** para cantar alternadamente. ‖ Paraje del *templo, donde se junta el clero para cantar los oficios divinos. ‖ Lugar de los *conventos de monjas en que se reúnen éstas para asistir a los oficios. ‖ Cierto número de espíritus *angélicos que componen un orden. ‖ **Hablar a coros.** fr. fig. y fam. Hablar alternativamente. ‖ **Hacer coro.** fr. fig. Mostrar *adhesión a una persona asintiendo a lo que dice. ‖ **Rezar a coros.** fr. fig. y fam. *Rezar alternativamente.

coro. m. *Viento noroeste.

coro. m. Medida de *capacidad para áridos, entre los hebreos, equivalente a seis fanegas.

coro (de). m. adv. **De memoria.**

corocha. f. *Vestidura antigua a manera de casaca amplia y larga.

corocha. f. *Larva del escarabajuelo, que vive sobre la vid y devora los pámpanos.

corografía. f. **Geog.* Descripción de un país o de una región.

corográficamente. adv. m. Según las reglas de la corografía.

corográfico, ca. adj. Perteneciente a la corografía.

corógrafo. m. El que entiende o escribe de corografía.

coroideo, a. adj. *Zool.* Aplícase a ciertas *membranas, arterias, etc., muy vasculares.

coroides. f. *Zool.* Segunda de las membranas que forman el globo del *ojo.

corojo. m. *Árbol americano de la familia de las palmas, de cuyos frutos se saca una substancia grasa.

corola. f. *Bot.* Segunda envoltura de las *flores completas, que protege los órganos de la reproducción, y tiene, por lo común, colores distintos del verde.

corolario. m. **Lóg.* Proposición que no necesita prueba particular, por inferirse fácilmente de lo demostrado antes.

corolíflora. adj. **Bot.* Dícese de las plantas dicotiledóneas que tienen perigonio doble y los pétalos soldados en corola como las solanáceas. Ú. t. c. s. ‖ f. pl. *Bot.* Clase de estas plantas.

***corona.** f. Cerco de ramas o flores naturales o imitadas, destinado a ceñir la cabeza, sea como adorno o como *insignia de honor o dignidad. ‖ **Aureola** (de las imágenes o efigies). ‖ *Astr.* **Aureola** (que se ve en los eclipses de sol). ‖ En las *muelas, cara que encaja con la correspondiente de la otra mandíbula. ‖ **Coronilla.** ‖ Tonsura de figura redonda que se hace a los *clérigos en la cabeza. ‖ *Moneda antigua de oro, que equivalía a unos once reales de plata. ‖ *Moneda antigua de plata de muy baja ley. ‖ *Moneda inglesa de plata, cuarta parte de la libra esterlina. ‖ *Moneda portuguesa de oro, equivalente a diez mil reis. ‖ *Moneda alemana de oro, que vale diez marcos. ‖ *Moneda de plata, de los países escandinavos, que equivale a una peseta y 33 céntimos. ‖ *Rosario de siete dieces. ‖ Sarta de cuentas por las cuales se reza el rosario. ‖ *Meteoro luminoso que forma un círculo débilmente coloreado alrededor de los discos del Sol y de la Luna. ‖ fig. Dignidad real. ‖ fig. Reino o monarquía. ‖ fig. Honor, esplendor. ‖ fig. Señal de *premio o recompensa. ‖ fig. **Coronamiento** (*conclusión de una obra). ‖ fig. La cima de una colina o de otra altura aislada. ‖ **Arandela** (anillo metálico). ‖ *Arq.* Una de las partes de que se compone la cornisa. ‖ En algunos vehículos *automóviles, rueda dentada que engrana en ángulo recto con un piñón colocado en el árbol de transmisión. ‖ **Fort.* Obra avanzada que se compone de un baluarte en el centro y de dos cortinas y dos medios baluartes a los lados. ‖ *Geom.* Porción de plano comprendida entre dos circunferencias concéntricas. ‖ *Mar.* *Cabo grueso para reforzar la obencadura. ‖ **austral.** *Astr.* *Constelación del hemisferio meridional. ‖ **boreal.** *Astr.* *Constelación septentrional. ‖ **castrense.** La de oro, que se concedía al que primero entraba en el campo enemigo. ‖ **cívica,** o **civil.** La que se daba como recompensa al ciudadano romano que había salvado la vida a otro. ‖ **de barón.** *Blas.* La de oro esmaltada y ceñida por un brazalete doble o por un hilo de perlas. ‖ **de conde.** *Blas.* La de oro, que remata en dieciocho perlas. ‖ **de duque.** *Blas.* **Corona ducal.** ‖ **de hierro.** La que usaban los emperadores de Alemania. ‖ **del casco.** *Veter.* En las *caballerías, extremo de la piel que circunda el nacimiento del casco. ‖ **de marqués.** *Blas.* La de oro, con cuatro florones y cuatro ramos, compuesto cada uno de tres perlas. ‖ **de ovación. Corona oval.** ‖ **de rayos. Corona radial.** ‖ **de rey.** Planta herbácea de las globulariáceas. ‖ **de vizconde.** *Blas.* La de oro, guarnecida sólo de cuatro perlas gruesas sostenidas por puntas del mismo metal. ‖ **ducal.** *Blas.* La de oro, sin diademas y con el círculo realzado con ocho florones semejantes a las hojas de apio. ‖ **gramínea. Corona obsidional.** ‖ **imperial.** *Planta de adorno, de la familia de las liliáceas. ‖ **mural.** La que se daba al soldado que escalaba primero el muro donde estaban los enemigos. ‖ La que figura la parte superior de una torre almenada. ‖ **naval.** La que se daba al soldado que saltaba primero en la nave enemiga. ‖ **obsidional.** La que se daba al que hacía levantar el *sitio de una ciudad. ‖ **olímpica.** La de ramas de olivo, que se daba a los vencedores en los juegos olímpicos. ‖ **oval.** La de arrayán, que llevaba puesta el general en el acto de la ovación. ‖ **radiada, radial,** o **radiata.** La que se ponía en la cabeza de los dioses, y en la de las efigies de los príncipes. ‖ **rostrada, rostral,** o **rostrata. Corona naval.** ‖ **triunfal.** La que se daba al general cuando entraba triunfante en Roma. ‖ **valar,** o **vallar. Corona castrense.** ‖ **Llamarse** uno **a la corona.** fr. *Der Can.* Declinar la jurisdicción del juez secular, por haber reasumido el que la declina la condición eclesiástica. ‖ **Reasumir** uno **la corona.** fr. Volver a presentarse con la **corona** y hábitos clericales que había dejado.

coronación. f. Acción y efecto de coronar o coronarse. ‖ **Coronamiento** (de un edificio).

coronado. m. *Clérigo ordenado de menores, que goza el fuero de la Iglesia.

coronador, ra. adj. Que corona. Ú. t. c. s.

coronal. adj. *Zool.* V. **Hueso coronal.** Ú. t. c. s. ‖ *Zool.* Perteneciente a este *hueso.

coronamento. m. **Coronamiento.**

coronamiento. m. **Coronación.** ‖ fig. *Conclusión de una obra. ‖ *Arq.* Adorno que se pone como *remate de un edificio. ‖ *Mar.* La parte de borda que corresponde a la popa de la *embarcación.

***coronar.** tr. Poner la *corona en la cabeza. Ú. t. c. s. ‖ En el juego de *damas, poner un peón sobre otro cuando éste llega a ser dama. ‖ fig. *Perfeccionar, *concluir o *completar una obra. ‖ fig. *Subir hasta la parte superior de una fortaleza, eminencia, etc. ‖ r. Empezar a asomar el feto la cabeza en el momento del *parto.

coronaria. f. Rueda de los *relojes que mueve la aguja de los segundos.

coronario, ria. adj. Perteneciente a la corona. ‖ *Bot.* De figura de corona. ‖ V. **Arteria coronaria.** Ú. t. c. s.

coronda. adj. Se dijo del *indio de ciertas tribus de la región del Paraná. Usáb. t. c. s.

coronda. m. *Árbol americano cuyas semillas tienen una cáscara que se ha usado como rapé.

corondel. m. *Impr.* Regleta o filete que se pone en el molde para dividir la plana en columnas. ‖ pl. Rayas verticales transparentes en el *papel de tina.

coroneja. f. **Coxcojilla.**

coronel. m. Jefe *militar que manda un regimiento.

coronel. m. Cimacio o *moldura que remata un miembro arquitectónico. ‖ *Blas.* *Corona heráldica.

coronela. adj. Aplicábase a la compañía, bandera, etc., pertenecientes al coronel. ‖ f. fam. Mujer del coronel.

coronelía. f. Empleo de coronel. ‖ desus. *Mil.* **Regimiento.**

coronilla. f. Parte de la *cabeza del hombre, diametralmente opuesta a la barbilla. ‖ **Andar,** o **bailar, de coronilla.** fr. fig. y fam. Procurar una cosa con todo *esfuerzo y diligencia. ‖ **Dar de coronilla.** fr. fam. Dar con la cabeza en el suelo. ‖ **Estar** uno **hasta la coronilla.** fr. fig. y fam. Estar cansado de alguna cosa hasta la *saciedad.

coronillo. m. *Árbol americano del que se extrae una tintura roja.

coronta. f. **Carozo.**

corota. f. **Cresta de gallo.**

coroza. f. Capirote de papel de figura cónica, que se ponía por *castigo en la cabeza de ciertos delincuentes. ‖ *Capa de junco que usan los labradores en Galicia como defensa contra la *lluvia.

corozo. m. **Corojo.**

corpa. f. Trozo de *mineral en bruto.

corpachón. m. fam. **Corpanchón.**

corpanchón. m. fam. aum. de **Cuerpo.** ‖ Cuerpo de *ave despojado de las pechugas y piernas.

corpazo. m. fam. aum. de **Cuerpo.**

corpecico, llo, to. ms. ds. de **Cuerpo.** ‖ **Corpiño** (jubón sin mangas).

corpiñejo. m. d. de **Corpiño.**

corpiño. m. d. de **Cuerpo.** ‖ Almilla o jubón sin mangas.

***corporación.** f. Asociación o comunidad de personas, regida por alguna ley o estatuto.

corporal. adj. Perteneciente al cuerpo. ‖ m. *Liturg.* Cada uno de los lienzos que se extienden en el altar para poner la hostia y el cáliz. Ú. m. en pl.

corporalidad. f. Calidad de corporal. ‖ Cosa corporal.

corporalmente. adv. m. Con el cuerpo.

corporativamente. adv. m. En corporación.

corporativo, va. adj. Perteneciente o relativo a una corporación.

corporeidad. f. Calidad de corpóreo.

***corpóreo, a.** adj. Que tiene cuerpo. ‖ **Corporal.**

corporiento, ta. adj. ant. **Corpulento.**

corps. m. Voz que se empleaba para indicar que ciertos empleos y servicios se referían a la persona del *rey.

corpudo, da. adj. **Corpulento.**

corpulencia. f. *Grandeza, magnitud o *grosor de un cuerpo natural o artificial.

corpulento, ta. adj. Que tiene mucho cuerpo.

corpus. m. *Festividad con que celebra la Iglesia la institución de la *Eucaristía.

corpuscular. adj. Que tiene corpúsculos. ‖ Aplícase al sistema *filosófico que consideraba los corpúsculos como elemento primario de la *materia.

corpusculista. m. Filósofo que sigue el sistema corpuscular.

corpúsculo. m. Cuerpo o *fragmento muy pequeño. ‖ Molécula, elemento.

corra. f. *Anillo de metal.

***corral.** m. Sitio cercado y descubierto, junto a las casas o en el campo. ‖ Atajadizo que se hace en los ríos para encerrar la *pesca y cogerla. ‖ Casa o *teatro donde se representaban las comedias. ‖ **Corral de vecindad.** ‖ **de madera.** Almacén donde se guarda y vende la madera. ‖ **de vacas.** fig. y fam. Paraje destartalado y *sucio. ‖ **de vecindad. Casa de vecindad.** ‖ **Hacer corrales.** fr. fig. y fam. Faltar el *estudiante a clase.

corralera. f. *Canción andaluza bailable. ‖ Mujer impúdica o desvergonzada.

corralero, ra. adj. Perteneciente o relativo al corral. ‖ m. y f. Persona que tiene corral donde cría animales domésticos, como *gallinas, cerdos, etc., aprovechando el *estiércol de las cuadras.

corraliza. f. **Corral.**

***correa.** f. Tira larga y estrecha de cuero. ‖ Cualidad de ciertas cosas que se pueden *doblar o estirar fácilmente. ‖ *Arq.* Cada uno de los maderos que se colocan horizontalmente sobre los pares de una *armadura para asegurar en ellos los contrapares. ‖ pl. Tiras delgadas de cuero sujetas a un mango, que sirven para sacudir el *polvo.‖ **Besar** uno **la correa.** fr. fig. y fam. *Humillarse. ‖ **Tener** uno **correa.** fr. fig. y fam. Tener *paciencia para aguantar bromas.

correaje. m. Conjunto de *correas que sirven para algún fin.

correal. m. *Piel de venado curtida y de color de tabaco, que se usa para vestidos. ‖ **Coser correal,** o **labrar de correal.** fr. *Guarn.* Coser con correas delgadas en lugar de hilo.

correar. tr. Poner correosa la *lana.

correazo. m. *Golpe dado con una correa.

***corrección.** f. Acción y efecto de corregir. ‖ Calidad de correcto. ‖ *Represión. ‖ Rectificación o cambio que se hace en lo *escrito. ‖ *Ret.* Figura que consiste en explicar una palabra o cláusula por medio de otras que aclaren el concepto. ‖ **disciplinaria.** *Castigo leve que el superior impone a algún subordinado. ‖ **fraterna,** o **fraternal.** Reprensión privada y amistosa. ‖ **gregoriana.** La introducida en el *calendario por el papa Gregorio XIII.

correccional. adj. Dícese de lo que conduce a la corrección. ‖ m. *Prisión o establecimiento penitenciario destinado al cumplimiento de ciertas penas.

correccionalismo. m. *Der. Pen.* Sistema penal que tiende más a corregir que a castigar al delincuente.

correccionalista. adj. Dícese del partidario del correccionalismo.

correccionalmente. adv. m. Con procedimiento correccional.

correctamente. adv. m. De un modo correcto.

correctivo, va. adj. *Farm.* Dícese del medicamento que tiene virtud de corregir. Ú. t. c. s. m. ‖ Por ext., se aplica a los *castigos y a todo lo que corrige. Ú. t. c. s. m.

correcto, ta. p. p. irreg. de **Corregir.** ‖ adj. Libre de errores o conforme a las *reglas. ‖ *Perfecto, *cortés, bien educado.

corrector, ra. adj. Que corrige. Ú. t. c. s. ‖ m. Funcionario encargado de *cotejar los *libros que se imprimían, para ver si estaban conformes con su original. ‖ Superior o prelado, en los *conventos de San Francisco de Paula. ‖ *Impr.* El encargado de corregir las pruebas.

correcho, cha. adj. Recto, *honrado, *justo.

corredentor, ra. adj. Redentor juntamente con otro u otros. Ú. t. c. s.

***corredera.** f. *Ranura por donde resbala una pieza en ciertas máquinas o artefactos. ‖ Sitio destinado para *correr caballos. ‖ Postiguillo de *celosía que corre de una parte a otra para abrir o cerrar. ‖ Muela superior del *molino. ‖ **Cucaracha** (*insecto). ‖ Nombre que suele darse a algunas *calles que fueron antes **correderas** de caballos. ‖ fig. y fam. ***Alcahueta.** ‖ *Artill.* Explanada sobre la que se montan las cureñas de algunas piezas de *artillería. ‖ → *Mar.* Aparato para medir lo que anda el barco, formado por una cuerda dividida en partes iguales, que se arrolla en un carretel y lleva en el extremo libre una barquilla. ‖ **Mec.* Pieza que abre y cierra alternativamente los agujeros por donde entra y sale el vapor en los cilindros. ‖ **de corredera.** loc. Dícese de las *puertas y *ventanas que en lugar de girar sobre goznes, se deslizan por ranuras laterales.

corredizo, za. adj. Que se *desata con facilidad. ‖ Dícese del *nudo o lazo que se corre y aprieta al tirar de él.

***corredor, ra.** adj. Que corre mucho. Ú. t. c. s. ‖ *Zool.* Aplícase a ciertas *aves de gran tamaño y alas cortas que no les sirven para volar; como el avestruz. Ú. t. c. s. ‖ m. El que por oficio interviene en *almonedas, compras y ventas u otras operaciones de *comercio. ‖ *Soldado que se adelantaba para descubrir al enemigo. ‖ Soldado que hacía *correrías. ‖ → Pasillo, galería. ‖ *Germ.* *Ladrón que concierta un hurto. ‖ *Germ.* **Corchete** (*alguacil). ‖ **Fort.* **Camino cubierto.** ‖ f. pl. *Zool.* Orden de las aves **corredoras.** ‖ **Corredor de cambios.** El que solicita letras para otras partes o dinero prestado. ‖ **de *comercio.** Funcionario que interviene en la negociación de letras u otros valores endosables, en los contratos de compraventa, etc. ‖ **de lonja. Corredor de mercaderías.** ‖ **del peso.** El que asistía al *peso público para solicitar la venta de los géneros comestibles. ‖ **de mercaderías.** El que asiste a los *comerciantes para buscar compradores de sus géneros. ‖ **de oreja. Corredor de cambios.** ‖ fig. y fam. Persona *chismosa. ‖ fig. y fam **Alcahuete.**

corredura. f. Lo que rebosa en la medida de los líquidos.

correduría. f. Oficio o ejercicio de corredor. ‖ **Corretaje.** ‖ *For.* **Achaque** (multa).

correería. f. Oficio de hacer *correas. ‖ Sitio donde se hacen o se venden.

correero, ra. m. y f. Persona que hace o vende *correas.

corregencia. f. Empleo de corregente.

corregente. adj. Que ejerce la regencia juntamente con otro. Ú. t. c. s.

corregibilidad. f. Calidad de corregible.

corregible. adj. Capaz de corrección.

corregidor, ra. adj. Que corrige. ‖ m. *Magistrado que ejercía la jurisdicción real con mero y mixto imperio, y conocía de las causas y del castigo de los delitos. ‖ *Alcalde que nombraba el rey en algunas poblaciones importantes.

corregidora. f. Mujer del corregidor.

corregimiento. m. Empleo u oficio del corregidor. ‖ Territorio de su jurisdicción. ‖ Oficina del corregidor.

***corregir.** tr. Enmendar lo errado o imperfecto. ‖ Amonestar, *reprender. ‖ fig. *Disminuir o *moderar la actividad de una cosa.

corregüela. f. **Correhuela.**

correhuela. f. d. de **Correa.** ‖ **Centinodia** (*planta). ‖ *Mata de las convolvuláceas, de tallos largos y rastreros. ‖ *Juego que se hace con una correa con las dos puntas cosidas que se presenta doblada con varios pliegues. Acierta el que mete un palito en uno de ellos, de manera que al soltar la correa resulta el palito dentro de ella.

correinado. m. Gobierno simultáneo de dos *reyes en una nación.

correinante. adj. Que reina juntamente con otro.

correjel. m. *Cuero grueso y flexible, a propósito para suelas.

correlación. f. *Relación *recíproca entre dos o más cosas.

correlativamente. adv. m. Con relación a otra cosa.

correlativo, va. adj. Aplícase a las cosas que tienen entre sí correlación.

correligionario, ria. adj. Que profesa la misma *religión que otro. Ú. t. c. s. ‖ Por ext., dícese del que pertenece al mismo *partido u opinión *política que otro. Ú. t. c. s.

correncia. f. fam. *Diarrea, flujo de vientre.

correndilla. f. fam. *Carrera corta.

correntía. f. fam. **Correncia.** ‖ *Inundanción artificial que se hace después de haber segado, para abonar la tierra.

correntiar. tr. Hacer correntías para abonar la tierra.

correntío. adj. ***Corriente.** ‖ fig. y fam. Ligero, *desenvuelto.

correntón, na. adj. Amigo de corretear, *vagar o andar de una parte a otra. ‖ Muy *alegre o *bromista.

***correo.** m. El que tiene por oficio llevar y traer la correspondencia. ‖ Servicio público encargado del transporte de la correspondencia. Ú. t. en pl. ‖ Casa donde se recibe y se da la correspondencia. ‖ Conjunto de cartas o pliegos que se envían o reciben. ‖ ***Tren correo.** ‖ *Germ.* *Ladrón que va a dar aviso de alguna cosa. ‖ **de gabinete.** El que personalmente lleva correspondencia oficial al extranjero. ‖ **mayor.** Empleo honorífico al que correspondía dirigir todo el servicio postal de España.

correo. m. *For.* Responsable con otro u otros de un *delito.

correón. m. aum. de **Correa.** ‖ **Sopanda** (de los coches antiguos).

correoso, sa. adj. Que fácilmente se *dobla y estira sin romperse. ‖ fig. Dícese del *pan y otros alimentos cuando se secan o endurecen.

***correr.** intr. Andar velozmente. ‖ Moverse o girar una cosa con rapidez. ‖ Moverse en una dirección determinada los *fluidos. ‖ Tratándose de los *vientos, soplar o dominar. ‖ Hablando de los *ríos, extenderse por un territorio. ‖ Pasar, atravesar o extenderse de una parte a otra un camino, cordillera, etc. ‖ Tratándose del tiempo, *transcurrir. ‖ Ir devengándose los *sueldos, intereses, etc. ‖ No haber detención ni dificultad en su pago. ‖ **Recurrir** (al favor o protección de otro). ‖ Pasar un negocio por la oficina correspondiente. ‖ Ser una cosa corriente o *acostumbrada. ‖ Tener *validez una cosa durante el tiempo de que se trata. ‖ Seguido de una expresión que indique *precio, tener el que se dice. ‖ **Mar.* Navegar con poca o ninguna vela, a causa de la mucha fuerza del viento. ‖ tr. Tratándose de la *balanza, hacer que caiga uno de los platillos. ‖ Sacar a carrera abierta un caballo, en competencia con otros. ‖ *Perseguir, acosar. ‖ ***Lidiar** (un toro). ‖ Trasladar o *deslizar una cosa de un lado a otro. Ú. t. c. r. ‖ Tratándose de *cerrojos, llaves, etc., echarlos. ‖ Extender o recoger una *cortina, velo, etc. ‖ *Desatar un nudo o lazada. ‖ Estar expuesto a contingencias o *peligros. ‖ **Recorrer.** ‖ *Invadir en son de guerra territorio enemigo. ‖ *Arrendar, sacar a pública *subasta. ‖ fam. Arrebatar o *robar alguna cosa. ‖ fig. *Avergonzar y confundir. Ú. t. c. r. ‖ *Propagar una noticia, rumor, etc. ‖ *Vender en la calle o a domicilio. ‖ r. *Apartarse a un lado. ‖ Pasarse, *deslizarse una cosa con suma o demasiada facilidad. ‖ Tratándose de velas, bujías, etc., *derretirse desigualmente. ‖ ‖ fam. *Excederse en la confianza, *revelando lo que debía callarse. ‖ fam. *Ofrecer por una cosa más de lo justo. ‖ **A todo correr.** m. adv. Con gran *prontitud y celeridad. ‖ **Correr** a uno alguna cosa. fr. Corresponderle, incumbirle. ‖ **Correr** uno **con** alguna cosa. fr. *Encargarse de ella. ‖ **Correr con** uno. fr. fig. Tener *trato con él. ‖ **Correrla.** expr. fam. Hacer vida de *desenfreno, o entregarse a *diversiones a deshora de la noche. ‖ **Correr por** uno alguna cosa. fr. **Correr** uno **con** alguna cosa.

***correría.** f. Hostilidad que hace la gente de *guerra, talando y saqueando el país enemigo. ‖ *Viaje corto, a varios puntos, volviendo a aquel en que se tiene la residencia.

correspondencia. f. Acción y efecto de corresponder o corresponderse. ‖ *Trato que tienen entre sí los comerciantes. ‖ **Correo** (conjunto de *cartas).

corresponder. intr. Pagar, devolver o *compensar los afectos, favores, invitaciones, etc. ‖ Mostrar *gratitud. ‖ Tocar o *pertenecer. ‖ Tener *proporción una cosa con otra. Ú. t. c. r. ‖ r. Comunicarse por *carta. ‖ Atenderse y amarse recíprocamente.

correspondiente. adj. Proporcionado, *conveniente, *oportuno. ‖ Que mantiene correspondencia con una persona o corporación. Ú. t. c. s.

correspondientemente. adv. m. Con correspondencia.

corresponsal. adj. **Correspondiente** (que corresponde por escrito). Ú. t. c. s., y especialmente entre *comerciantes y *periodistas.

corresponsalía. f. Cargo de corresponsal de un *periódico.

corretaje. m. *Mediación que corresponde al corredor en los ajustes y *ventas. ‖ *Remuneración que recibe por su servicio. ‖ *Arrendamiento de tierras que se paga en frutos.

corretear. intr. fam. Andar *vagando de calle en calle o de casa en casa. ‖ fam. *Correr de un lado a otro por juego o diversión.

correteo. m. Acción y efecto de corretear.

corretero. adj. fam. Que corretea. Ú. t c. s.

corretón, na. adj. Que corretea.

corretora. f. En algunas *comunidades, religiosa que gobierna y dirige el coro.

correvedile. m. **Correveidile.**

correveidile. com. fig. y fam. Persona que lleva y trae *chismes. ‖ fig. y fam. **Alcahuete.**

correverás. m. Cierto *juguete de sorpresa.

***corrida.** f. **Carrera.** ‖ **Min.* Dirección de una veta. ‖ → Lidia de cierto número de toros en una plaza cerrada. ‖ **De corrida.** m. adv. Con *prontitud y sin entorpecimientos.

corridamente. adv. m. **Corrientemente.**

corrido, da. adj. Que *excede un poco del peso o de la medida de que se trata. ‖ fig. *Avergonzado, confundido. ‖ fam. Aplícase a la persona de mucha *experiencia y astucia. ‖ *Continuo, seguido. ‖ m. *Cobertizo a lo largo de las paredes de los *corrales. ‖ **Corrido de la costa.** ‖ pl. **Caídos** (réditos devengados). ‖ **Corrido de la costa.** Romance o jácara que se suele *cantar acompañada con la guitarra al son del fandango. ‖ **De corrido.** m. adv. **De corrida.**

***corriente.** p. a. de **Correr.** Que corre. ‖ adj. Dícese de la semana, del mes, del año o del siglo *actual. ‖ Sabido. ‖ *Frecuente, ordinario, *regular. ‖ Llano, *afable, tratable. ‖ *Fácil; que no tiene impedimento para su uso y efecto. ‖ Admitido o autorizado por la *costumbre. ‖ Aplicado al estilo, fluido. ‖ → f. Movimiento de las aguas de un *río o del mar, en dirección determinada. ‖ Estas mismas aguas en movimiento. ‖ Tiro de *aire que se produce en un local al abrir una puerta o ventana. ‖fig. Curso o *acción de algunas cosas. ‖ adv. m. con que se *concede o se muestra conformidad. ‖ **corriente alterna.** La que cambia periódicamente de intensidad y de dirección. ‖ **continua.** La que fluye siempre en la misma dirección y con igual intensidad. ‖ **eléctrica.** *Fís.* Movimiento de la *electricidad a lo largo de un conductor. ‖ **Al corriente.** m. adv. Con *exactitud. ‖ **Andar corriente.** fr. **Estar corriente.** ‖ **Corriente y moliente.** expr. fig. y fam. que se aplica a las cosas *regulares, ordinarias o *habituales. ‖ **Dejarse llevar de la,** o **del, corriente.** fr. fig. *Asentir a la opinión de los más. ‖ **Estar al corriente de** una cosa. fr. Tener *conocimiento de ella. ‖ **Estar corriente.** fr. fam. Tener *diarrea. ‖ **Poner** a uno **al corriente de** una cosa. fr. *Informarle de ella.

corrientemente. adv. m. Sin dificultad ni contradicción.

corrigendo, da. adj. Que sufre *pena o corrección en una *cárcel o establecimiento destinado al efecto. Ú. t. c. s.

corrillero, ra. adj. *Vagabundo, que va de corrillo en corrillo.

corrillo. m. Corro o *reunión de personas, que se apartan de las demás para *conversar reservadamente.

corrimiento. m. Acción y efecto de correr o correrse. ‖ Fluxión de *humores en alguna parte del cuerpo. ‖ fig. *Vergüenza, rubor. ‖ *Agr.* Cierta enfermedad de la *vid.

corrincho. m. *Reunión de gente *plebeya o *despreciable. ‖ *Germ.* **Corral.**

corrivación. f. Obra o *canal para hacer *confluir en algún punto varios arroyuelos.

corriverás. m. **Correverás.**

corro. m. *Reunión que en forma de cerco hacen varias personas para hablar o para otro fin. ‖ Espacio que incluye este cerco. ‖ Espacio más o menos *redondo. ‖ *Juego de niñas que forman un círculo, cogidas de las manos. ‖ **Echar en corro,** o **en el corro.** fr. fig. y fam. Decir en *público una cosa. ‖ **Escupir en corro.** fr. fig. Introducirse en la *conversación. ‖ **Hacer corro.** fr. Hacer lugar entre la gente que está apiñada. ‖ **Hacer corro aparte.** fr. fig. y fam. *Apartarse de algún partido o agrupación.

corroboración. f. Acción y efecto de corroborar o corroborarse.

corroborante. adj. Que corrobora. ‖ Dícese de ciertos *medicamentos. Ú. t. c. s. m.

corroborar. tr. Vivificar, *fortalecer, Ú. t. c. r. ‖ fig. *Confirmar un aserto con nuevos datos. Ú. t. c. r.

corroborativo, va. adj. Que corrobora o confirma.

corrobra. f. **Robra** (agasajo).

corrocar. tr. *Arq. Nav.* Trazar líneas con el gramil.

***corroer.** tr. *Desgastar o destruir lentamente una cosa. Ú. t. c. r. ‖ fig. Perturbar el ánimo, arruinar la salud alguna *aflicción o remordimiento.

corrompedor, ra. adj. **Corruptor.** Ú. t. c. s.

***corromper.** tr. Alterar y *mudar la forma de alguna cosa. Ú. t. c. r. ‖ → Echar a perder, podrir. Ú. t. c. r. ‖ *Sobornar. ‖ fig. *Pervertir o seducir a una mujer. ‖ fig. Estragar, viciar, impurificar. Ú. t. c. r. ‖ fig. y fam. *Molestar, fastidiar. ‖ intr. Oler mal, *heder.

corroncho. m. Cierto *pez pequeño de río.

corrosible. adj. Que puede ser corroído.

***corrosión.** f. Acción y efecto de corroer o corroerse.

***corrosivo, va.** adj. Dícese de lo que corroe o tiene virtud de corroer.

corroyente. p. a. de **Corroer.** Que corroe.

corrugación. f. *Contracción o *encogimiento.

corrulla. f. *Mar.* **Corulla** (pañol de las jarcias).

corrumpente. adj. Que corrompe. ‖ fig. y fam. Fastidioso, *molesto.

***corrupción.** f. Acción y efecto de corromper o corromperse. ‖ Alteración, error o *tergiversación en un libro o escrito. ‖ fig. Imperfección o *abuso en las cosas no materiales.

corruptamente. adv. m. Con corrupción.

corruptela. f. **Corrupción.** ‖ Mala *costumbre o *abuso *ilegal.

corruptibilidad. f. Calidad de corruptible.

corruptible. adj. Que puede corromperse.

corruptivo, va. adj. Dícese de lo que corrompe o tiene virtud para corromper.

corrupto, ta. p. p. irreg. de **Corromper.**

corruptor, ra. adj. Que corrompe. Ú. t. c. s.

corrusco. m. fam. **Mendrugo.**

***corsario, ria.** adj. Dícese del que manda una embarcación armada en *corso. Ú. m. c. s. ‖ Aplícase a la embarcación armada en *corso. ‖ m. ***Pirata.**

corsarista. m. *Mar.* Armador de buques corsarios.

***corsé.** m. Prenda interior de que usan las mujeres para *ceñirse el cuerpo.

corsear. intr. *Mar.* Ir al corso.

corsetería. f. Fábrica de corsés. ‖ Tienda donde se venden.

corsetero, ra. m. y f. Persona que hace o vende corsés.

***corso.** m. *Mar.* Campaña que, en tiempo de guerra, hacen los buques mercantes con patente de su gobierno para perseguir a las embarcaciones enemigas. ‖ **A corso.** m. adv. Modo de *transportar cargas a lomo cambiando de *caballerías.

corso, sa. adj. Natural de Córcega. Ú. t. c. s. ‖ **Perteneciente a esta** isla.

corta. f. Acción de *cortar árboles o plantas en los *bosques, montes, cañaverales, etc.

cortabolsas. com. fam. *Ladrón, ratero.

cortacigarros. m. **Cortapuros.**

cortacircuitos. m. Aparato que automáticamente interrumpe la corriente *eléctrica.

cortacorriente. m. Conmutador eléctrico.

cortadera. f. *Cincel grande o *cuña de acero sujeta a un mango, que sirve para cortar a golpe de martillo barras de hierro. ‖ Instrumento para cortar los *panales. ‖ *Planta ciperácea de hojas largas, angostas y de bordes cortantes.

cortadillo, lla. adj. Dícese de la *moneda cortada y que no tiene figura circular. ‖ m. *Vaso pequeño para beber, de figura cilíndrica. ‖ Medida de *capacidad para líquidos, que equivale a una copa. ‖ *Germ.* Cierta *fullería en el juego de naipes. ‖ **Echar cortadillos.** fr. fig. y fam. Hablar con *afectación. ‖ fig. y fam. *Beber vasos de vino.

cortado, da. adj. Ajustado, *conveniente, proporcionado. ‖ Aplícase al *estilo en que se exponen los conceptos separadamente, en cláusulas breves y sueltas. ‖ **Blas.* Aplícase a las piezas o figuras, cuya mitad superior es de un esmalte y la inferior de otro. ‖ m. Cabriola que se hace en la *danza. ‖ fam. Taza de *café con algo de leche.

cortador, ra. adj. Que corta. ‖ m. **Carnicero** (tablajero). ‖ El que trinchaba las viandas en la mesa del *rey. ‖ **Diente incisivo.** ‖ El que en los talleres de *vestido o *calzado corta las piezas de cada prenda.

cortadura. f. Acción y efecto de *cortar. ‖ Paso entre dos *montañas. ‖ **Recortado.** ‖ **Fort.* Parapeto de tierra o ladrillo que, para defender la brecha, se hace en los baluartes. ‖ **Min.* Ensanche en el encuentro de las galerías con el pozo principal. ‖ pl. Recortes, *residuos, desperdicios.

cortafrío. m. *Cincel fuerte para cortar hierro frío a golpes de martillo o para abrir agujeros o rozas en las paredes.

cortafuego. m. *Agr.* Vereda ancha que se deja en los sembrados y *montes para que no se propague el *fuego. ‖ *Arq.* *Pared de fábrica que se eleva desde la parte inferior del edificio hasta más arriba del caballete, para evitar que, incendiada una parte, se comunique a la otra el fuego.

cortamente. adv. m. *Escasamente. ‖ Con cortedad.

cortante. p. a. de **Cortar.** Que corta. ‖ m. **Cortador** (carnicero).

cortao. m. **Artill.* Cierta antigua máquina de guerra.

cortapicos. m. *Insecto ortóptero de cuerpo estrecho, antenas articuladas y abdomen terminado por dos piezas córneas, que forman una especie de alicates.

cortapicos y callares. loc. fam. de que se usa para recomendar discreción y *silencio.

cortapiés. m. fam. Tajo o cuchillada que se tira a las piernas.

cortapisa. f. Guarnición de diferente tela, que se ponía en ciertas prendas de *vestir. ‖ fig. *Donaire con que se dice una cosa. ‖ fig. *Condición o *limitación.

cortaplumas. m. *Navaja pequeña.

cortapuros. m. Instrumento para cortar la punta al *cigarro que se va a fumar.

***cortar.** tr. Dividir una cosa o separar sus partes con algún instrumento afilado. ‖ Tratándose de la *pluma de ave, darle los cortes necesarios para escribir con ella. ‖ Dar la forma conveniente a las diferentes piezas de una prenda de *vestir o *calzar. || *Hender o *atravesar un fluido. || Dividir una cosa dejando parte a un lado y parte a otro. || En el juego de *naipes, alzar parte de la baraja. || *Pronunciar o *recitar bien o mal. || Refiriéndose al aire o al frío, ser muy sutil y penetrante. || *Detener, *impedir. || *Omitir algo en una lectura, comedia, discurso, etc. || **Castrar** (las *colmenas). || **Recortar.** || fig. *Interrumpir una conversación. || fig. *Decidir alguna cuestión. || **Grabar.** || *Mil.* Dividir una parte del ejército enemigo. || r. *Turbarse y no acertar a hablar. || Tratándose de *leche, salsas, etc., separarse los componentes. Ú. t. c. tr. || *Romperse una tela u otra cosa por los dobleces. || Abrirse grietas en la *piel por efecto del frío. || fam. Mancharse de *excremento. || **Cortar de vestir.** r. Hacer vestidos. || fig. y fam. ***Murmurar.**

cortaviento. m. Pieza puesta en la parte anterior de un vehículo para cortar el viento.

***corte.** m. Acción y efecto de cortar. || *Filo del instrumento con que se corta. || Arte de cortar las diferentes piezas de un *vestido, *calzado u otras cosas. || Cantidad de tela o cuero necesaria para hacer un *vestido, *calzado, etc. || Oficina en que se cortan prendas de vestuario para la *tropa. || **Corta** (de un *bosque). || fig. *Modo o *medio para poner de acuerdo a los que están discordes. || *Encuad.* Superficie que forman los cantos de un libro. || *Arq.* y *Geom.* **Sección.** || **de cuentas.** Acto de darlas por liquidadas el *deudor sin anuencia del acreedor.

***corte.** f. *Población donde habitualmente reside el soberano. || Conjunto de personas que componen la familia y séquito del *rey. || Por ext., comitiva o *acompañamiento. || Conjunto de personas que concurrían a los besamanos de palacio. || Chancillería o sus estrados. || **Corral.** || *Establo. || *Aprisco. || Piso bajo de las casas donde se alberga el ganado. || *Tribunal de justicia. || →pl. Junta general o *asamblea que en los antiguos reinos españoles celebraban las personas autorizadas para intervenir en los negocios graves del Estado. Posteriormente se ha dado este nombre al Senado con el Congreso de los Diputados. || **Corte celestial. Cielo** (mansión de los bienaventurados). || **Cortes constituyentes.** Asamblea de representantes del pueblo elegidos por sufragio directo para formar, revisar o modificar la constitución del estado. || **Hacer la corte.** fr. Concurrir a palacio, o a la casa de un superior, en muestra de obsequioso respeto. || **Cortejar** (galantear).

***cortedad.** f. Calidad de corto o breve. || Pequeñez y poca extensión de una cosa. || fig. Falta o escasez de talento, *necedad. || fig. *Timidez, apocamiento. || *Mezquindad.

cortejador, ra. adj. **Cortejante.** Ú. t. c. s.

cortejante. p. a. de **Cortejar.** Que corteja.

cortejar. tr. *Acompañar a uno, con propósito de *obsequiarlo. || **Galantear** (enamorar).

cortejo. m. Acción de cortejar. || Personas que forman el *acompañamiento en una *ceremonia. || *Agasajo, regalo. || fam. Persona que tiene relaciones *amorosas con otra, y especialmente si éstas son ilícitas.

***cortés.** adj. Atento, afable, obsequioso.

cortesanamente. adv. m. Con cortesanía.

cortesanazo, za. adj. Afectadamente cortés.

cortesanía. f. *Cortesía, urbanidad.

***cortesano, na.** adj. Perteneciente a la corte. || f. Prostituta, *ramera. || m. Palaciego que sirve al *rey en la corte.

***cortesía.** f. Demostración de respeto y deseo de agradar a una persona. || Urbanidad, buena crianza. || En las cartas, expresiones de urbanidad que se ponen antes de la firma. || **Regalo.** || Días que se concedían al que había de pagar una *letra de cambio*, después del vencimiento. || *Favor, *concesión graciosa. || **Tratamiento.** || *Impr.* Hoja, página o parte de ella que se deja en blanco entre capítulos o al principio de ellos.

cortésmente. adv. m. Con atención, con cortesanía.

***corteza.** f. Tegumento exterior del árbol, que lo cubre desde sus raíces hasta la extremidad de sus ramas. || *Cáscara o parte exterior y dura de algunas frutas y otras cosas. || fig. *Apariencia exterior de una cosa no material. || fig. *Tosquedad, *grosería. || pl. *Germ.* *Guantes.

corteza. f. **Ortega** (ave).

cortezón. m. aum. de **Corteza** (del árbol).

cortezudo, da. adj. Que tiene mucha corteza. || fig. Dícese de la persona *rústica.

cortezuela. f. d. de **Corteza** (del árbol).

cortical. adj. *Bot.* Relativo o perteneciente a la corteza.

cortijada. f. Conjunto de *habitaciones para los labradores o dueños de un cortijo. || Conjunto de varios cortijos.

cortijero, ra. m. y f. Persona que cuida de un cortijo y vive en él. || m. Capataz de un cortijo.

cortijo. m. Finca de *tierra y *casa de *labranza. || *Germ.* **Mancebía.** || **Alborotar el cortijo.** fr. fig. y fam. *Perturbar el orden en un concurso de personas. || fig. y fam. Animar a la gente para que se *divierta.

cortil. m. **Corral.**

***cortina.** f. Paño grande con que se cubren y adornan las puertas, ventanas y otras cosas. || En la real capilla, dosel en que estaba la silla del *rey. || **Cortinal.** || fig. Lo que encubre y *oculta algo. || fig. y fam. En las tabernas, *residuo de *vino que dejan en las copas los bebedores. || *Fort.* Lienzo de muralla entre dos baluartes. || **de humo.** En la *guerra, masa densa de humo producida artificialmente para ocultarse del enemigo. || **de muelle.** Muro de sostenimiento en los *puertos, para facilitar las operaciones de embarque y desembarque. || **Correr la cortina.** fr. fig. *Descubrir o *mostrar lo que estaba oculto. || fig. *Callar u omitir alguna cosa. || **Dormir a cortinas verdes.** fr. fig. y fam. *Dormir en el campo.

cortinado, da. adj. *Blas.* Dícese del escudo que se abre en figura de cabria.

cortinaje. m. Conjunto o juego de cortinas.

cortinal. m. Pedazo de *tierra cercado, inmediato a pueblo o casas de campo.

cortinilla. f. *Cortina pequeña que se coloca en la parte interior de los balcones, ventanas, portezuelas, etc.

cortinón. m. aum. de **Cortina.**

cortiña. f. **Cortinal.**

cortisona. f. *Inm.* Hormona segregada por la corteza de las glándulas suprarrenales, que se emplea en el tratamiento de las artritis.

***corto, ta.** adj. Dícese de las cosas que tienen menos longitud que de ordinario o que otras con que se comparan. || De poca duración, *breve. || *Insignificante, de poco valor. || *Abreviado, compendioso. || *Escaso o defectuoso. || Que no alcanza al punto de su destino. || fig. *Tímido, apocado. || fig. De escaso talento, *necio o *inculto. || fig. Falto de palabras y expresiones para explicarse. || **A la corta o a la larga.** m. adv. Más tarde o más temprano; al fin y al cabo.

cortocircuito. m. *Electr.* **Corto circuito.**

cortón. m. *Insecto ortóptero semejante al grillo, pero de tamaño mayor.

corúa. f. *Ave palmípeda americana, parecida al cuervo marino.

coruja. f. **Curuja.**

corulla. f. *Mar.* Pañol de las jarcias en las galeras.

corundo. m. **Corindón.**

coruña. f. *Tela de hilo que tomó su nombre de la ciudad en que se fabricaba.

coruñés, sa. adj. Natural de La Coruña. Ú. t. c. s. || Perteneciente a esta ciudad.

coruscante. p. a. de **Coruscar.** Que corusca.

coruscar. intr. ***Brillar.**

corusco, ca. adj. **Coruscante.**

corva. f. Parte de la *pierna, opuesta a la rodilla, por donde se dobla. || *Germ.* **Ballesta.** || *Cetr.* **Aguadera** (pluma de las alas). || *Veter.* Tumor que se forma en el corvejón de las caballerías.

corvado, da. adj. *Germ.* **Muerto.**

corvadura. f. Parte por donde se *encorva una cosa. || **Curvatura.** || *Arq.* Parte curva del *arco o de la bóveda.

corvato. m. Pollo del cuervo.

corvaza. f. *Veter.* Tumor en la parte lateral externa del corvejón de las caballerías.

corvecito. m. d. de **Cuervo.**

corvejón. m. *Veter.* En las *caballerías y otros *cuadrúpedos, articulación situada entre la parte inferior de la pierna y superior de la caña.

corvejón. m. **Cuervo marino.**

corvejos. m. pl. *Veter.* Corvejones de las *caballerías.

corveño, ña. adj. Natural de Cuerva, provincia de Toledo. Ú. t. c. s. || Perteneciente o relativo a dicha villa.

corveta. f. Movimiento que se enseña al *caballo, haciéndole andar sobre las patas traseras y con los brazos en el aire.

corvetear. intr. Hacer corvetas el caballo.

córvidos. m. pl. *Zool.* Familia de *pájaros, cuyo tipo es el cuervo común.

corvillo. adj. fam. V. **Miércoles corvillo.**

corvillo. m. *Espuerta de mimbres. || Especie de hoz pequeña que se usa en los telares de *terciopelo. || Cuchillo para *podar.

corvina. f. *Pez marino acantopterigio, de carne muy apreciada.

corvinera. f. *Red para pescar corvinas.

corvino, na. adj. Perteneciente al cuervo o parecido a él.

***corvo, va.** adj. Arqueado o combado. || m. **Garfio.** || **Corvina.**

corza. f. Hembra del corzo.

corzo. m. *Rumiante algo mayor que

la cabra, con las cuernas pequeñas y ahorquilladas hacia la punta.

corzuelo. m. Granos de *trigo que conservan la cascarilla y se separan de los demás cuando se ahecha.

cosa. f. Todo lo que tiene *existencia corporal o espiritual, real, abstracta o imaginaria. ‖ En oraciones negativas, **nada.** ‖ **del otro jueves.** fig. y fam. Hecho *extraordinario o *extravagante. ‖ fig. y fam. Acontecimiento *remoto. ‖ **de mieles.** fig. y fam. **Cosa** *excelente, exquisita. ‖ **de oír.** expr. **Cosa** digna de ser oída. ‖ **de ver.** expr. **Cosa** digna de *admiración. ‖ **dura.** fig. **Cosa** rigurosa o *desagradable. ‖ **no vista,** o **nunca vista.** fig. y fam. **Cosa** sorprendente. ‖ **perdida.** loc. Persona *viciosa o desenfrenada. ‖ Persona *descuidada. ‖ **rara.** expr. con que suele manifestarse la *admiración que causa alguna **cosa.** ‖ **y cosa. Quisicosa.** ‖ **Brava cosa.** fam. **Cosa** *necia o disparatada. ‖ **Fuerte cosa.** fam. **Cosa** *molesta o muy *difícil. ‖ **Poquita cosa.** fam. Dícese de la persona débil de fuerzas o muy *tímida. ‖ **Cosas de viento.** fig. y fam. Las inútiles o insignificantes. ‖ **A cosa hecha.** m. adv. Con seguridad de obtener el resultado apetecido. ‖ **Como quien no quiere la cosa.** loc. adv. fig. y fam. Con *disimulo. ‖ **Cosa con cosa.** loc. que, precedida de ciertos verbos con negación, expresa *desorden y confusión. ‖ **Cosa de.** m. adv. fam. Cerca de, *aproximadamente. ‖ **Ni cosa que lo valga.** loc. que se emplea para encarecer una *negación. ‖ **No haber tal cosa.** fr. No ser así; ser *falso. ‖ **No hacer cosa a derechas.** fr. Equivocarse con frecuencia. ‖ **No quedarle** a uno **otra cosa.** fr. fam. con que se asegura que lo que se dice es *verdad. ‖ **No tener** uno **cosa suya.** fr. fig. Ser muy *generoso y liberal. ‖ **No valer cosa.** fr. fam. Ser algo *insignificante o *inútil. ‖ **Pasado en cosa juzgada,** o **en autoridad de cosa juzgada.** fr. *For.* Ejecutoriado. ‖ fig. Resuelto en definitiva. ‖ **Quedarle** a uno **otra cosa en el cuerpo,** o **en el estómago.** fr. fig. y fam. Decir por *disimulo lo contrario de lo que siente. ‖ **¿Qué es cosa y cosa?** loc. de que suele usarse cuando se proponen enigmas o *problemas. ‖ **Rodearse las cosas.** fr. *Resultar bien o mal por caminos no esperados.

cosaco, ca. adj. Dícese del habitante de varios distritos de Rusia. Ú. t. c. s. ‖ m. *Soldado ruso de tropa ligera.

cosario, ria. adj. Perteneciente al **cosario.** ‖ *Concurrido, frecuentado. ‖ m. Ordinario, *mensajero, trajinero. ‖ *Cazador de oficio.

coscarana. f. *Torta muy delgada y seca que cruje al mascarla.

coscarse. r. fam. **Concomerse.**

coscoja. f. Árbol achaparrado semejante a la *encina. ‖ *Hoja seca de la carrasca o encina. ‖ Chapa de metal en forma de tubo, que cubre el travesaño de una *hebilla para que pueda correr con facilidad el correaje.

coscojal. m. Sitio poblado de coscojas.

coscojar. m. **Coscojal.**

coscojita. f. **Coxcojita.**

coscojo. m. Agalla producida por el quermes en la coscoja o en la encina. ‖ pl. Piezas de hierro, a modo de cuentas, que forman con la salivera los sabores del *freno.

coscolina. f. Mujer de costumbres *inmorales.

coscomate. m. *Granero que hacen en Méjico con barro, para conservar el maíz.

coscón, na. adj. fam. Socarrón, *astuto. Ú. t. c. s.

coscoroba. f. *Ave americana, especie de cisne.

coscorrón. m. *Golpe en la cabeza. ‖ **Cuscurro.**

cosecante. f. **Trig.* Secante del complemento de un ángulo o de un arco.

***cosecha.** f. Conjunto de productos o frutos de la tierra. ‖ *Temporada en que se recogen los frutos. ‖ Conjunto de operaciones para recoger los frutos de la tierra. ‖ fig. Conjunto de cosas no materiales que se recogen; como aplausos, honores, etc. ‖ **Ser** una cosa **de la cosecha** de uno. fr. fig. y fam. Ser de su *invención.

***cosechar.** intr. Hacer la cosecha. Ú. t. c. tr.

cosechero, ra. m. y f. El que tiene cosecha.

cosedera. f. *Arq. Nav.* **Sobretrancanil.**

cosedura. f. **Costura.**

coselete. m. Coraza ligera de cuero, que usaron los soldados de infantería. ‖ *Soldado que llevaba **coselete.** ‖ Tórax de los *insectos.

coseno. m. **Trig.* Seno del complemento de un ángulo o de un arco. ‖ **verso.** *Trig.* Seno verso del complemento de un ángulo o de un arco.

***coser.** tr. Unir con hilo enhebrado en la aguja dos o más pedazos de tela, cuero u otra materia. ‖ Hacer dobladillos u otras labores de aguja. ‖ fig. *Unir una cosa con otra. ‖ **Coser y cantar.** fr. fig. y fam. con que se pondera la facilidad de alguna cosa.

cosera. f. Porción de *tierra que se *riega con el agua de una tanda.

cosetada. f. *Paso acelerado o *carrera veloz.

cosetano, na. adj. Natural de la Cosetania. Ú. t. c. s. ‖ Perteneciente a esta región de la España Tarraconense.

cosible. adj. Que puede coserse.

cósico. adj. **Arit.* Dícese del número que es potencia exacta de otro.

cosicosa. f. **Quisicosa.**

cosido. m. Acción y efecto de *coser. ‖ **de la *cama.** Sábana de encima, mantas y colcha, que algunas veces se hilvanan juntas.

cosidura. f. *Mar.* Tratándose de *cabos, especie de ligada.

cosmética. f. Arte de confeccionar *afeites y otras preparaciones de tocador.

***cosmético, ca.** adj. Perteneciente o relativo a la cosmética. ‖ Dícese de los *afeites y confecciones para hermosear la tez o el *cabello. Ú. t. c. s.

cósmico, ca. adj. Perteneciente al cosmos. ‖ *Astr.* Aplícase al orto u ocaso de un *astro, que coincide con la salida del Sol.

cosmogonía. f. Sistema que pretende explicar la formación del *universo.

cosmogónico, ca. adj. Perteneciente o relativo a la cosmogonía.

cosmografía. f. Descripción *astronómica del *mundo.

cosmográfico, ca. adj. Perteneciente o relativo a la cosmografía.

cosmógrafo. m. El que profesa la cosmografía.

cosmología. f. Tratado *filosófico de las leyes generales que rigen el *mundo físico.

cosmológico, ca. adj. Perteneciente o relativo a la cosmología.

cosmólogo. m. El que profesa la cosmología.

cosmopolita. adj. Dícese de la persona que considera a todo el *mundo como *patria suya. Ú. t. c. s. ‖ Dícese de lo que es común a todos los países o a los más de ellos.

cosmopolitismo. m. Tendencia o espíritu cosmopolita.

cosmorama. m. Artificio *óptico en que, mediante lentes de aumento, se ven en una cámara, como si fueran reales, los objetos pintados en telones. ‖ Sitio donde por recreo se ven representados de este modo pueblos, edificios, etc.

cosmos. m. **Mundo** (universo).

cosmovisión. f. **Fil.* Modo de concebir el *universo.

coso. m. Plaza o lugar cercado para *corridas de toros u otras *fiestas públicas. ‖ *Calle principal en algunas poblaciones.

coso. m. **Carcoma.**

cospe. m. **Carp.* Cada uno de los *cortes de hacha o azuela que se hacen a trechos en una madera, para facilitar el desbaste.

cospel. m. Disco de metal con que se hace la *moneda.

cospillo. m. Orujo de la aceituna.

cosque. m. fam. **Coscorrón.**

cosquillar. tr. **Cosquillear.**

***cosquillas.** f. pl. Sensación *táctil desagradable que se experimenta en algunas partes del cuerpo y que provoca involuntariamente a *risa. ‖ **Buscarle** a uno **las cosquillas.** fr. fig. y fam. Buscar el modo de *irritarle o impacientarle. ‖ **Hacerle** a uno **cosquillas** una cosa. fr. fig. y fam. *Excitarle el *deseo o la curiosidad. ‖ fig. y fam. Hacerle *temer algún daño. ‖ **No sufrir,** o **tener malas, cosquillas.** fr. fig. y fam. Ser irritable.

cosquillear. tr. Hacer cosquillas.

cosquillejas. f. pl. d. de **Cosquillas.**

cosquilleo. m. Sensación que producen las cosquillas.

cosquilloso, sa. adj. Que siente mucho las cosquillas. ‖ fig. Muy *delicado o puntilloso.

costa. f. Cantidad o *precio que se da por una cosa. ‖ V. **Ayuda de costa.** ‖ *Gasto de la manutención del trabajador. ‖ pl. Gastos judiciales. ‖ **A toda costa.** m. adv. Sin limitación en el *gasto o en el *trabajo.

***costa.** f. Orilla del mar. ‖ Faja de tierra que está cerca de ella. ‖ Instrumento que usan los *zapateros para alisar y bruñir los cantos de la suela. ‖ **Barajar la costa.** fr. **Mar.* Navegar cerca de ella. ‖ **Dar a la costa.** fr. *Mar.* Ser arrojada una embarcación contra la **costa.**

costadillo. m. Pieza de la caja del *piano, donde va el teclado.

costado. m. Cada una de las dos partes laterales del *cuerpo humano que están debajo de los brazos. ‖ Lado derecho o izquierdo de un *ejército. ‖ ***Lado.** ‖ *Mar.* Cada uno de los dos lados del casco de un *buque. ‖ pl. **Geneal.* Líneas de los abuelos paternos y maternos de una persona. ‖ **Dar el costado.** fr. *Mar.* Presentar el buque todo el lado para la descarga de la artillería. ‖ ‖ *Mar.* Descubrir el buque uno de los lados hasta la quilla, para carenarlo.

costal. adj. Perteneciente a las costillas. ‖ m. *Saco grande de tela ordinaria. ‖ Cada uno de los listones de madera, que sirven para mantener las fronteras de los tapiales o *paredes en posición vertical. || **El costal de los pecados.** fig. y fam. El cuerpo *humano. || **Estar** uno **hecho un costal de huesos.** fr. fig. y fam. Estar muy *flaco. || **No parecer costal de paja.** fr. fig. y fam. Parecer *hermosa o deseable a una persona otra de diferente sexo. || || **Vaciar** uno **el costal.** fr. fig. y fam. *Manifestar o *revelar lo que tenía oculto o callado.

costalada. f. *Golpe que uno da al caer de espaldas o de costado.

costalazo. m. **Costalada.**

costalejo. m. d. de **Costal.**

costalero. m. *Ganapán o mozo de cordel. Hoy se aplica a los que llevan a hombros los pasos en las *procesiones.

costana. f. Calle o *cuesta. || **Costilla** (cuaderna). || **Adral.**

costanera. f. **Cuesta.** || pl. *Maderos largos que cargan sobre la viga principal que forma el caballete de un edificio.

costanero, ra. adj. Que está en *cuesta. || Perteneciente o relativo a la *costa.

costanilla. f. d. de **Costana.** || *Calle corta y en *cuesta.

costar. intr. Ser adquirida una cosa por determinado *precio. || fig. *Causar una cosa cuidado, *desasosiego, etc. || **Costarle** a uno **caro,** o **cara,** una cosa. fr. fig. y fam. Resultarle de ella mucho perjuicio o *daño.

costarricense. adj. **Costarriqueño.**

costarriqueño, ña. adj. Natural de Costa Rica. Ú. t. c. s. || Perteneciente a esta república de América.

coste. m. **Costa** (gasto, precio).

costear. tr. Hacer o *satisfacer el *gasto o la costa. Ú. t. c. r. || r. Producir una cosa *utilidad o provecho suficiente para cubrir los gastos que ocasiona.

costear. tr. Ir *navegando sin perder de vista la costa.

costeño, ña. adj. **Costanero.**

costera. f. *Lado o costado de un fardo u otra cosa semejante. || Cada una de las dos manos de *papel quebrado que quedan encima y debajo en las resmas de papel de tina. || **Cuesta.** || **Costa** (orilla del mar). || *Mar.* Tiempo que dura la *pesca de ciertos peces.

costero, ra. adj. **Costanero.** || m. Cada una de las dos *tablas inmediatas a la corteza, que salen al aserrar un tronco a lo largo. || Cada uno de los costados de un *horno alto. || **Min.* Hastial de un criadero.

costezuela. f. d. de **Cuesta.**

costilla. f. Cada uno de los *huesos largos y encorvados que nacen a ambos lados del espinazo y vienen hacia el pecho. || fig. Cosa de figura de **costilla.** || fig. y fam. **Caudal** (*dinero). || fig. y fam. *Mujer propia. || *Arq.* Cada uno de los listones que enlazan los cuchillos de una cimbra. || *Bot.* Línea o pliegue saliente en la superficie de *frutos y *hojas. || *Mar.* **Cuaderna.** || pl. fam. ***Espalda.** || **Costilla falsa.** La que no está apoyada en el esternón. || **flotante.** La que, situada entre los músculos del abdomen, tiene su extremo libre. || **verdadera.** La que está apoyada en el esternón. || **Medirle** a uno **las costillas.** fr. fig. y fam. Darle de palos.

costillaje. m. fam. **Costillar.**

costillar. m. Conjunto de costillas. || Parte del cuerpo en la cual están.

costiller. m. Palaciego que acompañaba al rey cuando iba a su capilla.

costilludo, da. adj. fam. Fornido y ancho de espaldas.

costino, na. adj. Perteneciente al costo (planta herbácea).

costo. m. **Costa** (lo que cuesta una cosa).

costo. m. *Planta herbácea de las compuestas, cuya raíz se ha usado en medicina. || Esta misma *raíz. || **hortense. Hierba de Santa María.**

costón. m. *Malecón a orillas de un río.

costosamente. adv. m. Muy *caro, a mucha costa.

***costoso, sa.** adj. Que cuesta mucho o es muy valioso. || fig. Que acarrea algún *daño o *trabajo.

costra. f. *Revestimiento o corteza exterior que se endurece o seca sobre una cosa. || **Postilla.** || Rebanada o bizcocho que se daba en las galeras a la gente. || **Moco** (pabilo). || **de *azúcar.** Porción que queda pegada en la caldera cuando se cuece. || **láctea.** *Med.* **Usagre.**

costrada. f. *Empanada cubierta con una costra de azúcar, huevos y pan. || Tapia enlucida con cal.

costroso, sa. adj. Que tiene costras.

***costumbre.** f. Hábito que se adquiere por la repetición de actos de la misma naturaleza. || Práctica muy usada que adquiere fuerza de precepto. || Lo que por *carácter o *propensión se hace más comúnmente. || *Menstruo de las mujeres. || pl. Conjunto de usos o cualidades que forman el carácter distintivo de una nación o persona.

costumbrismo. m. **Lit.* Atención especial que se presta a la pintura de las *costumbres típicas de un lugar.

costumbrista. adj. Dícese del *escritor que cultiva la pintura de las costumbres. Ú. t. c. s.

***costura.** f. Acción y efecto de coser. || Tela o prenda què está cosiéndose. || Serie de puntadas que une dos piezas cosidas, y, por ext., unión hecha con clavos o roblones. || *Mar.* Juntura de los tablones que se calafatea para impedir que entre el agua. || **Meter** a uno **en costura.** fr. fig. y fam. **Meter a uno en cintura.** || **Sentar** a uno **las costuras.** fr. fig. y fam. **Sentarle la mano.**

***costurera.** f. Mujer que tiene por oficio *coser ropa blanca y hacer *vestidos. || La que cose de sastrería.

costurero. m. *Mesita con cajón y almohadilla para la *costura. || Cuarto para coser.

costurón. m. aum. de **Costura.** || despect. Costura grosera. || fig. Cicatriz o *huella muy visible de una *herida o llaga.

***cota.** f. Arma defensiva del cuerpo, hecha de cuero y de malla de hierro, que se usaba antiguamente. || Vestidura que llevan los reyes de armas en las funciones públicas. || **Fort.* Fortaleza de los moros filipinos, formada por troncos y piedras menudas. || Piel callosa que cubre la espaldilla del *jabalí. || **jacerina. Jacerina.**

cota. f. **Cuota.** || **Topogr.* Número que en los planos indica la altura de un punto. || *Topogr.* Esta misma *altura.

cotana. f. **Carp.* *Agujero o *hueco cuadrado que se hace con el escoplo en la madera para encajar allí otro madero o una espiga. || *Escoplo con que se abre dicho agujero.

cotangente. f. **Trig.* Tangente del complemento de un ángulo o de un arco.

cotanza. f. Cierta *tela entrefina.

cotardía. f. **Indum.* Especie de jubón forrado, usado antiguamente en España.

cotarra. f. **Cotarro** (ladera de un barranco).

cotarrera. f. fig. y fam. Mujer *chismosa. || *Germ.* Mujer vil y *despreciable.

cotarrero. m. *Germ.* **Hospitalero.**

cotarro. m. *Albergue nocturno para pobres y vagabundos. || Ladera de un barranco.

cote. m. *Mar.* Vuelta que se da al chicote de un *cabo, alrededor del firme, pasándolo por dentro del seno.

***cotejar.** tr. Confrontar o *comparar una cosa con otra u otras.

***cotejo.** m. Acción y efecto de cotejar.

cotera. f. **Cotero.**

cotero. m. *Cerro bajo, pero de mucho *declive.

coterráneo, a. adj. **Conterráneo.**

cotí. m. **Cutí.**

cotidianamente. adv. t. **Diariamente.**

cotidiano, na. adj. **Diario.**

cotiledón. m. *Bot.* Parte de la *semilla que rodea al embrión.

cotiledóneo, a. adj. **Bot.* Perteneciente o relativo al cotiledón. || *Bot.* Dícese de las plantas que tienen cotiledones. Ú. t. c. s. || f. pl. *Bot.* Uno de los dos grandes grupos en que se divide el reino vegetal.

***cotilla.** f. Ajustador armado de ballenas, de que usaban las mujeres. || com. fam. Persona amiga de *chismes y murmuraciones.

cotillear. intr. Propalar *chismes.

cotillero, ra. m. y f. Persona que hacía o vendía cotillas.

cotillo. m. Parte del *martillo y otras herramientas, que sirve para golpear.

cotillón. m. *Danza con figuras, que suele ejecutarse al fin de los bailes de sociedad, y en la cual se distribuyen obsequios.

cotín. m. Revés alto con que vuelve la *pelota el jugador que resta.

cotiza. f. **Blas.* Banda disminuida a la tercera parte de su anchura ordinaria.

cotiza. f. Especie de sandalia que se usa en Venezuela (*calzado).

cotizable. adj. Que puede cotizarse.

cotización. f. Acción y efecto de cotizar.

cotizado, da. adj. **Blas.* Dícese del campo o del escudo lleno de cotizas.

cotizar. tr. *Com.* Publicar en la bolsa el precio de los títulos de la deuda u otros *valores que tienen curso público.

coto. m. Terreno acotado. || Mojón para marcar los *límites de los términos o de las heredades. || *Población de una o más parroquias sitas en territorio de señorío. || Término, *límite. || *Germ.* *Hospital y también el *cementerio de la *iglesia. || **redondo.** Conjunto de *terrenos o de fincas rústicas unidas o muy próximas, pertenecientes a un mismo dueño.

coto. m. Tasa del *precio. || Pacto o *confabulación de comerciantes para no vender sino a determinado precio. || Medida de *longitud de medio palmo. || Partida de *billar en que uno de dos jugadores ha de ganar tres mesas antes que el otro. || **toledano.** Medida de *longitud equivalente a cuatro pulgadas y media.

coto. m. *Pez de río, acantopterigio, de carne comestible.

coto, ta. adj. *Expósito. Ú. t. c. s.

coto. m. Bocio o papera.

cotobelo. m. Abertura en la vuelta de la cama del *freno.

cotofre. m. Medida antigua de *ca-

pacidad para líquidos equivalente a medio litro.
cotomono. m. Nombre de cierto *mono del Perú.
cotón. m. Tela de *algodón estampada de varios colores.
cotón. m. *Germ.* **Jubón.** ‖ **colorado.** *Germ.* Castigo de *azotes. ‖ **doble.** *Germ.* Jubón fuerte con malla.
cotona. f. *Camiseta fuerte. ‖ Chaqueta de gamuza.
cotonada. f. *Tela de algodón, con fondo liso o listado y flores de varios colores.
cotoncillo. m. Botoncillo de badana, con que remata el tiento de los *pintores.
cotonía. f. *Tela blanca de algodón, que forma cordoncillo. ‖ Lona para el *velamen.
cotorra. f. Papagayo pequeño. ‖ **Urraca.** ‖ *Ave americana trepadora, parecida al papagayo. ‖ fig. y fam. Persona *habladora.
cotorreo. m. fig. y fam. *Conversación o algarabía de mujeres.
cotorrera. f. Hembra del papagayo. ‖ fig. y fam. **Cotorra** (mujer habladora).
cotorrón, na. adj. Dícese del *viejo que presume de joven.
cotral. adj. **Cutral.** Ú. t. c. s.
cotrofe. m. *Vaso para beber.
cotufa. f. *Tubérculo de la raíz de la aguaturma. ‖ **Chufa.** ‖ Golosina, gollería. ‖ **Pedir cotufas en el golfo.** fr. fig. y fam. Pedir cosas *imposibles.
cotufero, ra. adj. Que *guisa manjares delicados.
coturno. m. *Calzado de lujo que usaron los griegos y romanos, que cubría el pie y la pierna hasta la pantorilla. ‖ Calzado de suela de corcho muy gruesa, que usaban en las tragedias los *actores antiguos, para aparentar mayor estatura. ‖ **Calzar el coturno.** fr. fig. Usar de *estilo elevado, especialmente en la poesía. ‖ **De alto coturno.** loc. fig. De categoría *superior.
cotutela. f. *Tutela que se ejerce con otro u otros.
cotutor, ra. m. y f. Persona que ejerce *tutela con otra u otras.
coulomb. m. *Electr.* Nombre del culombio, en la nomenclatura internacional.
covacha. f. Cueva pequeña.
covachuela. f. d. de **Covacha.** ‖ fam. Cualquiera de las antiguas secretarías del despacho, que hoy se llaman *ministerios. ‖ fam. Cualquiera *oficina del Estado. ‖ *Tiendecillas que había en los sótanos de algunas iglesias y otros edificios antiguos.
covachuelista. m. fam. *Empleado u oficinista de las covachuelas.
covachuelo. m. fam. **Covachuelista.**
covadera. f. Lugar de donde se extrae guano.
covalonga. f. *Planta de las lauráceas.
covanilla. f. **Covanillo.**
covanillo. m. d. de **Cuévano.**
covezuela. f. d. de **Cueva.**
covín. m. En América, *trigo tostado.
coxal. adj. *Anat.* Perteneciente a la cadera.
coxalgia. f. *Pat.* Artritis muy dolorosa de la cadera.
coxálgico, ca. adj. Perteneciente a la coxalgia. ‖ Que padece coxalgia.
coxcojilla, ta. f. *Juego de muchachos, que consiste en dar con el pie a una piedrecita para sacarla de ciertas rayas, andando a la pata coja. ‖ **A coxcojita.** m. adv. **A coxcox.**

coxcox (a). m. adv. ant. **A la pata coja.**
coxigodinia. f. *Pat.* Dolor en el cóccix.
coxis. m. *Zool.* **Cóccix.**
coy. m. **Mar.* Trozo de lona que, sujeto en el aire por las cuatro puntas, sirve de *cama a bordo.
coya. f. En el Perú antiguo, mujer del emperador, señora *soberana.
coyán. m. Especie de *haya.
coyol. m. *Palmera de cuyo tronco se extrae una bebida agradable. ‖ Fruto de este árbol.
coyote. m. Especie de *lobo americano del tamaño de un mastín.
coyunda. f. *Correa fuerte o soga de cáñamo, con que se uncen los bueyes al *yugo. ‖ Correa para atar las abarcas. ‖ fig. Unión *matrimonial. ‖ fig. *Dominio, opresión.
coyuntero. m. **Acoyuntero.**
coyuntura. f. *Articulación movible de un hueso con otro. ‖ fig. Ocasión, *oportunidad para alguna cosa.
coyuye. m. Cigarra grande.
coz. f. Golpe que dan las *caballerías echando al aire las patas de atrás y estirándolas violentamente. ‖ Golpe que da una persona con el pie hacia atrás. ‖ *Retroceso del *arma de fuego* al dispararla. ‖ Retroceso de un *líquido cuando se interrumpe su curso. ‖ **Culata** (de escopeta). ‖ fig. y fam. Acción o palabra *injuriosa o *grosera. ‖ fig. Parte más gruesa de un *madero. ‖ *Mar.* Extremo inferior de los masteleros. ‖ **Andar a coz y bocado.** fr. fig. y fam. Retozar o *jugar dándose golpes. ‖ **Dar coces contra el aguijón.** fr. fig. y fam.*Obstinarse contra un obstáculo o fuerza superior. ‖ **Mandar a coces.** fr. fig. y fam. *Mandar con *despotismo y mal modo. ‖ **Tirar coces.** fr. fig. y fam. Rebelarse, *desobedecer, no quererse sujetar.
crabrón. m. **Avispón.**
crac. m. *Com.* Quiebra, bancarrota.
cramponado, da. adj. **Blas.* Aplícase a las piezas que en sus extremidades tienen una media potenza.
cran. m. **Impr.* Muesca que tienen las letras de imprenta para saber si están bien colocadas en el componedor.
crancelín. m. **Blas.* Trozo de corona puesto a modo de banda en el escudo.
***craneal.** adj. Perteneciente o relativo al cráneo. ‖ V. **Bóveda craneal.**
craneano, na. m. **Craneal.**
***cráneo.** m. *Zool.* Caja ósea en que está contenido el encéfalo. ‖ **Secársele** a uno **el cráneo.** fr. fig. y fam. Volverse *loco.
craneología. f. Estudio del cráneo.
craneometría. f. Medida del *cráneo.
craneómetro. m. Aparato para medir el *cráneo.
craneoscopia. f. Estudio de la superficie exterior del cráneo, con el fin de conocer las facultades *intelectuales y afectivas.
craneotomía. f. **Cir.* Sección de la *cabeza del feto para facilitar su expulsión.
craneótomo. m. **Cir.* Aparato para practicar la craneotomía.
cranequín. m. Cric que se usaba para armar la *ballesta.
craniano, na. adj. **Craneal.**
crápula. f. Embriaguez o *borrachera. ‖ fig. Disipación, *desenfreno, libertinaje, *vicio. ‖ Conjunto de gente viciosa o *inmoral.
crapuloso, sa. adj. Dado a la crápula.

crasamente. adv. m. fig. Con suma *ignorancia.
crascitar. intr. Graznar el cuervo.
crasiento, ta. adj. **Grasiento.**
crasitud. f. **Gordura** (grasa).
***craso, sa.** adj. *Grueso, gordo. ‖ *Denso, espeso. ‖ fig. Unido con los substantivos **error*, **ignorancia* y otros semejantes, **indisculpable.** ‖ m. **Crasitud.**
crasuláceo, a. adj. **Bot.* Dícese de hierbas y arbustos dicotiledóneos, cuyo tipo son el ombligo de Venus y la uva de gato. Ú. t. c. s. f. ‖ f. pl. *Bot.* Familia de estas plantas.
cráter. m. Boca de los *volcanes. ‖ *Astr.* **Copa** (constelación).
crátera. f. *Arqueol.* *Vasija grande y ancha donde se mezclaba el vino con agua antes de servirlo a la mesa.
crateriforme. adj. Que tiene forma de cráter.
cratícula. f. *Ventanita por donde se da la *comunión a las *monjas. ‖ **Ópt.* Superficie pulida con finísimas rayas equidistantes, empleada para la dispersión de la luz.
craza. f. Crisol en que se funden el oro y la plata para hacer las *monedas.
crazada. f. *Plata cendrada y dispuesta para ligarla.
crea. f. *Tela de hilo que se usaba para sábanas, camisas, etc.
creable. adj. Que puede ser creado.
***creación.** f. Acto de crear o sacar Dios una cosa de la nada. ‖ ***Mundo** (universo). ‖ Acción de instituir, *fundar o establecer. ‖ Acción de crear ciertas dignidades.
creador, ra. adj. Que crea. Dícese por antonom. de *Dios. **Ú. m. c. s.**
***crear.** tr. **Criar.** ‖ *Producir algo de la nada. ‖ fig. Instituir, fundar algún cargo o empleo. ‖ fig. Tratándose de *dignidades muy elevadas, hacer a una persona lo que antes no era. ‖ fig. Establecer, *fundar.
crébol. m. **Acebo.**
crecal. m. **Blas.* Pieza heráldica en forma de candelabro.
crecedero, ra. adj. Que está en aptitud de crecer. ‖ Aplícase a la ropa de los *niños cuando se hace muy holgada.
***crecer.** intr. Aumentar de tamaño insensiblemente los cuerpos naturales. ‖ Recibir *aumento una cosa por añadírsele nueva materia. ‖ Adquirir nueva fuerza algunas cosas. ‖ Hablando de la *Luna, aumentar la parte iluminada del astro. ‖ Hablando de la *moneda, aumentar su valor. ‖ r. Tomar uno mayor autoridad, *valor o *atrevimiento.
creces. f. pl. *Aumento aparente de volumen que adquiere el trigo al pasarlo de una parte a otra. ‖ Tanto más por fanega que el labrador ha de volver al pósito por el trigo que se le *prestó. ‖ Señales que indican disposición de *crecer. ‖ fig. Aumento, *mejoramiento en algunas cosas. ‖ **Con creces.** m. adv. Ampliamente.
crecida. f. *Aumento de agua en los *ríos y arroyos por las muchas lluvias. ‖ Avenida, *inundación.
crecidamente. adv. m. Con aumento o ventaja.
crecido, da. adj. fig. *Grande, *abundante, copioso. ‖ *Importante, grave. ‖ m. pl. Puntos que se aumentan en algunas partes de la *media.
creciente. p. a. de **Crecer.** Que crece. ‖ m. **Blas.* Figura que representa una luna creciente con las puntas hacia arriba. ‖ f. **Crecida.** ‖ En algunas partes, **levadura.** ‖ **de la Luna.** Intervalo que media entre el novilunio y el plenilunio. ‖ **del**

mar. Subida del agua del mar por efecto de la *marea.
***crecimiento.** m. Acción y efecto de crecer o aumentar. || Aumento del valor intrínseco de la *moneda.
credencia. f. *Mesa o repisa inmediata al *altar, para poner los objetos litúrgicos. || Aparador en que se ponían los frascos de vino y de agua que había de *beber el rey.
credencial. adj. Que acredita. || f. **Carta credencial.** Ú. m. en pl. || Real orden u otro documento que sirve a un *empleado para tomar posesión de su plaza.
credenciero. m. *Criado que tenía a su cuidado la credencia, y hacía la salva.
credibilidad. f. Calidad de creíble.
***crédito.** m. **Asenso.** || → Derecho que uno tiene a que otro le pague o entregue alguna cosa, por lo común dinero. || *Confirmación, comprobación. || Reputación, *fama. || **Carta de crédito.** || *Com.* Opinión que se tiene de una persona de que cumplirá puntualmente sus compromisos. || **abierto. Letra abierta.** || **público.** *Hac.* Concepto que merece cualquier Estado en cuanto al cumplimiento de sus obligaciones. || **Abrir un crédito** a uno. fr. *Com.* Autorizarle por medio de documento para que disponga de cierta cantidad en poder de otro. || **Dar a crédito.** fr. *Prestar dinero sin garantía. || **Dar crédito.** fr. **Creer.** || **Acreditar.**
credo. m. Símbolo de la *fe cristiana ordenado por los apóstoles. || fig. Conjunto de doctrinas comunes a un *partido o colectividad. || **Cada credo.** expr. fig. y fam. Cada instante o con mucha *frecuencia. || **Con el credo en la boca.** expr. fig. y fam. En inminente *peligro. || **En un credo.** m. adv. fig. y fam. En un *instante. || **Que canta el credo.** expr. fam. con que se pondera lo *extraordinario de una cosa.
crédulamente. adv. m. Con credulidad.
credulidad. f. Calidad de crédulo.
***crédulo, la.** adj. Que cree sin reflexión ni comprobación.
creederas. f. pl. Demasiada facilidad en *creer.
creedero, ra. adj. Creíble, *verosímil.
creedor, ra. adj. **Crédulo.**
***creencia.** f. Acción y efecto de creer. || V. **Carta de creencia.** || *Religión, secta.
***creer.** tr. Dar por cierta una cosa que no está comprobada o demostrada. || Tener fe en los dogmas de una religión. || Pensar, juzgar, *conjeturar. || Tener una cosa por verosímil o probable. Ú. t. c. r. || **Creerse de** uno. fr. Darle crédito. || **¡Ya lo creo!** expr. fam. con que se *afirma que una cosa es evidente.
crehuela. f. Crea que se usaba para *forros.
creíble. adj. Que puede o merece ser creído.
creíblemente. adv. m. Probablemente, verosímilmente.
crema. f. Nata de la *leche. || *Dulce de natillas espesas, aromatizadas con café, vainilla, etc. || *Afeite o confección para suavizar el cutis, de consistencia pastosa. || Preparación *farmacéutica de igual consistencia. || Lo más *excelente de su línea. Por antonom., la sociedad *elegante y distinguida.
crema. f. *Gram.* **Diéresis.**
cremación. f. Acción de quemar o incinerar.
cremallera. f. *Mec.* Barra metálica con dientes en uno de sus cantos, para engranar con un piñón o rueda dentada. || Artificio para *cerrar una abertura longitudinal en prendas de vestir, bolsos, etc.
crematística. f. **Economía política.**
crematístico, ca. adj. Perteneciente o relativo a la crematística.
crematorio, ria. adj. Que sirve para *quemar e incinerar. || m. Horno para la cremación de *cadáveres.
cremento. m. **Incremento.**
cremómetro. m. Instrumento para medir la cantidad de manteca contenida en la *leche.
cremona. f. *Carp.* Especie de falleba.
cremonés, sa. adj. Natural de Cremona. Ú. t. c. s. || Perteneciente a esta ciudad de Italia.
crémor. m. *Quím.* Tartrato ácido de potasa, que se usa como purgante. || **tártaro.** *Quím.* **Crémor.**
cremoso, sa. adj. Que contiene crema o tiene aspecto de crema.
crencha. f. Raya que divide el *cabello en dos partes. || Cada una de estas dos partes.
crenche. f. ant. **Crencha.**
creosota. f. *Quím.* Substancia oleaginosa, que se extrae del alquitrán, y se emplea en medicina.
creosotado, da. adj. Que contiene creosota.
creosotar. tr. Impregnar de creosota las maderas para que no se pudran.
crepitación. f. Acción y efecto de crepitar. || *Med.* *Ruido que producen al rozarse los extremos de un *hueso fracturado. || *Pat.* Murmullo vesicular que produce el aire en el aparato *respiratorio.
crepitante. p. a. de **Crepitar.** Que crepita.
crepitar. intr. Hacer ruido semejante a los *estallidos de la leña que arde.
crepón. m. Rabadilla de las *aves.
crepuscular. adj. Perteneciente al crepúsculo.
crepusculino, na. adj. **Crepuscular.**
crepúsculo. m. Claridad que hay al *amanecer y al *anochecer, cuando el Sol no ha salido todavía o se ha puesto ya. || Tiempo que dura esta claridad.
cresa. f. Semilla de la reina de las *abejas. || *Larva de ciertos dípteros, que se alimenta de materias orgánicas en descomposición.
crescendo. adv. m. *Mús.* Aumentando gradualmente la intensidad del sonido. || m. Pasaje musical que se ejecuta de esta manera.
creso. m. fig. Persona que posee grandes *riquezas.
crespilla. f. **Cagarria.**
crespín. m. *Indum.* Cierto adorno que usaban las mujeres antiguamente.
crespina. f. Cofia que usaban las mujeres para recoger el *cabello.
crespo, pa. adj. Ensortijado o rizado. Se dice del *cabello. || Dícese de las hojas de algunas plantas, cuando están retorcidas. || fig. Aplícase al *estilo artificioso y obscuro. || fig. *Irritado o alterado. || m. **Rizo.**
crespón. m. Gasa en que la urdimbre está más retorcida que la trama.
cresta. f. Carnosidad roja que tienen sobre la cabeza algunas *aves; como el *gallo. || **Copete** (penacho de *plumas). || Protuberancia de poca extensión y altura que ofrecen algunos animales. || fig. *Cumbre peñascosa de una *montaña. || Cima de una *ola. || **de gallo. Gallocresta** (planta). || **de la explanada.** *Fort.* Extremidad más alta de la explanada. || **Alzar,** o **levantar,** uno **la cresta.** fr. fig. Mostrar *orgullo. || **Dar en la cresta** a uno, fr. fig. y fam. Chafarle, *humillarle, *vencerle.
crestado, da. adj. Que tiene cresta.
crestería. f. *Ornam.* Adorno de labores caladas, propio del estilo ojival, que se colocaba en los caballetes y otras partes altas de los edificios. || *Fort.* Conjunto de las obras de defensa superior. || *Fort.* Almenaje de las antiguas fortificaciones.
crestomatía. f. *Florilegio o colección de escritos adecuados para la enseñanza.
crestón. m. aum. de **Cresta.** || Parte de la celada, en la cual se ponen las *plumas. || *Min.* Parte de un filón o de una masa de rocas, que sobresale del terreno.
crestudo, da. adj. Que tiene mucha cresta. || fig. *Orgulloso.
creta. f. Carbonato de cal terroso.
cretáceo, a. adj. *Geol.* Dícese del terreno inmediatamente posterior al jurásico. || *Geol.* Perteneciente a este terreno.
cretense. adj. Natural de Creta. Ú. t. c. s. || Perteneciente a esta isla del Mediterráneo.
crético, ca. adj. **Cretense.** || m. **Anfímacro.**
cretinismo. m. *Enfermedad endémica caracterizada por idiotez, desarrollo defectuoso del esqueleto y vicios de la conformación del cuerpo.
cretino, na. adj. Que padece de cretinismo. Ú. t. c. s.
cretona. f. *Tela de algodón estampada.
creyente. p. a. de **Creer.** Que cree. Ú. t. c. s.
crezneja. f. **Crizneja.**
***cría.** f. Acción y efecto de criar a los hombres o a los animales. || *Niño o animal mientras se está criando. || → Conjunto de hijos que tienen de un parto, o en un nido, los animales.
criadero, ra. adj. Fecundo en criar. || m. Lugar a donde se *trasplantan, para que se críen, los árboles sembrados en almáciga. || Lugar destinado para la cría de los animales. || *Min.* Yacimiento.
criadilla. f. ***Testículo.** || *Pan que tenía la hechura de las **criadillas** del carnero. || **Patata.** || **de mar.** *Pólipo de figura globosa. || **de tierra.** *Hongo carnoso, que se cría bajo tierra. Se come guisado y es muy sabroso. Ú. m. en pl.
***criado, da.** adj. Con los adverbios *bien* o *mal*, se aplica a la persona de buena o mala crianza. || →m. y f. Persona que, por salario, se emplea en el servicio *doméstico. || f. fig. Moza, pala de las *lavanderas.
criador, ra. adj. Que nutre y *alimenta. || Atributo que se da a Dios, como hacedor de todas las cosas. Ú. t. c. s. || fig. Se dice de una tierra o provincia respecto de las cosas que *produce en abundancia. || m. y f. *Zoot.* Persona que tiene a su cargo, o por oficio, criar animales útiles. || f. **Nodriza.**
criaduelo, la. m. y f. d. de **Criado, da.**
criamiento. m. Reproducción o conservación de alguna cosa.
criandera. f. **Nodriza.**
crianestesia. f. *Anestesia que se produce por medio del *frío.
crianza. f. Acción y efecto de criar un niño, mientras dura la *lactancia. || Época de la lactancia. || Con los adjetivos *buena* o *mala*, *cortesía y urbanidad, o *descortesía y mala educación.
criar. tr. *Crear, producir algo de nada. || ***Producir.** Ú. t. c. r. || Nutrir y *alimentar la madre o la nodriza al niño. || Alimentar, cuidar y

cebar aves u otros animales domésticos. || *Enseñar, educar. || **Crear** (un empleo o dignidad). || *Engendrar, cuidar y alimentar un animal a sus hijuelos. || Someter un *vino, ya hecho, a ciertas operaciones y cuidados. || Hablando de un negocio, entender en él desde sus *principios. || fig. Dar *motivo para alguna cosa. || *Germ.* **Tener.**

criatura. f. Toda cosa criada. || *Hombre, ser humano. || *Niño recién nacido o de poco tiempo. || *Feto. || fig. **Hechura** (persona que todo lo debe a otra). || **Ser una criatura.** fr. fig. y fam. Ser muy *joven. || fig. y fam. Tener propiedades de *niño.

***criba.** f. Utensilio compuesto de un cuero con agujeros dispuestos simétricamente y fijo en un aro de madera, que sirve para *cribar. También se hacen de tela metálica. || Cualquiera de los aparatos mecánicos que se emplean para cribar. || **Estar** una cosa **hecha una criba.** fr. fig. y fam. Estar muy *rota y llena de *agujeros.

***cribado.** m. Acción y efecto de cribar. || *Carbón mineral cuyos trozos han de tener un tamaño superior a 45 mm.

cribador, ra. adj. Que criba. Ú. t. c. s.

***cribar.** tr. Separar las impurezas del trigo u otra semilla, por medio de la criba. || Pasar alguna cosa por la criba para separar las partes menudas de las gruesas.

cribas! (**¡voto a**). expr. **¡Voto a Cristo!**

cribelo. m. Órgano que tienen muchas *arañas en el abdomen y que produce seda.

cribo. m. **Criba.**

cric. m. **Gato** (*máquina).

crica. f. *Vulva de la mujer. || Zanja, *hendedura.

cricoides. adj. *Anat.* Dícese de un *cartílago situado en la parte interior de la *laringe.

***crimen.** m. Delito grave. || **de lesa majestad. Delito de lesa majestad.**

criminación. f. Acción y efecto de criminar.

criminal. adj. Perteneciente al *crimen. || Dícese de las leyes y procedimientos para perseguir y castigar los crímenes o *delitos. || Que ha cometido o procurado cometer un crimen. Ú. t. c. s.

criminalidad. f. Carácter criminal de una acción. || Cómputo o proporción de los crímenes cometidos en un territorio y tiempo determinados. || Delincuencia.

criminalista. adj. Dícese del escribano que actúa en el *enjuiciamiento criminal. || m. El que profesa el *derecho penal*. || *Abogado que se dedica preferentemente a las causas criminales.

criminalmente. adv. m. Por la vía criminal. || Con criminalidad.

criminar. tr. **Acriminar.**

criminología. f. Tratado acerca del *delito.

criminoso, sa. adj. **Criminal.** || m. y f. *Delincuente o reo.

crimno. m. *Harina gruesa de espelta y de trigo para hacer gachas o puches.

crin. f. Conjunto de cerdas (*pelo) que tienen algunos animales en la parte superior del cuello. Ú. m. en pl. || **vegetal.** Filamentos flexibles y elásticos que se obtienen de algunas plantas y se emplean en *tapicería en vez de pelote. || **Hacer las crines.** fr. Recortarlas a los caballos.

crinado, da. adj. poét. Que tiene largo el *cabello.

crinar. tr. **Peinar** (el cabello).

crinito, ta. adj. p. us. **Crinado.** || *Astr.* V. **Cometa crinito.**

crinolina. f. *Tela que se hace con cerdas entretejidas.

crío. m. fam. *Niño o niña que se está criando.

crióforo. m. *Fís.* Aparato para demostrar el *frío que produce la evaporación.

crioja. f. *Germ.* **Carne.**

criojero. m. *Germ.* **Carnicero.**

criología. f. Tratado de los fenómenos del *frío.

criollo, lla. adj. *Etnogr.* Dícese del hijo de padres europeos, nacido fuera de Europa. Ú. t. c. s. || Aplícase al negro nacido en América. Ú. t. c. s. || Dícese de los americanos descendientes de europeos. Ú. t. c. s. || Perteneciente o relativo a los países americanos.

criómetro. m. *Fís.* Termómetro especial para temperaturas muy frías.

crioscopia. f. Determinación del descenso del punto de congelación de un líquido en relación con la substancia disuelta en él.

cripta. f. Lugar *subterráneo en que se hacían *sepulturas. || Piso subterráneo de una *iglesia, destinado al culto.

criptoanálisis. m. Arte de descifrar lo escrito con *clave.

***criptógamo, ma.** adj. *Bot.* **Acotiledóneo.** Ú. t. c. s. || f. pl. *Bot.* **Acotiledóneas.**

***criptografía.** f. Arte de escribir con clave secreta.

criptográfico, ca. adj. Perteneciente o relativo a la criptografía.

criptograma. m. Documento escrito en *clave.

criptón. m. *Quím.* *Gas contenido en el *aire atmosférico.

crique. m. *Fort.* Zanja poco profunda que se puede inundar.

criquet. m. *Juego inglés parecido al mallo.

cris. m. *Arma blanca, propia de Filipinas, que suele tener la hoja serpenteada.

crisálida. f. *Zool.* **Ninfa** (de un *insecto).

crisantema. f. **Crisantemo.**

crisantemo. m. *Planta perenne de las compuestas, que produce hermosas *flores. || Flor de esta planta.

crisis. f. *Cambio notable en el curso de una *enfermedad. || Por ext., momento *decisivo o *difícil de un negocio grave. || *Juicio que se hace de una cosa. || **ministerial.** Situación en que se encuentra un *gobierno desde que uno o varios ministros han presentado la dimisión de sus cargos, hasta que se nombran los substitutos.

crisma. amb. Aceite y bálsamo mezclados que se usan para ungir a los que se *bautizan y se confirman, y a los obispos y *sacerdotes cuando se consagran o se ordenan. En lenguaje fam., ú. t. c. f. || **Romper la crisma** a uno. fr. fig. y fam. Descalabrarle.

crismal. m. Vaso en que los sacerdotes llevan el crisma para la *extremaunción.

crismar. tr. ant. Administrar el sacramento del *bautismo, o el de la confirmación.

crismera. f. Vaso en que se guarda el crisma.

crismón. m. **Lábaro** (monograma de Cristo).

crisneja. f. **Crizneja.**

crisoberilo. m. Piedra de *joyería de color verde amarillento, con visos opalinos.

crisol. m. **Metal.* Vaso más ancho de arriba que de abajo, y a veces con varios picos en la boca, que se emplea para fundir alguna materia a temperatura muy elevada. || Cavidad en la parte inferior de los *hornos para recoger el metal fundido.

crisolada. f. Porción de metal derretido que cabe en el crisol.

crisolar. tr. **Acrisolar.**

crisolito. m. **Miner.* Nombre dado a dos silicatos distintos. || **de los volcanes.** Silicato de magnesia, de color aceitunado. || **oriental.** Silicato de alúmina, de color amarillo verdoso, que se usa en *joyería.

crispacio. m. **Crisoprasa.**

crisopeya. f. **Alq.* Arte de transmutar los metales en oro.

crisoprasa. f. *Ágata de color verde manzana.

crispadura. f. **Crispatura.**

crispamiento. m. **Crispatura.**

crispar. tr. Hacer que se *contraiga repentina y pasajeramente el tejido *muscular. Ú. t. c. r.

crispatura. f. Efecto de crispar o crisparse.

crispir. tr. Salpicar de *pintura con una brocha dura lo que ha de imitar granito u otra piedra análoga.

crista. f. **Blas.* **Crestón** (de la celada).

***cristal.** m. Cuerpo que naturalmente tiene forma poliédrica más o menos regular. || *Vidrio incoloro y muy transparente. || *Tela de lana muy delgada y con algo de lustre. || fig. **Espejo.** || fig. poét. **Agua.** || **de aumento.** *Lente de aumento. || **de roca.** Cuarzo cristalizado, incoloro y transparente. || **hilado.** *Vidrio fundido y estirado en forma de hilos.

cristalería. f. Establecimiento donde se fabrican o venden objetos de cristal o de *vidrio. || Conjunto o juego de *vasijas de cristal como vasos, copas, jarras, etc., para el servicio de la *mesa.

cristalina. f. Nombre vulgar de ciertas *ampollas o flictenas acuosas.

cristalino, na. adj. De cristal. || Parecido al cristal. || m. Cuerpo de forma lenticular, situado detrás de la pupila del *ojo.

cristalizable. adj. Que se puede cristalizar.

cristalización. f. Acción y efecto de cristalizar o cristalizarse. || Cosa cristalizada.

***cristalizar.** intr. Tomar ciertas substancias la forma de cristales. Ú. t. c. r. || fig. Hallar una *expresión clara y precisa o tomar una forma *determinada las ideas, sentimientos o deseos de una persona o colectividad. || tr. Hacer tomar la forma cristalina a ciertas substancias.

cristalografía. f. **Miner.* Descripción y estudio de los *cristales.

cristalográfico, ca. adj. Perteneciente o relativo a la cristalografía.

cristaloide. m. **Quím.* Substancia que, en disolución, atraviesa las láminas porosas que no dan paso a los coloides.

cristaloideo, a. adj. Perteneciente o relativo a los cristaloides.

cristel. m. **Clister.**

cristianamente. adv. m. Con cristiandad.

cristianar. tr. fam. ***Bautizar.**

cristiandad. f. Gremio de los fieles *cristianos. || Observancia de la ley de Cristo. || En los países de gentiles, conjunto de fieles de que cuida cada misionero.

cristianesco, ca. adj. Dícese de al-

gunas cosas moriscas, cuando imitan a las que usan los *cristianos.
cristianísimo, ma. adj. que se aplicaba como renombre a los *reyes de Francia.
***cristianismo.** m. Religión cristiana. ‖ Gremio de los fieles cristianos. ‖ **Bautizo.**
cristianización. f. Acción y efecto de cristianizar.
cristianizar. tr. Convertir al *cristianismo. ‖ Conformar una cosa con el dogma o con el rito cristiano.
***cristiano, na.** adj. Perteneciente a la religión de Cristo. ‖ Que profesa la fe de Cristo. Ú. t. c. s. ‖ fig. y fam. Aplícase al *vino aguado. ‖ Dícese del *idioma castellano por contraposición a una lengua extranjera y, en general, del lenguaje *claro e inteligible. ‖ m. Prójimo. ‖ fam. *Persona o alma viviente. ‖ **nuevo.** El *converso a la religión **cristiana** que se *bautiza siendo adulto. ‖ **viejo.** El que desciende de **cristianos,** sin mezcla conocida de moro, judío o gentil.
cristino, na. adj. Partidario de la reina de España Isabel II, contra el pretendiente don Carlos. Ú. t. c. s.
***Cristo.** n. p. El Hijo de Dios, hecho hombre. ‖ m. **Crucifijo.** ‖ **Como a un santo cristo un par de pistolas.** expr. adv. fam. con que se pondera la *desconformidad de una cosa respecto de otra. ‖ **Donde Cristo dio las tres voces.** expr. adv. fig. y fam. En lugar muy *lejano o extraviado. ‖ **Ni por un cristo.** loc. fam. con que se denota gran *repugnancia a hacer alguna cosa, o la gran dificultad de conseguirla. ‖ **Poner** a uno **como un cristo.** fr. fig. y fam. *Maltratarlo o *azotarlo con mucha crueldad. ‖ **Sacar el cristo.** fr. fig. y fam. Acudir a algún medio de *persuasión extremo. ‖ **¡Voto a Cristo!** Juramento o amenaza.
cristofanía. f. Aparición de *Cristo.
cristofué. m. *Pájaro americano algo mayor que la alondra, de color entre amarillo y verde.
cristología. f. Tratado de *Cristo.
cristus. m. *Cruz que precede al abecedario en la cartilla. ‖ **Abecedario.** ‖ **Estar** uno **en el cristus.** fr. fig. Estar en los *rudimentos de un arte o ciencia. ‖ **No saber** uno **el cristus.** fr. fig. Ser muy *ignorante.
crisuela. f. Cazoleta inferior del candil.
criterio. m. Norma o *regla para conocer la *verdad. ‖ *Juicio o discernimiento.
***crítica.** f. Arte de juzgar de la bondad, verdad y belleza de las cosas. ‖ Cualquier juicio formado sobre una obra artística. ‖ *Censura de las acciones ajenas. ‖ *Murmuración. ‖ Conjunto de opiniones emitidas sobre cualquier asunto.
criticable. adj. Que se puede criticar.
criticador, ra. adj. Que critica, *censura o es propenso a ello. Ú. t. c. s.
criticar. tr. *Juzgar de las cosas con arreglo a ciertas normas. ‖ *Censurar las acciones ajenas. ‖ intr. *Murmurar.
criticastro. m. despect. El que sin conocimiento ni autoridad critica o censura las obras de ingenio.
criticismo. m. Método de *investigación que antepone a todo trabajo científico el estudio de la posibilidad del *conocimiento de que se trata. ‖ Sistema *filosófico de Kant.
crítico, ca. adj. Perteneciente a la crítica. ‖ Hablando del tiempo, dícese del más *oportuno para algún fin. ‖ **Pat.* Perteneciente a la crisis. ‖ m. El que juzga según las reglas de la *crítica. ‖ fam. El que habla con *afectación y pedantería.
criticón, na. adj. fam. Que todo lo *censura. Ú. t. c. s.
critiquizar. tr. fam. Abusar de la *crítica.
crizneja. f. Trenza de *cabellos. ‖ *Soga o pleita de esparto.
croajar. intr. ant. **Crascitar.**
croar. intr. Cantar la rana.
croata. adj. Natural de Croacia. Ú. t. c. s. ‖ Perteneciente a esta región de Europa.
crocante. m. **Guirlache.**
crocino, na. adj. De croco o *azafrán.
crocitar. intr. **Crascitar.**
croco. m. ant. ***Azafrán.**
crocodilo. m. **Cocodrilo.**
crochel. m. ant. *Torre de un edificio.
crochet. m. Labor de ganchillo.
cromar. tr. Dar un baño de cromo a los objetos de *metal.
cromático, ca. adj. **Mús.* Aplícase al sistema músico que procede por semitonos. ‖ **Ópt.* Dícese de la lente o del sistema óptico que, por construcción defectuosa, deja ver los objetos contorneados con los colores del arco iris. ‖ *Ópt.* Dícese de la aberración que es causa de este fenómeno.
cromatismo. m. **Ópt.* y **Mús.* Calidad de cromático.
cromato. m. **Quím.* Sal que resulta de la combinación del ácido crómico con una base.
cromaturia. f. *Pat.* Emisión de *orina con coloración anormal.
cromismo. m. *Bot.* Fenómeno que consiste en la coloración anormal de ciertos vegetales a consecuencia del cultivo.
crómlech. m. **Crónlech.**
cromo. m. *Metal quebradizo de color blanco agrisado, que tiene un elevado punto de fusión. ‖ **Cromolitografía** (estampa).
cromolitografía. f. Arte de litografiar con varios colores. ‖ *Estampa obtenida de este modo.
cromolitografiar. tr. Practicar la cromolitografía.
cromolitográfico, ca. adj. Perteneciente a la cromolitografía.
cromolitógrafo. m. El que practica la cromolitografía.
cromometría. f. Procedimiento para medir la coloración de los cuerpos.
cromosfera. f. *Astr.* Parte de la fotosfera del *Sol.
cromosoma. m. **Biol.* Cada uno de los corpúsculos contenidos en el núcleo celular de las plantas y de los animales. Su número es constante para cada especie y en ellos residen los factores hereditarios.
cromotipografía. f. Arte de *imprimir en colores. ‖ Impresión hecha de este modo.
cromotipográfico, ca. adj. Relativo a la cromotipografía.
crónica. f. *Historia en que se observa el orden de los tiempos. ‖ Artículo de *periódico en que se comenta literariamente algún tema de actualidad.
cronicidad. f. Calidad de crónico.
crónico, ca. adj. Aplícase a las *enfermedades largas o habituales. ‖ Que viene de tiempo atrás. ‖ m. **Crónica.**
cronicón. m. Breve *narración histórica por el orden de los tiempos.
cronista. com. Autor de una crónica. ‖ Autor de crónicas periodísticas.
cronístico, ca. adj. Propio de la crónica o del cronista.
crónlech. m. *Monumento megalítico consistente en un cerco de piedras, dispuestas en figura elíptica o circular.
cronografía. f. **Cronología.**
cronógrafo. m. El que profesa la cronografía. ‖ *Reloj o aparato que sirve para medir con exactitud tiempos sumamente pequeños.
***cronología.** f. Ciencia que tiene por objeto determinar las fechas de los sucesos históricos. ‖ Sucesión de personas o acontecimientos históricos por orden de fechas. ‖ Manera de computar los tiempos.
cronológicamente. adv. m. Por orden cronológico.
***cronológico, ca.** adj. Perteneciente a la cronología.
cronologista. m. **Cronólogo.**
cronólogo. m. El que profesa la cronología.
cronometrar. tr. *Medir el *tiempo con el cronómetro.
***cronometría.** f. Medida exacta del *tiempo.
cronométrico, ca. adj. Perteneciente o relativo a la cronometría o al cronómetro.
cronómetro. m. *Reloj de precisión.
cronoscopio. m. *Fís.* Aparato para medir fracciones de *tiempo hasta una milésima de segundo.
croqueta. f. **Culin.* Fritura que se hace en pequeños trozos con carne picada, leche y harina, y luego se reboza con huevo y pan rallado.
croquis. m. Diseño de un terreno, paisaje, etc., hecho a ojo. ‖ *Pint.* *Dibujo ligero, tanteo.
croscitar. intr. **Crascitar.**
crótalo. m. *Instrumento antiguo semejante a la castañuela. ‖ *Serpiente venenosa de América, que tiene en la punta de la cola unos como anillos, con los que hace cierto ruido particular. ‖ poét. **Castañuela.**
crotalogía. f. Arte de tocar las castañuelas.
crotón. m. *Bot.* Nombre científico del *ricino.
crotoniata. adj. Natural de Crotona. Ú. t. c. s. ‖ Perteneciente a esta antigua ciudad de Italia.
crotorar. intr. Producir la cigüeña su *voz peculiar.
croupier. m. Empleado que ayuda al banquero en las casas de *juego.
croza. f. ant. *Báculo pastoral o episcopal.
***cruce.** m. Acción de cruzar o de cruzarse. ‖ Punto donde se cortan mutuamente dos líneas.
crucera. f. Nacimiento de las agujas de las *caballerías.
crucería. f. Ornamentación propia de la *arquitectura gótica, formada con *molduras que se cruzan en las bóvedas.
crucero. adj. *Arq.* V. **Arco crucero.** ‖ m. El encargado de llevar la *cruz en las *procesiones. ‖ *Sacristán encargado de llevar la cruz en los entierros. ‖ **Encrucijada.** ‖ Espacio en que se cruzan la nave mayor de una *iglesia y la que la atraviesa. ‖ *Astr.* **Cruz** (constelación). ‖ *Carp.* Vigueta, *madero de sierra. ‖ *Impr.* Línea por donde se ha doblado el pliego de papel al ponerlo en resmas. ‖ **Impr.* Listón de hierro que sirve para dividir la forma en dos partes. ‖ *Mar.* Extensión de *mar en que cruzan uno o más buques. *Mar.* Buques destinados a cruzar. ‖ Buque rápido de la *armada, de gran radio de acción, provisto de potente artillería. ‖ **Mar.* Maniobra o acto de cruzar. ‖ **Mineral.* Cada uno de los planos paralelos, por donde los minerales y las rocas suelen tener división más fácil.

cruceta. f. Cada una de las *cruces o de las aspas que resultan de la intersección de líneas paralelas, dos a dos. Ú. comúnmente tratándose de enrejados o de labores y adornos femeninos. ‖ *Mar.* Meseta que hace oficio de cofa en la cabeza de los *masteleros. ‖ **Mec.* En los motores de *automóvil y otras máquinas, pieza que sirve de articulación entre el vástago del émbolo y la biela.
crucial. adj. En figura de *cruz. ‖ Dícese del momento en que se cruzan tendencias antagónicas que pueden *decidir la suerte de una cosa.
cruciata. f. Especie de genciana con flores azules y hojas dispuestas en cruz.
cruciferario. m. **Crucero** (el que lleva la cruz).
crucífero, ra. adj. poét. Que lleva o tiene la insignia de la *cruz. ‖ **Bot.* Aplícase a ciertas plantas dicotiledóneas que tienen corola cruciforme y semillas sin albumen; como el alhelí. Ú. t. c. s. ‖ m. **Cruciferario.** ‖ Religioso de la extinguida orden de Santa Cruz. ‖ f. pl. **Bot.* Familia de las plantas **crucíferas.**
crucificado, da. p. p. de **Crucificar.** ‖ **El Crucificado.** Por antonom., ***Jesucristo.**
crucificador. m. El que crucifica.
crucificar. tr. Fijar o clavar en una *cruz a una persona para darle *muerte. ‖ fig. y fam. **Sacrificar.** (molestar gravemente).
crucifijo. m. *Efigie de *Cristo crucificado.
crucifixión. f. Acción y efecto de crucificar.
crucifixor. m. El que crucifija.
cruciforme. adj. De forma de *cruz.
crucígero, ra. adj. poét. **Crucífero.**
crucigrama. m. Enigma que se propone como *pasatiempo y que consiste en llenar los huecos de un dibujo con letras, que leídas horizontal y verticalmente forman palabras cuyo significado se sugiere.
crucillo. m. *Juego de los alfileres.
crudamente. adv. m. Con *desabrimiento y *severidad.
crudelísimo, ma. adj. Muy cruel.
crudeza. f. Calidad de crudo. ‖ fig. *Rigor o *desabrimiento. ‖ fig. y fam. Fanfarronería. ‖ pl. *Alimentos de difícil digestión.
crudillo. m. *Tela semejante al lienzo crudo, que se emplea para entretelas y bolsillos.
crudo, da. adj. Dícese de los *alimentos que no están preparados por la acción del calor y de los que lo están pero en grado insuficiente. ‖ Se aplica a la fruta *verde. ‖ Dícese de algunos alimentos que son de difícil digestión. ‖ Aplícase a algunas cosas cuando no están preparadas o curadas; como la seda, el cuero, etc. ‖ fig. *Cruel, desapiadado. ‖ fig. Se aplica al tiempo muy *frío. ‖ fig. y fam. V. **Punto crudo.** ‖ fig. y fam. Fanfarrón. ‖ *Cir.* Dícese vulgarmente de los *tumores que no dan señales de supurar.
***cruel.** adj. Que sin necesidad o por placer hace mal a un ser viviente. ‖ Que se complace en los padecimientos ajenos. ‖ fig. Insufrible, de *intensidad excesiva. ‖ fig. Sangriento, duro, que produce gran daño.
***crueldad.** f. Calidad de cruel. ‖ Acción cruel e inhumana.
cruelmente. adv. m. Con crueldad.
cruentamente. adv. m. Con derramamiento de *sangre.
cruento, ta. adj. **Sangriento.**
crueza. f. ant. **Crueldad.**
crujía. f. Tránsito o *corredor largo de algunos edificios. ‖ En los *hospitales, sala larga en que hay camas a los dos lados. ‖ En algunas *iglesias catedrales, paso limitado con verjas o barandillas desde el coro al presbiterio. ‖ **Arq.* Espacio comprendido entre dos muros de carga. ‖ *Mar.* Espacio de popa a proa en medio de la cubierta de la *embarcación. ‖ *Mar.* **Pasamano.** ‖ **de piezas.** *Fila de piezas seguidas o puestas a continuación. ‖ **Pasar crujía,** o **sufrir una crujía.** fr. fig. y fam. Padecer trabajos o hallarse en situación *desgraciada durante algún tiempo.
crujidero, ra. adj. Que cruje.
crujido. m. Acción y efecto de crujir. ‖ Pelo que tienen algunas hojas de *espada en el sentido de su longitud.
crujiente. p. a. de **Crujir.** Que cruje.
crujir. intr. Hacer cierto *ruido algunos cuerpos cuando rozan unos con otros o se rompen.
crúor. m. Principio colorante de la *sangre. ‖ Conjunto de los glóbulos sanguíneos. ‖ Coágulo sanguíneo. ‖ poét. **Sangre.**
cruórico, ca. adj. Perteneciente o relativo al crúor.
crup. m. **Pat.* **Garrotillo.**
crupal. adj. Perteneciente a relativo al crup.
crural. adj. Perteneciente o relativo al *muslo.
***crustáceo, a.** adj. Que tiene costra. ‖ *Zool.* Aplícase a los animales articulados de respiración branquial, provistos generalmente de un caparazón duro o flexible, y con cierto número de patas dispuestas simétricamente; como el cangrejo, la langosta, etc. Ú. t. c. s. ‖ m. pl. *Zool.* Clase de estos animales.
crústula. f. **Cortezuela.**
***cruz.** f. Figura formada de dos líneas que se cortan perpendicularmente. ‖ Patíbulo formado por un madero hincado verticalmente y atravesado en su parte superior por otro más corto. Se usaba como *suplicio, clavando o sujetando en él las manos y los pies del condenado a muerte. ‖ Imagen o figura de este antiguo suplicio. ‖ *Insignia y señal de cristiano, en memoria de la crucifixión de *Jesucristo. ‖ Distintivo de muchas *órdenes religiosas*, militares y civiles, más o menos parecido a una **cruz.** ‖ Reverso de las *monedas. ‖ En las *caballerías y otros cuadrúpedos, la parte más alta del lomo, donde se cruzan los huesos de las extremidades anteriores con el espinazo. ‖ Parte del árbol en que termina el *tronco y empiezan las ramas. ‖ **Trenca.** ‖ Signo en figura de **cruz,** que puesto antes de un nombre de persona, indica que ha *muerto. ‖ fig. Carga o trabajo. ‖ *Germ.* **Camino.** ‖ *Astr.* *Constelación próxima al círculo polar antártico. ‖ **Blas.* Pieza de honor que se forma con el palo y la faja. ‖ *Mar.* Punto medio de la *verga de figura simétrica. ‖ *Mar.* Unión de la caña del *ancla con los brazos. ‖ *Min.* En los *hornos españoles de reverbero, pared que divide la plaza. ‖ pl. Conjunto de los cuatro palos que abrazan el eje de la rueda principal del *molino de harina. ‖ **Cruz de Alcántara.** La de Calatrava, con un peral en el escudete del crucero y sin trabas. ‖ **de Borgoña. Aspa de San Andrés.** ‖ **de Calatrava.** La de color rojo, brazos iguales, terminados en flores de lis muy abiertas y dos trabas al pie. ‖ **de Caravaca. Cruz patriarcal.** ‖ **de Jerusalén.** La griega, ensanchada por sus cuatro extremidades. ‖ *Planta perenne de las cariofíleas. ‖ **del *matrimonio.** Carga de los deberes matrimoniales. ‖ **de Malta.** La de brazos iguales muy ensanchados por sus extremos. ‖ **Cir.* Apósito cuadrado de lienzo con un corte diagonal en cada uno de sus ángulos. ‖ **de Montesa. Cruz** sencilla, de color rojo y brazos iguales. ‖ **de San Andrés. Aspa.** ‖ **de San Antonio.** La que sólo consta de tres brazos, con una asa o anilla en lugar del brazo superior. ‖ **de Santiago.** La de color rojo, en forma de espada. ‖ **flordelisada.** **Blas.* Aquella cuyos brazos terminan en flores de lis. ‖ **gamada.** La que tiene los cuatro brazos acodados en la misma dirección. ‖ **geométrica. Ballestilla** (instrumento de *astronomía). ‖ **griega.** La que tiene los cuatro brazos iguales. ‖ **latina.** La de figura ordinaria, cuyo travesaño divide al palo en partes desiguales. ‖ **patriarcal.** La compuesta de un pie y dos travesaños paralelos y desiguales. ‖ **potenzada.** La que tiene pequeños travesaños en sus cuatro extremidades. ‖ **sencilla.** La de categoría inferior en las órdenes civiles. ‖ **Gran cruz.** La de mayor categoría. ‖ Dignidad superior que en ciertas órdenes de distinción representa la gran **cruz.** ‖ **Media cruz.** Persona adscrita a la orden de San Juan de Jerusalén. ‖ **A cruz y escuadra.** m. adv. **Carp.* Sistema de ensamblaje. ‖ **Adelante con la cruz.** loc. fig. y fam. **Adelante con los faroles.** ‖ **Andar con las cruces a cuestas.** fr. Hacer *oraciones y rogativas para que Dios nos conceda alguna gracia. ‖ **Cruz y raya.** expr. fig. y fam. con que se expresa el propósito de dar una cosa por *conclusa. ‖ **De la cruz a la fecha.** m. adv. fig. Desde el principio hasta el fin, enteramente. ‖ **En cruz.** m. adv. Con los *brazos extendidos horizontalmente y en direcciones opuestas. ‖ **Blas.* Dícese de la división del escudo con dos líneas, la una vertical y la otra horizontal. ‖ **Entre la cruz y el agua bendita.** m. adv. fig. y fam. En *peligro inminente. ‖ **Estar** uno **por esta cruz de Dios.** fr. fam. No haber comido. ‖ fig. No haber conseguido su propósito. ‖ fig. No haber podido entender alguna cosa. ‖ **Hacerle** a uno **la cruz.** fr. fig. y fam. con que se da a entender que inspira *aborrecimiento o recelo. ‖ **Hacerse** uno **cruces.** fr. fig. y fam. Demostrar *admiración o *sorpresa. ‖ **Llevar** uno **la cruz en los pechos.** fr. Ser caballero de alguna *orden militar* o civil. ‖ **Quedarse** uno **en cruz y en cuadro.** fr. fig. y fam. Quedarse *pobre. ‖ **Tomar cruz.** fr. *Mar.* Cruzarse dos cables de un buque *fondeado. ‖ **Trasquilar a cruces** a uno. fr. Cortarle el *cabello desigual y groseramente.
cruzada. f. Expedición *guerrera contra los infieles, que publicaba el papa. ‖ *Tropa que iba a esta expedición. ‖ Concesión de *indulgencias por el papa a los reyes que mantenían tropas contra los infieles. ‖ **Encrucijada.** ‖ fig. **Campaña** (serie de *esfuerzos para *propagar o implantar alguna cosa).
cruzado, da. adj. Dícese del que se alistaba para alguna cruzada. Ú. t. c. s. ‖ Dícese del *caballero que trae la cruz de una *orden militar*. Ú. t. c. s. ‖ Dícese del animal nacido de padres de distintas castas. ‖ **Blas.* Se dice de las piezas que llevan cruz sobrepuesta. ‖ m. *Mo-

neda antigua de Castilla, de plata de baja ley. || Antigua *moneda de Castilla, de oro, del tiempo de los Reyes Católicos, equivalente a diez pesetas. || *Moneda de plata, de Portugal, equivalente a unas dos pesetas y media. || Cierta postura de la *guitarra. || *Germ.* **Camino.** || **Danza.* Mudanza en que los bailarines forman una cruz.

cruzamen. m. *Mar.* Longitud de las vergas en los barcos de cruz.

cruzamiento. m. Acción y efecto de cruzar (poner a uno la cruz de una orden; cruzar animales). || **Cruce.**

***cruzar.** tr. Poner una cosa sobre otra en forma de cruz. || *Atravesar un espacio cualquiera pasando de una parte a otra. || Investir a una persona de una *orden militar*. Ú. t. c. r. || **Zoot.* Dar machos de distinta procedencia a las hembras de los animales de la misma especie para mejorar las castas. || **Mar.* Navegar en todas direcciones dentro de un espacio determinado de mar. || *Agr.* Dar la segunda reja, binar. || r. Alistarse en una cruzada. || Pasar por un lugar dos personas o cosas en dirección opuesta. || *Coincidir muchas cosas, negocios, etc., estorbándose unos a otros. || **Atravesarse** (interponerse alguna cosa). || **Geom.* Pasar una línea a cierta distancia de otra sin cortarla ni serle paralela. || **Veter.* Caminar la *caballería cruzando los brazos o las piernas.

cu. f. Nombre de la letra *q*.

cu. m. *Templo de los antiguos mejicanos.

cuaba. f. Árbol de las Antillas, cuya madera se utiliza para antorchas.

cuaco. m. *Harina de la raíz de la yuca.

cuaco. m. Persona *rústica e *ignorante.

cuaderna. f. Doble pareja en el juego de tablas reales. || *Moneda de ocho maravedís. || Cuarta *parte de alguna cosa. || **Arq. Nav.* Cada una de las piezas curvas que arrancan de ambos lados de la quilla, formando como las costillas del casco. || **Arq. Nav.* Conjunto de estas piezas. || V. **Cuaderna vía.** || **de armar.** *Mar.* Cada una de las principales. || **maestra.** *Mar.* La que corresponde al punto de mayor anchura del casco.

cuadernal. m. *Mar.* Conjunto de dos o tres *poleas colocadas dentro de una misma armadura.

cuadernillo. m. Conjunto de cinco pliegos de papel. || **Añalejo.**

***cuaderno.** m. Conjunto de varios pliegos de *papel, cosidos en forma de libro. || Libro pequeño en blanco para hacer apuntaciones y cuentas. || *Madero de treinta palmos de largo. || *Castigo que se imponía a los colegiales por faltas leves. || fam. Baraja de *naipes. || **Impr.* Conjunto de cuatro pliegos metidos uno dentro de otro. || **de bitácora.** **Mar.* Libro en que se apunta todo lo relativo a la navegación. || **de Cortes.** Extracto y relato oficial de los acuerdos de esta *asamblea.

cuado, da. adj. Dícese de un *pueblo que habitó al sudeste de la antigua Germania. Ú. t. c. s. || Perteneciente a este pueblo.

***cuadra.** f. Sala o *habitación espaciosa. || → **Caballeriza.** || **Conjunto** de caballos de *carreras. || Sala de un cuartel, *hospital, etc., en que duermen muchos. || Cuarta parte de una milla. || **Grupa.** || Manzana de *casas. || *Mar.* *Anchura del buque hacia la cuarta parte de su longitud. || Medida de *longitud equivalente a cien metros.

cuadrada. f. **Mús.* Nota que vale dos compases mayores.

cuadradamente. adv. m. Ajustada o exactamente.

cuadradillo. m. **Cuadrado** (*regla prismática). || ***Hierro cuadradillo.** || **Cuadrado** (pieza de la *camisa). || *Azúcar de pilón, partido en piececitas cuadradas.

***cuadrado, da.** adj. Aplícase a la figura plana cerrada por cuatro rectas iguales que forman otros tantos ángulos rectos. Ú. t. c. s. m. || Por ext., dícese del cuerpo prismático de sección **cuadrada.** || fig. *Perfecto, cabal. || V. **Raíz cuadrada.** || m. *Regla prismática de sección **cuadrada** que sirve para trazar *líneas rectas. || **Troquel.** || Adorno que se ponía en las *medias desde el tobillo hasta la pantorilla. || Pieza con que en las *camisas se unían las mangas al cuerpo. || *Germ.* **Bolsa.** || *Germ.* **Puñal.** || **Mat.* Producto que resulta de multiplicar una cantidad por sí misma. || **Astrol.* Posición de un astro distante de otro de 90 grados. || **Impr.* Pieza de metal que se pone entre las letras para formar espacios. || **de las refracciones.** Instrumento que sirve para delinear los *relojes solares. || **geométrico.** **Topog.* Instrumento para medir alturas y distancias. || **mágico.** Conjunto de números colocados en cuadro de tal modo que por cualquiera fila salga una misma *suma. || **De cuadrado.** m. adv. fig. *Perfectamente, muy bien. || **Esgr.* Se aplica a la postura del que está frente al contrario, con los pies iguales a los dos lados. || **Pint.* Se usa para denotar que una cabeza o figura pintada se mira frente a frente. || **Mover de cuadrado.** fr. *Arq.* Dícese del *arco cuya primera dovela va asentada sobre una superficie horizontal.

cuadragenario, ria. adj. De cuarenta años.

cuadragésima. f. **Cuaresma.**

cuadragesimal. adj. Perteneciente a la *cuaresma.

cuadragésimo, ma. adj. Que corresponde en *orden al número 40. || Dícese de cada una de las 40 *partes iguales en que se divide un todo. Ú. t. c. s.

cuadral. m. *Arq.* *Madero que atraviesa diagonalmente de una carrera a otra.

cuadrangular. adj. Que tiene o forma cuatro ángulos.

cuadrángulo, la. adj. Que tiene cuatro ángulos. Ú. m. c. s. m.

cuadrantal. adj. *Trigon.* V. **Triángulo cuadrantal.** || m. Medida de *capacidad para líquidos, que usaban los romanos.

cuadrante. p. a. de **Cuadrar.** Que cuadra. || m. *Moneda romana de cobre, equivalente a la cuarta parte de un as. || Tabla que se pone en las parroquias para señalar el orden de las *misas del día. || **Cuadral.** || **Astrol.* Cada una de las cuatro porciones en que la semiesfera celeste queda dividida por el meridiano y el primer vertical. || **Astr.* Instrumento compuesto de un cuarto de círculo graduado, con pínulas o anteojos, para medir ángulos. || *For.* Cuarta parte del todo de una *herencia. || *Geom.* Cuarta parte del *círculo limitada por dos radios perpendiculares entre sí. || *Reloj solar trazado en un plano. || **Mar.* Cada una de las cuatro partes en que se consideran divididos el horizonte y la rosa náutica. || **de reducción.** *Mar.* Figura que sirve para resolver gráficamente los problemas relativos a la línea del rumbo. || **de reflexión.** Instrumento parecido al sextante. || **hiemal.** **Astrol.* El cuarto del tema celeste. || **melancólico.** *Astrol.* **Cuadrante occidental.** || **meridiano.** *Astrol.* El segundo del tema celeste. || **occidental.** *Astrol.* El tercero del tema celeste. || **oriental.** *Astrol.* El primero del tema celeste desde el Oriente hasta el Mediodía. || **pueril.** *Astrol.* **Cuadrante vernal.** || **senil.** *Astrol.* **Cuadrante hiemal.** || **vernal.** *Astrol.* **Cuadrante oriental.** || **viril.** *Astrol.* **Cuadrante occidental.**

cuadranura. f. **Pata de gallina.**

cuadrar. tr. Dar a una cosa figura de cuadro o de *cuadrado. || **Mat.* Elevar un número a la segunda potencia. || Hacer que coincidan en una *cuenta, balance, etc., los totales del debe y del haber. || **Carp.* Labrar los maderos en cuadro. || **Geom.* Determinar un cuadrado equivalente en superficie a una figura dada. || *Pint.* **Cuadricular.** || intr. *Acomodarse o convenir una cosa con otra. || Coincidir en las *cuentas los totales del debe y del haber. || *Agradar una cosa. || r. Ponerse una persona en posición *erguida y con los pies en escuadra. || *Equi.* Pararse el *caballo con los cuatro remos en firme. || fig. y fam. Mostrar inesperadamente una persona *seriedad o *resistencia.

cuadratín. m. *Impr.* **Cuadrado.**

cuadratura. f. **Geom.* Acción y efecto de cuadrar una figura. || **Astr.* Situación relativa de dos cuerpos celestes.

cuadrejón. m. **Arq. Nav.* *Barra cuadrada que se usa a modo de cabilla.

cuadrete. m. d. de **Cuadro.**

cuadricenal. adj. Que sucede o se *repite cada cuarenta años.

cuadrícula. f. Conjunto de los *cuadrados que resultan de cortarse perpendicularmente dos series de rectas paralelas equidistantes.

cuadricular. adj. Perteneciente a la cuadrícula.

cuadricular. tr. Trazar *líneas que formen una cuadrícula.

cuadrienal. adj. Que sucede o se *repite cada cuadrienio. || Que dura un cuadrienio.

cuadrienio. m. Tiempo y espacio de cuatro *años.

cuadrifolio, lia. adj. Que tiene cuatro *hojas.

cuadriforme. adj. Que tiene cuatro *formas o cuatro caras. || De figura de cuadro.

cuadriga. f. Tiro de cuatro *caballos enganchados, de frente. || *Carro tirado de este modo, y especialmente el usado en la antigüedad para las carreras.

cuadrigato. m. *Moneda antigua romana de plata.

cuadrigémino, na. adj. *Anat.* Dícese de ciertas prominencias, en número de cuatro, de la médula oblonga.

cuadriguero. m. El que conduce una cuadriga.

cuadril. m. *Hueso que sale de la cía, y sirve para formar el anca de los *cuadrúpedos. || **Anca.** || **Cadera.**

cuadrilátero, ra. adj. **Geom.* Que tiene cuatro *lados. || m. *Geom.* Polígono de cuatro lados.

cuadriliteral. adj. De cuatro *letras.

cuadrilongo, ga. adj. **Rectangular.** || m. **Rectángulo.** || **Mil.* Formación de infantería en figura de **cuadrilongo.**

cuadrilla. f. *Conjunto de dos o más

personas reunidas para el desempeño de algunos *oficios o para ciertos fines. ‖ Cada una de las compañías que toman parte en ciertas fiestas públicas. ‖ Cualquiera de las cuatro partes de que se componía el Consejo de la Mesta. ‖ Grupo armado de la Santa Hermandad. ‖ *Baile de salón entre cuatro parejas.

cuadrillero. m. *Jefe de una cuadrilla. ‖ Individuo de una cuadrilla de la Santa Hermandad. ‖ Guardia de *policía rural en Filipinas.

cuadrillo. m. *Saeta de madera, tostada y cuadrangular, que se usó antiguamente.

cuadrimestre. adj. **Cuatrimestre.** Ú. t. c. s.

cuadringentésimo, ma. adj. Que corresponde en *orden al número 400. ‖ Dícese de cada una de las 400 *partes iguales en que se divide un todo. Ú. t. c. s.

cuadrinieto, ta. m. y f. Cuarto *nieto o cuarta nieta.

cuadrinomio. m. *Mat.* Expresión algebraica compuesta de cuatro términos.

cuadripartido, da. adj. *Dividido en cuatro partes.

cuadriplicado, da. Forma con que suele usarse el p. p. de **Cuadruplicar.**

cuadrirreme. adj. *Mar.* Dícese de una antigua *embarcación de cuatro órdenes de remos. Ú. t. c. s.

cuadrisílabo, ba. adj. **Cuatrisílabo.** Ú. t. c. s.

cuadrivio. m. Lugar donde se *cruzan o *convergen cuatro sendas o caminos. ‖ En lo antiguo, conjunto de las cuatro artes *matemáticas: aritmética, música, geometría y astrología.

cuadrivista. m. En lo antiguo, el versado en las cuatro artes del cuadrivio.

cuadriyugo. m. *Carro de cuatro caballos.

cuadro, dra. adj. **Cuadrado.** Ú. t. c. s. m. ‖ *Mar.* V. **Vela cuadra.** ‖ m. **Rectángulo.** ‖ *Pintura hecha sobre un lienzo, tabla, etc. ‖ **Marco.** ‖ *Conjunto de nombres, cifras u otros datos presentados gráficamente. ‖ En los *jardines, pieza de tierra adornada con labores de flores y hierbas. ‖ Cada una de las partes en que se dividen los actos de ciertas obras de *teatro. ‖ En los espectáculos *teatrales, agrupación de personajes que durante algunos momentos permanecen en determinada actitud sobre la escena. ‖ *Descripción de un espectáculo o suceso. ‖ fig. *Espectáculo que se ofrece a la *vista y despierta en el ánimo algún *sentimiento. ‖ *Germ.* **Puñal.** ‖ *Astrol.* **Cuadrado.** ‖ **Impr.* Tabla pendiente del husillo de la prensa antigua, que servía para apretar el pliego, a fin de que recibiera la tinta. ‖ **Mil.* Formación de la infantería en figura de cuadrilátero. ‖ *Mil.* Conjunto de los jefes, *oficiales y clases de un batallón o regimiento. ‖ pl. *Germ.* Los *dados. ‖ **Cuadro de distribución.** Tablero de una central *eléctrica donde se disponen los aparatos para establecer o interrumpir las comunicaciones. ‖ **vivo.** Reproducción de una obra de arte o una escena por personas que permanecen inmóviles. Ú. m. en pl. ‖ **Cuadros disolventes.** *Espectáculo que consistía en la proyección de imágenes mediante la linterna mágica. ‖ **En cuadro.** m. adv. En forma o a modo de *cuadro. ‖ **Estar,** o **quedarse, en cuadro.** fr. fig. Haber *perdido uno su familia; quedarse *solo y sin amparo. ‖ fig. **Mil.* Estar, o quedarse, un cuerpo con sus jefes, oficiales y clases, pero sin tropa. ‖ **Tocar** a uno **el cuadro.** fr. fig. y fam. Sacudirle, golpearle.

cuadropea. f. Cuatropea.

***cuadrumano, na** o **cuadrúmano, na.** adj. *Zool.* Dícese de los mamíferos que tienen en las cuatro extremidades el dedo pulgar separado, de modo que puede tocar u oponerse a cualquiera de los otros. Ú. t. c. s. ‖ m. pl. *Zool.* Orden de estos animales.

cuadrupedal. adj. De cuatro pies, o perteneciente a ellos.

cuadrupedante. adj. poét. **Cuadrúpedo.**

cuadrúpede. adj. **Cuadrúpedo.**

***cuadrúpedo.** adj. Aplícase al animal de cuatro pies. Ú. t. c. s. ‖ *Astr.* Se dice de los signos del *Zodiaco llamados Aries, Tauro, Leo, Sagitario y Capricornio.

cuádruple. adj. Que contiene un número cuatro veces exactamente. ‖ Dícese de la serie de cuatro cosas iguales o semejantes.

cuadruplicación. f. *Multiplicación por cuatro.

cuadruplicar. tr. Hacer cuádruple una cosa o *multiplicar por cuatro una cantidad.

cuádruplo, pla. adj. **Cuádruple.** Ú. t. c. s. m.

cuaima. f. *Serpiente americana muy venenosa. ‖ fig. y fam. Persona muy *astuta y *cruel.

cuairón. m. **Coairón.**

cuajada. f. Parte caseosa de la *leche, que se separa del suero y forma una masa propia para hacer *queso o requesón. ‖ **Requesón.** ‖ **en len.** Cierto manjar muy delicado que se hace con la *leche.

cuajadillo. m. Labor menuda que se hace en las *telas de seda.

cuajado, da. adj. fig. y fam. *Enajenado, paralizado por el asombro que produce alguna cosa. ‖ fig. y fam. Dícese del que se ha quedado *dormido. ‖ m. **Culin.* Vianda que se hace de carne picada, verduras o frutas, etc., con huevos y azúcar.

cuajadura. f. Acción y efecto de cuajar o cuajarse.

cuajaleche. m. **Amor de hortelano** (planta).

cuajamiento. m. **Coagulación.**

cuajaní. m. *Árbol americano parecido al cedro.

cuajanicillo. m. Especie menor del cuajaní.

cuajar. m. Última de las cuatro cavidades en que se divide el *estómago de los *rumiantes.

***cuajar.** tr. Hacer que un líquido se convierta en sólido o en una pasta densa. Ú. t. c. r. ‖ fig. Recargar de *adornos una cosa. ‖ intr. fig. y fam. *Lograrse, tener efecto una cosa. Ú. t. c. r. ‖ r. fig. y fam. *Llenarse un espacio o superficie de cosas o personas.

cuajarón. m. Porción de *sangre o de otro líquido que se ha cuajado.

cuajo. m. Materia contenida en el cuajar de los *rumiantes, que les sirve para cuajar la leche. ‖ Efecto de *cuajar. ‖ Substancia con que se cuaja un líquido. ‖ **Cuajar** (*estómago de los rumiantes). ‖ fam. Pachorra, *lentitud en el obrar. ‖ *Paciencia, aguante. ‖ **De cuajo.** m. adv. **De *raíz.** Úsase comúnmente con el verbo **arrancar.* ‖ **Volverse el cuajo.** fr. *Vomitar el niño la leche que ha mamado.

cuakerismo. m. **Cuaquerismo.**

cuákero, ra. m. y f. **Cuáquero, ra.**

cual. pron. *relat. que con esta sola forma conviene en sing. a los tres géneros y que en pl. hace **cuales.** ‖ Se emplea con acento en frases de sentido *interrogativo o dubitativo. ‖ Equivale a veces a **como.** ‖ Empléase también, repetido y con acento, como pronombre *indeterminado. ‖ adv. m. **Así como.** ‖ En sentido ponderativo equivale a **de qué modo.**

cualesquier. pron. *indet. pl. de **Cualquier.**

cualesquiera. pron. indet. pl. de **Cualquiera.**

***cualidad.** f. Cada una de las propiedades o circunstancias que distinguen a las personas o cosas. ‖ **Calidad** (conjunto de cualidades de una cosa).

cualitativo, va. adj. Que denota cualidad.

cualquier. adj. **Cualquiera** (antepuesto al nombre).

cualquiera. pron. indet. Una persona *indeterminada, alguno. ‖ Usado como adj. se aplica también a las cosas y puede perder la *a* final cuando se antepone al nombre. ‖ **Ser** uno **un cualquiera.** fr. Ser persona *vulgar o *despreciable.

cuan. adv. c. que se usa para encarecer la significación del adjetivo, el participio y otras partes de la oración, excepto el verbo. ‖ Como correlativo de *tan,* empléase en sentido *comparativo y equivale a **como.**

cuando. adv. t. En el *tiempo, en el momento en que. ‖ En sentido interrogativo equivale a en qué tiempo. ‖ Como *condicional equivale a **si.** ‖ Se usa como conj. advers. con la significación de **aunque.** ‖ Como conj. continuat., equivale a **puesto que.** ‖ También se emplea como conj. distribut. y equivale a **ora... ora...** ‖ **Cuando más.** m. adv. **A lo más.** ‖ **Cuando menos.** m. adv. **A lo menos.** ‖ **Cuando mucho.** m. adv. **Cuando más.** ‖ **Cuando no.** expr. De no ser así, en caso contrario. ‖ **Cuando quier.** m. adv. Cuando quiera. ‖ **De cuando en cuando.** m. adv. Algunas veces, con *repetición periódica.

cuantía. f. **Cantidad.** ‖ Suma de *cualidades o circunstancias que enaltecen a una persona o la distinguen de las demás. ‖ **For.* Valor de la materia litigiosa. ‖ **De mayor cuantía.** fr. fig. Dícese de persona o cosa de *importancia. ‖ **De menor cuantía.** fr. fig. Dícese de persona o cosa insignificante.

cuantiar. tr. *Valuar las haciendas, tasar.

cuántico, ca. adj. **Fís.* Perteneciente o relativo a los cuantos, como unidades de energía. ‖ Dícese de la teoría según la cual la emisión y absorción de energía se efectúan de manera discontinua.

cuantidad. f. **Cantidad.**

cuantimás. adv. m. fam. Contrac. de **Cuanto y más.**

cuantiosamente. adv. m. En gran de cantidad, con *abundancia.

cuantioso, sa. adj. *Grande en cantidad o número. ‖ *Abundante.

cuantitativo, va. adj. *Quím.* V. **Análisis cuantitativo.**

cuanto, ta. adj. Que incluye cantidad indeterminada. Es correlativo de *tanto.* ‖ expr. enfática con que se pondera la grandeza o abundancia de una cosa. ‖ *Todo lo que. ‖ m. **Fís.* Unidad elemental de energía según la teoría cuántica. ‖ adv. m. **En cuanto.** ‖ adv. c. En qué grado, hasta qué punto. ‖ Como correlativo de *tanto*, tiene valor *comparativo y denota idea de equivalencia o igualdad. ‖ También denota cantidad indeterminada de tiempo. ‖ **Cuanto a.** m. adv. **En cuanto a.** ‖ **Cuanto antes.** m. adv. Con *prontitud, lo más *pronto posible. ‖ **Cuanto más.** m. adv. y conjunt. que denota oposición o encarecimiento. ‖ **Cuanto más antes.** m. adv. **Cuanto antes.** ‖ **Cuanto más que.** m. adv. y conjunt. con que se encarece la existencia de mayor *causa o razón que la que ya se ha indicado. ‖ **Cuanto quier.** m. adv. p. us. **Aun cuando,** o **aunque.** ‖ **Cuanto y más.** m. adv. **Cuanto más.** ‖ **Cuanto y más que.** m. adv. y conjunt. **Cuanto más que.** ‖ **En cuanto.** m. adv. **Mientras.** ‖ Al punto que, tan luego como, inmediatamente *después que. ‖ **En cuanto a.** m. adv. Por lo que toca o *concierne a. ‖ **Por cuanto.** m. adv. que se usa como causal.

cuaquerismo. m. Secta de los cuáqueros.

cuáquero, ra. m. y f. Individuo de una secta *protestante, nacida en Inglaterra, sin culto externo ni jerarquía eclesiástica.

cuarango. m. *Árbol americano de las rubiáceas. Es una de las especies de quino más apreciadas por su corteza.

cuarcita. f. *Roca silícea, de textura granujienta.

cuarenta. adj. Cuatro veces diez. ‖ **Cuadragésimo.** ‖ m. Conjunto de signos con que se representa el *número **cuarenta.** ‖ **Las cuarenta.** Conjunto de cuarenta puntos que gana en el tute el que reúne el caballo y el rey del palo que es triunfo. ‖ **Acusar** a uno **las cuarenta.** fr. fig. y fam. Decirle con *resolución y *descaro lo que se piensa de él.

cuarentavo, va. adj. **Cuadragésimo** (cada una de las cuarenta *partes de un todo). Ú. t. c. s. m.

cuarentén. adj. Dícese del *madero de cuarenta palmos de longitud. Ú. m. c. s.

cuarentena. f. *Conjunto de cuarenta unidades. ‖ Tiempo de cuarenta *días, *meses o *años. ‖ **Cuaresma.** ‖ Espacio de tiempo que están en el lazareto, o privados de comunicación, los que pueden ser portadores de algún mal *contagioso ‖ **Poner** una cosa **en cuarentena.** fr. fig. y fam. Ponerla en *duda provisionalmente.

cuarentenal. adj. Perteneciente al número 40.

cuarentón, na. adj. Dícese de la persona que tiene cuarenta años de *edad, cumplidos. U. t. c. s.

***cuaresma.** f. Tiempo de cuarenta y seis días, a contar desde el miércoles de ceniza inclusive, en el cual se conmemoran los cuarenta días que ayunó Jesucristo en el desierto. ‖ Conjunto de *sermones para las dominicas y ferias de **cuaresma.**

cuaresmal. adj. Perteneciente o relativo a la cuaresma.

cuaresmario. m. **Cuaresma** (conjunto de sermones).

cuarta. f. Cada una de las cuatro *partes iguales en que se divide un todo. ‖ **Palmo.** ‖ En el juego de los cientos, los cuatro *naipes que se siguen en orden de un mismo palo. ‖ *Madero de once a veinticinco pies de longitud. ‖ *Caballería de guía en los coches. ‖ *Látigo corto para las caballerías. ‖ **Disciplina** (azote). ‖ *Astr.* **Cuadrante** (en el *Zodiaco y la Eclíptica, para la división de los signos de tres en tres). ‖ *Mar.* Cada una de las treinta y dos partes en que está dividida la rosa náutica. ‖ **Mil.* Sección formada por la cuarta parte de una compañía. ‖ **Mús.* Intervalo compuesto de dos tonos y un semitono mayor. ‖ **falcidia.** *For.* Derecho que tenía el *heredero instituido de deducir para sí la cuarta parte de la herencia en ciertos casos. ‖ **funeral.** Derecho que tiene la *parroquia a una parte de los emolumentos del funeral de un feligrés suyo, celebrados en iglesia extraña. ‖ **marital.** Porción de bienes que el derecho foral catalán reconoce a la *viuda honesta y pobre, en la herencia de su marido. ‖ **trebelánica,** o **trebeliánica.** *For.* Derecho que tenía el *heredero fiduciario de deducir para sí la cuarta parte de los bienes. ‖ **De cuartas.** expr. Dícese de las *caballerías enganchadas inmediatamente delante de las de tronco. ‖ **De sobre cuartas.** expr. Dícese de las caballerías que preceden inmediatamente a las de **cuartas.** ‖ **En cuartas.** expr. **De cuartas.**

cuartago. m. *Caballo de mediano cuerpo. ‖ **Jaca.**

cuartal. m. *Pan que tiene la cuarta parte de una hogaza. ‖ Medida agraria *superficial, equivalente a algo más de dos áreas. ‖ Medida de *capacidad para áridos, que equivale a cinco litros y seis decilitros. ‖ Duodécima parte de la cuartera, que se divide en cuatro picotines.

cuartán. m. Medida de *capacidad para áridos, equivalente a dieciocho litros. ‖ Medida de *capacidad para *aceite, equivalente a cuatro litros.

cuartana. f. *Calentura que se repite de cuatro en cuatro días. ‖ **doble.** La que repite dos días con uno de intervalo.

cuartanal. adj. Perteneciente a la cuartana.

cuartanario, ria. adj. Que padece cuartanas. Ú. t. c. s. ‖ **Cuartanal.**

cuartar. tr. **Agr.* Dar la cuarta vuelta de arado a las tierras.

cuartazo. m. *Golpe dado con la cuarta (*látigo).

cuartazos. m. fig. y fam. Hombre excesivamente *grueso o corpulento, flojo y *desaliñado.

cuarteador, ra. adj. Que cuartea. Ú. t. c. s. ‖ m. **Encuarte.**

cuartear. tr. *Dividir una cosa en cuartas partes. ‖ Por ext., dividir en más o menos partes. ‖ **Descuartizar.** ‖ Echar la puja del cuarto en las rentas ya rematadas. ‖ Hacer el cuarto jugador en algún *juego. ‖ En las cuestas y malos pasos de los caminos, guiar los *carruajes en zigzag, en vez de seguir la línea recta. ‖ Azotar repetidas veces con la cuarta. ‖ intr. **Taurom.* Hacer el torero un cuarteo al ir a poner banderillas. Ú. t. c. r. ‖ r. *Henderse, agrietarse una pared, un techo, etc.

***cuartel.** m. Cuarta *parte. ‖ Cada uno de los distritos en que se suelen dividir las *ciudades grandes. ‖ **Cuadro** (en los jardines). ‖ **Cuarteto** (estrofa de cuatro *versos). ‖ Porción de un *terreno acotada. ‖ fig. y fam. *Casa o habitación. ‖ **Blas.* Cada una de las cuatro partes de un escudo dividido en cruz. ‖ *Blas.* Cualquiera de las divisiones de un escudo. ‖ *Mar.* En las *embarcaciones, armazón de tablas con que se cierran las escotillas, cañoneras, etc. ‖ → *Mil.* Cada uno de los puestos en que se aloja el ejército de campaña. ‖ *Mil.* *Alojamiento de las tropas al retirarse de campaña. ‖ *Mil.* Edificio destinado para *alojamiento de la tropa. ‖ *Mil.* Buen trato que los ejércitos *victoriosos ofrecen a los vencidos cuando rinden las armas. ‖ *Mil.* *Tributo que pagaban los pueblos por el alojamiento de los soldados. ‖ **de la salud.** **Fort.* Paraje defendido del riesgo. ‖ fig. y fam. Paraje donde se pone en *salvo el que teme algún riesgo o molestia. ‖ **general.** *Campamento donde se establece con su estado mayor el jefe de un ejército. ‖ **maestre,** o **maestre general.** *Mil.* Oficial general encargado de las funciones que hoy desempeña el estado mayor. ‖ **real.** *Mil.* El **cuartel** general cuando se halla en él el rey. ‖ **Franco cuartel.** **Blas.* Primer **cuartel** del escudo, poco menor que el verdadero **cuartel.** ‖ **Estar de cuartel.** fr. *Mil.* Se dice de los *oficiales de graduación, cuando, por no tener destino activo, disfrutan menos sueldo.

cuartelada. f. *Mar.* Cada uno de ciertos trechos en que se considera dividida una *embarcación. ‖ *Rebelión o movimiento sedicioso promovido por fuerzas militares.

cuartelado. m. **Escudo acuartelado.**

cuartelar. tr. **Blas.* Dividir el escudo en cuarteles.

cuartelero, ra. adj. Perteneciente o relativo al cuartel. Ú. t. c. s. ‖ m. *Mar.* *Marinero que cuida de los equipajes. ‖ *Mil.* *Soldado que cuida del aseo y seguridad del dormitorio de su compañía.

cuartelesco, ca. adj. Propio del cuartel militar. ‖ **Soldadesco.**

cuartelillo. m. Lugar en que se *aloja una sección de tropa o de guardia civil.

cuarteo. m. Acción de cuartear o de cuartearse. ‖ *Huida o rápido *movimiento del cuerpo para evitar un golpe o un atropello. ‖ **Al cuarteo.** m. adv. **Taurom.* Cuarteando.

cuartera. f. Medida de *capacidad para áridos, equivalente a unos setenta litros. ‖ Medida *superficial agraria, equivalente a algo más de treinta y seis áreas. ‖ *Madero de quince pies de longitud.

cuarterada. f. Medida *superficial agraria, equivalente a 7.103 metros cuadrados.

cuartero, ra. m. y f. Persona que *cobra las rentas de granos de los cortijos.

cuarterola. f. Barril que hace la cuarta parte de un *tonel. ‖ Medida de *capacidad para líquidos, equivalente a la cuarta parte de la bota. ‖ *Arma de fuego* menor que la tercerola.

cuarterón, na. adj. **Etnogr.* Nacido en América de mestizo y española, o de español y mestiza. Ú. t. c. s. ‖ m. Cuarta *parte. ‖ Cuarta parte de una libra. ‖ **Postigo** (de las *ventanas). ‖ Cada uno de los cuadros o tableros que quedan entre los peinazos de las *puertas y ventanas. ‖ *Arq.* Puntal con que se refuerzan los pares de una *armadura.

cuarteta. f. **Redondilla.** ‖ Combinación de cuatro *versos octosílabos, de las cuales asonantan el segundo y el último.

cuartete. m. **Cuarteto.**

cuarteto. m. Combinación de cuatro *versos endecasílabos, que conciertan en consonantes o asonantes. ‖ **Mús.* Composición para cuatro voces diferentes, o para cuatro instrumentos distintos. ‖ *Mús.* El conjunto de estas cuatro voces o instrumentos.

cuartilla. f. Medida de *capacidad para áridos, cuarte parte de una fanega. ‖ Medida de *capacidad para líquidos, cuarta parte de la cántara. ‖ Cuarta parte de una arroba. ‖ Cuarta parte de un pliego de *papel. ‖ Antigua *moneda mejicana de plata. ‖ En las *caballerías, parte que media entre los menudillos y la corona del casco.

cuartillo. m. Medida de *capacidad para áridos, cuarta parte de un celemín. ‖ Medida de *capacidad para líquidos, cuarta parte de una azumbre. ‖ Cuarta parte de un real. ‖ *Moneda antigua de vellón ligada con plata, que valía la cuarta parte de un real. ‖ **Andar a tres menos cuartillo.** fr. fig. y fam. Estar alcanzado o hallarse en la *pobreza. ‖ fig. y fam. *Reñir o contender. ‖ **Ir de cuartillo.** fr. *Participar en un negocio a pérdidas y ganancias.

cuartilludo, da. adj. Aplícase a la caballería larga de cuartillas.

cuartizo. m. **Cuartón** (*madero).

cuarto, ta. adj. Que corresponde en *orden al número 4. ‖ Dícese de cada una de las cuatro *partes iguales en que se divide un todo. Ú. t. c. s. m. ‖ m. Parte de una *casa, destinada para una familia. ‖ **Habitación.** ‖ Antigua *moneda de cobre española, cuyo valor era el de unos tres céntimos de peseta. ‖ **Geneal.* Cada una de las cuatro líneas de los abuelos paternos y maternos. ‖ Por ext., cada una de las líneas de los antepasados más distantes. ‖ Cada una de las cuatro partes mayores de que se compone un *vestido. ‖ Cada una de las cuatro partes en que, después de cortada la cabeza, se dividía el cuerpo de los malhechores para exponerlo en lugares públicos. ‖ Cada una de las cuatro partes en que se divide la *hora. ‖ Cada una de las cuatro partes en que dividían la *noche las *centinelas. ‖ Cada una de las cuatro partes en que se considera dividido el cuerpo de los *cuadrúpedos y *aves. ‖ **Veter.* Abertura que se hace a las caballerías en las partes laterales de los cascos. ‖ Cada una de las suertes, en que se divide un terreno para vender los *pastos. ‖ Servidumbre del *rey o de otro individuo de la real familia. ‖ *Mil.* Cada uno de los cuatro grupos en que suele dividirse la fuerza de las *guardias. ‖ *Mil.* Tiempo que está de *centinela cada uno de los de tropa. ‖ pl. Miembros de la *caballería o de cualquier animal robusto y fornido. ‖ fig. y fam. **Dinero.** ‖ **Cuarto de banderas.** *Mil.* Sala de los cuarteles en que se custodian las banderas. ‖ **de conversión.** **Esgr.* y **Mil.* Movimiento que se hace girando hasta una **cuarta** parte del círculo. ‖ **de culebrina. Sacre** (especie de *cañón). ‖ **de estar.** *Habitación para la vida ordinaria de la *familia. ‖ **delantero.** Parte anterior del cuerpo de los cuadrúpedos y *aves. ‖ **de final.** **Deporte.* Cada una de las cuatro antepenúltimas pruebas de un campeonato o competición deportiva. ‖ **de *Luna.** *Astron.* **Cuarta** parte del tiempo que tarda desde una conjunción a otra con el Sol. ‖ **trasero.** Parte posterior de los cuadrúpedos y aves. ‖ **vigilante.** *Mil.* Fuerza que en cada *guardia está sobre las armas, o pronta a tomarlas. ‖ **Dar un cuarto al pregonero.** fr. fig. y fam. *Revelar y hacer *pública una cosa que debía callarse. ‖ **De tres al cuarto.** expr. con que se pondera la *futilidad o escaso valor de una cosa. ‖ **Echar** uno **su cuarto a espadas.** fr. fig. y fam. *Entremeterse en la conversación de otros. ‖ **En cuarto.** expr. Dícese del *libro cuyo tamaño corresponde a la **cuarta** parte de un pliego de papel sellado. ‖ **En cuarto mayor.** expr. Dícese del *libro, cuyo tamaño corresponde a la **cuarta** parte de un pliego de papel de marca superior a la ordinaria en España. ‖ **En cuarto menor.** expr. En **cuarto** inferior a la marca ordinaria. ‖ **En cuarto prolongado.** expr. **En cuarto mayor.** ‖ **Estar** uno **sin un cuarto.** fr. fig. y fam. **No tener un cuarto.** ‖ **Hacer** a uno **cuartos.** fr. Descuartizarle. ‖ **Írsele** a uno **cada cuarto por su lado.** fr. fig. y fam. Ser muy *desgarbado. ‖ **No tener** uno **un cuarto.** fr. fig. y fam. Estar muy *pobre. ‖ **Poner cuarto.** fr. Separar *habitación a uno. ‖ Amueblar y disponer vivienda para sí o para otro. ‖ **Tener** uno **buenos cuartos.** fr. fam. Ser muy *fuerte y robusto.

cuartodecimano, na. adj. Aplícase al *hereje de una secta que fijaba la pascua en la luna de marzo, aunque no cayese en domingo. Ú. t. c. s.

cuartogénito, ta. adj. *Nacido en cuarto lugar. Ú. t. c. s.

cuartón. m. *Madero que resulta de aserrar longitudinalmente en cruz una pieza enteriza. ‖ **Madero.** ‖ Cierta medida de *capacidad para líquidos. ‖ Pieza de *tierra de labor de figura cuadrangular.

cuartucho. m. despect. Habitación ruin.

***cuarzo.** m. *Miner.* Anhídrido silíceo, de brillo vítreo y color blanco que varía según las substancias con que está mezclado. ‖ **ahumado.** El de color negruzco. ‖ **hialino. Cristal de roca.**

cuarzoso, sa. adj. Que tiene cuarzo.

cuasi. adv. c. **Casi.**

cuasia. f. *Planta rutácea, cuya corteza y raíz, de sabor muy amargo, se emplean en medicina.

cuasicontrato. m. **For.* Hecho lícito del cual, por equidad, se derivan obligaciones y derechos.

cuasidelito. m. *For.* Acción dañosa para otro, cometida por culpa o negligencia, pero sin dolo.

cuasimodo. m. **Domingo de cuasimodo.**

cuate, ta. adj. **Gemelo** (*hermano de un mismo parto. Ú. t. c. s. ‖ *Igual o semejante.

cuatequil. m. ***Maíz.**

cuaterna. f. En el juego de la *lotería antigua, suerte que consistía en sacar cuatro números de una de las combinaciones que llevaba un jugador.

cuaternario, ria. adj. Que consta de cuatro unidades, *números o elementos. Ú. t. c. s. m. ‖ **Geol.* Dícese del terreno sedimentario más moderno. Ú. t. c. s. ‖ *Geol.* Perteneciente a este terreno.

cuaternidad. f. *Conjunto de cuatro personas o cosas.

cuaterno, na. adj. Que consta de cuatro *números.

cuatezón, na. adj. Dícese del animal que debiendo tener *cuernos carece de ellos.

cuati. m. Especie de *mono americano parecido al macaco, pero provisto de uñas fuertes que le sirven para trepar a los árboles.

cuatorvirato. m. Dignidad de cuatorviro.

cuatorviro. m. Cada uno de los cuatro *magistrados romanos que presidían el gobierno de la ciudad.

cuatralbo, ba. adj. Que tiene blancos los cuatro *pies. ‖ m. Jefe de cuatro galeras.

cuatratuo, tua. adj. **Cuarterón** (mestizo).

cuatreño, ña. adj. Dícese de la *res vacuna que tiene más de cuatro hierbas y menos de cinco.

cuatrero. adj. V. ***Ladrón cuatrero.** Ú. t. c. s.

cuatriduano, na. adj. De cuatro *días.

cuatriduo. m. *Culto piadoso que dura cuatro *días.

cuatrienal. adj. **Cuadrienal.**

cuatrienio. m. **Cuadrienio.**

cuatrillo. m. Juego de *naipes semejante al tresillo, con cuatro jugadores.

cuatrillón. m. Un millón de trillones.

cuatrimestre. adj. Que dura cuatro *meses. ‖ Espacio de cuatro meses.

cuatrín. m. *Moneda antigua de pequeño valor.

cuatrinca. f. *Conjunto de cuatro personas o cosas. Ú. m. hablando de *oposiciones a cátedras. ‖ En el juego de la báciga, reunión de cuatro *naipes semejantes.

cuatrisílabo. ba. adj. De cuatro sílabas. Ú. t. c. s. m.

cuatro. adj. Tres y uno. ‖ **Cuarto.** Apl. a los días del mes, ú. t. c. s. ‖ m. Signo o cifra con que se representa el *número **cuatro.** ‖ *Naipe que tiene **cuatro** señales. ‖ En el *juego de la chirinola, bolillo que se pone separado de los otros nueve. ‖ En el *juego de la rayuela, cuadro que se forma en medio. ‖ El que *representa a **cuatro** personas. ‖ Composición que se *canta a cuatro voces. ‖ *Guitarrilla venezolana de **cuatro** cuerdas. ‖ *Germ.* **caballo.** ‖ **de menor.** *Germ.* **Asno.** ‖ **Más de cuatro.** expr. fig. y fam. Muchas personas.

cuatrocentista. m. Nombre que suele darse a los *escritores y *artistas italianos del siglo XV.

cuatrocientos, tas. adj. Cuatro veces ciento. ‖ **Cuadringentésimo.** ‖ m. Conjunto de signos con que se representa el *número **cuatrocientos.**

cuatrodoblar. tr. *Multiplicar por cuatro.

cuatropea. f. *Impuesto que se pagaba por la venta de *caballerías en los mercados. ‖ *Cuadrúpedo, bestia de cuatro pies. ‖ *Feria de ganado.

cuatropeado. m. Cierto movimiento de la *danza española antigua.

cuatropear. intr. *Andar a gatas.

cuatropeo. m. *Germ.* **Cuartago.**

cuatrotanto. m. Cuádruplo.

***cuba.** f. Ricipiente de madera formado de duelas unidas y aseguradas con aros de hierro, madera, etc. ‖ V. **Horno de cuba.** ‖ fig. Todo el líquido que cabe en una **cuba.** ‖ fig. y fam. V. **Tapón de cuba.** ‖ fig. y fam. Persona que bebe mucho vino. ‖ *Metal.* Parte del hueco interior de un *horno alto. ‖ **Calar las cubas.** fr. Medir con una vara la cantidad que contienen. ‖ **Estar** uno **hecho una cuba.** fr. fig. y fam. Estar *borracho.

cubano, na. adj. Natural de Cuba. Ú. t. c. s. ‖ Perteneciente a esta república.

cubeba. f. *Arbusto trepador de las piperáceas, cuyo fruto es parecido a la pimienta. ‖ Fruto de este arbusto.

cubelo. m. **Fort.* Cuerpo redondo puesto en los ángulos de las murallas o cortinas.

cubera. f. *Pez de las Antillas.

cubería. f. Arte u oficio del cubero. ‖ Taller o tienda del cubero.
cubero. m. El que hace o vende cubas.
cubertura. f. **Cobertura** (ceremonia de cubrirse los grandes de España).
cubeta. f. d. de **Cuba.** ‖ Herrada con asa. ‖ *Cuba manual que usaban los aguadores. ‖ *Fís.* Depósito de mercurio, en la parte inferior del *barómetro. ‖ Parte inferior del arpa, donde están los resortes de los pedales. ‖ Recipiente rectangular y de poco fondo que se usa en distintas operaciones químicas, y especialmente en las *fotográficas.
cubeto. m. d. de **Cubo.** ‖ Vasija de madera, más pequeña que la cubeta.
cúbica. f. *Tela de lana, más fina que la estameña.
cubicación. f. Acción y efecto de cubicar.
cubicar. tr. **Mat.* Elevar un número a la tercera potencia. ‖ *Geom.* Medir el *volumen de un cuerpo o la capacidad de un espacio.
cúbico, ca. adj. **Geom.* Perteneciente al cubo. ‖ De figura de cubo geométrico, o parecido a él.
cubiculario. m. El que prestaba *servicio a las inmediatas órdenes de príncipes o grandes señores.
cubículo. m. Alcoba, aposento, *habitación.
cubichete. m. Pieza con que se cubrían el oído y la llave de las piezas de *artillería. ‖ *Mar.* *Tablado en forma de caballete para impedir la entrada del agua en el combés, cuando el *buque da de quilla.
***cubierta.** f. Lo que se pone encima de una cosa para taparla u ocultarla. ‖ **Sobre** (de *carta). ‖ Forro de papel del *libro en rústica. ‖ fig. *Pretexto. ‖ *Germ.* **Saya.** ‖ *Arq.* Parte exterior de la *techumbre de un edificio. ‖ *Mar.* Cada uno de los suelos que dividen las estancias de la *embarcación, y en especial el que está a la intemperie. ‖ Parte exterior del neumático de las *ruedas de *automóviles, bicicletas, etc.
cubiertamente. adv. m. **A escondidas.**
***cubierto, ta.** p. p. irreg. de **Cubrir.** ‖ m. Servicio de *mesa que se pone a cada uno de los que han de comer. ‖ → Juego compuesto de cuchara, tenedor y cuchillo. ‖ Plato o bandeja con una servilleta encima, para servir pastas, bizcochos, etc. ‖ Conjunto de viandas que se ponen a un mismo tiempo en la mesa. ‖ *Comida que se da a una persona, por precio determinado en los comedores públicos, cafés, fondas, etc. ‖ Techumbre.
***cubil.** m. Cueva o paraje donde los animales se recogen para dormir. ‖ *Cauce de las aguas corrientes.
cubilar. m. **Cubil** (guarida). ‖ **Majada.**
cubilar. intr. **Majadear** (hacer noche, albergarse).
cubilete. m. *Vaso de metal que usan como *molde los cocineros y pasteleros. ‖ Vaso de forma de cono truncado, del cual se valen los *prestidigitadores. ‖ Vaso de igual figura que se usaba para *beber. ‖ Vianda de carne picada, que se *guisa dentro del **cubilete** de metal. ‖ *Pastel de figura de **cubilete,** lleno de carne picada. ‖ Vaso angosto y hondo, que ordinariamente se hace de cuerno, y sirve para menear los *dados. ‖ fig. y fam. V. **Juego de cubiletes.**
cubiletear. intr. Manejar los cubiletes. ‖ fig. Valerse de *engaños y artificios para lograr un propósito.
cubileteo. m. Acción de cubiletear.
cubiletería. f. En las fábricas de *vidrio, conjunto de piezas huecas.
cubiletero. m. Jugador de cubiletes. ‖ **Cubilete** (para *pasteles).
cubilote. m. *Horno en que se refunde el hierro colado para echarlo en los moldes.
cubilla. f. **Cubillo** (carraleja).
cubillo. m. **Carraleja** (*insecto). ‖ Pieza para *enfriar el agua que se sirve en la *mesa. ‖ Aposento pequeño que había en los *teatros de Madrid, debajo de los palcos principales.
cubismo. m. Escuela de *pintores y *escultores que emplean preferentemente en sus composiciones formas cúbicas o angulares.
cubista. adj. Partidario o secuaz del cubismo. Ú. t. c. s.
cubital. adj. Perteneciente o relativo al codo. ‖ Que tiene un codo de longitud.
cúbito. m. *Zool.* *Hueso el más grueso y largo de los dos que forman el antebrazo.
cubo. m. *Vasija grande en figura de cono truncado, con asa en la parte más ancha. ‖ Pieza central de las *ruedas de los carruajes, en la que encajan los rayos y a través de la cual pasa el eje. ‖ Cilindro hueco en que remata por abajo la *bayoneta. ‖ Cilindro hueco en que remata por abajo la moharra de la *lanza. ‖ **Mechero** (de los candeleros). ‖ Estanque que se hace en los *molinos para almacenar el agua. ‖ Pieza que tienen algunos *relojes de bolsillo, en la cual se arrolla la cuerda. ‖ **Fort.* Torreón circular de las fortalezas antiguas.
cubo. m. **Mat.* Tercera potencia de un número. ‖ *Arq.* Adorno en relieve y de figura cúbica en los *techos artesonados. ‖ **Geom.* Sólido regular limitado por seis cuadrados iguales.
cubocubo. m. **Mat.* Novena potencia de un número.
cuboides. adj. *Zool.* V. **Hueso cuboides.** Ú. t. c. s.
cubrecadena. m. Pieza que cubre la cadena de las *bicicletas.
cubrecama. m. **Sobrecama.**
cubrecaras. m. **Fort.* Nombre de ciertas obras permanentes que cubren las caras de los baluartes.
cubrecorsé. m. Prenda de *vestir que usan las mujeres sobre el corsé.
cubrechimenea. m. Pieza que protege la chimenea de las *armas de fuego*.
cubreespaldas. m. **Fort.* Espaldón con que se protegen las baterías de sitio contra un ataque de retaguardia.
cubrejunta. m. **Carp.* Listón para tapar las juntas.
cubremantel. m. *Mantel de adorno que se pone sobre el corriente.
cubrenuca. f. *Mil.* **Cogotera.** ‖ *Mil.* Parte inferior del casco de la *armadura, que cubría la nuca.
cubrepán. m. Hierro en forma de escuadra y con un palo largo por mango, que sirve a los *pastores para arrimar el fuego a la torta.
cubrepiés. m. *Manta pequeña que se pone a los pies de la *cama.
cubreplatos. m. Cobertura de tela metálica muy tupida, de forma semiesférica, que se coloca sobre un *plato para preservar el contenido de éste.
cubrición. f. Acción y efecto de cubrir el animal macho a la hembra para la *generación.
cubriente. p. a. de **Cubrir.** Que cubre.
***cubrimiento.** m. Acción y efecto de cubrir, tapar u ocultar una cosa con otra.
***cubrir.** tr. Ocultar y tapar una cosa con otra. Ú. t. c. r. ‖ Recubrir completa o incompletamente la superficie de una cosa. Ú. t. c. r. ‖ fig. Ocultar o *disimular una cosa con arte. ‖ fig. Juntarse el macho con la hembra para la *generación. ‖ *Arq.* Poner el *techo a la fábrica, o techarla. ‖ **Mil.* Defender un puesto. ‖ r. Ponerse el *sombrero, la gorra, etc. ‖ Tomar un grande de España posesión de su dignidad, poniéndose el sombrero delante del *rey. ‖ fig. *Pagar o satisfacer. ‖ fig. Procurarse una *garantía contra cualquier responsabilidad, riesgo o perjuicio. ‖ *Fort.* Defenderse con reparos de los ataques del *sitiador. ‖ *Veter.* Se dice de las *caballerías que al tiempo de andar cruzan algo las manos o los pies.
cuca. f. **Chufa** (*tubérculo). ‖ **Cuco** (*oruga). ‖ fam. Mujer enviciada en el *juego. ‖ *Ave zancuda americana semejante a la garza europea. ‖ pl. Nueces, avellanas y otros *frutos análogos. ‖ **Cuca y matacán.** Cierto juego de *naipes. ‖ **Mala cuca.** fig. y fam. Persona maliciosa o *perversa.
cucamonas. f. pl. fam. **Carantoñas.**
cucaña. f. Palo largo, untado de jabón o de grasa, por el cual se ha de andar en equilibrio o trepar, para coger como premio un objeto atado a su extremidad. ‖ *Diversión de ver trepar o avanzar por dicho palo. ‖ fig. y fam. Lo que se *consigue con poco trabajo.
cucañero, ra. adj. fig. y fam. Que tiene *habilidad para lograr las cosas con poco trabajo. Ú. t. c. s.
cucar. tr. **Guiñar** (los ojos). ‖ Hacer *burla. ‖ Entre *cazadores, avisarse de la proximidad de una pieza. ‖ intr. *Huir un animal picado por la mosca.
cucaracha. f. **Cochinilla** ‖ *Insecto ortóptero, nocturno, de color negro por encima y rojizo por debajo, que anida en los sitios húmedos y obscuros y devora toda clase de comestibles. ‖ *Insecto americano del mismo género que el anterior, con el cuerpo rojizo, que es muy frecuente en los barcos transatlánticos. ‖ **Tabaco de cucaracha.**
cucarachera. f. Aparato para coger cucarachas.
cucarachero. adj. V. **Tabaco cucarachero.**
cucarda. f. **Escarapela** (divisa para el sombrero). ‖ Cada una de las dos piezas con que se adornan las frontaleras de la *brida. ‖ **Cant.* *Martillo de boca ancha y cubierta de puntas de diamante.
cucarro. adj. Dícese del muchacho vestido de *monje. ‖ Decíase del fraile aseglarado.
cuclillas (en). m. adv. con que se explica la postura del cuerpo *encogido de suerte que las asentaderas descansen en los calcañares.
cuclillo. m. *Ave trepadora, poco menor que una tórtola. ‖ fig. Marido cuya mujer comete *adulterio.
cuco. m. **Coco** (para asustar a los niños).
cuco, ca. adj. fig. y fam. Pulido, de aspecto *agradable. ‖ fig. y fam. Taimado y *astuto. Ú. t. c. s. ‖ m. *Larva de cierta mariposa nocturna. ‖ **Cuclillo** (*ave). ‖ **Malcontento** (juego de *naipes). ‖ fam. **Tahúr.**
cucú. m. Canto del cuclillo.
cucubá. m. *Ave nocturna americana, parecida a la lechuza.

cucuiza. f. *Hilo obtenido de la pita.
cuculí. m. Especie de *paloma silvestre americana.
cuculla. f. Prenda de vestir antigua a modo de *capucha. ‖ **Cogulla.**
cucúrbita. f. **Retorta** (vasija para operaciones químicas).
***cucurbitáceo, a.** adj. **Bot.* Aplícase a plantas dicotiledóneas de tallo sarmentoso, como la calabaza, el melón, etc. Ú. t. c. s. ‖ f. pl. *Bot.* Familia de estas plantas
cucurucho. m. Papel o cartón arrollado en forma *cónica, que se usa como *envoltorio.
cucuy. m. **Cucuyo.**
cucuyo. m. **Cocuyo.**
cuchar. f. **Cuchara.** ‖ V. **Ave de cuchar.** ‖ Medida antigua de *capacidad para granos, equivalente a un tercio de cuartillo. ‖ Cantidad de grano que cabía en esta medida. ‖ Cierto *tributo que se pagaba sobre los granos. ‖ **herrera.** *Cuchara de hierro.
cuchar. tr. *Abonar las tierras con cucho.
***cuchara.** f. Utensilio de mesa que termina en una palita cóncava y sirve para llevar a la boca las cosas líquidas. ‖ V. **Ave de cuchara.** ‖ Cazo o *vasija de metal con mango largo, que sirve para sacar de las tinajas el agua o aceite. ‖ *Artill.* Chapa abarquillada, con mango largo de madera, que sirve para introducir la pólvora en los *cañones. ‖ *Mar.* **Achicador.** ‖ **Hacer cuchara.** Hacer pucheros el que va a *llorar. ‖ **Media cuchara.** fig. y fam. Persona *torpe o de *mediana inteligencia. ‖ **Meter** a uno **con cuchara** una cosa. fr. fig. y fam. *Explicársela prolijamente. ‖ **Meter** uno su **cuchara.** fr. fig. *Entremeterse en la conversación de otros o en asuntos ajenos.
cucharada. f. Porción que cabe en una cuchara. ‖ **Meter** uno su **cucharada.** fr. fig. y fam. **Cucharetear** (*entremeterse).
cucharal. m. *Bolsa en que los pastores guardan las cucharas.
cuchareo. m. **Mar.* Movimiento combinado de cabeceo y balance.
cucharero, ra. m. y f. Persona que hace o vende cucharas. ‖ m. **Cucharetero** (lugar para colocar las cucharas).
cuchareta. f. d. de **Cuchara.** ‖ Especie de *trigo con espigas casi tan anchas como largas. Ú. t. c. adj. ‖ **Veter.* Inflamación del hígado en el ganado lanar. ‖ **Renacuajo.** ‖ *Ave zancuda americana.
cucharetear. intr. fam. Meter y sacar la cuchara en la olla para *agitar su contenido. ‖ fig. y fam. *Entremeterse en los negocios ajenos.
cucharetero, ra. m. y f. Persona que hace o vende cucharas de palo. ‖ m. Listón con agujeros, para colocar las cucharas en la cocina. ‖ fam. Fleco que se ponía en la parte inferior de las *enaguas.
cucharilla. f. d. de **Cuchara.** ‖ **Veter.* Enfermedad del hígado en los cerdos. ‖ Varilla de hierro con una punta ensanchada y acodada, que sirve para sacar el polvo del fondo de los *barrenos.
cucharón. m. aum. de **Cuchara.** ‖ Cacillo de metal o *cuchara grande, que sirve para repartir ciertos manjares en la mesa.
cucharreta. f. **Arq. Nav.* Cucharro superior de popa.
cucharro. m. **Arq. Nav.* Pedazo de tablón que sirve para entablar la popa y la proa u otros parajes de la embarcación.
cuchi. m. **Cochino.**
cuchichear. intr. *Hablar a uno en voz baja o al oído.
cuchicheo. m. Acción y efecto de cuchichear.
cuchichiar. intr. Cantar la *perdiz.
cuchilla. f. *Cuchillo de hoja muy ancha, de un solo corte. ‖ **Archa.** ‖ Instrumento de hierro acerado, de varias formas, para cortar. ‖ Hoja de cualquier *arma blanca* de corte. fig. *Montaña escarpada de cumbre aguda y larga. ‖ fig. poét. ***Espada.**
cuchillada. f. Golpe de cuchillo, espada u otra arma de corte. ‖ *Herida que resulta. ‖ pl. Aberturas que tenían algunos *vestidos para que por ellas se viese otra tela de distinto color. ‖ fig. *Contienda o riña. ‖ **Cuchillada de cien reales.** fig. **Cuchillada** grande. ‖ **Dar cuchillada.** fr. fig. y fam. En competencias de *teatros, obtener la preferencia del público.
cuchillar. adj. Perteneciente al cuchillo o parecido a él.
cuchillazo. m. aum. de ***Cuchillo.** ‖ **Cuchillada.**
cuchilleja. f. d. de **Cuchilla.**
cuchillejo. m. d. de **Cuchillo.**
cuchillería. f. Oficio de cuchillero. ‖ Taller en donde se hacen cuchillos. ‖ *Tienda en donde se venden. Barrio o *calle donde estaban estas tiendas.
cuchillero. m. El que hace o vende cuchillos. ‖ **Abrazadera.** ‖ *Arq.* Abrazadera de hierro que en el extremo inferior del pendolón sujeta la viga tirante de las *armaduras.
***cuchillo.** m. Utensilio compuesto de una hoja de hierro acerado y de un corte solo, con mango de metal, madera u otra cosa. ‖ fig. Pieza o *remiendo, ordinariamente triangular, que se suele echar en los *vestidos. Ú. m. en pl. ‖ fig. Cada una de las dos piezas triangulares que, en las *medias antiguas, empalmaban la caña con el pie. ‖ fig. *Jurisdicción para gobernar, castigar y hacer cumplir las leyes. ‖ fig. Cualquiera cosa de figura *triangular. ‖ *Arq.* Armazón triangular de madera o hierro que, colocada verticalmente sobre apoyos, forma parte de la *armadura de un edificio o sostiene el piso de un *puente. ‖ *Cetr.* Cada una de las seis *plumas del ala del *halcón inmediatas a la principal. ‖ *Mar.* V. **Vela de cuchillo.** ‖ **bayoneta.** El que reemplaza a la antigua bayoneta. ‖ **de monte.** El grande de que se sirven los cazadores. ‖ **mangorrero.** El tosco y mal forjado. ‖ **Matar** a uno **con cuchillo de palo.** fr. fig. Mortificarle pacientemente. ‖ **Pasar a cuchillo.** fr. Dar *muerte a los defensores de una plaza tomada por asalto.
cuchillón. m. aum. de **Cuchillo.** ‖ **Doladera.**
cuchipanda. f. fam. *Comida o banquete en que reina gran regocijo y bullicio.
cuchitril. m. **Cochitril.**
cucho. m. *Abono hecho con estiércol y materias vegetales.
cucho. m. *Sombrero de forma cónica usado por algunos campesinos de América.
cuchuchear. intr. **Cuchichear.** ‖ fig. y fam. Traer o llevar *chismes.
cuchufleta. f. fam. Dicho o palabras de *broma o chanza.
cudria. f. Trenza o *soga de esparto crudo con que se ensogan las *espuertas.
cueca. f. **Zamacueca.** ‖ Juego del *peón en que se procura herir con el rejón el peón de otro jugador. ‖ *Baile popular chileno.
cuélebre. m. **Dragón** (animal *quimérico).
cuelga. f. Conjunto de los hilos de *uvas o de las panojas de peras u otras *frutas que se cuelgan para conservarlas durante el invierno. ‖ fam. *Regalo que se da a uno en el día de su cumpleaños.
cuelgacapas. m. Mueble para *colgar la capa.
cuelmo. m. **Tea** (astilla de madera).
cuellicorto, ta. adj. Que tiene corto el *cuello.
cuellierguido, da. adj. Tieso y levantado de *cuello.
cuellilargo, ga. adj. Largo de *cuello.
***cuello.** m. Parte del cuerpo, que une la cabeza con el tronco. ‖ Tallo que arroja cada cabeza de *ajos, *cebolla, etc. ‖ Parte superior y más angosta de una *vasija, próxima a su boca. ‖ Tira de tela que, en la parte superior de los vestidos, corresponde al cuello. ‖ **Alzacuello.** ‖ Adorno suelto o abrigo de tela, encaje, piel, etc., que se pone alrededor del pescuezo. ‖ La parte más *estrecha y delgada de un cuerpo redondo. ‖ En los *molinos de aceite, parte de la viga más inmediata a la tenaza. ‖ **Levantar** uno **el cuello.** fr. fig. y fam. **Levantar cabeza.**
cuenca. f. *Plato o escudilla de madera, que suelen traer algunos peregrinos. ‖ Cavidad en que está cada uno de los *ojos. ‖ *Valle o terreno rodeado de alturas. ‖ Territorio cuyas *aguas afluyen todas a un mismo lugar, *río, mar, etc.
Cuenca. n. p. V. **Pino de Cuenca.**
cuencano, na. adj. Natural de la ciudad de Cuenca (Ecuador). Ú. t. c. s.
cuenco. m. *Vasija de barro, honda y sin reborde. ‖ **Concavidad.** ‖ Cuezo para *colar. ‖ *Canasto de colar.
cuenda. f. *Hilo que recoge y divide la madeja para que no se enmarañe.
***cuenta.** f. Acción y efecto de contar. ‖ Cálculo u operación aritmética. ‖ Pliego que contiene alguna razón compuesta de varias partidas. ‖ Cierto número de hilos que deben tener los *tejidos según sus cualidades. ‖ Razón o *explicación de alguna cosa. ‖ Cada una de las bolitas taladradas que componen el *rosario. ‖ *Cuidado, cargo, *obligación. ‖ **Cálculo.** ‖ **corriente.** *Com.* Cada una de las que se llevan a las personas o entidades a cuyo nombre están abiertas. ‖ **de leche.** Bolita de calcedonia que han usado como *amuleto las mujeres que crían, para atraer leche a los pechos. ‖ **de perdón. Cuenta** más gruesa que las del *rosario. ‖ **La cuenta de la vieja.** fig. y fam. La que se hace por los dedos. ‖ **Cuentas alegres.** fam. **Cuentas galanas.** ‖ **Cuentas en participación.** *Com.* **Sociedad accidental.** ‖ **Cuentas galanas.** fam. *Esperanzas o cálculos lisonjeros y poco fundados. ‖ **Las cuentas del Gran Capitán.** fig. y fam. Las *excesivas y arbitrarias. ‖ **Abrir cuenta.** fr. *Com.* Iniciarla. ‖ **A buena cuenta.** m. adv. Dícese de la cantidad que se da o recibe provisionalmente. ‖ **A cuenta.** m. adv. Sobre la fe de otro, ‖ **Ajustar cuentas.** fr. fam. que se usa por *amenaza. ‖ **A la cuenta.** m. adv. **Por la cuenta.** ‖ **Caer uno en la cuenta.** fr. fig. y fam. Venir en conocimiento de una cosa o *comprenderla. ‖ **Cerrar la cuenta.** fr.

Saldarla. || **Con cuenta y razón.** m. adv. Con *exactitud. || fig. Con *precaución. || **¡Cuenta!** interj. **¡Cuidado!** || **Danzar de cuenta.** fr. *Danzar ciertos bailes de figuras. || **Dar cuenta de** una cosa. fr. fig. y fam. Dar fin de ella. || **Dar** uno **en la cuenta.** fr. fig. y fam. **Caer en la cuenta.** || **De cuenta.** loc. De *importancia. || **De cuenta y riesgo de uno** m. adv. Bajo su responsabilidad. || **Echar la cuenta.** fr. Ajustarla. || **En cuenta.** m. adv. **A buena cuenta.** || **En resumidas cuentas.** m. adv. fig. y fam. En *resumen o con brevedad. || **Entrar** una cosa **en cuenta.** fr. Ser tenida presente. || **Entrar** uno **en cuentas consigo.** fr. fig. *Reflexionar para en adelante lo que importa. || **Estar fuera de cuenta.** fr. Haber cumplido ya los nueve meses la mujer *preñada. || **Girar la cuenta.** fr. Hacerla y enviarla al deudor. || **Hacer,** o **hacerse,** uno **cuenta,** o **la cuenta.** fr. Dar por *supuesto. || **Llevar la cuenta.** fr. Asentar las partidas que la han de componer. || **No salirle** a uno **la cuenta.** fr. fig. Fallar sus cálculos; *malograrse sus esperanzas. || **No tener cuenta con** una cosa. fr. No querer mezclarse en ella; *abstenerse. || **Pedir cuenta.** fr. Preguntar la razón o el motivo de alguna cosa. || **Perder la cuenta.** fr. con que se explica ser muy difícil acordarse de las cosas por su mucha *abundancia o *antigüedad. || **Poner en cuenta.** fr. Añadir algunas razones a las ya conocidas. || **Por la cuenta.** m. adv. Al parecer, en *apariencia. || **Por mi cuenta** m. adv. A mi *juicio. || **Tener cuenta** una cosa. fr. Ser *útil o provechosa. || **Tener en cuenta.** fr. Tener presente, considerar. || **Tomar cuentas.** fr. *Examinar minuciosamente los actos de una persona. || **Tomar en cuenta.** fr. Admitir alguna partida en parte de pago de lo que se debe. || fig. Apreciar, recordar un favor o alguna circunstancia favorable para otro. || **Vivir** uno **a cuenta de** otro. fr. *Depender de él enteramente.

cuentacorrentista. com. Persona que tiene cuenta corriente.

cuentadante. adj. Dícese de la persona que da *cuenta de fondos que ha manejado. Ú. t. c. s.

cuentagotas. m. Utensilio o artificio para verter un líquido *gota a gota.

cuentahílos. m. *Lente o microscopio para contar el número de hilos de una *tela.

cuentakilómetros. m. Aparato que registra los kilómetros recorridos por un vehículo *automóvil.

cuentapasos. m. **Podómetro.**

cuentero, ra. adj. *Chismoso. Ú. t. c. s.

cuentezuela. f. d. de **Cuenta.**

cuentista. adj. fam. *Chismoso. Ú. t. c. s. || com. Persona que suele narrar o escribir *cuentos.

***cuento.** m. Relación de un suceso. || Narración, de palabra o por escrito de un suceso *falso. || Fábula que se cuenta a los muchachos para divertirlos. || Obra *literaria de poca extensión y de asunto sencillo. || **Cómputo.** || fam. *Chisme o enredo. || fam. Quimera, *enemistad, pique. || **Arit.* **Millón.** || **de cuentos.** *Arit.* Un millón de millones, billón. || **de horno.** *Rumor de que hace conversación la gente común. || **de viejas.** fig. Noticia *falsa o fabulosa. || **largo.** fig. *Asunto de que hay mucho que decir. || **El cuento de nunca acabar.** fig. y fam. Asunto cuya solución se *retarda indefinidamente. || **A cuento.** m. adv. Al caso, al propósito. || **Degollar el cuento.** fr. fig. y fam. *Interrumpir el hilo del discurso. || **Dejarse de cuentos.** fr. fig. y fam. Ir* directamente a lo más *importante. || **Despachurrar,** o **destripar** a uno **el cuento.** fr. fig. y fam. *Interrumpirlo adelantando el desenlace. || **En todo cuento.** m. adv. **En todo caso.** || **Ése es el cuento.** fr. fam. En eso consiste la *dificultad o la *importancia del asunto. || **Estar** uno **en el cuento.** fr. Estar bien informado, *saber de qué se trata. || **Hablar en el cuento.** fr. Hablar de lo que se trata. || **Quitarse de cuentos.** fr. Atender sólo a lo más *importante de una cosa. || **Ser mucho cuento.** fr. fam. de que se usa para *ponderar mucho una cosa. || **Sin cuento.** loc. fig. Sin cuenta, o sin número. || **Traer a cuento.** fr. Injerir algún tema remoto en un discurso o conversación. || **Va de cuento.** expr. fam. que sirve para dar principio a la *narración. || **Venir a cuento** una cosa. fr. fam. **Venir al caso.** || fam. Ser *conveniente por algún concepto. || **Venirle** a uno **con cuentos.** fr. fam. Contarle *chismes o cosas que no quiere saber.

cuento. m. Regatón o contera de la *lanza, *bastón, etc. || Pie derecho o puntal. || *Cetr.* Parte por donde se dobla el *ala de las aves.

cuentón, na. adj. fam. **Cuentista** (*chismoso). Ú. t. c. s.

cuera. f. **Indum.* Especie de jaquetilla de piel, que se usaba sobre el jubón. || **de ámbar.** La perfumada con ámbar. || **de armar.** La que se ponía debajo del arnés.

***cuerda.** f. Conjunto de hilos de cáñamo u otra materia textil que, torcidos, forman un solo cuerpo más o menos grueso, largo y flexible. || Hilo hecho con una tira retorcida de tripa de carnero, que se emplea en muchos *instrumentos músicos. || Alambre de acero o cordón de seda entorchado que se usan para el mismo fin. || **Mecha** (para las *armas de fuego*). || Medida de *longitud de ocho varas y media. || Medida *superficial agraria equivalente a una fanega. || Cadenita que en los *relojes antiguos se arrollaba por un extremo en el cubo y por el otro en el tambor que contiene el muelle. || Cada una de las **cuerdas** o cadenas que sostienen las pesas en los *relojes de pared. || Conjunto de penados que van atados a cumplir en la *cárcel su condena. || *Cumbre aparente de las montañas. || **Cordel.** || *Cant.* Línea de arranque de una bóveda o *arco. || **Geom.* *Línea recta que une los extremos de un arco. || **Mús.* Cada una de las cuatro *voces fundamentales. || *Mús.* Extensión de la *voz. || **Topogr.* **Cuerda** que como medida se usa en las operaciones. || pl. *Tendones del cuerpo humano. || **Arq. Nav.* Maderos derechos que van endentados con los baos. || **Cuerda calada.** Artificio *pirotécnico parecido a la traca. || **Cuerda falsa.** *Mús.* La que por su desigualdad no se puede templar con las demás del *instrumento. || **floja.** Alambre con poca tensión sobre el cual hacen sus ejercicios los *volatineros. || **Cuerdas vocales.** *Zool.* Ligamentos de la *laringe, cuya vibración produce la voz. || **Aflojar la cuerda,** o **aflojar la cuerda al arco.** fr. fig. *Descansar. || fig. Disminuir el rigor, mostrar *indulgencia. || **Apretar la cuerda.** fr. fig. Aumentar el rigor o la *severidad. || **Calar la cuerda.** fr. fig. Aplicar la *mecha al mosquete para *dispararlo. || **Dar a la cuerda,** o **dar cuerda.** fr. fig. Ir *retardando la solución de un negocio. || **Dar cuerda** a uno. fr. fig. Hacerle *hablar. || **Estirar** uno **las cuerdas.** fr. fig. y fam. *Pasearse. || **No ser** una cosa **de la cuerda de** uno. fr. fig. Ser *inconveniente o impropia de sus facultades o especial aptitud. || **No ser** uno **de la cuerda de** otro. fr. fig. No ser de su opinión o carácter. || **Por debajo de cuerda.** m. adv. fig. Por medios *ocultos. || **Tener la cuerda tirante.** fr. fig. Llevar las cosas con *rigor. || **Tirar de la cuerda,** o **la cuerda,** a uno. fr. fig. y fam. Irle a la mano, *reprimir sus ímpetus.

cuerdamente. adv. m. Con cordura.

cuerdezuela. f. **Cordezuela.**

***cuerdo, da.** adj. Que está en su juicio. Ú. t. c. s. || *Prudente. Ú. t. c. s.

cuereada. f. Temporada en que se obtienen los *cueros secos, en América, y operaciones que para ello se ejecutan.

cuerear. tr. Ocuparse en las faenas de la cuereada.

cuerezuelo. m. **Corezuelo.**

cuerna. f. *Vaso rústico hecho con un cuerno de res vacuna. || *Cuerno macizo, que algunos animales mudan todos los años. || **Cornamenta.** || Trompa o *instrumento de viento de hechura semejante al cuerno bovino.

cuérnago. m. **Cauce** (canal, acequia).

cuernezuelo. m. d. de **Cuerno.** || *Veter.* **Cornezuelo.**

***cuerno.** m. Prolongación ósea que tienen algunos animales en la región frontal. || Protuberancia que el rinoceronte tiene sobre la mandíbula superior. || **Antena** (de los *insectos y *crustáceos). || *Instrumento músico de viento, que tiene el sonido como de trompa. || Materia exterior de las astas de las reses vacunas, que se emplea en la industria para hacer diversos objetos. || En algunas cosas, **lado.** || Ala de un *ejército. || fig. Cada una de las dos puntas que se ven en la *Luna, en creciente o menguante. || pl. fig. *Extremidades de algunas cosas que rematan en punta. || **Cuerno de abundancia. Cornucopia.** || **de Amón. Amonita** (concha fósil). || **de caza. Cuerna** (trompa). || **¡Cuerno!** interj. generalmente festiva, de sorpresa o de asombro. || **En los cuernos del toro.** m. adv. fig. y fam. En un inminente *peligro. || **Poner** a uno **en los cuernos de la Luna.** fr. fig. y fam. *Alabarse sin tasa. || **Poner los cuernos.** fr. fig. Cometer *adulterio la mujer casada. || **Saber a cuerno quemado.** fr. fig. y fam. Hacer *desagradable impresión en el ánimo alguna cosa.

***cuero.** m. *Piel que cubre la carne de los animales. || Esta piel después de curtida. || **Odre.** || **Cuero cabelludo.** Piel en donde nace el *cabello. || **en verde.** El que está sin curtir. || **exterior.** *Zool.* **Cutícula.** || **interior.** *Zool.* **Cutis.** || **Dejar** a uno **en cueros.** fr. **Dejar** a uno **sin camisa.** || **En cueros,** o **en cueros vivos.** m. adv. En carnes, *desnudo. || **Entre cuero y carne.** m. adv. fig. Íntimamente. || **Estar** uno **hecho un cuero.** fr. fig. y fam. Estar *borracho.

***cuerpo.** m. Lo que tiene *existencia material. || En el hombre y en los animales, materia orgánica que constituye sus diferentes partes. || Tronco del **cuerpo,** a diferencia de las extremidades. || *Aspecto y figura del cuerpo humano en orden a la disposición y armonía de sus miembros. || Parte del *vestido, que cubre desde el cuello o los hombros hasta la cintura. || Hablando de *libros, **volumen.** || Texto principal de la obra *escrita o el *libro, con excepción de los índices y preliminares. || Hablando de *leyes, colección auténtica de ellas. || *Grueso de los *tejidos, papel y cosas semejantes. || *Dimensión o tamaño. || En los líquidos, *densidad o espesura de ellos. || **Cadáver.** || Agregado de personas que forman un pueblo, república o comunidad. || *Corporación, *asociación. || En la empresa o emblema, *símbolo o figura que sirve para significar alguna cosa. || Cada una de las *partes de un mueble u otra cosa, que pueden ser independientes. || *Arq.* Conjunto de miembros hasta una cornisa o imposta. || *Geom.* Objeto material en que pueden apreciarse las tres dimensiones principales. || *Impr.* Tamaño de los caracteres. || *Mil.* Cierto número de *soldados con sus respectivos oficiales. || **calloso.** *Anat.* Parte del *cerebro situada entre los dos hemisferios del mismo y formada de fibras transversas. || **compuesto.** *Quím.* El que consta de varios simples. || **de bomba.** Cilindro hueco en que juega el émbolo de la *bomba hidráulica. || **de caballo.** *Mil.* Terreno que ocupa lo largo de un caballo. || **de delito.** *For.* **Cuerpo del delito.** || **de ejército.** *Mil.* Conjunto de tropas formado por dos o más divisiones. || **de guardia.** *Mil.* Cierto número de soldados destinado a hacer la *guardia. || Lugar en que se hace la guardia. || **de hombre.** Medida tomada del *grueso regular del **cuerpo** de un hombre. || **de *iglesia.** Espacio de ella, excluido el crucero, la capilla mayor y las colaterales. || **de la batalla.** *Mil.* **Centro de la batalla.** || **del delito.** *For.* Cosa con que se ha cometido un delito, o en la cual se ha cometido o se han dejado señales de él. || **del ejército.** *Mil.* **Cuerpo de la batalla.** || **facultativo.** Conjunto de los funcionarios, civiles o militares, que poseen determinados conocimientos técnicos. || **glorioso.** *Teol.* El de los bienaventurados, en la gloria. || fig. y fam. El que pasa largo tiempo sin experimentar necesidades materiales. || **muerto.** *Mar.* *Boya fondeada para amarrar los buques. || **simple.** *Quím.* El que no ha podido descomponerse en otros de distinta naturaleza. || **sin alma.** fig. Persona indolente y *calmosa. || **tiroides.** *Zool.* *Glándula situada en la parte superior de la tráquea. || **volante.** *Mil.* **Cuerpo** de tropas de infantería y caballería, que se separa del ejército para un fin determinado. || **A cuerpo.** m. adv. **En cuerpo,** sin abrigo. || **A cuerpo de rey.** loc. adv. Con todo regalo y *comodidad. || **A cuerpo descubierto.** m. adv. Sin resguardo; *indefenso. || fig. De modo *manifiesto; patentemente. || **A qué quieres, cuerpo.** loc. adv. **A cuerpo de rey.** ||**Cerner** uno **el cuerpo.** fr. **Contonearse.** || **Como cuerpo de rey.** loc. adv. **A cuerpo de rey.** || **Cuerpo a cuerpo.** m. adv. Se dice de los que *riñen o *luchan entre sí. || **¡Cuerpo de Cristo,** o **de Dios,** o **de mí,** o **de tal!** interjs. que denotan *ira o enfado. || **Dar** uno **con el cuerpo en tierra.** fr. fam. *Caer al suelo. || **Dar cuerpo.** fr. Hacer más *denso lo que está demasiado líquido. || **De cuerpo presente.** m. adv. Tratándose de un *cadáver, amortajado y dispuesto para el entierro. || **De medio cuerpo.** loc. Dícese del *retrato que sólo reproduce la mitad superior del **cuerpo.** ||**Descubrir** uno **el cuerpo.** fr. Dejar *indefensa una parte del **cuerpo.** || fig. Exponerse a algún *peligro. || **Echar** uno **el cuerpo fuera.** fr. fig. *Abstenerse de intervenir en una empresa. || **En cuerpo.** m. adv. Sin abrigo exterior. || En *corporación, presidida por el que hace cabeza. || **En cuerpo y alma.** m. adv. fig. y fam. Íntegramente, del todo. || **Falsear el cuerpo.** fr. Desviarlo para *evitar un golpe. || **Ganar** una **con** su **cuerpo.** fr. Ser *prostituta. || **Hacer del cuerpo.** fr. fam. **Exonerar el vientre.** || **Huir** uno **el cuerpo.** fr. Apartarlo con ligereza, para *evitar un golpe. || fig. **Echar el cuerpo fuera.** || **Hurtar** uno **el cuerpo.** fr. **Huir el cuerpo.** || **No quedarse** uno **con nada en el cuerpo.** fr. fig. y fam. *Decir uno todo lo que piensa, sin atender a ninguna consideración. || **Pedirle** a uno **el cuerpo** alguna cosa. fr. fig. y fam. Apetecerla, *desearla. || **Tomar cuerpo** una cosa. fr. *Aumentarse. || **Traer** uno **bien gobernado el cuerpo.** fr. Traer bien regido el vientre. || **Volverla al cuerpo.** fr. fig. Responder a una *ofensa con otra.

cuerria. f. *Cercado pequeño y circular, de piedra seca, para madurar las *castañas.

cuerva. f. **Graja.**

cuervo. m. *Pájaro carnívoro, de plumaje negro, pico cónico y alas de un metro de envergadura. || *Astr.* Pequeña *constelación austral. || **marino.** *Ave palmípeda de tamaño de un ganso. || **merendero. Grajo.** || **Venir el cuervo.** fr. fig. y fam. Recibir uno algún *socorro.

cuesco. m. Hueso o *pepita de la *fruta. || En los *molinos de aceite, piedra con que se aprietan los capachos. || fam. *Ventosidad ruidosa. || *Germ.* *Azote, golpe.

***cuesta.** f. Terreno en pendiente. || **A cuestas.** m. adv. *Cargado sobre los hombros o las espaldas. || fig. A su cargo, sobre sí. || **Hacérsele** a uno **cuesta arriba** una cosa. fr. fig. Hacerla con *repugnancia. || **Ir cuesta abajo.** fr. fig. *Decaer. || **Llevar** uno **a cuestas.** fr. fig. y fam. Cargarse con las obligaciones de otro. || **Tener** uno **la cuesta y las piedras.** fr. fig. y fam. Tener *superioridad sobre otros o contar con todas las ventajas de su parte. || **Tomar** uno **a cuestas** una cosa. fr. fig. y fam. *Encargarse de ella.

cuesta. f. **Cuestación.**

cuestación. f. *Petición de *limosnas para un fin piadoso o benéfico.

cuestezuela. f. d. de **Cuesta.**

***cuestión.** f. *Pregunta que se hace o proposición que se formula para averiguar la verdad de una cosa por medio de la *discusión. || **Gresca** (*contienda). || *Asunto o materia dudosos o discutibles. || Oposición de términos lógicos respecto a un mismo tema. || *For.* **Cuestión de tormento.** || *Mat.* **Problema.** || **batallona.** fam. La muy reñida e *importante. || **candente.** fig. Aquella que acalora los ánimos. || **de competencia.** *For.* Desacuerdo entre jueces y otras autoridades acerca de la facultad para entender en un asunto. || **de gabinete.** *Polít.* La que afecta o puede afectar a la continuación de un ministerio. || fig. La de mucha *importancia. || **determinada.** *Mat.* Aquella que tiene una o varias soluciones determinadas. || **de tormento.** *For.* Averiguación que se practicaba dando *tormento al presunto culpable. || **diminuta,** o **indeterminada.** *Mat.* La que puede tener infinitas soluciones.

cuestionable. adj. *Dudoso, que se puede discutir.

cuestionar. tr. *Discutir un punto dudoso.

cuestionario. m. *Libro que trata de *cuestiones. || Lista de cuestiones.

cuesto. m. **Cerro** (colina).

cuestor. m. *Magistrado romano que tenía funciones de carácter fiscal. || El que pide *limosna para el prójimo.

cuestuario, ria. adj. **Cuestuoso.**

cuestuoso, sa. adj. Dícese de lo que implica *ganancia.

cuestura. f. Dignidad o empleo de cuestor romano.

cueto. m. *Fort.* Sitio alto y defendido. || Colina o *cerro de forma cónica.

***cueva.** f. Cavidad subterránea. || **Sótano.** || **de ladrones.** fig. Casa donde se acoge gente de mal vivir.

cuévano. m. *Cesto de mimbres grande y profundo, que sirve para llevar la *uva en el tiempo de la vendimia. || *Cesto más pequeño que se colocan las pasiegas a la espalda, a manera de mochila, para llevar a sus hijos pequeñuelos.

cuevero. m. El que tiene por oficio hacer cuevas.

cuexca. f. *Germ.* **Casa.**

cueza. f. **Cuezo.**

cuezo. m. *Artesilla de madera, en que amasan el yeso los *albañiles. || **Meter** uno **el cuezo.** fr. fig. y fam. *Entremeterse en alguna *conversación o negocio.

cúfico, ca. adj. Aplícase a ciertas *letras o caracteres empleados en la antigua escritura arábiga.

cugujada. f. **Cogujada.**

cugulla. f. **Cogulla.**

cuicacoche. f. *Ave canora americana, algo menor que el tordo.

cuico, ca. adj. Voz con que en diversos puntos de América se designa a los *forasteros.

cuida. f. En los *colegios, colegiala encargada de cuidar de otra menor.

***cuidado.** m. Solicitud, esmero y diligencia para hacer bien alguna cosa. || *Ocupación o asunto que está a cargo de uno. || *Recelo, preocupación, *temor. || **Correr** una cosa **al cuidado de** uno. fr. Estar *obligado a responder de ella. || **¡Cuidado!** interj. que se emplea en son de *amenaza. || **De cuidado.** m. adv. *Peligroso. || **Estar** uno **de cuidado.** fr. fam. Estar gravemente *enfermo. || **Salir de su cuidado** una mujer. fr. fig. **Parir.**

cuidador, ra. adj. Nimiamente cuidadoso.

cuidadosamente. adv. m. Con cuidado.

***cuidadoso, sa.** adj. Solícito y diligente. || Atento, vigilante.

cuidante. p. a. de **Cuidar.** Que cuida.

***cuidar.** tr. Poner atención, diligencia y solicitud en la ejecución de una cosa. || Asistir, prestar ayuda. || *Guardar, custodiar, Ú. t. c. intr. || Discurrir, *pensar. || r. Mirar uno por su salud.

cuido. m. Acción de *cuidar.

cuidoso, sa. adj. **Cuidadoso.**

cuino. m. **Cerdo.**
cuita. f. *Aflicción, desventura, *desgracia.
cuitadamente. adv. m. Con cuita.
cuitado, da. adj. Afligido, *desgraciado. ‖ fig. Apocado, *tímido, *humilde.
cuitamiento. m. *Timidez, apocamiento.
cuja. f. **Mil.* Bolsa de cuero asida a la silla del caballo, para meter el cuento de la *lanza o bandera. ‖ Anillo de hierro sujeto al *estribo derecho, para el mismo fin. ‖ Armadura de la *cama.
cuje. m. Vara en la que se cuelgan las mancuernas en la recolección del *tabaco.
cují. m. **Aromo.**
cujisal. m. Terreno o sitio poblado de cujíes.
cujón. m. **Cogujón.**
culada. f. *Golpe dado con las *asentaderas.
culantrillo. m. Hierba del orden de los *helechos, que se cría en los sitios húmedos, y cuya infusión suele usarse como medicamento.
culantro. m. **Cilantro.**
culas. f. pl. fam. En el *juego de la argolla, **bocas.**
culata. f. **Anca** (de las caballerías). ‖ Parte posterior de la caja de la escopeta, pistola o fusil, que sirve para asir o apoyar estas armas cuando se hace fuego. ‖ Parte de una *arma de fuego* que cierra el cañón por el extremo opuesto a la boca. ‖ fig. Parte *posterior de una cosa. ‖ Trasera de un *coche. ‖ **Autom.* Pieza metálica que se ajusta al bloque y cierra el cuerpo de los cilindros.
culatazo. m. *Golpe dado con la culata de una arma. ‖ Coz que da el fusil, la escopeta, etc., al tiempo de *disparar.
culcusido. m. fam. **Corcusido.**
culebra. f. *Reptil sin pies, de cuerpo largo y aproximadamente cilíndrico y piel escamosa, que el animal muda, de tiempo en tiempo, por completo. ‖ **Serpentín** (del *alambique). ‖ Canal tortuosa que hace en el *corcho la larva de un insecto coleóptero. ‖ fig. y fam. Chasco o *broma que se da a uno. ‖ fig. y fam. *Desorden, *perturbación o alboroto promovido de repente en medio de una reunión pacífica. ‖ *Germ.* Taleguillo largo y angosto, para el dinero, que se suele enrollar a la cintura. ‖ *Germ.* **Lima** (de cerrajero). ‖ *Mar.* *Cabo delgado con que se sujeta alguna cosa, dándole vueltas en espiral. ‖ **de cascabel. Crótalo.** ‖ **Hacer culebra.** tr. **Culebrear.**
culebrazo. m. **Culebra** (chasco, *broma).
culebrear. intr. *Andar formando *ondas o eses.
culebreo. m. Acción y efecto de culebrear.
culebrera. f. **Pigargo** (ave rapaz).
culebrilla. f. Enfermedad de la *piel, a modo de herpe, que se extiende formando líneas onduladas. ‖ **Dragontea** (planta). ‖ Hendedura que queda en los cañones de los fusiles y otras *armas de fuego* por defecto de construcción.
culebrina. f. Pieza antigua de *artillería, larga y de poco calibre. ‖ *Relámpago en que se percibe una línea luminosa de figura ondulada.
culebrón. m. aum. de **Culebra.** ‖ fig. y fam. Hombre muy *astuto. ‖ fig. y fam. Mujer *intrigante.
culembreado, da. adj. fam. Que ejerce el oficio de *marinero. Ú. t. c. s.
culén. m. **Albahaquilla de Chile.**
cúleo. m. En la antigua Roma, *pena que consistía en echar al reo al mar, dentro de un saco, y en compañía de un mono, una culebra y un gato.
culera. f. *Mancha que en las mantillas de los niños hacen los orines o el *excremento. ‖ *Remiendo en los calzones o *pantalones sobre la parte que cubre las asentaderas.
culero, ra. adj. *Perezoso, calmoso. ‖ m. Especie de bolsa de lienzo que se ponía a los *niños para recoger en ella los excrementos. ‖ **Granillo** (enfermedad de las aves).
***culinario, ria.** adj. Perteneciente o relativo a la *cocina. ‖ f. Arte de guisar.
culinegro, gra. adj. fam. De culo negro.
culito. m. d. de **Culo.**
culmen. m. Cumbre.
culminación. f. Acción y efecto de culminar. ‖ **Astr.* Momento en que un astro ocupa el punto más alto a que puede llegar sobre el horizonte.
culminante. adj. Aplícase a lo más *alto de un monte, edificio, etc. ‖ fig. *Superior, sobresaliente.
culminar. intr. Llegar una cosa a la posición más *alta que puede tener. ‖ *Astr.* Pasar un *astro por el meridiano superior del observador.
***culo.** m. Parte posterior o *asentaderas del hombre. ‖ Ancas del animal. ‖ **Ano.** ‖ fig. *Extremidad interior o posterior de una cosa. ‖ *Base o fondo de una vasija. ‖ En el juego de la *taba, parte más plana, opuesta a la carne. ‖ *Mar.* fig. y fam. Popa de la *embarcación. ‖ **de mal asiento.** fig. y fam. Persona *inquieta que no está a gusto en ninguna parte. ‖ **de pollo.** fig. Punto mal *cosido de modo que sobresale y abulta. ‖ **de vaso.** fig. y fam. Piedra falsa que imita las de *joyería. ‖ **A culo pajarero.** m. adv. Con las nalgas *desnudas. ‖ **Dar** uno **con el culo,** o **de culo, en las goteras.** fr. fig. y fam. Quedarse *pobre por haber *derrochado el caudal.
culombio. m. Unidad de medida *eléctrica, equivalente al paso por un circuito de un amperio por segundo.
culón, na. adj. Que tiene muy abultadas las *asentaderas. ‖ m. fig. y fam. Soldado inválido.
culote. m. *Artill.* Parte maciza que algunos *proyectiles tienen en el sitio opuesto a la boca de la espoleta.
***culpa.** f. Falta más o menos grave, cometida a sabiendas y voluntariamente. ‖ **jurídica.** La que da motivo a responsabilidad legal. ‖ **lata.** La que supone grave *descuido. ‖ **leve.** La del que no tuvo las precauciones que emplearía un hombre cuidadoso y exacto. ‖ **levísima.** Aquella en que puede incurrir cualquiera, aunque sea muy cuidadoso. ‖ **teológica.** Pecado. ‖ **Echar la culpa** a uno. fr. *Atribuirle una falta o delito. ‖ **Echar** uno **la culpa** a otro. fr. *Disculparse de la falta o delito de que le acusan, imputándolo a otro. ‖ **Tener** uno **la culpa de** una cosa. fr. Haber sido *causa de que suceda.
culpabilidad. f. Calidad de culpable.
culpabilísimo, ma. adj. sup. de **Culpable.**
***culpable.** adj. Aplícase a aquel a quien se echa o se puede echar la culpa. Ú. t. c. s. ‖ Dícese también de las acciones y de las cosas inanimadas.
culpablemente. adv. m. Con culpa.
culpación. f. Acción de culpar o culparse.
culpadamente. adv. m. Con culpa.
culpado, da. adj. Que ha cometido culpa. Ú. t. c. s.
culpar. tr. Atribuir, *imputar la culpa. Ú. t. c. r.
culpeo. m. Especie de *zorra americana, más grande que la común europea.
culposo, sa. adj. Dícese del acto u omisión *negligente que origina responsabilidad.
cultalatiniparla. f. fest. *Estilo afectado y laborioso de los cultiparlistas.
cultamente. adv. m. Con *cultura. ‖ fig. Con *afectación.
cultedad. f. fest. Calidad de culterano o culto.
cultelado, da. adj. De forma de *cuchillo.
culteranismo. m. **Lit.* Sistema que consiste en no expresar con naturalidad y sencillez los conceptos, sino por medio de voces peregrinas, giros violentos y estilo obscuro y afectado.
culterano, na. adj. Perteneciente o relativo al culteranismo. Apl. a pers., ú. m. c. s.
culteria. f. fest. **Cultedad.**
cultero, ra. adj. fest. **Culterano.** Ú. m. c. s.
cultiparlar. intr. Hablar como los culteranos o cultos.
cultiparlista. adj. Que cultiparla. Ú. m. c. s.
cultipicaño, ña. adj. fest. Culterano y picaresco juntamente.
cultismo. m. **Lit.* Culteranismo. ‖ *Palabra culta o erudita.
cultivable. adj. Que se puede cultivar.
cultivación. f. Cultivo o cultura.
cultivador, ra. adj. Que cultiva. Ú. t. c. s. ‖ **Agr.* Especie de extirpador, con las rejas menos anchas y más convexas.
***cultivar.** tr. Dar a la tierra y a las plantas las labores necesarias para obtener el resultado que se desea. ‖ fig. Hablando del conocimiento, del trato o de la amistad, poner todos los medios necesarios para *conservarlos y aumentarlos. ‖ fig. Ejercitar el *talento, la memoria o cualquier otra facultad. ‖ fig. *Estudiar y practicar alguna ciencia o arte.
***cultivo.** m. Acción y efecto de cultivar. ‖ **Bact.* Propagación artificial de microorganismos, y medio donde se produce.
***culto, ta.** adj. Dícese de las tierras y plantas cultivadas. ‖ fig. Dotado de las calidades que provienen de la *cultura. ‖ fig. **Culterano.** ‖ → **m.** Homenaje de amor, respeto y sumisión que el hombre tributa a Dios. ‖ El que se tributa a la Virgen, a los ángeles o a los santos. ‖ Conjunto de actos y ceremonias con que el hombre tributa este homenaje. ‖ Por ext., *admiración de que son objeto algunas cosas, y prácticas que de esta admiración se derivan. ‖ **Cultivo.** ‖ adv. m. Con cultura de *estilo. ‖ **de dulía.** El que se da a los ángeles y santos. ‖ **de hiperdulía.** El que se da a la Virgen como Madre de Dios. ‖ **de latría.** El que se da a Dios en reconocimiento de su grandeza. ‖ **indebido.** El que es *supersticioso. ‖ **superfluo.** El que se da por medio de cosas vanas e inútiles.
cultor, ra. adj. Que adora o venera alguna cosa. Ú. t. c. s.
cultrario. m. Sumo *sacerdote que, en la antigüedad, inmolaba las víctimas en los *sacrificios.
cultrívoro, ra. m. y f. Nombre que se da a los *histriones que se tragan *cuchillos, espadas, etc.

cultro. m. *Agr.* *Arado con que se da la primera labor.
cultual. adj. Perteneciente o relativo al *culto.
***cultura.** f. **Cultivo.** ‖ Mejoramiento de las facultades físicas, intelectuales y morales del hombre. ‖ → Resultado de este mejoramiento, en el individuo y en la sociedad.
cultural. adj. Perteneciente o relativo a la *cultura.
culturar. tr. **Cultivar.**
cuma. f. *Machete corto que se usa en Honduras.
cumanagoto, ta. adj. Natural de Cumaná. Ú. t. c. s. ‖ Perteneciente a esta ciudad y provincia de Venezuela. ‖ m. *Dialecto caribe de los **cumanagotos.**
cumano, na. adj. Natural de Cumas. Ú. t. c. s. ‖ Perteneciente a esta ciudad de la Italia antigua.
cumarú. m. *Árbol americano, gigantesco, de las leguminosas, de cuyo fruto, que es una almendra grande, se hace una bebida embriagadora.
cumbé. m. Cierto *baile de negros. ‖ Música de este baile.
***cumbre.** f. Cima o parte superior de una montaña. ‖ fig. La mayor *altura de una cosa, o último grado a que puede llegar.
cumbrera. f. **Hilera** (parhilera). ‖ *Madero de veinticuatro o más pies de longitud.
cúmplase. m. Decreto que se pone en el título de los *empleados públicos para que puedan tomar posesión de su destino. ‖ Fórmula de refrendo que ponen los presidentes de algunas repúblicas americanas al pie de las *leyes.
cumpleaños. m. Aniversario del *nacimiento de una persona.
cumplidamente. adv. m. Entera, cabalmente.
cumplidero, ra. adj. Dícese de los *plazos que se han de cumplir a cierto tiempo. ‖ *Conveniente o adecuado para alguna cosa.
cumplido, da. adj. **Completo.** ‖ Hablando de ciertas cosas, *largo o *abundante. ‖ Exacto en las demostraciones de *cortesía y urbanidad para con los otros. ‖ V. **Soldado cumplido.** ‖ m. Acción obsequiosa o muestra de *cortesía.
***cumplidor, ra.** adj. Que cumple o da cumplimiento. Ú. t. c. s.
cumplimentar. tr. *Felicitar o hacer *visita de cumplimiento a uno. ‖ *For.* Poner en ejecución los despachos u órdenes superiores.
cumplimentero, ra. adj. fam. Que hace demasiado cumplimiento. Ú. t. c. s.
***cumplimiento.** m. Acción y efecto de cumplir o cumplirse. ‖ **Cumplido** (demostración de obsequio o *cortesía). ‖ *Ofrecimiento que se hace por pura urbanidad o ceremonia. ‖ Perfección en el modo de hacer alguna cosa. ‖ **Complemento.** ‖ **De,** o **por, cumplimiento.** m. adv. De o por, pura ceremonia o *cortesía.
***cumplir.** tr. *Ejecutar, llevar a efecto. ‖ *Proveer a uno de lo que le falta. ‖ Dicho de la *edad, llegar a tener un número cabal de años o meses. ‖ intr. Hacer uno aquello a que está obligado. ‖ Terminar uno en la *milicia el tiempo de servicio. ‖ Ser el tiempo o día en que termina un *plazo. Ú. t. c. r. ‖ *Convenir, importar. ‖ r. Verificarse, *acaecer. ‖ **Cumplir con** uno. fr. Satisfacer la obligación o *cortesía que se le debe. ‖ **Cumplir** uno **por** otro. fr. Hacer un cumplido en nombre de otro. ‖ **Por cumplir.** loc. adv. Por mera *cortesía.
cumquibus. m. fam. **Dinero.**
cumulador, ra. adj. **Acumulador** (que acumula).
cumular. tr. **Acumular.**
cumulativamente. adv. m. *For* **Acumulativamente.**
cúmulo. m. *Montón de cosas puestas unas sobre otras. ‖ fig. *Conjunto o *abundancia de cosas o asuntos que reclaman estudio o ejecución. ‖ *Meteor.* Conjunto de *nubes, que tiene el aspecto de montañas nevadas con bordes brillantes. ‖ **estelar.** *Astr* Agrupación de *estrellas, muy espesa a la vista, como la Vía láctea.
***cuna.** f. Camita para niños, con barandillas a los lados y dispuesta, generalmente, para poderla mecer. ‖ **Inclusa.** ‖ *Puente rústico formado por dos maromas paralelas y listones atravesados sobre ellas. ‖ fig. *Patria o lugar del nacimiento de alguno. ‖ fig. Estirpe, *linaje. ‖ fig. *Origen o principio de una cosa. ‖ fig. Espacio comprendido entre los *cuernos de una res bovina. ‖ *Mar.* **Basada.** ‖ Camarote de una *embarcación pequeña. ‖ pl. *Juego de muchachos que se hace enredando en los dedos de ambas manos un hilo atado por los cabos. Las distintas lazadas que se forman recuerdan más o menos una **cuna,** una sierra, etcétera, y reciben estos nombres.
cunaguaro. m. *Mamífero americano, carnicero, muy feroz.
cunar. tr. **Cunear.**
cundiamor. m. *Planta trepadora, americana, de las cucurbitáceas.
cundido. m. *Aceite, vinagre y sal que se da a los *pastores, y en algunas partes lo que se añade al *pan para comerlo; como miel, queso, etc.
cundiente. p. a. ant. de **Cundir.** Que cunde.
cundir. intr. Extenderse o *derramarse hacia todas partes una cosa. Dícese comúnmente de los líquidos, y en especial del aceite. ‖ *Reproducirse o multiplicarse una cosa. ‖ Dar mucho de sí una cosa; *aumentarse su volumen. ‖ fig. Hablando de cosas inmateriales, *difundirse, propagarse.
cundir. tr. Condimentar.
cunear. tr. *Mecer la *cuna. ‖ r. fig. y fam. *Oscilar de derecha a izquierda.
cuneiforme. adj. De figura de *cuña. Aplícase a ciertos caracteres de *escritura de algunos antiguos pueblos de Asia. ‖ **Bot.* Dícese de ciertas partes de la planta. ‖ *Zool.* V. **Hueso cuneiforme.** Ú. t. c. s.
cúneo. m. Cada uno de los espacios comprendidos entre los vomitorios de los *teatros antiguos. ‖ **Mil.* Formación triangular de un cuerpo de tropa.
cuneo. m. Acción y efecto de cunear o cunearse.
cunera. f. Mujer encargada en el palacio *real de mecer la cuna de los infantes.
cunero, ra. adj. En algunas partes, ***expósito.** Ú. t. c. s. ‖ fig. **Taurom.* Dícese del toro de lidia, cuya ganadería no es sabida del público. ‖ fig. Aplícase al candidato o diputado a *Cortes extraño al distrito que representa.
cuneta. f. **Fort.* Zanja de *desagüe en medio de los fosos. ‖ Zanja en cada uno de los lados de un *camino, para recoger las aguas llovedizas.
cunicular. adj. *Zool.* Dícese de los mamíferos roedores parecidos al *conejo.
cunicultura. f. Cría del conejo para el aprovechamiento de sus productos.
cunila. f. *Bot.* Nombre científico de la ajedrea.
***cuña.** f. Pieza de madera o metal terminada en ángulo diedro muy agudo. ‖ Piedra en forma de pirámide truncada, que se emplea para *pavimentos. ‖ *Zool.* Cada uno de los tres *huesos del tarso. ‖ **Ser buena cuña.** fr. fig. y fam. Dícese en sentido irónico de la persona *gruesa que se mete en lugar estrecho.
cuñadía. f. **Afinidad** (parentesco).
***cuñado, da.** m. y f. *Hermano o hermana del marido respecto de la mujer, y hermano o hermana de la mujer respecto del marido.
cuñar. tr. **Acuñar.**
cuñete. m. *Barril pequeño.
cuño. m. Troquel con que se sellan la *moneda, las medallas y otras cosas análogas. ‖ Impresión o señal que deja este sello. ‖ *Mil.* **Cúneo.**
cuociente. m. *Álg.* y *Arit.* **Cociente.**
cuodlibetal. adj. **Cuodlibético.**
cuodlibético, ca. adj. Perteneciente al cuodlibeto.
cuodlibeto. m. *Discusión o disertación sobre un punto científico previamente elegido. ‖ Uno de los ejercicios en las antiguas *universidades, en que disertaba el graduado sobre materia elegida a su gusto. ‖ Dicho *mordaz.
cuota. f. *Parte o porción fija o *proporcional.
cuotidiano, na. adj. **Cotidiano.**
cupana. f. *Árbol americano, de las sapindáceas, con cuyo fruto hacen los indios una bebida estomacal.
cupé. m. **Berlina.** ‖ En las antiguas diligencias, compartimiento situado delante de la baca.
Cupido. n. p. m. **Mit.* Dios del amor, entre los griegos. ‖ m. fig. Hombre enamoradizo y galanteador.
cupitel (Tirar de). fr. En el *juego de bochas, arrojar por alto la bola.
cupo. m. Cuota, parte *proporcional que corresponde a uno en un *impuesto, empréstito o servicio.
cupón. m. *Com.* Cada una de las partes de ciertos *valores, que periódicamente se van cortando para presentarlas al cobro de los intereses vencidos.
cupresino, na. adj. poét. Perteneciente al *ciprés. ‖ De madera de ciprés.
cúprico, ca. adj. *Quím.* Aplícase al óxido de *cobre que tiene más oxígeno y a las sales que con él se forman.
cuprífero, ra. adj. Que tiene *cobre.
cuproníquel. m. *Aleación de cobre y níquel que se emplea para la fabricación de monedas. ‖ fam. *Moneda hecha con esta aleación.
cuproso, sa. adj. *Quím.* Aplícase al óxido de *cobre que tiene menos oxígeno y a las sales que con él se forman.
***cúpula.** f. *Arq.* Bóveda en forma de media esfera, con que suele cubrirse un edificio o parte de él. ‖ *Bot.* Involucro a manera de copa, que cubre parcialmente el *fruto en la encina y otras plantas. ‖ *Mar.* *Torre de hierro, redonda, cubierta y giratoria, dentro de la cual llevan uno o más cañones de grueso calibre algunos buques de la *armada.
cupulífero, ra. adj. **Bot.* Dícese de árboles y arbustos dicotiledóneos, cuyo fruto está cubierto parcialmente por la cúpula; como la encina y el castaño. Ú. t. c. s. f. ‖ pl. *Bot.* Familia de estas plantas.
cupulino. m. *Arq.* Cuerpo superior que se añade a la *cúpula.

cuquera. f. **Gusanera.**
cuquería. f. Cualidad de cuco. ‖ **Taimería.**
cuquillo. m. Cuclillo, *ave.
***cura.** m. *Sacerdote encargado de una feligresía. ‖ fam. Sacerdote católico. ‖ f. **Curación.** ‖ **Curativa.** ‖ **de almas.** Cargo que tiene el párroco de cuidar, instruir y administrar los sacramentos a sus feligreses. ‖ **Cura** (sacerdote). ‖ **ecónomo.** Sacerdote destinado en una parroquia para substituir al párroco. ‖ **párroco. Cura.** ‖ **propio.** Párroco. ‖ **Este cura.** fam. La *persona que habla, designándose a sí misma. ‖ **Ponerse** uno **en cura.** fr. Emprender o empezar la **cura.**
curable. adj. Que se puede curar.
curaca. m. En América, cacique o *gobernador.
***curación.** f. Acción y efecto de curar o *curarse.
curadillo. m. **Bacalao.**
curado. adj. V. **Beneficio curado.**
curado, da. adj. fig. Endurecido, seco.
curador, ra. adj. Que cuida de alguna cosa. Ú. t. c. s. ‖ Que cura. Ú. t. c. s. ‖ m. y f. Persona elegida o nombrada para cuidar de los bienes y negocios del *menor o incapacitado. ‖ Persona que cura alguna cosa para que se conserve, como *pescados, *carnes, etc. ‖ **ad bona.** *For.* Persona que se nombraba para administrar los bienes de un incapacitado. ‖ **ad lítem.** *For.* Persona nombrada por el juez para seguir los pleitos en representación de un *menor.
curaduría. f. Cargo de curador de un *menor. ‖ **ejemplar.** La que se daba para los incapacitados por *locura.
curalle. m. **Cetr.* Pelotilla de plumas o algodón, que se daba a los halcones, mojada en confecciones medicinales.
curandería. f. Arte y práctica de los curanderos.
curandero, ra. m. y f. Persona que hace de *médico sin serlo.
***curar.** intr. **Sanar** (recobrar la *salud el enfermo). Ú. t. c. r. ‖ Con la prep. *de,* *cuidar de. U. t. c. r. ‖ tr. Aplicar al enfermo los remedios correspondientes a su enfermedad. Ú. t. c. r. ‖ Disponer lo necesario para la curación de un enfermo. ‖ Hablando de las *carnes y *pescados, prepararlos para que se conserven por mucho tiempo. ‖ Curtir y preparar las *pieles. ‖ Dicho de las *maderas, tenerlas cortadas mucho tiempo antes de usar de ellas. ‖ Hablando de hilos y *tejidos, beneficiarlos para que se *blanqueen. ‖ fig. Sanar o *aplacar las pasiones. ‖ fig. Remediar un mal.
curare. m. Substancia *venenosa que los indios extraen del maracure, y de la cual se sirven para emponzoñar sus armas de caza y de guerra.
curasao. m. *Licor que se prepara con corteza de naranja y otros ingredientes.
curatela. f. **Curaduría.**
curativa. f. Método curativo.
curativo, va. adj. Dícese de lo que sirve para *curar.
curato. m. Cargo espiritual del cura de almas. ‖ ***Parroquia** (territorio).
curazao. m. **Curasao.**
curazoleño, ña. adj. Natural de Curazao. Ú. t. c. s.
cúrbana. f. *Arbusto de las Antillas, del cual se obtiene una especie de canela de inferior calidad.
curbaril. m. *Árbol americano, de las leguminosas.
cúrcuma. f. *Raíz amarga, procedente de la India, que se parece al jengibre. ‖ Substancia resinosa que se extrae de esta raíz y se emplea para *teñir de amarillo.
curcusilla. f. **Rabadilla.**
curda. f. fam. ***Borrachera.** ‖ m. fam. Borracho.
curdo, da. adj. Natural del Curdistán. Ú. t. c. s. ‖ Perteneciente a esta región.
***cureña.** f. Armazón en que se monta el *cañón de artillería. ‖ Pieza de nogal en basto, trazada para hacer la caja de un fusil. ‖ Palo de la *ballesta. ‖ **A cureña rasa.** m. adv. **Fort.* Sin parapeto que cubra la batería. ‖ fig. y fam. Sin defensa.
cureñaje. m. Conjunto de cureñas.
curesca. f. Borra inútil que se queda en los palmares después de cardado el *paño.
curí. m. *Árbol americano, de las coníferas. Da una piña grande, con piñones como castañas, que se comen cocidos.
***curia.** f. *Tribunal donde se tratan los negocios contenciosos. ‖ Conjunto de abogados, escribanos, procuradores y empleados en la administración de *justicia. ‖ *Cuidado, *diligencia, esmero. ‖ Una de las divisiones de la antigua organización *social de Roma. ‖ → **romana.** Conjunto de las congregaciones y tribunales que existen en la corte del Papa para el gobierno de la Iglesia católica.
***curial.** adj. Perteneciente a la curia. ‖ m. El que gestiona en Roma las bulas y rescriptos pontificios. ‖ El que tiene empleo en la curia romana. ‖ Empleado subalterno de los *tribunales de justicia.
curialesco, ca. adj. despect. Propio o peculiar de la curia.
curiana. f. **Cucaracha** (*insecto nocturno).
curiara. f. *Embarcación de vela y remo que usan los indios de América.
curiel. m. *Mamífero roedor de las Antillas, parecido al conejito de Indias.
curiosamente. adv. m. Con curiosidad. ‖Con *limpieza. ‖ **Cuidadosamente.**
curiosear. intr. Ocuparse en *averiguar lo que otros hacen o dicen. ‖ **Fisgonear.** Ú. t. c. tr.
curiosidad. f. *Deseo de saber y *averiguar alguna cosa. ‖ Vicio que nos lleva a *observar, a veces con *impertinencia, lo que no debiera importarnos. ‖ Aseo, *limpieza. ‖ *Cuidado, esmero. ‖ Cosa curiosa o *primorosa.
curioso, sa. adj. Que tiene curiosidad. Ú. t. c. s. ‖ Que excita curiosidad. ‖ *Limpio y adornado. ‖ Que trata una cosa con particular *cuidado o diligencia. ‖ Raro, *extraordinario.
curlandés, sa. adj. Natural de Curlandia. Ú. t. c. s. ‖ Perteneciente a esta región.
curricán. m. Aparejo de *pesca de un solo anzuelo.
currinche. m. fam. Entre *periodistas, principiante.
curro, rra. adj. fam. **Majo.** ‖ m. **Pato.**
curruca. f. *Pájaro canoro, de plumaje pardo por encima y blanco por debajo.
curruca. f. **Jauría.**
currutaco, ca. adj. fam. Muy *afectado en el uso de las modas. Ú. t. c. s.
cursado, da. adj. *Acostumbrado, *experimentado en alguna cosa.
cursante. p. a. de **Cursar.** Que cursa. Ú. t. c. s.
cursar. tr. *Concurrir a menudo a algún paraje o hacer con *frecuencia alguna cosa. ‖ *Estudiar una materia, asistiendo a un establecimiento de enseñanza. ‖ En la *administración pública*, dar curso a una solicitud, instancia, expediente, etc.
cursería. f. Cosa *cursi. ‖ fam. Reunión de personas cursis.
***cursi.** adj. fam. Dícese de la persona que pretende ser fina y elegante sin conseguirlo. Ú. t. c. s. ‖ fam. Aplícase a lo que, con pretensión de elegancia o riqueza, es *ridículo y de mal gusto.
cursilería. f. **Cursería.**
cursillo. m. Curso de poca duración dedicado a una materia especial. ‖ Breve serie de conferencias sobre un tema.
cursivo, va. adj. V. ***Letra cursiva.** Ú. t. c. s. m. y f.
curso. m. *Dirección o carrera. ‖ Marcha o paso del *tiempo. ‖ En los establecimientos de *enseñanza, tiempo señalado en cada año para asistir a las lecciones. ‖ Colección de los tratados u *obras principales por donde se enseña en las universidades y escuelas públicas. ‖ En la *administración pública*, serie de informes, consultas, etc., que precede a la resolución de un expediente. ‖ **Despeño** (*diarrea). Ú. m. en pl. ‖ *Serie o *continuación. ‖ Circulación, *publicidad, difusión entre las gentes.
cursor. m. ant. **Correo.** ‖ **Mec.* Pieza que se desliza a lo largo de otra. ‖ **de procesiones.** Oficial eclesiástico encargado de cuidar del orden en las *procesiones.
curtación. f. *Astr.* **Acortamiento.**
curtícono. m. *Geom.* *Cono truncado por un plano paralelo a la base.
curtido. m. *Cuero curtido. Ú. m. en pl. ‖ **Casca** (corteza para curtir).
curtidor. m. El que tiene por oficio curtir *pieles.
curtiduría. f. Sitio u oficina donde se curten las *pieles.
curtiente. adj. Aplícase a la substancia que sirve para curtir. Ú. t. c. s. m.
curtimiento. m. Acción y efecto de curtir o curtirse.
curtir. tr. Adobar las *pieles. ‖ fig. Endurecer el sol o el aire la *tez de las personas que andan a la intemperie. Ú. m. c. r. ‖ fig. *Acostumbrar a uno a la vida dura. Ú. t. c. r. ‖ **Estar** uno **curtido en** una cosa. fr. fig. y fam. Ser *experimentado en ella o diestro en hacerla.
curto, ta. adj. **Corto.** ‖ **Rabón.**
curuca. f. **Curuja.**
curuguá. m. *Enredadera americana que da un fruto semejante a la calabaza.
curuja. f. **Lechuza** (ave).
curul. adj. V. **Edil, silla curul.**
curunda. f. En América, raspa del *maíz.
***curva.** f. *Geom.* **Línea curva.** ‖ **Arq. Nav.* Pieza fuerte de madera, que sirve para asegurar dos maderos ligados en ángulo. ‖ **banda.** *Arq. Nav.* Cada una de las que sujetan el tajamar contra la proa. ‖ **coral.** La que se emperna interiormente a la quilla y al codaste para consolidar su unión. ‖ **de nivel.** **Topogr.* Línea que resultaría de cortar un terreno con un plano horizontal.
curvabanda. f. **Curva banda.**
curvatón. m. Curva pequeña de madera.
***curvatura.** f. Desvío continuado de

la dirección recta o de la superficie plana.
curvería. f. **Arq. Nav.* Conjunto de curvas.
curvidad. f. **Curvatura.**
curvilíneo, a. adj. *Geom.* Que se compone de líneas *curvas. ‖ *Geom.* Que forma línea curva.
curvímetro. m. Instrumento para medir mecánicamente la *longitud de las líneas de un plano.
***curvo, va.** adj. Que constantemente se va apartando de la dirección recta sin formar ángulos. Ú. t. c. s. ‖ m. En Galicia, *cercado de poca extensión destinado a pasto, arbolado o tojo.
cuscungo. m. Especie de búho americano.
cuscurrear. intr. Comer cuscurros o cortezas de *pan.
cuscurro. m. Cantero de *pan, pequeño y muy cocido.
cuscús. m. **Alcuzcuz.**
cuscuta. f. *Planta parásita, de las convolvuláceas.
cusir. tr. fam. **Corcusir.**
cusita. adj. Descendiente de Cus, hijo de Cam y nieto de Noé. ‖ Aplícase a los *pueblos de la Bactriana, que dominaron en Susiana y Caldea.
cúspide. f. *Cumbre puntiaguda de las montañas. ‖ Remate *superior y *puntiagudo de alguna cosa. ‖ *Geom.* Punto donde concurren los vértices de las caras de la *pirámide, o las generatrices del *cono.
***custodia.** f. Acción y efecto de custodiar. ‖ Persona o escolta encargada de custodiar a un preso. ‖ Utensilio de oro, plata u otro metal, en que se expone el sacramento de la *Eucaristía a la pública veneración. ‖ **Tabernáculo.** ‖ En la orden de San Francisco, agregado de algunos *conventos que no forman provincia.
***custodiar.** tr. Guardar con cuidado y vigilancia.
custodino. m. **Der. Can.* Eclesiástico que tiene un beneficio en nombre de otro.
custodio. adj. V. **Ángel custodio.** ‖ m. El que custodia. ‖ En la *orden religiosa* de San Francisco, superior de una custodia.
cusubé. m. *Dulce seco que se hace en Cuba con almidón de yuca, agua, azúcar y huevos.
cutama. f. Especie de *saco que hacen con el poncho algunos indios de América.
***cutáneo, a.** adj. Perteneciente al *cutis.
cúter. m. *Embarcación con velas al tercio, una cangreja y varios foques.
cutí. m. *Tela fuerte de lienzo que se usa para cubiertas de colchones.
cutícula. f. **Película.** ‖ *Zool.* **Epidermis.**
cuticular. adj. Perteneciente o relativo a la cutícula.
cutidero. m. **Batidero** (acción de golpear una cosa con otra).
cutio. m. *Trabajo material. ‖ V. **Día de cutio.**
cutir. tr. *Golpear una cosa con otra.
***cutis.** m. *Piel que cubre el cuerpo humano. Se dice principalmente hablando del rostro. Ú. t. c. f.
cutral. adj. Dícese del *buey viejo, y de la *vaca que ha dejado de parir. Ú. t. c. s.
cutre. adj. **Tacaño** (ruin, *mezquino). Ú. t. c. s.
cuy. m. **Conejillo de Indias** (en América).
cuyá. m. *Árbol americano, de madera dura, elástica y casi incorruptible.
cuyo, ya. pron. *relat. y *poses. De quien. Este pronombre precede inmeditamente al nombre y concierta, no con el poseedor, sino con la persona o cosa poseída. ‖ m. fam. El que corteja a una mujer o está *amancebado con ella.
¡cuz! interj. que se usa para llamar a los *perros. Ú. generalmente repetida.
cuza. f. *Perra pequeña.
cuzco. m. *Perro pequeño.
cuzcuz. m. **Alcuzcuz.**
cuzma. f. *Indum.* Sayo de lana, sin cuello ni mangas, usado por algunos indios de América.
cuzo. m. *Perro pequeño.
czar. m. **Zar.**
czarda. f. *Baile húngaro en compás binario. Consta de un movimiento lento, seguido de otro rápido y animado.
czarevitz. m. **Zarevitz.**
czariano, na. adj. **Zariano.**
czarina. f. **Zarina.**

CH

ch. f. Cuarta *letra del abecedario español, doble por su figura, pero sencilla por el sonido.
cha. m. En Filipinas y en algunos países de América, *té.
chabacanamente. adv. m. Con chabacanería.
chabacanería. f. Falta de arte, *inelegancia, *tosquedad, *vulgaridad. ‖ Dicho *grosero o insubstancial.
chabacano, na. adj. *Vulgar, *inelegante, *grosero.
chabasca. f. Conjunto de *ramas delgadas procedentes de la *poda.
chabola. f. *Cabaña o *casa modesta.
chacal. m. *Mamífero carnicero, parecido al lobo, salvo la cola que es como la de una zorra.
chácara. f. **Chacra.**
chacarero, ra. adj. Dícese en América de la persona que trabaja en la *labranza. Ú. t. c. s.
chacarrachaca. f. fam. Onomatopeya del ruido que produce un *alboroto o disputa.
chacina. f. **Cecina.** ‖ Carne de cerdo adobada para hacer *embutidos.
chacinería. f. Fabricación y comercio de *embutidos.
chacinero, ra. m. y f. Persona que hace o vende chacina.
chaco. m. *Montería con ojeo, que hacían antiguamente los indios de América.
chacó. m. *Morrión de la caballería ligera, aplicado después a otras armas.
chacolí. m. *Vino ligero y algo agrio que se hace en las provincias vascongadas.
chacolotear. intr. Hacer ruido la *herradura por estar floja.
chacoloteo. m. Acción y efecto de chacolotear.
chacón. m. Lagarto parecido a la salamanquesa, que se cría en Filipinas.
chacona. f. *Baile antiguo que se ejecutaba con acompañamiento de castañuelas y de coplas. ‖ *Música de este baile. ‖ Composición *poética para *cantarla al compás de dicho baile.
chaconada. f. *Tela de algodón muy fina.
chaconero, ra. adj. Que escribía chaconas. Ú. t. c. s. ‖ Que las bailaba. Ú. t. c. s.
chacota. f. *Bullicio y alegría mezclada de *chanzas y *risas, con que se celebra alguna cosa. ‖ **Echar** uno **a chacota** una cosa. fr. fam. Meterla a *broma, desentendiéndose de ella. ‖ **Hacer** uno **chacota** de una cosa. fr. fam. *Burlarse de ella.
chacotear. intr. Gastar chacota.
chacotero, ra. adj. fam. Que usa de chacotas. Ú. t. c. s.
chacra. f. En América, alquería o granja.
chacuaco. m. *Min.* *Horno de manga para fundir minerales de plata.
chacha. f. fam. **Niñera.**
chacha. f. **Chachalaca.**
chachal. m. Lápiz plomo.
chachalaca. f. Especie de *gallina de Méjico, sin cresta ni barbas, de carne delicada y sabrosa. ‖ fig. Persona muy habladora. Ú. t. c. adj.
cháchara. f. fam. Abundancia de palabras inútiles, *verbosidad. ‖ *Conversación frívola.
chacharear. intr. fam. **Parlar** (*hablar mucho y sin substancia).
chacharero, ra. adj. fam. **Charlatán.** Ú. t. c. s.
chacharón, na. adj. fam. Muy chacharero. Ú. t. c. s.
chacho, cha. m. y f. fam. **Muchacho, cha.** Es voz de cariño. ‖ m. Puesta que se hace en el juego del hombre.
chafadura. f. Acción y efecto de chafar o *aplastar.
chafaldete. m. *Mar.* *Cabo para cargar los puños de gavias y juanetes.
chafaldita. f. fam. *Broma o frase *irónica, ligera e inofensiva.
chafalditero, ra. adj. fam. Propenso a decir chafalditas. Ú. t. c. s.
chafalmejas. com. fam. **Pintamonas.**
chafalonía. f. Objetos *inútiles de *plata u *oro, para fundir.
chafallada. f. fam. *Escuela de párvulos.
chafallar. tr. fam. *Reparar una cosa de manera *imperfecta.
chafallo. m. fam. *Remiendo mal echado.
chafallón, na. adj. fam. Que chafalla. Ú. t. c. s. ‖ **Chapucero.** Ú. t. c. s.
chafandín. m. Persona vanidosa e *informal.
chafar. tr. *Aplastar o *tender lo que está erguido o levantado. Ú. t. c. r. ‖ Arrugar y deslucir la ropa, *ajarla. ‖ fig. y fam. *Vencer a uno en una conversación, dejándole sin tener qué responder.
chafariz. m. En las *fuentes de varios cuerpos, parte elevada donde están los caños.
chafarote. m. Alfanje corto y ancho, que suele ser corvo hacia la punta. ‖ fig. y fam. Sable o *espada ancha o muy larga.
chafarrinada. f. *Mancha que desluce una cosa.
chafarrinar. tr. Deslucir una cosa con *manchas o borrones.
chafarrinón. m. **Chafarrinada.** ‖ **Echar** uno **un chafarrinón.** fr. fig. y fam. Hacer una cosa *vil o chabacana. ‖ fig. y fam. *Infamar el linaje ajeno.
***chaflán.** m. En los cuerpos que tienen aristas o esquinas, cara que resulta de cortar una de aquéllas por un plano próximo a la arista y paralelo a ella.
chaflanar. tr. Hacer chaflanes.
chagra. m. Campesino de la república del Ecuador.
chagrán. m. *Piel labrada, zapa.
chagrén. m. **Zapa** (*piel labrada).
chagual. m. *Planta bromeliácea americana, de tronco escamoso, cuya médula es comestible. ‖ Fruto del cardón.
cháguar. m. **Caraguata.**
chaguarama. m. Especie de *palmera gigantesca de América.
chaguaramo. m. **Chaguarama.**
chaguarzo. m. *Mata parecida al tomillo, pero inodora.
chaima. adj. Se aplica al *indio de una tribu que habitaba al noroeste de Venezuela. Ú. t. c. s. ‖ m. *Dialecto caribe de los **chaimas.**
chaira. f. *Cuchilla que usan los zapateros. ‖ Cilindro que usan los *carpinteros para sacar rebaba a la cuchilla de raspar. ‖ Cilindro de acero que usan los *zapateros para *afilar sus cuchillas.
chajá. m. *Ave zancuda americana, que se domestica con facilidad.
chajuán. m. Bochorno, *calor.
chal. m. *Pañuelo de seda o lana, mucho más largo que ancho, que sirve a las mujeres como abrigo o adorno.
chala. f. Espata del *maíz cuando está verde.
chalado, da. adj. fam. Alelado, deficiente *mental. ‖ fam. Muy *enamorado.
chalán, na. adj. Que trata de *compras y ventas, especialmente de *caballerías y ganados. Ú. t. c. s. ‖ m. *Equit.* **Picador.**
chalana. f. *Embarcación menor para transportes en parajes de poco fondo.
chalanear. tr. Tratar los negocios como los chalanes. ‖ Adiestrar caballos.
chalaneo. m. Acción y efecto de chalanear.
chalanería. f. Habilidad y *astucia propia de los chalanes.
chalanesco, ca. adj. despect. Propio de chalanes.

chalar. tr. Enloquecer, alelar. Ú. t. c. r. ‖ *Enamorar. Ú. t. c. r.
chalate. m. Caballejo matalón.
chalaza. f. Cada uno de los cordoncitos que, partiendo de la yema, se dirigen hacia los polos del *huevo de las aves.
chaleco. m. Prenda de *vestir sin mangas, ajustada al cuerpo, que llega hasta la cintura cubriendo el pecho y la espalda. ‖ **Jaleco.** ‖ fam. **Ramera.**
chalequera. f. Mujer que tiene por oficio hacer chalecos.
chalet. m. *Casa de recreo de dimensiones reducidas.
chalina. f. *Corbata de caídas largas.
chalote. m. Planta liliácea, con muchos *bulbos agregados, como en el ajo común.
chalupa. f. *Embarcación pequeña, con cubierta y dos palos para velas. ‖ **Lancha.** ‖ Canoa muy pequeña usada en Méjico. ‖ *Torta de maíz.
chama. f. Entre chamarileros, trueque, *permuta.
chamada. f. **Chamarasca.** ‖ Sucesión de acontecimientos *adversos. ‖ **Pasar una chamada.** fr. **Pasar crujía.**
chamagoso, sa. adj. *Sucio, *desaliñado, astroso. ‖ Aplicado a cosas, bajo, vulgar, *despreciable.
chamar. tr. Entre chamarileros, *permutar, trocar.
chámara. f. **Chamarasca.**
chamarasca. f. *Leña menuda y hojarasca, que levantan mucha llama. ‖ Esta misma *llama.
chamarilear. tr. **Chamar.**
chamarilero, ra. m. y f. Persona que se dedica a *comprar y vender objetos usados.
chamarillero, ra. m. y f. **Chamarilero, ra.** ‖ m. **Tahúr.**
chamarrillón, na. adj. Que juega mal a los *naipes. Ú. t. c. s.
chamariz. m. *Pájaro más pequeño que el jilguero, de plumaje verdoso.
chamarón. m. *Pájaro pequeño, de pico cónico, plumaje negro por la parte alta, y cola muy larga.
chamarra. f. *Vestidura parecida a la zamarra.
chamarreta. f. Prenda de *vestir a modo de casaquilla holgada.
chamba. f. fam. **Chiripa.** ‖ fam. Negocio *ventajoso, ganga.
chambaril. m. **Zancajo** (hueso del pie).
chambelán. m. Camarlengo, gentilhombre de cámara.
chambequín. m. *Embarcación a modo de jabeque con aparejo de fragata.
chamberga. f. *Cinta de seda muy angosta.
chambergo, ga. adj. Decíase de cierto regimiento creado en Madrid para la *guardia de Carlos II. ‖ Decíase del individuo de dicho cuerpo. Ú. t. c. s. ‖ Se aplica a ciertas prendas del uniforme de este cuerpo. Ú. t. c. s. ‖ V. ***Sombrero chambergo.*** Ú. t. c. s. ‖ m. *Moneda de plata que corrió en Cataluña. ‖ V. **Pintura a la chamberga.**
chamberguilla. f. **Chamberga.**
chambilla. f. *Cant.* Cerco de piedra en que se afirma una reja de hierro.
chambón, na. adj. fam. *Torpe en el juego. Ú. t. c. s.‖ Por ext., poco hábil en cualquier arte o facultad. Ú. t. c. s. ‖ fam. Que *consigue por *casualidad alguna cosa.
chambonada. f. fam. *Desacierto propio del chambón. ‖ fam. *Ventaja obtenida por *casualidad.
chambra. f. *Vestidura corta, a modo de blusa, que usan las mujeres sobre la camisa.
chambrana. f. *Arq.* Labor con que se adorna un vano de *puerta o ventana.
chambre. m. **Pillastre.**
chamelo. m. Juego de *dominó.
chamelote. m. **Camelote** (*tela).
chamelotón. m. Chamelote ordinario y grosero.
chamerluco. m. Vestido que usaban las mujeres ajustado al cuerpo, y con una especie de collarín.
chamicera. f. Pedazo de *monte quemado, del que se saca la *leña sin hojas ni corteza.
chamicero, ra. adj. Perteneciente al chamizo o parecido a él.
chamico. m. *Arbusto americano.
chamiza. f. *Planta herbácea, de las gramíneas, que se emplea para techumbre de chozas y casas rústicas. ‖ *Leña menuda para los hornos.
chamizo. m. *Árbol medio quemado o chamuscado. ‖ *Leño medio quemado. ‖ *Choza cubierta de chamiza. ‖ fig. y fam. Tugurio sórdido que sirve de *aposento a gente de mal vivir.
chamorra. f. fam. *Cabeza trasquilada.
chamorro, rra. adj. Que tiene la cabeza esquilada. Ú. t. c. s. ‖ V. **Trigo chamorro.**
champán. m. *Embarcación grande, de fondo plano, para navegar por los ríos.
champán. m. fam. **Champaña.**
champaña. m. *Vino blanco espumoso.
champola. f. *Refresco hecho con pulpa de guanábana, azúcar y agua.
champurrar. tr. fam. **Chapurrar** (*mezclar líquidos).
chamuchina. f. **Populacho** (*plebe).
chamuscar. tr. *Quemar una cosa superficialmente. Ú. t. c. r. ‖ Vender muy *barato, liquidar.
chamusco. m. **Chamusquina.**
chamusquina. f. Acción y efecto de chamuscar o chamuscarse. ‖ fig. y fam. *Contienda, riña. ‖ **Oler a chamusquina.** fr. fig. y fam. Se decía de las palabras o discursos peligrosos en materia de fe, o sospechosos de *herejía.
chana. m. *Cielo o gloria de los musulmanes.
chanada. f. fam. *Broma, chasco, superchería.
chanca. f. **Chancla.** ‖ **Zueco.**
chancaca. f. *Azúcar mascabado en panes prismáticos.
chancear. intr. Usar de *chanzas. Ú. m. c. r.
chancero, ra. adj. Que acostumbra usar *chanzas. ‖ m. *Germ.* *Ladrón que usa de chanzas para hurtar.
chanciller. m. **Canciller.**
chancillería. f. Antiguo *Tribunal superior de justicia. ‖ Importe de los derechos que se pagaban al canciller por su oficio.
chancla. f. *Zapato viejo que ha perdido el talón. ‖ **Chancleta.** ‖ **En chancla.** m. adv. **En chancleta.**
chancleta. f. Chinela sin talón, o zapatilla con el talón doblado, que suele usarse dentro de casa. ‖ com. fig. y fam. Persona *torpe o inepta. ‖ **En chancleta.** m. adv. Sin llevar calzado el talón del *zapato.
chancletear . intr. Andar en chancletas.
chancleteo. m. *Ruido de las chancletas cuando se anda con ellas.
chanclo. m. Especie de sandalia de madera o suela gruesa, que se pone debajo del *calzado ordinario para preservarse de la humedad y del lodo. ‖ *Zapato grande de goma u otra materia elástica, en que entra el pie calzado. ‖ Parte inferior de algunos *calzados.
chanco, ca. adj. Dícese de cierto *queso de Chile.
chancro. m. *Úlcera de origen *venéreo o sifilítico.
chancha. f. Hembra del chancho.
cháncharras máncharras. f. pl. fam. *Pretexto para dejar de hacer una cosa.
chanchería. f. Tienda donde se vende *carne de chancho y embuchados, en América.
chancho, cha. adj. *Sucio, desaseado. ‖ m. **Cerdo.** ‖ En las *damas y el ajedrez, peón que queda inmovilizado.
chanchullero, ra. adj. Que gusta de andar en chanchullos. Ú. t. c. s.
chanchullo. m. *Intriga poco decorosa para conseguir un fin, y especialmente para lucrarse.
chanelar. tr. *Germ.* *Comprender, penetrar, entender.
chanfaina. f. *Guisado hecho de bofes o livianos picados. ‖ *Germ.* **Rufianesca.**
chanfla. m. fam. *Marinero torpe en su oficio.
chanflón, na. adj. *Tosco, grosero, *imperfecto. ‖ V. **Clavo chanflón.** ‖ m. *Moneda antigua de dos cuartos. ‖ *Mar.* Cada una de las piezas que forman el cuello de un palo de la *arboladura.
changa. f. Servicio que presta el changador.
changador. m. **Mozo de cordel** (*ganapán).
changarra. f. **Cencerro.**
changarro. m. **Changarra.**
changüí. m. fam. Chasco, *broma. ‖ *Engaño, burla. ‖ Cierto *baile plebeyo de Cuba.
chanquete. m. *Pescado sumamente menudo que se come frito.
chantado. m. *Cercado hecho con chantos.
chantaje. m. *Amenaza de *desacreditar o difamar a alguno, a fin de obtener de él dinero u otro provecho.
chantajista. com. Persona que ejercita habitualmente el chantaje.
chantar. tr. *Vestir o *poner. ‖ Clavar, hincar. ‖ fam. Decir a uno una cosa con *descaro. ‖ *Cercar con chantos.
chantillón. m. **Escantillón.**
chanto. m. *Palo o *piedra larga que se hinca de punta en el suelo. ‖ Piedra plana que sirve para *pavimento.
chantre. m. Dignidad de las iglesias catedrales, a cuyo cargo estaba lo relativo al *canto en el coro.
chantría. f. Dignidad de chantre.
***chanza.** f. Dicho festivo y gracioso. ‖ *Broma. ‖ *Germ.* **Chanzaina.**
chanzaina. f. *Germ.* *Astucia.
chanzoneta. f. Composición ligera, en *verso, que se *cantaba en Navidad o en otras festividades religiosas.
chanzoneta. f. **Chanza.**
chanzonetero. m. El que componía chanzonetas.
chañar. m. Árbol americano, cuyo fruto, semejante a la ciruela, es comestible y de sabor parecido a la azufaifa. ‖ Fruto de este árbol.
***chapa.** f. Lámina de metal, madera u otra materia. ‖ *Mancha de color rojo que se pintaban las mujeres en el rostro. ‖ Entre *zapateros, pedazo de piel con que se aseguran las uniones de unas piezas con otras. ‖ *Caracol terrestre de gran tamaño, con la concha deprimida. ‖ fig. y fam. *Prudencia, *seriedad, formalidad. ‖ m. fig. y fam. Polizonte. ‖

pl. *Juego de azar entre dos o más personas, que se hace tirando al alto dos monedas iguales.
chapado, da. adj. **Chapeado.** ‖ **a la antigua.** expr. fig. Se dice de la persona muy apegada a los hábitos y costumbres *antiguas.
chapalear. intr. **Chapotear.** ‖ **Chacolotear.**
chapaleo. m. Acción y efecto de chapalear.
chapaleta. f. Válvula de la *bomba hidráulica.
chapaleteo. m. *Ruido de las aguas al chocar con la orilla. ‖ Ruido que al caer produce la *lluvia.
chapapote. m. Asfalto o *betún que se halla en las Antillas.
chapar. tr. **Chapear.** ‖ fig. Asentar, encajar, *decir a uno algo desagradable. ‖ intr. *Mar.* *Remar de modo que salpique el agua.
chapar. intr. Iniciar el juego del marro el primer jugador de cada bando.
chaparra. f. **Coscoja** (árbol). ‖ **Chaparro.** ‖ *Coche de caja ancha y poco elevada, usado antiguamente.
chaparrada. f. **Chaparrón.**
chaparral. m. Sitio poblado de chaparros.
chaparrear. intr. *Llover reciamente y con intervalos.
chaparreras. f. pl. Especie de zahones de piel que se usan en Méjico.
chaparro. m. Mata ramosa de *encina o roble. ‖ *Arbusto americano de las malpigiáceas, con cuyas ramas se hacen bastones.
chaparrón. m. *Lluvia recia de corta duración.
chapatal. m. *Lodazal o ciénaga.
chapeado, da. adj. Dícese de lo que está cubierto o guarnecido con chapas.
chapear. tr. Cubrir o guarnecer con *chapas. ‖ **Agr.* Limpiar la tierra de malezas y hierbas con el machete. ‖ intr. **Chacolotear.**
chapelete. m. Cobertura de la cabeza, a modo de *sombrero o bonete.
chapeo. m. **Sombrero.**
chapera. f. *Albañ.* Plano inclinado con travesaños, que se usa en las obras en substitución de *escaleras.
chapería. f. Adorno hecho de *chapas.
chaperón. m. **Chapirón.** ‖ *Arq.* Alero de madera que se pone en algunos *tejados para apoyar los canalones.
chaperonado, da. adj. *Blas.* **Capirotado.**
chapescar. intr. *Germ.* **Huir.**
chapeta. f. d. de **Chapa.** ‖ *Mancha de color encendido que sale a veces en las mejillas.
chapetón. m. Rodaja de plata con que se adornan los *arreos de montar.
chapetón, na. adj. En algunos países de América, se dice del europeo recién llegado. Ú. m. c. s. ‖ **Chaparrón.** ‖ **Chapetonada.**
chapetonada. f. Cierta *enfermedad que padecen los europeos recién llegados al Perú.
chapín. m. *Calzado o chanclo de corcho forrado de cordobán, que usaban antiguamente las mujeres. ‖ *Pez tropical, plectognato, parecido al cofre. ‖ **de la reina.** Servicio pecuniario que hacía el reino de Castilla en ocasión del casamiento de los reyes.
chapinazo. m. *Golpe dado con un chapín.
chapinería. f. Oficio de chapinero. ‖ Sitio donde se hacían chapines. ‖ Sitio o tienda donde se vendían.
chapinero. m. El que por oficio hacía o vendía chapines.
chápiro. m. fam. Se emplea únicamente en los *juramentos o expresiones de enojo **¡por vida del chápiro!, ¡por vida del chápiro verde!** y **¡voto al chápiro!**
chapirón. m. **Capirote** (*capucha).
chapisca. f. En algunos países de América, recolección del *maíz.
chapista. m. Obrero que trabaja en *chapa de metal.
chapitel. m. *Remate de las torres en figura piramidal. ‖ **Capitel.** ‖ Punta de ágata sobre la cual se apoya y gira la aguja de la *brújula. ‖ *Germ.* **Cabeza.**
chaple. adj. V. **Buril chaple.**
chaplear. intr. Zambullirse, *sumergirse.
chapó. m. Cierta variedad del juego de *billar. ‖ **Hacer chapó.** fr. Derribar con una o más bolas los cinco palos de la mesa de billar.
chapodar. tr. *Podar los árboles, aclarándolos, a fin de que no se envicien. ‖ fig. **Cercenar.**
chapodo. m. Trozo de la rama que se chapoda.
chapón. m. Borrón o *mancha grande de *tinta.
chapona. f. **Chambra.**
chapote. m. Especie de *cera negra que *mascan los americanos para limpiar y fortalecer los dientes.
chapotear. tr. *Mojar repetidas veces una cosa con esponja o paño empapado en agua. ‖ intr. Sonar el agua batida por los pies o las manos. ‖ *Agitar los pies o las manos en el agua.
chapoteo. m. Acción y efecto de chapotear.
chapucear. tr. **Frangollar** (hacer algo de prisa y mal). ‖ fam. **Chafallar.**
chapuceramente. adv. m. Con chapucería.
chapucería. f. *Tosquedad, *imperfección. ‖ Obra *defectuosa. ‖ *Mentira, embuste.
chapucero, ra. adj. Hecho con chapucería. ‖ Dícese de la persona que trabaja de este modo. Ú. t. c. s. ‖ *Embustero, mentiroso. Ú. t. c. s. ‖ m. *Herrero que fabrica trébedes, badiles y otras cosas bastas de hierro. ‖ Vendedor de hierro viejo.
chapullete. m. Marejada de *olas cortas.
chapurrado. m. *Bebida americana, compuesta de ciruelas cocidas con agua, azúcar y clavo.
chapurrar. tr. *Hablar y *pronunciar con dificultad un idioma. ‖ fam. *Mezclar un licor con otro.
chapurrear. tr. **Chapurrar** (hablar mal). Ú. t. c. intr.
chapuz. m. Acción de chapuzar. ‖ **Dar chapuz.** fr. **Chapuzar.**
chapuz. m. Obra, *reparación o *trabajo de poca importancia. ‖ **Chapucería.** ‖ *Mar.* Cualquiera de las piezas que se agregan a un *palo, para completar su redondez.
chapuza. f. Chapuz, *reparación o trabajo *imperfecto o de poca importancia.
***chapuzar.** tr. Meter o *sumergir a uno de cabeza en el agua. Ú. t. c. intr. y c. r.
chapuzón. m. Acción y efecto de chapuzar o chapuzarse.
chaqué. m. **Indum.* Especie de levita, con los faldones separados por delante.
chaqueta. f. Prenda exterior de *vestir, con mangas y sin faldones, que se ajusta al cuerpo y llega a las caderas.
chaquete. m. Juego parecido al de *damas.
chaquetilla. f. Chaqueta que no pasa de la cintura.
chaquetón. m. aum. de **Chaqueta.** ‖ Prenda de *vestir de más abrigo y algo más larga que la chaqueta.
chaquira. f. Grano de *aljófar, abalorio o cuenta de vidrio, que los españoles vendían a los indios del Perú.
charabán. m. *Coche descubierto, con dos o más filas de asientos, colocadas transversalmente.
charada. f. *Pasatiempo que consiste en proponer como *enigma una palabra, de cuyas sílabas, aisladas o combinadas de varias maneras, se indica vagamente la significación. ‖ Llamarada u *hoguera de poca duración.
charadrio. m. **Alcaraván.**
charal. m. *Pez malacopterigio abdominal, abundante en ciertas lagunas de Méjico, y cuya carne, curada al sol, es artículo de comercio bastante importante. ‖ **Estar** uno **hecho un charal.** fr. fig. y fam. Estar muy *flaco.
charamusca. f. *Chispa del fuego de leña. ‖ pl. *Leña menuda.
charamusca. f. *Dulce acaramelado en forma de tirabuzón.
charanga. f. Música militar compuesta exclusivamente de *instrumentos de metal.
charango. m. Especie de bandurria pequeña, que usan los indios del Perú.
charanguero, ra. adj. **Chapucero.** Ú. t. c. s. ‖ m. **Buhonero.** ‖ *Barco que se usa en Andalucía para el tráfico de unos puertos con otros.
charape. m. *Bebida fermentada hecha con pulque, miel, clavo y canela.
***charca.** f. Depósito algo considerable de agua, que se forma en alguna depresión de terreno.
charcal. m. Sitio en que abundan los charcos.
charcas. m. pl. *Indios que estuvieron sujetos al imperio de los incas.
***charco.** m. *Charca pequeña que se forma en el pavimento. ‖ **Pasar** uno **el charco.** fr. fig. y fam. Pasar el *mar.
charla. f. fam. Acción de charlar. ‖ **Cagaaceite.**
charlador, ra. adj. fam. **Charlatán.** Ú. t. c. s.
charlante. p. a. fam. de **Charlar.** Que charla.
charlar. intr. fam. *Hablar mucho y sin substancia. ‖ fam. Conversar sobre temas indiferentes por mero pasatiempo.
***charlatán, na.** adj. Que habla mucho y sin substancia. Ú. t. c. s. ‖ *Hablador indiscreto. Ú. t. c. s. ‖ **Embaidor.** Ú. t. c. s. ‖ Sacamuelas.
charlatanear. intr. **Charlar.**
charlatanería. f. **Locuacidad.** ‖ Calidad de charlatán.
charlatanesco, ca. adj. Propio de charlatanes.
charlatanismo. m. Charlatanería, especialmente la de los curanderos.
charlear. intr. **Croar.**
charlotear. intr. **Charlar.**
charloteo. m. **Charla.**
charneca. f. **Lentisco.**
charnecal. m. Sitio poblado de charnecas.
charnel. m. *Germ.* *Moneda antigua de dos maravedís.
charnela. f. **Bisagra.** ‖ **Gozne.** ‖ *Zool.* Articulación de las dos valvas de la *concha de los moluscos acéfalos.
charneta. f. fam. **Charnela.**
charniegos. m. pl. *Germ.* **Grillos** (grilletes).
charol. m. *Barniz muy brillante y flexible. ‖ *Cuero con este barniz. ‖

Darse charol. fr. fam. Alabarse, *jactarse.
charolado, da. adj. **Lustroso.**
charolar. tr. *Barnizar con charol.
charolista. m. El que tiene por oficio *dorar o charolar.
charpa. f. *Correa a modo de tahalí, provista de ganchos para *colgar armas de fuego. ‖ *Cir.* **Cabestrillo.**
charquetal. m. Charcal.
charqui. m. **Tasajo.** ‖ Masa de *cobre nativo.
charrada. f. Dicho o hecho propio de un *charro. ‖ *Baile propio de los charros. ‖ fig. y fam. Obra charra, *inelegante o de mal gusto.
charramente. adv. m. Con charrada.
charrán. adj. *Pícaro, tunante. Ú. t. c. s.
charranada. f. Acción propia de charrán.
charrancho. m. **Arq. Nav.* Barrote grueso, que, clavado provisionalmente de una cuaderna a otra, sirve para sostenerlas durante la construcción.
charranear. intr. Portarse como un charrán.
charranería. f. Condición de charrán.
charrasca. f. fam. y fest. *Sable que se lleva arrastrando.‖ fam. *Navaja de muelles.
charrasco. m. fam. y fest. **Charrasca** (sable).
charrería. f. **Charrada** (cosa charra).
charrete. f. *Carruaje de dos ruedas y de dos o cuatro asientos.
charretera. f. *Insignia militar, en forma de pala, que se sujeta sobre el hombro y de la cual pende un fleco. ‖ **Jarretera.** ‖ Hebilla de jarretera. ‖ fig. y fam. **Albardilla** (de los aguadores).
***charro, rra.** adj. Aldeano de tierra de Salamanca. Ú. t. c. s. ‖ fig. *Tosco y *rústico. Ú. t. c. s. ‖ →fig. y fam. Aplícase a algunas cosas recargadas de adorno, y de mal gusto.
charrúa. f. *Mar.* *Embarcación pequeña que servía de remolcador. ‖ *Mar.* ant. **Urca.**
charrúa. f. *Arado compuesto.
chasa. f. *Juego de muchachos que consiste en dejar caer por una tabla inclinada huesos de frutas. Gana el que, al echar un hueso, consigue dar con él a los que están abajo.
chascar. tr. **Chasquear** (dar chascos).
chascar. intr. Hacer que la *lengua produzca un chasquido, apretándola contra el paladar y separándola después violentamente. ‖ ***Triturar.** ‖ fig. Engullir, *tragar.
chascarrillo. m. fam. *Cuento breve y *gracioso.
chascás. m. *Morrión con cimera plana y cuadrada, usado por los regimientos de lanceros.
chasco. m. *Broma o *engaño que se hace a alguno. ‖ fig. *Desengaño o *sorpresa que produce un suceso *adverso o inesperado.
chasis. m. Estuche o bastidor en que se exponen y guardan las placas *fotográficas. ‖ Armazón inferior del *carruaje, sobre la cual se apoya la caja.
chasponazo. m. *Huella que deja la bala al pasar rozando con un cuerpo duro.
chasqueador, ra. adj. Que chasquea. Ú. t. c. s.
***chasquear.** tr. Dar chasco o *broma. ‖ *Incumplir lo prometido. ‖ → Manejar el *látigo o la honda, haciéndoles dar chasquido. ‖ intr. Dar chasquidos o *estallidos la madera. ‖ r. *Malograrse por un hecho adverso las esperanzas de alguno.
chasqui. m. Indio que sirve de correo.
chasquido. m. *Ruido o *estallido que se hace con el látigo cuando se sacude en el aire con violencia. ‖ *Ruido seco que produce la madera cuando se abre.
chata. f. *Orinal de cama, de muy poco fondo, con un mango hueco por donde se vacía.
chátaras. f. pl. **Pezuñas.**
chatarra. f. *Hierro viejo.
chatarrero. m. El que compra y vende chatarra.
chatedad. f. Calidad de chato.
chato, ta. adj. Que tiene la *nariz poco prominente o aplastada. Ú. t. c. s. ‖ Dícese también de la nariz que tiene esta figura. ‖ Aplícase a algunas cosas *romas o más *planas o *cortas que de ordinario. ‖ m. fig. y fam. *Vaso bajo y ancho de vino o de otra bebida.
chatón. m. Piedra preciosa gruesa engastada en una *joya. ‖ *Clavo chato para adorno.
chatonado. m. *Germ.* **Tachonado.**
chatre. adj. Ricamente *adornado.
chauche. m. Barniz o *pintura de color rojo para el suelo de las habitaciones.
chaúl. m. *Tela de seda de la China, semejante al gro.
chauz. m. *Portero de estrados o alguacil, entre los árabes.
chaval, la. adj. fam. ***Joven.** Ú. m. c. s.
chavalongo. m. Nombre que se da en Chile a ciertas *fiebres.
chavasca. f. *Leña menuda.
chavea. m. **Chaval.** ‖ *Niño.
chaveta. f. *Clavo hendido que se remacha separando las dos mitades de su punta. ‖ **Mec.* Clavija o pasador. ‖ **Perder** uno **la chaveta.** fr. fig. y fam. Volverse *loco.
chavó. m. *Germ.* **Chaval.**
chayo. m. *Arbusto de las Antillas, que segrega una especie de resina.
chayote. m. Fruto de la chayotera. ‖ **Chayotera.**
chayotera. f. Planta trepadora americana, de las *cucurbitáceas, de fruto comestible en forma de pera.
chaza. f. En el juego de la *pelota, suerte en que ésta vuelve contrarrestada, y se para o la detienen antes de llegar al saque. ‖ Señal que se pone donde paró la pelota. ‖ *Mar.* Espacio que media entre dos portas de una batería. ‖ **Hacer chazas.** fr. **Equit.* Mantenerse el *caballo sobre el cuarto trasero adelantando a saltitos, con las manos levantadas.
chazador. m. El jugador que detiene las *pelotas. ‖ El que no juega, pero cuida de señalar el sitio de la chaza.
chazar. tr. Detener la *pelota antes que llegue a la raya señalada para ganar. ‖ Señalar el sitio o paraje donde está la chaza.
che. f. Nombre de la lecha *ch.*
¡che! interj. fam. muy usada en Valencia y en la Argentina para *llamar la atención de una persona.
checa. f. Comité de *policía secreta en la Rusia soviética. ‖ Organismo semejante que ha funcionado en otros países y que sometía a los detenidos a crueles *tormentos.
checo, ca. adj. Bohemio de raza eslava. Ú. t. c. s. ‖ Propio o perteneciente a él. ‖ m. *Lengua de los **checos.**
checoslovaco, ca. adj. Natural de Checoslovaquia. Ú. t. c. s. ‖ Perteneciente a este país de Europa.
cheche. m. fam. *Valentón, perdonavidas.
cheira. f. **Chaira.**
chelín. m. *Moneda inglesa de plata, equivalente a la vigésima parte de la libra esterlina.
chepa. f. fam. *Joroba.
chepo. m. *Germ.* **Pecho.**
cheque. m. Documento en forma de *libranza por medio del cual una persona puede retirar fondos que tiene disponibles en poder de otra. ‖ **cruzado.** El expedido a favor de un banquero o sociedad, cuyo nombre se escribe cruzado en el anverso.
chequén. m. Especie de *mirto de Chile.
chercán. m. *Pájaro americano, semejante al ruiseñor.
cherinol. m. *Germ.* Caporal de *rufianes o *ladrones.
cherinola. f. *Germ.* Junta de *ladrones o *rufianes.
cherna. f. **Mero** (*pez).
cherva. f. ***Ricino** (planta).
chéster. m. Cierto *queso que se fabrica en Inglaterra.
cheurón. m. **Blas.* **Cabrio.**
cheviot. m. *Lana de cierta clase de corderos propios de Escocia. ‖ *Paño que se hace con ella.
chía. f. *Manto negro y corto, que se usaba en los *lutos antiguos. ‖ Faldón de cierta vestidura que caía desde la cabeza hasta la mitad de las espaldas. Era *insignia de nobleza y autoridad.
chía. f. *Semilla de una especie de salvia, de la cual se extrae un *aceite secante.
Chiapa. n. p. V. **Pimienta de Chiapa.**
chibalete. m. **Impr.* Armazón de madera donde se colocan las cajas para componer.
chibcha. adj. Dícese del individuo de un pueblo que habitó en Bogotá. Ú. t. c. s. ‖ Perteneciente a este pueblo. ‖ m. *Idioma de los **chibchas.**
chibuquí. m. Pipa de tubo recto y largo, que usan los turcos para *fumar.
chicada. f. *Rebaño de *corderos enfermizos, que se apartan del resto del ganado. ‖ **Niñada.**
chicalote. m. **Argemone** (planta).
chicarrón, na. adj. fam. Dícese del *niño o persona *joven muy crecidos. Ú. t. c. s.
chiclán. adj. **Ciclán.**
chiclanero, ra. adj. Natural de Chiclana. Ú. t. c. s. ‖ Perteneciente a esta villa.
chicle. m. Gomorresina que fluye del tronco del chicozapote, y que se emplea para *mascarla. **También** se da este nombre a otros masticatorios aromatizados de distinta composición.
***chico, ca.** adj. *Pequeño o de poco tamaño. ‖ **Niño.** Ú. t. c. s. ‖ **Muchacho.** Ú. t. c. s. ‖ m. y f. En el trato familiar llámase así a *personas adultas.‖ m. fam. Medida de *capacidad para vino, igual a un tercio de cuartillo. ‖ **Chico con grande.** expr. de que se usa cuando se trata de vender, en *conjunto, cosas desiguales en tamaño o calidad. ‖ fig. Sin excluir cosa alguna, en *general.
chicolear. intr. fam. Decir chicoleos.
chicoleo. m. fam. Requiebro o donaire que se dirige a las mujeres por *galantería.
chicoria. f. **Achicoria.**
chicorro. m. fam. **Chicote** (persona de poca edad).
chicorrotico, ca, llo, lla, to, ta. adjs. fams. ds. de **Chico.**
chicorrotín, na. adj. fam. d. de **Chico.** ‖ fam. **Chiquirritín.** Ú. t. c. s.
chicotazo. m. *Golpe dado con el chicote (látigo).
chicote, ta. m. y f. fam. Niño o *muchacho fuerte y robusto. ‖ m. fig. y

fam. **Cigarro puro.** ‖ **Látigo.** ‖ *Mar.* *Extremo o punta de un *cabo.
chicotear. tr. Dar chicotazos.
chicozapote. m. **Zapote.**
chicuelo, la. adj. d. de **Chico.** Ú. t. c. s.
chicha. f. fam. Hablando con los niños, *carne comestible.
chicha. f. *Bebida alcohólica que resulta de la fermentación del maíz en agua azucarada. ‖ **De chicha y nabo.** loc. fig. y fam. *Insignificante o *despreciable. ‖ **No ser** uno o una cosa **ni chicha ni limonada.** fr. fig. y fam. No valer para nada.
chicha. adj. V. **Calma chicha.**
chícharo. m. **Guisante.**
chicharra. f. **Cigarra** (*insecto). ‖ *Juguete que consiste en un cañuto corto, tapado por uno de sus extremos con un pergamino estirado, en cuyo centro se coloca un hilo encerado, que, al correr entre los dedos, hace un ruido desapacible. ‖ Herramienta para hacer *taladros. ‖ fig. y fam. Persona muy *habladora. ‖ **Cantar la chicharra.** fr. fig. y fam. Hacer gran *calor.
chicharrar. tr. **Achicharrar.**
chicharrero, ra. m. y f. Persona que hace o vende chicharras (juguetes). ‖ m. fig. y fam. Sitio o paraje donde hace mucho *calor.
chicharro. m. **Chicharrón** (de la manteca). ‖ **Jurel.**
chicharrón. m. Residuo de las pellas del cerdo, después de derretida la *manteca. ‖ fig. Carne u otra vianda requemada. ‖ fig. y fam. Persona muy tostada por el sol. ‖ pl. Torta o conglomerado que se hace con trocitos de *carne de cerdo, ternillas, tocino, etc., y se come fiambre.
chicharrón. m. Árbol de las Antillas, de madera muy dura.
chiche. m. fam. Juguete, dije.
chichear. intr. **Sisear.** Ú. t. c. tr.
chicheo. m. Acción y efecto de chichear. Ú. m. en pl.
chichería. f. Casa o tienda donde en América se vende chicha (*bebida).
chichicaste. m. *Arbusto americano, espinoso, de tallo fibroso que se utiliza para cordelería.
chichimeca. adj. Dícese de los *indios que habitan al poniente y norte de Méjico. Ú. m. c. s. y en pl. ‖ Perteneciente a los **chichimecas.**
chichimeco, ca. adj. **Chichimeca.** Apl. a pers., ú. t. c. s.
chichisbear. tr. *Galantear a una mujer.
chichisbeo. m. Obsequio continuado con que un hombre *galantea a una mujer. ‖ Este mismo hombre.
chichón. m. Bulto o *hinchazón que se forma en la cabeza por efecto de un golpe.
chichonera. f. Especie de *sombrero, con armadura adecuada, que se pone a los *niños para *protegerles la cabeza contra los golpes.
chifla. f. Acción y efecto de chiflar. ‖ Especie de *silbato.
chifla. f. *Cuchilla ancha y casi cuadrada, con que los *encuadernadores y los que hacen *guantes raspan y adelgazan las pieles.
chifladera. f. **Chifla** (silbato).
chiflado, da. adj. Dícese de la persona que tiene algo perturbadas sus facultades *mentales. Ú. t. c. s.
chifladura. f. Acción y efecto de chiflar o chiflarse.
chiflar. intr. *Silbar. ‖ tr. Hacer *burla o escarnio. Ú. t. c. r. ‖ fam. *Beber a grandes tragos vino o licores ‖ r. fam. Perder uno la energía de las facultades mentales; *ofuscarse o volverse *loco. ‖ fam. Sentir gran *amor o afición por una persona o cosa.
chiflar. tr. Adelgazar con la chifla las *pieles finas.
chiflato. m. **Silbato.**
chifle. m. **Chiflo.** ‖ Reclamo para *cazar aves. ‖ Frasco de *cuerno, cerrado con una boquilla, en el cual solía guardarse la *pólvora.
chiflete. m. **Chiflo.**
chiflido. m. Sonido del chiflo. ‖ Silbo que lo imita.
chiflo. m. **Chifla** (*silbato).
chiflón. m. *Viento colado. ‖ *Canal por donde sale el agua con fuerza. ‖ *Hundimiento o derrumbe de piedra suelta en lo interior de las *minas.
chigre. m. *Mar.* Especie de molinete.
chigre. m. Tienda donde se vende *sidra por menor.
chigrero. m. Dueño de un chigre.
chijetada. f. Chisguete, *chorro.
chilaba. f. *Vestidura con capucha, de que usan los moros.
chilacayote. f. Planta *cucurbitácea, variedad de sandía, cuyo fruto tiene una carne blanca y muy fibrosa, de la cual se hace el dulce llamado cabello de ángel. ‖ Fruto de esta planta.
chilanco. m. **Cilanco.**
chilar. m. Sitio poblado de chiles.
chilca. f. *Arbolillo americano muy frondoso y balsámico. ‖ **Chirca.**
chilco. m. Fucsia silvestre.
chile. m. **Ají** (especie de *pimiento).
Chile. n. p. V. **Albahaquilla de Chile.**
chilenismo. m. Vocablo o modo de hablar propio de los chilenos.
chileno, na. adj. Natural de Chile. Ú. t. c. s. ‖ Perteneciente a este país de América.
chileño, ña. adj. **Chileno.** Apl. a pers., ú. t. c. s.
chilindrina. f. fam. Cosa *insignificante. ‖ fam. **Chascarrillo.** ‖ **Chafaldita.**
chilindrinero, ra. adj. fam. Que cuenta o gasta chilindrinas. Ú. t. c. s.
chilindrón. m. Juego de *naipes entre dos o cuatro personas, parecido al de la cometa. ‖ **Chirca.**
chilro. m. En Galicia, especie de caldo sin substancia.
chiltipiquín. m. **Ají** (especie de *pimiento).
chilla. f. Instrumento que sirve a los *cazadores para imitar la voz de algunos animales.
chilla. f. *Tabla delgada de ínfima calidad.
chilla. f. Especie de *zorra de Chile de menor tamaño que la europea.
chillado. m. *Techo compuesto de listones y de tablas de chilla. ‖ Cielo raso guarnecido con yeso o cal.
chillador, ra. adj. Que chilla. Ú. t. c. s.
chillar. intr. Dar chillidos, *gritar. ‖ Imitar con la chilla la voz de los animales de *caza. ‖ **Chirriar.** ‖ fig. *Pint.* Hablando de colores, formar contraste excesivo o de mal gusto.
chillera. f. *Mar.* Barra de hierro doblada en ángulo recto por ambos extremos, los cuales encajan en la amurada o en las brazolas. Sirve para estibar, en los buques de la *armada, ciertas municiones de artillería.
chillería. f. Conjunto de chillidos o voces descompasadas; *gritería.
chillido. m. Sonido inarticulado de la *voz, agudo y desapacible.
chillo. m. **Chilla** (de los cazadores).
chillón. m. *Clavo que sirve para tablas de chilla. ‖ **real.** Clavo mayor que el **chillón** ordinario.
chillón, na. adj. fam. Que chilla mucho. Ú. t. c. s. ‖ Dícese de todo *sonido agudo y desagradable. ‖ fig. Aplícase a los *colores demasiado vivos o charros.
chimango. m. *Ave de rapiña, americana.
***chimenea.** f. Conducto para dar salida al humo de la combustión. ‖ Hogar para guisar o calentarse. ‖ **Chimenea francesa.** ‖ En ciertas *armas de fuego*, cañoncito colocado en la recámara, donde se encaja el pistón. ‖ **Teatro*. Conducto de madera por donde suben y bajan los contrapesos para las maniobras de la maquinaria. ‖ Excavación estrecha que se abre en el cielo de una *mina. ‖ **francesa.** La que se hace sólo por calentarse y se guarnece con un marco y una repisa en su parte superior. ‖ **Caerle** a uno una cosa **por la chimenea.** fr. fig. y fam. Conseguir alguna *ventaja de manera *imprevista.
chimó. m. Pasta de extracto de tabaco cocido y sal de urao, que se usa en Venezuela como *masticatorio.
chimojo. m. *Medicamento antiespasmódico hecho de tabaco, cáscara de plátano y otros ingredientes, que se usa en Cuba.
chimpancé. m. *Mono antropomorfo, poco más bajo que el hombre, que habita en el centro de África.
china. f. *Piedra pequeña. ‖ *Suerte que echan los muchachos presentando cerradas ambas manos, una de las cuales contiene una piedrecita. ‖ pl. Pitas, *juego de los cantillos. ‖ **Poner chinas** a uno. fr. fig. y fam. Suscitarle *dificultades. ‖ **Tocarle** a uno **la china.** fr. fig. **Tocarle la suerte.**
china. f. *Raíz medicinal de una hierba del mismo nombre, que se cría en América y en la China. ‖ **Porcelana.** ‖ *Tela que viene de la China. ‖ **Media china.** Tela o lienzo más ordinario que la **china.**
china. com. **Chino** (natural de China).
china. f. India o mestiza americana que se dedica al *servicio doméstico.
chinampa. f. En las lagunas vecinas a Méjico, *huerto en que se cultivan flores y verduras.
chinampero, ra. adj. Cultivador de chinampas. Ú. t. c. s. ‖ Que se cultiva en ellas.
chinanta. f. *Peso que se usa en Filipinas, equivalente a unos seis kilogramos y medio.
chinar. tr. **Albañ.* Embutir con chinas los revoques de mampostería.
chinarro. m. *Piedra algo mayor que una china.
chinateado. m. *Metal.* Capa de piedras menudas que se echa en los hornos sobre el mineral grueso de *azogue.
chinazo. m. aum. de **China** (piedrecita). ‖ *Golpe dado con una china.
chincate. m. *Azúcar moreno último que sale de las calderas.
chincol. m. *Pájaro americano muy semejante al gorrión, pero de canto agradable.
chincual. m. En Méjico, cierta erupción de la *piel.
chinchar. tr. fam. *Molestar, importunar.
chincharrazo. m. fam. **Cintarazo.**
chincharrero. m. Sitio o lugar donde hay muchas chinches. ‖ *Barco pequeño que usan en América para pescar.
chinche. f. *Insecto hemíptero, de color rojo obscuro y cuerpo muy aplastado, casi elíptico. Chupa la

sangre humana taladrando la piel con picaduras irritantes. || *Clavito metálico de cabeza circular y plana, que sirve para asegurar el papel al tablero en que se *dibuja. || com. fig. y fam. Persona chinchosa. Ú. t. c. adj. || **Caer,** o ***morir, como chinches.** fr. fig. y fam. Haber gran mortandad.

chinchero. m Tejido de mimbres que se ponía alrededor de las *camas para recoger las chinches.

chinchilla. f. *Mamífero roedor americano, poco mayor que la ardilla, cuya piel es muy estimada para abrigos y adorno. || *Piel de este animal.

chinchín. m. *Arbusto americano, siempre verde.

chinchín. m. *Ruido que hacen los platillos (*instrumento músico).

chinchorrear. intr. Traer y llevar *chismes.

chinchorrería. f. fig. y fam. *Impertinencia, *importunación. || fig. y fam. *Chisme, cuento.

chinchorrero, ra. adj. fig. y fam. Que se emplea en *chismes y cuentos.

chinchorro. m. *Red barredera semejante a la jábega. || *Embarcación de remos, muy pequeña. || *Hamaca ligera de cordeles.

chinchoso, sa. adj. fig. y fam. Dícese de la persona *molesta, pesada e *importuna.

chinela. f. *Zapato sin talón, de suela ligera, y que se usa dentro de casa. || Especie de chapín que usaban las mujeres sobre el calzado.

chinelón. m. aum. de **Chinela.**

chinero. m. *Armario o alacena en que se guardan piezas de china, cristalería, etc.

chinesco, ca. adj. **Chino** (perteneciente a China). || V. **Sombras chinescas.** || m. *Instrumento que usaban las bandas militares, compuesto de una armadura metálica, enastada, guarnecida de campanillas y cascabeles. Ú. m. en pl. || **A la chinesca.** m. adv. Al uso de la China.

chinfonía. f. *Instrumento parecido a la gaita de manubrio.

chingo, ga. adj. Chato, de *nariz roma.

chingolo. m. **Chincol.**

chinguirito. m. *Aguardiente americano de caña, de calidad inferior.

chino, na. adj. Natural de la China. Ú. t. c. s. || Perteneciente a este país de Asia. || m. *Idioma de los **chinos.** || En algunos países de América, *criado.

chino, na. adj. **Etnog.* Dícese del descendiente de india y zambo o de indio y zamba. Ú. t. c. s. || Dícese del descendiente de negro y mulata o de mulato y negra. Ú. t. c. s.

chipé. f. *Verdad, *bondad. || **De chipé.** loc. fam. **De órdago.**

chipén. f. Vida, *bullicio. || **Chipé.**

chipichape. m. fam. **Zipizape.** || **Golpe.**

chipichipi. m. **Llovizna.**

chipirón. m. En las costas de Cantabria, calamar pequeño.

chipriota. adj. Natural de Chipre. Ú. t. c. s. || Perteneciente a esta isla del Mediterráneo.

chipriote. adj. **Chipriota.** Apl. a pers., ú. t. c. s.

chique. m. **Arq. Nav.* Madero de refuerzo.

chiqueadores. m. pl. Rodajas de carey que se usaron en Méjico como adorno mujeril. || **Terap.* Rodajas de papel que, untadas de sebo u otra substancia, se pegan en las sienes como remedio casero para los dolores de cabeza.

chiquero. m. Zahúrda donde se recogen de noche los *cerdos. || **Toril.** || Choza en que se recogen de noche las *cabras.

chiquichaque. m. El que tenía por oficio *aserrar piezas gruesas de madera. || Ruido que se hace cuando se *masca fuertemente.

chiquilicuatro. m. fam. **Chisgarabís.**

chiquilín, na. adj. Chiquillo. Ú. t. c. s.

chiquillada. f. Acción propia de chiquillos.

chiquillería. f. fam. Multitud o *concurrencia de chiquillos.

chiquillo, lla. adj. **Chico** (*niño, muchacho). Ú. t. c. s.

chiquirritico, ca, llo, lla, to, ta. adjs. fams. ds. de **Chico.**

chiquirritín, na. adj. fam. d. de **Chiquitín.** || fam. Dícese de la criatura de corta edad.

chiquitín, na. adj. fam. d. de **Chiquito.**

chiquito, ta. adj. d. de **Chico.** Apl. a pers., ú. t. c. s. || fig. y fam. **No andarse** uno **en chiquitas.** fr. fam. Ir *derechamente a lo que importa sin contemplaciones ni rodeos.

chirca. f. *Árbol americano, de las euforbiáceas.

chircal. m. Terreno poblado de chircas.

chiribita. f. **Chispa.** Ú. m. en pl. || **Margarita** (planta herbácea). || **Echar** uno **chiribitas.** fr. fig. y fam. **Echar chispas.** || **Hacer chiribitas los ojos.** fr. fig. y fam. Ver, a consecuencia de un golpe, deslumbramiento, etc., multitud de chispas movibles delante de los *ojos.

chiribitil. m. *Desván, rincón o *escondrijo. || fam. Pieza o *habitación muy pequeña.

chirigaita. f. **Cidra cayote.**

chirigota. f. fam. **Cuchufleta.**

chirigotero, ra. adj. Que dice chirigotas.

chirimbolo. m. fam. despect. *Utensilio, *vasija, *trasto o cosa análoga. Ú. m. en pl.

chirimía. f. *Instrumento músico de viento, a modo de clarinete, con diez agujeros y boquilla con lengüeta de caña. || m. El que toca este instrumento.

chirimoya. f. Fruto del chirimoyo.

chirimoyo. m. *Árbol americano de las anonáceas, cuyo fruto, verdoso por fuera, contiene una pulpa blanca, de sabor muy agradable.

chirinola. f. *Juego de muchachos que se parece al de los bolos. || fig. Cosa de poco momento, *insignificante. || **Estar de chirinola.** fr. fig. y fam. Estar *alegre y *divertido.

chiripa. f. En el juego de *billar, tanto por casualidad. || fig. y fam. *Casualidad *favorable.

chiripear. tr. Ganar tantos por chiripa en el juego de *billar.

chiripero. m. El que gana por chiripa en el juego de *billar. || El que consigue algo por *casualidad *favorable.

chirivía. f. *Planta umbelífera, de hojas parecidas a las del apio, y raíz fusiforme, carnosa y comestible. || **Aguzanieves.**

chirla. f. *Molusco parecido a la almeja, pero de tamaño menor.

chirlada. f. *Germ.* **Garrotazo.**

chirlador, ra. adj. fam. Que chirla.

chirlar. intr. fam. *Hablar atropelladamente y a voces. || *Germ.* **Hablar.**

chirlata. f. Timba de ínfima especie. || **Arq. Nav.* Pieza con que se suple lo que falta a otra.

chirlatar. tr. **Arq. Nav.* Poner chirlatas.

chirle. adj. fam. *Insípido, insubstancial. || m. **Sirle.**

chirlerín. m. *Germ.* **Ladronzuelo.**

chirlero, ra. adj. Chismoso.

chirlo. m. *Herida prolongada en la cara. || *Huella que deja esta herida. || *Germ.* **Golpe.**

chirlomirlo. m. Cosa de poco alimento; golosina. || Estribillo de cierto *juego infantil. || **Tordo.**

chirlón. m. *Germ.* **Charlatán.**

chirón. m. Picadura de ciertas maderas.

chirona. f. fam. **Cárcel** (*prisión).

chirrear. tr. **Chirriar.**

chirriadero, ra. adj. **Chirriador.**

chirriador, ra. adj. Que chirria.

chirriar. intr. Producir un *sonido agudo algunas cosas; como cuando se fríe tocino. || Producir un *sonido estridente las ruedas del carro o cualquier cosa que lude o se *frota con otra. || Chillar los pájaros que no cantan con armonía. || fig. y fam. *Cantar desentonadamente.

chirrichote. adj. *Necio, tonto. Ú. t. c. s.

chirrido. m. *Voz o *sonido agudo y desagradable de algunas aves u otros animales. || Cualquier otro sonido agudo y estridente.

chirrío. m. **Chirrido.**

chirrión. m. *Carro fuerte de dos ruedas y eje móvil, que chirría mucho cuando anda.

chirrionero. m. El que conduce el chirrión.

chirrisquear. intr. **Carrasquear.**

chirula. f. Flautilla que se usa en Vizcaya.

chirumba. f. **Tala** (*juego de muchachos).

chirumbela. f. **Churumbela.**

chirumen. m. fam. **Caletre.**

¡chis! interj. **¡Chitón!**

chis. m. En lenguaje infantil, *orina.

chiscarra. f. **Geol.* Roca caliza de poca coherencia.

chiscón. m. **Tabuco.**

¡chis, chis! interj. **¡Ce!**

chisgarabís. m. fam. Hombre *entremetido y *bullicioso. Llámase así comúnmente al de cuerpo pequeño y de mala figura.

chisguete. m. fam. *Trago de vino. ||fam. *Chorro de líquido que sale violentamente.

chisguetear. intr. Echar un trago.

chisma. f. **Chisme.**

chismar. tr. **Chismear.**

***chisme.** m. Noticia verdadera o falsa que se repite para indisponer a unas personas con otras o para murmurar de alguna. || fam. Baratija o *trasto pequeño. || **de vecindad.** fig. y fam. El que versa sobre cosas *insignificantes.

chismear. tr. Traer y llevar *chismes.

chismería. f. **Chisme.**

chismero, ra. adj. **Chismoso.** Ú. t. c. s.

chismografía. f. fam. Ocupación de chismear. || fam. Relación de los *chismes y cuentos que corren.

chismógrafo, fa. adj. fam. **Chismoso.**

chismorrear. intr. **Chismear.**

chismosear. intr. **Chismear.**

chismosería. f. **Chismografía.**

***chismoso, sa.** adj. Que chismea o es dado a chismear. Ú. t. c. s.

***chispa.** f. Partícula pequeña encendida que salta de alguna cosa. || Diamante muy pequeño. || Gota de *lluvia menuda. || *Partícula pequeña de cualquier cosa. || fig. *Donaire, viveza de *ingenio. || fam. ***Borrachera.** || pl. *Germ.* *Chismes. || **Chispa**

eléctrica. Luz viva producida por la descarga eléctrica. ‖ *Rayo, centella. ‖ **¡Chispas!** interj. **¡Fuego!** ‖ **Echar uno chispas.** fr. fig. y fam. Dar muestras de *ira. ‖ **Ser uno una chispa.** fr. fig. y fam. Ser muy *listo. Aplícase comúnmente a la persona de pequeña estatura.
chispar. tr. *Germ.* **Chismear.**
chispazo. m. Acción de saltar la *chispa del fuego. ‖ Daño que hace. ‖ fig. *Suceso aislado, que suele ser la manifestación primera de alguna cosa de mayor importancia. Ú. m. en pl. ‖ fig. y fam. *Chisme, soplo, *acusación.
chispeante. p. a. de **Chispear.** Que chispea. ‖ adj. fig. Dícese del escrito o discurso en que abundan los destellos de *ingenio y *donaire.
chispear. intr. Echar *chispas. ‖ *Brillar mucho. ‖ *Llover muy poco, y con gotas pequeñas.
chispero. m. **Chapucero** (*herrero de obra tosca). ‖ **Herrero de grueso.** ‖ fig. y fam. Hombre del barrio de Maravillas de Madrid.
chispo, pa. adj. fam. Achispado, *borracho. ‖ m. fam. **Chisguete.**
chispoleto, ta. adj. Que es *listo, vivaracho.
chisporrotear. intr. fam. Despedir *chispas reiteradamente; como las luces de aceite, cera, etc., cuando se mojan.
chisporroteo. m. fam. Acción de chisporrotear.
chisposo, sa. adj. Aplícase a lo que arroja muchas *chispas cuando se quema.
chisquero. m. Recado para *encender, compuesto de eslabón, pedernal y yesca.
chistar. intr. Hacer intención de hablar. Ú. m. con neg. ‖ **Sin chistar ni mistar.** expr. adv. fam. Sin paular ni maular.
chiste. m. Dicho agudo y gracioso; *donaire. ‖ *Suceso festivo. ‖ *Burla o chanza. ‖ **Caer uno en el chiste.** fr. fig. y fam. Descubrir o *comprender el móvil de lo que se hace o dice. ‖ **Dar uno en el chiste.** fr. fig. y fam. *Acertar una cosa.
chistera. f. Cestilla angosta por la boca y ancha por abajo, que llevan los *pescadores para echar los peces. ‖ **Cesta** (de pelotari). ‖ fig. y fam. **Sombrero de copa alta.**
chistosamente. adv. m. Con chiste, de manera chistosa.
chistoso, sa. adj. Que usa de chiste. ‖ Dícese también de cualquier lance o suceso *gracioso.
chita. f. **Astrágalo** (*hueso del pie). ‖ *Juego del chito. ‖ **A la chita callando.** m. adv. fam. **A la chiticallando.**
chitar. intr. **Chistar.**
chiticalla. com. fam. Persona que calla y guarda reserva. ‖ Suceso que se procura tener *secreto.
chiticallando. adv. m. Con mucho *silencio. ‖ fig. y fam. Con *disimulo o en *secreto. ‖ **A la chiticallando.** m. adv. fam. **Chiticallando.**
chito. m. Pieza de madera o de otra cosa, sobre que se pone el dinero en el juego del **chito.** ‖ *Juego que consiste en tirar con tejos al **chito** para derribarlo. Gana el jugador cuyo tejo queda más cerca del dinero. ‖ **Irse uno a chitos.** fr. fig. y fam. Andarse *vagando.
¡chito! interj. fam. que se usa para imponer *silencio.
chitón. m. *Molusco propio de Filipinas, con la concha de ocho piezas córneas puestas en fila y las branquias en forma de hojitas.
¡chitón! interj. fam. **¡Chito!**
chivata. f. *Porra que traen los pastores.
chivateado, da. adj. Dícese del *pago al contado.
chivatear. intr. *Gritar cuando se *acomete al enemigo, como hacían los araucanos. ‖ fam. *Acusar, soplonear. Ú. t. c. r.
chivateo. m. Acción y efecto de chivatear.
chivato. m. Chivo que pasa de seis meses y no llega al año. ‖ **Soplón.**
chivetero. m. *Corral donde se encierran los chivos.
chivín. m. En algunas lagunas de Chile, *isla flotante formada por las plantas.
chivital. m. **Chivitil.**
chivitil. m. **Chivetero.**
chivo. m. *Estanque donde se recogen las heces del *aceite.
chivo, va. m. y f. Cría de la *cabra, desde que no mama hasta la edad de procrear.
¡cho! interj. **¡So!**
choba. f. fam. Bola, *mentira.
choca. f. *Cetr.* Cebadura que se daba al azor, dejándole pasar la noche con la perdiz cobrada.
chocador, ra. adj. Que choca. Ú. t. c. s.
chocallo. m. *Zarcillo de la vid.
chocante. p. a. de **Chocar.** Que choca.
***chocar.** intr. Encontrarse, ir a dar violentamente una cosa con otra. ‖ fig. Pelear, *reñir. ‖ fig. Provocar, *irritar. ‖ *Desconvenir, desentonar. ‖ fig. Causar extrañeza o *sorpresa.
chocarrear. intr. Decir chocarrerías. Ú. t. c. r.
chocarrería. f. Chiste *grosero u *obsceno.
chocarrero, ra. adj. *Grosero, ordinario. ‖ Que tiene por costumbre decir chocarrerías. Ú. t. c. s.
chocarresco, ca. adj. ant. **Chocarrero.**
choclar. intr. En el *juego de la argolla, introducir de golpe la bola por las barras.
choclo. m. **Chanclo.**
choclo. m. *Maíz tierno. ‖ Cierto guisado hecho con este maíz.
choclón. m. Acción de choclar.
choco. m. Jibia pequeña.
choco. m. ***Perro de aguas.** ‖ Carabina de cañón corto, retaco.
***chocolate.** m. Pasta hecha con cacao y azúcar molidos. ‖ Bebida que se hace de esta pasta desleída y cocida en agua o en leche. ‖ **El chocolate del loro.** loc. fam. *Ahorro insignificante en relación con la economía que se busca.
chocolatera. f. Vasija que sirve para hacer chocolate.
chocolatería. f. Casa donde se fabrica y se vende chocolate. ‖ Casa donde se sirve al público chocolate (bebida).
chocolatero, ra. adj. Muy aficionado a tomar chocolate. Ú. t. c. s. ‖ m. y f. Persona que tiene por oficio labrar o vender chocolate. ‖ m. **Chocolatera.**
chócolo. m. Mazorca tierna de *maíz.
chocoyo. m. Hoyuelo, juego que hacen los muchachos tirando bolitas a un hoyo.
chocha. f. *Ave zancuda, poco menor que la perdiz, de carne muy sabrosa. ‖ **de mar. Centrisco.**
chochaperdiz. f. **Chocha.**
chochear. intr. Tener debilitadas las facultades *mentales por efecto de la *vejez. ‖ fig. y fam. Extremar el *cariño y afición a personas o cosas.
chochera. f. **Chochez.**
chochez. f. Calidad de chocho. ‖ Dicho o hecho de persona que chochea.
chochín. m. Pollo de la perdiz.
chocho. m. **Altramuz.** ‖ **Canelón** (confite). ‖ pl. *Golosina o dulce que se ofrece a los niños por que callen u obedezcan.
chocho, cha. adj. Que chochea. ‖ fig. y fam. Lelo de puro *cariño.
chofe. m. **Bofe.** Ú. m. en pl.
chófer o **chofer.** m. Conductor de automóvil.
chofeta. f. *Braserillo que servía para encender el cigarro.
chofista. m. Nombre que se daba a los *estudiantes pobres que se mantenían con chofes.
chola. f. fam. **Cholla.**
cholo, la. adj. Dícese del indio civilizado. Ú. t. c. s. ‖ *Etnogr.* Mestizo de europeo e india. Ú. t. c. s.
cholla. f. fam. **Cabeza.**
chongo. m. *Cuchillo malo, sin filo.
chopa. f. *Pez marino acantopterigio, semejante a la dorada.
chopa. f. *Mar.* Cobertizo que se colocaba en la popa de la *embarcación.
chopal. m. **Chopera.**
chopalera. f. **Chopera.**
chopera. f. Sitio poblado de chopos.
chopo. m. ***Álamo negro.**
chopo. m. fam. **Fusil.**
***choque.** m. Encuentro violento de una cosa con otra. ‖ fig. *Contienda, riña. ‖ *Mil.* Reencuentro, *combate que no llega a la verdadera batalla.
choque. m. *Pat.* Profunda depresión *nerviosa, sin pérdida de la conciencia, que se produce después de las operaciones quirúrgicas o de intensas conmociones.
choquear. tr. Agitar la barrilla con la chueca para la fabricación del *jabón.
choqueo. m. Acción y efecto de choquear.
choquezuela. f. **Rótula** (de la rodilla).
chorato. m. Cría de la *vaca.
chorcha. f. **Chocha.**
chordón. m. **Churdón.**
choricera. f. Máquina para hacer chorizos.
choricería. f. Tienda de chorizos.
choricero, ra. m. y f. Persona que hace o vende chorizos. ‖ fig. y fest. **Extremeño.**
chorizo. m. *Embutido de carne de cerdo, picada y adobada con pimentón y otras especias. ‖ **Contrapeso** (de los volatineros).
chorlito. m. *Ave zancuda, de carne muy apreciada. ‖ También se da este nombre a otras aves zancudas, que se diferencian por el tamaño y el color del plumaje. ‖ fig. y fam. **Cabeza de chorlito.**
chorlo. m. **Mineral.* **Turmalina.** ‖ Silicato natural de alúmina, de color azul celeste.
choro. m. fam. Ratero, *ladrón.
chorra. f. Trozo de *tierra que queda sin arar por haber un obstáculo. ‖ Este mismo *obstáculo.
chorrada. f. Porción de líquido que se suele echar de *regalo, *además de la medida.
chorreado, da. adj. Dícese de la res *vacuna que tiene el pelo con rayas verticales, de color más obscuro que el resto del pelaje.
chorreadura. f. **Chorreo.** ‖ *Mancha que hace el líquido que chorrea.
***chorrear.** intr. Caer un líquido formando *chorro o *gota a gota. ‖ fig. y fam. Dícese de algunas cosas que van viniendo unas tras otras de manera *continua.
chorreo. m. Acción y efecto de chorrear.

chorreón. m. **Chorreadura.**
chorrera. f. Paraje por donde chorrea algún líquido. ‖ *Huella que el líquido deja por donde ha corrido. ‖ Trecho corto de *río en que el agua corre con mucha velocidad. ‖ Guarnición de *encaje que se ponía en la abertura de la *camisa por la parte del pecho. ‖ En el *traje de golilla, adorno de que pendía la venera.
chorretada. f. fam. *Chorro de un líquido que sale de pronto. ‖ **Chorrada.** ‖ **Hablar a chorretadas.** fr. fig. y fam. *Hablar mucho y atropelladamente.
chorrillo. fr. fig. y fam. Acción *continua de recibir o *gastar una cosa. ‖ **Irse** uno **por el chorrillo.** fr. fig. y fam. Seguir la corriente o *costumbre. ‖ ***Sembrar a chorrillo.** fr. *Agr.* Echar seguido el grano en el surco abierto por el arado. ‖ **Tomar** uno el **chorrillo de** hacer una cosa. fr. fig. y fam. *Acostumbrarse a ella.
***chorro.** m. Golpe de agua, o de otro líquido, que sale por una abertura con alguna presión. ‖ Por ext., caída sucesiva de cosas iguales y menudas. ‖ **de voz.** fig. Plenitud de la *voz. ‖ **A chorros.** m. adv. fig. Copiosamente, con *abundancia. ‖ **Hablar a chorros.** fr. fig. y fam. **Hablar a chorretadas.** ‖ **Soltar el chorro.** fr. fig. y fam. *Reír a carcajadas.
chorroborro. m. fig. y despect. **Aluvión.**
chorrón. m. *Cáñamo que se saca limpio de la primera rastrillada.
chortal. m. *Manantial que forma una *charca de poco fondo.
chotacabras. f. *Ave trepadora.
chote. m. **Chayote.**
chotear. intr. Retozar, dar muestras de *alegría. ‖ r. *Burlarse.
choteo. m. Acción y efecto de chotearse.
chotis. m. *Baile por parejas, parecido a la mazurca pero más lento.
choto, ta. m. y f. Cría de la *cabra mientras mama. ‖ **Ternero.**
chotuno, na. adj. Aplícase al ganado *cabrío mientras está mamando. ‖ Dícese de los *corderos flacos y enfermizos. ‖ **Oler a chotuno.** fr. Despedir cierta *fetidez, semejante a la del ganado cabrío.
chova. f. Especie de cuervo de plumaje negro con visos verdosos o encarnados. ‖ **Corneja.**
choz. f. *Novedad, extrañeza.
***choza.** f. *Cabaña formada de estacas y cubierta de ramas o paja. ‖ **Cabaña.**
chozno, na. m. y f. Cuarto *nieto, o sea hijo del tataranieto. ‖ adj. fig. Tierno, *blando.
chozo. m. Choza pequeña.
chozpar. intr. *Saltar o brincar con alegría los corderos, cabritos y otros animales.
chozpo. m. *Salto o brinco que da un animal cuando chozpa.
chozpón, na. adj. Que chozpa mucho.
chozuela. f. d. de **Choza.**
chubasco. m. Chaparrón o aguacero con viento. ‖ fig. Adversidad o *contratiempo. ‖ *Mar.* *Nubarrón obscuro.
chubascoso, sa. adj. Dícese del cielo cargado de nubarrones y del tiempo propenso a chubascos.
chubasquería. f. *Mar.* Aglomeración de chubascos en el horizonte.
chubasquero. m. *Abrigo o *impermeable para la *lluvia.
chubesqui. m. *Estufa para calefacción, de forma cilíndrica y dobles paredes.
chuca. f. Uno de los cuatro lados de la *taba, que tiene una concavidad.
chucao. m. *Pájaro del tamaño del zorzal, propio de Chile.
chúcaro, ra. adj. Arisco, bravío, *indómito. Dícese principalmente del ganado.
chucero. m. *Soldado armado de chuzo. ‖ *Germ.* **Ladrón.**
chucha. f. fam. **Perra.** ‖ fig. Galbana, *pereza. ‖ ***Borrachera.**
chuche. m. *Germ.* **Cara.**
chuchear. intr. **Cuchichear.** ‖ Coger *caza menor valiéndose de señuelos, lazos u otros artificios.
chuchería. f. Cosa de poca importancia, pero pulida y *delicada. ‖ *Alimento ligero, golosina.
chuchería. f. Acción de chuchear (*cazar con señuelos, etc).
chuchero, ra. adj. Que chuchea o caza pájaros.
chucho. m. fam. ***Perro.**
chucho. m. *Ave de rapiña, diurna y nocturna, americana, de poco tamaño. ‖ *Fiebre intermitente.
chuchumeco. m. despect. Hombre de *baja estatura, ridículo y *despreciable. ‖ **Chichimeco.**
chueca. f. **Tocón** (parte del *tronco inmediata a la raíz). ‖ *Hueso redondeado o parte de él que encaja en el hueco de otro para formar una articulación. ‖ *Juego que se hace poniéndose los jugadores unos enfrente de otros en dos bandos iguales, armados de palos, con los cuales impulsan una bolita, y gana el bando que la echa más allá de la raya que defienden los adversarios. ‖ Esta bolita. ‖ Palo con que se choquea. ‖ fig. y fam. Burla, *broma. ‖ *Germ.* **Hombro.**
chueco, ca. adj. Estevado, patituerto.
chueta. com. Nombre que se da en las Baleares a los descendientes de *judíos conversos.
chufa. f. Cada uno de los *tubérculos que, a modo de nudos, tienen las raíces de una especie de juncia. Son amarillentos por fuera, blancos por dentro, y se usan para hacer horchata. ‖ **Echar chufas.** fr. fam. Echar bravatas, *amenazar.
chufar. intr. Hacer *burla de una cosa. Ú. t. c. r.
chufería. f. Casa donde hacen horchata de chufas.
chufero, ra. m. y f. Persona que vende chufas.
chufeta. f. **Chofeta.**
chufeta. f. fam. **Chufleta.**
chufla. f. **Cuchufleta.**
chuflar. intr. **Silbar.**
chufleta. f. fam. **Cuchufleta.**
chufletear. intr. fam. Decir chufletas.
chufletero, ra. adj. fam. Que chufletea. Ú. t. c. s.
chula. f. Fruto del candelabro.
chulada. f. Acción indecorosa, propia de gente *vil y despreciable. ‖ Dicho o hecho *gracioso que supone cierta *desenvoltura.
chulamo, ma. m. y f. *Germ.* **Muchacho, cha.**
chulapo, pa. m. y f. **Chulo, la.**
chulapón, na. m. y f. **Chulapo, pa.**
chulé. m. *Germ.* Duro, *moneda de cinco pesetas.
chulear. tr. Burlar a uno con gracia y chiste. Ú. t. c. r.
chulería. f. Cierto *garbo o gracia en las palabras o ademanes. ‖ *Jactancia, guapeza. ‖ Conjunto o reunión de chulos.
chulesco, ca. adj. Perteneciente o relativo a los chulos.
chuleta. f. Costilla de ternera, carnero o puerco, con su *carne. ‖ fig. Pieza que se añade a alguna obra de manos para *tapar o rellenar un hueco. ‖ fig. y fam. **Bofetada.** ‖ Entre estudiantes, papelito con fórmulas u otros apuntes que se lleva oculto a los *exámenes. ‖ **Chuletas de huerta.** fam. En Madrid, patatas cocidas al vapor.
chulo, la. adj. Que hace y dice las cosas con chulada o chulería. Ú. t. c. s. ‖ *Germ.* **Chulamo.** ‖ m. El que ayuda en el *matadero al encierro de las reses mayores. ‖ *Taurom.* El que durante la lidia asiste a los toreros y les da banderillas, estoques, etc. ‖ **Rufián.**
chulla. f. Lonja de *carne.
chumacera. f. *Mec.* Pieza con una muesca en que descansa horizontalmente y gira cualquier eje. ‖ *Mar.* Tablita que se pone sobre el borde de la lancha para que no se gaste con el roce del *remo. ‖ *Mar.* Rebajo semicircular, forrado de hierro o bronce, que sirve para que en él juegue el remo. Substituye al tolete.
chumar. tr. fam. ***Beber.**
chumba. f. *Miner.* Sulfato de *cinc, de color azulado.
chumbe. m. Faja con que se ciñe a la cintura el tipoy.
***chumbera.** f. **Higuera chumba.**
***chumbo, ba.** adj. V. **Higo chumbo.** ‖ V. **Higuera chumba.**
chunga. f. fam. *Burla festiva.
chunguearse. r. fam. *Burlarse festivamente.
chunguero, ra. adj. Amigo de chungas y *diversiones.
chuño. m. *Fécula de patata.
chupa. f. **Indum.* Prenda que cubría el tronco, con cuatro faldillas de la cintura abajo y con mangas ajustadas. ‖ **Poner** a uno **como chupa de dómine.** fr. fig. y fam. **Ponerle como un trapo.**
chupa. f. Medida de *capacidad para líquidos, equivalente a tres copas. ‖ Medida de capacidad para áridos, igual a un tercio de cuartillo.
chupacirios. m. fam. *Sacristán u otro dependiente de una iglesia.
chupada. f. Acción de *chupar.
chupadero, ra. adj. Dícese de lo que chupa. ‖ m. **Chupador** (para los niños).
chupado, da. adj. fig. y fam. Muy *flaco y extenuado. ‖ Angosto, *estrecho.
chupador, ra. adj. Que chupa. Ú. t. c. s. ‖ m. Objeto de forma adecuada, hecho de marfil, caucho, etc., que se da a los niños para que chupen y refresquen la boca, cuando están echando los *dientes.
chupadura. f. Acción y efecto de *chupar.
chupaflor. m. Especie de colibrí propio de Venezuela.
chupamirto. m. **Colibrí.** ‖ **Pájaro mosca.**
chupapiedras. m. *Juguete de muchachos, que consiste en una rodaja de cuero con un bramante en el medio. Mojado el cuero y aplicado a un objeto, queda éste adherido y se levanta al tirar del bramante.
chupapoto. m. En Chile, **chupapiedras.**
***chupar.** tr. Sacar o aspirar, aplicando los labios, el jugo o la substancia de una cosa. Ú. t. c. intr. ‖ Embeber en sí los *vegetales el agua o la humedad. ‖ fig. y fam. Ir quitando o *gastando la hacienda de uno con pretextos y engaños. ‖ r. Irse *enflaqueciendo.
chupatintas. m. *Escribiente o *empleado de poca categoría.

chupativo, va. adj. Dícese de lo que tiene virtud de chupar.
chupeta. f. d. de **Chupa** (*vestidura).
chupeta. f. *Mar.* Pequeña cámara que hay a popa en la cubierta principal de algunos *buques.
chupete. m. **Chupador** (para niños). ‖ **Ser de chupete** una cosa. fr. fam. Ser **de rechupete.**
chupetear. tr. *Chupar poco y con frecuencia. Ú. t. c. intr.
chupeteo. m. Acción de chupetear.
chupetín. m. Especie de justillo o ajustador, con faldillas pequeñas.
chupetón. m. Acción y efecto de *chupar con fuerza.
chupín. m. Chupa corta.
chupinazo. m. *Disparo hecho con mortero en los *fuegos artificiales*.
chupón, na. adj. fig. y fam. Que chupa. ‖ Que saca dinero con astucia o *fraude. Ú. t. c. s. ‖ m. *Vástago que se suprime en algunos árboles porque les chupa la savia y amengua el fruto. ‖ Cada una de las *plumas que suelen tener sangre si se arrancan al ave. ‖ *Fís.* Émbolo de las *bombas de desagüe.
chupóptero, ra. adj. fig. y fam. Dícese de la persona que vive de *mogollón. Ú. t. c. s.
chuque. m. **Chuca** (de la taba).
chuquisa. f. *Ramera.
churana. f. Carcaj en que llevan las *flechas algunos indios de América.
churdón. m. ***Frambueso.** ‖ **Frambuesa.** ‖ Jarabe de frambuesa que se emplea para hacer *refrescos.
churla. f. **Churlo.**
churlo. m. *Saco de lienzo de pita cubierto con uno de cuero, para transportar canela u otras cosas.
churra. f. Ortega.
churrasco. m. *Carne asada a la brasa.
churre. m. fam. Pringue gruesa y sucia que corre de una cosa *grasa.
churrería. f. Tienda o puesto en que se hacen o venden churros.
churrero, ra. m. y f. Persona que hace o vende churros.
churrete. m. *Mancha que ensucia la cara u otra parte visible del cuerpo.
churretoso, sa. adj. Lleno de churretes.
churriana. f. En estilo vulgar, **ramera.**
churrias. f. pl. ***Diarrea.**
churriburri. m. fam. **Zurriburri.**
churriento, ta. adj. Que tiene churre.
churrigueresco, ca. adj. **Arq.* Dícese del estilo introducido en la arquitectura española por Churriguera, Ribera y sus secuaces. ‖ fig. **Charro** (inelegante).
churriguerismo. m. Tendencia a sobrecargar de *ornamentación las obras de arquitectura. ‖ Exceso de ornamentación churrigueresca.
churriguerista. m. Que practica el churriguerismo.
churro. m. **Cohombro** (fruta de sartén). ‖ Obra *imperfecta o mal hecha.
churro, rra. adj. Dícese de la *oveja cuya lana es más basta y larga que la merina. Ú. t. c. s. ‖ Dícese de esta *lana. ‖ m. y f. **Añojo, ja.**
churrullero, ra. adj. **Charlatán.** Ú. t. c. s.
churruscarse. r. Empezar a *quemarse un *guisado, el pan, etc.
churrusco. m. Pedazo de *pan demasiado tostado.
churumbel. m. *Germ.* ***Niño.**
churumbela. f. *Instrumento de viento, semejante a la chirimía. ‖ Bombilla para tomar el *mate.
churumen. m. fam. **Chirumen.**
churumo. m. fam. *Jugo o substancia.
chus. V. **Tus.**
chuscada. f. Dicho o hecho de chusco.
chuscamente. adv. m. Con gracia, *donaire y picardía.
chusco, ca. adj. Que tiene gracia, *donaire y picardía. Ú. t. c. s.
chusco. m. fam. **Panecillo.**
chusma. f. Conjunto de galeotes que servían en las galeras. ‖ Conjunto de pícaros o gente *vil. ‖ Entre los *indios salvajes, todos los que no son guerreros, es decir, las mujeres, niños y viejos considerados en conjunto. ‖ *Germ.* *Muchedumbre de gente.
chusmaje. m. **Chusma** (gente *vil).
chuspa. f. Bolsa, morral.
chusquel. m. *Germ.* **Perro.**
chuza. f. En el juego de *billar lance que consiste en derribar todos los palos de una vez y con sólo una bola. ‖ Lance análogo, en el juego de bolos.
chuzazo. m. Golpe dado con el chuzo.
chuzo. m. Palo armado con un pincho de hierro, que se usa a modo de *lanza. ‖ *Látigo de cuero retorcido que va adelgazándose hacia la punta. ‖ **Caer chuzos.** fr. fig. y fam. Caer granizo, *llover o nevar con mucha fuerza o ímpetu. ‖ **Echar chuzos.** fr. fig. y fam. Echar bravatas, jactarse de *valiente.
chuzón. m. **Zuizón.**
chuzón, na. adj. *Astuto, difícil de engañar. Ú. t. c. s. ‖ Que tiene gracia para *burlarse de otros en la conversación. Ú. t. c. s.
chuzonería. f. **Burleta.**

D

d. f. Quinta *letra del abecedario español. ‖ En la *numeración romana, tiene el valor de 500.
dable. adj. Hacedero, *posible.
daca. Da, o dame, acá. ‖ **Andar al daca y toma.** fr. Andar en dares y tomares o mantener *discusiones por motivos insignificantes.
da capo. loc. adv. *Mús.* Repitiendo desde el principio.
dacio. m. desus. *Tributo.
dacio, cia. adj. Natural de Dacia. Ú. t. c. s. ‖ Perteneciente a este país de la Europa antigua.
dación. f. *For.* Acción y efecto de *dar.
dacorrumano, na. adj. Dícese de un *dialecto importante de la lengua rumana.
dactilado, da. adj. Que tiene figura semejante a la de un *dedo.
dactilar. adj. Perteneciente o relativo a los dedos.
dactílico, ca. adj. V. **Verso dactílico.** ‖ Aplícase a la composición escrita en *versos de esta clase.
dactiliforme. adj. De forma de palmera.
dactiliología. f. Parte de la arqueología, que estudia los anillos grabados.
dáctilo. m. Pie de la *poesía griega y latina, compuesto de tres sílabas.
dactilografía. f. **Mecanografía.**
dactilografiar. tr. Escribir a máquina.
dactilográfico, ca. adj. **Mecanográfico.**
dactilógrafo, fa. m. y f. **Mecanógrafo, fa.**
dactilología. f. Arte de *hablar con los dedos o con el abecedario manual.
dactiloscopia. f. Estudio de las impresiones digitales, como procedimiento para *identificar a las personas.
dactiloscópico, ca. adj. Perteneciente o relativo a la dactiloscopia.
dádiva. f. *Regalo, cosa que se da graciosamente.
dadivado, da. adj. p. us. *Sobornado, cohechado.
dadivar. tr. Regalar, hacer dádivas. ‖ *Sobornar.
dadivosamente. adv. m. Liberalmente; con generosidad.
dadivosidad. f. Calidad de dadivoso.
dadivoso, sa. adj. Liberal, *generoso. Ú. t. c. s.
***dado.** m. Pieza de hueso, marfil u otra materia, de forma cúbica, en cuyas caras hay señalados puntos desde uno hasta seis. Sirve para varios juegos de azar. ‖ Pieza cúbica de metal que se usa en las *máquinas para servir de apoyo a los tornillos, ejes, etc. ‖ En las *banderas, paralelogramo de distinto color que su fondo. ‖ *Arq.* **Neto.** ‖ *Art.* Pedacito prismático de hierro que formaba parte de la antigua carga de metralla. ‖ *Mar.* Travesaño de hierro que refuerza los eslabones de algunas *cadenas. ‖ **falso.** El preparado con más peso por un lado que por el otro, para hacer *fullerías. ‖ **Cargar los dados.** fr. Hacerlos falsos. ‖ **Correr el dado.** fr. fig. y fam. Tener suerte *favorable. ‖ **Dar, o echar, dado falso.** fr. fig. y fam. ***Engañar.**
dado, da. p. p. de **Dar.** ‖ m. *Juego de muchachos en que uno de ellos persigue a los demás, hasta que toca con la mano a alguno, que, entonces, se queda. ‖ **Dado que.** conj. condic. Siempre que, a *condición de que. ‖ **Dado y no concedido.** **Lóg.* loc. usada para denotar que se deja pasar una proposición, sea verdadera o falsa, porque no importa para la cuestión de que se trata.
dador, ra. adj. Que da. Ú. t. c. s. ‖ m. Portador de una *carta de un sujeto a otro. ‖ *Com.* Librador de la *letra de cambio*.
dafne. m. *Bot.* Nombre científico del *laurel.
***daga.** f. Arma blanca antigua, de hoja corta y con guarnición para cubrir el puño.
daga. f. Cada una de las *tongadas en que se colocan los *ladrillos en el horno para cocerlos.
dagame. m. *Árbol de las Antillas, cuyo fruto lo come el ganado.
dagón. m. aum. de **Daga.**
daguerrotipar. tr. Fijar las imágenes por medio del daguerrotipo.
daguerrotipia. f. **Daguerrotipo** (arte).
daguerrotipo. m. Arte de fijar en planchas metálicas las imágenes *fotográficas. ‖ Aparato que se empleaba en este arte. ‖ Retrato o imagen que se obtenía.
daguilla. f. **Palillo** (para hacer *media).
daguilla. m. *Árbol de las Antillas, cuya corteza se utiliza para fabricar cordelería y tejidos.
dahír. m. En Marruecos, *decreto, carta abierta con órdenes del sultán.
daifa. f. ***Manceba.**
Daimiel. n. p. V. **Panizo de Daimiel.**
daimio. m. Señor *feudal en el antiguo régimen del Japón.
dajao. m. *Pez de río, de las Antillas, de carne muy apreciada.
dala. f. En algunas *embarcaciones, *conducto de tablas por donde salía a la mar el agua que achicaba la bomba.
dalai-lama. m. Sacerdote supremo o *pontífice del lamaísmo.
dalia. f. *Planta anua, de las compuestas, notable por sus flores de corola grande, circular, de muchos pétalos, dispuestos con suma regularidad y muy variada coloración. ‖ Flor de esta planta.
dálmata. adj. Natural de Dalmacia. Ú. t. c. s. ‖ Perteneciente a esta región de Europa.
dalmática. f. **Indum.* Túnica blanca con mangas anchas y cortas y adornada de púrpura, que usaron los antiguos romanos. ‖ Vestidura *litúrgica que se pone encima del alba. ‖ Túnica abierta por los lados, que usan los reyes de armas y los maceros.
dalmático, ca. adj. **Dálmata.**
daltoniano, na. adj. Dícese del que padece de daltonismo. Ú. t. c. s. ‖ Perteneciente o relativo a esta enfermedad.
daltonismo. m. *Med.* Defecto de la *vista que consiste en no percibir determinados colores o en confundirlos con otros.
dalla. f. En algunas comarcas, **dalle.**
dallador. m. El que dalla.
dallar. tr. *Segar hierba con dalle.
dalle. m. **Guadaña.**
***dama.** f. *Mujer *noble o de condición distinguida. ‖ Mujer a quien *galantea un hombre. ‖ Señora que acompaña y sirve a la *reina, a la princesa o a las infantas. ‖ *Criada principal que servía inmediatamente a su ama. ‖ En el *teatro, actriz que hace los papeles principales. ‖ **Manceba.** ‖ En el juego de **damas,** pieza que se corona con otra y puede correr toda la línea. ‖ **Reina** (del ajedrez). ‖ *Baile antiguo español. ‖ **Testigo** (montículo que se deja en las *excavaciones). ‖ → pl. Juego que se ejecuta en un tablero de sesenta y cuatro escaques, con doce piezas cada jugador. ‖ **Dama cortesana. Ramera.** ‖ **de honor. Señora de honor.** ‖ **de noche.** *Planta solanácea, de flores blancas, muy olorosas durante la noche. ‖ **secreta.** En el juego de ***damas,** la que se da por partido al que juega menos. ‖ **Echar damas y galanes.** fr. Emparejar por sorteo, y como *pasatiempo propio de ciertos días del año, las **damas** y galanes con quie-

nes se tiene amistad y correspondencia. ‖ **Soplar** uno **la dama** a otro. fr. En el juego de **damas,** tomar la del contrario, cuando, teniendo pieza que comer con ella, no lo hizo. ‖ fig. y fam. Obtener la preferencia de la mujer pretendida por otro o *casarse con ella.
dama. f. *Metal.* Murete que cierra el crisol de un *horno por delante.
dama. f. **Gamo.**
damaceno, na. adj. **Damasceno.**
damajuana. f. **Castaña** (*vasija).
damascado, da. adj. **Adamascado.**
damasceno, na. adj. Natural de Damasco. Ú. t. c. s. ‖ Perteneciente a esta ciudad de Asia. ‖ V. **Ciruela damascena.** Ú. t. c. s.
damasco. m. *Tela fuerte con dibujos labrados en el tejido. ‖ *Árbol, variedad del *albaricoquero. ‖ Fruto de este árbol.
damasina. f. **Damasquillo** (*tela parecida al damasco).
damasonio. m. **Azúmbar** (planta).
damasquillo. m. *Tela de lana o seda, parecida al damasco en la labor. ‖ **Albaricoque.**
damasquina. f. *Planta americana, de las compuestas.
damasquinado. m. *Taracea o embutido de metales finos sobre hierro o acero.
damasquinar. tr. Adornar el hierro o el acero con *taracea de metales finos.
damasquino, na. adj. **Damasceno** (de Damasco). Aplícase a las *armas blancas* de buen temple y hermosas aguas.
damería. f. Melindre, *delicadeza.
damero. m. Tablero para jugar a las *damas.
damisela. f. Muchacha de condición modesta, que presume de dama. ‖ **Dama cortesana.**
damnación. f. **Condenación.**
damnificado, da. adj. Perjudicado, que ha sufrido algún daño.
damnificador, ra. adj. Que damnifica. Ú. t. c. s.
damnificar. tr. Causar *daño.
danaide. f. *Mec.* Especie de rueda *hidráulica.
dancaire. m. *Germ.* El que *juega por otro y con dinero de él.
dance. m. ***Danza.** ‖ **Danza de espadas.** ‖ Composición *poética que se recita en este baile.
danchado, da. adj. **Blas.* **Dentado.**
dandi. m. **Petimetre.**
dandismo. m. Calidad de dandi.
danés, sa. adj. **Dinamarqués.** Apl. a pers., ú. t. c. s. ‖ m. *Lengua que se habla en Dinamarca.
dango. m. **Planco.**
dánico, ca. adj. **Dinamarqués** (perteneciente a Dinamarca).
danta. f. **Anta** (*rumiante). ‖ **Tapir.** ‖ V. **Caña danta.**
dante. m. **Ante** (rumiante).
dante. p. a. de **Dar.** Que da.
dantellado, da. adj. **Blas.* **Dentellado.**
dantesco, ca. adj. Propio y característico de Dante o de su *poesía. ‖ Que inspira *terror.
danto. m. *Pájaro americano, de plumaje negro azulado y pecho rojizo y sin plumas.
danubiano, na. adj. Dícese de los territorios situados a orillas del Danubio. ‖Perteneciente o relativo a estos territorios, o al río Danubio.
***danza.** f. **Baile.** ‖ Conjunto de danzantes que bailan juntos. ‖ **Habanera.** ‖ fig. y fam. *Intriga o asunto *difícil y poco decente. ‖ Riña, *contienda. ‖ **de arcos. Arcada.** ‖ ‖ **de cintas.** Aquella en que se hacen varias figuras, cruzando y descruzando las cintas que penden de un palo. ‖ **de espadas.** La que se hace con espadas en la mano. ‖ fig. y fam. Pendencia o *riña. ‖ **hablada. Danza** con palabras. ‖ **prima.** Baile muy antiguo, que se hace formando una rueda entre muchos. ‖ **Baja danza. Alemanda.**
danzado. m. **Danza.**
danzador, ra. adj. Que danza. Ú. t. c. s.
danzante, ta. m. y f. Persona que danza en funciones públicas. ‖ fig. y fam. Persona muy activa y *diligente. ‖ fig. y fam. Persona *informal y *entremetida.
danzar. tr. **Bailar.** ‖ intr. Moverse o *agitarse una cosa con aceleración y *saltando. ‖ fig. y fam. *Intervenir o *entremeterse en un negocio.
danzarín, na. m. y f. Persona que danza con destreza. ‖ fig. y fam. **Danzante** (informal). Ú. t. c. adj.
danzón. m. *Baile cubano, semejante a la habanera. ‖ Música de este baile.
dañable. adj. *Perjudicial. ‖ Digno de ser condenado.
dañado, da. adj. Malo, *perverso. ‖ **Condenado** (al *infierno). Ú. t. c. s.
dañador, ra. adj. Que daña. Ú. t. c. s.
***dañar.** tr. Causar daño. Ú. t. c. r. ‖ *Maltratar o *corromper una cosa. Ú. t. c. r.
dañino, na. adj. Que *daña o hace perjuicio. Dícese comúnmente de algunos animales.
***daño.** m. Detrimento, perjuicio, dolor o menoscabo, material o moral. ‖ V. **Pena de daño.** ‖ **emergente.** *For.* Detrimento o destrucción de los bienes. ‖ **A daño de** uno. m. adv. A su cuenta y *riesgo. ‖ **En daño de** una persona o cosa. m. adv. En *perjuicio suyo. ‖ **Sin daño de barras.** loc. adv. fig. Sin **daño** o peligro propio o ajeno.
dañosamente. adv. m. Con daño o *peligro.
dañoso, sa. adj. Que daña.
***dar.** tr. **Donar.** ‖ **Entregar.** ‖ *Indicar, señalar.‖ Conferir, conceder un *empleo u oficio. ‖ *Conceder, otorgar. ‖ Convenir en una proposición, *asentir a ella. ‖ ***Producir.** ‖ Sujetar, someter uno alguna cosa al *dominio de otro. ‖ En el juego de *naipes, repartirlos a los jugadores. ‖ *Soltar una cosa, desprenderse de ella. ‖ Tratándose de enhorabuenas, pésames, etc., comunicarlos o hacerlos saber. ‖ Con voces expresivas de golpes o de daño y con algunos substantivos, ejecutar la acción significada por éstos. ‖ Con algunos substantivos, *causar, ocasionar. ‖ Hacer sonar el *reloj las campanadas correspondientes a la hora que sea. Ú. t. c. intr. ‖ Tratándose de *bailes, banquetes, etc., obsequiar con ellos una o varias personas a otras. ‖ intr. Junto con algunos nombres y verbos, regidos de la prep. *en,* empeñarse en ejecutar una cosa. ‖ Sobrevenir una *sensación, dolor, etc. ‖ Junto con algunas voces, *acertar, atinar. ‖ Junto con la partícula *de* y algunos substantivos, *caer del modo que éstos indican. ‖ Estar *situada una cosa hacia esta o la otra parte. ‖ fig. Caer, incurrir. ‖ fig. Presagiar, *predecir, anunciar. ‖ Con la prep. *por,* *suponer, considerar, juzgar, declarar, Ú. t. c. r. ‖ r. Entregarse, ceder en la resistencia que se hacía. ‖ Suceder, *existir. ‖ Tratándose de frutos de la tierra, producirlos. ‖ Entre cazadores, pararse de cansadas las *aves que van volando. ‖ **Dar abajo.** fr. Precipitarse, dejarse *caer. ‖ **Dar a conocer** una cosa. fr. *Manifestarla con hechos o dichos. ‖ **Dar a entender** una cosa. fr. *Explicarla, insinuarla o *sugerirla. ‖ **Dar algo.** fr. Dar *hechizos en comida o bebida. ‖ **Dar bien.** fr. En el *juego, tener buena suerte. ‖ **Dar cinco de corto.** fr. En el *juego de los bolos y en el de la argolla, **dar** cierto partido al que juega menos. ‖ **Dar con** una persona o cosa. fr. Encontrarla. ‖ **Dar** uno **consigo,** o **con** otro, **en** una parte. fr. Ir, o hacer ir, a parar en ella. ‖ **Dar de sí.** fr. Extenderse, ensancharse. ‖ fig. Producir inconvenientes o utilidades las personas o las cosas. ‖ **Dar** uno **en blando.** fr. fig. Hallar *facilidad para *conseguir lo que pretende. ‖ **Dar** uno **en duro.** fr. fig. Hallar *dificultad para la consecución de lo que intenta. ‖ **Dar** a uno **en qué entender.** fr. **Darle** molestia o *trabajo, o ponerle en cuidado o apuro. ‖ **Dar** a uno **en qué pensar.** fr. **Darle** ocasión o motivo para *sospechar. ‖ **Darla de.** fr. fam. **Echarla de.** ‖ **Dar mal.** fr. En el *juego, tener mala suerte. ‖ **Dar que decir.** fr. Ofrecer ocasión a la censura. ‖ **Dar que hablar.** fr. Ocupar la atención *pública. ‖ **Dar que decir.** ‖ **Dar que hacer.** fr. Causar molestia o perjuicios. ‖ **Darse** uno **a buenas.** fr. Cesar en la oposición o resistencia que hacía. ‖ **Darse** uno **a conocer.** fr. Hacer saber quién es. ‖ Descubrir su carácter y calidades. ‖ **Dársela** a uno. fr. fam. **Pegársela.** ‖ **Darse por buenos.** fr. Hacer las paces los que habían reñido. ‖ **Darse** uno **por entendido.** f. Manifestar que *sabe alguna cosa. ‖ Corresponder a una atención o fineza con las manifestaciones de *gratitud acostumbradas. ‖ *Responder a lo que se pregunta. ‖ **Dar sobre** uno. fr. *Acometerle con furia. ‖ **Dar tras** uno. fr. fam. Perseguirle. ‖ **Dar y tomar.** fr. fig. *Discutir, altercar. ‖ **Equit.* Aflojar y tirar alternativamente de las riendas. ‖ **Dé donde diere.** expr. fig. y fam. usada para denotar que se obra o habla de modo *irreflexivo.
dardabasí. m. Ave rapaz diurna.
dardanio, nia. adj. Perteneciente a Dardania o Troya.
dárdano, na. adj. **Troyano.** Apl. a pers., ú. t. c. s.
***dardo.** m. Arma arrojadiza, semejante a una lanza pequeña. ‖ **Albur** (*pez). ‖ *Llama que se proyecta sobre alguna cosa, como la del soplete. ‖ fig. Dicho con que se *zahiere a alguno.
dares y tomares. loc. fam. Cantidades dadas y recibidas. ‖ fig. y fam. Contestaciones y *disputas entre dos o más personas.
darico. m. *Moneda persa de oro.
darislam. m. Conjunto de países *mahometanos.
dársena. f. Parte resguardada artificialmente para servir de *fondeadero o para la carga y descarga de embarcaciones.
dartos. m. *Anat.* Cubierta de los *testículos, situada debajo del escroto.
darvinismo. m. **Biol.* Teoría que pretende explicar el origen de las especies vivientes por la transformación de unas en otras.
darvinista. com. Partidario del darvinismo.
dasocracia. f. Parte de la dasonomía, que trata de la ordenación de los *montes.

dasocrático, ca. adj. Perteneciente o relativo a la dasocracia.
dasonomía. f. Ciencia que trata del cultivo y aprovechamiento de los *montes.
dasonómico, ca. adj. Perteneciente o relativo a la dasonomía.
dasotomía. f. Parte de la dasonomía que trata de las cortas y reproblaciones de *montes.
data. f. Indicación del *lugar y *fecha en que se hace o sucede una cosa. ‖ Partida o partidas de una *cuenta que componen el descargo de lo recibido. ‖ **Hidrául.* *Agujero que se hace en los depósitos de agua, para dar salida a un cantidad determinada de ella. ‖ **Larga data.** Tiempo antiguo o *remoto. ‖ **Estar** uno **de mala data.** fr. fig. y fam. Estar *disgustado.
data. f. V. **Ciruela de data.**
datar. tr. Poner la data. ‖ Poner en las *cuentas la data. Ú. m. c. r. ‖ intr. *Durar una cosa desde el momento que se indica como *principio de ella.
dataría. f. Tribunal de la *curia romana* donde se despachan provisiones de beneficios, dispensas, facultades para enajenación de bienes eclesiásticos, etc.
datario. m. *Prelado que preside la dataría.
dátil. m. Fruto de la *palmera. ‖ *Molusco bivalvo, comestible, parecido al **dátil,** pero más largo. ‖ pl. fam. Los *dedos.
datilado, da. adj. De color de dátil maduro, o parecido a él.
datilera. adj. Aplícase a la *palmera que da fruto. Ú. t. c. s.
datismo. m. **Ret.* Empleo inmotivado de vocablos sinónimos o expresiones equivalentes.
dativo, va. adj. *For.* V. **Tutela dativa, tutor dativo.** ‖ m. **Gram.* Uno de los casos de la declinación, que suele ir regido, en castellano, de las preposiciones *a* o *para*.
dato. m. Antecedente necesario para el *conocimiento exacto de una cosa. ‖ *Documento, *testimonio. ‖ *Fundamento.
dato. m. Título de *dignidad en algunos países orientales.
daturina. f. **Farm.* Alcaloide extraído del estramonio.
dauco. m. **Biznaga.** ‖ Zanahoria silvestre.
davalar. intr. *Mar.* **Devalar.**
davídico, ca. adj. Perteneciente a David o a su poesía y estilo.
daza. f. **Zahína.**
de. f. Nombre de la *letra *d*.
de. *prep. Denota *posesión o pertenencia; procedencia u *origen; materia de que está hecha una cosa; *modo de hacer alguna cosa; *contenido material de un recipiente; *asunto o *materia de un discurso, tratado, libro, etc.; calidad o condición de personas o cosas, etc. ‖ Equivale en ciertos casos a otras preposiciones, como **desde, por, entre, con,** etc. ‖ Sirve para fijar la aplicación de un nombre apelativo. ‖ Se emplea también para esforzar un calificativo. ‖ Tiene uso como prefijo de vocablos compuestos.
dea. f. poét. **Diosa.**
deambular. intr. *Andar sin dirección determinada, *pasear.
deambulatorio. m. *Arq.* Nave o conjunto de ellas que rodean la capilla mayor de una *iglesia.
deán. m. El que hace de cabeza del cabildo después del prelado. ‖En la antigua *universidad de Alcalá, graduado más antiguo de cada facultad.
deanato. m. Dignidad de deán. ‖ *Territorio eclesiástico perteneciente al deán.
deanazgo. m. **Deanato.**
debajero. m. Pellejo adobado que se pone debajo de la enjalma para que no lastime a la caballería.
***debajo.** adv. l. En lugar *inferior. ‖ fig. Con *sumisión o *dependencia.
debate. m. Controversia o *discusión entre dos o más personas. ‖ *Contienda, lucha.
debatible. adj. Sujeto a debate o discusión.
debatir. tr. *Discutir, disputar sobre una cosa. ‖ *Combatir, guerrear.
debe. m. *Com.* Una de las dos partes en que se dividen las *cuentas corrientes, y en la cual figuran las cantidades que se cargan a la persona a quien se abre la cuenta.
debelación. f. Acción y efecto de debelar.
debelador, ra. adj. Que debela. Ú. t. c. s.
debelar. tr. *Vencer y rendir a fuerza de armas al enemigo.
deber. m. Aquello a que el hombre se siente obligado por dictados de su conciencia o preceptos morales o positivos. ‖ *Obligación que incumbe a cada uno por razón de su estado, oficio, etc. ‖ **Deuda.** ‖ **Hacer** uno su **deber.** fr. *Cumplir con su obligación.
deber. tr. Estar obligado a algo. ‖ Tener por causa, ser *consecuencia de. Ú. m. c. r. ‖ Tener *obligación de pagar; estar en *deuda.‖ Sentirse obligado a mostrar *gratitud, respeto, etc. ‖ Se usa con la partícula *de* para denotar *posibilidad o verosimilitud.
debidamente. adv. m. Justamente, cumplidamente.
debido, da. p. p. de **Deber.** ‖ **Como es debido.** fr. Como corresponde o en forma correcta y usual.
debiente. p. a. de **Deber.** Que debe.
***débil.** adj. De poca fuerza o resistencia. Ú. t. c. s. ‖ fig. Que cede o transige por *flaqueza de ánimo. Ú. t. c. s. ‖ fig. *Escaso o deficiente. ‖ Dícese de la *disolución muy diluida.
***debilidad.** f. Falta de fuerza física. ‖ fig. Carencia de energía, flaqueza del ánimo.
debilitación. f. Acción y efecto de debilitar o debilitarse. ‖ **Debilidad.**
debilitadamente. adv. m. **Débilmente.**
debilitamiento. m. **Debilitación.**
debilitante. p. a. de **Debilitar.** Que debilita. Ú. t. c. s.
***debilitar.** tr. Disminuir la fuerza o el poder de una persona o cosa. Ú. t. c. r.
débilmente. adv. m. Con debilidad.
débito. m. **Deuda.** ‖ **Débito conyugal.** ‖ **conyugal.** Recíproca obligación de los *cónyuges para el acto de la *generación.
debitorio. m. Antiguo contrato de *venta al fiado.
debla. f. *Canto popular andaluz, de carácter melancólico y con copla de cuatro versos.
debó. m. Instrumento para adobar las *pieles.
debrocar. tr. *Inclinar o ladear una cosa.
deca. Prefijo que tiene la significación de **diez.**
década. f. Serie o *conjunto de diez. ‖ Conjunto de diez hombres en el *ejército griego. ‖ Período de diez *días. ‖ Período de diez *años. ‖ División compuesta de diez libros o diez capítulos en una obra histórica. ‖ *Historia de diez personajes.
***decadencia.** f. Principio de debilidad, menoscabo, ruina o corrupción de alguna cosa.
decadente. p. a. de **Decaer.** Que decae. ‖ adj. **Decaído.**
decaedro. m. **Geom.* Sólido limitado por diez caras.
***decaer.** intr. Ir a menos; perder una persona o cosa, poco a poco, sus ventajas, excelencias, facultades, etc. ‖ **Mar.* Separarse la embarcación de su rumbo, arrastrada por el viento o la corriente.
decágono, na. adj. *Geom.* Aplícase al *polígono de diez lados. Ú. m. c. s. m.
decágramo o **decagramo.** m. Peso de diez gramos.
decaído, da. adj. Que se halla en decadencia.
decaimiento. m. **Decadencia.** ‖ Abatimiento, *desaliento. ‖ *Pat.* Postración, debilidad general.
decálitro o **decalitro.** m. Medida de *capacidad, que tiene diez litros.
decálogo. m. Conjunto de los diez mandamientos de la *ley de Dios, en la religión *cristiana.
decalvación. f. Acción y efecto de decalvar.
decalvante. adj. *Pat.* Que produce la *calvicie.
decalvar. tr. Rasurar a una persona todo el *cabello, generalmente en *castigo de un delito.
decamerón. m. Obra que contiene la *historia de lo sucedido en diez días.
decámetro. m. Medida de *longitud, que tiene diez metros.
decampar. intr. Levantar el campo un ejército.
decanato. m. *Dignidad de decano. ‖ **Deanato.** ‖ Despacho o habitación oficial del decano.
decania. f. *Tierras o *iglesia rural propiedad de un *monasterio.
decano. m. El más *antiguo de una *corporación, comunidad, etc. ‖ El que, sin ser el más antiguo, es nombrado para presidir una corporación o una facultad *universitaria.
decantación. f. Acción y efecto de *decantar o transvasar.
decantador. m. Aparato para la decantación en algunas industrias.
decantar. tr. *Alabar, *ponderar.
***decantar.** tr. Inclinar lentamente una vasija para que caiga el líquido sin que salga el poso.
decapitación. f. Acción y efecto de decapitar.
decapitar. tr. *Cortar la *cabeza.
decápodo, da. adj. *Zool.* Dícese de los *crustáceos que tienen cinco pares de patas.
decárea. f. Medida de *superficie que tiene diez áreas.
decasílabo, ba. adj. De diez sílabas. Dicho de los *versos, ú. t. c. s.
decatlón. m. **Deporte.* Conjunto de diez pruebas de atletismo ligero.
decemnovenal. adj. *Cronol.* V. **Ciclo decemnovenal.**
decemnovenario. adj. **Decemnovenal.**
decena. f. *Conjunto de diez unidades. ‖ **Mús.* Octava de la tercera.
decenal. adj. Que sucede o se *repite cada decenio.‖ Que dura un decenio.
decenales. f. pl. Facultades extraordinarias que por término de diez años concede el papa a los *obispos de América.
decenar. m. Cuadrilla de diez.
decenario, ria. adj. Perteneciente o relativo al *número 10. ‖ m. **Decenio.** ‖ Sarta de diez cuentas pequeñas y una más gruesa, que se usa a modo de *rosario.
decencia. f. Compostura y *adorno correspondiente a cada persona o

cosa. || Recato, *honestidad. || *Moderación, modestia. || fig. Dignidad y *decoro, conforme al estado o calidad de las personas.

decenio. m. Período de diez *años.

deceno, na. adj. **Décimo** (en orden).

decentar. tr. *Empezar a *contar o *gastar de una cosa; como del pan, del queso, etc. || fig. Empezar a destruir o *dañar lo que se había conservado sano. || r. *Ulcerarse una parte del cuerpo del enfermo, por estar echado mucho tiempo de un mismo lado en la cama.

decente. adj. *Honesto, *justo. || Correspondiente, *conforme al estado o calidad de la persona. || *Adornado o compuesto sin exceso. || Digno, que obra con *decoro. || Bien portado.

decentemente. adv. m. Con decencia. || irón. Con algún *exceso.

decenvir. m. **Decenviro.**

decenviral. adj. Perteneciente o relativo a los decenviros.

decenvirato. m. Empleo y dignidad de decenviro. || Tiempo que duraba este empleo.

decenviro. m. Cualquiera de los diez *magistrados superiores que, en la antigua Roma, gobernaron durante algún tiempo la república en lugar de los cónsules. || Cualquiera de los magistrados menores que servían de consejeros a los pretores.

decepción. f. ant. **Engaño.** || *Aflicción producida por un *desengaño.

decernir. tr. ant. **Discernir.**

deceso. m. *Muerte natural o civil.

deci. Prefijo que tiene la significación de décima *parte.

deciárea. f. Medida de *superficie que tiene la décima parte de una área.

decibel. m. *Fís.* Nombre del decibelio en la nomenclatura internacional.

decibelio. m. *Fís.* Unidad de comparación, décima parte del belio. En acústica equivale a la mínima diferencia perceptible por el oído entre dos *sonidos de distinta intensidad.

decible. adj. Que se puede *decir.

decideras. f. pl. fam. Explicaderas, facilidad para *hablar.

decidero, ra. adj. Que se puede *decir sin inconveniente.

decididamente. adv. m. Con decisión, resueltamente.

decidido, da. adj. *Atrevido, resuelto.

***decidir.** tr. Dar solución definitiva a cualquier asunto o dificultad. || **Resolver** (tomar una determinación). Ú. t. c. r. || *Persuadir a uno a que tome cierta determinación.

decidor, ra. adj. Que habla con facilidad y *donaire. Ú. t. c. s.

decígramo o **decigramo.** m. *Peso de la décima parte de un gramo.

decílitro o **decilitro.** m. Medida de *capacidad, que tiene la décima parte de un litro.

décima. f. Cada una de las diez *partes iguales en que se divide un todo. || **Diezmo.** || Combinación de diez *versos octosílabos. || *Moneda de cobre antigua. || Décima parte de un grado del termómetro que se usa para medir la *fiebre.

decimacuarta. adj. **Decimocuarta.**

decimal. adj. Aplícase a cada una de las diez *partes iguales en que se divide una cantidad. || Perteneciente al *diezmo. || Dícese del sistema de pesas y *medidas, cuyas unidades son múltiplos o divisores de diez. || *Arit.* Aplícase al sistema de *numeración cuya base es diez.

decimanona. adj. **Decimonona.**

decimanovena. f. Uno de los registros de trompetería del *órgano.

decimaoctava. adj. **Decimoctava.**

decimaquinta. adj. **Decimoquinta.**

decimaséptima. adj. **Decimoséptima.**

decimasexta. adj. **Decimosexta.**

decimatercera. adj. **Decimotercera.**

decimatercia. adj. **Decimotercia.**

decímetro. m. Medida de *longitud, que tiene la décima parte de un metro.

décimo, ma. adj. Que corresponde en *orden al número 10. || Dícese de cada una de las diez *partes iguales en que se divide un todo. Ú. t. c. s. m. || m. **Décima** parte del billete de *lotería. || *Moneda de plata, de América, equivalente a media peseta.

decimoctavo, va. adj. Que corresponde en *orden al número 18.

decimocuarto, ta. adj. Que corresponde en *orden al número 14.

decimonónico, ca. adj. Perteneciente o relativo al siglo XIX.

decimonono, na. adj. Que corresponde en *orden al número 19.

decimonoveno, na. adj. **Decimonono.**

decimoquinto, ta. adj. Que corresponde en *orden al número 15.

decimoséptimo, ma. adj. Que corresponde en *orden al número 17.

decimosexto, ta. adj. Que corresponde en *orden al número 16.

decimotercero, ra. adj. **Decimotercio.**

decimotercio, cia. adj. Que corresponde en *orden al número 13.

deciocheno, na. adj. **Dieciocheno.** Ú. t. c. s.

decir. m. **Dicho** (palabra, locución). || Dicho notable por el carácter *sentencioso, la oportunidad o el donaire. Ú. m. en pl.

***decir.** tr. Expresar con palabras el pensamiento. || *Afirmar, asegurar. || *Nombrar. || fig. Denotar una cosa o dar *indicio de ella. || fig. Contener los escritos o los libros tal o cual especie o doctrina. || fig. Con los advs. *bien, mal* u otros semejantes, ser la *suerte favorable o adversa. Ú. hablando del juego, de la cosecha, etc. || fig. Con los advs. *bien* o *mal,* tener una cosa *conformidad o *desconformidad con otra. || **Como quien no dice nada.** expr. con que se *pondera la *dificultad o *importancia de una cosa. || **Decir bien.** fr. Hablar con *verdad, o explicarse con *elocuencia. || **Decir** a uno **cuántas son cinco.** fr. fig. y fam. *Amenazarle con alguna *reprensión o castigo. || *Maltratarle. || fig. y fam. **Decir** su sentir con *claridad o *desenvoltura. || **Decir de repente.** fr. Improvisar *versos. || **Decir de sí.** fr. *Afirmar una cosa. || **Decir de una hasta ciento.** fr. fig. y fam. **Decir** muchas claridades o desvergüenzas. || **Decir** uno **entre sí.** fr. **Decir para sí.** || **Decir nones.** fr. fam. *Negar una cosa. || **Decir** uno **para sí.** fr. Razonar consigo mismo; *reflexionar. || **Decir por decir.** fr. Hablar sin fundamento. || **Decirse.** expr. fam. que se usa en varios juegos de *naipes, y significa que los jugadores descubren el punto que tienen. || **Decir y hacer.** fr. fig. Ejecutar una cosa con mucha *prontitud. || **El qué dirán.** expr. El respeto a la opinión pública. || **Es decir.** expr. **Esto es.**

***decisión.** f. Determinación o acuerdo que se toma o se da en una cosa dudosa. || *Entereza, energía. || **Resolución judicial.** || **de Rota.** *Sentencia que da en Roma el tribunal de la Sacra Rota (*curia romana).

***decisivo, va.** adj. Dícese de lo que decide o resuelve.

decisorio. adj. *For.* V. **Juramento decisorio.**

declamación. f. Acción de *declamar. || *Discurso escrito o pronunciado para ejercitarse en las reglas de la retórica. || Por ext., oración o *discurso. || Discurso pronunciado con vehemencia para *zaherir personas o cosas. || Arte de representar en el *teatro.

declamador, ra. adj. Que declama. Ú. t. c. s.

***declamar.** intr. Hablar en público. || Decir *discursos para ejercitarse en las reglas de la retórica. || *Recitar con la entonación, los ademanes y el gesto convenientes. Ú. t. c. tr.

declamatorio, ria. adj. Aplícase al *estilo o tono propio de la declamación.

***declaración.** f. Acción y efecto de declarar o declararse. || *Explicación o *noticia. || *For.* Deposición hecha ante el juez.

declaradamente. adv. m. Manifiestamente, con *claridad.

declarador, ra. adj. Que declara o expone. Ú. t. c. s.

declarante. p. a. de **Declarar.** Que declara. || m. y f. *For.* Persona que declara ante el juez.

declarar. tr. Decir o *explicar lo que está oculto o no se entiende bien. || *For.* Determinar, decidir los juzgadores. || intr. *For.* Manifestar los testigos o los reos ante el juez lo que saben acerca de los hechos que se les exponen. || r. *Manifestarse una cosa, empezar a advertirse su acción. || *Revelar uno su intención o sus sentimientos. || Manifestar su *amor el hombre a una mujer. || *Mar.* Hablando del *viento, fijarse en dirección e intensidad. || **Declararse** uno **a otro.** fr. Hacer confianza de él.

declarativo, va. adj. Dícese de lo que declara o *explica. || V. **Juicio declarativo.**

declaratorio, ria. adj. Dícese de lo que declara o *explica.

declinable. adj. *Gram.* Aplícase a las partes de la oración que se declinan.

declinación. f. *Caída, descenso. || fig. *Decadencia o menoscabo. || **Astr.* Distancia de un astro al Ecuador. || **Gram.* Acción y efecto de declinar. || *Gram.* Serie ordenada de los casos gramaticales. || **Topogr.* Ángulo que forma un plano vertical, o una alineación, con el meridiano del lugar que se considere. || **de la aguja,** o **magnética.** Ángulo variable que forma la dirección de la brújula con la línea meridiana de cada lugar. || **No saber** uno **las declinaciones.** fr. fig. y fam. Ser sumamente *ignorante.

declinar. intr. *Inclinarse hacia abajo. || *Caer, descender. || fig. *Decaer, menguar. || fig. Aproximarse una cosa a su *fin. || fig. *Cambiar poco a poco una cosa hasta tocar en extremo contrario. || tr. **Gram.* Poner las palabras declinables en los casos gramaticales. || **For.* Recusar. || *Rechazar, *renunciar, no aceptar.

declinatoria. f. **For.* Petición en que se declina el fuero.

declinatorio. m. *Brújula para determinar la declinación de cualquier línea horizontal.

declinógrafo. m. **Astr.* Aparato que registra automáticamente las diferencias de declinación de los astros.

***declive.** m. Pendiente o inclinación del terreno o de una superficie.

declividad. f. **Declive.**
declivio. m. **Declive.**
decocción. f. Acción y efecto de *cocer en agua substancias vegetales o animales. || Producto líquido que se obtiene de este modo.
***decoloración.** f. Acción y efecto de decolorar o decolorarse.
***decolorar.** tr. Quitar o mitigar el color. Ú. t. c. r.
decomisar. tr. **Comisar.**
decomiso. m. **Comiso.**
decoración. f. Acción y efecto de decorar o *adornar. || Cosa que decora. || Conjunto de lienzos y trastos pintados con que se compone la escena para las representaciones *teatrales.
decoración. f. Acción y efecto de decorar (aprender o decir de *memoria).
decorado. m. **Decoración** (de teatro).
decorador. m. El que decora o *adorna.
decorar. tr. *Adornar una cosa o un sitio. || **Condecorar.** Ú. m. en poesía.
decorar. tr. Aprender de *memoria una lección u otra cosa. || *Recitar de memoria. || **Silabear.**
decorativo, va. adj. Perteneciente o relativo a la decoración, a la ornamentación o al adorno.
***decoro.** m. *Respeto, reverencia que se debe a una persona. || Circunspección, *seriedad. || *Honestidad, recato. || Honra, puntillo, propia estimación. || Tratándose de cosas o de acciones, conjunto de cualidades que las hacen *dignas de las circunstancias.
decorosamente. adv. m. Con decoro.
***decoroso, sa.** adj. Dícese de la persona que tiene *decoro y pundonor. || Aplícase también a las cosas en que se manifiesta decoro.
decortación. f. Enfermedad que destruye la copa de las *encinas.
decrecer. intr. Menguar, *disminuir.
decreciente. p. a. de **Decrecer.** Que decrece.
decrecimiento. m. **Disminución.**
decremento. m. **Disminución.** || *Decadencia.
decrepitación. f. Acción y efecto de decrepitar.
decrepitante. p. a. de **Decrepitar.** Que decrepita.
decrepitar. intr. Crepitar, dar *estallidos por la acción del fuego.
decrépito, ta. adj. Aplícase a la edad muy avanzada, y a la persona cuya *ancianidad le amengua considerablemente las potencias. Ú. t. c. s. || fig. Dícese de las cosas que están en franca *decadencia.
decrepitud. f. Suma *vejez. || **Chochez.** || fig. *Decadencia extrema de las cosas.
decrescendo. adv. m. **Mús.* Debilitando gradualmente el sonido.
decretal. adj. Perteneciente a las **decretales.** || f. Epístola en que el *papa resuelve alguna duda por sí solo o con parecer de los cardenales. || pl. **Der. Can.* Libro en que están recopiladas estas epístolas.
decretalista. m. **Der. Can.* Expositor o intérprete de las decretales.
decretar. tr. Resolver, *decidir la persona que tiene autoridad para ello. || Anotar al margen de un escrito el curso o respuesta que se le ha de dar. Úsase más en las oficinas de la *administración pública*. || **For.* Determinar el juez acerca de las peticiones de las partes.
decretero. m. Lista o colección de *decretos.
decretista. m. Expositor del Decreto de Graciano.
***decreto.** m. Resolución del jefe del estado, de su gobierno o de un tribunal o juez sobre cualquier materia o negocio. ||Constitución que dicta el *papa consultando a los cardenales. || **Decreto de Graciano.** || Acción y efecto de decretar (al margen de los documentos). || **de Graciano.** Libro del *derecho canónico* que recopiló Graciano. || **Real decreto.** Disposición firmada por el rey, con refrendo ministerial.
decretorio. adj. V. **Día decretorio.**
***decúbito.** m. Posición que toman las personas o los animales cuando se *tienden en el suelo, en la cama, etc. || **supino.** Aquel en que el cuerpo descansa sobre la espalda. || **prono** o **ventral.** Aquel en que el cuerpo descansa sobre el vientre.
de cujus. Palabras latinas con que se designa al causante de una *herencia.
decumbente. adj. Se dice del que *yace en la cama.
decuplar. tr. **Decuplicar.**
decuplicar. tr. Hacer décupla una cosa. || *Multiplicar por diez una cantidad.
décuplo, pla. adj. Que contiene un número diez veces exactamente. Ú. t. c. s. m.
decuria. f. Cada una de las diez partes en que se dividía la antigua curia romana. || En la antigua *milicia romana, grupo de diez soldados y un cabo. || En los estudios de *gramática, junta de diez estudiantes.
decuriato. m. *Estudiante que en las antiguas clases de *gramática estaba asignado a una decuria.
decurión. m. *Jefe de una decuria. || En las colonias o *municipios romanos, individuo de la corporación que los gobernaba. || En los estudios de *gramática, *estudiante encargado de tomar las lecciones a otros. || **de decuriones.** Estudiante encargado de tomar la lección a los **decuriones.**
decurrente. adj. *Bot.* Dícese de la *hoja cuyo limbo se extiende a lo largo del tallo como adherido a él.
decursas. f. pl. *For.* Rédito o *intereses vencidos de los *censos.
decurso. m. Sucesión o transcurso del *tiempo.
dechado. m. Muestra o *modelo que se tiene presente para imitarlo. || Labor de *costura que las niñas ejecutan para aprender. || fig. Ejemplo y *modelo de *virtudes y perfecciones, o de vicios y maldades.
dedada. f. Porción que con el dedo se puede tomar de un líquido espeso, como miel, almíbar, etc. || **de miel.** fig. y fam. Lo que se hace para *compensar a uno de algún mal o para procurarle *consuelo.
dedal. m. Utensilio de forma cónica, que se encaja en la extremidad de un *dedo y sirve para empujar la aguja de *coser. || **Dedil.**
dedalera. f. **Digital** (*planta).
dédalo. m. fig. **Laberinto.**
dedeo. m. *Mús.* Agilidad en los dedos para tocar un *instrumento.
dedicación. f. Acción y efecto de dedicar o *consagrar. || *Festividad en que se hace memoria de haberse consagrado o dedicado un templo, un altar, etc. || *Inscripción de la **dedicación** de un templo o edificio.
dedicante. p. a. de **Dedicar.** Que dedica.
dedicar. tr. *Consagrar una cosa al culto. || *Ofrecer y dirigir a una persona, como *regalo, un objeto cualquiera, y principalmente una obra de entendimiento. || *Destinar o emplear para determinado *uso u *ocupación. Ú. t. c. r.
dedicativo, va. adj. Dedicatorio.
dedicatoria. f. Carta o nota dirigida a la persona a quien se dedica una obra.
dedicatorio, ria. adj. Que supone dedicación.
dedición. f. Acción y efecto de *rendirse sin condiciones un pueblo o ciudad al poder de la antigua Roma.
dedil. m. Funda de piel, caucho u otra materia que se pone en un *dedo para protegerlo. || *Germ.* *Sortija.
dedillo. m. d. de **Dedo.** || *Juego de muchachos que consiste en derribar de un papirotazo una almendra puesta sobre otras, sin que se caigan éstas. || **Saber** uno una cosa **al dedillo.** fr. fig. y fam. *Saberla perfectamente.
***dedo.** m. Cada uno de los cinco apéndices, de forma aproximadamente cilíndrica, con que terminan las manos y los pies del hombre. || Órgano semejante de los animales. || Medida de *longitud, que equivale a dieciocho milímetros. || Medida de diez nudillos, que se usa para la labor de la *media. || Porción de una cosa del *ancho de un **dedo.** || **anular.** El cuarto de la mano. || **auricular.** El quinto y más pequeño de la mano. || **cordial, de en medio,** o **del corazón.** El tercero de la mano y más largo de los cinco. || **gordo. Dedo pulgar.** || **índice.** El segundo de la mano. || **médico. Dedo anular.** || **meñique. Dedo auricular.** || **mostrador. Dedo índice.** || **pulgar.** El primero y más gordo de la mano, y, por extensión, también el primero del pie. || **saludador. Dedo índice.** || **El dedo de Dios.** fig. La providencia divina. || **A dos dedos de.** loc. fig. y fam. Muy *cerca de, o a punto de. || **Alzar** uno **el dedo.** fr. fig. y fam. Levantarlo en señal de *juramento o promesa. || **Antojársele** a uno **los dedos huéspedes.** fr. fig. y fam. Ser excesivamente *suspicaz. || **Atar** uno **bien** su **dedo.** fr. fig. y fam. Tomar las *precauciones convenientes. || **Chuparse** uno **los dedos.** fr. fig. y fam. *Comer una cosa con mucho gusto. || **Mamarse** uno **el dedo.** fr. fig. y fam. *Fingirse tonto o incapaz de entender una cosa. || **Meter** a uno **el dedo en la boca.** fr. fig. y fam. con que se asegura que una persona no es tonta, sino disimulada y *astuta. || **Meter** a uno **los dedos.** fr. fig. Hacerle hablar para *averiguar algo sin que él lo advierta. || **Morderse** uno **los dedos.** fr. fig. y fam. Encolerizarse, *irritarse. || **No mamarse** uno **el dedo.** fr. fig. y fam. Ser *listo y no dejarse engañar. || **No tener** uno **dos dedos de frente.** Ser de poco entendimiento. || **Poner** uno **el dedo en la llaga.** fr. fig. *Acertar con el verdadero origen de un mal, o con aquello que más afecta a determinada persona. || **Poner** a uno **los cinco dedos en la cara.** fr. fig. y fam. Darle una bofetada. || **Ponerse** uno **el dedo en la boca.** fr. fig. *Callar. || **Señalar** a uno **con el dedo.** fr. fig. Notarle por alguna circunstancia, generalmente *despreciable. || **Ser** uno **el dedo malo.** fr. fig. y fam. *Atribuirle la *culpa de todo lo malo que acontece. || **Tener** uno sus **cinco dedos en la mano.** fr. fig. y fam. No ceder a otro en *valor o fuerzas.
deducción. f. Acción y efecto de deducir. || **Derivación** (de una co-

rriente de agua). ‖ *Lóg.* Método por el cual se procede de lo universal a lo particular. ‖ *Mús.* Serie de notas que ascienden o descienden de tono en tono.
deduciente. p. a. de **Deducir.** Que deduce.
deducir. tr. Sacar *consecuencias de un principio o supuesto. ‖ **Inferir.** ‖ *Rebajar, descontar alguna cantidad. ‖ *For.* Alegar las partes sus derechos.
deductivo, va. adj. Que obra o procede por deducción.
defacto. adv. m. **De hecho.**
defecación. f. Acción y efecto de defecar.
defecar. tr. *Purificar quitando las heces. ‖ Expeler los *excrementos.
defección. f. Acción de *apartarse con *deslealtad de una causa o partido.
defectible. adj. Dícese de lo que puede faltar.
defectivo, va. adj. **Defectuoso.** ‖ *Gram.* V. **Verbo defectivo.** Ú. t. c. s.
***defecto.** m. Carencia o falta. ‖ Imperfección natural o moral. ‖ *Vicio. ‖ pl. *Impr.* Pliegos que sobran o faltan en una tirada.
defectuosamente. adv. m. Con defecto.
***defectuoso, sa.** adj. Imperfecto, falto.
defendedero, ra. adj. **Defendible.**
defendedor, ra. adj. **Defensor.** Ú. t. c. s.
***defender.** tr. Amparar, proteger. Ú. t. c. r. ‖ *Afirmar una cosa y mantenerla contra el dictamen ajeno. ‖ Vedar, *prohibir. ‖ **Embarazar** (impedir, estorbar). ‖ Abogar en favor de uno.
defendible. adj. Dícese de lo que se puede defender.
defenecer. tr. Dar el finiquito a una *cuenta.
defenecimiento. m. Ajuste o finiquito de *cuentas.
defenestración. f. Acción de *arrojar por una ventana.
defenestrar. tr. *Arrojar por la ventana a una persona.
***defensa.** f. Acción y efecto de defender o defenderse. ‖ *Arma, instrumento u otra cosa con que uno se defiende. ‖ Amparo, *protección. ‖ *Fort.* Obra que sirve para defender una plaza, un campamento, etc. Ú. m. en pl. ‖ *For.* Abogado defensor. ‖ pl. *Mar.* Pedazos de cable viejo, rollo de esparto o cualquier otra cosa blanda, que se cuelga del costado de la *embarcación para que no se lastime en las atracadas.
defensión. f. Resguardo, *defensa.
defensiva. f. Situación del que, en previsión de un ataque, sólo trata de defenderse.
***defensivo, va.** adj. Que sirve para la *defensa. ‖ m. Defensa, cosa que resguarda o preserva. ‖ *Cir.* Paño que se aplica a alguna parte enferma, empapado en cierto líquido.
***defensor, ra.** adj. Que defiende o protege. Ú. t. c. s. ‖ m. *For.* Persona que en juicio está encargada de una defensa. ‖ La que designa el juez para defender los bienes de un concurso.
defensoría. f. *For.* Ministerio o ejercicio de defensor.
defensorio. m. Escrito en *defensa de una persona o cosa.
deferencia. f. *Adhesión al parecer ajeno, por *respeto o *condescendencia. ‖ Muestra de respeto o de *cortesía.
deferente. adj. Que defiere al dictamen ajeno. ‖ fig. *Respetuoso, *cortés. ‖ ant. *Astr.* Decíase del círculo descrito alrededor de la Tierra por el centro del epiciclo de un planeta. Usáb. t. c. s.
deferido, da. adj. *For.* V. **Juramento deferido.**
deferir. intr. Adherirse al dictamen de uno, por *respeto o *condescendencia. ‖ tr. Comunicar, *delegar parte de la jurisdicción o poder.
defervescencia. f. *Pat.* Descenso brusco de la *fiebre.
deficiencia. f. Defecto o *imperfección.
deficiente. adj. Falto o *incompleto.
déficit. m. Descubierto que resulta en una *cuenta, comparando el activo con el pasivo o los ingresos con los gastos.
deficitario, ria. adj. Que implica déficit (*incompleto).
definible. adj. Que se puede definir.
definición. f. Acción y efecto de definir. ‖ Proposición que *explica los caracteres esenciales de una cosa. ‖ *Solución o *decisión de una duda por autoridad legítima. ‖ Declaración de cada uno de los vocablos, modos y frases que contiene un *diccionario. ‖ pl. Conjunto de estatutos y ordenanzas de algunas *órdenes militares*.
definido. m. La cosa que se define.
definidor, ra. adj. Que define o determina. Ú. t. c. s. ‖ m. En algunas *órdenes religiosas*, cada uno de los individuos que forman el definitorio. ‖ **general.** El que asiste al general de la orden para el gobierno de ella. ‖ **provincial.** El que sólo asiste en una provincia.
definir. tr. Expresar o *explicar con claridad y precisión el significado de una palabra o la naturaleza de una cosa. ‖ *Decidir, resolver una cosa dudosa. ‖ *Pint.* Concluir una obra hasta los últimos detalles.
definitivamente. adv. m. Decisivamente, en conclusión.
***definitivo, va.** adj. Que decide sin apelación. ‖ *For.* V. **Sentencia definitiva.** Ú. t. c. s. ‖ **En definitiva.** m. adv. **Definitivamente.**
definitorio. m. Cuerpo que forman los definidores de una *orden religiosa* con el general o provincial. ‖ *Junta que celebran los definidores. ‖ Habitación destinada para estas juntas.
deflación. f. *Econ.* Disminución de la circulación fiduciaria por reducción del papel moneda y limitación de los créditos.
deflagración. f. Acción y efecto de deflagrar.
deflagrador. m. Aparato eléctrico para dar fuego a los *barrenos.
deflagrar. intr. *Arder una substancia súbitamente con llama y sin explosión.
deflexión. f. *Fís.* *Desviación.
defoliación. f. Caída prematura de las *hojas por enfermedad o influjo atmosférico.
deformación. f. Acción y efecto de deformar o deformarse.
deformador, ra. adj. Que deforma. Ú. t. c. s.
***deformar.** tr. Hacer deforme una cosa o cambiarle su forma propia. Ú. t. c. r.
deformatorio, ria. adj. Que deforma.
***deforme.** adj. Desproporcionado o irregular en la forma. ‖ Que ha perdido su forma ordinaria.
deformemente. adv. m. De manera deforme.
***deformidad.** f. Calidad de deforme. ‖ Cosa deforme. ‖ fig. *Error grosero. ‖ fig. *Desorden o *delito.
defraudación. f. Acción y efecto de defraudar.
defraudador, ra. adj. Que defrauda. Ú. t. c. s.
***defraudar.** tr. Cometer un fraude en perjuicio de alguno. ‖ Privarle, con abuso de confianza o infidelidad, de algo que le corresponde. ‖ fig. Frustrar, *malograr algún intento. ‖ *Impedir, estorbar.
defuera. adv. l. Exteriormente o por la parte *exterior. ‖ **Por defuera.** m. adv. **Defuera.**
defunción. f. **Muerte** (fallecimiento).
degeneración. f. *Decadencia o declinación. ‖ *Pat.* Alteración grave de los tejidos o de la estructura de una parte del cuerpo.
degenerante. p. a. de **Degenerar.** Que degenera.
***degenerar.** intr. Decaer, declinar, dejar de corresponder una persona o cosa a su primera y natural condición. ‖ *Pint.* Desfigurarse una cosa hasta el punto de parecer otra.
***deglución.** f. Acción y efecto de deglutir.
deglutir. intr. Tragar los alimentos. Ú. t. c. tr.
degollación. f. Acción y efecto de degollar.
degolladero. m. Parte del *cuello por donde se degüella al animal. ‖ Sitio destinado para degollar las reses. ‖ Cadalso para degollar a un delincuente. ‖ Tablón que en los *teatros separaba la luneta del patio. ‖ **Degollado.** ‖ **Llevar** a uno **al degolladero.** fr. fig. y fam. Ponerle en gravísimo *peligro.
degollado. m. **Degolladura** (escote del vestido).
degollador, ra. adj. Que degüella. Ú. t. c. s.
degolladura. f. *Herida en la garganta o el *cuello. ‖ Escote que se hace en algunos *vestidos de las mujeres. ‖ **Garganta** (del arado). ‖ *Albañ.* **Llaga** (juntura de los ladrillos).
degollamiento. m. ant. **Degollación.**
degollante. p. a. de **Degollar.** Que degüella. ‖ adj. fig. y fam. Presumido o necio. ‖ *Impertinente, que causa gran *molestia a quien le trata. Ú. t. c. s.
degollar. tr. *Cortar el *cuello a una persona o a un animal. ‖ Escotar el cuello de las *vestiduras. ‖ Representar mal una obra de *teatro. ‖ fig. *Destruir, deteriorar, echar a perder. ‖ fig. *Taurom.* Matar al toro con una o más estocadas mal dirigidas. ‖ fig. y fam. Desagradar en extremo una persona a otra. ‖ *Mar.* Dicho de una vela, rasgarla en caso de urgencia.
degollina. f. fam. **Matanza.**
degradación. f. Acción y efecto de degradar o degradarse. ‖ Rebajamiento, *vileza. ‖ *Pint.* Disminución de tamaño que se da a los objetos, según las leyes de la *perspectiva. ‖ **actual.** *For.* **Degradación real.** ‖ **canónica.** *Pena que consiste en privar al clérigo de todos sus derechos y de las señales exteriores de su carácter. ‖ **de color.** *Pint.* Moderación de tinta que se observa en los términos remotos. ‖ **de luz.** *Pint.* Templanza de los claros en aquellas cosas que están más distantes. ‖ **real.** *For.* La que se ejecuta con las solemnidades prevenidas. ‖ **verbal.** *For.* La que se declara por juez competente, sin llegar a ejecutarse.
degradamiento. m. *Mil.* Pérdida de un grado, sin nota infamante.
degradante. adj. Dícese de lo que degrada o *envilece.
degradar. tr. *Deponer a una persona de las dignidades, empleos y

privilegios que tiene. ‖ Humillar, *envilecer. Ú. t. c. r. ‖ *Pint.* Disminuir el tamaño y viveza del color según la distancia a que se suponen colocadas las figuras.
degüello. m. Acción de degollar. ‖ Parte más *delgada del *dardo o de otra cosa semejante. ‖ *Agr.* Cierta operación que se ejecuta en el cultivo de la remolacha. ‖ **Entrar a degüello.** fr. *Mil* *Asaltar una población sin dar cuartel. ‖ **Llevar** a uno **al degüello.** fr. fig. y fam. **Llevarle al degolladero.** ‖ **Tirar a degüello.** fr. fig. y fam. Tratar de hacer a alguno el mayor *daño posible. ‖ **Tocar a degüello.** fr. *Mil.* Dar *toque de ataque en el arma de caballería.
degustación. f. Acción de *gustar o probar los alimentos y bebidas.
***dehesa.** f. Tierra generalmente acotada y destinada a pastos. ‖ **carneril.** Aquella en que pastan carneros. ‖ **carnicera.** La destinada a las reses de matadero. ‖ **potril.** Aquella en que se crían los potros.
dehesar. tr. **Adehesar.**
dehesero. m. *Guarda de una dehesa.
dehiscencia. f. *Bot.* Acción de abrirse naturalmente las anteras de una *flor para dar salida al polen, o el pericarpio de un *fruto, para expulsar la semilla.
dehiscente. adj. *Bot.* Dícese del *fruto cuyo pericarpio se abre naturalmente para que salga la semilla.
deicida. adj. Dícese del que da muerte a un dios y especialmente de los que dieron la *muerte a *Jesucristo o contribuyeron a ella de algún modo. Ú. t. c. s.
deicidio. m. Homicidio de Jesucristo.
deidad. f. Ser divino o esencia *divina. ‖ Cada uno de los dioses de los *gentiles o idólatras.
deificación. f. Acción y efecto de deificar o deificarse.
deificar. tr. **Divinizar.** ‖ Divinizar una cosa por medio de la participación de la gracia. ‖ fig. *Alabar excesivamente a una persona. ‖ r. En la teología *mística, unirse el alma con Dios en el éxtasis.
deífico, ca. adj. Perteneciente a *Dios.
deiforme. adj. *Mit.* Que se parece en la forma a las deidades.
deípara. adj. Título que se da a la *Virgen, por ser madre de Dios.
deísmo. m. *Relig.* Doctrina que reconoce un Dios como autor de la naturaleza, pero sin admitir revelación ni culto externo.
deísta. adj. Que profesa el deísmo. Apl. a pers., ú. t. c. s.
deitano, na. adj. Natural de Deitania. Ú. t. c. s. ‖ Perteneciente a esta región de la España Tarraconense.
deja. f. *Carp.* *Resalto o parte saliente que queda entre dos muescas o cortaduras.
***dejación.** f. Acción y efecto de dejar. ‖ *For.* Desistimiento, abandono de bienes, acciones, etc.
dejada. f. **Dejación.**
dejadez. f. *Pereza, *descuido, negligencia.
dejado, da. adj. *Perezoso y *negligente. ‖ Desaliñado, *sucio. ‖ Que muestra desaliento.
dejador. m. El que deja.
dejamiento. m. **Dejación.** ‖ Negligencia, *descuido. ‖ Descaecimiento de fuerzas o *desaliento de ánimo. ‖ Desasimiento, *indiferencia.
dejaprende (a). m. adv. Con *descuido.
***dejar.** tr. Soltar una cosa. ‖ Renunciar a ella. ‖ **Omitir** (*abstenerse de hacer). ‖ Consentir, *permitir. ‖ Producir *utilidad o ganancia. ‖ Desamparar, *abandonar. ‖ *Encargar, confiar. ‖ Faltar, *cesar, desaparecer. ‖ *Ausentarse. ‖ Como verbo auxiliar, precede a algunos participios e infinitivos; en este último caso se usa más c. r. ‖ *Nombrar, designar. ‖ *Dar una cosa a otro el que se ausenta o hace testamento. ‖ *Interrumpir, no proseguir lo empezado. Ú. t. c. r. ‖ r. Descuidarse de sí mismo; andar *desaliñado. ‖ Entregarse, darse a una *ocupación. ‖ Abandonarse por *desaliento o *pereza. ‖ *Someterse, entregarse. ‖ **Dejar aparte.** fr. Omitir, *callar parte de un discurso. ‖ **Dejar atrás** a uno. fr. fig. *Adelantarse. ‖ **Dejar caer.** fr. *Soltar de repente lo que se tenía asido. ‖ **Dejar correr** una cosa. fr. fig. *Permitirla. ‖ **Dejar feo** a uno. fr. fig. y fam. Desairarle, *avergonzarle. ‖ **Dejarse** uno **caer.** fr. fig. Soltar una especie con intención, pero con *disimulo. ‖ fig. y fam. *Sugerir o insinuar una cosa. ‖ fig. y fam. Presentarse inesperadamente. ‖ **Dejarse caer.** fr. fig. y fam. Hablando del sol, del *calor, etc., obrar estas cosas con mucha eficacia. ‖ **Dejarse** uno **correr.** fr. *Bajar, *deslizándose por una cuerda, madero, etc. ‖ **Dejarse** uno **decir.** fr. *Revelar en la conversación alguna especie. ‖ **Dejarse** uno **vencer.** fr. Ceder, *flaquear, *transigir. ‖ **Dejar** uno **temblando** alguna cosa. fr. fig. y fam. *Comerse o *beberse la mayor parte de lo que contenía un plato o una vasija.
deje. m. *Gusto o dejo.
dejemplar. tr. ant. *Desacreditar, deshonrar.
dejillo. m. **Dejo** (modo de pronunciar y sabor que deja la comida).
dejo. m. **Dejación.** ‖ *Fin de una cosa. ‖ Entonación y modo de *pronunciar que distingue a los naturales de ciertas regiones o provincias. ‖ *Gusto que queda de la comida o bebida. ‖ Dejadez, flojedad. ‖ fig. *Placer o *disgusto que queda después de una acción.
de jure. loc. adv. lat. **De derecho.**
del. Contracc. de la prep. **de** y el art. **el.**
delación. f. *Acusación, denuncia. ‖ *For.* Llamamiento legal para la aceptación o renuncia de una herencia.
delal. m. En Marruecos, pregonero de una *subasta.
***delantal.** m. Prenda de vestir que, atada a la cintura, protege la parte delantera de la falda o de los pantalones. ‖ **Mandil.**
***delante.** adv. l. En la parte anterior, con anterioridad en el orden o colocación. ‖ ***Enfrente.** ‖ adv. m. A la vista, en *presencia.
delantera. f. Parte *anterior de una cosa. ‖ En los *teatros y otros locales de espectáculos públicos, primera fila de cierta clase de asientos. ‖ Cuarto delantero de una prenda de *vestir. ‖ Frontera de una ciudad. casa, huerta, etc. ‖ Espacio con que uno se *adelanta a otro en el camino. ‖ *Anticipación en el tiempo. ‖ **Canal** (de un libro). ‖ pl. Zahones. ‖ **Coger,** o **tomar,** a uno **la delantera.** fr. fam. Anticipársele.
delantero, ra. adj. Que está o va delante. ‖ m. Postillón que gobierna las caballerías **delanteras** de un *carruaje, generalmente cabalgando en una de ellas. ‖ En el juego de *pelota, balón y otros deportes, el que juega en primera fila.
delasolré. m. En la *música antigua, indicación del tono que principia en el segundo grado de la escala diatónica de *do.*
delatable. adj. Digno de ser delatado.
delatante. p. a. de **Delatar.** Que delata.
delatar. tr. Revelar voluntariamente a la autoridad un delito, *acusando al autor.
delator, ra. adj. Denunciador, *acusador. Ú. t. c. s.
dele. m. **Impr.* Signo con que se indica, al corregir pruebas, que debe *suprimirse una palabra, letra, etc.
deleátur. m. *Impr.* **Dele.**
deleble. adj. Que puede borrarse.
delectación. f. **Deleitación.** ‖ **morosa.** Complacencia deliberada en un objeto prohibido, o en un pensamiento pecaminoso sin ánimo de ponerlo por obra.
***delegación.** f. Acción y efecto de delegar. ‖ *Empleo o cargo de delegado. ‖ Oficina del delegado. ‖ Conjunto o *reunión de delegados.
delegado, da. adj. Dícese de la persona en quien se delega una facultad o jurisdicción. Ú. t. c. s. ‖ Dícese de la cosa delegada.
delegante. p. a. de **Delegar.** Que delega.
***delegar.** tr. *Confiar una persona a otra la jurisdicción o potestad que tiene, o conferirle su representación.
deleitabilísimo, ma. adj. sup. de **Deleitable.**
deleitable. adj. **Deleitoso.**
deleitablemente. adv. m. **Deleitosamente.**
deleitación. f. **Deleite.**
deleitamiento. m. **Delectación.**
deleitante. p. a. de **Deleitar.** Que deleita.
deleitar. tr. Producir deleite. Ú. t. c. r.
deleite. m. *Placer del ánimo. ‖ Goce de los sentidos.
deleitosamente. adv. m. Con deleite.
deleitoso, sa. adj. Que causa deleite.
deletéreo, a. adj. Mortífero. ‖ *Venenoso.
deletreador, ra. adj. Que deletrea. Ú. t. c. s.
deletrear. intr. *Pronunciar separadamente las letras de cada sílaba, o las sílabas de cada palabra. ‖ fig. *Comprender, interpretar lo obscuro y dificultoso.
deletreo. m. Acción de deletrear. ‖ Procedimiento para enseñar a *leer deletreando.
deleznable. adj. Que se *rompe o deshace fácilmente. ‖ Que se *desliza con mucha facilidad. ‖ fig. Poco durable, *breve, fugaz. ‖ fig. *Inestable. ‖ fig. *Débil, de poca resistencia.
deleznarse. r. *Deslizarse, resbalarse.
délfico, ca. adj. Perteneciente a Delfos, o al oráculo de Apolo en Delfos.
delfín. m. *Cetáceo carnívoro, de unos tres metros de largo, con una abertura nasal encima de los ojos, por la que puede arrojar con fuerza el agua que traga. ‖ *Astr.* *Constelación boreal situada cerca del Águila. ‖ **pasmado.** **Blas.* El que tiene la boca abierta y sin lengua.
delfín. m. Título que se daba al primogénito del *rey de Francia.
delfina. f. Mujer del delfín de Francia.
delga. f. **Electr.* Cada una de las laminillas de cobre que forman el colector de una máquina de corriente continua.

delgadamente. adv. m. **Delicadamente.** || fig. Con *ingenio, discretamente.

***delgadez.** f. Calidad de delgado.

***delgado, da.** adj. Flaco, de pocas carnes. || Que tiene poco grueso o espesor. || Delicado, *suave. || fig. Aplicado a las *tierras de labor, de poca substancia o jugo. || fig. Sutil, *ingenioso. || m. *Mar.* Cada una de las partes de popa y de proa del *buque, en las cuales se estrecha el pantoque. || pl. En las *caballerías y otros *cuadrúpedos, partes inferiores del vientre, hacia las ijadas. || Faldas de las canales o reses de *matadero.

delgaducho, cha. adj. Algo delgado.

deliberación. f. Acción y efecto de deliberar.

deliberadamente. adv. m. Con deliberación.

deliberado, da. adj. Hecho con *intención, de propósito.

deliberante. p. a. de **Deliberar.** Que delibera.

deliberar. intr. *Meditar detenidamente el pro y el contra de una decisión antes de tomarla. || tr. *Decidir o resolver una cosa con premeditación. || *Discutir un asunto en una junta o asamblea.

deliberativo, va. adj. Perteneciente a la deliberación.

delicadamente. adv. m. Con delicadeza.

delicadez. f. *Debilidad, falta de vigor. || Carácter *irritable o quisquilloso. || Flaqueza, *condescendencia. || **Delicadeza.**

***delicadeza.** f. **Finura.** || Miramiento con las personas o las cosas. || *Cortesía, atención. || *Apacibilidad, suavidad. || **Escrupulosidad.**

***delicado, da.** adj. Fino, atento, *cortés. || Liso, suave, tierno. || Tenue, *delgado. || *Débil, *enfermizo. || Quebradizo, *frágil, fácil de deteriorarse. || Sabroso, que tiene buen *sabor. || *Difícil, peligroso. || Primoroso, *fino. || Bien parecido, agraciado. || Sutil, *ingenioso. || Suspicaz, fácil de resentirse. || Difícil de contentar. || Que procede con miramiento y *cortesía.

delicaducho, cha. adj. *Débil, *enfermizo.

delicia. f. *Placer muy intenso. || Aquello que causa **delicia.**

deliciosamente. adv. m. Con delicia.

delicioso, sa. adj. Capaz de causar delicia; sumamente *agradable.

delictivo, va. adj. Perteneciente o relativo al delito.

delictuoso, sa. adj. **Delictivo.**

delicuescencia. f. Calidad de delicuescente.

delicuescente. adj. Que atrae la *humedad del aire y se *liquida lentamente.

deligación. f. *Cir.* Arte de hacer apósitos y vendajes.

delimitación. f. Acción y efecto de delimitar.

delimitar. tr. Determinar o fijar los límites de una cosa.

delincuencia. f. Calidad de *delincuente. || Conjunto de actos delictivos.

***delincuente.** p. a. de **Delinquir.** Que delinque. Ú. t. c. s.

***delineación.** f. Acción y efecto de delinear.

delineador, ra. adj. Que se ejercita en delinear. Ú. t. c. s.

delineamento. m. **Delineamiento.**

delineamiento. m. **Delineación.**

delineante. p. a. de **Delinear.** Que delinea. || m. El que tiene por oficio trazar planos.

***delinear.** tr. Trazar las líneas de una figura.

delinquimiento. m. Acción y efecto de delinquir.

delinquir. intr. *Infringir una ley o mandato. || Cometer un *delito.

delio, lia. adj. Natural de Delos. Ú. t. c. s. || Perteneciente a esta isla del Archipiélago.

deliquio. m. *Desmayo, desvanecimiento.

delirante. p. a. de **Delirar.** Que delira.

***delirar.** intr. Desvariar, tener perturbada la razón. || fig. Decir o hacer *disparates.

delirio. m. Acción y efecto de *delirar. || Desorden o perturbación de la razón. || fig. Despropósito, *disparate.

delírium tremens. m. Delirio con grande agitación y temblor de miembros, ocasionado por el consumo prolongado y excesivo de *bebidas alcohólicas.

***delito.** m. Culpa, crimen, infracción. || **de lesa majestad.** El que se comete contra la vida del jefe del estado. || **notorio.** El que se comete ante el juez, o públicamente. || **flagrante.** Aquel cuyo autor es sorprendido en el momento de cometerlo o de manera que no pueda negarlo.

delta. f. Cuarta letra del alfabeto griego. || m. *Isla triangular comprendida entre dos de los brazos con que algunos *ríos desembocan en el mar.

deltoides. adj. De figura de delta mayúscula. || *Anat.* Dícese de un *músculo triangular que va en el hombro desde la clavícula al omóplato. Ú. t. c. s. m.

deludir. tr. *Engañar, burlar.

delusivo, va. adj. **Delusorio.**

delusor, ra. adj. **Engañador.** Ú. t. c. s.

delusoriamente. adv. m. Con engaño o artificio.

delusorio, ria. adj. **Engañoso.**

della, llo. Contracc. de **de ella** y de **de ello.**

demacración. f. Pérdida de carne, *delgadez por desnutrición o enfermedad.

demacrarse. r. Perder carnes, *enflaquecer. Ú. t. c. tr.

demagogia. f. *Polít.* *Gobierno o dominación tiránica de la *plebe.

demagógico, ca. adj. Perteneciente a la demagogia o al demagogo.

demagogo. m. Jefe, caudillo o *político de una facción popular. || Sectario de la demagogia. || *Orador de tendencias revolucionarias. Ú. t. c. adj.

demanda. f. *Petición, solicitud. || *Limosna que se pide para fines piadosos. || Tablilla o imagen con que se pide esta limosna. || Persona que la pide. || **Pregunta.** || **Busca** (acción de buscar). || Empresa o *intento. || *Defensa. || *Com.* Pedido o encargo de mercancías que hace el *comprador al vendedor. || **For.* Petición que un litigante sustenta en el juicio. || *For.* Escrito en que se ejercitan acciones civiles. || **Demandas y respuestas.** *Discusiones y disputas que ocurren en un asunto. || **Ir en demanda de** una persona o cosa. fr. Ir en *busca de ella. || **Salir** uno **a la demanda.** fr. **For.* Mostrarse parte en un pleito. || fig. Hacer oposición a otro.

demandadero, ra. m. y f. Persona destinada para hacer los *encargos de las monjas fuera del *convento. || Persona que hace los mandados de una casa y no vive en ella.

demandado, da. m. y f. **For.* Persona a quien se pide una cosa en juicio.

demandador, ra. adj. Que demanda o pide. Ú. t. c. s. || m. y f. Persona que pide *limosna con una demanda. || *For.* **Demandante.**

demandante. p. a. de **Demandar.** Que demanda. Ú. t. c. s. || com. **For.* Persona que demanda o pide una cosa en juicio.

demandar. tr. *Pedir, rogar. || *Exigir, reclamar. || Apetecer, *desear. || **Preguntar.** || **For.* Entablar demanda.

demarcación. f. Acción y efecto de demarcar. || Terreno o *territorio demarcado.

demarcador, ra. adj. Que demarca. Ú. t. c. s.

demarcar. tr. Delinear, señalar los *límites o confines de un espacio o terreno. || *Mar.* **Marcar.**

demás. adj. Precedido de los artículos *lo, la los, las,* lo *otro, la otra, los otros o los restantes, las otras. En plural se usa muchas veces sin artículo. || adv. c. **Además.** || **Por demás.** m. adv. En vano, *inútilmente. || **En demasía.** || **Por lo demás.** m. adv. Por lo que hace relación a otras consideraciones.

demasía. f. **Exceso.** || **Atrevimiento.** || *Descomedimiento, *descaro, desvergüenza. || *Ofensa. || Maldad, *delito. || *Min.* Parte de terreno comprendida entre varias demarcaciones *mineras, que no llega a constituir una pertenencia. || **En demasía.** m. adv. **Excesivamente.**

demasiadamente. adv. c. **Demasiado.**

demasiado, da. adj. Que es en demasía, o tiene demasía. || *Excesivo. || adv. c. **En demasía.**

demasiarse. r. Excederse, *descomedirse.

demediar. tr. Partir, dividir en *mitades. Ú. t. c. intr. || Cumplir la mitad del tiempo, edad, etc., o andar la mitad de un camino, carrera, etc. || Usar o *gastar una cosa, haciéndole perder la mitad de su valor.

demencia. f. *Locura. || **precoz.** Perturbación *mental que se presenta ordinariamente en la juventud, caracterizada por un desdoblamiento de la personalidad.

dementar. tr. Hacer perder el juicio. || r. Volverse *loco.

demente. adj. *Loco, falto de juicio. Ú. t. c. s.

***demérito.** m. Falta de mérito. || Acción por la cual se *desmerece.

demeritorio, ria. adj. Que *desmerece.

demersión. f. *Inmersión.

demias. f. pl. *Germ.* *Medias.

demisión. f. *Sumisión. || *Desaliento, abatimiento.

demiurgo. m. En la filosofía de los gnósticos, *alma del *Universo.

democracia. f. Sistema de *gobierno en que el pueblo o la *plebe ejerce la soberanía. || Doctrina *política favorable a la intervención del pueblo en el gobierno.

demócrata. adj. Partidario de la democracia. Ú. t. c. s.

democráticamente. adv. m. De modo democrático.

democrático, ca. adj. Perteneciente o relativo a la democracia.

democratización. f. Acción y efecto de democratizar.

democratizar. tr. Hacer demócratas a las personas o a las instituciones. Ú. t. c. r.

demografía. f. Parte de la *estadística, que trata de los *habitantes

de un país, según sus profesiones, edades, etc.
demográfico, ca. adj. Perteneciente o relativo a la demografía.
demógrafo. m. El que se dedica a la demografía.
demoledor, ra. adj. Que demuele. Ú. t. c. s.
demoler. tr. Deshacer, *destruir, derribar.
demolición. f. Acción y efecto de demoler.
demonche. m. fam. **Demonio.**
demoniaco, ca o **demoníaco, ca.** adj. Perteneciente o relativo al *demonio. ‖ **Endemoniado.** Ú. t. c. s.
demonial. adj. ant. **Demoniaco.**
***demonio.** m. **Diablo.** ‖ **Mit.* Genio o ser sobrenatural. ‖ **¡Demonio!,** o **¡Demonios!** interj. fam. **¡Diablo!** ‖ **Estudiar** uno **con el demonio.** fr. fig. y fam. Dar muestras de gran *ingenio o de gran *travesura. ‖ **Llevarse** a uno **el demonio,** o **los demonios,** o **todos los demonios.** fr. fig. Encolerizarse o *irritarse demasiado. ‖ **Ser** uno **el demonio,** o **el mismísimo demonio.** fr. fig. y fam. Ser demasiado *perverso o *travieso. ‖ Ser excesivamente *hábil. ‖ **Tener** uno **el demonio,** o **los demonios, en el cuerpo.** fr. fig. y fam. Ser excesivamente inquieto.
demoniomanía. f. **Demonomanía.**
demonolatría. f. *Culto supersticioso que se rinde al *demonio.
demonología. f. Estudio sobre la naturaleza y cualidades de los *demonios.
demonomancia. f. Arte supersticiosa de *adivinar mediante la inspiración de los demonios.
demonomanía. f. Manía que padece el que se cree poseído del *demonio.
demontre. m. fam. **Demonio.** ‖ **¡Demontre!** interj. fam. **¡Demonio!**
demoñejo. m. d. de **Demonio.**
demoñuelo. m. d. de **Demonio.**
demora. f. Tardanza, *dilación. ‖ Temporada de ocho *meses que debían *trabajar los indios en las minas de América. ‖ **Mar.* *Dirección o rumbo en que se halla un objeto. con relación a la de otro conocido.
demorar. tr. **Retardar** (*diferir). ‖ intr. *Detenerse o *habitar en una parte. ‖ **Mar.* Corresponder un objeto a un rumbo determinado, respecto a otro lugar.
demosofía. f. **Folklore.**
demóstenes. m. fig. *Orador o persona muy elocuente.
demostino, na. adj. Propio y característico de Demóstenes como *orador.
demostrable. adj. Que se puede demostrar.
demostrablemente. adv. m. De un modo demostrable.
***demostración.** f. Acción y efecto de demostrar. ‖ *Manifestación, muestra. ‖ *Prueba de una cosa, partiendo de verdades evidentes. ‖ Comprobación experimental de un principio o de una teoría. ‖ **Log.* Fin y término del procedimiento deductivo.
demostrador, ra. adj. Que demuestra. Ú. t. c. s.
demostrar. tr. Manifestar, declarar, *explicar. ‖ *Probar con argumentos, citas, experimentos, etc. ‖ **Enseñar.** ‖ **Lóg.* Probar que una verdad particular está comprendida en otra universal, cierta y evidente.
demostrativamente. adv. m. Clara, ciertamente.
demostrativo, va. adj. Dícese de lo que demuestra. ‖ *Gram.* **Pronombre demostrativo.**
demótico, ca. adj. Aplícase a cierta *escritura cursiva empleada por los antiguos egipcios.
demudación. f. Acción y efecto de demudar o demudarse.
demudamiento. m. **Demudación.**
demudar. tr. Mudar, *cambiar. ‖ Alterar, desfigurar. ‖ r. Cambiarse repentinamente el color, el gesto o la expresión del *semblante. ‖ Alterarse.
demulcente. adj. **Farm.* **Emoliente.** Ú. t. c. s. m.
denantes. adv. t. **Antes.**
denario, ria. adj. Que se refiere al *número 10 o lo contiene. Ú. m. c. s. m. ‖ m. *Moneda romana de plata, equivalente a diez ases. ‖ *Moneda romana de oro, que valía cien sestercios.
dendriforme. adj. Que tiene forma arborescente.
dendrita. f. **Geol.* Concreción mineral de forma arborescente, que suele presentarse en las fisuras de las rocas. ‖ *Árbol *fósil.
dendrítico, ca. adj. De figura de dendrita.
dendrografía. f. Tratado de los *árboles.
dendrográfico, ca. adj. Perteneciente o relativo a la dendrografía.
dendrómetro. m. Instrumento para medir el *volumen de los árboles en pie.
denegación. f. Acción y efecto de *denegar. ‖ **de auxilio.** *Delito que consiste en desobedecer un requerimiento de la autoridad o en eludir un cargo público.
***denegar.** tr. No conceder lo que se pide.
denegatorio, ria. adj. Que sirve para denegar.
denegrecer. tr. **Ennegrecer.** Ú. t. c. r.
denegrido, da. adj. De color que tira a *negro.
denegrir. tr. **Denegrecer.** Ú. t. c. r.
dengoso, sa. adj. **Melindroso.**
dengue. m. *Melindre mujeril, afectación de delicadeza, desdén o desagrado. ‖ *Esclavina de paño, que usaban las mujeres. ‖ **Pat.* Enfermedad febril, epidémica y contagiosa, que se manifiesta por dolores de los miembros. ‖ En el juego del tresillo, reunión del as de bastos y del de espadas.
dengue. m. *Planta americana, herbácea, ramosa, de flores inodoras, que se marchitan al menor contacto. ‖ Flor de esta planta.
denguero, ra. adj. **Dengoso.**
denigración. f. Acción y efecto de denigrar.
denigrante. p. a. de **Denigrar.** Que denigra. Ú. t. c. s.
denigrar. tr. *Desacreditar, infamar. ‖ **Injuriar.**
denigrativamente. adv. m. De un modo denigrativo.
denigrativo, va. adj. Dícese de lo que denigra.
denodadamente. adv. Con denuedo.
denodado, da. adj. *Valiente, esforzado, *atrevido.
denominación. f. *Nombre o título con que se distinguen las personas y las cosas.
denominadamente. adv. m. Distintamente, señaladamente.
denominado. adj. *Arit.* V. **Número denominado.**
denominador, ra. adj. Que denomina. Ú. t. c. s. ‖ m. *Arit.* *Número que en los quebrados o fracciones expresa las partes iguales en que la unidad se considera *dividida.
denominar. tr. *Nombrar o distinguir con un título particular a personas o cosas.
denominativo, va. adj. Que implica o denota denominación.
denostada. f. Injuria, *ofensa, afrenta.
denostadamente. adv. m. Con denuesto.
denostador, ra. adj. Que injuria de palabra. Ú. t. c. s.
denostar. tr. *Ofender gravemente de palabra.
denostosamente. adv. m. **Denostadamente.**
denotación. f. Acción y efecto de denotar.
denotar. tr. *Indicar, *significar.
denotativo, va. adj. Dícese de lo que denota.
densamente. adv. m. Con densidad.
***densidad.** f. Calidad de denso. ‖ *Fís.* Relación entre la masa y el volumen de un cuerpo. ‖ **de población.** Número de *habitantes por unidad de superficie.
densificar. tr. Hacer densa una cosa. Ú. t. c. r.
densímetro. m. *Fís.* **Areómetro.**
***denso, sa.** adj. Compacto, apretado, poco poroso. ‖ Espeso, craso, pastoso, poco fluido. ‖ fig. Apiñado, apretado, unido, cerrado. ‖ fig. Obscuro, *confuso.
dentado, da. adj. Que tiene *dientes, o puntas parecidas a ellos. ‖ **Blas.* Se dice del escudo cuyas particiones o piezas tienen dientes de sierra, y también del animal que muestra sus dientes de esmalte distinto que el cuerpo.
dentadura. f. Conjunto de *dientes que tiene en la boca una persona o un animal.
dental. m. Palo donde se encaja la reja del *arado. ‖ Cada una de las piedras o hierros del *trillo, que sirven para cortar la paja.
dental. adj. Perteneciente o relativo a los dientes. ‖ **Fon.* Dícese de la articulación en que la lengua toca en los dientes superiores. ‖ Dícese de la letra que representa esta articulación. Ú. t. c. s. f.
dentar. tr. Formar *dientes a una cosa; como a la sierra, a una rueda, etc. ‖ intr. **Endentecer.**
dentario, ria. adj. **Dental** (perteneciente a los dientes).
dentecer. intr. Empezar los niños a echar los *dientes.
dentecillo. m. d. de **Diente.**
dentejón. m. *Yugo con que se uncen los bueyes a la carreta.
dentelete. m. **Ornam.* Cuadrado en que se tallan los dentículos.
dentellada. f. Acción de juntar violentamente los *dientes sin mascar cosa alguna. ‖ Herida que dejan los dientes en la parte donde *muerden.
dentellado, da. adj. Que tiene *dientes. ‖ Parecido a ellos. ‖ Herido a dentelladas. ‖ **Blas.* Se dice de la pieza que lleva en su contorno muchos dientes menudos; y se diferencia de la dentada en que los espacios entre cada diente son de figura circular.
dentellar. tr. Dar diente con diente, especialmente cuando se padece un gran *temblor o una convulsión.
dentellear. tr. *Morder, clavar los dientes.
dentellón. m. Pieza, a modo de un diente grande, que tienen algunas *cerraduras. ‖ *Arq.* **Dentículo.** ‖ *Arq.* Parte *saliente, de la adaraja.
dentera. f. Sensación desagradable que se experimenta en los *dientes y encías por efecto de un sabor *ácido o al oír ciertos ruidos des-

apacibles. || fig. y fam. **Envidia.** || fig. y fam. *Deseo vehemente.

dentezuelo. m. d. de **Diente.**

denticina. f. **Farm.* Medicamento que favorece la dentición de los niños.

dentición. f. Acción y efecto de endentecer. || Tiempo en que se echan los *dientes.

denticonejuno, na. adj. Dícese del *caballo de *dientes pequeños y muy juntos.

denticulado, da. adj. Dícese de las *hojas cuyo borde está provisto de dientes menudos. || **Ornam.* Que tiene dentículos.

denticular. adj. De figura de *diente.

dentículo. m. **Ornam.* Adorno de figura de paralelepípedo rectángulo que, formando fila con otros iguales, se coloca en la parte superior del friso jónico y en otros miembros arquitectónicos.

dentiforme. adj. De forma de *diente.

dentífrico, ca. adj. Dícese de las preparaciones que se usan para limpiar los *dientes. Ú. t. c. s. m.

dentirrostro, tra. adj. *Zool.* Dícese del *pájaro que tiene puntas y escotaduras, a modo de dientes, a los lados del pico. || pl. *Zool.* Familia de estos pájaros.

***dentista.** adj. Dícese de la persona que se dedica profesionalmente a curar las enfermedades de los *dientes y a reponer artificialmente sus faltas. Ú. m. c. s.

dentivano, na. adj. Dícese de la *caballería que tiene los dientes muy largos, anchos y ralos.

dentolabial. adj. Dícese de las consonantes que se *pronuncian aplicando los dientes de arriba sobre el labio inferior.

dentolingual. adj. Dícese de las consonantes en cuya *pronunciación intervienen la lengua y los dientes.

dentón, na. adj. fam. **Dentudo.** Ú. t. c. s. || m. *Pez marino acantopterigio, de carne blanca y comestible. || pl. *Germ.* Las tenazas.

dentrambos, bas. Contracc. de **de entrambos** y de **de entrambas.**

***dentro.** adv. l. y t. A o en la parte interior. || Durante un período de tiempo o al cabo de él. || **A dentro.** m. adv. **Adentro.** || **Dentro o fuera.** expr. fig. y fam. con que se excita a uno a tomar una *decisión. || **Por de dentro.** m. adv. **Por dentro.**

dentudo, da. adj. Que tiene *dientes muy grandes. Ú. t. c. s.

denudación. f. **Geol.* Acción y efecto de denudar o denudarse.

denudar. tr. *Geol.* Desnudar, despojar. Ú. t. c. r.

denuedo. m. *Valor, intrepidez, brío.

denuesto. m. *Ofensa grave, de palabra o por escrito.

denuncia. f. Acción y efecto de denunciar. || **For.* Noticia que se da a la autoridad competente de haberse cometido algún delito o falta. || *For.* Documento en que consta dicha noticia.

denunciable. adj. Que se puede denunciar.

denunciación. f. **Denuncia.**

denunciador, ra. adj. Que denuncia. Ú. t. c. s. || m. y f. *For.* **Denunciante.**

denunciante. p. a. de **Denunciar.** Que denuncia. || com. *For.* El que hace una denuncia.

denunciar. tr. *Informar, avisar. || **Pronosticar** (*predecir). || *Publicar solemnemente. || Declarar oficialmente el estado ilegal o indebido de una cosa. || V. **Denunciar una mina.** || fig. **Delatar.**

denunciatorio, ria. adj. Perteneciente a la denuncia.

denuncio. m. *Min.* Acción de denunciar una *mina.

deodara. adj. V. **Cedro deodara.**

Deo gracias. expr. de que suele usarse como *saludo al entrar en una casa. || m. fig. y fam. Semblante y ademán *humilde con que uno se presenta para ganar la estimación del que le puede favorecer.

deontología. f. Ciencia o tratado de los deberes.

Deo volente. expr. lat. fam. **Dios mediante.**

deparar. tr. Suministrar, *dar, conceder. || Poner delante, presentar, *mostrar.

departamental. adj. Perteneciente o relativo al departamento.

departamento. m. Cada una de las partes, espacios o *lugares en que se divide un *territorio cualquiera, un edificio, una caja, etc. || *Ministerio o ramo de la administración pública. || Distrito a que se extiende la jurisdicción o mando de un capitán general de la *armada.

departidor, ra. adj. Que departe. Ú. t. c. s.

departir. intr. Hablar uno con otro, *conversar.

depauperación. f. Acción y efecto de depauperar. || *Pat.* Enflaquecimiento y extenuación.

depauperar. tr. **Empobrecer.** || *Pat.* *Debilitar, extenuar. Ú. m. c. r.

***dependencia.** f. Subordinación, situación de inferioridad respecto del que tiene mayor poder o autoridad. || *Oficina dependiente de otra superior. || Relación de *parentesco o *amistad. || Negocio, encargo, *ocupación. ||Conjunto de dependientes. || pl. Cosas *accesorias de otra principal.

***depender.** intr. Estar subordinado a una persona o cosa. || Necesitar una persona del auxilio o *protección de otra.

***dependiente.** p. a. de **Depender.** Que depende. || m. El que *sirve a uno o es subalterno de una autoridad. || El encargado del despacho en una *tienda o almacén.

***depilación.** f. Acción y efecto de depilar o depilarse.

***depilar.** tr. Arrancar el pelo o producir su caída por medios adecuados. Ú. t. c. r.

***depilatorio, ria.** adj. Dícese de la preparación que se emplea para depilar. Ú. t. c. s. m.

depletivo, va. adj. **Farm.* Que sirve para disminuir la cantidad de líquidos en alguna región del cuerpo.

deplorable. adj. Lamentable, *desgraciado. || Que inspira *compasión.

deplorablemente. adv. m. Lastimosa, miserablemente.

deplorar. tr. Lamentar profundamente un suceso, sentir gran *aflicción.

deponente. p. a. de **Deponer.** Que depone. || adj. *Gram.* V. **Verbo deponente.** Ú. t. c. s.

***deponer.** tr. *Dejar, apartar de sí. || → Destituir a una persona de su empleo, o degradarla de los honores que tenía. || *Afirmar, *atestiguar. || *Bajar o *quitar una cosa del lugar en que está. || *Evacuar el vientre. || *For.* Declarar ante el juez.

depopulador, ra. adj. Que hace estragos en campos y poblados. Ú. t. c. s.

deportación. f. Acción y efecto de deportar.

deportante. com. **Deportista.**

deportar. tr. *Desterrar a uno a un punto determinado.

***deporte.** m. Recreación, juego, ejercicio físico o *diversión al aire libre.

deportismo. m. Afición a los deportes o práctica de ellos.

deportista. com. Persona aficionada a los deportes. Ú. t. c. adj.

***deportivo, va,** adj. Perteneciente o relativo al deporte.

deposición. f. Exposición que se hace de una cosa. || *Destitución o degradación de empleo o dignidad. || *Evacuación de vientre. || *For.* Declaración hecha verbalmente ante un juez o tribunal. || **eclesiástica.** **Der. Can.* Privación de oficio y beneficio para siempre, con retención del canon y fuero.

depositador, ra. adj. Que deposita. Ú. t. c. s.

depositante. p. a. de **Depositar.** Que deposita.

***depositar.** tr. Poner alguna cosa bajo la *custodia de persona abonada que responda de ella. || Confiar a uno una cosa amigablemente y sobre su palabra. || Poner a una persona en lugar donde libremente pueda manifestar su voluntad, como se hace con una mujer que desea contraer *matrimonio, contra el consejo de sus padres. || *Encerrar, contener. || Hablando de un cadáver, colocarlo interinamente en lugar apropiado, hasta el momento de *enterrarlo. || *Colocar algo en sitio determinado y por tiempo indefinido. || **Sedimentar.** || r. Separarse de un líquido una materia que esté en suspensión, *posarse.

depositaría. f. Sitio o local donde se hacen los depósitos. || Tesorería de una oficina o dependencia pública. || Empleo de depositario. || **general.** Oficio público que había en algunas ciudades para custodiar determinados caudales.

depositario, ria. adj. Perteneciente al depósito. || fig. Que contiene o incluye una cosa. || m. y f. Persona en quien se deposita una cosa. || m. El que tiene a su cargo los caudales de una depositaría. || El que anualmente se nombra donde hay pósito, para que *custodie los *granos y caudales de él.

***depósito.** m. Acción y efecto de depositar. || Cosa depositada. || Lugar donde se deposita. || **Mil.* Oficina de reclutamiento, donde quedan concentrados los reclutas que no pueden ir inmediatamente al servicio activo. || Aparato neumático para almacenar el aire en los *órganos y armonios. || *Estanque, alberca. || *Recipiente en que se almacena agua u otro fluido.

depravación. f. Acción y efecto de depravar o depravarse.

depravadamente. adv. m. Malvadamente, con *perversidad.

depravado, da. adj. *Vicioso, desenfrenado en las costumbres. Ú. t. c. s.

depravador, ra. adj. Que deprava. Ú. t. c. s.

depravar. tr. *Pervertir, *corromper. Ú. t. c. r.

deprecación. f. Ruego, súplica, *petición. || **Ret.* Figura que consiste en dirigir una súplica ferviente.

deprecante. p. a. de **Deprecar.** Que depreca. Ú. t. c. s.

deprecar. tr. *Rogar, pedir, suplicar fervorosamente.

deprecativo, va. adj. Perteneciente a la deprecación. || *Gram.* V. **Modo deprecativo.** Ú. t. c. s.

deprecatorio, ria. adj. **Deprecativo.**

***depreciación.** f. Disminución del valor o precio de una cosa.
***depreciar.** tr. Disminuir el valor o precio de una cosa.
depredación. f. Pillaje, *robo con violencia. ‖ Exacción injusta.
depredador. m. El que depreda.
depredar. tr. *Robar, saquear con violencia.
depresiómetro. m. **Topog.* Aparato para medir la distancia cenital del horizonte aparente.
***depresión.** f. Acción y efecto de deprimir o deprimirse. ‖ Concavidad en un terreno u otra superficie. ‖ Decaimiento, *desaliento. ‖ Estado de bajas presiones en la *atmósfera. ‖ **Pat.* Síndrome caracterizado por una *tristeza profunda y al parecer inmotivada. ‖ **de horizonte.** *Mar.* Ángulo que forman en el ojo del observador las líneas horizontal y tangente a la superficie del mar.
depresivo, va. adj. Dícese de lo que deprime.
depresor, ra. adj. Que deprime o *humilla. Ú. t. c. s.
deprimente. p. a. de **Deprimir.** Que deprime. ‖ adj. **Depresivo.**
***deprimir.** tr. Producir una concavidad en la superficie de un cuerpo por medio de la presión. ‖ Hundir alguna parte de un cuerpo. ‖ Causar desánimo o *desaliento. ‖ fig. Humillar, *desacreditar. Ú. t. c. r. ‖ r. Disminuir el volumen de un cuerpo o cambiar de forma, aplastándose. ‖ Aparecer *baja una superficie o una línea con referencia a las inmediatas. ‖ Padecer depresión del ánimo.
de profundis. m. *Salmo penitencial que empieza con dichas palabras latinas. ‖ Acto de cantarlo o rezarlo.
depuesto, ta. p. p. irreg. de **Deponer.**
depuración. f. Acción y efecto de depurar o depurarse.
depurar. tr. Limpiar, *purificar. Ú. t. c. r. ‖ Someter a expediente a un *funcionario para determinar su conducta *política.
depurativo, va. adj. **Farm.* Dícese del medicamento que purifica la sangre. Ú. t. c. s. m.
deputar. tr. **Diputar.**
deque. adv. t. fam. *Después que, luego que.
derecera. f. **Derechera.**
***derecha.** f. **Mano derecha.** ‖ Hablando de colectividades *políticas, la parte más moderada.
derechamente. adv. m. **En derechura.** ‖ fig. Con *prudencia, discreción y *justicia. ‖ fig. De manera *manifiesta, a las claras.
derechera. f. Vía o senda *directa.
derechero, ra. adj. *Justo, recto. ‖ m. El que *cobra los derechos en los tribunales y otras oficinas públicas.
***derecho, cha.** p. p. irreg. ant. de **Dirigir.** ‖ adj. *Recto, igual, que se continúa en la misma dirección, sin torcerse a un lado ni a otro. ‖ V. **Mano derecha.** ‖ Que cae o mira hacia la mano ***derecha,** o está al lado de ella. ‖ *Justo, razonable. ‖ adv. m. **Derechamente.** ‖ →m. Facultad de las personas para hacer u obtener alguna cosa, con arreglo a las normas morales, a las leyes positivas, o a las instituciones sociales. ‖ Acción que se tiene sobre una persona o cosa. ‖ Justicia, razón. ‖ Conjunto de preceptos y reglas a que está sometida toda sociedad civil, y cuya observancia puede ser exigida por la fuerza. ‖ *Exención, franquicia. ‖ Facultad que abraza el estudio del **derecho** en sus diferentes órdenes. ‖ Sendero, camino. ‖ Cara *anterior de una tela, papel, tabla, etc., que es la que ha de verse. ‖ pl. *Remuneración, *precio o *impuesto que se paga con arreglo a arancel. ‖ Cantidades que se cobran como *remuneración de servicios en ciertas profesiones. ‖ **Derecho administrativo.** Conjunto de normas doctrinales y de disposiciones positivas concernientes a los órganos e institutos de la administración pública. ‖ **canónico*.** Conjunto de normas doctrinales y de disposiciones estatuidas por las autoridades de la Iglesia. ‖ **cesáreo. Derecho civil.** ‖ **civil.** El que regula las relaciones privadas de los ciudadanos entre sí. ‖ Por antonom., **derecho romano.** ‖ **común. Derecho civil.** ‖ **consuetudinario.** El que tiene su fundamento en la costumbre. ‖ **criminal. Derecho penal.** ‖ **de acrecer.** El que tienen los coherederos o colegatarios a la porción o parte de la *herencia que otro u otros renuncian o no pueden adquirir. ‖ **de autor.** El que la ley reconoce al autor de una *obra para participar en los beneficios que produzca la publicación, ejecución o reproducción de la misma. ‖ pl. *Ganancia que se obtiene por este concepto. ‖ **de balanza.** Impuesto a que estaban sujetos los géneros que entraban y salían por las *aduanas. ‖ **de bandera.** *Impuesto que pagan las mercaderías por ser transportadas en los buques. ‖ **de braceaje.** Exceso del valor nominal de la *moneda sobre el intrínseco. ‖ **de entrada.** El que se paga por ciertos géneros cuando se introducen en un pueblo o *aduana. Ú. m. en pl. ‖ **de estola. Pie de altar.** ‖ **de fábrica.** Erario de una parroquia, catedral, etcétera. ‖ **de gentes. Derecho** natural que los romanos admitían entre todos los hombres. ‖ **Derecho internacional.** ‖ **de internación.** El que se pagaba por introducir tierra adentro las mercancías. Ú. m. en pl. ‖ **de pataleo.** fig. y fam. Desahogos o *quejas inútiles del que ha visto *malogrado su intento. ‖ **de pernada.** Ceremonia *feudal, que consistía en poner el señor una pierna sobre el lecho de los vasallos el día en que se casaban. ‖ **de regalía.** El que paga el *tabaco elaborado al ser introducido en España. ‖ **divino.** El que procede directamente de Dios. ‖ **eclesiástico*. Derecho canónico.** ‖ **escrito.** Ley escrita y promulgada. ‖ **internacional*.** El que siguen los pueblos civilizados en sus relaciones recíprocas. ‖ **marítimo*.** El que regula todo lo referente a la navegación. ‖ **mercantil*.** El que regula lo relativo al comercio terrestre y marítimo. ‖ **municipal.** El que regula el régimen de los municipios. ‖ **natural.** Normas de la conciencia acerca del bien y del mal. ‖ **no escrito. Derecho consuetudinario.** ‖ **parroquial.** Jurisdicción que corresponde al párroco en las cosas espirituales de sus feligreses. ‖ **penal*.** El que trata de la represión o castigo de los crímenes o delitos. ‖ **personal.** El que relaciona entre sí los sujetos y no está atribuido a las personas sobre las cosas. ‖ **político.** El que regula el funcionamiento de los poderes del estado. ‖ **pontificio. Derecho canónico.** ‖ **positivo.** El establecido por leyes. ‖ **pretorio.** El establecido por los pretores romanos, atendiendo más a la equidad que al rigor de la letra. ‖ **procesal.** El relativo a los procedimientos civiles y criminales. ‖ **público.** El que tiene por objeto regular el orden general del estado. ‖ **real.** *For.* El que tienen las personas sobre las cosas. ‖ **Derechos parroquiales.** Retribuciones sujetas a arancel que corresponden a cada iglesia parroquial. ‖ **reales.** *Impuesto que grava las transmisiones de bienes y otros actos civiles. ‖ **A derechas.** m. adv. con que se explica que una cosa se hace bien o como se debe. ‖ **A las derechas.** m. adv. Rectamente. ‖ **Al derecho.** m. adv. **A derechas.** ‖ **De derecho.** m. adv. Con arreglo a **derecho.** ‖ **Estar** uno **a derecho.** fr. *For.* Comparecer por sí o por su procurador en juicio. ‖ **Perder** uno **de su derecho.** fr. Ceder, transigir.
derechohabiente. m. *For.* Persona que deriva su derecho de otra.
derechuelo. m. Labor elemental de *costura que se enseñaba a las niñas.
***derechura.** f. Calidad de derecho o recto. ‖ **En derechura.** m. adv. Por el camino recto. ‖ Sin detenerse, de manera *continua.
derelicción. f. **Derrelicción.**
deriva. f. **Mar.* Abatimiento del rumbo.
derivación. f. Resultado, *consecuencia, deducción. ‖ Acción de sacar o separar una parte del todo, o de su origen y principio. ‖ **Electr.* Pérdida de fluido que se produce en una línea eléctrica. ‖ **Gram.* Procedimiento para formar vocablos mediante la modificación de otros ya existentes. ‖ **Ret.* Figura que consiste en emplear en una cláusula dos o más voces de un mismo radical.
derivado, da. adj. **Gram.* Aplícase al vocablo formado por derivación. Ú. t. c. s. m. ‖ f. **Mat.* Límite de la razón del incremento de una función al de la variable, cuando éste tiende a cero.
derivar. intr. Proceder, traer su *origen de alguna cosa. Ú. t. c. r. ‖ **Mar.* **Abatir.** ‖ tr. Conducir, llevar una cosa. ‖ **Gram.* Traer o formar una palabra de cierta raíz. ‖ **Mat.* Hallar la derivada de una función.
derivativo, va. adj. **Gram.* Que implica o denota derivación. ‖ **Farm.* Dícese del medicamento que tiene la virtud de llamar a un punto los humores acumulados en otro. Ú. t. c. s. m.
derivo. m. *Origen, procedencia.
dermalgia. f. Dolor nervioso de la *piel.
dermatitis. f. *Med.* Inflamación de la *piel.
dermatoesqueleto. m. **Zool.* Caparazón exterior y duro de muchos animales.
***dermatología.** f. Tratado de las enfermedades de la *piel.
dermatológico, ca. adj. Perteneciente o relativo a la dermatología.
dermatólogo. m. Médico especialista en las enfermedades de la *piel.
dermatosis. f. Enfermedad eruptiva de la *piel.
dérmico, ca. adj. *Anat.* Perteneciente o relativo a la dermis.
dermis. f. *Anat.* Capa inferior y más gruesa de la *piel.
dermitis. f. *Pat.* **Dermatitis.**
dermolisia. f. *Pat.* Relajación de la *piel.
derogación. f. Abolición, acción de *anular. ‖Decadencia, *deterioro.
derogar. tr. *Anular una cosa establecida como ley o costumbre. ‖ *Destruir, suprimir.
derogatorio, ria. adj. *For.* Que deroga.
derrabadura. f. Herida que se hace

al animal al cortarle o arrancarle la *cola.
derrabar. tr. *Cortar o arrancar la *cola a un animal.
derrama. f. Repartimiento de un *impuesto o de un gasto eventual. ‖ Contribución extraordinaria.
derramadamente. adv. m. fig. Con *liberalidad. ‖ fig. Con *desorden, estragadamente.
derramadero. m. **Vertedero.**
derramado, da. adj. fig. *Pródigo. derrochador.
derramador, ra. adj. Que derrama. Ú. t. c. s.
***derramamiento.** m. Acción y efecto de derramar o derramarse. ‖ *Dispersión, esparcimiento.
derramaplaceres. m. **Derramasolaces.**
***derramar.** tr. Verter, esparcir cosas líquidas o menudas. Ú. t. c. r. ‖ Repartir un *impuesto. ‖ fig. *Publicar, divulgar una noticia. ‖ **Derramar** uno **doctrina.** fr. fig. *Enseñarla. ‖ r. *Dispersarse, desmandarse con desorden y confusión. ‖ *Desaguar, desembocar un *arroyo o corriente de agua.
derramasolaces. com. **Aguafiestas.**
derrame. m. ***Derramamiento.** ‖ Porción de líquido o de áridos que se desperdicia al tiempo de medirlos. ‖ Líquido que se pierde por defecto o rotura de los vasos que lo contienen. ‖ *Sesgo o corte oblicuo que se forma en los *vanos para las *puertas y ventanas. ‖ *Declive de la tierra. ‖ Subdivisión de una *cañada en salidas más angostas. ‖ *Fort.* Plano inferior de las cañoneras. ‖ *Mar.* Corriente de aire que se escapa por las relingas de una *vela hinchada por el viento. ‖ *Med.* Acumulación anormal o salida de *sangre u otro líquido del cuerpo.
derramo. m. **Derrame** (de un vano).
derraspado. adj. **Desraspado.**
derredor. m. *Contorno de una cosa. ‖ **Al,** o **en, derredor.** m. adv. En contorno.
derrelicción. f. ***Abandono.**
derrelicto, ta. p. p. irreg. de **Derrelinquir.** ‖ m. *Mar.* Buque u objeto *abandonado en el mar.
derrelinquir. tr. *Abandonar, desamparar.
derrenegar. intr. fam. *Aborrecer, odiar.
derrengada. f. Cierta mudanza de los antiguos *bailes.
derrengadura. f. *Lesión que queda en el cuerpo derrengado.
derrengar. tr. Descaderar, *lisar, lastimar el espinazo o los lomos de una persona o de un animal de manera que no pueda andar normalmente. Ú. t. c. r. ‖ Torcer, *inclinar a un lado. Ú. t. c. r. ‖ *Cosechar la fruta del árbol, tirando un palo.
derrengo. m. Palo con que se *cosecha la fruta, tirándolo a los árboles que la tienen.
derreniego. m. fam. **Reniego.**
derretido, da. adj. fig. Amartelado, *enamorado. ‖ m. **Hormigón** (*argamasa).
derretimiento. m. Acción y efecto de *derretir o derretirse. ‖ fig. *Amor intenso.
***derretir.** tr. Liquidar por medio del calor una cosa sólida. Ú. t. c. r. ‖ fig. Gastar, *derrochar la hacienda. ‖ fam. Trocar la *moneda. ‖ r. fig. Consumirse de *amor divino o profano. ‖ fig. y fam. Enamorarse con prontitud y facilidad. ‖ fig. y fam. Deshacerse, estar *inquieto o lleno de *impaciencia.
derribado, da. adj. Dícese de las ancas de una *caballería cuando son más bajas de lo regular.
derribador. m. El que derriba reses *vacunas.
***derribar.** tr. *Destruir, demoler, echar a tierra cualquier construcción o edificio. ‖ Hacer *caer al suelo. ‖ Trastornar, echar a rodar lo que está en alto. ‖ Tratándose de *toros o vacas, hacerlos caer en tierra un jinete, empujándolos con la garrocha. ‖ **Postrar** (*debilitar). ‖ fig. *Malquistar a una persona. ‖ fig. *Dominar, humillar los afectos desordenados del ánimo. ‖ **Equit.* Hacer que el caballo ponga los pies lo más cerca posible de las manos, para que baje las ancas. ‖ r. Tirarse a tierra, dejarse *caer.
derribo. m. Acción y efecto de derribar. ‖ Conjunto de materiales o escombros que se sacan del **derribo** de un edificio. ‖ Paraje donde se derriba.
derrocadero. m. *Precipicio peñascoso.
derrocamiento. m. Acción y efecto de derrocar.
derrocar. tr. *Despeñar, precipitar desde una roca. ‖ fig. *Destruir, arruinar un edificio. ‖ fig. Derribar, *destituir a uno del cargo o dignidad que tiene. ‖ fig. Enervar una cosa espiritual o intelectual.
derrochador, ra. adj. Que derrocha. Ú. t. c. s.
***derrochar.** tr. Malgastar, arruinar, destrozar los bienes.
***derroche.** m. Acción y efecto de derrochar.
derrostrarse. r. fig. Deshacerse la *cara por golpe, *caída, etc.
***derrota.** f. *Camino, vereda. ‖ **Mar.* Rumbo que llevan las embarcaciones. ‖→*Mil.* Vencimiento completo de tropas enemigas. ‖ **Seguir la derrota.** fr. *Mil.* **Seguir el alcance.**
***derrotado, da.** adj. Que ha sufrido una derrota. ‖ **Andrajoso.**
***derrotar.** tr. Disipar, ***derrochar.** ‖ *Romper, destrozar. ‖ *Destruir, dañar a uno en la salud o en los bienes. ‖ *Mil.* →*Vencer y hacer huir al ejército contrario. ‖ r. **Mar.* Apartarse la embarcación del rumbo que lleva.
derrote. m. **Taurom.* Cornada que da el toro de abajo arriba.
derrotero. m. **Mar.* Línea señalada en la carta de marear, para gobierno del piloto. ‖ *Mar.* Instrucción que se da por escrito para un viaje de mar. ‖ *Mar.* Libro que contiene estos caminos o derrotas. ‖ *Mar.* **Derrota** (rumbo). ‖ fig. *Método o *medio que uno toma para llegar al fin que se ha propuesto.
derrotismo. m. Tendencia a propalar el *desaliento en el propio país con noticias pesimistas.
derrotista. adj. Que practica el derrotismo. Ú. t. c. s.
derrubiar. tr. Robar lentamente el *río o arroyo la tierra de las riberas o tapias. Ú. t. c. r.
derrubio. m. Acción y efecto de derrubiar. ‖ *Tierra que se cae o desmorona por esta causa.
derruir. tr. *Derribar, destruir un edificio.
derrumbadero. m. Despeñadero. *precipicio. ‖ fig. **Despeñadero** (riesgo, *peligro).
derrumbamiento. m. Acción y efecto de derrumbar o derrumbarse.
derrumbar. tr. Precipitar, *despeñar. Ú. t. c. r.
derrumbe. m. **Derrumbadero** (precipicio).
derviche. m. Especie de *monje entre los mahometanos.
des. *prep. insep. que denota generalmente *negación, oposición, privación, exceso, etc.
desabarrancar. tr. *Sacar de un barranco. ‖ fig. *Librar a uno de la dificultad o conflicto en que está metido.
desabastecer. tr. Desproveer, hacer *carecer a una persona o a un pueblo de los bastimentos necesarios.
desabejar. tr. Quitar o sacar las *abejas de la colmena.
desabitar. tr. *Mar.* Deshacer la bitadura.
desabocar. intr. **Mar.* Salir el buque de una rada hacia el mar.
desabollar. tr. Quitar a una vasija u otra cosa las abolladuras que tiene.
desabonarse. r. Retirar uno su abono de un teatro, fonda, etc.
desabono. m. Acción y efecto de desabonarse. ‖ *Descrédito.
desabor. m. *Insipidez.
desabordarse. r. **Mar.* Separarse una embarcación después de haber abordado con otra.
desaborido, da. adj. *Insípido. ‖ Sin substancia. ‖ fig. y fam. Aplícase a la persona indiferente o *sosa. Ú. t. c. s.
desabotonar. tr. *Abrir o aflojar una prenda sacando los botones de los *ojales. Ú. t. c. r. ‖ intr. fig. Abrirse las *flores.
desabridamente. adv. m. Con *desabrimiento.
***desabrido, da.** adj. Dícese de la fruta u otro manjar *insípido o de mal *gusto. ‖ Dícese de la *ballesta y *armas de fuego* que dan coz o golpe al disparar. ‖ Tratándose del tiempo *atmosférico, destemplado, desigual. ‖ → fig. Áspero y desapacible en el trato.
desabrigadamente. adv. m. Sin abrigo.
desabrigado, da. adj. fig. Desamparado, *indefenso.
desabrigar. tr. Desarropar, quitar el abrigo. Ú. t. c. r.
desabrigo. m. Acción y efecto de desabrigar o desabrigarse. ‖ fig. Desamparo, *abandono.
***desabrimiento.** m. *Insipidez. ‖ En la *ballesta y *armas de fuego*, como la escopeta, etc., dureza al disparar. ‖ → fig. Dureza de genio, aspereza en el trato. ‖ fig. *Disgusto, desazón interior.
desabrir. tr. Dar mal *gusto a la comida. ‖ fig. *Disgustar. Ú. t. c. r.
desabrochar. tr. *Abrir, soltar o *desatar una prenda de vestir u otra cosa, desasiendo los broches, corchetes. botones, etc. Ú. t. c. r. ‖ fig. Abrir, descoger. ‖ r. fig. y fam. *Revelar en confianza alguna cosa.
desacalorarse. r. Aliviarse uno del *calor que padece.
desacantonar. tr. *Mil.* Sacar las tropas de los cantones.
desacatadamente. adv. m. Con desacato.
desacatador, ra. adj. Que desacata o se desacata. Ú. t. c. s.
desacatamiento. m. **Desacato.**
***desacatar.** tr. Faltar a la reverencia o respeto que se debe a uno. Ú. t. c. r.
***desacato.** m. *Irreverencia para con las cosas sagradas. ‖ Falta del debido respeto a los superiores. ‖ **Der. Pen.* Ofensa, calumnia o amenaza a una autoridad.
desaceitado, da. adj. Dícese de lo que está sin aceite debiendo tenerlo.
desaceitar. tr. Quitar el aceite a los *tejidos y otras obras de lana.
desacerar. tr. Gastar la parte de

acero, que tiene una herramienta, *embotarla. Ú. t. c. r.
desacerbar. tr. *Endulzar, quitar lo áspero y agrio de una cosa.
desacertadamente. adv. m. Con *desacierto.
desacertado, da. adj. Que yerra u obra sin acierto.
desacertar. intr. No tener acierto, *desatinar.
***desacierto.** m. Acción y efecto de desacertar. ‖ Dicho o hecho desacertado.
desacobardar. tr. Alentar, infundir *valor.
desacollar. tr. Cavar las *cepas alrededor, dejándoles un alcorque.
desacomodadamente. adv. m. Sin comodidad.
desacomodado, da. adj. Aplícase a la persona que *carece de lo necesario para la vida. ‖ *Pobre, menesteroso. ‖ Dícese del *criado que está sin acomodo. ‖ *Molesto, que causa incomodidad.
desacomodamiento. m. Incomodidad, *molestia.
desacomodar. tr. Privar de la comodidad. ‖ *Destituir, privar a uno de su empleo u ocupación. Ú. t. c. r.
desacomodo. m. Acción y efecto de desacomodar o desacomodarse.
desacompañamiento. m. Acción y efecto de desacompañar.
desacompañar. tr. Dejar a uno *solo, *apartándose de su compañía.
desaconsejadamente. adv. m. Sin consejo o cordura.
desaconsejado, da. adj. *Imprudente, caprichoso. Ú. t. c. s.
desaconsejar. tr. *Disuadir a uno de su propósito.
***desacoplamiento.** m. Acción y efecto de desacoplar.
***desacoplar.** tr. *Separar, desencajar lo que está acoplado.
desacordadamente. adv. m. Sin acuerdo.
desacordado, da. adj. *Pint.* Desentonado.
desacordante. p. a. de **Desacordar.** Que desacuerda.
desacordar. tr. *Desafinar un instrumento músico. Ú. t. c. r. ‖ r. *Olvidarse, perder la memoria de las cosas.
desacorde. adj. *Desconforme, que no iguala, conforma o concuerda con otra cosa. ‖ Hablando de instrumentos músicos, desafinado.
desacorralar. tr. Sacar el *ganado de los corrales. ‖ *Taurom.* Sacar al toro al centro de la plaza, haciéndole dejar el sitio donde se resguarda.
desacostumbradamente. adv. m. De manera *desusada.
desacostumbrado, da. adj. *Desusado, fuera de lo común.
desacostumbrar. tr. *Deshabituar, hacer perder a uno alguna costumbre que tiene. Ú. t. c. r.
desacotar. tr. Levantar, quitar el coto.
desacotar. intr. *Apartarse del concierto o cosa que se está tratando, manifestarse en *desacuerdo. ‖ Entre muchachos, suspender las leyes que ponen en sus *juegos. ‖ tr. *Rechazar, no admitir una cosa.
desacoto. m. Acción y efecto de desacotar (levantar el coto).
desacreditado, da. adj. Que no goza de buena opinión.
***desacreditar.** tr. Disminuir o quitar el crédito de una persona, o la estimación de una cosa. Ú. t. c. r.
desacuartelar. tr. *Mil.* Sacar la tropa de los *cuarteles.
***desacuerdo.** m. Discordia o desconformidad en los pareceres, propósitos o acciones. ‖ *Error, desacierto. ‖ *Olvido de una cosa. ‖ Enajenamiento, *desmayo o pérdida del sentido.
desachispar. tr. fam. Quitar la *borrachera. Ú. t. c. r.
desaderezar. tr. **Desaliñar.** Ú. t. c. r.
desadeudar. tr. *Librar a uno de sus deudas. Ú. t. c. r.
desadorar. tr. Dejar de adorar, negar la adoración.
desadormecer. tr. *Despertar a uno. Ú. t. c. r. ‖ fig. Quitar el *entumecimiento de un miembro dormido o entorpecido. Ú. t. c. r.
desadornar. tr. Quitar el *adorno o compostura.
desadorno. m. Falta de *adorno o compostura; *desaliño.
desadujar. tr. *Mar.* Deshacer las adujas de una *vela.
desadvertidamente. adv. m. **Inadvertidamente.**
desadvertido, da. adj. **Inadvertido.**
desadvertimiento. m. **Inadvertencia.**
desadvertir. tr. No reparar, no advertir una cosa.
desafear. tr. Quitar o disminuir la *fealdad.
desafección. f. **Desafecto** (malquerencia).
desafecto, ta. adj. Que muestra *desapego o *indiferencia. ‖ *Opuesto, contrario. ‖ m. **Malquerencia.**
desaferrar. tr. *Soltar lo que está aferrado. Ú. t. c. r. ‖ fig. *Disuadir a uno del dictamen o capricho que tenazmente defiende. Ú. t. c. r. ‖ *Mar.* Levantar las áncoras para navegar.
desafiadero. m. Sitio a propósito para *desafíos.
desafiador, ra. adj. Que desafía. Ú. t. c. s.
desafianzar. tr. Retirar la *fianza constituida a favor de alguno.
***desafiar.** tr. Retar, provocar a singular combate, batalla, contienda o discusión. ‖ *Competir con uno en cosas que requieren fuerza, agilidad o destreza. ‖ fig. *Oponerse una cosa a otra. ‖ Arrostrar, ofrecer *resistencia.
desafición. f. Falta de afición, *desapego, *indiferencia.
desaficionar. tr. Hacer perder el amor o afición a una cosa. Ú. t. c. r.
desafilar. tr. *Embotar el filo.
***desafinación.** f. Acción y efecto de desafinar o desafinarse.
***desafinar.** tr. *Mús.* Destemplar un instrumento. ‖ intr. Desentonar, apartarse la voz o el instrumento de la perfecta *afinación. Ú. t. c. r. ‖ fig. y fam. Decir en una conversación cosa *indiscreta, *impertinente o *inoportuna.
***desafío.** m. Acción y efecto de desafiar. ‖ *Rivalidad, competencia.
desaforadamente. adv. m. Desordenadamente, con *exceso. ‖ Con *atrevimiento y osadía. ‖ Con *descomedimiento.
desaforado, da. adj. Que obra sin ley ni fuero, o los *infringe. ‖ Que es contra fuero o *privilegio. ‖ fig. *Grande con exceso.
desaforar. tr. *Infringir los fueros y *privilegios. ‖ *For.* Privar a uno del fuero o exención que goza. ‖ r. Descomponerse, *descomedirse.
desaforo. m. *For.* Acción y efecto de desaforar o desaforarse.
desaforrar. tr. Quitar el *forro.
desafortunado, da. adj. Sin fortuna. ‖ *Desgraciado, adverso.
desafuciar. tr. **Desahuciar.**
desafuero. m. Acto violento *ilegal. ‖ Por ext., acción contraria a las buenas costumbres. ‖ *For.* Hecho que priva de fuero al que lo tenía.
desagarrar. tr. fam. *Soltar, dejar libre lo que está agarrado.
desagitadera. f. Instrumento para separar los panales de las *colmenas.
desagitar. tr. Desprender los panales de la *colmena.
desagraciado, da. adj. Sin gracia, *soso.
desagraciar. tr. Quitar la gracia, *afear.
***desagradable.** adj. Que desagrada o disgusta.
desagradablemente. adv. m. Con *desagrado.
***desagradar.** intr. Disgustar, causar desagrado. Ú. t. c. r.
***desagradecer.** tr. Mostrar *ingratitud. ‖ Desconocer el beneficio que se recibe.
desagradecido, da. adj. Que desagradece. Ú. t. c. s.
desagradecimiento. m. Acción y efecto de desagradecer.
***desagrado.** m. Disgusto, descontento. ‖ Expresión del disgusto que nos causa una persona o cosa.
desagraviar. tr. *Reparar el agravio hecho. Ú. t. c. r. ‖ *Compensar de algún modo el perjuicio causado. Ú. t. c. r.
desagravio. m. Acción y efecto de desagraviar o desagraviarse.
desagregación. f. Acción y efecto de desagregar o desagregarse.
desagregar. tr. *Separar una cosa de otra. Ú. m. c. r.
desaguadero. m. *Conducto para *desagüe. ‖ fig. Motivo continuo de *gastar.
desaguador. m. **Desaguadero** (conducto de *desagüe).
***desaguar.** tr. Extraer o hacer salir el agua de un lugar. ‖ Disipar, *derrochar. ‖ intr. Entrar los *ríos en el mar. ‖ r. fig. Exonerarse por *vómito o *evacuación del vientre, o por ambas vías.
desaguazar. tr. Quitar el agua de alguna parte.
***desagüe.** m. Acción y efecto de desaguar o desaguarse. ‖ **Desaguadero.**
desaguisado, da. adj. Hecho contra la ley o la razón. ‖ m. Agravio, *ofensa, *descomedimiento.
desaherrojar. tr. *Librar de los hierros al que está aherrojado. Ú. t. c. r.
desahijar. tr. Apartar en el *ganado las crías de las madres. ‖ r. Enjambrar, jabardear mucho las *abejas.
desahitarse. r. Quitarse el embarazo del *estómago.
desahogadamente. adv. m. Con desahogo. ‖ Con *descaro o *desenvoltura.
desahogado, da. adj. *Descarado, descocado. ‖ Aplícase al sitio *desembarazado. ‖ Dícese del que vive con desahogo y *bienestar.
desahogar. tr. Consolar o *aliviar a uno en sus trabajos, aflicciones o necesidades. ‖ Dar rienda suelta a una pasión. Ú. t. c. r. ‖ r. Repararse, recobrarse del calor y fatiga, *descansar. ‖ Desempeñarse, salir del ahogo de las *deudas contraídas. ‖ *Decir una persona a otra el sentimiento o *queja que tiene de ella. ‖ Hacer uno *confianza de otro.
desahogo. m. *Alivio de la pena, trabajo o aflicción. ‖ Distracción, *diversión, esparcimiento. ‖ Espaciosidad, *anchura. ‖ Desembarazo, *desenvoltura. ‖ **Vivir** uno **con desahogo.** fr. fig. y fam. Tener bastantes recursos para pasarlo con comodidad y *bienestar.

desahuciadamente. adv. m. Sin esperanza.
desahuciar. tr. Quitar toda esperanza; *desesperanzar. Ú. t. c. r. ‖ Desesperar los *médicos de la curación de un enfermo. ‖ Despedir o *expulsar al inquilino o *arrendatario el dueño de la finca.
desahucio. m. Acción y efecto de desahuciar a un *arrendatario o inquilino.
desahumado, da. adj. fig. Aplícase al *vino u otro licor que ha perdido fuerza por haberse evaporado parte de sus componentes.
desahumar. tr. Apartar, quitar el *humo de una cosa o lugar.
desainadura. f. *Veter. Enfermedad que padecen las caballerías, y consiste en derretírseles el saín dentro del cuerpo.
desainar. tr. Quitar el saín o la *grasa a un animal o a una cosa. Ú. t. c. r. ‖ *Cetr. Debilitar al azor, cercenándole la comida y purgándole.
desairadamente. adv. m. Sin aire ni garbo.
***desairado, da.** adj. *Desgarbado. ‖ fig. Dícese del que ve *malograda su pretensión.
***desairar.** tr. Mostrar *menosprecio o *descortesía a una persona. ‖ Desestimar una cosa.
***desaire.** m. *Desgaire, falta de garbo o de gentileza. ‖ → Acción y efecto de desairar.
desaislarse. r. Dejar de estar aislado; salir del aislamiento.
desajustar. tr. *Desacoplar, *desarreglar, desconcertar una cosa de otra. ‖ r. Desconvenirse, apartarse del ajuste hecho.
desajuste. m. Acción y efecto de desajustar o desajustarse.
desalabanza. f. Acción y efecto de desalabar. ‖ *Reprobación, censura, menosprecio.
desalabar. tr. Vituperar, *censurar, poner faltas o tachas.
desalabear. tr. *Carp. Quitar el alabeo a una pieza de madera, ponerla *plana. ‖ *Carp.* Labrar una cara de modo que quede perfectamente plana.
desalabeo. m. Acción de desalabear.
desaladamente. adv. m. fig. Con suma *prontitud. ‖ fig. Con vehemente *anhelo.
desalado, da. adj. Ansioso, acelerado, *precipitado.
desalar. tr. Quitar la *sal a una cosa.
desalar. tr. Quitar las *alas. ‖ r. fig. *Andar o *correr con suma aceleración. ‖ fig. Sentir vehemente *anhelo por alguna cosa.
desalbardar. tr. **Desenalbardar.**
desalentadamente. adv. m. Con desaliento.
***desalentado, da.** adj. Que se siente con *desaliento.
desalentar. tr. Hacer dificultosa la respiración por la fatiga o *cansancio. ‖ fig. Quitar el ánimo, *desanimar, acobardar. Ú. t. c. r.
desalfombrar. tr. Quitar o levantar las *alfombras.
desalforjar. tr. *Sacar de las alforjas alguna cosa. ‖ r. fig. y fam. Desabrocharse la ropa.
desalhajar. tr. *Quitar de una habitación las alhajas o *muebles.
***desaliento.** m. Descaecimiento del ánimo.
desalineación. f. Acción y efecto de desalinear o desalinearse.
desalinear. tr. Hacer perder la línea recta. Ú. t. c. r.
desaliñadamente. adv. m. Con desaliño.
***desaliñado, da.** adj. Que adolece de desaliño.
desaliñar. tr. Descomponer, *ajar el adorno o atavío. Ú. t. c. r.
***desaliño.** m. Desaseo, falta de adorno, desgaire. ‖ fig. Negligencia, *descuido. ‖ pl. *Aretes o arracadas, que desde las orejas llegaban hasta el pecho.
desalivar. intr. Arrojar *saliva con abundancia. Ú. t. c. r.
desalmadamente. adv. m. Sin conciencia. ‖ Con *crueldad o *perversidad.
desalmado, da. adj. Falto de conciencia. ‖ *Cruel, *perverso.
desalmamiento. m. Abandono de la conciencia. ‖ *Crueldad, *perversidad.
desalmar. tr. fig. Quitar la fuerza y virtud a una cosa. Ú. t. c. r. ‖ **Desasosegar.** Ú. t. c. r. ‖ r. fig. Desalarse, *desear con vehemencia.
desalmenado, da. adj. Falto de almenas.
desalmidonar. tr. Quitar a la ropa el almidón.
desalojamiento. m. Acción y efecto de desalojar.
desalojar. tr. Sacar, *expulsar o *quitar de un lugar a una persona o cosa. ‖ intr. Dejar el hospedaje.
desalquilar. tr. Dejar o hacer dejar una habitación o cosa que se tenía *alquilada.
desalterar. tr. Quitar la alteración, *tranquilizar.
desalumbradamente. adv. m. Erradamente, con *ofuscación.
desalumbrado, da. adj. Deslumbrado, *ofuscado. ‖ fig. Desacertado, desatinado.
desalumbramiento. m. Ceguedad, *ofuscación, falta de acierto.
desamable. adj. Indigno de ser amado, *aborrecible.
desamador, ra. adj. Que desama. Ú. t. c. s.
desamar. tr. Dejar de amar, sentir *indiferencia o desapego por la cosa o persona amada. ‖ *Aborrecer.
desamarrar. tr. Quitar las amarras. Ú. t. c. r. ‖ fig. Desasir, *desatar, *separar. ‖ *Mar.* Dejar a un buque sobre una sola *ancla o amarra.
desamasado, da. adj. Deshecho, *separado.
desamigado, da. adj. Separado de la amistad de uno.
desamistarse. r. *Enemistarse.
desamoblar. tr. **Desamueblar.**
desamoldar. tr. *Deformar una cosa, quitándole la figura que tomó del molde.
desamor. m. *Indiferencia, *desapego con que uno corresponde al afecto de otro. ‖ Falta del sentimiento que inspiran por lo general ciertas cosas. ‖ *Aborrecimiento.
desamoradamente. adv. m. Sin amor ni cariño, con esquivez.
desamorado, da. adj. Que no tiene amor o no lo manifiesta.
desamorar. tr. Hacer perder el amor. Ú. t c. r.
desamoroso, sa. adj. Que no tiene amor o agrado.
desamorrar. tr. fam. Hacer que uno levante la cabeza o que *hable.
desamortizable. adj. Que puede o debe desamortizarse.
desamortización. f. Acción y efecto de desamortizar.
desamortizador, ra. adj. Que desamortiza. Ú. t. c. r.
desamortizar. tr. *Liberar los bienes amortizados. ‖ Poner en estado de venta los bienes vinculados.
desamotinarse. r. Apartarse del motín principiado, o de la rebeldía; *someterse.
desamparadamente. adv. m. Sin amparo.
desamparador, ra. adj. Que desampara. Ú. t. c. r.
desamparar. tr. *Abandonar, dejar sin amparo. ‖ *Ausentarse, abandonar un lugar. ‖ *For.* Dejar una cosa, *renunciar por entero a ella.
***desamparo.** m. Acción y efecto de desamparar.
***desamueblar.** tr. Dejar sin *muebles un edificio o parte de él.
desamurar. intr. *Mar.* Levantar las amuras del velamen.
desanclar. tr. *Mar.* **Desancorar.**
desancorar. tr. *Mar.* Levantar las *anclas.
desandar. tr. *Retroceder, volver atrás en el camino ya andado.
desandrajado, da. adj. Andrajoso, *desaliñado.
desangramiento. m. Acción y efecto de desangrar o desangrarse.
desangrar. tr. Sacar la *sangre a una persona o a un animal. ‖ fig. *Desaguar un lago, estanque, etc. ‖ fig. *Empobrecer a uno, *gastándole poco a poco sus bienes. ‖ r. Perder mucha *sangre.
desanidar. intr. Dejar las aves el *nido. ‖ tr. fig. *Expulsar de un lugar a los que tienen costumbre de guarecerse en él.
desanimación. f. Falta de animación.
desanimadamente. adv. m. Sin ánimo, con *desaliento.
desanimado, da. adj. Desalentado, abatido. ‖ Dícese del espectáculo o reunión *fastidiosos o poco concurridos.
***desanimar.** tr. Desalentar, acobardar. Ú. t. c. r.
desánimo. m. *Desaliento, falta de ánimo.
desanudadura. f. Acción y efecto de desanudar.
desanudar. tr. *Desatar el *nudo. ‖ fig. Aclarar, *desenredar lo que está enmarañado.
desañudadura. f. **Desanudadura.**
desañudar. tr. **Desanudar.**
desaojadera. f. Mujer a quien la *superstición atribuía gracia para curar el aojo.
desaojar. tr. Curar el aojo.
desapacibilidad. f. Calidad de desapacible.
***desapacible.** adj. Que causa *disgusto o enfado. ‖ *Desagradable a los sentidos. ‖ *Desabrido, intratable.
desapaciblemente. adv. m. **Desagradablemente.**
desapadrinar. tr. fig. **Desaprobar.**
desapañar. tr. Descomponer, desataviar.
desaparear. tr. *Separar una de dos cosas que hacían par.
***desaparecer.** tr. *Ocultar, quitar de delante una cosa. Ú. t. c. r. ‖ intr. Ocultarse, quitarse de la vista.
desaparecimiento. m. **Desaparición.**
desaparejar. tr. Quitar el aparejo a una caballería. Ú. t. c. r. ‖ *Mar.* Quitar o inutilizar el aparejo de una embarcación.
***desaparición.** f. Acción y efecto de desaparecer o desaparecerse.
desaparroquiar. tr. *Separar a uno de su *parroquia. Ú. m. c. r. ‖ *Privar de parroquianos a las *tiendas. ‖ r. Dejar de ser parroquiano.
desapasionadamente. adv. m. Sin pasión, con *imparcialidad.
desapasionar. tr. Quitar, desarraigar la pasión o preferencia. Ú. m. c. r.
desapegar. tr. *Despegar lo que está pegado. Ú. t. c. r. ‖ r. fig. Apartarse de un afecto o afición, mostrar *indiferencia o *desapego.
***desapego.** m. fig. Falta de afición o interés, desvío.

desapercibidamente. adv. m. Sin prevención ni apercibimiento.
desapercibido, da. adj. Desprevenido, desprovisto de lo necesario.
desapercibimiento. m. Desprevención, *carencia de lo necesario. || *Imprevisión.
desapestar. tr. *Desinfectar.
desapiadadamente. adv. m. **Despiadadamente.**
desapiadado, da. adj. **Despiadado.**
desapiolar. tr. *Desatar el lazo con que los cazadores ligan las piernas de la *caza menor.
desaplacible. adj. **Desagradable.**
desaplicación. f. Falta de aplicación, *ocio. || *Descuido, negligencia.
desaplicadamente. adv. m. Sin aplicación.
desaplicado, da. adj. Que no se aplica. Ú. t. c. s.
desaplicar. tr. Quitar o hacer perder la aplicación. Ú. t. c. r.
desaplomar. tr. *Albañ.* **Desplomar.** Ú. m. c. r.
desapoderadamente. adv. m. Con *vehemencia y sin poderse contener.
desapoderado, da. adj. *Precipitado, que no puede contenerse. || fig. Furioso, *violento.
desapoderamiento. m. Acción y efecto de desapoderar o desapoderarse. || *Desenfreno, libertad excesiva.
desapoderar. tr. *Despojar a uno de lo que tiene. Ú. t. c. r. || Quitar a uno del poder o *encargo que se le había dado.
desapolillar. tr. Quitar la polilla a la ropa. || r. fig. y fam. *Salir de la casa para tomar el aire el que ha estado algún tiempo recluido en ella.
desaporcar. tr. *Agr.* Quitar la tierra con que están aporcadas las plantas.
desaposentar. tr. *Expulsar de la habitación, privar del *hospedaje al que lo tenía. || fig. Apartar de sí, *rechazar.
desaposesionar. tr. Desposeer, *privar de la posesión.
desapoyar. tr. Quitar el *apoyo.
desapreciar. tr. Desestimar, *menospreciar.
desaprender. tr. *Olvidar lo que se había aprendido.
desaprensar. tr. Quitar el lustre a los *tejidos u otras cosas prensadas. || fig. *Sacar, *librar el cuerpo, un miembro u otra cosa de la apretura en que se hallaba.
desaprensión. f. Falta de aprensión, propensión a la *inmoralidad.
desaprensivo, va. adj. Que tiene desaprensión.
desapretar. tr. *Aflojar lo que está apretado. Ú. t. c. r.
desaprisionar. tr. *Libertar a uno de la prisión.
desaprobación. f. Acción y efecto de desaprobar.
desaprobar. tr. *Reprobar, no asentir a una cosa.
desapropiación. f. **Desapropiamiento.**
desapropiamiento. m. Acción y efecto de desapropiarse.
desapropiarse. r. Desposeerse uno de sus bienes, *renunciar a su propiedad.
desapropio. m. **Desapropiamiento.**
desaprovechadamente. adv. m. Con desaprovechamiento.
desaprovechado, da. adj. Dícese del que *desaprovecha sus facultades o medios para adelantar o perfeccionarse. Ú. t. c. s. || *Inútil, que no rinde provecho.
desaprovechamiento. m. *Atraso en lo bueno. || Acción y efecto de *desaprovechar.
***desaprovechar.** tr. Desperdiciar o emplear mal una cosa. || intr. *Perder lo que se había adelantado.
desapuntalar. tr. Quitar a un edificio los puntales que le sirven de *apoyo.
desapuntar. tr. Cortar las puntadas a lo que está *cosido con ellas. || *Desviar la puntería que se tenía hecha. || En las iglesias catedrales, *borrar las faltas de asistencia al coro.
desaquellarse. r. fam. *Desalentarse.
desarbolar. tr. *Mar.* Destruir la *arboladura.
desarbolo. m. *Mar.* Acción y efecto de desarbolar.
desarenar. tr. Quitar la *arena de una parte.
desareno. m. Acción y efecto de desarenar.
desarmador. m. **Disparador** (de las *armas de fuego*).
desarmadura. f. **Desarme.**
desarmamiento. m. **Desarme.**
desarmar. tr. Quitar las *armas. || *Descomponer una cosa, separar las piezas de que se compone. || **Mil.* Licenciar fuerzas de tierra o mar. || **Taurom.* Hacer que el toro tire un derrote en vago, de modo que no pueda repetirlo sin repararse y mudar de situación. || Quitar la *ballesta de la posición para disparar. || fig. Templar, *aplacar. || **Esgr.* Quitar el arma al adversario por un movimiento rápido de la propia. || **Mar.* Quitar al buque la artillería y el aparejo.
desarme. m. Acción y efecto de desarmar o desarmarse.
desarraigar. tr. *Arrancar de *raíz una planta. Ú. t. c. r. || fig. *Suprimir, extirpar enteramente una costumbre o un vicio. Ú. t. c. r. || fig. *Disuadir del todo a uno de su opinión. || fig. *Desterrar. Ú. t. c. r.
desarraigo. m. Acción y efecto de desarraigar o desarraigarse.
desarrancarse. r. Desertar, *separarse de un cuerpo o asociación.
desarranche. m. Desarreglo, *desorden.
desarrapado, da. adj. **Desharrapado.**
desarrebozadamente. adv. m. Sin rebozo.
desarrebozar. tr. Quitar el rebozo. Ú. t. c. r. || fig. Descubrir, poner de *manifiesto. Ú. t. c. r.
desarrebujar. tr. Desenvolver, *desenredar lo que está revuelto. || *Desarropar. Ú. t. c. r. || fig. *Explicar, poner en claro.
desarregladamente. adv. m. Con desarreglo.
desarreglado, da. adj. Que se excede en el uso de la comida, bebida u otras cosas.
***desarreglar.** tr. Trastornar, *desordenar. Ú. t. c. r.
desarreglo. m. Falta de regla, *desorden.
desarrendar. tr. Quitar la rienda al caballo. Ú. t. c. r.
desarrendar. tr. Hacer cesar el *arrendamiento.
desarrimar. tr. *Apartar lo que está arrimado. || fig. *Disuadir a uno de su opinión.
desarrimo. m. Falta de *apoyo o de arrimo. || *Abandono.
desarrinconar. tr. Sacar a luz, *mostrar de nuevo lo que se había arrinconado.
desarrollable. adj. Que puede desarrollarse.
desarrollar. tr. *Extender lo que está arrollado. Ú. t. c. r. || fig. *Aumentar, hacer crecer o *mejorar una cosa del orden físico, intelectual o moral. Ú. t. c. r. || fig. *Explicar una teoría, llevándola de deducción en deducción. || **Mat.* Efectuar las necesarias operaciones para cambiar la forma de una expresión analítica.
desarrollo. m. Acción y efecto de desarrollar o desarrollarse.
***desarropar.** tr. Quitar o apartar la ropa. Ú. t. c. r.
desarrugadura. f. Acción y efecto de desarrugar o desarrugarse.
desarrugar. tr. Estirar, *extender una cosa para quitarle las arrugas. Ú. t. c. r.
desarrumar. tr. *Mar.* Deshacer la estiba, o remover y desocupar la *carga.
desarticulación. f. Acción y efecto de desarticular o desarticularse.
desarticular. tr. *Separar dos o más huesos que forman *articulación. Ú. t. c. r. || fig. Separar, *desacoplar las piezas de una máquina o artefacto.
desartillar. tr. Quitar la *artillería a un buque o a una fortaleza.
desarzonar. tr. **Equit.* Hacer violentamente que el jinete salga de la silla.
desasado, da. adj. Que tiene rotas o quitadas las asas. || *Germ.* Sin orejas.
desaseadamente. adv. m. Sin aseo.
desaseado, da. adj. Falto de aseo, *sucio, *desaliñado.
desasear. tr. Quitar el aseo, limpieza o compostura.
desasegurar. tr. Quitar la seguridad. || Extinguir un contrato de *seguro.
desasentar. tr. *Quitar una cosa de su lugar. || intr. fig. *Desagradar, disgustar. || r. Levantarse del *asiento.
desaseo. m. Falta de aseo.
***desasimiento.** m. Acción y efecto de desasir o desasirse. || fig. *Liberalidad, desinterés. || *Indiferencia, desapego.
desasimilación. f. **Fisiol.* Separación y eliminación de ciertas substancias del organismo.
desasir. tr. *Soltar, desprender lo asido. Ú. t. c. r. || r. fig. Desprenderse de una cosa, *dejarla.
desasistir. tr. Desacompañar, dejar a una persona *sola o *abandonada.
desasnar. tr. fig. y fam. Hacer perder a uno la rudeza por medio de la *enseñanza y educación. Ú. t. c. r.
desasociable. adj. **Insociable.**
desasosegadamente. adv. m. Con desasosiego.
desasosegar. tr. Privar de sosiego. Ú. t. c. r.
***desasosiego.** m. Falta de sosiego.
desastradamente. adv. m. *Desgraciadamente, con desastre. || Con *desaliño.
desastrado, da. adj. *Desgraciado, adverso. || Dícese de la persona *desaliñada. Ú. t. c. s.
desastre. m. *Desgracia grande.
desastrosamente. adv. m. De modo desastroso.
desastroso, sa. adj. **Desastrado** (*desgraciado, lamentable).
desatacador. m. *Mil.* Instrumento para sacar la carga del cañón de las *armas de fuego*.
desatacar. tr. *Desatar las agujetas, o *soltar los botones o corchetes con que está ajustada una cosa. Ú. t. c. r. || Tratándose de *armas de fuego* o de *barrenos, sacar de ellos los tacos. || r. Desabrocharse los calzones o *pantalones.
desatadamente. adv. m. *Libremente, sin sujeción.

desatador, ra. adj. Que desata. Ú. t. c. s.
****desatadura.** f. Acción y efecto de desatar o desatarse.
desatalentado, da. adj. Desconectado, *desatinado.
desatancar. tr. Limpiar. *desobstruir un conducto. ‖ r. Desatascarse.
****desatar.** tr. Soltar lo que está atado. Ú. t. c. r. ‖ fig. *Desleír, *liquidar o derretir.‖ fig. *Resolver, aclarar. ‖ r. fig. Excederse en *hablar. ‖ fig. *Descomedirse. ‖ fig. Perder el encogimiento, adquirir *desenvoltura. ‖ fig. **Desencadenarse.**
desatascar. tr. *Sacar del atascadero. Ú. t. c. r. ‖ **Desatancar.**‖ fig. *Librar a uno de la dificultad en que se halla.
desataviar. tr. Quitar los atavíos.
desatavío. m. *Desaliño, descompostura de la persona.
desate. m. Acción y efecto de desatarse, en el lenguaje o en el proceder. ‖ **de vientre.** Flujo, *diarrea.
desatención. f. Falta de atención, *distracción. ‖ *Descortesía, falta de respeto.
****desatender.** tr. No prestar atención a lo que se dice o hace. ‖ No hacer caso de una persona o cosa, *menospreciarla. ‖ *Descuidar uno el cumplimiento de alguna obligación. ‖ No asistir con lo que es debido; *abandonar, desamparar.
desatentadamente. adv. m. Con *desacierto, sin tino.
desatentado, da. adj. Que habla u obra fuera de razón y sin tino. Ú. t. c. s. ‖ *Excesivo, desordenado.
desatentamente. adv. m. Con desatención.
desatentar. tr. *Turbar el sentido o hacer perder el tiento. Ú. t. c. r.
desatento, ta. adj. Que se *distrae o no pone la atención que debía poner en una cosa. ‖ *Descortés. Ú. t. c. s.
desatesorar. tr. Sacar o *gastar lo atesorado.
desatestarse. r. *For.* *Retractarse del testimonio otorgado.
desatibar. tr. *Min.* **Desatorar.**
desatiento. m. Falta del sentido del *tacto. ‖ *Desasosiego, inquietud.
desatierre. m. **Escombrera.**
desatinadamente. adv. m. Inconsideradamente, de manera *disparatada. ‖ *Excesivamente.
desatinado, da. adj. Desarreglado, desacertado. ‖ Dícese del que *habla o procede con *imprudencia y sin razón. Ú. t. c. s.
****desatinar.** tr. Hacer perder el tino, *turbar, desatentar. ‖ intr. Decir o hacer desatinos. ‖ Perder el tino en un sitio o lugar.
****desatino.** m. Falta de tino. ‖ *Disparate, error.
desatolondrar. tr. Hacer recobrar el *sentido al que está atolondrado. Ú. t. c. r.
desatollar. tr. Sacar o *librar del atolladero. Ú. t. c. r.
desatontar. tr. Sacar del atontamiento. ‖ r. Recobrar el *sentido.
desatorar. tr. *Mar.* **Desarrumar.** ‖ **Min.* Quitar los escombros y *desobstruir una excavación.
desatornillar. tr. **Destornillar.**
desatracada. f. *Mar.* Acción de desatracar.
desatracar. tr. **Mar.* Separar una embarcación de otra o de la parte en que se atracó. Ú. t. c. r.
desatraer. tr. *Apartar una cosa de otra.
desatraillar. tr. Quitar la traílla a los *perros.
desatrampar. tr. Limpiar o *desobstruir un conducto.
desatrancar. tr. Quitar a la puerta la tranca u otra cosa que impide *abrirla. ‖ Desatrampar, *desobstruir.
desatufarse. r. Libertarse del tufo o *gas que se ha respirado. ‖ fig. Deponer el enojo, *aplacarse.
desaturdir. tr. Quitar a uno el aturdimiento. Ú. t. c. r.
desautoridad. f. Falta de autoridad.
desautorización. f. Acción y efecto de desautorizar.
desautorizadamente. adv. m. Sin autoridad o crédito.
desautorizado, da. adj. Falto de autoridad, de crédito o de importancia.
desautorizar. tr. Quitar autoridad, poder o estimación; *desacreditar. Ú. t. c. r.
desavahado, da. adj. Aplícase al lugar *descubierto, libre de nieblas y vapores.
desavahamiento. m. Acción y efecto de desavahar o desavaharse.
desavahar. tr. *Desarropar, para que se ventile, lo que está muy caliente por el demasiado abrigo. ‖ Dejar *enfriar una cosa hasta que no eche vaho. ‖ **Orear.** ‖ r. fig. Desahogarse.
desavecindado, da. adj. Aplícase a la casa o lugar *desierto.
desavecindarse. r. *Ausentarse de un lugar, mudando a otro el domicilio.
desavenencia. f. Oposición, *discordia.
desavenido, da. adj. *Discorde.
****desavenir.** tr. Desconcertar, poner en desacuerdo. Ú. t. c. r.
desaventajadamente. adv. m. Sin ventaja.
desaventajado, da. adj. *Inferior y poco ventajoso.
desaventura. f. **Desventura.**
desaviar. tr. Apartar o *desviar a uno del camino que debe seguir. Ú. t. c. r. ‖ *Privar a uno de lo necesario para algún fin. Ú. t. c. r.
desavío. m. Acción y efecto de desaviar o desaviarse.
desavisado, da. adj. Inadvertido, *ignorante. Ú. t. c. s.
desavisar. tr. Dar aviso contrario o *anular el que se había dado.
desayudar. tr. *Impedir lo que puede servir a uno de ayuda. Ú. m. c. r.
desayunado, da. adj. Que se ha desayunado.
desayunar. tr. Tomar el desayuno. Ú. m. c. r. ‖ fig. Hablando de un suceso, tener la primera noticia o *conocimiento del mismo.
desayuno. m. Primer *alimento que se toma por la mañana. ‖ Acción de desayunarse.
desayustar. tr. *Mar.* Deshacer el ayuste de los *cabos. ‖ **Carp.* Desunir las maderas empalmadas.
desazogar. tr. Quitar el *azogue a una cosa.
desazón. f. Desabrimiento, *insipidez. ‖ *Picor, picazón. ‖ **Agr.* Falta de tempero en las *tierras. ‖ fig. *Disgusto. ‖ fig. *Molestia, *desasosiego. ‖ Indisposición, comienzo de *enfermedad.
desazonado, da. adj. Dícese de la *tierra que está en mala disposición para el cultivo. ‖ fig. Indispuesto, *disgustado.
desazonar. tr. Quitar la sazón, el sabor o el *gusto a un manjar. ‖ fig. *Disgustar, desagradar. Ú. t. c. r. ‖ r. fig. Sentirse *enfermo o indispuesto.
desazufrar. tr. Quitar a una substancia el *azufre que contiene.
desbabar. intr. Expeler las *babas. Ú. t. c. r. ‖ tr. Hacer que el *caracol suelte su baba.
desbagar. tr. Sacar de la baga la linaza. Ú. t. c. r.
desbalagar. tr. *Desaguar.
desbancar. tr. **Mar.* *Despejar, desembarazar un sitio de los bancos que lo ocupan. ‖ En el *juego de la banca y otros de azar, ganar los puntos al banquero todo el fondo que puso. ‖ fig. *Substituir a uno en el cariño o favor de otra persona, *captándolo para sí.
desbandada. f. Acción y efecto de desbandarse. ‖ **A la desbandada.** m. adv. En *desorden; en *dispersión.
desbandarse. r. Dispersarse y *huir en desorden. ‖ *Apartarse de la compañía de otros. ‖ **Desertar.**
desbarahustar. tr. **Desbarajustar.**
desbarahúste. m. **Desbarajuste.**
desbarajustar. tr. **Desordenar.**
desbarajuste. m. **Desorden.**
desbaratadamente. adv. m. Con desbarate.
desbaratado, da. adj. fig. y fam. De mala vida, de costumbres desordenadas, entregado al *desenfreno. Ú. t. c. s.
desbaratador, ra. adj. Que desbarata. Ú. t. c. s.
desbaratamiento. m. *Descomposición, desconcierto.
desbaratante. p. a. de **Desbaratar.** Que desbarata.
desbaratar. tr. *Deshacer o *destruir una cosa. ‖ *Malgastar los bienes. ‖ fig. Hablando de las cosas inmateriales, *impedir, estorbar. ‖ *Mil.* Desordenar, *vencer y poner en confusión a los contrarios. ‖ intr. **Disparatar.** ‖ r. fig. Descomponerse, *descomedirse.
desbarate. m. Acción y efecto de desbaratar. ‖ Repetición muy frecuente de cámaras, *diarrea.
desbarato. m. **Desbaratamiento.**
desbarbado, da. adj. Que carece de *barba.
desbarbar. tr. Cortar los bordes al *papel de tina. ‖ Recortar las *raíces muy delgadas de las plantas. ‖ fam. Afeitar la *barba. Ú. t. c. r.
desbarbillar. tr. *Agr.* Desbarbar los troncos de las *vides nuevas.
desbardar. tr. Quitar la barda a una tapia.
desbarrar. intr. Tirar, en el *juego de la barra, a cuanto alcance la fuerza, sin cuidarse de hacer tiro. ‖ *Deslizarse. ‖ fig. Discurrir alguna cosa *absurda o *disparatada.
desbarretar. tr. *Quitar las barretas a lo que está fortificado con ellas.
desbarrigado, da. adj. Que tiene poca barriga.
desbarrigar. tr. fam. Romper o herir el *vientre o barriga.
desbarro. m. Acción y efecto de desbarrar.
desbastador. m. **Carp.* Herramienta para desbastar.
desbastadura. f. Efecto de desbastar.
desbastar. tr. **Carp.* y **Cant.* Quitar las partes más bastas a una cosa que se haya de labrar. ‖ *Gastar, disminuir. ‖ fig. Quitar la *tosquedad e incultura; *educar, afinar. Ú. t. c. r.
desbaste. m. Acción y efecto de desbastar.
desbastecido, da. adj. Sin bastimentos.
desbautizarse. r. fig. y fam. Deshacerse, *irritarse. ‖ *Impacientarse mucho.
desbazadero. m. Paraje *cenagoso y *resbaladizo.

desbeber. intr. fam. **Orinar.**
desbecerrar. tr. Destetar los *terneros de sus madres.
desbinzar. tr. Quitar al *pimiento la binza para molerlo.
desblanquecido, da. adj. **Blanquecino.**
desblanquiñado, da. adj. **Desblanquecido.**
desbloquear. tr. *Com.* Levantar el bloqueo de una cantidad.
desbloqueo. m. **Com.* Acción y efecto de desbloquear.
desbocadamente. adv. m. Desenfrenadamente.
desbocado, da. adj. Dícese de la pieza de *artillería que tiene la boca más *ancha que lo restante del ánima. ‖ Aplícase a cualquier instrumento, como martillo, gubia, etcétera, que tiene *embotado el corte o mellada la boca. ‖ fig. y fam. Acostumbrado a decir palabras *descaradas. Ú. t. c. s.
desbocamiento. m. Acción y efecto de desbocarse.
desbocar. tr. Quitar, *romper o *ensanchar demasiado la boca a una cosa. ‖ intr. **Desembocar.** ‖ r. Hacerse una *caballería insensible a la acción del freno y dispararse. ‖ fig. *Descararse, prorrumpir en *injurias o desvergüenzas.
desbonetarse. r. fam. *Quitarse el bonete de la cabeza.
desboquillar. tr. Quitar o *romper la boquilla.
desbordamiento. m. Acción y efecto de desbordar o desbordarse.
desbordar. intr. Salir de los bordes, *derramarse. Ú. m. c. r. ‖ r. Salir al exterior las *pasiones.
desbornizar. tr. Arrancar el corcho bornizo de los *alcornoques.
desboronar. tr. **Desmoronar.** Ú. t. c. r.
desborrar. tr. Quitar la borra a los *paños. ‖ **Deschuponar.**
desboscar. tr. **Agr.* Limpiar de matas y maleza.
desbotonar. tr. Quitar los botones y la guía a la planta del *tabaco.
desbragado. adj. fam. Sin bragas. ‖ fig. y despect. **Descamisado** (muy *pobre).
desbraguetado. adj. fam. Que trae desabotonada la bragueta.
desbravador. m. **Equit.* El que tiene por oficio desbravar y *amansar potros cerriles.
desbravar. tr. *Amansar el ganado cerril. ‖ intr. Perder parte de la braveza, *amansarse. Ú. t. c. r. ‖ fig. *Aplacarse la cólera; disminuir el ímpetu de una *corriente. Ú. t. c. r. ‖ Dícese de los *vinos y licores que han perdido su fuerza. Ú. t. c. r.
desbravecer. intr. **Desbravar.** Ú. t. c. r.
desbrazarse. r. Extender los *brazos y hacer con ellos movimientos violentos.
desbrevarse. r. Perder la fuerza el *vino cuando se va echando a perder.
desbridamiento. m. **Cir.* Acción y efecto de desbridar.
desbridar. tr. **Cir.* Dividir y apartar con instrumento cortante tejidos fibrosos. ‖ **Cir.* Separar las bridas que estorban la salida del pus.
desbriznar. tr. Reducir a briznas una cosa. ‖ Sacar los estambres a la flor del *azafrán. ‖ Quitar la brizna a las *legumbres.
desbroce. m. **Desbrozo.**
desbrozar. tr. Quitar la broza, *desobstruir, limpiar.
desbrozo. m. Acción y efecto de desbrozar. ‖ Cantidad de broza o ramaje que produce la *poda de los árboles y la limpieza de las *acequias.
desbruar. tr. Quitar la grasa al *paño para meterlo en el batán.
desbrujar. tr. **Desmoronar.**
desbuchar. tr. **Desembuchar.** ‖ **Desainar.** ‖ * *Cetr.* Aliviar el buche de las aves de rapiña.
desbulla. f. Despojo que queda de la ostra desbullada.
desbullar. tr. Sacar la ostra de su *concha.
descabal. adj. No cabal, *incompleto.
descabalamiento. m. Acción y efecto de descabalar o descabalarse.
***descabalar.** tr. Hacer que una cosa deje de estar completa o cabal. Ú. t. c. r.
descabalgadura. f. Acción de descabalgar o desmontar de una caballería.
descabalgar. intr. Desmontar, bajar de una caballería el que va *montado en ella. ‖ *Artill.* Desmontar de la cureña el cañón, a fuerza de disparos. Ú. t. c. r.
descabelladamente. adv. m. fig. Sin orden ni concierto.
descabellado, da. adj. fig. *Disparatado, *absurdo.
descabellamiento. m. fig. **Despropósito.**
descabellar. tr. Despeinar, desgreñar. Ú. m. c. r. ‖ **Taurom.* Matar instantáneamente al toro, hiriéndole en la parte alta de la cerviz con la punta de la espada.
descabello. m. Acción y efecto de descabellar al toro.
descabestrar. tr. **Desencabestrar.**
descabezadamente. adv. m. fig. **Descabelladamente.**
descabezado, da. adj. fig. Que procede de manera *absurda. Ú. t. c. s.
descabezamiento. m. Acción y efecto de descabezar o descabezarse.
descabezar. tr. Quitar o cortar la *cabeza. ‖ Deshacer el encabezamiento que han hecho los pueblos para el pago de *impuestos. ‖ fig. *Cortar la parte superior o las puntas a algunas cosas. ‖ fig. y fam. Empezar a *vencer la dificultad. ‖ **Mil.* Poner las primeras hileras en la dirección necesaria para una marcha de flanco. ‖ *Mil.* Rebasar un obstáculo. ‖ intr. Terminar una tierra en otra *contigua. ‖ r. fig. y fam. **Descalabazarse.** ‖ *Agr.* Desgranarse las espigas de las *mieses.
descabritar. tr. Destetar los cabritos.
descabullirse. r. **Escabullirse.** ‖ fig. *Huir de una dificultad con sutileza.
descacilar. tr. **Descafilar.**
descaderar. tr. Causar alguna *lesión grave en las caderas. Ú. t. c. r.
descadillador, ra. m. y f. Persona que descadilla.
descadillar. tr. Limpiar la *lana de los cadillos, pajillas, etc.
descaecer. intr. Ir a menos, *decaer, degenerar.
descaecimiento. m. Flaqueza, *debilidad. ‖ *Desaliento, falta de ánimo.
descaer. intr. **Decaer.**
descafilar. tr. *Alisar los cantos de los *ladrillos o baldosas, o limpiarlos del mortero que tienen adherido.
descaimiento. m. **Decaimiento.**
descalabazarse. r. fig. y fam. Esforzarse en *averiguar una cosa, sin lograrlo.
descalabrado, da. adj. fig. Que ha salido *herido o maltrecho de una pendencia. ‖ Que ha *perdido en el juego o en algún negocio. Ú. t. c. s.
descalabradura. f. *Herida recibida en la cabeza. ‖ Cicatriz que queda de esta herida.
descalabrar. tr. *Herir a uno en la cabeza. Ú. t. c. r. ‖ Por ext., herir o *maltratar, aunque no sea en la cabeza. ‖ fig. Causar *daño o perjuicio.
descalabro. m. *Contratiempo, infortunio.
descalandrajar. tr. *Romper un vestido u otra cosa de tela.
descalcador. m. *Mar.* Instrumento de *calafate para descalcar.
descalcar. tr. *Mar.* Sacar las estopas viejas de las costuras de un buque.
descalce. m. **Socava.**
descalcez. f. Calidad de descalzo. ‖ *Orden religiosa* cuyos individuos deben llevar los pies desnudos.
descalificación. f. Acción y efecto de descalificar.
descalificar. tr. *Desacreditar, desautorizar o *incapacitar a alguno.
descalostrado, da. adj. Dícese del *niño que ha pasado ya los días del calostro.
descalzadero. m. Puertecilla del palomar, por donde se cogen las *palomas cazadas en la red.
descalzar. tr. Quitar el *calzado. Ú. t. c. r. ‖ Quitar uno o más calzos. ‖ **Socavar.** ‖ r. Perder las *caballerías una o más *herraduras. ‖ fig. Pasar un *fraile calzado a descalzo.
descalzo, za. p. p. irreg. de **Descalzar.** ‖ adj. Que trae *desnudos los pies. ‖ Dícese del *fraile o de la monja que profesa descalcez. Ú. t. c. s. ‖ fig. **Desnudo** (que *carece de alguna cosa inmaterial).
descamación. f. *Pat.* Desprendimiento de la epidermis seca en forma de escamillas, por efecto de una enfermedad de la *piel.
descambiar. tr. **Destrocar.**
descaminadamente. adv. m. Fuera de camino, sin acierto.
descaminar. tr. Sacar o *desviar a uno del camino que debe seguir. Ú. t. c. r. ‖ fig. Apartar a uno de un buen propósito; *pervertirlo. Ú. t. c. r. ‖ *Comisar géneros de *contrabando.
descamino. m. Acción y efecto de descaminar o descaminarse. ‖ Género de *contrabando. ‖ fig. **Desatino** (*disparate).
descamisado, da. adj. fam. Sin camisa. ‖ fig. y despect. Muy *pobre, desharrapado. Ú. t. c. s.
descamisar. tr. *Metal.* En la fundición de *campanas, retirar el molde. ‖ Mondar brevas u otras frutas parecidas.
descampado, da. adj. Dícese del terreno *llano, *desembarazado y *descubierto. Ú. t. c. s. m. ‖ **En descampado.** m. adv. A cielo *descubierto.
descampar. tr. **Escampar.**
descansadamente. adv. m. Sin trabajo, sin fatiga, con *facilidad.
descansadero. m. Sitio donde se puede *descansar.
descansado, da. adj. Dícese de lo que trae en sí *comodidad o descanso.
***descansar.** intr. Cesar en el trabajo, reposar, holgar. ‖ fig. Tener algún *alivio en los cuidados. ‖ Reposar, *dormir. ‖ Tener puesta la *confianza en los oficios o en el favor de otro. ‖ Estar una cosa *apoyada en otra. ‖ Estar sin cultivo, uno o más años, la tierra de labor. ‖ Estar *enterrado, reposar en el sepulcro. ‖ tr. *Ayudar a uno. ‖ *Apoyar una cosa sobre otra.
descansillo. m. Meseta en que terminan los tramos de una *escalera.
***descanso.** m. Quietud, reposo en el trabajo o fatiga. ‖ *Alivio en la fatiga y en los cuidados físicos o morales. ‖ **Descansillo.** ‖ Asiento en

que se *apoya una cosa. ‖ Utensilio de *mesa para apoyar la punta de los cuchillos. ‖ Basa triangular con un agujero, para colocar los *candeleros o ciriales en las funciones de iglesia.
descantar. tr. Limpiar de cantos o *piedras.
descantear. tr. Quitar los cantos, ángulos o esquinas, *achaflanar.
descanterar. tr. Quitar el cantero del pan.
descantillar. tr. *Romper las aristas o cantos de alguna cosa. Ú. t. c. r. ‖ fig. *Rebajar algo de una cantidad.
descantillón. m. **Escantillón.**
descantonar. tr. **Descantillar.**
descañonar. tr. Quitar los cañones de las *plumas a las aves. ‖ Afeitar a contrapelo para apurar más la *barba. ‖ fig. y fam. **Pelar** (*despojar a uno de sus bienes o de su dinero en el juego).
descaperuzar. tr. *Quitar de la cabeza la caperuza. Ú. t. c. r.
descaperuzo. m. Acción de descaperuzar o descaperuzarse.
descapillar. tr. *Quitar la capilla. Ú. t. c. r.
descapirotar. tr. *Quitar el capirote. Ú. t. c. r.
descapotable. adj. Dícese del coche *automóvil provisto de una capota que puede plegarse de manera que quede descubierto.
descaradamente. adv. m. Con descaro.
***descarado, da.** adj. Que habla u obra con desvergüenza, sin miramiento ni respeto. Ú. t. c. s.
descaramiento. m. **Descaro.**
***descararse.** r. Proceder con descaro.
descarburación. m. Separación del carbono de los carburos de *hierro.
***descarga.** f. Acción y efecto de descargar. ‖ *Arq.* Aligeramiento de una *pared o cuerpo de construcción. ‖ **cerrada.** *Mil.* Fuego (*tiro) que se hace de una vez por una o más unidades tácticas.
descargada. f. En el juego de monte y otros de *naipes, la carta que no está cargada.
descargadas. adj. pl. *Blas.* Se dice de las armas infamadas.
descargadero. m. Sitio destinado para *descargar.
descargador. m. El que tiene por oficio *descargar mercancías. ‖ **Sacatrapos** (para las *armas de fuego*).
descargadura. f. Parte de *hueso que separan los carniceros de la *carne mollar.
***descargar.** tr. Quitar o aliviar la carga. ‖ Quitar a la *carne del lomo, la falda y parte del hueso. ‖ *Disparar las armas de fuego. ‖ Extraer la carga a una arma de fuego o a un barreno. ‖ Anular la tensión *eléctrica de un cuerpo. ‖ Dicho de *golpes, darlos con violencia. Ú. t. c. intr. ‖ fig. *Liberar a uno de un cargo u obligación. ‖ intr. Desembocar los ríos. ‖ Dejar caer las *nubes agua, granizo, etc. ‖ r. *Dejar el cargo. ‖ Eximirse uno de las obligaciones de su cargo, encargando a otro de ellas. ‖ *For.* *Exculparse, dar satisfacción a los cargos.
descargo. m. Acción de descargar. ‖ Data o salida en las *cuentas. ‖ *Exculpación o excusa del cargo que se hace a uno. ‖ Satisfacción y *cumplimiento de las obligaciones de justicia.
descargue. m. *Descarga de un peso o transporte.
descariñarse. r. Perder el cariño y afición a una persona o cosa, sentir *desapego.
descariño. m. Tibieza o *desapego en los afectos.
descarnación. f. Acción y efecto de trabajar las *pieles por el lado de la carne.
descarnada. f. Por antonom., la *muerte.
descarnadamente. adv. m. fig. Con *claridad, directamente.
descarnador. m. Instrumento de *dentista, con una punta vuelta en uno de sus extremos, y una lancilla en el otro. ‖ *Cuchillo de filo embotado que se usa para descarnar *pieles.
descarnadura. f. Acción y efecto de descarnar o descarnarse.
descarnar. tr. Quitar al *hueso o la *piel la *carne adherida a ellos. Ú. t. c. r. ‖ fig. Quitar parte de una cosa o desmoronarla. Ú. t. c. r. ‖ fig. Inspirar a uno el *desapego de las cosas terrenas. Ú. t. c. r.
***descaro.** m. Desvergüenza, insolencia.
descarriamiento. m. **Descarrío.**
descarriar. tr. Apartar a uno del carril, *desviarlo, echarlo fuera de él. ‖ *Apartar del *rebaño cierto número de reses. Ú. t. c. r. ‖ r. *Apartarse o perderse una persona, de las demás con quienes iba en compañía. ‖ fig. Apartarse de lo justo y razonable.
descarriladura. f. **Descarrilamiento.**
descarrilamiento. m. Acción y efecto de descarrilar.
descarrilar. intr. Salir los *trenes, tranvías, etc., fuera del carril.
descarrilladura. f. Acción de descarrillar.
descarrillar. tr. Quitar o desbaratar los *carrillos.
descarrío. m. Acción y efecto de descarriar o descarriarse.
descartar. tr. fig. *Rechazar una cosa o apartarla de sí. ‖ r. Dejar las cartas que se consideran inútiles, en algunos juegos de *naipes. ‖ fig. Excusarse o *abstenerse una persona de hacer alguna cosa.
descarte. m. Cartas que se desechan en varios juegos de *naipes, o que quedan sin repartir. ‖ Acción de descartarse. ‖ fig. Excusa, *evasiva.
descasamiento. m. Anulación de un matrimonio. ‖ *Divorcio.
descasar. tr. Separar a los casados, anulando el *matrimonio. Ú. t. c. r. ‖ fig. *Descomponer la disposición de cosas que casaban bien. Ú. t. c. r. ‖ *Impr.* Alterar la colocación de las planas, para ordenarlas debidamente.
descascar. tr. **Descascarar.** ‖ r. *Romperse o hacerse cascos una cosa. ‖ fig. *Hablar mucho y echando fanfarronadas.
descascarar. tr. Quitar la *cáscara. ‖ r. fig. Levantarse la cáscara o revestimiento de algunas cosas.
descascarillado. m. Acción y efecto de descascarillar.
descascarillar. tr. Quitar la cascarilla. Ú. t. c. r.
descaspar. tr. Quitar o limpiar la caspa.
descasque. m. Acción de descortezar los árboles, particularmente los *alcornoques.
descastado, da. adj. Que manifiesta *desapego a sus parientes. Ú. t. c. s. ‖ *Ingrato. Ú. t. c. s.
descastar. tr. Acabar con una casta de animales. ‖ *Destruir los animales dañinos.
descatolización. f. Acción y efecto de descatolizar.
descatolizar. tr. Apartar de la religión católica. Ú. t. c. r.
descaudalado, da. adj. Dícese de la persona que ha *perdido su caudal.
descebar. tr. Quitar el cebo a las *armas de fuego*.
descendencia. f. Conjunto de personas que por generación descienden de una misma persona. ‖ *Linaje, estirpe.
descendente. p. a. de **Descender.** Que desciende.
descender. intr. *Bajar, pasar de un lugar alto a otro bajo. ‖ *Fluir, correr una cosa líquida. ‖ *Proceder, por generaciones sucesivas, de una persona que es la cabeza de la familia. ‖ Proceder una cosa de otra. ‖ tr. **Bajar.**
descendida. f. **Bajada.**
descendiente. p. a. de **Descender. Descendente.** ‖ com. Persona que desciende de otra.
descendimiento. m. Acción de descender uno, o de *bajarle. ‖ Por antonom., el que se hizo del cuerpo de *Cristo, bajándolo de la cruz. ‖ **Pint.* y **Esc.* Composición en que se representa el descendimiento de Cristo.
descensión. f. **Descenso.**
descenso. m. Acción y efecto de descender. ‖ **Bajada.** ‖ fig. Caída de una dignidad, *decadencia.
descentrado, da. adj. Dícese de la pieza de una máquina u otra cosa que está fuera de su *centro.
descentralización. f. Acción y efecto de descentralizar.
descentralizador, ra. adj. Que descentraliza.
descentralizar. tr. **Polít.* Transferir a organismos locales parte de las funciones que antes ejercía el gobierno supremo del estado.
descentrar. tr. Sacar una cosa de su *centro. Ú. t. c. r.
desceñidura. f. Acción y efecto de desceñir o desceñirse.
desceñir. tr. *Desatar, quitar lo que *ciñe. Ú. t. c. r.
descepar. tr. *Arrancar de *raíz las plantas que tienen cepa. ‖ fig. Extirpar, *destruir.
descepar. tr. *Mar.* Quitar los cepos a las *anclas y anclotes.
descerar. tr. Sacar las *ceras vanas de las *colmenas.
descercado, da. adj. Dícese del lugar que no tiene cerca.
descercador. m. El que obliga a levantar el *sitio de una plaza o fortaleza.
descercar. tr. Derribar una muralla o un *cercado. ‖ Levantar o hacer levantar el *sitio puesto a una plaza o fortaleza.
descerco. m. Acción y efecto de descercar una plaza o fortaleza.
descerezar. tr. Quitar a la semilla del *café la carne que tiene adherida.
descerrajado, da. adj. fig. y fam. De vida *inmoral y condición perversa.
descerrajadura. f. Acción de descerrajar.
descerrajar. tr. *Arrancar o violentar la *cerradura para *abrir a la fuerza una puerta, cofre, etc. ‖ fig. y fam. Hacer un *disparo con arma de fuego.
descerrar. tr. **Abrir.**
descerrumarse. r. **Veter.* Desconcertarse una caballería la articulación del menudillo con la cerruma.
descervigamiento. m. Acción y efecto de descervigar.
descervigar. tr. Torcer la *cerviz.

descifrable. adj. Que se puede descifrar.
descifrador. m. El que descifra.
descifrar. tr. *Leer, *entender o *explicar lo escrito con *clave o con caracteres desconocidos o mal hechos. ‖ fig. *Entender y declarar lo obscuro y de difícil inteligencia.
descifre. m. Acción de descifrar.
descimbramiento. m. *Arq.* Acción y efecto de descimbrar.
descimbrar. tr. *Arq.* Quitar las cimbras de una obra.
descimentar. tr. Deshacer los cimientos.
descinchar. r. Quitar o soltar las *cinchas a una caballería.
descinto, ta. p. p. irreg. de **Desceñir.**
descintrar. tr. *Arq.* Quitar la cintra a un *arco.
desclavador. m. *Cincel de boca ancha y roma, que se usa para desclavar.
***desclavar.** tr. *Arrancar o quitar los *clavos. ‖ Separar una cosa de otra a la que está sujeta con clavos. ‖ fig. Desengastar las piedras de *joyería.
descoagulante. p. a. de **Descoagular.** Que descoagula.
descoagular. tr. *Liquidar lo coagulado. Ú. t. c. r.
descobajar. tr. Quitar el escobajo de la *uva.
descobijar. tr. *Descubrir, destapar. ‖ **Desabrigar.** Ú. t. c. r.
descocadamente. adv. m. Con descoco.
descocado, da. adj. fam. Que muestra demasiada desenvoltura o *descaro. Ú. t. c. s.
descocar. tr. Quitar a los *árboles los cocos o insectos que los dañan.
descocarse. r. fam. Manifestar demasiada desenvoltura o *descaro.
descocedura. f. Efecto de descocer.
descocer. tr. *Digerir la comida.
descoco. m. fam. Desenvoltura excesiva, *descaro.
descodar. tr. Desapuntar las piezas de *paño.
descoger. tr. Desplegar, *extender lo que está plegado o recogido.
descogimiento. m. Acción de descoger.
descogollar. tr. Quitar los cogollos.
descogotado, da. adj. fam. Que lleva sin *cabello y descubierto el cogote.
descogotar. tr. *Mont.* Quitar los *cuernos al venado.
descolar. tr. Quitar o *cortar la *cola. ‖ Quitar a la pieza de *paño el extremo opuesto a aquel en que está la marca del fabricante.
descolchado. m. Acción y efecto de descolchar.
descolchar. tr. *Mar.* Desunir los cordones de los *cabos. Ú. t. c. r.
***descolgar.** tr. Bajar lo que está *colgado. ‖ *Bajar poco a poco una cosa pendiente de cuerda. ‖ Quitar de las paredes las *colgaduras. ‖ r. Echarse de alto abajo, *deslizándose por una cuerda u otra cosa. ‖ fig. Ir bajando de un sitio alto o por una pendiente una persona o cosa. ‖ fig. y fam. **Salir** (decir una cosa impertinente o *inoportuna). ‖ fig. y fam. *Presentarse inesperadamente una persona.
descoligado, da. adj. Apartado de la liga o confederación.
descolmar. tr. Quitar el colmo a la medida de *capacidad, pasando el rasero. ‖ fig. **Disminuir.**
descolmillar. tr. Quitar o quebrantar los colmillos.
descoloramiento. m. Acción y efecto de descolorar o descolorarse.
descolorante. p. a. de **Descolorar.** Que descolora.
***descolorar.** tr. Producir *decoloración. Ú. t. c. r.
descolorido, da. adj. De color *pálido o bajo en su línea.
descolorimiento. m. Acción y efecto de descolorir o descolorirse.
descolorir. tr. **Descolorar.** Ú. t. c. r.
descolladamente. adv. m. Con *superioridad y altanería.
descollamiento. m. **Descuello.**
descollar. intr. **Sobresalir.** Ú. t. c. r.
descombrar. tr. *Desobstruir un paraje de cosas o materiales que estorban. ‖ fig. Despejar, desembarazar.
descombro. m. Acción y efecto de descombrar.
descomedidamente. adv. m. Con *descomedimiento. ‖ Con *exceso.
***descomedido, da.** adj. *Excesivo, *desproporcionado. ‖ **Descortés.** Ú. t. c. s.
***descomedimiento.** m. Falta de respeto y mesura; descortesía.
***descomedirse.** r. Faltar al respeto, de obra o de palabra.
descomer. tr. fam. *Evacuar el vientre.
descomodidad. f. **Incomodidad.**
descompadrar. tr. fam. *Enemistar o *desavenir a dos o más personas. ‖ intr. fam. Desavenirse los que eran amigos.
descompaginar. tr. Descomponer, *desordenar.
descompás. m. *Exceso, *desproporción.
descompasadamente. adv. m. **Descomedidamente.**
descompasado, da. adj. ***Descomedido.** ‖ *Excesivo.
descompasarse. r. **Descomedirse.**
***descomponer.** tr. *Desordenar, desarreglar, desbaratar. Ú. t. c. r. ‖ *Separar o aislar las diversas partes que forman un compuesto. ‖ fig. Indisponer los ánimos, *malquistar. ‖ r. *Corromperse alguna cosa. ‖ Desazonarse el cuerpo, perder la salud. ‖ fig. *Descomedirse.
***descomposición.** f. Acción y efecto de descomponer o descomponerse.
descompostura. f. **Descomposición.** ‖ Desaseo, *desaliño. ‖ fig. *Descaro, *descomedimiento, falta de respeto.
descompuestamente. adv. m. Con descompostura.
descompuesto, ta. adj. fig. Inmodesto, *descomedido, *descortés.
descomulgado, da. adj. Malvado, *perverso. Ú. t. c. s.
descomulgador. m. El que descomulga.
descomulgar. tr. **Excomulgar.**
descomunal. adj. *Extraordinario, enorme.
descomunalmente. adv. m. De modo muy distante de lo común.
descomunión. f. **Excomunión.**
desconceptuar. tr. **Desacreditar.** Ú. t. c. r.
desconcertadamente. adv. m. Sin concierto.
desconcertado, da. adj. fig. Desbaratado, *informal, de conducta irregular o *viciosa. ‖ fig. V. **Reloj desconcertado.**
desconcertador. m. El que desconcierta.
desconcertadura. f. Acción y efecto de desconcertar o desconcertarse.
desconcertante. p. a. de **Desconcertar.** Que desconcierta.
***desconcertar.** tr. *Desordenar, turbar el orden, concierto y composición de una cosa. Ú. t. c. r. ‖ Tratándose de *huesos del cuerpo, **dislocar.** Ú. t. c. r. ‖ fig. *Sorprender, suspender el ánimo. ‖ r. *Desavenirse las personas o cosas que estaban acordes. ‖ Perder la serenidad, *descomedirse.
desconcierto. m. *Descomposición de las partes de un cuerpo o de una máquina. ‖ fig. Desorden, desavenencia, *desacuerdo. ‖ fig. Falta de medida en las acciones o palabras, *descomedimiento. ‖ fig. Falta de gobierno y economía. ‖ fig. Flujo de vientre, *diarrea.
desconcordia. f. Desunión, *disconformidad, *discordia.
desconchado. m. Parte en que una *pared ha perdido su revestimiento.
desconchar. tr. Quitar a una *pared parte de su revestimiento. Ú. t. c. r.
desconchón. m. Acción y efecto de desconchar o desconcharse.
desconectar. tr. *Mec.* Interrumpir la conexión de dos o más piezas de una máquina, *desacoplarlas, *separarlas.
desconfiadamente. adv. m. Con desconfianza.
desconfiado, da. adj. Que desconfía.
***desconfianza.** f. Falta de confianza.
***desconfiar.** intr. No confiar, sentir recelo o desesperanza.
desconformar. intr. Disentir, *desconvenir, estar en *desacuerdo. ‖ r. Discordar.
***desconforme.** adj. **Disconforme.**
***desconformidad.** f. **Disconformidad.**
descongestión. f. Acción y efecto de descongestionar.
descongestionar. tr. Disminuir o quitar la congestión.
desconocedor, ra. adj. Que desconoce.
desconocer. tr. No recordar una cosa; haberla *olvidado. ‖ No conocer, *ignorar. ‖ Negar uno ser suya alguna cosa, *rechazarla. ‖ Darse por desentendido de una cosa, *disimular. ‖ fig. Apreciar el *cambio que ha sufrido una persona o cosa, que la hace difícil de reconocer. Ú. t. c. r.
desconocidamente. adv. m. Con desconocimiento.
***desconocido, da.** adj. *Ingrato, falto de gratitud. Ú. t. c. s. ‖ → Ignorado, no conocido de antes. Ú. t. c. s.
desconocimiento. m. Acción y efecto de desconocer. ‖ *Ingratitud.
desconsentir. tr. No consentir.
desconsideración. f. Acción y efecto de desconsiderar.
desconsideradamente. adv. m. Sin consideración.
desconsiderado, da. adj. Falto de consideración, *descomedido, *irrespetuoso. Ú. t. c. s.
desconsiderar. tr. No guardar la consideración debida.
desconsolación. f. Desconsuelo, *aflicción.
desconsoladamente. adv. m. Con desconsuelo.
desconsolado, da. adj. Que carece de consuelo. ‖ fig. Triste y *afligido. ‖ fig. Dícese del *estómago que padece desfallecimiento.
desconsolador, ra. adj. Que desconsuela.
desconsolar. tr. Privar de consuelo, *afligir. Ú. t. c. r.
desconsuelo. m. *Aflicción profunda por falta de consuelo. ‖ Tratándose del *estómago, desfallecimiento, debilidad.
descontagiar. tr. Quitar el contagio, *desinfectar.
descontar. tr. *Rebajar una cantidad de una cuenta, factura, etc. ‖ fig. Rebajar algo del mérito o virtudes que se atribuyen a una persona. ‖ fig. *Predecir, dar por *cierto que

sucederá alguna cosa. || *Com.* *Pagar al contado una *letra de cambio* no vencida, rebajando de su valor la cantidad que se estipule.

descontentadizo, za. adj. Que se *disgusta con facilidad. Ú. t. c. s. || *Difícil de contentar, excesivamente nimio o *delicado. Ú. t. c. s.

descontentamiento. m. Falta de contento, *disgusto.

descontentar. tr. *Disgustar, desagradar. Ú. t. c. r.

***descontento.** m. *Disgusto o desagrado.

descontinuación. f. Acción y efecto de descontinuar.

descontinuar. tr. **Discontinuar.**

descontinuo, nua. adj. **Discontinuo.**

desconvenible. adj. *Desconforme, desproporcionado.

desconveniencia. f. Incomodidad, *perjuicio.

desconveniente. adj. No conveniente o conforme.

***desconvenir.** intr. No convenir en las opiniones. || No concordar entre sí dos personas o dos cosas. Ú. t. c. r.

desconversable. adj. De genio *desabrido; propenso al *aislamiento.

desconvidar. tr. Anular un convite. || Anular lo ofrecido *retractándose de ello.

descopado, da. adj. Dícese de la *caballería que tiene las ancas fuera de su aplomo.

descorazonadamente. adv. m. fig. Con descorazonamiento.

descorazonamiento. m. fig. Caimiento de ánimo, *desaliento, *desesperanza.

descorazonar. tr. Arrancar, sacar el *corazón. || fig. *Desanimar, acobardar. Ú. t. c. r.

descorchador. m. El que descorcha. || **Sacacorchos.**

descorchar. tr. Quitar o arrancar el corcho al *alcornoque. || Romper el corcho de la *colmena para sacar la *miel. || *Destapar una botella u otra vasija, sacando el corcho que la cierra. || fig. Romper una caja o cosa semejante, para *robar lo que hay dentro.

descorche. m. Acción y efecto de descorchar el alcornoque.

descordar. tr. **Desencordar.**

descordar. tr. *Taurom.* Herir al toro en la médula espinal, causándole parálisis.

descorderar. tr. Entre ganaderos, separar los *corderos de las madres.

descornar. tr. Quitar los *cuernos a un animal. Ú. t. c. r. || *Germ.* **Descubrir.** || r. fig. y fam. **Descalabazarse.**

descorrear. intr. Soltar el ciervo y otros cuadrúpedos la piel que cubre los pitones de sus *cuernos. Ú. t. c. r.

descorregido, da. adj. Desarreglado, incorrecto, *defectuoso.

descorrer. tr. *Retroceder, volver uno a *correr en sentido contrario el espacio que antes había corrido. || Plegar o *encoger lo que estaba antes estirado o extendido. || intr. Correr, *fluir o escurrir una cosa líquida. Ú. t. c. r.

descorrimiento. m. Efecto de desprenderse y correr un *líquido.

***descortés.** adj. Falto de cortesía. Ú. t. c. s.

***descortesía.** f. Falta de cortesía.

descortésmente. adv. m. Sin cortesía.

descortezador, ra. adj. Que descorteza. Ú. t. c. s.

descortezadura. f. Parte de *corteza que se quita a una cosa. || Parte descortezada.

descortezamiento. m. Acción de descortezar o descortezarse.

***descortezar.** tr. Quitar la *corteza al árbol, al pan o a otra cosa. Ú. t. c. r. || fig. y fam. **Desbastar** (*educar o pulir a una persona). Ú. t. c. r.

descortezo. m. Acción y efecto de descortezar los árboles.

descortinar. tr. *Artill.* *Destruir la cortina o muralla a cañonazos.

descosedura. f. **Descosido.**

descoser. tr. Soltar las puntadas de las cosas que estaban *cosidas. Ú. t. c. r. || r. fig. *Revelar indiscretamente lo que convenía callar. || fig. y fam. ***Ventosear.**

descosidamente. adv. m. fig. Con mucho *exceso. || Con incoherencia o *desorden.

descosido, da. adj. fig. Dícese del que indiscretamente *revela lo que convenía tener oculto. || fig. *Desordenado, confuso. || m. Parte **descosida** en una prenda de vestir o de cualquier uso. || **Como un descosido.** expr. fig. y fam. con que se significa el *exceso o *diligencia con que se hace una cosa.

descostarse. r. *Apartarse, separarse.

descostillar. tr. Dar *golpes a uno en las costillas. || r. *Caerse violentamente de espaldas.

descostrar. tr. Quitar la costra.

descotar. tr. **Escotar.**

descote. m. **Escote** (del vestido).

descoyuntamiento. m. Acción y efecto de descoyuntar o descoyuntarse.|| fig. *Dolor que se siente en el cuerpo, como si estuvieran descoyuntados los huesos.

descoyuntar. tr. *Desencajar los *huesos de su lugar. Ú. t. c. r. || fig. Molestar, *importunar.

descoyunto. m. **Descoyuntamiento.**

descrecencia. f. Acción y efecto de descrecer.

descrecer. intr. **Decrecer.**

descrecimiento. m. **Decremento.**

***descrédito.** m. Disminución o pérdida de la buena fama de las personas, o del valor y estima de las cosas.

descreencia. f. **Descreimiento.**

descreer. tr. Faltar a la fe, dejar de creer, hacerse *incrédulo. || Negar el crédito debido a una persona.

descreídamente. adv. m. Con descreimiento.

descreído, da. adj. *Incrédulo, falto de fe.

descreimiento. m. Falta de fe, *incredulidad. especialmente en punto a religión.

descremar. tr. Quitar la crema a la *leche.

descrestar. tr. Quitar o cortar la cresta.

descriarse. r. **Desmejorarse.** || **Estropearse.**

***describir.** tr. *Dibujar o representar una cosa, de modo que dé cabal idea de ella. || Representar personas o cosas por medio del lenguaje. || *Lóg.* Definir una cosa, dando una idea general de sus partes o propiedades.

***descripción.** f. Acción y efecto de describir. || *For.* **Inventario.**

descriptivo, va. adj. Dícese de lo que describe.

descripto, ta. p. p. irreg. **Descrito.**

descriptor, ra. adj. Que describe. Ú. t. c. s.

descrismar. tr. Quitar el crisma. || fig. y fam. Dar a uno un gran *golpe en la cabeza. Ú. t. c. r. || r. fig. y fam. Enfadarse, *irritarse. perder la paciencia y el tino. || fig. y fam. **Descalabazarse.**

descristianar. tr. **Descrismar.** Ú. t. c. r.

descristianizar. tr. Quitar la fe o las costumbres *cristianas.

descrito, ta. p. p. irreg. de **Describir.**

descruzar. tr. Deshacer la forma de *cruz o la posición cruzada.

descuadernar. tr. **Desencuadernar.** Ú. t. c. r. || fig. Desconectar, *descomponer.

descuadrillado, da. adj. Que sale de la cuadrilla o va fuera de ella. || m. *Veter.* Enfermedad que suelen padecer las bestias en el hueso del cuadril.

descuadrillarse. r. *Veter.* Derrengarse la bestia por el cuadril.

descuajar. tr. *Liquidar, descoagular. Ú. t. c. r. || fig. y fam. Hacer a uno *desesperanzar, *desanimarlo. || *Agr.* *Arrancar de raíz o de cuajo.

descuajaringarse. r. fam. Relajarse las partes del cuerpo por efecto de *cansancio. || *Aflojarse las partes de algún objeto.

descuaje. m. *Agr.* **Descuajo.**

descuajo. m. *Agr.* Acción de descuajar o *arrancar de raíz.

descuartelar. tr. **Desacuartelar.**

descuartizamiento. m. Acción y efecto de descuartizar.

descuartizar. tr. *Dividir un cuerpo haciéndolo cuartos. || fam. Hacer pedazos alguna cosa para *repartirla.

descubierta. f. Especie de *pastel o empanada sin tapa. || *Mar.* Reconocimiento del horizonte, que, al salir y al ponerse el Sol, se practica en una *armada. || **Mil.* Reconocimiento que hace la tropa, para observar si en las inmediaciones hay enemigos.

descubiertamente. adv. m. Claramente, de modo *manifiesto.

***descubierto, ta.** adj. Destocado, sin sombrero. || m. Acto de exponer el sacramento de la *Eucaristía a la adoración de los fieles. || **Déficit.** || **A la descubierta,** o **al descubierto.** m. adv. **Descubiertamente.** || Al raso o a la intemperie. || **Al descubierto.** m. adv. *Com.* Dícese de la operación mercantil que se hace sin tener disponible la cosa o el precio. || **En descubierto.** m. adv. En los ajustes de *cuentas, sin dar salida a algunas partidas del cargo, o faltando alguna cantidad para satisfacerlo. || fig. Sin poder responder a un cargo o reconvención. || **En todo lo descubierto.** m. adv. En todo el mundo conocido.

descubridero. m. Lugar *alto desde donde se puede explayar la *vista.

descubridor, ra. adj. Que *descubre. Ú. t. c. s. || Que indaga y *averigua. Ú. t. c. s. || Por antonom., dícese del que ha *hallado tierras y provincias ignoradas o desconocidas. Ú. m. c. s. || Dícese de cualquiera de las *embarcaciones de la *armada que se emplean para hacer la descubierta. || m. *Mil.* Explorador.

***descubrimiento.** m. Acción y efecto de descubrir o poner de manifiesto lo que estaba tapado, revestido u oculto. || *Hallazgo, encuentro, *averiguación de algo desconocido. || Por antonom., encuentro, *invención o hallazgo de una tierra o un mar ignorado. || Territorio, provincia o cosa que se ha reconocido o descubierto.

***descubrir.** tr. *Manifestar, hacer patente. || *Destapar lo que está tapado o cubierto. || Hallar lo que estaba ignorado o escondido. || *Inventar. || Registrar o alcanzar a *ver. || *Averiguar una cosa que se igno-

raba. ‖ r. Quitarse de la cabeza el sombrero, gorra, etc.
descuello. m. Superioridad, mayor *altura de una cosa con relación a otras semejantes que la rodean. ‖ fig. *Superioridad en virtud, en talento, ciencia, etc. ‖ fig. Altanería, *orgullo.
descuento. m. Acción y efecto de descontar. ‖ *Disminución, compensación de una parte de la *deuda. ‖ *Com.* Operación de adquirir antes del vencimiento una *letra de cambio* u otros valores endosables.
descuerar. tr. Quitar la *piel a un animal. ‖ fig. *Murmurar de una persona.
descuernacabras. m. *Viento frío de la parte del Norte.
descuernapadrastros. m. *Germ.* *Machete o terciado.
descuerno. m. fam. Desaire, *desprecio, *ofensa. ‖ *Germ.* Lo que se descubre.
descuidadamente. adv. m. Con descuido.
***descuidado, da.** adj. Negligente, que falta al cuidado que debe poner en las cosas. Ú. t. c. s. ‖ *Desaliñado. Ú. t. c. s. ‖ **Desprevenido.**
***descuidar.** tr. *Libertar o eximir a uno de algún cuidado u obligación. Ú. t. c. intr. ‖ *Distraer, procurar que no atienda uno a lo que le importa. ‖ → intr. No cuidar de las cosas. Ú. t. c. r.
descuidero, ra. adj. Se aplica al que *hurta aprovechándose del descuido ajeno. Ú. t. c. s.
***descuido.** m. Negligencia, falta de cuidado. ‖ *Olvido, inadvertencia. ‖ Desatención o acción *descortés e impropia de quien la ejecuta. ‖ Tropiezo, acto *deshonesto o culpable. ‖ **Al descuido,** o **al descuido y con cuidado.** m. adv. Con **descuido** afectado.
descuitado, da. adj. Que vive *tranquilo, sin pesadumbres ni cuidados.
descular. tr. **Desfondar.**
descumbrado, da. adj. Llano y sin cumbre.
deschanzado, da. adj. *Germ.* Perdido o *descubierto.
deschuponar. tr. Quitar al *árbol los chupones.
desdar. tr. Dar *vueltas, en sentido *inverso al corriente, a una llave, manubrio, etc.
desde. prep. que denota el punto en que *empieza a contarse alguna cosa, en el tiempo o en el espacio. También denota procedencia u *origen. ‖ Después de.
desdecir. intr. fig. *Degenerar una cosa o persona de su primitiva condición. ‖ fig. *Desconvenir, no conformarse una cosa con otra. ‖ *Decaer, venir a menos. ‖ **Desmentir** (cambiar de aspecto o de dirección). ‖ r. *Retractarse de lo dicho.
desdén. m. *Indiferencia y despego. ‖ *Menosprecio. ‖ **Al desdén.** m. adv. **Al descuido.** ‖ Con *desaliño *afectado.
desdentado, da. adj. Que ha perdido los *dientes. ‖ **Zool.* Dícese de los mamíferos que carecen de dientes incisivos y, a veces, también de caninos y molares; como el armadillo. Ú. t. c. s. ‖ m. pl. *Zool.* Orden de estos animales.
desdentar. tr. Quitar o sacar los *dientes.
desdeñable. adj. Que merece ser desdeñado.
desdeñadamente. adv. m. **Desdeñosamente.**
desdeñador, ra. adj. Que desdeña. Ú. t. c. s.
desdeñar. tr. Tratar con desdén o *menosprecio a una persona o cosa. ‖ r. Tener a menos el hacer o decir una cosa por razones de *honor o por *orgullo.
desdeñosamente. adv. m. Con desdén.
desdeñoso, sa. adj. Que manifiesta desdén. Ú. t. c. s.
desdevanar. tr. Deshacer el ovillo en que se había devanado el *hilo. Ú. t. c. r.
desdibujado, da. adj. Dícese del *dibujo defectuoso. ‖ fig. *Confuso, borroso.
desdibujar. tr. Hacer *confusa o borrosa una imagen. Ú. t. c. r.
desdicha. f. ***Desgracia.** ‖ *Pobreza suma. ‖ **Poner** a uno **hecho una desdicha.** fr. fam. Ensuciarle mucho la ropa.
desdichadamente. adv. m. Con desdicha.
desdichado, da. adj. **Desgraciado.** Ú. t. c. s. ‖ fig. y fam. *Tímido, apocado. ‖ *Cándido en extremo.
desdicho, cha. p. p. irreg. de **Desdecir.**
desdoblamiento. m. Acción y efecto de desdoblar o desdoblarse. ‖ fig. **Explanación** (interpretación, *explicación).
desdoblar. tr. *Extender una cosa que estaba doblada. Ú. t. c. r. ‖ Formar dos o más cosas por *separación de elementos que suelen estar juntos.
desdorar. tr. Quitar el *oro con que estaba dorada una cosa. Ú. t. c. r. ‖ fig. Deslustrar, infamar. *desacreditar. Ú. t. c. r.
desdoro. m. *Descrédito, deshonra.
desdoroso, sa. adj. Que desdora o *desacredita.
deseable. adj. Digno de ser deseado.
deseablemente. adv. m. De modo deseable.
deseador, ra. adj. Que desea o apetece. Ú. t. c. s.
***desear.** tr. Querer con vehemencia alguna cosa, y especialmente la posesión de algo agradable o útil.
desecación. f. Acción y efecto de desecar o desecarse.
desecador, ra. adj. **Desecante.**
desecamiento. m. **Desecación.**
desecante. p. a. de **Desecar.** Que deseca. Ú. t. c. s.
desecar. tr. *Secar, extraer la humedad. Ú. t. c. r.
desecativo, va. adj. Dícese de lo que sirve para desecar.
desechadamente. adv. m. Vilmente, despreciablemente.
desechar. tr. *Excluir, *rechazar. ‖ *Reprobar. ‖ *Menospreciar, desestimar. ‖ Expeler, arrojar. ‖ Apartar de sí un pesar, temor o mal pensamiento. ‖ Hablando del vestido u otra cosa de uso, dejarla por *inútil. ‖ Tratándose de llaves, cerrojos, etc., darles el movimiento necesario para *abrir.
desechito. m. *Tabaco de segunda calidad.
***desecho.** m. Lo que queda después de haber escogido lo mejor de una cosa. ‖ Cosa que por cualquier motivo, resulta ya *inútil para su destino. ‖ *Tabaco de primera calidad, procedente de las hojas del cogollo. ‖ fig. *Desprecio.
desedificación. f. fig. Acción y efecto de desedificar.
desedificar. tr. fig. Dar mal ejemplo, dar *escándalo.
deselectrización. f. Acción y efecto de deselectrizar.
deselectrizar. tr. Descargar de *electricidad un cuerpo.
desselladura. f. Acción y efecto de desellar.
desellar. tr. Quitar el *sello a las cartas u otras cosas.
desembalaje. m. Acción de desembalar.
desembalar. tr. Quitar el *embalaje a las cosas que vienen con él.
desembaldosar. tr. Quitar o arrancar las baldosas al *suelo.
desemballestar. intr. **Cetr.* Disponerse a bajar el halcón.
desembanastar. tr. *Sacar de la banasta lo que estaba en ella. ‖ fig. *Hablar mucho y sin discreción. ‖ fig. y fam. Desenvainar la *espada u otra *arma. ‖ r. fig. y fam. *Salirse o huir el animal que estaba encerrado. ‖ fig. y fam. **Desembarcar** (apearse de un carruaje).
desembarazadamente. adv. m. Sin embarazo.
desembarazado, da. adj. Despejado, *libre; que no ofrece impedimento ni obstrucción. ‖ Que obra con expedición y *desenvoltura.
***desembarazar.** tr. Despejar, quitar el impedimento u obstrucción. ‖ Dejar una cosa *libre y expedita. Ú. t. c. r. ‖ Evacuar, *desocupar. ‖ r. fig. *Rechazar o apartar uno de sí lo que le estorba para conseguir un fin.
desembarazo. m. Despejo, *desenvoltura, desenfado.
desembarcadero. m. Lugar destinado para desembarcar.
desembarcar. tr. Sacar de la *embarcación y poner en tierra lo embarcado. ‖ intr. *Salir de una embarcación. Ú. t. c. r. ‖ Llegar una *escalera al plano o meseta en que termina. ‖ fig. y fam. *Salir de un carruaje. ‖ *Mar.* Dejar de pertenecer una persona a la dotación de un buque.
desembarco. m. Acción de desembarcar las personas. ‖ Meseta en donde termina la *escalera. ‖ **Mil.* Operación que realiza en tierra una fuerza que llega embarcada.
desembargador. m. *Magistrado supremo que había en Portugal.
desembargar. tr. Quitar el impedimento o embarazo. ‖ *For.* Alzar el *embargo.
desembargo. m. En el antiguo Consejo de *Hacienda, carta de libramiento provisional. ‖ *For.* Acción y efecto de desembargar.
desembarque. m. Acción y efecto de desembarcar.
desembarrancar. tr. Sacar a *flote la nave varada. Ú. t. c. intr.
desembarrar. tr. *Limpiar, quitar el barro o *lodo.
desembaular. tr. *Sacar lo que está en un baúl. ‖ fig. Sacar lo que está guardado en cualquier recipiente. ‖ fig. y fam. Desahogarse uno *diciendo a otro lo que le causa pena.
desembebecerse. r. Recobrarse del enajenamiento y suspensión de los *sentidos.
desembelesarse. r. Salir del embelesamiento.
desemblantado, da. adj. Que tiene demudado el *semblante.
desemblantarse. r. Demudarse.
desembocadero. m. Abertura o estrecho por donde se *sale de un punto a otro. ‖ **Desembocadura** (de un río).
desembocadura. f. Paraje por donde un *río, canal, etc., desemboca en otro, en el mar o en un lago. ‖ **Desembocadero** (de una calle, camino, etc.).
desembocar. intr. *Salir por un agujero o abertura estrecha. ‖ Desaguar un *río, un canal, etc., en otro, en el mar o en un lago. ‖ Te-

ner una calle o camino salida a determinado lugar.
desembojadera. f. Mujer dedicada a desembojar.
desembojar. tr. Quitar de las hojas los capullos de *seda.
desembolsar. tr. *Sacar lo que está en la *bolsa. ‖ fig. *Pagar o *gastar una cantidad de dinero.
desembolso. m. fig. Dinero que se desembolsa o *entrega. ‖ Dispendio, *gasto.
desemboque. m. **Desembocadero.**
desemborrachar. tr. **Desembriagar.** Ú. t. c. r.
desemboscarse. r. *Salir de un bosque o emboscada.
desembotar. tr. fig. Hacer que lo que estaba embotado deje de estarlo. Ú. t. c. r.
desembozar. tr. *Quitar a uno el embozo. Ú. t. c. r.
desembozo. m. Acción de desembozar o desembozarse.
desembragar. tr. *Mec.* *Desacoplar un mecanismo del motor que le imprime movimiento.
desembrague. m. Acción y efecto de desembragar.
desembravecer. tr. *Amansar, domesticar. Ú. t. c. r.
desembravecimiento. m. Acción y efecto de desembravecer o desembravecerse.
desembrazar. tr. Quitar o sacar del *brazo una cosa. ‖ *Arrojar un *dardo u otra cosa con la fuerza del brazo.
desembriagar. tr. Quitar la *borrachera. Ú. t. c. r.
desembridar. tr. Quitar a una cabalgadura las *bridas.
desembrollar. tr. fam. *Desenredar, aclarar.
desembrozar. tr. **Desbrozar.**
desembuchar. tr. Echar las *aves lo que tienen en el buche. ‖ fig. y fam. *Revelar uno lo que tenía callado.
desemejablemente. adv. m. Con desemejanza.
desemejante. adj. Diferente, no semejante.
desemejanza. f. *Diferencia, falta de semejanza.
desemejar. intr. *Diferenciarse una cosa de otra de su especie. ‖ tr. Desfigurar, *deformar, *cambiar de figura.
desempacar. tr. Desembalar las mercaderías de las pacas o *fardos.
desempacarse. r. *Aplacarse, desenojarse.
desempachar. tr. Quitar el empacho del *estómago. Ú. m. c. r. ‖ r. fig. Desembarazarse, adquirir *desenvoltura.
desempacho. m. fig. Desahogo, *desenvoltura, *descaro.
desempalagar. tr. Quitar el empalago o *asco que causa algún alimento. Ú. t. c. r. ‖ Desembarazar el *molino del agua que impide el movimiento del rodezno.
desempañar. tr. *Limpiar el cristal u otra cosa lustrosa que estaba empañada. ‖ Quitar los pañales a los *niños. Ú. t. c. r.
desempapelar. tr. Quitar a una cosa el *papel que la envuelve. ‖ Quitar de las paredes de una habitación el papel que las cubre.
desempaque. m. Acción y efecto de desempacar.
desempaquetar. tr. Desenvolver lo que está en *paquetes.
desemparejar. tr. Desigualar lo que estaba igual y parejo. Ú. t. c. r.
desemparentado, da. adj. Sin *parientes.
desemparvar. tr. Recoger la *parva, formando montón.
desempastelar. tr. *Impr.* Deshacer un pastel.
desempatar. tr. Deshacer el empate.
desempavonar. tr. **Despavonar.**
desempedrador. m. El que desempiedra.
desempedrar. tr. Desencajar y quitar las *piedras de un *pavimento.
desempegar. tr. Quitar el baño de pez a una tinaja, pellejo, etc.
desempeñar. tr. Sacar, *liberar lo que estaba empeñado en garantía de algún *préstamo. ‖ Libertar a uno de los empeños o *deudas que tenía contraídos. Ú. t. c. r. ‖ *Cumplir uno aquello a que está obligado. ‖ Sacar a uno *victorioso del empeño en que se hallaba. Ú. t. c. r. ‖ r. *Taurom.* En las fiestas de toros con caballeros en plaza, apearse éstos para herir al animal con la espada.
desempeño. m. Acción y efecto de desempeñar o desempeñarse.
desempeorarse. r. Fortalecerse, recobrar la *salud.
desemperezar. intr. Desechar la *pereza. Ú. t. c. r.
desempolvadura. f. Acción y efecto de desempolvar o desempolvarse.
desempolvar. tr. Quitar el *polvo. Ú. t. c. r.
desempolvoradura. f. Acción y efecto de desempolvorar o desempolvorarse.
desempolvorar. tr. **Desempolvar.** Ú. t. c. r.
desemponzoñar. tr. Quitar la ponzoña o el daño causado por ella.
desempotrar. tr. Sacar o *desencajar una cosa de donde estaba empotrada.
desempozar. tr. fig. *Sacar de un barranco u hondonada.
desempulgadura. f. Acción de desempulgar.
desempulgar. tr. Quitar de las empulgueras la cuerda de la *ballesta.
desenalbardar. tr. Quitar la *albarda.
desenamorar. tr. Hacer perder el *amor a una persona o cosa. Ú. m. c. r.
desenastar. tr. Quitar el asta o *mango a una arma o herramienta.
desencabalgar. tr. Desmontar una pieza de *artillería.
desencabestrar. tr. Desenredar la mano o el pie de la *caballería que se ha enredado en el cabestro.
desencadenamiento. m. Acción y efecto de desencadenar o desencadenarse.
desencadenar. tr. *Desatar o soltar al que está amarrado con cadena. ‖ fig. *Separar o desunir las cosas inmateriales. ‖ r. fig. Manifestarse repentinamente y con *violencia alguna fuerza natural, como el viento, o alguna pasión.
desencajadura. f. Efecto de desencajar.
desencajamiento. m. Acción y efecto de desencajar o desencajarse.
***desencajar.** tr. Sacar de su lugar una cosa, arrancarla o desunirla del encaje o trabazón que tenía con otra. Ú. t. c. r. ‖ r. Descomponerse el *semblante.
desencaje. m. **Desencajamiento.**
desencajonar. tr. *Sacar lo que está dentro de un *cajón.
desencalabrinar. tr. Quitar a uno el aturdimiento de cabeza. Ú. t. c. r.
desencalcar. tr. Aflojar lo que estaba apretado.
desencallar. tr. Poner a *flote una embarcación *encallada. Ú. t. c. intr.
desencaminar. tr. **Descaminar.**
desencantamiento. m. **Desencanto.**
desencantar. tr. Deshacer el encanto. Ú. t. c. r.
desencantaración. f. Acción y efecto de desencantarar.
desencantarar. tr. Sacar del cántaro uno de los nombres metidos en él para alguna elección por *sorteo. ‖ Excluir de esta elección determinados nombres.
desencanto. m. Acción y efecto de desencantar o desencantarse. ‖ *Desengaño, desilusión.
desencapar. tr. *Agr.* Romper la costra de la tierra.
desencapillar. tr. *Mar.* Zafar lo que está encapillado. Ú. t. c. r.
desencapotadura. f. Acción y efecto de desencapotar o desencapotarse.
desencapotar. tr. *Quitar el *capote. Ú. t. c. r. ‖ fig. y fam. Descubrir, *manifestar. ‖ **Equit.* Hacer que levante la cabeza el caballo. ‖ r. fig. Tratándose del cielo, limpiarse de *nubes, aclararse. ‖ fig. *Aplacarse, deponer el ceño.
desencaprichar. *Disuadir a uno de un capricho. Ú. m. c. r.
desencarcelar. tr. **Excarcelar.**
desencarecer. tr. **Abaratar.** Ú. t. c. intr. y c. r.
desencargar. tr. Revocar un encargo.
desencarnar. tr. *Mont.* Quitar a los perros las reses muertas, para que no se encarnicen.
desencastillar. tr. *Expulsar de un castillo o lugar fuerte la gente que lo defendía. ‖ fig. *Manifestar, aclarar lo oculto. Ú. t. c. r.
desencerrar. tr. *Sacar, *libertar del encierro. ‖ *Abrir lo que estaba cerrado. ‖ fig. *Manifestar lo escondido o ignorado.
desencintar. tr. Quitar las cintas con que estaba atada o adornada una cosa. ‖ Quitar el encintado a un pavimento.
desenclavar. tr. **Desclavar.** ‖ fig. *Expulsar a uno con violencia del sitio en que está.
desenclavijar. tr. Quitar las clavijas. ‖ fig. Desasir, *desencajar.
desencoger. tr. *Extender, estirar lo que estaba encogido. ‖ r. fig. *Esparcirse, adquirir *desenvoltura.
desencogimiento. m. fig. Desembarazo, *desenvoltura.
desencoladura. f. Acción y efecto de desencolar o desencolarse.
desencolar. tr. *Despegar lo que estaba pegado con cola. Ú. t. c. r.
desencolerizar. tr. *Aplacar al que está encolerizado. Ú. t. c. r.
desenconamiento. m. Acción y efecto de desenconar o desenconarse.
desenconar. tr. **Terap.* *Mitigar, quitar la inflamación. Ú. t. c. r. ‖ fig. Desahogar el ánimo enconado. Ú. t. c. r. ‖ fig. Moderar, corregir el encono o enojo. Ú. t. c. r.
desencono. m. Acción y efecto de desenconar o desenconarse.
desencordar. tr. Quitar las cuerdas a un *instrumento músico.
desencordelar. tr. *Desatar los cordeles a una cosa sujeta con ellos.
desencorvar. tr. *Enderezar lo encorvado o torcido.
desencovar. tr. *Sacar de una cueva.
desencrespar. tr. Abatir o poner laso lo encrespado. Ú. t. c. r.
desencuadernar. tr. Deshacer la encuadernación de un libro. Ú. t. c. r.
desenchufar. tr. *Separar o *desacoplar lo que está enchufado.
desendemoniar. tr. Lanzar los *demonios.
desendiablar. tr. **Desendemoniar.**
desendiosar. tr. fig. Abatir y *humillar al que se muestra endiosado.

desenfadadamente. adv. m. Con desenfado.
desenfadaderas. f. pl. fam. *Desenvoltura y *habilidad para salir de dificultades.
desenfadado, da. adj. Desembarazado, *desenvuelto. ‖ Tratándose de un sitio o lugar, ancho, *espacioso.
desenfadar. tr. Desenojar, quitar o *mitigar el enfado. Ú. t. c. r.
desenfado. m. Desahogo, *desenvoltura, *gallardía. ‖ *Diversión o desahogo del ánimo.
desenfaldar. tr. Bajar el enfaldo. Ú. m. c. r.
desenfardar. tr. Abrir y desatar los *fardos.
desenfardelar. tr. **Desenfardar.**
desenfilar. tr. *Mil.* Poner a cubierto de los tiros directos del enemigo. Ú. t. c. r.
desenfrailar. intr. Dejar de ser fraile; secularizarse. ‖ fig. y fam. *Librarse una persona de la opresión en que estaba. ‖ fig. y fam. Descansar de ocupaciones y negocios, *holgar por algún tiempo.
desenfrenadamente. adv. m. Con desenfreno.
desenfrenamiento. m. **Desenfreno.**
desenfrenar. tr. Quitar el *freno a las caballerías. ‖ r. fig. Entregarse desordenadamente a los vicios y maldades.
***desenfreno.** m. fig. Acción y efecto de desenfrenarse.
desenfundar. tr. Quitar la funda a una cosa.
desenfurecer. tr. Hacer deponer el furor, *aplacar, apaciguar. Ú. t. c. r.
***desenganchar.** tr. *Soltar lo que está enganchado. Ú. t. c. r. ‖ Quitar de un carruaje las *caballerías de tiro.
desengañadamente. adv. m. Claramente, sin engaño. ‖ fig. y fam. Malamente, con *desacierto.
desengañado, da. adj. Aleccionado por la *experiencia.
desengañador, ra. adj. Que desengaña. Ú. t. c. r.
***desengañar.** tr. Hacer conocer el engaño o el error. Ú. t. c. r. ‖ Quitar esperanzas o ilusiones.
desengañilar. tr. *Desasir al que está agarrado por los gañiles.
***desengaño.** m. Conocimiento de la verdad, con que se sale del engaño o error en que se estaba. ‖ Efecto de ese conocimiento en el ánimo. ‖ *Reprensión o *censura que se hace a uno en su cara. ‖ pl. Lecciones debidas a una amarga *experiencia.
desengarrafar. tr. *Soltar lo que se tiene asido con los dedos como con una garra.
desengarzar. tr. Deshacer el *engarce. Ú. t. c. r.
desengastar. tr. Sacar, *desencajar una cosa de su engaste.
desengomar. tr. **Desgomar.**
desengoznar. tr. **Desgoznar.** Ú. t. c. r.
desengranar. tr. *Mec.* *Desacoplar un engranaje.
desengrasar. tr. Quitar la *grasa. ‖ intr. fam. **Enflaquecer** (ponerse *flaco). ‖ fig. **Desensebar** (variar de ocupación para hacer más *descansado el *trabajo).
desengrilletar. tr. *Mar.* Zafar un grillete a una *cadena.
desengrosar. tr. *Adelgazar, enflaquecer. Ú. t. c. intr.
desengrudamiento. m. Acción y efecto de desengrudar.
desengrudar. tr. Quitar el engrudo.
desenhebrar. tr. Sacar la hebra de la aguja.
desenhetramiento. m. Acción de *desenredar el *cabello.
desenhetrar. tr. **Desenredar.**
desenhornar. tr. Sacar del *horno una cosa que se ha cocido en él.
desenjaezar. tr. Quitar los jaeces al caballo.
desenjalmar. tr. Quitar la *enjalma a una bestia.
desenjaular. tr. *Sacar de la *jaula.
desenlabonar. tr. **Deseslabonar.**
desenlace. m. *Lit.* Acción y efecto de desenlazar o desenlazarse el poema dramático o la novela.
desenladrillar. tr. Quitar los ladrillos del *suelo.
desenlazar. tr. *Desatar los lazos o lo que está atado con ellos. Ú. t. c. r. ‖ fig. Dar *solución a una dificultad. ‖ fig. *Lit.* Desatar el nudo del poema *dramático o del narrativo. Ú. t. c. r.
desenlodar. tr. Quitar el *lodo a una cosa.
desenlosar. tr. Deshacer el enlosado.
desenlutar. tr. Quitar el *luto. Ú. t. c. r.
desenmallar. tr. Sacar de la malla la *pesca.
desenmarañar. tr. *Desenredar, deshacer el enredo o maraña. ‖ fig. Poner en *claro una cosa que estaba obscura y enredada.
desenmascaradamente. adv. m. Públicamente y con *descaro.
desenmascarar. tr. *Quitar la *máscara. Ú. t. c. r. ‖ fig. Deshacer el fingimiento de una persona y *revelar los propósitos, sentimientos, etc., que procura ocultar.
desenmohecer. tr. *Limpiar, quitar el *moho.
desenmudecer. intr. Verse uno libre del impedimento natural que tenía para hablar. Ú. t. c. r. ‖ fig. Romper el silencio, *hablar el que había estado callado.
desenojar. tr. *Aplacar, hacer perder el enojo. Ú. t. c. r. ‖ r. fig. Esparcir el ánimo, *distraerse, *divertirse.
desenojo. m. Deposición del enojo.
desenojoso, sa. adj. Que quita el enojo o fastidio.
***desenredar.** tr. Deshacer el enredo. ‖fig. Poner en *orden. ‖ r. fig. Salir *victorioso de una dificultad o empeño.
***desenredo.** m. Acción y efecto de desenredar o desenredarse. ‖ **Desenlace.**
desenrizar. tr. **Desrizar.**
desenrollar. tr. **Desarrollar.** Ú. t. c. r.
desenronar. tr. Quitar la enrona o los *escombros.
desensamblar. tr. *Separar o *desacoplar las piezas ensambladas. Ú. t. c. r.
desensañar. tr. Hacer deponer la saña, *aplacar, apaciguar. Ú. t. c. r.
desensartar. tr. Desprender y *soltar lo ensartado.
desensebar. tr. Quitar el *sebo. ‖ ‖ fig. Variar de ocupación para hacer más *descansado el *trabajo. ‖ fig. Quitar de la boca el *sabor de la grosura tomando fruta u otra cosa semejante.
desenseñar. tr. Hacer *olvidar una *enseñanza viciosa por medio de otra propia y acertada.
desensillar. tr. Quitar la silla a una *caballería.
desensoberbecer. tr. Hacer deponer la soberbia; *humillar. Ú. t. c. r.
desensortijado, da. adj. Dícese de los rizos del pelo cuando se deshacen. ‖ Aplícase al *hueso que está fuera de su lugar.
desentablar. tr. Arrancar las *tablas que están clavadas o *derribar el tablado. ‖ fig. Descomponer, *desordenar. ‖ *Deshacer, desconcertar.
desentalingar. tr. *Mar.* Zafar el cable del arganeo del *ancla.
desentarimar. tr. Quitar el entarimado.
desentenderse. r. Fingir por *disimulo que no se entiende una cosa. ‖ *Abstenerse de intervenir en un asunto.
desenterrador. m. El que desentierra.
desenterramiento. m. Acción y efecto de desenterrar.
***desenterrar.** tr. *Descubrir, *sacar lo que está debajo de tierra. ‖ fig. Traer a la *memoria lo que por algún motivo se tenía olvidado.
desentierramuertos. com. fig. y fam. Persona que *infama la memoria de los muertos.
desentoldar. tr. *Quitar los toldos. ‖ fig. Despojar de su adorno una cosa.
desentonación. f. **Desentono.**
desentonadamente. adv. m. Con desentono.
desentonamiento. m. **Desentono.**
desentonar. tr. *Humillar el orgullo de uno. ‖ intr. Salir del tono y punto que compete. Ú. m. c. r. ‖ Decir alguna *impertinencia. ‖ *Mús.* Sonar fuera de la *afinación conveniente la voz o un instrumento. ‖ r. fig. Levantar la voz, *descomedirse.
desentono. m. Desproporción o *desafinación en el tono de la voz. ‖ fig. Descompostura y *descomedimiento.
desentornillar. tr. **Destornillar.**
desentorpecer. tr. Sacudir la torpeza o el pasmo; recobrar la *sensibilidad. Ú. t. c. r. ‖ Hacer capaz al que antes era torpe. Ú. t. c. r.
desentrampar. tr. fam. **Desempeñar** (librar de las *deudas). Ú. m. c. r.
desentrañamiento. m. Acción de desentrañarse.
desentrañar. tr. Sacar, *arrancar las entrañas. ‖ fig. *Averiguar lo más dificultoso de una materia. ‖ r. fig. *Despojarse uno de cuanto tiene para *darlo a otro.
desentronizar. tr. **Destronar.** ‖ fig. Deponer, *destituir.
***desentumecer.** tr. Quitar el *entumecimiento. Ú. t. c. r.
desentumecimiento. m. Acción y efecto de desentumecer o desentumecerse.
desentumir. tr. **Desentumecer.** Ú. t. c. r.
***desenvainar.** tr. Sacar de la *vaina la *espada u otra *arma blanca*. ‖ fig. y fam. *Sacar o descubrir lo que está oculto.
desenvelejar. tr. *Mar.* Quitar el *velamen al navío.
desenvendar. tr. **Desvendar.**
desenvergar. tr. *Mar.* Desatar las *velas envergadas.
desenviolar. tr. *Purificar algún lugar sagrado que se violó o profanó.
***desenvoltura.** f. fig. Desembarazo, desenfado, expedición. ‖ fig. *Deshonestidad, principalmente en las mujeres. ‖ fig. *Facilidad y expedición en el *hablar.
desenvolvedor, ra. adj. Que desenvuelve o averigua. Ú. t. c. s.
desenvolver. tr. Desarrollar, *extender lo envuelto o arrollado. Ú. t. c. r. ‖ fig. Descifrar, *averiguar o aclarar una cosa que estaba obscura o enredada. ‖ fig. **Desarrollar** (*aumentar, hacer *crecer). Ú. t. c. r. ‖ r. fig. **Desempacharse** (adquirir *desenvoltura). ‖ fig. **Desenredarse** (vencer una dificultad).
desenvolvimiento. m. Acción y efecto de desenvolver o desenvolverse.
desenvueltamente. adv. m. fig. Con

desenvoltura. || fig. Con *claridad y expedición.
*__desenvuelto, ta.__ p. p. irreg. de __Desenvolver.__ || adj. fig. Que tiene *desenvoltura.
__desenzarzar.__ tr. *Sacar de las zarzas o *desenredar una cosa que está enredada en ellas. Ú. t. c. r. || fig. y fam. Separar y *apaciguar a los que riñen. Ú. t. c. r.
*__deseo.__ m. Movimiento del ánimo hacia el conocimiento, posesión o disfrute de una cosa. || __Coger a deseo__ una cosa. fr. *Conseguir lo que se apetecía con vehemencia.
*__deseoso, sa.__ adj. Que se desea o apetece.
__desequido, da.__ adj. __Reseco.__
__desequilibrado, da.__ adj. Falto de equilibrio mental; que parece *loco.
__desequilibrar.__ tr. Hacer perder el equilibrio. Ú. t. c. r.
__desequilibrio.__ m. Falta de equilibrio.
__deserción.__ f. *Mil.* Acción de desertar. || *For.* *Abandono de la *apelación interpuesta.
__deserrado, da.__ adj. Libre de error.
__desertar.__ tr. **Mil.* *Huir, *abandonar el soldado sus banderas. Ú. t. c. r. || fig. y fam. *Retirarse uno de los lugares que solía frecuentar. || *For.* *Desistir de la causa o apelación.
__desértico, ca.__ adj. *Desierto. || Propio del desierto.
__desertor.__ m. *Soldado que desampara su bandera. || fig. y fam. El que se *retira de una causa que servía o se mantiene *ausente de una concurrencia que solía frecuentar.
__deservicio.__ m. *Desobediencia o incumplimiento del servicio a que uno está obligado.
__deservidor.__ m. El que falta a la obligación que tiene de *obedecer y servir a otro.
__deservir.__ tr. Faltar a la obligación que se tiene de *obedecer a uno y servirle.
__deseslabonar.__ tr. __Deslabonar.__
__desespaldar.__ tr. Lastimar la *espalda. Ú. t. c. r.
__desesperación.__ f. *Desesperanza, pérdida de la esperanza. || fig. Movimiento de *ira, despecho o enojo.
__desesperadamente.__ adv. m. Con desesperación.
__desesperado, da.__ adj. Poseído de desesperación. Ú. t. c. s.
__desesperante.__ p. a. de __Desesperar.__ Que desespera o *impacienta.
*__desesperanza.__ f. Falta de esperanza o pérdida de ella.
*__desesperanzar.__ tr. Quitar la esperanza. || r. Quedarse sin esperanza.
*__desesperar.__ tr. __Desesperanzar.__ Ú. t. c. intr. y c. r. || fam. *Impacientar, *irritar. Ú. t. c. r. || r. Despecharse hasta el punto de darse *muerte o de intentarlo.
__desespero.__ m. __*Desesperanza.__
__desestancar.__ tr. Dejar *libre lo que está estancado.
__desestanco.__ m. Acción y efecto de desestancar.
__desestañar.__ tr. Quitar el *estaño a una cosa estañada. Ú. t. c. r.
__desesterar.__ tr. Levantar o quitar las *esteras.
__desestero.__ m. Acción y efecto de desesterar. || Días en que se desestera.
__desestima.__ f. __Desestimación.__
__desestimación.__ f. Acción y efecto de desestimar.
__desestimador, ra.__ adj. Que desestima o hace poco aprecio. Ú. t. c. s.
__desestimar.__ tr. Tener en poco; *menospreciar. || *Denegar, rechazar.
__desfacedor, ra.__ adj. ant. __Deshacedor.__ Usáb. t. c. s. || __de entuertos.__ fam. __Deshacedor de agravios.__
__desfachatadamente.__ adv. m. Con desfachatez.
__desfachatado, da.__ adj. fam. *Descarado, desvergonzado.
__desfachatez.__ f. fam. *Descaro, desvergüenza.
__desfajar.__ tr. Quitar o *desatar la *faja que ciñe a una persona o cosa. Ú. t. c. r.
__desfalcador, ra.__ adj. Que desfalca. Ú. t. c. s.
__desfalcar.__ tr. *Descabalar una cosa. || Tomar para sí o *malversar un caudal que se tenía bajo obligación de custodia. || *Destituir a uno de la privanza o amistad que gozaba.
__desfalco.__ m. Acción y efecto de desfalcar.
__desfallecer.__ tr. Causar desfallecimiento, *debilitar. || intr. Descaecer, debilitarse. || *Desmayarse, desvanecerse.
__desfalleciente.__ p. a. de __Desfallecer.__ Que desfallece.
__desfallecimiento.__ m. Disminución de vigor y fuerzas. || Decaimiento, *desaliento del ánimo. || *Desmayo, desvanecimiento.
__desfamar.__ tr. __Difamar.__
*__desfavorable.__ adj. Poco favorable, *perjudicial. || *Adverso, contrario.
__desfavorecedor, ra.__ adj. Que desfavorece. Ú. t. c. s.
__desfavorecer.__ tr. Dejar de favorecer a uno, desairarle, *menospreciarle. || Hacer *oposición a una cosa, favoreciendo la contraria.
__desfiguración.__ f. Acción y efecto de desfigurar o desfigurarse.
__desfiguramiento.__ m. __Desfiguración.__
__desfigurar.__ tr. *Deformar, hacer perder a una cosa su figura propia. || *Afear, *ajar el *semblante. Ú. t. c. r. || *Fingir, *disimular. || *Obscurecer e impedir que se perciban las formas y figuras de las cosas. || fig. *Tergiversar, referir una cosa alterando sus verdaderas circunstancias. || r. Inmutarse.
__desfijar.__ tr. *Arrancar, *quitar una cosa del sitio donde está fijada.
__desfilachar.__ tr. __Deshilachar.__
__desfiladero.__ m. Paso *estrecho por donde la tropa tiene que marchar desfilando. || Paso estrecho entre *montañas.
__desfilar__ intr. Marchar en *fila. || fam. *Salir varios, uno tras otro, de alguna parte. || **Mil.* Marchar en orden y formación más reducida. || *Mil.* En ciertas funciones militares, pasar las tropas ante el rey, ante otro elevado personaje, etc.
__desfile.__ m. Acción de desfilar.
__desflecar.__ tr. Sacar flecos de las orillas de una tela para ciertas labores de *costura.
__desflemar.__ intr. Echar, expeler las flemas. || fig. *Jactarse, echar bravatas. || tr. **Quím.* Quitar o separar la flema de un líquido.
__desflocar.__ tr. __Desflecar.__
__desfloración.__ f. Acción y efecto de desflorar.
__desfloramiento.__ m. Acción y efecto de desflorar o desvirgar.
__desflorar.__ tr. *Ajar, quitar la flor o el lustre. || __Desvirgar.__ || fig. *Tratar superficialmente o empezar a tratar algún asunto. || *Germ.* __Descubrir.__
__desflorecer.__ intr. Perder la *flor. Ú. t. c. r.
__desflorecimiento.__ m. Acción y efecto de desflorecer.
__desfogar.__ tr. Dar salida al *fuego. || fig. Manifestar con vehemencia una *pasión. Ú. t. c. r. || intr. *Mar.* Resolverse una *nube, una tempestad, etcétera, en viento, en agua o en ambas cosas a la vez.
__desfogonar.__ tr. Quitar o romper el fogón a las *armas de fuego*. Ú. m. c. r.
__desfogue.__ m. Acción y efecto de desfogar o desfogarse.
__desfollonar.__ tr. Quitar a los *árboles los vástagos inútiles.
__desfondar.__ tr. Quitar o *romper el *fondo a un recipiente. Ú. t. c. r. || **Agr.* Dar a la tierra labores profundas. || *Mar.* Romper, agujerear el fondo de una *embarcación. Ú. t. c. r.
__desfonde.__ m. Acción y efecto de desfondar.
__desformar.__ tr. __Deformar.__
__desfortalecer.__ tr. **Fort.* Demoler o desguarnecer una fortaleza.
__desforzarse.__ r. p. us. *Vengarse, desagraviarse.
__desfrenamiento.__ m. fig. __Desenfreno.__
__desfrenar.__ tr. __Desenfrenar.__ Ú. t. c. r.
__desfruncir.__ tr. __Desplegar__ (extender).
__desfrutar.__ tr. Privar de *fruto a una planta antes de que llegue a sazón. Ú. t. c. intr.
*__desgaire.__ m. Desaliño, falta de gallardía, a veces afectada. || *Ademán con que se *menosprecia una persona o cosa. || __Al desgaire.__ m. adv. Con *descuido *afectado.
__desgajadura.__ f. *Rotura de la *rama cuando lleva consigo parte del tronco a que está asida.
__desgajar.__ tr. *Arrancar con violencia una *rama del tronco de donde nace. Ú. t. c. r. || Despedazar, *romper. || r. fig. *Apartarse, *soltarse una cosa de otra a que está unida.
__desgaje.__ m. Acción y efecto de desgajar o desgajarse.
__desgalgadero.__ m. Pedregal en *declive. || __Despeñadero__ (*precipicio).
__desgalgar.__ tr. __Despeñar.__ Ú. t. c. r.
__desgalichado, da.__ adj. fam. Desaliñado, *desgarbado.
__desgana.__ f. *Inapetencia. || fig. Falta de interés, *indiferencia, *fastidio. || *Repugnancia. || *Síncope, desmayo.
__desganar.__ tr. *Disuadir, quitar la gana de hacer una cosa. || r. Perder el apetito, sentir *inapetencia. || fig. Disgustarse de lo que antes se hacía con gusto, sentir tedio o *fastidio.
__desganchar.__ tr. *Arrancar las *ramas o ganchos de los árboles. Ú. t. c. r.
__desgano.__ m. __Desgana.__
__desgañifarse.__ r. __Desgañitarse.__
__desgañitarse.__ r. fam. *Gritar o dar voces con toda la fuerza posible. || __Enronquecerse.__
*__desgarbado, da.__ adj. Falto de garbo.
__desgarbilado, da.__ adj. __Desgarbado.__
__desgargantarse.__ r. fam. __Desgañitarse.__
__desgargolar.__ tr. Sacudir el *lino o el cáñamo después de arrancados y secos.
__desgargolar.__ tr. Sacar o *desencajar de los gárgoles una pieza de madera.
__desgaritar.__ intr. Perder el rumbo, *desviarse. Ú. m. c. r. || r. Separarse la *res de la madrina o del sitio donde está recogida. Ú. t. c. tr. || fig. *Desistir del intento que se había empezado.
__desgarradamente.__ adv. m. Con desgarro o *desvergüenza.
__desgarrado, da.__ adj. Entregado al *desenfreno y al escándalo. Ú. t. c. s.
__desgarrador, ra.__ adj. Que desgarra.
__desgarradura.__ f. __Desgarrón.__
__desgarramiento.__ m. Acción y efecto de desgarrar o desgarrarse.
__desgarrar.__ tr. __Rasgar.__ Ú. t. c. r. ||

fig. **Esgarrar.** ‖ r. fig. *Apartarse de la compañía de otro u otros.
desgarro. m. *Rotura o rompimiento. ‖ fig. *Descaro, desvengüenza. ‖ fig. Afectación de *valor, fanfarronada. ‖ Flema, *expectoración.
desgarrón. m. Rasgón, *rotura grande del vestido o de otra cosa semejante. ‖ *Jirón.
desgastamiento. m. *Derroche o gran desperdicio.
***desgastar.** tr. Consumir o destruir poco a poco por el roce parte de una cosa. Ú. t. c. r. ‖ fig. *Pervertir, viciar. ‖ r. fig. Perder fuerza, *debilitarse.
***desgaste.** m. Acción y efecto de desgastar o desgastarse.
desgatar. tr. Quitar o arrancar el labrador las *hierbas llamadas gatas.
desgaznatarse. r. fam. **Desgargantarse.**
desglosar. tr. Quitar la glosa de un escrito. ‖ **For.* Quitar algunas fojas de una pieza de autos. ‖ *Separar un impreso de otros con los cuales está encuadernado.
desglose. m. Acción y efecto de desglosar.
desgobernado, da. adj. Aplícase a la persona que se gobierna mal.
desgobernadura. f. **Veter.* Operación de desgobernar.
desgobernar. tr. *Perturbar el buen orden del gobierno. ‖ *Desencajar, descoyuntar los *huesos. ‖ **Veter.* Ligar las venas cubital y radial de una caballería en dos puntos, cortando la porción comprendida entre ellos. ‖ intr. *Mar.* Descuidarse en el gobierno del *timón. ‖ r. fig. Afectar *movimientos de miembros desconcertados, en ciertos *bailes antiguos.
desgobierno. m. *Desorden, falta de *gobierno. ‖ *Veter.* **Desgobernadura.**
desgolletar. tr. *Romper el gollete o cuello a una vasija. ‖ Aflojar o quitar la ropa que cubre el *cuello.
desgomar. tr. Quitar la goma a los tejidos, para *teñirlos.
desgonzar. tr. **Desgoznar.** ‖ fig. *Desencajar, desquiciar. Ú. t. c. r.
desgorrarse. r. Quitarse la *gorra.
desgoznar. tr. Quitar o arrancar los *goznes. ‖ r. fig. **Desgobernarse.**
***desgracia.** f. Suerte desfavorable o adversa. ‖ Suceso adverso o funesto. ‖ Estado de *aflicción originado por algún acontecimiento desfavorable. ‖ Pérdida de gracia o valimiento. ‖ *Desabrimiento en la condición o en el trato. ‖ Falta de gracia, *sosería, *torpeza.
desgraciadamente. adv. m. Con desgracia.
***desgraciado, da.** adj. Que padece desgracias o una desgracia. Ú. t. c. s. ‖ **Desafortunado.** Ú. t. c. s. ‖ Falto de gracia. *soso. ‖ **Desagradable.**
desgraciar. tr. Disgustar, *desagradar. ‖ Echar a perder, *perjudicar a una persona o cosa. ‖ *Malograr o impedir su desarrollo o mejoramiento. Ú. t. c. r. ‖ r. Desavenirse, *enemistarse. ‖ **Malograrse.**
desgramar. tr. Arrancar o quitar la grama.
desgranado, da. adj. Se dice de la *rueda dentada que ha perdido alguno de sus dientes.
desgranador, ra. adj. Que desgrana. Ú. t. c. s.
desgranamiento. m. *Artill.* *Estrías que la fuerza de la pólvora forma en el ánima del *cañón.
***desgranar.** tr. Sacar el grano de una cosa. Ú. t. c. r. ‖ *Artill.* Tamizar la *pólvora. ‖ r. Desgastarse el oído o el grano en las *armas de fuego*. ‖ Soltarse las piezas ensartadas.
desgrane. m. Acción y efecto de desgranar o desgranarse.
desgranzar. tr. Quitar o separar las granzas. ‖ **Pint.* Hacer la primera trituración de los colores.
desgrasar. tr. Quitar la grasa a las *lanas.
desgrase. m. Acción y efecto de desgrasar.
desgravar. tr. Hacer menos pesado, *aligerar. ‖ Rebajar un *impuesto o eximir del mismo.
desgreñado, da. adj. Con el *cabello en desorden.
desgreñar. tr. Descomponer, desordenar los *cabellos. Ú. t. c. r. ‖ r. **Andar a la greña.**
desguace. m. *Mar.* Acción y efecto de desguazar una embarcación.
desguarnecer. tr. *Quitar la guarnición que servía de adorno. ‖ **Fort.* Quitar la fuerza a una plaza, a un castillo, etc. ‖ *Descomponer, desarmar, quitar a un instrumento o herramienta alguna parte esencial para su uso. ‖ Quitar en un combate una o varias piezas de la *armadura del contrario. ‖ Quitar las *guarniciones a los animales de tiro.
desguarnir. tr. *Mar.* Zafar del *cabrestante las vueltas del virador, la cadena de una ancla, etc.
desguay. m. **Retal.**
desguazar. tr. **Carp.* Desbastar con el hacha un madero. ‖ *Mar.* *Deshacer un buque.
desguince. m. *Cuchillo con que se corta el trapo en el molino de *papel. ‖ **Esguince.**
desguindar. tr. *Mar.* *Bajar lo que está guindado. ‖ r. Descolgarse de lo alto.
desguinzar. tr. Cortar el trapo con el desguince.
deshabitado, da. adj. Dícese del edificio o lugar que ha quedado *desierto.
deshabitar. tr. Abandonar la habitación. ‖ *Despoblar.
deshabituación. f. Acción y efecto de deshabituar o deshabituarse.
***deshabituar.** tr. Hacer perder el hábito o la costumbre. Ú. t. c. r.
deshacedor, ra. adj. Que deshace. Ú. t. c. s. ‖ **de agravios.** El que los *venga.
***deshacer.** tr. Quitar la forma a una cosa, descomponerla, desarmarla, destruirla. Ú. t. c. r. ‖ *Desgastar. Ú. t. c r. ‖ *Vencer y poner en fuga un ejército. ‖ *Derretir, liquidar. Ú. t. c. r. ‖ *Dividir, partir, hacer pedazos. ‖ Desleír, *disolver. ‖ fig. *Desconcertar un trato o negocio. ‖ r. *Destruirse una cosa. ‖ fig. *Afligirse mucho. ‖ *Impacientarse. ‖ fig. *Desaparecer de la vista. ‖ fig. *Trabajar con todo el *esfuerzo posible. ‖ fig. Estropearse, *lisiarse. ‖ fig. *Enflaquecerse, extenuarse. ‖ **Deshacerse de** una cosa. fr. Desapropiarse de ella, *dejarla.
deshaldo. m. **Marceo.**
deshambrido, da. adj. Muy *hambriento.
desharrapado, da. adj. *Desaliñado, andrajoso. Ú. t. c. s.
desharrapamiento. m. *Pobreza, mezquindad.
deshebillar. tr. *Soltar la hebilla a lo que estaba sujeto con ella.
deshebrar. tr. Sacar las hebras, destejiendo una tela. ‖ fig. *Deshacer una cosa en partes muy delgadas.
deshecha. f. *Disimulo. ‖ *Despedida cortés. ‖ Cierta estrofa con que se acaba una composición *poética. ‖ Cierta mudanza de la antigua *danza española. ‖ Salida precisa de un camino, sitio o paraje. ‖ **Hacer uno la deshecha.** fr. fig. **Disimular.**
deshechizar. tr. Deshacer el hechizo o maleficio.
deshecho, cha. p. p. irreg. de **Deshacer.** ‖ adj. Hablando de *lluvias, *borrascas, etc., impetuoso, *violento. ‖ m. **Deshecha** (salida de un camino).
deshelar. tr. *Liquidar lo que está helado. Ú. t. c. r.
desherbar. tr. Quitar o arrancar las *hierbas perjudiciales.
desheredación. f. Acción y efecto de desheredar.
desheredado, da. adj. fig. Desprovisto de dones naturales o de bienes de fortuna. ‖ *Pobre, menesteroso.
desheredamiento. m. **Desheredación.**
desheredar. tr. Excluir a uno de la *herencia a que tenía derecho. ‖ r. fig. Decaer uno de su linaje, *envilecerse, *pervertirse.
deshermanar. tr. fig. Quitar la igualdad o semejanza que existía entre dos cosas, introduciendo alguna *diferencia o *desconformidad. ‖ r. Faltar a la correspondencia *fraternal.
desherradura. f. **Veter.* Daño que padece en la palma una caballería, por falta de herradura.
desherrar. tr. Quitar los hierros o prisiones al que está aprisionado. Ú. t. c r. ‖ Quitar las *herraduras a una caballería. Ú. t. c. r.
desherrumbramiento. m. Acción y efecto de desherrumbrar.
desherrumbrar. tr. Quitar la herrumbre.
deshidratación. f. **Quím.* Acción y efecto de deshidratar.
deshidratar. tr. **Quím.* Privar a un cuerpo hidratado del agua que contiene. Ú. t. c. r.
deshielo. m. Acción y efecto de deshelar o deshelarse.
deshierba. f. **Desyerba.**
deshijado, da. adj. Que carece de *hijos.
deshilachar. tr. Sacar hilachas de una tela. Ú. t. c. r.
deshiladiz. m. **Filadiz.**
deshilado, da. adj. Aplícase a los que van desfilando unos tras otros. ‖ m. Labor de *costura que consiste en sacar hilos de las telas para formar calados u otros adornos. Ú. m. en pl. ‖ **A la deshilada.** m. adv. **Mil.* Marchando en fila. ‖ fig. Con *disimulo.
deshiladura. f. Acción y efecto de deshilar (un tejido).
deshilar. tr. Sacar hilos de un tejido por la orilla, para alguna labor de *costura. ‖ Cortar la fila de las *abejas, para sacar un enjambre y pasarlo a vaso nuevo. ‖ fig. **Culin.* Reducir a hilos una cosa; como la carne, la pechuga de gallina, etc. ‖ r. *Adelgazar por causa de una enfermedad.
deshilo. m. Acción y efecto de deshilar las *abejas.
deshilvanado, da. adj. fig. *Inconexo, sin enlace ni trabazón.
deshilvanar. tr. Quitar los hilvanes. Ú. t. c. r.
deshincadura. f. Acción y efecto de deshincar o deshincarse.
deshincar. tr. *Sacar lo que está hincado. Ú. t. c. r.
deshinchadura. f. Acción y efecto de deshinchar o deshincharse.
deshinchar. tr. Quitar la *hinchazón. ‖ fig. Desahogar o *mitigar la cólera. ‖ r. Deshacerse la hinchazón. ‖ fig. y fam. Deponer la presunción, mostrarse modesto o *humilde.
deshojador, ra. adj. **Agr.* Que quita las hojas de los árboles. Ú. t. c. s.

deshojadura. f. Acción de deshojar.
deshojar. tr. Quitar las *hojas a una planta o los pétalos a una *flor. Ú. t. c. r.
deshoje. m. *Caída de las *hojas de las plantas.
deshollejar. tr. Quitar el hollejo.
deshollinadera. f. **Deshollinador** (*escoba para deshollinar).
deshollinador, ra. adj. Que deshollina. Ú. t. c. s. ‖ fig. y fam. Que muestra curiosidad por ver o *averiguar alguna cosa. Ú. t. c. s. ‖ m. Utensilio para deshollinar *chimeneas. ‖ *Escoba de palo muy largo, para deshollinar techos y paredes.
deshollinar. tr. *Limpiar las chimeneas, quitándoles el *hollín. ‖ Por ext., limpiar con el deshollinador techos y paredes. ‖ fig. y fam. Mirar con atención y curiosidad, para descubrir o *averiguar algo.
deshonestamente. adv. m. De un modo deshonesto.
***deshonestidad.** f. Calidad de deshonesto. ‖ Dicho o hecho deshonesto.
***deshonesto, ta.** adj. Impúdico, falto de honestidad. ‖ *Inmoral, reprobable.
***deshonor.** m. Pérdida del honor. ‖ *Descrédito, deshonra.
deshonorar. tr. Quitar el honor. Ú. t. c. r. ‖ *Destituir a uno de su empleo o dignidad.
***deshonra.** f. Pérdida de la honra. ‖ Cosa deshonrosa.
deshonrabuenos. com. fam. Persona que *murmura de otros, *desacreditándolos sin fundamento. ‖ fam. Persona que degenera de sus mayores y se *envilece.
deshonradamente. adv. m. **Deshonrosamente.**
deshonrador, ra. adj. Que deshonra. Ú. t. c. s.
deshonrar. tr. Quitar la honra. Ú. t. c. r. ‖ **Injuriar.** ‖ *Despreciar, menospreciar, escarnecer. ‖ *Violar a una mujer.
deshonrible. adj. fam. Sin vergüenza y *despreciable. Ú. t. c. s.
deshonrosamente. adv. m. Con deshonra.
deshonroso, sa. adj. Afrentoso, indecoroso, *vil, despreciable.
deshora. f. Tiempo *inoportuno. ‖ **A deshora,** o **deshoras.** m. adv. Fuera de hora o de tiempo. ‖ De repente, de *improviso.
deshornar. tr. **Desenhornar.**
deshospedamiento. m. Acción y efecto de quitar o negar el *hospedaje.
deshuesar. tr. Quitar los *huesos a un animal o las *pepitas a la fruta.
deshumano, na. adj. **Inhumano.**
deshumedecer. tr. *Secar, quitar la humedad. Ú. t. c. r.
desiderable. adj. Deseable.
desiderativo, va. adj. Que expresa o indica *deseo.
desiderátum. m. Objeto y *finalidad de un constante *deseo. ‖ Lo más excelente y digno de ser apetecido en su línea.
desidia. f. *Negligencia, inercia. ‖ *Pereza.
desidiosamente. adv. m. Con desidia.
desidioso, sa. adj. Que tiene desidia. Ú. t. c. s.
***desierto, ta.** adj. Despoblado, inhabitado. ‖ Aplícase a la subasta, concurso, etc., en que nadie toma parte. ‖ m. Lugar, paraje, sitio despoblado de edificios y gentes. ‖ Gran extensión de tierra despoblada por carecer de condiciones habitables.
designación. f. Acción y efecto de designar o *destinar.
designar. tr. Formar designio o *intención. ‖ *Destinar una persona o cosa para determinado fin.
designio. m. Pensamiento, idea, *intención que se pretende realizar.
desigual. adj. Que no es igual, *diferente. ‖ Barrancoso, *escabroso. ‖ Cubierto de *asperezas. ‖ fig. Arduo, *difícil. ‖ fig. * Inconstante, vario.
desigualar. tr. Hacer a una persona o cosa desigual a otra. ‖ r. Adelantarse, *aventajarse.
***desigualdad.** f. Calidad de desigual. ‖ Cada una de las eminencias o depresiones que forman la *aspereza de una superficie o la *escabrosidad de un terreno. ‖ **Mat.* Expresión de la falta de igualdad que existe o se supone existir entre dos cantidades.
desigualmente. adv. m. Con desigualdad.
desilusión. f. Carencia o pérdida de las ilusiones. ‖ ***Desengaño.**
desilusionar. tr. Hacer perder a uno las ilusiones. ‖ r. Perder las ilusiones. ‖ **Desengañarse.**
desimaginar. tr. Borrar una cosa de la *imaginación, *olvidarla.
desimanación. f. Acción y efecto de desimanar o desimanarse.
desimanar. tr. **Desimantar.** Ú. t. c. r.
desimantación. f. Acción y efecto de desimantar o desimantarse.
desimantar. tr. Hacer perder la imantación. Ú. t. c. r.
desimponer. tr. **Impr.* Quitar la imposición de una forma.
desimpresionar. tr. *Desengañar a uno del error en que estaba. Ú. t. c. r.
desinclinar. tr. Apartar a uno de la inclinación que tenía, inspirarle desapego o *indiferencia, *disuadirle. Ú. t. c. r.
desincorporar. tr. *Separar lo que estaba incorporado. Ú. t. c. r.
desinencia. f. **Gram.* Letra o letras que siguen al radical de las voces y también las que determinan su género y número. ‖ *Gram.* Manera de terminar las cláusulas.
desinencial. adj. *Gram.* Perteneciente o relativo a la desinencia.
desinfartar. tr. *Med.* Resolver un infarto. Ú. t. c. r.
***desinfección.** f. Acción y efecto de desinfectar.
***desinfectante.** p. a. de **Desinfectar.** Que desinfecta o sirve para desinfectar. Ú. t. c. s. m.
***desinfectar.** tr. Quitar a una cosa la infección. Ú. t. c. r.
desinfectorio. m. Establecimiento destinado a desinfectar.
desinficionar. tr. **Desinfectar.** Ú. t. c. r.
desinflamar. tr. Quitar la *inflamación. Ú. t. c. r.
desinflar. tr. *Sacar el *aire u otro gas de un cuerpo que está inflado. Ú. t. c. r.
desinsaculación. f. Acción y efecto de desinsacular.
desinsacular. tr. Sacar del saco las bolillas o cédulas con que se determinan por *sorteo las personas que han de ejercer ciertos cargos. ‖ **Desencantarar.**
desinsectación. f. Acción y efecto de desinsectar.
desinsectar. tr. Limpiar de *insectos y especialmente de los *parásitos del hombre.
desintegración. f. Acción y efecto de desintegrar.
desintegrar. tr. *Descomponer una cosa por *separación de los elementos que la integran.
***desinterés.** m. Desprendimiento de todo provecho personal, en lo que se dice o hace.
desinteresadamente. adv. m. Con desinterés.
***desinteresado, da.** adj. Desprendido, que no se mueve por su propio interés. ‖ *Liberal, generoso.
desinteresarse. r. Perder el interés en alguna cosa, sentir *indiferencia hacia ella.
desintestinar. tr. Sacar o quitar los *intestinos.
desinvernar. intr. Salir las tropas de los *cuarteles de invierno. Ú. t. c. tr.
desistencia. f. **Desistimiento.**
***desistimiento.** m. Acción y efecto de desistir.
***desistir.** intr. Apartarse de una empresa o cesar en la ejecución de algún intento. ‖ *For.* Hablando de un derecho, *renunciar a él.
desjarretadera. f. Instrumento, en forma de media luna enastada, que sirve para desjarretar *toros o vacas.
desjarretar. tr. *Cortar las *piernas por el jarrete. ‖ fig. y fam. *Debilitar y dejar sin fuerzas a uno.
desjarrete. m. Acción y efecto de desjarretar.
desjugar. tr. *Sacar el *jugo. Ú. t. c. r.
desjuiciado, da. adj. Falto de juicio, *alocado.
desjuntamiento. m. Acción y efecto de desjuntar o desjuntarse.
desjuntar. tr. *Separar, apartar. Ú. t. c. r.
deslabonar. tr. *Separar un *eslabón de otro. Ú. t. c. r. ‖ fig. Desunir y *desencajar una cosa. Ú. t. c. r. ‖ r. fig. *Apartarse de la compañía de una persona.
desladrillar. tr. **Desenladrillar.**
deslamar. tr. Quitar la lama.
deslastrar. tr. Quitar el lastre.
deslatar. tr. Quitar las latas o *tablas a una casa, a una embarcación, etcétera.
deslavado, da. adj. fig. **Descarado.** Ú. t. c. s.
deslavadura. f. Acción y efecto de deslavar.
deslavar. tr. *Lavar una cosa muy por encima sin aclararla bien. ‖ Desubstanciar, quitar fuerza, *debilitar.
deslavazar. tr. **Deslavar.**
deslazamiento. m. Acción y efecto de deslazar.
deslazar. tr. **Desenlazar.**
***desleal.** adj. Que obra sin lealtad. Ú. t. c. s.
deslealmente. adv. m. Con deslealtad.
***deslealtad.** f. Falta de lealtad.
deslechar. tr. Quitar a los gusanos de *seda la hoja que desperdician en las frezas.
deslecho. m. Acción de deslechar.
deslechugador, ra. adj. Que deslechuga. Ú. t. c. s.
deslechugar. tr. *Agr.* Limpiar las *viñas de lechuguillas y otras hierbas. ‖ *Agr.* **Desfollonar.** ‖ *Agr.* Chapodar las puntas de los sarmientos.
deslechuguillar. tr. *Agr.* **Deslechugar.**
desleidura. f. **Desleimiento.**
desleimiento. m. Acción y efecto de desleír o desleírse.
***desleír.** tr. Disolver y desunir las partes de algunos cuerpos por medio de un líquido. Ú. t. c. r. ‖ fig. Tratándose de conceptos, expresarlos con *prolijidad.
deslendrar. tr. Quitar las *liendres.
deslenguado, da. adj. fig. Desvergonzado, *descarado, malhablado.
deslenguamiento. m. fig. y fam. Acción y efecto de deslenguarse.
deslenguar. tr. Quitar o cortar la *lengua. ‖ r. fig. y fam. *Descararse, desvergonzarse.

desliar. tr. Deshacer o *desatar el lío. Ú. t. c. r.
desliar. tr. Separar las lías del *vino.
desligadura. f. Acción y efecto de desligar o desligarse.
desligar. tr. *Desatar, soltar las ligaduras. Ú. t. c. r. ‖ fig. *Desenredar, *aclarar una cosa no material. Ú. t. c. r. ‖ fig. Absolver de las censuras eclesiásticas. ‖ fig. *Eximir de la obligación contraída. ‖ **Mús.* **Picar.**
deslindador. m. El que deslinda.
deslindamiento. m. **Deslinde.**
deslindar. tr. Señalar y distinguir los *límites de un lugar. ‖ fig. Apurar y *explicar una cosa, para que no haya confusión.
deslinde. m. Acción y efecto de deslindar.
desliñar. tr. Limpiar el *paño tundido, antes de llevarlo a la prensa.
deslío. m. Acción de separar el *vino nuevo de las lías.
desliz. m. Acción y efecto de *deslizar o deslizarse. ‖ Porción de azogue que se escapa en el beneficio de la *plata. ‖ *Culpa o tropiezo, especialmente cuando es *deshonesto.
deslizable. adj. Que se puede deslizar.
deslizadero, ra. adj. **Deslizadizo.** ‖ m. Lugar o sitio *resbaladizo. ‖ f. **Mec.* Pieza que corre a lo largo de otra.
deslizadizo, za. adj. Que hace *deslizar o se desliza fácilmente.
***deslizamiento.** m. **Desliz.**
deslizante. p. a. de **Deslizar.** Que desliza o se desliza.
***deslizar.** tr. Resbalar los pies u otra cosa por encima de una superficie lisa o mojada. Ú. t. c. r. ‖ fig. Decir o hacer una cosa de modo *irreflexivo. Ú. m. c. r. ‖ r. fig. *Huir, evadirse. ‖ fig. Caer en una flaqueza, incurrir en una *culpa.
desloar. tr. Vituperar, *reprender.
deslomadura. f. Acción y efecto de deslomar o deslomarse.
deslomar. tr. Quebrantar, *lisiar o maltratar los *lomos. Ú. m. c. r.
deslucidamente. adv. m. Sin lucimiento.
deslucido, da. adj. fig. Dícese del que gasta sin lucimiento. ‖ *Soso, *torpe, falto de gracia. ‖ *Mate, empañado, descolorido. ‖ Aplícase al que perora o hace otra cosa en público sin lucimiento ni gracia.
deslucimiento. m. Falta de despejo y lucimiento.
***deslucir.** tr. *Ajar, quitar la gracia o atractivo a una cosa. Ú. t. c. r. ‖ fig. **Desacreditar.** Ú. t. c. r.
deslumbrador, ra. adj. Que deslumbra.
deslumbramiento. m. *Ofuscación de la *vista por luz demasiada o repentina. ‖ fig. Preocupación, *prejuicio.
deslumbrante. p. a. de **Deslumbrar.** Que deslumbra.
deslumbrar. tr. *Ofuscar la vista con la demasiada luz. Ú. t. c. r. ‖ fig. Dejar a uno perplejo. Ú. t. c. r.
deslustrador, ra. adj. Que deslustra. Ú. t. c. r.
***deslustrar.** tr. Quitar el lustre. ‖ Hablando del cristal o del *vidrio, quitarle la transparencia. ‖ fig. **Deslucir** (desacreditar).
***deslustre.** m. Falta de lustre y brillantez. ‖ Acción de deslustrar el *paño u otra cosa. ‖ fig. *Descrédito, deshonra.
deslustroso, sa. adj. Deslucido, feo, indecoroso.
desmadejado, da. adj. fig. Dícese de la persona que se siente con *debilidad o quebrantamiento en el cuerpo. ‖ *Desgarbado, desaliñado.
desmadejamiento. m. fig. Flojedad, *desgaire del cuerpo.
desmadejar. tr. fig. Causar flojedad en el cuerpo. Ú. t. c. r.
desmadrado, da. adj. Dícese del animal *abandonado por la madre.
desmadrar. tr. *Separar de la madre las crías del *ganado para que no mamen.
desmajolar. tr. Arrancar o descepar los majuelos.
desmajolar. tr. *Desatar las majuelas con que está ajustado el zapato.
desmalazado, da. adj. **Desmazalado.**
desmallador, ra. adj. Que *rompe o desguarnece las mallas.
desmalladura. f. Acción y efecto de desmallar.
desmallar. tr. Deshacer, cortar las mallas.
desmamar. tr. **Destetar.**
desmamonar. tr. Quitar los mamones a las *vides y a otras plantas.
desmán. m. Exceso, *descomedimiento, demasía en obras o palabras. ‖ *Desgracia, infortunio.
desmán. m. *Mamífero insectívoro parecido al musgaño. Tiene el hocico en forma de trompa y los pies palmeados para nadar.
desmanarse. r. *Apartarse el ganado de la manada o rebaño.
desmandado, da. adj. **Desobediente.**
desmandamiento. m. Acción y efecto de desmandar o desmandarse.
desmandar. tr. *Anular la orden o mandato. ‖ Revocar la manda de una *herencia. ‖ r. *Descomedirse, propasarse. ‖ *Apartarse de la compañía con que se va. ‖ **Desmanarse.**
desmanear. tr. Quitar o *desatar a las bestias las maneas o trabas. Ú. t. c. r.
desmangar. tr. Quitar el *mango a una herramienta. Ú. t. c. r.
desmanotado, da. adj. fig. y fam. Atado, encogido, *torpe de movimientos. Ú. t. c. s.
desmantecar. tr. Quitar la manteca.
desmantelado, da. adj. Dícese de la casa *deteriorada o despojada de *muebles.
desmantelamiento. m. Acción y efecto de desmantelar.
desmantelar. tr. Derribar las *fortificaciones de una plaza. ‖ fig. Desamparar, *abandonar o *desamueblar una casa. ‖ *Mar.* **Desarbolar.** ‖ *Mar.* Desarmar y desaparejar una embarcación.
desmaña. f. Falta de maña y habilidad; *torpeza.
desmañadamente. adv. m. Con desmaña.
desmañado, da. adj. Falto de habilidad, *torpe. Ú. t. c. s.
desmarañar. tr. **Desenmarañar.**
desmarojador, ra. m. y f. Persona que desmaroja.
desmarojar. tr. Quitar a los árboles el marojo.
desmarrido, da. adj. Desfallecido, *débil, *triste y sin fuerzas.
desmatar. tr. Descuajar, *arrancar las matas.
desmayadamente. adv. m. Con desmayo.
desmayado, da. adj. Aplícase al *color bajo y apagado.
***desmayar.** tr. Causar *desmayo. ‖ intr. fig. Perder el valor, *desanimarse. ‖ → r. Perder el sentido y el conocimiento.
***desmayo.** m. *Síncope, desfallecimiento de las fuerzas, privación del sentido. ‖ **Sauce de Babilonia.**
desmazalado, da. adj. Flojo, *débil, caído. ‖ fig. *Desalentado.
desmedidamente. adv. m. *Desproporcionadamente; con *exceso.
desmedido, da. adj. *Desproporcionado; falto de medida; excesivamente *grande.
desmedirse. r. Desmandarse, *descomedirse.
demedrado, da. adj. Desmejorado. *flaco.
desmedrar. tr. **Deteriorar.** Ú. t. c. r. ‖ intr. *Decaer, ir a menos.
desmedro. m. Acción y efecto de desmedrar o desmedrarse.
desmejora. f. *Deterioro, menoscabo.
desmejoramiento. m. Acción y efecto de desmejorar o desmejorarse.
desmejorar. tr. *Ajar, deslucir, quitar el lustre y perfección. Ú. t. c. r. ‖ intr. Ir perdiendo la salud, *enfermar. Ú. t. c. r.
desmelancolizar. tr. Quitar la melancolía. Ú. t. c. r.
desmelar. tr. Quitar la *miel a la *colmena.
desmelenar. tr. Descomponer y desordenar el *cabello. Ú. t. c. r.
desmembración. f. Acción y efecto de desmembrar o desmembrarse.
desmembrador, ra. adj. Que desmiembra. Ú. t. c. s.
desmembrar. tr. *Dividir y *separar los miembros del cuerpo. ‖ fig. Separar, dividir una cosa de otra. Ú. t. c. r.
desmemoria. f. Falta de memoria; *olvido.
desmemoriado, da. adj. Torpe de memoria, que *olvida fácilmente, o recuerda sólo a intervalos. Ú. t. c. s. ‖ Falto completamente de memoria. Ú. t. c. s. ‖ *For.* Dícese de la persona que pierde la conciencia y la memoria de sus propios actos. Ú. t. c. s.
desmemoriarse. r. *Olvidarse, perder la memoria.
desmenguar. tr. **Amenguar.** ‖ fig. *Disminuir una cosa no material.
desmentida. f. Acción de desmentir.
desmentidor, ra. adj. Que desmiente. Ú. t. c. s.
desmentir. tr. Decir a uno que *miente. ‖ *Contradecir un dicho o hecho, o demostrar su falsedad. ‖ fig. Disipar, hacer *desaparecer. ‖ fig. Proceder uno de modo *disconforme con su nacimiento, educación y estado. ‖ intr. fig. *Desviarse una cosa de la línea, nivel o dirección que le corresponde.
desmenuzable. adj. Que se puede desmenuzar.
desmenuzador, ra. adj. Que desmenuza y apura. Ú. t. c. s.
desmenuzamiento. m. Acción y efecto de desmenuzar o desmenuzarse.
desmenuzar. tr. *Deshacer una cosa, *dividiéndola en partes menudas. Ú. t. c. r. ‖ fig. *Examinar detenida y minuciosamente una cosa.
desmeollamiento. m. Acción y efecto de desmeollar.
desmeollar. tr. Sacar el meollo o *médula.
desmerecedor, ra. adj. Que desmerece una cosa o es indigno de ella.
***desmerecer.** tr. Hacerse indigno de premio, favor o alabanza. ‖ intr. Perder una cosa parte de su mérito o valor; *decaer, degenerar. ‖ Ser una cosa *inferior a otra.
desmerecimiento. m. **Demérito.**
desmesura. f. *Descomedimiento. ‖ *Desproporción.
desmesuradamente. adv. m. *Descomedidamente, con *exceso.
desmesurado, da. adj. *Excesivo, *desproporcionado, *mayor de lo común. ‖ *Descortés, *descarado, atrevido. Ú. t. c. s.
desmesurar. tr. *Desarreglar, desor-

denar o descomponer. ‖ r. *Descomedirse.
desmigajar. tr. Hacer migajas una cosa; *deshacerla y *dividirla en partes pequeñas. Ú. t. c. r.
desmigar. tr. Desmigajar o deshacer el pan para hacer migas.
desmineralización. f. **Pat.* Pérdida excesiva de los principios minerales necesarios para el buen funcionamiento del organismo.
desmirlado, da. adj. *Germ.* **Desorejado** (*vil, abyecto).
desmirriado, da. adj. fam. *Flaco, extenuado.
desmocha. f. **Desmoche.**
desmochadura. f. **Desmoche.**
desmochar. tr. *Cortar o separar la parte superior de una cosa.
desmoche. m. Acción y efecto de desmochar.
desmocho. m. Conjunto de las partes que se quitan de lo que se desmocha.
desmogar. intr. Mudar los *cuernos el venado y otros animales.
desmogue. m. Acción y efecto de desmogar.
desmojelar. tr. *Mar.* Quitar las vueltas de mojel que se han dado al virador.
desmolado, da. adj. Que ha perdido las *muelas.
desmonetización. f. Acción y efecto de desmonetizar.
desmonetizar. tr. Abolir el empleo de un metal para la acuñación de *moneda.
desmontable. adj. Que se puede desmontar. ‖ m. **Autom.* Herramienta a modo de palanca de hierro para desmontar las llantas de los neumáticos.
desmontadura. f. Acción y efecto de desmontar.
desmontar. tr. *Cortar en un *monte todos o parte de los árboles o matas. ‖ Deshacer, *esparcir un montón de tierra, broza u otra cosa. ‖ *Rebajar, *allanar un terreno. ‖ **Desarmar** (*descomponer). ‖ Deshacer o *derribar un edificio o parte de él. ‖ Quitar, o no dar, la cabalgadura al que le corresponde tenerla. ‖ Quitar del disparador la llave de una *arma de fuego*. ‖ *Bajar a uno de una caballería o de otra cosa. Ú. t. c. intr. y c. r.
desmonte. m. Acción y efecto de desmontar un monte o un terreno. ‖ Terreno desmontado. ‖ Fragmentos o *residuos de lo desmontado.
desmoñar. tr. fam. Quitar o descomponer el moño. Ú. t. c. r.
desmoralización. f. Acción y efecto de desmoralizar o desmoralizarse.
desmoralizador, ra. adj. Que desmoraliza. Ú. t. c. s.
desmoralizar. tr. Corromper, *pervertir las costumbres. Ú. t. c. r.
desmorecerse. r. Sentir con violencia una *pasión.
desmoronadizo, za. adj. Que tiene facilidad de desmoronarse, *frágil, deleznable.
desmoronamiento. m. Acción y efecto de desmoronar o desmoronarse.
desmoronar. tr. Deshacer y *arruinar poco a poco los edificios. Ú. m. c. r. ‖ *Partir, deshacer las materias conglomeradas, como terrones, bloques, etc. ‖ r. fig. Venir a menos, *decaer el poder, la fortuna, etc.
desmostarse. r. Perder mosto la uva.
desmotadera. f. **Desmotadora.** ‖ Instrumento con que se desmota.
desmotador, ra. m. y f. Persona que tiene por oficio desmotar el *paño. ‖ m. *Germ.* *Ladrón que desnuda a su víctima.

desmotar. tr. Quitar las motas al *paño. ‖ *Germ.* *Desnudar por fuerza a alguno.
desmovilización. f. **Mil.* Acción y efecto de desmovilizar.
desmovilizar. tr. **Mil.* Licenciar a las personas movilizadas.
desmullir. tr. Descomponer lo mullido.
desmurador. m. *Gato que caza o ahuyenta los ratones.
desmurar. tr. Exterminar o ahuyentar los *ratones.
desnarigado, da. adj. Que no tiene *narices o las tiene muy pequeñas. Ú. t. c. s.
desnarigar. tr. Quitar a uno las *narices.
desnatadora. f. Aparato para desnatar la *leche.
desnatar. tr. Quitar la nata a la *leche o a otros líquidos. ‖ fig. *Elegir lo mejor de una cosa. ‖ **Metal.* Quitar la escoria que sobrenada en el metal fundido.
desnaturalización. f. Acción y efecto de desnaturalizar o desnaturalizarse.
desnaturalizado, da. adj. Que falta a los deberes que la naturaleza impone a padres, hijos, hermanos, etc. Ú. t. c. s. ‖ *Ingrato. ‖ *Cruel, inhumano.
desnaturalizar. tr. Privar a uno del derecho de naturaleza y *patria; *desterrarle de ella. Ú. t. c. r. ‖ *Cambiar la forma, propiedades o condiciones de una cosa, *pervertirla. ‖ Hacer que una substancia adquiera o pierda ciertas propiedades para que no pueda emplearse en determinados usos.
desnecesario, ria. adj. **Innecesario.**
desnegamiento. m. Acción y efecto de desnegar o desnegarse.
desnegar. tr. p. us. *Contradecir. ‖ r. p. us. Desdecirse, *retractarse.
desnervar. tr. **Enervar.**
desnevado, da. adj. Dícese del paraje en que suele haber *nieve y no la hay.
desnevar. intr. Deshacerse o derretirse la *nieve.
desnivel. m. Falta de nivel. ‖ Diferencia de *alturas entre dos o más puntos.
desnivelación. f. Acción y efecto de desnivelar o desnivelarse.
desnivelar. intr. Sacar de nivel. Ú. t. c. r.
desnucar. tr. Sacar de su lugar los *huesos de la nuca. Ú. t. c. r.
desnudador, ra. adj. Que desnuda. Ú. t. c. r.
desnudamente. adv. m. fig. Con *claridad, sin velo ni rebozo.
desnudamiento. m. Acción y efecto de *desnudar o desnudarse.
***desnudar.** tr. Quitar todo el vestido o parte de él. Ú. t. c. r. ‖ fig. Despojar una cosa de lo que la cubre o adorna. ‖ r. fig. Apartar de sí, *rechazar una cosa.
***desnudez.** f. Calidad de desnudo.
desnudismo. m. **Med.* Práctica de las personas que andan *desnudas para exponer el cuerpo a los agentes físicos.
***desnudo, da.** adj. Sin vestido. ‖ fig. Que lleva poca ropa o no se cubre suficientemente con ella. ‖ fig. Falto o despojado de lo que cubre o adorna. ‖ fig. *Falto de una cosa no material. ‖ fig. Patente, *manifiesto, sin rebozo ni doblez. ‖ m. **Esc.* y **Pint.* Figura humana **desnuda.**
desnutrición. f. **Pat.* Depauperación del organismo por asimilación insuficiente o desasimilación excesiva.

***desobedecer.** tr. No hacer uno lo que le mandan.
***desobediencia.** f. Acción y efecto de desobedecer.
***desobediente.** p. a. de **Desobedecer.** Que desobedece. ‖ adj. Propenso a desobedecer.
desobligar. tr. *Libertar o *eximir de la obligación a uno. Ú. t. c. r. ‖ fig. Enajenar el ánimo de uno.
***desobstrucción.** f. Acción y efecto de desobstruir.
***desobstruir.** tr. Quitar las obstrucciones.
desocasionado, da. adj. Que está fuera o apartado de la ocasión.
desocupación. f. Falta de ocupación; *ocio.
desocupadamente. adv. m. *Libremente, sin embarazo.
desocupado, da. adj. Sin ocupación, *ocioso. Ú. t. c. s.
***desocupar.** tr. Desembarazar, *despejar un lugar, dejarlo libre y sin impedimento. ‖ → Dejar vacía una cosa, sacando lo que hay dentro. ‖ r. Quedar *libre de un negocio u ocupación.
desodorante. adj. Que destruye los *olores molestos o nocivos. Ú. t. c. s.
desoír. tr. *Desatender, dejar de oír.
desojar. tr. *Romper el ojo de la aguja, la azada, etc. Ú. t. c. r. ‖ r. fig. *Mirar con mucho ahínco.
desolación. f. Acción y efecto de desolar o desolarse.
desolador, ra. adj. Que desuela.
desolar. tr. **Asolar** (*destruir, derribar). ‖ r. fig. Afligirse, angustiarse.
desoldar. tr. Quitar la *soldadura. Ú. t. c. r.
desolladamente. adv. m. Con insolencia y *descaro.
desolladero. m. Sitio destinado para desollar las reses.
desollado, da. adj. fam. *Descarado, sin vergüenza. Ú. t. c. s.
desollador, ra. adj. Que desuella. Ú. t. c. s. ‖ fig. Que exige precios muy *caros o derechos inmoderados. Ú. t. c. s. ‖ m. **Alcaudón.**
desolladura. f. Acción y efecto de desollar o desollarse.
desollar. tr. Quitar la *piel del cuerpo de un animal o parte de ella. Ú. t. c. r. ‖ fig. Causar a uno grave *daño en su persona o hacienda; *desacreditarle. ‖ **Desollarle a uno vivo.** fr. fig. y fam. Hacerse pagar *caro o más de lo justo alguna cosa. ‖ fig. y fam. *Murmurar de él.
desollón. m. fam. **Desolladura.**
desonce. m. Acción y efecto de desonzar (descontar las onzas).
desonzar. tr. Descontar una o más onzas en cada libra. ‖ fig. *Injuriar, *infamar.
desopilación. f. Acción y efecto de desopilar o desopilarse.
desopilar. tr. Curar la opilación. Ú. t. c. r.
desopilativo, va. adj. **Farm.* Dícese del medicamento que tiene la virtud de desopilar. Ú. t. c. s. m.
desopinado, da. adj. Que ha perdido la buena opinión, que se ha *desacreditado.
desopinar. tr. Quitar la buena opinión, *desacreditar.
desopresión. f. Acción y efecto de desoprimir.
desoprimir. tr. *Librar de la opresión y sujeción. ‖ *Aflojar.
desorbitar. tr. Sacar una cosa de su órbita. Ú. m. en sent. fig. con el significado de *exagerar la importancia de algo.
***desorden.** m. Falta de orden. ‖ *Confusión, desconcierto. ‖ Demasía; exceso.

desordenación. f. **Desorden.**
desordenadamente. adv. m. Con desorden o confusión; sin regla.
***desordenado, da.** adj. Que no tiene orden. ‖ Dícese particularmente de lo que sale de las buenas costumbres o de la ley moral.
desordenamiento. m. **Desorden.**
***desordenar.** tr. Alterar el orden o el buen concierto de una cosa. Ú. t. c. r. ‖ r. Salir de regla, excederse, *descomedirse.
desorejado, da. adj. fig. y fam. *Vil, infame, abyecto. Aplícase principalmente a las *prostitutas. Ú. t. c. s.
desorejamiento. m. Acción y efecto de desorejar.
desorejar. tr. Cortar las *orejas.
desorganización. f. Acción y efecto de desorganizar o desorganizarse.
desorganizadamente. adv. m. Sin organización.
desorganizador, ra. adj. Que desorganiza. Ú. t. c. s.
desorganizar. tr. *Desordenar, *deshacer alguna organización existente. Ú. t. c. r.
desorientación. f. Acción y efecto de desorientar o desorientarse.
desorientador, ra. adj. Que desorienta. Ú. t. c. s.
desorientar. tr. Hacer que una persona pierda la orientación o se *extravíe. Ú. t. c. r. ‖ fig. Confundir, ofuscar, *turbar. Ú. t. c. r.
desorillar. tr. Quitar las orillas al *paño.
desortijado, da. adj. *Veter.* Relajado, dislocado.
desortijar. tr. *Hort.* Dar con el escardillo la primera labor a las plantas.
desosada. f. *Germ.* La *lengua.
desosar. tr. **Deshuesar.**
desosegar. tr. **Desasosegar.**
desovadero. m. Lugar a propósito para el desove de los peces.
desovar. intr. Soltar las hembras de los *peces y las de los anfibios sus *huevos o huevas.
desove. m. Acción y efecto de desovar. ‖ Época del **desove.**
desovillar. tr. Deshacer los ovillos. ‖ fig. *Desenredar y aclarar una cosa. Ú. t. c. r. ‖ fig. Dar ánimo, infundir *desenvoltura.
desoxidable. adj. Que puede ser desoxidado.
desoxidación. f. Acción y efecto de desoxidar o desoxidarse.
desoxidante. p. a. de **Desoxidar.** Que desoxida o sirve para desoxidar. Ú. t. c. s. m.
desoxidar. tr. *Quím.* Quitar el oxígeno a una substancia con la cual estaba combinado. Ú. t. c. r. ‖ *Limpiar un metal del óxido o *herrumbre.
desoxigenación. f. Acción y efecto de desoxigenar.
desoxigenante. p. a. de **Desoxigenar.** Que desoxigena. Ú. t. c. s. m.
desoxigenar. tr. **Desoxidar** (privar del oxígeno). Ú. t. c. r.
despabiladeras. f. pl. *Tijeras con que se quita el *pabilo ya quemado.
despabilado, da. adj. Dícese del que está *despierto o desvelado. ‖ fig. Vivo, *listo, despejado.
despabilador, ra. adj. Que despabila. ‖ m. El que en los antiguos *teatros tenía el oficio de quitar el pabilo a las velas. ‖ **Despabiladeras.**
despabiladura. f. Extremidad del *pabilo que se quita para avivar la luz de una vela, candil, etc.
***despabilar.** tr. Quitar la parte ya quemada del pabilo. ‖ fig. Despachar una cosa con *brevedad o *prontitud. ‖ fig. *Robar, quitar ocultamente. ‖ fig. Avivar y ejercitar el *ingenio. Ú. t. c. r. ‖ fig. y fam. **Matar.** ‖ r. fig. Sacudir el sueño, mantenerse *despierto.
despacio. adv. m. Poco a poco, con *lentitud. ‖ adv. t. Por tiempo dilatado. ‖ **¡Despacio!** interj. que sirve para recomendar *moderación en lo que se hace o dice.
despacioso, sa. adj. **Espacioso** (*calmoso).
despacito. d. de **Despacio.** ‖ adv. m. fam. Muy poco a poco. ‖ **¡Despacito!** interj. fam. **¡Despacio!**
despachada. f. *Empleo ejercido por oficiales subalternos.
despachadamente. adv. m. ant. Con mucha brevedad y ligereza.
despachaderas. f. pl. fam. Modo *desabrido de responder. ‖ *Facilidad y *prontitud en el despacho de los negocios.
despachado, da. adj. fam. **Desfachatado** (*descarado). ‖ Dícese del que tiene *habilidad y *desenvoltura para desempeñar un cometido.
despachador, ra. adj. Que despacha mucho y brevemente. Ú. t. c. s. ‖ m. En las *minas de América, operario, que llena las vasijas de extracción.
despachar. tr. *Abreviar y *concluir un negocio u otra cosa. ‖ Resolver y *decidir las causas y negocios. ‖ **Enviar.** ‖ *Vender los géneros o mercaderías. ‖ **Despedir** (echar). ‖ fam. Servir una *tienda, procurando a los compradores los géneros que piden. ‖ fig. y fam. **Matar.** ‖ intr. Darse *prisa. Ú. t. c. r. ‖ fam. *Parir la mujer. Ú. t. c. r. ‖ r. Deshacerse de una cosa.
***despacho.** m. Acción y efecto de despachar. ‖ → Habitación o local para despachar los negocios o para el estudio. ‖ *Tienda o parte del establecimiento donde se venden determinados efectos. ‖ Cualquiera de las comunicaciones cambiadas entre el gobierno de una nación y sus representantes *diplomáticos. ‖ *Decisión, resolución, determinación. ‖ Título o nombramiento que se da a uno para algún *empleo. ‖ Comunicación transmitida por *telégrafo o por teléfono. ‖ En las minas de América, el ensanche contiguo a las cortaduras. ‖ Local destinado en los *teatros y otros lugares de *espectáculos, para la venta de localidades. ‖ V. **Secretario del despacho.** ‖ **universal.** El de los negocios correspondientes al ministerio de Estado. ‖ **Tener** uno **buen despacho.** fr. Ser despachado.
despachurrado, da. adj. desus. Decíase de la persona *ridícula y despreciable.
despachurrar. tr. fam. *Aplastar una cosa *apretándola con fuerza. Ú. t. c. r. ‖ fig. y fam. Embrollar uno un relato por expresarse con desorden y *confusión. ‖ fig. y fam. Dejar a uno confuso y *turbado, sin tener qué replicar.
despachurro. m. Acción de despachurrar.
despajador, ra. adj. Aplícase a la persona que despaja. Ú. m. c. s.
despajadura. f. Acción y efecto de despajar.
despajar. tr. Apartar la *paja del grano. ‖ *Min.* fig. *Cribar a mano tierras y desechos para separar el mineral.
despajo. m. **Despajadura.**
despaldar. tr. **Desespaldar.** Ú. t. c. r.
despaldilladura. f. Acción y efecto de despaldillar o despaldillarse.
despaldillar. tr. Desconcertar o romper la espaldilla a un animal. Ú. t. c. r.
despaletillar. tr. **Despaldillar.** Ú. t. c. r. ‖ fig. y fam. Magullar a golpes las *espaldas. Ú. t. c. r.
despalillado. m. Acción y efecto de despalillar la *uva.
despalillador, ra. m. y f. Persona que despalilla.
despalillar. tr. Quitar los palillos de la hoja del *tabaco antes de torcerlo o picarlo. ‖ Quitar los palillos a las pasas, o el escobajo a la *uva.
despalmador. m. Sitio donde se despalman las embarcaciones. ‖ Cuchillo corvo que usan los *herradores para despalmar.
despalmadura. f. Acción y efecto de despalmar. ‖ Desperdicios de los cascos de los animales cuadrúpedos. Ú. m. en pl.
despalmar. tr. **Arq. Nav.* *Limpiar y dar sebo a los fondos de las embarcaciones. ‖ *Carp.* *Achaflanar. ‖ Separar los *herradores la palma córnea de la carnosa en los animales. ‖ Arrancar la *hierba. ‖ *Germ.* Quitar, *despojar por fuerza.
despalme. m. Acción de despalmar el *casco de los cuadrúpedos. ‖ *Corte dado en el tronco de un *árbol para derribarlo.
despampanador, ra. m. y f. *Agr.* Persona que despampana.
despampanadura. f. *Agr.* Acción y efecto de despampanar.
despampanante. p. a. de **Despampanar.** ‖ Que despampana o desconcierta.
despampanar. tr. *Agr.* Quitar los pámpanos a las *vides. ‖ *Agr.* **Despimpollar.** ‖ fig. y fam. Desconcertar, dejar *turbada a una persona con lo que se le dice. ‖ intr. fig. y fam. Desahogarse uno diciendo con libertad lo que siente. ‖ r. fam. Lastimarse gravemente por efecto de un golpe o *caída.
despampanillar. tr. *Agr.* Despampanar las *vides.
despámpano. m. *Agr.* **Despampanadura.**
despamplonar. tr. *Agr.* Entresacar los vástagos de la *vid cuando están muy juntos. ‖ r. fig. Dislocarse o desgobernarse la *mano.
despanar. tr. Levantar las mieses después de *segadas.
despancar. tr. Separar la panca o perfolla de la mazorca del *maíz.
despancijar. tr. fam. **Despanzurrar.** Ú. t. c. r.
despanzurrar. tr. fam. Romper la panza. Ú. t. c. r.
despapar. intr. Llevar el *caballo la cabeza demasiado erguida. Ú. t. c. tr.
despapucho. m. *Disparate, desatino.
desparecer. intr. **Desaparecer.** Ú. t. c. r. ‖ tr. p. us. Hacer desaparecer, *ocultar.
desparedar. tr. Quitar las paredes o tapias.
desparejar. tr. Deshacer, *descabalar una pareja. Ú. t. c. r.
desparejo, ja. adj. **Dispar.**
desparpajado, da. adj. Dícese de la persona *desenvuelta.
desparpajar. tr. *Descomponer y desbaratar una cosa. ‖ intr. fam. *Hablar mucho y sin concierto. Ú. t. c. r.
desparpajo. m. fam. Facilidad y *desenvoltura, especialmente en el *hablar. ‖ fam. *Desorden, desbarajuste.
desparramado, da. adj. *Ancho, abierto.
desparramador, ra. adj. Que desparrama. Ú. t. c. s.
desparramamiento. m. Acción y efecto de desparramar o desparramarse.

desparramar. tr. *Esparcir, extender lo que estaba junto. Ú. t. c. r. ‖ fig. *Derrochar la hacienda. ‖ r. *Distraerse, *divertirse.
desparramo. m. Acción y efecto de desparramar. ‖ fig. Desbarajuste, *desorden.
despartidero. m. Sitio donde se *bifurca un camino.
despartidor, ra. adj. Que desparte. Ú. t. c. s.
despartimiento. m. Acción y efecto de despartir.
despartir. tr. *Separar, apartar. ‖ Poner *paz entre los que riñen.
desparvar. tr. Levantar la *parva para aventarla.
despasar. tr. *Sacar una cinta, cordón, etc., que se había pasado por un ojal, jareta, etc. Ú. t. c. r. ‖ *Mar.* **Desguarnir** (el *cabestrante).
despatarrada. f. fam. Cierta mudanza de algunos *bailes españoles. ‖ **Hacer** uno **la despatarrada.** fr. fig. y fam. *Fingir una *enfermedad o accidente, tendiéndose en el suelo.
despatarrar. tr. fam. Abrir excesivamente las piernas a una persona. Ú. t. c. r. ‖ fam. *Asustar, asombrar, *admirar. Ú. t. c. r. ‖ r. *Caerse al suelo, abierto de piernas.
despatillado. m. **Carp.* *Corte o rebajo que se hace en el extremo de una pieza de madera.
despatillar. tr. **Carp.* Cortar en los pares los rebajos necesarios para que sienten en las carreras. ‖ Cortar o *afeitar las patillas. Ú. t. c. r. ‖ Quitar las patillas a las rejas, balcones, etc. ‖ *Mar.* Refiriéndose al *ancla, arrancarle un brazo.
despavesaderas. f. pl. **Despabiladeras.**
despavesadura. f. Acción y efecto de despavesar.
despavesar. tr. **Despabilar.** ‖ Quitar soplando la *ceniza de las brasas.
despavonar. tr. Quitar el pavón de una superficie de hierro o acero. Ú. t. c. r.
despavoridamente. adv. m. Con *pavor.
despavorido, da. adj. Lleno de *pavor.
despavorir. intr. Llenar de *pavor. Ú. t. c. r.
despeadura. f. Acción y efecto de despearse.
despeamiento. m. **Despeadura.**
despearse. r. Lastimarse los *pies el hombre o el animal, por haber *andado mucho.
despectivamente. adv. m. Con *desprecio.
despectivo, va. adj. **Despreciativo.** ‖ **Gram.* Aplícase a la palabra, derivada de otra, que reproduce el significado de ésta con un matiz de menosprecio.
despechadamente. adv. m. Con despecho.
despechar. tr. Causar *enojo o *desesperanza. Ú. t. c. r.
despechar. tr. fam. Destetar a los niños.
despecho. m. Indignación o *aborrecimiento producido por algún *desengaño o por haberse *malogrado algún propósito en que estaba empeñada la vanidad. ‖ **Desesperación.** ‖ **A despecho.** m. adv. A pesar de la *oposición de alguno.
despechugadura. f. Acción y efecto de despechugar o despechugarse.
despechugar. tr. Quitar la pechuga a una *ave. ‖ r. fig. y fam. Dejar el pecho descubierto o *desnudo.
despedazador, ra. adj. Que despedaza. Ú. t. c. s.
despedazamiento. m. Acción y efecto de despedazar o despedazarse.
despedazar. tr. Hacer pedazos un cuerpo, romperlo o *dividirlo en partes sin orden ni concierto. Ú. t. c. r. ‖ fig. *Perjudicar y destruir algunas cosas no materiales. Ú. t. c. r.
***despedida.** f. Acción y efecto de despedir a uno o despedirse. ‖ *Canción popular en que el cantor se despide.
despedimiento. m. **Despedida.**
***despedir.** tr. *Lanzar, arrojar una cosa. ‖ Hablando de *costas, cabos, etc., extender hacia el mar algún arrecife. ‖ Quitar a uno la ocupación, empleo o servicio, *destituirlo. Ú. t. c. r. ‖ → Acompañar por obsequio al que sale de una casa o de otro lugar. ‖ fig. Apartar de sí, *rechazar una cosa no material. ‖ fig. Difundir o esparcir. ‖ r. Decir alguna expresión de *cortesía para separarse una persona de otra u otras.
despedrar. tr. **Despedregar.** ‖ vulg. **Desempedrar.**
despedregar. tr. Limpiar de *piedras la tierra.
despegable. adj. Que se puede despegar.
despegadamente. adv. m. Con despego.
despegadizo, za. adj. Fácil de *despegar.
despegado, da. adj. fig. y fam. *Desabrido en el trato.
despegador, ra. adj. Que despega. Ú. t. c. s.
***despegadura.** f. Acción o efecto de despegar o despegarse.
despegamiento. m. **Desapego.**
***despegar.** tr. Desprender una cosa de otra a que estaba pegada o junta. Ú. t. c. r. ‖ intr. Elevarse en el aire una *aeronave que estaba posada en tierra o en el agua. ‖ r. **Desapegarse.** ‖ fig. Caer mal, *desconvenir, no corresponder una cosa con otra.
despego. m. **Desapego.**
despegue. m. Acción y efecto de despegar el *avión.
despeinar. tr. Deshacer el peinado. Ú. t. c. r. ‖ Descomponer el *cabello. Ú. t. c. r.
despejadamente. adv. m. Con despejo.
despejado, da. adj. Que tiene *desenvoltura en su trato. ‖ Aplícase al *ingenio claro y desembarazado, y a la persona que lo tiene. ‖ *Espacioso, dilatado.
***despejar.** tr. Desembarazar o desobstruir un sitio o espacio. ‖ fig. **Aclarar** (resolver). Ú. t. c. r. ‖ **Mat.* Separar por medio del cálculo una incógnita. ‖ intr. En el fútbol, impulsar un jugador el *balón fuera del área de peligro para su portería. ‖ r. Adquirir o mostrar *desenvoltura en el trato. ‖ *Divertirse, esparcirse. ‖ Hablando de la *atmósfera, aclararse, serenarse. ‖ Limpiarse de *calentura un enfermo.
despeje. m. Acción y efecto de despejar.
despejo. m. Acción y efecto de despejar o despejarse. ‖ **Taurom.* Acto de despejar de gente la arena antes de la corrida. ‖ *Desenvoltura y *gallardía. ‖ Claro *talento, ingenio.
despelotar. tr. Desgreñar, descomponer el *cabello.
despeluzamiento. m. Acción y efecto de despeluzar o despeluzarse.
despeluzar. tr. Descomponer, desordenar el *cabello, el pelo de la felpa, etc. Ú. t. c. r. ‖ Erizar el cabello, generalmente por horror o *miedo. Ú. m. c. r. ‖ *Despojar a uno de cuanto posee.
despeluznante. p. a. de **Despeluznar.** Que despeluzna. ‖ adj. Que infunde *miedo u horror.
despeluznar. tr. **Despeluzar.** Ú. t. c. r.
despellejadura. f. **Desolladura.**
despellejar. tr. Quitar la *piel, desollar. ‖ fig. *Murmurar maliciosamente de uno.
despenador, ra. adj. Que quita las penas. Ú. t. c. s.
despenar. tr. Sacar a uno de pena. ‖ fig. y fam. **Matar.**
despendedor, ra. adj. *Derrochador, pródigo. Ú. t. c. s.
despender. tr. *Gastar, consumir.
despenolar. tr. *Mar.* Romper a la *verga alguno de sus penoles. Ú. t. c. r.
despensa. f. *Aposento o lugar en que se *guardan las cosas *comestibles. ‖ *Provisión de comestibles. ‖ Oficio de despensero. ‖ Ajuste de los *piensos, cebada y paja. ‖ Lugar destinado en algunas *minas para guardar los minerales ricos.
despensería. f. Oficio u ocupación de despensero.
despensero, ra. m. y f. Persona que tiene el cargo de la despensa. ‖ Persona encargada de *distribuir determinadas cosas.
despeñadamente. adv. m. *Precipitadamente.
despeñadero, ra. adj. Dícese de lo que es a propósito para despeñar o despeñarse. ‖ m. *Precipicio. ‖ fig. Riesgo o *peligro a que uno se expone.
despeñadizo, za. adj. Dícese del lugar que es a propósito para despeñarse.
despeñamiento. m. **Despeño.**
***despeñar.** tr. *Arrojar o hacer *caer una persona o cosa desde un lugar alto. Ú. t. c. r. ‖ r. fig. Entregarse con *desenfreno a pasiones, vicios o maldades.
despeño. m. Acción y efecto de despeñar o despeñarse. ‖ Flujo de vientre, *diarrea. ‖ fig. *Caída precipitada. ‖ fig. Grave *daño, ruina, perdición.
despeo. m. **Despeadura.**
despepitado. m. desus. Arcabucero de a caballo, empleado en el servicio de explorador.
despepitador. m. desus. **Despepitado.**
despepitar. tr. Quitar las *pepitas o semillas de algún fruto.
despepitarse. r. *Hablar o gritar con vehemencia. ‖ fig. Hablar o proceder con *descomedimiento. ‖ fig. y fam. Mostrar vehemente *deseo por alguna cosa.
despercudido, da. adj. *Listo, avispado.
despercudir. tr. *Lavar lo que está percudido.
desperdiciadamente. adv. m. Con desperdicio.
desperdiciado, da. adj. **Desperdiciador.** Ú. t. c. s.
desperdiciador, ra. adj. Que desperdicia. Ú. t. c. s.
***desperdiciar.** tr. Malgastar, derrochar. ‖ *Desaprovechar.
***desperdicio.** m. *Derroche de la hacienda u otra cosa. ‖ *Residuo que no se puede aprovechar o que se deja perder por descuido.
desperdigamiento. m. Acción y efecto de desperdigar, o desperdigarse.
desperdigar. tr. *Separar, desunir. ‖ *Dispersar, esparcir. Ú. t. c. r.
desperecerse. r. Consumirse, sentir vehemente *anhelo por el logro de una cosa.
desperezarse. r. *Extender y estirar los *brazos para librarse del *entumecimiento.

desperezo. m. Acción de desperezarse.
desperfecto. m. Leve *deterioro. ‖ *Imperfección que disminuye el valor y utilidad de las cosas.
desperfilar. tr. p. us. **Pint.* Suavizar los contornos de los objetos de un cuadro. ‖ *Mil.* Alterar y disimular los perfiles de las obras de *fortificación. ‖ r. Perder la postura de perfil.
desperfollar. tr. Deshojar las panochas de *maíz.
despernada. f. Cierta mudanza de algunos antiguos *bailes españoles.
despernado, da. adj. fig. *Cansado de *andar.
despernancarse. r. Despatarrarse.
despernar. tr. Cortar o estropear las *piernas. Ú. t. c. r.
despertador, ra. adj. Que despierta. ‖ m. y f. Persona que tiene el cuidado de *despertar a otras. ‖ m. *Reloj que hace sonar una campana o timbre a la hora que previamente se marca mediante un mecanismo adecuado. ‖ Aparato que en las lámparas de los *faros indica cuándo falta el aceite. ‖ fig. Aviso, *estímulo.
despertamiento. m. Acción y efecto de despertar o despertarse.
despertante. p. a. de **Despertar.** Que despierta.
***despertar.** tr. Cortar el sueño al que está durmiendo. Ú. t. c. r. ‖ fig. Traer a la *memoria una cosa ya olvidada. ‖ fig. Hacer que uno vuelva sobre sí o *medite sobre algo. ‖ fig. Excitar el *apetito o algún deseo o pasión. ‖ intr. Dejar de dormir. ‖ fig. Hacerse más *listo y astuto el que antes era apocado o simple.
despesar. m. *Disgusto, pesar.
despestañar. tr. Quitar o arrancar las pestañas. ‖ r. fig. **Desojarse** (*mirar con ahínco). ‖ fig. desus. *Estudiar con ahínco. ‖ ‖ fig. Poner gran *cuidado y aplicación en alguna cosa.
despezar. tr. Adelgazar por un extremo un *tubo para enchufarlo en otro. ‖ **Arq.* Dividir los muros, arcos, etc., en las diferentes piezas de que se componen.
despezo. m. Acción y efecto de despezar un *tubo. ‖ *Arq.* **Despiezo.** ‖ **Cant.* *Corte por donde las piedras se unen unas con otras. ‖ *Carp.* **Zoquete.**
despezonar. tr. Quitar el pezón a algunas *frutas. ‖ fig. *Separar una cosa de otra. ‖ r. *Romperse el pezón o pezonera a algunas cosas.
despiadadamente. adv. m. Inhumanamente, sin piedad.
despiadado, da. adj. *Cruel, inhumano.
despicar. tr. Desahogar, satisfacer. ‖ r. *Vengarse de la ofensa o pique.
despicarazar. tr. Empezar los pájaros a picar los *higos.
despicarse. r. Perder el *gallo de pelea la punta del pico.
despichar. tr. Despedir de sí el humor o *humedad. ‖ *Aplastar, *apretar. ‖ **Descobajar.** ‖ intr. fam. Espichar, *morir.
despidida. f. *Desagüe.
despidiente. m. *Albañ.* Palo que ponen los revocadores en sus *andamios colgados para mantenerlos separados de la pared. ‖ **de agua. Vierteaguas.**
despido. m. **Despedida.**
despiertamente. adv. m. Con *ingenio y viveza.
***despierto, ta.** p. p. irreg. de **Despertar.** ‖ adj. fig. *Listo, advertido, vivo.
despiezar. tr. *Arq.* **Despezar.**
despiezo. m. *Arq.* Acción y efecto de despiezar.
despilaramiento. m. **Min.* Acción y efecto de despilarar.
despilarar. tr. Derribar los pilares de una *mina.
despilfarradamente. adv. m. Con despilfarro.
despilfarrado, da. adj. Desharrapado, *desaliñado, andrajoso. Ú. t. c. s. ‖ *Pródigo, derrochador. Ú. t. c. s.
despilfarrador, ra. adj. Que despilfarra. Ú. t. c. s.
despilfarrar. tr. *Derrochar, malgastar, malbaratar.
despilfarro. m. *Destrucción o deterioro de la ropa u otras cosas, por desidia. ‖ Gasto excesivo, *derroche.
despimpollar. tr. *Agr.* Quitar a la *vid los brotes excesivos.
despinces. m. pl. **Despinzas.**
despintar. tr. *Borrar o raer lo pintado. Ú. t. c. r. ‖ fig. Alterar y *mudar una cosa, haciendo que resulte al contrario de lo que se esperaba. ‖ intr. fig. Desdecir, *degenerar. ‖ r. Borrarse fácilmente los colores o los *tintes. ‖ **No despintársele** a uno una persona o cosa. fr. fig. y fam. *Recordar su aspecto.
despinte. m. **Min.* Porción de mineral de ley inferior a la que le corresponde.
despinzadera. f. Mujer que quita las motas al *paño. ‖ Instrumento de hierro que se usa para despinzar los paños.
despinzar. tr. Quitar con las despinzas las motas y los pelos a los *paños, *pieles, etc.
despinzas. f. pl. Pinzas para despinzar los paños.
despiojar. tr. Quitar los *piojos. Ú. t. c. r. ‖ fig. y fam. Sacar a uno de miseria. Ú. t. c. r.
despique. m. Satisfacción o *venganza que se toma de una ofensa o desprecio.
despistar. tr. Hacer perder la pista. Ú. t. c. r.
despitorrado. adj. Dícese del toro de lidia que tiene rota la punta del *cuerno.
despizcar. tr. Hacer pizcas una cosa. Ú. t. c. r. ‖ fig. Deshacerse, poniendo mucho *esfuerzo y diligencia en una cosa.
desplacer. m. Desazón, *disgusto. ‖ *Aflicción, pena.
desplacer. tr. *Disgustar, desagradar.
desplanchar. tr. Arrugar lo planchado. Ú. t. c. r.
desplantación. f. **Desarraigo.**
desplantador, ra. adj. Que desplanta. Ú. t. c. r. ‖ m. *Agr.* Instrumento para arrancar con su cepellón las plantas que se han de *trasplantar.
desplantar. tr. Desviar una cosa de la línea vertical, *inclinarla. Ú. t. c. r. ‖ r. **Danza* y **Esgr.* Perder la planta o postura recta.
desplante. m. **Danza* y **Esgr.* Postura irregular. ‖ fig. Dicho o acto descomedido y *descarado.
desplatación. f. **Desplate.**
desplatar. tr. Separar la *plata de otro *metal.
desplate. m. Acción y efecto de desplatar.
desplayar. intr. Retirarse el mar de la playa, como acontece en las *mareas.
desplazamiento. m. Acción y efecto de desplazar. ‖ *Mar.* Espacio que ocupa en el agua el casco de un buque hasta su línea de *flotación, o cualquier cuerpo *sumergido.
desplazar. tr. *Quitar a una persona o cosa de un lugar para ponerla en otro. ‖ *Mar.* Desalojar el buque un volumen de agua igual al de la parte *sumergida. Dícese también de cualquier otro cuerpo sumergido en un líquido.
desplegadura. f. Acción y efecto de desplegar o desplegarse.
desplegar. tr. Descoger, *extender, desdoblar. Ú. t. c. r. ‖ fig. Aclarar y *explicar lo obscuro o poco inteligible. ‖ fig. Ejercitar, poner en *acción alguna cualidad o poder. ‖ **Mil.* Hacer pasar las tropas del orden compacto al abierto y extendido. Ú. t. c. r.
despleguetear. tr. *Agr.* Quitar los pleguetes a los *sarmientos.
despleguteo. m. *Agr.* Acción y efecto de despleguetear.
despliegue. m. **Mil.* Acción y efecto de desplegar.
desplomar. tr. Hacer que una pared u otra cosa, pierda la posición vertical. ‖ r. Perder la posición vertical una cosa, *inclinarse. ‖ *Caerse una pared, derrumbarse. ‖ fig. Caer a plomo una cosa de gran peso. ‖ fig. Caerse *muerta o *desmayada una persona. ‖ fig. Arruinarse, perderse.
desplome. m. Acción y efecto de desplomar o desplomarse. ‖ En el laboreo de ciertas *minas, acción de socavar parte del filón hasta que se cae por su propio peso.
desplomo. m. *Inclinación, desviación de la posición vertical en un edificio, pared, etc.
desplumadura. f. Acción de desplumar o desplumarse.
desplumar. tr. Quitar las *plumas al ave. Ú. t. c. r. ‖ fig. **Pelar** (despojar a uno de cuanto posee).
***despoblación.** f. Ausencia total o parcial de la gente que poblaba un lugar. ‖ Acción y efecto de despoblar o despoblarse.
***despoblado.** m. Desierto, lugar que tuvo población y que luego carece de ella.
despoblador, ra. adj. Que despuebla. Ú. t. c. s.
despoblamiento. m. ant. **Despoblación.**
***despoblar.** tr. Suprimir o reducir considerablemente la población de un lugar. Ú. t. c. r. ‖ fig. *Despojar un sitio de lo que hay en él. ‖ *Min.* Dejar una *mina sin el número de trabajadores que exigían las leyes. ‖ r. Dicho de un lugar, *ausentarse momentáneamente de él gran parte del vecindario con cualquier motivo.
despojador, ra. adj. Que despoja. Ú. t. c. s.
despojamiento. m. ant. **Despojo.**
***despojar.** tr. Privar a uno de lo que goza y tiene, generalmente con violencia. ‖ *For.* Quitar judicialmente a uno la posesión de los bienes o habitación que tenía, para dársela a su legítimo dueño. ‖ r. *Desnudarse. ‖ Desposeerse de una cosa voluntariamente, *renunciar a ella.
despojo. m. Acción y efecto de *despojar o despojarse. ‖ *Botín del vencedor. ‖ Vientre, asadura, cabeza y manos de las reses de *matadero. ‖ Alones, molleja, patas, pescuezo y cabeza de las *aves muertas. Ú. t. en pl. ‖ fig. Lo que se ha perdido por el tiempo, por la muerte u otros accidentes. ‖ **Min.* Extracción de los minerales de una vena o filón. ‖ pl. Sobras o *residuos. ‖ Minerales demasiado pobres. ‖ Materiales o *escombros que se pueden aprovechar de un edificio que se derriba. ‖ Restos mortales, *cadáver.
despolarización. f. **Ópt.* y **Electr.* Acción y efecto de despolarizar.

despolarizador, ra. adj. *Fís.* Que tiene la propiedad de despolarizar. Ú. t. c. s. m.

despolarizar. tr. **Ópt.* y **Electr.* Destruir o interrumpir el estado de polarización.

despolvar. tr. **Desempolvar.** Ú. t. c. r.

despolvorear. tr. Quitar o sacudir el *polvo. ‖ fig. *Arrojar de sí alguna cosa.

despolvoreo. m. Acción de despolvorear.

despopularización. f. Pérdida de la popularidad, *descrédito.

despopularizar. tr. Privar a una persona o cosa de la popularidad, *desacreditarla. Ú. t. c. r.

desportilladura. f. *Fragmento que se separa del borde de una cosa. ‖ *Hueco o abertura que queda en el borde.

desportillar. tr. *Romper una cosa, quitándole parte del canto o boca. Ú. t. c. r.

desposado, da. adj. Recién *casado. Ú. t. c. s. ‖ Aprisionado con esposas.

desposando, da. m. y f. Persona que está a punto de desposarse.

desposar. tr. Unir el párroco a los contrayentes autorizando su *matrimonio. ‖ r. Contraer esponsales. ‖ Contraer matrimonio.

desposeer. tr. *Privar a uno de lo que posee. ‖ r. *Renunciar alguno lo que posee.

desposeimiento. m. Acción y efecto de desposeer o desposeerse.

desposorio. m. Promesa mutua que un hombre y una mujer se hacen de contraer *matrimonio. ‖ Matrimonio. Ú. m. en pl.

déspota. m. Jefe supremo en algunos pueblos antiguos. ‖ *Soberano que gobierna sin sujeción a ley alguna. ‖ fig. Persona que trata con *tiranía a sus subordinados.

despóticamente. adv. m. Con despotismo.

***despótico, ca.** adj. Absoluto, sin ley, tiránico.

despotismo. m. *Tiranía, potestad absoluta no limitada por las leyes. ‖ *Abuso de superioridad.

despotizar. tr. Gobernar o tratar *despóticamente.

despotricar. intr. fam. *Hablar sin consideración ni reparo, *descomedirse, *desatinar. Ú. t. c. r.

despotrique. m. Acción de despotricar.

***despreciable.** adj. Digno de desprecio.

despreciador, ra. adj. Que desprecia.

***despreciar.** tr. Desestimar y tener en poco. ‖ Desairar o menospreciar ‖ r. **Desdeñar** (tener a menos).

despreciativo, va. adj. Que indica desprecio.

***desprecio.** m. Desestimación, falta de aprecio. ‖ Desaire, desdén.

desprender. tr. *Desunir, *desatar, *desasir o *despegar lo que estaba fijo o unido. Ú. t. c. r. ‖ r. fig. *Renunciar a una cosa. ‖ fig. Deducirse, *inferirse.

desprendido, da. adj. Desinteresado, *generoso.

desprendimiento. m. Acción de desprenderse una cosa de otra, o una parte de un todo. ‖ *Desapego, desasimiento de las cosas. ‖ fig. *Liberalidad, desinterés. ‖ **Metal.* Bajada repentina de la carga de un horno. ‖ *Pint.* y *Esc.* Representación del descendimiento del cuerpo de *Cristo.

despreocupación. f. Estado del ánimo *tranquilo y libre de cuidados. ‖ Falta de prejuicios, imparcialidad para obrar con *justicia.

despreocupado, da. adj. Que no sigue o afecta no seguir las creencias o usos generales.

despreocuparse. r. Salir de una preocupación. ‖ Desentenderse de una cosa.

desprestigiar. tr. Quitar el prestigio, *desacreditar. Ú. t. c. r.

desprestigio. m. Acción y efecto de desprestigiar o desprestigiarse.

desprevención. f. *Carencia de lo necesario. ‖ *Imprevisión.

desprevenidamente. adv. m. Sin prevención.

desprevenido, da. adj. Desapercibido, falto de lo necesario.

***desproporción.** f. Falta de la proporción debida.

desproporcionadamente. adv. m. Con desproporción.

***desproporcionado, da.** adj. Que no tiene la proporción debida; *anormal.

***desproporcionar.** tr. Quitar la proporción a una cosa.

despropositado, da. adj. Dícese de lo que es fuera de propósito. ‖ *Absurdo, disparatado.

despropósito. m. Dicho o hecho *absurdo, intempestivo o inconveniente.

desproveer. tr. *Despojar a uno de lo necesario para su mantenimiento.

desproveídamente. adv. m. **Desprevenidamente.**

desprovisto, ta. adj. *Falto de lo necesario.

despueble. m. Acción y efecto de *despoblar o despoblarse.

despueblo. m. **Despueble.**

despuente. m. **Marceo** (de las colmenas).

***después.** adv. t. y l. que denota *posterioridad de tiempo, lugar o situación.

despulsamiento. m. Acción y efecto de despulsarse.

despulsar. tr. Dejar sin pulso. Ú. m. c. r. ‖ r. fig. **Desvivirse.**

despumación. f. Acción y efecto de despumar.

despumar. tr. **Espumar.**

despuntador. m. **Min.* Aparato para separar minerales. ‖ *Martillo para romper minerales.

despuntadura. f. Acción y efecto de despuntar o despuntarse.

despuntar. tr. Quitar o *embotar la *punta. Ú. t. c. r. ‖ Cortar las ceras vanas de la *colmena. ‖ **Mar.* Doblar un cabo, punta, etc. ‖ **Bot.* intr. Empezar a brotar y entallecer las plantas y los árboles. ‖ Manifestar agudeza e *ingenio. ‖ fig. *Sobresalir, descollar. ‖ Hablando de la aurora, del alba o del *día, empezar a *amanecer.

despunte. m. **Despuntadura.** ‖ *Leña de rama delgada.

desquejar. tr. *Agr.* Formar esquejes y *plantarlos.

desqueje. m. *Agr.* Acción y efecto de desquejar.

desquerer. tr. Dejar de querer.

desquiciador, ra. adj. Que desquicia. Ú. t. c. s.

desquiciamiento. m. Acción y efecto de desquiciar o desquiciarse.

desquiciar. tr. *Desencajar o sacar de quicio una cosa. Ú. t. c. r. ‖ fig. Descomponer y *aflojar una cosa. ‖ fig. Quitar a una persona el aplomo, *turbarla. Ú. t. c. r. ‖ fig. Derribar a uno de la privanza.

desquijaramiento. m. Acción y efecto de desquijarar o desquijararse.

desquijarar. tr. Rasgar la boca dislocando las *quijadas. Ú. t. c. r.

desquijerar. tr. **Carp.* Serrar un palo o madero para sacar la espiga.

desquilatar. tr. Bajar de quilates el *oro. ‖ fig. *Depreciar una cosa, disminuir su valor.

desquitar. tr. Restaurar la pérdida; *recobrar lo perdido. Ú. t. c. r. ‖ fig. Tomar satisfacción o *venganza. Ú. t. c. r.

desquite. m. Acción y efecto de desquitar o desquitarse.

desrabar. tr. **Desrabotar.**

desraberar. tr. Limpiar lo último de la *parva.

desrabotar. tr. Cortar el rabo o *cola.

desramar. tr. Quitar las ramas del tronco de un árbol.

desrancharse. r. *Ausentarse del rancho. ‖ **Mil.* Separarse los que están arranchados.

desranillar. tr. **Agr.* **Deslechugar.**

desraspado. adj. V. **Trigo desraspado.**

desrastrojar. tr. **Agr.* Quitar el rastrojo.

desratización. f. Acción y efecto de desratizar.

desratizar. tr. Exterminar las *ratas en los barcos, almacenes, etc.

desrayadura. f. **Agr.* Acción y efecto de desrayar. ‖ *Surco que sirve de *límite entre dos tierras.

desrayar. tr. *Agr.* Abrir surcos para el *desagüe. ‖ Trazar el surco que *limita dos tierras.

desrazonable. adj. fam. Fuera de razón, *irracional.

desregladamente. adv. m. **Desarregladamente.**

desreglado, da. adj. **Desarreglado.**

desreglar. tr. **Desarreglar.** Ú. t. c. r.

desrelingar. tr. *Mar.* Quitar las relingas a las *velas.

desreputación. f. fam. *Descrédito, mala fama.

desriñonar. tr. **Derrengar.**

desrizar. tr. Deshacer los rizos. Ú. t. c. r.

desroblar. tr. Quitar la robladura de un *clavo, perno, etc.

desroñar. tr. *Podar las ramitas ruines.‖ Trazar con el hacha en un tronco las líneas correspondientes a las aristas del *madero que se ha de labrar.

desrostrarse. r. Desfigurarse el rostro en una *caída.

destacamento. m. **Mil.* Tropa destacada.

destacar. tr. **Mil.* Separar del cuerpo principal una porción de tropa, para determinado fin. Ú. t. c. r. ‖ **Pint.* Hacer resaltar los objetos de un cuadro. Ú. m. c. r. ‖ r. fig. *Sobresalir, hacerse notar.

destajador. m. *Martillo de que se sirven los herreros para forjar.

destajar. tr. *Pactar las condiciones con que se ha de hacer una cosa. ‖ Cortar la *baraja.

destajero, ra. m. y f. **Destajista.**

destajista. com. Persona que hace una cosa a destajo.

destajo. m. Obra o *trabajo que se ajusta por un tanto alzado. ‖ fig. Obra o empresa que uno toma por su cuenta. ‖ **A destajo.** m. adv. fig. Con esfuerzo y *diligencia para concluir pronto. ‖ **Hablar** uno **a destajo.** fr. fig. y fam. *Hablar con exceso.

destalonar. tr. Quitar o destruir el talón al calzado. Ú. t. c. r. ‖ Cortar las libranzas, *recibos y demás documentos contenidos en libros talonarios. ‖ Quitar el talón a los *documentos que lo tienen unido. ‖ **Veter.* Rebajar el casco de una caballería, desde el medio de la palma hacia atrás.

destallar. tr. *Podar tallos inútiles.

destapada. f. **Descubierta** (especie de *pastel).

destapadura. f. Acción y efecto de destapar o destaparse.
*__destapar.__ tr. Quitar la tapa. ‖ fig. Descubrir lo tapado. Ú. t. c. r.
destapiado. m. Sitio que queda después de quitar las tapias.
destapiar. tr. *Derribar las tapias.
destaponar. tr. Quitar el tapón.
destara. f. *Peso que se rebaja de lo que se ha pesado con tara.
destarar. tr. Rebajar la tara de lo que se ha *pesado con ella.
destartalado, da. adj. *Desproporcionado. Ú. t. c. s.
destartalo. m. *Desorden, *desproporción.
destazador. m. El que tiene por oficio hacer trozos las reses de *matadero.
destazar. tr. Hacer piezas o pedazos, *partir.
destebrechador. m. *Germ.* *Intérprete.
destebrechar. tr. *Germ.* Declarar, *explicar una cosa.
destechadura. f. Acción y efecto de destechar.
destechar. tr. Quitar el *techo a un edificio.
destejar. tr. Quitar las tejas a los tejados de los edificios o a las albardillas de las tapias. ‖ fig. Dejar indefensa o *abandonada una cosa.
destejer. tr. *Deshacer lo *tejido. ‖ fig. *Descomponer lo que estaba dispuesto o tramado.
destellar. intr. Despedir destellos o ráfagas de *luz.
destello. m. *Reflejo intenso y brillante. ‖ Ráfaga de *luz de corta duración. ‖ Aumento momentáneo de intensidad en la luz de los *faros. ‖ Manifestación inequívoca y brillante de *talento.
destempladamente. adv. m. Con destemplanza.
destemplado, da. adj. Falto de temple o de mesura, *descomedido. ‖ Dícese de la *pintura cuyos tonos no armonizan bien.
destemplador, ra. adj. Que destempla. ‖ m. Oficial que destempla el *acero.
destemplanza. f. Desigualdad o excesivo rigor del tiempo *atmosférico. ‖ *Exceso en los afectos o en el uso de algunas cosas. ‖ Elevación de la temperatura del cuerpo, que no llega a *calentura declarada. ‖ fig. *Descomedimiento; falta de moderación.
destemplar. tr. *Desarreglar, desconcertar la armonía y el buen orden de una cosa. ‖ Poner en infusión. ‖ Destruir la concordancia con que están *afinados los instrumentos músicos. Ú. t. c. r. ‖ r. Alterarse el pulso y elevarse ligeramente la temperatura del cuerpo. ‖ Perder el temple el *acero u otros metales. Ú. t. c. tr. ‖ fig. Descomponerse, alterarse, *descomedirse.
destemple. m. *Desafinación de las cuerdas de un instrumento. ‖ Indisposición ligera de la salud. ‖ fig. Alteración, destemplanza del tiempo. ‖ *Descomedimiento, desabrimiento. ‖ Acción y efecto de destemplar o destemplarse el acero u otros metales.
destentar. tr. Quitar la tentación a uno, o *disuadirle de algún intento ilícito.
desteñir. tr. Quitar el tinte; *decolorar, apagar los colores. Ú. t. c. r.
desternillarse. r. Romperse las ternillas.
desterradero. m. fig. **Destierro** (lugar remoto).
*__desterrar.__ tr. Expulsar a uno en virtud de sentencia, de un territorio o lugar. ‖ Quitar la tierra a las *raíces de las plantas y a otras cosas. ‖ fig. *Apartar de sí.
desterronamiento. m. Acción y efecto de desterronar.
desterronar. tr. Quebrantar, *partir o *deshacer los terrones. Ú. t. c. r.
destetadera. f. Instrumento con púas, que se pone en las tetas de las *vacas.
destetar. tr. Hacer que deje de *mamar el niño o las crías de los animales y que se mantengan comiendo. Ú. t. c. r. ‖ fig. Apartar a los hijos del regalo de su casa para *educarlos con más severidad. Ú. t. c. r. ‖ **Destetarse** uno **con** una cosa. fr. fig. Haber tenido desde la niñez noticia o práctica de ella.
destete. m. Acción y efecto de destetar o destetarse.
destetillar. tr. *Agr.* Quitar las yemas adventicias a los árboles.
desteto. m. Conjunto de cabezas de *ganado destetadas. ‖ *Caballeriza en que se recogen las mulas recién destetadas.
destiempo (a). m. adv. Fuera de tiempo, de modo *inoportuno.
destiento. m. Sobresalto, *susto.
destierre. m. Acción de quitar la tierra de los *minerales.
*__destierro.__ m. Pena que consiste en expulsar a una persona de lugar o territorio determinado. ‖ Efecto de estar desterrada una persona. ‖ Pueblo o lugar en que vive el desterrado. ‖ fig. Lugar muy *alejado o distante de lo más céntrico y concurrido de una población.
destilable. adj. Que puede destilarse.
*__destilación.__ f. Acción y efecto de destilar. ‖ Flujo de *humores serosos o mucosos.
destiladera. f. Aparato para *destilar. ‖ fig. *Medio sutil e ingenioso para lograr alguna pretensión. ‖ **Filtro.**
destilador, ra. adj. Que tiene por oficio destilar agua o licores. Ú. t. c. s. ‖ Dícese de lo que se destila. ‖ m. **Filtro.** ‖ **Alambique.**
*__destilar.__ tr. Evaporar en aparato adecuado una substancia y reducirla luego a líquido mediante el enfriamiento del vapor. ‖ **Filtrar.** Ú. t. c. r. ‖ intr. Correr lo líquido *gota a gota. Ú. t. c. tr.
destilatorio, ria. adj. Que sirve para la destilación. ‖ m. Paraje o local en que se hacen las destilaciones. ‖ **Alambique.**
destilería. f. **Destilatorio** (local en que se destila).
*__destinación.__ f. Acción y efecto de destinar.
*__destinar.__ tr. Ordenar o determinar una cosa para algún fin o efecto. ‖ Designar a una persona para determinado *empleo o para que preste sus servicios en determinado lugar.
destinatario, ria. m. y f. Persona a quien va dirigida o destinada alguna cosa.
*__destino.__ m. **Hado.** ‖ Encadenamiento de los sucesos considerado como necesario y *fatal. ‖ *Suerte, fortuna favorable o adversa. ‖ → Designación u ordenamiento de una cosa para determinado fin. ‖ Lugar a que se dirige una persona o cosa. ‖ *Empleo, ocupación. ‖ Lugar o establecimiento en que un individuo sirve su empleo.
destiño. m. Parte del panal de las *abejas, algo negro o verdoso, que carece de miel.
destiranizado, da. adj. Libre de tiranía.
*__destitución.__ f. Acción y efecto de destituir.
destituible. adj. Que puede ser destituido.
destituidor, ra. adj. Que destituye. Ú. t. c. s.
*__destituir.__ tr. *Privar a uno de alguna cosa. ‖ → **Separar a uno de su** cargo o comisión.
destocar. tr. Quitar o deshacer el tocado. Ú. t. c. r. ‖ r. *Quitarse el sombrero u otra cosa que cubre la cabeza.
destorcedura. f. Acción y efecto de destorcer o destorcerse.
destorcer. tr. Deshacer lo retorcido. Ú. t. c. r. ‖ fig. *Enderezar lo que está torcido. ‖ r. *Mar.* Perder la embarcación el rumbo.
destorgar. tr. En la recolección de la bellota, tronchar las ramas de las *encinas los que suben en ellas para sacudirlas.
destornillado, da. adj. fig. *Alocado, precipitado. Ú. t. c. s.
destornillador. m. Instrumento de hierro u otra materia, que sirve para destornillar.
destornillamiento. m. Acción y efecto de destornillar.
destornillar. tr. Sacar un *tornillo dándole vueltas. ‖ r. fig. Desconcertarse, obrando de modo *irreflexivo.
destoserse. r. *Toser sin necesidad, o para limpiar la garganta el que se dispone a hablar.
destrabar. tr. Quitar las trabas. Ú. t. c. r. ‖ Desasir, *soltar o *separar una cosa de otra. Ú. t. c. r.
destral. m. *Hacha pequeña.
destraleja. f. Destral pequeño.
destralero. m. Dícese del que hace o vende destrales o *hachas pequeñas.
destramar. tr. Sacar la trama de un *tejido.
destre. m. Medida de *longitud, equivalente a cuatro metros y veintiún centímetros. ‖ ***superficial.** Medida cuadrada de un **destre** de lado.
destrejar. intr. Obrar o proceder diestramente, con cordura y *habilidad.
destrenzar. tr. Deshacer la trenza. Ú. t. c. r.
destreza. f. *Habilidad, arte y primor con que se hace una cosa. ‖ desus. ***Esgrima.**
destrincar. tr. *Mar.* Desamarrar cualquier cosa o *desatar la trinca que se le tenía dada. Ú. t. c. r.
destrinque. m. *Mar.* Acción y efecto de destrincar.
destripacuentos. com. fam. Persona que *interrumpe *inoportunamente el cuento o la relación que otro está haciendo.
destripador, ra. adj. Que destripa. Ú. t. c. s.
destripamiento. m. Acción y efecto de destripar.
destripar. tr. Quitar o sacar las tripas. ‖fig. *Sacar lo interior de una cosa. ‖ fig. **Despachurrar** (*aplastar). ‖ fig. y fam. *Malograr el efecto o quitar interés a algún relato, enigma, etc., anticipando el desenlace o la solución.
destripaterrones. m. fig. y fam. *Gañán, trabajador del campo.
destripular. tr. *Mar.* Quitar a un buque la tripulación.
destrísimo, ma. adj. sup. de **Diestro.**
destriunfar. tr. En algunos juegos de *naipes, sacar los triunfos un jugador a los otros, obligándoles a echarlos.
destrizar. tr. Hacer trizas, *romper en pedazos menudos. ‖ r. fig. Consumirse, *irritarse.
destrocar. tr. Deshacer el *trueque o cambio.

destrón. m. Lazarillo o mozo de *ciego.
destronamiento. m. Acción y efecto de destronar.
destronar. tr. *Deponer y privar del reino a uno; echarle del trono. ‖ fig. Quitar a uno su preponderancia.
destroncamiento. m. Acción y efecto de destroncar.
destroncar. tr. *Cortar, tronchar un *árbol por el tronco. ‖ fig. Cortar o descoyuntar el cuerpo a parte de él. ‖ fig. Arruinar a uno, causarle grave *daño. ‖ fig. Rendir de *cansancio. Ú. m. c. r. ‖ fig. Truncar, *interrumpir cosas no materiales. ‖ Descuajar, *arrancar plantas o quebrarlas por el pie.
destronque. m. **Descuaje.**
destróyer. m. *Mar.* **Destructor.**
destrozador, ra. adj. Que destroza. Ú. t. c. s.
destrozar. tr. Despedazar, *partir, *romper, hacer trozos una cosa. Ú. t. c. r. ‖ fig. Gastar mucho, *derrochar. ‖ *Mil.* *Vencer a los enemigos, causándoles mucha pérdida.
destrozo. m. Acción y efecto de destrozar o destrozarse.
destrozón, na. adj. fig. Que destroza demasiado la ropa, los zapatos, etc. Ú. t. c. s. ‖ f. En carnaval, *máscara disfrazada con un traje andrajoso de mujer.
***destrucción.** f. Acción y efecto de destruir. ‖ Ruina, asolamiento, pérdida irreparable.
destructibilidad. f. Calidad de destructible.
destructible. adj. **Destruible.**
destructivamente. adv. m. Con destrucción.
destructividad. f. Instinto destructor.
destructivo, va. adj. Dícese de lo que destruye o puede destruir.
destructor, ra. adj. Que destruye. Ú. t. c. s. ‖ m. Buque de la *armada de poco tamaño y muy veloz, cuyo principal armamento es el torpedo.
destructorio, ria. adj. **Destructivo.**
destrueco. m. **Destrueque.**
destrueque. m. Acción y efecto de destrocar.
destruible. adj. Que puede destruirse.
destruición. f. **Destrucción.**
destruidor, ra. adj. **Destructor.** Ú. t. c. s.
***destruir.** tr. Deshacer una construcción o cualquier otra cosa material. Ú. t. c. r. ‖ fig. Deshacer, *descomponer o inutilizar una cosa no material. ‖ fig. Privar a uno de sus medios de vida. ‖ fig. Malgastar, *derrochar la hacienda. ‖ r. *Alg.* Anularse mutuamente dos cantidades iguales y de signo contrario.
destruyente. p. a. de **Destruir.** Que destruye.
destullecer. tr. **Desentumecer.**
desubstanciar. tr. **Desustanciar.**
desucación. f. Acción y efecto de desjugar o desjugarse.
desudación. f. Acción y efecto de desudar.
desudar. tr. Quitar el sudor. Ú. t. c. r.
desuellacaras. m. fig. y fam. Barbero que *afeita mal. ‖ com. fig. y fam. Persona *descarada y de costumbres *licenciosas.
desuello. m. Acción y efecto de desollar o desollarse. ‖ fig. Desvergüenza, *descaro. ‖ **Ser un desuello.** fr. fig. y fam. con que se nota el precio *caro o excesivo de una cosa.
desugar. tr. *Fregar la vajilla.
desuncir. tr. Quitar del *yugo las bestias sujetas a él.
desunidamente. adv. m. Sin unión.
desunión. f. Falta de unión. ‖ *Separación de las partes de un todo, o de las cosas que estaban unidas. ‖ fig. *Discordia, desavenencia.
***desunir.** tr. Apartar, separar una cosa de otra. Ú. t. c. r. ‖ fig. Introducir discordia, *malquistar. Ú. t. c. r.
desuñar. tr. Quitar o arrancar las *uñas. ‖ **Agr.* Arrancar las *raíces viejas de las plantas. ‖ r. fig. y fam. Ocuparse con afán en un *trabajo manual. ‖ fig. y fam. Entregarse a la práctica habitual de algún *vicio, y especialmente al *robo.
desurcar. tr. Deshacer los *surcos.
desurdir. tr. *Deshacer un *tejido. ‖ fig. Desbaratar, *descomponer una *intriga.
desusadamente. adv. m. Fuera de uso.
desusar. tr. Desacostumbrar, *deshabituar. Ú. m. c. r.
***desuso.** m. Falta de uso.
desustanciar. tr. Quitar la fuerza y vigor a una cosa, *debilitarla sacándole la substancia o por cualquier otro medio. Ú. t. c. r.
desvahar. tr. **Jard.* Quitar lo marchito o seco de una planta.
desvaído, da. adj. Aplícase a la persona *alta y *desgarbada. ‖ Dícese del color bajo, *pálido, o desvanecido.
desvainadura. f. Acción y efecto de desvainar.
desvainar. tr. Sacar los granos de las *legumbres y otras plantas, de las vainas en que se crían.
desvaír. tr. *Vaciar, desocupar. ‖ r. *Mar.* Abrirse las costuras de las tablas del forro.
desvalido, da. adj. *Abandonado, falto de ayuda y protección.
desvalijador. m. El que desvalija.
desvalijamiento. m. Acción y efecto de desvalijar.
desvalijar. tr. *Robar el contenido de una valija. ‖ Robar, saquear.
desvalijo. m. **Desvalijamiento.**
desvalimiento. m. Desamparo, *abandono.
desvalorar. tr. *Depreciar, quitar valor a una cosa. ‖ *Desacreditar.
desvalorización. f. Acción y efecto de desvalorizar.
desvalorizar. tr. **Desvalorar.**
***desván.** m. Parte más alta de la casa, inmediata al tejado. ‖ **gatero o perdido.** El que no es habitable.
desvanecedor, ra. adj. Que desvanece. ‖ m. **Fot.* Aparato para desvanecer parte de una negativa al sacar la positiva.
desvanecer. tr. Disgregar o *deshacer las partículas de un cuerpo de modo que *desaparezca de la vista. Ú. t. c. r. ‖ Inducir a *vanidad. Ú. m. c. r. ‖ fig. *Suprimir o anular. Ú. t. c. r. ‖ Quitar de la mente una idea, hacerla *olvidar. ‖ r. *Evaporarse, exhalarse la parte volátil de alguna cosa. ‖ *Desmayarse; turbarse el sentido. Ú. t. c. tr.
desvanecidamente. adv. m. Con desvanecimiento, presunción o vanidad.
desvanecimiento. m. Acción y efecto de desvanecerse. ‖ *Orgullo, vanidad. ‖ Debilidad, flaqueza, *desmayo.
desvaporizadero. m. Lugar por donde se evapora o respira una cosa.
desvarar. tr. Resbalar, *deslizarse. Ú. t. c. r. ‖ *Mar.* Poner a *flote la nave que estaba varada.
desvariadamente. adv. m. Con desvarío, fuera de propósito. ‖ Diferentemente, con diversidad o desemejanza.
desvariado, da. adj. Que *delira o dice o hace despropósitos. ‖ Fuera de regla, *anormal, sin tino. ‖ Aplícase a las *ramas locas de los árboles.
desvariar. intr. *Delirar, decir locuras o despropósitos.
desvarío. m. Dicho o hecho *absurdo; *disparate. ‖ *Locura pasajera. ‖ fig. Monstruosidad, cosa *anormal y extraordinaria. ‖ fig. *Inconstancia, capricho.
desvastigar. tr. **Chapodar.**
desvedar. tr. Alzar la veda o prohibición.
desveladamente. adv. m. Con desvelo.
desvelamiento. m. **Desvelo.**
desvelar. tr. Quitar, impedir el sueño, mantener a uno *despierto. Ú. t. c. r. ‖ r. fig. Poner gran *cuidado y *diligencia en alguna cosa.
desvelo. m. Acción y efecto de desvelar o desvelarse.
desvenar. tr. Quitar las venas a la carne. ‖ **Min.* Sacar de la vena el mineral. ‖ Quitar las fibras a las hojas del *tabaco. ‖ *Equit.* Levantar los cañones del *freno por el nudo, arqueándolos para que hagan montada.
desvencijar. tr. *Aflojar, desunir, *desencajar partes de una cosa que estaban unidas. Ú. t. c. r.
desvendar. tr. *Quitar la venda con que estaba atada o cubierta una cosa. Ú. t. c. r.
desveno. m. Arco que forma la embocadura del *freno para que se aloje en él la lengua del caballo.
desventaja. f. Mengua, *inferioridad o *perjuicio que se nota por comparación de dos cosas.
desventajosamente. adv. m. Con desventaja.
desventajoso, sa. adj. Que acarrea desventaja.
desventar. tr. *Sacar el *aire; desinflar.
desventura. f. **Desgracia.**
desventuradamente. adv. m. Con desventura.
desventurado, da. adj. **Desgraciado.** ‖ Cuitado, *tímido, apocado. Ú. t. c. s. ‖ *Avaricioso, miserable. Ú. t. c. s.
desvergonzadamente. adv. m. Con desvergüenza.
desvergonzado, da. adj. Que habla u obra con desvergüenza. Ú. t. c. s.
desvengorzarse. r. *Descomedirse, insolentarse, faltando al respeto con *descaro y descortesía.
***desvergüenza.** f. Falta de vergüenza, insolencia. ‖ Dicho o hecho *impúdico o insolente.
desvestir. tr. **Desnudar.** Ú. t. c. r.
desvezar. tr. **Deshabituar.** Ú. t. c. r. ‖ Cortar los *mugrones de la *vid una vez arraigados.
***desviación.** f. Acción y efecto de desviar o desviarse. ‖ Separación de la aguja imantada del plano del meridiano magnético. ‖ *Med.* Cambio de la posición natural de los *huesos.
desviador, ra. adj. Que desvía o aparta.
***desviar.** tr. Apartar una cosa de la posición normal o de su dirección o camino. Ú. t. c. r. ‖ fig. *Disuadir a uno de su propósito o hacerle *desistir de él. Ú. t. c. r. ‖ **Esgr.* Separar la espada del contrario.
desviejar. tr. *Separar del rebaño las *ovejas o carneros viejos.
desvinculación. f. Acción y efecto de desvincular.
desvincular. tr. *Liberar los bienes vinculados.
desvío. m. **Desviación.** ‖ fig. *Desapego, *indiferencia. ‖ *Repugnancia, desagrado. ‖ *Albañ.* Cada uno

de los listones que se sujetan en los *andamios suspendidos, y se apoyan en la fábrica.
desvirar. tr. Recortar con el tranchete lo superfluo de la suela del *zapato después de cosido. ‖ Recortar el libro el *encuadernador.
desvirar. tr. Dar vueltas al *cabrestante en sentido contrario a las que se dieron para virar.
desvirgar. tr. Quitar la *virginidad a una doncella.
desvirtuar. tr. Quitar la virtud, *debilitar, *anular. Ú. t. c. r.
desvivirse. r. Mostrar vivo interés o *amor por una persona o cosa.
desvolvedor. m. Instrumento para apretar o aflojar las *tuercas.
desvolver. tr. *Deformar una cosa, darle otra figura. Ú. t. c. r. ‖ *Arar la tierra.
desvuelto, ta. p. p. irreg. de **Desvolver.**
desyemar. tr. *Agr.* Quitar las yemas a los *árboles.
desyerba. f. **Escarda.**
desyerbador, ra. adj. Que desyerba. Ú. t. c. s.
desyerbar. tr. **Desherbar.**
deszafrar. tr. **Min.* Retirar de la mina el mineral ya arrancado.
deszocar. tr. Herir, maltratar el *pie. Ú. t. c. r. ‖ *Arq.* Quitar el zócalo.
deszumar. tr. Quitar el zumo. Ú. t. c. r.
detalladamente. adv. m. En detalle, por menor.
detallar. tr. Tratar, *referir una cosa circunstanciadamente.
***detalle.** m. *Narración, cuenta o *lista circunstanciada. ‖ Cada uno de los menudos pormenores de la narración. ‖ Cada uno de los rasgos, toques o labores accesorias de una obra.
detallista. com. Persona que cuida mucho de los detalles. ‖ Comerciante que *vende por menor.
detasa. f. Devolución del exceso de portes pagados en los *ferrocarriles.
detección. f. Acción y efecto de detectar.
detectar. tr. **Fís.* y **Electr.* Poner de manifiesto por un procedimiento físico algo que no puede observarse directamente.
detective. m. Agente particular de *policía secreta.
detector. m. **Fís.* y **Electr.* Aparato que sirve para detectar.
***detención.** f. Acción y efecto de detener o detenerse. ‖ Dilación, *tardanza. ‖ Minuciosidad, *prolijidad. ‖ Privación de la libertad; arresto o *prisión provisional.
detenedor, ra. adj. Que detiene. Ú. t. c. s.
***detener.** tr. Suspender una cosa, impedir que continúe o que pase adelante. Ú. t. c. r. ‖ Arrestar, poner en *prisión. ‖ Retener, *conservar uno una cosa en su poder. ‖ r. *Retardarse o irse despacio. ‖ fig. Suspenderse, pararse a considerar una cosa o *meditar sobre ella.
detenidamente. adv. m. Con detención.
detenido, da. adj. *Tímido, *irresoluto. Ú. t. c. s. ‖ *Mezquino, miserable. Ú. t. c. s. ‖ **Minucioso.**
detenimiento. m. **Detención.**
detenta. f. **Mar.* Pieza para fijar una alidada del círculo de reflexión.
detentación. f. *For.* Acción y efecto de detentar.
detentador. m. *For.* El que detenta.
detentar. tr. *For.* Retener o *poseer uno sin derecho lo que no le pertenece.
detergente. adj. *Med.* **Detersorio.** Ú. t. c. s. m.
deterger. tr. **Terap.* *Limpiar una úlcera o herida.
deterior. adj. p. us. De calidad *inferior a la de otra cosa de su especie.
deterioración. f. Acción y efecto de deteriorar o deteriorarse.
***deteriorar.** tr. Empeorar, menoscabar una cosa. Ú. t. c. r.
***deterioro.** m. **Deterioración.**
determinable. adj. Que se puede determinar.
***determinación.** f. Acción y efecto de determinar o determinarse. ‖ *Atrevimiento, decisión.
determinadamente. adv. m. Con determinación.
determinado, da. adj. *Atrevido, resuelto. Ú. t. c. s.
determinante. p. a. de **Determinar.** Que determina. ‖ adj. *Gram.* V. **Verbo determinante.**
***determinar.** tr. Fijar los términos de una cosa. ‖ Distinguir, discernir. ‖ Señalar, fijar una cosa para algún efecto. ‖ Tomar resolución, *decidir. Ú. t. c. r. ‖ Hacer tomar una resolución. ‖ **For.* Sentenciar, definir.
determinativo, va. adj. Dícese de lo que determina o resuelve.
determinismo. m. **Fil.* Sistema que admite la influencia irresistible de los motivos.
determinista. adj. Perteneciente o relativo al determinismo. ‖ com. **Fil.* Persona partidaria del determinismo.
detersión. f. Acción y efecto de *limpiar o *purificar.
detersivo, va. adj. **Detersorio.** Ú. t. c. s. m.
detersorio, ria. adj. Dícese de lo que tiene virtud de *limpiar o *purificar. Ú. t. c. s. m.
detestable. adj. Abominable, execrable, excesivamente *malo.
detestablemente. adv. m. De un modo detestable.
detestación. f. Acción y efecto de detestar.
detestar. tr. *Reprobar, condenar y *maldecir a personas o cosas, tomando al cielo por testigo. ‖ ***Aborrecer.**
detienebuey. m. **Gatuña.**
detinencia. f. **Detención.**
detonación. f. Acción y efecto de detonar.
detonador. m. Mixto que se pone en un artefacto *explosivo para producir su detonación.
detonante. p. a. de **Detonar.** ‖ adj. V. **Pólvora detonante.**
detonar. intr. Dar *estallido o trueno.
detorsión. f. Extensión o torcedura violenta de un *músculo, nervio o ligamento.
detracción. f. Acción y efecto de detraer.
detractar. tr. **Detraer** (denigrar).
detractor, ra. adj. Maldiciente o infamador. Ú. t. c. s.
detraedor. m. desus. **Detractor.**
detraer. tr. Restar, *substraer, tomar parte de alguna cosa. ‖ *Separar, *apartar o *desviar. Ú. t. c. r. ‖ fig. *Infamar, denigrar, *zaherir.
***detrás.** adv. l. En la parte posterior, o con posterioridad de lugar. ‖ fig. En *ausencia. ‖ **Por detrás.** m. adv. fig. A espaldas de uno, en su ausencia.
detrimento. m. *Destrucción leve o *deterioro parcial. ‖ *Pérdida, quebranto de la salud o de los intereses. ‖ fig. *Daño moral.
detrítico, ca. adj. **Geol.* Compuesto de detritos.
detrito. m. **Geol.* y **Fisiol.* *Residuo de la descomposición de una masa sólida en partículas.
detritus. m. **Detrito.**
detumescencia. f. *Pat.* Disminución o desaparición de una hinchazón.
detumescente. adj. *Farm.* Que sirve para deshinchar.
***deuda.** f. Obligación que uno tiene de pagar o devolver a otro dinero u otra cosa. ‖ *Pecado, culpa. ‖ **consolidada. Consolidado.** ‖ **exterior.** La pública que se paga en el extranjero y con moneda extranjera. ‖ **flotante.** La pública que no está consolidada. ‖ **interior.** La pública que se paga en el propio país con moneda nacional. ‖ **pública.** La que el Estado tiene reconocida por medio de títulos. ‖ **Contraer** uno **deudas.** fr. fam. Hacerse deudor.
deudo, da. m. y f. **Pariente.** ‖ m. ***Parentesco.**
***deudor, ra.** adj. Que debe, o está obligado a satisfacer una deuda. Ú. t. c. s.
deuterio. m. *Quím.* Isótopo del hidrógeno, cuyo peso *atómico es doble que el del hidrógeno normal.
deuterogamia. f. Estado del que ha contraído segundas nupcias.
Deuteronomio. n. p. m. Quinto libro del Pentateuco de Moisés.
deutóxido. m. **Quím.* Combinación del oxígeno con un cuerpo en su segundo grado de oxidación.
devalar. intr. **Mar.* Derivar, separarse del rumbo.
devaluación. m. Acción y efecto de devaluar.
devaluar. tr. Quitar valor a una *moneda u otra cosa; *depreciarla.
devanadera. f. Armazón giratoria en que se ponen las madejas de *hilo para devanarlas. ‖ Artificio que se usa en los teatros para presentar rápidamente una u otra cara de un bastidor pintado por los dos lados.
devanado. m. **Electr.* Hilo de cobre aislado que se arrolla en la forma conveniente y se emplea en aparatos y máquinas eléctricas.
devanador, ra. adj. Que devana. Ú. t. c. s. ‖ m. Alma de cartón, madera, etc., sobre la que se arrolla el *hilo para formar el ovillo.
devanar. tr. Arrollar *hilo en ovillo o carrete.
devanear. intr. Decir o hacer disparates.
devaneo. m. Delirio, *locura, *disparate. ‖ *Diversión o *pasatiempo vano o reprensible. ‖ Amorío (*amor) pasajero.
devantal. m. p. us. **Delantal.**
devastación. f. Acción y efecto de devastar.
devastador, ra. adj. Que devasta. Ú. t. c. s.
devastar. tr. *Destruir un territorio, arrasando sus edificios o asolando sus campos. ‖ fig. **Destruir.**
devengar. tr. *Adquirir derecho a alguna *remuneración, al percibo de *intereses, etc.
devengo. m. Cantidad devengada como *remuneración.
devenir. intr. Ocurrir, *acaecer. ‖ *Fil.* Llegar a *ser.
deviación. f. **Desviación.**
devisa. f. Señorío solariego que se dividía entre hermanos coherederos. ‖ Tierra sujeta a este señorío.
***devoción.** f. Piedad y fervor religiosos. ‖ Manifestación externa de estos sentimientos. ‖ fig. Predilección, *afición especial. ‖ fig. Costumbre devota. ‖ **Teol.* Prontitud en someterse a la voluntad de Dios. ‖ **de monjas.** Asistencia frecuente a sus locutorios. ‖ **Estar a la devoción de** uno. fr. Estar voluntariamente sujeto a la *obediencia de una persona, entidad, etc.

devocionario. m. Libro que contiene oraciones y meditaciones piadosas.
***devolución.** f. Acción y efecto de devolver.
devolutivo, va. adj. *For.* Dícese de lo que devuelve.
***devolver.** tr. Reponer, restablecer una cosa en el estado que tenía. ‖ → Restituirla a la persona que la poseía. ‖ Corresponder a un favor o a un agravio. ‖ fam. ***Vomitar.**
devoniano, na. adj. **Geol.* Dícese del terreno inmediatamente posterior al siluriano. Ú. t. c. s. ‖ *Geol.* Perteneciente a este terreno.
devorador, ra. adj. Que devora. Ú. t. c. s.
devorante. p. a. de **Devorar.** Que devora.
devorar. tr. *Comer con ansia y apresuradamente. ‖ fig. Consumir, *destruir.
devotamente. adv. m. Con devoción.
devotería. f. Beatería, *devoción *fingida.
***devoto, ta.** adj. Que siente *devoción o se dedica con fervor a obras de piedad y religión. Ú. t. c. s. ‖ Aplícase a la *efigie, templo o lugar que mueve a devoción. ‖ Que siente *afición o *cariño a una persona. Ú. t. c. s. ‖ m. Objeto de la devoción de uno.
devuelto, ta. p. p. irreg. de **Devolver.**
dexiocardia. f. *Med.* Desviación del *corazón hacia la derecha.
dextrina. f. **Quím.* Substancia sólida, amorfa, de composición análoga a la del almidón. Se usa en disolución como aglutinante.
dextro. m. Espacio de terreno alrededor de una *iglesia, dentro del cual se gozaba del derecho de *asilo.
dextrógiro, ra. adj. **Quím.* Dícese del cuerpo o substancia que desvía a la *derecha la *luz polarizada. Ú. t. c. s. m.
dextrorso, sa. adj. *Fís.* Que se mueve hacia la *derecha.
dextrórsum. adv. l. Hacia la *derecha.
dey. m. Título del *príncipe musulmán que gobernaba la regencia de Argel.
deyección. f. *Geol.* Conjunto de materias arrojadas por un *volcán o desprendidas de una montaña. ‖ *Fisiol.* *Evacuación de los excrementos. ‖ Los *excrementos mismos. Ú. m. en pl.
deyectar. intr. *Evacuar el excremento.
deyector. m. Aparato que se emplea para evitar las incrustaciones en las *calderas de vapor.
dezmable. adj. Que estaba o podía estar sujeto al *diezmo.
dezmar. tr. **Diezmar.**
dezmatorio. m. Sitio donde se recogía el *diezmo. ‖ Lugar que correspondía a cada iglesia para pagar el diezmo.
dezmeño, ña. adj. **Dezmero.**
dezmería. f. Territorio de que se cobraba el *diezmo.
dezmero, ra. adj. Perteneciente al *diezmo. ‖ m. y f. **Diezmero, ra.**
di. pref. que denota principalmente oposición o contrariedad.
di. pref. que conserva su significado **dos* en la composición de términos científicos.
dia. pref. que significa separación, entre, al través de, etc.
***día.** m. Tiempo que el Sol emplea en dar aparentemente una vuelta alrededor de la Tierra. ‖ Tiempo que dura la claridad del Sol sobre el horizonte. ‖ Tiempo *atmosférico que hace durante el **día** o gran parte de él. ‖ Con respecto a una persona, fecha en que la Iglesia *conmemora el santo, *festividad, etc., de que dicha persona toma su nombre. Ú. m. en pl. ‖ **Cumpleaños.** Ú. m. en pl. ‖ pl. fig. **Vida.** ‖ **Día adiado. Día diado.** ‖ **artificial.** Tiempo que media desde que sale el Sol hasta que se pone. ‖ **astronómico.** **Astr.* Tiempo comprendido entre dos medias noches consecutivas. ‖ **colendo. Día festivo.** ‖ **complementario.** Cada uno de los cinco o seis **días** que se contaban al fin del año en el *calendario republicano francés. ‖ **crítico.** Aquel de que pende la decisión de una enfermedad o negocio. ‖ **de año nuevo.** El primero del año. ‖ **de años. Cumpleaños.** ‖ **de bueyes.** Medida *superficial agraria, equivalente a 1.257 centiáreas. ‖ **de campo.** El destinado para *divertirse en el campo. ‖ **de carne.** Aquel en que la Iglesia permite comer carne. ‖ **de ceniza. Miércoles de ceniza.** ‖ **decretorio.** *Med.* **Día crítico.** ‖ **de cutio. Día de trabajo.** ‖ **de Dios. Corpus.** ‖ **Día del juicio.** ‖ **de fortuna.** Entre cazadores, aquel en que abunda la *caza por nevada o por otra causa, y en el cual se prohíbe cazar. Ú. m. en pl. ‖ **de grosura.** Se llamaba así el sábado en Castilla, porque en él se comían los intestinos y extremidades de las reses y toda la grosura de ellas. ‖ **de guardar. Día de precepto.** ‖ **de hacienda. Día de trabajo.** ‖ **de huelga.** Aquel en que los artesanos no trabajan, aunque no sea festivo. ‖ Aquel o aquellos que median entre una y otra *calentura del que padece tercianas o cuartanas. ‖ **de joya.** En palacio, aquel en que había besamanos. ‖ **de juicio.** fig. y fam. **Día del juicio.** ‖ **de la joya.** Aquel en que el *novio regala a la novia una joya de valor. ‖ **del dicho.** Aquel en que el juez eclesiástico explora la voluntad de los que han de contraer *matrimonio. ‖ **del juicio.** Último **día** de los tiempos, en que Dios juzgará a los vivos y a los muertos. ‖ fig. Muy tarde o *nunca. ‖ **de los difuntos.** El de la conmemoración de los fieles *difuntos. ‖ **de los Inocentes.** El 28 de diciembre. ‖ **del primer móvil.** *Astr.* **Día astronómico.** ‖ **del Señor. Corpus.** ‖ **de pescado.** Aquel en que la Iglesia prohíbe comer carne. ‖ **de precepto.** Aquel en que manda la Iglesia que se oiga misa y que no se trabaje. ‖ **de Reyes.** El 6 de enero, la Epifanía. ‖ **de trabajo.** El ordinario, por contraposición al de fiesta. ‖ **de viernes,** o **de vigilia. Día de pescado.** ‖ **diado. Día** preciso y señalado para ejecutar una cosa. ‖ **eclesiástico.** *Liturg.* El que empieza la Iglesia desde la hora de vísperas hasta el siguiente **día** a la misma hora. ‖ **feriado.** Aquel en que están cerrados los tribunales, y se suspende el curso de los negocios de justicia. ‖ **festivo. Fiesta.** ‖ **intercalar.** El que se añade al mes de febrero en cada año bisiesto. ‖ **interciso.** Aquel en que por la mañana era fiesta y por la tarde se podía trabajar. ‖ **laborable. Día de trabajo.** ‖ **lectivo.** Aquel en que se da clase en los establecimientos de *enseñanza. ‖ **marítimo.** Tiempo transcurrido desde que un barco que va navegando tiene el Sol en su cenit, hasta que sucede lo mismo al siguiente **día.** ‖ **medio.** Espacio de tiempo que resulta de dividir la duración del año solar en 365 partes iguales. ‖ **nefasto.** Aquel en que no era lícito tratar los negocios públicos ni administrar justicia. ‖ El de luto y tristeza, en la Roma antigua. ‖ Por ext., aquel en que se *conmemora o padece una gran *desgracia. ‖ **pardo.** Aquel en que el cielo está cubierto de *nubes. ‖ **quebrado.** Aquel en que no se trabaja. ‖ **sidéreo.** *Astr.* Tiempo que tarda la Tierra en dar una vuelta entera alrededor de su eje. ‖ **solar.** *Astr.* **Día.** ‖ **Días geniales.** Los que se celebran con gran fiesta y regocijo. ‖ **Abrir el día.** fr. fig. **Romper el día.** ‖ fig. **Despejarse el día.** ‖ **A días.** loc. adv. Unos **días** sí, y otros no. ‖ **Al día.** m. adv. **Al corriente.** ‖ **Al otro día.** loc. adv. Al día siguiente. ‖ **Antes del día.** loc. adv. **Al *amanecer.** ‖ **Cada tercer día.** loc. adv. **Un día sí y otro no.** ‖ **Cerrarse el día.** fr. fig. **Obscurecerse el día.** ‖ **Coger** a uno **el día en** una parte. fr. Amanecerle en ella. ‖ **Dar** a uno **el día.** fr. irón. Causarle un gran pesar. ‖ **Dar los buenos días.** fr. *Saludar por la mañana deseando feliz **día.** ‖ **Dar** uno **los días** a otro. fr. Felicitarlo en la celebridad del **día** de su nombre o de su cumpleaños. ‖ **De cada día.** m. adv. Sucesivamente, con *continuación. ‖ **De día a día.** m. adv. **De un día a otro.** ‖ **De día en día.** m. adv. con que se manifiesta que una cosa se va dilatando un **día** y otro. ‖ **Despejarse el día.** fr. Despejarse el cielo. ‖ **Despuntar el día.** fr. fig. **Romper el día.** ‖ **De un día a otro.** m. adv. que explica la *proximidad de algún suceso. ‖ **Día por día.** m. adv. **Diariamente.** ‖ **Día por medio.** loc. adv. Un día sí y otro no. ‖ **Día y noche.** loc. adv. Constantemente, a todas horas. ‖ **El día de mañana.** loc. adv. En tiempo *futuro. ‖ **El mejor día.** loc adv. irón. con la cual se *predice algún *contratiempo. ‖ **El otro día.** loc adv. Uno de los **días** próximos *pasados. ‖ **El santo día.** loc. adv. fam. **Todo el santo día.** ‖ **En cuatro días.** m. adv. fig. y fam. En poco tiempo. ‖ **En su día.** loc. adv. A su tiempo; en tiempo *oportuno. ‖ **Entrado en días.** expr. Dícese del que se acerca a la *vejez. ‖ **Entre día.** m. adv. Durante el **día.** ‖ **Estar al día.** fr. Estar al corriente en el cumplimiento de una obligación. ‖ **Hoy día,** u **hoy en día.** m. adv. Hoy, en el tiempo presente. ‖ **Mañana será otro día.** expr. con que se *consuela o *amenaza, recordando la instabilidad de las cosas humanas. ‖ Empléase también para *diferir a otro **día** la ejecución de una cosa. ‖ **No pasar día por** uno. fr. fam. No envecejer. ‖ **No tener más que el día y la noche.** fr. fig. y fam. Carecer de todo recurso y amparo. ‖ **Obscurecerse el día.** fr. Cubrirse de *nubes el cielo durante el **día.** ‖ **Romper el día.** fr. fig. **Amanecer.** ‖ **Todo el santo día.** loc. adv. fam. que se emplea para expresar con exageración todo el tiempo de un **día.** ‖ **Un día sí y otro no.** loc. adv. En días alternos. ‖ **Vivir al día.** loc. Gastar en el diario todo aquello de que se dispone, sin ahorrar nada.
diabasa. f. **Diorita.**
diabetes. f. *Pat.* *Enfermedad de la nutrición caracterizada por excesiva secreción de orina, de composición anormal, y otros trastornos funcionales y orgánicos.
diabético, ca. adj. *Pat.* Perteneciente

o relativo a la diabetes. ‖ Que padece diabetes. Ú. t. c. s.
diabeto. m. Aparato *hidráulico, a modo de sifón intermitente.
diabla. f. fam. y fest. Diablo hembra. ‖ Máquina para *cardar. ‖ **A la diabla.** m. adv. fam. Con *imperfección, sin esmero.
diablear. intr. fam. Hacer diabluras.
diablejo. m. d. de **Diablo.**
diablesa. f. fam. **Diabla** (diablo hembra).
diablesco, ca. adj. Perteneciente o relativo al diablo.
diablillo. m. d. de **Diablo.** ‖ El que se *disfraza de diablo en las *procesiones o en carnaval. ‖ fig. y fam. Persona enredadora y *traviesa. ‖ pl. fam. Tolanos, *cabellos del cogote.
diablismo. m. *Teol.* Tendencia a atribuir al *diablo demasiada intervención en las cosas humanas.
diablito. m. d. de **Diablo.**
***diablo.** m. Espíritu del mal. ‖ Nombre general de los ángeles arrojados al abismo, y de cada uno de ellos. ‖ fig. Persona de carácter *desabrido, o muy *traviesa y atrevida. ‖ fig. Persona muy *astuta. ‖ Instrumento de madera con varias muescas, en que se apoya el taco de *billar para jugar. ‖ **Diabla.** ‖ Especie de *carro compuesto de dos ruedas con su eje, y una larga pértiga. Se usa para el arrastre de grandes troncos. ‖ **cojuelo.** fam. **Diablo** enredador y travieso. ‖ fig. y fam. Persona enredadora y *traviesa. ‖ **encarnado.** fig. Persona *perversa. ‖ **marino. Escorpina.** ‖ **predicador.** fig. Persona de costumbres *licenciosas, que se mete a dar buenos consejos. ‖ **Pobre diablo.** fig. y fam. Hombre bonachón y demasiado *cándido. ‖ **Andar,** o **estar el diablo en Cantillana.** fr. fig. y fam. Haber turbaciones o *disturbios. ‖ ‖ **Andar el diablo suelto.** fr. fig. y fam. Haber grandes disturbios o *desórdenes. ‖ **Aquí hay mucho diablo.** expr. fig. y fam. con que se explica que un negocio tiene mucha *dificultad. ‖ **Como el diablo,** o **como un diablo.** loc. adv. fig. y fam. *Excesivamente, demasiado. ‖ **Dar al diablo** una persona o cosa. fr. fig. y fam. con que se manifiesta *desprecio o *enojo hacia ella. ‖ **Darse** uno **al diablo.** fr. fig. y fam. *Irritarse, desesperarse. ‖ **Donde el diablo perdió el poncho.** m. adv. En lugar muy *lejano. ‖ **Haber una de todos los diablos.** fr. fig. y fam. Haber un gran *alboroto. ‖ **Hablar** uno **con el diablo.** fr. fig. y fam. Ser muy *astuto para *averiguar cosas difíciles de saber. ‖ **Llevarse el diablo** una cosa. fr. fig. y fam. Suceder mal, o al contrario de lo que se esperaba. ‖ **Más que el diablo.** expr. con que se manifiesta gran *repugnancia a hacer una cosa. ‖ **No sea el diablo que...** expr. con que se explica el *temor, *peligro o contingencia de una cosa. ‖ **No tener el diablo por donde coger,** o **desechar** a uno. fr. fam. Ser muy *vicioso o *perverso. ‖ **Revestírsele** a uno **el diablo.** fr. fig. y fam. Encolerizarse, *irritarse mucho. ‖ **Tener** uno **el diablo,** o **los diablos, en el cuerpo.** fr. fig. y fam. Ser muy *astuto o *travieso. ‖ **¡Un diablo!** expr. fam. con que se manifiesta *repugnancia a ejecutar una cosa.
diablura. f. *Travesura extraordinaria; acción expuesta a peligro.
diabólicamente. adv. m. De manera diabólica.
***diabólico, ca.** adj. Perteneciente o relativo al *diablo. ‖ fig. y fam. Excesivamente *malo. ‖ fig. Enrevesado, muy *difícil.
diábolo. m. *Juguete que consiste en dos conos unidos por el vértice, y al cual se imprime un movimiento de rotación con una cuerda atada al extremo de dos varillas.
diacatolicón. m. **Farm.* Electuario purgante que se hacía con hojas de sen, ruibarbo y tamarindo.
diacitrón. m. **Acitrón** (cidra confitada).
diaclasa. f. **Geol.* Quebradura que atraviesa una roca cambiando de dirección.
diacodión. m. **Farm.* Jarabe de adormidera.
diaconado. m. **Diaconato.**
diaconal. adj. Perteneciente al diácono.
diaconato. m. Orden sacro inmediato al sacerdocio.
diaconía. f. Distrito que estaba al cuidado de un diácono. ‖ Casa en que vivía un diácono.
diacónico. m. *Sacristán de las antiguas basílicas.
diaconisa. f. Mujer dedicada al servicio de la *iglesia.
diaconizar. tr. Ordenar de diácono.
diácono. m. *Clérigo de grado segundo en dignidad, inmediato al sacerdocio.
diacrisis. f. **Pat.* Crisis que sirve para diferenciar una enfermedad de otra.
diacrítico, ca. adj. *Gram.* Aplícase a los signos *ortográficos que sirven para dar a una letra algún valor especial; como la diéresis. ‖ **Pat.* Dícese de los síntomas con que una enfermedad se distingue exactamente de otra.
diacronía. f. **Filol.* Conjunto de fenómenos que presenta una lengua, considerada en sus fases de evolución.
diacrónico, ca. adj. **Filol.* Perteneciente o relativo a la diacronía.
diacústica. f. Parte de la acústica, que estudia la refracción de los sonidos.
diadema. f. Faja o cinta blanca que antiguamente se ceñía a la cabeza como *insignia de realeza. ‖ Cada uno de los arcos que cierran por la parte superior algunas *coronas. ‖ **Corona.** ‖ Adorno del *tocado femenino, en forma de media corona abierta por detrás.
diademado, da. adj. **Blas.* Que tiene diadema.
diado. adj. V. **Día diado.**
diadoco. m. *Príncipe heredero de la corona de Grecia.
diafanidad. f. Calidad de diáfano.
diáfano, na. adj. *Transparente.
diaforesis. f. **Sudor.**
diaforético, ca. adj. **Farm.* **Sudorífico.** Ú. t. c. s. m.
diafragma. m. *Músculo ancho que separa la cavidad del pecho de la del vientre. ‖ *Separación o tabique que intercepta la comunicación entre dos partes de un aparato o de una *máquina. ‖ Cuerpo poroso que separa los dos líquidos de una pila *eléctrica. ‖ **Fotogr.* Pantalla horadada para limitar la entrada de la luz. ‖ **iris.** Pantalla formada por laminillas articuladas que, según su colocación, dejan libre un orificio más o menos grande.
diafragmar. intr. **Fotogr.* Cerrar más o menos el diafragma.
diagnosis. f. **Med.* Conocimiento de las enfermedades por el examen de sus síntomas.
diagnosticar. tr. **Med.* Determinar la naturaleza de una enfermedad mediante el examen de sus signos.
diagnóstico, ca. adj. **Med.* Perteneciente o relativo a la diagnosis. ‖ m. *Med.* Conjunto de signos que sirven para fijar la naturaleza de una *enfermedad.
diagonal. adj. *Geom.* Dícese de la línea recta que en un polígono *cruza de un vértice a otro no inmediato. Ú. t. c. s. ‖ *Oblicuo, al sesgo. ‖ Aplícase a las *telas en que los hilos se cruzan oblicuamente.
diagonalmente. adv. m. De modo diagonal.
diágrafo. m. Instrumento que permite seguir los contornos de un objeto o de un *dibujo y trazarlos al mismo tiempo sobre papel separado.
diagrama. m. *Dibujo geométrico que sirve para *probar una proposición, o para representar de una manera gráfica la variación de un fenómeno.
dial. adj. Referente o relativo a un *día. ‖ pl. **Efemérides.**
diálaga. f. *Mineral pétreo de gran dureza, constituido por un silicato de magnesia, con cal, óxido de hierro y algo de alúmina.
dialectal. adj. Perteneciente a un dialecto.
dialectalismo. m. *Palabra o giro dialectal. ‖ Carácter dialectal.
dialéctica. f. **Lóg.* Ciencia que trata del raciocinio y de sus leyes. ‖ Impulso del ánimo, que lo guía en la *investigación de la verdad. ‖ Serie ordenada de verdades, teoremas o *razonamientos.
dialéctico, ca. adj. Perteneciente a la dialéctica. ‖ m. El que profesa la dialéctica.
***dialecto.** m. Cada una de las variedades de un idioma, con relación a aquella que, literaria y políticamente, ha logrado predominar. ‖ *Filol.* Cualquier lengua con relación a otras que, con ella, derivan de un tronco común.
dialectología. f. Tratado o estudio de los *dialectos.
diálisis. f. **Quím.* Separación de los coloides y cristaloides cuando están juntamente disueltos.
dializador. m. **Quím.* Aparato para efectuar la diálisis.
dialogal. adj. **Dialogístico.**
dialogar. intr. Hablar en *diálogo. ‖ tr. Escribir en forma de diálogo.
dialogismo. m. **Ret.* Figura que consiste en que la persona que habla lo haga como si platicara consigo misma.
dialogístico, ca. adj. Perteneciente o relativo al diálogo. ‖ Escrito en diálogo.
dialogizar. intr. **Dialogar.**
***diálogo.** m. Conversación entre dos o más personas, que alternativamente manifiestan sus ideas o afectos. ‖ Género *literario en que se finge una controversia entre dos o más personajes.
dialoguista. m. *Escritor que compone diálogos.
dialtea. f. **Farm.* Ungüento compuesto a base de raíz de altea.
diamantado, da. adj. **Adiamantado.**
diamantar. tr. Dar a una cosa el *brillo del diamante.
diamante. m. Piedra de *joyería, formada de carbono cristalizado, diáfana, de gran brillo, y tan dura que raya todos los demás cuerpos. ‖ V. **Punta de diamante.** ‖ Cierta pieza de *artillería. ‖ Lámpara minera. ‖ Herramienta para cortar el *vidrio. ‖ **brillante.** El que tiene labor completa por la haz y por el envés. ‖ **bruto,** o **en bruto.** El que está aún

sin labrar. ‖ fig. Persona rústica e *inculta. ‖ **rebolludo. Diamante** en bruto de figura redondeada. ‖ **rosa.** El labrado por la haz y plano por el envés. ‖ **tabla.** El labrado por la haz con una superficie plana, y al derredor con cuatro biseles.

diamantífero. adj. Dícese del lugar o terreno en que existen diamantes.

diamantino, na. adj. Perteneciente o relativo al diamante. ‖ fig. y poét. Duro, inquebrantable.

diamantista. com. Persona que labra o engasta diamantes y otras piedras de *joyería. ‖ Persona que los vende.

diamela. f. **Gemela** (*arbusto).

diametral. adj. Perteneciente al diámetro.

diametralmente. adv. m. De un extremo hasta el *opuesto.

***diámetro.** m. *Geom.* *Línea recta que pasa por el centro del *círculo y termina por ambos extremos en la circunferencia. ‖ *Geom.* En otras *curvas, línea recta o curva que divide en dos partes iguales un sistema de cuerdas paralelas. ‖ *Geom.* Eje de la esfera. ‖ **aparente.** *Astr.* Arco del ángulo formado por las dos visuales dirigidas a los extremos del **diámetro** de un astro. ‖ **conjugado.** **Geom.* Cada uno de los dos **diámetros** de los cuales el uno divide en dos partes iguales todas las cuerdas paralelas al otro.

Diana. n. p. f. **Mit.* Entre los romanos, diosa de los bosques y de la caza. ‖ f. *Mil.* *Toque militar al romper el día, para que la tropa se levante. ‖ Punto central de un blanco de *tiro.

dianche. m. fam. **Diantre.** Ú. t. c. interj. fam.

dianense. adj. Natural de Denia. Ú. t. c. s. ‖ Perteneciente a esta ciudad de Alicante.

diantre. m. fam. Eufemismo por **Diablo.** ‖ **¡Diantre!** interj. fam. **¡Diablo!**

diaño. m. **Diablo.**

diapalma. f. **Farm.* Emplasto desecativo compuesto de litargirio y aceite de palma.

diapasón. m. **Mús.* Intervalo que consta de cinco tonos. ‖ *Mús.* Regla o plantilla para determinar la medida de los tubos de los *órganos, las cuerdas de los clavicordios, etc. ‖ *Mús.* Trozo de madera que cubre el mástil y sobre el cual se pisan con los dedos las cuerdas de la *guitarra, del violín y de otros *instrumentos análogos. ‖ Instrumento de acero en figura de horquilla, cuyas ramas, puestas en vibración, producen un *sonido de determinada altura. ‖ **normal.** El que da un *la* de 870 vibraciones por segundo y se utiliza como regulador para la afinación de voces e instrumentos. ‖ **Bajar,** o **subir, el diapasón.** fr. fig. y fam. Bajar o alzar la voz o el tono del razonamiento.

diapente. m. **Mús.* Intervalo de quinta.

diaplejía. f. *Pat.* Parálisis general.

diapositiva. f. *Fotografía positiva sacada en cristal, celuloide, etc., para verla por transparencia.

diaprea. f. *Ciruela redonda, pequeña.

diapreado, da. adj. **Blas.* Aplícase a los palos, a las fajas y a otras piezas, cuando con los matices se forma follaje.

diaquilón. m. **Farm.* Ungüento para ablandar los tumores.

diariamente. adv. t. Cada día.

diario, ria. adj. Correspondiente a todos los *días. ‖ Que se *repite cada día. ‖ *Com.* V. **Libro diario.** Ú. t. c. s. ‖ m. Relación *histórica hecha por días, o de día en día. ‖ *Periódico que se publica todos los días. ‖ Valor o *gasto correspondiente a cada día.

diarista. com. Persona que compone o publica un diario.

***diarrea.** f. *Pat.* Fenómeno morboso que consiste en evacuaciones de vientre líquidas y frecuentes.

diarreico, ca. adj. *Pat.* Perteneciente a la *diarrea.

diárrico, ca. adj. **Diarreico.**

diartrosis. f. *Zool.* *Articulación movible.

diascopia. f. **Med.* Examen radioscópico del organismo.

diascordio. m. **Farm.* Confección tónica y astringente a base de escordio.

diasén. m. **Farm.* Electuario purgante a base de las hojas de sen.

diáspero. m. **Diaspro.**

diásporo. m. Piedra fina, alúmina hidratada, de color gris de perla o pardo amarillento, que se usa en *joyería.

diaspro. m. Nombre de algunas variedades de jaspe. ‖ **sanguino. Heliotropo** (*ágata).

diastasa. f. *Fermento contenido en la cebada germinada. Por ext., se da este nombre a todos los fermentos naturales no organizados.

diástilo. adj. **Arq.* Dícese del edificio cuyos intercolumnios tienen de *vano seis módulos.

diástole. f. Licencia *poética que consiste en usar como larga una sílaba breve. ‖ *Zool.* Movimiento de dilatación del *corazón y de las arterias. ‖ *Zool.* Movimiento de dilatación de la duramáter y de los senos del *cerebro.

diatérmano, na. adj. *Fís.* Dícese del cuerpo que da paso fácilmente al *calor.

diatermia. f. **Terap.* Empleo de corrientes eléctricas para producir *calor en partes profundas del cuerpo humano.

diatérmico, ca. adj. **Diatérmano.**

diatesarón. m. **Mús.* Intervalo de cuarta.

diatésico, ca. adj. **Pat.* Perteneciente o relativo a la diátesis.

diátesis. f. **Pat.* Predisposición a contraer una determinada enfermedad.

diatomeas. f. pl. Clase de algas microscópicas, cuyos esqueletos silíceos forman la harina fósil, o trípoli, de los terrenos terciarios.

diatomita. f. *Miner.* Variedad de cuarzo terroso.

diatónicamente. adv. m. En orden diatónico.

diatónico, ca. adj. **Mús.* Aplícase al sistema músico, que procede por dos tonos y un semitono. ‖ *Mús.* V. **Semitono diatónico.** ‖ **cromático.** *Mús.* Dícese del género mixto de **diatónico** y cromático. ‖ **cromático enarmónico.** *Mús.* Aplícase al género mixto de los tres del sistema músico.

diatriba. f. *Discurso o escrito violento que contiene *injurias contra personas o cosas.

dibujador, ra. adj. p. us. **Dibujante.** Ú. t. c. s.

dibujante. p. a. de **Dibujar.** Que dibuja. Ú. t. c. s.

***dibujar.** tr. Representar en una superficie la figura de un cuerpo por medio de líneas y sombras. Ú. t. c. r. ‖ *Describir.

***dibujo.** m. Acción y efecto de dibujar. ‖ Arte que enseña a dibujar. ‖ Proporción que debe tener en sus partes y medidas la figura del objeto que se dibuja o pinta. ‖ En los encajes, bordados, etc., disposición de las labores que los adornan. ‖ **del natural.** *Pint.* El que se hace copiando directamente del modelo. ‖ **lineal.** El que se ejecuta con regla, compás y otros instrumentos. ‖ **No meterse** uno **en dibujos.** fr. fig. y fam. *Abstenerse de hacer o decir alguna cosa. ‖ **Picar** uno **el dibujo.** fr. Agujerear los contornos de un **dibujo** hecho en papel, para reproducirlo por medio del estarcido.

dicacidad. f. Agudeza en *zaherir, mordacidad ingeniosa.

dicaz. adj. Que *zahiere con *donaire.

dicción. f. **Palabra.** ‖ Manera de hablar o escribir, por lo que se refiere al *estilo o al empleo de las palabras y construcciones. ‖ Manera de *pronunciar. ‖ *Gram.* V. **Figura de dicción.**

***diccionario.** m. Libro en que por orden comúnmente alfabético se contienen y explican todas las dicciones de una lengua, o se ponen en correspondencia con las equivalentes de otro u otros idiomas. ‖ Libro en que se mencionan y explican los vocablos propios de una ciencia, facultad o materia determinada. ‖ *Catálogo de noticias, monografías, etcétera, ordenado alfabéticamente.

diccionarista. com. **Lexicógrafo.**

dicente. p. a. de **Decir. Diciente.** Ú. t. c. s.

diciembre. m. Décimo *mes del año, según los antiguos romanos, y duodécimo del calendario actual.

diciente. p. a. de **Decir.** Que dice.

dicocia. f. *Pat.* Enfermedad del *cabello que se manifiesta por la desecación de los extremos, que se abren en dos o más puntas.

dicoreo. m. Pie de la *poesía griega y latina compuesto de dos coreos.

dicotiledón. adj. **Bot.* **Dicotiledóneo.**

dicotiledóneo, a. adj. **Bot.* Dícese de las plantas que crecen por el centro y por la superficie y cuyas semillas tienen dos o más cotiledones. Ú. t. c. s. ‖ f. pl. *Bot.* Una de las dos clases en que se dividen las plantas cotiledóneas.

dicotomía. f. *Bot.* y *Zool.* *Bifurcación, división en *dos partes. ‖ **Log.* Método de *clasificación en que las divisiones y subdivisiones sólo tienen dos partes. ‖ *Astr.* Fase de la *Luna en que sólo está iluminada la mitad del astro.

dicotómico, ca. adj. Perteneciente o relativo a la dicotomía.

dicótomo, ma. adj. Que se divide en *dos.

dicroico, ca. adj. Que tiene dos *colores.

dicroísmo. m. *Fís.* Propiedad de ciertos cuerpos que presentan distinto *color según la dirección en que se miran.

dicrotismo. m. *Fisiol.* Condición del *pulso dicroto.

dicroto. adj. *Fisiol.* Dícese del *pulso en que cada pulsación parece dividirse en dos latidos.

dictado. m. *Título de dignidad, *tratamiento o calificativo aplicado a persona. ‖ Acción de *dictar. ‖ pl. fig. Inspiraciones o preceptos de la *razón o la *conciencia. ‖ **Escribir** uno **al dictado.** fr. Escribir lo que otro dicta.

dictador. m. *Magistrado o persona que asume todos o los principales poderes del Estado. ‖ Magistrado supremo con facultades extraordinarias o *despóticas.

dictadura. f. Dignidad y cargo de

dictador. || Tiempo que dura. || *Gobierno que se ejerce fuera de las leyes constitutivas de un país.
dictáfono. m. Aparato fonográfico que registra el *sonido de la palabra y lo reproduce después.
***dictamen.** m. Opinión y *juicio que se forma o emite sobre una cosa.
dictaminador, ra. adj. Que dictamina.
dictaminar. intr. Dar dictamen.
díctamo. m. *Arbusto de las labiadas, que se usa como planta de adorno. || Especie de euforbio, de tallo quebradizo, propio de las Antillas. || **blanco.** *Planta de las rutáceas, que da un aceite volátil usado en perfumería y medicina. || **crédito. Díctamo.**
***dictar.** tr. Decir o *leer algo con las pausas necesarias para que otro lo vaya escribiendo. || Tratándose de *leyes, *sentencias, etc., darlas, pronunciarlas. || fig. Inspirar, *sugerir.
dictatorial. adj. **Dictatorio.** || fig. Dicho de poder, facultad, etc., absoluto, *arbitrario, *despótico.
dictatorialmente. adv. m. De manera dictatorial.
dictatorio, ria. adj. Perteneciente a la dignidad o al cargo de dictador.
dicterio. m. Dicho denigrativo, *ofensa, injuria.
dicha. f. **Felicidad.** || Suerte *feliz. || **A,** o **por, dicha.** m. adv. Por suerte. || Por *casualidad.
dicharachero, ra. adj. fam. Propenso a prodigar dicharachos. Ú. t. c. s.
dicharacho. m. fam. Dicho bajo, demasiado *vulgar o *deshonesto.
dichero, ra. adj. fam. Que ameniza la conversación con dichos *graciosos. Ú. t. c. s.
dicho, cha. p. p. irreg. de **Decir.** || m. *Palabra o conjunto de palabras con que se expresa un concepto. || Ocurrencia chistosa, *donaire. || Declaración de la voluntad de los contrayentes, cuando van a celebrar el *matrimonio. Ú. m. en pl. || fam. Expresión *ofensiva u *obscena. || *For.* Deposición del *testigo. || **de las gentes.** *Murmuración pública. || **Dicho y hecho.** expr. con que se explica la *prontitud con que se hace o se hizo una cosa. || **Lo dicho, dicho.** expr. con que uno se *afirma y ratifica en lo que una vez dijo. || **Tomarse los dichos.** fr. Manifestar los novios ante la autoridad competente su voluntad de contraer *matrimonio.
dichosamente. adv. m. Con dicha.
dichoso, sa. adj. **Feliz.** || Dícese de lo que va acompañado de dicha. || fam. Enfadoso, *molesto. || m. pl. *Germ.* Botines de mujer.
didáctica. f. Arte de *enseñar.
didácticamente. adv. m. De manera didáctica o propia para enseñar.
didáctico, ca. adj. Perteneciente o relativo a la *enseñanza.
didascalia. f. **Didáctica.**
didascálico, ca. adj. **Didáctico.**
didelfo, fa. adj. *Zool.* Dícese de los *mamíferos cuyas hembras tienen una bolsa donde permanecen encerradas las crías durante el primer tiempo de su desarrollo. Ú. t. c. s. || m. pl. *Zool.* Subclase de estos animales.
didimio. m. *Metal muy raro, terroso y de color de acero.
didimitis. f. *Pat.* Inflamación de los *testículos.
dídimo, ma. adj. **Bot.* Aplícase a todo órgano formado por dos lóbulos simétricos. || m. *Zool.* ***Testículo.**
didracma. m. *Moneda hebrea que valía medio siclo.
diecinueve. adj. Diez y nueve.
diecinueveavo, va. adj. Dícese de cada una de las diecinueve *partes iguales en que se divide un todo. Ú. t. c. s. m.
dieciochavo, va. adj. Dícese de cada una de las dieciocho *partes iguales en que se divide un todo. Ú. t. c. s. m.
dieciocheno, na. adj. **Decimoctavo.** || V. **Paño dieciocheno.** Ú. t. c. s. m. || m. *Moneda antigua que valía dieciocho dinerillos.
dieciocho. adj. Diez y ocho.
dieciséis. adj. Diez y seis.
dieciseisavo, va. adj. Dícese de cada una de las dieciséis *partes iguales en que se divide un todo. Ú. t. c. s. m. || **En dieciseisavo.** expr. Dícese del *libro, folleto, etc., cuyo tamaño es igual a la **dieciseisava** parte de un pliego de papel sellado.
dieciseiseno, na. adj. **Decimosexto.**
diecisiete. adj. Diez y siete.
diecisieteavo, va. adj. Dícese de cada una de las diecisiete *partes iguales en que se divide un todo. Ú. t. c. s. m.
diedro. adj. *Geom.* V. ***Ángulo diedro.**
diego. m. ***Dondiego** (planta). || **Lindo don Diego.** Hombre que se presume de *guapo y se adorna con *afectación.
dieléctrico, ca. adj. *Fís.* Aplícase al cuerpo mal conductor de la *electricidad.
diemal. m. En algunas regiones, jábega.
***diente.** m. Cada uno de los huesos visibles en las mandíbulas del hombre y de muchos animales, que sirven como órganos de masticación o de defensa. || **Diente incisivo.** ||. Cada una de las puntas que tienen en el pico ciertas *aves. || **Albañ.* Cada una de las partes que se dejan *salientes en un edificio para que, al continuar la obra, quede todo bien enlazado. || Cada una de las *puntas o resaltos que presentan algunas cosas. || **Impr.* Huella que se advierte cuando no se corresponden las planas del blanco con las de la retiración. || **canino,** o **columelar. Colmillo.** || **acolmillado.** El de la *sierra, muy triscado. || **de ajo.** Cada una de las partes en que está dividida la cabeza del *ajo. || **de leche.** Cada uno de los de primera dentición. || **de león.** *Planta herbácea de las compuestas. || **de lobo.** Bruñidor de ágata que usan los *doradores. || Especie de *clavo grande. || **de muerto. Almorta.** || **de perro.** *Escoplo hendido que usan los escultores. || Labor de *costura en que las puntadas cambian alternativamente de dirección. || fig. y fam. *Costura de puntadas desiguales y mal hechas. || *Granada muy agria de granos largos. || **Ornam.* Adorno formado por una serie de prismas triangulares o cuñas con una de sus aristas al exterior. || **incisivo.** Cada uno de los que tienen forma de cuña y se hallan en la parte más saliente de las quijadas. || **mamón. Diente de leche.** || **molar. Muela.** || **remolón. Remolón.** || **Dientes de ajo.** fig. y fam. Los muy grandes y mal configurados || fig. y fam. Persona que los tiene así. || **de embustero.** Los muy separados unos de otros. || **de sierra.** **Fort.* Defensa con ángulos entrantes y salientes repetidos alternativamente. || **Aguzar** uno **los dientes.** fr. fig. y fam. Prevenirse para *comer. || **Alargársele** a uno **los dientes.** fr. fig. y fam. Sentir dentera por lo *agrio. || *Desear con vehemencia alguna cosa. || **A regaña dientes.** m. adv. fig. Con *repugnancia. || **Coser a diente de perro.** fr. fig. Coser los *encuadernadores dos o más hojas o pliegos juntos, atravesándolos con el hilo por el borde del margen. || **Dar** uno **diente con diente.** fr. fig. y fam. Padecer demasiado *frío. || fig. y fam. Tener excesivo *miedo. || **De dientes afuera.** loc. adv. fig. y fam. Con falta de sinceridad, con *falsedad en lo que se dice o promete. || **Enseñar,** o **mostrar,** uno **dientes,** o **los dientes,** a otro. fr. fig. y fam. Hacerle *resistencia; *amenazarle. || **Estar a diente.** fr. fam. No haber comido, teniendo *hambre. || **Haberle nacido,** o **salido,** a uno **los dientes** en una cosa. fr. fig. y fam. Tener mucha *experiencia en ella, por haberla sabido o practicado desde edad muy temprana. || **Hablar** uno **entre dientes.** fr. fig. Hablar de modo que no se le entienda lo que dice. || fig. y fam. Refunfuñar, gruñir, replicar con *ira o enojo. || **Hincar** uno **el diente.** fr. fig. y fam. *Apoderarse de la hacienda ajena que maneja. || fig. y fam. *Murmurar de otro. || **No haber para untar un diente.** fr. fig. y fam. Haber muy poca *comida. || **No llegar a un diente,** o **no tener para un diente.** fr. fig. y fam. **No haber para untar un diente.** || **Tener** uno **buen diente.** fr. fig. y fam. Ser muy *comedor. || **Tener diente.** fr. Decíase de la *ballesta cuando daba mucha coz al dispararla. || **Tomar,** o **traer,** a uno **entre dientes.** fr. fig. y fam. Tenerle *aborrecimiento. || fig. y fam. *Murmurar de él.
dientimellado, da. adj. Que tiene mella en los *dientes.
diéresis. f. *Pronunciación en sílabas distintas de dos vocales que normalmente forman diptongo. Se consideraba como licencia *poética. || **Cir.* División de los tejidos por medios cruentos. || *Gram.* Signo ortográfico (¨) que se pone sobre la *u* de las sílabas *gue, gui,* para indicar que esta letra debe pronunciarse, o sobre la primera vocal del diptongo cuyas vocales han de pronunciarse separadamente.
diesi. f. **Mús.* Cada uno de los tres tonos que los griegos intercalaban en el intervalo de un tono mayor. || *Mús.* **Sostenido.**
dies irae. m. Prosa que se recita o *canta en las misas de *difuntos y que comienza con esas palabras.
diestra. f. ***Derecha.** || **Juntar diestra con diestra.** fr. fig. Hacer *amistad o *asociarse para algún fin.
diestramente. adv. m. Con destreza.
diestro, tra. adj. **Derecho** (que cae a mano *derecha). || *Hábil, experto. || Sagaz, *astuto. || *Favorable, venturoso. || m. **Esgr.* El que sabe jugar la espada o las armas. || *Torero de a pie. || Matador de toros. || *Ronzal, cabestro o riendas. || **A diestro y siniestro.** m. adv. fig. Sin tino, sin discreción ni miramiento.
dieta. f. *Med.* Régimen de *alimentación que se manda observar a los enfermos o convalecientes. || fam. *Abstinencia completa de comer. || **láctea.** Alimentación con *leche exclusivamente.
dieta. f. *Junta o *asamblea en que ciertos estados que forman confederación deliberan sobre negocios que

les son comunes. ‖ Honorario o *remuneración que un funcionario devenga cada día mientras dura su comisión fuera de su residencia oficial. Ú. m. en pl. ‖ *For.* Jornada de diez leguas. ‖ pl. *Remuneración que se da a los que ejecutan algunas comisiones por cada día que se ocupan en ellas.
dietar. tr. **Adietar.**
dietario. m. Libro en que los cronistas de Aragón escribían los sucesos *históricos más notables. ‖ *Libro en que se anotan los ingresos y *gastos diarios de una casa.
dietética. f. Parte de la *terapéutica, que trata del empleo de los medios higiénicos.
dietético, ca. adj. *Med.* Perteneciente a la dieta.
diez. adj. Nueve y uno. ‖ **Décimo.** ‖ m. Signo o conjunto de signos con que se representa el *número **diez.** ‖ Cada una de las partes en que se divide el *rosario. ‖ Cuenta más gruesa que se pone en el rosario para dividir las decenas. ‖ Carta o *naipe de la baraja francesa e inglesa que tiene **diez** señales. ‖ **de bolos.** El que, en el *juego de bolos, se pone enfrente y fuera del orden de los otros nueve. ‖ **de últimas.** En ciertos juegos de *naipes, diez tantos que gana el que hace la última baza.
diezmador. m. **Diezmero.**
diezmal. adj. **Decimal** (perteneciente al diezmo).
diezmar. tr. Sacar o *separar de cada diez uno. ‖ Pagar el diezmo a la Iglesia. ‖ *Castigar de cada diez uno cuando son muchos o desconocidos los delincuentes. ‖ fig. Causar muchas *muertes.
diezmero, ra. m. y f. Persona que pagaba el *diezmo. ‖ Persona que lo percibía.
diezmesino, na. adj. Que es de diez *meses. ‖ Perteneciente a este tiempo.
diezmilésimo, ma. adj. Dícese de cada una de las diez mil *partes iguales en que se divide un todo. Ú. t. c. s.
diezmilímetro. m. Décima parte de un milímetro.
diezmilmillonésimo, ma. adj. Dícese de cada una de las *partes iguales de un todo dividido en diez mil millones de ellas. Ú. t. c. s.
diezmillonésimo, ma. adj. Dícese de cada una de las *partes iguales de un todo dividido en diez millones de ellas. Ú. t. c. s.
***diezmo, ma.** m. *Impuesto de diez por ciento que se pagaba del valor de las mercaderías que llegaban a los puertos, o entraban y pasaban de un reino a otro. ‖ → Parte de los frutos, regularmente la décima, que pagaban los fieles a la Iglesia.
difamación. f. Acción y efecto de difamar.
difamador, ra. adj. Que difama. Ú. t. c. s.
***difamar.** tr. *Desacreditar a uno. ‖ *Menospreciar una cosa.
difamatorio, ria. adj. Dícese de lo que difama.
difamia. f. Difamación.
difarreación. f. Ceremonia entre los antiguos romanos, por la cual se disolvía un *matrimonio contraído por confarreación.
***diferencia.** f. Desigualdad, desconformidad, desemejanza. ‖ Cualidad o accidente por el cual una cosa se distingue de otra. ‖ Diversidad entre cosas de una misma especie. ‖ Controversia, *discordia u oposición de dos o más personas entre sí. ‖ En la música y en la danza, mudanza o quiebro que se hace sin perder el compás. ‖ *Alg.* y **Arit.* **Residuo.** ‖ *Mat.* V. **Razón por diferencia.**
diferenciación. f. Acción y efecto de diferenciar. ‖ **Mat.* Operación por la cual se determina la diferencial de una función.
diferencial. adj. Perteneciente a la *diferencia de las cosas. ‖ **Mat.* Aplícase a la cantidad infinitamente pequeña. ‖ **Mat.* Producto de la derivada de una función por el incremento de la variable. ‖ **Mec.* Mecanismo que enlaza tres móviles, cuyas velocidades guardan entre sí determinada proporción. ‖ Engranaje basado en este mecanismo que se emplea en el *automóvil.
***diferenciar.** tr. Hacer distinción, averiguar o señalar la diferencia entre las cosas. ‖ Alterar, *cambiar el uso que se hace de las cosas. ‖ **Mat.* Hallar la diferencial de una cantidad variable. ‖ intr. Discordar, estar en *desacuerdo. ‖ r. Diferir, distinguirse una cosa de otra. ‖ Hacerse uno notable o *famoso por sus acciones o cualidades.
diferenciómetro. m. *Mar.* Aparato destinado a substituir la *corredera.
***diferente.** adv. Diverso, desigual. ‖ adv. m. **Diferentemente.**
diferentemente. adv. m. Diversamente, de otra manera, de modo distinto.
***diferir.** tr. Dilatar, retardar o *interrumpir la ejecución de una cosa. ‖ intr. Distinguirse una cosa de otra, ser *diferente.
***difícil.** adj. Que no se puede hacer, entender o conseguir sin mucho esfuerzo.
difícilmente. adv. m. Con dificultad.
***dificultad.** f. Calidad de difícil. ‖ *Impedimento o circunstancia que hace difícil una cosa. ‖ *Duda, *impugnación y réplica propuesta contra una opinión.
dificultador, ra. adj. Que pone o imagina dificultades. Ú. t. c. s.
***dificultar.** tr. Poner dificultades a alguna operación o deseo. ‖ Hacer *difícil una cosa. ‖ Tener o estimar una cosa por difícil, *dudosa o improbable. Ú. m. c. intr.
dificultosamente. adv. m. Con dificultad.
dificultoso, sa. adj. *Difícil, lleno de embarazos. ‖ fig. y fam. Dicho del semblante, la cara, la figura, etc., extraño, *feo, defectuoso. ‖ **Dificultador.**
difidación. f. Manifiesto con que se justifica la declaración de *guerra. ‖ La misma declaración.
difidencia. f. **Desconfianza.** ‖ Falta de fe; *incredulidad.
difidente. adj. Que *desconfía.
difinición. f. **Definición.**
difinir. tr. **Definir.**
difinitorio. m. **Definitorio.**
difluir. intr. Difundirse, *derramarse por todas partes.
difracción. f. *Fís.* División e inflexión de los rayos *luminosos, y de otros movimientos ondulatorios, cuando pasan por los bordes de un cuerpo opaco.
difrangente. adj. *Fís.* Que produce la difracción.
difteria. f. *Med.* *Enfermedad infecciosa caracterizada por la formación de falsas membranas en las mucosas de la *garganta.
diftérico, ca. adj. *Med.* Perteneciente o relativo a la difteria.
difteritis. f. *Med.* Inflamación diftérica.
difuminar. tr. **Esfumar.**
difumino. m. **Esfumino.**
***difundir.** tr. *Esparcir, *derramar. Dícese propiamente de los fluidos. Ú. t. c. r. ‖ → fig. Extender, divulgar, propagar. Ú. t. c. r.
***difunto, ta.** adj. Dícese de la persona muerta. Ú. t. c. s. ‖ *Germ.* Dícese del que está *dormido. ‖ m. **Cadáver.** ‖ **de taberna.** fig. y fam. *Borracho privado de sentido.
difusamente. adv. m. Con difusión.
***difusión.** f. Acción y efecto de difundir o difundirse. ‖ *Prolijidad.
difusivo, va. adj. Que tiene propiedad de difundir o difundirse.
difuso, sa. p. p. irreg. de **Difundir.** ‖ adj. Ancho, *espacioso, dilatado. ‖ *Prolijo, superabundante en palabras.
difusor. m. Aparato que se emplea en la fabricación de *azúcar para extraer el jugo de la pulpa de remolacha.
digamma. f. *Letra del primitivo alfabeto griego, en forma de F.
digerible. adj. Que se puede digerir.
***digerir.** tr. Transformar el aparato digestivo los alimentos en substancia propia para la nutrición. ‖ fig. Sufrir con *paciencia una desgracia o una ofensa. Ú. m. con neg. ‖ fig. *Meditar cuidadosamente una cosa. ‖ **Quím.* Macerar una substancia a temperatura moderada para extraer los principios solubles.
digestible. adj. Fácil de digerir.
***digestión.** f. Acción y efecto de digerir. ‖ **Quím.* Maceración de un cuerpo a temperatura moderada, para extraer de él alguna substancia.
digestivo, va. adj. Dícese de las operaciones y de las partes del organismo que atañen a la digestión. ‖ Dícese de lo que es a propósito para ayudar a la *digestión. Ú. m. c. s. m. ‖ m. *Cir.* *Medicamento para promover y sostener la supuración de las úlceras y heridas.
digesto. m. Colección de las decisiones del *derecho romano.
digestor. m. *Vasija fuerte y cerrada a tornillo, para obtener al baño de María ciertas substancias.
digitación. f. *Mús.* Empleo y movimiento de los dedos en ciertos *instrumentos para la buena ejecución de las obras.
digitado, da. adj. *Bot.* V. ***Hoja digitada.** ‖ *Zool.* Aplícase a los mamíferos que tienen sueltos los *dedos de los cuatro pies.
digital. adj. Perteneciente o relativo a los *dedos. ‖ f. *Planta herbácea de las escrofulariáceas, cuyas hojas se emplean para obtener un medicamento cardiaco.
digitalina. f. *Quím.* Glucósido contenido en las hojas de la digital, que se emplea como *medicamento cardiaco.
digitar. tr. *Mús.* Anotar la digitación de una pieza musical.
digitígrado, da. adj. **Zool.* Dícese del animal que sólo apoya los dedos al *andar, como el gato.
dígito. adj. *Arit.* V. ***Número dígito.** Ú. t. c. s. ‖ m. *Astr.* Cada una de las doce partes iguales en que se considera dividido el diámetro aparente del Sol y el de la Luna para cómputos de los *eclipses.
dignación. f. *Condescendencia con que se permite o *concede lo que pretende el inferior.
dignamente. adv. m. De una manera digna. ‖ Merecidamente, con justicia, con razón.
dignarse. r. *Querer hacer por *condescendencia alguna cosa.
dignatario. m. Persona investida de una dignidad.

***dignidad.** f. Calidad de digno. ‖ *Excelencia. ‖ *Seriedad y *decoro en la manera de comportarse. ‖ Cargo o *empleo honorífico y de autoridad. ‖ En las catedrales y colegiatas, cualquiera de las prebendas acompañadas de un oficio honorífico y preeminente. ‖ Persona que posee una de estas prebendas. Ú. t. c. m. ‖ Por antonom., el arzobispo u obispo.
dignificable. adj. Que puede dignificarse.
dignificación. f. Acción y efecto de dignificar o dignificarse.
dignificante. p. a. de **Dignificar.** ‖ *Teol.* Que dignifica. Aplícase más comúnmente a la gracia.
dignificar. tr. Hacer *digna o presentar como tal a una persona o cosa. Ú. t. c. r.
***digno, na.** adj. Que *merece algo. en sentido favorable o adverso. ‖ Que tiene *pundonor. ‖ Correspondiente, acomodado al mérito y condición de una persona o cosa.
digrafía. f. *Com.* *Contabilidad por partida doble.
dígrafo, fa. adj. Que consta de dos *letras.
digresión. f. *Desviación en el hilo del *discurso para hablar de cosas que no tengan íntimo enlace con aquello de que se está tratando.
digresivo, va. adj. Que implica digresión.
diguana. f. En Marruecos, *aduana.
dij. m. **Dije.**
***dije.** m. *Adorno que se ponía a los niños al cuello o pendiente de la cintura. ‖ Cada una de las *joyas y alhajas pequeñas que suelen llevar por adorno las mujeres y aun los hombres. ‖ fig. y fam. Persona de *excelentes cualidades físicas o morales. ‖ fig. y fam. Persona que tiene gran *habilidad para hacer muchas cosas.
dijes. m. pl. Bravatas.
dil. *Farm.* Abreviatura de una voz latina, que se emplea en las recetas y equivale a *disuélvase.*
dilaceración. f. Acción y efecto de dilacerar o dilacerarse.
dilacerar. tr. *Rasgar, despedazar las carnes de personas o animales. Ú. t. c. r. ‖ fig. Lastimar la honra, *desacreditar.
***dilación.** f. Retardación o detención de una cosa por algún tiempo.
dilapidación. f. Acción y efecto de dilapidar.
dilapidador, ra. adj. Que dilapida. Ú. t. c. s.
dilapidar. tr. Malgastar, *derrochar la hacienda.
dilatable. adj. Que puede dilatarse.
dilatación. f. Acción y efecto de *dilatar o dilatarse. ‖ fig. Desahogo y *alivio en alguna aflicción. ‖ *Cir.* Operación que tiene por objeto aumentar o restablecer el calibre de un conducto, o mantener libre un trayecto fistuloso. ‖ *Fís.* Aumento de *volumen de un cuerpo.
dilatadamente. adv. m. Con dilatación.
dilatado, da. adj. *Ancho, *espacioso. ‖ Numeroso, *abundante.
dilatador, ra. adj. Que dilata o extiende. Ú. t. c. s.
***dilatar.** tr. Extender, alargar o aumentar de volumen una cosa, o hacer que ocupe más lugar o tiempo. Ú. t. c. r. ‖ Diferir, *retardar. Ú. t. c. r. ‖ fig. Propagar, *difundir. Ú. t. c. r. ‖ r. Extenderse mucho en un discurso o escrito.
dilatativo, va. adj. Dícese de lo que tiene virtud de dilatar.
dilatoria. f. **Dilación.** Ú. m. en pl.
dilatorio, ria. adj. Que pospone o *retarda. ‖ *For.* Que sirve para prorrogar un término judicial.
dilección. f. *Amor honesto, cariño.
dilecto, ta. adj. Amado con dilección.
dilema. m. *Argumento formado de dos proposiciones contrarias disyuntivamente, de manera que negada o concedida cualquiera de las dos, queda demostrado lo que se intenta probar.
***diligencia.** f. Cuidado, esfuerzo y eficacia que se pone en la ejecución de alguna cosa. ‖ *Prontitud, prisa. ‖ *Coche grande, dividido en departamentos, y destinado al transporte de viajeros. ‖ fam. Negocio, *ocupación. ‖ *For.* Actuación del secretario judicial en un procedimiento criminal o civil. ‖ **Evacuar** una **diligencia.** fr. Finalizarla, *concluirla. ‖ **Hacer** uno sus **diligencias.** fr. Poner todos los medios para conseguir un fin. ‖ **Hacer** uno **las diligencias de cristiano.** fr. Confesar y *comulgar. ‖ **Hacer** uno **una diligencia.** fr. **Exonerar el vientre.**
diligenciar. tr. Poner el *esfuerzo o los medios necesarios para el logro de alguna cosa.
diligenciero. m. El que toma a su cargo la solicitud de los negocios de otro; *procurador.
***diligente.** adj. Cuidadoso, exacto. ‖ ‖ Pronto, que obra con *diligencia.
diligentemente. adv. m. Con diligencia.
dilogía. f. *Ambigüedad, doble sentido.
dilucidación. f. Acción y efecto de dilucidar.
dilucidador, ra. adj. Que dilucida. Ú. t. c. s.
dilucidar. tr. Aclarar y *explicar un asunto, una proposición, etc.
dilucidario. m. Escrito con que se dilucida o ilustra una obra.
dilúcido, da. adj. *Claro, fácilmente *comprensible.
dilución. f. Acción y efecto de diluir o diluirse.
dilúculo. m. Última de las seis partes en que se dividía la *noche.
diluente. p. a. de **Diluir.** Que diluye.
***diluir.** tr. **Desleír.** Ú. t. c. r. ‖ *Quím.* Añadir líquido en las disoluciones.
diluvial. adj. *Geol.* Dícese del terreno constituido por materias sabulosas arrastradas por grandes corrientes de agua. Ú. t. c. s. ‖ *Geol.* Perteneciente a este terreno.
diluviano, na. adj. Que tiene relación con el diluvio universal.
diluviar. intr. *Llover a manera de diluvio.
diluvio. m. *Inundación de la tierra o de parte de ella, por efecto de la lluvia. ‖ fig. y fam. *Lluvia muy copiosa. ‖ fig. y fam. Excesiva *abundancia de una cosa.
dimanación. f. Acción de dimanar.
dimanante. p. a. de **Dimanar.** Que dimana.
dimanar. intr. Proceder o venir el agua de sus *manantiales. ‖ fig. Proceder y tener *origen una cosa de otra.
***dimensión.** f. *Geom.* *Longitud, extensión o *volumen. ‖ *Geom.* Extensión de un objeto en dirección determinada. ‖ *Mús.* Medida de los compases.
dimensional. adj. Perteneciente a una dimensión.
dímero. adj. Dícese del *insecto que sólo tiene dos artejos en todos los tarsos.
dimes y diretes. loc. fam. Contestaciones, debates, réplicas que se cambian en una *discusión.
dimidiar. tr. p. us. **Demediar.**
dimidor. m. El que se emplea en dimir.
diminución. f. **Disminución.**
diminuir. tr. **Disminuir.** Ú. t. c. r.
diminutamente. adv. m. **Escasamente.** ‖ Menudamente, por menor.
diminutivamente. adv. m. En forma diminuta.
diminutivo, va. adj. Que tiene cualidad de *disminuir o reducir a menos una cosa. ‖ *Gram.* Aplícase a los vocablos derivados, que expresan la misma significación que los positivos, pero atribuyéndoles menores proporciones.
diminuto, ta. adj. Defectuoso, *incompleto. ‖ Excesivamente *pequeño.
dimir. tr. Echar al suelo con varas o pértigas el fruto ya maduro de los nogales, castaños, manzanos y otros árboles, al hacer la *recolección.
dimisión. f. *Renuncia de un empleo o comisión.
dimisionario, ria. adj. Que hace o ha hecho dimisión. Ú. t. c. s.
dimisorias. f. pl. Letras que dan los *prelados a sus súbditos para que puedan recibir de un obispo extraño las sagradas órdenes. ‖ **Dar dimisorias** a uno. fr. fig. y fam. *Despedirle, *expulsarlo con desagrado. ‖ **Llevar** uno **dimisorias.** fr. fig. y fam. Ser despedido con desagrado.
dimitente. p. a. de **Dimitir.** Que dimite. Ú. t. c. s.
dimitir. tr. *Renunciar a un empleo, comisión, etc.
dimorfismo. m. *Mineral.* Calidad de dimorfo.
dimorfo, fa. adj. *Mineral.* Dícese del cuerpo que puede cristalizar según dos sistemas diferentes.
din. m. fam. **Dinero.**
dina. f. *Mec.* Unidad de medida que representa la *fuerza necesaria. para comunicar a un gramo la velocidad de un centímetro por segundo.
dinamarqués, sa. adj. Natural u oriundo de Dinamarca. Ú. t. c. s. ‖ Perteneciente a este reino de Europa. ‖ m. *Lengua **dinamarquesa,** uno de los dialectos del nórdico.
dinámica. f. Parte de la *mecánica, que trata de las leyes del movimiento en relación con las *fuerzas que lo producen.
dinámico, ca. adj. Perteneciente o relativo a la *fuerza cuando produce movimiento. ‖ Perteneciente o relativo a la dinámica.
dinamismo. m. Energía activa y propulsora. ‖ *Fil.* Sistema que considera los fenómenos materiales como resultado de un choque de fuerzas elementales, y los reduce todos, en definitiva, a modos del movimiento.
dinamista. adj. Dícese del que es partidario del dinamismo. Ú. t. c. s.
dinamita. f. Mezcla *explosiva de nitroglicerina con un cuerpo muy poroso, que la absorbe.
dinamitazo. m. Explosión de dinamita.
dinamitero, ra. adj. Dícese de quien sistemáticamente y con fines *políticos trata de destruir personas o cosas por medio de la dinamita u otros explosivos. Ú. t. c. s.
dinamo. f. *Fís.* Máquina destinada a transformar la fuerza mecánica en energía *eléctrica o viceversa.
dinamométrico, ca. adj. Perteneciente o relativo al dinamómetro.
dinamómetro. m. *Mec.* Instrumento que sirve para apreciar la resisten-

cia de las máquinas o su *fuerza motriz.

dinar. m. Antigua *moneda árabe de oro. || *Moneda de plata de Servia, equivalente a una peseta.

dinasta. m. *Príncipe que reinaba bajo la dependencia de otro soberano.

dinastía. f. Serie de *reyes o *príncipes soberanos en un determinado país, pertenecientes a una misma *familia.

dinástico, ca. adj. Perteneciente o relativo a la dinastía. || Partidario *político de una dinastía.

dinastismo. m. Fidelidad y adhesión *política a una dinastía.

dinde. m. *Entierro de un niño.

dinerada. f. Cantidad grande de *dinero. || *Moneda antigua que equivalía a un maravedí de plata.

dineral. adj. V. **Pesa dineral.** || m. Cantidad grande de *dinero. || Juego de *pesas para comprobar el peso de las monedas. || Medida pequeña de *capacidad con que se medía el vino o el aceite. || **de oro.** *Pesa de un castellano. || **de plata.** *Pesa de un marco. || **de quilates.** Juego de pesas que usaban los joyeros.

dinerario, ria. adj. Perteneciente o relativo al *dinero.

dinerillo. m. *Moneda antigua de vellón. || fam. Pequeña cantidad de *dinero.

***dinero.** m. **Moneda corriente.** || *Moneda antigua de plata y cobre que equivalía a dos cornados. || fig. y fam. **Caudal.** || *Moneda de plata del Perú, que equivale a media peseta. || *Peso de veinticuatro granos. || **Penique.** || **Ochavo.** || **al contado. Dinero contante.** || **burgalés.** Moneda antigua de oro de muy baja ley. || **contante,** o **contante y sonante,** o **en tabla. Dinero** efectivo, corriente. || **trocado. Dinero** cambiado en monedas menudas. || **Acometer con dinero.** fr. fig. y fam. Intentar *sobornar. || **Alzarse** uno **con el dinero.** fr. Entre jugadores, ganarlo. || **A pagar de mi dinero.** loc. adv. fig. y fam. que se usa para afirmar con *garantía de verdad lo que se dice.

dineroso, sa. adj. *Rico, adinerado.

dineruelo. m. d. de **Dinero.**

dingo. m. *Mamífero carnicero, llamado también *perro de Australia.

dingolondango. m. fam. Expresión de *halago, arrumaco. Ú. m. en pl.

dinosaurio. m. *Zool.* *Reptil fósil de gran tamaño.

dinoterio. m. *Zool.* Especie de *elefante fósil, de gran tamaño.

dintel. m. *Arq.* Parte superior de las *puertas, *ventanas y otros huecos, que carga sobre las jambas.

dintelar. tr. Hacer dinteles o construir una cosa en forma de dintel.

dintorno. m. *Pint.* Delineación de las partes de una figura, contenidas dentro de su *contorno.

diñar. tr. *Germ.* Dar. || **Diñarla.** *Morir. || **Diñársela** a uno. fr. Pegársela, *engañarle.

diocesano, na. adj. Perteneciente a la diócesis. || Dícese del *prelado que tiene diócesis. Ú. t. c. s.

diócesi. f. **Diócesis.**

diócesis. f. Distrito o *territorio en que ejerce jurisdicción espiritual un *prelado.

dioico, ca. adj. *Bot.* Aplícase a las plantas que tienen las flores de cada sexo en pie separado, y también a estas mismas flores.

dionisia. f. Piedra que, según los antiguos, podía dar sabor de vino al agua y ser un remedio contra la *embriaguez.

dionisiaco, ca o **dionisíaco, ca.** adj. Perteneciente o relativo a Baco, llamado también Dioniso.

dioptra. f. **Pínula.** || **Alidada.**

dioptría. f. *Ópt.* Unidad empleada para medir la refracción del ojo y de los aparatos ópticos.

dióptrica. f. Parte de la *óptica, que trata de los fenómenos de la refracción de la luz.

dióptrico, ca. adj. Perteneciente o relativo a la dióptrica.

diorama. m. Panorama hecho con lienzos transparentes pintados de manera distinta por cada cara, a fin de que, iluminando alternativamente cada una de ellas, cambie el *espectáculo representado. || Sitio destinado a este recreo.

diorita. f. *Geol.* Anfibolita de textura parecida a la del granito.

***Dios.** m. Nombre sagrado del Ser Supremo. || Cualquiera de las deidades veneradas por los idólatras y *gentiles. || **Hombre.** *Teol.* **Jesucristo.** || **¡A Dios!** expr. que se emplea para despedirse. || **A Dios con la colorada.** expr. fam. de que se usa para despedirse. || **A Dios, que esquilan.** expr. fig. y fam. con que se despide el que está de prisa. || **Alabado sea Dios.** expr. de *saludo al entrar en alguna parte. || **A la buena de Dios.** expr. fam. Sin artificio ni malicia. || **A la,** o **a lo de Dios,** o **a la de Dios es Cristo.** loc. adv. fam. con que se da a entender la *indeliberación con que uno obra. || **Clamar a Dios.** fr. *Afligirse, desesperarse. || fig. Resultar una cosa mal hecha o *injusta. || **Como Dios es mi Padre.** Fórmula de *juramento. || **Como Dios es servido.** expr. adv. con que se explica que una cosa nos causa *desagrado. || **De Dios.** m. adv. fam. Copiosamente, con gran *abundancia. || **Dios delante.** expr. fam. Con la ayuda de **Dios.** || **Dios es Dios.** expr. que, unida a otras, explica que uno se mantiene con *obstinación en su opinión. || **Dios es grande.** expr. de que se usa para *consolarse en una desdicha. || **Dios mediante.** loc. Queriéndolo Dios. || **Dios te ayude.** expr. con que se saluda a uno cuando estornuda. || **Estar** uno **con Dios.** fr. **Gozar de Dios.** || **Estar de Dios** una cosa. fr. con que se significa creerla dispuesta por la Providencia, y por consiguiente ser inevitable. || **Estar** uno **fuera de Dios.** fr. fig. Obrar disparatadamente. || **Gozar** uno **de Dios.** fr. Haber *muerto y conseguido la *bienaventuranza. || **Hablar** uno **con Dios.** fr. **Orar.** || **Hablar Dios** a uno. fr. Inspirarle. || **Irse** uno **bendito de Dios.** fr. fig. **Irse mucho con Dios.** || **Irse** uno **con Dios.** fr. *Marcharse o *despedirse. || **Irse mucho con Dios.** || **Irse** uno **mucho con Dios.** fr. Marcharse con enfado, voluntariamente o despedido. || **La de Dios es Cristo.** fr. fig. y fam. precedida de los verbos *haber, armarse,* etc. Gran disputa, *alboroto o *contienda. || **Llamar a Dios de tú.** fr. fig. y fam. Ser uno demasiado franco; usar de excesiva *confianza. || fig. y fam. Ser de gran mérito una persona o cosa. || **Llamar Dios** a uno. fr. **Morir.** || fig. Inspirarle propósito de enmienda. || **No haber para** uno **más Dios ni Santa María que** una cosa. fr. fig. y fam. Tenerle excesivo *amor. || **No servir a Dios ni al diablo** una persona o cosa. fr. fig. y fam. Ser *inútil o inepta. || **Ofender** uno **a Dios.** fr. **Pecar.** || **Ponerse** uno **bien con Dios.** fr. Limpiar la conciencia de culpas mediante la *penitencia. || **Por Dios.** expr. la más generalmente usada para *pedir limosna. || **¡Por Dios!** Fórmula de *juramento. || **Recibir** uno **a Dios.** fr. **Comulgar.** || **Tener Dios** a uno **de su mano.** fr. fig. Ampararle, detenerle cuando va a precipitarse en un vicio o exceso. || fig. Infundirle moderación y templanza. || **Tentar** uno **a Dios.** fr. Ejecutar o decir cosas muy arduas o *peligrosas. || **Tratar** uno **con Dios.** fr. Meditar y orar a solas. || **Un Dios os salve** fr. fam. desus. Cuchillada, *herida en la cara. || **¡Válgame,** o **válgate, Dios!** expr. usada como interj. para manifestar el *disgusto o *sorpresa que nos causa una cosa. || **Vaya con Dios.** expr. con que se *despide a uno, cortándole la conversación. || **¡Vaya por Dios!** expr. con que uno manifiesta conformidad y *paciencia. || **Vaya usted con Dios,** o **mucho con Dios.** expr. fam. con que se rechaza lo que uno propone. || **Venir Dios a ver** a uno. fr. fig. Sucederle impensadamente un caso *favorable. || **¡Vive Dios!** Juramento de ira o enojo. || **¡Voto a Dios!** expr. de *juramento.

diosa. f. Falsa deidad de sexo femenino.

dioscóreo, a. adj. *Bot.* Dícese de plantas monocotiledóneas, sarmentosas, con rizomas voluminosos, como el aje. Ú. t. c. s. || f. pl. *Bot.* Familia de estas plantas.

diosma. f *Planta rutácea americana.

diostedé. m. *Ave trepadora, de pico muy largo, propia de la América meridional.

diostilo. m. *Arq.* Ordenación de *columnas acopladas.

diplodoco. m. *Reptil *fósil de gran tamaño.

diploma. m. Despacho, bula u otro *documento autorizado con sello y armas de un soberano, cuyo original queda archivado. || Título que expide una corporación, *universidad, etc., para acreditar un grado académico, un premio, etc.

diplomacia. f. Ciencia y arte que trata de las relaciones entre Estados soberanos y de la manera de negociar los asuntos *internacionales. || Servicio de los Estados en sus relaciones internacionales. || fig. y fam. *Cortesía aparente e interesada. || *Habilidad, *astucia.

diplomática. f. Ciencia que trata del estudio de los diplomas y otros *documentos solemnes. || **Diplomacia.**

diplomáticamente. adv. m. Según la diplomacia. || fam. Con *astucia y *disimulo.

***diplomático, ca.** adj. Perteneciente al diploma. || → Perteneciente a la diplomacia. || Aplícase a los negocios de Estado que se tratan entre dos o más naciones, y a las personas que intervienen en ellos. Apl. a pers., ú. t. c. s. || fig. y fam. *Astuto, sagaz, *disimulado.

diplopía. f. *Oftalm.* Fenómeno morboso que consiste en ver dobles los objetos.

dipodia. f. En la métrica clásica, conjunto de dos pies.

dipsáceo, a. adj. *Bot.* Dícese de plantas dicotiledóneas, herbáceas, como la escabiosa y la cardencha. Ú. t. c. s. || f. pl. *Bot.* Familia de estas plantas.

dipsomanía. f. Tendencia irresistible al abuso de la *bebida.

dipsomaniaco, ca. o **dipsomaníaco, ca.** adj. Dícese del que padece dipsomanía. Ú. t. c. s.

dipsómano, na. adj. **Dipsomaniaco.** Ú. t. c. s.

díptero, ra. adj. *Arq.* Dícese del edificio que tiene dos costados salientes. ‖ *Zool.* Dícese del *insecto que no tiene más que dos alas; como la mosca. Ú. t. c. s. ‖ m. pl. *Zool.* Orden de estos insectos.

dipterocárpeo, a. adj. **Bot.* Dícese de árboles dicotiledóneos exóticos, corpulentos y resinosos, como el mangachapuy. Ú. t. c. s. f. ‖ f. pl. *Bot.* Familia de estos árboles.

díptica. f. Conjunto de dos tablas plegables, en forma de *libro, que servía en la primitiva *Iglesia para anotar los nombres de las personas por quienes se había de orar.

díptico. m. **Díptica.** Ú. m. en pl. ‖ **Pint.* y **Escult.* Cuadro o bajo relieve formado con dos tableros articulados, que se cierran como las tapas de un libro.

diptongación. f. *Gram.* Acción y efecto de diptongar.

diptongar. tr. *Gram.* Unir dos vocales, formando en la *pronunciación una sola sílaba. ‖ Desdoblar el sonido de una vocal en dos que formen diptongo.

diptongo. m. *Gram.* Conjunto de dos vocales que forman en la *pronunciación una sola sílaba.

diputación. f. Acción y efecto de diputar. ‖ Conjunto de los diputados. ‖ Ejercicio del cargo de diputado. ‖ Duración de este cargo. ‖ Negocio que se encarga al diputado. ‖ **general de los Reinos.** Cuerpo de diputados de las ciudades de voto en Cortes. ‖ **provincial.** Corporación elegida para dirigir y administrar los intereses de una provincia. ‖ Edificio o local donde los diputados provinciales celebran sus sesiones.

***diputado.** m. Persona *delegada por un cuerpo para representarle. ‖ **a *Cortes.** Persona nombrada directamente por los electores para formar parte de uno de los dos cuerpos colegisladores, llamado en España y en otros países Congreso. ‖ **del Reino.** Regidor o persona de una ciudad de voto en *Cortes, que actuaba en la Diputación de los Reinos. ‖ **provincial.** El elegido por un distrito para que lo represente en la Diputación provincial.

diputador, ra. adj. Que diputa. Ú. t. c. s.

diputar. tr. *Destinar, *encargar; elegir una persona para algún uso o ministerio. ‖ *Delegar un cuerpo en uno o más de sus individuos para que lo representen en algún acto. ‖ Conceptuar, tener por, *calificar de.

***dique.** m. *Muro o reparo artificial para contener las aguas. ‖ **Arq. Nav.* Paraje de una dársena, cerrado con obra de fábrica, en el cual entran los buques para limpiar o carenar en seco. ‖ fig. Cosa que sirve para contener o *reprimir. ‖ **Geol.* Filón estéril que asoma a la superficie, formando a manera de muro. ‖ **flotante.** El construido con cajones que se inundan y bajan para que el buque pueda entrar en él, y que se desaguan en seguida por medio de bombas.

diquelar. tr. fam. *Comprender, entender.

dirceo, a. adj. **Tebano.**

***dirección.** f. Acción y efecto de dirigir o dirigirse. ‖ Camino o rumbo que un cuerpo sigue en su movimiento. ‖ *Consejo, enseñanza y preceptos con que se encamina a uno para determinado fin. ‖ Conjunto de personas encargadas de *gobernar una sociedad, establecimiento, etc. ‖ Cargo o *empleo de director. ‖ *Oficina o casa en que despacha el director. ‖ Señas escritas sobre una *carta, fardo, etc., para indicar a dónde y a quién se *envía. ‖ **Geol.* Arrumbamiento de la intersección de las caras de una capa o filón con un plano horizontal. ‖ *Mec.* Mecanismo que sirve para guiar los vehículos *automóviles. ‖ **general.** Cualquiera de las oficinas superiores que dirigen los diferentes ramos en que se divide la *administración pública*.

directamente. adv. m. De un modo directo.

directivo, va. adj. Dícese de lo que tiene facultad y virtud de dirigir. ‖ f. Mesa o junta de *gobierno de una *corporación o *sociedad.

***directo, ta.** adj. Derecho o en línea recta. ‖ Dícese de lo que va de una parte a otra sin detenerse en los puntos intermedios. ‖ Aplícase a lo que se encamina derechamente a una mira u objeto.

director, ra. adj. Que dirige. Ú. t. c. s. ‖ **Geom.* Dícese de la línea, figura o superficie que determina las condiciones de generación de otra línea, figura o superficie. En esta acepción, la forma femenina es **Directriz.** ‖ m. y f. *Jefe o persona a cuyo cargo está el *gobierno o dirección de un negocio, cuerpo o establecimiento. ‖ m. Sujeto que, solo o acompañado de otros, está encargado de la dirección de una compañía. ‖ **espiritual.** *Sacerdote que aconseja en asuntos de conciencia a una persona. ‖ **general.** El que tiene la dirección superior de un cuerpo o de un ramo de la *administración pública*.

directoral. adj. Perteneciente o relativo al director o a la directora.

directorial. adj. Perteneciente o relativo al directorio.

directorio, ria. adj. Dícese de lo que es a propósito para dirigir. ‖ m. *Regla o instrucción que sirve para dirigir o gobernarse en alguna materia. ‖ Conjunto de personas asociadas para la dirección o *gobierno de alguna cosa. ‖ Junta directiva de ciertas asociaciones, partidos, etc.

directriz. adj. Terminación femenina de **Director** (en la acepción usada en geometría). Ú. t. c. s.

dirigible. adj. Que puede ser dirigido. ‖ m. **Globo dirigible.**

***dirigir.** tr. Enderezar, guiar, llevar rectamente una cosa hacia un término o lugar señalado. Ú. t. c. r. ‖ Guiar, mostrando o dando las señas de un camino. ‖ Poner a una *carta, fardo, etc., las señas que indiquen a dónde y a quién se ha de *enviar. ‖ fig. Encaminar la *intención a determinado fin. ‖ *Gobernar, regir. ‖ *Amonestar a una persona. ‖ Dedicar una obra de ingenio. ‖ Aplicar a determinada persona un dicho o un hecho.

dirimente. p. a. de **Dirimir.** Que dirime.

dirimible. adj. Que se puede dirimir.

dirimir. tr. Deshacer, *anular. ‖ *Separar, disolver, desunir. ‖ Ajustar, procurar el *acuerdo en una controversia.

dis. pref. que denota negación, contrariedad o separación.

disanto. m. Día *festivo según la Iglesia.

disartria. f. **Pat.* Dificultad para *pronunciar las palabras.

discantar. tr. **Cantar** (componer o recitar *versos). ‖ fig. *Comentar con exceso cualquiera materia. ‖ **Mús.* Echar el contrapunto sobre un paso.

discante. m. **Tiple** (guitarrillo). ‖ **Mús.* Concierto de instrumentos de cuerda.

disceptación. f. p. us. Acción y efecto de disceptar.

disceptar. intr. p. us. *Argumentar sobre un punto o materia.

discernidor, ra. adj. Que discierne. Ú. t. c. s.

discerniente. p. a. de **Discernir.** Que discierne.

discernimiento. m. Facultad de discernir, *inteligencia. ‖ *Juicio por cuyo medio *distinguimos y declaramos la diferencia que existe entre varias cosas. ‖ *For.* Nombramiento del *juez, que habilita a una persona para ejercer un cargo.

discernir. tr. *Distinguir una cosa de otra. ‖ *For.* Encargar el juez a uno la *tutela de un menor, u otro cargo.

disciplina. f. Doctrina, *enseñanza o educación de una persona, especialmente en lo *moral. ‖ *Arte, facultad o *ciencia. ‖ Observancia *obediente, *cumplimiento puntual de las leyes y ordenamientos de una profesión o instituto. ‖ Instrumento con varios ramales de cáñamo, correa, etc., que sirve para *azotar. Ú. m. en pl. ‖ Acción y efecto de disciplinar o disciplinarse.

disciplinable. adj. Capaz de disciplina.

disciplinadamente. adv. m. Con disciplina.

disciplinado, da. adj. Que observa la disciplina. ‖ fig. **Jaspeado.** Dícese de los claveles y otras *flores cuando son matizados de varios *colores.

disciplinal. adj. Concerniente a la disciplina y buen régimen.

***disciplinante.** p. a. de **Disciplinar.** Que se disciplina. Ú. t. c. s. ‖ m. Por antonom., el que públicamente se disciplinaba en los días de Semana Santa. ‖ **de luz.** *Germ.* *Reo a quien sacan a la vergüenza. ‖ **de penca.** *Germ.* El que sacaban a *azotar públicamente.

disciplinar. tr. Instruir, *enseñar a uno su profesión. ‖ *Azotar, dar disciplinazos por mortificación o por castigo. Ú. t. c. r. ‖ Imponer, hacer guardar la disciplina.

disciplinario, ria. adj. Relativo o perteneciente a la disciplina. ‖ Aplícase al régimen que establece subordinación y obediencia. ‖ Dícese de las *penas que se imponen por vía de corrección. ‖ **Mil.* Dícese de los cuerpos militares formados con soldados condenados a alguna pena.

disciplinazo. m. *Golpe dado con las disciplinas.

discipulado. m. Ejercicio y calidad del *discípulo de una escuela. ‖ Doctrina, *enseñanza. ‖ Conjunto de discípulos de una escuela o maestro.

discipular. adj. Perteneciente a los discípulos.

***discípulo, la.** m. y f. Persona que aprende de un maestro cualquier doctrina o enseñanza. ‖ Persona que sigue la opinión de una escuela, aun sin haber conocido a sus fundadores.

***disco.** m. Tejo de metal o piedra, de un pie de diámetro, que usaban los jóvenes para ejercitarse en los juegos *gimnásticos. ‖ → Cuerpo *cilíndrico cuya base es muy grande respecto de su altura. ‖ Lámina circular de ebonita o de otras materias plásticas en la que están inscritas las vibraciones de la voz o de otro sonido para reproducirlas por medio del gramófono o de instrumentos similares. ‖ fig. *Tema de *conversación que se *repite con

enfadosa monotonía. || *Astr. Figura circular y plana con que se presentan a nuestra vista el Sol y la Luna. || *Bot.* Parte de la *hoja comprendida dentro de sus bordes. || **de señales.** El de palastro, que se usa en los *ferrocarriles.
discóbolo. m. Atleta que arroja el disco.
díscolo, la. adj. *Indócil, travieso, perturbador. Ú. t. c. s.
discoloro, ra. adj. *Bot.* V. **Hoja discolora.**
disconforme. adj. No conforme.
disconformidad. f. *Desconformidad, diferencia de unas cosas con otras en cuanto a su esencia, forma o fin. || Oposición, *desacuerdo, contrariedad en los dictámenes o en las voluntades.
discontinuación. f. Acción y efecto de discontinuar.
discontinuar. tr. *Interrumpir la continuación de una cosa.
discontinuidad. f. Calidad de discontinuo.
discontinuo, nua. adj. Interrumpido, intermitente. || *Mat.* No continuo.
disconveniencia. f. **Desconveniencia.**
disconveniente. p. a. de **Disconvenir.** Que disconviene. || adj. **Desconveniente.**
disconvenir. intr. **Desconvenir.**
discordancia. f. Diversidad, *desconformidad.
discordante. p. a. de **Discordar.** Que discuerda.
discordar. intr. Ser opuestas o *desconformes entre sí dos o más cosas. || Estar en *desacuerdo. || *Mús.* No estar acordes o *afinadas las voces o los instrumentos.
***discorde.** adj. *Desconforme, desavenido. || *Mús.* Disonante.
***discordia.** f. Oposición, desavenencia de voluntades o diversidad de opiniones.
discoteca. f. Colección de discos de gramófono (*instrumento).
discrasia. f. *Med.* **Cacoquimia.**
***discreción.** f. Prudencia y tacto para juzgar u obrar. || Don de expresarse con *ingenio y oportunidad. || Dicho o expresión discreta. || **A discreción.** m. adv. Al *arbitrio o voluntad de uno. || **Darse, o entregarse, a discreción.** fr. *Mil.* *Rendirse sin capitulación. || **Jugar discreciones.** fr. fam. *Jugar sin que se atraviese interés alguno. || **Rendirse a discreción.** fr. *Mil.* **Darse a discreción.**
discrecional. adj. Que se hace *libre y prudencialmente.
discrecionalmente. adv. m. De manera discrecional.
discrepancia. f. *Diferencia o *desconformidad que resulta de la comparación de las cosas entre sí. || Disentimiento personal, *desacuerdo.
discrepante. p. a. de **Discrepar.** Que discrepa.
discrepar. intr. Desdecir una cosa de otra, ser *diferente o *desconforme. || Disentir.
discretamente. adv. m. Con discreción.
discretear. intr. Ostentar discreción, hacer del discreto o *ingenioso. Ú. c. despect.
discreteo. m. Acción y efecto de discretear. || *Conversación en que se hace alarde de *ingenio.
***discreto, ta.** adj. Dotado de *discreción. Ú. t. c. s. || Que incluye o denota *discreción. || *Mat.* V. **Cantidad discreta.** || **Dermat.* Aplícase a ciertas erupciones, cuando los granos o pústulas están bien *separados entre sí. || m. y f. En algunas *comunidades, persona elegida para asistir al superior en el gobierno de las mismas. || **A lo discreto.** m. adv. **A discreción.**
discretorio. m. En algunas *comunidades religiosas, el cuerpo que forman los discretos o las discretas. || Lugar donde se reúnen.
discrimen. m. Riesgo o *peligro. || *Diferencia, diversidad.
discriminación. f. Acción y efecto de discriminar.
discriminar. tr. *Distinguir, diferenciar una cosa de otra.
discromatopsia. f. **Oftalm.* Afección de la vista que no permite distinguir ciertos colores.
disculpa. f. Razón que se da para *exculparse.
disculpable. adj. Que se puede o debe *disculpar.
disculpablemente. adv. m. Con disculpa.
disculpadamente. adv. m. Con razón que disculpe.
***disculpar.** tr. Dar razones o pruebas que descarguen de una culpa, falta o delito. Ú. t. c. r. || Admitir como buenas las razones con que alguno se descarga de una culpa u omisión, o *perdonar éstas.
***discurrir.** intr. *Andar, caminar, correr por diversas partes y lugares. || **Correr** (*fluir un líquido). || fig. *Reflexionar acerca de una cosa. || || *Tratar de ella. || tr. *Inventar una cosa. || → Inferir, conjeturar.
discursante. p. a. de **Discursar.** Que discursa.
discursar. tr. p. us. Discurrir sobre una materia.
discursear. intr. fam. Pronunciar un *discurso.
discursible. adj. Capaz de discurso o de discurrir.
discursista. com. Persona que forma *discursos sin necesidad.
discursivo, va. adj. Dado a discurrir o reflexionar. || Perteneciente o relativo al discurso o raciocinio.
***discurso.** m. Facultad racional con que se infieren unas cosas de otras; *raciocinio. || Acto de la facultad discursiva. || **Uso de razón.** || → Serie de las palabras y frases empleadas para manifestar lo que se piensa o siente. || Razonamiento de alguna extensión dirigido por una persona a otra u otras. || **Oración** (obra de elocuencia). || Escrito u *obra de no mucha extensión, en que se discurre sobre una materia. || Transcurso del *tiempo.
***discusión.** f. Acción y efecto de discutir.
discutible. adj. Que se puede o debe discutir.
discutidor, ra. adj. Práctico en disputas y discusiones, o aficionado a ellas. Ú. t. c. s.
***discutir.** tr. *Examinar minuciosamente una materia, haciendo investigaciones muy menudas sobre sus circunstancias. || → Examinar entre varios algún asunto, exponiendo cada cual su opinión e impugnando la contraria.
disecación. f. **Disección.**
disecador. m. **Disector.**
disecar. tr. **Anat.* *Cortar en partes un vegetal o el cadáver de un animal para el examen de su estructura normal o patológica. || Preparar los animales muertos para que *conserven la apariencia de cuando estaban vivos. || Preparar una planta para que, después de seca, se pueda estudiar su estructura.
disección. f. Acción y efecto de disecar.
disecea. f. *Pat.* Torpeza del oído; *sordera.
disector. m. El que diseca y ejecuta las operaciones anatómicas.
diseminación. f. Acción y efecto de diseminar o diseminarse.
diseminador, ra. adj. Que disemina.
diseminar. tr. *Esparcir, sembrar. Ú. t. c. r.
disensión. f. Oposición o *desacuerdo en los pareceres o en los propósitos. || fig. *Contienda, riña.
disenso. m. **Disentimiento.**
disentería. f. *Pat.* *Diarrea específica con pujos y alguna mezcla de sangre.
disentérico, ca. adj. Perteneciente o relativo a la disentería.
disentimiento. m. Acción y efecto de disentir.
disentir. intr. No ajustarse al sentir o parecer de otro; estar en *desacuerdo con él.
diseñador. m. El que diseña o dibuja.
diseñar. tr. Hacer un diseño.
diseño. m. *Delineación de un edificio o de una figura.
disertación. f. Acción y efecto de disertar. || Escrito en que se diserta.
disertador, ra. adj. Aficionado a disertar.
disertante. p. a. de **Disertar.** Que diserta. Ú. t. c. s.
disertar. intr. Razonar en *discurso o por escrito, sobre alguna materia.
diserto, ta. adj. Que *habla con *elocuencia y con abundancia de argumentos.
disfagia. f. *Pat.* Dificultad o imposibilidad de *tragar.
disfamación. f. **Difamación.**
disfamador, ra. adj. **Difamador.** Ú. t. c. s.
disfamar. tr. **Difamar.**
disfamatorio, ria. adj. **Difamatorio.**
disfamia. f. **Difamia.**
disfasia. f. *Pat.* Perturbación del *lenguaje caracterizada por mal empleo de las palabras y construcción defectuosa.
disfavor. m. Desaire, *descortesía o *desprecio que se hace a alguno. || Suspensión del favor. || Acción o dicho que ocasiona algún *daño.
disformar. tr. **Deformar.** Ú. t. c. r.
disforme. adj. Que carece de forma regular, *deforme. || *Feo, horroroso. || Extraordinariamente *grande.
disformidad. f. **Deformidad.** || Calidad de disforme.
***disfraz.** m. Artificio de que se usa para *ocultar o *disimular una cosa. || Por antonom., vestido de *máscara. || fig. *Fingimiento con que se da a entender cosa distinta de lo que se siente.
***disfrazar.** tr. Desfigurar, *disimular u *ocultar la forma natural de las personas o de las cosas. Ú. t. c. r. || fig. *Fingir, desfigurar con palabras y expresiones lo que se siente. || r. Vestirse de *máscara.
disfrutar. tr. Percibir los productos, ventajas y *utilidades de una cosa. || Gozar de salud, *comodidad, etc. || Aprovecharse del favor, *protección o amistad de uno. || intr. **Gozar** (sentir *placer).
disfrute. m. Acción y efecto de disfrutar.
disfumar. tr. **Esfumar.**
disfumino. m. **Esfumino.**
disgregación. f. Acción y efecto de disgregar o disgregarse.
disgregante. p. a. de **Disgregar.** Que disgrega. Ú. t. c. s.
disgregar. tr. *Separar, desunir, apartar lo que estaba unido. Ú. t. c. s.
disgregativo, va. adj. Dícese de lo

que tiene virtud o facultad de disgregar.
disgustadamente. adv. m. Con disgusto.
disgustado, da. adj. Desazonado, descontento, incomodado. ‖ Apesadumbrado, *afligido.
***disgustar.** tr. Causar disgusto o mal *sabor al paladar. ‖ → fig. Causar enfado, pesadumbre o desazón. Ú. t. c. r. ‖ r. Desazonarse uno con otro, *enemistarse con él.
***disgusto.** m. Desazón, desabrimiento o mal *sabor causado por una comida o bebida. ‖ fig. *Contienda, discusión, altercado. ‖ → fig. Sentimiento o desasosiego causados por un accidente o una contrariedad. ‖ fig. *Fastidio, tedio. ‖ **A disgusto.** m. adv. Contra la voluntad y gusto de uno; con *repugnancia.
disgustoso, sa. adj. Desabrido, de *gusto desagradable. ‖ fig. *Desagradable, enfadoso.
disidencia. f. Acción y efecto de disidir. ‖ *Desacuerdo de opiniones en materia importante.
disidente. p. a. de **Disidir.** Que diside. Ú. t. c. s.
disidir. intr. *Desavenirse, mostrarse en *desacuerdo, o apartarse de la común doctrina, creencia o conducta.
disílabo, ba. adj. **Bisílabo.** Ú. t. c. s. m.
disimetría. f. **Asimetría.**
disimétrico, ca. adj. **Asimétrico.**
disímil. adj. Desemejante, *diferente.
disimilación. f. **Fonét.* Alteración de un sonido para evitar la repetición del mismo en una palabra.
disimilar. tr. **Fonét.* Alterar un sonido para evitar su repetición en una palabra. Ú. m. c. r.
disimilitud. f. **Desemejanza.**
disimulable. adj. Que se puede disimular o disculpar.
disimulación. f. Acción y efecto de *disimular. ‖ **Disimulo.** ‖ *Tolerancia de alguna cosa aparentando ignorarla.
disimuladamente. adv. m. Con disimulo.
disimulado, da. adj. Que *disimula o no da a entender lo que siente. Ú. t. c. s. ‖ **A lo disimulado,** o **a la disimulada.** m. adv. Con *disimulo.
disimulador, ra. adj. Que *disimula, fingiendo o tolerando. Ú. t. c. s.
***disimular.** tr. Encubrir uno con astucia su intención. ‖ Desentenderse del conocimiento de una cosa. ‖ Ocultar algo que uno siente y padece. ‖ *Tolerar alguna cosa afectando ignorarla. ‖ Disfrazar, *fingir, desfigurar las cosas. ‖ *Ocultar una cosa, mezclándola con otra para que no se conozca. ‖ Dispensar, *perdonar.
***disimulo.** m. Artificio con que uno oculta sus pensamientos, sentimientos o intenciones. ‖ *Indulgencia, *tolerancia. ‖ *Germ.* Portero de la *cárcel.
disipable. adj. Capaz o fácil de disiparse.
disipación. f. Acción y efecto de disipar o disiparse. ‖ Vida de distracciones y *placeres. ‖ *Inmoralidad.
disipadamente. adv. m. Con disipación.
disipado, da. adj. **Disipador.** Ú. t. c. s. ‖ Distraído, entregado a *diversiones. Ú. t. c. s.
disipador, ra. adj. Que *derrocha la hacienda o caudal. Ú. t. c. s.
disipante. p. a. de **Disipar.** Que disipa.
***disipar.** tr. *Dispersar y desvanecer las partes que forman por aglomeración un cuerpo. Ú. t. c. r. ‖ *Derrochar la hacienda u otra cosa. ‖ r. Evaporarse, resolverse en *vapores. ‖ fig. Desvanecerse, quedar en nada una cosa.
disjunto, ta. adj. **Mús.* Dícese de los intervalos que no están seguidos.
dislacerar. tr. **Cir.* Romper o desgarrar algún tejido.
dislalia. f. *Med.* Perturbación del *lenguaje que dificulta la articulación de las palabras.
dislate. m. **Disparate.**
dislocación. f. Acción y efecto de dislocar o dislocarse. Dícese, por lo común, de los *huesos.
dislocadura. f. **Dislocación.**
dislocar. tr. Sacar una cosa de su lugar. ‖ r. Salirse un *hueso de su lugar o *desencajarse una articulación.
disloque. m. fam. El colmo, cosa *excelente.
dismembración. f. **Desmembración.**
dismenorrea. f. *Pat.* *Menstruación dolorosa o difícil.
***disminución.** f. Acción y efecto de disminuir. ‖ Merma o menoscabo de una cosa tanto en lo físico como en lo moral. ‖ **Veter.* Cierta enfermedad que padecen las bestias en los cascos. ‖ **Ir** una cosa **en disminución.** fr. Irse estrechando o adelgazando en alguna de sus partes.
***disminuir.** tr. Hacer menor la extensión, intensidad o cantidad de alguna cosa. Ú. t. c. intr. y c. r.
disnea. f. *Pat.* Dificultad de *respirar.
disneico, ca. adj. *Pat.* Que padece de disnea. Ú. t. c. s. ‖ *Pat.* Perteneciente a la disnea.
disociación. f. Acción y efecto de disociar o disociarse. ‖ **Psicol.* Mecanismo mental por el que un grupo de ideas se separa de la *conciencia normal y funciona independientemente.
disociar. tr. *Separar una cosa de otra a que estaba unida. Ú. t. c. r. ‖ **Quím.* Descomponer un agregado molecular en otros más simples por la acción del calor y de la presión.
disoluble. adj. **Soluble.**
***disolución.** f. Acción y efecto de disolver o disolverse. ‖ Compuesto que resulta de disolver cualquier substancia en un líquido. ‖ fig. Relajación de costumbres, *inmoralidad, desenfreno. ‖ fig. *Aflojamiento de los vínculos existentes entre varias personas. ‖ **acuosa.** Aquella cuyo disolvente es el agua.
disolutamente. adv. m. Con disolución.
disolutivo, va. adj. Dícese de lo que tiene virtud de disolver.
disoluto, ta. adj. Licencioso, entregado a los *vicios. Ú. t. c. s.
disolvente. p. a. de **Disolver.** Que disuelve. Ú. t. c. s. m.
***disolver.** tr. *Desatar, deshacer algún nudo. Ú. t. c. r. ‖ *Quím.* Hacer pasar al estado líquido un cuerpo sólido o un gas mediante su incorporación a un líquido determinado. ‖ → Desunir las partículas de un cuerpo sólido o espeso, por medio de un líquido con el cual se incorporan. Ú. t. c. r. ‖ *Separar, desunir las cosas que estaban unidas de cualquier modo. Ú. t. c. r. ‖ *Deshacer, destruir, aniquilar. Ú. t. c. r.
disón. m. *Mús.* **Disonancia.**
disonancia. f. *Sonido desagradable. ‖ fig. *Desconformidad. ‖ **Mús.* Acorde no consonante.
disonante. p. a. de **Disonar.** Que disuena. ‖ adj. fig. *Desconforme, que discrepa de aquello con que debiera ser conforme.
disonar. intr. Sonar desapaciblemente. ‖ fig. Discrepar, *desconvenir.
dísono, na. adj. **Disonante.**
dispar. adj. Desigual, *diferente.
disparada. f. Acción de echar a *correr de repente o de partir con *precipitación.
disparadamente. adv. m. Con gran precipitación y violencia. ‖ **Disparatadamente.**
disparadero. m. **Disparador** (de las armas de fuego). ‖ **Poner** a uno **en el disparadero.** fr. fig. y fam. **Ponerle en el disparador.**
disparador. m. El que dispara. ‖ Pieza de algunas *armas de fuego*, que sirve para dispararlas. ‖ Pieza que sirve para hacer funcionar el obturador de una cámara *fotográfica. ‖ Escape de un *reloj. ‖ *Mar.* Aparato que sirve para soltar el *ancla de la serviola en el momento de dar fondo. ‖ **Poner** a uno **en el disparador.** fr. fig. y fam. *Incitarle, apurando su paciencia, a que diga o haga alguna cosa.
***disparar.** tr. Lanzar un proyectil por medio de una máquina adecuada. ‖ Actuar el mecanismo de la máquina para producir el lanzamiento del proyectil. Ú. t. c. r. ‖ *Arrojar o despedir con violencia una cosa. ‖ intr. p. us. fig. Decir o hacer *disparates. ‖ r. *Correr precipitadamente. ‖ fig. Dirigirse precipitadamente hacia un objeto. ‖ **Perder los estribos** (*descomedirse).
disparatadamente. adv. m. Fuera de razón y de regla.
***disparatado, da.** adj. Dícese del que disparata. ‖ → Contrario a la razón, *absurdo. ‖ fam. *Excesivo, desmesurado.
disparatador, ra. adj. Que disparata. Ú. t. c. s.
disparatar. intr. Decir o hacer *disparates.
***disparate.** m. Hecho o dicho absurdo, inconveniente o inoportuno. ‖ fam. **Atrocidad.**
disparatorio. m. Conversación, discurso o escrito lleno de *disparates.
disparejo, ja. adj. **Dispar.**
disparidad. f. Desemejanza, *diferencia de unas cosas respecto de otras.
***disparo.** m. Acción y efecto de disparar o dispararse. ‖ fig. **Disparate.**
dispendio. m. *Gasto excesivo, *derroche.
dispendiosamente. adv. m. Con dispendio.
dispendioso, sa. adj. Costoso, de *gasto considerable.
dispensa. f. *Privilegio; y más comúnmente el concedido por el *Papa o por un obispo. ‖ Instrumento en que consta.
dispensable. adj. Que se puede dispensar.
dispensación. f. Acción y efecto de *dispensar o dispensarse. ‖ **Dispensa.**
dispensador, ra. adj. Que dispensa. Ú. t. c. s. ‖ Que *concede o *distribuye. Ú. t. c s
***dispensar.** tr. *Conceder, otorgar, distribuir. ‖ → Eximir de una obligación. Ú. t. c. s. ‖ *Absolver o excusar de alguna falta.
dispensario. m. **Med.* Consultorio médico en que se facilitan *medicamentos y se aplican ciertos medios curativos.
dispepsia. f. *Pat.* Perturbación crónica de la *digestión.
dispéptico, ca. adj. *Pat.* Pertenecien-

te o relativo a la dispepsia. || *Pat.* Enfermo de dispepsia. Ú. t. c. s.

***dispersar.** tr. Separar y esparcir lo que estaba o debía estar reunido. Ú. t. c. r. || *Mil.* *Vencer al enemigo haciéndole huir en completo desorden. Ú. t. c. r. || **Mil.* Desplegar en orden abierto de guerrilla una fuerza. Ú. m. c. r.

***dispersión.** f. Acción y efecto de dispersar o dispersarse. || **Ópt.* Separación de los distintos colores del espectro.

disperso, sa. adj. Que está dispersado. || *Mil.* Dícese del *militar disgregado del cuerpo a que pertenece. Ú. t. c. s.

dispierto, ta. adj. fig. **Despierto** (*listo, vivo).

displacer. tr. **Desplacer.**

displicencia. f. *Desabrimiento e *indiferencia en el trato. || *Desaliento o vacilación en la ejecución de alguna cosa.

displicente. adj. Dícese de lo que *desagrada y disgusta. || Descontentadizo, *desabrido. Ú. t. c. s.

dispondeo. m. Pie de la *poesía griega y latina, que consta de dos espondeos.

disponedor, ra. adj. Que dispone, *coloca y ordena las cosas. Ú. t. c. s.

disponente. p. a. de **Disponer.** Que dispone.

disponer. tr. *Colocar las cosas en orden conveniente. Ú. t. c. r. || *Decidir, ordenar lo que ha de hacerse. || *Preparar, prevenir. Ú. t. c. r. || intr. Usar uno de cualquiera de los derechos inherentes a la propiedad o posesión de los *bienes. || Valerse de una persona o cosa. || r. Prepararse a *morir, haciendo *testamento y practicando los actos propios del cristiano.

disponibilidad. f. Calidad de disponible. || Situación de algunos *empleados excedentes o supernumerarios.

disponible. adj. Dícese de todo aquello de que se puede disponer o que se puede *utilizar.|| V. **Recluta disponible.**

***disposición.** f. Acción y efecto de disponer o disponerse. || *Aptitud, proporción para algún fin. || Estado de la *salud. || → Estado del ánimo, temple, humor. || *Gallardía y gentileza. || *Habilidad y soltura en despachar las cosas que uno tiene a su cargo. || *Mandato del superior. || Cualquiera de los *medios que se emplean para ejecutar un propósito. || **Arq.* Distribución de todas las partes del edificio. || **Ret.* Ordenada colocación o distribución de las diferentes partes de una composición literaria. || **Última disposición. Testamento.** || **A la disposición de.** expr. de *cortesía con que uno se ofrece a otro. || **Estar, o hallarse, en disposición** una persona o cosa. fr. Hallarse apta para algún fin.

dispositivamente. adv. m. Con carácter dispositivo o preceptivo.

dispositivo, va. adj. Dícese de lo que dispone. || m. **Mec.* Mecanismo dispuesto para obtener un resultado automático.

dispuesto, ta. adj. Apuesto, *gallardo. || *Hábil, despejado. || **Bien, o mal, dispuesto.** Con entera *salud, o sin ella.

***disputa.** f. Acción y efecto de disputar. || **Sin disputa.** loc. adv. **Indudablemente.**

disputable. adj. Que se puede disputar, que es *dudoso o problemático.

disputador, ra. adj. Que disputa. Ú. t. c. s. || Que tiene el vicio de disputar. Ú. t. c. s.

disputante. p. a. de **Disputar.** Que disputa.

***disputar.** tr. Discutir, debatir. || Porfiar y altercar con calor y vehemencia. Ú. t. c. intr. || Ejercitarse los *estudiantes discutiendo. Ú. m. c. intr. || *Defender obstinadamente alguna cosa.

disputativamente. adv. m. Por vía de disputa.

disquisición. f. *Examen riguroso y detenido que se hace de alguna cosa.

***distancia.** f. Espacio de lugar que media entre dos cosas. || *Intervalo de tiempo que media entre dos momentos o sucesos. || fig. *Diferencia, desemejanza notable. || Alejamiento, desvío, *desapego. || **A distancia.** m. adv. Lejos, apartadamente.

***distanciar.** tr. *Separar; aumentar la distancia entre las cosas o el desvío entre las personas.

distante. adj. Apartado, *lejano.

distantemente. adv. m. Con distancia de lugar o de tiempo.

***distar.** intr. Estar apartada una cosa de otra cierto espacio de lugar o de tiempo. || fig. *Diferenciarse notablemente una cosa de otra.

distena. f. **Miner.* Silicato natural de alúmina, que se presenta en cristales prismáticos.

distender. tr. **Cir.* Causar una tensión violenta en los tejidos, membranas, etc. Ú. t. c. r.

distensión. f. Acción y efecto de distender o distenderse.

dístico. m. Composición *poética que solo consta de dos versos.

dístico, ca. adj. **Bot.* Dícese de las hojas, cuando unas miran a un lado y otras al opuesto.

dístilo. m. *Arq.* *Pórtico que tiene dos *columnas.

***distinción.** f. Acción y efecto de distinguir o distinguirse. || *Diferencia en virtud de la cual una cosa no es otra. || Prerrogativa, *privilegio en cuya virtud uno se diferencia de otros. || Buen *orden, *claridad y precisión en las cosas. || *Elegancia y buenas maneras. || Miramiento y consideración hacia una persona. || **Lóg.* Declaración de una proposición que tiene dos sentidos. || **A distinción.** m. adv. con que se explica la diferencia entre dos cosas que pueden confundirse. || **Hacer uno distinción.** fr. *Juzgar con imparcialidad.

distingo. m. Distinción *lógica en una proposición de dos sentidos. || Reparo, *censura o *impugnación que se hace con cierta sutileza.

distinguible. adj. Dícese de lo que puede distinguirse.

distinguido, da. adj. Ilustre, *noble. || V. **Soldado distinguido.** Ú. t. c. s.

***distinguir.** tr. Conocer la diferencia que hay de unas cosas a otras. || Hacer que una cosa se diferencie de otra por medio de alguna *marca, divisa, etc. Ú. t. c. r. || Otorgar a uno alguna *dignidad o *privilegio. || Declarar la diferencia que hay entre una cosa y otra. || *Ver un objeto a pesar de la lejanía o de otra dificultad cualquiera. || **Lóg.* Declarar una proposición por medio de una distinción. || fig. Hacer particular *estimación de unas personas *prefiriéndolas a otras. || r. Descollar, *sobresalir entre otros. || **No distinguir uno lo blanco de lo negro.** fr. fig. y fam. Ser muy *ignorante.

distintamente. adv. m. Con distinción. || Diversamente, de modo distinto, claro.

distintivo, va. adj. Que tiene facultad de *distinguir. || Dícese de la cualidad que caracteriza esencialmente una cosa. Ú. t. c. s. || m. *Insignia, *marca.

distinto, ta. adj. Que no es lo mismo; *diferente, *diverso. || Inteligible, *claro.

distocia. f. *Cir.* *Parto laborioso o difícil.

distócico, ca. adj. *Cir.* Perteneciente o relativo a la distocia.

distocología. f. *Med.* Parte de la obstetricia que trata de los *partos difíciles.

distorsión. f. **Cir.* Torcedura de algún miembro. || **Ópt.* y *Radio.* Deformación de una onda durante su propagación.

***distracción.** f. Acción y efecto de distraer o distraerse. || Cosa que sirve de distracción o *diversión. || Libertad excesiva o *desenfreno en la vida y costumbres.

***distraer.** tr. **Divertir** (desviar). Ú. t. c. r. || → Apartar la atención de una persona de algún objeto. Ú. t. c. r. || Apartar a uno de la vida virtuosa y honesta. Ú. t. c. r. || Tratándose de fondos, *malversarlos.

distraídamente. adv. m. Con distracción.

***distraído, da.** adj. Dícese de la persona que se distrae con facilidad. || Entregado al *desenfreno y vida licenciosa. Ú. t. c. s. || Roto, mal vestido, *desaliñado.

distraimiento. m. **Distracción.**

***distribución.** f. Acción y efecto de distribuir o distribuirse. || Aquello que se reparte entre los asistentes a algún acto que tiene pensión señalada. Ú. m. en pl. || **Ret.* Enumeración en que ordenadamente se afirma o niega algo acerca de cada una de las cosas enumeradas.

distribuidor, ra. adj. Que distribuye. Ú. t. c. s.

***distribuir.** tr. Dividir una cosa entre varios, con arreglo a ciertas normas o discrecionalmente. || Dar a cada cosa el destino conveniente. Ú. t. c. r. || **Impr.* Deshacer los moldes, repartiendo las letras en los cajetines respectivos.

distributivo, va. adj. Que toca o atañe a distribución.

distributor, ra. adj. **Distribuidor.** Ú. t. c. s.

distribuyente. p. a. de **Distribuir.** Que distribuye.

***distrito.** m. Cada una de las demarcaciones *territoriales que se señalan para determinado fin.

distrofia. f. **Pat.* Trastorno de la *nutrición y estado consecutivo.

disturbar. tr. *Perturbar, causar disturbio.

***disturbio.** m. Alteración, perturbación de la paz y concordia.

***disuadir.** tr. Mover a uno con razones a mudar de dictamen o desistir de un propósito.

***disuasión.** f. Acción y efecto de disuadir.

disuasivo, va. adj. Que disuade o puede disuadir.

disuelto, ta. p. p. irreg. de **Disolver.**

disuria. f. *Med.* Expulsión difícil o incompleta de la *orina.

disyunción. f. Acción y efecto de *separar y desunir. || **Ret.* Figura que consiste en que cada oración quede completa por sí misma.

disyuntiva. f. *Oposición entre dos cosas por una de las cuales hay que optar.

disyuntivamente. adv. m. Con disyuntiva. || *Separadamente; aisladamente.

disyuntivo, va. adj. Dícese de lo que tiene la cualidad de desunir o *separar.

disyuntor. m. *Electr.* Aparato que abre automáticamente el paso de la corriente desde la dinamo a la batería e interrumpe la corriente si ésta va en sentido contrario. Se usa en los *automóviles.

dita. f. Persona o efecto que se señala como *garantía de un pago. || ***Deuda.** || *Préstamo a interés por días.

ditá. m. Árbol de Filipinas, de las apocináceas, de cuya corteza se extrae la ditaína.

ditaína. f. *Farm.* Alcaloide que se emplea como febrífugo.

diteísmo. m. Sistema de *religión que admite dos deidades.

diteísta. adj. Dícese del partidario del diteísmo. Ú. t. c. s.

ditero, a. m. y f. Persona que *presta a dita.

ditirámbico, ca. adj. Perteneciente o relativo al ditirambo.

ditirambo. m. Composición *poética en loor de Baco. || Composición poética de tono lírico arrebatado. || fig. *Alabanza exagerada.

dítono. m. *Mús.* Intervalo que consta de dos tonos.

diuca. f. *Ave americana canora, poco mayor que un jilguero.

diuresis. f. *Pat.* Aumento de la secreción de la *orina.

diurético, ca. adj. *Farm.* Dícese de lo que tiene virtud para aumentar la secreción de la orina. Ú. t. c. s. m.

diurno, na. adj. Perteneciente al *día. || *Bot.* y *Zool.* Aplícase a los animales que buscan el alimento durante el día, y a las plantas que sólo de día tienen abiertas sus *flores. || m. *Liturg.* Libro del rezo que contiene las horas menores desde laudes hasta completas.

diuturnidad. f. Espacio dilatado de tiempo, larga *duración.

diuturno, na. adj. Que *dura mucho tiempo.

diva. f. *Mit.* **Diosa.**

***divagación.** f. Acción y efecto de divagar.

divagador, ra. adj. Que divaga. Ú. t. c. s.

divagar. intr. **Vagar** (andar sin rumbo fijo). || *Desviarse del asunto de que se trata.

diván. m. Supremo *consejo entre los turcos. || Sala en que se reúne este consejo. || *Asiento a modo de banco con brazos o sin ellos, por lo común sin respaldo, y con almohadones sueltos. || Colección o *florilegio de *poesías en árabe, persa o turco.

***divergencia.** f. Acción y efecto de divergir. || fig. *Desacuerdo.

divergente. p. a. de **Divergir.** Que diverge.

divergir. intr. Irse *apartando progresivamente unas de otras, dos o más líneas o superficies. || fig. Discordar, hallarse en *desacuerdo.

diversamente. adv. m. Con diversidad.

***diversidad.** f. Variedad, desemejanza, *diferencia. || *Abundancia de cosas distintas.

diversificar. tr. *Diferenciar, hacer diversa una cosa de otra. Ú. t. c. r.

diversiforme. adj. Que presenta diversidad de *formas.

***diversión.** f. Acción y efecto de divertir o divertirse. || → Recreo, pasatiempo. || *Mil.* *Estratagema para divertir al enemigo.

diversivo, va. adj. *Farm.* Aplícase al medicamento que sirve para apartar los humores del punto a que afluyen. Ú. t. c. s. m.

***diverso, sa.** adj. De distinta naturaleza, especie, número, figura, etc. || **Desemejante.** || pl. Varios, *muchos.

divertículo. m. *Anat.* Cavidad pequeña, en forma de saco, que comunica con otra mayor.

divertido, da. adj. *Alegre, de buen humor. || Que *divierte.

divertimiento. m. **Diversión.** || *Distracción momentánea de la atención.

***divertir.** tr. *Apartar, *desviar. Ú. t. c. r. || → Entretener, recrear. Ú. t. c. r. || *Med.* Llamar hacia otra parte el *humor. || *Mil.* Llamar la atención del enemigo a varias partes, para debilitarlo.

dividendo. m. *Mat.* Cantidad que ha de *dividirse por otra. || **activo.** Cuota que, al distribuir ganancias una *sociedad, corresponde a cada acción. || **pasivo.** Cuota que, para allegar fondos, se toma del capital que cada acción representa.

divididero, ra. adj. Dícese de lo que ha de dividirse.

***dividir.** tr. Partir, separar en partes. || *Distribuir, repartir. || fig. Desunir los ánimos y voluntades, introduciendo *discordia. || *Mat.* Averiguar cuántas veces una cantidad, que se llama divisor, está contenida en otra, que se llama dividendo. || r. *Apartarse de la compañía de uno o *enemistarse con él.

dividivi. m. *Árbol de las leguminosas, propio de Venezuela, cuyo fruto se usa como curtiente.

dividuo, dua. adj. *For.* **Divisible.**

divieso. m. *Tumor inflamatorio, puntiagudo y duro que se forma en el espesor de la piel.

divinal. adj. **Divino.**

divinamente. adv. m. Por medios divinos. || fig. Admirablemente, con gran *perfección.

divinativo, va. adj. **Divinatorio.**

divinatorio, ria. adj. Perteneciente al arte de *adivinar.

divinidad. f. Naturaleza divina y esencia del ser de *Dios en cuanto Dios. || Entre los *gentiles, ser divino que atribuían a sus falsos dioses. || fig. Persona o cosa dotada de gran *belleza. || **Decir,** o **hacer,** uno **divinidades.** fr. fig. y fam. Decir, o hacer cosas con mucha *habilidad e *ingenio.

divinización. f. Acción y efecto de divinizar.

***divinizar.** tr. Hacer o suponer divina a una persona o cosa. || fig. Santificar, hacer *sagrada una cosa. || fig. *Enaltecer desmedidamente.

***divino, na.** adj. Perteneciente a *Dios. || Perteneciente a los falsos dioses. || fig. *Excelente. || m. y f. **Adivino.**

divisa. f. *Señal o *insignia para distinguir personas, grados u otras cosas. || *Moneda o valores de un país extranjero. || *Taurom.* Lazo de cintas de colores con que se distinguen los toros de cada ganadero. || **Mojonera.** || *Blas.* Faja que tiene la tercera parte de su anchura normal. || *Blas.* Lema o mote.

divisa. f. *For.* Se llamaba así la parte de *herencia paterna transmitida a descendientes de grado ulterior.

divisar. tr. *Ver, percibir confusamente o a gran distancia un objeto. || *Blas.* Diferenciar las armas de familia, añadiéndoles blasones o timbres.

divisibilidad. f. Calidad de divisible.

divisible. adj. Que puede dividirse. || *Mat.* Aplícase a la cantidad entera que, dividida por otra entera, da por cociente una cantidad también entera.

***división.** f. Acción y efecto de dividir o separar. || fig. *Discordia. || *Alg.* y *Arit.* Operación de dividir. || *Lóg.* Uno de los modos de conocer las cosas. || *Mil.* Parte de un cuerpo de ejército, compuesta de brigadas de varias armas y de los correspondientes servicios auxiliares. || *Ortogr.* **Guión.** || *Ret.* Ordenada distribución de los puntos del *discurso.

divisional. adj. Perteneciente a la división.

divisionario, a. adj. V. **Moneda divisionaria.**

divisorio, ria. adj. Dícese de lo que sirve para dividir.

diviso, sa. p. us. p. p. irreg. de **Dividir.**

divisor, ra. adj. *Mat.* **Submúltiplo.** Ú. t. c. s. || *Mat.* Cantidad por la cual ha de dividirse otra. || **Común divisor.** *Arit.* Aquel por el cual dos o más cantidades son exactamente divisibles. || **Máximo común divisor.** *Arit.* El mayor de los comunes **divisores** de dos o más cantidades.

divisorio, ria. adj. Dícese de lo que sirve para *dividir o *separar. || *Geod.* y *Geogr.* Aplícase a la línea que corresponde en un terreno a los puntos en que las aguas corrientes marchan con direcciones opuestas. Ú. m. c. s. f. || *Geod.* y *Geogr.* Dícese de la línea que señala los *límites. Ú. t. c. s. f. || m. *Impr.* Tabla en que se colocaba el original y se afirmaba en la caja para componer.

divo, va. adj. poét. **Divino.** Aplícase a deidades *mitológicas. También se aplicó a ciertos emperadores romanos y a varios personajes *ilustres. || *Cantante famoso de ópera o de zarzuela. Ú. t. c. s. m. y f. || m. *Mit.* **Dios.**

***divorciar.** tr. Separar el juez competente a dos casados, en cuanto a cohabitación y lecho. || Disolver el matrimonio la autoridad pública. Ú. t. c. r. || fig. *Separar, apartar personas o cosas que estaban o debían estar juntas. Ú. t. c. r.

***divorcio.** m. Acción y efecto de divorciar o divorciarse.

divulgable. adj. Que se puede divulgar.

divulgación. f. Acción y efecto de divulgar o divulgarse.

divulgador, ra. adj. Que divulga. Ú. t. c. s.

***divulgar.** tr. *Publicar, difundir, *propagar. Ú. t. c. r.

divulsión. f. *Cir.* Dislaceración, extracción.

diyambo. m. Pie de la *poesía griega y latina, compuesto de dos yambos.

diz. Apócope de **dice,** o de **dícese.**

dizque. m. Dicho, *rumor, murmuración.

do. m. *Mús.* Primera nota de la escala música. || **de pecho.** Una de las notas más agudas a que alcanza la voz de tenor.

do. adv. l. **Donde.** Hoy generalmente no se usa más que en poesía.

dobla. f. *Moneda antigua de oro, equivalente a unas diez pesetas. || fam. Acción de doblar la puesta en el *juego.

dobladamente. adv. m. **Al doble.** || fig. Con malicia y *engaño.

dobladilla. f. Juego antiguo de *naipes que principalmente consistía en ir doblando la puesta. || **A la dobla-**

dilla. m. adv. Al doble o repetidamente.
dobladillar. tr. Hacer dobladillos en la ropa.
dobladillo. m. Pliegue y *costura que como remate se hace a la *ropa en los bordes. ‖ *Hilo fuerte que se usa para hacer calcetas.
doblado, da. adj. De mediana estatura y *fuerte de miembros. ‖ Aplicado al terreno, desigual o *escabroso. ‖ V. **Cámara doblada.** ‖ fig. Que *finge o disimula. ‖ m. Medida de la marca del *paño. ‖ *Envenenamiento que sufren a veces los poceros por respirar gases de las letrinas. ‖ **Desván.**
dobladora. f. *Impr.* Mujer encargada de doblar los pliegos impresos.
dobladura. f. Parte por donde se ha doblado una cosa; *pliegue. ‖ Señal que queda. ‖ *Caballo de repuesto que debía llevar todo hombre de armas a la guerra. ‖ Antiguo *guisado de carnero.
doblaje. m. Acción y efecto de doblar en el *cine.
***doblamiento.** m. Acción y efecto de doblar o doblarse.
***doblar.** tr. Aumentar una cosa, haciéndola otro tanto más de lo que era. ‖ **Endoblar.** ‖ Aplicar una sobre otra dos partes de una cosa flexible. ‖ Volver una cosa sobre otra. Ú. t. c. intr. y c. r. ‖ → Torcer una cosa encorvándola. Ú. t. c. r. ‖ En el *cine sonoro, substituir las palabras del actor por las de otra persona que no se ve. ‖ En el juego de trucos y *billar, hacer que la bola herida por otra se traslade al extremo contrario de la mesa. ‖ fig. Inclinar a uno a que haga lo contrario a su primer intento. ‖ *Regar dos veces una tierra en el período de una dula. ‖ En términos de bolsa, prorrogar una operación a plazo. ‖ *Mar.* Pasar al otro lado de un cabo, promontorio, etcétera. ‖ *Pasar al otro lado de una esquina, cerro, etc. Ú. t. c. intr. ‖ Hablando de las bazas en los juegos de *naipes, ganarlas. ‖ intr. Tocar a muerto. ‖ **Binar** (los sacerdotes). ‖ Hacer un *actor dos papeles en una misma obra. ‖ r. fig. Ceder a la persuasión; *flaquear. Ú. t. c. intr. ‖ *Germ.* Entregarse, darse *preso.
***doble.** adj. **Duplo.** Ú. t. c. s. m. ‖ Que se compone de *dos partes iguales o de dos cosas semejantes. ‖ En *telas y otras cosas, de más cuerpo que lo sencillo. ‖ En las *flores, de más hojas que las sencillas. ‖ En el juego del *dominó, dícese de la ficha cuyas dos mitades tienen igual número de puntos. ‖ *Fuerte y rehecho de miembros. ‖ Simulado, *falso, *hipócrita. Ú. t. c. s. ‖ m. **Doblez.** ‖ Toque de *campanas por los *difuntos. ‖ Mudanza en la *danza española, que constaba de tres pasos graves y un quiebro. ‖ *Com.* Cantidad que se paga por la prórroga de una operación de bolsa a plazo, y también la operación misma. ‖ *Germ.* *Reo condenado a muerte. ‖ *Germ.* El que ayuda a *engañar a uno. ‖ adv. m. **Doblemente.** ‖ **pequeña.** *Ferroc.* **Doble pequeña velocidad.** ‖ **Al doble.** m. adv. En cantidad dupla.
doblegable. adj. Fácil de torcer, doblar o manejar.
doblegadizo, za. adj. Que fácilmente se doblega.
doblegar. tr. *Doblar o torcer encorvando. Ú. t. c. r. ‖ **Blandear** (blandir). Ú. t. c. r. ‖ fig. Hacer a uno que desista de un propósito y se preste a otro. ‖ r. *Someterse, *transigir, ceder.
doblemano. f. Mecanismo que en los *órganos hace que al bajar una tecla baje también la de octava superior.
doblemente. adv. m. Con duplicación. ‖ Con malicia y falsedad.
doblero. m. *Panecillo pequeño en figura de rosca. ‖ *Madero de hilo, que según sus calificativos tiene varias dimensiones. ‖ *Moneda antigua mallorquina, cuyo valor era poco menos de cuatro maravedís castellanos.
doblescudo. m. *Planta herbácea de las crucíferas.
doblete. adj. Entre doble y sencillo, que no es muy grueso ni muy delgado. ‖ m. Piedra falsa que imita a las de *joyería. ‖ Cierto lance del juego de *billar. ‖ Cierto registro del *órgano que suena a la octava.
doblez. m. Parte que se *dobla o *pliega en una cosa. ‖ Señal que queda. ‖ amb. fig. *Fingimiento, *falsedad.
doblilla. f. *Moneda de oro, que valía unos veinte reales.
doblón. m. *Moneda antigua de oro, cuyo valor fue últimamente de unas veinte pesetas. ‖ *Moneda de oro de Chile, equivalente a veinte pesetas. ‖ **calesero.** fam. **Doblón sencillo.** ‖ **de a ciento.** Moneda antigua de oro, que valía cien doblas de oro. ‖ **de a cuatro.** Moneda antigua de oro, que valía cuatro doblas de oro. ‖ **de a ocho.** Moneda antigua de oro, que valía ocho escudos. ‖ **de vaca.** Callos de vaca. ‖ **sencillo.** Moneda imaginaria, de valor de sesenta reales. ‖ **Escupir** uno **doblones.** fr. fig. y fam. *Jactarse de *rico.
doblonada. f. **Dinerada.** ‖ **Echar** uno **doblonadas.** fr. fig. y fam. *Jactarse de rico.
doce. adj. Diez y dos. ‖ **Duodécimo.** Apl. a los días del mes, ú. t. c. s. ‖ Conjunto de signos con que se representa el *número **doce.**
doceañista. adj. *Polít.* Partidario de la Constitución de 1812. Ú. t. c. s. ‖ Dícese especialmente de los que contribuyeron a formarla. Ú. t. c. s.
docén. adj. Dícese del *madero de doce medias varas. Ú. m. c. s.
docena. f. *Conjunto de doce cosas. ‖ *Peso de doce libras, que se usó en Navarra. ‖ **La docena del fraile.** loc. proverb. *Conjunto de trece cosas. ‖ **Meterse** uno **en docena.** fr. fig. y fam. *Entremeterse en la *conversación. ‖ **No entrar** uno **en docena con** otros. fr. fig. y fam. Ser *diferente de ellos.
docenal. adj. Que se vende por docenas.
docenario, ria. adj. Que consta de doce unidades o elementos.
doceno, na. adj. **Duodécimo.** ‖ Aplícase al *paño cuya urdimbre consta de doce centenares de hilos. Ú. t. c. s. m.
docente. adj. Que *enseña. ‖ Perteneciente o relativo a la *enseñanza.
doceta. adj. Perteneciente al docetismo.
docetismo. m. **Gnosticismo.**
docible. adj. **Dócil.**
docientos, tas. adj. pl. **Doscientos.**
***dócil** adj. Manso, apacible, que recibe fácilmente la enseñanza. ‖ **Obediente.** ‖ Dícese del metal, piedra u otra materia que se puede labrar con facilidad.
***docilidad.** f. Calidad de dócil.
dócilmente. adv. m. Con docilidad.
docimasia. f. *Metal.* Arte de ensayar los minerales.
docimástica. f. **Docimasia.**
docimástico, ca. adj. Perteneciente o relativo a la docimasia.
dock. m. Dársena o muelle rodeado de *almacenes. ‖ Depósito de mercancías en las estaciones de *ferrocarril o en otra parte.
doctamente. adv. m. Con erudición y doctrina.
***docto, ta.** adj. Que a fuerza de estudios ha adquirido más conocimientos que los comunes u ordinarios. Ú. t. c. s.
doctor, ra. m. y f. Persona que ha recibido el más alto grado académico que confiere una *universidad. ‖ Persona que *enseña una ciencia o arte. ‖ Título que da la Iglesia católica a algunos *santos que con mayor profundidad de doctrina defendieron sus enseñanzas. ‖ ***Médico.** ‖ f. fam. Mujer del doctor. ‖ fam. Mujer del médico. ‖ fig. y fam. La que blasona de *sabia y entendida.
doctorado. m. Grado de doctor. ‖ Estudios necesarios para obtener este grado. ‖ fig. *Conocimiento acabado y pleno en alguna materia.
doctoral. adj. Perteneciente o relativo al doctor o al doctorado. ‖ V. **Canónigo doctoral.** Ú. t. c. s.
doctoramiento. m. Acción y efecto de doctorar o doctorarse.
doctorando, da. m. y f. Persona que aspira al grado de doctor.
doctorar. tr. Graduar de doctor a uno en una *universidad. Ú. t. c. r.
***doctrina.** f. *Enseñanza que se da sobre cualquier materia. ‖ Ciencia o *sabiduría. ‖ *Opinión de uno o varios autores en cualquiera materia. ‖ Plática que hace al pueblo el sacerdote, explicándole la **doctrina** cristiana. ‖ Gente que con los predicadores sale en *procesión hasta el paraje en que se ha de hacer la plática. ‖ En América, curato colativo servido por regulares. ‖ En América, pueblo de indios recién *convertidos. ‖ **común.** *Opinión que comúnmente profesan los más de los autores que han escrito sobre una misma materia. ‖ **cristiana.** La que debe saber el *cristiano por razón de su religión. ‖ *Congregación religiosa fundada por San Juan Bautista de la Salle. ‖ **Gaya doctrina. Gaya ciencia.** ‖ **Beber** uno **la doctrina** a otro. fr. fig. Aprender y practicar su **doctrina** con perfección.
doctrinable. adj. Capaz de ser doctrinado.
doctrinador, ra. adj. Que doctrina y enseña. Ú. t. c. s.
doctrinal. adj. Perteneciente a la doctrina. ‖ m. Libro que contiene reglas y preceptos.
doctrinante. p. a. de **Doctrinar.** Que doctrina.
doctrinar. tr. *Enseñar, dar instrucción.
doctrinario, ria. adj. *Polít.* Dícese del que hace radicar en la inteligencia humana el principio de la soberanía, y aplica fórmulas abstractas a la gobernación de los pueblos. Ú. t. c. s. ‖ Consagrado o relativo a una doctrina determinada.
doctrinero. m. El que explica la doctrina *cristiana.
doctrino. m. Niño *huérfano que se recoge y educa en un colegio. ‖ **Parecer** uno **un doctrino.** fr. fig. y fam. Tener aspecto y modales de persona *tímida y apocada.
documentación. f. Acción y efecto de documentar. ‖ Conjunto de *documentos que sirven para este fin.
documentado, da. adj. Dícese del

memorial, instancia, alegato, etc., acompañado de los *documentos necesarios. || Dícese de la persona que posee noticias o *pruebas acerca de un asunto.
documental. adj. Que se funda en *documentos, o se refiere a ellos. || Dícese de las películas de *cine que representan, con propósito meramente informativo, hechos, paisajes, experimentos, etc.
documentalmente. adv. m. Con documentos.
documentar. tr. *Probar la verdad de una cosa con *documentos. || Instruir o *informar a uno de las noticias y pruebas que atañen a un asunto. Ú. t. c. r.
***documento.** m. p. us. Instrucción o *consejo que se da a uno en cualquier materia. || → Escrito con que se prueba, acredita o hace constar una cosa. || fig. Cualquier cosa que sirve de *prueba.
dodecaedro. m. *Geom.* Sólido de doce caras. || **regular.** *Geom.* Aquel cuyas caras son pentágonos regulares.
dodecágono, na. adj. *Geom.* Aplícase al *polígono de doce ángulos y doce lados. Ú. t. c. s. m.
dodecasílabo, ba. adj. De doce sílabas. || *Verso dodecasílabo.
dodrante. m. **Numism.* Conjunto de nueve onzas de las doce de que constaba el as romano. || Conjunto de tres cuartas partes de las doce en que se consideraba dividida toda *herencia entre los romanos.
dog-cart (voz inglesa). m. *Coche ligero de dos ruedas.
doga. f. **Duela.**
dogal. m. *Cuerda para atar las caballerías por el cuello. || Cuerda para *ahorcar a un reo o para algún otro *suplicio. || Lazada escurridiza con que se comienza la *atadura de dos maderos. || **Estar** uno **con el dogal a la garganta,** o **al cuello.** fr. fig. Hallarse en gran *dificultad.
dogaresa. f. Mujer del dux.
***dogma.** m. *Afirmación que se propone por firme y cierta y como principio innegable de una ciencia. || → Verdad que la Iglesia propone a la creencia de los fieles como revelada por Dios. || *Fundamento o puntos capitales de todo sistema *filosófico, *ciencia, doctrina o *religión.
dogmática. f. Conjunto de los dogmas de una *religión.
dogmáticamente. adv. m. Conforme al dogma o a los dogmas. || Con pedantería o *afectación de magisterio.
dogmático, ca. adj. Perteneciente a los dogmas de la religión. || Dícese del autor que trata de los dogmas. || Aplícase al *filósofo que profesa el dogmatismo. Ú. t. c. s.
dogmatismo. m. Conjunto de todo lo que es dogmático en religión. || Conjunto de las proposiciones que se tienen por principios innegables en una ciencia. || Presunción de los que *afirman como verdades inconcusas sus juicios particulares. || Escuela *filosófica opuesta al escepticismo, que considera a la razón humana capaz del conocimiento de la verdad y afirma principios que estima como evidentes y ciertos.
dogmatista. m. El que sustenta como dogmas, doctrinas o *herejías contrarias a la religión católica.
dogmatizador. m. **Dogmatizante.**
dogmatizante. p. a. de **Dogmatizar.** Que dogmatiza. Ú. t. c. s.
dogmatizar. tr. Enseñar dogmas falsos o doctrinas *heterodoxas. || *Afirmar como innegables principios sujetos a contradicción.
dogo, ga. adj. V. **Perro alano.** Ú. t. c. s. || V. **Perro dogo.** Ú. t. c. s.
dogre. m. *Embarcación parecida al queche y destinada a la *pesca.
dolabela. f. *Agr.* Especie de *azada pequeña.
dolabro. m. *Cuchillo que se usaba antiguamente para los *sacrificios.
doladera. adj. Aplícase a la segur que usan los *toneleros. Ú. t. c. s.
dolador. m. **Cant.* y **Carp.* El que aplana o acepilla alguna tabla o piedra.
doladura. f. Ripio o astilla que se saca con la doladera o el dolobre.
dolaje. m. *Vino absorbido por la madera de las cubas en que se guarda.
dolamas. f. pl. **Dolames.** || Alifafes, achaques o *enfermedades que aquejan a una persona.
dolames. m. pl. **Veter.* Ajes o enfermedades ocultas que suelen tener las caballerías.
dolar. tr. *Cant.* y **Carp.* Desbastar, labrar madera o piedra con la doladera o el dolobre.
dólar. m. *Moneda de plata de los Estados Unidos, que vale a la par algo más de cinco pesetas.
dolencia. f. Indisposición, achaque, *enfermedad.
***doler.** intr. Sentir o padecer *dolor una parte del cuerpo. || Causar *repugnancia o pesar el hacer una cosa o pasar por ella. || r. *Arrepentirse de haber hecho una cosa. || *Afligirse y lamentar alguna cosa. || *Compadecerse del mal ajeno. || *Quejarse y explicar el dolor.
dolicocéfalo, la. adj. Dícese de la persona cuyo *cráneo es de figura muy oval, porque su diámetro mayor excede en más de un cuarto al menor.
doliente. p. a. de **Doler.** Que duele o se duele. || adj. **Enfermo.** Ú. t. c. s. || **Dolorido** (afligido, *triste). || m. **Dolorido** (el que preside el *entierro).
dolmen. m. *Monumento megalítico en forma de *mesa.
dolménico, ca. adj. Perteneciente o relativo a los dólmenes.
dolo. m. *Engaño, *fraude, *fingimiento. || *For.* En los *delitos, plena deliberación y advertencia. || **bueno.** *For.* *Prudencia y precaución con que cada uno debe defender su derecho. || **malo.** *For.* El que se hace en *daño de un tercero. || **Poner dolo en** una cosa. fr. Interpretar maliciosamente una acción, *tergiversarla.
dolobre. m. **Cant.* *Pico para labrar piedras. || Doladera, herramienta del *tonelero.
dolomía. f. *Roca semejante a la caliza y formada por el carbonato doble de *cal y magnesia.
dolomítico, ca. adj. **Geol.* Semejante a la dolomía.
dolonsilla. f. **Comadreja.**
***dolor.** m. Sensación molesta y aflictiva, más o menos intensa, de una parte del cuerpo por causa interior o exterior. || *Aflicción y congoja que se padece en el ánimo. || **de viuda,** o **de viudo.** fig. y fam. El muy fuerte y pasajero. || **latente. Dolor sordo.** || **nefrítico.** El causado por la piedra o arenas en los riñones. || **sordo.** El que no es agudo. || **Estar** una mujer **con dolores.** fr. fig. Estar con los del *parto.
dolora. f. Breve composición *poética de contenido dramático y tendencia filosófica.
dolorido, da. adj. Que siente *dolor. || Apenado, afligido, *triste. || m. desus. Pariente del difunto, que preside el duelo en el *entierro.
dolorosa. f. *Efigie de la *Virgen, en cuyo rostro y actitud se representa el sufrimiento por la muerte de su Hijo.
dolorosamente. adv. m. Con dolor. || Lamentablemente.
***doloroso, sa.** adj. Lamentable, que mueve a *compasión. || Dícese de lo que causa *dolor.
dolosamente. adv. m. Con dolo.
doloso, sa. adj. Engañoso, fraudulento.
dom. m. Título y *tratamiento honorífico que se da a los individuos de ciertas comunidades.
doma. f. Domadura de potros u otras bestias. || fig. *Represión de las pasiones o vicios.
domable. adj. Que puede domarse.
domador, ra. m. y f. Que doma. || Que exhibe y maneja fieras domadas.
domadura. f. Acción y efecto de domar.
***domar.** tr. Sujetar, *amansar a los animales. || fig. *Reprimir.
dombenitense. adj. Natural de Don Benito. Ú. t. c. s. || Perteneciente a esta población de Extremadura.
dombo. m. *Arq.* **Domo.**
domeñable. adj. Que puede domeñarse.
domeñar. tr. Someter, *dominar y rendir.
domesticable. adj. Que puede domesticarse.
domesticación. f. Acción y efecto de domesticar.
domésticamente. adv. m. Caseramente, *familiarmente.
domesticar. tr. *Amansar y acostumbrar a la compañía del hombre al animal fiero y salvaje. || fig. Hacer tratable a una persona que no lo es. Ú. t. c. r.
domesticidad. f. Calidad de doméstico.
doméstico, ca. adj. Perteneciente o relativo a la *casa u hogar.|| Aplícase al animal que se cría en la compañía del hombre, a diferencia del que se cría salvaje. || Dícese del *criado que sirve en una casa. Ú. m. c. s. m. y f.
domestiquez. f. p. us. *Mansedumbre de un animal.
domiciliar. tr. Dar domicilio. || r. Establecer uno su domicilio en un lugar.
domiciliario, ria. adj. Perteneciente al domicilio. || Que se ejecuta o se cumple en el domicilio del interesado. || m. El que tiene domicilio o *vecindad en un lugar.
domicilio. m. *Residencia fija y permanente. || Lugar en que se considera establecida una persona para los efectos legales. || *Casa en que uno habita o se hospeda. || **Adquirir** o **contraer domicilio.** fr. Domiciliarse o *avecindarse.
dómila. f. p. us. Tanda, *tongalla, capa.
dominación. f. Acción y efecto de *dominar. || Señorío que tiene sobre un territorio el que ejerce la soberanía. || **Fort.* Monte o lugar alto que domina una plaza. || Ejercicio *gimnástico, que consiste en elevar el cuerpo, estando suspendido de las manos, hasta quedar apoyado en ellas, con los brazos extendidos y arrimados al cuerpo. ||pl. *Teol.* *Ángeles que componen el cuarto coro.
dominador, ra. adj. Que domina o propende a dominar. Ú. t. c. s.
dominante. p. a. de **Dominar.** Que domina. || adj. Aplícase a la persona que propende a dominar a otras. || Dícese también del carácter de

estas personas. || Que es *superior entre otras cosas de su clase. || *For.* V. **Predio dominante.** || f. **Mús.* Quinta nota de la escala de cualquier tono.

***dominar.** tr. Tener dominio sobre cosas o personas. || Sujetar, vencer, *reprimir. || fig. Poseer el perfecto *conocimiento de una ciencia o arte. || intr. *Sobresalir un monte, edificio, etc., entre otros. || r. *Reprimirse.

dominativo, va. adj. **Dominante.**

dominatriz. adj. p. us. **Dominadora.** Ú. t. c. s.

dómine. m. fam. *Maestro de *gramática latina. || despect. Persona que *afecta magisterio.

domingada. f. *Fiesta que se celebra el domingo.

***domingo.** m. Primer día de la semana, dedicado generalmente al descanso y al culto. || **de Adviento.** Cada uno de los cuatro que preceden a la fiesta de Navidad. || **de Cuasimodo.** El de la octava de la Pascua de Resurreción. || **de la Santísima Trinidad.** El siguiente al de Pentecostés. || **de Lázaro, o de Pasión.** El quinto de cuaresma. || **de Pentecostés. Pentecostés.** || **de Piñata.** El primero de cuaresma. || **de Ramos.** El último de la cuaresma, que da principio a la Semana Santa. || **de Resurrección.** El que sigue inmediatamente a la Semana Santa. || **Hacer domingo.** fr. **Hacer fiesta.**

dominguejo. m. **Dominguillo.**

dominguero, ra. adj. fam. Que se suele usar en *domingo. || Aplícase a la persona que sólo acostumbra componerse y divertirse en domingos o días de fiesta.

dominguillo. m. d. de **Domingo.** || *Muñeco de materia ligera que, movido en cualquier dirección, vuelve siempre a quedar derecho por efecto de un contrapeso que lleva en la base. || desus. **Taurom.* Pelele que se ponía en la plaza para que el toro se cebase en él.

***domínica.** f. En lenguaje eclesiástico, **domingo.** || **Liturg.* Textos y lecciones de la Escritura que corresponden a cada domingo.

***dominical.** adj. Perteneciente a la domínica o al domingo. || Aplícase al derecho pagado al *señor feudal por los vasallos. || *For.* Perteneciente al derecho de *dominio sobre las cosas. || f. Cada uno de los actos celebrados los domingos en las *universidades.

dominicano, na. adj. **Dominico.** || Natural de Santo Domingo. Ú. t. c. s. || Perteneciente a este Estado de América.

dominicatura. f. Cierto derecho de vasallaje que se pagaba al *señor temporal.

dominico, ca. adj. Dícese del religioso de la orden de Santo Domingo. Ú. t. c. s. || Perteneciente a esta *orden religiosa*.

***dominio.** m. Poder y facultad de usar y disponer uno libremente de lo suyo. || *Superioridad legítima o poder sobre las personas. || *Territorio que un soberano o una república tiene bajo su dominación. Ú. m. en pl. || *For.* Plenitud de los atributos que las leyes reconocen al *propietario de una cosa para disponer de ella. || **directo.** Derecho que se reserva el *propietario al ceder el dominio útil. || **eminente.** Facultad inherente a la soberanía para disponer de los bienes públicos o privados en interés de la nación. || **público.** El que, bajo la salvaguardia del Estado, tienen todos en las cosas útiles que no pueden ser objeto de propiedad particular o han dejado de serlo. || **útil.** El que compete al que toma una finca a censo perpetuo o enfiteusis.

dómino. m. **Dominó** (juego).

***dominó.** m. Juego que se hace con veintiocho fichas rectangulares, cada una de las cuales lleva marcado por el envés determinado número de puntos, o no lleva ninguno. || Conjunto de las fichas que se emplean en este juego. || Traje talar con capucha, que sirve para *vestirse de *máscara. || **Hacer** uno **dominó.** fr. Ser el primero que se queda sin fichas en el juego de este nombre.

domo. m. *Arq.* **Cúpula.**

dompedro. m. ***Dondiego.** || fam. **Bacín** (orinal).

***don.** m. Dádiva, *donación, regalo. || **Teol.* Cualquiera de los bienes naturales o sobrenaturales que tenemos, considerados como recibidos de Dios. || *Habilidad para hacer una cosa. || **de acierto.** Tino particular en el pensar o ejecutar. || **de errar.** *Desacierto habitual. || **de gentes.** Conjunto de gracias y prendas con que una persona *atrae o *capta las voluntades.

don. m. *Tratamiento honorífico y de dignidad, que antepuesto al nombre propio y no al apellido, se daba antiguamente a contadas personas de la primera nobleza. Actualmente se da este título y tratamiento a toda persona bien portada. || **Diego.** ***Dondiego.** || **Juan. Donjuán.** || **Tenorio.** || **Pedro. Dompedro.** || **Mal se aviene el don con el Turuleque.** expr. fam. con que se indica ser impropios de gente *plebeya los títulos honoríficos. || **Mal suena el don sin el din.** expr. fam. Aplícase también a la persona *pobre y engreída por su nobleza.

dona. f. ant. **Don** (dádiva). || pl. *Regalos de boda que el *novio hace a la novia.

dona. f. *Mujer, dama. Ú. en Cataluña.

***donación.** f. Acción y efecto de donar. || **entre vivos.** *For.* La que se hace para que tenga efecto en vida del donante. || **esponsalicia.** *For.* La que se hace por razón de *matrimonio. || **por causa de muerte.** *For.* La que se hace para después del fallecimiento del donante. || **própter nuptias.** *For.* La que hacen los padres a sus hijos, por consideración al *matrimonio que van a contraer.

donadío. m. Heredamiento que trae su origen de donaciones reales.

donado, da. m. y f. Persona que forma parte de una *orden religiosa* mendicante y presta en ella ciertos *servicios, pero sin hacer profesión.

donador, ra. adj. Que hace *donación. Ú. t. c. s. || Que hace un don o presente. Ú. t. c. s.

***donaire.** m. Discreción y gracia en lo que se dice. || Chiste o dicho gracioso y agudo. || *Gallardía en el manejo del cuerpo. || **Hacer donaire de** una cosa. fr. *Burlarse de ella con gracia.

donairosamente. adv. m. Con donaire.

donairoso, sa. adj. Que tiene en sí donaire.

donante. p. a. de **Donar.** Que dona. Ú. t. c. s.

***donar.** tr. Transmitir o ceder uno graciosamente a otro alguna cosa o el derecho que sobre ella tiene.

donatario. m. Persona a quien se hace la *donación.

donatista. adj. Dícese del que profesa las doctrinas *heterodoxas de Donato. Ú. t. c. s.

donativo. m. Dádiva, *regalo.

doncel. m. Joven *noble que aun no estaba armado *caballero. || Hombre que conserva su *virginidad. || El que habiendo servido de paje a los reyes, pasaba luego a servir como *militar en un cuerpo especial. || **Ajenjo** (planta). || V. **Pino doncel.** || Usado como adjetivo y dicho de ciertos frutos y productos, suave, *dulce.

***doncella.** f. Mujer que no ha conocido varón. || *Criada que sirve cerca de la señora, o se ocupa en los menesteres domésticos ajenos a la cocina. || **Budión** (pez). || V. **Hierba doncella.** || **Panadizo.**

doncelleja. f. d. de **Doncella.**

doncellería. f. fam. **Doncellez.**

doncellez. f. *Virginidad; *soltería.

doncellil. adj. Perteneciente o relativo a las doncellas.

doncellueca. f. fam. Doncella entrada ya en edad.

doncelluela. f. d. de **Doncella.**

donde. adv. l. En qué *lugar, o en el lugar en que. || Toma a veces carácter de pronombre relativo, equivaliendo a *en que*, o *en el, la, lo que*, o *cual*, etc. || **A donde.** m. adv. **Adonde.** || **Donde no.** m. adv. De lo contrario. || **¿Por dónde?** m. adv. ¿Por qué razón?

dondequiera. adv. l. En cualquiera parte.

***dondiego.** m. Planta exótica, de las nictagíneas, que se cultiva en los jardines por la abundancia de sus fragantes flores, que se abren al anochecer y se cierran al salir el Sol. || **de día.** Planta anual de las convolvuláceas, cuyas flores se abren con el día y se cierran al ponerse el Sol. || **de noche. Dondiego.**

donecilla. f. **Comadreja.**

donfrón. m. *Tela de lienzo crudo usada antiguamente.

dongón. m. *Árbol de Filipinas, de las malváceas, cuya madera se emplea con preferencia en construcciones navales.

donguindo. m. Variedad de *peral, de fruto grande e irregular, de color verde amarillento.

donillero. m. *Fullero que *convida a aquellos a quienes quiere inducir a jugar.

donjuán. m. ***Dondiego.**

donjuanesco, ca. adj. Propio de un Tenorio o de un don Juan.

donjuanismo. m. Conjunto de caracteres y cualidades propias de don Juan Tenorio.

donosamente. adv. m. Con donosura.

donosidad. f. Gracia, chiste, *donaire.

donosilla. f. **Comadreja.**

donoso, sa. adj. Que tiene *donaire y gracia.

donostiarra. adj. Natural de San Sebastián. Ú. t. c. s. || Perteneciente a esta ciudad.

donosura. f. *Donaire, gracia. || *Gallardía.

doña. f. Don, dádiva o regalo. || pl. *Remuneración extraordinaria que, además del salario diario, se daba a principio de año a los oficiales de las herrerías que había en las *minas de hierro.

doña. f. *Tratamiento que se da a las mujeres de calidad, antepuesto a su nombre propio.

doñear. intr. fam. Andar entre *mujeres, y tener trato y conversación con ellas.

doñegal. adj. **Doñigal.** Ú. t. c. s.

doñigal. adj. V. **Higo doñigal.** Ú. t. c. s.
doquier. adv. l. **Dondequiera.**
doquiera. adv. l. **Dondequiera.**
dorada. f. *Pez marino acantopterigio, de carne comestible muy estimada.
doradilla. f. **Dorada.** ‖ *Helecho de abundantes hojas, y raíces fibrosas casi negras.
doradillo. m. *Alambre fino de latón, que sirve para engarces y otros usos. ‖ ***Aguzanieves** (pájaro).
***dorado, da.** adj. De color de *oro o semejante a él. ‖ fig. Venturoso, *feliz. ‖ m. *Pez acantopterigio, de colores vivos con reflejos dorados. Es comestible. ‖ → Doradura, acción y efecto de dorar. ‖ pl. Conjunto de adornos u objetos de *latón.
***dorador.** m. El que tiene por oficio *dorar, especialmente la madera labrada.
doradura. f. Acción y efecto de dorar.
doral. m. *Pájaro variedad de papamoscas, de color amarillo rojizo, con manchas negras.
***dorar.** tr. Cubrir con oro la superficie de una cosa. ‖ Dar el color del oro a una cosa. ‖ fig. *Disimular, encubrir con apariencia agradable alguna cosa que no lo es. ‖ fig. **Culin.* Tostar ligeramente una cosa. Ú. t. c. r. ‖ r. Tomar color dorado.
dórico, ca. adj. **Dorio.** ‖ *Arq.* Dícese de la columna perteneciente al orden **dórico.** ‖ V. **Orden dórico.** ‖ m. *Dialecto de los dorios.
dorio, ria. adj. Natural de la Dóride. Ú. t. c. s. ‖ Perteneciente a este país de Grecia antigua.
dormán. m. **Indum.* Chaqueta de uniforme militar con adornos de alamares y vueltas de piel.
dormición. f. ant. Acción de *dormir. ‖ Tránsito de la *Virgen.
dormida. f. Acción de *dormir o pernoctar durmiendo. ‖ Estado por que pasa el gusano de *seda, durante el cual cesa de comer y muda la piel. ‖ Paraje donde las reses y las *aves silvestres acostumbran pasar la noche. ‖ Lugar donde se pernocta. ‖ *Mar.* Paraje donde *fondea un buque para pasar la noche.
dormidera. f. **Adormidera.** ‖ pl. fam. Facilidad de *dormirse.
dormidero, ra. adj. Dícese de lo que hace dormir. ‖ m. Sitio donde duerme el *ganado.
dormidor, ra. adj. Que duerme mucho. Ú. t. c. s.
dormiente. p. us. **Durmiente.**
dormilón, na. adj. fam. Muy inclinado a *dormir. Ú. t. c. s.
dormilona. f. *Arete con un brillante o una perla. Ú. m. en pl. ‖ *Asiento cómodo o sofá para *dormir la siesta.
***dormir.** intr. Hallarse el hombre o el animal en estado de reposo con suspensión de los sentidos y de todo movimiento voluntario. Ú. t. c. r. ‖ **Pernoctar.** ‖ fig. *Descuidarse, obrar con poca diligencia. Ú. m. c. r. ‖ fig. *Tranquilizarse lo que estaba inquieto o alterado. ‖ fig. Quedar alguna cosa aparentemente inmóvil. ‖ fig. Con la prep. *sobre* y tratándose de cosas que den en qué pensar, tomarse tiempo para *meditar sobre ellas. ‖ r. fig. *Entumecerse algún miembro. ‖ *Mar.* Dicho de la aguja de marear, pararse o estar torpe en sus movimientos. ‖ **Mar.* Dicho de un buque, quedarse muy escorado. ‖ **A duerme y vela.** m. adv. **Entre duerme y vela.** ‖ **Durmiendo velando,** o **entre duerme y vela.** m. adv. Medio durmiendo, medio velando.
dormirlas. m. **Escondite** (*juego de muchachos).
dormitación. f. Acción y efecto de dormitar.
dormitar. intr. Estar medio dormido.
dormitivo, va. adj. **Farm.* Dícese del medicamento que sirve para conciliar el *sueño. Ú. t. c. s. m.
dormitorio. m. Pieza destinada para *dormir.
dorna. f. *Lancha de pesca usada en las rías bajas de Galicia.
dornajo. m. Especie de *artesa, pequeña y redonda, que sirve para dar de comer a los *cerdos y para otros usos.
dornillero. m. El que hace o vende dornillos.
dornillo. m. **Dornajo.** ‖ **Hortera** (escudilla). ‖ Artesilla de madera que sirve para *escupir.
dorondón. m. *Niebla espesa y fría.
dorsal. adj. Perteneciente al dorso, *espalda o lomo. ‖ *Zool.* V. **Espina dorsal.**
dorso. m. Revés, parte *posterior o espalda de una cosa.
***dos.** adj. Uno y uno. ‖ **Segundo.** Aplicado a los días del mes. Ú. t. c. s. ‖ m. Signo o conjunto de signos con que se representa el número **dos.** ‖ Carta o *naipe que tiene **dos** señales. ‖ **A dos.** m. adv. En el juego de la *pelota significa que ambos partidos están igualmente a treinta. ‖ **De dos en dos.** m. adv. para expresar que algunas personas o cosas van apareadas. ‖ **Dos a dos.** m. adv. Dos contra otros dos, especialmente en algunos juegos. ‖ **En un dos por tres.** m. adv. fig. y fam. En un *instante, rápidamente.
dosalbo, ba. adj. Aplícase a la *caballería que tiene blancos los pies.
dosañal. adj. De dos *años. ‖ Perteneciente a este tiempo.
doscientos, tas. adj. pl. Dos veces ciento. ‖ **Ducentésimo.** ‖ m. Conjunto de signos con que se representa el *número **doscientos.**
***dosel.** m. Mueble que a cierta altura cubre o resguarda el sitial o el altar, y del cual pende por detrás una *colgadura. ‖ Antepuerta o tapiz.
doselera. f. Cenefa del dosel.
doselete. m. *Arq.* Miembro *ornamental voladizo, que se coloca sobre estatuas, sillas de coro, etc.
dosificable. adj. Que se puede dosificar.
dosificación. f. **Farm.* y **Terap.* Determinación de la dosis de un medicamento.
dosificar. tr. **Farm.* y *Med.* Dividir o graduar las dosis de un medicamento.
dosillo. m. Juego de *naipes semejante al tresillo, que se juega entre dos personas.
dosimetría. f. Sistema *terapéutico que emplea las substancias medicamentosas en gránulos que contienen siempre la misma dosis para cada una de ellas.
dosimétrico, ca. adj. Perteneciente o relativo a la dosimetría.
dosis. f. Toma de *medicamento que se da al enfermo cada vez. ‖ fig. *Cantidad o porción de una cosa cualquiera material o inmaterial.
dotación. f. Acción y efecto de dotar. ‖ Aquello con que se dota. ‖ Conjunto de personas que tripulan un buque de la *armada. ‖ Conjunto de individuos asignados al *servicio de una oficina o para el *trabajo de una fábrica, de un taller, etcétera.
dotador, ra. adj. Que dota. Ú. t. c. s.
dotal. adj. Perteneciente al o a la dote de la mujer casada. ‖ *For.* V. **Bienes dotales.**
dotante. p. a. de **Dotar.** Que dota. Ú. t. c. s.
dotar. tr. Constituir dote a la mujer que va a contraer *matrimonio o a profesar en alguna *comunidad. ‖ Señalar bienes para una fundación o instituto benéfico, docente o de otra índole. ‖ fig. Adornar la naturaleza a una con particulares dones y prerrogativas. ‖ *Proveer a una oficina, a un buque, etc., del número de empleados que se considera conveniente, y asimismo de los enseres y otros objetos materiales que le son necesarios. ‖ Asignar *sueldo o haber a un empleo o cargo cualquiera. ‖ Dar a una cosa alguna propiedad o cualidad ventajosa.
dote. amb. *Bienes que con este título lleva la mujer cuando se casa, o que adquiere después del *matrimonio. ‖ Congrua o patrimonio que se entrega a la *comunidad en que va a tomar estado religioso una profesa. ‖ m. En el juego de *naipes, número de tantos que toma cada uno para empezar a jugar. ‖ f. *Excelencia, calidad apreciable de una persona. Ú. comúnmente en plural. ‖ **Constituir** uno **la dote.** fr. Hacer otorgamiento formal de ella.
dovela. f. *Arq.* *Sillar en figura de *cuña, para formar *arcos, bóvedas, etc. ‖ *Cant.* Cada una de las superficies de intradós o de trasdós de las piedras de un arco o bóveda.
dovelaje. m. Conjunto, serie u orden de dovelas.
dovelar. tr. **Cant.* Labrar la piedra dándole forma de dovela.
dozavado, da. adj. Que tiene doce *lados o *partes.
dozavo, va. adj. **Duodécimo.** Ú. t. c. s. ‖ **En dozavo.** expr. Dícese del *libro, folleto, etc., cuyo tamaño es igual a la **dozava** parte de un pliego de papel sellado.
draba. f. *Planta herbácea, de las crucíferas.
dracena. f. Hembra del animal *quimérico llamado dragón.
dracma. f. *Moneda griega de plata, que valía cuatro sestercios. ‖ **Farm.* *Peso de la octava parte de una onza.
draconiano, na. adj. Perteneciente o relativo a Dracón. ‖ fig. Aplícase a las leyes o providencias excesivamente *severas.
draga. f. Máquina que se emplea para *excavar y limpiar los *puertos de mar, los ríos, etc. ‖ Barco que lleva esta máquina.
dragado. m. Acción y efecto de dragar.
dragaminas. m. *Mar.* *Buque destinado a recoger minas submarinas.
dragante. m. **Blas.* Figura que representa una cabeza de dragón con la boca abierta, mordiendo o tragando alguna cosa. ‖ **Arq. Nav.* En embarcaciones menores, madero colocado al pie del trinquete, sobre el cual descansa el bauprés.
dragar. tr. *Excavar y limpiar con draga los *puertos de mar, los ríos, etcétera.
drago. m. *Árbol de las liliáceas, originario de Canarias, del cual se obtiene por incisión la resina llamada **sangre de drago.**
dragomán. m. **Intérprete.**
dragón. m. Animal *quimérico, a que se atribuye figura de serpiente muy corpulenta, con pies y alas. ‖

*Reptil de la familia de los lagartos, caracterizado por la expansiones de su piel, que forma a los lados del abdomen una especie de paracaídas. ‖ *Planta perenne de las escrofulariáceas, con flores de hermosos colores, encarnados o amarillos, en espigas terminales. Se cultiva en los jardines. ‖ **Veter.* Mancha o tela blanca opaca, que se forma en los *ojos de los caballos y otros cuadrúpedos. ‖ *Soldado que hace el servicio alternativamente a pie o a caballo. ‖ En los *hornos de reverbero, la abertura y canal por donde se ceban mientras están encendidos. ‖ *Cometa o milocha grande. ‖ *Astr.* *Constelación boreal muy extensa, que rodea a la Osa Menor. ‖ *Estandarte de los antiguos sajones. ‖ **marino.** *Pez acontopterigio, de carne comestible.

dragona. f. Hembra del dragón. ‖ *Mil.* Especie de charretera.

dragonario. m. Antiguo *soldado romano, portador de una bandera con un dragón como insignia.

dragoncillo. m. d. de **Dragón.** ‖ *Arma de fuego* usada antiguamente. ‖ **Estragón.** ‖ pl. **Dragón** (planta).

dragonete. m. *Blas.* **Dragante.**

dragontea. f. *Planta herbácea vivaz, de la familia de las aroideas.

dragontino, na. adj. Perteneciente o relativo al dragón.

drama. m. Composición literaria en que se representa una acción de la vida mediante el diálogo de los personajes imaginados por el autor. ‖ Obra *teatral de asunto serio y generalmente triste, que conmueve profundamente el ánimo y suele tener desenlace funesto. ‖ fig. *Suceso de la vida real, capaz de interesar y *conmover vivamente. ‖ **lírico.** *Mús.* Ópera.

***dramática.** f. Arte que enseña a componer obras dramáticas. ‖ Poesía dramática.

dramáticamente. adv. m. De manera dramática o teatral.

***dramático, ca.** adj. Perteneciente o relativo al drama. ‖ Propio, característico de la poesía **dramática.** ‖ Dícese del autor de obras **dramáticas.** Ú. t. c. s. ‖ Aplícase igualmente al actor que representa papeles **dramáticos.** ‖ fig. Capaz de interesar y *conmover profundamente.

dramatismo. m. Cualidad de dramático.

dramatizable. adj. Que puede dramatizarse.

dramatizar. tr. Dar forma y condiciones dramáticas.

dramaturgia. f. **Dramática.**

dramaturgo. m. Autor de obras dramáticas.

dramón. m. **Teatro.* Drama terrorífico y de escaso valor.

drástico, ca. adj. **Farm.* Dícese del medicamento que purga con grande eficacia o energía. Ú. t. c. s. m.

drenaje. m. Operación parecida al avenamiento, que tiene por objeto *desaguar o desecar los terrenos por medio de cañerías soterradas.

dría. f. *Mit.* **Dríade.**

dríada. f. *Mit.* **Dríade.**

dríade. f. **Mit.* Ninfa de los bosques, cuya vida duraba lo que la del árbol a que se suponía unida.

dril. m. *Tela fuerte de hilo o de algodón crudos.

drimirríceo, a. adj. **Bot.* **Cingiberáceo.** Ú. t. c. s. f. ‖ f. pl. *Bot.* **Cingiberáceas.**

drino. m. *Serpiente de color verde brillante, muy delgada, de un metro próximamente de longitud y cubierta de escamas grandes.

driza. f. *Mar.* Cuerda o *cabo que sirve para izar y arriar las vergas y para otros usos.

drizar. tr. desus. *Mar.* Arriar o izar las vergas.

***droga.** f. Nombre genérico de ciertos productos naturales que se emplean en medicina y de otros que sirven de ingredientes en determinadas artes e industrias. ‖ fig. **Embuste** (*mentira). ‖ fig. *Engaño, ardid perjudicial. ‖ fig. Cosa que desagrada o *molesta. ‖ *Deuda, trampa.

drogar. tr. *Intoxicar con estupefacientes u otras drogas a personas, caballos de carrera, etc.

drogmán. m. **Intérprete.**

droguería. f. Trato y comercio en drogas. ‖ Tienda en que se venden drogas.

droguero, ra. m. y f. Persona que trata en drogas, con tienda abierta o sin ella.

droguete. m. *Tela de lana, listada de varios colores.

droguista. com. **Droguero.** ‖ fig. Persona *embustera, tramposa. Ú. t. c. adj.

dromedario. m. *Rumiante parecido al camello, del cual se distingue principalmente por no tener más que una giba.

dropacismo. m. Cierta untura *depilatoria.

drope. m. fam. Hombre *despreciable.

drosera. f. *Bot.* *Planta herbácea, dicotiledónea, cuyas flores aprisionan a los insectos y los digieren.

druida. m. *Sacerdote de los antiguos galos y britanos.

druidesa. f. *Sacerdotisa de la religión druídica.

druídico, ca. adj. Perteneciente o relativo a los druidas y a su *religión.

druidismo. m. *Religión de los druidas.

drupa. f. *Bot.* Pericarpio carnoso de ciertos *frutos, sin valvas o ventallas y con una nuez dentro.

drupáceo, a. adj. De la naturaleza de la drupa, o parecido a ella.

drusa. f. *Mineral.* Conjunto de *cristales que cubren la superficie de una piedra.

druso, sa. adj. Habitante de las cercanías del Líbano, que profesa una religión derivada de la *mahometana. Ú. t. c. s. ‖ Perteneciente o relativo a los **drusos.**

dúa. f. Antigua prestación personal para las obras de *fortificación. ‖ Cuadrilla de operarios que se emplea en ciertos *trabajos de *minas. ‖ **Dula** (porción de tierra que se *riega).

dual. adj. *Gram.* V. **Número dual.** Ú. t. c. s.

***dualidad.** f. Reunión de dos caracteres distintos en una misma persona o cosa. ‖ *Quím.* Facultad que tienen algunos cuerpos de *cristalizar en dos figuras diferentes.

dualismo. m. **Relig.* Creencia de algunos pueblos antiguos, que suponían formado y gobernado el universo por dos principios igualmente necesarios y eternos. ‖ Doctrina *filosófica que explica el universo por la acción de dos principios diversos y contrarios. ‖ **Dualidad.**

dualista. adj. Partidario del dualismo. Ú. t. c. s.

duba. f. *Pared o *cercado de tierra.

dubio. m. **Der. Can.* Lo cuestionable, lo que ofrece *duda.

dubitable. adj. **Dudable.**

dubitación. f. **Duda.** ‖ **Ret.* Figura que consiste en manifestar, la persona que habla, perplejidad acerca de lo que debe decir o hacer.

dubitativo, va. adj. Que implica o denota *duda.

dublé. m. Metal dorado, *oro bajo o plaqué.

ducado. m. Título o *dignidad de duque. ‖ *Territorio sobre que recaía este título. ‖ Estado o *país gobernado por un duque. ‖ *Moneda de oro, cuyo valor variable llegó a ser de unas siete pesetas. ‖ *Moneda imaginaria equivalente a once reales de vellón. ‖ *Moneda de oro de Austria-Hungría, que valía a la par doce pesetas próximamente. ‖ **de la estampa.** El de oro, que se pagaba por la expedición de bulas en la dataría. Ú. m. en pl. ‖ **de oro. Cruzado** (moneda). ‖ **de plata. Ducado** (moneda imaginaria).

ducal. adj. Perteneciente al duque.

ducas. f. pl. *Germ.* *Trabajos, penas, *aflicciones.

ducentésimo, ma. adj. Que corresponde en *orden al número 200. ‖ Dícese de cada una de las doscientas *partes iguales en que se divide un todo. Ú. t. c. s.

dúcil. m. **Espita** (*grifo).

dúctil. adj. Aplícase a los *metales que mecánicamente se pueden extender en alambres o hilos. ‖ Por ext., **Maleable.** ‖ fig. Acomodadizo, *dócil, *condescendiente.

ductilidad. f. Calidad de dúctil.

ductivo, va. adj. **Conducente.**

ductor. m. p. us. Guía, *jefe o caudillo. ‖ **Cir.* Cierto instrumento mayor que el exploratorio.

ductriz. f. p. us. La que guía.

ducha. f. Aplicación de agua en forma de *chorro o de lluvia, para *bañar o refrescar el cuerpo humano. ‖ *Chorro de agua o de otro líquido que con propósito medicinal se dirige a una parte enferma del cuerpo.

ducha. f. Lista que se forma en los tejidos. ‖ Banda de tierra que *siega cada uno de los segadores.

duchar. tr. Dar una ducha. Ú. t. c. s.

ducho, cha. adj. *Experimentado, diestro.

***duda.** f. Suspensión o indeterminación del ánimo entre dos extremos contradictorios. ‖ Vacilación del ánimo respecto a las *creencias religiosas. ‖ *Problema o cuestión que se propone para ventilarla o reservarla. ‖ **filosófica.** Suspensión voluntaria del juicio, acerca de algún punto, como medio de perfeccionar su conocimiento antes de resolver. ‖ **Desatar la duda.** fr. *Lóg.* **Desatar el argumento.** ‖ **Sin duda.** m. adv. **Ciertamente.**

dudable. adj. Que se debe o se puede dudar.

***dudar.** intr. Estar en duda. ‖ tr. Dar poco crédito a una especie que se oye.

dudosamente. adv. m. Con duda. ‖ Con poca probabilidad. ‖ Escasamente.

***dudoso, sa.** adj. Que ofrece duda. ‖ Que tiene duda. ‖ Que es poco probable.

duela. f. Cada una de las *tablas que forman las paredes curvas de las *cubas, toneles, etc.

duelaje. m. **Dolaje.**

duelista. m. El que se precia de saber y observar las leyes del *duelo. ‖ El que fácilmente desafía a otros.

***duelo.** m. Combate o pelea entre dos, a consecuencia de reto o desafío.

duelo. m. Dolor, *compasión o *aflicción. ‖ Demostraciones que se hacen para manifestar el sentimiento que se tiene por la muerte de alguno. ‖ Reunión de parientes o amigos de una persona difunta, que asisten a la casa mortuoria o al *entierro. ‖ Fatiga, *trabajo. Ú. m. en pl. ‖ **Duelos y quebrantos.** Fritada hecha con huevos y grosura de animales, especialmente torreznos o sesos. ‖ **Sin duelo.** m. adv. Sin tasa, con *abundancia.

duenario. m. *Liturg.* Ejercicio piadoso que se practica durante dos días.

duende. m. Espíritu que, según el vulgo *supersticioso, habita en algunas casas, causando en ellas trastornos y estruendo. ‖ **Restaño** (tela). ‖ *Germ.* **Ronda** (persona que ronda). ‖ pl. Cardos secos y espinosos que se sientan en las albardillas de los *cercados. ‖ **Tener** uno **duende.** fr. fig. y fam. Traer en la imaginación alguna cosa que le *inquieta.

duendo, da. adj. *Manso, doméstico.

dueña. f. Mujer que tiene la *propiedad o dominio de una finca o de otra cosa. ‖ Monja que vivía antiguamente en *comunidad y solía ser mujer principal. ‖ Mujer viuda y respetable que, para guarda de las demás *criadas, había en las casas principales. ‖ Nombre dado antiguamente a la señora o *mujer principal casada. ‖ **de honor. Señora de honor.** ‖ **de medias tocas.** La de categoría inferior. ‖ **Cual digan dueñas.** expr. fig. y fam. con que se explica que uno quedó mal, o sufrió *injurias públicamente.

dueñesco, ca. adj. fam. Tocante o referente a las dueñas.

*__dueño.__ m. El que tiene la *propiedad o *posesión de alguna cosa. ‖ El que tiene dominio o señorío sobre una persona. ‖ **Amo** (respecto del criado). ‖ **del argamandijo.** fig. y fam. El que tiene el *mando de una cosa. ‖ **de sí mismo.** Dícese del que tiene *entereza para dominarse. ‖ **Ser** uno **dueño,** o **muy dueño, de** hacer una cosa. fr. fam. Tener libertad para hacerla.

duermevela. m. fam. *Sueño ligero en que se halla el que está dormitando. ‖ fam. Sueño fatigado y frecuentemente interrumpido.

duerna. f. ***Artesa.**

duerno. m. **Duerna.**

duerno. m. *Impr.* *Conjunto de *dos pliegos impresos, metido uno dentro de otro.

duetista. com. *Cantante que se dedica a cantar dúos, generalmente cómicos.

dueto. m. d. de **Dúo.**

dúho. m. El banco o escaño que servía de *asiento.

dula. f. Cada una de las porciones de tierra que por turno reciben *riego de una misma acequia. ‖ Cada una de las tierras en que por turno pacen los *ganados de los vecinos de un pueblo. ‖ Sitio donde se echan a *pastar los ganados de los vecinos de un pueblo. ‖ Conjunto de los ganados de un pueblo, que se envían a pastar juntos.

dulcamara. f. *Arbusto sarmentoso, de las solanáceas, con tallos ramosos que crecen hasta dos o tres metros.

*__dulce.__ adj. Que causa cierta sensación suave y agradable al paladar, como la miel, el azúcar, etc. ‖ Que no es agrio o salobre, comparado con otras cosas de la misma especie. ‖ fig. *Agradable, gustoso y *apacible. ‖ fig. *Afable, complaciente. ‖ *Pint.* Que tiene cierta suavidad y blandura en el dibujo. ‖ *Pint.* Que tiene grato y hermoso colorido. ‖ adv. m. **Dulcemente.** ‖ → m. Manjar compuesto con azúcar. ‖ Fruta o cualquiera otra cosa cocida o compuesta con almíbar o azúcar. ‖ pl. fam. En el juego del *tresillo, tantos que cobra o paga el que entra a vuelta, según gana o pierde. ‖ **Dulce de almíbar.** Fruta conservada en almíbar.

dulcedumbre. f. *Dulzura, suavidad.

dulcémele. m. **Salterio** (*instrumento músico).

dulcemente. adv. m. Con dulzura, con suavidad.

dulcera. f. Vaso, ordinariamente de cristal, en que se sirve a la *mesa el dulce de almíbar.

dulcería. f. **Confitería.**

dulcero, ra. adj. fam. Aficionado al dulce. ‖ m. y f. **Confitero, ra.**

dulcificante. p. a. de **Dulcificar.** Que dulcifica.

dulcificar. tr. Hacer o poner *dulce una cosa. Ú. t. c. r. ‖ fig. *Moderar o *mitigar la acerbidad de una cosa material o inmaterial.

dulcinea. f. fig. y fam. Mujer *amada. ‖ fig. Aspiración, *objeto ideal que uno persigue.

dulcísono, na. adj. poét. Que *suena dulcemente.

dulero. m. *Pastor o guarda de la dula.

dulía. f. **Culto de dulía.**

dulimán. m. *Vestidura talar que usan los turcos.

dulzaina. f. *Instrumento músico de viento, parecido a la chirimía.

dulzaina. f. despect. Cantidad abundante de *dulce malo.

dulzainero. m. El que toca la dulzaina.

dulzaino, na. adj. fam. Demasiado *dulce, o que está dulce no debiendo estarlo.

dulzamara. f. **Dulcamara.**

dulzarrón, na. adj. fam. De sabor dulce, pero empalagoso.

dulzón, na. adj. **Dulzarrón.**

dulzor. m. **Dulzura.**

dulzorar. tr. p. us. Dulcificar, endulzar.

*__dulzura.__ f. Calidad de dulce. ‖ fig. Suavidad, deleite, *placer. ‖ fig. *Afabilidad, bondad, *docilidad.

dulzurar. tr. *Quím.* Hacer dulce un cuerpo quitándole la sal.

duma. f. *Asamblea legislativa de Rusia.

dum-dum. adj. Dícese de cierta clase de *bala explosiva.

duna. f. *Montículo de arena movediza que en los *desiertos y en las playas forma y empuja el viento. Ú. m. en pl.

dundo, da. adj. Tonto.

duneta. f. *Mar.* **Toldilla.**

dúo. m. *Mús.* Composición que se *canta o toca entre dos.

duodecimal. adj. **Duodécimo.** ‖ *Arit.* Dícese de todo sistema aritmético cuya base es el *número 12.

duodécimo, ma. adj. Que corresponde en *orden al número 12. ‖ Dícese de cada una de las doce *partes iguales en que se divide un todo. Ú. t. c. s.

duodécuplo, pla. adj. Que contiene un *número doce veces exactamente. Ú. t. c. s. m.

duodenal. adj. *Zool.* Perteneciente o relativo al duodeno.

duodenario, ria. adj. Que dura el espacio de doce *días.

duodenitis. f. *Pat.* Inflamación del duodeno.

duodeno, na. adj. **Duodécimo.** ‖ m. *Zool.* Primero de los *intestinos delgados, que comunica directamente con el estómago y remata en el yeyuno.

duomesino, na. adj. De dos *meses. ‖ Perteneciente a este tiempo.

dupa. m. *Germ.* El que se deja o ha dejado *engañar.

dupla. f. *Comida o plato extraordinario que se daba en algunos *colegios ciertos días.

dúplex. m. Sistema de transmisión *telegráfica que permite expedir simultáneamente por un solo hilo despachos en sentido contrario.

dúplica. f. *For.* Escrito en que el demandado *responde a la réplica del actor.

duplicación. f. Acción y efecto de duplicar o duplicarse.

duplicadamente. adv. m. Con duplicación.

duplicado, da. p. p. de **Duplicar.** ‖ m. Segundo *documento o escrito que se expide del mismo tenor que el primero.

duplicar. tr. Hacer doble una cosa. Ú. t. c. r. ‖ *Multiplicar por dos una cantidad. ‖ *For.* *Responder el demandado a la réplica del actor.

dúplice. adj. **Doble.** ‖ Dícese de los *conventos en que había una comunidad de religiosos y otra de religiosas.

duplicidad. f. Calidad de dúplice o *doble. ‖ Doblez, *falsedad.

duplo, pla. adj. Que contiene un número *dos veces exactamente. Ú. t. c. s. m.

duque. m. Título de *dignidad que corresponde a la nobleza más alta. ‖ fam. *Pliegue que las mujeres hacían en el *manto, prendiéndolo en el pelo y echando después hacia atrás la parte que caía por delante. ‖ **Duque de alba.** Conjunto de pilotes sujetos por un zuncho de hierro que se clavan en puertos y ensenadas y sirven para *amarrar las embarcaciones.

duquesa. f. Mujer del duque. ‖ La que por sí posee un estado que lleva anejo título ducal.

dura. f. **Duración.**

durabilidad. f. Calidad de duradero.

durable. adj. **Duradero.**

*__duración.__ f. Acción y efecto de durar.

duraderamente. adv. m. Con *estabilidad y firmeza o larga *duración.

*__duradero, ra.__ adj. Dícese de lo que dura o puede durar mucho.

duraluminio. m. *Aleación de aluminio, magnesio, cobre y manganeso. Tiene la dureza del acero y pesa poco.

duramadre. f. *Zool.* Membrana fibrosa que envuelve el *encéfalo y la médula espinal.

duramáter. f. *Zool.* **Duramadre.**

duramen. m. *Bot.* Parte más compacta del *tronco y ramas gruesas de un árbol.

duramente. adv. m. Con dureza.

durando. m. Especie de *paño usado antiguamente en Castilla.

durante. p. a. de **Durar.** Que dura. ‖ Ú. precediendo a nombres, con significación semejante a la del adv. *mientras.*

*__durar.__ intr. Continuar una cosa siendo, obrando, etc. ‖ Subsistir, *permanecer.

duratón. m. *Germ.* **Duro.**

duraznero. m. Árbol, variedad de *melocotón.

duraznilla. f. **Durazno** (fruto).

duraznillo. m. *Planta poligonácea.

durazno. m. **Duraznero.** ‖ Fruto de este árbol.

dureto. m. Cierta variedad de *manzana.

*__dureza.__ f. Calidad de duro. ‖ *Pat.* *Tumor o callosidad. ‖ **Mineral.* Resistencia que opone un mineral a ser rayado por otro. ‖ fig. *Severidad, rigor, *desabrimiento. ‖ **de vientre.** *Med.* Dificultad o pereza para la *evacuación fecal.

durillo. adj. Diminutivo de **Duro.** ‖ **V. Trigo durillo.** ‖ m. *Arbusto de las caprifoliáceas, de dos o tres metros de altura, de madera muy dura y compacta. ‖ **Doblilla.** ‖ **Cornejo.**

durindaina. f. *Germ.* La *justicia.

durlines. m. pl. *Germ.* *Alguaciles o criados de la justicia.

durmiente. p. a. de **Dormir.** Que duerme. Ú. t. c. s. ‖ m. **Arq. Nav.* Madero colocado horizontalmente y sobre el cual se apoyan otros, horizontales o verticales. ‖ Traviesa del *ferrocarril.

***duro, ra.** adj. Dícese del cuerpo que ofrece considerable resistencia a ser cortado, roto, comprimido o deformado. ‖ Poco blando. ‖ fig. *Fuerte, *resistente, que soporta bien la fatiga. ‖ fig. Excesivamente *severo. ‖ fig. *Ofensivo. ‖ fig. *Cruel, insensible. ‖ fig. Terco y *obstinado. ‖ fig. *Mezquino, miserable. ‖ fig. Desabrido, áspero. ‖ fig. Tratándose del *estilo, falto de suavidad, fluidez y armonía. ‖ **Pint.* Dícese del dibujo cuyas líneas pecan de rígidas y de la pintura que presenta bruscas transiciones. ‖ m. *Moneda de plata que vale cinco pesetas. ‖ pl. *Germ.* Los *zapatos. ‖ *Germ.* Los *azotes. ‖ **Duro.** adv. m. Con *fuerza, con violencia.

duunvir. m. **Duunviro.**

duunviral. adj. Perteneciente o relativo a los duunviros, o al duunvirato.

duunvirato. m. Dignidad y cargo de duunviro. ‖ Tiempo que duraba. ‖ Régimen político en el que el *gobierno está encomendado a duunviros.

duunviro. m. Nombre de diferentes *magistrados en la antigua Roma. ‖ Cada uno de los presidentes de los decuriones en las colonias y municipios romanos.

dux. m. *Príncipe o magistrado supremo, en las repúblicas de Venecia y Génova.

E

e. f. Sexta *letra del abecedario español, y segunda de las vocales. ‖ *Lóg.* Signo de la proposición universal negativa.
e. conj. copulat. Se usa en vez de la *y*, para evitar el hiato, antes de palabras que empiezan por *i* o *hi*.
e. prep. insep. que denota origen, extensión, etc.
¡ea! interj. que se emplea para denotar alguna *decisión de la voluntad, o para *incitar.
easonense. adj. **Donostiarra.**
ebanista. m. *Carpintero que trabaja en maderas finas, y especialmente el que hace muebles.
ebanistería. f. Taller de ebanista. ‖ Arte del ebanista. ‖ *Muebles y otras obras de ebanista que forman un conjunto.
ébano. m. *Árbol exótico, de las ebenáceas, de madera maciza, pesada, muy negra por el centro y blanquecina hacia la corteza. ‖ *Madera de este árbol.
ebenáceo, a. adj. *Bot.* Dícese de árboles o arbustos intertropicales, dicotiledóneos, cuyo tipo es el ébano. Ú. t. c. s. ‖ f. pl. *Bot.* Familia de estas plantas.
ebionita. adj. *Hereje que creía que Jesucristo había nacido naturalmente de José y María. Ú. t. c. s.
ebonita. f. Caucho endurecido, que tiene muchas aplicaciones en la industria.
ebrancado, da. adj. *Blas.* Dícese del árbol que tiene cortadas las ramas.
ebriedad. f. **Embriaguez.**
***ebrio, bria.** adj. Embriagado, borracho, Ú. t. c. s. ‖ fig. **Ciego** (ofuscado por alguna pasión).
ebrioso, sa. adj. Muy dado al vino y que se *embriaga fácilmente. Ú. t. c. s.
ebulición. f. p. us. **Ebullición.**
***ebullición.** f. **Hervor** (acción y efecto de hervir).
ebullómetro. m. *Quím.* Aparato para medir el contenido *alcohólico de un líquido con arreglo a su temperatura de ebullición.
ebúrneo, a. adj. De marfil, o parecido a él.
ecarté. m. Juego de *naipes entre dos, cada uno de los cuales toma cinco cartas.
eccehomo. m. *Efigie de *Jesucristo tal como lo presentó Pilatos al pueblo. ‖ fig. Persona *maltrecha, de lastimoso aspecto.
eccema. f. Afección de la *piel, caracterizada por vejiguillas muy espesas que al secarse producen costras o descamación.
eccematoso, sa. adj. Perteneciente o relativo al eccema.
ecijano, na. adj. Natural de Écija. Ú. t. c. s. ‖ Perteneciente a esta ciudad.
eclampsia. f. *Pat.* Enfermedad de carácter *convulsivo, que suelen padecer los niños y las mujeres embarazadas o recién paridas.
eclecticismo. m. Escuela *filosófica que procura conciliar las doctrinas mejor fundadas, aunque procedan de diversos sistemas. ‖ fig. Modo de proceder basado en la *condescendencia parcial y no en soluciones extremas y bien definidas.
ecléctico, ca. adj. Perteneciente o relativo al eclecticismo.‖ Dícese de la persona que profesa las doctrinas de esta escuela. Ú. t. c. s.
eclesiastés. m. Libro canónico de la *Biblia escrito por Salomón.
eclesiásticamente. adv. m. De modo propio de un eclesiástico. ‖ Por ministerio o con autoridad de la Iglesia.
***eclesiástico, ca.** adj. Perteneciente o relativo a la Iglesia. ‖ m. **Clérigo.** ‖ Libro canónico de la *Biblia, perteneciente al Antiguo Testamento.
eclesiastizar. tr. Hablando de bienes temporales, **espiritualizar.**
eclímetro. m. *Topogr.* Instrumento con que se mide la *inclinación de los *declives.
eclipsable. adj. Que se puede eclipsar y obscurecer.
***eclipsar.** tr. *Astr.* Causar un astro el eclipse de otro. ‖ fig. *Obscurecer, deslucir. Ú. t. c. r. ‖ r. *Astr.* Ocurrir el eclipse de un astro. ‖ fig. *Ausentarse, *desaparecer una persona o cosa.
***eclipse.** m. *Astr.* Ocultación transitoria y total o parcial de un astro, o pérdida de su luz prestada, por interposición de otro cuerpo celeste. ‖ fig. *Ausencia, *desaparición transitoria de una persona o cosa.
eclipsi. m. desus. **Eclipse.**
eclipsis. f. *Gram.* **Elipsis.**
eclíptica. f. **Astr.* Círculo máximo de la esfera celeste, que corta al Ecuador en ángulo de 23 grados y 27 minutos, y corresponde al curso aparente del Sol durante el año.
eclíptico. adj. *Astr.* V. **Término eclíptico.**
eclisa. f. Plancha de hierro con que se refuerzan a uno y otro lado los empalmes de los *carriles.
écloga. f. ant. **Égloga.**
eclógico, ca. adj. Perteneciente o relativo a la égloga.
***eco.** m. *Repetición de un *sonido a consecuencia de su reflexión en ciertas condiciones. ‖ Sonido que se repite débil y confusamente. ‖ Composición *poética en que se repite dentro o fuera del verso parte de un vocablo, para formar nueva palabra que sea como **eco** de la anterior. ‖ Repetición de las últimas sílabas o palabras que se *cantan a media voz por distinto coro de músicos. ‖ fig. Persona o cosa que *imita a otra servilmente. ‖ **múltiple.** El que se repite varias veces. ‖ **Tener eco** una cosa. fr. fig. *Propagarse con aceptación.
ecoico, ca. adj. Perteneciente o relativo al eco. ‖ Dícese de la *poesía castellana llamada eco.
ecología. f. **Zool.* Parte de la zoología que estudia la distribución de los animales y su relación con el medio en que viven.
economato. m. Cargo de ecónomo. ‖ *Almacén de artículos de primera necesidad, establecido para que se surtan de él determinadas personas con más economía que en las tiendas.
***economía.** f. Administración recta y prudente de los bienes. ‖ Riqueza pública. ‖ Escritura, *orden interior o régimen de alguna organización o institución. ‖ *Escasez o miseria. ‖ Buena *distribución del tiempo y de otras cosas inmateriales. ‖ *Ahorro de trabajo, tiempo, dinero, etc. ‖ **Pint.* p. us. Acertada colocación de las figuras y demás objetos que entran en una composición. ‖ pl. *Ahorros, cantidad economizada. ‖ **animal.** **Fisiol.* Conjunto armónico de los aparatos orgánicos de los cuerpos vivos. ‖ **política.** Ciencia que trata de la producción y distribución de la riqueza.
económicamente. adv. m. Con economía. ‖ Con respecto o con relación a la economía. ‖ Con baratura.
***económico, ca.** adj. Perteneciente o relativo a la economía. ‖ *Parco en el gasto. ‖ **Miserable** (mezquino). ‖ Poco costoso, *barato.
economista. adj. Dícese del que suele escribir sobre materias de economía política y del versado en esta ciencia. Ú. t. c. s.
economizar. tr. **Ahorrar.** ‖ *Evitar un trabajo, riesgo, etc.
ecónomo. adj. V. **Cura ecónomo.** ‖ m. El que se nombra para administrar y cobrar las rentas de las plazas *eclesiásticas que están vacan-

tes o en depósito. ‖ El que *administraba los bienes del demente o del pródigo. ‖ El que sirve interinamente un oficio eclesiástico.

ecotado, da. adj. *Blas.* Aplícase a los troncos y ramas de árboles que se figuran con los nudos correspondientes a los ramos menores.

éctasis. f. Licencia *poética que consiste en alargar una sílaba breve para la cabal medida del verso.

ectópago. adj. *Pat.* Dícese del *monstruo compuesto de dos individuos que tienen un ombligo común y están reunidos lateralmente en toda la extensión del pecho. Ú. t. c. s.

ectoplasma. m. **Ocult.* Entre espiritistas, supuesta emanación material de origen psíquico.

ectropión. m. *Med.* Inversión de los *párpados hacia fuera.

ectrótico, ca. adj. *Med.* Que provoca el *aborto.

ecuable. adj. **Mec.* Dícese del movimiento con que los cuerpos recorren espacios iguales en tiempos iguales.

ecuación. f. **Álg.* *Igualdad que contiene una o más incógnitas. ‖ **Astr.* Diferencia que hay entre el lugar o movimiento medio y el verdadero o aparente de un astro. ‖ **de tiempo.** *Astr.* Tiempo que pasa entre el mediodía medio y el verdadero. ‖ **determinada.** **Álg.* Aquella en que la incógnita tiene un número limitado de valores. ‖ **indeterminada.** *Álg.* Aquella en que la incógnita puede tener un número ilimitado de valores. ‖ **personal.** Diferencia en una medición hecha con aparatos *astronómicos o *topográficos por varias personas separadamente, y debida al distinto temperamento de cada observador.

ecuador. m. **Astr.* Círculo máximo de la esfera celeste, perpendicular al eje de la tierra. ‖ **Geom.* Paralelo de mayor radio en una superficie de revolución. ‖ **terrestre.** **Geogr.* Círculo máximo que equidista de los polos de la Tierra.

ecuánime. adj. Que tiene ecuanimidad.

ecuanimidad. f. Igualdad y constancia de ánimo; *entereza. ‖ *Imparcialidad serena del juicio.

ecuatorial. adj. Perteneciente o relativo al Ecuador. ‖ f. **Astr.* *Anteojo que mediante un mecanismo de relojería da una vuelta completa en veinticuatro horas, y está montado de manera que permite seguir el movimiento aparente de los astros.

ecutorianismo. m. Vocablo o giro peculiar de la *lengua de los ecuatorianos.

ecuatoriano, na. adj. Natural del Ecuador. Ú. t. c. s. ‖ Perteneciente a esta república de América.

ecuestre. adj. Perteneciente o relativo al *caballero, o a la orden y ejercicio de la caballería. ‖ Perteneciente o relativo al *caballo. ‖ **Pint.* y **Esc.* Dícese de la figura puesta a caballo.

ecuménico, ca. adj. *Universal, que se extiende a todo el orbe. Aplícase a los *concilios cuando en ellos está representada la Iglesia oriental y la occidental.

ecuo, cua. adj. Dícese del individuo de un antiguo pueblo del Lacio. Ú. m. c. s. y en pl. ‖ Perteneciente a este pueblo.

ecuóreo, a. adj. poét. Perteneciente al *mar.

echacantos. m. fam. Hombre *despreciable e *inútil.

echacorvear. intr. fam. Hacer o tener el ejercicio de echacuervos.

echacorvería. f. fam. Acción propia de echacuervos. ‖ fam. Ejercicio y profesión de *alcahuete.

echacuervos. m. fam. ***Alcahuete.** ‖ fam. Hombre *embustero y *despreciable. ‖ fam. *Predicador que iba por los lugares publicando la cruzada. ‖ fam. En algunas partes, el que predica la *bula.

echada. f. Acción y efecto de echar o echarse. ‖ Espacio que ocupa el cuerpo de un hombre tendido en el suelo. Úsase a veces como medida de *longitud. ‖ *Mentira.

echadero. m. Sitio a propósito para echarse a *dormir o descansar.

echadillo, lla. adj. fam. **Echadizo** *(expósito). Ú. t. c. s.

echadizo, za. adj. Enviado con arte y *disimulo para *averiguar alguna cosa, o para *propagar alguna especie. Ú. t. c. s. ‖ Esparcido con disimulo y arte. ‖ Que se desecha por *inútil. ‖ Dícese de los escombros, *tierras, etc., que se amontonan en lugar determinado. ‖ fam. **Expósito.** Ú. t. c. s.

echado. m. **Min.* Buzamiento de un filón.

echador, ra. adj. Que echa o arroja. Ú. t. c. s. ‖ m. Mozo de *café encargado de echar el café y leche en las tazas.

echadura. f. Acción de echarse las gallinas cluecas para *empollar los huevos. ‖ **Ahechadura.** Ú. m. en pl. ‖ **de pollos.** Nidada de ellos.

echamiento. m. Acción y efecto de echar o arrojar.

echapellas. m. El que en los lavaderos de *lanas las toma del tablero para echarlas en el pozo.

echaperros. m. **Perrero.**

***echar.** tr. Hacer que una cosa vaya a parar a alguna parte, *lanzándola con la mano, o de otra manera. ‖ Despedir o arrojar de sí una cosa. ‖ *Introducir una cosa en sitio determinado dejándola caer. ‖ *Expulsar a uno de algún lugar. ‖ *Destituir a uno de su empleo o dignidad. ‖ Brotar y arrojar las plantas sus raíces, *hojas, *flores y frutos. Ú. t. c. intr. ‖ *Empezar a mostrar una persona o un irracional cualquier complemento natural de su cuerpo; como los dientes, las barbas, etc. ‖ Juntar los animales machos con las hembras para la *generación. ‖ ‖ *Poner, aplicar. ‖ Tratándose de llaves, pestillos, etc., *cerrar. ‖ Imponer o cargar. ‖ *Atribuir una acción a cierto fin. ‖ *Inclinar, reclinar o *apoyar. ‖ Apostar, *competir con uno. Ú. m. c. r. ‖ Empezar a tener, gastar, usar o explotar alguna cosa. ‖ Confiar una cosa a la *suerte. ‖ **Jugar** (una partida de naipes, dominó, etc.). ‖ Aventurar dinero a alguna *rifa, *lotería, etc. ‖ Dar, *entregar, repartir. ‖ Suponer o *conjeturar. ‖ *Publicar, dar aviso. ‖ Tratándose de obras de *teatro, representar o ejecutar. ‖ Pronunciar, *decir, proferir. ‖ Con la prep. *por*, *ir por una u otra parte. ‖ Junto con el infinitivo de un verbo y la prep. *a*, dar *principio a la acción de aquel verbo. ‖ r. Arrojarse, dejarse *caer. ‖ Precipitarse hacia una persona o cosa. ‖ →*Tenderse a lo largo. ‖ Ponerse las aves sobre los huevos para *empollarlos. ‖ Tratándose del *viento, calmarse, sosegarse. ‖ Dedicarse, aplicarse uno a una cosa. ‖ **Echar al contrario.** fr. **Echar** un asno a una yegua, o un caballo a una burra, para la cría del ganado mular. ‖ **Echar a perder.** fr. *Deteriorar una cosa material; inutilizarla. Ú. t. c. r. ‖ **Echar a volar** a una persona o cosa. fr. fig. Darla o sacarla al *público. ‖ **Echar de menos** a una persona o cosa. fr. Advertir, notar la falta de ella. ‖ Tener sentimiento y pena por la falta de ella. ‖ **Echar de ver.** fr. Notar, reparar. ‖ **Echarla de.** loc. fam. Presumir o *jactarse de. ‖ **Echarlo,** o **echarlo todo, a doce.** fr. fig. y fam. Meter a *alboroto una cosa para que se confunda y no se hable más de ella. ‖ **Echarlo todo a rodar.** fr. fig. y fam. Desbaratar un negocio. ‖ fig. y fam. Dejarse llevar de la *ira. ‖ **Echar menos.** fr. **Echar de menos.** ‖ **Echar** uno **por alto** una cosa. fr. fig. Menospreciarla. ‖ Malgastarla. ‖ **Echar tras** uno. fr. Ir a su alcance, *perseguirle.

echazón. f. **Echada.** ‖ **Der. Mar.* Acción y efecto de arrojar al agua la carga de un buque, cuando es necesario aligerarlo por causa de un temporal.

echona. f. *Hoz para segar usada en Chile.

***edad.** f. Tiempo que una persona ha vivido, a contar desde que nació. ‖ *Duración de las cosas materiales, a contar desde que empezaron a existir. ‖ Cada uno de los períodos en que se considera dividida la vida humana; como infancia, juventud, etc. ‖ **Cronol.* Conjunto de algunos siglos, que forman épocas notables en la historia sagrada, en la profana, en la literaria, etc. ‖ Espacio de años que han corrido de tanto a tanto *tiempo. ‖ **Edad madura.** ‖ **adulta.** La que sucede a la adolescencia. ‖ **antigua.** Tiempo anterior a la **edad** media. ‖ **avanzada. Ancianidad.** ‖ **crítica.** Se llama en la mujer al período de la menopausia. ‖ **de discreción.** Aquella en que la razón alumbra a los adultos. ‖ **de los metales. Edad** prehistórica durante la cual el hombre empezó a usar útiles de metal. ‖ **de piedra.** Largo período prehistórico de la humanidad, anterior al conocimiento del uso de los metales. ‖ **madura.** La viril cuando se acerca a la ancianidad. ‖ **media.** Tiempo transcurrido desde el siglo v de la era vulgar hasta la mitad del siglo xv. ‖ **moderna.** Tiempo posterior a la **edad** media. ‖ **provecta. Edad madura.** ‖ **Temprana. Juventud.** ‖ **tierna.** Niñez. ‖ **viril.** La comprendida entre los treinta y los cincuenta años, poco más o menos, en el hombre. ‖ **Mayor edad.** Aquella que, según la ley, ha de tener una persona para poder ejercer ciertos derechos. ‖ **Menor edad.** La del hijo de familia o del pupilo que no ha llegado a la mayor **edad.** ‖ **Avanzado de edad.** loc. De **edad** avanzada. ‖ **De cierta edad.** loc. De **edad** madura. ‖ **Mayor de edad.** loc. Dícese de la persona que ha llegado a la mayor **edad** legal. ‖ **Menor de edad.** loc. Dícese de la persona que todavía se halla en la menor **edad.**

edafología. f. **Agr.* Ciencia que trata de la naturaleza del *terreno en su relación con las plantas.

edecán. m. *Mil.* *Ayudante de campo. ‖ fig. fam. e irón. Auxiliar, *mensajero, *acompañante, correveidile.

edema. m. *Pat.* *Hinchazón blanda de una parte del cuerpo, ecasionada por la serosidad infiltrada en el tejido celular.

edematoso, sa. adj. *Pat.* Perteneciente al edema.

edén. m. **Hist. Sagr.* Paraíso terrestre, morada del primer hombre antes de su desobediencia. ‖ fig. Lugar muy *agradable, ameno y delicioso.
edénico, ca. adj. Perteneciente o relativo al edén.
edetano, na. adj. Natural de Edetania. Ú. t. c. s. ‖ Perteneciente a esta antigua región de la España Tarraconense.
edición. f. *Impresión o estampación de una obra o escrito para su publicación. ‖ Conjunto de ejemplares de una obra impresos de una sola vez sobre el mismo molde. ‖ **diamante.** Dícese de la hecha en tamaño pequeño y con caracteres muy menudos. ‖ **príncipe.** La primera, cuando se han hecho varias de una misma obra. ‖ **Segunda edición** de una persona o cosa. loc. fig. *Imitación o remedo de ellas.
edicto. m. Mandato, *decreto publicado por la autoridad competente. ‖ Aviso que se fija y expone en los parajes *públicos para *noticia de todos. ‖ **For.* Escrito que se hace ostensible en los estrados del tribunal, o se publica además en los periódicos oficiales, para conocimiento de las personas interesadas en los autos. ‖ **pretorio.** El que publicaba cada pretor al tomar posesión del cargo.
edículo. m. *Edificio pequeño.
edificación. f. Acción y efecto de edificar. ‖ fig. Efecto de edificar o dar buen ejemplo.
edificador, ra. adj. Que edifica o construye. Ú. t. c. s.
edificante. p. a. de **Edificar.** Que edifica o da buen ejemplo.
***edificar.** tr. Fabricar, hacer un edificio. ‖ fig. Infundir en otros con el buen *ejemplo sentimientos *piadosos o propósito de *enmienda.
edificativo, va. adj. fig. Dícese de lo que edifica el ánimo.
edificatorio, ria. adj. Perteneciente a la construcción de edificios.
***edificio.** m. Obra o fábrica construida para habitación o para usos análogos, con materiales sólidos y duraderos.
***edil.** m. Entre los antiguos romanos, *magistrado a cuyo cargo estaban las obras públicas, y el ornato y limpieza de la ciudad de Roma. ‖ Concejal, miembro de un *ayuntamiento. ‖ **curul.** En Roma, el de clase patricia. ‖ **plebeyo.** En Roma, el elegido entre la plebe.
edila. f. Mujer que es miembro de un *ayuntamiento.
edilicio, cia. adj. Perteneciente o relativo al empleo de edil.
edilidad. f. Dignidad y empleo de edil. ‖ Tiempo de su duración.
editar. tr. Publicar por medio de la *imprenta o por cualquier medio de reproducción gráfica, una obra, periódico, estampa, etc.
editor, ra. adj. Que edita. ‖ m. y f. Persona que saca a luz pública la edición de una obra. ‖ **responsable.** El que, con arreglo a las leyes, respondía del contenido de un *periódico aunque estuviera redactado por otras personas. ‖ fig. y fam. El que se da o pasa por autor de lo que otro u otros hacen.
editorial. adj. Perteneciente o relativo a editores o ediciones. ‖ m. Artículo de fondo de un *periódico.
edrar. tr. *Agr.* **Binar** (dar segunda cava a las viñas).
edredón. m. Plumón de ciertas aves del Norte de Europa. ‖ Almohadón, relleno ordinariamente de esta clase de plumón, que se usa como abrigo sobre la *cama.
educable. adj. Capaz de educación.
educación. f. Acción y efecto de *educar. ‖ Enseñanza y doctrina que se da a los niños y a los jóvenes. ‖ *Cortesía, urbanidad.
educado, da. adj. *Cortés, que tiene buena educación.
educador, ra. adj. Que educa. Ú. t. c. s.
educando, da. adj. Que está recibiendo educación en un colegio. Ú. m. c. s.
***educar.** tr. *Dirigir, encaminar, doctrinar. ‖ Desarrollar o perfeccionar las facultades intelectuales y morales de una persona. ‖ Desarrollar los sentidos o las fuerzas físicas por medio del ejercicio. ‖ Enseñar urbanidad y *cortesía.
educativo, va. adj. Dícese de lo que educa o sirve para educar.
educción. f. Acción y efecto de educir.
educir. tr. Sacar una cosa de otra, deducir, *inferir.
edulcoración. f. **Farm.* Acción y efecto de edulcorar.
edulcorante. adj. Dícese del compuesto orgánico capaz de *endulzar mucho, pero sin valor nutritivo; como la sacarina. Ú. t. c. s.
edulcorar. tr. *Farm.* *Endulzar.
efe. f. Nombre de la *letra *f*.
efebo. m. Mancebo, *joven, adolescente.
efectista. adj. Dícese del *artista que atiende más al efecto inmediato de su obra que a la realización de su ideal.
efectivamente. adv. m. Con efecto; real y verdaderamente.
efectividad. f. Calidad de efectivo. ‖ *Mil.* Posesión de un *empleo cuyo grado se tenía.
***efectivo, va.** adj. Real y verdadero, en oposición a lo quimérico, dudoso o nominal. ‖ Dícese del *empleo o cargo de planta, en contraposición al interino o supernumerario. ‖ m. **Numerario** (dinero). ‖ **Hacer efectivo.** fr. Poner por obra, *ejecutar. ‖ Tratándose de cantidades, créditos, etc., *pagarlos o *cobrarlos.
efecto.** m. Lo que se sigue de la operación de una causa. ‖ *Finalidad u objeto para que se hace una cosa. ‖ *Emoción, impresión viva. ‖ Artículo de *comercio. ‖ → Documento o valor mercantil, sea nominativo, endosable o al portador. ‖ En el juego de *billar, movimiento giratorio que se hace tomar a la bola picándola lateralmente. ‖ pl. *Bienes, *muebles. ‖ **Efecto devolutivo.** *For.* El que tiene un recurso cuando atribuye al tribunal superior el conocimiento del asunto de la resolución impugnada. ‖ **suspensivo.** *For.* El que tiene un recurso cuando paraliza la ejecución de la resolución impugnada. ‖ ***Efectos públicos. Documentos de crédito emitidos por el Estado, las provincias, los municipios, etc., negociables en Bolsa. ‖ **Con, o en efecto.** m. adv. Efectivamente, en realidad. ‖ En conclusión, así que. ‖ **Hacer efecto.** fr. **Surtir efecto.** ‖ Parecer muy bien. ‖ **Surtir efecto.** fr. Dar una cosa el resultado que se deseaba.
efectuación. f. Acción de efectuar o efectuarse.
efectuar. tr. Poner por obra, *ejecutar. ‖ r. Cumplirse, hacerse efectiva una cosa.
efélide. f. *Med.* Mancha que suelen producir en el *cutis los rayos del sol.
efémera. adj. V. **Fiebre efémera.** Ú. t. c. s.
efemérides. f. pl. *Libro o comentario en que se refieren los hechos de cada *día. ‖ **Hist.* Sucesos notables ocurridos en diferentes épocas. ‖ **astronómicas.** Libro en que se anotan todos los datos útiles para los cálculos de *astronomía y para los marinos de situación.
efeméridos. m. pl. *Zool.* Familia de *insectos ortópteros que mueren el mismo día en que llegan al estado de adultos.
efémero. m. **Lirio hediondo.**
efendi. m. Título de *dignidad usado entre los turcos.
eferente. adj. *Zool.* y *Bot.* Que lleva. Dícese de los vasos y otros conductos del organismo.
efervescencia. f. Desprendimiento de *burbujas gaseosas en la masa de un líquido. ‖ **Hervor de la sangre.** ‖ fig. *Excitación, acaloramiento de los ánimos.
efervescente. adj. Que está o puede estar en efervescencia.
efesino, na. adj. **Efesio.** Apl. a pers., ú. t. c. s.
efesio, sia. adj. Natural de Éfeso. Ú. t. c. s. Perteneciente a esta antigua ciudad del Asia Menor.
éfeta. m. Cada uno de varios *jueces que hubo antiguamente en Atenas.
efetá. Voz con que se significa la *obstinación de alguno.
***eficacia.** f. Fuerza y *poder para obrar. ‖ *Validez.
***eficaz.** adj. Que tiene eficacia.
eficazmente. adv. m. Con eficacia.
eficiencia. f. *Poder y facultad o aptitud especial para lograr un efecto determinado. ‖ Acción con que se logra este efecto.
eficiente. adj. Que tiene eficiencia. ‖ V. **Causa eficiente.**
eficientemente. adv. m. Con eficiencia.
***efigie.** f. Imagen, representación material de una persona real y verdadera. Dícese más comúnmente de las imágenes sagradas. ‖ fig. Personificación, *símbolo o representación viva de cosa ideal.
efímera. f. **Cachipolla** (insecto).
efímero, ra. adj. Que tiene la duración de un solo *día. ‖ *Breve, fugaz, de corta duración. ‖ V. **Fiebre efímera.** Ú. t. c. s.
eflorecerse. r. **Quím.* Convertirse espontáneamente en polvo algunas sales por pérdida del agua de cristalización.
eflorescencia. f. *Pat.* Erupción de la *piel de color rojo subido, con granitos o sin ellos. ‖ **Quím.* Acción y efecto de eflorecerse las sales.
eflorescente. adj. **Quím.* Aplícase a los cuerpos propensos a eflorecerse.
efluvio. m. Emisión de partículas sutilísimas. ‖ Emanación, irradiación, *difusión en lo inmaterial.
efod. m. Vestidura *litúrgica, corta y sin mangas, que se ponían los sacerdotes *israelitas sobre todas las otras.
éforo. m. Cada uno de los cinco *magistrados que elegía el pueblo de Esparta.
efracción. f. *Violencia, acto violento. ‖ *Rotura intencionada.
efractor, ra. m. y f. Persona que *roba con fractura.
efraimita. com. *Israelita de la tribu de Efraín.
efrateo, a. adj. Natural de Efrata. Ú. t. c. s. ‖ Perteneciente a esta ciudad antigua de Judea.
efugio. m. *Evasiva, recurso para sortear una dificultad.
efundir. tr. p. us. *Derramar, verter un líquido.
efusión. f. *Derramamiento de un

líquido, y más comúnmente de la *sangre. || fig. *Expresión comunicativa y *vehemente de los afectos generosos del ánimo.
efusivo, va. adj. fig. Que siente o manifiesta efusión de sus *sentimientos.
efuso, sa. p. p. irreg. de **Efundir.**
egabrense. adj. Natural de Cabra. Ú. t. c. s. || Perteneciente a esta villa de Córdoba.
egarense. adj. Natural de la antigua Egara, hoy Tarrasa. Ú. t. c. s. || Perteneciente a esta comarca.
egetano, na. adj. Natural de Vélez Blanco o de Vélez Rubio. Ú. t. c. s. || Perteneciente a una de estas villas de Almería.
égida o **egida.** f. *Mit.* Piel de la cabra Amaltea, convertida en *escudo, con que se representa a Júpiter y a Minerva. || Por ext., **escudo.** || fig. *Protección, defensa.
egílope. f. Especie de *avena, muy parecida a la ballueca. || **Rompesacos.**
egipciaco, ca. o **egipcíaco, ca.** adj. **Egipcio.** Apl. a pers., ú. t. c. s. || *Farm.* Dícese de un ungüento compuesto de miel, cardenillo y vinagre, que se usaba para ciertas llagas.
egipciano, na. adj. **Egipcio.** Apl. a pers., ú. t. c. s.
egipcio, cia. adj. Natural u oriundo de Egipto. Ú. t. c. s. || Perteneciente a este país de África. || m. Idioma **egipcio.**
egiptano, na. adj. **Egipcio.** Apl. a pers., ú. t. c. s.
egiptología. f. Estudio de las antigüedades de Egipto.
egiptólogo, ga. m. y f. Persona versada en egiptología.
égira. f. **Hégira.**
égloga. f. Composición *poética del género bucólico.
egocentrismo. m. Exagerada exaltación de la propia *persona.
***egoísmo.** m. Inmoderado amor que uno tiene a sí mismo y que le hace ordenar todos sus actos al bien propio, sin cuidarse del de los demás.
egoísta. adj. Que tiene egoísmo. Ú. t. c. s.
ególatra. adj. Que profesa la egolatría.
egolatría. f. Culto excesivo de la propia *persona.
egotismo. m. Práctica viciosa de dar uno excesiva importancia a cuanto atañe a su *persona.
egotista. adj. Que incurre en egotismo. Ú. t. c. s.
egregiamente. adv. m. *Ilustre o insignemente.
egregio, gia. adj. Insigne, *ilustre.
egreso. m. Partida de descargo o de *gastos en una *cuenta.
¡eh! interj. que se emplea para preguntar, *llamar, advertir, etc.
eibarrés, sa. adj. Natural de Éibar. Ú. t. c. s. || Perteneciente a esta villa de Guipúzcoa.
ejarbe. m. Aumento de agua que reciben los *ríos a causa de las grandes lluvias. || **Teja** (parte de una fila de agua).
***eje.** m. Varilla o barra que atraviesa un cuerpo giratorio y le sirve de sostén en el movimiento. || Barra de un *carruaje que entra por sus extremos en los bujes de las ruedas. || Línea que divide por mitad el ancho de una calle o camino, u otra cosa semejante. || fig. Idea fundamental o *tema predominante en un escrito o discurso. || *Finalidad principal de una empresa. || *Geom.* Recta alrededor de la cual se considera que gira una línea o una superficie. || *Geom.* Diámetro principal de una *curva. || **de la esfera terrestre,** o **del mundo.** *Astr.* y *Geogr.* Aquel alrededor del cual gira la Tierra. || **de simetría.** *Geom.* Línea que divide a una figura en dos partes simétricas. || **Dividir,** o **partir,** a uno **por el eje.** fr. fig. y fam. Causarle gran *perjuicio.
ejecución. f. Acción y efecto de *ejecutar. || Manera de ejecutar alguna cosa; dícese especialmente de las obras *musicales y de las *pinturas. || *For.* Procedimiento judicial con *embargo y venta de bienes para pago de *deudas. || **Poner en ejecución.** fr. *Ejecutar, llevar a la práctica, realizar. || **Trabar ejecución.** fr. *For.* Hacer las diligencias de *embargo para asegurar el pago de una *deuda. || **Traer aparejada ejecución.** fr. *For.* Tener un título de crédito requisitos legales para el *embargo de bienes.
ejecutable. adj. Que se puede hacer o ejecutar. || *For.* Dícese de un *deudor que puede ser demandado por la vía ejecutiva.
ejecutante. p. a. de **Ejecutar.** Que ejecuta. Ú. t. c. s. || *For.* Que ejecuta judicialmente a otro por alguna *deuda. Ú. t. c. s. || com. Persona que ejecuta en cualquier *instrumento una obra musical.
***ejecutar.** tr. Poner por obra una cosa. || **Ajusticiar.** || *Perseguir a uno. || Desempeñar con arte y facilidad alguna cosa. || *For.* Reclamar una *deuda por procedimiento ejecutivo.
ejecutivamente. adv. m. Con mucha prontitud y eficacia.
ejecutivo, va. adj. Que no da espera, *urgente. || V. **Poder ejecutivo.** || *For.* V. **Juicio ejecutivo.** || *For.* V. **Vía ejecutiva.** || f. Junta de *gobierno de una *sociedad o *corporación.
ejecutor, ra. adj. Que ejecuta o hace una cosa. || m. *For.* Persona que pasaba a hacer una ejecución de orden de juez competente. || **de la justicia.** ***Verdugo.**
ejecutoria. f. Título en que consta legalmente la *nobleza de una persona o familia. || fig. **Timbre** (acción gloriosa). || *For.* *Sentencia que alcanzó la firmeza de cosa juzgada.
ejecutoría. f. Oficio de ejecutor. || **Fiel ejecutoría.** Oficio y cargo de fiel ejecutor.
ejecutorial. adj. **Der. Can.* Aplícase a los despachos que comprenden la ejecutoria de una sentencia de tribunal eclesiástico.
ejecutoriar. tr. Dar firmeza de cosa juzgada a una *sentencia o fallo. Ú. t. c. s. || fig. *Comprobar la certeza de una cosa.
ejecutorio, ria. adj. V. **Carta ejecutoria.** || *For.* Firme, invariable.
ejemplar. adj. Que da buen ejemplo, y merece, por tanto, ser tenido como *modelo. || m. Cada uno de los *libros, dibujos, etc., sacados de un mismo original o modelo. || Cada uno de los individuos de una *especie. || Cada uno de los objetos que forman una *colección. || Lo que se ha hecho en igual caso otras veces. || Caso que sirve o debe servir de escarmiento. || **Sin ejemplar.** m. adv. con que se denota ser una cosa *única, no tener antecedente o no poderse repetir en lo sucesivo.
ejemplar. tr. **Ejemplificar.**
ejemplaridad. f. Calidad de ejemplar.
ejemplarizar. tr. Dar *ejemplo.
ejemplarmente. adv. m. Virtuosamente, de modo que sirva de ejemplo o escarmiento.
ejemplificación. f. Acción y efecto de ejemplificar.
ejemplificar. tr. Demostrar, *probar o explicar con ejemplos lo que se dice.
***ejemplo.** m. Caso o hecho que se refiere para que se siga e imite o para que se evite y huya, según sea bueno o malo. || Acción de uno que puede mover a otros a imitarla. || Hecho, texto o cláusula que se alega para *comprobar un aserto. || **casero.** El que se toma de cosas muy comunes o frecuentes. || **Dar ejemplo.** fr. Excitar con las propias obras la imitación de los demás.
***ejercer.** tr. Practicar los actos propios de una *profesión, *empleo, etcétera. Ú. t. c. intr. || Hacer uno uso de su derecho, atribuciones, etc.
ejercicio. m. Acción de ejercitarse u *ocuparse en una cosa. || Acción y efecto de *ejercer. || Práctica de ciertos movimientos corporales, como los del *paseo, *gimnasia, etc., para conservar la salud o recobrarla. || **Hac.* Tiempo durante el cual rige una ley de presupuestos. || Cada una de las pruebas que se exigen en las *oposiciones a cátedras, beneficios, etc. || **Mil.* Movimientos y evoluciones militares con que los soldados se ejercitan y adiestran. || **Ejercicios espirituales.** Los que por *devoción se practican durante varios días, retirándose de las ocupaciones del mundo y dedicándose a la oración y penitencia. || **Dar ejercicios.** fr. Dirigir al que los hace espirituales.
ejercitación. f. Acción de ejercitarse o de *ocuparse en hacer una cosa.
ejercitante. p. a. de **Ejercitar.** Que ejercita. || com. Persona que hace alguno de los ejercicios de unas *oposiciones o los ejercicios espirituales.
ejercitar. tr. Dedicarse al ejercicio de un arte, oficio o *profesión. || Hacer que uno aprenda una cosa mediante la *enseñanza y práctica de ella. || *Ejercer un derecho. || r. *Repetir uno determinados actos para hacerlos después con más facilidad o para adquirir destreza.
***ejército.** m. Gran copia de gente de guerra con los pertrechos correspondientes, bajo el mando de un jefe militar. || Conjunto de las fuerzas militares de una nación y especialmente las terrestres. || fig. Colectividad numerosa *asociada para la realización de un fin. || *Germ.* ***Cárcel.**
ejido. m. *Campo de las *afueras de un pueblo, común a todos los vecinos de él, y donde suelen reunirse los ganados o establecerse las eras.
ejión. m. *Arq.* Zoquete de madera, en figura de *cuña, que se asegura a un par de *armadura o a un alma de *andamio para que sirva de apoyo a las piezas horizontales.
ejote. m. Judía verde.
el. art. deter. en gén. m. y núm. singular.
él. Nominat. del pron. *personal de 3.ª pers. en gén. m. y núm. sing. Con preposición, empléase también en los casos oblicuos.
elaborable. adj. Que se puede elaborar.
elaboración. f. Acción y efecto de elaborar.
elaborar. tr. *Preparar una materia para determinado fin por medio de un *trabajo adecuado. || *Hacer, producir.
elación. f. p. us. *Orgullo, presun-

ción, soberbia. ‖ Elevación, *nobleza del espíritu. ‖ Hinchazón de *estilo y lenguaje.
elaiotecnia. f. Arte de fabricar los *aceites vegetales.
elamí. m. En la *música antigua, indicación del tono que principia en el tercer grado de la escala diatónica de *do.*
elamita. adj. Natural de Elam. Ú. t. c. s. ‖ Perteneciente a este país de Asia antigua.
elanzado, da. adj. **Blas.* Dícese del ciervo en actitud de correr.
elástica. f. *Camiseta o prenda interior de punto que se usa para abrigar el cuerpo.
***elasticidad.** f. Calidad de elástico.
***elástico, ca.** adj. Dícese del cuerpo que, deformado por la acción de alguna fuerza, puede recobrar más o menos completamente su figura y extensión luego que cesa la acción de dicha fuerza. ‖ fig. Acomodaticio, propenso a *transigir con lo que conviene. ‖ m. *Tejido que tiene elasticidad. ‖ Conjunto de roscas de alambre muy fino, cubierto de tela o cabritilla, que forma un tejido **elástico.** ‖ Parte superior del calcetín. ‖ *Cinta o cordón elástico. ‖ **Elástica.**
elato, ta. adj. Altivo, soberbio, *orgulloso.
elche. m. *Apóstata de la religión cristiana, según los mahometanos.
ele. f. Nombre de la *letra *l.*
eleagnáceo, a. adj. **Bot.* Dícese de árboles, arbolitos o arbustos dicotiledóneos, cuyo tipo es el árbol del Paraíso. Ú. t. c. s. f. ‖ pl. *Bot.* Familia de estas plantas.
eleático, ca. adj. Natural de Elea. Ú. t. c. s. ‖ Perteneciente a esta ciudad de la Italia antigua. ‖ Perteneciente o relativo a la escuela *filosófica que floreció en Elea.
eléboro. m. Género de *plantas de la familia de las ranunculáceas. ‖ **blanco. Vedegambre.** ‖ **negro.** Planta de las ranunculáceas, cuya raíz es fétida, algo amarga y muy purgante.
***elección.** f. Acción y efecto de elegir. ‖ Nombramiento de una persona hecho por votación. ‖ Opción, *arbitrio, libertad para obrar. ‖ ***canónica.** La que se hace por inspiración, compromiso o escrutinio.
electividad. f. Calidad de electivo.
electivo, va. adj. Que se hace o se da por elección.
electo, ta. p. p. irreg. de **Elegir.** ‖ m. El elegido o nombrado para una dignidad, *empleo, etc., mientras no toma posesión. ‖ *Caudillo de tropas amotinadas.
elector, ra. adj. Que elige o tiene derecho de elegir. Ú. t. c. s. ‖ m. Cada uno de los príncipes de Alemania a quienes correspondía la elección de emperador.
electorado. m. Estado soberano de Alemania, cuyo príncipe tenía voto para la elección de emperador.
***electoral.** adj. Perteneciente a la dignidad o a la calidad de elector. ‖ Relativo a electores o elecciones.
electorero. m. Muñidor de una *elección.
***eletricidad.** f. *Fís.* Forma de energía, producida por frotamiento, calor, acción química, etc., que se manifiesta por atracciones y repulsiones, por chispas y otros fenómenos luminosos y por las descomposiciones químicas que produce. ‖ **negativa.** *Fís.* La que adquiere la resina frotada con lana o piel. ‖ **positiva.** *Fís.* La que adquiere el vidrio frotado con lana o piel. ‖ **resinosa.** *Fís.* **Electricidad negativa.** ‖ **vítrea.** *Fís.* **Electricidad positiva.**
electricista. adj. Perito en aplicaciones científicas y prácticas de la electricidad. Ú. t. c. s.
***eléctrico, ca.** adj. Que tiene o comunica electricidad. ‖ Perteneciente a ella.
electrificación. f. Acción y efecto de electrificar.
electrificar. tr. Dicho de un *ferrocarril, cambiar la tracción existente por la eléctrica.
electriz. f. Mujer de un príncipe elector.
electrizable. adj. Que se puede electrizar.
electrización. f. Acción y efecto de electrizar o electrizarse.
electrizador, ra. adj. Que electriza. Apl. a pers., ú. t. c. s.
electrizante. p a. de **Electrizar.** Que electriza o sirve para electrizar.
electrizar. tr. Comunicar o producir la electricidad en un cuerpo. Ú. t. c. r. ‖ fig. *Exaltar los ánimos. Ú. t. c. r.
electro. m. **Ámbar.** ‖ *Aleación de cuatro partes de oro y una de plata.
electrocución. f. Acción y efecto de electrocutar.
electrocutar. tr. *Matar por medio de una corriente o descarga eléctrica. Ú. t. c. r.
electrodinámica. f. Parte de la física, que estudia los fenómenos y leyes de la *electricidad en movimiento.
electrodinámico, ca. adj. *Fís.* Perteneciente o relativo a la electrodinámica.
electrodo. m. **Electr.* Barra o lámina que forma cada uno de los polos en un electrólito y, por extensión, el elemento terminal de un circuito.
electróforo. m. **Electr.* Aparato que se usa para demostraciones en los gabinetes de física, compuesto de una torta resinosa que se electriza frotándola con una piel de gato.
electrógeno, na. adj. Que engendra *electricidad.
electroimán. m. *Fís.* Barra de hierro dulce que se *imanta por la acción de una corriente *eléctrica.
electrólisis. f. **Quím.* *Descomposición de un cuerpo producida por la *electricidad.
electrolítico, ca. adj. Perteneciente o relativo a la electrólisis.
electrólito. m. **Quím.* Cuerpo que se somete a la descomposición por la electricidad.
electrolizar. tr. **Quím.* *Descomponer un cuerpo, haciendo pasar por su masa una corriente eléctrica.
electromagnético, ca. adj. Perteneciente o relativo al electroimán.
electromagnetismo. m. Parte de la física, que estudia las acciones de las corrientes *eléctricas sobre los *imanes, y viceversa.
electrometría. f. Parte de la física, que trata de la medición de la intensidad *eléctrica.
electrométrico, ca. adj. Perteneciente o relativo a la electrometría.
electrómetro. m. *Fís.* Aparato que sirve para medir la cantidad de *electricidad que tiene un cuerpo.
electromotor, ra. adj. *Fís.* Dícese de todo aparato o máquina en que se transforma la energía *eléctrica en trabajo mecánico. Ú. t. c. s.
electromotriz. adj. V. **Fuerza electromotriz.**
electrón. m. *Fís.* Elemento hipotético del *átomo, cargado de electricidad negativa.
electronegativo, va. adj. **Quím.* Dícese del cuerpo cargado de electricidad negativa.
electrónico, ca. adj. Perteneciente o relativo a los electrones o a la electrónica. ‖ f. Ciencia que estudia los fenómenos producidos por el paso de elementos *atómicos al través de espacios vacíos o con gases enrarecidos.
electropositivo, va. adj. **Quím.* Dícese del cuerpo cargado de electricidad positiva.
electroquímica. f. Parte de la física, que trata de la producción de la electricidad por combinaciones químicas. ‖ Ciencia que estudia las relaciones existentes entre los fenómenos *químicos y los *eléctricos.
electroquímico, ca. adj. Perteneciente a la electroquímica.
electroscopio. m. **Electr.* Aparato para conocer si un cuerpo está electrizado.
electrostática. f. *Fís.* Parte de la física que estudia los fenómenos de la *electricidad en reposo.
electrostático, ca. adj. Perteneciente o relativo a la electrostática.
electrotecnia. f. Ciencia que estudia las aplicaciones prácticas de la *electricidad.
electrotécnico, ca. adj. Perteneciente o relativo a la electrotecnia.
electroterapia. f. **Terap.* Empleo de la electricidad en el tratamiento de las enfermedades.
electrotipia. f. Arte de reproducir los caracteres de *imprenta por medio de la electricidad.
electrotípico, ca. adj. Perteneciente o relativo a la electrotipia.
electuario. m. Preparación *farmacéutica, de consistencia de miel.
elefancía. f. Especie de *lepra que pone la piel parecida a la del elefante.
elefanciaco, ca o **elefancíaco, ca.** adj. Perteneciente o relativo a la elefancía. ‖ Que la padece. Ú. t. c. s.
elefanta. f. Hembra del elefante.
***elefante.** m. Mamífero proboscidio de gran tamaño. Tiene las orejas grandes y colgantes, la nariz muy prolongada en forma de trompa, que le sirve como de mano, y dos dientes incisivos muy grandes, vulgarmente llamados colmillos. ‖ **marino. Morsa.** ‖ desus. **Bogavante** (*crustáceo).
elefantiasis. f. **Elefancía.**
elefantino, na. adj. Perteneciente o relativo al *elefante.
***elegancia.** f. Calidad de elegante. ‖ Elocución elegante.
***elegante.** adj. Gracioso, airoso de movimientos. ‖ Bien proporcionado. ‖ De buen gusto, agradable y bello sin complicaciones inútiles. ‖ Distinguido en el porte y modales. ‖ En sentido restricto, se dice de la persona que viste con entera sujeción a la moda, y también de los trajes o cosas arreglados a ella. Apl. a pers., ú. t. c. s.
elegantemente. adv. m. Con elegancia. ‖ fig. Con esmero y cuidado.
elegantizar. tr. Dotar de elegancia. Ú. t. c. r.
elegía. f. Composición *poética del género lírico, en que se lamenta la *muerte de una persona o cualquiera otro acontecimiento desgraciado.
elegiaco, ca o **elegíaco, ca.** adj. Perteneciente o relativo a la elegía. ‖ Por ext., lastimero, *triste.
elegiano, na. adj. ant. **Elegiaco.**
elegibilidad. f. Calidad de elegible.
elegible. adj. Que tiene capacidad legal para ser elegido.
elegido, da. p. p. de **Elegir.** ‖ m. Por antonom., **predestinado.**

***elegir.** tr. Escoger, preferir a una persona o cosa para un fin. ‖ Nombrar por elección para un *empleo o dignidad.
élego, ga. adj. **Elegiaco.**
elemental. adj. Perteneciente o relativo al elemento. ‖ fig. *Fundamental, primordial. ‖ Referente a los elementos o primeras *nociones de una ciencia o arte. ‖ De fácil *comprensión, *evidente.
elementalmente. adv. m. De manera elemental.
elemento. m. Principio constitutivo de un cuerpo u objeto *material. ‖ **Cuerpo simple.** ‖ En la *física antigua, cada uno de los cuatro principios inmediatos fundamentales, a saber: la tierra, el agua, el aire y el fuego. ‖ *Fundamento o *parte integrante de una cosa. ‖ *Fís.* **Par** (de una pila *eléctrica). ‖ fig. y fam. Persona de cortos alcances, tonto, *necio. ‖ pl. *Rudimentos y principios de las ciencias y artes. ‖ fig. *Medios, recursos, *bienes. ‖ **Estar uno en** su **elemento.** fr. Estar en situación *cómoda y agradable.
elemí. m. *Resina sólida, amarillenta, que se usa en la composición de ungüentos y *barnices.
elenco. m. Catálogo, *lista, índice.
eleotecnia. f. **Elaiotecnia.**
eleusino, na. adj. Perteneciente a Eleusis. Dícese más generalmente de los misterios de Ceres que se celebraban en aquella ciudad.
elevación. f. Acción y efecto de elevar o elevarse. ‖ Encumbramiento, *adelantamiento en lo material o en lo moral. ‖ fig. *Enajenamiento de los sentidos. ‖ fig. *Enaltecimiento, exaltación a un empleo o dignidad de consideración. ‖ fig. p. us. Altivez, *orgullo. ‖ Momento de la *misa en que el sacerdote eleva la hostia o el cáliz.
elevadamente. adv. m. Con elevación.
elevado, da. adj. fig. **Sublime.** ‖ fig. **Alto.**
elevador, ra. adj. Que eleva.
elevamiento. m. **Elevación.**
elevar. tr. Alzar o *levantar una cosa. Ú. t. c. r. ‖ fig. Colocar a uno en un puesto o *empleo honorífico, *enaltecerle. ‖ r. fig. Transportarse, *enajenarse. ‖ fig. Envanecerse, *engreírse.
elfina. f. *Mit.* Hada o mujer de un elfo.
elfo. m. *Mit.* Duende de la mitología escandinava.
elidir. tr. *Malograr, desvanecer una cosa. ‖ *Fonét.* Suprimir la vocal con que acaba una palabra cuando la que sigue empieza con otra vocal.
elijable. adj. *Farm.* Que se puede elijar.
elijación. f. *Farm.* Acción y efecto de elijar.
elijan. m. Uno de los lances del monte y de otros juegos de *naipes.
elijar. tr. *Farm.* *Cocer los simples en un líquido conveniente, para extraer su substancia o para otros fines análogos.
eliminación. f. Acción y efecto de eliminar.
eliminador, ra. adj. Que elimina. Ú. t. c. s.
eliminar. tr. *Quitar, *separar una cosa. ‖ *Excluir, *expulsar a una o muchas personas de una agrupación o de un asunto. ‖ *Álg.* Hacer que de un conjunto de ecuaciones con varias incógnitas desaparezca una de éstas.
eliminatorio, ria. adj. Que sirve para eliminar. ‖ f. En los concursos de *deportes, prueba anterior a los cuartos de final.
***elipse.** f. *Geom.* Curva cerrada, simétrica respecto de dos ejes perpendiculares entre sí.
elipsis. f. *Gram.* Figura de construcción, que consiste en *omitir en la oración una o más palabras, cuyo sentido puede sobrentenderse.
elipsoidal. adj. *Geom.* De figura de elipsoide o parecido a él.
elipsoide. m. *Geom.* Sólido limitado, cuyas secciones planas son todas elipses o círculos. ‖ **de revolución.** *Geom.* Aquel en que todas las secciones perpendiculares a uno de sus ejes son círculos.
elípticamente. adv. m. Con elipsis o de manera elíptica.
***elíptico, ca.** adj. Perteneciente a la elipse. ‖ De figura de elipse o parecido a ella. ‖ Perteneciente a la elipsis.
elisano, na. adj. Natural de Lucena. Ú. t. c. s. ‖ Perteneciente a esta ciudad de Córdoba.
elíseo, a. adj. Perteneciente al Elíseo. ‖ *Mit.* V. **Campos Elíseos.** Ú. t. c. s. m.
elisio, sia. adj. **Elíseo.**
elisión. f. *Gram.* Acción y efecto de elidir.
élitro. m. Cada una de las dos piezas córneas que cubren las *alas de ciertos *insectos.
elixir o **elíxir.** m. **Piedra filosofal.** ‖ *Farm.* Licor compuesto de substancias medicinales, disueltas en alcohol. ‖ fig. *Medicamento o remedio maravilloso. ‖ *Alq.* Substancia esencial de un cuerpo.
elocución. f. Manera de *hablar en cuanto al empleo de las palabras para expresar los conceptos. ‖ Modo de elegir y distribuir las palabras y los pensamientos en el discurso.
***elocuencia.** f. Arte de hablar de modo que conmueva y persuada a los oyentes. ‖ Fuerza de *expresión, eficacia para persuadir y conmover que tienen las palabras, gestos o *ademanes. Dícese, por extensión, de las cosas.
elocuente. adj. Que tiene elocuencia.
elocuentemente. adv. m. Con elocuencia.
elogiador, ra. adj. Que elogia. Ú. t. c. s.
elogiar. tr. Hacer elogios de una persona o cosa.
elogio. m. *Alabanza de una persona o cosa.
elogioso, sa. adj. Laudatorio, que incluye *alabanza.
elongación. f. *Astr.* Diferencia de longitud entre un planeta y el Sol.
elote. m. Mazorca tierna de *maíz que se come cocida.
elucidación. f. Declaración, *explicación.
elucidar. tr. Poner en claro, *explicar.
elucidario. m. *Libro que comenta o *explica cosas obscuras o difíciles de entender.
elucubración. f. **Lucubración.**
eludible. adj. Que se puede eludir.
eludir. tr. *Evitar la dificultad; *evadirse de ella con algún artificio. ‖ Hacer vana o *frustrar una cosa por medio de algún artificio.
elzevir. m. **Elzevirio.**
elzeviriano, na. adj. Perteneciente a los Elzevirios, famosos *impresores antiguos, y a las ediciones que hicieron. También se da este nombre a las impresiones modernas en que se emplean tipos semejantes a los usados en aquellas obras.
elzevirio. m. *Libro elzeviriano de los siglos XVI y XVII.
ella. Nominat. de sing. del pron. *personal de tercera persona en género femenino. Con preposición, empléase también en los casos oblicuos.
elle. f. Nombre de la *letra *ll.*
ello. Nominat. del pron. personal de tercera pers. en gén. neutro.
ellos, ellas. Nominats. m. y f. del pron. personal de tercera pers. en núm. plural.
emaciación. f. *Delgadez, extenuación morbosa.
emanación. f. Acción y efecto de emanar. ‖ **Efluvio.**
emanadero. m. *Manantial o lugar donde mana alguna cosa.
emanante. p. a. de **Emanar.** Que emana.
emanantismo. m. *Filos.* Doctrina panteísta según la cual todas las cosas proceden de Dios por emanación.
emanar. intr. Proceder, traer una cosa su *origen y principio de alguna causa de cuya substancia participa.
emancipación. f. Acción y efecto de emancipar o emanciparse.
emancipador, ra. adj. Que emancipa. Ú. t. c. s.
emancipar. tr. Libertar de la patria potestad, de la *tutela o de la *esclavitud. Ú. t. c. r. ‖ r. fig. *Librarse uno de la sujeción en que estaba.
emasculación. f. *Cir.* Acción y efecto de emascular.
emascular. tr. *Cir.* *Castrar, suprimir los órganos de la generación en el hombre.
embabiamiento. m. fam. Embobamiento, *distracción.
embabucar. tr. **Embaucar.**
embachar. tr. Meter el ganado lanar en el bache para *esquilarlo.
embadurnador, ra. adj. Que embadurna. Ú. t. c. s.
embadurnamiento. m. Acción y efecto de embadurnar o embadurnarse.
embadurnar. tr. *Untar, *ensuciar, pintarrajear. Ú. t. c. r.
embaidor, ra. adj. Embaucador *mentiroso. Ú. t. c. s.
embaimiento. m. Acción y efecto de embaír.
embaír. tr. *Ofuscar a uno para *engañarle y hacerle creer lo que no es. ‖ r. Entretenerse en alguna *diversión.
embajada. f. *Mensaje para tratar algún asunto de importancia. Dícese con preferencia del que se envía con un embajador, en las relaciones *internacionales. ‖ Cargo de embajador. ‖ Casa en que reside el embajador. ‖ Conjunto de los empleados que tiene a sus órdenes. ‖ fam. Proposición o exigencia *impertinente.
embajador. m. Agente *diplomático que tiene la categoría superior admitida en el derecho internacional. ‖ fig. **Emisario.**
embajadora. f. Mujer que lleva una embajada. ‖ Mujer del embajador.
embalador. m. El que tiene por oficio embalar.
***embalaje.** m. Acción y efecto de embalar los objetos. ‖ Caja o cubierta con que se resguardan los objetos que han de *transportarse a puntos distantes. ‖ Coste de esta cubierta.
***embalar.** tr. Colocar dentro de cubiertas adecuadas los objetos que han de transportarse a larga distancia. ‖ En las carreras de *automóviles, *bicicletas, etc., aumentar la velocidad. Ú. t. c. r. ‖ intr. Dar

golpes en la superficie del mar, a fin de que la *pesca se asuste y se precipite en las redes.
embaldosado. m. *Pavimento solado con baldosas.|| Operación de embaldosar.
embaldosar. tr. Solar, cubrir el *suelo con baldosas.
embalsadero. m. Lugar hondo y *pantanoso en donde se suelen recoger las aguas.
embalsamador, ra. adj. Que embalsama. Ú. t. c. s.
embalsamamiento. m. Acción y efecto de embalsamar.
embalsamar. tr. Preparar un *cadáver, por medio de inyecciones adecuadas, para preservarlo de la putrefacción. || *Perfumar, aromatizar. Ú. t. c. r.
embalsar. tr. Meter una cosa en balsa. Ú. t. c. r. || **Rebalsar.** Ú. m. c. r.
embalsar. tr. *Mar.* *Suspender en un balso a una persona o cosa para izarla.
***embalse.** m. Acción y efecto de embalsar o embalsarse. || Balsa artificial donde se acopian las aguas de un río o arroyo. || Cantidad de aguas así acopiadas.
embalumar. tr. *Cargar u *obstruir algo con cosas de mucho bulto y embarazosas. || r. fig. Cargarse de *ocupaciones.
emballenado. m. *Armazón compuesta de ballenas. || Corpiño de mujer armado con ballenas.
emballenador, ra. m. y f. Persona que tiene por oficio emballenar.
emballenar. tr. Armar con ballenas los *corsés u otras prendas de vestir.
emballestado, da. adj. *Veter.* Dícese de la caballería que tiene encorvado hacia adelante el menudillo de las manos. || m. *Veter.* Esta deformación.
emballestarse. r. Ponerse uno a punto de disparar la *ballesta.
embanastar. tr. *Meter una cosa en la banasta. || fig. Meter y *apretar en un espacio cerrado más gente de la que buenamente cabe. Ú. t. c. r.
embancar. intr. *Mar.* *Varar la embarcación en un banco.
embancarse. r. *Metal.* Entre fundidores, pegarse a las paredes del horno los materiales escoriados.
embanderar. tr. Adornar con banderas. Ú. t. c. r.
embarazada. adj. Dícese de la mujer *preñada. Ú. t. c. s. f.
embarazadamente. adv. m. Con embarazo.
embarazador, ra. adj. Que embaraza.
embarazar. tr. *Impedir, estorbar una cosa. || *Obstruir. || Poner encinta a una mujer. Ú. m. c. r. || r. Hallarse impedido con cualquier embarazo.
embarazo. m. *Impedimento, *dificultad. || *Preñez de la mujer. || Tiempo que dura. || Encogimiento, *timidez en los modales o en la acción.
embarazosamente. adv. m. Con embarazo, con *dificultad.
embarazoso, sa. adj. Que embaraza o incomoda.
embarbascarse. r. Enredarse el *arado en las raíces fuertes de las plantas. Ú. t. c. tr. || fig. Confundirse, *aturdirse. Ú. t. c. tr.
embarbecer. intr. Barbar el hombre, salirle la *barba.
embarbillar. tr. *Carp.* Ensamblar en un madero a caja y espiga la extremidad de otro inclinado. Ú. t. c. intr.
***embarcación.** f. Barco. || **Embarco.** || Tiempo que dura la *navegación de una parte a otra. || **menor.** Cualquiera de las de pequeño porte.
embarcadero. m. Lugar o artefacto fijo, destinado para *embarcar personas, animales, mercaderías, etc.
embarcador. m. El que embarca alguna cosa.
***embarcar.** tr. Hacer entrar personas, mercancías, etc., en una *embarcación para transportarlas de un lado a otro. Ú. t. c. r. || fig. *Incluir a uno en una dependencia o negocio. Ú. t. c. r. || intr. Entrar una persona en una embarcación, *ferrocarril u otro vehículo.
embarco. m. Acción de embarcar o embarcarse personas.
embardar. tr. **Bardar.**
embargabilidad. f. Calidad de embargable.
embargable. adj. *For.* Que puede ser embargado.
embargador. m. El que embarga o secuestra.
embargante. p. a. de **Embargar.** Que embaraza o *impide. || **No embargante.** m. adv. **Sin embargo.**
***embargar.** tr. Estorbar, *impedir, *detener. || fig. Suspender, paralizar, *enajenar los sentidos. || → *For.* Retener una cosa en virtud de mandamiento judicial.
***embargo.** m. Indigestión, empacho del *estómago. || → *For.* Retención, traba o secuestro de bienes por mandamiento judicial. || **Sin embargo.** m. adv. No obstante.
embarnecer. intr. **Engrosar** (ponerse uno *gordo).
embarnecimiento. m. Acción y efecto de embarnecer.
embarnizadura. f. Acción y efecto de embarnizar.
embarnizar. tr. **Barnizar.**
embarque. m. Acción de embarcar géneros, provisiones, etc.
embarrado. m. *Albañ.* Revoco de barro o tierra.
embarrador, ra. adj. Que embarra. Ú. t. c. s.|| fig. Enredador, *chismoso. Ú. t. c. s.
embarradura. f. Acción y efecto de embarrar o embarrarse.
embarrancar. intr. *Mar.* *Varar con violencia, encallándose el buque en el fondo. Ú. t. c. tr. || r. Atascarse, quedar *detenido en un barranco o atolladero. Ú. t. c. intr.
embarrar. tr. Introducir el extremo de una barra para hacer *palanca con ella. || r. Acogerse las *perdices a los árboles cuando se ven perseguidas. Ú. t. c. tr.
embarrar. tr. Untar de *lodo.
embarrilador. m. El que está encargado de embarrilar.
embarrilar. tr. Meter o *envasar algo en un *barril o barriles.
embarrotar. tr. **Abarrotar.**
embarullador, ra. adj. Que embarulla. Ú. t. c. s.
embarullar. tr. fam. *Confundir, *mezclar desordenadamente unas cosas con otras. || fam. Hacer las cosas con *precipitación y sin orden ni cuidado.
embasamiento. m. *Arq.* *Basa larga y continuada que sirve de *cimiento al edificio.
embasar. tr. *Arq. Nav.* Poner la basada a un buque para vararlo en la grada.
embastar. tr. Asegurar en las propiendas con puntadas de hilo fuerte la tela que se ha de *bordar. || Poner bastas a los *colchones. || **Hilvanar.**
embastar. tr. Poner bastos a las caballerías.
embaste. m. Acción y efecto de embastar. || *Costura a puntadas largas; hilván.
embastecer. intr. **Engrosar** (ponerse *gordo). || r. Ponerse basto o *tosco.
embatada. f. *Mar.* Golpe fuerte de *mar o *viento que hace cambiar de rumbo a la nave.
embate. m. Golpe impetuoso de *mar. || *Acometimiento impetuoso. Se dice también de lo inmaterial.
embaucador, ra. adj. Que embauca. Ú. t. c. s.
embaucamiento. m. *Engaño, alucinamiento.
embaucar. tr. *Engañar, alucinar a uno valiéndose de su poca malicia.
embaular. tr. *Meter dentro de un baúl ropa u otras cosas. || fig. y fam. *Comer con ansia, engullir.
embausamiento. m. Abstracción, suspensión, *enajenamiento del ánimo.
embazador. m. El que embaza.
embazadura. f. *Tinte o colorido de pardo o bazo.
embazadura. f. Asombro, *admiración.
embazar. tr. *Teñir de color pardo o bazo.
embazar. tr. *Detener, estorbar, *impedir. || fig. Suspender, causar *admiración. || intr. fig. Quedar sin acción. || r. *Fastidiarse, cansarse de una cosa. || **Empacharse** (sentir *timidez).
embazarse. r. En los juegos de *naipes, meterse en bazas.
embebecer. tr. Entretener, *divertir. || r. Quedarse embelesado o *enajenado.
embebecidamente. adv. m. Con embebecimiento o embelesamiento.
embebecimiento. m. *Enajenamiento, embelesamiento.
embebedor, ra. adj. Que embebe. Ú. t. c. s.
embeber. tr. *Absorber un cuerpo sólido algún líquido. || *Contener dentro de sí una cosa. || *Encoger una tela u otra cosa. || Empapar, *impregnar. || *Encajar, *meter una cosa dentro de otra. || fig. **Incorporar.** || intr. *Encogerse, *contraerse las telas y otras cosas. || r. fig. **Embebecerse.** || fig. Aprender a fondo, enterarse bien.
embelecador, ra. adj. Que embelaca. Ú. t. c. s.
embelecar. tr. *Engañar con artificios y falsas promesas.
embeleco. m. Embuste, *engaño. || fig. y fam. Persona o cosa *insignificante y *molesta.
embeleñar. tr. *Adormecer con beleño. || **Embelesar.**
embelesamiento. m. **Embeleso.**
embelesar. tr. Suspender, *enajenar, cautivar los sentidos. Ú. t. c. r.
embeleso. m. Efecto de embelesar o embelesarse. || Cosa que embelesa.
embelga. f. *Agr.* Bancal que se *siembra de una vez.
embellaquecerse. r. Hacerse bellaco.
***embellecer.** tr. *Hermosear, poner bella a una persona o cosa. Ú. t. c. r.
embellecimiento. m. Acción y efecto de embellecer o embellecerse.
embeodar. tr. ant. **Emborrachar.** Usáb. t. c. r.
embermejar. tr. **Embermejecer.**
embermejecer. tr. Teñir o dar de *color bermejo. || Poner colorado, *avergonzar a uno. Ú. m. c. r. || intr. Ponerse una cosa de *color bermejo o tirar a él.
emberrenchinarse. r. fam. **Emberrincharse.**
emberrincharse. r. fam. Enfadarse, *irritarse, encolerizarse.
embestida. f. Acción y efecto de embestir.

embestidor, ra. adj. Que embiste. ‖ m. fig. y fam. El que *pide con *importunación.
embestidura. f. **Embestida.**
embestir. tr. Arrojarse con ímpetu sobre una persona o cosa. ‖ fig. y fam. *Acometer a uno para *pedirle algo con *importunación. ‖ intr. fig. y fam. **Arremeter** (chocar, disonar, *desconvenir una cosa de otra).
***embetunar.** tr. *Cubrir o *untar una cosa con *betún.
embicadura. f. *Mar.* Acción y efecto de embicar.
embicar. intr. Embestir derecho a tierra con la nave.
embicar. tr. *Mar.* Poner una *verga inclinada como señal de *luto.
embigotarse. r. Echar *bigotes.
embijar. tr. *Pintar o teñir con bija o con bermellón. Ú. t. c. r. ‖ *Ensuciar, manchar, embarrar.
embije. m. Acción y efecto de embijar.
embizcar. intr. Quedar uno bizco. Ú. t. c. r.
emblandecer. tr. **Ablandar.** Ú. t. c. r. ‖ r. fig. Moverse a condescendencia, *flaquear, *compadecerse.
emblanquecer. tr. **Blanquear.** ‖ r. Ponerse *blanco lo que antes era de otro color.
emblanquecimiento. m. Acción y efecto de emblanquecer o emblanquecerse.
emblema. m. Jeroglífico, *inscripción, *símbolo o empresa en que se representa alguna figura, y al pie de la cual se escribe algún lema que declara o completa la significación de todo ello. Ú. t. c. f. ‖ Cualquier cosa que es representación simbólica de otra.
emblemáticamente. adv. m. De manera emblemática.
emblemático, ca. adj. Perteneciente o relativo al emblema, o que lo incluye.
embobamiento. m. Suspensión, embeleso, *enajenamiento.
embobar. tr. Entretener a uno; tenerle suspenso y *enajenado. ‖ r. Quedarse uno absorto y *admirado.
embobecer. t. Volver bobo o *tonto a uno. Ú. t. c. r.
embobecimiento. m. Acción y efecto de embobecer o embobecerse.
embocadero. m. *Entrada *estrecha, *agujero, portillo o hueco a manera de una boca. ‖ Entrada de los canales del *mar.
embocado, da. adj. **Abocado.**
embocadura. f. Acción y efecto de embocar una cosa por una parte estrecha. ‖ **Boquilla** (de los *instrumentos de viento). ‖ **Bocado** (del *freno). ‖ Hablando de vinos, *gusto, sabor. ‖ Paraje por donde los buques pueden penetrar en los ríos que desaguan en el *mar. ‖ Boca del escenario de un *teatro. ‖ **Tener buena embocadura.** fr. fig. Tocar uno con suavidad cualquier *instrumento de viento. ‖ Tratándose del *caballo, ser blando de boca. ‖ **Tomar la embocadura.** fr. fig. y fam. *Empezar a vencer las dificultades de una cosa.
embocar. tr. *Meter por la boca una cosa. ‖ *Entrar por una parte estrecha. Ú. t. c. r. ‖ fig. Hacer creer a uno lo que no es cierto, *engañarle. ‖ fam. Tragar y *comer mucho y de prisa ‖ fam. *Lanzar, dirigir a uno algo que produce *molestia. ‖ *Empezar un negocio.
embocinado, da. adj. **Abocinado.**
embochinchar. tr. Promover un bochinche o *alboroto. Ú. t. c. r.
embodegar. tr. Meter y *guardar en la bodega una cosa; como *vino, aceite, etc.
embojar. tr. Colocar ramas de boja o de otra planta adecuada, para que hagan con ellas sus capullos los gusanos de *seda.
embojo. m. Acción de embojar. ‖ Conjunto de ramas que se usan para embojar.
embolada. f. *Mec.* Cada uno de los movimientos que hace el émbolo.
embolado. m. fig. En el *teatro, papel corto y desairado. ‖ Toro **embolado.** ‖ fig. y fam. Artificio *engañoso.
embolar. tr. Poner bolas en las puntas de los *cuernos del toro de *lidia para que no pueda herir con ellos. ‖ Dar bola o *betún al *calzado.
embolar. tr. Dar la postrera mano de bol a la pieza que se ha de *dorar.
embolia. f. *Pat.* *Obstrucción de algún vaso producida por un coágulo de *sangre.
embolicar. tr. *Enredar, embrollar.
embolismador, ra. adj. Que embolisma. Ú. t. c. s.
embolismar. tr. fig. y fam. Meter *chismes y enredos.
embolismático, ca. adj. *Confuso, enredado, *incomprensible. Se aplica principalmente al lenguaje.
embolismo. m. *Cronol.* Añadidura de ciertos días para igualar el *año de una especie con el de otra. ‖ fig. Confusión, *enredo, *desorden y *dificultad en un negocio. ‖ fig. *Mezcla inconexa de muchas cosas. ‖ fig. y fam. Embuste, *chisme.
émbolo. m. *Mec.* Pieza o pistón que se ajusta y puede moverse en lo interior de un cuerpo de *bomba o del cilindro de una máquina.
embolsar. tr. *Guardar una cosa en la bolsa. Dícese, por lo común, del dinero. ‖ **Cobrar.** ‖ p. us. **Reembolsar.** Ú. t. c. s.
embolso. m. Acción y efecto de embolsar.
embonada. f. *Mar.* Acción y efecto de embonar un navío.
embonar. tr. *Mejorar o hacer buena una cosa. ‖ *Arq. Nav.* Forrar exteriormente con tablones el casco de un buque.
embones. m. pl. *Arq. Nav.* Tablones que se usan para embonar.
embono. m. desus. Refuerzo que se echa en la *ropa. ‖ *Arq. Nav.* Forro de tablones con que se embona un buque.
emboñigar. tr. *Untar con boñiga.
emboque. m. Paso de la bola por el aro, en ciertos juegos; y en general, acción de *pasar cualquier otra cosa por una parte estrecha. ‖ En el *juego de bolos, bolo menor que los otros nueve. ‖ fig. y fam. **Engaño.**
emboquera. f. Cubierta de paja o ramón con que se tapan los sacos de *cisco.
emboquillado. m. *Cigarillo con boquilla.
emboquillar. tr. Poner boquillas a los *cigarrillos de papel. ‖ *Min.* Labrar la boca de un barreno, o preparar la entrada de una galería.
embornal. m. *Mar.* **Imbornal.**
emborrachacabras. f. *Mata de la familia de las coriáceas, cuyas hojas se utilizan para curtir.
emborrachador, ra. adj. Que emborracha.
emborrachamiento. m. fam. **Embriaguez.**
***emborrachar.** tr. Causar embriaguez. ‖ *Atontar, perturbar, adormecer. Ú. t. c. r. ‖ r. Beber vino u otro licor hasta perder el uso normal de las potencias. ‖ Mezclarse y confundirse los varios colores de una *tela.
emborrar. tr. *Llenar de borra una cosa; como las albardas, muebles de tapicería, etc. ‖ Dar la segunda *carda a la lana. ‖ fig. y fam. **Embocar** (*comer con *gula).
emborrascar. tr. *Irritar, enfurecer. Ú. t. c. r. ‖ r. Hacerse *borrascoso el tiempo. ‖ fig. Echarse a perder un negocio, *malograrse. ‖ Tratándose de *minas, empobrecerse la veta.
emborrazamiento. m. Acción y efecto de emborrazar.
emborrazar. tr. *Culin.* Poner albardilla al ave para asarla.
emborricarse. r. fam. Quedarse aturdido. ‖ fam. *Enamorarse perdidamente.
emborrizar. tr. Dar la primera *carda a la lana para hilarla. ‖ *Culin.* Rebozar la carne. ‖ *Confit.* Dar a los dulces un baño de almíbar o azúcar.
emborronador, ra. adj. Que emborrona.
emborronar. tr. Llenar de borrones o garrapatos un papel. ‖ fig. *Escribir de prisa, en *estilo descuidado o con poca premeditación.
***emboscada.** f. Ocultación de una o varias personas en parte retirada para atacar por sorpresa a otra u otras. ‖ fig. *Asechanza, *intriga. ‖ Tropa emboscada.
emboscadura. f. Acción de emboscar o emboscarse. ‖ Lugar para emboscarse.
emboscar. tr. *Mil.* Ocultar tropas para una *emboscada. Ú. t. c. r. ‖ r. Entrarse u *ocultarse entre el ramaje.
embosquecer. intr. Convertirse en *bosque un terreno.
embotador, ra. adj. Que embota.
embotadura. f. Efecto de embotar las armas cortantes.
***embotamiento.** m. Acción y efecto de embotar o embotarse el filo de alguna cosa.
***embotar.** tr. Quitar o hacer romos los filos y puntas de las armas y otros instrumentos cortantes. Ú. m. c. r. ‖ fig. Enervar, *debilitar.
embotar. tr. *Envasar o meter *tabaco u otra cosa dentro de un bote.
embotarse. r. fam. Ponerse botas.
embotellado. m. Acción y efecto de embotellar.
embotellador, ra. m. y f. Persona que tiene por oficio embotellar. ‖ f. Máquina para embotellar.
embotellar. tr. Echar o *envasar el *vino u otro líquido en botellas. ‖ fig. *Detener en el surgidero naves de la *armada enemiga impidiendo su salida al mar. ‖ fig. Acorralar, *cercar o *encerrar a una persona; inmovilizar un negocio, una mercancía, etc.
emboticar. tr. Medicinar, jaropar. Ú. t. c. r. ‖ *Empujar, dar empujones.
embotijar. tr. Echar o *envasar algo en botijos o botijas. ‖ Colocar en el *suelo una tongada de botes de barro antes de solar una habitación. ‖ r. fig. y fam. *Hincharse, inflarse. ‖ fig. y fam. *Irritarse, encolerizarse.
embovedado. m. Obra en forma de *bóveda.
embovedar. tr. **Abovedar.** ‖ Poner o *encerrar alguna cosa en una bóveda.
emboza. f. Alabeo que toman, a veces, los fondos de los toneles y *cubas.
embozadamente. adv. m. fig. Reca-

tada y artificiosamente, con *disimulo.

embozalar. tr. Poner bozal a los animales.

embozar. tr. *Cubrir el rostro por la parte inferior, hasta las narices o los ojos, con la *capa u otra prenda de vestir. Ú. m. c. r. ‖ fig. Disfrazar, *ocultar con *disimulo lo que uno piensa o siente. ‖ *Obstruir un conducto.

embozo. m. Parte de la *capa, *sábana, etc., con que uno se cubre el rostro o parte de él. ‖ Cada una de las tiras de tela con que se guarnecen interiormente los lados de la *capa. Ú. m. en pl. ‖ En algunas provincias, modo de taparse de medio ojo las mujeres. ‖ fig. Recato artificioso con que se *disimula alguna cosa. ‖ **Quitarse** uno **el embozo.** fr. fig. y fam. *Revelar lo que antes ocultaba.

embracilado, da. adj. fam. Aplícase a los *niños acostumbrados a estar continuamente en *brazos.

embracilar. tr. Llevar en *brazos. Ú. t. c. intr.

embragar. tr. *Ceñir un fardo, piedra, etc., con bragas o brigas. ‖ *Acoplar un *mecanismo a otro para que participe de su movimiento. ‖ *Artill.* Sujetar el cañón a la cureña.

embrague. m. Acción de embragar. ‖ *Mecanismo para embragar.

embravecer. tr. *Irritar, enfurecer. Ú. t. c. r. ‖ fig. Robustecerse las plantas.

embravecimiento. m. *Enfado, furor.

embrazadura. f. Acción y efecto de embrazar. ‖ *Asidero por donde se embraza el *escudo.

embrazar. tr. Meter el *brazo izquierdo por la embrazadura del *escudo.

embreadura. f. Acción y efecto de embrear.

embrear. tr. *Untar con brea.

embregarse. r. Meterse en bregas y *contiendas.

embreñarse. r. *Internarse entre breñas.

embriagador, ra. adj. Que embriaga.

embriagante. p. a. de **Embriagar.** Que embriaga.

embriagar. tr. ***Emborrachar.** Ú. t. c. r. ‖ fig. *Enajenar, extasiar. Ú. t. c. r.

embriaguez. f. *Borrachera, turbación pasajera de las potencias, producida por el abuso del vino o de otros licores, o por ciertas drogas. ‖ fig. *Enajenamiento del ánimo.

embribar. tr. *Convidar a comer.

embridar. tr. Poner la *brida a las caballerías. ‖ **Equit.* Hacer que los caballos lleven bien la cabeza.

embriogenia. f. *Zool.* Formación y desarrollo del embrión.

embriogénico, ca. adj. Relativo a la embriogenia.

***embriología.** f. *Fisiol.* Estudio de la formación y vida de los embriones, desde el óvulo hasta su nacimiento.

embriológico, ca. adj. *Fisiol.* Perteneciente o relativo a la embriología.

embrión. m. **Embriol.* Germen o rudimento de un cuerpo organizado. ‖ En la especie humana, producto de la concepción hasta fines del tercer mes del embarazo. ‖ fig. *Principio, informe todavía, de una cosa.

embrionario, ria. adj. Perteneciente o relativo al embrión.

embrisar. tr. Mezclar al *vino brisa u orujo de cierta clase para darle determinado sabor.

embroca. f. **Farm.* Cataplasma.

embrocación. f. **Farm.* **Embroca.** ‖ **Terap.* Acción de derramar lentamente un líquido sobre una parte enferma.

embrocar. tr. *Transvasar el contenido de una vasija en otra. ‖ Poner una vasija boca abajo, *invertirla para este fin. Ú. t. c. r. ‖ Dejar *caer alguna cosa.

embrocar. tr. Devanar en la broca los hilos y torzales para *bordar. ‖ Asegurar los *zapateros con brocas las suelas. ‖ **Taurom.* Coger el toro al lidiador entre las astas.

embrochado, da. adj. p. us. **Brochado.**

embrochalar. tr. *Arq.* Sostener por medio de un brochal las vigas de un piso o *armadura que no pueden cargar en la pared.

embrolla. f. fam. **Embrollo.**

embrolladamente. adv. m. Con embrollo.

embrollador, ra. adj. Que embrolla. Ú. t. c. s.

embrollar. tr. *Enredar, *confundir las cosas. Ú. t. c. r.

embrollo. m. *Enredo, *confusión. ‖ **Embuste** (*mentira). ‖ fig. Situación *difícil, conflicto.

embrollón, na. adj. fam. **Embrollador.** Ú. t. c. s.

embrolloso, sa. adj. fam. Que implica o causa embrollo.

embromador, ra. adj. Que embroma. Ú. t. c. s.

embromar. tr. Dar *bromas, gastar chanzas a uno. ‖ *Engañar a uno. ‖ *Detener, hacer perder el tiempo. Ú. t. c. r. ‖ Fastidiar, *molestar. Ú. t. c. r. ‖ *Perjudicar.

embroquelarse. r. **Abroquelarse.**

embroquetar. tr. **Culin.* Sujetar con broquetas las patas de las aves para asarlas.

embrosquilar. tr. Meter el *ganado en el *corral.

embrujamiento. m. Acción y efecto de embrujar.

embrujar. tr. **Hechizar.**

embrutecedor, ra. adj. Que embrutece.

embrutecer. tr. *Atontar a uno, hacerle perder el uso de la razón. Ú. t. c. r.

embrutecimiento. m. Acción y efecto de embrutecer o embrutecerse.

embuciar. tr. *Germ.* **Embuchar.**

embuchado. m. *Embutido de carne picada de cerdo; longaniza, salchicha, etc. ‖ *Embutido de lomo de cerdo. ‖ fig. y fam. Moneda o monedas que se ocultan entre otras de menos valor cuando se hacen posturas al *juego. ‖ fig. Asunto tras el cual se *oculta algo de más gravedad e importancia. ‖ fig. y fam. *Enojo disimulado. ‖ Introducción fraudulenta de votos en las *elecciones. ‖ En el *teatro, morcilla que introduce algún actor.

embuchar. tr. *Embutir carne en un buche o tripa de animal. ‖ Introducir comida en el buche de una *ave, para que se alimente. ‖ fam. *Comer mucho, de prisa y casi sin mascar.

embudador, ra. m. y f. Persona que sostiene el *embudo para llenar las vasijas.

embudar. tr. Poner el *embudo en la boca de un recipiente, para echar dentro líquido. ‖ fig. Hacer embudos y otros *engaños. ‖ *Mont.* Hacer entrar la *caza en paraje cerrado que se estrecha gradualmente.

embudista. adj. fig. Que hace embudos o *engaños. Ú. t. c. s.

***embudo.** m. Instrumento hueco, en figura de cono y rematado en un canuto, que sirve para transvasar líquidos. ‖ fig. Trampa, *engaño, *enredo. ‖ pl. *Germ.* **Zaragüelles.**

embullar. tr. Animar a uno para que tome parte en una *diversión bulliciosa. Ú. t. c. r. ‖ intr. *Alborotar.

embullo. m. Bullicio, *alboroto, jarana.

embuñegar. tr. Enmarañar, *enredar. Ú. t. c. r.

emburujar. tr. fam. Aborujar, hacer que en una cosa se formen burujos. ‖ fig. *Amontonar y *mezclar confusamente unas cosas con otras.

emburriar. tr. **Empujar.**

embuste. m. *Mentira. ‖ pl. Bujerías, *alhajas falsas o de poco valor.

embustear. intr. Usar frecuentemente de embustes y engaños.

embustería. f. fam. Artificio para *engañar. ‖ fam. **Engaño.**

***embustero, ra.** adj. Que dice embustes. Ú. t. c. s.

embusteruelo, la. adj. d. de **Embustero.**

embustidor, ra. adj. p. us. **Mentiroso.**

embustir. intr. p. us. Decir embustes.

embutidera. f. Trozo de hierro con un hueco en que entran las cabezas de los clavos cuando los remachan los *caldereros.

***embutido.** m. Acción y efecto de embutir. ‖ Obra de *taracea o incrustaciones. ‖ → Tripa rellena de carne picada, sangre, etc., con su correspondiente aderezo. ‖ Entredós de bordado o de *encaje.

***embutir.** tr. Hacer embutidos. ‖ *Llenar una cosa con otra y apretarla. ‖ fig. Incluir, *introducir una cosa dentro de otra. ‖ fig. y fam. Atracarse de *comida. Ú. t. c. r.

eme. f. Nombre de la *letra *m.*

emelga. f. **Amelga.**

emenagogo. adj. **Farm.* Dícese de todo remedio que provoca la *menstruación. Ú. t. c. s.

emendar. tr. ant. **Enmendar.** Ú. t. c. r.

emenología. f. *Med.* Parte de la fisiología que trata de la *menstruación.

emergencia. f. Acción y efecto de emerger. ‖ Ocurrencia, *suceso, accidente que sobreviene.

emergente. p. a. de **Emerger.** Que emerge. ‖ adj. Que *procede de otra cosa.

emerger. intr. Brotar, *salir del agua u otro líquido.

emeritense. adj. Natural de Mérida. Ú. t. c. s. ‖ Perteneciente a esta ciudad.

emérito. adj. Aplícase a quien después de haber cesado en un *empleo, disfruta algún premio por sus buenos servicios. Dícese especialmente del *soldado cumplido de la Roma antigua.

emersión. f. **Astr.* *Salida de un astro por detrás del cuerpo de otro que lo ocultaba, o de su sombra.

emético, ca. adj. **Farm.* **Vomitivo.** Ú. t. c. s. m. ‖ m. Tartrato de potasa y de antimonio.

emétrope. adj. Dícese del *ojo de vista normal.

emienda. f. ant. **Enmienda.**

***emigración.** f. Acción de emigrar. ‖ Conjunto de personas que han emigrado.

emigrado. m. El que reside fuera de su patria, *desterrado por circunstancias *políticas.

emigrante. p. a. de **Emigrar.** Que emigra. Ú. t. c. s. ‖ El que reside en el país a que emigró. Ú. t. c. s.

***emigrar.** intr. Dejar uno su propio país para establecerse en otro extranjero. ‖ *Ausentarse temporalmente del propio país para hacer

en otro determinadas faenas. || Cambiar periódicamente de clima algunas especies animales.
emigratorio, ria. adj. Perteneciente o relativo a la emigración.
eminencia. f. *Altura o elevación del terreno. || fig. *Excelencia o sublimidad. || *Título y *tratamiento que se da a los *cardenales de la Iglesia católica. || Persona eminente, que *sobresale en su línea. || **Con eminencia.** m. adv. *Fil.* Virtual o potencialmente.
eminencial. adj. *Fil.* Aplícase al *poder capaz de producir un efecto, no por conexión formal con él, sino por una virtud superior.
eminencialmente. adv. m. Con *superioridad, con eminencia.
eminente. adj. *Alto, elevado. || fig. Que *sobresale en algún sentido.
eminentemente. adv. m. Excelentemente, con mucha *perfección. || *Fil.* **Con eminencia.**
eminentísimo, ma. adj. Aplícase como *tratamiento a los *cardenales de la Iglesia católica.
emir. m. **Amir.**
emisario, ria. m. y f. *Mensajero. || m. desus. *Desagüe de un estanque o de un lago. || m. Entre los *israelitas, cabrón que servía para cierto *sacrificio.
emisión. f. Acción y efecto de emitir. || *Hac.* Conjunto de títulos o *valores, que de una vez se crean para ponerlos en circulación.
emisor, ra. adj. Que emite. Ú. t. c. s. || m. *Radio.* Aparato que emite señales, sonidos, etc. || f. *Radio.* Estación que emite señales y sonidos mediante ondas eléctricas.
emitir. tr. *Arrojar, *expulsar o echar hacia fuera una cosa. || *Hac.* Producir y poner en circulación papel moneda, títulos, efectos públicos, etc. || Tratándose de *juicios, dictámenes, opiniones, etc., *expresarlos por escrito o de viva voz. || *Radio.* Lanzar señales, noticias, música, etc., por medio de las ondas eléctricas.
***emoción.** f. Agitación del ánimo, violenta o apacible, que nace de alguna causa pasajera.
emocional. adj. Perteneciente a la *emoción.
emocionante. p. a. de **Emocionar.** Que causa emoción.
emocionar. tr. *Conmover el ánimo, causar emoción. Ú. t. c. r.
emoliente. adj. *Farm.* Dícese del medicamento que sirve para ablandar. Ú. t. c. s. m.
emolir. tr. *Med.* **Ablandar.**
***emolumento.** m. *Remuneración que corresponde a un cargo o empleo. Ú. m. en pl.
emotividad. f. Calidad de emotivo.
emotivo, va. adj. Relativo a la *emoción. || Sensible a las *emociones.
empacador, ra. adj. Que empaca. || f. Máquina para empacar.
empacamiento. m. Acción y efecto de empacarse.
empacar. tr. Empaquetar, *embalar, encajonar.
empacarse. r. **Emperrarse.** || **Obstinarse.** || fig. *Turbarse, cortarse. || Plantarse una *caballería.
empacón, na. adj. Dícese de la *caballería que se empaca.
empachadamente. adv. m. Con estorbo, embarazo o impedimento.
empachado, da. adj. Desmañado, *torpe y *apocado.
empachar. tr. Estorbar, *impedir. Ú. t. c. r. || Ahitar, causar *saciedad o indigestión. Ú. m. c. r. || Disfrazar, encubrir, *disimular. || r. *Avergonzarse, cortarse.
empachera. f. fam. Empacho, *saciedad.
empacho. m. Cortedad, *timidez, *vergüenza. || Embarazo, estorbo, *impedimento. || *Indigestión o ahíto.
empachoso, sa. adj. Que causa empacho. || **Vergonzoso.**
empadrarse. r. Encariñarse excesivamente una criatura con su *padre o sus padres.
empadronador. m. El que forma los padrones.
empadronamiento. m. Acción y efecto de empadronar o empadronarse. || **Padrón.**
empadronar. tr. *Apuntar a uno en el *padrón. Ú. t. c. r.
empajada. f. Paja para las caballerías.
empajar. tr. Cubrir o rellenar con *paja. || Mezclar con paja el barro para hacer adobes. || r. Echar los *cereales mucha paja y poco fruto. || *Hartarse, llenarse de cosas sin substancia.
empajolar. tr. Sahumar con una pajuela las botas y tinajas de *vino.
empalagamiento. m. **Empalago.**
empalagar. tr. Causar hastío o *asco un manjar, principalmente si es dulce. Ú. t. c. r. || fig. Cansar, *fastidiar. Ú. t. c. r.
empalago. m. Acción y efecto de empalagar o empalagarse.
empalagoso, sa. adj. Dícese del manjar que empalaga. || fig. Dícese de la persona que usa con *afectación y de *halagos y zalamerías. Ú. t. c. s.
empalamiento. m. Acción y efecto de empalar.
empalar. tr. Espetar a uno en un palo. Fue un género de *suplicio
empaliada. f. *Colgaduras que se ponen en una fiesta.
empaliar. tr. Colgar la iglesia o el lugar por donde ha de pasar una *procesión.
empalicar. tr. Engatusar, enlabiar.
empalidecer. intr. **Palidecer.**
empalizada. f. **Estacada** (cercado o defensa hechos con estacas).
empalizar. tr. Rodear de empalizadas.
empalmadura. f. **Empalme.**
empalmar. tr. *Unir por los cabos dos maderos, cuerdas, etc., de manera que cada parte sea prolongación de la otra. || fig. Ligar o combinar planes, acciones, etc. || intr. Enlazar o combinarse un *ferrocarril con otro. || Efectuarse una cosa a *continuación de otra sin interrupción. || r. Llevar la *navaja oculta entre la manga y la palma de la mano.
empalme. m. Acción y efecto de empalmar. || Punto en que se empalma. || Cosa que empalma con otra. || Modo o forma de hacer el **empalme.**
empalomado. m. Murallón de piedra, a manera de *presa, hecho de modo que el agua pase por las aberturas labradas en su parte superior.
empalomadura. f. *Mar.* Ligada o *atadura fuerte con que se une la relinga a su *vela.
empalomar. tr. *Mar.* Coser la relinga a la *vela por medio de empalomaduras.
empalletado. m. *Mar.* Especie de *colchón que se formaba en el costado de los barcos de la *armada para la *defensa contra la fusilería enemiga.
empalletar. tr. *Mar.* Formar el empalletado.
empamparse. r. *Extraviarse en una pampa.
empampirolado, da. adj. fam. *Vanidoso, *jactancioso.
***empanada.** f. Manjar encerrado en un molde de masa de pan o de hojaldre, y cocido después en el horno. || fig. *Intriga, enredo o negocio que se trata de ocultar.
empanadilla. f. d. de **Empanada.** || *Pastel pequeño, relleno de dulce, de carne picada o de otro manjar, || Banquillo u otro *asiento de quita y pon que había en los estribos de los *coches antiguos.
empanado, da. adj. Dícese del *aposento de una casa rodeado de otras piezas y que no tiene luz ni ventilación directas. Ú. t. c. s. m.
empanar. tr. Encerrar una cosa en masa o pan, para cocerla en el horno. || *Culin.* Rebozar con pan rallado un manjar para freírlo. || *Agr.* *Sembrar de trigo las tierras. || r. *Agr.* Sofocarse los sembrados por exceso de simiente. || Granar las mieses.
empandar. tr. *Torcer o curvar una cosa, especialmente hacia el medio. Ú. t. c. r.
empandillar. tr. fam. Combinar unos naipes con otros para ciertas *fullerías.
empantanar. tr. Llenar de agua un terreno, dejándolo hecho un *pantano. Ú. t. c. s. || fig. *Detener o *impedir el curso de un negocio. Ú. t. c. r.
empañado, da. p. p. de **Empañar.** || adj. V. **Voz empañada.**
empañadura. f. **Envoltura** (de los niños de pecho).
***empañar.** tr. Envolver a los niños en pañales. || →Quitar la tersura, brillo o diafanidad. Ú. t. c. r. || fig. Obscurecer el honor o la fama; amenguar el mérito de una acción; *desacreditar. Ú. t. c. r.
empañetar. tr. *Albañ.* **Enlucir.**
empañicar. tr. *Mar.* Recoger en pliegues pequeños el paño de las *velas.
empapamiento. m. Acción y efecto de empapar o empaparse.
***empapar.** tr. *Impregnar, saturar un cuerpo de *humedad o de líquido. Ú. t. c. r. || *Absorber una cosa dentro de sus poros o huecos algún líquido. Ú. t. c. r. || Absorber un líquido en un cuerpo esponjoso o poroso. || Penetrar un líquido los poros o huecos de un cuerpo. Ú. t. c. r. || r. fig. Aplicarse a *comprender a fondo alguna cosa o *apasionarse por ella. || fam. *Hartarse, empacharse.
empapelado. m. Acción y efecto de empapelar una habitación u otra cosa.
empapelador, ra. m. y f. Persona que empapela.
empapelar. tr. *Envolver en papel. || *Cubrir de *papel las *paredes de una habitación. || fig. *For.* Formar causa criminal a uno.
empapirolar. tr. fam. **Emperejilar.** Ú. t. c. r.
empapuciar. tr. **Empapujar.**
empapujar. tr. fam. *Hartar a uno, hacerle *comer demasiado.
empapuzar. tr. **Empapujar.**
empaque. m. Acción y efecto de empacar o *embalar. || Materiales que forman la envoltura de los paquetes.
empaque. m. fam. *Aspecto, porte, aire de una persona. || *Seriedad con algo de *afectación o tiesura. || *Descaro. || Acción y efecto de empacarse un animal.
empaquetador, ra. m. y f. Persona que tiene por oficio empaquetar.
empaquetar. tr. Formar paquetes. ||

*Embalar convenientemente los paquetes. || fig. Acomodar y *apretar en un recinto un número excesivo de personas. || Emperejilar, *adornar con exceso una persona o cosa. Ú. t. c. r.
empara. f. *For.* **Emparamento.**
emparamarse. r. *Morirse de *frío en los páramos.
emparamentar. tr. *Adornar con jaeces los caballos, o con *colgaduras las paredes.
emparamento. m. *For.* Acción y efecto de emparar.
emparamiento. m. *For.* **Emparamento.**
emparar. tr. *For.* *Embargar o secuestrar.
emparchar. tr. *Pegar parches; llenar de ellos una cosa. Ú. t. c. r. || r. *Mar.* Ponerse una *vela en facha.
empardar. tr. Empatar, *igualar.
emparedado, da. adj. Dícese del que está *encerrado o recluido por castigo, penitencia o propia voluntad. Ú. t. c. s. || m. fig. Porción pequeña de jamón u otra vianda, entre dos trozos de *pan.
emparedamiento. m. Acción y efecto de emparedar. || Casa donde vivían *encerrados o recogidos los emparedados.
emparedar. tr. *Encerrar a una persona entre paredes, sin comunicación alguna. Ú. t. c. r. || *Ocultar alguna cosa entre paredes.
emparejado, da. adj. Aplícase a las *ovejas acompañadas de sus crías.
emparejador. m. El que empareja.
emparejadura. f. Igualación o acomodación de *dos cosas entre sí.
emparejamiento. m. Acción y efecto de emparejar.
emparejar. tr. Formar una pareja. Ú. t. c. r. || Poner una cosa a nivel con otra. || Tratándose de *puertas, ventanas, etc., juntarlas con el cerco, pero sin cerrarlas. || Echar a la *oveja artuña un cordero para que lo críe en vez del suyo. || *Agr.* *Allanar la tierra, nivelándola. || intr. *Alcanzar o llegar a ponerse junto a otro que iba delante. || Ser *igual una cosa con otra.
emparentar. intr. Contraer *parentesco por vía de casamiento.
emparrado. m. Conjunto de los vástagos y hojas de una o más *parras que, sostenidas en una armazón adecuada, forman a modo de *cobertizo o *corredor. || *Armazón que sostiene la parra.
emparrar. tr. Hacer o formar emparrado.
emparrillado. m. *Armazón de barras cruzadas que se usa para fortalecer los *cimientos en terrenos flojos.
emparrillar. tr. **Culin.* Asar en parrillas.
emparvar. tr. Poner en *parva las *mieses.
empastador, ra. adj. Que empasta. || Dícese del *pintor que da buena pasta de color a sus obras. Ú. m. c. s. || m. Pincel para empastar.
empastar. tr. *Cubrir de *pasta una cosa. || *Encuadernar en pasta los libros. || Dicho de un *diente o muela, rellenar con pasta o metal el hueco producido por la caries. || **Pint.* Poner el color en bastante cantidad para cubrir la imprimación.
empastar. tr. Convertir en *prado un terreno. Ú. t. c. r. || intr. **Veter.* Padecer meteorismo el animal por haber comido el pasto en malas condiciones. Ú. m. c. r.
empaste. m. Acción y efecto de empastar. || Pasta con que se llena el hueco de la caries en un *diente. || **Pint.* Unión perfecta y jugosa de colores y tintas.
empastelar. tr. fig. y fam. *Transigir y arreglar una dificultad para salir del paso y sin atender a los requerimientos de la justicia. || **Impr.* Mezclar las letras de un molde o fundiciones distintas. Ú. t. c. r.
empatadera. f. fam. Acción y efecto de empatar, *impedir o suspender una resolución. Se usaba esta voz en el juego de *naipes.
empatar. tr. Tratándose de una *elección, hacer que en ella sean tantos los votos en pro como los votos en contra. Ú. m. c. r. || Suspender el curso de las pruebas de *nobleza de sangre || **Empatársela** a uno. fr. fam. *Igualarle en una acción sobresaliente, rivalizar con él.
empate. m. Acción y efecto de empatar o empatarse.
empatillar. tr. Sujetar con alambre el anzuelo para *pescar.
empatronar. tr. Marcar con el *contraste las pesas y medidas.
empavesada. f. **Mar. Mil.* *Defensa que se hacía con los paveses o escudos. || **Mar.* Faja de paño de color, que sirve para adornar las bordas y las cofas de los buques en días de gran solemnidad. || *Mar.* Encerado que sirve para defender de la intemperie los coyes de la marinería.
empavesado, da. adj. Armado o provisto de pavés. || m. *Soldado que llevaba arma defensiva. || *Mar.* Conjunto de *banderas y gallardetes con que se empavesan los buques.
empavesar. tr. Formar empavesadas. || *Mar.* Engalanar una embarcación con empavesadas, *banderas y gallardetes.
empavonar. tr. **Pavonar.** || *Untar, pringar.
empecatado, da. adj. De extremada *travesura. || *Perverso, de mala intención. || Incorregible, *impenitente. || Dícese de la persona a quien se le *malogran los designios, como si estuviera dejada de la mano de Dios.
empecedero, ra. adj. Que puede empecer.
empecer. tr. *Dañar, causar perjuicio. || intr. *Impedir, obstar.
empecible. adj. **Empecedero.**
empecimiento. m. Acción y efecto de empecer.
empecinado, da. adj. *Obstinado, terco.
empecinado. m. **Peguero.** || Apodo que los comarcanos dan a los vecinos de Castrillo de Duero (Valladolid).
empecinamiento. m. Acción y efecto de empecinarse.
empecinar. tr. Untar de pecina o de pez alguna cosa.
empecinarse. r. *Obstinarse, aferrarse.
empedernido, da. adj. fig. Insensible, *cruel. || Pertinaz, *impenitente.
empedernir. tr. *Endurecer mucho. Ú. t. c. r. || r. fig. Hacerse insensible, *cruel o duro de corazón.
empedrado, da. adj. **Rodado** (dícese de ciertos caballos). || fig. Dícese del cielo cubierto de *nubes pequeñas. || m. Acción de empedrar. || *Pavimento formado artificialmente de piedras.
empedrador. m. El que tiene por oficio empedrar.
empedramiento. m. Acción y efecto de empedrar.
empedrar. tr. *Cubrir el suelo con *piedras clavadas en la tierra o ajustadas unas con otras. || fig. *Cubrir una superficie con objetos extraños a ella. || Por ext., se dice de otras cosas en que se pone algo con *abundancia.
empega. f. Pega o materia dispuesta para empegar. || *Marca que se hace con pez a las *ovejas.
empegado. m. Tela o piel untada de pez o de otra materia semejante.
empegadura. f. Baño o *revestimiento de pez o de otra materia semejante que se da a pellejos, barriles y otras vasijas.
empegar. tr. *Untar o revestir de pez derretida u otra cosa semejante. || *Marcar con pez a las *ovejas.
empego. m. Acción y efecto de empegar las *ovejas.
empeguntar. tr. **Empegar** las *ovejas.
empeine. m. Parte inferior del *vientre entre las ingles. || Parte superior del *pie, comprendida entre el arranque de la pierna y el principio de los dedos. || desus. *Uña del *caballo.
empeine. m. Enfermedad del *cutis, que lo pone áspero y encarnado, causando picazón. || **Hepática** (planta *criptógama). || Flor que cría la planta de *algodón.
empeinoso, sa. adj. Que tiene empeines en el cutis.
empelar. intr. Echar o criar *pelo. || Igualar en el pelo dos o más *caballerías. || tr. Talar un *monte para dejar la tierra en disposición de ser labrada.
empelazgarse. r. fam. Meterse en pelazga o *contienda.
empelechar. tr. Unir o aplicar chapas de *mármol. || Chapear de mármol.
empeltre. m. *Injerto de escudete. || *Olivo injerto, de aceituna negra.
empella. f. Pala del *zapato.
empellar. tr. *Empujar, dar empellones.
empellejar. tr. Cubrir con *pieles y pellejos una cosa.
empeller. tr. **Empellar.**
empellón. m. *Empujón recio que se da con el cuerpo. || **A empellones.** m. adv. fig. y fam. Con violencia, bruscamente.
empenachado, da. adj. Que tiene penacho.
empenachar. tr. Adornar con penachos.
empenta. f. Puntal o *apoyo para sostener una cosa.
empentar. tr. *Empujar, empellar. || Unir las excavaciones de las *minas o las obras de *fortificación de modo que queden bien seguidas.
empentón. m. **Empellón.**
empeñadamente. adv. m. Con empeño.
empeñado, da. adj. Dicho de disputas o *contiendas, acalorado, reñido, *violento.
empeñar. tr. Dar o dejar una cosa en *garantía de un *préstamo o del cumplimiento de una obligación. || *Compeler, obligar. Ú. t. c. r. || Poner a uno por medianero, utilizar su *mediación para conseguir alguna cosa. || r. **Endeudarse.** || *Obstinarse en una cosa. || *Interceder para que otro consiga lo que pretende. || Tratándose de acciones de guerra, contiendas, etc., tener *principio. Ú. t. c. tr. || **Mar.* Aventurarse un buque a riesgos y averías. Ú. t. c. tr.
empeñero, ra. m. y f. **Prestamista.**
empeño. m. Acción y efecto de empeñar o empeñarse. || *Obligación de pagar o de cumplir un compromiso de otra índole. || *Deseo vehemente de hacer o conseguir una

cosa. || *Influencia, valimiento. || Objeto o *finalidad que uno persigue. || *Obstinación y *constancia en un intento. || Protector, padrino o persona que se ha empeñado por alguno. || *Taurom.* Obligación que tenía el caballero rejoneador de echar pie a tierra y estoquear al toro en ciertos casos. || **Con empeño.** m. adv. Con gran *deseo, *esfuerzo y *constancia. || **En empeño.** m. adv. En fianza.

empeñoso, sa. adj. Dícese del que muestra empeño y *constancia en conseguir un fin.

***empeoramiento.** m. Acción y efecto de empeorar o empeorarse.

***empeorar.** tr. Hacer que una cosa o persona sea o se ponga peor. || intr. Irse haciendo o poniendo peor. Ú. t. c. r.

empequeñecer. tr. Minorar una cosa, hacerla más *pequeña o *depreciarla.

empequeñecimiento. m. Acción y efecto de empequeñecer.

***emperador.** m. Título dado al jefe supremo del antiguo imperio romano. || Título de ciertos *soberanos modernos. || **Pez espada.**

emperadora. f. ant. **Emperatriz.**

emperatriz. f. Mujer del emperador. || Soberana de un imperio.

emperchado. m. *Enrejado de maderas verdes, que sirve para impedir la entrada en alguna parte.

emperchar. tr. *Colgar en la percha. || r. Prenderse la *caza en la percha.

emperdigar. tr. **Perdigar.**

emperejilar. tr. fam. *Adornar a una persona con esmero. Ú. m. c. r.

emperezar. tr. fig. *Retardar o *dificultar una cosa. || r. Dejarse dominar por la *pereza.

empergaminar. tr. Cubrir o *forrar con pergamino.

empergar. tr. Prensar la aceituna en el empergue del *molino.

empergue. m. Acción y efecto de empergar. || *Palanca que hace presión en la *molienda de la aceituna. || Prensa de la *aceituna.

emperifollar. tr. **Emperejilar.** Ú. t. c. r.

emperingotado, da. adj. Encopetado, *orgulloso.

empernar. tr. *Clavar o asegurar una cosa con pernos.

empero. conj. advers. **Pero.** || **Sin embargo.**

emperrada. f. **Renegado** (juego de *naipes).

emperramiento. m. fam. Acción y efecto de emperrarse.

emperrarse. r. fam. *Obstinarse, no ceder.

empesador. m. Manojo de raíces de juncos, que usan algunos *tejedores para atusar la urdimbre.

empesebrar. tr. Atar una caballería al *pesebre.

empetatar. tr. *Esterar el suelo con petate.

empetro. m. **Hinojo marino.**

***empezar.** tr. Comenzar, dar *principio a una cosa. || Iniciar el uso o consumo de ella. || intr. Tener principio una cosa.

empicarse. r. Aficionarse demasiado.

empicotadura. f. Acción de empicotar.

empicotar. tr. Poner a uno en la picota.

empiece. m. fam. **Comienzo.**

empiema. m. *Pat.* Acumulación serosa, sanguínea o purulenta en la cavidad de las *pleuras.

empigüelar. tr. **Empihuelar.**

empihema. m. *Pat.* **Empiema.**

empihuelar. tr. *Atar con pihuelas.

empilar. tr. **Apilar.**

empilonar. tr. Hacer montones de *tabaco seco.

empina. f. Corro de *hierba que sobresale en un prado. || Mata de gatuñas o de cualquier hierba, que impide la acción del *arado.

empinada (irse a la). fr. *Equit.* Encabritarse una *caballería.

empinado, da. adj. Muy *alto. || fig. Estirado, *orgulloso.

empinador, ra. adj. fam. Que bebe mucho vino, *borracho.

empinadura. f. **Empinamiento.**

empinamiento. m. Acción y efecto de empinar o empinarse.

empinante. p. a. de **Empinar.** Que empina.

empinar. tr. *Levantar en alto una cosa o aproximarla a la posición *vertical. || *Inclinar mucho el vaso, el jarro, etc., para beber, levantando en alto el fondo de la vasija. || fig. y fam. *Beber mucho. || r. Ponerse uno sobre las puntas de los pies y *erguirse. || Ponerse una *caballería u otro cuadrúpedo sobre los dos pies levantando las manos. || fig. *Sobresalir las plantas, torres, etc., de cuanto las rodea.

empingorotado, da. adj. Dícese de la persona que *sobresale por su posición social y especialmente de la que se *engríe por ello.

empingorotar. tr. fam. *Levantar una cosa poniéndola sobre otra. Ú. t. c. r.

empino. m. *Prominencia. || *Arq.* Parte de la *bóveda por arista, que está más alta que el plano horizontal que pasa por las claves de los arcos.

empiñonado. m. **Piñonate.**

empipada. f. Hartazgo, *saciedad.

empipar. tr. *Envasar el vino en las pipas. || r. *Hartarse, apiparse.

empíreo, a. adj. Dícese del *cielo de los bienaventurados. Ú. t. c. s. || Perteneciente al cielo **empíreo.** || fig. Celestial, supremo, divino.

empireuma. m. Olor desagradable o *fétido que despiden algunas substancias orgánicas sometidas a fuego violento.

empireumático, ca. adj. Que tiene empireuma.

empíricamente. adv. m. Por sola la práctica.

empírico, ca. adj. Perteneciente o relativo al empirismo. || Que procede empíricamente. Ú. t. c. s. || Partidario del empirismo filosófico. Ú. t. c. s.

empirismo. m. Procedimiento fundado en mera práctica o rutina. || Sistema *filosófico que toma la experiencia como única base de los *conocimientos humanos.

empitonar. tr. *Taurom.* Alcanzar la res al lidiador cogiéndole con los pitones.

empizarrado. m. *Cubierta o *techo de un edificio formada con pizarras.

empizarrar. tr. Cubrir con pizarras el *techo de un edificio.

emplastadura. f. Acción y efecto de emplastar.

emplastamiento. m. **Emplastadura.**

emplastar. tr. *Terap.* Poner emplastos. || fig. Componer con *afeites y adornos postizos. Ú. t. c. r. || fam. *Detener o *impedir el curso de un negocio. || r. Embadurnarse o *ensuciarse con alguna materia blanda.

emplastecer. tr. *Pint.* Igualar con el aparejo una superficie para poder pintar sobre ella.

emplástico, ca. adj. *Pegajoso, glutinoso.

emplasto. m. *Farm.* Preparado plástico y adhesivo. || fig. y fam. Componenda, pacto o *convenio poco satisfactorio. || fig. y fam. **Parche** (cosa que desdice).

emplástrico, ca. adj. **Emplástico.** || Supurativo, disolutivo.

emplazador. m. El que emplaza.

emplazamiento. m. Acción y efecto de emplazar o citar.

emplazamiento. m. *Lugar en que se *coloca alguna cosa; posición.

emplazar. tr. Citar o *convocar a una persona en determinado tiempo y lugar. || *For.* Citar al demandado || *Mont.* **Concertar.**

emplazar. tr. *Colocar, situar.

emplea. f. ant. Mercaderías en que se emplea el dinero para *comerciar.

***empleado, da.** m. y f. Persona que desempeña algún *empleo, cargo o servicio a las órdenes del gobierno o de un particular, corporación o empresa.

empleador. m. Persona que emplea *obreros.

***emplear.** tr. Ocupar a uno, encargándole un negocio, cargo, servicio o *comisión. Ú. t. c. s. || Destinar a uno al servicio público. || Invertir el dinero en una compra o en algún negocio. || *Gastar, consumir. || ***Usar.**

empleita. f. **Pleita.**

empleitero, ra. m. y f. Persona que hace o vende empleita.

emplenta. f. Pedazo de tapial que se hace de cada vez.

***empleo.** m. Acción y efecto de emplear. || Destino. *ocupación, oficio. || *Germ.* **Hurto.** || **Apear a uno de un empleo.** fr. fig. y fam. *Destituirlo.

empleomanía. f. Afán por obtener *empleos de la administración pública.

emplomador. m. El que tiene por oficio emplomar.

emplomadura. f. Acción y efecto de emplomar. || Porción de *plomo con que está emplomado algo.

***emplomar.** tr. Cubrir, asegurar o soldar una cosa con *plomo. || Poner *sellos de plomo en los precintos.

emplumar. tr. Poner *plumas en alguna cosa. || Cubrir de plumas a una persona como *castigo infamante. || Enviar a uno a algún sitio de castigo. || intr. **Emplumecer.** || Fugarse, *huir.

emplumecer. intr. Echar *plumas las aves.

empobrecedor, ra. adj. Que empobrece a uno.

***empobrecer.** tr. Hacer que uno quede en la *pobreza. || intr. Venir a estado de pobreza una persona. Ú. t. c. r. || *Decaer, degenerar. Ú. t. c. r.

empobrecimiento. m. Acción y efecto de empobrecer o empobrecerse.

empoderar. tr. desus. **Apoderar.**

empodrecer. intr. **Pudrir.** Ú. m. c. r.

empoltronecerse. r. **Apoltronarse.**

***empolvar.** tr. Echar *polvo. || Echar polvos de *tocador en los cabellos o en el rostro. Ú. t. c. r. || r. Cubrirse de polvo.

empolvoramiento. m. Acción y efecto de empolvorar.

empolvorar. tr. **Empolvar.**

empolvorizar. tr. **Empolvar.**

empolladura. f. Cría o pollo que producen las *abejas.

***empollar.** tr. Calentar el ave los huevos, poniéndose sobre ellos para sacar pollos. Ú. t. c. r. || intr. Producir las *abejas pollo o cría. || fig.

y fam. *Meditar o estudiar un asunto con mucho detenimiento.
empollón, na. adj. Dícese del *estudiante que prepara mucho sus lecciones. Ú. t. c. s.
emponchado, da. adj. fig. Sospechoso, que inspira *sospechas. Ú. t. c. s.
emponzoñador, ra. adj. Que emponzoña o *envenena. Ú. t. c. s. || fig. Que produce grave *perjuicio.
emponzoñamiento. m. Acción y efecto de emponzoñar o emponzoñarse.
emponzoñar. tr. Dar ponzoña a uno, o* envenenar una cosa con ponzoña, Ú. t. c. r. || fig. Inficionar, *pervertir, echar a perder. Ú. t. c. r.
empopada. f. **Mar.* Navegación con viento duro por la popa.
empopar. intr. **Mar.* Calar mucho de popa un buque. || *Mar.* Volver la popa al viento o a cualquier objeto. Ú. t. c. r.
emporcar. tr. *Ensuciar, llenar de porquerías. Ú. t. c. r.
emporio. m. Lugar donde concurren para el *comercio gentes de diversas naciones. || *Ciudad famosa por el esplendor que han alcanzado en ella las *ciencias o las *artes.
empotramiento. m. Acción y efecto de empotrar.
empotrar. tr. *Meter una cosa en la pared o en el suelo, asegurándola con fábrica. || Poner en el potro las *colmenas.
empotrerar. tr. Echar el *ganado al potrero para que paste.
empozar. tr. Meter o echar en un pozo. Ú. t. c. r. || Poner el *cáñamo o el lino en pozas o charcas para su maceración. || intr. Quedar el agua detenida en el terreno formando *charcos. || r. fig. y fam. **Admón. púb.* Quedar sin curso un expediente.
empradizar. tr. Convertir en *prado un terreno. Ú. t. c. r.
emprendedor, ra adj. Que emprende con *resolución cosas difíciles o arriesgadas.
***emprender.** tr. Dar *principio a una obra o empresa. Dícese más propiamente de las que exigen notable *esfuerzo y resolución. || fam. Con nombres de personas regidos de las preps. *a* o *con*, *acometer a uno para importunarle, o para reñir con él.
empreñación. f. ant. **Preñez.**
empreñar. tr. Hacer concebir a la hembra, *fecundarla. || r. Hacerse preñada la hembra.
empresa. f. Intento o acción ardua y dificultosa que se comienza con *resolución y *valor. || Cierto *símbolo o figura enigmática, que alude a lo que se intenta conseguir o a aquello de que alguno se *jacta. || Intento o designio de hacer una cosa. || *Sociedad mercantil o industrial que realiza negocios de cierta importancia. || Obra o designio llevado a efecto.
empresario, ria. m. y f. Persona que por concesión o por contrata ejecuta una obra o explota un servicio público. || Persona que explota un *espectáculo o diversión. || Persona que emplea *obreros.
emprestar. tr. Pedir prestado.
emprestillador, ra. adj. **Petardista.**
empréstito. m. *Préstamo; especialmente el que toma un Estado o corporación y está representado por títulos negociables o al portador. || Cantidad así prestada.
emprima. f. **Primicia.**
emprimado. m. Acción y efecto de emprimar la lana.
emprimar. tr. Pasar la *lana a una segunda carda. || fig. y fam. Abusar del candor de uno para que pague algo indebidamente, o para *engañarle. || **Pint.* **Imprimar.**
empringar. **tr. Pringar.** Ú. t. c. r.
empuchar. tr. Poner en *lejía las *madejas antes de sacarlas al sol para curarlas.
empuesta (de). m. adv. **Cetr.* Por detrás o después de haber pasado el ave.
empujador, ra. adj. Que empuja. Ú. t. c. s.
***empujar.** tr. Hacer fuerza contra una cosa. || fig. Hacer que uno salga de su puesto o empleo. || fig. Hacer gestiones con toda *diligencia para conseguir o para dificultar o impedir alguna cosa.
empuje. m. Acción y efecto de empujar. || **Arq.* Esfuerzo producido por el peso de una bóveda o por el de las tierras sobre las paredes que las sostienen. || fig. Brío, *resolución con que se acomete una empresa. || fig. *Poder, influencia.
empujón. m. Acción y efecto de *empujar de golpe y con fuerza. || Avance o *adelantamiento rápido que se da a una obra trabajando con ahínco en ella. || **A empujones.** m. adv. fig. y fam. **A empellones.** || Con intermitencias.
empulgadura. f. Acción y efecto de empulgar.
empulgar. tr. Armar la *ballesta.
empulguera. f. Cada una de las extremidades de la verga de la *ballesta. || pl. Instrumento que servía para dar *tormento apretando los dedos pulgares.
empuntar. tr. Encarrilar, *guiar, dirigir. || Despedir, *expulsar a uno. || intr. Irse, *marcharse.
empuñador, ra. adj. Que empuña.
empuñadura. f. Guarnición o puño de la *espada. || fig. y fam. *Principio de un discurso o *preámbulo obligado de algún cuento.
empuñar. tr. *Asir por el puño una cosa. || Asir una cosa abarcándola estrechamente con la mano. || fig. Lograr, *conseguir un empleo o puesto.
empuñidura. f. *Mar.* Cada uno de los *cabos firmes en los puños altos de las *velas y en los extremos de las fajas de rizos, que sirven para sujetar unos u otros a la verga.
empurpurado, da. adj. Vestido de púrpura.
empurpurar. tr. Dar *color de púrpura.
empurrarse. r. Enfurruñarse, *irritarse.
emputecer. tr. ***Prostituir.** Ú. t. c. r.
emulación. f. Deseo y propósito que uno hace de *imitar o superar las acciones de otro. || *Rivalidad, competencia.
emulador, ra. adj. Que emula o compite con otro. Ú. t. c. s.
emular. tr. *Imitar las acciones de otro, *rivalizar con él, procurando igualarle y aun excederle. Ú. t. c. r.
emulgente. adj. **Farm.* **Emulsivo.**
émulo, la. adj. Que emula; competidor, *rival. Ú. t. c. s.
emulsión. f. **Farm.* *Mezcla más o menos líquida, compuesta de una substancia que sirve de vehículo y de otra que se halla en suspensión, divididas en pequeñísimas gotas o partículas.
emulsionar. tr. *Mezclar formando una emulsión.
emulsivo, va. adj. **Farm.* Aplícase a cualquier substancia que sirve para hacer emulsiones.
emulsor. m. Aparato para hacer emulsiones.
emunción. f. *Fisiol.* *Evacuación de los humores y materias superfluas.
emuntorio. m. **Anat.* Cualquier conducto, canal u órgano que sirve para *evacuar los humores superfluos. || pl. *Anat.* *Glándulas de los sobacos, ingles y de detrás de las orejas.
en. prep. que indica en qué lugar, tiempo o modo se determinan las acciones de los verbos a que se refiere. || Equivale, a veces, a **sobre, por,** etc. || Junta con un gerundio, significa luego que, *después que. || prep. insep. **In.**
en. prep. insep. que significa *dentro de.
enaceitarse. r. Ponerse aceitosa una cosa.
enacerar. tr. Hacer alguna cosa como de *acero. || fig. *Endurecer, vigorizar.
enaciado. m. Súbdito de los reyes cristianos españoles que estaba ligado por algún vínculo a los *mahometanos.
***enagua.** f. Especie de *saya que se usa debajo de la falda exterior. || En algunos pueblos, saya de cualquier tela que usan las mujeres encima de la ropa interior. Ú. m. en pl. || Vestidura de bayeta negra, de que usaban los hombres en los *lutos y en algunas *procesiones.
enaguachar. tr. Llenar de *agua una cosa con exceso. || Causar en el *estómago pesadez el beber mucho. Ú. t. c. r.
enaguar. tr. **Enaguachar.**
enaguazar. tr. Encharcar, llenar de *agua las tierras. Ú. t. c. r.
enagüetas. f. pl. Especie de zaragüelles.
enagüillas. f. pl. d. de **Enaguas.** || **Enaguas** (de bayeta negra). || Especie de falda corta que ponen a algunas *efigies de Cristo.
enajenable. adj. Que se puede enajenar.
enajenación. f. Acción y efecto de enajenar o enajenarse. || fig. *Distracción, falta de atención. || **mental.** ***Locura.**
enajenador, ra. adj. Que enajena. Ú. t. c. s.
***enajenamiento.** m. Suspensión o turbación de los sentidos causada por alguna pasión, o por la admiración u otro sentimiento. || **Enajenación.**
enajenante. p. a. de **Enajenar.** Que enajena.
***enajenar.** tr. *Transmitir a otro el dominio de una cosa o algún otro derecho sobre ella. || → fig. Sacar a uno fuera de sí; suspenderle o turbarle el uso de los sentidos. Ú. t. c. r. || r. Desposeerse, privarse de algo. || Apartarse, *retirarse del trato o comunicación con alguna persona. Ú. t. c. tr.
enálage. f. **Gram.* Figura que consiste en usar unas partes de la oración por otras, o en alterar sus accidentes normales.
enalbardar. tr. Echar o poner la *albarda. || fig. **Culin.* Rebozar con harina, huevos y otras cosas lo que se ha de freír. || fig. **Emborrazar.**
enalmagrado, da. adj. fig. Señalado o tenido por ruin y *despreciable.
enalmagrar. tr. **Almagrar** (teñir de almagre).
enalmenar. tr. **Fort.* Hacer almenas en un muro.
***enaltecer.** tr. Ensalzar, exaltar, engrandecer, elevar una persona o cosa a mayor estimación y dignidad. Ú. t. c. r.
***enaltecimiento.** m. Acción y efecto de enaltecer.

enamarillecer. intr. **Amarillecer.** Ú. t. c. r.
enamorada. f. desus. *Ramera, mujer de mala vida.
enamoradamente. adv. m. Con *amor, con cariño, con pasión.
enamoradizo, za. adj. Propenso a enamorarse.
enamorado, da. adj. Que tiene *amor. Ú. t. c. s. ‖ **Enamoradizo.**
enamorador, ra. adj. Que enamora o dice amores. Ú. t. c. s.
enamoramiento. m. Acción y efecto de enamorar o enamorarse.
enamorante. p. a. de **Enamorar.** Que enamora.
***enamorar.** tr. Despertar en uno la pasión del amor. ‖ Decir amores, *galantear. ‖ r. Prendarse de amor de una persona. ‖ Aficionarse a una cosa.
enamoricarse. r. fam. Enamorarse a la ligera.
enamoriscarse. r. **Enamoricarse.**
enancarse. r. Montar a las ancas.
enanchar. tr. fam. **Ensanchar.**
enangostar. tr. **Angostar.** Ú. t. c. r.
enanismo. m. *Pat.* Enfermedad que retrasa el *crecimiento normal y produce individuos enanos.
enano, na. adj. fig. Dícese de lo que es *pequeño en su especie. ‖ m. y f. Persona de extraordinaria pequeñez o muy *baja de estatura.
enante. f. *Planta herbácea umbelífera, que contiene una substancia venenosa.
enantes. adv. t. ant. **Antes.**
enanzar. intr. *Adelantar, avanzar.
enarbolado. m. *Arq.* *Armadura de una linterna de torre o bóveda.
enarbolar. tr. *Levantar en alto una *bandera u otra cosa. ‖ r. **Encabritarse.** ‖ *Irritarse, enfurecerse.
enarcar. tr. **Arquear** (dar forma de *arco). Ú. t. c. r. ‖ Echar cercos a las *cubas. ‖ r. *Encogerse, achicarse. ‖ fig. Cortarse, *aturdirse.
enardecedor, ra. adj. Que enardece.
enardecer. tr. fig. *Excitar una pasión, una disputa, etc. Ú. t. c. r. ‖ r. Encenderse una parte del cuerpo por congestión o *inflamación.
enardecimiento. m. Acción y efecto de enardecer o enardecerse.
enarenación. f. *Albañ.* Mezcla de cal y arena con que se preparan las paredes que se han de pintar.
enarenar. tr. Echar *arena para *cubrir alguna superficie. Ú. t. c. r. ‖ *Min.* Mezclar arena fina con las lamas argentíferas para que el azogue actúe más fácilmente sobre las partículas de *plata. ‖ r. *Encallar las embarcaciones.
enarma. m. Empuñadura o *asidero del *broquel.
enarmonar. tr. *Levantar, poner en pie o *vertical una cosa. ‖ r. Empinarse las *caballerías y otros cuadrúpedos.
enarmonía. f. **Mús.* Cierta progresión armónica. ‖ Paso de una nota a otra de nombre distinto sin cambiar la entonación.
enarmónico, ca. adj. **Mús.* Aplícase a uno de los tres géneros del sistema músico que procede por dos semitonos menores, y una tercera mayor.
enastado, da. adj. Que tiene astas o *cuernos. ‖ Que tiene mango.
enastar. tr. Poner el *mango o asta a una arma o instrumento.
enastilar. tr. Poner astil o *mango a una herramienta.
encabalgamiento. m. Cureña o carro en que se monta la *artillería. ‖ *Armazón de *maderos cruzados donde se apoya alguna cosa.
encabalgar. intr. *Apoyarse una cosa sobre otra. ‖ tr. Proveer de *caballos. ‖ Solapar, *imbricar.
encaballado. m. **Impr.* Descomposición de un molde por mezclarse los tipos.
encaballar. tr. Solapar, *imbricar, colocar una cosa sobre otra de modo que la cubra parcialmente, como las tejas en los tejados. ‖ intr. **Encabalgar** (*apoyar una cosa en otra). ‖ **Impr.* Desarreglar un molde de modo que las letras resulten en desorden. Ú. t. c. r.
encabar. tr. Poner cabo o *mango a una herramienta.
encabellecerse. r. Criar *cabello.
encabestradura. f. **Veter.* Herida producida a una caballería por el frote del cabestro o ronzal.
encabestrar. tr. Poner el *cabestro a los animales. ‖ Hacer que las reses bravas sigan a los cabestros. ‖ fig. *Seducir o *atraer a uno. ‖ r. *Enredar la bestia una mano en el cabestro.
encabezamiento. m. Acción de encabezar o empadronar. ‖ Registro o *padrón que se hace para la imposición de los tributos. ‖ Ajuste de la cuota que deben pagar los vecinos por toda la *contribución. ‖ Conjunto de las palabras o fórmulas con que ordinariamente se *empieza un *documento, o *preámbulo de un libro u otro escrito.
encabezar. tr. Registrar, *apuntar en una matrícula o *padrón, especialmente para el pago de *impuestos. ‖ Dar *principio, iniciar. ‖ Poner el encabezamiento de un libro o escrito. ‖ Acaudillar, hacer de *jefe. ‖ Aumentar la parte espiritosa de un *vino. ‖ **Carp.* Unir dos tablones o vigas por sus extremos. ‖ r. Convenirse en cierta cantidad para el pago de un *impuesto. ‖ *Tolerar un daño por evitar otro mayor.
encabezonamiento. m. desus. **Encabezamiento.**
encabezonar. tr. desus. **Encabezar.**
encabillar. tr. **Arq. Nav.* Sujetar con cabillas.
encabrahigar. tr. *Agr.* **Cabrahigar.**
encabriar. tr. *Arq.* Colocar los cabrios para formar la *armadura de un edificio.
encabritarse. r. Empinarse el *caballo, afirmándose sobre las patas traseras y levantando las manos.
encabruñar. tr. **Cabruñar.**
encabullar. tr. Liar, *forrar una cosa con cabulla.
encachado. m. Revestimiento de piedra en el *cauce de una corriente entre los estribos de un *puente. ‖ Empedrado especial que se hacía entre los carriles para los *tranvías de sangre. ‖ *Pavimento empedrado de morrillos.
encachar. tr. Hacer un encachado. ‖ Poner las cachas a un *cuchillo, navaja, etc.
encadarse. r. **Mont.* Meterse en el cado, agazaparse. ‖ fig. Acoquinarse, *acobardarse.
encadenación. f. **Encadenamiento.**
encadenado, da. adj. Dícese de la estrofa cuyo primer *verso repite las palabras del último verso anterior. ‖ m. *Arq.* **Cadena** (armazón de maderos o machón de sillería). ‖ **Min.* Serie de estemples y tornapuntas ligadas entre sí en una entibación.
encadenadura. f. **Encadenamiento.**
encadenamiento. m. Acción y efecto de encadenar. ‖ Conexión y *enlace de las cosas unas con otras.
***encadenar.** tr. Ligar y *atar con *cadena. ‖ fig. Trabar y enlazar unas cosas con otras. ‖ fig. Dejar a uno sin movimiento y sin acción. ‖ *Mar.* Echar las cadenas de un *puerto.
encaecida. adj. **Parida.**
encajadas. adj. pl. **Blas.* Aplícase a las piezas que forman encajes.
encajador. m. El que encaja. ‖ Instrumento que sirve para encajar una cosa en otra.
encajadura. f. Acción de encajar una cosa en otra. ‖ **Encaje** (*agujero en que encaja alguna cosa).
***encajar.** tr. Meter una cosa dentro de otra ajustadamente. ‖ Unir ajustadamente una cosa con otra; como la puerta cuando se *cierra. Ú. t. c. intr. ‖ *Encerrar en alguna parte una cosa. ‖ fig. y fam. *Decir una cosa, introduciéndola en la conversación con más o menos oportunidad. ‖ fig. y fam. *Disparar, *dar o *arrojar (proyectiles, golpes, palos etc.). ‖ fig. y fam. Hacer oír a uno alguna cosa, causándole *molestia. ‖ fig. y fam. Hacer tomar una cosa que representa algún *engaño o molestia. ‖ intr. fig. y fam. **Venir al caso.** ‖ r. *Entrar uno en parte estrecha. ‖ fig. y fam. *Vestirse una prenda. ‖ fig. y fam. *Entrometerse uno donde no es llamado.
***encaje.** m. Acción de *encajar una cosa en otra. ‖ *Hueco en que se encaja una cosa. ‖ Ajuste o *acoplamiento de dos piezas que se adaptan entre sí. ‖ Medida y corte que tiene una cosa para que venga justa con otra. ‖ → Cierto tejido para adorno, formado de mallas, lazadas o calados, que se hace con bolillos, aguja de coser o de gancho. ‖ Labor de *taracea en madera, en piedras, etcétera. ‖ En el juego de las pintas, concurrencia del número que se va contando con el del *naipe. ‖ fam. V. **Ley del encaje.** ‖ pl. **Blas.* Particiones del escudo en formas triangulares alternantes y encajadas unas en otras. ‖ **Encaje de la *cara.** Conjunto que ofrecen las diferentes facciones de ella.
encajerarse. r. *Mar.* Detenerse un cabo de labor entre la cajera y la roldana de un *motón.
***encajero, ra.** m. y f. Persona que se dedica a hacer *encajes.
encajetillar tr. Formar con *cigarrillos o picadura las cajetillas.
encajonado. m. **Ataguía.** ‖ **Albañ.* Obra de tapia o *pared, que se hace encajonando la tierra y apisonándola.
encajonar. tr. *Meter y guardar una cosa dentro de cajones. ‖ Meter y *apretar en un sitio angosto. Ú. m. c. r. ‖ *Albañ.* Construir *cimientos en cajones o zanjas abiertas. ‖ **Albañ.* Reforzar un muro a trechos con machones. ‖ r. Ahocinarse, correr el *río por una angostura.
encalabozar. tr. fam. Poner a uno en calabozo.
encalabriar. tr. desus. **Encalabrinar.** Usáb. t. c. r.
encalabrinamiento. m. Acción y efecto de encalabrinar o encalabrinarse.
encalabrinar. tr. *Turbar los sentidos el *olor o vaho de alguna cosa. Ú. t. c. r. ‖ *Excitar, *irritar. ‖ r. fam. Tomar una manía; *obstinarse en una cosa.
encalada. f. **Guarn.* Pieza de metal en el jaez del caballo.
encalado. m. **Albañ.* **Encaladura.**
encalador, ra. adj. Que encala o blanquea. Ú. t. c. s. ‖ m. Cuba donde meten las *pieles con cal, para pelarlas.
encaladura. f. Acción y efecto de encalar o blanquear.

encalambrarse. r. Aterirse, *entumecerse.
encalamocar. tr. Alelar, *atontar, poner a uno calamocano o chocho. Ú. t. c. r.
encalar. tr. **Albañ*. Dar de cal o blanquear las paredes. ‖ Meter en *cal o espolvorear con ella alguna cosa.
encalar. tr. Meter algo en una cala o cañón; como se hace con el *carbón en los *hornos de atanor.
encalcar. tr. Recalcar, *apretar.
encalmadura. f. **Veter*. Enfermedad que suelen padecer las caballerías en tiempo de grandes calores.
encalmarse. r. **Veter*. Sofocarse las bestias por el demasiado calor. ‖ Tratándose del tiempo o del viento, quedar en *calma.
encalostrarse. r. Enfermar el *niño por haber *mamado los calostros.
encalvar. intr. desus. **Encalvecer.**
encalvecer. intr. Perder el pelo, quedar *calvo.
encallada. f. *Mar*. **Encalladura.**
encalladero. m. Paraje donde pueden encallar las naves.
***encalladura.** f. Acción y efecto de encallar.
***encallar.** intr. Dar la embarcación en arena o piedras, quedando en ellas sin movimiento. ‖ fig. Quedar *detenido un negocio o empresa por alguna *dificultad.
encallarse. r. **Culin*. *Endurecerse los alimentos por defecto de la cocción.
encallecer. intr. Criar callos. Ú. t. c. r. ‖ r. fig. Endurecerse con la *costumbre.
encallecido, da. adj. fig. *Acostumbrado a alguna cosa, especialmente a trabajos o *vicios.
encallejonar. tr. Hacer entrar o meter una cosa por un callejón. Se aplica especialmente a los toros de *lidia. Ú. t. c. r.
encamación. f. **Min*. Entibación hecha con ademas delgadas.
encamar. tr. *Tender o echar una cosa en el suelo. ‖ **Min*. Cubrir camadas o rellenar huecos con ramaje. ‖ r. Echarse o meterse en la *cama, especialmente por *enfermedad. ‖ Echarse las piezas de *caza en los sitios que buscan para su descanso, o estarse agazapadas para ocultarse. ‖ Echarse o abatirse las *mieses.
encamarar. tr. *Guardar en la cámara los granos y frutas.
encambar. tr. Poner las cambas a una *rueda.
encambijar. tr. *Canalizar y distribuir el agua por medio de arcas o cambijas.
encambrar. tr. **Encamarar.**
encambronar. tr. *Cercar con cambrones una tierra o heredad. ‖ Guarnecer con hierros una cosa para darle *firmeza.
encaminadura. f. **Encaminamiento.**
encaminamiento. m. Acción y efecto de encaminar o encaminarse.
encaminar. tr. Enseñar el camino. Ú. t. c. r. ‖ *Dirigir una cosa hacia un punto determinado. ‖ fig. Enderezar la *intención a un fin determinado.
encamisada. f. *Mil*. *Estratagema o sorpresa que se ejecutaba de noche, cubriéndose los soldados con una camisa blanca. ‖ Especie de mojiganga de *máscaras que se ejecutaba de noche con hachas encendidas.
encamisar. tr. Poner la *camisa. Ú. t. c. r. ‖ **Enfundar.** ‖ fig. Encubrir, disfrazar, *disimular. ‖ r. *Mil*. Hacer la encamisada
encamonado, da. adj. *Arq*. Hecho con camones.
encamotarse. r. fam. *Enamorarse.
encampanado, da. adj. **Acampanado** (de forma de *campana). ‖ Dícese de las piezas de *artillería cuya ánima se va estrechando hacia el fondo de la recámara.
encampanar. tr. Elevar, *levantar, encumbrar. Ú. t. c. r. ‖ r. *Germ*. Ponerse hueco, mostrar *vanidad o jactarse de *valiente. ‖ **Taurom*. Levantar el toro parado la cabeza como desafiando.
encanalar. tr. Conducir el agua u otro líquido por *canales. Ú. t. c. r.
encanalizar. tr. **Encanalar.**
encanallamiento. m. Acción y efecto de encanallar o encanallarse.
encanallar. tr. Corromper, *envilecer a uno haciéndole tomar costumbres propias de la canalla. Ú. t. c. r.
encanarse. r. Quedarse envarado por la fuerza del llanto o de la *risa. ‖ Entretenerse demasiado *hablando. ‖ Quedarse *detenida alguna cosa en un sitio donde no es fácil cogerla.
encanastar. tr. Poner algo en una o más canastas.
encancerarse. r. **Cancerarse.**
encandecer. tr. Hacer ascua una cosa hasta que quede como blanca.
encandelar. intr. *Agr*. Echar algunos árboles *flores en amento o candelillas. ‖ tr. *Mar*. Poner *vertical un palo de la *arboladura.
encandiladera. f. fam. **Encandiladora.**
encandilado, da. adj. fam. *Erguido, levantado.
encandilador, ra. adj. desus. **Deslumbrador.** ‖ f. fam. **Alcahueta.**
encandilar. tr. Deslumbrar u *ofuscar acercando mucho a los ojos cualquier luz. ‖ fig. *Engañar, alucinar con apariencias. ‖ fam. Avivar el *fuego. ‖ r. Encenderse los *ojos del que está algo *ebrio o poseído de una *pasión torpe.
encanecer. intr. Ponerse *cano. ‖ fig. Ponerse *mohoso. Ú. t. c. r. ‖ fig. *Envecejer una persona.
encanecimiento. m. Acción y efecto de encanecer.
encanijamiento. m. Acción y efecto de encanijar o encanijarse.
encanijar. tr. Poner *flaco y *enfermizo. Dícese más comúnmente de los niños. Ú. t. c. r.
encanillar. tr. Poner el *hilo en las canillas.
encantación. f. **Encantamiento.**
encantado, da. adj. fig. y fam. *Distraído o embobado constantemente. ‖ fig. y fam. Dícese de la casa que, por ser excesivamente grande en relación con las pocas personas que la habitan, parece despoblada o *desierta.
encantador, ra. adj. Que encanta o hace encantamientos. Ú. t. c. s. ‖ fig. Que hace muy viva y *agradable impresión.
encantamento. m. **Encantamiento.**
encantamiento. m. Acción y efecto de encantar.
encantar. tr. Obrar maravillas por medio de fórmulas *mágicas. ‖ fig. *Captar la atención o *enajenar el ánimo de uno por medio de la hermosura, la gracia o el talento. ‖ *Germ*. Entretener con razones *engañosas.
encantar. tr. Vender en pública *subasta.
encantarar. tr. Poner una cosa dentro de un cántaro. Dícese especialmente de las bolas o papeletas que, para un *sorteo, se meten en cualquier recipiente.
encante. m. p. us. Venta en pública *subasta. ‖ Paraje o lugar en que se hacen estas ventas.
encanto. m. **Encantamiento.** ‖ fig. Cosa que *enajena o embelesa.
encantorio. m. fam. **Encantamiento.**
encantusar. tr. fam. **Engatusar.**
encanutar. tr. Poner una cosa en figura de canuto. Ú. t. c. r. ‖ Meter algo en un canuto. ‖ Emboquillar los *cigarrillos.
encañada. f. Cañada o paso entre *montañas.
encañado. m. *Conducto hecho de caños, o de otro modo, para conducir el agua.
encañado. m. *Enrejado de cañas que se pone en los *jardines para enredar las plantas o para otros usos.
encañador, ra. m. y f. Persona que encaña o devana el *hilo de seda.
encañadura. f. *Caña del centeno que sirve para henchir jergones y *albardas.
encañar. tr. Hacer pasar el agua por encañados o *conductos. ‖ Sanear de la humedad las tierras o *desaguarlas por medio de encañados.
encañar. tr. Poner cañas para sostener las plantas. ‖ **Encanillar.** ‖ Formar la pila para hacer *carbón vegetal. ‖ intr. *Agr*. Empezar a formar cañas los tallos tiernos de los *cereales. Ú. t. c. r.
encañizada. f. Atajadizo que se hace con cañas en cierto procedimiento de *pesca.
encañizar. tr. Poner cañizos a los gusanos de *seda. ‖ **Albañ*. Cubrir con cañizos una bovedilla u otra cosa.
encañonado, da. adj. Se dice del *viento cuando corre con fuerza por sitios estrechos y largos.
encañonar. tr. *Dirigir o encaminar una cosa para que entre por un cañón. ‖ *Canalizar un *río por un cauce cerrado. ‖ Entre *tejedores, encanillar. ‖ Apuntar con una *arma de fuego*. ‖ *Planchar una cosa formando cañones o *pliegues. ‖ Entre *encuadernadores, encajar un pliego dentro de otro. ‖ intr. Echar cañones las aves.
encañutar. tr. ant. **Encanutar.**
encapacetado, da. adj. Que lleva o usa capacete o yelmo.
encapachadura. f. Conjunto de capachos llenos de aceituna que se apilan en el *molino de aceite.
encapachar. tr. Meter alguna cosa en un capacho. Dícese comúnmente de la *aceituna. ‖ Formar una especie de capa o cubierta con los sarmientos de una *cepa, para resguardar del sol los racimos.
encapado, da. adj. **Min*. Aplícase a la mina, cuyo mineral no asoma a la superficie.
encapar. tr. Poner la *capa. Ú. t. c. r.
encapazar. tr. **Encapachar.**
encaperuzar. tr. Poner la caperuza. Ú. t. c. r.
encapilladura. f. Acción y efecto de encapillar o encapillarse. ‖ *Mar*. Extremo de un *cabo encapillado.
encapillar. tr. **Cetr*. **Encapirotar.** ‖ *Mar*. Enganchar un *cabo por medio de una gaza. ‖ **Min*. Formar en una labor un ensanche. ‖ **Mar*. Alcanzar un golpe de mar a una embarcación e inundar su cubierta. ‖ r. fig. y fam. p. us. Ponerse alguna *ropa por la cabeza.
encapirotar. tr. Poner el capirote. Ú. t. c. r.
encapotadura. f. **Ceño** (sobrecejo).
encapotamiento. m. **Encapotadura.**
encapotar. tr. *Cubrir con el capote. Ú. t. c. r. ‖ r. fig. Poner el ros-

tro con *ceño. ‖ Se dice del cielo cuando se cubre de *nubes obscuras. ‖ r. Bajar el *caballo la cabeza demasiado. ‖ Enmantarse el *ave.
encapricharse. r. *Obstinarse uno en sostener o conseguir su capricho. ‖ Sentir gran *afición por una cosa.
encapuchar. tr. *Cubrir o tapar una cosa con capucha. Ú. t. c. r.
encapullado, da. adj. Encerrado o *cubierto como la flor en el capullo.
encapuzar. tr. *Cubrir con capuz. Ú. t. c. r.
encaracolado. m. *Arq.* *Ornamento corrido en forma espiral.
encarado, da. adj. Con los adv. *bien* o *mal*, de buena o mala *cara.
encaramadura. f. Acción y efecto de encaramar. ‖ *Altura, elevación.
encaramar. tr. *Levantar una cosa, o ponerla sobre otras. Ú. t. c. r. ‖ Alabar. ‖ fig. y fam. *Enaltecer, colocar en puestos altos y honoríficos. Ú. t. c. r.
encaramiento. m. Acción y efecto de encarar o encararse.
encarar. tr. Poner a uno cara a cara, *enfrente y cerca de otro. Ú. t. c. intr. y c. r. ‖ Apuntar, *dirigir a alguna parte el *tiro o la puntería. ‖ *Arrostrar, mirar cara a cara.
encaratularse. r. Cubrirse la cara con *máscara o carátula.
encarcavinar. tr. Meter o *encerrar a uno en la carcavina. ‖ *Turbar los sentidos con algún olor *fétido. ‖ Sofocar, *ahogar, asfixiar.
encarcelación. f. Acción y efecto de encarcelar.
encarcelador, ra. adj. Que encarcela.
encarcelamiento. m. Acción y efecto de encarcelar.
encarcelar. tr. Poner a uno preso en la *cárcel. ‖ **Albañ.* Empotrar con yeso o cal una pieza de madera o hierro. ‖ **Carp.* Sujetar dos piezas de madera en la cárcel, para que se peguen bien.
encarecedor, ra. adj. Que encarece o que exagera. Ú. t. c. s.
***encarecer.** tr. Aumentar o hacer que aumente el precio de una cosa. Ú. t. c. intr. y c. r. ‖ fig. Ponderar, *exagerar, *alabar mucho una cosa. ‖ Recomendar con empeño.
encarecidamente. adv. m. Con encarecimiento.
***encarecimiento.** m. Acción y efecto de encarecer. ‖ **Con encarecimiento.** m. adv. Con instancia y empeño.
encargado, da. adj. Que ha recibido un *encargo. ‖ m. y f. Persona que tiene a su cargo, como *jefe, un establecimiento, negocio, etc., en representación del dueño. ‖ **de negocios.** Agente *diplomático, inferior en categoría al ministro residente.
***encargar.** tr. Encomendar, confiar una cosa al cuidado de uno. Ú. t. c. r. ‖ Recomendar, aconsejar. ‖ Pedir que se traiga o *envíe de otro lugar alguna cosa.
***encargo.** m. Acción y efecto de encargar o encargarse. ‖ Cosa encargada. ‖ Cargo o *empleo.
***encariñar.** tr. Aficionar, despertar o excitar *cariño. Ú. m. c. r.
encarna. f. *Mont.* Acción de cebar los *perros en las tripas del venado muerto.
encarnación. f. Acción de encarnar. Dícese especialmente del acto de haber tomado carne humana el Verbo Divino en las entrañas de la *Virgen. ‖ fig. Personificación o *símbolo de una idea, doctrina, etc. ‖ **Esc.* y **Pint.* Color de carne con que se pinta el desnudo de las figuras humanas. ‖ **de paletilla.** *Esc.* y *Pint.* La no bruñida. ‖ **de pulimento.** *Esc.* y *Pint.* La bruñida y lustrosa. ‖ **mate.** *Esc.* y *Pint.* **Encarnación de paletilla.**
encarnadino, na. adj. Encarnado bajo.
encarnado, da. adj. De *color de carne. Ú. t. c. s. m. ‖ **Colorado** (de color rojo). ‖ m. Color de carne que se da a las *estatuas.
encarnadura. f. Disposición de los tejidos del cuerpo vivo para cicatrizar o reparar sus lesiones. ‖ Efecto de encarnar o *herir un instrumento o arma. ‖ *Mont.* Acción de encarnarse el *perro en la caza.
encarnamiento. m. Efecto de encarnar o criar carne una *herida.
encarnar. intr. Tomar forma carnal. Dícese principalmente del acto de hacerse hombre el Verbo Divino. ‖ Criar carne una *herida. ‖ *Introducirse por la carne la espada u otra arma. ‖ fig. Causar fuerte *emoción en el ánimo una cosa o especie. ‖ *Mont.* Cebarse el *perro en la caza que coge. Ú. t. c. r. ‖ tr. fig. Personificar, *simbolizar alguna idea, doctrina, etc. ‖ Entre *pescadores, colocar la carnada en el anzuelo. ‖ *Mont.* Cebar al *perro en una res muerta. ‖ **Esc.* y **Pint.* Dar color de carne a las esculturas. ‖ r. fig. *Mezclarse una cosa con otra.
encarnativo, va. adj. **Farm.* Aplícase al medicamento que facilita el encarnamiento de las heridas. Ú. t. c. s. m. y f.
encarne. m. *Mont.* Primer cebo que se da a los *perros.
encarnecer. intr. Tomar carnes; ponerse *gordo.
encarnizadamente. adv. m. *Cruelmente, con encarnizamiento.
encarnizado, da. adj. Encendido, de color de sangre o carne. Dícese más comúnmente de los *ojos congestionados. ‖ Dícese de la batalla, *riña, etc., muy porfiada y *cruel.
encarnizamiento. m. Acción de encarnizarse. ‖ fig. *Crueldad con que uno se ceba en el mal ajeno.
encarnizar. tr. Cebar un *perro en la carne de otro animal para que se haga fiero. ‖ fig. *Irritar, enfurecer. Ú. t. c. r. ‖ r. Cebarse en su presa los *lobos y otros animales. ‖ fig. Mostrarse *cruel contra una persona, *persiguiéndola sin piedad. ‖ *Mil.* Batirse con furor dos cuerpos de tropas enemigas.
encaro. m. Acción de *mirar a uno con atención. ‖ **Puntería.** ‖ *Escopeta corta, especie de trabuco. ‖ Parte de la culata de la *escopeta donde se apoya la mejilla al hacer la puntería.
encarpetar. tr. *Guardar papeles en carpetas. ‖ Dar carpetazo, dejar *detenido un expediente.
encarre. m. **Min.* Número de espuertas de mineral, que en cada entrada llevan los operarios.
encarriladera. f. **Ferroc.* Aparato para encarrilar la locomotora y los vagones.
encarrilar. tr. Encaminar, *dirigir. ‖ Colocar sobre los *carriles un vehículo descarrilado. ‖ r. **Encarrillarse.**
encarrillar. tr. **Encarrilar.** ‖ r. Salirse la cuerda de la *polea, hacia las asas, de modo que se imposibilita el movimiento.
encarroñar. tr. Inficionar y *corromper una cosa. Ú. t. c. r.
encarrujado, da. adj. Rizado, ensortijado o *plegado con arrugas menudas. ‖ m. Labor de esta clase, que se usaba en *terciopelos y otras *telas. ‖ *Germ.* *Toca de mujer.
encarrujarse. r. *Retorcerse, ensortijarse.
encartación. f. Empadronamiento en virtud de carta de privilegio. ‖ Reconocimiento de sujeción a un *señor que hacían los pueblos y lugares. ‖ Pueblo que tomaba a un *señor por su dueño, y le pagaba cierto vasallaje. ‖ *Territorio al cual se hacen extensivos los fueros de una comarca limítrofe.
encartado, da. adj. Natural de las Encartaciones, de Vizcaya. Ú. t. c. s. ‖ Perteneciente a ellas.
encartamiento. m. Acción y efecto de encartar. ‖ *Sentencia condenatoria del reo ausente. ‖ **Encartación.**
encartar. tr. **For.* Proscribir a un reo constituido en rebeldía. ‖ Procesar a uno. ‖ *Incluir a uno en una dependencia, compañía o negociado. ‖ *Apuntar en los *padrones o matrículas para los repartimientos de *impuestos. ‖ En los juegos de *naipes, jugar al contrario o al compañero carta a la cual pueda servir del palo. ‖ r. En los juegos de naipes, tomar uno cartas, o quedarse con ellas, del mismo palo que otro.
encarte. m. Acción y efecto de encartar o encartarse en los juegos de *naipes.
encartonador. m. El que encartona los libros para *encuadernarlos.
encartonar. tr. Poner cartones. ‖ Resguardar con cartones una cosa. ‖ *Encuadernar sólo con cartones cubiertos de papel.
encartuchar. tr. Enrollar o *envolver en forma de cucurucho. Ú. t. c. r.
encartujado. m. *Germ.* **Encarrujado** (*toca de mujer).
encasamento. m. *Arq.* Adorno de fajas y *molduras.
encasamiento. m. **Encasamento.**
encasar. tr. **Cir.* Volver un hueso a su lugar.
encascabelar. tr. Poner *cascabeles, o adornar con cascabeles. Ú. t. c. r. ‖ r. desus. **Cetr.* Meter el azor el pico en el cascabel.
encascotar. tr. **Albañ.* Rellenar con cascote o *escombros una cavidad.
encasillable. adj. Que se puede encasillar.
encasillado. m. Conjunto de casillas. ‖ *Polít.* Lista de candidatos adeptos al gobierno, a quienes éste señala distrito para las *elecciones.
encasillar. tr. Poner en casillas. ‖ *Clasificar personas o cosas. ‖ *Polít.* Señalar el gobierno a un candidato adepto el distrito en que debe presentarse para las *elecciones de diputados.
escasquetar. tr. *Encajar bien en la cabeza el *sombrero, gorra, etc. Ú. t. c. r. ‖ fig. Meter a uno algo en la cabeza, *persuadirle de ello. ‖ fig. **Encajar** (hacer oír algo que cansa o molesta). ‖ r. Metérsele a uno alguna especie en la cabeza, arraigada y *obstinadamente. ‖ *Entrarse, meterse de rondón.
encasquillador. m. **Herrador.**
encasquillar. tr. Poner casquillos. ‖ **Herrar.** ‖ r. Dicho de las *armas de fuego* automáticas, dejar de funcionar por haber quedado fuera de su sitio un cartucho o la vaina de éste.
encastar. tr. **Zoot.* Mejorar una raza o casta de animales. ‖ intr. Procrear, *engendrar, hacer casta.
encastillado, da. adj. fig. *Orgulloso y soberbio.
encastillador, ra. adj. Que encastilla.

encastillamiento. m. Acción y efecto de encastillar o encastillarse.
encastillar. tr. *Fortificar con castillos. || **Apilar.** || Armar un *andamio o castillejo para la construcción de una obra. || Hacer las *abejas en la colmena los castillos o maestriles para sus reinas. || r. *Encerrarse en un castillo para defenderse. || fig. *Internarse en parajes altos, ásperos y fuertes, para guarecerse. || fig. Perseverar uno con *obstinación, en su parecer y dictamen.
encastrar. tr. *Mec.* Endentar o *acoplar dos piezas.
encatalejar. tr. *Ver de lejos.
encatarrado, da. adj. desus. Que está acatarrado.
encatusar. tr. **Engatusar.**
encauchado. m. *Tejido *impermeable con dos telas y una capa de caucho en medio.
encauchar. tr. Cubrir con caucho.
encausar. tr. **For.* Formar causa a uno.
encauste. m. **Encausto.**
encáustico, ca. adj. **Pint.* Aplícase a la pintura hecha al encausto. || m. Preparado o *barniz de *cera para preservar de la humedad la piedra, la madera, etc.
encausto. m. *Tinta roja con que en lo antiguo escribían sólo los emperadores. || **Pint.* Adustión o combustión.
encauzamiento. m. Acción y efecto de encauzar.
encauzar. tr. Abrir *cauce. || fig. Encaminar, *dirigir por buen camino un asunto.
encavarse. r. *Ocultarse algún animal en una *cueva o agujero.
encebadamiento. m. **Veter.* Enfermedad que contraen las bestias caballares por beber mucha agua después de comer cebada.
encebadar. tr. Dar a las bestias tanta cebada, que les haga daño. || r. **Veter.* Enfermar una caballería de encebadamiento.
encebollado. m. *Guisado de carne, partida en trozos, mezclada con cebolla.
encebollar. tr. Echar cebolla en abundancia a un manjar.
encefálico, ca. adj. Perteneciente o relativo al *encéfalo.
encefalitis. f. *Med.* Inflamación del *encéfalo.
***encéfalo.** m. *Zool.* Gran centro nervioso contenido en el cráneo y que comprende el cerebro, el cerebelo y la médula oblonga.
encelado, da. adj. fam. Dícese de la persona que está muy *enamorada.
encelajarse. r. Cubrirse el cielo de celajes.
encelamiento m. Acción y efecto de encelar o encelarse.
encelar. tr. **Dar celos.** || r. Concebir *celos de una persona. || Estar en celo un animal.
enceldamiento. m. Acción y efecto de enceldar.
enceldar. tr. *Encerrar en una celda. Ú. t. c. r.
encella. f. Molde para hacer *quesos y requesones.
encellar. tr. Dar forma al *queso o al requesón en la encella.
encenagado, da. adj. Revuelto o mezclado con *cieno. || fig. Entregado al *vicio y la mala vida.
encenagamiento. m. Acción y efecto de encenagarse.
encenagarse. r. Meterse en el *cieno. || Ensuciarse, mancharse con cieno. || fig. Entregarse a los *vicios.
encencerrado, da. adj. Que trae cencerro.
encendaja. f. Ramas secas o *leña menuda que se emplea para dar fuego a los *hornos. Ú. m. en pl.
encendedor, ra. adj. Que enciende. Ú. t. c. s. || m. Aparato que sirve para *encender.
***encender.** tr. Hacer que una cosa arda o se ponga incandescente para que dé luz o calor. || Pegar fuego, incendiar. || Causar ardor y encendimiento. Ú. t. c. r. || fig. Tratándose de *guerras, suscitar, ocasionar. Ú. t. c. r. || fig. *Excitar, inflamar. Ú. t. c. r. || r. fig. Ponerse colorado de rubor o *vergüenza.
encendidamente. adv. m. fig. Con ardor y viveza.
encendido, da. adj. De *color muy subido. || **Blas.* Dícese de los ojos de un animal, cuando son de distinto color. || m. **Autom.* En los motores de explosión, conjunto de los aparatos e instalación eléctrica, destinados a producir la chispa.
encendiente. p. a. de **Encender.** p. us. Que enciende.
***encendimiento.** m. Acción y efecto de encender. || Acto de estar *ardiendo y abrasándose una cosa. || fig. Ardor, *excitación, vehemencia. || Viveza de las *pasiones.
encendrar. tr. p. us. **Acendrar.**
encenizar. tr. Echar ceniza sobre una cosa. Ú. t. c. r.
encentador, ra. adj. Que encienta o empieza una cosa.
encentadura. f. Acción y efecto de encentar.
encentamiento. m. Efecto de encentar o encentarse.
encentar. tr. **Decentar** (empezar a cortar o gastar) . || r. **Decentarse.**
encentrar. tr. **Centrar.**
encepador. m. El que se dedica a encepar los cañones de las *armas de fuego*.
encepadura. f. *Carp.* Acción y efecto de encepar piezas de madera. || *Mar.* Resalto que tiene la caña del *ancla cerca del ojo.
encepar. tr. Meter a uno en el cepo. || Echar la caja al cañón de una *arma de fuego*. || **Carp.* *Unir o asegurar piezas de construcción por medio de cepos. || *Mar.* Poner los cepos a las *anclas y anclotes. || intr. Echar las plantas *raíces. Ú. t. c. r. || r. *Mar.* Enredarse el cable en el cepo del *ancla fondeada.
encepe. m. Acción y efecto de encepar las plantas.
encerado, da. adj. De *color de cera. || V. ***Huevo encerado.** || m. Lienzo *impermeable. || **Farm.* Emplasto compuesto de cera y otros ingredientes. || Cuadro de hule o de lienzo barnizado de negro que se usa en las escuelas para *escribir en él con clarión letras, números, etc. || Capa tenue de *cera con que se cubren los entarimados y muebles.
encerador. m. El que se dedica a encerar *pavimentos.
enceramiento. m. Acción y efecto de encerar.
encerar. tr. Aderezar o *barnizar con cera alguna cosa. || Manchar con *cera. || **Albañ.* Espesar, hacer más *densa la cal, el mortero, etc. || intr. Tomar color de cera o amarillear las mieses; *madurar. Ú. t. c. r.
encernadar. tr. Cubrir una cosa con cernada.
encerotar. tr. Dar con cerote al hilo de *zapateros, boteros, etc.
encerradero. m. Sitio o *corral donde se recogen los rebaños cuando llueve o se los va a *esquilar. || **Encierro** (para toros de *lidia).
encerrador, ra. adj. Que encierra. Ú. t. c. s. || m. El que encierra las reses mayores en los *mataderos.
encerradura. f. **Encerramiento.**
encerramiento. m. **Encierro** (acción de encerrar y lugar para ello).
***encerrar.** tr. Meter a una persona o cosa en parte de que no pueda salir. || fig. *Incluir, contener. || En el juego del revesino, dejar a uno con los *naipes mayores. || En el juego de *damas y en otros de tablero, impedir que el contrario pueda mover las piezas que le quedan o alguna de ellas. || r. fig. *Retirarse del mundo; recogerse en una clausura o *comunidad.
encerrizar. tr. Azuzar, *estimular. || r. *Obstinarse tenaz y ciegamente en algo.
encerrona. f. fam. Retiro o *encierro voluntario de una o más personas. || Situación preparada de antemano para *compeler a una persona a que haga algo mal de su grado. || En el juego del *dominó, cierre. || **Taurom.* Lidia de toros en privado. || **Hacer la encerrona.** fr. fam. *Retirarse del trato ordinario durante algún tiempo.
encespedamiento. m. Acción y efecto de encespedar.
encespedar. tr. Cubrir con césped.
encestar. tr. *Meter o guardar algo en una *cesta. || Meter a uno en un cesto. Era un *castigo que se usó antiguamente. || fam. desus. *Vencer y dejar sin respuesta al contrincante en una disputa.
encetar. tr. **Encentar.**
***encía.** f. Carne que cubre la raíz de los *dientes.
encíclica. f. *Carta que el *Papa dirige a todos los obispos del orbe católico.
enciclopedia. f. Conjunto de todas las *ciencias. || *Obra o conjunto de tratados en que se trata de muchas ciencias. || **Enciclopedismo.**
enciclopédico, ca. adj. Perteneciente a la enciclopedia.
enciclopedismo. m. **Filos.* Conjunto de doctrinas profesadas por los autores de la Enciclopedia publicada en Francia a mediados del siglo XVIII.
enciclopedista. adj. Dícese del que profesa el enciclopedismo. Ú. t. c. s.
enciclopsia. f. En los banquetes de la antigua Grecia, acción de *beber los invitados uno tras otro a partir de la derecha del anfitrión.
***encierro.** m. Acción y efecto de encerrar o encerrarse. || Lugar donde se encierra. || Clausura, *aislamiento. || *Prisión muy estrecha y sin comunicación. || Acto de traer los toros de *lidia al toril. || **Toril.**
encima. adv. l. En lugar *superior. Ú. t. en sentido fig. || Descansando o *apoyándose en la parte superior de una cosa. || adv. c. *Además. || **Por encima.** m. adv. Superficialmente, de manera *aproximada.
encimada. f. En el juego del tresillo, puesta que se añade a la que ya hay en el plato.
encimar. tr. Poner en alto una cosa; *levantarla o colocarla sobre otra. Ú. t. c. intr. || En el juego del tresillo, añadir una puesta a la que ya había en el plato. || *Añadir algo a lo estipulado. || r. Elevarse una cosa a mayor *altura.
encimero, ra. adj. Que está o se pone encima.
***encina.** f. Árbol de las cupulíferas, cuyo fruto es la bellota. || *Madera de este árbol.
encinal. m. **Encinar.**
encinar. m. Sitio poblado de encinas.

encino. m. **Encina.**
encinta. adj. **Embarazada.** ‖ f. **Arq.* *Nav.* En una embarcación, fila de tablones que coincide con la línea de agua.
encintado. m. Acción y efecto de encintar. ‖ Faja o cinta de piedra que forma el borde de una *acera u otro *pavimento.
encintar. tr. *Adornar con cintas. ‖ **Taurom.* Poner el cintero a los novillos. ‖ Poner el encintado de un *pavimento. ‖ *Mar.* Poner las cintas a un buque.
encintar. tr. desus. **Empreñar.** Ú. t. c. r.
encismar. tr. Poner cisma o *discordia.
enciso. m. Terreno adonde salen a *pacer las ovejas luego que paren.
encizañador, ra. adj. **Cizañador.** Ú. t. c. s.
encizañar. tr. **Cizañar.**
enclaustrar. tr. *Encerrar en un claustro. Ú. t. c. r. ‖ fig. Meter en un paraje *oculto. Ú. t. c. r.
enclavación. f. Acción de enclavar o fijar con *clavos.
enclavado, da. adj. Dícese del sitio *incluido dentro del área de otro. Ú. t. c. s. ‖ Dícese del objeto *encajado en otro. ‖ *Blas.* V. **Escudo enclavado.**
enclavadura. f. **Clavadura.** ‖ **Carp.* Muesca o *hueco por donde se unen dos maderos o tablas.
enclavar. tr. **Clavar.** ‖ fig. *Atravesar de parte a parte. ‖ fig. y fam. **Engañar.**
enclave. m. *Territorio *incluido en otro de mayor extensión y de características distintas.
enclavijar. tr. *Acoplar una cosa con otra. ‖ Poner las clavijas a un *instrumento. ‖ *Germ.* Cerrar o *apretar. ‖ **Arq. Nav.* Empernar.
enclenque. adj. Falto de salud, *enfermizo. Ú. t. c. s.
énclisis. f. **Gram.* Unión de una palabra enclítica con la que le precede.
enclítico, ca. adj. **Gram.* Dícese de la partícula que se liga con el vocablo precedente, formando con él una sola palabra. Ú. t. c. s. f.
enclocar. intr. Ponerse clueca una *ave. Ú. m. c. r.
encloquecer. intr. **Enclocar.**
encobar. intr. Echarse las aves y animales ovíparos sobre los huevos para *empollarlos. Ú. t. c. r.
encobertado, da. adj. fam. Tapado con un cobertor.
encobijar. tr. **Cobijar.** ‖ Resguardar en invierno las *colmenas con una cubierta adecuada.
encobrado, da. adj. Aplícase a las *aleaciones que tienen mezcla de cobre. ‖ De *color de *cobre.
encobrar. tr. desus. Poner en cobro, *salvar. ‖ Sujetar un extremo del lazo en un tronco, para afianzar mejor al animal *apresado con el otro extremo.
encoclar. intr. **Enclocar.** Ú. m. c. r.
encocorar. tr. fam. *Fastidiar, *molestar con importunación. Ú. t. c. r.
encochado, da. adj. Dícese del que está o anda mucho en *coche.
encodillarse. r. **Mont.* Encerrarse o detenerse el hurón o el *conejo en un recodo de la madriguera.
encofinar. tr. Meter los *higos secos en cofines.
encofrado. m. **Fort.* Revestimiento de madera para sostener las tierras en las galerías de las minas. ‖ **Min.* Galería encofrada. ‖ **Albañ.* Revestimiento de madera para hacer el vaciado de una cornisa.
encofrar. tr. **Fort.* Revestir de madera las galerías de las minas.
***encoger.** tr. Retirar contrayendo. Dícese ordinariamente del cuerpo y de sus miembros. Ú. t. c. r. ‖ fig. Apocar el ánimo, *desanimar. Ú. t. c. r. ‖ intr. *Contraerse lo largo y ancho de algunas telas. ‖ Disminuir de tamaño algunas cosas al secarse. ‖ r. fig. Tener cortedad, ser *tímido y apocado.
encogidamente. adv. m. fig. Apocadamente, tímidamente.
encogido, da. adj. fig. Corto de ánimo, *tímido, apocado. Ú. t. c. s.
***encogimiento.** m. Acción y efecto de encoger o encogerse. ‖ fig. Cortedad de ánimo, *timidez.
encogollarse. r. Subirse la *caza a los cogollos más altos de los árboles.
encohetar. tr. Hostigar con *cohetes a un toro de *lidia.
encojar. tr. Poner *cojo a uno. Ú. t. c. r. ‖ r. fig. y fam. Caer *enfermo; *fingirse enfermo.
encolado, da. adj. fig. Gomoso, *petimetre. Ú. t. c. s. m. ‖ m. Clarificación de los *vinos mediante una solución de gelatina.
encoladura. f. **Encolamiento.** ‖ Aplicación de cola caliente desleída a una superficie que ha de *pintarse al temple.
encolamiento. m. Acción y efecto de encolar.
encolar. tr. *Pegar con cola una cosa. ‖ *Arrojar una *pelota u otra cosa a un sitio donde se queda *detenida y no se puede alcanzar fácilmente. Ú. t. c. r. ‖ Clarificar *vinos. ‖ Dar la encoladura a las superficies que han de *pintarse al temple.
encolchar. tr. *Mar.* *Forrar cabos.
encolerizar. tr. *Irritar a uno, hacer que se ponga colérico. Ú. t. c. r.
encomendable. adj. Que se puede encomendar.
encomendado. m. En las *órdenes militares*, dependiente del comendador.
encomendamiento. m. **Encomienda.**
encomendar. tr. *Encargar a uno que cuide de una persona o cosa o que haga alguna comisión. ‖ Dar encomienda, hacer comendador a uno. ‖ desus. Dar *indios en encomienda. ‖ intr. Llegar a tener encomienda de *orden militar*. ‖ r. Entregarse en manos de uno y *acogerse a su amparo. ‖ Enviar memorias y otras expresiones de *cortesía.
encomendero. m. El que lleva *encargos de otro. ‖ El que por concesión real tenía *indios encomendados.
encomiador. ra. adj. Que hace encomios. Ú. t. c. s.
encomiar. tr. *Alabar con encarecimiento.
encomiasta. m. **Panegirista.**
encomiástico, ca. adj. Que *alaba o contiene alabanza.
encomienda. f. ***Encargo.** ‖ Dignidad y *renta que en las *órdenes militares* se daba a algunos caballeros. ‖ *Territorio y rentas de esta dignidad. ‖ Dignidad de comendador en las órdenes civiles. ‖ *Cruz bordada o sobrepuesta que llevan como *insignia los caballeros de las órdenes militares en la capa o vestido. ‖ Pensión o *renta vitalicia que se daba sobre un lugar o territorio. ‖ Pueblo que en América se señalaba a un encomendero para que percibiera los *tributos. ‖ Recomendación, *alabanza, elogio. ‖ Amparo, *protección. ‖ Paquete *postal. ‖ pl. Recados, memorias, expresiones de *cortesía.
encomio. m. *Alabanza encarecida.
encompadrar. intr. fam. Contraer compadrazgo, o hacerse muy *amigas dos personas.
enconamiento. m. *Inflamación procedente de alguna *herida, pinchazo, etc. ‖ fig. **Encono.**
enconar. tr. *Inflamar la región contigua a una herida u otra lesión. Ú. m. c. r. ‖ fig. *Irritar, exasperar el resentimiento contra uno. Ú. t. c. r. ‖ Cargar la *conciencia con alguna mala acción. Ú. m. c. r.
enconcharse. r. Meterse uno en su concha, *retirarse del trato común.
enconfitar. tr. **Confitar.**
encono. m. *Aborrecimiento, rencor arraigado en el ánimo.
enconoso, sa. adj. fig. Que puede ocasionar enconamiento u otro *daño. ‖ Propenso al *aborrecimiento o a la *ira.
enconrear. tr. **Conrear.**
encontradamente. adv. m. **Opuestamente.**
encontradizo, za. adj. Que se encuentra con otra cosa o persona.
encontrado, da. adj. Puesto *enfrente. ‖ *Opuesto, contrario.
***encontrar.** tr. Dar una persona con otra o con alguna cosa que busca. Ú. t. c. r. ‖ **Hallar.** ‖ intr. *Tropezar uno con otro. ‖ r. *Enemistarse uno con otro. ‖ Hallarse y concurrir juntas a un mismo lugar dos o más personas. ‖ Hallarse, *estar (sano, enfermo, solo, triste, etc.). ‖ Hablando de las opiniones, dictámenes, etc., estar en *desacuerdo unos con otros o, por el contrario, hallarse *conformes.
encontrón. m. *Golpe o *choque de una cosa con otra.
encontronazo. m. **Encontrón.**
encopetado, da. adj. fig. Presumido, *orgulloso. ‖ fig. De alto copete, de *noble linaje. ‖ m. *Arq.* El cateto vertical de cualquiera de los cartabones de las *armaduras de un tejado.
encopetar. tr. Elevar en alto o formar copete. Ú. t. c. r. ‖ r. fig. *Engreírse.
encorachar. tr. *Meter y acomodar en la coracha el género que se ha de conducir en ella.
encorajar. tr. Dar *valor y ánimo. ‖ r. *Irritarse, encolerizarse mucho.
encorajinarse. r. fam. Tomar una corajina, *irritarse mucho.
encorar. tr. *Cubrir con *cuero una cosa. ‖ *Meter una cosa dentro de un cuero. ‖ Hacer que las *llagas críen cuero. ‖ intr. Criar cuero las llagas. Ú. t. c. r.
encorazado, da. adj. Cubierto y vestido de coraza. ‖ Cubierto de *cuero.
encorchar. tr. Coger los enjambres y hacer que entren en las *colmenas. ‖ Poner *tapones de corcho a las botellas.
encorchetar. tr. Poner corchetes. ‖ *Sujetar con ellos alguna cosa. ‖ **Cant.* Engrapar piedras.
encordadura. f. *Mús.* Conjunto de las cuerdas de un *instrumento.
encordar. tr. Poner cuerdas a los *instrumentos de música. ‖ *Ceñir un cuerpo con una cuerda. ‖ Doblar, tocar las *campanas por un *difunto. Ú. t. c. intr.
encordelar. tr. Poner *cordeles a una cosa. ‖ *Atar con cordeles. ‖ *Forrar con cordel en espiral.
encordonado, da. adj. Adornado con *cordones.
encordonar. tr. Poner *cordones a una cosa o *atarla con ellos.
encorecer. tr. **Encorar** (las llagas).
encoriación. f. Acción y efecto de encorarse una *llaga.
encornado, da. adj. Con los advs.

bien o *mal,* que tiene buena, o mala, encornadura. Dícese de los toros y vacas.
encornadura. f. Forma o disposición de los *cuernos en los animales.
encornudar. tr. fig. Hacer cornudo a uno, cometer *adulterio con su mujer. ‖ intr. Echar o criar *cuernos.
encorozar. tr. Poner la coroza a uno por afrenta o *castigo. ‖ **Albañ.* Emparejar una pared.
encorralar. tr. *Encerrar en el *corral los ganados.
encorrear. tr. *Ceñir y *atar una cosa con *correas.
encorselar. tr. **Encorsetar.** Ú. t. c. r.
encorsetar. tr. Poner el *corsé muy ceñido. Ú. m. c. r.
encortinar. tr. Colgar y adornar con *cortinas.
encorvada. f. Acción de *encorvar el cuerpo. ‖ *Danza descompuesta. ‖ *Planta anual de las leguminosas. ‖ **Hacer** uno **la encorvada.** fr. fig. y fam. *Fingir *enfermedades para evadirse de una dificultad.
encorvadura. f. Acción y efecto de encorvar o encorvarse.
encorvamiento. m. **Encorvadura.**
***encorvar.** tr. Doblar una cosa poniéndola corva. Ú. t. c. r. ‖ r. fig. Inclinarse, mostrar *parcialidad a favor de uno. ‖ *Equit.* Bajar el *caballo la cabeza y arquear el lomo con objeto de lanzar al jinete.
encosadura. f. *Costura con que en algunas camisas de mujer se unían al resto la parte superior, hecha de lienzo más fino.
encostalar. tr. Meter en costales.
encostarse. r. **Mar.* Acercarse un buque en su derrota a la costa.
encostillado. m. **Min.* Conjunto de las costillas para dar más solidez a la entibación.
encostradura. f. p. us. **Costra.** ‖ **Ornam.* Revestimiento de *chapas delgadas de piedra, mármol, etc. ‖ *Arq.* **Encaladura.**
encostrar. tr. *Cubrir con costra una cosa. Ú. t. c. r.
encovadura. f. Acción y efecto de encovar o encovarse.
encovar. tr. *Encerrar una cosa en una cueva. Ú. t. c. r. ‖ fig. *Guardar, contener. ‖ fig. Obligar a uno a ocultarse. Ú. t. c. r.
encrasar. tr. Poner más *denso o espeso un líquido. Ú. t. c. r. ‖ Mejorar las tierras con *abonos. Ú. t. c. r.
encrespado. m. **Encrespadura.**
encrespador. m. Instrumento que sirve para encrespar y rizar el *cabello.
encrespadura. f. Acción y efecto de encrespar o rizar el *cabello.
encrespamiento. m. Acción y efecto de encrespar o encresparse.
encrespar. tr. Ensortijar, rizar el *cabello. Ú. t. c. r. ‖ Erizar el pelo, plumaje, etc., por efecto del *miedo. Ú. m. c. r. ‖ Enfurecer, *irritar y sembrar la discordia. Ú. t. c. r. ‖ Levantar y alborotar las *olas. Ú. m. c. r. ‖ r. fig. Enredarse y dificultarse un asunto.
encrestado, da. adj. fig. *Orgulloso, altivo.
encrestarse. r. Poner las aves tiesa la cresta.
encrucijada. f. Paraje en donde se *cruzan dos o más calles o caminos. ‖ fig. *Ocasión que se aprovecha para alguna *asechanza.
encrudecer. tr. Hacer que una cosa tenga apariencia u otra condición de cruda. Ú. t. c. r. ‖ Exasperar, *irritar. Ú. t. c. r.
encruelecer. tr. Incitar a la *crueldad. ‖ r. Hacerse cruel.
encuadernable. adj. Que puede encuadernarse.
***encuadernación.** f. Acción y efecto de encuadernar. ‖ Forro o cubierta que se pone a los libros para su resguardo. ‖ Taller donde se encuaderna.
***encuadernador, ra.** m. y f. Persona que tiene por oficio *encuadernar. ‖ m. Clavillo o pasador, pinza, etc., que sirve para *sujetar varios pliegos u hojas en forma de cuaderno.
***encuadernar.** tr. Juntar, unir y coser varios pliegos o cuadernos y ponerles cubiertas.
encuadrar. tr. Encerrar en un marco o cuadro. ‖ fig. *Encajar o *introducir una cosa dentro de otra. ‖ fig. *Incluir dentro de sí una cosa, servirle de *límite.
encuadrar. tr. Meter el *ganado en la *cuadra.
encuartar. tr. Calcular el encuarte de las piezas de *madera o de *cantería.
encuarte. m. Yunta o *caballería de refuerzo que se añade a las que tiran de un vehículo. ‖ Sobreprecio que se da a la unidad de medida de la *madera y la *piedra, cuando las piezas exceden de ciertas dimensiones.
encuartero. m. Mozo que va al cuidado de las *caballerías de encuarte.
encubar. tr. Echar el *vino en las *cubas. ‖ Meter a los reos de ciertos delitos en una cuba con un gallo, una mona, un perro y una víbora y arrojarlos al agua. Se practicó antiguamente como *castigo. ‖ **Min.* Entibar con maderos el interior de un pozo minero.
encubertar. tr. *Cubrir con paños una cosa. Dícese particularmente de los *caballos que se cubren de bayeta negra en demostración de *luto. ‖ r. Vestirse con *armadura u otra defensa que resguarde el cuerpo de los golpes del enemigo.
encubierta. f. *Fraude, *ocultación dolosa.
encubiertamente. adv. m. A escondidas, con secreto. ‖ Con *fraude y *engaño. ‖ **Recatadamente.**
encubierto, ta. p. p. irreg. de **Encubrir.**
encubridizo, za. adj. Que se puede encubrir u *ocultar fácilmente.
encubridor, ra. adj. Que encubre. Ú. t. c. s. ‖ m. y f. *Alcahuete o alcahueta.
encubrimiento. m. Acción y efecto de encubrir. ‖ *For.* Participación indirecta en un *delito por aprovechar los efectos de él, impedir que se descubra, etc.
encubrir. tr. *Ocultar una cosa o no manifestarla. Ú. t. c. r. ‖ *For.* Hacerse responsable de encubrimiento en un *delito.
encuentro. m. Acto de coincidir, cruzarse o *chocar en un punto dos o más cosas. ‖ Acto de *encontrarse dos o más personas. ‖ *Oposición, contradicción. ‖ Acción y efecto de topetar los carneros y otros animales. ‖ En el juego de *dados y algunos de *naipes, concurrencia de dos cartas o puntos iguales. ‖ Lance del juego de *billar en que la carambola se produce por retruque. ‖ En el arte del *grabado, ajuste de estampaciones de colores distintos. ‖ **Arq.* Macizo comprendido entre un ángulo de un edificio y el vano más inmediato. ‖ *Arq.* *Ángulo que forman dos carreras o soleras. ‖ *Mil.* Choque o *combate, por lo general inesperado. ‖ *Zool.* **Axila.** ‖ pl. En las aves, parte del *ala inmediata al pecho. ‖ En *caballerías y otros *cuadrúpedos mayores, puntas de las espaldillas que por delante se unen al cuello. ‖ Ciertos maderos con que los *tejedores aseguran el telar. ‖ **Impr.* Claros que se dejan al imprimir, para después estampar en ellos letras con tinta de otro color. ‖ **Ir al encuentro** de uno. fr. Ir en su *busca. ‖ **Salirle** a uno **al encuentro.** fr. Salir a recibirle. ‖ fig. Hacerle *resistencia.
encuerar. tr. *Desnudar, dejar en cueros. Ú. t. c. r.
encuesta. f. Averiguación, *investigación, pesquisa.
encuevar. tr. **Encovar.** Ú. t. c. r.
encuitarse. r. Afligirse.
enculatar. tr. Cubrir con sobrepuesto la *colmena.
encumbradamente. adv. Con superioridad, *orgullo o altivez.
encumbrado, da. adj. Elevado, *alto.
encumbramiento. m. Acción y efecto de encumbrar o encumbrarse. ‖ ‖ *Altura, elevación. ‖ fig. *Enaltecimiento, exaltación.
encumbrar. tr. *Levantar en alto. Ú. t. c. r. ‖ fig. Ensalzar, *enaltecer a uno. Ú. t. c. r. ‖ *Subir la cumbre, pasarla. ‖ r. Envanecerse, *engreírse. ‖ Hablando de cosas inanimadas, ser muy *altas.
encunar. tr. Poner al niño en la *cuna. ‖ **Taurom.* Alcanzar el toro al lidiador cogiéndolo entre las astas.
encureñar. tr. **Artill.* Poner en la cureña.
***encurtido.** m. Fruto o legumbre que se ha encurtido. Ú. m. en pl.
encurtir. tr. Macerar y conservar en vinagre ciertos frutos o legumbres.
enchancletar. tr. Poner las chancletas, o traer los *zapatos a modo de chancletas. Ú. t. c. r.
enchapado, da. m. Trabajo hecho con *chapas; chapería.
enchapar. tr. Chapear, cubrir con *chapas.
enchapinado, da. adj. *Albañ.* Levantado y fundado sobre *bóvedas.
encharcada. f. *Charco o charca.
encharcar. tr. Hacer que una parte de terreno quede convertida en un *charco. Ú. t. c. r. ‖ Enaguachar el estómago. Ú. t. c. r.
enchilada. f. *Torta de maíz rellena de diversos manjares y aderezada con chile. Ú. m. en pl. ‖ Puesta que hace en el *tresillo cada uno de los jugadores, para que la perciba quien gane cierto lance.
enchilar. tr. Untar, aderezar con chile. ‖ fig. *Molestar, *irritar. Ú. t. c. r. ‖ fig. Dar una *sorpresa o recibirla.
enchina. f. *Mar.* *Cabo delgado con que se sujeta el empalme de las entenas.
enchinar. tr. Empedrar con chinas o *guijarros.
enchinarrar. tr. Empedrar con chinarros.
enchiquerar. tr. Meter el toro de *lidia en el chiquero. ‖ fig. y fam. **Encarcelar.**
enchironar. tr. fam. Meter a uno en chirona.
enchivarse. r. *Irritarse, encolerizarse.
enchuecar. tr. fam. *Torcer, encorvar. Ú. t. c. r.
enchufar. tr. Ajustar la boca de un caño o *tubo en la de otro. Ú. t. c. intr. ‖ fig. Combinar, *enlazar un negocio con otro. ‖ *Albañ.* *Acoplar las partes salientes de una pieza en otra. ‖ **Electr.* Conectar un aparato con la línea. ‖ r. fig. y fam.

Obtener un *empleo ventajoso, una sinecura.
enchufe. m. Acción y efecto de enchufar. || Parte de un caño o *tubo que penetra en otro. || Sitio donde enchufan dos caños. || *Empleo o situación ventajosa que se obtiene sin merecimientos. || **Electr.* Conjunto de dos piezas que se encajan una en otra para establecer una conexión.
enchuletar. tr. **Carp.* *Rellenar un hueco con chuletas.
ende. adv. l. ant. **Allí.** || **Por ende.** m. adv. **Por tanto.**
endeble. adj. *Débil, de poca resistencia.
endeblez. f. Calidad de endeble.
endeblucho, cha. adj. fam. Endeble, delicado, *enfermizo.
endécada. f. Período de once *años.
endecágono, na. adj. *Geom.* Aplícase al *polígono de once ángulos y once lados. Ú. m. c. s. m.
endecasílabo, ba. adj. De once sílabas. Ú. t. c. s. || Compuesto de *versos **endecasílabos.** || **anapéstico** o **de gaita gallega.** Aquel que lleva los acentos en las sílabas cuarta y séptima.
endecha. f. *Canción triste y lamentosa. Ú. m. en pl. || Combinación métrica que consta de cuatro *versos de seis o siete sílabas, generalmente asonantados.
endechadera. f. **Plañidera.**
endechar. tr. Cantar endechas y más especialmente en loor de los *difuntos. || r. *Afligirse, entristecerse. || *Quejarse, lamentarse.
endehesar. tr. Meter el ganado en la dehesa para *cebarlo.
endejas. f. pl. **Albañ.* Adarajas, dientes.
endemia. f. **Pat.* Cualquiera enfermedad que reina habitualmente en un país o comarca.
endémico, ca. adj. *Pat.* Perteneciente o relativo a la endemia. || fig. Dícese de ciertos casos o acciones que se *repiten con *frecuencia.
***endemoniado, da.** adj. Poseído del *demonio. Ú. t. c. s. || fig. y fam. Sumamente *perverso o *perjudicial.
endemoniar. tr. Introducir los *demonios en el cuerpo de una persona. || fig. y fam. *Irritar, encolerizar a uno. Ú. t. c. r.
endenantes. adv. t. ***Antes** || Hace poco, *recientemente.
endentado, da. adj. **Blas.* Aplícase a las piezas que tienen sus dientes muy menudos y triangulares.
endentar. tr. **Mec.* Encajar, *acoplar una cosa en otra, como los dientes y los piñones de las ruedas. || Poner dientes a una *rueda.
endentecer. intr. Empezar los niños a echar los *dientes.
endeñado, da. adj. **Pat.* Dañado, inflamado.
enderezadamente. adv. m. Con rectitud.
enderezado, da. adj. *Conveniente, a propósito.
enderezador, ra. adj. Que *gobierna bien una casa, familia, etc. Ú. t. c. s.
enderezamiento. m. Acción de enderezar y poner recto lo que está torcido.
***enderezar.** tr. Poner *derecho lo que está torcido. Ú. t. c. r. || Poner *vertical lo que está inclinado o tendido. Ú. t. c. r. || Remitir, *ofrecer, *dirigir, dedicar. || fig. *Gobernar bien. Ú. t. c. r. || Enmendar, *corregir. || intr. Encaminarse, *ir en derechura a un paraje o a una persona. || r. Disponerse a lograr un *intento.
enderezo. m. **Enderezamiento.**
enderrotar. tr. **Mar.* Dar a la nave el rumbo conveniente.
endeudarse. r. Llenarse de *deudas. || Reconocerse *obligado.
endevotado, da. adj. Muy dado a la *devoción. || *Enamorado de una persona.
endiablada. f. *Fiesta de *máscaras en que muchos se disfrazaban de diablos.
endiabladamente. adv. m. Fea, horrible o abominablemente.
endiablado, da. adj. fig. Muy *feo, desproporcionado. || fig. y fam. **Endemoniado** (*perverso).
endiablar. tr. fig. y fam. Dañar, *pervertir. Ú. t. c. r.
endíadis. f. **Ret.* Figura que consiste en usar para una sola cosa dos palabras.
endibia. f. **Escarola.**
endilgador, ra. adj. fam. Que endilga. Ú. t. c. s.
endilgar. tr. fam. Encaminar, *guiar, dirigir. || Acomodar, facilitar. || Encajar, *decir a otro algo desagradable o *impertinente.
endino, na. adj. fam. Indigno, *perverso.
endiómetro. m. **Astr.* Instrumento para determinar el meridiano de un lugar.
endiosamiento. m. fig. Envanecimiento, *orgullo, altivez extremada. || fig. *Enajenamiento de los sentidos.
endiosar. tr. Elevar a uno a la divinidad. || r. fig. *Engreírse, ensoberbecerse. || fig. Suspenderse, *extasiarse.
enditarse. r. Llenarse de *deudas.
endoblado, da. adj. Dícese del cordero que se cría mamando de dos *ovejas.
endoblar. tr. Hacer que dos *ovejas críen a la vez un cordero.
endoblasto. m. **Embriol.* Hoja interna del blastodermo.
endoble. m. **Min.* Jornada de doble tiempo que hacen los mineros y fundidores.
endocardio. m. *Zool.* Membrana que tapiza las cavidades del *corazón.
endocarditis. f. *Pat.* Inflamación aguda y crónica del endocardio.
endocarpio. m. *Bot.* Capa interior del pericarpio de los *frutos.
endocráneo. m. *Anat.* Superficie interna de la caja del *cráneo.
endocrino, na. adj. *Med.* Perteneciente a relativo a las *glándulas de secreción interna.
endocrinología. f. Parte de la medicina que estudia las secreciones de las *glándulas endocrinas.
endogamia. f. *Matrimonio entre individuos de un mismo linaje.
endogénesis. f. *Bot.* y *Zool.* *Reproducción por escisión del elemento primitivo en el interior del órgano que lo engendra.
endolencia. f. ant. **Indulgencia.**
endolinfa. f. Líquido que llena la parte interna del *oído.
endomingado, da. adj. **Dominguero.**
endomingarse. r. Vestirse con la ropa de *fiesta o de *gala.
endoparásito. m. *Parásito que vive en el interior de los órganos de otro animal.
endorsar. tr. **Endosar.**
endorso. m. **Endoso.**
endosable. adj. Que puede endosarse.
endosador, ra. adj. Que endosa.
endosante. p. a. de **Endosar.** Que endosa. Ú. t. c. s.
endosar. tr. Ceder a favor de otro una *letra de cambio* u otro documento a la orden, haciéndolo así constar al dorso. || fig. *Transmitir a uno algún *encargo o cosa molesta.
endosar. tr. En el juego del *tresillo, lograr el hombre que siente segunda baza el que no hace la contra. Ú. t. c. r.
endosatario, ria. m. y f. Persona a cuyo favor se endosa una *letra de cambio*.
endoscopia. f. **Med.* Examen del interior del cuerpo humano por medio del endoscopio.
endoscopio. m. **Cir.* Aparato destinado al examen visual de la uretra y de la vejiga urinaria.
endose. m. Acción y efecto de endosar o endosarse en el *tresillo.
endoselar. tr. Formar dosel.
endosfera. f. **Geol.* Núcleo central de la parte sólida de la esfera terrestre.
endósmosis o **endosmosis.** f. **Fís.* Corriente de fuera adentro, que se establece cuando dos líquidos de distinta densidad están separados por una membrana.
endoso. m. Acción y efecto de endosar una *letra de cambio*. || Lo que para este efecto se escribe al dorso de la letra.
endotelio. m. **Histol.* Cubierta epitelial que recubre el interior de los vasos y de ciertas cavidades.
endriago. m. Monstruo *quimérico, formado del conjunto de facciones humanas y de las de varias fieras.
endrina. f. Fruto del endrino.
endrinal. m. Sitio poblado de endrinos.
endrino, na. adj. De color *negro azulado. || m. *Ciruelo silvestre con espinas en las ramas, y el fruto pequeño, negro azulado y áspero al gusto.
endrogarse. r. Contraer *deudas.
endulzadura. f. Acción y efecto de endulzar o endulzarse.
***endulzar.** tr. Poner *dulce una cosa. Ú. t. c. r. || fig. Suavizar, *facilitar, hacer llevadero un trabajo. Ú. t. c. r. || **Pint.* p. us. Suavizar las tintas y contornos.
endurador, ra. adj. Mezquino, poco inclinado a gastar. Ú. t. c. s.
endurar. tr. **Endurecer.** Ú. t. c. r. || Sufrir, *tolerar. || *Diferir una cosa. || Economizar, *escatimar.
***endurecer.** tr. Poner *dura una cosa. Ú. t. c. r. || fig. Robustecer el cuerpo, darle *fuerza y vigor. Ú. t. c. r. || intr. p. us. Ponerse duro. || r. Hacerse *cruel, obstinarse en el rigor.
endurecidamente. adv. m. Con dureza o pertinacia.
endurecimiento. m. **Dureza.** || fig. *Obstinación, tenacidad.
ene. f. Nombre de la *letra *n.* || **de palo.** fig. y fam. ***Horca.** || **Ser de ene** una cosa. fr. fam. Ser *necesaria, inevitable o infalible.
enea. f. **Anea.**
eneaedro. m. **Geom.* Sólido de nueve caras.
eneágono, na. adj. **Geom.* Aplícase al *polígono de nueve ángulos y nueve lados. Ú. m. c. s. m.
eneal. m. Sitio donde abunda la enea.
eneasílabo, ba. adj. De nueve sílabas. Ú. t. c. s.
enebral. m. Sitio poblado de *enebros.
enebrina. f. Fruto del *enebro.
***enebro.** m. Arbusto de las coníferas, que tiene por frutos bayas elipsoidales esféricas pequeñas, de color negro azulado. || *Madera de esta planta. || **de la miera.** El de tronco recto.

enechado, da. adj. ***Expósito.** Ú. t. c. s.

enechar. tr. ant. Echar en la casa de *expósitos a los niños.

enejar. tr. Echar *eje o ejes a un *carro, coche, etc. ‖ Poner una cosa en el *eje.

eneldo. m. *Planta herbácea de las umbelíferas.

enema. m. **Farm.* Medicamento secante, que los antiguos aplicaban sobre las heridas sangrientas.

enema. f. **Ayuda** (*lavativa).

enemicísimo. adj. sup. de **Enemigo.**

enemiga. f. Enemistad, *odio, oposición.

enemigamente. adv. m. Con enemistad.

***enemigo, ga.** adj. **Contrario.** ‖ → m. y f. El que tiene *aborrecimiento a otro. ‖ m. En el derecho antiguo, el que había dado *muerte al padre, a la madre o a alguno de los parientes de otro dentro del cuarto grado. ‖ El contrario en la *guerra. ‖ **Diablo.** ‖ **jurado.** El que tiene hecho firme propósito de serlo de personas o cosas. ‖ **malo.** *Demonio.

***enemistad.** f. Aversión u odio de una persona a otra u otras.

***enemistar.** tr. Hacer a uno enemigo de otro, o hacer que pierda la amistad que tenía con él. Ú. t. c. r.

éneo, a. adj. poét. De cobre o *bronce.

eneolítico, ca. adj. **Hist.* Dícese de lo perteneciente al período prehistórico de transición entre la edad de la piedra pulimentada y la del bronce.

energético, ca. adj. **Mec.* Perteneciente o relativo a la energía física.

energía. f. *Fuerza, vigor. ‖ Eficacia, *poder. ‖ Fuerza de voluntad, *entereza de carácter. ‖ *Intensidad con que obra algún agente. ‖ *Fís.* Causa capaz de transformarse en trabajo mecánico. ‖ **atómica.** La que se obtiene mediante modificaciones en el núcleo del *átomo.

enérgicamente. adv. m. Con energía.

enérgico, ca. adj. Que tiene energía, o relativo a ella.

energúmeno, na. m. y f. Persona poseída del *demonio. ‖ fig. Persona dominada por la *ira.

enerizar. tr. p. us. **Erizar.** Ú. t. c. r.

enero. m. *Mes primero de los doce de que consta el año civil.

enervación. f. Acción y efecto de enervar o enervarse. ‖ ***Afeminación.** ‖ *Med.* *Debilidad producida por agotamiento de la energía nerviosa.

enervador, ra. adj. Que enerva.

enervamiento. m. **Enervación.**

enervante. p. a. de **Enervar.** Que enerva.

enervar. tr. *Debilitar, quitar las fuerzas. Ú. t. c. r. ‖ fig. Debilitar, *anular e invalidar las razones o argumentos. Ú. t. c. r.

enerve. adj. desus. *Débil, *afeminado.

enésimo, ma. adj. Dícese del número indeterminado de veces que se *repite una cosa. ‖ *Mat.* Dícese del lugar indeterminado en una *serie.

enfadadizo, za. adj. Fácil de enfadarse, *irritable.

enfadamiento. m. **Enfado.**

***enfadar.** tr. Causar enfado. Ú. t. c. r.

***enfado.** m. Ira, enojo. ‖ Impresión *desagradable y *fastidiosa que hacen en el ánimo algunas cosas. ‖ Afán, *trabajo. ‖ pl. Composición *poética, de índole satírica, en que cada estrofa empezaba con *Enfádome.*

enfadosamente. adv. m. Con enfado.

enfadoso, sa. adj. Que de suyo causa enfado.

enfalcado. m. Aparato de madera colocado sobre los fondos de las hornillas de los trapiches en que se fabrica el *azúcar.

enfaldador. m. *Alfiler grueso de que las mujeres usaban para sujetar las *faldas recogidas.

enfaldar. tr. Recoger las *faldas o las sayas. Ú. t. c. r. ‖ Hablando de los árboles, *podar las ramas bajas para que formen copa las superiores.

enfaldo. m. *Falda o cualquiera ropa talar recogida o enfaldada. ‖ Cavidad que hacen las ropas enfaldadas.

enfangar. tr. Cubrir de fango o *lodo una cosa o *hundirla en él. Ú. m. c. r. ‖ r. fig. y fam. Mezclarse en negocios *despreciables y vergonzosos. ‖ fig. Entregarse con excesivo afán a *placeres o *vicios.

enfardador, ra. adj. Que enfarda. ‖ f. Máquina para enfardar o *embalar.

enfardar. tr. Hacer o arreglar fardos. ‖ *Embalar mercaderías.

enfardelador. m. El que enfardela o *embala.

enfardeladura. f. Acción de enfardelar.

enfardelar. tr. Hacer fardeles. ‖ **Enfardar.**

énfasis. amb. Fuerza de *expresión con que se quiere realzar la importancia de lo que se dice. Ú. m. c. m. ‖ *Afectación en el tono de la voz o en el gesto. ‖ **Ret.* Figura que consiste en dar a entender más de lo que realmente se dice.

enfáticamente. adv. m. Con énfasis.

enfático, ca. adj. Aplícase a lo dicho con énfasis y a las personas que hablan o escriben enfáticamente.

***enfermar.** intr. Contraer *enfermedad los seres orgánicos. ‖ tr. Causar enfermedad. ‖ fig. *Debilitar, enervar las fuerzas.

***enfermedad.** f. Alteración más o menos grave de la salud del cuerpo animal o del organismo vegetal. ‖ fig. *Pasión dañosa.

enfermería. f. Casa o sala destinada para los enfermos. ‖ Conjunto de los *enfermos de determinado lugar o tiempo, o de una misma enfermedad. ‖ fam. Nombre que se dio a ciertos *coches tirados por dos mulas pesadas y viejas.

enfermero, ra. m. y f. Persona destinada para la asistencia de los *enfermos.

***enfermizo, za.** adj. Que tiene poca salud. ‖ Capaz de ocasionar *enfermedades. ‖ Propio de un enfermo.

***enfermo, ma.** adj. Que padece enfermedad. Ú. t. c. s. ‖ **Enfermizo.**

enfermoso, sa. adj. **Enfermizo.**

enfermucho, cha. adj. **Enfermizo.**

enfervorizador, ra. adj. Que enfervoriza. Ú. t. c. s.

enfervorizar. tr. Infundir ánimo y *valor. Ú. t. c. r. ‖ Infundir *devoción y celo religioso. Ú. t. c. r.

enfeudación. f. Acción de enfeudar. ‖ Título o diploma en que se contiene este acto.

enfeudar. tr. Dar en *feudo un reino, territorio, etc.

enfielar. tr. Poner en fiel.

enfierecerse. r. p. us. Ponerse hecho una fiera, *irritarse mucho.

enfiestarse. r. Estar de *fiesta, divertirse.

enfilado, da. adj. **Blas.* Dícese de las cosas huecas, que parecen ensartadas. ‖ f. **Mil.* Acción de enfilar una línea de tropa.

enfilar. tr. Poner en *fila varias cosas. ‖ *Dirigir una visual por medio de miras y otros instrumentos. ‖ Venir dirigida una cosa en la misma dirección de otra. ‖ ***Ensartar.** ‖ **Artill.* Batir por el costado.

enfisema. m. *Hinchazón producida por el aire o el gas en el tejido celular.

enfisematoso, sa. adj. *Pat.* Perteneciente o relativo al enfisema.

enfistolarse. r. Pasar una *llaga al estado de fístula. Ú. t. c. tr.

***enfiteusis.** f. Cesión perpetua o por largo tiempo del dominio útil de un inmueble, mediante el pago de un canon anual y de un laudemio en caso de transmisión de dominio.

enfiteuta. com. Persona que tiene el dominio útil o censo enfitéutico.

enfitéutico, ca. adj. Dado en *enfiteusis o perteneciente a ella.

enflacar. intr. **Enflaquecer.**

***enflaquecer.** tr. Poner *flaco a uno. ‖ fig. *Debilitar, enervar. ‖ intr. Ponerse *flaco. Ú. t. c. r. ‖ fig. Desmayar, *desanimarse.

enflaquecimiento. m. Acción y efecto de enflaquecer o enflaquecerse.

enflautado, da. adj. fam. Hinchado, *afectado, retumbante. ‖ f. Patochada, *disparate. ‖ m. **Artill.* Conjunto de las bocas de cañón que asoman por las portas de un buque.

enflautador, ra. adj. fam. Que enflauta. Ú. t. c. s. ‖ m. y f. fam. **Alcahuete.**

enflautar. tr. Hinchar, *soplar. ‖ fam. **Alcahuetear.** ‖ fam. *Engañar. ‖ **Encajar** (*decir algo desagradable).

enflechado, da. adj. Dícese del arco o *ballesta en que se ha puesto la *flecha para arrojarla.

enflorar. tr. Florear, *adornar con *flores.

enfocar. tr. Hacer que la imagen de un objeto producida en el foco de una *lente coincida con un plano u objeto determinado. ‖ fig. *Examinar y concretar los puntos esenciales de un problema.

enfoque. m. Acción y efecto de enfocar.

enfosado. m. **Veter.* **Encebadamiento.**

esfoscadero. m. Pasaje *estrecho y oculto.

enfoscado. m. **Albañ.* Operación de enfoscar un muro. ‖ Capa de mortero con que está guarnecido un muro.

enfoscar. tr. **Albañ.* *Tapar los mechinales y otros agujeros que quedan en una pared al construirla. ‖ *Albañ.* Guarnecer con mortero un muro. ‖ r. Ponerse hosco y ceñudo. ‖ Enfrascarse en alguna *ocupación o negocio. ‖ Cubrirse el cielo de *nubes. ‖ *Abrigarse, arroparse. ‖ Esconderse, *ocultarse.

enfrailar. tr. Hacer fraile a uno. ‖ intr. Meterse fraile. Ú. t. c. r.

enfranque. m. Parte más estrecha de la suela del *calzado, entre la planta y el tacón.

enfranquecer. tr. *Libertar a uno, hacerlo franco o libre.

enfrascamiento. m. Acción y efecto de enfrascarse.

enfrascar. tr. Echar o *envasar en frascos cualquier líquido.

enfrascarse. r. Enzarzarse, *internarse en una espesura. ‖ fig. Aplicarse con toda la *atención y *diligencia a un negocio, disputa, etc.

enfrenador. m. El que enfrena bestias.

enfrenamiento. m. Acción y efecto de enfrenar.
enfrenar. tr. Poner el *freno al caballo. ‖ **Equit.* Enseñarle a que obedezca. ‖ Contenerle y sujetarle. ‖ fig. **Refrenar** (*reprimir). Ú. t. c. r.
enfrentar. tr. *Contraponer, poner frente a frente. Ú. t. c. r. y c. intr. ‖ Afrontar, *oponer. Ú. t. c. r. ‖ **Arq. Nav.* Unir a tope dos piezas.
***enfrente.** adv. l. A la parte opuesta, en punto que mira a otro, o que está delante de otro. ‖ adv. m. En contra, en pugna.
enfriadera. f. Vasija en que se *enfría una bebida.
enfriadero. m. Paraje o sitio para *enfriar.
enfriador, ra. adj. Que enfría. Ú. t. c. s. ‖ m. **Enfriadero.**
enfriamiento. m. Acción y efecto de enfriar o enfriarse.
***enfriar.** tr. Poner fría una cosa. Ú. t. c. intr. y c. r. ‖ fig. Entibiar, *moderar los afectos, pasiones, etc. Ú. t. c. r. ‖ r. Quedarse *fría una persona.
enfrontar. tr. Llegar al frente de alguna cosa. Ú. t. c. intr. ‖ Afrontar, *resistir, hacer frente. Ú. t. c. intr.
enfrontilar. tr. Poner el frontil a los bueyes. ‖ r. **Taurom.* Ponerse el toro de frente a uno para acometerle.
enfroscarse. r. **Enfrascarse.**
enfullar. tr. fam. Hacer *fullerías en el juego.
enfundadura. f. Acción y efecto de enfundar.
enfundar. tr. *Guardar una cosa dentro de su funda o *estuche. ‖ *Llenar, henchir.
enfurción. f. **Infurción.**
enfurecer. tr. *Irritar a uno o ponerle furioso. Ú. t. c. r. ‖ **Ensoberbecer** (*engreír). ‖ r. fig. Alborotarse el *mar, el viento, etc.
enfurecimiento. m. Acción y efecto de enfurecer o enfurecerse.
enfurruñamiento. m. Acción y efecto de enfurruñarse.
enfurruñarse. r. fam. Ponerse enfadado.
enfurruscarse. r. fam. **Enfurruñarse.**
enfurtido. m. Acción y efecto de enfurtir.
enfurtir. tr. Dar en el batán a los *paños y otros tejidos de lana el cuerpo correspondiente. Ú. t. c. r.
enfusar. tr. *Embutir, hacer embuchado. ‖ Atollar, *hundir. Ú. t. c. r.
engabanado, da. adj. Cubierto con gabán.
engace. m. **Engarce.** ‖ fig. *Enlace y conexión que tienen unas cosas con otras.
engafar. tr. Armar la *ballesta con la gafa para disparar. ‖ Poner la *escopeta en el seguro. ‖ Enganchar con gafas y *tenazas.
engafetar. tr. **Encorchetar.**
engaitador, ra. adj. fam. Que engaita.
engaitar. tr. fam. *Engañar o *seducir con *halagos y promesas.
engalanar. tr. Poner galana una cosa, *adornarla. Ú. t. c. r.
engalgar. tr. **Mont.* Hacer que la liebre o el conejo sean perseguidos por el galgo. ‖ r. fam. Engolosinarse, *aficionarse mucho a una cosa.
engalgar. tr. Apretar la galga contra el cubo de la rueda de un carruaje para *detenerlo. ‖ Calzar las ruedas de los *carruajes para impedir que giren. ‖ *Mar.* Afirmar a la cruz de una *ancla el cable de un anclote para mayor seguridad.
engallado, da. adj. fig. *Erguido, derecho.
engallador. m. Correa de la *brida que obliga al caballo a levantar la cabeza.
engalladura. m. **Galladura.**
engallarse. r. fig. Ponerse *erguido y arrogante. Ú. t. c. tr. ‖ Levantar la cabeza y recoger el cuello el *caballo.
enganchador, ra. adj. Que engancha.
enganchamiento. m. **Enganche.**
***enganchar.** tr. *Asir una cosa con *gancho o *colgarla de él. Ú. t. c. r. y c. intr. ‖ *Enlazar una cosa con otra por medio de un gancho. ‖ Poner las caballerías en los *carruajes de manera que puedan tirar de ellos. Ú. t. c. intr. ‖ fig. y fam. Atraer a uno, *captar su afecto o su voluntad. ‖ **Mil.* Inducir a uno a que siente plaza de soldado, ofreciéndole dinero. ‖ **Taurom.* Coger el toro al bulto y levantarlo con los pitones. ‖ r. **Mil.* Sentar plaza de soldado.
enganche. m. Acción y efecto de enganchar o engancharse. ‖ Pieza o aparato dispuesto para enganchar.
engandujo. m. Hilo o fleco que cuelga de cierta franja de *pasamanería.
engañabobos. com. fam. Persona engaitadora. ‖ **Chotacabras.**
engañadizo, za. adj. Fácil de ser engañado, *cándido.
engañador, ra. adj. Que *engaña.
engañamundo, engañamundos. m. **Engañador.**
engañanecios. m. **Engañabobos** (persona que *engaña con halagos y embelecos).
engañante. p. a. de **Engañar.** Que engaña.
engañapastores. m. **Chotacabras.**
***engañar.** tr. Inducir a otro a creer y tener por cierto lo que no es. Aplícase por extensión a algunas cosas que se ofrecen a los sentidos distintas de como son en realidad. ‖ Entretener, *distraer, *divertir. ‖ Hacer más apetitoso un *alimento, o comerlo acompañado de otro que lo hace más agradable. ‖ Hablando de un cónyuge con relación al otro, cometer *adulterio. ‖ **Engatusar.** ‖ r. Cerrar los ojos a la verdad, por ser más grato el error. ‖ **Equivocarse.**
engañifa. f. fam. *Engaño artificioso.
engañifla. f. **Engañifa.**
***engaño.** m. Falsedad o falta de verdad en lo que se dice o hace. ‖ **Taurom.* Muleta o capa de que se sirve el torero para engañar al toro. ‖ **Deshacer un engaño.** fr. *Desengañar. ‖ **Llamarse uno a engaño.** fr. fam. *Retractarse de lo pactado, alegando haber sido engañado.
engañosamente. adv. m. Con engaño.
***engañoso, sa.** adj. Falaz, que *engaña o da ocasión a engañarse. ‖ Que dice mentira, *embustero. ‖ Ilusorio, *aparente.
engarabatar. tr. fam. Agarrar con garabato. ‖ r. *Encorvarse una cosa en forma de garabato o *gancho.
engarabitar. intr. Trepar, *subir a lo alto. Ú. t. c. r. ‖ Engarabatarse, dicho especialmente de los dedos que se encogen *entumecidos por el *frío.
engaratusar. tr. Engatusar.
engarbado, da. adj. Dícese del *árbol que al ser derribado queda sostenido por la copa de otro.
engarbarse. r. *Subirse las aves a lo más alto de un árbol o de otra cosa.
engarberar. tr. Agrupar los *haces de mies puestos de pie y apoyados unos en otros.
engarbullar. tr. fam. *Confundir, *enredar.
***engarce.** m. Acción y efecto de engarzar. ‖ Metal en que se engarza una piedra de *joyería u otra cosa.
engargantadura. f. **Engargante.**
engargantar. tr. Meter una cosa por la garganta o tragadero, como se hace con las aves cuando se *ceban a mano. ‖ intr. **Engranar.** ‖ Meter el pie en el *estribo hasta la garganta. Ú. t. c. r.
engargante. m. **Mec.* Encaje o *acoplamiento de los dientes de una rueda o barra dentada en los intersticios de otra.
engargolado. m. *Ranura por la cual se desliza una *puerta de corredera. ‖ **Carp.* Ensambladura de lengüeta y ranura.
engargolar. tr. **Carp.* Ajustar las piezas que tienen gárgoles.
engargotado. m. **Arq. Nav.* Engargolado en que la ranura es más estrecha por la boca que por el fondo.
engaritar. tr. *Fortificar con garitas. ‖ fam. *Engañar con astucia.
engarmarse. r. Meterse el ganado en una garma.
engarnio. m. Cosa o persona *inútil.
engarrafador, ra. adj. Que engarrafa.
engarrafar. tr. fam. *Asir fuertemente una cosa.
engarrar. tr. **Agarrar.**
engarriar. intr. *Subir, trepar.
engarro. m. Acción y efecto de engarrar.
engarronar. tr. **Apiolar** (atar por las patas los animales muertos en la caza).
engarrotar. tr. **Agarrotar.** ‖ *Entumecer los miembros el frío. Ú. t. c. r.
engarzador, ra. adj. Que engarza. Ú. t. c. s.
engarzadura. f. **Engarce.**
***engarzar.** tr. *Enlazar una cosa con otra u otras, formando *cadena. ‖ **Rizar.** ‖ **Engastar.**
engastador, ra. adj. Que engasta. Ú. t. c. s.
engastadura. f. **Engaste.**
engastar. tr. **Joy.* *Encajar y embutir una cosa en otra, como una piedra preciosa en oro o plata.
engaste. m. Acción y efecto de engastar. ‖ Cerco o guarnición de metal que abraza y asegura lo que se engasta. ‖ *Perla que por un lado es chata y por el otro redonda.
engatado, da. adj. Habituado a *hurtar, como el gato.
engatar. tr. fam. *Engañar con halagos.
engatillado, da. adj. Aplícase al *caballo y al *toro que tienen el pescuezo grueso y levantado por la parte superior. ‖ m. Procedimiento para *unir dos *chapas de *metal doblando el borde de cada una. ‖ *Arq.* *Armadura para techar los edificios, en la cual las piezas están trabadas por medio de gatillos de hierro.
engatillar. tr. *Unir dos *chapas de *metal por el procedimiento del engatillado. ‖ *Unir o *sujetar con gatillo. ‖ *Arq.* Encajar los extremos de los *maderos de piso en las muescas de una viga.
engatusador, ra. adj. fam. Que engatusa. Ú. t. c. s.
engatusamiento. m. fam. Acción y efecto de engatusar.
engatusar. tr. fam. *Captar la voluntad de uno con *engaños y *halagos.
engaviar. tr. *Subir a lo alto. Ú. t. c. r. ‖ **Enjaular.**

engavilanar. tr. **Esgr.* Trabar la espada del adversario por los gavilanes.
engavillada. f. Conjunto de *gavillas.
engavillar. tr. **Agavillar.**
engazador, ra. adj. **Engarzador.**
engazamiento. m. **Engarce.**
engazar. tr. **Engarzar.**
engazar. tr. En el obraje de *paños, teñirlos después de tejidos. ‖ *Mar.* Poner gazas de firme a los *motones, cuadernales y vigotas.
engazo. m. desus. **Engarce.**
engendrable. adj. p. us. Que se puede engendrar.
engendrador, ra. adj. Que engendra.
engendramiento. m. Acción y efecto de engendrar.
engendrante. p. a. de **Engendrar.** Que engendra.
***engendrar.** tr. Procrear, propagar la propia especie. ‖ fig. *Causar, ocasionar.
engendro. m. ***Feto.** ‖ Criatura *deforme. ‖ fig. Obra intelectual mal concebida o *absurda. ‖ **Mal engendro.** fig. y fam. Muchacho de índole *perversa.
engeridor. m. El que ingiere. ‖ **Abridor** (para *injertar).
engero. m. Palo largo del *arado que se ata al yugo.
engibacaire. m. *Germ.* **Rufián.**
engibador. m. *Germ.* **Rufián.**
engibar. tr. Hacer jorobado a uno. Ú. t. c. r. ‖ *Germ.* Recibir y *guardar.
engina. f. **Angina.**
englandado, da. adj. **Blas.* Aplícase al roble o encina cargados de bellotas.
englantado, da. adj. **Blas.* **Englandado.**
englobar. tr. *Incluir, *reunir, *sumar o considerar reunidas varias partidas o cosas en una sola.
engolado, da. adj. Que tiene gola. ‖ Dícese de la *voz que afecta gravedad y de la persona que habla así.
engolado, da. adj. **Blas.* Aplícase a las piezas cuyos extremos entran en bocas de leones, serpientes, etc.
engolfa. f. **Algorfa.**
engolfar. intr. **Mar.* Entrar una embarcación muy adentro del mar. Ú. m. c. r. ‖ r. fig. *Ocuparse intensamente en algún asunto o dejarse llevar de alguna *pasión. Ú. t. c. tr.
engolillado, da. adj. fam. Que andaba siempre con la golilla puesta. ‖ fig. y fam. Dícese de la persona que se precia de observar con rigor los usos *antiguos.
engolondrinar. tr. fam. *Engreír, envanecer. Ú. t. c. r. ‖ r. fam. **Enamoricarse.**
engolosinador, ra. adj. Que engolosina.
engolosinar. tr. Excitar el deseo de uno, *captar su voluntad con algún atractivo. ‖ r. Tomar *afición a una cosa.
engollamiento. m. fig. *Orgullo, presunción.
engolletado, da. adj. fam. *Orgulloso, presumido.
engolletarse. r. fam. *Engreírse, envanecerse.
engomadura. f. Acción y efecto de engomar. ‖ Primer baño que las *abejas dan a las colmenas antes de fabricar la cera.
engomar. tr. Dar *goma desleída a los *tejidos para que queden lustrosos. ‖ Untar de goma los papeles y otros objetos para *pegarlos.
engorar. tr. **Enhuerar.** Ú. t. c. intr. y c. r.
engorda. f. Engorde, *ceba. ‖ Conjunto de *cerdos que se ceban para la matanza.
engordadero. m. Sitio o paraje en que se tienen los *cerdos para engordarlos. ‖ Tiempo en que se engordan. ‖ Alimento con que se engordan.
engordador, ra. adj. Que hace engordar. Ú. t. c. s.
***engordar.** tr. *Cebar, dar mucho de comer para poner gordo. ‖ → intr. Ponerse *gordo, crecer en gordura. ‖ fig. y fam. Hacerse *rico. ‖ *Mar.* Aumentar el tamaño de las *olas.
engorde. m. Acción y efecto de engordar o *cebar al ganado.
engorgoritar. tr. *Engañar con zalamerías. ‖ *Galantear, enamorar. Ú. t. c. r.
engorra. f. desus. *Asimiento. ‖ Gancho de hierro de algunas *saetas, a modo de arponcillo.
engorrar. tr. Fastidiar, *molestar. ‖ r. Quedarse sujeto en un *gancho. ‖ *Hincarse una espina en la carne de modo que no se pueda sacar fácilmente.
engorro. m. Embarazo, *impedimento. ‖ *Dificultad, *molestia.
engorronarse. r. Vivir completamente *retirado y como *oculto.
engorroso, sa. adj. *Difícil, *molesto.
engoznar. tr. Clavar o fijar *goznes. ‖ Encajar en un gozne.
engranaje. m. **Mec.* Efecto de engranar. ‖ *Mec.* Conjunto de las piezas que engranan. ‖ *Mec.* Conjunto de los dientes de una *máquina. ‖ fig. *Enlace, conexión, encadenamiento.
***engranar.** intr. *Mec.* **Endentar** (*acoplar *ruedas u otras piezas que tienen dientes). ‖ fig. *Enlazar, trabar.
engrandar. tr. **Agrandar.**
engrandecer. tr. Aumentar, hacer *grande una cosa. ‖ *Alabar, *exagerar. ‖ fig. Exaltar, *enaltecer, elevar a uno a grado o dignidad superior. Ú. t. c. r.
engrandecimiento. m. Acción y efecto de engrandecer. ‖ Ponderación *exageración. ‖ *Enaltecimiento.
engranerar. tr. Encerrar el *grano.
engranujarse. r. Llenarse de granos en la *piel. ‖ Hacerse granuja, *envilecerse.
engrapar. tr. Asegurar, *sujetar con grapas.
engrasación. f. Acción y efecto de engrasar o engrasarse.
***engrasar.** tr. Dar substancia y *grasa a una cosa. ‖ **Encrasar** (*abonar las tierras). ‖ *Untar, *ensuciar con pringue o grasa. Ú. t. c. r. ‖ Adobar con algún aderezo los *tejidos.
engrase. m. **Engrasación.** ‖ Materia lubricante.
engravecer. tr. Hacer grave o *pesada alguna cosa. Ú. t. c. r.
engredar. tr. Dar con greda.
engreimiento. m. Acción y efecto de *engreír o engreírse.
***engreír.** tr. **Envanecer.** Ú. t. c. r. ‖ *Encariñar, *aficionar. Ú. m. c. r.
engreñado, da. adj. **Desgreñado.**
engrescar. tr. *Incitar a riña o *discordia. Ú. t. c. r. ‖ Meter a otros en juego u otra *diversión. Ú. t. c. r.
engrifar. tr. Encrespar, erizar. Ú. t. c. r. ‖ r. Empinarse una *caballería.
engrillar. tr. Meter en grillos o *prisiones. ‖ Encapotarse el *caballo.
engrilletar. tr. *Mar.* Unir o *sujetar por medio de grillete dos trozos de cadena.
engringarse. r. Seguir uno las costumbres o manera de ser de los gringos o *extranjeros.
engrosamiento. m. Acción y efecto de engrosar.
engrosar. tr. Hacer *gruesa y más corpulenta una cosa. Ú. t. c. r. ‖ Darle mayor *densidad o crasitud. ‖ fig. *Aumentar un ejército, una multitud, etc. ‖ *Abonar las tierras. ‖ intr. Tomar carnes, ponerse uno más *grueso y corpulento.
engrudador, ra. m. y f. Persona que engruda. ‖ Utensilio que sirve para engrudar.
engrudamiento. m. Acción y efecto de engrudar.
engrudar. tr. Untar o dar con engrudo a una cosa.
engrudo. m. Papilla hecha con harina o almidón que se cuece en agua, y sirve para *pegar papeles y otras cosas. ‖ **Arq. nav.* Pasta hecha con vidrio machacado, que se introducía en las junturas para evitar el acceso de ratas, *insectos, etc.
engruesar. intr. **Engrosar.**
engrumecerse. r. Hacerse *grumos un líquido o una masa fluida.
enguachinar. tr. Enguachar, enaguazar. Ú. t. c. r.
engualdrapar. tr. **Guarn.* Poner la gualdrapa a una caballería.
enguantar. tr. Cubrir la mano con el *guante. Ú. m. c. r.
enguatar. tr. Entretelar con manta de *algodón o guata.
enguedejado, da. adj. Aplícase al *cabello que está hecho guedejas. ‖ Dícese también de la persona que trae así la cabellera. ‖ fam. Que cuida con *afectación del adorno de las guedejas.
enguerar. tr. *Detener o *retardar algún trabajo engorroso. Ú. t. c. r. ‖ *Ahorrar. ‖ **Estrenar** (usar por primera vez).
enguerrillarse. r. **Mil.* Formar guerrillas.
enguichado, da. adj. **Blas.* Dícese de las trompetas, cornetas, etc., cuando van pendientes o liadas con cordones.
enguijarrado. m. Empedrado de guijarros.
enguijarrar. tr. Empedrar un *pavimento con guijarros.
enguillar. tr. *Mar.* Forrar un *cabo con otro más fino.
enguillotarse. r. Tener toda la atención absorbida por alguna cosa.
enguión. m. **Arq. Nav.* Cada una de las curvas que forman la regala de las lanchas.
enguirlandar. tr. **Enguirnaldar.**
enguirnaldar. tr. *Adornar con guirnaldas.
enguizgar. tr. *Incitar, estimular.
engullidor, ra. adj. Que engulle. Ú. t. c. s.
engullir. tr. *Tragar la comida atropelladamente o sin mascarla suficientemente.
engurrio. m. *Tristeza, melancolía.
engurruñar. tr. *Encoger, *plegar, arrugar. Ú. t. c. r. ‖ r. fam. **Enmantarse.**
engurruñido, da. adj. Arrugado, encogido.
engurruñir. tr. Engurruñar, *encoger.
enhacinar. tr. **Hacinar.**
enharinar. tr. Cubrir de *harina la superficie de una cosa. Ú. t. c. r.
enhastiar. tr. Causar hastío, *fastidio. Ú. t. c. r.
enhastillar. tr. Poner o colocar las *saetas en el carcaj.
enhastioso, sa. adj. desus. **Enfadoso.**
enhatijar. tr. Cubrir las bocas de las *colmenas con unos harneros de es-

parto para llevarlas de un lugar a otro.

enhebillar. tr. Sujetar las correas a las hebillas.

enhebrar. tr. Pasar o *atravesar la hebra por el ojo de la aguja o por el agujero de las cuentas, perlas, etc. || fig. y fam. **Ensartar.**

enhenar. tr. Cubrir o envolver con heno.

enherbolar. tr. Inficionar, poner *veneno en una cosa. Dícese más comúnmente de las lanzas o *saetas que untan algunos salvajes con el zumo de hierbas ponzoñosas.

enhestador. m. El que enhiesta.

enhestadura. f. Acción y efecto de enhestar o enhestarse.

enhestamiento. m. **Enhestadura.**

enhestar. tr. *Levantar en alto o poner *vertical una cosa. Ú. t. c. r.

enhielar. tr. Mezclar una cosa con *hiel.

enhiesto, ta. p. p. irreg. de **Enhestar.** || adj. Levantado, derecho, *vertical.

enhilar. tr. **Enhebrar.** || fig. *Ordenar las ideas de un escrito o discurso. || fig. *Dirigir, guiar. || **Enfilar.** || intr. Encaminarse, dirigirse a un fin.

enhorabuena. f. **Felicitación.** || adv. m. **En hora buena.**

enhoramala. adv. m. **En hora mala.**

enhorcar. tr. Formar horcos, de ajos o cebollas. || Coger con la *horquilla el heno.

enhornar. tr. Meter una cosa en el *horno para asarla o cocerla.

enhorquetar. tr. Poner o *montar a horcajadas. Ú. t. c. r.

enhuecar. tr. **Ahuecar.**

enhuerar. tr. Volver huero. || intr. Volverse huero. Ú. t. c. r.

***enigma.** m. Dicho o conjunto de palabras de sentido artificiosamente encubierto. || Cosa *incomprensible.

enigmáticamente. adv. m. De manera enigmática.

enigmático, ca. adj. Que en sí encierra o incluye enigma.

enigmatista. com. Persona que habla con enigmas.

enjabegarse. r. *Mar.* Enredarse algún *cabo en el fondo del mar.

enjablar. tr. Poner el fondo a las *cubas, encajándolo en el jable.

enjabonado. m. **Jabonadura.**

enjabonadura. f. **Jabonadura.**

enjabonar. tr. **Jabonar.** || fig. y fam. Dar jabón, *adular.

enjaezar. tr. **Guarn.* Poner los jaeces a las caballerías.

enjaguadura. f. **Enjuagadura.**

enjaguar. tr. **Enjuagar.**

enjagüe. m. **Der. Mar.* Adjudicación que se hacía a los interesados en una nave, en satisfacción de los *créditos respectivos.

enjalbegado. m. **Enjalbegadura.**

enjalbegador, ra. adj. Que enjalbega. Ú. t. c. s.

enjalbegadura. f. Acción y efecto de enjalbegar o enjalbegarse.

enjalbegar. tr. **Albañ.* Blanquear las paredes con cal, yeso o tierra blanca. || fig. Componer el rostro con albayalde u otros *afeites. Ú. t. c. r.

enjalbiego. m. *Albañ.* **Enjalbegadura.**

***enjalma.** f. Especie de aparejo para bestias de carga, a modo de albardilla ligera.

enjalmar. tr. Poner la *enjalma a una bestia. || Hacer enjalmas.

enjalmero. m. El que hace o vende enjalmas.

enjambradera. f. **Casquilla.** || En algunas partes, ***abeja maestra.**

enjambradero. m. Sitio en que enjambran los colmeneros.

enjambrar. tr. Coger las *abejas que andan esparcidas, o los enjambres que están fuera de las colmenas, para encerrarlos en ellas. || Sacar un enjambre de una colmena. || intr. Criar una colmena un enjambre. || fig. Multiplicar o *producir en abundancia.

enjambrazón. f. Acción y efecto de enjambrar.

enjambre. m. Muchedumbre de *abejas con su reina, que juntas salen de una colmena. || fig. *Muchedumbre de personas o *abundancia de cosas juntas.

enjaquimar. tr. Poner la jáquima a una bestia. || fam. Arreglar, *reparar, componer.

enjarciar. tr. Poner la jarcia a una embarcación.

enjardinar. tr. *Plantar y arreglar los árboles como están en los *jardines. || tr. **Cetr.* Poner el ave de rapiña en un prado.

enjaretado. m. Tablero formado de tabloncillos colocados de modo que formen *enrejado. || *Mar.* Conjunto de falsas jaretas de las jarcias.

enjaretar. tr. Hacer pasar o *atravesar por una jareta un cordón, cinta, etcétera. || fig. y fam. Hacer o decir algo con *precipitación. || fam. Intercalar, incluir.

enjarje. m. *Albañ.* **Endeja.**

enjaular. tr. *Encerrar o poner dentro de la *jaula a una persona o animal. || fig. y fam. Meter en la *cárcel a uno.

enjebar. tr. Meter los *paños en *lejía hecha con alumbre, para dar después el color. || **Albañ.* Blanquear un muro con lechada de yeso.

enjebe. m. **Jebe.** || Acción y efecto de enjebar. || *Lejía en que se echan los *paños antes de teñirlos.

enjergado, da. adj. ant. Vestido de jerga, que era el *luto antiguo.

enjergar. tr. fam. *Principiar y *gobernar un negocio o asunto.

enjertación. f. Acción y efecto de enjertar.

enjertal. m. Sitio plantado de árboles frutales injertos.

enjertar. tr. **Injertar.**

enjerto, ta. p. p. irreg. de **Enjertar.** || m. **Injerto.** || fig. *Mezcla de varias cosas diversas entre sí.

enjimelgar. tr. *Mar.* Reparar algún palo de la *arboladura. || Asegurar con jimelgas.

enjordanar. tr. p. us. Remozar, rejuvenecer.

enjorguinarse. r. Hacerse jorguina.

enjoyado, da. adj. ant. Que tiene o posee muchas *joyas.

enjoyar. tr. *Adornar con *joyas. || fig. Adornar, hermosear. || Engastar piedras preciosas en una *joya.

enjoyelado, da. adj. Aplícase al *oro o plata convertido en *joyas o joyeles. || Adornado de joyeles.

enjoyelador. m. **Engastador.**

enjoyelar. tr. *Adornar con joyeles.

enjuagadientes. m. Porción de agua o licor que se toma en la *boca para enjuagar y limpiar los *dientes.

enjuagadura. f. Acción de enjuagar o enjuagarse. || Agua *sucia que queda de haber enjuagado una cosa.

enjuagar. tr. *Limpiar la *boca y los *dientes con agua u otro licor. Ú. m. c. r. || Aclarar y *lavar con agua clara lo que se ha jabonado o fregado. || Sacar del agua la bolsa de la red de *pescar. Ú. t. c. intr.

enjuagatorio. m. **Enjuague.**

enjuague. m. Acción de enjuagar. || Agua u otro licor que sirve para enjuagar o enjuagarse. ||* Vaso con su platillo, destinado a enjuagarse la boca. || fig. *Intriga, *enredo o negociación secreta para conseguir lo que no se espera lograr por los medios regulares. || desus. Complacencia con que uno se *jacta de algo.

enjugador, ra. adj. Que enjuga. || m. Utensilio que sirve para enjugar. || Especie de camilla redonda para *secar y calentar la ropa.

enjugar. tr. Quitar la humedad a una cosa, *secarla. || *Absorber, empapar algún humor natural; como lágrimas, sudor, etc. Ú. t. c. r. || fig. *Pagar, extinguir una deuda o un déficit. Ú. t. c. r. || r. Adelgazar, quedarse *flaco.

enjugascarse. r. Engolfarse en los juegos y *diversiones.

enjuiciable. adj. Que merece ser enjuiciado.

***enjuiciamiento.** m. Acción y efecto de enjuiciar. || → *For.* Instrucción o substanciación legal de los asuntos en que entienden los jueces y tribunales.

enjuiciar. tr. fig. Someter una cuestión a discusión y *juicio. || **For.* Instruir un procedimiento. || *For.* Juzgar, sentenciar o determinar una causa. || *For.* Sujetar a uno a juicio.

enjulio. m. Madero del *telar, en el cual se va arrollando el pie o urdimbre.

enjullo. m. **Enjulio.**

enjuncar. tr. Cubrir de juncos. Ú. t. c. r. || *Mar.* Atar con juncos una *vela.

enjunciar. tr. Cubrir de juncia las calles para alguna *fiesta.

enjundia. f. Gordura o *grasa que las *gallinas y otras aves tienen en la overa. || *Sebo y gordura de cualquier animal. || fig. Lo más *substancial e *importante de alguna cosa. || fig. *Fuerza, vigor. || fig. Constitución o cualidad connatural de una persona.

enjundioso, sa. adj. Que tiene mucha enjundia. || Substancioso, *importante.

enjunque. m. *Lastre muy pesado que se pone en el fondo de la bodega de los barcos. || Colocación de este lastre.

enjuta. f. *Arq.* Cada uno de los *triángulos o espacios que deja en un cuadrado el círculo inscrito en él. || *Arq.* **Pechina.**

enjutar. tr. **Albañ.* Enjugar, *secar la cal u otra cosa. Ú. t. c. r.

enjutar. tr. *Arq.* Rellenar las enjutas de las bóvedas.

enjutez. f. *Sequedad o falta de humedad.

enjuto, ta. p. p. irreg. de **Enjugar.** || adj. Delgado, *flaco. || m. pl. Tascos y palos secos, que sirven para *encender *fuego. || Bollitos u otros bocados ligeros que excitan la *sed.

enlabiador, ra. adj. Que enlabia. Ú. t. c. s.

enlabiar. tr. Acercar, aplicar los *labios.

enlabiar. tr. *Seducir, *engañar con palabras dulces y promesas.

enlabio. m. *Enajenamiento o *engaño ocasionado por el artificio de las palabras.

***enlace.** m. Acción de enlazar. || Conexión de una cosa con otra. || fig. *Parentesco, *casamiento. || Cifra formada con dos o más *letras entrelazadas.

enlaciar. tr. Poner lacia una cosa. Ú. t. c. intr. y c. r.

enladrillado. m. *Pavimento hecho de *ladrillos.

enladrillador. m. **Solador.**

enladrilladura. f. **Enladrillado.**

enladrillar. tr. Solar con *ladrillos el *pavimento.

enlagunar. tr. Convertir un terreno en *laguna. Ú. t. c. r.
enlamar. tr. Cubrir de lama o *cieno los campos y tierras.
enlaminarse. r. Aficionarse a un *manjar.
enlanado, da. adj. *Cubierto o lleno de *lana.
enlanchar. tr. **Enlosar.**
enlardar. tr. **Culin.* Lardar o lardear.
enlatar. tr. *Cubrir con latas una *armadura de techumbre.
enlatar. tr. Meter alguna cosa en cajas de hoja de lata.
enlazable. adj. Que puede enlazarse.
enlazador, ra. adj. Que enlaza. Ú. t. c. s.
enlazadura. f. **Enlace.**
enlazamiento. m. **Enlace.**
***enlazar.** tr. Coger una cosa con lazos. ‖ *Atar unas cosas a otras. ‖ → Dar enlace o conexión a unas cosas con otras, bien sean materiales o inmateriales. Ú. t. c. r. ‖ *Apresar o *cazar un animal arrojándole el lazo. ‖ r. fig. Contraer *matrimonio. ‖ fig. Unirse las familias por medio de *casamientos.
enlechuguillado, da. adj. Que usa *cuello de lechuguilla.
enlegajar. tr. Reunir *papeles formando legajo.
enlegamar. tr. **Entarquinar.**
enlejiar. tr. Meter en *lejía. ‖ *Quím.* *Disolver en agua una substancia alcalina.
enlenzar. tr. Poner tiras de lienzo en las obras de *escultura, en las partes en que hay peligro de que se abran.
enlerdar. tr. Entorpecer, *dificultar, *retardar.
enligar. tr. Untar con liga, enviscar. ‖r. Enredarse, prenderse el pájaro en la liga que pone el *cazador.
enlistonado. m. **Carp.* Conjunto de listones y obra hecha con listones.
enlistonar. tr. **Listonar.**
enlizar. tr. Entre *tejedores, añadir lizos al telar.
enlobreguecer. tr. Obscurecer, poner *obscuro o lóbrego. Ú. t. c. r.
enlodadura. f. Acción y efecto de enlodar o enlodarse.
enlodamiento. m. **Enlodadura.**
enlodar. tr. Manchar, ensuciar con *lodo. Ú. t. c. r. ‖ fig. *Infamar, *envilecer. Ú. t. c. r. ‖ Dar con lodo a una tapia, embarrar. ‖ *Min.* Tapar con arcilla las grietas de un *barreno.
enlodazar. tr. **Enlodar.**
enlomar. tr. Hacer el *encuadernador el lomo a un libro.
enloquecedor, ra. adj. Que hace enloquecer.
enloquecer. tr. Hacer perder el juicio a uno, volverlo *loco. ‖ intr. Volverse loco. ‖ *Agr.* Quedar los árboles *estériles o dar *fruto con irregularidad, por falta de cultivo o por vicio del terreno.
enloquecimiento. m. Acción y efecto de enloquecer.
enlosado. m. *Suelo cubierto de losas.
enlosador. m. El que enlosa.
enlosar. tr. Hacer *pavimento de losas.
enlozanarse. r. **Lozanear.**
enlucido, da. adj. Blanqueado para que tenga buen aspecto. ‖ m. **Albañ.* Capa de yeso, estuco u otra mezcla, que se da a las paredes de una casa.
enlucidor. m. El que enluce.
enlucimiento. m. Acción y efecto de enlucir.
enlucir. tr. **Albañ.* Poner una capa de yeso o mezcla a las paredes. ‖ *Limpiar y dar *brillo a los objetos metálicos.
enlustrecer. tr. Poner *limpia y con *brillo una cosa.
enlutado, da. adj. Que viste de *luto. Ú. t. c. s.
enlutar. tr. Cubrir de *luto. Ú. t. c. r. ‖ fig. **Obscurecer.** Ú. t. c. r. ‖ fig. Entristecer, *afligir.
enllantar. tr. Poner llantas a las *ruedas.
enllenar. tr. ant. ***Llenar.**
enllentecer. tr. Reblandecer o *ablandar. Ú. t. c. r.
enllocar. intr. **Enclocar.** Ú. t. c. r.
enmaderación. f. **Enmaderamiento.** ‖ **Maderaje.**
enmaderado. m. **Enmaderamiento.** ‖ **Maderaje.**
enmaderamiento. m. Obra de *madera, como los *techos y artesonados.
enmaderar. tr. Cubrir con madera los *techos, las paredes y otras cosas.
enmadrarse. r. Encariñarse excesivamente el hijo con la *madre.
enmaestrar. tr. *Mar.* **Envagrar.**
enmagrecer. tr. **Enflaquecer.** Ú. t. c. intr. y c. r.
enmalecer. tr. **Malear.** ‖ r. Cubrirse un campo de *maleza.
enmallarse. r. Quedarse la *pesca entre las mallas de la red.
enmalletar. tr. *Mar.* Colocar malletes o cuñas en la *arboladura. ‖ Endentar o *acoplar una rueda con otra.
enmangar. tr. Poner *mango a un instrumento.
enmantar. tr. *Cubrir con *manta. Ú. t. c. r. ‖ r. fig. Estar *triste y melancólico. Dícese más comúnmente de las *gallinas y otras aves.
enmarañador, ra. adj. Dícese del que enmaraña. Ú. t. c. s.
enmarañamiento. m. Acción y efecto de enmarañar o enmarañarse.
enmarañar. tr. *Enredar, formar una maraña con el cabello, hilo, etc. Ú. t. c. r. ‖ fig. *Confundir un asunto haciendo más difícil su buen éxito. Ú. t. c. r. ‖ r. Dícese del cielo cuando se cubre de *nubes o celajes.
enmararse. r. **Mar.* Alejarse la nave de tierra entrando en alta mar.
enmarchitable. adj. desus. **Marchitable.**
enmarchitar. tr. desus. **Marchitar.**
enmaridar. intr. Casarse, contraer *matrimonio la mujer. Ú. t. c. r.
enmarillecerse. r. Ponerse amarillo y *pálido.
enmaromar. tr. *Atar o sujetar con maroma.
enmasar. tr. **Mil.* Formar masas de tropas.
enmascarado. m. **Máscara.**
enmascarar. tr. Cubrir el rostro con *máscara. Ú. t. c. r. ‖ fig. Encubrir, *disimular.
enmasillar. tr. **Carp.* Cubrir con masilla los repelos de la madera para *pintarla. ‖ Sujetar con masilla los *vidrios.
enmatarse. r. Ocultarse la *caza entre las matas.
enmelado. m. Cierta *fruta de sartén*, untada de miel.
enmelar. tr. Untar con *miel. ‖ Hacer miel las *abejas. ‖ fig. Endulzar, hacer *agradable una cosa.
enmendable. adj. Que puede enmendarse.
enmendación. f. Acción y efecto de enmendar o corregir.
enmendador, ra. adj. Que enmienda o corrige.
enmendadura. f. **Enmienda.**
enmendamiento. m. ant. **Enmendadura.**
***enmendar.** tr. Corregir, quitar defectos. Ú. t. c. r. ‖ Resarcir, subsanar o *compensar los daños. ‖ **For.* Reformar un tribunal superior la sentencia dada por él mismo. ‖ **Mar.* Dicho del rumbo, o del fondeadero, variarlo según las necesidades.
***enmienda.** f. *Corrección o supresión de un error o vicio. ‖ desus. *Recompensa o premio. ‖ *Compensación, *reparación del daño hecho. ‖ Propuesta de modificación de un proyecto, dictamen, etc. ‖ pl. *Agr.* Substancias que se mezclan con las tierras para que les sirvan de *abono. ‖ **Poner enmienda.** fr. **Corregir.** ‖ **Tomar enmienda.** fr. **Castigar.**
enmohecer. tr. Cubrir de *moho una cosa. Ú. m. c. r. ‖ fig. *Inutilizar, dejar en desuso.
enmohecimiento. m. Acción y efecto de enmohecer o enmohecerse.
enmollecer. tr. **Ablandar.** Ú. t. c. r.
enmonarse. r. Pillar una mona, *emborracharse.
enmondar. tr. **Desliñar.**
enmordazar. tr. **Amordazar.**
enmostachado, da. adj. Que tiene *bigote.
enmostar. tr. Manchar con *mosto. Ú. t. c. r.
enmotar. tr. **Fort.* Guarnecer de castillos.
enmudecer. tr. Hacer *callar. ‖ intr. Quedar *mudo, perder el habla. ‖ fig. Guardar uno *silencio.
enmudecimiento. m. Acción y efecto de enmudecer.
enmugrar. tr. **Enmugrecer.**
enmugrecer. tr. Cubrir de mugre. Ú. t. c. r.
enmustiar. tr. p. us. Poner mustio o *marchito. Ú. t. c. r.
ennatado, da. adj. *Agr.* Dícese de las *tierras que por haber estado de barbecho han cobrado nueva fuerza.
enneciarse. r. Volverse *necio.
***ennegrecer.** tr. Teñir de negro, poner negro. Ú. t. c. r. ‖ r. fig. Ponerse muy obscuro, *nublarse.
ennegrecimiento. m. Acción y efecto de ennegrecer o ennegrecerse.
ennoblecedor, ra. adj. Que ennoblece.
ennoblecer. tr. Hacer *noble a uno. ‖ fig. *Adornar, *enriquecer una ciudad, un templo, etc. ‖ fig. Ilustrar, *enaltecer.
ennoblecimiento. m. Acción y efecto de ennoblecer.
enobarómetro. m. Aparato para determinar el extracto seco de los *vinos.
enodio. m. Ciervo de tres a cinco años de edad.
enodrida. adj. Dícese de la *gallina que ya no pone.
enografía. f. Ciencia que trata de los *vinos.
enográfico, ca. adj. Perteneciente o relativo a la enografía.
enojadizo, za. adj. Que con facilidad se *irrita o enoja.
***enojar.** tr. Causar *enfado, enojo. Ú. m. c. r. ‖ *Molestar, desazonar. ‖ r. fig. Alborotarse, enfurecerse el *mar, el *viento, etc.
***enojo.** m. Movimiento de ira o resentimiento contra una persona. ‖ *Molestia, trabajo. Ú. m. en pl.
enojosamente. adv. m. Con enojo.
enojoso, sa. adj. Que causa enojo, molestia o enfado.
enojuelo. m. d. de **Enojo.**
enología. f. Conjunto de conocimientos relativos a los *vinos.

enometría. f. Determinación de la riqueza alcohólica de los *vinos.
enométrico, ca. adj. Perteneciente o relativo a la enometría.
enómetro. m. Instrumento para medir la fuerza de los *vinos.
enorfanecido, da. adj. desus. **Huérfano.**
enorgullecer. tr. Llenar de *orgullo. Ú. t. c. r.
enorgullecimiento. m. Acción y efecto de enorgullecer o enorgullecerse.
enorme. adj. Desmedido, *excesivo, demasiado *grande. || *Perverso. || Grave, *importante. || *For.* V. **Lesión enorme.**
enormemente. adv. m. Con enormidad.
enormidad. f. *Exceso, *grandeza desmedida. || fig. *Perversidad. || Despropósito, *disparate.
enormísimo, ma. adj. *For.* V. **Lesión enormísima.**
enoscopio. m. Especie de alcoholímetro para los *vinos.
enotecnia. f. Arte de elaborar los *vinos.
enotécnico, ca. adj. Perteneciente o relativo a la enotecnia.
enquiciar. tr. Poner la *puerta o ventana en su quicio. || fig. Poner en *orden, afirmar.
enquillotrar. tr. *Engreír, desvanecer. Ú. t. c. r. || r. fam. **Enamorarse.**
enquiridión. m. *Libro manual.
enquistado, da. adj. De forma de quiste. || fig. Embutido, *introducido, metido dentro.
enquistarse. r. *Med.* Formarse un quiste o *tumor.
enrabiar. tr. **Encolerizar.** Ú. t. c. r.
enraigonar. tr. Embojar con raigón o atocha los gusanos de *seda.
enraizar. intr. Arraigar, echar *raíces.
enralecer. tr. Aclarar las plantaciones de *árboles.
enramada. f. Ramaje espeso de los árboles. || *Adorno formado de *ramas de árboles con motivo de alguna fiesta. || *Cobertizo hecho de ramas.
enramado. m. **Arq. Nav.* Conjunto de las cuadernas de un buque.
enramar. tr. Enlazar y entretejer varios ramos. || **Arq. Nav.* Arbolar y afirmar las cuadernas del buque en construcción. || intr. Echar *ramas un árbol.
enramblar. tr. Poner los *paños en la rambla para estirarlos.
enrame. m. Acción y efecto de enramar.
enranciar. tr. Poner o hacer rancia una cosa. Ú. m. c. r.
***enrarecer.** tr. Dilatar un cuerpo gaseoso haciéndolo menos denso. Ú. t. c. r. || Hacer más escasa una cosa. Ú. t. c. intr. y más c. r.
enrarecimiento. m. Acción y efecto de enrarecer o enrarecerse.
enrasado. m. **Albañ.* Fábrica con que se macizan las pechinas de una *bóveda.
enrasamiento. m. **Enrase.**
enrasar. tr. **Albañ.* Igualar una obra con otra, de suerte que tengan una misma altura. Ú. t. c. intr. || *Arq.* Hacer que quede plana y lisa la superficie de una obra. || *Fís.* Coincidir, alcanzar dos elementos de un aparato la misma altura o *nivel.
enrase. m. Acción y efecto de enrasar.
enrasillar. tr. **Albañ.* Colocar la rasilla a tope entre las barras de hierro que forman los *suelos.
enrastrar. tr. Hacer sartas de los capullos de que se ha de sacar la simiente de la *seda.
enratonarse. r. fam. **Ratonarse.**
enrayado. m. *Arq.* Maderamen horizontal para asegurar los cuchillos y medios cuchillos de una *armadura.
enrayar. tr. Fijar los rayos en las *ruedas de los carruajes. || Engalgar, *detener la rueda de un carruaje por uno de sus rayos.
***enredadera.** adj. Dícese de las plantas de tallo voluble o trepador que se enreda en las varas u otros objetos salientes. Ú. t. c. s. || f. *Bot.* *Planta perenne, de las convolvuláceas, de tallos sarmentosos y trepadores, que se cultiva para adorno en los jardines. || **de campanillas.** Planta trepadora, de las convolvuláceas, de flores campanudas.
enredador, ra. adj. Que enreda, que hace *travesuras o *intrigas. Ú. t. c. s. || fig. y fam. *Chismoso o embustero de costumbre. Ú. t. c. s.
enredamiento. m. desus. **Enredo.**
***enredar.** tr. Prender con *red. || Tender las redes para *cazar. || → Enmarañar una cosa con otra. Ú. t. c. r. || Meter *discordia. || fig. Meter a uno en negocios comprometidos o *peligrosos. || intr. Travesear, hacer *travesuras. || r. Sobrevenir *dificultades y complicaciones en un negocio. || fam. **Amancebarse.**
enredijo. m. fam. **Enredo** (maraña).
***enredo.** m. Complicación y maraña que resulta de trabarse entre sí hilos, cabellos o cosas semejantes. || fig. *Travesura de muchachos. || fig. *Engaño, mentira o *chisme. || fig. Lío, *amancebamiento. || Complicación *difícil de salvar. || fig. En los poemas épico y *dramático y la novela, encadenamiento de acciones y sucesos que precede al desenlace.
enredoso, sa. adj. Lleno de enredos, embarazos y dificultades.
enrehojar. tr. Revolver en hojas la *cera para que se blanquee.
enrejada. f. Aguijada para limpiar el *arado. || **Veter.* **Enrejadura.**
***enrejado.** m. Conjunto de barrotes, listones, alambres, etc., trabados paralelamente o entrecruzados, que se emplea para cercar algún recinto o cubrir algún hueco sin impedir el paso del aire. || Conjunto de rejas de un edificio y el de las que *cercan un jardín, patio, etc. || Labor, en forma de celosía, hecha por lo común de cañas o varas entretejidas. || **Emparrillado.** || Labor de *costura que se hace con hilos entretejidos y atravesados. || *Germ.* Cofia o red grande de mujer. || *Germ.* El *preso.
enrejadura. f. **Veter.* Herida producida por la reja del *arado en los pies de los bueyes o caballerías.
enrejalar. tr. **Enrejar** (los *ladrillos, tablas, etc.).
enrejar. tr. Poner la reja en el *arado. || Herir con la reja del arado los pies de los bueyes, caballerías, etcétera.
enrejar. tr. Poner rejas o *cercar con ellas. || Colocar en pila *ladrillos, tablas, etc., *cruzándolas ordenadamente. || *Germ.* Poner en *prisión a uno.
enrevesado, da. adj. **Revesado.**
enriado. m. **Enriamiento.**
enriador, ra. m. y f. Persona que enría.
enriamiento. m. Acción y efecto de enriar.
enriar. tr. Meter en el agua por algunos días el *lino, cáñamo o *esparto para su maceración.
enrielar. tr. Hacer rieles o *carriles. || Echar los *metales en la rielera. || Meter en el riel, encarrilar. Ú. t. c. r.
enripiado. m. **Albañ.* Conjunto de ripios con que se rellena un hueco.
enripiar. tr. **Albañ.* Echar o poner ripio o *escombro en un hueco.
enrique. m. *Moneda antigua de oro.
enriquecedor, ra. adj. Que enriquece.
***enriquecer.** tr. Hacer adquirir riqueza. Ú. m. c. r. || fig. *Enaltecer, engrandecer. || intr. Hacerse uno rico. || Prosperar notablemente.
enriquecimiento. m. Acción y efecto de enriquecer.
enriqueño, ña. adj. Perteneciente al *rey don Enrique II de Castilla, famoso por su *liberalidad.
enriscado, da. adj. Lleno de riscos o *peñascos.
enriscamiento. m. Acción de enriscarse.
enriscar. tr. fig. *Levantar, elevar. || r. Guarecerse, *internarse entre riscos y peñascos.
enristrar. tr. Poner la *lanza en el ristre. || Poner la lanza en posición de acometer. || fig. Ir *derecho hacia una parte.
enristrar. tr. Hacer ristras con ajos o cebollas.
enristre. m. Acción y efecto de enristrar.
enrizado. m. Rizado, bucle de *cabello.
enrizamiento. m. Acción y efecto de enrizar.
enrizar. tr. **Rizar.** Ú. t. c. r.
enrobinarse. r. Cubrirse de robín o *moho.
enrocar. tr. En el juego de *ajedrez, mover el rey hacia una de las torres y pasar ésta al otro lado del rey.
enrocar. tr. Revolver en la *rueca el copo que ha de hilarse.
enrodar. tr. Imponer el *suplicio de la rueda.
enrodelado, da. adj. Armado con rodela.
enrodrigar. tr. **Rodrigar.**
enrodrigonar. tr. **Rodrigar.**
enrojar. tr. **Enrojecer.** Ú. t. c. r. || *Calentar el *horno.
enrojecer. tr. Poner roja una cosa con el *calor. Ú. t. c. r. || Dar *color rojo. || r. Encenderse el rostro de rubor o *vergüenza. Ú. t. c. tr.
enrojecimiento. m. Acción y efecto de enrojecer.
enrolamiento. m. Acción y efecto de enrolar.
enrolar. tr. **Mar.* Inscribir en el rol.
enrollado. m. Voluta.
enrollar. tr. **Arrollar.** || Empedrar con rollos o cantos.
enromar. tr. Poner *roma una cosa. Ú. t. c. r.
enrona. f. Conjunto de *escombros y desperdicios de las obras.
enronar. tr. Cubrir de enrona o de *tierra una cosa. || Manchar con *lodo, polvo, etc.
enronquecer. tr. Poner ronco a uno. Ú. m. c. r.
enronquecimiento. m. ***Ronquera.**
enroñar. tr. Llenar de roña, pegarla. || Cubrir de *herrumbre. Ú. m. c. r.
enroque. m. Acción y efecto de enrocar en el *ajedrez.
enroscadamente. adv. m. En forma de rosca.
enroscadura. f. Acción y efecto de enroscar o enroscarse.
enroscar. tr. *Torcer, doblar en forma de rosca. Ú. t. c. r. || Introducir un *tornillo u otra cosa a vuelta de rosca. || *Germ.* *Envolver, liar la ropa.

enrostrar. tr. Dar en rostro, *reprender o *censurar a uno en su cara.
enrubiador, ra. adj. Que tiene virtud de enrubiar.
enrubiar. tr. *Teñir de rubio. Dícese más comúnmente de los *cabellos. Ú. t. c. r.
enrubio. m. Acción y efecto de enrubiar o enrubiarse. || Ingrediente con que se enrubia.
enrudecer. tr. Hacer rudo o *necio a uno. Ú. t. c. r.
enruinecer. intr. Hacerse ruin.
enruna. f. **Enrona.** || Cieno y broza que se deposita en el fondo de las *acequias.
enrunar. tr. **Enronar.** || Cegar u *obstruir con enruna una acequia, aljibe, etc. Ú. t. c. r. || *Ensuciar con *lodo u otra cosa análoga.
ensabanada. f. *Mil.* **Encamisada.**
ensabanado, da. adj. *Taurom.* Aplícase al *toro que tiene negras u obscuras la cabeza y las extremidades, y blanco el resto del cuerpo. || m. **Albañ.* Capa de yeso con que se cubren las paredes que van a blanquearse.
ensabanar. tr. Cubrir, envolver con sábanas.
ensacar. tr. *Meter algo en un *saco.
ensaimada. f. *Bollo formado por una tira de pasta hojaldrada revuelta en espiral.
***ensalada.** f. Hortaliza aderezada con sal, aceite, vinagre y otras cosas. Se hace también de otros manjares. || fig. *Mezcla confusa de cosas sin conexión. || fig. Composición *poética en que se entremezclan versos de otras poesías conocidas. || **italiana.** La que se hace con diversas hierbas y a veces, además, con pechugas de aves, aceitunas, etc. || **repelada.** La que se hace con diferentes hierbas, como mastuerzo, pimpinela, hinojo, etc. || **rusa.** La compuesta de patata, zanahorias, remolacha, guisantes y alguna carne, con salsa parecida a la mayonesa. || fig. Mezcla poco armónica de *colores.
ensaladera. f. Fuente honda en que se sirve la ensalada en la *mesa.
ensaladilla. f. dim. de **Ensalada.** || Manjar semejante a la ensalada rusa. || Bocados de *dulce de diferentes géneros. || fig. Conjunto de piedras preciosas de diferentes colores engastadas en una *joya. || *Mezcla de diversas cosas menudas.
ensalerar. tr. Poner la metralla en el salero en que se armaban los saquetes.
ensalivar. tr. Llenar o empapar de *saliva. Ú. t. c. r.
ensalmador, ra. m. y f. **Cir.* Persona que tenía por oficio componer los huesos dislocados o rotos. || Persona de quien se creía que *curaba con ensalmos.
ensalmar. tr. **Cir.* Componer los huesos dislocados o rotos. || *Curar con ensalmos *supersticiosos.
ensalmo. m. Modo *supersticioso de *curar con oraciones y remedios empíricos. || **Por ensalmo.** m. adv. Con *prontitud extraordinaria.
ensalobrarse. r. Hacerse el agua amarga y salobre.
ensalzador, ra. adj. Que ensalza.
ensalzamiento. m. Acción y efecto de ensalzar.
ensalzar. tr. Engrandecer, *enaltecer. || *Alabar, elogiar. Ú. t. c. r.
ensambenitar. tr. Poner a uno el sambenito de la *Inquisición.
ensamblado. m. **Carp.* Obra de ensamblaje.
ensamblador. m. El que ensambla.
ensambladura. f. **Carp.* Acción y efecto de ensamblar.
ensamblaje. m. **Ensambladura.** || *Madero de longitud variable, y con una escuadría de doce centímetros por cinco.
ensamblar. tr. **Carp.* *Unir, juntar, *acoplar o ajustar piezas de madera.
ensamble. m. **Carp.* **Ensambladura.**
ensancha. f. **Ensanche.**
ensanchador, ra. adj. Que ensancha. || m. Instrumento para ensanchar los *guantes.
ensanchamiento. m. Acción y efecto de ensanchar.
***ensanchar.** tr. Extender, aumentar la anchura de una cosa. || r. fig. *Engreírse; afectar gravedad y señorío. Ú. t. c. intr.
ensanche. m. Dilatación, extensión. || Parte de tela que se remete en la costura del *vestido para poderlo ensanchar. || Terreno dedicado a nuevas edificaciones en las *afueras de una *población.
ensandecer. intr. Volverse sandio o *loco.
ensangostar. tr. **Angostar.**
ensangrentamiento. m. Acción y efecto de ensangrentar o ensangrentarse.
ensangrentar. tr. Manchar o teñir con *sangre. Ú. t. c. r. || r. fig. Encenderse, *irritarse en una disputa, ofendiéndose unos a otros. || **Ensangrentarse con,** o **contra,** uno. fr. fig. Encruelecerse con él, procurando causarle grave *daño.
ensañamiento. m. Acción y efecto de ensañarse.
ensañar. tr. *Irritar, enfurecer. || r. Encarnizarse, mostrarse *cruel con el vencido o indefenso.
ensarmentar. tr. **Amugronar.**
ensarnecer. intr. Llenarse de *sarna.
***ensartar.** tr. Unir o sujetar varias cosas, como perlas, cuentas, anillos, etcétera, haciendo pasar al través de ellas un hilo, alambre, etc. || **Enhebrar.** || Espetar, atravesar de parte a parte. || fig. *Decir muchas cosas sin orden ni conexión.
ensay. m. En las casas de *moneda, **ensaye.**
ensayador. m. El que ensaya. || El que tiene por oficio ensayar los *metales preciosos.
ensayalarse. r. *Vestirse o cubrirse de sayal.
***ensayar.** tr. Examinar y poner a prueba una cosa antes de usar de ella. || Amaestrar, adiestrar. || Hacer la prueba de una obra de *teatro, baile, *música, etc., antes de ejecutarla en público. || Probar la calidad de los *minerales o la ley de los *metales preciosos. || r. Probar a hacer una cosa para ejecutarla después más perfectamente o para no extrañarla.
ensaye. m. Examen de la calidad de los *metales.
ensayista. com. *Escritor de ensayos.
***ensayo.** m. Acción y efecto de ensayar. || *Obra o escrito, generalmente breve, en que se trata de alguna materia sin el aparato ni la extensión propios de un tratado completo. || Operación por la cual se averigua la naturaleza y proporción del *metal o metales que contiene la mena. || Análisis de la *moneda para descubrir su ley. || **general.** Representación completa de una obra *dramática, que se hace antes de presentarla al público.
ensebar. tr. Untar con *sebo.
enseguida. adv. m. **En seguida.**
enselvado, da. adj. Lleno de selvas o árboles.
enselvar. tr. **Emboscar.** Ú. t. c. r.
***ensenada.** f. Recodo entrante que forma la costa, rodeando cierta extensión de mar.
ensenado, da. adj. Dispuesto a manera o en forma de seno.
ensenar. tr. *Ocultar, poner en el seno una cosa. || **Mar.* Meter en una ensenada una embarcación. Ú. m. c. r.
enseña. f. *Insignia o estandarte.
enseñable. adj. Que se puede fácilmente enseñar.
enseñado, da. adj. Educado, acostumbrado. Ú. más con los advs. *bien* o *mal.*
enseñador, ra. adj. Que enseña. Ú. t. c. s.
enseñamiento. m. **Enseñanza.**
***enseñanza.** f. Acción y efecto de enseñar. || Sistema y método de dar instrucción. || Ejemplo, acción o suceso que nos sirve de *experiencia. || **mutua.** La que los alumnos más adelantados dan a sus condiscípulos bajo la dirección del maestro. || **primaria. Primera enseñanza.** || **superior.** La que comprende los estudios especiales que requiere cada profesión o carrera. || **Primera enseñanza.** La de primeras letras. || **Segunda enseñanza.** La intermedia entre la primera y la superior.
***enseñar.** tr. Instruir, hacer adquirir conocimientos, doctrinas, reglas o preceptos. || Dar *consejo, *ejemplo o escarmiento que sirve de experiencia para lo sucesivo. || *Indicar, dar señas de una cosa. || *Mostrar o exponer una cosa. || Dejar ver una cosa involuntariamente. || r. *Acostumbrarse.
enseño. m. fam. p. us. **Enseñanza.**
enseñoramiento. m. Acción y efecto de enseñorearse.
enseñorearse. r. Hacerse señor y dueño de una cosa; *dominarla. Ú. t. c. intr.
enserar. tr. Cubrir o *forrar con sera de esparto.
enseres. m. pl. *Utensilios, *muebles, instrumentos, etc., necesarios para algún fin.
enseriarse. r. Ponerse *serio.
ensiforme. adj. En forma de *espada.
ensilaje. m. *Agr.* Acción y efecto de ensilar.
ensilar. tr. *Guardar en el silo los *granos y semillas.
ensilvecerse. r. Convertirse en selva, *bosque o *erial un campo o sembrado.
ensillado, da. adj. Dícese de la *caballería que tiene el lomo hundido.
ensilladura. f. Acción y efecto de ensillar. || Parte en que se pone la silla a una *caballería.
ensillar. tr. Poner la silla a una *caballería.
ensimismamiento. m. Acción y efecto de ensimismarse.
ensimismarse. r. Abstraerse, *enajenarse. || Envanecerse, *engreírse.
ensobear. tr. Atar con el sobeo el *yugo al pértigo del carro.
ensoberbecer. tr. Causar o excitar *orgullo y soberbia en alguno. Ú. t. c. r. || r. fig. Agitarse el *mar.
ensoberbecimiento. m. Acción y efecto de ensoberbecerse.
ensobinarse. r. Quedarse en posición supina una *caballería o un *cerdo, sin poderse levantar.
ensogar. tr. *Atar con soga. || *Forrar una cosa con soga.
ensolerar. tr. Echar o poner soleras a las *colmenas.
ensolvedera. f. **Pint.* Brocha de pelo largo y suave que se usaba para fundir las tintas.
ensolver. tr. *Incluir una cosa en

otra. || *Contraer. || *Terap. Resolver, disipar.
ensombrecer. tr. *Obscurecer, cubrir de sombras. || r. fig. *Afligirse, ponerse melancólico.
ensombrerado, da. adj. fam. Que lleva puesto *sombrero.
ensoñador, ra. adj. Que tiene ensueños.
ensoñar. tr. e intr. **Soñar.**
ensopar. tr. Hacer sopa con el *pan, empapándolo en vino, leche, etc. || Empapar, *mojar mucho, poner hecho una sopa. Ú. t. c. r.
ensordecedor, ra. adj. Que ensordece.
***ensordecer.** tr. Causar *sordera. || *Fon.* Convertir en sorda una consonante sonora. || intr. Contraer sordera, quedarse sordo. || *Callar, no responder.
ensordecimiento. m. Acción y efecto de ensordecer.
ensortijamiento. m. Acción de ensortijar. || Sortijas formadas en el *cabello.
ensortijar. tr. *Torcer formando rizos el cabello, hilo, etc. Ú. t. c. r. || Poner un aro de hierro atravesando la *nariz de un animal, para gobernarlo o para impedirle pacer.
ensotarse. r. *Internarse, ocultarse en un soto.
ensuciador, ra. adj. Que ensucia.
ensuciamiento. m. Acción y efecto de ensuciar o ensuciarse.
***ensuciar.** tr. Manchar, poner sucia una cosa. Ú. t. c. r. || fig. Manchar, deshonrar o *envilecer con vicios o con acciones indignas. || intr. *Evacuar el vientre. || r. Hacer las *evacuaciones corporales en la cama, enaguas, calzones, etc. || fig. y fam. Dejarse *sobornar con dádivas.
***ensueño.** m. **Sueño** (cosa que se representa a uno mientras duerme). || Ilusión, fantasía.
ensullo. m. **Enjullo.**
entabicado. m. En los barcos de la *armada, mamparo de cal y canto para resguardo de la pólvora.
entablación. f. Acción y efecto de entablar. || Anotación en tablas expuestas al público, de las memorias, fundaciones y capellanías, así como de las obligaciones de los ministros del *templo.
entablada. f. *Mar.* Acción y efecto de entablarse el *viento.
entablado. m. Conjunto de *tablas dispuestas y arregladas en una *armadura. || *Suelo formado de tablas.
entabladura. f. Efecto de entablar o cubrir con *tablas.
entablamento. m. *Arq.* **Cornisamento.**
entablamiento. m. ant. *Arq.* **Entablamento.**
entablar. tr. *Cubrir, *cercar o asegurar con *tablas una cosa. || **Entablillar.** || En el juego de ajedrez, *damas y otros de tablero, colocar las piezas en sus respectivos lugares para empezar el juego. || Disponer, *preparar las cosas para *empezar o emprender alguna pretensión, negocio o dependencia. || Notar en las tablas de las *iglesias una memoria o fundación para que conste. || **Trabar** (empezar una batalla, conversación, etc.). || Acostumbrar al *ganado mayor a que ande en manada o tropilla. || r. Resistirse el *caballo a volverse a una u otra mano. || Fijarse el *viento de una manera continuada en cierta dirección.
entable. m. **Entabladura.** || Varia disposición de los juegos de *damas, ajedrez, etc.
entablerarse. r. *Taurom.* En las corridas de toros, aquerenciarse éstos a los tableros del redondel.
entablillar. tr. *Cir.* Asegurar con tablillas y vendaje la inmovilidad de algún hueso que se había roto o dislocado.
entado. adj. *Blas.* Aplícase a las piezas enclavijadas unas en otras con entrantes y salientes. || **en punta.** *Blas.* Aplícase al triángulo curvilíneo que tiene su vértice en el centro del escudo.
entalamadura. f. *Toldo que se pone sobre los *carros, sujeto a tres arcos de madera fijos en los varales.
entalamar. tr. ant. *Cubrir con paños o *tapices. || Poner *toldo a un *carro.
entalegar. tr. Meter una cosa en *sacos o talegas. || *Ahorrar dinero, atesorarlo.
entalingadura. f. *Mar.* Armadura del cable en el *ancla.
entalingar. tr. *Mar.* Asegurar el chicote del cable o cadena al arganeo del *ancla.
entallable. adj. Capaz de entallarse.
entallador. m. El que entalla.
entalladura. f. Acción y efecto de entallar o esculpir. || Corte que se hace en los pinos para obtener *resina, o en las maderas para las obras de carpintería.
entallamiento. m. **Entalladura.**
entallar. tr. Hacer *estatuas o figuras de relieve en madera, bronce, mármol, etc. || *Grabar en lámina, piedra, etc. || Cortar la corteza de algunos árboles para extraer la *resina. || *Carp.* Hacer cortes en una pieza de madera para ensamblarla con otra. || r. Quedar *sujeto un miembro en una grieta u otra abertura.
entallar. tr. Hacer o formar el talle a un *vestido. Ú. t. c. intr. y c. r. || intr. Venir bien o mal el vestido al talle.
entallecer. intr. Echar *tallos las plantas y árboles. Ú. t. c. r.
entallo. m. Obra de entalladura.
entamar. tr. Cubrir con tamo. Ú. t. c. r.
entandar. tr. Distribuir las horas de *riego una comunidad de regantes.
entapetado, da. adj. desus. **Tapetado.** || Cubierto con tapete.
entapizada. f. **Alfombra** (capa de cosas que cubre el suelo).
entapizar. tr. *Cubrir con *tapices. || *Forrar con telas las paredes, sillas, sillones, etc. || fig. Cubrir o revestir una superficie con alguna cosa. Ú. t. c. r.
entapujar. tr. fam. *Tapar, cubrir. Ú. t. c. r. || fig. Andar con tapujos, *ocultar la verdad.
entarascar. tr. fam. Cargar de adornos *charros a una persona. Ú. m. c. r.
entarimado. m. **Entablado.**
entarimador. m. El que tiene por oficio entarimar.
entarimar. tr. Cubrir el *suelo con tablas o *tarimas.
entarquinado. m. *Agr.* **Entarquinamiento.**
entarquinamiento. m. Operación de entarquinar.
entarquinar. tr. *Abonar las tierras con tarquín. || Manchar, ensuciar con tarquín. || *Rellenar y sanear un terreno pantanoso o una laguna por la sedimentación del légamo o tarquín de un río u otra corriente.
entarugado. m. *Pavimento formado con tarugos de *madera.
entarugar. tr. Formar un *pavimento con tarugos de madera.
éntasis. f. Parte más abultada del fuste de algunas *columnas.
ente. m. Lo que es, *existe o puede existir. || fam. Sujeto *ridículo o *extravagante. || **de razón.** *Fil.* El que no tiene ser real y verdadero y sólo existe en el entendimiento o en la *imaginación.
entecado, da. adj. **Enteco.**
entecarse. r. *Enfermar, debilitarse. || *Obstinarse.
enteco, ca. adj. *Enfermizo, *débil, *flaco.
entejar. tr. Tejar, cubrir con *tejas.
entelar. tr. ant. Turbar, nublar la *vista.
entelequia. f. *Fil.* Cosa real que lleva en sí el principio de su *existencia y acción y que tiende por sí misma a su fin propio. || fam. Cosa *irreal.
entelerido, da. adj. Sobrecogido de *frío o de *temor. || Enteco, *flaco.
entena. f. *Mar.* Vara o palo encorvado y muy largo, que hace oficio de *verga, y al cual está asegurada la vela latina. || *Madero redondo o en rollo.
entenado, da. m. y f. **Alnado, da.**
entendederas. f. pl. fam. **Entendimiento.**
entendedor, ra. adj. Que entiende. Ú. t. c. s.
***entender.** tr. Formarse idea clara de una cosa. || *Saber con perfección una cosa. || Conocer, penetrar. || *Averiguar el ánimo o la intención de uno. || *Discurrir, inferir. || Tener *intención de hacer una cosa. || *Creer, juzgar. || r. Conocerse, comprenderse a sí mismo. || Tener un *motivo oculto para obrar de cierto modo. || rec. Ir dos o más de *acuerdo en un negocio. || Tener hombre y mujer alguna relación de carácter *amoroso recatadamente. || **A mi entender.** m. adv. Según mi *juicio. || **Entender en** una cosa. fr. *Ocuparse en ella. || Tener uno autoridad o jurisdicción para *juzgar de una cosa. || **Entenderse** una cosa **con** uno o muchos. fr. Pertenecerles, tocarles, estar en alguna *relación con ellos. || **Entenderse con** uno. fr. *Convenir con él para determinados negocios.
entendidamente. adv. m. Con inteligencia, pericia o destreza.
entendido, da. adj. *Sabio, docto.
***entendimiento.** m. Facultad de entender las cosas, compararlas y formar juicios y deducciones. || *Alma, en cuanto discurre y raciocina. || *Razón humana, raciocinio. || **De entendimiento.** loc. Muy inteligente.
entenebrar. r. p. us. **Entenebrecer.** Ú. t. c. r.
entenebrecer. tr. *Obscurecer, llenar de tinieblas. Ú. t. c. r.
entenebrecimiento. m. Acción y efecto de entenebrecer.
enteramente. adv. m. Cabalmente, del *todo.
enterar. tr. *Informar a uno de alguna cosa. Ú. t. c. r. || *Pagar, entregar dinero.
entercarse. r. *Obstinarse.
***entereza.** f. *Integridad, perfección. || fig. Imparcialidad, rectitud en la administración de *justicia. || → fig. Fortaleza, constancia, firmeza de ánimo. || fig. Severo y puntual *cumplimiento de la disciplina. || **virginal. Virginidad.**
entérico, ca. adj. *Anat.* Perteneciente o relativo a los *intestinos.
enterísimo, ma. adj. sup. de **Entero.**
enteritis. f. *Pat.* Inflamación de la membrana mucosa de los *intestinos.
enterizo, za. adj. **Entero.** || De una sola pieza.

enternecedor, ra. adj. Que enternece.
enternecer. tr. Ablandar, poner tierna y *blanda una cosa. Ú. t. c. r. ‖ fig. Mover a *compasión. Ú. t. c. r.
enternecidamente. adv. m. Con ternura.
enternecimiento. m. Acción y efecto de enternecer o enternecerse.
***entero, ra.** adj. Íntegro, cabal, *completo, sin falta alguna. ‖ Aplícase al animal no castrado. ‖ fig. Robusto, sano. ‖ fig. Recto, *honrado, justo. ‖ fig. *Constante, firme, que tiene *entereza de ánimo. ‖ fig. **Incorrupto** (que no ha perdido la *virginidad). ‖ fam. Tupido, fuerte. ‖ m. *Entrega de dinero. ‖ **Partir por entero.** fr. *Arit.* *Dividir una cantidad por un número compuesto de dos o más cifras. ‖ fig. y fam. *Apoderarse uno de todo lo que hay que repartir. ‖ **Por entero.** m. adv. **Enteramente.**
enterocolitis. f. *Pat.* Inflamación del *intestino delgado, del ciego y del colon.
enteropatía. f. *Pat.* Nombre genérico de las enfermedades de los *intestinos.
enterotomía. f. **Cir.* Disección de los intestinos.
enterrador. m. **Sepulturero.** ‖ El que *estafa por el procedimiento del entierro. ‖ **Taurom.* Torero que indebidamente ayuda al espada, acelerando la muerte del toro estoqueado.
enterramiento. m. **Entierro.** ‖ **Sepulcro.** ‖ **Sepultura.**
***enterrar.** tr. Poner debajo de tierra. ‖ Dar sepultura a un cadáver. ‖ fig. Sobrevivir a alguno. ‖ fig. Hacer desaparecer una cosa debajo de otra, *cubriéndola con ésta. ‖ fig. Arrinconar, relegar al *olvido. ‖ *Hincar, meter un instrumento punzante. ‖ fig. r. *Retirarse del trato de los demás.
enterriar. tr. *Aborrecer, odiar.
entesamiento. m. Acción y efecto de entesar.
entesar. tr. Dar mayor *fuerza o *intensidad a una cosa. ‖ Poner *tirante una cosa.
entestado, da. adj. **Testarudo.**
entestar. tr. **Arq. Nav.* *Unir por sus cabezas dos piezas de ligazón. ‖ Hacer que queden *contiguas dos superficies, construcciones, etc. Ú. t. c. intr.
entestecer. tr. *Apretar o endurecer. Ú. t. c. r.
entibación. f. **Min.* Acción y efecto de entibar.
entibador. m. **Min.* Operario dedicado a la entibación.
entibar. intr. **Estribar.** ‖ tr. **Min.* En las minas, apuntalar y sostener con maderas las tierras de las excavaciones. ‖ *Represar las aguas. ‖ *Apoyar con una herramienta por un lado mientras se martilla por el otro.
entibiadero. m. Lugar o sitio destinado para entibiar una cosa.
***entibiar.** tr. Poner tibio un líquido. Ú. t. c. r. ‖ fig. *Moderar las pasiones. Ú. t. c. r.
entibo. m. *Arq.* **Estribo.** ‖ **Min.* *Madero que en las minas sirve para apuntalar. ‖ fig. Fundamento, *apoyo. ‖ Caudal de aguas de una *presa.
entidad. f. *Fil.* Lo que constituye la *esencia o substancia de una cosa. ‖ Ente o ser. ‖ *Importancia de una cosa. ‖ Colectividad o *corporación considerada como *unidad.
***entierro.** m. Acción y efecto de enterrar los cadáveres. ‖ *Sepultura o sepulcro. ‖ El *cadáver que se lleva a enterrar y su *acompañamiento. ‖ Tesoro enterrado. ‖ Supuesto tesoro enterrado que sirve de pretexto para cierto procedimiento de *estafa. ‖ **de la sardina.** *Fiesta de *carnaval que se celebra el miércoles de ceniza. ‖ **Santo Entierro.** *Procesión del viernes santo.
entiesar. tr. **Atiesar.**
entigrecerse. r. fig. *Irritarse, enfurecerse.
entimema. m. **Lóg.* Silogismo imperfecto, que consta solamente de antecedente y consiguiente.
entimemático, ca. adj. Perteneciente al entimema.
entina. f. Especie de *bajío que forman ciertas algas.
entinar. tr. Poner en tina.
entintar. tr. Manchar o *teñir con tinta. ‖ fig. **Teñir.**
entitativo, va. adj. **Fil.* Propio de la entidad.
entiznar. tr. **Tiznar.**
entoladora. f. La que entola.
entolar. tr. Pasar de un tul a otro las flores o dibujos de un *encaje.
entoldado. m. Acción de entoldar. ‖ *Toldo o conjunto de toldos para dar *sombra.
entoldamiento. m. Acción y efecto de entoldar o entoldarse.
entoldar. tr. *Cubrir con *toldos los patios, calles, etc. ‖ Cubrir con *tapices o paños las paredes de los templos, casas, etc. ‖ Cubrir las *nubes el cielo. ‖ r. fig. *Engreírse, enorgullecerse.
entomizar. tr. **Albañ.* Cubrir con tomizas las tablas y los maderos de los techos y paredes para que pegue el *yeso.
entomología. f. Parte de la historia natural, que trata de los *insectos.
entomológico, ca. adj. Perteneciente o relativo a la entomología.
entomólogo. m. El que sabe o profesa la entomología.
entonación. f. Acción y efecto de entonar. ‖ fig. **Entono** (*orgullo). ‖ **Fon.* Inflexión de la voz según el sentido, la emoción o el acento con que se habla.
entonadera. f. Palanca con que se mueven los *fuelles del *órgano.
entonador, ra. adj. Que entona. ‖ m. y f. Persona que mueve los fuelles del *órgano.
entonamiento. m. **Entonación.**
entonar. tr. *Cantar ajustado al tono; *afinar la voz. Ú. t. c. intr. ‖ Dar determinado tono a la *voz. ‖ Dar viento a los *órganos levantando los *fuelles. ‖ Empezar uno a *cantar una cosa para que los demás continúen en el mismo tono. ‖ **Terap.* Dar tensión y *fuerza al organismo. ‖ **Pint.* Armonizar las tintas. ‖ r. *Engreírse, envanecerse.
entonatorio. adj. V. **Libro entonatorio.** Ú. t. c. s.
entonces. adv. t. En aquel *tiempo u *ocasión. ‖ adv. m. En tal caso, siendo así, con esa *condición. ‖ **En aquel entonces.** loc. adv. **Entonces.**
entonelar. tr. *Envasar algo en toneles.
entono. m. **Entonación.** ‖ fig. *Orgullo, presunción.
entontecer. tr. Poner a uno *tonto. ‖ intr. Volverse tonto. Ú. t. c. r.
entontecimiento. m. Acción y efecto de entontecer o entontecerse.
entorcarse. r. *Caerse el *ganado en una sima. ‖ Atascarse, quedar *detenido un carro o coche en un bache.
entorchado. m. *Cuerda, *hilo o alambre, alrededor del cual se arrolla en espiral un hilo fino de seda o de metal. Se usa para las cuerdas de los *instrumentos músicos y los *bordados. ‖ Bordado en oro o plata, que sirve de *insignia a los funcionarios civiles y militares. ‖ V. **Columna entorchada.**
entorchar. tr. Retorcer varias *velas de cera y formar de ellas antorchas. ‖ *Cubrir un hilo o cuerda con otro de metal que se arrolla en espiral.
entorilar. tr. Meter al toro de *lidia en el toril.
entornar. tr. Volver la *puerta o la ventana hacia donde se *cierra, sin encajarla del todo. ‖ Dícese también de los *ojos cuando no se cierran por completo. ‖ Inclinar, volcar, *invertir, trastornar. Ú. t. c. r. ‖ **Dobladillar.**
entornillar. tr. Hacer o disponer una cosa en forma de *tornillo.
entorno. m. **Dobladillo.**
entorpecedor, ra. adj. Que entorpece.
entorpecer. tr. Poner *torpe. Ú. t. c. r. ‖ fig. Turbar, *ofuscar el entendimiento. Ú. t. c. r. ‖ fig. *Retardar, hacer *difícil, *impedir. Ú. t. c. r.
entorpecimiento. m. Acción y efecto de entorpecer o entorpecerse.
entortadura. f. Acción y efecto de entortar.
entortar. tr. Poner torcido o *doblado lo que estaba derecho. Ú. t. c. r. ‖ Hacer tuerto a uno, sacándole un *ojo.
entosigar. tr. **Atosigar.**
entozoario. m. *Zool.* *Parásito que vive en las cavidades y partes internas del cuerpo de los animales.
entozoología. f. Parte de la zoología que trata de los entozoarios.
entrabar. tr. Trabar, *impedir, estorbar.
entracomo. m. **Altramuz.**
***entrada.** f. Acción de entrar en alguna parte. ‖ Espacio por donde se entra. ‖ Acto de ser uno *recibido en un consejo, comunidad, religión, etcétera. ‖ fig. *Poder, facultad para hacer alguna cosa. ‖ En los *teatros y otros espectáculos, *concurrencia o personas que asisten. ‖ Producto de cada función. ‖ Billete que sirve para entrar en un teatro u otro espectáculo. ‖ Principio o *preámbulo de una obra. ‖ *Amistad o *trato en una casa o con una persona. ‖ En el tresillo y otros juegos de *naipes, acción de jugar una persona contra las demás, con ciertas condiciones. ‖ *Privilegio de entrar en piezas señaladas de palacio. Ú. t. en pl. ‖ Cada uno de los platos que se sirven en una *comida después de la sopa y antes del asado. ‖ Cada uno de los ángulos entrantes que forma el *cabello en la parte superior de la frente. ‖ *Caudal que entra en una caja o en poder de uno. ‖ *Invasión o correría que hace el enemigo en un país, ciudad, etcétera. ‖ Primeros *días del *año, del *mes, etc. ‖ *Arq.* *Punta de un *madero que entra en un muro. ‖ **Min.* Período de tiempo que dura el trabajo de cada turno de operarios. ‖ **de pavana.** fig. y fam. Dicho *impertinente. ‖ **por salida.** Partida que se anota a la vez en el debe y en el haber de una *cuenta. ‖ fig. Asunto o negocio en que el pro y el contra están *compensados. ‖ fam. *Visita breve. ‖ **Entradas y salidas.** fig. Colusiones o *confabulación que suele haber entre varios para el manejo de sus

intereses. || **Entradas y salidas** de una casa, heredad, etc. Derechos accesorios inherentes a la *propiedad de dichas fincas.

entradero. m. desus. **Entrada** (lugar por donde se entra).

entrador, ra. adj. Que acomete fácilmente empresas *atrevidas. || *Entrometido.

entramado. m. *Arq.* *Armazón de *maderos que sirve para hacer una pared, tabique, etc.

entramar. tr. *Arq.* Hacer un entramado. || Armar una *contienda o *riña.

entrambos, bas. adj. pl. **Ambos.**

entrampar. tr. Hacer que un animal caiga en la *trampa. Ú. t. c. r. || fig. *Engañar artificiosamente. || fig. y fam. *Enredar, confundir un negocio. || fig. y fam. Gravar con *deudas la hacienda. || r. Meterse en un *pantano o atolladero. || fig. y fam. Empeñarse, endeudarse.

entrante. p. a. de **Entrar.** Que entra. Ú. t. c. s. || adj. *Geom.* V. **Ángulo entrante.** || **Entrantes y salientes.** fam. Los que sin motivo justificado *concurren con frecuencia a una casa.

entraña. f. Cada uno de los órganos importantes contenidos en las principales cavidades del *cuerpo humano. || Lo más íntimo o *importante de una cosa. || pl. fig. Lo más *oculto y escondido. || fig. El *centro, lo que está en medio. || fig. *Voluntad. || fig. Índole y *carácter de una persona. || **Arrancársele** a uno **las entrañas.** fr. fig. y fam. Sentir gran *compasión. || **Dar** uno **hasta las entrañas,** o **las entrañas.** fr. fig. Ser extremada su *liberalidad. || **Echar** uno **las entrañas.** fr. fig. y fam. *Vomitar con muchas ansias. || **Hacer las entrañas** a una criatura. fr. fig. y fam. Darle la primera *leche. || **Hacer las entrañas** a uno. fr. fig. Disponerle en favor o en contra de otro. || **No tener entrañas.** fr. fig. y fam. Ser *cruel.

entrañable. adj. Íntimo, muy afectuoso.

entrañablemente. adv. m. Con sumo *cariño.

entrañadura. f. *Mar.* Acción de embutir un *cabo.

entrañal. adj. desus. **Entrañable.**

entrañar. tr. *Introducir en lo más hondo o más *interior. Ú. t. c. r. || *Contener, llevar dentro de sí. || r. Unirse con *amistad íntima.

entrapada. f. *Paño carmesí, que servía comúnmente para cortinas.

entrapado, da. adj. Dícese del *vino mal purificado.

entrapajar. tr. *Envolver con trapos alguna parte del cuerpo *herida o enferma. || r. Impregnarse de grasa, polvo y *suciedad alguna cosa.

entrapar. tr. Echar muchos polvos en el *cabello para desengrasarlo. || Llenar el cabello de manteca y polvos para que abulte. || *Agr.* Echar y enterrar en la raíz de cada *cepa cierta cantidad de trapo viejo. || r. Llenarse de polvo y *suciedad un paño o tela o el cabello. || *Embotarse con polvo, lodo u otros materiales menudos el filo o corte de una herramienta.

entrapazar. intr. **Trapacear.**

*__entrar.__ intr. Pasar al interior de algún recinto. Ú. t. en sent. fig. || *Pasar por una parte para introducirse en otra. || *Encajar o poderse *meter una cosa en otra, o dentro de otra. || *Desaguar, desembocar los *ríos en otros o en la mar. || Penetrar o *introducirse. || *Acometer, embestir. || fig. Ser *admitido o *acogido en alguna parte. || fig. Tratándose de carreras, *profesiones, etcétera, dedicarse a ellas. || fig. Tener *principio un mes, una estación u otra parte del año. || fig. Tratándose de usos o *costumbres, seguirlos, adoptarlos. || fig. En el juego de *naipes, disputar la puesta. || fig. *Empezar a *sentirse o manifestarse un estado de ánimo, una enfermedad, etc. || fig. Ser contado con otros o *participar con ellos de alguna cosa. || fig. Emplearse o *caber cierta porción o número de cosas para algún fin. || fig. Hallarse, tener parte en la *composición de ciertas cosas. || fig. Junto con la preposición *a* y el infinitivo de otros verbos, dar *principio a la acción de ellos. || fig. Seguido de la preposición *en* y de un nombre, *empezar a sentir lo que este nombre significa. || fig. Seguido de la preposición *en* y de un nombre, intervenir o *participar en alguna cosa. || **Mús.* Empezar a *cantar o tocar en el momento preciso. || tr. *Introducir. || *Invadir o *conquistar a fuerza de armas una cosa. || fig. *Acometer. || **Mar.* Ir alcanzando una embarcación a otra en cuyo seguimiento va. || r. Meterse o introducirse en alguna parte. || **Entrar** uno **a servir.** fr. Ser admitido por *criado. || **Entrar bien** una cosa. fr. Venir al caso u *oportunamente. || **Entrar** uno **dentro de sí,** o **en sí mismo.** fr. fig. *Reflexionar sobre su conducta para corregirla. || **No entrarle** a uno una cosa. fr. fig. y fam. Manifestar acerca de ella *incredulidad o *reprobación. || fig. y fam. No poder comprenderla. || **No entrar ni salir** uno **en** una cosa. fr. fig. y fam. No intervenir en ella, *abstenerse.

entrazado, da. adj. Trazado; con los advs. *bien* o *mal,* se aplica a la persona de buena o mala traza o *aspecto.

*__entre.__ prep. que sirve para denotar la situación en medio de dos o más cosas o de dos o más momentos o acciones. || Dentro de, en lo *interior. || Expresa estado intermedio. || En el número de. || Significa *ayuda o cooperación de dos o más personas o cosas. || En composición con otro vocablo, limita o atenúa su significación. || Expresa también situación intermedia o calidad *mediana. || **Entre que.** m. adv. **Mientras.**

entreabierto, ta. p. p. irreg. de **Entreabrir.**

entreabrir. tr. *Abrir un poco o a medias. Ú. t. c. r.

entreacto. m. **Intermedio** (en un teatro, baile, etc.). || *Cigarro puro cilíndrico y pequeño.

entreancho, cha. adj. Aplícase a aquello que ni es *ancho ni angosto según su clase, y especialmente a las *telas.

entrearco. m. *Arq.* *Columna o *pilastra en que se apoyan las extremidades contiguas de dos arcos.

entrebarrera. f. **Taurom.* El espacio que media entre la barrera y la contrabarrera. Ú. m. en pl.

entrecalle. f. *Arq.* Separación o intervalo hueco entre dos *molduras.

entrecanal. f. *Arq.* Cualquiera de los espacios que hay entre las estrías de una *columna.

entrecano, na. adj. Dícese del *cabello o barba a medio encanecer. || Aplícase al sujeto que tiene así el cabello.

entrecasco. m. **Entrecorteza.**

entrecava. f. **Agr.* Cava ligera y no muy honda.

entrecavar. tr. **Agr.* Cavar ligeramente, sin ahondar.

*__entrecejo.__ m. Espacio que hay entre las cejas. || fig. *Ceño, sobrecejo.

entrecerca. f. Espacio que media entre una cerca y otra.

entrecinta. f. *Arq.* Madero que se coloca paralelamente al tirante de una *armadura de tejado. || **Arq. Nav.* Hilada de tablas del forro de un barco, comprendida entre dos cintas.

entreclaro, ra. adj. Que tiene alguna, aunque poca, *claridad.

entrecogedura. f. Acción y efecto de entrecoger.

entrecoger. tr. *Coger o *apresar a una persona o cosa de manera que no se pueda escapar. || fig. Estrechar, apremiar, *acosar a uno con argumentos, amenazas, etc., sin dejarle salida posible.

entrecomar. tr. **Ortogr.* Poner entre comas, o entre comillas.

entrecomillar. tr. **Ortogr.* Escribir una palabra o frase entre comillas.

entrecoro. m. Espacio que hay desde el coro a la capilla mayor en algunas *iglesias.

entrecortado, da. adj. Aplícase a la *voz o al sonido que se emite con intermitencias.

entrecortadura. f. Acción y efecto de entrecortar.

entrecortar. tr. *Cortar una cosa sin acabar de dividirla.

entrecorteza. f. Defecto de las *maderas que consiste en tener en su interior un trozo de corteza.

entrecriarse. r. Criarse unas plantas entre otras.

entrecruzamiento. m. Acción y efecto de entrecruzar o entrecruzarse.

entrecruzar. tr. *Cruzar dos o más cosas entre sí, entrelazar. Ú. t. c. r.

entrecubiertas. f. pl. *Mar.* Espacio que hay entre las cubiertas de una *embarcación. Ú. t. en sing.

entrecuesto. m. **Espinazo.** || **Solomillo.**

entrechocar. tr. *Chocar dos cosas una con otra. Ú. t. c. r.

entredecir. tr. *Prohibir la comunicación y comercio con una persona o cosa.

entredicho, cha. p. p. irreg. de **Entredecir.** || m. *Prohibición, mandato para no hacer o decir alguna cosa. || Censura *eclesiástica por la cual se prohíben determinadas prácticas religiosas.

entredoble. adj. Aplícase a las *telas que ni son tan dobles ni tan sencillas como otras de su clase.

entredós. m. Tira bordada o de *encaje que se cose entre dos telas. || *Armario de madera fina y de poca altura, que suele colocarse entre dos balcones de una misma pared. || **Impr.* Grado de letra mayor que el breviario y menor que el de lectura.

entrefino, na. adj. De una calidad media entre lo fino y lo basto; *mediano, regular.

*__entrega.__ f. Acción y efecto de entregar. || Cada uno de los *cuadernos impresos de un *libro, que se van vendiendo a medida que se publican. || *Arq.* Parte de un *sillar o *madero que se introduce en la pared.

entregador, ra. adj. Que entrega. Ú. t. c. s.

entregamiento. m. **Entrega.**

*__entregar.__ tr. Poner una persona o cosa en manos o en poder de otro. || fam. Consumir, *matar a uno a fuerza de disgustos. ‖ r. Ponerse en manos de uno, *someterse a su voluntad. ‖ *Tomar, *recibir uno realmente una cosa o encargarse de ella. ‖ Dedicarse enteramente a una cosa; *ocuparse en ella. ‖ Abandonarse a una *pasión. ‖ Declararse *vencido. ‖ **Entregarla.** fam. **Morirse.**

entrego. m. **Entrega.**

entrejuntar. tr. *Carp.* Juntar y ensamblar los entrepaños de las puertas, ventanas, etc., con los travesaños o peinazos.

entrelazamiento. m. Acción y efecto de entrelazar.

entrelazar. tr. *Enlazar, *cruzar, *entretejer una cosa con otra.

entrelinear. tr. *Escribir algo entre dos líneas.

entreliño. m. Espacio de tierra que en las *viñas u olivares se deja entre liño y liño.

entrelistado, da. adj. Trabajado a listas o *rayas de diferente color.

entrelubricán. m. p. us. Crepúsculo vespertino.

entreluces. m. pl. ***Amanecer.** ‖ ***Anochecer.**

entrelucir. intr. Dejarse *ver una cosa entremedias de otras o al través de ellas.

entremediar. tr. *Interponer, colocar una cosa entremedias de otras.

entremedias. adv. t. y l. *Entre uno y otro espacio, lugar o cosa. ‖ En el *intervalo, mientras tanto.

entremés. m. Cualquiera de los manjares, como encurtidos, aceitunas, etcétera, que ponen en las mesas para picar de ellos antes de empezar la *comida. ‖ Pieza de *teatro jocosa y de un solo acto.

entremesear. tr. Hacer papel en un entremés de *teatro. ‖ fig. Mezclar *donaires o anécdotas festivas en una conversación o discurso.

entremesil. adj. Perteneciente o relativo al entremés.

entremesista. com. Persona que compone entremeses o los representa.

***entremeter.** tr. *Meter una cosa entre otras. ‖ Doblar los pañales que un *niño tiene puestos, de modo que la parte enjuta y limpia quede en contacto con el cuerpo de la criatura. ‖ → r. Meterse uno donde no le llaman o en asuntos que no le importan. ‖ Ponerse en medio, *interponerse entre otros.

***entremetido, da.** adj. Aplícase al que tiene costumbre de meterse donde no le llaman. Ú. t. c. s.

***entremetimiento.** m. Acción y efecto de entremeter o entremeterse.

***entremetimiento.** m. Acción y efecde entremezclar.

entremezclar. tr. *Mezclar una cosa con otra sin confundirlas.

entremiche. m. *Mar.* *Hueco que queda en una *embarcación, entre el borde alto del durmiente y el bajo del trancanil. ‖ **Arq. Nav.* Cada una de las piezas de madera que rellenan este hueco.

entremijo. m. **Expremijo.**

entremiso. m. **Expremijo.**

entremorir. intr. Estarse *apagando una luz o estarse acabando una cosa.

entrenamiento. m. Acción y efecto de entrenar o entrenarse.

entrenar. tr. Adiestrar y ejercitar para la práctica de algún *deporte. Ú. t. c. r.

entrencar. tr. Poner las trencas en las *colmenas.

entrenervios. m. pl. Entre *encuadernadores, espacios del lomo del libro comprendidos entre los nervios.

entrenudo. m. La parte del *tallo de algunas plantas comprendida entre dos nudos.

entrenzar. tr. **Trenzar.**

entreoír. tr. *Oír una cosa sin percibirla bien o sin entenderla del todo.

entreordinario, ria. adj. Que no es del todo ordinario y basto; *mediano, regular.

entrepalmadura. f. **Veter.* Enfermedad que padecen las caballerías en la cara palmar del casco.

entrepanes. m. pl. Tierras eriales o de *barbecho, entre otras que están sembradas.

entrepañado, da. adj. Hecho o labrado a entrepaños.

entrepaño. m. *Arq.* Parte de *pared comprendida entre dos pilastras, dos columnas o dos huecos. ‖ *Carp.* *Anaquel de estante o de alacena. ‖ *Carp.* Cualquiera de los tableros o cuarterones que se meten entre los peinazos de las *puertas y ventanas.

entreparecerse. r. Traslucirse; divisarse una cosa por *transparencia.

entrepaso. m. Modo de andar el *caballo, parecido al portante.

entrepechuga. f. Carne que tienen las *gallinas y otras *aves entre la pechuga y el caballete.

entrepeines. m. pl. *Lana que queda en los peines después de haber sacado el estambre.

entrepelado, da. adj. *Veter.* Dícese de la *caballería cuya capa tiene, sobre fondo obscuro, pelos blancos entremezclados. ‖ Dícese del *caballo que tiene el pelo mezclado de tres colores: negro, blanco y bermejo.

entrepelar. intr. En las caballerías, estar mezclado el pelo de un color con el otro distinto: como blanco y negro. Ú. t. c. r.

entrepena. f. **Mar.* *Vela triangular que se larga en algunas embarcaciones cuando se navega en popa cerrada.

entrepernar. intr. Meter o *encajar uno sus *piernas entre las de otro.

entrepiernas. f. pl. Parte interior de los *muslos. Ú. t. en sing. ‖ Piezas cosidas en los calzones y *pantalones, hacia la horcajadura. Ú. t. en sing. ‖ Taparrabo, traje de baño.

entrepiso. m. **Min.* Espacio entre los pisos o galerías generales de una mina.

entrepretado, da. adj. **Veter.* Dícese de la caballería lastimada de los pechos o brazuelos.

entrepuentes. m. pl. *Mar.* **Entrecubiertas.** Ú. t. en sing.

entrepuerta. f. *Compuerta que se pone en un cauce.

entrepunzadura. f. *Dolor punzante, a latidos, que causan algunos tumores.

entrepunzar. intr. *Doler con punzadas intermitentes o con poca intensidad.

entrerrenglonadura. f. Efecto de entrerreglonar.

entrerrenglonar. tr. *Escribir en el espacio que media de un renglón a otro.

entrerriano, na. adj. Natural de la provincia argentina de Entre Ríos. Ú. t. c. s.

entrés. m. Cierto lance del juego de *naipes llamado monte.

entresaca. f. Acción y efecto de entresacar.

entresacadura. f. **Entresaca.**

entresacar. tr. *Sacar unas cosas de entre otras. ‖ Escoger, *elegir. ‖ Aclarar un *monte, cortando algunos árboles. ‖ Cortar de raíz parte del *cabello cuando éste es demasiado espeso.

entresijo. m. **Mesenterio.** ‖ fig. Cosa *oculta. ‖ **Tener muchos entresijos.** fr. fig. Tener una cosa muchas *dificultades.

entresuelejo. m. d. de **Entresuelo.**

entresuelo. m. Habitación entre el cuarto bajo y el principal de una *casa.

entresurco. m. *Agr.* Espacio que queda entre *surco y surco.

entretalla. f. **Entretalladura.**

entretalladura. f. Media *talla o bajo relieve.

entretallar. tr. Labrar una cosa a media *talla o bajo relieve. ‖ *Grabar, esculpir. ‖ Sacar y cortar varios pedazos en una tela, haciendo en ella calados u otras labores de *costura. ‖ fig. *Acosar y estrechar a una persona o *detener el curso de una cosa. ‖ r. *Encajarse, trabarse unas cosas con otras. ‖ *Meterse en un sitio estrecho de donde no se puede salir.

entretanto. adv. t. **Entre tanto.** Ú. t. c. s. precedido del artículo *el.*

entretejedor, ra. adj. Que entreteje.

entretejedura. f. Efecto de entretejer.

***entretejer.** tr. Mezclar en la tela que se *teje hilos diferentes para que hagan distinta labor. ‖ Trabar y enlazar una cosa con otra. ‖ → Entrelazar cañas, varillas u otras cosas flexibles, formando a modo de red o enrejado. ‖ fig. Incluir palabras, períodos o versos en un libro o escrito.

entretejimiento. m. Acción y efecto de entretejer.

entretela. f. Lienzo u otro tejido que se pone entre la tela y el *forro de una prenda de *vestir. ‖ pl. fig. y fam. Lo íntimo del *corazón.

entretelar. tr. Poner entretela en un vestido.

entretención. f. Entretenimiento, *diversión.

entretenedor, ra. adj. Que entretiene. Ú. t. c. s.

entretener. tr. Tener a uno detenido haciéndole *aguardar alguna cosa. Ú. t. c. r. ‖ Hacer menos molesta y más llevadera una cosa. ‖ *Divertir, recrear el ánimo de uno. ‖ Dar largas, *retardar con pretextos el despacho de un negocio. ‖ Mantener, *conservar. ‖ r. Divertirse jugando, leyendo, etc.

entretenida (dar a uno **la,** o **con la).** fr. *Engañarle con palabras o excusas para que *aguarde en vano el logro de lo que pretende.

entretenido, da. adj. Chistoso, divertido, *alegre y amigo de *bromas y *donaires. ‖ **Blas.* Dícese de dos cosas que se tienen una a otra; como dos llaves enlazadas por sus anillos. ‖ m. Aspirante a un *empleo. ‖ f. Concubina, *amancebada.

entretenimiento. m. Acción y efecto de entretener o entretenerse. ‖ Cosa que sirve para entretener o *divertir. ‖ Manutención, *conservación.

entretiempo. m. Tiempo que media entre las dos estaciones de invierno y estío, o sea primavera y otoño.

entreuntar. tr. Untar por encima: medio untar.

entrevar. tr. *Germ.* *Entender, conocer.

entrevenarse. r. Introducirse un humor por las venas.

entreventana. f. Espacio macizo de *pared que hay entre dos ventanas.

entrever. tr. *Ver confusamente una cosa. ‖ *Conjeturarla.

entreverado, da. adj. Que tiene in-

terpoladas cosas varias y diferentes. || V. **Tocino entreverado.** || m. *Guisado hecho con asadura de cordero o de cabrito, aderezada con sal y vinagre y asada al fuego.
entreverar. tr. *Mezclar, introducir una cosa en otras. || r. Mezclarse desordenadamente personas, animales y cosas.
entrevero. m. Acción y efecto de entreverarse o mezclarse con desorden y confusión.
entrevía. f. Espacio libre que queda entre los dos *carriles de un camino de hierro.
entrevigar. tr. **Albañ.* Rellenar los espacios entre las vigas de un piso.
***entrevista.** f. Conferencia de dos o más personas que concurren a un lugar determinado, para tratar o resolver un negocio.
entrevistarse. r. Tener una entrevista.
entrevuelta. f. *Agr.* *Surco corto que se hace con el arado por un lado de la besana para enderezarla.
entrillado, da. adj. Dícese del día de trabajo comprendido entre dos *festivos.
entripado, da. adj. Perteneciente a las tripas o *intestinos. || Aplícase al animal muerto a quien no se han sacado las tripas. || m. *Indigestión, cólico. || fig. y fam. *Enfado, resentimiento.
entristecedor, ra. adj. Que entristece.
entristecer. tr. Causar *tristeza. || Poner de aspecto *triste. || r. Ponerse triste y melancólico.
entristecimiento. m. Acción y efecto de entristecer o entristecerse.
entrizar. tr. *Apretar, estrechar.
entrojar. tr. *Guardar en la troje frutos, y especialmente cereales.
entrometer. tr. **Entremeter.** Ú. t. c. r.
***entrometido, da.** adj. **Entremetido.** Ú. t. c. s.
entrometimiento. m. **Entremetimiento.**
entronar. tr. **Entronizar.**
entroncamiento. m. Acción y efecto de entroncar.
entroncar. tr. Demostrar el *parentesco de una persona con el linaje de otra. || intr. Tener o contraer parentesco con un linaje. || **Empalmar** (un *ferrocarril con otro).
entronerar. tr. Meter una bola en las troneras de la mesa en que se juega a los *trucos. Ú. t. c. r.
entronización. f. Acción y efecto de entronizar o entronizarse.
entronizar. tr. Colocar en el trono. || fig. Ensalzar a uno, *enaltecerle. || r. fig. *Engreírse, envanecerse.
entronque. m. Relación de *parentesco entre personas que tienen un tronco común. || Acción y efecto de entroncar o empalmar un *ferrocarril con otro.
entropía. f. **Fís.* Relación entre la cantidad de calor que un cuerpo gana o pierde y la temperatura absoluta del mismo.
entropillar. tr. Acostumbrar a los *caballos a vivir en tropilla.
entropión. m. *Cir.* Inversión del borde libre de un párpado hacia el globo del *ojo.
entruchada. f. fam. Cosa hecha por *confabulación.
entruchado. m. fam. **Entruchada.** || fam. **Entripado** (*enfado, enojo).
entruchar. tr. fam. Atraer y *captar la voluntad de uno con disimulo y *engaño, para meterle en un negocio. || *Germ.* **Entrevar.**
entruchón, na. adj. fam. Que hace o practica entruchadas. Ú. t. c. s.
entruejo. m. **Antruejo.**
entrujar. tr. *Guardar en la truja la *aceituna. || **Entrojar.** || fig. y fam. **Embolsar.**
entubajar. intr. *Germ.* Deshacer engaños.
entubar. tr. Poner *tubos.
entuerto. m. Tuerto, *injusticia, agravio, *ofensa. || pl. *Dolores que preceden a la expulsión de la placenta, después del *parto.
entullada. f. Cierta *red usada en Galicia.
entullecer. tr. fig. *Detener la acción o movimiento de una cosa. || intr. **Tullirse.** Ú. t. c. r.
***entumecer.** tr. Impedir o entorpecer el movimiento de un miembro. Ú. m. c. r. || r. fig. Aumentar el oleaje del *mar o la corriente de los *ríos caudalosos.
***entumecimiento.** m. Acción y efecto de entumecer o entumecerse.
entumirse. r. *Entumecerse un miembro o músculo.
entunicar. tr. **Albañ.* Dar dos capas de cal y arena gruesa a la pared que se ha de *pintar al fresco.
entupir. tr. *Obstruir un conducto. Ú. t. c. r. || Comprimir y *apretar una cosa.
enturar. tr. *Germ.* **Dar.** || *Germ.* **Mirar.**
enturbiamiento. m. Acción y efecto de enturbiar.
***enturbiar.** tr. Hacer o poner *turbia una cosa. Ú. t. c. r. || fig. *Perturbar, alterar el orden. Ú. t. c. r. || fig. *Desordenar, desconcertar. Ú. t. c. r.
entusiasmar. tr. Infundir entusiasmo; causar *admiración. Ú. t. c. r.
entusiasmo. m. Furor de las sibilas al dar sus oráculos. || Inspiración divina de los *profetas. || *Inspiración arrebatada del escritor o del artista. || *Exaltación y fogosidad del ánimo producida por la *admiración. || *Adhesión fervorosa.
entusiasta. adj. Que siente entusiasmo. Ú. t. c. s. || Propenso a entusiasmarse. Ú. t. c. s. || **Entusiástico.**
entusiástico, ca. adj. Perteneciente o relativo al entusiasmo.
enucleación. f. **Cir.* Extirpación de un órgano, glándula, quiste, etc.
enuclear. tr. **Cir.* Extirpar un órgano sacándolo de una cavidad.
énula campana. f. **Helenio.**
enumeración. f. Acción y efecto de *enumerar. || Cómputo o *cuenta numeral de las cosas. || **Ret.* Parte final de algunos *discursos en que se repiten juntas con brevedad las razones antes expuestas.
***enumerar.** tr. Enunciar sucesiva y ordenadamente una serie de cosas, las partes de un todo, etc.
enunciación. f. Acción y efecto de enunciar.
enunciado. m. **Enunciación.**
enunciar. tr. *Expresar, decir uno breve y sencillamente una idea.
enunciativo, va. adj. Dícese de lo que enuncia.
envacar. tr. Traer el *toro o la vaca a la vacada.
envagarar. tr. **Arq. Nav.* Colocar las vagras sobre las cuadernas.
envagrar. tr. **Envagarar.**
envaina. f. **Metal.* *Martillo grande con que se mete el espetón para hacer la sangría de un horno.
envainador, ra. adj. Que envaina.
***envainar.** tr. Meter en la *vaina. || *Envolver una cosa a otra ciñéndola a manera de vaina.
envalentonamiento. m. Acción y efecto de envalentonar o envalentonarse.
envalentonar. tr. Infundir *valor o más bien arrogancia. || r. Cobrar valentía o *jactarse de valiente.
envalijar. tr. *Meter en la valija una cosa.
envanecer. tr. Causar o infundir *orgullo o vanidad a uno. Ú. t. c. r. || r. Quedarse vano el *fruto de una planta. Ú. t. c. tr.
envanecimiento. m. Acción y efecto de envanecer o envanecerse.
envaramiento. m. Acción y efecto de envarar o envararse.
envarar. tr. Entorpecer, *entumecer un miembro. Ú. m. c. r.
envarbascar. tr. *Envenenar el agua con verbasco u otra substancia análoga para atontar a los peces y *pescarlos.
envarengar. tr. **Arq. Nav.* Armar las varengas de las cuadernas.
envaronar. intr. *Crecer con robustez.
envasador, ra. adj. Que envasa. Ú. t. c. s. || m. *Embudo grande.
***envasar.** tr. Echar en vasos o vasijas un líquido. || → **Introducir** en recipientes cerrados líquidos u otras cosas, para su conservación o transporte. || Echar el *trigo en los costales. || fig. *Beber con exceso. || fig. *Introducir en el cuerpo de uno la espada u otra arma punzante.
***envase.** m. Acción y efecto de envasar. || Recipiente o vasija en que se envasan líquidos u otras cosas. || *Embalaje de los artículos de comercio.
envedijarse. r. *Enredarse el pelo, la lana, etc. || fig. y fam. Enzarzarse en una riña o *contienda.
***envejecer.** tr. Hacer *vieja a una persona o cosa. || intr. Hacerse vieja o antigua una persona o cosa. Ú. t. c. r. || *Durar mucho tiempo.
envejecido, da. adj. fig. *Antiguo, *acostumbrado de mucho tiempo atrás. || *Experimentado.
envejecimiento. m. Acción y efecto de envecejer.
envenenador, ra. adj. Que envenena. Ú. t. c. s.
***envenenamiento.** m. Acción y efecto de envenenar o envenenarse.
***envenenar.** tr. Emponzoñar, inficionar con veneno. Ú. t. c. r. || fig. Acriminar; *tergiversar, interpretar en mal sentido. || fig. **Emponzoñar** (dañar, corromper).
enverado, da. adj. Dícese de la fruta que empieza a *madurar.
enverar. intr. Empezar las *uvas y otras frutas a tomar color de *maduras.
enverdecer. intr. Reverdecer el campo, las plantas, etc.
enverdinar. intr. Reverdecer, verdear el campo.
enverdugar. tr. **Albañ.* Construir con verdugadas.
envergadura. f. *Mar.* *Ancho de una *vela contado en el grátil. || *Zool.* Distancia entre las puntas de las *alas de las aves cuando aquéllas están completamente abiertas.
envergar. tr. *Mar.* Sujetar las *velas a las vergas.
envergue. m. *Mar.* Cada uno de los *cabos delgados que pasan por los ollaos de la *vela y sirven para afirmarla al nervio de la verga.
enverjado. m. **Enrejado.**
envero. m. Color que toman las uvas y otras frutas cuando empiezan a *madurar. || *Uva o grano de ella que tiene este color.
envés. m. **Revés.** (parte *posterior de una cosa). || fam. **Espalda.**
envesado, da. adj. Que manifiesta el envés.
envesar. tr. *Germ.* **Azotar.**
envestidura. f. **Investidura.**

envestir. tr. **Investir.**
enviada. f. Acción y efecto de enviar.
enviadizo, za. adj. Que se *envía o se acostumbra enviar.
enviado. m. *Mensajero. ‖ **extraordinario.** Agente *diplomático cuya categoría es la de ministro plenipotenciario.
enviajado, da. adj. *Arq.* Oblicuo, *inclinado, sesgado.
***enviar.** tr. Hacer que una persona o cosa vaya a alguna parte. ‖ **Enviar** a uno **noramala.** fr. *Despedirle con enfado o disgusto.
enviciamiento. m. Acción y efecto de enviciar o enviciarse.
enviciar. tr. Corromper, *pervertir con un *vicio. ‖ intr. Echar las plantas muchas *hojas con perjuicio de la fructificación. ‖ r. *Aficionarse demasiado a una cosa.
envidada. f. Acción y efecto de envidar.
envidador, ra. adj. Que envida en el *juego. Ú. t. c. s.
envidar. tr. Hacer envite a uno en el *juego.
***envidia.** f. Pesar del bien ajeno. ‖ Emulación, *deseo honesto de igualar o superar a otro. ‖ **Comerse** uno **de envidia.** fr. fig. y fam. Estar poseído de ella.
envidiable. adj. Digno de ser *deseado y apetecido.
***envidiar.** tr. Tener *envidia. ‖ fig. *Desear, apetecer lo lícito y honesto.
***envidioso, sa.** adj. Que tiene envidia. Ú. t. c. s.
envido. m. Envite de dos tantos en el juego de *naipes llamado mus.
envigado. m. *Arq.* Conjunto de las *vigas de un edificio.
envigar. tr. Asentar las *vigas de un edificio. Ú. t. c. intr.
envigotar. tr. *Mar.* Poner las vigotas al extremo de los obenques.
envilecedor, ra. adj. Que envilece.
***envilecer.** tr. Hacer vil y despreciable una persona o cosa. Ú. t. c. r.
envilecimiento. m. Acción y efecto de *envilecer o envilecerse.
envilortar. tr. *Atar los *haces con vilortos o vencejos.
envinagrar. tr. Poner o echar *vinagre en una cosa.
envinar. tr. Echar *vino en el agua.
***envío.** m. Acción y efecto de enviar. ‖ Cosa que se envía.
envión. m. **Empujón.**
envirar. tr. Clavar con estaquillas de madera los corchos de que se forman las *colmenas.
envirotado, da. adj. fig. Aplícase al sujeto *orgulloso y erguido en demasía.
enviscamiento. m. Acción y efecto de enviscar o enviscarse.
enviscar. tr. Untar con liga ramitas, espartos, etc., para que se *peguen y enreden los pájaros, a fin de *cazarlos. ‖ r. *Pegarse los pájaros y los insectos en la liga.
enviscar. r. **Azuzar.** ‖ fig. *Irritar, enconar los ánimos.
envite. m. *Apuesta que se hace en algunos juegos de *naipes y otros. ‖ fig. *Ofrecimiento de una cosa. ‖ Envión, *empujón.
enviudar. intr. Quedar *viudo o viuda.
***envoltorio.** m. Lío hecho de paños, ropas u otras cosas. ‖ Defecto en el *paño.
envoltura. f. Conjunto de pañales, mantillas y demás *ropa, con que se envuelve a los *niños de pecho. Ú. t. en pl. ‖ Capa que *cubre exteriormente una cosa.
envolvedero. m. **Envolvedor.**
envolvedor. m. *Paño u otra cosa que sirve para *envolver. ‖ *Mesa o camilla en donde se envuelve a los niños.
***envolver.** tr. Cubrir o *ceñir un objeto parcial o totalmente, con tela, papel u otra cosa análoga. ‖ *Vestir al *niño con los pañales y mantillas. ‖ Arrollar un *hilo, cinta, etc. ‖ fig. *Vencer a uno en la disputa, rodeándolo de argumentos o sofismas. ‖ **Mil.* Rebasar por uno de sus extremos la línea de combate del enemigo, para atacarle por el flanco o por retaguardia al mismo tiempo que de frente. ‖ fig. Mezclar o hacer *intervenir a uno en un asunto. Ú. t. c. r. ‖ r. fig. *Amancebarse. ‖ fig. Mezclarse unos combatientes con otros como sucede en la *guerra.
***envolvimiento.** m. Acción y efecto de envolver o envolverse. ‖ **Revolcadero.**
envueltas. f. pl. Envoltura del *niño de pecho.
envuelto. m. Tortilla de *maíz guisada.
enyerbarse. r. Cubrirse de yerba un terreno.
enyesado. m. Operación de echar yeso a los *vinos para favorecer su conservación.
enyesadura. f. Acción y efecto de enyesar.
enyesar. tr. Tapar o acomodar una cosa con *yeso. ‖ **Albañ.* Igualar o allanar con yeso las paredes. ‖ Agregar yeso a alguna cosa, y especialmente a los *vinos. ‖ **Cir.* Endurecer por medio del yeso o la escayola ciertos apósitos y vendajes.
enyugar. tr. Uncir y poner el *yugo a las yuntas de labranza.
enza. f. Señuelo, cimbel para *cazar. ‖ fig. Cualquier cosa que sirve para *atraer. ‖ fig. *Afición.
enzainarse. r. Ponerse a *mirar a lo zaino. ‖ fam. Hacerse *traidor o falso en el trato.
enzalamar. tr. *Incitar, azuzar.
enzamarrado, da. adj. Cubierto y *abrigado con zamarra.
enzarzada. f. desus. **Fort.* Atrincheramiento en un bosque, en una garganta, etc.
enzarzar. tr. Poner *zarzas en una cosa o cubrirla de ellas. ‖ fig. *Malquistar a algunos entre sí. Ú. t. c. r. ‖ r. Enredarse y quedar *detenido en las zarzas. ‖ fig. Meterse en negocios de *difícil salida. ‖ fig. *Reñir, pelearse.
enzarzar. tr. Poner zarzos para los gusanos de *seda.
enzootia. f. **Veter.* Cualquiera enfermedad que, por causas locales, acomete a una o más especies de animales en determinado territorio.
enzunchar. tr. *Sujetar, *ceñir y reforzar con zunchos o flejes.
enzurdecer. intr. Hacerse o volverse *zurdo.
enzurizar. tr. *Incitar, azuzar, sembrar la *discordia.
enzurronar. tr. *Meter en zurrón. ‖ fig. y fam. *Incluir una cosa en otra.
enzurronarse. r. No llegar a granar los *cereales.
eñe. f. Nombre de la *letra *ñ*.
eoceno. adj. **Geol.* Dícese del terreno que forma la base del terciario. Ú. t. c. s. ‖ *Geol.* Perteneciente a este terreno.
eólico, ca. adj. **Eolio.** ‖ m. Cierto *dialecto de la lengua griega.
eolio, lia. adj. Natural de la Eólida. Ú. t. c. s. ‖ Perteneciente a este país del Asia antigua. ‖ Perteneciente o relativo a Eolo. ‖ V. **Arpa eolia.**
Eolo. n. p. m. **Mit.* Dios de los vientos.
eón. m. Entre los *filósofos gnósticos, cada una de las entidades *divinas de uno u otro sexo, emanadas de la divinidad suprema.
¡epa! interj. **¡Hola!** ‖ interj. **¡Ea! ¡Upa!**
epacmo. m. *Pat.* Período crítico de una *enfermedad.
epacta. f. **Cronol.* Número de días en que el año solar excede al lunar común de doce lunaciones. ‖ **Añalejo.**
epactilla. f. **Epacta** (especie de calendario).
epanadiplosis. f. **Ret.* Figura que consiste en repetir al fin de una cláusula o frase el vocablo inicial de la misma.
epanáfora. f. **Ret.* **Anáfora.**
epanalepsis. f. **Ret.* **Epanadiplosis.**
epanástrofe. f. **Ret.* **Concatenación.** ‖ **Ret.* **Conduplicación.**
epanortosis. f. **Ret.* **Corrección.**
epazote. m. **Pazote.**
epéntesis. f. **Gram.* Metaplasmo que consiste en añadir una letra en medio de un vocablo.
epentético, ca. adj. Que se añade por epéntesis.
eperlano. m. *Pez malacopterigio abdominal, muy parecido a la trucha.
epi. prep. insep. que significa **sobre.**
épica. f. *Poesía épica.
épicamente. adv. m. De manera épica.
epicarpio. m. *Bot.* Película que cubre el *fruto de las plantas.
epicedio. m. Composición *poética que se recitaba delante de un *difunto. ‖ Cualquiera composición poética en que se *alaba a una persona muerta.
epiceno. adj. *Gram.* V. **Género epiceno.**
epicentro. m. *Geol.* Punto de la tierra en que tiene su origen un *terremoto u otro fenómeno sísmico.
epiceyo. m. **Epicedio.**
epicíclico, ca. adj. **Astr.* Perteneciente al epiciclo.
epiciclo. m. **Astr.* Círculo que se suponía descrito por un planeta alrededor de un centro que se movía en el deferente.
epicicloide. f. *Geom.* *Curva que describe un punto de una circunferencia que rueda sobre otra fija, siendo ambas tangentes exteriormente. ‖ **esférica.** **Geom.* La descrita cuando los planos de las dos circunferencias forman un ángulo constante. ‖ **plana.** *Geom.* **Epicicloide.**
épico, ca. adj. Perteneciente o relativo a la epopeya o a la *poesía heroica. ‖ Dícese del cultivador de este género de poesía. Ú. t. c. s. ‖ Propio y característico de la poesía **épica.**
epicureísmo. m. Sistema *filosófico de Epicuro. ‖ fig. Refinado *egoísmo que busca el *placer, evitando todo dolor.
epicúreo, a. adj. Que sigue la secta de Epicuro. Ú. t. c. s. ‖ Perteneciente a este filósofo. ‖ fig. Sensual, voluptuoso; entregado a los *placeres.
epidemia. f. *Enfermedad que durante algún tiempo reina en un pueblo o comarca, acometiendo simultáneamente a gran número de personas.
epidemial. adj. **Epidémico.**
epidémico, ca. adj. Perteneciente a la epidemia.
epidemiología. f. **Pat.* Ciencia que trata de las epidemias.

epidérmico, ca. adj. Perteneciente o relativo a la epidermis.
epidermis. f. Capa exterior de la *piel del animal. ‖ Película delgada que cubre la superficie de las plantas.
epidiáscopo. m. *Ópt.* **Episcopio.**
epidídimo. m. *Anat.* Parte del aparato excretor del *semen.
epifanía. f. *Festividad que celebra la Iglesia católica el día 6 de enero.
epifenómeno. m. *Pat.* Fenómeno que acompaña a los síntomas de una *enfermedad sin ser característico de ella.
epífisis. f. *Anat.* *Glándula situada entre los hemisferios cerebrales y el cerebelo. ‖ Parte terminal de los *huesos largos.
epifitia. f. *Pat. veg.* Enfermedad que ataca simultáneamente a los vegetales de cierta región.
epifonema. f. *Ret.* Exclamación deducida de lo que anteriormente se ha dicho.
epífora. f. *Pat.* Secreción continua y anormal de *lágrimas.
epigástrico, ca. adj. *Anat.* Perteneciente o relativo al epigastrio.
epigastrio. m. *Anat.* Región del *vientre, que se extiende desde la punta del esternón hasta cerca del ombligo.
epiglosis. f. *Zool.* Parte de la boca de los *insectos himenópteros.
epiglotis. f. *Zool.* *Cartílago elástico colocado a la entrada de la *laringe y sujeto a la parte posterior de la lengua, que cierra la glotis al tiempo de la deglución.
epígono. m. El que *imita a otro o sigue sus huellas.
epígrafe. m. *Resumen que suele proceder a cada uno de los capítulos de una obra. ‖ Cita o sentencia que suele ponerse a la cabeza de una obra. ‖ ***Inscripción.** ‖ Título, *rótulo.
epigrafía. f. Ciencia cuyo objeto es conocer e interpretar las *inscripciones.
epigráfico, ca. adj. Perteneciente o relativo a la epigrafía.
epigrafista. com. Persona versada en epigrafía.
epigrama. m. **Inscripción.** ‖ Composición *poética breve en que con precisión y agudeza se expresa un pensamiento festivo o *satírico. Usáb. t. c. f. ‖ fig. Pensamiento de cualquier género, expresado con brevedad y *donaire, y especialmente el que encierra *burla, *ironía o sátira ingeniosa.
epigramatario, ria. adj. **Epigramático.** ‖ m. El que hace o compone epigramas. ‖ Colección de epigramas.
epigramáticamente. adv. m. De manera epigramática.
epigramático, ca. adj. Dícese de lo que pertenece al epigrama o lo contiene. ‖ m. **Epigramatario.**
epigramatista. m. **Epigramatario.**
epigramista. m. **Epigramatario.**
epilense. adj. Natural de Épila. Ú. t. c. s. ‖ Perteneciente a esta villa de Zaragoza.
epilepsia. f. *Pat.* Enfermedad general, caracterizada por accesos repentinos con *desmayos y *convulsiones.
epiléptico, ca. adj. *Pat.* Que padece de epilepsia. Ú. t. c. s. ‖ *Pat.* Perteneciente a esta enfermedad.
epileptiforme. adj. *Pat.* Que presenta los caracteres de la epilepsia.
epilogación. f. **Epílogo.**
epilogal. adj. Resumido, *abreviado.
epilogar. tr. Resumir, *abreviar una obra o escrito.
epilogismo. m. *Astr.* *Cálculo o cómputo.
epílogo. m. Recapitulación o *resumen de todo lo dicho en un discurso u otra obra. ‖ fig. Conjunto o *compendio. ‖ Última parte de algunas obras *dramáticas y novelas, que viene a ser la consecuencia de lo que precede. ‖ *Ret.* **Peroración.**
epímone. f. *Ret.* Figura que consiste en *repetir sin intervalo una misma palabra o una misma expresión o verso.
epinicio. m. *Canto de *victoria; himno triunfal.
epiplón. m. **Epiploon.**
epiploon. m. *Anat.* Conjunto de los repliegues del peritoneo que unen las vísceras *abdominales.
epiquerema. m. *Lóg.* Silogismo en que una o varias premisas van acompañadas de una prueba.
epiqueya. f. *Der.* Interpretación moderada y prudente de la ley, según las circunstancias de tiempo, lugar y persona.
epirota. adj. Natural de Epiro, país de la Grecia antigua. Ú. t. c. s.
epirótico, ca. adj. Perteneciente a Epiro.
episcopado. m. Dignidad de *obispo. ‖ Época y duración del gobierno de un *obispo determinado. ‖ Conjunto de *obispos del orbe católico o de una nación.
***episcopal.** adj. Perteneciente o relativo al *obispo. ‖ m. *Liturg.* Libro en que se contienen las ceremonias y oficios propios de los *obispos.
episcopalismo. m. *Ecles.* Doctrina de los canonistas favorables a la potestad *episcopal y adversarios de la supremacía pontificia.
episcopio. m. *Ópt.* Aparato para proyectar la imagen de cuerpos opacos.
episcopologio. m. Catálogo y serie de los *obispos de una iglesia.
episódicamente. adv. m. A manera de episodio.
episódico, ca. adj. Perteneciente al episodio.
episodio. m. *Lit.* Parte *accesoria o acción secundaria de un poema épico o dramático, de la novela o de cualquiera otra obra semejante. ‖ Cada una de las acciones parciales o partes integrantes de la acción principal. ‖ Digresión en el *discurso. ‖ Incidente, *suceso enlazado con otros que forman un todo o conjunto.
epispástico, ca. adj. **Vesicante.** Ú. t. c. s. m.
epistación. f. *Farm.* Acción y efecto de *machacar en un mortero.
epistaxis. f. *Pat.* Flujo de *sangre por las narices.
epistemología. f. *Fil.* Doctrina de los fundamentos y métodos del conocimiento científico.
epístola. f. *Carta misiva que se escribe a los ausentes. ‖ Parte de la *misa, que se lee después de las primeras oraciones y antes del gradual. ‖ *Ecles.* Orden sacro del subdiácono. ‖ Composición *poética de alguna extensión, en que el autor, dirigiéndose a una persona real o imaginaria, se propone *zaherir algún vicio, instruir o moralizar. ‖ **católica.** Cualquiera de las escritas por los apóstoles Santiago y San Judas, y aun por San Pedro y San Juan.
***epistolar.** adj. Perteneciente a la epístola o carta.
epistolario. m. Libro o cuaderno en que se hallan recogidas varias *cartas o epístolas de un autor. ‖ *Liturg.* Libro en que se contienen las epístolas que se cantan en las misas.
epistolero. m. *Clérigo que tiene la obligación de cantar la epístola.
epistolio. m. **Epistolario.**
epistológrafo. m. *Escritor cuyas *cartas han merecido ser coleccionadas.
epístrofe. f. *Ret.* **Conversión.**
epitafio. m. *Inscripción que se pone en una *sepultura.
epitalámico, ca. adj. Perteneciente o relativo al epitalamio.
epitalamio. m. Composición *poética en celebridad de una *boda.
epítasis. f. Nudo o enredo en el poema *dramático.
epitelial. adj. Referente al epitelio.
epitelio. m. *Zool.* Tejido tenue que cubre exteriormente las *membranas mucosas.
epitelioma. m. Tumor *canceroso que se desarrolla en diferentes puntos de la piel y en el epitelio.
epítema. f. *Terap.* Medicamento tópico que se aplica en forma de fomento, de cataplasma o de polvo.
epíteto. m. *Adjetivo cuyo fin principal no es determinar o especificar el nombre, sino caracterizarlo.
epítima. f. **Epítema.** ‖ fig. *Consuelo, alivio.
epitimar. tr. *Terap.* Poner epítima en alguna parte del cuerpo.
epitimia. f. *Deseo vehemente, antojo, y especialmente el de la mujer durante la *preñez.
epítimo. m. Planta *parásita, semejante a la cuscuta, de las borragíneas, que vive comúnmente sobre el tomillo.
epitomadamente. adv. m. Con la *concisión y brevedad propias del epítome.
epitomador, ra. adj. Que hace o compone epítomes. Ú. t. c. s.
epitomar. tr. Reducir a epítome una obra extensa.
epítome. m. Resumen o *compendio de una obra extensa, en que se exponen principalmente las primeras *nociones de la materia. ‖ *Ret.* Figura que consiste en repetir algo de lo que ya se ha dicho, para mayor claridad.
epítrito. m. Pie de la *poesía griega y latina, que se compone de cuatro sílabas, cualquiera de ellas breve y las demás largas.
epitróclea. f. *Anat.* Eminencia del codo, formada por una apófisis del húmero.
epítrope. f. *Ret.* **Concesión.** ‖ *Ret.* **Permisión.**
epizoario. m. Animal que vive como *parásito sobre el cuerpo de otro.
epizoico, ca. adj. *Geol.* Dícese de los terrenos primitivos superiores a los que contienen restos de cuerpos organizados.
epizootia. f. *Enfermedad que acomete simultáneamente a una o varias especies de animales de determinada región.
epizoótico, ca. adj. Peteneciente o relativo a la epizootia.
***época.** f. **Era** (*fecha de algún suceso). ‖ Período de tiempo, que se señala por los hechos *históricos durante él acaecidos. ‖ Por ext., cualquier espacio de *tiempo. ‖ Punto fijo y determinado de tiempo, desde el cual se empiezan a numerar los años. ‖ *Temporada de considerable duración. ‖ Tiempo del año en que ordinariamente ocurre, o se hace o debe hacerse alguna cosa. ‖ **Formar,** o **hacer, época.** fr. que se usa para denotar que un hecho o suceso, por

su mucha *importancia, será el principio de una **época.**
epoda. f. **Epodo.**
epodo. m. Último *verso de la estancia, repetido muchas veces. ‖ En la poesía griega, tercera parte del canto lírico compuesto de estrofa, antistrofa y **epodo.** ‖ En la *poesía griega y latina, combinación métrica compuesta de un verso largo y otro corto.
epónimo, ma. adj. Aplícase al héroe o a la persona que da *nombre a un pueblo, a un lugar o a una época.
epopeya. f. *Poema narrativo extenso, cuyo asunto es de carácter nacional o en el cual intervienen personajes *heroicos o de suma importancia. ‖ fig. Conjunto de hechos gloriosos dignos de ser cantados épicamente.
epostracismo. m. *Juego de los antiguos griegos que consistía en hacer rebotar sobre la superficie del agua una concha o *piedra plana.
épsilon. f. Nombre de la *e* breve del alfabeto griego.
epsomita. f. **Sal de la Higuera.**
epulón. m. El que *come con *gula o se regala mucho.
equi. part. insep. que denota *igualdad.
equiángulo, la. adj. *Geom.* Aplícase a las figuras y sólidos cuyos *ángulos son todos iguales entre sí.
equidad. f. Igualdad de ánimo, *tranquilidad, *entereza. ‖ *Benignidad. ‖ *Justicia natural por oposición a la letra de la ley positiva. ‖ Moderación en el precio de las cosas que se compran, o en las condiciones que se estipulan para los *contratos.
equidiferencia. f. *Mat.* Igualdad de dos razones por diferencia.
equidistancia. f. Igualdad de *distancia entre varios puntos u objetos.
equidistante. p. a. de **Equidistar.** Que equidista.
equidistar. tr. *Geom.* Hallarse uno o más puntos, líneas, planos o sólidos a igual *distancia de otro determinado, o entre sí.
équido. adj. Dícese de los animales solípedos, como el *caballo y el asno. ‖ pl. *Zool.* Familia de estos animales.
equilátero, ra. adj. *Geom.* Aplícase a las figuras cuyos *lados son todos iguales entre sí.
equilibrado, da. adj. fig. Ecuánime, sensato, *prudente.
equilibrar. tr. Hacer que una cosa se ponga o quede en equilibrio. Ú. t. c. r. ‖ fig. Mantener dos o más cosas en *proporciones *iguales.
equilibre. adj. Dícese de lo que está equilibrado.
equilibrio. m. *Estabilidad de un cuerpo cuando encontradas fuerzas que obran en él se compensan destruyéndose mutuamente. ‖ *Peso que es igual a otro peso y lo contrarresta. ‖ fig. Contrapeso, *compensación, armonía entre cosas diversas. ‖ fig. Ecuanimidad, *prudencia en los actos y juicios. ‖ pl. fig. Actos de contemporización y *condescendencia.
equilibrista. adj. Artista de *circo diestro en hacer juegos o ejercicios de equilibrio. Ú. m. c. s.
equimosis. f. *Med.* Mancha o *lesión de la piel que resulta de la sufusión de la sangre a consecuencia de un golpe, de una fuerte presión o de otras causas.
equino. m. **Erizo marino.** ‖ *Arq.* *Moldura de superficie convexa, más ancha por su terminación que en su arranque.
equino, na. adj. poét. Perteneciente o relativo al caballo. ‖ V. **Apio equino.**
equinoccial. adj. Perteneciente al equinoccio. ‖ f. **Línea equinoccial.**
equinoccio. m. *Astr.* Época en que, por hallarse el Sol sobre el Ecuador, los días son iguales a las noches en toda la Tierra.
equinococo. m. Larva de la tenia.
equinodermo. adj. *Zool.* Dícese de los animales *radiados de piel gruesa y dura, con orificios por los cuales salen numerosos tentáculos; como el erizo de mar. Ú. t. c. s. ‖ m. pl. Tipo de esta clase de animales.
equipaje. m. Conjunto de cosas que se llevan en los *viajes. ‖ *Mar.* **Tripulación.**
equipal. m. Especie de *silla hecha de varas entretejidas, con asiento y respaldo de cuero.
equipar. tr. *Proveer a uno de las cosas necesarias. Ú. t. c. r. ‖ *Mar.* Proveer a una nave de gente, víveres, etc.
equiparable. adj. Que se puede equiparar.
equiparación. f. Acción y efecto de equiparar.
equiparar. tr. *Comparar una cosa con otra, considerándolas *iguales.
equipo. m. Acción y efecto de equipar. ‖ Grupo de *obreros organizados para un servicio determinado. ‖ Cada uno de los grupos que se disputan el triunfo en ciertos *deportes. ‖ Conjunto de *ropas y otras cosas para uso particular de una persona.
equipolencia. f. *Lóg.* **Equivalencia.**
equipolente. adj. *Lóg.* **Equivalente.**
equiponderante. p. a. de **Equiponderar.** Que equipondera.
equiponderar. intr. *Mec.* Ser una cosa de *peso igual al de otra.
equis. f. Nombre de la *letra *x*, y del signo de la incógnita en los cálculos. ‖ *Víbora pequeña de América, cuyo veneno es casi siempre mortal. ‖ **Estar** uno **hecho una equis.** fr. fig. y fam. que se dice del que, por estar *borracho, anda cruzando las piernas y dando traspiés.
equisetáceo, a. adj. *Bot.* Aplícase a plantas *criptógamas, herbáceas, con fructificación en ramillete terminal parecido a un penacho; como la cola de caballo. Ú. t. c. s. ‖ f. pl. *Bot.* Familia de estas plantas.
equisonancia. f. *Mús.* Consonancia de dos sonidos.
*__equitación.__ f. Arte de montar y manejar bien el caballo. ‖ Acción de montar a caballo.
equitativamente. adv. m. De manera equitativa.
equitativo, va. adj. Que tiene equidad.
équite. m. Ciudadano romano perteneciente a una clase intermedia entre los patricios y los plebeyos.
*__equivalencia.__ f. *Igualdad en la estimación o eficacia de dos o más cosas. ‖ *Geom.* Igualdad de áreas en figuras planas de distintas formas, o de áreas o volúmenes en sólidos diferentes.
equivalente. adj. Que equivale a otra cosa. ‖ *Geom.* Aplícase a las figuras y sólidos que tienen igual área o volumen y distinta forma. ‖ m. *Quím.* Mínimo peso necesario de un cuerpo para que, al unirse con otro, forme verdadera combinación.
equivalentemente. adv. m. De una manera equivalente.
*__equivaler.__ intr. Ser *igual una cosa a otra en la estimación o eficacia. ‖ *Geom.* Ser iguales las áreas de dos figuras planas distintas, o las áreas o volúmenes de dos sólidos también diversos.
*__equivocación.__ f. Acción y efecto de equivocar o equivocarse. ‖ Cosa hecha equivocadamente.
equivocadamente. adv. m. Con equivocación.
equívocamente. adv. m. Con equívoco; con dos sentidos.
*__equivocar.__ tr. Tener o tomar una persona o cosa por otra. Ú. m. c. r. ‖ **Equivocarse** una cosa **con** otra. fr. Ser *igual o muy *semejante a ella.
*__equívoco, ca.__ adj. Que puede entenderse o interpretarse en varios sentidos. ‖ m. Palabra cuya significación conviene a diferentes cosas.
equivoquista. com. Persona que con frecuencia y sin discreción usa de *equívocos.
era. f. Punto fijo y fecha determinada de un suceso, que se usa para los cómputos *cronológicos. ‖ Temporada larga, duración de mucho *tiempo. ‖ **común, cristiana,** o **de Cristo.** *Cronol.* La que empieza a contarse desde el nacimiento de Jesucristo. ‖ **española.** *Cronol.* La que tuvo principio treinta y ocho años antes de la **era** cristiana. ‖ **vulgar.** *Cronol.* **Era cristiana.**
*__era.__ f. Espacio de tierra limpia y firme, donde se trillan las mieses. ‖ Cuadro pequeño de tierra destinado en las *huertas o *jardines al cultivo de ciertas plantas. ‖ *Min.* Sitio llano cerca de las *minas, donde se machacan y limpian los minerales. ‖ *Albañ.* Suelo apisonado para hacer *argamasa o mortero. ‖ **Alzar,** o **levantar, de eras.** fr. Acabar de recoger la *cosecha. ‖ fig. Mudarse de un lugar.
eraje. m. **Miel virgen.**
eral. m. Novillo que no pasa de dos años.
erar. tr. Formar en la *huerta las eras para poner plantas en ellas.
erario. m. Tesoro público de una nación. ‖ Lugar donde se guarda.
erasmiano, na. adj. Que sigue la *pronunciación griega atribuida a Erasmo. Apl. a pers., ú. t. c. s.
érbedo. m. **Madroño** (arbusto).
erbio. m. *Metal muy raro que unido al itrio y terbio se ha encontrado en algunos minerales de Suecia y que aún no ha podido aislarse en estado de pureza.
ercavicense. adj. Natural de Ercávica, hoy Cabeza del Griego. Ú. t. c. s. ‖ Perteneciente a esta población de la España Tarraconense.
ere. f. Nombre de la *letra *r* en su sonido suave.
erebo. m. **Infierno.**
erección. f. Acción y efecto de *levantar, levantarse o ponerse *rígida una cosa. ‖ *Fundación o institución. ‖ **Tensión.**
eréctil. adj. Que tiene la facultad de levantarse, enderezarse o ponerse *rígido.
erectilidad. f. Calidad de eréctil.
erecto, ta. adj. Erguido, derecho, *vertical, levantado.
erector, ra. adj. Que erige. Ú. t. c. s.
eremita. m. **Ermitaño.**
eremítico, ca. adj. Perteneciente al ermitaño.
eremitorio. m. Paraje donde hay una o más *ermitas.
eretismo. m. *Pat.* *Exaltación de las propiedades vitales de un órgano.
erétrico, ca. adj. Perteneciente o relativo a Eretria, ciudad de Grecia antigua.
erg. m. Nombre del ergio en la nomenclatura internacional.

ergástula. f. **Ergástulo.**
ergástulo. m. *Cárcel destinada a *esclavos.
ergio. m. **Fís.* Unidad de energía representada por el trabajo de una dina cuyo punto de aplicación avanza un centímetro.
ergo. conj. latina. Por tanto, luego, pues.
ergotina. f. **Farm.* Principio activo del cornezuelo de centeno.
ergotismo. m. *Med.* Conjunto de síntomas producidos por el *envenenamiento con cornezuelo de centeno.
ergotismo. m. Sistema de los ergotistas.
ergotista. adj. Que ergotiza. Apl. a pers., ú. t. c. s.
ergotizante. adj. **Ergotista.**
ergotizar. tr. Abusar del sistema de *razonamientos silogísticos.
***erguido, da.** adj. Derecho, enhiesto, *vertical.
erguimiento. m. Acción y efecto de erguir o erguirse.
***erguir.** tr. Levantar y poner derecha una cosa. Dícese más ordinariamente del cuello, de la cabeza, etc. ‖ r. fig. *Engreírse, ensoberbecerse.
ería. f. *Terreno de labor de grande extensión, cercado y dividido en muchas hazas de distintos dueños.
***erial.** adj. Aplícase a la tierra o campo sin cultivar ni labrar. Ú. m. c. s. m.
eriazo, za. adj. **Erial.** Ú. t. c. s. m.
erica. f. *Bot.* Nombre científico del brezo.
ericáceo, a. adj. **Bot.* Dícese de plantas dicotiledóneas, matas, arbustos o arbolitos, cuyo tipo es el brezo. Ú. t. c. s. f. ‖ f. pl. *Bot.* Familia de estas plantas.
ericio. m. **Artill.* Antigua máquina de guerra usada por los romanos.
erídano. m. *Astr.* *Constelación del hemisferio austral, al occidente de la Liebre y al oriente de la Ballena.
erigir. tr. *Fundar, instituir. ‖ *Construir, levantar. ‖ Constituir a una persona o cosa con un carácter que antes no tenía. Ú. t. c. r.
erina. f. **Cir.* Instrumento metálico de uno o dos *ganchos, que se usa para mantener separados los tejidos en una operación.
eringe. f. **Cardo corredor.**
erinias. f. pl. **Mit.* Divinidades del *infierno de la antigua Grecia.
erío, a. adj. **Erial.** Ú. m. c. s. m.
erisipela. f. Inflamación superficial de la *piel, acompañada de fiebre.
erisipelar. tr. Causar erisipela. Ú. m. c. r.
erisipelatoso, sa. adj. Que participa de la erisipela o de sus caracteres.
erístico, ca. adj. **Filos.* Dícese de la escuela socrática establecida en Megara. ‖ Aplícase también a la escuela dialéctica que abusa del *razonamiento y lo convierte en vana *disputa.
eritema. m. *Med.* Inflamación superficial de la *piel, caracterizada por manchas rojas.
eritreo, a. adj. Perteneciente o relativo al *mar Rojo. Ú. t. c. s.
eritrocito. m. *Anat.* Glóbulo rojo de la *sangre.
eritrosis. f. Facilidad para ruborizarse.
eritroxíleo, a. adj. **Bot.* Dícese de árboles y arbustos dicotiledóneos, algunas de cuyas especies contienen en las partes leñosas una substancia tintórea roja; como el arabo y la coca del Perú. Ú. t. c. s. ‖ f. pl. *Bot.* Familia de estas plantas.
erizado, da. adj. Cubierto de púas o *espinas; como el espín, etc.
erizamiento. m. Acción y efecto de erizar o erizarse.
erizar. tr. *Levantar, poner *rígida y tiesa una cosa, como las púas del erizo; dícese especialmente del *cabello. Ú. m. c. r. ‖ fig. Llenar o rodear una cosa de *obstáculos, *dificultades, etc. ‖ r. fig. *Inquietarse, azorarse.
erizo. m. *Mamífero insectívoro de un palmo de largo, con el dorso y los costados cubiertos de púas agudas. Cuando se le persigue se contrae y forma una bola *espinosa por todas partes. ‖ *Mata de las leguminosas, con ramas entrecruzadas y fuertemente espinosas. ‖ Zurrón o *cáscara áspera y espinosa en que se crían la *castaña y algunos otros frutos. ‖ fig. y fam. Persona de carácter *desabrido e intratable. ‖ **Fort.* Conjunto de puntas de hierro, que sirven para coronar y defender lo alto de un parapeto, tapia o muralla. ‖ **de mar,** o **marino.** **Zool.* Animal equinodermo, de figura de esfera aplanada, cubierto con una concha caliza llena de púas lineales.
erizón. m. **Asiento de pastor** (*arbusto).
***ermita.** f. Santuario o capilla situada por lo común en despoblado. ‖ fig. y fam. *Taberna.
ermitaño, ña. m. y f. Persona que vive en la ermita y cuida de ella. ‖ m. El que vive en *soledad. ‖ *Crustáceo marino que suele vivir alojado en la concha de un molusco. ‖ **de camino.** *Germ.* **Salteador.**
ermitorio. m. **Eremitorio.**
ermunio. m. *Caballero que por su *nobleza o por *privilegio estaba libre de todo género de servicio o tributo ordinario.
erogación. f. Acción y efecto de erogar.
erogar. tr. *Distribuir, repartir bienes o caudales.
Eros. n. p. m. **Mit.* Entre los griegos, Cupido, dios del amor.
erosión. f. Depresión o *excavación producida en la superficie de un cuerpo por el *frotamiento de otro. ‖ **Geol.* Degradación o *desgaste de los terrenos por la acción de las aguas, vientos, etc. ‖ *Lesión que produce en la *piel una substancia corrosiva.
erostratismo. m. *Manía que impulsa a cometer actos punibles para conseguir *fama y celebridad.
erotema. f. *Ret.* **Interrogación.**
erótica. f. Poesía erótica.
erótico, ca. adj. Amatorio; perteneciente o relativo al *amor *carnal.
erotismo. m. Pasión fuerte de *amor. ‖ Exageración del instinto *carnal.
erotomanía. f. *Med.* Enajenación *mental causada por el *amor; satiriasis, ninfomanía.
erotómano, na. adj. Que padece erotomanía.
errabundo, da. adj. **Errante.**
errada. f. En el juego de *billar, lance de no tocar el jugador la bola que debe herir.
errada. f. ant. **Error.**
erradamente. adv. m. Con error.
erradicación. f. Acción de erradicar.
erradicar. tr. *Arrancar de *raíz.
erradizo, za. adj. Que anda *errante y vagando.
errado, da. adj. Que yerra.
erraj. m. *Cisco hecho con el hueso de la aceituna después de prensada en el molino.
***errante.** p. a. de **Errar.** Que yerra. ‖ adj. Que anda de una parte a otra sin tener asiento fijo. ‖ V. **Estrella errante.**
***errar.** tr. No acertar, *equivocarse. Ú. t. c. intr. ‖ *Faltar, no cumplir con lo que se debe. ‖ intr. Andar *vagando de una parte a otra. ‖ Divagar el pensamiento, la imaginación, la atención. ‖ r. **Equivocarse.**
errata. f. *Equivocación material cometida en lo *impreso o manuscrito.
errático, ca. adj. *Vagabundo, ambulante, sin domicilio cierto. ‖ V. **Estrella errática.** ‖ *Med.* **Errante.** Dícese de los *dolores crónicos que aparecen ya en una, ya en otra parte del cuerpo.
errátil. adj. *Errante, incierto, *inconstante.
erre. f. Nombre de la *letra *r* en su sonido fuerte. ‖ **Erre que erre.** m. adv. fam. Con *obstinación, tercamente. ‖ **Tropezar** uno **en las erres.** fr. fig. Estar *borracho.
erróneamente. adv. m. Con error.
erróneo, a. adj. Que contiene *error.
***error.** m. Concepto equivocado o juicio falso. ‖ *Desacierto. ‖ Cosa hecha erradamente.
erubescencia. f. Rubor, *vergüenza.
erubescente. adj. Que se avergüenza o se pone rojo.
eructación. f. **Eructo.**
***eructar.** intr. Expeler con ruido por la boca los gases del estómago. ‖ fig. y fam. *Jactarse, echar bravatas.
***eructo.** m. Acción y efecto de eructar.
erudición. f. *Conocimiento e instrucción en varias ciencias, artes y otras materias. ‖ Lectura varia y bien aprovechada.
eruditamente. adv. m. Con erudición.
erudito, ta. adj. Instruido, *docto en varias ciencias, artes y otras materias. Ú. t. c. s. ‖ **a la violeta.** El que sólo tiene una cultura superficial.
eruela. f. d. de **Era** (para la *trilla).
eruginoso, sa. adj. **Ruginoso.**
erupción. f. Aparición y desarrollo en la *piel, o las mucosas, de granos, manchas o vesículas. ‖ Conjunto de estos granos o manchas. ‖ Emisión repentina y violenta de alguna materia, como la que se produce en el cráter de un *volcán.
eruptivo, va. adj. Perteneciente a la erupción o procedente de ella.
erutación. f. **Eructación.**
erutar. intr. **Eructar.**
eruto. m. **Eructo.**
ervato. m. **Servato.**
ervilla. f. **Arveja.**
es. prep. insep. que, lo mismo que *ex,* denota fuera o más allá, privación, atenuación del significado, etc.
esbarar. intr. **Resbalar.**
esbardo. m. **Osezno.**
¡ésbate! interj. *Germ.* Está quedo.
esbatimentar tr. **Pint.* Hacer o delinear un esbatimento. ‖ intr. Causar *sombra un cuerpo en otro.
esbatimento. m. **Pint.* *Sombra que hace un cuerpo sobre otro.
esbeltez. f. *Estatura descollada y figura airosa y *gallarda.
esbelteza. f. **Esbeltez.**
esbelto, ta. adj. *Gallardo, bien formado y de descollada *estatura.
esbirro. m. **Alguacil.** ‖ El que tiene por oficio prender a las personas; *policía.
esblencar. tr. Desbriznar la flor del *azafrán.
esbogar. tr. Limpiar de broza las *acequias.
esborregar. intr. *Caer de un resbalón. Ú. m. c. r. ‖ r. *Hundirse, desmoronarse un terreno.
esbozar. tr. **Bosquejar.**
esbozo. m. **Bosquejo.**

esbronce. m. *Ademán violento.
escaba. f. Desperdicio del *lino. Ú. m. en pl.
escabechado, da. adj. Dícese de la persona que se tiñe las *canas o usa *afeites para el rostro.
escabechar. tr. Echar en escabeche. ‖ fig. *Teñir las *canas. Ú. t. c. r. ‖ fig. y fam. *Matar a mano airada. ‖ fig. y fam. Suspender o reprobar en los *exámenes.
escabeche. m. *Salsa o adobo con vinagre, hojas de laurel y otros ingredientes, para poner en *conserva los pescados y otros manjares. ‖ *Pescado escabechado.
escabechina. f. fam. Abundancia de suspensos en los *exámenes.
***escabel.** m. Tarima pequeña que se pone delante del que está sentado para que apoye los pies en ella. ‖ *Asiento pequeño sin respaldo. ‖ fig. Persona o circunstancia de que uno se aprovecha como *medio para medrar.
escabena. f. *Carp.* Especie de *compás para trazar cortes en la madera.
escabiosa. f. *Planta herbácea, de las dipsáceas, cuya raíz se empleó antiguamente en medicina.
escabioso, sa. adj. Perteneciente o relativo a la *sarna.
escabro. m. *Veter.* Roña que causa en la piel de las ovejas quiebras y costurones que echan a perder la lana. ‖ Enfermedad que padecen en la corteza los árboles y las *vides.
escabrosamente. adv. m. Con escabrosidad.
escabrosearse. r. Hacerse escabroso.
***escabrosidad.** f. Cualidad de escabroso.
***escabroso, sa.** adj. Desigual, lleno de tropiezos y embarazos. Dícese especialmente del terreno. ‖ fig. Áspero, *desabrido, desapacible. ‖ fig. Peligroso, que está al borde de lo inconveniente o de lo *obsceno.
escabuchar. tr. Pisar los erizos de las *castañas para que suelten el fruto. ‖ *Agr.* Escardar.
escabuche. f. *Azada pequeña para escardar.
escabullar. tr. Quitar el cascabillo a la bellota.
escabullimiento. m. Acción de escabullirse.
escabullir. intr. p. us. **Escapar.** ‖ r. Irse o *escaparse de entre las manos una cosa. ‖ fig. *Ausentarse disimuladamente.
escacado, da. adj. *Blas.* **Escaqueado.** Ú. t. c. s.
escachar. tr. Cascar, *machacar, aplastar. ‖ Cachar, hacer cachos, *romper.
escacharrar. tr. *Romper un cacharro. Ú. t. c. r. ‖ fig. *Malograr, estropear una cosa. Ú. t. c. r.
escachifollar. tr. **Cachifollar.**
escaecer. intr. Descaecer, desfallecer, *adelgazar.
escafandra. f. Aparato que usan los *buzos, compuesto de una vestidura impermeable y un casco de bronce perfectamente cerrado, con tubos para renovar el aire.
escafandro. m. **Escafandra.**
escafilar. tr. **Descafilar.**
escafoides. adj. *Zool.* V. **Hueso escafoides.**
escagarruciarse. r. Ensuciarse, *evacuar el vientre, el que tiene *diarrea.
escajo. m. **Escalio.** ‖ **Aliaga.**
escajocote. m. *Árbol americano, de madera compacta, que produce una fruta agridulce menor que una ciruela.
escala. f. *Escalera de mano, hecha de madera, de cuerda o de ambas cosas. ‖ *Serie ordenada de cosas distintas, pero de la misma especie. ‖ Línea recta dividida en partes iguales que representan, *proporcionalmente, metros, kilómetros, leguas, etc. ‖ fig. Tamaño o proporción en que se desarrolla un plan o idea. ‖ *Fís.* *Graduación para medir los efectos de diversos instrumentos. ‖ **Mar.* *Puerto adonde tocan las embarcaciones entre el de origen y el de destino. ‖ **Mil.* **Escalafón.** ‖ **Mús.* Sucesión diatónica de las siete notas musicales. ‖ **cerrada.** Escalafón para ascensos por orden de rigurosa antigüedad. ‖ **de mar y de tierra.** Escalafones que constituyen el cuerpo general de la *armada. ‖ **de reserva.** **Mil.* Escalafón de los militares pertenecientes a las reservas del ejército o de la armada. ‖ **de viento.** *Mar.* La formada a bordo con dos cabos y palos o trozos de cuerda atravesados. ‖ **franca.** *Com.* *Puerto libre y franco. ‖ **A escala vista.** m. adv. **Mil.* Haciendo la escalada de día y a vista de los enemigos. ‖ fig. De modo *manifiesto, sin reserva. ‖ **Hacer escala.** fr. **Mar.* Tocar una embarcación en algún puerto antes de llegar a su destino.
escalaborne. m. Trozo de madera preparado para labrar la caja del *arma de fuego*.
escalada. f. Acción y efecto de escalar una plaza o una altura.
escalado, da. adj. Dícese de los animales de *matadero abiertos en canal para salar o curar su carne.
escalador, ra. adj. Que escala. Ú. t. c. s. ‖ m. *Germ.* *Ladrón que hurta valiéndose de escala.
escalafón. m. *Lista de los individuos de una corporación, clasificados según su grado, antigüedad, *empleo, etc.
escalamiento. m. Acción y efecto de escalar.
escálamo. m. *Mar.* Estaca pequeña y redonda, fijada en el borde de la embarcación, que sirve para apoyar y sujetar el *remo.
escalar. m. Paso angosto en una *montaña con escalones naturales o hechos a mano.
escalar. adj. **Fís.* Dícese de cualquier magnitud numéricamente definible, que puede referirse a los *grados de una escala.
escalar. tr. *Entrar en una plaza u otro lugar valiéndose de escalas. ‖ *Subir, trepar a una gran altura. ‖ Por ext., entrar subrepticia o violentamente en alguna parte, o salir de ella, *rompiendo una pared, un tejado, etc. ‖ Levantar la *compuerta de la acequia. ‖ Abrir surcos en el terreno. ‖ fig. *Adelantar, subir, no siempre por buenas artes, a elevadas dignidades.
escaldado, da. adj. fig. y fam. Escarmentado, *desengañado, *receloso. ‖ fig. y fam. Aplícase a la mujer *deshonesta en su trato. ‖ f. *Guisado de patatas y berzas.
escaldadura. f. Acción y efecto de escaldar.
escaldar. tr. Bañar con agua *hirviendo una cosa. ‖ Abrasar con *fuego una cosa, ponerla incandescente. ‖ r. **Escocerse.**
escaldo. m. Cada uno de los antiguos *poetas escandinavos, autores de cantos heroicos y de sagas.
escaldrante. m. *Mar.* Palo asegurado en la cubierta o costado de una embarcación, para *amarrar en él la escota de una vela.
escaldufar. tr. **Calentar.**
escaleno. adj. *Geom.* V. **Triángulo escaleno.** ‖ *Geom.* Se ha llamado también así el cono cuyo eje no es perpendicular a la base.
escalentamiento. m. **Veter.* Enfermedad que sufren los animales en los pies y en las manos.
***escalera.** f. Serie de escalones que sirve para subir y bajar y para poner en comunicación los pisos de un edificio o dos terrenos de diferente nivel. ‖ Pieza del *carro, que componen los listones, las teleras y el pértigo. ‖ Armazón de dos largueros y varios travesaños, con que se prolonga por su parte trasera la carreta o el carro. ‖ Reunión de *naipes de valor correlativo. ‖ Instrumento de *cirugía parecido a una **escalera,** que se usó antiguamente para concertar los huesos dislocados. ‖ fig. Trasquilón que la tijera deja en el *cabello mal cortado. ‖ Escalón, peldaño. ‖ **de caracol.** La de forma espiral, seguida y sin ningún descanso. ‖ **de desahogo. Escalera excusada.** ‖ **de escapulario.** *Min.* La de mano que se cuelga pegada a la pared de los pozos. ‖ **de espárrago.** La formada por un madero con estacas atravesadas. ‖ **de husillo. Escalera de caracol.** ‖ **de mano.** La formada por dos largueros en que están encajados transversalmente y a iguales distancias unos travesaños que sirven de escalones. ‖ **de servicio.** Escalera accesoria que tienen algunas casas para la servidumbre. ‖ **de tijera,** o **doble.** La compuesta de dos de mano unidas con bisagras por la parte superior. ‖ **excusada.** La que da paso a habitaciones interiores. ‖ **De escalera abajo.** loc. Se dice de los *criados, en general, y especialmente de los que se ocupan en las faenas más humildes.
escalereja. f. d. de **Escalera.**
escalerilla. f. *Escalera de corto número de escalones. ‖ En los juegos de *naipes, reunión de tres cartas con números consecutivos. ‖ Especie de *angarillas que, atadas sobre una albarda, sirven para sujetar a ellas la carga. ‖ **Veter.* Instrumento de hierro, semejante a una escalera de mano, que sirve para mantener abierta la boca de las caballerías. ‖ **En escalerilla.** m. adv. Aplícase a las cosas que están colocadas con desigualdad.
escalerón. m. aum. de **Escalera.** ‖ Escalón, peldaño. ‖ Escalera de espárrago.
escaleta. f. *Armazón de tablones que sirve para suspender el eje de cualquier *carruaje.
escalfado, da. adj. Aplícase a la *pared que no está bien lisa y forma algunas ampollas.
escalfador. m. Jarro de estaño u otro metal, que usaban los barberos para calentar el agua de *afeitar. ‖ *Braserillo que se ponía sobre la *mesa para calentar la comida.
escalfar. tr. *Culin.* Cocer en agua hirviendo o en caldo los *huevos sin la cáscara. ‖ Cocer el *pan con demasiado fuego. Ú. t. c. r.
escalfarote. m. *Bota con pala y caña dobles, para conservar calientes el pie y la pierna.
escalfecerse. r. Florecer, criar *moho las substancias alimenticias.
escalfeta. f. **Chofeta.**
escaliar. tr. **Agr.* Roturar, romper.
escalibar. tr. Escarbar el rescoldo para avivar el *fuego. ‖ fig. Echar leña al fuego, avivar una discusión.
escalinata. f. *Escalera exterior de un solo tramo y hecha de fábrica.

escalio. m. Tierra *erial que se pone en cultivo.
escalmo. m. **Escálamo.** || *Cuña gruesa de madera.
escalo. m. Acción de escalar. || Trabajo de zapa. *abertura o boquete practicado para salir de un lugar cerrado o penetrar en él.
escalofriado, da. adj. Que padece escalofríos.
escalofrío. m. Sensación de *frío acompañada de *estremecimiento. Ú. m. en pl.
***escalón.** m. **Peldaño.** || fig. Grado a que se asciende en dignidad. || fig. *Medio con que uno adelanta en sus pretensiones o conveniencias. || *Germ.* **Mesón.** || **Mil.* Una de las fracciones en que se dividen las tropas de un frente de combate. || **En escalones.** m. adv. Aplícase a lo que está cortado o hecho con desigualdad.
escalona. f. **Escaloña.**
escalona. m. *Germ.* Escalador de paredes.
escalonar. tr. Situar en *serie u ordenadamente personas o cosas de trecho en trecho. Ú. especialmente en la *milicia. || Distribuir en tiempor sucesivos las diversas partes de una serie.
escalonia. adj. V. **Cebolla escalonia.** Ú. t. c. s.
escaloña. f. **Ascalonia.**
escalpar. tr. Arrancar el cuero de la cabeza con el *cabello adherido.
escalpelo. m. **Cir.* Instrumento de hoja fina, puntiaguda, de uno o dos cortes.
escalplo. m. *Cuchilla de curtidores.
escalzador. m. **Metal.* *Clavo grande para hacer la sangría de los hornos.
escalla. m. **Carraón.**
escama. f. Cada una de las membranas córneas, que, imbricadas entre sí, cubren total o parcialmente la piel de algunos *animales, y principalmente la de los *peces y *reptiles. || fig. Lo que tiene figura de **escama.** || fig. Cada una de las launas de hierro o acero en figura de **escama** que forman la loriga. || fig. *Sospecha, recelo.
escamada. f. *Bordado en figura de escamas.
escamado. m. Obra labrada en figura de escamas. || Conjunto de ellas.
escamadura. f. Acción de escamar.
escamar. tr. Quitar las escamas a los *pescados. || Labrar en figura de escamas. || fig. y fam. Hacer que uno entre en *sospechas, recelo o desconfianza. Ú. m. c. r.
escamel. m. Instrumento de espaderos, en el cual se tiende y sienta la *espada para labrarla.
escamochar. tr. Quitar las hojas no comestibles a las lechugas, alcachofas y otras *hortalizas.
escamochear. intr. Pavordear o jabardear.
escamocho. m. *Residuos o sobras de la comida o bebida. || En algunas partes, jabardo o enjambrillo de *abejas. || fig. Persona *enfermiza y desmirriada. || Excusa o *pretexto injustificado.
escamón, na. adj. Que siente *recelo, desconfiado.
escamonda. f. **Escamondo.**
escamondadura. f. *Ramas inútiles y *desperdicios que se han quitado de los árboles.
***escamondar.** tr. Limpiar los *árboles quitándoles las ramas inútiles y las hojas secas. || fig. *Limpiar una cosa quitándole lo superfluo y dañoso.
escamondo. m. Acción y efecto de escamondar.
escamonea. f. **Farm.* *Gomorresina medicinal sólida y muy purgante.
escamoneado, da. adj. Que participa de la calidad de la escamonea.
escamonearse. r. fam. Escamarse.
escamoso, sa. adj. Que tiene escamas.
escamotar. tr. **Escamotear.**
escamoteador, ra. adj. Que escamotea. Ú. t. c. s.
***escamotear.** tr. Hacer el jugador de manos que desaparezcan a ojos vistas las cosas que maneja. || fig. *Robar o quitar una cosa con agilidad y astucia. || fig. Hacer desaparecer, *suprimir de un modo arbitrario o ilusorio algún asunto o dificultad.
escamoteo. m. Acción y efecto de escamotear.
escampada. f. Interrupción de la *lluvia, intervalo en que escampa.
escampado, da. adj. **Descampado.**
escampar. tr. Despejar, *desobstruir un sitio. || intr. Cesar de *llover. || fig. *Cesar en una operación. || *Flaquear en algún empeño.
escampavía. f. *Barco pequeño que acompaña a una embarcación más grande, sirviéndole de explorador. || Barco muy ligero y de poco calado, para perseguir el contrabando.
escampilla. f. Toña, tala.
escampo. m. Acción de escampar.
escamudo, da. adj. **Escamoso.**
escamujar. tr. *Podar o escamondar. Dícese especialmente de los *olivos.
escamujo. m. *Rama o vara de *olivo. || Tiempo en que se escamuja.
escancana. f. *Mar.* **Resaca.**
escancia. f. Acción y efecto de escanciar.
escanciador, ra. adj. Que escancia o *sirve la *bebida. Ú. t. c. s.
escanciano. m. **Escanciador.**
escanciar. tr. Echar el *vino; *servirlo en las mesas y convites. || intr. *Beber vino.
***escanda.** f. Especie de *trigo, de paja dura y corta, y cuyo grano se separa difícilmente del cascabillo.
escandalar. m. *Mar.* Cámara donde estaba la *brújula en la galera.
escandalar. tr. Quitar el ramaje a los *pinos después de apeados.
escandalera. f. fam. *Escándalo, *alboroto grande.
escandalizador, ra. adj. Que escandaliza. Ú. t. c. s.
escandalizar. tr. Causar *escándalo. || r. Excandecerse, enojarse o *irritarse. || Mostrar indignación, natural o fingida, por alguna cosa.
escandalizativo, va. adj. Dícese de lo que puede ocasionar escándalo.
***escándalo.** m. Acción o palabra que es causa de que uno obre mal o piense mal de otro. || *Alboroto, tumulto. || *Desenfreno, desvergüenza. || fig. Asombro, pasmo, *admiración. || **activo.** Dicho o hecho reprensible que es ocasión de daño y ruina espiritual en el prójimo. || **farisaico.** El que se recibe o se *finge, mirando como reprensible lo que no lo es. || **pasivo.** Ruina espiritual o *pecado en que cae el prójimo por ocasión del dicho o hecho de otro.
escandalosa. f. *Mar.* *Vela pequeña que, en buenos tiempos, se orienta sobre la cangreja. || **Echar la escandalosa.** fr. fig. y fam. Acudir en una *disputa al empleo de frases duras. || fig. y fam. *Reprender a uno severamente.
escandalosamente. adv. m. Con escándalo.
escandaloso, sa. adj. Que causa escándalo. Ú. t. c. s. || *Ruidoso, *travieso, inquieto. Ú. t. c. s.
escandallada. f. *Mar.* Acción y efecto de escandallar.
escandallar. tr. *Sondear, medir la profundidad del mar con el escandallo.
***escandallo.** m. Sonda o plomada para medir la profundidad del agua. || Parte de la sonda que lleva en su base una cavidad rellena de sebo, y sirve para reconocer la calidad del fondo del agua, mediante las partículas u objetos que saca adheridos. || fig. *Ensayo que se hace tomando al azar muestras de algunos envases entre muchos de una misma materia. || *Com.* En el régimen de tasas, determinación del *precio de coste o de venta de una mercancía con relación a los factores que lo integran.
escandelar. m. *Mar.* **Escandalar.**
escandelarete. m. d. de **Escandelar.**
escandia. f. Especie de *trigo muy parecido a la escanda.
escandinavo, va. adj. Natural de la Escandinavia. Ú. t. c. s. || Perteneciente a esta región del norte de Europa.
escandio. m. *Metal o elemento muy raro, cuyo peso atómico es 44.
escandir. tr. Medir el *verso.
escanilla. f. **Cuna.**
escansión. f. Medida de los *versos.
escantillar. tr. *Arq.* Tomar una *medida o marcar una dimensión.||Descantillar, *romper el borde de algo.
escantillón. m. *Regla, plantilla o *modelo que sirve para trazar las líneas y fijar las dimensiones según las cuales se han de labrar las piezas. || En las *maderas de construcción, lo mismo que escuadría.
escaña. f. **Escanda.**
escañarse. r. Atragantarse, *ahogarse.
escañero. m. *Criado que cuidaba de los asientos y escaños en los *ayuntamientos.
escañeto. m. **Osezno.**
escañil. m. Escaño pequeño.
escaño. m. *Banco con respaldo y capaz para sentarse varias personas. || *Angarillas o parihuela que se usaba para transportar los cadáveres.
escañuelo. m. Banquillo para poner los pies, *escabel.
escapada. f. Acción de escapar. || **En una escapada.** fr. adv. **A escape.**
escapamento. m. *Mar.* Aparato para dar fondo al *ancla.
escapamiento. m. **Escapada.**
***escapar.** tr. **Equit.* Tratándose del caballo, hacerle correr con extraordinaria violencia. || *Librar, libertar a uno de un trabajo, peligro, etc. || → intr. Salir de un encierro o un peligro; *salvarse. Ú. t. c. r. || *Evadirse de alguna dificultad. || *Salir uno de prisa y ocultamente. Ú. t. c. r. || r. Salirse un líquido o un gas de un depósito, cañería, etc. || **Escapársele** a uno una cosa. fr. fig. No advertirla, no caer en ella. || Decir algo por descuido, *revelarlo inadvertidamente.
escaparate. m. Especie de *armario, con puertas de vidrios, para poner imágenes, porcelanas, etc. || Hueco que hay en la fachada de algunas *tiendas, resguardado con cristales en la parte exterior, para colocar en él muestras de los géneros que allí se venden.
escapatoria. f. Acción y efecto de evadirse o *escaparse. || fam. *Excusa, *evasiva.
escape. m. Acción de *escapar. || Fuga de un gas o un líquido. || Vál-

vula que abre o cierra la salida de los gases en el motor de los *automóviles. || En algunas máquinas, como el *reloj, pieza que separándose deja obrar a un muelle, rueda, etc. || **A escape.** m. adv. A todo correr, a toda *prisa.
escapo. m. *Arq.* Fuste de la *columna. || *Bot.* **Bohordo.**
escápula. f. **Anat.* **Omóplato.**
escapular. tr. **Mar.* Doblar o montar un bajío, cabo, etc.
escapular. adj. Referente a la escápula.
escapulario. m. Tira o pedazo de tela, con una abertura por donde se mete la cabeza, y que cuelga sobre el pecho y la espalda. Sirve de *insignia a varias *órdenes religiosas* y a muchas *congregaciones. En estas últimas se reduce a dos trozos de tela unidos por medio de cintas. || Práctica devota en honor de la Virgen del Carmen, que consiste en *rezar siete veces el padrenuestro con el avemaría y el gloriapatri.
escaque. m. Cada una de las casillas *cuadradas e iguales, en que se divide el *tablero del ajedrez y el del juego de damas. || **Blas.* Cuadrito o casilla que resulta de las divisiones del escudo. || pl. **Ajedrez.**
escaqueado, da. adj. Aplícase a la obra o labor repartida o formada en escaques, como el tablero del ajedrez.
escaquear. tr. Dividir en escaques un tablero.
escaquita. f. **Miner.* Cloruro de manganeso natural.
escara. f. **Cir.* Costra que resulta de la desorganización de una parte viva afectada de gangrena, o profundamente quemada.
escarabajas. f. pl. *Leña menuda que se emplea para encender la lumbre.
escarabajear. intr. *Andar y *agitarse desordenadamente. || fig. *Escribir mal, haciendo escarabajos o garabatos. || fig. y fam. Punzar y molestar algún *escrúpulo, temor o disgusto.
escarabajeo. m. fig. y fam. Acción y efecto de escarabajear la *conciencia.
escarabajo. m. *Insecto coleóptero, de color negro por encima y rojizo por debajo. Busca el estiércol para alimentarse y formar unas bolas dentro de las cuales deposita la hembra los huevos. || Por ext., cualquier coleóptero de cuerpo ovalado y cabeza corta. || fig. Cierta imperfección de las *telas que consiste en no estar derechos los hilos de la trama. || fig. y fam. Persona de baja *estatura y de mala figura. || *Artill.* *Hueco que, por defecto de fundición, queda a veces en los *cañones por la parte interior. || pl. fig. y fam. Letras y rasgos de *escritura mal formados. || **Escarabajo bolero. Escarabajo.** || **pelotero. Escarabajo bolero.**
escarabajuelo. m. d. de **Escarabajo.** || *Insecto coleóptero, de color azulado brillante, que salta con facilidad y roe las hojas y otras partes tiernas de la vid.
escaramucear. intr. **Escaramuzar.**
escaramujo. m. Especie de *rosal silvestre. || Fruto de este arbusto. || **Percebe.**
escaramuza. f. Género de *combate entre los jinetes o soldados de a caballo. || Refriega de poca importancia. || fig. *Contienda de poca importancia.
escaramuzador. m. El que escaramuza.
escaramuzar. intr. Sostener una escaramuza.
escarapela. f. *Insignia o divisa compuesta de cintas de varios colores, que forman lazadas alrededor de un punto. Se usa también como adorno y generalmente en el *sombrero. || Riña o *contienda. || En el juego del tresillo, tres *naipes o cartas falsas, cada una de palo distinto de aquel a que se juega.
escarapelar. intr. Reñir, trabar disputas y *contiendas. Se dice principalmente de las riñas y quimeras que arman las mujeres. Ú. t. c. r. || Descascarar, desconchar. Ú. t. c. r. || *Ajar, manosear. || r. Ponérsele a uno carne de gallina.
escarbadero. m. Sitio donde escarban los *jabalíes, *lobos y otros animales.
escarbadientes. m. **Mondadientes.**
escarbador, ra. adj. Que escarba. || m. Instrumento para escarbar.
escarbadura. f. Acción y efecto de escarbar.
escarbaorejas. m. Instrumento en forma de cucharilla, que sirve para limpiar los *oídos.
escarbar. tr. *Arañar *excavando algo la superficie de la tierra, como suelen hacer con las patas el *toro, el caballo, la *gallina, etc. || Mondar, limpiar los *dientes o los *oídos. || Avivar el *fuego o las brasas, moviéndolas con la badila. || f. *Inquirir curiosamente.
escarbo. m. Acción y efecto de escarbar.
escarcear. intr. Hacer escarceos el *caballo.
escarcela. f. Especie de *bolsa que se llevaba pendiente de la cintura. || Mochila del *cazador, a manera de red. || *Toca femenina, a manera de cofia. || Parte de la *armadura que caía desde la cintura al muslo.
escarcelón. m. aum. de **Escarcela.**
escarceo. m. Oleaje menudo que se levanta en la superficie del *mar, en los parajes en que hay corrientes. || pl. **Equit.* Tornos y vueltas que dan los caballos. || fig. *Rodeo, *divagación.
escarcina. f. *Espada corta y corva, a manera de alfanje.
escarcinazo. m. *Golpe dado con la escarcina.
escarcuñar. tr. **Escudriñar.**
***escarcha.** f. *Rocío de la noche congelado.
escarchada. f. *Planta herbácea, de las ficoideas, con tallos cortos y hojas anchas, cubiertas de vesículas transparentes, llenas de agua.
escarchado, da. adj. Cubierto de escarcha. || Dícese del *aguardiente, en botellas, que contiene azúcar cristalizado sobre un ramito de anís. || m. Cierta labor de oro o plata, sobrepuesta en la *tela.
escarchar. tr. **Confit.* Preparar confituras de modo que el azúcar cristalice en lo exterior. || En la *cerámica del barro blanco, desleír la tierra en el agua. || Salpicar una superficie de partículas de talco o de otra substancia brillante que imita la encarcha. || intr. *Congelarse el *rocío.
escarche. m. **Escarcha.**
escarcho. m. **Rubio** (*pez).
escarda. f. Acción y efecto de escardar. || *Azada pequeña con que se arrancan las hierbas que nacen entre los sembrados.
escardadera. f. **Escardadora.** || **Almocafre.**
escardador, ra. m. y f. Persona que escarda.
escardadura. f. **Escarda.**
escardar. tr. **Agr.* Entresacar y arrancar las hierbas de los sembrados. || fig. *Separar y apartar lo malo de lo bueno.
escardilla. f. **Almocafre.** || *Azadilla de boca estrecha y mango corto, menor que el escardillo.
escardillar. tr. **Escardar.**
escardillo. m. **Almocafre.** || *Azada pequeña. || En algunas partes, vilano del *cardo. || Reflejo de la luz del sol, producido con un espejito u otro cuerpo brillante.
escarearse. r. Resquebrajarse la *piel y llagarse por el frío.
escariador. m. Herramienta de acero en forma de clavo con las aristas agudas, que sirve para agrandar y alisar los *taladros hechos en las piezas de metal.
escariar. tr. *Ensanchar o redondear un agujero por medio del escariador.
escarificación. f. **Cir.* Producción de una escara. || **Cir.* Acción y efecto de escarificar.
escarificador. m. *Agr.* Bastidor o *grada con travesaños armados por su parte inferior de cuchillos de acero, que sirve para cortar verticalmente la tierra y las raíces. || **Cir.* Instrumento para escarificar.
escarificar. tr. **Agr.* Labrar la tierra con el escarificador. || **Cir.* Hacer en el cuerpo incisiones superficiales para facilitar la salida de ciertos líquidos o humores. || **Cir.* **Escarizar.**
escarizar. tr. **Cir.* Quitar la escara de las llagas.
escarlador. m. Especie de *navaja que usan los peineros para pulir las guardillas de los *peines.
escarlata. f. *Color carmesí, menos subido que el de la grana. || *Tela de este color. || Grana fina. || **Escarlatina** (fiebre eruptiva). || **Murajes.**
escarlatina. f. *Tela de lana, de color encarnado o carmesí. || **Pat.* Fiebre eruptiva, caracterizada por un exantema difuso de la *piel, de color rojo subido.
escarmenador. m. **Carmenador.**
escarmenar. tr. **Carmenar.** || fig. *Castigar a uno quitándole el dinero u otras cosas de que puede usar mal. || fig. *Estafar poco a poco. || **Min.* Escoger y apartar el mineral de entre las tierras o escombros.
escarmentado, da. adj. Que escarmienta. Ú. t. c. s.
escarmentar. tr. *Castigar o *reprender al que ha errado, para que se enmiende. || intr. Aprovechar la *experiencia propia o ajena para evitar nuevos daños o errores.
escarmiento. m. *Desengaño y cautela, adquiridos con la *experiencia propia o ajena. || *Castigo, multa.
escarnecedor, ra. adj. Que escarnece. Ú. t. c. s.
escarnecer. tr. Hacer *burla de uno *zahiriéndole con acciones o palabras.
escarnecidamente. adv. m. Con escarnio.
escarnecimiento. m. **Escarnio.**
***escarnio.** m. Burla que se hace de alguno con el propósito de causarle *injuria o afrenta.
escaro. m. *Pez acantopterigio, cuya carne era muy apreciada por los antiguos.
escaro, ra. adj. Dícese de la persona que tiene los *pies y tobillos torcidos y pisa mal. Ú. t. c. s.
escarola. f. Achicoria cultivada, que

se come en *ensalada y otros guisos. || *Cuello alechugado que se usó antiguamente.
escarolado, da. adj. Rizado como la escarola.
escarolar. m. **Alechugar.** || *Limpiar bien una cosa.
escarótico, ca. adj. *Cir.* **Caterético.**
escarpa. f. *Declive áspero de cualquier terreno. || **Fort.* Plano inclinado que forma la muralla del cuerpo principal de una plaza, desde el cordón hasta el foso y contraescarpa. || **Fort.* Plano inclinado opuestamente, que forma el muro que sostiene las tierras del camino cubierto. || Acera de una *calle.
***escarpado, da.** adj. Que tiene escarpa o gran pendiente. || Dícese de las alturas que no tienen subida ni bajada transitables o las tienen muy agrias y *escabrosas.
escarpadura. f. **Escarpa** (*declive).
escarpar. tr. Limpiar y *raspar las obras de *escultura o talla, por medio del escarpelo o de la escofina.
escarpar. tr. Cortar en *declive o en plano inclinado.
escarpe. m. **Escarpa** (declive).
escarpelar. tr. ant. **Cir.* Abrir con el escarpelo una llaga o herida para curarla mejor.
escarpelo. m. **Escalpelo.** || Instrumento que usan los *carpinteros y *escultores para limpiar y raspar las piezas de labor.
escarpia. f. *Clavo doblado en ángulo recto, que sirve para sujetar bien lo que se cuelga y para otros usos. || pl. *Germ.* Las *orejas.
escarpiador. m. *Horquilla de hierro que sirve para afianzar a una pared las cañerías o canalones.
escarpidor. m. *Peine cuyas púas son más grandes y ralas que en los comunes.
escarpín. m. *Zapato de una suela y de una costura. || *Calzado interior de estambre u otra materia, para abrigo del pie.
escarpión (en). m. adv. En figura de escarpia, en *ángulo recto.
escarramán. m. Cierto *baile antiguo español.
escarramanado, da. adj. Dícese del que se jacta de *valiente.
escarramanchones (a). m. adv. fam. **A horcajadas.**
escarrancharse. r. Esparrancarse, despatarrarse.
escarrio. m. *Árbol, especie de arce.
escarza. f. **Veter.* Herida en los pies o manos de las caballerías.
escarzano. adj. *Arq.* V. **Arco escarzano.**
escarzar. tr. *Encorvar un palo por medio de cuerdas para que forme un arco.
escarzar. tr. Quitar de las *colmenas los panales que son defectuosos o sucios. || Hurtar la *miel de las colmenas.
escarzo. m. *Panal con borra o suciedad. || Operación o tiempo de escarzar las *colmenas. || **Hongo yesquero.** || Borra o desperdicio de la *seda. || Conjunto de *hongos o materia fungosa que nace en el tronco de los chopos y otros árboles. || Trozo de árbol seco y podrido. || Polvillo de la *madera podrida.
escasamente. adv. m. Con *escasez. || Con *dificultad, apenas.
escaseadura. f. Acción y efecto de escasear el *viento.
***escasear.** tr. *Escatimar, dar poco o de mala gana y haciendo desear lo que se da. || *Ahorrar, excusar. || **Cant.* y **Carp.* Cortar un sillar o un madero por un plano *oblicuo a sus caras. || → intr. Faltar, *disminuir, ir a menos una cosa.
escasero, ra. adj. fam. Que escasea una cosa. Ú. t. c. s.
***escasez.** f. Cortedad, *mezquindad. || → Poquedad, falta de una cosa. || *Pobreza.
***escaso, sa.** adj. Corto, poco, limitado. || Falto, *incompleto, *corto. || *Mezquino. || Demasiado económico.
***escatimar.** tr. Escasear lo que se ha de dar, acortándolo todo lo posible. || p. us. Viciar, adulterar y *tergiversar el sentido de las palabras y de los escritos.
escatimosamente. adv. m. Maliciosa, *astutamente.
escatimoso, sa. adj. Malicioso, *astuto. || Escaso, *mezquino.
escatófago, ga. adj. *Zool.* Dícese de los animales que se *alimentan con excrementos.
escatófilo, la. adj. **Zool.* Dícese de algunos insectos cuyas larvas se desarrollan entre *excrementos.
escatología. f. **Teol.* Conjunto de creencias y doctrinas referentes a la vida de ultratumba.
escatología. f. Tratado de cosas *excrementicias.
escatológico, ca. adj. p. us. **Teol.* Relativo a las postrimerías de ultratumba.
escatológico, ca. adj. Referente a los *excrementos y suciedades.
escaupil. m. Sayo acolchado que usaban los antiguos mejicanos a modo de *armadura o coraza. || Morral de *cazador.
escavanar. tr. **Agr.* Entrecavar los sembrados.
escavillo. m. *Azada pequeña.
escayola. f. *Yeso espejuelo calcinado. || **Estuco.**
escayolar. tr. **Albañ.* Tender o enlucir con escayola. || **Cir.* Recubrir de escayola un vendaje para asegurar la inmovilidad de algún miembro o región del cuerpo.
escaza. f. Cazo grande o *vasija que se emplea en los *molinos de aceite para echar el agua hirviendo a la pasta contenida en los capachos.
escena. f. Lugar del *teatro, separado del público por un telón, que se corre o levanta, y en el cual se ejecutan las representaciones. || Lo que la **escena** representa. || Cada una de las partes en que se divide el acto de la obra teatral. || fig. Arte de la declamación. || fig. **Teatro** (conjunto de obras dramáticas). || fig. *Suceso de la vida real que se considera como *espectáculo digno de atención, o que *conmueve profundamente el ánimo. || fig. Acto o manifestación en que se descubre algo de aparatoso y *fingido, para impresionar el ánimo. || **Poner en escena** una obra. fr. Representarla, ejecutarla en el *teatro.
***escenario.** m. Parte del *teatro convenientemente dispuesta para representar o ejecutar las obras dramáticas o cualquiera otro espectáculo teatral. || fig. Conjunto de *circunstancias que se consideran en torno de una persona o suceso.
escénico, ca. adj. Perteneciente o relativo a la escena.
escenificación. f. Acción y efecto de escenificar.
escenificar. tr. Adaptar para el *teatro una obra literaria.
escenografía. f. Total y perfecta delineación en *perspectiva de un objeto. || Arte de *pintar decoraciones de *teatro.
escenográficamente. adv. m. Según las reglas de la escenografía.
escenográfico, ca. adj. Perteneciente o relativo a la escenografía.
escenógrafo. adj. Dícese del que profesa o cultiva la escenografía. Ú. t. c. s.
escepticismo. m. Doctrina *filosófica que pone en duda la existencia de la verdad, o afirma que el hombre es incapaz de conocerla. || *Incredulidad o *duda acerca de la verdad o eficacia de alguna cosa.
escéptico, ca. adj. Que profesa el escepticismo. Apl. a pers., ú. t. c. s. || fig. *Incrédulo, que no cree o que afecta no creer en determinadas cosas. Ú. t. c. s.
esciente. adj. Que *sabe.
escila. f. **Cebolla albarrana.**
Escila. n. p. **Entre Escila y Caribdis.** expr. fig. con que se explica la situación del que no puede evitar un *peligro o *conflicto sin caer en otro.
escinco. m. *Reptil saurio, acuático, de más de un metro de longitud. Destruye los huevos de los cocodrilos y persigue sus crías. || **Estinco.**
escindir. tr. *Cortar, *dividir.
escirro. m. *Pat.* Especie de *cáncer que consiste en un *tumor duro que se produce principalmente en las *mamas de las mujeres.
escirroso, sa. adj. Perteneciente o relativo al escirro.
escisión. f. Rompimiento, desavenencia, *desacuerdo.
escita. adj. Natural de la Escitia, región del Asia antigua. Ú. t. c. s.
escítico, ca. adj. Perteneciente a la Escitia.
esclafar. tr. *Quebrar, estrellar.
esclarea. f. **Amaro** (*planta labiada).
esclarecedor, ra. adj. Que esclarece. Ú. t. c. s.
esclarecer. tr. *Iluminar, poner clara una cosa. || fig. Ennoblecer, hacer a uno ilustre y *famoso. || fig. Iluminar, ilustrar el entendimiento. || fig. Poner en claro; *explicar o dilucidar un asunto o doctrina. || intr. Apuntar la luz del día; empezar a *amanecer.
esclarecidamente. adv. m. Con grande lustre, honra y nobleza.
esclarecido, da. adj. Claro, *ilustre, insigne.
esclarecimiento. m. Acción y efecto de esclarecer. || Cosa que esclarece o sirve para esclarecer.
esclavatura. f. desus. Conjunto de *esclavos que tenía cada hacienda.
***esclavina.** f. Vestidura de cuero o tela, que se ponen al cuello y sobre los hombros los que van en *romería. || Pieza de tela análoga sobrepuesta a la *capa. || *Cuello postizo y suelto, que usan los eclesiásticos. || Pieza del vestido, que llevaban las mujeres al cuello y sobre los hombros para abrigo o por adorno.
esclavista. adj. Partidario de la esclavitud. Ú. t. c. s.
***esclavitud.** f. Estado de esclavo. || fig. Hermandad o *congregación para ciertos actos de devoción. || fig. *Flaqueza de que resulta una sujeción rigurosa a las pasiones. || fig. Sujeción excesiva o *dependencia por la cual se ve sometida una persona a otra.
esclavizar. tr. Hacer *esclavo a uno; reducirle a esclavitud. || fig. Tener a uno muy sujeto y constantemente ocupado.
***esclavo, va.** adj. Dícese de la persona que por estar bajo el dominio de otra carece de libertad. Ú. t. c. s. || fig. *Sometido rigurosamente a *obligación, pasión, etc. Ú. t. c. s. || fig. *Obediente, *enamorado. Ú. t. c. s. || m. y f. Persona alistada

en alguna *cofradía de esclavitud. || f. *Brazalete o pulsera sin adornos y que no se abre.
esclavón, na. adj. **Eslavo.** Apl. a pers., ú. t. c. s.
esclavonio, nia. adj. **Esclavón,** aplic. a pers., ú. t. c. s.
escleroma. m. **Pat.* Enfermedad de los recién nacidos que se caracteriza por el endurecimiento de la piel.
esclerosis. m. **Pat.* Endurecimiento de los tejidos.
esclerótica. f. *Zool.* Membrana dura, opaca, de color blanquecino, que cubre casi por completo el globo del *ojo, dejando sólo una abertura en la parte anterior correspondiente a la córnea.
***esclusa.** f. Recinto de fábrica, con puertas de entrada y salida, que se construye en un canal de navegación. || **de limpia.** Gran depósito del cual se suelta el agua repentinamente para que arrastre las arenas y fangos del fondo de un *puerto o de un embalse.
esclusero. m. Encargado de una *esclusa.
escoa. f. **Arq. Nav.* Punto de mayor curvatura de cada cuaderna de un buque.
***escoba.** f. Manojo de palmitos, de cabezuela o de otras ramas flexibles, atadas a veces al extremo de un palo, que sirve para barrer y limpiar. || *Mata de las leguminosas, muy a propósito para hacer **escobas.** || **amargosa. Canchalagua.** || **babosa.** Malvácea, cuyas hojas disueltas en agua forman una especie de bandolina. || **de caballeriza.** La que se hace con ramas de tamujo. || **de cabezuela. Cabezuela** (planta). || **negra.** Arbustillo americano del cual se hacen escobas.
escobada. f. Cada uno de los movimientos que se hacen con la *escoba para barrer. || Barredura ligera.
escobadera. f. Mujer que limpia y barre con la *escoba.
escobado. m. *Marca que los *ganaderos hacen a las reses en las *orejas.
escobajar. tr. Quitar el escobajo a las *uvas.
escobajo. m. *Escoba vieja y estropeada. || Raspa que queda del racimo de *uvas.
escobar. m. Sitio donde abunda la planta llamada escoba.
escobar. tr. *Barrer con escoba.
escobazar. tr. *Rociar con escobas o ramas mojadas.
escobazo. m. *Golpe dado con una escoba. || **Escobada.**
escobén. m. *Mar.* Cualquiera de los *agujeros que se abren en la *embarcación a uno y otro lado de la roda, para que pasen por ellos los cables o cadenas.
escobera. f. *Retama común. || Mujer que hace o vende *escobas.
escobero. m. El que hace *escobas o las vende.
escobeta. f. **Escobilla.** || Mechón de cerda que sale en el papo a los *pavos viejos.
escobilla. f. **Cepillo.** || Escobita de cerdas o de alambre. || Barredura de las *platerías o talleres donde se trabaja la plata y el oro, y que contiene algunas partículas de estos metales. || Especie de brezo, de que se hacen escobas. || **Cardencha.** || Mazorca del *cardo silvestre, que sirve para *cardar la seda. || **Electr.* Haz de hilos de cobre destinado a mantener el contacto entre dos partes de una máquina, una de las cuales se mueve mientras la otra está fija. Por ext., se da este nombre a otras piezas de diferente materia que sirven para el mismo fin. || **amarga. Mastuerzo.** || **de ámbar.** *Planta herbácea de las compuestas, cuyas flores tienen un olor agradable parecido al del ámbar.
escobillado. m. Acción y efecto de escobillar en los *bailes.
escobillar. tr. *Limpiar con la escobilla, cepillar. || En algunos *bailes, batir el suelo con los pies, como se hace para lustrar los suelos.
escobillón. m. Palo largo, que tiene en uno de sus extremos un cilindro con cerdas, y sirve para limpiar los *cañones.
escobina. f. **Carp.* Serrín que hace la barrena cuando se agujerea con ella alguna cosa. ||*Limadura de un metal cualquiera.
escobino. m. **Brusco** (*planta esmilácea).
escobio. m. Garganta o paso *estrecho en una *montaña o en un río. || **Vericueto.**
escobizo. m. **Guardalobo.**
escobo. m. *Maleza o matorral espeso.
escobón. m. aum. de **Escoba.** || *Escoba que se pone en un palo largo, para deshollinar. || Escoba de mango muy corto. || **Escoba** (arbusto).
escocedura. f. Acción y efecto de escocerse.
escocer. intr. Causar las heridas u otras lesiones de la *piel o de las mucosas una sensación muy desagradable, parecida al contacto con el *fuego. || fig. Producirse en el ánimo una impresión de *desagrado o *aflicción. || r. Sentirse, *enojarse o dolerse. || Ponerse rubicundas y con mayor o menor inflamación *cutánea algunas partes del cuerpo, por efecto del rozamiento, sudor, etc.
escocés, sa. adj. Natural de Escocia. Ú. t. c. s. || Perteneciente a este país de Europa. || Aplícase a *telas de cuadros de varios colores. Ú. t. c. s. || m. *Dialecto céltico hablado en Escocia.
escocia. f. *Bacalao de Escocia.
escocia. f. *Moldura cóncava, generalmente entre dos toros.
escocimiento. m. **Escozor.**
escoda. f. **Cant.* Instrumento de hierro, a manera de *martillo, con corte en ambos lados, que sirve para labrar piedras y picar paredes.
escodadero. m. **Mont.* Sitio donde los venados y gamos dan con la *cuerna para descorrearla.
escodar. tr. **Cant.* Labrar las piedras con la escoda.
escodar. tr. **Mont.* Sacudir la *cuerna los animales que la tienen, para descorrearla.
escodar. tr. **Desrabotar.** Ú. t. c. r.
escodegino. m. **Cir.* Especie de bisturí recto, cuya punta termina como la de las navajas de afeitar.
escofia. f. **Cofia.**
escofiar. tr. Poner la cofia en la cabeza. Ú. t. c. r.
escofieta. f. *Tocado de que usaron las mujeres, formado de gasas. || Cofia o redecilla.
escofina. f. Herramienta a modo de *lima, de dientes gruesos y triangulares, muy usada para desbastar. || **de ajustar.** Pieza de hierro o acero, de que usan los *carpinteros para trabajar e igualar las piezas en el cepo de ajustar.
escofinar. tr. Limar con escofina.
escofión. m. **Garvín.**
escogedor, ra. adj. Que escoge. Ú. t. c. s.
escoger. tr. *Elegir o tomar una o más cosas o personas entre otras.
escogidamente. adv. m. Con *acierto y discernimiento. || Cabal y perfectamente; con *excelencia.
escogido, da. adj. **Selecto.**
escogiente. p. a. de **Escoger.** Que escoge.
escogimiento. m. Acción y efecto de escoger.
escolanía. f. Conjunto o corporación de escolanos.
escolano. m. Cada uno de los niños que, en ciertos monasterios, se educan para el servicio del culto, y principalmente para el *canto.
escolapio, pia. adj. Perteneciente a la *orden religiosa* de las Escuelas Pías. || m. Clérigo regular de la orden de las Escuelas Pías, destinado a la enseñanza de la juventud. || f. Religiosa que sigue la regla de las Escuelas Pías. || m. y f. *Estudiante que recibe enseñanza en las Escuelas Pías.
escolar. adj. Perteneciente al estudiante o a la *escuela. || m. *Estudiante que cursa y sigue las escuelas.
escolar. intr. Colar, *pasar por un sitio estrecho. Ú. t. c. r.
escolaridad. f. Conjunto de los cursos que ha de seguir un *estudiante.
escolástica. f. **Filos.* **Escolasticismo.**
escolásticamente. adv. m. En términos escolásticos.
escolasticismo. m. *Filosofía de la Edad Media, en la que dominan las enseñanzas de Aristóteles, concertada con las respectivas doctrinas religiosas de cristianos, judíos, etc. || Espíritu exclusivo de escuela en las doctrinas, en los métodos o en el tecnicismo científico.
escolástico, ca. adj. Perteneciente a las escuelas o a los que estudian en ellas. || Perteneciente al escolasticismo. Apl. a pers., ú. t. c. s. || V. **Teología escolástica.**
escólex. m. Cabeza de la solitaria (*gusano).
escoliador. m. El que escolia.
escoliar. tr. Poner escolios a una obra o escrito.
escoliasta. m. **Escoliador.**
escolimado, da. adj. fam. p. us. Muy endeble, *enfermizo.
escolimoso, sa. adj. fam. p. us. Descontentadizo, *delicado, quisquilloso. || *Desabrido, áspero, poco sufrido.
escolio. m. Nota que se pone a un texto para *explicarlo.
escoliosis. f. *Med.* Desviación lateral del *espinazo o del raquis.
escolopendra. f. **Cientopiés.** || **Lengua de ciervo.** || Anélido marino de unos tres decímetros de largo, en forma de *gusano, provisto en cada anillo de dos grupos de cerdillas que sirven al animal para nadar.
escolta. f. *Tropa o *embarcación destinada a escoltar. || *Acompañamiento en señal de honra o reverencia.
escoltar. tr. Acompañar, conducir o *proteger a una persona o cosa para que camine sin riesgo. || *Acompañar a una persona, a modo de escolta, en señal de honra y reverencia.
escollar. intr. **Mar.* Tropezar en un *escollo la embarcación. || fig. *Malograrse un propósito por haber tropezado con algún inconveniente.
escollar. tr. **Descollar.** Ú. t. c. intr. y c. r.
escollera. f. Obra hecha con piedras echadas al fondo del agua, para formar un *dique, servir de *cimiento a un *muelle, o para otros fines análogos.

***escollo.** m. *Peñasco que está a flor de agua o que no se descubre bien. ‖ fig. *Peligro, riesgo. ‖ fig. *Dificultad, *obstáculo.
escomar. tr. Desgranar a golpes la *paja de centeno.
escombra. f. Acción y efecto de escombrar. ‖ *Escombro, basura.
escombrar. tr. Desembarazar de *escombros. ‖ *Desobstruir el paso, despejar un espacio. ‖ Quitar de los racimos de *pasas las muy pequeñas. ‖ Quitar el escombro del *pimiento.
escombrera. f. Conjunto de *escombros. ‖ Sitio donde se echan los escombros de una *mina.
***escombro.** m. Desecho, broza y cascote que queda de una obra de albañilería o de un edificio derribado. ‖ *Residuos, desperdicios de la explotación de una *mina o cantera. ‖ *Pasa menuda y desmedrada que se separa de la buena. ‖ En el *pimiento seco, parte que está junto al pedúnculo.
escombro. m. **Caballa.**
escomendrijo. m. Criatura ruin y desmedrada.
escomerse. r. Irse *desgastando una cosa sólida.
esconce. m. *Ángulo entrante o saliente, rincón. ‖ **A esconce.** m. adv. Formando ángulos o rincones.
escondecucas. m. **Escondite** (*juego de muchachos).
escondedero. m. ***Escondrijo.**
esconder. m. **Escondite** (*juego de muchachos).
esconder. tr. *Ocultar, guardar, retirar una cosa a lugar o sitio secreto. Ú. t. c. r. ‖ fig. *Incluir y contener en sí una cosa que no es manifiesta a todos. Ú. t. c. r.
escondidamente. adv. m. **A escondidas.**
escondidas (a). m. adv. **Ocultamente.**
escondidillas (a). m. adv. ***Ocultamente.**
escondido. m. desus. **Escondrijo.** ‖ m. pl. **Escondite** (*juego de muchachos). ‖ **En escondido.** m. adv. **Ocultamente.**
escondimiento. m. *Ocultación de una cosa.
escondite. m. **Escondrijo.** ‖ *Juego de muchachos, en el que unos se esconden y otros buscan a los escondidos.
***escondrijo.** m. Rincón o lugar oculto y retirado, propio para esconder y guardar en él alguna cosa.
esconzado, da. adj. Que tiene esconces.
esconzar. tr. Hacer a esconce una habitación u otra cosa cualquiera.
escoperada. f. *Arq. Nav.* Tabla para proteger las junturas de las cuadernas.
escopero. m. *Arq. Nav.* Palo con una zalea en la punta para dar brea.
***escopeta.** f. *Arma de fuego* portátil, con uno o dos cañones largos, y con los mecanismos necesarios para cargar y descargar montados en una caja de madera. ‖ **de pistón.** La que se ceba con pistón. ‖ **de salón.** La pequeña y de poco alcance que se usa para tirar al blanco en aposentos, jardines, etc. ‖ **de viento.** La que dispara por medio del aire comprimido. ‖ **negra.** *Cazador de oficio.
escopetar. tr. *Min.* Cavar y sacar la tierra de las minas de *oro.
escopetazo. m. *Tiro que sale de la escopeta. ‖ *Herida hecha con este tiro. ‖ fig. *Noticia o hecho desagradable que llega de modo *imprevisto.
escopetear. tr. Hacer repetidos disparos de escopeta. ‖ rec. fig. y fam. Dirigirse dos o más personas alternativamente y a porfía cumplimientos y *halagos, o, por el contrario, claridades y *ofensas.
escopeteo. m. Acción de escopetear o escopetearse.
escopetería. f. Gente armada de escopetas. ‖ Multitud de escopetazos.
escopetero. m. *Soldado armado de escopeta. ‖ El que sin ser soldado va armado con escopeta. ‖ El que fabrica escopetas o las vende. ‖ **Escopeta negra.**
escopetilla. f. dim. de **Escopeta.** ‖ *Cañón muy pequeño, cargado de pólvora y bala.
escopetón. m. aum. de **Escopeta.** Ú. t. c. despect.
escopladura. f. Corte o *hueco hecho a fuerza de *escoplo en la madera.
escopleadura. f. **Escopladura.**
***escoplear.** tr. *Carp.* Hacer un corte o agujero con *escoplo en la madera.
***escoplo.** m. *Carp.* Herramienta de hierro acerado, con mango de madera, y boca formada por un bisel. ‖ **de alfajía entera.** *Carp.* Aquel con que los carpinteros trabajan esta clase de maderos. ‖ **de *cantería.** El de mango de hierro que se usa para labrar la piedra. ‖ **de fijas.** *Carp.* **Escoplo** muy estrecho. ‖ **de media alfajía.** *Carp.* Aquel con que los carpinteros trabajan esta clase de maderos.
escora. f. *Mar.* **Línea del fuerte.** ‖ **Arq. Nav.* Cada uno de los puntales que sostienen los costados del buque en construcción o en varadero. ‖ **Mar.* *Inclinación que toma un buque.
escorar. tr. **Arq. Nav.* Apuntalar con escoras. ‖ **Apuntalar.** ‖ intr. *Mar.* *Inclinarse un buque por la fuerza del viento, o por otras causas. ‖ *Mar.* Hablando de la *marea, llegar ésta a su nivel más bajo. ‖ r. Arrimarse a un paraje que resguarde bien el cuerpo.
escorbútico, ca. adj. Perteneciente al escorbuto.
escorbuto. m. *Enfermedad general, producida por la falta de vitaminas y caracterizada principalmente por debilidad general, ulceraciones de las encías y hemorragias.
escorchado. adj. *Blas.* V. **Lobo escorchado.**
escorchapín. m. *Embarcación de vela que servía para transportar gente de guerra y bastimentos.
escorchar. tr. **Desollar.**
escordio. m. *Planta herbácea de las labiadas.
escoria. f. **Metal.* Substancia vítrea que sobrenada en el crisol de los hornos de fundición. ‖ Materia que a los martillazos suelta el *hierro candente salido de la fragua. ‖ Lava esponjosa de los *volcanes. ‖ fig. Desecho, *residuo inútil.
escoriación. f. **Excoriación.**
escorial. m. Sitio donde se echan las escorias de las fábricas *metalúrgicas. ‖ Montón de escorias.
escoriar. tr. **Excoriar.**
escorpena. f. **Escorpina.**
escorpera. f. **Escorpina.**
escorpina. f. *Pez acantopterigio, de unos dos decímetros de largo, cuya carne es poco apreciada.
escorpio. m. *Astr.* **Escorpión.**
escorpioide. f. **Alacranera.**
escorpión. m. **Alacrán** (arácnido). ‖ *Pez muy parecido a la escorpina. ‖ **Artill.* Máquina de guerra, de figura de ballesta, de que usaron los antiguos para arrojar piedras. ‖ Instrumento hecho con cadenas rematadas en garfios de hierro, de que se sirvieron los tiranos para *atormentar a los *mártires. ‖ *Astr.* Octavo signo del *Zodiaco. ‖ *Astr.* *Constelación zodiacal que en otro tiempo debió de coincidir con el signo de este nombre.
escorredero. m. *Canal de avenamiento o *desagüe.
escorredor. m. **Escorredero.** ‖ *Compuerta para detener o soltar las aguas de un *canal o acequia.
escorrozo. m. fam. **Regodeo.** ‖ *Melindre, remilgo.
escorzado. m. **Pint.* **Escorzo.**
escorzar. tr. **Pint.* Representar con la disminución de proporciones que reclama la perspectiva, las cosas que se extienden en sentido perpendicular u *oblicuo al plano sobre que se pinta.
escorzo. m. **Pint.* Acción y efecto de escorzar. ‖ Figura o parte de figura escorzada.
escorzón. m. **Escuerzo.**
escorzonera. f. *Planta herbácea de las compuestas, cuya *raíz carnosa, de corteza negra, se usa en medicina y como alimento.
escosa. adj. Doncella, *virgen. ‖ Aplícase a la hembra de cualquier animal doméstico cuando deja de dar *leche. ‖ Desviación de las aguas de un río o arroyo, para *pescar en los charcos que quedan entre las peñas.
escosar. intr. Cesar de dar *leche una vaca, oveja, cabra, etc.
escoscar. tr. **Descaspar.** ‖ Quitar la *cáscara a las nueces, almendras, etcétera. ‖ r. **Coscarse.**
escota. f. *Mar.* *Cabo que sirve para cazar las *velas.
escota. f. *Cant.* **Escoda.**
escotado, da. adj. *Bot.* V. **Hoja escotada.** ‖ m. **Escotadura.**
escotadura. f. *Corte o abertura que se hace en una prenda de *vestir, por la parte del cuello. ‖ En los petos de armas, sisa debajo de los brazos. ‖ En los *teatros, escotillón grande para las tramoyas. ‖ Entrante, *hueco o muesca que resulta en una cosa cuando está cercenada, o cuando se interrumpe en forma regular.
escotar. tr. *Cortar y cercenar una cosa para acomodarla a la medida o forma que se necesita como se hace con las prendas de *vestir. ‖ Extraer agua de un río, arroyo, etc., por medio de *canales o acequias.
escotar. tr. *Pagar la parte *proporcional o cuota que toca a cada uno de todo el coste hecho en común por varias personas.
escote. m. **Escotadura,** y con especialidad la hecha en los *vestidos de mujer. ‖ Parte del busto que queda descubierto por estar escotado el vestido. ‖ Adorno de *encajes que llevan algunas *camisas de mujer en la parte que ciñe los hombros y el pecho.
escote. m. Parte *proporcional o cuota que cabe a cada uno por razón del gasto hecho en común con otros.
escotera. f. *Mar.* *Abertura en el costado de una *embarcación, con una roldana por la cual pasa la escota mayor o de trinquete.
escotero, ra. adj. Que *anda con ligereza, sin llevar carga ni otra cosa que le embarace. Ú. t. c. s. ‖ **Mar.* Aplícase al barco que navega solo.
escotilla. f. *Mar.* Cada una de las

*aberturas que hay en las diversas cubiertas, para el servicio de la *embarcación.
escotillón. m. *Puerta o trampa cerradiza en el suelo. ‖ Trozo del piso del escenario de un *teatro, que puede bajarse y subirse para dejar aberturas por donde salgan a la escena o desaparezcan personas o cosas.
escotín. m. *Mar.* Escota de cualquier *vela de cruz, excepto la de las mayores.
escotismo. m. Doctrina *filosófica de Escoto y sus discípulos.
escotista. adj. Que sigue la doctrina de Escoto. Apl. a pers., ú. t. c. s.
escotorrar. tr. *Agr.* Alumbrar las *vides.
escoyo. m. Escobajo del racimo de *uvas.
escozarse. r. Coscarse, *estregarse los animales contra algún objeto duro.
escoznete. m. Instrumento con que se sacan los escueznos de la *nuez.
***escozor.** m. Sensación dolorosa, como la que produce una quemadura o un cuerpo *cáustico. ‖ fig. Sentimiento de *aflicción o *desagrado.
escriba. m. Doctor e *intérprete de la ley entre los *hebreos. ‖ *Escribiente, copista.
escribana. f. Mujer del escribano. ‖ f. Mujer que ejerce la escribanía.
escribanía. f. Oficio que ejercen los *escribanos públicos. ‖ Despacho del escribano. ‖ Oficina del secretario judicial. ‖ Papelera o escritorio. ‖ Recado de *escribir. ‖ Caja portátil que traían pendiente de una cinta los escribanos y los niños de la escuela, con el recado de escribir.
escribanil. adj. Perteneciente al oficio o condición del escribano.
escribanillo. m. d. de **Escribano.** ‖ **del agua. Escribano del agua.**
***escribano.** m. El que por oficio público estaba autorizado para dar fe de las escrituras y demás actos que pasaban ante él. Actualmente sólo le corresponde la fe pública en las actuaciones judiciales. ‖ **Secretario.** ‖ **Pendolista.** ‖ **acompañado.** *For.* El que nombraba el juez para acompañar al que había sido recusado. ‖ **del agua.** *Araña pulmonada pequeña, que suele andar en continuo movimiento sobre el agua.
escribido, da. p. p. reg. de **Escribir,** que sólo se usa en la locución familiar **leído y escribido,** con que se moteja al que la echa de entendido y *docto.
escribidor. m. fam. Mal *escritor.
***escribiente.** com. Persona que tiene por oficio copiar o poner en limpio escritos ajenos.
***escribir.** tr. Representar las ideas por medio de signos, y más especialmente representar la lengua hablada por medio de letras o caracteres adecuados. ‖ Trazar las notas y demás signos de la *música. ‖ Componer libros, discursos, etc. ‖ Comunicar a uno por escrito alguna cosa. ‖ r. Inscribirse; *apuntarse, alistarse.
escriño. m. *Cesta de paja, cosida con mimbres o cáñamo, para recoger el salvado y las granzas de los granos. ‖ Cofrecito o *estuche para guardar joyas. ‖ Cascabillo de la bellota.
escrita. f. *Pez parecido a la raya, con manchas blancas, pardas y negras en el lomo.
escritilla. f. Criadilla de carnero. Ú. m. en pl.
***escrito, ta.** p. p. irreg. de **Escribir.** ‖ adj. fig. Dícese de lo que tiene manchas o *rayas que semejan rasgos de pluma. Aplícase especialmente al *melón. ‖ →m. *Carta, *documento o cualquiera papel manuscrito. ‖ *Obra o composición científica o literaria. ‖ *For.* Pedimento o alegato en pleito o causa. ‖ **de agravios.** **For.* Aquel en que el apelante exponía ante el tribunal superior los que creía haber recibido del inferior. ‖ **de conclusiones.** *For.* Aquel en que resume cada litigante sus pruebas e impugna las del contrario.
***escritor, ra.** m. y f. Persona que escribe. ‖ Autor de obras escritas o impresas.
escritorio. m. Mueble cerrado, con divisiones en su parte interior para guardar papeles. Algunos tienen un tablero sobre el cual se *escribe. ‖ *Oficina o despacho de los banqueros, notarios, comerciantes, etc. ‖ *Mueble de madera, comúnmente adornado con labores de taracea, provisto de gavetas o cajoncillos para guardar joyas. ‖ En Toledo, *tienda, lonja cerrada donde se venden por mayor géneros y ropas.
escritorzuelo, la. m. y f. d. despect. de **Escritor.**
***escritura.** f. Acción y efecto de escribir. ‖ Arte de escribir. ‖ **Escrito.** ‖ Instrumento público otorgado ante *notario y testigos. ‖ *Obra escrita. ‖ Por antonom., la Sagrada **Escritura** o la *Biblia. Ú. t. en pl.
escriturar. tr. *For.* Hacer constar alguna cosa con escritura o *documento público.
escriturario, ria. adj. *For.* Que consta por escritura pública o que a ésta pertenece. ‖ m. El que hace profesión de *interpretar y enseñar la *Biblia.
escrófula. f. *Pat.* *Tumor frío originado de la hinchazón de ciertos *ganglios. ‖ *Pat.* *Enfermedad caracterizada por la degeneración de los ganglios linfáticos superficiales, y especialmente de los del cuello.
escrofularia. f. *Planta escrofulariácea, que crece hasta un metro de altura, con tallo lampiño y flores en panoja larga.
escrofulariáceo, a. adj. **Bot.* Dícese de las plantas dicotiledóneas, cuyo tipo es la escrofularia. Ú. t. c. s. ‖ f. pl. *Bot.* Familia de estas plantas.
escrofulismo. m. **Pat.* Enfermedad que se caracteriza por la aparición de escrófulas.
escrofulosis. f. **Pat.* **Escrofulismo.**
escrofuloso, sa. adj. **Pat.* Perteneciente a la escrófula. ‖ **Pat.* Que la padece. Ú. t. c. s.
escroto. m. Bolsa de piel que cubre los *testículos.
escrupulete. m. fam. d. de **Escrúpulo.**
escrupulillo. m. Bolita de metal que se pone dentro del *cascabel para que suene.
escrupulizar. intr. Formar escrúpulo o duda.
***escrúpulo.** m. *Duda o *recelo que *inquieta la conciencia. ‖ **Escrupulosidad.** ‖ China o *piedrecita que se mete en el zapato y lastima el *pie. ‖ *Astr.* **Minuto.** ‖ *Farm.* *Peso antiguo, equivalente a venticuatro granos. ‖ **de Marigargajo,** o **del padre Gargajo.** fig. y fam. **Escrúpulo** ridículo; *melindre. ‖ **de monja.** fig. y fam. **Escrúpulo** nimio y pueril.
escrupulosamente. adv. m. Con escrúpulo y exactitud. ‖ Con esmero.
escrupulosidad. f. *Exactitud y *cuidado en el *examen de las cosas o en el *cumplimiento de los deberes.
escrupuloso, sa. adj. Que padece o tiene escrúpulos. Ú. t. c. s. ‖ Dícese de lo que causa escrúpulos. ‖ fig. **Exacto.**
escrutador, ra. adj. Que *examina con cuidado alguna cosa. ‖ Dícese del que en *elecciones cuenta y computa los votos. Ú. t. c. s.
escrutar. tr. *Investigar, *examinar cuidadosamente. ‖ Reconocer y computar los votos para *elecciones.
escrutinio. m. *Examen y *averiguación exacta que se hace de una cosa. ‖ Reconocimiento y cómputo de los votos en las *elecciones.
escrutiñador, ra. m. y f. Examinador, censor.
escuadra. f. Instrumento de figura de triángulo rectángulo, o compuesto solamente de dos *reglas que forman *ángulo recto. ‖ **Carp.* Pieza de hierro u otro metal, con dos ramas en ángulo recto, con que se *sujetan las ensambladuras de las maderas. ‖ **Mil.* Cierto número de soldados con su cabo. ‖ Plaza de cabo de este número de soldados. ‖ Conjunto o cuadrilla de personas. ‖ Conjunto de buques de la *armada. ‖ **Escuadría.** ‖ **de agrimensor.** Instrumento de *topografía. ‖ **falsa,** o **falsa escuadra.** Instrumento que se compone de dos *reglas articuladas, con el cual se trazan *ángulos de diferentes aberturas. ‖ **A escuadra.** m. adv. En *ángulo recto. ‖ **Fuera de escuadra.** m. adv. En ángulo oblicuo.
escuadrar. tr. **Carp.* y **Cant.* Labrar un objeto de modo que sus caras planas formen entre sí ángulos rectos.
escuadreo. m. Acción y efecto de medir una *superficie en unidades cuadradas.
escuadría. f. Las dos dimensiones de la sección transversal de un *madero labrado a escuadra.
escuadrilla. f. Escuadra compuesta de buques de pequeño porte. ‖ Conjunto de *aviones que realizan un mismo vuelo.
escuadro. m. **Escrita** (pez).
escuadrón. m. **Mil.* Una de las partes en que se divide un regimiento de caballería. ‖ *Mil.* En lo antiguo, porción de tropa de varia composición o formada de cierta manera.
escuadronar. tr. **Mil.* Formar en escuadrón o escuadrones.
escuadroncete. m. d. de **Escuadrón.**
escuadronista. m. *Mil* *Oficial inteligente en las maniobras de la caballería.
escualidez. f. Calidad de escuálido.
escuálido, da. adj. *Flaco, macilento. ‖ *Desaliñado. ‖ *Sucio.
escualo. m. Cualquiera de los *peces de aletas cartilaginosas, escamas en forma de tubérculos muy duros, y boca grande en la parte inferior de la cabeza; como el tiburón, la mielga, etc.
escualor. m. **Escualidez.**
escucha. f. Acción de *escuchar. ‖ *Centinela. ‖ En los *conventos de religiosas, la encargada de acompañar en el locutorio, para oír lo que se habla, a las que reciben visitas. ‖ *Criada que duerme cerca de la alcoba de su ama. ‖ *Ventana pequeña por donde el rey podía escuchar, sin ser visto, lo que se trataba en los consejos celebrados en palacio. ‖ pl. **Fort.* Galerías pequeñas, radiales, que se hacen al frente del glacis de las fortificaciones.
escuchador, ra. adj. Que escucha.

escuchante. p. a. de **Escuchar.** Que escucha.

***escuchar.** tr. Aplicar el oído para oír. ‖ Prestar *atención a lo que se oye. ‖ Atender a un aviso, consejo, etc. ‖ r. *Hablar o *recitar con pausas afectadas.

escuchimizado, da. adj. Muy *flaco.

escucho. m. Lo que se dice al oído en voz baja. ‖ **Al escucho** o **a escucho.** m. adv. Al oído y con *secreto.

escudaño. m. Sitio resguardado del frío.

escudar. tr. Amparar y resguardar con el *escudo. Ú. t. c. r. ‖ fig. *Defender a una persona de algún peligro. ‖ r. fig. Valerse uno de algún medio, *acogerse al amparo de alguien, para evitar el peligro de que está amenazado.

escuderaje. m. *Servicio que prestaba el escudero como criado de una casa.

escuderear. tr. *Servir a una persona principal como escudero.

escuderete. m. d. de **Escudero.**

escudería. f. Servicio y ministerio del escudero.

escuderil. adj. Perteneciente al empleo de escudero y a su condición y costumbres.

escuderilmente. adv. m. Con estilo y manera de escudero.

escudero. m. Paje o *criado que llevaba el escudo al caballero. ‖ **Hidalgo.** ‖ El que servía y acompañaba a un señor o persona de distinción. ‖ El que hacía *escudos. ‖ El que está emparentado con una familia o casa *noble. ‖ *Mont.* *Jabalí nuevo que el jabalí viejo trae consigo. ‖ **de a pie.** En la casa real, *mensajero.

escudero, ra. adj. **Escuderil.**

escuderón. m. despect. El que, por *ostentación, intenta hacer más figura de la que le corresponde.

escudete. m. Objeto semejante a un escudo pequeño. ‖ Escudo de la *cerradura. ‖ Pedacito de lienzo en forma de escudo o corazón, que sirve de refuerzo en las aberturas de la *ropa blanca. ‖ *Mancha que las gotas de lluvia suelen producir en las *aceitunas verdes. ‖ **Nenúfar.** ‖ V. **Injerto de escudete.**

escudilla. f. Vasija o *plato de forma de una media esfera, que se usa comúnmente para servir la sopa y el caldo. ‖ En Galicia, medida pequeña de *capacidad, para granos.

escudillador, ra. adj. Que escudilla. Ú. t. c. s.

escudillar. tr. Echar en escudillas los *alimentos. ‖ Echar el caldo hirviendo sobre el pan con que se hace la *sopa. ‖ fig. Disponer y *mandar uno en las cosas, como si fuera único dueño de ellas. ‖ fig. *Revelar uno lo que sabe.

escudillero. m. *Anaquel o vasar para colocar la vajilla.

escudillo. m. d. de **Escudo.** ‖ **Doblilla.**

***escudo.** m. Arma defensiva para cubrirse, que se llevaba en el brazo izquierdo. ‖ *Moneda antigua de oro. ‖ **Peso duro.** ‖ *Moneda de plata que valía diez reales de vellón. ‖ Unidad monetaria portuguesa equivalente a la par a cinco pesetas. ‖ **Escudo de armas.** ‖ Planchuela de metal que para guiar la llave suele ponerse delante de la *cerradura. ‖ *Cir.* Cabezal de la sangría. ‖ fig. Amparo, *defensa. ‖ *Fís.* **Bólido.** ‖ *Mar.* **Espejo de popa.** ‖ *Mar.* Tabla vertical que en los botes forma el respaldo del asiento de popa. ‖ *Mont.* Espaldilla del *jabalí. ‖ **acuartelado.** *Blas.* El que está dividido en cuarteles. ‖ **burelado.** *Blas.* El que tiene diez fajas. ‖ **cortado.** *Blas.* El que está partido horizontalmente en dos partes iguales. ‖ **de armas.** *Blas.* Campo en que se pintan los blasones de un reino, ciudad o familia. ‖ **enclavado.** *Blas.* El partido o cortado, en que una de las partes monta sobre la otra. ‖ **fajado.** *Blas.* El cubierto de seis fajas, tres de metal y tres de color. ‖ **raso.** *Blas.* El que no tiene adornos o timbres. ‖ **tajado.** *Blas.* El que está dividido diagonalmente con una línea que baja de izquierda a derecha. ‖ **tronchado.** *Blas.* El que se divide con una línea diagonal que baja de derecha a izquierda. ‖ **vergeteado.** *Blas.* El que se compone de diez o más palos.

escudriñable. adj. Que puede escudriñarse.

escudriñador, ra. adj. Que escudriña. Ú. t. c. s.

escudriñamiento. m. Acción y efecto de escudriñar.

escudriñar. tr. *Investigar cuidadosamente una cosa en todos sus pormenores.

***escuela.** f. Establecimiento público donde se da a los niños la instrucción primaria. ‖ Establecimiento público donde se da cualquier género de instrucción. ‖ *Enseñanza que se da o que se adquiere. ‖ Conjunto de profesores y alumnos de una misma enseñanza. ‖ Método peculiar de enseñar. ‖ *Filos.* Doctrina, principios y sistema de un autor. ‖ Conjunto de obras *literarias o *artísticas, que, por presentar caracteres comunes o por corresponder a determinada región o época, se consideran formando grupo aparte. ‖ Conjunto que forman los autores de dichas obras. ‖ fig. Lo que en algún modo alecciona o da ejemplo y *experiencia. ‖ pl. Sitio donde estaban los estudios generales. ‖ **Escuela normal.** Aquella en que se hacen los estudios necesarios para el título de maestro de primera enseñanza. ‖ **Escuelas Pías.** *Orden religiosa* de clérigos regulares fundada por San José de Calasanz, que se dedican a la educación y a la enseñanza de niños pobres.

escuerzo. m. **Sapo.** ‖ fig. y fam. Persona *flaca y desmedrada.

escuetamente. adv. m. De un modo escueto.

escueto, ta. adj. *Descubierto, *despejado. ‖ Sin adornos o sin ambages, *simple, sencillo, estricto.

escueznar. tr. Sacar los escueznos.

escuezno. m. **Pierna de nuez.** Ú. m. en pl.

Esculapio. n. p. m. *Mit.* Entre los griegos, dios de la Medicina. ‖ m. fam. *Médico.

esculca. f. desus. Espía o explorador.

esculcar. tr. Espiar, *averiguar con diligencia y cuidado. ‖ *Examinar para *buscar algo oculto. ‖ Espulgar.

esculpidor. m. El que se dedica a esculpir.

esculpir. tr. Labrar una obra de *escultura. ‖ **Grabar.**

escultismo. m. Nombre con que se han designado las prácticas de ciertas asociaciones juveniles dedicadas a exploraciones, alpinismo, etc.

***escultor, ra.** m. y f. Persona que profesa el arte de la *escultura.

escultórico, ca. adj. **Escultural.**

***escultura.** f. Arte de representar de bulto, moldeando o tallando una materia adecuada, figuras de personas, animales u otras cosas. ‖ Obra hecha por el escultor. ‖ Fundición o vaciado con que se reproducen por medio de moldes las **esculturas** hechas a mano.

escultural. adj. Perteneciente o relativo a la escultura. ‖ Que se ajusta a las proporciones o actitudes que se exigen para la *belleza de las estatuas.

esculador. m. *Vasija de lata con que en los molinos de *aceite se saca éste del pozuelo.

escullar. tr. **Escudillar.**

escullir. intr. *Deslizarse, *caer. ‖ r. **Escabullirse.**

escullón. m. **Resbalón.**

escuna. f. *Mar.* **Goleta.**

escupetina. f. **Escupitina.**

escupidera. f. Pequeño recipiente que se pone en las habitaciones para *escupir en él. ‖ *Orinal, bacín.

escupidero. m. Sitio o lugar donde se escupe. ‖ fig. Situación en que está uno expuesto a desaires o *desprecios.

escupido. m. **Esputo.**

escupido, da. adj. Dícese del sujeto que tiene gran *semejanza con otro, o con alguno de sus ascendientes directos.

escupidor, ra. adj. Que escupe con mucha frecuencia. Ú. t. c. s. ‖ m. **Escupidera.** ‖ Ruedo de *estera, baleo.

escupidura. f. *Saliva, sangre o flema escupida. ‖ Excoriación que suele presentarse en los *labios por consecuencia de una *fiebre.

***escupir.** tr. Arrojar por la boca saliva o expectoración. ‖ fig. Echar de sí, *expulsar con desprecio una cosa. ‖ fig. Despedir un cuerpo a la superficie otra substancia que estaba mezclada o unida con él. ‖ fig. *Arrojar con violencia una cosa. ‖ **Escupir** a uno. fr. fig. Hacer *escarnio de él.

escupitajo. m. fam. **Escupidura.**

escupitina. f. fam. **Escupidura.**

escupitinajo. m. fam. **Escupitajo.**

escupo. m. Escupido, esputo.

escurar. tr. En el obraje de *paños, limpiarlos del aceite antes de abatanarlos.

escurecer. intr. ant. **Obscurecer.**

escureta. f. Especie de *peine de púas largas y dobladas en ángulo recto, para limpiar el pelo que queda en los palmares al *cardar las mantas.

escurialense. adj. Perteneciente al pueblo y al real monasterio de El Escorial.

escurra. m. **Truhán.**

escurreplatos. m. Mueble usado junto a los fregaderos para poner a escurrir los *platos y las vasijas fregadas.

escurribanda. f. fam. **Escapatoria.** ‖ fam. **Desconcierto** (*diarrea). ‖ fam. Corrimiento o fluxión de un humor. ‖ fam. **Zurribanda** (*zurra, paliza).

escurridizo, za. adj. Que se escurre o *desliza fácilmente. ‖ Propio para hacer *deslizar o escurrirse. ‖ **Hacerse** uno **escurridizo.** fr. fig. y fam. Escaparse, *huir disimuladamente.

escurrido, da. adj. Dícese de la persona *estrecha de caderas. ‖ Aplícase a la mujer que trae muy ajustadas las sayas. ‖ Corrido, *avergonzado.

escurridor. m. Utensilio de *cocina a modo de colador de agujeros grandes en donde se echan las viandas para que escurran. ‖ **Escurreplatos.**

escurriduras. f. pl. Últimos *residuos o gotas de un licor que han quedado en el vaso, bota, etc.
escurrimbres. f. pl. fam. **Escurriduras.**
escurrimiento. m. Acción y efecto de escurrir o escurrirse.
escurrir. tr. *Vaciar y apurar las últimas gotas del contenido de una vasija. ‖ Hacer que una cosa mojada o empapada despida el líquido que retenía. Ú. t. c. r. ‖ intr. Caer *gota a gota el líquido de una vasija. ‖ *Deslizar y correr una cosa por encima de otra. Ú. t. c. r. ‖ r. **Escapar.** ‖ fam. Correrse, hacer algún ofrecimiento *excesivo. ‖ Correrse, *revelar algo que no se debiera decir.
escusa. f. **Escusabaraja.** ‖ Cualquiera de los *provechos y ventajas que por especial condición y pacto disfrutan algunas personas. ‖ **A escusa,** o **a escusas.** m. adv. con *disimulo.
escusabaraja. f. *Cesta de mimbre con tapa.
escusalí. m. **Excusalí.**
escusón. m. Reverso de una *moneda que tiene representado un escudo.
escuyer de cocina. m. **Veedor de vianda.**
esdrujulizar. tr. Dar acentuación esdrújula a una voz.
esdrújulo, la. adj. Aplícase al vocablo cuyo acento *prosódico carga en la antepenúltima sílaba. Ú. t. c. s. m.
ese. f. Nombre de la *letra *s*. ‖ Eslabón de *cadena que tiene la figura de una **ese.** ‖ Cada una de las aberturas que tienen en la tapa los *instrumentos de arco. ‖ **Andar** uno **haciendo eses.** fr. fig. y fam. Andar desviándose a uno y otro lado el que está *ebrio.
ese, esa, eso, esos, esas. pron. dem. Designa algo que ocupa posición intermedia entre lo que está junto a la persona que habla y lo que está lejos de ella. Hace oficio de adjetivo cuando va unido al nombre. ‖ **Esa** designa la *ciudad en que está la persona a quien nos dirigimos por escrito. ‖ **Ni por esas.** m. adv. De ninguna manera.
esecilla. f. **Alacrán** (asa de los *botones).
***esencia.** f. Ser y naturaleza de las cosas. ‖ Lo permanente e invariable en ellas. ‖ **Quím.* Substancia volátil, de olor intenso, producida por ciertos vegetales u otros cuerpos orgánicos. ‖ *Perfume, aroma. ‖ **Quinta esencia.** Según la *filosofía antigua, especie de éter sutil y purísimo, del cual estaban formados los cuerpos celestes. ‖ Entre los *alquimistas, principio fundamental de la composición de los cuerpos. ‖ fig. Lo más *puro y acendrado de una cosa. ‖ **Ser de esencia** una cosa. fr. Ser *indispensable.
***esencial.** adj. Perteneciente a la *esencia. ‖ *Importante, principal. ‖ *Indispensable, preciso.
esencialmente. adv. m. Por esencia.
esenciarse. r. desus. *Unirse íntimamente con otro ser, como formando parte de su esencia.
esenio, nia. adj. Dícese del individuo de una secta de los antiguos *judíos. Ú. t. c. s.‖ Perteneciente o relativo a esta secta.
esfacelarse. r. **Pat.* Gangrenarse un tejido orgánico.
esfacelo. m. **Pat.* Gangrena que interesa un miembro en todo su espesor.
esfenoidal. adj. *Anat.* Perteneciente al *hueso esfenoides.
esfenoides. adj. *Zool.* V. ***Hueso esfenoides.** Ú. t. c. s.
esfenosira. f. Cierta *alga del golfo de Méjico.
***esfera.** f. *Geom.* Sólido limitado por una superficie curva cuyos puntos equidistan todos de otro interior llamado centro. ‖ Círculo en que giran las manecillas del *reloj. ‖ poét. **Cielo.** ‖ fig. Clase o condición *social de una persona. ‖ fig. Ámbito, *espacio a que se extiende el *poder o eficacia de una persona o cosa. ‖ **armilar.** **Astr.* Aparato compuesto de varios círculos, que representan los de la **esfera** celeste. ‖ **celeste. Esfera** ideal, concéntrica con la terráquea, y en la cual se mueven aparentemente los astros. ‖ **oblicua.** La celeste, para los habitantes de la Tierra cuyo horizonte es oblicuo con respecto al Ecuador. ‖ **paralela.** La celeste, para un observador colocado en cualquiera de los polos de la Tierra. ‖ **recta.** La celeste, para los que habitan en la línea equinoccial. ‖ **terráquea,** o **terrestre. Globo terráqueo,** o **terrestre.**
esferal. adj. **Esférico.**
esfericidad. f. *Geom.* Calidad de esférico.
***esférico, ca.** adj. *Geom.* Perteneciente a la esfera o que tiene su figura.
esferoidal. adj. **Geom.* Perteneciente al esferoide o parecido a él.
esferoide. m. *Geom.* Cuerpo de forma parecida a la *esfera.
esfigmógrafo. m. *Med.* Instrumento destinado a registrar el *pulso arterial.
esfigmograma. m. *Med.* Diagrama del *pulso, obtenido por medio del esfigmógrafo.
esfigmómetro. m. *Med.* Instrumento para medir el *pulso.
esfinge. amb. Animal *quimérico, con cabeza, cuello y pecho de mujer, y cuerpo y pies de león. Ú. m. c. f. ‖ *Zool.* Cierto género de *mariposas.
esfínter. m. *Zool.* *Músculo en forma de anillo con que se abre y cierra algún orificio del cuerpo como el de la vejiga de la *orina o el del *ano.
esforrocinar. tr. Quitar los esforrocinos a las *vides.
esforrocino. m. *Sarmiento bastardo que sale del tronco.
esforzadamente. adv. m. Con esfuerzo.
esforzado, da. adj. *Valiente, animoso.
esforzador, ra. adj. Que esfuerza. Ú. t. c. s.
esforzar. tr. Dar *fuerza o vigor. ‖ Infundir *valor. ‖ r. Hacer *esfuerzos física o moralmente con algún fin.
esfoyar. tr. Deshojar las mazorcas del *maíz.
esfoyaza. f. *Reunión de varias personas en una casa para deshojar mazorcas del *maíz.
***esfuerzo.** m. Empleo enérgico de la *fuerza física. ‖ Empleo enérgico del entendimiento y la voluntad para conseguir una cosa. ‖ Ánimo, *valor.
esfumación. f. Acción y efecto de esfumar o esfumarse.
esfumar. tr. **Dibujo.* Extender los trazos del lápiz estregando el papel con el esfumino. ‖ **Pint.* Rebajar los tonos de una composición o parte de ella. ‖ r. fig. Disiparse, *desaparecer.
esfuminar. tr. Esfumar los trazos del lápiz.
esfumino. m. **Dibujo.* Rollito de papel estoposo o de piel suave, que sirve para esfumar.
esganchar. tr. *Romper, deshacer.
esgarrar. tr. Hacer esfuerzo para *expectorar. Ú. t. c. intr.
esgrafiado. m. **Ornam.* Acción y efecto de esgrafiar. ‖ Labor que se hace con el grafio.
esgrafiar. tr. **Ornam.* Hacer labores con el grafio sobre una superficie estofada o que tiene dos capas o colores sobrepuestos.
***esgrima.** f. Arte de manejar la espada, el sable y otras armas blancas.
esgrimidor. m. El que sabe esgrimir.
esgrimidura. f. Acción de esgrimir.
esgrimir. tr. Manejar con arte y destreza la *espada, el sable y otras armas blancas. ‖ fig. *Utilizar una cosa como *medio o arma para lograr algún intento.
esgrimista. com. **Esgrimidor.**
esguardamillar. tr. Deshacer, *descomponer.
esguazable. adj. Que se puede esguazar.
esguazar. tr. Vadear, *pasar de una parte a otra un *río u otra corriente.
esguazo. m. Acción de esguazar. ‖ **Vado.**
esgucio. m. *Arq.* *Moldura cóncava cuyo perfil es la cuarta parte de un círculo.
esgueva. f. Alcantarilla, conducto de *desagüe.
esguila. f. **Ardilla.**
esguilar. intr. *Subir, trepar a un árbol.
esguín. m. Cría del salmón cuando aún no ha salido de los ríos al mar.
esguince. m. *Ademán o *movimiento que se hace con el cuerpo, hurtándolo y torciéndolo para *evitar un golpe o una *caída. ‖ Movimiento del cuerpo, o gesto con que se demuestra *desagrado o *desprecio. ‖ **Cir.* Torcedura o distensión violenta de una *articulación.
esguízaro, ra. adj. **Suizo.** Ú. t. c. s.
***eslabón.** m. Pieza en figura de anillo o de otra curva cerrada que, enlazada con otras, forma cadena. ‖ *Hierro acerado con que se saca fuego de un pedernal. ‖ **Chaira** (para avivar el *filo). ‖ Alacrán negro. ‖ **Veter.* Tumor duro, que sale a las caballerías debajo del corvejón.
eslabonador, ra. adj. Que eslabona.
eslabonamiento. m. Acción y efecto de eslabonar o eslabonarse.
eslabonar. tr. Unir unos eslabones con otros formando *cadena. ‖ fig. *Enlazar unas cosas con otras. Ú. t. c. r.
eslavo, va. adj. Aplícase a un *pueblo antiguo que se extendió principalmente por el nordeste de Europa. ‖ Perteneciente o relativo a este pueblo. ‖ Dícese de los que de él proceden. Ú. t. c. s. ‖ Aplícase a la *lengua de los antiguos **eslavos** y a cada una de las que de ella se derivan. ‖ m. Lengua **eslava.**
esledor. m. ant. **Elector.**
eslinga. f. *Mar.* Trozo de *cabo provisto de gafas para enganchar y *suspender objetos de peso.
eslizón. m. *Reptil saurio, de cuerpo largo y pies muy cortos.
eslora. f. *Mar.* *Longitud que tiene la nave sobre la primera cubierta desde el codaste a la roda por la parte de adentro. ‖ pl. **Arq. Nav.* Maderos que se ponen endentados en los baos para reforzar el asiento de las cubiertas.
eslovaco, ca. adj. Aplícase a un *pueblo eslavo que habita al este de Moravia y al norte de Hungría.

Ú. t. c. s. ‖ Perteneciente o relativo a este pueblo.
esloveno, na. adj. Aplícase al *pueblo eslavo que habita en Carniola. Ú. t. c. s. ‖ Perteneciente o relativo a este pueblo.
esmagar. tr. *Aplastar, machacar.
esmaltador, ra. m. y f. Persona que esmalta.
***esmaltar.** tr. Cubrir con *esmalte los metales. ‖ fig. *Adornar de varios *colores y matices una cosa. ‖ fig. Adornar, hermosear.
***esmalte.** m. Barniz vítreo que por medio de la fusión se adhiere a la porcelana, metales, etc. ‖ Objeto cubierto o adornado de **esmalte.** ‖ Labor que se hace con el **esmalte** sobre un metal. ‖ *Pint.* *Color azul que se hace fundiendo vidrio con óxido de cobalto. ‖ fig. Lustre, esplendor. ‖ **Blas.* Cualquiera de los metales o colores conocidos en el arte heráldico. ‖ *Zool.* Materia concreta, dura y blanca que cubre la parte libre de los *dientes.
esmaltín. m. **Esmalte** (color para pintar).
esmaltina. f. *Mineral de color gris de acero, combinación de cobalto y arsénico.
esméctico, ca. adj. *Farm.* **Detersorio.**
esmeradamente. adv. m. Con esmero.
esmerado, da. adj. Hecho y ejecutado con esmero. ‖ Que se esmera.
esmerador. m. Operario que *pule piedras o metales.
esmeralda. f. Piedra de *joyería, de color verde, compuesta de silicato de alúmina y glucina. ‖ **oriental. Corindón.**
esmerar. tr. *Pulir, *limpiar. ‖ *Evaporar un líquido para reducirlo. Ú. t. c. r. ‖ r. Extremarse, poner sumo *cuidado en el *cumplimiento de las obligaciones que incumben a uno. ‖ Obrar con *acierto y lucimiento.
esmerejón. m. **Azor** (ave de rapiña). ‖ Pieza de *artillería de calibre pequeño.
esmeril. m. *Roca negruzca formada por el corindón granoso. Es más dura que todos los cuerpos, excepto el diamante, y se emplea, reducida a polvo, para labrar las piedras preciosas, *pulir metales, etc.
esmeril. m. Pieza de *artillería pequeña.
esmerilar. tr. *Pulir con esmeril.
esmerilazo. m. Tiro de esmeril.
esmero. m. Sumo *cuidado y *diligencia en hacer las cosas con *perfección.
esmiláceo, a. adj. **Bot.* Aplícase a hierbas o matas monocotiledóneas, con fruto en baya y raíz de rizoma rastrero; como el espárrago y la zarzaparrilla. Ú. t. c. s. ‖ f. pl. *Bot.* Familia de estas plantas.
esmirnio. m. **Apio caballar.**
esmirriado, da. adj. **Desmirriado.**
esmola. f. Trozo de *pan que se da de merienda a los obreros del campo.
esmoladera. f. Instrumento preparado para amolar.
esmorecer. intr. desus. Desfallecer, *debilitarse.
esmorecido, da. adj. Aterido de *frío.
esmuciarse. r. Escurrirse o *deslizarse una cosa de las manos o de otra parte.
esmuir. tr. Hacer la recolección de las *aceitunas con la mano. ‖ Varear el *olivo para que suelte la aceituna.
esmuñir. tr. Entresacar la hoja de la morera al cogerla del árbol. ‖ **Esmuir.**
esnobismo. m. Admiración afectada por las novedades de *moda.
esofágico, ca. adj. *Zool.* Perteneciente o relativo al esófago.
esofagitis. f. *Pat.* Inflamación del esófago.
***esófago.** m. *Zool.* Conducto que va desde el *tragadero al *estómago, y por el cual pasan los alimentos.
esópico, ca. adj. Perteneciente o relativo al fabulista Esopo.
esotérico, ca. adj. *Oculto, enigmático, *incomprensible. Dícese de la doctrina que los filósofos de la Antigüedad no comunicaban sino a corto número de sus discípulos.
esotro, tra. pron. dem. Ese otro, esa otra. Ú. también como adjetivo.
espabiladeras. f. pl. **Despabiladeras.**
espabilar. tr. **Despabilar.**
espacial. adj. Perteneciente o relativo al *espacio.
espaciar. tr. Poner distancia o *apartamiento entre las cosas, en el tiempo o en el espacio. ‖ Esparcir, *dispersar. ‖ *Difundir, divulgar. Ú. t. c. r. ‖ **Impr.* Separar las dicciones, las letras o los renglones. ‖ r. fig. Dilatarse en el discurso o en lo que se escribe. ‖ fig. **Esparcirse.**
***espacio.** m. La extensión concebida en abstracto. ‖ Parte determinada de extensión que ocupa un objeto sensible. ‖ *Capacidad de terreno, sitio o *lugar. ‖ Transcurso de *tiempo. ‖ Tardanza, *lentitud. ‖ **Descampado.** ‖ **Impr.* Pieza de metal que sirve para separar las dicciones o las letras. ‖ **Mús.* Separación que hay entre cada dos rayas del pentágrama. ‖ **muerto.** **Fort.* En las fortificaciones, aquel que no puede ser batido por los fuegos de los defensores. ‖ **Espacios imaginarios.** Mundo *irreal fingido por la fantasía.
espaciosamente. adv. m. Con *lentitud.
espaciosidad. f. *Anchura, capacidad.
***espacioso, sa.** adj. *Ancho, vasto. ‖ Lento, *calmoso.
espachurrar. tr. **Despachurrar.**
***espada.** f. Arma blanca larga, recta, aguda y cortante, con guarnición y empuñadura. ‖ **Esgr.* Persona diestra en su manejo. ‖ *Torero que mata los toros con **espada.** Ú. m. c. m. ‖ En el *juego de naipes, cualquiera de las cartas del palo de **espadas.** ‖ As de **espadas.** ‖ En los *molinos, barra de hierro que va del árbol a las muelas. ‖ *Geom.* **Sagita.** ‖ pl. Uno de los cuatro palos de la *baraja española, en cuyos naipes se representan una o varias **espadas.** ‖ **Espada blanca.** La ordinaria, de corte y punta. ‖ **de Bernardo.** fig. Dícese de cualquier cosa *ineficaz para el fin a que se destina. ‖ **de Damocles.** fig. *Amenaza persistente de un peligro. ‖ **de dos filos.** fig. Dícese de un procedimiento, medio, etc., que puede volverse contra quien lo emplea. ‖ **de esgrima. Espada negra.** ‖ **de marca.** Aquella cuya hoja tiene cinco cuartas. ‖ **negra.** La de hierro, sin lustre ni corte, con un botón en la punta. ‖ **Primer espada.** Entre *toreros, el principal en esta clase. ‖ fig. Persona que *sobresale en alguna cosa. ‖ **Asentar la espada.** fr. **Esgr.* Dejar el juego y poner la **espada** en el suelo. ‖ **Ceñir espada.** fr. Traerla en el cinto. ‖ Profesar la milicia. ‖ **Ceñir** a uno **la espada.** fr. Ponérsela por primera vez al armarle *caballero. ‖ **Entre la espada y la pared.** loc. fig. y fam. En conflicto o *dificultad. ‖ **Librar la espada.** fr. **Esgr.* No consentir el atajo del contrario. ‖ **Quedarse** uno **a espadas.** fr. fig. y fam. Llegar a no tener nada, o *perder al *juego todo lo que tenía. ‖ ***Rendir la espada.** fr. *Mil.* Entregarse prisionero un oficial. ‖ **Sacar la espada por** una persona o cosa. fr. fig. Salir a su *defensa. ‖ **Salir** uno **con** su **media espada.** fr. fig. *Entremeterse en la *conversación, con inoportunidad o *impertinencia. ‖ **Ser** uno **buen espada.** fr. fig. Ser diestro en polémicas o lides *literarias. ‖ **Tender** uno **la espada.** fr. **Esgr.* Presentarla rectamente al adversario. ‖ **Tirar** uno **de la espada.** fr. *Desenvainarla para reñir.
espadachín. m. El que sabe manejar bien la *espada. ‖ El que se precia de *valiente y es amigo de *reñir. ‖ *Germ.* Rufiancillo.
espadador, ra. m. y f. Persona que espada.
espadaña. f. Planta herbácea, de las tifáceas, de tallo largo, a manera de *junco, con una mazorca cilíndrica al extremo. ‖ Campanario de una sola pared, en la que están abiertos los huecos para colocar las *campanas.
espadañada. f. Golpe de sangre u otro líquido, que a manera de *vómito sale repentinamente por la boca. ‖ fig. Copia, *abundancia, bocanada, *chorro.
espadañal. m. Sitio en que abundan las espadañas.
espadañar. tr. Abrir o separar el ave las *plumas de la *cola.
espadar. tr. Macerar y quebrantar con la espadilla el *lino o el cáñamo.
espadario. m. *Soldado de la guardia de los emperadores de Oriente, armado de una espada muy larga.
espadarte. m. **Pez espada.**
espadería. f. Taller donde se fabrican o componen *espadas. ‖ Tienda donde se venden.
espadero. m. El que hace, compone o vende *espadas.
espádice. m. *Bot.* Receptáculo común de varias *flores, encerrado en la espata.
espadilla. f. d. de **Espada.** ‖ *Insignia roja, en figura de espada, que traen los caballeros de la *orden militar* de Santiago. ‖ Instrumento de madera, a modo de machete, que se usa para espadar el *lino. ‖ Pieza en figura de remo grande que hace oficio de *timón en algunas embarcaciones menores. ‖ As de espadas. ‖ En el juego de los *trucos, taco de forma especial para tirar ciertas bolas. ‖ *Aguja grande de marfil o metal, de que usaban las mujeres para tener recogido el *cabello sobre la cabeza. ‖ *Mar.* *Timón provisional.
espadillado. m. Acción y efecto de espadillar.
espadillamiento. m. **Espadillado.**
espadillar. tr. **Espadar.**
espadillazo. m. En algunos juegos de *naipes, lance en que se pierde teniendo la espadilla.
espadín. m. *Espada de hoja muy estrecha o triangular, que se usa como prenda de ciertos uniformes. ‖ *Pez parecido a la sardina.
espadón. m. aum. de **Espada.** ‖ fig. y fam. *Militar de elevada jerarquía.
espadón. m. Hombre *castrado o eunuco.
espadrapo. m. **Esparadrapo.**
espagírica. f. Arte de depurar los *metales.

espagírico, ca. adj. Perteneciente a la espagírica.
espahí. m. *Soldado de caballería turca. || Soldado de caballería del ejército francés en Argelia.
espalar. tr. Apartar con la pala la *nieve que cubre el suelo. Ú. t. c. intr.
***espalda.** f. Parte posterior del cuerpo humano, desde los hombros hasta la cintura. Ú. m. en pl. Dícese también de algunos animales. || Parte del *vestido que corresponde a la **espalda.** || pl. Envés o parte *posterior de una cosa. || fig. Gente o *tropa que va detrás de otra para protegerla. || **Espaldas de molinero,** o **de panadero.** fig. y fam. Las anchas y fuertes. || **A espaldas,** o **a espaldas vueltas.** m. adv. A *traición. || En *ausencia de alguno. || **Dar** uno **las espaldas.** fr. Volver las **espaldas** al enemigo; *huir de él. || **Echarse** uno **sobre las espaldas** una cosa. fr. fig. Hacerse responsable de ella. || **Echar** una cosa **sobre las espaldas** de uno. fr. Ponerla a su cargo. || **Guardar** uno **las espaldas.** fr. fig. y fam. *Protegerse o proteger a otro. || **Hablar por las espaldas.** fr. fig. Decir contra uno en su *ausencia. || **Medirle** a uno **las espaldas.** fr. fig. y fam. **Medirle las costillas.** || **Picar en las,** o **las, espaldas.** fr. fig. **Picar la retaguardia.** || **Tener** uno **buenas espaldas.** fr. fig. y fam. Tener *protección eficaz. || **Tirarle** a uno **de espaldas** alguna cosa. fr. fig. y fam. Causarle mucha *sorpresa o *admiración. || **Volver las espaldas.** fr. fig. Negarse a alguno; retirarse de su presencia con *desprecio. || fig. *Huir.
espaldar. m. Parte de la *armadura o de la coraza, que sirve para cubrir y defender la espalda. || **Respaldo** (de un *asiento). || **Espalda.** || *Enrejado que se usa en los jardines para que por él trepen ciertas plantas. || *Zool.* Parte superior de la *concha o coraza de los reptiles. || pl. *Colgaduras de tapicería, largas y angostas, que se colocaban horizontalmente en las paredes.
espaldarazo. m. *Golpe dado de plano con la espada, o con la mano, en las *espaldas de uno.
espaldarcete. m. Pieza de la *armadura antigua, que cubría la parte superior de la espalda.
espaldarón. m. Pieza de la *armadura antigua, que cubría toda la espalda.
espaldear. tr. *Mar.* Romper las *olas con violencia contra la popa de la embarcación.
espalder. m. *Remero que iba de espaldas a la popa de la galera.
espaldera. f. **Espaldar** (de los *jardines). || *Pared con que se resguardan y protegen las plantas de jardín. || **A espaldera.** m. adv. Dícese de los árboles que se *podan y guían de manera que extiendan sus ramas al abrigo de una pared.
espaldilla. f. d. de **Espalda.** || **Omóplato.** || Parte posterior del jubón o almilla. || Cuarto delantero de algunas reses de *matadero. || Lacón de *cerdo.
espalditendido, da. adj. fam. *Tendido de espaldas.
espaldón. m. *Carp.* Parte maciza y saliente que queda de un madero después de abierta una entalladura. || Barrera o *dique para resistir el empuje de las tierras o de las aguas. || *Fort.* Valla artificial, que sirve de parapeto. || *Arq. Nav.* Última cuaderna de proa.
espaldonarse. r. **Mil.* Ponerse a cubierto de los fuegos del enemigo.
espaldudo, da. adj. Que tiene grandes espaldas.
espalera. f. **Espaldar** (de *jardín).
espalmador. m. **Despalmador.**
espalmadura. f. Desperdicios de los cascos de los animales al *herrarlos.
espalmar. tr. **Despalmar.**
espalmo. m. **Arq. Nav.* Betún que se usaba para proteger los fondos de las embarcaciones.
espalto. m. **Pint.* Color obscuro, transparente y dulce para veladuras.
espantable. adj. **Espantoso.**
espantablemente. adv. m. Con espanto.
espantada. f. Huida o *carrera repentina de un animal. || *Desistimiento súbito, ocasionado por el *miedo.
espantadizo, za. adj. Que fácilmente se espanta.
espantador, ra. adj. Que espanta.
espantagustos. m. Persona *desabrida que turba la alegría de los demás.
espantajo. m. Lo que se pone en un paraje para espantar. || fig. Cualquiera cosa que por su representación o figura infunde vano *temor. || fig. y fam. Persona *despreciable que, por *ostentación, pretende hacer gran papel.
espantalobos. m. *Arbusto de las leguminosas, de flores amarillas en grupos axilares, y fruto en vainas membranosas y traslucientes que producen bastante ruido al chocar unas con otras a impulso del viento.
espantamoscas. m. **Mosquero.**
espantanublados. m. fam. Apodo que se aplicaba al que, aprovechándose de la *superstición vulgar, pedía dinero haciendo creer que tenía poder sobre los nublados. || Persona *inoportuna.
espantapájaros. m. Espantajo para ahuyentar los pájaros.
espantar. tr. Causar espanto, infundir *miedo. || *Ahuyentar, echar de un lugar a una persona o animal. || r. *Admirarse, maravillarse. || Sentir espanto.
espantavillanos. m. fam. *Alhaja o cosa *insignificante que aparenta mucho valor.
***espanto.** m. Terror, *miedo intenso, consternación. || *Amenaza o demostración con que se infunde miedo. || *Enfermedad causada por el espanto. || Fantasma, *espectro. Ú. m. en pl.
espantosamente. adv. m. Con espanto.
espantoso, sa. adj. Que causa espanto. || Maravilloso, *admirable, pasmoso.
España. n. p. **¡Cierra España!** expr. empleada en la antigua milicia española para animar a los soldados a acometer.
español, la. adj. Natural de España. Ú. t. c. s. || Perteneciente a esta nación. || m. *Lengua **española.** || **A la española.** m. adv. Al uso de España.
españolado, da. adj. Extranjero que en el aire, traje y *costumbres parece español. || f. Acción o dicho propio de españoles. Ú. m. en sentido despectivo.
españolar. tr. **Españolizar.** Ú. t. c. r.
españolería. f. **Españolada.**
españoleta. f. *Baile antiguo español. || **Falleba.**
españolismo. m. Amor o apego a las cosas características o típicas de España. || **Hispanismo.** || Carácter de lo genuinamente español.
españolización. f. Acción y efecto de españolizar.
españolizar. tr. **Castellanizar.** || r. Tomar las *costumbres españolas.
esparadrapo. m. **Cir.* Tira de lienzo con aglutinante por una de sus caras para aplicarla directamente a la piel.
esparajismo. m. **Aspaviento.**
esparaván. m. **Gavilán** (*ave). || **Veter.* Tumor en la parte interna e inferior del corvejón de los solípedos. || **boyuno.** *Veter.* El que se forma en la parte lateral interna del corvejón de los solípedos. || **de garbanzuelo.** *Veter.* Enfermedad de los músculos flexores de las piernas de los solípedos, que suele ir acompañada de un tumorcillo duro. || **huesoso.** *Veter.* El que llega a osificarse. || **seco.** *Veter.* **Esparaván de garbanzuelo.**
esparavel. m. *Red redonda para pescar en los ríos y parajes de poco fondo. || **Albañ.* Tabla de madera con un mango en uno de sus lados, que sirve para tener una porción de la mezcla que se ha de gastar.
esparceta. f. **Pipirigallo.**
esparciata. adj. **Espartano.** Apl. a pers., ú. t. c. s.
esparcidamente. adv. m. Distintamente, separadamente.
esparcido, da. adj. fig. Festivo, *afable, *alegre, divertido.
esparcidor, ra. adj. Que esparce. Ú. t. c. s.
esparcimiento. m. Acción y efecto de *esparcir o esparcirse. || Despejo, *desenvoltura, *naturalidad, *alegría.
***esparcir.** tr. Separar, extender, desparramar lo que está junto o amontonado. Ú. t. c. r. || fig. Divulgar, *publicar, *difundir una noticia. || *Divertir, recrear. Ú. t. c. r.
espargiro. m. Entre los alquimistas, *mercurio.
esparragado. m. *Guisado hecho con espárragos.
esparragador, ra. m. y f. Persona que cuida y coge *espárragos.
esparragal. m. Tierra plantada de espárragos.
esparragamiento. m. Acción y efecto de esparragar.
esparragar. tr. Cuidar o coger *espárragos.
***espárrago.** m. Planta esmilácea, con tallo herbáceo y raíz en cepa rastrera, que produce abundantes yemas de tallo recto y blanco, y cabezuelas comestibles. || Yema comestible que produce la raíz de la esparraguera. || *Palo o madero largo y derecho que se usa para *andamios. || Madero atravesado por estacas pequeñas a distancias iguales, para que sirva de *escalera. || Barrita de hierro que sirve de tirador a las campanillas. || **Mec.* Vástago metálico roscado, fijo por uno de sus extremos. || **amarguero.** El que se cría en los eriazos. || **perico.** El de gran tamaño. || **triguero.** Espárrago silvestre. || **Solo como el espárrago.** expr. fam. que se dice del que no tiene parientes, o del que vive *solo.
esparragón. m. *Tela de seda que forma un cordoncillo doble y fuerte.
esparraguera. f. **Espárrago** (planta). || Era de tierra que no tiene otras plantas que *espárragos. || *Plato de forma adecuada en que se sirven los espárragos.
esparraguero, ra. m. y f. **Esparragador.** || Persona que vende espárragos.
esparraguina. f. **Miner.* Fosfato de cal cristalizado y de color verdoso.

esparrancado, da. adj. Que anda o está muy abierto de *piernas. || Dícese también de las cosas que debiendo estar juntas, están muy separadas o *apartadas.
esparrancarse. r. fam. Abrirse de *piernas, separarlas.
espársil. adj. *Astr.* Dícese de las *estrellas no comprendidas en ninguna constelación.
esparsinas. f. pl. *Mar.* *Cabos que se emplean para varar las embarcaciones menores.
espartal. m. **Espartizal.**
espartano, na. adj. Natural de Esparta. Ú. t. c. s. || Perteneciente a esta ciudad de Grecia antigua.
espartañero, ra. m. y f. **Espartero.**
espartar. tr. *Cubrir con *esparto las vasijas de vidrio o de barro.
esparteína. f. **Farm.* Alcaloide líquido, que se extrae de las sumidades de la retama y se emplea como tónico del corazón.
esparteña. f. **Alborga.**
espartería. f. Oficio de espartero. || Taller donde se trabajan las obras de *esparto. || Barrio, paraje o tienda donde se venden.
espartero, ra. adj. V. **Aguja espartera.** || m. y f. Persona que fabrica obras de *esparto o que las vende.
espartilla. f. Rollito de estera o esparto, que sirve como *escobilla para limpiar las *caballerías.
espartillo. m. d. de **Esparto.** || Barbas que cría la cebolla del *azafrán. || **Cazar al espartillo.** fr. *Cazar pájaros con espartos untados de liga.
espartizal. m. Campo donde se cría esparto.
***esparto.** m. Planta gramínea, con hojas radicales filiformes, duras y tenacísimas. || Hojas de esta planta, empleadas en la industria para hacer sogas, esteras, etc. || **basto. Albardín.**
esparvel. m. **Gavilán** (*ave). || **Esparavel** (*red para pescar). || fig. Persona *flaca y *desgarbada.
esparver. m. **Esparaván** (gavilán).
espasmo. m. **Pasmo** || *Contracción involuntaria de ciertos *músculos.
espasmódico, ca. adj. **Pat.* Perteneciente al espasmo, o acompañado de este síntoma.
espata. f. **Bot.* Bolsa membranácea que cubre el espádice.
espatarrada. f. fam. **Despatarrada.**
espatarrarse. r. fam. **Despatarrarse.**
espático, ca. adj. **Miner.* Dícese de los minerales que, como el espato, se dividen fácilmente en láminas.
espato. m. **Miner.* Cualquier mineral de estructura laminosa. || **calizo.** Caliza cristalizada en romboedros. || **de Islandia. Espato** calizo muy transparente. || **flúor. Fluorina.** || **pesado. Baritina.**
espátula. f. *Paleta pequeña, de que se sirven los *farmacéuticos y los *pintores para hacer ciertas mezclas. || *Ave zancuda de la Argentina.
espatulomancia. f. Arte de *adivinar por los huesos de los animales.
espaviento. m. **Aspaviento.**
espavorido, da. adj. **Despavorido.**
espay. m. **Espahí** (*soldado de caballería).
especería. f. **Especiería.**
***especia.** f. Cualquiera de las drogas que se usan como condimento. || V. **Nuez de especia.** || pl. Ciertos postres de la *comida, que se tomaban para beber vino.
***especial.** adj. Singular o particular, en oposición a lo general y ordinario. || Muy adecuado o *conveniente para algún efecto. || adv. m. desus. **Especialmente.** || **En especial.** m. adv. **Especialmente.**
especialidad. f. *Particularidad, singularidad. || Ramo de la *ciencia o del *arte a que se consagra una persona.
especialista. adj. Dícese del que con especialidad cultiva un ramo de determinado *arte o *ciencia y sobresale en él. Ú. t. c. s.
especialización. f. Acción y efecto de especializar o especializarse.
especializar. intr. Cultivar con especialidad un ramo determinado de una *ciencia o de un *arte. Ú. t. c. r. || Limitar una cosa a uso o fin determinado.
especialmente. adv. m. Con especialidad.
especiar. tr. Sazonar con especias.
***especie.** f. Conjunto de cosas que se pueden considerar formando un grupo, por tener uno o varios caracteres comunes. || *Imagen o idea de un objeto, que se representa en la inteligencia. || Caso, *suceso, *asunto. || *Tema, *noticia. || *Pretexto, apariencia. || **Esgr.* Treta. || **Mús.* Cada una de las voces en la composición. || **remota. Noticia remota.** || **Especies sacramentales.** Accidentes de olor, color y sabor que quedan en la *Eucaristía. || **En especie.** m. adv. En frutos o géneros y no en dinero. || **Soltar** uno una **especie.** fr. Decir alguna cosa para *averiguar el sentir de los que la oyen.
especiería. f. Tienda en que se venden *especias. || Conjunto de especias.
especiero, ra. m. y f. Persona que comercia en *especias. || *Armario con varios cajones para guardar las especias.
especificación. f. Acción y efecto de especificar. || *For.* Modo de *adquirir empleando de buena fe y transformando la cosa ajena, y mediante indemnización a su dueño.
especificadamente. adv. m. Con especificación.
especificar. tr. *Explicar, *determinar, declarar con individualidad una cosa.
especificativo, va. adj. Que tiene virtud o eficacia para especificar.
específico, ca. adj. Que caracteriza y *distingue una especie de otra. || m. **Farm.* Medicamento especial para una enfermedad determinada. || Medicamento fabricado por mayor con envase especial y nombre registrado.
espécimen. m. Muestra, *modelo.
especioso, sa. adj. *Hermoso, perfecto. || fig. *Aparente, engañoso.
especiota. f. fam. Proposición *absurda. || Noticia *falsa o *exagerada.
espectable. adj. Empleábase como *tratamiento de personas *ilustres.
***espectáculo.** m. Función o diversión pública celebrada en cualquier edificio o recinto en que se congrega la gente para presenciarla. || Aquello que se ofrece a la *vista o a la contemplación intelectual, y es capaz de interesar y mover el ánimo.
espectador, ra. adj. Que *mira con *atención un objeto. || Que asiste a un *espectáculo público. Ú. m. c. s.
espectral. adj. Perteneciente o relativo al espectro de la *luz. || Perteneciente o relativo al *espectro o fantasma.
***espectro.** m. Visión o fantasmas que se representa a los ojos o en la fantasía. || **Ópt.* y *Fís.* Resultado de la dispersión de un haz de luz o de un conjunto de radiaciones.
espectroscopia. f. Conjunto de procedimientos referentes al análisis espectroscópico.
espectroscópico, ca. adj. Perteneciente o relativo al espectroscopio.
espectroscopio. m. *Fís.* Instrumento que sirve para obtener y observar el espectro de la *luz o de cualquier otra radiación compleja.
especulación. f. Acción y efecto de especular. || **Com.* Operación comercial que se practica con ánimo de lucro.
especulador, ra. adj. Que especula. Ú. m. c. s.
especular. tr. *Examinar y registrar con atención una cosa para reconocerla. || fig. Meditar, *reflexionar. || intr. *Comerciar, traficar. || Procurar provecho o *ganancia fuera del tráfico mercantil.
especulativa. f. *Inteligencia discursiva, *raciocinio, facultad para especular alguna cosa.
especulativamente. adv. m. De manera especulativa.
especulativo, va. adj. Perteneciente o relativo a la especulación. || Que tiene aptitud para especular. || Que procede de la mera especulación o *reflexión, sin haberse reducido a práctica. || Muy pensativo y dado a la especulación.
espéculo. m. **Cir.* Instrumento que se emplea para examinar por la reflexión luminosa ciertas cavidades del cuerpo.
espejado, da. adj. Claro o limpio como un espejo. || Que refleja la luz como un espejo.
espejar. tr. **Despejar.** || r. *Reflejarse como en un espejo.
espejear. intr. Relucir o *brillar al modo que lo hace el *espejo.
espejeo. m. **Espejismo.**
espejería. f. Tienda en que se venden *espejos.
espejero. m. El que hace *espejos o los vende.
espejismo. m. Fenómeno *óptico debido a la reflexión total de la luz, en virtud del cual, los objetos lejanos dan una imagen invertida, ya por bajo del suelo, ya en lo alto de la *atmósfera. || fig. **Ilusión.**
***espejo.** m. Lámina de metal bruñido o de cristal azogado por la parte posterior para que se refleje la luz. || fig. Aquello en que se ve una cosa como retratada. || fig. *Modelo digno de imitación. || **Ornam.* Adorno aovado que se entalla en las molduras huecas y que suele llevar floroncillos. || pl. Remolino de *pelos en la parte anterior del pecho del *caballo. || **Espejo de alinde.** El de acero bruñido. || El de superficie cóncava que agranda la imagen de los objetos. || **de los Incas. Obsidiana.** || **de popa.** *Mar.* Fachada que presenta la popa de una *embarcación desde la bovedilla hasta el coronamiento. || **ustorio. Espejo** cóncavo que, puesto de frente al sol, refleja sus rayos de *calor y los reúne en el punto llamado foco.
espejuela. f. *Equit.* Arco que suelen tener algunos bocados del *freno en la parte interior. || **abierta.** *Equit.* La que tiene un gozne en la parte superior para dar mayor juego al bocado. || **cerrada.** *Equit.* La de una pieza.
espejuelo. m. *Yeso cristalizado en láminas brillantes. || *Ventana con calados de cantería y cerrada con placas de yeso transparente. || Hoja de talco. || Trozo curvo de madera con pedacitos de espejo incrustados, que se hace girar para *atraer las alondras y poderlas *cazar fácilmen-

te. ‖ Reflejo que se produce en algunas *maderas cuando se cortan de cierta manera. ‖ *Confit.* Conserva de tajadas de cidra o calabaza, que con el almíbar se hacen relucientes. ‖ Entre colmeneros, suciedad que se cría en los *panales. ‖ Callosidad que contrae, a veces, el *feto del animal en el vientre de la madre. ‖ Excrecencia córnea que tienen las *caballerías en la parte inferior e interna del antebrazo y también en las patas traseras. ‖ pl. Cristales que se ponen en los *anteojos. ‖ Anteojos.

espeleología. f. Parte de la *geografía que estudia las *cavernas y otras cavidades naturales.

espeleólogo. m. El que se dedica a la espeleología.

espelta. f. Variedad de escanda.

espélteo, a. adj. Perteneciente a la espelta.

espelunca. f. Cueva, gruta, *caverna tenebrosa.

espeluzar. tr. **Despeluzar.** Ú. t. c. r.

espeluznamiento. m. **Despeluzamiento.**

espeluznante. p. a. de **Espeluznar.** Que hace erizarse el *cabello.

espeluznar. tr. **Despeluznar.** Ú. t. c. r.

espeluzno. m. Escalofrío.

espenjador. m. Pértiga terminada en una *horquilla de hierro, y que se usa para *colgar y descolgar cualquier objeto.

espeque. m. *Palanca de madera, redonda por una extremidad y cuadrada por la otra. ‖ Puntal para *apoyar una pared. ‖ Palanca recta de madera resistente.

***espera.** f. Acción y efecto de *esperar. ‖ Acción y efecto de *aguardar o permanecer en un sitio durante cierto tiempo. ‖ *For.* *Plazo o término señalado por el juez para ejecutar una cosa. ‖ Calma, *paciencia. ‖ Puesto para *cazar, esperando en él que la caza acuda espontáneamente o sin ojeo. ‖ Especie de cañón de *artillería usado antiguamente. ‖ *Carp.* Escopleadura o *hueco que empieza desde una de las aristas de la cara del madero y no llega a la opuesta. ‖ *For.* Aplazamiento que los acreedores acuerdan conceder al *deudor. ‖ **Cazar a espera.** fr. *Cazar en puesto.

esperadamente. adv. m. Precedido del adv. *no,* **inesperadamente.**

esperador, ra. adj. Que espera. Ú. t. c. s.

esperantista. adj. Perteneciente o relativo al esperanto. ‖ com. Persona que hace uso del esperanto y lo propaga.

esperanto. m. *Idioma artificial creado por Zamenhof, con idea de que pudiese servir como lengua universal.

***esperanza.** f. Estado del ánimo en el cual se nos presenta como posible lo que deseamos. ‖ *Virtud teologal que consiste en creer con firmeza que Dios dará en su día los bienes que tiene prometidos.

esperanzado, da. adj. Que tiene esperanza de conseguir alguna cosa.

***esperanzar.** tr. Hacer concebir esperanza.

***esperar.** tr. Tener esperanza de conseguir lo que se desea. ‖ *Creer que ha de suceder alguna cosa. ‖ Permanecer en un lugar hasta que venga una persona que se *aguarda o hasta que ocurra algo que se cree próximo. ‖ *Detenerse en el obrar hasta que suceda algo. ‖ Ser inminente o estar próxima alguna cosa. ‖ **Esperar en** uno. fr. Poner en él la confianza. ‖ **sentado.** Dícese cuando parece que lo que se espera ha de cumplirse muy tarde o *nunca.

esperezarse. r. **Desperezarse.**

esperezo. m. **Desperezo.**

espergurar. tr. Limpiar la *vid de todos los tallos y vástagos viciosos.

esperiego, ga. adj. **Asperiego.** Ú. t. c. s. m. y f.

esperma. f. ***Semen.** ‖ **de ballena.** Substancia de aspecto *graso, procedente de la materia oleosa contenida en el cráneo del cachalote. Se emplea para hacer *velas.

espermaceti. m. Esperma de ballena.

espermático, ca. adj. Perteneciente a la esperma.

espermatorrea. f. *Pat.* Emisión involuntaria del *semen, no acompañada del espasmo venéreo.

espermatozoide. m. Elemento fecundante del *semen, de aspecto filamentoso.

espermatozoo. m. **Zoospermo.**

espernada. f. Remate de la *cadena, que consiste en un eslabón abierto para engancharlo en una argolla.

espernancarse. r. **Esparrancarse.**

espernible. adj. **Despreciable.**

esperón. m. *Mar.* **Espolón.**

esperonte. m. *Fort.* Obra en ángulo saliente, que se hacía en las cortinas de las murallas.

esperpento. m. fam. Persona o cosa *extravagante y *ridícula. ‖ Desatino, *absurdo.

esperriaca. f. Último *mosto que se saca de la uva.

espesar. m. Parte de *monte más poblada que lo demás.

***espesar.** tr. Hacer más *denso lo líquido. ‖ Hacer más tupida o *compacta una cosa. Ú. t. c. r.

espesativo, va. adj. Que tiene virtud de espesar.

***espeso, sa.** adj. *Denso, condensado. ‖ Dícese de las cosas que están muy juntas y *apretadas. ‖ p. us. Continuado, *frecuente. ‖ *Grueso, macizo. ‖ fig. *Sucio, *desaliñado. ‖ fig. Pesado, *importuno.

espesor. m. *Grueso de un sólido. ‖ *Densidad.

espesura. f. Calidad de espeso. ‖ fig. *Cabellera muy espesa. ‖ fig. *Bosque o paraje muy poblado de árboles y matorrales. ‖ fig. Desaseo, *suciedad.

espetaperro (a). m. adv. A escape, con mucha *prontitud o *precipitación.

espetar. tr. *Culin.* Atravesar con el asador carne, aves, etc., para asarlos. ‖ *Atravesar, meter por un cuerpo un instrumento puntiagudo. ‖ fig. y fam. *Decir a uno algo que le cause sorpresa o *molestia. ‖ r. *Erguirse, afectando gravedad y majestad. ‖ fig. y fam. Encajarse, *sujetarse, afianzarse.

espetera. f. Tabla con garfios en que se cuelgan carnes, aves y utensilios de *cocina. ‖ Conjunto de los utensilios de cocina que son de metal y se cuelgan en la espetera. ‖ fam. *Pecho abultado de la mujer.

espetón. m. Hierro largo y delgado; como asador o estoque. ‖ Varilla de madera, caña, etc., que se usa para ensartar *pescados y ponerlos a *asar. ‖ Hierro para atizar el *fuego. ‖ *Alfiler grande. ‖ Golpe dado con el **espetón.** ‖ **Aguja** (*pez). ‖ *Estandarte grande que figura en algunas procesiones.

espía. m. y f. Persona que con *disimulo y secreto trata de *averiguar algo, para comunicarlo al que tiene interés en saberlo. ‖ *Germ.* Persona que atalaya. ‖ **doble.** El que sirve a las dos partes contrarias.

espía. f. **Mar.* Acción de espiar una nave. ‖ Viento o tirante con que se mantiene fijo y vertical un *palo. ‖ *Mar.* *Cabo o calabrote que sirve para espiar.

espiado, da. adj. Dícese del madero afirmado al terreno por medio de espías. ‖ adj. *Germ.* *Acusado, delatado.

espiar. tr. *Acechar; *observar disimuladamente lo que se dice o hace.

espiar. intr. **Mar.* Halar de un cabo firme en una *ancla u otro objeto fijo, para hacer caminar la nave en dirección al mismo.

espibia. f. **Veter.* Torcedura del cuello de una caballería.

espibio. m. *Veter.* **Espibia.**

espibión. m. *Veter.* **Espibia.**

espica. f. **Cir.* Vendaje en que las vueltas resultan cruzadas.

espicanardi. f. **Espicanardo.**

espicanardo. m. *Planta herbácea de las valerianáceas, de raíz aromática. ‖ *Raíz de esta planta. ‖ *Planta gramínea con tallos en caña delgada, y rizoma de olor agradable, usado en perfumería. ‖ Rizoma de esta planta.

espiciforme. adj. Que tiene forma de espiga.

espicilegio. m. *Colección de diplomas, tratados, etc. ‖ *Florilegio.

espicha. f. **Espiche.**

espichar. tr. **Pinchar.** ‖ intr. fam. **Morir.**

espiche. m. *Arma o instrumento puntiagudo. ‖ Asador, espetón. ‖ Estaquilla que sirve para *tapar un agujero, como las que se colocan en las *cubas.

espichón. m. *Herida causada con el espiche o con otra arma puntiaguda.

espiga. f. Conjunto de *flores o *frutos sostenidos por un tallo común. ‖ Parte de una herramienta o de otro objeto, adelgazada para introducirla en el *mango. ‖ Parte superior de la *espada en donde se asegura la guarnición. ‖ **Carp.* *Extremo de un madero, reducido al espesor necesario, para que encaje en el hueco de otro madero, donde se ha de ensamblar. ‖ En las *escaleras de caracol, parte más estrecha del escalón. ‖ Cada uno de los *clavos de madera con que se aseguran las tablas o maderos. ‖ **Púa.** ‖ *Clavo pequeño de hierro y sin cabeza. ‖ **Badajo.** ‖ **Artill.* **Espoleta.** ‖ *Mar.* Cabeza de los *palos y masteleros. ‖ *Mar.* Una de las *velas de la galera. ‖ *Regalo que dan a la novia los convidados a la boda.

espigadera. f. **Espigadora.**

espigadilla. f. **Cebadilla.**

espigado, da. adj. Aplícase a algunas plantas anuales cuando se las deja crecer hasta la completa madurez de la *semilla. ‖ Dícese del *árbol nuevo de tronco muy elevado. ‖ fig. *Alto, de elevada estatura en relación con su edad.

espigador, ra. m. y f. Persona que espiga lo que ha quedado en el rastrojo.

espigajo. m. Conjunto de las espigas recogidas en los rastrojos.

espigar. tr. *Recoger las espigas que los segadores han dejado de segar. ‖ fig. Tomar datos de uno o más libros, buscando acá y allá. Ú. t. c. intr. ‖ En algunas partes, hacer un *regalo a la mujer que se casa, el día de la *boda. ‖ **Carp.* Hacer la espiga en las maderas que han de entrar en otras. ‖ intr. Empezar los *cereales a echar espigas. ‖ r. *Crecer demasiado algunas *hortalizas, dejando de ser propias para la alimentación. ‖ *Crecer notablemente una persona.

espigo. m. **Espiga** (de una herramienta). ‖ Púa del *peón.

espigón. m. **Aguijón.** ‖ Espiga o *punta de un *clavo o de cualquier instrumento puntiagudo. ‖ Espiga áspera y espinosa. ‖ **Mazorca.** ‖ *Cerro alto, pelado y puntiagudo. ‖ *Malecón o saliente que se construye a la orilla de un río o en la costa del mar. ‖ **de ajo. Diente de ajo.**

espigüela. f. Pulla indirecta con que se *zahiere a uno.

espigueo. m. Acción de espigar lo que queda en el rastrojo. ‖ Tiempo o sazón de espigar.

espiguilla. f. *Cinta angosta o fleco con picos. ‖ Cada una de las espigas pequeñas que forman la principal en algunas plantas. ‖ *Planta gramínea, con el tallo comprimido y flores en panoja sin aristas.

espillador. m. *Germ.* **Jugador.**

espillantes. m. pl. *Germ.* Los *naipes.

espillar. tr. *Germ.* **Jugar.**

espillo. m. *Germ.* Lo que se *juega.

espín. m. **Puerco espín.** ‖ *Mil.* Formación antigua en que se presentaban por todos los lados al enemigo lanzas o picas.

***espina.** f. *Bot.* Púa que nace del tejido leñoso o vascular de algunas plantas. ‖ Astilla puntiaguda de la madera. ‖ Parte dura y puntiaguda que en los *peces hace el oficio de *hueso. ‖ **Espinazo.** ‖ Muro bajo y aislado en medio del *circo romano, alrededor del cual se efectuaban las *carreras. ‖ fig. Escrúpulo, *sospecha. ‖ fig. Pesar íntimo y duradero. ‖ **blanca. Cardo borriquero.** ‖ **de cruz.** *Arbusto de las rámneas, cuya raíz sirve para lavar tejidos de lana. ‖ **de pescado.** *Planta americana, de la familia de las verbenáceas. ‖ **dorsal.** *Zool.* **Espinazo.** ‖ **santa.** *Arbusto de la familia de las rámneas. ‖ **Darle** a uno **mala espina** una cosa. fr. fig. y fam. Hacerle entrar en *recelo. ‖ **Estar** uno **en espinas.** fr. fig. y fam. Estar con cuidado y *desasosiego. ‖ **Estar** uno **en la espina.** fr. fig. y fam. Estar muy *flaco y extenuado. ‖ **Quedarse** uno **en la espina,** o **en la espina de Santa Lucía.** fr. fig. y fam. **Estar en la espina.** ‖ **Sacarse** uno **la espina.** fr. fig. y fam. Desquitarse de una pérdida, especialmente en el *juego.

espinablo. m. **Majuelo.**

espinaca. f. Planta *hortense, de las salsoláceas, cuyas hojas son comestibles.

espinadura. f. Acción y efecto de espinar.

espinal. adj. Perteneciente a la *espina o *espinazo.

espinapez. m. Disposición que se da a las piezas en los *solados y entarimados, colocando los rectángulos oblicuamente a las cintas. ‖ fig. **Espinar** (dificultad, conflicto).

espinar. m. Sitio poblado de espinos. ‖ fig. *Dificultad, *enredo.

espinar. tr. *Punzar, herir con espina. Ú. t. c. intr. y c. r. ‖ Poner espinos alrededor de los *árboles recién plantados, para resguardarlos. ‖ fig. *Ofender con palabras picantes. Ú. t. c. r. ‖ *Mil.* Dicho de escuadrón, formar el espín.

***espinazo.** m. Conjunto de las vértebras que en el tronco de los mamíferos y de las aves van desde la nuca hasta la rabadilla. ‖ Clave de una *bóveda o de un arco. ‖ **Doblar el espinazo.** fr. fig. y fam. *Humillarse.

espinela. f. **Décima** (combinación métrica de diez *versos).

espinela. f. Piedra de *joyería, parecida por su color rojo al rubí.

espíneo, a. adj. Hecho de espinas, o perteneciente a ellas.

espinera. f. **Espino** (arbusto).

espineta. f. *Clavicordio pequeño, de una sola cuerda en cada orden.

espingarda. f. Cañón de *artillería algo mayor que el falconete. ‖ *Escopeta antigua muy larga. ‖ fam. Mujer muy *alta y *desgarbada.

espingardada. f. *Herida hecha con el disparo de la espingarda.

espingardería. f. Conjunto de espingardas. ‖ Conjunto de la gente que las usaba en la guerra.

espingardero. m. *Soldado armado de espingarda.

espinilla. f. d. de **Espina.** ‖ Parte anterior de la canilla de la *pierna. ‖ Especie de barrillo que aparece en la *piel.

espinillera. f. Pieza de la *armadura antigua, que cubría y defendía la espinilla.

espinillo. m. *Árbol americano, de las mimosas, con ramas cubiertas de espinas.

***espino.** adj. V. **Puerco espino.** ‖ → m. *Arbolillo de las rosáceas, con ramas espinosas. Su corteza se emplea en tintorería y como curtiente. ‖ *Arbusto americano, de las leguminosas, que produce una especie de goma. ‖ **albar,** o **blanco. Espino** (de las rosáceas). ‖ **cerval.** *Arbusto de las rámneas, con espinas terminales en las ramas. ‖ **majoleto. Majoleto.** ‖ **majuelo. Majuelo.** ‖ **negro.** *Mata de las rámneas, muy espesa, con las ramillas terminadas en espina.

espinochar. tr. Quitar las hojas que cubren la panoja del *maíz.

Espinosa. n. p. V. **Montero de Espinosa.**

espinosismo. m. Doctrina *filosófica profesada por Benito Espinosa, según el cual, todos los seres son modos y formas de la substancia única.

espinosista. adj. Partidario del espinosismo. Ú. t. c. s.

***espinoso, sa.** adj. Que tiene espinas. ‖ fig. Arduo, *difícil.

espintariscopio. m. *Fís.* Instrumento para apreciar ciertos efectos *luminosos de las emanaciones del radio.

espinterómetro. m. *Fís.* Instrumento que permite medir la longitud de las chispas *eléctricas.

espinzar. tr. Quitar de la flor del *azafrán los estambres.

espiocha. f. Especie de *zapapico.

espión. m. **Espía.**

espionaje. m. Acción de espiar.

espira. f. *Arq.* Parte de la *basa de la columna, que está encima del plinto. ‖ *Geom.* **Espiral.** ‖ *Geom.* Cada una de las vueltas de una hélice o de una *espiral. ‖ *Zool.* Hélice que forma la *concha de algunos moluscos.

espiración. f. Acción y efecto de espirar.

espirador, ra. adj. Que espira. ‖ *Anat.* Aplícase a los *músculos que sirven para la espiración.

***espiral.** Perteneciente a la espiral. ‖ → f. Línea curva que da vueltas alrededor de un punto, alejándose de él gradualmente. ‖ *Resorte **espiral** del volante de un *reloj.

espiramiento. m. Hablando de la Santísima *Trinidad, **Espíritu Santo.**

espirante. p. a. de **Espirar.** Que espira.

espirar. tr. Exhalar buen o mal *olor. ‖ *Teol.* Infundir, animar. Dícese propiamente de la inspiración del Espíritu Santo. ‖ *Teol.* Producir el Padre y el Hijo, por medio de su amor recíproco, al Espíritu Santo. ‖ intr. Tomar aliento, *respirar. ‖ Expeler el aire aspirado. Ú. t. c. tr. ‖ poét. Soplar el *viento blandamente.

espirativo, va. adj. *Teol.* Que puede espirar o que tiene esta propiedad.

espiratorio, ria. adj. Perteneciente o relativo a la espiración respiratoria.

espiriforme. adj. De forma *espiral.

espirilo. m. *Bact.* Nombre genérico de ciertos bacilos en forma de filamento en espiral.

espiritado, da. adj. fam. Dícese de la persona que, por lo *flaca y extenuada, parece no tener sino espíritu.

espiritar. tr. **Endemoniar.** Ú. t. c. r. ‖ fig. y fam. Agitar, *irritar. Ú. m. c. r.

espiritillo. m. d. de **Espíritu.**

espiritismo. m. Creencia en la posibilidad de comunicarse, mediante ciertas prácticas, con el espíritu de los muertos. ‖ Prácticas de *ocultismo basadas en dicha creencia.

espiritista. adj. Perteneciente al espiritismo. ‖ Que profesa esta doctrina. Ú. t. c. s.

espiritosamente. adv. m. Con espíritu.

espiritoso, sa. adj. Vivo, animoso, que tiene mucha *vida y espíritu. ‖ Dícese de lo que contiene mucho espíritu o *alcohol y es fácil de *evaporarse.

***espíritu.** m. Ser *inmaterial y dotado de razón. ‖ *Alma racional. ‖ *Teol.* Don sobrenatural que Dios da a algunas criaturas. ‖ Ciencia *mística. ‖ Vigor natural. ‖ *Ánimo, valor. ‖ Vivacidad; *ingenio. ‖ **Demonio.** Ú. m. en pl. ‖ Cada uno de los dos signos *ortográficos, con que en la lengua griega se indica la aspiración suave o áspera. ‖ *Vapor sutil que exhala un cuerpo. ‖ *Quím.* Parte más pura y sutil que se extrae de algunos cuerpos por medio de operaciones químicas. ‖ fig. Principio generador, *esencia o substancia de una cosa. ‖ **de contradicción.** Genio inclinado a *contradecir. ‖ **de la golosina.** fam. Persona muy *flaca y extenuada. ‖ **de sal. Ácido clorhídrico.** ‖ **de vino.** *Alcohol mezclado con menos de la mitad de su peso de agua. ‖ **inmundo.** En la Escritura Sagrada, el *demonio. ‖ **maligno.** El *demonio. ‖ **Santo*.** *Teol.* Tercera persona de la Santísima *Trinidad.

***espiritual.** adj. Perteneciente o relativo al espíritu.

espiritualidad. f. Naturaleza y condición de *espiritual. ‖ Calidad de las cosas espiritualizadas o declaradas *eclesiásticas. ‖ Obra o cosa espiritual.

espiritualismo. m. Doctrina *filosófica que reconoce la existencia de otros seres, además de los materiales. ‖ Sistema filosófico que defiende la esencia espiritual del *alma, y se contrapone al materialismo.

espiritualista. adj. Que trata de los espíritus vitales. Ú. t. c. s. ‖ Que profesa en *filosofía el espiritualismo. Ú. t. c. s.

espiritualizar. tr. *Teol.* Hacer espiritual a una persona por medio de la gracia y espíritu de piedad. ‖ Considerar como *espiritual lo que de suyo es corpóreo. ‖ Reducir algunos bienes a la condición de *eclesiásticos. ‖ fig. Sutilizar, *adelgazar.

espiritualmente. adv. m. Con el espíritu.

espirituano, na. adj. Natural de Sancti Spíritus, en la isla de Cuba. Ú. t. c. s. || Perteneciente a esta ciudad.

espirituoso, sa. adj. **Espiritoso.**

espirómetro. m. *Med.* Aparato para medir la cantidad de aire que puede entrar en el pulmón *respirando profundamente.

espiroqueta. f. **Bacter.* Espirilo propio de ciertas enfermedades, como el de la sífilis.

espita. f. Medida de *longitud equivalente a un palmo. || Canuto o *grifo que se mete en el agujero de la cuba u otra vasija. || fig. y fam. Persona *borracha o que bebe mucho vino.

espitar. tr. Poner espita a una cuba u otra vasija.

espito. m. Palo largo, a cuya extremidad se atraviesa una tabla que sirve para colgar y descolgar el *papel que se pone a secar en las fábricas o en las imprentas.

esplacnografía. f. **Anat.* Descripción de las vísceras.

esplacnología. f. **Anat.* Parte de la anatomía que trata de las vísceras.

esplendente. p. a. de **Esplender.** Que esplende. Ú. m. en poesía.

esplender. intr. **Resplandecer.** Ú. m. en poesía.

espléndidamente. adv. m. Con esplendidez.

esplendidez. f. *Abundancia, *liberalidad. || *Fausto, rumbo, ostentación.

espléndido, da. adj. Magnífico, que denota o muestra esplendidez. || **Resplandeciente.** Ú. m. en poesía.

esplendor. m. **Resplandor.** || fig. Lustre, *nobleza.

esplendorosamente. adv. m. Con esplendor.

esplendoroso, sa. adj. Que esplende o resplandece.

esplénico, ca. adj. Perteneciente o relativo al *bazo. || m. *Zool.* **Esplenio.**

esplenio. m. *Zool.* *Músculo que une las vértebras cervicales con la cabeza.

esplenitis. f. *Pat.* Inflamación del *bazo.

esplenocele. m. **Pat.* Tumor del *bazo.

espliego. m. *Mata de las labiadas, muy *aromática, de cuyas flores se extrae un aceite esencial. || Semilla de esta planta, que se emplea como sahumerio.

esplín. m. Humor tétrico que produce *tedio y *tristeza.

esplique. m. *Armadijo para cazar pájaros. || fam. Facilidad para *hablar.

espodita. f. Lava de los *volcanes.

espolada. f. Golpe o aguijonazo dado con la *espuela a la caballería. || **de vino.** fig. y fam. *Trago de vino.

espolazo. m. **Espolada.**

espoleadura. f. *Herida que la espuela hace a la caballería.

espolear. tr. Picar con la *espuela a la cabalgadura. || fig. Avivar, *incitar.

***espoleta.** f. Aparato que se coloca en la boquilla de algunos *proyectiles, y sirve para dar fuego a su carga.

espoleta. f. Horquilla que forman las clavículas del *ave.

espolín. m. d. de **Espuela.** || *Espuela [illegible]a en el tacón de la bota. || Planta gramínea, con hojas parecidas a las del *esparto.

espolín. m. Lanzadera pequeña con que se *tejen aparte las flores en las telas de seda, oro o plata. || *Tela de seda con flores esparcidas.

espolinar. tr. *Tejer en forma de espolín. || *Tejer con espolín.

espolio. m. Conjunto de *bienes de la mitra que quedan al morir los *prelados.

espolique. m. *Criado que camina a pie delante de la caballería en que va su amo. || Talonazo que en el *juego del fil derecho da el que salta al que está encorvado.

espolista. m. El que arrienda los espolios en sede vacante (*prelado).

espolista. m. **Espolique** (*criado).

espolón. m. Apófisis ósea en forma de cuerno, que tienen en el tarso varias *aves *gallináceas. || **Tajamar** (de un puente). || *Malecón que suele hacerse a orillas de los ríos o del mar, y también al borde de los barrancos y precipicios. || Punta en que remata la proa de la *embarcación. || Pieza de hierro aguda, afilada y saliente en la proa de algunos barcos de la *armada, para embestir al buque enemigo. || Ramal corto y escarpado que parte de una *cordillera, en dirección perpendicular a ella. || fig. Sabañón que sale en el calcañar. || *Arq.* **Contrafuerte.** || *Veter.* Prominencia córnea que tienen las *caballerías en la parte posterior de los menudillos.

espolonada. f. *Acometimiento o arremetida impetuosa de gente a caballo.

espolonazo. m. *Golpe dado con el espolón.

espolonear. tr. desus. **Espolear.**

espolsador. m. Instrumento a modo de zorros para *limpiar el polvo.

espolvorear. tr. **Despolvorear.** Ú. t. c. r. || *Esparcir sobre una cosa otra hecha *polvo.

espolvorizar. tr. **Espolvorear.**

espondaico, ca. adj. Perteneciente o relativo al espondeo. || V. ***Verso espondaico.** Ú. t. c. s.

espondalario. m. En Aragón, *testigo del *testamento común abierto y verbal.

espondeo. m. Pie de la *poesía griega y latina, compuesto de dos sílabas largas.

espóndil. m. **Vértebra.**

espóndilo. m. **Vértebra.**

espongiarios. m. pl. **Zool.* Grupo de animales celenterios que comprende las esponjas.

espongioblasto. m. *Anat.* En el *ojo, célula de la zona reticulada.

***esponja.** f. *Zool.* Animal marino, de los espongiarios, cuyo cuerpo está formado por una red de fibras, que presenta el aspecto de una masa amarillenta, muy flexible y porosa. || El cuerpo o esqueleto de este animal, que se emplea para diferentes usos domésticos, por la facilidad con que absorbe cualquiera líquido y lo suelta comprimiéndolo. || fig. El que con maña se *apodera de los bienes de otro. || *Quím.* Substancia esponjosa.

esponjado. m. **Azucarillo.** || **del cazo.** Azucarillo tostado.

esponjadura. f. Acción y efecto de esponjar o esponjarse. || Defecto de fundición en el ánima de las piezas de artillería.

esponjamiento. m. **Esponjadura.**

esponjar. tr. *Ahuecar, hacer más poroso un cuerpo. || r. fig. *Engreírse, envanecerse. || fam. Adquirir una persona lozanía y *salud.

esponjera. f. Receptáculo para colocar la esponja que se usa.

***esponjosidad.** f. Calidad de esponjoso.

***esponjoso, sa.** adj. Aplícase al cuerpo muy poroso y más ligero de lo que corresponde a su volumen.

esponsales. m. pl. Mutua promesa de *matrimonio que se hacen y aceptan el varón y la mujer.

esponsalicio, cia. adj. Perteneciente a los esponsales.

espontáneamente. adv. m. De modo espontáneo.

espontanearse. r. *Revelar uno a las autoridades voluntariamente cualquier culpa propia. || Por ext., descubrir uno a otro con entera *sinceridad lo íntimo de sus pensamientos.

espontaneidad. f. Calidad de espontáneo. || **Lit.* *Expresión natural y fácil del pensamiento.

espontáneo, a. adj. *Voluntario y de propio movimiento. || *Natural, que se produce sin cultivo o sin cuidados del hombre.

espontón. m. Especie de *lanza con el hierro en forma de corazón, de que usaban los oficiales de infantería.

espontonada. f. *Saludo hecho con el espontón. || *Golpe dado con él.

espora. f. *Bot.* Corpúsculo reproductor de las plantas *criptógamas.

esporádico, ca. adj. Dícese de las *enfermedades que atacan a uno o varios individuos en cualquiera tiempo o lugar y que no tienen carácter epidémico ni endémico. || fig. Dícese de lo que es ocasional o *casual, sin antecedentes ni consiguientes.

esporangio. m. *Bot.* *Fruto o cápsula que contiene libres las esporas.

esporo. m. *Bot.* **Espora.**

esporocarpio. m. *Bot.* *Fruto o cápsula que contiene sujetas las esporas por filamentos o cordoncillos.

esportada. f. Lo que *cabe en una espuerta.

esportear. tr. *Transportar con *espuertas una cosa de un paraje a otro.

esportilla. f. d. de **Espuerta.** || *Soplillo, aventador.

esportillero. m. Mozo o *ganapán que se ofrecía en ciertos parajes públicos para llevar en su espuerta lo que se le mandaba. || Operario que acarrea con *espuerta los materiales.

esportillo. m. Capacho de esparto o de palma.

esportizo. m. Aguaderas de mimbre que se abren por el fondo para dejar caer la *carga.

esportón. m. Esportillo en que llevan la carne de la carnicería.

espórtula. f. *Remuneración o derechos que cobraban algunos jueces y ministros de justicia.

esposado, da. adj. **Desposado.** Ú. t. c. s.

esposar. tr. *Sujetar a uno con esposas.

esposas. f. pl. Manillas o *prisiones de hierro con que se sujeta a los reos por las muñecas.

esposo, sa. m. y f. Persona que ha contraído esponsales. || Persona *casada. || f. *Sortija o anillo que llevan los *prelados.

***espuela.** f. Espiga de metal terminada comúnmente en una rodajita con puntas y unida por el otro extremo a unas ramas en semicírculo que se ajustan al talón. Se usa para aguijar o picar a la cabalgadura. || fig. *Estímulo, incitativo. || Espolón de las *aves. || **de caballero.** *Planta herbácea de las ranunculáceas, que se cultiva en los jardines. || Flor de esta planta. || **Calzar espuela.** fr. fig. Ser *caballero. || **Calzar,** o **calzarse, la espuela.** fr. fig. Ser

armado caballero. ‖ **Echar la espuela.** fr. fig. y fam. Echar el último *trago los que han bebido antes juntos. ‖ **Estar con las espuelas calzadas.** fr. fig. Estar *preparado o a punto de emprender un *viaje, negocio, etc. ‖ **Poner espuelas** a uno. fr. fig. Estimularle, *incitarle.
espuenda. f. *Borde de un *canal o *límite de un campo.
***espuerta.** f. Recipiente flexible, de forma cóncava, hecho de esparto, palma u otra materia, con dos asas pequeñas. ‖ **A espuertas.** m. adv. En *abundancia.
espulgadero. m. Lugar o paraje donde se espulgaban los *mendigos.
espulgador, ra. adj. Que espulga. Ú. t. c. s.
espulgar. tr. Limpiar la cabeza, el cuerpo o el vestido, de pulgas o *piojos. Ú. t. c. r. ‖ fig. *Examinar, reconocer una cosa minuciosamente.
espulgo. m. Acción y efecto de espulgar o espulgarse.
***espuma.** f. Conjunto de burbujas pequeñísimas que se forma en la superficie de los líquidos. ‖ **Culin.* Tratándose de líquidos en los que se cuecen substancias alimenticias, parte del jugo y de las impurezas que sobrenadan. ‖ fig. Nata, flor, lo más selecto o *excelente. ‖ **de la sal.** Substancia blanda que deja el agua del mar pegada a las piedras. ‖ **de mar.** **Miner.* Silicato de magnesia hidratado, de color blanco amarillento, que se emplea para hacer pipas de *fumar. ‖ **de nitro.** Costra que se forma de esta sal en la superficie de la tierra. ‖ **Crecer como espuma,** o **como la espuma.** fr. fig. y fam. Medrar o *adelantar rápidamente una persona.
espumadera. f. *Paleta circular y algo cóncava, llena de agujeros, con que se saca la *espuma del caldo o de otro líquido.
espumador, ra. m. y f. Persona que espuma.
espumaje. m. Abundancia de espuma.
espumajear. intr. Arrojar o echar espumajos de *saliva.
espumajo. m. **Espumarajo.**
espumajoso, sa. adj. Lleno de espuma.
espumante. p. a. de **Espumar.** Que hace espuma.
espumar. tr. Quitar la *espuma del caldo, del almíbar, etc. ‖ intr. Hacer *espuma. ‖ fig. *Crecer, aumentar rápidamente.
espumarajear. intr. Echar espumarajos.
espumarajo. m. *Saliva arrojada en grande abundancia por la boca.
espúmeo, a. adj. **Espumoso.**
espumero. m. Sitio o lugar donde se junta agua salada para que cristalice o cuaje la *sal.
espumilla. f. d. de **Espuma.** ‖ *Tela muy ligera, semejante al crespón. ‖ **Merengue.**
espumillón. m. *Tela de seda muy doble.
espumoso, sa. adj. Que tiene o hace mucha *espuma.
espundia. f. **Veter.* Úlcera en las caballerías.
espundio. m. *Subterráneo.
espurio, ria. adj. **Bastardo.** ‖ fig. *Falso, contrahecho o adulterado.
espurrear. tr. *Rociar una cosa con agua u otro líquido expelido por la boca.
espurriar. tr. **Espurrear.**
espurrir. tr. Estirar, *extender, dicho especialmente de las *piernas y los brazos. ‖ r. **Desperezarse.**
esputar. tr. **Expectorar.**
***esputo.** m. Lo que se arroja de una vez en cada *expectoración.
esquebrajar. tr. **Resquebrajar.**
esquejar. tr. *Agr.* Formar esquejes.
***esqueje.** m. Tallo o cogollo que se introduce en tierra para multiplicar la planta.
esquela. f. *Carta breve que antes solía cerrarse en figura casi triangular. ‖ *Papel en que se dan citas, se hacen *convites, etc. ‖ Aviso de la *muerte de una persona que se publica en los periódicos.
esqueletado, da. adj. Muy *flaco, exhausto.
esquelético, ca. adj. Esqueletado, muy *flaco.
***esqueleto.** m. Armazón *ósea del cuerpo del animal vertebrado. ‖ fig. y fam. Sujeto muy *flaco. ‖ fig. **Armadura** (*armazón). ‖ fig. *Modelo o *impreso en que se dejan blancos que se rellenan a mano. ‖ fig. **Lit.* *Proyecto, plan de una obra literaria.
esquema. m. *Dibujo o representación gráfica y simbólica de cosas inmateriales. ‖ Representación de una cosa en *compendio o mediante sus caracteres más significativos. ‖ Cada uno de los *temas que se ponen a la deliberación de un *concilio.
esquemáticamente. adv. m. Por medio de esquemas.
esquemático, ca. adj. Perteneciente al esquema o en forma de esquema.
esquematismo. m. Procedimiento esquemático para la exposición de doctrinas.
esquematizar. tr. Representar una cosa en forma esquemática.
esquena. f. **Espinazo.** ‖ Espina principal de los *peces.
esquenanto. m. *Planta perenne de las gramíneas, de raíz aromática y medicinal.
esquero. m. *Bolsa que servía para llevar la yesca y el pedernal, el dinero u otras cosas.
esquerro, rra. adj. ant. **Izquierdo.**
esquí. m. Especie de *patín muy largo y estrecho, que se usa para andar y patinar en la nieve.
esquiador, ra. m. y f. Persona que usa esquíes.
esquiar. intr. *Patinar con esquíes.
esquiciar. tr. p. us. *Pint.* *Empezar a *dibujar o delinear.
esquicio. m. **Apunte** (*dibujo ligero).
esquienta. f. Cima o *cumbre de una *montaña.
esquifada. f. *Carga que suele llevar un esquife. ‖ *Germ.* Junta de *ladrones o *rufianes.
esquifar. tr. **Mar.* Proveer de pertrechos y marineros una embarcación.
esquifazón. m. *Mar.* Conjunto de *remos y remeros con que se armaban las embarcaciones. ‖ *Mar.* *Velamen total de un buque.
esquife. m. *Barco pequeño que se lleva en el navío para saltar en tierra. ‖ *Arq.* Cañón de *bóveda en figura cilíndrica.
esquila. f. Cencerro fundido y en forma de *campana. ‖ *Campana pequeña.
esquila. f. **Esquileo.**
esquila. f. **Camarón** (*crustáceo). ‖ *Insecto coleóptero, que anda rápidamente y trazando multitud de curvas sobre las aguas estancadas. ‖ **Cebolla albarrana.**
esquilada. f. **Cencerrada.**
esquilador, ra. adj. Que esquila. Ú. t. c. s. ‖ f. Máquina esquiladora.
esquilar. intr. Tocar la esquila.
***esquilar.** tr. Cortar con la *tijera el pelo, vellón o lana de los animales.
esquilar. intr. Trepar, *subir a los árboles, cucañas, etc.
***esquileo.** m. Acción y efecto de esquilar el ganado. ‖ Casa destinada para esquilar el ganado lanar. ‖ Tiempo en que se esquila.
esquilero. m. Especie de salabre que se usa para *pescar camarones.
esquileta. f. d. de **Esquila** (cencerro).
esquilimoso, sa. adj. fam. Nimiamente *delicado y que hace ascos de todo.
esquilmar. tr. Recoger las *cosechas de la tierra o beneficiar los productos del *ganado. ‖ Chupar con exceso las plantas el jugo de la tierra. ‖ fig. **Empobrecer.**
esquilmeño, a. adj. Dícese del árbol o planta que produce abundante *fruto.
esquilmo. m. Frutos y *provechos que se sacan de las tierras y ganados. ‖ Muestra de *fruto que presentan los *olivos. ‖ Broza con que se cubre el suelo de los establos, para procurar abrigo al *ganado y formar *abono para las tierras. ‖ Escobajo de la *uva.
esquilo. m. **Ardilla.**
esquilón. m. Esquila grande (cencerro).
esquimal. adj. Natural del país situado junto a las bahías de Hudson y de Baffin. Ú. t. c. s.
***esquina.** f. Arista, ángulo saliente, y en especial el que resulta del encuentro de las paredes de un edificio. ‖ **Las cuatro esquinas.** *Juego de muchachos que se hace poniéndose cuatro o más en los rincones u otros lugares señalados, para cambiar entre sí de puesto, mientras un muchacho, que carece de él, trata de ocupar alguno. ‖ **Estar en esquina** dos o más personas. fr. fig. y fam. Estar *enemistadas.
esquinado, da. adj. Que tiene esquinas o *ángulos. ‖ Dícese de la persona que obra con *desabrimiento.
esquinadura. f. Calidad de esquinado.
esquinal. m. *Ángulo de un edificio.
esquinancia. f. desus. **Esquinencia.**
esquinante. m. Esquinanto.
esquinanto. m. **Esquenanto.**
esquinar. tr. Hacer o formar *esquina. Ú. t. c. intr. ‖ Poner en esquina alguna cosa. ‖ Escuadrar un *madero. ‖ fig. *Enemistar, *malquistar, indisponer. Ú. m. c. r.
esquinazo. m. fam. **Esquina.** ‖ **Serenata.** ‖ **Dar esquinazo.** fr. fig. y fam. Dejar a uno plantado, *abandonarle.
esquinco. m. **Estinco.**
esquinela. f. **Espinillera.**
esquinencia. f. **Angina.**
esquinzador. m. Cuarto grande destinado en los molinos de *papel a esquinzar el trapo.
esquinzar. tr. **Desguinzar.**
esquiparte. m. *Pala pequeña, cortante y fuerte, para limpiar las *acequias.
esquiraza. f. Antigua *embarcación de velas cuadras.
esquirla. f. Astilla desprendida de un *hueso.
esquirol. m. **Ardilla.** ‖ despect. *Obrero que *substituye a un huelguista.
esquisto. m. **Pizarra.**
esquistoso, sa. adj. **Laminar.**
esquite. m. Rosetas de *maíz.
esquivar. tr. *Evitar, rehusar. ‖ r. Retraerse, *retirarse.
esquivez. f. Despego, *desabrimiento.

esquiveza. f. desus. **Esquivez.**
esquivo, va. adj. *Desabrido, huraño.
esquizado, da. adj. Dícese del *mármol salpicado de pintas.
esquizofrenia. f. *Med.* Enfermedad *mental que se caracteriza por la disociación de las funciones psíquicas.
esquizofrénico, ca. adj. Perteneciente o relativo a la esquizofrenia. ‖ Que padece esta enfermedad. Ú. t. c. s.
***estabilidad.** f. Permanencia en un estado determinado. ‖ Equilibrio, *firmeza. ‖ *Duración.
estabilísimo, ma. adj. sup. de **Estable.**
estabilizar. tr. Dar estabilidad a una cosa.
***estable.** adj. Constante, durable, permanente.
establear. tr. Acostumbrar una res al establo. Ú. t. c. r.
establecedor, ra. adj. Que establece. Ú. t. c. s.
***establecer.** tr. Fundar, instituir. ‖ Ordenar, *mandar. ‖ r. Fijar uno su *residencia o adquirir *vecindad en alguna parte. ‖ Abrir uno por su cuenta un establecimiento mercantil o industrial.
estableciente. p. a. de **Establecer.** Que establece.
establecimiento. m. *Ley, ordenanza, estatuto. ‖ *Fundación, institución. ‖ Cosa fundada o establecida. ‖ Colocación o *empleo estable de una persona. ‖ *Tienda, *oficina o lugar donde habitualmente se ejerce una *industria o profesión. ‖ **de las mareas.** *Mar.* Hora en que sucede la pleamar, el día de la conjunción de la Luna. ‖ **de puerto.** *Mar.* Diferencia entre la hora a que se verifica la pleamar de sicigias en un puerto y la del paso de la Luna por el meridiano superior.
establemente. adv. m. Con estabilidad.
establero. m. El que cuida del establo.
***establo.** m. Lugar cubierto en que se encierra *ganado.
estabón. m. La mata de habas después de quitarle el fruto.
estabulación. f. Cría y mantenimiento de los *ganados en establo.
estabular. tr. Criar y mantener los *ganados en establos.
estabuyo. m. *Palo, estaca, garrote.
***estaca.** f. *Palo, con punta en un extremo para fijarlo en tierra. ‖ → Rama o palo verde sin raíces que se planta para que se haga árbol. ‖ **Garrote.** ‖ *Clavo de hierro de tres a cuatro decímetros. ‖ *Germ.* **Daga.** ‖ Pertenencia de una *mina. ‖ **No dejar estaca en pared.** fr. fig. y fam. Arrasarlo o *destruirlo todo.
estacada. f. *Cercado u otra obra hecha de estacas clavadas en la tierra. ‖ Palenque o campo de *batalla. ‖ Lugar señalado para un *desafío. ‖ Plantío de estacas de *olivo. ‖ **Fort.* Hilera de estacas clavadas en tierra verticalmente. ‖ **Dejar** a uno **en la estacada.** fr. fig. *Abandonarlo en un *peligro. ‖ **Quedar,** o **quedarse,** uno **en la estacada.** fr. *Morir en el campo de batalla, en el desafío, etc. ‖ fig. Ser *vencido en una disputa u otro empeño.
estacado. m. Estacada, palenque.
estacadura. f. Conjunto de estacas que sujetan la caja y los varales de un *carro.
estacar. tr. *Hincar en la tierra una estaca y *atar a ella una bestia. ‖ Señalar en el terreno con estacas una *linde, perímetro, etc. ‖ Sujetar, clavar con estacas los *cueros en el suelo para que se mantengan estirados. ‖ r. fig. Quedarse *inmóvil y tieso. ‖ *Punzarse, clavarse una astilla.
estacazo. m. *Golpe dado con estaca o garrote. ‖ fig. **Varapalo.**
estación. f. *Estado actual de una cosa. ‖ Cada una de las cuatro partes o tiempos en que se divide el *año. ‖ Tiempo, *temperatura. ‖ Visita que se hace por devoción a las iglesias o altares, especialmente en *Semana Santa* para rezar ante la *Eucaristía. ‖ Cierto número de padrenuestros y avemarías que se *rezan en esta visita. ‖ Cada uno de los parajes en que se hace una *parada durante un viaje. ‖ Estancia, morada, asiento. ‖ En los *ferrocarriles, sitio donde habitualmente hacen parada los trenes. ‖ Edificio o edificios en que están las oficinas y dependencias de una **estación** de ferrocarril. ‖ Punto y oficina donde se expiden y reciben despachos *telegráficos o telefónicos. ‖ fig. Partida de gente apostada. ‖ **Astr.* Detención aparente de los planetas en sus órbitas. ‖ **Bot.* Sitio que cada especie vegetal prefiere. ‖ **Topogr.* Cada uno de los puntos en que se observan o se miden ángulos de una red trigonométrica. ‖ **Andar estaciones,** o **las estaciones.** fr. Visitar iglesias para ganar indulgencias. ‖ fr. fig. y fam. Hacer las *diligencias necesarias en algún asunto.
estacional. adj. Propio y peculiar de cualquiera de las estaciones del *año. ‖ *Astr.* **Estacionario.**
estacionamiento. m. Acción y efecto de estacionarse.
estacionar. tr. *Colocar, poner en un lugar. Ú. t. c. r. ‖ Hablando de majadas de *ovejas, echarles los carneros en determinados meses del año. ‖ r. Quedarse estacionario.
estacionario, ria. adj. fig. Dícese de la persona o cosa que permanece *inmóvil, sin adelanto ni retroceso. ‖ **Astr.* Aplícase al planeta que está como detenido en su órbita aparente durante cierto tiempo. ‖ m. El que tenía tienda de *libros para venderlos o dejarlos *copiar. ‖ El que, según los estatutos de la *universidad de Salamanca, daba los libros en la biblioteca.
estacionero, ra. adj. El que anda con frecuencia las estaciones. Ú. t. c. s.
estacón. m. aum. de **Estaca.**
estacte. f. *Aceite esencial *aromático, sacado de la mirra fresca.
estacha. f. *Cuerda o cable atado al arpón que se clava a las ballenas para *pescarlas. ‖ *Mar.* *Cabo que desde un buque se da a otro fondeado o a cualquier objeto fijo.
estada. f. Mansión, *detención que se hace en un lugar.
estadal. m. Medida de *longitud equivalente a tres metros y 334 milímetros. ‖ Cinta bendita en algún santuario, que se suele poner al cuello. ‖ **Estado** (medida de *longitud). ‖ Cerilla, que suele tener de largo un estado de hombre. ‖ **cuadrado.** Medida *superficial o agraria que tiene dieciséis varas cuadradas.
estadero. m. Sujeto nombrado por el rey para demarcar las tierras de repartimiento.
estadía. f. *Detención, estancia. ‖ Tiempo que permanece el modelo ante el *pintor. ‖ **Der. Mar.* Cada uno de los días que transcurren después del plazo estipulado para la carga o descarga de un buque. Ú. m. en pl. ‖ *Com.* Indemnización que se paga por este concepto.
estadio. m. Lugar público que servía para ejercitar los caballos en la *carrera, y para las *luchas atléticas. ‖ Distancia o *longitud de 125 pasos geométricos, que viene a ser la octava parte de una milla. ‖ *Med.* Período, dicho especialmente de los tres que se observan en cada acceso de *fiebre intermitente.
estadista. m. Autor de trabajos de *estadística. ‖ Hombre versado y práctico en negocios de Estado, o instruido en materias de *política.
***estadística.** f. Censo o recuento de la población, de la producción, del tráfico o de cualquier otra manifestación de un Estado, provincia u otra entidad colectiva. ‖ Estudio y comparación de los hechos morales.
***estadístico, ca.** adj. Perteneciente a la estadística.
estádium. m. **Estadio,** 1.ª acep.
estadizo, za. adj. Que está mucho tiempo *detenido o *cerrado, sin orearse o renovarse.
***estado.** m. Situación en que está una persona o cosa, sujeta a cambios que influyen en su condición. ‖ Orden, clase, jerarquía y condición *social de las personas que componen un reino, una república o un pueblo. ‖ Clase o condición a la cual está sujeta la vida de cada uno. ‖ Cuerpo *político de una *nación. ‖ País o territorio de un señor de vasallos. ‖ En el régimen federativo, territorio cuyos habitantes se rigen por leyes propias, aunque sometidos en ciertos asuntos a las decisiones del gobierno general. ‖ Medida *longitudinal tomada de la estatura regular del hombre. ‖ Medida *superficial de 49 pies cuadrados. ‖ Resumen, *lista o exposición en conjunto de ciertos datos, *cuentas, etc. ‖ *Comida que acostumbra dar el rey en ciertos lugares y ocasiones a su comitiva. ‖ Sitio en que se la servía. ‖ **Ministerio de Estado.** ‖ **Esgr.* Disposición y figura en que queda el cuerpo después de cada lance. ‖ **absoluto.** En los *relojes marinos, atraso o adelanto respecto de la hora en el meridiano de comparación. ‖ **celeste.** **Astrol.* El que compete al planeta, según el signo en que se halla. ‖ **civil.** Condición de cada *persona en relación con los derechos y obligaciones civiles. ‖ **de guerra.** El de una población en tiempo de *guerra. ‖ fig. **Polít.* El de suspensión temporal de las garantías constitucionales. ‖ **común. Estado general.** ‖ **de la** *****inocencia.** Aquel en que Dios crió a nuestros primeros padres. ‖ **del reino.** Cualquiera de las clases o brazos de él que solían tener voto en *Cortes. ‖ **de sitio. Estado de guerra.** ‖ **general. Estado llano.** ‖ **honesto.** El de *soltera. ‖ **interesante.** El de la mujer *preñada. ‖ **llano.** fig. El común de los vecinos de que se compone un pueblo, a excepción de los nobles, los eclesiásticos y los militares. ‖ **mayor.** **Mil.* Cuerpo de oficiales encargados en los ejércitos de informar técnicamente a los jefes superiores. ‖ *Mil.* Generales y jefes de todos los ramos que componen una división. ‖ *Mil.* General o gobernador que manda una plaza y demás individuos agregados a él. ‖ **mayor central.** *Mil.* Organismo superior en el ejército y en la marina. ‖ **mayor gene-**

ral. **Mil.* Conjunto de jefes y oficiales del **estado** mayor y de los demás cuerpos y servicios auxiliares. ‖ **Caer** uno **de** su **estado.** fr. fig. *Decaer, perder el valimiento y conveniencia que tenía. ‖ fig. y fam. *Caer en tierra sin impulso ajeno. ‖ **Causar estado.** fr. Ser definitiva una *sentencia. ‖ Por ext., tener un hecho efecto decisivo en lo venidero. ‖ **En estado de merecer.** fr. fam. Dícese de la persona *soltera, que puede aspirar al noviazgo y al *casamiento. ‖ **Mudar estado.** fr. Pasar de un **estado** a otro; como de secular a eclesiástico, de soltero a casado, etc. ‖ **Siete estados debajo de tierra.** expr. fig. de que se usa para denotar que una cosa está muy *oculta. ‖ **Tomar estado.** fr. **Mudar estado.**

estadojo. m. **Estandorio.**

estadoño. m. **Estandorio.**

estadounidense. adj. Natural de los Estados Unidos de América del Norte. Ú. t. c. s. ‖ Perteneciente a dicho país.

***estafa.** f. Acción y efecto de estafar. ‖ *Germ.* Lo que el ladrón da al rufián.

estafa. f. ***Estribo** (de montar a caballo).

estafador, ra. m. y f. Persona que estafa. ‖ *Germ.* Rufián que estafa o quita algo al ladrón.

***estafar.** tr. Pedir o sacar con engaño dineros o cosas de valor con ánimo de no pagar.

estafermo. m. *Muñeco en figura de un hombre armado, de que se usaba en ciertas *fiestas. Podía girar alrededor de un mástil, de manera que, al ser herido con la lanza, azotaba la espalda del jugador falto de destreza. ‖ fig. Persona que está parada y como *enajenada y sin acción. ‖ Persona de aspecto *ridículo.

estafeta. f. *Correo que iba a caballo de un lugar a otro. ‖ Postillón que en cada una de las casas de postas aguardaba que llegase otro con los despachos, para salir con ellos y entregarlos al postillón de la casa inmediata. ‖ Casa u oficina del *correo. ‖ *Correo especial para el servicio diplomático.

estafetero. m. El que cuida la estafeta y recoge y hace la distribución de las cartas del *correo.

estafetil. adj. Perteneciente a la estafeta.

estafilococia. f. **Pat.* Infección producida por estafilococos.

estafilococo. m. *Bact.* Nombre dado a las *bacterias de forma redondeada, que se agrupan como en racimo.

estafisagria. f. *Planta herbácea de las ranunculáceas. Es hierba venenosa, y sus semillas, reducidas a polvo, sirven para matar los *insectos parásitos.

estagirita. adj. Natural de Estagira. Ú. t. c. s. ‖ Perteneciente a esta antigua ciudad de Macedonia.

estagnación. f. Paralización, *quietud.

estajadera. f. Especie de *martillo que usan los herreros.

estajador. m. **Estajadera.**

estajar. tr. Disminuir el espesor de una pieza de *hierro.

estajero. m. **Destajero.**

estajista. m. **Destajista.**

estajo. m. **Destajo.**

estala. f. *Establo o caballeriza. ‖ **Escala** (puerto).

estalación. f. **Ecles.* Cada una de las clases en que se dividen los individuos de un cabildo, con arreglo a sus respectivas dignidades.

estalactita. f. **Geol.* Concreción calcárea que suele hallarse pendiente del techo de las *cavernas, donde se filtran lentamente aguas con carbonato de *cal en disolución.

estalagmita. f. **Geol.* Estalactita invertida que se forma en el suelo con la punta hacia arriba.

estalo. m. *Asiento en el coro de una *iglesia.

estallante. p. a. de **Estallar.** Que estalla.

***estallar.** intr. Reventar o romperse de golpe una cosa, con chasquido o estruendo. ‖ **Restallar.** ‖ fig. Sobrevenir, *acaecer violentamente alguna cosa. ‖ fig. Sentir y manifestar repentina y violentamente ira, alegría u otra *pasión.

***estallido.** m. Acción y efecto de estallar.

estallo. m. **Estallido.**

estambrado. m. Especie de *tela de estambre.

estambrar. tr. Torcer la lana y hacer *hilo de estambre.

estambre. amb. Ú. m. c. m. Parte del vellón de *lana que se compone de hebras largas. ‖ *Hilo formado de estas hebras. ‖ **Urdimbre** (de un *tejido). ‖ *Bot.* Órgano sexual masculino de las plantas fanerógamas, que se halla hacia el centro de las *flores. ‖ **de la vida.** fig. Curso del vivir; la misma *vida.

estamento. m. En la corona de Aragón, cada uno de los Estados que concurrían a las *Cortes. ‖ Cada una de las dos *asambleas o cuerpos colegisladores establecidos por el Estatuto Real.

estameña. f. *Tela de lana, sencilla y ordinaria, hecha de estambre.

estameñete. m. Especie de estameña.

estamíneo, a. adj. Que es de estambre. ‖ Perteneciente o relativo al estambre.

estaminífero, ra. adj. *Bot.* Aplícase a las *flores que llevan únicamente estambres.

***estampa.** f. Dibujo, figura o pintura trasladada al papel u otra materia, de la lámina de metal o madera en que está grabada, o de la piedra litográfica en que está dibujada. ‖ fig. *Forma o *aspecto total de una persona o animal. ‖ fig. *Imprenta o impresión. ‖ ***Huella** (señal que deja el pie en la tierra).

***estampación.** f. Acción y efecto de estampar.

estampado, da. adj. Aplícase a las *telas en que se forman y estampan diferentes labores o dibujos. Ú. t. c. s. ‖ Dícese del objeto que por presión o percusión se fabrica con matriz o *molde apropiado. Ú. t. c. s. ‖ m. **Estampación.**

estampador. m. El que estampa.

***estampar.** tr. *Imprimir, sacar en estampas una cosa. ‖ Prensar una chapa metálica sobre un *molde de acero, labrado en hueco. ‖ Señalar o hacer *huella una cosa en otra; como el *pie en la arena. ‖ fam. *Arrojar a una persona o cosa, haciéndola chocar contra algo. ‖ **Imprimir** (libros, periódicos, etc).

estampería. f. Oficina en que se estampan láminas. ‖ Tienda donde se venden estampas.

estampero. m. El que hace o vende estampas.

estampía. f. Ú. sólo en la frase **partir,** o **salir de estampía,** que significa *marcharse o *huir de manera *precipitada.

estampida. f. **Estampido.**

***estampido.** m. Ruido fuerte y seco como el producido por el disparo de un cañón.

estampidor. m. **Puntal.**

estampilla. f. *Sello que contiene en facsímil la *firma y rúbrica de una persona. ‖ Especie de *sello con un letrero para estampar en ciertos documentos. ‖ Sello de *correos o fiscal.

estampillado. m. Acción y efecto de estampillar.

estampillar. tr. Señalar con cajetín o *sello.

estancación. f. Acción y efecto de estancar o estancarse.

estancamiento. m. **Estancación.**

estancar. tr. *Detener el curso de una cosa. Ú. t. c. r. ‖ Prohibir el curso libre de determinada mercancía, constituyendo su venta en *monopolio.

estancia. f. Mansión, *habitación y residencia en un lugar, casa o paraje. ‖ Aposento donde se habita ordinariamente. ‖ Cada uno de los días que está el enfermo en el *hospital. ‖ Cantidad que se paga por este concepto. ‖ **Estrofa.** ‖ Hacienda de *campo destinada al *cultivo, y más especialmente a la *ganadería. ‖ *Casa de campo próxima a la ciudad.

estanciero. m. El dueño de una estancia o el que cuida de ella.

estanco, ca. adj. **Mar.* Aplícase a los navíos y a los recipientes que se hallan bien dispuestos para no hacer agua por sus costuras. ‖ m. Embargo o prohibición del curso y venta libre de algunas cosas; *monopolio. ‖ Sitio, paraje o casa donde se venden géneros estancados. ‖ desus. Parada, *detención. ‖ fig. *Depósito, archivo.

***estandarte.** m. *Mil.* Insignia que usan los cuerpos montados, y consiste en un pedazo de tela cuadrado pendiente de una asta. ‖ Insignia parecida que usan las corporaciones civiles y las *congregaciones religiosas. ‖ **real.** Bandera que se iza en el buque en que se embarca una persona real, o en el edificio en que se aloja.

estandorio. m. Cada una de las estacas que de trecho en trecho se fijan a los lados del *carro para sostener los adrales o la carga.

estangurria. f. Emisión dolorosa de la *orina, gota a gota, con tenesmo de la vejiga. ‖ Tubo o vejiga que suele ponerse para recoger las gotas de la orina el que padece esta enfermedad.

estannato. m. **Quím.* Sal que forma el ácido estánnico con una base.

estánnico, ca. adj. *Quím.* Dícese de las combinaciones de *estaño en que este cuerpo alcanza el mayor grado de oxidación.

estannoso, sa. adj. *Quím.* Dícese de las combinaciones de *estaño que contienen este cuerpo en su menor grado de oxidación.

***estanque.** m. Receptáculo o depósito de agua construido para proveer al riego, criar peces, etc. ‖ pl. *Germ.* Silla de *montar.

estanquero. m. El que tiene por oficio cuidar de los *estanques.

estanquero, ra. m. y f. Persona que tiene a su cargo la venta pública del *tabaco y otros géneros estancados.

estanquillero, ra. m. y f. **Estanquero** (el que tiene un estanco).

estanquillo. m. d. de **Estanco.**

estantal. m. **Arq.* Estribo de pared.

estantalar. tr. Apuntalar, *sostener con estantales.

***estante.** p. a. de **Estar.** Que está *presente o permanente en un lugar. ‖ adj. Aplícase al *ganado lanar, que pasta en el término jurisdiccional en que está amillarado. ‖ Dícese del ganadero o dueño de este ganado. ‖ Parado, *inmóvil, fijo y permanente en un lugar. ‖ → m. Mueble con anaqueles o entrepaños, y sin puertas, que sirve para colocar libros, papeles u otras cosas. ‖ Cada uno de los pies derechos que sostienen la armadura del batán. ‖ Cada uno de los dos pies derechos sobre que se apoya y gira el eje horizontal de un *torno. ‖ El que en compañía de otros lleva los pasos en las *procesiones de Semana Santa. ‖ *Mar.* *Palo que se ponía sobre las mesas de guarnición para *amarrar los aparejos de la nave. Ú. m. en pl.

estantería. f. Juego de *estantes o de anaqueles.

estanterol. m. *Mar.* Madero que en las galeras se colocaba a popa en la crujía y sobre el cual se afirmaba el tendal.

estantigua. f. Procesión de *fantasmas que, según el vulgo, se ofrece a la vista por la noche, causando pavor y espanto. ‖ fig. y fam. Persona muy *alta, *flaca y vestida con *desaliño.

estantío, a. adj. Que no tiene curso; parado, *detenido. ‖ fig. Pausado, *lento, calmoso.

estañador. m. El que tiene por oficio estañar.

estañadura. f. Acción y efecto de estañar.

***estañar.** tr. Cubrir o bañar con *estaño las piezas y objetos de otros metales. ‖ *Soldar una cosa con estaño.

estañero. m. El que trabaja en obras de *estaño.

***estaño.** m. Metal de color semejante al de la plata, que cruje cuando se dobla, y despide un olor particular cuando se frota con los dedos.

estaquero. m. Cada uno de los agujeros que se hacen en la escalera y varales de los *carros para meter las estacas. ‖ Gamo o gama de un año.

estaquilla. f. Espiga de madera o caña que sirve para clavar. La usaban principalmente los *zapateros. ‖ *Clavo de hierro, de figura piramidal y sin cabeza. ‖ **Estaca** (clavo grande).

estaquillador. m. Lezna gruesa y corta que usan los *zapateros.

estaquillar. tr. Asegurar o *sujetar con estaquillas una cosa. ‖ Hacer una *plantación por estacas.

***estar.** intr. Existir, *hallarse una persona o cosa en cierto lugar, posición, condición, etc. Ú. t. c. r. ‖ Tocar, *concernir o atañer. ‖ Tratándose de prendas de *vestir, sentar o caer bien o mal. ‖ Con la prep. *a:* *obligarse; tener una cosa determinado *precio; ser el día del *mes cuyo número se indica. ‖ Con la prep. *con:* tener uno *habitación juntamente con otra persona, vivir en su compañía; tener una *conversación con alguno para tratar de algo; efectuar con persona del otro sexo el acto *venéreo. ‖ Con la prep. *de:* hallarse *ocupado en lo que significa el nombre siguiente, o en el *estado que se indica. ‖ Con la prep. *en:* tener *conocimiento de lo que se indica; ser algo la *causa o motivo de otra cosa; resultar una cosa en el *precio que se dice. ‖ Con la prep. *para* y un infinitivo: hallarse dispuesto o *próximo a hacer lo que significa el infinitivo. ‖ Con la prep. *por:* tener *preferencia por alguna persona o cosa; tener la *intención o hallarse casi decidido a hacer una cosa. ‖ Con la prep. *por* y un infinitivo: no haberse ejecutado aún, hallarse *pendiente lo que el infinitivo significa. ‖ r. *Detenerse en alguna parte. ‖ **Estar a la que salta.** fr. fam. **Estar** siempre dispuesto a aprovechar las *ocasiones. ‖ **Estar a matar.** fr. fam. **Estar** muy *enemistados dos o más personas. ‖ **Estar a obscuras.** fr. fig. y fam. **Estar** completamente *ignorante. ‖ **Estar de más.** fr. fam. **Estar** de sobra; ser inútil. ‖ fr. fam. **Estar** sin trabajo u ocupación. ‖ **Estar** uno **en grande.** fr. Vivir con mucha *comodidad o gozar mucho predicamento. ‖ **Estar** uno **en todo.** fr. Atender a un tiempo a muchas cosas. ‖ **Estarse de más.** fr. fam. **Estar** *ocioso.

estarcido. m. Acción y efecto de estarcir.

estarcir. tr. *Estampar los *dibujos, letras o números recortados en una chapa, pasando sobre ella una brocha con tinta.

estarjas. f. pl. Ciertas piezas de los *telares.

estarna. f. ***Perdiz pardilla.**

estasis. f. *Med.* *Detención de la *sangre u otro humor en alguna parte del cuerpo.

estática. f. Parte de la *mecánica, que estudia las leyes del equilibrio.

estático, ca. adj. Perteneciente o relativo a la estática. ‖ Que permanece en un mismo estado, inmóvil, *inmutable. ‖ fig. Dícese del que se queda suspendido o parado de *admiración.

estatismo. m. Inmovilidad de lo estático, *quietud. ‖ Tendencia a la plenitud del poder del Estado en la *nación.

***estatua.** f. Figura de bulto labrada a imitación del natural. ‖ **ecuestre.** La que representa a una persona a caballo.

estatuar. tr. Adornar con *estatuas.

estatuaria. f. Arte de hacer *estatuas.

estatuario, ria. adj. Perteneciente a la estatuaria. ‖ Adecuado para una *estatua. ‖ m. El que hace estatuas.

estatúder. m. *Jefe o magistrado supremo de la antigua república de los Países Bajos.

estatuderato. m. Cargo y dignidad del estatúder.

estatuir. tr. *Establecer, ordenar, *decidir. ‖ Demostrar, *probar como verdad una doctrina o un hecho.

***estatura.** f. Altura de una persona, desde los pies a la cabeza.

estatutario, ria. adj. Estipulado en los estatutos, referente a ellos.

estatuto. m. *Regla o conjunto de ellas que tiene fuerza de *ley para el gobierno de una *corporación. ‖ Por ext., cualquier ordenamiento eficaz para obligar: *contrato, disposición testamentaria, etc. ‖ *For.* Régimen *jurídico al cual están sometidas las personas o las cosas, en relación con la nacionalidad o el territorio. ‖ **formal.** *For.* Régimen concerniente a las solemnidades de los actos y contratos. ‖ **personal.** *For.* Régimen *jurídico que se determina en consideración a la nacionalidad o condición personal del sujeto. ‖ **real.** *Ley fundamental del Estado español que se promulgó en 1834 y rigió hasta 1836. ‖ *For.* Régimen legal que se determina en consideración a la naturaleza de las cosas o al territorio en que radican.

estay. m. *Mar.* *Cabo que sujeta la cabeza de un mástil al pie del más inmediato. ‖ **de galope.** *Mar.* El que sirve para sujetar la cabeza de los mastelerillos.

estayar. tr. *Mar.* Inclinar hacia proa los palos de la *arboladura, cobrando de los estayes.

este. m. **Oriente.** Úsase generalmente en *Geogr.* y *Mar.* ‖ Viento que viene de la parte de oriente.

este, esta, esto, estos, estas. pron. dem. con que se designa lo que está más próximo a la persona que habla. Hace oficio de adjetivo cuando va unido al nombre. ‖ Cuando hacen oficio de substantivo, el m. y el f. se escriben con acento. ‖ **Esta** designa la *población en que está la persona que se dirige a otra por escrito. ‖ **En éstas y en estotras,** o **En éstas y éstas,** o **En éstas y las otras.** ms. advs. fams. Entretanto que algo sucede; en el *intervalo. ‖ **En esto.** m. adv. Estando en **esto,** durante **este** tiempo. ‖ **Por éstas, que son cruces.** Especie de *juramento.

esteárico, ca. adj. De estearina.

estearina. f. *Quím.* Substancia blanca, insípida, que da a los cuerpos *grasos consistencia, y está compuesta de ácido esteárico y de glicerina. ‖ Ácido esteárico que sirve para la fabricación de *velas.

esteatita. f. *Mineral de color blanco o verdoso, suave al tacto y tan blando que se raya con la uña. Es un silicato de magnesia.

esteba. f. *Planta gramínea, que sirve de pasto a las caballerías.

esteba. f. *Palo o pértiga gruesa con que en las embarcaciones se *cargan o aprietan las sacas de lana unas sobre otras.

estebar. m. Sitio donde se cría mucha esteba.

estebar. tr. Entre tintoreros, acomodar en la caldera el paño para *teñirlo.

estefanote. m. *Planta americana, de las apocíneas que se cultiva en los jardines por sus hermosas flores.

estela. f. Rastro o *huella que deja tras sí en la superficie del agua una embarcación u otro cuerpo en movimiento. Dícese también por el rastro que deja en el aire un cuerpo luminoso en movimiento. ‖ **Estelaria.**

estela. f. *Monumento conmemorativo que se erige sobre el suelo en forma de lápida, pedestal o cipo.

estelar. adj. **Sidéreo.**

estelaria. f. **Pie de león** (planta rosácea).

estelífero, ra. adj. poét. Estrellado o lleno de estrellas.

esteliforme. adj. De forma de estela.

estelión. m. **Salamanquesa.** ‖ Piedra que, según creencia popular, se hallaba en la cabeza de los sapos viejos, y que tenía virtud contra el *veneno.

estelionato. m. *For.* *Fraude que comete el que, al hacer un contrato, encubre la obligación que sobre la cosa tiene hecha anteriormente.

estelón. m. **Estelión** (piedra contra el veneno).

estellés, sa. adj. Natural de Estella. ‖ Perteneciente a esta ciudad de Navarra.

estema. m. ant. *Pena de mutilación.

estema. m. Árbol *genealógico.

estemar. tr. ant. Imponer la *pena de mutilación.

estemple. m. **Min.* **Ademe.**

estenocardia. f. *Pat.* Angina de pecho.
estenografía. f. ***Taquigrafía.**
estenografiar. tr. Escribir algo con signos estenográficos.
estenográficamente. adv. m. Por medio de la estenografía.
estenográfico, ca. adj. Perteneciente o relativo a la estenografía.
estenógrafo, fa. m. y f. Persona que sabe o profesa la estenografía.
estenordeste. m. Punto del horizonte entre el Este y el Nordeste, a igual distancia de ambos. ‖ *Viento que sopla de esta parte.
estenosis. f. *Med.* *Estrechez, estrechamiento.
estentóreo, a. adj. Dícese de la *voz muy fuerte o retumbante.
estepa. f. *Erial llano y muy extenso.
estepa. f. *Mata resinosa de las cistíneas. ‖ **blanca. Estepilla.** ‖ **negra. Jaguarzo.**
estepar. m. Lugar o sitio poblado de estepas.
estepario, ria. adj. Propio de las estepas.
estepero, ra. adj. Que produce estepas. ‖ m. Sitio en donde se amontonan las estepas en las casas, para usarlas como *leña. ‖ m. y f. Persona que vende estepas.
estepilla. f. Mata de las cistíneas.
Ester. n. p. V. **Libro de Ester.**
éster. m. *Quím.* Cuerpo que resulta de la substitución de átomos de hidrógeno en un ácido por radicales alcohólicos.
***estera.** f. Tejido grueso de esparto, juncos, palma, etc., que sirve para cubrir el suelo de las habitaciones y para otros usos.
esteral. m. **Estero** (terreno pantanoso).
***esterar.** tr. Cubrir el suelo con *esteras. ‖ intr. fig. y fam. Vestirse de *invierno, ponerse ropa de *abrigo.
estercoladura. f. Acción y efecto de estercolar.
estercolamiento. m. **Estercoladura.**
estercolar. m. **Estercolero.**
estercolar. tr. Echar estiércol en las tierras para *abono. ‖ intr. Evacuar la bestia el *excremento o estiércol.
estercolero. m. Mozo que recoge y saca el estiércol. ‖ Lugar donde se recoge el estiércol.
estercolizo, za. adj. Semejante al estiércol.
estercóreo, a. adj. Perteneciente a los *excrementos.
estercuelo. m. Operación de *abonar las tierras con estiércol.
estéreo. m. Unidad de *capacidad para *leñas.
estereografía. f. *Persp.* Arte de representar los sólidos en un plano.
estereográfico, ca. adj. Perteneciente a la estereografía. ‖ *Geom.* Aplícase a la *proyección en un plano de los círculos de la esfera por medio de rectas concurrentes en un punto de la misma esfera.
estereógrafo. m. El que profesa o sabe la estereografía.
estereometría. f. Parte de la geometría, que trata de la medida de los *volúmenes.
estereométrico, ca. adj. Perteneciente a la estereometría.
estereoscopio. m. Instrumento *óptico en el cual una vista tomada por duplicado desde dos puntos poco distantes y mirada con cada ojo por distinto conducto, produce la ilusión de presentar de bulto una sola imagen.
estereóscopo. m. **Estereoscopio.**
estereotipa. f. **Estereotipia.**
estereotipador. m. El que estereotipa.
estereotipar. tr. *Impr.* Fundir en una plancha por medio del vaciado la composición de un molde formado con caracteres movibles. ‖ Imprimir con esas planchas.
estereotipia. f. Arte de *imprimir con planchas fundidas que reproducen todo un molde compuesto con letras sueltas. ‖ Oficina donde se estereotipa.
estereotípico, ca. adj. Perteneciente a la estereotipia.
estereotomía. f. *Cant.* y *Carp.* Arte de cortar piedras y maderas.
esterería. f. Lugar donde se hacen *esteras. ‖ Tienda donde se venden.
esterero. m. El que hace *esteras. ‖ El que las vende o las acomoda en las habitaciones.
***estéril.** adj. Que no da fruto, o no produce utilidad ninguna. ‖ Dícese de la hembra que no tiene hijos. ‖ fig. Dícese del año en que la cosecha es muy *escasa. ‖ m. *Min.* Parte inútil del subsuelo que se halla interpuesta en el criadero.
***esterilidad.** f. Calidad de estéril. ‖ Falta de cosecha; *escasez de frutos.
esterilización. f. Acción y efecto de esterilizar.
esterilizador, ra. adj. Que esteriliza. ‖ m. Aparato para esterilizar o *desinfectar.
***esterilizar.** tr. Hacer infecundo y estéril lo que antes no lo era. ‖ *Med.* Destruir los gérmenes, y especialmente los nocivos, para *desinfectar los instrumentos de cirugía, alimentos, etc.
esterilla. f. d. de **Estera.** ‖ *Galón o trencilla de hilo de oro o plata. ‖ Pleita estrecha de paja. ‖ *Tejido de paja. ‖ **Cañamazo.** ‖ **Rejilla** (tejido hecho con bejucos). ‖ Encella de pleita.
esterlín. m. **Bocací.**
esterlina. adj. V. **Libra esterlina.**
esternón. m. *Zool.* *Hueso plano situado en la parte anterior del pecho, con el cual se articulan por delante las costillas verdaderas.
estero. m. Acto de esterar. ‖ Temporada en que se estera.
estero. m. Terreno inmediato a la *ribera de una ría, por el cual se extienden las aguas de las mareas. ‖ Terreno bajo *pantanoso, intransitable. ‖ *Arroyo, riachuelo. ‖ *Charca.
esterquero. m. **Estercolero.**
esterquilinio. m. Muladar o sitio donde se juntan inmundicias o *excrementos.
estertor. m. *Respiración anhelosa que suele presentarse en los *moribundos.
estertoroso, sa. adj. Que tiene estertor.
estesiografía. f. Descripción de los órganos de los *sentidos.
estesiología. f. Parte de la anatomía que trata de los órganos de los *sentidos.
estesiometría. f. Medición de la *sensibilidad táctil.
estesiómetro. m. Instrumento para medir la *sensibilidad táctil.
estesudeste. m. Punto del horizonte entre el Este y el Sudeste, a igual distancia de ambos. ‖ *Viento que sopla de esta parte.
esteta. com. Persona que muestra afectación y refinamiento en materia de *arte.
estética. f. Ciencia que trata de la *belleza y de la teoría del *arte.
estéticamente. adv. m. De manera estética.
estético, ca. adj. Perteneciente o relativo a la estética. ‖ Perteneciente o relativo a la percepción o apreciación de la *belleza. ‖ Artístico, de bello aspecto. ‖ m. Persona que se dedica al estudio de la estética.
estetoscopia. f. *Med.* Exploración de los órganos contenidos en la cavidad del pecho, por medio del estetoscopio.
estetoscopio. m. *Med.* Instrumento de diversas formas, tamaño y material, que sirve para auscultar.
esteva. f. Pieza corva del *arado, sobre la cual lleva la mano el que ara. ‖ Madero curvo que en los *carruajes antiguos sostenía a sus extremos las varas.
estevado, da. adj. Que tiene las *piernas torcidas en arco, hacia afuera. Ú. t. c. s.
estevón. m. **Esteva.**
estezado. m. **Correal.**
estezar. tr. Curtir las *pieles en seco. ‖ Poner a uno encendido a fuerza de *golpes. ‖ fig. *Abusar de uno con *peticiones de dinero.
estiaje. m. Nivel más bajo o caudal mínimo de un *río, por causa de la sequía. ‖ Período que dura este nivel bajo.
estiba. f. **Atacador** (instrumento para atacar los *cañones). ‖ Lugar en donde se aprieta la *lana en los sacos. ‖ *Mar.* Colocación conveniente de los pesos y *carga de un buque.
estibador. m. El que estiba.
estibar. tr. *Apretar cosas sueltas para que ocupen el menor espacio posible. ‖ *Germ.* ***Castigar.** ‖ *Mar.* Colocar o distribuir convenientemente todos los pesos y la *carga del buque.
estibia. f. *Veter.* **Espibia.**
estibina. f. *Miner.* Sulfuro de antimonio, de color gris de plomo y brillo metálico intenso.
estibio. m. **Antimonio.**
***estiércol.** m. *Excremento de cualquier animal. ‖ Materias orgánicas, comúnmente vegetales, podridas, que se destinan al *abono de las tierras.
estigio, gia. adj. Aplícase a la Estige, laguna del *infierno *mitológico, y a lo perteneciente a ella. ‖ fig. **Infernal.**
estigma. m. *Marca o señal en el cuerpo. ‖ *Teol.* Huella impresa por modo *sobrenatural en el cuerpo de algunos santos extáticos. ‖ Marca impuesta con hierro candente, bien como *pena infamante, bien como signo de *esclavitud. ‖ fig. *Deshonra, mala fama. ‖ *Bot.* Cuerpo glanduloso, colocado en la parte superior del pistilo de la *flor. ‖ *Pat.* Lesión orgánica o trastorno funcional, que indica enfermedad constitucional y hereditaria. ‖ *Zool.* Cada una de las pequeñas aberturas que tienen los *insectos para que penetre el aire en su aparato *respiratorio.
estigmatizador, ra. adj. Que estigmatiza. Ú. t. c. s.
estigmatizar. tr. *Marcar a uno con hierro candente. ‖ *Teol.* Imprimir *milagrosamente a una persona las llagas de Cristo. ‖ fig. Afrentar, *infamar.
estil. adj. vulg. *Estéril, seco.
estilar. intr. Usar, *acostumbrar, practicar. Ú. t. c. tr. y más con el pron. *se.* ‖ tr. Redactar o extender un *escrito conforme al *estilo y formulario que corresponde.
estilar. tr. ant. Destilar, *gotear. Ú. t. c. intr.
estilbón. m. *Germ.* **Borracho.**
estilete. m. Estilo pequeño (para escribir). ‖ Púa o punzón. ‖ *Puñal de

hoja muy estrecha y aguda. ‖ **Cir.* Tienta metálica, delgada y flexible, que sirve para reconocer ciertas heridas.
estilicidio. m. Acto de estar manando o destilando *gota a gota un licor. ‖ Destilación que así mana.
estilista. com. *Escritor que se distingue por lo esmerado y elegante de su estilo.
estilística. f. Estudio del estilo y, en especial, de los elementos afectivos del *lenguaje.
estilístico, ca. adj. Perteneciente o relativo al estilo.
estilita. adj. Dícese del anacoreta que por mayor rigor *ascético vivía sobre una *columna. Ú. t. c. s.
estilización. f. Acción y efecto de estilizar.
estilizar. tr. **Pint.* y **Esc.* Interpretar convencionalmente la forma de un objeto haciendo resaltar tan sólo sus rasgos más característicos.
***estilo.** m. Punzón con el cual *escribían los antiguos en tablas enceradas. ‖ **Gnomon** (del *reloj de sol). ‖ *Modo, manera. ‖ *Uso, práctica, *costumbre. ‖ → Manera de expresar el pensamiento por medio de la palabra hablada o escrita, por lo que respecta a la elección de vocablos y de giros, que dan al lenguaje carácter de gravedad o de llaneza o lo hacen especialmente adecuado para ciertos fines. ‖ Manera de escribir o de hablar, característica de una persona. ‖ Carácter propio que da a sus obras el *artista. ‖ *Bot.* Parte del pistilo de la *flor, que sostiene el estigma. ‖ **For.* Fórmula de proceder jurídicamente, y orden y método de actuar. ‖ *Mar.* Púa sobre la cual está montada la aguja de la *brújula. ‖ **antiguo.** **Cronol.* El que se usaba hasta la corrección gregoriana. ‖ **nuevo.** *Cronol.* Modo de computar los años según la corrección gregoriana. ‖ **recitativo.** **Mús.* El que consiste en cantar recitando.
estilóbato. m. *Arq.* Macizo corrido que sirve de *basa a una columnata.
estilográfico, ca. adj. Dícese de la *pluma que escribe a expensas de la tinta almacenada en lo interior de su mango. ‖ f. **Pluma estilográfica.**
estilometría. f. *Arq.* Arte de medir las *columnas.
estilómetro. m. *Arq.* Instrumento para medir las *columnas.
estima. f. *Estimación y aprecio que se hace de una persona o cosa. ‖ **Mar.* Concepto aproximado que se forma de la situación del buque por los rumbos y las distancias corridas.
estimabilidad. f. Calidad de estimable.
estimabilísimo, ma. adj. sup. de **Estimable.**
estimable. adj. Que admite estimación o aprecio. ‖ Digno de aprecio y estima.
***estimación.** f. Aprecio que se concede a una cosa o valor en que se tasa o considera. ‖ Aprecio, consideración, *cariño. ‖ **propia. Amor propio.**
estimado, da. adj. *For.* Dícese de los *bienes dotales cuya propiedad se transmite al marido, quedando éste obligado a restituir en su día la cuantía pecuniaria de la estimación.
estimador, ra. adj. Que estima.
***estimar.** tr. Apreciar, poner *precio, evaluar. ‖ **Juzgar** (creer). ‖ Hacer aprecio y estimación de una persona o cosa. Ú. t. c. r.
estimativa. f. Discernimiento, *juicio. ‖ ***Instinto.**
estimatorio, ria. adj. Relativo a la estimación. ‖ *For.* Que pone o fija el *precio de una cosa.
estimulador, ra. adj. Que estimula.
estimulante. p. a. de **Estimular.** Que estimula. Ú. t. c. s.
estimular. tr. *Aguijar, punzar. ‖ fig. *Incitar, *apremiar.
***estímulo.** m. ant. ***Aguijada.** ‖ → fig. *Incitación.
estinco. m. *Reptil africano parecido al lagarto, de color amarillento plateado, con siete bandas negras transversas.
estío. m. Estación del año que astronómicamente principia en el solsticio de *verano y termina en el equinoccio de otoño.
estiomenar. tr. *Ulcerar o corroer una parte carnosa del cuerpo los humores que fluyen a ella.
estiómeno. m. *Pat.* *Corrosión de una parte carnosa del cuerpo por los humores que fluyen a ella.
estipendiar. tr. Dar estipendio.
estipendiario. m. El que recibe estipendio o sueldo.
estipendio. m. Paga o *remuneración que se da a una persona por su trabajo y servicio.
estípite. m. *Arq.* *Pilastra en forma de pirámide truncada, con la base menor hacia abajo. ‖ *Bot.* *Tallo largo y no ramificado como el de las *palmeras.
estipticar. tr. *Med.* **Astringir.**
estipticidad. f. *Med.* Calidad de estíptico.
estíptico, ca. adj. Que tiene *sabor metálico astringente. ‖ Que padece estreñimiento de vientre. ‖ fig. Avaro, *mezquino. ‖ *Med.* Que tiene virtud de estipticar.
estiptiquez. f. Estipticidad, estreñimiento.
estípula. f. **Bot.* Apéndice foliáceo colocado en los lados del peciolo o en el ángulo que éste forma con el tallo.
estipulación. f. *Convenio verbal. ‖ *For.* **Cláusula.**
estipulante. p. a. de **Estipular.** Que estipula.
estipular. tr. *For.* Hacer *contrato verbal. ‖ *Convenir, concertar, acordar.
estique. m. *Cincel de boca dentellada. ‖ Instrumento de madera que usan los *escultores para modelar el barro.
estiquirín. m. **Búho.**
estira. f. Instrumento de cobre, en forma de *cuchilla, para quitar la flor al cordobán y otras *pieles.
estiracáceo, a. adj. **Bot.* Dícese de árboles y arbustos dicotiledóneos, cuyo tipo es el estoraque. Ú. t. c. s. f. ‖ f. pl. *Bot.* Familia de estas plantas.
estiradamente. adv. m. fig. *Escasamente. ‖ fig. Con *violencia y forzadamente.
estirado, da. adj. fig. Que *afecta gravedad o esmero en su traje. ‖ fig. Entonado y *orgulloso en su trato. ‖ fig. Nimiamente económico, *mezquino.
estirajar. tr. fam. **Estirar.**
estirajón. m. fam. **Estirón.**
estiramiento. m. Acción y efecto de estirar o estirarse.
estirar. tr. *Alargar una cosa, *extendiéndola con fuerza para que dé de sí. Ú. t. c. r. ‖ *Planchar ligeramente la ropa blanca para quitarle las arrugas. ‖ fig. Hablando del dinero, gastarlo con *parsimonia. ‖ fig. Alargar un escrito o discurso incurriendo en *prolijidad. ‖ r. **Desperezarse.**
estirazar. tr. fam. **Estirar.**
estirazo. m. Especie de *narria que se usa en el Pirineo aragonés para arrastrar pesos.
estirón. m. Acción con que uno estira o *arranca con fuerza una cosa. ‖ Crecimiento en *altura. ‖ **Dar uno un estirón.** fr. fig. y fam. *Crecer mucho en poco tiempo.
estirpe. f. Raíz y tronco de un *linaje. ‖ *For.* En una sucesión *hereditaria, conjunto formado por la descendencia de un sujeto a quien ella representa y cuyo lugar toma.
estirpia. f. **Adral.**
estítico, ca. adj. **Estíptico.**
estitiquez. f. Estiptiquez, estreñimiento.
estivada. f. *Monte o *erial cuya broza se cava y quema para meterlo en cultivo.
estival. m. desus. Botín o borceguí de mujer.
***estival.** adj. Perteneciente al estío.
estivo. m. *Germ.* **Zapato.**
estivo, va. adj. **Estival** (del estío).
estivón. m. *Germ.* **Carrera.**
estoa. f. *Mar.* Estado estacionario de una *marea.
estoar. intr. *Mar.* Detenerse la *marea.
estocada. f. Golpe que se tira de punta con la *espada o estoque. ‖ *Herida que resulta de él. ‖ **de puño.** **Esgr.* La que se da sin mover el cuerpo, con sólo recoger y extender el brazo.
estocafís. m. **Pejepalo.**
estofa. f. *Tela o tejido de labores, por lo común de seda. ‖ fig. *Calidad, clase.
estofado. m. **Culin.* Guiso que consiste en condimentar un manjar con aceite, ajo, cebolla y varias especias, y ponerlo todo a cocer en crudo en una vasija bien tapada.
estofado, da. adj. *Adornado, engalanado. ‖ m. Acción de estofar. ‖ Adorno que resulta de estofar un *dorado.
estofador, ra. m. y f. Persona que tiene por oficio estofar.
estofar. tr. Labrar a manera de *bordado una tela forrada y acolchada. ‖ Entre doradores, raer con la punta del grafio el color dado sobre el *dorado de la madera. ‖ Pintar sobre el oro bruñido algunos relieves al temple. ‖ Dar de blanco a las *esculturas en madera para dorarlas y *bruñirlas después.
estofar. tr. *Culin.* Hacer el guiso llamado estofado.
estofo. m. Acción y efecto de estofar.
estoicamente. adv. m. Con estoicismo.
estoicidad. f. fig. *Entereza, impasibilidad.
estoicismo. m. Escuela *filosófica fundada por Zenón en Atenas. ‖ Doctrina o secta de los estoicos. ‖ fig. *Entereza o dominio sobre la propia sensibilidad.
estoico, ca. adj. Perteneciente al estoicismo. ‖ Dícese del *filósofo que sigue la doctrina del estoicismo. Ú. t. c. s. ‖ fig. *Imperturbable, ecuánime ante la desgracia.
estola. f. *Vestidura amplia y larga que los griegos y romanos llevaban sobre la camisa, ceñida a la cintura por una banda atada atrás. ‖ Ornamento *litúrgico que consiste en una banda de tela ensanchada por sus extremos, en los cuales y en el centro lleva sendas cruces. ‖ *Corbata o banda larga de piel que usan las señoras para abrigarse el cuello.

estolidez. f. Falta total de razón y discurso, *necedad.

estólido, da. adj. Falto de razón y discurso. Ú. t. c. s.

estolón. m. aum. de **Estola.** ‖ Estola muy grande que usa el diácono en las *misas de los días feriados de cuaresma.

estolón. m. *Bot.* *Vástago rastrero que nace de la base del tallo y echa a trechos raíces que producen nuevas plantas, como en la *fresa.

estoma. m. **Bot.* Cada una de las pequeñísimas *aberturas que hay en la epidermis de los vegetales.

estomacal. adj. Perteneciente al estómago. ‖ Que aprovecha al *estómago. Ú. t. c. s. m.

estomagante. p. a. de **Estomagar.** Que estomaga.

estomagar. tr. **Empachar.** ‖ fam. Causar *fastidio o enfado.

***estómago.** m. *Anat.* Víscera hueca, situada en el abdomen, a continuación del esófago y precediendo al intestino duodeno, en la cual se efectúa la primera digestión de los alimentos. ‖ **aventurero.** fig. y fam. Persona que come ordinariamente de *mogollón. ‖ **De estómago.** loc. fig. y fam. Dícese de la persona *constante y de espera. ‖ **Ladrar el estómago.** fr. fig. y fam. Tener *hambre. ‖ **No retener** uno **nada en el estómago.** fr. fig. y fam. Ser fácil en *revelar lo que se le ha comunicado. ‖ **Quedar** a uno **algo en el estómago.** fr. fig. y fam. No decir todo lo que sabe sobre una materia.

estomaguero. m. Pedazo de bayeta que se pone a los *niños de pecho, para abrigo, sobre la boca del estómago.

estomatical. adj. **Estomacal.**

estomático, ca. adj. Perteneciente a la boca.

estomaticón. m. Emplasto aromático, que se pone sobre la boca del estómago.

estomatitis. f. *Pat.* Inflamación de la mucosa de la *boca.

estomatología. f. *Pat.* Parte de la medicina que estudia las enfermedades de la *boca.

estomatoscopio. m. **Med.* Instrumento para mantener abierta la *boca a fin de examinar su interior.

estoniano, na. adj. **Estonio.**

estonio, nia. adj. Natural de Estonia. Ú. t. c. s. ‖ Perteneciente a esta región del golfo de Finlandia. ‖ m. *Lengua finesa hablada por este pueblo.

***estopa.** f. Parte basta o gruesa del lino o del cáñamo. ‖ *Tela gruesa que se teje y fabrica con la hilaza de la **estopa.** ‖ Pelo o filamento que aparece en algunas *maderas al trabajarlas. ‖ *Mar.* Jarcia vieja, deshilada y deshecha, que sirve para calafatear.

estopada. f. Porción de *estopa.

estopeño, ña. adj. Perteneciente a la estopa. ‖ Hecho o fabricado de estopa.

estoperol. m. *Mar.* *Clavo corto, de cabeza grande y redonda. ‖ Tachuela grande dorada o plateada.

estoperol. m. *Mar.* Especie de *mecha formada de filástica vieja.

estopilla. f. Parte más fina que la *estopa, que queda en el rastrillo al pasar por él segunda vez el lino o el cáñamo. ‖ Hilado que se hace con esa estopilla. ‖ *Tela que se fabrica con ese hilado. ‖ Tela muy sutil y delgada, semejante a la gasa. ‖ Tela ordinaria de algodón.

estopín. m. **Artill.* Tubo relleno de mixtos, que se introducía en el oído del cañón para darle fuego.

estopón. m. Lo más grueso y áspero de la *estopa. ‖ *Tela que se fabrica de este hilado.

estopor. m. *Mar.* Aparato de hierro que sirve para morder y *detener la cadena del *ancla, que va corriendo por el escobén.

estoposo, sa. adj. Perteneciente a la estopa. ‖ fig. Parecido a la estopa.

estoque. m. *Espada angosta con la cual sólo se puede herir de punta. ‖ Arma blanca a modo de espada angosta, o formada por una varilla de acero aguzada por la punta, que suele llevarse metida en un bastón. ‖ Rejón que se fija en la punta de la aguijada. ‖ *Planta irídea, con hojas radicales, enterísimas, en figura de **estoque,** y flores en espiga terminal. ‖ **real.** Una de las insignias de los reyes.

estoqueador. m. El que estoquea. Dícese principalmente de los *toreros.

estoquear. tr. Herir de punta con espada o estoque.

estoqueo. m. Acto de tirar estocadas.

estoquillo. m. *Planta americana ciperácea, con el tallo en forma triangular y cortante.

estora. f. **Álabe** (estera del carro).

estoraque. m. *Árbol de las ebenáceas, de cuyo tronco, por incisión, se obtiene un bálsamo muy oloroso, usado en *perfumería y farmacia. ‖ Este *bálsamo. ‖ **líquido.** Bálsamo americano, de consistencia pastosa, del cual suele extraerse el ácido cinámico.

estorbador, ra. adj. Que estorba.

***estorbar.** tr. Poner obstáculo a la ejecución de una cosa. ‖ *Obstruir. ‖ fig. *Molestar, incomodar. ‖ **Estorbarle** a uno **lo negro.** fr. fig. y fam. No saber *leer.

estorbo. m. Persona o cosa que estorba.

estorboso, sa. adj. Que estorba. ‖ Dícese del tiempo *atmosférico, cuando dificulta las labores del campo.

estórdiga. f. Túrdiga, *correa, tira de piel. ‖ Faja de *tierra, larga y angosta.

estornela. f. Tala, toña.

estornija. f. Anillo de hierro que se pone en el pezón del *eje de los *carruajes, entre la *rueda y la clavija que la detiene. ‖ Tala, toña.

estornino. m. *Pájaro de cabeza pequeña, pico cónico y plumaje negro de reflejos verdes y morados. Se domestica y aprende a cantar bien y fácilmente.

***estornudar.** intr. Despedir por *nariz y boca, con estrépito y violencia, el aire de la *respiración, a consecuencia de un movimiento espasmódico producido por un estímulo capaz de irritar la membrana pituitaria.

estornudo. m. Acción y efecto de estornudar.

estornutatorio, ria. adj. Que provoca a estornudar. Ú. t. c. s. m.

estotro, tra. pron. dem., contrac. de **este, esta,** o **esto,** y **otro,** u **otra.**

estovar. tr. **Rehogar.**

estozar. tr. Desnucar, romper la cerviz. Ú. m. c. r.

estozolar. tr. **Estozar.** Ú. m. c. r.

estrábico, ca. adj. Que padece estrabismo.

estrabismo. m. *Med.* Defecto de uno o de ambos *ojos que impide el paralelismo de los ejes de la visión.

estrabón. adj. ant. **Bisojo.** Usáb. t. c. s.

estracilla. f. *Trapo o trozo pequeño y tosco de algún tejido de lana o lino. ‖ *Papel algo más fino y consistente que el de estraza.

estrada. f. *Camino. ‖ Tabla sostenida en el aire por medio de unas cuerdas, que sirve a modo de *anaquel. ‖ *Germ.* Lugar y sitio donde se sientan las mujeres. ‖ **encubierta.** **Fort.* **Camino cubierto.** ‖ **Batir la estrada.** fr. **Mil.* Reconocer la campaña.

estradiota. f. *Lanza con hierro en ambos extremos, que usaban los estradiotes. ‖ **A la estradiota.** m. adv. **Equit.* Cierta manera de montar a caballo.

estradiote. m. *Soldado mercenario de a caballo, procedente de Albania.

estrado. m. Conjunto de *muebles, *alfombras, cojines, etc., que servía para adornar el lugar en que las señoras recibían las visitas. ‖ *Aposento o sala de ceremonia donde se sentaban las mujeres y recibían las visitas. ‖ *Tarima cubierta con alfombra sobre la cual se pone el trono real o la mesa presidencial en actos solemnes. ‖ En los hornos de *pan, tablado en que se ponen las piezas que se van a cocer. ‖ pl. Salas de *tribunales, donde los jueces oyen y sentencian los pleitos. ‖ *For.* Paraje del edificio en que se administra la justicia, donde se fijan los edictos de notificación, citación o emplazamiento a interesados que no tienen representación en los autos. ‖ **Citar** a uno **para estrados.** fr. **For.* Emplazarle, mediante edictos, para que comparezca ante el tribunal. ‖ **Hacer estrados.** fr. **For.* Dar audiencia los jueces en los tribunales, oír a los litigantes.

estrafalariamente. adv. m. fam. De manera estrafalaria.

estrafalario, ria. adj. fam. *Desaliñado en el vestido o en el porte. Ú. t. c. s. ‖ fig. y fam. *Extravagante. Ú. t. c. s.

estragadamente. adv. m. Con desorden y desarreglo.

estragador, ra. adj. Que estraga.

estragal. m. *Portal, vestíbulo de una casa.

estragamiento. m. Desarreglo, *vicio, *perversión, corrupción.

estragar. tr. Viciar, corromper, *pervertir. Ú. t. c. r. ‖ Causar estrago.

estrago. m. *Daño hecho en *guerra; matanza de gente; *destrucción de la campaña, etc. ‖ Ruina, *daño.

estragón. m. *Planta herbácea de las compuestas, que se usa como *condimento.

estrambote. m. Conjunto de *versos que alguna vez se añade al fin de una combinación métrica, y especialmente del soneto.

estrambóticamente. adv. m. fam. De manera estrambótica.

estrambótico, ca. adj. fam. *Extravagante.

estramonio. m. *Planta herbácea de las solanáceas, cuyas hojas se han usado como medicamento para las afecciones asmáticas, fumándolas mezcladas con tabaco.

estrangol. m. **Veter.* Compresión en la lengua de una caballería, causada por el bocado o el ramal que se le mete en la boca.

estranguadera. f. Cajón que llevan los *carros en el arranque de la vara.

estrangul. m. Pipa de caña o metal que se pone en el bajón o en otros *instrumentos de viento para meterla en la boca y tocar.

estrangulación. f. Acción y efecto de estrangular o estrangularse.

estrangulador, ra. adj. Que estrangula. Ú. t. c. s.
estrangular. tr. *Ahogar a una persona o a un animal oprimiéndole el *cuello. Ú. t. c. r. ‖ *Cir.* Interceptar la comunicación de una parte del cuerpo con el resto, por medio de presión o ligadura. Ú. t. c. r.
estranguria. f. *Med.* **Estangurria.**
estrangurria. f. ant. **Estangurria.**
estrapalucio. m. fam. **Estropicio.**
estraperlista. com. Persona que comercia con artículos de estraperlo.
estraperlo. m. fam. *Precio excesivo que se aplica clandestinamente a artículos o servicios sujetos a tasa. ‖ fam. Chanchullo, *intriga.
estrapontín. m. Traspuntín, *asiento plegadizo.
***estratagema.** f. Ardid de guerra. ‖ fig. *Astucia, *fingimiento.
estratega. m. **Estratego.**
estrategia. f. *Mil.* Arte de dirigir las operaciones militares en la *guerra. ‖ fig. Arte y *habilidad para dirigir un asunto.
estratégicamente. adv. m. Con estrategia.
estratégico, ca. adj. Perteneciente a la estrategia. ‖ Que posee el arte de la estrategia. Ú. t. c. s.
estratego. m. Persona versada en estrategia.
estratificación. f. *Geol.* Acción y efecto de estratificar o estratificarse. ‖ *Geol.* Disposición de las capas o estratos de un terreno.
estratificar. tr. *Geol.* Formar estratos. Ú. m. c. r.
estratigrafía. f. *Geol.* Parte de la geología, que estudia la estratificación.
estratigráfico, ca. adj. *Geol.* Perteneciente o relativo a la estratigrafía.
estrato. m. *Geol.* Masa mineral en forma de capa, de espesor próximamente uniforme, que constituye los terrenos sedimentarios. ‖ *Meteor.* *Nube que se presenta en forma de faja en el horizonte.
estratosfera. f. Parte superior de la *atmósfera terrestre, que comienza entre los 10.000 y los 15.000 metros de altura.
estrave. m. *Arq. Nav.* Remate de la quilla del navío, que va en línea curva hacia la proa.
estraza. f. *Trapo, pedazo o desecho de tela basta. ‖ V. ***Papel de estraza.**
estrechamente. adv. m. Con estrechez. ‖ fig. *Exacta y puntualmente. ‖ fig. Con todo *rigor y *eficacia. ‖ Con cercano *parentesco.
estrechamiento. m. Acción y efecto de estrechar o estrecharse.
***estrechar.** tr. Disminuir el ancho de una cosa. ‖ fig. Apretar, reducir a estrechez. ‖ fig. *Perseguir, acosar. ‖ *Importunar, *apremiar. ‖ fig. *Compeler a uno, contra su voluntad, a que haga alguna cosa. ‖ r. Ceñirse, *encogerse, apretarse. ‖ fig. Cercenar uno el *gasto. ‖ fig. Unirse y enlazarse una persona a otra en *amistad o en *parentesco. ‖ **Estrecharse** uno **con** otro. fr. fig. Hablarle con amistad y empeño para *pedirle algo.
***estrechez.** f. Escasez de anchura de alguna cosa. ‖ *Brevedad o limitación apremiante de tiempo. ‖ *Enlace estrecho de una cosa con otra. ‖ fig. *Amistad íntima entre dos o más personas. ‖ fig. Aprieto, *dificultad. ‖ fig. *Aislamiento, retiro, vida *virtuosa y austera. ‖ fig. Escasez notable; falta de lo necesario para subsistir, *pobreza. ‖ *Pat.* Disminución anormal del calibre de un conducto natural o de una abertura.
***estrecho, cha.** adj. Que tiene poca anchura. ‖ Ajustado, apretado. ‖ fig. Se dice del *parentesco cercano y de la *amistad íntima. ‖ fig. Rígido, austero, exacto en el *cumplimiento del deber. ‖ fig. *Severo, riguroso. ‖ fig. *Mezquino, tacaño. ‖ m. El caballero respecto de la dama, o viceversa, cuando salen juntos en el *juego de damas y galanes, en los sorteos que era costumbre hacer la víspera de Reyes. ‖ fig. Conflicto, *dificultad. ‖ *Geogr.* Paso angosto entre dos tierras y por el cual se comunica un *mar con otro. ‖ **Al estrecho.** m. adv. A la fuerza. ‖ **Poner** a uno **en estrecho de hacer** una cosa. fr. *Compelerle a que la haga.
estrechón. m. *Mar.* **Socollada.**
***estrechura.** f. **Estrechez.**
estregadera. f. *Cepillo de cerdas cortas y espesas.
estregadero. m. Sitio o lugar donde los *animales se suelen estregar. ‖ Paraje donde estriegan y *lavan la ropa.
estregadura. f. Acción y efecto de estregar o estregarse.
estregamiento. m. **Estregadura.**
***estregar.** tr. Frotar con fuerza una cosa sobre otra. Ú. t. c. r.
estregón. m. Roce fuerte, refregón.
***estrella.** f. Cada uno de los innumerables cuerpos que brillan en la bóveda celeste, a excepción del Sol y la Luna. ‖ Especie de lienzo. ‖ En el torno de la *seda, *rueda de rayos o puntas, y que sirve para hacer andar a otra. ‖ Lunar de *pelos blancos, que tienen algunos *caballos o yeguas en medio de la frente. ‖ fig. Suerte, hado o *destino. ‖ fig. Persona que *sobresale en su profesión por sus dotes excepcionales. ‖ *Astr.* **Estrella fija.** ‖ **Fort.* Fuerte de campaña que forma ángulos entrantes y salientes. ‖ *Germ.* **Iglesia.** ‖ **Lámpsana.** ‖ pl. Especie de *pasta, en figura de **estrellas,** que sirve para sopa. ‖ **Estrella del Norte.** *Astr.* **Estrella polar.** ‖ **de mar. Estrellamar.** ‖ **de rabo. Cometa.** ‖ **de Venus. Venus.** ‖ **errante,** o **errática. Planeta.** ‖ **fija.** *Astr.* Cada una de las que brillan con luz propia. ‖ **fugaz.** Cuerpo luminoso que suele verse repentinamente en la atmósfera y se mueve con gran velocidad, apagándose pronto. ‖ **polar.** *Astr.* La que está en el extremo de la lanza de la Osa Menor. ‖ **Campar** uno **con** su **estrella.** fr. fig. Ser *feliz y afortunado. ‖ **Con estrellas.** m. adv. Poco después de *anochecer, o antes de *amanecer. ‖ **Levantarse** uno **a las estrellas.** fr. fig. *Engreírse. ‖ **Nacer** uno **con estrella.** fr. fig. **Tener estrella.** ‖ **Poner sobre,** o **por las estrellas** a una persona o cosa. fr. fig. *Alabarla con *exageración. ‖ **Tener** uno **estrella.** fr. fig. Ser *feliz. ‖ **Tomar la estrella.** fr. *Mar.* Tomar la altura del polo. ‖ **Ver** uno **las estrellas.** fr. fig. y fam. Sentir un *dolor muy fuerte y vivo.
estrellada. f. **Amelo** (planta).
estrelladera. f. p. us. Utensilio de *cocina, de hierro, a modo de cuchara, pero con la pala plana y agujereada, que se emplea para coger de la sartén los huevos estrellados y para otros usos análogos.
estrelladero. m. *Confit.* Sartén llana, con varias divisiones, que usan los reposteros para hacer los huevos dobles quemados.
estrellado, da. adj. De forma de *estrella. ‖ Dícese del *caballo o yegua que tiene una estrella en la frente.
estrellamar. f. *Zool.* Animal equinodermo, de cuerpo comprimido, en forma de una estrella de cinco puntas y totalmente cubierto por una concha, a través de la cual salen multitud de piececillos carnosos que rodean la boca. ‖ *Bot.* *Planta herbácea, de las plantagíneas, especie de llantén, cuyas hojas se extienden sobre la tierra en figura de estrella.
estrellar. adj. Perteneciente a las *estrellas.
estrellar. tr. Cubrir o llenar de *estrellas. Ú. m. c. r. ‖ fam. *Romper, hacer pedazos alguna cosa frágil arrojándola contra el suelo, la pared, etc. Ú. t. c. r. ‖ Dicho de los *huevos, freírlos. ‖ r. Quedar malparado o *matarse por efecto de un choque violento. ‖ fig. Fracasar, quedar *frustrado en una pretensión por tropezar contra un obstáculo insuperable. ‖ **Estrellarse** uno **con** otro. fr. fig. *Contradecirle con *descomedimiento.
estrellera. f. *Mar.* Aparejo de cabos gruesos.
estrellería. f. ***Astrología.**
estrellero, ra. adj. Dícese del *caballo o yegua que levanta mucho la cabeza.
estrellón. m. aum. de **Estrella.** ‖ *Fuego artificial* que al tiempo de quemarse forma la figura de una estrella grande. ‖ *Choque, encontrón.
estrelluela. f. d. de **Estrella.**
estremecedor, ra. adj. Que estremece.
estremecer. tr. Conmover, hacer *temblar. ‖ fig. Ocasionar sobresalto o *miedo en el ánimo una causa extraordinaria e imprevista. ‖ r. *Temblar con movimiento agitado y repentino. ‖ Sentir repentinamente un movimiento *convulsivo o un sobresalto en el ánimo.
***estremecimiento.** m. Acción y efecto de estremecer o estremecerse.
estremezo. m. **Estremecimiento.**
estremezón. m. **Extremecimiento.** ‖ **Escalofrío.**
estrena. f. Dádiva, *regalo que se da en señal y demostración de alegría, felicidad o beneficio recibido. Ú. t. en pl. ‖ desus. *Principio o primer acto con que se comienza a usar o hacer una cosa.
estrenar. tr. Hacer uso por primera vez de una cosa, *empezar a emplearla o a gastarla. ‖ Tratándose de ciertos espectáculos públicos, representarlos o ejecutarlos por primera vez. ‖ r. *Empezar uno a desempeñar un empleo, oficio, encargo, etc., por vez primera. ‖ Hacer un *vendedor o negociante la primera operación de cada día.
estreno. m. Acción y efecto de estrenar o estrenarse.
estrenque. m. *Maroma gruesa hecha de esparto. ‖ *Cadena de hierro que enganchan los carreteros a las ruedas de un *carro atascado para que tiren de él las caballerías.
estrenuidad. f. Calidad de estrenuo.
estrenuo, nua. adj. *Fuerte, ágil. ‖ *Valiente, esforzado.
estreñido, da. adj. Que padece estreñimiento. ‖ fig. Miserable, *mezquino.
estreñimiento. m. Funcionamiento patológico de los intestinos, que endurece el excremento y dificulta su *evacuación.
estreñir. tr. Producir estreñimiento. ‖ r. Padecerlo.
estrepada. f. Esfuerzo que se hace de cada vez para *tirar de un *cabo,

cadena, etc. || *Mar.* Esfuerzo que para bogar hace un *remero, y en general el esfuerzo de todos los remeros a la vez. || *Mar.* **Arrancada.**

estrépito. m. *Ruido considerable, estruendo. || fig. Ostentación, *fausto, aparato en la realización de algo. || **Sin estrépito ni figura de juicio.** loc. **For.* Sin observar las solemnidades de derecho.

estrepitosamente. adv. m. Con estrépito.

estrepitoso, sa. adj. Que causa estrépito.

estreptococia. m. **Bact.* *Infección producida por los estreptococos.

estreptococo. m. **Bact.* Nombre dado a ciertas bacterias de forma redondeada que se agrupan en forma de cadenita.

estreptomicina. f. **Inm.* Antibiótico elaborado por determinados organismos del tipo de las bacterias y los mohos, que actúa sobre el bacilo de la tuberculosis y otros.

estrete. m. **Arq. Nav.* Hierro de calafate.

***estría.** f. *Arq.* Mediacaña en hueco o ranura, que se suele labrar en algunas columnas o pilastras de arriba abajo. || Por ext., cada una de las rayas en hueco que suelen tener algunos cuerpos.

estriar. tr. *Arq.* Formar estrías. || r. Formar una cosa en sí surcos o canales, o salir acanalada.

estribación. f. *Geogr.* **Estribo** (de una *cordillera).

estribadero. m. Parte donde *apoya o se asegura una cosa.

estribadura. f. Acción de estribar.

estribar. intr. *Apoyarse una cosa en otra sólida y firme. || Fundarse, tener su *fundamento y razón en alguna cosa.

estribera. f. ***Estribo** (del jinete). || Estribo de la *ballesta. || Trabilla del peal que se sujeta al pie. || Peal, *media sin pie sujeta con una trabilla. || **Ación.** || Pedales del *telar.

estribería. f. Taller donde se hacen estribos. || Lugar o paraje donde se guardan.

estriberón. m. aum. de **Estribera.** || Resalto colocado a trechos sobre el suelo en un paso difícil, para que sirva de *apoyo a los pies. || *Mil.* Paso firme hecho con piedras, armazón de madera, etc., para que sirva de *camino a las tropas y sus trenes.

estribillo. m. Expresión o cláusula en *verso, que se repite después de cada estrofa. || **Bordón** (muletilla, frase a palabra que uno *repite sin necesidad en la conversación).

***estribo.** m. Pieza en que el jinete apoya el pie, la cual está pendiente de la ación. || Especie de *escalón que sirve para subir a los *carruajes. || Hierro pequeño, en figura de sortija, que se fija en la cabeza de la *ballesta. || Chapa de hierro doblada en ángulo recto por sus dos extremos, que se emplea para *sujetar y asegurar la unión de ciertas piezas. || fig. Apoyo, *fundamento. || *Germ.* **Criado.** || *Arq.* Macizo de fábrica, que sirve para sostener una *bóveda. || *Arq.* **Contrafuerte** (*machón saliente en un paramento). || *Carp.* Madero que se coloca horizontalmente sobre los tirantes, para apoyar los pares de una *armadura. || *Geogr.* Ramal corto de *montañas que se desprende a uno u otro lado de una cordillera. || *Anat.* Uno de los *huesecillos que se encuentran en la parte media del *oído. || *Mar.* Cada una de ciertas piezas dispuestas de trecho en trecho a lo largo de la *verga para suspender el marchapié. || **vaquero.** El que cubre el pie. || **Andar,** o **estar,** uno **sobre los estribos.** fr. fig. Obrar con advertencia y *precaución. || **Perder** uno **los estribos.** fr. fig. *Descomedirse, hablar u obrar fuera de razón. || fig. Impacientarse mucho.

estribor. m. *Mar.* Costado derecho del *buque mirando de popa a proa.

estricnina. f. **Quím.* Alcaloide muy *venenoso que se extrae de la nuez vómica y del haba de San Ignacio.

estricote (al). m. adv. Al retortero o a mal traer.

estrictamente. adv. m. Precisamente; en todo rigor de *derecho.

estrictez. f. Calidad de estricto, rigurosidad.

estricto, ta. adj. Estrecho, *riguroso, *exacto, ajustado enteramente a la necesidad o a la *ley.

estridencia. f. **Estridor.**

estridente. adj. Aplícase al *sonido agudo, desapacible y chirriante. || poét. Que causa *ruido y estruendo.

estridor. m. *Sonido agudo, agrio y desapacible.

estridular. intr. Producir *ruido desapacible, chirriar, rechinar.

estriga. f. En Galicia, copo que se pone en la *rueca para hilarlo.

estrige. f. **Lechuza.**

estrigilación. f. *Med.* Masaje o *frotamiento que se da con un cepillo fuerte, después del *baño.

estrinque. m. *Mar.* **Estrenque.** || Cada una de las argollas o *anillos de hierro que llevan las varas del *carro para enganchar la caballería.

estro. m. *Inspiración y *estímulo con que a veces se inflaman, al componer sus obras, los poetas y artistas. || *Veter.* Ardor *venéreo de los mamíferos. || *Zool.* **Rezno** (larva).

estrobo. m. *Mar.* Pedazo de *cabo unido por sus chicotes, que sirve para *suspender cosas pesadas, sujetar el *remo al tolete, etc.

estrofa. f. Cada uno de los grupos de *versos, ordenados de cierto modo, de que constan algunas composiciones poéticas.

estrofanto. m. *Bot.* *Planta de las apocíneas, de la cual se extrae un producto medicinal para las enfermedades del corazón.

estrófico, ca. adj. Perteneciente a la estrofa. || Que está dividido en estrofas.

estroma. f. ant. *Alfombra, tapiz. || **Histol.* Trama o armazón de un tejido, que sirve para el sostenimiento de los elementos celulares.

estronciana. f. **Miner.* Óxido de estroncio.

estroncianita. f. **Miner.* Mineral formado por un carbonato de estronciana, de brillo cristalino, que se emplea en pirotecnia por el color rojo que comunica a la llama.

estroncio. m. *Metal amarillo, poco brillante, capaz de descomponer el agua a la temperatura ordinaria.

estropajear. tr. **Albañ.* Limpiar con estropajo las paredes enlucidas.

estropajeo. m. Acción y efecto de estropajear.

***estropajo.** m. *Planta de las cucurbitáceas, cuyo fruto desecado se usa como cepillo para fricciones. || Porción de esparto machacado, que sirve principalmente para fregar. || fig. Desecho, persona o cosa *inútil o despreciable.

estropajosamente. adv. m. fig. y fam. Con lengua estropajosa.

estropajoso, sa. adj. fig. y fam. Aplícase a la lengua o persona que *pronuncia mal las palabras. || fig. y fam. Dícese de la persona muy *desaliñada y andrajosa. || fig. y fam. Aplícase a los *alimentos que son fibrosos y no se pueden mascar fácilmente.

estropear. tr. Maltratar a uno, dejándole *lisiado. Ú. t. c. r. || *Deteriorar una cosa. Ú. t. c. r. || Echar a perder, *malograr. || *Albañ.* Volver a batir el mortero o *argamasa.

estropeo. m. Acción y efecto de estropear o estropearse.

estropicio. m. fam. Destrozo, *rotura estrepitosa de cosas frágiles. || Por ext., *daño o trastorno ruidoso de escasas consecuencias.

estructura. f. Distribución y *orden de las partes de un *edificio. || Distribución y *composición de las partes del cuerpo o de otra cosa. || fig. Distribución y orden con que está compuesta una obra *literaria.

estructuración. f. Acción y efecto de estructurar.

estructural. adj. Perteneciente o relativo a la estructura.

estructurar. tr. *Ordenar y distribuir las partes que *componen un todo.

estruendo. m. *Ruido grande. || fig. *Confusión, *alboroto, bullicio. || fig. Aparato, *fausto, pompa.

estruendosamente. adv. m. Con estruendo.

estruendoso, sa. adj. Ruidoso, estrepitoso.

estrujador, ra. adj. Que estruja. Ú. t. c. s. || f. **Exprimidera.**

estrujadura. f. Acción y efecto de estrujar.

estrujamiento. m. **Estrujadura.**

estrujar. tr. *Apretar una cosa para *extraerle el *zumo. || Apretar a uno tan violentamente, que se le llegue a *maltratar. || fig. y fam. Agotar una cosa, *aprovecharla sacando de ella todo el partido posible.

estrujón. m. Acción y efecto de estrujar. || Vuelta dada con la briaga al pie de la uva ya exprimida y reducida a orujo, para sacar el aguapié (*vino). || fam. **Estrujadura.**

estrumpido. m. *Estallido, estampido, ruido.

estrumpir. intr. Hacer explosión, *estallar.

estuación. f. *Marea creciente.

estuante. adj. Demasiadamente *caliente y encendido.

estuario. m. **Estero** (de un río).

estucado. m. Acción y efecto de estucar.

estucador. m. **Estuquista.**

estucar. tr. **Albañ.* Dar a una cosa con estuco. || Colocar sobre un muro, columna, etc., las piezas de estuco previamente moldeadas y desecadas.

estuco. m. Masa de *yeso blanco y agua de cola, con la cual se hacen y preparan muchos objetos que después se *doran o pintan. || **Albañ.* Pasta de cal apagada y mármol pulverizado, que se usa para enlucir habitaciones, y que se barniza después con aguarrás y cera.

estucurú. m. Búho grande de América.

***estuche.** m. Caja o envoltura de forma adecuada para guardar ordenadamente un objeto o varios. || Por extensión, cualquier envoltura que reviste y protege una cosa. || Conjunto de *utensilios que se guardan en el estuche. || *Peine menor que el mediano y mayor que el tallar. || En algunos juegos de *naipes, espadilla, malilla y basto, cuando están reunidos en una mano. || Cada una de las tres cartas de que se

compone el estuche de la acepción anterior. || **del rey.** *Cirujano real. || **Ser** uno **un estuche.** fr. fig. y fam. Tener *habilidad para diversas cosas.
estuchista. m. Fabricante o constructor de estuches.
estudiador, ra. adj. fam. Que estudia mucho.
***estudiante.** p. a. de **Estudiar.** Que estudia. Ú. t. c. s. || com. Persona que actualmente está cursando en una universidad o estudio. || m. *Teatro*. El que tenía por ejercicio estudiar los papeles a los actores. || **de la tuna.** El que forma parte de una estudiantina. || **pascuero** o **torreznero.** Decíase del que iba del estudio a su casa muchas veces, con ocasión de las pascuas y otras vacaciones.
estudiantil. adj. fam. Perteneciente a los estudiantes.
estudiantina. f. Cuadrilla de estudiantes que salen tocando *instrumentos por las calles. || Comparsa de *carnaval que imita en sus trajes el de los antiguos estudiantes.
estudiantino, na. adj. fam. Perteneciente a los estudiantes.
estudiantón. m. despect. Estudiante aplicado, pero de escasas luces.
estudiantuelo, la. m. y f. d. despect. de **Estudiante.**
***estudiar.** tr. Ejercitar el entendimiento para alcanzar o *comprender una cosa. || Ejercitar el gusto, los sentidos o la habilidad manual para el cultivo de un arte u oficio. || Cursar en las universidades u otros estudios. || Aprender de memoria. || Leer a otra persona lo que ha de aprender, ayudándola a retenerlo. || *Pint*. *Dibujar de modelo o del natural.
***estudio.** m. Acción de *estudiar. || *Obra en que un autor estudia y dilucida una cuestión. || Lugar donde se enseñaba la *gramática. || Despacho u *oficina donde el abogado o el hombre de letras estudia y trabaja. || Pieza donde los *pintores, *escultores y arquitectos trabajan. || fig. Aplicación, maña, *habilidad con que se hace una cosa. || **Mús*. Composición destinada a que el ejecutante se ejercite. || **Pint*. Dibujo o pintura que se hace como preparación o tanteo para otra obra principal. || **general. Universidad.** || **Estudios mayores.** Los que se hacían en las facultades mayores de las universidades. || **Dar estudios** a uno. fr. Mantenerle dándole lo necesario para que estudie.
estudiosamente. adv. m. Con estudio.
estudiosidad. f. Inclinación y aplicación al estudio.
estudioso, sa. adj. Dado al estudio.
***estufa.** f. Hogar aislado, encerrado en una caja de metal o porcelana, que se coloca en las habitaciones para calentarlas. || Aposento recogido y abrigado, al cual se da calor artificialmente. || **Invernáculo.** || Armazón de que se usa para *secar una cosa poniendo fuego por debajo. || Aposento destinado en los *baños termales a producir en los enfermos un sudor copioso. || Especie de enjugador, dentro del cual entraba la persona que había de tomar sudores. || *Carruaje a modo de carroza grande, cerrada y con cristales. || **Estufilla.**
estufador. m. Olla o vasija de *cocina en que se estofa la carne.
estufarrar. tr. Espurrear, *rociar.
estufero. m. **Estufista.**
estufido. m. **Bufido.**
estufilla. f. Manguito de *pieles finas, para traer abrigadas las *manos en el invierno. || Rejuela o *braserillo para calentar los pies. || **Chofeta.**
estufista. m. El que hace, repara o instala *estufas, *chimeneas y otros aparatos de *calefacción. || com. Persona que vende estos aparatos.
estultamente. adv. m. Con estulticia.
estulticia. f. *Necedad, tontería.
estulto, ta. adj. *Necio, tonto.
estuosidad. f. Demasiado *calor, como el de la *fiebre, insolación, etcétera.
estuoso, sa. adj. Caluroso, ardiente.
estupefacción. f. Pasmo, *enajenamiento, estupor.
estupefaciente. adj. Dícese de las *drogas o *narcóticos que suspenden o debilitan la actividad cerebral. Ú. t. c. s. m.
estupefactivo, va. adj. Que causa estupor o pasmo.
estupefacto, ta. adj. Atónito, pasmado, *extasiado.
estupendamente. adv. m. De modo asombroso o admirable.
estupendo, da. adj. *Admirable, asombroso, portentoso.
estúpidamente. adv. m. Con estupidez.
estupidez. f. *Necedad o torpeza en comprender las cosas. || Dicho o hecho propio de un estúpido.
estúpido, da. adj. *Necio, torpe para comprender las cosas. Ú. t. c. s. || Dícese de los dichos o hechos que revelan estupidez.
estupor. m. *Med*. Disminución de la actividad intelectual, acompañada de cierto aire de asombro o de *enajenamiento. || fig. Asombro, pasmo.
estuprador. m. El que estupra.
estuprar. tr. Cometer estupro.
***estupro.** m. *For*. Acceso carnal del hombre con doncella mayor de doce y menor de veintitrés años, logrado con abuso de confianza o engaño. || Por ext., se dice también del coito con cualquier mujer, logrado sin su libre consentimiento.
estuque. m. **Estuco.**
estuquería. f. El arte de hacer labores de estuco. || Obra hecha de estuco.
estuquista. m. El que hace obras de estuco.
esturado, da. adj. fig. *Irritado, enojado.
esturar. tr. Asurar, socarrar. Ú. t. c. r.
esturdecer. tr. *Aturdir.
esturgar. tr. *Alisar el alfarero las piezas de *barro por medio de la alaria.
esturión. m. *Pez de mar, que llega a tener cinco metros de longitud. Su carne es comestible, con las huevas se prepara el caviar, y con la vejiga se obtiene la gelatina llamada cola de pescado.
ésula. f. **Lechetrezna** (*planta).
esvarar. intr. Desvarar, *deslizarse. Ú. t. c. r.
esvarón. m. Acción y efecto de esvararse; resbalón.
esvástica. f. ***Cruz gamada.**
esviaje. m. *Arq*. Oblicuidad o *inclinación de la superficie de un muro o del eje de una bóveda respecto al frente de la obra de que forman parte.
eta. f. Nombre de la *e* larga del alfabeto griego.
etalaje. m. Parte de la cavidad de la cuba en los *hornos altos, donde se completa la reducción de la mena.
etano. m. **Quím*. Hidrocarburo formado por dos átomos de carbono y seis de hidrógeno.
etapa. f. **Mil*. Ración que se da a la tropa en campaña. || *Mil*. Cada uno de los lugares en que ordinariamente *acampa la tropa cuando marcha. || fig. *Época o adelantamiento parcial en el desarrollo de una acción u obra.
etcétera. f. Voz que se emplea para interrumpir el discurso indicando que en él se omite lo que quedaba por decir. Se representa con esta cifra &, o con la abreviación: *etc.*
éter. m. poét. **Cielo** (astronómico). || **Fís*. Materia hipotética, imponderable y elástica que llena todo el espacio, y por su movimiento vibratorio transmite la luz, la electricidad, el calor y otras formas de energía. || **Quím*. Líquido transparente, inflamable y volátil, de olor fuerte y sabor picante, formado por la acción recíproca del alcohol y un ácido cuyo nombre suele tomar.
etéreo, a. adj. Perteneciente o relativo al éter. || poét. Perteneciente al cielo.
eterización. f. **Cir*. Acción y efecto de eterizar.
eterizar. tr. **Cir*. Administrar éter por las vías respiratorias, para producir *anestesia.
eternal. adj. **Eterno.**
eternalmente. adv. m. **Eternamente.**
eternamente. adv. m. Sin fin, siempre, *perpetuamente. || p. us. **Nunca.** || fig. Por mucho o dilatado tiempo.
eternidad. f. *Perpetuidad que no tiene principio ni tendrá fin, y en este sentido es propio atributo de Dios. || Perpetuidad, *duración sin fin. || fig. Duración dilatada de siglos y edades. || **Teol*. Vida del alma humana, después de la muerte.
eternizable. adj. Digno de eternizarse.
eternizar. tr. Hacer *durar mucho una cosa. Ú. t. c. r. || Perpetuar la *duración de una cosa.
eterno, na. adj. Dícese de lo que no tuvo principio ni tendrá fin. || Que no tiene fin, *perpetuo. || fig. Que dura por largo tiempo. || m. *Teol*. **Padre Eterno.**
etesio. adj. V. **Viento etesio.** Ú. t. c. s.
ética. f. Parte de la *filosofía, que trata de la *moral y de las *obligaciones del hombre.
ético, ca. adj. Perteneciente a la ética. || m. **Moralista.**
ético, ca. adj. **Hético.** Ú. t. c. s.
etilo. m. **Quím*. Radical del etano, formado por dos átomos de carbono y cinco de hidrógeno.
étimo. m. Raíz o vocablo de que procede otro.
***etimología.** f. Origen de las palabras, razón de su existencia, de su significación y de su forma. || Parte de la gramática que estudia estos varios aspectos de las palabras considerадas aisladamente.
etimológicamente. adv. m. Según la etimología.
etimológico, ca. adj. Perteneciente o relativo a la etimología.
etimologista. com. Persona que se dedica al estudio de la etimología.
etimologizante. p. a. de **Etimologizar.** Que etimologiza.
etimologizar. tr. Sacar o averiguar etimologías.
etimólogo. m. **Etimologista.**
etiología. f. *Fil*. Estudio sobre las *causas de las cosas. || **Med*. Parte de la medicina, que tiene por objeto el estudio de las causas de las enfermedades.

etíope o **etiope.** adj. Natural de Etiopía, región de África. Ú. t. c. s. ‖ **Etiópico.** ‖ m. **Pint.* Combinación artificial de azufre y azogue, que sirve para fabricar bermellón.
Etiopía. n. p. V. **Aro de Etiopía.**
etiópico, ca. adj. Perteneciente a Etiopía.
etiopio, pia. adj. **Etíope.**
etiqueta. f. Conjunto de *ceremonias y costumbres que se deben observar en las casas reales y en actos públicos solemnes. ‖ Por ext., ceremonia o extremada *cortesía en la manera de tratarse las personas, a diferencia de los usos de confianza o familiaridad. ‖ **Marbete.**
etiquetero, ra. adj. Que gasta muchos cumplimientos o ceremonias.
etiquez. f. *Med.* **Hetiquez.**
etites. f. Concreción de óxido de *hierro en bolas informes.
etmoidal. adj. *Anat.* Perteneciente al etmoides.
etmoides. adj. *Zool.* V. ***Hueso etmoides.** Ú. t. c. s.
etneo, a. adj. Perteneciente al Etna.
étnico, ca. adj. **Gentil.** ‖ Perteneciente a una *nación o raza. ‖ *Gram.* **Gentilicio.**
***etnografía.** f. Ciencia que tiene por objeto el estudio y descripción de las *razas o pueblos.
etnográfico, ca. adj. Referente a la etnografía.
etnógrafo. m. El que profesa y cultiva la etnografía.
etnología. f. Ciencia que estudia las *razas y los pueblos.
etnológico, ca. adj. Perteneciente o relativo a la etnología.
etnólogo. m. El que profesa o cultiva la etnología.
etolio, lia. adj. Natural de Etolia, país de Grecia antigua. Ú. t. c. s.
etolo, la. adj. **Etolio.** Ú. t. c. s.
etopeya. f. **Ret.* Descripción del carácter, acciones y costumbres de una persona.
etrusco, ca. adj. Natural de Etruria. Ú. t. c. s. ‖ Perteneciente a este país de Italia antigua. ‖ m. Lengua que hablaron los **etruscos.**
etusa. f. **Cicuta menor.**
eubeo, a. adj. Natural de Eubea, isla del mar Egeo. Ú. t. c. s. ‖ **Euboico.**
euboico, ca. adj. Perteneciente a la isla de Eubea.
eubolia. f. Virtud que ayuda a *hablar convenientemente, y es una de las que pertenecen a la *prudencia.
eucalipto. m. *Árbol de las mirtáceas, que crece hasta cien metros de altura. Es de gran utilidad para sanear terrenos pantanosos.
***eucaristía.** f. Sacramento mediante el cual se transubstancia el pan y el vino en el cuerpo y la sangre de Cristo.
***eucarístico, ca.** adj. Perteneciente a la *Eucaristía. ‖ Dícese de las obras en prosa o verso cuyo fin es mostrar *gratitud.
eucinesia. f. **Fisiol.* Funcionamiento normal del organismo.
euclidiano, na. adj. **Mat.* Perteneciente al método matemático de Euclides.
eucologio. m. Devocionario que contiene los oficios de domingo y principales *festividades del año.
eucrático, ca. adj. *Med.* Dícese del buen temperamento y complexión de un sujeto en estado de *salud.
eudiómetro. m. *Fís.* Tubo de vidrio muy resistente, destinado a contener *gases, que han de reaccionar químicamente mediante la chispa eléctrica.
eufemismo. m. **Ret.* Modo de decir o *sugerir con *disimulo o decoro ideas cuya recta y franca expresión sería dura o malsonante.
eufemístico, ca. adj. Perteneciente o relativo al eufemismo.
eufonía. f. Calidad de eufónico.
eufónico, ca. adj. Dícese de las combinaciones de *sonidos que intervienen en el lenguaje, cuando su *pronunciación resulta grata y fácil con arreglo a la fonética de aquél.
euforbiáceo, a. adj. **Bot.* Aplícase a plantas dicotiledóneas, muchas de ellas venenosas, que tienen jugos generalmente lechosos; como la lechetrezna, el tártago, etc. Ú. t. c. s. ‖ f. pl. *Bot.* Familia de estas plantas.
euforbio. m. *Planta africana, de la cual por presión se saca un zumo muy acre, usado en medicina como purgante. ‖ *Resina que se obtiene del zumo de esta planta.
euforia. f. Facilidad para resistir una enfermedad. ‖ *Fisiol.* Estado de *salud. ‖ fam. Sensación de *contento y *bienestar.
eufórico, ca. adj. Perteneciente o relativo a la euforia.
eufótida. f. *Roca compuesta de diálaga y feldespato.
eufrasia. f. *Planta herbácea, escrofulariácea.
eugenesia. f. Aplicación de las leyes biológicas de la herencia (*generación) al perfeccionamiento de la especie humana.
eugenésico, ca. adj. Perteneciente a la eugenesia.
euménides. f. pl. Divinidades del *infierno, en la *mitología griega.
eunuco. m. Hombre *castrado que se destina en los serrallos a la custodia de las mujeres. ‖ En la historia antigua y oriental, favorito de un rey.
eupatorio. m. *Planta herbácea, vivaz, de las compuestas.
eupepsia. f. *Fisiol.* *Digestión normal.
eupéptico, ca. adj. **Farm.* Aplícase a la substancia o medicamento que favorece la digestión.
eurasiático, ca. adj. Perteneciente a Europa y Asia, consideradas como un todo geográfico.
eureka. Voz griega que suele usarse como exclamación cuando uno ha *encontrado algo que buscaba con empeño.
euritmia. f. Buena *proporción y correspondencia de las diversas partes de una obra de arte.
eurítmico, ca. adj. *Arq.* Perteneciente o relativo a la euritmia.
euro. m. poét. Uno de los cuatro *vientos cardinales, que sopla de oriente. ‖ **noto.** poét. Viento intermedio entre el **euro** y el austro.
europeizar. tr. Introducir la *cultura propia de los países de Europa.
europeo, a. adj. Natural de Europa. Ú. t. c. s. ‖ Perteneciente a esta parte del mundo.
euscalduna. adj. Dícese de la *lengua vasca. Ú. t. c. s.
éuscaro, ra. adj. Perteneciente al lenguaje vascuence. ‖ m. **Vascuence** (*lengua).
éusquero, ra. adj. **Éuscaro.** ‖ m. **Éuscaro.**
Eustaquio. n. p. *Zool.* V. **Trompa de Eustaquio.**
éustilo. m. *Arq.* Intercolumnio en que el *vano de columna a columna es de cuatro módulos y medio.
eutanasia. f. *Muerte tranquila, sin sufrimientos físicos.
eutaxia. f. *Fisiol.* Estado de perfecta *salud.
eutimia. f. *Tranquilidad de espíritu.
eutiquianismo. m. Doctrina y *secta de los eutiquianos.
eutiquiano, na. adj. Partidario de la *secta de Eutiques, que no admitía en Jesucristo sino una sola naturaleza. Ú. t. c. s. ‖ Perteneciente a la doctrina y secta de Eutiques.
eutrapelia. f. Virtud que *modera el exceso de las diversiones o entretenimientos. ‖ *Donaire o broma inofensiva. ‖ Recreación honesta.
eutrapélico, ca. adj. Perteneciente o relativo a la eutrapelia.
eutropelia. f. **Eutrapelia.**
eutropélico, ca. adj. **Eutrapélico.**
***evacuación.** f. Acción y efecto de evacuar.
evacuante. p. a. de **Evacuar.** Que evacua. ‖ adj. *Farm.* **Evacuativo.** Ú. t. c. s.
***evacuar.** tr. *Desocupar alguna cosa. ‖→ Expeler un ser orgánico humores o excrementos. ‖ *Cumplir y despachar un encargo, informe o cosa semejante. ‖ *For.* Cumplir un trámite. ‖ **Terap.* *Sacar los humores viciados del cuerpo humano. ‖ **Mil.* Dejar una plaza, ciudad, etcétera, las tropas que había en ella.
evacuativo, va. adj. **Farm.* Que tiene propiedad o virtud de evacuar. Ú. t. c. s. m.
evacuatorio, ria. adj. **Farm.* **Evacuativo.** ‖ m. *Retrete o urinario público.
***evadir.** tr. *Evitar un daño o peligro. Ú. t. c. r. ‖ r. Fugarse, *huir, escaparse. ‖ →fig. Eludir una dificultad mediante algún efugio.
evagación. f. Acción de vaguear. ‖ fig. *Distracción de la imaginación.
evaluación. f. **Valuación.**
evaluador, ra. adj. Que evalúa.
evaluar. tr. **Valorar.** ‖ *Estimar el valor de las cosas no materiales.
evanescente. adj. Que se desvanece o *deshace.
evangeliario. m. Libro de *liturgia que contiene los evangelios de cada día del año.
evangélicamente. adv. m. Conforme a la doctrina del Evangelio.
evangélico, ca. adj. Perteneciente o relativo al Evangelio. ‖ V. **Ley evangélica.** ‖ Perteneciente al *protestantismo. ‖ Dícese particularmente de una secta formada por la fusión del culto luterano y del calvinista.
evangelio. m. Historia de la vida, doctrina y milagros de Jesucristo, contenida en el primer libro canónico del Nuevo Testamento de la *Biblia. ‖ En la *misa, capítulo tomado de uno de los cuatro libros de los evangelistas. ‖ fig. Religión *cristiana. ‖ fig. y fam. *Verdad indiscutible. ‖ pl. Librito muy pequeño que contiene pasajes del evangelio, y que, juntamente con alguna *reliquia, se ponía a los niños colgado en la cintura. ‖ **Evangelios abreviados,** o **chicos.** fig. y fam. Los refranes.
evangelismo. m. Moral y sistema religioso del Evangelio.
evangelista. m. Cada uno de los cuatro escritores sagrados que escribieron el Evangelio. ‖ Persona destinada para *cantar el Evangelio en la *misa. ‖ Memorialista.
evangelistero. m. Clérigo encargado de *cantar el Evangelio en las *misas solemnes.
evangelización. f. Acción y efecto de evangelizar.
evangelizador, ra. adj. Que evangeliza. Ú. t. c. s.

evangelizar. tr. *Predicar la fe de Cristo o las virtudes cristianas.
evaporable. adj. Que se puede evaporar.
evaporación. f. Acción y efecto de evaporar o evaporarse.
***evaporar.** tr. Convertir en vapor. Ú. t. c. r. ‖ fig. *Disipar, desvanecer. Ú. t. c. r. ‖ r. fig. *Huir, desaparecer sin ser notado.
evaporatorio, ria. adj. *Farm.* Aplícase al medicamento que tiene virtud para hacer evaporar. Ú. t. c. s. m.
evaporizar. tr. **Vaporizar.** Ú. t. c. intr. y c. r.
evasión. f. ***Evasiva.** ‖ *Huida, fuga.
***evasiva.** f. Efugio o medio para eludir una dificultad.
evasivo, va. adj. Que incluye una *evasiva.
evasor, ra. adj. Que se evade.
evección. f. *Astr.* Desigualdad periódica en la órbita de la *Luna, ocasionada por la atracción del Sol.
evento. m. Acontecimiento, *suceso. ‖ Caso *posible o contingente. ‖ **A todo evento.** m. adv. En *previsión de todo lo que pueda suceder.
eventración. f. *Pat.* *Hernia en la pared abdominal.
eventual. adj. Sujeto a cualquier evento; *posible, *contingente. ‖ Aplícase a los *emolumentos anejos a un empleo fuera de su dotación fija. ‖ Dícese de ciertos fondos destinados a *gastos accidentales.
eventualidad. f. Calidad de eventual. ‖ *Condición o circunstancia de realización incierta o conjetural.
eventualmente. adv. m. Incierta o casualmente.
eversión. f. *Destrucción, ruina.
evicción. f. *For.* *Privación o amenaza de despojo que sufre el comprador de una cosa. ‖ **Prestar la evicción.** fr. *For.* Cumplir el *vendedor su obligación de defender la cosa vendida, o de sanearla. ‖ **Salir a la evicción.** fr. *For.* Presentarse el *vendedor a practicar en juicio esa misma defensa.
evidencia. f. *Certidumbre manifiesta y tan perceptible, que nadie puede racionalmente dudar de ella. ‖ **moral.** Certidumbre tal de una cosa, que el juzgar lo contrario sea tenido por temeridad.
evidenciar. tr. Hacer patente la certeza de una cosa; *probar que no sólo es *cierta, sino manifiesta.
***evidente.** adj. Cierto, patente y sin la menor duda.
evidentemente. adv. m. Con evidencia.
evitable. adj. Que se puede evitar o debe evitarse.
evitación. f. Acción y efecto de evitar.
***evitar.** tr. Apartar o *impedir algún daño, peligro o molestia. ‖ Huir de tratar a uno; *apartarse de su comunicación.
eviterno, na. adj. Que habiendo comenzado en tiempo, no tendrá fin; como las almas racionales.
evo. m. *Teol.* Duración de las cosas eternas. ‖ *Duración de tiempo sin término.
evocable. adj. Que se puede evocar.
evocación. f. Acción y efecto de evocar.
evocador, ra. adj. Que evoca.
evocar. tr. *Llamar a los espíritus de los muertos, suponiéndolos capaces de acudir a los conjuros e invocaciones *mágicas. ‖ Apostrofar a los muertos. ‖ fig. Traer alguna cosa a la *memoria o a la *imaginación.
¡evohé! interj. *Mit.* *Grito de las bacantes para aclamar o invocar a Baco.
evolución. f. Acción y efecto de evolucionar. ‖ Desarrollo o *adelantamiento gradual de las cosas o de los organismos. ‖ **Mil.* Movimiento que hacen las tropas o los buques de la *armada pasando de unas formaciones a otras. ‖ fig. *Cambio de conducta, de propósito o de actitud.
evolucionar. intr. Desenvolverse, *adelantar gradualmente los organismos o las cosas, pasando de un estado a otro. ‖ **Mil.* Hacer *evoluciones la tropa o los buques de la *armada. ‖ *Cambiar de conducta, de propósito o de actitud.
evolucionismo. m. **Darvinismo.**
evolucionista. adj. Relativo a la evolución. ‖ Partidario del evolucionismo. Ú. t.c. s.
evolutivo, va. adj. Perteneciente a la evolución.
evónimo. m. **Bonetero** (arbusto).
evulsión. f. **Cir.* Operación que consiste en separar o arrancar del organismo cualquier órgano o parte enferma.
ex. prep. insep. por regla general, que denota ordinariamente fuera o más allá de cierto espacio o límite de lugar o tiempo. ‖ Antepuesta a nombres de dignidades o cargos, denota que los obtuvo y ya no los tiene la persona de quien se habla. ‖ Forma parte de algunas locuciones latinas usadas en nuestro idioma.
ex abrupto. m. adv. que explica la viveza y calor con que uno prorrumpe a hablar de modo *imprevisto. ‖ *For.* Arrebatadamente, sin guardar el orden establecido. Decíase principalmente de las *sentencias.
exabrupto. m. Salida de tono, *descomedimiento.
exacción. f. Acción y efecto de exigir el pago de alguna cosa. ‖ *Cobro injusto y violento.
exacerbación. f. Acción y efecto de exacerbar o exacerbarse.
exacerbamiento. m. **Exacerbación.**
exacerbar. tr. *Irritar, *excitar, causar muy grave enfado o enojo. Ú. t. c. r. ‖ Agravar una *enfermedad, avivar una pasión, una molestia, etc.
exactamente. adv. m. Con exactitud.
***exactitud.** f. Puntualidad y fidelidad en el cumplimiento de un deber o en la ejecución de una cosa. ‖ *Conformidad perfecta de una cosa a cierta medida, patrón, etc.
***exacto, ta.** adj. Puntual, fiel y cabal.
exactor. m. El que *cobra o recauda tributos.
***exageración.** f. Acción y efecto de exagerar. ‖ Cosa excesiva o que traspasa los límites de lo justo, verdadero o razonable.
exageradamente. adv. m. Con exageración.
exagerado, da. p. p. de **Exagerar.** ‖ adj. **Exagerador.**
exagerativo, va. adj. Que exagera. Ú. t. c. s.
exagerante. p. a. de **Exagerar.** Que exagera.
***exagerar.** tr. Decir o hacer una cosa de modo que exceda de lo verdadero, natural o conveniente.
exagerativamente. adv. m. Con exageración.
exagerativo, va. adj. Que exagera.
***exaltación.** f. Acción y efecto de exaltar o exaltarse. ‖ Gloria o *fama que resulta de una acción muy notable.
exaltado, da. p. p. de **Exaltar.** ‖ adj. Que se exalta. ‖ De ideas *políticas avanzadas o radicales.
exaltamiento. m. **Exaltación.**
exaltar. tr. *Enaltecer, elevar a una persona o cosa a mayor auge y dignidad. ‖ fig. *Alabar el mérito o circunstancias de uno con demasiado encarecimiento. ‖ r. *Excitarse, dejarse arrebatar de una pasión, perdiendo la moderación y la calma.
***examen.** m. Reconocimiento y estudio que se hace de una cosa o de un hecho. ‖ Prueba que se hace de la idoneidad de un sujeto para el ejercicio de alguna facultad o función, o para apreciar su aprovechamiento en los estudios. ‖ **de conciencia.** Recordación de las palabras, obras y pensamientos con relación a las obligaciones de cristiano. ‖ **de testigos.** *For.* Diligencia judicial que se practica tomando declaración a ciertas personas. ‖ **Teol.* **Libre examen.** El que se hace de los dogmas, conforme al juicio personal de cada uno y descartando la autoridad de la Iglesia docente.
exámeron. m. Parte del Génesis, que trata de la *creación en seis días.
examinador, ra. m. y f. Persona que examina. ‖ **sinodal.** *Teólogo nombrado por el prelado diocesano, para examinar a los que han de ser admitidos a las órdenes sagradas.
examinando, da. m. y f. Persona que está para ser examinada.
examinante. p. a. de **Examinar.** Que examina.
***examinar.** tr. Inquirir, investigar o reconocer con diligencia y cuidado una cosa. ‖ Probar o tantear la idoneidad y suficiencia del que aspira a algún cargo o grado, o a ganar cursos en los estudios. Ú. t. c. r.
exangüe. adj. Desangrado, falto de *sangre. ‖ fig. Sin ningunas fuerzas, extremadamente *débil, aniquilado. ‖ fig. **Muerto.**
exanimación. f. Privación de las funciones vitales.
exánime. adj. Sin señal de vida o sin vida; *muerto. ‖ fig. Sumamente *debilitado; sin aliento, desmayado.
exantema. m. *Pat.* Erupción de la *piel, de color rojo más o menos subido, generalmente acompañada o precedida de calentura.
exantemático, ca. adj. *Pat.* Perteneciente al exantema o acompañado de esta erupción.
exarca. m. *Gobernador que algunos emperadores de Oriente enviaban a Italia. ‖ En la iglesia griega, dignidad inmediatamente inferior a la de patriarca.
exarcado. m. Dignidad de exarca. ‖ Espacio de tiempo que duraba el gobierno de un exarca. ‖ Período histórico en que hubo exarcas. ‖ *Territorio gobernado por un exarca.
exarco. m. **Exarca.**
exárico. m. Aparcero o *arrendatario moro que pagaba una renta proporcional a los frutos de la cosecha. ‖ *Esclavo de origen moro.
exasperación. f. Acción y efecto de exasperar o exasperarse.
exasperante. p. a. de **Exasperar.** Que exaspera.
exasperar. tr. Lastimar, *excitar una parte dolorida o delicada. Ú. t. c. r. ‖ fig. *Irritar, enfurecer. Ú. t. c. r.
exaudir. tr. ant. Oír favorablemente los ruegos y *conceder lo que se pide.
excandecencia. f. *Excitación vehemente.
excandecer. tr. Encender en cólera a uno, *irritarle. Ú. t. c. r.

excarcelable. adj. Que puede ser excarcelado.
excarcelación. f. Acción y efecto de excarcelar.
excarcelar. tr. Poner en *libertad al preso. Ú. t. c. r.
excarceración. f. p. us. *For.* **Excarcelación.**
ex cáthedra. m. adv. lat. Desde la cátedra de San Pedro. Dícese cuando el *Papa define verdades pertenecientes a la fe o a las costumbres. ‖ fig. y fam. En tono magistral y decisivo.
excava. f. **Agr.* Acción y efecto de excavar.
***excavación.** f. Acción y efecto de excavar.
excavadora. f. Máquina para *excavar.
***excavar.** tr. Quitar de una cosa sólida parte de su masa o grueso, haciendo hoyo o cavidad en ella. ‖ Hacer en el terreno hoyos, zanjas u oquedades. ‖ **Agr.* Quitar la tierra de alrededor de las plantas para beneficiarlas.
excedencia. f. Condición de excedente. ‖ *Sueldo o pensión que percibe el que está excedente.
excedente. p. a. de **Exceder.** Que excede. ‖ adj. ***Excesivo.** ‖ **Sobrante.** Ú. t. c. s. m. ‖ Se dice del *empleado público que, sin perder este carácter, está temporalmente sin prestar servicio.
***exceder.** tr. Ser una cosa más grande o abundante que otra con que se compara. ‖ intr. *Descomedirse, propasarse, ir más allá de lo lícito o razonable. Ú. m. c. r. ‖ **Excederse** uno **a sí mismo.** fr. Hacer una persona alguna cosa que *aventaje a todo lo que se le había visto hasta entonces.
***excelencia.** f. Calidad de excelente. ‖ *Tratamiento que se da a algunas personas por su dignidad o empleo. ‖ **Por excelencia.** m. adv. **Excelentemente.** ‖ Por antonomasia.
***excelente.** adj. Que sobresale en bondad, mérito o estimación entre las cosas que son buenas en su misma especie. ‖ *Tratamiento honorífico usado antiguamente. ‖ m. *Moneda antigua de oro, que valía dos castellanos. ‖ **de la granada. Cruzado** (*moneda).
excelentemente. adv. m. Con excelencia.
excelentísimo, ma. adj. *Tratamiento que se da a la persona a quien corresponde el título de excelencia.
excelsamente. adv. m. De un modo excelso; alta y elevadamente.
excelsitud. f. Suma alteza.
excelso, sa. adj. Muy *alto, eminente. ‖ fig. *Excelente, *ilustre, digno del mayor elogio. ‖ **El Excelso. El Altísimo.**
excéntricamente. adv. m. Con excentricidad.
excentricidad. f. Rareza o *extravagancia de carácter. ‖ Dicho o hecho *extravagante. ‖ **Geom.* Distancia que media entre el *centro de la elipse y uno de sus focos.
excéntrico, ca. adj. De carácter raro, *extravagante. ‖ *Geom.* Que está fuera del *centro o que tiene un centro diferente. ‖ m. Artista de *circo que practica ejercicios extraños. ‖ f. **Mec.* Pieza que gira alrededor de un punto que no es su centro de figura. Ú. t. c. m. ‖ **Excéntrico de la espada.** **Esgr.* Empuñadura, estando en postura de ángulo agudo.
***excepción.** f. Acción y efecto de exceptuar. ‖ Cosa *irregular o que se aparta de la condición general de las demás de su especie. ‖ **For.* Motivo jurídico que el demandado alega para hacer ineficaz la acción del demandante. ‖ **dilatoria.** **For.* La que puede ser tratada en artículos de previo pronunciamiento, con suspensión del juicio. ‖ **perentoria.** **For.* La que se ventila en el juicio y se falla en la sentencia definitiva.
excepcional. adj. Que forma *excepción de la regla común. ‖ Irregular, *extraordinario o *infrecuente.
excepcionar. tr. p. us. **Exceptuar.** ‖ *For.* Alegar excepción en el juicio.
exceptar. tr. ant. **Exceptuar.**
exceptivo, va. adj. Que exceptúa.
***excepto, ta.** p. p. irreg. ant. de **Exceptar.** ‖ adv. m. A excepción de, fuera de, menos.
exceptuación. f. **Excepción.**
exceptuar. tr. *Excluir a una persona o cosa de la regla común, o prescindir de ella. Ú. t. c. r.
excerpta. f. *Colección, recopilación. ‖ *Resumen, extracto.
excerta. f. **Excerpta.**
excesivamente. adv. m. Con exceso.
***excesivo, va.** adj. Que excede y sale de regla.
***exceso.** m. Parte que rebasa, sobra o pasa más allá de la medida o regla. ‖ Lo que sale en cualquier línea de los límites de lo ordinario o de lo lícito. ‖ Diferencia o proporción en que una cosa excede a otra. ‖ *Abuso, *delito o crimen. Ú. m. en pl. ‖ **En exceso.** m. adv. **Excesivamente.**
excipiente. m. **Farm.* Substancia inerte que sirve para incorporar o disolver ciertos medicamentos.
excisión. f. **Cir.* Ablación hecha con instrumento cortante.
excitabilidad. f. Calidad de excitable.
excitable. adj. Capaz de ser excitado. ‖ Que se excita fácilmente.
***excitación.** f. Acción y efecto de excitar o excitarse.
excitador, ra. adj. Que produce excitación. ‖ m. *Fís.* Aparato que sirve para producir la descarga *eléctrica entre dos puntos que tengan potenciales diferentes. ‖ *Fís.* Sistema destinado a engendrar la descarga oscilatoria en la estaciones transmisoras de la *telegrafía sin hilos.
excitante. p. a. de **Excitar.** Que excita. Ú. t. c. s. m.
***excitar.** tr. Provocar, inspirar algún sentimiento, pasión o movimiento. ‖ r. Exaltarse por el enojo, el entusiasmo, la alegría, etc.
excitativo, va. adj. Que tiene virtud o intención de excitar o mover. Ú. t. c. s. m.
***exclamación.** f. Voz, grito o frase en que se refleja una emoción del ánimo. ‖ *Ret.* Figura que consiste en expresar en forma exclamativa un movimiento del ánimo o un pensamiento.
***exclamar.** intr. Emitir *exclamaciones o *hablar con ímpetu y vehemencia para *expresar un vivo afecto o movimiento del ánimo, o para dar más fuerza a lo que se dice.
exclamativo, va. adj. **Exclamatorio.**
exclamatorio, ria. adj. Propio de la *exclamación.
exclaustración. f. Acción y efecto de exclaustrar.
exclaustrado, da. m. y f. *Fraile o monja exclaustrados.
exclaustrar. tr. Permitir u ordenar a un *fraile que abandone el claustro.
excluible. adj. Que puede ser excluido.
excluidor, ra. adj. Que excluye.
***excluir.** tr. Quitar a una persona o cosa del lugar que ocupaba. ‖ *Rechazar o *negar la posibilidad de alguna cosa.
***exclusión.** f. Acción y efecto de excluir.
exclusiva. f. *Repulsa para no admitir a uno en un empleo, comunidad, etc. ‖ *Privilegio.
exclusivamente. adv. m. Con exclusión. ‖ Sola, *únicamente.
exclusive. adv. m. **Exclusivamente.** ‖ En los cálculos y enumeraciones se usa para indicar que el último número u objeto citado no se toma en cuenta.
exclusivismo. m. *Obstinada *adhesión a una persona o a una idea.
exclusivista. adj. Relativo al exclusivismo. ‖ Dícese de la persona que practica el exclusivismo. Ú. t. c. s.
exclusivo, va. adj. Que excluye. ‖ ‖ *Único, solo.
excluso, sa. p. p. irreg. de **Excluir.**
excogitable. adj. Que se puede excogitar.
excogitar. tr. *Hallar o *inventar una cosa con el discurso y la meditación.
***excomulgado, da.** m. y f. Persona excomulgada. ‖ fig. y fam. Indino, endiablado. ‖ **vitando.** Aquel con quien no se puede lícitamente tratar en aquellas cosas que se prohíben por la excomunión mayor.
excomulgador. m. El que excomulga.
***excomulgar.** tr. Apartar la Iglesia de la comunión de los fieles y del uso de los sacramentos al contumaz y rebelde. ‖ fig. y fam. *Excluir a una persona de la comunión o trato con otra u otras.
***excomunión.** f. Acción y efecto de excomulgar. ‖ Carta o edicto con que se intima y publica la censura. ‖ **Paulina.** ‖ **a matacandelas.** **Der. Can.* Aquella cuya publicación va acompañada del acto de apagar candelas metiéndolas en agua. ‖ **de participantes.** Aquella en que incurren los que tratan con el excomulgado. ‖ **ferendae sententiae.** La que se impone por la autoridad eclesiástica. ‖ **latae sententiae.** Aquella en que se incurre en el momento de cometer la falta, sin necesidad de imposición personal expresa. ‖ **mayor.** Privación activa y pasiva de los sacramentos y sufragios comunes de los fieles. ‖ **menor.** Privación pasiva de los sacramentos.
excoriación. f. Acción y efecto de excoriar o excoriarse.
excoriar. tr. Desgastar, levantar o corroer el *cutis o el epitelio, quedando la carne descubierta. Ú. m. c. r.
excrecencia. f. Carnosidad o producción *superflua que se cría en animales o plantas, alterando su textura y superficie natural.
excreción. f. Acción y efecto de excretar.
excremental. adj. **Excrementicio.**
excrementar. tr. Deponer los excrementos.
***excrementicio, cia.** adj. Perteneciente al excremento.
***excremento.** m. Residuos del alimento, que después de hecha la digestión, despide el cuerpo por la vía adecuada. ‖ Cualquiera otra *secreción que despiden los cuerpos por boca, nariz u otras vías.
excrementoso, sa. adj. Aplícase al *alimento que proporcionalmente produce mucho excremento. ‖ **Excrementicio.**
excrescencia. f. **Excrecencia.**
excreta. f. *Fisiol.* Conjunto de las

*secreciones y evacuaciones del organismo animal.
excretar. intr. Expeler el *excremento. ‖ Expeler las substancias que producen las *glándulas.
excreto, ta. adj. Que se excreta.
excretorio, ria. adj. **Anat.* Aplícase a los vasos o conductos que separan las secreciones.
excrex. m. *For.* *Donación que hace un cónyuge a otro, o aumento de dote que el marido asigna a la mujer. En plural se dice **excrez.**
***exculpación.** f. Acción y efecto de exculpar o exculparse. ‖ Hecho o circunstancia que sirve para exonerar de culpa.
***exculpar.** tr. Descargar a uno de culpa. Ú. t. c. r.
excursión. f. *Mil.* ***Correría.** ‖ *Viaje o *paseo a alguna ciudad o paraje para estudio, recreo o ejercicio físico. ‖ *For.* **Excusión.**
excursionismo. m. Ejercicio y práctica de las excursiones como *deporte.
excursionista. com. Persona que hace excursiones.
***excusa.** f. Acción y efecto de *excusar o excusarse. ‖ Motivo o *pretexto. ‖ *Evasiva. ‖ Cualquiera de los *provechos y ventajas que por especial condición y pacto disfrutan algunas personas. ‖ *For.* Excepción o descargo.
excusabaraja. f. **Escusabaraja.**
excusable. adj. Que admite excusa o es digno de ella. ‖ Que se puede omitir o *evitar.
excusación. f. **Excusa.**
excusadamente. adv. m. Sin necesidad.
excusado, da. adj. Que por *privilegio está libre de pagar tributos. ‖ *Superfluo o *inútil. ‖ *Retirado o separado del uso común. ‖ V. **Puerta excusada.** ‖ *Innecesario. ‖ Dícese del labrador que en cada parroquia elegía el rey u otro privilegiado para que le pagase los *diezmos. Ú. t. c. s. ‖ m. Derecho que tenía la Hacienda real de elegir, entre las casas dezmeras, una que contribuyese al rey con los *diezmos. ‖ *Renta que dichas casas rendían. ‖ *Tribunal en que se decidían los pleitos relativos a las casas dezmeras. ‖ Común, *retrete. ‖ **Pensar en lo excusado.** fr. fig. con que se nota lo *imposible o muy *difícil.
excusador, ra. adj. Que excusa. ‖ m. El que *substituye a otro para *eximirle de una carga, servicio, etc. ‖ *For.* El que sin tener poder del reo ni ser su defensor excusaba su falta de comparecencia.
excusalí. m. *Delantal pequeño.
***excusar.** tr. Exponer y alegar razones para sacar libre a uno de la culpa que se le imputa. Ú. t. c. r. ‖ *Evitar o *impedir alguna cosa perjudicial o desagradable. ‖ Mostrar *repugnancia a hacer una cosa. Ú. t. c. r. ‖ *Eximir y libertar del pago de tributos o de un servicio personal. ‖ Junto con infinitivo indica que es *innecesaria la acción que éste significa.
excusión. f. *For.* Procedimiento judicial para cobrar una *deuda.
excuso. m. Acción y efecto de *excusar.
exea. m. *Mil.* **Explorador.**
exeat. Voz latina con que se designa el permiso que concede un *prelado a un clérigo de su diócesis para que se establezca en otra.
***execrable.** adj. Digno de execración.
execración. f. Acción y efecto de *execrar.
execrador, ra. adj. Que execra. Ú. t. c. s.
execrando, da. adj. Execrable, o que debe ser execrado.
***execrar.** tr. Condenar y maldecir con autoridad sacerdotal. ‖ *Reprobar severamente. ‖ **Aborrecer.**
execratorio, ria. adj. Que sirve para execrar.
exedra. f. *Arq.* Construcción descubierta, a modo de *vestíbulo, de planta semicircular, con asientos fijos en la parte interior de la curva.
exégesis. f. Explicación, *interpretación. Aplícase principalmente a la de la *Biblia.
exegeta. m. *Intérprete o expositor de la *Biblia.
exegético, ca. adj. Perteneciente a la exégesis.
***exención.** f. Efecto de eximir o eximirse. ‖ *Privilegio que uno goza para eximirse de algún cargo u obligación.
exentamente. adv. m. Libremente, con *exención. ‖ Claramente, con franqueza, sencillamente.
exentar. tr. **Eximir.** Ú. t. c. r.
exento, ta. p. p. irreg. de **Eximir.** ‖ adj. *Libre, desembarazado de una cosa. ‖ *Indemne. ‖ Aplícase al sitio o edificio que está *descubierto por todas partes. ‖ m. desus. *Oficial de guardias de corps, inferior al alférez y superior al brigadier.
exequátur. m. **Der. Can.* Pase que da la autoridad civil de un Estado a las bulas y rescriptos pontificios. ‖ **Der. Inter.* Autorización que otorga el jefe de un Estado a los agentes de otro para que puedan ejercer las funciones propias de sus cargos.
***exequias.** f. pl. Honras funerales.
exequible. adj. Que se puede *conseguir o hacer; *posible.
exergo. m. *Numism.* Parte de una *medalla, donde suele ir una leyenda debajo del emblema o figura.
exfoliación. f. Acción y efecto de exfoliar o exfoliarse. ‖ *Pat.* Desprendimiento de la *piel en forma de escamas.
exfoliador, ra. adj. Aplícase a una especie de *cuaderno, cuyas hojas se desprenden fácilmente.
exfoliar. tr. *Dividir una cosa en láminas o escamas. Ú. t. c. r.
exhalación. f. Acción y efecto de exhalar o exhalarse. ‖ **Estrella fugaz.** ‖ *Rayo, centella. ‖ *Vapor u *olor que un cuerpo exhala por evaporación.
exhalador, ra. adj. Que exhala.
exhalar. tr. Despedir *gases, vapores u *olores. ‖ fig. Dicho de *quejas, suspiros, etc., lanzarlos, despedirlos. ‖ r. fig. Desalarse, *andar o *correr con suma precipitación.
exhaustivo, va. adj. Que agota la materia de que se trata; *completo.
exhausto, ta. adj. Que *carece de lo que necesita por haberse consumido o agotado.
exheredación. f. Acción y efecto de exheredar. ‖ f. *For.* **Desheredación.**
exheredar. tr. **Desheredar.**
exhibición. f. Acción y efecto de exhibir.
exhibicionismo. m. Prurito de exhibirse.
exhibicionista. com. Persona aficionada a exhibirse.
exhibir. tr. *Mostrar en público. Ú. t. c. r. ‖ *For.* Presentar escrituras, documentos, pruebas, etc., ante quien corresponda.
exhíbita. f. *For.* **Exhibición.**
exhilarativo, va. adj. Que causa *risa o regocijo.
exhortación. f. Acción de exhortar. ‖ Advertencia o *consejo con que se intenta persuadir. ‖ Plática o *sermón familiar y breve.
exhortador, ra. adj. Que exhorta. Ú. t. c. s.
exhortar. tr. Intentar *persuadir a uno con razones y ruegos a que haga o deje de hacer alguna cosa.
exhortatorio, ria. adj. Perteneciente o relativo a la exhortación.
exhorto. m. **For.* Despacho que libra un juez a otro para que mande dar cumplimiento a lo que le pide.
exhumación. f. Acción de exhumar.
exhumador, ra. adj. Que exhuma. Ú. t. c. s.
exhumar. tr. Desenterrar, *sacar de la sepultura un cadáver o restos humanos.
***exigencia.** f. Acción y efecto de exigir. ‖ Pretensión *arbitraria o desmedida.
***exigente.** p. a. de **Exigir.** Que exige. ‖ adj. Dícese en especial del que exige de manera *despótica. Ú. t. c. s.
exigible. adj. Que puede o debe exigirse.
exigidero, ra. adj. **Exigible.**
***exigir.** tr. *Cobrar por autoridad pública dinero u otra cosa. ‖ fig. Pedir una cosa, por su naturaleza o circunstancia, algún requisito *necesario para que se haga o perfeccione. ‖ → Demandar, reclamar imperiosamente.
exigüidad. f. Calidad de exiguo.
exiguo, gua. adj. Insuficiente, *escaso.
exiliado, da. adj. Que está en el exilio. Ú. t. c. s.
exilio. m. *Destierro.
eximente. p. a. de **Eximir.** Que exime.
eximio, mia. adj. Muy *excelente.
***eximir.** tr. Libertar, desembarazar de cargas, obligaciones, cuidados, etcétera. Ú. t. c. r.
exinanición. f. *Debilidad grande, falta de vigor y fuerza.
exinanido, da. adj. *Débil, falto de fuerzas y vigor.
***existencia.** f. Acto de existir. ‖ *Vida del hombre. ‖ pl. Cosas que obran en poder de uno en espera de ocasión para *venderlas o despacharlas.
existencial. adj. Perteneciente o relativo a la *existencia.
existencialismo. m. **Fil.* Conjunto de teorías que fundan el conocimiento del hombre en su modo de existir y no en la esencia de su ser.
existencialista. adj. Perteneciente o relativo al existencialismo. Apl. a pers. Ú. t. c. s.
existente. p. a. de **Existir.** Que existe.
existimación. f. Acción y efecto de existimar.
existimar. tr. Hacer *juicio de una cosa. ‖ Tenerla por cierta, aunque no lo sea.
existimativo, va. adj. **Putativo.**
***existir.** intr. Tener una cosa ser real y verdadero. ‖ Tener *vida. ‖ Haber.
éxito. m. *Fin o *conclusión de un asunto, empresa, etc. ‖ Resultado *feliz de un negocio, actuación, etc.
ex libris. Expresión lat. con que se designa la marca que el poseedor de un *libro pone en éste para acreditar que le pertenece.
exocarditis. f. *Pat.* Inflamación externa del *corazón.
éxodo. m. Segundo libro del Pentateuco (de la *Biblia), en el cual se refiere la salida de los israelitas de Egipto. ‖ fig. *Emigración de un pueblo.
exoftalmía. f. *Pat.* Salida o adelan-

tamiento del globo del *ojo hacia afuera de la órbita.
exogamia. f. *Matrimonio entre personas de distinta tribu o familia.
exoneración. f. Acción y efecto de exonerar o exonerarse.
exonerar. tr. Descargar, *libertar a uno de algún peso o gravamen o *eximirle de alguna obligación. Ú. t. c. r. ‖ Separar o *destituir a alguno de un empleo.
exorable. adj. Dícese del que fácilmente *condesciende con las súplicas que le hacen.
exorar. tr. *Pedir, rogar, solicitar con empeño.
exorbitancia. f. *Exceso notable en cualquier orden.
exorbitante. adj. *Excesivo, enorme.
exorbitantemente. adv. m. Con exorbitancia.
exorcismo. m. Conjuro ordenado por la Iglesia contra el *demonio.
exorcista. m. El que tiene potestad eclesiástica para exorcizar.
exorcistado. m. **Ecles.* Orden de exorcista, que es la tercera de las menores.
exorcizante. p. a. de **Exorcizar.** Que exorciza.
exorcizar. tr. Usar de los exorcismos ordenados por la Iglesia contra el *demonio.
***exordio.** m. Introducción, *preámbulo de un *discurso, de una composición literaria u otra obra de ingenio.
exornación. f. Acción y efecto de exornar o exornarse.
exornar. tr. *Adornar, hermosear. Ú. t. c. r. ‖ Amenizar el lenguaje con galas retóricas.
exósmosis o **exosmosis.** f. **Hidrául.* Corriente de dentro a fuera, que se establece al mismo tiempo que su contraria la endósmosis, cuando dos líquidos de distinta densidad están separados por una membrana.
exotérico, ca. adj. *Ordinario, *comprensible para el vulgo. Aplícase propiamente a la doctrina que los *filósofos de la Antigüedad manifestaban públicamente.
***exótico, ca.** adj. Extranjero, peregrino, de origen extraño y aún no aclimatado o admitido en el país de importación.
exotiquez. f. Calidad de exótico.
exotismo. m. Calidad de exótico.
expandir. tr. *Extender, dilatar, ensanchar. ‖ *Propagar, difundir. Ú. t. c. r.
expansibilidad. f. *Fís.* Calidad de expansible.
expansible. adj. *Fís.* Capaz de expansión.
expansión. f. *Fís.* Acción y efecto de *extenderse o dilatarse. ‖ fig. Acción de desahogar el ánimo, *expresando o manifestando algún afecto o pensamiento. ‖ Recreo, *diversión.
expansivo, va. adj. Que puede o que tiende a extenderse o dilatarse. ‖ fig. Franco, comunicativo, *afable, *expresivo.
expatriación. f. Acción y efecto de expatriarse o ser expatriado.
expatriarse. r. Abandonar uno su patria, *emigrar.
expectable. adj. **Espectable.**
expectación. f. *Desasosiego o *atención concentrada con que se *aguarda una cosa o suceso importante. ‖ Fiesta que se celebra el día 18 de diciembre en honor de la *Virgen. ‖ **De expectación.** loc. **Expectable.**
expectante. adj. Que *aguarda con *atención, que espera observando.
expectativa. f. *Esperanza de conseguir en adelante una cosa. ‖ Especie de futura que se daba para obtener un beneficio o prebenda *eclesiástica. ‖ Posibilidad, más o menos cercana o probable, de conseguir un *derecho, *empleo u otra cosa.
expectativas. adj. pl. V. **Cartas, letras expectativas.**
***expectoración.** f. Acción y efecto de expectorar. ‖ Lo que se expectora.
expectorante. adj. **Farm.* Que hace expectorar. Ú. t. c. s. m.
***expectorar.** tr. Arrancar y arrojar por la boca las flemas y secreciones del aparato respiratorio.
expedición. f. Acción y efecto de expedir. ‖ *Habilidad, *desenvoltura y prontitud en decir o hacer. ‖ Despacho, *bula, breve de la curia romana. ‖ Excursión o *viaje con el fin de realizar una empresa en punto distante. ‖ Conjunto de personas que la realizan. ‖ Excursión colectiva con fines recreativos.
expedicionario, ria. adj. Que lleva a cabo una expedición. Ú. t. c. s.
expedicionero. m. El que gestiona el despacho de las expediciones que se solicitan en la *curia romana.
expedidor, ra. m. y f. Persona que expide.
expediente. m. **For.* *Asunto que se sigue sin juicio contradictorio en los tribunales. ‖ **Admón. Púb.* Conjunto de todos los *documentos y papeles correspondientes a un asunto o negocio. ‖ *Medio que se toma para dar salida a una duda o dificultad. ‖ Despacho, curso en los negocios y causas. ‖ *Facilidad, *desenvoltura, *habilidad y *prontitud en la decisión o manejo de los negocios. ‖ Título, motivo o *pretexto. ‖ Avío, *provisión. ‖ **Cubrir** uno **el expediente.** fr. fig. y fam. Aparentar que se *cumple una obligación o hacer lo menos posible para cumplirla.
expedienteo. m. Tendencia exagerada a formar expedientes, o a prolongar la instrucción de ellos, especialmente en la *administración pública.* ‖ Tramitación de los expedientes.
expedir. tr. Dar curso a las causas y negocios; despacharlos, *resolverlos. ‖ Despachar, extender por *escrito, con las formalidades acostumbradas, bulas, privilegios, reales órdenes, etc. ‖ Pronunciar un auto o decreto. ‖ *Enviar mercancías, telegramas, pliegos, etc.
expeditamente. adv. m. Fácilmente, desembarazadamente.
expeditivo, va. adj. Que tiene expedición y *habilidad.
expedito, ta. adj. Desembarazado, *libre de todo estorbo. ‖ Expeditivo.
expelente. p. a. de **Expeler.** Que expele.
expeler. tr. Arrojar, *expulsar de alguna parte a una persona o cosa.
expendedor, ra. adj. Que gasta o expende. Ú. t. c. s. ‖ m. y f. Persona que *vende efectos de otro, y más particularmente la que vende *tabaco, sellos, billetes de teatro, etc. ‖ **de moneda falsa.** *For.* El que secreta y cautelosamente va introduciendo en el comercio *moneda falsa.
expendeduría. f. *Tienda en que se vende por menor *tabaco u otros efectos monopolizados.
expender. tr. *Gastar, hacer expensas. ‖ *Vender cosas ajenas por encargo de su dueño. ‖ Vender al menudeo. ‖ *For.* Dar salida por menor a la *moneda falsa.
expendición. f. Acción y efecto de expender. ‖ *Venta al menudeo.
expendio. m. p. us. *Gasto, dispendio. ‖ Expendición, *venta al menudeo. ‖ **Expendeduría.**
expensar. tr. Costear, pagar los *gastos de alguna gestión o negocio.
expensas. f. pl. *Gastos, costas. ‖ *For.* **Litisexpensas.** ‖ **A expensas.** m. adv. A costa, por cuenta, a cargo.
***experiencia.** f. Caudal de conocimientos, especialmente de índole práctica, que uno adquiere en la vida diaria o en el ejercicio de alguna ocupación. ‖ **Experimento.**
experimentación. f. Acción y efecto de experimentar. ‖ Método científico de *investigación fundado en la producción voluntaria de fenómenos.
***experimentado, da.** p. p. de **Experimentar.** ‖ adj. Dícese de la persona que tiene experiencia.
experimentador, ra. adj. Que experimenta. Ú. t. c. s.
experimental. adj. Fundado en la *experiencia, o que se sabe y alcanza por ella.
experimentalmente. adv. m. Por experiencia.
***experimentar.** tr. Probar y *ensayar prácticamente la virtud y propiedades de una cosa. ‖ Notar, *sentir, echar de ver en sí una cosa. ‖ Sufrir, *padecer.
experimento. m. Acción y efecto de experimentar.
expertamente. adv. m. Diestramente, con práctica y conocimiento.
experto, ta. adj. Práctico, *hábil, *experimentado. ‖ m. **Perito.**
***expiación.** f. Acción y efecto de expiar.
***expiar.** tr. Borrar las culpas; purificarse de ellas por medio de algún sacrificio. ‖ Sufrir el delincuente la *pena impuesta por los tribunales. ‖ fig. *Padecer trabajos por consecuencia de errores o culpas. ‖ fig. *Purificar una cosa profanada; como un templo, etc.
expiativo, va. adj. Que sirve para la expiación.
expiatorio, ria. adj. Que se hace por expiación, o que la produce.
expilar. tr. *Robar, despojar.
expillo. m. **Matricaria** (planta).
expiración. f. Acción y efecto de expirar.
expirante. p. a. de **Expirar.** Que expira.
expirar. tr. ***Morir.** ‖ fig. Acabarse, *finalizar una cosa.
explanación. f. Acción y efecto de explanar. ‖ Acción y efecto de *allanar un terreno. ‖ fig. *Explicación de un texto.
explanada. f. Espacio de terreno allanado. ‖ **Fort.* Declive que se continúa desde el camino cubierto hacia la campaña. ‖ **Fort.* Parte más elevada de la muralla. ‖ **Artill.* Pavimento de fábrica o armazón de fuertes largueros, sobre los cuales se monta la cureña.
explanar. tr. ***Allanar.** ‖ Construir terraplenes, hacer desmontes, etc., hasta dar al terreno la nivelación o disposición que se desea. ‖ fig. Declarar, *explicar.
explayar. tr. *Ensanchar, *extender. Ú. t. c. r. ‖ r. fig. *Expresarse con extensión o *prolijidad. ‖ fig. Esparcirse, irse a *divertir al campo. ‖ fig. Confiarse de una persona, *revelándole algún secreto o intimidad.
expletivo, va. adj. **Gram.* Aplícase a las voces o partículas que, sin ser necesarias para el sentido, se emplean para hacer más llena o armoniosa la locución.
explicable. adj. Que se puede explicar.
***explicación.** f. Acción y efecto de explicar.

explicaderas. f. pl. fam. Manera de *explicarse o *expresarse cada cual.
explicador, ra. adj. Que explica o comenta una cosa. Ú. t. c. s.
***explicar.** tr. Declarar, *expresar, dar a conocer lo que uno piensa. Ú. t. c. r. || → Exponer en forma fácilmente comprensible el sentido de algún texto o proposición de difícil inteligencia. || *Enseñar en la cátedra. || *Exculpar palabras o acciones, declarando que no hubo en ellas intención de agravio para otra persona. || r. Llegar a *comprender la razón de alguna cosa; darse cuenta de ella.
explicativo, va. adj. Que explica.
explícitamente. adv. m. Expresamente, con *claridad.
explícito, ta. adj. Que *expresa clara y *terminantemente una cosa.
explorable. adj. Que puede ser explorado.
exploración. f. Acción y efecto de explorar.
explorador, ra. adj. Que explora. Ú. t. c. s. || m. Muchacho afiliado a cierta asociación educativa, patriótica y *deportiva.
explorar. tr. Reconocer, registrar, *inquirir o *examinar con diligencia una cosa o un lugar.
exploratorio, ria. adj. Que sirve para explorar. || **Med.* Aplícase al instrumento o medio que se emplea para explorar cavidades o heridas en el cuerpo. Ú. t. c. s. m.
explosión. f. Acción de *estallar con estruendo un cuerpo o recipiente por la transformación en gases de alguna substancia situada en su interior. || Dilatación repentina de un gas expelido del cuerpo que lo contiene, sin que éste estalle ni se rompa. || fig. *Expresión súbita y violenta de ciertos *sentimientos o afectos del ánimo. || En la *pronunciación de ciertas consonantes, expulsión repentina del aire por cesar la oclusión de los órganos con que aquéllas se articulan.
***explosivo, va.** adj. Que hace o puede hacer explosión. || →*Quím.* Que se incendia con explosión; como los fulminantes o la pólvora. Ú. t. c. s. m. || Que se *pronuncia con explosión. || Dícese de la letra que se pronuncia con este sonido. Ú. t. c. s. f.
explotable. adj. Que se puede explotar.
explotación. f. Acción y efecto de explotar. || Conjunto de elementos dedicados a una *industria o granjería.
explotador, ra. adj. Que explota. Ú. t. c. s.
explotar. tr. Extraer de las *minas la riqueza que contienen. || fig. Sacar *utilidad de un negocio o industria, o aprovecharse de las circunstancias o dificultades ajenas en provecho propio.
exployada. adj. V. **Águila exployada.**
expoliación. f. Acción y efecto de expoliar.
expoliador, ra. adj. Que expolia o favorece la expoliación. Ú. t. c. s.
expoliar. tr. *Despojar a uno de lo suyo con violencia o con iniquidad.
expolición. f. **Ret.* Figura que consiste en repetir un mismo pensamiento con distintas formas.
exponencial. adj. *Mat.* V. **Cantidad exponencial.**
exponente p. a. de **Exponer.** Que expone. Ú. t. c. s. || m. **Mat.* Número o expresión algebraica que denota la potencia a que se ha de elevar otro número u otra expresión. || **Mat.* Diferencia de una progresión aritmética o razón de una geométrica.
exponer. tr. Poner de *manifiesto. || Someter a la acción de la luz una placa o película *fotográfica. || Expresar, *decir, o *interpretar el sentido de una palabra, texto o doctrina. || Arriesgar, aventurar, poner una cosa en *peligro de perderse o dañarse. Ú. t. c. r. || *Abandonar un niño recién nacido a la puerta de una iglesia o casa, o en otro paraje público.
exportable. adj. Que se puede exportar.
exportación. f. Acción y efecto de exportar. || Conjunto de mercaderías que se exportan.
exportador, ra. adj. Que exporta. Ú. t. c. s.
exportar. tr. *Enviar *mercancías del propio país a un país extranjero.
exposición. f. Acción y efecto de exponer o exponerse. || Comunicación que se hace a una autoridad *pidiendo o *reclamando una cosa. || Exhibición pública de artículos de *industria o de *artes y ciencias, para estimular la producción, el comercio o la cultura. || En las obras de *teatro, *novelas y otras *literarias, conjunto de los datos y antecedentes necesarios para comprender la acción y su desarrollo. || *Situación de un objeto con relación a los puntos cardinales del horizonte. || Espacio de tiempo durante el cual se expone a la luz una placa *fotográfica o un papel sensible.
exposímetro. m. **Fot.* Aparato que permite calcular automáticamente el tiempo de exposición.
expositivo, va. adj. Que expone, declara o interpreta.
***expósito, ta.** adj. Dícese del que recién nacido fue expuesto en un paraje público. Ú. m. c. s.
expositor, ra. adj. Que *interpreta, expone y *explica una cosa. Ú. t. c. s. || m. y f. Persona que concurre a una exposición pública con objetos de su propiedad o industria. || m. Por antonom., el que *interpreta la *Biblia o un texto *jurídico.
expremijo. m. *Mesa baja, larga, de tablero con ranuras, que se usa para hacer *queso.
exprés. m. *Tren expreso. || Empresa de *transportes.
expresamente. adv. m. Con palabras o demostraciones *claras y *manifiestas.
***expresar.** tr. Decir, manifestar con palabras lo que uno quiere dar a entender. || Dar uno indicio de los movimientos del ánimo por medio de actitudes, gestos o cualesquier otros signos exteriores. || Manifestar el artista con viveza y exactitud los afectos propios del caso. || r. Darse a entender por medio de la palabra.
***expresión.** f. Acción y efecto de expresar o expresarse. || *Palabra o locución. || Viveza y propiedad con que se manifiestan los afectos en la *oratoria o en la representación teatral, en la *pintura, *música, *danza, etc. || Cosa que se *regala en demostración de afecto. || Acción de exprimir. || **Mat.* Conjunto de términos que representa una cantidad. || **Farm.* *Zumo o substancia exprimida. || pl. Memorias, recuerdos, *saludos que se envían a una persona por *cortesía.
expresionismo. m. **Lit.* Escuela que propugna la intensidad de la expresión.
expresivamente. adv. m. De manera expresiva.
***expresivo, va.** adj. Dícese de la persona que manifiesta con gran viveza de *expresión lo que siente o piensa. || **Afectuoso.**
expreso, sa. p. p. irreg. de **Expresar.** || adj. *Claro, *manifiesto, *terminante, especificado. || V. **Tren expreso.** Ú. t. c. s. || m. *Correo extraordinario.
exprimidera. f. **Farm.* Instrumento que se usa para estrujar la materia de que se quiere *sacar el zumo.
exprimidero. m. **Exprimidera.**
exprimir. tr. *Extraer el *zumo o líquido de una cosa, *apretándola o retorciéndola. || fig. **Estrujar.** || fig. *Expresar, manifestar.
ex profeso. m. adv. lat. De propósito, *adrede, de caso pensado.
expropiación. f. Acción y efecto de expropiar. || Cosa expropiada. Ú. m. en pl.
expropiador, ra. adj. Que expropia.
expropiar. tr. Desposeer o *privar de una cosa a su propietario. Se puede hacer legalmente, en ciertos casos, mediante una indemnización adecuada.
expuesto, ta. p. p. irreg. de **Exponer.** || adj. *Peligroso.
expugnable. adj. Que se puede expugnar.
expugnación. f. Acción y efecto de expugnar.
expugnador, ra. adj. Que expugna. Ú. t. c. s.
expugnar. tr. Tomar o *conquistar por fuerza de armas una ciudad, plaza, castillo, etc.
***expulsar.** tr. Arrojar, echar fuera de cualquier cavidad, recinto, etc., una persona o cosa.
***expulsión.** f. Acción y efecto de expeler o expulsar. || **Esgr.* Golpe que se da con la espada en la flaqueza de la del contrario, para desarmarlo.
expulsivo, va. adj. Que tiene virtud y facultad de expeler. Ú. t. c. s. m.
expulso, sa. p. p. irreg. de **Expeler** y **Expulsar.**
expurgación. f. Acción y efecto de expurgar.
expurgar. tr. *Limpiar o *purificar una cosa. || fig. Tachar o *corregir en los *libros o impresos algunas palabras, cláusulas o pasajes por orden de la autoridad o por razones de moralidad.
expurgatorio, ria. adj. Que expurga o limpia. || V. **Índice expurgatorio.** Ú. t. c. s. m.
expurgo. m. **Expurgación.**
exquisitamente. adv. m. De manera exquisita.
exquisitez. f. Calidad de exquisito.
exquisito, ta. adj. De singular y extraordinaria *excelencia, *finura o buen gusto en su especie.
éxtasi. m. **Éxtasis.**
***extasiarse.** r. Enajenarse, quedar fuera de sí.
***éxtasis.** m. En la teología *mística, estado preternatural del alma, caracterizado interiormente por cierta unión de Dios mediante la contemplación y el amor, y exteriormente por la suspensión mayor o menor de los sentidos y de la actividad fisiológica. || →Estado del alma enteramente dominada por intenso y grato sentimiento de admiración. || *Med.* Paralización o retardación del curso de la *sangre en el organismo.
extático, ca. adj. Que está en *éxtasis.
extemporal. adj. **Extemporáneo.**
extemporáneamente. adv. m. Fuera de su tiempo propio y oportuno.

extemporaneidad. f. Calidad de extemporáneo.
extemporáneo, a. adj. Impropio del tiempo en que sucede o se hace. ‖ Inoportuno, *intempestivo.
***extender.** tr. Hacer que una cosa, aumentando su superficie, ocupe más lugar o espacio que el que antes ocupaba. Ú. t. c. r. ‖ *Esparcir lo que está amontonado, junto o espeso. ‖ Desenvolver, desplegar lo que estaba doblado, arrollado o encogido. Ú. t. c. r. ‖ *Aumentar o ampliar derechos, autoridad, conocimientos, etc. Ú. t. c. r. ‖ Hablando de escrituras, autos, despachos, etcétera, ponerlos por *escrito y en la forma acostumbrada. ‖ r. Ocupar cierta porción de terreno. ‖ Ocupar cierta cantidad de tiempo, *durar. ‖ Hacer por escrito o de palabra la *narración o explicación de las cosas, dilatada y *prolijamente. ‖ fig. *Propagarse, irse difundiendo alguna cosa. ‖ fig. Alcanzar el *poder, virtud o eficacia de una cosa a influir u obrar en otras. ‖ fig. y fam. *Engreírse afectando señorío y poder.
extendidamente. adv. m. Por extenso, con extensión.
extensamente. adv. m. **Extendidamente.**
extensible. adj. Que se puede extender.
***extensión.** f. Acción y efecto de extender o extenderse. ‖ **Geom.* Capacidad para ocupar una parte del espacio. ‖ *Geom.* Medida del espacio ocupado por un cuerpo. ‖ **Lóg.* Conjunto de individuos comprendidos en una idea. ‖ *Gram.* Tratando del *significado de las palabras, ampliación del mismo a otro concepto relacionado con el originario.
extensivamente. adv. m. De un modo extensivo.
extensivo, va. adj. Que se extiende o se puede extender a más cosas que a las que ordinariamente comprende.
extenso, sa. p. p. irreg. de **Extender.** ‖ adj. Que tiene extensión. ‖ Que tiene mucha extensión, vasto, muy *espacioso. ‖ **Por extenso.** m. adv. Extensamente, con todo *detalle.
extensor, ra. adj. Que extiende o hace que se extienda una cosa.
extenuación. f. *Debilidad de fuerzas materiales y adelgazamiento. Ú. t. en sent. fig. ‖ *Ret.* **Atenuación.**
extenuar. tr. Enflaquecer, debilitar. Ú. t. c. r.
extenuativo, va. adj. Que extenúa.
***exterior.** adj. Que está por la parte de afuera. ‖ Relativo a países *extranjeros, por contraposición a nacional e interior. ‖ m. *Superficie externa de los cuerpos. ‖ Traza, *aspecto o porte de una persona.
***exterioridad.** f. Cosa exterior o externa. ‖ Apariencia, *aspecto de las cosas, o porte de una persona. ‖ Demostración *fingida de un afecto del ánimo. ‖ Honor de pura *ceremonia. Ú. m. en pl.
exteriorización. f. Acción y efecto de exteriorizar.
***exteriorizar.** tr. Hacer patente, *revelar o *mostrar algo.
exteriormente. adv. m. Por la parte exterior.
exterminador, ra. adj. Que extermina. Ú. t. c. s.
exterminar. tr. desus. *Desterrar. ‖ fig. Acabar del todo con una cosa, *suprimirla, extirparla. ‖ fig. Desolar, *destruir por fuerza de armas.
***exterminio.** m. Acción y efecto de exterminar.
externado. m. Establecimiento de *enseñanza donde se reciben alumnos externos.
externamente. adv. m. Por la parte externa.
externo, na. adj. Dícese de lo que obra o se manifiesta al *exterior. ‖ Dícese del *alumno que sólo permanece en el colegio o escuela durante las horas de clase. Ú. t. c. s.
ex testamento. m. adv. lat. *For.* Por el *testamento.
extinción. f. Acción y efecto de extinguir o extinguirse.
extinguible. adj. Que se puede extinguir.
extinguir. tr. *Apagar, hacer que cese el fuego o la luz. Ú. t. c. r. ‖ fig. Hacer que cesen o *terminen del todo ciertas cosas que desaparecen gradualmente. Ú. t. c. r.
extintivo, va. adj. Que causa extinción. ‖ **For.* Que hace caducar una acción o un derecho.
extinto, ta. p. p. irreg. de **Extinguir.** ‖ adj. *Muerto, fallecido.
extintor. m. Aparato portátil para *apagar incendios mediante la proyección de líquidos contenidos en su interior.
extirpable. adj. Que se puede extirpar.
extirpación. f. Acción y efecto de extirpar.
extirpador, ra. adj. Que extirpa. Ú. t. c. s. ‖ m. *Agr.* Instrumento a modo de *grada, provisto de varias rejas que cortan horizontalmente la tierra y las raíces.
extirpar. tr. *Arrancar de cuajo o de raíz. ‖ fig. Acabar del todo con una cosa, hacer que cese, *suprimirla.
extornar. tr. **Cont.* Pasar una partida del debe al haber o viceversa.
extorno. m. Parte de la prima de un *seguro que el asegurador devuelve a consecuencia de alguna modificación de la póliza.
extorsión. f. Acción y efecto de *despojar a uno violentamente de alguna cosa. ‖ fig. Cualquier *daño o perjuicio.
extra. prep. insep. que significa ***fuera de.** ‖ En estilo familiar suele emplearse aislada, significando ***además.** ‖ adj. Extraordinario, excelente. ‖ m. fam. Adehala, gaje, *remuneración adicional.
***extracción.** f. Acción y efecto de extraer. ‖ En el juego de la *lotería, acto de sacar algunos números con sus respectivas suertes. ‖ Origen, *linaje.
extracta. f. *For.* *Copia fiel de cualquier *documento público o de una parte de él.
extractador, ra. adj. Que extracta. Ú. t. c. s.
extractar. tr. Reducir a extracto o *compendio una cosa; como escrito, libro, etc.
extracto. m. *Resumen que se hace de un escrito. ‖ Cada uno de los cinco números que salían a favor de los jugadores en la *lotería primitiva. ‖ **Quím.* Substancia resultante de la evaporación de jugos o de infusiones de materias vegetales o animales. ‖ **acuoso.** *Quím.* El procedente de la evaporación de jugos y disoluciones acuosas. ‖ **de Saturno.** *Quím.* Disolución acuosa del acetato de plomo básico. ‖ **tebaico.** **Farm.* **Extracto** acuoso de opio.
extractor, ra. m. y f. Persona que extrae. ‖ Aparato o pieza de un mecanismo que sirve para *extraer.
extradición. f. *For.* Entrega del *delincuente refugiado en un país, hecha por el gobierno de éste a las autoridades de otro país en los casos y con los requisitos previstos en el derecho *internacional.
extradós. m. Superficie convexa de una bóveda.
extraente. p. a. de **Extraer.** Que extrae. Ú. t. c. s.
***extraer.** tr. **Sacar.** ‖ **Mat.* Tratándose de raíces, averiguar cuáles son las de una cantidad dada. ‖ *For.* Sacar *copia de un *documento público o de una parte de él. ‖ **Quím.* Separar algunas de las partes de que se componen los cuerpos.
extrajudicial. adj. Que se hace o trata fuera de la vía judicial.
extrajudicialmente. adv. m. Sin las solemnidades judiciales.
extralegal. adj. Que no es legal o cae fuera de la *ley.
extralimitación. f. Acción y efecto de extralimitarse.
extralimitarse. r. fig. *Excederse en el uso de facultades o atribuciones, *rebasarlas. ‖ *Abusar de la benevolencia ajena. Ú. t. c. tr.
extramuros. adv. l. Fuera del recinto de una ciudad; en las *afueras.
***extranjería.** f. Calidad y condición que por las leyes corresponden al extranjero residente en un país, mientras no está naturalizado en él. ‖ Conjunto de normas reguladoras de los derechos y obligaciones de los extranjeros en un país.
extranjerismo. m. Afición desmedida a costumbres extranjeras. ‖ Voz, frase o giro de un idioma extranjero empleado en el idioma vernáculo.
extranjerizar. tr. Introducir las costumbres extranjeras, mezclándolas con las propias del país. Ú. t. c. r.
***extranjero, ra.** adj. Que es o viene de país de otra soberanía. ‖ Natural de una nación con respecto a los naturales de cualquiera otra. Ú. m. c. s. ‖ m. Toda nación que no es la propia.
extranjía. f. fam. **Extranjería.** ‖ **De extranjía.** loc. fam. **Extranjero.** ‖ fig. y fam. Extraño o inesperado.
extranjis (de). loc. fam. **De extranjía.** ‖ De tapadillo, en *secreto.
extraña. f. *Planta herbácea de las compuestas, que se cultiva para adorno de los jardines.
extrañación. f. **Extrañamiento.**
extrañamente. adv. m. De manera extraña.
extrañamiento. m. Acción y efecto de extrañar o extrañarse.
extrañar. tr. *Desterrar a país extranjero. Ú. t. c. r. ‖ Apartar, privar a uno del trato y comunicación que se tenía con él. Ú. t. c. r. ‖ Ver u oír con *admiración o *sorpresa una cosa. Ú. t. c. r. ‖ Sentir la *novedad de alguna cosa que usamos, echando de menos la que nos es habitual. ‖ Echar de menos a alguna persona o cosa, sentir su falta. ‖ Afear, *reprender. ‖ r. *Negarse a hacer una cosa.
extrañez. f. **Extrañeza.**
extrañeza. f. *Irregularidad, anomalía, rareza. ‖ *Enemistad o *desacuerdo entre los que eran amigos. ‖ *Admiración, *sorpresa.
***extraño, ña.** adj. De nación, familia o condición distinta de la que se nombra o sobrentiende. Ú. t. c. s. ‖ Raro, singular, *especial, *extraordinario. ‖ **Extravagante.** ‖ → Dícese de lo que es ajeno a la naturaleza o condición de una cosa de la cual forma parte. ‖ **Extraño a** alguna cosa. loc. Que no ha tenido participación en ella. ‖ **Hacer un**

extraño el *caballo. fr. Espantarse de repente.
extraoficial. adj. Oficioso, no oficial.
extraoficialmente. adv. m. De modo extraoficial.
extraordinariamente. adv. m. De manera extraordinaria.
***extraordinario, ria.** adj. Fuera del orden o regla natural o común. ‖ m. *Correo especial. ‖ Plato o *alimento que se añade a la comida diaria.
extraplano, na. adj. Dícese de las cosas más planas o *delgadas que otras de su especie, y singularmente de ciertos *relojes de bolsillo.
extrarradio. m. Circunscripción administrativa que comprende las *afueras de una población.
extrasístole. f. *Pat.* Contracción prematura del ventrículo o de la aurícula del *corazón, que viene a reforzar o debilitar la sístole normal.
extratémpora. f. **Ecles.* Dispensa para que un clérigo reciba las órdenes mayores fuera de los tiempos señalados por la Iglesia.
extraterritorial. adj. Dícese de lo que está fuera del territorio de determinada *jurisdicción.
extraterritorialidad. f. **Der. Intern.* Derecho o privilegio que se deriva de considerar el domicilio de los agentes *diplomáticos, los buques de guerra, etc., como si estuviesen fuera del territorio donde se encuentran, y sometidos a las leyes de su país de origen.
***extravagancia.** f. Calidad de extravagante.
***extravagante.** adj. Que se hace o dice fuera del orden o común modo de obrar. ‖ Que habla, viste o procede así. Ú. t. c. s. ‖ f. **Der. Can.* Cualquiera de las constituciones pontificias que se hallan recogidas y puestas al fin del cuerpo del derecho canónico.
extravasación. f. Acción y efecto de extravasarse.
extravasarse. r. *Derramarse, salirse un líquido de su vaso.
extravenar. tr. Hacer salir la *sangre de las venas. Ú. m. c. r. ‖ fig. *Desviar, sacar de su lugar o asiento.
extraversión. f. Movimiento del ánimo que, cesando en su propia contemplación, dirige la *atención al mundo exterior por medio de los *sentidos.
***extraviar.** tr. Hacer perder el camino. Ú. t. c. r. ‖ Poner una cosa en otro lugar que el que debía ocupar. ‖ *Perder una cosa, dejarla abandonada sin saber dónde. ‖ Hablando de la mirada, no fijarla en objeto determinado. ‖ r. No encontrarse una cosa en su sitio e ignorarse su paradero. ‖ fig. Dejar la carrera y forma de vida que se había empezado y tomar otra distinta, generalmente mala.
***extravío.** m. Acción y efecto de extraviar o extraviarse. ‖ fig. *Desenfreno en las costumbres. ‖ fam. *Molestia, *daño, perjuicio. ‖ *Error, equivocación.
extrema. f. ***Extremaunción.**
extremadamente. adv. m. Con extremo, por extremo.
extremadas. f. pl. Entre ganaderos, temporadas que se dedican a hacer el *queso.
extremado, da. adj. Sumamente bueno o malo en su género.
extremamente. adv. m. **En extremo.**
extremar. tr. Llevar una cosa al extremo. ‖ *Separar, apartar una cosa de otra. Ú. t. c. r. ‖ Hacer la *limpieza y arreglo de las habitaciones. ‖ intr. Ir los *ganados a pasar el invierno en Extremadura. ‖ r. Emplear uno toda la habilidad y *cuidado en la ejecución de una cosa.
***extremaunción.** f. Sacramento que consiste en la unción con óleo sagrado hecha por el sacerdote a los fieles que se hallan en peligro inminente de morir.
extremeño, ña. adj. Natural de Extremadura. Ú. t. c. s. ‖ Perteneciente a esta región de España. ‖ Que habita en los extremos de una región. Ú. t. c. s.
***extremidad.** f. Parte extrema o última de una cosa; principio o remate de ella. ‖ fig. El grado último o el *límite infranqueable a que una cosa puede llegar. ‖ pl. Cabeza, pies, manos y cola de los *cuadrúpedos y otros animales. ‖ *Pies y *manos del hombre. ‖ *Los brazos y *piernas o las patas, en oposición al tronco.
extremismo. m. **Polít.* Tendencia de los extremistas.
extremista. adj. Partidario de ideas extremas y exageradas, especialmente en *política.
***extremo, ma.** adj. **Último.** ‖ Aplícase a lo más *intenso, elevado o activo de cualquiera cosa. ‖ *Excesivo, sumo. ‖ **Distante.** ‖ **Desemejante.** ‖ m. *Parte primera o parte última de una cosa, o *principio o *fin de ella. ‖ Punto último o *límite infranqueable a que puede llegar una cosa. ‖ *Asunto, materia o punto de que se trata. ‖ *Cuidado y esmero sumo en una operación. ‖ Invernadero de los ganados trashumantes, y pastos en que se apacientan en el invierno. ‖ pl. Manifestaciones *vehementes de un afecto o *pasión del ánimo. ‖ **Con extremo.** m. adv. Muchísimo, excesivamente. ‖ **De extremo a extremo.** m. adv. Desde el principio al fin. ‖ **En extremo.** m. adv. **Con extremo.** ‖ **Ir,** o **pasar, de un extremo a otro.** fr. *Cambiar casi de repente el orden de las cosas o las ideas u opiniones. ‖ **Por extremo.** m. adv. **Con extremo.**
extremoso, sa. adj. *Exagerado, *descomedido, que no guarda medio en afectos o acciones. ‖ Muy expresivo o *vehemente en demostraciones de *halago o cariño.
extrínsecamente. adv. m. De manera extrínseca.
extrínseco, ca. adj. Externo, no esencial, *accidental.
exuberancia. f. *Abundancia suma; *exceso.
exuberante. adj. *Abundante, *excesivo.
exudación. f. Acción y efecto de exudar.
exudado. m. *Med.* Producto de la exudación, generalmente por extravasación de la sangre en las *inflamaciones.
exudar. intr. Salir o *filtrarse un líquido fuera de sus vasos o continentes propios. Ú. t. c. tr.
exulceración. f. *Med.* Acción y efecto de exulcerar o exulcerarse.
exulcerar. tr. *Med.* Corroer el cutis de modo que empiece a formarse *llaga. Ú. t. c. r.
exultación. f. Demostración de *alegría por un suceso próspero.
exultar. intr. Mostrar gran *alegría.
exutorio. m. *Med.* *Úlcera abierta y sostenida artificialmente, para un fin curativo.
***exvoto.** m. Don u ofrenda que los fieles dedican a Dios, a la Virgen o a los santos en señal de un beneficio recibido.
eyaculación. f. *Fisiol.* Acción y efecto de eyacular.
eyacular. tr. Expeler con fuerza el organismo alguna *secreción, y particularmente el *semen.
eyector. m. Aparato para proyectar o *arrojar al interior de una máquina agua u otro líquido. ‖ En algunas *armas de fuego*, mecanismo para hacer saltar los cartuchos vacíos.
ezquerdear. intr. Torcerse a la *izquierda de la visual un muro u otra cosa.

F

f. f. Séptima *letra del abecedario español. Su nombre es **efe.**

fa. m. **Mús.* Cuarta voz de la escala música.

fabada. f. **Culin.* Potaje de alubias con tocino y morcilla.

Fabio. n. p. *Lit.* Nombre de un supuesto *amigo con quien aparenta conversar el autor de una obra literaria.

fabla. f. Imitación convencional del español antiguo hecha en algunas composiciones literarias.

fabliella. f. ant. **Hablilla.**

fablistanear. intr. ant. Charlar, *hablar mucho y con impertinencia.

fabo. m. ***Haya.**

fabordón. m. **Mús.* Contrapunto sobre canto llano.

***fábrica.** f. Acción y efecto de *fabricar. || Lugar donde se fabrica una cosa. || **Edificio.** || **Albañ.* Cualquier construcción o parte de ella hecha con piedra o ladrillo y argamasa. || Fondo que suele haber en las iglesias, para repararlas y costear los gastos del *culto divino. || *Invención, artificio de algo no material.

fabricación. f. Acción y efecto de fabricar.

fabricador, ra. adj. fig. Que *inventa o dispone una cosa no material.

fabricante. p. a. de **Fabricar.** Que fabrica. Ú. t. c. s. || m. Persona que tiene por su cuenta una fábrica.

***fabricar.** tr. Hacer o producir una cosa por medios mecánicos. || *Construir un edificio o cosa análoga. || Por ext., **elaborar.** || fig. *Hacer o crear una cosa no material.

fabril. adj. Perteneciente a las fábricas o a sus operarios.

fabriquero. m. **Fabricante.** || **Ecles.* Persona que en las iglesias cuida de la custodia y la inversión del fondo llamado fábrica. || Operario que en los montes trabaja en la producción del *carbón.

fabuco. m. **Hayuco.**

fábula. f. *Rumor, hablilla. || Narración *falsa, de pura invención. || Ficción artificiosa con que se *disimula una verdad. || Suceso o acción ficticia que se *narra o se representa para deleitar. || Composición literaria, generalmente en *verso, en que por medio de una ficción alegórica se da una enseñanza útil o moral. || En los poemas épico y *dramático, asunto e incidentes de que se compone la acción. || **Mitología.** || Cualquiera de las ficciones de la *mitología. || Objeto de *murmuración. || **milesia.** *Cuento o *novela inmoral.

fabulador. m. **Fabulista.**

fabulista. com. Persona que compone o escribe fábulas *literarias. || Persona que escribe acerca de la *mitología.

fabulosamente. adv. m. *Fingidamente o con falsedad. || fig. *Excesivamente, con gran *abundancia.

fabuloso, sa. adj. *Falso, de pura *ficción. || Extraordinario, *excesivo.

faca. f. *Cuchillo corvo. || Cualquier cuchillo de grandes dimensiones y con punta.

facción. f. Parcialidad de gente amotinada o en *rebeldía. || Bando, pandilla o *partido que procede con violencia. || Cualquiera de las partes o líneas de la *cara humana. Ú. m. en pl. || Acción de *guerra. || Acto del servicio *militar.

faccionario, ria. adj. Que se declara *adepto de un partido o parcialidad.

faccioso, sa. adj. Perteneciente a una facción. Dícese comúnmente del *rebelde armado. Ú. t. c. s. || Que *perturba la quietud pública. Ú. t. c. s.

facecia. f. desus. Chiste, *donaire o cuento gracioso.

facera. f. **Acera.**

facería. f. *Pastos que hay en los linderos de dos o más pueblos y se aprovechan por ellos en *común.

facero, ra. adj. Perteneciente a la facería.

faceta. f. Cada una de las caras o *superficies de un poliedro. Dícese especialmente de las caras de las *piedras preciosas* talladas. || Cada uno de los aspectos en que puede considerarse un asunto.

faceto, ta. adj. **Chistoso.**

facial. adj. Perteneciente al rostro. || Intuitivo.

facialmente. adv. m. **Intuitivamente.**

facies. f. *Med.* Aspecto del *semblante en cuanto revela alguna alteración o enfermedad del organismo.

***fácil.** adj. Que se puede hacer sin mucho trabajo. || Posible o muy probable. || Aplícase al que, por *flaqueza de ánimo, se deja llevar del parecer de otro. || *Dócil y manejable. || Aplicado a la mujer, frágil, *deshonesta, liviana. || adv. **Fácilmente.**

***facilidad.** f. Calidad de fácil. || Disposición para hacer una cosa sin gran trabajo. || Demasiada *condescendencia. || *Oportunidad, ocasión propicia. || **Dar facilidades.** fr. **Facilitar.**

facilitación. f. Acción de facilitar una cosa.

***facilitar.** tr. Hacer fácil o posible una cosa. || Procurar, *entregar.

facilitón, na. adj. fam. Que todo lo cree *fácil. || El que presume de facilitar la ejecución de las cosas. Ú. t. c. s.

fácilmente. adv. m. Con facilidad.

facineroso, sa. adj. *Delincuente habitual. Ú. t. c. s. || m. Hombre *perverso.

facistol. m. Atril grande donde se ponen el *libro o libros para cantar en la *iglesia.

facsímil. m. **Facsímile.**

facsímile. m. Perfecta *imitación o *copia de una firma, escrito, dibujo, etcétera.

factible. adj. Que se puede hacer.

facticio, cia. adj. Que no es natural; *artificial.

factitivo, va. adj. Dícese del *verbo o perífrasis verbal en que el sujeto hace ejecutar la acción.

factor. m. Entre *comerciantes, apoderado con mandato para traficar en nombre y por cuenta del poderdante. || **Mil.* Dependiente del comisario de guerra. || Oficial real que en las Indias *recaudaba las rentas. || Empleado que en las estaciones de *ferrocarriles cuida de la recepción, expedición y entrega de los equipajes, mercancías, etc. || *Mat.* Cada una de las cantidades que se *multiplican para formar un producto. || *Álg.* y *Arit.* **Submúltiplo.** || fig. Elemento, cosa que con otra u otras es *causa de algún efecto.

factoraje. m. **Factoría.**

factoría. f. Empleo y encargo del factor. || Paraje donde reside el factor y hace los negocios de *comercio. || Establecimiento de *comercio situado en país colonial.

factorial. f. **Mat.* Producto de todos los términos de una progresión aritmética.

factótum. m. fam. *Criado, dependiente o persona que desempeña en una casa todos los ministerios. || fam. Persona *entremetida, que oficialmente se presta a todo género de servicios. || Persona de plena confianza de otra y que por *delegación de ésta despacha sus principales negocios.

factura. f. **Hechura.** || *Cuenta que los factores dan de las mercaderías que remiten a sus corresponsales. || Relación o *lista de los artículos comprendidos en una venta, remesa u otra operación de *comercio. || *Cuenta detallada de cada

una de estas operaciones. || *Pint. y *Esc. **Ejecución.** || **Hacer factura.** fr. **Facturar.**
facturación. f. Acción y efecto de facturar.
facturar. tr. Extender las facturas. || Comprender en ellas cada artículo, bulto, *envío, etc. || Registrar y marcar, en las estaciones de *ferrocarriles, equipajes o mercancías para que sean remitidos a su destino.
fácula. f. *Astr.* Cada una de las partes más brillantes que se observan en el disco del *Sol.
***facultad.** f. Potencia física o moral. || Poder, derecho o *libertad para hacer alguna cosa. || *Ciencia o *arte. || En las *universidades, cuerpo de doctores o maestros de una ciencia. || Cédula real o *decreto para enajenar bienes vinculados, o para imponer cargas sobre ellos. || Médicos, cirujanos y boticarios de la cámara del *rey. || Licencia o *permiso. || desus. Caudal o hacienda. Ú. m. en pl. || **Fisiol.* Fuerza, resistencia. || **mayor.** En las universidades se llamaron así la teología, el derecho y la medicina.
facultar. tr. Conceder *poder, *permiso o delegación a uno para hacer lo que sin tal requisito no podría.
facultativamente. adv. m. Según los principios y reglas de una facultad. || De modo potestativo.
facultativo, va. adj. Perteneciente a una facultad. || V. **Cuerpo facultativo.** || Perteneciente a la *facultad o poder que uno tiene para hacer alguna cosa. || Dícese del que profesa una facultad. || Potestativo; aplícase al acto que depende del *arbitrio de uno. || m. *Médico o cirujano.
facundia. f. Afluencia, facilidad en el *hablar.
facundo, da. adj. Fácil y afluente en el *hablar.
facha. f. fam. Traza, figura, *aspecto. || fam. Mamarracho, adefesio; persona o cosa *extravagante y *ridícula. Ú. a veces c. m. || **Facha a facha.** m. adv. **Cara a cara.** || **Ponerse en facha.** fr. **Mar.* Parar el curso de una embarcación por medio de las velas, haciéndolas obrar en sentidos contrarios.
fachada. f. Parte *anterior y generalmente principal de un *edificio u otra obra. || Aspecto exterior de conjunto que ofrece un edificio, un buque, etc., por cada uno de los lados que puede ser mirado. || fig. y fam. *Aspecto, traza, porte exterior de una persona. || fig. Portada en los *libros. || **Hacer fachada.** fr. Confrontar, dar frente un edificio a otra cosa o lugar.
fachado, da. adj. fam. Con los advs. *bien* o *mal*, que tiene buena o mala figura, traza o *aspecto.
fachear. intr. **Mar.* Estar o ponerse en facha una embarcación.
fachenda. f. fam. Vanidad, *jactancia. || m. fam. **Fachendoso.**
fachendear. intr. fam. Hacer *ostentación vanidosa o jactanciosa.
fachendista. adj. fam. **Fachendoso.** Ú. t. c. s.
fachendón, na. adj. fam. **Fachendoso.** Ú. t. c. s.
fachendoso, sa. adj. fam. Que tiene fachenda. Ú. t. c. s.
fachina. f. *Huerto cercado.
fachoso, sa. adj. fam. De mala facha, de figura *ridícula. || *Jactancioso, ostentoso.
fachudo, da. adj. **Fachoso.**
fada. f. **Mit.* Hada, maga, hechicera. || Variedad de camuesa pequeña.
fadiga. f. Tanteo y retracto que las leyes de la corona de Aragón reconocen a los poseedores del dominio directo en las *enfiteusis, y a los señores en los *feudos.
fadigar. tr. Tantear el *precio.
fado. m. Cierta *canción popular portuguesa.
faena. f. *Trabajo corporal. || fig. Trabajo mental. || **Quehacer.** Ú. m. en pl.
faetón. m. *Carruaje de caja prolongada y con varios asientos de costado.
fagáceo, cea. adj. *Bot.* **Cupulífero.**
fagedenia. f. *Pat.* *Úlcera maligna.
fagocito. m. **Histol.* Elemento orgánico que destruye las *bacterias.
fagocitosis. f. **Fisiol.* Función defensiva que los fagocitos realizan en el organismo.
fagot. m. *Instrumento de viento, formado por un tubo de madera de poco más de un metro de largo, con agujeros y llaves, y que se toca con una boquilla de caña puesta en un tudel encorvado.
fagote. m. **Fagot.**
fagotista. m. El que toca el fagot.
fagüeño. m. **Favonio.**
faisán. m. *Ave de las gallináceas, del tamaño y aspecto de un gallo, con penacho de plumas en lugar de cresta, y el plumaje verde y rojizo con reflejos metálicos. Su carne es muy apreciada.
faisana. f. Hembra del faisán.
faisanería. f. Corral o cercado para los faisanes.
***faja.** f. Tira de tela o de tejido de punto, con que se rodea el cuerpo por la cintura, dándole varias vueltas. || Cualquiera lista o *banda mucho más larga que ancha. || Tira de papel con que se ciñe el *periódico o un impreso de cualquier clase que se ha de enviar por correo. || *Insignia propia de algunos cargos militares, civiles o eclesiásticos. || *Arq.* *Moldura ancha y de poco vuelo. || *Arq.* Telar liso que se hace alrededor de las ventanas y arcos de un edificio. || pl. *Germ.* *Azotes.
fajado, da. adj. Dícese de la persona azotada. || **Blas.* V. **Escudo fajado.** || Dícese de la *caballería que tiene en los lomos y la barriga una zona de color distinto al resto de su capa. || m. **Min.* *Madero o tablón para formar piso o para la entibación de los pozos.
fajadura. f. **Fajamiento.** || *Mar.* Tira de lona alquitranada con que se forran algunos *cabos para resguardarlos.
fajamiento. m. Acción y efecto de fajar o fajarse.
fajar. tr. Rodear, *ceñir o *envolver con faja o venda una parte del cuerpo. Ú. t. c. r. || Envolver al *niño y ponerle el fajero. || Pegar a uno, darle *golpes. || **Fajar con** uno. fr. fam. *Acometerle con violencia.
fajardo. m. *Culin.* Cubilete de *hojaldre, relleno de carne picada y perdigada.
fajeado, da. adj. Que tiene fajas o listas.
fajero. m. *Faja de punto que se pone a los *niños de pecho.
fajín. m. d. de **Faja.** || Ceñidor de seda de determinados colores, que como *insignia usan los gobernadores y otros funcionarios civiles y militares.
fajina. f. Conjunto de *haces de mies que se pone en las eras. || *Leña ligera para encender. || *Huerta. || *Mil.* *Toque que ordena la retirada de las tropas. || **For.* Haz de ramas muy apretadas, que se usaba para revestir, coronar, incendiar, etc. || **Meter fajina.** fr. fig. y fam. *Hablar mucho inútilmente.
fajina. f. **Faena.**
fajinada. f. **Fort.* Conjunto de fajinas.
fajo. m. *Haz o atado. || Unidad de *peso para leñas. || Medida de *longitud para listonería de madera. || pl. Conjunto de *ropa y paños con que se viste a los *niños recién nacidos.
fajón. m. aum. de **Faja.** || *Arq.* Recuadro ancho de yeso alrededor de los huecos de las *puestas y ventanas.
fajuela. f. d. de **Faja.**
falacia. f. *Engaño, *fraude. || Hábito de emplear falsedades en daño ajeno.
falange. f. **Mil.* Cuerpo de infantería, que formaba la principal fuerza de los ejércitos de Grecia. || Cualquier cuerpo de *tropas numeroso. || fig. *Muchedumbre de personas unidas en cierto orden y para un mismo fin. || *Anat.* Cada uno de los huesos de los *dedos.
falangeta. f. Falange tercera de los *dedos.
falangia. f. **Falangio** (arácnido).
falangiano, na. adj. *Anat.* Perteneciente o relativo a la falange.
falangina. f. Falange segunda de los *dedos.
falangio. m. **Segador** (*arácnido). || *Planta liliácea.
falansterio. m. Edificio ideado por Fourier para las falanges que seguían su sistema. || Por extensión, *habitación o alojamiento colectivo para numerosa gente.
falárica. f. *Lanza arrojadiza que usaron los antiguos.
falaris. f. **Foja** (ave).
falaz. adj. *Embustero, falso. || *Aparente, ilusorio, engañoso.
falazmente. adv. m. Con falacia; de manera falaz.
falbalá. m. **Indum.* Pieza casi cuadrada que se ponía en el cuarto trasero de la casaca. || **Faralá.**
falca. f. *Cuña. || **Arq. Nav.* Tabla delgada que se coloca sobre la borda de las embarcaciones menores para que no entre el agua. || *Defecto de un *madero o *tabla que impide que sean rectos y lisos.
falcaceadura. f. *Mar.* Acción y efecto de falcacear.
falcacear. tr. *Mar.* Forrar con hilo el chicote de un *cabo.
falcado, da. adj. V. **Carro falcado.** || Que forma una *curvatura semejante a la de la hoz. || f. *Manojo de mies que el *segador corta de un solo golpe de hoz.
falcar. tr. Asegurar o *sujetar con *cuñas.
falcario. m. Soldado romano armado con una hoz.
falce. f. *Hoz o *cuchillo corvo.
falceño. m. Falce, *cuchillo corvo.
falcidia. adj. *For.* V. **Cuarta falcidia.** Ú. t. c. s.
falciforme. adj. Que tiene forma de *hoz.
falcinelo. m. *Ave zancuda, poco mayor que una paloma.
falcino. m. **Vencejo** (pájaro).
falcón. m. Especie de *cañón de la artillería antigua.
falconete. m. **Artill.* Especie de culebrina.
falcónido, da. adj. Dícese de *aves de rapiña diurnas, cuyo tipo es el *halcón. Ú. t. c. s. || pl. Familia de estas aves.
***falda.** f. Parte de toda ropa talar desde la cintura abajo. Ú. m. en pl. || Prenda de vestir femenina, que

con más o menos vuelo cae desde la cintura abajo. || Cada una de las partes de una prenda de *vestir que cae suelta sin ceñirse al cuerpo. || Pieza de la *armadura, pendiente del hombro, que por detrás protegía el omóplato y por delante parte del pecho. || En la armadura, parte que cuelga desde la cintura abajo. || *Carne de la res, que cuelga de las agujas, sin asirse a hueso ni costilla. || **Regazo.** || Ala del *sombrero. || fig. Parte baja o inferior de las *montañas. || pl. fam. *Mujer o mujeres, en oposición al hombre. || **Cortar faldas,** o **las faldas.** fr. *For.* Castigo que se imponía a las *rameras, cercenándoles los vestidos por vergonzoso lugar.

faldamenta. f. **Falda.** || fam. *Falda larga y desgarbada.

faldamento. m. **Faldamenta.**

faldar. m. Parte de la *armadura antigua, que caía desde el extremo inferior del peto, como faldilla. || *Delantal que usan las mujeres.

faldear. tr. *Andar por la falda de una *montaña.

faldellín. m. *Falda corta. || **Refajo.**

faldero, ra. adj. Perteneciente o relativo a la falda. || V. **Perro faldero.** Ú. t. c. s. || fig. Aficionado a estar entre *mujeres. || f. Mujer que se dedica a hacer faldas.

faldeta. f. d. de **Falda.** || En la maquinaria *teatral, lienzo con que se oculta provisionalmente alguna cosa.

faldicorto, ta. adj. Corto de faldas.

faldillas. f. pl. En ciertos trajes, partes que cuelgan de la cintura abajo.

faldinegro, gra. adj. Aplícase al ganado *vacuno bermejo por encima y negro por debajo.

faldistorio. m. *Asiento de forma especial que usan los *prelados en la iglesia.

faldón. m. aum. de **Falda.** || *Falda suelta al aire, que pende de alguna ropa. || Parte inferior de alguna ropa, colgadura, etc. || Piedra de *molino que se pone encima de otra para aumentar su peso. || *Arq.* Vertiente triangular de un *tejado que cae sobre una pared testera. || *Arq.* Conjunto de los dos lienzos y del dintel que forma la boca de la *chimenea. || **Asirse,** o **agarrarse a los faldones** de alguno. fr. fig. y fam. *Acogerse a su protección.

faldriquera. f. **Faltriquera.**

faldudo, da. adj. Que tiene mucha falda. || m. *Germ.* **Broquel.**

faldulario. m. *Ropa que arrastra por el suelo.

falena. f. Cierta *mariposa nocturna.

falencia. f. *Error que se padece en asegurar una cosa. || **Quiebra** (de un comerciante).

falerno. m. *Vino famoso en la antigua Roma.

faleucio. adj. **Faleuco.** Ú. t. c. s.

faleuco. adj. V. ***Verso faleuco.** Ú. t. c. s.

falibilidad. f. Calidad de falible. || Riesgo o posibilidad de incurrir en *error.

falible. adj. Que puede *equivocarse o engañar. || Que puede faltar o fallar.

faligote. m. *Pez parecido al besugo.

falimiento. m. p. us. *Engaño, *falsedad.

falisca. f. Nevisca, ráfaga de *nieve.

falisco. m. *Verso de la poesía latina, compuesto de tres dáctilos y un espondeo.

falismo. m. Antiguo *culto de los órganos sexuales masculinos.

falo. m. *Anat.* ***Pene.**

falondres (de). m. adv. *Mar.* De *improviso, de repente.

Falopio. n. p. *Zool.* V. **Trompa de Falopio.**

falordia. f. **Faloria.**

faloria. f. *Cuento, fábula, *mentira.

falsa. f. **Desván.** || **Falsilla.**

falsaarmadura. f. **Contraarmadura.**

falsabraga. f. **Fort.* Muro bajo que para mayor defensa se levanta delante del muro principal.

falsada. f. **Calada** (*vuelo del ave de rapiña).

falsamente. adv. m. Con *falsedad.

falsar. tr. **Falsear** (en el tresillo).

falsario, ria. adj. Que falsea o *falsifica una cosa. Ú. t. c. s. || Que acostumbra a usar *falsedades y *mentiras. Ú. t. c. s.

falsarregla. f. **Falsa escuadra.** || **Falsilla.**

falseador, ra. adj. Que falsea o *falsifica alguna cosa.

falseamiento. m. Acción y efecto de falsear.

falsear. tr. *Falsificar. || En el juego del tresillo, salir de un *naipe que no sea triunfo ni rey. || Romper o penetrar la *armadura del adversario. || *Arq.* *Inclinar o desviar un corte ligeramente de la dirección perpendicular. || intr. *Flaquear, perder una cosa su resistencia y firmeza. || Disonar de las demás una cuerda de un instrumento, sonar *desafinada. || Entre *guarnicioneros, dejar en las sillas hueco para que los asientos no maltraten a la cabalgadura.

***falsedad.** f. Falta de verdad o autenticidad. || Falta de conformidad entre las palabras, las ideas y las cosas. || *For.* Cualquiera de las mutaciones u ocultaciones de la verdad castigadas como delito, o consideradas por la ley civil como causa de nulidad de los actos.

falseo. m. *Arq.* Acción y efecto de falsear o cortar con *inclinación. || *Arq.* Corte o cara de una piedra o *madero falseados.

falseta. f. *Mús.* En la música popular de *guitarra, frase melódica o floreo que se intercala entre las sucesiones de acordes destinadas a acompañar la copla.

falsete. m. Corcho para *tapar una *cuba cuando se quita la canilla. || *Puerta pequeña y de una hoja, para pasar de una a otra pieza de una casa. || *Mús.* *Voz más aguda que la natural, que se produce haciendo vibrar las cuerdas superiores de la laringe. || *Mús.* **Falseta.**

falsía. f. Falsedad, *deslealtad.

falsificación. f. Acción y efecto de *falsificar. || *For.* Delito de *falsedad.

falsificador, ra. adj. Que falsifica. Ú. t. c. s.

***falsificar.** tr. Adulterar, contrahacer o tergiversar alguna cosa, como la moneda, la firma de otro, etc.

falsilla. f. Hoja de papel con líneas muy señaladas, que se pone debajo de otra en que se ha de *escribir, para que aquéllas se transparenten y sirvan de guía.

falsío. m. **Culin.* Relleno hecho con carne, pan, especias y ajos.

***falso, sa.** adj. Engañoso, fingido, falto de ley, de realidad o veracidad. || Contrario a la verdad. || **Falsario.** || *Cobarde, pusilánime. || *Perezoso, haragán. || *Desleal, traidor. || Aplícase a la *caballería que tiene resabios y cocea aun sin hostigarla. || Dícese de la *moneda que maliciosamente se hace imitando la legítima. || Entre *colmeneros, dícese del peón cuyo trabajo se empezó por el centro de la caja. || En la arquitectura y otras artes, se aplica a la pieza que se *añade a otra para completarla o darle *firmeza. || m. Pieza de la misma tela, que se pone interiormente en la parte del *vestido donde la costura hace más fuerza. || **De falso.** m. adv. **En falso.** || **En falso.** m. adv. Falsamente o con intención contraria a la que se quiere dar a entender. || Sin la debida seguridad y resistencia, de manera *inestable. || **Sobre falso.** m. adv. **En falso.**

***falta.** f. *Carencia o privación de una cosa necesaria o útil. || *Imperfección, defecto. || → Defecto en el obrar, *incumplimiento de la obligación de cada uno. || *Ausencia de una persona del sitio en que hubiera debido estar y apuntación con que se hace constar esa ausencia. || Supresión de la regla o *menstruo en la mujer. || En el juego de la *pelota, caída o golpe de ésta fuera de los límites señalados. || Defecto de la *moneda en cuanto al peso que por la ley debía tener. || *For.* Infracción voluntaria de la ley, ordenanza, reglamento o bando, castigada con pena o sanción leve. || **Caer** uno **en falta.** fr. fam. *Faltar, no cumplir como debe. || **Dar** uno **quince y falta** a otro. fr. fig. y fam. *Aventajarle mucho en cualquier habilidad o mérito. || **Hacer falta** una cosa o persona. fr. Ser *indispensable para algún fin. || **Sin falta.** m. adv. Puntualmente, con seguridad.

faltante. p. a. de **Faltar.** Que falta.

***faltar.** intr. No existir una cosa, calidad o circunstancia en lo que debiera tenerla. || Haber *carencia o *escasez de alguna cosa. || Consumirse, acabarse. || Fallecer, *morir. || No corresponder una cosa al efecto que se esperaba de ella. || No acudir a una cita u obligación. || No corresponder uno a lo que es, o no cumplir con lo que debe. || Dejar de asistir a otro o no tratarle con la consideración debida. || Hallarse *ausente una persona del lugar en que suele estar. || desus. Carecer. || tr. *Ofender, injuriar. || **Faltar poco para** algo. fr. Estar *próxima a suceder una cosa.

***falto, ta.** adj. Defectuoso o necesitado de alguna cosa, que carece de ella. || *Incompleto. || *Escaso, *mezquino.

faltón, na. adj. fam. Que falta con frecuencia a sus obligaciones.

faltoso, sa. adj. fam. Que no tiene cabales sus facultades *mentales.

faltrero, ra. m. y f. p. us. *Ladrón, ratero.

faltriquera. f. *Bolsillo de las prendas de vestir. || Bolsillo que se atan las mujeres a la cintura y que llevan colgando debajo del vestido o delantal. || **Cubillo.** || **Rascar,** o **rascarse,** uno **la faltriquera.** fr. fig. y fam. Soltar dinero, *pagar, *gastar.

falúa. f. *Embarcación destinada al uso de los jefes de marina y algunas autoridades de los puertos.

falucho. m. *Embarcación costanera con una vela latina. || *Sombrero de dos picos.

falla. f. Defecto o *imperfección material de una cosa que merma su resistencia. Dícese especialmente de las *telas. || *Tributo o multa de real y medio que se imponía en Filipinas al indio por cada uno de los días que no prestaba servicio comunal. || **Geol.* Quiebra que los movimientos geológicos han producido en un terreno.

falla. f. Especie de *manto que usaron las mujeres. Dejaba descubierto el rostro solamente, y bajaba cubriendo hasta los pechos y mitad de la espalda.

falla. f. En ciertas *fiestas del reino de Valencia, *hoguera que se enciende en las calles y en la que se suelen quemar simulacros alusivos a sucesos de actualidad.

falla. f. *Tela gruesa de seda.

fallada. f. Acción de fallar.

fallador, ra. m. y f. En los juegos de *naipes, persona que falla.

fallar. tr. *For.* *Decidir, determinar un litigio o proceso. ‖ Emitir un *juicio, *sentencia, etc.

fallar. tr. En algunos juegos de *naipes, poner un triunfo por no tener el palo que se juega. ‖ intr. *Frustrarse, malograrse alguna cosa o designio. ‖ Perder una cosa su resistencia *rompiéndose o dejando de servir.

falleba. f. Varilla de hierro acodillada en sus dos extremos, que se sujeta por medio de anillos en la hoja de una *ventana y sirve para *cerrar ésta asegurándola en el marco.

fallecedero, ra. adj. Que puede faltar o fallecer.

fallecer. intr. ***Morir.** ‖ Faltar o *terminarse una cosa.

falleciente. p. a. de **Fallecer.** Que fallece.

fallecimiento. m. Acción y efecto de fallecer.

fallido, da. adj. *Frustrado, sin efecto. ‖ Quebrado o sin *crédito. ‖ Dícese de la *deuda que se considera incobrable. Ú. t. c. s.

fallir. intr. **Fallecer** (faltar o acabarse una cosa).

***fallo.** m. *Sentencia definitiva del juez. ‖ Por ext., *decisión tomada por persona competente en asunto sometido a su dictamen. ‖ **Echar** uno **el fallo.** tr. *For.* **Fallar.** ‖ fig. Desahuciar el *médico al enfermo. ‖ fig. y fam. *Juzgar decisivamente acerca de una persona o cosa.

fallo, lla. adj. En algunos juegos de *naipes, falto de un palo. ‖ Dícese de los *cereales que no han llegado a la completa madurez. ‖ m. Falta de un palo en el juego de *naipes.

***fama.** f. Voz u opinión común acerca de una cosa. ‖ Opinión que las gentes tienen de una persona. ‖ Opinión general acerca de la excelencia de un sujeto en su profesión o arte. ‖ Punto céntrico del blanco de *tiro. ‖ **Correr fama.** fr. *Divulgarse una noticia. ‖ **Dar fama.** fr. Acreditar a uno; darle a conocer. ‖ **Echar fama.** fr. *Publicar una cosa. ‖ **Es fama.** loc. Se dice, se sabe.

famélico, ca. adj. **Hambriento.**

***familia.** f. Gente que vive en una casa bajo la autoridad del señor de ella. ‖ Conjunto de criados de uno, aunque no vivan dentro de su casa. ‖ Conjunto de ascendientes, descendientes, colaterales y afines de un linaje. ‖ Cuerpo de una *orden religiosa*. ‖ Parentela inmediata de uno. ‖ **Prole.** ‖ *Conjunto de individuos que tienen alguna condición común. ‖ fam. Grupo numeroso de personas. ‖ *Bot.* y *Zool.* Agrupación de *géneros naturales que poseen gran número de caracteres comunes. ‖ **Cargar,** o **cargarse, de familia.** fr. fig. y fam. Llenarse de hijos o criados.

familiar. adj. Perteneciente a la familia. ‖ Dícese de aquello que uno tiene muy *sabido o en que posee gran *experiencia. ‖ Aplicado al *trato, *natural, *afable y sin ceremonia. ‖ Aplicado al *estilo, a las palabras, frases, etc., sencillo, corriente, propio de la conversación. ‖ m. El que tiene *trato frecuente y de *confianza con uno. ‖ **Pariente.** ‖ *Criado, sirviente. ‖ Eclesiástico o paje dependiente y comensal de un *obispo. ‖ Ministro de la *Inquisición. ‖ *Criado que tienen los colegios para servir a la comunidad. ‖ En la *orden militar* de Alcántara, el que, al ser admitido en ella, ofrecía el todo o parte de sus bienes. ‖ El que tomaba la insignia o hábito de una *orden religiosa*. ‖ *Demonio que se supone tener trato con una persona, y acompañarla y servirla. Ú. t. en pl. ‖ *Coche de muchos asientos. ‖ **Hacerse familiar.** fr. **Familiarizarse.**

familiaridad. f. Llaneza y *confianza en el *trato. ‖ **Familiatura.**

familiarizar. tr. Hacer familiar, común o *vulgar una cosa. ‖ r. Introducirse y acomodarse al *trato y *amistad familiar de uno. ‖ *Acostumbrarse a algunas circunstancias o cosas.

familiarmente. adv. m. Con familiaridad y confianza.

familiatura. f. Empleo o título de familiar de la *Inquisición. ‖ Empleo de familiar o de *criado en un colegio. ‖ En algunas *órdenes religiosas*, hermandad que uno tenía con ellas.

familión. m. aum. de **Familia.** ‖ Familia numerosa.

famosamente. adv. m. Excelentemente, muy bien.

***famoso, sa.** adj. Que tiene *fama, buena o mala. ‖ fam. Bueno, perfecto y *excelente en su especie. ‖ fam. Que tiene mucha *gracia o se distingue por sus cualidades singulares y *extravagantes.

fámula. f. fam. *Criada, doméstica.

famular. adj. Perteneciente o relativo a los fámulos.

famulato. m. Ocupación y ejercicio del *criado o sirviente. ‖ **Servidumbre** (esclavitud).

famulicio. m. **Famulato.**

fámulo. m. *Criado de la comunidad de un colegio. ‖ fam. *Criado, doméstico.

fana. f. *Arq. Nav.* Ovillo de *estopa para calafatear.

fanal. m. *Farol grande que se coloca en los *faros. ‖ *Mar.* Cada uno de los grandes faroles que, colocados en la popa de los buques, servían como *insignia de mando. ‖ Campana transparente, por lo común de cristal, que sirve para que el aire no apague la luz puesta dentro de ella. ‖ La campana de cristal cerrada por arriba, que sirve para resguardar del polvo lo que se *cubre con ella. ‖ *Germ.* ***Ojo.**

fanáticamente. adv. m. Con fanatismo.

fanático, ca. adj. Que defiende con apasionamiento *creencias u opiniones, especialmente en materia de *religión. Ú. t. c. s. ‖ Que siente gran *admiración o *afición por una cosa.

fanatismo. m. Tenaz preocupación, apasionamiento del fanático.

fanatizador, ra. adj. Que fanatiza. Ú. t. c. s.

fanatizar. tr. Provocar o sugerir el fanatismo.

fandango. m. Antiguo *baile español, a tres tiempos y con movimiento vivo y apasionado. ‖ *Música y coplas con que se acompaña. ‖ fig. y fam. Bullicio, *alboroto.

fandanguero, ra. adj. Aficionado a bailar el fandango, o a asistir a bailes y festejos. Ú. t. c. s.

fandanguillo. m. Variedad de fandango.

fandulario. m. **Faldulario.**

faneca. f. *Pez marino, malacopterigio subranquial, de piel muy transparente. Es una especie de abadejo.

fanega. f. Medida de *capacidad para áridos que, en Castilla, equivale a 55 litros y medio. ‖ Porción de granos, legumbres, semillas y cosas semejantes que cabe en esta medida. ‖ **de puño,** o **de sembradura.** *Superficie de tierra en que se puede sembrar una **fanega** de trigo. ‖ **de tierra.** Medida *superficial agraria, que equivale a 64 áreas y 596 miliáreas.

fanegada. f. **Fanega de tierra.** ‖ **A fanegadas.** m. adv. fig. y fam. Con mucha *abundancia.

faneguero. m. El que cobra en renta gran cantidad de fanegas de grano.

fanerógamo, ma. adj. *Bot.* Dícese de las plantas cuyos órganos sexuales se distinguen a simple vista. Ú. t. c. s. f. ‖ f. pl. *Bot.* **Cotiledóneas.**

fanfarrear. intr. **Fanfarronear.**

fanfarria. f. fam. Baladronada, bravata, *jactancia. ‖ m. **Fanfarrón.**

***fanfarrón, na.** adj. fam. Que se jacta de lo que no es, y en particular de *valiente. Ú. t. c. s. ‖ fam. Aplícase a las cosas que tienen mucha apariencia y hojarasca. ‖ V. **Trigo fanfarrón.**

***fanfarronada.** f. Dicho o hecho propio del fanfarrón.

fanfarronear. intr. Hablar con fanfarronería.

fanfarronería. f. Modo de hablar y de portarse el *fanfarrón.

fanfarronesca. f. Vida y conducta propia de los *fanfarrones.

fanfurriña. f. fam. *Enojo leve y pasajero.

fangal. m. Sitio lleno de fango.

fangar. m. **Fangal.**

fango. m. *Lodo glutinoso que se forma donde hay agua detenida. ‖ fig. En algunas frases metafóricas, vilipendio, *descrédito.

fangosidad. f. Calidad de fangoso.

fangoso, sa. adj. Lleno de fango. ‖ Que tiene la blandura y viscosidad propias del fango.

fanón. m. *Cir.* Instrumento usado en las fracturas del fémur. ‖ Pliegue que tiene el *carnero debajo del cuello.

fantaseador, ra. adj. Que fantasea.

fantasear. intr. Dejar correr la fantasía o *imaginación. ‖ *Jactarse vanamente. ‖ tr. Imaginar algo fantástico.

***fantasía.** f. *Imaginación, en cuanto se aplica a inventar o a reproducir por medio de imágenes las cosas pasadas o lejanas, a representar las ideales en forma sensible o idealizar las reales. ‖ Imagen formada por la **fantasía.** ‖ Ficción, *cuento, novela o pensamiento elevado e ingenioso. ‖ fam. *Orgullo, entono y gravedad afectada. ‖ *Mús.* Composición instrumental de forma libre. ‖ pl. Granos de *perlas que están pegados unos con otros.

fantasioso, sa. adj. fam. *Vanidoso, presuntuoso.

***fantasma.** m. Visión quimérica, como la que ofrecen los sueños o la imaginación acalorada. ‖ *Imagen de un objeto que queda impresa en la fantasía. ‖ fig. Persona *orgullosa, grave y presuntuosa. ‖ f. Espantajo para asustar a la gente sencilla.

fantasmagoría. f. Arte de representar figuras por medio de una ilusión *óptica. || fig. Ilusión de los sentidos o figuración vana de la *imaginación.

fantasmagórico, ca. adj. Perteneciente o relativo a la fantasmagoría.

fantasmón, na. adj. fam. Lleno de *jactancia y vanidad. Ú. t. c. s. || m. aum. de **Fantasma.**

fantásticamente. adv. m. Fingidamente, sin realidad. || fig. Con fantasía y *engaño.

fantástico, ca. adj. Quimérico, *fingido, *aparente, que existe sólo en la *imaginación. || Perteneciente a la fantasía. || fig. *Orgulloso y entonado.

fantochada. f. fig. Acción propia de fantoche.

fantoche. m. Títere, *muñeco. || Mamarracho, farolón.

fañado, da. adj. Dícese del animal que tiene un *año.

fañoso, sa. adj. **Gangoso.**

faquí. m. **Alfaquí.**

faquín. m. *Ganapán, mozo de cuerda.

faquir. m. Santón *mahometano que vive de *limosna.

fara. f. *Serpiente africana de un metro de longitud, con manchas negras y escamas aquilladas a todo lo largo del dorso.

farabusteador. m. *Germ.* *Ladrón diligente.

farabustear. tr. *Germ.* ***Buscar.**

faracha. f. Espadilla para macerar el *lino o cáñamo.

farachar. tr. **Espadar.**

farad. m. **Electr.* Nombre del **faradio,** en la nomenclatura internacional.

farádico, ca. adj. **Electr.* Dícese de ciertas corrientes empleadas en terapéutica.

faradio. m. Unidad de medida *eléctrica representada por la capacidad de un conductor cargado con un culombio al potencial de un voltio.

faradización. f. **Terap.* Acción y efecto de faradizar.

faradizar. tr. **Terap.* Aplicar corrientes farádicas.

faralá. m. Volante, adorno que rodea los *vestidos y enaguas de las mujeres, plegado y cosido por la parte superior, y suelto o al aire por la inferior. || fam. *Adorno excesivo y de mal gusto.

farallo. m. Migaja de *pan.

farallón. m. Roca alta y tajada o *peñasco abrupto que sobresale en el mar y alguna vez en tierra firme. || **Crestón** (del filón de una mina).

faramalla. f. fam. Charla artificiosa encaminada a *engañar. || fam. **Farfolla** (cosa de mucha apariencia y poco valor). || com. fam. Persona faramallera. Ú. t. c. adj.

faramallero, ra. adj. fam. *Hablador, trapacero. Ú. t. c. s.

faramallón, na. adj. fam. **Faramallero.** Ú. t. c. s.

farandola. f. Faralá, volante.

farándula. f. Profesión de los farsantes. || Compañía *teatral ambulante, compuesta de siete hombres o más, y de tres mujeres. || fig. y fam. **Faramalla** (charla engañosa).

farandulear. intr. Farolear.

farandulero, ra. m. y f. Persona o *actor que recitaba comedias. || adj. fig. y fam. *Hablador, trapacero. Ú. m. c. s.

farandúlico, ca. adj. Perteneciente a la farándula.

faranga. f. *Pereza, dejadez.

faraón. m. Cualquiera de los antiguos *reyes de Egipto. || Juego de *naipes parecido al monte.

faraónico, ca. adj. Perteneciente o relativo a los faraones. || fam. ***Gitano.**

faraute. m. El que lleva y trae *mensajes. || Rey de armas de segunda clase. || *Actor que recitaba o representaba el prólogo o introducción de una comedia. || fam. Persona bulliciosa y *entremetida que pretende siempre hacer el principal papel. || *Germ.* **Mandilandín.**

farda. f. **Alfarda** (*contribución).

farda. f. Bulto o *envoltorio de ropa.

farda. f. **Carp.* Corte o *muesca que se hace en un madero para encajar en él la barbilla de otro.

fardacho. m. **Lagarto.**

fardaje. m. **Fardería.**

fardar. tr. Surtir y *proveer a uno de *ropa. Ú. t. c. r.

fardel. m. *Saco o talega. || **Fardo.** || fig. y fam. Persona *desaliñada.

fardela. f. Fardel, *bolsa.

fardelejo. m. d. de **Fardel.**

fardería. f. Conjunto de cargas o fardos.

fardero. m. **Mozo de cordel.**

fardialedra. f. *Germ.* *Dineros menudos.

***fardo.** m. Lío grande de ropa u otra cosa, y especialmente el envoltorio que se hace con las mercaderías que se han de transportar, y se cubren con harpillera o lienzo embreado.

farellón. m. **Farallón.**

fares. f. pl. Tinieblas de la *Semana Santa*.

farfalá. m. **Faralá.**

farfallear. intr. **Tartamudear.**

farfallón, na. adj. fam. Farfullero, chapucero. Ú. t. c. s.

farfalloso, sa. adj. Tartamudo.

farfán. m. Nombre con que se distinguió en Marruecos a los individuos de ciertas familias españolas.

farfante. m. fam. **Farfantón.** Ú. t. c. adj.

farfantón. m. fam. Hombre hablador, que se jacta de *valiente. Ú. t. c. adj.

farfantonada. f. fam. Hecho o dicho del farfantón.

farfantonería. f. fam. **Farfantonada.**

fárfara. f. *Planta herbácea de las compuestas.

fárfara. f. Telilla que tienen los *huevos de las aves por la parte interior de la *cáscara. || **En fárfara.** m. adv. A medio hacer, de manera *imperfecta, *pendiente de terminación.

farfaro. m. *Germ.* **Clérigo.**

farfolla. f. Vaina o envoltura de las panojas del *maíz, mijo y panizo. || fig. Cosa de mucha *ostentación y de poca entidad.

farfulla. f. fam. Defecto del que *habla balbuciente y de prisa. || com. fam. Persona farfulladora. Ú. t. c. adj.

farfulladamente. adv. m. fam. Con *precipitación, atropelladamente.

farfullador, ra. adj. fam. Que farfulla. Ú. t. c. s.

farfullar. tr. fam. *Hablar atropelladamente. || fig. y fam. Hacer una cosa con *precipitación y sin esmero.

farfullero, ra. adj. **Farfullador.** Ú. t. c. s.

fargallón, na. adj. fam. Que hace las cosas con *precipitación y de modo *imperfecto. Ú. t. c. s. || *Desaliñado y descuidado en el aseo. Ú. t. c. s.

farillón. m. **Farallón.**

farináceo, a. adj. Que participa de la naturaleza de la *harina, o se parece a ella.

farinato. m. *Embutido de pan amasado con manteca de cerdo, sal y pimienta.

farinetas. f. pl. *Gachas, puches.

faringe. f. *Zool.* Conducto muscular y membranoso que prolonga las cavidades bucal y nasal hasta su unión con el esófago y la laringe. || ***Tragadero.**

faríngeo, a. adj. Perteneciente o relativo a la faringe.

faringitis. f. **Pat.* Inflamación de la faringe.

fariña. f. *Harina gruesa de mandioca.

fariño, ña. adj. Flojo; aplícase a las *tierras de ínfima calidad.

farisaicamente. adv. m. **Hipócritamente.**

farisaico, ca. adj. Propio o característico de los fariseos.

farisaísmo. m. Conjunto de los fariseos y de sus creencias, cualidades y costumbres.

fariseísmo. m. **Farisaísmo.** || fig. *Fingimiento, hipocresía.

fariseo. m. Entre los *judíos, miembro de una secta que afectaba rigor y austeridad. || fig. Hombre *hipócrita. || fig. y fam. Hombre *alto, *delgado y de *perversa condición.

***farmacéutico, ca.** adj. Perteneciente a la *farmacia. || m. El que profesa la farmacia y el que la ejerce.

***farmacia.** f. Ciencia que trata de la preparación y empleo de los medicamentos. || Profesión de esta ciencia. || **Botica.**

fármaco. m. **Medicamento.**

farmacognosia. f. Conocimiento y estudio de las substancias terapéuticas.

farmacología. f. Parte de la materia médica, que trata de los *medicamentos.

farmacológico, ca. adj. Perteneciente o relativo a la farmacología.

farmacólogo. m. **Farmacéutico.**

farmacopea. f. Libro oficial para uso de los *farmacéuticos, en el que se enumeran las substancias medicinales más corrientes, y el modo de prepararlas y combinarlas.

farmacopola. m. **Farmacéutico.**

farmacopólico, ca. adj. Perteneciente a la *farmacia o a los medicamentos.

farmacopoyesis. f. **Farm.* Preparación de los medicamentos.

farnaca. f. **Lebrato.**

***faro.** m. Torre alta en las costas, con una luz fija o intermitente en su parte superior, para señal y aviso a los navegantes. || *Farol portátil con potente reverbero. || fig. Aquello que sirve de *guía a la inteligencia o a la conducta. || **piloto.** Luz que llevan los *automóviles en su parte posterior.

faro. m. Especie de *cerveza propia de Bélgica.

***farol.** m. Caja formada de vidrios o de otra materia transparente, dentro de la cual se pone luz. || Cazoleta formada por aros de hierro, en que se ponían las teas para alumbrarse. || fig. y fam. Persona *jactanciosa, muy amiga de llamar la atención. || En el *juego, jugada o envite falso para desorientar. || **Taurom.* Cierto lance de capa. || **de situación.** **Mar.* Cada uno de los que llevan los buques y que por los distintos colores de sus cristales sirven para indicar la posición de aquéllos. || **Adelante con los faroles.** expr. fig. y fam. que denota el propósito de perseverar en una empresa.

farola. f. *Farol grande, propio para iluminar plazas y paseos públicos. ‖ **Fanal.**

farolazo. m. Golpe dado con un farol.

farolear. intr. fam. Hacer *ostentación vanidosa, fachendear.

faroleo. m. Acción y efecto de farolear.

farolería. f. Establecimiento donde se hacen o venden *faroles. ‖ fig. Acción propia de persona farolera.

farolero, ra. adj. fig. y fam. *Ostentoso, amigo de llamar la atención y de darse importancia. Ú. t. c. s. ‖ m. El que hace *faroles o los vende. ‖ El que tiene cuidado de los faroles. ‖ **Meterse** uno **a farolero.** fr. fig. y fam. Meterse donde no le llaman, *entremeterse.

farolillo. m. Planta herbácea, *trepadora, de las sapindáceas, que se cultiva en los jardines. ‖ *Planta perenne de las campanuláceas, que florece todo el verano.

farolón. adj. fam. **Farolero** (fachendoso). Ú. t. c. s. ‖ m. aum. fam. de **Farol.**

farota. f. fam. Mujer *descarada y de modales *alocados.

farotón, na. m. y f. fam. Persona *descarada y *alocada. Ú. t. c. adj.

farpa. f. Cada una de las *puntas agudas o dientes que hay en el *borde de algunas cosas, como *banderas, estandartes, etc.

farpado, da. adj. Que remata y está cortado en farpas.

farra. f. *Pez de agua dulce, comestible, parecido al salmón, que vive principalmente en el lago de Ginebra.

farra. f. *Diversión ruidosa, jarana, parranda.

farraca. f. **Faltriquera.**

·**fárrago** o **farrago.** m. Conjunto de cosas *superfluas y en *desorden. ‖ Conjunto de noticias *prolijas e inconexas.

farragoso, sa. adj. Que tiene fárrago.

farraguista. com. Persona que hace discursos o escritos farragosos.

farreación. f. En la antigua Roma, uso ritual del pan para la celebración del *matrimonio.

farrear. intr. Andar de farra.

farro. m. *Cebada a medio moler, remojada y mondada. ‖ Semilla parecida a la *escanda.

farruco, ca. adj. fam. Aplícase a los gallegos o asturianos recién salidos de su tierra. Ú. m. c. s. ‖ fam. *Valiente, retador.

farsa. f. Nombre dado en el *teatro antiguo a las comedias. ‖ Pieza *cómica destinada principalmente a hacer reír. ‖ Compañía de farsantes. ‖ despect. Obra *dramática chabacana e incongruente. ‖ *Enredo, trama para *engañar.

farsálico, ca. adj. Perteneciente a Farsalia.

farsanta. f. Mujer que tenía por oficio representar farsas.

farsante. m. *Cómico dedicado a representar farsas; comediante. ‖ adj. fig. y fam. Dícese de la persona que usa de *fingimientos y simulaciones. Ú. m. c. s.

farseto. m. Jubón acolchado para llevar debajo de la *armadura.

farsista. com. Autor de farsas de *teatro.

farte. m. ant. *Fruta de sartén*, hecha de masa rellena de una pasta con azúcar, canela y otras especias.

fas (por) o por nefas. m. adv. fam. Por una cosa o por otra.

fascal. m. Conjunto de treinta *haces de trigo. ‖ Cuerda de *esparto crudo que sirve para hacer *cabos.

fasces. f. pl. *Insignia del cónsul romano, formada de una segur en un hacecillo de varas.

fascia. f. **Aponeurosis.**

fascículo. m. **Entrega** (de una novela u otra obra).

fascinación. f. **Aojo.** ‖ fig. *Engaño, embaucamiento.

fascinador, ra. adj. Que fascina.

fascinante. p. a. de **Fascinar.** Que fascina.

fascinar. tr. **Aojar** (hacer mal de ojo). ‖ fig. *Engañar, *ofuscar.

fascismo. m. Movimiento *político y social que se produjo en Italia después de la primera guerra mundial. ‖ Doctrina de este movimiento.

fascista. adj. Perteneciente o relativo al fascismo. ‖ Partidario de esta doctrina. Ú. t. c. s.

fase. f. **Astr.* Cada uno de los varios aspectos que presentan la *Luna y algunos *planetas y satélites, según los ilumina el Sol. ‖ fig. Cada uno de los diversos *estados o *aspectos por que pasa un fenómeno natural o una cosa, doctrina, negocio, etc.

fásoles. m. pl. Frísoles o *alubias.

fasquía. f. *Asco que produce una cosa por su mal olor.

fastial. m. *Arq.* Piedra o *sillar más alto de un edificio.

*****fastidiar.** tr. Causar asco o hastío una cosa. ‖ fig. *Molestar, *irritar, enfadar. ‖ r. Padecer hastío.

*****fastidio.** m. Malestar que causa un manjar en el estómago o el olor fuerte y desagradable de una cosa. ‖ → fig. Repugnancia, cansancio, hastío.

fastidiosamente. adv. m. Con fastidio.

*****fastidioso, sa.** adj. Enfadoso, *molesto, *importuno. ‖ *Desagradable, que causa disgusto. ‖ Fastidiado, disgustado.

fastigio. m. Parte más *alta o *superior de alguna cosa que remata en punta. ‖ fig. **Cumbre** (grado sumo, *límite máximo). ‖ Momento más grave o intenso de una *enfermedad. ‖ *Arq.* **Frontón.**

fasto, ta. adj. Aplicábase en la antigua Roma al *día en que era lícito administrar *justicia. ‖ Dicho de un día, año, etc., *feliz o venturoso. ‖ m. **Fausto.**

fastos. m. pl. Entre los romanos, especie de *calendario en que se notaban ciertas fiestas y ceremonias y las cosas memorables de la república. ‖ fig. Anales *históricos o serie de sucesos por el orden de los tiempos.

fastosamente. adv. m. **Fastuosamente.**

fastoso, sa. adj. **Fastuoso.**

fastuosamente. adv. m. Con fausto, de manera fastuosa.

fastuosidad. f. Calidad de fastuoso. ‖ *Ostentación, suntuosidad.

*****fastuoso, sa.** adj. *Ostentoso, amigo de fausto y pompa. ‖ Suntuoso, *excelente.

*****fatal.** adj. Perteneciente al hado. ‖ → Necesario, inevitable. ‖ *Desgraciado, infeliz. ‖ **Malo.** ‖ *For.* Dícese del *plazo improrrogable.

fatalidad. f. Calidad de fatal. ‖ *Desgracia, contratiempo, infelicidad.

fatalismo. m. Doctrina según la cual todo sucede de modo ineludible por obra del *destino.

fatalista. adj. Que sigue la doctrina del fatalismo. Ú. t. c. s.

fatalmente. adv. m. Inevitablemente, de modo necesario o *fatal. ‖ *Desgraciadamente. ‖ Muy *mal.

fatamorgana. f. **Meteor.* Fenómeno de espejismo que suele observarse en el estrecho de Mesina.

fatídicamente. adv. m. De manera fatídica.

fatídico, ca. adj. Aplícase o las cosas o personas que *predicen el porvenir. Dícese más comúnmente de las que anuncian *desgracias.

*****fatiga.** f. *Agitación, *trabajo extraordinario. ‖ → *Cansancio físico o moral. ‖ Molestia ocasionada por la *respiración frecuente o difícil. ‖ **Náusea.** Ú. m. en pl. ‖ fig. *Molestia, sufrimiento. Ú. m. en pl.

fatigación. f. **Fatiga.**

fatigadamente. adv. m. Con fatiga.

fatigador, ra. adj. Que fatiga a otro.

fatigar. tr. Causar fatiga. Ú. t. c. r. ‖ *Importunar, molestar. ‖ *Germ.* **Hurtar.**

fatigosamente. adv. m. Con fatiga.

*****fatigoso, sa.** adj. Fatigado, agitado. ‖ Que causa fatiga.

fatimí. adj. Descendiente de Fátima, hija única de Mahoma. Apl. a pers., ú. t. c. s.

fatimita. adj. **Fatimí.**

fato. m. **Olfato.** ‖ Olor *fétido.

fato, ta. adj. **Fatuo** (*necio). Ú. t. c. s.

fatuidad. f. *Necedad, falta de entendimiento. ‖ Dicho o hecho necio. ‖ *Vanidad infundada y ridícula.

fatuo, tua. adj. *Necio, tonto. Ú. t. c. s. ‖ Ridículamente engreído o *vanidoso. Ú. t. c. s. ‖ V. **Fuego fatuo.**

faucal. adj. *Anat.* Perteneciente a las fauces.

fauces. f. pl. Parte posterior de la *boca; *tragadero.

faufau. m. fig. y fam. Vanidad, *ostentación ridícula.

fauna. f. Conjunto de los *animales propios de un país o región. ‖ Obra que los enumera y describe.

fauno. m. **Mit.* Semidiós de los campos y selvas.

*****fausto.** m. Suntuosidad y pompa exterior. ‖ Lujo extraordinario.

fausto, ta. adj. *Feliz, afortunado.

faustoso, sa. adj. **Fastuoso.**

fautor, ra. m. y f. El que *ayuda a otro. ‖ Cómplice.

fautoría. f. **Favor** (ayuda).

favila. f. poét. Pavesa o *ceniza del fuego.

favo. m. *Pat.* Enfermedad de la *piel semejante a la tiña.

favonio. m. **Céfiro.**

*****favor.** m. *Ayuda y protección que se concede a uno. ‖ → Concesión, merced, beneficio, gracia. ‖ **Privanza.** ‖ Expresión de agrado que se recibe de una dama. ‖ Cinta, flor u otra cosa semejante dada por una dama a un caballero para ostentarla en las *fiestas públicas. ‖ **Palo de favor.** ‖ **A favor de.** m. adv. En *beneficio y utilidad de uno. ‖ A causa de, merced a.

*****favorable.** adj. Que favorece. ‖ Propicio, benévolo.

favorablemente. adv. m. Con favor, benévolamente. ‖ De conformidad con lo que se desea.

favorecedor, ra. adj. Que favorece. Ú. t. c. s.

favorecer. tr. *Ayudar, *proteger, amparar a uno. ‖ Apoyar, *confirmar, robustecer. ‖ Dar o hacer un favor. ‖ **Favorecerse de** una persona o cosa. fr. *Acogerse a su ayuda o amparo.

favoreciente. p. a. de **Favorecer.** Que favorece.

favorido, da. adj. desus. Favorecido.

favoritismo. m. *Parcialidad del que atiende antes al favor que al mérito o a la equidad.

favorito, ta. adj. Que es con *preferencia estimado y apreciado. ‖ m. **Palo de favor.** ‖ m. y f. Persona predilecta de un *rey o personaje.
faya. f. Cierta *tela de seda, que forma canutillo.
faya. f. **Peñasco.**
fayado. m. *Desván, sobrado.
fayanca. f. Actitud o postura *inestable del cuerpo. ‖ Moldura que sirve de vierteaguas en las *ventanas. ‖ *Burla. ‖ **De fayanca.** fr. fig. A medio mogate.
fayanco. m. *Canasto de mimbres.
faz. f. Rostro o *cara. ‖ Aspecto o *lado de una cosa. ‖ **Anverso.** ‖ **Sacra,** o **santa, Faz.** *Efigie del rostro de *Jesús. ‖ **Faz a faz.** m. adv. **Cara a cara.** ‖ **A prima** o **primera faz.** m. adv. **A primera vista.** ‖ **En faz y en paz.** m. adv. *Pública y pacíficamente.
fazo. m. *Germ.* *Pañuelo de narices.
fazola. f. Trozo de *tejido como de media vara, que se tejía de cada vez en los antiguos telares.
***fe.** f. Creencia basada en el testimonio ajeno. ‖ Creencia de las verdades de la religión. ‖ *Teol.* *Virtud teologal que nos hace creer lo que Dios dice y la Iglesia nos propone. ‖ *Confianza en una persona o cosa. ‖ *Promesa que se hace con cierta solemnidad. ‖ *Testimonio, aseveración de que una cosa es cierta. ‖ *Documento que certifica la verdad de una cosa. ‖ **Fidelidad** (*lealtad). ‖ **católica. Religión católica.** ‖ **de erratas.** **Impr.* Lista de las erratas que hay en un *libro. ‖ **de livores.** *For.* Diligencia en que el escribano hacía constar las lesiones, heridas, etc. ‖ **pública.** Autoridad legítima atribuida a *notarios, escribanos y otros funcionarios, para que lo contenido en los documentos que expiden se tenga por verdadero salvo prueba en contrario. ‖ **púnica.** fig. **Mala fe.** ‖ **Buena fe.** Rectitud, *honradez. ‖ **Mala fe.** Doblez, *deslealtad, alevosía. ‖ *For.* Malicia o temeridad con que se hace una cosa. ‖ **A buena fe.** m. adv. *Ciertamente. ‖ **A fe.** m. adv. **En verdad.** ‖ **A fe mía.** m. adv. con que se asegura una cosa. ‖ **A la buena fe.** m. adv. Con *sinceridad; sin dolo o malicia. ‖ **Dar fe.** fr. Ejercitar la fe pública los *notarios y escribanos. ‖ Asegurar, *certificar una cosa que se ha visto. ‖ **En fe.** m. adv. En seguridad, en fuerza. ‖ **Hacer fe.** fr. Ser suficiente un dicho o escrito para probar lo que se pretende con él. ‖ **Prestar fe.** fr. Dar asenso a lo que otro dice.
***fealdad.** f. Calidad de feo. ‖ fig. Torpeza, *deshonestidad o acción inmoral.
feamente. adv. m. Con fealdad. ‖ fig. Torpemente, con *vileza.
febeo, a. adj. poét. Perteneciente a Febo o al *Sol.
feblaje. m. Merma que sacaba, a veces, la *moneda que se acuñaba.
feble. adj. *Débil, flaco. ‖ Hablando de *monedas y de aleaciones, falto de peso o de ley.
feblemente. adv. m. Flacamente, flojamente, con *debilidad.
Febo. n. p. m. **Mit.* Nombre de Apolo, que en lenguaje poético se aplica al *Sol.
febrera. f. **Cacera.**
febrerillo. m. d. de **Febrero.**
febrero. m. Segundo *mes del año, que en los comunes tiene 28 días y en los bisiestos 29.
febricitante. adj. *Med.* **Calenturiento.**
febrícula. f. *Fiebre ligera y de corta duración.
febrífugo, ga. adj. **Farm.* Que quita las calenturas. Ú. t. c. s. m.
***febril.** adj. Perteneciente a la *fiebre. ‖ fig. Ardoroso, *inquieto, *vehemente.
febroniano, na. adj. **Ecles.* Perteneciente a la secta de Febronio, que rebajaba la potestad pontificia y exaltaba la autoridad de los obispos.
fecal. adj. Perteneciente o relativo al *excremento.
fecial. m. En la antigua Roma, el que intimaba la paz y la guerra.
***fécula.** f. Polvo blanco, compuesto de carbono, hidrógeno y oxígeno, que se extrae de los vegetales, y que hervido en agua produce engrudo.
***feculento, ta.** adj. Que contiene *fécula. ‖ Que tiene heces o *sedimentos.
fecundable. adj. Susceptible de fecundación.
***fecundación.** f. Acción de fecundar.
fecundador, ra. adj. Que fecunda.
fecundamente. adv. m. Con fecundidad.
fecundante. p. a. de **Fecundar.** Que fecunda.
***fecundar.** tr. Fertilizar, hacer productiva una cosa. ‖ Hacer que un vegetal o animal quede en condiciones de reproducirse por vía de *generación u otra semejante.
fecundativo, va. adj. Que tiene virtud de fecundar.
fecundidad. f. Virtud y facultad de producir. ‖ Calidad de *fecundo. ‖ Fertilidad.
fecundizar. tr. Hacer a una cosa fecunda o fértil.
***fecundo, da.** adj. Que produce. ‖ Que se reproduce por los medios naturales. ‖ Fértil, *abundante.
***fecha.** f. **Data.** ‖ Cada uno de los días que median entre dos momentos determinados. ‖ Tiempo o momento *actual. ‖ **ut retro.** La misma expresada anteriormente en un escrito. ‖ **Larga fecha. Larga data.**
fechador. m. Matasellos u otra estampilla de tipos móviles para marcar la *fecha.
fechar. tr. Poner fecha a un escrito.
fecho. m. En las oficinas de la *administración pública*, nota que se pone en los documentos para indicar que se ha dado *cumplimiento a lo dispuesto.
fechoría. f. Acción, generalmente *perversa.
fechuría. f. **Fechoría.**
fedegar. tr. Amasar.
federación. f. **Confederación.**
federal. adj. **Federativo.** ‖ **Federalista.** Apl. a pers., ú. t. c. s.
federalismo. m. Sistema de confederación entre corporaciones o Estados. ‖ Doctrina *política que propugna la organización federativa de los Estados.
federalista. adj. Partidario del federalismo. Apl. a pers., ú. t. c. s. ‖ adj. **Federativo.**
federar. tr. **Confederar.** Ú. t. c. r.
federativo, va. adj. Perteneciente a la confederación. ‖ Aplícase a la organización *política en que varios Estados, rigiéndose cada uno de ellos por leyes propias, están sujetos en ciertos casos a las decisiones de un gobierno central.
feérico, ca. adj. *Maravilloso, ideal, mágico.
fefaút. m. En la *música antigua, indicación del tono que principia en el cuarto lugar de la escala diatónica de *do.*
féferes. m. pl. Bártulos, *trastos.
fehaciente. adj. *For.* Que hace fe en juicio, *evidente.
feila. f. *Germ.* *Síncope que solían fingir los *ladrones cuando se veían descubiertos.
feje. m. *Haz, fajo.
feladiz. m. Trencilla para *atar las alpargatas.
feldespático, ca. adj. Perteneciente o relativo al feldespato. ‖ Que contiene feldespato.
feldespato. m. *Mineral de brillo resinoso o anacarado, poco menos duro que el cuarzo. Es un silicato de alúmina con potasa, sosa o cal y otros componentes en pequeña proporción.
feldmariscal. m. Grado superior de los *oficiales generales de algunos ejércitos.
felequera. f. *Helecho.
felibre. m. *Poeta provenzal moderno.
felice. adj. poético. **Feliz.**
***felicidad.** f. Estado placentero del ánimo; goce completo. ‖ Satisfacción, contento. ‖ Suerte feliz.
***felicitación.** f. Acción de felicitar.
***felicitar.** tr. Congratular a la persona a quien ocurre algún suceso feliz. Ú. t. c. r. ‖ Expresar el deseo de que una persona sea venturosa.
félidos. m. pl. *Zool.* Familia de *mamíferos a la que pertenece el gato.
feligrés, sa. m. y f. Persona que pertenece a determinada *parroquia, respecto a ella misma. ‖ fig. p. us. Camarada, *compañero.
feligresía. f. Conjunto de feligreses de una *parroquia. ‖ Jurisdicción de una parroquia. ‖ Parroquia rural.
felino, na. adj. Perteneciente o relativo al *gato. ‖ Que parece de gato. ‖ Dícese de los animales que pertenecen a la familia zoológica, cuyo tipo es el gato. Ú. t. c. s. m.
***feliz.** adj. Que tiene o goza felicidad. ‖ Que ocasiona felicidad. ‖ Aplicado a los pensamientos, expresiones, etc., oportuno, *acertado. ‖ Favorable, afortunado, propicio.
felizmente. adv. m. Con felicidad.
felón, na. adj. Que comete felonía. Ú. t. c. s.
felonía. f. *Deslealtad, traición.
***felpa.** f. Tejido de seda, algodón, etcétera, cubierto por el envés de pelo tupido. ‖ fig. y fam. *Zurra de golpes. ‖ fig. y fam. *Reprensión severa. ‖ **larga.** La que tiene el pelo largo como de medio dedo.
felpar. tr. Cubrir de felpa. Ú. t. c. r.
felpilla. f. *Cordón de seda con pelo, que sirve para bordar y otros usos.
felpo. m. **Felpudo** (ruedo de *estera).
felposo, sa. adj. Cubierto de pelos blandos, entrelazados.
felpudo, da. adj. **Afelpado.** ‖ m. **Ruedo** (de *estera).
felús. m. En Marruecos, *moneda de cobre.
femar. tr. *Abonar con fiemo.
fematero, ra. m. y f. Persona que se dedica a recoger la *basura.
femenil. adj. Perteneciente o relativo a la *mujer.
femenilmente. adv. m. De manera femenil.
***femenino, na.** adj. Propio de mujeres. ‖ Dícese del organismo a quien, en la reproducción sexual, corresponde ser fecundado. ‖ fig. *Débil. ‖ **Gram.* V. **Género femenino.** Ú. t. c. s. ‖ **Gram.* Perteneciente al género **femenino.**
fementidamente. adv. m. Con *deslealtad y falta de fe.
fementido, da. adj. Falto de fe y palabra, *desleal. ‖ Engañoso, falso.
femera. f. **Estercolero.**

femineidad. f. *For.* Calidad de ciertos *bienes, de ser pertenecientes a la *mujer. ‖ Calidad de femenino.
feminela. f. **Artill.* Pedazo de zalea que cubría el zoquete de la lanada.
femíneo, a. adj. ant. **Femenino.**
feminidad. f. Calidad de *femenino.
feminismo. m. Doctrina *social que tiende a conceder a la *mujer derechos reservados hasta ahora a los hombres.
feminista. adj. Relativo al feminismo. ‖ com. Partidario del feminismo.
femoral. adj. Perteneciente al fémur.
fémur. m. *Hueso del muslo.
fenacetina. f. **Farm.* Éter acético del fenol, que se emplea como analgésico y antifebril.
fenal. m. **Prado.**
fenazo. m. **Lastón.**
fenda. f. Raja o *hendedura en la *madera.
fendi. m. **Efendi.**
fendiente. m. **Hendiente.**
fenecer. tr. Poner *fin a una cosa. ‖ intr. *Morir. ‖ Tener fin una cosa.
fenecimiento. m. Acción y efecto de fenecer.
fenianismo. m. Partido o secta de los fenianos. ‖ Conjunto de principios y doctrinas que defienden.
feniano. m. Individuo de la secta y partido *político adversos a la dominación inglesa en Irlanda.
fenicado, da. adj. Que tiene ácido fénico.
fenice. adj. **Fenicio.** Apl. a pers., ú. t. c. s.
fenicio, cia. adj. Natural de Fenicia. Ú. t. c. s. ‖ Perteneciente a este país del Asia antigua.
fénico. adj. *Quím.* V. **Ácido fénico.**
fénix. m. Usáb. t. c. f. Ave *quimérica que, según los antiguos, renacía de sus cenizas. ‖ fig. Lo que es *único en su especie o muy *excelente. ‖ *Bot.* Nombre genérico de ciertas *palmeras.
fenogreco. m. **Alholva.**
fenol. m. **Quím.* Cuerpo sólido que se extrae por destilación de los aceites de alquitrán, y se emplea como antiséptico.
fenomenal. adj. Perteneciente o relativo al fenómeno. ‖ Que participa de la naturaleza del fenómeno. ‖ fam. Extraordinario; excesivamente *grande.
fenomenalismo. m. *Fil.* Doctrina *filosófica que sólo considera lo que cae bajo la acción de los sentidos.
fenómeno. m. Toda *apariencia o *manifestación, ya sea material o espiritual. ‖ Cosa extraordinaria y sorprendente; maravilla, *portento. ‖ fam. Persona o animal *deforme.
fenotipo. m. **Biol.* Conjunto de caracteres hereditarios, cuya aparición es debida a la existencia de sendos genes en los individuos de una especie determinada.
***feo, a.** adj. Que carece de belleza y hermosura. ‖ fig. Que causa horror. ‖ fig. De aspecto *adverso o desfavorable. ‖ m. fam. Desaire, *desprecio. ‖ **Dejar feo** a uno. fr. fig. y fam. Desairarle, menospreciarle.
feote, ta. adj. aum. de **Feo.**
feotón, na. adj. aum. de **Feote.**
fera. f. *Zool.* *Pez de carne muy apreciada, que abunda en el lago de Ginebra.
feracidad. f. *Fertilidad de los campos.
feral. adj. *Cruel, sanguinario.
feraz. adj. *Fértil, fecundo.
***féretro.** m. Caja en que se llevan a enterrar los difuntos.
***feria.** f. Cualquiera de los *días de la *semana, excepto el sábado y el domingo. ‖ *Descanso. ‖ → Mercado extraordinario, en paraje público y días señalados. ‖ *Fiestas que se celebran con tal ocasión. ‖ Paraje público en que están expuestos los animales, géneros o cosas para este mercado. ‖ *Concurrencia de gente. ‖ fig. Trato, *convenio. ‖ *Dinero menudo. ‖ Adehala, añadidura, *propina. ‖ pl. *Regalos o agasajos que se hacen por el tiempo que hay **ferias** en algún lugar. ‖ **Ferias mayores.** Las de *Semana Santa*.
ferial. adj. Perteneciente a las ferias o *días de la *semana. ‖ m. **Feria** (el mercado y el paraje en que se celebra).
feriante. adj. Concurrente a la feria para *comprar o vender. Ú. t. c. s.
feriar. tr. *Comprar en la feria. Ú. t. c. r. ‖ Vender, comprar o permutar. ‖ Dar ferias, *regalar. Ú. t. c. r. ‖ intr. Suspender el trabajo por uno o varios días.
ferino, na. adj. Perteneciente a la *fiera o que tiene sus propiedades. ‖ *Med.* V. **Tos ferina.**
ferlín. m. *Moneda antigua que valía la cuarta parte de un dinero.
fermata. f. **Mús.* **Calderón** (floreo que se ejecuta durante la suspensión momentánea del compás).
fermentable. adj. Capaz de fermentación.
***fermentación.** f. Acción y efecto de fermentar.
fermentado, da. adj. V. **Pan fermentado.**
fermentador, ra. adj. Que fermenta.
fermentante. p. a. de **Fermentar.** Que fermenta o hace fermentar.
***fermentar.** intr. Transformarse o descomponerse un cuerpo orgánico por la acción de ciertos microorganismos. ‖ fig. *Excitarse los ánimos. ‖ tr. Hacer o producir la fermentación.
fermentativo, va. adj. Que tiene la propiedad de hacer fermentar.
fermentescible. adj. **Fermentable.**
fermento. m. Cuerpo orgánico que, puesto en contacto con otro, lo hace *fermentar.
fernambuco. m. **Palo de Fernambuco.**
fernandina. f. Cierta *tela de hilo.
feroce. adj. poét. p. us. **Feroz.**
ferocidad. f. Calidad de feroz. ‖ *Fiereza.
feróstico, ca. adj. fam. *Irritable y díscolo. ‖ fam. Muy *feo.
feroz. adj. Dícese de los animales muy *fieros y sanguinarios. ‖ Que obra con *crueldad.
ferozmente. adv. m. Con ferocidad.
ferra. f. **Farra** (*pez).
ferrada. f. Maza armada de hierro, como la de Hércules.
ferrado. m. Medida *superficial agraria que varía de cuatro a seis áreas, aproximadamente. ‖ Medida de *capacidad para áridos que tiene de trece a dieciséis litros, poco más o menos.
ferrar. tr. Guarnecer, cubrir con *hierro una cosa.
ferrarés, sa. adj. Natural de Ferrara. Ú. t. c. s. ‖ Perteneciente a esta ciudad de Italia.
ferre. m. Azor, *ave de rapiña.
ferreal. adj. Dícese de cierta *uva de grano oval y color rojo.
ferreña. adj. V. **Nuez ferreña.** ‖ f. pl. Especie de castañuelas usadas en Galicia.
férreo, a. adj. De *hierro o que tiene sus propiedades. ‖ fig. Perteneciente al siglo o edad de hierro. ‖ fig. *Constante, tenaz.
ferrería. f. Oficina en donde se beneficia el mineral de *hierro. ‖ **de chamberga.** La que fabrica sartenes y otros objetos análogos.
ferreruelo. m. *Capa corta sin esclavina.
ferrestrete. m. **Arq. Nav.* Hierro delgado que usan los calafates.
ferrete. m. Sulfato de *cobre que se emplea en *tintorería. ‖ Instrumento de hierro que sirve para *marcar las cosas.
ferretear. tr. **Ferrar.** ‖ Labrar con hierro.
ferretería. f. **Ferrería.** ‖ Comercio de *hierro. ‖ Conjunto de objetos de hierro que se venden en las ferrerías.
ferretero, ra. m. y f. Tendero de ferretería.
férrico, ca. adj. *Quím.* Aplícase a las combinaciones del *hierro en las que el cuerpo unido a este metal lo está en la proporción máxima.
ferrizo, za. adj. De *hierro.
ferro. m. V. **Testa de ferro.** ‖ *Mar.* **Ancla.**
***ferrocarril.** m. Camino formado con dos barras de hierro paralelas, sobre las cuales ruedan los carruajes. ‖ Tren que circula por este camino. ‖ **de sangre.** Aquel en que el tiro se hace con fuerza animal o de sangre. ‖ **funicular.** Sistema de transporte en que el carruaje va pendiente de un cable para subir y bajar por pendientes muy empinadas.
ferrocarrilero, ra. adj. **Ferroviario.**
ferrocianuro. m. **Quím.* Compuesto de hierro, cianógeno y otro metal.
ferrolano, na. adj. Natural del Ferrol. Ú. t. c. s. ‖ Perteneciente a esta ciudad.
ferrón. m. El que trabaja en una ferrería.
ferronas. f. pl. *Germ.* *Espuelas.
ferroprusiato. m. **Quím.* **Ferrocianuro.** ‖ Copia *fotográfica obtenida en papel preparado con **ferroprusiato.**
ferroso, sa. adj. *Quím.* Aplícase a las combinaciones del *hierro en las que el cuerpo unido a este metal lo está en la proporción mínima.
ferrovial. adj. **Ferroviario.**
ferroviario, ria. adj. Perteneciente o relativo a las vías férreas. ‖ m. Empleado de *ferrocarriles.
ferrugiento, ta. adj. De *hierro o con alguna de sus cualidades.
ferrugíneo, a. adj. **Ferruginoso.**
ferruginoso, sa. adj. Dícese del mineral que contiene *hierro visiblemente. ‖ Aplícase a las *aguas minerales que contienen alguna sal de hierro.
***fértil.** adj. Aplícase a la tierra que produce mucho. ‖ fig. Aplícase también a cosas no materiales, como el ingenio, la imaginación, etc. ‖ fig. Dícese del año en que la tierra produce abundantes frutos.
***fertilidad.** f. Calidad de fértil.
fertilizable. adj. Que puede ser fertilizado.
fertilizador, ra. adj. Que fertiliza.
fertilizante. p. a. de **Fertilizar.** Que fertiliza. Ú. t. c. s.
***fertilizar.** tr. Fecundizar la tierra, prepararla o *abonarla para que dé abundantes frutos.
férula. f. **Cañaheja.** ‖ **Palmatoria.** ‖ **Cir.* Tablilla que se emplea en el tratamiento de las fracturas. ‖ **Estar** uno **bajo la férula** de otro. fr. fig. Estar bajo su *dependencia.
feruláceo, a. adj. Semejante a la férula o cañaheja.
fervencia. f. **Hervencia.**

ferventísimo, ma. adj. sup. de **Ferviente.**
férvido, da. adj. **Ardiente.**
ferviente. adj. fig. **Fervoroso.**
fervientemente. adv. m. Con fervor.
fervor. m. *Calor intenso. ‖ fig. *Devoción y piedad ardientes. ‖ fig. Eficacia y *diligencia suma con que se hace una cosa.
fervorar. tr. **Afervorar.**
fervorín. m. Cada una de las breves jaculatorias que se suelen *rezar durante la comunión general. Ú. m. en pl.
fervorizar. tr. **Enfervorizar.** Ú. t. c. r.
fervorosamente. adv. m. Con fervor. Ú. m. en lo moral.
fervoroso, sa. adj. Que hace las cosas con fervor.
fescenino, na. adj. Natural de Fescenio. Ú. t. c. s. ‖ Perteneciente a esta ciudad de Etruria. ‖ V. **Versos fesceninos.**
feseta. f. *Azada pequeña.
fesoria. f. *Azada pequeña.
festejador, ra. adj. Que festeja. Ú. t. c. s.
festejante. p. a. de **Festejar.** Que festeja y obsequia a otro.
festejar. tr. Hacer festejos en *obsequio de uno; agasajarle. ‖ **Galantear.** ‖ *Azotar, golpear. ‖ r. *Divertirse.
festejo. m. Acción y efecto de festejar. ‖ **Galanteo.** ‖ pl. *Fiestas públicas.
festero, ra. m. y f. **Fiestero.** ‖ m. El que en las capillas de *música cuida de ajustar y reunir a los músicos.
festín. m. *Fiesta o función particular, con *baile, música, banquete u otras *diversiones. ‖ *Banquete espléndido.
festinación. f. *Prontitud, celeridad. ‖ *Precipitación, apresuramiento.
festinar. tr. Apresurar, *acelerar, *precipitar.
festival. m. *Fiesta, especialmente *musical.
festivamente. adv. m. Con *fiesta, regocijo y alegría. ‖ De manera festiva.
***festividad.** f. Fiesta, ceremonia, solemnidad con que se celebra una cosa. ‖ Día festivo en que la Iglesia celebra algún misterio o a un santo. ‖ *Donaire en el modo de decir.
***festivo, va.** adj. Chistoso, que tiene *gracia y agudeza. ‖ *Alegre, regocijado. ‖ Solemne, digno de celebrarse. ‖ V. **Día festivo.**
festón. m. *Adorno compuesto de flores, frutas y hojas, que se ponía en las puertas de los templos y en las cabezas de las víctimas en los sacrificios de los gentiles. ‖ *Bordado de realce que se recorta al borde de la tela. ‖ Cualquier bordado, dibujo o recorte en forma *ondulada o con *puntas, al borde de una cosa. ‖ *Ornamentación a manera de **festón.**
festonar. tr. **Festonear.**
festoneado, da. adj. Que tiene el borde en forma de festón o de *onda.
festonear. tr. Adornar con festón.
fetal. adj. Perteneciente o relativo al *feto.
fetén (la). f. fam. La *verdad.
feticida. adj. Dícese del que voluntariamente causa la muerte a un *feto. Ú. m. c. s.
feticidio. m. *Muerte dada violentamente a un feto.
fetiche. m. *Ídolo u objeto de culto supersticioso en ciertas tribus.
fetichismo. m. *Culto de los fetiches. ‖ fig. Idolatría, veneración excesiva.
fetichista. adj. Perteneciente o relativo al fetichismo. ‖ com. Persona que profesa este culto.
***fetidez.** f. Hediondez, mal olor.
***fétido, da.** adj. **Hediondo.**
***feto.** m. Producto de la concepción de una hembra vivípara, después del período embrionario y antes del parto. ‖ Este mismo producto después de abortado.
fetor. m. **Hedor.**
fetua. f. *Decisión jurídica de un muftí.
feúco, ca. adj. **Feúcho.**
feúcho, cha. adj. fam. Algo *feo.
***feudal.** adj. Perteneciente al *feudo.
feudalidad. f. Calidad, condición o constitución del feudo.
***feudalismo.** m. Sistema feudal de gobierno y de régimen de la propiedad.
feudar. tr. **Tributar.**
feudatario, ria. adj. Sujeto y obligado a pagar feudo. Ú. t. c. s.
feudista. m. *For.* Autor que escribe sobre la materia de feudos.
***feudo.** m. Contrato por el cual los soberanos y los grandes señores concedían tierras o rentas en usufructo, obligándose el que las recibía a guardar fidelidad de vasallo y a determinadas prestaciones. ‖ Reconocimiento o tributo con cuya condición se concedía el **feudo.** ‖ Dignidad o heredamiento dado en **feudo.** ‖ fig. *Respeto o vasallaje. ‖ **de cámara.** El constituido en situado anual de dinero sobre la hacienda del señor. ‖ **franco.** El libre de servicio personal. ‖ **ligio.** Aquel en que el feudatario queda estrechamente subordinado al señor. ‖ **recto.** El que contiene obligación de obsequio y servicio personal.
fez. m. *Gorro de fieltro rojo y forma de cono truncado, usado principalmente por turcos y moros.
fi. m. desus. **Hijo.**
fía. f. *Venta hecha al fiado. ‖ *Fianza, fiador.
fiable. adj. Dícese de la persona digna de *confianza y de quien se puede responder.
fiado, da. p. p. de **Fiar.** ‖ **Al fiado.** m. adv. Sin dar o tomar de presente el precio convenido, lo apostado en el juego, etc. ‖ **En fiado.** m. adv. Debajo de fianza.
***fiador, ra.** m. y f. Persona que fía a otra para la *garantía de aquello a que ésta se halla obligada. ‖ m. Cordón que llevan algunas *capas y manteos para sujetarlos al cuello. ‖ *Cordón que llevan algunas cosas de uso manual para que, rodeado a la muñeca, impida que aquéllas se caigan aunque se suelten de la mano. ‖ Pasador de hierro para *cerrar y afianzar las puertas por el lado de adentro. ‖ Cada uno de los *ganchos y garfios que sostienen por debajo los canales de cinc de los *tejados. ‖ Correa que lleva la caballería de mano a la parte de afuera, desde la guarnición a la cama del *freno. ‖ Pieza con que se *sujeta una cosa para que no se mueva. ‖ **Barboquejo.** ‖ fam. Nalgas o *asentaderas de los muchachos. ‖ *Cetr.* Cuerda larga con que atan al halcón cuando lo sueltan para que empiece a volar. ‖ **carcelero.** El que responde de que otro guardará carcelería. ‖ **de salvo.** En lo antiguo, el que se daban los que tenían enemistad o estaban desafiados.
fiambrar. tr. Preparar fiambres.
fiambre. adj. Dícese de la *vianda que después de asada o cocida se ha dejado enfriar para no comerla caliente. Ú. t. c. s. m. ‖ fig. y fam. *Pasado de tiempo o de la sazón oportuna.
fiambrera. f. *Cesta o caja para llevar fiambres. ‖ Cacerola con tapa bien ajustada, que sirve para llevar la *comida fuera de casa. ‖ Conjunto de cacerolas iguales que, sobrepuestas unas a otras y con un braserillo debajo, se usan para llevar la comida caliente de un punto a otro. ‖ **Fresquera.**
fiambrería. f. Tienda en que se venden fiambres.
fiambrero. m. Persona que hace o vende fiambres.
fiancilla. f. Aro de hierro con que, por medio de tornillos, se asegura la caja del *carruaje.
***fianza.** f. Obligación accesoria que uno contrae para garantía de que otro pagará lo que debe o cumplirá lo que prometió. ‖ Prenda que da o deposita el contratante en seguridad del buen cumplimiento de su obligación. ‖ **Fiador.** ‖ **carcelera.** *For.* La que se da de que alguno a quien sueltan de la cárcel se presentará siempre que se le mande. ‖ **de arraigo.** *For.* La que se exige de algunos litigantes, especialmente extranjeros, de que permanezcan en el juicio y respondan a sus resultas. ‖ **Poner en fianza.** fr. *Veter.* Poner los *herradores la mano o pie de la caballería en estiércol humedecido con agua, para reblandecer el casco.
***fiar.** tr. Dar uno *garantía de que otro cumplirá lo que promete, o pagará lo que debe, obligándose, en caso de que no lo haga, a satisfacer por él. ‖ *Vender sin tomar el precio de contado. ‖ **Confiar.** ‖ Dar o comunicar a uno una cosa en *confianza. Ú. t. c. r. ‖ intr. Confiar, tener *esperanza. ‖ **Ser de fiar** una persona o cosa. fr. Merecer *confianza.
fiasco. m. *Malogro, mal éxito.
fíat. m. *Permisión o *mandato para que una cosa tenga efecto. ‖ Gracia que hacía el Consejo de la Cámara para que uno pudiera ser *escribano.
fibra. f. Cada uno de los *filamentos que forman los tejidos orgánicos. ‖ Cada uno de los filamentos que presentan en su textura ciertos *minerales. ‖ *Raíces pequeñas y delicadas de las plantas. ‖ fig. Vigor, *fuerza.
fibrilla. f. *Bot.* *Raicilla capilar.
fibrina. f. *Quím.* Substancia albuminoidea contenida en la *sangre, linfa, etc., que se coagula al salir del organismo viviente.
fibrinoso, sa. adj. Perteneciente o relativo a la fibrina.
fibrocartilaginoso. adj. *Zool.* Relativo al fibrocartílago.
fibrocartílago. m. *Zool.* Tejido fibroso y muy resistente, que entre sus fibras contiene materia *cartilaginosa.
fibroma. m. *Pat.* *Tumor formado por tejido fibroso.
fibroso, sa. adj. Que tiene muchas fibras.
fíbula. f. *Arqueol.* *Hebilla, a manera de imperdible.
ficante. m. *Germ.* **Jugador.**
ficar. tr. *Germ.* ***Jugar.**
***ficción.** f. Acción y efecto de *fingir. ‖ → Invención imaginativa. ‖ Creación *poética. ‖ **de derecho,** o **legal.** *For.* La que autoriza la ley o la jurisprudencia.
fice. m. *Pez marino acantopterigio, de carne bastante apreciada.

ficoideo, a. adj. *Bot.* Dícese de plantas dicotiledóneas, herbáceas o algo leñosas, cuyo tipo es el algazul. Ú. t. c. s. ‖ f. pl. *Bot.* Familia de estas plantas.
ficología. f. *Bot.* Parte de la botánica que trata de las *algas.
ficticio, cia. adj. Fingido o fabuloso. ‖ *Aparente, sin existencia real.
ficto, ta. p. p. irreg. de **Fingir.**
ficha. f. Pieza pequeña de marfil, madera, etc., que sirve para señalar los tantos en el *juego. ‖ Cada una de las piezas del juego de *dominó. ‖ Pieza pequeña de cartón, metal, etcétera, que se usa a manera de *moneda en algunas casas de negocios y establecimientos industriales. ‖ Cédula de cartulina o *papel fuerte dispuesta para escribir en ella y guardarla convenientemente *clasificada entre otras. ‖ fig. y fam. Persona *despreciable, bribón. ‖ Punta del pilote que se emplea para *cimentación. ‖ **antropométrica.** Cédula en que se consignan medidas corporales y señales individuales, para *identificar a las *personas.
fichar. tr. En el juego del *dominó, poner la ficha. ‖ Hacer la ficha antropométrica de un individuo. ‖ Refiriéndose a una persona, ponerla entre aquellas que inspiran *desconfianza. ‖ intr. Entrar un jugador a formar parte de un equipo *deportivo.
fichero. m. Caja o conjunto de ellas, donde se pueden guardar *clasificadas las fichas o cédulas.
fidecomiso. m. **Fideicomiso.**
fidedigno, na. adj. Digno de *fe.
fideero, ra. m. y f. Persona que fabrica fideos u otras *pastas semejantes.
fideicomisario, ria. adj. *For.* Dícese de la persona a quien se destina un fideicomiso. Ú. t. c. s. ‖ *For.* Perteneciente al fideicomiso.
fideicomiso. m. *For.* Disposición *testamentaria por la cual el testador deja bienes confiados a la fe de uno para que, en caso y tiempo determinados, los transmita a otro sujeto, o les dé el destino que se le señala.
fideicomitente. com. *For.* Persona que ordena el fideicomiso.
fidelidad. f. *Lealtad, observancia de la fe que uno debe a otro. ‖ *Exactitud en el cumplimiento de una cosa.
fidelísimo, ma. adj. sup. de **Fiel.** ‖ Dictado de los *reyes de Portugal.
fideo. m. *Pasta de sopa, hecha de harina de trigo, en forma de hilos. Ú. m. en pl. ‖ fig. y fam. Persona muy *delgada.
fido, da. adj. ant. **Fiel.**
fiducia. f. ant. **Confianza.**
fiduciario, ria. adj. *For.* Dícese del *heredero o legatario a quien el testador confía la transmisión de bienes para otra u otras personas. Ú. t. c. s. ‖ Que depende del crédito y confianza que merezca.
***fiebre.** f. Fenómeno patológico caracterizado principalmente por la elevación de la temperatura normal del cuerpo. ‖ fig. Viva *excitación producida por una causa moral. ‖ **aftosa. Glosopeda.** ‖ **amarilla.** Enfermedad endémica de las costas de las Antillas. ‖ **anticipante.** La que se adelanta. ‖ **de Malta. Fiebre mediterránea.** ‖ **efémera,** o **efímera.** La que dura, por lo común, un día natural. ‖ **eruptiva.** La que va acompañada de erupciones cutáneas. ‖ **esencial.** La que no es sintomática de una enfermedad local. ‖ **héctica,** o **hética.** La propia de las enfermedades consuntivas. ‖ **láctea.** La que generalmente se presenta en la mujer después del *parto y es precursora de la subida de la *leche. ‖ **mediterránea.** Enfermedad contagiosa que se caracteriza por fiebre alta, con temperatura irregular, larga duración y frecuentes recaídas. ‖ **palúdica.** La producida por la picadura de una especie de mosquito que abunda en los terrenos pantanosos. ‖ **petequial. Tifus exantemático.** ‖ **puerperal** La que padecen algunas mujeres después del *parto como consecuencia de él. ‖ **remitente.** La que durante su curso presenta alternativas de aumento y disminución en su intensidad. ‖ **sínoca,** o **sinocal.** La continua sin remisiones bien definidas. ‖ **sintomática.** La ocasionada por cualquiera enfermedad localizada en un órgano. ‖ **subintrante.** Aquella cuya accesión sobreviene antes de haberse quitado la antecedente. ‖ **tifoidea.** Infección intestinal específica. ‖ **Declinar la fiebre.** fr. Bajar, minorarse. ‖ **Recargar la fiebre.** fr. Aumentarse.
***fiel.** adj. Que guarda fe, *leal a su palabra. ‖ *Exacto, *verdadero. ‖ Por antonom., *cristiano que vive en la debida sujeción a la Iglesia Católica Romana. Ú. t. c. s. ‖ → m. El encargado de que se hagan algunas cosas, como los pesos y medidas, aleaciones de metales finos, etc., con la exactitud y legalidad que exige el servicio público. ‖ Aguja de las *balanzas y romanas que se pone vertical cuando hay perfecta igualdad en los pesos comparados. ‖ Cada una de las dos piezas de acero que tiene la *ballesta, para que puedan rodar las navajas de la gafa cuando se monta el arma. ‖ Cualquiera de los hierrecillos que sujetan la llave del arcabuz. ‖ Clavillo que asegura las hojas de las *tijeras. ‖ El que tenía por oficio recoger los *diezmos y guardarlos. ‖ **almotacén. Almotacén.** ‖ **cogedor.** Cillero, tercero. ‖ **contraste. Contraste** (el que ejerce el oficio público de contrastar). ‖ **de fechos.** Sujeto habilitado para ejercer funciones de *escribano. ‖ **de lides.** Cualquiera de las personas encargadas de asistir a los *desafíos en lo antiguo, para partir el campo, reconocer las armas, etc. ‖ **de romana.** Oficial que asiste en el matadero al *peso de la carne por mayor. ‖ **ejecutor.** Regidor a quien toca asistir al repeso. ‖ **medidor.** Oficial que asiste a la medida de granos y líquidos.
fielato. m. Oficio de fiel. ‖ Oficina del fiel. ‖ Oficina en que se pagan los derechos de *consumos, a la entrada en las poblaciones.
fielazgo. m. **Fielato.**
fieldad. f. **Fielato.** ‖ **Seguridad.** ‖ Despacho que el Consejo de *Hacienda solía dar a los arrendadores al principio del año, para que pudieran recaudar provisionalmente las rentas reales. ‖ En algunas partes, **tercia** (depósito de *diezmos).
fielmente. adv. m. Con fidelidad.
fieltro. m. Especie de *paño no tejido, hecho de borra, lana o pelo convenientemente trabados y prensados. ‖ *Sombrero u otra cosa hecha con este paño. ‖ *Capote para defenderse del agua.
fiemo. m. **Fimo.**
fiera. f. Animal indómito, *cruel y carnicero. ‖ fig. Persona *cruel o de mal carácter. ‖ *Zool.* Dícese de ciertos *mamíferos unguiculados y con cuatro extremidades; como el tigre y el lobo. ‖ f. pl. *Zool.* Orden de estos animales. ‖ pl. *Germ.* Criados de *justicia.
fierabrás. m. fig. y fam. Persona *perversa. Aplícase, por lo común, a los niños *traviesos.
fieramente. adv. m. Con fiereza.
***fiereza.** f. Inhumanidad, *crueldad. ‖ Saña con que algunos animales atacan a otros o al hombre. ‖ fig. Deformidad, *fealdad que causa desagrado a la vista.
***fiero, ra.** adj. Dícese del animal que ataca con saña a otros animales o al hombre. ‖ Indómito, no domesticado. ‖ *Horrible, que causa espanto. ‖ Muy *feo. ‖ Intratable, *desabrido, de mal carácter. ‖ Muy *grande, *excesivo. ‖ m. Bravata y *amenaza con que uno intenta aterrar a otro. Ú. m. en pl.
***fiesta.** f. *Alegría, regocijo. ‖ *Diversión, recreo. ‖ fam. Chanza, broma. ‖ *Festividad, día que la Iglesia celebra con mayor solemnidad que otros. ‖ Día en que se celebra alguna solemnidad nacional. ‖ Solemnidad con que la Iglesia celebra la memoria de un santo. ‖ → Regocijo público para que el pueblo se recree. ‖ *Agasajo, *caricia que se hace para ganar la voluntad de uno. Ú. m. en pl. ‖ pl. Vacaciones. ‖ **Fiesta de armas.** En lo antiguo, combate público de unos caballeros con otros. ‖ **de consejo.** Día de trabajo que es de vacación para los tribunales. ‖ **de guardar.** Día en que hay obligación de oír misa. ‖ **de las Cabañuelas,** o **de los Tabernáculos.** Cierta *festividad que celebran los hebreos. ‖ **de pólvora.** fig. Lo que pasa o se gasta con presteza y *brevedad. ‖ **de precepto. Fiesta de guardar.** ‖ **doble.** La que la Iglesia celebra con rito doble. ‖ **fija,** o **inmoble.** La que la Iglesia celebra todos los años en el mismo día. ‖ **movible.** La que la Iglesia no celebra todos los años en el mismo día. ‖ **semidoble.** La que la Iglesia celebra con rito semidoble. ‖ **simple.** La que la Iglesia celebra con rito simple. ‖ **Fiestas reales.** Festejos que se hacen en obsequio de una persona real. ‖ **Aguar,** o **aguarse, la fiesta.** fr. fig. y fam. Turbar o turbarse cualquier regocijo. ‖ **Estar** uno **de fiesta.** fr. fam. Estar *alegre, gustoso y de chiste. ‖ **Hacer fiesta.** fr. Dejar la labor o el trabajo un día, como si fuera de **fiesta.** ‖ **Santificar las fiestas.** fr. Ocuparlas en cosas de Dios. ‖ **Se acabó la fiesta.** fr. fig. y fam. con que se interrumpe y corta una discusión.
fiestero, ra. adj. Amigo de fiestas.
fifiriche. adj. *Débil, flaco, enclenque. ‖ ***Petimetre.**
figana. f. *Ave gallinácea americana, que se domestica fácilmente y limpia las casas de insectos y sabandijas.
fígaro. m. **Barbero.** ‖ **Torera** (prenda de *vestir).
figle. m. *Instrumento músico de viento, que consiste en un tubo cónico de latón, doblado por la mitad, y con llaves o pistones.
figo. m. ***Higo.** ‖ **No, que son figos.** expr. fig. y fam. con que se *afirma uno en lo que ha dicho y otro duda.
figón. m. Casa donde se guisan y venden cosas ordinarias de *comer.
figonero, ra. m. y f. Persona que tiene figón.
figueral. m. **Higueral.**
figuerense. adj. Natural de Figue-

ras. Ú. t. c. s. || Perteneciente a esta ciudad.

figulino, na. adj. De *barro cocido.

***figura.** f. Forma exterior de un cuerpo. || **Cara.** || *Estatua, *dibujo o *pintura que representa el cuerpo de un hombre o animal. || Cosa que es *signo o *símbolo de otra. || *For.* En lo judicial, forma o modo de proceder. || Cualquiera de los tres *naipes de cada palo que representan personas. || Nota *musical. || Personaje de la obra *teatral. || Cada uno de los cambios de posición que hacen los bailarines en una *danza. || **Figurería** (*ademán ridículo). || *Geom.* Espacio cerrado por líneas o superficies. || *Geom.* Conjunto de líneas que sirven para la demostración de un teorema o un problema. || *Gram.* **Figura de construcción.** || *Gram.* **Figura de dicción.** || *Ret.* Cada uno de ciertos modos de hablar que, apartándose de la construcción lógica y sencilla, dan a la expresión de los afectos o las ideas singular elevación, gracia o energía. || com. Persona ridícula. || **celeste.** *Astrol.* Delineación que expresa la disposición del cielo y estrellas. || **de construcción.** *Gram.* Cada uno de los varios modos de construcción propios de la sintaxis figurada. || **decorativa.** fig. Persona que ocupa un puesto sin ejercer las funciones inherentes al mismo. || **de dicción.** *Gram.* Cada una de las varias alteraciones que experimentan algunos vocablos en su estructura, bien por aumento, bien por supresión, bien por transposición de letras. || **del silogismo.** Cada una de las tres fórmulas descritas por Aristóteles. || **de tapiz.** fig. y fam. Persona de aspecto *ridículo. || **moral.** La que en las *pinturas, obras *teatrales, etc., *simboliza algo no material. || **Alzar figura.** fr. *Astrol.* Formar plantilla para el horóscopo o pronóstico de los sucesos de una persona. || **Hacer figura.** fr. fig. Tener autoridad e *importancia, o quererlo aparentar. || **Hacer figuras.** fr. Hacer *ademanes ridículos. || **Tomar figura.** fr. *Imitar o remedar a una persona.

figurable. adj. Que se puede figurar.

figuración. f. Acción y efecto de figurar o figurarse una cosa.

figuradamente. adv. m. Con sentido figurado.

figurado, da. adj. Aplícase al canto o *música cuyas notas, a diferencia de las del canto llano, tienen distinto valor según su diversa figura. || Dícese del lenguaje o *estilo en que abundan las figuras retóricas. || Dícese del sentido metafórico de las palabras. || Aplícase también a la voz o frase de sentido **figurado.**

figurante, ta. m. y f. **Comparsa** (de *teatro).

figurar. tr. Delinear o componer la *figura de una cosa. || Aparentar, *fingir. || intr. *Hallarse en el número de determinadas personas o cosas. || **Hacer figura.** || r. *Imaginarse, suponer.

figurativamente. adv. m. De un modo figurativo.

figurativo, va. adj. Que es o sirve de representación de otra cosa.

figurería. f. Condición de figurero (que hace *ademanes ridículos). || Mueca o *ademán ridículo.

figurero, ra. adj. fam. Que tiene costumbre de hacer ademanes *ridículos. Ú. t. c. s. || m. y f. Persona que hace o vende figuras o *estatuas de barro o yeso.

figurilla. d. de **Figura.** || com. fam. Persona *despreciable y de *baja estatura.

figurín. m. Dibujo o *modelo pequeño para los trajes y prendas de *vestir. || fig. Lechuguino, *petimetre.

figurón. m. aum. de **Figura.** || fig. y fam. Hombre *ostentoso y entonado, que gusta de darse importancia. || fig. y fam. Protagonista de la comedia de **figurón.** || **de proa.** *Mar.* **Mascarón de proa.**

fija. f. ***Bisagra.** || *Cant.* *Paleta larga y estrecha, para introducir la mezcla en las juntas.

fijación. f. Acción de fijar.

fijado, da. adj. *Blas.* Dícese de todas las partes del blasón que acaban en punta hacia abajo.

fijador. adj. Que fija. || m. Líquido o pomada para sujetar y asentar el *cabello. || *Albañ.* Operario que se encarga de retundir las juntas. || *Carp.* El operario que fija las puertas y ventanas en sus cercos. || *Fot.* Líquido que sirve para fijar. || *Pint.* Barniz que esparcido por medio de un pulverizador sirve para fijar dibujos hechos con carbón o con lápiz.

fijamente. adv. m. Con *estabilidad y *firmeza. || Con *atención, cuidadosamente.

fijante. adj. *Artill.* Aplícase a los *tiros que se hacen por elevación.

***fijar.** tr. Hincar, clavar, asegurar un cuerpo en otro. || *Pegar con cola, engrudo, etc. || Hacer fija o *estable alguna cosa. Ú. t. c. r. || *Determinar, precisar. || Dirigir o aplicar intensamente la mirada, la atención, etc. || *Albañ.* Introducir el mortero en las juntas de las piedras cuando están calzadas. || *Carp.* Poner los herrajes y ajustar las hojas de puertas y ventanas a los cercos. || *Fot.* Hacer que la imagen fotográfica quede inalterable a la acción de la luz. || r. *Decidirse, resolverse. || *Atender, observar, advertir.

fijeza. f. *Constancia, firmeza de opinión. || Persistencia, continuidad.

***fijo, ja.** p. p. irreg. de **Fijar.** || adj. Firme, sujeto, estable, que no se mueve. || *Exacto. || *Permanentemente establecido, y no expuesto a alteración. || **De fijo.** m. adv. Seguramente, sin duda.

fil. m. ant. **Fiel de romana.** || **derecho. Salto** (*juego del paso o de salta cabrillas). || **Estar en fil, o en un fil.** fr. fig. que denota la *igualdad en que se hallan algunas cosas.

***fila.** f. Serie de personas o cosas colocadas en línea. || Unidad de medida *hidráulica, que varía desde 46 a 86 litros por segundo. || *Madero de 26 a 30 palmos de longitud. || *Germ.* **Cara.** || *Mil.* Línea que los soldados forman de frente, hombro con hombro. || fam. *Aborrecimiento, antipatía. || **de carga.** *Madero de 24 palmos de longitud.

filacteria. f. *Amuleto o talismán. || Pedazo de piel o pergamino que los *judíos llevaban en el brazo izquierdo, con algunos pasajes de la Escritura. || Cinta con *inscripciones o leyendas, que suele ponerse en *pinturas o *esculturas.

filadelfo, fa. adj. *Bot.* Dícese de plantas o arbustos dicotiledóneos, cuyo tipo es la jeringuilla. Ú. t. c. s. f. || pl. *Bot.* Familia de estas plantas.

filadiz. m. *Seda que se saca del capullo roto.

***filamento.** m. Cuerpo filiforme.

filamentoso, sa. adj. Que tiene filamentos.

filandón. m. *Reunión nocturna de mujeres para *hilar.

filandria. f. *Lombriz parásita de las aves de rapiña.

filantropía. f. *Amor al género humano. || *Altruismo.

filantrópico, ca. adj. Perteneciente a la filantropía.

filántropo. m. El que se distingue por su amor a sus semejantes.

filar. tr. *Germ.* *Cortar sutilmente. || *Mar.* Arriar o *aflojar progresivamente un cable o *cabo que está trabajando.

filarete. m. desus. *Red con ropas y mantas, que se echaba por los costados del navío para defensa contra las balas enemigas.

filaria. f. *Zool.* Nombre genérico de *gusanos parásitos que viven en los animales y a veces en el hombre.

filarmonía. f. Pasión por la *música o por el canto.

filarmónico, ca. adj. Apasionado por la música. Ú. t. c. s.

filástica. f. *Mar.* Hilos de que se forman todos los *cabos y jarcias.

filatelia. f. Arte que trata del conocimiento de los *sellos de *correos. || Afición a coleccionar estos sellos.

filatélico, ca. adj. Relativo a la filatelia.

filatelista. com. Persona que se dedica a la filatelia.

filatería. f. Tropel de palabras para *engañar y persuadir. || Demasía de palabras, *prolijidad para explicar o dar a entender un concepto.

filatero, ra. adj. Que acostumbra usar de filaterías. Ú. t. c. s. || *Germ.* *Ladrón que hurta cortando alguna cosa.

filaucía. f. **Amor propio** (*pundonor).

filautero, ra. adj. p. us. **Egoísta.**

filautía. f. p. us. **Filaucía.**

filderretor. m. *Tela de lana negra, semejante a la que hoy llaman lanilla.

filelí. m. *Tela muy ligera que se solía traer de Berbería.

fileno, na. adj. fam. *Delicado, *pequeño. || *Afeminado.

filera. f. Arte de *pesca que consiste en varias filas de redes que tienen al extremo unas nasas pequeñas.

filete. m. Miembro de *moldura, el más fino de todos, a manera de lista larga y angosta. || Línea fina que sirve de adorno en un *dibujo. || Remate de hilo enlazado que se echa al canto de alguna ropa. || Asador pequeño y delgado. || **Solomillo.** || Pequeña lonja de *carne magra o de *pescado. || Espiral saliente del *tornillo. || *Equit.* Embocadura que se usa para que los potros se acostumbren a recibir el bocado. || *Cuerda de esparto. || *Impr.* Pieza de metal cuya superficie termina en una o más rayas. || *Mar.* Cordoncillo de esparto que sirve para enjuncar las *velas en los buques latinos. || **nervioso.** *Zool.* Ramificación tenue de los *nervios. || **Gastar** uno **muchos filetes.** fr. fig. y fam. Adornar la conversación con gracias y *donaires.

filetear. tr. Adornar con filetes.

filetón. m. Entre *bordadores, entorchado más grueso y retorcido que el ordinario.

filfa. f. fam. *Mentira, *engaño.

filia. f. Terminación de voces como *bibliofilia, anglofilia,* usada como s.

f. para denotar *propensión, simpatía por alguna cosa.

filiación. f. Procedencia de los *hijos respecto a los padres. || *Dependencia en que se hallan algunas personas o cosas respecto de otra u otras principales. || Señas *personales de cualquier individuo. || *Mil.* Anotación que se hace del que sienta plaza de soldado, especificando su estatura, facciones y otras señas.

filial. adj. Perteneciente al *hijo. || Aplícase a la iglesia o al establecimiento que *depende de otro.

filialmente. adv. m. Con amor de hijo.

filiar. tr. Tomar la filiación a uno. || r. *Mil.* Inscribirse en el asiento militar. || **Afiliarse.**

filibote. m. *Embarcación antigua semejante a la urca.

filibusterismo. m. Partido y prácticas de los filibusteros.

filibustero. m. Nombre de ciertos *piratas de las Antillas. || El que trabajaba por la emancipación *política de Cuba, y demás provincias españolas de Ultramar.

filicida. adj. Que *mata a su hijo. Ú. t. c. s.

filicidio. m. *Muerte dada por el padre o la madre a su propio hijo.

filiera. f. *Blas.* Bordura disminuida en la tercera parte de su anchura.

filiforme. adj. Que tiene forma o apariencia de *hilo. || *Med.* Dícese del *pulso muy tenue.

filigrana. f. Obra formada de *alambre de oro o plata. || *Marca transparente hecha en el *papel al tiempo de fabricarlo. || fig. Cosa *delicada y *primorosa. || *Arbusto silvestre americano, de hojas aromáticas.

filili. m. fam. *Delicadeza, *finura; *adorno.

filipéndula. f. *Planta herbácea de las rosáceas. Tiene raíces de mucha fécula astringente, tuberculosas y pendientes entre sí de una especie de hilos.

filipense. adj. Natural de Filipos. Ú. t. c. s. || Perteneciente a esta ciudad de Macedonia.

filipense. adj. Dícese del sacerdote de la *Congregación de San Felipe Neri. Ú. t. c. s.

filípica. f. *Reprensión severa, invectiva.

filipichín. m. *Tela de lana estampada.

filipinismo. m. *Palabra o giro propio de los filipinos que hablan español. || Afición a las cosas de Filipinas.

filipino, na. adj. Natural de las islas Filipinas. Ú. t. c. s. || Perteneciente a ellas.

filis. f. *Habilidad, *primor y delicadeza en hacer o decir las cosas. || Juguetillo de barro muy pequeño que solían usar las señoras, pendiente del brazo, a manera de *dije.

filisteo, a. adj. Individuo de una pequeña nación enemiga de los *israelitas. || m. fig. Hombre muy *alto y de gran corpulencia.

film. m. Película cinematográfica.

filmar. tr. Impresionar en la película del cinematógrafo las escenas que se han de reproducir.

***filo.** m. Arista o borde agudo de un instrumento cortante. || Punto o línea que divide una cosa en dos *mitades. || **del *viento.** *Mar.* Línea de dirección que éste lleva. || **rabioso.** El que se da al cuchillo u otra arma toscamente. || **Dar filo,** o **un filo.** fr. Afilar. || **Darse un filo a la lengua.** fr. fig. y fam. *Murmurar. || **Hacer** uno alguna cosa **en el filo de una espada.** fr. fig. y fam. Hacerla por especial *habilidad, en ocasión difícil o arriesgada. || **Por filo.** m. adv. Justa, cabalmente, con *exactitud.

filodio. m. *Bot.* Pecíolo muy ensanchado, a manera de la lámina de una *hoja.

filófago, ga. adj. *Zool.* Que se *alimenta de *hojas. Ú. t. c. s.

***filología.** f. Estudio científico de una lengua y de la *literatura y demás manifestaciones del espíritu a que ha servido de vehículo. || Estudio científico de la parte gramatical y lexicográfica de una lengua.

filológica. f. **Filología.**

filológicamente. adv. m. Con arreglo a los principios de la filología.

filológico, ca. adj. Perteneciente o relativo a la filología.

filólogo. m. El versado en filología.

filomanía. f. Superabundancia de *hojas en un vegetal.

filomela. f. poét. **Ruiseñor.**

filomena. f. poét. **Filomela.**

filón. m. *Min.* Masa metalífera o pétrea que ocupa las antiguas quiebras de un terreno. || fig. Negocio o recurso del que se espera sacar gran *utilidad.

filonio. m. *Farm.* Electuario compuesto de miel, opio y otros ingredientes.

filopos. m. pl. *Mont.* Telas o vallas de lienzo y cuerda que se formaban para encaminar las reses al paraje conveniente.

filoseda. f. *Tela de lana y seda, o de seda y algodón.

filoso, sa. adj. Afilado, que tiene *filo. || f. *Germ.* **Espada.**

filosofador, ra. adj. Que filosofa. Ú. t. c. s.

filosofal. adj. V. **Piedra filosofal.** || ant. **Filosófico.**

filosofalmente. adv. m. ant. **Filosóficamente.**

filosofar. intr. Hacer consideraciones filosóficas acerca de alguna cosa. || fam. Meditar, *reflexionar, hacer soliloquios.

filosofastro. m. despect. Individuo que pretende pasar por *filósofo sin tener las condiciones necesarias para ser considerado como tal.

***filosofía.** f. Ciencia que trata de la esencia, propiedades, causas y efectos de las cosas naturales. || Conjunto de doctrinas que con este nombre se *enseñan en los institutos, colegios, etc. || Facultad dedicada en las *universidades a la ampliación de estos conocimientos. || fig. *Paciencia o *entereza de ánimo para soportar las vicisitudes de la vida. || ***moral.** La que trata de la bondad o malicia de las acciones humanas. || **natural.** La que investiga las leyes *físicas del *universo.

filosóficamente. adv. m. Con filosofía.

***filosófico, ca.** adj. Perteneciente o relativo a la filosofía.

filosofismo. m. Falsa filosofía. || Abuso de esta ciencia.

***filósofo, fa.** adj. **Filosófico.** || **Afilosofado.** || m. El que estudia, profesa o sabe la filosofía. || Hombre *virtuoso y austero, que hace vida *solitaria.

filote. m. Barbas del *maíz.

filoxera. f. *Insecto hemíptero, parecido al pulgón, de color amarillento, de menos de medio milímetro de largo, que ataca los viñedos y los destruye en poco tiempo. || fig. y fam. **Borrachera.**

***filtración.** f. Acción de filtrar o filtrarse.

filtrador. m. **Filtro.** || El que filtra.

***filtrar.** tr. Hacer pasar un líquido por un filtro. || intr. Pasar un líquido al través de un cuerpo sólido. || Dejar un cuerpo sólido que un líquido pase al través de sus poros. || r. fig. Hablando de dinero o de bienes, desaparecer insensiblemente por negligencia o malversación (*robo).

***filtro.** m. Aparato dentro del que se ponen materias adecuadas, como carbón, arena, etc., para que al pasar al través de ellas un líquido resulte clarificado. || Papel, membrana o vaso poroso que se utiliza para el mismo fin. || *Manantial de agua dulce en la costa del mar. || || Bebida o composición a que se atribuye alguna virtud *mágica. || *Fot.* Vidrio teñido que impide el paso de ciertos rayos luminosos.

filudo, da. adj. Que tiene mucho *filo.

filustre. m. fam. *Finura, elegancia.

filván. m. Rebaba que queda en una herramienta antes de sentarle el *filo.

filloas. f. pl. **Fillós.** Ú. t. en sing.

filloga. f. *Morcilla de sangre de cerdo, arroz y azúcar.

fillós. m. pl. *Fruta de sartén*, que se hace con harina, huevo y un poco de leche, y se fríe en hojas muy delgadas.

fimatosis. f. *Pat.* **Tuberculosis.**

fimbria. f. *Borde inferior de la *vestidura talar.

fimo. m. **Estiércol.**

fimosis. f. *Pat.* Estrechez del orificio del prepucio, que impide la salida del bálano.

***fin.** amb. Término, remate o consumación de una cosa. Ú. m. c. m. || m. *Límite. || *Finalidad o motivo con que se ejecuta una acción. || **de fiesta.** Composición literaria corta con que se termina un espectáculo *teatral. || **de semana.** Período de *descanso que comprende desde el sábado a mediodía hasta el lunes por la mañana. || **A fin de.** m. conjunt. final. Con objeto de; para. || **A fines** del mes, año, siglo, etc. m. adv. En los últimos días de cualquiera de estos períodos de tiempo. || **Al fin.** m. adv. Por último. || **Al fin y a la postre. Al fin.** || **Dar fin.** fr. Acabar una cosa. || **Morir.** || **Dar fin de** una cosa. fr. Destruirla, *gastarla enteramente. || **Al fin del mundo.** fr. adv. fig. En sitio muy apartado. || **En** o **por, fin.** m. adv. Finalmente, últimamente. || En suma, en resumen. || **Poner fin a** una cosa. fr. **Dar fin** a una cosa. || **Por fin y postre.** m. adv. Al cabo. || **Sin fin.** loc. fig. Sin número, innumerables.

finado, da. m. y f. Persona *muerta; *difunto.

***final.** adj. Que pone *fin a una cosa. || Que está al fin o extremo de algo. || Que *concluye o *pefecciona. || m. Fin y remate de una cosa. || f. En los *deportes, última competición de un concurso. || **Por final.** m. adv. **En fin.**

***finalidad.** f. fig. Objeto con que se hace una cosa.

finalista. adj. Partidario en *filosofía, de la doctrina de las causas finales. || com. Competidor que llega a la prueba final en un certámen *deportivo, *concurso literario, etc.

***finalizar.** tr. *Concluir una obra; darle fin. || intr. Extinguirse o acabarse una cosa.

finalmente. adv. m. Últimamente

finamente. adv. m. Con *finura o delicadeza.
finamiento. m. **Fallecimiento.**
financiar. tr. Crear o fomentar una empresa aportando el *dinero para ello.
financiero, ra. adj. Perteneciente o relativo a la *hacienda pública. ‖ m. Hombre entendido en asuntos de hacienda pública o de *banca.
finanzas. f. pl. Caudales, *bienes. ‖ *Hacienda pública.
finar. intr. Fallecer, *morir. ‖ r. Consumirse por el *deseo vehemente de una cosa.
***finca.** f. Propiedad inmueble, rústica o urbana. ‖ **¡Buena finca!** irón. **¡Buena hipoteca!**
fincabilidad. f. Caudal inmueble.
fincar. intr. *Adquirir fincas. Ú. t. c. r.
finchado, da. adj. fam. Ridículamente *orgulloso y entonado.
fincharse. r. fam. *Engreírse, envanecerse.
finés, sa. adj. Dícese del individuo de un *pueblo antiguo que dio nombre a Finlandia. Ú. t. c. s. ‖ Perteneciente a los **fineses.** ‖ **Finlandés.** ‖ m. *Idioma **finés.**
fineta. f. *Tela de algodón de tejido diagonal compacto y fino.
fineza. f. *Pureza y *buena calidad de una cosa en su línea. ‖ *Agasajo u obsequio con que uno da a entender el amor y benevolencia que tiene a otro. ‖ Intervención *amistosa a favor de uno. ‖ *Regalo de poca importancia, como prueba de cariño. ‖ Delicadeza y *primor.
fingidamente. adv. m. Con fingimiento.
fingido, da. adj. Que finge.
fingidor, ra. adj. Que finge. Ú. t. c. s.
***fingimiento.** m. Simulación o engaño para que una cosa parezca diversa de lo que es.
***fingir.** tr. Dar a entender lo que no es cierto. Ú. t. c. r. ‖ Dar existencia ideal en la *imaginación a lo que no la tiene. Ú. t. c. r.
finible. adj. Que se puede acabar.
finibusterre. m. *Germ.* Término o *fin. ‖ *Germ.* **Horca.** ‖ *Límite, *extremidad.
finiquitar. tr. Terminar, saldar una *cuenta. ‖ fig. y fam. Acabar, *terminar.
finiquito. m. Remate de las *cuentas, o certificación que se da de estar bien ajustadas y satisfecho el alcance. ‖ **Dar finiquito.** fr. fig. y fam. *Gastar de una cosa hasta acabarla.
finir. intr. Finalizar.
finisecular. adj. Perteneciente al fin de un *siglo determinado.
finítimo, ma. adj. *Cercano, vecino, *contiguo, limítrofe.
finito, ta. adj. Que tiene *fin, término, *límite.
finlandés, sa. adj. Natural u oriundo de Finlandia. Ú. t. c. s. ‖ Perteneciente a este país de Europa. ‖ m. *Idioma **finlandés.**
***fino, na.** adj. Delicado y de buena calidad. ‖ *Delgado, sútil. ‖ Dícese de la persona esbelta y de facciones delicadas. ‖ Urbano, *cortés en el trato. ‖ *Amoroso y constante. ‖ *Astuto. ‖ Que hace las cosas con primor. ‖ Tratándose de *metales, muy depurado o acendrado. ‖ **Mar.* Dícese del buque que corta el agua con facilidad.
finta. f. *Tributo que se pagaba al príncipe en caso de grave necesidad.
finta. f. *Ademán o *amenaza que se hace con intención de *engañar a uno. ‖ **Esgr.* Amago de golpe para tocar con otro.
***finura.** f. Primor, buena calidad. ‖ Urbanidad, *cortesía.
finústico, ca. adj. fam. despect. **Fino,** dícese de la persona que exagera la *cortesía.
fiñana. m. Variedad de *trigo fanfarrón, de aristas negras.
fío. m. *Pajarillo insectívoro americano, de plumaje verde y cresta blanca.
fiordo. m. *Geol.* Escotadura profunda y rodeada de montañas, que forma *ensenada en las costas de Noruega y otros parajes septentrionales.
fique. m. *Filamento de la *pita de que se hace la cabulla.
***firma.** f. Nombre y apellido, o título, que una persona pone de su puño y letra al pie de un escrito, para darle autenticidad o para responder de una obligación. ‖ Acción de remover y avivar con la badila la lumbre del *brasero. ‖ Conjunto de documentos que se presentan a un jefe para que los firme. ‖ Acto de firmarlos. ‖ **For.* Uno de los cuatro procesos forales de Aragón, por el cual se mantenía a uno en la posesión de bienes o derechos. ‖ **en blanco.** La que se da a uno, dejando hueco en el papel, para que pueda escribir lo convenido. ‖ **tutelar.** *For.* Despacho que se expide en virtud de título. ‖ **Buena,** o **mala, firma.** En el *comercio, persona de crédito, o que carece de él. ‖ **Media firma.** En los documentos oficiales, aquella en que se omite el nombre de pila. ‖ **Dar** uno **la firma a** otro. fr. *Com.* *Confiarle la representación y la dirección de su casa. ‖ **Echar una firma.** fr. fig. y fam. Remover con la badila las ascuas del *brasero. ‖ **Llevar** uno **la firma de** otro. fr. *Com.* Tener la representación y dirección de la casa de otro.
firmal. m. *Joya en forma de *broche.
firmamento. m. La bóveda celeste en que aparecen los *astros.
firmán. m. *Decreto soberano en Turquía.
firmante. p. a. de **Firmar.** Que firma. Ú. t. c. s.
***firmar.** tr. Poner uno su firma. ‖ **Afirmar** (ajustar a un *criado). ‖ r. Usar de tal o cual nombre o título en la firma.
***firme.** adj. Estable, fuerte, que no se mueve. ‖ Que tiene *validez definitiva. ‖ fig. Entero, constante, *imperturbable. ‖ m. Capa sólida de *terreno, sobre que se puede *cimentar. ‖ Capa de guijo o de *piedra machacada que sirve para consolidar el piso de una *carretera. ‖ adv. m. Con firmeza, con *entereza, con violencia. ‖ **De firme.** m. adv. Con constancia y ardor. ‖ *Violentamente. ‖ **En firme.** m. adv. *Com.* Dícese de las operaciones de *Bolsa que se contratan definitivamente a plazo fijo. ‖ **Estar** uno **en lo firme.** fr. fig. y fam. Estar en lo cierto; profesar opinión o doctrina *verdadera. ‖ **¡Firmes!** *Mil.* Voz de *mando que se da a los soldados para que se cuadren.
firmemente. adv. m. Con firmeza.
***firmeza.** f. Estabilidad, seguridad, estado de lo que no se mueve ni vacila. ‖ fig. *Entereza, *constancia.
firmón. adj. Aplícase al *abogado, arquitecto, etc., que por interés *firma escritos o trabajos facultativos ajenos.
firuletes. m. pl. **Arrequives.**
fisán. m. *Alubia, judía.
fisberta. f. *Germ.* ***Espada.**
fiscal. adj. Perteneciente al fisco o al oficio de **fiscal.** ‖ m. Ministro encargado de promover los intereses de la *hacienda pública. ‖ El que representa y ejerce el ministerio público en los *tribunales. ‖ fig. El que averigua o *investiga las operaciones de otro. ‖ **de vara.** Alguacil eclesiástico. ‖ **togado.** Funcionario del cuerpo jurídico militar que representa al ministerio público.
fiscalía. f. Oficio y empleo de fiscal. ‖ Oficina o despacho del fiscal.
fiscalizable. adj. Que se puede o se debe fiscalizar.
fiscalización. f. Acción y efecto de fiscalizar.
fiscalizador, ra. adj. Que fiscaliza.
fiscalizar. tr. Hacer el oficio de fiscal. ‖ fig. Criticar y *censurar las acciones de otro.
***fisco.** m. Tesoro público. ‖ *Moneda de cobre de Venezuela, equivalente a la cuarta parte de un centavo.
fiscorno. m. *Instrumento músico de viento, especie de trombón.
fisga. f. *Pan de escanda. ‖ Grano de la *escanda descascarado.
fisga. f. Arpón de tres dientes para *pescar peces grandes. ‖ *Burla, mofa.
fisgador, ra. adj. Que fisga. Ú. t. c. s.
fisgar. tr. *Pescar con fisga o arpón. ‖ **Husmear.** ‖ Atisbar para *ver lo que pasa en la casa del vecino. ‖ intr. *Burlarse de uno. Ú. t. c. r.
fisgón, na. adj. Que tiene por costumbre fisgar o hacer *burla. Ú. t. c. s. ‖ **Husmeador.** Ú. t. c. s.
fisgonear. tr. Fisgar, husmear, tratar de *averiguar lo que hacen los demás.
fisgoneo. m. Acción y efecto de fisgonear,
fisible. adj. Que se puede escindir fácilmente.
***física.** f. Ciencia que estudia la materia inorgánica y sus propiedades, así como los fenómenos producidos en dicha materia por los agentes naturales.
físicamente. adv. m. **Corporalmente.** ‖ Real y verdaderamente.
físico, ca. adj. Perteneciente a la física. ‖ Perteneciente a la constitución y naturaleza *corpórea o material. ‖ Pedante, *afectado. ‖ m. El que profesa la *física. ‖ *Médico. ‖ *Aspecto exterior de una persona; lo que forma su constitución y naturaleza.
fisicoquímica. f. Ciencia que estudia los fenómenos comunes a la *física y a la *química.
fisil. adj. **Fisible.**
fisiócrata. com. Partidario de la escuela *económica que atribuía a la naturaleza el origen de la riqueza.
fisiografía. f. Parte de la *geología que estudia la modificación de los relieves terrestres.
***fisiología.** f. Ciencia que estudia las funciones de los seres orgánicos y los fenómenos de la vida.
fisiológicamente. adv. m. Con arreglo a las leyes de la fisiología.
fisiológico, ca. adj. Perteneciente a la fisiología.
fisiólogo. m. El que estudia o profesa la fisiología.
fisión. f. *Fís.* Escisión del núcleo de un *átomo acompañada de liberación de energía.
fisionomía. f. **Fisonomía.**
fisioterapia. f. **Terap.* Método curativo por medio de los agentes naturales.
fisiparidad. f. Modo de *reproduc-

ción asexual en que el individuo se divide en dos partes.
fisípedo, da. adj. **Bisulco.** Ú. t. c. s.
fisirrostro, tra. adj. *Zool.* Dícese del *pájaro que tiene el pico corto, ancho y profundamente hendido. ‖ m. pl. *Zool.* Familia de estos pájaros.
fisonomía. f. Aspecto particular de la *cara de una persona, por lo que se refiere a sus facciones.
fisonómico, ca. adj. Perteneciente a la fisonomía.
fisonomista. adj. Dícese del que se dedica a hacer estudio de la fisonomía. Ú. t. c. s. ‖ Aplícase al que tiene facilidad natural para recordar a las personas por su fisonomía. Ú. t. c. s.
fisónomo. m. **Fisonomista.**
fistol. m. Hombre *astuto, y singularmente en el *juego. ‖ *Alfiler de *corbata.
fistra. f. **Ameos** (*planta).
fístula. f. *Conducto por donde pasa el agua u otro líquido. ‖ *Instrumento músico a manera de flauta. ‖ *Cir.* Abertura anormal, *ulcerada y estrecha, que se forma en la piel o en las membranas mucosas. ‖ **lagrimal. Rija.**
fistular. adj. Perteneciente a la fístula.
fistular. tr. **Afistular.**
fistuloso, sa. adj. Que tiene la forma de fístula o su semejanza. ‖ *Cir.* Aplícase a las *llagas y úlceras en que se forman fístulas.
fisura. f. *Cir.* Fractura o *hendedura longitudinal de un hueso. ‖ *Cir.* Grieta en el *ano. ‖ **Min.* Hendedura que se encuentra en una masa mineral.
fitófago, ga. adj. Que se *alimenta de materias vegetales. Ú. t. c. s.
fitogeografía. f. Parte de la *botánica que estudia la distribución geográfica de los vegetales.
fitografía. f. Parte de la *botánica, que tiene por objeto la descripción de las plantas.
fitográfico, ca. adj. Perteneciente o relativo a la fitografía.
fitógrafo. m. El que profesa o sabe la fitografía.
fitolacáceo, a. adj. **Bot.* Dícese de plantas dicotiledóneas, matas y árboles, cuyo tipo son la hierba carmín y el ombú. Ú. t. c. s. f. ‖ f. pl. *Bot.* Familia de estas plantas.
fitolita. f. Vegetal *fósil.
fitología. f. **Botánica.**
fitonisa. f. **Pitonisa.**
fitopatología. f. Tratado de las enfermedades de las plantas.
fitotecnia. f. Estudio del aprovechamiento de los *vegetales para usos industriales o domésticos.
fitotomía. f. Parte de la *botánica que trata de los tejidos vegetales.
fiyuela. f. Filloga, *morcilla.
fizar. tr. Picar o *morder los insectos.
fizón. m. **Aguijón.**
flabelado, da. adj. Flabeliforme.
flabelicornio. adj. Dícese del *insecto que tiene las antenas en forma de *abanico.
flabelífero, ra. adj. Aplícase al que tiene por oficio agitar un *abanico grande en ciertas ceremonias del *culto.
flabeliforme. adj. En forma de *abanico.
flabelo. m. *Abanico grande que se usaba en ciertas ceremonias del *culto.
flacamente. adv. m. *Débil, flojamente.
flaccidez. f. Calidad de fláccido. ‖ Laxitud, *aflojamiento, *debilidad.
fláccido, da. adj. *Flojo, sin consistencia.
flacido. adj. **Fláccido.**
***flaco, ca.** adj. Dícese de la persona o animal de pocas carnes. ‖ fig. *Débil, que carece de vigor para resistir. ‖ fig. Aplícase al espíritu que *flaquea. ‖ fig. Endeble, ineficaz. ‖ m. *Vicio predominante en una persona. ‖ *Afición predominante.
flacucho, cha. adj. d. despect. de **Flaco.**
flacura. f. Calidad de flaco.
flagelación. f. Acción de flagelar o flagelarse.
flagelado, da. adj. *Zool.* Dícese del animal *protozoario provisto de uno o más flagelos. ‖ m. pl. Grupo que forman estos protozoarios.
flagelador, ra. adj. Que flagela. Ú. t. c. s.
flagelante. m. Partidario de una antigua *secta que prefería, para el perdón de los pecados, la penitencia de los azotes a la confesión sacramental. ‖ *Disciplinante que se azotaba públicamente en Semana Santa.
flagelar. tr. **Azotar.** Ú. t. c. r. ‖ fig. **Fustigar.**
flagelo. m. *Azote o instrumento destinado para azotar. ‖ **Azote** (*aflicción o *castigo, y persona que es causa de ello). ‖ *Zool.* Apéndice celular, a manera de filamento que sirve a algunos *protozoarios como órgano de locomoción.
flagrancia. f. Calidad de flagrante.
flagrante. p. a. poét. de **Flagrar.** Que flagra. ‖ adj. Que se está ejecutando *actualmente. ‖ **En flagrante.** m. adv. En el mismo momento de estarse cometiendo un *delito.
flagrar. intr. poét. Arder o resplandecer como *fuego o llama.
flama. f. **Llama.** ‖ *Reflejo o reverberación de la llama. ‖ *Mil.* Adorno que se usó en la parte anterior y superior del *morrión.
flamante. adj. *Brillante, resplandeciente. ‖ *Nuevo, moderno, reciente. ‖ Aplicado a cosas, acabado de hacer o de estrenar. ‖ pl. **Blas.* V. **Palos flamantes.**
flamear. intr. Despedir *llamas. ‖ fig. *Ondear las banderas o la *vela del buque por estar al filo del viento. ‖ Someter una vasija u otra cosa a la acción de la llama, para *desinfectarla.
flamen. m. *Sacerdote romano destinado al culto de determinada deidad. ‖ **augustal.** El de Augusto. ‖ **dial.** El de Júpiter. ‖ **marcial.** El de Marte. ‖ **quirinal.** El de Rómulo.
flamenco, ca. adj. Natural de Flandes. Ú. t. c. s. ‖ Perteneciente a esta región. ‖ Dícese de ciertas cosas andaluzas, como el cante, baile, modales, etc. ‖ Que imita la manera de ser de los *gitanos. ‖ **Achulado.** Ú. t. c. s. ‖ Aplícase a las mujeres de buenas carnes y aspecto sano. Ú. t. c. s. ‖ *Delgado, flaco. ‖ m. *Idioma **flamenco.** ‖ *Cuchillo de Flandes. ‖ *Ave palmípeda de cerca de un metro de altura.
flamenquería. f. Calidad de flamenco o agitanado.
flamenquilla. f. *Plato mediano, de figura ovalada. ‖ **Maravilla** (planta).
flamenquismo. m. Afición a las costumbres flamencas o achuladas.
flameo. m. Acción de flamear u *ondear al viento.
flámeo. adj. Que participa de la condición de la *llama. ‖ m. *Velo o toca de color de fuego que en la Roma antigua usaban las mujeres que iban a contraer *matrimonio.
flamero. m. *Candelabro que contenía ciertas substancias que producían una gran llama.
flamígero, ra. adj. Que arroja o despide *llamas. ‖ fig. **Arq.* Que imita la figura de las llamas.
flamívoro, ra. adj. Que vomita *llamas.
flámula. f. Especie de grímpola.
flan. m. *Dulce que se hace con yemas de huevo, leche y azúcar, y se cuaja en un molde puesto al baño de María.
flanco. m. Cada una de las dos partes *laterales de un cuerpo considerado de frente. ‖ Costado, *lado de un buque o de un cuerpo de tropa, etc. ‖ **Fort.* Parte del baluarte que hace ángulo entrante con la cortina, y saliente con el frente. ‖ *Fort.* Cada uno de los dos muros que unen al recinto fortificado las caras de un baluarte. ‖ **del escudo.** **Blas.* Cualquiera de los costados del mismo en el sentido de su longitud, y de un tercio de su anchura. ‖ **retirado.** *Fort.* El del baluarte cuando está cubierto con el orejón.
flanero. m. *Molde en que se cuaja el flan.
flanqueado, da. adj. Dícese del objeto que tiene a sus flancos otras cosas que le acompañan. ‖ Defendido o protegido por los flancos. ‖ **Blas.* Dícese de la figura que parte el escudo del lado de los flancos, ya por medios óvalos, ya por medios rombos.
flanqueador, ra. adj. Que flanquea.
flanqueante. p. a. de **Flanquear.** Que flanquea.
flanquear. tr. Proteger o acompañar por los *lados. ‖ **Mil.* Colocarse al flanco de una fuerza para defenderla o para atacarla, y también protegerla o atacarla por el flanco. ‖ **Fort.* Dominar una posición a otra por el flanco.
flanqueo. m. Acción y efecto de flanquear.
flanquís. m. **Blas.* Sotuer que no tiene sino el tercio de su anchura normal.
flaón. m. **Flan.**
***flaquear.** intr. *Debilitarse, ir perdiendo la fuerza. ‖ Amenazar ruina o caída alguna cosa. ‖ fig. Decaer de ánimo, mostrar flaqueza o *desaliento. ‖ → fig. Ceder, transigir.
flaquera. f. Enfermedad de las *abejas por falta de pasto.
***flaqueza.** f. Extenuación, *delgadez, mengua de carnes. ‖ → fig. Debilidad, falta de entereza para resistir la tentación o perseverar en el buen propósito. ‖ Culpa cometida por debilidad de la carne. ‖ *Esgr.* Tercio flaco.
flat. m. **Arq. Nav.* Cuaderna maestra.
flato. m. Acumulación anormal de gases en el tubo digestivo. ‖ *Flatulencia. ‖ fig. Melancolía, *tristeza. ‖ fam. *Orgullo, presunción.
flatoso, sa. adj. Sujeto a flatos.
***flatulencia.** f. Indisposición causada por el flato.
flatulento, ta. adj. Que causa flatos. ‖ Que los padece. Ú. t. c. s.
flatuoso, sa. adj. **Flatoso.**
flauta. f. *Instrumento músico de viento, en forma de tubo con agujeros circulares, que produce diversos sonidos según se tapan o destapan. ‖ **Flautista.** ‖ **de Pan.** *Instrumento formado por una serie de tubos que van de mayor a menor. ‖ **dulce.** La que tiene la embocadura en forma de boquilla. ‖ **travesera.** La que se coloca de través, tiene

cerrado el extremo superior y lleva una embocadura en forma de agujero ovalado, mayor que los demás.
flautado, da. adj. Semejante a la flauta. ‖ m. Uno de los registros del *órgano, cuyo sonido imita al de las flautas.
flauteado, da. adj. De sonido semejante al de la flauta.
flautear. intr. Tocar la flauta.
flautero. m. Artífice que hace flautas.
flautillo. m. **Caramillo.**
flautín. m. Flauta pequeña, de tono muy agudo. ‖ Persona que toca este *instrumento.
flautista. com. Persona que toca la flauta.
flautos. m. pl. fam. V. **Pitos flautos.**
flavo, va. adj. De *color dorado.
flébil. adj. Digno de ser *llorado. ‖ *Triste, lacrimoso.
flebitis. f. Inflamación de las *venas.
flebología. f. Tratado de las *venas.
flebotomía. f. **Cir.* Arte de sangrar. ‖ **Sangría.**
flebotomiano. m. Profesor de flebotomía; sangrador.
flebotomo. m. **Cir.* Instrumento para hacer las sangrías.
***fleco.** m. Adorno de pasamanería compuesto por hilos o cordoncillos colgantes. ‖ **Flequillo.** ‖ fig. *Borde deshilachado de una tela.
***flecha.** f. **Saeta.** ‖ **Fort.* Obra compuesta de dos caras y dos lados para estorbar los aproches. ‖ *Geom.* **Sagita.**
flechado, da. adj. Dícese de lo que va con rapidez y *derechura hacia su destino.
flechador. m. El que dispara flechas.
flechadura. f. *Mar.* Conjunto de flechastes de una tabla de jarcia.
flechar. tr. Estirar la cuerda del arco para arrojar la *flecha. ‖ Herir o matar con flechas. ‖ fig. y fam. Inspirar *amor, *captarse instantáneamente la voluntad o la simpatía. ‖ intr. Tener el arco en disposición para arrojar la saeta.
flechaste. m. *Mar.* Cada uno de los cordeles horizontales que, ligados a los obenques de trecho en trecho, sirven de *escalones para subir a lo alto de los palos.
flechazo. m. Acción de disparar la *flecha. ‖ Golpe o herida que ésta causa. ‖ fig. y fam. *Amor que repentinamente se concibe o se inspira.
flechera. f. *Embarcación antigua de guerra, de forma de canoa con quilla.
flechería. f. Conjunto de muchas flechas disparadas. ‖ Provisión de flechas.
flechero. m. El que combate o caza con flechas. ‖ El que hace flechas. ‖ **Carcaj.**
flechilla. f. Cierta *planta que sirve de pasto cuando está tierna.
flegmasía. f. *Pat.* Enfermedad caracterizada por la *inflamación.
flegmonoso, sa. adj. *Med.* **Flemonoso.**
flejar. m. **Fresno.**
fleje. m. *Tira de *chapa de hierro.
flema. f. Uno de los cuatro *humores que los antiguos distinguían en el cuerpo humano. ‖ *Mucosidad que se arroja por la boca. ‖ fig. Tardanza y *lentitud en las operaciones. ‖ **Quím.* Producto acuoso obtenido por destilación de substancias orgánicas. ‖ *Sedimento o heces del vinagre y otros líquidos. ‖ pl. Aguardiente obtenido de la destilación del orujo de uva. ‖ **Gastar flema.** fr. fig. Proceder con *lentitud y *tranquilidad.
flemático, ca. adj. Perteneciente a la flema o que participa de ella. ‖ Tardo, *calmoso, lento.
fleme. m. **Veter.* Instrumento para sangrar las bestias.
flemón. m. aum. de **Flema.**
flemón. m. *Tumor en las *encías. ‖ *Pat.* *Inflamación aguda del tejido celular.
flemonoso, sa. adj. Perteneciente o relativo al flemón.
flemoso, sa. adj. Que participa de la naturaleza de la flema o la causa.
flemudo, da. adj. **Flemático** (calmoso). Ú. t. c. s.
flequezuelo. m. d. de **Fleco.**
flequillo. m. d. de **Fleco.** ‖ Porción de *cabello recortado que cae sobre la frente.
fletador. m. El que fleta.
fletamento. m. Acción de fletar. ‖ *Com.* Contrato mercantil en que se estipula el *flete.
fletante. p. a. de **Fletar.** Que fleta.
***fletar.** tr. Alquilar la nave o alguna parte de ella para conducir personas o mercancías. ‖ Embarcar mercaderías o personas en una nave para su transporte. Ú. t. c. r. ‖ *Alquilar una bestia de carga, carro o carruaje. ‖ fig. Soltar, largar, dicho de *ofensas, *golpes, etc. ‖ r. *Marcharse de pronto. ‖ *Entrarse en una reunión sin ser invitado.
***flete.** m. Precio estipulado por el alquiler de la nave o de una parte de ella, o de otro medio de transporte. ‖ *Carga de un buque. ‖ *Caballo ligero. ‖ **Falso flete.** Cantidad que se paga cuando no se usa de la nave o de la parte de ella que se ha alquilado.
flexibilidad. f. Calidad de *flexible. ‖ fig. *Docilidad o *flaqueza del ánimo que inclina a ceder y a acomodarse al dictamen ajeno.
***flexible.** adj. Que se puede doblar sin que se rompa. ‖ Elástico. ‖ fig. Dícese del ánimo o carácter que cede, *transige o se acomoda fácilmente al dictamen o resolución de otro. ‖ m. Conjunto de dos conductores, formados de hilillos de cobre recubiertos de materia aisladora, que se emplea para la transmisión de la energía *eléctrica en el interior de los edificios. ‖ **Sombrero flexible.**
***flexión.** f. Acción y efecto de doblar o doblarse. ‖ **Gram.* Alteración que experimentan las voces conjugables y las declinables con el cambio de desinencias.
flexional. adj. *Gram.* Perteneciente o relativo a la flexión.
flexor, ra. adj. Dícese de los *músculos que intervienen en la flexión de algún miembro.
flexuoso, sa. adj. Que forma *ondas. ‖ fig. *Blando.
flictena. f. *Pat.* Tumorcillo *cutáneo a modo de *ampolla, que contiene humor acuoso.
flint-glass. m. *Ópt.* Nombre de un cristal especial que se emplea en la fabricación de *lentes.
flirtear. tr. Simular una relación *amorosa por coquetería o puro pasatiempo.
flirteo. m. Acción y efecto de flirtear.
flocadura. f. Guarnición hecha de *flecos.
flogístico, ca. adj. **Quím.* Perteneciente o relativo al flogisto.
flogisto. m. **Quím.* Principio que se suponía formar parte de todos los cuerpos, de los cuales se desprendía durante la *combustión.
flogosis. f. *Pat.* **Flegmasía.**
flojamente. adv. m. Con *pereza y *negligencia.
flojear. intr. Obrar con *pereza y *descuido. ‖ **Flaquear.**
flojedad. f. *Debilidad y flaqueza en alguna cosa. ‖ fig. *Pereza, *negligencia.
flojel. m. Pelillo delicado que se saca del *paño. ‖ Especie de pelillo que tienen las *aves, que aún no llega a ser *pluma. ‖ V. **Pato de flojel.**
flojera. f. fam. **Flojedad.**
***flojo, ja.** adj. Poco apretado o tirante. ‖ Que tiene poca actividad o vigor. ‖ fig. *Perezoso, *negligente y *calmoso. Ú. t. c. s.
flojuelo. m. **Flojel** (pelillo del *paño).
floque. m. *Mar.* Manojo de filásticas.
floqueado, da. adj. Guarnecido con *fleco.
***flor.** f. Conjunto de los órganos de la reproducción de ciertas plantas, compuesto generalmente de cáliz, corola, estambres y pistilos. ‖ Lo más *excelente de una cosa. ‖ Polvillo que tienen ciertas *frutas cuando no han sido manoseadas. ‖ Nata que hace el *vino. ‖ **Entereza *virginal.** ‖ Piropo, requiebro. Ú. m. en pl. ‖ Juego de envite que se juega con tres *naipes. ‖ Lance en el juego de la perejila que consiste en tener tres cartas blancas del mismo palo. ‖ **Cacho** (juego de *naipes). ‖ En las *pieles adobadas, parte exterior, a distinción de la carnaza. ‖ *Fullería. ‖ *Menstruación de la mujer. ‖ **Mentira** (manchita blanca en la *uña). ‖ **completa** *Bot.* La que consta de cáliz, corola, estambres y pistilos. ‖ **compuesta.** *Bot.* Aquella que contiene muchas florecillas monopétalas en un receptáculo común. ‖ **de amor. Amaranto.** ‖ **de ángel.** Narciso amarillo. ‖ **de la abeja.** Especie de orquídea. ‖ **de la canela.** fr. fig. y fam. Cosa muy *excelente. ‖ **de la edad.** ***Juventud.** ‖ **de la maravilla.** Planta de adorno, de las irídeas, con **flores** grandes, que se marchitan a las pocas horas de abiertas. ‖ fig. y fam. Persona que fácilmente pasa de la *salud a la *enfermedad o viceversa. ‖ **de la sal.** Especie de espuma rojiza que produce la *sal. ‖ **de la Trinidad. Trinitaria.** ‖ **de la vida. Flor de la edad.** ‖ **del embudo. Cala** (planta). ‖ **de lis.** **Blas.* Forma heráldica de la **flor** del lirio, que se compone de un grupo de tres hojas. ‖ Planta americana de la familia de las amarilídeas. ‖ **del viento.** *Mar.* Primeros soplos que de él se sienten. ‖ **de macho. Amargón.** ‖ **de Santa Lucía.** Planta bromeliácea que tiene flores azules obscuras o blancas. ‖ **desnuda.** *Bot.* La que carece de cáliz y corola. ‖ **incompleta.** *Bot.* La que carece de alguna o algunas de las partes de la completa. ‖ **unisexual.** *Bot.* La que no reúne los dos sexos. ‖ **y nata. Flor** (lo más *excelente y escogido). ‖ **Flores blancas. Flujo blanco.** ‖ **conglomeradas.** *Bot.* Las que en gran número se contienen en un pedúnculo ramoso. ‖ **cordiales.** Mezcla de ciertas **flores,** cuya infusión se emplea como sudorífico. ‖ **de cantueso.** fig. y fam. Cosa fútil o *insignificante. ‖ **de cinc.** Copos de óxido de este metal. ‖ **de maíz.** Rosetas de *maíz. ‖ **de mano.** Las que se hacen a imitación de las naturales. ‖ **de mayo.** *Culto especial que se tributa a la *Virgen en todos los días de este mes. ‖ **de muerto.** Las de la maravilla. ‖ **solitarias.** *Bot.* Las que nacen aisladas unas de otras en una planta. ‖ **A flor de.** m. adv. A la *superficie, sobre o cerca de la superficie. ‖ **Ajustado a flor.** **Carp.* Dícese de la pieza que

embutida en otra, quedando igual la superficie de ambas. || **Andarse a la flor del berro.** fr. fig. y fam. Darse a *diversiones y placeres. || **Andarse en flores.** fr. Andar con *rodeos o dilaciones. || **Buscar la flor del berro.** fr. fig. y fam. **Andarse a la flor del berro.** || **Caer uno en flor.** fr. fig. *Morir o *malograrse de corta edad. || **Dar uno en la flor.** fr. Contraer la *costumbre de hacer o decir una cosa. || **Decir flores.** fr. **Echar flores.** || **De mi flor.** loc. adv. fam. *Excelente, magnífico. || **Descornar la flor.** fr. *Germ.* Descubrir la trampa o *fullería del jugador. || **Echar flores.** fr. **Requebrar.** || **En flor.** m. adv. fig. En el estado anterior a la madurez, complemento o perfección de una cosa. || **Tener por flor.** fr. Haber hecho *costumbre de un defecto.

*__Flora.__ n. p. f. **Mit.* Diosa de las flores. || → f. **Bot.* Conjunto de las plantas de un país o región. || Obra que trata de ellas.

floración. f. *Bot.* **Florescencia.**

floraina. f. *Germ.* ***Engaño.**

floral. adj. Perteneciente o relativo a la *flor.

florales. adj. pl. Aplícase a las *fiestas que se celebraban en honor de la diosa Flora. || V. **Juegos florales.**

florar. intr. Dar *flor.

flordelisar. tr. **Blas.* Adornar con flores de lis una cosa.

floreado, da. adj. Dícese del pan de flor.

floreal. m. Octavo *mes del calendario republicano francés.

florear. tr. *Adornar o guarnecer con *flores. || Tratándose de la *harina, sacar la primera y más sutil. || Disponer el naipe para hacer *fullerías. || intr. **Esgr.* Vibrar, mover la punta de la espada. || Herir las cuerdas de la *guitarra con tres dedos sucesivamente sin parar, formando así un sonido continuado. || fam. **Echar flores.** || Escoger lo mejor de una cosa.

*__florecer.__ intr. Echar o arrojar *flor. Ú. t. c. tr. || fig. Prosperar, *adelantar, mejorar de condición. || fig. *Existir una persona o cosa, o lograr su *fama en época determinada. || r. Hablando del queso, pan, etcétera, ponerse *mohoso.

florecido, da. adj. **Mohoso.**

floreciente. p. a. de **Florecer.** Que florece. || fig. **Próspero.**

florecimiento. m. Acción y efecto de florecer o florecerse.

florentín. adj. **Florentino.** Apl. a pers., ú. t. c. s.

florentino, na. adj. Natural de Florencia. Ú. t. c. s. || Perteneciente a esta ciudad de Italia.

florentísimo, ma. adj. sup. de **Floreciente.** Que prospera o florece con excelencia.

floreo. m. fig. *Conversación de mero pasatiempo. || fig. Dicho vano y *superfluo para hacer alarde de *ingenio, o *halagar o lisonjear al oyente. || En la *danza española, movimiento de un pie en el aire. || **Esgr.* Movimiento de la punta de la espada. || *Mús.* Acción de florear en la *guitarra.

florero, ra. adj. fig. Que usa de *donaires y lisonjas. Ú. t. c. s. || m. y f. **Florista** (que vende flores). || m. Vaso para poner *flores naturales o artificiales. || *Maceta o tiesto. || *Armario o caja para guardar flores. || *Germ.* *Fullero que hace trampas floreando el naipe. || **Pint.* Cuadro en que sólo se representan flores.

florescencia. f. **Eflorescencia.** || *Bot.* Acción de *florecer. || *Bot.* Época de la floración.

floresta. f. Terreno frondoso y ameno poblado de *árboles. || fig. *Colección de cosas agradables.

florestero. m. *Guarda de una floresta.

floreta. m. *Guarn.* Bordadura que sirve de fuerza y adorno en los extremos de las *cinchas. || En la *danza española, movimiento que se hacía con ambos pies. || En los molinos de *papel, orificio por donde sale el agua sucia.

floretazo. m. Golpe dado con el florete.

florete. adj. V. **Azúcar florete.** || m. *Esgrima con espadín. || *Espadín destinado a la enseñanza o ejercicio de la esgrima. || *Tela entrefina de algodón.

floretear. tr. Adornar y guarnecer con flores una cosa.

floretista. m. El que es diestro en la *esgrima del florete.

floribundo, da. adj. *Bot.* Abundante en *flores.

floricultor, ra. m. y f. Persona dedicada a la floricultura.

floricultura. f. Cultivo de las *flores. || Arte que lo enseña.

floridamente. adv. m. fig. Con *elegancia y donaire.

floridano, na. adj. Natural de la Florida. Ú. t. c. s. || Perteneciente a este Estado de la América del Norte.

floridez. f. Abundancia de *flores. || fig. **Ret.* Calidad de florido.

florido, da. adj. Que tiene flores. || fig. Dícese de lo más *excelente de alguna cosa. || fig. Dícese del lenguaje o *estilo muy exornado de galas retóricas. || *Germ.* *Rico, opulento.

florífero, ra. adj. Que lleva o produce *flores.

florígero, ra. adj. poét. **Florífero.**

*__florilegio.__ m. fig. Colección de trozos selectos de obras literarias.

florín. m. *Moneda de plata equivalente al escudo de España, que se usa en algunos países. || Moneda antigua de oro mandada acuñar por los reyes de Aragón. || Movimiento rápido que hace con la cola el *perro de caza.

floripondio. m. *Arbusto americano de las solanáceas. || fig. *Flor pintada o estampada en una *tela, muy grande o de mal gusto.

florista. com. Persona que fabrica *flores de mano. || Persona que vende flores.

florlisar. tr. *Blas.* **Flordelisar.**

florón. m. aum. de **Flor.** || **Ornam.* Adorno hecho a manera de flor muy grande, que se usa en pintura y arquitectura. || **Blas.* Adorno, a manera de flor, que se pone en el círculo de algunas coronas. || fig. Hecho que da *fama o lustre.

flósculo. m. *Bot.* Cada una de las florecitas de corola cerrada que forman una *flor compuesta.

flota. f. Conjunto de *embarcaciones de comercio para el transporte de efectos. || *Armada, escuadra de guerra. || fig. desus. Multitud, *muchedumbre, caterva.

flotable. adj. Capaz de *flotar. || Dícese del *río por donde pueden conducirse a flote maderas u otras cosas.

*__flotación.__ f. Acción y efecto de flotar.

flotador, ra. adj. Que flota. || m. Cuerpo destinado a flotar en un líquido. || **Hidrául.* Corcho u otro cuerpo ligero que se echa en un río o arroyo para observar la velocidad de la corriente. || Aparato que se pone en los depósitos de agua para que, al llegar ésta a cierto nivel, quede cortada la entrada de líquido.

flotadura. f. **Flotación.**

flotamiento. m. **Flotadura.**

flotante. p. a. de **Flotar.** Que flota.

*__flotar.__ intr. Sostenerse un cuerpo en equilibrio en la superficie de un líquido. || Mantenerse un cuerpo en suspensión, sumergido en un fluido aeriforme. || Ondear en el aire.

*__flote.__ m. **Flotadura.** || **A flote.** m. adv. Manteniéndose sobre el agua.

flotilla. f. d. de **Flota.** || Flota compuesta de buques pequeños.

fluctuación. f. Acción y efecto de fluctuar. || fig. Irresolución, *vacilación.

fluctuante. p. a. de **Fluctuar.** Que fluctúa.

fluctuar. intr. *Oscilar un cuerpo sobre las aguas por el movimiento de éstas. || fig. Estar en *peligro alguna cosa. || fig. *Vacilar o dudar en la resolución de una cosa. || **Ondear.** || fig. **Oscilar** (aumentar y disminuir alternativamente).

fluctuoso, sa. adj. Que fluctúa.

fluencia. f. Lugar donde comienza a fluir un líquido.

fluente. p. a. de **Fluir.** Que fluye.

fluidez. f. Calidad de *fluido.

fluidificación. f. Acción y efecto de fluidificar.

fluidificar. tr. Reducir un cuerpo al estado *fluido. Ú. t. c. r.

*__fluido, da.__ adj. Dícese del cuerpo que, como los líquidos y los gases, toma sin resistencia la forma del recipiente o vaso donde está contenido. Ú. t. c. s. m. || fig. Tratándose del *estilo, corriente y fácil. || m. **Fisiol.* Cada uno de ciertos agentes hipotéticos que admiten algunos fisiólogos; como el magnético animal. || **imponderable.** **Fís.* Cada uno de los agentes hipotéticos que se han considerado como causa inmediata de los fenómenos físicos. || **Fluidos elásticos.** *Fís.* Cuerpos gaseosos.

*__fluir.__ intr. Correr un líquido.

flujo. m. Movimiento de las cosas *líquidas o fluidas. || Ascenso de la *marea. || **Quím.* Cada uno de los compuestos que se emplean como fundentes y para aislar metales. || **blanco.** **Ginecol.* Excreción mucosa procedente de las vías genitales de la mujer. || **de palabras.** fig. *Verbosidad. || **de *sangre.** Hemorragia. || **de vientre.** *Diarrea.

fluminense. adj. Natural del Estado de Río Janeiro. Ú. t. c. s. || Relativo o perteneciente a este Estado.

flúor. m. **Quím.* Metaloide gaseoso, más pesado que el aire, y dotado de gran energía química. || V. **Espato flúor.** || *Quím.* **Flujo** (fundente).

fluorescencia. f. Luminiscencia que muestran algunos cuerpos sometidos a la acción de la *luz y que es independiente del color de ésta y del de la superficie iluminada.

fluorescente. adj. Dícese del cuerpo capaz de mostrar fluorescencia.

fluorhídrico. adj. *Quím.* V. **Ácido fluorhídrico.**

fluorina. f. **Fluorita.**

fluorita. f. *Mineral compuesto de flúor y calcio.

fluoruro. m. **Quím.* Combinación del flúor con un radical.

fluvial. adj. Perteneciente a los *ríos.

fluviátil. adj. Que vive o crece en los *ríos o corrientes.

flux. m. Lance de ciertos juegos, que consiste en que todos los *naipes de un jugador sean del mismo

palo. ‖ **Terno** (traje). ‖ **Hacer** uno **flux.** fr. fig. y fam. *Gastar uno cuanto tiene y quedar con *deudas.
fluxión. f. Acumulación morbosa de *humores en cualquier parte del cuerpo. ‖ ***Resfriado.**
¡fo! interj. de asco.
fobia. f. Terminación usada en algunas voces compuestas como *agorafobia, anglofobia,* con el significado de *aborrecimiento.
***foca.** f. Mamífero carnicero que tiene el cuerpo en forma de pez, cabeza y cuello como el perro, las extremidades anteriores con los dedos de las manos palmeados, y las posteriores a manera de aletas.
focal. adj. **Ópt.* y **Geom.* Perteneciente o relativo al foco.
foceifiza. f. Género de *mosaicos con figuras de color, que hacían los musulmanes.
focense. adj. Natural de Fócida. Ú. t. c. s. ‖ Perteneciente a este país de Grecia antigua.
fócidos. m. pl. *Zool.* Familia de mamíferos, cuyo tipo es la *foca.
focino. m. *Aguijada de punta corva con que se gobierna al *elefante.
foco. m. *Fís.* Punto donde se juntan los rayos de *luz o de calor reflejados por un espejo o refractados por un lente. ‖ Punto de donde parte un haz de rayos *luminosos. ‖ *Geom.* Cada uno de los *centros de la elipse y, en general, punto cuya distancia a los de una curva guarda determinada relación. ‖ fig. Lugar real o imaginario en que está como reconcentrada alguna cosa. ‖ **real.** *Fís.* **Foco.** ‖ **virtual.** *Fís.* Punto en que concurren las prolongaciones de los rayos luminosos reflejados por un espejo o refractados por un lente.
fóculo. m. Hogar pequeño. ‖ Entre los gentiles, cavidad del ara o *altar de *sacrificios, donde se encendía el fuego.
focha. f. **Foja** (ave).
fodolí. adj. *Entremetido, *hablador.
***fofo, fa.** adj. Esponjoso y blando.
fofoque. m. *Mar.* *Vela triangular entre el foque y el contrafoque.
fogaje. m. Cierto *tributo que pagaban los habitantes de casas. ‖ Hogar. ‖ Fuego, erupción de la *piel. ‖ Bochorno, *calor. ‖ *Hoguera, llamarada. ‖ fig. *Vergüenza, sonrojo.
fogarada. f. **Llamarada.**
fogarata. f. **Fogata.**
fogarear. tr. Quemar con *llama. ‖ r. *Marchitarse por el excesivo calor las plantas.
fogaril. m. Jaula de aros de hierro, dentro de la cual se enciende *fuego. ‖ **Fogarín.** ‖ **Hogar.**
fogarín. m. *Hogar común que usan los trabajadores del campo.
fogarizar. tr. Hacer fuego con *hogueras.
fogata. f. *Hoguera hecha con leña u otro combustible que levanta llama. ‖ Hornillo o *barreno superficial para la nivelación de terrenos.
fogón. m. *Hogar o sitio adecuado en las *cocinas para hacer fuego y guisar. ‖ Oído en las *armas de fuego. ‖ Hogar de las *calderas de vapor. ‖ V. **Aguja de fogón.** ‖ *Hoguera, fogata.
fogonadura. f. *Mar.* Cada uno de los *agujeros en que entran y se fijan los palos de la *arboladura. ‖ *Abertura en un *suelo de madera para dar paso a un pie derecho.
fogonazo, m. *Llama que levanta la pólvora al arder.
fogonero. m. El que cuida del fogón en las *máquinas de vapor, *ferrocarriles, etc.
fogosidad. f. Ardimiento y *vehemencia, *exaltación.
fogoso, sa. adj. fig. Ardiente, *vehemente.
fogueación. f. Numeración o *lista de hogares o fuegos.
foguear. tr. *Limpiar con fuego una *arma disparándola. ‖ **Mil.* Acostumbrar a las personas o caballos al fuego de la pólvora. ‖ fig. Hacer que uno adquiera *experiencia en las penalidades y trabajos de un estado u ocupación. ‖ **Veter.* **Cauterizar.**
fogueo. m. Acción y efecto de foguear.
foguezuelo. m. d. de **Fuego.**
foja. f. **For.* Hoja de papel en un proceso.
foja. f. *Ave zancuda, de plumaje negro con reflejos grises y pico grueso, abultado y extendido por la frente.
folgo. m. Bolsa forrada de pieles, para *abrigarse los *pies el que está sentado.
folía. f. ant. **Locura.** ‖ fig. Cualquier *música ligera de carácter popular. ‖ pl. Baile portugués que se bailaba entre muchas personas. ‖ Cierto *baile español, que solía bailar uno solo con castañuelas.
foliáceo, a. adj. *Bot.* Perteneciente o relativo a las *hojas de las plantas. ‖ Que tiene estructura *laminar.
foliación. f. Acción y efecto de foliar. ‖ Serie numerada de los folios. ‖ *Bot.* Acción de echar *hojas las plantas.
foliador. m. **Impr.* Aparato para foliar o paginar.
foliar. tr. Numerar los folios del *libro o cuaderno.
foliatura. f. **Foliación.**
folicular. adj. En forma de folículo.
folicularío. m. despect. *Escritor de folletos o *periódicos.
folículo. m. *Bot.* Pericarpio (*fruto) membranoso que se rompe a lo largo por un lado sólo, y que contiene las semillas en un receptáculo propio. ‖ *Zool.* *Glándula en forma de saquito, situada en el espesor de la piel o de las mucosas.
folijones. m. pl. Antiguo *baile español y *música del mismo.
folio. m. Hoja del *libro o cuaderno. ‖ *Planta herbácea, de las euforbiáceas. ‖ **atlántico.** El de *papel de grandes dimensiones y que no se dobla por la mitad. ‖ **de Descartes.** *Geom.* Nombre de cierta *curva de tercer grado, con dos ramas infinitas. ‖ **índico.** *Hoja del árbol de la canela. ‖ **vuelto.** Revés o segunda plana de la hoja que no está numerada sino en la primera. ‖ **De a folio.** fig. y fam. Muy *grande.
folíolo. m. *Bot.* Cada una de las hojuelas de una *hoja compuesta.
folión. m. **Folías** (*baile portugués).
foliote. m. Pieza que en las *cerraduras de picaporte mueve el pestillo.
folkething. m. Cámara baja del *parlamento de Dinamarca.
folklore. m. Ciencia que estudia las *costumbres, tradiciones y *artes populares.
folklórico, ca. adj. Perteneciente al folklore.
folklorista. m. y f. Persona versada en el folklore.
foluz. f. Cornado o tercera parte de una blanca.
folla. f. Lance del *torneo en que se batallaba desordenadamente. ‖ *Mezcla de muchas cosas diversas. ‖ Espectáculo *teatral compuesto de varios pasos de comedia inconexos, mezclados con otros de música.
follada. f. *Empanada de hojaldre.
follado. m. La parte más ancha y holgada de las *mangas de la camisa. ‖ m. pl. ant. Especie de *calzones antiguos, muy huecos y arrugados a manera de fuelles.
follador. m. El que afuella en una fragua.
***follaje.** m. Conjunto de *hojas de los árboles y otras plantas. ‖ *Adorno de cogollos y hojas. ‖ fig. Adorno *superfluo, *charro o de mal gusto. ‖ fig. *Prolijidad o superabundancia de exornación retórica en lo escrito o hablado.
follar. tr. **Afollar** (soplar con *fuelle). ‖ r. Soltar una *ventosidad sin ruido.
follar. tr. Formar o componer en hojas alguna cosa.
follero. m. El que hace o vende *fuelles.
folletero. m. **Follero.**
folletín. m. d. de **Folleto.** ‖ Escrito que se inserta en la parte inferior de las planas de los *periódicos. ‖ *Novela que se publica en esta forma.
folletinesco, ca. adj. Perteneciente o relativo al folletín.
folletinista. com. *Escritor de folletines.
folletista. com. Escritor de folletos.
***folleto.** m. Obra impresa que no consta de bastantes hojas para formar libro.
follisca. f. *Contienda, pendencia, gresca.
follón, na. adj. *Perezoso y negligente. Ú. t. c. s. ‖ *Cobarde. ‖ *Fanfarrón. Ú. t. c. s. ‖ m. *Cohete que se dispara sin trueno. ‖ *Ventosidad sin ruido. ‖ Cualquiera de los *vástagos que echan los árboles desde la raíz. ‖ fam. *Alboroto, gresca, altercado.
follosas. f. pl. *Germ.* **Calzas.**
fomentación. f. **Terap.* Acción y efecto de fomentar. ‖ *Med.* **Fomento** (*medicamento externo).
fomentador, ra. adj. Que fomenta. Ú. t. c. s.
fomentar. tr. Dar *calor para vivificar, o vigorizar. ‖ fig. *Excitar, promover o *proteger una cosa. ‖ **Terap.* Aplicar a una parte enferma paños empapados en un líquido.
fomento. m. *Calor o abrigo que se da a una cosa. ‖ Pábulo o *materia con que se ceba una cosa. ‖ fig. *Acogimiento, *protección. ‖ *Medicamento líquido que se aplica en paños exteriormente.
fomes. m. *Causa que excita y promueve una cosa.
fómite. m. desus. **Fomes.**
fon. m. Unidad de potencia *acústica. La gama audible se divide en 130 fones.
fonación. f. Emisión de la *voz o de la palabra.
fonas. f. pl. Cuchillos en las capas u otras prendras de *vestir.
foncarralero, ra. adj. Natural de Fuencarral. Ú. t. c. s. ‖ Relativo o perteneciente a este pueblo.
fonda. f. Establecimiento público donde se da *hospedaje y se sirven *comidas.
fondable. adj. Aplícase a los parajes de la mar donde pueden *fondear los barcos.
fondac. m. En Marruecos, lugar en que se da *hospedaje a las caravanas.
fondado, da. adj. Aplícase a las *cubas cuyo fondo se asegura con cuerdas o con flejes.
***fondeadero.** m. Paraje situado en costa, *puerto o ría, donde la embarcación puede *fondear.

***fondear.** tr. Reconocer el fondo del agua. || Registrar una embarcación para ver si trae *contrabando. || fig. *Examinar a fondo una cosa. || *Mar.* Desarrumar la *carga del navío hasta descubrir el fondo. || → intr. *Mar.* Asegurar una embarcación o cualquier otro cuerpo flotante, por medio de anclas o grandes pesos.
fondeo. m. Acción de fondear.
fondillón. m. *Sedimento y madre de la cuba cuando, después de mediada, se vuelve a llenar. || *Vino rancio de Alicante.
fondillos. m. pl. Parte trasera de los *calzones o pantalones.
fondín. m. d. de **Fonda.**
fondista. com. Persona que tiene a su cargo una fonda.
***fondo.** m. Parte interna e inferior de una cosa hueca. || Hablando del mar, de los ríos o estanques, superficie sólida sobre la cual está el agua. || *Profundidad. || En locales, edificios, etc., parte más alejada de la entrada. || Extensión *interior de un edificio. || *Color o *dibujo que cubre una superficie y sobre el cual resaltan los adornos. || **Pint.* **Campo.** || Grueso que tienen los diamantes. || Caudal o conjunto de *bienes. || Índole, *carácter. || fig. Lo *importante de una cosa. || fig. Caudal de una cosa inmaterial, como *sabiduría, virtud, etc. || **Vaca** (dinero que se *juega en común). || *Falda de debajo. || Cada uno de los dos témpanos de la *cuba. || Arte de *pesca compuesto de una cuerda con dos anzuelos y un plomo. || Caldera usada en los ingenios de *azúcar. || *Mar.* Parte de un buque, que va debajo del agua. **Ú. t.** en pl. || **Mil.* Espacio en que se forman las hileras y ocupan los soldados pecho con espalda. || pl. *Com.* *Caudales, dinero, etc. || **Fondo muerto, perdido,** o **vitalicio.** Capital que se impone a rédito por una o más vidas. || **Fondos de amortización.** Los destinados a extinguir una deuda o a compensar una depreciación. || **A fondo.** m. adv. *Entera y *perfectamente. || **Dar fondo.** fr. *Mar.* **Fondear.** || **Echar a fondo.** fr. *Mar.* **Echar a pique.** || **Irse** o **tirarse a fondo.** fr. *Hundirse la embarcación o cualquiera otra cosa en el agua. || **Esgr.* Tenderse uno adelantando el cuerpo para tirar una estocada.
fondón. m. **Fondillón.** || Fondo de los brocados de altos.
fondón, na. adj. Dícese de la persona *gruesa y de alguna edad, que ha perdido la esbeltez de la juventud.
fonducho. m. **Figón.**
fonébol. m. **Fundíbulo.**
fonema. m. **Fonét.* Cada uno de los sonidos simples en que puede descomponerse el lenguaje hablado. || Signo gráfico con que se representa en la escritura.
fonendoscopio. m. *Med.* Aparato semejante al estetoscopio.
***fonética.** f. Conjunto de los sonidos de un idioma. || Estudio de los sonidos de uno o varios idiomas, desde el punto de vista acústico, fisiológico o histórico.
fonético, ca. adj. Perteneciente a la *voz humana o al *sonido en general. || Aplícase al sistema de *escritura, cuyos signos representan sonidos y especialmente al alfabeto u ortografía que emplean los filólogos para representar los sonidos con más exactitud que la escritura usual.
fonetismo. m. Conjunto de caracteres fonéticos de un idioma.
fonetista. m. Tratadista de fonética.
fónico, ca. adj. Perteneciente a la *voz o al *sonido.
fonil. m. *Embudo.
fonje. adj. p. us. *Blando, *esponjoso.
fonocaptor. m. *Electr.* *Instrumento que, aplicado a un disco de gramófono, reproduce las vibraciones inscritas en el disco.
fonografía. f. Inscripción de los sonidos por medio del fonógrafo.
fonográfico, ca. adj. Perteneciente o relativo al fonógrafo.
fonógrafo. m. *Fís.* Aparato o *instrumento mecánico que recoge las vibraciones del *sonido y las inscribe en un cilindro o disco, de manera que puedan reproducirse.
fonograma. m. **Fonét.* Sonido representado por una o más letras. || Cada una de las *letras del alfabeto.
fonolita. f. *Roca compuesta de feldespato y de silicato de alúmina, que se emplea como *piedra de construcción.
fonología. f. **Fonética.** || Rama de la lingüística que estudia los elementos *fonéticos atendiendo a su respectivo valor funcional dentro del sistema de cada lengua.
fonólogo. m. Persona entendida en fonología.
fonometría. f. Medición de la intensidad de los sonidos.
fonsadera. f. Servicio personal que se prestaba en la *guerra. || *Tributo que se pagaba para atender a los gastos de la guerra.
fonsado. m. **Fonsadera.** || Labor del foso.
fontal. adj. Perteneciente a la *fuente. || fig. *Primitivo y *principal.
fontana. f. **Fuente.**
fontanal. adj. Perteneciente a la *fuente. || m. **Fontanar.** || Sitio que abunda en manantiales.
fontanar. m. **Manantial.**
fontanela. f. Cada uno de los espacios membranosos que hay en el *cráneo antes de su completa osificación. || **Cir.* Instrumento para abrir las fuentes en el cuerpo humano.
***fontanería.** f. Arte de conducir las *aguas por tuberías para las *fuentes u otros usos. || Conjunto de *conductos para este fin.
fontanero, ra. adj. Perteneciente a las fuentes. || V. **Real fontanero.** || m. El que se dedica a trabajos de fontanería.
fontegí. m. Variedad de *trigo fanfarrón.
fontezuela. f. d. de **Fuente.**
fontícola. adj. Que habita en las *fuentes.
fontículo. m. *Cir.* **Fuente** (*úlcera).
foque. m. *Mar.* Nombre común a las *velas triangulares que se orientan y amuran sobre el bauprés. || fig. y fam. *Cuello almidonado de puntas muy tiesas.
forado. m. **Agujero.**
forajido, da. adj. Que anda fuera de poblado, huyendo de la justicia. **Ú. t. c. s.** || desus. El que vive en el *destierro.
foral. adj. Perteneciente al fuero. || m. En Galicia, tierra o heredad dada en foro o *enfiteusis.
foralmente. adv. m. Con arreglo a fuero.
foramen. m. *Agujero o taladro. || Hoyo o taladro de la piedra de *molino, por donde entra el palahierro.
foraminífero. m. Animal *protozoario microscópico, recubierto de una concha dura, generalmente horadada. || m. pl. **Zool.* Orden de estos protozoarios.
foráneo, a. adj. *Forastero, extraño. || *Exterior, de fuera.
foranes. m. pl. **Arq. Nav.* Puntales del andamio que se forma al costado del buque en construcción.
forano, na. adj. *Exterior, extrínseco y de afuera. || *Germ.* **Forastero.** || Dícese del *viento que sopla del mar. **Ú. t. c. s.**
foraño. m. *Tabla que se saca de junto a la corteza del árbol.
***forastero, ra.** adj. Que es o viene de fuera del lugar. || Dícese de la persona que vive o está en un lugar de donde no es vecina y en donde no ha nacido. **Ú. t. c. s.** || fig. *Extraño, ajeno. || f. Veta nueva que aparece en una *mina.
forcate. m. *Arado con dos varas para ser tirado por una sola caballería.
forcatear. tr. Arar con forcate.
forcaz. adj. Dícese del *carro de dos varas.
forcejar. intr. Hacer *fuerza para vencer alguna resistencia. || fig. *Resistir, hacer oposición.
forcejear. intr. **Forcejar.**
forcejeo. m. **Forcejo.**
forcejo. m. Acción de forcejar.
forcejón. m. Esfuerzo violento.
forcejudo, da. adj. Que tiene y hace mucha *fuerza.
fórceps. m. *Obst.* Instrumento en forma de tenaza, para la extracción de las criaturas en los *partos difíciles.
forcípula. f. *Zool.* Cada una de las mandíbulas accesorias de los *arácnidos.
forcípulo. m. *Compás *forestal.
forchina. f. *Arma de hierro a modo de *horquilla.
***forense.** adj. Perteneciente al foro. || V. **Médico forense. Ú. t. c. s.**
forense. adj. **Forastero.**
forero, ra. adj. Perteneciente o que se hace conforme a *fuero. || m. Dueño de finca dada a foro. || El que paga foro.
***forestal.** adj. Relativo a los bosques y a sus aprovechamientos.
forigar. tr. Hurgar, hurgonear.
forillo. m. En el *teatro, telón pequeño que se pone detrás del principal cuando en éste hay puerta u otra abertura semejante.
***forja.** f. **Fragua.** || Ferrería. || Acción y efecto de forjar. || **Mezcla** (*argamasa). || **a la catalana.** Aparato usado antiguamente para la fabricación del *hierro.
forjado. m. *Arq.* **Entramado.**
***forjador, ra.** adj. Que forja. **Ú. t. c. s.**
forjadura. f. Acción y efecto de forjar.
***forjar.** tr. Dar la primera forma con el martillo a cualquiera pieza de metal. || Fabricar y formar una obra de *albañilería. || **Albañ.* Revocar toscamente con yeso o mortero. || **Albañ.* Llenar con bovedillas o tableros de rasilla los espacios que hay entre viga y viga. || fig. *Inventar, fabricar.
forlón. m. Especie de *coche antiguo de cuatro asientos.
***forma.** f. Figura o aspecto exterior de los cuerpos materiales. || Expresión de una potencialidad o *eficacia de las cosas. || Fórmula y *modo de proceder en una cosa. || *Molde. || Tamaño de un *libro en largo y ancho. || **Lit.* Calidad de estilo o modo de expresar las ideas, a diferencia de lo que constituye

el fondo substancial de la obra. || Hostia pequeña para que *comulguen los legos. || Palabras rituales que integran la esencia de un *sacramento. || *Impr. Molde que se pone en la prensa para imprimir una cara de todo un pliego. || Arq. **Formero.** || *substancial. Filos. Llamábase así en las escuelas a lo que es en sí y por sí. || **De forma.** loc. Dícese de la persona de *excelentes condiciones. || **En debida forma.** m. adv. *For. Conforme a las reglas del derecho y prácticas establecidas. || **En forma.** m. adv. Con formalidad. || Como es debido. || **Guardar la forma del *ayuno.** Cumplir únicamente su requisito substancial, que consiste en hacer una sola comida al día.

formable. adj. Que se puede formar.

formación. f. Acción y efecto de *formar. || *Forma, figura. || Perfil de entorchado con que los *bordadores guarnecen las hojas de las flores dibujadas en la tela. || *Geol. Conjunto de rocas o masas minerales que presentan caracteres geológicos y paleontológicos comunes a ellas. || *Mil. Reunión ordenada de un cuerpo de tropas para revistas y otros actos del servicio.

formador, ra. adj. Que forma o pone en orden. Ú. t. c. s.

formaje. m. **Encella.** || desus. **Queso.**

***formal.** adj. Perteneciente a la forma. En este sentido puede contraponerse a esencial. || → Que tiene formalidad. || Aplícase a la persona seria y amiga de la verdad. || Expreso, preciso, *terminante.

formaleta. f. **Cimbra.**

formalete. m. Arq. **Medio punto.**

formaleza. f. Mar. ***Ancla de la esperanza.**

formalidad. f. *Exactitud, puntualidad y constancia en el *cumplimiento del deber o en la conducta y opiniones. || Cada una de las *condiciones y requisitos que se han de observar para ejecutar una cosa. || Modo de ejecutar con la exactitud debida una *ceremonia o función. || *Seriedad, *prudencia, compostura en algún acto.

formalismo. m. Rigurosa aplicación y observancia, en la *enseñanza o en la indagación científica, de un método determinado.

formalista. adj. Dícese del que para cualquier asunto observa con exceso de celo las formas y tradiciones. Ú. t. c. s.

formalizar. tr. Dar la última *forma a una cosa. || Revestir una cosa de los requisitos *legales. || Concretar, precisar, *determinar. || r. Darse por *ofendido de una cosa que acaso se dijo por chanza.

formalmente. adv. m. Según la forma debida. || De manera *formal.

formante. p. a. de **Formar.** Que forma.

***formar.** tr. Dar forma a una cosa. || *Unir u ordenar varias cosas de manera que formen un todo. || Constituir varias personas en *corporación. || *Componer varias personas o cosas el todo del cual son partes. || *Mil. Poner en *orden. || intr. Entre *bordadores, perfilar las labores con el torzal o felpilla. || Criar, *educar. || *Colocarse en una formación, cortejo, etc. || r. Adquirir una persona más o menos desarrollo, aptitud o habilidad en lo físico o en lo moral.

formativo, va. adj. Dícese de lo que *forma o da la forma.

formato. m. Forma y tamaño de un *libro.

formatriz. adj. **Formadora.**

formejar. tr. *Mar. Asegurar un buque con amarras. || Mar. *Desobstruir las cubiertas para facilitar la maniobra.

formero. m. Arq. Cada uno de los *arcos en que descansa una *bóveda vaída. || **Cimbra.**

formiato. m. *Quím. Sal que forma el ácido fórmico con una base.

formicante. adj. Propio de hormiga. || Med. V. ***Pulso formicante.**

fórmico. adj. Quím. V. **Ácido fórmico.**

formicular. adj. Perteneciente o relativo a la *hormiga.

formidable. adj. Muy *temible. || *Excesivamente *grande.

formidoloso, sa. adj. Que tiene mucho *miedo. || Que impone *miedo.

formillón. m. Instrumento para repasar los *sombreros.

formol. m. *Quím. Aldehído fórmico que se emplea como *desinfectante.

***formón.** m. Instrumento de carpintería, semejante al escoplo, pero más ancho de boca y menos grueso. || Sacabocados con que se *cortan las hostias y otras cosas de figura circular. || Pieza del *arado de hierro sobre la cual se apoyan la vertedera por encima y la reja por delante.

fórmula. f. *Modo ya establecido o *regla determinada de antemano para decir o hacer alguna cosa. || **Receta.** || Expresión concreta de una avenencia, *pacto o transacción. || *Mat. Resultado de un cálculo, cuya expresión sirve de pauta para casos análogos. || *Quím. Representación simbólica de la composición de un cuerpo por medio de letras y signos determinados.

formular. tr. Dar *expresión clara y precisa a un pensamiento, deseo, orden, etc. || **Recetar.**

formular. adj. Relativo o perteneciente a la fórmula.

formulario, ria. adj. Que se hace por pura fórmula o *cortesía. || m. *Libro o escrito en que se contienen las fórmulas necesarias para algún fin.

formulismo. m. Excesivo apego a las fórmulas.

formulista. adj. Aplícase a la persona partidaria del formulismo. Ú. t. c. s.

fornáceo, a. adj. poét. Perteneciente o semejante al *horno.

fornecino, na. adj. Decíase del *hijo bastardo o del nacido de *adulterio. || Dícese del vástago de la *vid sin fruto. Ú. m. c. s.

fornel. m. **Anafe.**

fornelo. m. *Hornilla manual de hierro.

fornicación. f. Acción de fornicar.

fornicador, ra. adj. Que fornica. Ú. t. c. s.

fornicar. intr. Realizar el acto *venéreo fuera del matrimonio. Ú. t. c. tr.

fornicario, ria. adj. Perteneciente a la fornicación. || Que tiene el vicio de fornicar. Ú. t. c. s.

fornicio. m. **Fornicación.**

fornido, da. adj. Robusto, *fuerte y de mucho hueso.

fornitura. f. *Impr. Porción de letra que se funde para completar una fundición. || *Mil. Conjunto de *correas y cartuchera que usan los soldados. Ú. m. en pl.

***foro.** m. *Plaza donde se trataban en Roma los negocios públicos. || Por ext., sitio en que los *tribunales oyen y substancian las causas. || Curia, y cuanto concierne al ejercicio de la *abogacía y a la práctica de los tribunales. || Parte del escenario o de las decoraciones *teatrales opuesta a la embocadura y más distante de ella. || → Contrato por el cual una persona cede a otra el dominio útil de una cosa mediante cierto canon o pensión. || Canon o pensión que se paga en virtud de este contrato. || **Por tal foro.** m. adv. Con tal *condición o pacto.

forraje. m. Verde que se da como *pasto al ganado, especialmente en la primavera. || Pasto seco para el ganado. || Acción de forrajear. || fig. y fam. Abundancia y mezcla de muchas cosas *insignificantes.

forrajeador. m. *Soldado que va a coger forraje.

forrajear. tr. *Segar y coger el forraje. || *Mil. Salir los soldados a coger el pasto para los caballos.

forrajera. f. *Cuerda o red que los soldados llevaban arrollada a la cintura cuando iban a forrajear. || Cordón que los *militares de cuerpos montados llevan rodeado al cuello por un extremo, y que por el otro sujeta el morrión, ros, etc.

forrajero, ra. adj. Aplícase a las plantas o a algunas de sus partes, que sirven para forraje.

***forrar.** tr. **Aforrar** (poner *forro). || *Cubrir una cosa con funda o forro que la resguarde y conserve. || r. fam. Atiborrarse, *hartarse.

***forro.** m. Cubierta con que se reviste una cosa por la parte interior o exterior. Dícese especialmente de las telas y pieles que se ponen por la parte interior de las ropas o vestidos. || Cubierta del *libro. || *Arq. Nav. Conjunto de tablones o de planchas con que se cubre el esqueleto del buque interior y exteriormente. || **Ni por el forro.** expr. fig. y fam. con que se denota *ignorancia total de alguna cosa. || Ni por asomo.

forruncho, cha. adj. *Veter. Dícese del animal enfermo.

fortacán. m. **Ladrón** (portillo de un *canal o acequia).

fortachón, na. adj. fam. Recio y fornido.

fortalecedor, ra. adj. Que fortalece.

***fortalecer.** tr. **Fortificar.** Ú. t. c. r. || fig. *Confirmar, corroborar.

fortalecimiento. m. Acción y efecto de fortalecer o fortalecerse. || Lo que hace fuerte un sitio o población; como muros, *fortificaciones, etcétera.

***fortaleza.** f. *Fuerza y vigor. || Tercera de las cuatro *virtudes cardinales, mezcla de *entereza y *prudencia. || Natural defensa que tiene un lugar o puesto en su misma situación. || → Recinto fortificado. || pl. Defecto de las hojas de *espada y demás armas blancas, que consiste en unas grietecillas menudas.

¡forte! Voz de *mando para que se haga alto en las faenas marineras.

fortepiano. m. Mús. ***Piano.**

fortezuelo, la. adj. d. de **Fuerte.** || m. d. de **Fuerte.**

***fortificación.** f. Acción de fortificar. || Obra o conjunto de obras con que se fortifica un pueblo o un sitio cualquiera. || **Arquitectura militar.** || **de campaña.** La que se hace para defender por tiempo limitado un campo u otra posición militar.

***fortificado, da.** adj. Que está provisto de fortificaciones.

fortificador, ra. adj. Que fortifica.

fortificante. p. a. de **Fortificar.** Que fortifica.

***fortificar.** tr. Dar vigor y *fuerza, material o moralmente. || → Hacer fuerte un pueblo o un sitio cual-

quiera, para que pueda resistir a los ataques del enemigo. Ú. t. c. r.
fortín. m. *Fort. Una de las obras que se levantan en los atrincheramientos de un ejército para su mayor defensa. ‖ Fuerte pequeño.
fortísimo, ma. adj. sup. de **Fuerte.**
fortuitamente. adv. m. *Casualmente.
fortuito, ta. adj. *Casual, inopinado. ‖ V. **Caso fortuito.**
***Fortuna.** n. p. f. Divinidad *mitológica que presidía a los sucesos de la vida, distribuyendo los bienes y los males. ‖ →f. **Suerte.** ‖ Hacienda, *bienes, capital. ‖ Borrasca, *tempestad. ‖ **Correr fortuna.** fr. *Mar. Padecer tormenta la embarcación, y estar a riesgo de perderse. ‖ **Por fortuna.** m. adv. Afortunadamente, *felizmente. ‖ Por *casualidad. ‖ **Probar fortuna.** fr. *Intentar una empresa de resultado incierto.
fortunón. m. fam. aum. de **Fortuna.**
forúnculo. m. *Med.* **Furúnculo.**
forzadamente. adv. m. Por *fuerza.
forzado, da. adj. Conquistado o *sometido por fuerza. ‖ No espontáneo; que se hace por *obligación. ‖ m. *Reo que sufre la pena de galeras.
forzador. m. El que hace fuerza o violencia a otro, y más comúnmente el que *viola a una mujer.
forzal. m. Parte maciza de donde arrancan las púas de un *peine.
forzamiento. m. Acción de forzar o hacer fuerza.
forzar. tr. Emplear *fuerza y violencia contra una cosa o para conseguir algún fin. ‖ *Conquistar a fuerza de armas una plaza, castillo, etc. ‖ *Violar a una mujer. ‖ *Tomar por fuerza una cosa. ‖ fig. *Compeler a uno a que ejecute una cosa. Ú. t. c. r.
forzosa. f. Cierto lance en el juego de *damas a la española. ‖ **La forzosa.** *Precisión ineludible de hacer algo contra la propia voluntad.
forzosamente. adv. m. Por fuerza. ‖ ***Violentamente.** ‖ *Necesaria e ineludiblemente.
forzoso, sa. adj. Que no se puede excusar; *necesario, fatal.
forzudamente. adv. m. Con mucha *fuerza y empuje.
forzudo, da. adj. Que tiene grandes *fuerzas.
fosa. f. ***Sepultura.** ‖ *Anat. Cada una de ciertas cavidades en el cuerpo humano. ‖ *Depresión que existe en la superficie de algunos huesos. ‖ *Huerto o finca plantada de *árboles frutales. ‖ **navicular.** Dilatación o ensanche en el extremo de la uretra del hombre.
fosal. m. **Cementerio.**
fosar. tr. Hacer foso alrededor de una cosa.
fosca. f. **Calina.** ‖ *Bosque o selva enmarañada. ‖ *Maleza, matorral.
foscarral. m. Terreno cubierto de *maleza.
fosco, ca. adj. **Hosco.** ‖ **Obscuro.**
fosfatado, da. adj. Que tiene fosfato.
fosfático, ca. adj. *Quím. Perteneciente o relativo al fosfato.
fosfato. m. *Quím. Sal que forma el ácido fosfórico con una o más bases.
fosfaturia. f. *Pat.* Eliminación excesiva de ácido fosfórico por la *orina.
fosfeno. m. Falsa sensación *luminosa producida por golpe o compresión en el globo del *ojo.
fosforecer. intr. Manifestar fosforescencia o luminiscencia; emitir *luz, como el fósforo en la obscuridad, la luciérnaga, etc., sin elevación de temperatura.
fosforera. f. *Estuche o caja en que se guardan o llevan los fósforos.
forforero, ra. m. y f. Persona que vende fósforos.
fosforescencia. f. **Luminiscencia,** especialmente la del fósforo.
fosforescente. p. a. de **Fosforescer.** ‖ adj. Que fosforesce.
fosforescer. intr. **Fosforecer.**
fosfórico, ca. adj. Perteneciente o relativo al fósforo.
fosforita. f. *Mineral compacto o terroso, de color blanco amarillento, formado por el fosfato de cal.
fósforo. m. *Quím. Metaloide venenoso, muy combustible, que luce en la obscuridad sin desprendimiento apreciable de calor. ‖ Trozo de cerilla, madera o cartón, con cabeza de **fósforo** y un cuerpo oxidante, que sirve para *encender luz. ‖ El lucero del alba.
fosforoscopio. m. *Fís.* Instrumento para apreciar la fosforescencia.
fosfuro. m. *Quím. Combinación del fósforo con una base.
***fósil.** adj. Aplícase a la substancia de origen orgánico más o menos petrificada, que se encuentra en determinadas capas terrestres. Ú. t. c. s. m. ‖ Por ext., dícese de la *huella, vestigio o molde que denota la existencia de organismos que no son de la época geológica actual. Ú. t. c. s. m. ‖ fig. y fam. Viejo, *anticuado. ‖ m. desus. *Mineral o roca de cualquier clase.
fosilífero, ra. adj. Dícese del terreno que contiene fósiles.
fosilización. f. Acción y efecto de fosilizarse.
fosilizarse. r. Convertirse en *fósil un cuerpo orgánico.
fosique. m. **Fusique.**
foso. m. **Hoyo.** ‖ Espacio que hay en los *teatros debajo del tablado del escenario. ‖ *Fort. *Excavación profunda que circuye la fortaleza.
fosquera. f. *Suciedad de las *colmenas.
fotocopia. f. *Fotografía obtenida directamente sobre papel para reproducir lo impreso o manuscrito.
fotocopiar. t. Hacer fotocopias.
fotocromía. f. *Fotografía en colores.
fotoeléctrico, ca. adj. *Electr.* Perteneciente a la acción de la *luz sobre ciertos fenómenos eléctricos. ‖ Dícese de los aparatos que utilizan dicha acción.
fotofobia. f. *Frenop.* Desorden *mental que se caracteriza por horror a la luz.
fotófobo, ba. adj. Que padece fotofobia. Ú. t. c. s.
fotófono. m. *Fís.* Instrumento que sirve para transmitir el *sonido por medio de la luz.
fotogénico, ca. adj. Que promueve o favorece la acción química de la *luz. ‖ Dícese de las personas cuyas facciones o gestos son especialmente adecuados para la reproducción *fotográfica.
fotograbado. m. Arte de *grabar planchas por acción química de la luz. ‖ Lámina *grabada o estampada por este procedimiento.
fotograbador. m. El que hace fotograbados.
fotograbar. tr. Grabar por medio de la fotografía.
***fotografía.** f. Arte de fijar y reproducir por medio de reacciones químicas, en superficies convenientemente preparadas, las imágenes obtenidas en la cámara obscura. ‖ Estampa obtenida por medio de este arte. ‖ Establecimiento o laboratorio en que se ejerce este arte.
fotografiar. tr. Obtener la *fotografía de una persona o cosa.
fotográficamente. adv. m. Por medio de la *fotografía.
***fotográfico, ca.** adj. Perteneciente o relativo a la *fotografía.
fotógrafo. m. El que ejerce la *fotografía.
fotograma. m. Cualquiera de las imágenes que se suceden en el *cine, considerada aisladamente.
fotogrametría. f. *Topogr. Procedimiento para obtener planos de grandes extensiones por medio de *fotografías tomadas desde una aeronave.
fotolitografía. f. Arte de fijar y reproducir dibujos en piedra litográfica, mediante la acción química de la luz. ‖ Estampa obtenida por medio de este arte.
fotolitografiar. tr. Ejercer el arte de la fotolitografía.
fotolitográficamente. adv. m. Por medio de la fotolitografía.
fotolitográfico, ca. adj. Perteneciente o relativo a la fotolitografía.
fotometría. f. Parte de la *óptica, que trata de la medición de la intensidad de la luz.
fotométrico, ca. adj. Perteneciente o relativo al fotómetro.
fotómetro. m. *Ópt. Instrumento para medir la intensidad de la luz.
fotón. m. *Fís.* Corpúsculo de energía de la *luz.
fotoquímica. f. Ciencia que estudia las propiedades *químicas de la luz.
fotosfera. f. *Astr.* Capa exterior de la envoltura gaseosa que rodea al *Sol.
fototerapia. f. Procedimiento *terapéutico fundado en la acción de la luz sobre el organismo.
fototipia. f. **Fototipografía.**
fototípico, ca. adj. Relativo a la fototipia.
fototipografía. f. *Impr. Arte de obtener por medio de la fotografía clisés tipográficos.
fototipográfico, ca. adj. Perteneciente o relativo a la fototipografía.
fótula. f. Cucuracha de las Indias.
fotuto. m. **Caracola.**
foya. f. Hornada de *carbón.
foyer. m. Sala que suele haber en los *teatros para pasear y fumar en los entreactos.
frac. m. *Vestidura masculina, que por delante llega hasta la cintura y por detrás tiene dos faldones.
fracasado, da. adj. fig. Dícese de la persona desconceptuada a causa del *malogro repetido de sus intentos o aspiraciones. Ú. t. c. s.
fracasar. tr. desus. Destrozar, hacer trizas. ‖ intr. *Mar. *Romperse, hacerse pedazos una cosa y especialmente las embarcaciones cuando dan en algún escollo. ‖ fig. *Frustrarse una pretensión o un proyecto.
fracaso. m. *Caída de una cosa, acompañada de *rotura y gran *ruido. ‖ fig. Suceso *adverso. ‖ *Malogro.
***fracción.** f. *División de una cosa en partes. ‖ Cada una de las *partes o porciones de un todo con relación a él. ‖ *Mat. Expresión que indica una división no efectuada o que no puede efectuarse. ‖ *Arit.* **Número quebrado.** ‖ **impropia.** *Mat.* Aquella cuyo numerador es mayor que el denominador. ‖ **propia.** *Mat.* La que tiene el numerador menor que el denominador.
fraccionable. adj. Que puede fraccionarse.

fraccionamiento. m. Acción y efecto de fraccionar.
fraccionar. tr. *Dividir una cosa en partes o fracciones.
fraccionario, ria. adj. **Quebrado.**
fractura. f. Acción y efecto de fracturar o fracturarse. ‖ **Miner.* Aspecto, forma y contextura característica de un mineral o roca cuando se rompe. ‖ **conminuta.** **Cir.* Aquella en que el *hueso queda reducido a fragmentos menudos.
fracturar. tr. *Romper o quebrantar con esfuerzo una cosa. Ú. t. c. r.
frada. f. *Agr.* Acción y efecto de fradar.
fradar. tr. *Podar un árbol quitándole todas las ramas.
fraga. f. **Frambuesa.** ‖ **Fresa.**
fraga. f. **Breñal.** ‖ Entre *carpinteros, la *madera inútil que es necesario cortar para que las piezas queden bien desbastadas.
Fraga. n. p. V. **Maza de Fraga.**
fragancia. f. *Olor suave y delicioso. ‖ fig. *Fama de las virtudes de una persona.
fragante. adj. Que tiene o despide fragancia; que *huele bien. ‖ **Flagrante.** ‖ **En fragante.** m. adv. **En flagrante.**
fragaria. f. **Fresa.**
fragata. f. *Embarcación de tres palos, con cofas y vergas en todos ellos. ‖ **ligera. Corbeta.**
***frágil.** adj. Quebradizo, y que con facilidad se hace pedazos. ‖ fig. Dícese de la persona que incurre fácilmente en cualquier *culpa o pecado, y especialmente en los de índole *deshonesta. ‖ fig. Caduco, *fugaz, *inconstante, perecedero.
***fragilidad.** adj. Calidad de frágil.
frágilmente. adv. m. Con fragilidad.
frágino. m. **Fresno.**
fragmentación. f. Acción y efecto de fragmentar.
fragmentar. tr. Fraccionar, *dividir en *fragmentos. Ú. t. c. r.
fragmentario, ria. adj. Perteneciente o relativo al *fragmento. ‖ *Incompleto, no acabado.
***fragmento.** m. Parte o porción pequeña de algunas cosas quebradas o partidas. ‖ fig. Parte de un libro o escrito.
fragor. m. *Ruido, estruendo.
fragoroso, sa. adj. *Ruidoso, estrepitoso.
fragosidad. f. *Escabrosidad y espesura de los *montes. ‖ *Camino o terreno lleno de asperezas y breñas.
fragoso, sa. adj. *Escabroso, intrincado, lleno de *malezas y breñas. ‖ *Ruidoso, estrepitoso.
fragrante. adj. Fragante.
fragua. f. *Hogar en que se caldean los metales para *forjarlos, y en el cual, para activar el fuego, se establece una corriente de aire por medio de un fuelle o de otro aparato análogo.
fraguado. m. Acción y efecto de fraguar la obra de *albañilería.
fraguador, ra. adj. fig. Que fragua o *inventa *proyectos, intrigas, etc. Ú. t. c. s.
fraguar. tr. **Forjar.** ‖ fig. Idear, *inventar algún *proyecto, intriga, etc. ‖ intr. *Albañ.* Dicho de la cal, *yeso, *argamasa, etc., llegar a trabar y a *endurecerse en la obra.
fragüín. m. *Arroyo que corre entre piedras.
fragura. f. **Fragosidad.**
frailada. f. fam. Acción *grosera cometida por un fraile.
***fraile.** m. Nombre que se da a los individuos de ciertas *órdenes religiosas*. ‖ Pliegue hacia afuera en el ruedo de los *vestidos talares. ‖ Rebajo triangular que se hace en la pared de las *chimeneas de campana. ‖ Mogote de *piedra de figura cilíndrica y cabeza redondeada. ‖ desus. En los ingenios de *azúcar, bagazo o *residuo de la caña. ‖ V. **Ciruela de fraile.** ‖ *Parva de mies trillada. ‖ En los *lagares, montón de uvas ya pisadas y apiladas para formar los pies. ‖ La parte alta del ramo donde hilan los gusanos de *seda. ‖ **Impr.* Parte del papel donde no se señala la correspondiente del molde al hacerse la impresión. ‖ pl. *Planta orquídea con flores en espiga. ‖ **Fraile de misa y olla.** El que está destinado para asistir al coro y servicio del altar, y no sigue la carrera eclesiástica.
frailear. tr. **Afrailar** (*podar).
frailecillo. m. d. de **Fraile.** ‖ **Ave fría.** ‖ En el torno de la *seda, cada uno de los dos zoquetillos en que se asegura el husillo de hierro. ‖ Cada una de las varas con que se sujeta la puente delantera de las correderas en las *carretas. ‖ Cada uno de los dos palitos que están por bajo de las orejeras, para que éstas no se peguen con la cabeza del *arado. ‖ Ave zancuda de las Antillas, de plumaje grisáceo con algunas fajas negras. ‖ *Arbusto de flores olorosas, propio de Cuba.
frailecito. m. d. de **Fraile.** ‖ *Muñeco que hacen los niños con la cáscara de una haba, cortada en forma que semeja la capilla de un fraile.
frailejón. m. Planta americana, que produce una resina muy apreciada.
frailengo, ga. adj. fam. **Frailesco.**
fraileño, ña. adj. fam. **Frailesco.**
frailería. f. fam. Los *frailes en común.
frailero, ra. adj. Propio de los *frailes. ‖ fam. Muy apasionado por los *frailes.
frailesco, ca. adj. fam. Perteneciente o relativo a los *frailes.
frailezuelo. m. d. de **Fraile.**
frailía. m. Estado de clérigo regular.
frailillos. m. pl. **Arísaro.**
frailote. m. aum. de **Fraile.**
frailuco. m. despect. *Fraile despreciable y de poco respeto.
frailuno, na. adj. fam. despect. Propio de fraile.
frajenco. m. *Cerdo pequeño que no sirve todavía para la matanza.
***frambuesa.** f. Fruto del frambueso.
***frambueso.** m. Planta de las rosáceas, con tallos espinosos y cuyo fruto, parecido a la zarzamora, es de sabor agridulce muy agradable.
frámea. f. Arma a modo de *lanza, usada por los antiguos germanos.
francachela. f. fam. *Comida de dos o más personas que se reúnen con ánimo de divertirse.
francalete. m. *Correa con hebilla en un extremo y a propósito para oprimir o *sujetar alguna cosa. ‖ **Guarn.* Correa gruesa que une los tiros o tirantes al horcate.
francamente. adv. m. Con franqueza o con franquicia.
francés, sa. adj. Natural de Francia. Ú. t. c. s. ‖ Perteneciente a esta nación de Europa. ‖ m. *Lengua **francesa.** ‖ **A la francesa.** m. adv. Al uso de Francia.
francesada. f. *Invasión francesa en España, en 1808. ‖ Dicho o hecho propio y característico de los franceses.
francesilla. f. *Planta ranunculácea, que se cultiva en los jardines. ‖ *Ciruela parecida a la damascena, procedente de Francia. ‖ *Panecillo de masa muy esponjosa y figura alargada.
franciscano, na. adj. Dícese del religioso de la orden de San Francisco. Ú. t. c. s. ‖ Perteneciente a esta *orden religiosa*. ‖ Parecido en el *color al sayal de los religiosos de dicha orden.
francisco, ca. adj. **Franciscano.** Apl. a pers., ú. t. c. s.
***francmasón, na.** m. y f. Persona que pertenece a la francmasonería.
***francmasonería.** f. Asociación secreta en que se usan varios símbolos tomados de la albañilería; como escuadras, niveles, etc.
francmasónico, ca. adj. Perteneciente a la francmasonería.
franco, ca. adj. Liberal, *generoso. ‖ *Gallardo y galante. ‖ Desembarazado, *abierto, libre y sin impedimento alguno. ‖ *Libre, exento y privilegiado. ‖ Aplícase a las cosas que están libres y exceptuadas de derechos y contribuciones, y a los lugares, puertos, etc., en que se goza de esta exención. ‖ *Sincero, *leal y *afable en su trato. ‖ En la costa de África, **europeo.** Apl. a pers., ú. t. c. s. ‖ Dícese de todos los *pueblos antiguos de la Germania inferior. Apl. a pers., ú. t. c. s. ‖ *Lengua que usaron estos pueblos. ‖ **Francés.** Apl. a pers., ú. t. c. s. en palabras compuestas. ‖ m. *Moneda de plata, que sirve de unidad monetaria en Francia y otros países, como la peseta española. ‖ Tiempo que dura la *feria en que se vende libre de derechos. ‖ Sello de *correos.
francocuartel. m. **Blas.* **Franco cuartel.**
francolín. m. *Ave gallinácea, del tamaño y forma de una perdiz.
francolino, na. adj. **Reculo.**
francote, ta. adj. aum. de **Franco.** ‖ fam. Dícese de la persona que procede con *sinceridad y llaneza.
franchipán. m. Pomada *aromática.
franchote, ta. m. y f. **Franchute.**
franchute, ta. m. y f. despect. **Francés.**
franela. f. *Tela fina de lana.
frange. m. **Blas.* División del escudo con dos diagonales que se cortan en el centro.
frangente. p. a. de **Frangir.** Que frange. ‖ m. Acontecimiento *desgraciado e *imprevisto.
frangible. adj. Capaz de quebrarse o partirse; *frágil.
frangir. tr. *Partir o dividir una cosa en diferentes pedazos.
frangle. m. **Blas.* Faja estrecha que sólo tiene de anchura la decimoctava parte del escudo.
frangollar. tr. ant. Quebrantar, *machacar el grano del trigo. ‖ fig. y fam. Hacer una cosa con *precipitación y de modo *imperfecto.
frangollo. m. *Trigo machacado y cocido. ‖ *Pienso de legumbres o granos triturados. ‖ *Maíz cocido con leche. ‖ *Dulce seco hecho de plátano verde triturado. ‖ fig. *Comida hecha sin esmero. ‖ fig. *Mezcla, revoltijo. ‖ Locro de *maíz muy molido. ‖ Acción y efecto de frangollar.
frangollón, na. adj. Dícese de quien hace las cosas con *precipitación y de modo *imperfecto.
frangote. m. *Fardo mayor o menor que los regulares de dos en carga.
franhueso. m. **Quebrantahuesos** (*ave).
franja. f. Guarnición de *pasamanería para adornar los vestidos u

otras cosas. || Faja, *banda o tira en general.
franjar. tr. Guarnecer con franjas.
franjear. tr. **Franjar.**
franjón. m. aum. de **Franja.**
franjuela. f. d. de **Franja.**
franqueable. adj. Que se puede franquear o *pasar.
franqueado, da. adj. ant. Aplicábase al *zapato recortado y desvirado pulidamente.
franqueamiento. m. **Franqueo.**
franquear. tr. *Eximir a uno de una contribución, tributo, etc. || *Conceder una cosa con *liberalidad. || Desembarazar, *desobstruir, abrir paso. || *Abrir una galería de *mina. || Abrir una puerta o permitir el *tránsito por ella. || Pagar en sellos el porte de cualquier objeto que se remite por el *correo. || Dar *libertad al *esclavo. || r. *Acceder uno fácilmente a los deseos de otro. || Descubrir uno su interior a otro, *revelarle su íntimo sentir. || **Mar.* Ponerse un buque en franquía.
franqueniáceo, a. adj. **Bot.* Dícese de matas y arbustos dicotiledóneos, muy ramosos, con hojas sin estípulas, y frutos capsulares llenos de semillas diminutas; como el albohol. Ú. t. c. s. f. || f. pl. *Bot.* Familia de estas plantas.
franqueo. m. Acción y efecto de franquear (una carta o un esclavo).
franqueza. f. *Libertad, *exención. || *Liberalidad. || fig. *Sinceridad, abertura de corazón.
franquía. f. **Mar.* Situación en la cual un buque tiene paso franco para hacerse a la mar o tomar determinado rumbo. || **En franquía.** m. adv. fig. y fam. En *libertad, sin compromiso ni obligación.
franquicia. f. *Exención que se concede a una persona para no pagar derechos.
fraque. m. **Frac.**
frasca. f. *Hojarasca y *ramas delgadas de los árboles.
frasco. m. *Vasija de cuello recogido, para tener y conservar líquidos. || Vaso hecho regularmente de cuerno, en que se llevaba la *pólvora para cargar la escopeta. || Contenido de un **frasco.** || **cuentagotas.** El que sirve para verter *gota a gota su contenido. || **de mercurio.** *Peso de tres arrobas de mercurio.
frase. f. **Gram.* Conjunto de palabras que basta para formar sentido, aunque no constituya una oración cabal. || Locución metafórica con la que se significa más de lo que expresa, u otra cosa de lo que indica la letra. || **Ret.* Modo particular con que ordena la dicción y expresa sus pensamientos cada escritor u orador. || Índole y aire especial de cada *lengua. || **hecha. Frase proverbial.** || La que en sentido figurado y con forma inalterable, es de uso vulgar y no incluye sentencia alguna. || ***musical.** Cada uno de los períodos de una melodía, dependientes unos de otros. || **proverbial.** La que es de uso vulgar y expresa una sentencia a modo de *proverbio. || **sacramental.** fig. La fórmula consagrada por el *uso o por la ley para determinadas circunstancias. || **Gastar frases.** fr. fam. *Hablar mucho y con rodeos.
frasear. tr. Formar frases.
fraseo. m. Arte de matizar el discurso *musical dando a las frases su verdadero sentido.
fraseología. f. **Ret.* Modo de ordenar las frases, peculiar a cada escritor. || Demasía de palabras; *verbosidad redundante, *prolijidad. || Conjunto de las locuciones y giros idiomáticos de una *lengua.
frasis. amb. Habla, *lenguaje.
frasquera. f. *Caja para guardar y transportar frascos.
frasqueta. f. **Impr.* Cuadro con bastidor de hierro y crucetas de papel o pergamino, con que en las prensas de mano se sujeta al tímpano la hoja que se va a imprimir.
frasquete. m. d. de **Frasco.**
frasquía. f. **Arq. Nav.* *Regla de madera delgada para marcar el arrufo de las tablas.
fratás. m. **Albañ.* Instrumento compuesto de una tablita lisa, cuadrada o redonda, con un taruguito en medio para agarrarla. Sirve para alisar los paramentos que se enfoscan.
fratasar. tr. *Albañ.* Igualar con el fratás un paramento enfoscado o jaharrado.
fraterna. f. Corrección o *reprensión áspera.
***fraternal.** adj. Propio de *hermanos.
fraternalmente. adv. m. Con fraternidad.
fraternidad. f. Unión y *concordia entre *hermanos o entre los que se tratan como tales.
fraternizar. intr. Unirse y tratarse como *hermanos.
fraterno, na. adj. Perteneciente a los *hermanos.
fratricida. adj. Que *mata a su hermano. Ú. t. c. s.
fratricidio. m. *Muerte de una persona, ejecutada por su propio hermano.
***fraude.** m. Engaño, acción contraria a la verdad o a la rectitud, de que resulta perjuicio para otro.
fraudulencia. f. **Fraude.**
fraudulentamente. adv. m. Con fraude.
fraudulento, ta. adj. Engañoso, falaz, que implica *fraude.
fraustina. f. *Cabeza de madera en que se solían aderezar los *tocados de las mujeres.
fray. m. Apócope de **Fraile.** Ú. precediendo, como *tratamiento, al nombre de los religiosos de ciertas órdenes. || **Frey.**
frazada. f. *Manta peluda que se echa sobre la *cama.
frazadero. m. El que fabrica frazadas.
***frecuencia.** f. Repetición con cortos intervalos de un acto o suceso. || *Fís.* Número de ondulaciones, vibraciones, ciclos, etc., en la unidad de tiempo.
frecuentación. f. Acción de frecuentar.
frecuentador, ra. adj. Que frecuenta. Ú. t. c. s.
frecuentar. tr. *Repetir un acto a menudo. || Visitar con frecuencia a una persona o algún lugar; *concurrir a menudo a alguna parte.
frecuentativo. adj. *Gram.* V. **Verbo frecuentativo.** Ú. t. c. s.
***frecuente.** adj. Repetido a menudo.
frecuentemente. adv. m. Con frecuencia.
fregadero. m. Banco donde se ponen los artesones o barreños en que se friega. || Recipiente de mármol, metal, fábrica, etc., que sirve para *fregar.
***fregado, da.** adj. Majadero, *importuno. || Tenaz, *obstinado. || *Vil y perverso. || m. Acción y efecto de *fregar. || fig. y fam. *Enredo, embrollo.
fregador. m. **Fregadero.** || **Estropajo.**
fregadura. f. **Fregado.**
fregajo. m. En las galeras, **estropajo.**
fregamiento. m. **Fricación.**
***fregar.** tr. Estregar con fuerza una cosa con otra. || → Limpiar y lavar con agua y jabón los platos, los suelos, etc., estregándolos con el estropajo. || fig. y fam. Fastidiar, *molestar. Ú. t. c. r.
fregatriz. f. **Fregona.**
fregona. f. *Criada que sirve en la cocina y friega. Ú. generalmente en sentido despectivo.
fregonil. adj. fam. Propio de fregonas.
fregotear. tr. fam. *Fregar de prisa y mal.
fregoteo. m. fam. Acción y efecto de fregotear.
freidor, ra. m. y f. Persona que fríe *pescado para venderlo.
freidura. f. Acción y efecto de freír.
freiduría. f. Tienda donde se fríe *pescado para la venta.
freila. f. Religiosa de alguna de las *órdenes militares*.
freile. m. Caballero profeso de ciertas *órdenes militares*. || *Sacerdote de alguna de ellas.
***freír.** tr. Preparar algún alimento teniéndolo el tiempo necesario en aceite o grasa hirviendo. Ú. t. c. r. || fig. *Molestar, importunar. || *Zaherir.
freira. f. **Freila.**
freire. m. **Freile.**
freiría. f. Conjunto de freires.
fréjol. m. **Judía** (alubia).
frémito. m. **Bramido.**
frenar. tr. **Enfrenar.** || Moderar o *detener con el freno el movimiento de una máquina o de un carruaje.
frenería. f. Paraje en que se hacen frenos. || Tienda en donde se venden.
frenero. m. El que hace frenos o los vende.
frenesí. m. *Locura, delirio furioso. || fig. Violenta *exaltación y perturbación del ánimo.
frenesía. f. **Frenesí.**
frenéticamente. adv. m. Con frenesí.
frenético, ca. adj. Poseído de frenesí.
frenillar. tr. *Mar.* **Afrenillar.**
frenillo. m. Membrana que sujeta la *lengua por la línea media de la parte inferior. || Ligamento que sujeta el prepucio al bálano del *pene. || Cerco de correa o de cuerda que, sujeto a la cabeza del *perro, se ajusta alrededor de su boca para que no muerda. || Cada uno de los tirantes que lleva la *cometa. || *Mar.* *Cabo o rebenque para diversos usos.
***freno.** m. Instrumento de hierro, que se compone de embocadura, camas y barbada, y que, colocado en la boca de las caballerías, sirve para sujetarlas y gobernarlas. || Aparato o artificio especial que sirve en las *máquinas y *carruajes para moderar o *detener el movimiento. || fig. Sujeción que se pone a uno para *reprimir o moderar sus acciones. || **acodado. Freno** cerrado o gascón, que se usa para hacer la boca a los potros. || **Beber el freno.** fr. **Equit.* Sacar el caballo el bocado de los asientos con la lengua y subirlo a lo superior de la boca. || **Meter** a uno **en freno.** fr. fig. Contenerle; ponerle en sus justos límites. || **Morder el freno.** fr. **Tascar el freno.** || **Saborear el freno.** fr. **Equit.* Dícese del caballo que, moviendo los sabores, refresca la boca y hace espuma. || **Tascar el freno.** fr. **Equit.* Morder el caballo el bocado o moverlo entre los dientes.
frenología. f. Hipótesis fisiológica de Gall, según la cual las distintas

facultades del *alma (*inteligencia, sentimientos, etc.), residen en regiones especiales del *cerebro.

frenológico, ca. adj. Perteneciente a la frenología.

frenólogo. m. El que profesa la frenología.

frenópata. m. El que profesa la frenopatía.

***frenopatía.** f. Parte de la medicina, que estudia las enfermedades *mentales.

frental. adj. *Zool.* Frontal.

***frente.** f. Parte superior de la *cara, comprendida entre una y otra sien, y desde encima de los ojos hasta que empieza la vuelta del cráneo. ‖ Parte *anterior o delantera de una cosa. ‖ En la carta u otro documento, blanco que se deja al principio. ‖ fig. Semblante, *cara. ‖ m. *Fort.* Cada uno de los dos lienzos de muralla que desde los extremos de los flancos se van a juntar para cerrar el baluarte y formar su ángulo. ‖ Línea continua en que combaten los ejércitos en *guerra. ‖ *Mil.* Primera fila de la tropa formada o acampada. ‖ **Anverso.** ‖ adv. l. **Enfrente.** ‖ **calzada.** La que es poco espaciosa. ‖ **de batalla.** *Mil.* Extensión que ocupa un ejército formado en batalla. ‖ **A frente.** m. adv. De cara o en derechura. ‖ **Arrugar** uno **la frente.** fr. fig. y fam. Mostrar en el semblante *ira o miedo. ‖ **Con la frente levantada.** loc. adv. fig. y fam. Con *entereza o con *descaro. ‖ **En frente.** m. adv. **Enfrente.** ‖ **Frente a frente.** m. adv. **Cara a cara.** ‖ **Frente por frente. Enfrente.** ‖ **Hacer frente.** fr. fig. **Hacer cara.**

frentero. m. Almohadilla que se pone a los *niños sobre la frente para que no se lastimen si se caen.

frentón, na. adj. **Frontudo.**

freo. m. *Canal estrecho entre dos islas o entre una isla y tierra firme.

fres. m. **Franja.** Ú. m. en pl.

***fresa.** f. Planta rosácea, con tallos rastreros, y fruto casi redondo, algo apuntado, de un centímetro o poco más, rojo, suculento y fragante. ‖ Fruto de esta planta. ‖ Herramienta que presenta una serie de aristas cortantes a manera de dientes o cuchillas, y que, mediante un movimiento rotatorio, sirve para *taladrar o labrar *metales.

fresada. f. *Culin.* Cierta vianda antigua, compuesta de harina, leche y manteca.

fresadora. f. Máquina para fresar *metal.

fresal. m. Terreno plantado de fresas.

fresar. tr. Guarnecer con freses o frisos. ‖ *Taladrar o labrar *metales por medio de la herramienta llamada fresa. ‖ Mezclar la harina con el agua para hacer el *pan.

fresca. f. **Fresco** (*frío moderado al aire libre). ‖ El frescor de las primeras horas de la mañana o de las últimas de la tarde en tiempo caluroso. ‖ fam. **Claridad** (dicho *descarado).

frescachón, na. adj. Muy robusto y de color sano. ‖ V. **Viento frescachón.**

frescal. adj. Dícese de algunos *pescados no enteramente frescos, sino conservados con poca sal.

frescales. m. fam. Persona *descarada o de poca vergüenza.

frescamente. adv. m. *Recientemente. ‖ fig. Con frescura y desenfado.

***fresco, ca.** adj. Moderadamente frío. ‖ *Reciente, acabado de hacer, de coger, etc. ‖ fig. Reciente, acabado de suceder. ‖ fig. Abultado de carnes y de aspecto *sano, aunque no de facciones delicadas. ‖ fig. *Tranquilo, *imperturbable, que no se inmuta en los peligros o contradicciones. ‖ fig. y fam. Desvergonzado, *descarado. Ú. t. c. s. ‖ fig. Dícese de las *telas delgadas y ligeras. ‖ *Mar.* V. **Viento fresco.** ‖ m. Frío moderado. ‖ **Frescura.** ‖ *Pescado **fresco.** ‖ *Tocino **fresco.** ‖ ***Pintura al fresco.** ‖ *Refresco. ‖ **Al fresco.** m. adv. **Al sereno.** ‖ *Pint.* Aplicando los colores desleídos en agua sobre el estuco recién preparado. ‖ **Estar,** o **quedar,** uno **fresco.** fr. fig. y fam. Estar, o quedar uno *frustrado en su pretensión.

frescor. m. Frescura o *fresco. ‖ **Pint.* Color rosado que tienen las carnes sanas y frescas.

frescote, ta. adj. aum. de **Fresco.** ‖ fig. y fam. Dícese de la persona abultada de carnes que tiene el cutis terso y aspecto *sano.

frescura. f. Calidad de fresco. ‖ Amenidad y *lozanía de un sitio sombreado y lleno de verdor. ‖ fig. Desembarazo, *desenvoltura, *descaro. ‖ fig. Chanza, *impertinencia, respuesta fuera de propósito. ‖ fig. *Descuido, negligencia. ‖ fig. *Tranquilidad de ánimo.

fresera. f. **Fresa** (planta).

fresero, ra. m. y f. Persona que vende fresa.

fresnal. adj. Perteneciente o relativo al fresno.

fresneda. f. Sitio o lugar de muchos fresnos.

fresnillo. m. **Díctamo blanco.**

fresno. m. *Árbol de las oleáceas, de madera blanca y muy apreciada por su elasticidad.

***fresón.** m. Fruto de una planta semejante a la fresera, de volumen mucho mayor que la *fresa.

fresquedal. m. Porción de terreno que por tener humedad mantiene su *lozanía en la época de agostamiento.

fresquera. f. Especie de *jaula, fija o móvil, que se coloca en sitio ventilado para conservar *frescos algunos *alimentos o *bebidas.

fresquería. f. **Botillería.**

fresquero, ra. m. y f. Persona que conduce o vende *pescado fresco.

fresquilla. f. Especie de *melocotón o prisco.

fresquista. m. El que *pinta al fresco.

frey. m. *Tratamiento que se usa entre los religiosos de las *órdenes militares*.

frez. f. **Freza** (estiércol).

freza. f. Estiércol o *excremento de algunos animales.

freza. f. **Desove.** ‖ Surco que dejan ciertos *peces cuando se estriegan contra la tierra del fondo para desovar. ‖ Tiempo del desove. ‖ Huevos de los *peces, y pescado menudo recién nacido de ellos. ‖ Tiempo en que durante cada una de las mudas come el gusano de *seda. ‖ **Mont.* Huella que hace un animal escarbando u hozando.

frezada. f. **Frazada.**

frezar. intr. Evacuar el *excremento los animales. ‖ Arrojar o echar de sí la *colmena la inmundicia.

frezar. intr. **Desovar.** ‖ Estregarse el *pez contra el fondo del agua para desovar. ‖ Tronchar y comer las hojas los gusanos de *seda después que han despertado. ‖ **Mont.* Escarbar u hozar un animal haciendo frezas u *hoyos.

fría. f. desus. **Fresca.**

friabilidad. f. Calidad de friable.

friable. adj. Que se desmenuza o *deshace fácilmente.

frialdad. f. Sensación de *frío. ‖ Calidad de frío. ‖ Impotencia para la *generación. ‖ fig. Flojedad y *descuido en el obrar. ‖ fig. **Necedad.** ‖ fig. *Impertinencia. ‖ fig. *Indiferencia, despego.

fríamente. adv. m. Con frialdad. ‖ fig. Sin gracia, con *sosería.

friático, ca. adj. **Friolero.** ‖ Frío, necio, *soso.

fricación. f. Acción y efecto de fricar.

fricandó. m. Cierto *guisado de la cocina francesa.

fricar. tr. **Estregar.**

fricasé. m. *Guisado de la cocina francesa, hecho con carne picada.

fricasea. f. desus. *Guisado que se hacía de carne ya cocida, y se servía sobre rebanadas de pan.

fricativo, va. adj. **Fonét.* Dícese de los sonidos o letras consonantes como, *f, s, z, j,* cuya articulación va acompañada de una salida continuada de aire, que produce cierta fricción o roce en los órganos bucales. ‖ Dícese de la letra que representa este sonido. Ú. t. c. f.

fricción. f. Acción y efecto de friccionar.

friccionar. tr. Dar fricciones o friegas.

friega. f. **Terap.* Acción y efecto de *frotar alguna parte del cuerpo con un paño o cepillo o con las manos. ‖ *Molestia, fastidio. ‖ Tunda, *zurra.

friera. f. **Sabañón.**

frigidez. f. **Frialdad.** ‖ Indiferencia o insensibilidad *venérea.

frigidísimo, ma. adj. superlativo de ***frío.**

frígido, da. adj. poét. **Frío.**

frigio, gia. adj. Natural de Frigia. Ú. t. c. s. ‖ Perteneciente a este país de Asia antigua. ‖ V. **Gorro frigio.**

frigoría. f. Unidad de medida para la intensidad del *frío.

frigorífico, ca. adj. Que produce *enfriamiento. Dícese principalmente de las mezclas que hacen bajar la temperatura. ‖ Dícese de las cámaras o espacios enfriados artificialmente para conservar frutas, carnes, etcétera.

friísimo, ma. adj. sup. de **frío.**

fríjol o **frijol.** m. **Fréjol.**

frijolar. m. Terreno sembrado de fríjoles.

frijolillo. m. *Árbol silvestre, de las leguminosas, cuyo fruto sirve de alimento al ganado.

frijón. m. **Fréjol.**

frimario. m. Tercer *mes del calendario republicano francés.

fringilago. m. **Paro carbonero.**

fringílidos. m. pl. Familia de *pájaros conirrostros, a la cual pertenecen el gorrión, el jilguero, etc.

***frío, a.** adj. Aplícase a los cuerpos cuya temperatura es muy inferior a la ordinaria del ambiente. ‖ fig. **Impotente** (para la *generación, *estéril). ‖ fig. Que muestra *indiferencia, *desapego o desafecto. ‖ fig. Sin gracia, *soso. ‖ fig. *Ineficaz. ‖ m. Disminución notable de calor en los cuerpos. ‖ Sensación que experimenta el cuerpo animal cuando su temperatura es mucho más elevada que la de cualquiera otro cuerpo con que se pone en contacto. ‖ Disminución de calor que experimenta total o parcialmente el cuerpo animal por efecto de causas fisiológicas o morbosas. ‖ Bebida enfriada con nieve o hielo, pero líquida. ‖ **No darle** a uno una cosa **frío ni calor.** fr. fig. y fam.

con que se explica la *indiferencia con que se toma un asunto. || **Quedarse** uno **frío.** fr. fig. Quedarse *sorprendido o aturdido.
friolento, ta. adj. **Friolero.**
friolera. f. Cosa *insignificante.
friolero, ra. adj. Muy sensible al *frío.
frión, na. adj. aum. de **Frío** (soso, sin gracia).
frisa. f. *Tela ordinaria de lana. || **Fort.* Estacada o palizada oblicua que se pone en la berma de una obra de campaña. || **Arq. Nav.* Tira de cuero, paño, etc., con que se hace perfecto el ajuste de dos piezas. || Especie de *manta de lana fuerte que usan las maragatas para cubrirse la cabeza. || desus. Pelo de algunas telas, como el de la *felpa.
frisado. m. *Tela de seda, cuyo pelo se frisaba formando borlillas.
frisador, ra. m. y f. Persona que frisa el *paño u otro *tejido.
frisadura. f. Acción y efecto de frisar.
frisar. tr. Levantar y retorcer los pelillos de algún *tejido. || **Refregar.** || **Arq. Nav.* Colocar tiras de cuero, paño, etc., para hacer perfecto el ajuste de dos piezas. || intr. Congeniar, *convenir. || fig. **Acercarse.**
frisio, sia. adj. Frisón. Apl. a pers., ú. t. c. s.
***friso.** m. *Arq.* Parte del cornisamento que media entre el arquitrabe y la cornisa. || Faja o *banda más o menos ancha que suele haber en la parte inferior de las *paredes, de diverso color que éstas, ya sea pintada o sobrepuesta.
frísol. m. **Judía.**
frisón, na. adj. Natural de Frisia. Ú. t. c. s. || Perteneciente a esta provincia de Holanda. || Dícese de los *caballos procedentes de Frisia. Ú. t. c. s. || m. *Lengua germánica hablada por los **frisones.**
frisuelo. m. **Frísol.**
frisuelo. m. Especie de *fruta de sartén*.
frita. f. Fusión de las materias con que se fabrica el *vidrio.
fritada. f. Conjunto de cosas fritas. || *Guiso parecido al pisto.
fritanga. f. Fritada, especialmente la abundante en grasa.
fritar. tr. **Freír.** || Fundir las materias vitrificables.
fritillas. f. pl. **Fruta de sartén.**
frito, ta. p. p. irreg. de **Freír.** || m. **Fritada.** || Cualquier manjar **frito.**
fritura. f. **Fritada.**
friulano, na. adj. Natural del Friul. || Perteneciente a este país de Italia. || m. *Lengua hablada en el Friul.
friura. f. **Frialdad.**
frívolamente. adv. m. Con frivolidad.
frivolidad. f. Calidad de frívolo.
frívolo, la. adj. Ligero, veleidoso, *inconstante. || Fútil, *insignificante.
froga. f. Fábrica de *albañilería hecha con ladrillos.
froncia. f. Mata de baleo que se usa para *barrer.
fronda. f. *Hoja de una planta. || Parte foliácea de los *helechos. || pl. Conjunto de *hojas o *ramas que forman espesura.
fronda. f. **Cir.* Vendaje de lienzo, de cuatro cabos y forma de honda.
fronde. m. **Fronda** (hoja de los *helechos).
frondio, dia. adj. Malhumorado, *descontento, *desabrido. || *Sucio, desaseado.
frondosidad. f. Abundancia de *hojas y *ramas.
frondoso, sa. adj. Abundante de *hojas y *ramas.
frontal. adj. *Zool.* Perteneciente o relativo a la frente. || m. **Liturg.* Paramento con que se adorna la parte delantera de la mesa del *altar. || Témpano de la *cuba o barril. || **Frontalera** (de la *brida). || *Arq.* **Carrera** (*viga). || *Mar.* Barandilla de las *embarcaciones.
frontalera. f. Correa o cuerda de la *cabezada y de la *brida del caballo, que le ciñe la frente. || Fajas y adornos como goteras, que guarnecen el frontal del *altar por lo alto y por los lados. || Sitio o paraje donde se guardan los frontales del *altar. || **Frontil** (que se pone a los bueyes).
frontalete. m. d. de **Frontal** (del altar).
frontera. f. *Límite o confín de un Estado. || **Fachada.** || Cada una de las fajas con que se refuerzan por abajo las *seras y serones. || **Albañ.* Tablero con barrotes que sirve para sostener el molde de la tapia cuando se llega a las esquinas o vanos.
fronterizo, za. adj. Que está o sirve en la frontera. || Que está *enfrente de otra cosa.
frontero, ra. adj. Puesto y colocado *enfrente. || m. **Frentero.** || *Caudillo o jefe militar que mandaba la frontera. || adv. l. **Enfrente.**
frontil. m. Pieza acolchada, que se pone a los bueyes en la frente para que no les lastime el *yugo. || Parte de la *cabezada que cubre la frente de una caballería.
frontino, na. adj. Dícese de la *caballería que tiene alguna señal en la frente.
frontis. m. **Arq.* Fachada o parte *anterior de una fábrica o de otra cosa.
frontispicio. m. Fachada o parte *anterior de un edificio, libro, etc. || fig. y fam. **Cara.** || *Arq.* **Frontón.**
***frontón.** m. Pared principal del juego de *pelota. || Edificio o sitio dispuesto para jugar a la *pelota. || **Min.* Parte del muro de una veta. || Parte escarpada de una *costa. || → *Arq.* Remate triangular de una fachada o de un pórtico.
frontudo, da. adj. Dícese del animal que tiene mucha *frente.
frotación. f. Acción de *frotar o frotarse.
frotador, ra. adj. Que frota. Ú. t. c. s. || Que sirve para frotar.
frotadura. m. **Frotación.**
***frotamiento.** m. Acción y efecto de frotar o frotarse.
***frotar.** tr. Pasar repetidamente una cosa sobre otra con fuerza. Ú. t. c. r.
frote. m. **Frotamiento.**
frotis. m. Toma de exudados del organismo para el examen de las *bacterias que contienen.
fructidor. m. Duodécimo *mes del calendario republicano francés.
fructíferamente. adv. m. Con fruto.
fructífero, ra. adj. Que produce *fruto.
fructificable. adj. Que puede fructificar.
fructificación. f. Acción y efecto de fructificar.
fructificador, ra. adj. Que fructifica.
***fructificar.** intr. Dar fruto los árboles y otras plantas. || fig. Producir *utilidad una cosa.
fructuario, ria. adj. **Usufructuario.** || Que consiste en frutos.
fructuosamente. adv. m. Con fruto, con *utilidad.
fructuoso, sa. adj. Que da fruto o *utilidad.
fruente. p. a. de **Fruir.** Que fruye.
frufrú. m. Onomatopeya del *ruido que producen al rozarse las telas de *seda.
frugal. adj. *Parco, *moderado en comer y beber. || Aplícase también a los alimentos sencillos.
frugalidad. f. *Moderación y *parsimonia en la comida y bebida.
frugalmente. adv. m. Con frugalidad.
frugífero, ra. adj. poét. Que lleva *fruto.
frugívoro, ra. adj. Que se *alimenta de *frutos.
fruición. f. *Placer intenso. || Complacencia en el bien o en el mal ajeno.
fruir. intr. Gozar, disfrutar, sentir *placer.
fruitivo, va. adj. Propio para causar *placer.
frumentario, ria. adj. Relativo o perteneciente al *trigo y otros *cereales. || m. *Oficial que en Roma se encargaba de proveer de trigo al ejército.
frumenticio, cia. adj. **Frumentario.**
frunce. m. Arruga o *pliegue.
fruncido. m. Conjunto de frunces o *pliegues en una tela.
fruncidor, ra. adj. Que frunce. Ú. t. c. s.
fruncimiento. m. Acción de fruncir. || fig. Engaño y *fingimiento.
fruncir. tr. Arrugar la frente o el *ceño en señal de desabrimiento o de *ira. || *Plegar en arrugas menudas el paño u otras telas. || fig. Estrechar y *encoger una cosa. || *Tergiversar la verdad. || r. *Fingir modestia y *timidez.
fruslera. f. Raeduras que salen de las piezas de *latón cuando se tornean.
fruslería. f. Cosa *insignificante.
fruslero, ra. adj. *Insignificante o frívolo. || m. *Cilindro de madera que se usa en las *cocinas para trabajar y extender la masa.
frustración. f. Acción y efecto de frustrar.
frustráneo, a. adj. Que no produce el efecto apetecido. || *Engañoso.
***frustrar.** tr. Privar a uno de lo que esperaba. || → Malograr un intento. Ú. t. c. r.
frustratorio, ria. adj. Que hace frustrar o frustrarse una cosa.
***fruta.** f. Fruto comestible que dan los árboles y plantas. Llámase así especialmente el que se come sin preparación y sirve antes para el regalo que para el alimento. || fig. y fam. Resultado de una cosa o *consecuencia de ella. || **a la catalana. Garbías.** || **del tiempo.** fig. y fam. Cosa que sucede con *frecuencia en tiempo determinado. || **de sartén*.** Masa frita, comestible, de varios nombres y figuras. || **nueva.** fig. Lo que es *nuevo en cualquiera línea.
frutaje. m. *Pintura de frutas y flores.
frutal. adj. Dícese del *árbol que da *fruta comestible. Ú. t. c. s.
frutar. intr. Dar fruto.
frutecer. intr. poét. Empezar a echar *fruto los árboles y las plantas.
frutería. f. Oficio de la casa real, en que se cuidaba de la prevención de las frutas para los *reyes. || Tienda o puesto donde se vende *fruta.
frutero, ra. adj. Que sirve para llevar o para contener *fruta. || m. y f. Persona que vende fruta. || m. Plato para servir la fruta en la *mesa. || *Servilleta con que se cubre la fruta que se pone en la mesa. || *Pintura que representa diversos

frutos. || Canastillo de frutas imitadas.
frútice. m. *Bot.* *Arbusto u otra planta perenne que produce muchos vástagos y no llega a la altura de un árbol; como el rosal.
***fruticoso, sa.** adj. *Bot.* Dícese del *tallo leñoso y delgado y de las plantas que lo tienen.
frutilla. f. d. de **Fruta.** || **Coco** (cuentecilla agujereada). || Especie de *fresón originario de Chile. || **del campo.** *Arbusto americano, de las rámneas.
frutillar. m. Sitio donde se crían las frutillas.
***fruto.** m. Producto de la fecundación de las plantas, que contiene las semillas. || Cualquier *producción de la tierra, que rinde alguna utilidad. || Producto o *creación del ingenio o del trabajo humano. || fig. *Utilidad y provecho. || pl. Producciones de la tierra, de que se hace *cosecha. || **Fruto de bendición.** *Hijo de legítimo matrimonio. || **Frutos civiles.** *Contribución que se pagaba por las rentas. || **en especie.** Los que no están reducidos a dinero. || **A fruto sano.** exp. de que se usa en los *arrendamientos de tierras, y denota ser el precio lo mismo un año que otro, independientemente de la cosecha. || **Dar fruto.** fr. Producirlo la tierra, los árboles, etc. || **Frutos por alimentos.** loc. *For.* Dícese cuando al *tutor se le concede todo el producto de las rentas del pupilo para alimentarle. || **Llevar fruto.** fr. **Dar fruto.** || **Sacar fruto.** fr. fig. *Conseguir todos o parte de los resultados que se esperan de algún esfuerzo.
fu. m. Bufido del *gato. || interj. de desprecio. || **Ni fu ni fa.** loc. fam. con que se indica que algo no es ni bueno ni malo; que es *mediano.
fúcar. m. fig. Hombre muy *rico.
fucilar. intr. Producirse fucilazos o *relámpagos en el horizonte. || Fulgurar, *brillar, rielar.
fucilazo. m. *Relámpago lejano.
fuco. m. *Alga de color aceitunado y cubierta de mechones blancos.
fucsia. f. *Arbusto de las onagrarieas, que se cultiva por sus flores de color rojo obscuro.
fucsina. f. Materia colorante sólida, que se emplea para *teñir de rojo obscuro, y para aumentar la coloración de los *vinos.
fuchina. f. **Escapatoria.**
***fuego.** m. Calor y *luz producidos por la combustión. || Materia en *combustión, con llama o sin ella. || **Incendio.** || *Hoguera que como señal se hacía en las atalayas de la costa. || Efecto de *disparar las armas de **fuego.** || fig. Hogar, *casa habitada. || fig. Erupción de la *piel. || fig. Ardor que excitan algunas *pasiones del ánimo. || fig. Lo muy vivo y empeñado de una *disputa. || *Fort.* **Flanco** (del baluarte). || *Veter.* **Cauterio.** || pl. **Fuegos artificiales.** || **Fuego de San Antón,** o **de San Marcial.** *Pat.* Erisipela maligna que hizo grandes estragos desde el siglo x al xvi. || **de Santelmo.** *Meteoro eléctrico que, al hallarse muy cargada de electricidad la atmósfera, se manifiesta en el extremo de los mástiles y vergas de las embarcaciones. || **fatuo.** Llamita que parece vagar por el aire, a corta distancia de la tierra, y es producida por los gases que emanan de substancias animales o vegetales en putrefacción. || **graneado.** *Mil.* El que se hace sin intermisión *disparando los soldados individualmente. || **griego.** *Artill.* Mixto incendiario que se inventó en Grecia para abrasar las naves. || **incendiario.** *Artill.* El que se hace disparando proyectiles cargados de materias incendiarias. || **muerto. Solimán.** || **nutrido.** *Mil.* El que se hace sin interrupción. || **pérsico. Zona** (enfermedad de la *piel). || **potencial.** *Cir.* Cáustico. || **sacro,** o **sagrado. Fuego de San Antón.** || ***Fuegos artificiales*.** *Artill.* Invenciones de **fuego** que se usan en la milicia: como granadas y bombas. || → *Cohetes y otros artificios que al quemarse producen luces de colores y detonaciones, y se hacen para regocijo o diversión. || **Apagar los fuegos.** fr. *Mil.* Hacer cesar con la *artillería los **fuegos** de la del enemigo. || fig. y fam. *Turbar y *vencer al adversario en altercado o controversia. || **Atizar el fuego.** fr. fig. Avivar una *discordia. || **Dar fuego.** fr. Aplicar o comunicar el **fuego** al arma que se quiere disparar o al barreno. || **Echar** uno **fuego por los ojos.** fr. fig. Manifestar gran furor o *ira. || **¡Fuego!** interj. que se emplea para *ponderar lo extraordinario de una cosa. || *Mil.* Voz de *mando para disparar las armas de **fuego.** || **¡Fuego de Cristo! ¡Fuego de Dios!** expres. con que se denota *ira o furor. || **Hacer fuego.** fr. *Mil.* *Disparar una o varias armas de **fuego.** || **Labrar a fuego.** fr. *Veter.* Curar o marcar con instrumento de hierro candente. || **Levantar fuego.** fr. fig. Incitar a discordia o contienda. || **Meter fuego.** fr. fig. Dar animación a una empresa; activarla. || **Romper el fuego.** fr. *Empezar a disparar. || fr. fig. Iniciar una pelea u otra cosa. || **Pegar fuego.** fr. **Incendiar.** || **Poner a fuego y sangre.** fr. *Destruir un país; asolarlo. || **Tocar a fuego.** fr. Avisar con toque de *campana que hay algún *fuego.
fueguecillo, to. m. d. de **Fuego.**
fueguezuelo. m. d. de **Fuego.**
fueguino, na. adj. Natural de la Tierra del Fuego. Ú. t. c. s. || Perteneciente a esta región.
fuellar. m. Talco de colores con que se adornan las *velas de cera rizadas.
***fuelle.** m. Instrumento para recoger aire y lanzarlo con fuerza en dirección determinada. Se usa en varios oficios o industrias y forma parte de algunos instrumentos de viento, como el órgano y el acordeón. || Bolsa de cuero de la gaita gallega. || Arruga o *pliegue del vestido. || En los *carruajes, cubierta de vaqueta que se puede plegar hacia atrás. || fig. Conjunto de *nubes, cuando se cree que son señales de viento. || fig. y fam. *Acusador, soplón. || *Odre para envasar harina. || En los *molinos de aceite, pila en que se recogen los caldos.
fuencarralero, ra. adj. **Foncarralero.**
fuentada. f. fam. **Fuente** (cantidad de comida que hay en una fuente).
***fuente.** f. Manantial de agua. || Caño por donde sale el agua recogida en un depósito y conducida por una tubería. || Cuerpo de arquitectura hecho de piedra, hierro, etc., para que salga el agua por uno o muchos caños dispuestos en él. || **Pila** (de *bautismo). || *Plato grande, que se usa para servir las viandas. || Cantidad de vianda que cabe en una fuente. || Vacío que tienen las *caballerías junto al corvejón. Ú. m. en pl. || fig. Principio u *origen de una cosa. || fig. Aquello de que fluye con abundancia un líquido. || *Cir.* **Exutorio.** || **Beber** uno **en buenas fuentes.** fr. fig. y fam. Adquirir *noticias de personas o en lugares dignos de crédito.
fuentezuela. f. d. de **Fuente.**
fuer. m. Contracc. de **Fuero.** || **A fuer de.** m. adv. A ley de, por *causa de, a manera de.
***fuera.** adv. l. y t. A o en la parte exterior de cualquier recinto. || Antes o después de cualquier período de tiempo. || Que no guarda relación con alguna cosa, concepto o término real o imaginario. || **De fuera.** m. adv. **Defuera.** || **¡Fuera!** interj. **¡Afuera!** || **Fuera de.** m. adv. *Además de.
fuerarropa (hacer). Frase de mando usada en las galeras para que se *desnudase la chusma.
fuerista. com. Persona versada en los *fueros de las provincias privilegiadas. || Persona defensora de los fueros.
***fuero.** m. Ley *municipal. || Jurisdicción, poder. || Nombre de algunas compilaciones de *leyes. || Cada uno de los *privilegios y exenciones que se conceden a una ciudad o persona. || fig. y fam. Arrogancia, *orgullo. Ú. m. en pl. || **activo.** *For.* Aquel de que gozan unas personas para llevar sus causas a ciertos tribunales. || **de la conciencia.** Libertad de la *conciencia para aprobar o reprobar. || **exterior,** o **externo.** *Tribunal que aplica las leyes. || **interior,** o **interno. Fuero de la conciencia.** || **mixto.** El que participa del eclesiástico y el secular. || **A fuero,** o **al fuero.** m. adv. Según ley o *costumbre. || **De fuero.** m. adv. De ley. || **Reconvenir en su fuero.** fr. *For.* Citar a uno ante el juez competente. || **Surtir fuero,** o **el fuero.** fr. *For.* Estar uno sujeto al de un juez determinado.
***fuerte.** adj. Que tiene fuerza y resistencia. || Robusto, corpulento. || Animoso, varonil, *valiente. || *Duro, que no se deja fácilmente labrar. || Hablando del terreno, áspero, *escabroso. || Dícese del lugar resguardado con *fortificaciones u obras de defensa. || Tratándose de monedas o piedras preciosas, dícese de lo que excede en el peso o ley. || Aplícase a la *moneda de plata, para distinguirla de la de vellón del mismo nombre. || fig. Importante, *intenso, *grave. || fig. De carácter *desabrido. || Hablando de bebidas, sabores, etc., dícese de lo que produce *intensa sensación en el paladar. || fig. *Eficaz para persuadir. || fig. Versado o *docto en una ciencia o arte. || *Gram.* Dícese de la forma gramatical que tiene el acento en el tema. || m. **Fortaleza** (recinto *fortificado). || Cierto juego de pelota en que los muchachos se tiran a dar unos a otros. || fig. Aquello en que más *sobresale una persona. || adv. m. **Fuertemente.** || **Hacerse fuerte.** fr. *Fortificarse en algún lugar.
fuertemente. adv. m. Con fuerza.
fuertezuelo. m. d. de **Fuerte.**
***fuerza.** f. Vigor muscular que permite a los animales mover su cuerpo u otras cosas. || *Mec.* Causa física capaz de modificar el estado de reposo o de movimiento de un cuerpo. || Virtud y *eficacia natural que las cosas tienen en sí. || Acto de *coacción. || Violencia que se hace a una mujer para gozarla; *violación. || Grueso o parte principal de un

todo. || Estado más vigoroso de una cosa o grado de *intensidad con que se manifiestan ciertas cualidades o estados. || **Eficacia.** || Plaza *fortificada. || Fortificaciones de esta plaza. || Lista de entretela fuerte que echan los sastres al canto de las *ropas. || *Esgr.* Tercio primero de la *espada hacia la guarnición. || **Der. Can.* Agravio que el juez eclesiástico hace a la parte. || *Mec.* **Resistencia.** || pl. *Mil.* Gente de guerra, *tropas. || **Fuerza aceleratriz.** *Mec.* La que aumenta la velocidad de un movimiento. || **animal.** La del ser viviente cuando se emplea como motriz. || **armada.** El *ejército. || **bruta.** La material, en oposición a la que da el derecho o la razón. || **centrífuga.** *Mec.* Aquella por la cual propende un cuerpo a alejarse de la curva que describe en su movimiento y seguir por la tangente. || **centrípeta.** *Mec.* Aquella con que propende un cuerpo a acercarse al centro en derredor del cual se mueve. || **de sangre. Fuerza animal.** || **Plétora.** || **electromotriz.** La que hace circular la electricidad en un conductor. || **liberatoria.** La que legalmente se concede al papel *moneda. || **mayor.** *For.* La que por no poderse prever o resistir, exime del cumplimiento de alguna obligación. || **retardatriz.** *Mec.* La que disminuye la velocidad de un movimiento. || **A fuerza de.** m. adv. Mediante el empleo de. || **A la fuerza ahorcan.** fr. fam. con que se da a entender que uno se ve *compelido a hacer alguna cosa contra su voluntad. || **Alzar la fuerza.** fr. *For.* Enmendar los tribunales superiores civiles, la violencia que hacen los jueces eclesiásticos. || **A viva fuerza.** m. adv. Violentamente. || **Cobrar fuerzas.** fr. Convalecer, recobrar la *salud. || **De por fuerza.** m. adv. fam. **Por fuerza.** || **En fuerza de.** m. adv. A causa de, en virtud de. || **Fuerzas vivas.** Se dice del conjunto que forman los industriales y comerciantes de una comarca o nación. || **Irsele** a uno **la fuerza por la boca.** fr. fig. y fam. Ser baladrón y *jactancioso. || **Por fuerza.** m. adv. Violentamente. || Necesariamente. || **Protestar la fuerza.** fr. *For.* Reclamar contra la violencia. || **Sacar** uno **fuerzas de flaqueza.** fr. Hacer un esfuerzo extraordinario. || **Ser fuerza.** loc. Ser necesario o forzoso.

fufo. m. **Fu.**

fufú. m. *Guiso americano, que se hace con plátano, ñame o calabaza.

fuga. f. *Huida apresurada. || La mayor *intensidad de una acción. || Escape o *salida de *gas o líquido por un orificio o abertura producidos accidentalmente. || **Mús.* Composición que tiene por base un tema y su contrapunto. || **de consonantes.** Escrito en que las consonantes se substituyen por puntos. Es una especie de *acertijo. || **de vocales.** Cuando las que se substituyen por puntos son las vocales. || **Meter en fuga** a uno. fr. fig. y fam. *Incitarle a que ejecute alguna cosa.

fugacidad. f. Calidad de fugaz.

fugada. f. **Ráfaga.**

fugado, da. adj. **Mús.* Dícese del pasaje que participa del carácter de la fuga.

fugarse. r. Escaparse, *huir.

***fugaz.** adj. Que huye y desaparece prontamente. || fig. De muy breve duración.

fugazmente. adv. m. De manera fugaz.

fugitivo, va. adj. Que *huye y se esconde. Ú. t. c. s. || Que pasa muy aprisa. || fig. Caduco, *fugaz.

fuguillas. m. fam. Hombre *irritable e impaciente.

fuina. f. **Garduña.**

ful. adj. *Germ.* *Falso, fingido, simulado.

fulano, na. m. y f. Voz con que se suple el *nombre de una persona. || Persona *indeterminada o imaginaria.

fulastre. adj. fam. *Imperfecto, chapucero.

fulcro. m. Punto de apoyo de la *palanca. || **Bot.* Nombre común a ciertos órganos de las plantas, como zarcillos, pedúnculos, etc.

fulero, ra. adj. fam. Chapucero, *imperfecto, inaceptable. || *Embustero, falaz.

fulgente. adj. *Brillante, resplandeciente.

fúlgido, da. adj. **Fulgente.**

fulgir. intr. Brillar, *resplandecer.

fulgor. m. Resplandor y *brillo con *luz propia.

fulguración. f. Acción y efecto de fulgurar. || Accidente causado por el *rayo.

fulgural. adj. Perteneciente o relativo al *rayo.

fulgurante. p. a. de **Fulgurar.** Que fulgura.

fulgurar. intr. *Brillar, despedir rayos de *luz.

fulgurita. f. Tubo vitrificado que produce en las tierras silíceas la caída del *rayo.

fulguroso, sa. adj. Que fulgura o despide fulgor.

fúlica. f. *Ave zancuda, especie pequeña de polla de agua.

fulidor. m. *Germ.* Ladrón.

fulígine. f. **Hollín.**

fuliginosidad. f. Calidad de fuliginoso. || *Pat.* Substancia negruzca que cubre las mucosas de la *boca en ciertas enfermedades.

fuliginoso, sa. adj. Denegrido, tiznado. || Parecido al *hollín.

fulminación. f. Acción de fulminar.

fulminador, ra. adj. Que fulmina. Ú. t. c. s.

fulminante. p. a. de **Fulminar.** Que fulmina. || Aplícase a las *enfermedades repentinas y por lo común graves o mortales. || Dícese de las materias *explosivas. || m. Cápsula o pistón de *arma de fuego*.

fulminar. tr. Arrojar rayos. || fig. *Disparar bombas y balas. || fig. Dicho de *sentencias, *excomuniones, etc., dictarlas, imponerlas.

fulminato. m. **Quím.* Cada una de las sales *explosivas formadas por el ácido fulmínico.

fulminatriz. adj. **Fulminadora.** || V. **Legión fulminatriz.**

fulmíneo, a. adj. Que participa de las propiedades del *rayo.

fulmínico, ca. adj. *Quím.* V. **Ácido fulmínico.**

fulminoso, sa. adj. **Fulmíneo.**

fulla. f. *Barquillos, suplicaciones.

fulleresco, ca. adj. Perteneciente a los fulleros.

***fullería.** f. Trampa en el juego. || fig. Astucia y arte con que se pretende *engañar.

***fullero, ra.** adj. Que hace fullerías. Ú. t. c. s. || **Fulero.**

fullona. f. fam. Pendencia, *contienda ruidosa.

fumable. adj. Que se puede fumar.

fumada. f. Porción de humo que toma cada vez el que *fuma.

fumadero. m. Local destinado a los fumadores.

fumador, ra. adj. Que tiene costumbre de *fumar. Ú. t. c. s.

fumante. p. a. de **Fumar.** Que humea.

***fumar.** intr. **Humear.** || → Aspirar y despedir el humo del tabaco, opio, anís y otras substancias. Ú. t. c. tr. || r. fig. y fam. *Gastar por completo una cosa. || fig. y fam. Descuidar una obligación, *faltar a ella.

fumarada. f. Porción de *humo que sale de una vez. || Cantidad de *tabaco que cabe en la pipa.

fumaria. f. *Planta herbácea, de las papaveráceas.

fumarola. f. Grieta de la tierra en las regiones *volcánicas, por donde salen gases.

fumífero, ra. adj. poét. Que echa *humo.

fumífugo, ga. adj. **Fumívoro.**

fumigación. f. Acción de fumigar.

fumigador, ra. m. y f. Persona que fumiga. || m. Aparato para fumigar.

fumigar. tr. *Desinfectar por medio de humo o de gases adecuados.

fumigatorio, ria. adj. Perteneciente o relativo a la fumigación. || m. **Perfumador** (vasija).

fumista. m. El que hace, vende o arregla *cocinas, *chimeneas o *estufas.

fumistería. f. Tienda o taller del fumista.

fumívoro, ra. adj. Aplícase a los hornos y chimeneas en que, mediante una nueva combustión, se disminuye la salida del *humo.

fumorola. f. **Fumarola.**

fumosidad. f. Humo.

fumoso, sa. adj. Que abunda en humo.

funambulesco, ca. adj. Relativo a los funámbulos.

funámbulo, la. m. y f. *Volatinero, y especialmente el que hace ejercicios en la cuerda.

***función.** f. **Fisiol.* Ejercicio de un órgano o aparato de los seres vivos. || **Mec.* Movimiento de una máquina o aparato. || *Acción y ejercicio de un empleo, facultad u oficio. || → Acto público, festividad o espectáculo a que concurre mucha gente. || Concurrencia de algunas personas en una casa particular, por algún motivo señalado. || **Mat.* Cantidad cuyo valor depende del de otra u otras cantidades variables. || *Mil.* Acción de *guerra.

funcional. adj. *Fisiol.* Relativo a las funciones fisiológicas. || Perteneciente o relativo al funcionamiento.

funcionamiento. m. Acción de funcionar.

funcionar. intr. *Ejecutar una persona o cosa las funciones que le son propias. || **Mec.* Entrar en movimiento o producir el resultado previsto una máquina o aparato.

***funcionario, ria.** m. y f. Persona que desempeña un *empleo público.

funche. m. Especie de *gachas de harina de maíz.

funda. f. *Cubierta o *bolsa de forma adecuada, con que se envuelve una cosa para conservarla y resguardarla.

***fundación.** f. Acción y efecto de fundar. || Principio y *origen de una cosa. || Documento en que constan las cláusulas de una institución de beneficencia, obra pía, etc.

fundacional. adj. Perteneciente o relativo a una fundación.

fundadamente. adv. m. Con fundamento.

fundador, ra. adj. Que funda. Ú. t. c. s.

***fundamental.** adj. Que sirve de fundamento. || Que es lo más *importante en una cosa. || V. **Piedra fundamental.** || *Geom.* Aplícase a

la línea que sirve para dividir las demás líneas que se describen en la pantómetra.
fundamentalmente. adv. m. De manera fundamental.
fundamentar. tr. Echar los fundamentos o *cimientos a un edificio. ‖ fig. Establecer, dar *fundamento y hacer firme una cosa.
***fundamento.** m. *Cimiento en que se apoya un edificio u otra cosa. ‖ *Seriedad, formalidad. ‖ → Razón principal o motivo con que se pretende dar fuerza y solidez a una cosa no material. ‖ Trama de los *tejidos. ‖ pl. Primeras *nociones de alguna ciencia o arte.
***fundar.** tr. Edificar, *construir materialmente una ciudad, hospital, etc. ‖ *Apoyar, armar alguna cosa material sobre otra. Ú. t. c. r. ‖ Erigir, establecer un mayorazgo, obra pía, etc., dándoles rentas y estatutos. ‖ → Establecer, crear. ‖ fig. Apoyar con *pruebas, razonamientos, etc., una cosa. Ú. t. c. r.
fundente. adj. **Metal.* Que facilita la *fusión. ‖m. **Farm.* Medicamento resolutivo. ‖ **Quím.* Substancia que se mezcla con otra para facilitar la *fusión de ésta.
fundería. f. **Fundición** (fábrica).
fundible. adj. Capaz de fundirse.
fundibulario. m. *Soldado romano que peleaba con *honda.
fundíbulo. m. **Artill.* Máquina de madera, que servía para disparar piedras de gran peso.
fundición. f. Acción y efecto de *fundir o fundirse. ‖ Fábrica en que se funden metales. ‖ ***Hierro colado.** ‖ **Impr.* Surtido de letras de una clase para imprimir.
fundidor. m. El que tiene por oficio fundir.
***fundir.** tr. Derretir y liquidar los metales u otros cuerpos sólidos. ‖ Hacer objetos de metal, echando éste en fusión dentro de moldes adecuados. ‖ r. fig. *Unirse, ponerse de *acuerdo las ideas, intereses o partidos que antes estaban en pugna. ‖ fig. y fam. Arruinarse.
fundo. m. *For.* Finca rústica.
***fúnebre.** adj. Relativo a los *difuntos. ‖ fig. Muy *triste, luctuoso, desgraciado.
fúnebremente. adv. m. De un modo fúnebre.
***funeral.** adj. Perteneciente a entierro o exequias. ‖ m. Ceremonia con que se hace un *entierro o unas exequias. ‖ **Exequias.** Ú. t. en pl.
funerala (a la). m. adv. que expresa la manera de llevar las armas los militares en señal de duelo (*aflicción).
funeralias. f. pl. ant. **Funerales.**
funeraria. f. Empresa que se encarga de la conducción y *entierro de los difuntos.
funerario, ria. adj. **Funeral.**
funéreo, a. adj. poét. **Fúnebre.**
funestamente. adv. m. De un modo funesto.
funestar. tr. *Infamar, deslustrar, *profanar.
funesto, ta. adj. Aciago, *adverso, desgraciado. ‖ *Triste y lamentable.
fungar. intr. Chirriar, rechinar.
fungible. adj. Que se consume o *gasta con el uso.
fungo. m. **Fungosidad.**
fungosidad. f. **Cir.* Carnosidad fofa que dificulta la cicatrización de las heridas.
fungoso, sa. adj. *Esponjoso, fofo.
funicular. adj. Que se mueve mediante la tracción de una *cuerda o cable. Ú. t. c. s. ‖ m. ***Ferrocarril funicular.**
funículo. m. **Bot.* Conjunto de vasos nutritivos que unen el grano al pericarpio.
funiforme. adj. Que tiene la forma de *cuerda.
fuñador. m. *Germ.* **Pendenciero.**
fuñar. intr. *Germ.* Armar *riñas y pendencias.
fuñicar. tr. Hacer una cosa con torpeza e *imperfección.
fuñique. adj. Dícese de la persona *torpe en sus acciones. Ú. t. c. s. ‖ Meticuloso, *delicado, chinche.
fuño. m. *Ceño, mal gesto.
furare. m. **Tordo** (pájaro).
furente. adj. poét. Arrebatado y poseído de furor o *ira.
fúrfura. f. *Pat.* Conjunto de laminillas, a modo de escamas, que se forman y desprenden en algunas enfermedades de la *piel.
furgón. m. *Carro fuerte de cuatro ruedas y cubierto, que sirve en el ejército para transportar equipajes, municiones, etc. ‖ Vagón cerrado que se usa en los *ferrocarriles para el transporte de equipajes y mercancías.
furia. f. **Mit.* Cada una de las tres divinidades infernales en que se personificaban los remordimientos. ‖ *Ira, furor, cólera. ‖ Ataque de *locura. ‖ fig. Persona muy irritada y colérica. ‖ fig. *Violenta *agitación de las cosas insensibles, como el viento, el mar, etc. ‖ fig. *Prontitud y vehemencia con que se ejecuta alguna cosa. ‖ **A toda furia.** m. adv. Con la mayor *diligencia.
furibundo, da. adj. Poseído de *ira o muy propenso a enfurecerse. ‖ Que denota furor.
furiente. adj. **Furente.**
furierismo. m. Sistema utópico de organización *social inventado por Fourier en el cual queda excluida la familia y la propiedad.
furierista. adj. Partidario del furierismo. Apl. a pers., ú. t. c. s. ‖ Perteneciente o relativo a este sistema.
furiosamente. adv. m. Con furia.
***furioso, sa.** adj. Poseído de *ira. ‖ Dícese del *loco peligroso. ‖ fig. *Violento, terrible. ‖ fig. Muy *grande y *excesivo.
furlana. f. Cierto *baile italiano.
furlón. m. **Forlón.**
furnia. f. Bodega *subterránea. ‖ Sima *profunda en terreno peñascoso.
furo. m. En los ingenios de *azúcar, orificio inferior en las hormas cónicas de barro. ‖ V. **Miel de furos.**
furo (hacer). fr. *Ocultar o *apropiarse mañosamente una cosa.
furo, ra. adj. Dícese de la persona huraña o *intratable. ‖ Aplícase al animal *fiero sin domar. ‖ Furioso, poseído de *ira.
furor. m. Cólera, *ira exaltada. ‖ Estado de exaltación de la *locura. ‖ fig. *Inspiración arrebatada del poeta. ‖ fig. **Furia.** ‖ **uterino.** *Pat.* Perturbación *genital que produce en la mujer un deseo insaciable de entregarse a la cópula.
furriel. m. Cabo a quien se encomendaba en cada compañía de *soldados la distribución del pre, pan y cebada.
furriela. f. **Furriera.**
furrier. m. **Furriel.**
furriera. f. Oficio de la casa del *rey, a cuyo cargo estaban las llaves de palacio.
furris. adj. fam. Malo, *despreciable, *imperfecto.
furruco. m. Especie de zambomba.
furtivamente. adv. m. **A escondidas.**
furtivo, va. adj. Que se hace a *escondidas. ‖ Que hace algo a escondidas.
furúnculo. m. **Divieso.**
fusa. f. **Mús.* Nota cuyo valor es la mitad de la semicorchea.
fusado, da. adj. **Blas.* Dícese del escudo o pieza cargada de husos.
fusca. f. ***Pato negro.** ‖ *Maleza, hojarasca.
fusco, ca. adj. **Obscuro.** ‖ m. *Embutido grueso de lomo.
fuselado, da. adj. **Blas.* **Fusado.**
fuselaje. m. Cuerpo del *avión.
fusentes. adj. pl. que se aplicaba a las aguas del Guadalquivir en la *marea menguante.
fusibilidad. f. Calidad de fusible.
fusible. adj. Que puede *fundirse. ‖ m. Hilo o chapa metálica, fácil de fundirse, que se intercala en un circuito *eléctrico, para que en caso de corriente excesiva la interrumpa al fundirse.
fusiforme. adj. De figura de huso.
fúsil. adj. **Fusible.**
***fusil.** m. *Arma de fuego*, portátil, compuesta de un cañón de acero de ocho a diez decímetros de longitud, de un mecanismo con que se dispara, y de la caja a que éste y aquél van unidos. ‖ **de chispa.** El de llave antiguo en que un trozo de pedernal, chocando contra el rastrillo acerado, produce una chispa que incendia el cebo. ‖ **de pistón.** El que se ceba colocando sobre su chimenea una cápsula cilíndrica que contiene el fulminante.
fusilamiento. m. Acción y efecto de fusilar.
fusilar. tr. *Mil.* *Matar a una persona con una descarga de fusilería. ‖ fig. y fam. Plagiar, *copiar, *imitar obras ajenas sin citarlas.
fusilazo. m. Tiro disparado con el fusil. ‖ **Fucilazo.**
fusilería. f. Conjunto de fusiles. ‖ Conjunto de *soldados fusileros.
fusilero, ra. adj. Perteneciente o relativo al fusil. ‖ m. *Soldado de infantería que no era granadero ni cazador. ‖ **de montaña.** Soldado de tropa ligera.
***fusión.** f. Efecto de fundir o fundirse. ‖ fig. *Unión de intereses, partidos, etc.
fusionar. tr. Producir la fusión o *concordia de intereses encontrados.
fusionista. adj. Partidario en *política de la fusión de ciertos partidos. Ú. t. c. s.
fusique. m. Pomo de cuello largo con agujeritos para sorber *tabaco en polvo.
fuslina. f. **Metal.* Sitio destinado a la fundición de minerales.
fusor. m. Vaso o instrumento que sirve para *fundir.
fusta. f. *Varas, ramas y *leña delgada. ‖ Cierta *tela de lana. ‖ **Equit.* Vara flexible o *látigo largo y delgado que termina en una trencilla de correa. ‖ *Buque ligero de remos, que se empleaba como explorador. ‖ pl. Derechos que pagan a los propietarios los dueños de los ganados por los *pastos de rastrojera.
fustado, da. adj. **Blas.* Aplícase al árbol cuyo tronco es de diferente color que las hojas, o a la lanza o pica cuya asta es de diferente color que el hierro.
fustal. m. **Fustán.**
fustán. m. *Tela gruesa de algodón, con pelo por una de sus caras. ‖ *Enaguas.

fustancado, da. adj. *Germ.* Dícese de la persona apaleada.
fustanero. m. El que fabrica fustanes.
fustanque. m. *Germ.* *Palo, vara.
fustaño. m. **Fustán.**
fustazo. m. *Golpe dado con la fusta o látigo.
fuste. m. ***Madera.** ‖ **Vara.** ‖ Asta de la *lanza. ‖ **Guarn.* Cada una de las dos piezas de madera que tiene la silla del caballo. ‖ poét. Silla del caballo. ‖ fig. *Fundamento de una cosa no material. ‖ fig. Nervio, *importancia. ‖ *Arq.* Parte de la *columna que media entre el capitel y la basa. ‖ **cuarentén. Cuarentén.**
fustero, ra. adj. Perteneciente al fuste. ‖ m. **Tornero.** ‖ **Carpintero.**
fustete. m. *Arbusto de las terebintáceas, ramoso, copudo y de flores verdosas en panojas.
fustíbalo. m. **Artill.* Máquina antigua para lanzar piedras.
fustigador, ra. adj. Que fustiga. Ú. t. c. s.
fustigante. p a. de **Fustigar.** Que fustiga.
***fustigar.** tr. **Azotar.** ‖ fig. *Censurar con dureza y acritud.
fusto. m. *Madero de cinco a seis metros de longitud.
fútbol o **futbol.** m. Juego que consiste en lanzar con el pie un *balón, tratando de introducirlo, los jugadores de cada bando, en un recinto defendido por el bando contrario.
futbolista. com. Jugador de fútbol.
futesa. f. Fruslería, cosa *insignificante.
***fútil.** adj. De poca importancia, insignificante.
***futilidad.** f. Poca o ninguna importancia de una cosa.
futraque. m. fam. desus. Levita, casaca.
futura. f. Derecho a la sucesión de un *empleo o beneficio antes de estar vacante. ‖ fam. Novia que tiene con su novio compromiso de *matrimonio.
futurario, ria. adj. Dícese de aquello que pertenece a futura sucesión.
futurismo. m. Movimiento *literario y *artístico de la primera trasguerra, que propugnaba la ruptura con el pasado.
futurista. adj. Perteneciente al futurismo. Apl. a pers. Ú. t. c. s.
***futuro, ra.** adj. Que está por venir. ‖ *Gram.* V. **Tiempo futuro.** Ú. t. c. s. ‖ m. fam. Novio que tiene con su novia compromiso de *matrimonio. ‖ ***contingente.** Lo que puede suceder o no. ‖ **imperfecto.** *Gram.* El que manifiesta de un modo absoluto que la cosa existirá o acaecerá. ‖ **perfecto.** *Gram.* El que denota acción **futura** con respecto al momento en que se habla, pero pasada con respecto a otro momento.

G

g. f. Octava *letra del abecedario español. ‖ **Mús.* Indica el tono o la nota de sol.
gaba. f. En Marruecos, terreno cubierto de *maleza.
gabachada. f. Acción propia de gabacho.
gabacho, cha. adj. Dícese de los naturales de algunos pueblos de las faldas de los Pirineos. Ú. t. c. s. ‖ Perteneciente a estos pueblos. ‖ Aplícase a las *palomas de casta grande y calzadas. ‖ fam. despect. **Francés.** Apl. a pers., ú. t. c. s. ‖ m. fam. *Lenguaje español plagado de galicismos.
gabán. m. *Capote con mangas. ‖ *Abrigo, sobretodo.
gabaonita. adj. Natural de Gabaón. Ú. t. c. s. ‖ Perteneciente a esta ciudad de la tribu de Benjamín, en Palestina.
gabarda. f. **Escaramujo.**
gabardina. f. Ropón con mangas ajustadas, usado por los labradores en algunas comarcas. ‖ *Tela de tejido diagonal, impermeable, que se emplea para sobretodos. ‖ *Sobretodo hecho de esa tela.
gabarra. f. *Embarcación mayor que la lancha, que se usa en las costas para transportes. ‖ Barco pequeño y chato destinado a la carga y descarga en los puertos.
gabarrero. m. Conductor de una gabarra. ‖ Cargador o descargador de ella. ‖ El que saca *leña del monte y la transporta para venderla.
gabarro. m. **Geol.* Nódulo de composición distinta de la masa de la *piedra en que se encuentra encerrado. ‖ Defecto de las *telas o tejidos. ‖ **Pepita** (enfermedad de las *gallinas). ‖ **Cant.* *Betún hecho de pez, resina y piedra machacada, que se aplica en caliente para llenar las faltas de los sillares. ‖ fig. *Obligación con que se recibe una cosa, o *molestia que resulta de tenerla. ‖ fig. *Error en las *cuentas. ‖ **Abejón** (*insecto). ‖ fig. Zángano, *holgazán. ‖ **Veter.* Tumor de las caballerías en la parte lateral y superior del casco.
gabarrón. m. aum. de **Gabarra.**
gabasa. f. **Bagasa.**
gábata. f. Escudilla o *plato en que se echaba la comida a cada soldado o galeote.
gabazo. m. **Bagazo.**
gabela. f. *Tributo, impuesto o contribución. ‖ fig. *Obligación, *servidumbre, gravamen.
gabelo. m. *Entrecejo, espacio comprendido entre ambas cejas.
gabijón. m. *Haz de paja de centeno.
gabina. f. fam. *Sombrero de copa.
gabinete. m. *Aposento de recibir, menor que la sala, y generalmente contiguo a ella. ‖ Conjunto de *muebles para un gabinete. ‖ *Colección de objetos o aparatos para estudio de algún arte o ciencia. ‖ Local en que se halla instalada tal colección. ‖ Aposento provisto de aparatos donde el *dentista trata a sus pacientes. ‖ **Ministerio** (*gobierno).
gabita. f. Yunta de *caballerías para encuarte.
gablete. m. *Arq.* *Remate de líneas rectas y ápice agudo.
gabón. m. *Mar.* Cámara de una *embarcación a popa de la despensa. ‖ Pañol de la *pólvora.
gabote. m. **Volante** (para jugar con la raqueta).
gabrieles. m. pl. fam. Los garbanzos del cocido.
gabuzo. m. Vara seca de brezo que, encendida por el extremo inferior, sirve para *alumbrarse.
gacel. m. Macho de la gacela.
gacela. f. Antílope (*rumiante) algo menor que el corzo, de cola corta, piernas muy finas, y las astas encorvadas a modo de lira.
gaceta. f. Papel *periódico en que se dan noticias políticas, literarias, etcétera. ‖ Publicación periódica dedicada a algún ramo especial de literatura, de la administración, etc. ‖ En España, nombre que tuvo el diario oficial del *gobierno. ‖ **Mentir más que la gaceta.** fr. fig. y fam. *Mentir mucho.
gaceta. f. Caja refractaria para colocar dentro del horno las *baldosas.
gacetera. f. Mujer que vende gacetas.
gacetero. m. El que escribe para las gacetas o las vende.
gacetilla. f. Parte de un *periódico destinada a la inserción de noticias cortas. ‖ Cada una de estas mismas *noticias. ‖ fig. y fam. Persona *chismosa.
gacetillero. m. Redactor de gacetillas.
gacetista. m. Persona aficionada a leer gacetas. ‖ Persona que habla frecuentemente de novedades.
***gacha.** f. Cualquiera *masa muy blanda y casi líquida. ‖ *Plato o escudilla de loza. ‖ → pl. Comida compuesta de harina cocida con agua y sal, que después se adereza con leche, miel u otro aliño. ‖ *Halagos, caricias. ‖ **Hacerse** uno **unas gachas.** fr. fig. y fam. Expresar el *cariño con demasiada melosidad.
gachapero. m. Paraje lleno de *lodo.
gachapo. m. Caja para la piedra de *afilar la *guadaña.
gaché. m. Nombre con que los gitanos designan a los andaluces. ‖ *Germ.* *Hombre en general, y en especial el querido de una mujer.
gacheta. f. d. de **Gacha.** ‖ **Engrudo.**
gacheta. f. Palanquita que, oprimida por un resorte, sujeta el pestillo de algunas *cerraduras. ‖ Cada uno de los dientes del pestillo en que encaja dicha palanquita.
gachí. f. *Germ.* *Mujer, muchacha.
gacho, cha. adj. *Encorvado, inclinado hacia la tierra. ‖ Dícese de la res que tiene los cuernos inclinados hacia abajo. ‖ Dícese de la *caballería que tiene el hocico muy metido al pecho. ‖ Dícese del *cuerno retorcido hacia abajo. ‖ **A gachas.** m. adv. fam. **A gatas.**
gachó. m. **Gaché.**
gachón, na. adj. fam. Que tiene *gracia, *agrado y dulzura. ‖ fam. Dícese del niño muy *delicado o mimoso.
gachonada. f. fam. **Gachonería.** ‖ fam. Acto de gachonería.
gachonería. f. fam. *Gracia, donaire, *atractivo.
gachuela. f. d. de **Gacha.**
gachumbo. m. *Cáscara leñosa y dura de varios frutos, de la cual se hacen *vasijas y otros utensilios.
gachupín. m. **Cachupín.**
gadejón. m. Cada uno de los *haces de *leña que forman la carga de una caballería.
gaditano, na. adj. Natural de Cádiz. Ú. t. c. s. ‖ Perteneciente a esta ciudad.
gaélico, ca. adj. Aplícase a los dialectos de la *lengua céltica que se hablan en ciertas comarcas de Irlanda y Escocia. Ú. t c. s.
gaetano, na. adj. Natural de Gaeta. Ú. t. c. s. ‖ Perteneciente a esta ciudad de Italia.
gafa. f. Instrumento para armar la *ballesta. ‖ **Grapa.** ‖ *Mar.* Especie de *tenaza o pareja de *ganchos para suspender objetos pesados. ‖ pl. Tablilla con dos ganchos, que se cuelga en la barandilla de la mesa de *trucos para poder jugar la bola que está entronerada. ‖ *Anteojos cuya armadura lleva un gancho o patilla a cada lado, para sujetarlos detrás de las orejas. ‖ Estos ganchos.
gafar. tr. *Tomar y arrebatar una cosa con las uñas o con un instru-

mento corvo. ‖ Lañar los objetos rotos.
gafarrón. m. **Pardillo** (*ave).
gafe. m. fam. Cenizo, persona que trae a otras suerte *adversa.
gafedad. f. Entumecimiento y contracción permanente de los *dedos, que impide su movimiento. ‖ *Lepra en que se mantienen fuertemente encorvados los dedos de las manos.
gafete. m. **Corchete** (broche).
gafo, fa. adj. Que tiene encorvados y sin movimiento los *dedos de manos o *pies. Ú. t. c. s. ‖ Que padece la *lepra llamada gafedad. Ú. t. c. s. ‖ **Veter.* Dícese de la caballería que tiene la planta del casco irritada.
gago, ga. adj. **Tartamudo.**
gaguear. intr. Susurrar. ‖ **Tartamudear.**
gaicano. m. **Rémora** (*pez).
gaita. f. Flauta de cerca de media vara, al modo de chirimía. ‖ *Instrumento músico, compuesto de una caja con varias cuerdas a las que hiere una rueda movida por una cigüeña. Las cuerdas se pisan por medio de teclas dispuestas a un lado de la caja. ‖ **Gaita gallega.** ‖ fig. y fam. **Pescuezo.** ‖ fig. y fam. Cosa *difícil o *molesta. ‖ **gallega.** *Instrumento músico de viento formado por un odre, que hace de fuelle, al cual van unidos tres tubos, uno para soplar, otro con agujeros a modo de dulzaina, y otro más grueso y largo, que produce un sonido continuado y forma el bajo del instrumento. ‖ **zamorana. Gaita** (de cuerdas y cigüeña). ‖ **Templar gaitas.** fr. fig. y fam. Usar de contemplaciones para *aplacar o satisfacer a unos y a otros.
gaitería. f. *Vestido o *adorno charro, *inelegante o de colores fuertes y contrapuestos.
gaitero, ra. adj. fam. Dícese de la persona *informal que usa de chistes impropios de su edad o estado. Ú. t. c. s. ‖ fam. Aplícase a los *vestidos o adornos *charros o de colores demasiado llamativos. ‖ m. El que tiene por oficio tocar la gaita.
gaje. m. *Emolumento, utilidad o *ganancia que corresponde a un destino o empleo. Ú. m. en pl. ‖ **Gajes del oficio, empleo,** etc. loc. irón. *Molestias inherentes a un empleo u ocupación.
gajo. m. *Rama de árbol desprendida del tronco. ‖ Cada uno de los grupos de *uvas en que se divide el racimo. ‖ Racimo apiñado de cualquiera *fruta. ‖ Cada una de las divisiones interiores de varios *frutos como las de la *naranja, *granada, etc. ‖ Cada una de las *puntas de las horcas, *bieldos y otros instrumentos de labranza. ‖ *Cordillera secundaria que deriva de una principal. ‖ *Bot.* **Lóbulo.**
gajorro. m. *Fruta de sartén*, hecha de harina, huevos y miel.
gajoso, sa. adj. Que tiene gajos o se compone de ellos.
***gala.** f. Vestido más lujoso y lucido que el ordinario. ‖ Gracia y *gallardía. ‖ Lo más *excelente y distinguido. ‖ Moneda de corto valor que se da como *recompensa a una persona por haber sobresalido en alguna habilidad. ‖ *Propina, gratificación. ‖ pl. *Trajes, *joyas y demás artículos de lujo que se poseen y ostentan. ‖ *Flores de las plantas herbáceas. ‖ **de Francia. Balsamina.** ‖ **De gala.** loc. Dícese del uniforme o traje de mayor lujo. ‖ **De media gala.** loc. Dícese del uniforme o traje que por ciertas prendas o adornos se diferencia del de **gala** y del de diario. ‖ **Hacer gala de** una cosa. fr. fig. Preciarse y *jactarse de ella. ‖ **Hacer gala del sambenito.** fr. fig. y fam. Gloriarse de una acción mala o vergonzosa. ‖ **Tener a gala.** fr. **Hacer gala de.**
galaadita. adj. Natural del antiguo país de Galaad, situado en la Palestina, al este del Jordán. Ú. t. c. s. ‖ Perteneciente a esta región.
galabardera. f. **Escaramujo.**
galacima. f. *Bebida hecha de leche fermentada con semillas, y azúcar de caña.
galactita. f. *Arcilla que se deshace en el agua, poniéndola de color de leche.
galactites. f. **Galactita.**
galactocele. m. Infarto de la *mama por acumulación de leche.
galactófago, ga. adj. Que se mantiene de *leche. Ú. t. c. s.
galactóforo, ra. adj. Dícese de los conductos de la *mama que llevan la *leche desde la glándula al pezón.
galactómetro. m. Instrumento que sirve para reconocer la densidad de la *leche.
galactopoyesis. f. Producción de *leche por las glándulas mamarias.
galactorrea. f. Secreción excesiva de *leche en la mujer que cría, y flujo producido por esta causa.
galacho. m. *Barranco que hacen las aguas al correr por las pendientes del terreno.
galafate. m. *Ladrón que roba con disimulo. ‖ desus. **Corchete** (*alguacil). ‖ desus. **Ganapán.**
galaico, ca. adj. **Gallego.**
galamero, ra. adj. p. us. **Goloso.**
galamperna. f. *Hongo de color pardo y carne blanca, de buen olor y sabor.
galán. adj. Apócope de **Galano.** ‖ m. Hombre *guapo, bien proporcionado y *gallardo en el manejo de su persona. ‖ El que *galantea a una mujer. ‖ *Actor que hace alguno de los principales papeles serios, con exclusión del de barba. ‖ **de día.** *Arbusto de las Antillas. ‖ **de noche.** *Arbusto ramoso de las escrofulariáceas, cuyas flores son muy olorosas durante la noche. ‖ *Cacto de flores blancas y olorosas que se abren por la noche.
galanamente. adv. m. Con gala. ‖ fig. Con *elegancia y gracia.
galancete. m. d. de **Galán.** ‖ *Actor que representa papeles de galán joven.
galanga. f. *Planta de las cingiberáceas, cuyo rizoma se empleó en medicina. ‖ *Rizoma de esta planta. ‖ Chata, *orinal de cama.
galanía. f. **Galanura.**
galano, na. adj. Bien *adornado. ‖ *Elegante y agradable. ‖ Que *viste con aseo y primor. ‖ fig. Dicho de las producciones literarias, elegante y gallardo. ‖ fam. V. **Cuentas galanas.** ‖ Dicho de las plantas, *lozano, hermoso. ‖ Aplícase a la res *vacuna que tiene el pelaje de varios colores.
galante. adj. Atento, *cortés, especialmente con las damas. ‖ Aplícase a la mujer que gusta de *galanteos o es de costumbres *deshonestas.
galanteador. adj. Que galantea. Ú. t. c. s.
***galantear.** tr. Requebrar a una mujer. ‖ Procurar captarse el amor de una mujer, especialmente para seducirla. ‖ fig. Solicitar asiduamente la voluntad de una persona.
galantemente. adv. m. Con galantería.
***galanteo.** m. Acción de galantear.
***galantería.** f. Demostración de obsequio y *cortesía. ‖ *Gracia y *elegancia. ‖ *Liberalidad.
galanura. f. *Adorno vistoso. ‖ *Gallardía, gracia, *donaire. ‖ fig. **Lit.* Elegancia y gallardía en el modo de expresar los conceptos.
galapagar. m. Sitio donde abundan los galápagos.
***galápago.** m. *Reptil quelonio, parecido a la tortuga. ‖ **Dental** del *arado. ‖ *Polea chata. ‖ Aparato que sirve para *sujetar o *comprimir fuertemente una pieza que se trabaja. ‖ *Molde en que se hace la *teja. ‖ Lingote corto de *plomo, *estaño o *cobre. ‖ **Albañ.* Cimbra pequeña. ‖ *Albañ.* Revestimiento de las paredes de un subterráneo para contener el empuje de las tierras. ‖ *Albañ.* Tortada de yeso que se echa en los ángulos salientes de un *tejado. ‖ **Cir.* Tira de lienzo cuyos extremos hendidos forman cuatro ramales. ‖ **Guarn.* Silla de montar para señora. ‖ Silla de montar a la inglesa. ‖ *Mar.* Trozo de madera asegurado en uno y otro lado de la cruz de una *verga. ‖ *Mil.* **Testudo.** ‖ **Artill.* Máquina antigua de guerra para aproximarse a los muros, a manera de barracón transportable. ‖ **Veter.* Enfermedad de las caballerías, en el rodete del casco y parte de la corona.
galapaguera. f. Estanque para galápagos.
galapatillo. m. *Insecto hemíptero, que ataca la espiga del trigo tierno.
galapo. m. Pieza de madera, de figura esférica, con unas canales, que sirve para torcer los hilos o cordones con que se hacen las *cuerdas gruesas o maromas.
galardón. m. Premio o *recompensa.
galardonador, ra. adj. Que galardona.
galardonar. tr. Premiar o *remunerar los servicios o méritos de uno.
gálata. adj. Natural de Galacia. Ú. t. c. s. ‖ Perteneciente a este país del Asia antigua.
galatites. f. **Galactites.**
galavardo. m. Hombre desgarbado e inútil.
galaxia. f. **Galactita.** ‖ *Astr.* **Vía Láctea.** ‖ Por ext., cualquier otra formación estelar semejante.
galayo. m. Prominencia o *cumbre de roca pelada.
galbana. f. fam. *Pereza.
galbanado, da. adj. De *color del gálbano.
galbanero, a. adj. fam. **Galbanoso.**
gálbano. m. *Gomorresina de color gris amarillento, que se ha usado en medicina y se quemaba como *perfume.
galbanoso, sa. adj. fam. *Perezoso.
gálbula. f. *Fruto en forma de cono, que producen el ciprés y algunas plantas análogas.
galce. m. **Carp.* Gárgol, *ranura en el canto de una tabla. ‖ Marco o *aro.
galdrope. m. *Mar.* *Cabo con que se mueve la caña del *timón.
galdrufa. f. *Peón, trompo.
gálea. f. Casco con carrilleras que usaban los soldados romanos.
galea. f. *Germ.* *Carreta.
galeato. adj. Aplícase al prólogo o *preámbulo de una obra, en que se la defiende de reparos y objeciones.
galeaza. f. *Embarcación grande, de remos y velas, provista de tres mástiles.

galega. f. *Planta leguminosa que se cultiva en los jardines.
galena. f. Mineral compuesto de azufre y *plomo.
galénico, ca. adj. Perteneciente a Galeno o a sus doctrinas.
galenismo. m. Doctrina de Galeno, *médico famoso de la Antigüedad.
galenista. adj. Partidario del galenismo. Ú. t. c. s.
galeno. m. fam. **Médico.**
galeno, na. adj. *Mar.* Dícese del *viento o brisa que sopla suavemente.
gáleo. m. *Pez de mar, de los selacios, parecido al tiburón. ‖ **Pez espada.**
galeón. m. *Embarcación grande de vela, parecida a la galera. ‖ Cada una de las naves de gran porte que, saliendo periódicamente de Cádiz, tocaban en puertos determinados del nuevo mundo. ‖ fig. Cámara grande o nave que sirve para guardar *granos, frutos, etc.
galeota. f. Galera menor, de dieciséis o veinte remos por banda.
***galeote.** m. El que remaba forzado en las galeras.
***galera.** f. *Carro grande, con cuatro ruedas, al que se pone ordinariamente un toldo de lienzo fuerte. ‖ *Cárcel de mujeres. ‖ *Embarcación de vela y remo, la más larga de quilla entre las antiguas de vela latina. ‖ V. **Capón de galera.** ‖ Crujía de camas en los *hospitales. ‖ *Cobertizo. ‖ fam. *Sombrero de copa. ‖ *Arit.* Separación que se hace al escribir los factores de una *división, mediante dos líneas en ángulo recto. ‖ **Carp.* Garlopa grande. ‖ **Impr.* Tabla guarnecida por tres de sus lados de unos listones con rebajo, que sirve para poner las líneas que va componiendo el cajista. ‖ *Min.* Fila de *hornos de reverbero. ‖ *Zool.* Cigala, *crustáceo parecido al camarón. ‖→ pl. Pena de servir remando en las galeras reales. ‖ **Galera bastarda.** *Mar.* La más fuerte que la ordinaria. ‖ **gruesa.** *Mar.* La de mayor porte. **sutil.** *Mar.* La más pequeña.
galerada. f. *Carga que cabe en una galera de ruedas. ‖ **Impr.* Trozo de composición que se pone en una galera o en un galerín. ‖ *Impr.* Prueba de la composición, que se saca para corregirla.
galerero. m. El que gobierna las mulas de la galera o es dueño de ella.
***galería.** f. Pieza larga y espaciosa, generalmente provista de muchas ventanas, o sostenida por columnas o pilares. ‖ → Corredor descubierto o con vidrieras. ‖ Colección de *pinturas. ‖ Camino subterráneo que se hace en las *minas. ‖ El que se hace en otras obras *subterráneas. ‖ **Paraíso** (de un *teatro). ‖ fig. y fam. Público que asiste a esta localidad y, en general, gente de gusto *vulgar. ‖ Bastidor que se coloca en la parte superior de una puerta o balcón para colgar de él las *cortinas. ‖ *Mar.* **Crujía.** ‖ *Mar.* Cada uno de los balcones de la popa de una *embarcación. ‖ *Mil.* Camino estrecho y subterráneo construido en una *fortificación. ‖ Archivo o repertorio de obras de teatro.
galerín. m. d. de **Galera.** ‖ **Impr.* Tabla de madera, o plancha de metal, larga y estrecha, donde los cajistas depositan las líneas de composición.
galerita. f. **Cogujada.**
galerna. f. Ráfaga súbita de *viento y *borrasca en la costa norte de España.
galernazo. m. Viento del Noroeste.
galerno. m. **Galerna.**
galero. m. Especie de *sombrero chambergo.
galerón. m. Romance vulgar que se *canta en América.
galés, sa. adj. Natural de Gales. Ú. t. c. s. ‖ Perteneciente a este país de Inglaterra. ‖ m. *Idioma **galés,** uno de los célticos.
galfarro. m. **Gavilán** (*ave). ‖ fig. Hombre *ocioso.
galga. f. *Piedra grande que, arrojada desde lo alto de una cuesta, baja rodando y dando saltos. ‖ **Piedra voladora.** ‖ *Hormiga amarilla propia de Honduras.
galga. f. Erupción *cutánea, parecida a la sarna.
galga. f. Cada una de las *cintas que se cosían al *zapato de las mujeres para sujetarlo a la pierna.
galga. f. Palo atado por los extremos a la caja del *carro y que, al oprimir el cubo de una de las ruedas, sirve de freno. ‖ *Féretro o andas en que se lleva a enterrar a los pobres. ‖ El orinque o el anclote con que se refuerza en malos tiempos el *ancla fondeada. ‖ pl. **Min.* Armazón hecha con dos *maderos que se apoyan en el hastial de una excavación y sirven para sostener el huso de un torno de mano.
galgana. f. Garbanzo pequeño.
galgo, ga. adj. V. ***Perro galgo.** Ú. t. c. s. ‖ Goloso, galamero. ‖ **¡Échale un galgo!** expr. fig. y fam. con que se pondera la *dificultad de alcanzar alguna cosa. ‖ **No le alcanzarán galgos.** expr. fig. y fam. con que se pondera la distancia de algún *parentesco. ‖ **Váyase a espulgar un galgo.** expr. fig. y fam. de que se usa para *despedir o *echar a uno con desprecio.
galguear. tr. Limpiar las acequias y regueras.
galgueño, ña. adj. Relativo o parecido al galgo.
galguería. f. *Golosina, cualquier manjar delicado. Ú. m. en pl.
gálgulo. m. **Rabilargo** (*pájaro).
galiana. f. **Cañada** (vía pastoril).
galianos. m. pl. Comida que hacen los pastores con *torta *guisada.
galibar. tr. **Arq. Nav.* Trazar con los gálibos el *contorno de las piezas.
gálibo. m. *Arco de hierro en forma de U invertida, que sirve en los *ferrocarriles para comprobar si un vagón cargado puede pasar por los túneles. ‖ **Arq. Nav.* Plantilla para dar forma a las cuadernas y otras piezas de los barcos.
galicado, da. adj. Dícese del lenguaje en que se advierte la influencia de la *lengua francesa.
galicano, na. adj. Perteneciente a las Galias. ‖ Perteneciente o relativo o la *Iglesia de Francia y a su especial liturgia y disciplina. ‖ **Galicado.**
galiciano, na. adj. **Gallego.**
galicismo. m. **Gram.* Idiotismo propio de la *lengua francesa. ‖ Vocablo o giro de esta lengua empleado en otra.
galicista. m. Persona que incurre frecuentemente en galicismos.
gálico, ca. adj. Perteneciente a las Galias. ‖ m. **Sífilis.**
galicoso, sa. adj. Que padece de gálico. Ú. t. c. s.
galilea. f. *Pórtico o atrio de las *iglesias. ‖ Pieza cubierta, fuera del templo, que servía de *cementerio.
galilea. f. En la Iglesia griega, tiempo que media entre la Pascua de Resurrección y la *festividad de la Ascensión.
galileo, a. adj. Natural de Galilea. Ú. t. c. s. ‖ Perteneciente a este país. ‖ m. Nombre que por oprobio han dado algunos a *Jesucristo y a los cristianos.
galillo. m. **Úvula.** ‖ fam. Gaznate, *garganta.
galimar. tr. ant. *Robar.
galimatías. m. fam. Lenguaje *incomprensible u obscuro por la confusión de las ideas.
galináceo, a. adj. *Zool.* **Gallináceo.** Ú. t. c. s. f.
galindro. m. Cada uno de los travesaños que tiene la canoa en sus extremos.
galio. m. *Planta herbácea, de las rubiáceas, que sirve para cuajar la leche en la fabricación del *queso.
galio. *Quím.* *Metal muy raro, de la familia del aluminio.
galiparla. f. *Lengua española mezclada de voces y giros afrancesados.
galiparlante. adj. **Galiparlista.**
galiparlista. m. El que emplea la galiparla.
galizabra. f. *Embarcación antigua, de vela latina, de unas cien toneladas de porte.
galo, la. adj. Natural de la Galia. Ú. t. c. s. ‖ Antigua *lengua céltica de las Galias.
galocha. f. *Calzado de madera o de hierro para andar por la nieve.
galochero. m. El que hace o vende galochas.
galocho, cha. adj. Aplícase a la persona de vida *inmoral.
***galón.** m. Cinta de pasamanería, que sirve para guarnecer vestidos u otras cosas. ‖ **Arq. Nav.* Listón de madera que guarnece exteriormente el costado de la embarcación a la lumbre del agua. ‖ *Insignia que llevan en el brazo o en la bocamanga diferentes clases del ejército.
galón. m. Medida inglesa de *capacidad para los líquidos, equivalente a unos cuatro litros y medio.
galoneador, ra. m. y f. Persona que galonea o ribetea.
galoneadura. f. Labor y adorno hecho con *galones.
galonear. tr. Guarnecer y adornar con *galones.
galonista. m. fam. Alumno distinguido de un colegio *militar, a quien se concede el uso de insignias representativas de cierta autoridad.
galop. m. *Danza húngara. ‖ Música de este baile.
galopa. f. **Galop.**
galopada. f. Carrera del *caballo a galope.
galopante. p. a. de **Galopar.** Que galopa. ‖ adj. fig. **Pat.* Aplícase a la tisis de curso muy rápido.
galopar. intr. Ir el *caballo a galope. ‖ Cabalgar una persona en caballo que va a galope.
galope. m. *Equit.* Marcha veloz del *caballo, consistente en una serie de saltos sobre el cuarto trasero. ‖ **A, o de galope.** m. adv. fig. Con prisa y *prontitud.
galopeado, da. adj. fam. Hecho con *precipitación y de modo *imperfecto. ‖ m. fam. *Castigo que consistía en *golpes, bofetadas o puñadas.
galopear. intr. **Galopar.**
galopillo. m. Pinche de cocina.
galopín. m. *Muchacho sucio y *desaliñado. ‖ Pícaro, bribón. ‖ fig. y fam. Hombre muy *astuto. ‖ *Mar.* **Paje de escoba.** ‖ **de cocina. Galopillo.**

galopinada. f. Acción propia de un galopín.
galopo. m. **Galopín** (*pícaro, bribón).
galpito. m. *Pollo enfermizo.
galpón. m. Departamento destinado a los *esclavos en las haciendas de América. ‖ *Cobertizo grande.
galúa. f. Variedad de mújol.
galubia. f. *Embarcación pequeña y estrecha.
galucha. f. **Galope.**
galuchar. intr. **Galopar.**
galvánico, ca. adj. **Electr.* Perteneciente al galvanismo.
galvanismo. m. *Fís.* *Electricidad que se produce mediante el contacto de dos metales diferentes con un líquido interpuesto. ‖ *Fís.* Excitación de movimientos, por medio de corrientes eléctricas, en los músculos de animales vivos o muertos.
galvanización. f. Acción y efecto de galvanizar.
galvanizar. tr. **Electr.* Aplicar el galvanismo a un animal vivo o muerto. ‖ Aplicar una capa de metal sobre otro, mediante corrientes galvánicas. ‖ Dar un baño de *cinc o de *estaño fundidos a un objeto de hierro. ‖ fig. Animar, dar *vida a alguna cosa que parece inerte.
galvano. m. **Impr.* Clisé en relieve obtenido por galvanoplastia.
galvanocauterio. m. **Cir.* Cauterio calentado por la electricidad.
galvanómetro. m. *Fís.* Aparato para medir la intensidad de una corriente *eléctrica por medio de la desviación que sufre una aguja imantada.
galvanoplastia. f. Operación que consiste en depositar sobre un cuerpo sólido una capa de un metal disuelto en un líquido, valiéndose de corrientes *eléctricas.
galvanoplástica. f. *Fís.* **Galvanoplastia.**
galvanoplástico, ca. adj. Perteneciente a la galvanoplastia.
galvanoterapia. f. **Terap.* Tratamiento de las enfermedades por medio de corrientes galvánicas.
galla. f. Remolino de *pelo que tienen algunos *caballos en los lados del pecho.
galladura. f. Pinta como de sangre, que se halla, a veces, en la yema del *huevo de gallina.
gallar. tr. **Gallear** (cubrir el gallo a la gallina).
gallarda. f. Especie de *danza antigua española. ‖ Tañido de esta danza. ‖ **Impr.* Carácter de letra menor que el breviario y mayor que la glosilla.
gallardamente. adv. m. Con gallardía.
***gallardear.** intr. Ostentar gallardía. Ú. t. c. r.
gallardete. m. *Mar.* Tira o faja volante, acabada en punta, que se pone en los mástiles de la embarcación, o en otra parte, como *insignia, o para *señal. Úsase también como adorno en edificios, calles, etc.
gallardetón. m. *Mar.* Gallardete rematado en dos puntas.
***gallardía.** f. Soltura y bizarría en el manejo del cuerpo. ‖ Resolución y *ánimo para acometer las empresas.
***gallardo, da.** adj. Que muestra *gallardía. ‖ Bizarro, *valiente. ‖ fig. *Excelente en obras del ingenio.
gallareta. f. **Foja** (*ave).
gallarín. m. **Mat.* Cuenta que se hace aumentando un número en progresión geométrica. ‖ **Salir** a uno **al gallarín** una cosa. fr. fam. *Malograrse el intento o tener resultado *adverso.
gallarofa. f. **Perfolla.**
gallarón. m. **Sisón** (*ave).
gallaruza. f. *Abrigo con *capucha. ‖ fig. y fam. V. **Gente de gallaruza.**
gallear. tr. Cubrir el *gallo a las gallinas. ‖ intr. fig. y fam. Alzar la *voz con altanería o en son de *amenaza. ‖ fig. y fam. *Sobresalir entre otros. ‖ **Metal.* Producirse un galleo. ‖ **Taurom.* Ejecutar la suerte del galleo.
gallegada. f. Multitud de gallegos. ‖ Cierto *baile de los gallegos. ‖ Tañido correspondiente a este baile.
gallego, ga. adj. Natural de Galicia. Ú. t. c. s. ‖ Perteneciente a esta región de España. ‖ En Castilla, dícese del *viento noroeste. Ú. t. c. s. ‖ fig. y fam. V. **Mesa gallega,** o **de gallegos.** ‖ En la Argentina, *español que se traslada a aquella república. Ú. t. c. s. ‖ m. *Dialecto de los **gallegos.** ‖ Especie de lagartija. ‖ *Ave de Cuba parecida a la gaviota.
galleo. m. **Metal.* Cierto defecto de fundición. ‖ **Taurom.* Quiebro que ayudado con la capa hace el torero ante el toro.
gallera. f. Edificio para las riñas de *gallos.
gallería. f. El sitio donde se crían los *gallos de pelea o donde se celebran las riñas de gallos.
gallero. adj. Aficionado a las riñas de *gallos. Ú. t. c. s. ‖ m. Individuo que se dedica a la cría de gallos de pelea.
***galleta.** f. **Bizcocho.** ‖ → *Pasta de harina y azúcar, que, dividida en trozos pequeños y de forma varia, se cuece al horno. ‖ fam. Cachete, bofetada. ‖ *Carbón de piedra de cierto tamaño. ‖ *Mil.* Adorno en forma de disco que se usó en el chacó y *morrión militares. ‖ *Pan bazo que se amasa para los trabajadores.
galleta. f. *Vasija pequeña con un caño torcido.
galletero. m. Vasija en que se sirven las galletas en la *mesa. ‖ El que trabaja en la fabricación de galletas.
gallillo. m. **Galillo.**
***gallina.** f. Hembra del gallo. ‖ com. fig. y fam. Persona *cobarde. ‖ **armada.** **Culin.* Guisado que se hace asando una **gallina** y aderezándola con tocino y yemas de huevo. ‖ **ciega.** *Juego de muchachos, en que uno de ellos, con los ojos vendados trata de coger a alguno de los otros que juegan. ‖ *Ave nocturna americana. ‖ **de agua. Foja** (ave). ‖ **de Guinea.** *Ave del orden de las gallináceas, poco mayor que la **gallina** común, de plumaje negro azulado, con manchas blancas distribuidas por todo el cuerpo. ‖ **de mar.** *Pez acantopterigio, de carne poco estimada. ‖ **de río. Fúlica.** ‖ **fría. Gallina** muerta que se paga en foro a los señores en Galicia. ‖ **guinea. Gallina de Guinea.** ‖ **sorda. Chocha.** ‖ **Acostarse** uno **con las gallinas.** fr. fig. y fam. Acostarse muy temprano. ‖ **Cantar la gallina.** fr. fig. y fam. *Retractarse uno de su error. ‖ **Cuando meen las gallinas.** expr. fig. y fam. *Nunca. ‖ **Echar una gallina.** fr. Poner huevos a una **gallina** clueca para que los *empolle.
gallináceo, a. adj. Perteneciente a la *gallina. ‖ *Zool.* Dícese de las *aves caracterizadas por tener dos membranas cortas entre los tres dedos anteriores, y un solo dedo en la parte posterior, como el gallo, el pavo y el faisán. Ú. t. c. s. f. ‖ pl. *Zool.* Orden de estas aves.
gallinaza. f. **Aura** (*ave). ‖ *Excremento de las gallinas.
gallinazo. m. **Aura** (*ave).
gallinejas. f. pl. Tripas fritas de gallina, que se venden en los barrios extremos de Madrid.
gallinería. f. Lugar donde se venden *gallinas. ‖ Conjunto de gallinas. ‖ fig. *Cobardía.
gallinero, ra. adj. V. **Albarda gallinera.** ‖ **Cetr.* Aplícase a las aves de rapiña cebadas en las gallinas. ‖ m. y f. Persona que trata en gallinas. ‖ m. Lugar donde las aves de *corral se recogen a dormir. ‖ Conjunto de gallinas. ‖ *Cesto para encerrar las gallinas que se llevan a vender. ‖ **Paraíso** (de los *teatros). ‖ fig. Lugar donde hay mucha *gritería.
gallineta. f. **Fúlica.** ‖ **Chocha.** ‖ **Gallina de Guinea.**
gallino. m. *Gallo que carece de plumas largas en la cola.
gallipato. m. *Anfibio de color gris verdoso, con dos filas de dientes, que vive en los estanques cenagosos.
gallipava. f. Gallina de una variedad mayor que la común.
gallipavo. m. **Pavo.** ‖ fig. y fam. **Gallo** (quiebra de la *voz, nota falsa).
gallipuente. m. Especie de *puente que se hace en las *acequias, cubierto de céspedes.
gallístico, ca. adj. Perteneciente a las riñas de *gallos.
gallito. m. fig. El que *sobresale y hace mejor papel que los demás. ‖ **Caballito del diablo.** ‖ **Rehilete.** ‖ *Ave de Cuba, de color rojo, con cresta y espolones en las alas. ‖ *Pájaro dentirrostro, de color gris verdoso. ‖ **del rey. Budión.**
***gallo.** m. Ave gallinácea, de cabeza adornada de una cresta roja, pico corto, carúnculas rojas, plumaje abundante, lustroso y a menudo con visos irisados; cola larga y tarsos fuertes, armados de espolones agudos. ‖ *Pez marino acantopterigio, parecido al lenguado, pero de carne menos apreciada. ‖ *Arq.* **Parhilera.** ‖ En el juego del monte, los dos *naipes que coloca el banquero debajo del albur. ‖ **Molinete** (*juguete). ‖ fig. y fam. Quiebra de la *voz o nota desafinada al *cantar o al hablar. ‖ fig. y fam. El que en una casa o comunidad quiere *mandar en todo. ‖ **Estoque** (*planta irídea). ‖ Corcho que se deja a flote para indicar el lugar en que se ha fondeado la *red. ‖ **Rehilete.** ‖ Hombre *valiente. Ú. t. c. adj. ‖ **de monte. Grajo.** ‖ **de roca.** *Pájaro dentirrostro americano. ‖ **silvestre. Urogallo.** ‖ **Alzar,** o **levantar,** uno **el gallo.** fr. fig. y fam. Manifestar *orgullo en la conversación o en el trato. ‖ **Andar** uno **de gallo.** fr. fig. y fam. Pasar la noche en *diversiones. ‖ **Correr gallos.** fr. con que se designa una *diversión de *carnaval, que consistía en herir con la espada, llevando los ojos vendados, un gallo convenientemente sujeto. ‖ **En menos que canta un gallo.** expr. fig. y fam. En un *instante. ‖ **Entre gallos y medianoche.** fr. **A deshora.**
gallocresta. f. *Planta medicinal, especie de salvia, con las hojas de figura algo semejante a la cresta del gallo. ‖ Planta herbácea de las escrofulariáceas.
gallofa. f. *Comida que se daba a

los pobres. ‖ *Verdura u hortaliza. ‖ *Chisme. ‖ **Panecillo.** ‖ **Añalejo** (calendario).
gallofar. intr. **Gallofear.**
gallofear. intr. Pedir *limosna, viviendo en el ocio y en la *vagancia.
gallofero, ra. adj. *Vagabundo, que anda pidiendo *limosna. Ú. t. c. s.
gallofo, fa. adj. **Gallofero.** Ú. t. c. s.
gallón. m. **Tepe.** ‖ *Cercado o pared hecha de barro.
gallón. m. *Ornam.* Cierta labor, que adorna los boceles. ‖ Adorno que se suele poner en los cabos de los *cubiertos de plata. ‖ **Arq. Nav.* Última cuaderna de proa.
gallonada. f. *Cercado o tapia fabricada de gallones o tepes.
gama. f. Hembra del gamo. ‖ ***Cuerno.**
gama. f. **Mús.* Tabla con que se enseña la entonación de las notas. ‖ Escala musical. ‖ fig. *Gradación; aplícase a los colores y aun a cosas inmateriales.
gámaro. m. Cierto género de *crustáceos.
gamarra. f. **Guarn.* Correa que se asegura en el pretal de la silla y llega a la muserola, donde se afianza. ‖ **Media gamarra. Amarra.**
gamba. f. *Crustáceo parecido al langostino; camarón.
gambaj. m. **Gambax.**
gámbalo. m. Cierta *tela de lienzo que se usaba antiguamente.
gambalúa. m. fam. **Galavardo.**
gámbaro. m. **Camarón** (*crustáceo).
gambax. m. Jubón acolchado que se ponía debajo de la *armadura.
gamberro, a. adj. Libertino, entregado al *desenfreno. Ú. t. c. s. ‖ Dícese de la persona *grosera e incivil. Ú. t. c. s. ‖ f. ***Ramera.**
gambesina. f. **Gambesón.**
gambesón. m. Saco acolchado que se ponía debajo de la *armadura.
gambeta. f. **Danza.* Cierto movimiento que se hace con las piernas. ‖ **Corveta.**
gambetear. intr. Hacer gambetas. ‖ Hacer corvetas el *caballo.
gambeto. m. *Capote que llegaba hasta media pierna. ‖ **Cambuj** (capillo que se pone a los niños).
gambito. m. Cierto lance o combinación en el juego de *ajedrez.
gamboa. f. Variedad de membrillo injerto.
gambocho. m. *Juego de la tala o toña.
gambota. f. **Arq. Nav.* Cada uno de los maderos curvos que forman la bovedilla.
gambote. m. **Gambota.**
gambox. m. **Cambuj.**
gambuj. m. **Cambuj.**
gambujo. m. **Cambuj.**
gambux. m. **Cambuj.**
gamela. f. *Embarcación parecida a la chalana.
gamella. f. Arco que se forma en cada extremo del *yugo.
gamella. f. *Artesa que sirve para dar de comer y beber a los animales, para *fregar, lavar, etc.
gamella. f. **Camellón** (*tela fuerte).
gamellada. f. Lo que cabe en una gamella.
gamelleja. f. d. de **Gamella.**
gamello. m. ant. **Camello.**
gamellón. m. aum. de **Gamella** (artesa). ‖ Pila donde se pisan las uvas para hacer *vino.
gameto. m. **Biol.* Cada una de las células, masculina y femenina, que se unen para formar el óvulo.
gamezno. m. Gamo pequeño y nuevo.
gamillón. m. **Gamellón** (para pisar las uvas).
gamitadera. f. **Balitadera.**
gamitar. intr. Dar gamitidos.
gamitido. m. Balido del gamo o *voz que lo imita.
gamma. f. Tercera *letra del alfabeto griego, correspondiente a nuestra *ge.*
gamo. m. Mamífero *rumiante del grupo de los ciervos, con cuernos en forma de pala.
gamón. m. *Planta liliácea.
gamonal. m. Tierra en que se crían muchos gamones. ‖ Cacique *político.
gamonita. f. **Gamón.**
gamonito. m. *Retoño que se queda pequeño y bajo.
gamonoso, sa. adj. Abundante en gamones.
gamopétala. adj. *Bot.* Dícese de las corolas de una sola pieza.
gamosépalo, la. adj. *Bot.* Dícese de los cálices de una sola pieza.
gamuno, na. adj. Aplícase a la piel del gamo.
gamusino. m. Entre *cazadores, animal imaginario que sirve para bromas y engaños.
gamuza. f. *Rumiante, especie de antílope, del tamaño de una cabra grande, con astas negras, terminadas a manera de anzuelo. ‖ *Piel de la gamuza.
gamuzado, da. adj. De *color de la piel de gamuza (amarillo).
gamuzón. m. aum. de **Gamuza.**
gana. f. *Deseo, propensión natural, inclinación hacia una cosa. ‖ *Voluntad de hacer alguna cosa. ‖ *Apetito, hambre. ‖ **Darle** a uno **la gana,** o **la real gana.** fr. fam. En lenguaje poco cortés, *querer hacer una cosa. ‖ **De buena gana.** m. adv. Con gusto o *voluntad. ‖ **De gana.** m. adv. Con *esfuerzo y diligencia. ‖ **De buena gana.** ‖ **De mala gana.** m. adv. Con *repugnancia. ‖ **Estar de mala gana.** fr. Estar indispuesto. ‖ **Mala gana.** fr. **Congoja.** ‖ **Tener** uno **gana de rasco.** fr. fig. y fam. Hallarse con **ganas** de *jugar. ‖ **Tenerle ganas** a uno. fr. fig. y fam. Tenerle *aborrecimiento o mala voluntad.
ganable. adj. Que puede ganarse.
ganadería. f. Copia de *ganado. ‖ Raza especial de ganado, que suele llevar el nombre del ganadero. ‖ Cría o tráfico de *ganados.
***ganadero, ra.** adj. Aplícase a los *perros u otros animales que acompañan al ganado. ‖ m. y f. Dueño de *ganados. ‖ → El que cuida del ganado. ‖ **de mayor hierro,** o **señal.** El que tiene mayor número de cabezas.
***ganado, da.** adj. Dícese del que *gana. ‖ → m. Conjunto de bestias mansas que se apacientan juntas. ‖ Conjunto de *abejas de una colmena. ‖ fig. y fam. *Muchedumbre de personas. ‖ **bravo.** El no domado o domesticado. ‖ **de cerda.** Los *cerdos. ‖ **de pata,** o **de pezuña, hendida.** Los bueyes, vacas, carneros, ovejas, cabras y cerdos. ‖ **en vena.** El no castrado. ‖ **mayor.** El de reses mayores; como el caballar o vacuno. ‖ **menor.** El de reses menores; como ovejas, cabras, etc. ‖ **menudo.** Las *crías del **ganado.** ‖ **moreno.** El de cerda.
ganador, ra. adj. Que gana. Ú. t. c. s.
***ganancia.** f. Acción y efecto de ganar. ‖ *Utilidad o provecho que resulta del trato, del comercio o de otra actividad. ‖ **Ganancias y pérdidas.** *Com.* *Cuenta en que se anota el aumento o disminución que va sufriendo el haber del comerciante. ‖ **Andar** uno **de ganancia.** fr. Seguir con *felicidad un empeño.
ganancial. adj. Propio de la ganancia o perteneciente a ella. ‖ *For.* V. **Bienes gananciales.** Ú. t. c. s.
ganancioso, sa. adj. Que ocasiona *ganancia. ‖ Que obtiene ganancia. Ú. t. c. s.
***ganapán.** m. Mozo de cuerda; el que se dedica a transportar cargas, o lo que le mandan, de un punto a otro. ‖ fig. y fam. Hombre *tosco y *grosero.
ganapierde. amb. Manera de jugar a las *damas, en que gana el que logra perder todas las piezas. ‖ Aplícase a otros juegos.
***ganar.** tr. Adquirir caudal con cualquier género de comercio, industria o trabajo, o por medio del juego, apuestas, etc. ‖ Dicho de juegos, contiendas, pleitos, etc., obtener la *victoria o la cosa que se disputa. ‖ *Conquistar una plaza, territorio, etcétera. ‖ *Llegar al sitio o lugar que se pretende. ‖ *Captarse la voluntad de una persona. ‖ *Conseguir una cosa; como la honra, el favor, etc. Ú. t. c. r. ‖ fig. *Aventajar a uno en algo. ‖ **Mar.* Avanzar con relación a un objeto o a un rumbo determinados. ‖ intr. *Mejorar, prosperar.
gancha. f. **Gajo** (de uvas).
ganchero. m. El que guía las maderas por el río, sirviéndose de un *bichero.
ganchete (a medio). m. adv. y fam. A medias, a medio hacer, *pendiente de remate. ‖ **De medio ganchete.** m. adv. Imperfectamente. ‖ De media anqueta, mal *sentado.
ganchillo. m. **Aguja de gancho.** ‖ Labor que se hace con aguja de gancho. ‖ Horquilla para el cabello.
***gancho.** m. Pieza de metal, madera, etcétera, de forma encorvada que sirve para prender, agarrar o colgar una cosa. ‖ Pedazo que queda en el árbol cuando se rompe una *rama. ‖ **Cayado.** ‖ **Sacadilla.** ‖ V. **Aguja de gancho.** ‖ fig. y fam. El que con maña trata de *seducir o incita a otro para algún fin. ‖ fig. y fam. **Rufián.** ‖ fig. y fam. **Garrapato** (rasgo caprichoso con la pluma). ‖ Horquilla para sujetar el *cabello. ‖ fig. y fam. Gracia, ángel, *atractivo que tienen algunas personas. ‖ En el tresillo y otros juegos de *naipes, tenaza. ‖ **Echar** a uno **el gancho.** fr. fig. y fam. *Coger, atraparle.
ganchoso, sa. adj. Que tiene gancho o se asemeja a él. ‖ *Anat.* Unciforme.
ganchudo, da. adj. Que tiene forma de gancho.
ganchuelo. m. d. de **Gancho.**
gándara. f. Tierra baja y llena de *maleza.
gandaya. f. *Vagancia, *pereza, vida holgazana.
gandaya. f. **Redecilla.**
gandido, da. adj. desus. *Hambriento. ‖ Comilón, glotón.
gandinga. f. *Mineral menudo y lavado. ‖ Despojos de *matadero. ‖ *Pasa de inferior calidad. ‖ *Guisado de chanfaina. ‖ **Buscar la gandinga.** fr. fam. *Ganarse la vida.
gandir. tr. ant. ***Comer.**
gandujado. m. Guarnición que formaba *pliegues.
gandujar. tr. *Encoger, fruncir, *plegar.
gandul, la. adj. fam. Vagabundo, *holgazán. Ú. t. c. s. ‖ m. *Soldado de una tropa antigua de los moros de África y Granada. ‖ Cierta tribu de *indios mejicanos.

gandulear. intr. **Holgazanear.**
gandulería. f. Calidad de gandul.
gandumbas. adj. fam. *Holgazán. Ú. t. c. s.
ganeta. f. **Jineta** (*mamífero).
ganforro, rra. adj. fam. Bribón, *pícaro. Ú. t. c. s.
ganga. f. *Ave gallinácea, de forma y tamaño semejantes a los de la perdiz. ‖ *Ave zancuda de la familia de los zarapitos, propia de Cuba.
***ganga.** f. *Min.* Materia inútil que se separa de los *minerales al beneficiarlos. ‖ → fig. Cosa muy ventajosa en relación con el poco precio o trabajo que cuesta. Ú. t. en sentido irónico para designar cosa *molesta. ‖ *Arado tirado por una sola caballería.
gangarilla. f. Compañía antigua de *teatro, compuesta de tres o cuatro hombres y un muchacho que hacía de dama.
gangiar. m. Cimitarra usada por los turcos.
***ganglio.** m. *Pat.* *Tumor pequeño que se forma en los tendones y en los músculos. ‖ → **Anat.* Nudo o abultamiento en los nervios o en los vasos linfáticos.
ganglión. m. *Pat.* *Tumorcillo globuloso en las articulaciones del pie y de la mano.
ganglionar. adj. **Anat.* Perteneciente o relativo a los ganglios.
gangocho. m. **Guangoche.**
gangosidad. f. Calidad de gangoso.
gangoso, sa. adj. Que habla gangueando. Ú. t. c. s. ‖ Dícese de este modo de hablar.
gangrena. f. **Pat.* Desorganización y privación de vida en cualquier tejido de un cuerpo animal, producida por desórdenes internos, mortificación traumática o infección. ‖ Enfermedad de los árboles que corroe la *madera.
gangrenarse. f. Padecer gangrena una parte del cuerpo o del árbol.
gangrenoso, sa. adj. Que participa de la gangrena.
ganguear. intr. Hablar, *pronunciar o cantar con resonancia nasal por defecto en los conductos de la *nariz.
gangueo. m. Acción y efecto de ganguear.
ganguero, ra. adj. Amigo de procurarse *gangas, de buscar ventajas.
gánguil. m. *Barco de *pesca, con dos proas y una vela latina. ‖ Arte de arrastre de malla muy estrecha. ‖ Barco destinado a recibir el fango, arena, piedra, etc., que extrae la draga.
Ganimedes. n. p. m. **Mit.* Joven copero de Júpiter.
ganosamente. adv. m. p. us. Con gana.
ganoso, sa. adj. *Deseoso y que tiene gana de una cosa.
gansada. f. fig. y fam. *Necedad, impertinencia.
gansarón. m. **Ansarón.** ‖ fig. Hombre *alto, flaco y desvaído.
gansear. intr. fam. Hacer o decir gansadas.
***ganso, sa.** m. y f. *Ave palmípeda doméstica algo menor que el ánsar, muy apreciada por su carne y por su hígado, a veces muy voluminoso. ‖ **Ánsar.** ‖ fig. Persona *perezosa, descuidada y *calmosa. Ú. t. c. adj. ‖ fig. Persona *torpe, incapaz y *grosera. Ú. t. c. adj. ‖ m. Entre los antiguos, ayo o pedagogo. ‖ **Correr el ganso,** o **correr gansos.** fr. *Diversión o *fiesta semejante a la de correr gallos.
ganta. f. Medida de *capacidad usada en Filipinas, equivalente a tres litros.
gante. m. *Tela de lienzo crudo.
gantera. f. **Arq. Nav.* Cada una de las piezas que salen de las amuras para formar el espolón.
gantés. adj. Dícese del natural de Gante. Ú. t. c. s. ‖ Perteneciente o relativo a esta ciudad belga.
ganzúa. f. Alambre fuerte doblado a manera de *llave, para correr los pestillos de las cerraduras. ‖ fig. y fam. *Ladrón que roba lo que está muy encerrado y escondido. ‖ fig. y fam. Persona que tiene maña para *averiguar o sonsacar lo que otro tiene secreto. ‖ *Germ.* **Verdugo.**
ganzuar. tr. p. us. *Abrir con ganzúa. ‖ fig. Sonsacar, *averiguar con maña.
***gañán.** m. Mozo de labranza. ‖ fig. Hombre *fuerte y *rústico.
gañanía. f. Conjunto de gañanes. ‖ Casa en que se recogen. ‖ **Alquería.**
gañido. m. Aullido o *voz del *perro cuando le maltratan. ‖ Quejido de otros animales.
gañiles. m. pl. Partes cartilaginosas de la *garganta del animal. ‖ Agallas del atún.
gañín. m. Hombre *falso y de mala intención.
gañir. intr. Aullar el *perro cuando le maltratan. ‖ Quejarse algunos animales con *voz semejante. ‖ Graznar las *aves. ‖ fig. y fam. *Respirar con ruido las personas. Ú. especialmente en frases negativas.
gañón. m. **Gañote.**
gañote. m. fam. *Garganta o gaznate. ‖ *Fruta de sartén* enrollada en forma cilíndrica.
gao. m. *Germ.* **Piojo.**
gaollo. m. Especie de brezo.
gaón. m. *Mar.* *Remo parecido al canalete.
gáraba. f. Argoma.
garabatada. f. Acción de *coger o *enganchar una cosa con el garabato.
garabatear. intr. Maniobrar con los garabatos para agarrar o *asir una cosa. ‖ **Garrapatear.** Ú. t. c. tr. ‖ fig. y fam. Andar con *rodeos.
garabateo. m. Acción y efecto de garabatear.
garabato. m. *Gancho para tener colgadas algunas cosas, o para *asirlas o agarrarlas. ‖ **Almocafre.** ‖ Soguilla pequeña con una estaca corta en cada extremo, para asir el haz de *lino mientras se golpea con el mazo. ‖ desus. **Bozal** (para los perros). ‖ **Garrapato.** ‖ *Arado para una sola caballería. ‖ fig. y fam. Aire, *garbo y *atractivo que tienen algunas mujeres. ‖ fig. y fam. V. **Humildad de garabato.** ‖ **Horca** (*bieldo). ‖ pl. fig. *Ademanes descompuestos.
garabatoso, sa. adj. **Garrapatoso.** ‖ p. us. Que tiene garabato o *atractivo.
garabero. m. *Germ.* *Ladrón que hurta con garabato.
garabeta. f. Palo rematado en varios anzuelos, que sirve para *pescar pulpos.
garabito. m. *Asiento en alto y *casilla de madera que usaban algunas vendedoras en la plaza.
garabo. m. *Germ.* Apócope de **Garabato.**
garaje. m. Local o cochera para encerrar o reparar los *automóviles.
garama. f. En Marruecos, garrama. ‖ Indemnización o *multa colectiva que paga una tribu. ‖ *Regalos que se hacen a una familia con ocasión de algún fausto acontecimiento.
garamanta. adj. Dícese del individuo de un *pueblo antiguo de la Libia interior. Ú. t. c. s. ‖ Perteneciente a este pueblo.
garamante. adj. **Garamanta.** Apl. a pers., ú. t. c. s.
garambaina. f. Adorno *superfluo, *charro o de mal gusto. ‖ pl. fam. Visajes o *ademanes *ridículos. ‖ fam. Rasgos de *escritura mal formados y que no se pueden leer.
garambullo. m. *Cacto que tiene por fruto una tuna pequeña roja.
garandar. intr. *Germ.* Andar *vagando de una parte a otra.
garandumba. f. *Embarcación grande a manera de *balsa.
garante. adj. Que da garantía. Ú. t. c. s. com.
***garantía.** f. Acción y efecto de asegurar eficazmente el cumplimiento de lo estipulado. ‖ Fianza, prenda. ‖ Cosa que ofrece *seguridad o protección. ‖ **Garantías constitucionales.** Derechos que la constitución de un Estado reconoce a los ciudadanos.
garantir. tr. **Garantizar.**
garantizador, ra. adj. Que garantiza.
***garantizar.** tr. Dar garantía.
garañón. m. *Asno grande destinado a la procreación. ‖ Camello padre.
garapacho. m. **Carapacho.** ‖ Especie de *plato u hortera de madera o corcho.
garapiña. f. Líquido congelado o cuajado formando grumos. ‖ *Galón adornado con ondas de realce. ‖ *Bebida refrigerante hecha de la corteza de la piña y agua con azúcar.
garapiñar. tr. *Congelar o coagular un líquido. ‖ **Confit.* Bañar golosinas en el almíbar que forma grumos.
garapiñera. f. Vasija para *congelar los líquidos.
garapita. f. *Red espesa y pequeña para coger pececillos.
garapito. m. *Insecto hemíptero, de un centímetro de largo, que vive sobre las aguas estancadas, en las cuales nada, generalmente de espaldas.
garapullo. m. **Taurom.* Banderilla, rehilete.
garatura. f. Instrumento cortante y corvo con dos manijas, para raer las *pieles.
garatusa. f. Lance del juego del chilindrón o pechigonga, que consiste en descartarse de sus nueve *naipes el que es mano. ‖ fam. *Halago y lisonja para ganar la voluntad de una persona. ‖ **Esgr.* Treta compuesta de nueve movimientos.
garay. m. *Embarcación filipina, a modo de chalana.
garba. f. *Gavilla de mieses. ‖ *Hierba para pienso del ganado.
garbancero, ra. adj. Referente al garbanzo. ‖ fig. y fam. Tosco, *grosero. ‖ m. y f. Persona que trata en garbanzos. ‖ Persona que vende torrados.
garbancillo. m. Conjunto de guijos o *piedrecitas menudas y redondas.
garbanzal. m. Tierra sembrada de garbanzos.
garbanzo. m. *Planta herbácea *leguminosa, que produce un fruto en vaina, con una o dos semillas amarillentas de un centímetro próximamente de diámetro, que se comen cocidas y a veces tostadas con sal. ‖ Semilla de esta planta. ‖ **de agua.** Medida antigua *hidráulica equivalente a la cantidad de líquido que sale por un caño del diámetro de un **garbanzo** regular. ‖ **Echar garbanzos** a uno. fr. fig. y fam. *Incitarle a que diga lo que de otra suer-

te callaría, o *irritarle. ‖ **Poner garbanzos** a uno. fr. fig. y fam. **Echarle garbanzos.** ‖ **Tropezar** uno **en un garbanzo.** fr. fig. y fam. con que se denota la *delicadeza o melindre de alguno.
garbanzón. m. ***Agracejo.**
garbanzuelo. m. d. de **Garbanzo.** ‖ **Esparaván.**
garbar. tr. Formar las garbas o *gavillas y recogerlas.
garbear. intr. Afectar *garbo o bizarría.
garbear. tr. **Garbar.** ‖ *Germ.* *Robar. ‖ intr. fam. Buscar el modo de *ganarse la vida. Ú. t. c. r.
garbera. f. **Tresnal.**
garbías. m. pl. *Guisado compuesto de borrajas, bledos, queso, harina, manteca y yemas de huevos duros, todo cocido y después hecho tortillas y frito.
garbillador, ra. adj. Dícese de la persona que garbilla. Ú. t. c. s.
garbillar. tr. Ahechar o *cerner grano. ‖ **Min.* Limpiar minerales con el garbillo.
garbillo. m. Especie de *criba o zaranda de esparto. ‖ *Min.* Especie de criba con aro de esparto y fondo de tela metálica. ‖ *Min.* *Mineral menudo y limpiado con el **garbillo.** ‖ *Esparto largo.
garbín. m. **Garvín.**
garbino. m. **Sudoeste** (*viento).
***garbo.** m. Gallardía, gentileza, buena disposición y manejo del cuerpo. ‖ fig. Cierta gracia y *perfección que se da a las cosas. ‖ fig. *Liberalidad, rumbo.
garbón. m. *Haz pequeño de *leña menuda.
garbón. m. Macho de la *perdiz.
garbosamente. adv. m. Con garbo.
***garboso, sa.** adj. Que tiene *garbo. ‖ fig. **Generoso.**
gárbula. f. Vaina seca de los garbanzos.
garbullo. m. *Desorden y confusión de muchas personas.
garcero. adj. V. **Halcón garcero.**
garceta. f. *Ave zancuda de plumaje blanco, cabeza con penacho corto, cuello muy delgado y tarsos negros. ‖ *Cabello de la sien, que cae a la mejilla. ‖ *Mont.* Cada una de las puntas inferiores de la *cuerna del venado.
garcía. m. y f. fam. *Zorro, raposo.
garda. f. *Germ.* *Trueque de una alhaja por otra.
garda. f. *Germ.* **Viga.**
gardacho. m. **Lagarto.**
gardama. f. **Carcoma.**
gardar. tr. *Germ.* *Trocar una alhaja por otra.
gardenia. f. *Arbusto de las rubiáceas, de flores blancas y olorosas. ‖ *Flor de esta planta.
gardingo. m. Dignatario de la casa *real, entre los visigodos, inferior a los condes.
gardo. m. *Germ.* **Mozo.**
gardubera. f. **Cerraja** (planta).
garduja. f. En las minas de Almadén, piedra de desecho por tener poco *azogue.
garduña. f. *Mamífero carnicero, de cabeza pequeña, cuello largo y patas cortas, que destruye las crías de muchos animales útiles.
garduño, ña. m. y f. fam. El que *hurta con maña y disimulo.
garepa. f. **Carp.* Viruta.
garete (ir o irse al). fr. **Mar.* Dícese de la embarcación sin gobierno, que va llevada del viento o de la corriente.
garfa. f. Cada una de las *uñas corvas y fuertes que tienen algunos animales. ‖ *Impuesto que se pagaba por tener guardas en las eras. ‖ **Echar la garfa.** fr. fig. y fam. Procurar *coger algo con las uñas.
garfada. f. Acción de procurar *coger con las uñas. ‖ Arañazo.
garfear. intr. Echar los garfios para *asir con ellos una cosa.
garfiada. f. **Garfada.**
garfiña. f. *Germ.* **Hurto.**
garfiñar. tr. *Germ.* **Hurtar.**
garfio. m. *Gancho de hierro, que sirve para aferrar algún objeto.
gargajeada. f. **Gargajeo.**
gargajear. intr. Arrojar gargajos por la boca.
gargajeo. m. Acción y efecto de gargajear.
gargajiento, ta. adj. **Gargajoso.** Ú. t. c. s.
gargajo. m. *Expectoración mucosa.
gargajoso, sa. adj. Que gargajea con frecuencia. Ú. t. c. s.
gargallo. m. Gárgol, *ranura.
gargamillón. m. *Germ.* **Cuerpo** (de las personas).
garganchón. m. **Garguero.**
***garganta.** f. Parte anterior del cuello. ‖ Conducto comprendido entre el velo del paladar y la entrada del esófago y de la laringe. ‖ *Voz del cantante. ‖ fig. Parte superior del *pie en su unión con la pierna. ‖ fig. Cualquier pasaje *estrecho en los *montes, ríos u otros parajes. ‖ fig. **Cuello** (parte más delgada de un objeto). ‖ fig. Ángulo que forma la cama del *arado con el dental y la reja. ‖ Cama del *arado. ‖ *Arq.* Parte más *delgada de las *columnas, balaustres, etc. ‖ **Fort.* Abertura menor de la cañonera. ‖ **de polea.** Ranura de la *polea, por donde pasa la cuerda.
gargantada. f. Porción de *vómito que se arroja de una vez.
gargantear. intr. *Cantar haciendo quiebros con la garganta. ‖ tr. *Germ.* Confesar en el *tormento. ‖ *Mar.* Ligar la gaza de un *motón, para unirla bien al cuerpo del mismo.
garganteo. m. Acción de gargantear (*cantar).
gargantil. m. Escotadura en la bacía del *barbero para ajustarla al cuello.
gargantilla. f. ***Collar.** ‖ Cada una de las cuentas que forman un collar.
gargantón. m. aum. de **Garganta.**
gárgara. f. **Terap.* Operación que consiste en hacer llegar a la garganta cierta porción de líquido medicinal, manteniéndolo allí sin tragarlo, mientras se hace salir aire de los pulmones. Ú. m. en pl.
gargarismo. m. Acción de gargarizar. ‖ Licor que sirve para hacer gárgaras.
gargarizar. intr. Hacer gárgaras.
gargavero. m. **Garguero.** ‖ *Instrumento músico de viento, compuesto de dos flautas con una sola embocadura.
gárgol. adj. Hablando de los *huevos, **huero.**
gárgol. m. **Carp.* *Ranura longitudinal que se hace en una pieza para que encaje el canto adelgazado de otra.
gárgola. f. *Conducto por donde se vierte el agua de los *tejados o de las *fuentes.
gárgola. f. **Baga** (del *lino). ‖ Vaina de *legumbre.
garguero. m. Parte superior de la tráquea. ‖ Toda la caña del pulmón.
gargüero. m. **Garguero.**
garifalte. m. **Gerifalte.**
garifo, fa. adj. **Jarifo.**
garigola. f. *Jaula.
gario. m. **Bielda.** ‖ *Rastrillo de madera para recoger el abono. ‖ Triple *gancho para sacar de los pozos los objetos caídos dentro.
gariofilea. f. Especie de clavel silvestre.
garita. f. *Torrecilla que se coloca en los puntos salientes de las *fortificaciones para abrigo y defensa de los centinelas. ‖ *Casilla pequeña de madera para abrigo de *centinelas, *guardas, etc. ‖ Cuarto pequeño que suelen tener los porteros en el *portal. ‖ *Retrete con un solo asiento.
garitero. m. El que tiene por su cuenta un garito. ‖ *Jugador que frecuenta los garitos. ‖ *Germ.* Encubridor de *ladrones.
garito. m. Casa de *juego. ‖ Ganancia que se saca de la casa de juego. ‖ *Germ.* **Casa.**
garitón. m. *Germ.* **Aposento.**
garla. f. fam. Plática o *conversación.
garlador, ra. adj. fam. Que garla. Ú. t. c. s.
garlante. p. a. fam. de **Garlar.** Que garla.
garlar. intr. fam. *Hablar mucho y sin discreción.
garlear. intr. *Germ.* **Triunfar.**
garlera. f. *Germ.* **Carreta.**
garlido. m. p. us. **Chirrido.**
garlito. m. Especie de nasa para *pescar, a modo de buitrón. ‖ fig. y fam. Celada, *asechanza. ‖ **Coger** a uno **en el garlito.** fr. fig. y fam. Cogerle de *sorpresa.
garlo. m. *Germ.* **Garla.**
garlocha. f. **Garrocha.**
garlochí. m. *Germ.* **Corazón.**
garlón. m. *Germ.* **Hablador.**
garlopa. f. **Carp.* Cepillo largo y con puño.
garlopín. m. **Carp.* Garlopa pequeña. ‖ **de *cantero.** El que se usa para acepillar algunas piedras.
garma. f. Cuesta o vertiente muy *escarpada.
garmejón. m. Trípode sobre el cual se espada el *lino.
garnacha. f. *Vestidura talar con mangas y un sobrecuello grande, que usan los *magistrados. ‖ Persona que viste la **garnacha.** ‖ Compañía ambulante de *teatro, que se componía de cinco o seis hombres, una mujer, que hacía de primera dama, y un muchacho que hacía de segunda. ‖ **Melena.** ‖ fam. **Pescozón.** ‖ Tortilla grande con chile u otro manjar.
garnacha. f. Especie de *uva roja, de la cual hacen un vino especial. ‖ Este mismo *vino. ‖ Género de *bebida a modo de carraspada.
garniel. m. **Guarniel.**
garo. m. *Condimento muy estimado por los romanos, que se hacía macerando los hígados de ciertos peces. ‖ *Pez que servía especialmente para hacer este condimento.
garo. m. *Germ.* **Pueblo.**
garojo. m. **Carozo.**
Garona. n. p. *Germ.* V. **Juan de Garona.**
garoso, sa. adj. *Hambriento, comilón.
garpa. f. **Carpa** (gajo de *uvas).
***garra.** f. Mano o pie del animal, cuando están armados de *uñas corvas, fuertes y agudas. ‖ fig. *Mano del hombre. ‖ *Mar.* Cada uno de los *ganchos del arpeo. ‖ **Pierna.** ‖ Extremidad del *cuero por donde se afianza en las estacas al estirarlo. ‖ **Coracha.** ‖ **Echar** a uno **la garra.** fr. fig. Cogerle, *apresarle.
garrabera. f. Variedad de *zarzamora.
garrafa. f. *Vasija ancha y redonda con cuello largo y angosto y espe-

cialmente la que sirve para enfriar o *helar las bebidas. || **corchera.** La que se usa siempre dentro de una corchera proporcionada a sus dimensiones.
garrafal. adj. Dícese de cierta especie de *cerezas, mayores que las comunes. || fig. *Excesivo o muy *grande. Tómase siempre en mala parte.
garrafiñar. tr. fam. Quitar o *robar una cosa agarrándola.
garrafón. m. aum. de **Garrafa.** || Damajuana o castaña.
garrama. f. Cierta *contribución que pagan los mahometanos. || fam. *Robo o *estafa. || Derrama, contribución.
garramar. tr. fam. *Hurtar con astucia.
garramincho. m. Retel grande cuadrado para la *pesca de cangrejos de río.
garrampa. f. **Calambre.**
garrancha. f. fam. **Espada.** || *Bot.* **Espata.**
garranchada. f. **Garranchazo.**
garranchazo. m. *Herida o rasgón que se hace con un garrancho.
garrancho. m. Parte dura y *puntiaguda del *tronco o *rama de una planta.
garranchuelo. m. *Planta gramínea.
garrapata. f. *Arácnido traqueal de forma ovalada, que vive parásito sobre ciertos animales, con cuya sangre se hincha hasta hacerse casi esférico. || fam. *Mil.* En los regimientos de caballería, *caballo inútil.
garrapatear. intr. Hacer garrapatos.
garrapato. m. Rasgo de *escritura caprichoso e irregular. || pl. Letras y rasgos mal formados.
garrapatón. m. **Gazapatón.**
garrapatoso, sa. adj. Aplícase a la *escritura llena de garrapatos.
garrapiñar. tr. **Garrafiñar.**
garrapo. m. *Cerdo que no ha cumplido un año.
garrar. intr. *Mar.* Cejar un buque arrastrando el *ancla, por no haber ésta hecho presa, o por haberse desprendido.
garrasí. m. *Calzón abierto a los costados y abotonado hasta la corva, que se usa en Venezuela.
garraspar. tr. **Desgranar.**
garrear. intr. *Mar.* **Garrar.**
garria. f. *Prado extenso sin árboles. || *Oveja que se queda rezagada.
garrideza. f. *Gallardía o gentileza de cuerpo. || fig. ***Elegancia.**
garrido, da. adj. **Galano.**
garrir. intr. Emitir el *loro su *voz.
garro. m. *Germ.* ***Mano.**
garroba. f. **Algarroba** (fruto).
garrobal. m. Sitio poblado de *algarrobos.
garrobilla. f. Astillas de *algarrobo, para curtir los *cueros.
garrobo. m. *Reptil saurio americano, de fuerte piel escamosa.
garrocha. f. *Vara que en la extremidad tiene un hierro pequeño en forma de *gancho o arponcillo. || Vara larga para picar toros de *lidia, provista de un hierro de tres filos.
garrochar. tr. **Agarrochar.**
garrochazo. m. *Herida y golpe dado con la garrocha.
garrochear. tr. **Agarrochar.**
garrochista. m. **Agarrochador.**
garrochón. m. **Rejón.**
garrofa. f. **Algarroba** (fruto).
garrofal. adj. **Garrafal.** || m. **Garrobal.**
garrofero. m. *Algarrobo, árbol.
garrón. m. Espolón de *ave. || Cualquiera de los ganchos que quedan al cortar las *ramas. || **Calcañar.** || Extremo de la pata por donde se cuelgan las reses de *matadero.
garrota. f. **Garrote.** || **Cayado.**
garrotal. m. Plantío de *olivar.
garrotazo. m. *Golpe dado con el garrote.
garrote. m. *Palo grueso y fuerte que puede manejarse a modo de *bastón. || Estaca, rama o *esqueje verde de *olivo, sin raíces, que se hinca en tierra para que se haga planta. || *Compresión fuerte que se hace de las ligaduras retorciendo la cuerda con un palo. || *Tormento que se aplica de este modo en los brazos o piernas. || Instrumento para ejecutar a los condenados a *pena de *muerte, oprimiéndoles la garganta en un aro de hierro. || Defecto de un *dibujo, por falta de continuidad en la línea. || Pandeo de una pared, o *curvatura de cualquier superficie o línea que debiera estar derecha. || *Cesto que se hace de tiras de palo de avellano. || Unidad de medida para *leñas, que equivale a media carga. || *Mar.* *Palanca con que se da vuelta a la trinca de un *cabo. || Mayal para desgranar las espigas. || **Dar garrote.** fr. Ejecutar el *suplicio o el tormento de **garrote.**
garrotillo. m. Difteria en la *laringe, propia de la primera infancia. || Palo corvo que se usa para dar el nudo al vencejo con que se *atan las *gavillas.
garrubia. f. **Algarroba** (semilla).
garrucha. f. ***Polea.** || Pasador, *botón suelto.
garrucho. m. *Mar.* *Anillo para envergar las *velas de cuchillo y para otros usos.
garruchuela. f. d. de **Garrucha.**
garrudo, da. adj. Que tiene mucha garra.
garrulador, ra. adj. **Gárrulo.**
garrulería. f. Charla de persona gárrula.
garrulidad. f. Calidad de gárrulo.
gárrulo, la. adj. Aplícase al *ave que *canta o chirría mucho. || fig. Dícese de la persona muy *habladora. || fig. Dícese de cosas que hacen *ruido continuado.
garsina. f. *Germ.* **Hurto.**
garsinar. tr. *Germ.* **Hurtar.**
garúa. f. *Mar.* **Llovizna.**
garuar. intr. **Lloviznar.**
garujo. m. **Hormigón** (*argamasa con piedras).
garulla. f. **Granuja** (uva desgranada). || fig. y fam. *Muchedumbre desordenada. || **Campar de garulla.** fr. fam. Echar baladronadas, jactarse de *valiente.
garullada. f. fig. y fam. **Garulla** (muchedumbre).
garvier. m. Especie de escarcela pequeña usada antiguamente.
garvín. m. Cofia hecha de red.
garza. f. *Ave zancuda, de cabeza pequeña con moño largo y plumaje gris, que vive a orillas de los ríos y pantanos. || **real.** Ave zancuda de cabeza pequeña con moño largo, negro y brillante.
garzo, za. adj. De *color azulado. Aplícase a los *ojos de este color. || m. **Agárico.**
garzón. m. *Joven *guapo y bien dispuesto. || En el cuerpo de *guardias de Corps, ayudante de *órdenes. || desus. *Sodomita. || *Ave americana parecida a la garza real.
garzonear. tr. *Enamorar o cortejar. || Llevar el joven vida *deshonesta.
garzonería. f. ant. **Garzonía.**
garzonía. f. ant. Acción de *enamorar o cortejar. || Acción de acariciarse los animales en celo. || Vida disoluta del joven, *desenfreno.
garzota. f. *Ave zancuda, que tiene en la nuca tres plumas de más de un decímetro de largo e inclinadas hacia la cola. La hembra carece de las tres plumas. || *Pluma o penacho que se usa para adorno de los *sombreros, *guarniciones de los caballos, etc.
garzul. adj. V. **Trigo garzul.**
***gas.** m. Todo fluido aeriforme a la presión y temperatura ordinarias. || Carburo de hidrógeno que se emplea para *alumbrado o calefacción y para obtener fuerza motriz. || **de los pantanos.** *Quím.* **Metano.** || **hilarante.** *Quím.* Protóxido de nitrógeno. || **pobre.** Mezcla de **gases** de poder luminoso muy débil, que se emplea para fuerza motriz.
gasa. f. *Tela de seda o hilo muy clara y sutil. || Tira de **gasa** o paño negro que se rodea al sombrero en señal de *luto. || **Cir.* Banda de tejido muy ralo y esterilizada.
gascón, na. adj. Natural de Gascuña. Ú. t. c. s. || Perteneciente a esta antigua provincia de Francia.
gasconés, sa. adj. **Gascón.** Apl. a pers., ú. t. c. s.
gasear. tr. Saturar un líquido de *gas.
gaseiforme. adj. Que se halla en estado de *gas.
gasendismo. m. Doctrina filosófica del P. Gasendi.
gasendista. adj. Partidario del gasendismo. Ú. t. c. s.
gaseosa. f. *Bebida refrescante, saturada de gas y sin alcohol.
***gaseoso, sa.** adj. **Gaseiforme.** || Aplícase al líquido de que se desprenden gases.
gasificación. f. Acción de gasificar.
gasificar. tr. *Quím.* Hacer que un cuerpo pase al estado de *gas.
gasista. m. El que tiene por oficio la colocación y arreglo de aparatos para el *alumbrado por gas.
gasógeno. m. Aparato para obtener *gases, y especialmente ácido carbónico. || El que se utiliza en los *automóviles para producir gas carburante. || Mezcla de bencina y alcohol, que se usa para *limpiar y quitar manchas.
gasoil. m. **Gasóleo.**
gasoleno. m. **Gasolina.**
gasóleo. m. Producto de la destilación fraccionada del *petróleo, que se emplea en ciertos motores de explosión.
gasolina. f. Líquido muy inflamable, compuesto de hidrocarburos, que se obtiene de la destilación del *petróleo.
gasolinera. f. *Lancha automóvil con motor de gasolina.
gasómetro. m. Instrumento para medir el *gas. || Aparato que en las fábricas de gas del *alumbrado se emplea para que el fluido salga a presión constante. || Sitio y edificio donde está el aparato.
gasón. m. **Yesón.** || En algunas partes, terrón grande. || **Césped.**
gastable. adj. Que se puede gastar.
gastadero. m. fam. Sitio u ocupación en que se *gasta una cosa.
gastado, da. adj. *Desgastado, *borrado. || Dícese de la persona *debilitada, física o moralmente.
gastador, ra. adj. Que *gasta mucho dinero. Ú. t. c. s. || m. *Presidiario o condenado a los trabajos públicos. || *Mil.* *Soldado dedicado a los trabajos de abrir trincheras y otros de *fortificación. || *Mil.* Cada uno de los soldados que hay en cada batallón destinados a abrir *camino.

gastamiento. m. Acción y efecto de gastarse o consumirse una cosa.

***gastar.** tr. Expender o emplear el dinero en una cosa. ‖ **Consumir.** Ú. t. c. s. ‖ *Destruir, asolar un territorio. ‖ **Digerir.** ‖ Echar a perder, *inutilizar. ‖ Tener o *usar por *costumbre. ‖ **Gastarlas.** expr. fam. Proceder, *portarse.

gasterópodo. adj. *Zool.* Que *anda o se arrastra sobre el *vientre. ‖ Aplícase a los *moluscos terrestres o acuáticos que tienen en el vientre un órgano de locomoción mediante el cual se arrastran, y tienen el cuerpo protegido por una concha de forma muy variable; como el caracol. Ú. t. c. s. ‖ m. pl. *Zool.* Clase de estos moluscos.

***gasto.** m. Acción de gastar. ‖ Lo que se ha gastado o se gasta. ‖ **de residencia.** Lo que se abona sobre el *sueldo a un funcionario público por tener que residir en localidades determinadas. ‖ **de representación.** Asignación suplementaria aneja a ciertos cargos para su más decoroso desempeño. ‖ **Hacer el gasto.** fr. fig. y fam. Contribuir uno principalmente a mantener una *conversación general, o ser una cosa determinada la materia de ella.

gastoso, sa. adj. Que *gasta mucho.

gastralgia. f. *Pat.* Dolor de *estómago.

gastrálgico, ca. adj. *Pat.* Perteneciente a la gastralgia.

gastrectasia. f. *Pat.* Dilatación de *estómago.

gastrectomía. f. *Cir.* Escisión total o parcial del *estómago.

gastricismo. m. Denominación genérica de diversos estados morbosos agudos del *estómago.

***gástrico, ca.** adj. *Anat.* Perteneciente al *estómago.

gastritis. f. *Pat.* Inflamación del *estómago.

gastroenteritis. f. *Pat.* Inflamación simultánea de la membrana mucosa del *estómago y de la de los *intestinos.

gastrointestinal. adj. *Anat.* Perteneciente al *estómago y a los *intestinos.

gastrología. f. Tratado sobre el arte de *cocina.

gastronomía. f. Arte de preparar una buena comida; arte *culinaria. ‖ Afición a *comer regaladamente.

gastronómico, ca. adj. Perteneciente o relativo a la gastronomía.

gastrónomo, ma. m. y f. Persona inteligente en el arte de la gastronomía. ‖ Persona aficionada a *comer con abundancia y regalo.

gastropatía. f. *Pat.* Enfermedad del *estómago.

gata. f. Hembra del *gato. ‖ ***Gatuña.** ‖ fig. *Nubecilla o vapor que se pega a los montes. ‖ fig. y fam. Mujer nacida en Madrid. ‖ *Pez parecido al tiburón. ‖ *Oruga grande, erizada de pelos largos. ‖ *Mar.* V. **Aparejo de gata.** ‖ **Artill.* Cobertizo, a manera de manta, para cubrir a los soldados que se acercaban al muro para minarlo. ‖ **parida.** fig. y fam. Persona *delgada y extenuada. ‖ **Hacer la gata muerta.** fr. fig. y fam. *Fingir humildad o moderación.

gatada. f. Acción propia de *gato. ‖ Regate que suele hacer la *liebre cuando la siguen los perros de *caza. ‖ fig. y fam. *Vileza o acción reprobable, ejecutada con *astucia y *engaño.

gatallón, na. adj. fam. *Pícaro, pillastre, maulón. Ú. t. c. s.

gatas (a). m. adv. Modo de *andar una persona con pies y manos en el suelo, como los gatos y demás cuadrúpedos. ‖ **Salir** uno **a gatas.** fr. fig. y fam. *Librarse con gran dificultad de un peligro o conflicto.

gatatumba. f. fam. *Fingimiento.

gatazo. m. aum. de **Gato.** ‖ fam. *Estafa, fraude.

gateado, da. adj. Semejante en algún aspecto al del *gato. ‖ Con vetas semejantes a las de los gatos de algalia, como el *mármol. ‖ Dícese de la *caballería de pelo rubio con una línea negruzca en el filo del lomo. ‖ m. *Madera americana muy compacta y variamente veteada. ‖ **Gateamiento.**

gateamiento. m. Acción de gatear.

gatear. intr. Trepar, *subir como los *gatos, y especialmente por un tronco o palo. ‖ fam. *Andar a gatas. ‖ tr. fam. Arañar el *gato. ‖ fam. **Hurtar.**

gatera. f. Agujero para que puedan entrar y salir los *gatos. ‖ *Mar.* *Agujero circular, revestido de hierro, en las cubiertas de los *buques. ‖ Agujero en la vertiente de un *tejado. ‖ *Albañ.* Hueco que se deja en la parte inferior de los *tabiques para que no graviten sobre el suelo. ‖ com. **Gatillo** (ratero).

gatería. f. fam. Conjunto de *gatos. ‖ fig. y fam. Reunión de *jóvenes o muchachos mal criados. ‖ fig. y fam. *Fingimiento y *halago con que se pretende lograr una cosa.

gatero, ra. adj. Habitado o frecuentado de gatos. ‖ m. y f. Vendedor de *gatos. ‖ El que es aficionado a tener o criar gatos.

gatesco, ca. adj. fam. **Gatuno.**

gatillazo. m. Golpe que da el gatillo en las *armas de fuego*. ‖ **Dar gatillazo.** fr. fig. y fam. *Malograrse un intento.

gatillo. m. Instrumento a modo de *tenazas para la extracción de muelas y *dientes. ‖ En las *armas de fuego* portátiles, **percusor.** ‖ Parte del *pescuezo de algunos cuadrúpedos, desde la cruz hasta la nuca. ‖ fig. y fam. Muchacho ratero. ‖ Pieza con que se *sujeta y traba lo que se quiere asegurar.

***gato.** m. Mamífero carnicero, doméstico, que se tiene en las casas para que persiga los ratones. ‖ *Bolso o talego en que se guarda el dinero. ‖ *Dinero que se guarda en él. ‖ **Carp.* Instrumento de hierro que sirve para *sujetar las piezas de madera encoladas y para otros fines. ‖ *Máquina compuesta de un engranaje de piñón y cremallera, o de tuerca y husillo, que sirve para levantar grandes pesos a poca altura. ‖ Instrumento con varios garfios de acero, que sirve para reconocer el alma de las piezas de *artillería. ‖ desus. **Ratonera.** ‖ fig. y fam. *Ladrón ratero. ‖ fig. y fam. Hombre *astuto. ‖ fig. y fam. Hombre nacido en Madrid. ‖ *Danza popular argentina. ‖ *Música que acompañaba este baile. ‖ *Carp.* Instrumento a modo de *tenazas cuyas ramas se aprietan por medio de un tornillo. ‖ **cerval** o **clavo.** Especie de **gato** de cola muy larga, que habita en los bosques y es muy dañino. ‖ **de agua.** Especie de ratonera que se pone sobre un lebrillo de agua. ‖ **de algalia.** *Mamífero carnívoro, que tiene junto al ano una especie de bolsa donde segrega la algalia. ‖ **de Angora. Gato** de pelo muy largo, procedente de Angora. ‖ **de clavo. Gato clavo.** ‖ **montés.** Especie de **gato** poco mayor que el doméstico, que habita en los montes del norte de España. ‖ **romano.** El que tiene la piel manchada a listas transversales de color pardo y negro. ‖ **Ata el gato.** fig. y fam. Persona rica y *mezquina. ‖ **Cuatro gatos.** expr. despect. para indicar poca gente y sin importancia. ‖ **Dar gato por liebre.** fr. fig. y fam. *Engañar en la calidad de una cosa. ‖ **Echarle** a uno **el gato a las barbas.** fr. fig. y fam. Atreverse con él, decirle algo que lo *ofenda. ‖ **Haber gato encerrado.** fr. fig. y fam. Haber causa o razón *oculta.

gato. m. En el Perú, *mercado al aire libre.

gatuna. f. ***Gatuña.**

gatunero. m. El que vende *carne de *contrabando.

gatuno, na. adj. Perteneciente o relativo al *gato.

***gatuña.** f. Planta herbácea leguminosa, muy común en los sembrados.

gatuñar. tr. Arañar.

gatuperio. m. *Mezcla de substancias incoherentes. ‖ fig. y fam. *Enredo, *intriga.

gauchada. f. Acción propia de un gaucho, y en general, acción ejecutada con *atrevimiento y *astucia. ‖ Servicio o *favor ocasional prestado con buena voluntad.

gauchaje. m. Conjunto o reunión de gauchos.

gauchesco, ca. adj. Relativo o semejante al gaucho.

gaucho, cha. adj. Dícese del natural de las pampas de la Argentina, Uruguay, etc. Ú. m. c. s. ‖ Relativo o perteneciente a esos **gauchos.** ‖ Buen *jinete. ‖ *Rústico, zafio. ‖ Taimado, *astuto.

gaudeamus. m. fam. Fiesta, *diversión con *comida y bebida abundante.

gaudón. m. **Alcaudón.**

gauro. m. *Zool.* *Rumiante de la India, parecido al buey.

gavanza. f. Flor del gavanzo.

gavanzo. m. **Escaramujo.**

gavera. f. *Molde para fabricar *tejas o *ladrillos. ‖ **Tapial.** ‖ En los ingenios de *azúcar, aparato de madera con varios compartimientos, donde se enfría y espesa la miel.

gaveta. f. Cajón corredizo que hay en las *mesas de escribir y papeleras. ‖ *Anillo de hierro, o lazo de cuerda, para asegurar los zarzos de los gusanos de *seda.

gavia. f. *Jaula de madera en que se encerraba a los *locos. ‖ Zanja para *desagüe o *linde de propiedades. ‖ *Hoyo o zanja para *plantar los árboles o las cepas. ‖ *Germ.* **Casco** (de la *armadura). ‖ *Mar.* *Vela que se coloca en el mastelero mayor de las naves. ‖ *Mar.* Cofa de las galeras.

gavia. f. **Gaviota.**

gavia. f. **Min.* Cuadrilla de operarios que se emplea en el trecheo.

gavial. m. *Reptil saurio, de unos ocho metros de largo, parecido al cocodrilo.

gaviero. m. *Mar.* *Marinero que cuida de la gavia y explora desde ella el horizonte.

gavieta. f. *Mar.* Gavia, a modo de garita, que se pone sobre la mesana o el bauprés. ‖ **Arq. Nav.* Trozo de madera, fijo en el bauprés, para que encaje en él la coz del botalón de foque.

gaviete. m. *Mar.* Madero corvo, robusto y con una *polea en la cabeza, que se coloca en la popa de la *lancha para levar con ella una *ancla.

gavilán. m. *Ave rapaz. || Rasguillo que se hace al final de algunas letras. || Cualquiera de las dos puntas del pico de la *pluma de *escribir. || Cada uno de los dos hierros que salen de la guarnición de la *espada y forman la cruz. || Hierro cortante que tiene la aguijada de limpiar el *arado. || Garfio de hierro que usaban los antiguos para aferrar las naves. || **Vilano** (flor del *cardo). || *Uña que se clava en la carne. || **araniego.** El que se caza o coge con la red llamada arañuelo. || **Hidalgo como el gavilán.** expr. proverb. Dícese de la persona *ingrata.
gavilana. f. Planta herbácea americana.
gavilancillo. m. Pico o punta corva que tiene la hoja de la *alcachofa.
gávilos. m. pl. Ánimo, *valor, *fuerza.
***gavilla.** f. Haz pequeño de sarmientos, mieses, etc. || fig. Junta de mucha gente *plebeya o *despreciable.
gavillada. f. *Germ.* Lo que el *ladrón junta con sus robos.
gavillador. m. Obrero encargado de hacer las gavillas. || *Germ.* Jefe de *ladrones.
gavillar. tr. *Germ.* Juntar.
gavillero. m. Lugar en que se juntan las *gavillas en la siega. || Línea de gavillas de mies que los *segadores van dejando sobre el *terreno.
gavina. f. **Gaviota.**
gavión. m. **Fort.* Cestón de mimbres lleno de tierra para defender a los que abren la trinchera. || Cestón relleno de tierra o piedra que se emplea en las obras *hidráulicas. || fig. y fam. *Sombrero grande de copa y ala.
gaviota. f. *Ave palmípeda, que se alimenta principalmente de los peces que coge en el mar.
gavota. f. *Danza antigua en compás de dos tiempos. || *Música de esta danza.
gaya. f. *Línea o raya de diverso color que el fondo. || *Insignia de *victoria. || **Urraca.** || *Germ.* ***Ramera.**
gayadura. f. Guarnición y adorno del vestido u otra cosa, hecho con listas de distinto color.
gayal. m. *Rumiante de la India, parecido al toro.
gayar. tr. *Adornar una cosa con diversas listas de otro color.
gayata. f. **Cayada.**
gayera. f. Variedad de *cereza mayor que la común.
gayo, ya. adj. *Alegre, agradable a la vista. || V. **Gaya doctrina.** || m. **Grajo.**
gayola. f. ***Jaula.** || fig. y fam. ***Cárcel.** || *Choza para los guardas de *viñas.
gayomba. f. *Arbusto de las leguminosas, de flores grandes, olorosas, amarillas, en ramos pendientes.
gayón. m. *Germ.* **Rufián.**
gayuba. f. *Mata de la familia de las ericáceas.
gaza. f. *Mar.* *Lazo u ojal que se forma en el extremo de un *cabo doblándolo y uniéndolo con costura o ligada.
gaza. f. *Germ.* **Gazuza.**
gazafatón. m. fam. **Gazapatón.**
gazapa. f. fam. *Mentira, embuste.
gazapatón. m. fam. *Disparate grande.
gazapera. f. *Madriguera de *conejos. || fig. y fam. Junta de *pícaros. || fig. y fam. Riña o *contienda entre varias personas.
gazapina. f. fam. Junta de *pícaros y gente ordinaria. || fam. *Contienda, *alboroto.
gazapo. m. *Conejo nuevo. || fig. y fam. Hombre disimulado y *astuto. || fig. y fam. **Gazapa** (*mentira). || fig. y fam. *Error del que habla o escribe.
gazapón. m. **Garito.**
gazí. adj. Dícese del musulmán *converso.
gazmiar. tr. **Gulusmear.** || r. fam. *Quejarse o mostrar *enojo.
gazmol. m. **Cetr.* Granillo que sale a las aves de rapiña en la lengua y en el paladar.
gazmoñada. f. **Gazmoñería.**
gazmoñería. f. *Fingimiento o afectación de modestia, *devoción o *delicadeza.
gazmoñero, ra. adj. **Gazmoño.** Ú. t. c. s.
gazmoño, ña. adj. Que *finge virtudes que no tiene. Ú. t. c. s.
gaznápiro, ra. adj. *Cándido, simplón que se queda embobado. Ú. m. c. s.
gaznar. intr. **Graznar.**
gaznatada. f. *Golpe violento que se da con la mano en el gaznate. || **Bofetada.**
gaznatazo. m. **Gaznatada.**
gaznate. m. **Garguero.** || *Fruta de sartén* en figura de **gaznate.** || *Dulce de piña o coco.
gaznatón. m. **Gaznatada.** || **Gaznate** (*fruta de sartén*).
gazofia. f. **Bazofia.**
gazofilacio. m. Lugar donde se recogían las *limosnas del templo de Jerusalén.
gazpacho. m. *Sopa fría que se hace con agua, sal, aceite, vinagre, pepino, cebolla, etc. Su composición varía mucho de unas localidades a otras. || Especie de migas que se hacen con torta cocida.
gazpachuelo. m. *Sopa caliente con huevo, batida la yema y cuajada la clara.
gazuza. f. fam. **Hambre.**
ge. f. Nombre de la letra *g*.
gea. f. **Miner.* Conjunto del reino inorgánico de un país o región. || Obra que lo describe.
geca. f. En el juego del *peón, cachada.
geco. m. *Reptil saurio propio de África.
gedeonada. f. Perogrullada, *necedad.
gehena. m. ***Infierno.**
geiser. m. *Geol.* *Manantial o surtidor termal intermitente.
gejionense. adj. **Gijonés.** Apl. a pers., ú. t. c. s.
gelasino, na. adj. Dícese de los *dientes que quedan descubiertos al *reírse el que los tiene.
gelatina. f. **Quím.* Substancia sólida, incolora y transparente, que se saca de ciertas partes de los animales. En el agua fría se pone blanda y flexible, pero no se disuelve. || **seca.** La destinada a la alimentación.
gelatinoso, sa. adj. Abundante en gelatina o parecido a ella.
geldre. m. **Mundillo** (*arbusto).
gelfe. m. Negro de una *tribu que habita en el Senegal.
gélido, da. adj. poét. *Helado o muy *frío.
gema. f. Nombre genérico de las *piedras preciosas*. || Parte de un *madero escuadrado donde, por escasez de dimensiones, hay algún defecto. || V. **Sal gema.** || *Bot.* *Yema en los vegetales.
gemación. f. *Bot.* Primer desarrollo de la gema o *yema. || *Zool.* *Reproducción por yemas o tubérculos.
gemebundo, da. adj. Que gime profundamente.
gemela. f. Jazmín de Arabia.
gemelo, la. adj. Dícese de cada uno de dos o más *hermanos nacidos de un parto. Ú. t. c. s. || Aplícase a las cosas *iguales o *semejantes, que, apareadas, cooperan a un mismo fin. || *Zool.* V. **Músculo gemelo.** Ú. t. c. s. || m. pl. *Anteojos de dos tubos. || Juego de *dos *botones iguales o de algunos otros objetos de esta clase. || *Astr.* **Géminis.** || *Carp.* Los dos *maderos gruesos que se empalman a otro para darle más resistencia y cuerpo.
gemido. m. Acción y efecto de gemir.
gemidor, ra. adj. Que gime.
geminación. f. **Ret.* Figura que consiste en repetir inmediatamente una o más palabras.
geminado, da. adj. *Hist. Nat.* Partido, dividido o dispuesto simétricamente en número *par.
géminis. m. *Astr.* Tercer signo del *Zodiaco. || *Astr.* *Constelación que se halla delante del signo zodiacal de igual nombre, algo hacia oriente. || **Farm.* Emplasto de albayalde y cera, con aceite rosado y agua común.
gemíparo, ra. adj. Aplícase a los animales o plantas que se *reproducen por medio de yemas.
gemiquear. intr. **Gimotear.**
gemiqueo. m. Acción de gemiquear.
gemir. intr. *Quejarse con voz lastimera.
gemonias. f. pl. Derrumbadero del monte Aventino en Roma, por el cual se arrojaban los cadáveres de los criminales a quienes se había aplicado la pena de *muerte. || *Castigo por extremo infamante.
gemoso, sa. adj. Aplícase a la viga o madero que tiene gema.
gen. m. **Biol.* Cada uno de los elementos dispuestos en serie lineal y en orden fijo a lo largo del cromosoma y que producen la aparición de los caracteres hereditarios en plantas y animales.
genal. adj. *Anat.* Perteneciente a las mejillas.
genciana. f. *Planta vivaz de las gencianáceas, que se usa en medicina como tónica y febrífuga.
gencianáceo, a. adj. *Bot.* Dícese de hierbas dicotiledóneas, cuyo tipo es la genciana. Ú. t. c. s. || f. pl. *Bot.* Familia de estas plantas.
gencianeo, a. adj. *Bot.* **Gencianáceo.**
gendarme. m. Militar destinado en Francia y otros países a ejercer las funciones de *guardia civil.
gendarmería. f. Cuerpo de tropa de los gendarmes. || Cuartel o puesto de gendarmes.
***genealogía.** f. Serie de progenitores de cada individuo. || Escrito que la contiene.
genealógico, ca. adj. Perteneciente a la genealogía.
genealogista. m. Persona versada en genealogía y linajes.
geneático, ca. adj. Que pretende *predecir el destino de las personas por las circunstancias de su nacimiento. Ú. t. c. s.
generable. adj. Que se puede producir por generación.
***generación.** f. Acción y efecto de engendrar. || Casta, *familia, género o especie. || Sucesión de descendientes en línea recta. || Conjunto de todos los vivientes coetáneos.
generacionismo. m. **Teol.* Doctrina que supone que el *alma de un individuo procede de los padres.

generador, ra. adj. Que engendra. Ú. t. c. s. ‖ **Geom.* Dícese de la línea o de la figura que por su movimiento engendran respectivamente una figura o un sólido geométrico. ‖ m. En las máquinas, parte de ellas que produce la fuerza o energía. ‖ *Caldera de vapor.

***general.** adj. Común y esencial a todos los individuos que se consideran. ‖ Común, *frecuente, *ordinario. ‖ Que posee vasta instrucción; docto, *sabio. ‖ m. El que tiene cualquiera de los cuatro grados superiores de la milicia. ‖ Prelado superior de una *orden religiosa*. ‖ En las *universidades, seminarios, etc., aula donde se enseñaban las ciencias. ‖ **Aduana.** ‖ **de brigada.** Primer grado del generalato en la milicia. ‖ **de división. Mariscal de campo.** ‖ **en jefe.** El que tiene el mando superior de un ejército. ‖ **Generales de la ley.** *For.* *Preguntas que ésta preceptúa para todos los *testigos. ‖ **En general,** o **por lo general.** m. adv. En común, generalmente. ‖ Sin especificar, de manera *indeterminada.

generala. f. Mujer del general. ‖ *Mil.* *Toque para que las fuerzas se pongan sobre las armas.

generalato. m. Oficio o ministerio del general de las *órdenes religiosas*. ‖ Tiempo que dura este oficio o ministerio. ‖ *Mil.* Empleo o grado de general. ‖ Conjunto de los generales de un ejército.

generalero. m. **Aduanero.**

***generalidad.** f. Mayoría o casi totalidad de los individuos u objetos que se consideran. ‖ Vaguedad o *indeterminación en lo que se dice o escribe. ‖ **Comunidad** (común de algún pueblo). ‖ Derechos que se adeudan en las *aduanas. ‖ Institución de gobierno en Cataluña.

generalísimo. m. Jefe que manda el estado *militar con autoridad sobre todos los generales del ejército.

generalizable. adj. Que puede generalizarse.

generalización. f. Acción y efecto de generalizar.

generalizador, ra. adj. Que generaliza.

***generalizar.** tr. Hacer pública o general una cosa. Ú. t. c. r. ‖ Considerar y tratar cualquier cuestión, sin contraerla a caso determinado. ‖ **Lóg.* Abstraer lo que es común a muchas cosas para formar un concepto general.

generalmente. adv. m. Con generalidad.

generante. p. a. de **Generar.** desus. Que genera.

generar. tr. **Engendrar.**

generativo, va. adj. Que tiene virtud de *engendrar.

generatriz. adj. **Geom.* **Generadora.** Ú. t. c. s.

genéricamente. adv. m. De un modo genérico.

genérico, ca. adj. Común a muchas *especies. ‖ **Gram.* Perteneciente al género.

***género.** m. **Especie.** ‖ *Modo o manera de hacer una cosa. ‖ ***Clase** (orden que comprende determinadas cosas). ‖ En el comercio, cualquier *mercancía. ‖ Cualquier clase de *tela. ‖ **Gram.* Accidente gramatical que sirve para indicar el sexo de las personas o de los animales y el que se atribuye a las cosas. ‖ *Hist. Nat.* Conjunto de *especies que tienen cierto número de caracteres comunes. ‖ **ambiguo.** **Gram.* El de los nombres de cosas que unas veces se consideran de **género** masculino y otras de femenino. ‖ **común.** *Gram.* El de los nombres de personas de una sola terminación para el masculino y el femenino. ‖ **chico.** Clase de obras *teatrales modernas de poca extensión y asunto ligero. ‖ **epiceno.** *Gram.* El de los nombres de animales cuando, con una misma terminación y artículo, designan el macho y la hembra. ‖ **femenino.** *Gram.* El del nombre que significa mujer o animal hembra. ‖ **masculino.** *Gram.* El del nombre que significa varón o animal macho. ‖ **neutro.** *Gram.* El del vocablo que no es masculino ni femenino y se aplica tan sólo a ideas o conceptos. ‖ **De género.** loc. **Esc.* y **Pint.* Dícese de las obras que representan escenas de costumbres o de la vida común.

generosamente. adv. m. Con generosidad.

generosidad. f. *Nobleza de sangre. ‖ Inclinación a anteponer el *decoro a la utilidad y al interés. ‖ Largueza, *liberalidad. ‖ *Valor y grandeza de alma.

***generoso, sa.** adj. *Noble y de ilustre prosapia. ‖ Que procede con magnanimidad y *desinterés. ‖ → Liberal, dadivoso. ‖ *Excelente en su especie. ‖ V. **Vino generoso.**

genesíaco, ca. adj. Perteneciente o relativo a la génesis.

genésico, ca. adj. Perteneciente o relativo a la *generación.

génesis. m. Primer libro del Pentateuco de Moisés, en la *Biblia, que trata de la creación del mundo. ‖ f. *Origen o *principio de una cosa. ‖ Por ext., conjunto de las *causas o fenómenos que dan por resultado un hecho.

genético, ca. adj. Perteneciente o relativo a la génesis u *origen de una cosa.

genetliaca o **genetlíaca.** f. Arte de *predecir a uno su buena o mala fortuna por el día de su *nacimiento.

genetliaco, ca o **genetlíaco, ca.** adj. Perteneciente a la genetliaca. ‖ Dícese del *poema o composición sobre el *nacimiento de una persona. ‖ m. El que practica la genetliaca.

genetlítico, ca. adj. ant. **Genetliaco.**

genial. adj. Propio del genio o *carácter de uno. ‖ Placentero; que causa *agrado o *alegría. ‖ Que revela gran *talento o genio creador. ‖ V. **Días geniales.** ‖ vulg. Genio, índole, *carácter.

genialidad. f. Singularidad propia del carácter de una persona. ‖ *Extravagancia.

genialmente. adv. m. De manera genial.

geniano, na. adj. *Anat.* Perteneciente a la *barba.

geniazo. m. aum. de **Genio.** ‖ fam. Genio fuerte, *irritable o *desabrido.

genilla. f. Pupila o niña del *ojo.

genio. m. Índole, *carácter o inclinación natural de uno. ‖ *Aptitud para una cosa; como ciencia, arte, etcétera. ‖ Grande *ingenio, fuerza intelectual extraordinaria capaz de *inventar cosas admirables. ‖ fig. Sujeto dotado de esta facultad. ‖ **Carácter.** ‖ **Mit.* Deidad engendradora de cuanto hay en la naturaleza. ‖ **Pint.* y **Escult.* Ángeles o figuras que se colocan al lado de una divinidad, o para representar una alegoría. ‖ **Corto de genio.** fr. *Tímido, apocado.

genista. f. ***Retama.**

***genital.** adj. Que sirve para la *generación. ‖ m. ***Testículo.** Ú. m. en pl.

genitivo, va. adj. Que puede *engendrar y producir una cosa. ‖ m. **Gram.* Uno de los casos de la declinación, que denota propiedad, posesión o pertenencia.

genitor. m. ant. El que engendra.

genitorio, ria. adj. ant. **Genital.**

genitourinario, ria. adj. Perteneciente o relativo al aparato *genital y al de la orina.

genízaro, ra. adj. **Etnog.* **Jenízaro.**

genocidio. m. *Muerte o eliminación sistemática de un grupo *social por motivo de *raza, religión, política, etcétera.

genol. m. **Arq. Nav.* Cada una de las piezas que se amadrinan de costado a las varengas.

genotipo. m. **Biol.* Conjunto de los genes existentes en los núcleos celulares de los individuos de cierta especie vegetal o animal.

genovés, sa. adj. Natural de Génova. Ú. t. c. s. ‖ Perteneciente a esta ciudad de Italia. ‖ m. Por ext., banquero en los siglos XVI y XVII.

gente. f. *Muchedumbre de personas. ‖ ***Nación.** ‖ *Tropa de soldados. ‖ Nombre colectivo de cada una de las clases que pueden distinguirse en la *sociedad. ‖ fam. *Familia de uno. ‖ fam. *Conjunto de personas que viven reunidas o trabajan a las órdenes de uno. ‖ **Gente** decente, bien portada. ‖ *Mar.* Conjunto de los soldados y *marineros de un buque. ‖ pl. Gentiles. Hoy sólo tiene uso en la expresión **el Apóstol de las gentes.** ‖ *Germ.* Las *orejas. ‖ **Gente de armas.** Conjunto de hombres de armas. ‖ **de barrio.** La *ociosa y holgazana. ‖ **de bien.** La de buena intención y *honrado proceder. ‖ **de capa negra.** fig. y fam. **Gente** ciudadana y decente. ‖ **de capa parda.** fig. y fam. **Gente** *rústica. ‖ **de carda,** o **de la carda.** Valentones y *rufianes. ‖ **de escalera abajo.** fig. y fam. La de clase inferior en cualquier línea; los *criados o la *plebe. ‖ **de gallaruza.** fig. y fam. **Gente de capa parda.** ‖ **de la cuchilla.** fig. y fam. Los carniceros. ‖ **de la garra.** fig. y fam. **Gente** acostumbrada a *hurtar. ‖ **de la vida airada.** Los que se precian de guapos y *valientes. ‖ **del bronce.** fig. y fam. **Gente** alegre y resuelta. ‖ **del polvillo.** fig. y fam. Los *albañiles. ‖ **del rey.** Galeotes y *presidiarios. ‖ **de mar.** Matriculados y marineros. ‖ **de medio pelo.** La de clase media o *burguesía no muy acomodada. ‖ **de paz.** Expr. con que se contesta al alto que echa el *centinela. ‖ **de pelea.** Soldados de fila. ‖ **de pelo, o de pelusa.** fig. y fam. La *rica y acomodada. ‖ **de plaza.** fig. y fam. La rica y acomodada. ‖ **de pluma.** fig. y fam. Los *escribanos. ‖ **de seguida.** La que anda en cuadrilla, haciendo *robos. ‖ **de Su Majestad. Gente del rey.** ‖ **de toda broza.** fig. y fam. La que vive con libertad y en la *vagancia. ‖ **de trato.** La que está dedicada al *comercio. ‖ **de traza.** La que observa la debida *prudencia y miramiento en obras y palabras. ‖ **forzada. Gente del rey.** ‖ **gorda.** La *rica e influyente. ‖ **menuda.** fam. Los *niños. ‖ fig. y fam. La *plebe. ‖ **non sancta.** fam. La de mal vivir. ‖ **perdida.** La *vagabunda. ‖ **Bullir de gente.** fr. Haber gran *concurrencia. ‖ **Hacer gente.** fr. Reclutar hombres para la *milicia.

‖ fig. y fam. Ocasionar reunión de **gente.**

gentecilla. f. d. de **Gente.** ‖ despect. Gente ruin y *despreciable.

***gentil.** adj. Idólatra o pagano. Ú. t. c. s. ‖ *Gallardo, galán, gracioso. ‖ **Notable.**

gentileza. f. *Gallardía, buen aire y disposición del cuerpo. ‖ *Desenvoltura y donaire en la ejecución de alguna cosa. ‖ Ostentación, *fausto. ‖ Urbanidad, *cortesía.

gentilhombre. m. Buen mozo. Palabra con que se apostrofaba a un desconocido, a manera de *tratamiento de cortesía. ‖ *Mensajero que despachaba el rey con un pliego de importancia. ‖ *Criado de la casa del *rey, de la clase de caballeros, que, según su misión especial y jerarquía, recibía diferentes nombres como **gentilhombre de boca, de cámara, de la casa, de manga, de entrada,** etc. ‖ **de placer.** fam. **Bufón.**

***gentilicio, cia.** adj. Perteneciente a las gentes o *naciones. ‖ Perteneciente al linaje o *familia. ‖ *Gram.* V. **Adjetivo gentilicio.** Ú. t. c. s.

gentílico, ca. adj. Perteneciente a los *gentiles.

gentilidad. f. Falsa *religión que profesan los *gentiles o idólatras. ‖ Conjunto y agregado de todos los *gentiles.

gentilismo. m. **Gentilidad.**

gentilizar. intr. Practicar o seguir los ritos de los gentiles.

gentilmente. adv. m. Con gentileza. ‖ A manera de los *gentiles.

gentío. m. *Concurrencia considerable de personas en un punto.

gentualla. f. despect. Gente la más despreciable de la *plebe.

gentuza. f. despect. **Gentualla.**

genuflexión. f. Acción y efecto de doblar la *rodilla, bajándola hasta el suelo, en señal de *respeto o reverencia.

genuino, na. adj. *Puro, propio, *verdadero, legítimo.

génuli. m. **Oropimente.**

geocéntrico, ca. adj. Perteneciente o relativo al centro de la *Tierra. ‖ **Astr.* Aplícase a la latitud y longitud de un planeta visto desde la Tierra.

geoda. f. *Hueco de una roca o *mineral, tapizado de una substancia generalmente cristalizada.

***geodesia.** f. Ciencia que trata de determinar la figura y magnitud del globo terrestre o de una gran parte de él, y construir los mapas correspondientes.

geodésico, ca. adj. Perteneciente o relativo a la *geodesia.

geodesta. m. Profesor de *geodesia. ‖ El que se ejercita habitualmente en ella.

geodinámica. f. *Geol.* Parte de la *geología que estudia las fuerzas que actúan sobre la Tierra.

geófago, ga. adj. Que *come *tierra. Ú. t. c. s.

geofísica. f. Parte de la *geología que estudia la física terrestre.

geogenia. f. Parte de la *geología, que trata del origen y formación de la Tierra.

geogénico, ca. adj. Perteneciente o relativo a la geogenia.

geognosia. f. Parte de la *geología, que estudia la estructura y composición de las rocas.

geognosta. m. El que profesa la geognosia.

geognóstico, ca. adj. Perteneciente o relativo a la geognosia.

geogonía. f. **Geogenia.**

geogónico, ca. adj. Perteneciente o relativo a la geogonía.

***geografía.** f. Ciencia que trata de la descripción de la Tierra. ‖ **astronómica. Cosmografía.** ‖ **física.** Parte de la **geografía,** que trata de la configuración de las tierras y los mares. ‖ **política.** Parte de la **geografía,** que trata de la distribución y organización de la Tierra en cuanto es morada del hombre.

geográficamente. adv. m. Según las reglas de la geografía.

geográfico, ca. adj. Perteneciente o relativo a la geografía.

geógrafo. m. El que profesa la *geografía.

***geología.** f. Ciencia que trata de la forma y naturaleza del globo terrestre, de su formación y alteraciones, y de las causas que las motivan.

geológico, ca. adj. Perteneciente o relativo a la *geología.

geólogo. m. El que profesa la *geología.

geomancia. f. *Adivinación supersticiosa que se hace valiéndose de los cuerpos terrestres, o con líneas trazadas en la tierra.

geomántico, ca. adj. Perteneciente a la geomancia. ‖ m. El que la profesa.

geomético. m. ant. **Geomántico.**

geómetra. m. El que profesa la *geometría.

geometral. adj. **Geométrico.**

***geometría.** f. Parte de las matemáticas, que trata de las propiedades y medida de la extensión. ‖ **algorítmica.** *Mat.* Aplicación del álgebra a la **geometría.** ‖ **analítica.** *Mat.* Parte de las matemáticas, que estudia las propiedades de las líneas y superficies representadas por medio de ecuaciones. ‖ **del espacio.** *Mat.* Parte de la **geometría,** que considera las figuras cuyos puntos no están todos en un mismo plano. ‖ **descriptiva.** *Mat.* Parte de las matemáticas, que tiene por objeto resolver los problemas de la **geometría** del espacio por medio de operaciones efectuadas en un plano. ‖ **plana.** *Mat.* Parte de la **geometría,** que considera las figuras cuyos puntos están todos en un plano.

geométricamente. adv. m. Conforme al método y reglas de la geometría.

geométrico, ca. adj. Perteneciente a la *geometría. ‖ Muy exacto.

geomorfía. f. Parte de la *geodesia, que trata de la figura del globo terráqueo y de la formación de los mapas.

geonomía. f. **Agr.* Ciencia que estudia las propiedades de la *tierra vegetal.

geonómico, ca. adj. Perteneciente o relativo a la geonomía.

geopiteco, ca. adj. *Zool.* Dícese de los *monos no trepadores.

geopolítica. f. Ciencia que pretende fundar la *política en el estudio de los factores de la *geografía, o de los económicos o raciales.

geoponía. f. **Agricultura.**

geopónica. f. **Geoponía.**

geopónico, ca. adj. Perteneciente o relativo a la geoponía.

georama. m. Globo *geográfico, grande y hueco, en cuyo interior se coloca el espectador.

georgiano, na. adj. Natural de Georgia. Ú. t. c. s. ‖ Perteneciente a este país del Asia.

geórgica. f. Obra *literaria que tiene relación con la *agricultura.

geórgico, ca. adj. Perteneciente o relativo a la *agricultura.

geotérmico, ca. adj. Relativo al *calor de la Tierra.

geotropismo. m. **Bot.* Tendencia de las plantas a orientarse según la gravedad.

gépido, da. adj. Dícese de los individuos de un *pueblo germánico que se juntó a los hunos bajo Atila. Ú. t. c. s.

geraniáceo, a. adj. **Bot.* Dícese de hierbas o matas dicotiledóneas, cuyo tipo es el geranio. Ú. t. c. s. ‖ f. pl. *Bot.* Familia de estas plantas.

geranio. m. *Planta geraniácea, de flores en umbela apretada, que se cultiva mucho en los jardines. Hay varias especies, que se distinguen por el olor y coloración de las flores. ‖ **de hierro.** El de hojas grandes y flores rojas. ‖ **de malva.** El de hojas parecidas a las de la malva, olor de manzana y flores blancas. ‖ **de rosa.** El de hojas pequeñas, y flores de color de rosa. ‖ **de sardina. Geranio de hierro.**

gerbo. m. **Jerbo.**

gerencia. f. Cargo de gerente. ‖ Gestión que le incumbe. ‖ Oficina del gerente.

gerente. m. *Com.* El que dirige, *gobierna y *administra negocios y lleva la firma en una *sociedad o empresa mercantil.

geriatría. f. Parte de la *medicina que estudia las enfermedades y la higiene de la *vejez.

gerifalco. m. **Gerifalte.**

gerifalte. m. *Ave rapaz, especie de *halcón grande, que fue muy estimada como ave de cetrería. ‖ Pieza antigua de *artillería, especie de culebrina. ‖ *Germ.* ***Ladrón.**

germán. adj. Apócope de **Germano.**

germana. f. *Germ.* ***Ramera.**

germanesco, ca. adj. Perteneciente o relativo a la germanía.

germanía. f. Jerga o manera de hablar entre sí ciertos grupos de ladrones o gentes de mal vivir. Es un *lenguaje compuesto en su mayor parte de palabras españolas arbitrariamente deformadas, mezcladas con otras de orígenes diversos. ‖ **Amancebamiento.** ‖ Hermandad formada por los gremios de Valencia a principios del siglo XVI. ‖ **Rufianesca.** ‖ fam. Tropel de muchachos.

germánico, ca. adj. Perteneciente o relativo a la Germania o a los germanos. ‖ Aplícase al vencedor de los germanos y al hijo o descendiente del vencedor. Ú. t. c. s. ‖ Dícese de algunas cosas pertenecientes a Alemania. ‖ Dícese de la *lengua indoeuropea que hablaron los pueblos germanos. Ú. t. c. s. m.

germanio. m. *Quím.* *Metal muy raro, parecido al bismuto.

germanismo. m. Idiotismo de la *lengua alemana. ‖ Vocablo o giro de esta lengua empleado en otra. ‖ Empleo de vocablos o giros alemanes en distinto idioma.

germanística. f. **Filol.* Ciencia que estudia las lenguas germánicas.

germanización. f. Acción y efecto de germanizar.

germanizar. tr. Hacer tomar el carácter germánico. Ú. t. c. r.

germano, na. adj. Natural u oriundo de la Germania. Ú. t. c. s.

germano. m. **Hermano carnal.** ‖ *Germ.* **Rufián.**

germen. m. **Embriol.* Principio rudimental de un nuevo ser orgánico. ‖ Parte de la *semilla de que se forma la planta. ‖ Primer *tallo que brota de la semilla. ‖ fig. *Principio, *origen de una cosa.

germinación. f. Acción de germinar.

germinador, ra. adj. Que hace germinar.
germinal. adj. Perteneciente al germen. ‖ m. Séptimo *mes del calendario republicano francés.
germinante. p. a. de **Germinar.** Que germina.
germinar. intr. Brotar y comenzar a crecer los *vegetales. ‖ fig. Brotar, *aumentar o *adelantar las cosas morales o abstractas.
germinativo, va. adj. Que puede germinar o causar germinación.
gerontología. f. **Med.* Estudio de la *ancianidad.
gerundense. adj. Natural de Gerona. Ú. t. c. s. ‖ Perteneciente a esta ciudad.
gerundiada. f. fam. Expresión gerundiana.
gerundiano, na. adj. fam. Aplícase al *estilo hinchado y pedante de algunos oradores sagrados.
gerundiar. intr. fam. **Gram.* Abusar de los gerundios.
gerundio. m. *Gram.* Forma invariable del modo infinitivo, de carácter adverbial, cuya terminación regular es *ando* en los *verbos de la primera conjugación, y *iendo* en los de la segunda y tercera.
gerundio. m. fig. y fam. Persona que habla o escribe en estilo hinchado y pedante. Dícese más especialmente de los *oradores sagrados.
gesolreút. m. En la *música antigua, indicación del tono que principia en el quinto grado de la escala diatónica de *do.*
gesta. f. Conjunto de *hazañas o hechos memorables de algún personaje.
gestación. f. Tiempo que dura la *preñez. ‖ fig. Acción de germinar las *ideas, planes, etc. ‖ Ejercicio que se hacía en la antigua Roma en *carruaje que pudiese dar al cuerpo algún movimiento y sacudida.
gestatorio, ria. adj. Que ha de *llevarse a brazos.
gestear. intr. Hacer gestos.
gestero, ra. adj. Que tiene el vicio de hacer *gestos.
gesticulación. f. Movimiento expresivo del rostro.
***gesticular.** adj. Perteneciente al *gesto.
gesticular. intr. Hacer *gestos.
gesticuloso, sa. adj. Que gesticula.
gestión. f. Acción y efecto de gestionar. ‖ *Administración.
gestionar. tr. Hacer *diligencias conducentes al logro de un propósito.
***gesto.** m. Expresión del rostro según los diversos afectos del ánimo. ‖ Movimiento exagerado del rostro por hábito o enfermedad. ‖ **Mueca.** ‖ **Semblante.** ‖ **Estar de buen,** o **mal, gesto.** fr. Estar de buen, o mal, *temple. ‖ **Hacer gestos** a una cosa. fr. fig. y fam. *Despreciarla. ‖ **Poner gesto.** fr. Mostrar *enfado.
gestor, ra. adj. Que gestiona. Ú. t. c. s. ‖ *Com.* Miembro de una *sociedad mercantil que participa en la *administración de ésta. ‖ **de negocios.** *For.* El que sin tener mandato para ello, cuida y defiende intereses ajenos.
gestudo, da. adj. fam. Que acostumbra a poner mal gesto. Ú. t. c. s.
geta. adj. Natural de un *pueblo escita situado al este de la Dacia. Ú. t. c. s. m. y en pl.
gético, ca. adj. Perteneciente o relativo a los getas.
getulo, la. adj. Natural de Getulia, país del África antigua. Ú. t. c. s. y en pl.
giba. f. ***Joroba.** ‖ fig. y fam. *Molestia, incomodidad. ‖ *Germ.* **Bulto.** ‖ *Germ.* **Alforja.**
gibado, da. adj. **Corcovado.**
gibao. m. V. **Pie de gibao.**
gibar. tr. **Corcovar.** ‖ fig. y fam. Fastidiar, *molestar.
gibelino, na. adj. **Polít.* Partidario de los emperadores de Alemania, en la Edad Media, contra los güelfos, defensores de los papas. Ú. t. c. s. ‖ Perteneciente o relativo a los **gibelinos.**
gibosidad. f. Cualquiera *prominencia o protuberancia en forma de giba o *joroba.
giboso, sa. adj. Que tiene giba o *joroba. Ú. t. c. s.
gibraltareño, ña. adj. Natural de Gibraltar. Ú. t. c. s. ‖ Perteneciente a esta ciudad.
giennense. adj. **Jiennense.**
giga. f. *Baile antiguo en compás de seis por ocho. ‖ *Música de este baile.
giganta. f. Mujer de *estatura extraordinaria. ‖ ***Girasol** (planta).
gigante. adj. **Gigantesco.** ‖ m. Hombre de *estatura extraordinaria. ‖ **Gigantón** (de las *procesiones). ‖ fig. El que *sobresale en ánimo, fuerza, etc. ‖ pl. *Germ.* Los *dedos mayores de la mano. ‖ **Gigante en tierra de enanos.** fig. y fam. Hombre de pequeña estatura.
gigantea. f. ***Girasol** (planta).
giganteo, a. adj. p. us. **Gigantesco.**
gigantesco, ca. adj. Perteneciente o relativo a los gigantes. ‖ fig. Excesivo o muy *grande y sobresaliente en su línea.
gigantez. f. Tamaño o *estatura que excede mucho de lo regular.
gigantilla. f. d. de **Giganta.** ‖ Figura artificial o *muñeco con cabeza y miembros desproporcionados a su cuerpo. ‖ Por semejanza se llama así a la mujer muy *gruesa y baja.
gigantismo. m. *Fisiol.* Anomalía caracterizada por un exceso de *crecimiento. ‖ **Histol.* Tamaño excesivo de una célula o núcleo.
gigantón, na. m. y f. aum. de **Gigante.** ‖ Cada una de las figuras o *máscaras gigantescas que suelen llevarse en algunas *procesiones. ‖ m. *Planta compuesta, especie de dalia, de flores moradas. ‖ **Echar** a uno **los gigantones.** fr. fig. y fam. **Echarle el toro.**
gigote. m. *Guisado de carne picada. ‖ Por extensión, cualquier otra comida picada en pedazos menudos. ‖ **Hacer gigote** una cosa. fr. fig. y fam. Partirla en menudos pedazos.
gijonense. adj. **Gijonés.**
gijonés, sa. adj. Natural de Gijón. Ú. t. c. s. ‖ Perteneciente a esta villa.
gil. m. Individuo de cierto bando de la montaña de Santander, *rival del de los negretes.
gilí. adj. fam. *Tonto, lelo.
gilito. adj. Dícese del *fraile descalzo de San Francisco, perteneciente al antiguo convento de San Gil, de Madrid.
gilvo, va. adj. Aplícase al *color melado.
***gimnasia.** f. Arte de fortalecer y dar flexibilidad al cuerpo por medio de ciertos ejercicios. ‖ Estos ejercicios. ‖ fig. Ejercicio que adiestra en cualquier actividad o función. ‖ **sueca.** La que se hace sin aparatos.
gimnasio. m. Lugar destinado a ejercicios gimnásticos. ‖ Establecimiento público de *enseñanza.
gimnasta. m. Persona que practica con maestría los ejercicios gimnásticos.
gimnástica. f. **Gimnasia.**
***gimnástico, ca.** adj. Perteneciente o relativo a la gimnasia.
gímnico, ca. adj. Perteneciente a la *lucha de los atletas y a los *bailes en que se imitaban estas luchas.
gimnita. f. **Miner.* Cierta variedad de serpentina.
gimnosofista. m. Nombre con que griegos y romanos designaban a los brahmanes o alguna de sus sectas.
gimnoto. m. *Pez malacopterigio, especie de anguila grande, que produce fuertes descargas *eléctricas.
gimoteador, ra. adj. Que gimotea.
gimotear. intr. fam. Gemir, *quejarse o *llorar sin causa justificada.
gimoteo. m. fam. Acción y efecto de gimotear.
gindama. f. *Germ.* *Miedo, cobardía.
ginebra. f. *Instrumento popular para acompañar ciertos cantos y bailes, compuesto de varios palitos o huesos ensartados formando escalerilla, que se rascan con un palo. ‖ Cierto juego de *naipes. ‖ fig. Confusión, *desorden. ‖ fig. *Alboroto, gritería.
ginebra. f. *Licor alcohólico, hecho de semillas y aromatizado con las bayas del enebro.
ginebrada. f. *Torta hecha con masa de hojaldre y rellena con un batido de la misma masa con leche cuajada.
ginebrés, sa. adj. **Ginebrino.** Apl. a pers., ú. t. c. s.
ginebrino, na. adj. Natural de Ginebra. Ú. t. c. s. ‖ Perteneciente a esta ciudad de Suiza.
gineceo. m. Departamento retirado que en sus casas destinaban los griegos para *habitación de sus *mujeres. ‖ *Bot.* Verticilo de la *flor formado por los pistilos.
ginecocracia. f. *Gobierno de las *mujeres.
***ginecología.** f. Parte de la medicina, que trata de las enfermedades especiales de la mujer.
ginecológico, ca. adj. Perteneciente o relativo a la *ginecología.
ginecólogo. m. Profesor que ejerce la *ginecología.
ginecopatía. f. *Pat.* Nombre genérico de las enfermedades sexuales de la mujer.
ginesta. f. Hiniesta, *retama.
gineta. f. **Equit.* **Jineta.**
gingidio. m. **Biznaga.**
gingival. adj. Relativo o perteneciente a las *encías.
gingivitis. f. *Pat.* Inflamación de las encías.
ginovés, sa. ant. **Genovés.** Apl. a pers., usáb. t. c. s.
gipsífero, ra. adj. Que contiene *yeso.
gira. f. *Paseo, excursión o *viaje. ‖ Serie de actuaciones sucesivas de una compañía de *teatro o de un artista en diferentes poblaciones.
girada. f. Movimiento en la *danza española, que consiste en dar una vuelta sobre la punta de un pie llevando el otro en el aire.
girador, ra. m. y f. El que libra una *letra de cambio*.
giralda. f. *Veleta de torre, en figura de persona o de animal.
giraldete. m. Roquete sin mangas.
giraldilla. f. d. de **Giralda.** ‖ *Baile popular de Asturias en compás binario.
girándula. f. Rueda llena de *cohetes. ‖ Artificio giratorio que se pone en las *fuentes.
girante. p. a. de **Girar.** Que gira.
***girar.** intr. Dar vueltas una cosa

sobre su eje o alrededor de un punto. ‖ *Com.* Expedir *letras de cambio*, talones u otras órdenes de pago. Ú. t. c. tr. ‖ **Com.* Hacer las operaciones mercantiles de una casa o empresa.
***girasol.** m. Planta anual de las compuestas, con tallo herbáceo, y fruto con muchas semillas comestibles, y de las que puede extraerse aceite. ‖ **Ópalo girasol.** ‖ fig. Persona *servil que procura granjearse el favor de un príncipe o poderoso.
***giratorio, ria.** adj. Que gira o se mueve alrededor. ‖ V. **Placa giratoria.** ‖ f. Mueble con *estantes y divisiones que gira alrededor de un eje.
girifalte. m. **Gerifalte.**
girino. m. *Insecto coleóptero que corre sobre la superficie del agua dando vueltas con rapidez.
giro. m. Acción y efecto de *girar. ‖ *Dirección que se da a una conversación, a un negocio, etc. ‖ Tratándose del *lenguaje, o *estilo, estructura especial de la frase. ‖ *Amenaza, bravata. ‖ **Chirlo.** ‖ *Com.* Movimiento o traslación de caudales por medio de letras, libranzas, etcétera. ‖ **Com.* Conjunto de operaciones o negocios de una empresa. ‖ **mutuo. Giro** oficial. ‖ **postal.** El que sirven las oficinas de *correos. ‖ **Tomar** uno **otro giro.** fr. fig. *Mudar de intento o resolución.
giro, ra. adj. Aplícase al *gallo que tiene las plumas del cuello y de las alas amarillas, y al matizado de blanco y negro.
giroflé. m. **Clavero** (árbol).
girola. f. Nave que rodea el ábside de un *templo de arquitectura románica o gótica.
girondino, na. adj. Dícese del individuo de un partido *político de Francia en tiempo de la Revolución. Ú. m. c. s.
giroscópico, ca. adj. Perteneciente o relativo al giroscopio.
giroscopio. m. **Fís.* Aparato inventado por Foucault para demostrar la rotación de la Tierra, y que consiste en un disco que gira rápidamente sobre un eje libre. ‖ **Giróstato.**
giróstato. m. Aparato que consiste principalmente en un disco que gira rápidamente y reacciona contra cualquier fuerza que tienda a apartarlo del plano de rotación.
giróvago, ga. adj. *Vagabundo. ‖ Dícese del *monje que vagaba de uno en otro monasterio. Ú. t. c. s.
gis. m. **Clarión.**
giste. m. *Espuma de la *cerveza.
gitanada. f. Acción propia de *gitanos. ‖ fig. *Adulación, *halagos o engaños para conseguir uno lo que desea.
gitanamente. adv. m. fig. Con gitanería.
gitanear. intr. fig. *Halagar con gitanería.
gitanería. f. *Halago hecho con zalamería y gracia, al modo de las gitanas. ‖ Reunión o conjunto de *gitanos. ‖ Dicho o hecho propio y peculiar de los *gitanos.
gitanesco, ca. adj. Propio de los *gitanos.
gitanismo. m. Costumbres y maneras que caracterizan a los *gitanos.
***gitano, na.** adj. Dícese de cierta raza errante, procedente, al parecer, del norte de la India. Ápl. a pers., ú. t. c. s. ‖ Propio de los **gitanos,** o parecido a ellos. ‖ **Egipcio.** Apl. a pers., ú. t. c. s. ‖ fig. Que tiene *gracia y *atractivo para ganarse las voluntades. Ú. t. c. s.
glabro, bra. adj. *Calvo, lampiño.
glacial. adj. **Helado.** ‖ Que hace *helar o helarse. ‖ fig. Frío, *indiferente, desabrido. ‖ **Geogr.* Aplícase a las tierras y mares que están en las zonas **glaciales.**
glacialmente. adv. m. fig. Con frialdad o de modo glacial.
glaciar. m. **Geol.* Masa grande de *hielo que, en la región de las nieves perpetuas, se desliza lentamente por la acción de la gravedad.
glacis. m. **Fort.* **Explanada.**
***gladiador.** m. El que en los juegos públicos de los romanos batallaba con otro o con una fiera.
gladiator. m. **Gladiador.**
gladiatorio, ria. adj. Perteneciente a los *gladiadores.
gladio. m. **Espadaña** (planta).
gladíolo o **gladiolo.** m. **Espadaña** (planta).
glande. m. **Bálano.** ‖ f. **Bellota.**
glandífero, ra. adj. poét. y *Bot.* Que lleva o da bellotas.
glandígero, ra. adj. **Glandífero.**
***glándula.** f. **Bot.* Dilatación celular de la epidermis de algunas plantas, que segrega algún líquido. ‖ → *Zool.* Cualquiera de los órganos que sirven para la secreción y excreción de humores. ‖ **pineal.** *Anat.* Cuerpo gris que se halla delante del cerebelo. ‖ **pituitaria.** *Anat.* Glándula de secreción interna situada en la base del cráneo, sobre el esfenoides.
glandular. adj. Propio de las *glándulas.
glanduloso, sa. adj. Que tiene *glándulas, o está compuesto de ellas.
glasé. m. Tafetán de mucho brillo.
glaseado, da. adj. Que imita o se parece al glasé.
glasear. tr. Dar *brillo a la superficie de algunas cosas, como al papel, a ciertos manjares, etc.
glasor. m. *Cielo o paraíso de la mitología escandinava.
glasto. m. *Planta crucífera, de cuyas hojas se saca un color análogo al del añil.
glauberita. f. **Miner.* Sulfato de cal y de sosa que acompaña a la sal marina.
glaucio. m. *Planta herbácea de las papaveráceas.
glauco, ca. adj. De *color verde claro. ‖ m. *Molusco gasterópodo marino, sin concha.
glaucoma. m. *Pat.* Enfermedad grave de los *ojos.
glayo. m. **Arrendajo** (*pájaro).
gleba. f. Terrón que se levanta con el *arado. ‖ *Terreno cubierto de *hierba.
glenoideo, a. adj. *Anat.* Dícese de la cavidad de un *hueso, en la que se encaja y mueve la cabeza de otro.
glera. f. **Cascajar.**
glicerina. f. **Quím.* Líquido incoloro, espeso y dulce que se encuentra en los cuerpos grasos y se usa mucho en farmacia, en *perfumería, y para preparar la nitroglicerina.
glicina. f. *Planta leguminosa de jardín, con *flores azuladas en grandes racimos.
gliconio. adj. V. **Verso gliconio.** Ú. t. c. s.
glicosuria. f. *Pat.* **Glucosuria.**
glifo. m. *Arq.* *Ornamentación acanalada que se pone al frente de los triglifos.
glíptica. f. Arte de grabar en acero los cuños para *monedas, medallas, sellos, etc.
gliptodonte. m. *Zool.* Mamífero *fósil parecido a una tortuga de gran tamaño.
gliptoteca. f. Museo en que se guardan *piedras preciosas* grabadas o esculpidas.
global. adj. Tomado en *conjunto.
***globo.** m. ***Esfera.** ‖ Especie de fanal esférico con que se cubre una *luz para que no moleste a la vista. ‖ **Tierra** (nuestro planeta). ‖ → **aerostático.** Aparato compuesto esencialmente de un recipiente lleno de un gas menos denso que el aire, lo cual da al aparato una fuerza ascensional que le permite elevarse en la atmósfera. ‖ **cautivo.** El que está sujeto con un cable y sirve de observatorio. ‖ **celeste.** Esfera en cuya superficie se figuran las constelaciones principales. ‖ **dirigible. Globo** fusiforme con motores y hélices propulsoras y un timón vertical para guiarle. ‖ **sonda. Globo** pequeño no tripulado, que lleva aparatos registradores y se eleva generalmente a gran altura. ‖ **terráqueo,** o **terrestre. Tierra.** ‖ Esfera en cuya superficie se figura la disposición respectiva que las tierras y mares tienen en nuestro planeta. ‖ **En globo.** m. adv. En *conjunto.
globoso, sa. adj. De figura de globo.
globular. adj. De figura de glóbulo. ‖ Compuesto de glóbulos.
globulariáceo, a. adj. **Bot.* Dícese de plantas dicotiledóneas, hierbas, matas o arbustos, cuyo tipo es la corona de rey. Ú. t. c. s. f. ‖ f. pl. *Bot.* Familia de estas plantas.
globulillo. m. d. de **Glóbulo.** ‖ **Farm.* Glóbulo homeopático.
glóbulo. m. d. de **Globo.** ‖ Pequeño cuerpo *esférico. ‖ *Zool.* Corpúsculo redondeado, formado por una sola célula, que se encuentra en muchos líquidos del cuerpo y especialmente en la *sangre.
globuloso, sa. adj. Compuesto de glóbulos.
glomérulo. m. *Bot.* Especie de inflorescencia semejante a la cabezuela.
***gloria.** f. **Bienaventuranza.** ‖ **Cielo.** ‖ *Fama y honor que resulta de grandes hechos y excelentes cualidades. ‖ Gusto y *placer vehemente. ‖ Lo que *enaltece o ilustra en gran manera una cosa. ‖ Majestad, magnificencia. ‖ *Tela de seda muy delgada y transparente. ‖ Género de *pastel abarquillado y relleno de dulce, hecho de masa de hojaldre. ‖ *Hornilla dispuesta para calentarse y cocer las ollas. ‖ Estrado dispuesto sobre un hueco abovedado, en cuyo interior se quema paja u otro combustible para *calefacción de la estancia. ‖ **Pint.* Rompimiento de cielo, en que se representan ángeles, resplandores, etc. ‖ m. Cántico o rezo de la *misa, que comienza con las palabras GLORIA *in excelsis Deo.* ‖ **Gloria Patri.** ‖ **Estar** uno **en la gloria.** fr. fig. y fam. Estar muy *contento. ‖ **Hacer gloria de** una cosa. fr. *Jactarse de ella.
gloriado. m. *Bebida americana, a manera de ponche con aguardiente.
gloria patri. m. Versículo latino que se dice después de ciertas *oraciones y de los salmos e himnos de la Iglesia.
gloriapatri. m. **Gloria Patri.**
gloriar. tr. *Enaltecer, ensalzar. ‖ Dirigir el rezo del *rosario. ‖ r. *Jactarse de una cosa. ‖ *Alegrarse mucho.
glorieta. f. **Cenador** (de un *jardín). ‖ *Plazoleta en un jardín. ‖ *Plaza donde desembocan varias calles o alamedas.
glorificable. adj. Digno de ser glorificado.
glorificación. f. Alabanza o *enaltecimiento de una persona o cosa. ‖

Acción y efecto de glorificar o glorificarse.

glorificador, ra. adj. Que glorifica. Ú. t. c. s. ‖ Que da la *gloria o la vida eterna. Dícese propiamente de *Dios.

glorificante. p. a. de **Glorificar.** Que glorifica.

glorificar. tr. Hacer glorioso al que no lo era. ‖ *Enaltecer y ensalzar al que es glorioso dándole alabanzas. ‖ r. **Gloriarse.**

gloriosamente. adv. m. Con gloria.

glorioso, sa. adj. Digno de honor y alabanza, famoso, *ilustre. ‖ Perteneciente a la *gloria o bienaventuranza. ‖ Que goza de Dios en la gloria. ‖ Que habla de sí con *jactancia. ‖ fig. y fam. *Teol.* V. **Cuerpo glorioso.** ‖ f. Por antonom., la *Virgen María. ‖ fig. La revolución española del año 1868.

glosa. f. *Explicación o comento de un texto. ‖ *Nota que se pone en un *documento o libro de cuenta y razón para advertir la obligación a que está afecta o hipotecada alguna cosa. ‖ Nota o reparo que se pone en las *cuentas. ‖ Composición *poética al fin de la cual o al de cada una de sus estrofas se hacen entrar uno o más versos anteriores. ‖ **Mús.* Variación sobre un tema.

glosador, ra. adj. Que glosa. Ú. t. c. s.

glosar. tr. Hacer, poner o escribir glosas. ‖ fig. *Tergiversar una palabra, proposición o acto.

glosario. m. *Vocabulario de palabras obscuras o desusadas, con su correspondiente explicación.

glose. m. Acción de glosar o poner *notas en un documento, cuenta, etcétera.

glosilla. f. d. de **Glosa.** ‖ **Impr.* Carácter de letra menor que la de breviario.

glositis. f. *Pat.* **Glotitis.**

glosopeda. f. **Veter.* Enfermedad epizoótica de los ganados, caracterizada por flictenas pequeñas en la boca y entre las pezuñas.

glótico, ca. adj. *Zool.* Perteneciente o relativo a la glotis.

glotis. f. *Zool.* Abertura superior de la *laringe.

glotitis. f. *Pat.* Inflamación de la *lengua.

glotología. f. **Lingüística.**

glotón, na. adj. Que come con *gula y con ansia. Ú. t. c. s.

glotonamente. adv. m. Con glotonería.

glotonear. intr. Comer glotonamente.

glotonería. f. Acción de glotonear. ‖ Calidad de glotón.

gloxínea. f. *Planta de jardín, bulbosa.

glucemia. f. **Pat.* Presencia de *azúcar en la *sangre.

glucina. f. **Quím.* Óxido de glucinio que combinado con los ácidos forma sales de sabor dulce.

glucinio. m. *Metal raro, semejante al aluminio.

glucómetro. m. Aparato para apreciar la cantidad de *azúcar que tiene un líquido.

glucosa. f. Especie de *azúcar que se encuentra en las uvas y en la mayor parte de las frutas, y en la orina de los diabéticos.

glucósido. m. **Quím.* Substancia orgánica compleja obtenida de ciertos vegetales, y uno de cuyos componentes es la glucosa.

glucosuria. f. *Pat.* Desorden patológico, caracterizado por la presencia de azúcar en la *orina.

gluglutear. intr. Emitir el *pavo su *voz característica.

gluma. f. *Bot.* Cubierta de la *flor de las plantas gramíneas, que se compone de dos valvas a manera de escamas.

gluten. m. Cualquier substancia *pegajosa que puede servir para unir una cosa a otra. ‖ Materia albuminoidea amarillenta y elástica cuando está húmeda, que se encuentra juntamente con el almidón en las *harinas.

glúteo, a. adj. Perteneciente a la *nalga. ‖ *Zool.* V. **Músculo glúteo.** Ú. t. c. s.

glutinosidad. f. Calidad de glutinoso.

glutinoso, sa. adj. *Pegajoso, que tiene virtud para pegar y trabar una cosa con otra.

gneis. m. *Roca de estructura pizarrosa e igual composición que el granito.

gnéisico, ca. adj. Perteneciente o relativo al gneis.

gnetáceo, a. adj. **Bot.* Dícese de los árboles, arbolillos o arbustos dicotiledóneos, cuyo tipo es el belcho. Ú. t. c. s. f. ‖ f. pl. *Bot.* Familia de estas plantas.

gnómico, ca. adj. Dícese de los *poetas que componen *máximas y reglas de moral, y de las poesías de este género. Apl. a pers., ú. t. c. s.

gnomo. m. **Mit.* Ser fantástico, reputado como espíritu o genio de la Tierra.

gnomon. m. Antiguo instrumento de *astronomía, con el cual se determinaban el acimut y altura del Sol. ‖ Indicador de las horas en los *relojes solares más comunes. ‖ *Cant.* **Escuadra.** ‖ **movible. Falsa escuadra.**

gnomónica. f. Ciencia que trata y enseña el modo de hacer los *relojes solares.

gnomónico, ca. adj. Perteneciente a la gnomónica.

gnosis. f. *Fil.* Ciencia por excelencia, *sabiduría suprema. ‖ Ciencia de los magos y *hechiceros.

gnosticismo. m. Doctrina *filosófica y religiosa de los primeros siglos de la Iglesia, que aspiraba al conocimiento intuitivo de las cosas divinas.

gnóstico, ca. adj. Perteneciente o relativo al gnosticismo. ‖ Que profesa el gnosticismo. Ú. t. c. s.

gobén. m. Palo que sujeta los adrales por la parte trasera del *carro.

gobernable. adj. Que puede ser gobernado.

gobernación. f. **Gobierno.** ‖ Ejercicio del *gobierno. ‖ **Ministerio de la Gobernación.**

***gobernador, ra.** adj. Que gobierna. Ú. t. c. s. ‖ m. Jefe superior de una provincia, ciudad o territorio. ‖ Representante del Gobierno en algún establecimiento público.

gobernadora. f. Mujer del gobernador. ‖ La que gobierna por sí un reino o nación.

gobernadorcillo. m. *Juez pedáneo en las islas Filipinas.

gobernalle. m. *Mar.* ***Timón.**

gobernante. p. a. de **Gobernar.** Que gobierna. Ú. m. c. s. ‖ m. fam. El que se mete a gobernar una cosa.

***gobernar.** tr. Mandar con autoridad o regir una cosa. Ú. t. c. intr. ‖ Guiar y *dirigir. Ú. t. c. r. ‖ vulg. Componer, *reparar, arreglar. ‖ intr. Obedecer el buque al timón.

gobernativo, va. adj. **Gubernativo.**

gobernoso, sa. adj. fam. *Ordenado y hacendoso.

gobierna. f. **Veleta.**

***gobierno.** m. Acción y efecto de gobernar o gobernarse. ‖ Modo de regir una nación, provincia, etc. ‖ Conjunto de los ministros superiores de un Estado. ‖ Empleo y dignidad de gobernador. ‖ Distrito o jurisdicción del gobernador. ‖ Edificio en que tiene su despacho y oficinas. ‖ **Gobernalle.** ‖ Docilidad de la *embarcación al timón. ‖ *Germ.* **Freno.** ‖ **absoluto.** Aquel en que todos los poderes se hallan reunidos en sólo una persona o cuerpo. ‖ **parlamentario . Gobierno representativo.** ‖ **representativo.** Aquel en que concurre la nación, por medio de sus representantes, a la formación de las leyes. ‖ **Mirar contra el gobierno.** fr. fam. Ser uno *bizco. ‖ **Servir de gobierno.** fr. fam. Servir de norma.

gobio. m. *Pez de río, acantopterigio, de carne comestible.

***goce.** m. Acción y efecto de gozar o disfrutar una cosa.

gocete. m. Sobaquera de la *armadura. ‖ **de lanza.** Rodete de cuero o hierro que se clavaba en la manija de la *lanza.

gociano, na. adj. Natural de Gocia. Ú. t. c. s. ‖ Perteneciente a esta región de Suecia.

gochapeza. f. *Juego de muchachos que consiste en meter una bola dentro de un círculo, dándole golpes con un palo.

gocho, cha. m. y f. fam. **Cochino.**

godeño, ña. adj. *Germ.* *Rico o principal.

godeo. m. desus. *Placer, gusto, *alegría.

godería. f. *Germ.* Convite o *comida de *mogollón.

godesco, ca. adj. **Godible.** Apl. a pers., ú. t. c. s.

godible. adj. *Alegre, *agradable.

godizo, za. adj. *Germ.* **Godeño.**

godo, da. adj. Dícese del individuo de un antiguo *pueblo de Escandinavia fundador de reinos en España e Italia. Ú. t. c. s. ‖ Dícese del *rico y poderoso, de noble linaje. Ú. t. c. s. ‖ Nombre con que se designa a los españoles en América. ‖ **Hacerse de los godos.** fr. fig. Blasonar de *noble. ‖ **Ser godo.** fr. fig. Ser de nobleza antigua.

goecia. f. Práctica de *magia en la que se invoca al demonio.

gofio. m. *Harina de maíz, trigo o cebada tostada. ‖ Especie de alfajor hecho con harina de maíz y papelón.

gofo, fa. adj. *Necio, ignorante y grosero. ‖ *Pint.* Dícese de la figura enana.

gofrador. m. Instrumento para la fabricación de *flores artificiales.

gofrar. tr. Marcar en relieve con un instrumento apropiado la nervadura de las hojas de las *flores artificiales.

goja. f. ant. *Cesta en que se recogen las espigas.

gol. m. Suerte de entrar el *balón de fútbol en la portería.

gola. f. ***Garganta.** ‖ Pieza de la *armadura antigua para cubrir la garganta. ‖ *Insignia de los oficiales militares, que consiste en una media luna convexa de metal, pendiente del cuello. ‖ **Gorguera.** ‖ Adorno de tul, encaje, etc., plegado o fruncido, que se ha usado alrededor del *cuello. ‖ *Arq.* *Moldura cuyo perfil tiene la figura de una *s.* ‖ **Fort.* Entrada desde la plaza al baluarte, o distancia de los ángulos de los flancos. ‖ *Fort.* Línea recta que une los extremos de dos flancos en una obra defensiva. ‖ *Geogr.* Canal por donde entran los buques en ciertos puertos o rías.

golde. m. Instrumento de labranza, especie de *arado.

goldre. m. Carcaj en que se llevan las *saetas.
goleta. f. *Embarcación fina, de bordas poco elevadas, con dos palos, y a veces tres.
golf. m. *Juego escocés, parecido al mallo.
golfán. m. **Nenúfar.**
golfear. intr. Vivir a la manera de un golfo.
golfería. f. Conjunto de golfos o *pícaros. ‖ Acción propia de un golfo.
golfín. m. **Delfín** (cetáceo).
golfín. m. *Ladrón que generalmente iba con otros en cuadrilla.
***golfo.** m. Gran porción de mar que se interna en la tierra entre dos cabos. ‖ Toda la extensión del *mar. ‖ Gran extensión del mar que dista mucho de tierra por todas partes, y en la cual no se encuentran islas. ‖ Cierto juego de envite.
golfo, fa. m. y f. Pilluelo, vagabundo, *pícaro.
golfo. m. **Pernio.**
goliardesco, ca. adj. Perteneciente o relativo al goliardo.
goliardo. m. *Estudiante medieval que llevaba vida *inmoral.
golilla. f. d. de **Gola.** ‖ *Cuello armado sobre cartón y cubierto de tela blanca engomada o almidonada, que usaban los jueces, los ministros togados y demás curiales. ‖ *Anillo o rodete que cada una de las piezas de un cuerpo de *bomba tiene en su extremo. ‖ *Albañ.* Trozo de *tubo corto que sirve para empalmar unos con otros los caños de barro. ‖ Cerco de *plumas erizables que rodea el cuello del *gallo. ‖ fam. *Deuda. ‖ m. fam. *Magistrado que usaba **golilla.** También se dio este nombre a los paisanos, en contraposición a los militares. ‖ **Ajustar,** o **apretar,** a uno **la golilla.** fr. fig. y fam. *Ahorcarle o darle garrote.
golillero, ra. m. y f. Persona que tenía por oficio hacer y aderezar golillas.
golimbro, bra. adj. **Goloso.**
golimbrón, na. adj. **Goloso.**
golmajear. intr. **Golosinear.**
golmajería. f. **Golosina.**
golmajo, ja. adj. **Goloso.**
golondrera. f. *Germ.* Compañía de soldados.
golondrina. f. *Pájaro emigrante, de pico negro, triangular, cuerpo negro azulado por encima y blanco por debajo, alas puntiagudas y cola larga y muy ahorquillada. ‖ *Pez de mar acantopterigio, de cuerpo fusiforme, provisto de aletas torácicas tan desarrolladas, que sirven al animal para los revuelos que hace fuera del agua. ‖ *Planta herbácea, rastrera, de la familia de las euforbiáceas. ‖ **de mar.** *Ave palmípeda menor que la gaviota.
golondrinera. f. **Celidonia.**
golondrino. m. Pollo de la golondrina. ‖ **Golondrina** (*pez). ‖ fig. El que *viaja de una parte a otra, mudando estaciones como la golondrina. ‖ fig. *Soldado desertor. ‖ *Germ.* **Soldado.** ‖ *Pat.* Infarto glandular que forma un *tumor en el sobaco.
golondro. m. *Deseo y antojo de una cosa. ‖ **Andar en golondros.** fr. fam. Andar *engañando con *esperanzas vanas e inútiles. ‖ **Campar de golondro.** fr. fam. Vivir de *mogollón a costa ajena.
golorito. m. **Jilguero.**
golosamente. adv. m. Con golosina.
golosear. intr. **Golosinear.**
***golosina.** f. Manjar delicado que sirve más para el gusto que para el sustento. ‖ *Deseo de una cosa. ‖ fig. Cosa más *agradable que útil.
golosinar. intr. **Golosinear.**
golosinear. intr. Andar comiendo o buscando golosinas.
golosmear. intr. **Gulusmear.**
***goloso, sa.** adj. Aficionado a *comer golosinas. Ú. t. c. s. ‖ *Deseoso o dominado por el apetito de alguna cosa.
golpazo. m. aum. de **Golpe.** ‖ *Golpe violento o ruidoso.
***golpe.** m. Encuentro repentino y violento de dos cuerpos. ‖ Efecto del mismo encuentro. ‖ Multitud o *abundancia de una cosa. ‖ Infortunio o *desgracia inesperada. ‖ **Latido** (del corazón). ‖ Pestillo que se encaja al cerrar la puerta con fuerza. ‖ Entre jardineros, número de pies, sean uno, dos o más, que se *plantan en un hoyo. ‖ Hoyo en que se pone la *semilla o la planta. ‖ En el juego de trucos y de *billar, lance en que se hacen algunas rayas. ‖ En los *torneos y juegos de a caballo, medida del valor de los lances entre los que pelean. ‖ **Cartera** (adorno sobre los bolsillos). ‖ Adorno de *pasamanería sobrepuesto en una pieza de vestir. ‖ fig. *Admiración, *sorpresa. ‖ fig. Ocurrencia *ingeniosa y oportuna en el curso de la *conversación. ‖ fig. En las obras de ingenio, parte que tiene más *gracia y oportunidad. ‖ fig. Postura al *juego con la cual se acierta. ‖ **de Estado.** Medida grave y violenta que toma uno de los poderes del Estado, usurpando las atribuciones de otro. ‖ **de fortuna.** *Suceso extraordinario, próspero o adverso. ‖ **de gracia.** El que se da para acabar de *matar al que está gravemente herido. ‖ **de mar.** *Ola fuerte que quiebra en las embarcaciones, peñascos, etc. ‖ **de pechos.** Signo de dolor y *arrepentimiento, que se hace dando con la mano o puño en el pecho. ‖ **de tos.** Acceso de *tos. ‖ **en vago.** El que se yerra. ‖ fig. Designio *frustrado. ‖ **A golpe.** m. adv. *Agr.* Aplícase a la manera de *sembrar por hoyos. ‖ **A golpes.** m. adv. A porrazos. ‖ fig. Con intermitencias o *intervalos. ‖ **A golpe seguro.** m. adv. A tiro hecho; con *seguridad de acertar. ‖ **Dar golpe** una cosa. fr. fig. Causar *sorpresa y *admiración. ‖ **Dar golpe** a una cosa. fr. fig. Probar de ella. ‖ **De golpe.** m. adv. fig. *Prontamente, con brevedad. ‖ **De golpe y porrazo,** o **zumbido.** m. adv. fig. y fam. *Precipitadamente. ‖ **De un golpe.** m. adv. fig. De una sola vez, de manera *continua. ‖ **Errar el golpe.** fr. fig. *Frustrarse el efecto de una acción. ‖ **Parar el golpe.** fr. fig. *Evitar el daño que amenaza.
golpeadero. m. Parte donde se *golpea mucho. ‖ Sitio en que choca el agua de una *cascada, chorro, etc. ‖ *Ruido de muchos golpes continuados.
golpeado. m. *Germ.* **Postigo.** ‖ *Germ.* ***Puerta.**
golpeador, ra. adj. Que golpea. Ú. t. c. s.
golpeadura. f. Acción y efecto de golpear.
***golpear.** tr. Dar repetidos *golpes. Ú. t. c. intr. ‖ *Germ.* *Repetir una misma cosa.
golpeo. m. **Golpeadura.**
golpete. m. Palanca fija en la pared, que sirve para mantener abierta una hoja de *puerta o ventana.
golpetear. tr. Dar *golpes viva y continuadamente. Ú. t. c. intr.
golpeteo. m. Acción y efecto de golpetear y *ruido que resulta.
golpetillo. m. Muelle de las *navajas que suena al abrirlas.
goluba. f. *Guante tosco para arrancar los *cardos.
gollería. f. *Golosina, manjar exquisito y delicado. ‖ fig. y fam. *Delicadeza, *superfluidad.
gollero. m. *Germ.* El que *hurta en los grandes aprietos de gente.
golletazo. m. Golpe que se da en el gollete de una botella para abrirla. ‖ fig. *Conclusión irregular y abreviada que se da a un negocio difícil. ‖ **Taurom.* Estocada en la tabla del cuello del toro, que penetra en el pecho y atraviesa los pulmones.
gollete. m. Parte superior del *cuello por donde se une a la cabeza. ‖ Cuello estrecho que tienen algunas *vasijas. ‖ Cuello que traen los donados en sus hábitos. ‖ **Estar** uno **hasta el gollete.** fr. fig. y fam. Estar *cansado y *harto de alguna cosa. ‖ fig. y fam. Estar embarrancado en alguna *dificultad. ‖ fig. y fam. Haber comido mucho.
gollizo, gollizno. m. Paso *estrecho de una montaña, río, etc.
gollería. f. **Gollería.**
***goma.** f. Substancia viscosa que fluye de diversos vegetales y que, disuelta en agua, sirve para pegar. ‖ Tira o banda de **goma** elástica a modo de cinta. ‖ *Tumor esférico o globuloso de origen sifilítico. ‖ **adragante. Tragacanto.** ‖ **arábiga.** La que producen ciertas acacias muy abundantes en Arabia. ‖ **ceresina.** La que se saca del cerezo, almendro o ciruelo. ‖ **de borrar.** La elástica preparada especialmente para borrar en el papel el lápiz o la tinta. ‖ **elástica.** Jugo lechoso producido por varias euforbiáceas, el cual, después de coagulado, forma una masa impermeable muy elástica. ‖ **laca. Laca.** ‖ **quino. Quino.**
gomarra. f. *Germ.* ***Gallina.**
gomarrero. m. *Germ.* *Ladrón de gallinas y pollos.
gomarrón. m. *Germ.* *Pollo de gallina.
gomecillo. m. fam. **Lazarillo.**
gomel. adj. **Gomer.**
gomenol. m. **Quím.* Substancia medicinal que se extrae de una especie de mirtácea.
gomer. adj. Dícese del individuo de la tribu berberisca de Gomera. Ú. m. c. s. y en pl. ‖ Perteneciente a esta tribu.
gomero, ra. adj. Perteneciente o relativo a la *goma. ‖ m. Tirador que hacen los muchachos con gomas.
gomia. f. **Tarasca.** ‖ fig. y fam. Persona que come con *gula y engulle con presteza y voracidad. ‖ fig. y fam. Lo que consume, gasta y aniquila.
gomioso, sa. adj. Voraz, ansioso.
gomista. com. Persona que trafica en objetos de *goma.
***gomorresina.** f. Jugo lechoso que fluye de varias plantas, compuesto de una resina mezclada con una materia gomosa y un aceite volátil.
gomosería. f. Calidad de gomoso o *petimetre.
gomosidad. f. Calidad de gomoso.
***gomoso, sa.** adj. Que tiene *goma o se parece a ella. ‖ Que padece gomas. Ú. t. c. s. ‖ m. Pisaverde, *petimetre, currutaco.
gónada. f. *Glándula *sexual masculina o femenina.
gonce. m. ***Gozne.**

góndola. f. *Embarcación pequeña de recreo, sin palos ni cubierta, que se usa principalmente en Venecia. || Cierto *carruaje en que pueden viajar juntas muchas personas.
gondolero. m. El que tiene por oficio dirigir la góndola o remar en ella.
gonela. f. **Indum.* Túnica de piel o de seda, generalmente sin mangas, usada por hombres y mujeres y que a veces vestía el caballero sobre la armadura.
gonete. m. Vestido de mujer, a modo de *saya, usado antiguamente.
gonfalón. m. **Confalón.**
gonfalonero. m. **Confaloniero.**
gonfalonier. m. **Confalonier.**
gonfaloniero. m. **Confaloniero.**
gong. m. Batintín, tantán.
gongorino, na. adj. Que adolece de los vicios del gongorismo. || Que incurre en ellos. Ú. t. c. s.
gongorismo. m. **Culteranismo.**
gongorizar. intr. **Lit.* Escribir o hablar en estilo gongorino.
goniometría. f. Parte de la geometría, que trata de la medición de los *ángulos.
goniómetro. m. Instrumento que sirve para medir ángulos.
gonococo. m. *Bacteria que produce la blenorragia.
gonorrea. f. **Blenorragia.**
gorbión. m. **Gurbión.**
gorbiza. f. **Brezo.**
gorciense. adj. Natural de Gorza. Ú. t. c. s. || Perteneciente a esta población de la Lorena.
gordal. adj. Que excede en *grosor a las cosas de su especie.
gordana. f. Unto, *grasa de res.
gordiano. adj. fig. V. **Nudo gordiano.**
gordiflón, na. adj. fam. Demasiadamente *gordo.
gordillo, lla. adj. d. de **Gordo.**
gordinflón, na. adj. fam. **Gordiflón.**
***gordo, da.** adj. Que tiene muchas carnes. || Muy abultado y corpulento. || *Craso y mantecoso. || Que excede del grosor corriente en su clase. || fig. y fam. V. **Premio gordo.** Ú. t. c. s. || m. *Sebo o manteca de la carne del animal. || **Algo gordo.** fr. fam. Algún suceso de mucha importancia. || **Armarse la gorda.** fr. fam. Sobrevenir una *riña, *perturbación o trastorno importante.
gordolobo. m. *Planta escrofulariácea, cuyas semillas sirven para envarbascar el agua.
***gordura.** f. *Grasa, tejido adiposo. || Abundancia de carnes y grasas en las personas y animales. || →Grosor.
gorfe. m. Remanso o *remolino en un río.
gorga. f. Alimento o comida para las aves de *cetrería. || *Remolino que forman las aguas de los ríos.
gorgojarse. r. **Agorgojarse.**
gorgojo. m. *Insecto coleóptero, que vive entre las semillas de los *cereales y causa grandes destrozos en los granos. || fig. y fam. Persona muy *baja de estatura.
gorgojoso, sa. adj. Corroído del gorgojo.
gorgóneo, a. adj. **Mit.* Perteneciente a las Gorgonas o Furias.
gorgor. m. **Gorgoteo.**
gorgorán. m. *Tela de seda con cordoncillo.
gorgorear. intr. **Gorgoritear.**
gorgoreta. f. **Alcarraza.**
gorgorita. f. *Burbuja pequeña. || fam. **Gorgorito.** Ú. m. en pl.
gorgoritear. intr. fam. Hacer quiebros con la voz en el *canto.
gorgorito. m. fam. Quiebro que se hace con la voz al *cantar. Ú. m. en pl. || **Gorgorita** (*burbuja).
górgoro. m. *Trago o sorbo. || *Burbuja, pompa.
gorgorotada. f. Cantidad o porción de cualquier licor, que se *bebe de un golpe.
gorgoteo. m. Ruido producido por el movimiento de un líquido o por las *burbujas de un gas en el interior de alguna cavidad.
gorgotero. m. Buhonero que anda *vendiendo cosas menudas.
gorgozada. f. desus. Gargantada o espadañada.
gorguera. f. Adorno del *cuello, que se hacía de lienzo plegado y alechugado. || **Gorjal** (de la *armadura). || *Bot.* **Involucro.**
gorguz. m. Especie de *dardo o *lanza corta. || Vara larga con una *tenaza, que sirve para coger las piñas de los pinos. || **Puya** (de la garrocha).
gorigori. m. fam. Voz con que vulgarmente se alude al *canto lúgubre de los sacerdotes en los *entierros.
gorila. m. *Mono antropomorfo, de estatura igual a la del hombre.
gorja. f. **Garganta.** || **Estar** uno **de gorja.** fr. fam. Estar *alegre y festivo.
gorjal. m. **Liturg.* Parte de la vestidura del sacerdote, que rodea el cuello. || Pieza de la *armadura antigua que se ajustaba al cuello.
gorjeador, ra. adj. Que gorjea.
gorjear. intr. Hacer quiebros con la voz al *cantar. Se dice de la voz humana y de los pájaros. || ant. ***Burlarse.** || r. Empezar a *hablar el *niño.
gorjeo. m. Quiebro de la voz al *cantar. || Articulaciones imperfectas en la voz de los niños.
gorlita. f. *Nudo u oqueruela que forma la hebra.
gormador. m. El que gorma o *vomita.
gormar. tr. **Vomitar.**
***gorra.** f. Prenda para cubrir la cabeza, sin alas y con visera o sin ella. || **Gorro.** || **Montera.** || **Birretina.** || m. fig. ***Gorrón.** || **De gorra.** m. adv. fam. A costa ajena, de *mogollón. Ú. con los verbos *andar, comer, vivir,* etc. || **Duro de gorra.** fig. y fam. Dícese del que aguarda que otro le haga primero la cortesía. || **Hablarse de gorra.** fr. fig. y fam. Hacerse *cortesía, quitándose la **gorra** sin hablarse ni comunicarse. || **Hacer gorra.** fr. **Hacer novillos.**
gorrada. f. **Gorretada.**
gorrería. f. Taller donde se hacen *gorras o gorros. || Tienda donde se venden.
gorrero, ra. m. y f. Persona que tiene por oficio hacer o vender gorras o gorros. || m. **Gorrón** (que vive de *mogollón). || f. fam. Mujer casada que comete *adulterio.
gorreta. f. d. de **Gorra.**
gorretada. f. Cortesía, *saludo hecho con la gorra.
gorrete. m. d. de **Gorro.**
gorri. m. *Fresa silvestre.
gorriato. m. **Gorrión.**
gorrilla. f. *Sombrero que usan los aldeanos, con la copa baja en forma de cono y el ala ancha, acanalada.
gorrín. m. **Gorrino.**
gorrinera. f. Pocilga, cochiquera.
gorrinería. f. **Porquería.**
gorrino, na. m. y f. *Cerdo pequeño que aún no llega a cuatro meses. || **Cerdo.** || fig. Persona *sucia o *despreciable.
gorrión. m. *Pájaro muy abundante en España, de pico fuerte, cónico y algo doblado en la punta, y plumaje pardo.
gorriona. f. Hembra del gorrión.
gorrionera. f. fig. y fam. Guarida de gente de mal vivir.
gorrista. adj. **Gorrón** (que vive a costa ajena). Ú. t. c. s.
gorro. m. Pieza redonda, de tela o de punto, para cubrir y abrigar la cabeza. || **catalán. Gorro** de lana en forma de manga cerrada por un extremo. || **frigio. Gorro** semejante al que usaban los frigios, y que se tomó como emblema de la *libertad. || **Apretarse** uno **el gorro.** fr. fig. y fam. Prepararse a *huir. || **Llenársele** a uno **el gorro.** fr. fig. y fam. *Impacientarse. || **Poner el gorro** a uno. fr. fig. y fam. Hacerle cornudo.
gorrón. m. *Guijarro pelado y redondo. || Gusano de *seda que deja el capullo a medio hacer. || Chicharrón, residuo que queda al derretir la *grasa del cerdo. || *Mec.* Espiga en que termina el extremo inferior de un *eje vertical.
***gorrón, na.** adj. Que tiene por hábito vivir o divertirse a costa ajena. Ú. t. c. s. || m. Hombre perdido y *vicioso.
gorrona. f. ***Ramera.**
gorronal. m. **Guijarral.**
***gorronería.** f. Cualidad o acción de *gorrón (el que vive a costa ajena).
gorullo. m. **Burujo.**
gorullón m. *Germ.* **Alcaide** (de la *cárcel).
gorupo. m. *Mar.* *Nudo que hacen los marineros para unir los cabos.
gosipino, na. adj. Dícese de lo que tiene *algodón o se parece a él.
***gota.** f. Partecilla de agua u otro líquido, cuando tiene volumen suficiente para desprenderse por su propio peso de aquello a que está adherida. || *Enfermedad constitucional que causa hinchazón muy dolorosa en ciertas articulaciones. || **Ornam.* Cada uno de los pequeños troncos de pirámide o de cono que se colocan debajo de los triglifos. || pl. Pequeña cantidad de ron o coñac u otro *licor, que se mezcla con el café una vez servido éste en la taza. || **artética.** La que se padece en los artejos. || **caduca,** o **coral. Epilepsia.** || **de sangre. Centaura menor.** || **serena. Amaurosis.** || **No ver gota.** fr. fig. y fam. No *ver nada.
goteado, da. adj. *Manchado con gotas.
***gotear.** intr. Caer un líquido *gota a gota. || Comenzar a *llover a gotas espaciadas. || fig. *Dar o *recibir una cosa con *interrupción.
goteo. m. Acción y efecto de gotear.
gotera. f. Continuación de *gotas de agua que caen en lo interior de un edificio por defecto de la cubierta. || *Hendedura o paraje del techo por donde caen. || Sitio en que cae el agua de los *tejados. || Señal que deja. || **Griseta** (enfermedad de los árboles). || Cenefa que cuelga alrededor del *dosel, o del cielo de una *cama. || fig. **Achaque.** Ú. m. en pl. || pl. *Afueras, alrededores.
goterón. m. *Gota muy grande de agua llovediza. || *Arq.* *Canal en la cara inferior de la corona de la cornisa, para que el agua de lluvia no corra por el sofito.
gótico, ca. adj. Perteneciente a los godos. || Aplícase a lo escrito o impreso en *letra **gótica.** || **Ojival.** || fig. *Noble, ilustre. || **Gótico flamígero.** **Arq.* Dícese del estilo carac-

terizado por adornos más o menos semejantes a las ondulaciones de las llamas. ‖ **florido.** *Arq.* El caracterizado por la exuberancia de la ornamentación. ‖ m. *Lengua germánica que hablaron los godos.
gotón, na. adj. **Godo.** Apl. a pers., ú. m. c. s. y en pl.
gotoso, sa. adj. Que padece gota. Ú. t. c. s. ‖ **Cetr.* Dícese del ave de rapiña que tiene torpes las patas.
gova. f. Cueva, *caverna.
goyesco, ca. adj. Propio y característico de Goya.
gozamiento. m. ant. Acción y efecto de gozar de una cosa.
gozante. p. a. de **Gozar.** Que goza.
***gozar.** tr. Tener y *poseer alguna cosa; como dignidad, *usufructo o *renta. Ú. t. c. intr. con la prep. *de.* ‖ Tener gusto, complacencia y alegría de una cosa. Ú. t. c. r. ‖ **Conocer** (tener acto *venéreo con mujer). ‖ intr. Sentir *placer. ‖ **Gozar y gozar.** expr. *For.* Permuta de posesiones y alhajas solamente en cuanto al *usufructo.
***gozne.** m. Herraje articulado con que se fijan las hojas de las puertas y ventanas al quicial para que puedan girar sobre aquél. ‖ **Bisagra.**
***gozo.** m. Movimiento agradable del ánimo, producido por la posesión o esperanza de bienes o cosas halagüeñas y apetecibles. ‖ ***Alegría.** ‖ fig. *Llama que levanta la leña. ‖ pl. Composición *poética en loor de la *Virgen o de los santos.
gozosamente. adv. m. Con gozo.
gozoso, sa. adj. Que siente gozo.
gozque. adj. V. ***Perro gozque.** Ú. m. c. s.
gozquejo. m. d. de **Gozque.**
***grabado.** m. Arte de grabar. ‖ Procedimiento para grabar. ‖ Estampa obtenida mediante la impresión de láminas grabadas al efecto. ‖ **al agua fuerte.** Procedimiento en que se emplea la acción del ácido nítrico sobre una lámina. ‖ **al agua tinta.** El que se hace cubriendo la lámina con polvo de resina. ‖ **al barniz blando. Grabado** al agua fuerte, que sólo tiene por objeto señalar ligeramente en la lámina los trazos que se han de abrir con el buril. ‖ **al humo.** El que se hace en una lámina previamente graneada, rascando, aplanando o puliendo los espacios convenientes. ‖ **a media tinta. Grabado al agua tinta.** ‖ **a puntos.** El que resulta de dibujar los objetos con puntos hechos a buril. ‖ **de estampas, o en dulce.** El que se hace en materia que fácilmente reciba la huella del buril con sólo el impulso de la mano. ‖ **en fondo, o en hueco.** El que se ejecuta en troqueles para acuñar medallas, formar sellos, etc. ‖ **en negro. Grabado al humo.** ‖ **punteado. Grabado a puntos.**
***grabador, ra.** m. y f. Persona que profesa el arte del grabado.
grabadura. f. Acción y efecto de grabar.
***grabar.** tr. Señalar con incisión o labrar en hueco o en relieve un dibujo, letrero, etc., sobre una superficie de piedra, metal, madera, etc. ‖ fig. Fijar profundamente en la *memoria alguna cosa. Ú. t. c. r.
grabazón. f. Adorno sobrepuesto formado de piezas grabadas.
gracejada. f. **Gracejo.**
gracejar. intr. Hablar o escribir con gracejo. ‖ Decir chistes o *donaires.
gracejo. m. *Gracia y donaire para hablar o escribir.
***gracia.** f. **Teol.* Don de Dios ordenado al logro de la bienaventuranza. ‖ Don natural que hace *agradable a la persona que lo tiene. ‖ Cierto *atractivo, independiente de la hermosura de las facciones, que se advierte en la fisonomía de algunas personas. ‖ *Beneficio que se hace a uno sin merecimiento suyo; *concesión gratuita. ‖ *Afabilidad. ‖ *Gallardía y despejo en la ejecución de una cosa. ‖ Benevolencia y *amistad de uno. ‖ → Dicho discreto y de donaire. ‖ *Perdón, indulto que concede el jefe del Estado. ‖ *Nombre de cada uno. ‖ *Acompañamiento que va después del *entierro a la casa del difunto, y responso que se dice en ella. ‖ pl. Las tres divinidades *mitológicas, cuyo poder se extendía sobre cuanto tiene relación con el agrado de la vida. ‖ **Gracia de Dios.** fig. Los dones naturales beneficiosos para la vida, especialmente el *aire y el *sol. ‖ El *pan. ‖ **de niño.** fam. Dicho o hecho que parece ser superior a la comprensión propia de su edad. ‖ **original.** **Teol.* La que infundió Dios a nuestros primeros padres en el estado de la inocencia. ‖ **y Justicia. Ministerio de Gracia y Justicia.** ‖ **Gracias al sacar.** *For.* Ciertas dispensas que se conceden para actos de jurisdicción voluntaria, como la emancipación de un *menor, etc. ‖ **Caer de la gracia de** uno. fr. fig. Perder su valimiento y favor. ‖ **Caer en gracia.** fr. *Agradar. ‖ **Dar** uno **en la gracia de** decir o hacer una cosa. fr. fam. *Repetirla de continuo. ‖ **Dar gracias.** fr. *Agradecer el beneficio recibido. ‖ **De gracia.** m. adv. *Gratis. ‖ **En gracia.** m. adv. En consideración a una persona o servicio. ‖ **En gracia a.** loc. A *causa de. ‖ **Estar en gracia.** fr. **Teol.* Dícese de los que, por la santidad de sus costumbres, se cree que son aceptos a Dios. ‖ Aplícase también a los que gozan de la *amistad de los poderosos. ‖ **¡Gracias!** expr. elíptica con que significamos *gratitud. ‖ **Gracias a.** m. adv. Por *mediación de, por *causa de. ‖ **Hablar de gracia.** fr. ant. Decir y hablar sin fundamento. ‖ **Hacer gracia de** alguna cosa a uno. fr. *Eximirle o librarle de ella. ‖ **No estar de gracia,** o **para gracias.** fr. Estar *disgustado o de mal humor. ‖ **Reírle** a uno **la gracia.** fr. fig. y fam. Aplaudirle con propósito de *adularle. ‖ **Su gracia.** *Tratamiento que se da a los duques y obispos en Inglaterra.
graciable. adj. Inclinado a hacer gracias, *indulgente y *afable. ‖ Que se puede *conceder graciosamente, sin sujeción a precepto.
grácil. adj. Sutil, *fino, *delicado. ‖ *Pequeño, tenue, *delgado.
graciola. f. *Planta herbácea de las escrofulariáceas, de olor nauseabundo.
graciosamente. adv. m. Con *gracia. ‖ Sin premio ni recompensa, *gratis.
***graciosidad.** f. *Belleza, *perfección o excelencia de una cosa. ‖ → Calidad de gracioso o *gratuito.
***gracioso, sa.** adj. Aplícase a la persona o cosa cuyo aspecto tiene cierto atractivo *agradable. ‖ Chistoso, lleno de *donaire y gracia. ‖ Que se da de balde o *gratis. ‖ Dictado de los *reyes de Inglaterra. ‖ m. y f. *Actor que representa los papeles de carácter festivo y chistoso.
grada. f. **Peldaño.** ‖ *Asiento a manera de escalón corrido. ‖ Conjunto de estos asientos en los *teatros y otros lugares públicos. ‖ *Tarima que se suele poner al pie de los *altares. ‖ **Arq. Nav.* Plano inclinado a orillas del mar o de un río, sobre el cual se construyen o carenan los barcos. ‖ pl. Conjunto de *escalones que suelen tener los edificios grandes.
***grada.** f. Reja o locutorio de los *conventos de monjas. ‖ → *Agr.* Instrumento, a manera de unas parrillas grandes, con el cual se allana la tierra después de arada. ‖ **de cota.** La que tiene ramas que dejan lisa la tierra. ‖ **de dientes.** La que en vez de ramas tiene unas púas de palo o de hierro.
gradación. f. Progresión *gradual. ‖ Serie de cosas *ordenadas gradualmente. ‖ **Mús.* Período armónico que va subiendo de grado en grado. ‖ **Ret.* Figura que consiste en juntar palabras o expresiones, cuyo significado vaya ascendiendo o descendiendo por grados.
gradado, da. adj. Que tiene gradas.
gradar. tr. *Agr.* *Allanar con la *grada la tierra.
gradecilla. f. *Arq.* Collarino.
gradeo. m. Acción y efecto de gradar.
gradería. f. Conjunto de gradas en los *altares, anfiteatros, etc.
gradiente. m. **Meteor.* Relación entre la diferencia de presión, temperatura, etc., de dos lugares.
gradilla. f. *Escalerilla portátil.
gradilla. f. Marco para fabricar *ladrillos.
gradina. f. *Cincel dentado que usan los *escultores.
gradíolo. m. **Gladíolo.**
***grado.** m. **Peldaño.** ‖ Cada una de las generaciones que marcan el *parentesco entre las personas. ‖ Derecho que se concedía a los *militares para que se les contara la antigüedad de un empleo superior antes de obtenerlo. ‖ En las *universidades, título que se da al que se gradúa en una facultad. ‖ Título de bachiller. ‖ En ciertas escuelas, cada una de las secciones en que sus *alumnos se agrupan según su edad y conocimientos. ‖ → fig. Cada uno de los diversos estados, valores o calidades que, en relación de menor a mayor, puede tener una cosa. ‖ Unidad de medida en la escala de varios instrumentos. ‖ **Mat.* Número de orden que expresa el de factores de la misma especie que entran en un término o en una parte de él. ‖ **For.* Cada una de las diferentes instancias que puede tener un pleito. ‖ *Geom.* Cada una de las 360 partes iguales en que se considera dividido el *círculo. ‖ *Gram.* Manera de significar la intensidad relativa de los *adjetivos. ‖ pl. **Ecles.* Órdenes menores que se dan después de la tonsura. ‖ **Grado de una curva.** **Mat.* **Grado** de la ecuación que la representa. ‖ **En grado superlativo.** m. adv. fig. En sumo **grado;** con *exceso. ‖ **Ganar los grados del perfil.** fr. **Esgr.* Salirse uno de la línea de defensa de su contrario.
grado. m. *Voluntad, gusto. Ú. sólo en las siguientes locuciones: **De buen grado,** o **de grado.** m. adv. *Voluntaria y gustosamente. ‖ **De mal grado.** m. adv. Sin voluntad, con *repugnancia. ‖ **De su grado.** m. adv. **De grado.** ‖ **Mal de mi, de tu, de su, de nuestro, de vuestro grado;** o **mal mi, tu, su, nuestro, vuestro grado.** m. adv. A pesar mío, tuyo, suyo, nuestro, vuestro.

graduable. adj. Que puede *graduarse.

***graduación.** f. Acción y efecto de *graduar. ‖ *Mil.* Categoría de un *militar en su carrera. ‖ Cantidad de *alcohol que proporcionalmente contiene una bebida.

graduado, da. adj. *Mil.* En las carreras *militares se aplica al que tiene grado superior a su empleo.

graduador. m. Instrumento que sirve para *graduar.

***gradual.** adj. Que está por grados o va de grado en grado. ‖ m. Parte de la *misa, que se reza entre la epístola y el evangelio.

gradualmente. adv. m. De grado en grado.

graduando, da. m. y f. Persona que aspira a recibir un grado por la *universidad.

***graduar.** tr. Dar a una cosa el grado o *calidad que le corresponde. ‖ Apreciar en una cosa el grado o calidad que tiene. ‖ Señalar en una cosa los grados en que se *divide. ‖ Ordenar una cosa en una *serie de grados o estados correlativos. ‖ En las *universidades, dar el grado de bachiller, licenciado o doctor en una facultad. Ú. t. c. r. ‖ *Mil.* En las carreras *militares, conceder grado o grados.

grafía. f. Manera de emplear los signos gráficos para representar sonidos del lenguaje. ‖ *Escritura que resulta.

gráficamente. adv. m. De un modo gráfico.

gráfico, ca. adj. Perteneciente o relativo a la *escritura. ‖ Aplícase a las *descripciones, demostraciones, etc., que se hacen por medio de figuras o signos. Ú. t. c. s. ‖ fig. Aplícase a la *descripción que presenta las cosas con la misma claridad que si estuvieran dibujadas. ‖ f. Representación y comparación de datos numéricos por medio de una o varias líneas o *dibujos.

grafila o **gráfila.** f. Orlita que tienen las *monedas en su anverso o reverso.

grafio. m. Instrumento con que se hacen las labores en las *pinturas esgrafiadas.

grafioles. m. pl. *Confit.* Especie de melindres que se hacen en figuras de *s*.

***grafito.** m. *Mineral de color negro agrisado, graso al tacto y compuesto casi exclusivamente de carbono. Se usa para hacer lapiceros, y para otras aplicaciones industriales.

grafología. f. Estudio de la *escritura de una persona en relación con su carácter, estado mental, etc.

grafólogo. m. Persona que practica la grafología.

grafomanía. f. Manía de *escribir o componer. libros, artículos, etc.

grafómano, na. adj. Que tiene grafomanía.

grafómetro. m. *Topogr.* Semicírculo graduado, con dos alidadas o anteojos, uno fijo y otro móvil, que sirve para medir ángulos.

gragea. f. *Confites muy menudos de varios colores.

graja. f. Hembra del grajo.

grajear. intr. Cantar o chillar los grajos o los cuervos.

grajero, ra. adj. Dícese del lugar donde se recogen y anidan los grajos.

grajo. m. *Pájaro muy semejante al cuervo, con el cuerpo negruzco, el pico y los pies rojos y las uñas grandes y negras. ‖ fig. p. us. *Charlatán. ‖ *Fetidez de *sudor, y especialmente de los negros desaseados. ‖ *Planta mirtácea, de olor fétido.

grajuelo. m. d. de **Grajo.**

grajuno, na. adj. Relativo al grajo o que se le asemeja.

grama. f. *Planta herbácea, de las gramíneas, con el tallo rastrero, que echa raicillas por los nudos. ‖ **del Norte.** *Planta perenne de la familia de las gramíneas, cuya raíz, rastrera, echa cañitas de más de seis decímetros de alto. ‖ **de olor,** o **de prados.** *Planta muy olorosa que se cultiva en los prados artificiales.

gramal. m. Terreno cubierto de grama.

gramalote. m. *Planta herbácea, forrajera, de la familia de las gramíneas.

gramalla. f. *Vestidura antigua, larga hasta los pies, a manera de bata. ‖ Cota de malla.

gramallera. f. **Llares.**

gramar. tr. Dar segunda mano al *pan después de amasado.

***gramática.** f. Estudio de los elementos del lenguaje y de sus relaciones respectivas. ‖ Conjunto de reglas deducidas de este estudio y aplicadas a una lengua determinada para hablarla y escribirla correctamente. ‖ Estudio de la lengua latina. ‖ **comparada.** La que estudia dos o más idiomas comparándolos entre sí. ‖ **general.** Aquella en que se trata de los principios generales, comunes a todos los idiomas. ‖ **parda.** fam. *Habilidad y *astucia que tienen algunos para manejarse.

gramatical. adj. Perteneciente a la gramática.

gramaticalmente. adv. m. Conforme a las reglas de la gramática.

gramático, ca. adj. **Gramatical.** ‖ m. El entendido en gramática.

gramatiquear. tr. fam. despect. Tratar de materias gramaticales.

gramatiquería. f. fam. despect. Cosa que pertenece a la gramática.

gramil. m. *Carp.* Instrumento compuesto de una tablita atravesada perpendicularmente por un listón móvil, provisto de una punta de acero, que sirve para trazar *líneas *paralelas al borde de una tabla, madero, etc.

gramilla. f. Tabla donde se colocan los manojos de lino o *cáñamo para agramarlos.

gramilla. f. d. de **Grama.** ‖ *Planta herbácea, forrajera, de la familia de las gramíneas.

gramíneo, a. adj. *Bot.* Aplícase a plantas monocotiledóneas que tienen tallos cilíndricos, comúnmente huecos, como los cereales y las cañas. Ú. t. c. s. ‖ f. pl. *Bot.* Familia de estas plantas.

gramo. m. *Peso, en el vacío, de un centímetro cúbico de agua destilada, a la temperatura de cuatro grados centígrados.

gramófono. *Instrumento que reproduce las vibraciones de cualquier sonido, inscritas previamente sobre un disco giratorio.

gramoso, sa. adj. Perteneciente a la grama. ‖ Que cría esta hierba.

grampa. f. **Grapa.**

gran. adj. Apócope de ***Grande.** Sólo se usa en singular, antepuesto al substantivo. ‖ *Principal o primero en una clase.

grana. f. **Granazón.** ‖ *Semilla menuda de varios vegetales. ‖ Tiempo en que se cuaja el grano de trigo, lino, cáñamo, etc. ‖ *Fruto de los árboles de monte, como bellotas, hayucos, etc. ‖ **Dar en grana.** fr. Dícese de las plantas cuando se dejan crecer para *semilla.

grana. f. **Cochinilla** (*insecto). ‖ **Quermes** (*insecto). ‖ Excrecencia que el quermes forma en la coscoja, y que exprimida produce color rojo. ‖ *Color rojo obtenido de este modo. ‖ *Paño fino. ‖ **del Paraíso. Cardamomo.** ‖ **de sangre de toro,** o **morada.** Aquella cuyo color tira a morado.

***granada.** f. Fruto del granado. ‖ Globo o bola hueca, llena de materia explosiva y provista de espoleta, que se arrojaba encendida al enemigo. ‖ *Proyectil hueco de metal, que contiene un explosivo y se dispara con una pieza de artillería. ‖ **albar.** Fruto del granado, que tiene los granos casi blancos y muy dulces. ‖ **cajín.** La que tiene los granos de color carmesí. ‖ **real.** La que se dispara con mortero. ‖ **zafarí.** Fruto del granado, que tiene cuadrados los granos.

granadera. f. *Bolsa de vaqueta para guardar las granadas de mano.

granadero. m. *Soldado que por su elevada estatura se destinaba para arrojar granadas de mano. ‖ *Soldado de elevada estatura que formaba a la cabeza del regimiento. ‖ fig. y fam. Persona muy *alta.

granadilla. f. Flor de la pasionaria. ‖ *Planta de la familia de las pasiflóreas. ‖ Fruto de esta planta.

granadillo. m. *Árbol de América, de la familia de las leguminosas, cuya madera es muy apreciada en ebanistería.

granadina. f. Tejido o *tela calada, que se hace con seda retorcida. ‖ f. pl. *Cante andaluz, especialmente propio de Granada.

granadina. f. *Refresco hecho con zumo de granada.

granadino, na. adj. Perteneciente al *granado o a la granada. ‖ m. Flor del granado.

granadino, na. adj. Natural de Granada. Ú. t. c. s. ‖ Perteneciente a esta ciudad.

***granado.** m. *Árbol de las mirtáceas, de fruto comestible, grande, redondo, que encierra multitud de granos rojos, dulces o agridulces.

granado. adj. fig. Notable y señalado; *principal, *ilustre. ‖ fig. Maduro, *experimentado. ‖ fig. Crecido, espigado, *alto.

granador. m. *Criba para granar la *pólvora.

granalla. f. Granos o porciones menudas a que se reducen los *metales para facilitar su fundición.

***granar.** intr. Formarse y crecer el *grano de los frutos. ‖ *Germ.* **Enriquecer.** ‖ tr. Convertir en grano la masa de la *pólvora.

granate. m. Piedra de *joyería, de color vario, compuesta de silicato doble de alúmina y de hierro u otros óxidos metálicos. ‖ *Color rojo obscuro. ‖ **almandino.** El de color rojo brillante o violeta, muy usado en joyería. ‖ **de Bohemia.** El vinoso. ‖ **noble, oriental,** o **sirio. Granate almandino.**

granatífero, ra. adj. *Miner.* Que contiene granates.

granatín. m. Cierto género de *tela antigua.

granazón. f. Acción y efecto de granar.

grancé. adj. Dícese del *color rojo que resulta de teñir los paños con la raíz de la rubia o granza.

grancero. m. Sitio en donde se recogen y guardan las granzas de trigo u otros *granos.

grancilla. f. *Carbón mineral cuyos trozos son de un tamaño comprendido entre 12 y 15 milímetros.

granda. f. **Gándara.**
***grande.** adj. Que excede en tamaño, importancia, etc., a lo común y regular. ‖ m. Prócer, persona *sobresaliente, de muy elevada jerarquía o *nobleza. ‖ **de España.** Persona que tenía la preeminencia de poder cubrirse delante del rey y gozar de los demás privilegios anexos a esta *dignidad. ‖ **Cubrirse de grande de España.** fr. Tomar posesión de esta *dignidad. ‖ **En grande.** m. adv. Por mayor, en *conjunto. ‖ fig. Con *fausto o gozando de *riquezas, *fama, etc. Ü. con los verbos *estar, vivir,* etc.
grandemente. adv. m. Mucho o muy bien. ‖ En extremo.
grandevo, va. adj. poét. Dícese de la persona muy *anciana.
***grandeza.** f. Tamaño excesivo de una cosa respecto de otra del mismo género. ‖ Majestad, *magnificencia y poder. ‖ *Dignidad de grande de España. ‖ Conjunto o concurrencia de los grandes de España.
grandezuelo, la. adj. d. de **Grande.**
grandilocuencia. f. *Elocuencia abundante y elevada. ‖ *Estilo sublime.
grandilocuente. adj. **Grandílocuo.**
grandílocuo, cua. adj. Que habla o escribe con grandilocuencia.
grandillón, na. adj. fam. aum. de **Grande.**
grandiosamente. adv. m. Con grandiosidad.
grandiosidad. f. Admirable grandeza, *magnificencia.
grandioso, sa. adj. Sobresaliente, magnífico.
grandísono, na. adj. poét. **Altísono.**
grandor. m. *Tamaño de las cosas.
grandote, ta. adj. fam. aum. de **Grande.**
grandullón, na. adj. fam. **Grandillón.**
graneado, da. adj. Reducido a *grano. ‖ Salpicado de *pintas. ‖ *Mil.* V. **Fuego graneado.**
graneador. m. *Criba que se usa en las fábricas de *pólvora para refinar el grano. ‖ Lugar destinado a este efecto en las fábricas de pólvora. ‖ Instrumento que usan los grabadores para granear las planchas que han de *grabar al humo.
granear. tr. Esparcir el grano o *semilla en un terreno. ‖ Convertir en grano la masa de que se compone la *pólvora. ‖ Llenar la superficie de una plancha de puntos muy espesos para *grabar al humo. ‖ Sacarle grano a la superficie de una piedra litográfica.
granel (a). m. adv. Hablando de cosas menudas, en *montón, sin orden, número ni medida. ‖ Tratando de género, sin envase. ‖ fig. En *abundancia.
***granero.** m. Sitio en donde se recoge y custodia el *grano. ‖ fig. Territorio muy abundante en grano.
granévano. m. **Tragacanto.**
granguardia. f. **Mil.* Tropa de caballería, apostada a mucha distancia de un ejército acampado.
granido, da. adj. *Germ.* **Rico.** ‖ m. *Germ.* *Paga de contado.
granilla. f. Granillo que por el revés tiene el *paño.
granillero, ra. adj. Dícese de los *cerdos que se alimentan en el monte de la bellota que encuentran en el suelo.
granillo. m. d. de **Grano.** ‖ **Veter.* Tumorcillo que nace encima de la rabadilla a los canarios y otros *pájaros. ‖ fig. *Utilidad y provecho de una cosa usada y frecuentada.
granilloso, sa. adj. Que tiene granillos.
granítico, ca. adj. Perteneciente al granito o semejante a esta *roca.
granito. m. d. de **Grano.** ‖ *Roca compacta y dura, compuesta de feldespato, cuarzo y mica, que se emplea como *piedra de cantería. ‖ Huevecito del gusano de *seda. ‖ **Con su granito de sal.** m. adv. fig. **Con su grano de sal.** ‖ **Echar un granito de sal.** fr. fig. y fam. Añadir alguna especie a lo que se dice o trata, para darle *gracia y viveza.
granívoro, ra. adj. Que se *alimenta de *granos.
granizada. f. Copia de *granizo que cae de una vez. ‖ fig. *Multitud de cosas que caen o se presentan continuamente. ‖ *Bebida helada.
granizado. m. *Refresco que se hace con hielo machacado y alguna esencia o jugo de fruta.
granizar. intr. Caer *granizo. ‖ fig. *Arrojar con abundancia algunas cosas haciendo que caiga espeso lo que se arroja. Ü. t. c. tr.
***granizo.** m. Agua congelada que cae de las nubes en granos más o menos duros y gruesos. ‖ Especie de nube que se forma en los *ojos entre las túnicas úvea y córnea. ‖ fig. **Granizada** (caída de granizo o de otras cosas en abundancia). ‖ *Germ.* *Muchedumbre de una cosa. ‖ **Armarse el granizo.** fr. Levantarse una *nube que amenaza tempestad.
granja. f. Hacienda de *campo, generalmente cercada, con casa y dependencias para la gente y el ganado. ‖ **Zoot.* Finca rural destinada a la cría de animales domésticos.
granjeable. adj. Que se puede granjear.
granjear. tr. Adquirir *ganancias traficando con *ganados u otros objetos de *comercio. ‖ Adquirir, *conseguir, obtener. ‖ ***Captar** (la voluntad, simpatía, etc.). Ü. m. c. r. ‖ **Mar.* Ganar, con relación a la distancia o al barlovento.
granjeo. m. Acción y efecto de granjear.
granjería. f. Beneficio de las haciendas de *labranza o cría de ganados, y tráfico que se hace con ellos. ‖ fig. *Ganancia y utilidad que se obtiene traficando y negociando.
granjero, ra. m. y f. Persona que cuida de una granja. ‖ Persona que se emplea en granjerías.
***grano.** m. Semilla y fruto de las mieses; como del trigo, cebada, etc. ‖ *Semillas pequeñas de varias plantas. ‖ Cada una de las semillas o frutos que con otros iguales forma un agregado. ‖ Porción o parte menuda de otras cosas. ‖ Cada una de las partecillas, como de arena, que se perciben en la masa de una *piedra, del *hierro colado, etc. ‖ Especie de *tumorcillo que nace en alguna parte del cuerpo y a veces cría materia. ‖ En las *armas de fuego*, pieza que se echaba en la parte del fogón. ‖ Dozava parte del tomín, equivalente al *peso de cuarenta y ocho miligramos. ‖ En las *piedras preciosas*, cuarta parte de un quilate. ‖ Cuarta parte del quilate, que se emplea para designar la cantidad de fino de una liga de *oro. ‖ **Flor** (de las *pieles adobadas). ‖Cada una de las pequeñas protuberancias que agrupadas cubren la flor de ciertas pieles curtidas. ‖ *Germ.* **Ducado** (moneda). ‖ *Farm.* *Peso de un **grano** regular de cebada, que equivale a unos cinco centigramos. ‖ **de arena.** fig. Auxilio pequeño con que uno *ayuda a una obra o fin determinado. ‖ **Granos del Paraíso. Amomo.** ‖ **¡Ahí es un grano de anís!** expr. fig. y fam. de que se usa irónicamente para denotar la *gravedad o *importancia de una cosa. ‖ **Apartar el grano de la paja.** fr. fig. y fam. Distinguir en las cosas lo importante de lo que no lo es. ‖ **Con su grano de sal.** m. adv. fig. Con *prudencia y *reflexión. ‖ **Ir uno al grano.** fr. fig. y fam. Atender *directamente a lo *importante, omitiendo superfluidades.
granollerense. adj. Natural de Granollers. Ü. t. c. s. ‖ Perteneciente a esta villa.
granoso, sa. adj. Dícese de lo que en su superficie forma *granos con alguna regularidad.
granoto. m. *Germ.* **Cebada.**
granuja. f. *Uva desgranada y separada de los racimos. ‖ Granillo interior de la uva y de otras frutas, que es su simiente. ‖ fam. **Granujería.** ‖ m. fam. Muchacho vagabundo, pilluelo. ‖ fig. Bribón, *pícaro.
granujada. f. Acción propia de un granuja.
granujado, da. adj. **Agranujado.**
granujería. f. Conjunto de granujas (*pícaros o pilluelos). ‖ **Granujada.**
granujiento, ta. adj. Que tiene muchos granos.
granujilla. m. Pilluelo.
granujo. m. fam. Grano o *tumor que sale en cualquier parte del cuerpo.
granujoso, sa. adj. Dícese de lo que tiene granos.
granulación. f. Acción y efecto de granular o granularse.
granular. adj. Aplícase a la erupción de granos en la *piel, y a las cosas en cuyo cuerpo o superficie se forman granos. ‖ Dícese de las substancias cuya masa forma *granos o porciones menudas.
granular. tr. *Quím.* Reducir a granillos una masa pastosa o derretida. ‖ r. Cubrirse de granos pequeños alguna parte del cuerpo.
gránulo. m. d. de **Grano.** ‖ Bolita de azúcar y goma arábiga con muy corta dosis de algún *medicamento.
granuloso, sa. adj. **Granilloso.**
granza. f. **Rubia** (planta tintórea).
granza. f. *Carbón mineral cuyos trozos son de un tamaño comprendido entre 15 y 25 milímetros. ‖ pl. *Residuos de paja larga y gruesa, espiga, granos sin descascarillar, etcétera, que quedan del trigo y otras semillas cuando se *criban. ‖ Desechos que salen del *yeso cuando se cierne. ‖ Superfluidades de cualquier *metal.
granzón. **Min.* Cada uno de los pedazos gruesos de mineral que no pasan por la criba. ‖ pl. Nudos de la *paja que quedan cuando se criba.
granzoso, sa. adj. Que tiene muchas granzas.
grañón. m. Especie de sémola hecha de *trigo cocido en grano. ‖ El mismo grano de trigo cocido.
grao. m. *Playa que sirve de desembarcadero.
grapa. f. Pieza de hierro u otro metal, cuyos dos extremos, doblados y aguzados, se clavan para unir o *sujetar dos tablas u otras cosas. ‖ **Veter.* Llaga que se forma a las caballerías en la parte anterior del corvejón y posterior de la rodilla.

‖ **Veter*. Cada una de las verrugas ulceradas, que se forman a las caballerías en el menudillo y en la cuartilla.
grapón. m. **Carp*. Especie de escarpia para asegurar las fallebas en el cerco.
***grasa.** f. Manteca o sebo de un animal. ‖ Cualquier substancia pingüe y untuosa, de origen vegetal o mineral. ‖ Goma del enebro. ‖ Mugre o *suciedad que sale de la ropa. ‖ **Grasilla.** ‖ Lubricante graso. ‖ pl. *Min.* Escorias que produce la limpia de un baño de *metal antes de hacer la colada.
grasera. f. Vasija donde se echa la *grasa.
grasería. f. Taller donde se hacen las *velas de sebo.
grasero. m. *Min.* Sitio donde se echan las grasas de un *metal.
graseza. f. Calidad de *graso.
grasiento, ta. adj. Untado y lleno de grasa.
grasilla. f. d. de **Grasa.** ‖ Polvo de sandáraca, que se frota sobre lo *borrado o raspado para que no se corra la tinta al *escribir encima.
***graso, sa.** adj. Pingüe y untuoso como el aceite, la manteca, etc. ‖ m. **Graseza.**
grasones. m. pl. **Culin*. Potaje de harina, o trigo machacado, al que después de cocido se le agrega leche, grañones, azúcar y canela.
grasoso, sa. adj. Que está impregnado de *grasa.
grasura. f. **Grosura.**
grata. f. Escobilla de metal que sirve para limpiar, raspar o bruñir. La usan los *plateros. ‖ Escobilla de igual clase para limpiar el interior del cañón de las *armas de fuego*.
gratamente. adv. m. De manera grata.
gratar. tr. *Limpiar o bruñir con la grata.
***gratificación.** f. *Remuneración pecuniaria de un servicio eventual. ‖ Remuneración fija de un servicio o cargo, la cual es compatible con un sueldo del Estado. ‖ *Propina.
gratificador, ra. adj. Que gratifica. Ú. t. c. s.
gratificar. tr. *Remunerar con una gratificación. ‖ Dar gusto, *agradar.
grátil o **gratil.** m. *Mar.* Extremidad u orilla de la *vela, por donde se une al palo. ‖ *Mar.* Parte central de la *verga, en la cual se afirma un cabo para envergar la vela.
***gratis.** adv. m. De gracia o de balde.
gratisdato, ta. adj. Que se da de gracia, *gratuito.
***gratitud.** f. Sentimiento que mueve a estimar el beneficio recibido y a corresponder a él de alguna manera.
grato, ta. adj. Gustoso, *agradable. ‖ *Gratuito.
gratonada. f. Especie de guisado de pollos.
***gratuidad.** f. Calidad de *gratuito.
***gratuitamente.** adv. m. *Gratis, sin interés. ‖ Sin fundamento.
***gratuito, ta.** adj. De balde o de gracia. ‖ *Arbitrario, infundado.
gratulación. f. Acción y efecto de gratular o gratularse.
gratular. tr. *Felicitar, dar el parabién a uno. ‖ r. *Alegrarse, felicitarse, complacerse.
gratulatorio, ria. adj. Dícese del discurso o escrito de *congratulación.
grava. f. **Guijo.** ‖ *Piedra machacada.
gravamen. m. Carga, *impuesto, *servidumbre u *obligación que pesa sobre alguna persona o cosa.
gravar. tr. Cargar, *apoyarse, *pesar sobre una persona o cosa. ‖ Imponer un gravamen.
gravativo, va. adj. Dícese de lo que grava.
***grave.** adj. Dícese de lo que *pesa. Ú. t. c. s. m. ‖ → De mucha importancia por sus consecuencias o por el peligro que ofrece. ‖ Aplícase al que está enfermo de cuidado y a la *enfermedad misma. ‖ Circunspecto, *serio; que causa respeto. ‖ Dícese del *estilo que se distingue por su decoro y nobleza. ‖ Arduo, *difícil. ‖ *Molesto. ‖ Se dice del sonido bajo, por contraposición al agudo. ‖ V. **Acento grave.** ‖ Aplícase a la palabra cuyo *acento prosódico carga sobre la penúltima sílaba.
gravear. intr. **Gravitar** (apoyarse).
***gravedad.** f. **Fís*. Manifestación de la atracción universal, que impulsa los cuerpos hacia el centro de la Tierra. ‖ *Seriedad y circunspección. ‖ Enormidad, *exceso. ‖ → Calidad de grave, importante o peligroso.
gravedoso, sa. adj. *Serio con *afectación.
gravemente. adv. m. Con *gravedad. ‖ De manera grave.
gravidez. f. **Preñez.**
gravidismo. m. Conjunto de condiciones fisiológicas que acompañan a la *preñez de la mujer.
grávido, da. adj. poét. Cargado, *lleno, *abundante. ‖ Dícese de la mujer en estado de *preñez.
gravígrado, da. adj. Que anda con *lentitud.
gravímetro. m. *Fís.* Instrumento para determinar el *peso específico de líquidos y sólidos.
gravisonante. adj. De *sonido grave.
gravitación. f. Acción y efecto de gravitar. ‖ *Fís.* *Atracción universal entre los cuerpos celestes.
gravitar. intr. Tener un cuerpo propensión a caer o *apoyarse sobre otro, por razón de su *peso. ‖ Descansar un cuerpo sobre otro. ‖ fig. **Cargar** (imponer *obligaciones).
gravoso, sa. adj. *Molesto con exceso. ‖ Que ocasiona *gasto.
graznador, ra. adj. Que grazna.
graznar. intr. Dar graznidos.
graznido. m. *Voz de algunas *aves; como el cuervo, el grajo, el ganso, etc. ‖ fig. *Canto desentonado y agrio.
greba. f. Pieza de la *armadura antigua, que cubría la pierna.
greca. f. **Ornam*. *Adorno que consiste en una faja más o menos ancha en que se repite la misma combinación de elementos decorativos de forma geométrica.
greciano, na. adj. **Griego.**
grecisco, ca. adj. **Greguisco.**
grecismo. m. **Helenismo.**
grecizante. p. a. de **Grecizar.** Que greciza.
grecizar. tr. Dar forma griega a voces de otro *idioma. ‖ intr. Usar afectadamente en otro *idioma voces o locuciones griegas.
greco, ca. adj. **Griego.** Apl. a pers., ú. t. c. s.
grecolatino, na. adj. Perteneciente o relativo a griegos y latinos, o escrito en griego y en latín.
grecorromano, na. adj. Perteneciente a griegos y romanos. ‖ Dícese de un género de *lucha entre dos personas, en la cual vence el que consigue hacer que el adversario toque en tierra con los dos hombros simultáneamente.
***greda.** f. *Arcilla arenosa que se usa principalmente para desengrasar los *paños y *limpiarlos de manchas.
gredal. adj. Aplícase a la *tierra que tiene greda. ‖ m. Terreno abundante en greda.
gredoso, sa. adj. Perteneciente a la greda o que tiene sus cualidades.
grefier. m. Oficio honorífico en la casa *real de Borgoña, que tenía a su cargo la cuenta de los gastos. ‖ Oficial que asiste a las ceremonias de toma del collar del toisón de oro.
gregal. m. *Viento que viene de entre levante y tramontana, en el Mediterráneo.
gregal. adj. Que anda siempre *acompañado con otros de su especie. Aplícase regularmente a los *ganados.
gregario, ria. adj. Dícese del que en una comunidad o agrupación no se distingue de los demás en nada, y especialmente del *soldado raso. ‖ fig. Falto de ideas e iniciativas propias, que en todo *imita a la mayoría.
gregarismo. m. Calidad de gregario. ‖ **Zool*. Tendencia de algunos animales a vivir en *sociedad.
gregoriano, na. adj. Dícese del *canto religioso reformado por el papa Gregorio I. ‖ V. **Canto gregoriano.** ‖ Dícese del año, *calendario, cómputo y era que reformó Gregorio XIII.
gregorillo. m. Prenda de lienzo femenina a modo de *capa que llegaba hasta la cintura.
greguería. f. **Algarabía** (alboroto).
pregüescos. m. pl. *Calzones muy anchos que se usaron antiguamente.
greguisco, ca. adj. **Griego.**
greguizar. intr. **Grecizar.**
grelo. m. Nabizas y sumidades tiernas y comestibles de los tallos del nabo, que se emplean como *verdura. Ú. m. en pl.
gremial. adj. Perteneciente a gremio, oficio o profesión. ‖ m. Individuo de un gremio. ‖ **Liturg*. Paño cuadrado de que usan los *obispos para algunas ceremonias. ‖ Paño rectangular, semejante a un frontal de altar.
gremio. m. desus. **Regazo.** ‖ Unión de los fieles de la *Iglesia cristiana. ‖ En las *universidades, el cuerpo de doctores y catedráticos. ‖ *Corporación formada por los maestros, oficiales y aprendices de una misma profesión u oficio. ‖ *Conjunto de personas que tienen alguna circunstancia común.
grenchudo, da. adj. Que tiene crenchas o greñas.
greno. m. *Germ.* **Negro** (individuo de la raza negra). ‖ *Germ.* **Esclavo.**
greña. f. Masa de *cabellos revuelta y mal compuesta. Ú. m. en pl. ‖ Lo que está *enredado y entretejido con otra cosa. ‖ Porción de *mies que se pone en la era. ‖ Primer follaje que produce el *sarmiento. ‖ Plantío de *viñas en el segundo año. ‖ **Andar a la greña.** fr. fam. Armar *discusión o *contienda.
greñudo, da. adj. Que tiene greñas. ‖ m. *Caballo recelador en las paradas.
greñuela. f. Sarmientos que forman *viña al año de plantados.
gres. m. *Barro de arcilla figulina y arena cuarzosa, con que en alfarería se fabrican diversos objetos.
gresca. f. *Alboroto, algazara. ‖ Riña, *contienda.

grevillo. m. *Árbol grande americano.

grey. f. Rebaño de *ganado menor. ‖ Por ext., ganado mayor. ‖ fig. Congregación de los fieles de la *Iglesia cristiana. ‖ fig. *Conjunto de individuos que tienen algún carácter común, o pertenecen a una misma clase *social.

grial. m. *Vaso o plato *litúrgico que se suponía haber servido para la institución del sacramento *eucarístico.

gridador. m. *Germ.* Gritador o pregonero.

griego, ga. adj. Natural u oriundo de Grecia. Ú. t. c. s. ‖ Perteneciente a esta nación. ‖ m. *Lengua **griega.** ‖ fig. y fam. Lenguaje *incomprensible. ‖ fam. Tahúr, *fullero.

grieta. f. Quiebra, *hendedura o abertura longitudinal. ‖ Hendedura poco profunda que se forma en la *piel.

grietado, da. adj. Que tiene grietas.

grietarse. r. *Henderse un cuerpo, formándose en él grietas.

grietearse. r. **Grietarse.**

grietoso, sa. adj. Lleno de grietas.

grifa. f. Marihuana, tóxico *narcótico.

grifado, da. adj. **Grifo** (cierta letra de *imprenta).

grifalto. m. **Artill.* Especie de culebrina de muy pequeño calibre.

grifarse. f. **Engrifarse.**

***grifo, fa.** adj. Dícese de los *cabellos crespos o enmarañados. ‖ m. Animal *quimérico, de medio cuerpo arriba águila, y de medio abajo león. ‖ → Llave de metal colocada en la boca de las cañerías o en el orificio de algún recipiente para permitir o impedir, a voluntad, la salida de un fluido.

grifo, fa. adj. V. **Letra grifa.** Ú. t. c. s. m.

grifón. m. **Grifo** (llave de paso).

grigallo. m. *Ave gallinácea, semejante al francolín.

grilla. f. Hembra del grillo. ‖ **Ésa es grilla.** expr. fam. con que uno da a entender que pone en *duda lo que oye.

grillar. intr. ant. Cantar los grillos.

grillarse. r. Echar *tallos el trigo, la cebollas, etc.

grillera. f. Agujero en que se recogen los grillos. ‖ *Jaula en que se los encierra. ‖ fig. y fam. **Olla de grillos.**

grillero. m. El que cuida de echar y quitar los grillos a los presos en la cárcel.

grillete. m. Arco de hierro semicircular que sirve para asegurar una *cadena al pie de un *presidiario.

grillo. m. *Insecto ortóptero, de color negro rojizo, que produce, mediante el roce de sus élitros, un sonido agudo y monótono. ‖ **cebollero,** o **real. Cortón.** ‖ **Andar a grillos.** fr. fig. y fam. Ocuparse en cosas *inútiles.

grillo. m. *Tallo que arrojan las semillas.

grillos. m. pl. Conjunto de dos grilletes que se pone a los *presos para impedirles andar. ‖ fig. Cualquiera cosa que embaraza y *detiene el movimiento.

grillotalpa. m. **Cortón.**

grima. f. Desazón, *disgusto. ‖ *Horror o espanto que causa una cosa.

grimorio. m. Libro de *magia.

grimoso, sa. adj. Que da grima.

grímpola. f. *Mar.* Gallardete muy corto. ‖ Una de las *insignias militares que se usaban en lo antiguo, de forma triangular.

grinalde. f. *Proyectil de guerra antiguo, a modo de granada.

gringo, ga. adj. fam. despect. *Extranjero. Todo el que habla una lengua que no sea la española. Ú. t. c. s. ‖ m. fam. **Griego** (lenguaje *incomprensible).

griñolera. f. *Arbusto de las rosáceas, de flores rosadas en corimbo.

griñón. m. *Toca que se ponen en la cabeza las beatas y las *monjas.

griñón. m. Variedad de *melocotón pequeño, de piel lisa y muy colorada.

gripal. adj. Perteneciente o relativo a la gripe.

gripe. f. *Pat.* *Enfermedad epidémica con manifestaciones variadas, especialmente catarrales.

gripo. m. *Embarcación antigua para transportar géneros.

griposis. f. *Pat.* Encorvadura anormal de las *uñas.

gris. adj. Dícese del *color que resulta de la mezcla de blanco y negro. Ú. t. c. s. ‖ fig. *Triste, lánguido, apagado. ‖ m. Variedad de ardilla de Siberia, cuya piel es muy estimada. ‖ fam. *Viento *frío.

grisáceo, cea. adj. De *color que tira a gris.

grisalla. f. **Pint.* Género de pintura de tono gris, con que se imita el relieve de la escultura.

gríseo, a. adj. De *color gris.

griseta. f. Cierta *tela de seda con flores u otro dibujo de labor menuda. ‖ Enfermedad de los árboles que se manifiesta con la aparición de manchas blancas, rojas o negras.

grisgrís. m. Especie de *amuleto o nómina supersticiosa de los moriscos.

grisón, na. adj. Natural de un cantón de Suiza, situado en las fuentes del Rin. Ú. t. c. s. ‖ Perteneciente a este país. ‖ m. *Lengua neolatina hablada en este cantón.

grisú. m. **Mofeta** (*gas deletéreo).

grita. f. **Gritería.** ‖ Algazara o vocería en señal de *reprobación o desagrado. ‖ **Cetr.* Voz que el cazador da al azor cuando sale la perdiz. ‖ **foral.** **For.* Manera de emplazamiento que se usaba en Aragón. ‖ **Dar grita.** fr. *Burlarse de uno a gritos.

gritador, ra. adj. Que grita. Ú. t. c. s.

***gritar.** intr. Levantar la voz más de lo acostumbrado. ‖ Manifestar el público su *reprobación con demostraciones ruidosas. Ú. t. c. tr.

***gritería.** f. Confusión de voces altas y desentonadas.

griterío. m. **Gritería.**

***grito.** m. Voz emitida con mucha fuerza. ‖ *Germ.* Metát. de **Trigo.** ‖ **Alzar el grito.** fr. fam. Levantar la voz con *descomedimiento. ‖ **Estar en un grito.** fr. *Quejarse por efecto de un *dolor agudo e incesante. ‖ **Levantar el grito.** fr. fam. **Alzar el grito.** ‖ **Poner el grito en el cielo.** fr. fig. y fam. *Quejarse vehementemente de alguna cosa.

gritón, na. adj. fam. Que grita mucho.

gro. m. *Tela de seda sin brillo y de más cuerpo que el tafetán.

groar. intr. **Croar.**

groelandés, sa. adj. **Groenlandés.** Apl. a pers., ú. t. c. s.

groenlandés, sa. adj. Natural de Groenlandia. Ú. t. c. s. ‖ Perteneciente a esta región.

groera. f. *Mar.* *Agujero hecho en un tablón o plancha de la *embarcación, para dar paso a un cabo, a un pinzote, etc.

grofa. f. *Germ.* ***Ramera.**

grog. m. *Bebida caliente que se hace con agua, azúcar y ron u otro licor.

grojo. m. Variedad de *enebro.

gromo. m. *Yema de los árboles. ‖ Rama de árgoma.

groom. m. Lacayo o *criado joven.

gropos. m. pl. Cendales del *tintero.

gros. m. *Moneda antigua de Navarra. ‖ Moneda de cobre de varios Estados alemanes, que valía la octava parte de una peseta.

grosamente. adv. m. En grueso, *toscamente.

***grosella.** f. Fruto del *grosellero.

***grosellero.** m. Arbusto de las grosularieas, cuyo fruto es como una uvita de color rojo, de sabor agridulce muy agradable. ‖ **silvestre. Uva espina.**

groseramente. adv. m. Con *grosería.

***grosería.** f. Descortesía, falta grave de atención y respeto. ‖ *Tosquedad e *imperfección en el trabajo manual. ‖ Rusticidad, *incultura.

***grosero, ra.** adj. Basto, *tosco, *imperfecto. ‖ → *Descortés. Ú. t. c. s.

grosísimo, ma. adj. sup. de **Grueso.**

groso. adj. V. **Tabaco groso.**

***grosor.** m. Grueso de un cuerpo.

grosularia. f. **Miner.* Variedad de granate de color verdoso o amarillento.

grosularieo, a. adj. **Bot.* Dícese de arbustitos o matas dicotiledóneos, cuyo tipo es el grosellero. Ú. t. c. s. f. ‖ f. pl. *Bot.* Familia de estas plantas.

grosura. f. Substancia *crasa o mantecosa. ‖ Extremidades y asadura de los animales de *matadero. ‖ V. **Día de grosura.**

grotescamente. adv. m. De manera grotesca.

grotesco, ca. adj. *Ridículo y *extravagante. ‖ Irregular, *tosco y de mal gusto. ‖ **Grutesco.** Ú. t. c. s. m.

***grúa.** f. Máquina compuesta de un brazo articulado sobre un eje vertical giratorio, y con una o varias poleas, que sirve para levantar pesos y llevarlos de un punto a otro. ‖ **Artill.* Máquina que se usaba en el ataque de las plazas.

gruar. tr. **Arq.* *Nav.* Marcar la pieza que se ha de labrar, según la plantilla o gálibo.

gruero, ra. adj. **Cetr.* Dícese del ave de rapiña inclinada a echarse a las grullas.

gruesa. f. *Conjunto de doce docenas. ‖ En los cabildos y capítulos *eclesiásticos, renta principal de cualquier prebenda.

gruesamente. adv. m. En grueso, a bulto. ‖ De un modo *grueso.

***grueso, sa.** adj. Corpulento y abultado. ‖ **Grande.** ‖ Dícese de la *mar cuando hay gran marejada. ‖ fig. Aplícase al entendimiento poco agudo. ‖ m. Corpulencia, espesor, volumen o cuerpo de una cosa. ‖ Parte *principal de un todo. ‖ **Caligr.* Trazo ancho de una letra, en contraposición a perfil. ‖ *Geom.* Una de las tres dimensiones de los sólidos. ‖ **A la gruesa.** m. adv. *Com.* V. **Contrato, préstamo a la gruesa.** ‖ **En grueso.** m. adv. En *conjunto, por mayor, en *abundancia.

gruir. intr. Gritar las grullas.

grujidor. m. Barreta de hierro con una muesca en cada extremidad, de la cual usan los *vidrieros para grujir.

grujir. tr. Igualar con el grujidor los bordes de los *vidrios.

grulla. f. *Ave zancuda de gran tamaño. Es ave de alto vuelo, y suele mantenerse sobre un pie cuando está en tierra. ‖ **Grúa** (máquina). ‖ pl. *Germ.* Polainas.
grullada. f. **Gurullada.** ‖ **Perogrullada.** ‖ fig. y fam. Conjunto de *alguaciles o corchetes que solían acompañar a los alcaldes cuando iban de ronda.
grullero, ra. adj. **Gruero.** ‖ V. **Halcón grullero.**
grullo. adj. Aplícase al *caballo de color ceniciento. ‖ m. *Germ.* **Alguacil.** ‖ **Peso duro.** ‖ *Caballo semental grande.
grumete. m. *Marinero de clase inferior. ‖ *Germ.* *Ladrón que usa de escala para robar.
***grumo.** m. Parte de lo líquido que se coagula. ‖ *Conjunto de cosas apiñadas y apretadas entre sí. ‖ *Yema de los árboles. ‖ Extremidad del alón del *ave.
grumosidad. f. Calidad de grumoso.
grumoso, sa. adj. Lleno de grumos.
gruñente. m. *Germ.* **Cerdo.**
gruñido. m. *Voz del *cerdo. ‖ Voz ronca del *perro u otros animales cuando amenazan. ‖ fig. Sonidos inarticulados, roncos, que emite una persona como señal de *ira o *desagrado.
gruñidor, ra. adj. Que gruñe. ‖ m. *Germ.* Ladrón que hurta cerdos.
gruñimiento. m. Acción y efecto de gruñir.
gruñir. intr. Dar gruñidos. ‖ fig. *Murmurar entre dientes en señal de disgusto y *repugnancia en la ejecución de una cosa. ‖ Chirriar, rechinar una cosa.
gruño. m. Especie de *ciruelo silvestre.
gruñón, na. adj. fam. Que gruñe con frecuencia.
grupa. f. **Anca** (de las caballerías). ‖ **Volver grupas.** fr. Volver atrás el que va a caballo; *retroceder.
grupada. f. Golpe de *viento o agua impetuoso.
grupera. f. *Guarn.* Almohadilla que se pone detrás del borrén trasero en las sillas de montar, para llevar la maleta u otros efectos a la grupa. ‖ **Baticola.**
grupeto. m. *Mús.* Conjunto de tres o más notas de adorno, que se ejecutan a expensas del valor correspondiente a la nota siguiente.
grupo. m. *Conjunto de seres o cosas que forman un género o un todo, material o mentalmente considerado. ‖ *Pint.* y *Esc.* Conjunto de figuras pintadas o esculpidas. ‖ *Reunión o corrillo de personas. ‖ **electrógeno.** Acoplamiento de un motor de explosión y un generador de *electricidad.
gruta. f. Cavidad o *caverna natural abierta en riscos o peñas.
grutesco, ca. adj. Relativo o semejante a la gruta. ‖ *Arq.* y *Pint.* Dícese de la *ornamentación caprichosa de bichos, quimeras y follajes. Ú. t. c. s. m.
¡gua! interj. Se usa para expresar *temor o *admiración.
gua. m. Hoyito que hacen los muchachos en el suelo para jugar, tirando en él bolitas o canicas. ‖ Nombre de este *juego.
guaba. f. **Guama.**
guabá. m. *Araña peluda, especie de tarántula.
guabairo. m. *Ave nocturna, insectívora, propia de Cuba.
guabán. m. *Árbol silvestre, americano, de semilla venenosa.
guabico. m. *Árbol americano de las anonáceas.
guabina. f. *Pez de río, de carne suave y gustosa. ‖ En Colombia, cierta *música popular de la montaña.
guabirá. m. *Árbol grande, americano, de hojas aovadas con una espina en el ápice.
guabiyú. m. *Árbol americano de las mirtáceas, de fruto comestible, dulce, negro, del tamaño de una guinda.
guabo. m. **Guamo.**
guabul. m. *Bebida que se hace de plátano maduro, cocido y deshecho en agua.
guaca. f. *Sepulcro de los antiguos indios. ‖ Tesoro escondido. ‖ Hoyo donde se depositan frutas verdes para que maduren.
guacal. m. *Árbol americano, cuyos frutos de pericarpio leñoso, partidos por la mitad y extraída la pulpa, se utilizan como vasijas. ‖ La *vasija así formada. ‖ Especie de *cesta o *jaula formada de varillas de madera, que se utiliza como *embalaje.
guacalote. m. Planta *trepadora, de Cuba.
guacamayo. m. Ave de América, especie de *papagayo, del tamaño de una gallina, de plumaje verde, azul y rojo.
guacamole. m. *Ensalada de aguacate.
guacamote. m. **Yuca** (especie de mandioca).
guacia. f. ***Acacia.** ‖ *Goma de este árbol.
guácima. f. *Árbol silvestre de las Antillas, que en poco tiempo crece hasta ocho metros de altura. Su fruto sirve de alimento al ganado de cerda y al vacuno.
guácimo. m. **Guácima.**
guaco. m. *Planta tropical, de las compuestas, con tallos de quince a veinte metros de largo, sarmentosos y volubles. ‖ *Ave gallinácea, casi tan grande como el pavo, y cuya carne se aprecia más que la de faisán. ‖ *Ave de la familia de las falcónidas, con el cuerpo negro y el vientre blanco. ‖ Objeto de *cerámica que se encuentra en las guacas de los indios.
guachapear. tr. fam. *Golpear y *agitar con los pies el agua. ‖ fig. y fam. Hacer una cosa con *precipitación y de modo *imperfecto. ‖ intr. Sonar una chapa de hierro u otra cosa por estar mal clavada.
guachapelí. m. Árbol del Ecuador, de las leguminosas, parecido a la *acacia.
guáchara. f. *Mentira, embuste.
guacharaca. f. **Chachalaca.**
guácharo, ra. adj. Dícese de la persona *enfermiza. ‖ m. **Guacho** (pollo del gorrión). ‖ V. **Boca de guácharo.** ‖ *Pájaro americano, dentirrostro, de plumaje rojizo, con manchas verdosas y blanquecinas. ‖ **Sapo.**
guacharrada. f. p. us. *Caída de golpe de una persona o cosa en el agua o en el lodo.
guacharro. m. **Guacho** (*pollo del gorrión).
guachinango, ga. adj. *Astuto. ‖ m. **Pagro.**
guacho, cha. adj. *Huérfano. Ú. t. c. s. ‖ Expósito. Ú. t. c. s. ‖ **Borde** (silvestre, no cultivado). ‖ Descabalado, *incompleto. ‖ m. Cría de un animal y, especialmente, *pollo de cualquier pájaro. ‖ *Niño pequeño. ‖ **Surco.**
guad. m. En Marruecos, *río.
guadafiones. m. pl. Maniotas o trabas.
guadalajareño, ña. adj. Natural de Guadalajara. Ú. t. c. s. ‖ Perteneciente a esta ciudad.
guadamací. m. **Guadamecí.**
guadamacil. m. **Guadamecí.**
guadamacilería. f. Oficio de guadamacilero. ‖ Taller en que se fabricaban guadamaciles. ‖ Tienda en que se vendían.
guadamacilero. m. El que hace guadamaciles.
guadamecí. m. *Cuero adobado y adornado con dibujos de pintura o relieve.
guadamecil. m. **Guadamecí.**
guadameco. m. Cierto adorno que usaban las mujeres en el *vestido.
***guadaña.** f. Instrumento para segar a ras de tierra, formado por una cuchilla puntiaguda, menos corva y más ancha que la de la hoz, enastada en un mango largo que forma ángulo con el plano de la hoja. ‖ V. **Prado de guadaña.**
guadañador, ra. adj. Que guadaña. ‖ f. Máquina que sirve para guadañar.
guadañar. tr. *Segar con la guadaña.
guadañero. m. El que *siega con guadaña.
guadañeta. f. Instrumento para *pescar calamares, formado por una tablita con garfios de alambre.
guadañil. m. **Guadañero.**
guadaño. m. *Bote pequeño con carroza usado en los puertos.
guadapero. m. *Peral silvestre.
guadapero. m. Mozo que lleva la comida a los segadores.
guadarnés. m. Lugar o sitio donde se guardan las *guarniciones y todo lo demás perteneciente a la caballeriza. ‖ Sujeto que cuida de las guarniciones. ‖ Antiguo oficio honorífico del palacio *real que tenía a su cargo el cuidado de las armas. ‖ **Armería.**
guadianés, sa. adj. Perteneciente o relativo al río Guadiana.
guadijeño, ña. adj. Natural de Guádix. Ú. t. c. s. ‖ Perteneciente a esta ciudad. ‖ m. *Cuchillo de cuatro dedos de ancho, con punta y corte por un lado.
guadra. f. *Germ.* **Espada.**
guadramaña. f. desus. *Mentira o *fingimiento.
guadua. f. Especie de *bambú muy grueso y alto, que tiene púas.
guadual. m. Sitio poblado de guaduas.
guáduba. f. **Guadua.**
guagua. f. Cosa *insignificante. ‖ *Insecto muy pequeño, que ataca los naranjos, limoneros, etc. ‖ **De guagua.** m. adv. fam. De balde, *gratis.
guagua. f. *Niño de teta.
guaguasí. m. *Árbol americano, silvestre, de cuyo tronco fluye una resina aromática que se emplea como purgante.
guagüero, ra. adj. *Gorrón, que trata de vivir de guagua.
guaicán. m. **Rémora** (*pez).
guaicurú. m. *Planta americana.
guaira. f. *Hornillo de barro en que los indios del Perú funden los minerales de *plata. ‖ *Mar.* *Vela triangular que se enverga al palo solamente.
guairabo. m. Ave nocturna, zancuda, propia de Chile.
guairo. m. *Embarcación chica y con dos guairas, que se usa en América.
guaita. f. *Mil.* Soldado que estaba de *centinela durante la noche.
guaitar. intr. ant. *Mil.* **Aguaitar.**
guaja. com. fam. *Pícaro, tunante.

guajaca. f. *Planta silvestre americana, de tallo filiforme, que se emplea para rellenar colchones.
guajacón. m. *Pececillo de agua dulce, vivíparo, propio de las Antillas.
guájar. amb. **Guájaras.**
guájaras. f. pl. Fragosidad, lo más áspero y *escabroso de una sierra.
guaje. m. Especie de *acacia. ‖ **Calabaza vinatera.** ‖ *Necio, tonto. Ú. t. c. adj.
guájete por guájete. expr. adv. fam. Tanto por tanto; una cosa por otra.
guajira. f. *Canto popular de Cuba.
guajiro, ra. m. y f. Campesino blanco de la isla de Cuba.
guajolote. m. **Pavo.**
guala. f. *Ave palmípeda de Chile. ‖ **Aura** (ave).
gualatina. f. *Guiso que se compone de manzanas, leche de almendras, caldo, especias finas y harina de arroz.
gualda. f. *Hierba de las resedáceas, cuyo cocimiento se emplea para teñir de amarillo dorado.
gualdado, da. adj. Teñido con el *color de gualda.
gualdera. f. Cada uno de los dos *maderos laterales que son parte principal de algunas *armazones, como *cureñas, *escaleras, etc.
gualdo, da. adj. De *color de gualda o amarillo.
gualdrapa. f. Cobertura o *manta que cubre y adorna las ancas de la mula o caballo. ‖ fig. y fam. *Andrajo que cuelga de la ropa.
gualdrapazo. m. Golpe que dan las *velas de un buque contra los palos y jarcias.
gualdrapear. tr. *Contraponer, colocar encontrada una cosa sobre otra.
gualdrapear. intr. Dar gualdrapazos las *velas.
gualdrapeo. m. Acción de gualdrapear.
gualdrapero. m. Que anda vestido de *andrajos.
gualdrilla. f. *Min.* Tabla para lavar minerales.
gualdrín. m. En algunas *embarcaciones, especie de tronera de quita y pon.
guama. f. *Fruto del guamo, que contiene una substancia blanca comestible muy dulce. ‖ **Guamo.**
guamá. m. *Árbol de las leguminosas que se cría en la isla de Cuba.
guamo. m. *Árbol de las leguminosas, cuyo fruto es la guama, y se planta para dar sombra al café.
guampo. m. *Embarcación pequeña hecha de un tronco de árbol.
guanabá. m. *Ave zancuda de Cuba.
guanábana. f. Fruta del guanábano.
guanabanada. f. **Champola.**
guanábano. m. *Árbol de las Antillas, de la familia de las anonáceas, cuyo fruto, de corteza verdosa, con púas débiles, contiene una pulpa blanca de sabor muy grato, refrigerante y azucarado.
guanabina. f. Fruto del corojo.
guanacaste. m. *Árbol gigantesco de la familia de las leguminosas, propio de América.
guanaco. m. Mamífero *rumiante de los Andes meridionales. ‖ fig. *Rústico, payo. ‖ fig. *Tonto, simple.
guanajo. m. **Pavo.**
guanana. f. *Ave palmípeda parecida al ganso.
guanche. adj. Dícese del individuo de la *raza que poblaba las islas Canarias al tiempo de su conquista. Ú. t. c. s.
guando. m. Andas, *angarillas, parihuela.

guandú. m. *Arbusto de las leguminosas, que tiene por fruto unas vainas vellosas que encierran una gran legumbre muy sabrosa después de guisada.
guanera. f. Sitio o paraje donde se encuentra el guano.
guanero, ra. adj. Perteneciente o relativo al guano.
guangoche. m. *Tela basta, especie de harpillera.
guangocho. m. **Guangoche.** ‖ *Saco hecho de esta tela. ‖ adj. *Ancho, holgado.
guanín. m. **Guañín.**
guanina. f. *Planta herbácea de la familia de las leguminosas, cuyas semillas se emplean en lugar del café.
guaniquí. m. *Bejuco de las Antillas, cuyos tallos se usan para hacer cestos.
guano. m. Materia *excrementicia de aves marinas que se encuentra acumulada en gran cantidad en algunas costas de América y se emplea como *abono. ‖ *Abono mineral fabricado a imitación del **guano.**
guano. m. Nombre genérico de varias *palmeras americanas, entre ellas la llamada miraguano. ‖ Penca de la palma.
guanta. f. **Guatusa.** ‖ *Germ.* **Mancebía.**
guantada. f. *Golpe que se da con la mano abierta.
guantazo. m. **Guantada.**
*__guante.__ m. Funda o abrigo para la mano y de la misma forma que ésta, hecho de piel, tela o punto. ‖ pl. *Agasajo o *propina. ‖ **Adobar los guantes.** fr. Hacer algún *regalo a una persona. ‖ **Arrojar el guante** a uno. fr. *Desafiarle con esta ceremonia, que se usaba antiguamente. ‖ fig. **Desafiar.** ‖ **Asentar** a uno **el guante.** fr. fig. **Asentarle la mano.** ‖ **Descalzarse** uno **los guantes.** fr. fig. Quitárselos de las manos. ‖ **Echar el guante.** fr. fig. y fam. Alargar la mano para *coger alguna cosa. ‖ **Echar el guante** a uno. fr. fig. y fam. **Echarle la garra.** ‖ **Echar un guante.** fr. fig. *Pedir y recoger dinero entre varias personas para un fin benéfico. ‖ **Poner** a uno **más blando** o **más suave que un guante.** fr. fig. y fam. Volverle *dócil por medio de la *reprensión o castigo. Ú. t. con otros verbos. ‖ **Recoger el guante.** fr. fig. Aceptar un *desafío.
guantelete. m. **Manopla.**
guantería. f. Taller donde se hacen *guantes. ‖ Tienda donde se venden. ‖ Oficio de guantero.
guantero, ra. m. y f. Persona que hace o vende guantes.
guañil. m. Arbusto de las compuestas, propio de Chile.
guañín. adj. V. **Oro guañín.**
guao. m. *Árbol americano de las terebintáceas, cuya madera se usa para hacer carbón.
guapamente. adv. m. fam. Con guapeza. ‖ Muy bien.
guapear. intr. fam. Ostentar *valor y *gallardía en los peligros. ‖ fam. Hacer alarde de *fausto o de buen gusto en los vestidos.
guapería. f. Acción propia de guapo (perdonavidas o galanteador).
guapetón, na. adj. fam. aum. de **Guapo.** ‖ m. **Guapo** (perdonavidas).
guapeza. f. fam. *Gallardía, *valor y resolución en los peligros. ‖ fam. *Ostentación y *fausto en los vestidos. ‖ Acción propia del guapetón o bravo.
guapi. m. En Chile, isla.

*__guapo, pa.__ adj. fam. El que desprecia los peligros y los acomete con *gallardía y *resolución. Ú. t. c. s. ‖ fam. *Ostentoso en el modo de vestir y presentarse. ‖ → fam. Bien parecido. ‖ m. Hombre *pendenciero y perdonavidas. ‖ En estilo picaresco, el que *galantea a una mujer. ‖ m. pl. fam. *Adornos, cosas ostentosas e inútiles.
guapote, ta. adj. fam. Bonachón, *bondadoso. ‖ fam. De buen parecer.
guapura. f. *Belleza, calidad de guapo.
guara. f. *Árbol de Cuba muy parecido al castaño. ‖ **Guacamayo.** ‖ Perifollo, garambaina.
guaraca. f. *Honda. ‖ *Azote, zurriago.
guaracha. f. *Baile semejante al zapateado.
guaraguao. m. Especie de águila.
guarán. m. **Garañón.**
guaraná. f. **Paulinia.** ‖ *Medicamento preparado con semillas de paulinia, cacao y tapioca.
guarango, ga. adj. Incivil, *descortés. ‖ m. Especie de aroma silvestre (*acacia).
guaraní. adj. Dícese del individuo de una *raza que se extiende desde el Orinoco al Río de la Plata. Ú. t. c. s. ‖ Perteneciente a esta raza. ‖ m. *Lengua **guaraní.**
guarapo. m. Jugo de la caña de *azúcar. ‖ *Bebida fermentada hecha con este jugo.
*__guarda.__ com. Persona que tiene a su cargo y cuidado la conservación y custodia de una cosa. ‖ f. Acción de guardar, *conservar o *defender. ‖ **Tutela.** ‖ Observancia y *cumplimiento de lo mandado. ‖ *Monja encargada en los conventos de que los visitantes observen compostura. ‖ Carta baja que en algunos juegos de *naipes sirve para reservar la de mejor calidad. ‖ Cada una de las dos varillas fuertes del *abanico. Ú. m. en pl. ‖ Cualquiera de las dos hojas de papel blanco que suele haber al principio y al fin de los *libros. Ú. m. en pl. ‖ En las *cerraduras, el rodete o hierro que sólo deja pasar la llave correspondiente; y en las *llaves, la rodaplancha o hueco que hay en el paletón por donde pasa el rodete. Ú. m. en pl. ‖ **Guarnición** (de la *espada). ‖ Vaina de la podadera. ‖ **Guarda de vista.** Persona que no pierde nunca de vista al que guarda. ‖ **jurado.** Aquel cuyo *testimonio, por haber prestado juramento, hace fe. ‖ **mayor del cuerpo real.** Oficio de alta dignidad en los antiguos palacios de los *reyes de España. ‖ **Falsear las guardas.** fr. Contrahacer las **guardas** de una *llave para abrir lo que está cerrado con ella. ‖ *Mil.* Ganar con *soborno las guardas de un castillo, plaza o ejército.
guardabanderas. m. *Marinero a cuyo cuidado se confían los efectos llamados de bitácora.
guardabarrera. com. Persona que en las líneas de los *ferrocarriles custodia las barreras de un paso a nivel.
guardabarros. m. **Alero** (de los carruajes).
guardable. adj. Que se puede guardar.
guardabosque. m. Sujeto destinado para guardar los bosques.
guardabrazo. m. Pieza de la *armadura antigua, para cubrir y defender el brazo.
guardabrisa. m. Fanal de cristal abierto por arriba y por abajo, den-

tro del cual se colocan las *velas para que no se apaguen con el aire. || Bastidor con cristal que lleva el *automóvil en su parte anterior para resguardar a los viajeros del choque del aire opuesto al movimiento.

guardacabo. m. *Mar.* Anillo de madera que sirve para dar paso a un *cabo de labor.

guardacabras. com. **Cabrero, ra.**

guardacalada. f. Abertura que se hacía en los *tejados para formar un vertedero que sobresaliese del alero.

guardacantón. m. Poste de *piedra para resguardar de los carruajes las *esquinas de los edificios. || Cada uno de los postes de piedra que se colocan a los lados de los paseos y caminos para *limitar el paso de los carruajes o como *protección en los parajes peligrosos. || Pieza de hierro de la galera, que corre desde el balancín al pezón de las ruedas delanteras del *carruaje.

guardacapas. m. fam. Cómplice, encubridor de algún delito.

guardacartuchos. m. *Mar.* Caja que sirve para conducir los cartuchos desde el pañol a la pieza.

guardacoimas. m. *Germ.* *Criado del padre de *mancebía.

guardacostas. m. Barco de la *armada, especialmente destinado a la persecución del *contrabando. || Buque, generalmente acorazado, para la defensa del litoral.

guardacuños. m. Empleado encargado en la casa de *moneda de guardar los cuños.

guardadamas. m. Empleo de la casa *real, cuyo principal ministerio era ir a caballo al estribo del coche de las damas.

guardado, da. adj. **Reservado** (cauteloso, precavido).

guardador, ra. adj. Que guarda o tiene cuidado de sus cosas. Ú. t. c. s. || Que *cumple con exactitud lo mandado. Ú. t. c. s. || *Mezquino y apocado. Ú. t. c. s. || m. En la milicia antigua, el que custodiaba el botín. || *Tutor o curador.

guardafrenos. m. Empleado de *ferrocarriles encargado del manejo de los frenos.

guardafuego. m. *Arq. Nav.* *Andamio de tablas que se cuelga al costado de un buque, para impedir que las llamas suban cuando se da fuego a los fondos.

guardaguas. m. *Arq. Nav.* Listón que se clava en los costados del buque sobre cada porta, para que no entre el agua.

guardagujas. m. Empleado que tiene a su cargo el manejo de las agujas de la vía del *ferrocarril.

guardahúmo. m. *Mar.* *Vela que se coloca por la cara de proa en la chimenea del fogón, para que el humo no vaya a popa.

guardainfante. m. Especie de *tontillo redondo, muy hueco, que se ponían las mujeres en la cintura. || Conjunto de los trozos de madera que se colocan sobre el cilindro de un *cabrestante para aumentar su diámetro.

guardaízas. m. *Germ.* **Guardacoimas.**

guardaja. f. p. us. **Guedeja.**

guardajoyas. m. Encargado de la custodia de las joyas de los *reyes. || Lugar donde se guardan estas joyas.

guardalado. m. Pretil o *antepecho.

guardalmacén. com. Persona que tiene a su cargo la *custodia de un almacén.

guardalobo. m. *Mata perenne de las santaláceas.

guardallamas. m. *Ferroc.* Plancha de hierro sobre la portezuela del hogar de la locomotora, para preservar al fogonero.

guardamalleta. f. Faja horizontal que pende sobre la *cortina por la parte superior y que permanece fija.

guardamancebo. m. *Mar.* *Cabo grueso que sirve de *apoyo para subir o bajar por las escalas.

guardamangel. m. Cámara que en los grandes palacios está destinada a despensa.

guardamangier. m. **Guardamangel.**

guardamano. m. **Guarnición** (de la *espada).

guardamateriales. m. En las casas de *moneda, sujeto a cuyo cargo está la compra de materiales.

guardameta. m. En el juego del fútbol, jugador que se coloca ante el recinto que sirve de meta para evitar la entrada del *balón.

guardamigo. m. **Pie de amigo.**

guardamonte. m. En las *armas de fuego*, pieza de metal en semicírculo, destinada a proteger el disparador. || ***Capote de monte.** || **Guarn.* Pedazo de piel que se pone sobre las ancas del caballo para evitar la mancha del sudor.

guardamozo. m. *Mar.* **Guardamancebo.**

guardamuebles. m. Local o *aposento destinado a guardar *muebles. || Empleado de palacio que cuida de los muebles.

guardamujer. f. *Criada de la *reina, que seguía en clase a la señora de honor.

guardapapo. m. Pieza de la *armadura antigua que defendía el cuello y la barba.

guardapelo m. **Medallón** (*joya en forma de cajita).

guardapesca. m. *Buque destinado a vigilar el cumplimiento de los reglamentos de *pesca.

guardapeto. m. En la *armadura antigua, pieza de refuerzo sobre el peto.

guardapiés. m. **Brial** (falda).

guardapolvo. m. Funda o cubierta que se pone encima de una cosa para preservarla del polvo. || *Sobretodo de tela ligera. || *Tejadillo voladizo construido sobre un balcón o ventana. || Pieza de vaqueta o becerrillo, que está unida al botín de montar. || Tapa interior en los *relojes de bolsillo, para mayor resguardo de la máquina. || pl. En los *carruajes, hierros que van desde el balancín grande hasta el eje.

guardapuerta. f. **Antepuerta.**

***guardar.** tr. Conservar y custodiar algo. || Tener *cuidado de una cosa. || Observar y *cumplir lo que a cada uno corresponde. || *Conservar o retener una cosa. || No gastar, o gastar con *parsimonia o mezquindad. || *Proteger una cosa del daño que le puede sobrevenir. || r. Recelarse y *evitar un riesgo. || Poner *cuidado en abstenerse de algo. || **¡Guarda!** interj. de *temor o recelo de una cosa. || Voz con que se advierte del peligro que *amenaza.

guardarraya. f. **Linde.**

guardarriel. m. Trozo de *carril que se pone por la parte exterior de una vía para su refuerzo. || Borde o pestaña interior de algunos carriles.

guardarrío. m. **Martín pescador.**

guardarropa. m. En el palacio *real, *teatros y otros establecimientos, lugar donde se depositan los abrigos u otras prendas de *ropa. || com. Sujeto destinado para cuidar del local en que se guardan las ropas. || m. *Armario donde se guarda la ropa. || **Abrótano.**

guardarropía. f. En el *teatro, conjunto de *trajes y efectos para vestir a los coristas y comparsas. || Lugar en que se custodian estos trajes o efectos.

guardarruedas. m. **Guardacantón.**

guardasellos. m. Funcionario o individuo encargado de custodiar un *sello oficial o de alguna corporación.

guardasilla. f. *Moldura ancha de madera, que se clava en la pared para protegerla de las rozaduras de las sillas.

guardasol. m. p. us. **Quitasol.**

guardatimón. m. *Mar.* Cada uno de los *cañones que solían ponerse a una y otra banda del timón.

guardavela. m. *Mar.* *Cabo que trinca las velas de gavia.

guardavía. m. Empleado encargado de vigilar determinado trozo de la vía del *ferrocarril.

guardavivos. m. *Carp.* *Moldura destinada a proteger las aristas o esquinas.

guardería. f. Ocupación y trabajo del *guarda.

guardesa. f. Mujer encargada de guardar o custodiar una cosa. || Mujer del *guarda.

***guardia.** f. Conjunto de soldados o gente armada que protege o defiende una persona o cosa. || *Defensa, *custodia, *vigilancia. || Servicio especial que con cualquiera de estos objetos se encomienda a una o más personas. || **Esgr.* Manera de estar en defensa. || Cuerpo de *tropa como la **Guardia** de Corps, la Real, la de Alabarderos, etcétera. || m. Individuo de uno de estos cuerpos. || **civil.** La dedicada a perseguir a los malhechores y a mantener la seguridad. || m. Individuo de este cuerpo. || **de lancilla. Guardia** de a caballo, que sólo servía en ciertas ceremonias reales. || **marina.** m. El que se educa para ser oficial en la carrera militar y facultativa de la *armada. || **municipal.** f. La que, dependiente de los ayuntamientos, se dedica a mantener el orden y los reglamentos de policía urbana. || m. Individuo de este cuerpo. || **En guardia.** m. adv. **Esgr.* En actitud de defensa. || fig. Prevenido o sobre aviso. || **Montar la guardia.** fr. *Mil.* Entrar de **guardia** la tropa en un puesto para que salga y descanse la que estaba en él.

guardián, na. m. y f. Persona que guarda una cosa y cuida de ella. || m. En la *orden religiosa* de San Francisco, prelado ordinario de uno de sus conventos. || En la *armada, contramaestre subalterno, encargado de las embarcaciones menores. || *Mar.* Cable o *cabo muy fuerte, con el cual se aseguran los barcos pequeños cuando se recela temporal.

guardianía. f. Dignidad de guardián en la orden de San Francisco. || Tiempo que dura. || Territorio que tiene señalado cada *monasterio de frailes franciscanos para pedir *limosna.

guardilla. f. **Buhardilla.** || Habitación contigua al tejado.

guardilla. f. Cierta labor para adornar y asegurar la *costura. || Cada una de las dos púas gruesas del *peine. Ú. m. en pl.

guardillón. m. *Desván corrido y sin divisiones.

guardín. m. *Mar.* *Cabo con que se suspenden las portas de la arti-

llería. ‖ *Mar.* Cada uno de los dos cabos sujetos a la caña del *timón y por medio de los cuales se maneja.
guardoso, sa. adj. Dícese del que tiene cuidado de *conservar y no gastar sus cosas. ‖ Miserable, *mezquino.
guarecer. tr. *Acoger a uno; ponerle en *seguridad. ‖ Guardar, *conservar una cosa. ‖ *Curar, medicinar. ‖ r. Refugiarse, *acogerse en alguna parte para estar en seguridad.
guarén. m. Especie de *rata grande que tiene los dedos palmeados para nadar. Es propia de Chile.
guarenticio, cia. adj. ant. **Guarentigio.**
guarentigio, gia. adj. *For.* Aplicábase al *contrato en que se daba poder a las justicias para obligar a su cumplimiento como por sentencia.
guarés. m. Especie de *balsa o almadía que usan los indios americanos. ‖ Tabla que usan algunos indios a modo de *timón.
guaria. f. Orquídea americana cuya flor es de color violado rojizo.
guariao. m. *Ave grande, de Cuba, de carne blanca y gustosa.
guaricha. f. despect. Hembra, mujer.
***guarida.** f. Cueva o espesura donde se recogen y guarecen los animales. ‖ Amparo o refugio para acogerse o ponerse en seguridad. ‖ fig. *Lugar donde se concurre con frecuencia.
guarimán. m. *Árbol americano de las magnoliáceas, cuya corteza, de olor y sabor parecidos a los de la canela, se usa para condimentos y medicinas. ‖ Fruto de este árbol.
guarín. m. Lechoncillo.
***guarismo.** m. Cada uno de los signos o cifras arábigas que expresan una cantidad. ‖ Cualquiera expresión de cantidad, compuesta de dos o más cifras. ‖ **No tener guarismo.** fr. fig. Ser innumerable o excesivamente *abundante.
guarne. m. *Mar.* Cada una de las *vueltas de un *cabo alrededor de una pieza.
guarnecedor, ra. adj. Que guarnece. Ú. t. c. s.
guarnecer. tr. Poner guarnición. ‖ Colgar, vestir, *adornar. ‖ *Proveer, equipar. ‖ **Albañ.* Revocar o revestir las paredes de un edificio. ‖ **Cetr.* Poner cascabel al ave de rapiña. ‖ **Mil.* Estar de guarnición.
guarnecido. m. **Albañ.* Revoque o entablado con que se revisten las paredes de un edificio.
guarnés. m. **Guadarnés.**
***guarnición.** f. *Adorno que se pone en los *vestidos, colgaduras, etc. ‖ Engaste en que se sientan las *piedras preciosas*. ‖ Defensa que se pone en las *espadas, dagas, etc., para preservar la mano. ‖ *Tropa o *guardia que guarnece una plaza, castillo o buque de guerra. ‖ → pl. Conjunto de correajes y demás efectos que se ponen a las caballerías para tiro, carga o montura. ‖ **Guarnición al aire.** La que está sentada sólo por un canto, y queda por el otro hueca y suelta. ‖ **de castañeta.** La que se forma en ondas alternadas.
guarnicionar. tr. Poner guarnición en una plaza fuerte.
***guarnicionería.** f. Taller en que se hacen *guarniciones para caballerías. ‖ Tienda donde se venden. ‖ Arte y trabajo del guarnicionero.
***guarnicionero.** m. El que hace o vende guarniciones para caballerías.
guarniel. m. *Bolsa de cuero que traen los arrieros sujeta al cinto.
guarnigón. m. Pollo de la codorniz.
guarnimiento. m. desus. *Adorno. ‖ *Mar.* Conjunto de varias piezas, cabos o efectos con que se guarne o sujeta un *aparejo.
guarnir. tr. **Guarnecer.** ‖ *Mar.* Colocar convenientemente los cuadernales de un *aparejo.
guaro. m. Especie de *loro pequeño.
guaro. m. *Aguardiente de caña.
guarrazo. m. Golpe que se da al *caer.
guarreña. f. **Longaniza.**
guarrería. f. Suciedad. ‖ fig. Acción *vil.
guarrero. m. Porquerizo.
guarrilla. f. Especie de águila pequeña.
guarro, rra. m. y f. **Cochino.** Ú. t. c. adj.
guarrusca. f. *Espada o machete.
¡guarte! interj. ¡Guárdate! ¡Guarda!
guarura. f. Caracol grande de América cuya *concha se usa como bocina.
guasa. f. fam. Falta de gracia y viveza; *sosería. ‖ fam. *Broma, burla. ‖ *Pez de las Antillas, de carne comestible.
guasanga. f. *Alboroto, algazara.
guasasa. f. *Mosquito de Cuba.
guasca. f. Ramal de cuero, *cuerda, etc., que sirve de rienda o de *látigo.
guasearse. r. **Chancearse.**
guaso, sa. m. y f. *Rústico, campesino de Chile. ‖ adj. fig. *Tosco, grosero.
guasón, na. adj. fam. Que tiene guasa. Ú. t. c. s. ‖ fam. Burlón, que gasta *bromas. Ú. t. c. s.
guata. f. Manta de *algodón en rama.
guataca. f. *Azada corta.
guate. m. **Malojo.** ‖ Cierta planta lorantácea de Venezuela.
guatemalteco, ca. adj. Natural de Guatemala. Ú. t. c. s. ‖ Perteneciente a esta república de América.
guateque. m. fam. *Comida, banquete.
guatimaña. adj. Hipócrita, que obra con *fingimiento.
guatiní. m. **Tocororo.**
guatusa. f. *Mamífero roedor parecido a la paca.
guau. Onomatopeya con que se representa la voz del *perro.
guaucho. m. *Arbusto de Chile, que arde aun cuando esté verde, por ser resinoso.
¡guay! interj. poét. **¡Ay!**
guaya. f. *Llanto o lamento.
guayaba. f. Fruto del guayabo, de que se hace jalea. ‖ Esta jalea. ‖ fig. y fam. *Mentira, embuste.
guayabal. m. Terreno poblado de guayabos.
guayabera. f. **Indum.* Chaquetilla corta de tela ligera.
guayabo. m. Árbol de América de las mirtáceas, cuyo fruto es la guayaba.
guayaca. f. *Bolsa, talega. ‖ fig. *Amuleto.
guayacán. m. **Guayaco.**
guayaco. m. Árbol de América de las cigofiláceas, que alcanza gran altura. ‖ *Madera de este árbol.
guayacol. m. **Farm.* Principio medicinal del guayaco. ‖ **Quím.* Cierto fenol derivado de la bencina.
guayado, da. adj. Dícese de los cantares que tienen por estribillo *¡guay!* o *¡ay, amor!*
guayaquil. m. *Cacao de Guayaquil.
guayaquileño, ña. adj. Natural de Guayaquil. Ú. t. c. s. ‖ Perteneciente a esta ciudad de la república del Ecuador.
guayate. m. *Niño pequeño.
guayín. m. *Carruaje de cuatro asientos, usado en Méjico.
guayo. m. *Árbol americano, de la familia de las rosáceas.
guazubirá. m. *Rumiante de la Argentina, especie de venado de monte.
gubán. m. *Bote grande, de poco calado, usado en Filipinas.
gubernamental. adj. Perteneciente al *gobierno del Estado. ‖ **Polít.* Respetuoso o benigno para con el gobierno.
gubernativamente. adv. m. Por procedimiento gubernativo.
gubernativo, va. adj. Perteneciente al *gobierno.
gubia. f. *Formón de mediacaña. ‖ Aguja en figura de mediacaña, que sirve para reconocer los fogones de los *cañones.
guedeja. f. *Cabellera larga. ‖ Rizo de *cabello. ‖ Melena del león. ‖ **Tener** una cosa **por la guedeja.** fr. fig. No dejar escapar la *oportunidad.
guedejón, na. adj. **Guedejudo.** ‖ m. aum. de **Guedeja.**
guedejoso, sa. adj. **Guedejudo.**
guedejudo, da. adj. Que tiene muchas guedejas.
guedir. m. En Marruecos, *charca.
güeldo. m. Cebo que emplean los *pescadores.
güeldrés, sa. adj. Natural de Güeldres. Ú. t. c. s. ‖ Perteneciente a esta provincia de Holanda.
güelfo, fa. adj. Partidario de los *papas, en la Edad Media, contra los gibelinos, defensores de los emperadores de Alemania. Ú. t. c. s. ‖ Perteneciente o relativo a los **güelfos.**
guelte. m. ***Dinero.**
gueltre. m. **Guelte.**
güello. m. ant. ***Ojo.**
güemul. m. *Rumiante de los Andes, semejante al ciervo.
guenebra. f. Especie de *guitarra antigua.
güeña. f. *Embutido compuesto de las vísceras del cerdo, excepto el hígado, y algunas carnes gordas de desperdicio.
guepardo. m. *Zool.* *Mamífero carnicero, de los félidos, propio de Asia y África.
güérmeces. m. pl. **Cetr.* Enfermedad que padecen las aves de rapiña.
Guernesey. n. p. V. **Azucena de Guernesey.**
***guerra.** f. Estado de hostilidad entre naciones, pueblos, tribus, etc. ‖ *Discordia o pugna entre dos o más personas. ‖ Toda especie de *contienda, aunque sea en sentido moral. ‖ Cierto juego de *billar. ‖ fig. *Oposición de una cosa con otra. ‖ **abierta.** *Enemistad, hostilidad declarada. ‖ **civil.** La que tienen entre sí los habitantes de un mismo pueblo o *nación. ‖ **de bolas.** Juego de *billar en el cual entran tantas bolas como jugadores. ‖ **de palos.** Juego de *billar en que se colocan en medio de la mesa cinco palitos. ‖ **galana.** fig. La que es poco sangrienta y empeñada. ‖ *Mar.* La que se hace con el cañón, sin llegar al abordaje. ‖ **Armar en guerra.** fr. *Mar.* Poner las embarcaciones mercantiles en disposición de combatir. ‖ **Dar guerra.** fr. fig. y fam. Causar *molestia.
guerreador, ra. adj. Que guerrea. Ú. t. c. s.
guerreante. p. a. de **Guerrear.** Que guerrea.

guerrear. intr. Hacer *guerra. ‖ fig. Rebatir o *contradecir.
guerrera. f. **Indum.* Chaqueta ajustada y abrochada desde el cuello, que forma parte de ciertos uniformes *militares.
guerreramente. adv. m. A modo o en forma de guerra.
***guerrero, ra.** adj. Perteneciente o relativo a la guerra. ‖ Que guerrea o es aficionado a la guerra. ‖ Apl. a pers., ú. t. c. s. ‖ fig. y fam. *Travieso, que molesta a los demás. ‖ m. **Soldado.**
***guerrilla.** f. **Mil.* Línea de tiradores formada de varias parejas o grupos poco numerosos, equidistantes unos de otros. ‖ Partida de *tropa ligera, que hace las descubiertas. ‖ Partida de paisanos que acosa y molesta al enemigo. ‖ Juego de *naipes entre dos personas, cada una de las cuales recibe veinte cartas.
guerrillear. intr. Pelear en guerrillas.
guerrillero. m. Paisano que sirve en una guerrilla, o es jefe de ella.
***guía.** com. Persona que conduce a otra o le *enseña el camino. ‖ fig. Persona que *enseña y dirige a otra para algún fin. ‖ m. **Mil.* Sargento o cabo que cuida de la alineación de la tropa. ‖ Manillar de la *bicicleta. ‖ → f. Lo que en sentido figurado dirige o encamina. ‖ Poste o pilar que sirve de *indicación. ‖ Tratado o *libro en que se dan preceptos o meras noticias para el gobierno de las personas, en cosas materiales o morales. ‖ Despacho o salvoconducto que lleva consigo el que *transporta algunos géneros. ‖ Mecha delgada con pólvora y cubierta con papel, que se emplea en los *fuegos artificiales*. ‖ Sarmiento o vara que se deja en las cepas y en los árboles al *podarlos. También se llama así el tallo principal de las coníferas y otros árboles. ‖ Palanca de la *noria para enganchar en ella la caballería. ‖ Pieza de una *máquina que determina y dirige el movimiento obligado de otra pieza. ‖ *Caballería que va delante de todas en un tiro fuera del tronco. ‖ Especie de *fullería en los naipes. ‖ **Guarda** (del *abanico). ‖ *Madero de roble, de doce a catorce pies de longitud. ‖ *Mar.* Cualquier *cabo o aparejo que sirve para mantener un objeto en determinada situación. ‖ **Min.* Veta pequeña de los filones. ‖ **Mús.* Voz que va delante en la fuga y a la cual siguen las demás. ‖ pl. Riendas para gobernar los caballos de **guías.** ‖ **Guía de Forasteros.** Nombre que se daba en otro tiempo a la **guía** oficial de España. ‖ **De guías.** loc. Dícese de las *caballerías que, en un tiro compuesto de varias, van delante.
guiadera. f. Guía de las *norias. ‖ Cada uno de los maderos o barrotes paralelos que sirven para dirigir el movimiento rectilíneo de un objeto.
guiado, da. adj. Que se lleva con guía o póliza.
guiador, ra. adj. Que guía. Ú. t. c. s.
***guiar.** tr. Ir delante mostrando el camino a otro, o encaminarle y dirigirle. ‖ Hacer que una pieza de una máquina u otro aparato siga en su movimiento determinado camino. ‖ Dirigir el crecimiento de las plantas haciéndoles guías. ‖ Conducir un *carruaje. ‖ Dejarse uno *gobernar por otro, o por indicios, señales, etc.
guibelurdín. m. *Hongo de sombrerillo carnoso, comestible.
guido, da. adj. *Germ.* **Bueno.**
guienés, sa. adj. Natural de Guiena. Ú. t. c. s. ‖ Perteneciente a esta antigua provincia de Francia.
guiguí. m. *Mamífero roedor nocturno, de Filipinas, parecido a la ardilla.
guija. f. *Piedra pequeña y redondeada que se encuentra en los ríos y arroyos. ‖ **Almorta.**
guijarral. m. Terreno abundante en guijarros.
guijarrazo. m. *Golpe dado con *guijarro.
guijarreño, ña. adj. Abundante en *guijarros. ‖ fig. Aplícase a la persona de complexión dura y *fuerte.
***guijarro.** m. **Canto rodado.**
guijarroso, sa. adj. Dícese del terreno en donde hay muchos guijarros.
guijeño, ña. adj. Perteneciente a la guija o que tiene su naturaleza. ‖ fig. Duro, *impenitente, empedernido.
guijo. m. Conjunto de guijas. Se usa para consolidar los *caminos. ‖ **Gorrón** (extremo inferior de un eje vertical).
guijón. m. **Neguijón.**
guijoso, sa. adj. Aplícase al terreno que abunda en guijo. ‖ **Guijeño.**
guilalo. m. *Embarcación filipina de cabotaje.
guileña. f. **Aguileña.**
guilindujes. m. pl. Adornos de *vestido, perendengues, perifollos. ‖ *Arreos con adornos colgantes.
guilla. f. *Cosecha abundante.
guilladura. f. **Chifladura.**
guillame. m. **Carp.* Cepillo estrecho para hacer los rebajos.
guillarse. r. Irse, *marcharse, huirse. ‖ Chiflarse.
güillín. m. **Huillín.**
guillomo. m. *Arbusto que crece en los peñascales de las montañas y da un fruto comestible del tamaño de un guisante.
guillote. m. Cosechero o usufructuario. ‖ adj. *Holgazán. ‖ *Cándido, que no conoce las *fullerías de los tahúres.
guillotina. f. Máquina usada en Francia para decapitar a los sentenciados a *pena de *muerte. ‖ Máquina de *cortar *papel. ‖ **De guillotina.** Dícese de las *ventanas y vidrieras que se abren y cierran resbalando a lo largo de las ranuras del cerco.
guillotinar. tr. Quitar la vida con la guillotina.
güimba. f. **Guabico.**
guimbalete. m. *Palanca con que se da juego al émbolo de la *bomba aspirante.
guimbarda. f. Cepillo de *carpintero, de cuchilla estrecha y muy saliente, que sirve para labrar el fondo de las cajas y ranuras. ‖ Cierta *danza antigua.
güin. m. Vástago que echan algunas *cañas, que se usa para la armadura de las *cometas.
guinchado, da. adj. *Germ.* *Perseguido, acosado.
guinchar. tr. Pinchar o herir con la punta de un palo.
güinche. m. *Mar.* **Chigre.**
guincho. m. Palo *puntiagudo. ‖ *Gancho terminado en punta. ‖ *Ave de rapiña de la familia de las falcónidas.
guinda. f. Fruto del guindo.
guinda. f. *Mar.* *Altura total de la *arboladura de un buque.
guindado, da. adj. Compuesto con guindas.
guindal. m. **Guindo.**
guindalera. f. Sitio plantado de guindos.
guindaleta. f. *Cuerda de cáñamo o *correa, del grueso de un dedo. ‖ Pie derecho donde los *plateros tienen colgado el *peso. ‖ *Caballería menor que va de guía.
guindaleza. f. *Mar.* *Cabo de doce a veinticinco centímetros de mena, y de cien o más brazas de largo.
guindamaina. f. *Mar.* *Saludo que hacen los buques arriando e izando su *bandera.
guindar. tr. *Subir y colocar en lo alto una cosa. Ú. t. c. r. ‖ fam. *Conseguir una cosa en concurrencia de otros. ‖ fam. **Ahorcar.** Ú. t. c. r. ‖ *Germ.* *Maltratar. ‖ r. *Bajar descolgándose de alguna parte por medio de cuerda, soga, etc.
guindaste. m. *Mar.* Armazón de tres maderos en forma de horca, con cajeras y *poleas para el juego de algunos cabos. ‖ *Mar.* Cada uno de los dos maderos colocados verticalmente al pie de los palos para amarrar los escotines de las gavias. ‖ *Mar.* Armazón en forma de horca, para *colgar alguna cosa.
guindilla. f. Fruto del guindillo de Indias. ‖ *Pimiento pequeño y encarnado muy picante. ‖ despect. y fam. ***Guardia municipal.**
guindillo de Indias. m. *Planta solanácea, especie de *pimiento, que se cultiva en los jardines.
guindo. m. Especie de *cerezo, que tiene las hojas más pequeñas y el fruto más redondo y comúnmente ácido. ‖ **griego. Guindo** garrafal.
guindola. f. *Mar.* Pequeño *andamio volante compuesto de tres tablas, que se coloca alrededor de un palo de la arboladura para pintarlo, rascarlo, etc. ‖ *Mar.* Aparato salvavidas. ‖ *Mar.* Barquilla de la *corredera.
guinea. f. Antigua *moneda inglesa, equivalente a veinticinco pesetas y cuarenta y cinco céntimos.
guineo, a. adj. Natural de Guinea. Ú. t. c. s. ‖ Perteneciente a esta región de África. ‖ V. **Plátano guineo.** Ú. t. c. s. ‖ m. Cierto *baile de negros. ‖ Música de este baile.
guinga. f. *Tela de algodón usada antiguamente.
guinja. f. **Azufaifa.**
guinjo. m. **Azufaifo.**
guínjol. m. **Guinja.**
guinjolero. m. **Guinjo.**
guiñada. f. Acción de guiñar. ‖ **Mar.* Desvío de la proa del buque hacia un lado u otro del rumbo a que se navega.
guiñador, ra. adj. Que guiña los ojos.
guiñadura. f. **Guiñada.**
guiñapiento, ta. adj. **Guiñaposo.**
guiñapo. m. *Andrajo o trapo roto. ‖ fig. Persona que anda con vestido roto o que viste con *desaliño. ‖ fig. *Persona *vil o despreciable.
guiñapo. m. *Maíz molido después de germinado, para hacer chicha.
guiñaposo, sa. adj. Lleno de guiñapos o andrajos.
guiñar. tr. Cerrar un *ojo momentáneamente quedando el otro abierto. Hácese a veces con disimulo por vía de *señal. ‖ **Mar.* Dar guiñadas el buque. ‖ rec. Hacerse guiños o señas con los *ojos. ‖ r. *Germ.* **Guillarse.**
guiñarol. m. *Germ.* Aquel a quien hacen señas con los *ojos.
guiño. m. **Guiñada** (acción de guiñar con los ojos).
guiñón. m. *Germ.* Seña que se hace con un *ojo.

guiñote. m. Juego de *naipes, variante del tute.
guión. adj. V. ***Perro guión.** Ú. t. c. s. ‖ m. *Cruz que va delante del *prelado como insignia propia. ‖ *Estandarte real. ‖ Pendón pequeño o *bandera arrollada que se lleva delante de algunas procesiones. ‖ Escrito en que *concisa y ordenadamente se han *apuntado algunas cosas que uno se propone desarrollar después. ‖ Argumento para una obra de *cinematógrafo con todos los pormenores para su realización. ‖ El que en las *danzas guía la cuadrilla. ‖ *Ave delantera en las bandadas que van de paso. ‖ fig. El que va delante, *enseña y amaestra a alguno. ‖ *Gram.* Signo *ortográfico (-) con que se indica la separación de dos partes de una palabra, o la unión de dos palabras que forman un compuesto. ‖ *Mar.* Parte más delgada del remo, por donde se empuña.
guionaje. m. Oficio de guía o conductor.
guionista. com. Persona que escribe guiones *cinematográficos.
guipar. tr. vulg. **Ver.**
guipur. m. *Encaje de mallas anchas.
guipuzcoano, na. adj. Natural de Guipúzcoa. Ú. t. c. s. ‖ Perteneciente a esta provincia. ‖ Uno de los principales *dialectos del vascuence.
güira. f. *Árbol tropical de las bignoniáceas, de fruto globoso, de corteza dura, con la cual hacen los campesinos de América tazas, platos, etc. ‖ Fruto de este árbol.
guiri. m. **Polít.* Nombre con que designaban los carlistas a los liberales, y en especial a los *soldados del gobierno. ‖ Individuo de la *guardia civil.
guiri. m. **Tojo** (*planta).
guirigay. m. fam. *Lenguaje obscuro o *incomprensible. ‖ *Gritería y *confusión que resulta de hablar muchos al mismo tiempo.
guirindola. f. Chorrera de la camisola.
guirlache. m. Pasta o *dulce hecho de almendras tostadas y caramelo.
guirlanda. f. desus. **Guirnalda.**
***guirnalda.** f. Corona abierta, tejida de flores, con que se ciñe la cabeza. ‖ Tira tejida de ramas y *flores que, pendiente de sus extremos, se usa como *adorno. ‖ **Perpetua.** ‖ *Tela antigua de lana basta. ‖ **Artill.* Especie de rosca embreada, que se arrojaba encendida desde las plazas para descubrir al enemigo.
guirnaldeta. f. d. de **Guirnalda.**
güiro. m. Tallo del *maíz verde. ‖ Nombre genérico de varios *bejucos.
guiropa. f. *Guisado de carne con patatas. ‖ *Comida, rancho.
guisa. f. *Modo, manera. ‖ *Voluntad, gusto. ‖ **A guisa.** m. adv. A *modo. ‖ **De,** o **en, tal guisa.** m. adv. **A guisa.**
***guisado.** m. Guiso preparado con salsa, después de rehogado el manjar. ‖ Guiso de pedazos de carne, con salsa y generalmente con patatas.
guisador, ra. adj. Que guisa la comida. Ú. t. c. s.
guisandero, ra. m. y f. Persona que guisa la comida.
guisantal. m. Tierra sembrada de guisantes.
guisante. m. Planta hortense *leguminosa, de fruto de vaina casi cilíndrica, con semillas redondas. ‖ Semilla de esta planta. ‖ **de olor.** Variedad de almorta que se cultiva en los jardines.
***guisar.** tr. Preparar los manjares sometiéndolos a la acción del fuego, y especialmente, haciéndolos cocer, después de rehogados, en una salsa. ‖ fig. *Ordenar, componer una cosa. ‖ p. us. *Cuidar, *preparar. Ú. t. c. r.
guisaso. m. Nombre genérico de varias *plantas herbáceas con el fruto erizado de espinas.
***guiso.** m. Manjar guisado.
guisopillo. m. **Hisopillo.**
guisote. m. *Guisado ordinario y grosero.
guita. f. *Cuerda delgada de cáñamo. ‖ fam. ***Dinero.**
guitar. tr. *Coser o labrar con guita.
***guitarra.** f. Instrumento músico que se compone de una caja de madera con un agujero circular en el centro de la tapa y un mástil con trastes. Tiene seis cuerdas que se pulsan con los dedos de la mano derecha. ‖ Instrumento para quebrantar y *moler el *yeso. ‖ **Estar bien,** o **mal, templada la guitarra.** fr. fig. y fam. Estar uno *contento o *descontento.
guitarrazo. m. *Golpe dado con la guitarra.
guitarrear. intr. Tocar la *guitarra.
guitarreo. m. Acción y efecto de guitarrear.
guitarrería. f. Taller donde se fabrican *guitarras y otros instrumentos análogos. ‖ Tienda donde se venden.
guitarrero, ra. m. y f. Persona que hace o vende *guitarras. ‖ **Guitarrista.**
guitarresco, ca. adj. fam. Perteneciente o relativo a la *guitarra.
guitarrillo. m. Instrumento músico de cuatro cuerdas, a modo de *guitarra pequeña.
guitarrista. com. Persona que toca la *guitarra.
guitarro. m. **Guitarrillo.**
guitarrón. m. aum. de **Guitarra.** ‖ fig. y fam. Hombre *astuto.
guitero, ra. m. y f. Persona que hace o vende guita.
guito, ta. adj. Dícese de la *caballería que es falsa.
güito. m. fam. *Sombrero hongo o de copa.
güito. m. Hueso de albaricoque, que usan los muchachos para *jugar. ‖ *Juego que se hace con estos huesos.
guitón. m. Especie de *moneda que servía para tantear.
guitón, na. adj. Pícaro *vagabundo que pide limosna. Ú. t. c. s.
guitonear. intr. Andarse a la briba.
guitonería. f. Acción y efecto de guitonear.
guizacillo. m. *Planta gramínea, con las cañas postradas en la base.
guizazo. m. **Pata de gallo** (planta).
guizgar. tr. **Enguizgar.**
guiznar. intr. desus. Hacer guiños.
guizque. m. *Palo con un *gancho en una extremidad para *descolgar algo que está en alto. ‖ Aguijón de los *insectos.
guja. f. *Lanza con hierro en forma de cuchilla ancha.
***gula.** f. Exceso en la comida o bebida. ‖ *Apetito desordenado de comer y beber.
gules. m. pl. **Blas.* *Color rojo.
gulosidad. f. p. us. ***Gula.**
guloso, sa. adj. Que tiene *gula o se entrega a ella. Ú. t. c. s.
gulusmear. intr. Golosinear, andar *oliendo lo que se guisa.
gulusmero, ra. adj. Que gulusmea.
gullería. f. **Gollería.**
gulloría. f. **Calandria** (*alondra). ‖ **Gollería.**
gúmena. f. *Mar.* Maroma o *cabo grueso.
gumeneta. f. d. de **Gúmena.**
gumía. f. Arma blanca, como *daga un poco encorvada, que usan los moros.
gura. f. *Germ.* La *justicia.
gura. f. *Paloma de plumaje azul y con moño, de Filipinas.
gurapas. f. pl. *Germ.* **Galeras** (*pena).
gurbia. f. **Gubia.**
gurbio, bia. adj. Dícese de los instrumentos de metal que tienen alguna *curvatura.
gurbión. m. *Tela de seda de cordoncillo. ‖ *Hilo torzal grueso.
gurbión. m. *Goma del euforbio.
gurbiote. m. Fruto parecido al *fresón.
gurdo, da. adj. *Necio, insensato.
guro. m. *Germ.* **Alguacil.**
gurón. m. *Germ.* Alcaide de la *cárcel.
gurriato. m. Pollo del gorrión. ‖ *Cerdo pequeño.
gurrufero. m. fam. Rocín de malas mañas.
gurrumina. f. fam. *Condescendencia excesiva con la mujer propia. ‖ *Futilidad, cosa baladí.
gurrumino, na. adj. fam. Ruin, desmedrado. ‖ m. fam. El que tiene gurrumina. ‖ m. y f. Criatura, *niño.
gurullada. f. fam. Cuadrilla de *pícaros. ‖ Tropa de *alguaciles.
gurullo. m. **Burujo.** ‖ *Pasta de harina, agua y aceite que se desmenuza formando unas bolitas o granos.
gurupa. f. **Grupa.**
gurupera. f. **Grupera.**
gurupetín. m. Gurupera pequeña.
gusanear. intr. **Hormiguear.**
gusanera. f. Lugar en que se crían *gusanos. ‖ Zanja que se llena de materias orgánicas para que al fermentar y corromperse faciliten la producción de gusanos y larvas que sirvan de alimento a las *gallinas. ‖ fig. y fam. *Pasión dominante de uno. ‖ *Herida en la cabeza.
gusanería. f. Copia de gusanos.
gusaniento, ta. adj. Que tiene *gusanos.
gusanillo. m. d. de **Gusano.** ‖ Cierta labor menuda que se hace en las *telas. ‖ *Hilo de oro, plata, seda, etc., ensortijados para *bordados y *pasamanería. ‖ **Matar el gusanillo.** fr. fig. y fam. Tomar en ayunas algún *licor.
***gusano.** m. Nombre común a varias clases de animales invertebrados, de cuerpo blando, cilíndrico, alargado, contráctil y como dividido en anillos. ‖ **Lombriz.** ‖ **Oruga.** ‖ fig. Hombre *humilde. ‖ pl. **Zool.* Grupo que comprende animales invertebrados, de cuerpo simétrico sin extremidades articulares. ‖ **Gusano de la conciencia.** fig. Remordimiento. ‖ **de luz. Luciérnaga.** ‖ **de San Antón. Cochinilla.** ‖ **de sangre roja.** *Zool.* **Anélido.** ‖ **de seda.** Larva de un insecto lepidóptero pequeño, que se alimenta de hojas de morera y hace un capullo de seda, dentro del cual se transforma en crisálida y después en mariposa. ‖ **revoltón. Convólvulo.**
gusanoso, sa. adj. Que tiene gusanos.
gusarapiento, ta. adj. Que tiene gusarapos. ‖ fig. Muy inmundo o *corrompido.
gusarapo, pa. m. y f. Cualquiera

de los gusanillos o animalejos que se crían en los líquidos.

gustable. adj. Perteneciente o relativo al *gusto.

gustación. f. Acción y efecto de *gustar. ‖ Probadura o *ensayo del sabor de alguna cosa.

gustador. m. Cadenilla del *freno.

gustadura. f. Acción de *gustar.

***gustar.** tr. Sentir en el paladar el *sabor de las cosas. ‖ **Experimentar.** ‖ intr. *Agradar una cosa; parecer bien. ‖ *Desear, querer.

gustativo, va. adj. Perteneciente al gusto.

gustatorio, ria. adj. Relativo al sentido del *gusto.

gustazo. m. aum. de **Gusto.** ‖ fam. *Placer grande que uno tiene en gastar a otro una *broma o en causarle algún daño.

gustillo. m. Dejo o saborcillo que percibe el paladar junto a otro *sabor predominante.

***gusto.** m. Sentido corporal, que reside principalmente en la lengua, y sirve para percibir el sabor de las cosas. ‖ Sabor que tienen las cosas. ‖ *Placer o deleite. ‖ Propia *voluntad, arbitrio. ‖ Facultad de sentir o apreciar lo bello y lo feo. ‖ Cualidad que hace bella o fea una cosa. Sin calificativo se toma siempre en buena parte. ‖ Manera de sentirse o ejecutarse la obra *artística o literaria en país o tiempo determinado. ‖ Manera de *apreciar las cosas cada persona. ‖ *Capricho, antojo. ‖ **A gusto.** m. adv. Según conviene, agrada o es necesario. ‖ **Dar** a uno **por el gusto.** fr. Obrar en el sentido que desea. ‖ **Despacharse** uno **a su gusto.** fr. fam. Hacer o decir lo que le acomoda con *desenvoltura o *descaro. ‖ **Tomar el gusto** a una cosa. fr. fig. *Aficionarse a ella.

gustosamente. adv. m. Con gusto.

gustoso, sa. adj. **Sabroso.** ‖ Que siente *placer o hace con gusto una cosa. ‖ *Agradable, que causa gusto o placer.

gutagamba. f. *Árbol de la India, de las gutíferas, de cuyo tronco fluye una gomorresina sólida, amarilla, que se emplea en *farmacia y en *pintura. ‖ Esta *gomorresina.

gutapercha. f. *Goma translúcida, sólida, flexible, e insoluble en el agua, que se obtiene de cierto árbol de la India, de la familia de las sapotáceas. Se usa para fabricar telas *impermeables y para envolver los conductores de los cables eléctricos. ‖ *Tela barnizada con esta substancia.

gutiámbar. f. *Pint.* Cierta *goma de color amarillo, que sirve para iluminaciones y miniaturas.

gutífero, ra. adj. *Bot.* Aplícase a ciertos árboles y arbustos dicotiledóneos de la zona tórrida, que segregan jugos resinosos; como la gutagamba. Ú. t. c. s. f. ‖ f. pl. *Bot.* Familia de estas plantas.

gutural. adj. Perteneciente o relativo a la *garganta. ‖ *Fon.* Dícese del sonido articulado que se produce por estrechamiento de la garganta. ‖ Dícese de la letra que representa este sonido. Ú. t. c. s. f.

guturalmente. adv. m. Con sonido o *pronunciación gutural.

guzla. f. *Instrumento de música de una sola cuerda a modo de rabel.

guzmán. m. *Noble que servía en la armada real y en el *ejército de España.

guzpatara. f. Especie de *lepra de las Antillas.

guzpatarero. m. *Germ.* *Ladrón que horada las paredes.

guzpátaro. m. *Germ.* **Agujero.**

guzpatarra. f. Cierto *juego de muchachos.

H

h. f. Novena *letra del abecedario español.
¡ha! interj. **¡Ah!**
haba. f. Planta herbácea, anual, *leguminosa, cuyo fruto, en vaina, contiene cinco o seis semillas grandes, comestibles. ‖ Fruto y semilla de esta planta. ‖ Simiente de ciertos frutos; como el *café, el cacao, etcétera. ‖ Cada una de las bolitas blancas y negras con que se hacen algunas *elecciones, en comunidades, *cofradías, etc. ‖ **Gabarro** (nódulo en una *piedra). ‖ **Roncha** (hinchazón en la piel). ‖ *Alubia, judía. ‖ ***Uña.** ‖ **Min.* Trozo de mineral más o menos redondeado y envuelto por la ganga. ‖ **Veter.* Tumor que se forma a las caballerías en el paladar. ‖ **de Egipto. Colocasia.** ‖ **de las Indias. Guisante de olor.** ‖ **de San Ignacio.** *Arbusto de las loganiáceas, cuyo fruto se usa en medicina como purgante y emético por la estricnina que contiene. ‖ Simiente de esta planta. ‖ **marina. Ombligo de Venus.** ‖ **panosa.** Variedad del **haba** común que se emplea para alimento de las caballerías. ‖ **tonca.** Semilla de la sarapia. ‖ **Habas verdes.** fig. *Canto y *baile popular de Castilla la Vieja. ‖ **Echar las habas.** fr. fig. Hacer *hechicerías o sortilegios. ‖ **Son habas contadas.** expr. fig. con que se denota ser una cosa *cierta y clara. ‖ Dícese de cosas que son número fijo y por lo general *escaso.
habachiqui. f. Haba pequeña.
habado, da. adj. **Veter.* Dícese del animal que tiene la enfermedad del haba. ‖ Aplícase al que tiene en la piel manchas en figura de habas.
habanera. f. *Danza propia de la Habana. ‖ Música de esta danza.
habanero, ra. adj. Natural de la Habana. Ú. t. c. s. ‖ Perteneciente a esta ciudad. ‖ **Indiano** (el que vuelve rico de América). Ú. t. c. s.
habano, na. adj. Perteneciente a la Habana, y por ext., a la isla de Cuba. Dícese más especialmente del *tabaco. ‖ Dícese del *color del tabaco claro. ‖ m. Cigarro puro elaborado en la isla de Cuba con *tabaco del país.
habar. m. Terreno sembrado de habas.
hábeas corpus. m. Derecho de todo ciudadano reducido a *prisión, a comparecer sin demora ante un juez o tribunal para que, oyéndole, resuelva si su arresto fue o no legal.
háber. m. *Sabio o doctor entre los *judíos.
haber. m. Hacienda, *bienes y derechos. Ú. m. en pl. ‖ Cantidad que se devenga periódicamente como *remuneración de servicios personales. ‖ *Com.* Una de las dos partes en que se dividen las *cuentas corrientes en la cual se anotan las partidas que forman el débito del que abre la cuenta y el crédito de aquel a quien se lleva. ‖ **monedado.** Moneda, *dinero en especie. ‖ **pasivo.** *Pensión de que gozan los funcionarios jubilados, inválidos, etcétera, o sus familiares.
haber. tr. *Poseer, tener una cosa. ‖ Coger, *asir, *apresar. ‖ Verbo auxiliar que sirve para conjugar otros verbos en los tiempos compuestos. ‖ impers. *Acaecer, ocurrir, efectuarse. ‖ En frases de sentido afirmativo, ser *indispensable o conveniente aquello que después se dice. ‖ En frases de sentido negativo, ser *inútil, inconveniente o imposible aquello que luego se expresa. ‖ Estar realmente una persona o cosa en alguna parte. ‖ *Hallarse o *existir real o figuradamente. ‖ Con indicación de un período de *tiempo, haber transcurrido dicho período. ‖ r. Portarse bien o mal. ‖ **Haber de.** Hallarse en la *obligación de. ‖ **Habérselas** con uno. fr. fam. *Disputar o *reñir con él. ‖ **No haber más.** fr. que, junta con algunos verbos, encarece la *excelencia de lo que dice el verbo. ‖ **No haber más que pedir.** fr. Ser *perfecta una cosa. ‖ **No haber tal.** fr. No ser cierto lo que se dice.
haberío. m. Bestia o *caballería de carga o de labor. ‖ *Ganado o conjunto de los animales domésticos.
habichuela. f. **Judía** (*alubia).
habiente. p. a. de **Haber.** Que tiene. Ú. unas veces antepuesto y otras pospuesto al nombre que lleva directamente regido.
***hábil.** adj. Que tiene inteligencia, capacidad o destreza para una cosa. ‖ *For.* Apto para una cosa.
***habilidad.** f. Capacidad intelectual o manual para una cosa. ‖ Destreza y *gallardía en ejecutar una cosa que sirve de adorno al sujeto. ‖ Cada una de las cosas que una persona ejecuta con gracia y destreza. ‖ **Tramoya** (*enredo).
habilidoso, sa. adj. Que tiene habilidades.
habilitación. f. Acción y efecto de *habilitar o habilitarse. ‖ Cargo o *empleo de habilitado. ‖ Despacho del habilitado. ‖ **de bandera.** **Der. Mar.* Concesión que se otorga a buques extranjeros, para comerciar en las aguas y puertos nacionales.
habilitado. m. En la milicia y en la *administración pública*, persona encargada de *cobrar y *pagar los haberes de un cuerpo, dependencia, etc.
habilitador, ra. adj. Que habilita a otro. Ú. t. c. s.
***habilitar.** tr. Hacer a una persona o cosa hábil o apta para algún fin. ‖ Proveer a uno del capital necesario para que pueda negociar por sí. ‖ **Ecles.* En los concursos a prebendas o curatos, reconocer a un opositor el derecho a vacantes futuras. ‖ *Proveer a uno de lo que ha menester para un viaje y otras cosas semejantes. Ú. t. c. r.
hábilmente. adv. m. Con habilidad.
habitabilidad. f. Cualidad de habitable.
habitable. adj. Que puede habitarse.
***habitación.** f. Edificio o parte de él que se destina para habitarse. ‖ Cuarto, aposento de una casa. ‖ Acción y efecto de habitar. ‖ *For.* *Servidumbre personal cuyo poseedor tiene facultad de ocupar en casa ajena las piezas necesarias para sí y para su familia. ‖ *Hist. Nat.* Región donde naturalmente se cría una especie *vegetal o *animal.
habitáculo. m. **Habitación** (edificio o parte de él). ‖ Región donde naturalmente se cría un *animal o una planta.
habitador, ra. adj. Que vive o reside en un lugar o casa. Ú. t. c. s.
***habitante.** p. a. de **Habitar.** Que habita. ‖ m. Cada una de las personas que constituyen la población de un barrio, ciudad, región, etc.
***habitar.** tr. Vivir, morar en un lugar o casa.
hábito. m. *Vestidura que cada uno usa según su estado, ministerio o nación, y especialmente el que usan los religiosos y religiosas. ‖ *Costumbre. ‖ *Facilidad que se adquiere por la práctica en un mismo ejercicio. ‖ *Insignia con que se distinguen las *órdenes militares*. ‖ fig. Cada una de estas órdenes. ‖ pl. *Vestido talar que traen los eclesiásticos. ‖ **Hábito de penitencia.** El que se lleva por *penitencia impuesta, o espontáneamente como señal de humildad o devoción. ‖ **Ahorcar los hábitos.** fr. fig. y fam. Dejar el traje eclesiástico o religioso para tomar alguna profesión *profana. ‖ fig. y fam. *Cambiar de

carrera, profesión u oficio. ‖ **Tomar el hábito.** fr. Recibir el **hábito** con las formalidades correspondientes, en las *órdenes religiosas* o militares.

habituación. f. Acción y efecto de habituar o habituarse.

***habitual.** adj. Que se hace, padece o posee con continuación o por hábito.

habitualidad. f. Calidad de habitual.

habitualmente. adv. m. De manera habitual.

habituar. tr. *Acostumbrar. Ú. m. c. r.

habitud. f. *Relación de una cosa con otra.

habiz. m. En Marruecos, *donación de inmuebles hecha bajo ciertas condiciones a las mezquitas.

habla. f. Facultad de *hablar. ‖ Acción de hablar. ‖ Idioma, *lengua, dialecto. ‖ Razonamiento, oración. ‖ **Al habla.** m. adv. *Mar.* A distancia propicia para entenderse con la voz. ‖ En *trato, en *conversación con uno acerca de algún asunto.

hablado, da. adj. Con los advs. *bien* o *mal,* comedido o *descomedido en el hablar. ‖ **Bien hablado.** Que habla con *claridad y corrección.

***hablador, ra.** adj. Que habla mucho. Ú. t. c. s. ‖ Que por imprudencia o malicia *revela todo lo que ve y oye. Ú. t. c. s.

habladorzuelo, la. adj. d. de **Hablador.** Ú. t. c. s.

habladuría. f. *Murmuración, dicho o expresión inoportuna e impertinente. ‖ **Hablilla.**

hablanchín, na. adj. fam. **Hablador.** Ú. t. c. s.

hablante. p. a. de **Hablar.** Que habla.

hablantín, na. adj. fam. **Hablanchín.** Ú. t. c. s.

***hablar.** intr. Emitir palabras para darse a entender. ‖ Imitar ciertas *aves las articulaciones de la voz humana. ‖ **Conversar.** ‖ **Perorar.** ‖ Tratar, *pactar, concertar. Ú. t. c. r. ‖ Expresarse de uno u otro modo. ‖ Con la prep. *de,* *tratar de una cosa platicando. ‖ Tratar de algo por escrito. ‖ Dirigir la palabra a una persona. ‖ fig. Tener relaciones *amorosas una persona con otra. ‖ *Murmurar o criticar. ‖ Interceder por uno. ‖ fig. Darse a entender por medio distinto del de la palabra. ‖ tr. Emplear uno u otro idioma para darse a entender. ‖ **Decir.** ‖ rec. Comunicarse, tener *trato de palabra una persona con otra. ‖ Con negación, no tratarse una persona con otra, por haberse *enemistado. ‖ **Es hablar por demás.** expr. con que se denota que es *inútil lo que uno dice. ‖ **Hablar alto.** fr. fig. Explicarse con libertad o enojo en una cosa, fundándose en su autoridad o en la razón. ‖ **Hablar a tontas y a locas.** fr. fam. **Hablar** de modo *irreflexivo y lo primero que ocurre. ‖ **Hablar claro.** fr. Decir uno su sentir desnudamente y sin adulación. ‖ **Hablar** una cosa **con** uno. fr. Comprender, tener *relación con él. ‖ **Hablar** uno **consigo.** fr.. *Meditar o discurrir interiormente. ‖ **Hablar cristiano.** fr. fig. y fam. **Hablar** claro, de manera que se entienda. ‖ **Hablar en cristiano.** fr. fig. y fam. **Hablar cristiano.** ‖ **Hablar** uno **entre sí.** fr. **Hablar consigo.** ‖ **Hablar fuerte.** fr. fig. **Hablar recio.** ‖ **Hablarlo todo.** fr. No tener discreción. ‖ **Hablar recio.** fr. fig. **Hablar** con entereza y superioridad. ‖ **Ni hablar ni parlar,** o **ni habla ni parla.** loc. fam. con que se denota el sumo *silencio de uno. ‖ **No se hable más de,** o **en, ello.** expr. con que se *interrumpe o *termina una conversación.

hablilla. f. *Rumor, *mentira que corre en el vulgo.

hablista. com. Persona que se distingue por la pureza y corrección del *lenguaje.

hablistán. adj. fam. **Hablanchín.** Ú. t. c. s.

habón. m. **Haba** (roncha de una picadura).

habús. m. En Marruecos, **habiz.**

haca. f. **Jaca.**

hacán. m. *Sabio o doctor entre los judíos.

hacanea. f. **Jaca de dos cuerpos.**

hacecillo. m. d. de **Haz.** ‖ *Bot.* Porción de *flores en cabezuela, con pedúnculos paralelos y de igual altura.

hacedero, ra. adj. Que es *posible o *fácil de hacer.

hacedor, ra. adj. Que hace. Ú. t. c. s. Aplícase generalmente a *Dios. ‖ m. Persona que tiene a su cuidado la *administración de una hacienda.

hacendado, da. adj. Que tiene hacienda en *bienes raíces. Ú. t. c. s. ‖ Que tiene *ganados. Ú. t. c. s.

hacendar. tr. Dar o conferir el dominio o *propiedad de haciendas o bienes raíces. ‖ r. Comprar o *adquirir hacienda una persona.

hacendeja. f. d. de **Hacienda.**

hacendera. f. *Trabajo a que debe acudir todo el vecindario.

hacendero, ra. adj. Dícese del que procura con *diligencia los adelantamientos de su casa y hacienda. ‖ m. En las *minas de Almadén, operario que trabaja a jornal.

hacendilla, ta. f. d. de **Hacienda.**

hacendista. m. Hombre versado en la *hacienda pública.

hacendoso, sa. adj. *Trabajador y *diligente en las faenas domésticas.

hacenduela. f. fam. d. de **Hacienda.**

***hacer.** tr. Producir, crear una cosa; darle el primer ser. ‖ Fabricar, formar una cosa. ‖ *Ejecutar. Ú. t. c. r. ‖ fig. Dar el ser intelectual; imaginar, *inventar. ‖ *Caber, contener. ‖ *Causar, ocasionar. ‖ Disponer, *preparar, arreglar. ‖ *Mejorar, *perfeccionar. ‖ Con voces que significan concurso de personas, reunir, *convocar. ‖ Habituar, *acostumbrar. Ú. t. c. r. ‖ Enseñar las aves de *cetrería. ‖ *Cortar con arte. ‖ Entre *jugadores, asegurar lo que apuestan y juegan, sin poner el dinero. ‖ Junto con algunos nombres, equivale a un verbo que signifique la acción de dichos nombres; v. gr. HACER *aprecio,* apreciar. ‖ Con nombre o pronombre personal en acusativo, *creer o *suponer. ‖ Con la prep. *con,* **proveer.** Ú. m. c. r. ‖ Junto con los artículos *el, la, lo* y algunos nombres, *fingir o representar lo que los nombres significan. Ú. t. c. r. ‖ Componer un número o sumar cierta cantidad. ‖ Obligar, *compeler a que se ejecute una acción. ‖ intr. Importar, *convenir. ‖ Corresponder, *acomodarse una cosa con otra. ‖ Con algunos nombres de oficios, *profesiones, etc., y la prep. *de,* ejercerlos eventualmente. ‖ Junto con la prep. *por* y los infinitivos de algunos verbos, *intentar con esfuerzo y diligencia lo que los verbos significan. ‖ r. *Crecer, irse formando o *perfeccionando. ‖ Volverse, *mudarse en. ‖ impers. Hablando del tiempo *atmosférico y de sus accidentes, haber, percibirse (calor, frío, viento, etc.). ‖ Haber transcurrido cierto *tiempo. ‖ **Haberla hecho buena.** fr. fam. irón. Haber ejecutado una cosa perjudicial o contraria a determinado fin. ‖ **Hacer** una cosa **a mal hacer.** fr. **Hacer** *adrede una cosa mala. ‖ **Hacer a todo.** fr. Ser *útil para diversos fines. ‖ Estar uno dispuesto a *recibir cualquier cosa que le den. ‖ **Hacer buena** una cosa. fr. fig. y fam. *Probarla o justificarla. ‖ **Hacer** uno **de las suyas.** fr. fam. Obrar, proceder según su condición torpe o *perversa, o según su *costumbre. ‖ **Hacerla.** fr. con que se significa que uno *incumplió lo que debía. ‖ **Hacer perdidiza** una cosa. fr. Dejarla caer como por descuido, o hacer creer que se ha perdido. ‖ **Hacer que hacemos.** fr. fam. Aparentar que se *trabaja. ‖ **Hacerse a** una parte. *Apartarse, retirarse a ella. ‖ **Hacerse a una.** fr. Ir a una. ‖ **Hacerse dura** una cosa. fr. fig. Ser difícil de creer o de soportar. ‖ **Hacérsele** una cosa a uno, seguido de un predicado. fr. Figurársele, parecerle. ‖ **Hacerse** uno **presente.** fr. Ponerse de intento delante de otro para algún fin. ‖ **Hacerse tarde.** fr. Pasarse el tiempo oportuno para ejecutar una cosa. ‖ **Hacer una que sea sonada.** fr. fam. con que, en son de *amenaza, se anuncia un gran escarmiento o escándalo. ‖ **Hacer y acontecer.** fr. fam. con que se significan las *promesas de un bien o beneficio grande. ‖ fam. Ú. para *amenazar.

hacera. f. **Acera.**

hacezuelo. m. d. de **Haz.**

hacia. prep. que determina la *dirección del movimiento con respecto al punto de su término. Ú. t. metafóricamente. ‖ Alrededor de, en la proximidad de un lugar, instante, etc. ‖ **Hacia donde.** m. adv. que denota el lugar **hacia** el cual se *dirige una cosa, o por donde se ve u oye.

***hacienda.** f. Finca agrícola. ‖ Conjunto de *bienes y caudal que uno tiene. ‖ *Trabajo doméstico, faena casera. Ú. m. en pl. ‖ **Ganado.** ‖ Conjunto de *ganados que hay en una estancia o granja. ‖ **Hacienda de beneficio.** Oficina donde se benefician los minerales de *plata. ‖ **pública.** → Conjunto de los bienes e ingresos correspondientes al Estado, para satisfacer las necesidades de la nación. ‖ **Real hacienda. Hacienda pública.**

hacimiento. m. ant. Acción y efecto de *hacer. ‖ **de gracias.** ant. Acción de gracias. ‖ **de rentas.** *Arrendamiento de ellas hecho a pregón.

hacina. f. Conjunto de *haces colocados unos sobre otros. ‖ fig. *Montón o rimero.

hacinador, ra. m. y f. Persona que hacina.

hacinamiento. m. Acción y efecto de hacinar o hacinarse.

hacinar. tr. Poner los *haces unos sobre otros formando hacina. ‖ fig. *Amontonar, acumular. Ú. t. c. r.

hacha. f. *Vela de cera, grande y gruesa. ‖ Mecha que se hace de esparto y alquitrán para *alumbrar sin que la apague el viento. ‖ Haz de paja liado que se usa para *techumbres de chozas, etc. ‖ **de viento. Hacha** (la de esparto y alquitrán).

***hacha.** f. Herramienta cortante, compuesta de una pala acerada, con filo por un lado y un ojo para enastarla por el lado opuesto. ‖ *Baile antiguo español. ‖ **de abordaje.** *Mar.* **Hacha** pequeña con corte por un lado y por el otro un pico curvo muy agudo. ‖ **de armas.** *Arma que se usaba antiguamente en la guerra, de la misma hechura que el **hacha.** ‖ **Ser un hacha** una persona. fr. fig. y fam. *Sobresalir, ser el primero en alguna cosa.

hachar. tr. **Hachear.**

hachazo. m. Golpe dado con el hacha. ‖ *Taurom.* Golpe que el toro da lateralmente con un *cuerno sin producir herida. ‖ *Equit.* Reparada del caballo.

hache. f. Nombre de la *letra *h.* ‖ **Entrar con haches y erres.** fr. fig. y fam. Tener malos *naipes el que va a jugar la puesta. ‖ **Llámale hache.** expr. fig. y fam. Lo mismo es una cosa que otra. ‖ **No decir** uno **haches ni erres.** fr. fig. y fam. *Callar.

hachear. tr. Desbastar y labrar un madero con el *hacha. ‖ intr. Dar golpes con el hacha.

hachero. m. *Candelero o blandón que sirve para poner el hacha. ‖ **Vigía.**

hachero. m. El que trabaja con el hacha en cortar y labrar maderas. ‖ *Mil.* **Gastador.**

hacheta. f. d. de **Hacha.**

hachís. m. Sumidades floridas de cierta variedad de cáñamo, mezcladas con diversas substancias azucaradas o aromáticas. Esta preparación, ingerida o *fumada, produce una *embriaguez especial.

hacho. m. Manojo de paja o esparto encendido para *alumbrar. ‖ Leño bañado de resina, que se usaba para el mismo fin. ‖ *Germ.* **Ladrón.** ‖ *Geogr.* *Altura en la costa, adecuada para observar el mar y hacer *señales.

hachón. m. **Hacha** (vela gruesa de cera). ‖ Especie de brasero sobre un pie derecho, en que se queman materias que hacen llama.

hachote. m. *Mar.* *Vela corta y gruesa de cera, usada a bordo.

hachuela. f. d. de **Hacha** (herramienta). ‖ **de abordaje. Hacha de abordaje.**

hada. f. *Mit.* Ser fantástico que se representaba bajo la forma de mujer y al cual se atribuía poder mágico y adivinatorio.

hadado, da. adj. Prodigioso, *mágico.

hadar. tr. Determinar el hado o *destino una cosa. ‖ Anunciar, *predecir lo dispuesto por los hados. ‖ **Encantar** (obrar maravillas).

Hado. n. p. m. *Mit.* Divinidad que, según los gentiles, disponía lo que había de suceder. ‖ m. ***Destino.*** ‖ Serie de *causas tan encadenadas unas con otras, que *necesariamente producen su efecto.

haedo. m. **Hayal.**

hafiz. m. *Guarda, veedor.

hagiografía. f. *Historia de las vidas de los *santos.

hagiográfico, ca. adj. Perteneciente a la hagiografía.

hagiógrafo. m. Autor de cualquiera de los libros de la *Biblia. ‖ Escritor de vidas de santos.

hagiología. f. **Hagiografía.**

hagiólogo. m. Escritor de vidas de *santos.

haitiano, na. adj. Natural de Haití. Ú. t. c. s. ‖ Perteneciente a este país de América. ‖ m. *Idioma de los naturales de aquel país.

¡hala! interj. que se emplea para infundir *valor o para *apremiar. ‖ interj. para *llamar.

halacabuyas. m. *Marinero principiante.

halagador, ra. adj. **Halagüeño.**

***halagar.** tr. Dar uno muestras de afecto o rendimiento a otro. ‖ Dar motivo de satisfacción o de *vanidad. ‖ ***Adular.** ‖ fig. Agradar, deleitar.

***halago.** m. Acción y efecto de halagar. ‖ fig. Cosa que halaga.

halagüeñamente. adv. m. Con halago.

halagüeño, ña. adj. Que halaga. ‖ Que *adula. ‖ Que *atrae y recrea.

halaguero, ra. adj. desus. **Halagüeño.**

halar. tr. *Mar.* *Tirar hacia sí de una cosa, y especialmente de un *cabo, de una lona, de un *remo, etcétera.

***halcón.** m. Ave del orden de las rapaces diurnas, que ataca a las otras aves y a los mamíferos pequeños. Se domestica con facilidad y se empleaba mucho en la cetrería. ‖ **alcaravanero.** El acostumbrado a perseguir a los alcaravanes. ‖ **campestre.** El domesticado que se criaba en el campo. ‖ **coronado. Arpella.** ‖ **garcero.** El que caza y mata garzas. ‖ **gentil. Neblí.** ‖ **grullero.** El que está hecho a la caza de grullas. ‖ **lanero.** *Cetr.* **Alfaneque.** ‖ *Cetr.* **Borní.** ‖ **letrado.** Variedad del **halcón** común, que se distinguía en tener mayor número de manchas negras. ‖ **marino.** Ave de rapiña más fácil de amansarse que las otras. ‖ **montano.** El criado en los montes. ‖ **niego.** El cogido en el nido. ‖ **palumbario. Azor.** ‖ **redero.** El que se cogió con red. ‖ **roqués.** Variedad del **halcón** común, de color enteramente negro. ‖ **soro.** El cogido antes de haber mudado por primera vez la pluma. ‖ **zorzaleño.** Variedad del neblí con pintas amarillentas en el plumaje.

halconado, da. adj. Que se asemeja al halcón.

halconear. intr. fig. Dar muestra de *deshonestidad la mujer para atraer a los hombres.

halconera. f. Lugar donde se guardan y tienen los *halcones.

halconería. f. Caza que se hace con halcones, *cetrería.

halconero, ra. adj. Dícese de la *ramera o de la mujer que halconea y de sus acciones y gestos *deshonestos. ‖ m. El que cuidaba de los halcones. ‖ **mayor.** El jefe de los **halconeros,** que era en España una de las mayores dignidades de la casa real.

halda. f. ***Falda.** ‖ Harpillera grande para hacer *fardos. ‖ **Haldada.** ‖ **Regazo.** ‖ **Poner haldas en cinta.** expr. fig. y fam. *Prepararse para hacer alguna cosa.

haldada. f. Lo que cabe en el halda.

haldear. intr. Andar de prisa las personas que llevan faldas.

haldero, ra. adj. desus. **Faldero.**

haldeta. f. d. de **Halda.** ‖ En el cuerpo de un traje, pieza que cuelga desde la cintura hasta un poco más abajo.

haldudo, da. adj. **Faldudo.**

hale. interj. **Hala.**

haleche. m. **Boquerón.**

halieto. m. *Ave rapaz diurna de gran tamaño, que vive en las costas, y se alimenta principalmente con peces.

haligote. m. *Pez parecido al besugo.

hálito. m. Aliento, *respiración que sale por la boca. ‖ *Vapor que una cosa arroja. ‖ poét. *Viento suave y apacible.

halitoso, sa. adj. Cargado de vapores o *gases.

halo. m. **Corona** (meteoro luminoso).

halófilo, la. adj. **Bot.* Aplícase a las plantas que viven en los terrenos donde abundan las sales.

halógeno, na. adj. **Quím.* Aplícase a los metaloides que forman sales haloideas.

halografía. f. Parte de la *química que trata de las sales.

haloideo, a. adj. **Quím.* Aplícase a las sales formadas por la combinación de un metal con un metaloide sin ningún otro elemento.

halón. m. **Halo.**

haloque. m. *Embarcación pequeña usada antiguamente.

haloza. f. **Galocha.**

hallada. f. **Hallazgo.**

hallado, da. adj. Con los advs. *tan, bien* o *mal,* *acostumbrado o avenido, *conforme o *desconforme.

hallador, ra. adj. Que halla. Ú. t. c. s. ‖ *Mar.* Que recoge despojos de *naufragios. Ú. t. c. s.

hallante. p a. de **Hallar.** Que halla.

***hallar.** tr. Dar con una persona o cosa sin buscarla. ‖ Encontrar lo que se busca. ‖ ***Inventar.** ‖ *Ver, observar. ‖ ***Averiguar.** ‖ Descubrir una tierra o país de que antes no había noticia. ‖→ r. Estar *presente. ‖ *Estar de una manera determinada. ‖ **No hallarse** uno. fr. No encontrarse a gusto, estar molesto.

***hallazgo.** m. Acción y efecto de hallar. ‖ Cosa hallada. ‖ *Remuneración o *regalo que se da a uno por haber hallado una cosa y restituirla a su dueño.

hallulla. f. *Torta que se cuece en rescoldo. ‖ *Pan hecho de masa más fina que el común.

hallullo. m. **Hallulla.**

***hamaca.** f. *Red gruesa y clara de cuerda, que atirantada horizontalmente sirve de *cama y columpio, o como *vehículo.

hamadría. f. **Mit.* **Dríade.**

hamadríada. f. **Mit.* **Dríade.**

hamadríade. f. **Mit.* **Dríade.**

hámago. m. Substancia correosa y amarilla de sabor amargo, que labran las *abejas. ‖ fig. Fastidio, *asco.

hamaquear. tr. **Mecer.** Ú. t. c. r.

hamaquero. m. El que hace hamacas. ‖ Cada uno de los que conducen la *hamaca con la persona que va en ella. ‖ Gancho para colgar la hamaca.

***hambre.** f. Gana y necesidad de comer. ‖ *Escasez de frutos y otros comestibles. ‖ fig. *Deseo ardiente de una cosa. ‖ **calagurritana.** fig. y fam. **Hambre** muy violenta. ‖ **canina.** Apetito morboso de comer que con nada se ve satisfecho. ‖ fig. Gana de comer extraordinaria. ‖ fig. *Deseo vehementísimo. ‖ **estudiantina.** fig. y fam. Buen apetito y gana de comer a cualquier hora. ‖ **Andar** uno **muerto de hambre.** fr. fig. Pasar la vida con suma estrechez y *pobreza. ‖ **Apagar el hambre.** fr. fig. **Matar el hambre.** ‖ **Matar de hambre.** fr. fig. Dar poco de comer, extenuar. ‖ **Matar el hambre.** fr. fig. Saciarla. ‖ **Morir,** o **morirse, de hambre.** fr. fig. Tener o padecer mucha penuria.

hambrear. tr. Causar *hambre a uno. ‖ intr. Padecer hambre. ‖ Mostrar alguna necesidad, *mendigando remedio para ella.

***hambriento, ta.** adj. Que tiene mucha *hambre. Ú. t. c. s. ‖ fig. ***Deseoso.**

hambrina. f. Hambre grande o extrema.

hambrío, a. adj. **Hambriento.**

hambrón, na. adj. fam. Muy *hambriento. Ú. t. c. s.

hambruna. f. **Hambrina.**
hamburgués, sa. adj. Natural de Hamburgo. Ú. t. c. s. ‖ Perteneciente a esta ciudad de Alemania.
hamez. f. Especie de cortadura que se les hace en las *plumas a las aves de *cetrería.
hamo. m. **Anzuelo.**
hampa. f. Género de vida de los antiguos *pícaros de España, que unidos en una especie de sociedad, como los gitanos, se empleaban en hacer robos y otros desafueros, y usaban de un lenguaje particular, llamado germanía. ‖ Vida picaresca y maleante.
hampesco, ca. adj. Perteneciente al hampa.
hampo, pa. adj. **Hampesco.** ‖ m. **Hampa.**
hampón. adj. *Pícaro, bribón. Ú. t. c. s. ‖ Valentón, *fanfarrón. Ú. t. c. s.
hamugas. f. pl. **Jamugas.**
handicap. m. *Carrera de caballos en que se imponen ciertas desventajas a algunos competidores para igualar las probabilidades de vencer.
hanega. f. **Fanega.**
hanegada. f. **Fanegada.**
hangar. m. **Aeron.* Cobertizo grande y generalmente abierto, para guarecer aparatos de aviación o dirigibles.
hannoveriano, na. adj. Natural de Hannover. Ú. t. c. s. ‖ Perteneciente a este país de Europa.
hansa. f. **Ansa** (confederación de *ciudades).
hanseático, ca. adj. **Anseático.**
haplología. f. **Gram.* Eliminación de una sílaba semejante a otra contigua; como *impudicia* por *impudicicia.*
haragán, na. adj. *Perezoso, holgazán, que rehuye el trabajo. Ú. m. c. s.
haraganamente. adv. m. Con haraganería.
haraganear. intr. Pasar la vida en el *ocio.
haraganería. f. Ociosidad, *pereza.
harakiri. m. En el Japón, suicidio ritual que consiste en darse *muerte abriéndose el vientre de un tajo.
harambel. m. **Arambel.**
harapiento, ta. adj. **Haraposo.**
harapo. m. ***Andrajo.** ‖ *Aguardiente de poquísimos grados, que sale del alambique cuando va a terminar la destilación del vino.
haraposo, sa. adj. **Andrajoso.**
harbar. intr. desus. Hacer alguna cosa con excesiva *precipitación. Ú. t. c. tr.
harbullar. tr. **Farfullar.**
harbullista. adj. p. us. **Farfullador.** Ú. t. c. s.
harca. f. En Marruecos, expedición militar. ‖ *Tropas o ejército.
harem. m. **Harén.**
harén. m. Departamento de las casas de los musulmanes en que viven las *mujeres. ‖ Conjunto de estas mujeres.
harense. adj. Natural de Haro. Ú. t. c. s. ‖ Perteneciente a esta ciudad.
harija. f. Polvillo del grano cuando se muele, o de la *harina.
***harina.** f. Polvo que resulta de la molienda del trigo o de otras semillas. ‖ Este mismo polvo despojado del salvado o la cascarilla. ‖ Polvo procedente de algunos tubérculos y legumbres, secos y *molidos. ‖ fig. *Polvo menudo a que se reducen algunas materias sólidas. ‖ **abalada.** La que cae fuera de la artesa cuando se cierne con descuido. ‖ **fósil.** Materia blanca pulverulenta, compuesta de carapachos silíceos de ciertos infusorios fósiles, que se mezcla con la nitroglicerina para fabricar la dinamita. ‖ **lacteada.** Polvo compuesto de *leche concentrada en vacío, pan tostado pulverizado y azúcar. ‖ **Estar metido en harina.** fr. de que se usa hablando del *pan, para significar que no está esponjoso. ‖ fig. y fam. Estar uno *gordo. ‖ fig. y fam. Estar muy absorbido por alguna *ocupación o *recreo. ‖ **Ser** una cosa **harina de otro costal.** fr. fig. y fam. Ser muy *diferente de otra con que se la compara.
harinado. m. Harina disuelta en agua.
***harinero, ra.** adj. Perteneciente a la harina. ‖ m. El que trata y comercia en harina. ‖ Arcón o sitio donde se guarda la harina.
harinoso, sa. adj. Que tiene mucha harina. ‖ **Farináceo.**
harma. f. **Alharma.**
harmonía. f. **Armonía.**
harmónicamente. adv. m. **Armónicamente.**
harmónico, ca. adj. **Armónico.**
harmonio. m. *Mús.* **Armonio.**
harmoniosamente. adv. m. **Armoniosamente.**
harmonioso, sa. adj. **Armonioso.**
harmonizable. adj. **Armonizable.**
harmonización. f. *Mús.* **Armonización.**
harmonizar. tr. **Armonizar.**
harnerero. m. El que hace o vende harneros.
harnero. m. ***Criba.** ‖ **alpistero.** El que sirve para limpiar el alpiste. ‖ **Estar** uno **hecho un harnero.** fr. fig. Tener muchas *heridas.
harneruelo. m. d. de **Harnero.** ‖ Paño horizontal que forma el centro en ciertos *techos de madera labrada. ‖ **Almizate.**
harón, na. adj. *Perezoso, holgazán.
haronear. intr. Dejarse dominar por la *pereza.
haronía. f. *Pereza, poltronería.
harpa. f. **Arpa.**
harpado, da. adj. **Arpado.**
harpagón. m. *Maza de hierro que se lanzaba a los navíos enemigos.
harpía. f. **Arpía.**
harpillera. f. *Tela de estopa muy basta, que se emplea para *embalajes.
harqueño, ña. adj. Perteneciente a una harca. Ú. t. c. s.
harrado. m. *Ángulo entrante que forma la *bóveda esquifada. ‖ **Enjuta.**
¡harre! interj. y m. **¡Arre!**
harrear. tr. **Arrear.**
harria. f. **Arria.**
harriería. f. **Arriería.**
harriero. m. **Arriero.** ‖ *Ave trepadora de larga cola, que vive en la isla de Cuba.
harruquero. m. **Arriero.**
hartada. f. Acción y efecto de *hartar o hartarse.
***hartar.** tr. Saciar el apetito de comer o beber. Ú. t. c. r. ‖ fig. Satisfacer el deseo de una cosa. ‖ fig. *Fastidiar, cansar. Ú. t. c. r. ‖ fig. Hablando de *golpes, improperios, etc., darlos o decirlos en abundancia.
***hartazgo.** m. Efecto de *hartarse de comer y beber. ‖ **Darse** uno **un hartazgo de** una cosa. fr. fig. y fam. Hacerla con *exceso.
hartazón. m. **Hartazgo.**
***harto, ta.** p. p. irreg. de **Hartar.** Ú. t. c. s. ‖ adj. *Bastante o *excesivo. ‖ adv. c. Bastante o con exceso.
hartón. m. *Germ.* **Pan.**
hartura. f. Repleción de alimento, *saciedad. ‖ *Abundancia. ‖ fig. *Consecución o satisfacción completa.
hasaní. adj. Dícese de la *moneda que acuñó el sultán Hassán, y en general de la moneda marroquí.
hasta. *prep. que sirve para expresar el *límite de una cosa, acción, movimiento, tiempo, etc. ‖ Se usa como *conjunción copulativa, y equivale a **también** o **aun.** ‖ **Hasta después. Hasta luego.** exprs. que se emplean para *despedirse de persona a quien se espera volver a ver pronto.
hastario. m. En la antigua Roma, funcionario que presidía las *subastas.
hastial. m. Fachada de un *edificio que termina en el ángulo formado por las dos vertientes del tejado. ‖ fig. Hombrón tosco y *grosero. ‖ **Min.* Cara lateral de una excavación. ‖ pl. Porches o *portales en una calle o plaza.
hastiar. tr. **Fastidiar.** Ú. t. c. r.
hastío. m. Repugnancia o *asco que inspira la comida. ‖ fig. *Disgusto, tedio.
hastiosamente. adv. m. Con hastío.
hastioso, sa. adj. **Fastidioso.**
hataca. f. *Cuchara grande de palo. ‖ Palo *cilíndrico que servía para extender la masa con que se hace el *chocolate.
hatada. f. **Hatería** (ropa de los *pastores).
hatajador. m. El que guía la recua.
hatajo. m. Pequeño grupo de cabezas de *ganado. ‖ fig. *Conjunto, copia.
hatear. intr. *Acopiar y *envolver, para ir de *viaje, la ropa y pequeño ajuar de uso preciso y ordinario. ‖ Dar la hatería a los pastores.
hatería. f. *Provisión de víveres para algunos días. ‖ *Ropa, ajuar y repuesto de víveres que llevan los *pastores y también los jornaleros y *mineros.
hatero, ra. adj. Aplícase a las *caballerías que llevan la ropa y el ajuar de los pastores. ‖ m. El que lleva la provisión de víveres a los *pastores. ‖ m. y f. Persona que posee un hato o hacienda para la cría de *ganado.
hatijo. m. Cubierta de esparto para *tapar la boca de las colmenas.
hatillo. m. d. de **Hato** (*ropa y ajuar). ‖ **Echar** uno **el hatillo al mar.** fr. fig. y fam. *Irritarse, enojarse. ‖ **Coger** uno su **hatillo.** fr. fig. y fam. *Marcharse, irse.
hato. m. *Ropa y pequeño ajuar para el uso preciso de una persona. ‖ Porción de *ganado. ‖ Sitio fuera de las poblaciones donde hacen noche los *pastores con el ganado. ‖ **Hatería.** ‖ En América, hacienda destinada a la cría de *ganado. ‖ fig. Compañía de gente *despreciable. ‖ fig. **Hatajo** (*conjunto, *abundancia). ‖ fam. Junta, *reunión o corrillo. ‖ **Andar** uno **con el hato a cuestas.** fr. fig. y fam. Andar *vagando de un lugar a otro sin fijar en ninguno su domicilio. ‖ **Liar** uno **el hato.** fr. fig. y fam. Prepararse para *marchar. ‖ **Perder** uno **el hato.** fr. fig. y fam. *Huir precipitadamente. ‖ **Revolver el hato.** fr. fig. y fam. Excitar *discordias.
haute. m. **Blas.* Escudo de armas adornado de cota, donde se pintan, en parte, las armas de distintos linajes.
***haya.** f. Árbol de las cupulíferas, que crece hasta treinta metros de alto, de madera muy resistente. Su

fruto es el hayuco. || *Madera de este árbol.
haya. f. *Regalo que en las escuelas de *baile español hacían antiguamente los discípulos a sus maestros en ciertas festividades del año.
hayaca. f. *Empanada hecha con harina de maíz y rellena de pescado o carne en pedazos pequeños, tocino, pasas, aceitunas, etc.
hayal. m. Sitio poblado de *hayas.
hayedo. m. **Hayal.**
hayo. m. **Coca** (arbusto). || Mezcla de hojas de coca y sales calizas que *mascan los indios de Colombia.
hayornal. m. Lugar poblado de hayornos.
hayorno. m. *Haya joven.
hayucal. m. **Hayal.**
hayuco. m. Fruto del *haya, de forma de pirámide triangular, que sirve de pasto al ganado de cerda.
***haz.** m. Porción atada de mieses, hierba, leña, etc. || Conjunto de rayos *luminosos de un mismo origen. || pl. **Fasces.**
haz. m. *Tropa formada.
haz. f. *Cara o rostro. || fig. Cara *anterior del *paño, de la *tela y de otras cosas, y especialmente la opuesta al envés. || **de la tierra.** fig. Superficie de ella. || **A sobre haz.** m. adv. Según el *aspecto *exterior. || **Ser** uno **de dos haces.** fr. fig. Obrar con *falsedad.
haza. f. Porción de *tierra labrantía o de sembradura. || **Mondar la haza.** fr. fig. y fam. Desembarazar, *desobstruir un sitio o paraje.
hazaleja. f. **Toalla.**
***hazaña.** f. Acción o hecho ilustre. || *Ocupación casera.
hazañería. f. Afectación de *delicadeza o *escrúpulo. || *Fingimiento.
hazañero, ra. adj. Que hace hazañerías. || Perteneciente a la hazañería.
hazañosamente. adv. m. Valerosamente.
hazañoso, sa. adj. Aplícase al que ejecuta *hazañas. || Dícese de los hechos heroicos.
hazazel. m. Entre los *israelitas, macho *cabrío que, como víctima expiatoria de los pecados del pueblo, se arrojaba al desierto.
hazmerreír. m. fam. Persona *ridícula y *extravagante, que sirve de juguete y diversión a los demás.
haztealló. m. Persona de carácter *desabrido.
hazuela. f. d. de **Haza.**
he. adv. demostrativo que junto con algunos pronombres o adverbios de lugar, sirve para señalar o *mostrar a una persona o cosa. || interj. **¡Ce!**
hebdómada. f. **Semana.** || Espacio de siete *años.
hebdomadario, ria. adj. **Semanal.** || m. y f. En los cabildos *eclesiásticos, persona que se destina cada semana para oficiar en el coro o en el altar.
hebén. adj. V. **Uva hebén.** || Dícese también del veduño y *vides que la producen. || fig. Aplícase a la persona o cosa *insignificante o de poca substancia.
hebijón. m. Clavo o púa de la *hebilla.
***hebilla.** f. Pieza de metal, con uno o más clavillos articulados en un pasador, los cuales sujetan la correa, cinta, etc., que pasa por dicha pieza.
hebillaje. m. Conjunto de hebillas.
hebillero, ra. m. y f. Persona que hace o vende hebillas.
hebilleta. f. d. de **Hebilla.**
hebillón. m. aum. de **Hebilla.**
hebilluela. f. d. de **Hebilla.**
***hebra.** f. Porción de hilo que se pone en la aguja para coser. || Filamento *textil. || Pistilo de la flor del *azafrán. || Fibra de la *carne. || En la *madera, aquella parte que tiene consistencia y flexibilidad para ser labrada o torcida sin saltar ni quebrarse. || Hilo que forman las materias viscosas que tienen cierta *densidad. || Vena o filón de una *mina. || fig. Hilo del *discurso. || pl. poét. Los *cabellos. || **Cortar** a uno **la hebra de la vida.** fr. fig. Darle *muerte. || **Estar** uno **de buena hebra.** fr. fig. y fam. Tener complexión *fuerte y *robusta. || **Pegar la hebra.** fr. fig. y fam. Trabar *conversación.
hebraico, ca. adj. **Hebreo.**
hebraísmo. m. Profesión de la ley antigua o de Moisés. || Giro o modo de hablar peculiar de la *lengua hebrea. || Empleo de tales giros en otro idioma.
hebraísta. m. El que cultiva la *lengua y *literatura hebreas.
hebraizante. p. a. de **Hebraizar.** Que hebraíza. || m. **Hebraísta.** || **Judaizante.**
hebraizar. intr. Usar hebraísmos.
***hebreo, a.** adj. Aplícase al pueblo semítico que también se llama israelita y judío. Apl. a pers., ú. t. c. s. || Perteneciente o relativo a este pueblo. || Dícese del que aún profesa la ley de Moisés. Ú. t. c. s. || Perteneciente a los que la profesan. || m. *Lengua de los **hebreos.** || fig. y fam. **Mercader.** || fig. y fam. **Usurero.**
hebrero. m. **Herbero.**
hebroso, sa. adj. **Fibroso.**
hebrudo, da. adj. **Hebroso.**
hecatombe. f. Sacrificio de cien víctimas, que hacían los antiguos paganos. || Cualquier *sacrificio solemne en que hay muchas víctimas. || fig. **Matanza** (mortandad).
hectárea. f. Medida de *superficie, que tiene cien áreas.
héctico, ca. adj. **Hético.** || V. **Fiebre héctica.** Ú. t. c. s.
hectiquez. f. **Pat.* Estado morboso crónico, caracterizado por consunción y fiebre héctica.
hecto. Prefijo que forma vocablos compuestos, con la significación de **cien.**
hectógrafo. m. Aparato que sirve para sacar muchas *copias de un escrito o dibujo.
hectogramo. m. Medida de *peso, que tiene cien gramos.
hectolitro. m. Medida de *capacidad, que tiene cien litros.
hectómetro. m. Medida de *longitud, que tiene cien metros.
hectóreo, a. adj. poét. Perteneciente a Héctor (personaje homérico) o semejante a él.
hectovatio. m. **Electr.* Unidad de medida, equivalente a cien vatios.
hecha. f. *Tributo o censo que se paga por el *riego de las tierras. || **De esta hecha.** m. adv. Desde ahora.
hechiceresco, ca. adj. Perteneciente a la *hechicería.
***hechicería.** f. Arte supersticioso de hechizar. || **Hechizo.** || Acto supersticioso de hechizar.
***hechicero, ra.** adj. Que practica el arte de hechizar. Ú. t. c. s. || fig. Que *atrae y cautiva la voluntad.
hechizar. tr. Actuar sobre la vida o los afectos de una persona mediante ciertas prácticas *supersticiosas. || fig. *Atraer, causar las personas o las cosas un efecto sumamente agradable.
***hechizo, za.** adj. *Artificial o *fingido. || De quita y pon, portátil, postizo. || Hecho o que se hace según ley y arte. || → m. Práctica *supersticiosa, u objeto al que se atribuyen virtudes mágicas. || fig. Persona o cosa que *atrae o *agrada sobremanera.
hecho, cha. p. p. irreg. de **Hacer.** || adj. *Perfecto, *maduro. || Con algunos nombres, *semejante a, convertido en. || Aplicado a nombres de cantidad con el adv. *bien,* denota que la cantidad es algo *más de lo que se expresa. || m. **Suceso.** || *Asunto o materia de que se trata. || **For.* Caso sobre que se litiga o que da motivo a la causa. || **de armas.** *Hazaña en la *guerra. || **Hechos de los *Apóstoles.** Libro del Nuevo Testamento, escrito por San Lucas. || **A hecho.** m. adv. Seguidamente, de manera *continua. || De manera *indeterminada. || **De hecho.** m. adv. **Efectivamente.** || De veras, con eficacia. || **For.* Sirve para denotar que en una causa se procede arbitrariamente y contra lo prescrito en el derecho. || **En hecho de verdad.** m. adv. Real y *verdaderamente. || **Esto es hecho.** expr. con que se da a entender haberse ya *concluido enteramente o consumado una cosa.
hechor, ra. m. y f. **Malhechor, ra.** || m. **Garañón.**
***hechura.** f. Acción y efecto de *hacer. || Cualquiera cosa respecto del que la ha hecho o formado. || Disposición y organización del *cuerpo. || *Forma exterior de las cosas. || *Remuneración que se paga por el trabajo manual empleado en hacer algún objeto. || *Efigie o figura de bulto. || fig. Una persona respecto de otra que la *protege y a quien debe su empleo, dignidad y fortuna. || **No se pierde más que la hechura.** expr. jocosa que se usa cuando se quiebra una cosa que es de poquísimo o ningún valor. || **No tener hechura** una cosa. fr. No ser factible, ser *imposible.
hedentina. f. *Fetidez penetrante. || Sitio donde la hay.
***heder.** intr. Arrojar de sí un olor muy malo y penetrante. || fig. Enfadar, causar *fastidio.
hederáceo, a. adj. Parecido a la hiedra.
hediento, ta. adj. **Hediondo.**
hediondamente. adv. m. Con hedor.
hediondez. f. Cosa hedionda. || **Hedor.**
hediondo, da. adj. Que arroja de sí hedor o *fetidez. || fig. *Molesto, enfadoso. || fig. Sucio y *obsceno. || m. *Arbusto de las leguminosas, que despide un olor desagradable.
hedonismo. m. Sistema filosófico que considera el *placer como fin de la vida.
hedonista. adj. Perteneciente o relativo al hedonismo. || Partidario del hedonismo. Ú. t. c. s.
hedor. m. *Fetidez, que generalmente proviene de substancias orgánicas en descomposición.
hegelianismo. m. Sistema *filosófico, fundado por Hegel.
hegeliano, na. adj. Que profesa el hegelianismo. Ú. t. c. s. || Perteneciente a él.
hegemonía. f. Supremacía que un Estado ejerce sobre otros. || fig. *Superioridad en cualquier línea.
hégira. f. **Cronol.* Era de los mahometanos. El año 1958 de la era cristiana corresponde, en su primera mitad, al 1377 de la **hégira.**
héjira. f. **Hégira.**

helable. adj. Que se puede *helar.
helada. f. Congelación de los líquidos, producida por la frialdad del tiempo. ‖ **blanca.** **Escarcha.** ‖ **Caer heladas.** fr. **Helar.**
heladería. f. Tienda en que se hacen y venden *helados.
heladero. m. El que tiene una heladería.
heladizo, za. adj. Que se *hiela fácilmente.
***helado, da.** adj. Muy *frío. ‖ fig. Suspenso, *enajenado, pasmado. ‖ fig. Esquivo, *desabrido, desdeñoso. ‖ m. *Bebida o manjar **helado.** ‖ **Sorbete.** ‖ **Azúcar rosado.**
helador, ra. adj. Que *hiela. ‖ f. Aparato para hacer sorbetes.
heladura. f. Atronadura producida por el frío en las *maderas. ‖ **Doble albura.**
helamiento. m. Acción y efecto de helar o helarse.
***helar.** tr. Congelar, cuajar o solidificar un líquido por la acción del frío. Ú. m. c. intr. y c. r. ‖ fig. Dejar a uno suspenso y *enajenado. ‖ fig. *Desanimar a uno, acobardarle. ‖ r. Ponerse una persona o cosa sumamente *fría. ‖ *Cuajarse a la temperatura normal o consolidarse una cosa que se había derretido. Ú. a veces c. tr. ‖ Hablando de plantas, marchitarse o *secarse a causa del frío.
helear. tr. **Ahelear.**
helechal. m. Sitio poblado de helechos.
***helecho.** m. Planta de la familia de su nombre, con frondas pecioladas largas, cápsulas seminales en dos líneas paralelas al nervio medio de los segmentos, y rizoma carnoso. ‖ → *Bot.* Cualquiera de las plantas acotiledóneas o criptógamas que tienen partes semejantes a las raíces, tallos y hojas de las cotiledóneas o fanerógamas. ‖ pl. *Bot.* Familia de estas plantas. ‖ **Helecho hembra.** Planta de la familia de su nombre, cuyo rizoma se ha usado en medicina como antihelmíntico. ‖ **macho.** Planta de la misma familia, de pecíolo cubierto con escamas rojizas y divididas en segmentos largos de borde aserrado.
helena. f. **Fuego de San Telmo,** cuando se presenta como una *llama sola.
helénico, ca. adj. **Griego.**
helenio. m. *Planta vivaz de las compuestas, usada en medicina.
helenismo. m. Giro o modo de hablar peculiar de la *lengua griega. ‖ Empleo de tales giros en otro idioma. ‖ Influencia ejercida por la *cultura antigua de los griegos en la civilización y cultura modernas.
helenista. m. Nombre que se daba a los judíos que hablaban la lengua y observaban los usos de los griegos, y a los griegos que abrazaban el *judaísmo. ‖ El que cultiva la *lengua y *literatura griegas.
helenizar. tr. p. us. Introducir las costumbres, cultura y arte griegos en otra nación. ‖ r. Adoptar la cultura griega.
heleno, na. adj. **Griego.** Apl. a pers., ú. t. c. s.
helera. f. **Granillo** (tumorcito de algunos pájaros).
helero. m. Acumulación de *hielo en las cordilleras por debajo del límite de las nieves perpetuas. ‖ Por ext., toda la mancha de *nieve.
helespóntico, ca. adj. Perteneciente o relativo al Helesponto.
helgado, da. adj. Que tiene los *dientes ralos y desiguales.
helgadura. f. *Hueco entre *diente y diente. ‖ Desigualdad de éstos.
heliaco, ca o **helíaco, ca.** adj. *Astr.* Dícese del orto u ocaso de los astros, que salen o se ponen dentro de la hora anterior o siguiente a la salida o puesta del sol.
***hélice.** m. ant. *Arq.* **Voluta.** ‖ **Astr.* **Osa Mayor.** ‖ f. *Anat.* Parte más externa y periférica del pabellón de la *oreja. ‖ *Geom.* *Curva de longitud indefinida que da vueltas en la superficie de un cilindro, formando ángulos iguales con todas las generatrices. ‖ *Geom.* **Espiral.** ‖ → Conjunto de dos o más paletas helicoidales, que, al girar sobre su eje, se enroscan en el fluido ambiente, a la manera del tornillo en su tuerca, y producen una fuerza que se utiliza para la propulsión de *buques, *aeronaves, etc.
helicoidal. adj. En figura de hélice.
helicoide. m. *Geom.* *Superficie engendrada por una recta que se mueve apoyándose en una hélice y en el eje del cilindro que la contiene.
helicoideo, a. adj. **Helicoidal.**
helicómetro. m. *Mar.* Aparato para medir el rendimiento efectivo de la hélice de un barco.
helicón. m. fig. Lugar en que reside la *inspiración poética. ‖ *Instrumento músico de metal y de grandes dimensiones.
helicona. adj. f. **Heliconia.**
helicónides. f. pl. Las *musas.
heliconio, nia. adj. Perteneciente al monte Helicón o a las helicónides o *musas.
helicóptero. m. **Aeron.* Aparato de aviación que se eleva y sostiene en el aire merced a la acción combinada de hélices de eje vertical.
helio. m. **Quím.* Cuerpo simple, gaseoso, incoloro, que se ha encontrado en la atmósfera y en las emanaciones de ciertos pozos de petróleo.
heliocéntrico, ca. adj. **Astr.* Aplícase a los lugares y medidas astronómicos referidos al centro del Sol.
heliogábalo. m. fig. Hombre dominado por la *gula.
heliograbado. m. Procedimiento para obtener, en planchas metálicas y mediante la acción de la luz, *grabados en hueco. ‖ Estampa obtenida por este procedimiento.
heliografía. f. Descripción del *Sol.
heliógrafo. m. **Ópt.* Instrumento destinado a hacer señales *telegráficas por medio de la reflexión de un rayo de luz en un espejo plano.
heliograma. m. Comunicación transmitida por medio del heliógrafo.
heliolatría. f. *Culto del Sol.
heliómetro. m. Instrumento *astronómico parecido al anteojo ecuatorial, que sirve para medir distancias angulares.
helioscopio. m. *Anteojo preparado para mirar al Sol.
helióstato. m. **Topog.* Instrumento geodésico para hacer señales a larga distancia, reflejando un rayo de luz solar en dirección siempre fija, por medio de un mecanismo que sigue el movimiento aparente del Sol.
helioterapia. f. Método *terapéutico en que se utiliza la acción de los rayos solares sobre el cuerpo del enfermo o parte de él.
heliotropio. m. **Heliotropo.**
heliotropismo. m. **Bot.* Propiedad que presentan ciertas plantas de dirigir sus órganos hacia el Sol.
heliotropo. m. *Planta borragínea, de flores pequeñas, azuladas, en espigas y de olor agradable y suave. ‖ *Ágata de color verde obscuro con manchas rojizas. ‖ **Topog.* Helióstato de funcionamiento manual.
helmintiasis. f. *Pat.* Enfermedad causada por las *lombrices.
helmíntico, ca. adj. Relativo a los helmintos.
***helminto.** adj. **Zool.* Dícese de ciertos animales articulados que carecen de sistema nervioso y se reproducen por gemación; como la tenia. Ú. t. c. s. ‖ m. pl. *Zool.* Clase de estos animales.
helmintología. f. Parte de la zoología que trata de los *gusanos.
helor. m. *Frío intenso.
helvecio, cia. adj. Natural de la Helvecia, hoy Suiza. Ú. t. c. s. ‖ Perteneciente a este país de Europa antigua.
helvético, ca. adj. **Helvecio.** Apl. a pers., ú. t. c. s.
hematemesis. f. *Pat.* Vómito de sangre.
hematíe. m. Glóbulo rojo de la *sangre.
hematites. f. Mineral de *hierro oxidado, rojo y a veces pardo.
hematocele. m. *Pat.* *Tumor sanguíneo.
hematología. f. Parte de la medicina que trata de la *sangre.
hematoma. m. *Pat.* *Tumor sanguíneo producido por rotura de vasos.
hematosis. f. Conversión de la *sangre venosa en arterial.
hematozoario. m. *Zool.* Animal que vive en la *sangre.
hematuria. f. *Pat.* Emisión de *sangre por el conducto de la *orina.
hembra. f. Animal del *sexo femenino. ‖ **Bot.* En las plantas que tienen sexos distintos en pies diversos, individuo que está organizado para dar frutos. ‖ fig. Pieza que tiene un agujero o anillo donde otra entra o se engancha. ‖ El mismo hueco, anillo o agujero. ‖ fig. **Molde.** ‖ fig. *Cola de *caballo poco poblada. ‖ **Mujer.** ‖ adj. fig. *Delgado, fino.
hembraje. m. Conjunto de las hembras de un *ganado.
hembrear. intr. Mostrar el macho inclinación a las hembras. ‖ *Engendrar sólo hembras o más hembras que machos.
hembrilla. f. d. de **Hembra.** ‖ **Armella.** ‖ **Sobeo.** ‖ Variedad de *trigo de grano pequeño.
hemeroteca. f. Biblioteca en que se guardan *periódicos y revistas.
hemiciclo. m. **Semicírculo.** ‖ Sala de un *parlamento, teatro, etc., en que hay varias series de *asientos formando semicírculo.
hemicránea. f. **Pat.* **Jaqueca.**
hemina. f. Medida antigua de *capacidad para líquidos, equivalente a medio sextario. ‖ Cierta medida antigua para la cobranza de *tributos. ‖ Medida de *capacidad para frutos, equivalente a algo más de dieciocho litros. ‖ Medida *superficial, agraria equivalente a poco más de 939 centiáreas.
hemiplejía. f. **Pat.* *Parálisis de todo un lado del cuerpo.
hemipléjico, ca. adj. Perteneciente a la hemiplejía. ‖ Que padece esta enfermedad. Ú. t. c. s.
hemíptero, ra. adj. *Zool.* Dícese de los *insectos que tienen cuatro alas, siendo las dos anteriores total o parcialmente coriáceas.
hemisférico, ca. adj. Perteneciente o relativo al hemisferio.
hemisferio. m. Cada una de las dos mitades de una *esfera. ‖ **austral.** **Astr.* El que, limitado por el Ecuador, comprende el polo antártico o austral. ‖ **boreal.** *Astr.* El que, limitado por el Ecuador, comprende el polo ártico o boreal. ‖ **occidental.**

Astr. El de la esfera celeste o terrestre, determinado por un meridiano, y opuesto al oriental. ‖ **oriental.** *Astr.* El de la esfera celeste o terrestre, en el cual nacen o salen el Sol y los demás astros.
hemistiquio. m. Cada una de las dos mitades o partes de un *verso separadas por una cesura.
hemofilia. f. *Pat.* *Enfermedad congénita y hereditaria, caracterizada por la predisposición a las *hemorragias.
hemoglobina. f. *Zool.* Materia colorante del glóbulo rojo de la *sangre.
hemóptico, ca. adj. *Pat.* Relativo a la hemoptisis.
hemoptisis. f. *Pat.* Hemorragia pulmonar, caracterizada por la *expectoración más o menos abundante de sangre.
hemoptoico, ca. adj. *Pat.* **Hemóptico.**
***hemorragia.** f. *Med.* Flujo de sangre procedente de cualquier parte del cuerpo.
hemorrágico, ca. adj. Perteneciente a la *hemorragia.
hemorroida. f. *Pat.* **Hemorroide.**
hemorroidal. adj. *Pat.* Perteneciente a las *almorranas.
hemorroide. f. *Pat.* ***Almorrana.**
hemorroides. f. **Hemorroide.**
hemorroisa. f. Mujer que padece flujo de *sangre.
hemorroo. m. **Ceraste.**
hemostasis. f. Estancación de la *sangre.
hemostático, ca. adj. *Farm.* Dícese del medicamento que se emplea para contener la hemorragia. Ú. t. c. s. m.
henaje. m. Desecación del heno al aire libre.
henal. m. **Henil.**
henar. m. Sitio poblado de heno.
henasco. m. *Hierba seca que queda en los prados.
henazo. m. **Almiar.**
henchidor, ra. adj. Que hinche. Ú. t. c. s.
henchidura. f. **Henchimiento.**
***henchimiento.** m. Acción y efecto de henchir. ‖ En los molinos de *papel, suelo de las pilas sobre el cual baten los mazos. ‖ **Arq. Nav.* Pieza de madera con que se rellena el hueco de otra pieza principal.
henchir. tr. **Llenar.**
hendedor, ra. adj. Que hiende.
***hendedura.** f. Abertura estrecha y larga en un cuerpo rígido.
***hender.** tr. Hacer o causar una hendedura. ‖ fig. Atravesar o cortar un fluido o líquido; como el ave que *vuela o el barco que *navega. ‖ fig. Abrirse camino para *pasar por entre una muchedumbre de gente o de otra cosa.
hendible. adj. Que se puede hender.
hendidura. f. **Hendedura.**
hendiente. m. Golpe con la *espada de alto a bajo.
hendija. f. Aféresis de **Rehendija.**
hendimiento. m. Acción y efecto de hender o henderse.
hendir. tr. p. us. **Hender.**
henear. intr. Hacer el henaje.
henequén. m. ***Pita** (planta).
hénide. f. **Mit.* poét. Ninfa de los prados.
henificar. tr. *Segar plantas forrajeras y conservarlas como heno.
henil. m. Lugar donde se guarda el heno.
heno. m. *Planta gramínea. ‖ *Hierba segada y seca, para alimento del ganado. ‖ **blanco.** Planta gramínea, perenne, que se cultiva en los prados artificiales.
henojil. m. **Cenojil.**
heñir. tr. Sobar una *masa con los puños.
hepática. f. *Planta de las hepáticas, que se ha usado en medicina para curar el mal del hígado y los empeines. ‖ *Planta herbácea, vivaz, de las ranunculáceas, que se usó en medicina.
hepático, ca. adj. *Bot.* Dícese de plantas acotiledóneas o *criptógamas compuestas de tejidos celulares, parecidas a los musgos. Ú. t. c. s. f. ‖ *Med.* Que padece del *hígado. Ú. t. c. s. ‖ Perteneciente a esta víscera. ‖ f. pl. **Bot.* Familia de las plantas **hepáticas.**
hepatitis. f. *Pat.* Inflamación del *hígado.
hepatización. f. **Histol.* Modificación morbosa de un tejido que le da aspecto parecido al del hígado.
heptacordo. m. **Mús.* Escala compuesta de las siete notas *do, re, mi, fa, sol, la, si.* ‖ **Mús.* Intervalo de séptima.
heptaedro. m. **Geom.* Sólido terminado por siete caras.
heptagonal. adj. De figura de heptágono o semejante a él.
heptágono, na. adj. *Geom.* Aplícase al *polígono de siete lados. Ú. t. c. s.
heptarquía. f. *País dividido en siete reinos.
heptasílabo, ba. adj. Que consta de siete sílabas. Ú. t. c. s.
heptateuco. m. Parte de la *Biblia, que comprende el Pentateuco y los dos libros siguientes.
Hera. n. p. f. **Mit.* Diosa del Olimpo, esposa de Zeus.
heraclida. adj. Descendiente de Heracles o Hércules.
heráldica. f. **Blasón.**
heráldico, ca. adj. Perteneciente al *blasón o al que se dedica a esta ciencia. Apl. a pers., ú. t. c. s.
heraldo. m. **Rey de armas.** ‖ *Mensajero.
herátula. f. Especie de concha *fósil.
herbáceo, a. adj. Que tiene la naturaleza o calidades de la *hierba.
herbada. f. **Jabonera** (*planta).
herbajar. tr. Apacentar el *ganado en prado o dehesa. ‖ intr. *Pacer o pastar el ganado. Ú. t. c. tr.
herbaje. m. Conjunto de *hierbas que sirven de *pasto. ‖ *Impuesto que cobran los pueblos por el pasto de los ganados forasteros. ‖ Tributo que se pagaba por razón de los ganados que cada uno poseía. ‖ *Tela de lana, gruesa e *impermeable usada principalmente por la gente de mar.
herbajear. tr. e intr. **Herbajar.**
herbajero. m. El que toma en *arrendamiento el herbaje de prados o dehesas. ‖ El que da en arrendamiento el herbaje.
herbal. adj. **Cereal.** Ú. t. c. s.
herbar. tr. Aderezar, adobar con hierbas las *pieles o cueros.
herbario, ria. adj. Perteneciente o relativo a las *hierbas y plantas. ‖ m. **Botánico.** ‖ **Bot.* Colección de hierbas y plantas secas. ‖ *Zool.* **Panza** (de los *rumiantes).
herbasco. m. Cierta variedad de *uva.
herbaza. f. aum. de **Hierba.**
herbazal. m. Sitio poblado de *hierbas.
herbecer. intr. Empezar a nacer la *hierba.
herbero. m. Esófago o *tragadero del animal *rumiante. ‖ **Hacer el herbero.** fr. En los *mataderos, atar el esófago de las reses muertas para que no salga por él la inmundicia al sacarles el vientre.
herbívoro, ra. adj. Aplícase a todo animal que se *alimenta de vegetales, y especialmente de *hierbas. Ú. t. c. s. m.
herbolar. tr. **Enherbolar.**
herbolaria. f. ant. *Botánica aplicada a la medicina.
herbolario, ria. adj. fig. y fam. Botarate, *alocado. Ú. t. c. s. ‖ m. **Farm.* El que sin conocimientos científicos se dedica a recoger hierbas y plantas medicinales. ‖ Tienda donde se venden hierbas medicinales.
herborización. f. **Bot.* Acción y efecto de herborizar.
herborizador, ra. adj. **Bot.* Que herboriza. Ú. t. c. s.
herborizar. intr. **Bot.* Andar por el campo para estudiar y recoger hierbas y plantas.
herboso, sa. adj. Poblado de *hierba.
hercúleo, a. adj. Perteneciente o relativo a Hércules. ‖ Que tiene mucha *fuerza y robustez.
hércules. m. fig. Hombre de mucha *fuerza. ‖ *Astr.* *Constelación boreal situada al occidente de la Lira.
heredable. adj. Que se puede *heredar.
heredad. f. Porción de *terreno cultivado perteneciente a un mismo dueño. ‖ Hacienda de *campo, finca rústica, *bienes raíces. ‖ ant. **Herencia.**
heredado, da. adj. **Hacendado** (que posee *bienes raíces). Ú. t. c. s. ‖ Que ha heredado.
heredamiento. m. Hacienda de *campo. ‖ *For.* Capitulación o pacto en que se promete la *herencia o parte de ella.
***heredar.** tr. Suceder uno por disposición testamentaria o legal en los bienes y acciones que tenía otro al tiempo de su muerte. ‖ *Darle a uno heredades. ‖ fig. Sacar los hijos las propiedades o temperamentos de sus padres. ‖ Instituir uno a otro por su *heredero.
***heredero, ra.** adj. Dícese de la persona a quien pertenece una herencia por disposición testamentaria o legal. Ú. t. c. s. ‖ *Dueño de una heredad. ‖ fig. Que saca o tiene las inclinaciones de sus padres o muestra notable *semejanza con ellos. ‖ **forzoso.** *For.* El que tiene por ministerio de la ley una parte de la herencia. ‖ **Instituir heredero,** o **por heredero,** a uno. fr. *For.* Nombrar a uno **heredero** en el testamento.
heredípeta. com. Persona que con astucias procura obtener o *apropiarse *herencias o legados.
hereditario, ria. adj. Perteneciente a la *herencia o que se adquiere por ella. ‖ fig. Aplícase a las inclinaciones, costumbres, enfermedades, etc., que pasan de padres a hijos.
***hereje.** com. Cristiano que en materia de fe se opone con pertinacia a lo que propone la Iglesia católica. ‖ fig. *Descarado, procaz.
***herejía.** f. Error en materia de fe, sostenido con pertinacia. ‖ fig. *Error que uno sostiene contra los principios ciertos de una ciencia o arte. ‖ fig. *Ofensa, palabra injuriosa. ‖ *Daño grave causado a una persona o animal.
herejote, ta. m. y f. aum. de **Hereje.**
herén. f. Yeros.
***herencia.** f. Derecho de heredar. ‖ Bienes y derechos que se heredan. ‖ Inclinaciones, costumbres, *carácter o temperamento que se he-

redan. ‖ **yacente.** *For.* Aquella en que no ha entrado aún el heredero. ‖ **Adir la herencia.** fr. *For.* Admitirla.

heresiarca. m. Autor de una *herejía.

heretical. adj. **Herético.**

heretical. intr. Sostener una *herejía.

herético, ca. adj. Perteneciente a la *herejía o al hereje.

heria. f. *Germ.* **Hampa.**

***herida.** f. Interrupción de la continuidad de la piel o de otros tejidos del cuerpo, producida por alguna violencia exterior. ‖ fig. *Ofensa, agravio. ‖ fig. Lo que *aflige y atormenta el ánimo. ‖ **Cetr.* Paraje donde se abate la caza de volatería, perseguida por una ave de rapiña. ‖ **contusa.** La causada por contusión. ‖ **penetrante.** *Cir.* La que llega a lo interior de alguna de las cavidades del cuerpo. ‖ **Manifestar la herida.** fr. **Cir.* Abrirla y dilatarla para reconocerla y curarla. ‖ **Renovar la herida.** fr. fig. *Recordar una cosa que cause sentimiento. ‖ **Resollar,** o **respirar por la herida.** fig. *Revelar uno con alguna ocasión el sentimiento que tenía reservado.

herido, da. adj. Con el adv. *mal,* gravemente **herido.** Ú. t. c. s.

heridor, ra. adj. Que hiere.

heril. m. **Epilepsia.**

herimiento. m. desus. Acción y efecto de herir. ‖ **Pros.* desus. Choque de vocales que forman sílaba o sinalefa.

***herir.** tr. Abrir la piel o los tejidos del cuerpo del animal por cualquier medio violento. ‖ Golpear, *chocar un cuerpo contra otro. ‖ Hablando del Sol o de otra *luz, iluminar una cosa. ‖ Hablando de *instrumentos de cuerda, pulsarlos, tocarlos. ‖ Hablando del *oído o de la *vista hacer los objetos impresión en estos sentidos. ‖ **Pros.* Hacer fuerza una letra sobre otra para formar sílaba o sinalefa con ella. ‖ fig. *Ofender, agraviar. ‖ fig. **Acertar.**

herma. m. **Escult.* Busto sin brazos colocado sobre un estípite.

hermafrodita. adj. Que tiene los dos *sexos. ‖ Dícese del individuo que, por vicio de conformación de los órganos genitales, parece reunir los dos sexos. Ú. t. c. s. ‖ **Bot.* Aplícase a los vegetales cuyas flores reúnen en sí ambos sexos.

hermafroditismo. m. Calidad de hermafrodita.

hermafrodito. m. **Hermafrodita.**

hermana. f. *Germ.* **Camisa.** ‖ pl. *Germ.* Las *tijeras. ‖ *Germ.* Las *orejas. ‖ **Hermana de la caridad.** Religiosa de la *congregación fundada por San Vicente de Paúl.

hermanable. adj. Perteneciente al *hermano o que puede hermanarse.

hermanablemente. adv. m. Fraternalmente.

hermanado, da. adj. fig. *Igual y *conforme en todo a una cosa.

hermanal. adj. **Fraternal.**

hermanamiento. m. Acción y efecto de hermanar o hermanarse.

hermanar. tr. *Unir, juntar. ‖ Uniformar, *acomodar. ‖ Juntar de *dos en dos, emparejar. Ú. t. c. r. ‖ Hacer a uno hermano de otro en sentido espiritual. Ú. t. c. r.

hermanastro, tra. m. y f. Hijo de uno de los dos consortes con respecto al hijo del otro.

hermanazgo. m. **Hermandad.**

hermandad. f. Parentesco entre *hermanos. ‖ fig. *Amistad íntima; *concordia. ‖ fig. *Conformidad que guardan varias cosas entre sí. ‖ fig. ***Cofradía.** ‖fig. Privilegio que concede una *comunidad religiosa para hacer a una persona participante de ciertas gracias. ‖ **Santa Hermandad.** *Tribunal con jurisdicción propia, para los delitos cometidos fuera de poblado.

hermandino. m. Individuo de una hermandad popular antigua.

hermanear. intr. Dar el *tratamiento de hermano.

hermanecer. intr. Nacerle a uno un hermano.

hermanito, ta. m. y f. d. de **Hermano.** ‖ **Hermanitas de los pobres.** Nombre de una *orden religiosa*, dedicada a fines caritativos.

***hermano, na.** m. y f. Persona que con respecto a otra tiene los mismos padres, o solamente el mismo padre o la misma madre. ‖ Tratamiento que mutuamente se dan los cuñados. ‖ Lego o donado de una *comunidad regular. ‖ fig. Persona que respecto de otra tiene el mismo padre que ella en sentido moral o religioso. ‖ fig. Individuo de una cofradía. ‖ fig. **Hermano de la Doctrina Cristiana.** ‖ fig. Una cosa respecto de otra a que es *semejante. ‖ **bastardo.** El habido fuera de matrimonio, respecto del legítimo. ‖ **carnal.** El que lo es de padre y madre. ‖ **consanguíneo. Hermano de padre.** ‖ **de la Doctrina Cristiana.** Individuo de la *congregación de la Doctrina Cristiana. ‖ **de *leche.** Hijo de una nodriza respecto del ajeno que ésta crió, y viceversa. ‖ **del trabajo. Ganapán.** ‖ **de madre.** Persona que respecto de otra tiene la misma madre, pero no el mismo padre. ‖ **de padre.** Persona que respecto de otra tiene el mismo padre, pero no la misma madre. ‖ **mayor.** *Presidente de una *cofradía. ‖ **político.** Cuñado. ‖ **uterino. Hermano de madre.** ‖ **Medio hermano.** Una persona con respecto a otra que no tiene los mismos padres, sino solamente el mismo padre o la misma madre.

hermanuco. m. despect. **Donado.**

hermeneuta. com. Persona que profesa la hermenéutica.

hermenéutica. f. Arte de *interpretar textos.

hermenéutico, ca. adj. Perteneciente o relativo a la hermenéutica.

herméticamente. adv. m. De manera hermética.

hermético, ca. adj. Perteneciente o relativo al *filósofo y *alquimista Hermes. ‖ Dícese de lo que *cierra una abertura de modo que no pueda pasar ningún fluido. ‖ V. **Sello hermético.** ‖ fig. Secreto, *oculto, *incomprensible.

hermodátil. m. **Quitameriendas.** Ú. m. en pl.

hermosamente. adv. m. Con hermosura. ‖ fig. Con *perfección.

hermoseador, ra. adj. Que hermosea. Ú. t. c. s.

hermoseamiento. m. Acción y efecto de hermosear.

hermosear. tr. Hacer o poner *hermosa a una persona o cosa. Ú. t. c. r.

hermoseo. m. p. us. **Hermoseamiento.**

***hermoso, sa.** adj. Dotado de hermosura. ‖ *Excelente y *perfecto en su línea. ‖ Hablando de la atmósfera o del tiempo, despejado, *bonancible.

hermosura. f. *Belleza. ‖ *Proporción perfecta de las partes con el todo. ‖ *Mujer hermosa.

***hernia.** f. Tumor blando, elástico, producido por la salida total o parcial de una víscera u otra parte blanda, fuera de la cavidad en que se halla encerrada.

herniario, ria. adj. Perteneciente o relativo a la hernia.

hérnico, ca. adj. Dícese del individuo de un antiguo pueblo del Lacio. Ú. t. c. s. ‖ Perteneciente a este pueblo.

hernioso, sa. adj. Que padece hernia. Ú. t. c. s.

hernista. m. *Cirujano especialista en la cura de hernias.

Herodes. n. p. **Andar,** o **ir, de Herodes a Pilatos.** fr. fig. y fam. Ir un asunto de una persona a otra y de mal en *peor.

herodiano, na. adj. Perteneciente o relativo a Herodes.

héroe. m. **Mit.* Ser engendrado por una persona divina y una humana. ‖ Varón ilustre y famoso. ‖ El que lleva a cabo una acción *heroica. ‖ *Personaje principal de todo poema épico. ‖ Protagonista de una obra literaria.

heroicamente. adv. m. Con heroicidad.

heroicidad. f. Calidad de *heroico. ‖ Acción *heroica.

***heroico, ca.** adj. Aplícase a las personas famosas por sus hazañas o virtudes. ‖ Dícese de las acciones que implican heroísmo. ‖ Aplícase también a la *poesía en que se cantan hechos grandes y memorables.

heroína. f. Mujer ilustre y famosa por sus grandes hechos. ‖ La que lleva a cabo un hecho *heroico. ‖ Protagonista del *teatro, de la *novela o de otra obra literaria. ‖ **Farm.* Producto derivado de la morfina, que se usa como analgésico y sedante.

heroísmo. m. Esfuerzo eminente del ánimo (*valor) para realizar hechos extraordinarios en servicio de Dios o del prójimo. ‖ Conjunto de cualidades y acciones propias del héroe. ‖ **Heroicidad.**

herpe. amb. Erupción *cutánea, acompañada de comezón o escozor. Ú. m. en pl.

herpético, ca. adj. *Pat.* Perteneciente al herpe. ‖ Que padece esta enfermedad. Ú. t. c. s.

herpetismo. m. *Pat.* Predisposición para el padecimiento de herpes.

herpetología. f. Tratado de los *reptiles.

herpil. m. Saco o *sera, hechos de red de tomiza.

herrada. f. Cubo de madera más ancho por la base que por la boca.

herradero. m. Acción y efecto de *marcar con el hierro los *ganados. ‖ Sitio destinado para hacer esta operación. ‖ Estación o temporada en que se efectúa.

***herrador.** m. El que por oficio hierra las caballerías.

herradora. f. fam. Mujer del herrador.

***herradura.** f. Hierro en figura de U, que se clava a las caballerías en los cascos para que no se les maltraten con el piso. ‖ Resguardo, hecho de esparto o cáñamo, que se pone a las caballerías para el mismo fin. ‖ **de buey. Callo.** ‖ **de la muerte.** fig. y fam. Ojeras lívidas que se dibujan sobre el rostro del *moribundo. Ú. m. en pl. ‖ **hechiza.** La grande y de clavo embutido.

herraj. m. **Erraj.**

herraje. m. Conjunto de piezas de *hierro con que se guarnece una *puerta, *ventana, *carruaje, etc. ‖ Conjunto de *herraduras y clavos con que éstas se aseguran. ‖. fig.

Dicho del ganado vacuno, los *dientes.
herraje. m. **Herraj.**
herramental. adj. Dícese de la *bolsa o caja en que se guardan y llevan las *herramientas. Ú. t. c. s. m. ‖ m. Conjunto de las *herramientas de un oficio.
***herramienta.** f. Instrumento con que trabajan los artesanos en sus oficios. ‖ Conjunto de estos instrumentos. ‖ Utensilio que sirve para algún fin. ‖ fig. y fam. **Cornamenta.** ‖ fig. y fam. **Dentadura.** ‖ fig. y fam. Navaja, *cuchillo.
***herrar.** tr. Ajustar y clavar las *herraduras a las caballerías. ‖ *Marcar con un hierro encendido los *ganados, *esclavos, etc. ‖ Guarnecer de *hierro un artefacto.
herrén. m. Forraje de cereales para *pasto. ‖ **Herrenal.**
herrenal. m. Terreno sembrado de herrén.
herrenar. tr. Alimentar el *ganado con herrén.
herreñal. m. **Herrenal.**
herrera. adj. V. **Cuchar herrera.** ‖ f. fam. Mujer del *herrero.
***herrería.** f. Oficio de herrero. ‖ Taller en que se funde o forja y se labra el hierro en grueso. ‖ Taller de herrero. ‖ Tienda de herrero. ‖ fig. *Alboroto acompañado de confusión y desorden; como el que se hace cuando algunos *riñen o se acuchillan.
herrerillo. m. *Pájaro pequeño, insectívoro, común en España. ‖ Pájaro algo mayor que el anterior, que hace el nido de barro y en forma de puchero.
***herrero.** m. El que tiene por oficio labrar el hierro. ‖ **de grueso.** El que trabaja exclusivamente en obras gruesas; como balcones, rejas, etc.
herrero. m. *Germ.* Apócope de **Herreruelo** (ferreruelo).
herrerón. m. despect. Herrero que no sabe bien su oficio.
herreruelo. m. d. de **Herrero.** ‖ *Pájaro pequeño. ‖ *Soldado de la antigua caballería alemana, armado de venablos, martillos de agudas puntas y dos arcabuces pequeños.
herreruelo. m. **Ferreruelo.**
herrete. m. d. de **Hierro.** ‖ Cabo de alambre o de chapa metálica que se pone en los *extremos de las agujetas, *cordones, etc., para que puedan entrar fácilmente por los ojetes.
herretear. tr. Echar o poner herretes a las agujetas, cintas, etc.
herrezuelo. m. Pieza pequeña de *hierro.
herrial. adj. V. ***Uva herrial.** ‖ Dícese también de la *vid que la produce.
herrín. m. **Herrumbre.**
herrón. m. *Juego que consistía en tirar desde cierta distancia un disco de hierro perforado, tratando de meterlo en un clavo hincado en tierra. ‖ Dicho disco. ‖ **Arandela.** ‖ Barra grande de hierro, para *plantar álamos, vides, etc.
herronada. f. *Golpe dado con herrón o barra de plantar. ‖ fig. Golpe violento que dan algunas *aves con el pico.
herrumbrar. tr. **Aherrumbrar.** ‖ r. **Aherrumbrarse.**
***herrumbre.** f. **Orín.** ‖ *Gusto o sabor que algunas cosas toman del hierro; como las aguas, etc. ‖ **Roya** (*hongo parásito).
***herrumbroso, sa.** adj. Que cría herrumbre.
herrusca. f. ant. Arma vieja, por lo común, *espada o sable.

hertz. m. **Radio.* Nombre del hertzio en la nomenclatura internacional.
hertziana. adj. *Fís.* V. **Onda hertziana.**
hertzio. m. **Radio.* Unidad de medida de las frecuencias.
hérulo, la. adj. Dícese del individuo de un *pueblo perteneciente a la gran confederación de los suevos. Ú. t. c. s. m. y en pl.
hervencia. f. Género de *suplicio antiguo, que consistía en cocer en calderas a los grandes criminales o sus miembros mutilados.
herventar. tr. Meter una cosa en agua u otro líquido hasta que dé un hervor.
hervidero. m. Movimiento y ruido que hacen los líquidos cuando *hierven. ‖ fig. *Manantial donde surge el agua mezclada con burbujas gaseosas. ‖ fig. Ruido que hacen los humores estancados en el pecho al tiempo de *respirar. ‖ fig. *Muchedumbre de personas o de animales.
hervido. m. Cocido u olla.
hervidor. m. *Vasija para hervir líquidos. ‖ En los termosifones, caja de palastro por cuyo interior pasa el agua, y que recibe directamente el *calor del fuego.
herviente. p. a. de **Hervir. Hirviente.**
***hervir.** intr. Moverse agitada o violentamente un líquido por la acción del calor o por la fermentación. ‖ fig. Hablando del *mar, ponerse sumamente agitado. ‖ fig. Con la prep. *en* y ciertos nombres, haber gran *abundancia de lo significado. ‖ fig. Hablando de afectos y *pasiones, sentirlos o expresarlos con vehemencia.
hervite. V. **Cochite hervite.**
hervor. m. Acción y efecto de *hervir. ‖ fig. Fogosidad, exaltación y *vehemencia de la juventud. ‖ **de la sangre.** *Med.* Nombre de ciertas erupciones *cutáneas. ‖ **Alzar,** o **levantar, el hervor.** fr. Empezar a *hervir un líquido.
hervoroso, sa. adj. Fogoso, impetuoso, *vehemente.
hesitación. f. ***Duda.**
hesitar. intr. p. us. *Dudar, vacilar.
hespéride. adj. Perteneciente a las **hespérides.** ‖ f. pl. **Pléyades.** ‖ **Mit.* Ninfas guardianas de las manzanas de oro de Juno.
hesperidio. m. *Bot.* Fruto carnoso de corteza gruesa, dividido en varias celdas o gajos, como la naranja y el limón.
hespérido, da. adj. poét. **Hespéride.** ‖ poét. **Occidental.** Dícese así del nombre del *planeta Héspero.
hesperio, ria. adj. Natural de una u otra Hesperia (España e Italia). Ú. t. c. s. ‖ Perteneciente a ellas.
héspero. m. El *planeta Venus cuando a la tarde aparece en el Occidente.
héspero, ra. adj. **Hesperio.**
hespirse. r. *Engreírse, envanecerse.
hetaira. f. Cortesana, *ramera de elevada condición.
heteo, a. adj. Dícese del individuo de un *pueblo antiguo que habitó en la tierra de Canaán. Ú. m. c. s. m. y en pl. ‖ Perteneciente o relativo a este *pueblo.
hetera. f. **Hetaira.** ‖ *Manceba, concubina.
heteróclito, ta. adj. **Gram.* Aplícase al nombre que no se declina según la regla común, y en general, a lo que se aparta de las reglas gramaticales. ‖ fig. *Irregular, extraño.
heterodino. m. **Radio.* Receptor que produce ondas de frecuencia ligeramente diferente de las transmitidas, con objeto de obtener por batimiento una frecuencia inferior que es la que se utiliza para recibir las señales.
heterodoxia. f. Calidad de *heterodoxo. ‖ Desconformidad con el dogma católico. ‖ Por ext., *desconformidad con la doctrina fundamental de cualquiera secta o sistema.
***heterodoxo, xa.** adj. El que sustenta opinión o doctrina no conforme con el dogma católico. Ú. t. c. s. ‖ Por ext., no conforme con la doctrina fundamental de una secta o sistema. Ú. t. c. s.
heterogeneidad. f. Calidad de heterogéneo. ‖ Mezcla de partes de *diversa naturaleza.
heterogéneo, a. adj. Compuesto de partes de *diversa naturaleza.
heteromancia. f. *Adivinación supersticiosa por el vuelo de las aves.
heterómero, ra. adj. Dícese de ciertos *insectos coleópteros. ‖ m. pl. Grupo de estos insectos.
heteroplasia. f. **Pat.* Formación anormal de tejidos.
heteroplastia. f. **Cir.* Substitución de una parte enferma o destruida, por otra sana.
heterópsido, da. adj. Dícese de las substancias metálicas que carecen del brillo propio del *metal.
heteroscio, cia. adj. *Geogr.* Dícese del *habitante de las zonas templadas, que al mediodía hace sombra siempre hacia un mismo lado. Ú. t. c. s. y m. en pl.
hético, ca. adj. **Tísico.** Ú. t. c. s. ‖ Perteneciente a este enfermo. ‖ V. **Fiebre hética.** Ú. t. c. s. ‖ fig. Que está muy flaco. Ú. t. c. s.
hetiquez. f. *Pat.* **Hectiquez.**
hexacordo. m. **Mús.* Escala para canto llano compuesta de las seis primeras notas usuales. ‖ **Mús.* Intervalo de sexta. ‖ **mayor.** **Mús.* Intervalo que consta de cuatro tonos y un semitono. ‖ **menor.** **Mús.* Intervalo que consta de tres tonos y dos semitonos.
hexaedro. m. **Geom.* Sólido de seis caras. ‖ **regular.** *Geom.* **Cubo.**
hexagonal. adj. De figura de hexágono o semejante a él.
hexágono, na. adj. *Geom.* Aplícase al *polígono de seis ángulos y seis lados. Ú. m. c. s. m.
hexámetro. adj. V. **Verso hexámetro.** U. t. c. s.
hexángulo, la. adj. **Hexágono.**
hexápeda. f. **Toesa.**
hexápodo. adj. Que tiene seis patas. Ú. t. c. s.
hexasílabo, ba. adj. De seis sílabas.
***hez.** f. *Sedimento, generalmente inútil o perjudicial, que se produce en algunos líquidos. Ú. m. en pl. ‖ fig. Lo más vil y *despreciable. ‖ pl. *Excrementos.
hi. com. ***Hijo.** Sólo tiene uso en la voz compuesta **hidalgo** y en algunas frases antiguas.
híadas. f. pl. **Astr.* **Híades.**
híades. f. pl. *Astr.* Grupo de *estrellas en la cabeza de Tauro.
hialino, na. adj. *Fís.* Diáfano, *transparente como el *vidrio o parecido a él. ‖ V. **Cuarzo hialino.**
haloideo, a. adj. Que se parece al vidrio.
hiante. adj. V. **Verso hiante.**
hiato. m. Sonido desagradable que resulta a veces de la *pronunciación de dos vocales inmediatas. ‖ Encuentro de vocales que no forman diptongo. ‖ p. us. Abertura, *hendedura.
hibernación. f. *Zool.* Estado de *sopor en que caen ciertos animales

durante el invierno. || *Terap. Estado análogo, acompañado de *insensibilidad, que se provoca en las personas por la acción del *frío.
hibernal. adj. **Invernal.**
hibernés, sa. adj. Natural de Hibernia, hoy Irlanda. Ú. t. c. s. || Perteneciente a esta isla de Europa antigua.
hibérnico, ca. adj. **Hibernés.**
hibernizo, za. adj. **Hibernal.**
hibierno. m. ***Invierno.**
hibleo, a. adj. Perteneciente a Hibla, monte y ciudad de Sicilia antigua.
hibridación. f. Producción de seres *híbridos.
***hibridismo.** m. Calidad de híbrido.
***híbrido, da.** adj. Aplícase al animal o al vegetal procreado por dos individuos de distinta especie. || fig. Dícese de todo lo que es producto de elementos de *diversa naturaleza.
hibuero. m. **Higüero.**
hicaco. m. Arbusto de las rosáceas, cuyo fruto tiene la forma y color de la ciruela claudia.
hicotea. f. Especie de *tortuga de agua dulce, comestible, que se cría en América.
hidalgamente. adv. m. Con *caballerosidad, con nobleza de ánimo.
***hidalgo, ga.** m. y f. Persona que por su linaje es de clase *noble y distinguida. || adj. Perteneciente a un **hidalgo.** || fig. Dícese de la persona *caballerosa y de lo perteneciente a ella. || **de bragueta.** Padre que por haber tenido siete hijos varones consecutivos en legítimo matrimonio, adquiría el derecho de hidalguía. || **de cuatro costados.** Aquel cuyos abuelos paternos y maternos son **hidalgos.** || **de devengar quinientos sueldos.** El que tenía derecho a cobrar quinientos sueldos en satisfacción de las injurias que se le hacían. || **de ejecutoria.** El que no lo es por privilegio sino por haber probado su hidalguía. || **de gotera.** El que únicamente lo era en determinada localidad. || **de privilegio.** El que lo es por compra o merced real.
hidalgote, ta. m. y f. aum. de **Hidalgo.**
hidalguejo, ja. m. y f. diminutivo de **Hidalgo.**
hidalgüelo, la. m. y f. diminutivo de **Hidalgo.**
hidalguete, ta. m. y f. diminutivo de **Hidalgo.**
hidalguez. f. **Hidalguía.**
hidalguía. f. Calidad o condición de hidalgo. || fig. *Caballerosidad y nobleza de ánimo.
hidátide. f. *Derm. Ampollita llena de humor acuoso.
hidatismo. m. *Pat. Ruido que produce la fluctuación de un líquido en una cavidad o absceso.
hidiondo, da. adj. desus. **Hediondo.**
hidra. f. *Serpiente acuática, venenosa, que suele hallarse cerca de las costas. || *Pólipo tubular de agua dulce, cerrado por una extremidad y con varios tentáculos en la otra. || *Astr.* *Constelación austral comprendida entre las del León y la Virgen por el norte, y las del Navío y el Centauro por el sur. || *Mit.* Monstruo *quimérico del lago de Lerna, con siete cabezas.
hidrácido. m. **Quím.* Ácido compuesto de hidrógeno y otro cuerpo simple.
hidrargirio. m. **Hidrargiro.**
hidrargirismo. m. *Med.* *Envenenamiento crónico originado por la absorción de mercurio.
hidrargiro. m. *Quím.* ***Mercurio.**
hidratación. f. Acción y efecto de hidratar.
hidratar. tr. **Quím.* Combinar un cuerpo con el agua. Ú. t. c. r.
hidrato. m. **Quím.* Combinación de un cuerpo con el agua. || **de carbono.** Nombre genérico de muchas substancias orgánicas formadas por carbono, hidrógeno y oxígeno.
***hidráulica.** f. Parte de la mecánica, que estudia el equilibrio y el movimiento de los fluidos. || Arte de conducir, contener, elevar y aprovechar las *aguas.
hidráulico, ca. adj. Perteneciente a la *hidráulica. || Que se mueve por medio del agua. || Dícese de las *cales y cementos que se endurecen en contacto con el agua. || m. El que sabe o profesa la hidráulica.
hidria. f. *Vasija grande, antigua, a modo de cántaro o tinaja.
hidriada. f. **Mit.* Ninfa de las fuentes.
hidroavión. m. **Aeron.* Aeroplano que lleva, en lugar de ruedas, flotadores para posarse sobre el agua.
hidrocarburo. m. **Quím.* Carburo de hidrógeno.
hidrocefalia. f. **Pat.* Hidropesía de la cabeza.
hidrocéfalo, la. adj. Que padece hidrocefalia.
hidrocele. f. **Pat.* Hidropesía de la túnica serosa del testículo.
hidroclorato. m. **Quím.* **Clorhidrato.**
hidroclórico, ca. adj. **Quím.* **Clorhídrico.**
hidrodinámica. f. Parte de la *mecánica, que estudia el movimiento de los fluidos.
hidrodinámico, ca. adj. Perteneciente o relativo a la hidrodinámica.
hidroeléctrico, ca. adj. Perteneciente a la energía *eléctrica obtenida por fuerza hidráulica.
hidrófana. f. Ópalo que adquiere transparencia dentro del agua.
hidrofilacio. m. *Concavidad *subterránea y llena de agua.
hidrófilo, la. adj. Que absorbe el *agua con gran facilidad.
hidrofobia. f. **Pat.* Horror al agua, que suelen tener los que han sido mordidos de animales rabiosos. || **Rabia.**
hidrófobo, ba. adj. Que padece hidrofobia. Ú. t. c. s.
hidrófugo, ga. adj. Que quita la *humedad o la evita.
hidrogenar. tr. **Quím.* Combinar con hidrógeno.
hidrógeno. m. **Quím.* Gas inflamable, incoloro y catorce veces más ligero que el aire. || **sulfurado.** *Quím.* **Ácido sulfhídrico.**
hidrognosia. f. Estudio del régimen de las *aguas del globo terrestre.
hidrogogía. f. Arte de *canalizar aguas.
hidrografía. f. Parte de la *geografía que trata de la descripción de los *mares y las corrientes de *agua.
hidrográfico, ca. adj. Perteneciente o relativo a la hidrografía.
hidrógrafo. m. El que ejerce o profesa la hidrografía.
hidrólisis. f. **Quím.* Desdoblamiento de ciertas moléculas de cuerpos compuestos en presencia del agua.
hidrología. f. Parte de las ciencias naturales que trata de las *aguas. || **médica.** Estudio de las aguas con aplicación *terapéutica.
hidrológico, ca. adj. Perteneciente o relativo a la hidrología.
hidromancia. f. *Adivinación por las señales y observaciones del agua.
hidromántico, ca. adj. Perteneciente a la hidromancia. || m. Persona que la profesa.
hidromecánico, ca. adj. *Mec.* Que emplea el agua como fuerza motriz.
hidromel. m. **Aguamiel.**
hidrometeoro. m. *Meteoro producido por el agua en cualquiera de sus estados físicos.
hidrómetra. El que sabe y profesa la hidrometría.
hidrometría. f. **Hidrául.* Medición del caudal, velocidad o fuerza de los líquidos en movimiento.
hidrométrico, ca. adj. Perteneciente o relativo a la hidrometría.
hidrómetro. m. **Hidrául.* Instrumento para medir el caudal, velocidad o fuerza de un líquido en movimiento.
hidrópata. m. **Med.* El que profesa la hidropatía.
hidropatía. f. **Terap.* Método curativo por medio del agua.
hidropático, ca. adj. Perteneciente o relativo a la hidropatía.
hidropesía. f. **Pat.* Acumulación anormal de *humor seroso en cualquier cavidad del cuerpo.
hidrópico, ca. adj. *Pat.* Que padece hidropesía, especialmente de vientre. Ú. t. c. s. || fig. **Insaciable.** || fig. *Sediento con exceso.
hidroplano. m. **Aeron.* **Hidroavión.** || *Embarcación provista de aletas inclinadas que al marchar sostienen gran parte del peso del aparato, y le permiten deslizarse a una velocidad muy superior a la de los otros buques.
hidroquinona. f. **Quím.* Producto derivado de la quinina, que se emplea en *fotografía como revelador.
hidroscopia. f. Arte de descubrir las *aguas ocultas, por la naturaleza y configuración del terreno.
hidrostática. f. Parte de la *hidráulica que estudia el equilibrio de los fluidos.
hidrostáticamente. adv. m. Con arreglo a la hidrostática.
hidroterápico, ca. adj. Perteneciente o relativo a la hidroterapia.
hidrotecnia. f. Arte de construir máquinas y aparatos *hidráulicos.
hidroterapia. f. **Hidropatía.**
hidroterápico, ca. adj. Perteneciente o relativo a la hidroterapia.
hidrotórax. m. **Pat.* Hidropesía del pecho.
hidróxido. m. **Quím.* Compuesto formado por un óxido básico con el agua.
hiedra. f. Planta *trepadora, siempre verde, de la familia de las araliáceas. || **arbórea. Hiedra.** || **terrestre.** *Planta vivaz de las labiadas.
***hiel.** f. ***Bilis.** || fig. *Disgusto, *desabrimiento. || pl. fig. Trabajos, *desgracias, adversidades. || **Hiel de la tierra. Centaura menor.** || **Echar** uno **la hiel.** fr. fig. y fam. *Trabajar con exceso. || **No tener** uno **hiel.** fr. fig. y fam. Ser sencillo y *bondadoso.
***hielo.** m. Agua convertida en cuerpo sólido y cristalino por efecto del frío. || Acción de helar o helarse. || fig. Frialdad en los afectos, *indiferencia. || **Azucarillo.** || fig. Pasmo, *enajenamiento del ánimo. || **Estar** uno **hecho un hielo.** fr. fig. y fam. Estar muy frío.
hiemal. adj. **Invernal.**
hiena. f. *Mamífero carnicero, nocturno. Se alimenta principalmente de carroña y tiene entre el ano y la cola una bolsa que segrega un líquido nauseabundo.
hienda. f. **Estiércol.**

hiera. f. desus. **Jera.**
hierático, ca. adj. Perteneciente o relativo a las cosas *sagradas o a los *sacerdotes. ‖ *Escritura jeroglífica abreviada. ‖ Aplícase a cierta clase de *papel que se traía de Egipto. ‖ Dícese de la *escultura y la *pintura religiosas que reproducen formas tradicionales. ‖ fig. Dícese también del estilo o ademán *afectados.
hieratismo. m. Calidad de hierático, hablando de las *artes o de los *ademanes.
***hierba.** f. Toda planta pequeña cuyo tallo es tierno. ‖ Conjunto de muchas **hierbas** que nacen en un terreno. ‖ **Jardín** (mancha en una esmeralda). ‖ Veneno hecho con **hierbas** venenosas. Ú. m. en pl. ‖ pl. Entre los religiosos, menestras y ensalada cocida. ‖ *Pastos. ‖ Hablando de los animales que se crían en los pastos, ***años.** ‖ **Hierba artética. Pinillo.** ‖ **ballestera. Hierba de ballestero.** ‖ **belida. Botón de oro.** ‖ **buena. Hierbabuena.** ‖ **callera.** *Planta crasulácea, cuyas hojas se emplean para cicatrizar heridas y ablandar callos. ‖ **cana.** *Planta herbácea de las compuestas. ‖ **carmín.** *Planta herbácea americana, de las fitolacáceas, de cuyas semillas se extrae una laca roja. ‖ **de bálsamo. Ombligo de Venus.** ‖ **de ballestero. Eléboro.** ‖ *Veneno hecho con un cocimiento de eléboro. ‖ **de cuajo.** Flor y pelusa del cardo de comer, con la cual se cuaja la leche. ‖ **de Guinea.** *Planta gramínea, muy apreciada para pasto del ganado. ‖ **del ala. Helenio.** ‖ **de las coyunturas. Belcho.** ‖ **de las golondrinas. Celidonia.** ‖ **de limón. Esquenanto.** ‖ **del maná.** *Planta gramínea, forrajera, que se emplea en lugar del esparto. ‖ **de las siete sangrías. Asperilla.** ‖ **de los lazarosos,** o **de los pordioseros. Clemátide.** ‖ **del Paraguay.** Especie de acebo con hojas lampiñas, propio de la América Meridional. ‖ Hojas de este arbolito, que, secas y tostadas, sirven para preparar la infusión llamada *mate. ‖ **de punta. Espiguilla.** ‖ **de San Juan. Corazoncillo.** ‖ **de Santa María.** Planta herbácea de las compuestas, que se cultiva mucho en los jardines por su buen olor. ‖ **de Santa María del Brasil. Pazote.** ‖ **de Túnez. Servato.** ‖ **doncella.** *Planta herbácea, de las apocináceas. ‖ **estrella. Estrellamar.** ‖ **fina.** *Planta gramínea. ‖ **giganta. Acanto.** ‖ **hormiguera. Pazote.** ‖ **impía.** *Planta anua de las compuestas. ‖ **jabonera. Jabonera.** ‖ **lombriguera.** *Planta de las compuestas, que se ha empleado como estomacal y vermífuga. ‖ En algunas partes, **abrótano.** ‖ **luisa. Luisa.** ‖ **melera. Melera.** ‖ **meona. Milenrama.** ‖ **mora.** *Planta herbácea, de las solanáceas. ‖ **pastel. Glasto.** ‖ **pejiguera. Duraznillo.** ‖ **piojenta,** o **piojera. Estafisagria.** ‖ **pulguera. Zaragatona.** ‖ **puntera. Siempreviva mayor.** ‖ **romana. Hierba de Santa María.** ‖ **sagrada. Verbena.** ‖ **santa. Hierbabuena.** ‖ **sarracena. Hierba de Santa María.** ‖ **tora. Orobanca.** ‖ **Hierbas del señor San Juan.** Las muy olorosas que se venden el día de San Juan Bautista, como mastranzo, trébol, etc. ‖ **En hierba.** m. adv. con que se denota, hablando de los panes y otras semillas, que están aún *verdes. ‖ **Haber pisado uno buena,** o **mala, hierba.** fr. Salirle bien, o mal, las cosas. ‖ fig. y fam. Estar contento o descontento. ‖ **Otras hierbas.** expr. jocosa que se añade después de enumerar enfáticamente los *nombres, títulos o prendas de una persona. ‖ **Sentir** uno **crecer,** o **nacer, la hierba.** fr. fig. y fam. Tener gran perspicacia, o ingenio.
hierbabuena. f. *Planta herbácea, de las labiadas. ‖ Nombre que se da a otras plantas labiadas parecidas a la anterior; como el mastranzo, sándalo y poleo.
hierbajo. m. despect. de **Hierba.**
hierbal. m. **Herbazal.**
hierbatero. m. El que vende por menor forraje o hierba verde para animales. ‖ *Med.* Curandero que aplica hierbas medicinales.
hierocracia. f. *Gobierno de los *sacerdotes.
hierofanta. m. **Hierofante.**
hierofante. m. *Sacerdote de Grecia, que dirigía las ceremonias. ‖ Por ext., *maestro de materias recónditas.
hieroglífico, ca. adj. **Jeroglífico.**
hieroglifismo. m. Sistema de *escritura con jeroglíficos.
hierografía. f. Historia de las *religiones.
hierología. f. Tratado de las *religiones.
hieromancia. f. **Hieroscopia.**
hieros. m. pl. Yeros.
hieroscopia. f. **Aruspicina.**
hierosolimitano, na. adj. **Jerosolimitano.**
hierra. f. **Herradero.**
hierrezuelo. m. d. de **Hierro.**
***hierro.** m. Metal dúctil, maleable y tenaz, de color gris, de mucho uso en la industria y en las artes. ‖ *Marca que con **hierro** candente se ponía a los esclavos y delincuentes, y hoy se pone a los *ganados. ‖ En la *lanza, *saeta y otros instrumentos semejantes, pieza de **hierro** o de acero destinada a herir. ‖ fig. *Arma, instrumento o pieza de **hierro** o acero; como la pica, la reja del *arado, etc. ‖ pl. *Prisiones de **hierro;** como cadenas, grillos, etc. ‖ **Albañ.* Conjunto de piezas de hierro, de varias formas, que se usan para llaguear, retundir, etc. ‖ **Hierro albo.** El candente. ‖ **arquero. Hierro cellar.** ‖ **cabilla.** El forjado en barras redondas gruesas. ‖ **carretil.** El forjado en barras de un decímetro de ancho y dos centímetros de grueso. ‖ **cellar.** El forjado en barras de unos cinco centímetros de ancho y uno de grueso. ‖ **colado.** El que sale fundido de los hornos altos. ‖ **cuadradillo,** o **cuadrado.** Barra de hierro cuya sección transversal es un cuadrado de dos a tres centímetros de lado. ‖ **cuchillero. Hierro cellar.** ‖ **de doble T.** El forjado en barras, cuya sección tiene la forma de dos tes mayúsculas opuestas por la base. ‖ **de llantas. Hierro carretil.** ‖ **dulce.** El libre de impurezas, que se trabaja con facilidad. ‖ **espático. Siderosa.** ‖ **fundido. Hierro colado.** ‖ **medio tocho. Hierro tochuelo.** ‖ **palanquilla.** El forjado en barras de sección cuadrada de cuatro centímetros de lado. ‖ **pirofórico. Hierro** pulverizado, que se inflama espontáneamente en contacto con el aire. ‖ **planchuela. Hierro arquero.** ‖ **tocho.** El forjado en barras de sección cuadrada de cinco a seis centímetros de lado. ‖ **varilla.** El forjado en barras redondas de poco diámetro. ‖ **Agarrarse** uno **a,** o **de, un hierro ardiendo.** fr. fig. y fam. **Agarrarse a,** o **de un clavo ardiendo.** ‖ **Comer hierro.** fr. fig. y fam. Hablar los *novios por una reja próxima al piso de la calle. ‖ **Librar el hierro.** fr. **Esgr.* Separarse las hojas de las espadas. ‖ **Mascar hierro.** fr. fig. y fam. **Comer hierro.** ‖ **Quitar hierro.** fr. fig. y fam. *Disminuir o *moderar lo que parece exagerado. ‖ **Tocar el hierro.** fr. **Esgr.* Juntarse las hojas de las espadas.
higa. f. Dije de azabache o coral, en figura de puño, que se ponía a los niños como *amuleto. ‖ Ademán de *desprecio que se hace cerrando el puño y mostrando el dedo pulgar por entre el dedo índice y el cordial. ‖ También se usaba contra el aojo. ‖ fig. *Burla o desprecio. ‖ **Dar higas.** fr. fig. Despreciar una cosa; burlarse de ella. ‖ **No dar por** una cosa **dos higas.** fr. fig. y fam. *Despreciarla.
higadilla. f. **Higadillo.**
higadillo. m. *Hígado de los animales pequeños, particularmente de las *aves.
***hígado.** m. Órgano glandular, grande, de figura irregular y de color rojo obscuro, situado en el hipocondrio derecho, y en el cual se hace la secreción de la bilis. ‖ fig. Ánimo, *valor. Ú. m. en pl. ‖ **de antimonio.** **Farm.* Mezcla a medio vitrificar, que resulta de fundir partes iguales de antimonio, y potasa con un poco de sal común. ‖ **de azufre.** **Farm.* Mezcla que se hace en las boticas derritiendo azufre con potasa. ‖ **Malos hígados.** fig. Mala voluntad; índole *perversa. ‖ **Echar** uno **los hígados.** fr. fig. y fam. **Echar la hiel.** ‖ **Echar** uno **los hígados por** una cosa. fr. fig. y fam. *Pedirla o procurarla con ansia y *diligencia.
higaja. f. desus. **Higadillo.**
higate. m. *Guiso que se hacía antiguamente de higos con tocino.
***higiene.** f. Parte de la medicina, que tiene por objeto la conservación y mejoramiento de la salud individual y colectiva. ‖ fig. *Limpieza, aseo en las viviendas y poblaciones.
higiénico, ca. adj. Perteneciente o relativo a la higiene.
higienista. adj. Dícese de la persona dedicada al estudio de la higiene. Ú. t. c. s.
higienización. f. Acción y efecto de higienizar.
higienizar. tr. Hacer higiénico un local, edificio, región, etc.
***higo.** m. Segundo fruto, o el más tardío, de la higuera: es blando, de gusto dulce, y lleno de semillas sumamente menudas. ‖ Excrecencia, regularmente venérea, que se forma alrededor del *ano. ‖ **boñigar.** Variedad de **higo,** blanco, más ancho que alto. ‖ **chumbo, de pala,** o **de tuna.** Fruto del nopal o chumbera. ‖ **doñigal.** Variedad de **higo,** muy colorado por dentro. ‖ **melar.** Variedad de **higo,** pequeño, blanco y muy dulce. ‖ **zafarí.** Variedad de **higo,** muy dulce y tierno. ‖ **De higos a brevas.** loc. adv. fig. y fam. **De tarde en tarde.** ‖ **No dársele** a uno **un higo.** fr. fig. y fam. No importarle nada una cosa.
higrometría. f. Parte de la física que trata de la *humedad atmosférica.
higrométrico, ca. adj. Perteneciente o relativo a la higrometría o al higrómetro. ‖ Dícese del cuerpo cuyas condiciones varían sensiblemente con el cambio de *humedad de la atmósfera.

higrómetro. m. Instrumento que sirve para determinar el grado de *humedad del aire atmosférico.
higroscopia. f. **Higrometría.**
higroscopicidad. f. *Fís.* Calidad de higroscópico.
higroscópico, ca. adj. Dícese del cuerpo que tiene la propiedad de absorber o condensar la *humedad atmosférica.
higroscopio. m. Instrumento que sirve para indicar aproximadamente el estado higrométrico del aire.
higuana. f. **Iguana.**
***higuera.** f. Árbol de la familia de las móreas, de hojas grandes, lobuladas, y cuyos frutos son el higo y la breva. || **breval.** Árbol mayor que la **higuera** común, que da brevas e higos. || **chumba. Nopal.** || **de Egipto. Cabrahigo.** || **de Indias. Nopal.** || **del diablo,** o **del infierno. Higuera infernal.** || **de pala,** o **de tuna. Nopal.** || **infernal.** *Ricino. || **loca, moral,** o **silvestre. Sicómoro.**
higueral. m. Sitio poblado de higueras.
higuereta. f. **Ricino.**
higuerilla. f. d. de **Higuera.** || **Higuera infernal.**
higüero. m. **Güira.**
higuerón. m. *Árbol de la familia de las móreas, propio de América.
higuerote. m. **Higuerón.**
higueruela. f. d. de **Higuera.** || *Planta herbácea leguminosa.
higuí. m. fam. **Higo.** || **¡Al higuí!** Diversión propia de *carnaval que consiste en ofrecer a los muchachos, para que lo cojan con la boca, un higo que se tiene en constante movimiento, pendiente del extremo de una caña.
¡hi, hi, hi! interj. **¡Ji, ji, ji!**
hijadalgo. f. **Hidalga.**
hijastro, tra. m. y f. *Hijo o hija de uno de los cónyuges, respecto del otro.
hijato. m. **Retoño.**
***hijo, ja.** m. y f. Persona o animal respecto de su padre o de su madre. || fig. Cualquiera persona, respecto del país o pueblo de que es natural. || fig. Persona que ha tomado el hábito de una *orden religiosa* con relación al fundador de su orden. || fig. Cualquiera obra o producción del ingenio. || Nombre que se suele dar al yerno y a la nuera con relación a los suegros. || Expresión de *cariño entre las personas que se quieren bien. || m. Lo que procede o sale de otra cosa por procreación; como los retoños o *vástagos. || Substancia ósea, esponjosa y blanca que forma lo interior del *cuerno de los animales. || m. pl. Descendientes. || **Hijo bastardo.** El nacido de unión ilícita. || El de padres que no podían contraer matrimonio. || **de algo. Hidalgo.** || **de bendición.** El de legítimo matrimonio. || **de confesión.** Cualquiera persona, con respecto al confesor habitual director de su conciencia. || **de Dios.** *Teol.* El Verbo eterno. || *Teol.* En sentido místico, el justo o el que está en gracia. || **de familia.** El que está bajo la autoridad paterna o tutelar, y por ext., el mayor de edad que no ha tomado estado y sigue en la casa de sus progenitores. || **de ganancia. Hijo natural.** || **de la cuna.** El de la inclusa. || **del agua.** El que es muy diestro *nadador. || **de la piedra.** *Expósito. || **de la tierra.** El que no tiene padres ni parientes conocidos. || **del diablo.** El que es *astuto y *travieso. || **de *leche.** El niño, con relación al ama que lo crió. || **del hombre.** Jesucristo. || **de su madre.** expr. que se usa para llamar a uno bastardo o **hijo** de puta. || **de vecino.** El natural de cualquier pueblo, y el nacido de padres establecidos en él. || **espiritual. Hijo de confesión.** || **espurio. Hijo bastardo.** || **habido en buena guerra.** El habido fuera del matrimonio. || **incestuoso.** El habido por incesto. || **legítimo.** El nacido de legítimo matrimonio. || **mancillado. Hijo espurio.** || **natural.** El que es habido de mujer soltera y padre libre, que podían casarse. || **sacrílego.** El procreado con quebrantamiento del voto de castidad. || **Cada hijo de vecino.** loc. fam. Cualquiera *persona.
hijodalgo. m. **Hidalgo.**
hijuela. f. d. de **Hija.** || Cosa aneja, *accesoria o *dependiente de otra principal. || Tira de tela que se pone en una *vestidura para ensancharla. || *Colchón estrecho y delgado. || **Liturg.* Pedazo de lienzo que se pone encima del cáliz durante la misa. || Cada uno de los *canales pequeños que conducen el agua desde una acequia al campo que se ha de regar. || *Camino o vereda que va desde el camino principal a los pueblos u otros sitios algo desviados de él. || Expedición *postal para los pueblos que están fuera de la carrera. || Documento donde se reseñan los bienes que tocan en una partición a uno de los partícipes de una *herencia. || Conjunto de los mismos *bienes. || En las *carnicerías, póliza que daba el pesador a los dueños. || *Simiente de las *palmas y palmitos. || Hacecito de leña menuda. || Finca de *campo que se forma de la división de otra mayor. || Cuerda que se hace del intestino del gusano de seda, y usan los *pescadores de caña para asegurar el anzuelo. || **Carp.* Tablilla con que se suple lo que falta en una ensambladura. || pl. **Albañ.* Puntas de clavos que se hincan en los maderos para que agarre mejor el yeso.
hijuelación. f. Acción de hijuelar.
hijuelar. tr. *Dividir un campo en hijuelas.
hijuelero. m. **Peatón** (*correo de a pie).
hijuelo. m. d. de **Hijo.** || En los árboles, **retoño.**
hila. f. **Hilera** (*fila, serie). || Tripa delgada. || *Hebra que se sacaba de un trapo de lienzo usado, y servía, junta con otras, para curar las llagas y heridas. || **de agua.** Medida *hidráulica correspondiente a la cantidad de agua que se toma de una acequia por un boquete de un palmo cuadrado. || **real de agua.** Volumen doble del anterior. || **Hilas raspadas.** Pelusa que se saca de trapos, raspándolos con tijeras o navaja. || **A la hila.** m. adv. Uno tras otro, en *serie.
hila. f. Acción de *hilar. || *Reunión durante la cual suelen hilar las mujeres.
hilacha. f. Pedazo de hilo que se desprende de la tela.
hilacho. m. **Hilacha.**
hilachoso, sa. adj. Que tiene muchas hilachas.
hilada. f. **Hilera** (*fila). || **Arq.* y **Albañ.* Serie horizontal de ladrillos o piedras que se van poniendo en un edificio. || **Arq. Nav.* Serie horizontal de tablones, planchas del blindaje, etc., puestos uno a continuación de otro.
hiladillo. m. *Hilo que sale de la maraña de la seda. || *Cinta estrecha de hilo o seda. || **Puntilla** (*encaje).
hiladizo, za. adj. Que se puede *hilar.
hilado. m. Acción y efecto de *hilar. || Porción de lino, algodón, etc., reducida a hilo.
hilador, ra. m. y f. Persona que *hila. Se usa principalmente en el arte de la seda.
hilandería. f. Arte de *hilar. || Fábrica de hilados.
hilandero, ra. m. y f. Persona que tiene por oficio *hilar. || m. Paraje donde se hila.
hilanderuelo, la. m. y f. d. de **Hilandero.**
hilanza. f. Acción de hilar. || **Hilado.**
***hilar.** tr. Reducir a hilo las fibras textiles, como las del lino, lana, algodón, etc. || Sacar de sí el gusano de *seda la hebra para formar el capullo. || Producir hebras parecidas otros insectos y las *arañas. || fig. *Discurrir, inferir unas cosas de otras. || **Hilar delgado.** fr. fig. Discurrir con sutileza. || Proceder con *exactitud y *rigor.
hilaracha. f. **Hilacha.**
hilarante. adj. Que inspira *alegría o mueve a *risa.
hilaridad. f. Expresión tranquila y plácida del ánimo *alegre. || *Risa y algazara.
hilaza. f. **Hilado.** || *Hilo que sale gordo y desigual. || Hilo con que se *teje cualquier tela. || **Descubrir** uno **la hilaza.** fr. fig. y fam. *Mostrar el vicio o *defecto que tenía y se ignoraba.
***hilera.** f. Orden o formación en línea de un número de personas o cosas. || Instrumento de que se sirven los *plateros y metalúrgicos para reducir a hilo o *alambre los metales. || *Hilo o hilaza fina. || Hueca del huso. || *Arq.* **Parhilera.** || *Mil.* Línea de *soldados uno detrás de otro.
hilero. m. Huella que forman en la superficie las corrientes del *mar o de los *ríos. || Corriente secundaria o derivación de una corriente principal.
hilete. m. d. de **Hilo.**
***hilo.** m. Hebra larga y delgada que se forma retorciendo fibras de lana, cáñamo u otra materia textil. || *Ropa blanca de lino, por contraposición a la de algodón, lana o seda. || *Alambre muy delgado. || Hebra que forman las *arañas, gusanos de *seda, etc. || **Filo.** || fig. *Chorro muy delgado. || fig. *Continuación o serie del discurso. || **bramante. Bramante.** || **de acarreto. Bramante.** || **de cajas.** El fino. || **de camello.** El que se hace de pelo de camello. || **de cartas.** El de cáñamo, más delgado que el bramante. || **de conejo. Alambre conejo.** || **de empalomar. Bramante.** || **de la *muerte.** fig. Término de la vida. || **de la *vida.** fig. Curso ordinario de ella. || **de medianoche,** o **de mediodía.** Momento preciso que divide la mitad de la *noche o del *día. || **de monjas.** El fino. || **de palomar. Hilo de empalomar.** || **de perlas.** Cantidad de *perlas enhebradas en un **hilo.** || **de uvas.** Colgajo de *uvas. || **de *velas.** *Mar.* **Hilo** de cáñamo, con el cual se cosen las velas de las embarcaciones. || **primo.** El muy blanco y delicado, con el cual, encerado, se cosen los *zapatos finos. || **volatín.** *Mar.* **Hilo de *velas.** || **A hilo.** m. adv. Sin interrupción, de manera *continua. || Según la di-

rección de una cosa, en línea *paralela con ella. || **Al hilo.** m. adv. A lo largo de las fibras de la madera u otra cosa. || **Al hilo del viento.** m. adv. *Cetr.* Volando el ave en la misma dirección que el viento. || **Cortar el hilo.** fr. fig. *Interrumpir el curso de la conversación o de otras cosas. || **Cortar el hilo de la vida.** fr. *Matar, quitar la vida. || **Cortar el hilo del discurso.** fr. fig. *Interrumpirlo. || **Hilo a hilo.** m. adv. con que se denota que una cosa líquida *fluye con lentitud y sin intermisión. || **Pender de un hilo.** expr. con que se explica el gran *riesgo de ruina de una cosa. || Se usa también para significar el *temor de un suceso desgraciado. || **Perder el hilo.** fr. fig. *Olvidarse, en la conversación o el discurso, de la especie de que se estaba tratando. || **Quebrar el hilo.** fr. fig. *Interrumpir la ejecución de una cosa. || **Seguir el hilo.** fr. fig. Proseguir o *continuar en lo que se trataba, decía o ejecutaba. || **Tomar el hilo.** fr. fig. Continuar el discurso o *conversación que se había interrumpido.

hilología. f. *Filos.* Tratado de la *materia.

hilozoísmo. m. **Filos.* Sistema que atribuye a la *materia existencia y vida necesarias.

hilván. m. *Costura de puntadas largas con que se prepara lo que se ha de coser después. || *Hilo para hilvanar.

hilvanar. tr. Apuntar o unir con hilvanes. || fig. y fam. Hacer algo con prisa y *precipitación. || *Proyectar una cosa.

himen. m. **Ginecol.* Repliegue membranoso que reduce el orificio externo de la vagina en el estado de *virginidad.

himeneo. m. Boda o *casamiento. || **Epitalamio.**

himenóptero, ra. adj. *Zool.* Dícese de los *insectos que tienen cuatro alas membranosas, con pocos nervios y grandes celdillas; como las avispas. Ú. t. c. s. m. || m. pl. *Zool.* Orden de estos insectos.

himnario. m. Colección de himnos.

himno. m. Composición *poética en alabanza de Dios, de la Virgen o de los santos. || Entre los gentiles, composición poética en loor de sus dioses o de los héroes. || *Poesía cuyo objeto es honrar a un grande hombre o celebrar una victoria u otro suceso memorable. || *Canto o composición *musical dirigida a cualquiera de estos fines.

himplar. intr. Emitir la onza o la pantera su *voz natural.

hin. Onomatopeya con que se representa la *voz del *caballo y de la mula.

hincadura. f. Acción y efecto de hincar.

hincapié. m. Acción de afirmar el pie para *apoyarse o para hacer fuerza. || **Hacer** uno **hincapié.** fr. fig. y fam. Insistir con *obstinación o mantenerse firme en la propia opinión.

*__hincar.__ tr. *Introducir o *clavar una cosa en otra. || *Apoyar una cosa en otra. || **Plantar.** || r. **Hincarse de rodillas.**

hinco. m. *Palo o puntal que se hinca en tierra.

hincón. m. *Madero que se afianza en las márgenes de los *ríos y en el cual se *amarra la maroma que sirve para conducir la barca. || Hito o mojón para marcar las *lindes.

hincha. f. fam. Odio, *aborrecimiento.

hinchadamente. adv. m. Con hinchazón.

hinchado, da. adj. fig. *Orgulloso, presumido. || Dícese del *estilo, etc., que abunda en expresiones hiperbólicas y afectadas.

hinchamiento. m. **Hinchazón.**

*__hinchar.__ tr. Hacer que aumente de volumen algún objeto, llenándolo de aire, líquido u otra cosa. Ú. t. c. r. || fig. Aumentar el agua de un *río, arroyo, etc. Ú. t. c. r. || fig. *Exagerar una noticia o un suceso. || r. Aumentar de volumen una parte del cuerpo, por herida, golpe, inflamación, etc. || fig. Envanecerse, *engreírse.

*__hinchazón.__ f. Efecto de hincharse. || fig. *Vanidad, presunción. || fig. Vicio o defecto del *estilo hinchado.

hindú. adj. Perteneciente o relativo a la India. || Natural de este país. Ú. t. c. s.

hiniesta. f. ***Retama.**

hinnible. adj. p. us. Capaz de relinchar.

hinojal. m. Sitio poblado de hinojos.

hinojo. m. *Planta herbácea de las umbelíferas, aromática, que se usa como *condimento. || **marino.** Hierba de las umbelíferas, abundante entre las rocas.

hinojo. m. ***Rodilla.** Ú. m. en pl. || **De hinojos.** m. adv. **De rodillas.**

Hinojosa. n. p. V. **Topacio de Hinojosa.**

hinque. m. *Juego que ejecutan los muchachos con sendos palos puntiagudos que, según ciertas reglas, se han de hincar en la tierra húmeda.

hintero. m. Mesa para amasar el *pan.

hiñir. tr. **Heñir.**

hioideo, a. adj. *Zool.* Perteneciente al *hueso hioides.

hioides. adj. *Zool.* V. **Hueso hioides.** Ú. t. c. s.

hipar. intr. Tener con frecuencia *hipo. || Jadear los *perros cuando van siguiendo la caza. || *Cansarse por el mucho trabajo. || **Gimotear.** || fig. *Desear con vehemencia una cosa.

hiper. prep. insep. que significa superioridad o *exceso.

hiperbático, ca. adj. Que tiene hipérbaton.

hipérbaton. m. **Gram.* Figura de construcción, que consiste en alterar el orden lógico de las palabras en la oración.

hipérbola. f. *Geom.* *Curva simétrica respecto de dos ejes perpendiculares entre sí, con dos focos.

hipérbole. f. **Ret.* Figura que consiste en aumentar o *exagerar aquello de que se habla.

hiperbólicamente. adv. m. Con hipérbole; de manera hiperbólica.

hiperbólico, ca. adj. Perteneciente a la hipérbola. || De figura de hipérbola o parecido a ella. || Perteneciente o relativo a la hipérbole.

hiperbolizar. intr. Usar de hipérboles.

hiperboloide. m. **Geom.* *Superficie cuyas secciones planas son elipses, círculos o hipérbolas, y se extiende indefinidamente en dos sentidos opuestos. || **Geom.* Sólido comprendido en un trozo de esta superficie. || **de revolución.** **Geom.* El formado por el giro de una hipérbola alrededor de uno de sus ejes.

hiperbóreo, a. adj. **Geogr.* Aplícase a las regiones muy septentrionales y a lo perteneciente a ellas.

hiperclorhidria. f. Exceso de ácido clorhídrico en el jugo *gástrico.

hipercrisis. f. **Pat.* Crisis violenta.

hipercrítica. f. *Crítica exagerada.

hipercrítico. m. Censor inflexible; *crítico muy riguroso.

hiperdulía. f. **Culto de hiperdulía.**

hiperemia. f. *Pat.* Abundancia extraordinaria de *sangre en una parte del cuerpo.

hiperestesia. f. *Sensibilidad excesiva y dolorosa.

hiperestésico, ca. adj. *Pat.* Perteneciente a la hiperestesia, o que la padece.

hipericíneo, a. adj. **Bot.* Dícese de hierbas, matas, arbustos y árboles dicotiledóneos, cuyo tipo es el hipérico. Ú. t. c. s. f. || f. pl. *Bot.* Familia de estas plantas.

hipérico. m. **Corazoncillo.**

hipermetría. f. Figura *poética que consiste en dividir una palabra para acabar con su primera parte un verso y empezar otro con la segunda.

hipermétrope. adj. Que padece hipermetropía.

hipermetropía. f. *Med.* **Presbicia.**

hipersecreción. f. *Secreción excesiva.

hipertensión. f. *Pat.* Tensión *arterial excesiva.

hipertermia. f. Elevación de la temperatura del cuerpo.

hipertrofia. f. **Pat.* *Aumento excesivo del volumen de un órgano.

hipertrofiarse. r. Aumentarse con exceso el volumen de un órgano.

hipertrófico, ca. adj. Perteneciente o relativo a la hipertrofia.

hípico, ca. adj. Perteneciente o relativo al *caballo.

hipido. m. Acción y efecto de hipar o gimotear.

hipnal. m. Aspid que, según los antiguos, infundía un *sueño mortal con su mordedura.

hipnalismo. m. *Sueño magnético.

hipnología. f. Tratado del *sueño.

hipnosis. f. *Sueño producido por el hipnotismo.

*__hipnótico, ca.__ adj. Perteneciente o relativo al *hipnotismo. Ú. t. c. s.

*__hipnotismo.__ m. Procedimiento empleado para producir el sueño llamado magnético.

hipnotización. f. Acción de hipnotizar.

hipnotizador, ra. adj. Que hipnotiza. Ú. t. c. s.

*__hipnotizar.__ tr. Producir la hipnosis.

*__hipo.__ m. Movimiento convulsivo del diafragma, que interrumpe momentáneamente la respiración. || fig. Ansia, *deseo vehemente. || fig. Encono, *aborrecimiento. || **Quitar el hipo** una cosa. fr. fig. y fam. Causar *horror o *admiración.

hipocampo. m. **Caballo marino.**

hipocastáneo, a. adj. **Bot.* Dícese de árboles o arbustos dicotiledóneos, cuyo tipo es el castaño de Indias. Ú. t. c. s. || f. pl. *Bot.* Familia de estas plantas.

hipocausto. m. *Habitación cuya *calefacción se obtenía por medio de hornillos y conductos situados debajo de su pavimento.

hipocentauro. m. **Centauro.**

hipocicloide. f. *Geom.* *Curva descrita por un punto de una circunferencia que rueda dentro de otra fija, conservándose tangentes.

hipocondría. f. **Pat.* Afección caracterizada por una gran sensibilidad del sistema nervioso con *tristeza habitual.

hipocondriaco, ca o **hipocondríaco, ca.** adj. **Pat.* Perteneciente a la

hipocondría. ‖ *Pat. Que padece de esta enfermedad. Ú. t. c. s.
hipocóndrico, ca. adj. Perteneciente a los hipocondrios o a la hipocondría.
hipocondrio. m. *Anat. Cada una de las dos partes laterales de la región epigástrica, situada debajo de las costillas falsas. Ú. m. en pl.
hipocorístico, ca. adj. Dícese de los vocablos que, para expresar *cariño, se acortan o modifican imitando la pronunciación de los *niños.
hipocrás. m. *Bebida hecha con vino, azúcar, canela y otros ingredientes.
hipocrático, ca. adj. Perteneciente a Hipócrates o a su doctrina.
hipocrénides. f. pl. Las *musas.
hipocresía. f. *Fingimiento de cualidades o sentimientos y especialmente de virtud o *devoción.
***hipócrita.** adj. Que finge o aparenta lo que no es o lo que no siente, y especialmente, virtud o *devoción. Ú. t. c. s.
hipócritamente. adv. m. Con hipocresía.
hipodérmico, ca. adj. Que está o se pone debajo de la *piel.
hipódromo. m. Lugar destinado para *carreras de caballos y carros.
hipófisis. f. *Glándula u órgano de secreción interna, situado en la base del cráneo.
hipofosfato. m. *Quím. Sal del ácido hipofosfórico.
hipofosfito. m. *Quím. Sal del ácido hipofosforoso.
hipofosfórico. adj. *Quím. Dícese de un ácido formado por la oxidación del fósforo al aire húmedo.
hipofosforoso. adj. *Quím. Dícese del ácido fosfórico menos oxigenado.
hipogástrico, ca. adj. Anat. Perteneciente al hipogastrio.
hipogastrio. m. Anat. Parte inferior del *vientre.
hipogénico, ca. adj. *Geol. Dícese de los terrenos y rocas formados en lo interior de la Tierra.
hipogeo. m. Bóveda *subterránea donde se conservaban los cadáveres sin quemarlos. ‖ *Capilla o edificio subterráneo.
hipogloso, sa. adj. Zool. Que está debajo de la *lengua.
hipogrifo. m. Animal *quimérico, mitad caballo y mitad grifo con alas.
hipología. f. Tratado acerca de los *caballos.
hipómanes. m. Veter. Humor que segrega la *yegua cuando está en celo.
hipomoclio. m. Mec. **Fulcro.**
hipomoclion. m. Mec. **Hipomoclio.**
hipopótamo. m. *Mamífero paquidermo de gran tamaño, de piel gruesa, negruzca y casi desnuda; boca muy grande, labios monstruosos y piernas muy cortas. Vive en los grandes ríos de África.
hiposo, sa. adj. Que tiene hipo.
hipóstasis. f. Teol. Supuesto o persona de la Santísima *Trinidad.
hipostáticamente. adv. m. Teol. De un modo hipostático.
hipostático, ca. adj. Teol. Perteneciente a la hipóstasis. Dícese comúnmente de la unión de la naturaleza humana con el Verbo divino en una sola persona.
hipostenia. f. Disminución de fuerzas, *debilidad.
hiposulfato. m. *Quím. Sal resultante de la combinación del ácido hiposulfúrico con una base.
hiposulfito. m. *Quím. Sal formada por el ácido hiposulfuroso con una base.
hiposulfúrico. adj. *Quím. Dícese de un ácido inestable que se obtiene por combinación del azufre con el oxígeno.
hiposulfuroso. adj. *Quím. Dícese de uno de los ácidos que se obtienen por la combinación del azufre con el hidrógeno, y es el menos oxigenado de todos.
hipotálamo. m. Anat. Región del *encéfalo unida por un tallo nervioso a la hipófisis.
***hipoteca.** f. Finca con que se garantiza el pago de un crédito. ‖ For. Derecho real que grava bienes inmuebles, sujetándolos a responder de una obligación. ‖ **¡Buena hipoteca!** irón. Persona o cosa poco digna de confianza.
hipotecable. adj. Que se puede hipotecar.
hipotecar. tr. Gravar con *hipoteca.
hipotecario, ria. adj. Perteneciente o relativo a la *hipoteca. ‖ Que se asegura con hipoteca.
hipotensión. m. Tensión de la *sangre inferior a la normal.
hipotenusa. f. Geom. Lado opuesto al ángulo recto en un *triángulo rectángulo.
hipótesi. f. **Hipótesis.**
hipótesis. f. *Suposición que se hace para sacar de ella una consecuencia.
hipotéticamente. adv. m. De manera hipotética.
hipotético, ca. adj. Perteneciente a la hipótesis o que se funda en ella.
hipotiposis. f. Ret. *Descripción de una persona o cosa.
hipsometría. f. **Altimetría.**
hipsométrico, ca. adj. Perteneciente o relativo a la hipsometría.
hipsómetro. m. Termómetro para medir la *altura de un lugar, observando la temperatura a que allí empieza a hervir el agua.
hircano, na. adj. Natural de Hircania. Ú. t. c. s. ‖ Perteneciente a este país de Asia antigua.
hircismo. m. Olor a sobaquina (*fetidez).
hirco. m. ***Cabra montés.**
hircocervo. m. Animal *quimérico, compuesto de macho cabrío y ciervo. ‖ fig. **Quimera.**
hirculación. f. Cierta enfermedad de las *vides.
hiriente. p. a. de **Herir.** Que hiere.
hirma. f. **Orillo.**
hirmar. tr. **Afirmar.**
hirsuto, ta. adj. Dícese del *cabello o pelo ralo y rígido, y de lo que está cubierto de pelo de esta clase o de púas o *espinas.
hirundinaria. f. **Celidonia.**
hirviente. p. a. de **Hervir.** Que hierve.
hisca. f. **Liga** (de cazar pájaros).
hiscal. m. *Cuerda de esparto de tres ramales. ‖ Montón de *haces.
hisopada. f. Rociada de agua echada con el hisopo.
hisopadura. f. p. us. **Hisopada.**
hisopar. tr. **Hisopear.**
hisopazo. m. **Hisopada.** ‖ Golpe dado con el hisopo.
hisopear. tr. *Rociar o echar agua con el hisopo.
hisopillo. m. Muñequilla de trapo que, empapada en un líquido, sirve para humedecer y refrescar la boca y la garganta de los enfermos. ‖ *Mata aromática, de las labiadas.
hisopo. m. *Mata muy olorosa de las labiadas, con flores azules o blanquecinas, en espiga terminal. ‖ *Liturg. Palo corto y redondo, en cuya extremidad se pone un manojito de cerdas o una bola de metal hueca con agujeros, y sirve en las iglesias para dar agua bendita o esparcirla al pueblo. ‖ Manojo de ramitas que se usa con este mismo fin.
hisopo húmedo. m. *Farm. Mugre *grasa que tiene la lana de las ovejas y carneros.
hispalense. adj. **Sevillano.** Apl. a pers., ú. t. c. s.
hispánico, ca. adj. **Español.** ‖ Perteneciente o relativo a la antigua Hispania y a los pueblos nacidos de ella.
hispanidad. f. Carácter genérico de todos los pueblos de lengua y cultura españolas. ‖ Conjunto y comunidad de los pueblos hispanos.
hispanismo. m. Giro o modo de hablar peculiar de la *lengua española. ‖ Vocablo o giro de esta lengua empleado en otra. ‖ Empleo de vocablos o giros españoles en distinto idioma. ‖ Afición al estudio de las cosas de España.
hispanista. com. Persona versada en la *lengua y *literatura españolas.
hispanizar. tr. **Españolizar.**
hispano, na. adj. **Español.** Apl. a pers., ú. t. c. s.
hispanoamericanismo. m. Doctrina que propugna la unión espiritual de los pueblos hispanoamericanos con España.
hispanoamericano, na. adj. Perteneciente a españoles y americanos o compuesto de elementos propios de ambos países. ‖ Dícese más comúnmente de las naciones de América en que se habla el español, y de sus habitantes de raza blanca.
hispanófilo, la. adj. Dícese del extranjero aficionado a la cultura, historia y costumbres de España. Ú. t. c. s.
híspido, da. adj. De *pelo áspero y erizado.
hispir. intr. *Esponjarse, ahuecarse una cosa. Ú. t. c. tr. y r.
histéresis. f. *Retardación del efecto causado por una *fuerza cuando cambia su dirección o intensidad.
histérico, ca. adj. Perteneciente al útero o *matriz. ‖ Perteneciente al histerismo. ‖ m. **Histerismo.**
histerismo. m. *Pat. Padecimiento *nervioso de la mujer, caracterizado por convulsiones, accesos de sofocación, etc.
histerología. f. *Ret. Figura que consiste en invertir o trastornar el orden lógico de las ideas.
histeromanía. f. *Ginecol. Furor uterino.
***histología.** f. Parte de la anatomía, que trata del estudio de los tejidos orgánicos.
histológico, ca. adj. Perteneciente o relativo a la histología.
histólogo. m. Persona versada en histología.
***historia.** f. Narración verdadera y ordenada de los acontecimientos pasados y cosas memorables. ‖ Exposición ordenada cronológicamente, de los hechos, doctrinas, etc., que tienen relación con cualquier ciencia o arte. ‖ Conjunto de los *sucesos referidos por los historiadores. ‖ Obra histórica compuesta por un escritor. ‖ fig. *Narración de cualquier aventura o suceso, aunque sea de carácter privado. ‖ fig. Fábula, *cuento. ‖ fig. y fam. *Chisme. Ú. m. en pl. ‖ *Pint. Cuadro o tapiz que representa un caso histórico o fabuloso. ‖ **natural.** Descripción de las producciones de la naturaleza en sus tres reinos *animal, *vegetal y *mineral. ‖ ***Historia sagrada*.** Conjunto de narraciones históricas contenidas en el Viejo y el Nuevo Testamento. ‖ **De historia.** loc. Dícese de la perso-

na de quien se cuentan aventuras poco honrosas. ‖ **Dejarse** uno **de historias.** fr. fig. y fam. Omitir rodeos e ir *derechamente a lo más *importante de una cosa. ‖ **Hacer historia.** fr. **Historiar.** ‖ **Picar en historia** una cosa. fr. Tener mayor *gravedad o *importancia de lo que al pronto parecía.

historiado, da. adj. fig. y fam. Recargado de adornos *superfluos o de colores mal combinados. ‖ **Pint.* Aplícase al cuadro o dibujo en que se representa con figuras algún suceso o escena.

historiador, ra. m. y f. Persona que escribe historia.

historial. adj. Perteneciente a la *historia. ‖ m. Reseña circunstanciada de un negocio, o de los servicios de un funcionario.

historialmente. adv. m. De un modo historial.

historiar. tr. Contar o escribir *historias. ‖ *Referir las vicisitudes por que ha pasado una persona o cosa. ‖ **Pint.* Representar un suceso histórico o fabuloso en cuadros, estampas o tapices.

históricamente. adv. m. De un modo histórico.

***histórico, ca.** adj. Perteneciente a la *historia. ‖ Averiguado, *verdadero, *cierto, por contraposición a lo fabuloso o legendario. ‖ Digno de figurar en la historia.

historieta. f. d. de **Historia.** ‖ *Cuento o relación breve de alguna aventura de poca importancia.

historiografía. f. Arte de escribir la *historia.

historiógrafo. m. **Historiador.**

***histrión.** m. Actor que representaba disfrazado en el *teatro antiguo. ‖ → Volatín, prestidigitador u otra persona que divertía al público con disfraces.

histriónico, ca. adj. Perteneciente al histrión.

histrionisa. f. Mujer que representaba o bailaba en el teatro.

***histrionismo.** m. Oficio de histrión. ‖ Conjunto de las personas dedicadas a este oficio.

hita. f. *Clavo pequeño sin cabeza. ‖ **Hito** (mojón).

hitación. f. Acción y efecto de hitar.

hitar. tr. **Amojonar.**

hito, ta. adj. Unido, inmediato, *contiguo. Sólo tiene uso en la locución **calle,** o **casa, hita.** ‖ **Fijo.** ‖ m. Mojón o poste de piedra, que sirve para *indicar la dirección de los caminos o los *límites de un territorio. ‖ *Juego que se ejecuta fijando en la tierra un clavo, y tirando a él con herrones o con tejos. ‖ fig. Blanco u *objeto a que se dirige la vista o puntería. ‖ **A hito.** m. adv. Fijamente, con *permanencia en un lugar. ‖ **Dar en el hito.** fr. fig. *Averiguar o *acertar el punto de la dificultad. ‖ **Jugar** uno **a dos hitos.** fr. fig. y fam. **Jugar con dos barajas.** ‖ **Mirar de hito,** o **de hito en hito.** fr. Fijar la *vista en un objeto. ‖ **Mirar en hito.** fr. **Mirar de hito en hito.** ‖ ***Mudar de hito.** fr. fig. y fam. Variar los medios para la consecución de una cosa.

hito, ta. adj. **Negro.** Aplícase al *caballo sin mancha ni pelo de otro color.

hitón. m. *Min.* *Clavo grande cuadrado y sin cabeza.

hobachón, na. adj. Aplícase al que teniendo muchas carnes, es *holgazán y flojo.

hobachonería. f. *Pereza, holgazanería.

hobo. m. **Jobo.**

hocete. m. **Hocino** (instrumento cortante).

hocicada. f. *Golpe dado con el hocico o de hocicos.

hocicar. tr. **Hozar.** ‖ fig. y fam. **Besucar.** ‖ intr. *Caer o dar de hocicos contra algo. ‖ fig. y fam. Tropezar con un *obstáculo o *dificultad insuperable. ‖ **Mar.* Hundir o calar la proa.

hocico. m. Parte más o menos saliente y prolongada de la cabeza de algunos animales, en que están la *boca y las *narices. ‖ *Boca de una persona, cuando tiene los *labios muy abultados. ‖ fig. y fam. **Cara.** ‖ fig. y fam. *Gesto que denota enojo o *desagrado. ‖ **Hocico de tenca.** *Anat.* El orificio de la *matriz.

hocicón, na. adj. **Hocicudo.**

hocicudo, da. adj. Dícese de la persona que tiene los *labios prominentes. ‖ Dícese del animal de mucho hocico.

hocino. m. Instrumento cortante, compuesto de un hierro corvo con mango, de que se usa para *podar o cortar leña. ‖ El que usan los hortelanos para trasplantar.

hocino. m. Terreno que dejan las angosturas de las faldas de las montañas o los *valles estrechos, cerca de los *ríos o arroyos. ‖ pl. *Huertecillos que se forman en dichos parajes. ‖ Angostura de los ríos entre dos montañas.

hodómetro. m. **Odómetro.**

hogañazo. adv. t. fam. **Hogaño.**

hogaño. adv. t. fam. En este *año, en el año presente. ‖ Por ext., en la época *actual.

***hogar.** m. Sitio donde se enciende la lumbre en las cocinas, chimeneas, hornos, etc. ‖ **Hoguera.** ‖ fig. *Casa o domicilio. ‖ fig. Vida de *familia.

hogareño, ña. adj. Amante de la vida de *familia.

hogaril. m. Hogar, fogón.

hogaza. f. *Pan de más de dos libras. ‖ Pan de salvado o harina mal cernida.

***hoguera.** f. Porción de materias encendidas que levantan mucha llama.

***hoja.** f. Cada uno de los órganos generalmente verdes, planos y delgados, que nacen en la mayoría de los vegetales. ‖ **Pétalo.** ‖ *Lámina delgada de cualquier materia. ‖ En los *libros y cuadernos, cada una de las partes iguales que resultan al doblar el papel para formar el pliego. ‖ Laminilla delgada, a manera de escama, que se levanta en los *metales al tiempo de batirlos. ‖ Cuchilla de las *armas blancas* y herramientas. ‖ Porción de tierra que se beneficia un año y se deja descansar otro u otros dos. ‖ En las *puertas, ventanas, *biombos, etc., cada una de las partes que se abren y se cierran. ‖ Mitad de cada una de las partes principales de que se compone un vestido. ‖ Cada una de las partes de la *armadura antigua, que cubría el cuerpo. ‖ fig. **Espada.** ‖ **acicular.** *Bot.* La linear y puntiaguda; como las del pino. ‖ **aovada.** *Bot.* La de figura oval. ‖ **aserrada.** *Bot.* Aquella cuyo borde tiene dientes inclinados hacia su punta. ‖ **berberisca.** Plancha de latón muy delgada que se empleaba en *cirugía. ‖ **compuesta.** *Bot.* La que está dividida en varias hojuelas separadamente articuladas. ‖ **de afeitar.** Laminilla muy delgada de acero, con filo, que colocada en un instrumento especial, sirve para *afeitar. ‖ **de Flandes. Hoja de lata.** ‖ **de hermandad.** *Contribución que se paga en Álava. ‖ **de lata. Hojalata.** ‖ **de limón. Toronjil.** ‖ **de Milán. Hoja de lata.** ‖ **dentada.** *Bot.* Aquella cuyos bordes están festoneados de puntas rectas. ‖ **de ruta.** **Ferroc.* Documento en que constan las mercancías que contienen los bultos que transporta un tren. ‖ **de servicios.** Documento en que constan los antecedentes de un *empleado público en el ejercicio de su profesión. ‖ **de *tocino.** Mitad de la canal de *cerdo partida a lo largo. ‖ **digitada.** *Bot.* La compuesta cuyas hojuelas nacen a manera de los dedos de la mano abierta. ‖ **discolora.** *Bot.* Aquella cuyas dos caras son de color diferente. ‖ **entera.** *Bot.* La que no tiene ningún seno ni escotadura en sus bordes. ‖ **enterísima.** *Bot.* La que tiene su margen sin desigualdad alguna. ‖ **envainadora.** *Bot.* La que envuelve el tallo. ‖ **escotada.** *Bot.* La que tiene en la punta una escotadura. ‖ **escurrida.** *Bot.* La sentada cuya base se extiende por ambos lados hacia abajo. ‖ **nerviosa.** *Bot.* La que tiene unas rayas que corren de arriba abajo sin dividirse. ‖ **perfoliada.** *Bot.* La que por su base y nacimiento rodea enteramente el tallo. ‖ **trasovada.** *Bot.* La aovada más ancha por la punta que por la base. ‖ **venosa.** *Bot.* La que tiene vasillos sobresalientes que se extienden con sus ramificaciones hasta los bordes. ‖ **volante. Papel volante.** ‖ **Batir hoja.** fr. Labrar un metal reduciéndolo a **hojas** o *planchas. ‖ **Desdoblar la hoja.** fr. fig. y fam. Volver al discurso que se había interrumpido. ‖ **Doblar la hoja.** fr. fig. Dejar el negocio que se trata, para proseguirlo después. ‖ **Mudar la hoja.** fr. fig. y fam. Desistir uno del intento que tenía. ‖ **Poner** a uno **como hoja de perejil.** fr. fig. y fam. **Ponerle como chupa de dómine.** ‖ **Volver la hoja.** fr. fig. *Mudar de parecer. ‖ fig. Mudar de conversación.

***hojalata.** f. Lámina de hierro o acero, estañada por las dos caras.

***hojalatería.** f. Taller en que se hacen piezas de *hojalata. ‖ Tienda donde se venden.

***hojalatero.** m. El que hace o vende piezas de *holalata.

hojalde. m. **Hojaldre.**

hojaldrado, da. adj. Semejante al *hojaldre.

hojaldrar. tr. Dar a la masa forma de *hojaldre.

***hojaldre.** amb. Masa de pastelería que, al cocerse en el horno, forma muchas hojas delgadas superpuestas unas a otras. ‖ **Quitar la hojaldre al pastel.** fr. fig. y fam. *Descubrir un enredo.

hojaldrista. com. Persona que hace *hojaldres.

hojaranzo. m. **Ojaranzo** (*jara). ‖ **Adelfa.**

***hojarasca.** f. Conjunto de las *hojas que han caído de los árboles. ‖ Excesiva frondosidad de algunos árboles o plantas. ‖ fig. Cosa *inútil.

hojear. tr. Mover o pasar ligeramente las hojas de un *libro o cuaderno. ‖ Pasar las hojas de un libro, *leyendo de prisa algunos pasajes. ‖ intr. Tener hoja un *metal.

hojecer. intr. ant. Echar *hoja los árboles.

hojoso, sa. adj. Que tiene muchas *hojas.

hojudo, da. adj. **Hojoso.**

hojuela. f. d. de **Hoja.** ‖ *Fruta de

sartén*, muy extendida y delgada. ‖ Hollejo o cascarilla que queda de la *aceituna molida. ‖ *Lámina muy delgada, angosta y larga, de oro, plata u otro metal, que sirve para labores de *pasamanería, bordados, etcétera. ‖ *Bot.* Cada una de las *hojas que forman parte de otra compuesta.

¡hola! interj. que se emplea para denotar *sorpresa o para *llamar o *saludar a uno. Ú. t. repetida.

holán. m. **Holanda.**

holanda. f. *Tela de hilo muy fina. ‖ *Alcohol impuro de baja graduación destilado del *vino o de los residuos de la vinificación. Ú. m. en pl.

holandés, sa. adj. Natural de Holanda. Ú. t. c. s. ‖ Perteneciente a esta nación de Europa. ‖ m. *Idioma hablado en Holanda. ‖ **A la holandesa.** m. adv. Dícese de la *encuadernación en que el cartón de la cubierta va forrado de papel o tela, y de piel el lomo.

holandeta. f. **Holandilla.**

holandilla. f. *Tela de hilo prensada, que se usa para forros de vestidos. ‖ **Tabaco holandilla.**

holco. m. **Heno blanco.**

holgachón, na. adj. fam. Acostumbrado a pasarlo bien trabajando poco.

holgadamente. adv. m. Con holgura.

holgado, da. adj. **Desocupado.** ‖ *Ancho, *espacioso o sobrado en relación con lo que ha de contener. ‖ fig. Dícese del que, sin ser rico, tiene para vivir con *bienestar.

holganza. f. *Descanso, reposo. ‖ **Ociosidad.** ‖ *Placer, diversión.

***holgar.** intr. *Descansar. ‖ → Estar ocioso, no trabajar. ‖ *Alegrarse de una cosa. Ú. t. c. r. ‖ Dicho de las cosas inanimadas, estar *inactivas. ‖ r. *Divertirse.

***holgazán, na.** adj. Aplícase a la persona *perezosa que no quiere trabajar. Ú. t. c. s.

***holgazanear.** intr. Estar voluntariamente ocioso.

holgazanería. f. Ociosidad, haraganería.

holgón, na. adj. Amigo de holgar y divertirse. Ú. t. c. s.

holgorio. m. fam. *Diversión bulliciosa. Suele aspirarse la *h.*

holgueta. f. fam. **Holgura** (*diversión).

holgura. f. Regocijo, *diversión entre muchos. ‖ ***Anchura.**

holocausto. m. *Sacrificio especial entre los *judíos, en que se quemaba toda la víctima. ‖ fig. **Sacrificio** (acto de abnegación o *altruismo).

hológrafo, fa. adj. *For.* **Ológrafo.** Ú. t. c. s. m.

holostérico. adj. V. **Barómetro holostérico.**

holoturia. f. **Cohombro de mar.**

holladero, ra. adj. Dícese de la parte de un *camino por donde ordinariamente se transita.

holladura. f. Acción y efecto de hollar. ‖ Derecho que se pagaba por pisar los *ganados en un terreno.

hollar. tr. *Pisar. ‖ fig. Abatir, *humillar.

holleca. f. **Herrerillo** (*pájaro).

hollejo. m. *Pellejo o piel delgada que cubre algunas frutas y legumbres.

hollejudo, da. adj. Que tiene mucho hollejo.

hollejuelo. m. d. de **Hollejo.**

***hollín.** m. Substancia crasa y negra que el humo deposita en los conductos por donde pasa. ‖ fam. **Jollín.**

holliniento, ta. adj. Que tiene *hollín.

homarrache. m. **Moharrache.**

hombracho. m. Hombre grueso y *fuerte.

hombrachón. m. aum. de **Hombre.**

hombrada. f. Acción propia de un hombre generoso o *valiente.

hombradía. f. Calidad de hombre. ‖ *Entereza, *valor.

***hombre.** m. Animal racional. Bajo esta acepción se comprende todo el género humano. ‖ **Varón.** ‖ El que ha llegado a la *edad adulta. ‖ Entre el vulgo, ***marido.** ‖ El que en ciertos juegos de *naipes entra y juega contra los demás. ‖ Juego de *naipes entre varias personas con elección de palo que sea triunfo. ‖ **bueno.** El que pertenecía al estado llano o *plebeyo. ‖ *For.* El *mediador en los actos de conciliación. ‖ **de ambas sillas.** *Equit.* Decíase del que con soltura y buen manejo cabalgaba a la brida y a la jineta. ‖ fig. El que es *sabio en varias artes o facultades. ‖ **de armas.** Jinete que iba a la guerra armado de todas piezas. ‖ **de armas tomar.** El que tiene *resolución o suficiencia para cualquier cosa. ‖ **de barba. Hombre de bigotes.** ‖ **de bien.** El que *cumple puntualmente sus obligaciones. ‖ **de bigotes.** fig. y fam. El que tiene entereza y *severidad. ‖ **de buena capa.** fig. y fam. El de buen *porte. ‖ **de buenas letras.** El versado en letras humanas. ‖ **de cabeza.** El que tiene *talento. ‖ **de calzas atacadas.** fig. El nimiamente observante de los usos *antiguos. ‖ fig. El demasiadamente *severo. ‖ **de capa y espada.** El seglar que no profesaba de propósito una facultad. ‖ **de copete.** fig. El que goza de *respeto y autoridad. ‖ **de corazón.** El *valiente, generoso y magnánimo. ‖ **de chapa.** El *cuerdo y sesudo. ‖ **de días.** El anciano, el provecto. ‖ **de dinero.** El acaudalado. ‖ **de dos caras.** fig. El *falso y desleal. ‖ **de edad.** El viejo. ‖ **de Estado.** El de aptitud reconocida para dirigir los negocios *políticos de una nación. ‖ **Estadista.** ‖ **de estofa.** fig. El de respeto y consideración. ‖ **de fondo.** El que tiene gran capacidad e instrucción y *talento. ‖ **de fortuna.** El que de cortos principios llega a grandes empleos o riquezas. ‖ **de guerra.** El que sigue la profesión *militar. ‖ **de hecho.** El que *cumple su palabra. ‖ **de haldas.** El que tiene una profesión sedentaria. ‖ **de iglesia. Clérigo.** ‖ **de la vida airada.** El que vive con inmoralidad y desenfreno. ‖ El que se precia de guapo y valentón. ‖ **de letras. Literato.** ‖ **del rey.** En lo antiguo, el que servía en la casa real. ‖ **de lunas.** Hombre lunático. ‖ **de mala digestión.** fig. y fam. El que tiene mal gesto y condición *desabrida. ‖ **de manga.** Clérigo o religioso. ‖ **de manos. Hombre de puños.** ‖ **de mar.** Aquel cuya profesión se ejerce en el mar o se refiere a la *marina. ‖ **de mundo.** El que tiene mucha *experiencia. ‖ **de nada.** El que es pobre y de obscuro nacimiento. ‖ **de negocios.** El que tiene muchos a su cargo. ‖ **de palabra.** El que *cumple lo que promete. ‖ **de pecho.** fig. y fam. El *constante y de gran serenidad. ‖ **de pelea. Soldado.** ‖ **de pelo en pecho.** fig. y fam. El fuerte y *valiente. ‖ **de pro, o de provecho.** El de bien. ‖ **de puños.** fig. y fam. El *fuerte y valeroso. ‖ **de todas sillas.** fig. **Hombre de ambas sillas.** ‖ **de veras.** El que es amigo de la *verdad. ‖ **hecho.** El que ha llegado a la edad *adulta. ‖ fig. El instruido. ‖ **liso.** El *veraz y sincero. ‖ **lleno.** fig. El que sabe mucho. ‖ **mayor.** El de edad avanzada. ‖ **menudo.** El miserable, escaso y apocado. ‖ **nuevo.** *Teol.* El **hombre** en cuanto ha sido regenerado por Jesucristo. ‖ **para poco.** El *tímido y de ninguna expedición. ‖ **público.** El que interviene públicamente en los negocios *políticos. ‖ **viejo.** El **hombre,** como heredero del *pecado original. ‖ **Gentil hombre. Gentilhombre.** ‖ **Gran, o grande, hombre.** El *ilustre y eminente. ‖ **Pobre hombre.** El de cortos talentos e instrucción. ‖ El de poca habilidad. ‖ **Hacer** a uno **hombre.** fr. fig. y fam. *Protegerle eficazmente. ‖ **¡Hombre!** interj. que indica *sorpresa y asombro. Ú. también repetida. ‖ **No ser** uno **hombre de pelea.** fr. fig. Ser *tímido y apocado. ‖ **No tener** uno **hombre.** fr. No tener *protector o favorecedor. ‖ **Ser** uno **hombre para** alguna cosa. fr. Tener *resolución o *aptitud para ella. ‖ **Ser** uno **mucho hombre.** fr. Ser persona de gran *talento o *habilidad. ‖ **Ser** uno **muy hombre.** fr. Ser *valiente y esforzado. ‖ **Ser** uno **otro hombre.** fr. fig. Haber *cambiado mucho.

hombrear. intr. Querer el joven parecer *hombre hecho.

hombrear. intr. Hacer *fuerza con los hombros. ‖ fig. Querer *igualarse con otro u otros en saber, calidad o prendas. Ú. t. c. r.

hombrecillo. m. d. de **Hombre.** ‖ **Lúpulo.**

hombrera. f. Pieza de la *armadura que cubría los hombros. ‖ Labor o adorno de los *vestidos en la parte correspondiente a los hombros. ‖ Cordón, franja o pieza sobrepuesta a los hombros en el uniforme militar, que sirve de *insignia.

hombretón. m. aum. de **Hombre.**

hombrezuelo. m. d. de **Hombre.**

hombría de bien. f. **Honradez.**

hombrillo. m. Tira de tela con que se refuerza la *camisa por el hombro. ‖ Pieza del *vestido que se pone encima de los hombros.

hombro. m. **Anat.* Parte superior y lateral del tronco del hombre, de donde nace el brazo. ‖ **Impr.* Parte de la letra desde el remate del árbol hasta la base del ojo. ‖ **A hombros.** m. adv. con que se denota que se lleva alguna persona o cosa sobre los **hombros.** ‖ **Arrimar el hombro.** fr. fig. *Trabajar con actividad; *ayudar con eficacia. ‖ **Echar** uno **al hombro** una cosa. fr. fig. Hacerse responsable de ella. ‖ **Encogerse** uno **de hombros.** fr. fig. No saber uno, o no querer, responder a lo que se le pregunta. ‖ fig. Mostrarse *indiferente. ‖ **Mirar** a uno **por encima del hombro,** o **sobre el hombro,** o **sobre hombro.** fr. fig. y fam. Tenerle en menos, *despreciarle. ‖ **Sacar** uno **a hombros** a otro. fr. fig. *Librarle de un riesgo o apuro.

***hombruno, na.** adj. fam. Dícese de la mujer que se parece al hombre y de lo relativo a ella.

homenaje. m. *Juramento solemne de fidelidad hecho a un rey o señor. ‖ fig. *Sumisión, *respeto. ‖ Acto o serie de ellos con que se honra o *enaltece a una persona.

homeópata. adj. Dícese del médico

que profesa la homeopatía. Ú. t. c. s.
homeopatía. f. *Terap.* Sistema curativo que consiste en administrar, en dosis mínimas, las mismas substancias que en mayores cantidades producirían al hombre sano síntomas iguales o parecidos a los que se trata de combatir.
homeopáticamente. adv. m. En dosis diminutas u homeopáticas.
homeopático, ca. adj. Perteneciente o relativo a la homeopatía. ‖ fig. Muy *pequeño, o *escaso.
homérico, ca. adj. Propio y característico de Homero como *poeta.
homero. m. **Aliso** (árbol).
homicida. adj. Que ocasiona la *muerte de una persona. Apl. a pers., ú. t. c. s.
homicidio. m. *Muerte causada a una persona por otra. ‖ Por lo común, la ejecutada ilegítimamente y con violencia. ‖ Cierto *tributo antiguo.
homicillo. m. Pena pecuniaria o *multa que se imponía al que, habiendo herido gravemente o muerto a uno, no comparecía ante el juez cuando era llamado.
homilía. f. Plática destinada a *predicar o explicar al pueblo las materias de religión. ‖ *Liturg.* Lecciones del tercer nocturno de los maitines.
homiliario. m. Libro que contiene homilías.
hominal. adj. Perteneciente o relativo al *hombre.
hominicaco. m. fam. Hombre *cobarde y de mala traza.
homo. Elemento compositivo que denota *igualdad.
homocentro. m. *Geom.* *Centro común a dos o más circunferencias.
homofonía. f. Calidad de homófono. ‖ *Mús.* Conjunto de sonidos al unísono.
homófono, na. adj. Dícese de las *palabras que con distinta significación se *pronuncian de igual modo, aunque se escriban de diversa manera. ‖ Dícese del canto o *música en que todas las voces van al unísono.
homogeneidad. f. Calidad de homogéneo.
homogéneo, a. adj. Perteneciente a un *mismo género. ‖ Dícese del compuesto cuyos elementos son de *igual naturaleza o de una calidad única.
homógrafo, fa. adj. Aplícase a las palabras de distinta significación que se *escriben de igual manera.
homologación. f. *For.* Acción y efecto de homologar.
homologar. tr. *For.* Dar firmeza las partes al fallo de los *árbitros o arbitradores, en virtud de consentimiento tácito. ‖ *For.* Confirmar el juez ciertos actos y convenios de las partes, para hacerlos más firmes y solemnes.
homología. f. *Quím.* Relación entre cuerpos homólogos.
homólogo, ga. adj. *Geom.* Aplícase a los lados que en cada una de dos o más figuras semejantes están colocados en el mismo orden. ‖ *Lóg.* Dícese de los términos sinónimos. ‖ *Quím.* Dícese de las substancias orgánicas que tienen igual función química.
homonimia. f. Calidad de homónimo.
homónimo, ma. adj. Dícese de dos o más personas o cosas que llevan un mismo *nombre. ‖ *Gram.* Aplícase a las *palabras que siendo iguales por su forma tienen distinta *significación.
homóptero, ra. adj. Dícese de los *insectos hemípteros, que tienen cuatro alas membranosas.
homosexual. adj. Dícese de la relación *carnal entre personas del mismo sexo, y de estas personas.
homosexualidad. f. Inclinación *carnal hacia personas del mismo sexo.
homúnculo. m. d. despect. de **Hombre.**
honcejo. m. **Hocino.**
***honda.** f. Tira de cuero, o trenza de cáñamo, esparto u otra materia semejante, para tirar piedras con violencia. ‖ **Braga** (trozo de *cuerda para *suspender objetos pesados).
hondable. adj. **Fondable.**
hondada. f. **Hondazo.**
hondamente. adv. m. Con hondura o *profundidad. ‖ fig. Intensamente.
hondarras. f. pl. *Heces que quedan en la vasija.
hondazo. m. Tiro de honda.
hondeador. m. *Germ.* *Ladrón que tantea por donde ha de hurtar.
hondear. tr. *Mar.* Reconocer el fondo con la *sonda. ‖ Sacar *carga de una embarcación. ‖ *Germ.* **Tantear.**
hondero. m. *Soldado que se servía de la honda.
hondijo. m. **Honda.**
hondilla. f. *Albañ.* Soga con un gancho al extremo, para subir y bajar materiales.
hondillos. m. pl. **Entrepiernas** (del *pantalón).
***hondo, da.** adj. Que tiene profundidad. ‖ Aplícase a la parte del terreno más *baja que el resto. ‖ fig. *Oculto, recóndito. ‖ fig. Tratándose de un *sentimiento, *intenso, extremado. ‖ m. *Fondo de una cosa hueca o cóncava.
hondón. m. Suelo interior o *fondo de cualquier cosa hueca. ‖ *Depresión o lugar profundo que se halla rodeada de terrenos más altos. ‖ Ojo de la *aguja. ‖ Parte del *estribo donde se apoya el pie.
hondonada. f. Espacio de terreno hondo.
hondonal. m. *Prado bajo y húmedo. ‖ **Juncar.**
hondura. f. *Profundidad de una cosa. ‖ **Meterse** uno **en honduras.** loc. fig. Tratar de cosas de gran *dificultad sin tener suficiente conocimiento de ellas.
hondureñismo. m. Vocablo, giro o locución propios de los hondureños.
hondureño, ña. adj. Natural de Honduras. Ú. t. c. s. ‖ Perteneciente a este país de América.
honestamente. adv. m. Con *honestidad o castidad. ‖ Con modestia, *moderación o cortesía.
honestar. tr. **Honrar.** ‖ **Cohonestar.**
***honestidad.** f. Decencia y *moderación en la conducta. ‖ → Recato, pudor. ‖ Urbanidad, *cortesía.
***honesto, ta.** adj. Decente o decoroso. ‖ → Recatado, pudoroso. ‖ Razonable, *justo. ‖ **Honrado.**
hongarina. f. **Anguarina.**
***hongo.** m. *Bot.* Cualquiera de las plantas acotiledóneas o celulares, desprovistas de clorofila, y de consistencia esponjosa, carnosa o gelatinosa. Hay algunas variedades comestibles y muchas venenosas. ‖ *Sombrero de fieltro o castor y de copa aovada o chata. ‖ *Med.* Excrecencia fungosa que crece en las úlceras o *heridas. ‖ pl. *Bot.* Familia de las plantas de este nombre. ‖ **Hongo marino. Anemone de mar.** ‖ **yesquero.** Especie muy común al pie de los robles y encinas, de la cual se hace yesca.
***honor.** m. Cualidad que impulsa al hombre a conducirse con arreglo a las más elevadas normas morales. ‖ *Fama, respeto o buena reputación que se adquiere por la práctica de la virtud, de acciones heroicas, etc. ‖ *Honestidad y recato en las mujeres. ‖ *Alabanza, aplauso o celebridad de una cosa. ‖ *Dignidad, cargo o *empleo. Ú. m. en pl.
honorabilidad. f. Cualidad de la persona honorable.
honorable. adj. Digno de ser honrado o acatado.
honorablemente. adv. m. Con honor.
honorar. tr. p. us. Honrar, ensalzar.
honorario, ria. adj. Que sirve para honrar a uno. ‖ Aplícase al que tiene los honores y no la propiedad de una dignidad o *empleo. ‖ m. Gaje o sueldo de honor. ‖ Estipendio o *remuneración que se da a uno por su trabajo en algún arte liberal. Ú. m. en pl.
honoríficamente. adv. m. Con *honor. ‖ Con carácter honorario y sin efectividad.
honorificencia. f. *Honor, honra.
honorífico, ca. adj. Que da *honor.
honoris causa. loc. lat. que significa por razón o causa de *honor.
honoroso, sa. adj. desus. **Honroso.**
honra. f. Estima y respeto de la dignidad propia; decoro, pundonor. ‖ Buena *fama, adquirida por la virtud y el mérito. ‖ *Estimación que se hace de uno por su virtud y mérito. ‖ *Honestidad y recato de las mujeres. ‖ pl. Oficio solemne que se hace por los *difuntos.
honradamente. adv. m. Con honradez. ‖ Con honra.
honradero, ra. adj. p. us. **Honrador.**
***honradez.** f. Calidad de probo. ‖ Proceder propio del hombre recto y pundonoroso.
honrado, da. adj. Que procede con *honradez. ‖ Ejecutado honrosamente.
honrador, ra. adj. Que honra. Ú. t. c. s.
hornamiento. m. Acción y efecto de honrar.
honrar. tr. Manifestar *respeto a una persona. ‖ *Enaltecer o premiar su mérito. ‖ r. Tener uno a honra ser o hacer alguna cosa.
honrilla. f. d. de **Honra.** Tómase frecuentemente por puntillo o *pundonor.
honrosamente. adv. m. Con honra.
honroso, sa. adj. Que da honra y estimación. ‖ Decente, *decoroso.
hontanal. adj. Aplícase a las *fiestas que los gentiles dedicaban a las *fuentes. Ú. t. c. s. f. ‖ m. **Hontanar.**
hontanar. m. Sitio en que nacen fuentes o *manantiales.
hontanarejo. m. d. de **Hontanar.**
hopa. f. Especie de *vestidura, a modo de sotana cerrada. ‖ Loba o saco de los condenados a la última *pena.
hopalanda. f. *Falda grande y pomposa que vestían los *estudiantes. Ú. m. en pl.
hopear. intr. Menear la *cola los animales. ‖ fig. **Corretear.**
hopeo. m. Acción de hopear.
hoplita. m. *Soldado griego de infantería.
hoploteca. f. **Oploteca.**
hopo. m. Rabo o *cola que tiene mucho pelo o lana; como la de la zorra, la oveja, etc. ‖ *Germ.* Cabezón o *cuello de sayo. ‖ **¡Hopo!** interj. **¡Largo de aquí! ¡Afuera!** ‖ **Seguir el hopo** a uno. fr. fig. y

fam. Ir en su *persecución. || **Sudar el hopo.** fr. fig. y fam. Costar mucho *trabajo una cosa.

hoque. m. **Alboroque.**

hoquis (de). loc. adv. De balde, *gratis.

***hora.** f. Cada una de las veinticuatro partes en que se divide el día solar. || Momento oportuno y determinado para una cosa. || Últimos instantes de la vida. Ú. m. con el verbo *llegar*. || Espacio de una **hora,** que en el día de la Ascensión emplean los fieles en celebrar este misterio. || En algunas partes, **legua.** || **Astr.* Cada una de las veinticuatro partes iguales en que se divide la línea equinoccial. || adv. t. **Ahora.** || f. pl. Librito o devocionario en que está el oficio de la *Virgen. || Este mismo oficio. || **Hora de la modorra.** Tiempo inmediato al *amanecer. || **menguada.** Tiempo fatal o *desgraciado. || **santa.** *Oración que se hace los jueves, en recuerdo de la oración y agonía de Jesucristo. || **suprema.** La de la *muerte. || **temporal.** La que se empleaba para los usos civiles en la Antigüedad y en la Edad Media. || **Cuarenta horas.** *Festividad que se celebra estando patente el Santísimo Sacramento. || **Horas canónicas.** **Liturg.* Las diferentes partes del oficio divino que la Iglesia acostumbra rezar en distintas **horas** del día. || **menores.** En el oficio divino, las cuatro intermedias. || **muertas.** Las muchas perdidas en una sola *ocupación. || **A la buena hora.** m. adv. **En hora buena.** || **A la hora de ahora,** o **a la hora de ésta.** loc. fam. En esta **hora.** || **A la hora horada.** loc. fam. A la **hora** puntual, *exacta. || **A todas horas.** m. adv. fam. **Cada hora.** || **A última hora.** m. adv. En los *últimos momentos. || **Cada hora.** m. adv. Siempre, continuamente. || **Dar hora.** fr. Señalar *plazo o citar tiempo preciso para una cosa. || **Dar la hora.** fr. Sonar en el *reloj las campanadas que la indican. || En los tribunales y oficinas, anunciar que ha llegado la **hora** de *salida. || fig. Ser una persona o cosa cabal o *perfecta. || **En buen,** o **buena, hora.** m. adv. **En hora buena.** || **En hora buena.** m. adv. Con bien, con *felicidad. || Empléase también para denotar *aprobación. || **En hora mala,** o **en mal,** o **mala, hora.** m. adv. Que se emplea para denotar *desagrado o *reprobación. || **Ganar horas.** fr. Hablando de los *correos, ganar el premio señalado por cada **hora** que tardaban menos en el viaje. || **Ganar las horas.** fr. Aprovechar el tiempo. || **Hacer hora.** fr. Ocuparse en una cosa en *espera del tiempo señalado para otro negocio. || **Hacerse hora de** una cosa. fr. Llegar el tiempo oportuno o señalado para ejecutarla. || **No ver** uno **la hora de** una cosa. fr. fig. y fam. que encarece el *deseo de que llegue a efectuarse. || **Por hora.** m. adv. En cada **hora.** || **Por horas.** m. adv. Por instantes. || **Tener** uno sus **horas contadas.** fr. fig. Estar próximo a la *muerte. || **Tomar hora.** fr. Enterarse del *plazo que se señala para una cosa.

horaciano, na. adj. Propio y característico de Horacio como escritor.

horada. adj. V. **A la hora horada.**

horadable. adj. Que se puede horadar.

horadación. f. Acción de horadar.

horadado. m. Capullo del gusano de *seda, que está agujereado por ambas partes.

horadador, ra. adj. Que horada. Ú. t. c. s.

horadar. tr. *Agujerear una cosa atravesándola de parte a parte.

horado. m. *Agujero que atraviesa de parte a parte una cosa. || Por ext., *caverna.

horambre. m. En los *molinos de aceite, cada uno de los agujeros que tienen en medio las guiaderas.

horario, ria. adj. Perteneciente a las *horas. || m. Saetilla o mano de *reloj que señala las horas. || **Reloj.** || Cuadro indicador de las horas en que deben ejecutarse determinados actos.

***horca.** f. Conjunto de tres palos, dos verticales hincados en la tierra y el tercero sujeto horizontalmente sobre los otros dos. Servía para que muriesen colgados los condenados a esta pena. || Palo con dos puntas y otro que atravesaba, entre los cuales metían antiguamente el pescuezo del condenado. || Palo que remata en dos o más púas hechas del mismo palo o sobrepuestas de hierro. Sirve para hacinar las mieses, echarlas al carro, etc. || Palo que remata en dos puntas y sirve para sostener las *ramas de los árboles, armar los parrales, etc. || Una de las caras de la *taba. || **de ajos,** o **de cebollas.** Ristra de los tallos de ajos, o de cebollas, que se hacen en dos ramales que se juntan por un lado. || **pajera. Aviento.** || **Dejar horca y pendón.** fr. fig. Dejar en el tronco de los árboles, cuando se *podan, dos ramas principales. || **Pasar** uno **por las horcas caudinas.** fr. fig. *Someterse, tener que hacer por fuerza lo que no quería. || **Tener horca y cuchillo.** fr. En lo antiguo, tener derecho y jurisdicción para castigar hasta con pena de *muerte. || fig. y fam. *Mandar como dueño.

horcado, da. adj. En forma de horca. || m. Horca, *bieldo.

horcadura. f. Parte superior del *tronco de los árboles, donde empieza la *bifurcación de las ramas. || Ángulo que forman dos *ramas que salen del mismo punto.

horcajadas (a). m. adv. con que se denota la postura del que *monta a caballo echando cada pierna por su lado.

horcajadillas (a). m. adv. **A horcajadas.**

horcajadura. f. Ángulo que forman los dos muslos o *piernas en su nacimiento.

horcajo. m. **Guarn.* Horca de madera que se pone al pescuezo de las mulas para trabajar. || Horquilla de la viga del *molino de aceite en el extremo en que se cuelga el peso. || *Confluencia de dos *ríos o arroyos. || Punto de unión de dos montañas.

horcate. m. *Arreo de madera o hierro, en forma de herradura, que se pone a las caballerías encima de la collera.

horco. m. **Horca de ajos,** o **de cebollas.**

horcón. m. aum. de **Horca.** || **Horca** (bieldo).

horconada. f. Golpe dado con el horcón. || Porción de heno, paja, etc., que se coge con el horcón.

horconadura. f. Conjunto de horcones.

horchata. f. *Bebida que se hace de semillas machacadas, de chufas, almendras, etc., con agua y azúcar.

horchatería. f. Casa o sitio donde se hace horchata. || Casa o sitio donde se vende.

horchatero, ra. m. y f. Persona que hace o vende horchata.

horda. f. Reunión o *muchedumbre de *salvajes nómadas, que forman comunidad.

hordiate. m. *Cebada mondada. || *Bebida que se hace de cebada, semejante a la tisana.

***horizontal.** adj. Que está en el horizonte o paralelo a él. Apl. a línea, ú. t. c. s. || f. fam. *Prostituta.

***horizontalidad.** f. Calidad de horizontal.

horizontalmente. adv. m. De un modo horizontal.

***horizonte.** m. Línea que, en la máxima lejanía a que alcanza la vista, parece formada por la unión del cielo con la tierra. || Espacio de la superficie terrestre limitado por dicha línea. || **artificial.** *Espejo mantenido horizontalmente que se usa en algunas operaciones *astronómicas. || **de la mar.** *Mar.* La superficie cónica formada por las tangentes a la superficie terrestre, que parten del ojo del observador. || **racional.** **Geogr.* Círculo máximo de la esfera celeste, paralelo al **horizonte** sensible. || **sensible.** *Geogr.* **Horizonte.**

horma. f. *Molde para fabricar una cosa, y especialmente el que usan los *zapateros y *sombrereros. || *Pared de piedra seca. || *Vasija cónica de barro en que se elabora el pan de *azúcar. || **Hallar** uno **la horma de** su **zapato.** fr. fig. y fam. Encontrar lo que le acomoda. || fig. y fam. Encontrar quien le entienda sus mañas o quien lo *derrote y supere.

hormaza. f. **Horma** (pared de piedra).

hormazo. m. *Golpe dado con una horma.

hormazo. m. Montón de *piedras sueltas. || **Carmen** (casa con *jardín).

hormero. m. El que hace o vende hormas.

***hormiga.** f. *Insecto himenóptero, que vive en sociedad, y construye para habitación galerías subterráneas que salen por algunas bocas a la superficie. || Enfermedad *cutánea que causa comezón. || pl. *Germ.* *Dados de jugar. || **Hormiga león.** *Insecto neuróptero, de unos veinticinco milímetros de largo, que se alimenta de **hormigas** comunes.

hormigante. adj. Que causa comezón.

hormigo. m. Ceniza que se mezclaba con el mineral de *azogue para beneficiarlo. || pl. Plato de *dulce hecho con pan rallado, almendras o avellanas tostadas y machacadas y miel. || Partes más gruesas o *residuos que quedan al acribar la sémola o trigo quebrantado.

***hormigón.** m. *Argamasa compuesta de piedras menudas y mortero de cemento y arena. || **armado.** Fábrica hecha con **hormigón** hidráulico sobre armadura de hierro o acero. || **hidráulico.** Aquel cuya cal es hidráulica.

hormigón. m. **Veter.* Enfermedad del ganado vacuno. || Enfermedad de algunas plantas, causada por un insecto.

hormigonera. f. Aparato para la confección del hormigón o *argamasa.

hormigoso, sa. adj. Perteneciente a los hormigas. || Dañado de ellas.

hormigueamiento. m. **Hormigueo.**

hormiguear. intr. Experimentar alguna parte del cuerpo una sensación de *picor que cambia de sitio. ‖ fig. Bullir, ponerse en *movimiento una *muchedumbre de gente o animales. ‖ *Germ.* *Hurtar cosas de poco precio.

hormigüela. f. d. de **Hormiga.**

***hormigueo.** m. Acción y efecto de hormiguear.

hormiguero, ra. adj. Perteneciente a la enfermedad llamada hormiga. ‖ m. Lugar donde se crían y se recogen las *hormigas. ‖ **Torcecuello.** ‖ fig. Lugar en que hay una *muchedumbre en movimiento. ‖ *Germ.* *Ladrón que hurta cosas de poco precio. ‖ *Germ.* *Fullero que juega con dados falsos. ‖ *Agr.* Montoncito de hierbas inútiles que se quema sobre el terreno para que sirva de *abono.

hormiguilla. f. d. de **Hormiga.** ‖ Cosquilleo, *picor o prurito.

hormiguillar. tr. Revolver el mineral de *plata hecho harina con el magistral y la sal común para beneficiar el metal.

hormiguillo. m. **Veter.* Enfermedad que padecen las caballerías en los cascos. ‖ **Albañ.* Línea de gente que se hace para ir pasando de mano en mano los materiales. ‖ **Hormigo** (plato de *dulce). ‖ **Hormiguilla** (cosquilleo). ‖ **Metal.* Movimiento que producen las reacciones entre el mineral y los ingredientes incorporados para el beneficio por amalgamación. ‖ La misma unión o incorporación. ‖ **Parecer que** uno **tiene hormiguillo.** fr. fig. y fam. Bullir, estar inquieto y *agitado.

hormilla. f. Pieza de madera que forrada forma un *botón.

hormillón. m. Horma de *sombrero.

hormón. m. **Hormona.**

hormona. f. **Fisiol.* Producto de la secreción de ciertos órganos que regula la actividad de otros órganos del animal o vegetal.

hornabeque. m. **Fort.* Fortificación formada por dos medios baluartes trabados con una cortina.

hornablenda. f. **Miner.* Variedad del anfíbol verdinegro o negruzco.

hornacero. m. Oficial que asiste y tiene a su cuidado la hornaza.

hornacina. f. *Arq.* *Hueco en forma de arco, que se suele dejar en el grueso de una pared. En los templos suele servir de *altar.

hornacho. m. **Min.* Agujero o concavidad que se hace en las montañas o cerros.

hornachuela. f. Especie de covacha o choza.

hornada. f. Cantidad o porción de *pan, pasteles, etc., que se cuece de una vez en el *horno. ‖ fig. y fam. *Conjunto de individuos que pertenecen a una misma promoción.

hornaguear. tr. Cavar la tierra para sacar hornaguera. ‖ Mover una cosa de un lado para otro, a fin de *acoplarla o *introducirla en otra. ‖ r. *Moverse un cuerpo a un lado y otro.

hornagueo. m. Acción de hornaguear u hornaguearse.

hornaguera. f. **Carbón de piedra.**

hornaguero, ra. adj. Holgado, *ancho, *espacioso. ‖ Aplícase al terreno en que hay hornaguera.

hornaje. m. Cantidad que se da en los hornos por cocer el *pan.

hornaza. f. *Horno pequeño que usan los *plateros. ‖ *Color amarillo claro que usan los *alfareros para vidriar.

hornazo. m. *Torta guarnecida de huevos que se cuecen juntamente con ella en el horno. ‖ *Agasajo que se suele hacer al *predicador después de los sermones de cuaresma.

hornear. intr. Ejercer el oficio de hornero.

hornecino, na. adj. Fornecino, bastardo, adulterino.

hornera. f. **Plaza** (suelo del horno). ‖ Mujer del hornero.

hornería. f. Oficio de hornero.

hornero, ra. m. y f. Persona encargada de cocer el *pan en el *horno.

hornía. f. Cenicero contiguo al llar o fogón.

hornija. f. *Leña menuda.

hornijero. m. El que acarrea la hornija.

***hornilla.** f. Hueco hecho en el macizo de los hogares, con una rejilla para sostener la lumbre y un respiradero inferior para dar entrada al aire. ‖ Hueco que se hace en la pared del palomar para que aniden las *palomas en él.

***hornillo.** m. *Horno manual de barro refractario, o de metal. ‖ **Fort.* Concavidad que se hace en la mina para poner el explosivo. ‖ **de atanor.** Aparato usado por los alquimistas, y en el cual el carbón se cargaba en un tubo central, desde donde bajaba al hogar.

***horno.** m. Espacio cerrado en que, mediante la combustión de materias adecuadas, se obtiene una elevada temperatura, que se utiliza para cocer pan, fundir metales, etc. ‖ Montón de *leña, piedra, *carbón o *ladrillo para la calcinación o cochura. ‖ **Boliche** (horno pequeño de reverbero). ‖ Caja de hierro en los fogones de ciertas *cocinas, para asar o calentar viandas. ‖ Concavidad en que crían las *abejas, fuera de las colmenas. ‖ Cada uno de los agujeros en que se meten los vasos en el paredón del colmenar. ‖ Cada uno de estos vasos. ‖ **Tahona.** ‖ *Germ.* **Calabozo.** ‖ **alto.** El de cuba muy prolongada destinado a reducir los minerales de hierro. ‖ **castellano.** El de cuba baja y prismática. ‖ **de campaña.** El de fácil transporte e instalación para cocer el pan en los campamentos militares. ‖ **de carbón. Carbonera.** ‖ **de copela.** El de reverbero de bóveda o plaza movibles. ‖ **de cuba.** El de cavidad de forma de cuba. ‖ **de manga.** El de cuba. ‖ **de pava.** El de cuba cuya máquina sopladora es una pava. ‖ **de poya. Horno** común en el cual se suele pagar en pan. ‖ **de reverbero, o de tostadillo.** Aquel cuya plaza está cubierta por una bóveda que reverbera o refleja el calor producido en un hogar independiente. ‖ **No estar el horno para bollos,** o **tortas.** fr. fig. y fam. No haber oportunidad para lo que se pretende.

horón. m. *Serón grande y redondo.

horondo, da. adj. **Orondo.**

horópter. m. **Ópt.* Línea paralela a la que une los centros de los dos ojos del observador, situada en el punto de convergencia de los dos ejes ópticos.

horoptérico, ca. adj. **Ópt.* Perteneciente o relativo al horópter. ‖ **Ópt.* Dícese del plano que, pasando por el horópter, es perpendicular al eje óptico.

horóptero. m. **Ópt.* **Horópter.**

horóscopo. m. Observación que los *astrólogos hacían del estado del cielo al tiempo del nacimiento de uno, para *predecir los sucesos de su vida. ‖ Agorero que pronosticaba la suerte de los hombres por las horas de los nacimientos. ‖ **lunar.** **Astrol.* **Parte de fortuna.**

horqueta. f. d. de **Horca.** ‖ **Horcón.** ‖ Parte del *árbol donde se juntan formando ángulo agudo el tronco y una *rama medianamente gruesa. ‖ fig. Parte donde el curso de un *río o arroyo forma *ángulo agudo.

***horquilla.** f. d. de **Horca.** ‖ Vara larga, terminada en uno de sus extremos por dos puntas, que sirve para colgar y descolgar las cosas. ‖ Enfermedad que hiende las puntas del *cabello, dividiéndolas en dos, y poco a poco lo va consumiendo. ‖ Pieza de alambre doblada en forma de U. Las emplean las mujeres para sujetar el cabello, y se hacen también de carey, pasta, etcétera. ‖ *Mar.* Pieza metálica en forma de U, asegurada a la borda, en la que se apoya y trabaja el *remo.

horrar. tr. ant. **Ahorrar.** ‖ r. Quedarse horro. Dícese de la yegua, vaca, etc., cuando se les muere la cría.

horrendamente. adv. m. De modo horrendo.

horrendo, da. adj. **Horrible.**

hórreo. m. *Granero o lugar donde se recogen los granos. ‖ Edificio de madera, aislado, sostenido en el aire por cuatro o más pilares, en el cual se guardan granos y otros productos agrícolas.

horrero. m. El que tiene a su cuidado trojes de trigo.

horribilidad. f. Calidad de horrible.

horribilísimo, ma. adj. sup. de **Horrible.**

***horrible.** adj. Que causa horror.

horriblemente. adv. m. **Horrorosamente.**

horridez. f. Calidad de hórrido.

hórrido, da. adj. **Horrendo.**

horrífico, ca. adj. **Horrendo.**

horripilación. f. Acción y efecto de horripilar u horripilarse. ‖ *Pat.* Estremecimiento que padecen los enfermos de *fiebres tercianas.

horripilante. p. a. de **Horripilar.** Que horripila.

horripilar. tr. Hacer que se ericen los *cabellos. Ú. t. c. r. ‖ Causar *horror y espanto. Ú. t. c. r.

horripilativo, va. adj. Dícese de lo que causa horripilación.

horrisonante. adj. **Horrísono.**

horrísono, na. adj. Dícese de lo que con su sonido causa *horror y espanto.

horro, rra. adj. Dícese del que habiendo sido *esclavo alcanza *libertad. ‖ *Libre, exento. ‖ Aplícase a la hembra de ganado que no queda preñada. ‖ Dícese de las cabezas de *ganado que se conceden a los mayorales y pastores, mantenidas a costa de los dueños. ‖ fig. Dícese del *tabaco y de los cigarrillos que arden mal.

***horror.** m. Movimiento del alma causado por una cosa que inspira gran aversión y espanto. ‖ fig. Atrocidad, *crueldad, enormidad. Ú. m. en pl.

horrorizar. tr. Causar *horror. ‖ r. Sentir horror.

horrorosamente. adv. m. Con horror.

horroroso, sa. adj. Que causa *horror. ‖ fam. Muy *feo.

horrura. f. *Suciedad y superfluidad que sale de una cosa. ‖ **Escoria.** ‖ **Poso.** ‖ *Cieno que dejan los ríos en las crecidas.

***hortaliza.** f. Verduras y demás plantas comestibles que se cultivan en las huertas.

hortatorio, ria. adj. **Exhortatorio.**

hortecillo. m. d. de **Huerto.**
hortelana. f. Mujer del hortelano.
hortelano, na. adj. Perteneciente a *huertas. ‖ m. El que cuida y cultiva huertas. ‖ *Pájaro de plumaje gris verdoso.
***hortense.** adj. Perteneciente a las huertas.
hortensia. f. *Arbusto de las saxifragáceas, de flores hermosas, en corimbos terminales, con corola rosa o azulada.
hortera. f. Escudilla, *plato o cazuela de palo. ‖ m. En Madrid, apodo del mancebo de ciertas *tiendas de mercader.
hortícola. adj. Perteneciente a la horticultura.
horticultor, ra. m. y f. Persona dedicada a la horticultura.
***horticultura.** f. Cultivo de los *huertos y huertas. ‖ Arte que lo enseña.
hortolano. m. **Hortelano.**
horuelo. m. *Plaza o paseo de algunos pueblos, donde se reúnen en días festivos los jóvenes de ambos sexos.
hosanna. m. Exclamación de júbilo usada en la *liturgia católica. ‖ Himno que se *canta el Domingo de Ramos.
hosco, ca. adj. Dícese del color moreno muy obscuro, como el de la *tez de los indios y mulatos. ‖ *Desabrido, áspero e intratable.
hoscoso, sa. adj. Erizado y áspero.
¡hospa! interj. **¡Oxte!**
hospedador, ra. adj. Que hospeda. Ú. t. c. s.
***hospedaje.** m. Alojamiento y asistencia que se da a una persona. ‖ Cantidad que se paga por estar de huésped.
hospedamiento. m. **Hospedaje.**
hospedante. p. a. de **Hospedar.** Que hospeda.
***hospedar.** tr. Recibir uno en su casa huéspedes. Ú. t. c. r. ‖ intr. Pasar los *colegiales a la hospedería.
hospedería. f. Habitación destinada en los *conventos o por cuenta de ellos para recibir a los huéspedes. ‖ Casa destinada al *hospedaje de visitantes, establecida por particulares, institutos, etc. ‖ **Hospedaje.**
hospedero, ra. m. y f. Persona que tiene a su cargo cuidar *huéspedes.
hospiciano, na. m. y f. *Pobre que vive en hospicio.
hospicio. m. *Asilo o casa destinada para albergar y recibir *peregrinos y pobres. ‖ **Hospedaje.** ‖ **Hospedería.** ‖ Asilo en que se da mantenimiento y educación a niños pobres, huérfanos o expósitos.
***hospital.** m. Establecimiento en que se acogen y curan enfermos, por lo general, pobres. ‖ Casa que sirve para *acoger pobres y *peregrinos por tiempo limitado. ‖ **de la sangre.** fig. Los parientes *pobres. ‖ **de primera sangre,** o **de sangre.** *Mil.* Sitio o lugar que, estando en campaña, se destina para hacer la primera cura a los heridos. ‖ **robado.** fig. y fam. Casa sin *muebles.
hospitalario, ria. adj. Aplícase a las *órdenes religiosas* que tienen por instituto el *hospedaje. ‖ Que socorre y alberga a los extranjeros y necesitados. ‖ Dícese del que *acoge con agrado en su casa, y también de la casa misma.
hospitalero, ra. m. y f. Persona encargada del cuidado de un *hospital. ‖ Persona hospitalaria.
hospitalicio, cia. adj. Perteneciente a la hospitalidad.
***hospitalidad.** f. Virtud que consiste en acoger y prestar asistencia a los necesitados. ‖ Buena acogida y recibimiento que se hace a los extranjeros o visitantes. ‖ Estancia de los enfermos en el *hospital.
hospitalización. f. Acción y efecto de hospitalizar.
hospitalizar. tr. Admitir en un *hospital.
hospitalmente. adv. m. Con hospitalidad.
hospodar. m. Nombre que se daba a los antiguos *soberanos de Moldavia y de Valaquia.
hosquedad. f. Calidad de hosco.
hostal. m. **Hostería.**
hostelero, ra. m. y f. Persona que tiene a su cargo una hostería.
hosterero. m. desus. **Hostelero.**
hostería. f. Casa donde por dinero se da de comer y *hospedaje.
***hostia.** f. Lo que se ofrece en *sacrificio. ‖ → Hoja redonda y delgada de pan ázimo, que se hace para el sacrificio de la misa. ‖ Por ext., oblea hecha para comer, con harina, huevo y azúcar.
hostiario. m. Caja en que se guardan *hostias no consagradas. ‖ Molde en que se hacen.
hostiero, ra. m. y f. Persona que hace *hostias. ‖ m. **Hostiario.**
hostigador, ra. adj. Que hostiga. Ú. t. c. s.
hostigamiento. m. Acción de hostigar.
hostigar. tr. *Azotar o *fustigar. ‖ fig. *Perseguir, acosar o *molestar a uno.
hostigo. m. **Latigazo.** ‖ Parte de la *pared más expuesta a los vientos y lluvias. ‖ Golpe de *viento o de agua.
hostil. adj. Contrario o *enemigo.
hostilidad. f. Calidad de hostil. ‖ Acción hostil. ‖ Agresión armada que constituye de hecho el estado de *guerra. ‖ **Romper las hostilidades.** fr. *Mil.* Dar principio a la *guerra atacando al enemigo.
hostilizar. tr. Hacer daño a enemigos en la *guerra.
hostilmente. adv. m. Con hostilidad.
hotel. m. Fonda de lujo. ‖ *Casa aislada de las colindantes, del todo o en parte, y habitada por una sola familia.
hotelero, ra. adj. Perteneciente al hotel. ‖ m. y f. Persona que posee o dirige un hotel para *hospedaje.
hotentote, ta. adj. Dícese de un *pueblo de negros, que habita cerca del cabo de Buena Esperanza. Ú. t. c. s.
hoto. m. *Confianza, *esperanza. ‖ **En hoto.** m. adv. **En confianza.**
hove. m. **Hayuco.**
hovero, ra. adj. **Overo.**
hoy. adv. t. En este *día, en el día *actual. ‖ En el tiempo presente. ‖ **De hoy a mañana.** m. adv. para dar a entender que una cosa sucederá *pronto. ‖ **De hoy en adelante,** o **de hoy más.** m. adv. Desde este día. ‖ **Hoy por hoy.** m. adv. En este tiempo, en la *actualidad. ‖ **Por hoy.** m. adv. **Por ahora.**
hoya. f. Concavidad u *hoyo grande en la tierra. ‖ **Sepultura.** ‖ *Valle extenso rodeado de montañas. ‖ **Almáciga** (semillero). ‖ *Arq.* V. **Lima hoya.** ‖ **Plantar a hoya.** fr. *Agr.* *Plantar haciendo hoyo.
hoyada. f. Terreno bajo.
hoyanca. f. fam. Fosa común del *cementerio, para los cadáveres que no tienen *sepultura particular.
hoyito. m. d. de **Hoyo.** ‖ **Los hoyitos,** o **los tres hoyitos.** *Juego parecido al hoyuelo.
***hoyo.** m. Concavidad o excavación en la tierra. ‖ *Concavidad que se hace en algunas superficies. ‖ ***Sepultura.**
hoyoso, sa. adj. Que tiene hoyos.
hoyuela. f. d. de **Hoya.** ‖ Hoyo en la parte inferior de la *garganta, donde comienza el pecho.
hoyuelo. m. d. de **Hoyo.** ‖ Hoyo en el centro de la *barba y también el que se forma en la *mejilla de algunas personas cuando se ríen. ‖ *Juego de muchachos, que consiste en meter monedas o bolitas en un hoyo pequeño. ‖ **Hoyuela** (de la garganta).
***hoz.** f. Instrumento para segar compuesto de una hoja acerada, corva, afianzada en un mango de madera. ‖ **De hoz y de coz.** m. adv. Sin reparo ni miramiento.
hoz. f. *Estrechura de un *valle profundo, o la que forma un *río que corre por entre dos sierras.
hozada. f. Golpe dado con la hoz. ‖ Porción de mies que se *siega de una vez.
hozadero. m. Sitio donde van a hozar puercos o *jabalíes.
hozador, ra. adj. Que hoza.
hozadura. f. *Huella o señal que deja el animal por haber hozado.
hozar. tr. Mover y levantar la tierra con el hocico, como lo hacen el *cerdo y el jabalí.
¡hu! ¡hu! ¡hu! interj. Triple grito con que la chusma de una galera *saludaba a las personas principales.
huaca. f. **Guaca.**
huacal. m. **Guacal.**
huacatay. m. Especie de hierbabuena americana, usada como *condimento.
huaco. m. **Guaco** (ídolo de barro).
huaico. Masa de *piedras que, al caer en los *ríos, ocasiona el desbordamiento de las aguas.
huairuro. m. Especie de frísol del Perú, de color coralino, que usan los indios para collares.
huango. m. *Tocado de las indias ecuatorianas, que consiste en una sola trenza que cae por la espalda.
huasca. f. **Guasca.**
***hucha.** f. *Arca grande que tienen los labradores para guardar sus cosas. ‖ → **Alcancía.** ‖ fig. Dinero *ahorrado.
huchear. intr. *Llamar. ‖ *Gritar, dar grita en señal de *reprobación. ‖ Lanzar los *perros en la cacería, dando voces.
¡hucho! interj. **¡Húchoho!**
¡húchoho! interj. de que se sirven los cazadores de *cetrería para *llamar al pájaro.
huebra. f. **Yugada.** ‖ Par de *mulas y mozo que se alquilan para trabajar un día entero. ‖ **Barbecho.** ‖ *Germ.* Baraja de *naipes.
huebrero. m. Mozo que trabaja con la huebra. ‖ El que la da en alquiler.
hueca. f. Muesca espiral que se hace al *huso para que trabe en ella la hebra que se va hilando.
***hueco, ca.** adj. Cóncavo o vacío. Ú. t. c. s. ‖ fig. Presumido, *orgulloso, vano. ‖ Dícese de lo que tiene *sonido retumbante y profundo. ‖ fig. Dícese del *estilo pomposo y afectado que se aplica a conceptos vanos o triviales. ‖ Mullido y *esponjoso. ‖ Dícese de lo que estando vacío abulta mucho por estar *extendida y dilatada su superficie. ‖ m. *Intervalo de tiempo o lugar. ‖ fig. y fam. Empleo o puesto *vacante. ‖ *Arq.* *Vano o abertura en un muro.
huecograbado. m. Procedimiento

para obtener fotograbados que puedan tirarse en máquinas rotativas. || *Grabado obtenido por este procedimiento.
huecú. m. Sitio *cenagoso, tremedal.
huego. m. ant. ***Fuego.**
huélfago. m. *Veter.* Enfermedad de los animales, que se manifiesta por respiración fatigosa.
huelga. f. *Ocio, tiempo en que uno está sin trabajar. || Cesación simultánea en el *trabajo de personas empleadas en el mismo oficio, con el fin de imponer ciertas condiciones a los patronos. || Tiempo que está la tierra de *barbecho. || *Recreo que ordinariamente se tiene en el campo o en un sitio ameno. || Sitio *agradable que convida a la recreación. || **Holgura.** || **Huelgo.** || **de brazos caídos.** La que practican los obreros permaneciendo *ociosos en su puesto de trabajo.
huelgo. m. Aliento, *respiración. || Holgura, *anchura. || *Hueco, *distancia o vacío que queda entre dos piezas que han de encajar una en otra. || **Tomar huelgo.** fr. Parar un poco para *descansar.
huelguista. m. El que toma parte en una huelga colectiva.
huelveño, ña. adj. Natural de Huelva. Ú. t. c. s. || Perteneciente a esta ciudad.
***huella.** f. Señal que deja el pie del hombre o del animal en la tierra. || → fig. Señal o vestigio que queda de alguna cosa en otra. || Acción de hollar o *pisar. || Plano del *escalón o peldaño en que se asienta el pie. || Señal que deja una lámina o forma de *imprenta en el papel u otra cosa en que se estampa. || **dactilar.** La que deja la yema del *dedo en un objeto al tocarlo. || **Seguir las huellas de** uno. fr. fig. Seguir su ejemplo, *imitarle.
huello. m. *Suelo o terreno que se pisa. || Hablando de los *caballos, acción de pisar. || Superficie o parte inferior del *casco del animal.
huerca. f. *Germ.* La justicia.
huerco. m. ant. ***Infierno.** || fig. El que está siempre *llorando, triste y *solitario.
huérfago. m. **Huélfago.**
***huérfano, na.** adj. Dícese de la persona de menor edad que pierde padre y madre o alguno de los dos. Ú. t. c. s. || ant. **Expósito.** || poét. Dícese de la persona a quien han faltado los *hijos. || fig. Falto de amparo, *abandonado.
huero, ra. adj. V. **Huevo huero.** || fig. Vano, vacío, *insignificante. || **Salir huera** una cosa. fr. fig. y fam. *Malograrse.
***huerta.** f. Terreno destinado al cultivo de legumbres y árboles frutales. || En algunas partes, toda la tierra de regadío. || **Meter** a uno **en la huerta.** fr. fig. y fam. *Engañarle.
huertano, na. adj. Dícese del habitante de algunas comarcas de regadío como Murcia, Valencia, etc. Ú. t. c. s.
huertezuela. f. d. de **Huerta.**
huertezuelo. m. d. de **Huerto.**
***huerto.** m. Sitio de corta extensión en que se plantan verduras, legumbres y árboles frutales.
huesa. f. **Sepultura.**
huesarrón. m. aum. de **Hueso.**
huesera. f. **Osario.**
huesezuelo. m. d. de **Hueso.**
huesillo. m. d. de **Hueso.** || Durazno secado al sol.
***hueso.** m. Cada una de las partes sólidas y más duras del cuerpo del animal, que forman su esqueleto interior. || Parte dura y compacta que está en lo interior de algunas *frutas, en la cual se contiene la *semilla. || Parte de la piedra de *cal, que no se ha cocido. || fig. Lo que causa *trabajo o incomodidad. || fig. Lo *inútil, de poco precio y mala *calidad. || fig. Parte más difícil y desagradable de un trabajo que se reparte entre dos o más personas. || pl. fam. **Mano.** || **coronal.** *Zool.* El de la frente. || **cuboides.** *Zool.* **Hueso** del tarso, situado en el borde externo del pie. || **cuneiforme.** *Zool.* Cada uno de los tres, a modo de cuñas, de la segunda fila del tarso. || **escafoides.** *Zool.* El más externo y grueso de la fila primera del carpo. || *Zool.* **Hueso** del pie, situado delante del astrágalo. || **esfenoides.** *Zool.* **Hueso** enclavado en la base del cráneo. || **etmoides.** *Zool.* Pequeño **hueso** cúbico encajado en la escotadura del **hueso** frontal. || **frontal.** *Zool.* El que forma la parte anterior y superior del cráneo. || **hioides.** *Zool.* **Hueso** situado a raíz de la lengua y encima de la laringe. || **innominado.** *Zool.* Cada uno de los dos **huesos,** situados uno en cada cadera, que, en unión del sacro y del cóccix, forman la pelvis. || **intermaxilar.** *Zool.* El situado en la parte anterior, media e interna de la mandíbula. || **maxilar.** *Zool.* Cada uno de los tres que forman las mandíbulas. || **navicular.** *Zool.* **Hueso escafoides.** || **occipital.** *Zool.* **Hueso** del cráneo, correspondiente al occipucio. || **palomo.** **Cóccix.** || **parietal.** *Zool.* Cada uno de los dos situados en las partes media y laterales de la cabeza. || **piramidal.** *Zool.* Uno de los que hay en el carpo o muñeca. || **plano.** *Zool.* Aquel cuya longitud y anchura son mayores que su espesor. || **sacro.** *Zool.* **Hueso** situado en la parte inferior del espinazo. || **temporal.** *Zool.* Cada uno de los dos del cráneo correspondientes a las sienes. || **A hueso.** m. adv. **Albañ.* Tratándose de la colocación de piedras, baldosas o ladrillos, perfectamente unidos y sin mortero entre sus juntas. || **Dar** a uno **un hueso que roer.** fr. fig. Darle un empleo o trabajo *difícil y de escasa utilidad. || **Estar** uno **en los huesos.** fr. fig. y fam. Estar sumamente *flaco. || **La sin hueso.** fr. La *lengua. || **Mondar los huesos.** fr. fig. y fam. *Comer con gula o apurar los alimentos con poca urbanidad. || **No dejar** a uno **hueso sano.** fr. fig. y fam. *Murmurar de él. || **Podérsele contar** a uno **los huesos.** fr. fig. y fam. **Estar en los huesos.** || **Ponerse,** o **quedarse** uno **en los huesos.** fr. fig. Llegar a estar muy *flaco y extenuado. || **Soltar la sin hueso.** fr. fig. y fam. *Hablar con demasía. || fig. y fam. Prorrumpir en *injurias. || **Tener** uno **los huesos molidos.** fr. fig. Estar muy *cansado por excesivo trabajo.
huesoso, sa. adj. Perteneciente o relativo al *hueso.
***huésped, da.** m. y f. Persona alojada en casa ajena. || Persona que hospeda en su casa a uno. || Mesonero. || **de aposento.** Persona a quien se destinaba el uso de una parte de casa en virtud del servicio de aposentamiento de corte. || **No contar con la huéspeda.** fr. fig. y fam. Calcular con *imprevisión las ventajas de un negocio, antes de conocer sus inconvenientes.
¡huesque! interj. que usan los carreteros para que las *caballerías tuerzan a la *izquierda.
hueste. f. *Ejército en campaña. Ú. m. en pl. || fig. Conjunto de *partidarios de una persona o de una causa.
huesudo, da. adj. Que tiene mucho *hueso.
hueteño, ña. adj. Natural de Huete. Ú. t. c. s. || Perteneciente a esta ciudad.
hueva. f. Masa que forman los huevecillos de ciertos *peces.
huevar. intr. Principiar las *aves a tener *huevos.
huevera. f. Mujer que trata en *huevos. || Mujer del huevero. || Conducto membranoso que tienen las *aves desde el ovario hasta cerca del ano. || Utensilio en forma de copa pequeña, en que se pone, para comerlo, el huevo pasado por agua. || Utensilio de *mesa para servir en ella los huevos pasados por agua.
huevería. f. Tienda donde se venden *huevos.
huevero. m. El que trata en huevos. || **Huevera** (utensilio de mesa).
huevezuelo. m. d. de **Huevo.**
huevil. m. *Planta solanácea, de cuyo tronco y hojas se extrae un tinte amarillo.
***huevo.** m. Cuerpo más o menos esférico que contiene el germen de un nuevo individuo, juntamente con las substancias de que éste ha de alimentarse durante las primeras fases de su desarrollo. || **Huevo** que pone la gallina, cubierto de una cáscara calcárea. || Pedazo de madera fuerte, con un hueco en el medio, de que se sirven los *zapateros para amoldar en él la suela. || Cápsula de cera que llena de agua de olor se tiraba por festejo en *carnaval. || **de Colón.** **Huevo de Juanelo.** || **de faltriquera.** **Yema** (dulce). || **de Juanelo.** fig. Cosa que tiene, al parecer, mucha dificultad, y es en realidad muy *fácil. || **de pulpo.** *Molusco gasterópodo marino. || **duro.** El cocido con la cáscara, hasta llegarse a cuajar enteramente yema y clara. || **en agua.** **Huevo pasado por agua.** || **en cáscara.** **Huevo pasado por agua.** || **encerado.** El pasado por agua que no está duro. || **estrellado.** El que se fríe entero. || **huero.** El que por no estar fecundado por el macho no produce cría. || **mejido.** **Yema mejida.** || **pasado por agua.** El cocido ligeramente, con la cáscara, en agua hirviendo. || **Huevos bobos.** Tortilla con pan rallado, aderezada en caldo. || **dobles.** Dulce de repostería que se hace con yemas de **huevo** y azúcar clarificado. || **dobles quemados.** Dulce semejante al anterior. || **hilados.** Composición de **huevos** y azúcar, que forma la figura de hebras o hilos. || **moles.** Yemas de **huevo** batidas con azúcar. || **revueltos.** Los que se fríen en sartén revolviéndolos para que no se unan como en la tortilla. || **A huevo.** m. adv. con que se indica lo *barato que se venden las cosas. || **Cacarear y no poner huevo.** fr. fig. y fam. *Prometer mucho y no dar nada. || **Límpiate, que estás de huevo.** fr. fig. y fam. con que se pone en duda el resultado que uno se promete. || **Parecerse** una cosa **a** otra **como un huevo a una castaña.** fr. fig. y fam. con que se pondera la *diferencia entre cosas que se comparan. || **Parecerse como un huevo a otro.** fr. fig. Ser una cosa o persona completamente igual a otra.

|| **Pisando huevos.** m. adv. fig. y fam. Con tiento, con *lentitud. || **Sacar los huevos.** fr. *Empollarlos el ave, hasta que salgan los pollos.
¡huf! interj. **¡Uf!**
hugonote, ta. adj. Dícese de los que en Francia seguían la secta *protestante de Calvino. Ú. t. c. s.
huibá. f. *Caña fuerte que usan algunos indios de América para hacer *flechas.
¡huich! o **¡huiche!** interj. usada para burlarse de uno.
¡huichí! o **¡huichó!** interj. **¡Ox!**
***huida.** f. Acción de huir. || Espacio, *hueco u holgura que se deja en mechinales y otros agujeros, para poder meter y sacar con facilidad maderos. || *Equit.* Acción y efecto de apartarse el *caballo, súbita y violentamente, de la dirección en que lo lleva el jinete.
huidero. m. Trabajador que en las *minas de azogue se ocupa en abrir agujeros para los maderos. || Lugar adonde se huyen reses o piezas de *caza.
huidizo, za. adj. Que huye o es inclinado a huir.
huidor, ra. adj. Que huye. Ú. t. c. s.
¡huifa! interj. de *alegría.
huillín. m. Especie de nutria de Chile.
huincha. f. *Cinta de lana o de algodón, y especialmente la que usan en Chile las niñas para el *tocado.
huingán. m. *Arbusto chileno, de las terebintáceas.
***huir.** intr. Apartarse, *alejarse rápidamente de alguna persona, cosa o lugar. Ú. t. c. r. y raras veces como tr. || Con voces que expresen *tiempo, transcurrir o pasar velozmente. || Apartarse de una cosa mala o perjudicial. Ú. t. c. tr.
huira. f. Corteza del maqui que sirve para atar.
huiro. m. Nombre común a varias *algas marinas.
huitrín. m. Colgajo de mazorcas de *maíz.
hujier. m. **Ujier.**
hulano, na. m. y f. desus. **Fulano, na.**
hule. m. Caucho o *goma elástica. || Tela pintada al óleo y barnizada para hacerla *impermeable. || **Haber hule.** loc. Quedar herido o muerto un torero durante la *lidia.
hulero. m. Trabajador que recoge el hule o *goma elástica.
hulla. f. *Carbón de piedra que se conglutina al arder.
hullero, ra. adj. Perteneciente o relativo a la hulla.
¡hum! interj. desus. **¡Huf!**
humada. f. **Ahumada.**
humaina. f. desus. Tela muy basta.
humanal. adj. **Humano.**
humanamente. adv. m. Con humanidad. || Se usa también para encarecer la *dificultad o *imposibilidad de una cosa.
humanar. tr. Hacer a uno humano y *afable. Ú. m. c. r. || r. Hacerse hombre. Dícese de *Jesucristo.
***humanidad.** f. **Naturaleza humana.** || Género humano. || Propensión a las tentaciones *carnales. || *Flaqueza propia del hombre. || *Sensibilidad, *compasión. || *Benignidad, mansedumbre. || fam. Corpulencia, *gordura. || pl. **Letras humanas.**
humanismo. m. **Lit.* Cultivo de las letras humanas. || **Fisiol.* Doctrina de los humanistas del Renacimiento.
humanista. com. Persona instruida en letras humanas.
humanístico, ca. adj. Perteneciente al humanismo.
humanitario, ria. adj. Que mira o se refiere al bien del género humano. || Benigno, *compasivo, benéfico.
humanitarismo. m. **Humanidad** (*compasión).
humanizarse. r. **Humanarse.** || *Aplacarse, desenojarse, hacerse benigno.
***humano, na.** adj. Perteneciente al hombre o propio de él. || fig. *Compasivo, clemente. || m. Hombre o persona **humana.**
humante. p. a. de **Humar.** Que huma.
humar. tr. p. us. **Fumar.**
humarada. f. **Humareda.**
humarazo. m. **Humazo.**
humareda. f. Abundancia de *humo.
humaza. f. **Humazo.**
humazga. f. *Tributo que se pagaba por cada hogar o chimenea.
humazo. m. *Humo denso. || Acción de aplicar a uno humo acre de lana, papel, etc., generalmente por broma o *burla. || Humo sofocante o venenoso que se hace en los buques, para matar las ratas. || Humo que se hace entrar en las madrigueras, para hacer salir a las alimañas. || **Dar humazo** a uno. fr. fig. y fam. Hacerle algo desagradable para ahuyentarlo.
humeante. p. a. de **Humear.** Que humea.
***humear.** intr. Exhalar *humo. Ú. t. c. r. || Arrojar una cosa vaho o *vapor. || fig. Quedar *vestigios de un alboroto, riña o enemistad. || fig. *Engreírse, presumir. || tr. **Fumigar.**
humectación. f. Acción y efecto de humedecer.
humectante. p. a. de **Humectar.** Que humecta.
humectar. tr. **Humedecer.**
humectativo, va. adj. Que causa y engendra humedad.
***humedad.** f. Calidad de húmedo. || Agua de que está impregnado un cuerpo. || Vapor de agua mezclado con el aire.
humedal. m. Terreno húmedo.
humedecer. tr. Producir o causar humedad. Ú. t. c. r.
***húmedo, da.** adj. Ácueo o que participa de la naturaleza del agua. || Ligeramente impregnado de agua o de otro líquido. || **Húmedo radical.** *Med.* Entre los antiguos, *humor linfático que daba al cuerpo flexibilidad y elasticidad.
humera. f. fam. **Borrachera.**
humeral. adj. V. **Velo humeral.** Ú. t. c. s. m. || *Zool.* Perteneciente o relativo al húmero. || m. **Liturg.* Paño blanco que se pone sobre los hombros el sacerdote, y en cuyos extremos envuelve ambas manos para coger la custodia o el copón.
húmero. m. *Zool.* *Hueso del brazo, que se articula por uno de sus extremos con la espaldilla y por el otro con el cúbito y el radio.
humero. m. Cañón de *chimenea, por donde sale el *humo. || Habitación en que se ahúma la matanza.
humero. m. **Homero.**
humidad. f. desus. **Humedad.**
húmido, da. adj. poét. **Húmedo.**
humiento, ta. adj. Ahumado, tiznado.
***humildad.** f. Virtud cristiana que consiste en el conocimiento de la propia inferioridad. || Bajeza de nacimiento, condición *plebeya. || *Sumisión, rendimiento. || **de garabato.** fig. y fam. La falsa y afectada.
***humilde.** adj. Que tiene o ejercita humildad. || fig. *Bajo, de poca altura. || fig. De condición *plebeya.
humildemente. adv. m. Con *humildad.
húmilmente. adv. m. **Humildemente.**
***humillación.** f. Acción y efecto de humillar o humillarse.
humilladero. m. Lugar en las *afueras de los pueblos y junto a los caminos, con una *cruz o *efigie.
humillador, ra. adj. Que humilla. Ú. t. c. s.
humillante. adj. Degradante, depresivo, vergonzoso.
***humillar.** tr. *Bajar, inclinar una parte del cuerpo, como la cabeza o *rodilla, en señal de sumisión. || → fig. Abatir el orgullo de uno. || r. Hacer actos de *humildad.
humillo. m. fig. *Vanidad, presunción. Ú. m. en pl. || **Veter.* Enfermedad propia de los lechoncillos.
humita. f. Pasta de *maíz tierno rallado, mezclado con ají y otros condimentos, que se cuece en agua y luego se tuesta al rescoldo.
humitero, ra. m. y f. Persona que hace y vende humitas.
***humo.** m. Mezcla de gases que se desprende de una combustión incompleta. || *Vapor que exhala cualquiera cosa que fermenta. || pl. Hogares o *casas. || fig. Vanidad, *orgullo. || **A humo de pajas.** m. adv. fig. y fam. Ligeramente, de modo *irreflexivo. || **Bajarle** a uno **los humos.** fr. fig. y fam. Domar su altivez, *humillarle. || **Subírsele** a uno **el humo a las narices.** fr. fig. y fam. *Irritarse, enfadarse.
***humor.** m. Cualquiera de los líquidos del cuerpo del animal. || fig. Genio, índole, *carácter. || Temple, *disposición del ánimo. || fig. Jovialidad, *donaire. || fig. Buena *disposición en que uno se halla para hacer una cosa. || **Humorismo.** || **ácueo.** *Zool.* Líquido que en el globo del *ojo se halla delante del cristalino. || **pecante.** El que, según los antiguos, predominaba en cada enfermedad. || **vítreo.** *Zool.* Masa gelatinosa que en el globo del *ojo se encuentra detrás del cristalino. || **Desgastar los humores.** fr. Atenuarlos, adelgazarlos. || **Llevarle** a uno **el humor.** fr. **Seguirle el humor.** || **Rebalsarse los humores.** fr. Recogerse o detenerse en una parte del cuerpo. || **Remover humores.** fr. fig. *Inquietar los ánimos. || **Seguirle** a uno **el humor.** fr. *Asentir a sus ideas o inclinaciones.
humoracho. m. despect. de **Humor.**
humorada. f. Dicho o hecho *gracioso o *extravagante.
humorado, da. adj. Que tiene humores. || fig. Que está de buen o mal humor. Ú. comúnmente con los advs. *bien* y *mal.*
humoral. adj. Perteneciente a los humores.
***humorismo.** m. Género de ironía amable en que se hermana lo alegre con lo triste. || **Med.* Doctrina que atribuía todas las enfermedades a las alteraciones de los humores.
humorista. adj. Dícese del autor en cuyos escritos predomina el *humorismo. || Decíase del partidario de la doctrina *médica del humorismo.
humorísticamente. adv. m. De manera humorística.
humorístico, ca. adj. Perteneciente o relativo al *humorismo irónico.
humorosidad. f. Abundancia de *humores.
humoroso, sa. adj. Que tiene humor.
humosidad. f. **Fumosidad.**
humoso, sa. adj. Que echa de sí *humo o lo contiene. || fig. Que exhala o despide de sí algún *vapor.

humus. m. *Agr.* **Mantillo.**
hundible. adj. Que puede hundirse.
***hundimiento.** m. Acción y efecto de hundir o hundirse.
***hundir.** tr. Sumir, meter en lo hondo. ‖ Echar a pique. ‖ fig. Abrumar, *oprimir. ‖ fig. Confundir a uno, *vencerle con razones. ‖ fig. *Destruir, arruinar. ‖ r. Arruinarse un edificio, *sumergirse una cosa. ‖ fig. y fam. *Ocultarse o *desaparecer una cosa. ‖ **Hundirse la casa, el mundo,** etc., frs. figs. Haber grandes *discordias y *alborotos.
húngaro, ra. adj. Natural de Hungría. Ú. t. c. s. ‖ Perteneciente a este país de Europa. ‖ m. Lengua húngara.
huno, na. adj. con que se designa un *pueblo feroz del centro de Asia, que ocupó desde el Volga hasta el Danubio. Ú. t. c. s.
hupe. f. Substancia blanda y esponjosa que resulta de la descomposición de algunas *maderas y que después de seca suele emplearse como yesca.
hura. f. *Tumorcito maligno o carbunclo que sale en la cabeza. ‖ *Agujero pequeño. ‖ *Madriguera.
huracán. m. *Viento sumamente impetuoso que, a modo de torbellino, gira en grandes círculos. ‖ fig. Viento de fuerza extraordinaria.
huracanado, da. adj. Que tiene la fuerza o los caracteres propios del huracán.
huraco. m. ***Agujero.**
hurañía. f. Modo de ser propio del huraño.
huraño, ña. adj. Que huye y se esconde de las gentes; *intratable y propenso al *aislamiento.
hurera. f. *Agujero, huronera.
hurgador, ra. adj. Que hurga. ‖ m. **Hurgón** (para atizar el fuego).
hurgamandera. f. *Germ.* **Ramera.**
hurgamiento. m. Acción de hurgar.
hurgandero. m. Hurgón para avivar el *fuego en el horno.
hurgar. tr. Menear o *mover una cosa. ‖ *Tocar, manosear. ‖ fig. *Incitar.
hurgón. m. Instrumento de hierro para remover y atizar el *fuego. ‖ fam. **Estoque.**
hurgonada. f. Acción de hurgonear o remover el *fuego. ‖ fam. **Estocada.**
hurgonazo. m. Golpe dado con el hurgón. ‖ fam. **Estocada.**
hurgonear. tr. Menear y revolver el *fuego con el hurgón. ‖ fam. Tirar estocadas.
hurgonero. m. **Hurgón.**
hurguete. m. **Hurón** (el que indaga y *averigua).
hurguillas. com. Persona bullidora.
hurí. f. Según los *musulmanes, *mujer bellísima que acompaña en el *cielo a los bienaventurados.
hurivarí. m. En Cuba, *tempestad con *viento huracanado.
hurón. m. *Mamífero carnicero de cuerpo muy flexible y prolongado, que se emplea para la caza de conejos. ‖ fig. y fam. Persona que *averigua y descubre todo. ‖ fig. y fam. Persona huraña o *intratable. Ú. t. c. adj.
hurona. f. Hembra del hurón.
huronear. intr. *Cazar con hurón. ‖ fig. y fam. Procurar *averiguar cuanto pasa.
huronera. f. *Cubil en que se mete y encierra el hurón. ‖ fig. y fam. *Escondrijo.
huronero. m. El que cuida de los hurones.
¡hurra! interj. usada para expresar *alegría o entusiasmo.
hurraca. f. **Urraca.**
hurraco. m. Adorno del *tocado de las mujeres.
hurtadas (a). m. adv. ant. **A hurtadillas.**
hurtadillas (a). m. adv. Furtivamente; sin que nadie lo note (*ocultación).
hurtadineros. m. **Alcancía** (*hucha).
hurtador, ra. adj. Que hurta. Ú. t. c. s.
hurtagua. f. Especie de *regadera con agujeros en el fondo.
***hurtar.** tr. Apropiarse bienes ajenos contra la voluntad de su dueño, sin intimidación en las personas ni fuerza en las cosas. ‖ fig. Dicho del *mar, ríos, etc., llevarse tierra de la ribera. ‖ fig. Tomar dichos o escritos ajenos, dándolos por propios. ‖ fig. *Desviar, *apartar. ‖ r. fig. *Ocultarse, desviarse.
***hurto.** m. Acción de hurtar. ‖ Cosa hurtada. ‖ En las *minas de Almadén, camino subterráneo que se hace a uno y otro lado del principal. ‖ **A hurto.** m. adv. **A hurtadillas.** ‖ **Coger** a uno **con el hurto en las manos.** fr. fig. *Sorprenderle in fraganti.
husada. f. Porción hilada que cabe en el *huso.
húsar. m. *Soldado de cierto cuerpo de caballería ligera.
husentes. adj. **Fusentes.**
husera. f. **Bonetero** (*arbusto).
husero. m. *Cuerna recta que tiene el gamo de un año.
husillero. m. El que en los *molinos de aceite trabaja en el husillo.
husillo. m. *Tornillo de hierro o madera que hay en las prensas y otras máquinas.
husillo. m. Conducto de *desagüe.
husita. adj. Dícese del que sigue la *herejía de Juan de Hus. Ú. t. c. s.
husma. f. **Husmeo.** ‖ **Andar** uno **a la husma.** fr. fig. y fam. Andar *investigando para saber las cosas ocultas.
husmeador, ra. adj. Que husmea. Ú. t. c. s.
husmear. r. Rastrear con el *olfato una cosa. ‖ fig. y fam. Andar *averiguando una cosa con arte y disimulo. ‖ intr. Empezar a *heder una cosa, especialmente la carne.
husmeo. m. Acción y efecto de husmear.
husmo. m. *Olor que despiden la carne y otras cosas cuando ya empiezan a pasarse. ‖ **Andarse** uno **al husmo.** fr. fig. **Husmear.** ‖ **Estar** uno **al husmo.** fr. fig. y fam. Estar en *acecho, *esperando la ocasión de lograr su intento.
***huso.** m. Instrumento de madera a modo de palo redondo, que va adelgazándose desde el medio hacia las dos puntas, y sirve para hilar. ‖ Instrumento que sirve para unir y retorcer dos o más hilos. ‖ Cierto instrumento de hierro que sirve para devanar la seda. ‖ **Blas.* Losange largo y estrecho. ‖ **Min.* Cilindro de un torno o cabrestante. ‖ **esférico.** *Geom.* Parte de la superficie de una *esfera, comprendida entre las dos caras de un ángulo diedro que tiene por arista un diámetro de aquélla.
huta. f. *Choza en donde se esconden los monteros para echar los perros al paso de la *caza.
hutía. f. *Mamífero roedor, semejante a la rata. Es comestible y se conocen varias especies.
¡huy! interj. con que se denota *dolor agudo o *melindre.

I

i. f. Décima *letra del abecedario español. ‖ Letra numeral que tiene el valor de uno en la *numeración romana. ‖ **Lóg.* Signo de la proposición particular afirmativa. ‖ **griega. Ye.**

ibérico, ca. adj. **Ibero.**

iberio, ria. adj. **Ibero.**

ibero, ra, o **íbero, ra.** adj. Natural de la Iberia europea, o de la Iberia asiática. Ú. t. c. s. ‖ Perteneciente a cualquiera de estos dos países.

iberoamericano, na. adj. Perteneciente o relativo a los pueblos de América que antes formaron parte de los reinos de España y Portugal. Apl. a pers., ú. t. c. s.

íbice. m. **Cabra montés.**

ibicenco, ca. adj. Natural de Ibiza. Ú. t. c. s. ‖ Perteneciente a esta isla, una de las Baleares.

ibídem. adv. lat. En el mismo lugar. Se emplea en índices, citas, etc.

ibis. f. *Ave zancuda, de pico largo, de punta encorvada, y parte de la cabeza y toda la garganta desnudas. Los antiguos egipcios creían que se alimentaba de reptiles y la veneraban.

ibón. m. *Lago de los Pirineos de Aragón.

icaco. m. **Hicaco.**

icáreo, a. adj. **Icario.**

icario, ria. adj. Perteneciente a Ícaro.

icástico. adj. *Natural, sin disfraz ni adorno.

iceberg. m. (Voz inglesa.) Témpano o gran masa de *hielo que flota en el mar.

icneumón. m. **Mangosta** (*mamífero).

icnografía. f. *Arq.* *Delineación de la planta de un edificio.

icnográfico, ca. adj. *Arq.* Perteneciente a la icnografía o hecho según ella.

icnología. f. Ciencia que estudia las impresiones *fósiles.

icono. m. *Efigie portátil que es objeto de veneración entre los rusos.

iconoclasta. adj. Dícese del *hereje que niega el culto debido a las sagradas imágenes. Ú. t. c. s. ‖ Dícese del que *difama a personas o cosas que gozan del aprecio general.

iconógeno. m. Revelador para *fotografía.

iconografía. f. **Arqueol.* Descripción de *pinturas, estatuas o *monumentos. ‖ Tratado descriptivo, o colección de imágenes o *retratos.

iconográfico, ca. adj. Perteneciente o relativo a la iconografía.

iconología. f. **Esc.* y **Pint.* Representación de las virtudes, vicios u otras cosas morales o naturales, con la figura o apariencia de personas.

iconómaco. adj. **Iconoclasta.** Ú. t. c. s.

iconostasio. m. *Biombo con puertas, que en las *iglesias griegas está colocado delante del altar y oculta al sacerdote durante la consagración.

icor. m. **Cir.* Nombre que se daba al líquido seroso que *supuran algunas úlceras.

icoroso, sa. adj. *Cir.* Que participa de la naturaleza del icor, o relativo a él.

icosaedro. m. **Geom.* Sólido limitado por veinte caras. ‖ **regular.** *Geom.* Aquel cuyas caras son todas triángulos equiláteros iguales.

ictericia. f. *Med.* *Enfermedad caracterizada por absorción de la *bilis y amarillez de la piel y de las conjuntivas.

ictericiado, da. adj. **Ictérico** (que padece ictericia). Ú. t. c. s.

ictérico, ca. adj. *Med.* Perteneciente a la ictericia. ‖ *Med.* Que la padece. Ú. t. c. s.

icterodes. adj. *Med.* V. **Tifus icterodes.**

ictíneo. m. ***Buque submarino.**

ictiófago, ga. adj. Que se *alimenta de *peces. Ú. t. c. s.

ictiol. m. **Farm.* Aceite sulfuroso que se emplea para ciertas enfermedades de la piel.

ictiolito. m. *Pez *fósil.

ictiología. f. Parte de la zoología, que trata de los *peces.

ictiológico, ca. adj. Perteneciente o relativo a la ictiología.

ictiólogo. m. El que profesa la ictiología.

ictiosauro. m. *Reptil gigantesco, que se ha encontrado en estado *fósil.

ichal. m. Terreno poblado de ichos.

icho. m. Planta gramínea (*caña) propia de los Andes.

ida. f. Acción de *ir de un lugar a otro. ‖ fig. Dicho o hecho repentino, *indeliberado y violento. ‖ **Esgr.* Acometimiento que hace un combatiente al otro después de presentar la espada. ‖ *Mont.* Señal o *huella que hace la *caza. ‖ **y venida.** Partido o convenio en el juego de los cientos. ‖ **En dos idas y venidas.** loc. fig. y fam. Brevemente, con *prontitud. ‖ **No dejar la ida por la venida.** fr. que explica la *diligencia con que uno *pide o gestiona una cosa.

idalio, lia. adj. Perteneciente a Idalia, antigua ciudad de Chipre, consagrada a Venus. ‖ Perteneciente a esta deidad del gentilismo.

***idea.** f. Representación mental de una cosa abstracta o universal. ‖ *Imagen de una cosa percibida por los sentidos. ‖ Conocimiento puro, racional. ‖ *Plan y disposición que se ordena en la fantasía. ‖ *Intención de hacer una cosa. ‖ Concepto, *juicio formado de una persona o cosa. ‖ Ingenio para *inventar y disponer. ‖ fam. *Manía. Ú. m. en pl.

ideación. f. *Filos.* Formación de las *ideas.

***ideal.** adj. Perteneciente o relativo a la idea. ‖ Que sólo existe en la imaginación; *inmaterial. ‖ *Excelente, perfecto en su línea. ‖ m. Prototipo, *modelo o ejemplar de perfección.

idealidad. f. Calidad de ideal.

idealismo. m. Condición de los sistemas *filosóficos que consideran la idea como principio del ser y del conocer. ‖ Propensión a idealizar las cosas. ‖ Aptitud de la imaginación para idealizar.

idealista. adj. Dícese de la persona que profesa la doctrina del idealismo. Ú. t. c. s. ‖ Aplícase a la que propende a idealizar las cosas. Ú. t. c. s.

idealización. f. Acción y efecto de idealizar.

idealizar. tr. Dar un carácter ideal a las cosas, adornándolas en la *imaginación con todas las *perfecciones posibles.

idealmente. adv. m. En la idea o discurso.

idear. tr. Formar idea de una cosa. ‖ Trazar, *inventar.

ideario. m. *Lit.* Conjunto de las *ideas o pensamientos principales que caracterizan a un escritor, político, etc.

ídem. pron. lat. que significa el *mismo o lo mismo. ‖ **ídem per ídem.** loc. lat. que significa lo mismo es lo uno que lo otro.

idénticamente. adv. m. De manera idéntica, con identidad.

***idéntico, ca.** adj. Dícese de lo que en substancia y accidentes es lo *mismo que otra cosa con que se compara. Ú. t. c. s. ‖ Muy parecido o semejante.

***identidad.** f. Calidad de idéntico. ‖ *For.* Hecho de ser una *persona o cosa la misma que se supone o se busca. ‖ **Mat.* Igualdad que se verifica siempre, sea cualquiera el valor de las variables. || **de persona.** *For.* Ficción de derecho por la cual el *heredero se confunde con el causante de la sucesión.

identificable. adj. Que puede ser identificado.

identificación. f. Acción de identificar.

***identificar.** tr. Hacer que dos o más cosas distintas aparezcan como una *misma. Ú. m. c. r. || *For.* Reconocer si una *persona es la misma que se supone o se busca. || r. **Filos.* Reducirse en la realidad a una sola y misma cosa varias que la razón aprehende como diferentes.

ideo, a. adj. Perteneciente al monte Ida. || Por ext., perteneciente a Troya o Frigia.

ideografía. f. *Escritura en que las ideas se representan por medio de *símbolos.

ideográfico, ca. adj. Aplícase a la *escritura en que los signos no representan los sonidos hablados, sino las ideas por medio de figuras o símbolos.

ideograma. m. Cada uno de los signos de la *escritura ideográfica.

ideología. f. **Filos.* Ciencia que trata del origen y clasificación de las *ideas. || Conjunto de las *ideas que caracterizan a un autor o a una escuela.

ideológico, ca. adj. Perteneciente a la ideología o a la *clasificación de las ideas.

ideólogo, ga. m. y f. Persona que profesa la ideología. || Persona ilusa, soñadora.

idílico, ca. adj. Perteneciente o relativo al idilio.

idilio. m. Composición *poética de carácter tierno y delicado, que tiene por asunto los afectos amorosos. || fam. Coloquio *amoroso.

idiólatra. adj. Que tiene un excesivo culto por su persona.

***idioma.** m. Lengua de una nación o de una comarca. || Modo particular de hablar de algunos o en algunas ocasiones.

idiomático, ca. adj. Propio y peculiar de una lengua determinada.

idiopatía. f. *Pat.* *Enfermedad que no se considera como derivada de otra.

idiosincrasia. f. *Carácter y temperamento peculiar de cada individuo.

idiosincrásico, ca. adj. Perteneciente o relativo a la idiosincrasia.

idiota. adj. Que padece de idiotez. Ú. t. c. s. || *Ignorante.

idiotez. f. Imbecilidad, *necedad, falta congénita y completa de las facultades intelectuales.

idiotismo. m. Modo de hablar propio de una *lengua, que no se ajusta a las reglas ordinarias de la gramática. || *Ignorancia.

ido, da. adj. fam. Muy *distraído. || Que padece algún trastorno *mental; chiflado.

idólatra. adj. Que *adora ídolos o falsas deidades. Ú. t. c. s. || fig. Que *ama excesivamente a una persona o cosa.

idolatrar. tr. *Adorar ídolos o falsas deidades. || fig. *Amar excesivamente a una persona o cosa. Ú. t. c. intr.

idolatría. f. *Adoración que se da a los ídolos y falsas divinidades. || fig. *Amor excesivo y vehemente a una persona o cosa.

idolátrico, ca. adj. Perteneciente a la idolatría.

idolejo. m. d. de **ídolo.**

***ídolo.** m. Figura de una falsa deidad a que se da adoración. || fig. Persona o cosa excesivamente *amada.

idolología. f. Ciencia que trata de los *ídolos.

ídolopeya. f. **Ret.* Figura que consiste en poner un dicho o discurso en boca de una persona muerta.

idoneidad. f. Calidad de idóneo.

idóneo, a. adj. Que tiene *aptitud para una cosa.

idos. m. pl. **Idus.**

idumeo, a. adj. Natural de Idumea. Ú. t. c. s. || Perteneciente a este país de Asia antigua.

idus. m. pl. **Cronol.* En el antiguo cómputo romano y en el eclesiástico, el *día 15 de marzo, mayo, julio y octubre, y el 13 de los demás meses.

***iglesia.** f. Congregación de los fieles, regida por Cristo y el Papa, su vicario en la Tierra. || Conjunto del clero y pueblo católicos de un país. || Estado eclesiástico, que comprende a todos los ordenados. || Gobierno eclesiástico. || Cabildo de las catedrales o colegiales. || Diócesis, territorio y jurisdicción de los *prelados. || Conjunto de sus súbditos. || Cada una de las sectas particulares de *herejes. || Templo cristiano. || Inmunidad, *seguridad del que se acoge a *sagrado. || **catedral. Iglesia** principal en que reside el obispo o arzobispo con su cabildo. || **colegial.** La que no siendo silla propia de arzobispo u obispo, se compone de abad y canónigos seculares. || **conventual.** La de un convento. || **de estatuto.** Aquella en que no se puede ingresar sin pruebas de limpieza de sangre. || **en cruz griega.** La que se compone de dos naves de igual longitud que se cruzan perpendicularmente. || **en cruz latina.** La que se compone de dos naves, una más larga que otra, que se cruzan a escuadra. || **fría.** La que tenía derecho de asilo. || **juradera.** La que estaba destinada para recibir en ella los juramentos decisorios. || **mayor.** La principal de cada pueblo. **metropolitana.** La que es sede de un arzobispo. || **militante.** Congregación de los fieles que viven en este mundo en la fe católica. || **oriental.** Latamente, la que estaba incluida en el imperio de Oriente. || La que sigue el rito griego. || **papal.** Aquella en que el prelado provee todas las prebendas. || **parroquial. Parroquia.** || **patriarcal.** La que es sede de un patriarca. || **primada.** La que es sede de un primado. || **purgante.** Congregación de los fieles que están en el purgatorio. || **triunfante.** Congregación de los fieles que están ya en la gloria. || **Acogerse a la iglesia.** fr. fam. Entrar en religión, hacerse *clérigo. || **Cumplir con la iglesia.** fr. *Comulgar por Pascua florida. || **Entrar** uno **en la Iglesia.** fr. fig. Abrazar el estado eclesiástico. || **Iglesia me llamo.** expr. usada por los delincuentes para no decir su nombre. || expr. fig. y fam. de que usa el que está a *salvo de persecuciones o daños. || **Llevar** uno **a la iglesia** a una mujer. fr. fig. *Casarse con ella. || **Reconciliarse con la Iglesia.** fr. Volver al gremio de ella el apóstata o el hereje. || **Tomar iglesia.** fr. *Acogerse a ella para tomar asilo.

iglesieta. f. d. de **Iglesia** (templo).

ignaro, ra. adj. **Ignorante.**

ignavia. f. *Pereza.

ignavo, va. adj. Indolente, *perezoso.

ígneo, a. adj. De *fuego o que tiene alguna de sus cualidades. || De *color de fuego.

ignescente. adj. Que *arde o se inflama.

ignición. f. Acción y efecto de estar un cuerpo *ardiendo o incandescente.

ignífero, ra. adj. poét. Que arroja o contiene *fuego.

ignífugo, ga. adj. Que hace *incombustible.

ignipotente. adj. poét. Poderoso en el *fuego.

ignito, ta. adj. Que tiene *fuego o está encendido.

ignívomo, ma. adj. poét. Que vomita *fuego.

ignografía. f. **Icnografía.**

ignominia. f. *Ofensa pública que uno padece.

ignominiosamente. adv. m. Con ignominia.

ignominioso, sa. adj. Que es ocasión o causa de ignominia.

***ignorancia.** f. Falta de instrucción. || **invencible.** La que tiene uno de alguna cosa, por no alcanzar motivo o razón que le haga averiguar su existencia o exactitud. || **supina.** La que procede de negligencia. || **Pretender** uno **ignorancia.** fr. Alegarla.

***ignorante.** p. a. de **Ignorar.** Que ignora. || adj. Que no tiene noticia de las cosas. Ú. t. c. s.

ignorantemente. adv. m. Con ignorancia.

ignorantismo. m. Tendencia a rechazar la instrucción por los peligros *sociales que pueda acarrear.

***ignorar.** tr. No saber una cosa.

ignoto, ta. adj. *Desconocido; que no ha sido descubierto.

igorrote. m. Indio de la isla de Luzón, en las Filipinas. || *Lengua de los **igorrotes.** || adj. Perteneciente a estos indios o a su lengua.

***igual.** adj. De la misma naturaleza, cantidad o calidad de otra cosa. || *Liso, que no tiene asperezas. || Muy parecido o *semejante. || *Proporcionado, en conveniente relación. || *Constante, no variable. || ***Indiferente.** || De la misma clase o condición social. Ú. t. c. s. || *Geom.* Dícese de las figuras que se pueden superponer de modo que se confundan en su totalidad. || m. **Mat.* Signo de la igualdad, formado de dos rayas horizontales y paralelas (=). || **Al igual.** m. adv. Con igualdad. || **En igual de.** m. adv. En vez de, en *substitución de. || **Sin igual.** m. adv. **Sin par.**

iguala. f. Acción y efecto de igualar o igualarse. || Ajuste o *pacto. || Estipendio o cosa que se da en virtud de ajuste. || Listón de madera que los *albañiles usan como *regla. || **A la iguala.** m. adv. **Al igual.**

igualación. f. Acción y efecto de igualar o igualarse. || fig. Ajuste, *convenio.

igualado, da. adj. Aplícase a ciertas *aves que ya han arrojado el plumón y tienen igual la pluma.

igualador, ra. adj. Que iguala. Ú. t. c. s.

igualamiento. m. Acción y efecto de igualar o igualarse.

***igualar.** tr. Poner al *igual con otra a una persona o cosa. Ú. t. c. r. || fig. Juzgar con imparcialidad y *justicia. || ***Allanar.** || Hacer ajuste o *pacto sobre una cosa. Ú. t. c. r. || intr. Ser una cosa *igual a otra. Ú. t. c. r.

***igualdad.** f. Conformidad completa de una cosa con otra. || Correspondencia y *proporción. || **Mat.* Expresión de la equivalencia de dos cantidades. ‖ **de ánimo.** Constancia y *entereza.

igualitario, ria. adj. Que entraña *igualdad o tiende a ella.

igualmente. adv. m. Con igualdad. ‖ También, asimismo, además.

igualón, na. adj. Dícese del pollo de la *perdiz cuando ya se asemeja a sus padres.

iguana. f. *Reptil saurio, de metro y medio de largo, cuya carne y huevos son comestibles.

iguanodonte. m. *Reptil saurio gigantesco, que se encuentra *fósil.

igüedo. m. **Cabrón.**

I. H. S. Monograma de *Jesucristo formado con las iniciales de las palabras *Jesus Hominum Salvator.*

ijada. f. Cualquiera de las dos cavidades del *cuerpo, simétricamente colocadas entre las costillas falsas y los huesos de las caderas. ‖ *Dolor o mal que se padece en aquella parte. ‖ **Tener una cosa su ijada.** fr. fig. Dícese de aquello en que, entre lo que tiene de bueno, se halla alguna *imperfección.

ijadear. tr. Mover mucho y aceleradamente las ijadas al *respirar anhelosamente por efecto del cansancio.

ijar. m. **Ijada.**

ilación. f. Acción y efecto de *inferir una cosa de otra. ‖ Trabazón ordenada de las partes de un *discurso. ‖ **Log.* Enlace del consiguiente con sus premisas.

ilapso. m. Especie de *éxtasis contemplativo.

ilativo, va. adj. Que se infiere o puede inferirse. ‖ *Gram.* V. **Conjunción ilativa.**

ilécebra. f. *Halago engañoso.

***ilegal.** adj. Que es contra ley.

ilegalidad. f. Calidad de *ilegal.

ilegalmente. adv. m. Sin legalidad.

ilegible. adj. Que no puede o no debe *leerse.

ilegítimamente. adv. m. Sin legitimidad.

ilegitimar. tr. Privar a uno de la legitimidad.

ilegitimidad. f. Calidad de ilegítimo.

ilegítimo, ma. adj. No legítimo, *falso.

íleo. m. *Med.* Enfermedad aguda, producida por el retorcimiento de las asas *intestinales.

ileocecal. adj. *Anat.* Que pertenece a los intestinos íleon y ciego.

íleon. m. *Zool.* Tercera porción del *intestino delgado, entre el yeyuno y el ciego.

íleon. m. *Zool.* **Ilion.**

ilercavón, na. adj. Natural de una región de la España Tarraconense, que comprendía parte de las actuales provincias de Tarragona y Castellón. Ú. t. c. s. ‖ Perteneciente a esta región.

ilerdense. adj. Natural de la antigua Ilerda, hoy Lérida. Ú. t. c. s. ‖ Perteneciente a esta ciudad. ‖ **Leridano.** Apl. a pers., ú. t. c. s.

ilergete. adj. Natural de una región de la España Tarraconense, que se extendía por la parte llana de las provincias de Huesca, Zaragoza y Lérida. Ú. t. c. s. ‖ Perteneciente a esta región.

***ileso, sa.** adj. Que no ha recibido lesión o daño.

iletrado, da. adj. Falto de instrucción.

iliaco, ca o ilíaco, ca. adj. Perteneciente o relativo al ilion.

iliaco, ca o ilíaco, ca. adj. Perteneciente o relativo a Ilión o Troya.

iliberal. adj. No liberal.

iliberitano, na. adj. Natural de la antigua Ilíberis o Iliberris. Ú. t. c. s. ‖ Perteneciente a esta ciudad de la Bética.

iliberritano, na. adj. **Iliberitano.** Apl. a pers., ú. t. c. s.

ilicíneo, a. adj. **Bot.* Dícese de árboles y arbustos dicotiledóneos siempre verdes, cuyo tipo es el acebo. Ú. t. c. s. f. ‖ f. pl. *Bot.* Familia de estas plantas.

ilícitamente. adv. m. De manera ilícita.

ilicitano, na. adj. Natural de la antigua Ílici, hoy Elche. Ú. t. c. s. ‖ Perteneciente a esta población.

***ilícito, ta.** adj. No permitido legal ni moralmente.

ilicitud. f. Calidad de *ilícito.

iliense. adj. **Troyano.** Apl. a pers., ú. t. c. s.

ilimitable. adj. Que no puede limitarse.

***ilimitado, da.** adj. Que no tiene límites.

ilion. m. *Zool.* Parte lateral del *hueso innominado.

ilipulense. adj. Natural de Ilípula. Ú. t. c. s. ‖ Perteneciente a esta antigua ciudad de la Bética.

ilíquido, da. adj. Dícese de la cuenta, *deuda, etc., que está por liquidar.

ilírico, ca. adj. **Ilirio.**

ilirio, ria. adj. Natural de Iliria. Ú. t. c. s. ‖ Perteneciente a esta región de Europa.

iliterato, ta. adj. *Ignorante y no versado en ciencias ni letras humanas.

iliturgitano, na. adj. Natural de Iliturgi. Ú. t. c. s. ‖ Perteneciente a esta antigua ciudad de la Bética.

ilógico, ca. adj. Que carece de lógica. ‖ Que va contra sus reglas y doctrinas, *absurdo, irracional.

ilota. com. *Esclavo de los lacedemonios. ‖ fig. El que se halla desposeído de los derechos de *ciudadano.

ilotismo. m. Condición de ilota.

iludir. tr. **Burlar.**

iluminación. f. Acción y efecto de iluminar o *alumbrar. ‖ *Adorno hecho con luces. ‖ Especie de *pintura al temple sobre vitela o papel terso.

iluminado, da. adj. **Alumbrado** (dícese de ciertos *herejes). Ú. m. c. s. y en pl.

iluminador, ra. adj. Que ilumina. Ú. t. c. s. ‖ m. y f. *Pintor que adorna libros, estampas, etc., con colores.

iluminante. p. a. de **Iluminar.** Que ilumina.

***iluminar.** tr. *Alumbrar, cubrir de *luz. ‖ Adornar con luces. ‖ **Pint.* Dar color a las figuras, letras, etc., de una estampa, libro, etc. ‖ Poner por detrás de las *estampas tafetán o papel de color. ‖ fig. Ilustrar el entendimiento por medio de la *enseñanza. ‖ fig. **Alumbrar** (*aguas subterráneas). ‖ **Teol.* Ilustrar interiormente Dios a la criatura.

iluminaria. f. **Luminaria.**

iluminativo, va. adj. Capaz de iluminar.

iluminismo. m. *Herejía y doctrina de los iluminados.

ilusión. f. Concepto, imagen o representación que aparece en la conciencia, sin causa real que la motive y sólo procede de la *imaginación o de engaño de los sentidos. ‖ *Esperanza acariciada sin fundamento racional. ‖ **Ret.* Ironía viva y picante.

ilusionarse. r. Forjarse ilusiones.

ilusionista. com. ***Prestidigitador.**

ilusivo, va. adj. *Falso, *engañoso, aparente.

iluso, sa. adj. Engañado. Ú. t. c. s. ‖ Propenso a ilusionarse, soñador.

ilusorio, ria. adj. Capaz de *engañar. ‖ De ningún valor o efecto, *aparente, *nulo.

ilustración. f. Acción y efecto de ilustrar o ilustrarse. ‖ Estampa, *grabado o *dibujo que acompaña al texto de un escrito para más claridad o adorno. ‖ Publicación, comúnmente *periódica, con láminas y dibujos, además del texto. ‖ Movimiento *cultural de los siglos XVII y XVIII que proclamaba la soberanía de la razón frente a la revelación y a la autoridad.

ilustrado, da. adj. Dícese de la persona *docta o instruida.

ilustrador, ra. adj. Que ilustra. Ú. t. c. s.

ilustrante. p. a. ant. de **Ilustrar.** Que ilustra.

ilustrar. tr. Dar luz al entendimiento. Ú. t. c. r. ‖ *Explicar un punto o materia. ‖ Adornar un impreso con láminas o *grabados alusivos al texto. ‖ fig. Hacer *ilustre a una persona o cosa. Ú. t. c. r. ‖ fig. *Enseñar, instruir, *civilizar. Ú. t. c. r. ‖ **Teol.* Alumbrar Dios interiormente a la criatura con luz sobrenatural.

ilustrativo, va. adj. Que ilustra.

***ilustre.** adj. De *noble o distinguida prosapia. ‖ Insigne, célebre. ‖ *Título de dignidad. ‖ f. pl. *Germ.* Las *botas.

ilustremente. adv. m. De un modo ilustre.

ilustrísimo, ma. adj. sup. de **Ilustre,** que como *tratamiento se aplica a los obispos y otras personas.

ilutación. f. Acción de *bañar en *lodo alguna parte del cuerpo con un fin *terapéutico.

imada. f. **Arq. Nav.* Cada una de las explanadas que se forman en la grada a ambos lados de la quilla del buque que se ha de botar.

***imagen.** f. Figura, representación de una cosa. ‖ → Representación mental de alguna cosa percibida por los sentidos. ‖ Estatua, *efigie o pintura de Jesucristo, de la Virgen o de un santo. ‖ **Ópt.* Reproducción de la figura de un objeto por la combinación de los rayos de luz. ‖ *Ret.* *Descripción de una cosa por medio del lenguaje. ‖ **accidental.** *Fisiol.* La que después de haber contemplado un objeto con mucha intensidad, persiste en el ojo. ‖ **real.** *Fís.* La que se produce en el foco real de un *espejo cóncavo o de una lente convergente. ‖ **virtual.** *Fís.* La que se forma aparentemente detrás de un *espejo. ‖ **Quedar para vestir imágenes.** fr. fig. y fam. que se dice de las mujeres cuando llegan a cierta edad y quedan *solteras.

imagenería. f. desus. **Imaginería.**

imaginable. adj. Que se puede imaginar.

***imaginación.** f. Facultad del alma, que representa las imágenes de las cosas reales o ideales. ‖ Aprensión falsa o *equivocada de una cosa que no hay en realidad.

***imaginar.** intr. Representar idealmente una cosa; crearla en la imaginación. ‖ tr. *Conjeturar, sospechar.

imaginaria. f. *Mil.* *Guardia que no presta efectivamente el servicio de tal, pero está dispuesta para prestarlo en caso necesario. ‖ *Mil.* *Soldado que por turno vela en cada dormitorio de un cuartel.

imaginariamente. adv. m. Por aprensión, sin realidad.

imaginario, ria. adj. Que sólo tiene existencia en la *imaginación; *aparente, *quimérico. ‖ Decíase del estatuario o *pintor de imágenes. ‖ *Mat.* V. **Cantidad imaginaria.** Ú. t. c. s. f.
imaginativa. f. Potencia o facultad de *imaginar. ‖ **Sentido común.**
imaginativo, va. adj. Que continuamente imagina o piensa.
imaginería. f. *Bordado de aves, flores y figuras, imitando en lo posible la pintura. ‖ Arte de bordar de **imaginería.** ‖ *Talla o *pintura de *efigies sagradas.
imaginero. m. *Escultor o *pintor de *efigies.
imágines. f. pl. desus. de **Imagen.**
***imán.** m. Mineral de hierro, compuesto de dos óxidos de este metal, que tiene la propiedad de atraer el hierro, el acero y otros cuerpos. ‖ fig. ***Atractivo.** ‖ **artificial.** Pieza de hierro o acero imanado.
imán. m. Entre los *musulmanes, el encargado de dirigir la oración del pueblo.
imanación. f. Acción y efecto de imanar o imanarse.
imanar. tr. Comunicar al hierro o al acero las propiedades del *imán. Ú. t. c. r.
imantación. f. **Imanación.**
***imantar.** tr. **Imanar.** Ú. t. c. r.
imbécil. adj. Alelado, *necio, escaso de razón. ‖ p. us. Débil.
imbecilidad. f. Alelamiento, escasez de razón, *necedad. ‖ p. us. Flaqueza, debilidad.
imbele. adj. Incapaz de guerrear, *indefenso; *débil. Ú. m. en poesía.
imberbe. adj. Dícese del joven que no tiene *barba.
imbiar. tr. desus. **Enviar.**
imbibición. f. Acción y efecto de embeber.
imbornal. m. *Agujero por donde se vacía el agua de lluvia de los terrados. ‖ *Mar.* Agujero en los tranoaniles de la *embarcación para dar salida a las aguas.
imborrable. adj. **Indeleble.**
***imbricación.** f. Disposición de las tejas, láminas, escamas y otras cosas, sobrepuestas de modo que cada una cubre parcialmente a la otra. ‖ *Ornamentación arquitectónica que imita las escamas de un pez.
imbricado, da. adj. *Bot.* Dícese de las hojas y de las *semillas que están sobrepuestas unas en otras como las tejas y las escamas. ‖ *Zool.* Aplícase a las *conchas de superficie ondulada.
***imbricar.** tr. Poner parte de una cosa sobre otra a la manera de las tejas.
***imbuir.** tr. Infundir, persuadir.
imbunche. m. Brujo o *hechicero que, según los araucanos, roba los niños para convertirlos en monstruos. ‖ fig. *Niño feo, gordo y rechoncho. ‖ fig. Maleficio, hechicería. ‖ fig. Asunto embrollado, *enredo.
imbursación. f. Acción y efecto de imbursar.
imbursar. tr. **Insacular.**
imitable. adj. Que se puede imitar. ‖ Capaz o digno de imitación.
***imitación.** f. Acción y efecto de imitar.
imitado, da. adj. Hecho a imitación de otra cosa.
imitador, ra. adj. Que imita. Ú. t. c. s.
imitante. p. a. de **Imitar.** Que imita.
***imitar.** tr. Hacer una cosa a semejanza de otra.
imitativo, va. adj. Perteneciente a la imitación.
imitatorio, ria. adj. Perteneciente a la imitación.
imoscapo. m. *Arq.* Parte curva con que empieza el fuste de una *columna.
impacción. f. *Choque con penetración, como el del *proyectil en el blanco.
***impaciencia.** f. Falta de paciencia.
***impacientar.** tr. Hacer que uno pierda la paciencia. ‖ r. Perder la paciencia.
***impaciente.** adj. Que no tiene paciencia.
impacientemente. adv. m. Con impaciencia.
impacto. m. **Impacción.**
impagable. adj. Que no se puede *pagar.
impago. adj. fam. Dícese del *acreedor a quien no se le ha pagado.
impalpable. adj. Que no produce sensación al *tacto. ‖ fig. Que apenas la produce.
impar. adj. Que no tiene par o igual; *único. ‖ *Arit.* V. **Número impar.** Ú. t. c. s.
***imparcial.** adj. Que procede con *imparcialidad. Ú. t. c. s. ‖ Que incluye o denota imparcialidad. ‖ *Independiente, que no entra en ninguna parcialidad. Ú. t. c. s.
***imparcialidad.** f. Falta de prejuicio favorable o adverso a personas o cosas, de que resulta poder juzgar u obrar con rectitud.
imparcialmente. adv. m. Sin parcialidad.
impartibilidad. f. Calidad de impartible.
impartible. adj. Que no puede partirse.
impartir. tr. Repartir, comunicar, *distribuir, *dar.
impasibilidad. f. Calidad de impasible.
impasible. adj. Incapaz de padecer. ‖ *Indiferente, *insensible. ‖ *Imperturbable.
impávidamente. adv. m. Sin temor ni pavor.
impavidez. f. Denuedo, *valor y *entereza.
impávido, da. adj. Libre de pavor; *imperturbable, *tranquilo, impertérrito.
impecabilidad. f. Calidad de impecable.
impecable. adj. Incapaz de pecar. ‖ fig. Exento de tacha; *perfecto.
impedancia. f. **Electr.* Resistencia aparente de un circuito al flujo de la corriente alterna; equivalente a la resistencia efectiva cuando la corriente es continua.
impedido, da. adj. Que no puede usar de sus miembros ni manejarse para andar. Ú. t. c. s.
impedidor, ra. adj. Que impide. Ú. t. c. s.
impediente. p. a. de **Impedir.** Que impide. ‖ adj. V. **Impedimento impediente.**
impedimenta. f. **Mil.* Bagaje que suele llevar la tropa.
***impedimento.** m. Obstáculo, estorbo para una cosa. ‖ Cualquiera de las circunstancias que hacen ilícito o nulo el *matrimonio. ‖ **dirimente.** El que estorba que se contraiga *matrimonio entre ciertas personas y lo anula si se contrae. ‖ **impediente.** El que estorba que se contraiga *matrimonio entre ciertas personas, haciéndolo ilegítimo si se contrae, pero no nulo.
***impedir.** tr. Estorbar, imposibilitar la ejecución de una cosa. ‖ poét. Suspender, *enajenar el ánimo.
impeditivo, va. adj. Dícese de lo que impide.
impelente. p. a. de **Impeler.** Que impele.
impeler. tr. Dar *impulsión para producir movimiento. ‖ fig. *Incitar, estimular.
impender. tr. *Gastar dinero.
impenetrabilidad. f. Propiedad de los cuerpos que impide que uno esté en el *espacio que ocupa otro.
impenetrable. adj. Que no se puede penetrar. ‖ fig. Dícese de los dichos o escritos *incomprensibles y de los *secretos que no se pueden descubrir.
***impenitencia.** f. Falta de arrepentimiento y obstinación en el pecado o falta. ‖ **final.** Perseverancia en la **impenitencia** hasta la muerte.
***impenitente.** adj. Que muestra *impenitencia. Ú. t. c. s.
impenne. adj. Dícese del ave que carece de *plumas remeras.
impensa. f. *Gasto que se hace en la cosa poseída. Ú. m. en pl.
impensadamente. adv. m. Sin pensar en ello, sin esperarlo, sin advertirlo.
impensado, da. adj. Aplícase a las cosas que suceden sin pensar en ellas o sin esperarlas; inopinado, *imprevisto.
imperador, ra. adj. Que impera o *manda. ‖ m. y f. desus. **Emperador, ra.**
imperante. p. a. de **Imperar.** Que impera. ‖ adj. **Astrol.* Dícese del signo que se suponía dominar en el año.
imperar. intr. Ejercer la dignidad de *emperador. ‖ *Mandar, dominar.
imperativamente. adv. m. Con imperio.
imperativo, va, adj. Que impera o *manda. ‖ *Gram.* V. **Modo imperativo.** Ú. t. c. s.
imperatoria. f. *Planta herbácea umbelífera.
imperatorio, ria. adj. Perteneciente al *emperador o a la potestad imperial.
imperceptible. adj. Que no se puede percibir.
imperceptiblemente. adv. m. De un modo imperceptible.
impercuso, sa. adj. Dícese de la *moneda de acuñación defectuosa.
imperdible. adj. Que no puede *perderse. ‖ m. *Alfiler que se abrocha quedando su punta dentro de un gancho para que no pueda abrirse fácilmente.
imperdonable. adj. Que no se debe o no se puede perdonar.
imperecedero, ra. adj. Que no perece. ‖ fig. Muy *duradero, eterno.
***imperfección.** f. Falta de perfección. ‖ Defecto.
imperfectamente. adv. m. Con imperfección.
***imperfecto, ta.** adj. No perfecto. ‖ Principiado y no concluido, *pendiente de perfeccionamiento.
imperforación. f. **Pat.* Defecto o vicio orgánico que consiste en tener ocluidos o *cerrados órganos o conductos que deben estar abiertos.
imperial. adj. Perteneciente al *emperador o al imperio. ‖ f. Tejadillo o cobertura de las carrozas. ‖ Sitio con asientos que algunos *carruajes tienen encima de la cubierta.
imperialismo. m. **Polít.* Sistema y doctrina de los imperialistas.
imperialista. com. **Polít.* Partidario de extender la dominación de un Estado sobre otro u otros, por medio de la fuerza. ‖ Partidario del régimen imperial en el Estado.

impericia. f. Falta de pericia. || Falta de habilidad, *torpeza.

imperio. m. Acción de *mandar con autoridad. || Dignidad de *emperador. || Espacio de tiempo que dura el gobierno de un emperador. || Tiempo durante el cual hubo emperadores en determinado país. || *Países sujetos a un emperador. || Por ext., *nación o potencia de alguna importancia, aunque su jefe no se titule emperador. || Especie de *tela de hilo que venía del **imperio** de Alemania. || fig. Altanería, *orgullo. || **Mero imperio.** Potestad que reside en el soberano para imponer penas a los *delincuentes. || **Mixto imperio.** Facultad que compete a los jueces para decidir las causas civiles y llevar a efecto sus sentencias. || **Valer un imperio** una persona o cosa. fr. fig. y fam. Ser *excelente o de gran mérito.

imperiosamente. adv. m. Con imperio u orgullo.

imperioso, sa. adj. Que *manda con imperio. || Que es necesario o *indispensable.

imperitamente. adv. m. Con impericia.

imperito, ta. adj. Que carece de pericia.

*__impermeabilidad.__ f. Calidad de impermeable.

*__impermeabilizar.__ tr. Hacer impermeable alguna cosa.

*__impermeable.__ adj. Impenetrable al agua o a otro fluido. || m. *Sobretodo hecho con tela **impermeable.**

impermutable. adj. Que no puede permutarse.

imperscrutable. adj. **Inescrutable.**

impersonal. adj. Dícese del *tratamiento que se da a uno en tercera persona sin llamarle de usted. || Dícese del *verbo que sólo se usa en infinitivo y en la tercera persona de singular. || **En,** o **por, impersonal.** m. adv. **Impersonalmente.**

impersonalizar. tr. *Gram.* Usar como impersonales algunos verbos que no lo son propiamente.

impersonalmente. adv. m. Con tratamiento impersonal. || *Gram.* Sin determinación de persona. Dícese del uso de los verbos impersonales.

impersuasible. adj. No persuasible.

impertérrito, ta. adj. *Imperturbable, que no se intimida por nada.

*__impertinencia.__ f. Dicho o hecho inoportuno. || Nimia *delicadeza y melindre, como suelen tener los niños, enfermos, etc. || *Importunación molesta y enfadosa. || Curiosidad, esmero, nimio *cuidado de una cosa.

*__impertinente.__ adj. Que no viene al caso, o que molesta de palabra o de obra. || Nimiamente *delicado o melindroso. Ú. t. c. s. || m. pl. *Anteojos con manija que suelen usar las señoras.

impertinentemente. adv. m. Con impertinencia.

impertir. tr. **Impartir.**

impertransible. adj. Que no se puede atravesar o vadear.

imperturbabilidad. f. Calidad de imperturbable.

*__imperturbable.__ adj. Que no se perturba, que en toda ocasión muestra entereza.

imperturbablemente. adv. m. De manera imperturbable.

impétigo. m. *Enfermedad *cutánea a modo de exantema crónico.

impetra. f. *Facultad, licencia, *permiso. || *Bula en que se concede un beneficio dudoso.

impetración. f. Acción y efecto de impetrar.

impetrador, ra. adj. Que impetra. Ú. t. c. s.

impetrante. p. a. de **Impetrar.** Que impetra.

impetrar. tr. *Conseguir una gracia que se ha solicitado y pedido con ruegos. || *Pedir una gracia con encarecimiento.

impetratorio, ria. adj. Que sirve para impetrar.

ímpetu. m. Movimiento *veloz y *violento. || La misma *fuerza o violencia.

impetuosamente. adv. m. Con ímpetu.

impetuosidad. f. **Ímpetu.**

impetuoso, sa. adj. *Violento, *precipitado.

impiadoso, sa. adj. desus. **Impiedoso.**

impíamente. adv. m. Con impiedad, sin religión. || Sin compasión, con *crueldad.

impiedad. f. Falta de piedad. || *Irreligión.

impiedoso, sa. adj. **Impío.**

*__impío, a.__ adj. Falto de piedad. || fig. **Irreligioso.**

impla. f. *Toca o velo de la cabeza usado antiguamente. || *Tela de que se hacían estos velos.

implacable. adj. Que no se puede aplacar o templar.

implacablemente. adv. m. Con rigor o enojo implacable.

implantación. f. Acción y efecto de implantar.

implantar. tr. Establecer, *fundar, *empezar a poner en ejecución doctrinas nuevas, instituciones, costumbres, etc.

implantón. m. *Madero de siete a nueve pies de longitud.

implaticable. adj. Que no admite plática o conversación.

implicación. f. Contradicción, *oposición de los términos entre sí. || *Participación en un *delito.

implicante. p. a. de **Implicar.** Que implica.

implicar. tr. *Envolver, *enredar. Ú. t. c. r. || *Incluir, contener, llevar en sí. || intr. Obstar, *impedir, envolver contradicción. Ú. m. con adverbios de negación.

implicatorio, ria. adj. Que envuelve o contiene en sí contradicción o implicación.

implícitamente. adv. m. De un modo implícito.

implícito, ta. adj. Dícese de lo que se entiende *incluido en otra cosa sin expresarlo.

imploración. f. Acción y efecto de implorar.

implorar. tr. *Pedir con ruegos o *llantos una cosa.

implosión. f. *Fon.* Parte de la articulación de los sonidos oclusivos correspondiente al momento en que termina la oclusión.

implosivo, va. adj. *Fon.* Dícese del sonido oclusivo que, por ser final de sílaba, termina sin la abertura súbita de las consonantes explosivas.

implume. adj. Que no tiene *plumas.

impluvio. m. En el atrio o *patio de las casas romanas, espacio descubierto por donde entraba el agua de lluvia.

impolítica. f. ***Descortesía.**

impolíticamente. adv. m. De manera impolítica.

impolítico, ca. adj. Falto de política o contrario a ella.

impoluto, ta. adj. *Limpio, *puro, sin mancha.

imponderable. adj. Que no puede *pesarse. || fig. Que excede a toda ponderación, *excelente en extremo.

imponderablemente. adv. m. De modo imponderable.

imponedor, ra. adj. **Imponente.** Ú. t. c. s.

imponente. p. a. de **Imponer.** Que impone. Ú. t. c. s.

imponer. tr. Poner carga, *obligación u otra cosa. || Imputar falsamente a otro una cosa, *calumniarlo. || Instruir a uno en una cosa; *enseñársela o *informarle de ella. Ú. t. c. r. || Infundir *respeto o *miedo. || Poner dinero a *interés o en depósito. || **Impr.* Llenar con imposiciones y lingotes el espacio que separa las planas entre sí.

imponible. adj. Que se puede gravar con impuesto o tributo.

impopular. adj. Que no es grato a la multitud.

impopularidad. f. Desafecto, *descrédito en el público.

importación. f. **Com.* Acción de importar cosas extranjeras. || Conjunto de cosas importadas.

importador, ra. adj. Que importa. Ú. t. c. s.

*__importancia.__ f. Calidad de importante. || Representación de una persona por su dignidad o por el *respeto que inspira.

*__importante.__ p. a. de **Importar.** Que importa. || → adj. Dícese de lo que principalmente importa, conviene o interesa para algún fin. || Que es de mucha entidad o trascendencia.

importantemente. adv. m. Con importancia.

*__importar.__ intr. *Convenir, interesar, hacer al caso, ser de mucha entidad o consecuencia. || tr. Hablando del *precio de las cosas, valer o llegar a tal o cual cantidad. || Llevar consigo, *incluir. || *Introducir en un país géneros de *comercio, costumbres o juegos extranjeros.

importe. m. Cuantía de un *precio, crédito, *cuenta, etc.

*__importunación.__ f. Instancia porfiada y molesta.

importunadamente. adv. m. Con importunación; importunamente.

importunamente. adv. m. Con importunidad y porfía. || Fuera de propósito o de modo *intempestivo.

*__importunar.__ tr. Incomodar o molestar con una pretensión o solicitud.

importunidad. f. Calidad de importuno. || Incomodidad o *molestia causada por una solicitud o pretensión.

*__importuno, na.__ adj. ***Inoportuno.** || Molesto, enfadoso, impertinente.

*__imposibilidad.__ f. Falta de posibilidad. || **metafísica.** La que implica contradicción. || **moral.** Inverosimilitud o contradicción evidente entre aquello de que se trata y las leyes de la moral.

imposibilitado, da. adj. **Tullido.**

imposibilitar. tr. Hacer imposible una cosa.

*__imposible.__ adj. No posible. || Sumamente *difícil. Ú. t. c. s. m. || Inaguantable, enfadoso, *intratable. || **Ret.* Figura que consiste en asegurar que primero que suceda o deje de suceder una cosa, ha de ocurrir otra de las que no están en lo posible. || **Hacer los imposibles.** fr. fig. y fam. Apurar todos los medios para conseguir una cosa.

imposiblemente. adv. m. Con imposibilidad.

imposición. f. Acción y efecto de imponer o imponerse. || Carga, *tributo u *obligación que se impone. || **Impr.* Especie de lingote grueso que separa las planas entre sí. || **de**

manos. Ceremonia *litúrgica para transmitir la gracia del Espíritu Santo a los que van a recibir ciertos *sacramentos.

imposta. f. *Arq.* Hilada de sillares, algo voladiza, a veces con *moldura, sobre la cual va sentado un *arco. ‖ **Ornam.* Faja que corre horizontalmente en la fachada de los edificios a la altura de los diversos pisos.

impostor, ra. adj. Que *calumnia, que atribuye falsamente a uno alguna cosa. Ú. t. c. s. ‖ Que *finge o engaña con apariencia de verdad. Ú. t. c. s.

impostura. f. Imputación *calumniosa. ‖ *Fingimiento o engaño.

impotable. adj. Que no es potable.

***impotencia.** f. Falta de poder para hacer una cosa. ‖ Incapacidad de *engendrar en el macho, o *esterilidad en la hembra.

***impotente.** adj. Que no tiene potencia. ‖ Incapaz de *engendrar o concebir. Ú. t. c. s.

impracticabilidad. f. Calidad de impracticable.

impracticable. adj. Que no se puede practicar. ‖ Dícese de los *caminos y parajes por donde no se puede transitar.

imprecación. f. Acción de imprecar.

imprecar. tr. Proferir *maldiciones o palabras con que se manifieste desear vivamente que alguien reciba mal o daño.

imprecatorio, ria. adj. Que implica o denota imprecación.

imprecisión. f. *Indeterminación, vaguedad, falta de precisión.

impreciso, sa. adj. No preciso, vago, *indeterminado, *confuso.

impregnable. adj. Dícese de los cuerpos capaces de ser impregnados.

impregnación. f. Acción y efecto de impregnar o impregnarse.

***impregnar.** tr. Introducir entre las moléculas de un cuerpo las de otro en cantidad perceptible, sin que haya propiamente mezcla ni combinación. Ú. m. c. r.

impremeditación. f. Falta de premeditación.

impremeditado, da. adj. No premeditado. ‖ **irreflexivo.**

***imprenta.** f. Arte de imprimir. ‖ Oficina o lugar donde se imprime. ‖ **Impresión** (clase o forma de letra). ‖ fig. Lo que se publica impreso. ‖ *Madero de siete a nueve pies de longitud.

impresa. f. desus. **Empresa.**

impresario. m. desus. **Empresario.**

imprescindible. adj. Dícese de aquello de que no se puede prescindir; *indispensable.

imprescriptible. adj. Que no puede prescribir.

impresentable. adj. Que no es digno de presentarse o de ser presentado.

***impresión.** f. Acción y efecto de imprimir. ‖ *Huella, marca o señal que una cosa deja en otra apretándola. ‖ Calidad o forma de letra con que está *impresa una obra. ‖ Obra impresa. ‖ *Efecto o *sensación que causa en un cuerpo otro extraño. ‖ fig. Movimiento o *emoción que las cosas causan en el ánimo.

impresionable. adj. Fácil de impresionar o de recibir una *emoción.

impresionar. tr. *Persuadir o causar *emoción. Ú. t. c. r. ‖ Fijar la imagen por medio de la luz en la placa *fotográfica.

impresionismo. m. En *pintura, *literatura y *música, modo de reproducir la naturaleza atendiendo más a la impresión subjetiva que a la realidad objetiva.

impresionista. m. **Pint.* Que practica el impresionismo.

***impreso, sa.** p. p. irreg. de **Imprimir.** ‖ m. *Obra impresa.

impresor. m. Artífice que imprime. ‖ Dueño de una *imprenta.

impresora. f. Mujer del impresor. ‖ Propietaria de una *imprenta.

imprestable. adj. Que no se puede prestar.

imprevisible. adj. Que no se puede prever.

***imprevisión.** f. Falta de previsión.

imprevisor, ra. adj. Que no prevé.

***imprevisto, ta.** adj. No previsto. ‖ m. pl. En lenguaje administrativo, *gastos para los cuales no hay crédito especial.

imprimación. f. **Pint.* Acción y efecto de imprimar. ‖ Conjunto de ingredientes con que se imprima.

imprimadera. f. **Pint.* Instrumento en figura de cuchilla o media luna, con el cual se impriman los lienzos, puertas, paredes, etc.

imprimador. m. El que imprima.

imprimar. tr. Preparar con los ingredientes necesarios las cosas que se han de *pintar.

imprimátur. m. fig. Licencia que da la autoridad eclesiástica para *imprimir un escrito.

***imprimir.** tr. Marcar en el papel u otra materia las letras u otros caracteres de las formas, apretándolas en la prensa. ‖ Estampar un sello u otra cosa análoga por medio de la presión. ‖ fig. Fijar en el ánimo o en la *memoria.

improbabilidad. f. Falta de probabilidad; *inverosimilitud.

***improbable.** adj. No probable.

improbablemente. adv. m. Con improbabilidad.

improbar. tr. Desaprobar, *reprobar una cosa.

improbidad. f. Falta de probidad; *perversidad.

ímprobo, ba. adj. Falto de probidad, *perverso. ‖ Aplícase al *trabajo excesivo y continuado.

improcedencia. f. Calidad de improcedente.

improcedente. adj. No conforme a derecho. ‖ Inadecuado, *desconforme, extemporáneo. ‖ *Infundado, que no procede.

improductivo, va. adj. Dícese de lo que no produce.

improfanable. adj. Que no se puede profanar.

impromptu. m. Composición *musical que improvisa el ejecutante y, por ext., la que se escribe dándole este carácter.

impronta. f. Reproducción de imágenes en hueco o de relieve, especialmente de *monedas, en cualquiera materia blanda o dúctil.

impronunciable. adj. Imposible de pronunciar. ‖ Inefable, *indecible.

improperar. tr. Decir a uno improperios.

improperio. m. *Injuria grave de palabra, dicha para echar a uno en cara una cosa. ‖ pl. **Liturg.* Versículos que se *cantan en el oficio del Viernes Santo, durante la adoración de la cruz.

impropiamente. adv. m. Con impropiedad.

impropiedad f. **Lit.* Falta de propiedad en el lenguaje. ‖ Calidad de impropio.

impropio, pia. adj. Falto de las cualidades convenientes, inadecuado, *desconforme, *extraño al caso.

improporción. f. ***Desproporción.**

improporcionado, da. adj. Que carece de proporción.

improrrogable. adj. Que no se puede prorrogar.

impróspero, ra. adj. No próspero.

impróvidamente. adv. m. Sin previsión.

impróvido, da. adj. **Desprevenido.**

improvisación. f. Acción y efecto de improvisar. ‖ Composición *literaria o *musical improvisada. ‖ Medra rápida, *adelantamiento injustificado en la carrera o en la fortuna de una persona.

improvisadamente. adv. m. **Improvisamente.**

improvisador, ra. adj. Que improvisa. Dícese especialmente del que compone *versos de repente. Ú. t. c. s.

improvisamente. adv. m. De repente, sin prevención, de manera *imprevista.

improvisar. tr. Hacer una cosa de pronto, de manera *imprevista, sin preparación alguna. ‖ Hacer de este modo discursos, *poesías, música, etcétera.

***improviso, sa.** adj. Que no se prevé o previene. ‖ **Al, o de, improviso.** m. adv. Improvisamente. ‖ **En un improviso.** m. adv. p. us. En un instante.

improvisto, ta. adj. **Improviso.** ‖ **A la improvista.** m. adv. **Improvisamente.**

***imprudencia.** f. Falta de prudencia. ‖ **temeraria.** *For.* Punible negligencia de que resultan hechos que, a mediar malicia en el actor, serían *delitos.

***imprudente.** adj. Que no tiene prudencia. Ú. t. c. s.

imprudentemente. adv. m. Con imprudencia.

impúber. adj. **Impúbero.** Ú. t. c. s.

impúbero, ra. adj. Que no ha llegado aún a la pubertad. Ú. t. c. s.

impudencia. f. *Descaro, desvergüenza. ‖ *Deshonestidad.

impudente. adj. Desvergonzado, *descarado o sin pudor.

impúdicamente. adv. m. **Deshonestamente.** ‖ Con cinismo, *descaradamente.

impudicia. f. **Impudor.**

impudicicia. f. **Impudor.**

***impúdico, ca.** adj. *Deshonesto, sin pudor.

impudor. m. Falta de pudor, *deshonestidad. ‖ **Cinismo.**

***impuesto, ta.** p. p. irreg. de **Imponer.** ‖ → m. Tributo, carga.

impugnable. adj. Que se puede impugnar.

***impugnación.** f. Acción y efecto de impugnar.

impugnador, ra. adj. Que impugna. Ú. t. c. s.

impugnante. p. a. de **Impugnar.** Que impugna.

***impugnar.** tr. Contradecir, refutar.

impugnativo, va. adj. Dícese de lo que impugna o sirve para impugnar.

impulsar. tr. **Impeler.**

***impulsión.** f. Acción y efecto de impeler.

impulsivo, va. adj. Dícese de lo que impele o puede impeler. ‖ Dícese de la persona *vehemente, que habla o procede de modo *irreflexivo y sin cautela.

impulso. m. ***Impulsión.** ‖ Instigación, *incitación.

impulsor, ra. adj. Que impele. Ú. t. c. s.

***impune.** adj. Que queda sin castigo.

impunemente. adv. m. Con impunidad.

***impunidad.** f. Falta de castigo.

impuramente. adv. m. Con impureza.
***impureza.** f. Calidad de impuro. ‖ Cuerpo o substancia que aparece *mezclada a otra que no debiera contenerla. ‖ Falta de pureza o castidad; *deshonestidad. ‖ **de sangre.** fig. Mancha de una *familia por la mezcla de raza.
impuridad. f. *Impureza.
impurificación. f. Acción y efecto de impurificar.
***impurificar.** tr. Hacer *impura a una persona o cosa.
***impuro, ra.** adj. No puro.
imputabilidad. f. Calidad de imputable.
imputable. adj. Que se puede imputar.
imputación. f. Acción de *imputar. ‖ Cosa imputada.
imputador, ra. adj. Que imputa. Ú. t. c. s.
***imputar.** tr. Atribuir a otro una culpa, delito o acción. ‖ Señalar la inversión de una cantidad, sea al entregarla o al anotarla en una *cuenta.
imputrible. adj. desus. **Incorruptible.**
in. prep. insep. que a veces toma la forma *im, ir,* etc. ‖ Tiene oficio por sí sola en locuciones latinas.
in. Prefijo negativo o privativo.
inabordable. adj. Que no se puede abordar.
inacabable. adj. Que no se puede acabar, que *dura mucho o con exceso.
inaccesibilidad. f. Calidad de inaccesible.
inaccesible. adj. No accesible.
inaccesiblemente. adv. m. De un modo inaccesible.
inacceso, sa. adj. **Inaccesible.**
***inacción.** f. Falta de acción.
inacentuado, da. adj. **Pros.* Dícese de la vocal, sílaba o palabra que se *pronuncia sin acento prosódico.
inaceptable. adj. No aceptable.
inactividad. f. Falta de actividad.
***inactivo, va.** adj. Sin acción, *quieto; *ocioso, inerte.
inadaptabilidad. f. Calidad de inadaptable.
inadaptable. adj. No adaptable.
inadecuado, da. adj. No adecuado.
inadmisible. adj. No admisible.
inadoptable. adj. No adoptable.
inadvertencia. f. Falta de advertencia. ‖ *Imprevisión, distracción, *olvido.
inadvertidamente. adv. m. Con inadvertencia.
inadvertido, da. adj. Dícese del que no advierte o repara en las cosas que debiera. ‖ No advertido.
inafectado, da. adj. No afectado.
inagotable. adj. Que no se puede agotar.
inaguantable. adj. Que no se puede aguantar o sufrir.
inajenable. adj. **Inalienable.**
inalado, da. adj. Que no tiene *alas.
inalámbrico, ca. adj. **Radio.* Aplícase al sistema de comunicación eléctrica sin alambres conductores.
in albis. m. adv. **En blanco.**
inalcanzable. adj. Que no se puede alcanzar.
inalienabilidad. f. Calidad de inalienable.
inalienable. adj. Que no se puede enajenar.
inalterabilidad. f. Calidad de inalterable.
inalterable. adj. Que no se puede alterar.
inalterablemente. adv. m. Sin alteración.
inalterado, da. adj. Que no tiene alteración.
inameno, na. adj. Falto de amenidad.
inamisible. adj. Que no se puede perder.
inamovible. adj. Que no es amovible.
inamovilidad. f. Calidad de inamovible.
inanalizable. adj. No analizable.
inane. adj. Vano, *insignificante, inútil.
inania. f. Calidad de inane.
inanición. f. *Med.* Notable *debilidad por falta de alimento o por otras causas.
inanidad. f. Calidad de inane.
inanimado, da. adj. Que no tiene alma.
in ánima vili. loc. lat. que significa *en ánima vil,* y que se usa en *medicina, para denotar que los ensayos deben hacerse en animales irracionales.
inánime. adj. p. us. **Exánime.** ‖ p. us. **Inanimado.**
inapagable. adj. Que no puede apagarse.
inapeable. adj. Que no se puede apear. ‖ fig. *Incomprensible. ‖ fig. Aplícase al que *obstinadamente se aferra en su dictamen.
inapelable. adj. Aplícase a la sentencia o fallo de que no se puede *apelar. ‖ fig. Irremediable, inevitable, *fatal.
***inapetencia.** f. Falta de apetito o de gana de comer.
inapetente. adj. Que no tiene apetencia.
inaplazable. adj. Que no se puede aplazar.
inaplicable. adj. Que no se puede aplicar.
inaplicación. f. **Desaplicación.**
inaplicado, da. adj. **Desaplicado.**
inapreciable. adj. Que no se puede apreciar, por su mucho valor o *excelencia, o por su extremada *pequeñez.
inaprensivo, va. adj. Que no tiene aprensión.
inarmónico, ca. adj. Falto de armonía.
inarticulado, da. adj. No articulado. ‖ Dícese también de los sonidos de la *voz con que no se forman palabras.
in artículo mortis. expr. lat. *For.* En el artículo de la *muerte.
inasequible. adj. No asequible.
inatacable. adj. Que no puede ser atacado.
inaudible. adj. Que no se puede oír.
inaudito, ta. adj. Nunca oído; *extraordinario. ‖ fig. Monstruoso, extremadamente perverso.
inauguración. f. Acto de inaugurar. ‖ desus. Exaltación de un *soberano al trono.
inaugural. adj. Perteneciente a la inauguración.
inaugurar. tr. *Adivinar por el vuelo, canto o movimiento de las aves. ‖ Dar *principio a una cosa con cierta solemnidad. ‖ *Abrir solemnemente un establecimiento público. ‖ Celebrar con alguna *ceremonia el estreno de un edificio o monumento de pública utilidad.
inaveriguable. adj. Que no se puede averiguar.
inaveriguado, da. adj. No averiguado.
inca. m. *Soberano o varón de estirpe regia entre los antiguos peruanos. ‖ *Moneda de oro de la república del Perú, equivalente a veinte soles.
incaico, ca. adj. Perteneciente o relativo o los incas.
incalculable. adj. Que no puede calcularse.
incalificable. adj. Que no se puede calificar. ‖ Muy vituperable, *vil.
incalmable. adj. Que no se puede calmar.
incandescencia. f. Calidad de incandescente.
incandescente. adj. **Candente.**
incansable. adj. Que *resiste mucho el cansancio.
incansablemente. adv. m. Con persistencia o tenacidad que no cede al cansancio.
incantable. adj. Que no se puede cantar.
***incapacidad.** f. Falta de capacidad. ‖ fig. Rudeza, *necedad, escasez de entendimiento. ‖ *For.* Carencia de aptitud legal.
***incapacitar.** tr. **Inhabilitar.**
***incapaz.** adj. Que no tiene capacidad o aptitud para una cosa. ‖ fig. Falto de talento, *necio. ‖ *For.* Que carece de aptitud legal para una cosa determinada.
incapel. m. **Capillo** (para los niños al bautizarlos).
incardinación. f. Acción y efecto de incardinar.
incardinar. tr. Admitir un *obispo como súbdito propio a un eclesiástico de otra diócesis. Ú. t. c. r.
incarnatus. m. Parte del credo de la *misa.
incasable. adj. Que no puede *casarse. ‖ Dícese también del que permanece *soltero por tener gran repugnancia al matrimonio.
incasto, ta. adj. *Deshonesto, que no tiene continencia o castidad.
incausto. m. **Encausto** (*pintura).
incautación. f. Acción y efecto de incautarse.
incautamente. adv. m. Sin cautela.
incautarse. r. *Tomar posesión un tribunal, u otra autoridad competente, de alguna cosa.
incauto, ta. adj. Que no tiene cautela; *imprudente, indiscreto.
incendaja. f. Materia *combustible a propósito para incendiar. Ú. m. en pl.
incendiar. tr. Poner *fuego a una cosa para destruirla o dañarla. Ú. t. c. r.
incendiario, ria. adj. Que maliciosamente incendia alguna cosa. Ú. t. c. s. ‖ Destinado para incendiar o que puede causar incendio. ‖ fig. Escandaloso, subversivo, destinado para *perturbar o *incitar al desorden.
incendio. m. *Fuego grande que abrasa lo que no está destinado a arder. ‖ fig. *Pasión vehemente.
incensación. f. Acción y efecto de *incensar.
incensada. f. Cada uno de los vaivenes del incensario.
***incensar.** tr. Dirigir con el incensario el humo del *incienso hacia una persona o cosa. ‖ fig. **Lisonjear.**
incensario. m. Braserillo con cadenillas y tapa, que sirve para *incensar.
incensurable. adj. Que no se puede censurar.
incentivo, va. adj. Que mueve o *incita a desear o hacer una cosa. Ú. m. c. s. m.
inceptor. m. desus. El que comienza.
incertidumbre. f. Falta de certidumbre; *duda.
incertinidad. f. **Incertidumbre.**
incertísimo, ma. adj. sup. de **Incierto.**
incesable. Que no cesa o no puede cesar; que *continúa.

incesablemente. adv. m. De manera incesable.
incesante. adj. Que no cesa, que *continúa.
incesantemente. adv. m. Sin cesar.
incesto. m. Pecado *carnal cometido por parientes dentro de cierto grado.
incestuosamente. adv. m. De un modo incestuoso.
incestuoso, sa. adj. Que comete incesto. Ú. t. c. s. ‖ Perteneciente a este pecado.
incidencia. f. Lo que *acaece o sobreviene en el curso de un asunto o negocio y tiene con él alguna conexión. ‖ *Geom.* *Caída de una línea, de un plano, rayo de luz, etc., sobre otro cuerpo plano, línea o punto. ‖ **Por incidencia.** m. adv. **Accidentalmente.**
incidental. adj. **Incidente.**
incidentalmente. adv. m. **Incidentemente.**
incidente. adj. Que *acaece o sobreviene en el curso de un asunto o negocio y tiene con éste algún enlace. Ú. m. c. s. ‖ m. *For.* Cuestión distinta del principal asunto del juicio, pero con él relacionada.
incidentemente. adv. m. **Por incidencia.**
incidir. intr. Caer o *incurrir en una falta, error, etc. ‖ *Cir.* Hacer un *corte o incisión.
***incienso.** m. Gomorresina que se quema como perfume en las ceremonias religiosas. ‖ Mezcla de substancias resinosas que al arder despiden buen olor. ‖ fig. **Lisonja.** ‖ **hembra.** El que por incisión se le hace destilar al árbol. ‖ **macho.** El que naturalmente destila el árbol.
inciertamente. adv. m. Con incertidumbre.
incierto, ta. adj. No cierto o no verdadero; *falso. ‖ *Inconstante, no seguro. ‖ *Desconocido, ignorado.
incinerable. adj. Que ha de incinerarse.
incineración. f. Acción y efecto de incinerar.
incinerar. tr. Reducir una cosa a *cenizas.
incipiente. adj. Que *empieza.
incircunciso, sa. adj. No circuncidado.
incircunscripto, ta. adj. No comprendido dentro de determinados límites.
incisión. f. *Corte o *hendedura que se hace con instrumento cortante. ‖ **Cesura.**
incisivo, va. adj. Apto para abrir o *cortar. ‖ V. ***Diente incisivo.** Ú. t. c. s. ‖ fig. Punzante, *mordaz.
inciso, sa. adj. **Cortado** (dícese del *estilo). ‖ m. *Gram.* Cada uno de los miembros que, en los períodos, encierra un sentido parcial. ‖ **Ortogr.* **Coma** (ortográfica).
incisorio, ria. adj. Que *corta o puede cortar. Dícese comúnmente de los instrumentos de *cirugía.
***incitación.** f. Acción y efecto de incitar.
incitador, ra. adj. Que incita. Ú. t. c. s.
incitamento. m. Lo que incita.
incitamiento. m. **Incitamento.**
incitante. p. a. de **Incitar.** Que incita.
***incitar.** tr. Mover o estimular a uno para que ejecute una cosa.
incitativa. f. *For.* Provisión que despachaba el tribunal superior para que los jueces ordinarios hiciesen justicia.
incitativo, va. adj. Que *incita o tiene virtud de incitar. Ú. t. c. s. m.
incivil. adj. *Inculto, rústico o *descortés.
incivilidad. f. Falta de civilidad; *incultura, *descortesía.
incivilmente. adv. m. De manera incivil.
inclasificable. adj. Que no se puede clasificar.
inclaustración. f. Ingreso en una *orden religiosa* de clausura.
inclemencia. f. Falta de clemencia. ‖ fig. Rigor del tiempo *atmosférico, especialmente en el invierno. ‖ **A la inclemencia.** m. adv. Al *descubierto, sin abrigo, abandonado.
inclemente. adj. Falto de clemencia.
inclín. m. Inclinación, *propensión. ‖ *Carácter, temperamento.
***inclinación.** f. Acción y efecto de inclinar o inclinarse. ‖ Reverencia que se hace con la cabeza o el cuerpo, en señal de *respeto o *cortesía. ‖ fig. Afecto, *amor, *propensión a una cosa. ‖ *Geom.* Dirección que una línea o una superficie tiene con relación a otra línea u otra superficie. ‖ **de la aguja magnética.** *Fís.* Ángulo, variable según las localidades, que la aguja de la *brújula forma con el plano horizontal.
inclinador, ra. adj. Que inclina. Ú. t. c. s.
inclinante. p. a. de **Inclinar.** Que inclina o se inclina.
***inclinar.** tr. Apartar una cosa de la posición vertical u horizontal o de la perpendicular o paralela a otra. Ú. t. c. r. ‖ fig. *Persuadir a uno a que haga o diga lo que dudaba hacer o decir. ‖ intr. Mostrar una cosa cierta *semejanza con otra. Ú. t. c. r. ‖ r. Sentir *propensión a alguna cosa.
inclinativo, va. adj. Dícese de lo que inclina o puede inclinar.
ínclito, ta. adj. *Ilustre, esclarecido, famoso.
***incluir.** tr. *Introducir una cosa en otra o ponerla dentro de sus límites. ‖ *Contener una cosa a otra, o llevarla implícita. ‖ Comprender un número menor en otro mayor, o una parte en su todo.
inclusa. f. Casa en donde se recogen y crían los niños *expósitos.
inclusero, ra. adj. fam. Que se cría o se ha criado en la inclusa. Ú. t. c. s.
***inclusión.** f. Acción y efecto de incluir. ‖ Conexión o *amistad de una persona con otra.
inclusivamente. adv. m. Con inclusión.
inclusive. adv. m. **Inclusivamente.**
inclusivo, va. adj. Que incluye o tiene virtud y capacidad para *incluir una cosa.
incluso, sa. p. p. irreg. de **Incluir.** Ú. sólo como adjetivo. ‖ adv. m. Con *inclusión de, inclusivamente. ‖ prep. **Hasta.**
incluyente. p. a. de **Incluir.** Que incluye.
incoacción. f. Acción de incoar.
incoar. tr. *Empezar una cosa, y especialmente un proceso, pleito, expediente, etc.
incoativo, va. adj. Que explica o denota el principio de una cosa.
incobrable. adj. Que no se puede cobrar.
incoercible. adj. Que no puede ser coercido.
incogitado, da. adj. desus. **Impensado.**
incógnita. f. *Mat.* Cantidad desconocida que es preciso determinar en una ecuación o en un *problema para resolverlos. ‖ fig. *Causa o razón *oculta de un hecho.
incógnito, ta. adj. No conocido. ‖ m. Situación en que voluntariamente se coloca una persona de cierta notoriedad o fama, cuando desea *ocultar a la generalidad su nombre o condición.
incognoscible. adj. Que no se puede conocer.
incoherencia. f. Falta de coherencia.
incoherente. adj. No coherente.
incoherentemente. adv. m. Con incoherencia.
íncola. m. *Habitante de un pueblo o lugar.
incoloro, ra. adj. Que carece de *color.
incólume. adj. Sano, *indemne, sin lesión ni menoscabo.
incolumidad. f. Estado o calidad de incólume.
incombinable. adj. Que no puede combinarse.
incombustibilidad. f. Calidad de incombustible.
***incombustible.** adj. Que no se puede quemar.
incomerciable. adj. Dícese de aquello con lo cual no se puede *comerciar.
incomible. adj. Que no se puede *comer, especialmente por estar mal guisado.
incomodador, ra. adj. Que incomoda; *molesto. Ú. t. c. s.
incómodamente. adv. m. Con incomodidad.
incomodar. tr. Causar incomodidad. Ú. t. c. r.
incomodidad. f. Falta de comodidad. ‖ ***Molestia.** ‖ *Disgusto, enojo.
incómodo, da. adj. Que incomoda. ‖ Que carece de comodidad. ‖ m. **Incomodidad.**
incomparable. adj. Que no tiene o no admite comparación.
incomparablemente. adv. m. Sin comparación.
incomparado, da. adj. **Incomparable.**
incompartible. adj. Que no se puede compartir.
incompasible. adj. **Incompasivo.**
incompasivo, va. adj. Que carece de compasión.
incompatibilidad. f. *Desconformidad, *repugnancia u *oposición entre personas o cosas para unirse o coexistir. ‖ Imposibilidad o *incapacidad legal para ejercer dos o más cargos a la vez.
incompatible. adj. No compatible con otra cosa.
incompensable. adj. No compensable.
incompentencia. f. Falta de competencia, o de jurisdicción.
incompetente. adj. No competente.
incomplejo, ja. adj. **Incomplexo.**
incompletamente. adv. m. De un modo *incompleto.
***incompleto, ta.** adj. No completo.
incomplexo, xa. adj. *Separado y sin trabazón ni adherencia.
incomponible. adj. No componible.
incomportable. adj. No comportable.
incomposibilidad. f. Imposibilidad o dificultad de componerse una persona o cosa con otra.
incomposible. adj. **Incomponible.**
incomposición. f. Falta de composición o de debida proporción en las partes que componen un todo.
incomprehensibilidad. f. **Incomprensibilidad.**
incomprehensible. adj. **Incomprensible.**
incomprendido, da. adj. Dícese de la persona cuyo *mérito no es generalmente apreciado.
incomprensibilidad. f. Calidad de *incomprensible.
***incomprensible.** adj. Que no se puede comprender.

incomprensiblemente. adv. m. De manera incomprensible.
***incomprensión.** f. Falta de comprensión.
incompresibilidad. f. Calidad de incompresible.
incompresible. adj. Que no se puede *comprimir o reducir a menor volumen.
incomunicabilidad. f. Calidad de incomunicable.
incomunicable. adj. No comunicable.
incomunicación. f. Acción y efecto de incomunicar o incomunicarse. || *For.* *Aislamiento temporal de procesados o de testigos.
incomunicado, da. p. p. de **Incomunicar.** || adj. Que no tiene comunicación con nadie, de palabra ni por escrito.
incomunicar. tr. Privar de comunicación a personas o cosas. || r. *Aislarse, negarse al trato con otras personas.
inconcebible. adj. Que no puede concebirse o comprenderse.
inconciliable. adj. Que no puede conciliarse.
inconcino, na. adj. *Desordenado, descompuesto.
***inconclusión.** f. Estado de lo que no se ha concluido o acabado.
***inconcluso, sa.** adj. No concluido, no acabado.
inconcusamente. adv. m. Seguramente, sin oposición ni disputa.
inconcuso, sa. adj. Firme, *cierto, sin duda ni contradicción.
incondicional. adj. *Absoluto, sin restricción ni requisito.
incondicionalmente. adv. m. De manera incondicional.
inconducente. adj. No conducente para un fin.
***inconexión.** f. Falta de conexión.
***inconexo, xa.** adj. Que no tiene conexión con una cosa.
inconfesable. adj. Dícese de lo que por ser vergonzoso y *vil, no puede confesarse.
inconfeso, sa. adj. **For.* Aplícase al presunto *reo que no confiesa el delito acerca del cual se le pregunta.
inconfidencia. f. **Desconfianza.**
inconfidente. adj. No confidente.
inconfundible. adj. No confundible.
incongruamente. adv. m. **Incongruentemente.**
incongruencia. f. Falta de congruencia.
incongruente. adj. No congruente.
incongruentemente. adv. m. Con incongruencia.
incongruidad. f. **Incongruencia.**
incongruo, grua. adj. **Incongruente.** || Aplícase a la pieza *eclesiástica que no llega a la congrua. || Dícese del eclesiástico que no tiene congrua.
inconmensurabilidad. f. Calidad de inconmensurable.
inconmensurable. adj. No conmensurable.
inconmovible. adj. Que no se puede conmover o alterar.
inconmutabilidad. f. Calidad de inconmutable.
inconmutable. adj. **Inmutable.** || No conmutable.
inconquistable. adj. Que no se puede conquistar. || fig. Que no se deja vencer con ruegos ni dádivas.
inconsciencia. f. Ausencia total o parcial de la *conciencia.
inconsciente. adj. No consciente.
inconscientemente. adv. m. De manera inconsciente.
inconsecuencia. f. Falta de consecuencia en lo que se dice o hace; *inconstancia.
inconsecuente. adj. **Inconsiguiente.** || Que procede con inconsecuencia; *inconstante. Ú. t. c. s.
inconsideración. f. Falta de consideración y reflexión; *indeliberación.
inconsideradamente. adv. m. Sin consideración ni reflexión.
inconsiderado, da. adj. No considerado ni reflexionado. || Inadvertido, *irreflexivo, que no considera ni reflexiona. Ú. t. c. s.
inconsiguiente. adj. No consiguiente.
inconsistencia. f. Falta de consistencia.
inconsistente. adj. Falto de consistencia.
inconsolable. adj. Que no puede ser consolado o consolarse. || fig. Que muy difícilmente se consuela; muy *triste y afligido.
inconsolablemente. adv. m. Sin consuelo.
***inconstancia.** f. *Inestabilidad, falta de permanencia. || → Demasiada facilidad y ligereza en cambiar de opiniones, afectos, etc.
***inconstante.** adj. No estable ni permanente. || → Que muda con demasiada facilidad y ligereza de pensamientos, afectos, etc.
inconstantemente. adv. m. Con inconstancia.
inconstitucional. adj. No conforme con la constitución del Estado.
inconstruible. adj. Que no se puede construir.
inconsultamente. adv. m. ant. **Inconsideradamente.**
inconsulto, ta. adj. ant. Que se hace sin consideración ni consejo.
inconsútil. adj. Sin *costura. Ú. comúnmente hablando de la túnica de *Jesucristo.
incontable. adj. Que no puede contarse. || Muy difícil de contar, muy *abundante.
incontaminado, da. adj. No contaminado; *puro.
incontestable. adj. Que no se puede impugnar ni dudar con fundamento; *cierto, evidente.
incontinencia. f. Vicio opuesto a la continencia, especialmente en el refrenamiento de las pasiones *carnales. || **de orina.** *Med.* Enfermedad que consiste en no poder retener la *orina.
incontinente. adj. Desenfrenado en las pasiones *carnales. || Que no se contiene.
incontinente. adv. t. **Incontinenti.**
incontinentemente. adv. m. Con incontinencia.
incontinenti. adv. t. Muy *pronto, al instante.
incontinuo, a. adj. No interrumpido, *continuo.
incontrastable. adj. Que no se puede vencer o conquistar. || Que no puede impugnarse fundadamente. || fig. Que no se deja reducir o convencer.
incontratable. adj. ***Intratable.**
incontrito, ta. adj. No contrito; *impenitente.
incontrovertible. adj. Que no admite duda ni disputa.
inconvencible. Que no se deja convencer con razones.
inconvenible. adj. *Inconveniente. || *Desproporcionado.
inconveniblemente. adv. m. ant. Sin conveniencia.
inconveniencia. f. Incomodidad, *molestia. || *Desconformidad. || *Inverosimilitud de una cosa.
***inconveniente.** adj. No conveniente. || m. *Impedimento. || *Daño y perjuicio que resulta de alguna cosa.
inconversable. adj. Dícese de la persona *intratable.
inconvertible. adj. No convertible.
incordiar. tr. fam. Molestar, *fastidiar.
incordio. m. **Bubón.** || fig. y fam. Persona *molesta e importuna.
incorporación. f. Acción y efecto de incorporar o incorporarse.
incorporal. adj. ***Incorpóreo.** || Aplícase a las cosas que no se pueden *tocar.
incorporalmente. adv. m. Sin cuerpo.
***incorporar.** tr. Agregar, *unir dos o más cosas para que hagan cuerpo entre sí. || *Levantar la parte superior del cuerpo, el que está echado, hasta quedar *sentado o reclinado. Ú. t. c. r. || → r. Agregarse una o más personas a otras para formar un cuerpo.
incorporeidad. f. Calidad de incorpóreo.
***incorpóreo.** adj. No corpóreo.
incorporo. m. **Incorporación.**
incorrección. f. Calidad de incorrecto. || Dicho o hecho incorrecto; *descomedimiento o *descortesía.
incorrectamente. adv. m. De modo incorrecto.
incorrecto, ta. adj. No correcto.
incorregibilidad. f. Calidad de incorregible.
incorregible. adj. No corregible. || Dícese del que por su dureza y *obstinación no se quiere enmendar.
incorrupción. f. Estado de una cosa que no se corrompe. || fig. *Pureza de vida y *santidad de costumbres. Dícese particularmente hablando de la *justicia y la *castidad.
incorruptamente. adv. m. Sin corrupción.
incorruptibilidad. f. Calidad de incorruptible.
incorruptible. adj. No corruptible. || fig. Que no se puede pervertir. || fig. Muy difícil de pervertirse.
incorrupto, ta. adj. Que está sin corromperse. || fig. No dañado ni pervertido. || fig. Aplícase a la mujer que no ha perdido la *virginidad.
incrasante. p. a. de **Incrasar.** **Farm.* Que incrasa.
incrasar. tr. **Terap.* **Engrasar.**
increado, da. adj. No creado.
incredibilidad. f. Imposibilidad o dificultad que hay para que sea creída una cosa.
***incredulidad.** f. Repugnancia o dificultad en creer una cosa. || Falta de fe y de creencia católica; *irreligión.
***incrédulo, la.** adj. Que no cree con facilidad y de ligero. || Que no cree los misterios de la religión. Ú. t. c. s.
***increíble.** adj. Que no puede creerse. || fig. Muy difícil de creer.
increíblemente adv. m. De modo increíble.
incrementar. tr. Dar incremento, *aumentar.
incremento. m. ***Aumento.** || **Gram.* Aumento de sílabas que tienen en la lengua latina ciertos casos de la declinación y ciertas formas del verbo. || **Gram.* En español, aumento de letras que tienen los derivados con relación al positivo. || *Mat.* Cantidad en que aumenta una variable.
increpación. f. *Reprensión severa.
increpador, ra. adj. Que increpa. Ú. t. c. s.
increpante. p. a. de **Increpar.** Que increpa.
increpar. tr. *Reprender con dureza y severidad.
incriminación. f. Acción y efecto de incriminar.

incriminar. tr. Acriminar o *acusar con fuerza o insistencia. ‖ *Exagerar o abultar un delito, culpa o defecto.
incristalizable. adj. Que no se puede cristalizar.
incruento, ta. adj. No sangriento. Dícese especialmente del sacrificio de la misa.
***incrustación.** f. Acción de incrustar. ‖ Cosa incrustada.
incrustante. adj. Que incrusta o puede incrustar.
***incrustar.** tr. Embutir en una superficie lisa y dura piedras, metales, maderas, etc., formando una labor de *taracea. ‖ *Cubrir una superficie con una costra dura. ‖ r. Adherirse, entrar a formar parte de una cosa.
***incubación.** f. Acción y efecto de incubar. ‖ **Pat.* Desarrollo de una enfermedad desde que empieza a obrar la causa morbosa hasta que se manifiestan sus efectos.
incubadora. f. Aparato que sirve para la *incubación artificial.
***incubar.** intr. **Encobar.** ‖ tr. ***Empollar.**
íncubo. adj. Dícese del *demonio que, según la opinión vulgar, tiene comercio *carnal con una mujer, bajo la apariencia de varón. Ú. t. c. s.
incuestionable. adj. No cuestionable.
inculcación. f. Acción y efecto de inculcar.
inculcador. adj. Que inculca. Ú. t. c. s.
inculcar. tr. *Apretar una cosa contra otra. Ú. t. c. r. ‖ fig. *Imbuir en el ánimo de uno una idea, un concepto, etc., a fuerza de *repetirlo con ahínco. ‖ **Impr.* Juntar demasiado unas letras con otras. ‖ r. fig. *Afirmarse, *obstinarse uno en lo que siente o prefiere.
inculpabilidad. f. Exención de culpa; *inocencia.
inculpable. adj. Que carece de culpa o no puede ser inculpado.
inculpablemente. adv. m. Sin culpa.
inculpación. f. Acción y efecto de inculpar.
inculpadamente. adv. m. Sin culpa.
inculpado, da. adj. p. us. *Inocente, sin culpa.
inculpar. tr. *Acusar a uno de una cosa.
incultamente. adv. m. De un modo *inculto.
incultivable. adj. Que no puede cultivarse.
***inculto, ta.** adj. Que no tiene cultivo ni labor. ‖ fig. Aplícase a la persona, pueblo o nación de modales *rústicos o de corta instrucción. ‖ fig. Hablando del *estilo, desaliñado y grosero.
***incultura.** f. Falta de cultivo o de cultura.
incumbencia. f. *Obligación y cargo de hacer una cosa.
incumbir. intr. Estar a cargo de uno una cosa; ser de su *obligación.
incumplido, da. adj. No cumplido, o no llevado a efecto.
***incumplimiento.** m. Falta de cumplimiento.
***incumplir.** tr. Dejar de cumplir, incurrir en incumplimiento.
incunable. adj. Aplícase a las ediciones hechas desde la invención de la *imprenta hasta principios del siglo XVI. Ú. t. c. s. m.
incurable. adj. Que no se puede *curar o no puede sanar. ‖ Muy difícil de curarse. ‖ fig. Que no tiene enmienda ni remedio.

in curia. expr. lat. V. **Juez in curia.**
incuria. f. Falta de cuidado, *negligencia.
incurioso, sa. adj. *Descuidado, negligente. Ú. t. c. s.
incurrimiento. m. Acción y efecto de incurrir.
***incurrir.** intr. Caer en falta, *error, etc., o merecer *castigo, a consecuencia de alguna acción. ‖ Con la preposición *en* y los substantivos odio, desprecio, etc., hacerse objeto de estos sentimientos.
incursión. f. Acción de incurrir. ‖ *Mil.* **Correría.**
incurso, sa. p. p. irreg. de **Incurrir.**
incusar. tr. *Acusar, imputar.
incuso, sa. adj. Aplícase a la moneda o *medalla que tiene en hueco por una cara el mismo cuño que por la opuesta en relieve.
inchimán. m. *Embarcación inglesa que hacía el comercio de la India.
indagación. f. Acción y efecto de indagar.
indagador, ra. adj. Que indaga. Ú. t. c. s.
indagar. tr. *Averiguar, inquirir una cosa.
indagatoria. f. **For.* Declaración que se toma al presunto reo, acerca del delito que se está averiguando.
indagatorio, ria. adj. *For.* Que tiende o conduce a indagar.
indar. m. *Agr.* Instrumento parecido a la *azada.
indebidamente. adv. m. Sin deberse hacer. ‖ **Ilícitamente.**
indebido, da. adj. Que no es obligatorio ni exigible. ‖ *Ilícito.
indecencia. f. Falta de decencia o de modestia. ‖ Acto vituperable, *deshonesto o vergonzoso.
indecente. adj. No decente, indecoroso, *vil.
indecentemente. adv. m. De modo indecente.
***indecible.** adj. Que no se puede decir o explicar.
indeciblemente. adv. m. De modo indecible.
indecisión. f. *Vacilación o dificultad de alguno en decidirse.
indeciso, sa. adj. *Pendiente de resolución. ‖ Perplejo, dudoso; *irresoluto.
indecisorio. adj. V. **Juramento indecisorio.**
indeclinable. adj. Que *necesariamente tiene que hacerse o cumplirse. ‖ *For.* Aplícase a la *jurisdicción que no se puede declinar. ‖ **Gram.* Aplícase a las partes de la oración que no se declinan.
indecoro. m. Falta de decoro; *deshonor.
indecorosamente. adv. m. Sin decoro.
indecoroso, sa. adj. Que carece de decoro, o lo ofende. ‖ Vil, *despreciable.
indefectibilidad. f. Calidad de indefectible.
indefectible. adj. Que no puede faltar o dejar de ser; *necesario.
indefectiblemente. adv. m. De un modo indefectible.
indefendible. adj. Que no puede ser defendido.
indefensable. adj. **Indefendible.**
indefensible. adj. **Indefendible.**
***indefensión.** f. Estado de lo que está indefenso.
***indefenso, sa.** adj. Que carece de medios de defensa, o está sin ella.
indeficiente. adj. Que no puede faltar; *necesario.
indefinible. adj. Que no se puede definir.

indefinidamente. adv. m. De modo indefinido o inacabable.
indefinido, da. adj. No definido; *indeterminado. ‖ Que no tiene término señalado o conocido; *ilimitado. ‖ *Gram.* Dícese del *artículo que designa un objeto no consabido de la persona con quien se habla. ‖ **Lóg.* Dícese de la proposición que no tiene signos que la determinen. ‖ **Mil.* Decíase del oficial que no tenía plaza efectiva. Usáb. t. c. s.
indehiscente. adj. *Bot.* No dehiscente.
indeleble. adj. Que no se puede borrar o quitar.
indeleblemente. adv. m. De modo indeleble.
***indeliberación.** f. Falta de deliberación o reflexión.
indeliberadamente. adv. m. Sin deliberación.
***indeliberado, da.** adj. Hecho sin deliberación ni reflexión.
indelicadeza. f. Falta de delicadeza.
***indemne.** adj. Libre o exento de daño.
***indemnidad.** f. Estado o situación del que está libre de padecer daño o perjuicio.
indemnización. f. Acción y efecto de indemnizar o indemnizarse. ‖ Cosa con que se indemniza.
***indemnizar.** tr. Compensar un daño o perjuicio. Ú. t. c. r.
indemostrable. adj. No demostrable.
***independencia.** f. Falta de dependencia. ‖ Situación del individuo, Estado, etc., que por no depender de otro, goza de libertad y autonomía. ‖ *Entereza, firmeza de carácter.
independente. adj. ant. **Independiente.**
independentemente. adv. m. ant. **Independientemente.**
***independiente.** adj. Exento de dependencia. ‖ **Autónomo.** ‖ fig. Dícese de la persona que obra con arreglo a *justicia, sin que la doblen respetos, halagos ni amenazas. ‖ adv. m. **Independientemente.**
independientemente. adv. m. Con independencia.
independizar. tr. Hacer *independiente. Ú. t. c. r.
indescifrable. adj. Que no se puede descifrar.
indescriptible. adj. Que no se puede describir.
indeseable. adj. Dícese de la persona, especialmente *extranjera, cuya permanencia en un país se considera peligrosa.
indesignable. adj. Imposible o muy difícil de señalar.
indestructible. adj. Que no se puede destruir.
indeterminable. adj. Que no se puede determinar. ‖ **Indeterminado.**
***indeterminación.** f. Falta de determinación o *precisión. ‖ *Vacilación, falta de resolución.
indeterminadamente. adv. m. Sin determinación.
***indeterminado, da.** adj. No determinado. ‖ Que no implica determinación alguna. ‖ *Irresoluto.
indevoción. f. Falta de devoción.
indevoto, ta. adj. Falto de devoción. ‖ *Indiferente, no afecto a una persona o cosa.
índex. adj. desus. **Índice.** Usáb. t. c. s. ‖ m. desus. Manecilla del *reloj.
indezuelo, la. m. y f. d. de **Indio.**
india. f. fig. Abundancia de *riqueza. Ú. m. en pl.

indiada. f. Conjunto o muchedumbre de *indios.
indiana. f. *Tela de lino o algodón, estampada por un solo lado.
indianés, sa. adj. **Indio.**
indianista. com. Persona que cultiva las *lenguas y literatura del Indostán.
indiano, na. adj. Natural, pero no originario de América. Ú. t. c. s. ‖ Perteneciente a las Indias Orientales. ‖ Dícese también del que vuelve *rico de América. Ú. t. c. s. ‖ **de hilo negro.** fig. y fam. Hombre *mezquino.
***indicación.** f. Acción y efecto de indicar.
indicador, ra. adj. Que indica o sirve para indicar. Ú. t. c. s.
indicante. p. a. de **Indicar.** Que indica. Ú. t. c. s.
***indicar.** tr. Dar a entender o significar una cosa con indicios y señales.
indicativo, va. adj. Que indica o sirve para indicar. ‖ *Gram.* V. **Modo indicativo.** Ú. t. c. s.
indicción. f. Convocación o *llamamiento para un sínodo o *concilio. ‖ **Cronol.* Año de cada uno de los períodos de quince que se contaron desde el 315 de Jesucristo. ‖ **romana.** *Cronol.* Año de igual período, que se usa en las bulas pontificias.
índice. adj. V. **Dedo índice.** Ú. t. c. s. ‖ m. Indicio o *señal de una cosa. ‖ *Lista o enumeración breve. ‖ Catálogo de autores o materias de las *obras que se conservan en una biblioteca. ‖ Pieza o departamento donde está este catálogo en las bibliotecas públicas. ‖ Cada una de las manecillas de un *reloj y, en general, las agujas indicadoras de los instrumentos graduados, tales como barómetros, higrómetros, etc. ‖ Gnomon de un cuadrante solar. ‖ **Mat.* Número o letra que sirve para indicar el grado de la raíz. ‖ **cefálico.** *Zool.* Relación entre la anchura y la longitud máxima del *cráneo. ‖ **de refracción.** **Ópt.* Número que representa la relación constante entre los senos de los ángulos de incidencia y de refracción. ‖ **expurgatorio.** Catálogo de los libros que se *prohíben o se mandan corregir por la Iglesia católica.
indiciado, da. p. p. de **Indiciar.** ‖ adj. Que tiene contra sí la sospecha de haber cometido un *delito. Ú. t. c. s.
indiciador, ra. adj. Que indicia. Ú. t. c. s.
indiciar. tr. Dar *indicios de una cosa. ‖ *Conjeturar una cosa o venir en conocimiento de ella por indicios. ‖ **Indicar.**
indiciario, ria. adj. **For.* Relativo a indicios o derivado de ellos.
***indicio.** m. Acción o señal que da a conocer lo oculto. ‖ **Indicios vehementes.** Aquellos que mueven de tal modo a creer o *conjeturar una cosa, que ellos solos equivalen a *prueba semiplena.
índico, ca. adj. Perteneciente a las Indias Orientales.
in díem. expr. lat. *For.* V. **Adición in díem.**
***indiferencia.** f. Estado del ánimo en que no se siente inclinación ni repugnancia respecto de una persona o cosa.
***indiferente.** adj. No determinado por sí a una cosa más que a otra. ‖ Que *igual da que sea o se haga de una o de otra forma.
indiferentemente. adv. m. Indistintamente, sin diferencia.
indiferentismo. m. Indiferencia en materias de *religión o de política.
indígena. adj. *Originario del país de que se trata. Apl. a pers., ú. t. c. s.
indigencia. f. Falta de medios para alimentarse, vestirse, etc.; *pobreza.
indigenismo. m. Condición de indígena. ‖ Exaltación de la *cultura, tradiciones y *costumbres de los pueblos indígenas, especialmente de los que antes fueron *colonias europeas.
indigenista. m. y f. Partidario del indigenismo.
indigente. adj. Falto de medios para pasar la vida. Ú. t. c. s.
indigestarse. r. No sentar bien un manjar o comida. ‖ fig. y fam. *Desagradarle a uno una persona o cosa.
indigestible. adj. Que es de difícil *digestión.
***indigestión.** f. Falta de *digestión. ‖ → **Pat.* Indisposición que se padece por no haber digerido normalmente los alimentos.
indigesto, ta. adj. Que no se digiere o se digiere con dificultad. ‖ Que está sin digerir. ‖ fig. Dícese del *estilo confuso o de la obra literaria poco amena. ‖ fig. *Desabrido, difícil en el trato.
indigete. adj. Natural de una región de la España Tarraconense, al norte de la actual provincia de Gerona. Ú. t. c. s. ‖ Perteneciente a esta región.
indignación. f. *Ira, enfado vehemente contra una persona o cosa.
indignamente. adv. m. Con indignidad.
indignante. p. a. de **Indignar.** Que indigna o se indigna.
indignar. tr. *Irritar, enfadar vehementemente a uno. Ú. t. c. r.
indignidad. f. Falta de *mérito y de disposición para una cosa. ‖ Acción reprobable, impropia de las circunstancias del sujeto que la ejecuta. ‖ Acción *vil.
indigno, na. adj. Que no tiene *mérito ni disposición para una cosa. ‖ Que es *desconforme o inferior a la calidad y mérito de la persona con quien se trata. ‖ *Vil, ruin.
índigo. m. **Añil.**
indiligencia. f. Falta de diligencia, *descuido.
indino, na. adj. fam. **Indigno.** ‖ fam. Dícese de un muchacho *travieso o descarado.
***indio, dia.** adj. Natural de la India, o sea de las Indias Orientales. Ú. t. c. s. ‖ Perteneciente a ellas. ‖ → Aplícase al antiguo poblador de América, o sus descendientes, sin mezcla de otra raza. Ú. t. c. s. ‖ Relativo o perteneciente a los **indios** de América. ‖ De *color azul. ‖ m. *Metal parecido al estaño.
indiófilo, la. adj. Protector de los *indios. Ú. t. c. s.
indirecta. f. Dicho o medio indirecto de que uno se vale para *sugerir una cosa sin decirla explícita o claramente. ‖ **del padre Cobos.** fam. Dicho que pretende dar a entender velada e indirectamente alguna cosa, pero que, en realidad, la expresa declaradamente.
indirectamente. adv. m. De modo indirecto.
***indirecto, ta.** adj. Que no va rectamente a un fin, aunque se encamine a él.
indisciplina. f. Falta de disciplina; *desobediencia.
indisciplinable. adj. Incapaz de disciplina.
indisciplinado, da. adj. Falto de disciplina.
indisciplinarse. r. Quebrantar la disciplina.
***indiscreción.** f. Falta de discreción y de prudencia. ‖ fig. Dicho o hecho indiscreto.
indiscretamente. adv. m. Sin discreción ni prudencia.
***indiscreto, ta.** adj. Que obra sin discreción. Ú. t. c. s. ‖ Que se hace sin discreción.
indisculpable. adj. Que no tiene disculpa.
indiscutible. adj. No discutible.
indisolubilidad. f. Calidad de indisoluble.
indisoluble. adj. Que no se puede disolver o desatar.
indisolublemente. adv. m. De un modo indisoluble.
indispensabilidad. f. p. us. Calidad de indispensable.
***indispensable.** adj. Que no se puede dispensar ni excusar. ‖ → Que es necesario para algún fin.
indispensablemente. adv. m. Forzosa y precisamente.
indisponer. tr. Privar de la disposición conveniente, o quitar la preparación necesaria para una cosa. Ú. t. c. r. ‖ ***Malquistar.** Ú. t. c. r. ‖ Causar *enfermedad o indisposición. ‖ r. Sentirse indispuesto.
indisposición. f. Falta de disposición y de preparación para una cosa. ‖ Desazón o *enfermedad leve y pasajera.
indispuesto, ta. p. p. irreg. de **Indisponer.** ‖ adj. Que se siente algo *enfermo.
indisputable. adj. Que no admite disputa.
indisputablemente. adv. m. Sin disputa.
indistinción. f. Falta de distinción; *confusión, *indeterminación.
indistinguible. adj. Que no se puede distinguir. ‖ fig. Muy difícil de distinguir.
indistintamente. adv. m. Sin distinción.
indistinto, ta. adj. Que no se distingue de otra cosa; *indeterminado. ‖ Que no se percibe clara y distintamente.
individuación. f. Acción y efecto de individuar.
individual. adj. Perteneciente o relativo al individuo. ‖ *Particular, propio y característico de una cosa.
individualidad. f. Calidad *particular de una persona o cosa.
individualismo. m. Aislamiento y egoísmo en las relaciones sociales. ‖ Sistema *filosófico que considera al individuo, y no a la sociedad, como fundamento de las leyes y relaciones morales y *políticas.
individualista. adj. Que practica el individualismo. Ú. t. c. s. ‖ Partidario del individualismo. Ú. t. c. s. ‖ Perteneciente o relativo al individualismo.
individualizar. tr. **Individuar.**
individualmente. adv. m. Con individualidad; uno a uno.
individuamente. adv. m. Con *unión estrecha e inseparable.
individuar. tr. Especificar una cosa; tratar de ella con *particularidad y por menor. ‖ *Determinar o *clasificar los individuos comprendidos en la especie.
individuo, dua. adj. **Individual.** ‖ **Indivisible.** ‖ m. Cada ser organizado, respecto de la *especie a que pertenece. ‖ Persona que forma parte de una clase o *corporación. ‖ m. y f. fam. *Persona.
indivisamente. adv. m. Sin división.
indivisibilidad. f. Calidad de indivisible.

indivisible. adj. Que no puede ser dividido.
indivisiblemente. adv. m. De manera que no puede dividirse.
indivisión. f. Carencia de división. ‖ *For.* Estado de condominio o de posesión en *común.
***indiviso, sa.** adj. No separado o dividido en partes. Ú. t. c. s.
indo, da. adj. **Indio,** natural de la India o perteneciente a ella. Apl. a pers., ú. t. c. s.
indoblegable. adj. fig. Que se mantiene en su dictamen o conducta con *entereza.
***indócil.** adj. Que no tiene docilidad.
***indocilidad.** f. Falta de docilidad.
indoctamente. adv. m. Con *ignorancia.
indocto, ta. adj. Falto de instrucción, *ignorante.
indocumentado, da. adj. Dícese de quien no tiene documento oficial por el cual pueda identificarse su *personalidad. ‖ fig. Dícese de la persona sin arraigo ni respetabilidad. Ú. t. c. s.
indoeuropeo, a. adj. Dícese de cada una de las *razas y *lenguas extendidas desde la India hasta el occidente de Europa, que revelan cierta comunidad de origen.
indogermánico, ca. adj. **Indoeuropeo.**
***índole.** f. Condición natural propia de cada uno. ‖ Naturaleza y calidad de las cosas.
indolencia. f. Calidad de indolente. ‖ *Negligencia, *pereza.
indolente. adj. Que no duele. ‖ Que no se afecta o conmueve; *insensible. ‖ Flojo, *perezoso.
indolentemente. adv. m. Con indolencia.
indoloro, ra. adj. Que no causa *dolor.
indomable. adj. Que no se puede domar; *indómito.
indomado, da. adj. Que está sin domar, *indómito.
indomeñable. adj. desus. **Indomable.**
indomesticable. adj. Que no se puede domesticar.
indoméstico, ca. adj. Que está sin domesticar.
***indómito, ta.** adj. No domado. ‖ Que no se puede domar. ‖ fig. Difícil de sujetar o reprimir; *indócil.
indonesio, sia. adj. Natural de Indonesia. Ú. t. c. s. ‖ Perteneciente a esta región asiática.
indostanés, sa. adj. Natural del Indostán. Ú. t. c. s.
indostaní. m. *Lengua moderna hablada en el Indostán.
indostánico, ca. adj. Perteneciente o relativo al Indostán.
indotación. f. Falta de dotación.
indotado, da. adj. Que está sin dotar.
indubitable. adj. **Indudable.**
indubitablemente. adv. m. **Indudablemente.**
indubitadamente. adv. m. Ciertamente, sin duda.
indubitado, da. adj. Cierto y que no admite duda.
inducción. f. Acción y efecto de inducir. ‖ ***eléctrica.** *Fís.* Acción de las cargas o corrientes eléctricas, unas sobre otras. ‖ **electromagnética.** *Fís.* Acción de las corrientes eléctricas sobre los *imanes, y de éstos sobre aquéllas. ‖ **magnética.** Acción de los *imanes, unos sobre otros.
inducia. f. *Tregua o *dilación.
inducido, da. p. p. de **Inducir.** ‖ m. *Fís.* Circuito en que, por la acción de un campo magnético, se desarrolla una corriente *eléctrica.
inducidor, ra. adj. Que induce a una cosa. Ú. t. c. s.
inducimiento. m. **Inducción.**
***inducir.** tr. *Incitar, instigar, *persuadir a uno. ‖ **Lóg.* Ascender el entendimiento desde el conocimiento de los fenómenos a la ley o principio que virtualmente los contiene. ‖ *Fís.* Producir la corriente *eléctrica de un circuito, fenómenos de igual naturaleza en un circuito separado del primero.
inductancia. f. **Electr.* Razón entre la inducción total de un circuito y la corriente que la produce.
inductivo, va. adj. Que se hace por inducción. ‖ Perteneciente a ella.
inductor, ra. adj. Que induce.
indudable. adj. Que no puede dudarse.
indudablemente. adv. m. De modo indudable.
***indulgencia.** f. Facilidad en perdonar las culpas o en *conceder gracias. ‖ Remisión que hace la Iglesia de las penas debidas por los pecados.
***indulgente.** adj. Fácil en perdonar las culpas o en *conceder gracias.
indulgentemente. adv. m. De manera indulgente.
indultar. tr. *Perdonar a uno el todo o parte de la pena. ‖ *Eximirle de una ley u obligación.
indultario. m. El que, en virtud de gracia pontificia, podía conceder beneficios *eclesiásticos.
indulto. m. Gracia o *privilegio. ‖ Gracia por la cual se *perdona el todo o parte de una pena o se *exime a uno de cualquier obligación.
***indumentaria.** f. Estudio histórico del *traje. ‖ ***Vestido** (conjunto de prendas de vestir).
indumentario, ria. adj. Perteneciente o relativo al *vestido.
indumento. m. ***Vestidura.**
induración. f. **Endurecimiento.**
***industria.** f. Maña, *habilidad o artificio para hacer una cosa. ‖ → Conjunto de operaciones que sirven para la obtención, transformación o transporte de uno o varios productos naturales. ‖ Suma y conjunto de las **industrias** de cierto género o de determinada región. ‖ **De industria.** m. adv. De intento, *adrede.
***industrial.** adj. Perteneciente a la industria. ‖ m. El que vive del ejercicio de una *industria.
industrialismo. m. Tendencia al predominio excesivo de los intereses *industriales. ‖ **Mercantilismo.**
industrialización. f. Acción y efecto de industrializar.
industrializar. tr. Dar carácter industrial a determinadas operaciones o negocios. ‖ Dar predominio a las industrias en la economía de un país.
industriar. tr. Instruir, *enseñar, adiestrar. ‖ r. Ingeniarse, bandearse, proceder con *habilidad.
industriosamente. adv. m. Con industria y *habilidad.
industrioso, sa. adj. Que obra con industria y *habilidad. ‖ Que se hace con industria. ‖ *Trabajador.
inebriar. tr. Poner *ebrio.
inedia. f. Estado de una persona que lleva más tiempo del regular sin tomar *alimento.
inédito, ta. adj. *Escrito y no publicado.
ineducación. f. Carencia de educación; *incultura.
ineducado, da. adj. Falto de educación.
inefabilidad. f. Calidad de inefable o *indecible.
inefable. adj. Que con palabras no se puede explicar; *indecible.
inefablemente. adv. m. Sin poderse explicar.
ineficacia. f. Calidad de *ineficaz.
***ineficaz.** adj. No eficaz.
ineficazmente. adv. m. Sin eficacia.
***inelegancia.** f. Carente de elegancia.
***inelegante.** adj. No elegante.
ineluctable. adj. Dícese de aquello contra lo cual no puede lucharse; inevitable, *fatal.
ineludible. adj. Que no se puede eludir.
inembargable. adj. Que no se puede embargar.
inenarrable. adj. **Inefable.**
inepcia. f. ***Necedad.**
ineptamente. adv. m. Sin aptitud ni proporción; neciamente.
***ineptitud.** f. Falta de aptitud o de capacidad.
***inepto, ta.** adj. No apto o a propósito para una cosa. ‖ *Necio o incapaz. Ú. t. c. s.
inequívoco, ca. adj. Que no admite duda o equivocación.
inercia. f. Flojedad, *pereza. ‖ *Inacción. ‖ **Mec.* Incapacidad de los cuerpos para salir del estado de reposo o de movimiento, sin la intervención de alguna fuerza.
inerme. adj. Que está sin *armas. ‖ **Bot.* y *Zool.* Desprovisto de espinas, pinchos o aguijones.
inerrable. adj. Que no se puede errar.
inerrante. adj. **Astr.* Fijo y sin movimiento.
inerte. adj. *Inactivo, *ineficaz. ‖ *Estéril, *inútil. ‖ Flojo, *perezoso.
inerudición. f. Falta de erudición; *ignorancia.
inerudito, ta. adj. Que carece de erudición; *ignorante.
inervación. f. Influjo del sistema *nervioso sobre el resto del organismo. ‖ Distribución de los *nervios en un órgano o región del cuerpo.
inescación. f. Práctica *supersticiosa por la cual se pretende *curar al enfermo haciendo tragar a un animal una imagen de la parte doliente.
inescrutable. adj. Que no se puede saber ni averiguar.
inescudriñable. adj. **Inescrutable.**
inesperadamente. adv. m. Sin esperarse.
inesperado, da. adj. Que sucede sin esperarse, *imprevisto.
***inestabilidad.** f. Falta de estabilidad.
***inestable.** adj. No estable.
inestancable. adj. Que no se puede estancar.
inestimabilidad. f. Calidad de inestimable.
inestimable. adj. Incapaz de ser estimado.
inestimado, da. adj. Que está sin apreciar ni tasar. ‖ Que no se *estima tanto como merece.
inevitable. adj. Que no se puede evitar; *necesario, fatal.
inevitablemente. adv. m. Sin poderse evitar.
inexactamente. adv. m. Con inexactitud, con *error.
inexactitud. f. Falta de exactitud. ‖ *Error.
inexacto, ta. adj. Que carece de exactitud.
inexcogitable. adj. Que no se puede excogitar o *imaginar.
inexcusable. adj. Que no se puede excusar; *indispensable.
inexcusablemente. adv. m. Sin excusa.

inexhausto, ta. adj. Que por su *abundancia o plenitud no se agota ni se acaba.
***inexistencia.** f. Falta de existencia.
***inexistente.** adj. Que carece de existencia.
inexorabilidad. f. Calidad de inexorable.
inexorable. adj. Que no se deja vencer de los ruegos; *imperturbable, *severo.
inexorablemente. adv. m. De modo inexorable.
***inexperiencia.** f. Falta de experiencia.
***inexperto, ta.** adj. Falto de experiencia. Ú. t. c. s.
inexpiable. adj. Que no se puede *expiar.
inexplicable. adj. Que no se puede explicar.
inexplorado, da. adj. No explorado.
***inexpresión.** f. Falta de expresión. ‖ Calidad de inexpresivo.
***inexpresivo, va.** adj. Que carece de expresión.
inexpugnable. adj. Que no se puede tomar o conquistar a fuerza de armas. ‖ fig. Que no se deja persuadir; *obstinado, *imperturbable.
inextensible. adj. *Fís.* Que no se puede extender.
inextenso, sa. adj. Que carece de extensión, que no ocupa *espacio alguno.
inextinguible. adj. No extinguible. ‖ fig. De larga *duración.
in extremis. loc. lat. En los últimos instantes de la existencia, poco antes de *morir.
inextricable. adj. Difícil de *desenredar; muy *intrincado y confuso.
in facie ecclesiae. expr. lat. que se usa para expresar que el *matrimonio se ha celebrado según las ceremonias establecidas por la Iglesia.
infacundo, da. adj. No facundo, que no tiene facilidad de palabra.
infalibilidad. f. Calidad de infalible.
infalible. adj. Que no puede engañar ni engañarse. ‖ Seguro, *cierto, indefectible.
infaliblemente. adv. m. modo infalible.
infalsificable. adj. Que no se puede falsificar.
infamación. f. Acción y efecto de *infamar.
infamadamente. adv. m. De manera infamante.
infamador, ra. adj. Que infama. Ú. t. c. s.
infamante. p. a. de **Infamar.** Que infama.
***infamar.** tr. Quitar la fama, honra y estimación. Ú. t. c. r.
infamativo, va. adj. Que infama o puede *infamar.
infamatorio, ria. adj. Dícese de lo que *infama.
infame. adj. Que carece de honra, indigno, *despreciable. Ú. t. c. s. ‖ Muy *malo en su especie.
infamemente. adv. m. Con infamia.
infamia. f. *Descrédito, deshonra. ‖ Maldad, *vileza. ‖ **Purgar la infamia.** tr. *For.* Ratificar un reo en el tormento la declaración hecha por él contra su cómplice.
***infancia.** f. Edad del *niño desde que nace hasta los siete años. ‖ fig. Conjunto de los niños de tal edad. ‖ fig. Primer estado de una cosa después de su nacimiento o *principio.
infando, da. adj. Torpe, *vil e indigno de que se hable de ello.
infanta. f. *Niña que aún no ha llegado a los siete años de edad. ‖ Cualquiera de las hijas legítimas del *rey de España o de Portugal, nacidas después del príncipe o de la princesa. ‖ Mujer de un infante. ‖ Parienta del *rey, que por gracia real obtenía este título.
infantado. m. Territorio de un infante o infanta, hijos de reyes.
infante. m. *Niño que aún no ha llegado a la edad de siete años. ‖ Cualquiera de los hijos varones y legítimos del *rey de España o de Portugal, nacidos después del príncipe o de la princesa. ‖ Pariente del *rey, que por gracia real obtenía este título. ‖ *Soldado que sirve a pie. ‖ **Infante de coro.** ‖ **de coro.** En algunas catedrales, *monacillo o seise.
infantería. f. *Tropa que sirve a pie en la milicia. ‖ **de línea.** La que combate ordinariamente en masa como cuerpo principal de las batallas. ‖ **de marina.** La destinada a dar la guarnición a los buques de guerra, arsenales y departamentos marítimos. ‖ **ligera.** La que con preferencia se utiliza para avanzadas y descubiertas. ‖ **Ir,** o **quedar,** uno **de infantería.** fr. fig. y fam. *Andar a pie el que iba a caballo, o con otros que van a caballo.
infantesa. f. desus. **Infanta.**
infanticida. adj. Dícese del que *mata a un niño o infante. Ú. m. c. s.
infanticidio. m. *Muerte dada violentamente a un niño, sobre todo si es recién nacido o está próximo a nacer. ‖ Muerte dada por una mujer al hijo que acaba de dar a luz.
***infantil.** adj. Perteneciente a la infancia. ‖ fig. Inocente, *cándido.
infantilismo. m. *Pat.* Estado de las personas adultas que conservan caracteres orgánicos propios de la niñez.
infantillo. m. d. de **Infante.** ‖ *Seise.
infantino, na. adj. **Infantil.**
infanzón, na. m. y f. Hijodalgo o hijadalgo que tenía potestad y señorío limitados.
infanzonado, da. adj. Propio del infanzón o perteneciente a él.
infanzonazgo. m. Territorio o solar del infanzón.
infanzonía. f. Calidad de infanzón.
infartar. tr. Causar un infarto. Ú. t. c. r.
infarto. m. *Pat.* *Hinchazón u *obstrucción de un órgano o parte del cuerpo.
infatigable. adj. **Incansable.**
infatigablemente. adv. m. Sin fatigarse. ‖ Con *constancia.
infatuación. f. Acción y efecto de infatuar o infatuarse.
infatuar. tr. Volver a uno fatuo, *engreírle. Ú. t. c. r.
infaustamente. adv. m. Con *desgracia.
infausto, ta. adj. *Desgraciado.
infebril. adj. Sin *fiebre.
***infección.** f. Acción y efecto de inficionar.
infeccionar. tr. **Inficionar.**
infeccioso, sa. adj. Que es causa de *infección.
infectar. tr. **Inficionar.** Ú. t. c. r.
infectivo, va. adj. Dícese de lo que inficiona o puede inficionar.
infecto, ta. adj. Inficionado, *contagiado. ‖ *Corrompido.
infecundidad. f. Falta de fecundidad; *esterilidad.
infecundo, da. adj. No fecundo; *estéril.
infelice. adj. poét. **Infeliz.**
infelicemente. adv. m. **Infelizmente.**
infelicidad. f. **Desgracia.**
infeliz. adj. **Desgraciado.** Ú. t. c. s. ‖ fam. *Bondadoso y *apocado. Ú. t. c. s.
infelizmente. adv. m. Con infelicidad.
inferencia. f. **Ilación.**
***inferior.** adj. Que está debajo de otra cosa o más bajo que ella. ‖ Que es menos que otra cosa en su calidad o en su cantidad. ‖ Dícese de la persona *dependiente de otra. Ú. t. c. s.
***inferioridad.** f. Calidad de inferior. ‖ Situación de una cosa que está más baja que otra o debajo de ella.
***inferir.** tr. Sacar o inducir una cosa de otra. ‖ Llevar consigo, ocasionar, *causar. ‖ Tratándose de *ofensas, *heridas, etc., hacerlas.
infernáculo. m. *Juego de muchachos que consiste en sacar, de varias divisiones trazadas en el suelo, un tejo al que se da con un pie, saltando a la pata coja.
infernal. adj. Que es del *infierno o perteneciente a él. ‖ fig. Muy *malo o *perjudicial. ‖ fig. y fam. Se dice hiperbólicamente de lo que causa sumo *desagrado.
infernar. tr. Ocasionar a uno la pena del *infierno. ‖ fig. *Inquietar, *irritar. ‖ *Malquistar.
inferno, na. adj. poét. **Infernal.**
infestación. f. Acción y efecto de infestar o infestarse.
infestar. tr. Inficionar, causar *infección, apestar. Ú. t. c. r. ‖ Causar estragos con hostilidades y *correrías. ‖ Invadir un lugar los animales o las plantas *perjudiciales.
infesto, ta. adj. poét. Dañoso, *perjudicial.
infeudación. f. **Enfeudación.**
infeudar. tr. **Enfeudar.**
infibulación. f. *Veter.* Colocación de un anillo u otro obstáculo en las partes *genitales de un animal.
inficionar. tr. *Corromper, *contagiar. Ú. t. c. r. ‖ fig. *Pervertir con malas doctrinas o ejemplos. Ú. t. c. r.
infidelidad. f. Falta de fidelidad; *deslealtad. ‖ Carencia de la fe católica; *irreligión. ‖ Conjunto de los infieles que no profesan la fe católica.
infidelísimo, ma. adj. sup. de **Infiel.**
infidencia. f. Falta a la confianza y fe debida, *deslealtad.
infidente. adj. Que comete infidencia. Ú. t. c. s.
infiel. adj. Falto de fidelidad; *desleal. ‖ Que no profesa la fe católica. Ú. t. c. s. ‖ Falto de puntualidad y exactitud; *falso.
infielmente. adv. m. Con infidelidad.
in fieri. loc. lat. Que está por hacer o se está haciendo; *pendiente.
infiernillo. m. **Cocinilla** (*hornilla portátil).
***infierno.** m. Lugar destinado para eterno castigo de los malos, después de la muerte. ‖ Tormento y castigo de los condenados. ‖ **Teol.* Uno de los cuatro novísimos o postrimerías del hombre. ‖ Lugar adonde creían los paganos que iban las almas después de la muerte. Ú. t. en pl. ‖ *Limbo o seno de Abrahán. ‖ En algunas órdenes religiosas, refectorio donde se come de carne. ‖ En algunos *molinos, cavidad subterránea en que sienta la rueda y artificio con que se mueve la máquina. ‖ Pilón adonde van las aguas que se han empleado en escaldar la pasta de la aceituna para separar de ella el aceite que contienen. ‖ fig. Uno de los espacios o divisiones que se trazan en el suelo, en el *juego del infernáculo. ‖ fig. Cierto juego de

*naipes. || fig. y fam. Lugar en que hay mucho *alboroto y discordia. || fig. y fam. La misma *discordia. || **Los quintos infiernos.** loc. fig. Lugar muy *profundo o muy *lejano.

infigurable. adj. Que no puede tener figura corporal.

infiltración. f. Acción y efecto de infiltrar o infiltrarse.

infiltrar. tr. *Introducir suavemente un líquido entre los poros de un sólido. Ú. t. c. r. || fig. *Imbuir en el ánimo ideas o doctrinas. Ú. t. c. r.

***ínfimo, ma.** adj. Que en su situación está muy bajo o es lo más *inferior que se conoce. || En el orden, estimación o graduación de las cosas, dícese de la que es menos que las demás. || Dícese de lo más *despreciable en cualquier línea. || Dícese de cierto género *teatral de escaso mérito literario, hoy en desuso.

infinible. adj. Que no puede tener fin.

infinidad. f. Calidad de infinito o *ilimitado. || fig. Gran *muchedumbre de cosas o personas.

infinido, da. adj. ant. **Infinito.** || *Inconcluso.

infinitamente. adv. m. De un modo infinito.

infinitesimal. adj. *Mat.* Aplícase a las cantidades infinitamente pequeñas.

infinitivo. adj. *Gram.* V. **Modo infinitivo.** Ú. t. c. s. || m. *Gram.* Presente de **infinitivo,** o sea voz que da nombre al *verbo.

***infinito, ta.** adj. Que no tiene ni puede tener fin ni término; *ilimitado. || Muy numeroso, *grande y excesivo en cualquiera línea. || m. **Mat.* Signo en forma de un ocho tendido (∞), que sirve para expresar un valor mayor que cualquiera cantidad asignable. || adv. m. *Excesivamente, *muchísimo.

***infinitud.** f. **Infinidad.** || Espacio infinito.

infirmar. tr. *For.* **Invalidar.**

inflación. f. Acción y efecto de *inflar. || fig. *Orgullo, engreimiento. || fig. Excesiva emisión de billetes en reemplazo de *moneda.

inflamable. adj. Fácil de inflamarse.

***inflamación.** f. Acción y efecto de inflamar o inflamarse. || → *Pat.* Alteración en una parte cualquiera del organismo, caracterizada por aumento de calor, enrojecimiento, *hinchazón y dolor.

inflamador, ra. adj. Que inflama.

inflamar. tr. Encender una cosa levantando *llama. Ú. t. c. r. || fig. Acalorar, *excitar las pasiones. Ú. t. c. r. || r. Producirse *inflamación en el organismo.

inflamativo, va. adj. Que tiene virtud para inflamar o *encender.

inflamatorio, ria. adj. *Pat.* Perteneciente o relativo a la *inflamación.

inflamiento. m. **Inflación.**

***inflar.** tr. Hinchar una cosa con aire u otro gas. Ú. t. c. r. || fig. *Exagerar. || fig. Ensoberbecer, *engreír. Ú. m. c. r.

inflativo, va. adj. Que infla o tiene virtud de inflar.

inflexibilidad. f. Calidad de *inflexible. || fig. *Constancia y *entereza de ánimo.

***inflexible.** adj. Incapaz de torcerse o de doblarse. || fig. Que por su *entereza y constancia de ánimo no se conmueve ni doblega.

inflexiblemente. adv. m. Con inflexibilidad.

inflexión. f. *Torcimiento de una cosa que estaba recta o plana. || Hablando de la *voz, cambio que se hace con ella, pasando de un tono a otro. || *Geom.* Punto de una *curva en que cambia de sentido su curvatura. || **Gram.* Cada una de las terminaciones de las partes variables de la oración.

infligir. tr. Hablando de *castigos y penas corporales, imponerlos.

inflorescencia. f. *Bot.* Orden o forma con que aparecen colocadas las *flores en las plantas.

***influencia.** f. Acción y efecto de influir. || fig. *Poder, valimiento de una persona para con otra u otras. || **Teol.* fig. Gracia e inspiración que Dios envía interiormente a las almas.

influente. p. a. desus. de **Influir. Influyente.**

influenza. f. **Pat.* **Gripe.**

influir. tr. *Causar unas cosas sobre otras ciertos efectos físicos. || fig. Ejercer una persona o cosa predominio en el ánimo. || fig. *Cooperar con más o menos eficacia al éxito de un negocio. || **Teol.* fig. Inspirar o comunicar Dios algún efecto o don de su gracia.

influjo. m. **Influencia.** || **Flujo** (de la *marea).

influyente. p. a. de **Influir.** Que influye.

infolio. m. *Libro en folio.

inforciado. m. Segunda parte del Digesto (*derecho).

***información.** f. Acción y efecto de informar o informarse. || **For.* Averiguación jurídica y legal de un hecho o delito. || Pruebas que se hacen de un sujeto para un *empleo u honor. Ú. m. en pl. || **ad perpétuam, o ad perpétuam rei memóriam.** *For.* La que se hace judicialmente y a prevención, para que conste en lo sucesivo una cosa. || **de derecho.** *For.* **Información en derecho.** || **de pobre, o de pobreza.** *For.* La que se hace para obtener los beneficios de la defensa gratuita. || **de sangre.** Aquella con que se acredita la calidad o *nobleza de un linaje. || **en derecho.** *For.* **Papel en derecho.** || **parlamentaria.** Averiguación encargada a una comisión especial del *Parlamento.

informador, ra. adj. Que informa. Ú. t. c. s.

***informal.** adj. Que no se ajusta a las circunstancias prevenidas. || → Aplícase a la persona que no observa la conveniente gravedad y puntualidad. Ú. t. c. s.

***informalidad.** f. Calidad de informal. || fig. Cosa reprimible por informal.

informalmente. adv. m. Con informalidad; de manera informal.

informante. p. a. de **Informar.** Que informa. || m. El que tiene encargo de hacer las informaciones de limpieza de sangre para comprobar la *nobleza de uno.

***informar.** tr. Enterar, dar noticia de una cosa. Ú. t. c. r. || *Fil.* Dar *forma *substancial a una cosa. || intr. Emitir su *dictamen un cuerpo consultivo o persona competente. || **For.* Hablar en estrados los fiscales y los abogados.

informativo, va. adj. Dícese de lo que informa. || *Fil.* Que da *forma a una cosa.

informe. m. *Noticia o instrucción que se da acerca de alguna persona o cosa. || Acción y efecto de informar o emitir *dictamen. || **For.* Exposición oral que hace el letrado o el fiscal ante el tribunal.

***informe.** adj. Que no tiene la forma que le corresponde. || De forma vaga e indeterminada.

informidad. f. Calidad de informe.

infortificable. adj. Que no se puede *fortificar.

infortuna. f. **Astrol.* Influjo *adverso de los astros.

infortunadamente. adv. m. Sin fortuna, con *desgracia.

infortunado, da. adj. **Desafortunado.** Ú. t. c. s.

infortunio. m. Suerte *desgraciada. || Suceso o estado *desgraciado.

infosura. f. **Veter.* Enfermedad de las caballerías caracterizada por dolores en los remos.

***infracción.** f. Transgresión de un precepto, convenio, etc.

infracto, ta. adj. Constante, *imperturbable.

infractor, ra. adj. **Transgresor.** Ú. t. c. s.

infraestructura. f. **Aeron.* Conjunto del material que no vuela; como cobertizos, talleres, pistas, etc.

in fraganti. m. adv. **En flagrante.**

infrangible. adj. Que no se puede quebrar o quebrantar.

infranqueable. adj. Imposible o difícil de franquear o desembarazar.

infraoctava. f. Período de seis días entre el primero y el último de la octava de una *festividad de la Iglesia.

infraoctavo, va. adj. Aplícase a cualquiera de los días de la infraoctava.

infrarrojo, ja. adj. *Ópt.* Dícese de los rayos del espectro *luminoso que se hallan más allá del rojo y que no son visibles.

infrascripto, ta. adj. **Infrascrito.** Ú. t. c. s.

infrascrito, ta. adj. Que *firma al fin de un escrito. Ú. t. c. s. || Dicho abajo o después de un escrito.

***infrecuencia.** f. Calidad de infrecuente.

***infrecuente.** adj. Que no es frecuente.

infrigidación. f. desus. **Enfriamiento.**

***infringir.** tr. **Quebrantar** (una ley, pacto, etc.).

infructífero, ra. adj. Que no produce fruto, *estéril. || fig. *Inútil para el fin que se persigue.

infructuosamente. adv. m. Sin fruto, sin utilidad.

infructuosidad. f. Calidad de infructuoso.

infructuoso, sa. adj. *Ineficaz, *inútil para algún fin.

infrugífero, ra. adj. **Infructífero.**

ínfula. f. Faja de lana blanca con que se ceñían la cabeza los *sacerdotes gentiles en los actos del *culto. Usábanla también en la antigüedad algunos *reyes. Ú. m. en pl. || Cada una de las dos cintas que penden por la parte posterior de la mitra *episcopal. || pl. fig. *Orgullo, vanidad.

infumable. adj. Dícese del *tabaco o de los cigarros de mala calidad.

***infundado, da.** adj. Que carece de fundamento real o racional.

infundibuliforme. adj. *Bot.* De figura de *embudo. Dícese de la corola y del cáliz de la *flor.

infundio. m. *Mentira, noticia falsa, *chisme.

infundioso, sa. adj. *Embustero, *chismoso.

infundir. tr. **Farm.* Poner un simple o medicamento en un licor por cierto tiempo. || p. us. Echar un líquido en una vasija. || **Teol.* fig. Comunicar Dios al alma un don o gracia. || fig. *Causar o *inspirar en el ánimo un impulso moral o afectivo.

infurción. f. *Tributo que se pagaba

al señor de un lugar por el solar de las casas.

infurcioniego, ga. adj. Sujeto al tributo de infurción.

infurtir. tr. **Enfurtir.**

infurto, ta. p. p. irreg. de **Infurtir.**

Infusibilidad. f. Calidad de infusible.

infusible. adj. Que no puede fundirse o derretirse.

***infusión.** f. Acción y efecto de infundir. ‖ Acción de echar el agua del *bautismo sobre el que se bautiza. ‖ **Farm.* Acción de extraer de las substancias orgánicas, sumergidas en agua, las partes solubles, a una temperatura mayor que la del ambiente y menor que la de ebullición. ‖ *Farm.* Producto líquido así obtenido.

infuso, sa. p. p. irreg. de **Infundir.** Hoy sólo tiene uso en *teología hablando de las gracias que Dios infunde en el alma.

***infusorio.** adj. Dícese de ciertos animales microscópicos que viven en los líquidos. Ú. t. c. s. m.

inga. adj. V. **Piedra inga.** Ú. t. c. s. ‖ m. **Inca.**

ingenerable. adj. Que no puede ser engendrado.

ingeniar tr. Imaginar o *inventar ingeniosamente. ‖ r. Discurrir con *ingenio el modo de conseguir una cosa o ejecutarla.

ingeniatura. f. fam. *Habilidad e *ingenio con que uno busca su conveniencia.

ingeniería. f. Arte de aplicar los conocimientos científicos a la técnica *industrial, a la construcción de obras públicas y a las necesidades de la guerra.

ingeniero. m. El que profesa la ingeniería. ‖ **agrónomo.** El que entiende en las explotaciones agrícolas y las construcciones rurales. ‖ **de caminos, canales y puertos.** ‖ El que entiende en la traza, ejecución y conservación de estas obras. ‖ **de la armada.** El que tiene a su cargo proyectar, hacer y conservar toda clase de construcciones navales. ‖ **de minas.** El que entiende en el laboreo de las minas y en el beneficio de los minerales. ‖ **de montes.** El que entiende en la cría, fomento y aprovechamiento de los montes. ‖ **general.** Jefe superior del cuerpo de **ingenieros** militares. ‖ **geógrafo.** El que ejerce su cargo en la corporación oficial encargada de formar la estadística y el mapa general de España. ‖ **industrial.** El que entiende en todo lo concerniente a la industria fabril. ‖ **naval. Ingeniero de la armada.**

***ingenio.** m. Talento para discurrir o inventar con prontitud y facilidad. ‖ Sujeto dotado de esta facultad. ‖ **Lit.* Facultades poéticas y creadoras. ‖ Industria, *habilidad y artificio de uno para conseguir lo que desea. ‖ *Máquina o artificio mecánico. ‖ **Artill.* Cualquiera máquina o artificio de guerra. ‖ Instrumento usado por los *encuadernadores para cortar los cantos de los libros. ‖ **Ingenio de azúcar.** ‖ Fábrica donde se elabora la *cera. ‖ **de azúcar.** Conjunto de aparatos para moler la caña y obtener el *azúcar. ‖ Finca que contiene el cañamelar y la fábrica de azúcar.

ingeniosamente. adv. m. Con ingenio.

ingeniosidad. f. Calidad de ingenioso. ‖ fig. Especie o idea artificiosa y sutil; *argucia.

***ingenioso, sa.** adj. Que tiene ingenio. ‖ Hecho o dicho con ingenio.

ingénito, ta. adj. No engendrado. ‖ Connatural y como nacido con uno.

ingente. adj. Muy *grande.

ingenuamente. adv. m. Con ingenuidad o *sinceridad.

ingenuidad. f. *Sinceridad, buena fe. ‖ *For.* Condición personal de haber nacido *libre, en contraposición a la del manumiso o liberto.

ingenuo, nua. adj. *Sincero, verdadero, sin doblez. ‖ *For.* Que nació *libre y no ha perdido su libertad. Ú. t. c. s.

ingerencia. f. **Injerencia.**

ingeridura. f. **Injeridura.**

ingerir. tr. Introducir por la boca y *tragar los alimentos, medicinas, etcétera.

ingestión. f. Acción y efecto de ingerir.

ingle. f. Parte del *cuerpo, en que se juntan los *muslos con el vientre.

inglés, sa. adj. Natural de Inglaterra. Ú. t. c. s. ‖ Perteneciente a esta nación de Europa. ‖ m. *Lengua **inglesa.** ‖ Cierta *tela usada antiguamente. ‖ fam. ***Acreedor.** ‖ **A la inglesa.** m. adv. Al uso de Inglaterra. ‖ Dícese de la *encuadernación cuyas tapas son flexibles.

inglesismo. m. **Anglicismo.**

inglete. m. *Ángulo de cuarenta y cinco grados que forma el corte de dos piezas que se han de unir o ensamblar.

inglosable. adj. Que no se puede glosar.

ingobernable. adj. Que no se puede gobernar.

ingratamente. adv. m. Con ingratitud.

***ingratitud.** f. Desagradecimiento, olvido de los favores recibidos.

***ingrato, ta.** adj. Desagradecido. ‖ *Desabrido, áspero, *desagradable. ‖ Dícese de lo que no corresponde al *trabajo de cuesta.

ingravidez. f. Calidad de ingrávido.

ingrávido, da. adj. Ligero, *leve, que no pesa.

ingrediente. m. Cualquiera cosa que entra con otras a formar *parte de un *medicamento, *bebida, *guisado u otra cosa compuesta.

ingresar. intr. **Entrar.** Dícese por lo común de las cosas. Ú. t. c. tr. ‖ **Entrar** (empezar a formar parte de una corporación).

ingreso. m. Acción de ingresar. ‖ **Entrada.** ‖ Caudal que entra como cargo en las *cuentas. ‖ **Pie de altar.**

inguinal. adj. **Inguinario.**

inguinario, ria. adj. Perteneciente a las ingles.

ingurgitación. f. *Fisiol.* Acción y efecto de ingurgitar.

ingurgitar. tr. *Fisiol.* **Engullir.**

ingustable. adj. Que no se puede gustar a causa de su mal *sabor.

inhábil. adj. *Torpe, falto de habilidad. ‖ *Inepto, incapaz. ‖ Dícese también del proceder inadecuado para alcanzar el fin que se pretende. ‖ Dícese del *día *festivo y también de las *horas en que no pueden practicarse actuaciones por haberse puesto el sol.

inhabilidad. f. Falta de habilidad, *torpeza. ‖ *Incultura, falta de instrucción. ‖ Defecto o impedimento para ejercer u obtener un empleo u oficio.

inhabilitación. f. Acción y efecto de inhabilitar o inhabilitarse. ‖ *Pena aflictiva que consiste en la privación de ciertos derechos.

inhabilitar. tr. Declarar a uno *incapaz de ejercer u obtener ciertos derechos, empleos, etc. ‖ Imposibilitar para una cosa. Ú. t. c. r.

inhabitable. adj. No habitable.

***inhabitado, da.** adj. No habitado.

inhabituado, da. adj. No habituado.

inhabitual. adj. No habitual.

inhacedero, ra. adj. No hacedero; *imposible.

inhalación. f. Acción y efecto de inhalar.

inhalador. m. *Med.* Aparato para efectuar inhalaciones.

inhalar. tr. *Med.* *Respirar, con un fin terapéutico, ciertos gases o líquidos pulverizados. ‖ intr. *Soplar en forma de cruz sobre cada una de las ánforas de los santos óleos cuando se *consagran.

inherencia. f. *Fil.* *Unión de cosas inseparables por su naturaleza.

***inherente.** adj. Que por su naturaleza está de tal manera unido a otra cosa, que no se puede separar.

inhesión, f. p. us. **Apego.**

inhestar. tr. **Enhestar.**

inhibición. f. Acción y efecto de inhibir o inhibirse. ‖ **Fisiol.* Restricción o supresión de un acto o fenómeno mediante el influjo nervioso. ‖ Acción de la *voluntad encaminada a *suprimir de la conciencia un estado o fenómeno psíquico.

inhibir. tr. **For.* Impedir que un juez prosiga en el conocimiento de una causa. ‖ **Med.* Suspender una función del organismo por medio de un estímulo adecuado. Ú. t. c. r. ‖ r. Echarse fuera de un asunto, o *abstenerse de entrar en él.

inhibitorio, ria. adj. **For.* Aplícase al despacho, decreto o letras que inhiben al juez. Ú. t. c. s. f.

inhiesto, ta. adj. **Enhiesto.**

inhonestable. adj. p. us. **Deshonesto.**

inhonestamente. adv. m. **Deshonestamente.**

inhonestidad. f. ***Deshonestidad.**

inhonesto, ta. adj. **Deshonesto.** ‖ Indecente e indecoroso.

inhospedable. adj. **Inhospitable.**

inhospitable. adj. **Inhospitalario.**

inhospital. adj. **Inhospitalario.**

inhospitalario, ria. adj. Falto de *hospitalidad. ‖ Poco humano para con los extraños, *desabrido. ‖ Dícese de lo que no ofrece seguridad ni abrigo.

inhospitalidad. f. Falta de hospitalidad.

inhóspito, ta. adj. **Inhospitalario.**

inhumación. f. Acción y efecto de inhumar.

inhumanamente. adv. m. Con inhumanidad.

inhumanidad. f. *Crueldad, falta de humanidad.

inhumano, na. adj. Falto de humanidad, *cruel.

inhumar. tr. **Enterrar.**

iniciación. m. Acción y efecto de iniciar o iniciarse.

iniciador, ra. adj. Que inicia. Ú. t. c. s.

***inicial.** adj. Perteneciente al *principio de las cosas. ‖ V. **Letra inicial.** Ú. t. c. s. f.

iniciar. tr. Admitir a uno a la participación de una ceremonia secreta; *informarle de alguna cosa oculta. ‖ fig. Instruir en cosas abstractas o de alta *enseñanza. Ú. t. c. r. ‖ *Empezar o promover una cosa. ‖ r. **Ecles.* Recibir las primeras órdenes u órdenes menores.

iniciativa. f. Derecho de hacer una propuesta. ‖ Acto de ejercerlo. ‖ Acción de *anticiparse a los demás. ‖ Cualidad personal que inclina a esta acción.

iniciativo, va. adj. Que da *principio a una cosa.

inicio. m. Comienzo, *principio.

inicuamente. adv. m. Con iniquidad.

inicuo, cua. adj. Contrario a la equidad, *injusto. || Malvado, *perverso.
inigualado, da. adj. Que no tiene igual; *único.
in illo témpore. loc. lat. que significa en aquel tiempo y se usa para indicar un *pasado remoto.
inimaginable. adj. No imaginable.
inimicísimo, ma. adj. sup. de **Enemigo.**
inimitable. adj. No imitable.
ininflamable. adj. Que no puede inflamarse.
ininteligible. adj. No inteligible, *incomprensible.
ininterrumpido, da. adj. No interrumpido, *continuo.
iniquidad. f. Maldad, *perversidad. || *Injusticia grande.
iniquísimo, ma. adj. sup. de **Inicuo.**
injerencia. f. Acción y efecto de injerirse.
injeridura. f. Parte por donde se ha *injertado el árbol.
injerir. tr. *Introducir una cosa en otra. || fig. *Incluir una cosa en otra, haciendo mención de ella. || r. *Entremeterse.
injertación. f. Acción y efecto de *injertar.
injertador. m. El que injerta.
***injertar.** tr. Injerir o poner en contacto con una planta un trocito de otra, provisto de alguna yema.
injertera. f. *Plantación formada de árboles sacados de la almáciga.
***injerto, ta.** p. p. irreg. de **Injertar.** || → m. Parte de una planta con una o más yemas que, aplicada al patrón, se suelda con él. || Acción de injertar. || Planta injertada. || **de canutillo.** El que se hace adaptando un cañuto de corteza sobre el tronco del patrón. || **de corona,** o **de coronilla.** El que se hace introduciendo una o más púas entre la corteza y la albura del tronco del patrón. || **de escudete.** El que se hace introduciendo entre el líber y la albura del patrón, una yema con parte de la corteza a que está unida, cortada ésta en forma de escudo.
injundia. f. fam. **Enjundia.**
***injuria.** f. Ofensa, ultraje de obra o de palabra. || Hecho o dicho contra razón e *injusto. || fig. *Daño o molestia.
injuriador, ra. adj. Que injuria. Ú. t. c. s.
injuriante. p. a. de **Injuriar.** Que injuria.
***injuriar.** tr. *Ofender, ultrajar con obras o palabras. || *Dañar o menoscabar.
injuriosamente. adv. m. Con injuria.
***injurioso, sa.** adj. Que injuria.
injustamente. adv. m. Con injusticia; sin razón.
***injusticia.** f. Acción contraria a la justicia. || Falta de justicia.
injustificable. adj. Que no se puede justificar.
injustificadamente. adv. m. De manera injustificada o *infundada.
injustificado, da. adj. No justificado, *infundado.
***injusto, ta.** adj. No justo.
inllevable. adj. Que no se puede soportar.
inmaculada. f. **Purísima.**
inmaculadamente. adv. m. Sin mancha.
inmaculado, da. adj. Que no tiene mancha; *limpio, *puro.
inmanejable. adj. No manejable.
inmanencia. f. *Fil.* Calidad de inmanente.
inmanente. adj. *Fil.* Dícese de lo que es *inherente a algún ser.
inmarcesible. adj. Que no se puede marchitar; que permanece *lozano.
inmarchitable. adj. **Inmarcesible.**
***inmaterial.** adj. No material.
***inmaterialidad.** f. Calidad de inmaterial.
***inmaturo, ra.** adj. No maduro, o que no está en sazón.
inmediación. f. Calidad de inmediato. || *For.* Conjunto de derechos atribuidos al sucesor inmediato en una vinculación. || pl. Contornos, *afueras.
inmediatamente. adv. m. Sin interposición de cosa alguna. || adv. t. *Pronto, al punto, al instante.
inmediato, ta. adj. *Contiguo o muy *cercano a otra cosa. || Que sucede de seguida, muy *pronto, sin tardanza.
inmedicable. adj. fig. Que no se puede remediar o *curar.
inmejorable. adj. Que no se puede mejorar.
inmejorablemente. adv. m. De manera inmejorable.
inmemorable. adj. **Inmemorial.**
inmemorablemente. adv. m. De un modo inmemorial.
inmemorial. adj. Tan *antiguo, que no hay memoria de cuándo comenzó.
inmensamente. adv. m. Con inmensidad.
inmensidad. f. *Infinitud de la extensión. || fig. *Muchedumbre o *espacio grande.
inmenso, sa. adj. Que no tiene medida; infinito o *ilimitado. || fig. Muy *grande o muy difícil de *medirse o contarse.
inmensurable. adj. Que no puede medirse. || fig. De muy difícil *medida.
inmerecidamente. adv. m. Sin haberlo *merecido.
inmerecido, da. adj. No *merecido.
inmergir. tr. **Sumergir.**
inméritamente. adv. m. Sin *mérito; de manera infundada.
inmérito, ta. adj. Inmerecido, injusto.
inmeritorio, ria. adj. No meritorio.
***inmersión.** f. Acción de introducir o introducirse una cosa en un líquido. || **Astr.* Entrada de un astro en el cono de la sombra que proyecta otro.
inmerso, sa. adj. Sumergido.
inmigración. f. Acción y efecto de inmigrar.
inmigrante. p. a. de **Inmigrar.** Que inmigra. Ú. t. c. s.
inmigrar. intr. Llegar a un país para establecerse en él los que *emigran de otro país.
inmigratorio, ria. adj. Perteneciente o relativo a la inmigración.
inminencia. f. Calidad de inminente.
inminente. adj. Que *amenaza o está para suceder muy *pronto.
inmiscuir. tr. *Mezclar. || r. fig. *Entremeterse en un asunto o negocio.
inmisericordia. f. Falta de misericordia, *crueldad.
inmisión. f. *Inspiración.
inmobiliario, ria. adj. Perteneciente a cosas inmuebles.
inmoble. adj. Que no puede ser movido. || *Quieto, que no se mueve. || *Constante en las resoluciones o afectos del ánimo.
inmoderación. f. Falta de moderación, *descomedimiento.
inmoderadamente. adv. m. Sin moderación.
inmoderado, da. adj. Que no tiene moderación. || Descomedido, *excesivo.
inmodestamente. adv. m. Con inmodestia.
inmodestia. f. Falta de modestia.
inmodesto, ta. adj. No modesto.
inmódico, ca. adj. *Excesivo, inmoderado.
inmodificable. adj. Que no se puede modificar.
inmolación. f. Acción y efecto de inmolar.
inmolador, ra. adj. Que inmola. Ú. t. c. s.
inmolar. tr. *Sacrificar, degollando una víctima. || **Sacrificar.** || r. fig. Sacrificarse por el bien ajeno.
***inmoral.** adj. Que se opone a la moral o a las buenas costumbres.
***inmoralidad.** f. Falta de moralidad, desenfreno en las costumbres. || Acción inmoral.
inmortal. adj. No mortal, o que no puede morir. || fig. Que *dura tiempo indefinido. || fig. y fam. Dícese del individuo perteneciente a la Academia de la *lengua.
inmortalidad. f. Calidad de inmortal. || fig. Duración indefinida de una cosa en la *memoria de los hombres.
inmortalizar. tr. Hacer perpetua una cosa en la *memoria de los hombres. Ú. t. c. r.
inmortalmente. adv. m. De un modo inmortal.
inmortificación. f. Falta de mortificación.
inmortificado, da. adj. No mortificado.
inmotivado, da. adj. *Infundado, sin motivo.
inmoto, ta. adj. Que no se mueve.
inmovible. adj. **Inmoble.**
***inmóvil.** adj. **Inmoble.**
inmovilidad. f. Calidad de inmóvil.
inmovilizar. tr. Hacer que una cosa quede *inmóvil. || *For.* Coartar la libre *transmisión de bienes.
inmudable. adj. **Inmutable.**
inmueble. adj. V. ***Bienes inmuebles.** Ú. t. c. s. m.
inmundicia. f. *Suciedad, basura. || fig. Impureza, *deshonestidad.
inmundo, da. adj. *Sucio y asqueroso. || fig. ***Impuro.** || fig. Dícese de aquello cuyo uso estaba *prohibido a los *judíos por su ley.
inmune. adj. *Libre, exento de ciertos cargos, gravámenes o penas. || No atacable por ciertas enfermedades.
inmunidad. f. Calidad de inmune. || *Privilegio concedido a ciertas iglesias para que el reo que a ellas se acogía no fuese castigado.
inmunización. f. Acción y efecto de inmunizar.
inmunizar. tr. Hacer inmune.
***inmunología.** f. Conjunto de conocimientos y prácticas relativas a la inmunidad contra las enfermedades.
inmunoterapia. f. **Inm.* Tratamiento de las enfermedades mediante la producción de inmunidad.
inmutabilidad. f. Calidad de *inmutable.
***inmutable.** adj. No mudable. || fig. *Imperturbable.
inmutación. f. Acción y efecto de inmutar o inmutarse.
inmutar. tr. *Mudar o variar una cosa. || r. fig. Sentir alguna *emoción repentina que se manifiesta por la alteración del *semblante o de la voz.
inmutativo, va. adj. Que inmuta o tiene virtud de inmutar.
innatismo. m. Sistema *filosófico según el cual las ideas son connaturales a la razón y nacen con ella.
innato, ta. adj. Connatural y como *nacido con el mismo sujeto.
innatural. adj. Que no es natural.
innavegable. adj. No navegable. || Dícese también de la *embarcación

que no está en condiciones de navegar.
***innecesario, ria.** adj. No necesario.
innegable. adj. Que no se puede negar.
innoble. adj. Que no es noble. ‖ *Vil y despreciable.
***innocuidad.** f. **Inocuidad.**
***innocuo, cua.** adj. Que no hace daño.
innominable. adj. p. us. Que no se puede nombrar.
innominado, da. adj. Que no tiene *nombre especial. ‖ *Zool.* V. **Hueso innominado.** Ú. t. c. s. y comúnmente en pl.
innovación. f. Acción y efecto de innovar.
innovador, ra. adj. Que innova. Ú. t. c. s.
innovamiento. m. **Innovación.**
innovar. tr. *Mudar las cosas, introduciendo *novedades.
innúbil. adj. Que no es núbil todavía.
innumerabilidad. f. *Muchedumbre grande, número *ilimitado.
innumerable. adj. Que no se puede reducir a número.
innumerablemente. adv. m. Sin número.
innumeridad. f. ant. **Innumerabilidad.**
innúmero, ra. adj. **Innumerable.**
inobediencia. f. Falta de obediencia; *desobediencia.
inobediente. adj. No obediente, *desobediente.
inobservable. adj. Que no puede observarse.
inobservancia. f. Falta de observancia, *incumplimiento.
inobservante. adj. No observante.
***inocencia.** f. Estado del que se halla libre de culpa. ‖ *Candidez, simplicidad.
inocentada. f. fam. Acción o palabra que revela *candidez. ‖ fam. *Engaño ridículo en que uno cae por falta de malicia. ‖ *Broma o chanza.
***inocente.** adj. Libre de culpa. Ú. t. c. s. ‖ Perteneciente o relativo a la persona **inocente.** ‖ *Cándido, sin malicia. Ú. t. c. s. ‖ Que no daña, *innocuo. ‖ Aplícase al *niño que no ha llegado a la edad de discreción. Ú. t. c. s.
inocentemente. adv. m. Con inocencia.
inocentón, na. adj. fig. y fam. aum. de **Inocente** (*cándido).
***inocuidad.** f. Calidad de innocuo.
inoculación. f. Acción y efecto de inocular.
inoculador. m. El que inocula.
inocular. tr. *Med.* Comunicar por medios artificiales una enfermedad *contagiosa. Ú. t. c. r. ‖ fig. *Pervertir con el mal ejemplo o la falsa doctrina. Ú. t. c. r.
***inocuo, cua.** adj. **Innocuo.**
inodoro, ra. adj. Que no tiene *olor. ‖ Aplícase especialmente a los aparatos de *retrete provistos de un sifón para impedir el paso de los malos olores. Ú. t. c. s. m.
inofensivo, va. adj. Incapaz de ofender. ‖ fig. Que no puede causar daño ni molestia, *innocuo.
inoficioso, sa. adj. *For.* Que lesiona los derechos de *herencia forzosa.
inolvidable. adj. Que no puede o no debe olvidarse.
inope. adj. *Pobre, indigente.
inopia. f. Indigencia, *pobreza, escasez.
inopinable. adj. No opinable.
inopinadamente. adv. m. De un modo *inopinado.
***inopinado, da.** adj. Que sucede sin haber pensado en ello.
inoportunamente. adv. m. Sin oportunidad.
***inoportunidad.** f. Falta de oportunidad.
***inoportuno, na.** adj. Fuera de tiempo o de propósito. ‖ Que procede de esta manera.
inordenadamente. adv. m. De un modo inordenado, en *desorden.
inordenado, da. adj. Que no tiene orden; desordenado.
inordinado, da. adj. **Inordenado.**
inorgánico, ca. adj. Dícese de los *minerales, por carecer de órganos para la vida. ‖ fig. Dícese de cualquier conjunto *desordenado o mal concertado.
inoxidable. adj. Que no se puede oxidar.
in pace. m. *Prisión generalmente subterránea. ‖ *Encierro perpetuo.
in pártibus. expr. lat. **In pártibus infidélium.**
in pártibus infidélium. expr. lat. V. **Obispo in pártibus infidélium.** ‖ fam. y fest. Aplícase a la persona condecorada con el *título de un cargo que realmente no ejerce.
in péctore. expr. lat. fig. y fam. con que se da a entender haberse tomado una resolución y tenerla aún *secreta.
in perpétuum. loc. lat. Perpetuamente, para siempre.
in petto. expr. ital. V. **Cardenal in petto.**
in promptu. expr. lat. De *improviso, de repente o de modo *indeliberado.
in púribus. loc. fam. *Desnudo, en cueros.
inquebrantable. adj. Que *permanece sin quebranto, o no puede quebrantarse.
inquietador, ra. adj. Que inquieta. Ú. t. c. s.
inquietamente. adv. m. Con inquietud.
inquietante. p. a. de **Inquietar.** Que inquieta.
***inquietar.** tr. Quitar el sosiego, turbar la quietud. Ú. t. c. s. ‖ *For.* Intentar *despojar a uno de la quieta y pacífica posesión de una cosa.
***inquieto, ta.** adj. Que no está quieto, o es de índole *traviesa y *bulliciosa. ‖ fig. Desasosegado.
inquietud. f. Falta de quietud, *desasosiego. ‖ Alboroto, *excitación, *perturbación.
inquilinato. m. *Arrendamiento de una casa o de parte de ella. ‖ Derecho que adquiere el inquilino en la casa arrendada. ‖ *Impuesto de cuantía relacionada con la de los alquileres.
inquilino, na. m. y f. Persona que ha tomado una casa o parte de ella en *alquiler para habitarla. ‖ *For.* *Arrendatario de finca urbana.
inquina. f. *Aborrecimiento, mala voluntad.
inquinamento. m. **Infección.**
inquinar. tr. *Manchar, *contagiar.
inquiridor, ra. adj. Que inquiere. Ú. t. c. s.
***inquirir.** tr. *Investigar, averiguar o examinar cuidadosamente una cosa.
***inquisición.** f. Acción y efecto de inquirir o *investigar. ‖ → Tribunal eclesiástico, establecido para inquirir y castigar los delitos contra la fe. ‖ Casa donde se juntaba el tribunal de la **Inquisición.** ‖ Cárcel destinada para los reos pertenecientes a este tribunal. ‖ **Hacer inquisición.** fr. fig. y fam. *Examinar los papeles, y *elegir los inútiles para quemarlos.
***inquisidor, ra.** adj. **Inquiridor.** Ú. t. c. s. ‖ → m. Juez eclesiástico que conocía de las causas de fe. ‖ **Pesquisidor.** ‖ En Aragón, cada uno de los *jueces que se nombraban para hacer inquisición de la conducta del vicecanciller y de otros magistrados. ‖ **apostólico.** El nombrado por el **inquisidor** general para entender, a título de delegado, en los negocios pertenecientes a la *Inquisición. ‖ **de Estado.** En la república de Venecia, cada uno de los tres *magistrados nombrados para inquirir y castigar los crímenes de Estado. ‖ **ordinario.** El *obispo o el que en su nombre asistía a sentenciar en definitiva las causas de los reos de fe.
inquisitivo, va. adj. ant. Que inquiere y *averigua con diligencia. ‖ Perteneciente a la indagación o *averiguación.
***inquisitorial.** adj. Perteneciente o relativo al inquisidor o a la *Inquisición.
inquisitorio, ria. adj. **Inquisitivo.**
inri. m. Nombre que resulta de leer como una palabra las iniciales de *Iesus Nazarenus Rex Iudaeórum*, rótulo latino de la Santa *Cruz. ‖ fig. Nota de *burla o de afrenta.
insabible. adj. Que no se puede saber; inaveriguable o *incomprensible.
insaciabilidad. f. Calidad de insaciable.
insaciable. adj. Que tiene apetitos o *deseos tan desmedidos, que no puede saciarlos.
insaciablemente. adv. m. Con insaciabilidad.
insaculación. f. Acción y efecto de insacular.
insaculador. m. El que insacula.
insacular. tr. Poner en un saco, cántaro u otro recipiente, cédulas con números o nombres, para sacar una o más por *sorteo.
insalivación. f. Acción y efecto de insalivar.
insalivar. tr. Mezclar los alimentos con la *saliva en la cavidad de la boca.
insalubre. adj. **Malsano.**
insalubridad. f. Falta de *salubridad.
insanable. adj. Que no se puede sanar; incurable.
insania. f. **Locura.**
insano, na. adj. *Loco, demente.
inscribible. adj. *For.* Que puede inscribirse.
***inscribir.** tr. *Grabar letreros en metal, piedra u otra materia. ‖ *Apuntar el nombre de una persona entre los de otras para un objeto determinado. Ú. t. c. r. ‖ *For.* Tomar razón, en algún registro, de documentos, declaraciones, etc. ‖ **Geom.* Trazar una figura dentro de otra, de modo que estén ambas en contacto en varios de los puntos de sus perímetros, sin cortarse.
***inscripción.** f. Acción y efecto de inscribir o inscribirse. ‖ Escrito sucinto grabado en piedra, metal u otra materia, para conservar la memoria de algo importante. ‖ **Hac.* Anotación o asiento del gran libro de la deuda pública, en que el Estado reconoce la obligación de satisfacer una renta perpetua. ‖ Documento que expide el Estado para acreditar esta obligación.
inscripto, ta. p. p. irreg. **Inscrito.**
inscrito, ta. p. p. irreg. de **Inscribir.**
insculpir. tr. **Esculpir.**
insecable. adj. fam. Que no se puede *secar.

insecable. adj. Que no se puede cortar o dividir.
***insecticida.** adj. Que sirve para matar *insectos.
insectil. adj. Perteneciente a la clase de los *insectos.
insectívoro, ra. adj. Que se alimenta de insectos. Ú. t. c. s. ‖ m. pl. *Zool.* Orden de animales **insectívoros.**
***insecto.** m. *Zool.* Animal artrópodo, con respiración traqueal, cabeza provista de antenas, tres pares de patas y, generalmente, dos pares de alas. El cuerpo está dividido distintamente en cabeza, tórax y abdomen. ‖ pl. *Zool.* Clase de estos animales.
inseguramente. adv. m. Sin seguridad.
inseguridad. f. Falta de seguridad.
inseguro, ra. adj. Falto de seguridad.
insenescencia. f. Calidad de insenescente.
insenescente. adj. Que no envejece, que permanece siempre *joven.
insensatez. f. *Necedad. ‖ fig. Dicho o hecho insensato.
insensato, ta. adj. *Necio, fatuo, sin sentido. Ú. t. c. s.
***insensibilidad.** f. Falta de sensibilidad. ‖ fig. Dureza de corazón, *crueldad.
***insensibilizar.** tr. Quitar la sensibilidad o privar a uno de ella. Ú. t. c. r.
***insensible.** adj. Que carece de sensibilidad. ‖ Privado de sentido por dolencia, *síncope u otra causa. ‖ **Imperceptible.** ‖ fig. Que no siente compasión.
insensiblemente. adv. m. De un modo insensible.
inseparabilidad. f. Calidad de inseparable.
inseparable. adj. Que no se puede separar. ‖ fig. Dícese de las cosas que se separan con dificultad. ‖ fig. Dícese de las personas estrechamente unidas por vínculos de *amistad o de *amor. Ú. t. c. s.
inseparablemente. adv. m. Con inseparabilidad.
insepulto, ta. adj. No sepultado. Dícese del cadáver.
inserción. f. Acción y efecto de inserir. ‖ Acción y efecto de insertar.
inserir. tr. **Insertar.** ‖ **Injerir.** ‖ **Injertar.**
insertar. tr. Incluir, *introducir una cosa en otra. ‖ Incluir un escrito en el texto de otro, o en un *periódico, revista, etc. ‖ r. *Bot.* y *Zool.* Introducirse más o menos profundamente un órgano entre las partes de otro.
inserto, ta. p. p. irreg. de **Inserir.**
inservible. adj. *Inútil, que no está en estado de servir.
***insidia.** f. **Asechanza.**
insidiador, ra. adj. Que insidia. Ú. t. c. s.
insidiar. tr. Poner *asechanzas.
insidiosamente. adv. m. Con insidias.
***insidioso, sa.** adj. Que arma *asechanzas. Ú. t. c. s. ‖ Que se hace con asechanzas.
insigne. adj. Célebre, *famoso.
insignemente. adv. m. De un modo insigne.
***insignia.** f. Señal, distintivo. ‖ Bandera o estandarte. ‖ Pendón, imagen o medalla de una *cofradía.
insignificancia. f. Calidad de *insignificante.
***insignificante.** adj. Que nada significa. ‖ → Que carece de importancia. ‖ *Pequeño, escaso, insuficiente.
insinceridad. f. Falta de sinceridad; *fingimiento.
insincero, ra. adj. Falto de sinceridad.
insinuación. f. Acción y efecto de *insinuar o insinuarse. ‖ **For.* Presentación de un instrumento público ante juez competente. ‖ **Ret.* Género de exordio, en que el orador trata de captarse la benevolencia de los oyentes.
insinuador, ra. adj. Que insinúa. Ú. t. c. s.
insinuante. p. a. de **Insinuar.** Que insinúa o se insinúa.
***insinuar.** tr. *Sugerir o dar a entender una cosa. ‖ *For.* Hacer insinuación. ‖ r. Introducirse mañosamente en el ánimo de uno, *captando su voluntad o afecto. ‖ fig. *Entrarse blanda y suavemente en el ánimo un *sentimiento, vicio, etc.
insinuativo, va. adj. Dícese de lo que tiene virtud para insinuar o insinuarse.
insípidamente. adv. m. Con insipidez.
***insipidez.** f. Calidad de insípido.
***insípido, da.** adj. Falto de sabor. ‖ fig. Falto de gracia, *soso.
insipiencia. f. Falta de sabiduría o ciencia, *ignorancia. ‖ Falta de juicio.
insipiente. adj. Falto de sabiduría o ciencia, *ignorante. Ú. t. c. s. ‖ Falto de juicio, *alocado. Ú. t. c. s.
insistencia. f. Acción y efecto de insistir.
insistente. p. a. de **Insistir.** Que insiste.
insistentemente. adv. m. Con insistencia.
insistir. intr. Descansar, *apoyarse una cosa sobre otra. ‖ Instar repetidamente y con *porfía. ‖ *Afirmarse uno en lo que tiene dicho.
ínsito, ta. adj. Propio de una cosa y como *nacido con ella.
insociabilidad. f. Falta de sociabilidad.
insociable. adj. *Intratable y huraño.
insocial. adj. **Insociable.**
insolación. f. Acción y efecto de insolar. ‖ **Meteor.* Acción de los rayos del *sol sobre un paraje determinado. ‖ *Enfermedad causada en la *cabeza por el excesivo ardor del sol.
insolar. tr. Poner al *sol una cosa. ‖ r. Asolearse, enfermar por el demasiado ardor del sol.
insoldable. adj. Que no se puede *soldar.
insolencia. f. Calidad de insolente. ‖ Acción desusada y temeraria. ‖ *Atrevimiento, *descaro. ‖ Dicho o hecho *ofensivo.
insolentar. tr. Hacer a uno insolente y atrevido. Ú. m. c. r.
insolente. adj. *Descarado, desvergonzado y descomedido. Ú. t. c. s. ‖ *Orgulloso, soberbio.
insolentemente. adv. m. Con insolencia.
in sólidum. m. adv. *For.* Por entero, por el *todo.
insólito, ta. adj. *Desusado, desacostumbrado. ‖ *Infrecuente. ‖ *Extraordinario, anormal.
insolubilidad. f. Calidad de insoluble.
***insoluble.** adj. Que no puede disolverse ni diluirse. ‖ Que no se puede resolver ni desatar.
insoluto, ta. adj. Dícese de la *deuda no pagada.
insolvencia. f. Incapacidad de pagar una *deuda.
insolvente. adj. Que no tiene con qué pagar sus *deudas. Ú. t. c. s.
insomne. adj. Que no duerme, desvelado.
insomnio. m. *Vigilia, desvelo.
insondable. adj. Que no se puede sondear. Dícese del paraje de mar muy *profundo. ‖ fig. Que no se puede averiguar; *secreto, *incomprensible.
insonoridad. f. Calidad de insonoro.
insonoro, ra. adj. Falto de sonoridad.
insoportable. adj. Insufrible, intolerable. ‖ fig. Muy *molesto y enfadoso.
insospechable. adj. No sospechable; *imprevisto.
insospechado, da. adj. Que no puede sospecharse.
insostenible. adj. Que no se puede sostener. ‖ fig. Que no se puede defender con razones; arbitrario, *infundado.
inspección. f. Acción y efecto de inspeccionar. ‖ Cargo y cuidado de *vigilar una cosa. ‖ Casa, despacho u oficina del inspector. ‖ **ocular.** *For.* *Examen que hace el juez por sí mismo de un lugar o de una cosa.
inspeccionar. tr. Examinar, *reconocer atentamente una cosa.
inspector, ra. adj. Que inspecciona. Ú. t. c. s. ‖ m. Empleado que tiene a su cargo la inspección y *vigilancia de un departamento o servicio.
***inspiración.** f. Acción y efecto de inspirar o ser inspirado. ‖ Acción de aspirar el aire. ‖ fig. **Teol.* Ilustración sobrenatural que Dios comunica a la criatura. ‖→ fig. Efecto de sentir el escritor, el orador o el artista un interior estímulo que le hace producir con facilidad y fortuna. ‖ fig. Cosa inspirada.
inspiradamente. adv. m. De manera inspirada.
inspirador, ra. adj. Que inspira. Ú. t. c. s. ‖ *Zool.* Aplícase a los músculos que sirven para la inspiración.
inspirante. p. a. de **Inspirar.** Que inspira.
***inspirar.** tr. **Aspirar.** ‖ **Soplar** (el viento). ‖ fig. Infundir en el ánimo o *sugerir afectos, ideas, designios, etc. ‖ fig. **Teol.* Iluminar Dios el entendimiento de uno y mover su voluntad. ‖→ r. fig. Sentir *inspiración el orador, el literato o el artista. ‖ Con la prep. *en,* tomar como objeto de *imitación o como punto de partida.
inspirativo, va. adj. Que tiene virtud de inspirar.
inspiratorio, ria. adj. Perteneciente o relativo a la inspiración *respiratoria.
instabilidad. f. **Inestabilidad.**
instable. adj. **Inestable.**
instalación. f. Acción y efecto de instalar o instalarse. ‖ Conjunto de cosas instaladas.
instalador, ra. adj. Que instala. Ú. t. c. s.
instalar. tr. Poner en posesión de un *empleo o beneficio. Ú. t. c. r. ‖ ***Colocar.** Ú. t. c. r. ‖ Colocar en un lugar o edificio los aparatos o accesorios para algún servicio, como agua, luz, etc. ‖ *Persuadir insensiblemente, insinuar. ‖ r. **Establecerse.**
instancia. f. Acción y efecto de instar. ‖ Memorial, solicitud, *petición. ‖ Impugnación de una respuesta dada a un argumento. ‖ **For.* Cada uno de los grados establecidos para ventilar y sentenciar los juicios. ‖ **Absolver de la instancia.** fr. *For.* En el enjuiciamiento criminal antiguo, fallar el proceso sin condena, pero sin absolver al reo. ‖ **Causar instancia.** fr. *For.* En el antiguo

enjuiciamiento, abrir juicio formal. || **De primera instancia.** m. adv. Al primer ímpetu. || Primeramente.

instantánea. f. Imagen *fotográfica que se obtiene instantáneamente.

instantáneamente. adv. t. En un instante, al punto.

instantaneidad. f. Calidad de instantáneo.

instantáneo, a. adj. Que sólo dura un instante.

***instante.** p. a. de **Instar.** Que insta. || m. **Segundo** (sexagésima parte de un minuto). || → fig. Tiempo brevísimo. || **A cada instante,** o **cada instante.** m. adv. fig. *Frecuentemente, a cada paso. || **Al instante.** m. adv. Al punto, sin dilación. || **Por instantes.** m. adv. Sin cesar, *continuamente. || De un momento a otro, muy *pronto.

instantemente. adv. m. Con instancia.

***instar.** tr. Repetir la *petición o insistir en ella con ahínco. || *Impugnar la solución dada al argumento. || intr. *Apremiar o urgir la pronta ejecución de una cosa.

in statu quo. expr. lat. que se emplea para denotar que las cosas *permanecen en la misma situación que antes tenían.

instauración. f. Acción y efecto de instaurar.

instaurador, ra. adj. Que instaura. Ú. t. c. s.

instaurar. tr. *Fundar, establecer, instituir. || *Renovar, restablecer.

instaurativo, va. adj. Dícese de lo que tiene virtud de instaurar. Ú. t. c. s. m.

instigación. f. Acción y efecto de instigar.

instigador, ra. adj. Que instiga. Ú. t. c. s.

instigar. tr. *Incitar, inducir a uno a que haga una cosa.

instilación. f. Acción y efecto de instilar.

instilar. tr. *Farm.* Echar *gota a gota un licor en otra cosa. || fig. *Imbuir insensiblemente en el ánimo una cosa.

instimular. tr. desus. **Estimular.**

instímulo. m. desus. **Estímulo.**

instintivamente. adv. m. Por instinto.

***instintivo, va.** adj. Que es obra del instinto.

***instinto.** m. Estímulo interior que determina a los animales a una acción dirigida a la conservación o a la reproducción. || *Teol.* Impulso del *Espíritu Santo*, hablando de *inspiraciones sobrenaturales. || **Por instinto.** m. adv. Por propensión maquinal e *indeliberada.

institor. m. **Factor** (*delegado de un comerciante).

institución. f. Establecimiento o *fundación de una cosa. || Cosa fundada. || Instrucción, *enseñanza. || pl. *Colección metódica de las primeras *nociones de una ciencia, arte, etc. || Órganos constitucionales del poder *soberano en la nación. || **Institución canónica.** Acción de conferir canónicamente un beneficio *eclesiástico. || **corporal.** Acción de poner a uno en posesión de un beneficio. || **de heredero.** *For.* Nombramiento que en el *testamento se hace de la persona que ha de heredar.

institucional. adj. Perteneciente o relativo a la institución.

instituente. p. a. de **Instituir. Instituyente.**

instituidor, ra. adj. Que instituye. Ú. t. c. s.

instituir. tr. **Fundar.** || Dar *principio a una cosa. || *Enseñar o instruir.

instituta. f. Compendio del *derecho civil de los romanos.

instituto. m. Constitución o *regla de las *órdenes religiosas*. || *Corporación literaria, artística, benéfica, etc. || Edificio en que funciona alguna de estas corporaciones. || **armado.** Cada uno de los cuerpos *militares destinados a la defensa del país o al mantenimiento del orden público. || **de segunda enseñanza.** Establecimiento oficial donde se siguen los estudios de cultura general preparatorios para la Universidad. || **general y técnico. Instituto de segunda enseñanza.**

institutor, ra. adj. **Instituidor.** Ú. t. c. s.

institutriz. f. *Maestra o persona encargada de la instrucción de uno o varios niños, en el hogar doméstico.

instituyente. p. a. de **Instituir.** Que instituye.

instridente. adj. **Estridente.**

instrucción. f. Acción de instruir o instruirse. || Caudal de *conocimientos adquiridos. || **For.* Curso que sigue un proceso o expediente. || Conjunto de *reglas o advertencias para algún fin. || pl. Órdenes que se dictan a los agentes *diplomáticos o a los jefes de una *armada, etc. || **Instrucción primaria. Primera *enseñanza.** || **pública.** La que se da en establecimiento sostenido por el Estado.

instructivamente. adv. m. Para instrucción.

instructivo, va. adj. Dícese de lo que instruye.

instructor, ra. adj. Que instruye. Ú. t. c. s.

instruido, da. adj. Que tiene bastante caudal de *conocimientos adquiridos.

instruir. tr. *Enseñar. || Comunicar sistemáticamente conocimientos o doctrinas. || *Informar a uno del estado de una cosa, o comunicarle avisos o reglas de conducta. Ú. t. c. r. || **For.* Formalizar un proceso o expediente.

instrumentación. f. Acción y efecto de instrumentar.

***instrumental.** adj. Perteneciente a los *instrumentos músicos. || *For.* Perteneciente a los instrumentos o *documentos públicos. || m. Conjunto de *instrumentos de una orquesta o de una banda militar. || Conjunto de instrumentos profesionales del *médico o del *cirujano. || **Gram.* En la declinación de algunos idiomas, caso que expresa las relaciones de medio, causa, etc.

instrumentalmente. adv. m. Como instrumento.

instrumentar. tr. Arreglar una composición *musical para varios *instrumentos.

***instrumentista.** m. El que toca un *instrumento músico. || Fabricante de *instrumentos músicos, quirúrgicos, etc.

***instrumento.** m. *Utensilio, herramienta. || Ingenio, aparato o *máquina. || → Pieza o conjunto de ellas, adecuadamente combinadas, para la producción de los sonidos que se emplean en la música. || fig. Objeto de que nos servimos para hacer una cosa. || Escritura, papel o *documento con que se justifica o prueba una cosa. || fig. Lo que sirve de *medio para hacer una cosa o conseguir un fin. || **de cuerda.** *Mús.* El que lleva cuerdas de tripa o de metal que se hacen sonar pulsándolas, golpeándolas o rozándolas con un arco. || **de percusión.** *Mús.* El que se hace sonar golpeándolo. || **de viento.** *Mús.* El que se hace sonar mediante una corriente de aire.

insuave. adj. *Desagradable a los sentidos.

insuavidad. f. Calidad de insuave.

insubordinación. f. Falta de subordinación; *desobediencia.

insubordinado, da. adj. Que falta a la subordinación. Ú. t. c. s.

insubordinar. tr. Introducir la insubordinación. || r. Quebrantar la subordinación, *rebelarse.

insubsistencia. f. Falta de subsistencia.

insubsistente. adj. No subsistente. || Falto de razón, *infundado.

insubstancial. adj. De poca o ninguna substancia; *insignificante.

insubstancialidad. f. Calidad de insubstancial. || Cosa insubstancial.

insubstancialmente. adv. m. De manera insubstancial.

insudar. intr. *Trabajar con mucho ahínco, cuidado y diligencia en una cosa.

insuficiencia. f. Falta de suficiencia o de inteligencia. || *Escasez de una cosa.

insuficiente. adj. No suficiente, *escaso.

insuflación. f. *Med.* Acción y efecto de insuflar.

insuflar. tr. **Terap.* Introducir a *soplos en un órgano o en una cavidad un *gas, un líquido o una substancia pulverulenta.

insufrible. adj. Que no se puede sufrir.

insufriblemente. adv. m. De un modo insufrible.

ínsula. f. ***Isla.** || fig. *Población pequeña o gobierno de poca entidad.

insulano, na. adj. **Isleño.** Apl. a pers., ú. t. c. s.

insular. adj. **Isleño.** Apl. a pers., ú. t. c. s.

insulina. f. *Fisiol.* Hormona segregada por la porción endocrina del páncreas. Sus preparados *farmacéuticos se usan contra la diabetes sacarina.

insulsamente. adv. m. Con insulsez.

insulsez. f. Calidad de insulso. || Dicho insulso.

insulso, sa. adj. *Insípido. || fig. Falto de gracia y viveza, *soso.

insultador, ra. adj. Que insulta. Ú. t. c. s.

insultante. p. a. de **Insultar.** Que insulta. || adj. Dícese de las palabras o acciones con que se insulta.

insultar. tr. *Ofender a uno con palabras o acciones. || r. **Accidentarse.**

insulto. m. Acción y efecto de insultar. || *Acometimiento o asalto repentino y violento. || **Accidente** (*síncope).

insumable. adj. Que no se puede sumar. || *Excesivo, exorbitante.

insume. adj. **Costoso.**

insumergible. adj. No sumergible.

insumisión. f. Falta de sumisión; *indocilidad.

insumiso, sa. adj. Que no está sometido, que se halla en *rebeldía.

insuperable. adj. No superable.

insurgente. adj. Sublevado, en *rebeldía.

insurrección. f. Sublevación o *rebelión de un pueblo, nación, etc.

insurreccionar. tr. Concitar a las gentes a *rebelarse contra la autoridad. || r. *Rebelarse, alzarse.

insurrecto, ta. adj. Alzado en *rebeldía contra la autoridad pública; rebelde. Ú. m. c. s.

insustancial. adj. **Insubstancial.**

insustancialidad. f. **Insubstancialidad.**
insustancialmente. adv. m. **Insubstancialmente.**
insustituible. adj. Que no puede sustituirse; *indispensable.
intacto, ta. adj. No *tocado o palpado. ‖ fig. Que no ha padecido alteración, *entero, *indemne. ‖ fig. *Puro, sin mezcla. ‖ fig. No ventilado, no tratado, *omitido.
intachable. adj. Que no admite o merece tacha; *perfecto.
intangibilidad. f. Calidad de intangible.
intangible. adj. Que no debe o no puede tocarse.
integérrimo, ma. adj. sup. de **íntegro.**
integrable. adj. **Mat.* Que se puede integrar.
integración. f. **Mat.* Acción y efecto de integrar.
integral. adj. *Fil.* Aplícase a las *partes que entran en la composición de un todo. ‖ **Mat.* V. **Cálculo integral.** ‖ *Mat.* Aplícase al signo (∫) con que se indica la integración. ‖ f. *Mat.* Resultado de integrar una expresión diferencial.
integralmente. adv. m. De un modo integral.
íntegramente. adv. m. **Enteramente.** ‖ Con integridad.
integrante. p. a. de **Integrar.** Que integra. ‖ **Integral.**
integrar. tr. Dar *integridad a una cosa; componer un todo con sus partes integrantes. ‖ **Reintegrar.** ‖ **Mat.* Determinar por el cálculo una cantidad de la que sólo se conoce la expresión diferencial.
***integridad.** f. Calidad de íntegro. ‖ fig. *Virginidad.
íntegro, gra. adj. *Entero, completo, que no le falta ninguna de sus partes. ‖ fig. *Honrado, recto, probo.
integumento. m. Envoltura o *revestimiento. ‖ fig. *Fingimiento, disfraz, *ficción.
intelección. f. Acción y efecto de *entender.
***intelectiva.** f. Facultad de *entender.
intelectivo, va. adj. Que tiene virtud de *entender.
intelecto. m. ***Entendimiento.**
***intelectual.** adj. Perteneciente o relativo al *entendimiento. ‖ Espiritual o *incorpóreo. ‖ Dedicado preferentemente al cultivo de las *ciencias, *literatura, etc. Ú. t. c. s.
intelectualidad. f. ***Entendimiento.** ‖ fig. Conjunto de las personas que poseen *cultura en una país, región, etcétera.
intelectualmente. adv. m. De un modo *intelectual.
inteleto. m. desus. **Intelecto.**
***inteligencia.** f. Facultad intelectiva. ‖ *Comprensión, acto de entender. ‖ Sentido en que se puede *interpretar un dicho o expresión. ‖ *Habilidad, *experiencia. ‖ *Confabulación o correspondencia secreta de dos o más personas entre sí. ‖ Substancia puramente *espiritual. ‖ **En, o en la, inteligencia.** m. adv. En el supuesto o en la *suposición.
inteligenciado, da. adj. Enterado, instruido.
inteligente. adj. *Sabio, instruido. Ú. t. c. s. ‖ Dotado de *inteligencia.
inteligibilidad. f. Calidad de inteligible o *comprensible.
inteligible. adj. Que puede ser entendido; *comprensible. ‖ Dícese de lo que es materia de puro conocimiento, sin intervención de los sentidos. ‖ Que se *oye clara y distintamente.
inteligiblemente. adv. m. De un modo inteligible.
intemperancia. f. Falta de templanza.
intemperante. adj. Destemplado, *descomedido, falto de templanza.
intemperie. f. Destemplanza o desigualdad del tiempo *atmosférico. ‖ **A la intemperie.** m. adv. A cielo *descubierto.
intempestivamente. adv. m. De un modo *intempestivo.
***intempestivo, va.** adj. Que es fuera de tiempo y sazón.
intemporal. adj. Independiente del curso del *tiempo.
***intención.** f. Propósito, designio, determinación de la voluntad en orden a un fin. ‖ Instinto *perverso de algunos animales, que no es común en los de su especie. ‖ Cautela. ‖ Entre sacerdotes, *misa encargada para determinado fin. ‖ **Primera intención.** fam. Modo de proceder *sincero y espontáneo, y a veces irreflexivo. ‖ **Segunda intención.** fam. Modo de proceder con *disimulo y *fingimiento. ‖ **Curar de primera intención.** fr. **Cir.* Curar por el pronto a un herido. ‖ **Dar intención.** fr. Dar esperanza. ‖ **De primera intención.** expr. Dícese de las acciones no definitivas. ‖ **Fundar, o tener fundada, intención contra** uno. fr. **For.* Asistir o favorecer a uno el derecho común.
intencionadamente. adv. m. Con intención.
intencionado, da. adj. Que tiene determinada *intención.
intencional. adj. Perteneciente a la *intención. ‖ Deliberado, de caso pensado, hecho adrede.
intencionalmente. adv. m. De un modo intencional.
intendencia. f. Dirección, *administración y *gobierno de una cosa. ‖ *Territorio de la jurisdicción del intendente. ‖ *Empleo del intendente. ‖ Casa u *oficina del intendente.
intendenta. f. Mujer del intendente.
intendente. m. *Administrador o *jefe superior económico. ‖ En el ejército y en la marina, jefe superior de los servicios de administración *militar.
intensamente. adv. m. Con intensión.
intensar. tr. Hacer que una cosa adquiera mayor *intensidad. Ú. t. c. r.
***intensidad.** f. Grado de energía en lo físico y en lo moral. ‖ fig. *Vehemencia de los afectos.
intensificación. f. Acción y efecto de intensificar.
intensificar. tr. **Intensar.**
intensión. f. **Intensidad.**
intensivamente. adv. m. **Intensamente.**
intensivo, va. adj. Que intensa.
***intenso, sa.** adj. Que tiene *intensidad. ‖ fig. Muy *vehemente y vivo.
***intentar.** tr. Tener intención de hacer una cosa. ‖ Prepararla, iniciar la ejecución de la misma. ‖ *Procurar o pretender.
***intento.** m. Propósito, designio. ‖ Cosa intentada. ‖ **De intento.** m. adv. **De propósito.**
intentona. f. fam. Intento temerario, y especialmente si se ha *frustrado.
ínter. adv. t. **Ínterin.** Ú. t. c. s. con el artículo *el. En el* ÍNTER.
ínter. prep. insep. que significa *entre o en medio. ‖ Tiene uso por sí sola en la locución latina ÍNTER *nos.*
interarticular. adj. Que está situado en las *articulaciones.
intercadencia. f. *Inconstancia. ‖ Desigualdad defectuosa en el lenguaje, *estilo, etc. ‖ *Med.* Cierta irregularidad en el *pulso.
intercadente. adj. Que tiene intercadencias.
intercadentemente. adv. m. Con intercadencia.
intercalación. f. Acción y efecto de intercalar.
intercaladura. f. **Intercalación.**
intercalar. adj. Que está *interpuesto, ingerido o añadido. ‖ V. **Día intercalar.**
intercalar. tr. Interponer o poner una cosa *entre otras.
intercalo. m. **Impr.* Palabra o texto de tipo distinto al de la caja con que se compone. Ú. m. en pl.
intercambiable. adj. Dícese de cada una de las piezas similares pertenecientes a objetos iguales, que se pueden *permutar entre sí.
intercambio. m. Cambio o *trueque *recíproco de servicios, cosas o personas, entre corporaciones análogas de diversos países.
***interceder.** intr. Rogar o mediar por otro.
intercelular. adj. *Anat.* Dícese de la materia orgánica situada entre las *células.
interceptación. f. Acción y efecto de interceptar.
interceptar. tr. *Apoderarse de una cosa antes que llegue a su destino. ‖ *Detener una cosa en su camino. ‖ *Interrumpir, *obstruir una vía de comunicación.
intercesión. f. Acción y efecto de *interceder.
intercesor, ra. adj. Que intercede. Ú. t. c. s.
intercesoriamente. adv. m. Con o por intercesión.
intercidencia. f. **Mús.* En el canto llano, bajada de tono en la última nota.
interciso, sa. adj. V. **Día interciso.**
***intercolumnio.** m. *Arq.* *Vano que hay entre dos columnas.
intercolunio. m. *Arq.* **Intercolumnio.**
intercontinental. adj. Que pone en relación dos o más continentes.
intercostal. adj. **Anat.* Que está entre las costillas.
intercurrente. adj. **Pat.* Dícese de la enfermedad que sobreviene durante el curso de otra.
intercutáneo, a. adj. Que está entre *cuero y carne. Aplícase regularmente a los humores.
interdecir. tr. Vedar o *prohibir.
interdental. adj. **Fon.* Dícese de la consonante que se pronuncia colocando la punta de la lengua entre los dientes incisivos. ‖ Dícese de la letra que representa este sonido. Ú. t. c. s. f.
interdependencia. f. Dependencia *recíproca.
interdicción. f. Acción y efecto de interdecir. ‖ **civil.** Privación de derechos, definida por la ley: es pena accesoria.
interdicto. m. **Entredicho.** ‖ **For.* Juicio *posesorio, sumario o sumarísimo.
interdigital. adj. *Zool.* Dícese de cualquiera de las membranas, músculos, etc., que se hallan entre los *dedos.
***interés.** m. Provecho, *utilidad, *ganancia. ‖ *Valía que en sí tiene una cosa. ‖ → Lucro producido por el capital. ‖ Inclinación, *afición o afecto hacia una persona o cosa. ‖ *Atractivo que presenta una cosa al ánimo. ‖ pl. *Bienes de fortuna. ‖

Conveniencia o necesidad de carácter colectivo. ‖ **Interés compuesto.** El de un capital a que se van acumulando sus réditos para que produzcan otros. ‖ **legal.** El que señala la ley como producto de las cantidades que se están debiendo. ‖ **simple.** El de un capital sin agregarle ningún rédito vencido. ‖ **Intereses creados.** Ventajas, no siempre legítimas, de que gozan varios individuos, y por efecto de las cuales se establece entre ellos alguna solidaridad circunstancial.

interesable. adj. Interesado, codicioso.

interesadamente. adv. m. De manera interesada.

interesado, da. adj. Que tiene *interés en una cosa. Ú. t. c. s. ‖ Que se deja llevar del *egoísmo. Ú. t. c. s.

interesal. adj. **Interesable.**

interesante. adj. Que interesa.

interesar. intr. Tener interés en una cosa o sacar *utilidad y provecho de ella. Ú. t. c. r. ‖ tr. Dar *participación a uno en una negociación o comercio en que pueda tener utilidad. ‖ Hacer tomar parte o empeño a uno en los negocios o intereses ajenos. ‖*Captar la atención y el ánimo con lo que se dice o escribe. ‖ Inspirar interés o *cariño a una persona. ‖ **Afectar** (producir *emoción).

interesencia. f. *Presencia personal en un acto.

interesente. adj. Que se halla *presente en los actos de comunidad para poder percibir una distribución que pide asistencia personal.

interestelar. adj. Dícese del espacio comprendido entre dos o más *astros.

interfecto, ta. adj. *For.* Dícese de la persona *muerta violentamente. Ú. m. c. s.

interferencia. f. **Fís.* Anulación mutua o refuerzo de ondulaciones que se propagan en el mismo sentido.

interferir. tr. **Fís.* Causar interferencia. Ú. t. c. intr.

interfoliar. tr. *Encuadernar entre las hojas impresas o escritas de un libro otras en blanco.

ínterin. m. **Interinidad.** ‖ adv. t. Entretanto o *mientras.

interinamente. adv. t. Con interinidad o en el ínterin.

interinar. tr. Desempeñar de modo *interino un cargo o *empleo.

interinidad. f. Calidad de *interino. ‖ Tiempo que dura el desempeño interino de un cargo.

***interino, na.** adj. Que sirve por algún tiempo en substitución de otra persona o cosa. Aplic. a pers. ú. t. c. s.

***interior.** adj. Que está de la parte de adentro. ‖ Que está muy adentro. ‖ Dícese de la *habitación o cuarto que no tiene vistas a la calle. ‖ fig. Que sólo se siente en la *conciencia. ‖ fig. Perteneciente a la nación de que se habla, en contraposición a lo extranjero. ‖ m. En los *coches de tres compartimientos, el de en medio. ‖ *Alma, espíritu. ‖ La parte ***interior** de una cosa. ‖ pl. **Entrañas.**

***interioridad.** f. Calidad de interior. ‖ pl. Cosas privadas o *secretas de las personas, familias o corporaciones.

interiormente. adv. l. En lo interior.

***interjección.** f. *Gram.* Voz que por sí sola expresa alguna impresión súbita, sentimiento, estado de ánimo, etc.

interjectivo, va. adj. Perteneciente a la *interjección.

interlínea. f. Espacio entre dos líneas de *escritura.

interlineación. f. Acción y efecto de interlinear.

interlineal. adj. *Escrito o impreso entre dos líneas o renglones. ‖ Aplícase también a la *traducción interpolada en el texto de la obra traducida.

interlinear. tr. **Entrerrenglonar.**

interlocución. f. **Diálogo.**

interlocutor, ra. m. y f. Cada una de las personas que toman parte en un *diálogo.

interlocutoriamente. adv. m. *For.* De un modo interlocutorio.

interlocutorio, ria. adj. **For.* Aplícase al auto o *sentencia que se da antes de la difinitiva. Ú. t. c. s. m.

intérlope. adj. Dícese del comercio fraudulento o de *contrabando realizado por una nación en las colonias de otra. Aplícase también a los buques dedicados a este tráfico.

interludio. m. **Mús.* Composición breve que sirve de introducción o intermedio. ‖ Nombre de ciertas representaciones del *teatro antiguo.

interlunio. m. *Astr.* Tiempo de la conjunción, en que no se ve la *Luna.

intermaxilar. adj. *Zool.* Que se halla entre los *huesos maxilares. ‖ *Zool.* V. **Hueso intermaxilar.** Ú. t. c. s.

intermediar. intr. **Mediar** (hallarse una cosa *entre otras).

intermediario, ria. adj. Que *media entre dos o más personas. Dícese especialmente del traficante o *comerciante que media entre el productor y el consumidor. Ú. t. c. s.

intermedio, dia. adj. Que está entremedias o en medio de los extremos de lugar o tiempo. ‖ m. *Intervalo que hay de un tiempo a otro o de una acción a otra. ‖ *Baile, *música, etc., que se ejecuta entre los actos de una pieza de teatro. ‖ En el *teatro, tiempo de descanso que media entre la terminación de un acto y el comienzo del siguiente.

interminable. adj. Que no tiene término o fin.

interminación. f. p. us. *Amenaza, conminación.

intermisión. f. *Interrupción o *cesación de una cosa por algún tiempo.

intermitencia. f. Calidad de *intermitente. ‖ *Med.* *Interrupción de la calentura o de otro cualquier síntoma que cesa y vuelve.

***intermitente.** adj. Que se interrumpe o cesa y prosigue o se repite.

intermitir. tr. *Interrumpir por algún tiempo una cosa.

internación. f. Acción y efecto de *internar o internarse.

***internacional.** adj. Relativo a dos o más naciones.

internacionalidad. f. Calidad de internacional.

internacionalismo. m. Predominio del punto de vista internacional en la política.

internacionalizar. tr. **Der. Inter.* Someter a la autoridad de varias naciones territorios que dependían de un solo país.

internado. m. Estado del *alumno interno. ‖ Conjunto de alumnos internos.

internamente. adv. l. **Interiormente.**

internamiento. m. Acción y efecto de internar.

***internar.** tr. Conducir tierra adentro a una persona o cosa. ‖ intr. **Penetrar.** ‖ r. Avanzar hacia adentro, por tierra o por mar. ‖ fig. Introducirse o insinuarse en los secretos y *amistad de uno.

internista. adj. Dícese del *médico que se dedica al tratamiento de las enfermedades que no requieren intervención quirúrgica.

interno, na. adj. **Interior.** ‖ Dícese del *alumno que vive dentro de un establecimiento de enseñanza. Ú. t. c. s. ‖ Aplícase a los alumnos de *medicina que pernoctan en los hospitales para atender a los enfermos.

internodio. m. *Distancia que hay entre dos nudos.

ínter nos. loc. lat. que significa *entre nosotros.

internuncio. m. El que habla por otro. ‖ **Interlocutor.** ‖ Ministro pontificio que hace veces de nuncio. ‖ Ministro del emperador de Austria en Constantinopla.

interoceánico, ca. adj. Que pone en comunicación dos océanos.

interpaginar. tr. **Interfoliar.**

interpelación. f. Acción y efecto de interpelar.

interpelante. p. a. de **Interpelar.** Que interpela. Ú. t. c. s.

interpelar. tr. *Pedir auxilio a uno o recurrir a él solicitando su protección. ‖ Excitar o compeler a uno para que dé explicaciones sobre lo que se le *pregunta o propone. ‖ En el *parlamento, plantear una discusión ajena a los proyectos de ley y a las proposiciones.

interplanetario, a. adj. Dícese del espacio existente entre dos o más *planetas.

interpolación. f. Acción y efecto de interpolar.

interpoladamente. adv. m. Con interpolación.

interpolador, ra. adj. Que interpola. Ú. t. c. s.

interpolar. tr. Poner una cosa *entre otras. ‖ Introducir algunas palabras o frases en el texto de un manuscrito antiguo, o en obras y escritos ajenos *tergiversándolos. ‖ *Interrumpir brevemente la continuación de una cosa.

***interponer.** tr. Poner una cosa entre otras. ‖ fig. Poner por mediador a uno. Ú. t. c. r. ‖ *For.* Formalizar por medio de un pedimento alguno de los *recursos legales.

***interposición.** f. Acción y efecto de interponer o interponerse.

interpósita persona. loc. lat. *For.* Persona que interviene en un acto jurídico por *encargo y en provecho de otro, aparentando obrar por cuenta propia.

interprender. tr. *Tomar u ocupar por *sorpresa una cosa.

interpresa. f. Acción de interprender. ‖ Acción militar súbita e imprevista.

***interpretación.** f. Acción y efecto de interpretar. ‖ **auténtica.** *For.* La que de una ley hace el mismo legislador. ‖ **de lenguas.** Departamento oficial en que se *traducen al español documentos y papeles legales escritos en otras lenguas. ‖ **doctrinal.** *For.* La que se funda en lás opiniones de los jurisconsultos. ‖ **usual.** *For.* La autorizada por la jurisprudencia de los tribunales.

interpretador, ra. adj. Que interpreta. Ú. t. c. s.

interpretante. p. a. de **Interpretar.** Que interpreta.

***interpretar.** tr. Explicar el sentido de una cosa, y principalmente el de textos faltos de claridad. ‖ *Traducir de una lengua a otra. ‖ Entender o tomar en buena o mala parte una acción o palabra. ‖ *Atribuir una acción a determinado fin o causa. ‖ Representar un *actor su papel. ‖ Ejecutar una composición *musical.

interpretativamente. adv. m. De modo interpretativo.

interpretativo, va. adj. Que sirve para interpretar una cosa.

***intérprete.** com. Persona que interpreta. ‖ Persona que explica en una lengua lo dicho o escrito en otra. ‖ fig. Cualquiera cosa o *signo que sirve para dar a conocer los afectos y movimientos del alma.

interpuesto, ta. p. p. irreg. de **Interponer.**

interregno. m. Espacio de tiempo en que un Estado no tiene *soberano. ‖ **parlamentario.** fig. *Intervalo desde que se interrumpen hasta que se reanudan las sesiones del parlamento.

interrogación. f. ***Pregunta.** ‖ Signo ortográfico (¿?) que se pone al principio y fin de palabra o cláusula en que se hace pregunta. ‖ **Ret.* Figura que consiste en interrogar para expresar indirectamente la afirmación.

interrogante. p. a. de **Interrogar.** Que interroga. ‖ adj. *Gram.* V. **Punto interrogante.** Ú. t. c. s.

***interrogar.** tr. **Preguntar.**

interrogativamente. adv. m. Con interrogación.

***interrogativo, va.** adj. *Gram.* Que implica o denota interrogación.

interrogatorio. m. Serie de *preguntas, comúnmente formuladas por escrito. ‖ Papel o documento que las contiene. ‖ Acto de dirigirlas de palabra a quien las ha de contestar.

interrumpidamente. adv. m. Con interrupción.

***interrumpir.** tr. Impedir la continuación de una cosa; hacerla *cesar. ‖ Suspender, detener durante algún tiempo una cosa para que continúe después. ‖ Atravesarse uno con su palabra mientras otro está *hablando.

***interrupción.** f. Acción y efecto de interrumpir.

interruptor, ra. adj. Que interrumpe. ‖ m. Aparato destinado a interrumpir una corriente *eléctrica.

intersecarse. rec. *Geom.* *Cortarse o *cruzarse dos líneas o superficies entre sí.

intersección. f. **Geom.* Punto común a dos líneas que se *cortan. ‖ *Geom.* Encuentro o *cruce de dos líneas, dos superficies o dos sólidos que recíprocamente se cortan.

intersideral. adj. **Astr.* Que está entre las estrellas u otros astros.

intersticial. adj. Relativo al intersticio.

intersticio. m. *Hendedura, *hueco o *distancia pequeña que media entre dos cuerpos o entre dos partes de un mismo cuerpo. ‖ ***Intervalo.** ‖ **Ecles.* Espacio de tiempo que debe mediar entre la recepción de las órdenes sagradas. Ú. m. en pl.

intertrigo. m. Inflamación erisipelatosa de la *piel producida por el roce, o excoriación causada por la orina.

intertropical. adj. Perteneciente o relativo a los países situados entre los dos trópicos, y a sus *habitantes.

interurbano, na. adj. Perteneciente a los servicios entre dos o más *poblaciones (locomoción, *teléfono, etcétera).

interusurio. m. *For.* *Interés que se debe a la mujer por la retardación en la restitución de su dote.

***intervalo.** m. Distancia entre dos lugares. ‖ Tiempo que media entre dos momentos determinados. ‖ **Mús.* Diferencia de tono entre los sonidos de dos notas musicales. ‖ **claro,** o **lúcido.** Espacio de tiempo en que los enfermos *mentales dan muestras de cordura.

intervención. f. Acción y efecto de *intervenir. ‖ Oficina del interventor. ‖ **Cir.* Operación quirúrgica.

intervenidor, ra. adj. **Interventor.** Ú. t. c. s.

***intervenir.** intr. Tomar parte en un asunto. ‖ Interponer uno su autoridad o *poder. ‖ **Mediar.** ‖ Sobrevenir, *acaecer. ‖ tr. Tratándose de *cuentas, examinarlas y censurarlas con autoridad suficiente para ello. ‖ Tratándose de una *letra de cambio*, ofrecer un tercero aceptarla o pagarla por cuenta del librador o de cualquiera de los endosantes. ‖ **Cir.* Operar.

interventor, ra. adj. Que interviene. Ú. t. c. s. ‖ m. *Empleado que autoriza y *vigila ciertas operaciones.

interview. f. *Conferencia que tiene un *periodista con alguna persona notable para publicar luego lo que ésta ha dicho.

intervocálico, ca. adj. Dícese de la consonante que se halla entre *letras vocales, y del sonido correspondiente.

interyacente. adj. Que está en medio o *entre dos cosas.

intestado, da. adj. *For.* Que muere sin hacer *testamento válido. Ú. t. c. s. ‖ m. *For.* Caudal sucesorio acerca del cual no existen disposiciones *testamentarias.

intestar. tr. **Entestar.** Ú. t. c. intr.

***intestinal.** adj. Perteneciente a los *intestinos.

***intestino, na.** adj. Interno, *interior. ‖ fig. Civil, doméstico. ‖ → m. Conducto membranoso, muscular, que se halla plegado en muchas vueltas en lo interior del abdomen. Ú. m. en pl. ‖ **ciego.** Parte del intestino grueso, entre el íleon y el colon.

intima. f. **Intimación.**

intimación. f. Acción y efecto de intimar.

íntimamente. adv. m. Con intimidad.

intimar. tr. *Informar, notificar, hacer saber una cosa. ‖ r. *Introducirse una cosa material por los porosidades de otra. ‖ intr. fig. Introducirse en el afecto o *amistad de uno.

intimatorio, ria. adj. *For.* Aplícase a los despachos con que se intima un decreto u orden.

intimidación. f. Acción y efecto de intimidar.

intimidad. f. *Amistad íntima, *confianza grande en el *trato. ‖ Parte reservada o más *particular de los pensamientos, afectos o asuntos *interiores de una persona, familia o colectividad.

intimidar. tr. Causar o infundir *miedo. Ú. t. c. r.

íntimo, ma. adj. Más *interior o interno. ‖ Aplícase a la *amistad muy estrecha y al amigo muy querido y de confianza.

intitulación. f. ant. Título o inscripción.

intitular. tr. Poner título o *rótulo a un libro u otro escrito. ‖ Dar un título o *nombre particular a una persona o cosa. Ú. t. c. r.

intocable. adj. desus. **Intangible.**

intolerabilidad. f. Calidad de intolerable.

***intolerable.** adj. Que no se puede tolerar.

intolerancia. f. Falta de tolerancia. Dícese más comúnmente en materia *religiosa. ‖ **Terap.* Repugnancia del organismo para ciertos medicamentos.

intolerante. adj. Que no tiene tolerancia. Ú. t. c. s.

intonso, sa. adj. Que no tiene cortado el *cabello. ‖ fig. *Ignorante, *rústico. Ú. t. c. s. ‖ fig. Dícese del libro que se *encuaderna sin cortar las barbas a los pliegos.

intorsión. f. **Bot.* Modo de crecer algunas plantas que trepan por los tallos de otras rodeándolas con fuerza.

intoxicación. f. Acción y efecto de intoxicar o intoxicarse.

***intoxicar.** tr. **Envenenar.** Ú. t. c. r.

intradós. m. *Arq.* Superficie cóncava de un *arco o *bóveda. ‖ *Arq.* Cara de una dovela, que corresponde a esta superficie.

intraducible. adj. Que no se puede *traducir de un idioma a otro.

intramolecular. adj. Que está entre las moléculas de una *materia.

intramuros. adv. l. *Dentro de una *ciudad, villa o lugar.

intramuscular. adj. Que está o se pone dentro de los *músculos.

intráneo, a. adj. ant. **Interno.**

intranquilidad. f. Falta de tranquilidad; *desasosiego.

intranquilizador, ra. adj. Que intranquiliza.

intranquilizar. tr. Quitar la tranquilidad; *inquietar.

intranquilo, la. adj. Falto de tranquilidad, *inquieto.

intransferible. adj. No transferible.

intransigencia. f. Calidad de intransigente.

intransigente. adj. Que no transige. ‖ Que no se presta a transigir; que se *resiste a ello con *entereza, *severidad u *obstinación.

intransitable. adj. Aplícase al lugar o sitio por donde no se puede *transitar.

intransitivo, va. adj. *Gram.* V. **Verbo intransitivo.**

intransmisible. adj. Que no puede ser transmitido.

intransmutabilidad. f. Calidad de intransmutable.

intransmutable. adj. Que no se puede transmutar.

intrasparencia. f. Falta de transparencia; *opacidad.

intransparente. adj. No transparente, *opaco.

intrasmisible. adj. **Intransmisible.**

intratabilidad. f. Calidad de intratable.

***intratable.** adj. No tratable ni manejable. ‖ Aplícase a los lugares difíciles de *transitar o *escabrosos. ‖ fig. Insociable o de genio *desabrido.

intrauterino, na. adj. *Med.* Perteneciente o relativo al interior del útero o *matriz.

intravenoso, sa. adj. Que está o se pone en el interior de las *venas.

intrépidamente. adv. m. Con intrepidez.

intrepidez. f. Arrojo, *valor en los peligros. ‖ fig. *Atrevimiento e *indeliberación.

intrépido, da. adj. Que no teme en los peligros, *imperturbable. ‖ fig. Que obra o habla de modo *irreflexivo.

intricar. tr. **Intrincar.** Ú. t. c. r.

***intriga.** f. Manejo cauteloso para conseguir un fin. ‖ *Enredo, embrollo.

intrigante. p. a. de **Intrigar.** Que

intriga o suele intrigar. Ú. m. c. s.
***intrigar.** intr. Emplear *intrigas, usar de ellas. ‖ tr. Inspirar el *deseo de *averiguar alguna cosa.
intrincable. adj. Que se puede intrincar.
intrincación. f. Acción y efecto de intrincar.
intrincadamente. adv. m. Con intrincación.
***intrincado, da.** adj. Enredado, *complicado, *difícil.
intrincamiento. m. **Intrincación.**
intrincar. tr. *Enredar o enmarañar una cosa. Ú. t. c. r. ‖ fig. *Confundir u obscurecer los pensamientos o *tergiversarlos.
intríngulis. m. fam. *Causa oculta o intención *disimulada que se supone en alguna acción.
intrínsecamente. adv. m. *Interiormente, esencialmente.
intrínseco, ca. adj. *Interior, esencial.
intrinsiqueza. f. **Intimidad.**
***introducción.** f. Acción y efecto de introducir o introducirse. ‖ *Preparación para llegar al fin que uno se ha propuesto. ‖ **Exordio** (*preámbulo). ‖ fig. *Trato familiar e íntimo con una persona. ‖ **Mús.* Parte inicial de una obra instrumental. ‖ *Mús.* **Sinfonía.**
***introducir.** tr. Dar entrada a una persona en un lugar. Ú. t. c. r. ‖ Meter o hacer entrar o penetrar una cosa en otra. ‖ fig. Hacer que uno sea recibido o admitido en el *trato, la amistad, etc., de otra persona. Ú. t. c. r. ‖ fig. Hacer figurar un personaje en una obra de *teatro, *novela, *diálogo, etc. ‖ fig. Hacer adoptar por *costumbre, poner en *uso. ‖ fig. *Causar, ocasionar. Ú. t. c. r. ‖ r. fig. *Entremeterse uno en lo que no le toca.
introductor, ra. adj. Que introduce. Ú. t. c. s. ‖ **de embajadores.** Funcionario destinado en algunos Estados para acompañar a los embajadores y ministros extranjeros en ciertos actos de ceremonia.
introito. m. Entrada o *preámbulo de un escrito o de una *oración. ‖ Lo primero que dice el sacerdote en el altar al dar principio a la *misa. ‖ En el *teatro antiguo, prólogo para explicar el argumento o para pedir indulgencia al público.
intromisión. f. Acción y efecto de entremeter o *entremeterse.
introspección. f. *Examen de lo interior. ‖ *Reflexión, introversión, examen que la conciencia hace de sí misma.
introspectivo, va. adj. Perteneciente o relativo a la introspección.
introversión. f. Acción y efecto de contemplarse el *alma humana a sí misma, abstrayéndose de los sentidos.
introverso, sa. adj. Dícese del espíritu que practica la introversión.
intrusamente. adv. m. Por intrusión.
intrusarse. r. *Apropiarse, sin razón ni derecho o *ilegalmente, un cargo, facultad, jurisdicción, etc.
intrusión. f. Acción de introducirse sin derecho o *ilegalmente en una dignidad, oficio, propiedad, etc.
intrusismo. m. Ejercicio *ilegal de algún cargo o función por un intruso.
intruso, sa. adj. Que se ha *entrado *ilegalmente o sin derecho. ‖ Detentador de alguna cosa alcanzada por intrusión. Ú. t. c. s.
intubación. f. *Cir.* Acción y efecto de intubar.
intubador, ra. adj. Que intuba. ‖ **Cir.* Aparato para intubar.
intubar. tr. **Cir.* Introducir un tubo en la *laringe para evitar la asfixia en los enfermos de difteria y otras dolencias.
intuición. f. *Fil.* Acción y efecto de intuir. ‖ Facultad de intuir. ‖ **Teol.* **Visión beatífica.**
intuir. tr. Percibir o *entender clara e instantáneamente una idea o verdad, sin el proceso del razonamiento.
intuitivamente. adv. m. Con intuición.
intuitivo, va. adj. Perteneciente a la intuición.
intuito. m. *Vista, ojeada o mirada. ‖ **Por intuito.** m. adv. En atención, en consideración.
intumescencia. f. ***Hinchazón.**
intumescente. adj. Que se va hinchando.
intususcepción. f. *Hist. Nat.* Modo de *crecer los seres orgánicos por los elementos que asimilan interiormente. ‖ *Pat.* **Invaginación.**
inulto, ta. adj. poét. No vengado o castigado; *impune.
***inundación.** f. Acción y efecto de inundar o inundarse. ‖ fig. *Abundancia excesiva de una cosa.
inundante. p. a. de **Inundar.** Que inunda.
***inundar.** tr. Cubrir el agua los terrenos y a veces las poblaciones. Ú. t. c. r. ‖ fig. *Llenar o cubrir por completo. Ú. t. c. r.
inurbanamente. adv. m. Sin urbanidad.
inurbanidad. f. Falta de urbanidad; *descortesía.
inurbano, na. adj. Falto de urbanidad, *descortés.
inusitadamente. adv. m. De un modo inusitado.
inusitado, da. adj. No usado, *desusado.
inusual. adj. No usual, *desusado.
***inútil.** adj. No útil.
***inutilidad.** f. Calidad de inútil.
***inutilizar.** tr. Hacer *inútil, vana o nula una cosa. Ú. t. c. r.
inútilmente adv. m. Sin utilidad.
in utroque, o **in utroque jure.** loc. lat. que se usa para expresar que un licenciado o doctor lo es en ambos *derechos, civil y *canónico.
invadeable. adj. Que no se puede vadear.
invadiente. p. a. de **Invadir.** Que invade.
***invadir.** tr. *Entrar por fuerza en una parte.
invaginación. f. Introducción anormal de una porción del *intestino en la que le precede o le sigue. ‖ **Cir.* Operación en que se obtiene este resultado.
invaginar. tr. **Cir.* Unir dos trozos de *intestino introduciendo el extremo de uno en el otro.
invalidación. f. Acción y efecto de invalidar. ‖ **Inutilidad.**
invalidad. f. ant. **Nulidad.**
inválidamente. adv. m. Con invalidación.
invalidar. tr. Hacer inválida o *nula una cosa.
invalidez. f. Calidad de inválido.
inválido, da. adj. Que no tiene fuerza ni vigor; *débil, *lisiado. Ú. t. c. s. ‖ fig. *Nulo y de ningún valor. ‖ fig. Falto de vigor en el entendimiento.
invariabilidad. f. Calidad de invariable.
invariable. adj. Que no padece o no puede padecer variación; *inmutable.
invariablemente. adv. m. Sin variación.
invariación. f. *Permanencia de una cosa sin variación.
invariadamente. adv. m. **Invariablemente.**
invariado, da. adj. No variado.
invariante. m. **Mat.* Función que no cambia de forma ni carácter, cualquiera que sea la transformación del grupo correspondiente.
***invasión.** f. Acción y efecto de invadir. ‖ **Pat.* Principio o entrada de una enfermedad en el organismo.
invasor, ra. adj. Que invade. Ú. t. c. s.
invectiva. f. *Discurso violento, *ofensivo o *mordaz contra personas o cosas.
invencible. adj. Que no puede ser vencido.
invenciblemente. adv. m. De un modo invencible.
***invención.** f. Acción y efecto de inventar. ‖ Cosa inventada. ‖ ***Hallazgo.** ‖ *Engaño, *mentira. ‖ **Ret.* Elección de los argumentos y materiales del discurso oratorio. ‖ **de la Santa Cruz.** *Festividad con que la Iglesia conmemora el hallazgo de la cruz de Jesucristo.
invencionero, ra. adj. **Inventor.** Ú. t. c. s. ‖ *Embustero, engañador. Ú. t. c. s.
invendible. adj. Que no puede *venderse.
inventador, ra. adj. **Inventor.** Ú. t. c. s.
***inventar.** tr. Hallar o descubrir una cosa nueva o no conocida. ‖ Imaginar, *crear su obra el poeta o el artista. ‖ *Imaginar hechos falsos, *mentiras, chismes, etc.
inventariar. tr. Hacer inventario.
inventario. m. *Lista o relación ordenada de los *bienes y demás cosas pertenecientes a una persona o comunidad. ‖ *Documento en que están escritas dichas cosas.
inventiva. f. Facultad y disposición para inventar.
inventivo, va. adj. Que tiene disposición para *inventar. ‖ Dícese de las cosas inventadas.
invento. m. **Invención.**
inventor, ra. adj. Que *inventa. Ú. t. c. s.
inverecundia. f. *Desvergüenza, descaro.
inverecundo, da. adj. Que no tiene vergüenza. Ú. t. c. s.
inverisímil. adj. **Inverosímil.**
inverisimilitud. f. **Inverosimilitud.**
invernáculo. m. Lugar cubierto y abrigado artificialmente, en los *jardines, para defender las plantas de la acción del frío.
invernada. f. Estación de *invierno. ‖ **Invernadero.**
invernadero. m. Sitio a propósito para pasar el *invierno. ‖ Paraje destinado para que pasten los *ganados en dicha estación. ‖ **Invernáculo.**
***invernal.** adj. Perteneciente al *invierno. ‖ m. *Establo en los invernaderos.
invernar. intr. Pasar el *invierno en una parte. ‖ Ser tiempo de invierno.
invernizo, za. adj. Perteneciente al *invierno.
***inverosímil.** adj. Que no tiene apariencia de verdad.
***inverosimilitud.** f. Calidad de inverosímil.
inversado, da. adj. **Blas.* Dícese de la figura colocada inversamente al escudo.
inversamente. adv. m. **A la inversa.**
***inversión.** f. Acción y efecto de invertir. ‖ **Mús.* Cambio de posición de las notas de un acorde.
***inverso, sa.** p. p. irreg. de **Invertir.** ‖ adj. Alterado, trastornado. ‖

A, o por, la inversa. m. adv. Al contrario, al *revés.
invertebrado, da. adj. *Zool.* Dícese de los animales que no tienen columna vertebral. Ú. t. c. s. m. || m. pl. *Zool.* Tipo de estos animales.
invertido, da. adj. Dícese de la persona cuyo instinto *venéreo no está en armonía con su sexo. Ú. t. c. s.
***invertir.** tr. Alterar, trastornar la colocación o el orden de las cosas. || Hablando de caudales, emplearlos, *gastarlos en aplicaciones productivas. || Hablando del *tiempo, emplearlo u ocuparlo. || **Mat.* Cambiar de lugar los dos términos de cada razón.
investidura. f. Acción y efecto de investir. || Carácter que confieren ciertos *empleos o dignidades.
investigable. adj. Que se puede *investigar.
investigable. adj. p. us. Que no se puede investigar.
***investigación.** f. Acción y efecto de investigar.
investigador, ra. adj. Que investiga. Ú. t. c. s.
***investigar.** tr. Hacer diligencias para averiguar o descubrir una cosa.
investir. tr. Conferir una *dignidad o *empleo importante.
inveteradamente. adv. m. De un modo inveterado.
inveterado, da. adj. *Antiguo, arraigado.
inveterarse. r. **Envejecerse.**
inviar. tr. desus. **Enviar.**
invictamente. adv. m. *Victoriosamente.
invicto, ta. adj. No vencido; siempre *victorioso.
invidente. adj. Privado de la vista, *ciego.
invido, da. adj. **Envidioso.**
***invierno.** m. Estación del año, que astronómicamente principia en el solsticio del mismo nombre y termina en el equinoccio de primavera. || En el ecuador, temporada de lluvias que dura unos seis meses. || Época la más fría del año, que en el hemisferio septentrional corresponde a los meses de diciembre, enero y febrero.
invigilar. intr. *Cuidar solícitamente de una cosa.
inviolabilidad. f. Calidad de inviolable. || **parlamentaria.** Prerrogativa personal de los diputados a cortes y los senadores, que los exime de la responsabilidad judicial, salvo autorización del respectivo cuerpo colegislador.
inviolable. adj. Que no se debe o no se puede violar o profanar. || Que goza la prerrogativa de inviolabilidad.
inviolablemente. adv. m. Con inviolabilidad. || **Infaliblemente.**
inviolado, da. adj. Que se conserva en toda su *integridad y *pureza.
invirtuoso, sa. adj. ant. Falto de virtud, *vicioso.
invisibilidad. f. Calidad de invisible.
invisible. adj. Que no se puede *ver.
invisiblemente. adv. m. De modo que no se *ve.
invitación. f. Acción y efecto de *invitar. || Escrito o tarjeta con que se invita.
invitado, da. m. y f. Persona que ha recibido invitación.
invitante. com. Persona que hace una invitación o *convite.
***invitar.** tr. Convidar. || *Incitar, estimular. || *Rogar con autoridad, *exigir.
invitatorio. m. **Liturg.* Antífona que se *canta y repite en cada verso del salmo *Venite.*
invito, ta. adj. desus. **Invicto.**
invocación. f. Acción y efecto de invocar. || Parte del poema en que el *poeta invoca a un ser divino o sobrenatural.
invocador, ra. adj. Que invoca. Ú. t. c. s.
invocar. tr. *Llamar uno a otro en su favor, *pedirle auxilio. || *Acogerse a una ley, costumbre o razón; exponerla, alegarla como *prueba.
invocatorio, ria. adj. Que sirve para invocar.
involución. f. **Biol.* Evolución regresiva de un órgano o de una función.
involucración. f. Acción y efecto de involucrar.
involucrar. tr. *Incluir o *mezclar en los discursos o escritos cuestiones o asuntos extraños.
involucro. m. *Bot.* Verticilo de brácteas en el arranque de varias *flores agrupadas.
involuntariamente. adv. m. Sin voluntad ni consentimiento.
involuntariedad. f. Calidad de involuntario.
involuntario, ria. adj. No voluntario. || Inconsciente, *indeliberado. || *Instintivo.
invulnerabilidad. f. Calidad de invulnerable.
invulnerable. adj. Que no puede ser herido.
***inyección.** f. Acción y efecto de inyectar. || Fluido inyectado.
inyectable. adj. Dícese de los medicamentos preparados para usarlos en *inyección. Ú. t. c. m.
***inyectar.** tr. Introducir un fluido en un cuerpo con un instrumento apropiado. || r. Congestionarse y enrojecer, por la acumulación de *sangre, los *ojos u otra parte del cuerpo.
inyector. m. Aparato que sirve para introducir a presión el agua en las *calderas de vapor.
iñiguista. adj. **Jesuita.** Ú. t. c. s.
ion. m. **Quím.* Radical simple o compuesto que se disocia de las substancias al disolverse éstas. || **Electr.* Átomo o grupo de *átomos dotados de una carga eléctrica, positiva o negativa.
ionosfera. f. Región muy alta de la *atmósfera, cargada de *electricidad.
iota. f. Novena *letra del alfabeto griego.
iotacismo. m. Uso excesivo del sonido de *i* en una lengua.
ipecacuana. f. *Planta fruticosa de las rubiáceas, cuya raíz es muy usada en medicina como emética, tónica, purgante y sudorífica. || *Raíz de esta planta. || **de las Antillas.** *Arbusto de las asclepiadeas, cuya raíz se usa como emético. || *Raíz de esta planta.
ipil. m. *Árbol de Filipinas, de las leguminosas, cuya madera es muy apreciada para la construcción de muebles.
ípsilon. f. Vigésima *letra del alfabeto griego, que corresponde a la que en el nuestro se llama *i griega* o *ye.*
ipso facto. loc. lat. Por el mismo hecho, a *causa de él. || Inmediatamente, en el acto.
ipso jure. loc. lat. **For.* Por ministerio de la ley.
***ir.** intr. Trasladarse de un lugar hacia otro. Ú. t. c. r. || **Venir** (*acomodarse una cosa con otra). || *Andar de acá para allá. || Distinguirse, *diferenciarse una persona o cosa de otra. || Tener un camino determinada *dirección. || Extenderse una cosa, ocupar determinado *espacio. || Obrar, proceder. || Con la prep. *por,* declinarse o conjugarse un nombre o verbo según cierto modelo. || En varios juegos de *naipes, **entrar.** || Considerar las cosas en relación a cierta *finalidad. || Junto con los gerundios de algunos verbos, denota la acción de ellos como actual o en su comienzo. || Junto con el participio pasivo de los verbos transitivos, significa padecer su acción. || Estar apostada la cantidad que se indica. || Junto con la prep. *a* y un infinitivo, disponerse para la acción del verbo. || Con la prep. *por,* seguir una carrera o *profesión. || Con la misma prep., **ir** a traer una cosa. || r. *Morirse o estarse muriendo. ||Rezumar, *derramarse o salirse un líquido insensiblemente del vaso en donde está. Aplícase también al mismo vaso. || Deslizarse, perder el equilibrio, *inclinarse. || *Gastarse o perderse una cosa. || Desgarrarse o *romperse una tela. || *Ventosear o hacer uno sus necesidades involuntariamente. || Con la prep. *de* y tratándose de las cartas de la *baraja, descartarse de una o varias. || **Estar ido.** fr. fig. y fam. Estar *loco o profundamente distraído. || **Ir adelante.** fr. fig. y fam. No detenerse; *continuar. || **Ir a una.** fr. *Cooperar dos o más personas a la consecución de un mismo fin. || **Ir bien.** fr. fig. y fam. Hallarse en buen estado. || **Ir con** uno. fr. fig. y fam. Ser de su opinión o dictamen; ser *partidario suyo. || **Ir** uno **descaminado.** fr. fig. Apartarse de la razón o de la verdad. || **Ir lejos.** fr. fig. Conseguir notables adelantos o medros. || **Ir mal.** fr. Hallarse en mal estado. || **Ir pasando.** fr. fig. y fam. con que se significa que uno *permanece en el mismo estado en orden a su salud o conveniencia. || **Ir** uno **perdido.** fr. fig. con que se confiesa la desventaja en las competencias con otro. || **Irse allá.** fr. Ser una cosa *igual a otra. || **Irsele,** o **irsele por alto** a uno una cosa. fr. fig. y fam. No entenderla o no advertirla. || **Ir** uno **sobre** una cosa. fr. fig. Seguir un negocio con mucha *atención. || **Ir sobre** uno. fr. fig. Seguirle de cerca. || **Ir** uno **tras** alguna cosa. fr. fig. **Andar tras** ella. || **Ir tras** alguno. fr. fig. **Andar tras** él. || **Ir y venir en** una cosa. fr. fig. y fam. Insistir en ella, *reflexionando constantemente sobre lo mismo. || **Ir zumbando.** fr. fig. **Ir** con *violencia o muy de *prisa. || **Ni va ni viene.** expr. fig. y fam. con que se explica la irresolución de una persona. || **No irle ni venirle** a uno **nada en** una cosa. fr. fig. y fam. No importarle. || **Sin irle ni venirle** a uno. expr. fig. y fam. Sin importarle aquello de que se trata. || **Váyase lo uno por lo otro.** expr. fam. con que se da a entender que una de las dos cosas de que se trata puede ser *compensación de la otra.
***ira.** f. Pasión del alma, que impulsa a cometer actos de violencia contra las personas o las cosas. || Apetito o deseo de *venganza. || fig. Furia o *violencia de los elementos. || pl. Repetición de actos de *crueldad, encono o venganza.
iracundia. f. Propensión a la *ira. || Cólera o enojo.
iracundo, da. adj. Propenso a la *ira. Ú. t. c. s. || Dominado por la ira. ||

fig. y poét. Aplícase a los elementos atmosféricos desencadenados.
iranio, nia. adj. Natural del Irán. Ú. t. c. s. ‖ Perteneciente a este país.
irascibilidad. f. Calidad de irascible.
irascible. adj. Propenso a *irritarse, **irasco.** m. **Macho cabrío.**
irenarca. m. Entre los romanos, *magistrado destinado a cuidar del orden público.
íride. f. **Lirio hediondo.**
irídeo, a. adj. **Bot.* Aplícase a hierbas monocotiledóneas perennes, de raíces tuberculosas o bulbosas, cuyo tipo es el lirio. Ú. t. c. s. f. ‖ f. pl. *Bot.* Familia de estas plantas.
iridio. m. *Metal blanco amarillento, quebradizo, muy difícilmente fusible y algo más pesado que el oro.
iridiscencia. f. Calidad de iridiscente.
iridiscente. adj. Que muestra o refleja los *colores del iris.
iriense. adj. Natural de Iria Flavia. Ú. t. c. s. ‖ Perteneciente a esta población de La Coruña.
iris. m. Arco de *colores que a veces se ve en el espacio cuando el Sol, a espaldas del espectador, refracta y refleja su luz en las gotas de agua de la *lluvia, de una cascada, etc. **Ópalo noble.** ‖ *Zool.* Disco de color vario en cuyo centro está la pupila del *ojo. ‖ **de paz.** fig. Persona o cosa que logra *apaciguar graves discordias.
irisación. f. Acción y efecto de irisar. ‖ pl. Vislumbre iridiscente que se produce en las láminas delgadas de los *metales, cuando, candentes, se pasan por el agua.
irisado, da. adj. Que tiene los colores del iris.
irisar. intr. Presentar un cuerpo *reflejos de luz, con los *colores del arco iris.
iritis. f. *Med.* Inflamación del iris del *ojo.
irlanda. f. Cierto tejido de lana y algodón. ‖ Cierta *tela fina de lino.
irlandés, sa. adj. Natural de Irlanda. Ú. t. c. s. ‖ Perteneciente a esta isla de Europa. ‖ m. *Lengua de los irlandeses.
***ironía.** f. Burla fina y disimulada. ‖ Figura retórica que consiste en dar a entender lo contrario de lo que se dice.
irónicamente. adv. m. Con ironía.
***irónico, ca.** adj. Que denota o implica *ironía.
ironista. com. Persona que habla o escribe con *ironía.
ironizar. tr. p. us. Hablar con *ironía, ridiculizar.
iroqués, sa. adj. Dícese del individuo de una *raza indígena de la América Septentrional. Ú. t. c. s. ‖ Perteneciente a esta raza. ‖ m. *Lengua **iroquesa.**
irracionabilidad. f. p. us. **Irracionalidad.**
***irracional.** adj. Que carece de razón. Dicho de los *animales, ú. t. c. s. ‖ → Opuesto a la razón o que va fuera de ella. ‖ **Mat.* Aplícase a las raíces o cantidades radicales que no pueden expresarse exactamente con números enteros ni fraccionarios.
***irracionalidad.** f. Calidad de irracional.
irracionalmente. adv. m. Con *irracionalidad.
irradiación. f. Acción y efecto de irradiar.
irradiar. tr. *Lanzar un cuerpo rayos de *luz o *calor en todas direcciones. ‖ Someter un cuerpo a la acción de ciertos rayos.
irrazonable. adj. No razonable.
***irreal.** adj. Que no es real, que carece de realidad.
***irrealidad.** f. Calidad o condición de lo que no es real.
irrealizable. adj. *Imposible de realizar.
irrebatible. adj. Que no se puede rebatir o refutar; *evidente.
irreconciliable. adj. Aplícase al que no quiere reconciliarse con otro.
irrecuperable. adj. Que no se puede recuperar.
irrecusable. adj. Que no se puede recusar.
irredento, ta. adj. Dícese del territorio que una *nación pretende anexionarse por razones de lengua, raza, etc.
irredimible. adj. Que no se puede redimir.
irreducible. adj. Que no se puede reducir.
irreductible. adj. **Irreducible.**
irreemplazable. adj. No reemplazable.
***irreflexión.** f. Falta de reflexión.
irreflexivamente. adv. m. Con irreflexión; de un modo *irreflexivo.
***irreflexivo, va.** adj. Que no reflexiona. ‖ Que se dice o hace sin reflexionar.
irreformable. adj. Que no se puede reformar.
irrefragable. adj. Que no se puede contrarrestar.
irrefragablemente. adv. m. De un modo irrefragable.
irrefrenable. adj. Que no se puede refrenar.
irrefutable. adj. Que no se puede refutar.
***irregular.** adj. Que va fuera de la regla; contrario a ella. ‖ Que no sucede ordinariamente; raro, *infrecuente. ‖ Que ha incurrido en una irregularidad *canónica. ‖ **Geom.* Dícese del *polígono y del poliedro que no son regulares. ‖ *Gram.* Aplícase a la palabra derivada o formada de otro vocablo, y que no se ajusta a la regla seguida por las de su clase.
***irregularidad.** f. Calidad de irregular. ‖ Impedimento *canónico para recibir las órdenes o ejercerlas. ‖ fig. y fam. *Malversación, desfalco, cohecho u otra *inmoralidad semejante.
irregularmente. adv. m. Con irregularidad.
irreivindicable. adj. No reivindicable.
***irreligión.** f. Falta de religión.
irreligiosamente. adv. m. Sin religión.
irreligiosidad. f. Calidad de irreligioso o *impío.
***irreligioso, sa.** adj. Falto de religión, *impío. Ú. t. c. s. ‖ Que se opone al espíritu de la religión.
irremediable. adj. Que no se puede remediar.
irremediablemente. adv. m. Sin remedio.
irremisible. adj. Que no se puede remitir o perdonar.
irremisiblemente. adv. m. Sin remisión o perdón.
irremunerado, da. adj. No remunerado, *gratuito.
irrenunciable. adj. Que no se puede renunciar.
irreparable. adj. Que no se puede reparar.
irreparablemente. adv. m. De modo irreparable.
irreprehensible. adj. desus. **Irreprensible.**
irreprensible. adj. Que no merece reprensión.
irreprensiblemente. adv. m. Sin motivo de reprensión.
irreprochable. adj. Que no puede ser reprochado.
irrequieto, ta. adj. desus. Inquieto, incesante, continuo.
irrescindible. adj. Que no puede rescindirse.
irresistible. adj. Que no se puede resistir.
irresistiblemente. adv. m. Sin poderse resistir.
irresoluble. adj. Dícese de lo que no se puede resolver o determinar. ‖ p. us. ***Irresoluto.**
irresolución. f. Falta de resolución.
***irresoluto, ta.** adj. Que carece de resolución. Ú. t. c. s.
irrespetar. tr. Faltar al respeto, *desacatar.
irrespeto. m. Falta de respeto, *irreverencia.
irrespetuosamente. adv. m. Con falta de respeto.
irrespetuosidad. f. Calidad de *irrespetuoso.
***irrespetuoso, sa.** adj. No respetuoso.
irrespirable. adj. Que no puede o no debe *respirarse.
irresponsabilidad. f. Calidad de irresponsable. ‖ *Impunidad.
irresponsable. adj. Dícese de la persona a quien no se puede exigir responsabilidad.
irrestañable. adj. Que no se puede restañar.
irresuelto, ta. adj. ***Irresoluto.**
irretractable. adj. p. us. No retractable.
***irreverencia.** f. Falta de reverencia o de respeto. ‖ Dicho o hecho irreverente.
irreverenciar. tr. Tratar con *irreverencia. ‖ *Profanar.
irreverente. adj. Contrario a la reverencia o respeto debido. Ú. t. c. s.
irreverentemente. adv. m. Con *irreverencia.
irrevocabilidad. f. Calidad de irrevocable.
irrevocable. adj. Que no se puede revocar.
irrevocablemente. adv. m. De un modo irrevocable.
irrigable. adj. Que se puede *regar.
irrigación. f. Acción y efecto de irrigar.
irrigador. m. **Terap.* Instrumento que sirve para irrigar.
irrigar. tr. **Terap.* *Rociar con un líquido alguna parte del cuerpo. ‖ Hacer llegar un chorro o corriente de líquido a alguna cavidad interior. ‖ *Regar.
irrisible. adj. Digno de risa y *desprecio; *ridículo.
irrisión. f. *Burla con que se provoca a risa a costa de una persona o cosa. ‖ fam. Persona o cosa que es o puede ser objeto de esta burla.
irrisoriamente. adv. m. Por irrisión.
irrisorio, ria. adj. Que mueve o provoca a risa y burla; *ridículo. ‖ Insignificante, *escaso.
irritabilidad. f. Propensión a conmoverse o irritarse con violencia o facilidad.
***irritable.** adj. Capaz de irritación o excitación.
irritable. adj. Que se puede *anular o invalidar.
irritación. f. Acción y efecto de irritar o irritarse (sentir *ira, *excitarse).
irritación. f. *For.* Acción y efecto de irritar o *anular.
irritador, ra. adj. Que irrita o excita vivamente. Ú. t. c. s.
írritamente. adv. m. **Inválidamente.**
irritamiento. m. **Irritación.**

irritante. p. a. de **Irritar.** Que irrita.

***irritar.** tr. Hacer sentir ira. Ú. t. c. r. || *Excitar vivamente otros afectos o inclinaciones naturales. Ú. t. c. r. || **Pat.* Causar excitación morbosa en un órgano o parte del cuerpo. Ú. t. c. r.

irritar. tr. *For.* *Anular, invalidar.

írrito, ta. adj. *Nulo, sin fuerza ni obligación.

irrogación. f. Acción y efecto de irrogar.

irrogar. tr. Tratándose de *daños, *causar, ocasionar. Ú. t. c. r.

irrompible. adj. Que no se puede romper.

irrumpir. intr. *Entrar violentamente en un lugar.

irrupción. f. Acción y efecto de irrumpir. || *Acometimiento impetuoso e impensado. || ***Invasión.**

irruptor, ra. adj. Que hace irrupción.

irunés, sa. adj. Natural de Irún. Ú. t. c. s. || Perteneciente a esta ciudad.

isabelino, na. adj. Perteneciente o relativo a cualquiera de las *reinas que llevaron el nombre de Isabel en España o en Inglaterra. || Aplícase a la moneda que lleva el busto de Isabel II. || Dícese de las *tropas que defendieron a esta reina contra el pretendiente don Carlos. Ú. t. c. s. || Tratándose de caballos, de color perla.

isagoge. f. **Introducción** (*preámbulo).

isagógico, ca. adj. Perteneciente a la isagoge.

isatis. m. Nombre de la *zorra ártica, más pequeña que la del resto de Europa.

isba. f. *Cabaña o vivienda de madera, propia de la zona septentrional del antiguo continente.

isiaco, ca o **isíaco, ca.** adj. Perteneciente a Isis o a su culto.

isidoriano, na. adj. Perteneciente a San Isidoro. || Dícese de ciertos *monjes jerónimos, instituidos por fray Lope de Olmedo. Ú. t. c. s.

isidro. m. Nombre que se da en Madrid a los aldeanos y *forasteros que acuden a las fiestas de San Isidro en la capital.

isípula. f. desus. **Erisipela.**

***isla.** f. Porción de tierra rodeada enteramente de agua. || **Manzana** (de *casas). || fig. Conjunto de árboles o *monte de corta extensión, aislado. || fig. Terreno más o menos extenso, próximo a un *río, y que ha sido bañado por las aguas de éste. || **En isla.** m. adv. **Aisladamente.**

islam. m. ***Islamismo.** || Conjunto de los hombres y pueblos que creen y aceptan esta religión.

islámico, ca. adj. Perteneciente o relativo al islam.

***islamismo.** m. Conjunto de dogmas y preceptos morales que constituyen la religión de Mahoma.

islamita. adj. Que profesa el islamismo. Apl. a pers., ú. t. c. s.

islán. m. *Velo guarnecido de encajes, con que antiguamente se cubrían la cabeza las mujeres.

islandés, sa. adj. Natural de Islandia. Ú. t. c. s. || Perteneciente a esta isla del norte de Europa. || m. *Idioma hablado en Islandia.

Islandia. n. p. V. **Espato de Islandia.**

islándico, ca. adj. **Islandés** (perteneciente a Islandia).

isleño, ña. adj. Natural, *originario o *habitante de una *isla. Ú. t. c. s. || Perteneciente a una *isla.

isleo. m. *Isla pequeña situada cerca de otra mayor. || Porción de terreno circuida por todas partes de otros de distinta clase.

isleta. f. d. de **Isla.**

islilla. f. **Sobaco.** || **Clavícula.**

islote. m. *Isla pequeña y despoblada. || *Peñasco muy grande, rodeado de mar.

ismaelita. adj. Descendiente de Ismael. Dícese de los árabes. Ú. t. c. s. || Agareno o sarraceno. Apl. a pers., ú. t. c. s.

iso. Elemento compositivo que denota *igualdad.

isobárico, ca. adj. Aplícase a dos o más lugares de igual presión *atmosférica y a la línea que une estos lugares.

isocronismo. m. *Fís.* Igualdad de duración en los *movimientos de un cuerpo.

isócrono, na. adj. *Fís.* Aplícase a los *movimientos que se hacen en tiempos de *igual duración.

isodonte. m. *Mamífero marsupial de Nueva Holanda.

isófago. m. desus. **Esófago.**

isoglosa. adj. **Filol.* Dícese de la línea imaginaria que en un atlas lingüístico pasa por los puntos en que se manifiesta el mismo fenómeno.

isógono, na. adj. *Fís.* Aplícase a los cuerpos *cristalizados, de ángulos iguales.

isomería. f. Calidad de isómero.

isómero, ra. adj. Aplícase a los cuerpos que con igual composición *química tienen distintas propiedades físicas.

isomorfismo. m. *Mineral.* Calidad de isomorfo.

isomorfo, fa. adj. *Mineral.* Aplícase a los cuerpos de diferente composición química e igual forma cristalina, y que pueden *cristalizar asociados.

isoperímetro, tra. adj. **Geom.* Aplícase a las figuras que siendo diferentes tienen igual perímetro o *contorno.

isoquímeno, na. adj. *Meteor.* Dícese de la línea que pasa por todos los puntos de la Tierra que tienen la misma *temperatura media en el invierno.

isósceles. adj. *Geom.* V. **Triángulo isósceles.**

isotermo, ma. adj. *Fís.* De igual *temperatura. || *Meteor.* Dícese de la línea que pasa por todos los puntos de la Tierra de igual *temperatura media anual.

isótero, ra. adj. *Meteor.* Dícese de la línea que pasa por todos los puntos de la Tierra que tienen la misma *temperatura media en el verano.

isótopo. m. **Quím.* Cuerpo que en el sistema periódico de los elementos ocupa el mismo lugar que otro, pero se diferencia de él en la constitución y peso de su *átomo.

isótropo, pa. adj. Que tiene *iguales propiedades en todas direcciones.

isquiofemoral. adj. *Anat.* Perteneciente al isquion y al fémur.

isquion. m. *Anat.* Porción posterior e inferior del *hueso innominado.

israelí. adj. Natural del Estado de Israel. Ú. t. c. s. || Perteneciente a este Estado.

***israelita.** adj. **Hebreo.** Apl. a pers., ú. t. c. s. || Natural de Israel. Ú. t. c. s. || Perteneciente a este reino.

israelítico, ca. adj. **Israelita.**

istmeño, ña. adj. Natural u *originario de un istmo.

ístmico, ca. adj. Perteneciente o relativo a un istmo.

istmitis. f. *Pat.* Inflamación del velo del paladar.

istmo. m. *Geogr.* Lengua de tierra que une dos continentes o una *península con un continente. || **de las fauces.** *Zool.* Abertura limitada por el velo del paladar, entre la cavidad de la *boca y la faringe. || **del encéfalo.** *Zool.* Parte inferior y media del *encéfalo y en que se unen el cerebro y el cerebelo.

istriar. tr. **Estriar.**

ita. adj. **Aeta.** Ú. t. c. s.

italianismo. m. Giro o modo de hablar peculiar de la *lengua italiana. || Vocablo o giro de esta lengua empleado en otra. || Empleo de vocablos o giros italianos en distinto idioma.

italianizar. tr. Hacer tomar carácter italiano.

italiano, na. adj. Natural de Italia. Ú. t. c. s. || Perteneciente a esta nación de Europa. || m. Lengua **italiana.**

italicense. adj. Natural de Itálica. Ú. t. c. s. || Perteneciente a esta ciudad de la Bética.

itálico, ca. adj. **Italiano.** Dícese en particular de lo perteneciente a Italia antigua. || V. **Letra itálica.** Ú. t. c. s. || **Italicense.** Apl. a pers., ú. t. c. s.

ítalo, la. adj. **Italiano.** Apl. a pers., ú. t. c. s.

itapa. f. *Balsa formada con canoas.

ítem. adv. lat. de que se usa para hacer distinción de artículos o capítulos en un *documento y también por señal de *adición. Dícese también **ítem más.** || m. fig. Cada uno de dichos artículos o capítulos. || fig. Aditamento, añadidura.

iterable. adj. Capaz de *repetirse.

iteración. f. Acción y efecto de iterar.

iterar. tr. **Repetir.**

iterativo, va. adj. Que tiene la condición de *repetirse o reiterarse.

iterbio. m. *Metal perteneciente al grupo de las tierras raras.

itinerario, ria. adj. Perteneciente a *caminos. || m. Descripción y *guía de un camino, con sus pasos, posadas, etc. || *Mil.* Partida que se adelanta para preparar *alojamiento a la tropa.

itria. f. Óxido de itrio.

itrio. m. *Metal que forma un polvo brillante y negruzco.

ivierno. m. **Invierno.**

iza. f. *Germ.* **Ramera.**

izado. m. *Germ.* El que está *amancebado.

izaga. m. Lugar en donde hay muchos *juncos.

izar. tr. *Mar.* Hacer *subir alguna cosa tirando de la cuerda de que está colgada.

izote. m. *Planta liliácea, americana, de tronco doble por lo común, ramas en forma de abanico, con hojas fuertes y ensiformes, y flores blancas, muy olorosas, que suelen comerse en conserva.

***izquierda.** f. ***Mano izquierda.** || Hablando de colectividades *políticas, la que más se aparta de las tradiciones del país.

izquierdear. intr. fig. Apartarse de lo que dictan la razón y el juicio; incurrir en parcialidad o *injusticia.

izquierdista. com. Partidario de la izquierda, en *política.

***izquierdo, da.** adj. V. **Mano izquierda.** || Dícese de lo que cae o mira hacia la mano **izquierda** o está en su lado. || Aplícase a lo que desde el eje de la vaguada de un río cae a mano **izquierda** de quien se coloca mirando hacia donde corren las aguas. || **Zurdo.** || Dícese de la *caballería que saca los pies o manos hacia fuera y mete las rodillas adentro. || fig. *Torcido, no recto.

J

j. f. Undécima *letra del abecedario español.
jaba. f. *Cesta hecha de junco o yagua. ‖ Especie de *cajón o jaula en que se transporta loza.
jabalcón. m. *Arq.* Madero de *armadura, ensamblado en uno vertical para apear otro horizontal o inclinado.
jabalconar. tr. Formar con jabalcones la *armadura del tejado. ‖ *Sostener con jabalcones un vano o voladizo.
***jabalí.** m. Mamífero paquidermo, parecido al cerdo, pero con la cabeza más aguda, la jeta más prolongada, y los colmillos grandes y salientes de la boca. ‖ **alunado.** Aquel cuyos colmillos, por ser muy viejo, casi llegan a formar media luna.
jabalina. f. Hembra del *jabalí.
jabalina. f. Arma, a manera de pica o *dardo, de que se usaba en la caza mayor.
jabalinero, ra. adj. Dícese del *perro adiestrado en la caza del jabalí.
jabalón. m. *Arq.* **Jabalcón.**
jabalonar. tr. **Jabalconar.**
jabarda. f. *Saya tosca de lana.
jabardear. intr. Dar jabardos las colmenas.
jabardillo. m. Bandada grande de *insectos o *avecillas. ‖ fig. y fam. Remolino que forma una *muchedumbre, con *alboroto y confusión.
jabardo. m. Enjambre pequeño producido por una *colmena. ‖ fig. y fam. **Jabardillo** (muchedumbre arremolinada).
jabato. m. Cachorro de *jabalí.
jabeca. f. *Min.* *Horno de destilación, que se usaba en Almadén para beneficiar el mineral de azogue.
jábeca. f. **Jábega** (red).
jabega. f. Flauta morisca.
jábega. f. *Red de más de cien brazas de largo, compuesta de un copo y dos bandas.
jábega. f. *Embarcación parecida al jabeque, que sirve para pescar.
jabegote. m. Cada uno de los hombres que tiran de los cabos de la red llamada jábega.
jabeguero, ra. adj. Perteneciente a la jábega (*red). ‖ m. *Pescador de jábega.
jabelgar. tr. **Jalbegar.**
jabeque. m. *Embarcación costanera de tres palos, con velas latinas.
jabeque. m. fig. y fam. *Herida de cuchillo en el rostro.
jabera. f. *Cante popular andaluz en compás de 3 por 8.
jabí. adj. Dícese de una especie de *manzana silvestre y pequeña. Ú. t. c. s. m. ‖ Aplícase también a cierta especie de *uva pequeña que se cría en el reino de Granada. Ú. t. c. s. m.
jabí. m. *Árbol americano, de las leguminosas, cuya madera es muy apreciada en la construcción naval.
jabielgo. m. *Albañ.* Acción de enjalbegar.
jabillo. m. *Árbol tropical, de las euforbiáceas.
jabino. m. Variedad enana del *enebro.
jable. m. Gárgol o *ranura en que se encajan las tiestas de las tapas de toneles y *cubas.
***jabón.** m. Pasta que se obtiene mediante la combinación de un álcali con un cuerpo graso: es soluble en el agua, y sirve comúnmente para lavar. ‖ fig. Cualquiera otra masa que tenga semejante uso. ‖ **Farm.* Compuesto que resulta de la acción del amoniaco u otro álcali, o de un óxido metálico, sobre aceites, grasas o resinas. ‖ **blando.** Aquel cuyo álcali es la potasa y que se distingue por su consistencia de ungüento. ‖ **de olor. Jaboncillo.** ‖ **de Palencia.** fig. y fam. Pala con que las *lavanderas golpean la ropa. ‖ fig. y fam. *Zurra de palos. ‖ **de piedra. Jabón duro.** ‖ **de sastre.** Esteatita blanca que los *sastres emplean para hacer señales en la tela. ‖ **duro.** Aquel cuyo álcali es la sosa, y se distingue por su mucha consistencia. ‖ **Dar jabón** a uno. fr. fig. y fam. *Adularle. ‖ **Dar** a uno **un jabón.** fr. fig. y fam. *Castigarle o *reprenderle ásperamente.
jabonado. m. **Jabonadura.** ‖ Conjunto de ropa blanca que se ha de jabonar o se ha jabonado.
jabonador, ra. adj. Que jabona. Ú. t. c. s.
jabonadura. f. Acción y efecto de jabonar. ‖ pl. Agua que queda mezclada con el jabón y su espuma. ‖ Espuma que se forma al jabonar. ‖ **Dar** a uno **una jabonadura.** fr. fig. y fam. **Dar** a uno **un jabón.**
jabonar. tr. Frotar, untar o estregar la ropa u otras cosas con *jabón y agua para *lavarlas. ‖ Humedecer la *barba con agua jabonosa para afeitarla. ‖ fig. y fam. **Dar un jabón.**
jaboncillo. m. Pastilla de *jabón duro mezclado con alguna substancia aromática para los usos del tocador. ‖ Árbol americano, de las sapindáceas, cuyo fruto contiene una pulpa jabonosa que sirve para lavar la ropa. ‖ **Farm.* **Jabón.** ‖ **de sastre. Jabón de sastre.**
jabonera. f. Mujer que hace *jabón. ‖ Mujer que lo vende. ‖ Recipiente para el jabón en los lavabos y tocadores. ‖ *Planta herbácea de las cariofíleas, cuyo zumo y raíz sirven, como el jabón, para lavar la ropa. ‖ **de la Mancha.** Planta de la misma familia que la anterior, muy abundante en los sembrados.
jabonería. f. Fábrica de *jabón. ‖ Tienda de jabón.
jabonero, ra. adj. Dícese del *toro cuya piel es de color blanco sucio que tira a amarillento. ‖ m. El que fabrica o vende *jabón.
jaboneta. f. **Jabonete.**
jabonete. m. **Jaboncillo.** ‖ **de olor. Jabonete.**
jabonoso, sa. adj. Que es de jabón o de naturaleza de *jabón.
jaborandi. m. Árbol del Brasil, de la familia de las rutáceas, de cuyas hojas se hace una infusión eficaz para promover la salivación y la transpiración.
jaca. f. *Caballo cuya alzada no llega a siete cuartas. ‖ Yegua de poca alzada. ‖ **de dos cuerpos.** La que aproximándose a las siete cuartas es, por su robustez, capaz del mismo servicio que el caballo de alzada.
jacal. m. **Choza.**
jacalón. m. *Cobertizo.
jácara. f. Romance (*poesía) alegre en que por lo regular se cuentan hechos de la vida airada. ‖ Cierta *música para cantar o bailar. ‖ Especie de *danza. ‖ Junta de gente alegre que de noche *alborota por las calles. ‖ fig. y fam. *Molestia o enfado. ‖ fig. y fam. *Mentira o patraña. ‖ fig. y fam. Cuento, *narración.
jacarandaina. f. *Germ.* **Jacarandina.**
jacarandana. f. *Germ.* Reunión de *rufianes o *ladrones. ‖ *Germ.* *Lengua de los rufianes.
jacarandina. f. *Germ.* **Jacarandana.** ‖ *Germ.* **Jácara** (*canto y danza).
jacarandino, na. adj. *Germ.* Perteneciente a la jacarandina.
jacarando, da. adj. Propio de la jácara o relativo a ella. ‖ m. **Jácaro** (*fanfarrón).
jacarandoso, sa. adj. fam. *Gallardo, *gracioso, alegre.
jacarear. intr. *Cantar jácaras. ‖ fig. y fam. Andar por las calles cantando y moviendo *alboroto. ‖ fig. y fam. *Molestar a uno con palabras impertinentes

jacarero. m. Persona que anda por las calles *cantando jácaras. ‖ fig. y fam. *Alegre y amigo de *bromas.
jacarista. m. **Jacarero.** ‖ Autor de jácaras.
jácaro, ra. adj. Perteneciente o relativo al guapo y *fanfarrón. ‖ m. El guapo y *fanfarrón. ‖ **A lo jácaro.** m. adv. Con afectación de *gallardía o de *valor.
jácena. f. Madero de hilo, de treinta y seis palmos de longitud. ‖ En Baleares, viga de pinabete. ‖ *Arq.* **Viga maestra.**
jacerina. f. *Cota de malla.
jacilla. f. *Huella que deja una cosa después de yacer sobre la tierra.
jacintino, na. adj. **Violado.** Ú. m. en poesía.
jacinto. m. *Planta de las liliáceas, de hermosas flores olorosas, blancas, azules, róseas o amarillentas. ‖ *Flor de esta planta. ‖ **Circón.** ‖ **de Ceilán. Circón.** ‖ **de Compostela.** *Cuarzo cristalizado de color rojo obscuro. ‖ **occidental. Topacio.** ‖ **oriental. Rubí.**
jacio. m. *Mar.* *Calma chicha después de un temporal.
jaco. m. *Cota de malla de manga corta y que no pasaba de la cintura. ‖ Jubón de tela tosca que usaron los *soldados.
jaco. m. *Caballo pequeño y ruin.
jacobeo, a. adj. Perteneciente o relativo al *apóstol Santiago.
jacobinismo. m. Doctrina de los jacobinos.
jacobino, na. adj. *Polít.* Dícese del individuo del partido más demagógico y sanguinario de Francia en tiempo de la Revolución. Apl. a pers., ú. t. c. s. ‖ Por ext., dícese del demagogo partidario de la revolución violenta y sanguinaria. Ú. m. c. s.
jactabundo, da. adj. **Jactancioso.**
***jactancia.** f. Alabanza de sí mismo, impertinente y presuntuosa.
jactanciosamente. adv. m. Con jactancia.
***jactancioso, sa.** adj. Que se jacta. Ú. t. c. s.
***jactar.** tr. ant. *Mover, agitar. ‖ → r. Alabarse uno excesiva y presuntuosamente, o atribuirse por gala hechos notables y aun acciones criminales o vergonzosas. También se ha usado como tr.
jaculatoria. f. *Oración breve y fervorosa.
jaculatorio, ria. adj. *Breve y fervoroso.
jáculo. m. ***Dardo.**
jachalí. m. *Árbol americano, de las anonáceas, cuya madera es muy apreciada para la ebanistería.
jada. f. ***Azada.**
jade. m. *Miner.* *Piedra muy dura, de aspecto jabonoso, blanquecina o verdosa con manchas rojizas o moradas, cuya composición es semejante a la del feldespato.
jadeante. p. a. de **Jadear.** Que jadea.
jadear. intr. *Respirar anhelosamente por efecto del *cansancio.
jadeo. m. Acción de jadear.
jadiar. tr. *Agr.* Cavar con la jada.
jaecero, ra. m. y f. Persona que hace jaeces.
jaén. adj. V. ***Uva jaén.** Ú. t. c. s. ‖ Dícese también de la *vid y del veduño que la producen.
jaenés, sa. adj. Natural de Jaén. Ú. t. c. s. ‖ Perteneciente a esta ciudad.
jaez. m. *Guarn.* Cualquier adorno que se pone a las caballerías. Ú. m. en pl. ‖ Adorno de cintas en las crines del caballo. ‖ fig. *Calidad o propiedad de una cosa. ‖ *Germ.* *Ropa o vestidos.
jaezar. tr. **Enjaezar.**
jafético, ca. adj. Aplícase a los *pueblos y razas que se consideran descendientes de Jafet. ‖ Perteneciente a estos pueblos o razas.
jagua. f. *Árbol americano, de las rubiáceas.
jaguar. m. *Mamífero carnicero, parecido a la pantera, que vive en América.
jaguarzo. m. *Arbusto de las cistíneas, muy abundante en el centro de España.
jagüey. m. *Bejuco de la isla de Cuba, de la familia de las móreas. ‖ *Embalse, pozo o zanja llena de agua.
jaharí. adj. Dícese de una especie de *higos que se crían en Andalucía. Ú. t. c. s.
jaharrar. tr. *Albañ.* Cubrir con una capa de yeso o mortero el paramento de una fábrica.
jaharro. m. Acción y efecto de jaharrar.
jai alai. m. Juego de *pelota.
jaiba. f. *Cangrejo de río. ‖ **Cámbaro.**
jaique. m. *Capa árabe con capucha.
jairar. tr. Inclinar hacia afuera la cuchilla los *zapateros al hacer ciertos cortes.
¡ja, ja, ja! interj. con que se denota la *risa.
jájara. f. **Fárfara** (telilla de los huevos).
jalapa. f. *Farm.* Raíz de una planta vivaz americana, de las convolvuláceas, semejante a la enredadera de campanillas. Se usa en medicina como purgante enérgico.
jalar. tr. fam. **Halar.** ‖ fam. *Tirar, atraer. ‖ fam. *Comer con ansia.
jalbegador, ra. adj. Que jalbega. Ú. t. c. s.
jalbegar. tr. **Enjalbegar.** ‖ fig. Componer el rostro con *afeites. Ú. t. c. r.
jalbegue. m. *Albañ.* Blanqueo hecho con cal o arcilla blanca. ‖ Lechada de *cal para enjalbegar. ‖ fig. *Afeite para blanquear el rostro.
jaldado, da. adj. **Jalde.**
jalde. adj. De *color amarillo subido.
jaldía. f. *Pat.* **Ictericia.**
jaldo, da. adj. **Jalde.**
jaldre. m. *Cetr.* *Color jalde.
jalea. f. *Confit.* Conserva transparente, hecha del zumo de algunas frutas. ‖ *Farm.* Cualquier medicamento que al enfriarse toma consistencia gelatinosa. ‖ **del agro.** Conserva de cidra. ‖ **Hacerse** uno **una jalea.** fr. fig. y fam. Mostrarse extremadamente afectuoso o *condescendiente de puro *enamorado.
jaleador, ra. adj. Que jalea. Ú. t. c. s.
jalear. tr. Llamar a los *perros a voces para seguir la caza. ‖ Animar o *excitar con palmadas, ademanes y expresiones a los que *bailan, *cantan, etc. ‖ **Ojear.** ‖ r. Moverse con gracia al *bailar.
jaleco. m. *Indum.* Jubón de paño de color, de mangas cortas, abierto por delante y con ojales y ojetes.
jaleo. m. Acción y efecto de jalear. ‖ Cierto *baile popular andaluz. ‖ Tonada y coplas de este baile. ‖ fam. **Jarana** (*diversión con bullicio y *alboroto).
jaletina. f. **Gelatina.** ‖ Especie de jalea fina y transparente.
jalifa. m. En Marruecos, lugarteniente, *substituto. ‖ *Jefe supremo del protectorado español en Marruecos.
jalifato. m. Dignidad de jalifa y territorio gobernado por él.
jalisciense. adj. Natural de Jalisco. Ú. t. c. s. ‖ Perteneciente a este Estado de la República Mejicana.
jalma. f. **Enjalma.**
jalmería. f. Arte u obra de los jalmeros.
jalmero. m. **Enjalmero.**
jalón. m. *Topogr.* Palo o listón con regatón de hierro para clavarlo en tierra.
jalonamiento. m. *Topogr.* Acción y efecto de jalonar.
jalonar. tr. *Topogr.* Alinear por medio de jalones.
jaloque. m. **Sudeste** (*viento).
jallullo. m. **Hallullo.**
jamaicano, na. adj. Natural de Jamaica. Ú. t. c. s. ‖ *Perteneciente a esta isla de América.
jamar. tr. fam. **Comer.**
jamás. adv. t. ***Nunca.** Pospuesto a este adverbio o a *siempre*, refuerza el sentido de una y otra voz. ‖ **Jamás por jamás.** m. adv. **Nunca jamás.** ‖ **Por jamás.** m. adv. **Jamás por jamás.**
jamba. f. *Arq.* Cualquiera de las dos piezas verticales que forman el cerco de una *puerta o ventana.
jambaje. m. *Arq.* Conjunto de las dos jambas y el dintel que forman el marco de una *puerta o ventana. ‖ Todo lo perteneciente a la *ornamentación de las jambas y el dintel.
jámbico, ca. adj. **Yámbico.**
jambón. m. ant. **Jamón.**
jambrar. tr. **Enjambrar.**
jamelgo. m. fam. *Caballo flaco y desgarbado.
jamerdana. f. Paraje adonde se arroja la *suciedad de los vientres de las reses en el *matadero.
jamerdar. tr. Limpiar los vientres de las reses en el *matadero. ‖ fam. *Lavar mal y de prisa.
jamete. m. Rica *tela de seda.
jametería. f. **Zalamería.**
jámila. f. **Alpechín.**
***jamón.** m. Carne curada de la pierna del cerdo. ‖ ant. Anca, pierna.
jamona. adj. fam. Aplícase a la *mujer que ha pasado de la juventud, especialmente cuando es *gruesa. Ú. m. c. s. ‖ f. *Propina o regalo consistente en perniles u otros comestibles.
jampón, na. adj. Robusto, *fuerte. ‖ Glotón, dado a la *gula.
jamúas. f. pl. **Jamugas.**
jamuga. f. **Jamugas.**
jamugas. f. pl. *Silla de tijera, con correones para apoyar espalda y brazos, que se coloca sobre el aparejo de las caballerías para que *monten las mujeres.
jamurar. tr. **Achicar** (*extraer el agua).
jándalo, la. adj. fam. Aplícase a los andaluces por su *pronunciación gutural. Ú. t. c. s. ‖ m. Montañés que ha estado en Andalucía y ha adquirido la pronunciación y hábitos de aquella tierra.
janga. f. *Barca plana.
jangada. f. fam. *Impertinencia. ‖ fam. **Trastada.** ‖ *Mar.* ***Balsa.**
jangua. f. *Embarcación pequeña armada en guerra.
Jano. n. p. m. *Mit.* Dios romano que se representaba con dos caras opuestas. ‖ m. *Blas.* *Cabeza con dos *caras que miran en sentido opuesto.
jansenismo. m. *Herejía de Cornelio Jansen, que exageraba la influencia de la gracia divina para

obrar el bien, con mengua de la libertad humana.

jansenista. adj. Sectario del jansenismo. Ú. t. c. s. ‖ Perteneciente o relativo al jansenismo.

japón, na. adj. **Japonés.** Apl. a pers., ú. t. c. s.

japonense. adj. **Japonés.** Apl. a pers., ú. t. c. s.

japonés, sa. adj. Natural del Japón. Ú. t. c. s. ‖ Perteneciente a este país de Asia. ‖ m. *Idioma **japonés.**

japónica. adj. V. **Tierra japónica.**

japuta. f. *Pez acantopterigio, que vive en el Mediterráneo y es comestible apreciado.

jaque. m. Lance del juego de *ajedrez, en que el rey o la reina de un jugador están amenazados por alguna pieza del otro. ‖ Palabra con que se avisa este lance. ‖ **mate. Mate.** ‖ **¡Jaque!** interj. con que se avisa a uno que se aparte o se vaya. ‖ **Tener** a uno **en jaque.** fr. fig. Tenerle bajo el peso de una *amenaza.

jaque. m. Especie de *peinado liso que usaban las mujeres. ‖ Cada una de las dos bolsas de que se componen las *alforjas.

jaque. m. *Valentón, perdonavidas.

jaquear. tr. Dar jaques en el juego de *ajedrez. ‖ fig. **Mil.* Hostigar al enemigo haciéndole temer un ataque.

jaqueca. f. Dolor de *cabeza. ‖ **Dar** a uno **una jaqueca.** fr. fig. y fam. *Molestarle, importunarle.

jaquecoso, sa. adj. fig. Fastidioso, *molesto, *importuno.

jaquel. m. **Blas.* **Escaque.**

jaquelado, da. adj. **Blas.* Dividido en escaques. ‖ Dícese de las piedras de *joyería labradas con facetas cuadradas.

jaquero. m. *Peine pequeño y muy fino.

jaqués, sa. adj. Natural de Jaca. Ú. t. c. s. ‖ Perteneciente a esta ciudad.

jaqueta. f. ant. **Chaqueta.**

jaquetilla. f. Jaqueta más corta que la común.

jaquetón. m. fam. aum. de **Jaque** (fanfarrón).

jaquetón. m. Jaqueta mayor que la común.

jáquima. f. *Cabezada de cordel, que hace las veces de cabestro.

jaquimazo. m. *Golpe dado con la jáquima. ‖ fig. y fam. *Disgusto o *burla pesada.

jaquimero. m. El que hace o vende jáquimas.

jar. intr. *Germ.* ***Orinar.**

***jara.** f. Arbusto siempre verde, de las cistíneas, con ramas de color pardo rojizo, y grandes flores blancas. ‖ Palo de punta aguzada y endurecido al fuego, que se usaba como *dardo. ‖ **Blanca. Estepilla.** ‖ **cerval,** o **cervuna.** Mata semejante a la **jara,** pero más pequeña, con hojas vellosas, verdes por encima y cenicientas por el envés. ‖ **macho. Jara cerval.** ‖ **negra. Jara.**

jarabe. m. **Farm.* Bebida que se hace cociendo azúcar en agua hasta que se espese, y añadiendo zumos refrescantes o substancias medicinales. ‖ fig. Cualquier *bebida excesivamente dulce. ‖ **de pico.** fr. fig. y fam. Palabras sin substancia; *promesas que no se han de cumplir.

jarabear. tr. **Terap.* Dar o mandar tomar el médico jarabes con frecuencia.

jaraíz. m. ***Lagar.**

jaral. m. Sitio poblado de *jaras. ‖ fig. Lo que está muy *enredado.

jaramago. m. *Planta herbácea de las crucíferas, muy común entre los escombros.

jarameño, ña. adj. Aplícase a los *toros que se crían en las riberas del Jarama.

jarampa. f. Pacotilla de *contrabando.

jarampero. m. *Embarcación muy pequeña que usan los contrabandistas de Algeciras.

jaramugo. m. *Pececillo nuevo de cualquiera especie.

jarana. f. fam. *Diversión bulliciosa de gente ordinaria. ‖ fam. *Riña, *alboroto. ‖ fam. Trampa, *engaño.

jarandina. f. *Germ.* **Jacarandina.**

jaranear. intr. fam. Andar en jaranas.

jaranero, ra. adj. Aficionado a jaranas.

jarano. adj. V. **Sombrero jarano.** Ú. t. c. s.

jarapote. m. **Jaropeo.**

jarapotear. tr. **Jaropear.**

jarazo. m. *Golpe dado con la *jara.

jarcería. f. *Mar.* Conjunto de jarcias.

jarcia. f. Conjunto de *utensilios o cosas distintas. ‖ Aparejos y *cabos de un buque. Ú. m. en pl. ‖ Conjunto de instrumentos y *redes para *pescar. ‖ fig. y fam. *Abundancia de muchas cosas diversas o de una misma especie, pero en *desorden. ‖ **muerta.** *Mar.* La que está siempre fija.

jarciar. tr. **Enjarciar.**

***jardín.** m. Terreno cercado, que se planta y adorna con hierbas, árboles y arbustos de toda clase, para recreo de los sentidos. ‖ En los buques, *retrete. ‖ *Mancha que deslustra y afea la esmeralda u otras *piedras preciosas*. ‖ *Germ.* Tienda de mercader o feria. ‖ ***botánico.** Terreno destinado para cultivar plantas con el fin de poderlas estudiar. ‖ **de la infancia.** *Escuela de párvulos.

jardinera. f. La que por oficio cuida y cultiva un *jardín. ‖ Mujer del jardinero. ‖ *Mueble para colocar plantas de adorno. ‖ *Carruaje de cuatro ruedas y cuatro asientos, ligero y descubierto. ‖ Coche abierto que se usa en verano en los *tranvías.

***jardinería.** f. Arte de cultivar los *jardines.

jardinero. m. El que por oficio cuida y cultiva un *jardín.

jareta. f. *Costura que se hace en la ropa, doblando la orilla y cosiéndola por un lado, de suerte que quede un hueco para meter por él una cinta o cordón. ‖ *Mar.* Red de *cabos o *enrejado de madera. ‖ *Mar.* *Cabo que se amarra y tesa de obenque a obenque para sujetarlos.

jaretera. f. **Jarretera.**

jaretón. m. Dobladillo muy ancho.

jaricar. intr. Reunir en un mismo caz las hilas de agua de varios propietarios, para *regar cada uno de ellos con el total de agua.

jarife. m. **Jerife.**

jarifiano, na. adj. **Jerifiano.**

jarifo, fa. adj. *Hermoso, vistoso, bien *adornado.

jarillo. m. **Jaro.**

jarique. m. Número de *cerdos que pueden pastar gratuitamente en los montes comunales. ‖ Acción y efecto de jaricar.

jaro. m. **Aro** (*planta).

jaro. m. Mancha espesa de los *montes bajos. ‖ *Roble pequeño.

jaro, ra. adj. Dícese del animal que tiene el pelo rojizo, y especialmente del *cerdo y del jabalí. Ú. t. c. s.

jarocho, cha. m. y f. Persona *rústica y *descarada, de modales bruscos y descompuestos. Ú. t. c. adj.

jaropar. tr. fam. **Terap.* Dar a uno muchos jaropes o medicinas de botica. ‖ fig. y fam. Disponer y dar en forma de jarope alguna *bebida que no sea de botica.

jarope. m. **Jarabe.** ‖ fig. y fam. Trago amargo o *bebida desagradable.

jaropear. tr. fam. **Jaropar.**

jaropeo. m. fam. Uso excesivo y frecuente de jaropes.

jaroso, sa. adj. Lleno o poblado de *jaras.

jarra. f. *Vasija de barro, loza o cristal, con cuello y boca anchos y una o más asas. ‖ Orden antigua de caballería en el reino de Aragón. ‖ **En jarras.** m. adv. En la *actitud que resulta de ponerse una persona las manos en la cintura con los codos hacia afuera.

jarrar. tr. fam. **Jaharrar.**

jarrazo. m. aum. de **Jarro.** ‖ *Golpe dado con jarra o jarro.

jarrear. intr. fam. *Sacar frecuentemente agua o vino con el jarro. ‖ fam. y p. us. Golpear, dar jarrazos. ‖ fig. *Llover copiosamente.

jarrear. tr. **Jaharrar.**

jarrero. m. El que hace o vende jarros.

jarreta. f. d. de **Jarra.**

jarretear. tr. ant. **Desjarretar.** ‖ fig. Enervar, *debilitar, *desanimar. Ú. t. c. r.

jarrete. m. **Corva.** ‖ **Corvejón.** ‖ Parte alta y carnuda de la pantorrilla hacia la corva.

jarretera. f. *Liga con su hebilla, para sujetar la *media o el *calzón por el jarrete. ‖ *Orden militar* instituida en Inglaterra.

jarro. m. *Vasija de barro, loza, vidrio o metal, a manera de jarra y con sólo una asa. ‖ Cantidad de líquido que cabe en ella. ‖ Medida de *capacidad para el vino, equivalente a un litro y veinticuatro centilitros. ‖ fam. El que habla a *gritos. ‖ **A jarros.** m. adv. fig. y fam. **A cántaros.** ‖ **Echarle** a uno **un jarro de agua,** o **de agua fría.** fr. fig. y fam. *Desanimarle o causarle un *desengaño.

jarrón. m. Pieza arquitectónica en forma de jarro, que se usa como elemento *ornamental. ‖ Vaso, por lo general de porcelana, artísticamente labrado.

jasa. f. **Sajadura.**

jasador. m. **Cir.* Sajador o sangrador.

jasadura. f. **Sajadura.**

jasar. tr. Sajar.

jaspe. m. **Miner.* *Piedra silícea de grano fino, textura homogénea y colores variados. ‖ *Mármol veteado.

jaspeado, da. adj. Veteado o salpicado de *pintas como el jaspe. ‖ m. Acción y efecto de jaspear.

jaspear. tr. *Pintar imitando las vetas y salpicaduras del jaspe.

jaspón. m. *Mármol de grano grueso.

jateo, a. adj. *Mont.* V. **Perro jateo.** Ú. t. c. s.

játib. m. En Marruecos, *predicador.

jatibés. adj. **Jativés.**

jatibí. adj. Dícese de una especie de *uva de hollejo duro.

jativés, sa. adj. Natural de Játiva. Ú. t. c. s. ‖ Perteneciente a esta villa.

jato, ta. m. y f. **Ternero, ra.**

¡jau! interj. para incitar a algunos animales, especialmente a los *toros.

jaudo, da. adj. **Jauto.**

jauja. f. fig. Lugar o situación *afortunada donde todo es *abundancia, prosperidad y *riqueza.
***jaula.** f. Caja hecha con listones de madera, mimbres, alambres, etc., con suficiente espacio entre unos y otros para el paso del aire, y destinada a encerrar animales pequeños. ‖ Encierro formado con enrejados de hierro o de madera. ‖ *Embalaje de madera formado con tablas o listones, colocados a cierta distancia unos de otros. ‖ **Min.* Armazón colgada del cintero y sujeta entre guías, que se emplea en las minas para subir y bajar los operarios y los materiales.
jaulilla. f. Adorno antiguo del *tocado, hecho a manera de *red.
jaulón. m. aum. de **Jaula.**
jauría. f. Conjunto de *perros que cazan dirigidos por un mismo perrero.
jauto, ta. adj. *Insípido y sin sal.
javanés, sa. adj. Natural de Java. Ú. t. c. s. ‖ Perteneciente a esta isla de la Oceanía. ‖ m. *Lengua hablada por los **javaneses.**
javera. f. **Jabera.**
javo, va. adj. **Javanés.** Apl. a pers., ú. t. c. s.
jayán, na. m. y f. Persona de gran de *estatura y de muchas *fuerzas. ‖ m. *Germ.* *Rufián respetado por todos los demás.
jayón. m. Niño *expósito, que ha sido recogido.
jazarán. m. **Jacerina.**
jazmín. m. *Arbusto de las jazmíneas, con tallos largos, algo trepadores, y flores blancas, olorosas, de cinco pétalos soldados por la parte inferior. ‖ Flor de este arbusto. ‖ **amarillo.** Mata o arbustillo de la misma familia que el anterior, con flores amarillas, olorosas, en grupos pequeños. ‖ Flor de este arbusto. ‖ **de España.** Especie cuyas flores colorean algo por fuera y son blancas por dentro, y mayores, más hermosas y mucho más olorosas que las del **jazmín** común. ‖ Flor de este arbusto. ‖ **de la India. Gardenia.** ‖ **real. Jazmín de España.**
jazmíneo, a. adj. **Bot.* Dícese de matas y arbustos dicotiledóneos, derechos o trepadores, cuyo tipo es el jazmín. Ú. t. c. s. f. ‖ f. pl. *Bot.* Familia de estas plantas.
jazz. m. *Música oriunda de Norteamérica y basada en los cantos religiosos de los negros. ‖ Música sincopada de igual origen.
jea. f. Tributo que se pagaba en la *aduana por la introducción de los géneros de tierra de moros en Castilla y Andalucía.
jebe. m. ***Alumbre.** ‖ ***Goma elástica.**
jeda. adj. f. Dícese de la *vaca recién parida y que está criando.
jedive. m. Título del virrey de Egipto.
jedrea. f. fam. **Ajedrea.**
***jefa.** f. Superiora o cabeza de una colectividad, oficina, taller, etc.
jefatura. f. *Empleo o dignidad de *jefe. ‖ Puesto de *policías o guardias de seguridad bajo las órdenes de un jefe.
***jefe.** m. Superior o cabeza de un cuerpo, oficina, taller, etc. ‖ **Adalid.** ‖ En la *milicia y en la marina, categoría superior a la de capitán e inferior a la de general. ‖ **Blas.* Cabeza o parte alta del escudo de armas. ‖ **de día.** *Mil.* Cualquiera de los que turnan por días en el servicio de vigilancia. ‖ **de escuadra.** *Mil.* En la *armada, grado que equivalía al de mariscal de campo en el ejército. ‖ **político.** El que tenía el mando superior de una provincia en la parte gubernativa, como ahora el *gobernador civil. ‖ **Mandar** uno **en jefe.** fr. *Mandar como cabeza principal.
Jehová. m. Nombre de *Dios en la lengua hebrea.
jeito. m. *Red usada en el Cantábrico para la *pesca de la anchoa y la sardina.
jeja. f. *Trigo candeal.
¡je, je, je! interj. con que se denota la *risa.
jején. m. *Insecto díptero, más pequeño que el *mosquito, y cuya picadura es muy irritante.
jejo. m. *Piedra, guijarro.
jeliz. m. Oficial encargado en el antiguo reino de Granada de todo lo referente a la venta de la *seda.
jemal. adj. Que tiene la distancia y longitud del jeme.
jeme. m. Medida de *longitud equivalente a la distancia que hay desde la extremidad del *dedo pulgar a la del dedo índice, separado el uno del otro todo lo posible. ‖ fig. y fam. **Palmito** (*cara de mujer).
jenabe. m. ***Mostaza.**
jenable. m. **Jenabe.**
jengibre. m. *Planta india, de las cingiberáceas, cuyo rizoma, de sabor acre y picante como el de la pimienta, se usa en medicina y como *condimento. ‖ Rizoma de esta planta.
jeniquén. m. **Henequén.**
jenízaro, ra. adj. ant. Decíase del hijo de padres de diversa nación. Usáb. t. c. s. ‖ fig. *Mezclado de dos especies de cosas. ‖ **Etnog.* Dícese del descendiente de cambujo y china, o de chino y cambuja. Ú. t. c. s. ‖ m. Soldado de infantería de la antigua guardia del emperador de los turcos.
jeque. m. *Soberano, entre los musulmanes y otros pueblos orientales, que gobierna y manda un territorio o provincia.
jeque. m. **Jaque** (de las *alforjas).
jera. f. Ocupación, quehacer, *trabajo. ‖ fig. **Yugada.**
jera. f. **Regalo** (*comodidad y buena *comida).
jerapellina. f. *Vestido hecho *andrajos.
jerarca. m. Superior y principal en la jerarquía eclesiástica.
jerarquía. f. Orden entre los diversos coros de los ángeles y los grados *eclesiásticos. ‖ Por ext., *orden o *grados de otras personas y cosas.
jerárquicamente. adv. m. De manera jerárquica.
jerárquico, ca. adj. Perteneciente o relativo a la jerarquía.
jerarquizar. tr. *Ordenar jerárquicamente.
jerbo. m. *Mamífero roedor, del tamaño de una rata, con miembros anteriores muy cortos, y excesivamente largos los posteriores.
jeremía. m. Pepita del *pimiento.
jeremiada. f. *Queja, *llanto o muestra exagerada de dolor.
jeremías. com. fig. Persona que continuamente se está *quejando.
jerez. m. fig. *Vino blanco y de fina calidad que se elabora en la zona integrada por los municipios de Jerez de la Frontera, Puerto de Santa María y Sanlúcar de Barrameda.
jerezano, na. adj. Natural de Jerez. Ú. t. c. s. ‖ Perteneciente a una de las poblaciones de este nombre.
jerga. f. *Tela gruesa y tosca. ‖ **Jergón.** ‖ **Estar** una cosa **en jerga.** fr. fig. y fam. Hallarse *pendiente de conclusión o perfeccionamiento.
***jerga.** f. Lenguaje especial que usan entre sí los individuos de ciertas profesiones y oficios. ‖ **Jerigonza.**
jergal. adj. Propio de la *jerga.
***jergón.** m. *Colchón de paja, esparto, hojas, etc., y sin bastas. ‖ fig. y fam. *Vestido mal hecho y poco ajustado al cuerpo. ‖ fig. y fam. Persona *gruesa y mal conformada.
jergón. m. Circón de color verdoso que suele usarse en *joyería.
jergueta. f. d. de **Jerga.**
jerguilla. f. *Tela delgada de seda o lana.
jeribeque. m. Guiño, *gesto, contorsión. Ú. m. en pl.
Jericó. n. p. V. **Rosa de Jericó.**
jerife. m. *Musulmán descendiente de Mahoma por su hija Fátima. ‖ Individuo de la dinastía reinante en Marruecos. ‖ *Gobernador de la ciudad de la Meca.
jerifiano, na. adj. Perteneciente o relativo al jerife. ‖ Aplícase en lenguaje diplomático, al sultán de Marruecos.
jerigonza. f. ***Jerga** (*lenguaje especial). ‖ fig. y fam. *Lenguaje de mal gusto, complicado o *incomprensible. ‖ fig. y fam. Acción *ridícula.
***jeringa.** f. Instrumento compuesto de un tubo que termina por su parte anterior en un cañoncito delgado, y dentro del cual juega un émbolo. Sirve para aspirar un líquido y expelerlo luego con más o menos fuerza. ‖ Instrumento de igual clase dispuesto para impeler una masa o materia blanda.
jeringación. f. fam. Acción de jeringar.
jeringador, ra. adj. fam. Que jeringa. Ú. t. c. s.
jeringar. tr. Aplicar el chorro que sale de la *jeringa o hacer que penetre en alguna cavidad. ‖ Introducir con la jeringa un líquido en el intestino. Ú. t. c. r. ‖ fig. y fam. *Molestar o enfadar. Ú. t. c. r.
jeringatorio. m. fam. **Jeringación.**
jeringazo. m. Acción de arrojar el líquido introducido en la *jeringa. ‖ Líquido así arrojado.
jeringuilla. f. *Arbusto de las filadelfas, de flores blancas en racimos, muy olorosas. ‖ Flor de esta planta.
jeringuilla. f. Jeringa pequeña con una aguja hueca para practicar *inyecciones.
jeroglífico, ca. adj. Aplícase a la *escritura en que no se representan las palabras con signos fonéticos o alfabéticos, sino mediante figuras o símbolos que corresponden al significado de las voces. ‖ m. Cada uno de los caracteres o figuras usados en este género de escritura. ‖ *Pasatiempo que consiste en substituir una palabra o frase con signos o figuras cuyo nombre tiene más o menos analogía con lo que quiere dar a entender. ‖ Conjunto de estos signos o figuras.
jeronimiano, na. adj. Perteneciente a la orden de San Jerónimo.
jerónimo, ma. adj. Dícese del *fraile de la orden de San Jerónimo. Ú. t. c. s. ‖ **Jeronimiano.**
jerosolimitano, na. adj. Natural de Jerusalén. Ú. t. c. s. ‖ Perteneciente a esta ciudad de Palestina.
jeroz. m. *Semblante desapacible o con expresión malhumorada.
jerpa. f. Sarmiento delgado y estéril que echan las *vides por la parte de abajo.
jerricote. m. *Guisado o potaje com-

puesto de almendras, azúcar y otros ingredientes, cocido todo en caldo de gallina.
jersey. m. *Indum.* Especie de blusa o camiseta de tejido de punto.
jertas. f. pl. *Germ.* Las *orejas.
jeruga. f. Vaina de las *legumbres.
jerviguilla. f. d. desus. de **Jervilla.**
jervilla. f. **Servilla.**
Jesé. n. p. V. **Vara de Jesé.**
jesnato, ta. adj. Díjose de la persona que desde su *nacimiento fue *consagrada a *Jesús. Ú. t. c. s.
***Jesucristo.** m. Nombre del Hijo de Dios hecho hombre.
jesuita. adj. Dícese del *fraile de la orden de clérigos regulares de la Compañía de Jesús, fundada por San Ignacio de Loyola. Ú. t. c. s. ‖ V. **Té de los jesuitas.**
jesuítico, ca. adj. Perteneciente a la Compañía de Jesús.
jesuitismo. m. Conducta cautelosa, como la que algunos atribuyen a los jesuitas.
***Jesús.** m. ***Jesucristo.** ‖ **nazareno. Jesús.** ‖ **Decir los Jesuses.** fr. ant. Ayudar a bien *morir. ‖ **En un decir Jesús,** o **en un Jesús.** loc. adv. fig. y fam. En un instante. ‖ **Sin decir Jesús.** loc. adv. fig. con que se pondera lo instantáneo de la *muerte de una persona.
jesusear. intr. fam. Repetir muchas veces el nombre de *Jesús.
jeta. f. *Boca saliente por su configuración o por tener los *labios muy abultados. ‖ fam. ***Cara.** ‖ Hocico del *cerdo. ‖ ***Grifo** (llave de salida o de paso para líquidos). ‖ **Espita.** ‖ **Estar** uno **con tanta jeta.** fr. fig. y fam. Mostrar en el semblante *disgusto o mal humor.
jetar. tr. Desleír o *disolver algo en cosa líquida.
jetazo. m. **Mojicón** (*golpe).
jeto. m. *Colmena vacía, que se unta con aguamiel, para que acudan a ella los enjambres.
jetón, na. adj. **Jetudo.**
jetudo, da. adj. Que tiene jeta.
ji. f. Vigésima segunda *letra del alfabeto griego.
jíbaro, ra. adj. Dícese de la gente *rústica y de lo relativo a ella. ‖ Dícese de los animales *indómitos. ‖ *Etnogr.* Dícese del descendiente de albarazado y calpamula, o de calpamulo y albarazada. Ú. t. c. s.
jibia. f. *Molusco cefalópodo, comestible, muy parecido al calamar. ‖ **Jibión.**
jibión. m. Pieza caliza de la jibia, que sirve a los *plateros para hacer moldes. ‖ En las costas de Cantabria, **calamar.**
***jícara.** f. Vasija pequeña de madera. ‖ *Taza pequeña.
jicarazo. m. *Golpe dado con una jícara. ‖ Administración alevosa de *veneno.
jícaro. m. **Güira.**
jicarón. m. aum. de **Jícara.**
jicote. m. Avispa gruesa de Honduras. ‖ Panal de esta avispa.
jicotea. f. **Hicotea.**
jiennense. adj. **Jaenés.** Apl. a pers., ú. t. c. s.
jifa. f. *Desperdicio que se tira en el *matadero al descuartizar las reses.
jiferada. f. *Golpe dado con el jifero.
jifería. f. Ejercicio de matar y desollar las reses.
jifero, ra. adj. Perteneciente al *matadero. ‖ fig. y fam. *Sucio, *desaliñado. ‖ *Descortés, grosero. ‖ m. *Cuchillo con que matan y descuartizan las reses. ‖ Oficial que mata las reses y las descuartiza.
jifia. f. **Pez espada.**
jiga. f. **Giga.**
jigote. m. **Gigote.**
jiguilete. m. **Jiquilete.**
jijallar. m. *Monte poblado de jijallos.
jijallo. m. **Caramillo** (planta).
jijas. f. pl. **Brío** (*fuerza, *valor, ánimos).
jijear. intr. Lanzar jijeos.
jijeo. m. *Grito con que los mozos suelen terminar los *cantares.
¡ji, ji, ji! interj. con que se denota la *risa.
jijona. f. Variedad de *trigo álaga. ‖ m. *Confit.* Turrón de almendra machacada.
jileco. m. **Jaleco.**
jilguera. f. Hembra del jilguero.
jilguero. m. *Pájaro muy común en España, que se domestica fácilmente, canta bien y puede cruzarse con el canario.
jilmaestre. m. *Artill.* Teniente mayoral para el gobierno de las *caballerías.
jilote. m. Mazorca de *maíz, cuando sus granos no han cuajado aún.
jilotear. intr. Empezar a cuajar el *maíz.
jimelga. f. *Mar.* Refuerzo de madera en forma de teja y de largo variable, que se da a los palos de la *arboladura.
jimelgar. tr. *Mar.* Echar o poner jimelgas.
jimenzar. tr. Quitar al *lino o cáñamo seco la simiente.
jimia. f. **Simia.**
jimio. m. **Simio.**
jindama. f. *Germ.* **Miedo.**
jinestada. f. *Salsa que se hace de leche, harina de arroz y otras cosas.
jineta. f. *Mamífero carnicero, que, en algunos países, reemplaza al gato doméstico, pero que, a causa de la algalia que segrega, esparce una fetidez insoportable.
jineta. f. *Equit.* Arte de montar a caballo con los estribos cortos y las piernas dobladas, pero en posición vertical desde la rodilla abajo. ‖ *Lanza corta que se usó como *insignia de los capitanes de infantería. ‖ Charretera de seda, que usaban los sargentos como divisa. ‖ *Tributo que en otro tiempo se imponía sobre los *ganados.
jinetada. f. p. us. Acto de *jactancia.
***jinete.** m. *Soldado de a caballo. ‖ → El que cabalga. ‖ El que es diestro en la equitación. ‖ Caballo a propósito para ser montado a la jineta. ‖ *Caballo castizo.
jinetear. intr. *Equit.* Pasear a caballo, alardeando de gala y primor. ‖ tr. *Domar caballos cerriles.
jinglar. intr. *Oscilar o mecerse algo que está colgado.
jingoísmo. m. Patriotismo exaltado y agresivo.
jínjol. m. **Azufaifa.**
jinjolero. m. ***Azufaifo.**
jipijapa. f. Tira fina, flexible y muy tenaz, que se saca de las hojas del bombonaje y se emplea para *tejer sombreros, petacas, etc. ‖ m. *Sombrero de **jipijapa.**
jiquilete. m. *Planta leguminosa, de cuyas hojas se obtiene añil de superior calidad.
jira. f. *Banda o trozo algo grande y largo de *tela. ‖ **Hacer jiras y capirotes.** fr. fig. y fam. **Hacer mangas y capirotes.**
jira. f. *Banquete o merienda en el campo para diversión y algazara.
jirafa. f. Mamífero *rumiante, de cinco metros de altura, cuello largo y esbelto, con las extremidades posteriores más cortas que las anteriores y cabeza pequeña con dos cuernos poco desarrollados.
jirapliega. f. *Farm.* Electuario purgante.
jirel. m. *Guarn.* Gualdrapa o *manta rica de caballo.
jiride. f. *Planta herbácea de las irídeas.
jirofina. f. *Salsa hecha con bazo de carnero, pan tostado y otros ingredientes.
jiroflé. m. **Giroflé.**
***jirón.** m. *Indum.* Faja que se echa en el ruedo del sayo o saya. ‖ → Pedazo desgarrado del vestido o de otra ropa. ‖ *Pendón o guión que remata en punta. ‖ fig. *Parte o porción pequeña de un todo. ‖ *Blas.* Figura triangular que apoyándose en el borde del escudo llega hasta el centro de éste.
jironado, da. adj. Roto, hecho *jirones. ‖ Guarnecido o adornado con jirones. ‖ *Blas.* Dícese del escudo dividido en ocho triángulos.
jirpear. tr. *Agr.* Cavar las cepas de las *vides alrededor, dejando un *hoyo.
jisca. f. **Carrizo.**
jiste. m. **Giste.**
jitar. tr. ant. ***Vomitar.** ‖ Echar, expulsar, *arrojar.
jito. m. *Metal.* Canal por donde corre la fundición.
¡jo! interj. **¡So!**
job. m. Hombre de mucha *paciencia.
jobo. m. *Árbol americano de las terebintáceas, con fruto amarillo parecido a la ciruela.
jocalias. f. pl. ant. Alhajas de iglesia y otros objetos del *culto.
jockey. m. *Jinete para caballos de carreras.
jocó. m. **Orangután.**
jocosamente. adv. m. Con jocosidad.
jocoserio, ria. adj. Que participa de las calidades de lo serio y de lo jocoso.
jocosidad. f. Calidad de jocoso. ‖ *Gracia, donaire.
jocoso, sa. adj. *Gracioso, festivo.
jocundidad. f. *Alegría.
jocundo, da. adj. *Alegre y agradable.
***jofaina.** f. Vasija ancha y poco profunda que sirve para lavarse la cara y las manos.
jofor. m. Pronóstico, *predicción, entre los moriscos.
joglería. f. ant. Pasatiempo, *diversión.
jojoto. m. Fruto del *maíz en leche.
jolgorio. m. fam. **Holgorio.**
jolito. m. Calma, *interrupción, suspensión. ‖ **En jolito.** m. adv. *Burlado o chasqueado.
joloano, na. adj. Natural de Joló. Ú. t. c. s. ‖ Perteneciente a cualquiera de las islas de este archipiélago de Oceanía.
jollín. m. fam. *Diversión bulliciosa, *alboroto.
jónico, ca. adj. Natural de Jonia. Ú. t. c. s. ‖ Perteneciente o relativo a las regiones de este nombre de Grecia y Asia antiguas. ‖ V. **Orden jónico.** ‖ m. Pie de la *poesía griega y latina, compuesto de cuatro sílabas. ‖ Dialecto **jónico,** uno de los cuatro principales de la *lengua griega.
jonio, nia. adj. **Jónico.**
jonja. f. *Burla que se hace remedando a una persona.
jonjabar. tr. fam. Engatusar, lisonjear, *adular.
jonjabero, ra. adj. *Adulador.
jonjaina. f. *Engaño.
jonjana. f. *Engaño, palabrería vana.

joparse. r. Irse, *huir, escapar.
¡jopo! interj. fam. **¡Hopo!**
jora. f. *Maíz preparado para hacer chicha.
jorcar. tr. **Ahechar.**
jorco. m. *Fiesta o *baile entre gente vulgar.
jordán. m. fig. Lo que devuelve la *juventud y la *pureza. ‖ **Ir** uno **al Jordán.** fr. fig. y fam. Remozarse o recobrar la *salud.
jorfe. m. Muro o *pared para sostenimiento de tierras. ‖ *Peñasco tajado que forma despeñadero.
Jorge. n. p. V. **Tirar de la oreja a Jorge.**
jorgolín. m. *Germ.* Compañero o criado de *rufián.
jorgolino. m. *Germ.* **Jorgolín.**
jorguín, na. m. y f. Persona que hace *hechicerías.
jorguinería. f. ***Hechicería.**
jornada. f. Camino que yendo de *viaje se anda regularmente en un día. ‖ Todo el *camino o viaje, aunque pase de un día. ‖ Expedición *guerrera. ‖ Viaje que los *reyes hacen a los sitios reales. ‖ Tiempo que residen en alguno de estos sitios. ‖ Tiempo de duración del *trabajo diario de los obreros. ‖ fig. Lance, *ocasión. ‖ fig. Tiempo que dura la *vida del hombre. ‖ fig. Tránsito del alma del que *muere, de esta vida a la eterna. ‖ fig. En el *teatro español, **acto.** ‖ **Impr.* Tirada que se hacía en un día. ‖ **A grandes,** o **a largas, jornadas.** m. adv. fig. Con celeridad y *prontitud. ‖ **Caminar** uno **por** sus **jornadas.** fr. fig. Proceder con tiempo y *prudencia.
jornaguearse. r. Anadear, *andar con indolencia y desgarbo.
jornal. m. Estipendio o *remuneración que uno gana por cada día de *trabajo. ‖ Este mismo *trabajo. ‖ Medida *superficial agraria, de extensión varia. ‖ **A jornal.** m. adv. Mediante determinado salario cotidiano.
jornalar. tr. **Ajornalar.**
jornalero, ra. m. y f. Persona que *trabaja a jornal.
***joroba.** f. **Corcova.** ‖ fig. y fam. *Impertinencia, *molestia.
***jorobado, da.** adj. **Corcovado.** Ú. t. c. s.
jorobadura. f. Acción y efecto de jorobar.
jorobar. tr. fig. y fam. **Gibar** (*molestar). Ú. t. c. r.
jorobeta. com. Persona que tiene *joroba.
jorro (a). m. adv. *Mar.* A remolque.
josa. f. *Terreno sin cercar, plantado de vides y árboles frutales.
jostra. f. **Suela** (del *calzado). ‖ Suela hecha del mismo cuero que las abarcas y cosida a éstas como refuerzo. ‖ **Mancha.**
jostrado, da. adj. Aplícase a la *saeta o virote guarnecido de un cerco de hierro y con la cabeza redonda.
jota. f. Nombre de la *letra *j*. ‖ Cosa mínima, *insignificante o *escasa. Ú. siempre con negación. ‖ **No entender** uno, o **no saber jota,** o **una jota.** fr. fig. y fam. Ser muy *ignorante en una cosa. ‖ **Sin faltar jota,** o **una jota.** expr. adv. fig. y fam. **Sin faltar una coma.**
jota. f. *Baile popular propio de Aragón y Valencia. ‖ Música de este baile.
jota. f. **Ojota.**
jota. f. Potaje de bledos y otras verduras rehogado todo en caldo de la olla.
jote. m. Especie de buitre de Chile.
jotero, ra. m. y f. Persona que *baila la jota.
joule. m. **Electr.* Nombre del **julio,** en la nomenclatura internacional.
jovada. f. *Superficie que puede arar en un día un par de mulas.
***joven.** adj. De poca edad. Ú. t. c. s. ‖ **Joven de Lenguas.** Categoría inferior, hoy extinguida, de la carrera oficial de *intérpretes.
jovenado. m. En algunas *órdenes religiosas*, tiempo que están los profesos bajo la dirección de un maestro. ‖ Casa o cuarto en que habitan.
jovenzuelo, la. adj. d. de **Joven.**
jovial. adj. **Mit.* Perteneciente a Jove o Júpiter. ‖ *Alegre, *apacible.
jovialidad. f. *Alegría y *apacibilidad de genio.
jovialmente. adv. m. Con jovialidad.
***joya.** Objeto de metal precioso, guarnecido a veces de perlas o piedras finas, que sirve principalmente de adorno. ‖ *Agasajo o *regalo. ‖ **Brocamantón.** ‖ V. **Día de joya, o de la joya.** ‖ fig. Cosa o persona *excelente, de mucha valía. ‖ *Arq.* y *Artill.* **Astrágalo.** ‖ pl. Conjunto de *ropas y alhajas que lleva una mujer al *matrimonio.
joyante. adj. V. **Seda joyante.**
joyel. m. Joya pequeña.
joyelero. m. **Guardajoyas.**
joyera. f. La que tiene tienda de *joyería. ‖ Mujer que hacía y *bordaba adornos mujeriles.
***joyería.** f. Trato y comercio de *joyas. ‖ Tienda donde se venden. ‖ Taller en que se construyen.
joyero. m. El que tiene tienda de *joyería. ‖ Estuche, *caja o mueble para guardar joyas.
joyo. m. **Cizaña.**
joyón. m. aum. de **Joya.**
joyosa. f. *Germ.* ***Espada.**
joyuela. f. d. de **Joya.**
juaguarzo. m. **Jaguarzo.**
juan. m. *Germ.* Cepo de iglesia. ‖ pl. En Marruecos, hermanos de una cofradía. ‖ **Juan de buen alma.** fam. **Buen Juan.** ‖ **de Garona,** *Germ.* **Piojo.** ‖ **Díaz.** *Germ.* Candado o cerradura. ‖ **Dorado.** *Germ.* *Moneda de oro. ‖ **Lanas.** fam. Hombre *tímido o demasiado *dócil. ‖ **Machir.** *Germ.* **Machete.** ‖ **Palomo.** fam. Hombre que pretende hacérselo todo *solo, sin valerse de nadie. ‖ **Platero.** *Germ.* *Moneda de plata. ‖ **Tarafe.** *Germ.* **Tarafe.** ‖ **Buen Juan.** fam. Hombre sencillo y *cándido. ‖ **Hacer San Juan.** fr. fam. Despedirse los mozos asalariados antes de cumplir el tiempo de su ajuste.
juanero. m. *Germ.* *Ladrón que abre cepos de iglesia.
juanete. m. *Mejilla o pómulo muy abultado. ‖ Hueso del nacimiento del dedo grueso del *pie, cuando sobresale demasiado. ‖ *Mar.* Cada una de las *vergas que se cruzan sobre las gavias, y las *velas que en aquéllas se envergan. ‖ **Veter.* Sobrehueso que se forma en la cara inferior del tejuelo a las caballerías.
juanetero. m. *Mar.* *Marinero encargado de la maniobra de los juanetes.
juanetudo, da. adj. Que tiene juanetes.
juanillo. m. *Propina, gratificación. ‖ *Soborno, cohecho. ‖ **Alboroque.**
juarda. f. *Suciedad que sacan el *paño o la tela de seda por no haberles quitado bien la *grasa.
juardoso, sa. adj. Que tiene juarda.
juba. f. **Aljuba.**
juba. f. Melena o cabellera.
jubete. m. *Cota o coleto cubierto de malla de hierro que usaron los soldados españoles.
jubetería. f. Tienda donde se vendían jubetes y jubones. ‖ Oficio de jubetero.
jubetero. m. El que hacía jubetes y jubones.
jubilación. f. Acción y efecto de jubilar o jubilarse. ‖ Haber pasivo o *pensión que disfruta la persona jubilada.
jubilado, da. adj. Dícese del que ha sido jubilado. Ú. t. c. s.
jubilante. p. a. ant. de **Jubilar.** Que se jubila o se alegra.
jubilar. adj. Perteneciente al jubileo.
jubilar. tr. *Eximir del servicio, por ancianidad o imposibilidad física, a un *empleado, señalándole *pensión vitalicia. ‖ fig. y fam. Desechar por inútil una cosa. ‖ intr. *Alegrarse, regocijarse. Ú. t. c. r. ‖ r. Conseguir la jubilación. Usáb. t. c. intr.
jubileo. m. *Festividad pública que celebraban los israelitas al terminar cada período de siete semanas de años. Con ocasión de ella no se sembraba ni se segaba; todos los predios vendidos volvían a su antiguo dueño, y los esclavos recobraban la libertad. ‖ Entre los cristianos, *indulgencia plenaria concedida por el Papa. ‖ **Cronol.* Espacio de tiempo que contaban los judíos de un **jubileo** a otro. ‖ fig. *Concurrencia frecuente de muchas personas en una casa u otro sitio. ‖ **de caja.** El que se concede con la obligación de dar una *limosna. ‖ **Ganar el jubileo.** fr. Hacer las diligencias necesarias para conseguir las indulgencias. ‖ **Por jubileo.** m. adv. fig. y fam. Rara vez, de manera *infrecuente.
júbilo. m. Viva *alegría que se manifiesta con signos exteriores. ‖ pl. Tanteo de cinco puntos seguidos, en el juego de la *pelota.
jubilosamente. adv. m. Con júbilo.
jubiloso, sa. adj. *Alegre, lleno de júbilo.
jubillo. m. *Fiesta pública que consistía en correr por la noche un toro que llevaba en las astas unas grandes bolas de pez y resina encendidas. ‖ *Toro que se corría de esta manera.
jubo. m. *Serpiente pequeña de Cuba.
jubo. m. **Yugo.**
jubón. m. *Vestidura ajustada al cuerpo, que cubre desde los hombros hasta la cintura. ‖ **de azotes.** fig. y fam. Pena de *azotes en las espaldas. ‖ **de nudillos.** Especie de *cota. ‖ **ojeteado. Jubete.**
jubonero. m. El que tiene por oficio hacer jubones.
júcaro. m. Árbol de las Antillas, de la familia de las combretáceas.
judaica. f. Púa de equino *fósil.
***judaico, ca.** adj. Perteneciente a los *judíos.
***judaísmo.** m. **Hebraísmo.**
judaizante. p. a. de **Judaizar.** Que judaíza. Ú. t. c. s.
judaizar. intr. Abrazar la religión de los *judíos. ‖ Practicar ritos y ceremonias de la ley judaica.
judas. m. fig. Hombre alevoso, *traidor. ‖ Gusano de *seda que se engancha al subir al embojo y muere colgado. ‖ Mirilla de la celda de una *prisión. ‖ fig. *Muñeco de paja que en algunas partes ponen en la calle durante la Semana Santa y después lo queman. ‖ **Estar hecho,** o **parecer,** uno **un Judas.** fr. fig. y fam. Vestir con *desaliño, ser desaseado.
judería. f. Barrio destinado para

habitación de los *judíos. ‖ Cierto *impuesto que pagaban los judíos.
judezno, na. m. y f. ant. Hijo de *judío.
***judía.** f. Planta herbácea anual, de las leguminosas, con fruto en vainas aplastadas, terminadas en dos puntas y con varias semillas de forma de riñón. ‖ Fruto de esta planta. ‖ Semilla de esta planta. ‖ En el juego del monte, cualquier *naipe de figura. ‖ **Avefría.** ‖ **de careta.** Planta parecida a la **judía,** pero con semillas pequeñas, blancas, con una manchita negra y redonda en uno de sus extremos. ‖ Fruto de esta planta. ‖ Semilla de esta planta.
judiada. f. Acción propia de *judíos. ‖ p. us. Muchedumbre o conjunto de *judíos. ‖ fig. y fam. Acción *cruel e inhumana. ‖ fig. y fam. *Ganancia o lucro excesivo y escandaloso.
judiar. m. Tierra sembrada de judías.
judicante. m. Cada uno de los *jueces que condenaban o absolvían a los ministros de justicia denunciados.
judicatura. f. Ejercicio de juzgar. ‖ Dignidad o empleo del *juez. ‖ Tiempo que dura. ‖ Cuerpo constituido por los jueces de un país.
***judicial.** adj. Perteneciente al juicio, a los jueces o a la administración de *justicia.
judicialmente. adv. m. Por autoridad o procedimiento judicial.
judiciario, ria. adj. V. ***Astrología judiciaria.** Ú. t. c. s. ‖ Perteneciente a ésta. ‖ m. El que profesa esta ciencia.
judiego, ga. adj. Dícese de una especie de *aceituna, buena para hacer aceite, pero no para comer.
judihuela. f. d. de **Judía.**
***judío, a.** adj. **Hebreo.** Apl. a pers., ú. t. c. s. ‖ Natural de Judea. Ú. t. c. s. ‖ Perteneciente a este país de Asia antigua. ‖ fig. *Avaro, que presta con *usura. ‖ m. **Judión.** ‖ **de señal. Judío** *converso a quien se le hacía llevar una señal en el hombro.
judión. m. Cierta variedad de *judía, con las vainas más anchas, cortas y estoposas.
***juego.** m. Acción y efecto de jugar. ‖ Ejercicio recreativo sometido a reglas, y en el cual se gana o se pierde. ‖ En sentido absoluto, **juego de azar.** ‖ En los juegos de *naipes, conjunto de cartas que se reparten a cada jugador. ‖ *Articulación o manera de estar unidas dos cosas de suerte que sujeta una de ellas pueda moverse la otra; como en los *goznes, coyunturas, etc. ‖ Movimiento de las piezas articuladas. ‖ *Conjunto de *utensilios u objetos relacionados entre sí y que sirven al mismo fin. ‖ En los *carruajes de cuatro ruedas, cada una de las dos armazones, compuestas de un par de aquéllas en el mismo eje. ‖ Visos, *colores, *reflejos o cambiantes que resultan de la mezcla o disposición particular de algunas cosas. ‖ Casa, local o sitio en que se juega. ‖ fig. *Habilidad y arte. ‖ **a largo.** El de *pelota cuando ésta se dirige de persona a persona. ‖ **carteado.** Cualquiera de los de *naipes que no es de envite. ‖ **de alfileres.** El que consiste en empujar cada jugador un alfiler que le pertenece, para formar cruz con otro alfiler, que hace suyo si logra formarla. ‖ **de azar. Juego de suerte.** ‖ **de cartas. Juego de naipes.** ‖ **de compadres.** fig. y fam. *Confabulación de dos o más personas que aparentan estar en desacuerdo. ‖ **de cubiletes.** fig. y fam. Artificio con que se trata de *engañar a uno. ‖ **de envite.** Cada uno de aquellos en que se apuesta dinero sobre un lance determinado. ‖ **de *ingenio.** Ejercicio de entendimiento, en que por diversión o *pasatiempo se trata de resolver una cuestión propuesta o un problema. ‖ **de la campana.** Juego infantil en que dos niños, dándose la espalda y enlazándose por los brazos, se suspenden alternativamente. ‖ **del hombre. Hombre.** ‖ **del oráculo.** Diversión que consiste en dirigir preguntas en verso, que han de ser contestadas en igual metro. ‖ **de los cantillos.** El que consiste en lanzar a lo alto varias piedrecitas para recogerlas en el aire al caer. ‖ **de manos.** Acción de darse palmadas unas personas a otras por diversión o afecto. ‖ Escamoteo y otras suertes que hacen los *prestidigitadores. ‖ fig. *Hurto disimulado. ‖ **de naipes.** Cada uno de los que se juegan con ellos. ‖ **de niños.** fig. Modo de proceder con *informalidad. ‖ Cosa muy *fácil. ‖ **de palabras.** Artificio que consiste en usar palabras en sentido equívoco o en varias de sus acepciones, ya sea por *donaire, *pasatiempo o prueba de *ingenio. ‖ **de pasa pasa.** Escamoteo. ‖ **de prendas.** Diversión casera que consiste en decir o hacer los concurrentes una cosa, pagando prenda el que no lo hace bien. ‖ **de suerte.** Aquel cuyo resultado no depende de la habilidad de los jugadores, sino del acaso o la suerte. ‖ **de tira y afloja.** Aquel en que, cogidas varias personas a los extremos de un pañuelo, deben tirar cuando se les manda que aflojen, y viceversa. Paga prenda el que se equivoca. ‖ **de trucos. Trucos.** ‖ **de vocablos,** o **voces. Juego de palabras.** ‖ pl. *Fiestas o espectáculos públicos que se usaban antiguamente. ‖ **Juegos florales.** *Certamen *poético en que se premia al vencedor con una flor de oro o natural. ‖ **Acudir el juego** a uno. fr. **Dar bien el juego.** ‖ **Cerrar el juego.** fr. En el del *dominó, hacer una jugada que impida continuarlo. ‖ **Conocerle** a uno **el juego.** fr. fig. Penetrar su intención. ‖ **Dar bien,** o **mal, el juego.** fr. Tener favorable o contraria la suerte. ‖ **Dar juego.** fr. fig. y fam. con que se denota que un asunto tendrá más efecto del que se cree. ‖ **Hacer juego.** fr. Mantenerlo o perseverar en él. ‖ Entre jugadores, decir aquel a quien le toca las calidades que tiene. ‖ fig. *Convenir una cosa con otra. ‖ **Hacerle** a uno **el juego.** fr. fig. **Hacerle el caldo gordo.** ‖ **Juego fuera.** expr. usada en algunos **juegos** de envite cuando se envida todo lo que falta para acabar el **juego.** ‖ **No dejar entrar en juego.** fr. fig. y fam. No dejar **meter baza.** ‖ **Por juego.** loc. adv. Por *broma. ‖ **Verle** a uno **el juego.** fr. fig. **Conocerle el juego.**
jueguezuelo. m. d. de **Juego.**
juera. f. Harnero espeso de esparto para *cribar el trigo.
juerga. f. fam. **Huelga** (diversión).
juerguista. adj. fam. Aficionado a *diversiones bulliciosas. Ú. t. c. s.
jueves. m. Quinto día de la *semana. ‖ **de comadres.** El penúltimo antes del *carnaval. ‖ **de compadres.** El anterior al de comadres. ‖ **de la cena.** ant. **Jueves** Santo. ‖ **gordo,** o **lardero.** El inmediato a carnaval.
***juez.** com. Persona que tiene potestad para juzgar y sentenciar. ‖ m. En las fiestas y concursos, el encargado de que se cumplan las reglas señaladas y de distribuir los premios. ‖ El que es nombrado para resolver una duda. ‖ Magistrado supremo de los *israelitas. ‖ Cada uno de los caudillos que conjuntamente gobernaron a Castilla en cierta época. ‖ **acompañado.** *For.* El que se nombraba para que acompañara a aquel a quien recusaba la parte. ‖ **ad quem.** *For.* **Juez** ante quien se interpone la apelación. ‖ **apartado.** *For.* El que conocía de una causa, con inhibición de la justicia ordinaria. ‖ **a quo.** *For.* **Juez** de quien se apela para ante el superior. ‖ **arbitrador.** Aquel en quien las partes se comprometen. ‖ **árbitro. Juez arbitrador.** ‖ **avenidor.** *For.* **Amigable componedor.** ‖ **compromisario. Compromisario.** ‖ **conservador.** Eclesiástico o secular nombrado para defender de violencias a una iglesia. ‖ **de balanza. Balanzario.** ‖ **de compromiso. Juez compromisario.** ‖ **de encuesta.** Ministro togado de Aragón, que procedía de oficio contra los ministros de justicia delincuentes y contra los notarios y escribanos. ‖ **de hecho.** El que falla sobre la certeza de los hechos y su calificación. ‖ **Jurado.** ‖ **delegado.** El que actúa por comisión de otro que tiene jurisdicción ordinaria. ‖ **del estudio.** En la *universidad de Salamanca, el que entendía en las causas de las personas que gozaban del fuero de la universidad. ‖ **de palo.** fig. y fam. El que es torpe e ignorante. ‖ **de paz.** El que desempeñaba las funciones que hoy corresponden a los **jueces** municipales. ‖ **de primera instancia. Juez de primera instancia y de instrucción.** ‖ **de primera instancia y de instrucción.** El que conoce en primera instancia de los asuntos civiles no cometidos por la ley a los **jueces** municipales, y en materia criminal dirige la instrucción de los sumarios. ‖ **de raya.** El que falla sobre el resultado de una *carrera de caballos. ‖ **de sacas. Alcalde de sacas.** ‖ **entregador. Alcalde entregador.** ‖ **in *curia.** Cualquiera de los seis protonotarios apostólicos españoles a quienes el nuncio debía cometer el conocimiento de las causas que venían en apelación a su tribunal. ‖ **mayor.** Cada uno de los tres que formaban parte de las principalías de Filipinas. ‖ **mayor de Vizcaya.** Ministro togado de la chancillería de Valladolid, que por sí solo conocía en apelación de las causas civiles y criminales. ‖ **municipal.** El que, nombrado para un término municipal o distrito de él, conoce solo, o con dos ciudadanos adjuntos, de los actos de conciliación y de los juicios verbales y de faltas. ‖ **oficial de capa y espada.** Cada uno de los ministros que había en la audiencia de la contratación de Indias. ‖ **ordinario.** El que en primera instancia conoce las causas y pleitos. ‖ **Juez** *eclesiástico, vicario del obispo. ‖ Por antonom., el mismo *obispo. ‖ **pedáneo.** Magistrado inferior que entre los romanos sólo conocía de las causas leves. ‖ Asesor o consejero del pretor romano, a cuyos pies se sentaba. ‖ **Alcalde pedáneo.** ‖ **pesquisidor.** El encargado de hacer judicialmente la pesquisa de un

delito o reo. || **prosinodal.** **Examinador sinodal.** || **tutelar.** El que tenía el cargo de dar *tutela al menor que no la tuviese.

jugada. f. Acción de *jugar el jugador cada vez que le toca hacerlo. || Lance de juego. || fig. Acción *perversa e inesperada contra uno. || **Hacer** uno su **jugada.** fr. fig. y fam. Hacer un buen negocio.

jugadera. f. **Lanzadera.**

jugador, ra. adj. Que *juega. Ú. t. c. s. || Que tiene el vicio de jugar. Ú. t. c. s. || Que es muy diestro en jugar. Ú. t. c. s. || **de manos.** El que hace juegos de manos. || **de ventaja.** ***Fullero.**

jugante. p. a. de **Jugar.** Que juega.

***jugar.** intr. Ejercitar alguna actividad física o espiritual, sin más finalidad que el placer que de ello se deriva. || *Travesear, retozar. || Entretenerse en uno de los juegos sometidos a reglas, aunque no medie interés. || Tomar parte en un juego con el fin de ganar dinero. || Llevar a cabo el jugador un acto propio del juego. || En ciertos juegos de naipes, **entrar.** || *Moverse o funcionar una máquina, artificio, etc. Ú. t. c. tr. || Tratándose de *armas blancas o de fuego, hacerse de ellas el uso a que están destinadas. || **Hacer juego** (*convenir una cosa con otra). || Intervenir o *participar en un negocio. || tr. Tratándose de partidas de juego, llevarlas a cabo. || Tratándose de las cartas, fichas o piezas que se emplean en ciertos juegos, hacer uso de ellas. || *Perder al juego. || Tratándose de los miembros corporales, *moverlos del modo que les es natural. || Tratándose de *armas, saberlas manejar. || *Arriesgar, aventurar. Ú. t. c. r. || **Jugar a las bonicas.** fr. Echar la *pelota una persona a otra sin que toque en el suelo. || Jugar sin que medie interés. || **Jugar fuerte,** o **grueso.** fr. Aventurar al juego grandes cantidades. || **Jugar limpio.** fr. fig. **Jugar** sin trampas ni engaños. || fig. y fam. Proceder en un negocio con lealtad y *honradez.

jugarreta. f. fam. Jugada mal hecha. || fig. y fam. *Vileza, mala pasada.

juglándeo, a. adj. *Bot.* Aplícase a ciertos árboles dicotiledóneos cuyo tipo es el nogal. Ú. t. c. s. f. || f. pl. *Bot.* Familia de estas plantas.

juglar. adj. Chistoso, *gracioso, picaresco. || m. *Histrión que por dinero cantaba, bailaba o hacía juegos y truhanerías públicamente. || El que por estipendio recitaba o *cantaba *poesías de los trovadores.

juglara. f. **Juglaresa.**

juglarería. f. desus. **Juglería.**

juglaresa. f. Mujer juglar.

juglaresco, ca. adj. Propio del juglar, o relativo a él.

juglaría. f. **Juglería.** || V. **Mester de juglaría.**

juglería. f. Ademán o modo propio de los juglares.

***jugo.** m. *Zumo que se saca de las substancias animales o vegetales. || fig. *Utilidad que se obtiene de cualquiera cosa material o inmaterial. || **gástrico.** *Fisiol.* Líquido segregado en el acto de la digestión por ciertas glándulas del *estómago. || **pancreático.** *Fisiol.* Producto de la secreción del páncreas.

jugosidad. f. Calidad de jugoso.

***jugoso, sa.** adj. Que tiene *jugo. || fig. **Substancioso.** || **Pint.* Aplícase al colorido exento de sequedad, y al dibujo exento de rigidez y dureza.

***juguete.** m. Objeto que sirve a los niños para jugar. || *Chanza o burla. || Composición *musical o pieza *teatral breve y ligera. || Persona o cosa dominada por cualquier fuerza material o moral que la mueve y maneja a su arbitrio. || **Por juguete.** m. adv. fig. Por *broma.

juguetear. intr. Entretenerse *jugando y *traveseando.

jugueteo. m. Acción de juguetear.

juguetería. f. Comercio de *juguetes. || Tienda donde se venden.

juguetero, ra. adj. desus. **Juguetón.** || m. Mueblecito a modo de *estante para colocar objetos de fantasía.

juguetón, na. adj. Aplícase a la persona o animal aficionados a *jugar o retozar.

***juicio.** m. Facultad de distinguir el bien del mal y lo verdadero de lo falso. || *Lóg.* Operación mental que consiste en relacionar dos conceptos. || Estado de *cordura como opuesto a locura o delirio. || Opinión, parecer o dictamen. || *Predicción que hacían los astrólogos de los sucesos del año. || fig. Seso, asiento y *prudencia. || **For.* Conocimiento de una causa, en la cual el juez ha de pronunciar la sentencia. || **Teol.* El que Dios hace del alma en el instante en que se separa del cuerpo. || **contencioso.** **For.* El que se sigue ante el juez sobre cosas en litigio. || **contradictorio.** Proceso que se instruye antes de conceder ciertas recompensas. || **declarativo.** El que, en materia civil, termina por sentencia que causa ejecutoria. || **de Dios.** Cada una de ciertas *pruebas que con intento de averiguar la verdad se hacían en lo antiguo; como la del *duelo. || **de faltas.** **For.* El que versa sobre infracciones de bandos o ligeras transgresiones del código penal. || **ejecutivo.** *For.* El que tiene por objeto el cobro de una *deuda mediante la venta de bienes del deudor previamente embargados. || **extraordinario.** **For.* Aquel en que se procedía de oficio por el juez. || **For.* Aquel en que se procedía sin el orden ni reglas establecidas. || **final.** **Teol.* **Juicio universal.** || **particular.** *Teol.* **Juicio** (del alma al separarse del cuerpo). || **petitorio.** **For.* El que se seguía sobre la propiedad de una cosa. || **plenario.** **For.* El posesorio en que se trata con amplitud del derecho de las partes. || **posesorio.** **For.* Aquel en que se controvierte la mera posesión de una cosa. || **sumarísimo.** El que, en el procedimiento militar, se resuelve rápidamente. || **universal.** **For.* El que tiene por objeto la liquidación y partición de una herencia. || **Teol.* El que ha de hacer Jesucristo de todos los hombres en el fin del mundo. || **Justos juicios de Dios.** expr. Decretos ocultos de la divina Justicia. || **Amontonarse el juicio.** fr. fig. y fam. *Ofuscarse la razón. || **Asentar el juicio.** fr. Empezar a tener **juicio** y *cordura. || **Estar a juicio.** fr. Sujetarse a lo que resulte de un pleito. || **Estar** uno **en** su **juicio.** fr. Tener cabal y entero su entendimiento. || **Estar** uno **fuera de juicio.** fr. Padecer manía o *locura. || **Estar** uno **muy en juicio.** fr. **Estar en** su **juicio.** || **Falto de juicio.** loc. Dícese del que padece *locura, o del que está poseído de una pasión que le embarga el discernimiento. || **Parecer** uno **en juicio.** fr. **For.* Deducir ante el juez la acción o derecho que tiene. || **Pedir** uno **en juicio.** fr. **For.* Comparecer ante el juez a proponer sus acciones y derechos. || **Privarse** uno **de juicio.** fr. Volverse *loco. || **Quitar el juicio** alguna cosa. fr. fig. y fam. Causar grande extrañeza y admiración. || **Suspender** uno **el juicio.** fr. *Vacilar en la solución de una duda. || **Tener** uno **el juicio en los calcañares,** o **en los talones.** fr. fig. y fam. Portarse con poca reflexión y cordura. || **Volver** a uno **el juicio.** fr. Trastornárselo, volverlo *loco. || **Volvérsele el juicio** a uno. fr. **Privarse de juicio.**

juiciosamente. adv. m. Con juicio.

juicioso, sa. adj. Que tiene juicio y *cordura. Ú. t. c. s. || Hecho con juicio.

julepe. m. **Farm.* Poción compuesta de agua destilada, jarabes y otras materias medicinales. || Cierto juego de *naipes. || fig. y fam. *Reprensión, castigo. || fig. Susto, *miedo. || **Dar julepe** a uno. fr. Dejarle sin baza. || **Llevar** uno **julepe.** fr. Quedarse sin baza.

julepear. tr. *Golpear, zurrar a uno.

julia. f. *Pez comestible de color sonrosado, propio del Cantábrico.

juliano, na. adj. Perteneciente a Julio César o instituido por él.

julio. m. Séptimo *mes del año.

julio. m. **Electr.* Unidad de medida del trabajo eléctrico, equivalente al producto de un voltio por un culombio.

julo. m. Res o *caballería que va delante de las demás en el *ganado o la recua.

juma. f. fam. **Jumera.**

jumenta. f. **Asna.**

jumental. adj. Perteneciente al jumento.

jumentil. adj. **Jumental.**

jumento. m. ***Asno.**

jumera. f. fam. *Borrachera.

juncada. f. *Fruta de sartén*, de figura cilíndrica y larga. || **Juncar.** || **Veter.* Medicamento que, para curar el muermo, se aplicaba en la parte enferma con un manojito de juncos.

juncal. adj. Perteneciente o relativo al *junco. || *Gallardo, bizarro. || m. **Juncar.**

juncar. m. Sitio poblado de *junqueras.

júnceo, a. adj. **Bot.* Dícese de las plantas monocotiledóneas, propias de terrenos húmedos, cuyo tipo es el junco. Ú. t. c. s. f. || f. pl. *Bot.* Familia de estas plantas.

juncia. f. *Planta herbácea, vivaz, de las ciperáceas, con cañas triangulares y fruto en granos secos de albumen harinoso. Es medicinal y olorosa. || **Vender juncia.** fr. fig. *Jactarse, echar bravatas.

juncial. m. Sitio poblado de juncias.

junciana. f. fig. y fam. *Jactancia vana y sin fundamento.

junciera. f. *Vasija de barro, con tapa agujereada, en la que se ponían hierbas o raíces *aromáticas en infusión con vinagre.

juncino, na. adj. De juncos o compuesto con ellos.

***junco.** m. Planta de la familia de las júnceas, con cañas o tallos delgados, lisos, cilíndricos, flexibles, de color verde obscuro. || Cada uno de los tallos de esta planta. || *Bastón delgado y flexible. || **de Indias.** **Rota.** || **florido.** *Arbusto de las butomeas. || **marinero, marino,** o **marítimo.** Planta de las júnceas, con tallos verdes, ásperos y medulosos, que alcanza hasta tres metros de altura. || **oloroso.** **Esquenanto.**

junco. m. *Embarcación pequeña de que usan en las Indias Orientales.
juncoso, sa. adj. Parecido al junco. ‖ Aplícase al terreno que produce juncos.
junglada. f. **Lebrada.**
junio. m. Sexto *mes del año.
júnior. m. El profeso en una *orden religiosa* que está aún sujeto a la enseñanza y obediencia del maestro de novicios.
junípero. m. ***Enebro.**
Juno. n. p. f. **Mit.* Entre los romanos, Hera.
junquera. f. **Junco** (planta).
junqueral. m. **Juncar.**
junquerita. f. **Miner.* Variedad de siderosa.
junquillo. m. *Planta de jardinería, especie de narciso. ‖ **Junco de Indias.** ‖ *Arq.* *Moldura redonda y más delgada que el bocel.
***junta.** f. Reunión de varias personas para tratar de un asunto. ‖ Cada una de las *conferencias o sesiones que celebran. ‖ Todo que forman varias cosas unidas unas a otras. ‖ *Unión de dos o más cosas. ‖ Conjunto de los individuos nombrados para el *gobierno de los asuntos de una colectividad. ‖ **Juntura.** ‖ **Albañ.* Espacio que queda entre las piedras o ladrillos contiguos de una pared, y que suele rellenarse con mezcla o yeso. ‖ **Arq. Nav.* Empalme, costura. ‖ **Mec.* Pieza de cartón, caucho, etc., que se coloca entre dos partes de una máquina o tubería para impedir la salida de un fluido. ‖ **de descargos.** *Tribunal que intervenía en el cumplimiento de los testamentos y últimas voluntades de los reyes. ‖ **Retundir juntas.** fr. **Albañ.* Rellenar con argamasa fina las llagas de un muro.
juntamente. adv. m. Con *unión o concurrencia de dos o más cosas en un mismo sujeto o lugar. ‖ adv. t. A un mismo tiempo, de modo *simultáneo.
***juntar.** tr. *Unir unas cosas con otras. ‖ **Congregar.** Ú. t. c. r. ‖ ***Acopiar.** ‖ Tratándose de puertas o ventanas, **entornar.** ‖ r. *Acercarse mucho a uno. ‖ *Acompañarse, andar con uno. ‖ Tener acto *venéreo. ‖ *Amancebarse.
juntera. f. **Carp.* Garlopa cuya caja forma por abajo un saliente, lo cual permite afirmar la herramienta en el canto de la pieza que se cepilla.
junterilla. f. **Carp.* Juntera pequeña para principiar los rebajos.
junto, ta. p. p. irreg. de **Juntar.** ‖ adj. *Unido, *cercano. ‖ adv. l. Seguido de la prep. *a*, **cerca de.** ‖ adv. m. Juntamente, a la vez, de modo *simultáneo. ‖ **De por junto.** m. adv. **Por junto.** ‖ **En junto.** m. adv. **En total.** ‖ **Por junto.** ‖ **Por junto.** m. adv. **Por mayor.**
juntorio. m. Cierto antiguo *tributo.
juntura. f. Parte o lugar en que se juntan y *unen dos o más cosas. ‖ **claval.** *Articulación de dos huesos entrando el uno en el otro a manera de clavo.‖ **nodátil,** o **nudosa.** *Zool.* La que forman dos huesos entrando en la cavidad de uno la cabeza del otro. ‖ **serrátil.** *Zool.* La que tienen dos huesos en figura de dientes de sierra.
junza. f. **Juncia.**
juñir. tr. **Uncir.**
Júpiter. n. p. m. **Mit.* Entre los romanos, Zeus. ‖ *Planeta del sistema solar, mayor que los restantes y acompañado de siete satélites. ‖ m. *Alq.* ***Estaño.**
jura. f. Acto en que los estados juran *obediencia a su príncipe. ‖ Acción de *jurar. ‖ ***Juramento.**
jurado, da. adj. Que ha prestado *juramento al encargarse de su función u oficio. ‖ m. Empleado *municipal que se encargaba de la provisión de víveres. ‖ *Tribunal formado por sorteo entre los ciudadanos, y cuya misión se reduce a determinar el hecho justiciable o la culpabilidad del acusado. ‖ Cada uno de los individuos que componen dicho tribunal. ‖ Cada uno de los individuos que constituyen el tribunal en *exámenes, concursos, etc. ‖ Conjunto de estos individuos. ‖ **en cap.** En la corona de Aragón, el primero que se elegía de los ciudadanos más ilustres. ‖ **mixto.** El que entiende en los conflictos del trabajo, con intervención de representantes de patronos y *obreros.
jurador, ra. adj. Que tiene vicio de *jurar. Ú. t. c. s. ‖ *For.* Que declara en juicio con juramento. Ú. t. c. s.
juraduría. f. Oficio y dignidad de jurado.
juramentar. tr. Tomar *juramento a uno. ‖ r. Obligarse con *juramento.
***juramento.** m. Afirmación o negación de una cosa, poniendo por testigo a Dios. ‖ Voto o reniego. ‖ **asertorio.** Aquel con que se afirma la verdad de una cosa. ‖ **de calumnia.** *For.* El que hacían las partes de un litigio, testificando que no procedían con malicia. ‖ **decisorio,** o **deferido.** *For.* Aquel que una parte exige de la otra, obligándose a pasar por lo que ésta jurare. ‖ **execratorio.** *Maldición que uno se echa a sí mismo si no fuere verdad lo que asegura. ‖ **falso.** El que se hace con mentira. ‖ **indecisorio.** Aquel cuyas afirmaciones sólo son aceptadas en cuanto perjudican al jurador. ‖ **judicial.** *For.* El que toma el juez. ‖ **supletorio.** *For.* El que se pide a la parte a falta de otras pruebas.
jurante. p. a. de **Jurar.** Que jura.
***jurar.** tr. Afirmar o negar una cosa, poniendo por testigo a Dios. ‖ Reconocer con juramento de fidelidad y *obediencia la soberanía de un príncipe. ‖ *Someterse u *obligarse con juramentos a los preceptos constitucionales de un país, a las reglas de una corporación, cargo, etc. ‖ intr. Echar votos y reniegos. ‖ **Jurársela,** o **jurárselas,** uno a otro. fr. fam. Asegurar que se ha de *vengar de él.
jurásico, ca. adj. **Geol.* Dícese del terreno sedimentario que sigue en edad al liásico. Ú. t. c. s. ‖ Perteneciente a este terreno.
juratoria. f. Pergamino en que estaba escrito el principio de cada uno de los cuatro evangelios, y sobre el cual hacían *juramento los magistrados de Aragón.
juratorio. m. Instrumento en que constaba el *juramento prestado por los magistrados de Aragón.
jurdano, na. adj. Natural de las Jurdes. Ú. t. c. s. ‖ Perteneciente a este terreno.
jurdía. f. Especie de *red para pescar.
jurel. m. *Pez marino acantopterigio, de carne comestible.
jurgina. f. **Jurguina.**
jurguina. f. **Jorguina.**
jurídicamente. adv. m. En forma de juicio o de *derecho. ‖ Por la vía *judicial. ‖ Con arreglo a la *ley. ‖ En lenguaje legal.
juridicidad. f. Criterio favorable al predominio del estricto *derecho en los asuntos políticos y sociales.
***jurídico, ca.** adj. Que atañe al derecho, o se ajusta a él.
***jurisconsulto.** m. El que profesa la ciencia del *derecho, dedicándose principalmente a resolver las consultas legales que se le proponen. ‖ En lo antiguo, intérprete del derecho civil, cuya respuesta tenía fuerza de ley. ‖ **Jurisperito.**
***jurisdicción.** f. Poder para gobernar y poner en ejecución las leyes. ‖ Término de un lugar o *provincia. ‖ *Territorio en que un juez ejerce sus facultades de tal. ‖ Autoridad, *poder o dominio sobre otro. ‖ **acumulativa.** *For.* Aquella por la cual puede un juez conocer a prevención de las mismas causas que otro. ‖ **contenciosa.** La que en forma de juicio resuelve pretensiones opuestas de los litigantes. ‖ **delegada.** La que ejerce uno en lugar de otro. ‖ **forzosa.** *For.* La que no se puede declinar. ‖ **ordinaria.** *For.* La que procede del fuero común. ‖ **voluntaria.** *For.* La que se ejerce sin las formalidades ni la eficacia del juicio. ‖ **Declinar la jurisdicción.** fr. *For.* Pedir al juez que conoce de un pleito o causa que se inhiba de su seguimiento. ‖ **Reasumir la jurisdicción.** fr. *For.* Suspender el superior la que otro tenía, ejerciéndola por sí mismo.
jurisdiccional. adj. Perteneciente a la jurisdicción.
jurispericia. f. **Jurisprudencia.**
jurisperito. m. El versado en *derecho civil y canónico, aunque no se ejercite en el foro.
jurisprudencia. f. Ciencia del *derecho. ‖ Enseñanza doctrinal que dimana de las decisiones de autoridades gubernativas o judiciales. ‖ Norma de juicio, basada en precedentes, que suple omisiones de la ley.
jurisprudente. m. **Jurisperito.**
jurista. m. El que estudia o profesa la ciencia del *derecho. ‖ El que tiene juro o derecho a una cosa.
juro. m. Derecho perpetuo de *propiedad. ‖ *Pensión perpetua que se concedía sobre las rentas públicas. ‖ **moroso.** Aquel que cobraba el soberano, a reserva de satisfacerlo a la parte luego que acreditara su pertenencia. ‖ **Caber el juro.** fr. Tener cabimiento en la relación por antelación. ‖ **De juro.** m. adv. *Ciertamente, *necesariamente. ‖ **De,** o **por, juro de heredad.** m. adv. Perpetuamente; para que pase de padres a hijos.
jusbarba. f. **Brusco** (*planta).
jusello. m. **Culin.* Potaje que se hace con caldo de carne, queso y huevos.
jusi. m. *Tela clara como gasa y listada de colores fuertes.
jusmeso, sa. p. p. irreg. de **Jusmeterse.**
jusmeterse. r. **Someterse.**
jus soli. loc. lat. usada en *derecho internacional* para indicar que la ley aplicable a un extranjero es la territorial y no la de su país de origen.
justa. f. *Lucha o combate singular, a caballo y con lanza. ‖ *Torneo en que acreditaban los caballeros su destreza en el manejo de las armas. ‖ fig. *Certamen.
justa. f. *Germ.* La *justicia.
justador. m. El que justa.
justamente. adv. m. Con *justicia. ‖ Cabalmente, *exactamente, ni más ni menos. ‖ **Ajustadamente.** ‖ adv.

con que se expresa la *identidad de lugar o tiempo.

justar. intr. Pelear en las justas.

***justicia.** f. Virtud que inclina a dar a cada uno lo que le pertenece. ‖ Atributo de *Dios para premiar las virtudes y castigar las culpas. ‖ Una de las cuatro *virtudes cardinales. ‖ *Derecho, razón, equidad. ‖ Conjunto de todas las virtudes, que constituye bueno al que las tiene. ‖ Lo que debe hacerse según derecho o razón. ‖ Pena o *castigo público. ‖ Ministro o *tribunal que ejerce **justicia.** ‖ fam. *Pena de *muerte. ‖ **distributiva.** La que arregla la proporción con que deben distribuirse las recompensas y los castigos. ‖ **mayor de Aragón.** *Magistrado supremo de aquel reino. ‖ **mayor de Castilla, de la casa del rey,** o **del reino.** Dignidad, de las primeras del reino, a la cual se comunicaba toda la autoridad real para averiguar los delitos y castigar a los delincuentes. ‖ **ordinaria.** *For.* La jurisdicción común, por contraposición a la de fuero o privilegio. ‖ **original.** **Teol.* *Inocencia y gracia en que Dios crió a nuestros primeros padres. ‖ **Administrar justicia.** fr. **For.* Aplicar las leyes en los juicios y hacer cumplir las sentencias. ‖ **De justicia.** m. adv. Debidamente, según **justicia** y razón. ‖ **De justicia en justicia.** m. adv. Dícese de los *desterrados conducidos de pueblo en pueblo. ‖ **Estar** uno **a justicia.** fr. **Estar a derecho.** ‖ **Ir por justicia.** fr. Recurrir a la vía *judicial. ‖ **Pedir en justicia.** fr. **For.* Poner demanda ante el juez competente. ‖ **Poner por justicia** a uno. fr. Demandarle ante el juez competente. ‖ **Tenerse** uno **a la justicia.** fr. Rendirse a ella.

justiciable. adj. Que cae bajo la acción de los tribunales de justicia.

justiciazgo. m. Empleo o dignidad del *magistrado llamado justicia.

justiciero, ra. adj. Que observa y hace observar estrictamente la *justicia. ‖ Que observa con *rigor la justicia en el castigo.

justificable. adj. Que se puede justificar.

justificación. f. Conformidad con lo justo. ‖ *Exculpación o prueba que se hace de la *inocencia o bondad de una persona o cosa. ‖ *Prueba convincente de una cosa. ‖ **Teol.* Santificación interior del hombre por la gracia. ‖ **Impr.* Justa medida del largo que han de tener los renglones.

justificadamente. adv. m. Con *justicia y rectitud. ‖ Con verdad y *exactitud.

jusitificado, da. adj. Conforme a *justicia y razón. ‖ Que obra según justicia y razón.

justificador. m. **Santificador.**

justificante. p. a. de **Justificar.** Que justifica. Ú. t. c. s. m.

justificar. tr. **Teol.* Hacer Dios justo a uno dándole la gracia. ‖ *Probar una cosa con razones, testigos y documentos. ‖ *Corregir o hacer justa una cosa. ‖ Ajustar una cosa con *exactitud. ‖ Probar la *inocencia de uno. Ú. t. c. r. ‖ **Impr.* Igualar el largo de las líneas.

justificativo, va. adj. Que sirve para justificar una cosa.

justillo. m. Prenda de *vestir, interior, sin mangas, que ciñe el cuerpo y no baja de la cintura.

justinianeo, a. adj. Aplícase a los cuerpos legales del tiempo del emperador Justiniano.

justipreciar. tr. *Valuar o tasar una cosa.

justiprecio. m. Aprecio o tasación de una cosa.

***justo, ta.** adj. Que obra según *justicia y razón. ‖ Arreglado a justicia y razón. ‖ **Teol.* Que vive según la ley de Dios. Ú. t. c. s. ‖ *Exacto, cabal. ‖ Apretado o algo *estrecho. ‖ m. *Germ.* **Jubón.** ‖ adv. m. Justamente, debidamente. ‖ Apretadamente, con estrechez. ‖ **Al justo.** m. adv. Ajustadamente. ‖ Cabalmente, a punto fijo. ‖ **En justo y creyente.** loc. adv. Al punto, súbitamente, aceleradamente.

juta. f. Ave palmípeda, variedad de *ganso doméstico.

jutía. f. **Hutía.**

juvada. f. **Jovada.**

juvenal. adj. **Juvenil.** Dícese principalmente de ciertas *fiestas romanas.

juvenil. adj. Perteneciente a la *juventud.

***juventud.** f. Edad que media entre la niñez y la edad viril. ‖ Conjunto de jóvenes.

juvia. f. *Árbol de Venezuela, de las mirtáceas, cuyo fruto, que contiene una almendra muy gustosa, es del tamaño de una cabeza humana. ‖ Fruto de este árbol.

***juzgado.** m. Junta de jueces que concurren a dar sentencia. ‖ Tribunal de un solo juez. ‖ Término de su jurisdicción. ‖ Sitio donde se juzga. ‖ **Judicatura.** ‖ **de provincia.** El que formaba cada uno de los alcaldes.

juzgador, ra. adj. Que juzga.

juzgamundos. com. fig. y fam. Persona *murmuradora.

juzgante. p. a. de **Juzgar.** Que juzga.

***juzgar.** tr. Deliberar y sentenciar, con autoridad para ello, acerca de la culpabilidad de alguno, o de la razón que le asiste en cualquier asunto. ‖ Formar *juicio de una cosa, creerla. ‖ *Fil.* Establecer mentalmente las relaciones entre dos o más conceptos. ‖ **Estar a juzgado y sentenciado.** fr. *For.* Quedar obligado a oír y consentir la sentencia que se diere.

K

k. f. Duododécima *letra del abecedario español.
ka. f. Nombre de la *letra *k*.
káiser. m. Título de algunos *emperadores alemanes.
kaki. m. **Caqui.**
kan. m. *Soberano o jefe, entre los tártaros.
kantiano, na. adj. Perteneciente o relativo al kantismo. Apl. a pers., ú. t. c. s.
kantismo. m. Sistema *filosófico de Kant, fundado en la crítica del entendimiento y de la sensibilidad.
kappa. f. Décima *letra del alfabeto griego.
kayikí. m. *Libro sagrado* de los japoneses.
kéfir. m. *Leche fermentada artificialmente.
kermese. f. Verbena, *fiesta popular. ‖ Fiesta benéfica con *rifas, tómbola, etc.
kif. m. **Quif.**
kili. Prefijo. **Kilo.**
kiliárea. f. Extensión *superficial que tiene mil áreas.
kilo. Prefijo que tiene la significación de mil. ‖ m. *Com.* **Kilogramo.**
kilociclo. m. **Radio.* Unidad de frecuencia equivalente a mil oscilaciones por segundo.
kilográmetro. m. **Mec.* Unidad de trabajo mecánico capaz de levantar un kilogramo a un metro de altura.
kilogramo. m. *Peso de mil gramos, que equivale a 2,17 libras.
kilolitro. m. Medida de *capacidad que tiene mil litros.
kilométrico, ca. adj. Perteneciente o relativo al kilómetro. ‖ V. **Billete kilométrico.** Ú. t. c. s.
kilómetro. m. Medida de *longitud, que tiene mil metros. ‖ **cuadrado.** Medida de *superficie, que equivale a un cuadrado de un **kilómetro** de lado.
kilovatio. m. Medida *eléctrica equivalente a mil vatios.
kindergarten. m. *Escuela de párvulos. (Es voz alemana).
kiosco. m. **Quiosco.**
kirie. m. Deprecación que se hace al Señor, llamándole con esta palabra griega, al principio de la *misa. Ú. m. en pl. ‖ **Llorar los kiries.** fr. fig. y fam. *Llorar mucho.
kirieleisón. m. **Kirie.** ‖ fam. *Canto de los entierros y oficio de *difuntos. ‖ **Cantar el kirieleisón.** fr. fig. y fam. Pedir misericordia.
kirsch. m. *Licor que se fabrica con huesos de cerezas.
klaxon. m. Nombre comercial de una bocina de *automóvil.
knut. m. *Látigo de tiras de cuero rematadas en bolas de metal. ‖ *Castigo aplicado con este látigo.
krausismo. m. Sistema *filosófico de Krause, que pretende llegar a una conciliación entre el teísmo y el panteísmo.
krausista. adj. Perteneciente o relativo al krausismo. Apl. a pers., ú. t. c. s.
kronprinz. m. En Alemania, *príncipe heredero.
kummel. m. *Licor en que entra como ingrediente el comino.
kurdo, da. adj. **Curdo.** Apl. a pers., ú. t. c. s.

L

l. f. Decimotercia *letra del abecedario español. ‖ Letra numeral que tiene el valor de 50 en la numeración romana.
la. *Gram.* *Artículo determinado en género femenino y número singular. ‖ *Gram.* Acusativo del pronombre *personal de tercera persona en género femenino y número singular.
la. m. **Mús.* Sexta voz de la escala música.
lab. m. *Fermento del jugo gástrico, que coagula la leche.
lábaro. m. *Estandarte con la *cruz y el monograma de Cristo, compuesto de las dos primeras letras de este nombre en griego. ‖ Este mismo monograma. ‖ Por ext., la cruz sin el monograma.
labe. f. p. us. *Mancha, tilde.
labelo. m. *Bot.* En la *flor de las orquídeas, pétalo medio superior.
labeo. m. p. us. **Labe.**
laberíntico, ca. adj. Perteneciente o relativo al laberinto. ‖ fig. *Intrincado, *confuso.
laberinto. m. Lugar artificiosamente formado de calles, encrucijadas y *rodeos, dispuestos con tal artificio que, una vez dentro, sea muy *difícil encontrar la salida. ‖ fig. Cosa *confusa; *enredo. ‖ Composición poética en que los versos pueden leerse al derecho y al revés. ‖ *Zool.* Parte más interna y esencial del *oído.
labia. f. fam. *Verbosidad persuasiva y *gracia en el hablar.
labiado, da. adj. **Bot.* Aplícase a plantas dicotiledóneas, hierbas, matas y arbustos, que se distinguen por tener cáliz persistente y corola en forma de labio; como la albahaca. Ú. t. c. s. f. ‖ f. pl. *Bot.* Familia de estas plantas.
labial. adj. Perteneciente a los *labios. ‖ V. **Letra labial.** Ú. t. c. s.
labializar. tr. **Fon.* Dar carácter labial a un sonido.
labiérnago. m. *Arbusto de las oleáceas, con fruto en drupa globosa y negruzca, del tamaño de un guisante.
labihendido, da. adj. Que tiene hendido el *labio superior.
lábil. adj. Que se *desliza fácilmente. ‖ *Frágil, caduco, *débil. ‖ *Quím.* Dícese del compuesto poco estable.
***labio.** m. Cada una de las dos partes exteriores, carnosas y movibles de la boca. ‖ fig. *Borde de ciertas cosas. ‖ fig. Órgano del *lenguaje. Ú. en sing. o en pl. ‖ **leporino.** El superior del hombre, cuando, por defecto congénito, está hendido. ‖ **Cerrar los labios.** fr. fig. ***Callar.** ‖ **Sellar el labio,** o **los labios.** fr. fig. ***Callar.**
labirinto. m. ant. **Laberinto.**
labor. f. ***Trabajo.** ‖ *Adorno hecho en la *tela, o en otras cosas. Ú. con frecuencia en pl. ‖ Obra de *coser, *bordar, etc. ‖ *Escuela de niñas donde aprenden a hacer **labor.** ‖ *Labranza de las tierras que se siembran. Hablando de las demás operaciones agrícolas, ú. m. en pl. ‖ **Agr.* Cada una de las rejas o cavas que se dan a la tierra. ‖ Millar de *tejas o de *ladrillos. ‖ Cada uno de los grupos de productos de las fábricas de *tabacos. ‖ Simiente de los gusanos de *seda. ‖ *Min.* **Excavación.** Ú. m. en pl. ‖ **blanca.** La que hacen las mujeres en lienzo. ‖ **de chocolate. Tarea de chocolate.**
laborable. adj. Que se puede laborar o trabajar. ‖ V. **Día laborable.**
laboral. adj. Perteneciente o relativo al *trabajo en su aspecto social.
laborante. p. a. de **Laborar.** Que labora.
laborar. tr. **Labrar.** ‖ intr. Gestionar o *intrigar. ‖ *Trabajar.
laboratorio. m. Local provisto de los medios necesarios para experimentos y operaciones *químicas, farmacéuticas, etc. ‖ Local donde se hacen trabajos de índole técnica o de *investigación científica.
laborear. tr. Labrar o *trabajar una cosa. ‖ **Min.* Hacer excavaciones en una mina. ‖ intr. *Mar.* Pasar y correr un *cabo por la *polea de un motón.
laboreo. m. *Cultivo de la tierra. ‖ *Mar.* Manejo y disposición de los *cabos de labor. ‖ **Min.* Arte de explotar las minas. ‖ *Min.* Conjunto de labores necesarias para ello.
laborera. adj. Aplícase a la mujer que tiene *habilidad para la *costura y otras labores de manos.
laborío. m. Labor o *trabajo.
laboriosidad. f. Aplicación al trabajo.
laborioso, sa. adj. *Trabajador, aficionado al trabajo. ‖ Trabajoso, *difícil.
laborismo. m. Tendencia *política inglesa que se apoya en la clase trabajadora.
laborista. adj. Perteneciente o relativo al laborismo. ‖ com. Partidario del laborismo.
laboroso, sa. adj. desus. **Laborioso.**
labra. f. **Carp.* y **Cant.* Acción y efecto de labrar piedra, madera, etc.
labrada. f. *Tierra dispuesta para sembrarla al año siguiente. ‖ pl. *Germ.* Hebillas.
labradero, ra. adj. Que se puede labrar.
labradío, a. adj. **Labrantío.** Ú. t. c. s. m.
labrado, da. adj. Aplícase a las *telas o géneros que tienen alguna labor, en contraposición de los lisos. ‖ m. **Labra.** ‖ *Campo labrado. Ú. m. en pl. ‖ pl. *Germ.* *Botas o borceguíes.
***labrador, ra.** adj. Que labra o *cultiva la tierra. Ú. t. c. s. ‖ Que *trabaja. ‖ m. y f. Persona que posee hacienda de campo y la *cultiva por su cuenta. ‖ f. *Germ.* La *mano.
labradoresco, ca. adj. Perteneciente al labrador o propio de él.
labradoril. adj. **Labradoresco.**
labradorita. f. **Miner.* Feldespato laminar de color gris, translúcido.
labrandera. f. Mujer que sabe hacer labores femeninas.
labrante. m. p. us. *Cantero, picapedrero. ‖ p. us. **Hachero.**
labrantín. m. Labrador de poco caudal.
labrantío, a. adj. Aplícase al *campo o tierra de labor. Ú. t. c. s. m.
***labranza.** f. Cultivo de los campos. ‖ Hacienda de campo o tierras de labor. ‖ Labor o *trabajo.
labrar. tr. *Trabajar en un oficio. ‖ Trabajar una materia reduciéndola al estado o *forma conveniente. ‖ *Cultivar la tierra. ‖ **Arar.** ‖ Llevar una tierra en *arrendamiento. ‖ ***Edificar.** ‖ *Coser o *bordar. ‖ fig. Hacer, *causar. ‖ intr. fig. Hacer fuerte impresión en el ánimo una cosa.
labrero, ra. adj. Aplícase a las *redes de cazonal.
labriego, ga. m. y f. Labrador rústico.
labrio. m. desus. **Labio.**
labro. m. Órgano de la boca de los *insectos que corresponde al *labio superior.
labrusca. f. *Vid silvestre.
laca. f. Substancia *resinosa, encarnada, que se forma en las ramas de varios árboles de la India. ‖ *Barniz duro y brillante hecho con esta substancia resinosa. ‖ Por ext. objeto barnizado con **laca.** ‖ **Pint.* Color rojo que se saca de la cochinilla. ‖ Substancia aluminosa colorida que se emplea en la pintura.
lacayesco, ca. adj. **Lacayuno.**
lacayil. adj. desus. **Lacayuno.**
lacayo, ya. adj. desus. **Lacayuno.** ‖

m. Cada uno de los dos *soldados de a pie, armados de ballesta, que solían acompañar a los caballeros en la guerra. ‖ *Criado de librea, encargado de acompañar a su amo a pie, a caballo o en coche. ‖ Colgante de *cintas con que adornaban las mujeres el puño de la *camisa o del jubón. ‖ **Mozo de espuelas.**

lacayuelo. m. de de **Lacayo.**

lacayuno, na. adj. fam. Propio de lacayos. ‖ fig. Bajo, *servil, despreciable.

lacear. tr. *Adornar con lazos. ‖ *Atar con lazos o *cintas. ‖ Disponer la *caza para que venga al tiro, tomándole el aire. ‖ *Apresar con lazos la caza menor.

lacedemón. adj. **Lacedemonio.** Apl. a pers., ú. t. c. s.

lacedemonio, nia. adj. Natural de Lacedemonia. Ú. t. c. s. ‖ Perteneciente a este país de la antigua Grecia.

lacena. f. Aféresis de **Alacena.**

laceración. f. Acción y efecto de lacerar, lastimar o dañar.

lacerado, da. adj. Infeliz, *desgraciado. ‖ **Lazarino.** Ú. t. c. s.

lacerar. tr. Lastimar, *golpear, *herir. Ú. t. c. r. ‖ fig. *Dañar, vulnerar.

lacerar. intr. Padecer, pasar trabajos.

laceria. f. Miseria, *pobreza. ‖ *Trabajo, fatiga, *molestia.

lacería. f. Conjunto de *lazos, en labores de *adorno.

lacerioso, sa. adj. Que padece laceria o miseria.

lacero. m. Persona diestra en manejar el lazo para *apresar toros, caballos, etc. ‖ El que se dedica a coger con lazos la *caza menor.

lacertiforme. adj. De figura de lagarto.

lacertoso, sa. adj. Musculoso, *fuerte.

lacetano, na. adj. Natural de Lacetania. Ú. t. c. s. ‖ Perteneciente a esta región de la España Tarraconense.

lacinia. f. *Bot.* Cada una de las tirillas largas en que se dividen las *hojas o los pétalos de la *flor de algunas plantas.

laciniado, da. adj. *Bot.* Que tiene lacinias.

lacio, cia. adj. *Marchito, ajado. ‖ Flojo, *débil. ‖ Dícese del *cabello liso.

lacivo, va. adj. desus. **Lascivo.**

lacón. adj. p. us. **Lacónico.** Apl. a pers., ú. t. c. s.

lacón. m. Brazuelo del cerdo.

lacónicamente. adv. m. Breve y *concisamente.

lacónico, ca. adj. **Laconio.** ‖ Breve, *conciso. ‖ Que habla o escribe de esta manera.

laconio, nia. adj. Natural de Laconia. Ú. t. c. s. ‖ Perteneciente a este país de Grecia.

laconismo. m. Calidad de lacónico.

lacra. f. *Huella o señal de una enfermedad o achaque. ‖ *Defecto o vicio.

lacrar. tr. Dañar la salud de uno; *contagiarle una *enfermedad. Ú. t. c. r. ‖ fig. *Perjudicar a uno en sus intereses.

lacrar. tr. *Cerrar o *sellar con lacre.

lacre. m. Pasta sólida, en barritas, que se usa, derretida, para cerrar y *sellar cartas y otros usos análogos. ‖ fig. y desus. *Color rojo. ‖ adj. De color rojo.

lácrima Christi. *Vino italiano de uva moscatel.

lacrimal. adj. Perteneciente a las *lágrimas.

lacrimatorio, ria. adj. V. **Vaso lacrimatorio.** Ú. t. c. s.

lacrimógeno, na. adj. Que produce *lágrimas. Dícese especialmente de ciertos gases.

lacrimosamente. adv. m. De manera lacrimosa.

lacrimoso, sa. adj. Que tiene *lágrimas. ‖ *Triste, que mueve a *llanto.

lactación. f. Acción de *mamar.

***lactancia.** f. **Lactación.** ‖ Acción y efecto de *lactar. ‖ Período de la vida en que la criatura mama.

lactante. adj. Que mama o que da de *mamar. Ú. t. c. s.

***lactar.** tr. **Amamantar.** ‖ Criar con leche. ‖ intr. Nutrirse con leche.

lactario, ria. adj. p. us. **Lechoso.**

lactato. m. *Quím.* Combinación del ácido láctico con un radical.

lacteado, da. adj. V. **Harina lacteada.**

lácteo, a. adj. Perteneciente a la *leche o parecido a ella.

lactescencia. f. Calidad de lactescente.

lectescente. adj. De aspecto de *leche; *blanco.

lacticíneo, a. adj. **Lácteo.**

lacticinio. m. *Leche o cualquier manjar compuesto con ella.

lacticinoso, sa. adj. *Lechoso, lácteo.

láctico. adj. *Quím.* Perteneciente o relativo a la *leche. ‖ V. **Ácido láctico.**

lactífero, ra. adj. *Zool.* Aplícase a los conductos de las *mamas por donde pasa la *leche hasta llegar a los pezones.

lactina. f. *Quím.* **Azúcar de leche.**

lactómetro. m. **Galactómetro.**

lactosa. f. *Quím.* **Lactina.**

lactosuria. f. *Pat.* Presencia de la lactosa en la *orina.

lactucario. m. **Farm.* Jugo lechoso que se obtiene de la lechuga espigada, y se usa como medicamento calmante.

lactumen. m. *Med.* Enfermedad de la *piel que suelen padecer los niños que maman.

lactuoso, sa. adj. ant. **Lácteo.**

lacunario. m. *Arq.* **Lagunar** (*artesonado).

lacustre. adj. Perteneciente a los *lagos. ‖ **Geol.* Aplícase a los depósitos que se forman en el fondo de los lagos.

lacha. f. **Haleche.**

lacha. f. fam. **Vergüenza** (*pundonor).

lada. f. ***Jara.**

ládano. m. Producto *resinoso que fluye de las hojas y ramas de la *jara.

ladeado, da. adj. *Bot.* Dícese de las *hojas, *flores y demás partes de una planta cuando todas miran al mismo lado.

***ladear.** tr. *Inclinar y torcer una cosa hacia un lado. Ú. t. c. intr. y c. r. ‖ intr. *Andar por las laderas. ‖ fig. *Desviarse del camino derecho. ‖ r. fig. Inclinarse a una cosa, sentir *afición hacia ella. ‖ fig. Estar una persona o cosa al *igual de otra. ‖ fig. y fam. ***Enamorarse.** ‖ **Ladearse con uno.** fr. fig. y fam. Andar o ponerse a su lado. ‖ Empezar a *enemistarse con él.

ladeo. m. Acción y efecto de ladear o ladearse.

ladera. f. *Declive de una *montaña o de una altura.

ladería. f. *Llanura pequeña en la ladera de una *montaña.

ladero, ra. adj. **Lateral.**

ladi. f. *Tratamiento de honor que se da en Inglaterra a las señoras de la nobleza.

ladierno. m. ***Aladierna.**

ladilla. f. *Insecto anopluro muy pequeño, casi redondo y de color amarillento, que vive *parásito en las partes vellosas del cuerpo humano. ‖ ***Cebada ladilla.**

ladillo. m. Parte de la caja del *coche, que está a cada uno de los lados de las puertecillas. ‖ **Impr.* Texto breve que suele colocarse en el margen de la plana.

ladinamente. adv. m. De un modo ladino.

ladino, na. adj. ant. Aplicábase al romance o castellano antiguo. ‖ Que habla con facilidad alguna o algunas *lenguas además de la propia. ‖ fig. *Astuto, sagaz. ‖ m. **Rético** (*lengua).

***lado.** m. Costado o parte del *cuerpo comprendida entre el brazo y el hueso de la cadera. ‖ → Lo que está a la derecha o a la izquierda de un todo. ‖ Mitad simétrica del cuerpo del animal desde el pie hasta la cabeza. ‖ Cualquiera de los parajes que están *alrededor de un cuerpo. ‖ *Estera que se pone arrimada a las estacas de los *carros, para que no se salga la carga. ‖ Anverso o reverso de una *moneda. ‖ Cada una de las dos caras o *superficies de una tela o de otra cosa que las tenga. ‖ Sitio, *lugar. ‖ Línea *genealógica. ‖ fig. Cada uno de los *aspectos por que se puede considerar una persona o cosa. ‖ fig. *Modo, *medio o camino que se toma para una cosa. ‖ *Geom.* Cada una de las dos líneas que forman un *ángulo. ‖ *Geom.* Cada una de las líneas que forman o limitan un *polígono. ‖ **Geom.* Arista de los poliedros regulares. ‖ *Geom.* Generatriz de la superficie lateral del *cono y del *cilindro. ‖ fig. Valimiento, *protección. ‖ pl. fig. Personas que *protegen a otra. ‖ fig. Personas que *amonestan a otra. ‖ **Al lado.** m. adv. Muy *cerca. ‖ **Comerle un lado** a uno, fr. fig. y fam. Hacerle un gasto continuo, vivir de *mogollón a sus expensas. ‖ **Dar de lado** a uno, fr. fig. y fam. Dejar su trato o su compañía. ‖ **Dejar a un lado** una cosa, fr. fig. *Omitirla en la conversación. ‖ **Hacerse** uno **a un lado.** fr. *Apartarse. ‖ **Ir lado a lado.** fr. con que se explica la *igualdad de dos o más personas. ‖ **Mirar de lado,** o **de medio lado.** fr. fig. Mirar con *ceño y *desprecio. ‖ fig. Mirar con *disimulo.

ladón. m. **Lada.**

ladra. f. Acción de ladrar. ‖ **Mont.* Conjunto de ladridos que se oyen al topar los *perros con una res.

ladrador, ra. adj. Que ladra.

ladral. m. **Adral.** Ú. m. en pl.

ladrante. p. a. de **Ladrar.** Que ladra.

ladrar. intr. Dar ladridos el *perro. ‖ fig. y fam. *Amenazar sin acometer. ‖ fig. y fam. *Impugnar, *zaherir.

ladrear. intr. Ladrar el *perro con frecuencia, sin motivo conocido.

ladrido. m. *Voz que forma el *perro. ‖ fig. y fam. *Murmuración, *calumnia.

ladrillado. m. *Solado de ladrillos.

ladrillador. m. **Enladrillador.**

ladrillar. m. Sitio o lugar donde se fabrica *ladrillo.

ladrillar. tr. **Enladrillar.**

ladrillazo. m. Golpe dado con un ladrillo.

ladrillejo. m. d. de **Ladrillo.** ‖ *Juego de muchachos que consiste en tirar con un tejo a varias almendras o huesos de frutas puestos sobre

un ladrillo. ‖ *Broma que consistía en colgar un ladrillo delante de la puerta de una casa y moverlo con una cuerda desde lejos para que pareciese que llamaban.
ladrillero, ra. m. y f. Persona que hace *ladrillos. ‖ m. El que los vende. ‖ f. **Ladrillar.** ‖ Molde para hacer ladrillos.
***ladrillo.** m. Masa de arcilla, en forma de paralelepípedo rectangular, que, después de cocida, sirve para construir muros. ‖ fig. Labor, en figura de **ladrillo,** que tienen algunas *telas. ‖ **de chocolate.** fig. Pasta de *chocolate hecha en figura de **ladrillo.**
ladrillo. m. *Germ.* **Ladrón.**
ladrilloso, sa. adj. Que es de ladrillo o se le asemeja.
***ladrón, na.** adj. Que hurta o roba. Ú. m. c. s. ‖ m. Portillo o *abertura que se hace en un río o en las acequias o *presas para robar el agua. ‖ *Pavesa que se pega a la vela y le hace correrse. ‖ **Impr.* **Lardón.** ‖ **cuatrero. Ladrón** que hurta bestias. ‖ **El buen ladrón.** San Dimas, uno de los dos malhechores crucificados con *Jesucristo. ‖ **El mal ladrón.** Uno de los dos malhechores crucificados con *Jesucristo y el cual murió sin arrepentirse.
ladronamente. adv. m. fig. *Disimuladamente, a hurtadillas.
ladroncillo. m. d. de **Ladrón.**
ladronera. f. Lugar donde se *ocultan los *ladrones. ‖ **Ladrón** (de una *presa o acequia). ‖ **Ladronicio.** ‖ **Alcancía** (*hucha). ‖ **Fort.* **Matacán.**
ladronería. f. **Ladronicio.**
ladronesca. f. fam. Conjunto de *ladrones.
ladronesco, ca. adj. fam. Perteneciente a los *ladrones.
ladronicio. m. **Latrocinio.**
ladronzuelo, la. m. y f. d. de ***Ladrón.** ‖ **Ratero, ra.**
lagaña. f. **Legaña.**
lagañoso, sa. adj. **Legañoso.**
***lagar.** m. Recipiente donde se pisa la uva para obtener el mosto. ‖ Sitio donde se prensa la aceituna. ‖ Edificio donde hay un **lagar** para uva, aceituna o manzana. ‖ *Olivar con edificio y artefactos para extraer el aceite.
lagarearse. r. **Hacerse lagarejo.**
lagarejo. m. d. de **Lagar.** ‖ **Hacerse lagarejo.** fr. fig. y fam. Estrujarse la *uva que se trae para comer.
lagarero. m. El que trabaja en el lagar.
lagareta. f. **Lagarejo.** ‖ *Charco de agua u otro líquido. ‖ Pocilga para *cerdos.
lagarta. f. Hembra del lagarto. ‖ *Insecto lepidóptero parecido al gusano de seda, cuyas orugas devoran preferentemente las hojas de las encinas. ‖ fig. y fam. Mujer *astuta, taimada. Ú. t. c. adj.
lagartado, da. adj. **Alagartado.**
lagartear. tr. Coger a uno por los lagartos o músculos de los brazos y apretárselos con el fin de atormentarlo o vencerlo en la *lucha.
lagarteo. m. Acción de lagartear.
lagartera. f. Agujero o madriguera del lagarto.
lagarterano, na. adj. Natural de Lagartera. Ú. t. c. s. ‖ Perteneciente a esta población de Toledo.
lagartero, ra. adj. Aplícase al *ave u otro animal que caza lagartos.
lagartija. f. Especie de lagarto pequeño, muy común en España, que vive entre los escombros y en los huecos de las paredes.
lagartijero, ra. adj. Aplícase a algunos animales que cazan y comen lagartijas.
lagartijo. m. d. de **Lagarto.**
lagarto. m. *Reptil terrestre del orden de los saurios, de color verde, cuerpo prolongado y casi cilíndrico, cola larga, cuatro patas cortas, delgadas y cada una con cinco dedos armados de afiladas uñas, y piel cubierta de laminillas a manera de escamas. ‖ *Músculo grande del brazo, que está entre el hombro y el codo. ‖ fig. y fam. Hombre *astuto, taimado. Ú. t. c. adj. ‖ fig. y fam. Espada roja, *insignia de la orden de caballería de Santiago. ‖ *Germ.* *Ladrón del campo. ‖ **de Indias. Caimán.**
***lago.** m. Gran masa permanente de agua depositada en hondonadas del terreno. ‖ **de leones.** Lugar subterráneo o *cueva en que los encerraban.
lagopo. m. *Bot.* **Pie de liebre.**
lagotear. intr. fam. Hacer *halagos y zalamerías para conseguir una cosa. Ú. t. c. tr.
lagotería. f. fam. Zalamería o *halago para lograr una cosa.
lagotero, ra. adj. fam. Que hace lagoterías. Ú. t. c. s.
***lágrima.** f. Cada una de las gotas que vierten los ojos por causas morales o físicas. Ú. m. en pl. ‖ fig. Gota de humor que destilan las *vides y algunos árboles después de la poda. ‖ fig. Porción muy corta de cualquier *bebida. ‖ *Arq.* *Ornamento en forma de cono truncado propio de los triglifos del orden dórico. ‖ pl. fig. Pesadumbres, adversidades. ‖ **Lágrima de Batavia,** o **de Holanda.** Gota de *vidrio fundido que en cuanto se le rompe la punta, se reduce a polvo fino con una ligera detonación. ‖ **Lágrimas de cocodrilo.** fig. Las que vierte una persona *fingiendo un dolor que no siente. ‖ **de David,** o **de Job.** *Planta gramínea, de caña elevada, de cuyas simientes se hacen rosarios y collares. ‖ **de Moisés,** o **de San Pedro.** fig. y fam. *Piedras o guijarros con que se apedrea a uno. ‖ **Correr las lágrimas.** fr. Caer por las mejillas de la persona que *llora. ‖ **Lo que no va en lágrimas, va en suspiros.** expr. fig. y fam. con que se da a entender que unas cosas se *compensan con otras. ‖ **Llorar** uno **a lágrima viva.** fr. *Llorar abundantemente. ‖ **Llorar** uno **con lágrimas de sangre** una cosa. fr. fig. *Arrepentirse de ella angustiosamente. ‖ **Llorar** uno **lágrimas de sangre.** fr. fig. Sentir pena muy viva y cruel. ‖ **Saltarle,** o **saltársele,** a uno **las lágrimas.** fr. Enternecerse, echar a *llorar de improviso.
lagrimable. adj. Digno de ser llorado.
lagrimacer. intr. **Lagrimar.**
lagrimal. adj. Aplícase a los órganos de secreción y excreción de las *lágrimas. ‖ m. Extremidad del *ojo próxima a la nariz. ‖ **Pat. Veg.* Úlcera que suele formarse en la axila de las ramas cuando éstas se desgajan algún tanto del tronco.
lagrimar. intr. **Llorar.**
lagrimear. intr. Secretar con frecuencia *lágrimas sea con llanto o sin él.
lagrimeo. m. Acción de lagrimear. ‖ Flujo de *lágrimas independiente de toda emoción del ánimo.
lagrimón. m. aum. de **Lágrima.**
lagrimoso, sa. adj. Aplícase a los *ojos húmedos por exceso de humor o por llanto. ‖ Dícese de la persona o animal que tiene los ojos en este estado. ‖ **Lacrimoso** (*triste, que mueve a *llanto). ‖ Que destila lágrimas de savia o resina.
***laguna.** f. Depósito natural de agua, generalmente dulce, de menores dimensiones que el lago. ‖ fig. En lo manuscrito o impreso, *hueco, parte *borrada u *omitida. ‖ *Defecto, solución de continuidad en un conjunto o serie.
lagunajo. m. *Charco que queda accidentalmente en el campo.
lagunar. m. *Arq.* Cada uno de los huecos que deja el *techo artesonado.
lagunazo. m. **Lagunajo.**
lagunero, ra. adj. Perteneciente a la laguna.
lagunero, ra. adj. Natural de La Laguna. Ú. t. c. s. ‖ Perteneciente a esta ciudad de Canarias.
lagunoso, sa. adj. Abundante en *lagunas.
laical. adj. Perteneciente a los legos o *seglares.
laicismo. m. Doctrina que defiende la independencia del hombre o de la sociedad de toda influencia eclesiástica o religiosa.
laicizar. tr. Hacer *laico lo que era religioso.
***laico, ca.** adj. **Lego.** Ú. t. c. s. ‖ → Dícese de la escuela o enseñanza en que se prescinde de la instrucción religiosa.
lairén. adj. V. **Uva lairén.** ‖ Dícese también de las *vides que la producen.
laísmo. m. **Gram.* Vicio en que incurren los laístas.
laísta. adj. **Gram.* Aplícase a los que usan *la* y *las* en el dativo del pronombre *ella.* Ú. t. c. s.
laja. f. **Lancha** (*piedra plana). ‖ *Mar.* *Bajío de piedra, a manera de meseta llana.
laja. f. **Traílla.** ‖ *Cuerda de cabuya delgada.
lakista. adj. Dícese de ciertos *poetas ingleses aficionados a la descripción de los lagos de su tierra natal.
lama. f. *Cieno blando, de color obscuro, que se halla en el fondo del mar o de los ríos, estanques, etc. ‖ **Ova.** ‖ *Arena muy menuda y suave. ‖ **Min.* Lodo de mineral muy molido.
lama. f. *Tela de oro o plata en que los hilos brillan por su haz sin pasar al envés. ‖ Tejido de lana con flecos en los bordes. ‖ **Verdín** (capa de *criptógamas). ‖ ***Musgo.**
lama. m. *Sacerdote de los tártaros occidentales.
lamaísmo. m. *Secta del budismo en el Tíbet.
lamaísta. com. *Sectario del lamaísmo.
lambda. f. Undécima *letra del alfabeto griego.
lambdacismo. m. *Pronunciación viciosa de la *l* donde debiera pronunciarse *r.*
lambel. m. **Blas.* Pieza que tiene la figura de una faja con tres caídas.
lambeo. m. **Blas.* **Lambel.**
lamber. tr. **Lamer.**
lambistón, na. adj. Goloso, lamerón.
lambrequín. m. **Blas.* Adorno en forma de hojas de acanto, que baja de lo alto del casco y rodea el escudo. Ú. m. en pl.
lambrijo, ja. adj. Flaco, *delgado. ‖ f. **Lombriz.**
lambucear. tr. ***Lamer.** ‖ **Arrebañar.**
lameculos. com. fam. Persona *aduladora y *servil.

lamedal. m. Sitio o paraje donde hay mucha lama o *cieno.

lamedor, ra. adj. Que lame. Ú. t. c. s. ‖ m. **Jarabe.** ‖ fig. *Halago, *adulación o *fingimiento con que se pretende suavizar el ánimo de uno. ‖ **Dar lamedor.** fr. fig. y fam. Entre *jugadores, hacerse uno al principio perdidizo, para engañar al contrario y ganarle después con más seguridad.

lamedura. f. Acción y efecto de lamer.

lamentable. adj. Que causa *aflicción o es digno de *llorarse. ‖ Que infunde *tristeza y *temor.

lamentablemente. adv. m. Con lamentos, o de manera lamentable.

lamentación. f. Queja dolorosa. ‖ Cada una de las partes del canto lúgubre de Jeremías, en la *Biblia.

lamentador, ra. adj. Que lamenta o se lamenta. Ú. t. c. s.

lamentar. tr. Sentir una cosa con *llanto, suspiros u otras demostraciones de dolor. Ú. t. c. intr. y r. ‖ r. Quejarse con lamentos.

lamento. m. **Lamentación.**

lamentoso, sa. adj. Que prorrumpe en lamentos o *quejas. ‖ **Lamentable.**

lameplatos. com. fig. y fam. Persona *golosa. ‖ fig. y fam. Persona que se *alimenta de sobras.

***lamer.** tr. Pasar repetidas veces la lengua por una cosa. Ú. t. c. r. ‖ fig. *Rozar blanda y suavemente una cosa. ‖ **Dejar** a uno **que lamer.** fr. fig. y fam. Inferirle un *daño que no pueda remediarlo pronto.

lamerón, na. adj. fam. **Laminero** (goloso).

lametón. m. Acción de *lamer con ansia.

lamia. f. Monstruo *quimérico con rostro de mujer hermosa y cuerpo de dragón. ‖ **Tiburón.**

lamido, da. adj. fig. Dícese de la persona *flaca, y de la muy *limpia. ‖ fig. **Relamido.** ‖ fig. p. us. *Desgastado con el uso o con el roce continuo. ‖ **Pint.* Dícese de lo *afectadamente terso y liso, por sobra de trabajo y esmero.

lamiente. p. a. de **Lamer.** Que lame.

lamín. m. **Golosina.**

***lámina.** f. Plancha delgada de metal. ‖ Plancha en que está *grabado un dibujo para estamparlo. ‖ **Estampa.** ‖ *Pintura hecha en cobre. ‖ fig. Plancha delgada o chapa de cualquier materia. ‖ *Bot.* Parte ensanchada de las *hojas, pétalos y sépalos. ‖ *Zool.* Parte delgada y plana de los *huesos, cartílagos, etc. ‖ **Buena, o mala, lámina.** fig. Buena, o mala, estampa. Dícese de algunos animales.

laminable. adj. Que se puede reducir a *láminas.

laminación. f. Acción y efecto de laminar metales.

laminado, da. adj. Guarnecido de *láminas o planchas de metal. ‖ m. Acción y efecto de laminar metales.

laminador. m. Máquina que reduce a *láminas los metales, haciéndolos pasar a presión por entre dos cilindros que giran en sentido contrario. ‖ El que tiene por oficio hacer láminas de metal.

laminar. adj. De forma de *lámina. ‖ Aplícase a la estructura de un cuerpo formado de láminas u hojas sobrepuestas y paralelamente colocadas.

laminar. tr. Tirar *láminas, planchas o barras con el laminador. ‖ Guarnecer con láminas.

laminar. r. *Lamer o gulusmear.

laminera. f. *Abeja suelta que se adelanta a las demás.

laminero, ra. adj. Que hace láminas. Ú. t. c. s. ‖ Que guarnece cajas de metal para *reliquias. Ú. t. c. s.

laminero, ra. adj. **Goloso.** Ú. t. c. s.

laminoso, sa. adj. Aplícase a los cuerpos de textura laminar.

lamiscar. tr. fam. *Lamer a prisa y con ansia.

lamoso, sa. adj. Que tiene o cría lama.

lampa. f. **Azada.**

lampacear. tr. **Mar.* Enjugar o *secar con el lampazo las cubiertas y costados de una embarcación.

lampaceo. m. **Mar.* Acción de lampacear.

lampacero. m. **Mar.* El que lampacea.

lampadario. m. **Candelabro.**

lampar. intr. **Alampar.** Ú. t. c. r.

***lámpara.** f. Utensilio o aparato para obtener luz artificial, ya sea mediante la combustión de líquidos o gases, ya por la incandescencia eléctrica de algún cuerpo, o de otro modo análogo. ‖ Cuerpo que despide *luz. ‖ *Mancha de aceite o grasa en la ropa. ‖ *Ramo de árbol que los jóvenes ponen a las puertas de las casas en *señal de *alegría. ‖ ‖ Elemento de los aparatos de *radio que, en su forma más simple, consta de un filamento, una rejilla y una placa. ‖ **de los mineros,** o **de seguridad.** Candileja cuya luz se cubre con un cilindro de tela metálica de malla tan fina, que impide la inflamación de los gases de las *minas de hulla. ‖ **Atizar la lámpara.** fr. fig. y fam. Volver a echar vino en el vaso para *beber.

lamparería. f. Taller en que se hacen *lámparas. ‖ Tienda donde se venden. ‖ Almacén donde se guardan y arreglan.

lamparero, ra. m. y f. Persona que hace o vende *lámparas. ‖ Persona que tiene cuidado de las lámparas.

***lamparilla.** f. d. de **Lámpara.** ‖ **Mariposa** (candelilla en un vaso con aceite). ‖ Plato, vaso o vasija en que ésta se pone. ‖ ***Álamo temblón.** ‖ *Tela de lana de que se solían hacer las capas de verano. ‖ **momperada.** La más lustrosa y de tejido más fino.

lamparín. m. Cerco de metal en que se pone la lamparilla en las iglesias.

lamparista. com. **Lamparero.**

lamparón. m. aum. de **Lámpara.** ‖ *Pat.* Escrófula en el cuello. ‖ **Veter.* Enfermedad de los solípedos, acompañada de tumores linfáticos. ‖ **del buey.** **Veter.* Inflamación supurativa de los ganglios y vasos linfáticos.

lampasado, da. adj. **Blas.* Dícese del animal que saca la *lengua.

lampatán. m. **China** (*raíz medicinal).

lampazo. m. *Planta de las compuestas, cuyo cáliz tiene escamas con espinas en anzuelo. ‖ **Mar.* Manojo o borlón de filásticas, que sirve principalmente para enjugar la humedad de las cubiertas y costados de los buques. ‖ *Min.* *Escoba hecha con ramas verdes que, mojada en agua, sirve para refrescar las paredes y dirigir la llama en los *hornos de fundición de plomo.

lampear. tr. **Agr.* Remover la tierra con la lampa.

lampiño, ña. adj. Dícese del hombre que no tiene *barba. ‖ Que tiene poco *pelo o vello. ‖ *Bot.* Falto de pelos, *liso.

lampión. m. ***Farol.**

lampista. m. **Lamparero.**

lampistería. f. **Lamparería.**

lampo. m. poét. *Resplandor intenso y fugaz; como el del *relámpago.

lampote. m. Cierta *tela de algodón fabricada en Filipinas.

lamprea. f. *Pez marino cartilagíneo, de cuerpo casi cilíndrico, liso, viscoso y terminado en una cola puntiaguda. Es comestible. ‖ *Pez de río, semejante al anterior, pero más corto.

lampreada. f. *Zurra de lampreazos.

lampreado. m. *Guiso chileno hecho con charquí y otros ingredientes.

lamprear. tr. **Culin.* Guisar una vianda, cociéndola en agua o vino con azúcar y especias, después de frita o asada.

lampreazo. m. **Latigazo.**

lamprehuela. f. d. de **Lamprea.** ‖ **Lampreílla.**

lampreílla. f. *Pez de río, parecido a la lamprea, pero más pequeño. Es comestible.

lampreo. m. Vapuleo, *zurra.

lámpsana. f. *Planta herbácea de las compuestas.

lampuga. f. *Pez marino acantopterigio, de cuerpo comprimido lateralmente.

lampuguera. f. Arte de *pesca mixto de nasas y de red de cerco.

***lana.** f. Pelo de las ovejas y carneros. ‖ Pelo de otros animales parecido a la **lana.** ‖ *Tela de **lana.** ‖ m. Persona de la ínfima plebe. ‖ **Lana de caídas.** La que tienen en las piernas los ganados. ‖ **en barro.** En las fábricas de paños, **lana** más pura que sale del peine antes de hilarse. ‖ **filosófica.** Óxido de *cinc preparado por vía seca. ‖ **Batir la lana.** fr. *Esquilar el ganado de **lana.** ‖ **Cardarle** a uno **la lana.** fr. fig. y fam. *Reprenderle con severidad y aspereza. ‖ **Lavar la lana** a uno. fr. fig. y fam. Indagar y descubrir las acciones de una persona sospechosa. ‖ **Varear la lana.** fr. Sacudirla y ahuecarla con varas, antes de hacer los *colchones.

lanada. f. **Artill.* Instrumento para limpiar y refrescar el alma de las piezas de artillería después de haberlas disparado.

lanado, da. adj. **Lanuginoso.**

lanar. adj. Dícese del *ganado o la res que tiene lana.

lanaria. f. **Jabonera** (*planta).

lancán. m. *Embarcación filipina, especie de banca de grandes dimensiones, que se lleva a remolque.

lance. m. Acción y efecto de *lanzar o arrojar. ‖ Acción de echar la red para *pescar. ‖ Pesca que se saca de una vez. ‖ Momento *difícil, *ocasión crítica. ‖ En obras de *literatura, *suceso, situación interesante o notable. ‖ Encuentro, *riña. ‖ En el juego, cada uno de los accidentes o combinaciones algo notables que ocurren en él. ‖ Arma lanzada por la *ballesta. ‖ **Taurom.* Suerte de capa. ‖ **apretado. Caso apretado.** ‖ **de fortuna. *Casualidad.** ‖ **de honor. Desafío.** ‖ **A pocos lances.** m. adv. A breve tiempo; con *facilidad. ‖ **De lance.** m. adv. Dícese de lo que se compra *barato, aprovechando una coyuntura o por ser cosa *usada. ‖ **De lance en lance.** m. adv. De una acción en otra. ‖ **Jugar** uno **el lance.** fr. Manejar un negocio que pide *habilidad. ‖ **Tener pocos lances** una cosa. fr. fig. y fam. Ser *fastidiosa o poco agradable.

lanceado, da. adj. *Bot.* **Lanceolado.**

lancear. tr. **Alancear.**
lancéola. f. **Llantén menor.**
lanceolado, da. adj. *Bot.* De figura semejante al hierro de la lanza.
lancera. f. Armero para colocar las *lanzas.
lancería. f. Conjunto de lanzas. ‖ *Tropa de lanceros.
lancero. m. *Soldado que pelea con lanza. ‖ El que usa o lleva lanza. ‖ El que hace *lanzas. ‖ pl. *Baile de figuras, muy parecido al rigodón. ‖ *Música de este baile.
lanceta. f. **Cir.* Instrumento para sangrar, abrir algunos tumores y otras cosas. Tiene la hoja de acero con corte por ambos lados, y la punta agudísima.
lancetada. f. Acción de herir con la lanceta. ‖ Abertura que con ella se hace.
lancetazo. m. **Lancetada.**
lancetero. m. **Cir.* Estuche en que se llevan colocadas las lancetas.
lancilla. f. d. de **Lanza.**
lancinante. p. a. de **Lancinar.** ‖ adj. Dícese del *dolor semejante al que produciría una herida de lanza.
lancinar. tr. *Punzar, desgarrar. Ú. t. c. r. ‖ intr. Dar latidos *dolorosos los tumores, abscesos, etc.
lancurdia. f. Trucha pequeña.
***lancha.** f. *Piedra naturalmente lisa, plana y de poco grueso. ‖→ Bote grande propio para ayudar en las faenas de fuerza que se ejecutan en los buques, y para transportar carga y pasajeros entre puntos cercanos. ‖ La mayor de las *embarcaciones menores que llevan a bordo los grandes buques para su servicio. ‖ **Barca.** ‖ Cierta *trampa que se hace con palillos y una piedra, para coger perdices. ‖ **bombadera, cañonera,** u **obusera.** La que se construye de propósito para llevar un mortero, cañón u obús montado.
lanchada. f. *Carga que lleva de cada vez una lancha.
lanchaje. m. *Flete de una lancha.
lanchar. m. Cantera de donde se sacan lanchas de *piedra. ‖ Sitio en que abundan.
lanchar. intr. *Nublarse el cielo.
lanchazo. m. *Golpe que se da de plano con una lancha de piedra.
lanchero. m. Conductor o patrón de una lancha.
lanchón. m. aum. de **Lancha.**
lanchuela. f. d. de **Lancha** (de *piedra).
landa. f. *Llanura extensa en que sólo se crían plantas silvestres.
landgrave. m. *Título de que han solido usar algunos grandes señores de Alemania.
landgraviato. m. *Dignidad de landgrave. ‖ *Territorio del landgrave.
landó. m. *Coche de cuatro ruedas, con capota delantera y trasera, que se pueden unir para cerrar.
landre. f. *Tumor del tamaño de una bellota. ‖ *Bolsa escondida que se hace en la capa o vestido para llevar oculto el dinero.
landrecilla. f. Pedacito de *carne redondo que se halla en varias partes del cuerpo; como en medio de los *músculos del muslo.
landrero, ra. adj. Dícese del que va ahuchando el dinero en el landre. ‖ *Germ.* **Ladrón.**
landrilla. f. **Veter.* Cresa de ciertos *insectos dípteros, que se fija debajo de la lengua y en las fosas nasales de diversos mamíferos. ‖ Cada uno de los granos que levanta con su picadura.
landsquenete. m. **Lansquenete.**
lanería. f. Casa o tienda donde se vende *lana.
lanero, ra. adj. Perteneciente o relativo a la *lana. ‖ m. El que trata en lanas. ‖ Almacén donde se guarda lana.
langa. f. **Truchuela** (*bacalao).
langaruto, ta. adj. fam. **Larguirucho.**
***langosta.** f. Insecto ortóptero de color gris amarillento, de antenas finas y articuladas, alas membranosas, y el tercer par de patas muy robusto y a propósito para saltar. Se multiplica extraordinariamente y llega a formar verdaderas nubes que arrasan la vegetación de comarcas enteras. ‖ *Crustáceo marino grande, con cinco pares de patas terminadas en pinzas y cuatro antenas. Su carne es muy apreciada. ‖ fig. y fam. Lo que *destruye o consume una cosa.
langostín. m. *Crustáceo marino pequeño, de carne muy apreciada.
langostino. m. **Langostín.**
langostón. m. *Insecto ortóptero semejante a la *langosta, pero de mayor tamaño.
languedociano, na. adj. Perteneciente o relativo al Languedoc.
·**lánguidamente.** adv. m. Con languidez, con flojedad.
languidecer. intr. Adolecer de languidez.
languidez. f. Flaqueza, *debilidad. ‖ Falta de espíritu, *timidez, *desaliento.
languideza. f. **Languidez.**
lánguido, da. adj. Flaco, *débil, fatigado. ‖ De poco espíritu, *desalentado.
languor. m. **Languidez.**
lanífero, ra. adj. poét. Que lleva o tiene *lana.
lanificación. f. **Lanificio.**
lanificio. m. Arte de labrar la *lana. ‖ Obra hecha de lana.
lanilla. f. Pelillo que le queda al *paño por la haz. ‖ *Tela de poca consistencia hecha con lana fina. ‖ *Afeite que usaban antiguamente las mujeres.
lanío, a. adj. **Lanar.**
lanolina. f. **Farm.* Substancia *grasa que se obtiene de la lana.
lanosidad. f. Pelusa o *vello suave que tienen algunos vegetales.
lanoso, sa. adj. **Lanudo.**
lansquenete. m. *Soldado de infantería alemán que peleó en España al lado de los tercios castellanos.
lantaca. f. **Artill.* Especie de culebrina de poco calibre.
lantano. m. *Metal raro, de color plomizo, que arde fácilmente y descompone el agua a la temperatura ordinaria.
lanteja. f. **Lenteja.**
lantejuela. f. **Lentejuela.**
lanterno. m. ***Aladierna.**
lantia. f. *Mar.* Aparato para *alumbrar la aguja de marear. ‖ Nombre que se da a cierto *aparejo y al *cabo grueso con que se forma.
lanudo, da. adj. Que tiene mucha *lana o vello.
lanuginoso, sa. adj. Que tiene lanosidad.
***lanza.** f. Arma ofensiva compuesta de un palo largo en cuya extremidad está fijo un hierro puntiagudo y cortante. ‖ Vara de madera que unida por uno de sus extremos al juego delantero de un *carruaje, sirve para darle dirección. ‖ *Soldado que usaba el arma del mismo nombre. ‖ Hombre de armas, provisto de dos cabalgaduras, con que ciertos vasallos del rey o de un señor les servían en la guerra. ‖ *Tubo de metal con que rematan las mangas de las bombas para dirigir bien el *chorro de agua. ‖ pl. Cierto *tributo que pagaban al rey los grandes y títulos. ‖ **Lanza jineta. Jineta.** ‖ **porquera,** o **media lanza. Lanza** corta, especie de chuzo. ‖ **Correr lanzas.** fr. Correr en los *torneos los justadores a caballo combatiéndose con las **lanzas.** ‖ **Deshacer la lanza.** fr. En los torneos, llevar la **lanza** fuera de las posición conveniente. ‖ **Echar lanzas en la mar.** fr. fig. y fam. Trabajar en vano. ‖ **Estar con la lanza en ristre.** fr. fig. Estar *preparado para acometer una empresa. ‖ **Ser** uno **una lanza.** fr. fig. y fam. Ser hábil y *listo.
lanzacabos. adj. V. **Cañón lanzacabos.**
lanzada. f. *Golpe que se da con la lanza. ‖ *Herida que con él se hace. ‖ **de a pie.** **Taurom.* Suerte antigua que consistía en esperar el diestro al toro, rodilla en tierra, con una lanza afirmada en el suelo e inclinada de modo que la fiera, al acometer, se la clavara.
lanzadera. f. Instrumento de figura de barquichuelo, con una canilla dentro, que usan los *tejedores para tramar. ‖ Pieza de figura semejante que tienen las máquinas de *coser. ‖ Instrumento parecido, pero sin canilla, que se emplea en varias labores femeninas. ‖ *Sortija que en la parte correspondiente al dorso de la mano lleva un adorno en forma de **lanzadera.** ‖ **Parecer** uno **una lanzadera.** fr. fig. y fam. Andar de acá para allá en continuo *movimiento.
lanzado, da. adj. *Mar.* Dícese de la *embarcación que tiene mucho lanzamiento.
lanzador, ra. adj. Que lanza o arroja. Ú. t. c. s. ‖ **de tablado.** Caballero que en los *torneos arrojaba lanzas a un tablado.
lanzafuego. m. *Artill.* **Botafuego.**
lanzallamas. m. Arma de *guerra que lanza un líquido inflamado.
***lanzamiento.** m. Acción de lanzar o arrojar una cosa. ‖ *For.* *Privación de una posesión por fuerza judicial. ‖ *Mar.* Proyección de un *buque por la proa y la popa con relación al largo de la quilla.
lanzaminas. m. *Mar.* Buque de la *armada dispuesto para lanzar minas.
***lanzar.** tr. **Arrojar. Ú. t. c. r.** ‖ *Soltar, dejar libre. ‖ ***Vomitar.** ‖ *Agr.* Echar raíces las plantas. ‖ *For.* *Despojar a uno de la posesión de alguna cosa.
lanzatorpedos. adj. V. **Tubo lanzatorpedos.**
lanzazo. m. **Lanzada.**
lanzón. m. aum. de **Lanza.** ‖ *Lanza corta y gruesa que usaban los guardas de las viñas.
lanzuela. f. d. de **Lanza.**
laña. f. **Grapa.**
laña. f. Coco verde.
lañador. m. El que por medio de lañas o grapas *repara objetos de barro o loza.
lañar. tr. Trabar o *sujetar con lañas una cosa. ‖ Abrir el pescado para *salarlo.
laodicense. adj. Natural de Laodicea. Ú. t. c. s. ‖ Perteneciente a esta ciudad del Asia antigua.
lapa. f. Nata formada de plantas *criptógamas en la superficie de algunos líquidos.
lapa. f. *Molusco gasterópodo comestible, de concha cónica aplastada, que vive asido fuertemente a las piedras de las costas.
lapa. f. **Lampazo** (*planta). ‖ **Almorejo** (*planta).

lapachar. m. Terreno *cenagoso.
lapacho. m. *Árbol americano, de las bignoniáceas, cuya madera se emplea en construcción y ebanistería. ‖ *Madera de este árbol.
lápade. f. **Lapa** (molusco).
laparotomía. f. *Cir.* Operación quirúrgica que consiste en abrir las paredes abdominales y el peritoneo.
lapicero. m. Instrumento en que se pone el *lápiz para servirse de él. ‖ **Lápiz** (de dibujar).
lápida. f. *Piedra llana en que se pone una inscripción.
lapidación. f. Acción y efecto de lapidar.
lapidar. tr. **Apedrear.**
lapidario, ria. adj. Perteneciente a las piedras de *joyería. ‖ Perteneciente o relativo a las *inscripciones que se ponen en lápidas. ‖ m. El que labra *piedras preciosas*. ‖ El que comercia con ellas.
lapídeo, a. adj. De *piedra o perteneciente a ella.
lapidificación. f. *Quím.* Acción y efecto de lapidificarse.
lapidificar. tr. *Quím.* Convertir en *piedra. Ú. t. c. r.
lapidífico, ca. adj. *Quím.* Que lapidifica.
lapidoso, sa. adj. **Lapídeo.**
lapilla. f. **Cinoglosa.**
lapislázuli. m. *Mineral de color azul intenso, muy duro, que suele usarse en objetos de adorno.
lapita. m. *Mit.* Individuo de un pueblo de los tiempos heroicos, que se hizo famoso por su lucha con los centauros en las bodas de Piritoo.
***lápiz.** m. Nombre genérico de varias substancias minerales, suaves, crasas al tacto, que se usan generalmente para dibujar. ‖ Barrita de grafito encerrada en un cilindro o prisma de madera y que sirve para escribir o dibujar. ‖ **Farm.* Medicamento preparado en forma de barrita cilíndrica. ‖ **de color.** Composición o pasta que se hace con varios colores dándole la figura de puntas de **lápiz,** y sirve para *pintar al pastel. ‖ **de plomo. Grafito.** ‖ **plomo. Lápiz de plomo.** ‖ **rojo. Almagre.**
lapizar. m. Mina o cantera de *lápiz plomo.
lapizar. tr. *Dibujar o rayar con lápiz.
lapo. m. fam. *Golpe dado con una vara, correa u otra cosa flexible. ‖ **Bofetada.** ‖ fig. ***Trago.**
lapón, na. adj. Natural de Laponia. Ú. t. c. s. ‖ Perteneciente a este país de Europa. ‖ m. *Lengua hablada por los **lapones.**
lapso, sa. adj. ant. Que ha caído en un delito o *error. ‖ m. Curso de un espacio de *tiempo. ‖ Caída en una *culpa o error.
lapsus cálami. expr. lat. *Error cometido al correr de la *pluma.
lapsus linguae. expr. lat. *Error de lengua.
laquear. tr. *Apresar animales con las boleadoras.
laqueario. m. *Gladiador armado de lazo y puñal.
lar. m. *Mit.* Cada uno de los dioses de la casa u hogar. Ú. m. en pl. ‖ ***Hogar.** ‖ pl. fig. *Casa propia u hogar.
larario. m. Entre los gentiles, lugar destinado en cada casa para *adorar los lares o dioses domésticos.
lardáceo, a. adj. *Pat.* De aspecto parecido al *tocino.
lardar. tr. **Lardear.**
lardear. tr. *Culin.* *Untar con lardo o grasa lo que se está asando. ‖ **Pringar** (por *suplicio).
lardero, ra. adj. V. **Jueves lardero.**
lardo. m. Lo gordo del *tocino. ‖ *Grasa de los animales.
lardón. m. *Impr.* Pedacito de papel que por descuido se interpone entre el pliego y la forma, y es causa de que no salga señalada alguna parte de él. ‖ *Impr.* Adición hecha al margen en el original o en las pruebas.
lardoso, sa. adj. *Graso, pringoso.
larga. f. Pedazo de suela o de fieltro que ponen los *zapateros en la parte posterior de la horma para que salga más largo el zapato. ‖ El más largo de los tacos de *billar. ‖ Dilación, *retardación. Ú. m. en pl. ‖ **Taurom.* Lance que consiste en hacer correr al toro presentándole el capote extendido a lo largo.
largamente. adv. m. Con extensión, cumplidamente. ‖ fig. Con *anchura. ‖ fig. Con *liberalidad. ‖ adv. t. Por mucho o largo tiempo.
largar. tr. *Soltar, dejar libre alguna cosa molesta. ‖ *Aflojar, ir soltando poco a poco. Ú. mucho en la marina. ‖ *Mar.* Desplegar, soltar una cosa; como la bandera o las *velas. ‖ fig. *Decir alguna cosa molesta, *ofensiva o *impertinente. ‖ fig. Dar *golpes, palos, etc. ‖ r. fam. *Marcharse, *ausentarse uno con presteza o disimulo. ‖ **Mar.* Hacerse la nave a la mar.
***largo, ga.** adj. Que tiene más o menos longitud. ‖ Que tiene largor excesivo. ‖ fig. *Liberal, dadivoso. ‖ fig. Copioso, *abundante. ‖ fig. Dilatado, extenso. ‖ fig. *Pronto, expedito. ‖ fig. Aplicado en plural a cualquiera división del tiempo, como días, meses, etc., suele tomarse por *muchos.* ‖ *Mar.* Arriado, suelto. ‖ adv. m. **Mús.* Con ritmo lento. ‖ m. **Mús.* Composición que se ha de ejecutar con dicho ritmo. ‖ ***Longitud.** ‖ **A la larga.** m. adv. Según el **largo** de una cosa. ‖ Al cabo de mucho tiempo. ‖ Lentamente. ‖ Difusamente, con *prolijidad. ‖ **A lo largo.** m. adv. En sentido de la longitud de una cosa o paralelamente a ella. ‖ A lo lejos, a mucha distancia. ‖ **De largo.** m. adv. Con *vestiduras talares. ‖ **De largo a largo.** m. adv. A todo su largor. ‖ **¡Largo!** o **¡largo de ahí,** o **de aquí!** expr. con que se *expulsa a uno de algún lugar. ‖ **Largo y tendido.** expr. fam. Con profusión. ‖ **Por largo.** m. adv. **Por extenso.**
largor. m. **Longitud.**
largueado, da. adj. Listado o adornado con listas.
larguero. m. Cada uno de los dos palos o barrotes que se ponen a lo largo de un obra de *carpintería. ‖ **Cabezal** (*almohada).
largueza. f. Largura. ‖ ***Liberalidad.**
larguirucho, cha. adj. fam. Aplícase a las personas más *altas y delgadas que lo normal y a las cosas demasiado *largas respecto de su ancho o de su grueso.
largura. f. **Largor.**
lárice. m. ***Alerce.**
laricino, na. adj. Perteneciente al lárice.
laridar. intr. Dar *gritos o alaridos.
larije. adj. V. **Uva larije.**
***laringe.** f. *Zool.* Conducto cartilaginoso en forma de caja, situado en las fauces delante del esófago.
laríngeo, a. adj. Perteneciente o relativo a la laringe.
laringitis. f. Inflamación de la *laringe. ‖ **estridulosa.** Variedad aguda propia de la infancia.
laringólogo. m. Especialista en enfermedades de la *laringe.
laringología. f. *Med.* Tratado de la *laringe.
laringoscopia. f. *Med.* Exploración de la *laringe.
laringoscopio. m. *Med.* Instrumento para la laringoscopia.
laringotomía. f. *Cir.* Incisión que se hace en la *laringe.
larra. f. **Prado.**
***larva.** f. Insecto que ha salido del huevo pero no ha sufrido la primera transformación, con el cuerpo blando, prolongado y cilíndrico. ‖ *Batracio en la primera edad. ‖ Fantasma, *espectro. ‖ pl. **Mit.* Genios del mal en la antigua Roma.
larvado, da. adj. *Med.* Aplícase a las *enfermedades que no presentan los síntomas característicos.
larval. adj. Perteneciente a la larva.
las. Artículo determinado en género femenino y número plural. ‖ Acusativo del pronombre *personal de tercera persona en género femenino y número plural.
lasaña. f. **Oreja de abad** (*fruta de sartén*).
lasca. f. Trozo delgado *desprendido de una piedra. ‖ **Lancha** (piedra). ‖ *Mar.* *Nudo doble.
lascar. tr. *Mar.* *Aflojar poco a poco un *cabo.
lascivamente. adv. m. Con lascivia.
lascivia. f. Propensión al deleite *carnal.
lascivo, va. adj. Perteneciente a la lascivia o *lujuria. ‖ Que tiene este vicio. Ú. t. c. s. ‖ Errático, *agitado, juguetón.
laserpicio. m. *Planta herbácea, vivaz, umbelífera. ‖ *Semilla de esta planta.
lasitud. f. *Debilidad, *cansancio, falta de fuerzas.
laso, sa. adj. *Cansado, desfallecido. ‖ *Débil y macilento. ‖ Dícese del *hilo sin torcer.
lastar. tr. Suplir o *prestar lo que otro ha de *pagar, con derecho a reintegrarse. ‖ fig. *Padecer en satisfacción o *expiación de una culpa propia o ajena.
lástima. f. *Compasión que excitan los males de otro. ‖ Objeto que excita la compasión. ‖ *Queja, lamentación. ‖ Cualquiera cosa que cause *disgusto. ‖ **Dar lástima.** fr. Causar **lástima** o compasión.
lastimador, ra. adj. Que lastima, hace *daño o causa *dolor.
lastimamiento. m. Acción y efecto de lastimar.
lastimar. tr. *Herir o hacer *daño; causar *dolor, *lesión, etc. Ú. t. c. r. ‖ fig. *Ofender en la estimación u honra. ‖ r. ***Compadecerse.** ‖ ***Quejarse.**
lastimeramente. adv. m. De un modo lastimero.
lastimero, ra. adj. Aplícase a las *quejas y otras demostraciones que mueven a *compasión. ‖ Que hiere o hace *daño.
lastimosamente. adv. m. De un modo lastimero.
lastimoso, sa. adj. Que mueve a *compasión.
lasto. m. *Recibo que se da al que lasta o paga por otro.
lastón. m. *Planta gramínea.
lastra. f. **Lancha** (trozo de *piedra). ‖ Bolo de madera que usan los *plateros.
lastraje. m. *Mar.* Acción y efecto de lastrar.
lastrar. tr. Poner el lastre a la embarcación. ‖ fig. *Sujetar una cosa *cargándola de peso. Ú. t. c. r.
lastre. m. *Piedra de mala calidad

que está en la superficie de la cantera, y sólo sirve para las obras de mampostería.

*__lastre.__ m. *Piedra, arena u otra cosa de *peso que se *carga en el fondo de la embarcación, para que ésta se sumerja en la proporción conveniente. || fig. Juicio, *prudencia.

lastrear. tr. desus. **Lastrar.**

lastrón. m. aum. de **Lastre** (*piedra plana).

lasún. m. **Locha** (pez).

lata. f. *Madero en rollo y sin pulir, de menor tamaño que el cuartón.

lata. f. **Hoja de lata.** || *Envase hecho de hoja de **lata.** || Contenido de este envase. || *Tabla delgada sobre la cual se aseguran las tejas.

lata. f. Discurso, conversación u otra cosa cuya *prolijidad causa disgusto o cansancio.

latamente. adv. m. Con extensión o *prolijidad; difusamente. || fig. Por ext., en sentido lato.

latania. f. *Palma con hojas en forma de abanico, de color verde y de metro y medio de largo.

latastro. m. *Arq.* **Plinto.**

lataz. m. Nutria del mar Pacífico septentrional, algo mayor que la europea (*mamífero).

latebra. f. *Escondrijo, refugio.

latebroso, sa. adj. Que se *oculta.

latente. adj. *Oculto y escondido.

*__lateral.__ adj. Perteneciente o que está al *lado de una cosa. || fig. Lo que no viene por línea recta; *indirecto.

lateralmente. adv. m. De *lado. || De uno y otro lado.

lateranense. adj. Perteneciente al templo de San Juan de Letrán.

latero, ra. adj. fam. **Latoso.**

látex. m. *Bot.* *Jugo de aspecto lechoso.

latido. m. Ladrido entrecortado que da el *perro algunas veces. || Movimiento rítmico de contracción del *corazón y las *arterias. || *Golpe producido por aquel movimiento en el mismo corazón o en otra parte del cuerpo.

latiente. p. a. de **Latir.** Que late.

latifundio. m. *Finca rústica de gran extensión perteneciente a un solo dueño, e inculta o insuficientemente cultivada.

latigadera. f. Soga o correa con que se sujeta el *yugo a la carreta.

latigazo. m. Golpe dado con el *látigo. || fig. *Golpe semejante al **latigazo.** || Chasquido del látigo. || fig. *Daño que se recibe de improviso. || fam. *Trago de vino o licor. || *Mar.* Sacudida que da la *vela y, a veces, el *palo. || fig. *Reprensión áspera e inesperada.

*__látigo.__ m. Azote largo, delgado y flexible, de cuero, cuerda, etc., con que se aviva y castiga a las caballerías. || *Cordel para afianzar al peso lo que se quiere pesar. || Cuerda o correa con que se aprieta la *cincha. || *Pluma que se ponía sobre el ala del *sombrero. || *Mar.* *Palo de la arboladura, cuando es muy largo.

latiguear. intr. Dar chasquidos con el látigo.

latigueo. m. Acción de latiguear.

latiguera. f. **Látigo** (cuerda para apretar la *cincha).

latiguero. m. El que hace o vende látigos.

latiguillo. m. d. de **Látigo.** || **Estolón** (vástago o *rama rastrera). || Frase con que se termina un período oratorio, destinada a recabar el aplauso inmediato. || Recurso a que acude con igual fin un actor de *teatro, ya sea en el modo de recitar, o en los gestos y ademanes. || V. **Caída de latiguillo.**

latín. m. *Lengua hablada por los antiguos romanos en el Lacio. || Voz o frase latina empleada en escrito o discurso español. Suele tomarse en mala parte. Ú. m. en pl. || **Bajo latín.** El escrito después de la caída del imperio romano y durante la Edad Media. || **Saber latín.** fr. fig. y fam. Ser muy *astuto.

latinajo. m. fam. despect. Latín macarrónico. || fam. despect. Palabra o frase latina usada en español. Ú. m. en pl.

latinamente. adv. m. En *lengua latina.

latinar. intr. Hablar o escribir en latín.

latinear. intr. **Latinar.** || fam. Emplear voces o frases latinas hablando o escribiendo en español.

latinidad. f. **Latín.** || **Baja latinidad. Bajo latín.**

latiniparla. f. Lenguaje de los que emplean voces latinas, aunque españolizadas.

latinismo. m. Giro peculiar de la *lengua latina. || Empleo de tales giros en otro idioma.

latinista. com. Persona que cultiva la lengua y literatura latinas.

latinización. f. Acción y efecto de latinizar.

latinizante. p. a. de **Latinizar.** Que latiniza. Ú. t. c. s.

latinizar. tr. Dar forma latina a voces de otra *lengua. || intr. fam. **Latinear.** || desus. Estudiar latín.

latino, na. adj. Natural del Lacio o de cualquiera de los *pueblos italianos pertenecientes a la antigua Roma. Ú. t. c. s. || Perteneciente a ellos. || Que sabe latín. Ú. t. c. s. || Perteneciente a la *lengua latina o propio de ella. || Aplícase a la *Iglesia de Occidente, en contraposición de la griega. || V. **Cruz latina.** || Suele también decirse de los naturales de pueblos de Europa en que se hablan lenguas derivadas del latín. || *Mar.* Dícese de las *embarcaciones y aparejos de vela triangular.

latir. intr. Dar latidos el *perro. || **Ladrar.** || Dar latidos el *corazón, las arterias, el *pulso, etc.

latirismo. m. *Med.* *Enfermedad producida por el consumo de harina de almortas.

latitud. f. *Anchura, dimensión de una cosa plana en sentido distinto de la longitud. || Todo el *espacio de un *territorio, reino, etc. || **Astr.* Distancia que hay desde la Eclíptica a cualquier punto considerado en la esfera hacia uno de los polos. || **Geogr.* Distancia, en grados de meridiano, que hay desde un punto de la superficie terrestre al ecuador. || **Correr la latitud.** **Mar.* Navegar por un meridiano.

latitudinal. adj. Que se extiende a lo ancho.

latitudinario, ria. adj. **Teol.* Aplícase al católico que sostiene que puede haber salvación fuera de la Iglesia. Ú. t. c. s.

latitudinarismo. m. **Teol.* Doctrina de los latitudinarios.

lato, ta. adj. Dilatado, *extendido. || fig. Aplícase al *significado que por extensión se da a las palabras, fuera del que literal o rigurosamente les corresponde.

*__latón.__ m. Aleación de cobre y cinc, de color dorado.

latón. m. Almeza o fruto del latonero o *almez. Ú. m. en pl.

Latona. n. p. f. **Mit.* Amada de Zeus, madre de Apolo.

latonería. f. Taller donde se fabrican obras de latón. || Tienda donde se venden.

latonero. m. El que hace o vende obras de latón.

latonero. m. ***Almez** (árbol).

latoso, sa. adj. Fastidioso, *molesto, *importuno. || *Prolijo.

latréutico, ca. adj. Perteneciente o relativo a la latría.

latría. f. *Culto y adoración que sólo se debe a Dios. Ú. t. c. adj.

latrina. f. ant. **Letrina.**

latrocinar. intr. p. us. Dedicarse al *robo o latrocinio.

latrocinio. m. *Hurto o costumbre de hurtar o estafar.

latvio, a. adj. Natural de Latvia. Ú. t. c. s. || Perteneciente a esta república formada de Curlandia y de otros territorios.

laúd. m. *Instrumento músico que se toca punteando las cuerdas. Es más pequeño que la guitarra, con tapa plana de forma oval y fondo convexo formado de muchas tablillas. || *Embarcación pequeña, de un palo, con vela latina. || *Tortuga marina de concha coriácea que puede llegar a unos dos metros de largo.

lauda. f. **Laude** (piedra de *sepultura).

laudable. adj. Digno de alabanza.

laudablemente. adv. m. De un modo laudable.

láudano. m. **Farm.* Preparación compuesta de opio, azafrán, vino blanco y otras substancias. || Extracto de opio.

laudar. tr. *For.* Fallar o dictar *sentencia el juez *árbitro.

laudatoria. f. Escrito u oración en *alabanza de personas o cosas.

laudatorio, ria. adj. Que *alaba.

laude. f. Lápida que se pone en la *sepultura; generalmente lleva alguna *inscripción.

laude. f. ant. **Alabanza.** || pl. **Liturg.* Una de las partes del oficio divino.

laudemio. m. *For.* Derecho que se paga al señor del dominio directo en la transmisión de inmuebles dados a *enfiteusis.

laudo. m. *For.* *Sentencia o fallo que dictan los *árbitros.

launa. f. *Lámina de metal. || *Arcilla magnesiana de color gris, que se emplea en Andalucía para cubrir techos y *azoteas.

laura. f. En Oriente, grupo de *conventos en despoblado.

lauráceo, a. adj. Parecido al *laurel. || **Bot.* Aplícase a plantas dicotiledóneas, generalmente arbóreas, cuyo tipo es el laurel común. Ú. t. c. s. f. || f. pl. *Bot.* Familia de estas plantas.

laureado, da. adj. Que ha obtenido una *recompensa que implica honor y gloria. Ú. t. c. s. || **La laureada.** fr. La gran *cruz de San Fernando.

laureando. m. **Graduando.**

laurear. tr. *Coronar con *laurel. || fig. *Premiar, galardonar.

lauredal. m. Sitio poblado de *laureles.

*__laurel.__ m. Árbol siempre verde, de la familia de las lauráceas, cuyas hojas son muy usadas para condimento y entran en algunas preparaciones farmacéuticas. || fig. *Corona, triunfo, *premio. || **alejandrino.** *Arbusto siempre verde, de las esmiláceas, que se cultiva en nuestros jardines. || **cerezo,** o **real. Lauroceraso.** || **rosa. Adelfa.**

laurente. m. Oficial que en las fábricas de *papel se encargaba de

asistir a las tinas con las formas y hacer los pliegos.
láureo, a. adj. De *laurel, o de hoja de laurel.
lauréola o **laureola.** f. *Corona de *laurel con que se premiaba a los héroes. También se coronaban con ella los *sacerdotes de los gentiles. ‖ **Adelfilla.** ‖ **hembra.** *Mata de las timeláceas, cuya corteza en infusión se empleaba como purgante. ‖ **macho. Adelfilla.**
lauréola. f. **Auréola.**
lauretano, na. adj. Perteneciente a Loreto, ciudad de Italia. ‖ V. **Letanía lauretana.**
laurífero, ra. adj. poét. Que produce o lleva *laurel.
lauríneo, a. adj. *Bot.* **Lauráceo.**
laurino, na. adj. Perteneciente al *laurel.
lauro. m. ***Laurel.** ‖ fig. *Alabanza, triunfo; *fama.
lauroceraso. m. *Árbol de las rosáceas, de cuyas hojas se obtiene por destilación una agua muy *venenosa.
laus Deo. loc. lat. que significa gloria a Dios, y se emplea al *concluir una obra.
lautamente. adv. m. p. us. **Espléndidamente.**
lauto, ta. adj. p. us. *Rico, opulento.
lava. f. Conjunto de materias derretidas que sale de los *volcanes al tiempo de la erupción.
lava. f. *Min.* Operación de *lavar los metales.
lavable. adj. Que se puede lavar.
lavabo. m. Mesa o armazón con *jofaina, toalla, etc., para la limpieza y aseo personal. ‖ Cuarto dispuesto para este aseo.
lavacaras. com. fig. y fam. Persona *aduladora.
lavación. f. *Lavado o loción. Ú. m. en *farmacia.
lavacro. m. desus. **Baño.**
lavada. f. **Lavado.**
lavadero. m. Lugar en que se *lava. ‖ *Min.* Paraje del lecho de un río o arroyo, donde se recogen arenas auríferas.
lavadiente. m. **Lavadientes.**
lavadientes. m. **Enjuague** (vaso).
***lavado.** m. **Lavadura.** ‖ Pintura a la aguada hecha con un solo color.
lavador, ra. adj. Que lava. Ú. t. c. s. ‖ m. Instrumento de hierro para limpiar las *armas de fuego*.
lavadura. f. Acción y efecto de lavar o lavarse. ‖ **Lavazas.** ‖ Mezcla de agua, aceite y huevos, en la cual se templa la *piel de que se hacen los guantes.
lavafrutas. m. Recipiente con agua que se pone en la *mesa para lavar algunas frutas y enjuagarse las manos.
lavaje. m. *Lavado de las *lanas.
lavajo. m. *Charca de agua llovediza.
lavamanos. m. Pila con agua corriente para *lavarse la manos.
lavamiento. m. Acción y efecto de *lavar o lavarse. ‖ **Lavativa.**
lavanco. m. *Pato bravío.
***lavandero, ra.** m. y f. Persona que tiene por oficio *lavar la ropa. ‖ f. **Aguzanieves.**
lavándula. f. **Espliego.**
lavaojos. m. Copita que se aplica a la órbita del *ojo para bañar éste con un líquido medicamentoso.
***lavar.** tr. Limpiar una cosa con agua u otro líquido. Ú. t. c. r. ‖ Bruñir los *albañiles el blanqueo, frotándolo con un paño mojado. ‖ *Pint.* Dar color con aguadas a un dibujo. ‖ fig. *Purificar, quitar una mancha o descrédito. ‖ *Min.* Purificar los minerales por medio del agua.
***lavativa.** f. **Ayuda** (medicamento que se introduce por el ano). ‖ Jeringa o instrumento para echar ayudas o clisteres. ‖ fig. y fam. *Molestia, incomodidad.
lavatorio. m. Acción de *lavar o lavarse. ‖ Ceremonia de lavar los pies a algunos pobres, el Jueves Santo. ‖ Ceremonia que hace el sacerdote en la *misa lavándose los dedos. ‖ *Farm.* Cocimiento medicinal para uso externo. ‖ **Lavamanos.**
lavazas. f. pl. Agua *sucia que resulta de lavar alguna cosa.
lave. m. *Min.* **Lava.**
lávico, ca. adj. Perteneciente o semejante a la lava de los *volcanes.
lavotear. tr. fam. *Lavar aprisa y mal. Ú. t. c. r.
lavoteo. m. Acción de lavotear o lavotearse.
lawn-tennis (voz inglesa). m. **Tenis.**
laxación. f. Acción y efecto de laxar.
laxamiento. m. Laxación o laxitud.
laxante. p. a. de **Laxar.** Que laxa. ‖ m. *Medicamento para mover el vientre.
laxar. tr. *Aflojar, *ablandar una cosa.
laxativo, va. adj. Que laxa. Ú. t. c. s. m.
laxidad. f. **Laxitud.**
laxismo. m. *Teol.* Sistema en que domina la moral laxa.
laxista. com. Partidario o secuaz del laxismo.
laxitud. f. Calidad de laxo.
laxo, xa. adj. *Flojo o que no tiene la tensión que naturalmente debe tener. ‖ *Teol.* fig. Aplícase a la moral relajada, o demasiado libre.
lay. m. Composición *poética de los provenzales, generalmente en versos cortos.
laya. f. *Pala fuerte de hierro para labrar la tierra y revolverla.
laya. f. *Calidad, especie, clase.
layador, ra. m. y f. Persona que laya.
layar. tr. *Agr.* Labrar la tierra con la laya.
layetano, na. adj. Natural de la Layetania. Ú. t. c. s. ‖ Perteneciente a esta región de la costa de Cataluña.
lazada. f. Atadura o *nudo que se hace de manera que tirando de uno de los cabos pueda desatarse con facilidad. ‖ **Lazo.**
lazar. tr. *Apresar o sujetar con lazo.
***lazareto.** m. *Hospital o lugar fuera de poblado, en que hacen la cuarentena los sospechosos de enfermedad contagiosa. ‖ Hospital de *leprosos.
lazarillo. m. Muchacho que sirve de *guía y *criado a un *ciego.
lazarino, na. adj. Que padece el mal de San Lázaro. Ú. t. c. s.
lazarista. m. El que pertenece a la *orden religiosa de San Lázaro, dedicada a asistir a los *leprosos.
lázaro. m. *Pobre andrajoso. ‖ **Estar hecho un Lázaro.** fr. Estar cubierto de llagas.
lazaroso, sa. adj. **Lazarino.** Ú. t. c. s.
***lazo.** m. Atadura o nudo de cintas o cosa semejante que sirve de adorno. ‖ *Joya con piedras o sin ellas, imitando al **lazo** de la cinta. ‖ Diseño que se hace con boj u otras plantas en los *jardines. ‖ Cualquiera de los enlaces artificiosos que se hacen en la *danza. ‖ **Lazada.** ‖ Lazada corrediza hecha de alambre, cuerda, cerdas, etc., que sirve para *cazar animales pequeños. ‖ Cuerda larga, con una lazada corrediza en uno de sus extremos, que sirve para *apresar toros, caballos, etc., arrojándosela a los pies o a la cabeza. ‖ Cordel con que se asegura la carga. ‖ **Mont.* En la ballestería, rodeo que se hace a la res para precisarla a ponerse a tiro del que la espera. ‖ fig. Ardid, *asechanza. ‖ fig. *Enlace, vínculo, *obligación. ‖ **Ornam.* *Adorno de líneas y florones que se hace en las molduras, frisos, etc. ‖ **ciego.** El que se emplea en la ballestería para *cazar las reses sin verlas. ‖ **Armar lazo.** fr. fig. y fam. Poner *asechanzas para *engañar a uno. ‖ **Caer** uno **en el lazo.** fr. fig. y fam. Ser *engañado con un ardid o artificio. ‖ **Tender** a uno **un lazo.** fr. fig. Atraerle con *engaño, ponerle *asechanzas para causarle perjuicio.
lazulita. f. **Lapislázuli.**
le. Dativo del pronombre *personal de tercera persona en género masculino o femenino y número singular. ‖ Acusativo del mismo pronombre en igual número y sólo en género masculino.
lea. f. ***Ramera.**
leader (voz inglesa). m. *Jefe o conductor de grupo o partido.
***leal.** adj. Que guarda la debida fidelidad. Ú. t. c. s. ‖ Aplícase igualmente a las acciones en que se reconoce la lealtad de alguno. ‖ Aplícase a algunos animales domésticos, cuando muestran a su amo *fidelidad y reconocimiento. ‖ Aplícase a las *caballerías que no son falsas. ‖ Fidedigno, *veraz y cumplidor.
lealmente. adv. m. Con *lealtad. ‖ Con legalidad, con la debida *honradez.
***lealtad.** f. Exactitud en el cumplimiento de los compromisos, en la correspondencia de los afectos, etc. ‖ Apego que muestran al hombre algunos animales. ‖ Legalidad, *verdad, *sinceridad.
lebaniego, ga. adj. Natural de Liébana. Ú. t. c. s. ‖ Perteneciente a esta región de Santander.
lebeche. m. En el Mediterráneo, *viento sudeste.
lebeni. m. *Bebida que hacen los moros con leche agria.
leberquisa. f. **Pirita magnética.**
lebrada. f. Cierto *guiso de liebre.
lebrasta. f. ant. **Lebrasto.**
lebrasto. m. ant. **Lebrato.**
lebrastón. m. **Lebrato.**
lebrato. m. Cría de la *liebre.
lebratón. m. **Lebrato.**
lebrel, la. adj. V. **Perro lebrel.** Ú. t. c. s.
lebrero, ra. adj. V. **Perro lebrero.** Ú. t. c. s.
lebrijano, na. adj. Natural de Lebrija. Ú. t. c. s. ‖ Perteneciente a esta villa.
lebrillo. m. *Vasija grande, más ancha por el borde que por el fondo, y que sirve para *fregar, lavar la ropa y otro usos.
lebrón. m. aum. de **Liebre.** ‖ fig. y fam. Hombre *cobarde.
lebroncillo. m. **Lebrato.**
lebruno, na. adj. Perteneciente a la *liebre o semejante a ella.
leca. f. Vaina de *alubia con sus granos.
lecanomancia. f. Arte de *adivinar por el sonido que hacen las piedras preciosas u otros objetos al caer en una jofaina.
lección. f. Acción de *leer. ‖ *Interpretación de un texto, según parecer de quien lo lee o según las distintas maneras en que se halla escrito. ‖ Cualquiera de los trozos tomados de la Escritura, Santos Padres, etc.,

que se rezan en la *misa y en los maitines. || Conjunto de los conocimientos teóricos o prácticos que en cada vez *enseña a los discípulos el *maestro. || Cada uno de los capítulos o partes en que están divididos algunos escritos, y especialmente los *libros docentes. || Todo lo que en cada vez señala el maestro al discípulo para que lo estudie. || Discurso que en las *oposiciones y en otros ejercicios se compone dentro de un término prescrito, sobre un punto sacado a la suerte. || fig. *Amonestación. || fig. Acontecimiento o acción ajena que nos sirve de *experiencia. || **Dar la lección.** fr. Decirla el discípulo al maestro. || **Dar lección.** fr. Explicarla el maestro. || **Echar lección.** fr. Señalarla a los discípulos. || **Tomar la lección.** fr. Oírsela el maestro al discípulo, para ver si la sabe.

leccionario. m. *Liturg.* Libro de coro que contiene las lecciones de maitines.

leccionista. com. *Maestro o maestra que da lecciones a domicilio.

lecitina. f. *Quím.* Substancia grasienta contenida en la yema del huevo, en el cerebro, etc.

lectisternio. m. *Culto que los gentiles tributaban a sus dioses, y se reducía a poner en el templo una mesa con manjares.

lectivo, va. adj. Aplícase al tiempo y días destinados para dar lección en los establecimientos de *enseñanza.

lector, ra. adj. Que *lee. Ú. t. c. s. || m. El que en las *comunidades religiosas enseña filosofía, teología o moral. || *Clérigo que *enseñaba a los catecúmenos y neófitos los rudimentos de la religión católica.

lectorado. f. *Ecles.* Orden de lector, que es la segunda de las menores.

lectoral. adj. V. **Canónigo lectoral.** Ú. t. c. s.

lectoría. f. En las *comunidades religiosas, empleo de lector.

***lectura.** f. Acción de leer. || Escrito que se lee. || Materia que un *maestro explica a sus discípulos. || Interpretación de un texto. || **Lección** (discurso en las oposiciones). || En algunas *comunidades religiosas, **lectoría.** || Cultura, erudición o *sabiduría de una persona. || Letra de *imprenta que es de un grado más que la de entredós.

lecusa. f. *Mate cubano de color amarillo.

lecha. f. Licor seminal de los *peces. || Cada una de las dos bolsas que lo contienen.

lechada. f. *Albañ.* Masa muy clara de *cal, *yeso o *argamasa que sirve para unir piedras o hiladas de ladrillo, blanquear, enlucir, etc. || Masa suelta de trapo molido para hacer *papel. || Líquido que tiene en suspensión o emulsión cuerpos insolubles muy divididos.

lechal. adj. Aplícase al animal de cría que *mama. Ú. t. c. s. || Aplícase a las plantas y frutos que tienen un *zumo semejante a la leche. || m. Este mismo *zumo.

lechar. adj. **Lechal.** || Aplícase a la hembra cuyos pechos tienen *leche. || Que favorece la producción de leche en las hembras vivíparas.

lechaza. f. **Lecha.**

***leche.** f. Líquido blanco y azucarado que se forma en los pechos de las mujeres y de las hembras de ciertos animales. || *Zumo blanco de algunos vegetales, o jugo blanco que se extrae de algunas semillas machacándolas. || fig. Primera educación o *enseñanza que se da a uno. || **de canela.** Aceite de canela disuelto en vino. || **de gallina.** *Planta liliácea. || **de los viejos.** fig. y fam. **Vino.** || **de pájaro. Leche de gallina.** || **de tierra. Magnesia.** || **virginal.** *Afeite para blanquear el rostro. || **Dar a leche.** fr. Entregar un *ganadero a otro, mediante un tanto por cabeza, un rebaño de ovejas para que las ordeñe y mantenga por su cuenta. || **Estar** uno **con la leche en los labios.** fr. fig. y fam. Ser *joven e *inexperto. || **Estar en leche.** fr. fig. Hablando de plantas o frutos, estar todavía formándose o cuajándose, estar *verdes. || **Mamar** uno una cosa **en la leche.** fr. fig. y fam. *Aprenderla en los primeros años de la vida.

lechecillas. f. pl. *Carn.* Mollejas de cabrito, cordero, ternera, etc. || **Asadura.**

lechera. f. La que vende *leche. || Vasija para leche. || **amarga. Polígala** (planta).

lechería. f. Sitio o puesto donde se vende *leche.

lechero, ra. adj. Que contiene *leche o tiene algunas de sus propiedades. || Aplícase a las hembras de animales que se tienen para aprovechar su *leche. || fam. Logrero, *mezquino, cicatero. || m. y f. Persona que vende leche.

lecherón. m. *Vasija en que los pastores recogen la leche. || Mantilla de lana en que se envuelven los *niños pequeños.

lechetrezna. f. *Planta euforbiácea, cuyo jugo, lechoso, acre y mordicante, se ha usado en medicina.

lechigada. f. *Cría, conjunto de animalillos que han nacido de un parto. || fig. y fam. Compañía o cuadrilla de *pícaros.

lechín. adj. Dícese de una especie de *olivo muy productivo. Ú. t. c. s. m. || Dícese de la *aceituna de este olivo. || **Lechino** (grano o divieso).

lechino. m. *Cir.* Mecha de algodón o de hilas que se coloca en lo interior de las úlceras para facilitar la supuración. || *Veter.* Grano o divieso pequeño que sale a las caballerías sobre la piel.

lecho. m. *Cama para descansar y dormir. || Especie de escaño en que los romanos se reclinaban para comer. || **Cama** (para el ganado). || fig. **Cama** (de los *carros). || fig. Madre de río, *cauce. || fig. **Fondo** del mar. || fig. Copa o *tongada de algunas cosas extendidas horizontalmente sobre otras. || Superficie de un *sillar sobre el cual se ha de asentar otro. || * *Geol.* **Estrato.**

lechón. m. *Cerdo pequeño que todavía mama. || Por ext., puerco macho de cualquier tiempo. || fig. y fam. Hombre *sucio y *desaliñado. Ú. t. c. adj.

lechona. f. Hembra del *cerdo. || fig. y fam. Mujer *sucia y desaliñada. Ú. t. c. adj.

lechosa. f. **Papaya** (fruto del papayo).

***lechoso, sa.** adj. Que tiene cualidades y apariencia de *leche. || m. **Papayo.**

lechuga. f. *Planta de las compuestas, cuyas hojas grandes, radicales y tiernas se comen en *ensalada. || **Lechugilla** (de la *camisa). || Cada uno de los *pliegues o fuelles formados en la tela a semejanza de las hojas de **lechuga.** || **romana.** Variedad de la cultivada. || **silvestre.** *Planta de las compuestas, semejante a la **lechuga.** Produce un jugo lácteo muy amargo y de olor desagradable, que se emplea en substitución del opio. || **Como una lechuga.** fr. fig. y fam. que se dice de la persona que está muy fresca y lozana.

lechugado, da. adj. Que tiene *forma o figura de hoja de lechuga.

lechuguero, ra. m. y f. Persona que vende lechugas.

lechuguilla. f. Lechuga silvestre. || Adorno de lienzo encañonado, que se ponía sobre el cabezón de la camisa. || Cuello o puño de *camisa almidonado y dispuesto por medio de moldes en figura de hojas de lechuga.

lechuguina. f. fig. y fam. *Mujer joven que se compone mucho y presume de *elegante con *afectación. Ú. t. c. adj.

lechuguino. m. Lechuga pequeña antes de ser trasplantada. || Conjunto de estas plantas. || fig. y fam. Muchacho imberbe que se mete a *enamorar. Ú. t. c. adj. || fig. y fam. *Petimetre, hombre joven que se compone mucho y presume de *elegante. Ú. t. c. adj.

lechuza. f. *Ave rapaz y nocturna, del tamaño de una paloma, de cara redonda, pico corto y encorvado en la punta, ojos grandes, brillantes y de iris amarillo. || *Germ.* *Ladrón que hurta de noche.

lechuzo. m. fig. y fam. El que anda en *comisiones, apremios y otros menesteres semejantes.

lechuzo za. adj. Dícese del muleto que no tiene un año. Ú. t. c. s.

ledamente. adv. m. Con *alegría.

ledo, da. adj. *Alegre, contento.

ledro, dra. adj. *Germ.* *Vil, despreciable. || *Germ.* V. **Bracio ledro.**

leedor, ra. adj. **Lector.**

***leer.** tr. Recorrer lo escrito o impreso, pronunciándolo en alta voz o simplemente para enterarse de su significación. || Recorrer un texto de notación musical para ejecutarlo o enterarse de su valor. || *Enseñar o *explicar un profesor alguna materia sobre un texto. || *Interpretar un texto de este o del otro modo. || Decir en público el discurso llamado lección, en las *oposiciones. || fig. Descubrir, *comprender o *averiguar el interior de uno por lo que exteriormente aparece.

lega. f. *Monja profesa, dedicada en una comunidad a las faenas caseras.

legacía. f. *Ecles.* Empleo o cargo de legado. || Mensaje de que va encargado un legado. || Territorio o distrito de un legado.

legación. f. **Legacía.** || Comisión que se da a un representante *diplomático de categoría superior. || Conjunto de los empleados que tiene a sus órdenes, y casa en que está su oficina.

legado. m. Manda que en su *testamento o codicilo hace un testador. || Por ext., lo que se deja o transmite a los sucesores, sea cosa material o inmaterial. || Sujeto que una suprema potestad eclesiástica o civil envía a otra con algún *mensaje o *comisión. || Presidente de cada una de las provincias inmediatamente sujetas a los emperadores romanos. || Cada uno de los asesores o *magistrados que los procónsules llevaban en su compañía a las provincias. || En la *milicia de los antiguos romanos, jefe de cada legión. || Cada uno de los ciudadanos

romanos enviados a las provincias recién conquistadas como *gobernadores. || Persona eclesiástica que por disposición del *Papa hace sus veces en un *concilio. || Prelado que elegía el Papa para el gobierno de una de las provincias eclesiásticas. || **a látere.** *Cardenal enviado extraordinariamente por el Papa con amplísimas facultades, para que le represente en algún asunto.
legador. m. Mozo que ata de pies y manos a las reses lanares para que las *esquilen.
legadura. f. Cuerda, cinta u otra cosa para liar o *atar.
legajo. m. Atado de *papeles.
***legal.** adj. Prescrito por *ley y conforme a ella. || Verídico, puntual y recto en el *cumplimiento de las funciones de su cargo.
legalidad. f. Calidad de legal. || Régimen *político establecido con arreglo a la ley fundamental del Estado.
legalización. f. Acción de legalizar. || Certificado o *testimonio con firma y sello, que acredita la autenticidad de un *documento o de una firma.
legalizar. tr. Dar estado legal a una cosa. || *Certificar la autenticidad de un documento o de una firma.
legalmente. adv. m. Según *ley; conforme a derecho. || **Lealmente.**
legamente. adv. m. Con *ignorancia, sin ciencia ni conocimientos.
légamo. m. Cieno, *lodo pegajoso. || Parte arcillosa de las *tierras de labor.
legamoso, sa. Que tiene légamo.
leganal. m. *Charca de légamo.
légano. m. **Légamo.**
leganoso, sa. adj. Que tiene mucho légamo.
***legaña.** f. Humor de los *ojos que se cuaja y seca en el borde y en las comisuras de los párpados.
legañoso, sa. adj. Que tiene muchas legañas. Ú. t. c. s.
legar. tr. Dejar por *testamento una persona a otra una manda. || Enviar a uno de legado.
legatario, ria. m. y f. Persona a quien se deja una manda o legado.
legenda. f. *Historia de la vida de un *santo.
legendario, ria. adj. Perteneciente o relativo a las leyendas. || m. Libro de vidas de *santos.
legible. adj. Que se puede leer.
legión. f. Cuerpo de *tropa romana que se dividía en diez cohortes. || Nombre que suele darse hoy a ciertos cuerpos de *tropa. || fig. Gran *muchedumbre de personas o espíritus. || **de honor.** *Orden civil y militar de Francia. || **fulminatriz.** Famosa **legión** cristiana que en tiempo de Marco Aurelio luchó contra los marcomanos.
legionario, ria. Perteneciente a la legión. || m. *Soldado de una legión.
legionense. adj. **Leonés.** Apl. a pers., ú. t. c. s.
legislación. f. Conjunto de *leyes por las cuales se gobierna un Estado. || Cuerpo de *leyes que regulan una materia determinada. || Ciencia de las *leyes.
legislador, ra. adj. Que legisla. Ú. t. c. s.
***legislar.** intr. Hacer o implantar *leyes.
legislativo, va. adj. Aplícase al derecho o potestad de hacer *leyes. || Aplícase al cuerpo o código de *leyes.
legislatura. f. Tiempo durante el cual funcionan las *asambleas legislativas. || Período de sesiones de *Cortes durante el cual subsisten la mesa y las comisiones permanentes.
legisperito. m. **Jurisperito.**
legista. m. Jurisconsulto, profesor de leyes o de jurisprudencia. || El que estudia jurisprudencia o leyes.
legítima. f. *For.* Porción de la *herencia que la ley asigna a determinados herederos.
legitimación. f. Acción y efecto de legitimar.
legítimamente. adv. m. Con legitimidad.
legitimar. tr. *Certificar o probar la verdad de una cosa o la calidad de una persona o cosa conforme a las leyes. || Hacer legítimo al *hijo que no lo era. || *Habilitar a una persona para un oficio o empleo.
legitimario, ria. adj. Perteneciente a la legítima. || *For.* Que tiene derecho a la legítima. Ú. t. c. s.
legitimidad. f. Calidad de legítimo.
legitimista. adj. *Polít.* Partidario de un príncipe o de una dinastía que considera legítimos. Ú. t. c. s.
legítimo, ma. adj. Conforme a las *leyes. || Cierto, genuino y *verdadero.
lego, ga. adj. Que no tiene órdenes clericales; *seglar. Ú. t. c. s. || Falto de letras o noticias; *ignorante. || m. En las *comunidades de religiosos, el que siendo profeso no tiene opción a las sagradas órdenes. || **Lego, llano y abonado.** loc. que explica las calidades que debe tener el fiador o depositario. Se aplica también a la misma *fianza.
legón. m. Especie de *azada.
legra. f. *Cir.* Instrumento para legrar.
legración. f. *Cir.* Acción de legrar.
legradura. f. *Cir.* **Legración.** || *Cir.* Efecto de legrar.
legrar. tr. *Cir.* Raer la superficie de los huesos.
legrón. m. aum. de **Legra.** || Legra mayor que la regular, de que usan los *veterinarios.
legua. f. Medida itineraria cuya *longitud equivale a 5.572 metros y 7 decímetros. || **cuadrada.** Medida *superficial, que equivale a un cuadrado de una **legua** le lado. || **de posta.** La de 4 kilómetros. || **de quince, de diecisiete y medio, de dieciocho** y **de veinticinco al grado.** La que respectivamente representa un 15, un 17 ½, un 18 o un 25 avo del grado de un meridiano terrestre. || **de veinte al grado, marina,** o **marítima.** La de 5.555 metros y 55 centímetros. || **A la legua, a legua, a leguas, de cien leguas, de mil leguas, de muchas leguas, desde media legua.** ms. advs. figs. Desde muy *lejos.
leguario, ria. adj. Perteneciente o relativo a la legua.
leguleyo. m. El que trata de *leyes sin conocerlas suficientemente.
***legumbre.** f. Todo género de fruto o semilla que se cría en vainas. || Por ext., **hortaliza.**
***leguminoso, sa.** adj. *Bot.* Dícese de vegetales dicotiledóneos, con hojas casi siempre alternas, y fruto en legumbre con varias semillas sin albumen; como la acacia, la judía, etcétera. Ú. t. c. s. f. || f. pl. *Bot.* Familia de estas plantas.
leíble. adj. **Legible.**
leída. f. **Lectura.**
Leiden. n. p. *Fís.* V. **Botella de Leiden.**
leído, da. adj. Dícese del que ha leído mucho y es hombre *docto y de muchas noticias. || **Leído y escribido.** loc. fam. Dícese de la persona que presume de instruida.
leila. f. *Fiesta o *baile nocturno entre los moriscos.
leima. m. Uno de los semitonos usados en la *música griega.
leísta. adj. *Gram.* Aplícase a los que sólo admiten *le* como acusativo masculino del *pronombre *él.* Ú. t. c. s.
leja. f. Tierra que, al cambiar el *cauce de un río, queda en una de las *riberas, acreciendo a la heredad lindante.
leja. f. **Vasar.**
***lejanía.** f. Parte alejada o remota de un lugar y, generalmente, visible desde éste. || Distancia grande entre dos puntos.
***lejano, na.** adj. Distante, remoto.
lejas. adj. pl. Lejanas. Úsase en la expresión **de lejas tierras.**
***lejía.** f. Disolución de álcalis o carbonatos alcalinos en agua, que se usa para lavar, blanquear u otros fines. || fig. y fam. *Reprensión.
lejío. m. Lejía que usan los tintoreros.
lejísimos. adv. l. y t. Muy *lejos.
lejitos. adv. l. y t. Algo *lejos.
***lejos.** adv. l. y t. A gran distancia o en tiempo remoto. || m. *Aspecto que tiene una cosa desde cierta distancia. || fig. *Semejanza. || *Pint.* Lo que se representa en los últimos planos. || **A lo lejos, de lejos, de muy lejos, desde lejos.** ms. advs. A larga distancia.
lejuelos. adv. l. y t. d. de **Lejos.**
lelilí. m. *Gritería que hacen los moros cuando entran en combate o celebran sus fiestas.
lelo, la. adj. Fatuo, *necio, atontado. Ú. t. c. s.
lema. m. Argumento, *rótulo o encabezamiento que precede a ciertas composiciones literarias para indicar sucintamente su asunto. || *Blas.* Letra o mote que se pone en los emblemas y empresas. || **Tema.** || Palabra o palabras que se usan como contraseña en algunos *concursos. || *Mat.* Proposición que sirve de base o preliminar a la demostración de un teorema.
lemanita. f. **Jade.**
lembario. m. *Soldado que combatía a bordo.
lemnáceo, a. adj. *Bot.* Dícese de ciertas plantas acuáticas, monocotiledóneas, cuyo tipo es la lenteja de agua. Ú. t. c. s. f. || f. pl. *Bot.* Familia de estas plantas.
lemnícola. adj. Habitante de la isla de Lemnos. || **Lemnio.**
lemnio, nia. adj. Natural de Lemnos. Ú. t. c. s. || Perteneciente a esta isla.
lemniscata. f. *Curva plana en figura de 8.
lemnisco. m. *Cinta o corbata que como insignia honorífica se añadía a las *coronas de los atletas vencedores.
lemosín, na. adj. Natural de Limoges. Ú. t. c. s. || Perteneciente a esta ciudad o a la antigua provincia de igual nombre. || m. **Lengua de oc.** || *Lengua que hablan los **lemosines.**
lemur. m. *Zool.* Nombre de una especie de *monos que viven en Madagascar.
lémures. m. pl. *Mit.* Genios maléficos entre romanos y etruscos. || fig. Fantasmas, *espectros.
lemurias. f. pl. *Fiestas que se celebraban en Roma en honor de los lémures.
len. adj. Entre hilanderas, se aplica al *hilo laso. || V. **Cuajada en len.**

lena. f. Aliento, vigor, *fuerza.
lena. f. **Alcahueta.**
lencera. f. Mujer que vende lienzos. || Mujer del lencero.
lencería. f. Conjunto de lienzos y comercio que se hace con ellos. || Tienda de *telas de hilo. || Paraje de una población en que hay varias de estas tiendas. || Lugar donde se custodia la ropa blanca.
lencero. m. Mercader de lienzos o *telas de hilo.
lendel. m. *Huella circular que hace en el suelo la caballería que saca agua de una *noria.
lendrera. f. *Peine de púas finas y espesas.
lendrero. m. Lugar en que hay *liendres.
lendroso, sa. adj. Que tiene muchas *liendres.
lene. adj. *Suave o blando al tacto. || *Agradable, benigno. || Leve, ligero.
leneas. f. pl. *Fiestas atenienses en honor de Baco.
***lengua.** f. Órgano musculoso situado en la cavidad de la boca. Participa en las operaciones de la deglución y en la articulación de la voz y es asiento principal del sentido del gusto. || Modo de hablar de un pueblo o nación. || **Intérprete.** Ú. t. c. m. || Noticia que se desea *averiguar. || Badajo de la *campana. || **Lengüeta** (de encuadernador). || Cada uno de los *territorios en que tiene dividida su jurisdicción la orden de San Juan. || **aglutinante.** Idioma en que predomina la aglutinación. || **analítica.** Aquella en que las relaciones gramaticales se indican mediante partículas independientes. || **canina. Cinoglosa.** || **cerval,** o **cervina.** Planta de la familia de los *helechos. || **de buey.** *Planta borragínea, cuya flor se emplea como cordial. || **de ciervo. Lengua cerval.** || **de escorpión.** fig. Persona *murmuradora y maldiciente. || **de estropajo.** fig. y fam. Persona balbuciente o que *pronuncia mal. || **de flexión.** Aquella en que las palabras modifican su desinencia y su raíz para indicar las relaciones gramaticales. || **de fuego.** Cada una de las llamas en figura de **lengua** que bajaron sobre las cabezas de los Apóstoles. || **Llama.** || **de gato.** Planta rubiácea, cuyas raíces se usan en tintorería. || **Confit.* Especie de bizcocho pequeño y delgado. || **de hacha.** fig. y fam. **Lengua de escorpión.** || **del agua.** *Ribera o extremidad de la tierra, que toca el agua del mar, de un río, etc. || Línea horizontal adonde llega el agua en un cuerpo que *flota. || **de oc.** La que se hablaba en el mediodía de Francia, llamada asimismo provenzal y lemosín. || **de oil.** Francés antiguo, que se hablaba al norte del Loira. || **de perro. Lengua canina.** || **de sierpe.** fig. **Lengua de escorpión.** || **Fort.* Obra exterior delante de los ángulos salientes del camino cubierto. || **de tierra.** Pedazo de tierra largo y estrecho que entra en el agua, etc. || **de trapo.** fam. **Lengua de estropajo.** || **de víbora.** Diente *fósil de tiburón. || fig. **Lengua de escorpión.** || **franca.** La que es mezcla bastarda de dos o más y con la cual se entienden los naturales de pueblos distintos. || **madre.** Aquella de que se han derivado otras. || **materna.** La que se habla en un país, respecto de los naturales de él. || **monosilábica.** La que se compone de monosílabos invariables y en la cual las relaciones entre las palabras se expresan por la colocación de éstas. || **muerta.** La que no se habla ya como natural de un país o nación. || **natural,** o **popular. Lengua materna.** || **sabia.** Cualquiera de las antiguas que ha producido una literatura importante. || **santa.** La hebrea. || **serpentina,** o **viperina.** fig. **Lengua de escorpión.** || **sintética.** Aquella en que las relaciones gramaticales se expresan por medio de afijos. || **viva.** La que actualmente se habla en una país o nación. || **Lenguas hermanas.** Las que se derivan de una misma **lengua** madre. || **Mala lengua.** fig. Persona *murmuradora o maldiciente. || **Media lengua.** fig. y fam. Persona que *pronuncia imperfectamente. || fig. y fam. La misma *pronunciación imperfecta. || **Malas lenguas.** fig. y fam. El común de los *murmuradores y calumniadores. || fig. y fam. El común de las gentes. || **Andar en lenguas.** fr. fig. y fam. Decirse, hablarse mucho de una persona o cosa; ser *famosa. || **Buscar la lengua** a uno. fr. fig. y fam. Incitarle a disputa o *discusión. || **Con la lengua de un palmo.** loc. adv. fig. y fam. Con grande *anhelo o *cansancio. || **Echar** uno **la lengua al aire.** fr. fig. y fam. **Írsele la lengua.** || **Hacerse lenguas.** fr. fig. y fam. *Alabar encarecidamente. || **Irse,** o **írsele,** a uno **la lengua.** fr. fig. y fam. *Revelar inconsideradamente alguna cosa. || **Morderse** uno **la lengua.** fr. fig. Contenerse en hablar, *callar lo que se desearía decir. || **Pegársele** a uno **la lengua al paladar.** fr. fig. y fam. Quedar *mudo por turbación o pasión de ánimo. || **Poner lengua,** o **lenguas,** en uno. fr. fig. *Murmurar de él. || **Sacar la lengua** a **uno.** fr. fig. y fam. *Burlarse de él. || **Tener** uno una cosa **en la lengua.** fr. fig. y fam. Estar a punto de decirla. || fig. y fam. Estar a punto de *recordar una cosa que se quiere decir y no acude por el momento a la memoria. || **Tener** uno **la lengua gorda.** fr. fig. y fam. Estar *borracho. || **Tener** uno **mala lengua.** fr. fig. Ser *murmurador, *blasfemar. || **Tener** uno **mucha lengua.** fr. fig. y fam. Ser muy *hablador. || **Tirar de la lengua** a uno. fr. fig. y fam. Provocarle a que hable. || **Tomar lengua,** o **lenguas.** fr. Informarse de una cosa; tratar de *averiguarla. || **Venírsele** a uno **a la lengua** una cosa. fr. fig. y fam. Ocurrírsele.
lenguadeta. f. Lenguado pequeño.
lenguado. m. *Pez acantopterigio subranquial de cuerpo elíptico casi plano, y con los dos ojos situados a un mismo lado de la boca. Su carne es muy apreciada.
***lenguaje.** m. Sistema de signos con que el hombre comunica a sus semejantes lo que piensa o siente. || Por antonom., conjunto de sonidos articulados que sirve para este fin. || Facultad de *expresarse por medio de estos sonidos. || Idioma hablado por un pueblo o nación. || Manera de expresarse. || *Estilo de cada uno en particular. || **vulgar.** El usual, a diferencia del técnico y del literario.
lenguarada. f. **Lengüetada.**
lenguaraz. adj. Que posee dos o más lenguas. Ú. t. c. s. || *Descarado en el hablar.
lenguatón, na. adj. **Lenguaraz** (descarado).
lenguaz. adj. Hablador, charlatán.
lenguaza. f. **Buglosa.**
lengudo, da. adj. p. us. **Lenguaraz** (descarado).
lengüeta. f. d. de **Lengua.** || **Epiglotis.** || Fiel de la *balanza o de la romana. || *Cuchilla de acero que usan los *encuadernadores. || Laminilla vibrátil que tienen algunos *instrumentos músicos de viento y ciertas máquinas hidráulicas. || Tira de piel que suelen tener los *zapatos en la parte del cierre por debajo de los cordones. || Hierro en forma de *gancho o anzuelo que tienen las saetas, banderillas, etc. || Horquilla que sostiene abierta la *trampa de coger pájaros. || Cierta *moldura. || *Barrena de abocardar. || *Arq.* Tabique pequeño de ladrillo para dar firmeza a las *bóvedas. || **Carp.* Espiga que se labra a lo largo del canto de una tabla con objeto de encajarla en una ranura de otra pieza. || **Cir.* Especie de compresa larga y estrecha. || **Impr.* Especie de uña que sujeta el papel contra el cilindro. || **de chimenea.** Tabiquillo con que se separan unos de otros dos cañones de *chimenea.
lengüetada. f. Acción de tomar una cosa con la *lengua, o de lamerla con ella.
lengüetazo. m. **Lengüetada.**
lengüetear. intr. Sacar repetidamente la *lengua con movimientos rápidos.
lengüeteo. m. Acción de lengüetear.
lengüetería. f. Conjunto de los registros del *órgano que tienen lengüeta.
lengüetilla. f. Paleta pequeña de *albañil, de forma triangular.
lengüezuela. f. d. de **Lengua.**
lengüilargo, ga. adj. fam. **Lenguaraz** (descarado).
lenidad. f. Excesiva *condescendencia, *flaqueza en exigir el cumplimiento de los deberes o en castigar las faltas.
lenificación. f. Acción y efecto de lenificar.
lenificar. tr. Suavizar, *ablandar.
lenificativo, va. adj. **Lenitivo.**
lenitivo, va. adj. Que tiene virtud de *ablandar y suavizar. || m. *Medicamento que sirve para ablandar. || fig. Medio para *aliviar los sufrimientos del ánimo.
lenizar. tr. p. us. **Lenificar.**
lenocinio. m. ***Alcahuetería.**
***lentamente.** adv. m. Con lentitud.
***lente.** amb. Cristal con caras generalmente esféricas, cóncavas o convexas, que se emplea en varios instrumentos ópticos. Ú. m. c. f. || Cristal de esta clase con armadura. || m. pl. Cristales de igual clase, uno para cada ojo, dispuestos en una armadura que permite sujetarlos en la nariz.
lentecer. intr. **Reblandecerse.** Ú. t. c. r.
lenteja. f. Planta herbácea *leguminosa, cuyas semillas, pardas, en forma de disco, son alimenticias y muy nutritivas. || Fruto de esta planta. || Peso, en forma de **lenteja,** en que remata la péndola del *reloj. || **acuática,** o **de agua.** *Planta lemnácea, que flota en las aguas estancadas.
lentejar. m. Campo sembrado de lentejas.
lentejuela. f. d. de **Lenteja.** || *Laminilla o disco pequeño de metal brillante, agujereado, que sirve para *bordar, asegurándolo en la ropa con puntadas.
lentezuela. f. d. de **Lente.**
lenticular. adj. Parecido en la forma a la semilla de la lenteja. || m.

*Hueso pequeño que se halla en el oído medio. Ú. t. c. adj.
lentigo. m. *Derm.* **Peca.**
lentiscal. m. Terreno de *monte poblado de lentiscos.
lentisco. m. Mata o *arbusto siempre verde, de las terebintáceas, de cuyo fruto se saca aceite para el alumbrado. ‖ **del Perú. Turbinto.**
***lentitud.** f. Tardanza o calma con que se hace una cosa.
***lento, ta.** adj. Tardo y pausado. ‖ Poco vigoroso y eficaz; *débil. ‖ ***Blando.** ‖ **Liento.** ‖ *Farm.* Glutinoso, *pegajoso.
lentor. m. *Flexibilidad de los arbustos. ‖ **Pat.* Viscosidad que cubre los dientes y la parte interior de los labios en los tíficos.
lenzuelo. m. Pieza de lienzo fuerte, con un cordón en cada extremo, que se emplea en las faenas de la *trilla para *transportar la paja y para otros usos.
***leña.** f. Matas, ramas o trozos de madera, que se usan como combustible. ‖ fig. y fam. Castigo, *zurra. ‖ **rocera.** La que producen las rozas. ‖ **Echar leña al fuego.** fr. fig. *Aumentar un *mal.
***leñador, ra.** m. y f. Persona que se emplea en cortar *leña o en venderla.
leñame. m. **Madera.** ‖ Provisión de *leña.
leñar. tr. Hacer *leña.
leñatero. m. **Leñador.**
leñazo. m. fam. **Garrotazo.**
leñera. f. Sitio para guardar *leña.
leñero. m. El que vende *leña. ‖ El que la compra para una comunidad. ‖ **Leñera.**
***leño.** m. Trozo o *tronco de árbol después de cortado y limpio de ramas. ‖ **Madera.** ‖ *Embarcación semejante a las galeotas. ‖ fig. y poét. Embarcación. ‖ fig. y fam. Persona *necia o torpe. ‖ **hediondo. Hediondo** (arbusto).
leñoso, sa. adj. Dícese de la parte más consistente de los *vegetales. ‖ Que tiene consistencia como la de la *madera.
leo. m. *Astr.* **León** (signo del *Zodiaco).
león. m. *Mamífero carnicero de un metro de altura aproximadamente, con la cabeza grande, y la cola larga terminada por un fleco de cerdas. El macho se distingue por una larga melena que le cubre la nuca y el cuello. ‖ **Hormiga león.** ‖ fig. Hombre audaz y *valiente. ‖ **Puma.** ‖ *Juego entre dos muchachos, parecido al asalto. ‖ *Germ.* ***Rufián.** ‖ *Astr.* Quinto signo del *Zodiaco. ‖ *Astr.* *Constelación zodiacal. ‖ **de proa.** *Mar.* Figura de talla de este animal, que llevaban algunos *buques de guerra españoles en lo alto del tajamar. ‖ **marino.** *Mamífero pinnípedo, de cerca de tres metros de longitud, parecido a la foca. ‖ **moznado.** **Blas.* El que no tiene dientes, lengua ni garras. ‖ **real. León.** ‖ **Desquijarar leones.** fr. fig. Echar bravatas.
leona. f. Hembra del león. ‖ fig. Mujer audaz y *valiente. ‖ pl. *Germ.* Las *calzas.
leonado, da. adj. De *color rubio obscuro.
leonera. f. Lugar en que se encierran los leones. ‖ fig. y fam. Casa de *juego. ‖ fig. y fam. *Aposento en que se guardan muchas cosas en *desorden.
leonería. f. Bizarría, *jactancia.
leonero. m. Persona que cuida de los leones. ‖ fig. y fam. Encargado de una casa de *juego.
leonés, sa. adj. Natural de León. Ú. t. c. s. ‖ Perteneciente a esta ciudad. ‖ Perteneciente al antiguo reino de León.
leónica. adj. *Zool.* V. **Vena leónica.** Ú. t. c. s.
leónidas. f. pl. *Astr.* Nombre de cierto grupo de *aerolitos.
leonina. f. Especie de *lepra.
leonino, na. adj. Perteneciente o relativo al león. ‖ *For.* Dícese del *contrato en que toda la ventaja se atribuye a una de las partes.
leonino, na. adj. V. **Verso leonino.**
leontina. f. *Cadena de *reloj, ancha y colgante.
leontodera. f. Especie de *ágata.
leopardo. m. *Mamífero carnicero, parecido a un gato grande, y muy cruel y sanguinario.
leopoldina. f. Ros bajo y sin orejeras. ‖ Cadenilla pendiente del *reloj de bolsillo.
Lepe. n. p. **Saber más que Lepe.** fr. proverb. Ser muy *listo.
lépero, ra. adj. Dícese de la ínfima *plebe de la ciudad de Méjico. Apl. a pers., ú. t. c. s.
lepidio. m. *Planta perenne, crucífera.
lepidóptero, ra. adj. *Zool.* Dícese de los insectos que, terminada la metamorfosis, tienen cabeza pequeña con grandes antenas, y una especie de trompa, y dos pares de alas anchas cubiertas de escamas brillantes; como las *mariposas. Ú. t. c. s. m. ‖ m. pl. *Zool.* Orden de estos insectos.
lepisma. f. *Insecto tisanuro de unos nueve milímetros de largo, cuerpo cilíndrico y pies cortos con dos artejos. Roe el cuero y el papel.
lepóridos. m. pl. *Zool.* Familia de roedores, cuyo tipo es la *liebre.
leporino, na. adj. Perteneciente a la *liebre. ‖ V. **Labio leporino.**
***lepra.** f. Enfermedad contagiosa que se manifiesta por manchas de color leonado, tubérculos, insensibilidad de la piel y caquexia. ‖ **blanca. Albarazo.**
leprosería. f. **Lazareto.**
***leproso, sa.** adj. Que padece *lepra. Ú. t. c. s.
lera. f. **Helera.**
lercha. f. Junquillo para ensartar aves, pescados, etc.
lerda. f. *Veter.* **Lerdón.**
lerdo, da. adj. Pesado y torpe en el andar. Dícese de las *caballerías. ‖ fig. *Necio, tardo para comprender o ejecutar una cosa. ‖ *Germ.* ***Cobarde.**
lerdón. m. **Veter.* Tumor sinovial que padecen las caballerías.
lerense. adj. Perteneciente o relativo al río Lérez. ‖ fig. **Pontevedrés.** Apl. a pers., ú. t. c. s.
leridano, na. adj. Natural de Lérida. Ú. t. c. s. ‖ Perteneciente a a esta ciudad.
lerneo, a. adj. Perteneciente a la cuidad o a la laguna de Lerna. ‖ Aplícase a las *fiestas que se celebraban en esta ciudad de la Argólida. Ú. t. c. s.
les. Dativo del pronombre *personal de tercera persona en género masculino o femenino y número plural.
lesbiano, na. adj. **Lesbio.** Apl. a pers., ú. t. c. s.
lésbico, ca. adj. **Lesbio.** ‖ Dícese del amor *carnal entre mujeres.
lesbio, bia. adj. Natural de Lesbos. Ú. t. c. s. ‖ Perteneciente a esta isla del Mediterráneo.
***lesión.** f. *Daño corporal procedente de herida, golpe o enfermedad. ‖ fig. Cualquier *daño o perjuicio. ‖ **enorme.** *For.* Perjuicio que experimenta, en una *venta, el que ha sido *engañado en la mitad del justo precio. ‖ **enormísima.** *For.* Perjuicio de igual índole que importa mucho más de la mitad del justo precio.
lesionar. tr. Causar lesión o *daño.
lesivo, va. adj. Que causa o puede causar lesión o *daño.
lesna. f. **Lezna.**
lesnordeste. m. *Viento medio entre el leste y el nordeste.
leso, sa. adj. *Ofendido, lastimado. ‖ Hablando del *juicio, *ofuscado, trastornado.
lessueste. m. *Viento medio entre el leste y el sueste.
leste. m. *Mar.* y *Geogr.* **Este.**
lestrigón. m. **Mit.* Individuo de alguna de las tribus de antropófagos que habitaban en Sicilia. Ú. m. en pl.
letal. adj. Mortífero, que puede producir la *muerte. Ú. m. en poesía.
letalidad. f. **Pat.* Calidad de letal.
letame. m. Tarquín, *cieno y basura que se usan como abono.
letanía. f. *Oración compuesta de una serie de invocaciones a Dios, a la Virgen, a los santos, etc. Ú. en pl., en el mismo sentido. ‖ *Procesión en que se cantan las **letanías.** Ú. en pl. en el mismo sentido. ‖ fig. y fam. *Lista, enumeración, *serie. ‖ **de la Virgen,** o **lauretana.** La que enumera elogios y atributos de la Virgen, y se suele cantar o rezar después del rosario.
letárgico, ca. adj. *Pat.* Que padece letargo. ‖ Perteneciente a esta enfermedad.
letargo. m. *Pat.* Estado de *desmayo o de suspensión del uso de los sentidos y de las facultades del ánimo. ‖ fig. *Insensibilidad, enajenamiento del ánimo, modorra, *sueño profundo.
letargoso, sa. adj. Que aletarga.
leteo, a. adj. Perteneciente al Lete o Leteo, río *mitológico del *olvido.
letificante. p. a. de **Letificar.** Que letifica.
letificar. tr. *Alegrar, regocijar.
letífico, ca. adj. Que alegra.
letón, na. adj. Dícese de un *pueblo de raza lituana que habita en Curlandia. ‖ Dícese de los individuos de este pueblo. Ú. t. c. s. ‖ Perteneciente o relativo a este pueblo. ‖ m. *Lengua hablada en Curlandia.
***letra.** f. Signo de la *escritura que representa un sonido o articulación. ‖ Cada uno de estos sonidos y articulaciones. ‖ Forma de la **letra,** comparada con otra de igual valor. ‖ Pieza en forma de prisma rectangular, con una **letra** u otro signo de escritura relevado en una de las bases, para que pueda estamparse. ‖ **Impr.* Conjunto de esas piezas. ‖ *Significación o sentido propio de las palabras, a diferencia del sentido figurado. ‖ Especie de romance corto, cuyos primeros *versos se suelen glosar. ‖ Conjunto de las palabras de una *canción, himno, etc. ‖ **Lema.** ‖ **Letra de cambio.** ‖ fig. y fam. Sagacidad y *astucia. ‖ pl. Los diversos *conocimientos o ramos del humano saber. ‖ Orden, provisión o rescripto *eclesiástico. ‖ **Letra abierta.** Carta de crédito y orden que se da a favor de uno, sin limitación de cantidad. ‖ **agrifada. Letra grifa.** ‖ **aldina.** La cursiva de *imprenta empleada por Aldo Manucio. ‖ **bastarda.** La de mano, inclinada hacia la derecha, rotunda en las curvas, y cuyos gruesos y perfiles son resultado del corte y posición de la pluma. ‖ **bastardi-**

lla. La de imprenta que imita a la bartarda. || **cancilleresca.** La que se usaba en la cancillería. || **canina.** La rr, llamada así por la fuerza con que se pronuncia. || **capital.** Letra mayúscula. || **consonante.** La que no puede ser *pronunciada sin auxilio de alguna vocal. || **continua.** Letra semivocal. || **corrida.** *Escritura hecha con facilidad y soltura. || *Impr.* La que está trastrocada y cambiada, generalmente en los principios y finales de línea. || **cortesana.** Cierta forma o carácter pequeño que se usaba antiguamente. || **cursiva.** La de mano, que se liga mucho para escribir de prisa. || **Letra bastardilla.** || **chupada.** *Impr.* La de caracteres altos y estrechos. || **de caja alta.** *Impr.* **Letra mayúscula.** || **de caja baja.** *Impr.* **Letra minúscula.** || **de cambio*.** *Com.* Documento mercantil que comprende el giro de cantidad cierta en efectivo que hace el librador a la orden del tomador. || **de dos puntos.** *Impr.* Mayúscula que se suele usar en los carteles y principios de capítulo. || **de guarismo.** Guarismo. || **de mano.** La que se hace al *escribir con pluma, lápiz, etc., a diferencia de la impresa o de molde. || **de molde.** La *impresa. || **de Tortis.** La gótica que se usó al principio de la *imprenta. || **doble.** Consonante que se representa con dos signos, como la *ll.* || **dominical.** En *cronología eclesiástica, aquella que señala los domingos entre las siete que se usan para designar los días de la semana. || **dórica.** La que tenía de ancho la séptima parte de su altura y se usaba principalmente en inscripciones. || **egipcia.** Letra negrilla. || **florida.** La mayúscula con algún adorno alrededor de ella. || **gótica.** La de forma rectilínea y angulosa, que se emplea aún en Alemania. || **grifa.** Letra aldina. || **historiada.** Mayúscula con adornos y figuras o símbolos. || **inglesa.** **Letra** más inclinada que la bastarda y cuyos gruesos y perfiles resultan de la mayor o menor presión de la pluma. || **inicial.** Aquella con que empieza una palabra, un verso, un capítulo, etc. || **itálica.** Letra bastardilla. || **labial.** Cada una de las consonantes en cuya *pronunciación intervienen principalmente los labios, como la *b.* || **lingual.** Consonante en cuya pronunciación interviene principalmente la lengua, como la *l.* || **magistral.** **Letra** bastarda de tamaño grande. || **mayúscula.** La de mayor tamaño y distinta figura que la minúscula, que se emplea como inicial de todo nombre propio y en otros casos. || **menuda.** fig. y fam. *Astucia. || **metida.** Conjunto de **letras** de muy poca anchura y poco separadas. || **minúscula.** La que se emplea en la escritura constantemente, salvo cuando se debe usar la mayúscula. || **muda.** Explosiva. || La que no se pronuncia. || **muerta.** fig. Escrito, regla o convenio *nulo o que no se cumple. || **negrilla.** **Letra** especial gruesa que se destaca de los tipos ordinarios. Ú. t. c. s. || **negrita.** Letra negrita. || **numeral.** La que representa número. || **paladial.** Consonante cuya pronunciación requiere la aplicación del dorso de la lengua contra el paladar, como la *ch.* || **pancilla.** **Letra** redonda de los libros de coro. || **pelada.** La que no tiene rasgos ni adornos. || **pitagórica.** Nombre que se dio a la *Y.* || **procesada.** La que está encadenada y enredada, muy frecuente en escritos de los siglos XVI y XVII. || **redonda,** o **redondilla.** La de mano o de imprenta que es derecha y circular. || **remisoria.** Remisoria. || **romanilla.** Letra redonda. || **semivocal.** Consonante que puede pronunciarse sin que se perciba el sonido de una vocal determinada. || **sencilla.** Cualquiera de las que no se consideran como dobles. || **tirada.** La del que escribe con facilidad y soltura, enlazando unas letras con otras. || **tiria.** La que tenía de ancho la quinta parte de su altura. || **titular.** *Impr.* Mayúscula que se emplea en portadas, títulos, etc. || **toscana.** La que tenía de ancho la sexta parte de su altura. || **versal.** *Impr.* **Letra mayúscula.** || **versalita.** *Impr.* Mayúscula igual en tamaño a la minúscula de la misma fundición. || **vocal.** La que se *pronuncia mediante una simple espiración que hace vibrar la laringe, como la *a.* || **Letras comunicatorias.** Testimoniales. || **divinas.** La *Biblia o la Sagrada Escritura. || **expectativas.** *Ecles.* Despachos reales o *bulas pontificias que contienen la gracia de la futura de empleo o dignidad. || **gordas.** fig. y fam. *Ignorancia, falta de instrucción o talento. Ú. m. con el verbo *tener.* || **humanas.** *Literatura, y especialmente la griega y la latina. || **patentes.** Edicto público o *decreto del soberano sobre una materia importante. || **sagradas.** Letras divinas. || **Bellas,** o **buenas, letras.** Literatura. || **Dos,** o **cuatro, letras.** fig. y fam. *Carta o escrito breve. || **Primeras letras.** Arte de leer y escribir y rudimentos de aritmética y de otras materias, que forman la primera *enseñanza. || **A la letra.** m. adv. Literalmente; según la *significación natural de las palabras. || *Enteramente y sin variación en lo que se copia. || fig. Puntualmente. || **A letra vista.** m. adv. *Com.* **A la vista.** || **Atarse a la letra.** fr. fig. Sujetarse a la *significación recta de cualquier texto. || **Letra por letra.** loc. adv. fig. *Enteramente. || **Levantar letra.** fr. *Impr.* **Componer.** || **Meter letra.** fr. fig. y fam. Meter bulla; procurar *enredar las cosas. || **Protestar una letra.** fr. *Com.* Hacer constar ante notario su falta de pago. || **Seguir** uno **las letras.** fr. *Estudiar, dedicarse a alguna carrera.

letrada. f. Mujer del letrado o abogado.

letrado, da. adj. *Sabio, docto. || fam. Que presume de discreto con *afectación y sin fundamento. || m. **Abogado.** || **A lo letrado.** m. adv. Al uso de los **letrados.**

***letrero.** m. Palabra o conjunto de algunas de ellas para avisar o publicar una cosa.

letrilla. f. Composición de *versos cortos que suele ponerse en música. || Composición poética, dividida en estrofas, al fin de cada una de las cuales se repite ordinariamente un estribillo.

letrina. f. *Retrete o lugar destinado en las casas para expeler las inmundicias. || fig. Cosa sucia y asquerosa.

letrón. m. aum. de **Letra.** || pl. Edicto en que, con letras grandes, se nombraba a los castigados con *excomunión.

letuario. m. Especie de mermelada.

leucemia. f. *Pat.* Enfermedad caracterizada por la palidez de la sangre.

leucocitemia. f. *Pat.* Aumento anormal de los leucocitos en la *sangre.

leucocito. m. *Zool.* Glóbulo blanco de la *sangre.

leucorrea. f. *Pat.* Flujo mucoso de color blanquecino, procedente de una irritación de la *matriz y de la vagina.

leudar. tr. Dar *fermento a la masa del *pan con la levadura. || r. Fermentar la masa con la levadura.

leude. m. *Militar que seguía libremente en la hueste a los reyes góticos.

leudo, da. adj. Aplícase a la masa o *pan fermentado con levadura.

leva. f. *Mar.* Partida de las embarcaciones del puerto. || Recluta o enganche de gente para la *milicia. || || Acción de levarse o irse. || **Espeque** (*palanca). || *Mec.* **Álabe.** || pl. Los corchos de una *red de pesca. || **Irse a leva y a monte.** fr. fig. y fam. Escaparse, *huir.

levada. f. En la cría del gusano de *seda, porción que se muda de una parte a otra. || *Esgr.* Molinete que se hace antes de ponerse en guardia. || *Esgr.* Ida y venida. || *Mar.* Leva de una embarcación.

levadero, ra. adj. Que se ha de *cobrar o exigir.

levadizo, za. adj. Que se puede *levantar y volver a dejar caer, como ciertos *puentes.

levador. m. El que leva. || Operario que en las fábricas de *papel recibe el pliego según sale del molde. || *Germ.* *Ladrón que huye con prontitud. || *Mec.* **Álabe.**

levadura. f. Masa constituida principalmente por *fermentos. || *Tabla que se asierra de un madero.

levantada. f. Acción de levantarse de la cama el enfermo.

levantadamente. adv. m. Con elevación; de manera digna y generosa.

levantado, da. adj. fig. **Elevado** (sublime).

levantador, ra. adj. Que levanta. Ú. t. c. s. || Amotinador, *rebelde, sedicioso. Ú. t. c. s.

levantamiento. m. Acción y efecto de *levantar o levantarse. || *Rebelión, motín popular. || Sublimidad, elevación, *excelencia. || Ajuste de cuentas.

***levantar.** tr. Mover de abajo hacia arriba una cosa. Ú. t. c. r. || Poner una cosa en lugar más alto. Ú. t. c. r. || Poner derecha o *vertical a la persona o cosa que está inclinada, tendida, etc. Ú. t. c. r. || Separar o *despegar una cosa de otra. Ú. t. c. r. || Tratándose de la *mirada, la puntería, etc., dirigirlas hacia arriba. || Recoger o *quitar una cosa de donde está. || *Construir, edificar. || En los juegos de *naipes, cortar, dividir la baraja. || En algunos juegos de *naipes, **cargar.** || Abandonar un *sitio o asedio. || Trazar el plano o mapa de un lugar. || Hacer que salte la *caza del sitio en que estaba. Ú. t. c. r. || Dicho de ciertas cosas que forman *prominencia o *hinchazón, hacerlas o producirlas. || fig. *Fundar, establecer. || fig. Aumentar, *encarecer el precio de una cosa. || fig. Tratándose de la *voz, darle mayor fuerza. || fig. *Perdonar o hacer cesar ciertas penas. || fig. *Rebelar, sublevar. Ú. t. c. r. || fig. *Enaltecer, ensalzar. || fig. Impulsar hacia fines nobles y generosos. || fig. Esforzar, dar ánimo y *valor. || fig. Reclutar gente para el ejército. || fig. Ocasionar, *causar. Ú. t. c. r. || fig. Atribuir, imputar maliciosamente, *calumniar. || *Equit.* Tratándose del caballo, llevarlo al galope. || *Equit.* Llevarlo sobre el cuarto trasero y engallado. || r. Sobresalir, *resaltar sobre una superficie o plano. || Dejar la cama el que estaba acostado o enfermo, por haber recobrado la *salud. || **Levantarse con** una cosa. fr. **Alzarse con** una cosa.

levante. m. **Oriente** (punto cardinal). || *Viento que sopla de la parte oriental. || Nombre genérico de las comarcas mediterráneas de España correspondientes a los antiguos reinos de Valencia y Murcia.

levante. m. Derecho que paga al dueño de un *monte el que corta maderas. || *Min.* Operación de levantar las cañerías de los hornos de aludeles para recoger el *azogue. || **De levante.** m. adv. En disposición próxima de *marcha, viaje, etc.

levantino, na. adj. Natural de Levante. Ú. t. c. s. || Perteneciente a la parte oriental del Mediterráneo.

levantisco, ca. adj. **Levantino.** Apl. a pers., ú. t. c. s.

levantisco, ca. adj. De genio inquieto; *indócil y turbulento.

levar. tr. *Mar.* Hablando de las *anclas, recoger la que está fondeada. || r. *Germ.* *Moverse o irse. || *Mar.* **Hacerse a la vela.**

***leve.** adj. Ligero, de poco peso. || fig. De poca importancia, *insignificante o poco grave.

***levedad.** f. Calidad de leve. || *Inconstancia de ánimo.

levemente. adv. m. Ligeramente, blandamente. || fig. **Venialmente.**

levente. m. Soldado turco de la *armada. || com. Advenedizo, *forastero cuya condición y origen se desconocen.

leviatán. m. Monstruo marino descrito en el libro de Job. || El *demonio.

levigación. f. Acción y efecto de levigar.

levigar. tr. *Desleír en agua una materia en polvo para separar la parte más tenue de la más gruesa.

levirato. m. Precepto de la ley mosaica, que obligaba al hermano del que murió sin hijos a contraer *matrimonio con la *viuda.

levísimo, ma. adj. sup. de **Leve.**

levita. m. *Israelita de la tribu de Leví, dedicado a *sacerdote. || **Diácono.**

levita. f. *Vestidura de hombre, ceñida al cuerpo y con mangas, y cuyos faldones llegaban hasta la rodilla.

levitación. f. **Ocult.* Elevación de un objeto o de una persona en el aire sin apoyo aparente.

levítico, ca. adj. Perteneciente a los levitas. || fig. Clerical, afecto o supeditado a los *clérigos. || m. Tercer libro del Pentateuco de Moisés, en la *Biblia. || fig. y fam. Conjunto de *ceremonias que se usa en una función.

levitón. m. Levita más larga y holgada que la de vestir.

levógiro, ra. adj. **Quím.* y **Ópt.* Dícese del cuerpo o substancia que desvía hacia la *izquierda la luz polarizada.

levosa. f. fam. y fest. **Levita** (prenda de vestir).

levulosa. f. *Quím.* Especie de *azúcar, glucosa.

lexiarca. m. Cada uno de los seis magistrados atenienses que llevaban el *padrón.

***léxico, ca.** adj. Perteneciente o relativo al *léxico. || m. Diccionario de la lengua griega. || Por ext., diccionario de cualquiera otra lengua. || Caudal de voces y modismos de un autor.

lexicografía. f. Arte de componer *léxicos o diccionarios.

lexicográfico, ca. adj. Perteneciente o relativo a la lexicografía.

lexicógrafo. m. Autor o colaborador de un *léxico. || El versado en lexicografía.

lexicología. f. Estudio de la significación y etimología de las palabras para su inclusión en un *léxico o diccionario.

lexicológico, ca. adj. Perteneciente o relativo a la lexicología.

lexicólogo. m. El versado en lexicología.

lexicón. m. **Léxico.**

***ley.** f. Regla y norma constante e invariable, nacida de la causa primera. || Precepto dictado por la suprema autoridad. || **Religión.** || *Lealtad, fidelidad. || Cariño, *amor. || *Calidad, peso o medida que han de tener ciertos géneros. || Cantidad de *oro o *plata que han de tener las monedas, alhajas finas, etc. || *Min.* Cantidad de metal contenida en una mena. || Estatuto o condición establecida para un acto particular. || Conjunto de las **leyes,** o cuerpo del derecho civil. || **antigua. Ley de Moisés.** || **caldaria.** La que ordenaba antiguamente la *prueba del agua caliente. || **de Dios.** Todo aquello que es arreglado a la voluntad divina y recta razón. || **de duelo.** Reglas establecidas para los retos y *desafíos. || **de gracia.** La que Cristo estableció en su Evangelio. || **de la trampa.** fam. Embuste, *engaño. || **del embudo.** fig. y fam. La que se emplea con *injusticia, aplicándola con rigor a unos y ampliamente a otros. || **del encaje.** fam. Dictamen o *juicio que discrecionalmente forma el juez. || **de Moisés.** Preceptos y ceremonias que Dios dio al pueblo de Israel por medio de Moisés. || **escrita.** Preceptos contenidos en las dos tablas de Moisés. || **evangélica. Ley de gracia.** || **marcial.** La que declara en estado de sitio determinado territorio. || **natural.** Dictámen de la recta razón, que prescribe lo que se ha de hacer o lo que debe omitirse. || **nueva. Ley de gracia.** || **orgánica.** La que inmediatamente se deriva de la constitución de un Estado. || **sálica.** La que excluía del trono del rey a las hembras y sus descendientes. || **suntuaria.** La que tiene por objeto poner tasa en los *gastos. Ú. m. en pl. || **vieja. Ley de Moisés.** || **A la ley.** m. adv. fam. Con propiedad y esmero. || **A ley de caballero, de cristiano,** etc. exprs. con que se asegura la *verdad de lo que se dice. || **A toda ley.** m. adv. Con estricta sujeción a lo debido. || **Bajar de ley.** fr. Disminuir la parte más valiosa de un metal o un mineral. || **Bajo de ley.** loc. Dícese de la liga de oro o plata que tiene mayor cantidad de otros metales que la que permite la **ley.** || **Dar la ley.** fr. fig. Servir de *modelo. || fig. *Compeler a uno a que haga lo que otro quiere. || **De buena ley.** loc. fig. De *perfectas condiciones. || **Echar la ley,** o **toda la ley,** a uno. fr. Condenarle, sentenciarle con todo el rigor de la **ley.** || **Subir de ley.** fr. Aumentar la parte más valiosa de un metal o un mineral. || **Tomar** uno **la ley.** fr. **Tomar las once.** || **Venir contra** una **ley.** fr. Quebrantarla, infringirla.

leyenda. f. Acción de *leer. || Obra que se lee. || Vida de uno o más *santos. || Relación de sucesos o *narración en que interviene la *imaginación o la tradición más que la realidad histórica. || Esta misma narración hecha en versos. || *Inscripción de *moneda o medalla. || **áurea.** Cierta compilación de vidas de santos hecha en el siglo XIII.

leyendario, ria. adj. **Legendario.**

leyente. p. a. de **Leer.** Que lee. Ú. t. c. s.

lezda. f. *Impuesto que se pagaba por las mercancías.

lezdero. m. Ministro que *cobraba el tributo de lezda.

lezna. f. Instrumento compuesto de un vástago de acero con punta y un mango de madera, y del cual usan los *zapateros y otros artesanos para *taladrar.

lezne. adj. **Deleznable.**

lía. f. *Soga de esparto machacado, tejida como trenza.

lía. f. *Heces. Ú. m. comúnmente en pl. || **Estar** uno **hecho un lía.** fr. fig. y fam. Estar *borracho.

liar. tr. *Atar y asegurar con lías. || *Envolver una cosa en papel, tela, etcétera, sujetándola con una cuerda. || fig. y fam. *Engañar a uno enredándolo en algún compromiso. Ú. t. c. r. || r. *Amancebarse. || **Liarlas.** fr. fig. y fam. *Huir, escaparse. || fig. y fam. ***Morir.**

liara. f. **Aliara.**

liásico, ca. adj. **Geol.* Dícese del terreno sedimentario que sigue inmediatamente en edad al triásico. Ú. t. c. s. || *Geol.* Perteneciente a este terreno.

liatón. m. **Soguilla.**

liaza. f. Conjunto de lías o *cuerdas para atar las corambres. || Conjunto de mimbres con que se forman aros para los toneles y *cubas.

libación. f. Acción de libar. || **Liturg.* Ceremonia de los paganos, que consistía en llenar un vaso de licor y derramarlo después de haberlo probado.

libamen. m. *Ofrenda en el *sacrificio.

libamiento. m. Materia o especies que se libaban en los *sacrificios antiguos.

libán. m. p. us. *Cuerda de esparto.

libar. tr. *Chupar el jugo de una cosa. || Hacer la libación para el *sacrificio. || Algunas veces, **sacrificar.** || Probar o *beber algún sorbo de licor.

libatorio. m. *Vaso con que se hacían las libaciones.

libela. f. *Moneda de plata que usaron los romanos.

libelar. tr. **For.* Hacer pedimentos.

libelático, ca. adj. Aplícase a los *cristianos que para librarse de la persecución se procuraban certificado de *apostasía. Ú. t. c. s.

libelista. m. Autor de libelos o escritos infamatorios.

libelo. m. Escrito en que se denigra o *infama a personas o cosas. || **For.* Petición o memorial. || **de repudio.** Documento con que el marido repudiaba a la mujer y se *divorciaba. || **Dar libelo de repudio** a una cosa. fr. fig. *Renunciar a ella.

libélula. f. **Caballito del diablo.**

líber. m. *Bot.* Tejido fibroso, compuesto de capas delgadas, que forma la parte interior de la *corteza de algunos vegetales.

***liberación.** f. Acción de poner en libertad. || **Quitanza.** || Cancelación de *hipotecas u otras cargas que gravan un inmueble.

liberado, da. adj. **Com.* Dícese de la acción cuyo valor no se satisface en dinero.

liberador, ra. adj. **Libertador.** Ú. t. c. s.

*__liberal.__ adj. Que obra con *liberalidad. ‖ Dícese de la cosa hecha con ella. ‖ Expedito, que hace las cosas con *prontitud. ‖ Que profesa doctrinas favorables a la libertad *política. Apl. a pers., ú. t. c. s.

*__liberalidad.__ f. Virtud moral del que da generosamente lo que tiene sin esperar recompensa. ‖ Generosidad, desprendimiento.

liberalismo. m. Orden de ideas que profesan los partidarios de la libertad *política. ‖ Partido que forman entre sí.

liberalizar. tr. Hacer liberal en el orden político. Ú. t. c. r.

liberalmente. adv. m. Con liberalidad. ‖ Con expedición, *prontitud y brevedad.

*__liberar.__ tr. **Libertar.**

libérrimo, ma. adj. sup. de **Libre.**

*__libertad.__ f. Facultad natural de la *voluntad humana para determinar espontáneamente sus actos. ‖ Estado o condición del que no es esclavo. ‖ Estado del que no está preso. ‖ Falta de sujeción y subordinación, *independencia. ‖ *Polít.* Facultad de hacer y decir cuanto no se oponga a las leyes ni a las buenas costumbres. ‖ Prerrogativa, *privilegio. Ú. m. en pl. ‖ Condición de las personas que por su estado se hallan *dispensadas de ciertos deberes. ‖ Desenfrenada *inmoralidad. ‖ Licencia, *atrevimiento o excesiva *confianza. ‖ Desembarazo, franqueza, *desenvoltura. ‖ Facilidad, soltura, *habilidad natural. ‖ **de comercio.** Facultad de comprar y vender sin estorbo alguno. ‖ **de conciencia.** Facultad de profesar cualquiera *religión, sin ser inquietado por la autoridad pública. ‖ *Desenfreno y desorden. ‖ **del espíritu.** *Entereza, señorío del ánimo sobre las pasiones. ‖ **Apellidar libertad.** fr. Pedir el *esclavo que se le declare libre. ‖ **Poner** a uno **en libertad de** una obligación. fr. fig. *Eximirle de ella. ‖ **Sacar a libertad la novicia.** fr. Examinar el juez eclesiástico su voluntad para que, si lo desea, pueda libremente salirse del *monasterio.

libertadamente. adv. m. Con *descaro y desenfreno.

libertado, da. adj. Osado, *atrevido. ‖ *Libre, sin sujeción.

libertador, ra. adj. Que liberta. Ú. t. c. r.

*__libertar.__ tr. Poner a uno en libertad. Ú. t. c. r. ‖ Eximir a uno de una obligación. Ú. t. c. r. ‖ Librar de algún mal.

libertario, ria. adj. Que defiende la absoluta libertad *política; anarquista.

libertinaje. m. Desenfreno e *inmoralidad en la conducta. ‖ *Irreligión, impiedad.

libertino, na. adj. Aplícase a la persona entregada al libertinaje. Ú. t. c. s. ‖ m. y f. Hijo de liberto, y más frecuentemente el mismo liberto.

liberto, ta. m. y f. *Esclavo a quien se ha dado libertad.

líbico, ca. adj. Perteneciente a la Libia.

libídine. f. *Lujuria.

libidinosamente. adv. m. De un modo libidinoso.

libidinoso, sa. adj. *Lujurioso.

libido. f. Deseo *sexual considerado como raíz de las más varias manifestaciones psíquicas.

libio, bia. adj. Natural de Libia. Ú. t. c. s. ‖ Perteneciente a esta región de África.

libón. m. *Manantial que brota a borbollones. ‖ *Laguna o charca.

libra. f. *Peso antiguo dividido en dieciséis onzas. En Castilla era equivalente a 460 gramos. ‖ *Moneda imaginaria, cuyo valor varía según los países. ‖ En los *molinos de aceite, peso que se coloca al extremo de la viga. ‖ Medida de *capacidad, que contiene una **libra** de un líquido. ‖ Hoja de *tabaco de superior calidad. ‖ *Astr.* Séptimo signo o parte del *Zodiaco. ‖ *Astr.* *Constelación zodiacal que coincidía con el signo de este nombre. ‖ **carnicera.** La de 36 onzas que, para pesar carne y pescado, se usaba en varias provincias. ‖ **catalana.** *Moneda imaginaria usada antiguamente en Cataluña. ‖ **de Aragón. Libra jaquesa.** ‖ **esterlina.** *Moneda inglesa de oro, que a la par equivale a veinticinco pesetas. ‖ **jaquesa.** *Moneda imaginaria usada antiguamente en Aragón. ‖ **mallorquina.** *Moneda imaginaria usada antiguamente en las Baleares. ‖ **medicinal.** *Farm.* La que se dividía en 12 onzas ó 96 dracmas. ‖ **navarra.** *Moneda imaginaria usada antiguamente en el reino de Navarra. ‖ **valenciana.** *Moneda imaginaria usada en el antiguo reino de Valencia. ‖ **entrar pocas, o pocos, en libra.** fr. fig. y fam. Ser notable una cosa por su *escasez o *excelencia.

libración. f. *Oscilación que efectúa un cuerpo separado de su posición de equilibrio hasta recuperarlo poco a poco. ‖ *Astr.* Movimiento aparente de la *Luna, como de oscilación o balanceo.

libraco. m. despect. *Libro despreciable.

libracho. m. despect. **Libraco.**

librado. m. *Com.* Aquel contra quien se libra una *letra de cambio*.

librador, ra. adj. Que libra. Ú. t. c. s. ‖ m. En las caballerizas del *rey, el que cuidaba de las provisiones para el ganado. ‖ Cogedor de hoja de lata, con que en las *tiendas cogen ciertas mercancías para ponerlas en el *peso.

libramiento. m. Acción y efecto de *librar o libertar. ‖ Orden que se da por escrito para que se *pague una cantidad de dinero u otro género. ‖ Chanza o *burla pesadas.

librancista. m. El que tiene una libranza a su favor.

librante. p. a. de **Librar.** Que libra.

*__libranza.__ f. Orden de pago que se da contra uno que tiene fondos a disposición del que la expide. ‖ **Libramiento** (de fondos).

*__librar.__ tr. Sacar o preservar a uno de algún mal. Ú. t. c. r. ‖ Tratándose de la *confianza, ponerla en una persona o cosa. ‖ Expedir, despachar, dar por escrito. ‖ *Com.* Expedir letras de cambio, *libranzas, cheques, etc. ‖ intr. Salir la *monja a hablar al locutorio o a la red. ‖ *Parir la mujer. ‖ *Cir.* Echar la placenta la mujer que está de *parto. ‖ **Librar bien,** o **mal.** fr. Salir *feliz, o *desgraciadamente, de un lance o negocio.

libratorio. m. **Locutorio** (de un *convento).

librazo. m. Golpe dado con un libro.

*__libre.__ adj. Que tiene libertad para determinar sus actos. ‖ Que no es esclavo. ‖ Que no está preso. ‖ Insubordinado. ‖ *Atrevido. ‖ *Deshonesto. ‖ Suelto, no sujeto. ‖ Dícese del lugar, edificio, etc., que está solo y *aislado. ‖ Que goza de *exención, privilegiado. ‖ ***Soltero.** ‖ ***Independiente.** ‖ Exento de un daño o peligro. ‖ *Indemne. ‖ Que tiene *valor y entereza para hablar lo que conviene o su estado u oficio. ‖ Aplícase a los sentidos, a los miembros del cuerpo y a los actos *fisiológicos no sujetos a impedimento. ‖ *Inocente. ‖ Dícese del paso, camino, etc., abierto al *tránsito.

librea. f. *Traje que ciertas personas o entidades dan a sus criados, por lo común uniforme. ‖ Uniforme que usaban las cuadrillas de caballeros en las *fiestas públicas.

librear. tr. Vender una cosa por libras.

librear. tr. p. us. Adornar, embellecer con *galas. Ú. t. c. r.

librecambio. m. **Libre cambio.**

librecambista. adj. Partidario del libre cambio. Ú. t. c. s. ‖ Perteneciente o relativo al libre cambio.

librejo. m. d. de **Libro.** ‖ despect. **Libraco.**

libremente. adv. m. Con libertad.

librepensador, ra. adj. Partidario del librepensamiento. Ú. t. c. s.

librepensamiento. m. Doctrina que sostiene la independencia de la razón respecto de los principios basados en cualquier *religión positiva.

librería. f. **Biblioteca.** ‖ Tienda donde se venden *libros. ‖ Ejercicio o profesión de librero.

libreril. adj. Perteneciente o relativo al comercio de *libros.

librero. m. El que vende *libros.

libresco, ca. adj. Dícese de la *obra o del autor que se inspira en los libros y no en la realidad.

libreta. f. d. de **Libra.** ‖ En varias partes, *pan de una libra.

libreta. f. Cuaderno o *libro pequeño con las hojas en blanco. ‖ **Cartilla** (de una caja de ahorros, etcétera).

librete. m. d. de **Libro.** ‖ **Maridillo.**

libretín. m. d. de **Librete.**

libretista. com. Autor de uno o más libretos.

libreto. m. Obra *dramática escrita para ser puesta en música, total o parcialmente.

librillo. m. **Lebrillo.**

librillo. m. d. de **Libro.** ‖ Cuadernito de papel de *fumar. ‖ **Libro** (*estómago de los rumiantes). ‖ **de cera.** Porción larga de cerilla que se pliega en varias formas. ‖ **de oro,** o **plata.** Aquel en que los *doradores tienen los panes de *oro o plata entre hojas de papel.

*__libro.__ m. Conjunto de hojas de papel, de igual tamaño, generalmente impresas y unidas entre sí de modo que formen un volumen. ‖ Obra impresa de bastante extensión para formar volumen. ‖ Cada una de ciertas partes principales en que suelen dividirse, según la materia, las leyes, tratados científicos o literarios u otras obras. ‖ **Libreto.** ‖ fig. *Contribución o *impuesto. ‖ *Zool.* Tercera de las cuatro cavidades en que se divide el *estómago de los rumiantes. ‖ **amarillo, azul, blanco, rojo,** etc. **Libro** que contiene documentos *diplomáticos y cuyo color exterior indica el gobierno de que procede. ‖ **antifonal,** o **antifonario.** El de *coro en que se contienen las antífonas. ‖ **borrador. Borrador.** ‖ **copiador.** *Com.* El que sirve para *copiar en él la correspondencia. ‖ **de acuerdo.** *For.* **Libro** en que se hacen constar las resoluciones sobre objetos de aplicación general. ‖ **de asiento.** El que sirve para hacer apuntaciones. || **de becerro. Becerro** (de las iglesias y comunidades). || **de caballerías.** Especie de *novela antigua en que se cuentan hechos fabulosos de caballeros andantes. || **de caja.** *Cont.* El que se usa para anotar la entrada y salida del dinero. || **de coro. Libro** grande en que están escritos los salmos, antífonas, etc., que se cantan en el *coro. || **de Esdras.** Título de un **libro** de la *Biblia. || **de Ester.** Cierto **libro** canónico de la *Biblia. || **de fondo.** El que tiene en almacén un librero por haberlo editado él o por haber adquirido la propiedad del mismo. || **de inventarios.** *Cont.* Aquel en que periódicamente se han de hacer constar el activo y pasivo de cada comerciante, persona natural o jurídica. || **de Job.** Cierto **libro** canónico de la *Biblia. || **de Josué.** Cierto **libro** canónico de la *Biblia. || **de Judit.** Cierto **libro** canónico de la *Biblia. || **del acuerdo. Libro de acuerdo.** || **de la Sabiduría.** Cierto **libro** canónico de la *Biblia. || **de las cuarenta hojas.** fig. y fam. *Baraja de naipes. || **de la vida.** fig. *Teol.* Conocimiento de Dios relativo a los elegidos, y en el cual se consideran como inscritos los predestinados a la Gloria. || **del Eclesiástico. Eclesiástico** (cierto libro de la *Biblia). || **de lo salvado. Libro** en que se registraban las concesiones que hacían los reyes. || **de los Jueces.** Cierto **libro** canónico de la *Biblia. || **de los Macabeos.** Denominación de dos **libros** canónicos de la *Biblia. || **de los Proverbios.** Cierto **libro** canónico de la *Biblia. || **de los Reyes.** Denominación común a cuatro **libros** canónicos de la Biblia. || **de mano.** El que está manuscrito. || **de memoria.** El que sirve para hacer *apuntaciones. || **de oro.** El que contenía el registro de la *nobleza veneciana. || **de Rut.** Cierto **libro** canónico de la *Biblia. || **de surtido.** Cada uno de los que reciben los libreros para venderlos por comisión. || **de texto.** El destinado a los alumnos de los establecimientos de enseñanza oficial. || **de Tobías.** Cierto **libro** canónico de la *Biblia. || **diario.** *Cont.* Aquel en que se van sentando día por día las operaciones del comerciante relativas a su giro o tráfico. || **entonatorio.** El que sirve para entonar en el *coro. || **maestro.** *Cont.* **Libro** principal en que se anotan las partidas del **libro** diario en forma de cuentas corrientes. || *Mil.* El que contiene las filiaciones y también las partidas que recibe el soldado. || **mayor.** *Cont.* **Libro maestro.** || **moral.** Cada uno de los cinco **libros** de la *Biblia, titulados en particular los *Proverbios, el Eclesiastés, el Cantar de los Cantares, la Sabiduría y el Eclesiástico. Ʋ. m. en pl. || **penador.** En algunos pueblos, el que tiene la justicia para sentar las *multas impuestas a los que rompen con el ganado los cotos y límites de las heredades. || **procesionario.** El de *coro que se lleva en las procesiones. || **ritual.** El que enseña el orden de las ceremonias *litúrgicas. || **sagrado***. Cada uno de los de la *Biblia recibidos por la Iglesia. Ʋ. m. en pl. || **sapiencial. Libro moral.** Ʋ. m. en pl. || **talonario.** El de *recibos, *libranzas, etc., dispuesto de manera que al cortar estos documentos quede una parte de la hoja encuadernada para referencia y comprobación de la parte que se expide. || **verde.** fig. y fam. **Libro** o cuaderno en que se escriben noticias curiosas de algunos países y *familias. || fig. y fam. Persona dedicada a semejantes averiguaciones. || **Gran Libro.** *Hac.* El que llevan las oficinas de la deuda pública para anotar las inscripciones nominativas de las rentas perpetuas a cargo del Estado. || **Ahorcar** uno **los libros.** fr. fig. y fam. Abandonar los *estudios. || **Cantar a libro abierto.** fr. fig. Repentizar una composición música. **Hablar como un libro.** fr. fig. Hablar con corrección, elegancia y autoridad. || **Hacer** uno **libro nuevo.** fr. fig. y fam. Empezar a *corregir sus vicios. || fig. y fam. Introducir *novedades.

librote. m. aum. de **Libro.**

licantropía. f. *Med.* *Manía en la cual el enfermo se imagina estar transformado en lobo. || *Med.* **Zoantropía.**

licántropo. m. El que padece licantropía.

liceísta. com. Socio de un liceo.

***licencia.** f. *Poder, facultad o *permiso para hacer una cosa. || Documento en que consta la **licencia.** || Atrevimiento o *descaro. || Grado de licenciado. || En las antiguas universidades, junta de catedráticos que señalaba el orden con que los bachilleres habían de obtener el grado de licenciado. || pl. Las que se dan a los *clérigos para celebrar, predicar, etc. || **Licencia absoluta.** *Mil.* La que exime definitivamente del servicio. || **de artes.** Junta que en la *universidad de Alcalá examinaba a los bachilleres y fijaba la graduación de preferencia con que habían de tomar el grado de licenciado. || **poética.** Infracción de las leyes del lenguaje o del estilo que puede cometerse lícitamente en la *poesía.

licenciadillo. m. fig. despect. y fam. El que andaba vestido de *clérigo.

licenciado, da. adj. Dícese de la persona que se precia de *sabia. || Dado por *libre de alguna obligación o castigo. || m. y f. Persona que ha obtenido en una facultad el grado que habilita para ejercerla. || El que vestía hábitos largos o traje de *estudiante. || Tratamiento que se da a los *abogados. || *Soldado que ha recibido su licencia absoluta. || **Vidriera.** fig. Persona demasiado *delicada y *tímida.

licenciamiento. m. **Licenciatura** (de una facultad). || Acción y efecto de licenciar a los *soldados.

licenciar. tr. Dar *permiso o licencia. || *Despedir a uno. || Conferir el grado de licenciado. || Dar a los *soldados su licencia absoluta. || r. Contraer hábitos de *inmoralidad y desenfreno. || Tomar el grado de licenciado.

licenciatura. f. Grado de licenciado. || Acto de recibirlo. || *Estudios necesarios para obtener este grado.

licenciosamente. adv. m. Con desenfreno e *inmoralidad.

***licencioso, sa.** adj. Disoluto, de costumbres *inmorales.

liceo. m. Uno de los tres antiguos gimnasios de Atenas. || Escuela aristotélica. || Nombre de ciertas *sociedades *literarias o de recreo. || **Instituto de segunda *enseñanza.**

licio, cia. adj. Natural de Licia. Ʋ. t. c. s. || Perteneciente a este país de Asia antigua.

licitación. f. *For.* Acción y efecto de licitar.

licitador. m. El que licita.

lícitamente. adv. m. De modo lícito; con *justicia y derecho.

licitante. m. y f. Que licita.

licitar. tr. *Ofrecer precio por una cosa en *subasta o almoneda.

lícito, ta. adj. *Justo, *permitido. || Que es de la ley o calidad que se manda.

licitud. f. Calidad de lícito.

licnobio, bia. adj. Dícese de la persona que hace de la *noche día, o sea que vive con luz artificial. Ʋ. t. c. s.

licopodio. m. Planta *criptógama, que crece en lugares húmedos y sombríos.

***licor.** m. Bebida espiritosa destilada por alambique. || Cuerpo *líquido.

licorera. f. Utensilio de *mesa, donde se colocan las botellas de licor y a veces los vasitos o *copas en que se sirve.

licorería. f. Despacho de licores.

licorista. com. Persona que hace o vende *licores.

licoroso, sa. adj. Aplícase al *vino espiritoso y aromático.

lictor. m. *Magistrado o ministro de justicia entre los romanos.

licuable. adj. **Liquidable.**

licuación. f. Acción y efecto de licuar o licuarse.

licuante. p. a. de **Licuar.** Que licua. || adj. Aplícase o la consonante que, precedida de otra y seguida de una vocal, se *pronuncia formando una sola sílaba con ellas.

licuar. tr. ***Liquidar** (hacer líquida una cosa que no lo es). Ʋ. t. c. r. || *Min.* Fundir un metal sin que se derritan las materias con que se encuentra combinado. Ʋ. t. c. r.

licuefacción. f. Acción y efecto de licuefacer o licuefacerse.

licuefacer. tr. **Licuar.** Ʋ. t. c. r.

licuefactible. adj. **Licuable.**

licuefactivo, va. adj. Que tiene virtud de licuar.

licurgo, ga. adj. fig. Inteligente, astuto, *ingenioso. || m. fig. **Legislador.**

lichaven. m. *Monumento, a manera de puerta, formado por dos piedras verticales en las que se apoyan los extremos de otra horizontal.

lichera. f. En algunas partes, *manta para la *cama.

lid. f. *Combate, pelea. || fig. *Disputa. || **En buena lid.** loc. adv. Por buenos medios.

***lidia.** f. Acción y efecto de lidiar.

lidiador, ra. adj. Que puede lidiarse.

lidiador, ra. m. y f. Persona que lidia.

lidiante. p. a. de **Lidiar.** Que lidia.

***lidiar.** intr. Batallar, pelear. || fig. Hacer frente a uno, oponerle *resistencia. || fig. Tratar con personas que causan *molestia y ejercitan la paciencia. || → tr. *Taurom.* Burlar los ataques del toro practicando las distintas suertes hasta darle muerte.

lidio, dia. adj. Natural de Lidia. Ʋ. t. c. s. || Perteneciente a este país de Asia antigua.

lidita. f. *Explosivo muy poderoso para la carga de granadas.

liebrastón. m. **Lebrato.**

liebratico. m. **Lebrato.**

liebratón. m. **Liebrastón.**

***liebre.** f. Mamífero roedor de cola corta. Tiene el labio superior partido, las extremidades posteriores más largas que las anteriores, y corre a saltos con notable rapidez. Su carne es muy apreciada. || fig. y fam. Hombre tímido y *cobarde. || *Astr.* Pequeña *constelación meridional debajo de Orión y al occidente del Can Mayor. ‖ *Mar.* Tablilla agujereada que se inserta entre vertello y vertello en el racamento de las *vergas. ‖ **marina. Huevo de pulpo.** ‖ **Coger** uno **una liebre.** fr. fig. y fam. *Caerse al suelo. ‖ **Comer** uno **liebre.** fr. fig. y fam. Ser *cobarde. ‖ **Levantar** uno **la liebre.** fr. fig. y fam. **Levantar la caza.** ‖ **Seguir** uno **la liebre.** fr. fig. y fam. Continuar *averiguando o buscando una cosa.

liebrecilla. f. d. de **Liebre.** ‖ f. **Aciano menor.**

liebrezuela. f. d. de **Liebre.**

liego, ga. adj. **Lleco.** Ú. t. c. s.

***liendre.** f. Huevecillo del piojo. ‖ **Cascarle,** o **machacarle** a uno **las liendres.** fr. fig. y fam. Aporrearle, darle una *zurra. ‖ fig. y fam. *Reprenderle con vehemencia.

lientera. f. *Pat.* **Lientería.**

lientería. f. *Pat.* *Diarrea de alimentos no digeridos.

lientérico, ca. adj. *Pat.* Perteneciente a la lientería. ‖ *Pat.* Que la padece. Ú. t. c. s.

liento, ta. adj. *Húmedo.

lienza. f. *Banda o tira estrecha de cualquier *tela.

lienzo. m. *Tela de lino, cáñamo o algodón. ‖ *Pañuelo de **lienzo.** ‖ *Pintura que está sobre **lienzo.** ‖ Paramento de una *pared o *edificio. ‖ *Fort.* Porción de muralla que corre en línea recta.

lifara. f. fam. **Alifara.**

liga. f. Cinta o tira de tejido elástico que, *ceñida a la pierna o prendida por un extremo en alguna prenda interior, sirve para sujetar las *medias o los calcetines. ‖ *Cir.* Venda o faja. ‖ **Muérdago.** ‖ Materia *viscosa con la cual se untan espartos, mimbres o juncos para *cazar pájaros. ‖ Unión o *mezcla. ‖ **Aleación.** ‖ *Confederación entre Estados para defenderse de sus enemigos o para ofenderlos. ‖ Por ext., concierto de personas o colectividades para un fin común. ‖ Cantidad de cobre que se mezcla con el *oro o la *plata cuando se bate *moneda o se fabrican alhajas. ‖ *Germ.* **Amistad.** ‖ **Hacer** uno **buena,** o **mala, liga con** otro. fr. *Convenir, o no, con él por sus condiciones.

ligación. f. Acción y efecto de ligar. ‖ **Liga** (*mezcla).

ligada. f. *Mar.* **Ligadura** (*atadura).

ligado. m. Enlace de las letras en la *escritura. ‖ *Mús.* Grupo de notas que han de sonar ligadas. ‖ *Mús.* Rasgo curvo con que se indica que dos o más notas han de sonar ligadas.

ligadura. f. Vuelta que se da a una cosa con cabos, cuerdas u otra *atadura, ciñéndola y apretándola. ‖ *Ocult.* Acción y efecto de ligar (con algún maleficio). ‖ fig. **Sujeción.** ‖ *Cir.* Venda con que se aprieta y da garrote. ‖ *Mús.* Artificio con que se liga la disonancia con la consonancia.

ligallero. m. Individuo de la junta de gobierno del ligallo.

ligallo. m. Junta que *ganaderos y pastores tenían anualmente para tratar de sus asuntos.

ligamaza. f. *Viscosidad que envuelve las *semillas de algunas plantas.

ligamen. m. Maleficio *mágico con que se pretendía hacer a uno impotente para la *generación.

ligamento. m. **Ligación.** ‖ *Zool.* Cordón fibroso o *tendón de gran resistencia, que liga los huesos de las articulaciones. ‖ *Zool.* Pliegue membranoso que sostiene en la debida posición cualquier órgano del cuerpo.

ligamentoso, sa. adj. Que tiene ligamentos.

ligamiento. m. Acción y efecto de ligar o *atar. ‖ fig. *Concordia, conformidad en las voluntades.

ligar. tr. ***Atar.** ‖ **Alear** (metales). ‖ Mezclar cierta porción de otro metal con el *oro o con la plata para *monedas, alhajas, etc. ‖ *Unir o enlazar. ‖ fig. Usar de algún maleficio *mágico a fin de hacer a uno impotente para la generación. ‖ fig. **Obligar.** Ú. t. c. r. ‖ *Mús.* Pasar de una nota a la siguiente sin interrupción del sonido. ‖ intr. En ciertos juegos de *naipes, juntar dos o más cartas adecuadas para alguna combinación. ‖ r. *Confederarse, unirse para algún fin.

ligarza. f. **Legajo.**

ligazón. f. Trabazón, *enlace de una cosa con otra. ‖ *Arq. Nav.* Cada uno de los maderos que componen las cuadernas.

ligeramente. adv. m. Con ligereza. ‖ De paso, de modo *accesorio o *accidental. ‖ fig. **De ligero.**

ligereza. f. *Prontitud, agilidad. ‖ **Levedad.** ‖ fig. *Inconstancia. ‖ fig. Hecho o dicho *irreflexivo.

ligero, ra. adj. Que pesa poco, *leve. ‖ Ágil, *veloz. ‖ Aplícase al *sueño poco profundo. ‖ Leve, de poca importancia, *insignificante. ‖ fig. Hablando de alimentos, de fácil digestión. ‖ fig. Tenue, *delgado. ‖ fig. *Inconstante, voltario. ‖ m. *Germ.* *Manto de mujer. ‖ **A la ligera.** m. adv. De *prisa. ‖ fig. Sin aparato. ‖ **De ligero.** m. adv. fig. Sin reflexión, de modo *irreflexivo. ‖ fig. **Fácilmente.**

ligeruelo, la. adj. d. de **Ligero.**

ligio. adj. V. **Feudo ligio.**

lignario, ria. adj. De *madera.

lignito. m. *Carbón fósil que no produce coque.

lignívoro, ra. adj. Que roe la *madera.

lignum crucis. m. Reliquia de la *cruz de Jesucristo.

ligón. m. Especie de *azada con mango hueco en que entra el astil.

ligona. f. **Ligón.**

ligua. f. *Hacha de armas, usada en Filipinas.

liguano, na. adj. Aplícase a una raza americana de *carneros de lana gruesa y larga. ‖ Dícese de esta *lana.

liguilla. f. Cierta clase de liga o *faja estrecha.

lígula. f. *Bot.* Especie de estípula de la hoja de las gramíneas. ‖ *Med.* **Epiglotis.**

ligur. adj. **Ligurino.** Ú. t. c. s.

ligurino, na. adj. Natural de Liguria. Ú. t. c. s. ‖ Perteneciente a este país de Italia.

ligústico, ca. adj. **Ligurino.**

ligustre. m. Flor del ligustro.

ligustrino, na. adj. Perteneciente al ligustro.

ligustro. m. **Alheña** (*arbusto).

lija. f. *Pez marino selacio, de cuerpo casi cilíndrico, cuya piel, recubierta de granillos muy duros, se usaba para *pulir maderas. ‖ Esta *piel seca. ‖ **Papel de lija.**

lijadura. f. Acción y efecto de lijar.

lijadura. f. *Lesión.

lijar. tr. Alisar y *pulir con lija.

lijar. tr. Lisiar.

lila. f. *Arbusto de las oleáceas, de flores en grandes ramilletes, olorosas y de color generalmente morado claro. ‖ *Flor de este arbusto. ‖ m. *Color morado claro. ‖ adj. fam. *Tonto, fatuo. Ú. t. c. s.

lila. f. *Tela de lana que se usaba para vestidos.

lilac. f. **Lila** (arbusto).

lilaila. f. **Lelilí.**

lilaila. f. **Filelí.** ‖ fam. *Astucia, treta. Ú. m. en pl.

lilao. m. fam. *Ostentación vana.

liliáceo, a. adj. **Bot.* Dícese de plantas monocotiledóneas, de raíz bulbosa o tuberculosa, como el tulipán, la azucena, el ajo, etc. Ú. t. c. s. f. ‖ f. pl. *Bot.* Familia de estas plantas.

lilial. adj. Perteneciente al lirio o semejante a él.

lililí. m. **Lelilí.**

liliputiense. adj. fig. Dícese de la persona extremadamente *baja y endeble. Ú. t. c. s.

lima. f. Fruto del limero, parecido exteriormente al *limón, pero de pulpa verdosa, de sabor algo dulce. ‖ **Limero** (árbol).

***lima.** f. Instrumento de acero de varias formas, con la superficie finamente estriada para desgastar y alisar metales y otras materias duras. ‖ fig. *Corrección paciente de los escritos, pinturas y demás obras del entendimiento. ‖ **muza.** La de picadura más fina. ‖ **sorda.** La que está previamente embotada con plomo, y hace poco ruido al trabajar.

lima. f. *Arq.* Ángulo diedro que forman dos vertientes o faldones de una cubierta o *tejado. ‖ Madero de la *armadura colocado en dicho ángulo. ‖ **hoya.** *Arq.* Este mismo ángulo cuando es entrante. ‖ **tesa.** *Arq.* Este mismo ángulo cuando es saliente.

lima. f. *Germ.* ***Camisa.**

limaco. m. **Limaza.**

limador. adj. Dícese del que lima. Ú. t. c. s. ‖ m. desus. **Limatón.**

limadura. f. Acción y efecto de *limar. ‖ pl. Partecillas muy menudas que se arrancan con la *lima.

limalla. f. Conjunto de limaduras.

***limar.** tr. Trabajar o *pulir con la lima. ‖ fig. Pulir, *perfeccionar una obra. ‖ fig. *Debilitar alguna cosa material o inmaterial.

limatón. m. *Lima redonda, gruesa y áspera.

limaza. f. **Babosa.**

limazo. m. Viscosidad, *saliva o babaza, especialmente la de algunos *moluscos.

***limbo.** m. *Teol.* Lugar donde estaban las almas de los santos esperando la redención del género humano. ‖ Lugar adonde van las almas de los que mueren sin el bautismo, antes del uso de la razón. ‖ *Borde de una cosa, y especialmente de la vestidura. ‖ **Topogr.* Corona graduada que llevan los instrumentos destinados a medir *ángulos. ‖ **Astr.* Contorno aparente de un astro. ‖ *Bot.* **Lámina** (de la *hoja). ‖ **Estar** uno **en el limbo.** fr. fig. y fam. Estar como *atontado.

limen. m. poét. **Umbral.**

limeño, ña. adj. Natural de Lima. Ú. t. c. s. ‖ Perteneciente a esta ciudad de América.

limera. f. *Mar.* Abertura en la bovedilla de popa, para el paso de la cabeza del *timón.

limero, ra. m. y f. Persona que vende limas (frutos del limero). ‖ m. Árbol de las auranciáceas, cuyo fruto es la lima.

limeta. f. *Vasija a modo de botella de vientre ancho y cuello largo.

limiste. m. *Paño fino que se fabricaba en Segovia.

limitable. adj. Que puede limitarse.

***limitación.** f. Acción y efecto de

limitar o limitarse. ‖ Término, *territorio o distrito.
limitadamente. adv. m. Con *limitación.
limitado, da. adj. Dícese del *necio o del que tiene corto entendimiento.
limitáneo, a. adj. Perteneciente o inmediato a los *límites de un reino o provincia.
***limitar.** tr. Poner límites. ‖ fig. *Abreviar, compendiar, ceñir. Ú. t. c. r.
limitativo, va. adj. Que *limita.
***límite.** m. Término o lindero de reinos, posesiones, etc. ‖ fig. *Fin, término. ‖ **Mat.* Término del cual no puede pasar el valor de una cantidad. ‖ **Mat.* Valor a que se aproxima infinitamente una fracción a partir de cierto valor de la variable.
limítrofe. adj. Confinante.
limo. m. *Lodo.
***limón.** m. Fruto del *limonero, de forma ovoide y color amarillo, con la pulpa dividida en gajos, comestible y de sabor ácido agradable. ‖ **Limonero** (árbol). ‖ **ceutí.** Variedad de **limón** muy olorosa.
limón. m. **Limonera.**
limonada. f. *Bebida compuesta de agua, zumo de limón y azúcar. ‖ **de vino. Sangría** (*bebida). ‖ **purgante.** **Farm.* Citrato de magnesia disuelto en agua con azúcar.
limonado, da. adj. De *color de limón.
limonar. m. Sitio plantado de *limoneros.
limoncillo. m. *Bot.* Árbol de las mirtáceas cuyas hojas huelen algo a limón y cuya *madera se emplea en ebanistería.
limonera. f. Cada una de las dos varas del *carruaje entre las que se coloca una caballería para tirar de él. ‖ Conjunto de ambas varas.
***limonero, ra.** m. y f. Persona que vende limones. ‖ → m. Árbol de la familia de las auranciáceas cuyo fruto es el limón.
limonero, ra. adj. Aplícase a la *caballería que va a varas. Ú. t. c. s.
limosidad. f. Calidad de limoso. ‖ Sarro de los *dientes.
***limosna.** f. Lo que se da a los pobres por caridad.
limosnear. intr. **Pordiosear** (*mendigar).
limosnera. f. Escarcela en que se llevaba dinero para *limosnas.
***limosnero, ra.** adj. Caritativo, inclinado a dar *limosna. ‖ m. Encargado de recoger o de distribuir *limosnas.
limoso, sa. adj. Lleno de limo o *lodo.
limpia. f. Acción y efecto de *limpiar. ‖ *Mar.* *Impuesto que pagan los buques cuando fondean para la limpieza.
limpiabarros. m. Utensilio que suele ponerse a la entrada de las casas, para limpiarse el *lodo del calzado.
limpiabotas. m. El que tiene por oficio limpiar y sacar *lustre al calzado.
limpiachimeneas. m. El que tiene por oficio deshollinar *chimeneas.
limpiadera. f. ***Cepillo.** ‖ **Aguijada** (para limpiar el *arado).
limpiadientes. m. **Mondadientes.**
limpiador, ra. Que limpia. Ú. t. c. s.
limpiadura. f. Acción y efecto de *limpiar. ‖ pl. *Desperdicios que se sacan de una cosa que se limpia.
limpiamente. adv. m. Con *limpieza. ‖ fig. Hablando de algunos juegos o habilidades, con agilidad y destreza. ‖ fig. Con *sinceridad. ‖ fig. Con *altruismo.
limpiamiento. m. Acción y efecto de *limpiar.
limpiante. p. a. ant. de **Limpiar.** Que limpia.
limpiaparabrisas. m. **Autom.* Mecanismo que se adapta por la parte anterior del parabrisas para apartar la lluvia y la nieve que cae sobre aquél.
limpiapeines. m. Utensilio para limpiar las púas de los *peines.
limpiaplumas. m. Paño o cepillito para limpiar las *plumas de escribir.
***limpiar.** tr. Quitar la suciedad o inmundicia de una cosa. Ú. t. c. r. ‖ fig. ***Purificar.** ‖ fig. *Expulsar de una parte a los que son perjudiciales en ella. ‖ fig. *Podar las ramas pequeñas que se dañan entre sí. ‖ fig. y fam. ***Hurtar.** ‖ fig. y fam. En el juego, ***ganar.**
limpiaúñas. m. Instrumento para limpiar las *uñas.
limpidez. f. poét. Calidad de límpido.
límpido, da. adj. poét. *Limpio, *puro, sin mancha.
***limpieza.** f. Calidad de limpio. ‖ Acción y efecto de limpiar o limpiarse. ‖ fig. La inmaculada Concepción de la *Virgen. ‖ fig. *Castidad. ‖ fig. Honradez, *altruismo, desinterés. ‖ fig. Precisión, *exactitud y *habilidad con que se ejecutan ciertas cosas. ‖ fig. En los *juegos, observación estricta de las reglas. ‖ **de bolsa.** fig. y fam. Falta de dinero, *pobreza. ‖ **De corazón.** fig. Rectitud, sinceridad. ‖ **de manos.** fig. Desinterés, *honradez. ‖ **de sangre.** *Nobleza de linaje del que no tiene mezcla ni raza de moros, judíos, herejes ni penitenciados.
***limpio, pia.** adj. Que no tiene mancha o suciedad. ‖ *Puro, que no tiene mezcla de otra cosa. ‖ Que tiene el hábito del aseo y la pulcritud. ‖ Que no tiene en su *linaje mezcla ni raza de moros, judíos, herejes o penitenciados. ‖ fig. Libre, exento de cosa perjudicial, *indemne. ‖ adv. m. **Limpiamente.** ‖ **En limpio.** m. adv. En substancia. Ú. para expresar la *ganancia o producto líquido, deducidos los gastos y los desperdicios. ‖ En claro y sin enmienda ni tachones, a diferencia de lo *escrito en borrador.
limpión. m. Limpiadura ligera. ‖ fam. El que tiene a su cargo la *limpieza de una cosa. ‖ **Date un limpión.** expr. fig. y fam. con que se advierte a uno que se *malogrará su pretensión.
lináceo, a. adj. **Bot.* Dícese de matas, hierbas o arbustos dicotiledóneos, cuyo tipo es el *lino. Ú. t. c. s. f. ‖ f. pl. *Bot.* Familia de estas plantas.
***linaje.** m. Ascendencia o descendencia de cualquier familia. ‖ fig. Clase o *calidad de una cosa. ‖ pl. Vecinos *nobles. ‖ **Linaje humano.** Conjunto de todos los descendientes de Adán.
linajista. m. El que sabe o escribe de *linajes.
linajudo, da. adj. Que es o se precia de ser *noble o de gran linaje. Ú. t. c. s.
lináloe. m. **Áloe.**
linao. m. Especie de juego de *pelota usado en Chile.
linar. m. Tierra sembrada de *lino.
linaria. f. *Planta herbácea de las escrofulariáceas.
linaza. f. Simiente del *lino.
lince. m. *Mamífero carnicero muy parecido al gato cerval. ‖ fig. V. **Vista de lince.** ‖ fig. Persona aguda, *lista. Ú. t. c. adj. ‖ Usado como adjetivo y con aplicación a la *vista, **perspicaz.**
lincear. tr. fig. y fam. Descubrir o *ver lo que difícilmente se distingue.
linceo, a. adj. Perteneciente al lince. ‖ fig. y poét. **Perspicaz.**
lincurio. m. *Mineral, probablemente belemnita, que, según los antiguos, procedía de la orina del lince.
linchamiento. m. Acción de linchar.
linchar. tr. *Matar la plebe al acusado de algún crimen, sin formación de proceso o tumultuariamente.
lindamente. adv. m. Primorosamente, con *perfección.
lindante. p. a. de **Lindar.** Que linda.
***lindar.** intr. Estar *contiguos dos territorios, terrenos o fincas.
lindazo. m. *Linde, y en especial la señalada por medio de un ribazo.
***linde.** amb. **Límite.** ‖ Raya que divide unas heredades de otras.
lindel. m. **Lintel.**
lindera. f. *Linde, o conjunto de los lindes de un terreno.
lindería. f. **Lindera.**
lindero, ra. adj. Que linda con una cosa. ‖ m. **Linde.** ‖ **Con linderos y arrabales.** loc. adv. fig. y fam. Manera de relatar una cosa con demasiada *prolijidad.
lindeza. f. Calidad de lindo. ‖ Hecho o dicho *gracioso. ‖ pl. irón. Insultos o *injurias.
lindo, da. adj. *Hermoso y *agradable a la vista. ‖ fig. *Bueno, cabal, perfecto. ‖ m. fig. y fam. Hombre *afeminado, presumido de hermoso y que *afecta compostura y aseo. Dícese más comúnmente **lindo don Diego.** ‖ **De lo lindo.** m. adv. Lindamente, con gran primor. ‖ *Mucho.
lindón. m. *Caballón que se forma en las *huertas para poner las esparragueras y otras plantas.
lindura. f. **Lindeza.**
***línea.** f. Raya, señal larga y estrecha, marcada de algún modo en una superficie. ‖ Conjunto de hilos conductores y de aparatos para la comunicación *telegráfica o telefónica. ‖ *Geom.* Extensión considerada en una sola de sus tres dimensiones: la longitud. ‖ Medida *longitudinal que equivale a cerca de dos milímetros. ‖ **Renglón.** ‖ *Vía de comunicación regular, terrestre, marítima o aérea. ‖ *Clase, género. ‖ **Línea equinoccial.** ‖ Serie d personas enlazadas por *parentesco. ‖ fig. Término, *límite. ‖ **Fort.* Serie de trincheras al frente de una posición. ‖ **Esgr.* Cada una de las posiciones que toma la espada de un contendiente respecto a la del contrario. ‖ **Mil.* Formación de tropas en orden de batalla. ‖ **abscisa.** **Geom.* **Abscisa.** ‖ **aritmética.** **Topogr.* La señalada en la pantómetra para facilitar la división en partes iguales de una recta cualquiera. ‖ **colateral. Línea transversal** (de parentesco). ‖ **coordenada.** *Geom.* **Coordenada.** ‖ **cordométrica.** **Topogr.* La señalada en la pantómetra, con divisiones que representan diferentes cuerdas de un círculo de radio conocido. ‖ ***curva.** *Geom.* La que no es recta en ninguna de sus porciones. ‖ **de agua.** *Mar.* **Línea de *flotación.** ‖ **de circunvalación.** La de *ferrocarril que enlaza, por las afueras de una población, las estaciones terminales de dos o más líneas. ‖ **Fort.* La fortificada que construye el ejército sitiador por su retaguardia. ‖ **de contravalación.** **Fort.* La que forma el ejército sitiador para impedir las salidas de los sitiados. ‖

de defensa fijante. *Fort. La que dirige los tiros que, saliendo de los flancos, pueden asegurarse en las caras de los baluartes opuestos. || **de defensa rasante.** *Fort. La que dirige el fuego desde el flanco segundo para barrer la cara del baluarte opuesto. || **de doble *curvatura.** *Geom.* La que no se puede trazar en un plano; como la hélice. || **de *flotación.** *Mar.* La que separa la parte sumergida del casco de un buque de la que no lo está. || **de las cuerdas.** *Topogr.* **Línea cordométrica.** || **de la tierra.** **Persp.* Intersección de un plano horizontal de proyección con otro vertical. || *Persp.* Intersección del plano geométrico y del plano óptico. || **del diámetro.** **Esgr.* En la planta geométrica, la que divide el círculo en dos partes iguales, y en cuyos extremos están los contendientes. || **del fuerte.** *Mar.* La curva que pasa por los puntos de mayor anchura de todas las cuadernas de un *buque. || **de los ápsides.** **Astr.* Eje mayor de la órbita de un planeta. || **de los nodos.** **Astr.* Intersección del plano de la órbita de un planeta con la Eclíptica. || **del *viento.** *Mar.* La de la dirección que éste lleva. || **de partes iguales.** *Topogr.* **Línea aritmética.** || **de puntos.** *Gram.* **Puntos suspensivos.** || **equinoccial.** *Geogr.* **Ecuador terrestre.** || **férrea.** **Vía férrea.** || **infinita.** **Esgr.* La recta y tangente al círculo de la planta geométrica. || **maestra.** **Albañ.* Cada una de las fajas de yeso o de mezcla que se hacen en la pared o en el suelo para igualar después su superficie. || **neutra.** *Fís.* Sección media de un *imán con relación a sus polos. || **obsidional.** **Fort.* Cualquiera de las que construye el ejército que sitia una plaza. || **ordenada.** *Geom.* **Ordenada.** || **quebrada.** **Geom.* La compuesta de varias rectas, que cambian de dirección. || **recta.** Orden y sucesión de generaciones de padres a hijos. || *Geom.* La más corta que se puede imaginar desde un punto a otro. || **telegráfica.** Conjunto de los conductores y aparatos de un *telégrafo. || **transversal.** Serie de *parientes no nacidos unos de otros. || *Geom.* La que *cruza a otras, principalmente si son paralelas. || **A línea tirada.** fr. **Impr.* Dícese de la composición que ocupa todo el ancho de la plana. || **Apartar la línea del punto.** fr. **Esgr.* Desviar la espada de la postura del ángulo recto. || **Correr la línea.** fr. **Mil.* Recorrer los puestos que forman la de un ejército. || **Echar líneas.** fr. fig. Discurrir o *procurar los medios para conseguir una cosa. || **En toda la línea.** fr. fig. **Completamente.**

lineal. adj. Perteneciente a la *línea. || Aplícase al *dibujo en que sólo se emplean líneas. || *Hist. Nat.* *Largo y muy *delgado.

lineamento. m. Delineación o *dibujo de un cuerpo.

lineamiento. m. **Lineamento.**

linear. adj. *Hist. Nat.* **Lineal** (largo y muy *delgado).

linear. tr. **Echar líneas.** || **Pint.* **Bosquejar.**

líneo, a. adj. *Bot.* **Lináceo.** Ú. t. c. s. f.

lineógrafo. m. **Mús.* Aparato para trazar pautas.

***linfa.** f. Humor acuoso que se halla en varias partes del cuerpo. || ***Vacuna.** || poét. ***Agua.**

***linfático, ca.** adj. Que abunda en *linfa. Ú. t. c. s. || Perteneciente a este humor.

linfatismo. m. **Pat.* Predominio del sistema *linfático, con tendencia a los infartos e inflamaciones de los ganglios.

linfocito. m. Leucocito pequeño, con núcleo redondeado y citoplasma escaso, que se halla en la *sangre de los vertebrados.

lingote. m. Barra de *metal en bruto. || Cada una de las barras o trozos de hierro que sirven para la estiba en los buques.

linguado, da. adj. **Blas.* Dícese de los animales cuya lengua no es del mismo esmalte que el cuerpo.

lingual. adj. *Anat.* Perteneciente a la *lengua. || **Fon.* Dícese de las consonantes que se pronuncian con el ápice de la lengua. Ú. t. c. s. f.

lingue. m. *Árbol chileno, de las lauráceas, cuya corteza es muy usada para curtir el *cuero. || Corteza de este árbol.

linguete. m. **Mec.* Barra corta de hierro, articulada por un extremo y libre por el otro, el cual se encaja en un hueco o rueda dentada para impedir el movimiento de retroceso en un cabrestante u otra máquina.

lingüista. m. El versado en lingüística.

lingüística. f. Ciencia del *lenguaje, en general.

lingüístico, ca. adj. Perteneciente o relativo a la lingüística.

linimento. m. **Farm.* Preparación menos espesa que el ungüento, que se aplica exteriormente en fricciones. || **amoniacal.** **Farm.* **Jabón** (compuesto medicinal).

linimiento. m. *Farm.* **Linimento.**

linio. m. **Liño.**

***lino.** m. Planta herbácea, anual, de las lináceas, cuya corteza está formada de fibras paralelas que producen la hilaza. || Materia textil que se saca de los tallos de esta planta. || *Tela hecha de **lino.** || fig. y poét. *Vela de la nave. || **bayal.** Variedad de **lino** que se siembra en otoño. || **caliente.** Variedad de **lino** que se siembra en primavera. || **frío.** **Lino bayal.**

linóleo. m. Hule grueso e *impermeable, para el *suelo, cubierto con una mezcla muy comprimida de corcho en polvo y aceite de linaza.

linón. m. *Tela de hilo ligera, clara y muy engomada.

linotipia. f. **Impr.* Máquina de componer provista de matrices.

linotipista. com. Persona que maneja una linotipia.

lintel. m. **Dintel.**

linterna. f. *Farol portátil, con una sola cara de vidrio. || **Arq.* Fábrica alta y con ventanas, que se pone como *remate en algunos edificios. || *Mar.* ***Faro.** || **Mec.* *Rueda de engranaje formada por dos discos paralelos y unidos en la circunferencia con barrotes cilíndricos. || **mágica.** Aparato *óptico con el cual se proyectan, amplificadas sobre un lienzo o pared, imágenes transparentes. || **sorda.** Aquella cuya luz se puede ocultar a voluntad del portador.

linternazo. m. *Golpe dado con la linterna. || fig. y fam. Golpe dado con cualquier otra cosa.

linternero. m. El que hace linternas.

linternón. m. aum. de **Linterna.** || *Mar.* *Farol de popa.

linuezo. m. fam. **Linaza.**

liño. m. Línea o *serie de *árboles u otras plantas.

liñuelo. m. **Ramal** (de una cuerda).

lío. m. *Fardo o porción de ropa o de otras cosas atadas; *envoltorio. || fig. y fam. *Enredo, embrollo. || **Armar un lío.** fr. fig. y fam. **Embrollar.** || **Hacerse** uno **un lío.** fr. fig. y fam. **Embrollarse.**

lionés, sa. adj. Natural de Lyon. Ú. t. c. s. || Perteneciente a esta ciudad de Francia.

liorna. f. fig. y fam. *Alboroto, *desorden, confusión.

lioso, sa. adj. fam. **Embrollador.** || *Embustero.

lipe. f. Palo pequeño del *juego de la toña.

lipemanía. f. *Med.* **Melancolía** (*locura triste).

lipemaniaco, ca o **lipemaníaco, ca.** adj. *Med.* Que padece de lipemanía. Ú. t. c. s.

lipendi. m. *Pícaro, persona de vida *inmoral.

lipes. f. V. **Piedra lipes.**

lipiria. f. Fiebre continua o remitente, acompañada de frío glacial en las extremidades.

lipis. f. **Lipes.**

lipoma. m. *Pat.* *Tumor de tejido adiposo.

lipotimia. f. *Pat.* *Síncope con suspensión pasajera del sentido y del movimiento, acompañada de palidez de la *cara.

liquefacción. f. **Licuefacción.**

liquefacer. tr. **Licuefacer.**

***liquen.** m. Planta criptógama constituida por la asociación de un hongo y una alga.

liquidable. adj. Que se puede *liquidar.

liquidación. f. Acción y efecto de liquidar o liquidarse. || *Com.* *Venta por menor y con *depreciación, que se hace de los géneros de un establecimiento por algún motivo extraordinario.

liquidador, ra. adj. Que liquida. Ú. t. c. s. m.

liquidámbar. m. **Farm.* Bálsamo procedente del ocozol.

***liquidar.** tr. Hacer líquida una cosa que no lo es. Ú. t. c. r. || fig. Hacer el ajuste formal de una *cuenta. || fig. Poner *fin a una cosa. || *Com.* *Vender en liquidación.

liquidez. f. Calidad de líquido.

***líquido, da.** adj. Dícese del cuerpo cuyas moléculas se mueven libremente, sin tendencia a separarse, y se adaptan a la forma de la cavidad que las contiene. Ú. t. c. s. m. || **Cont.* Aplícase al saldo que resulta de la comparación del cargo con la data. Ú. t. c. s. m. || **Fon.* Dícese de la consonante que, precedida de otra y seguida de una vocal, forma una sílaba con ellas. || **Líquido imponible.** Cantidad que se toma como base para determinar la cuota de *impuesto.

lira. f. *Instrumento músico antiguo, compuesto de varias cuerdas tensas en un marco. || Combinación métrica de cinco *versos, en la que entran heptasílabos y endecasílabos. || Combinación métrica de seis *versos de distinta medida. || fig. Instrumento que simboliza la *inspiración poética. || *Astr.* Notable *constelación septentrional, cerca de la cabeza del Dragón y al occidente del Cisne.

lira. f. *Moneda italiana de plata, que a la par equivale a una peseta.

lirado, da. adj. *Bot.* De figura de lira.

liria. f. **Liga** (para *cazar pajarillos).

lírica. f. Poesía lírica.

lírico, ca. adj. Perteneciente a la lira o a la *poesía propia para el canto. || Aplícase a uno de los principales géneros de la poesía, en el cual se comprenden las composiciones en

que el poeta canta sus propios afectos. || Dícese del poeta cultivador de este género en poesía. Ú. t. c. s. || Propio de la poesía **lírica.** || Dícese de las obras *teatrales con *música.
lirio. m. *Planta herbácea, vivaz, de las irídeas, que se cultiva por sus hermosas flores, de seis pétalos azules o morados y a veces blancos. || **blanco. Azucena.** || **cárdeno. Lirio.** || **de agua. Cala** (planta acuática). || **de los valles. Muguete.** || **hediondo.** Planta semejante al **lirio,** pero de flores de mal olor.
lirismo. m. Abuso de las cualidades características de la *poesía lírica.
lirón. m. *Mamífero roedor muy parecido al ratón, pero de tamaño mucho mayor. Durante el invierno permanece oculto y adormecido. || fig. Persona que *duerme mucho.
lirón. m. **Alisma** (planta).
lirón. m. **Almeza** (fruto del *almez).
lirondo. adj. V. **Mondo y lirondo.**
lironero. m. ***Almez.**
lis. f. **Lirio.** || **Blas.** **Flor de lis.**
lisa. f. *Pez de río, malacopterigio abdominal, parecido a la locha. || **Mújol.**
lisamente. adv. m. Con *lisura. || **Lisa y llanamente.** loc. adv. Sin ambages ni rodeos, directamente, con *sinceridad y *naturalidad. || **For.* Sin interpretación; literalmente.
lisbonense. adj. **Lisbonés.** Apl. a pers., ú. t. c. s.
lisbonés, sa. adj. Natural de Lisboa. Ú. t. c. s. || Perteneciente a esta ciudad de Portugal.
lisera. f. **Albañ.* Caña gruesa que sujeta transversalmente las que forman un cañizo. || Bohordo de la *pita.
lisera. f. **Fort.* **Berma.**
***lisiado, da.** adj. Dícese de la persona que tiene alguna imperfección orgánica. Ú. t. c. s. || Excesivamente aficionado a una cosa o *deseoso de conseguirla.
***lisiar.** tr. Producir *lesión en alguna parte del cuerpo. Ú. t. c. r.
lisimaquia. f. *Planta herbácea de las primuláceas, que se empleaba contra las hemorragias.
lisis. f. *Pat.* Período de remisión de la *fiebre.
***liso, sa.** adj. Que presenta una superficie igual, sin asperezas ni relieves. || Sin adornos. || De un solo *color. || Aplícase a las *telas que no son labradas. || **Desvergonzado.** || m. *Germ.* Raso o tafetán. || **Geol.* Cara plana y extensa de una roca. || **Liso y llano.** loc. *Fácil de hacer o resolver.
lisol. m. **Quím.* Desinfectante poderoso para el lavado de heridas.
lisonja. f. *Alabanza afectada, *adulación para ganar la voluntad de una persona.
lisonja. f. *Blas.* **Losange.**
lisonjeador, ra. adj. Que lisonjea. Ú. t. c. s.
lisonjeante. p. a. de **Lisonjear.** Que lisonjea.
***lisonjear.** tr. **Adular.** || Dar motivo de envanecimiento. Ú. t. c. r. || fig. Deleitar, *agradar al oído. Ú. t. c. r.
lisonjeramente. adv. m. Con lisonja y *halago. || **Agradablemente.**
lisonjero, ra. adj. Que *lisonjea. Ú. t. c. s. || fig. Que *agrada al oído.
***lista.** f. **Tira** (*banda estrecha y larga). || Raya que, por contraste de color, se forma en las telas, papeles, etc. || → Relación de nombres de personas, cosas, etc., que se forma con algún propósito. || **Pasar lista.** *Llamar en alta voz para que respondan las personas cuyos nombres figuran en una relación.
listado, da. adj. Que forma o tiene listas.
listar. tr. **Alistar** (apuntar en una lista).
listeado, da. adj. **Listado.**
listel. m. *Arq.* **Filete.**
listero. m. El encargado de pasar lista a los que *trabajan en común.
listeza. f. Calidad de listo; ingenio.
listín. m. Lista pequeña extractada de otra más extensa.
***listo, ta.** adj. Diligente, *veloz, expedito. || *Apercibido, *preparado. || → Sagaz, avisado.
***listón.** m. *Cinta de seda más angosta que la colonia. || *Arq.* **Listel.** || → *Carp.* Pedazo de tabla largo y estrecho. || adj. Dícese del *toro que tiene una lista blanca por encima de la columna vertebral.
listonado. m. **Carp.* Obra o entablado de listones.
listonar. tr. **Carp.* Hacer un entablado de listones.
listonería. f. Conjunto de listones.
listonero, ra. m. y f. Persona que hace *listones.
***lisura.** f. Calidad de liso; igualdad y tersura de una superficie. || fig. *Sinceridad. || fig. Palabra o acción *descortés o *descarada.
lita. f. **Landrilla,** con especialidad la del *perro.
litación. f. Acción y efecto de litar.
litar. tr. Hacer un sacrificio a la Divinidad.
litarge. m. **Litargirio.**
litargirio. m. Óxido de *plomo fundido en escamas pequeñas. || **de oro.** El que tiene color y brillo parecidos a los de este metal. || **de plata.** El que contiene plata.
lite. f. *For.* **Pleito.**
***litera.** f. Vehículo antiguo, a manera de caja de coche y con dos varas que se afianzaban en dos caballerías, puestas una delante y otra detrás. || *Cama fija en los camarotes de los buques.
literal. adj. Conforme a la letra del texto; sin *interpretación ni sentido lato o figurado. || Aplícase a la *traducción en que se vierten fielmente y por su orden todas las palabras del original.
literalidad. f. Calidad de literal.
literalmente. adv. m. Conforme a la letra o al *significado literal.
literariamente. adv. m. Según los preceptos de la *literatura.
***literario, ria.** adj. Perteneciente o relativo a la *literatura.
literatear. intr. Escribir sobre *literatura.
literato, ta. adj. Dícese de la persona que cultiva algún ramo *literario. Ú. t. c. s.
***literatura.** f. Arte que tiene por objeto la expresión de las ideas y sentimientos por medio de la palabra || Teoría de las composiciones literarias. || Conjunto de producciones literarias. || Por ext., conjunto de *obras que versan sobre un arte o ciencia. || Suma de *conocimientos adquiridos con el estudio de las producciones literarias. || **de cordel. Pliegos de cordel.**
literero. m. Vendedor o alquilador de *literas. || El que guía una litera.
litiasis. f. **Mal de piedra.** || **biliar.** Formación de cálculos en la vejiga de la hiel.
litigación. f. Acción y efecto de litigar.
litigante. p. a. de **Litigar.** Que litiga. Ú. m. c. s.
litigar. tr. Pleitear, disputar, en un procedimiento *judicial sobre una cosa. || intr. fig. Altercar, contender, *discutir.
litigio. m. Pleito, contienda *judicial. || fig. Disputa.
litigioso, sa. adj. Dícese de lo que está en pleito, y, por ext., de lo que está en *duda y es objeto de discusión. || Propenso a mover pleitos y acciones *judiciales.
litina. f. **Quím.* Óxido alcalino parecido a la sosa, que se halla en algunas aguas minerales.
litio. m. *Metal de color blanco de plata, que flota sobre el agua.
litis. f. *For.* **Lite.**
litisconsorte. com. **For.* Persona que litiga con otra, formando con ella una sola parte.
litiscontestación. f. **For.* Trabamiento de la contienda en juicio, por medio de la contestación a la demanda.
litisexpensas. f. pl. **For.* *Gastos o costas de un pleito. || Por ext., fondos que se asignan para tales gastos.
litispendencia. f. **For.* Estado del pleito antes de su terminación. || *For.* Estado litigioso de un asunto ante otro juez o tribunal.
litocálamo. m. *Caña *fósil.
litoclasa. f. **Geol.* Quiebra de las rocas.
litocola. f. **Cant.* *Betún hecho con polvos de mármol, pez y claras de huevo.
litocromía. f. Arte de reproducir en litografía cuadros al óleo. || *Estampa así obtenida.
litófago, ga. adj. Aplícase a los *moluscos que perforan las rocas para habitar en ellas.
litofotografía. f. **Fotolitografía.**
litofotografiar. tr. **Fotolitografiar.**
litofotográficamente. adv. m. **Fotolitográficamente.**
litogenesia. f. Parte de la *geología, que trata del origen de las rocas.
litografía. f. Arte de dibujar o *grabar en piedra una imagen, escrito, etcétera, para reproducirlo después. || Cada una de las reproducciones así obtenidas. || Taller en que se ejerce este arte.
litografiar. tr. Dibujar o escribir en piedra.
litográfico, ca. adj. Perteneciente a la litografía.
litógrafo. m. El que practica la litografía.
litolatría. f. *Culto de las piedras.
litología. f. Parte de la *geología, que trata de las rocas.
litológico, ca. adj. Perteneciente o relativo a la litología.
litólogo. m. El que profesa la litología.
litoral. adj. Perteneciente a la *costa del mar. || m. *Costa de un mar o territorio.
litosfera. f. **Geol.* Capa exterior de la parte sólida de la esfera terrestre.
litote. f. **Ret.* **Atenuación.**
litotomía. f. **Cir.* Operación de la talla.
litotricia. f. **Cir.* Reducción a pedazos muy menudos, dentro de la vejiga de la orina, de las piedras o cálculos que haya en ella.
litrarieo, a. adj. **Bot.* Dícese de hierbas y arbustos dicotiledóneos, cuyo tipo es la salicaria. Ú. t. c. s. f. || f. pl. **Bot.* Familia de estas plantas.
litre. m. *Árbol de las terebintáceas. Es propio de Chile y sus ramas producen por contacto una especie de salpullido. || Fruto de este árbol que se emplea para hacer chicha. ||

Salpullido ocasionado por las ramas del **litre.**

litro. m. Medida de *capacidad cuyo contenido es de un decímetro cúbico. ‖ Cantidad que cabe en tal medida.

lituano, na. adj. Natural de Lituania. Ú. t. c. s. ‖ Perteneciente a este país de Europa. ‖ m. *Lengua hablada en Lituania.

lituo. m. *Instrumento que usaron los romanos, a modo de trompeta. ‖ Cayado o *báculo de los augures, que era *insignia de su dignidad.

***liturgia.** f. Ritual ordenado por la Iglesia para celebrar los oficios divinos, y especialmente la misa.

***litúrgico, ca.** adj. Perteneciente a la *liturgia.

livianamente. adv. m. **Deshonestamente.** ‖ Con ligereza, de modo *irreflexivo. ‖ fig. **Superficialmente.**

liviandad. f. Calidad de liviano. ‖ fig. Acción liviana.

livianeza. f. **Liviandad.**

liviano, na. adj. Ligero, *leve, de poco peso. ‖ fig. *Inconstante. ‖ fig. De poca importancia, *insignificante. ‖ fig. Lascivo, *lujurioso. ‖ m. ***Pulmón.** Ú. m. en pl. ‖ *Asno que va delante de la recua.

lividez. f. Calidad de lívido.

lívido, da. adj. **Amoratado.** ‖ *Pálido.

livonio, nia. adj. Natural de Livonia. Ú. t. c. s. ‖ Perteneciente a este país de Rusia.

livor. m. *Color cárdeno. ‖ **Cardenal** (equimosis). ‖ fig. *Aborrecimiento, *envidia, odio.

lixiviación. f. *Quím.* Acción de lixiviar.

lixivial. adj. Perteneciente a la *lejía.

lixiviar. tr. *Quím.* Tratar una substancia por un líquido que *disuelva tan sólo uno o más componentes de la misma.

liza. f. **Mújol.**

liza. f. Campo dispuesto para que *luchen dos o más personas. ‖ **Lid.** ‖ *Hilo grueso de cáñamo.

lizo. m. *Hilo fuerte que sirve de urdimbre para ciertos *tejidos. Ú. m. en pl. ‖ Cada uno de los hilos en que los tejedores dividen la seda o estambre para que pase la lanzadera con la trama. ‖ Palito que reemplaza a la lanzadera en algunos *telares de mantas.

lo. Artículo determinado en género neutro. ‖ Acusativo del pronombre *personal de tercera persona, en género masculino o neutro y número singular.

loa. f. Acción y efecto de loar o *alabar. ‖ *Preámbulo de una obra *teatral. ‖ Breve composición que se representaba antiguamente antes del poema *dramático principal. ‖ Poema dramático en que se celebra a una persona ilustre o un acontecimiento fausto.

loable. adj. **Laudable.** ‖ f. En algunas *universidades, *refresco que se daba con motivo de alguna función literaria.

loablemente. adv. m. De una manera digna de *alabanza.

loador, ra. adj. Que loa. Ú. t. c. s.

loán. m. Medida *superficial agraria usada en Filipinas, igual a 2 áreas y 79 centiáreas.

loanda. f. **Pat.* Especie de escorbuto.

loar. tr. ***Alabar.**

loba. f. Hembra del *lobo.

loba. f. **Sotana** (*vestidura talar). ‖ **cerrada.** Manta o sotana de paño negro que usaban los *colegiales y otras personas autorizadas para ello.

loba. f. Lomo o *caballón no removido por el arado.

lobado. m. **Veter.* Tumor carbuncoso que padecen las caballerías y el ganado vacuno, lanar y cabrío.

lobado, da. **Bot* y *Zool.* **Lobulado.**

lobagante. m. **Bogavante** (crustáceo).

lobanillo. m. *Tumor superficial y por lo común indoloro. ‖ **Pat. Veg.* Excrecencia leñosa cubierta de corteza.

lobarro. m. **Lobina.**

lobato. m. Cachorro del *lobo.

lobatón. m. *Germ.* *Ladrón que hurta ovejas o carneros.

lobeliáceo, a. adj. **Bot.* Dícese de plantas dicotiledóneas, hierbas o matas lechosas, cuyo tipo es el quibey. Ú. t. c. s. f. ‖ f. pl. *Bot.* Familia de estas plantas.

lobera. f. *Monte en que hacen *guarida los lobos.

lobero, ra. adj. Perteneciente o relativo a los *lobos. ‖ m. El que caza *lobos para ganar la remuneración ofrecida. ‖ fam. **Espantanublados.**

lobezno. m. *Lobo pequeño. ‖ **Lobato.**

lobina. f. **Róbalo.**

***lobo.** m. Mamífero carnicero, parecido a un perro mastín, de pelaje de color gris obscuro, orejas tiesas y cola larga con mucho pelo. ‖ Locha (*pez) de color verdoso, con manchas y listas parduscas por todo el cuerpo, y seis barbillas en el labio superior. ‖ Garfio fuerte de hierro que usaban como *arma los *sitiados para defenderse de los sitiadores. ‖ Máquina usada en la fabricación de *hilos, para limpiar y desenlazar el algodón. ‖ fig. y fam. ***Borrachera.** ‖ *Germ.* ***Ladrón.** ‖ *Astr.* *Constelación austral debajo de Libra y al occidente del Escorpión. ‖ **cebado.** **Blas.* El que lleva cordero u otra presa en la boca. ‖ **cerval,** o **cervario. Lince.** ‖ **Gato cerval.** ‖ **escorchado.** **Blas.* El de color de gules. ‖ **marino. Foca.** ‖ **Coger** uno **un lobo.** fr. fig. y fam. **Pillar un lobo.** ‖ **Desollar,** o **dormir,** uno **el lobo.** fr. fig. y fam. Dormir mientras dura la *borrachera. ‖ **Pillar** uno **un lobo.** fr. fig. y fam. *Emborracharse.

lobo. m. *Bot.* y *Zool.* **Lóbulo.**

lobo, ba. adj. **Zambo** (hijo de negro e india). Ú. t. c. s.

loboso, sa. adj. Aplícase al terreno en que se crían muchos *lobos.

lóbrego, ga. adj. *Obscuro, tenebroso. ‖ fig. *Triste.

lobreguecer. tr. Hacer lóbrega u *obscura una cosa. ‖ intr. **Anochecer.**

lobreguez. f. **Obscuridad.**

lobregura. f. **Lobreguez.**

lobulado, da. adj. *Bot.* y *Zool.* En figura de lóbulo. ‖ *Bot.* y *Zool.* Que tiene lóbulos.

lóbulo. m. Cada una de las partes, a manera de *ondas, que hacen *saliente en el borde de una cosa; como en la *hoja de una planta. ‖ *Zool.* Perilla de la *oreja. ‖ *Bot.* y *Zool.* Porción *redondeada y saliente del *pulmón, del *hígado o de otro órgano cualquiera.

lobuno, na. adj. Perteneciente o relativo al lobo.

loca. f. En el juego del *peón, golpe que se da con la coronilla de éste.

locación. f. *For.* ***Arrendamiento.** ‖ **Locación y conducción.** *For.* Contrato de *arrendamiento.

locador, ra. m. y f. **Arrendador, ra.**

local. adj. Perteneciente al *lugar. ‖ Municipal o provincial, por oposición a general o nacional. ‖ m. *Lugar o recinto cercado o cerrado.

localidad. f. Calidad de las cosas que las determina a lugar fijo. ‖ Lugar o *población. ‖ *Lugar cerrado. ‖ Cada una de las plazas o *asientos en los locales destinados a *espectáculos públicos.

localismo. m. *Palabra o giro que sólo tiene uso en determinada localidad.

localización. f. Acción y efecto de localizar o localizarse.

localizar. tr. Fijar el *lugar de una cosa o encerrarla en *límites determinados. Ú. t. c. r. ‖ Determinar el *lugar en que se halla una persona o cosa.

locamente. adv. m. Con *locura. ‖ *Excesivamente, con *descomedimiento.

locatario, ria. m. y f. **Arrendatario, ria.**

locativo, va. adj. Perteneciente o relativo al *arrendamiento. ‖ **Gram.* Nombre de un caso de la declinación.

loción. f. *Farm.* **Lavadura.** ‖ Producto preparado para la limpieza del *cabello.

***loco, ca.** adj. Que ha perdido la razón. Ú. t. c. s. ‖ *Irreflexivo, disparatado e imprudente. Ú. t. c. s. ‖ fig. Que *excede en mucho a lo ordinario; muy *grande o abundante. ‖ fig. Hablando de las *ramas de los árboles, vicioso, muy *lozano. ‖ *Fís.* Dícese de la brújula cuando pierde la propiedad de señalar el norte. ‖ *Mec.* Dícese de las poleas que giran libremente sobre su eje. ‖ *Med.* V. **Viruelas locas.** ‖ **de atar.** fig. y fam. Persona que procede como **loca.**

loco citato. loc. lat. En el lugar citado. Ú. en citas, referencias, etc.

locomoción. f. Acción y efecto de *trasladarse de un punto a otro.

locomotividad. f. Facultad de los animales para *mover sus miembros.

locomotor, ra. adj. Propio para la locomoción o que la produce. ‖ f. *Máquina montada sobre ruedas que, movida por vapor, electricidad, etc., corre sobre carriles y arrastra los carruajes de un *tren.

locomotriz. adj. f. **Locomotora.**

locomovible. adj. **Locomóvil.** Ú. t. c. s. f.

locomóvil. adj. Que puede llevarse de un sitio a otro. Dícese especialmente de las *máquinas de vapor que pueden llevarse a donde sean necesarias. Ú. t. c. s. f.

locrense. adj. Natural de Lócrida. Ú. t. c. s. ‖ Perteneciente a este país de la Grecia antigua.

locro. m. *Guisado americano de carne, patatas y otros ingredientes.

locuacidad. f. Calidad de locuaz.

locuaz. adj. Que *habla mucho.

locución. f. Modo de *hablar. ‖ **Frase.** ‖ **Gram.* Conjunto de dos o más palabras que no forman oración cabal; como los modismos, los modos adverbiales, etc.

locuela. f. Modo y tono particular de *hablar de cada uno.

locuelo, la. adj. d. de **Loco.** Ú. t. c. s. ‖ fam. Dícese de la persona de corta edad, viva y *alocada. Ú. t. c. s.

***locura.** f. Privación de la razón. ‖ Acción inconsiderada o gran *desacierto. ‖ fig. *Exaltación del ánimo.

locústidos. m. pl. *Zool.* Familia de *insectos ortópteros, cuyo tipo es la langosta.

locutor, ra. m. y f. **Radio.* Persona que habla y, especialmente la encargada de los anuncios y demás comunicaciones en una emisora.

locutorio. m. Departamento dividido comúnmente por una reja, que se destina en los *conventos y en las *cárceles para que los visitantes puedan hablar con las monjas o los penados. ‖ Departamento en que hay un *teléfono para uso del público.

locha. f. *Pez malacopterigio abdominal. Se cría en los lagos y ríos y su carne es muy fina.

loche. m. **Locha.**

lodachar. m. **Lodazal.**

lodano. m. Superficie de una laguna de *sal.

***lodazal.** m. Sitio o paraje lleno de *lodo.

lodazar. m. **Lodazal.**

***lodo.** m. Mezcla de tierra y agua que se produce en el suelo por las lluvias, inundaciones, etc.

lodoñero. m. **Guayaco.**

lodoño. m. **Almez.**

lodoso, sa. adj. Lleno de lodo.

lof. m. *Mar.* Punto del *buque en que coinciden la cuadra y la amura.

lofobranquio, quia. adj. *Zool.* Dícese de los *peces que tienen las branquias en forma de penacho. Ú. t. c. s. m. ‖ m. pl. *Zool.* Orden de estos peces.

loganiáceo, a. adj. **Bot.* Dícese de plantas exóticas, dicotiledóneas, hierbas, arbustos o arbolillos, cuyo tipo es el maracure. Ú. t. c. s. f. ‖ f. pl. *Bot.* Familia de estas plantas.

logar. tr *Contratar a una persona para que realice un *trabajo. Ú. t. c. r.

logarítmico, ca. adj. **Arit.* Perteneciente a los logaritmos.

logaritmo. m. **Mat.* Exponente a que es necesario elevar una cantidad positiva para que resulte un número determinado.

logia. f. Local donde celebran sus asambleas los *francmasones. ‖ Asamblea de *francmasones.

***lógica.** f. Ciencia que estudia las leyes y modos del conocimiento científico. ‖ **natural.** Disposición natural para *discurrir con acierto. ‖ **parda.** fam. **Gramática parda.**

logical. adj. ant. **Lógico.**

lógicamente. adv. m. Según las reglas de la lógica.

lógico, ca. adj. Perteneciente a la *lógica. ‖ Que cultiva la lógica. Ú. t. c. s. ‖ Dícese de lo que es *consecuencia natural de ciertos antecedentes.

logis. V. **Mariscal de logis.**

logística. f. *Mil.* Ciencia de la *guerra, estrategia.

logogrifo. m. Enigma o *problema que se propone como *pasatiempo y consiste en combinar de cierto modo las letras de una o más palabras.

logomaquia. f. *Discusión en que se atiende más a las palabras que al fondo del asunto.

***lograr.** tr. *Conseguir lo que se desea. ‖ Gozar o *aprovechar una cosa. ‖ r. Llegar a su *perfección una cosa.

logrear. intr. Emplearse en dar o recibir a logro (*interés).

logrería. f. Ejercicio de logrero.

logrero, ra. m. y f. Persona que da dinero a logro o *interés. ‖ Persona que *acapara frutos o géneros para venderlos después a precio excesivo.

logro. m. Acción y efecto de lograr. ‖ **Lucro.** ‖ **Usura.** ‖ **Dar a logro** una cosa. fr. *Prestarla con *usura.

logroñés, sa. adj. Natural de Logroño. Ú. t. c. s. ‖ Perteneciente a esta ciudad.

loguero. m. El que se loga para algún *servicio.

loica. f. *Pájaro chileno, canoro, algo mayor que el estornino.

loina. f. *Pez muy pequeño, de río.

loísmo. m. **Gram.* Vicio que consiste en emplear el pronombre *lo* en función de dativo.

loísta. adj. *Gram.* Aplícase al que usa con preferencia la forma *lo* para el acusativo masculino del *pronombre *él.* Ú. t. c. s.

lojeño, ña. adj. Natural de Loja. Ú. t. c. s. ‖ Perteneciente a esta ciudad.

loma. f. *Montículo o altura pequeña y prolongada.

lomada. f. **Loma.**

lomar. tr. *Germ.* ***Dar.**

lomba. f. **Loma.**

lombarda. f. **Artill.* **Bombarda.** ‖ Variedad de *berza de color morado.

lombardada. f. *Tiro que dispara la lombarda.

lombardear. tr. *Disparar las lombardas contra un sitio o edificio.

lombardería. f. **Artill.* Conjunto de lombardas.

lombardero. m. *Soldado encargado de disparar las lombardas.

lombárdico, ca. adj. **Lombardo** (de Lombardía).

lombardo, da. adj. Natural de Lombardía. Ú. t. c. s. ‖ Perteneciente a este país de Italia. ‖ **Longobardo.** Apl. a pers., ú. t. c. s. y más en pl. ‖ m. *Banca donde se anticipa dinero sobre mercancías.

lombardo, da. adj. Dícese del *toro castaño, con el lomo más claro que el resto del cuerpo.

lombrigón. m. aum. de **Lombriz.**

lombriguera. adj. V. **Hierba lombriguera.** Ú. t. c. s. f. ‖ f. Agujero que hacen en la tierra las *lombrices.

***lombriz.** f. Animal anélido, de cuerpo blando, cilíndrico, que vive en los terrenos húmedos. ‖ **intestinal.** Animal *parásito de forma de **lombriz,** que vive en los intestinos del hombre y de los animales. ‖ **solitaria. Tenia.**

lomear. intr. Mover los *caballos el lomo, encorvándolo con violencia.

lomera. f. Correa que se acomoda en el lomo de la caballería, para sujetar las demás piezas de la *guarnición. ‖ Trozo de piel o de tela que se coloca en el lomo del libro *encuadernado en media pasta. ‖ **Caballete** (del *tejado).

lometa. f. **Altozano.**

lomienhiesto, ta. adj. Alto de *lomos. ‖ fig. y fam. Engreído, *orgulloso.

lomillería. f. Taller de *guarnicionero donde se hacen lomillos, caronas, riendas, etc. ‖ Tienda donde se venden.

lomillo. m. Labor de *costura o *bordado hecha con dos puntadas cruzadas. ‖ Parte superior de la *albarda, que se acomoda al lomo de la caballería. ‖ **Solomillo.** ‖ pl. Aparejo con dos almohadillas largas y estrechas que dejan libre el lomo.

lominhiesto, ta. adj. **Lomienhiesto.**

***lomo.** m. Parte inferior y central de la espalda. Ú. m. en pl. ‖ En los cuadrúpedos, todo el *espinazo desde la cruz hasta las ancas. ‖ *Carne del cerdo, vaca, etc., que forma esta parte del animal. ‖ Parte del *libro opuesta al corte de las hojas. ‖ Parte por donde doblan a lo largo de la pieza las pieles, *telas y otras cosas. ‖ Tierra que levanta el arado entre surco y surco; *caballón. ‖ En las *armas, *cuchillos y otros instrumentos cortantes, parte opuesta al filo. ‖ pl. Las costillas. ‖ **A lomo.** m. adv. Modo de *transportar cargas en bestias. ‖ **Arar por lomos.** fr. **Agr.* Rajarlos para cubrir la simiente. ‖ **Jugar de lomo.** fr. fig. Gozar de *salud y bienestar. ‖ **Rajar los lomos.** fr. **Agr.* Llevar el arado por medio de ellos.

lomudo, da. adj. Que tiene grandes *lomos.

lona. f. *Tela fuerte de algodón o cáñamo, para *velas de navío, toldos, etc.

loncha. f. **Lancha** (*piedra plana). ‖ **Lonja** (cosa ancha y delgada).

lóndiga. f. **Alhóndiga.**

londinense. adj. Natural de Londres. Ú. t. c. s. ‖ Perteneciente a esta ciudad de Inglaterra.

londrina. f. Tela de lana que se tejía en Londres.

loneta. f. Lona delgada para *velas de botes y otros usos.

longa. f. **Mús.* Nota de la música antigua, que valía cuatro compases.

longamente. adv. m. ant. **Largamente.**

longanimidad. f. *Entereza y elevación de ánimo en las adversidades.

longánimo, ma. adj. Que tiene longanimidad.

longaniza. f. *Embutido delgado hecho de carne de cerdo picada y adobada.

longar. adj. p. us. **Largo.** ‖ V. **Panal longar.**

longares. m. *Germ.* Hombre *cobarde.

longazo, za. adj. aum. de **Luengo.**

longevidad. f. Larga *vida.

longevo, va. adj. Muy *anciano.

longincuo, cua. adj. Distante, *lejano.

longísimo, ma. adj. sup. de **Luengo.**

***longitud.** f. La mayor de las dos dimensiones que se consideran en las cosas o figuras planas. ‖ **Astr.* Arco de eclíptica contado de occidente a oriente, a partir del punto equinoccial de primavera. ‖ **Geog.* Distancia angular del meridiano de un lugar al primer meridiano, expresada en grados. ‖ **de onda.** **Radio.* Distancia entre dos puntos correspondientes a una misma fase en las ondas sucesivas.

longitudinal. adj. Perteneciente o relativo a la *longitud.

longitudinalmente. adv. m. **A lo largo.**

longividente. adj. De *vista larga y penetrante.

longobardo, da. adj. Dícese del individuo de un *pueblo suevo que se estableció al norte de Italia. Ú. t. c. s. y más en pl. ‖ Perteneciente a los **longobardos.** ‖ **Lombardo.** Apl. pers., ú. t. c. s.

longuera. f. Porción de *tierra, larga y estrecha.

longuetas. f. pl. **Cir.* Tiras de lienzo que se aplican en fracturas y amputaciones.

longuísimo, ma. adj. sup. **Longísimo.**

longuiso. m. *Germ.* **Longares.**

lonja. f. *Lámina o parte larga, ancha y poco gruesa, que se corta o separa de otra. ‖ Pieza de vaqueta con que en los *coches se afianzan los balancines menores al mayor. ‖ **Cetr.* *Correa larga que se ataba a las pihuelas del halcón.

lonja. f. Edificio público que sirve de *mercado o como centro de contratación y *comercio. ‖ En las casas de esquileo, lugar en que se apila la *lana. ‖ *Tienda donde se vende *cacao, *azúcar u otros géneros. ‖

*Atrio de las *iglesias y otros edificios.
lonjeta. f. d. de **Lonja** (lámina). ‖ **Cenador** (de jardín).
lonjista. com. Persona que tiene lonja o tienda de azúcar y cacao.
lontananza. f. *Lejanía. ‖ *Pint.* Términos de un cuadro más distantes del plano principal.
loor. m. ***Alabanza.**
López. n. patronímico. **Ésos son otros López.** expr. fig. y fam. con que se da a entender la *diversidad o *inconexión de varias cosas, al parecer semejantes.
lopigia. f. **Alopecia.**
loquear. intr. Decir o hacer *locuras. ‖ fig. *Divertirse con mucha bulla y alboroto.
loquera. f. La encargada de custodiar a las *locas. ‖ Jaula de locos.
loquero. m. El encargado de custodiar a los locos.
loquesco, ca. adj. ***Alocado.** ‖ fig. Chancero, aficionado a bromas y *donaires. ‖ **A la loquesca.** loc. adv. A modo de locos.
loquios. m. pl. *Obst.* Líquido que expulsan los órganos genitales de la mujer durante el puerperio.
lora. f. ***Loro.** ‖ Hembra del loro.
lorantáceo, a. adj. *Bot.* Dícese de plantas dicotiledóneas parásitas, cuyo tipo es el muérdago. Ú. t. c. s. f. ‖ f. pl. *Bot.* Familia de estas plantas.
lorcha. f. *Lancha ligera y rápida, que se emplea en la navegación de cabotaje en China.
lorcha. f. En Galicia, **haleche** (*pez).
lord. m. Título de *dignidad que se da en Inglaterra a los individuos de la primera nobleza. En pl., **lores.**
lordosis. f. *Joroba con prominencia anterior.
lordótico, ca. adj. *Pat.* Perteneciente o relativo a la lordosis.
lorenés, sa. adj. Natural de Lorena. Ú. t. c. s. ‖ Perteneciente a esta provincia francesa.
lorenzana. f. *Tela gruesa de lienzo.
loriga. f. *Armadura para defensa del cuerpo, hecha de láminas de acero, pequeñas e imbricadas. ‖ Armadura del caballo para la guerra. ‖ Pieza de hierro circular con que se refuerzan los bujes de las *ruedas de los carruajes.
lorigado, da. adj. Armado con loriga. Ú. t. c. s.
lorigón. m. aum. de **Loriga.** ‖ Loriga grande cuyas mangas no pasaban del codo.
loriguero, ra. adj. Perteneciente a la loriga.
loriguillo. m. **Lauréola hembra** (arbusto).
***loro.** m. **Papagayo.** ‖ fig. y fam. *Tormento que se aplica a un reo para que declare. ‖ **del Brasil. Paraguay,** especie de papagayo.
loro, ra. adj. De *color amulatado o que tira a negro. ‖ m. **Lauroceraso** (árbol).
lorquino, na. adj. Natural de Lorca. Ú. t. c. s. ‖ Perteneciente a esta ciudad.
lorza. f. **Alhorza.**
los. *Artículo determinado en género masculino y número plural. ‖ Acusativo del pronombre *personal de tercera persona en género masculino y número plural.
losa. f. *Piedra labrada, llana y de poco grueso, que sirve para *pavimentos y otros usos. ‖ *Trampa formada con **losas** pequeñas. ‖ fig. **Sepulcro.**
losado. m. **Enlosado.**
losange. m. *Blas.* Figura de rombo, colocado de suerte que la diagonal mayor quede vertical.
losar. tr. **Enlosar.**
loseta. f. d. de **Losa.** ‖ **Losa** (trampa). ‖ **Coger** a uno **en la loseta.** fr. fig. y fam. *Engañarle con astucia.
losilla. f. d. de **Losa.** ‖ **Losa** (trampa).
losino, na. adj. Natural del valle de Losa. Ú. t. c. s. ‖ Perteneciente a él.
lota. f. Porción de *pescado que se subasta. ‖ Local en que se hace esta *subasta.
lote. m. Cada una de las *partes en que se divide un todo para su *distribución. ‖ Lo que le toca a cada uno en la *lotería o en otros juegos en que hay premios de diversa cuantía.
lotear. tr. *Dividir un terreno en lotes para venderlos por separado.
***lotería.** f. Especie de rifa que se hace con mercaderías, billetes, dinero, etc. ‖ Juego público en que se sacaban a la suerte cinco números de noventa. Este juego se llamó **lotería primitiva** o **vieja** desde que se estableció el siguiente. ‖ Juego público en que se premian con diversas cantidades varios billetes sacados a la suerte. Este juego se llamó **lotería moderna** hasta que fue suprimido el anterior. ‖ Juego casero en que se imita la **lotería** primitiva con números puestos en cartones. ‖ Local en que se despachan los billetes de la **lotería.**
lotero, ra. m. y f. Persona que tiene a su cargo un despacho de billetes de la *lotería.
loto. m. *Planta acuática de las ninfeáceas, notable por sus flores, de gran diámetro, color blanco azulado y olorosas. ‖ Flor de esta planta. ‖ Fruto de la misma. ‖ Árbol de África, de las rámneas, parecido al azufaifo. Según los antiguos poetas, el extranjero que comía el fruto de este árbol *olvidaba su patria. ‖ Fruto de este árbol. ‖ V. **Azufaifo loto.**
lotófago, ga. adj. Dícese del individuo que se *alimenta con los frutos del loto.
lovaniense. adj. Natural de Lovaina. Ú. t. c. s. ‖ Perteneciente a esta ciudad de Bélgica.
loxodromia. f. *Mar.* Curva que en la superficie terrestre forma un mismo ángulo en su intersección con todos los meridianos.
loxodrómico, ca. adj. *Mar.* Perteneciente o relativo a la loxodromia.
***loza.** f. Barro fino, cocido y barnizado, de que se hacen platos, tazas, etc. ‖ Conjunto de estos objetos.
lozanamente. adv. m. Con *lozanía.
lozanear. intr. Ostentar *lozanía. Ú. t. c. r. ‖ Obrar con ella.
lozanecer. intr. ant. **Lozanear.**
***lozanía.** f. Fuerza, verdor y frondosidad en las plantas. ‖ En los hombres y animales, viveza y *gallardía. ‖ *Orgullo, altivez.
***lozano, na.** adj. Que tiene *lozanía.
lúa. f. *Guante de esparto y sin separaciones para los dedos, que sirve para limpiar las *caballerías. ‖ Zurrón o *bolsa de piel para transportar el *azafrán. ‖ *Mar.* Revés de las *velas. ‖ **Tomar por la lúa.** fr. *Mar.* Dicho de las embarcaciones, perder el gobierno porque las velas reciben el viento por la parte de sotavento.
luazo. m. *Mar.* Golpe que dan las *velas cuando la embarcación toma por la lúa.
lubigante. m. **Bogavante,** *crustáceo.
lubina. f. **Róbalo.**
***lubricación.** f. Acción y efecto de lubricar.
lubricador, ra. adj. Que lubrica.
lúbricamente. adv. m. Con lubricidad.
lubricán. m. **Crepúsculo.**
lubricante. adj. Dícese de la substancia que sirve para lubricar.
lubricante. m. **Bogavante,** *crustáceo.
lubricar. tr. Hacer lúbrica o *resbaladiza una cosa.
lubricativo, va. adj. Que sirve para lubricar.
lubricidad. f. Calidad de lúbrico.
lúbrico, ca. adj. ***Resbaladizo.** ‖ fig. Propenso a la *lujuria. ‖ fig. Libidinoso, lascivo.
lubrificación. f. **Lubricación.**
lubrificante. adj. **Lubricante.**
lubrificar. tr. **Lubricar.**
lucano, na. adj. Natural de Lucania. Ú. t. c. s. ‖ Perteneciente a esta provincia de la Italia antigua.
lucas. m. pl. *Germ.* Los *naipes.
lucense. adj. **Lugués.** Apl. a pers., ú. t. c. s. ‖ **Luqués.** Apl. a pers., ú. t. c. s.
lucentísimo, ma. adj. sup. de **Luciente.**
lucentor. m. Afeite mujeril para el rostro.
lucera. f. *Ventana o claraboya en la parte alta de los edificios.
lucerna. f. Araña o *candelabro grande. ‖ **Lumbrera.** ‖ **Milano** (*pez). ‖ p. us. **Luciérnaga.** ‖ Especie de lamparilla o linterna. ‖ *Germ.* **Candela** (*vela de cera).
lucerno. m. *Germ.* ***Candelero** (para las velas).
lucérnula. f. **Neguilla** (planta).
lucero. m. El planeta Venus. ‖ Cualquier *astro de los que aparecen más grandes y brillantes. ‖ Postigo de las *ventanas, por donde entra la luz. ‖ *Lunar de *pelo blanco y grande que tienen en la frente algunos cuadrúpedos. ‖ fig. *Lustre, esplendor. ‖ fig. y poét. Cada uno de los *ojos de la cara. Ú. m. en pl. ‖ **del alba, de la mañana,** o **de la tarde.** El planeta Venus.
lucidamente. adv. m. Con lucimiento.
lucidez. f. Calidad de lúcido.
lúcido, da. adj. poét. **Luciente.** ‖ fig. Que se expresa con *claridad.
lucido, da. adj. Que hace las cosas con gracia, *liberalidad y *gallardía.
lucidor, ra. adj. Que luce.
lucidura. f. *Albañ.* Blanqueo que se da a las paredes.
luciente. p. a. de **Lucir.** Que luce.
***luciérnaga.** f. Insecto coleóptero cuyo abdomen despide una *luz fosforescente de color blanco verdoso.
lucifer. m. El príncipe de los *ángeles rebeldes; el *demonio. ‖ **Lucífero.** ‖ fig. Hombre *perverso y *orgulloso.
luciferino, na. adj. Perteneciente a Lucifer.
luciferismo. m. *Culto a Lucifer.
lucífero, ra. adj. poét. Resplandeciente, que da *luz. ‖ m. El lucero de la mañana.
lucífugo, ga. adj. poét. Que huye de la luz, que busca la *obscuridad.
lucillo. m. Urna de piedra que sirve de *sepultura.
lucimiento. m. Acción de lucir o lucirse. ‖ **Quedar** uno **con lucimiento.** fr. fig. Salir *victorioso de algún empeño.
lucio. m. *Pez acantopterigio de

agua dulce, cuya carne es muy estimada.
lucio, cia. adj. Terso, lúcido. ‖ m. Cada uno de los *charcos que quedan en las marismas.
lución. m. *Reptil saurio, de color gris. Carece de extremidades, y cuando se ve sorprendido pone tan rígido el cuerpo, que se rompe con facilidad.
lucir. intr. *Brillar, resplandecer. ‖ fig. *Sobresalir, aventajar. Ú. t. c. r. ‖ fig. Corresponder notoriamente el *provecho al trabajo o esfuerzo empleado. ‖ tr. Iluminar, comunicar *luz y claridad. ‖ *Manifestar, mostrar alguna cosa o hacer *ostentación de ella. ‖ **Enlucir.** ‖ r. *Vestirse y *adornarse con esmero. ‖ fig. Quedar con lucimiento.
***lucrar.** tr. **Lograr.** ‖ → r. Sacar *provecho de algún negocio.
lucrativo, va. adj. Que produce *utilidad y *ganancia.
lucro. m. *Ganancia y provecho que se saca de una cosa. ‖ **cesante.** *For.* Ganancia o utilidad que se regula por la que podría producir el dinero en el tiempo que estuvo *prestado. ‖ **Lucros y daños.** *Cont.* Ganancias y pérdidas.
lucroniense. adj. **Logroñés.** Apl. a pers., ú. t. c. s.
lucroso, sa. adj. Que produce lucro o ganancia.
luctuosa. f. Derecho o *tributo que se pagaba a los señores y prelados cuando morían sus súbditos.
luctuosamente. adv. m. Con tristeza y *llanto.
luctuoso, sa. adj. *Triste y digno de *llanto.
lucubración. f. Acción y efecto de lucubrar. ‖ *Vigilia consagrada al *estudio. ‖ *Obra o producto de este trabajo.
lucubrar. tr. *Trabajar con ahínco en obras de ingenio y especialmente dedicar a ello las *vigilias.
lúcuma. f. *Fruto del lúcumo. ‖ **Lúcumo.**
lúcumo. m. *Árbol de las sapotíceas, cuyo fruto, del tamaño de una manzana pequeña, se ha de guardar algún tiempo en paja, antes de comerlo.
***lucha.** f. Pelea entre dos personas que forcejean abrazadas hasta dar una de ellas en tierra con la otra. ‖ Lid, *contienda, *combate. ‖ fig. Disputa. ‖ **grecorromana.** Aquella en que vence el que consigue hacer que el adversario toque en tierra con las espaldas. ‖ **libre.** Aquella en que se emplean llaves y golpes, dentro de ciertas reglas, y termina cuando uno de los dos luchadores se da por vencido.
luchadero. m. *Mar.* Parte del *remo que se apoya en la embarcación.
***luchador, ra.** m. y f. Persona que lucha.
***luchar.** intr. Contender dos personas a brazo partido. ‖ Pelear, combatir. ‖ fig. Disputar.
lucharniego, ga. adj. V. **Perro lucharniego.**
luche. m. **Infernáculo** (*juego).
luche. m. *Alga marina comestible.
luda. f. *Germ.* **Mujer.**
ludada. f. *Tocado femenino antiguo, a modo de venda en la frente.
ludia. f. **Levadura.**
ludiar. tr. **Leudar.** Ú. t. c. r.
ludibrio. m. *Burla, escarnio, *desprecio.
lúdicro, cra. adj. Perteneciente al *juego.
ludimiento. m. Acción y efecto de ludir.
ludio, dia. adj. **Leudo.**
ludio, dia. adj. *Germ.* **Bellaco.** ‖ m. *Germ.* Ochavo, *moneda de cobre.
ludión. m. *Fís.* Bolita hueca y lastrada, con un orificio muy pequeño en su parte inferior. Se mantiene sumergida en una vasija con agua y sube o baja según la presión que se ejerce en la superficie del líquido.
ludir. tr. *Frotar, rozar una cosa con otra. Ú. t. c. intr.
ludria. f. **Nutria.**
lúe. f. ***Infección.**
luego. adv. t. *Pronto, sin dilación. ‖ ***Después.** ‖ conj. ilat. con que se denota deducción o *consecuencia. ‖ **Con tres luegos.** loc. adv. fig. y fam. A toda prisa. ‖ **De luego a luego.** m. adv. Con mucha *prontitud. ‖ **Desde luego.** m. adv. Inmediatamente. ‖ Sin duda, seguramente. ‖ **Luego que.** expr. **Así que.** ‖ **Luego luego.** m. adv. **En seguida.**
luello. m. **Joyo.**
luengo, ga. adj. ***Largo.** ‖ *Germ.* **Principal.** ‖ **En luengo.** m. adv. De largo, a lo largo.
lueñe. adj. Distante, *lejano. ‖ adv. l. y t. ***Lejos.**
lúgano. m. *Pájaro del tamaño del jilguero, de plumaje verdoso, que suele imitar el canto de otros pájaros.
***lugar.** m. Espacio que ocupa o puede ocupar un cuerpo. ‖ Sitio o paraje. ‖ *Población, ciudad, villa o aldea. ‖ Población algo mayor que aldea. ‖ Pasaje, texto o expresión de un autor o de una *obra. ‖ Tiempo, *oportunidad. ‖ *Empleo, *dignidad. ‖ *Causa, motivo. ‖ Sitio que en una *lista de nombres ocupa cada uno de ellos. ‖ En Galicia, casería dada en arriendo. ‖ **acasarado.** En Galicia, conjunto de heredades alrededor de la casa de *campo del colono. ‖ **común. Letrina.** ‖ Tópico, expresión trivial. ‖ **de behetría. Behetría.** ‖ **de señorío.** El que estaba sujeto a una *señor particular. ‖ **religioso.** Sitio donde está *sepultada una persona. ‖ **Lugares comunes.** Principios generales de que se sacan *argumentos para los *discursos. ‖ Expresiones triviales. ‖ **teológicos.** Fuentes de donde la *teología saca sus argumentos. ‖ **En lugar de.** m. adv. **En vez de.** ‖ **En primer lugar.** m. adv. **Primeramente.** ‖ **Hacer lugar.** fr. *Desembarazar un sitio. ‖ **Hacerse** uno **lugar.** fr. fig. Hacerse estimar o atender entre otros. ‖ **No ha lugar.** expr. *For.* con que se *deniega una petición. ‖ **Salvo sea el lugar.** expr. fam. **Salva sea la parte.** ‖ **Tener lugar.** fr. **Tener cabida.** ‖ Disponer de tiempo. ‖ Ocurrir, *suceder alguna cosa.
lugarejo. m. d. de **Lugar.**
lugareño, ña. adj. Natural de un lugar o población pequeña o *habitante en ella. Ú. t. c. s. ‖ Perteneciente a aldea o población pequeña.
lugarete. m. d. de **Lugar.**
lugarote. m. aum. de **Lugar.**
lugartenencia. f. Cargo de lugarteniente.
lugarteniente. m. El que tiene autoridad y poder para *substituir a otro en algún cargo.
lugdunense. adj. **Lionés.**
lugre. m. *Embarcación pequeña, con tres palos.
lúgubre. adj. *Triste.
lúgubremente. adv. m. De modo lúgubre.
lugués, sa. adj. Natural de Lugo. Ú. t. c. s. ‖ Perteneciente a esta ciudad.
luición. f. Redención de *censos.
luir. tr. **Ludir.**
luir. tr. Redimir un *censo.
luis. m. *Moneda de oro francesa de veinte francos.
luisa. f. *Arbusto de las verbenáceas, cuyas hojas, que tienen un olor de limón muy agradable, suelen usarse en infusión.
luismo. m. **Laudemio.**
lujación. f. **Luxación.**
lujo. m. Exceso en el adorno, en la *pompa y en el regalo. ‖ **asiático.** El extremado.
lujosamente. adv. m. Con lujo.
lujoso, sa. adj. Que tiene o gasta lujo. ‖ Dícese del objeto con que se ostenta el lujo.
***lujuria.** f. Abuso o apetito desordenado de los deleites carnales. ‖ *Exceso o *abundancia en algunas cosas.
lujuriante. adj. Muy *lozano y saludable. ‖ Muy *abundante.
lujuriar. intr. Incurrir en *lujuria. ‖ Practicar los animales el acto de la *generación.
lujuriosamente. adv. m. Con *lujuria.
***lujurioso, sa.** adj. Dado o entregado a la *lujuria. Ú. t. c. s. ‖ Perteneciente o relativo a la lujuria.
lula. f. En Galicia, **calamar.**
luliano, na. adj. Perteneciente o relativo al filósofo Raimundo Lulio. ‖ **Lulista.** Ú. t. c. s.
lulismo. m. Sistema *filosófico de Raimundo Lulio.
lulista. adj. Partidario del lulismo. Ú. t. c. s.
luma. f. *Árbol chileno, de las mirtáceas, cuyo fruto se emplea para dar mejor sabor a la chicha. ‖ Madera de este árbol.
lumadero. m. *Germ.* **Diente.**
lumaquela. f. ***Mármol lumaquela.**
lumbago. m. **Pat.* Dolor reumático en los lomos.
lumbar. adj. *Anat.* Perteneciente a los *lomos y caderas.
lumbrada. f. Cantidad grande de lumbre.
lumbral. m. **Umbral.**
lumbrarada. f. **Lumbrada.**
lumbraria. f. **Lumbrera.**
lumbre. f. Carbón u otra materia *combustible encendida. ‖ En las antiguas *armas de fuego*, parte del rastrillo, que hiere el pedernal. ‖ Parte delantera de la *herradura. ‖ Espacio que una puerta, ventana u otro *vano deja franco a la entrada de la luz. ‖ ***Luz.** ‖ fig. Esplendor, lucimiento. ‖ pl. Conjunto de eslabón, yesca y pedernal para *encender. ‖ **Lumbre del agua.** *Superficie del *agua. ‖ **A lumbre de pajas.** m. adv. fig. y fam. con que se da a entender la *brevedad de una cosa. ‖ **Ni por lumbre.** m. adv. fig. y fam. De ningún modo.
lumbrera. f. Cuerpo que despide *luz. ‖ *Abertura que, desde el techo de una habitación, o desde la bóveda de una galería, da entrada a la luz y permite la ventilación. ‖ Abertura del cepillo de *carpintero por donde salen las virutas. ‖ fig. Persona insigne y *sabia que *enseña e ilumina a otros. ‖ **Mar.* Escotilla para luz y ventilación.
lumbrerada. f. **Lumbrarada.**
lumbroso, sa. adj. **Luminoso.**
lumen. f. Unidad de flujo *luminoso.
lumia. f. ***Ramera.**
lumiaco. m. **Babosa** (*molusco).
luminar. m. *Astro que despide *luz intensa. ‖ fig. **Lumbrera** (persona de gran sabiduría).
luminaria. f. *Alumbrado que se pone en las ventanas, torres, etc., en señal de fiesta y regocijo. Ú. m. en pl. ‖ Luz que arde conti-

nuamente ante el sacramento de la *Eucaristía. ‖ *Germ.* **Ventana.** ‖ pl. Lo que se daba a los ministros y criados del rey para el gasto de las **luminarias** públicas.

lumínico. m. *Fís.* Agente hipotético al que se atribuían los fenómenos de la *luz.

luminiscencia. f. *Quím.* y **Fís.* Calidad de luminiscente.

luminiscente. adj. *Quím.* Dícese del cuerpo que, en determinadas condiciones, emite *luz sin desprendimiento de calor.

luminosamente. adv. m. De manera luminosa.

luminosidad. f. Calidad de luminoso.

***luminoso, sa.** adj. Que despide *luz. ‖ Que la admite o refleja.

luminotecnia. f. Arte de la iluminación con *alumbrado artificial para fines industriales o artísticos.

***luna.** f. Satélite de la Tierra. ‖ *Luz nocturna que este satélite refleja. ‖ **Lunación.** ‖ **Satélite.** ‖ Lámina gruesa de *vidrio o cristal. ‖ *Espejo de vidrio. ‖ **Luneta** (*anteojo). ‖ **Pez luna.** ‖ fig. Efecto que se atribuye a la **luna** en las enfermedades *mentales. ‖ *Patio abierto o descubierto. ‖ *Germ.* ***Camisa.** ‖ *Germ.* **Rodela.** ‖ **creciente.** *Astr.* La **Luna** desde su conjunción hasta el plenilunio. ‖ **de miel.** fig. Temporada en que los recién casados, libres aún de las preocupaciones y cargas del *matrimonio, se complacen exclusivamente en su recíproca satisfacción. ‖ **en lleno,** o **llena.** *Astr.* La ***Luna** en el tiempo de su oposición con el Sol. ‖ **menguante.** *Astr.* La **Luna** desde el plenilunio hasta su conjunción. ‖ **nueva.** *Astr.* La **Luna** en el tiempo de su conjunción con el Sol. ‖ **Media luna.** Figura que presenta la **Luna** al principiar a crecer y al fin del cuarto menguante. ‖ Adorno o *joya, que tiene esta figura. ‖ fig. **Desjarretadera.** ‖ fig. ***Islamismo.** ‖ fig. Imperio turco. ‖ **Fort.* Obra que se construye delante de las capitales de los baluartes. ‖ **A la luna.** m. adv. **A la luna de Valencia.** ‖ **A la luna de Valencia.** m. adv. fig. y fam. *Frustradas las esperanzas de uno. ‖ **Estar** uno **de buena,** o **de mala luna.** fr. Estar de buen, o mal, humor. ‖ **Pedir la Luna.** fr. fam. Pedir cosa imposible o muy difícil.

lunación. f. *Astr.* Tiempo que media desde una conjunción de la *Luna con el Sol hasta la siguiente.

lunado, da. adj. Que tiene figura o forma de media *luna.

lunanco, ca. adj. Aplícase a las *caballerías y otros *cuadrúpedos que tienen una anca más alta que la otra.

***lunar.** m. Pequeña mancha natural, en la piel de la cara o de otra parte del cuerpo. ‖ fig. Nota o *deshonra del que ha hecho una cosa vituperable. ‖ fig. Defecto o *imperfección leve.

lunar. adj. Perteneciente a la *Luna.

lunario, ria. adj. Perteneciente o relativo a las lunaciones. ‖ m. ***Calendario.**

lunático, ca. adj. Que padece *locura intermitente. Ú. t. c. s.

lunatismo. m. *Locura de los lunáticos.

lunecilla. f. **Media luna** (*joya).

lunel. m. **Blas.* Figura en forma de flor, compuesta de cuatro medias lunas.

lunes. m. Segundo día de la *semana.

luneta. f. *Lente de los anteojos. ‖ Adorno en figura de media luna. Lo usaban las mujeres en el *tocado y los niños en los *zapatos. ‖ En los *teatros, butaca. ‖ Sitio del teatro en que estaban colocadas las **lunetas.** ‖ *Arq.* **Bocateja.** ‖ *Arq.* **Luneto.** ‖ **Fort.* Baluarte pequeño.

luneto. m. *Arq.* Bovedilla en forma de media luna, para dar luz a la *bóveda principal.

lunfardismo. m. *Palabra o giro propio del lunfardo.

lunfardo. m. *Lengua de la gente de mal vivir, propia de Buenos Aires y sus alrededores.

lunilla. f. **Lunecilla.**

lúnula. f. Espacio blanquecino en la raíz de las *uñas. ‖ **Liturg.* Soporte del viril de la custodia. ‖ *Geom.* Figura formada por dos *arcos de círculo que se cortan volviendo la concavidad hacia el mismo lado.

lupa. f. *Lente de aumento.

lupanar. m. ***Mancebía.**

lupanario, ria. adj. Perteneciente al lupanar.

lupercales. f. pl. *Fiestas que celebraban los romanos en honor del dios Pan.

lupia. f. **Lobanillo.**

lupicia. f. **Alopecia.**

lupino, na. adj. Perteneciente o relativo al *lobo. ‖ m. **Altramuz.**

lupulino. m. Polvo *resinoso de los frutos del lúpulo, que se emplea en *farmacia.

lúpulo. m. Planta *trepadora, de las canabíneas, cuyos frutos, desecados, se emplean para dar sabor a la *cerveza.

lupus. m. Enfermedad de la *piel o de las mucosas, que destruye las partes atacadas.

luqués, sa. adj. Natural de Luca. Ú. t. c. s. ‖ Perteneciente a esta ciudad de Italia.

luquete. m. Pajuela para azufrar. ‖ Ruedecita de *limón o naranja que se echa en el vino.

luquete. m. *Arq.* Casquete esférico que cierra la *bóveda vaída.

lurte. m. **Alud.**

lusitanismo. m. Giro o modo de hablar peculiar de la *lengua portuguesa. ‖ Vocablo o giro de esta lengua empleado en otra.

lusitano, na. adj. Natural de la Lusitania. Ú. t. c. s. ‖ Perteneciente a esta región de la España antigua. ‖ **Portugués.** Apl. a pers., ú. t. c. s.

luso, sa. adj. **Lusitano.**

lustración. f. Acción y efecto de lustrar o *purificar.

lustral. adj. Perteneciente a la lustración.

lustrar. tr. *Purificar con *sacrificios y ceremonias las cosas que se creían impuras. ‖ Dar *lustre y brillantez a una cosa. ‖ Andar, *viajar, peregrinar por un país o comarca.

***lustre.** m. Brillo de las cosas tersas o bruñidas. ‖ fig. Esplendor, gloria, *fama.

lústrico, ca. adj. Perteneciente a la lustración. ‖ poét. Perteneciente al lustro.

lustrina. f. *Tela vistosa para ornamentos de iglesia. ‖ *Tela lustrosa semejante a la alpaca.

lustro. m. Espacio de cinco *años. ‖ *Candelabro colgante, araña.

lustrosamente. adv. m. Con lustre.

lustroso, sa. adj. Que tiene lustre.

lútea. f. **Oropéndola.**

lutecio. m. *Quím.* *Metal separado del iterbio en 1907.

luteína. f. **Quím.* Principio colorante de ciertas plantas, semejante al de la yema de huevo.

luten. m. *Quím.* *Betún hecho con clara de huevo, que se emplea en los laboratorios para tapar junturas.

lúteo, a. adj. De *lodo.

luteranismo. m. Secta de Lutero. ‖ Conjunto de los sectarios de Lutero.

luterano, na. adj. Que profesa la doctrina de Lutero; *protestante. Ú. t. c. s. ‖ Perteneciente o relativo a Lutero.

***luto.** m. Signo exterior de aflicción, por la muerte de una persona. ‖ Vestido negro que se usa por la muerte de uno. ‖ Pena, *aflicción. ‖ pl. Paños y bayetas negras que se ponen en las casas de los difuntos y en la iglesia durante las exequias. ‖ **Aliviar el luto.** fr. Usarlo menos riguroso. ‖ **Medio luto.** El que no es enteramente riguroso.

lutoso, sa. adj. **Luctuoso.**

lutria. f. **Nutria.**

luxación. f. *Cir.* Dislocación de un *hueso.

luxemburgués, sa. adj. Natural de Luxemburgo. Ú. t. c. s. ‖ Perteneciente a este país de Europa.

***luz.** f. Irradiación especial que, emitida o reflejada por los objetos, los hace visibles. ‖ Claridad que irradian los cuerpos en ignición o incandescencia. ‖ Utensilio o aparato para *alumbrar. ‖ fig. *Noticia o aviso. ‖ fig. Persona que se debe tomar por *modelo, capaz de ilustrar y guiar. ‖ fig. **Día.** ‖ fig. y fam. **Dinero.** ‖ *Arq.* Cada una de las *ventanas o aberturas por donde se da luz a un edificio. Ú. m. en pl. ‖ *Arq.* Dimensión horizontal interior de un vano. ‖ Diámetro interior de un tubo u otra cosa hueca. ‖ **Pint.* Punto desde donde se supone que parte la luz que ilumina los objetos pintados. ‖ pl. fig. Ilustración, *cultura. ‖ **Luz cenital.** La que se recibe por el techo del edificio. ‖ **de Bengala.** **Pirot.* Fuego artificial que despide claridad muy viva de diversos colores. ‖ **de la *razón.** fig. Conocimiento que tenemos de las cosas por obra de la inteligencia. ‖ **de luz.** La que recibe una habitación indirectamente. ‖ **eléctrica.** La que se produce por medio de la electricidad. ‖ **natural.** La del Sol directa o reflejada. ‖ **primaria.** **Pint.* La que inmediatamente procede del cuerpo luminoso. ‖ **zodiacal.** Claridad que en ciertas noches de invierno ilumina vagamente las alturas de la atmósfera. ‖ **Media luz.** La que es escasa. ‖ **Primera luz.** La que recibe una habitación directamente del exterior. ‖ **Segunda luz. Luz de luz.** ‖ **A buena luz.** m. adv. fig. Con reflexión. ‖ **A primera luz.** m. adv. fig. Al *amanecer. ‖ **A toda luz,** o **a todas luces,** m. adv. fig. Por todas partes, de todos modos, en *absoluto. ‖ **Dar a luz.** fr. *Publicar una *obra. ‖ *Parir la mujer. ‖ **Entre dos luces.** m. adv. fig. **Al *amanecer.** ‖ fig. **Al *anochecer.** ‖ fig. y fam. Dícese del que está casi *borracho. ‖ **Sacar a luz.** fr. **Dar a luz** (publicar). ‖ fig. Descubrir, *mostrar lo que estaba oculto. ‖ **Salir a luz.** fr. fig. Ser producida una cosa. ‖ fig. *Imprimirse una *obra.

luz. m. desus. **Merluza.**

luzbel. m. **Lucifer.**

LL

ll. f. Decimocuarta letra del abecedario español. Su nombre es **elle.**

llábana. f. Laja, *piedra plana, tersa y resbaladiza.

lladral. m. **Ladral.** Ú. m. en pl.

***llaga.** f. ***Úlcera.** ‖ fig. Cosa que causa *aflicción, *desgracia, pesadumbre. ‖ **Albañ.* Junta entre dos ladrillos de una misma hilada.

llagar. tr. Hacer o causar llagas. ‖ r. Cubrirse de llagas alguna parte del cuerpo.

llaguear. tr. **Albañ.* Retundir con un hierro de perfil adecuado las juntas de los ladrillos.

llaguero. m. **Albañ.* Instrumento para llaguear.

***llama.** f. Masa gaseosa en combustión, que se eleva de los cuerpos que arden. ‖ fig. Vehemencia de una *pasión.

llama. f. Terreno *pantanoso junto a un *manantial.

llama. f. Mamífero *rumiante, propio de la América meridional.

llamada. f. **Llamamiento.** ‖ *Señal que en un texto sirve para llamar la atención desde un lugar hacia otro en que se ha puesto alguna nota o *explicación. ‖ Ademán o movimiento con que se llama la atención de uno para *engañarle. ‖ *Mil.* *Toque para que la tropa tome las armas y entre en formación o para pedir parlamento. ‖ **Batir llamada.** fr. *Mil.* Tocar **llamada** para hacer honores.

llamadera. f. **Aguijada** (para los bueyes).

llamado. m. ***Llamamiento.**

llamador, ra. m. y f. Persona que llama. ‖ m. **Avisador.** ‖ **Aldaba.** ‖ Aparato que en una estación *telegráfica intermedia avisa las llamadas de otra. ‖ **Botón** (de un timbre *eléctrico).

***llamamiento.** m. Acción de llamar. ‖ **Teol.* Inspiración con que Dios mueve los corazones. ‖ Acción de *atraer algún humor de una parte del cuerpo a otra. ‖ *For.* Designación de personas o estirpes para una *herencia, cargo, etc.

llamante. p. a. de **Llamar.** Que llama.

***llamar.** tr. Atraer la atención de uno con voces, ademanes, etc., para que venga o para advertirle alguna cosa. ‖ Invocar, *pedir auxilio. ‖ Convocar, citar. ‖ *Nombrar, apellidar. ‖ Traer, *inclinar hacia un lado una cosa. ‖ fig. *Atraer una cosa hacia una parte. ‖ *For.* Hacer llamamiento para una *herencia. ‖ intr. Excitar la *sed. ‖ Hacer sonar la aldaba, una campanilla, etc., para que se abra la puerta de una casa, acudan criados, etc. ‖ r. Tener tal o cual *nombre o apellido. ‖ *Mar.* Tratándose del *viento, cambiar de dirección hacia parte determinada.

llamarada. f. *Llama grande que se apaga pronto. ‖ fig. Encendimiento repentino y momentáneo del rostro. ‖ fig. Movimiento *vehemente del ánimo y de poca duración.

llamargo. m. **Llamazar.**

llamativo, va. adj. Aplícase al *alimento que excita la *sed. Ú. m. c. s. m. ‖ fig. Que *atrae la *atención exageradamente.

llamazar. m. Terreno *pantanoso.

llambria. f. Parte de un *peñasco en *declive.

llameante. p. a. de **Llamear.** Que llamea.

llamear. intr. Echar llamas.

llana. f. **Albañ.* Herramienta compuesta de una plancha de acero con asa de madera, que sirve para extender y allanar el yeso o la argamasa.

llana. f. **Plana** (cara de un papel). ‖ **Llanada.**

llanada. f. **Llanura** (campo llano).

llanamente. adv. m. fig. Con *sinceridad. ‖ fig. Con llaneza, con *naturalidad, sin ostentación.

llanca. f. Mineral de *cobre de color verde azulado. ‖ Pedrezuelas de este mismo mineral usadas para collares y sartas.

llanero, ra. m. y f. *Habitante de las llanuras.

llaneza. f. Sencillez, *naturalidad, ausencia de aparato. ‖ fig. Familiaridad, *afabilidad en el *trato. ‖ fig. Sencillez notable en el *estilo.

llanisco, ca. adj. Natural de Llanes. Ú. t. c. s. ‖ Perteneciente a esta ciudad de Asturias.

***llano, na.** adj. Dícese de la superficie igual, sin altos ni bajos. ‖ Allanado, *conforme. ‖ fig. *Afable, *natural, sencillo. ‖ fig. Libre, franco. ‖ fig. Aplícase al *vestido que no tiene adorno alguno. ‖ fig. Claro, *evidente. ‖ fig. *Fácil, corriente. ‖ fig. Pechero, *plebeyo o que no goza de fuero privilegiado. ‖ fig. Aplícase al *estilo sencillo. ‖ fig. Dícese de la palabra que lleva *acento grave. ‖ **For.* Hablando de fianzas, depósitos, etc., aplícase a la persona que no puede declinar la jurisdicción. ‖ m. **Llanura.** ‖ pl. En las *medias, puntos en que no se crece ni se mengua. ‖ **A la llana.** m. adv. fig. **Llanamente.** ‖ fig. Sin ceremonia. ‖ *For.* Dícese de la puja o *subasta cuando se hace oyendo los postores las respectivas ofertas.

llanta. f. *Berza de hojas grandes y verdosas que se van arrancando a medida que crece la planta.

llanta. f. Cerco metálico exterior de las *ruedas de los coches y carros. En los automóviles y otros vehículos, es de figura acanalada para mejor asiento del neumático. ‖ Pieza de hierro larga y mucho más ancha que gruesa.

llantén. m. *Planta herbácea, de las plantagináceas, muy común en los sitios húmedos. El cocimiento de las hojas se usa en medicina. ‖ **de agua. Alisma.** ‖ **mayor. Llantén.** ‖ **menor.** Planta herbácea, parecida al **llantén mayor,** muy común en los prados.

llantera. f. **Llorera.**

llantina. f. **Llorera.**

***llanto.** m. Efusión de lágrimas motivada por algún dolor físico o moral.

***llanura.** f. Igualdad de la superficie de una cosa. ‖ Campo o terreno dilatado, sin altos ni bajos.

llapa. f. *Min.* **Yapa.**

llapar. tr. *Min.* **Yapar.**

llar. m. **Fogón.** ‖ f. pl. *Cadena pendiente en el cañón de la *chimenea, para colgar la caldera. ‖ **Llar alto.** El que está sobre un poyo o meseta. ‖ **bajo.** El que se halla en el mismo plano del suelo.

llareta. f. *Planta de Chile, de las umbelíferas.

llatar. m. *Cercado que se hace con troncos sostenidos horizontalmente por maderos clavados en el suelo.

llaullau. m. *Hongo chileno, comestible, que se cría en los árboles.

***llave.** f. Instrumento de hierro, que se introduce en una cerradura para abrirla y cerrarla. ‖ Instrumento que sirve para apretar o aflojar *tuercas. ‖ Instrumento o *grifo que sirve para regular o impedir el paso de un fluido por un conducto. ‖ Mecanismo de las *armas de fuego* portátiles, que sirve para dispararlas. ‖ Instrumento de metal que consiste en un cilindro hueco, y que sirve para dar cuerda a los *relojes. ‖ Mecanismo de metal que, en algunos *instrumentos músicos de viento, abre o cierra el paso del aire. ‖ *Cuña que asegura la unión de dos piezas de madera o de hierro. ‖ Herramienta de *dentista para arrancar las muelas. ‖ **Impr.* **Corchete.** ‖ fig. Medio para *averiguar lo oculto o secreto. ‖ fig. Principio que facilita el *conocimiento de otras cosas. ‖ fig. Cosa que sirve de *defensa a otra u otras. ‖ fig. *Medio para vencer las dificultades que se oponen a la consecución de un fin. ‖ *Min.* Porción de roca que se deja cortada en forma de arco para que sirva de fortificación. ‖ *Mús.* **Clave.** ‖ En cierto género de *lucha, presa para dominar al adversario. ‖ **capona.** fam. **Llave** de gentilhombre de la cámara del *rey, que sólo era honoraria. ‖ **de chispa.** La que determina la explosión de la pólvora, en las escopetas y otras *armas de fuego*, mediante el choque de la piedra contra el rastrillo acerado. ‖ **de entrada.** La que autorizaba al gentilhombre para entrar en ciertas salas de palacio. ‖ **de la mano.** *Anchura entre las extremidades del pulgar y del meñique estando la *mano enteramente abierta. ‖ **del *pie.** Distancia desde lo alto del empeine hasta el fin del talón. ‖ **del reino.** Plaza fuerte en la frontera. ‖ **de paso.** La que se intercala en un *conducto para cerrar, abrir o regular el paso de un fluido. ‖ **de percusión** o **de pistón.** La que determina la explosión de la pólvora por medio de una cápsula fulminante. ‖ **dorada.** La que usaban los gentileshombres del rey. ‖ **inglesa.** Instrumento provisto de dos piezas de hierro que se juntan o apartan a voluntad para adaptarlas a la tuerca o *tornillo que se quiere mover. ‖ *Arma de hierro en forma de eslabón con agujeros para meter los dedos. ‖ **maestra.** La que abre y cierra todas las cerraduras de una casa. ‖ **Llaves de la Iglesia.** fig. Potestad espiritual para el gobierno de los fieles. ‖ **Debajo de llave.** expr. con que se da a entender que una cosa está *guardada o *cerrada con **llave.** ‖ **Debajo de siete llaves.** expr. fig. que denota que una cosa está muy guardada y segura. ‖ **Echar la llave.** fr. *Cerrar con ella. ‖ **Torcer la llave.** fr. Darle vueltas dentro de la cerradura para *abrir o *cerrar.

llaverizo. m. El que cuidaba de las *llaves.

llavero, ra. m. y f. Persona que tiene a su cargo la custodia de ciertas *llaves. ‖ m. Anillo de metal en que se ensartan varias *llaves.

llavín. m. *Llave hueca y sin guardas para abrir un picaporte.

lleco, ca. adj. Aplícase a la tierra o campo *erial. Ú. t. c. s.

llega. f. Acción y efecto de recoger o *acopiar.

***llegada.** f. Acción y efecto de llegar.

***llegar.** intr. Venir a parar en un sitio o paraje una persona o cosa. ‖ *Durar hasta época o tiempo determinado. ‖ Venir por su orden o *turno una cosa. ‖ *Conseguir el fin a que se aspira. ‖ Tocar, alcanzar una cosa a otra. ‖ Venir el *tiempo de ser o hacerse una cosa. ‖ Ascender, *sumar, subir. ‖ tr. Allegar, *acopiar. ‖ Arrimar, *acercar una cosa a otra. ‖ r. Acercarse una cosa a otra. ‖ *Ir a paraje determinado que esté cercano. ‖ *Unirse, adherirse.

lleivún. m. *Planta de las ciperáceas, cuyos tallos se emplean para hacer lazos, atar sarmientos, etc.

llena. f. Crecida de un *río o arroyo que causa *inundación.

llenamente. adv. m. Copiosa y abundantemente.

***llenar.** tr. Ocupar con alguna cosa un espacio vacío. Ú. t. c. r. ‖ fig. Ocupar dignamente un *empleo. ‖ fig. Parecer bien, *agradar una cosa. ‖ fig. *Fecundar el macho a la hembra. ‖ fig. Cargar, colmar, *dar con *abundancia. ‖ intr. Tratándose de la *Luna, llegar al plenilunio. ‖ r. fam. *Hartarse de comida o bebida. ‖ fig. y fam. *Irritarse después de haber aguantado por algún tiempo.

lleneramente. adv. m. ant. **Plenamente.**

llenero, ra. adj. Cumplido, cabal, *completo.

llenez. f. desus. **Lleneza.**

lleneza. f. **Llenura.**

***lleno, na.** adj. Ocupado o henchido de otra cosa. ‖ *Blas.* Dícese del escudo o de la figura que lleva un esmalte distinto del de su campo en dos tercios de su anchura. ‖ *Arq. Nav.* Aplícase al casco o a la cuaderna de mucha redondez o capacidad. ‖ m. Hablando de la Luna, **plenilunio.** ‖ *Concurrencia que ocupa todas las localidades de un teatro u otro lugar de espectáculo. ‖ fam. *Abundancia de una cosa. ‖ fig. *Perfección de una cosa. ‖ pl. *Mar.* Figura de los fondos del *buque cuando se acerca a la redondez. ‖ *Mar.* Parte del casco del *buque comprendida entre los raceles. ‖ **De lleno,** o **de lleno en lleno.** ms. advs. Enteramente, por *completo.

llenura. f. Copia, *abundancia grande.

llera. f. **Glera.**

lleta. f. *Tallo recién nacido de la semilla o del *bulbo de una planta.

lleudar. tr. **Leudar.**

lleva. f. **Llevada.**

llevada. f. Acción y efecto de *llevar.

llevadero, ra. adj. *Fácil de sufrir, *tolerable.

llevador, ra. adj. Que lleva. Ú. t. c. s. ‖ Que tiene en *arrendamiento una finca.

***llevar.** tr. Conducir una cosa de una parte a otra. ‖ *Cobrar el precio o los derechos de una cosa. ‖ **Producir** (frutos). ‖ *Cortar, separar violentamente una cosa de otra. ‖ Tolerar, soportar con *paciencia. ‖ Inducir, *persuadir a uno. ‖ *Guiar, dirigir. ‖ Traer puesto el vestido, la ropa, etc. ‖ Traer consigo, en la mano, bolsillo, etc. ‖ Introducir a alguien en el trato, favor o amistad de otro. ‖ Lograr, *conseguir. ‖ *Equit.* Manejar el caballo. ‖ En varios juegos de *naipes, ir a robar con un número determinado de puntos o cartas. ‖ Tener en *arrendamiento una finca. ‖ Pasar días, horas, años o cualquier otro espacio de *tiempo. ‖ Junto con algunos participios, equivale al auxiliar *haber.* ‖ Con la preposición *a* y complemento de persona o cosa, *aventajar en algún sentido a la persona o cosa expresada. ‖ *Arit.* Reservar las decenas al hacer una *suma o *multiplicación parcial. ‖ **Llevar** uno **adelante** una cosa. fr. *Continuar, seguir con *constancia lo que ha emprendido. ‖ **Llevar** uno **consigo.** fr. fig. Hacerse *acompañar de una o varias personas. ‖ **Llevarlas bien,** o **mal.** fr. fam. **Llevarse bien,** o **mal.** ‖ **Llevar las de perder.** fr. fam. Estar en caso desventajoso. ‖ **Llevarse bien,** o **mal.** fr. fam. Congeniar, o no; vivir en *concordia o en *desacuerdo. ‖ **Llevar y traer.** fr. fig. y fam. Andar en *chismes y cuentos.

lloica. f. fam. **Loica.**

lloradera. f. despect. *Llanto grande por motivo liviano. ‖ **Llorona.**

llorador, ra. adj. Que llora. Ú. t. c. s.

lloraduelos. com. fig. y fam. Persona que a cada paso se *queja y llora sus infortunios.

lloramico. m. d. de **Lloro.**

***llorar.** intr. Derramar lágrimas por algún dolor físico o moral. Ú. t. c. tr. ‖ Fluir un humor por los ojos. ‖ fig. Caer un líquido *gota a gota o destilar. Ú. t. c. tr. ‖ tr. fig. *Afligirse vivamente por una cosa. ‖ fig. *Quejarse y encarecer uno sus cuitas para despertar compasión.

lloredo. m. **Lauredal.**

llorera. f. *Llanto largo y desconsolado.

llorica. m. fam. Que *llora fácilmente y sin motivo.

llorín, na. adj. **Llorón.**

lloriquear. intr. **Gimotear.**

lloriqueo. m. **Gimoteo.**

lloro m. Acción de llorar. ‖ ***Llanto.**

llorón, na. adj. Que *llora mucho o fácilmente. Ú. t. c. s. ‖ m. Penacho de *plumas largas y péndulas.

llorona. f. **Plañidera.**

llorosamente. adv. m. Con lloro.

***lloroso, sa.** adj. Que tiene señales de haber *llorado. ‖ Que causa llanto y *tristeza.

llosa. f. *Terreno labrantío cercado, de poca extensión y próximo a la casa a que pertenece.

llovedizo, za. adj. Dícese de las bóvedas, *tejados, etc., que dejan pasar el agua lluvia.

***llover.** intr. Caer agua de las nubes. Ú. alguna vez como tr. ‖ fig. Venir, caer sobre uno con *abundancia alguna cosa desagradable. ‖ r. Calarse con las lluvias los *tejados, bóvedas, etc. ‖ **Como llovido.** loc. adv. fig. De modo *imprevisto. ‖ **Llover sobre mojado.** fr. fig. *Repetirse las *molestias o trabajos que se venían padeciendo.

llovido. m. **Polizón** (el que se embarca clandestinamente).

llovioso, sa. adj. **Lluvioso.**

***llovizna.** f. *Lluvia menuda.

lloviznar. intr. Caer llovizna.

llueca. adj. **Clueca.** Ú. t. c. s.

***lluvia.** f. Acción de llover. ‖ **Agua lluvia.** ‖ fig. Copia o *abundancia. ‖ Pieza de la *regadera provista de agujeritos.

lluvioso, sa. adj. Aplícase al tiempo o al lugar en que *llueve mucho.

M

m. f. Decimoquinta *letra del abecedario español. Su nombre es **eme.** Tiene el valor de mil en la *numeración romana.
maca. f. *Mancha que presenta la *fruta por algún daño que ha recibido. || *Defecto, deterioro o daño ligero. || fig. y fam. *Disimulo, *fraude.
maca. f. fam. Aféresis de **Hamaca.**
macabro, bra. adj. Relativo a la representación imaginativa de la *muerte o de los muertos.
macaca. f. Hembra del macaco.
macaco. m. *Moneda macuquina de Honduras, del valor de un peso.
macaco, ca. adj. *Feo, deforme. || m. *Cuadrumano muy parecido a la mona, pero más pequeño.
macadam. m. **Macadán.**
macadamizar. tr. Pavimentar con el macadán.
macadán. m. *Pavimiento de piedra machacada que se comprime con el rodillo.
macagua. f. *Ave rapaz diurna, que habita en los bosques de la América meridional. || *Serpiente venenosa de unos dos metros de largo, propia de Venezuela. || *Árbol de Cuba, de las artocárpeas, cuyo fruto, a manera de bellota sin cáscara, sirve de alimento a los cerdos. || **terciopelo.** *Serpiente venenosa de color negro aterciopelado, propia de Venezuela.
macagüita. f. *Palma espinosa propia de Venezuela.
macana. f. Especie de *machete, hecho con madera dura y filo de pedernales, que usaban los indios americanos. || Garrote grueso. || *Mercancía que queda sin fácil salida. || fig. ***Broma.** || fig. *Mentira, embuste. || Cosa *imperfecta o mal hecha.
macanazo. m. *Golpe dado con la macana.
macanche. adj. *Enfermizo.
macaneador, ra. adj. **Macanero.**
macanero, ra. adj. Que inventa o cuenta macanas.
macanudo, da. adj. Que llama la atención por lo *grande y *extraordinario.
macar. tr. **Magullar.** || r. Empezar a *pudrirse las *frutas por los golpes y magulladuras.
macarelo. m. Hombre *pendenciero.
macareno, na. adj. Vecino del barrio de la Macarena, en Sevilla. Ú. t. c. s. || fam. Guapo, majo, *valentón. Ú. t. c. s.
macareo. m. Intumescencia grande en la desembocadura de ciertos *ríos. || pl. *Mar.* Ventolinas muy variables.
macarro, rra. adj. Hablando de frutas, *podrido.
macarrón. m. *Pasta alimenticia hecha con gluten de trigo, en figura de tubos largos. Ú. m. en pl. || **Mostachón.** || **Arq. Nav.* Extremo de las cuadernas que sale fuera de las bordas del buque. Ú. m. en pl.
macarronea. f. Composición burlesca en *verso, en que se mezclan palabras latinas con otras de una lengua vulgar o se da a éstas apariencia latina.
macarrónicamente. adv. m. De manera macarrónica.
macarrónico, ca. adj. Aplícase a la macarronea, al latín muy defectuoso y a la lengua vulgar usada con gran incorrección.
macasar. m. Nombre de cierto *aceite que se usaba para el *cabello. || *Cubierta de punto, encaje u otra labor que se pone en los respaldos de mecedoras y sillones para que no se ensucien al apoyar en ellos la cabeza.
macaurel. f. *Serpiente de Venezuela, no venenosa.
macazuchil. m. *Planta de las piperáceas, cuyo fruto se empleaba en Méjico para perfumar el *chocolate.
maceador. m. El que macea.
macear. tr. Dar *golpes con el *mazo o la maza. || intr. fig. **Machacar** (insistir con *porfía).
macedón, na. adj. **Macedonio.** Apl. a pers., ú. t. c. s.
macedónico, ca. adj. **Macedonio.**
macedonio, nia. adj. Natural de Macedonia. Ú. t. c. s. || Perteneciente a aquel reino de la Grecia antigua.
macelo. m. ***Matadero.**
maceo. m. Acción y efecto de macear.
maceración. f. Acción y efecto de macerar o macerarse.
maceramiento. m. **Maceración.**
macerar. tr. *Ablandar una cosa, estrujándola, golpeándola o mediante su *inmersión en un líquido. || fig. Mortificar la carne con *penitencias. Ú. t. c. r. || **Farm.* Sumergir en un líquido a la temperatura atmosférica cualquier substancia, para extraer de ella las partes solubles.
macerina. f. **Mancerina.**
macero. m. El que lleva la maza como *insignia de dignidad.
maceta. f. d. de **Maza.** || Empuñadura o *mango de algunas herramientas. || *Martillo grueso con cabeza de dos bocas iguales y mango corto, que usan los canteros.
***maceta.** f. *Vasija de barro cocido, que se llena de tierra y sirve para criar plantas. || Pie de plata u otro metal, para los ramilletes de *flores artificiales que se ponen en los altares. || *Bot.* **Corimbo.**
macetero. m. Armadura o mueble para colocar *macetas de flores.
macetón. m. aum. de **Maceta.**
macfarlán. m. **Macferlán.**
macferlán. m. *Sobretodo con esclavina y sin mangas.
macia. f. **Macis.**
macicez. f. Calidad de macizo.
macilento, ta. adj. *Flaco, descolorido, *triste.
macilla. f. Cubo de la *rueda.
macillo. m. d. de **Mazo.** || Pieza del *piano que hiere la cuerda.
macis. f. Corteza de la nuez moscada.
macizamente. adv. m. Con macicez.
macizar. tr. Henchir o *llenar un hueco con material bien apretado. || intr. Arrojar macizo al agua para *pescar.
macizo, za. adj. *Lleno, sin huecos, *compacto, sólido. Ú. t. c. s. m. || fig. *Firme y bien fundado. || m. Prominencia rocosa, o grupo de *montañas. || fig. Conjunto de construcciones apiñadas. || fig. Masa hecha de sardinas u otros peces triturados, que se arroja al mar para atraer la *pesca. || fig. Agrupación de plantas con que se decoran los cuadros de los *jardines. || *Arq.* Parte de una pared, que está entre dos vanos. || *Mar.* Cuartoncillo de madera que se pone en la madre del *cabrestante entre cada dos guardainfantes.
macla. f. Espadilla para trabajar el *cáñamo.
maco, ca. adj. *Germ.* **Bellaco.**
macoca. f. **Coca** (*golpe que se da en la cabeza con los nudillos).
macolla. f. Conjunto de *tallos, flores o espigas que nacen de un mismo pie.
macollar. intr. **Amacollar.** Ú. t. c. r.
macón. m. *Panal sin miel, reseco. || **Propóleos.**
macona. f. Banasta o *canasto grande.
macor. m. Ritual *hebreo.
macrobia. f. Longevidad.
macrobio, a. adj. Longevo.
macrobiótica. f. Arte de *vivir muchos años.
macrocefalia. f. Calidad de macrocéfalo.
macrocéfalo, la. adj. De *cabeza muy grande.
macrocosmo. m. *Filos.* El *universo considerado como un ser animado semejante al hombre.
macrófilo, la. adj. *Zool.* Dícese de ciertos mamíferos del orden de los *murciélagos.

macroscópico, ca. adj. Que se ve a simple *vista sin auxilio del microscopio.
macruro, ra. adj. *Zool.* Que tiene la *cola muy grande. ‖ Dícese de ciertos *crustáceos decápodos. ‖ Dícese de ciertos *peces teleósteos.
macsura. f. Recinto reservado en una *mezquita para el califa, o destinado a contener el *sepulcro de un santón.
macuache. m. *Indio bozal mejicano.
macuba. f. *Tabaco aromático y de calidad excelente que se cultiva en la Macuba (Martinica). ‖ *Insecto coleóptero que despide un olor almizcleño.
macuca. f. *Planta perenne de las umbelíferas. ‖ *Arbusto silvestre de las rosáceas, parecido al peral. ‖ Fruto de este arbusto.
macuco, ca. adj. **Cuco** (*astuto). ‖ m. *Muchacho grandullón.
mácula. f. ***Mancha.*** ‖ fig. Cosa que deslustra e *infama. ‖ fig. y fam. *Engaño, trampa. ‖ *Astr.* Cada una de las partes obscuras que se observan en el *Sol. ‖ **lútea.** Mancha amarilla en la retina del *ojo.
macular. tr. **Manchar.**
maculatura. f. **Impr.* Pliego mal impreso que se desecha. ‖ Mancha u otro defecto del pliego impreso. ‖ Especie de *papel de trapos.
macuquero. m. El que clandestinamente se dedica a extraer metales de las *minas abandonadas.
macuquino, na. adj. Decíase de la *moneda cortada, de oro o plata.
macuteno. m. *Ladrón ratero.
macuto. m. Mochila de *soldado. ‖ *Cesto cilíndrico, tejido de caña y con una asa en la boca. ‖ Especie de *saco largo y estrecho.
macha. f. *Molusco de mar, comestible.
machaca. f. Instrumento para *machacar. ‖ com. fig. Persona *molesta e *importuna. ‖ **¡Dale, machaca!** expr. fam. con que se reprueba la *obstinación de uno.
machacadera. f. **Machaca.**
machacador, ra. adj. Que machaca. Ú. t. c. s.
*__machacadura.__ f. Acción y efecto de machacar.
*__machacamiento.__ m. Acción y efecto de machacar.
machacante. m. *Soldado destinado a servir a un sargento.
*__machacar.__ tr. Golpear una cosa para quebrantarla o deformarla. ‖ intr. fig. Porfiar sobre una cosa con *importunación.
machacón, na. adj. *Importuno, *prolijo, que repite las cosas. Ú. t. c. s.
machaconería. f. Repetición, insistencia pesada e *importuna.
machada. f. Hato de machos de *cabrío. ‖ fig. y fam. ***Necedad.***
machado. m. *Hacha para cortar madera.
machamartillo (a). m. adv. Con fuerte trabazón y *firmeza.
machaqueo. m. Acción y efecto de *machacar.
machaquería. f. Pesadez, *importunación.
machar. tr. **Machacar.**
machear. intr. *Engendrar los animales más machos que hembras.
machera. f. Criadero de *alcornoques.
machero. m. Planta nueva de *alcornoque.
machero. m. El que cuida de un rebaño de *cabras.
macheta. f. **Destral.**
machetazo. m. *Golpe que se da con el machete.
*__machete.__ m. Arma más corta que la espada, ancha, pesada y con un solo filo. ‖ *Cuchillo grande. ‖ Especie de *guitarra portuguesa.
machetear. tr. **Amachetear.** ‖ intr. **Mar.* Cabecear un buque.
machetero. m. El que desmonta con machete los pasos embarazados con árboles, para abrir *camino. ‖ El que en los ingenios de *azúcar está encargado de cortar las cañas.
machetona. f. *Cuchillo o navaja grande.
machi. com. Curandero o curandera de oficio.
máchica. f. *Harina de maíz tostado que comen los indios del Perú.
machiega. adj. V. **Abeja machiega.**
machihembrar. tr. **Carp.* Ensamblar a caja y espiga o a ranura y lengüeta.
Machín. n. p. m. **Mit.* Cupido o el dios del *amor. ‖ m. Hombre *rústico. ‖ **Mico.**
machina. f. *Cabria de grandes dimensiones. ‖ **Martinete** (para clavar estacas).
machinete. m. **Machete.**
machío, a. adj. p. us. Dícese del vegetal estéril.
macho. m. Animal del *sexo masculino. ‖ ***Mulo.*** ‖ Planta que fecunda a otra de su especie. ‖ Gancho del *broche o corchete que entra y se sujeta en la hembra. ‖ En los *mecanismos, *grifos, etc., pieza que entra dentro de otra. ‖ fig. Hombre *necio. Ú. t. c. adj. ‖ fig. **Maslo** (de la *cola). ‖ fig. y fam. **Casulla** (grano de arroz). ‖ *Arq.* *Pilar de fábrica. ‖ adj. fig. *Fuerte, vigoroso. ‖ **cabrío. Cabrón.** ‖ **de aterrajar.** *Tornillo de acero, con acanaladuras longitudinales, que sirve para abrir tuercas. ‖ **de cabrío. Macho cabrío.** ‖ **del timón.** *Mar.* Cada uno de los pinzotes fijos en la madre del *timón. ‖ **de parada.** El de *cabrío enseñado a estarse quieto para mantener agrupado el rebaño. ‖ **romo. Burdégano.**
macho. m. *Mazo grande que usan los *forjadores. ‖ Banco en que los *herreros tienen el yunque pequeño. ‖ Yunque cuadrado.
*__machón.__ m. *Madero que tiene dieciocho pies de longitud. ‖ → *Arq.* **Macho** (*pilar de fábrica).
machorra. f. Hembra *estéril. ‖ *Oveja que se mata para celebrar una *fiesta.
machorro, rra. adj. Estéril.
machota. f. **Machote** (*mazo).
machota. f. **Marimacho.**
machote. m. despect. Especie de mazo. ‖ **A machote.** m. adv. A golpe de mazo.
machote. m. *Señal que se pone para medir los destajos en las *minas. ‖ *Borrador que se copia, *modelo.
machucador, ra. adj. Que machuca.
machucadura. f. Acción y efecto de machucar.
machucamiento. m. **Machucadura.**
machucar. tr. Herir, *golpear o *machacar.
machucho, cha. adj. *Prudente, juicioso. ‖ Entrado en años; *adulto o *anciano, según los casos.
machuelo. m. d. de **Macho** (*mulo). ‖ **Germen.**
machuno, na. adj. Perteneciente o relativo al macho.
madama. f. Voz francesa de *tratamiento, equivalente a señora.
madamisela. f. **Damisela.**
madapolán. m. *Tela de algodón blanca y de buena calidad.
madefacción. f. **Farm.* Acción y efecto de madeficar.
madeficar. tr. *Farm.* *Humedecer una substancia.
madeja. f. Hilo recogido en vueltas iguales, para que luego se pueda devanar. ‖ fig. **Mata de pelo.** ‖ fig. y fam. Hombre flojo y *perezoso. ‖ **sin cuenda.** fig. y fam. Cualquiera cosa que está muy enredada o *desordenada. ‖ **Hacer madeja.** fr. fig. Dícese de los líquidos *densos o *viscosos que, al gotear, hacen como hilos o hebras.
madejeta. f. d. de **Madeja.**
madejuela. f. d. de **Madeja.**
*__madera.__ f. Materia fibrosa y dura que forma el tronco de los árboles debajo de la corteza. ‖ fig. *Talento o *disposición natural de las personas para determinada actividad. ‖ **Carp.* Pieza de **madera** labrada. ‖ Materia de que se compone el *casco de las caballerías. ‖ **alburente.** La de tejido fofo y blando. ‖ **anegadiza.** La que, echada en el agua, se va a fondo. ‖ **borne.** La quebradiza y difícil de labrar. ‖ **brava.** La dura y saltadiza. ‖ **cañiza.** La que tiene la veta a lo largo. ‖ **de hilo.** La que se labra a cuatro caras. ‖ **del aire.** Asta o *cuerno de cualquier animal. ‖ **de raja.** La que se obtiene por desgaje en el sentido de las fibras. ‖ **de sierra.** La que resulta de subdividir con la sierra la enteriza. ‖ **de trepa.** Aquella cuyas vetas forman ondas y otras figuras. ‖ **en blanco.** La que está labrada y no tiene pintura ni barniz. ‖ **en rollo.** La que no está labrada ni descortezada. ‖ **enteriza.** *Madero escuadrado en que se aprovecha todo lo posible el tronco de un árbol. ‖ **fósil. Lignito.** ‖ **pasmada.** La que tiene atronadura. ‖ **serradiza. Madera de sierra.** ‖ **Aguar la madera.** fr. fig. Echarla al río para que sea transportada por la corriente. ‖ **A media madera.** **Carp.* m. adv. Cortada la mitad del grueso en las piezas que se ensamblan. ‖ **No holgar la madera.** fr. fig. y fam. *Trabajar uno incesantemente. ‖ **Sangrar la madera.** fr. fig. Hacer incisiones en los pinos para obtener la *resina. ‖ **Ser** uno **de mala madera,** o **tener mala madera.** fr. fig. y fam. Ser *perezoso o de condición aviesa.
maderable. adj. Aplícase al *árbol que da madera útil para la construcción.
maderación. f. p. us. **Maderamen.**
maderada. m. Conjunto de *maderos que se transporta por un río.
maderaje. m. Conjunto de maderas que sirven para un edificio u otra obra.
maderamen. m. **Maderaje.**
maderamiento. m. **Enmaderamiento.**
maderería. f. Almacén de *madera.
maderero. m. El que trata en madera. ‖ El que conduce las *armadías. ‖ **Carpintero.**
maderista. m. **Maderero.**
*__madero.__ m. Pieza larga de madera escuadrada o rolliza. ‖ Pieza de madera de hilo destinada a la construcción. ‖ fig. *Embarcación. ‖ fig. y fam. Persona muy *necia. ‖ **barcal.** El rollizo, con doce o más pulgadas de diámetro. ‖ **cachizo. Madero** grueso serradizo. ‖ **de a diez.** El escuadrado que tiene por canto la décima parte de una vara. ‖ **de a ocho.** El escuadrado que tiene por canto la octava parte de una vara. ‖ **de a seis.** El escuadrado que tiene por canto la sexta parte de una vara. ‖ **de cuenta.**

Arq. Nav. Cada una de las piezas de madera sobre que se funda el casco de un buque. ‖ **de suelo.** Viga o vigueta. ‖ **Medio madero.** El que mide diez pies de longitud y una escuadría de diez dedos de tabla por ocho de canto.

maderuelo. m. d. de **Madero.**

madianita. adj. Dícese del individuo de un *pueblo bíblico, descendiente de Madián. Ú. m. c. s. y en pl.

mador. m. Humedad natural que cubre la superficie del cuerpo sin llegar a ser verdadero *sudor.

madoroso, sa. adj. Que tiene mador.

madrás. m. Cierta *tela de seda y algodón.

madrastra. f. Mujer del *padre respecto de los hijos llevados por éste al matrimonio. ‖ fig. Cualquiera cosa *molesta o perjudicial. ‖ *Germ.* **Cárcel.** ‖ *Germ.* **Cadena.**

madraza. f. fam. *Madre demasiado condescendiente con sus hijos.

***madre.** f. Hembra respecto de su hijo o hijos. ‖ Tratamiento que se da a las *monjas. ‖ En los *hospitales y casas de recogimiento, ama de gobierno. ‖ fam. Entre las clases populares, *mujer anciana. ‖ **Matriz.** ‖ fig. *Causa u origen de una cosa. ‖ *Cauce de un río o arroyo. ‖ *Acequia principal. ‖ Alcantarilla o cloaca maestra. ‖ *Heces del vino o vinagre. ‖ *Madero principal que sirve de *apoyo y sujeción. ‖ *Arq. Nav.* Cuartón grueso de madera, que va desde el alcázar al castillo. ‖ **de clavo. Madreclavo.** ‖ **de familia,** o **familias.** Mujer casada o viuda, cabeza de su casa. ‖ **de leche.** ***Nodriza.** ‖ **de niños.** *Pat.* Enfermedad *convulsiva semejante a la alferecía. ‖ **política. Suegra.** ‖ **Madrastra.** ‖ **Dura madre.** *Zool.* **Duramáter** ‖ **Pía madre.** *Zool.* **Piamáter.** ‖ **Ésa es la madre del cordero.** fr. proverb. con que se indica ser una cosa la *causa verdadera, aunque *oculta, de un suceso. ‖ **Sacar de madre** a uno. fr. fig. y fam. *Irritarle, hacerle perder la paciencia. ‖ **Salir,** o **salirse, de madre.** fr. fig. *Exceder de lo acostumbrado.

madrearse. r. **Ahilarse** (hacer hebra).

madrecilla. f. **Huevera** (de las aves).

madreclavo. m. Clavo de *especia que ha estado en el árbol dos años.

madreña. f. **Almadreña.**

madreperla. f. *Concha bivalva, casi redonda, que suele contener *perlas.

madrépora. f. *Pólipo de los mares intertropicales. ‖ Polipero que forma este animal y que llega a constituir *escollos e islas.

madrepórico, ca. adj. Perteneciente o relativo a la madrépora.

madrero, ra. adj. fam. Dícese del *hijo que está muy encariñado con su madre.

madreselva. f. *Mata fruticosa de las caprifoliáceas, con tallos trepadores y flores olorosas de corola amarillenta.

madrigado, da. adj. Aplícase a la mujer *casada en segundas nupcias. ‖ Dícese del *toro que ha padreado. ‖ fig. y fam. Dícese de la persona que tiene mucha *experiencia.

madrigal. m. Composición *poética breve en que se expresa con elegancia y galanura un afecto o pensamiento delicado. ‖ Composición *musical para varias voces, sin acompañamiento, sobre un texto generalmente lírico.

madrigalesco, ca. adj. fig. Elegante y delicado en la expresión de los afectos.

madrigalista. com. Persona que compone madrigales. ‖ Persona que los *canta.

***madriguera.** f. Cuevecilla o *guarida de ciertos animales, especialmente los *conejos. ‖ fig. Lugar retirado donde se *oculta gente de mal vivir.

madrileño, ña. adj. Natural de Madrid. Ú. t. c. s. ‖ Perteneciente a esta villa.

madrilla. f. **Boga** (*pez).

madrillero. f. Instrumento para *pescar pececillos.

***madrina.** f. Mujer que acompaña y asiste a otra persona en el acto de recibir ésta algún sacramento, honor, etc. ‖ fig. La que protege a otra persona. ‖ Poste o *puntal de madera. ‖ **Guarn.* Cuerda o correa con que se enlazan los bocados de las dos caballerías que forman pareja en un tiro. ‖ *Yegua que sirve de guía a una piara de ganado caballar. ‖ Manada pequeña de *ganado manso que sirve para guiar al bravío. ‖ *Arq. Nav.* Pieza de madera con que se refuerza otra.

madrinazgo. m. Acto de asistir como *madrina. ‖ Título, parentesco o cargo de madrina.

madrinero, ra. adj. Dícese del *ganado que sirve de madrina.

madriz. f. desus. **Matriz.**

madrona. f. **Madre** (alcantarilla). ‖ fam. **Madraza.**

madroncillo. m. **Fresa.**

madroñal. m. Sitio poblado de madroños.

madroñera. f. **Madroñal.** ‖ **Madroño** (*arbusto).

madroñero. m. **Madroño** (*arbusto).

madroño. m. *Arbusto de las ericáceas, con tallos de tres a cuatro metros de altura y fruto pequeño, redondo, rojo, de superficie granulosa. Es comestible. ‖ *Fruto de este arbusto. ‖ Borlita de *pasamanería, semejante al fruto del **madroño.**

madroñuelo. m. d. de **Madroño.**

madrugada. f. **Alba** (*amanecer). ‖ Acción de madrugar. ‖ **De madrugada.** m. adv. Al amanecer.

madrugador, ra. adj. Que madruga, que acostumbra levantarse al *amanecer o muy *temprano. Ú. t. c. s.

madrugar. intr. Levantarse al *amanecer o muy *temprano. ‖ fig. Ganar tiempo, *anticiparse. ‖ *Germ.* **Jugar de antuvión.**

madrugón, na. adj. **Madrugador.** ‖ m. Madrugada grande.

maduración. f. Acción y efecto de *madurar.

maduradero. m. Sitio para *madurar las frutas.

madurador, ra. adj. Que hace *madurar.

maduramente. adv. m. Con madurez.

madurante. p. a. de **Madurar.** Que madura.

***madurar.** tr. Dar sazón a los frutos. ‖ fig. *Reflexionar en una idea, un proyecto, etc., hasta preparar su ejecución. ‖ *Cir.* Activar la *supuración en los tumores. ‖ intr. Ir sazonándose los frutos. ‖ fig. *Crecer en edad y *prudencia. ‖ *Cir.* Ir haciéndose la supuración en un *tumor.

madurativo, va. adj. Que tiene virtud de *madurar. Ú. t. c. s. m. ‖ m. fig. y fam. Medio que se aplica para *persuadir a uno o *captarse su voluntad.

***madurez.** f. Sazón de los frutos. ‖ fig. Buen juicio o *prudencia que se adquiere con la *edad.

madureza. f. **Madurez.**

***maduro, ra.** adj. Que está en sazón. ‖ fig. *Prudente, juicioso, sesudo. ‖ Dicho de personas, entrado en años, *adulto.

maesa. f. ***Abeja maesa.** ‖ *Agasajo que tiene que pagar a los compañeros de viaje el forastero que por vez primera va a ciertos pueblos.

maese. m. **Maestro.** ‖ **coral.** Juego de manos de los *prestidigitadores.

maesil. m. **Maestril.**

maesilla. f. Cordel para subir o bajar los lizos de un par de bolillos de *pasamanería. Ú. m. en pl.

maeso. m. ant. **Maestro.**

maestoso. adj. **Mús.* De movimiento pausado y solemne.

***maestra.** f. Mujer que enseña un arte, oficio o ciencia. ‖ Mujer que enseña a las niñas en una escuela. ‖ Mujer del maestro. ‖ Usado con el artículo *la*, *escuela de niñas. ‖ **Abeja maestra.** ‖ fig. Cosa que instruye o enseña. ‖ **Albañ.* Listón de madera que se coloca a plomo u horizontal para que sirva de guía al construir una pared o un *pavimiento. ‖ *Albañ.* **Línea maestra.** ‖ *Albañ.* Hilera de piedras o baldosas para señalar la superficie que se ha de solar.

maestral. adj. Perteneciente al maestre o al maestrazgo. ‖ **Magistral.** ‖ *Mar.* V. **Viento maestral.** Ú. t. c. s. ‖ m. **Maestril.**

maestralizar. intr. **Mar.* En el Mediterráneo, declinar la *brújula hacia el punto de donde viene el viento maestral.

maestralmente. adv. m. Con maestría.

maestrante. m. *Caballero de una maestranza.

maestranza. f. Sociedad de *caballeros, cuyo instituto era ejercitarse en la *equitación. ‖ Conjunto de los talleres donde se construyen los montajes para las piezas de *artillería. ‖ Conjunto de operarios que trabajan en dichos talleres.

maestrazgo. m. Dignidad de maestre de cualquiera de las *órdenes militares*. ‖ *Territorio de la jurisdicción del maestre.

maestre. m. Superior de cualquiera de las *órdenes militares*. ‖ **Mar.* Persona a quien después del capitán correspondía el gobierno económico de las embarcaciones. ‖ **Coral. Maese Coral.** ‖ **de campo.** *Oficial de grado superior en la milicia, en lo antiguo. ‖ **de campo general.** *Oficial superior en la milicia, que tenía el mando de los ejércitos. ‖ **de hostal.** En la casa *real de Aragón, persona que cuidaba del gobierno económico. ‖ **de jarcia.** **Mar.* El encargado de la jarcia en los buques. ‖ **de plata.** El que en los buques de Indias tenía a su cargo la recepción y entrega de la plata. ‖ **de raciones,** o **de víveres.** El encargado de la provisión y distribución de los víveres en los buques de la *armada. ‖ **racional.** Ministro *real de la corona de Aragón que tenía la razón de la *Hacienda.

maestrear. tr. Intervenir como *mestro en una operación. ‖ *Podar la *vid, dejando el sarmiento un palmo de largo. ‖ **Albañ.* Hacer las maestras en una pared. ‖ intr. fam. Hacer de maestro.

maestreescuela. m. **Maestrescuela.**

maestresala. m. *Criado principal

que asistía a la mesa de un señor.
maestrescolía. f. Dignidad de maestrescuela.
maestrescuela. m. Dignidad de algunas iglesias catedrales, que tenía la misión de enseñar las ciencias *eclesiásticas. ‖ En algunas *universidades, **cancelario.**
maestría. f. Arte y destreza de *enseñar o *habilidad en ejecutar una cosa. ‖ Título de *maestro. ‖ En las *comunidades, dignidad o grado de maestro. ‖ **de la cámara.** Cierto empleo del antiguo palacio real.
maestril. m. Celdilla del panal donde termina su metamorfosis la *abeja maesa.
maestrillo. m. d. de **Maestro.**
***maestro, tra.** adj. Dícese de la obra excelente o *perfecta en su clase. ‖ *Principal. ‖ fig. Dícese del animal *amansado o adiestrado. ‖ V. **Abeja maestra.** Ú. t. c. s. ‖ → m. El que enseña una ciencia, arte u oficio. ‖ El que es práctico o *experto en una materia. ‖ Título que en las *comunidades se da a los encargados de enseñar. ‖ El que está aprobado en un oficio mecánico o lo ejerce públicamente. ‖ El que tenía el grado mayor en filosofía, conferido por una *universidad. ‖ Compositor de *música. ‖ *Mar.* Palo mayor de una *arboladura. ‖ **aguañón. Maestro** constructor de obras *hidráulicas. ‖ **concertador.** *Mús.* El que enseña o repasa a cada uno de los *cantantes la parte de música que les corresponde en un conjunto vocal. ‖ **de aja.** p. us. **Carpintero de ribera.** ‖ **de armas.** El que enseña el arte de la *esgrima. ‖ **de balanza. Balanzario.** ‖ **de caballería.** Jefe de los soldados de a caballo. ‖ **de capilla.** Profesor que compone y dirige la música que se *canta en los templos. ‖ **de ceremonias.** El que advierte las *ceremonias que deben observarse en el *culto, en la corte *real, etc. ‖ **de *cocina.** Cocinero mayor. ‖ **de coches.** Constructor de *coches. ‖ **de hacha. Carpintero de ribera.** ‖ **de hostal. Maestre de hostal.** ‖ **de los caballeros. Maestro de caballería.** ‖ **del sacro palacio.** Uno de los empleados de la *curia romana, encargado de examinar los *libros que se han de publicar. ‖ **de novicios.** Religioso que en las *comunidades enseña a los novicios. ‖ **de obra prima.** *Zapatero de nuevo. ‖ **de obras.** Maestro de *albañil que cuida de la construcción material de un edificio bajo el plan del arquitecto. ‖ **de ribera. Maestro aguañón.** ‖ **en artes.** Licenciado en filosofía. ‖ **mayor.** El que tiene la dirección en las obras públicas de un pueblo.
magallánico, ca. adj. Perteneciente o relativo al estrecho de Magallanes.
magancear. intr. *Holgazanear, remolonear.
magancería. f. *Engaño, fraude.
magancés. adj. fig. *Traidor, *perverso.
magancia. f. **Magancería.**
maganciero, ra. adj. **Magancés.**
maganel. m. *Artill.* Máquina para batir murallas.
maganto, ta. adj. Triste, *enfermizo.
maganzón, na. adj. fam. **Mangón** (*perezoso). Ú. m. c. s.
magaña. f. **Legaña.**
magaña. f. Ardid, *astucia. ‖ Defecto de fundición en el ánima de un cañón de *artillería.
magañoso, sa. adj. **Legañoso.**
magarza. f. **Matricaria.**
magarzuela. f. **Manzanilla hedionda.**
magdalena. f. *Bollo pequeño de varias formas, hecho de masa de bizcocho. ‖ fig. Mujer muy *arrepentida de sus pecados. ‖ pl. *Monjas de la orden de Santa María Magdalena. ‖ **Estar hecha una Magdalena.** fr. fam. Estar desconsolada y *llorosa.
magdaleón. m. *Farm.* Rollito largo y delgado de emplasto.
***magia.** f. Ciencia oculta que pretende realizar cosas extraordinarias y admirables. ‖ fig. *Atractivo con que una cosa deleita y suspende. ‖ **blanca,** o **natural.** La que obra por medio de causas naturales. ‖ **negra.** Arte supersticioso que pretende obrar maravillas con ayuda del demonio.
magiar. adj. Dícese del individuo de un *pueblo que habita en Hungría y Transilvania. Ú. m. c. s. ‖ Perteneciente a los **magiares.** ‖ m. *Lengua hablada por los **magiares.**
mágica. f. **Magia.** ‖ Mujer que profesa y ejerce la *magia. ‖ **Encantadora.**
***mágico, ca.** adj. Perteneciente a la *magia. ‖ Maravilloso, *portentoso. ‖ m. El que profesa y ejerce la *magia. ‖ **Encantador.**
magín. m. fam. ***Imaginación.**
magismo. m. Ejercicio del poder de los magos.
magisterial. adj. Perteneciente al magisterio.
magisterio. m. *Enseñanza y gobierno que ejerce el maestro. ‖ Título o grado de maestro. ‖ Cargo o profesión de maestro. ‖ Conjunto de los maestros de un territorio, nación, etc. ‖ *Alquim.* Precipitado. ‖ fig. Gravedad *afectada en hablar o en hacer una cosa.
***magistrado.** m. Funcionario superior y especialmente ministro de justicia. ‖ Dignidad o empleo de juez o ministro superior. ‖ Miembro de una sala de audiencia o del Tribunal Supremo de Justicia.
magistral. adj. Perteneciente al ejercicio del magisterio. ‖ Dícese de lo que se hace con maestría o con afectación de maestría. ‖ V. ***Canónigo magistral.** Ú. t. c. s. ‖ Dícese de la canonjía perteneciente al canónigo **magistral.** Ú. t. c. s. ‖ Aplícase a ciertos instrumentos que por su perfección y exactitud sirven de contraste o *modelo para los ordinarios de su especie. ‖ m. *Farm.* Medicamento que sólo se prepara por prescripción facultativa. ‖ *Metal.* Cierto fundente para beneficiar los minerales de *plata.
magistralía. f. fam. Canonjía perteneciente al canónigo magistral.
magistralmente. adv. m. Con maestría. ‖ Con tono de maestro.
magistratura. f. Oficio y dignidad de *magistrado. ‖ Conjunto de los magistrados.
magma. m. *Residuo que deja un cuerpo exprimido para sacarle el zumo. ‖ *Geol.* Masa mineral en estado pastoso, que se halla en el interior de la Tierra. ‖ *Masa espesa.
magnánimamente. adv. m. Con magnanimidad.
magnanimidad. f. *Nobleza, *liberalidad y elevación de ánimo.
magnánimo, ma. adj. Que tiene magnanimidad.
magnate. m. Persona muy ilustre y principal por su *dignidad o *poder.
magnesia. f. *Quím.* Óxido de magnesio.
magnesiano, na. adj. *Quím.* Que contiene magnesia.
magnésico, ca. adj. *Quím.* Perteneciente o relativo al magnesio.
magnesífero, ra. adj. *Miner.* Que contiene magnesia.
magnesio. m. *Metal de color y brillo semejantes a los de la plata, y algo más pesado que el agua. Arde en el aire con una luz clara y muy brillante.
magnesita. f. **Espuma de mar.**
***magnético, ca.** adj. Perteneciente a la piedra *imán. ‖ Que tiene las propiedades del imán. ‖ Perteneciente o relativo al magnetismo animal.
***magnetismo.** m. Virtud atractiva de la piedra imán. ‖ Conjunto de fenómenos producidos por cierto género de corrientes eléctricas. ‖ **animal.** ***Hipnotismo.** ‖ **terrestre.** Acción que ejerce la Tierra sobre las agujas imanadas.
magnetización. f. Acción y efecto de magnetizar.
magnetizador, ra. m. y f. Persona o cosa que magnetiza.
magnetizar tr. Comunicar a un cuerpo el *magnetismo. ‖ Producir intencionadamente en otra persona fenómenos de *hipnotismo.
magneto. m. Generador de *electricidad de alto potencial, principalmente usado en los *automóviles.
magnetoeléctrico, ca. adj. *Fís.* Perteneciente o relativo al magnetismo y a la electricidad.
magnetofón. m. **Magnetófono.**
magnetofónico, ca. adj. Perteneciente o relativo al magnetófono.
magnetófono. m. *Radio.* Aparato que transforma el sonido en impulsos electromagnéticos e imanta un alambre o cinta de acero que pasa a gran velocidad. Invertido el proceso se obtiene la reproducción del sonido.
magnetoterapia. f. *Terap.* Tratamiento por medio del magnetismo.
magnificador, ra. adj. Que magnifica.
magníficamente. adv. m. Con magnificencia. ‖ Perfectamente, muy bien.
magnificar. tr. Engrandecer, *enaltecer, alabar. Ú. t. c. r.
magníficat. m. *Liturg.* Cántico que se reza o canta al final de las vísperas. ‖ **Venir** una cosa **como magníficat a maitines.** fr. fig. y fam. Suceder con *inoportunidad.
***magnificencia.** f. Aliento y generosidad para grandes empresas. ‖ Ostentación, fausto, grandeza.
magnificentísimo, ma. adj. sup. de **Magnífico.**
magnífico, ca. adj. Que revela *magnificencia. ‖ *Excelente, admirable. ‖ *Título de honor.
magnitud. f. Tamaño, *dimensión, *grandeza de un cuerpo. ‖ fig. Excelencia o *importancia de una cosa. ‖ *Astr.* Tamaño aparente de las *estrellas por efecto de la mayor o menor intensidad de su brillo.
magno, na. adj. **Grande.** ‖ *Ilustre, famoso.
magnolia. f. Árbol de las magnoliáceas, de quince a treinta metros de altura y copa siempre verde. Sus flores, grandes, blancas y de forma globosa son de olor excelente. ‖ Flor de este árbol.
magnoliáceo, a. adj. *Bot.* Dícese de árboles y arbustos dicotiledóneos, cuyo tipo es la magnolia. Ú. t. c. s. f. ‖ f. pl. *Bot.* Familia de estas plantas.
mago, ga. adj. Individuo de la clase *sacerdotal en la religión zoroástrica. Ú. t. c. s. ‖ Que ejerce la *magia. Ú. t. c. s. ‖ Dícese de los tres *reyes que fueron a adorar a

*Jesucristo recién nacido. Ú. t. c. s.
magosta. f. **Magosto.**
magosto. m. *Hoguera para asar castañas en el campo. || *Castañas asadas de este modo.
magote. m. Especie de *mono pequeño.
magra. f. Lonja de *jamón.
magrez. f. Calidad de magro.
magro, gra. adj. *Flaco y con poca o ninguna grasa. || m. fam. *Carne **magra** del cerdo.
magrura. f. **Magrez.**
maguer. *conj. advers. **Aunque.**
maguera. conj. **Maguer.**
magüeto, ta. m. y f. **Novillo, lla.**
maguey. m. ***Pita** (planta).
maguillo. m. *Manzano silvestre.
magujo. m. **Arq. Nav.* **Descalcador.**
magulladura. f. **Magullamiento.**
magullamiento. m. Acción y efecto de magullar o magullarse.
magullar. tr. *Comprimir o golpear violentamente, causando *contusión, pero no herida. Ú. t. c. r.
maguntino, na. adj. Natural de Maguncia. Ú. t. c. s. || Perteneciente a esta ciudad de Alemania.
maharrana. f. *Tocino fresco.
maherimiento. m. ant. Acción y efecto de maherir.
maherir. tr. *Preparar, *buscar.
***mahometano, na.** adj. Que profesa la secta de Mahoma. Ú. t. c. s. || Perteneciente a Mahoma o a su secta.
mahomético, ca. adj. **Mahometano.**
mahometismo. m. Secta de Mahoma.
mahometista. adj. **Mahometano.** Ú. t. c. s. || Dícese del mahometano bautizado que vuelve a su antigua religión. Ú. t. c. s.
mahometizar. intr. Profesar el mahometismo.
mahón. m. *Tela fuerte de algodón.
mahona. f. Especie de *embarcación turca de transporte.
mahonés, sa. adj. Natural de Mahón. Ú. t. c. s. || Perteneciente a esta ciudad.
mahonesa. f. *Planta de las coníferas. || *Salsa espesa que se hace con yemas de huevo y aceite crudo, y se sazona con sal y vinagre.
maicería. f. Establecimiento en que se vende *maíz.
maicero. m. El que vende *maíz.
maicillo. m. *Planta de las gramíneas, muy parecida al mijo. El fruto es muy nutritivo.
maído. m. **Maullido.**
maílla. f. Fruto del maíllo.
maíllo. m. **Maguillo.**
maimón. m. **Mico.** || Especie de *sopa con aceite, que se hace en Andalucía. Ú. m. en pl.
maimonismo. m. Sistema *filosófico de Maimónides.
mainel. m. Miembro arquitectónico, largo y delgado, que divide verticalmente un hueco en dos un *vano.
maitén. m. *Árbol chileno, de las celastríneas.
maitencito. m. En Chile, *juego de muchachos parecido al de la gallina ciega.
maitinada. f. **Alborada.**
maitinante. m. En las catedrales, clérigo que tiene la obligación de asistir a maitines.
maitinario. m. **Liturg.* Libro que contiene el rezo de maitines.
maitines. m. pl. **Liturg.* Primera de las horas canónicas que se reza antes de amanecer.
***maíz.** m. Planta gramínea, con el tallo grueso, de uno a tres metros de altura y cuyos frutos son unas mazorcas con granos gruesos y amarillos muy nutritivos. || Grano de esta planta. || **de Guinea. Maíz morocho.** || **Zahína.** || **morocho.** Planta gramínea, que produce unas simientes gruesas, comestibles, con las cuales se preparan diversos alimentos y bebidas. || Fruto de esta planta. || **negro. Panizo de Daimiel.**
maizal. m. Tierra sembrada de maíz.
maja. f. Mano de *almirez.
majá. m. *Serpiente de color amarillento, que alcanza dos metros de largo. No es venenosa.
majada. f. Lugar o paraje que sirve de *aprisco al ganado y de albergue a los pastores. || *Excremento de los animales. || **Braña.** || Manada o hato de *ovejas.
majadal. m. Lugar de *pasto para ovejas y ganado menor. || **Majada** (*aprisco).
majadear. intr. Hacer noche el ganado en una majada. || **Abonar** (la tierra).
majadería. f. Dicho o hecho *necio e impertinente.
majaderico. m. Especie de guarnición que se usaba en los *vestidos. || **Majaderillo.**
majaderillo, to. m. **Bolillo** (de hacer *encaje).
majadero, ra. adj. fig. *Necio y porfiado. Ú. t. c. s. || m. *Mazo o pértiga para majar. || **Majaderillo.** || Mano de *almirez o mortero.
majado. m. *Trigo o *maíz que se tritura y se come guisado de distintas maneras. || Postre o *guiso hecho de este maíz o trigo.
majador, ra. adj. Que maja. Ú. t. c. s.
majadura. f. Acción y efecto de majar.
majagranzas. m. fig. y fam. Hombre *necio e importuno.
majagua. f. *Árbol americano de las malváceas, de cuya corteza se hacen sogas de mucha duración.
majagual. m. Terreno poblado de majaguas.
majagüero. m. El que tiene por oficio sacar tiras de la majagua, para hacer *sogas.
majal. m. Banco de *peces.
majamiento. m. **Majadura.**
majanillo. m. Gesto, *ademán.
majano. m. Montón de *guijarros que se forma en las tierras de labor o en las encrucijadas y *lindes.
majar. tr. ***Machacar.** || fig. y fam. *Molestar, *importunar.
majareta. adj. fam. Dícese del que tiene algo perturbadas sus facultades *mentales. Ú. t. c. s.
majencar. tr. Cavar las *viñas.
majencia. f. fam. **Majeza.**
majería. f. Conjunto o reunión de majos.
majestad. f. Condición o aspecto de una persona o cosa que inspira *admiración y *respeto. || Título o *tratamiento que se da a Dios, y también a *soberanos y reyes. || **Su Divina Majestad.** ***Dios.**
majestoso, sa. adj. **Majestuoso.**
majestuosamente. adv. m. Con majestad.
majestuosidad. f. Calidad de majestuoso.
majestuoso, sa. adj. Que tiene majestad.
majeza. f. fam. Calidad de majo. || fam. Ostentación de esta calidad.
majo, ja. adj. Dícese de la persona ordinaria que en su porte y acciones hace *ostentación de *gallardía y *valor. Ú. t. c. s. || fam. *Adornado, compuesto, lujoso. || fam. Lindo, *hermoso.
majolar. m. Sitio poblado de majuelos.
majoleta. f. Fruto del majoleto.
majoleto. m. **Marjoleto.**
majorca. f. **Mazorca.**
majuela. f. Fruto del majuelo.
majuela. f. *Correa con que se atan los *zapatos.
majuelo. m. *Espino de hojas cuneiformes, que da un fruto rojo, dulce y de un solo huesecillo redondeado. || *Viña nueva que ya da fruto. || *Cepa nueva.
majzén. m. En Marruecos, *gobierno o autoridad suprema.
***mal.** adj. Apócope de ***Malo.** || m. Negación del bien; lo contrario al bien. || *Daño moral o material. || *Desgracia. || *Enfermedad. || **caduco. Mal de corazón.** || **de Bright.** Nefritis. || **de corazón. Epilepsia.** || **de la rosa. Pelagra.** || **de la tierra. Nostalgia.** || **de Loanda. Loanda.** || **de madre. Histerismo.** || **de ojo.** Supuesto influjo maléfico que por arte de *hechicería, ejerce una persona sobre otra mirándola de cierta manera. || **de orina.** Enfermedad en el aparato *urinario. || **de piedra.** El que resulta de la formación de cálculos en las vías *urinarias. || **de San Antón. Fuego de San Antón.** || **de San Lázaro. Elefancía.** || **francés. Gálico.** || **De mal a mal.** m. adv. **Mal a mal.** || **Echar a mal.** fr. *Despreciar una cosa. || *Desperdiciar, malgastar. || **Echar a mala parte.** || **Hacer mal** a uno. fr. Perseguirle, procurarle *daño y molestia. || **Hacer mal** una cosa. fr. Ser *perjudicial. || **Llevar** uno **a mal** una cosa. fr. *Quejarse de ella. || **Mal a mal.** m. adv. **Por fuerza.** || **¡Mal haya!** exclam. imprecatoria. || **Parar en mal.** fr. Tener un fin *desgraciado. || **Tomar** uno **a mal** una cosa. fr. **Llevarla a mal.**
***mal.** adv. m. Contrariamente a lo debido o deseado. || De manera desfavorable o *adversa. || **Difícilmente.** || Insuficientemente o en proporción *escasa. || **De mal en peor.** m. adv. Cada vez más *desacertada e infaustamente. || **Mal que bien.** loc. adv. De buena o de mala gana; bien o **mal** hecho.
mala. f. Valija del *correo de Francia y de Inglaterra. || Este mismo correo. || *Buque correo.
mala. f. **Malilla** (naipe).
malabar. adj. Natural de Malabar. Ú. t. c. s. || Perteneciente a este país del Indostán. || Dícese de ciertos juegos de destreza, equilibrio, *prestidigitación, etc. || m. *Lengua de los malabares.
malabárico, ca. adj. **Malabar.**
malabarista. com. *Histrión o *prestidigitador que hace juegos malabares.
malacate. m. Máquina a manera de *cabrestante, con el tambor en lo alto, que se usa en las *minas para sacar minerales y agua. || **Huso** (para hilar).
malacia. f. *Med.* Perversión del *apetito, que lleva a *comer materias impropias para la nutrición.
malacitano, na. adj. **Malagueño.** Apl. a pers., ú. t. c. s.
malacología. f. Parte de la zoología, que trata de los *moluscos.
malacológico, ca. adj. Perteneciente o relativo a la malacología.
malaconsejado, da. adj. Que obra con *error, llevado de malos consejos. Ú. t. c. s.
malacopterigio, gia. adj. *Zool.* Dícese de los *peces de esqueleto óseo, mandíbula superior móvil y branquias pectiniformes. Ú. t. c. s. m. || **abdominal.** *Zool.* El que

tiene un par de aletas detrás del abdomen. || m. pl. *Zool.* Orden de estos peces. || **ápodo.** *Zool.* El que carece de aletas abdominales. || m. pl. *Zool.* Orden de estos peces. || **subranquial.** *Zool.* El que tiene las aletas abdominales debajo de las branquias y articuladas con la base de las torácicas. || m. pl. *Zool.* Orden de estos peces.

malacostumbrado, da. adj. Que tiene malos hábitos y costumbres *inmorales. || Que está muy mimado.

malacuenda. f. **Harpillera.** || Hilaza de *estopa.

malafa. f. **Almalafa.**

málaga. m. fig. *Vino dulce que se elabora con la uva de Málaga.

malagana. f. fam. Desfallecimiento, *desmayo.

malagaña. f. *Armazón de palos hincados en tierra y enlazados por lo alto, que se emplea para enjambrar *abejas.

malagueña. f. *Canción popular de la provincia de Málaga.

malagueño, ña. adj. Natural de Málaga. Ú. t. c. s. || Perteneciente a esta ciudad.

malagueta. f. Fruto de un árbol tropical, de las mirtáceas, que se emplea como *condimento. || Árbol que da este fruto.

malamente. adv. m. **Mal.**

malandante. adj. *Desgraciado, infeliz.

malandanza. f. Mala fortuna,*desgracia.

malandar. m. *Cerdo que no se destina para entrar en vara.

malandrín, na. adj. Maligno, *perverso, *vil. Ú. t. c. s.

malaquita. f. Carbonato de *cobre, concrecionado, de hermoso color verde, susceptible de pulimento. || **azul.** Bicarbonato de *cobre de color azul de Prusia, de textura cristalina o fibrosa. || **verde. Malaquita.**

malar. adj. *Zool.* Perteneciente a la *mejilla. || m. *Zool.* **Pómulo.**

malaria. f. *Pat.* *Fiebre infecciosa, cuyo vehículo de contagio son ciertos mosquitos.

malatería. f. Antiguamente, hospital de *leprosos.

malatía. f. Gafedad, *lepra.

malato, ta. adj. Gafo, *leproso. Ú. t. c. s.

malavenido, da. adj. Mal avenido.

malaventura. f. Desventura, *desgracia.

malaventurado, da. adj. Infeliz, *desgraciado.

malaventuranza. f. *Desgracia, infortunio.

malavez. adv. m. ant. **Apenas.**

malaxación. f. Acción y efecto de malaxar.

malaxar. tr. *Terap.* *Amasar o sobar una substancia o una parte del cuerpo.

malayo, ya. adj. Dícese del individuo de piel muy morena, nariz aplastada y ojos grandes, perteneciente a una *raza que se halla esparcida en la península de Malaca, en la Oceanía Occidental. Ú. t. c. s. || Perteneciente a los **malayos.** || m. *Lengua **malaya.**

malbaratador, ra. adj. Que malbarata. Ú. t. c. s.

malbaratar. tr. *Vender la hacienda con *depreciación o *malgastarla.

malbaratillo. m. **Baratillo.**

malbarato. m. *Derroche, prodigalidad.

malcarado, da. adj. Que tiene mala *cara o aspecto *feo y repulsivo.

malcasado, da. adj. Dícese del consorte que comete *adulterio.

malcasar. tr. Casar a una persona sin las circunstancias que aseguran la felicidad del *matrimonio. Ú. t. c. r.

malcaso. m. *Traición, acción infame.

malcocinado. m. Menudo de las reses de *matadero. || Sitio donde se vende.

malcomer. tr. *Comer escasamente o manjares de mala calidad.

malcomido, da. adj. Poco alimentado.

malconsiderado, da. adj. **Desconsiderado.**

malcontado. m. *Cont.* Cantidad que se da a los tesoreros y contadores como compensación por el quebranto de moneda.

malcontentadizo, za. adj. **Descontentadizo.**

malcontento, ta. adj. *Descontento o disgustado. || Revoltoso, que promueve *disturbios. Ú. t. c. s. || m. Juego de *naipes que consiste en trocar los jugadores entre sí las cartas. Pierde el que al fin se queda con la inferior.

malcoraje. m. **Mercurial** (planta).

malcorte. m. Aprovechamiento ilegal de un *monte.

malcriado, da. adj. Falto de buena educación, *descortés.

malcriar. tr. Educar mal a los hijos, o con excesiva *condescendencia.

***maldad.** f. Calidad de malo. || Acción mala e *injusta.

maldecido, da. adj. Aplícase a la persona *perversa. Ú. t. c. s.

maldecidor, ra. adj. *Murmurador. Ú. t. c. s.

***maldecir.** tr. Echar *maldiciones. || intr. *Murmurar en descrédito de alguno.

maldiciente. p. a. de **Maldecir.** Que maldice.

***maldición.** f. Imprecación contra una persona o cosa. || **Caer la maldición a** uno, fr. fam. Cumplirse la que le han echado.

maldispuesto, ta. adj. **Indispuesto** (algo *enfermo). || Que no tiene la disposición de ánimo conveniente para una cosa.

maldita. f. fam. ***Lengua.** || **Soltar** uno **la maldita.** fr. fam. Decir con *desenvoltura o *descaro lo que se siente.

malditamente. adv. m. fam. Muy mal.

***maldito, ta.** p. p. irreg. de **Maldecir.** || adj. *Perverso. || *Condenado y castigado por la justicia divina. Ú. t. c. s. || De *mala calidad. || fam. **Ninguno.**

maleabilidad. f. Calidad de maleable.

maleable. adj. Aplícase a los *metales que pueden batirse y extenderse en *láminas delgadas.

maleador, ra. adj. **Maleante.** Ú. t. c. s.

maleante. p. a. de **Malear.** Que malea. || *Delincuente o persona de mala conducta. Ú. t. c. s.

malear. tr. *Dañar, echar a perder. Ú. t. c. r. || fig. *Pervertir a uno. Ú. t. c. r.

***malecón.** m. Murallón o terraplén para contener las aguas.

maledicencia. f. Acción de maldecir o *murmurar.

maleficencia. f. Hábito de hacer mal, *perversidad.

maleficiar. tr. Causar *daño a una persona o cosa. || Dañar por arte de *hechicería.

maleficio. m. *Daño causado por arte de *hechicería. || Práctica *mágica empleada para causarlo. || **Desligar el maleficio.** fr. Deshacer el destinado a impedir la *generación.

maléfico, ca. adj. Que perjudica a otro con maleficios. || Que ocasiona *daño. || m. **Hechicero.**

maleiforme. adj. *Bot.* Que tiene forma de *martillo.

malejo, ja. adj. d. de **Malo.**

malencólico, ca. adj. **Melancólico.**

malentrada. f. Cierto derecho que pagaba el preso al entrar en la *cárcel.

maleolar. adj. *Zool.* Perteneciente o relativo al maléolo.

maléolo. m. *Zool.* **Tobillo.**

malestar. m. Desazón, *molestia, incomodidad indefinible.

***maleta.** f. Cofre pequeño para llevar a mano el que va de viaje ropas y efectos. || **Manga** (maleta abierta por los extremos). || *Germ.* *Ramera que acompaña a un rufián. || m. fam. El que practica con *torpeza o desacierto su profesión. || *Germ.* *Ladrón que para robar se hace encerrar en algún cofre o bulto. || **Hacer** uno **la maleta.** fr. fig. y fam. Disponer lo necesario para un *viaje. || Preparar su *partida. || **Largar,** o **soltar,** uno **la maleta.** fr. fig. **Morir.**

maletero. m. El que tiene por oficio hacer o vender maletas. || *Ganapán que se dedica a transportar maletas.

maletín. m. d. de **Maleta.** || **de grupa.** El que usa la caballería del *ejército.

maletón. m. aum. de **Maleta.**

malevolencia. f. Mala voluntad, *aborrecimiento. || *Perversidad.

malévolo, la. adj. Inclinado a hacer mal, *perverso. Ú. t. c. s.

***maleza.** f. Abundancia de hierbas perjudiciales en los sembrados. || Espesura de arbustos silvestres.

malformación. f. **Med.* *Deformidad congénita.

malgache. adj. Natural de la isla de Madagascar. Ú. t. c. s. || Perteneciente a esta isla.

malgama. f. *Quím.* **Amalgama.**

malgastador, ra. adj. Que malgasta. Ú. t. c. s.

***malgastar.** tr. Emplear mal o con exceso el dinero, el tiempo u otras cosas.

malhablado, da. adj. *Descarado o soez en el *hablar. Ú. t. c. s.

malhadado, da. adj. Infeliz, *desgraciado.

malhecho, cha. adj. Aplícase a la persona *deforme. || m. Acción torpe o *perversa.

malhechor, ra. adj. Que comete un *delito, y especialmente que los comete por hábito. Ú. t. c. s.

malherir. tr. *Herir gravemente.

malhojo. m. Parte que se desecha del *follaje de las plantas.

malhumorado, da. adj. Que tiene malos *humores. || Que está de mal *temple.

malicia. f. ***Maldad.** || Inclinación a lo malo. || *Perversidad. || *Disimulo y bellaquería con que se hace o dice una cosa. || Interpretación desfavorable, *tergiversación voluntaria. || Calidad que hace *perjudicial una cosa. || Penetración, sutileza, *talento. || fam. *Sospecha.

maliciable. adj. Que puede maliciarse.

maliciador, ra. adj. p. us. Que malicia.

maliciar. tr. *Sospechar algo con malicia. Ú. t. c. r. || **Malear.**

maliciosamente. adv. m. Con malicia.

malicioso, sa. adj. Que por malicia

*tergiversa las cosas. Ú. t. c. s. ‖ Que contiene malicia.

málico, ca. adj. **Quím.* Dícese de un ácido que se encuentra en algunos vegetales y especialmente en la *manzana.

malignamente. adv. m. Con malignidad.

malignante. p. a. de **Malignar.** Que maligna.

malignar. tr. Viciar, *corromper, *pervertir. ‖ fig. Hacer mala una cosa. ‖ r. *Corromperse, empeorarse.

malignidad. f. Propensión a pensar u obrar mal; *perversidad. ‖ Calidad de maligno.

maligno, na. adj. Propenso a pensar u obrar mal, *perverso. Ú. t. c. s. ‖ De índole perniciosa.

malilla. f. Carta que en algunos juegos de *naipes forma parte del estuche. ‖ En el rentoy, el dos de cada palo. ‖ Juego de *naipes en que la carta superior es el nueve. ‖ **abarrotada. Malilla** en que gana o pierde el número de tantos que se hacen en más o en menos de veinticuatro.

malingrar. tr. p. us. **Malignar.**

malino, na. adj. fam. **Maligno.**

malintencionado, da. adj. Que tiene mala intención; *perverso. Ú. t. c. s.

malmandado, da. adj. *Desobediente, o que hace las cosas de mala gana. Ú. t. c. s.

malmaridada. adj. Dícese de la mujer que comete *adulterio. Ú. t. c. s.

malmeter. tr. Malbaratar, *malgastar. ‖ *Incitar, inducir a uno a hacer cosas malas. ‖ **Malquistar.**

malmirado, da. adj. Malquisto, *desacreditado. ‖ *Descortés.

***malo, la.** adj. Que carece de la bondad, utilidad u otra cualidad que debe tener. ‖ Dañoso o *perjudicial para la salud. ‖ Que se opone a la razón o a la ley, *ilícito. ‖ Que es de costumbres *inmorales. Ú. t. c. s. ‖ ***Enfermo.** ‖ **Dificultoso.** ‖ *Desagradable, *molesto. ‖ fam. *Travieso, enredador. ‖ fam. Bellaco, *astuto, *perverso. ‖ Deslucido, *deteriorado. ‖ Usado con el artículo neutro *lo* y el verbo *ser*, significa lo que ofrece *dificultad o *impedimento para algún fin. ‖ Usado como interjección, sirve para indicar *reprobación o *sospecha. ‖ m. **El malo.** El *demonio. Ú. m. en pl. ‖ **A malas.** m. adv. Con *enemistad. ‖ **De malas.** m. adv. Con *desgracia. ‖ **Por malas o por buenas.** loc. adv. A la fuerza o voluntariamente.

maloca. f. *Invasión en tierra de indios. ‖ **Malón** (invasión, correría).

malogramiento. m. **Malogro.**

***malograr.** tr. Perder, desaprovechar una cosa. ‖ r. Frustrarse una pretensión. ‖ No llegar una persona o cosa a su natural desarrollo.

***malogro.** m. Efecto de malograrse una cosa.

maloja. f. **Malojo.**

malojal. m. Plantío de malojos.

malojero. m. El que vende maloja.

malojo. m. Planta del *maíz para pasto de caballerías.

maloliente. adj. Que exhala *fetidez o mal olor.

malón. m. Irrupción o *correría de indios. ‖ fig. Felonía o *traición. ‖ **Dar malón.** fr. En la *guerra, sorprender al enemigo.

maloquear. intr. Tratándose de indios, hacer *correrías.

malparanza. f. Menoscabo o *daño de una cosa.

malparar. tr. *Maltratar, poner en mal estado.

malparida. f. Mujer que ha poco ha tenido un *aborto.

malparir. tr. ***Abortar.**

malparto. m. ***Aborto.**

malpasar. intr. Vivir con estrechez o *pobreza.

malpensado, da. adj. Que piensa mal de las cosas o personas.

malpigiáceo, a. adj. **Bot.* Dícese de plantas dicotiledóneas, arbustos o arbolillos, cuyo tipo es el chaparro. Ú. t. c. s. f. ‖ f. pl. *Bot.* Familia de estas plantas.

malqueda. m. fam. Persona que *falta a su deber o a sus promesas.

malquerencia. f. Mala voluntad, *aborrecimiento.

malquerer. tr. Tener mala voluntad o *aborrecimiento.

malqueriente. p. a. de **Malquerer.** Que quiere mal a otro.

malquistador, ra. adj. Que malquista.

***malquistar.** tr. *Desavenir, poner en desacuerdo a una persona con otra u otras. Ú. t. c. r.

malquisto, ta. adj. Que está en *desacuerdo con una o varias personas.

malrotador, ra. adj. Que malrota. Ú. t. c. s.

malrotar. tr. Disipar, *malgastar la hacienda.

malsano, na. adj. *Perjudicial a la *salud. ‖ *Enfermizo.

malsín. m. *Murmurador, *chismoso, soplón.

malsinar. tr. *Calumniar a alguno.

malsonancia. f. Calidad de malsonante.

malsonante. adj. Aplícase a la palabra que ofende los oídos por *obscena o *impía.

malsufrido, da. adj. Que tiene poca paciencia, *irritable.

malta. m. *Cebada germinada artificialmente y tostada, para la fabricación de la *cerveza.

Malta. n. p. V. **Fiebre de Malta.**

maltés, sa. adj. Natural de Malta. Ú. t. c. s. ‖ Perteneciente a esta isla del Mediterráneo.

maltrabaja. com. fam. Persona *perezosa.

maltraer. tr. *Maltratar, injuriar.

maltrapillo, lla. adj. Que anda cubierto de *andrajos.

***maltratamiento.** m. Acción y efecto de maltratar o maltratarse.

***maltratar.** tr. Tratar mal a uno de palabra u obra. Ú. t. c. r. ‖ Menoscabar, *deteriorar.

maltrato. m. **Maltratamiento.**

***maltrecho, cha.** adj. Maltratado, malparado.

maltusianismo. m. Conjunto de las teorías de los maltusianos. ‖ Práctica de dichas teorías.

maltusiano, na. adj. Dícese del partidario de las teorías *económicas de Malthus. Ú. t. c. s.

maluco, ca. adj. Natural de las islas Malucas. Ú. t. c. s. ‖ Perteneciente a estas islas de la Oceanía.

maluco, ca. adj. **Malucho.**

malucho, cha. adj. fam. Que está algo *enfermo.

malva. f. *Planta de las malváceas, muy usada en medicina, por el mucílago que contienen las hojas y las flores. ‖ **arbórea, loca, real** o **rósea.** Planta de las malváceas, con tallo recto y erguido, y flores grandes, encarnadas, blancas o róseas. ‖ **Ser** uno **como una,** o **una, malva.** fr. fig. y fam. Ser *dócil y *bondadoso.

malváceo, a. adj. **Bot.* Dícese de plantas dicotiledóneas, hierbas, matas y a veces árboles, cuyo tipo es la malva. Ú. t. c. s. f. ‖ f. pl. *Bot.* Familia de estas plantas.

malvadamente. adv. m. Con maldad, con *perversidad.

malvado, da. adj. Muy malo, *perverso. Ú. t. c. s.

malvar. m. Sitio poblado de malvas.

malvar. tr. Corromper, *pervertir. Ú. t. c. r.

malvarrosa. f. **Malva rósea.**

malvasía. f. *Uva muy dulce y fragante. ‖ *Vino que se hace de esta uva.

malvavisco. m. *Planta perenne de las malváceas, cuya raíz se usa como emoliente.

malvender. tr. Vender con *depreciación.

***malversación.** f. Acción y efecto de *malversar.

malversador, ra. adj. Que malversa. Ú. t. c. s.

***malversar.** tr. Invertir ilícitamente los caudales ajenos que uno tiene a su cargo. Se aplica especialmente al delito de distracción de fondos, cometido por un funcionario.

malvezar. tr. *Acostumbrar mal; *viciar. Ú. t. c. r.

malvís. m. Tordo de plumaje de color verde obscuro.

malviz. m. **Malvís.**

malla. f. Cada uno de los cuadriláteros que forma el tejido de la *red. ‖ *Tejido de pequeños anillos o eslabones de metal. ‖ Cada uno de los eslabones de que se forma este tejido. ‖ Por ext., tejido semejante al de la **malla** de la red. ‖ *Mar.* Vuelta que se da a un *cabo para amarrarlo. ‖ **de entalingadura.** La que se hace en el arganeo del *ancla.

malladar. intr. ant. **Majadear.**

mallar. intr. Hacer malla. ‖ **Enmallarse.**

mallar. tr. **Majar.**

mallero. m. El que hace malla.

mallete. m. d. de **Mallo.** ‖ *Mar.* Trozo de madera en forma de *cuña, para dar estabilidad a la *arboladura en los barcos de guerra. ‖ *Mar.* **Dado** (del eslabón de una cadena).

malleto. m. *Mazo con que se bate el *papel en los molinos.

mallo. m. **Mazo.** ‖ *Juego que se hace en el suelo con bolas de madera impulsadas con unos mazos de mango largo. ‖ Terreno destinado para jugar al **mallo.**

mallorquín, na. adj. Natural de Mallorca. Ú. t. c. s. ‖ Perteneciente a esta isla. ‖ m. *Dialecto catalán que se habla en las Islas Baleares.

***mama.** f. fam. Voz equivalente a *madre. ‖ → *Zool.* **Teta.**

mamá. f. fam. **Mama** (madre).

mamacallos. m. fig. y fam. Hombre *tonto.

mamacona. f. Cada una de las *vírgenes dedicadas al servicio de los *templos, entre los antiguos incas.

mamada. f. fam. Acción de mamar. ‖ Cantidad de *leche que mama la criatura de cada vez.

mamadera. f. Instrumento para descargar de *leche los pechos de las mujeres.

mamado, da. adj. fam. *Borracho.

mamador, ra. adj. Que mama para descargar los pechos de las mujeres.

mamaíta. f. d. de **Mamá.**

mamancona. f. Mujer *vieja y *gorda.

mamandurria. f. *Sueldo o *ventaja que se disfruta sin compensación adecuada.

mamante. p. a. de **Mamar.** Que mama.

mamantón, na. adj. Dícese del animal que *mama todavía.
***mamar.** tr. Chupar con la boca la leche de los pechos. ‖ fam. *Comer, engullir. ‖ fig. Adquirir cierta educación o *aprender algo en la infancia. ‖ fig. y fam. *Conseguir o disfrutar alguna cosa sin méritos para ello. ‖ r. *Emborracharse.
***mamario, ria.** adj. *Zool.* Perteneciente a las *mamas, tetas o tetillas.
mamarrachada. f. fam. Conjunto de mamarrachos. ‖ fam. Acción desconcertada y *ridícula.
mamarrachista. com. fam. Persona que hace mamarrachos.
mamarracho. m. fam. Cosa *defectuosa, *ridícula o *extravagante. ‖ fam. Hombre *informal o *despreciable.
mambí. m. Especie de greda que se mezcla con la hoja de coca para *masticarla.
mambís. m. Insurrecto alzado en *rebeldía contra España en la guerra de Cuba.
mambla. f. *Montículo aislado, de forma redondeada.
mambrú. m. *Mar.* Nombre vulgar de la *chimenea del fogón de los buques.
mambullita. f. **Gallina ciega** (juego de muchachos).
mamelón. m. *Cerro o colina baja de forma redondeada. ‖ *Cumbre en forma de pezón. ‖ **Anat.* ***Pezón.** ‖ *Cir.* Pequeña eminencia carnosa en las *heridas cuando cicatrizan.
mameluco. m. *Soldado de cierta milicia de Egipto. ‖ fig. y fam. Hombre *necio y bobo.
mamella. f. Cada uno de los apéndices largos que tienen a los lados del cuello las *cabras y otros animales.
mamellado, da. adj. Que tiene mamellas.
mamey. m. *Árbol americano de las gutíferas, de fruto casi redondo, que contiene una pulpa amarilla, aromática y sabrosa. ‖ Fruto de este árbol. ‖ *Árbol americano de las sapotáceas, de fruto grande, ovoide, que contiene una pulpa roja, dulce, muy suave. ‖ Fruto de este árbol.
mami. f. En el lenguaje infantil, *madre.
***mamífero.** adj. *Zool.* Aplícase a los animales cuyas hembras alimentan a sus crías con la leche de sus mamas. Ú. t. c. s. ‖ m. pl. *Zool.* Clase de estos animales.
mamila. f. *Zool.* Parte de la *mama o pecho de la hembra, exceptuado el pezón. ‖ *Zool.* Tetilla en el hombre.
mamilar. adj. *Zool.* Perteneciente a la mamila.
mamola. f. *Caricia que se hace a uno debajo de la barba, generalmente en son de burla. ‖ *Engaño. ‖ **¡Mamola!** interj. con que se indica a uno que ha quedado burlado.
mamón, na. adj. Que todavía está mamando. Ú. t. c. s. ‖ Que *mama más tiempo del regular. Ú. t. c. s. ‖ m. **Chupón** (*pluma). ‖ *Árbol de las sapindáceas, de fruto en drupa, cuya pulpa es acídula y comestible. ‖ Fruto de este árbol. ‖ Especie de bizcocho.
mamona. f. **Mamola.**
mamoso, sa. adj. Dícese de la criatura o animal que *mama bien y con apetencia. ‖ Aplícase a cierta especie de panizo.
mamotreto. m. *Libro o cuaderno de *apuntaciones. ‖ fig. y fam. Libro o legajo muy abultado.
mampara. f. Cancel movible, a manera de *biombo, que sirve para atajar una habitación, para cubrir las puertas y para otros usos. ‖ *Puerta interior, ligera, forrada de paño, gutapercha, etc.
mamparo. m. *Mar.* *Tabique de tablas o planchas de hierro en lo interior de un *barco.
mampelaño. m. ant. **Mamperlán.**
mamperlán. m. Listón de madera que refuerza el borde de los peldaños en las *escaleras de fábrica. ‖ Escalón.
mampernal. m. ant. **Mamperlán.**
mampirlán. m. **Mamperlán.**
mamporrero. m. En las paradas, persona que dirige el miembro del *caballo en el acto de la *generación.
mamporro. m. fam. *Golpe o coscorrón que hace poco daño.
mampostear. tr. Trabajar en *mampostería.
***mampostería.** f. Obra hecha con mampuestos sin sujeción a determinado orden de hiladas o tamaños. ‖ Oficio de mampostero. ‖ **concertada.** Aquella en cuyos paramentos se colocan los mampuestos con cierto esmero.
***mampostero.** m. El que trabaja en obras de mampostería. ‖ Recaudador o administrador de *diezmos, rentas, limosnas, etc.
mampresar. tr. **Equit.* Empezar a domar las *caballerías.
mampuesta. f. **Albañ.* **Hilada.**
mampuesto, ta. adj. Dícese del material que se emplea en la obra de *mampostería. ‖ m. *Piedra sin labrar que se puede colocar en obra con la mano. ‖ Reparo, *antepecho. ‖ Cualquier objeto en que se apoya el arma de fuego para apuntar. ‖ **De mampuesto.** m. adv. De repuesto, de prevención. ‖ Desde un parapeto.
mamujar. tr. *Mamar como sin gana.
mamullar. tr. *Comer o *mascar como quien mama. ‖ fig. y fam. **Mascullar.**
mamut. m. Especie de *elefante fósil.
man. f. ant. Apócope de ***Mano.** ‖ **A man salva.** m. adv. **A mano salva.** ‖ **Buena man derecha.** expr. ant. fam. *Felicidad, fortuna. ‖ **Man a mano.** m. adv. ant. Al punto, al instante, muy *pronto.
maná. m. Milagroso manjar que, según la *Biblia, envió Dios desde el cielo, a modo de escarcha, para *alimentar a los *israelitas. ‖ Substancia *gomosa y sacarina que fluye de una especie de fresno y se emplea en *farmacia como un suave purgante. ‖ **líquido. Tereniabín.**
manada. f. Hato de *ganado que está al cuidado de un pastor. ‖ *Conjunto de ciertos animales de una misma especie que andan reunidos. ‖ **A manadas.** m. adv. En cuadrillas, en gran número.
manada. f. *Manojo o porción de hierba o de otras cosas, que se puede coger de una vez con la *mano.
manadero. m. *Pastor de una manada de ganado.
manadero, ra. adj. Dícese de lo que mana. ‖ m. **Manantial.**
managua. f. En América, marinería de un buque de la *armada.
manal. m. Instrumento para la *trilla, compuesto de un palo que lleva en su extremo, pendiente de unas correas, otro palo corto con el que se golpea la mies.
manante. p. a. de **Manar.** Que mana.
***manantial.** adj. V. **Agua manantial.** ‖ m. Lugar de nacimiento de las aguas. ‖ fig. *Origen y principio de una cosa.
manantío, a. adj. Que mana. Ú. t. c. s.
***manar.** intr. *Salir un líquido. Ú. t. c. tr. ‖ fig. *Abundar una cosa.
manare. m. Especie de *cedazo tejido de caña amarga o espina.
***manatí.** m. Mamífero sirenio de unos cinco metros de largo. Tiene los miembros torácicos en forma de aletas terminadas por manos. ‖ Tira de la piel de este animal, que sirve para hacer *látigos y *bastones.
manato. m. **Manatí.**
manaza. f. aum. de **Mano.**
mancamiento. m. Acción de mancar o mancarse. ‖ Falta, *carencia de una cosa.
mancaperro. m. Especie de *cardo silvestre. ‖ *Insecto parecido al ciempiés.
mancar. tr. *Lisiar, herir a uno en las *manos, imposibilitándole el uso de ellas. Ú. t. c. r., y se suele extender a otros miembros. ‖ p. us. Hacer manco o *defectuoso. ‖ intr. Disminuir la fuerza de las *olas o del *viento. ‖ *Germ.* **Faltar.**
mancarrón, na. adj. aum. de **Manco.** ‖ **Matalón.** Ú. t. c. s.
***manceba.** f. **Concubina.**
mancebete. m. d. de **Mancebo.**
***mancebía.** f. Casa pública de prostitución. ‖ **Mocedad.**
mancebo, ba. adj. desus. **Juvenil.** ‖ m. *Joven de pocos años. ‖ Hombre *soltero. ‖ En algunos *oficios y artes, oficial auxiliar o dependiente. ‖ Auxiliar de *farmacia, que no es facultativo.
máncer. m. *Hijo de mujer pública. Ú. t. c. adj.
mancera. f. **Esteva** (del *arado).
mancerina. f. *Plato con una abrazadera circular en el centro, donde se coloca la jícara para el *chocolate.
mancil. m. *Germ.* **Mandil** (criado de rufián).
mancilla. f. fig. **Mancha** (*deshonra).
mancillar. tr. **Amancillar.**
mancipación. f. Modo antiguo de *transmisión de una propiedad con ciertas solemnidades y en presencia de cinco testigos. ‖ *Venta y compra.
mancipar. tr. Hacer *esclavo a uno. Ú. t. c. r.
manco, ca. adj. Aplícase a la persona o animal que ha perdido un *brazo o *mano, o el uso de cualquiera de estos miembros. Ú. t. c. s. ‖ fig. *Defectuoso, *incompleto. ‖ *Mar.* Decíase del bajel que no tenía *remos. ‖ m. *Caballo malo o flaco. ‖ **No ser** uno **manco.** fr. fig. y fam. Ser poco escrupuloso para *apropiarse lo ajeno.
mancomún (de). m. adv. De *acuerdo dos o más personas, o en *común con ellas.
mancomunadamente. adv. **De mancomún.**
mancomunar. tr. *Asociar personas, fuerzas o caudales para un fin. Ú. t. c. r. ‖ *For.* *Obligar a dos o más personas de mancomún a la ejecución de una cosa. ‖ r. Unirse, asociarse.
mancomunidad. f. Acción y efecto de mancomunar o mancomunarse. ‖ Corporación constituida por agrupación de *municipios o provincias.
mancornar. tr. Poner a un novillo con los *cuernos fijos en la tierra. dejándole sin movimiento. ‖ Atar o sujetar la mano y cuerno del mismo lado de una res *vacuna, para evitar que huya o se levante. ‖

*Atar dos reses por los cuernos para que anden juntas. ‖ fig. y fam. *Unir dos cosas de una misma especie.

mancuerda. f. *Tormento a que se sometía al reo apretándole con fuertes ligaduras.

mancuerna. f. Pareja de animales o *par de cosas mancornados. ‖ *Correa o *cuerda para mancornar las reses. ‖ Tallo de la planta del *tabaco con un par de hojas adheridas.

***mancha.** f. Efecto de manchar. ‖ Parte de alguna cosa con distinto color del general o dominante en ella. ‖ Pedazo de *terreno que se distingue de los inmediatos por su vegetación. ‖ Esta vegetación. ‖ fig. *Deshonra, desdoro. ‖ *Astr.* **Mácula.** ‖ *Pint.* *Pintura de estudio o en boceto sin concluir.

mancha. f. *Fuelle de la fragua o del *órgano.

manchadizo, za. adj. Que fácilmente se *mancha.

manchado, da. adj. Que tiene *manchas.

manchador. m. Entonador, palanquero, el que maneja el *fuelle.

manchar. tr. Poner *sucia una cosa, alterando en alguna de sus partes el color que tenía. Ú. t. c. r. ‖ fig. Deslustrar, *desacreditar. Ú. t. c. r. ‖ *Pint.* Ir metiendo las masas de claro y obscuro antes de unirlas y empastarlas.

***manchar.** intr. Dar viento a los *fuelles de los órganos y las fraguas.

máncharras. f. pl. V. **Cháncharras máncharras.**

manchego, ga. adj. Natural de la Mancha. Ú. t. c. s. ‖ Perteneciente a esta región de España. ‖ V. **Seguidillas manchegas.** Ú. t. c. s.

manchón. m. aum. de **Mancha.**

manchoso, sa. adj. **Manchadizo.**

manchuela. f. d. de **Mancha.**

manda. f. *Ofrecimiento, promesa de dar alguna cosa. ‖ **Legado.**

mandadera. f. *Criada de una comunidad para hacer *mensajes o *encargos. ‖ **Demandadera.**

mandadero, ra. m. y f. **Demandadero, ra.**

mandado. m. Orden, *mandato. ‖ *Comisión que se da en sitio distinto de aquel en que ha de ser desempeñada.

mandamás. m. fam. El que asume funciones de mando, y especialmente el que lo hace sin título legítimo.

mandamiento. m. *Mandato de un superior a un inferior. ‖ *Teol.* Cada uno de los preceptos del Decálogo y de la Iglesia. ‖ *For.* Despacho del juez, por escrito, mandando ejecutar una cosa. ‖ pl. fig. y fam. Los cinco *dedos de la mano.

mandanga. f. **Pachorra.**

mandante. p. a. de **Mandar.** Que manda. ‖ com. *For.* Persona que *confía a otra su representación o la gestión de sus negocios.

***mandar.** tr. Ordenar el superior al inferior lo que ha de hacer. ‖ Legar en *testamento. ‖ *Ofrecer, prometer una cosa. ‖ ***Enviar.** ‖ ***Encargar.** ‖ *Equit.* Dominar el caballo. ‖ intr. Regir, *gobernar. Ú. t. c. tr. ‖ r. *Moverse uno por sí mismo sin ayuda de otro. ‖ En los edificios, comunicarse una pieza con otra, poderse *pasar de una a otra. ‖ Servirse de una puerta, escalera u otra comunicación. ‖ **Bien mandado.** loc. **Bienmandado.** ‖ **Mal mandado.** loc. **Malmandado.**

mandarín. m. En la China y otros países asiáticos, *gobernador o *magistrado. ‖ fig. y fam. Persona que ejerce un *empleo sin autoridad suficiente.

mandarina. adj. Dícese de la *lengua sabia de la China. Ú. t. c. s. ‖ V. ***Naranja mandarina.** Ú. t. c. s.

mandarria. f. *Arq. Nav.* *Martillo de que se sirven los calafates.

mandatario. m. *For.* Persona que acepta del mandante el *encargo de representarle o de gestionar sus negocios.

***mandato.** m. Orden que el superior impone a los súbditos. ‖ *Liturg.* Ceremonia propia del jueves de la *Semana Santa*, que consiste en *lavar los pies a doce personas. ‖ *Sermón que con este motivo se predica. ‖ *For.* Contrato por el que una de las partes *confía a la otra su representación o la gestión de sus negocios.

manderecha. f. *Mano derecha. ‖ **Buena manderecha.** fr. fig. *Felicidad, buena fortuna.

mandí. m. Especie de bagre de la Argentina (*pez).

***mandíbula.** f. **Quijada.** ‖ *Hist. Nat.* Cada una de las dos piezas córneas que forman el pico de las *aves. ‖ Cada una de las piezas duras que otras especies animales, como los reptiles, peces y algunos articulados, tienen a los lados o alrededor de la boca. ‖ **Reír a mandíbula batiente.** fr. fam. Dar rienda suelta a la *risa.

mandibular. adj. Perteneciente a las mandíbulas.

***mandil.** m. Prenda de cuero o tela fuerte, que se usa para proteger la ropa desde lo alto del pecho hasta por bajo de las rodillas. ‖ **Delantal.** ‖ Insignia de que usan los *francmasones, en representación del **mandil** de los obreros. ‖ Pedazo de bayeta para limpiar las *caballerías. ‖ *Red de pescar de mallas muy estrechas. ‖ *Germ.* **Mandilandín.**

mandilada. f. *Germ.* Junta de criados de *rufianes.

mandilandín. m. *Germ.* Criado de *rufianes o de mujeres públicas.

mandilandinga. f. *Germ.* Conjunto de *pícaros.

mandilar. tr. Limpiar el *caballo con un mandil.

mandilejo. m. d. de **Mandil.**

mandilete. m. *Artill.* Portezuela que cierra la tronera de una batería mientras no se hace fuego. ‖ Pieza de la *armadura que protegía la mano.

mandilón. m. fig. y fam. Hombre *cobarde.

mandinga. adj. Dícese de los negros del Sudán Occidental. Ú. t. c. s. ‖ m. **Pateta** (el *demonio). ‖ Encantamiento, *hechicería. ‖ **Baldragas.**

mandioca. f. *Arbusto de las euforbiáceas, de cuya raíz se extrae almidón, harina y tapioca. ‖ *Harina de la raíz de este arbusto.

***mando.** m. Autoridad y poder que tiene el superior sobre sus súbditos. ‖ *Germ.* ***Destierro.** ‖ *Mec.* Botón, llave, palanca u otro artificio para iniciar, suspender o regular el funcionamiento de un mecanismo desde el lugar que ocupa el operador.

mandoble. m. Cuchillada o golpe que se da esgrimiendo la *espada con ambas manos. ‖ fig. *Reprensión áspera.

mandón, na. adj. Que *manda más de lo que corresponde a sus atribuciones. Ú. t. c. s. ‖ m. *Caudillo de tropa irregular. ‖ Capataz de *mina en América.

mandrache. m. **Mandracho.**

mandrachero. m. El que tiene casa de *juego.

mandracho. m. En algunas partes, casa de *juego.

mandrágora. f. *Planta herbácea de las solanáceas, que se ha empleado en medicina como narcótico.

mandrágula. f. fam. **Mandrágora.**

mandria. adj. Apocado, *tímido, *cobarde. Ú. t. c. s. ‖ **Holgazán.** Ú. t. c. s.

mandril. m. *Cuadrumano de las costas occidentales de África. Tiene las alas de la nariz largas y de color azul.

mandril. m. Pieza del *torno, en que se asegura lo que se ha de tornear. ‖ Pieza del *taladro en que ajusta la broca. ‖ *Cir.* Vástago rígido, que, introducido en ciertos instrumentos huecos, sirve para facilitar la penetración de éstos.

mandrón. m. Bola grande de piedra, que se arrojaba con la mano como *proyectil de guerra. ‖ *Artill.* Máquina para arrojar piedras.

manducación. f. fam. Acción de manducar.

manducar. intr. fam. ***Comer.**

manducativo, va. adj. Comestible.

manducatoria. f. fam. Comida, *alimento.

mandurria. f. **Bandurria.**

manea. f. **Maniota.**

manear. tr. Poner maneas a una *caballería. ‖ **Manejar.**

manecilla. f. d. de **Mano.** ‖ *Broche con que se cierran los *libros de devoción. ‖ *Señal, en figura de mano, con el índice extendido. ‖ Saetilla del *reloj y otros instrumentos, para señalar las horas, los minutos, grados, etc. ‖ *Bot.* **Zarcillo.**

manejable. adj. Que se maneja fácilmente.

manejado, da. adj. *Pint.* Con los advs. *bien* o *mal* y otros semejantes, pintado con soltura, o sin ella.

***manejar.** tr. Servirse de una cosa con las manos. ‖ *Equit.* Gobernar bien los caballos, o usar de ellos según arte. ‖ fig. *Gobernar, dirigir. Ú. t. c. r. ‖ r. *Moverse una persona, después de haber tenido algún impedimento.

manejo. m. Acción y efecto de manejar o manejarse. ‖ *Equit.* Arte de manejar los caballos. ‖ fig. Dirección y *gobierno de un negocio. ‖ *Intriga, maquinación.

maneota. f. **Maniota.**

manera. f. *Modo de ser, de hacer o de suceder una cosa. ‖ *Porte y modales de una persona. Ú. m. en pl. ‖ Abertura lateral que tenían las *faldas de las mujeres para pasar las manos hasta las faltriqueras. ‖ **Bragueta.** ‖ Calidad o clase de las personas. ‖ *Pint.* Carácter distintivo que un pintor o escultor da a todas sus obras. ‖ **A la manera.** m. adv. **A semejanza.** ‖ **A manera.** m. adv. Como o *semejantemente. ‖ **A manera de telonio.** m. adv. fig. y fam. Sin orden ni mesura. ‖ **De esa manera.** m. adv. Según eso. ‖ **De manera que.** m. conjunt. **De suerte que.** ‖ **En gran manera.** m. adv. En alto grado, *mucho. ‖ **Mal y de mala manera.** loc. adv. fam. Sin orden, con *repugnancia. ‖ **Por manera que.** m. adv. **De manera que.** ‖ **Sobre manera.** m. adv. *Excesivamente.

manes. m. pl. *Mit.* Dioses infernales que purificaban las almas. ‖ fig. *Espectros o *almas de los muertos.

manezuela. f. d. de **Mano.** ‖ **Ma-**

necilla (broche). ‖ **Manija** (mango).
mánfanos. m. pl. Trozos de *pan para apurar la salsa de los guisos.
manfla. f. fam. *Manceba, *prostituta. ‖ Lechona vieja que ha parido. ‖ *Germ.* **Burdel.**
manflota. f. *Germ.* **Burdel.**
manflotesco, ca. adj. *Germ.* Que frecuenta los burdeles.
***manga.** f. Parte del vestido que cubre el brazo. ‖ En algunos balandranes, pieza que cuelga desde cada hombro casi hasta los pies. ‖ Parte del *eje de un *carruaje, donde entra la rueda. ‖ Especie de *maleta pequeña, abierta por los extremos. ‖ *Tubo de cuero, caucho, etc., que se adapta a las bombas o bocas de *riego. ‖ Adorno de tela en figura de cilindro acabado en cono, que cubre parte de la vara de la *cruz parroquial. ‖ *Red de forma cónica que se mantiene abierta con un aro que le sirve de boca. ‖ **Esparavel.** ‖ Cono de tela para *colar líquidos. ‖ Columna de agua que se eleva desde el mar con movimiento giratorio por efecto de un *remolino atmosférico. ‖ Tubo de lienzo para *ventilar el sollado de un buque o la galería de una mina. ‖ Partida o destacamento de *tropa. ‖ Callejón que se forma entre dos estacadas a la entrada de un *corral. ‖ **Capote de monte.** ‖ *Mar.* *Anchura mayor de un buque. ‖ *Mont.* Gente que en las batidas forma línea para dirigir la *caza a un paraje determinado. ‖ pl. Adehalas *propinas. ‖ **Manga ancha.** fig. Falta de *escrúpulo o excesiva *indulgencia. ‖ **arrocada.** La que tenía cuchilladas parecidas a las costillas de la rueca. ‖ **boba.** La que es ancha y abierta. ‖ **de agua. Turbión** (aguacero). ‖ **de ángel.** La que tenía vuelos grandes. ‖ **de viento. Torbellino.** ‖ **perdida. Manga** abierta y pendiente del hombro. ‖ **Andar manga por hombro.** fr. fig. y fam. Haber gran desorden en las cosas domésticas. ‖ **Echar de manga** a uno. fr. Valerse de él con disimulo para conseguir lo que se desea. ‖ **Estar de manga.** fr. fig. y fam. Estar *confabuladas dos o más personas para un mismo fin. ‖ **Hacer mangas y capirotes.** fr. fig. y fam. Resolver y ejecutar *arbitrariamente una cosa. ‖ **Hacerse, o ir, de manga.** fr. fig. y fam. **Estar de manga.** ‖ **Pegar mangas.** fr. fig. y fam. Introducirse a *participar de una cosa. ‖ **Traer** una cosa **en la manga.** fr. fig. y fam. Tenerla *preparada y a la mano.
manga. f. *Árbol, variedad del mango. ‖ Fruto de este árbol.
mangachapuy. m. *Árbol de Filipinas, de las dipterocárpeas, de madera muy resinosa.
mangada. f. Prado o *terreno largo y estrecho.
mangajarro. m. fam. *Manga muy larga o sucia.
mangajón, na. adj. **Destrozón.**
mangana. f. Lazo que se arroja a las manos de un caballo o toro para *apresarlo.
manganear. tr. Echar manganas.
manganeo. m. Fiesta en que se juntan muchas personas para manganear.
manganesa. f. *Miner.* Peróxido de manganeso, de color negro, pardo o gris azulado, muy empleado en la industria.
manganesia. f. **Manganesa.**
manganeso. m. *Metal muy refractario y oxidable, de color y brillo acerados.
manganeta. f. *Red para cazar pájaros. ‖ **Manganilla** (*engaño).
manganilla. f. *Engaño, *habilidad de manos, *estratagema. ‖ **Almajaneque.** ‖ Vara muy larga, de la cual pende otra pequeña, que sirve para la *recolección de las bellotas.
manganolita. f. *Miner.* Silicato de manganeso.
mangante. m. ***Mendigo.**
manganzón, na. adj. **Maganzón.** Ú. m. c. s.
mangar. tr. *Pedir, mendigar.
mangla. f. **Ládano** (producto resinoso).
manglar. m. Sitio poblado de mangles.
mangle. m. *Arbusto de las rizofóreas, de tres a cuatro metros de altura, cuyas hojas, frutos y corteza se emplean para curtir el *cuero. ‖ **blanco.** *Árbol americano de las verbenáceas, muy corpulento, cuyo fruto contiene una pulpa algo amarga, pero comestible.
***mango.** m. Parte por donde se coge con la mano un instrumento o utensilio para usar de él.
mango. m. *Árbol de las terebintáceas, que produce un fruto oval, aromático y de sabor agradable. ‖ Fruto de este árbol.
mangón. m. **Revendedor.**
mangón, na. adj. **Grandillón.** ‖ *Holgazán, remolón.
mangonada. f. *Golpe que se da con el brazo.
mangoneador, ra. adj. Que mangonea.
mangonear. intr. fam. Andar *vagabundo. ‖ fam. *Entremeterse uno en cosas que no le incumben, pretendiendo *mandar y disponer.
mangoneo. m. fam. Acción y efecto de mangonear o *entremeterse.
mangonero, ra. adj. Aplicábase al mes en que había muchas fiestas y no se trabajaba. ‖ fam. Aficionado a mangonear o *entremeterse.
mangorrero, ra. adj. V. **Cuchillo mangorrero.** ‖ fam. Que anda comúnmente entre las *manos. ‖ fig. y fam. *Inútil o *despreciable.
mangorrillo. m. **Mancera.**
mangosta. f. *Mamífero semejante a la civeta.
mangostán. m. *Arbusto de las gutíferas, que produce un fruto carnoso, comestible muy estimado.
mangote. m. fam. *Manga ancha y larga. ‖ Manga postiza de tela negra, que usan algunos *empleados y escribientes para preservar la manga del traje.
mangual. m. *Arma ofensiva a manera de látigo, compuesta de unas cadenillas de hierro terminadas por un extremo con bolas del mismo metal, y sujetas por el otro a un mango de madera.
manguardia. f. *Arq.* Cualquiera de las dos *paredes que refuerzan los estribos de un *puente.
manguear. tr. *Acosar al *ganado para que entre en la manga.
manguera. f. En las estancias, mataderos, etc., *corral para encerrar ganado. ‖ *Mar.* *Tubo de lona alquitranada, para sacar el agua de las *embarcaciones. ‖ **Manga** (para *riego, ventilación, etc.).
manguero. m. El que maneja las mangas de las *bombas, o de las bocas de *riego.
manguerón. m. *Mar.* Taco de estopa para *tapar los escobenes de las *embarcaciones.
mangueta. f. Vejiga o bolsa con su pitón, que servía para echar *lavativas. ‖ Listón en que se aseguran con goznes las *puertas vidrieras. ‖ Madero que enlaza el par con el tirante en la *armadura de tejado. ‖ Instrumento de que se sirven los tundidores de *paño para evitar que la tijera vaya demasiado de prisa. ‖ ***Palanca.** ‖ *Tubo que en los *retretes une la parte inferior del bombillo con el conducto de bajada. ‖ Cada uno de los extremos del *eje de un vehículo. ‖ **Autom.* Cada una de las piezas que corresponden a dichos extremos.
manguilla. f. d. de **Manga.** ‖ **Mangote** (*manga postiza). ‖ **Manguito** (media *manga de punto).
manguita. f. **Funda.**
manguitería. f. **Peletería.**
manguitero. m. **Peletero.**
***manguito.** m. Rollo de *piel, algodonado por dentro, que usan las señoras para llevar abrigadas las manos. ‖ Media *manga de punto. ‖ *Bizcocho grande en figura de rosca. ‖ **Mangote** (manga postiza). ‖ *Anillo de hierro o acero con que se *ciñen y refuerzan los cañones y otras cosas. ‖ **Mec.* *Cilindro hueco que sirve para empalmar dos piezas cilíndricas o para unir dos partes de una herramienta, aparato, etcétera. ‖ **Cir.* Porción de piel que conserva el cirujano para recubrir el muñón de un miembro amputado.
maní. m. **Cacahuete.**
***manía.** f. Especie de *locura. ‖ *Extravagancia, preocupación caprichosa. ‖ *Deseo desordenado. ‖ fam. **Ojeriza.**
maniaco, ca o **maníaco, ca.** adj. Que padece manía. Ú. t. c. s.
manialbo, ba. adj. Dícese de la *caballería calzada de ambas manos.
maniatar. tr. *Atar las *manos.
maniático, ca. adj. Que tiene manías. Ú. t. c. s.
maniblaj. m. *Germ.* **Mandilandín.**
maniblanco, ca. adj. **Manialbo.**
manicomio. m. *Hospital para *locos.
manicordio. m. **Monacordio.**
manicorto, ta. adj. fig. y fam. Poco generoso, *mezquino. Ú. t. c. s.
manicuro, ra. m. y f. Persona que cuida de la conservación y aseo de las *manos de otras y especialmente de las uñas.
manida. f. *Guarida de personas o animales. ‖ *Germ.* ***Casa.**
manido, da. adj. Sobado, *ajado por el mucho *uso. ‖ fig. *Vulgar, trivial. ‖ *Oculto, escondido.
maniego, ga. adj. p. us. **Ambidextro.** ‖ ***Zurdo.** Ú. t. c. s.
manifacero. adj. fam. Revoltoso, *travieso, *entrometido. Ú. t. c. s.
manifactura. f. **Manufactura.** ‖ Hechura y *forma de las cosas.
manifecero. adj. **Manifacero.**
***manifestación.** f. Acción y efecto de manifestar o manifestarse. ‖ **For.* Despacho que libraban los lugartenientes del justicia de Aragón, para que se procediese en las causas según derecho. ‖ Nombre de cierta *prisión de Zaragoza. ‖ *Reunión pública o *procesión, que se celebra para hacer patente algún propósito o sentimiento de los concurrentes. ‖ **naval.** Acto de presencia que los buques de la *armada de una nación suelen hacer, para apoyar reclamaciones que siguen la vía diplomática.
manifestador, ra. adj. Que manifiesta. Ú. t. c. s. ‖ m. **Liturg.* Dosel o templete donde se expone el Santísimo a la adoración de los fieles.
manifestante. com. Persona que concurre a una manifestación pública.

***manifestar.** tr. Declarar, dar a conocer. Ú. t. c. r. ‖ Mostrar, poner a la vista. Ú. t. c. r. ‖ Exponer públicamente el sacramento de la *Eucaristía a la adoración de los fieles. ‖ **For.* Poner en *libertad y de manifiesto, a los que imploraban este auxilio para ser juzgados.
manifestativo, va. adj. Que lleva en sí el poder de manifestar.
manifiestamente. adv. m. Con claridad y evidencia.
***manifiesto, ta.** p. p. irreg. de **Manifestar.** ‖ adj. Descubierto, patente. ‖ Dícese del sacramento de la *Eucaristía cuando se halla expuesto a la adoración de los fieles. Ú. t. c. s. ‖ m. *Escrito en que se hace pública alguna declaración de interés general. ‖ Documento que presenta en la *aduana del punto de llegada el capitán de un buque y en el cual expone la clase, cantidad y destino del *cargamento que conduce. ‖ **Poner de manifiesto** una cosa. fr. Manifestarla, exponerla al público.
manigero. m. **Agr.* Capataz de una cuadrilla de trabajadores del campo.
manigua. f. Terreno de Cuba cubierto de *malezas.
manigueta. f. **Manija** (mango). ‖ *Mar.* Cada uno de los extremos de la cruz de las bitas. ‖ Taco en que se *amarra un *cabo.
manija. f. *Mango, puño o manubrio. ‖ **Maniota.** ‖ Abrazadera o *anillo de metal con que se *ciñe y asegura alguna cosa. ‖ Especie de *guante de cuero que los *segadores se ponen en la mano izquierda.
manijero. m. **Manigero.**
manilargo, ga. adj. Que tiene largas las *manos. ‖ fig. **Largo de manos.** ‖ fig. **Liberal** (generoso).
manilense. adj. **Manileño.** Apl. a pers., ú. t. c. s.
manileño, ña. adj. Natural de Manila. Ú. t. c. s. ‖ Perteneciente a esta ciudad.
maniluvio. m. *Baño de la *mano, tomado por medicina. Ú. m. en pl.
manilla. f. **Pulsera** (*brazalete). ‖ Anillo de hierro que por *prisión se echa a la muñeca. ‖ *Mar.* Gaza del puño de una vela latina.
manillar. m. Pieza de la *bicicleta, encorvada por sus extremos, para formar un doble mango que sirve para dar dirección a la máquina.
maniobra. f. Cualquier operación material que se ejecuta con las *manos. ‖ fig. Maquinación, *intriga. ‖ **Mar.* Arte de la navegación. ‖ **Mar.* Faena que se hace a bordo de los buques con su aparejo, velas, anclas, etc. ‖ *Mar.* Conjunto de los cabos o *aparejos de una embarcación, o de uno de los palos, vergas, etcétera. ‖ **Mil.* Evolución en que se ejercita la *tropa. ‖ Operación que se hace con los *automóviles y otros vehículos para cambiar de rumbo. ‖ pl. Operaciones que se hacen en las estaciones del *ferrocarril para la formación, división o paso de los trenes.
maniobrar. intr. Ejecutar maniobras.
maniobrero, ra. adj. Que maniobra. Dícese de la *tropa que maniobra con soltura, y del jefe que la manda.
maniobrista. adj. **Mar.* Dícese del que sabe y ejecuta maniobras. Ú. t. c. s.
maniota. f. *Cuerda con que se *atan las manos de una *caballería para evitar que huya. ‖ *Cadena de hierro, que se usa para el mismo fin.
***manipulación.** f. Acción y efecto de manipular.
manipulador, ra. adj. Que manipula. Ú. t. c. s. ‖ m. Aparato transmisor del *telégrafo Morse.
manipulante. p. a. de **Manipular.** Que manipula. Ú. t. c. s.
manipular. tr. Manejar, operar con las *manos. ‖ fig. y fam. *Gobernar los negocios propios o ajenos.
manipulario. m. *Oficial romano que mandaba un manípulo.
manipuleo. m. fig. y fam. Acción y efecto de manipular.
manípulo. m. **Liturg.* Ornamento sagrado parecido a la estola, que se sujeta al antebrazo izquierdo. ‖ *Insignia de los soldados romanos que consistió en un manojo de hierba atado en la punta de un palo. ‖ Cada una de las compañías en que se dividía la cohorte romana. ‖ **Farm.* **Puñado.**
maniqueísmo. m. *Secta de los maniqueos.
maniqueo, a. adj. Aplícase al partidario de la *secta de Maniqueo o Manes. Ú. t. c. s.
maniquete. m. Mitón que cubre desde medio brazo hasta la mitad de los dedos. ‖ Manija que cubre la mano del *segador hasta la mitad de los dedos.
maniquí. m. Figura movible que usan los *pintores para el estudio de los ropajes. ‖ Armazón o *muñeco de figura humana, que se usa para probar y arreglar prendas de *ropa. ‖ **Modelo** (mujer que se pone *trajes para exhibirlos). ‖ fig. y fam. Persona excesivamente *dócil que se deja gobernar por los demás.
manir. tr. **Culin.* Hacer que las carnes y otros manjares se ablanden y tomen la sazón, dejándolos cierto tiempo preparados con el condimento necesario.
manirroto, ta. adj. Derrochador, *pródigo. Ú. t. c. s.
manito. m. **Farm.* Maná preparado que se usa como purgante.
manivacío, a. adj. fam. Que viene o se va con las manos vacías.
manivela. f. **Mec.* Manubrio.
manjaferro. m. *Valentón, fanfarrón.
***manjar.** m. Cualquier substancia comestible. ‖ ant. Cualquiera de los cuatro palos de la baraja de *naipes. ‖ fig. Recreo, *diversión, regalo del espíritu. ‖ **blanco.** **Culin.* Plato compuesto de pechugas de gallina cocidas, deshechas y mezcladas con azúcar, leche y harina de arroz. ‖ Plato de postre que se hace con leche, almendras, azúcar y harina de arroz. ‖ **de ángeles.** Cierto plato compuesto de leche y azúcar. ‖ **imperial.** Cierto plato compuesto de leche, yemas de huevo y harina de arroz. ‖ **lento.** Especie de plato compuesto de leche, yemas de huevo batidas y azúcar. ‖ **principal.** Plato compuesto de queso, leche colada, yemas de huevo batidas y pan rallado. ‖ **real.** Plato hecho como el **manjar** blanco, pero con pierna de carnero. ‖ **suave. Manjar lento.**
manjarejo. m. d. de **Manjar**
manjarete. m. d. de **Manjar.** ‖ *Dulce hecho de maíz tierno rallado, leche y azúcar.
manjelín. m. *Peso de 254 miligramos, para apreciar los diamantes.
manjolar. tr. **Cetr.* Llevar el ave sujeta.
manjorrada. f. despect. Gran cantidad de *alimentos ordinarios.
manjúa. f. **Cardumen.** ‖ *Pececillo malacopterigio abdominal, que nada en grandes bandadas.
manlieva. f. *Tributo que se recogía de casa en casa.
***mano.** f. Órgano del cuerpo humano unido a la extremidad del brazo y que comprende desde la muñeca inclusive hasta la punta de los dedos. ‖ En algunos animales, extremidad cuyo dedo pulgar puede oponerse a los otros. ‖ En las *caballerías y otros cuadrúpedos, cualquiera de los dos *pies delanteros. ‖ En las reses de *matadero, cualquiera de los cuatro pies después de cortados. ‖ Trompa del *elefante. ‖ Cada uno de los dos *lados, derecho e izquierdo, respecto del que habla. ‖ **Manecilla** (del *reloj). ‖ Majadero del *mortero o almirez. ‖ Rodillo de piedra para quebrantar y amasar el cacao, el maíz, etc. ‖ Capa de *pintura, barniz, etc. ‖ En el obraje de paños, *cardas unidas. ‖ En el arte de la *seda, porción de seis u ocho cadejos de pelo. ‖ Entre tahoneros, conjunto de treinta y cuatro panecillos. ‖ Conjunto de cinco cuadernillos de *papel. ‖ Lance entero de varios *juegos. ‖ En el juego, persona a quien corresponde jugar en primer lugar. ‖ En la *caza, cada uno de los ojeos. ‖ fig. *Vez, turno o vuelta en una labor material. ‖ fig. *Conjunto de personas unidas para un fin. ‖ *Medio o camino para alcanzar una cosa. ‖ fig. *Habilidad, destreza. ‖ fig. *Poder, mando. ‖ fig. *Protección, favor, piedad. ‖ fig. *Auxilio, socorro. ‖ fig. *Represión, castigo. ‖ *Conjunto de cuatro objetos de una misma clase. ‖ *Cant.* Cada uno de los asideros que se dejan en los paramentos de un *sillar. ‖ **Mús.* **Escala.** ‖ pl. *Trabajo manual que se emplea para hacer una obra. ‖ **Mano apalmada.** **Blas.* **Mano** abierta que muestra la palma. ‖ **de azotes, de coces,** etc. fig. Vuelta de azotes, de coces, etc. ‖ **de cazo.** fig. y fam. Persona *zurda. ‖ **de gato.** fig. y fam. *Afeite para la cara. ‖ fig. *Corrección de una obra intelectual. ‖ Borla hecha con piel de gato, que usaban las mujeres para aplicarse polvos y otros *afeites. ‖ **de jabón.** Baño que se da a la ropa con agua de jabón para *lavarla. ‖ **de Judas.** fig. Cierta especie de apagavelas. ‖ **de la brida. Mano de la rienda.** ‖ **de la lanza,** o **de lanza.** En los *caballos, la derecha que tiene una señal blanca. ‖ **de la rienda. Mano de rienda.** ‖ **de obra.** *Trabajo manual necesario para una obra. ‖ ***derecha.** La que corresponde a la parte de Oriente cuando el cuerpo mira hacia el Norte. ‖ **de rienda.** En los *caballos, la izquierda que tiene señal blanca. ‖ **de santo.** fig. y fam. *Medicamento o remedio que consigue prontamente su efecto. ‖ **diestra. Mano** derecha. ‖ **fuerte.** *For.* Gente armada para hacer cumplir lo que el juez manda. ‖ ***izquierda.** La que corresponde al lado opuesto al de la derecha. ‖ fig. *Habilidad para negociar. ‖ **oculta.** fig. Persona que interviene *secretamente en un asunto. ‖ **perdida.** *Impr.* **Perdido.** ‖ **rienda. Mano de rienda.** ‖ **siniestra, zoca,** o **zurda. Mano izquierda.** ‖ **Buena mano.** fig. **Acierto.** ‖ fig. **Buenas manos.** ‖ **Mala mano.** fig. Falta de habilidad y destreza. ‖ *Desacierto o desgracia. ‖ **Manos largas.** Persona que propende a golpear a otra. ‖ **Manos libres.** Emolumentos o *propinas que uno recibe además de su sueldo. ‖ Poseedores de bienes no vinculados ni amortizados. ‖ **limpias.** fig. y fam. Integridad y *honradez con que se ejerce o administra un

cargo. || fig. Ciertos emolumentos que uno percibe lícitamente además de su sueldo. || **muertas.** *For.* Poseedores de bienes vinculados. || **puercas.** fig. y fam. Utilidades que se perciben ilícitamente en un *empleo. || **Buenas manos.** fig. *Habilidad, destreza. || **Abrir la mano.** fr. fig. *Admitir dádivas y regalos. || fig. Dar con *liberalidad. || fig. *Moderar el rigor. || **Abrir la mano al caballo.** fr. *Equit.* Darle libertad aflojando las riendas. || **Adivina quién te dio, que la mano te cortó.** *Juego de muchachos que consiste en pegar a uno que está con los ojos vendados, hasta que acierta quién le dio. || **A dos manos.** m. adv. fig. y fam. Con toda *voluntad. || **A la mano.** m. adv. fig. con que se denota ser una cosa *fácil de conseguir. || fig. ***Cerca.** || **Alargar la mano.** fr. Presentarla a otro para *saludarle. || Extenderla para *coger una cosa. || **Alzar la mano a** uno. fr. fig. Levantarla *amenazándole. || **A mano.** m. adv. Con la **mano,** sin otro instrumento ni auxilio. || fig. **Cerca.** || fig. **Artificialmente** || **A mano abierta.** m. adv. fig. Con gran *liberalidad. || **A mano airada.** m. adv. **Violentamente.** || **A mano armada.** m. adv. fig. Con *decisión, con ánimo resuelto. || **A mano salva.** m. adv. **A salva mano.** || **A manos llenas.** m. adv. fig. **Liberalmente.** || fig. Con grande *abundancia. || **Andar** una cosa **en manos de todos.** fr. fig. Ser *vulgar y común. || **Apretar la mano.** fr. Estrechar la de una persona, en señal de *cortesía o estimación. || fig. y fam. Aumentar el *rigor. || fig. y fam. *Instar, *apremiar. || **A salva mano.** m. adv. **A mansalva.** || **Asentar la mano.** fr. *Golpear a uno; castigarle. || **Atar las manos.** fr. fig. *Impedir que se haga una cosa. || **Atarse** uno **las manos.** fr. fig. Quitarse a sí mismo la libertad de obrar, *obligarse. || **Bajar la mano.** fr. fig. *Abaratar una mercadería. || **Bajo mano.** m. adv. fig. *Ocultamente. || **Caer en manos** de uno. fr. fig. y fam. Caer en su poder. || **Caerse de las manos** un libro. fr. fig. y fam. Ser intolerable o muy *fastidiosa su lectura. || **Cambiar de mano.** fr. *Equit.* **Cambiar.** || **Cantar** uno **en la mano.** fr. fig. y fam. Tener mucha *astucia. || **Cargar la mano.** fr. fig. Insistir sobre una cosa. || fig. Llevar muy *caro por las cosas. || fig. Tener rigor con uno. || **Cargar** uno **la mano en** una cosa. fr. fig. y fam. Echar con *exceso un condimento o ingrediente. || **Cerrar uno la mano.** fr. fig. Ser *mezquino. || **Comerse las manos tras** una cosa. fr. fig. y fam. Mostrar gran *apetito de una cosa o gran *deseo de conseguir algo. || **Como con la mano,** o **como por la mano.** loc. adv. fig. Con gran *facilidad. || **Con franca,** o **larga mano.** m. adv. fig. Con *liberalidad. || **Con las manos cruzadas.** m. adv. fig. **Mano sobre mano.** || **Con las manos en la cabeza.** loc. adv. fig. y fam. Con descalabro, pérdida o desaire. || **Con las manos en la masa.** loc. adv. fig. y fam. En el acto de estar haciendo una cosa. || **Con mano armada.** m. adv. fig. **A mano armada.** || **Con mano escasa.** m. adv. fig. Con *escasez. || **Con mano pesada.** m. adv. fig. Con dureza y *rigor. || **Correr la mano.** fr. Ir muy de *prisa la del que escribe, pinta, etc. || **Esgr.* Dar una cuchillada retirando la espada hacia el cuerpo. || **Corto de manos.** loc. fig. Dícese del *torpe o poco expedito. || **Cruzar** uno **las manos,** o **cruzarse** uno **de manos.** fr. fig. Estarse quieto u *ocioso. || **Dar de mano.** fr. Dicho del trabajo, dejarlo, *suspenderlo. || Dicho de persona, *abandonarla. || **Albañ.* **Jaharrar.** || **Dar de manos.** fr. *Caer de bruces. || **Dar la mano a** uno. fr. fig. Alargársela. || fig. Ampararle, *protegerle. || **Dar la úlima mano.** fr. fig. Repasar una obra para *perfeccionarla. || **Darse buena mano en** una cosa. fr. fig. y fam. Proceder en ella con *habilidad. || **Darse la mano** una cosa **a** otra. fr. fig. Fomentarse o *ayudarse *recíprocamente. || **Darse la mano** una cosa **con** otra. fr. fig. Estar *contigua una cosa a otra, o tener *relación con ella. || **Darse las manos.** fr. fig. Unirse o coligarse. || fig. Reconciliarse. || **Debajo de mano.** m. adv. fig. **Bajo mano.** || **Dejar la mano** una cosa. fr. fig. *Abandonarla. || **De la mano y pluma.** expr. fig. con que se denota ser autógrafo un *escrito. || **De mano.** Dícese de la *caballería que va en el tronco al lado derecho de la lanza. || **De mano a mano.** m. adv. fig. De uno a otro, sin interposición de tercera persona. || **De mano en mano.** m. adv. fig. Por tradición. || **De manos a boca.** m. adv. fig. y fam. De modo *imprevisto, con *proximidad. || **De primera mano.** loc. fig. Del primer *vendedor. || **Descargar la mano sobre** uno. fr. fig. y fam. *Castigarle. || **De segunda mano.** loc. fig. Del segundo *vendedor. || **De una mano a otra.** m. adv. fig. En *breve tiempo. || **Echar la mano,** o **las manos,** o **mano,** a una persona o cosa. fr. Asirla, *cogerla. || **Echar mano de** una persona o cosa. fr. **Echar mano a** una persona o cosa. || fig. Valerse de ella, *utilizarla. || **Echar una mano a** una cosa. fr. fig. *Ayudar a su ejecución. || **Ensuciar,** o **ensuciarse,** uno **las manos.** fr. fig. y fam. *Robar con disimulo. || fig. y fam. Dejarse *sobornar. || **Entre las manos.** m. adv. fig. De modo *imprevisto, sin saber cómo. || **Estar** uno **dejado de la mano de Dios.** fr. Dícese de la persona que comete enormes *desaciertos. || **Estar** una cosa **en buenas manos.** fr. fig. Tenerla a su cargo persona capaz. || **Estar** una cosa **en la mano.** fr. fig. Ser *fácil. || **Ganar** a uno **por la mano.** fr. fig. *Anticipársele en hacer una cosa. || **Haber a las manos** una cosa. fr. fig. *Encontrar lo que se busca. || **Hacer a dos manos,** o **a todas manos.** fr. fig. Manejarse con *astucia en un negocio, sacando utilidad de las partes opuestas. || **Hacer la mano.** fr. **Veter.* Acepillar y limpiar el casco para sentar la *herradura. || **Imponer las manos.** fr. **Ecles.* Hacer la imposición de **manos.** || **Ir a la mano** a uno. fr. fig. y fam. *Reprimirle, *moderarle. Ú. t. c. r. || **Ir** uno **por su mano.** fr. Transitar por el lado de la vía que le corresponde. || **Irse de la mano** una cosa. fr. *Escaparse, *caerse de ella. || **Irsele a** uno una cosa **de entre las manos.** fr. Desaparecer y *escaparse. || **Irsele** a uno **la mano.** fr. fig. Hacer con ella una acción involuntaria, cometer alguna *torpeza. || fig. *Excederse en la cantidad de una cosa que se da o que se mezcla con otra. || **Jugar de manos.** fr. fam. Retozar o enredar. || **Largo de manos.** loc. fig. Atrevido en ofender con ellas. || **Lavarse** uno **las manos.** fr. fig. Justificarse, echándose fuera de un negocio o *absteniéndose. || **Levantar** uno **mano,** o **la mano,** de una persona o cosa. fr. fig. *Abandonarla. || **Limpio de manos.** loc. fig. Íntegro, *honrado. || **Listo de manos.** fr. fig. y fam. Diestro en *hurtar. || **Llegar a las manos.** fr. fig. *Reñir. || **Llevar la mano a** uno, fr. *Guiarle para la ejecución de una cosa. || **Llevar la mano blanda,** o **ligera,** fr. fig. Tratar benignamente. || **Llevar** uno **su mano.** fr. **Ir por su mano.** || **Mano a mano.** m. adv. fig. En compañía, con *amistad y *confianza. || Entre jugadores y luchadores, en condiciones de *igualdad. || **Manos a la labor,** o **a la obra.** expr. con que se *incita a emprender o proseguir un trabajo. || **Mano sobre mano.** m. adv. fig. *Ociosamente. || **Menear** uno **las manos.** fr. fig. y fam. Batallar o *reñir con otro. || fig. y fam. Trabajar con *prontitud. || **Meter la mano** a uno. fr. fig. y fam. Sentarle la mano. || **Meter la mano en** una cosa. fr. fig. *Apoderarse ilícitamente de parte de ella. || **Meter la mano en el cántaro.** fr. fig. Entrar en *suerte para soldado. || **Meter** uno **la mano en un plato con** otro. fr. fig. y fam. *Participar de sus mismas preeminencias. || **Meter** uno **las manos en** una cosa. fr. fig. Tomar parte en su ejecución. || **Meter mano** a una cosa. fr. fig. y fam.* Cogerla. || **Mirarse** uno **a las manos.** fr. fig. Poner sumo *cuidado en el desempeño de un negocio. || **Mudar de manos.** fr. fig. Pasar una cosa de una persona a otra. || **No darse manos a** una cosa. fr. fig. Bastar apenas a ejecutarla. || **No dejar** una cosa **de la mano.** fr. fig. *Continuar en ella. || **No saber** uno **dónde tiene su mano derecha.** fr. fig. y fam. Ser incapaz y *necio. || **No saber** uno **lo que trae entre manos.** fr. fig. y fam. Ser *ignorante o incapaz para aquello en que se ocupa. || **Pagarse** uno **por** su **mano.** fr. *Cobrar lo que le pertenece, en el mismo caudal que maneja. || **Pasar la mano por el cerro.** fr. fig. y fam. *Halagar, acariciar. || **Poner** una cosa **en manos de** uno. fr. fig. Dejarla en sus **manos.** || **Poner la mano,** o **las manos, en** uno. fr. fig. *Maltratarle de obra o *castigarle. || **Poner las manos en el fuego.** fr. fig. con que se *afirma y *atestigua la verdad de una cosa. || **Poner las manos en la masa.** fr. fig. y fam. Emprender una cosa; tratar de ella. || **Poner** uno **mano en** una cosa. fr. fig. Dedicarse a ella, darle *principio. || **Poner manos violentas en** uno. fr. fig. *For.* *Maltratar de obra a una persona eclesiástica. || **Ponerse en manos de** uno. fr. fig. *Someterse a su dirección con entera *confianza. || **Por debajo de mano.** m. adv. fig. **Bajo mano.** || **Por segunda mano.** loc. fig. **Por tercera mano.** || **Por su mano.** expr. fig. Por sí mismo. || **Por tercera mano.** loc. fig. Por *mediación de otro. || **Probar la mano.** fr. fig. Intentar una cosa para ver si conviene proseguirla. || **Quedarse** uno **soplando las manos.** fr. fig. Quedar corrido por haber *malogrado una ocasión. || **Sentar la mano a** uno. fr. fig. y fam. *Castigarle con golpes. || fig. y fam. *Reprenderle con severidad. ‖ **Si a mano viene.** expr. fig. Acaso, por ventura. ‖ **Sin levantar mano.** loc. adv. fig. Sin cesar en el trabajo de manera *continua. ‖ **Si viene a mano.** expr. fig. **Si a mano viene.** ‖ **Suelto de manos.** loc fig. **Largo de manos.** ‖ **Tender a** uno **la mano,** o **una mano.** fr. Ofrecérsela para estrechar la suya en señal de *cortesía. ‖ fig. *Socorrerle. ‖ **Tener a mano.** fr. fig. Refrenar, contener. ‖ Tener uno a su alcance una cosa. ‖ **Tener** uno **atadas las manos.** fr. fig. Hallarse con un *impedimento para ejecutar una cosa. ‖ **Tener** uno a otro **de su mano.** fr. fig. Tenerle propicio. ‖ **Tener** uno **en la mano,** o **en** su **mano,** una cosa. fr. fig. Poder *conseguirla. ‖ **Tener** uno a otro **en** su **mano, o en** sus **manos.** fr. fig. Tenerle en su poder. ‖ **Tener** uno **entre manos** una cosa. fr. fig. **Traer entre manos** una cosa. ‖ **Tener** uno **la mano.** fr. fig. Contenerse, proceder con *moderación. ‖ **Tener** uno **la mano manca.** fr. fig. y fam. Ser poco dadivoso. ‖ **Tener mano con** uno. fr. fig. Tener influjo, *poder y *amistad con él. ‖ **Tener mano en** una cosa. fr. fig. *Intervenir en ella. ‖ **Tener** uno **muchas manos.** fr. fig. Tener gran valor o *habilidad. ‖ **Traer a la mano.** fr. Dícese de los *perros que vienen fielmente con la caza u otra cosa. ‖ **Traer entre manos** una cosa. fr. fig. Manejarla, estar *ocupándose en ella. ‖ **Traer la mano por el cerro.** fr. fig. y fam. **Pasar la mano por el cerro.** ‖ **Untar la mano,** o **las manos, a** uno. fr. fig. y fam. *Sobornarle. ‖ **Venir** a uno **a la mano,** o **a las manos,** una cosa. fr. fig. *Lograrla sin esfuerzo. ‖ **Venir a las manos.** fr. *Reñir. ‖ **Venir** uno **con las manos en el seno.** fr. fig. Estar *ocioso. ‖ **Venir,** o **venirse,** uno **con** sus **manos lavadas.** fr. fig. Pretender que se otorgue *graciosamente alguna cosa. ‖ **Vivir** uno **de,** o **por,** sus **manos.** fr. fig. y fam. Mantenerse de su trabajo.

manobra. f. Material para hacer una obra.

manobre. m. *Albañ.* **Peón de mano.**

manobrero. m. Operario que limpia las *acequias.

manojear. tr. Poner en manojos las hojas del *tabaco.

***manojo.** m. Hacecillo de *hierbas o de otras cosas largas y delgadas, que se puede coger con la mano. ‖ **A manojos.** m. adv. fig. **Abundantemente.**

manojuelo. m. d. de **Manojo.**

manolo, la. m. y f. Mozo o moza del pueblo bajo o *plebe de Madrid, que se distinguía por su *gallardía y desenfado.

manométrico, ca. adj. Perteneciente o relativo al manómetro.

manómetro. f. *Fís.* Instrumento destinado a medir la *tensión de los gases, especialmente en las *calderas de vapor.

manopla. f. Pieza de la *armadura antigua, con que se guarnecía la mano. ‖ *Látigo corto. ‖ Manaza, *mano grande. ‖ *Mar.* Gaza de estay. ‖ *Arma de hierro que cubre los nudillos del puño cerrado. ‖ Tira de suela con que los *zapateros se preservan la palma de la mano.

manoseador, ra. adj. Que manosea.

manosear. tr. Tentar o *tocar repetidamente una cosa, con riesgo de *ajarla.

manoseo. m. Acción y efecto de manosear.

manota. f. aum. de **Mano.**

manotada. f. *Golpe dado con la mano.

manotazo. m. **Manotada.**

manoteado. m. **Manoteo.**

manotear. tr. Dar *golpes con las manos. ‖ intr. Hacer muchos *ademanes el que habla.

manoteo. m. Acción y efecto de manotear.

manotón. m. **Manotada.**

manquear. intr. Mostrar uno su manquedad, o fingirla.

***manquedad.** f. Falta o *lesión de *mano o *brazo. ‖ Impedimento en el uso de estos miembros. ‖ fig. *Imperfección.

manquera. f. **Manquedad.**

manresano, na. adj. Natural de Manresa. Ú. t. c. s. ‖ Perteneciente a esta ciudad.

mansalva (a). m. adv. Sin ningún peligro, con *seguridad.

mansamente. adv. m. Con *mansedumbre. ‖ fig. **Lentamente.** ‖ fig. *Silenciosamente, muy quedo.

***mansedumbre.** f. *Apacibilidad y benignidad en la condición o en el trato. ‖ Calidad de *manso.

mansejón, na. adj. Dícese de los animales muy *mansos.

manseque. m. *Baile infantil de Chile.

mansión. f. Parada, *detención o estancia en una parte. ‖ Morada, *habitación. ‖ **Hacer mansión.** fr. Detenerse en una parte.

mansito. adj. d. de **Manso.** ‖ adv. m. **Mansamente.**

manso. m. **Masada** (*casa de campo). ‖ Cada una de las tierras que solían poseer los curatos y algunos monasterios.

***manso, sa.** adj. Benigno y *apacible en la condición. ‖ Aplícase a los animales que no son bravos. ‖ fig. Sosegado, suave. Dícese de ciertas cosas insensibles. ‖ m. En el *ganado lanar, cabrío, o vacuno, macho que sirve de guía a los demás.

mansueto, ta. adj. ***Manso.**

mansurrón, na. adj. *Manso en demasía.

***manta.** f. Trozo rectangular de tejido de lana o algodón, grueso y tupido, que sirve para abrigarse en la cama, en *viaje, etc. ‖ Prenda suelta que usa la gente del pueblo para *abrigarse. ‖ *Tela ordinaria de algodón, que se fabrica y usa en Méjico. ‖ Cubierta que sirve de abrigo a las caballerías. ‖ *Saco hecho de pita que se usa en las *minas de América para transportar los minerales. ‖ Juego de *naipes, parecido al hombre. ‖ fig. **Zurra** (paliza). ‖ *Mar.* *Vela muy grande. ‖ *Mar.* Porción extensa de *mar cubierta de sargazo. ‖ *Mil.* **Mantelete.** ‖ Cada una de las doce *plumas que tiene el ave de rapiña a continuación de las aguaderas. ‖ **de algodón.** Porción de *algodón en rama con un ligero baño de goma. ‖ **A manta.** m. adv. Dícese del modo de *regar el terreno cubriéndolo con una capa de agua. ‖ fam. **A manta de Dios.** ‖ **A manta de Dios.** m. adv. fam. Con *abundancia. ‖ **Dar una manta.** fr. fam. **Mantear.** ‖ **Liarse** uno **la manta a la cabeza.** fr. fig. Atropellar por todo, proceder de modo enérgico y *resuelto. ‖ **Tirar de la manta.** fr. fig. y fam. *Descubrir lo que había interés en mantener secreto.

mantalona. f. *Mar.* *Tela fuerte de algodón que se usa para hacer *velas.

mantaterilla. f. *Tela de urdimbre de bramante y trama de tirillas de paño, que suele usarse en los aparejos de las caballerías menores y a veces como *abrigo.

manteador, ra. adj. Que mantea. Ú. t. c. s.

manteamiento. m. Acción y efecto de mantear.

mantear. tr. Lanzar al aire hacia arriba a una persona puesta en una manta, tirando varios a un tiempo de las orillas de ésta. Es un modo de *maltratar a alguno o de *burlarse de él.

mantear. intr. Salir mucho de casa las mujeres. ‖ r. Convertirse en manto una veta de metal.

***manteca.** f. Grasa de los animales, especialmente la del cerdo. ‖ Substancia crasa y oleosa de la leche. ‖ **Pomada.** ‖ Substancia crasa y oleosa de algunos frutos. ‖ **de vaca. Mantequilla.** ‖ **Como manteca.** expr. fig. con que se pondera la *blandura o suavidad de una cosa. ‖ **El que asó la manteca.** Personaje proverbial, prototipo de *necedad. ‖ **Juntársele** a uno **las mantecas.** fr. fig. y fam. Estar en peligro de muerte por exceso de *gordura.

mantecada. f. Rebanada de *pan untada con mantequilla. ‖ Especie de *bollo compuesto de harina, huevos, azúcar y manteca de vaca.

mantecado. m. *Bollo amasado con manteca de cerdo. ‖ *Sorbete hecho con leche, huevos y azúcar.

mantecón. m. fig. y fam. Sujeto regalón y delicado. Ú. t. c. adj.

mantecosidad. f. Calidad de mantecoso.

mantecoso, sa. adj. Que tiene mucha *manteca. ‖ Que se asemeja a la manteca.

mantehuelo. m. d. de **Manto.**

manteísta. m. *Estudiante que asistía a las escuelas públicas vestido de sotana y manteo. Aun hoy se da este nombre a los alumnos externos de los seminarios.

***mantel.** m. Tejido de lino o de algodón con que se cubre la mesa de comer. ‖ Lienzo mayor con que se cubre la mesa del *altar. ‖ **A manteles.** m. adv. En mesa cubierta con **manteles.** ‖ **En mantel.** m. adv. *Blas.* **Mantelado.** ‖ **Sobre manteles.** m. adv. **A manteles.**

mantelado. adj. *Blas.* Dícese del escudo partido por dos líneas, que, arrancando del jefe, terminan en los cantones de la punta.

***mantelería.** f. Juego de mantel y servilletas.

manteleta. f. Especie de *esclavina grande, con puntas largas por delante, que usaban las mujeres para abrigo.

mantelete. m. *Vestidura con dos aberturas para sacar los brazos, que traen los *obispos y prelados encima del roquete. ‖ **Blas.* Cierto adorno del escudo de armas, a modo de trozo de tela. ‖ *Mil.* Tabla gruesa que servía para cubrir la boca del petardo, cuando se aplicaba contra la puerta que se quería romper. ‖ **Artill.* Tablero grueso forrado de chapa, que servía de resguardo contra los tiros del enemigo, a manera de *escudo.

mantelo. m. Especie de *delantal de paño, usado por las aldeanas del norte de España.

mantellina. f. **Mantilla.**

mantención. f. fam. **Manutención.**

mantenedor. m. El encargado de

mantener un *torneo, *certamen, etcétera.

mantenencia. f. Acción y efecto de mantener o *sostener. ‖ *Alimento, sustento.

mantener. tr. Proveer a uno del *alimento necesario. Ú. t. c. r. ‖ *Conservar una cosa en su ser. ‖ *Sostener una cosa para que no caiga o se tuerza. ‖ Proseguir o *continuar voluntariamente en lo que se está ejecutando. ‖ Defender o *afirmar una opinión o sistema. ‖ Sostener un *torneo, *certamen, etcétera. ‖ *For.* Amparar a uno en la *posesión o goce de una cosa. ‖ r. *Perseverar. ‖ fig. Fomentarse, *alimentarse.

manteniente. adv. t. Al instante. ‖ **A manteniente.** m. adv. Con toda la fuerza de la *mano o con ambas manos.

mantenimiento. m. Efecto de mantener o mantenerse. ‖ *Alimento. ‖ pl. **Víveres.**

manteo. m. **Manteamiento.**

manteo. m. *Capa larga con cuello, que traen los *clérigos sobre la sotana, y en otro tiempo usaron los *estudiantes. ‖ *Falda de bayeta o paño que traían las mujeres.

mantequera. f. La que hace o vende *manteca. ‖ Vasija en que se hace la *manteca. ‖ Vasija en que se sirve la manteca a la *mesa.

mantequería. f. Fábrica de manteca de vaca o tienda en que se vende.

mantequero. m. El que hace o vende *manteca. ‖ **Mantequera** (vasija). ‖ **Corojo.**

mantequilla. f. d. de **Manteca.** ‖ Manteca que se obtiene de la *leche de vaca. ‖ Pasta blanda y suave de manteca de vaca batida y mezclada con azúcar.

mantequillera. f. **Mantequera.**

mantequillero. m. **Mantequero.**

mantera. f. Mujer que cortaba y hacía *mantos para mujeres. ‖ La que hace mantas o las vende.

mantero. m. El que fabrica mantas o las vende.

mantés, sa. adj. fam. *Pícaro, pillo. Ú. t. c. s.

***mantilla.** f. Prenda de seda, lana u otro tejido, generalmente con guarnición de tul o encaje, de que usan las mujeres para cubrirse la cabeza. ‖ Prenda para igual uso, hecha enteramente de tul, blonda o encaje. ‖ Cualquiera de las piezas de bayeta con que se abriga y envuelve por encima de los pañales a los *niños de pecho. Ú. m. en pl. ‖ **Guarn.* Paño más o menos adornado con que se cubre el lomo de la cabalgadura. ‖ **Impr.* Paño o lienzo que se interpone para que no padezca la letra y salga bien la impresión. ‖ pl. *Regalo que hace un príncipe a otro a quien le nace un hijo. ‖ **Estar** una cosa **en mantillas.** fr. fig. y fam. Estar una cosa muy a los *principios.

mantilleja. f. d. de **Mantilla.**

mantillo. m. Capa superior del *terreno, cuando está formada en gran parte por la descomposición de materias orgánicas. ‖ *Abono que resulta de la fermentación y putrefacción del estiércol.

mantillón, na. adj. *Desaliñado, sucio. Ú. t. c. s. ‖ **Sinvergüenza.**

mantisa. f. **Mat.* Fracción decimal que sigue a la característica en un logaritmo.

mantis religiosa. f. *Insecto ortóptero con las patas anteriores prensoras, que le sirven para capturar otros insectos.

***manto.** m. Prenda suelta, a modo de capa, que llevaban las mujeres sobre el vestido. ‖ Prenda que les cubría cabeza y cuerpo hasta la cintura. ‖ Especie de mantilla grande sin guarnición. ‖ *Capa que se usó en algunas naciones. ‖ La que llevan algunos religiosos sobre la túnica. ‖ Rica vestidura de ceremonia, que se ata por encima de los hombros en forma de *capa. Es *insignia de soberanos. ‖ Prenda del traje de *gala de las damas que asisten a la corte. ‖ Ropa talar que usan en algunos colegios. ‖ **Blas.* Adorno exterior del escudo, dispuesto a modo de pabellón. ‖ Fachada de la campana de una *chimenea. ‖ Manteca o sebo en que nace envuelto el *feto o la criatura. ‖ fig. Lo que encubre y oculta una cosa. ‖ **Min.* Capa de mineral, de poco espesor y casi horizontal. ‖ *Zool.* Repliegue cutáneo que envuelve el cuerpo de los *moluscos y de algunos gusanos. ‖ **caballeroso.** Vestidura que usaban antiguamente los caballeros. ‖ **capitular.** Vestidura exterior que los caballeros de las órdenes militares usaban para juntarse en capítulo. ‖ **de humo.** El de seda negro y transparente que llevaban las mujeres en señal de *luto. ‖ **de soplillo.** Género de **manto** que se clareaba mucho. ‖ **ducal.** **Blas.* El de escarlata forrado de armiños y en forma de tapiz.

***mantón.** m. **Indum.* Cada una de las dos tiras de tela con que solían guarnecerse los jubones de las mujeres. ‖ → Pañuelo grande y, generalmente, de abrigo, que llevan las mujeres sobre los hombros. ‖ **de Manila.** fam. El de seda bordado.

mantón, na. adj. **Mantudo.**

mantornar. tr. **Agr.* **Binar.**

mantuano, na. adj. Natural de Mantua. Ú. t. c. s. ‖ Perteneciente a esta ciudad de Italia.

mantudo, da. adj. Dícese del *ave cuando tiene caídas las alas.

manuable. adj. Fácil de *manejar.

manual. adj. Que se ejecuta con las *manos. ‖ **Manuable.** ‖ Casero, de *fácil ejecución. ‖ fig. Fácil de *entender. ‖ fig. Aplícase a la persona *dócil y de condición *apacible. ‖ m. **Liturg.* Libro que contiene los ritos con que deben administrarse los *sacramentos. ‖ *Libro en que se *resume lo más substancial de una materia. ‖ **Cont.* Libro en que se van notando provisionalmente y como en borrador las partidas de cargo o data. ‖ *Libro o cuaderno que sirve para hacer *apuntaciones. ‖ pl. **Ecles.* Ciertos emolumentos que ganan los eclesiásticos asistiendo al coro.

manualmente. adv. m. Con las manos.

manubrio. m. Empuñadura o *asidero que tienen algunas ruedas u otros *mecanismos que se hacen girar a mano. ‖ fam. *Piano de manubrio.

manucodiata. f. **Ave del Paraíso.**

manuela. f. En Madrid, *coche de alquiler, abierto.

manuella. f. Barra o *palanca del *cabrestante.

manufactura. f. Obra hecha a mano o con auxilio de máquina. ‖ ***Fábrica.**

manufacturar. tr. **Fabricar.**

manufacturero, ra. adj. Perteneciente a la manufactura.

manumisión. f. Acción y efecto de manumitir.

manumiso, sa. p. p. irreg. de **Manumitir.** ‖ adj. **Horro.**

manumisor. m. *For.* El que manumite.

manumitir. tr. *For.* Dar *libertad al *esclavo.

manuscribir. tr. *Escribir a mano.

manuscrito, ta. adj. *Escrito a mano. ‖ m. Papel o *libro escrito a mano.

manutención. f. Acción y efecto de mantener o mantenerse. ‖ *Conservación y amparo o *protección.

manutener. tr. *For.* Mantener o amparar.

manutisa. f. **Minutisa.**

manvacío, a. adj. **Manivacío.**

***manzana.** f. Fruto del manzano. ‖ En las *poblaciones, conjunto de varias *casas contiguas, aislado de las restantes. ‖ Pomo de la *espada. ‖ Parte carnosa en la planta del *pie de ciertos mamíferos. ‖ Espacio cuadrado de terreno, con casas o sin ellas, pero circunscrito por calles. ‖ **Nuez** (prominencia de la *garganta). ‖ **asperiega.** La de forma aplastada y sabor agrio, que generalmente se emplea para hacer sidra. ‖ **de Adán.** Nuez de la *garganta. ‖ **de la discordia.** fig. Lo que es ocasión de *discordia. ‖ **meladucha.** Variedad dulce, pero poco substanciosa. ‖ **reineta.** La gruesa de color dorado y carne amarillenta.

manzanal. m. **Manzanar.** ‖ **Manzano.**

manzanar. m. Terreno plantado de *manzanos.

manzanera. f. **Maguillo.**

manzaneta. f. **Gayuba.**

manzanil. adj. Aplícase a algunas frutas parecidas a la manzana.

manzanilla. f. *Hierba de las compuestas, que produce unas flores olorosas en cabezuelas solitarias con centro amarillo y circunferencia blanca. ‖ Flor de esta planta. ‖ Infusión de esta flor, que se usa mucho como *bebida estomacal. ‖ Especie de *aceituna pequeña. ‖ Parte carnosa y saliente en la planta del *pie de los mamíferos carniceros. ‖ Cada uno de los *remates, en forma de manzana, con que se adornan los balcones, las camas y otros muebles. ‖ Parte inferior y redonda de la barba. ‖ *Vino blanco que se hace en varios lugares de Andalucía. ‖Cada uno de los *botones redondos y forrados de tela, con que solía abrocharse la ropilla. ‖ **bastarda.** Planta de las compuestas, cuya flor es parecida a la de la **manzanilla** común y tiene el mismo uso. ‖ **europea.** Planta de la misma familia y género que la **manzanilla** común, con tallo derecho y flores vueltas hacia abajo. ‖ **fina.** Planta de la familia de las compuestas, con flores en cabezuelas globosas muy fragantes y de color amarillo fuerte. ‖ **hedionda.** Planta de la misma familia y género que la **manzanilla** común, cuyas hojas despiden un olor desagradable. ‖ **loca.** Planta de las compuestas, cuya flor se ha empleado como la **manzanilla** común y se utiliza en tintorería. ‖ **romana. Manzanilla** común.

manzanillo. adj. V. **Olivo manzanillo.** Ú. t. c. s. ‖ *Árbol americano, de las euforbiáceas. El jugo y el fruto son venenosos.

manzanita. f. d. de **Manzana.** ‖ **de dama. Acerola.**

***manzano.** m. Árbol de la familia de las rosáceas, de fruto comestible, globoso, con piel fina de color amarillo, verdoso o rojizo, pulpa acídula o dulce y semillas pequeñas. ‖ **as-**

periego. El que produce las manzanas asperiegas.
maña. f. Destreza, *habilidad. ‖ *Astucia. ‖ *Vicio o mala *costumbre. Ú. m. en pl. ‖ Impertinencia o excesiva *delicadeza de un niño, que llora sin motivo. ‖ *Manojo pequeño.
***mañana.** f. Tiempo que transcurre desde que amanece hasta mediodía. ‖ Espacio de tiempo desde la medianoche hasta el mediodía siguiente. ‖ m. Tiempo *futuro próximo a nosotros. ‖ adv. t. En el día que seguirá inmediatamente al de hoy. ‖ fig. En tiempo venidero. ‖ fig. *Pronto, o antes de mucho tiempo. ‖ **De mañana.** m. adv. Al *amanecer. ‖ **¡Mañana!** Exclamación con que uno se *niega a hacer lo que le piden. ‖ **Muy de mañana.** m. adv. Muy *temprano. ‖ **Pasado mañana.** m. adv. En el día que seguirá inmediatamente al de **mañana.** ‖ **Tomar la mañana.** fr. **Madrugar.** ‖ fam. Beber *aguardiente por la **mañana** en ayunas.
mañanear. intr. Madrugar habitualmente, levantarse al *amanecer.
mañanero, ra. adj. **Madrugador.** ‖ Perteneciente o relativo a la *mañana.
mañanica, ta. f. Principio de la mañana.
mañear. tr. Disponer una cosa con maña o *habilidad. ‖ intr. Proceder mañosamente.
mañera. f. **Machorra** (*estéril).
mañería. f. *Esterilidad en las hembras o en las tierras. ‖ Derecho que tenían los reyes y señores de *heredar a los que morían sin sucesión legítima.
mañero, ra. adj. Sagaz, *astuto. ‖ *Fácil de hacer o manejar. ‖ V. **Vecino mañero.**
mañero, ra. adj. ***Estéril.**
mañeruelo, la. adj. d. de **Mañero.**
maño, ña. m. y f. fig. y fam. **Aragonés, sa.** ‖ ***Hermano, na.** ‖ Expresión de *cariño entre amigos.
mañoco. m. **Tapioca.** ‖ Masa cruda de *harina de maíz que comían los indios de Venezuela.
mañosamente. adv. m. Con *habilidad y destreza. ‖ **Maliciosamente.**
mañoso, sa. adj. Que tiene maña o *habilidad. ‖ Que se hace con maña. ‖ Que tiene maña o *vicios.
mañuela. f. Maña con *astucia y bellaquería. ‖ pl. com. fig. y fam. Persona *astuta.
maorís. m. pl. *Pueblo de raza polinesia que habita en Nueva Zelanda.
***mapa.** m. Representación *geográfica de la Tierra o parte de ella en una superficie plana. ‖ **Impr.* Hoja de un libro que, por ser mayor que las demás, se ha de plegar al encuadernarlo. ‖ f. fam. Cosa *excelente o que sobresale en su género. ‖ **de ancla.** *Mar.* Plancha triangular que refuerza interiormente los brazos de un *ancla. ‖ **mudo.** El que no tiene escritos los nombres de los reinos, ciudades, etc., y sirve para la enseñanza de la geografía. ‖ **Llevarse la mapa.** fr. fam. *Aventajarse en una línea. ‖ **No estar en el mapa** una cosa. fr. fig. y fam. Ser desusada y *extraordinaria.
mapaceli. m. *Mapa de la esfera celeste.
mapache. m. *Mamífero carnicero parecido al tejón, con piel de color gris obscuro y cola muy poblada, con anillos blancos.
mapamundi. m. *Mapa que representa la superficie de la Tierra dividida en dos hemisferios. ‖ fam. *Asentaderas.
mapanare. f. *Serpiente de Venezuela, muy venenosa.
mapoteca. f. Colección de *mapas.
mapuche. adj. **Araucano.**
mapurite. m. Especie de mofeta de la América Central (*mamífero).
maque. m. **Laca** (*barniz). ‖ **Zumaque del Japón** (*árbol).
maquear. tr. *Adornar muebles, u otros objetos con pinturas o *dorados, usando para ello el *barniz llamado maque.
maqueta. f. *Modelo plástico en tamaño reducido de un monumento, edificio, etc.
maqui. m. *Arbusto chileno, de las liliáceas, cuyo fruto, dulce y un poco astringente, se emplea en confituras y helados.
maquiavélico, ca. adj. Perteneciente al maquiavelismo.
maquiavelismo. m. Doctrina *política de Maquiavelo, escritor italiano del siglo XVI. ‖ fig. Modo de proceder con *astucia, doblez y *deslealtad.
maquiavelista. adj. Que sigue las máximas de Maquiavelo. Ú. t. c. s.
maquila. f. Porción de grano, harina o aceite que corresponde al molinero por la *molienda. ‖ Medida de *capacidad que se usa para ello. ‖ Medio celemín. ‖ Medida de *peso de cinco arrobas.
maquilar. tr. Cobrar el *molinero la maquila.
maquilero. m. El encargado de cobrar la maquila. ‖ **Maquila** (medio celemín).
maquillaje. m. Acción y efecto de maquillar.
maquillar. tr. Poner *afeites en la *cara, bien para hermosearla o para darle cierto carácter (*cine). Ú. t. c. r.
***máquina.** f. Artificio o mecanismo para aprovechar, dirigir o regular la acción de una fuerza, o para transformar una fuerza en determinado trabajo útil. ‖ fig. Agregado de diversas partes ordenadas entre sí para formar un *todo. ‖ fig. *Invención, proyecto de pura imaginación. ‖ fig. intervención de lo maravilloso o *sobrenatural en cualquier *narración poética. ‖ fig. y fam. Edificio grande y suntuoso. ‖ fig. y fam. Multitud y *abundancia. ‖ Por antonom., **Locomotora.** ‖ **Tramoya.** ‖ **de vapor.** La que funciona por la fuerza expansiva del vapor de agua. ‖ ***hidráulica.** La que se mueve por la acción del agua. ‖ La que sirve para elevar agua u otro líquido. ‖ **neumática.** Aparato para extraer de un espacio cerrado *aire u otro *gas.
***maquinación.** f. *Proyecto, *intriga o *asechanza oculta, dirigida regularmente a mal fin.
maquinador, ra. adj. Que maquina. Ú. t. c. s.
maquinal. adj. Perteneciente a los movimientos y efectos de la máquina. ‖ fig. Aplícase a los actos y movimientos *irreflexivos o involuntarios.
maquinalmente. adv. m. fig. De un modo maquinal.
maquinante. p. a. de **Maquinar.** Que maquina.
maquinar. tr. *Intrigar, urdir asechanzas, tramar algo oculta y artificiosamente.
maquinaria. f. Arte que enseña a fabricar las *máquinas. ‖ Conjunto de máquinas para un fin determinado. ‖ ***Mecánica.**
maquinista. com. Persona que inventa o fabrica *máquinas. ‖ La que las dirige o gobierna. Dícese por antonom. del que dirige una locomotora.
***mar.** amb. Masa de agua salada que cubre la mayor parte de la superficie de la Tierra. ‖ Cada una de las partes en que se considera dividida. ‖ fig. Nombre que se da a algunos lagos, como el Caspio, el Muerto. ‖ fig. Marejada u oleaje alto. ‖ fig. *Abundancia extraordinaria de alguna cosa. ‖ **ancha. Alta mar.** ‖ **bonanza.** *Mar.* **Mar en calma.** ‖ **de donas.** ant. *Mar.* **Mar en calma.** ‖ **de fondo,** o **de leva.** *Mar.* Agitación de las aguas causada en alta **mar** por los temporales o vientos tormentosos. ‖ **en bonanza, en calma,** o **en leche.** La que está sosegada y sin agitación. ‖ **jurisdiccional. Aguas jurisdiccionales.** ‖ **larga.** *Mar.* **Mar ancha.** ‖ **tendida.** La formada por grandes olas de mucho seno y de movimiento lento. ‖ **territorial. Mar jurisdiccional.** ‖ **Alta mar.** Parte del **mar** que está a bastante distancia de la costa. ‖ **A mares.** m. adv. **Abundantemente.** ‖ **Arar en el mar.** fr. fig. con que se denota la *inutilidad de un esfuerzo. ‖ **Arrojarse** uno **a la mar.** fr. fig. Aventurarse a un grave *riesgo. ‖ **De mar a mar.** m. adv. fig. que denota la *abundancia de algunas cosas, o bien lujo o *exceso en los adornos. ‖ **Hablar de la mar.** fr. fig. y fam. con que vulgarmente se significa ser *imposible o incomprensible una cosa. ‖ **Hacerse a la mar.** fr. **Mar.* Separarse de la costa y entrar en **mar** ancha. ‖ **La mar de.** loc. adv. **Mucho.** ‖ **Picarse el mar,** o **la mar.** fr. Comenzar a alterarse. ‖ **Quebrar el mar.** fr. **Romperse el mar.** ‖ **Romperse el mar.** fr. Estrellarse las olas contra un peñasco, playa, etcétera.
marabú. m. *Ave zancuda, semejante a la cigüeña, de metro y medio de alto. Tiene la cabeza, cuello y buche desnudos, y las plumas blancas de debajo de las alas son muy apreciadas para adornos. ‖ Adorno hecho de esta *pluma.
marabuto. m. **Morabito.**
maraca. m. *Instrumento músico de los guaraníes, que consiste en una calabaza seca con granos de maíz o chinas en su interior. ‖ Juego de azar, con tres *dados. ‖ fig. *Ramera, prostituta.
maracaná. m. **Guacamayo.**
maracure. m. *Bejuco de Venezuela, del cual se extrae el curare.
maragatería. f. Conjunto de maragatos.
maragato, ta. adj. Natural de la Maragatería. Ú. t. c. s. ‖ Perteneciente a esta comarca del reino de León. ‖ m. Especie de adorno que antiguamente traían las mujeres en los escotes, a manera de *cuello o valona.
maraña. f. **Maleza.** ‖ Conjunto de hebras bastas enredadas y de grueso desigual que forman la parte exterior de los capullos de *seda. ‖ Tejido hecho con esta **maraña.** ‖ **Coscoja.** ‖ *Enredo de los hilos o del cabello. ‖ fig. Embuste o *chisme inventado para enredar un negocio. ‖ fig. Lance intrincado y de difícil salida. ‖ *Germ.* *Ramera.
marañal. m. **Coscojar.**
marañar. tr. **Enmarañar.** Ú. t. c. r.
marañero, ra. adj. Amigo de marañas, enredador, *chismoso. Ú. t. c. s.
marañón. m. *Árbol americano, de las terebintáceas, cuyo fruto es una

nuez de cubierta cáustica y almendra comestible.

marañoso, sa. adj. **Marañero.** Ú. t. c. s. || p. us. Enmarañado, enredado.

marasmo. m. **Pat.* Extremado enflaquecimiento del cuerpo humano. || fig. *Detención, paralización, inmovilidad, en lo moral o en lo físico.

marasmolita. f. *Miner.* Variedad de blenda o sulfuro de *cinc, de color amarillo transparente.

maravedí. m. *Moneda española, efectiva unas veces y otras imaginaria, que ha tenido diferentes valores y calificativos. || *Tributo que de siete en siete años pagaban al rey los aragoneses. || **alfonsí,** o **blanco. Maravedí de plata.** || **burgalés.** Moneda de vellón con tres partes de cobre y una de plata. || **cobreño.** Moneda antigua que valía dos blancas. || **de la buena moneda,** o **de los buenos.** De los de cobre, el que tenía más liga de plata. || **Maravedí de oro.** || **de oro.** Moneda con ley de dieciséis quilates de oro. || **de plata.** Moneda anterior a los Reyes Católicos, cuyo valor era la tercera parte de un real de plata antiguo. || **novén. Maravedí viejo.** || **nuevo.** Antigua moneda de vellón, que equivalía a la séptima parte de un real de plata. || **prieto.** Moneda antigua, de menos valor que la blanca. || **viejo.** Moneda de vellón que valía la tercera parte de un real de plata.

maravedinada. f. Cierta medida antigua de capacidad para áridos.

***maravilla.** f. Suceso o cosa que causa *admiración. || **Admiración.** || *Planta herbácea de las compuestas, notable por sus flores circulares y de color anaranjado. || Especie de *enredadera, originaria de América, que tiene la flor azul con listas purpúreas. || ***Dondiego.** || V. **Flor de la maravilla.** || **del mundo.** Cada una de las siete grandes obras de *arquitectura o de *escultura que en la antigüedad se reputaron más admirables. || **A las maravillas,** o **a las mil maravillas.** m. adv. fig. De un modo exquisito y *perfecto. || **A maravilla.** m. adv. **Maravillosamente.** || **Por maravilla.** m. adv. Rara vez, por casualidad.

***maravillar.** tr. Causar *admiración o *sorpresa. Ú. t. c. r.

maravillosamente. adv. m. De un modo maravilloso.

***maravilloso, sa.** adj. Extraordinario, *excelente.

marbete. m. Cédula o *rótulo que se pone a una caja, frasco, etc., para indicar su contenido, uso, *marca de fábrica, etc. || Cédula que en los *ferrocarriles se pega en los bultos de equipaje, fardos, etc., al facturarlos. || Orilla, *borde, perfil, filete.

***marca.** f. *Provincia, distrito fronterizo. || Instrumento para medir la *estatura de las personas, la alzada de los caballos, etc. || *Medida cierta y segura del tamaño que debe tener una cosa. || Instrumento con que se señala una cosa para diferenciarla de otras. || Acción de marcar. || → Señal hecha en una persona, animal o cosa, para distinguirla de otra, o denotar calidad o pertenencia. || *Germ.* *Ramera. || **Mar.* Punto fijo en la costa que sirve a bordo de señal para saber la situación de la nave. || **de fábrica.** Distintivo o señal que el fabricante pone a los productos de su industria. || **De marca.** expr. fig. con que se explica que una cosa es *excelente en su línea. || **De marca mayor,** o **de más de marca.** expr. fig. con que se declara que una cosa es *excesiva en su línea.

marcación. f. **Mar.* Acción y efecto de marcar o marcarse. || **Mar.* Ángulo que forma la visual dirigida a una marca o a un astro con el rumbo que lleva el buque. || En las cortas de *montes y bosques, operación de señalar los árboles que se han de talar.

marcador, ra. adj. Que marca. Ú. t. c. s. || m. Muestra o dechado para marcar o *bordar letras en cañamazo. || **Contraste.** || Aparato en que se marcan los tantos en el juego del *balón y otros análogos. || **Impr.* Operario encargado de ir colocando los pliegos de papel en las máquinas. || **mayor.** Título que se daba en Castilla al jefe de los marcadores.

***marcar.** tr. Señalar una cosa o persona para que se distinga de otras, o se conozca la calidad o pertenencia de la misma. || *Bordar en la ropa iniciales, emblemas, etc. || Indicar el *reloj la hora, o señalar otro aparato un número, precio, peso, etc. En los juegos del *balón, contrarrestar un jugador el juego de su contrario. || fig. Señalar a uno, o advertir en él una calidad digna de notarse. || fig. Aplicar, *destinar. || **Impr.* Ajustar el pliego a los tacones al imprimir el blanco, y apuntarlo para la retiración. || **Mar.* Determinar una marcación. || *Mar.* Determinar un buque su situación por medio de marcaciones.

marcasita. f. **Pirita.**

marceador, ra. adj. Que marcea.

marcear. tr. *Esquilar las bestias en el mes de marzo. || Practicar el marceo de las *colmenas. || intr. Hacer el tiempo propio del mes de marzo.

marcelianista. adj. Partidario de la *herejía de Marcelo, obispo de Ancira. Ú. t. c. s.

marcelino, na. adj. ant. **Marzal.**

marceño, ña. adj. Propio del *mes de marzo.

marceo. m. Corte que hacen los colmeneros en los *panales, al entrar la primavera, para quitar lo reseco y sucio.

marcero, ra. adj. **Marceador.**

marcescente. adj. **Bot.* Aplícase a los cálices y corolas que persisten alrededor del ovario, y a las *hojas que permanecen *marchitas en la planta hasta que brotan las nuevas.

marcial. adj. Perteneciente a la *guerra. || fig. Bizarro, varonil, *gallardo. || **Farm.* Dícese de los medicamentos en que entra el *hierro. || m. Porción de polvos aromáticos con que antiguamente se aderezaban los *guantes.

marcialidad. f. Calidad de marcial.

marciano, na. adj. Relativo al planeta Marte, o propio de él.

marcionista. adj. Dícese del partidario de la *secta de Marción, heresiarca del siglo II. Ú. t. c. s.

marco. m. *Peso de media libra, que se usaba para el oro y la plata. || Patrón para el *contraste de las pesas y medidas. || *Moneda alemana que a la par equivale a una peseta y veinticinco céntimos. || **Mojón.** || Conjunto de *dimensiones que, según sus clases, deben tener los *maderos. || Cerco redondo, rectangular, etcétera, que rodea o *adorna algunas cosas, y aquel en donde se encaja una *puerta, ventana, etc. || **Cartabón** (de los *zapateros). || *Mar.* *Impuesto que pagaban los buques al entrar en su puerto. || ***hidráulico.** Arqueta provista de varios cañitos de distintos diámetros, calculados de modo que salga por cada uno determinada cantidad de agua. || **real.** Medida *superficial de cuatrocientos estadales cuadrados.

márcola. f. Instrumento para limpiar y *escamondar los *olivos. Se compone de una vara larga, que lleva en la punta un hierro a manera de *formón, con un gancho lateral en figura de hocino.

marcolador, ra. adj. Persona que desmaroja y limpia con la márcola.

marcomano, na. adj. Natural de Marcomania. Ú. t. c. s. || Perteneciente a este país de la Europa antigua.

marconigrama. m. **Radiotelegrama.**

***marcha.** f. Acción de marchar. || Grado de celeridad en el movimiento o andar de un buque, locomotora, etc. || *Hoguera que se hace a las puertas de las casas como señal de *fiesta. || *Mil.* *Toque para que marche la tropa. || *Mús.* Pieza de *música, de ritmo muy determinado, destinada a facilitar el paso acompasado de la tropa, o de un numeroso cortejo. || **armónica.** **Mús.* Repetición simétrica, en distintos grados, de una sucesión de acordes. || **del *juego.** Carácter propio de él y leyes que lo rigen. || **real.** La que se toca en honor del rey. || **real fusilera.** Antigua **marcha** real. || **A largas marchas** m. adv. fig. Con mucha *prisa. || **A marchas forzadas.** m. adv. *Mil.* Caminando en determinado tiempo más de lo que se acostumbra. || **Batir la marcha,** o **batir marcha.** fr. **Mil.* Tocarla con el clarín o con la caja. || **Doblar las marchas.** fr. Caminar en un día la jornada de dos. || **Sobre la marcha.** m. adv. De *prisa, en el acto.

marchamar. tr. *Marcar los géneros en las *aduanas.

marchamero. m. El que tiene el oficio de marchamar.

marchamo. m. *Marca que se pone en los bultos en las *aduanas, una vez aforados o reconocidos.

marchante. adj. **Mercantil.** || m. **Traficante.** || Parroquiano de una *tienda.

marchapié. m. *Mar.* *Cabo puesto en las vergas para sostener a la marinería que trabaja en ellas.

***marchar.** intr. Caminar, *andar, viajar, *ir o partir de un lugar. Ú. t. c. r. || **Andar** (*moverse, funcionar una máquina). || fig. Caminar, *actuar, progresar una cosa. || **Mil.* Andar la tropa con cierto orden y compás.

marchitable. adj. Que puede marchitarse.

***marchitamiento.** m. Acción y efecto de marchitar o marchitarse.

***marchitar.** tr. Ajar, deslucir, quitar la lozanía y frescura a plantas, flores, etc. Ú. t. c. r. || fig. Enflaquecer, *debilitar, quitar el vigor. Ú. t. c. r.

marchitez. f. Calidad de marchito.

***marchito, ta.** adj. Ajado, falto de vigor y lozanía.

mardal. m. **Morueco.**

mardano. m. **Morueco.**

***marea.** f. Movimiento periódico de ascenso y descenso de las aguas del mar, producido por la atracción del Sol y de la Luna. || Parte de la *costa que se ocupa con el flujo o pleamar. || *Viento suave que sopla del mar. || Por ext., el que sopla en las cuencas de los ríos, o en los barrancos. || *Rocío, llovizna. || *Suciedad y lodo en las calles. || *Nie-

bla. ‖ **muerta.** *Mar.* **Aguas muertas.** ‖ **viva.** *Mar.* **Aguas vivas.**
mareador. m. *Germ.* *Ladrón que da mala moneda por la buena.
mareaje. m. *Mar.* Arte o profesión de *navegar. ‖ *Mar.* Rumbo que llevan las embarcaciones.
mareamiento. m. Acción y efecto de marear o marearse.
mareante. p. a. de **Marear.** Que marea. ‖ adj. Que profesa el arte de la *navegación. Ú. t. c. s. ‖ m. pl. *Mar.* Gremio de navegantes para la defensa de sus intereses comunes.
*__marear.__ tr. Gobernar y dirigir en el mar una embarcación. ‖ *Vender en público las mercaderías. ‖ fig. y fam. Enfadar, *molestar. Ú. t. c. intr. ‖ **Rehogar.** ‖ → r. Padecer mareo. ‖ Averiarse o *corromperse los géneros en el mar.
*__marejada.__ f. Movimiento tumultuoso de grandes olas. ‖ fig. *Excitación de los ánimos manifestada sordamente por varias personas.
maremagno. m. fam. **Mare mágnum.**
mare mágnum. expr. lat. fig. y fam. *Abundancia, *grandeza o *confusión. ‖ fig. y fam. Muchedumbre confusa de personas o cosas.
maremoto. m. Agitación violenta de las aguas del *mar, producida por una sacudida del fondo.
mareo. m. Indisposición que sufren algunas personas por efecto del movimiento de la embarcación, carruaje, etc., por abuso de bebidas alcohólicas o por otras causas, y que se manifiesta por *desmayo persistente y náuseas. ‖ fig. y fam. *Molestia, ajetreo.
mareógrafo. m. Instrumento que inscribe, sobre una tira de papel sin fin, la altura que alcanza el nivel de las aguas por efecto de las *mareas en las distintas horas del día.
mareta. f. Movimiento de las *olas del mar menos violento que la marejada. ‖ fig. Rumor o *alboroto de muchedumbre. ‖ fig. Alteración del ánimo cuando ya se va calmando.
maretazo. m. **Golpe de mar.**
márfaga. f. **Marga** (*tela para jergones). ‖ *Manta de *cama.
márfega. f. **Márfaga.** ‖ Jergón hecho de esta tela.
*__marfil.__ m. Substancia de que están formados los *colmillos de los *elefantes. ‖ *Zool.* Parte dura de los *dientes cubierta por el esmalte.
marfileño, ña. adj. De marfil. ‖ Perteneciente o semejante al marfil.
marfuz, za. adj. Repudiado, *rechazado. ‖ Falaz, *embustero.
marga. f. *Geol.* Roca compuesta principalmente de carbonato de cal y arcilla, que se emplea como *abono de los terrenos en que escasea alguno de estos componentes.
marga. f. Jerga que se emplea para sacas, jergones y cosas semejantes.
margajita. f. **Marcasita.**
margal. m. Terreno en que abunda la marga.
margallón. m. **Palmito.**
margar. tr. *Abonar las tierras con marga.
margarina. f. *Quím.* Substancia *grasa de consistencia blanda, que se encuentra en los aceites. ‖ Preparación que se hace con esta substancia para substituir a la *manteca de vaca o para adulterarla.
margarita. f. ***Perla.** ‖ Caracol marino pequeño, muy convexo por encima y casi plano por debajo. ‖ Por ext. cualquier caracol chico. ‖ *Planta herbácea de las compuestas, notable por sus flores de centro amarillo y circunferencia blanca. ‖ **Maya** (planta). ‖ *Mar.* Nombre de varios *nudos que se dan a los *cabos.
margariteño, ña. adj. Natural de Santa Margarita. Ú. t. c. s. ‖ Perteneciente a esta isla del Mediterráneo.
margaritona. f. fam. Mujer *hipócrita.
margen. amb. *Borde de una cosa. ‖ Espacio que queda en blanco a los lados de una página manuscrita o *impresa. ‖ **Apostilla.** ‖ fig. Ocasión, *oportunidad. ‖ *Com.* *Ganancia que se puede obtener en un negocio teniendo en cuenta el *precio de coste y el de venta. ‖ **A media margen.** m. adv. Con espacio en blanco que comprenda la mitad de la plana a lo largo.
margenar. tr. **Marginar.**
marginado, da. adj. *Bot.* Que tiene reborde.
marginal. adj. Perteneciente al margen. ‖ Que está al margen.
marginar. tr. **Apostillar.** ‖ Dejar márgenes en el papel en que se *escribe o imprime.
margoso, sa. adj. Dícese del *terreno o de la roca en cuya composición entra la marga.
margrave. m. *Título de dignidad de algunos príncipes de Alemania.
margraviato. m. *Dignidad de margrave. ‖ *Territorio del margrave.
marguera. f. Barrera o veta de marga. ‖ Sitio donde se tiene depositada la marga.
marhojo. m. **Malhojo.**
María. n. p. f. Nombre de la *Virgen. ‖ f. *Moneda de plata, antigua, de valor de doce reales de vellón. ‖ fam. *Vela blanca que se pone en lo alto del tenebrario.
marial. adj. Aplícase a algunos libros que contienen alabanzas de la *Virgen María. Ú. t. c. s.
marianismo. m. Culto o devoción a la *Virgen.
marianista. adj. Dícese de los individuos de cierta *congregación religiosa, fundada en París por el padre Chaminade. Ú. t. c. s.
marianita. adj. **Marianista.**
mariano, na. adj. Perteneciente a la *Virgen María o a su culto.
Marica. n. p. f. fam. d. de **María.** ‖ f. **Urraca.** ‖ En el juego de *naipes llamado truque, sota de oros. ‖ m. fig. y fam. Hombre *afeminado y de poco ánimo. ‖ ***Sodomita.**
maricangalla. f. *Mar.* Ala que se alargaba en la *vela cangreja.
Maricastaña. n. p. f. Personaje proverbial, símbolo de *antigüedad muy remota en las frases: **los tiempos de Maricastaña; en tiempo de Maricastaña,** etc.
maricón. m. fig. y fam. **Marica** (hombre *afeminado). Ú. t. c. adj. ‖ fig. y fam. ***Sodomita.** Ú. t. c. adj.
maridable. adj. Aplícase a la unión que debe haber entre marido y mujer, y a lo relativo a la vida de *matrimonio.
maridablemente. adv. m. Con vida, unión o afecto maridable.
maridaje. m. Unión y conformidad de los *cónyuges. ‖ *Semejenza o *conformidad con que unas cosas se enlazan o corresponden entre sí.
maridanza. f. Vida que da el marido a su *cónyuge.
maridar. intr. Contraer *matrimonio. ‖ Unirse carnalmente. ‖ tr. fig. *Unir o enlazar.
maridazo. m. fam. **Gurrumino.**
maridillo. m. **Rejuela** (braserillo).
marido. m. Hombre *casado, con respecto a su mujer.
marihuana. f. Nombre de las hojas y sumidades del cáñamo que se fuman en cigarrillos y producen un efecto *narcótico.
marijuana. f. **Marihuana.**
*__marimacho.__ m. fam. Mujer que en su aspecto o acciones parece hombre.
marimandona. f. Mujer mandona y dominante; *marimacho.
marimanta. f. fam. *Fantasma para *asustar a los niños.
marimarica. m. fam. **Marica** (hombre *afeminado).
marimba. f. Especie de *tambor que usan los negros de África. ‖ **Tímpano** (*juguete).
marimoña. f. **Francesilla** (*planta).
marimorena. f. fam. *Riña, pendencia.
*__marina.__ f. Parte de tierra junto al mar, *costa, ribera. ‖ **Pint.* Cuadro o dibujo que representa el mar. ‖ → Arte de navegar. ‖ Conjunto de los buques de una nación. ‖ Conjunto de las personas que sirven en la *armada. ‖ **de guerra.** ***Armada.** ‖ **mercante.** Conjunto de los *buques que se emplean en el comercio.
marinada. f. Conjunto de víveres para la marinería.
marinaje. m. Ejercicio de la marinería. ‖ Conjunto de los *marineros.
marinante. m. desus. **Marinero.**
marinar. tr. Preparar el *pescado para conservarlo. ‖ Poner marineros del buque apresador en el apresado. ‖ **Mar.* Tripular de nuevo un buque.
marinear. intr. Ejercer el oficio de *marinero.
marinera. f. Prenda de *vestir, a modo de blusa, que usan los marineros. ‖ *Baile popular de América.
marinerado, da. adj. **Mar.* Tripulado o equipado.
marinerazo. m. El muy práctico en las cosas de mar.
marinería. f. Profesión o ejercicio de *marinero. ‖ Conjunto de *marineros.
*__marinero, ra.__ adj. Dícese del buque fácil de gobernar. ‖ Dícese de lo que pertenece a la marina o a los marineros. ‖ → m. Hombre que sirve a bordo de las embarcaciones para las maniobras de éstas. ‖ **Argonauta** (*molusco). ‖ **de agua dulce.** El que ha navegado poco. ‖ **A la marinera.** m. adv. **A la marinesca.**
marinesco, ca. adj. Perteneciente a los *marineros. ‖ **A la marinesca.** m. adv. Conforme a la moda o costumbre de los marineros.
marinismo. m. **Lit.* Gusto poético conceptuoso, recargado de imágenes extravagantes, que reinó en Europa al comenzar el siglo XVII.
marinista. adj. Dícese del *pintor de marinas.
marino, na. adj. Perteneciente al *mar. ‖ **Blas.* Aplícase a ciertos animales quiméricos que terminan en cola de pescado. ‖ m. El que se ejercita en la náutica. ‖ El que sirve en la *marina.
mariol. m. p. us. **Maricón.**
mariolatría. f. Culto a la *Virgen María.
mariología. f. Tratado de lo referente a la *Virgen.
marión. m. **Esturión.**
marión. m. **Mariol.**
mariona. f. Especie de *danza antigua. ‖ Música de la misma.
marioso. adj. p. us. **Amaricado.**
maripérez. f. **Moza** (pieza de las trébedes).
*__mariposa.__ f. Insecto lepidóptero. ‖ *Pájaro de Cuba, muy apreciado por

su belleza y lo agradable de su canto. || Especie de candelilla que, mantenida a flote en un vaso de aceite, sirve para *alumbrar. || Conjunto de la candelilla y su vaso. || **Tronera** (*juguete de papel).
mariposeador, ra. adj. Que mariposea.
mariposear. intr. fig. Mostrar *inconstancia en los estudios, afectos, etcétera. || *Vagar en torno de alguna persona o cosa.
mariposón. m. fam. **Galanteador.**
mariquita. f. *Insecto coleóptero, pequeño, de forma ovoide, de unos siete milímetros de largo, con cabeza pequeña, alas membranosas, encarnado brillante por encima, con tres puntos negros en cada uno de los élitros y otro en medio del coselete. || *Insecto hemíptero, pequeño, sin alas membranosas, con cuerpo aplastado, de color pardo obscuro por debajo, y por encima encarnado con tres manchitas negras. || **Perico** (*papagayo). || m. fam. Hombre *afeminado.
marisabidilla. f. fam. Mujer que presume de *sabia.
mariscador, ra. adj. Que tiene por oficio mariscar (coger mariscos). Ú. m. c. s.
mariscal. m. *Oficial de la milicia antigua, inferior al condestable. || El encargado de aposentar la caballería. Este oficio se redujo a mera *dignidad hereditaria. || **Albéitar.** || **de campo.** Oficial general, llamado hoy general de división. || **de logis.** El encargado antiguamente de alojar la tropa de caballería.
mariscala. f. Mujer del mariscal.
mariscalato. m. **Mariscalía.**
mariscalía. f. Dignidad o empleo de mariscal.
mariscante. adj. *Germ.* Que marisca o *hurta.
mariscar. tr. Coger *mariscos. || *Germ.* **Hurtar.**
***marisco.** m. Cualquier animal marino invertebrado, y especialmente el molusco o crustáceo comestible. || *Germ.* Lo que se hurta.
marisma. f. Terreno *pantanoso que se inunda por la aguas del mar o de río. || Terreno *cenagoso a orillas del agua.
marismo. m. **Orzaga.**
marisquero, ra. m. y f. Persona que pesca *mariscos o los vende.
marista. adj. Dícese del religioso de la *congregación de los sacerdotes de María, fundada en Francia en el siglo XIX. Ú. t. c. s. || Perteneciente o relativo a dicha congregación.
marital. adj. Perteneciente al marido o a la vida de *matrimonio.
maritata. f. **Min.* Canal de ocho a diez metros de largo, con el fondo cubierto de pellejos de carnero, por donde se hace pasar una corriente de agua con minerales pulverizados para que en aquéllos se deposite el polvo matalífero. || *Min.* *Cedazo de tela metálica. || pl. Trebejos, *trastos, baratijas.
marítimo, ma. adj. Perteneciente o relativo al *mar.
maritornes. f. fig. y fam. *Criada ordinaria y hombruna.
marizápalos. f. *Danza antigua en tres por cuatro.
marizarse. r. **Amarizarse.** Ú. t. c. intr.
marjal. m. Terreno bajo y *pantanoso.
marjal. m. Medida *superficial agraria equivalente a cinco áreas y veinticinco centiáreas.
marjoleta. f. Fruto del marjoleto.
marjoleto. m. *Espino arbóreo de unos ocho metros de altura. || **Majuelo.**
marlota. f. *Vestidura morisca, a modo de sayo baquero.
marlotar. tr. p. us. Metát. de **Malrotar.**
marmárico, ca. adj. Perteneciente a la Marmárica, región de África antigua.
marmella. f. **Mamella.**
marmellado, da. adj. **Mamellado.**
marmita. f. Utensilio de *cocina, a manera de olla de metal, con tapadera ajustada.
marmitón. m. **Galopín de cocina.**
***mármol.** m. Piedra caliza, compacta y cristalina, susceptible de buen pulimento. || fig. Obra artística de **mármol.** || En los hornos de *vidrio, plancha de hierro en que se labran las piezas. || **brecha.** El formado con fragmentos irregulares, angulosos. || **brocatel.** El que representa manchas y vetas de colores variados. || **estatuario.** El blanco, muy homogéneo, que se emplea para hacer estatuas. || **lumaquela.** El que contiene multitud de fragmentos de conchas y otros fósiles. || **serpentino.** El que tiene parte de serpentina, o es parecido a ella.
marmolejo. m. *Columna pequeña.
marmoleño, ña. adj. **Marmóreo.**
marmolería. f. Conjunto de *mármoles labrados. || Obra de mármol. || Taller donde se trabaja.
marmolillo. m. **Guardacantón.** || fig. **Zote.**
marmolista. m. El que trabaja en *mármoles, o los vende.
marmoración. f. **Estuco.**
marmóreo, a. adj. Que es de *marmol. || Semejante al mármol.
marmoroso, sa. adj. **Marmóreo.**
marmosete. m. **Impr.* *Grabado alegórico que suele ponerse al fin de un libro o capítulo.
marmota. f. *Mamífero roedor, de medio metro de largo. Pasa el invierno dormido en su madriguera y se le domestica fácilmente. || *Gorra de abrigo para *niños. || Persona que *duerme mucho.
marmotear. intr. **Barbotar.**
maro. m. *Planta herbácea de las labiadas, de olor muy fuerte y de *sabor amargo. || **Amaro.**
marocha. f. Muchacha *alocada.
marojal. m. Sitio poblado de marojos o melojos.
marojo. m. *Planta *parásita, muy parecida al muérdago. || **Melojo.**
marola. f. **Marejada.**
***maroma.** f. *Cuerda gruesa de esparto o cáñamo.
marón. m. **Esturión.**
marón. m. **Morueco.**
maronita. adj. *Cristiano del monte Líbano. Ú. t. c. s.
marota. f. ***Marimacho.**
maroto. m. *Carnero padre.
marquear. tr. *Agr.* Marcar un terreno para plantar en él.
marqueo. m. Acción de marquear.
marqués. m. *Señor de una tierra que estaba en la frontera. || *Título de honor o de dignidad.
marquesa. f. Mujer o viuda del marqués, o la que por sí goza este título. || **Marquesina** (*pabellón).
marquesado. m. *Título o dignidad de marqués. || *Territorio o lugar sobre que recae este título.
marquesina. f. Cubierta o *pabellón que se pone sobre la tienda de campaña. || *Cobertizo, generalmente de cristal y hierro, que avanza sobre una *puerta, escalinata o *atrio.
marquesita. f. **Marcasita.**
marquesota. f. *Cuello muy almidonado y hueco, que usaban los hombres.
marquesote. m. aum. despect. de **Marqués.** || *Torta de figura de rombo.
marqueta. f. Pan de *cera sin labrar.
marquetería. f. **Ebanistería.** || **Taracea.**
marquiartife. m. *Germ.* **Artife.**
marquida. f. *Germ.* ***Ramera.**
marquilla. f. V. **Papel de marquilla.**
marquisa. f. *Germ.* **Marquida.**
marra. f. Falta, *ausencia o *carencia de una cosa donde debiera estar.
marra. f. **Almádena.**
márraga. f. **Marga** (*tela para jergones).
marragón. m. **Jergón.**
marraguero. m. **Colchonero.**
marrajería. f. *Astucia, mala intención disimulada.
marrajo, ja. adj. **Taurom.* Aplícase al toro o buey que no arremete sino a golpe seguro. || fig. *Astuto, que encubre dañada intención. || m. **Tiburón.**
marramao. m. Onomatopeya de la *voz del gato.
marramau. m. **Marramao.**
marramizar. intr. Hacer marramao el gato.
marrana. f. Hembra del marrano o *cerdo. || fig. y fam. Mujer *sucia y *desaliñada. Ú. t. c. adj. || fig. y fam. La que procede con *vileza. Ú. t. c. adj.
marrana. f. Eje de la rueda de la *noria.
marranada. f. fig. y fam. **Cochinada.**
marranalla. f. fig. y fam. **Canalla,** gente baja o ruin.
marrancho. m. **Marrano** (*cerdo).
marranchón, na. m. y f. Marrano o lechón.
marranería. f. fig. y fam. **Marranada.**
marranillo. m. **Cochinillo.**
marrano. m. ***Cerdo.** || fig. y fam. Hombre *sucio y *desaliñado. Ú. t. c. adj. || fig. y fam. El que procede con *vileza. Ú. t. c. adj.
marrano. m. Cada uno de los *maderos que sujetan los álabes de una rueda *hidráulica. || Cada uno de los maderos que forman la cadena del fondo de un *pozo. || Pieza de madera, que sirve para igualar la presión en las prensas de los *molinos de aceite.
marrano, na. m. y f. ant. Persona *maldita o descomulgada.
marraqueta. f. *Pan parecido a la bizcochada. || Conjunto de varios panes pequeños que se cuecen en una sola pieza.
marrar. intr. Faltar, *carecer. || fig. *Desviarse de lo recto; *equivocarse, fallar.
marras (de). loc. que indica tiempo *pasado u ocasión remota y consabida.
marrasquino. m. *Licor hecho con cerezas amargas.
marrazo. m. *Hacha de dos bocas. || *Machete corto.
marrear. tr. Dar golpes con la marra.
márrega. f. **Márfega.** || **Jergón.**
marrillo. m. *Palo corto y algo grueso.
marro. m. *Juego que consiste en tirar con el marrón a un bolo hincado en el suelo. || Regate o *movimiento del cuerpo, que se hace para burlar al que persigue. || Falta, *ausencia. || *Juego entre dos bandos de muchachos, en el que cada

uno trata de coger a un corredor del bando contrario. ‖ Palo con que se juega a la tala.
marrón. m. Piedra con que se tira al marro.
marronazo. m. **Taurom.* Acción de marrar alguna suerte del toreo y especialmente la de varas.
marroquí. adj. Natural de Marruecos. Ú. t. c. s. ‖ Perteneciente a este imperio de África. ‖ m. **Tafilete.**
marroquín, na. adj. **Marroquí** (natural de Marruecos). Apl. a pers., ú. t. c. s.
marrubio. m. *Planta herbácea de las labiadas.
marrueco, ca. adj. **Marroquí.** (natural de Marruecos). Apl. a pers., ú. t. c. s.
marrulla. f. **Marrullería.**
marrullería. f. *Astucia y *halago con que se pretende engañar a uno.
marrullero, ra. adj. Que usa de marrullerías. Ú. t. c. s.
marsellés, sa. adj. Natural de Marsella. Ú. t. c. s. ‖ Perteneciente a esta ciudad de Francia. ‖ m. **Indum.* Chaquetón de paño, con adornos sobrepuestos. ‖ Zamarra con capucha, que usan los marineros.
marsellesa. f. Himno patriótico francés.
mársico, ca. adj. Perteneciente o relativo a los marsos.
marso, sa. adj. Dícese del individuo de un *pueblo de la Italia antigua. Ú. m. c. s. ‖ Dícese también del individuo de un antiguo pueblo germano. Ú. m. c. s. ‖ Perteneciente a los **marsos.**
marsopa. f. *Cetáceo parecido al delfín.
marsopla. f. **Marsopa.**
marsupial. adj. **Zool.* **Didelfo.** Ú. t. c. s.
marta. f. Mujer que vive en una *congregación de religiosas y ayuda en los quehaceres domésticos.
marta. f. *Mamífero carnicero de cabeza pequeña, hocico agudo, patas cortas y pelaje espeso, suave. ‖ *Piel de este animal. ‖ **cebellina.** Especie de **marta** algo menor que la común, cuya piel es de las más estimadas por su finura. ‖ *Piel de este animal.
martagón. m. *Planta herbácea de las liliáceas, que se cultiva en los jardines.
martagón, na. m. y f. fam. Persona *astuta.
Marte. n. p. m. **Mit.* Entre los romanos, el dios de la guerra. ‖ *Planeta cuyo diámetro es la mitad del de la Tierra. ‖ m. Entre los alquimistas, **hierro.**
martelo. m. ***Celos.** ‖ Enamoramiento.
martellina. f. *Martillo de *cantero con dos bocas guarnecidas de dientes.
martes. m. Tercer día de la *semana.
martillada. f. *Golpe que se da con el *martillo.
martillado. m. *Germ.* ***Camino.** ‖ **Coger,** o **tomar las del martillado.** fr. *Germ.* **Coger las de Villadiego.**
martillador, ra. adj. Que martilla. Ú. t. c. s.
martillar. tr. Batir y golpear con el *martillo. ‖ fig. *Oprimir, atormentar. Ú. t. c. r. ‖ *Germ.* **Caminar.**
martillazo. m. *Golpe dado con el martillo.
martillear. m. **Martillar.**
martillejo. m. d. de **Martillo.**
martilleo. m. Acción y efecto de martillear. ‖ *Ruido semejante al de los golpes repetidos del martillo.
martillero. m. Dueño de un martillo, *subastador.
***martillo.** m. Herramienta de percusión, compuesta de una cabeza de hierro y un mango. ‖ **Templador** (para afinar el arpa). ‖ fig. *Cruz de la *orden militar* de San Juan, quitado el brazo derecho. ‖ fig. El que *persigue la destrucción o exterminio de una cosa. ‖ fig. Establecimiento autorizado para vender efectos en pública *subasta. ‖ *Germ.* **Martillado.** ‖ *Hist. Nat.* Uno de los *huesecillos que hay en la parte media del *oído. ‖ **A macha martillo.** m. adv. fig. con que se expresa que una cosa está construida con solidez y *firmeza.
Martín. n. p. **San Martín.** m. fam. *Temporada en que se matan los *cerdos.
martín del río. m. **Martinete** (ave). ‖ **Martín pescador.** m. *Ave trepadora, de cabeza gruesa, pico largo y recto y plumaje de color verde brillante en la cabeza. Vive a orillas de los ríos y se alimenta de pececillos.
martina. f. *Pez malacopterigio ápodo, de carne comestible.
martinenco. adj. Dícese de una variedad de *higos pequeños y tardíos.
martinete. m. *Ave zancuda que se alimenta de peces y sabandijas. ‖ Penacho de *plumas de esta ave. ‖ *Cante de los gitanos andaluces sin acompañamiento de guitarra.
martinete. m. **Macillo** (del *piano). ‖ Mazo de gran peso, para abatanar los *paños, etc. ‖ Edificio industrial en que hay estos mazos o martillos. ‖ Máquina que sirve para clavar estacas debajo del agua por medio de un *mazo que se deja caer sobre la cabeza de la estaca. ‖ **Picar de martinete.** fr. *Equit.* Volver el talón contra los ijares del caballo para *aguijarle con la *espuela.
martingala. f. Cada una de las calzas que se llevaban debajo de los quijotes de la *armadura. Ú. m. en pl. ‖ Cierto lance del juego del monte, en que se apunta a tres *naipes contra el cuarto. ‖ Combinación de jugadas en los *juegos de azar. ‖ **Artimaña** (*astucia, treta).
martinico. m. fam. **Duende.**
martiniega. f. *Tributo que se debía pagar el día de San Martín.
***mártir.** com. Persona que padece muerte por amor de Jesucristo y en defensa de su religión. ‖ Por ext., persona que muere o padece mucho en defensa de otras, o de sus convicciones o afectos. ‖ fig. Persona que padece grandes afanes y trabajos. ‖ **Antes mártir que confesor.** fr. fig. y fam. con que se explica la obstinación con que uno *calla.
martirial. adj. Perteneciente o relativo a los *mártires. ‖ Relativo al *martirio.
***martirio.** m. Muerte o tormentos padecidos por confesar o defender uno su religión, y también por otro ideal u otra causa. ‖ fig. Cualquier *trabajo largo y muy *difícil.
martirizador, ra. adj. Que martiriza. Ú. t. c. s.
***martirizar.** tr. Atormentar a uno o quitarle la vida por confesar o defender su religión. ‖ fig. *Afligir, *molestar. Ú. t. c. r.
martirologio. m. Catálogo de los mártires. ‖ Por ext., el de todos los *santos conocidos.
marucho. m. Capón que cría la pollada. ‖ fig. Mozo que va montado en la yegua caponera.
marullear. intr. Haber marullo en la playa.
marullo. m. **Mareta** (*marejada).
marxismo. m. Conjunto de las teorías *sociales de Carlos Marx.
marxista. adj. *Pol.* Perteneciente o relativo al marxismo. ‖ Partidario del marxismo. Ú. t. c. s.
marzadga. f. *Tributo que se pagaba en el mes de marzo.
marzal. adj. Perteneciente al *mes de marzo.
marzante. m. Mozo que *canta marzas. Ú. casi siempre en plural.
marzas. f. pl. En algunas regiones, *coplas que los mozos cantan de noche delante de una casa. ‖ *Obsequio de manteca, morcilla, etc., que se da a dichos mozos.
marzo. m. Tercer *mes del año.
marzoleta. f. Fruto del marzoleto.
marzoleto. m. **Marjoleto** (*espino).
mas. m. *Peso para metales preciosos equivalente a 3 gramos y 622 miligramos.
mas. m. En algunas partes, **masada.**
mas. conj. advers. **Pero.**
***más.** adv. comp. con que se denota idea de *exceso, *aumento, *adición, *preferencia o *superioridad. ‖ m. **Mat.* Signo de la adición, que se representa por una crucecita (+) ‖ **A lo más,** o **a lo más, más.** m. adv. A lo sumo. ‖ **A más.** m. adv. que denota idea de aumento o adición. ‖ **A más y mejor.** m. adv. con que se denota *intensidad o abundancia. ‖ **De más.** loc. adv. De sobra o en *exceso. ‖ **Más bien.** m. adv. y conjunt. **Antes bien.** ‖ **Más que.** m. conjunt. **Sino.** ‖ **Aunque.** ‖ **Más tarde o más temprano.** loc. adv. Alguna vez, al cabo. ‖ **Más y más.** m. adv. con que se denota aumento continuado y *gradual. ‖ **Ni más ni menos.** loc. adv. En el mismo grado; exactamente. ‖ **Por más que.** loc. adv. que se usa para indicar que el intento o esfuerzo no consigue el resultado apetecido. ‖ **Aunque.** ‖ **Sin más acá ni más allá.** loc. adv. fam. Sin rebozo ni rodeos. ‖ fam. Sin causa justa. ‖ **Sin más ni más.** m. adv. fam. Sin reparo, de modo *precipitado e *irreflexivo.
***masa.** f. Mezcla de cualquier substancia pulverulenta con agua u otro líquido, de que resulta un todo espeso, blando y consistente. ‖ La de la harina con agua y levadura, para hacer el *pan. ‖ Volumen, *conjunto. ‖ fig. Cuerpo o *todo de una hacienda, herencia, etc. ‖ *Fís.* Cantidad de *materia que contiene un cuerpo. ‖ **Mil.* **Masita.** ‖ **de la sangre.** El todo de la *sangre del cuerpo. ‖ **Gran masa.** *Mil.* **Masita.** ‖ **En la masa de la sangre.** loc. adv. fig. En la índole, condición o naturaleza de la persona.
masa. f. **Masada.**
masa. f. Conjunto o *muchedumbre de personas. ‖ **coral.** Conjunto de cantantes en *coro.
masada. f. *Casa de campo con tierras, apero y ganados.
masadero. m. Vecino o colono de una masada.
masageta. adj. Dícese del individuo de un antiguo *pueblo de Escitia. Ú. m. c. s. y en pl.
masaje. m. *Terap.* Aplicación a ciertas partes del cuerpo de *frotamientos o presiones hechas con la mano o con aparatos especiales.
masajista. com. Persona que hace masajes.
masamuda. adj. Dícese del indivi-

duo de la tribu berberisca de Masmuda (África). Ú. t. c. s.
masar. tr. **Amasar.**
mascabado, da. adj. V. **Azúcar mascabado.**
mascada. f. **Bocado.**
mascador, ra. adj. Que masca. Ú. t. c. s.
mascadura. f. Acción de mascar.
***mascar.** tr. Partir y triturar los alimentos con la dentadura. ‖ fig. y fam. **Mascullar.** ‖ r. *Mar.* Dicho de un *cabo, rozarse.
***máscara.** f. Pieza de cartón, tela, etcétera, modelada en figura de un rostro grotesco, que sirve para que una persona se tape la cara a fin de no ser conocida. ‖ Traje con que alguno se disfraza. ‖ **Careta** (de colmenero). ‖ fig. *Pretexto, disfraz. com. fig. Persona enmascarada. ‖ **Tizne.** ‖ pl. Reunión de gentes vestidas de **máscara.** ‖ **Mojiganga.** ‖ **Mascarada.** ‖ *Torneo nocturno que hacían los nobles a caballo, con vestidos y libreas vistosas.
mascarada. f. Fiesta o reunión de personas enmascaradas. ‖ Comparsa de *máscaras.
mascarana. f. *Ancla de la almadraba.
mascarar. tr. **Tiznar.**
mascarero, ra. m. y f. Persona que vende o alquila los vestidos de máscara.
mascareta. f. d. de **Máscara.**
mascarilla. f. *Máscara que sólo cubre desde la frente hasta el labio superior. ‖ Vaciado que se saca sobre el rostro de una persona o *escultura, y particularmente de un cadáver.
mascarón. m. aum. de **Máscara.** ‖ Cara disforme o fantástica que se usa como *ornamentación en ciertas obras de arquitectura. ‖ **de proa.** Figura colocada como adorno en lo alto del tajamar de los *barcos.
mascota. f. Persona o cosa que sirve a otra de *talismán, que le trae buena suerte.
mascujada. f. Acción de mascujar.
mascujador, ra. adj. p. us. Que mascuja.
mascujar. tr. fam. *Mascar mal o con dificultad. ‖ fig. y fam. **Mascullar.**
masculillo. m. En ciertos *juegos de muchachos, castigo que consiste en coger a dos de ellos y hacer que el trasero del uno dé contra el del otro. ‖ fig. Porrazo, *golpe.
masculinidad. f. Calidad de *masculino.
***masculino, na.** adj. Dícese del ser que está dotado de órganos para fecundar. ‖ Perteneciente o relativo a este ser. ‖ fig. Varonil, enérgico.
mascullar. tr. fam. *Hablar entre dientes.
masecoral. m. **Maese Coral.**
masejicomar. m. **Masecoral.**
maselucas. m. pl. *Germ.* Los *naipes.
masera. f. *Artesa grande que sirve para *amasar. ‖ Piel de carnero o lienzo en que se amasa la *torta. ‖ Lienzo con que se abriga la masa para que fermente. ‖ *Crustáceo marino de cuerpo más ancho que largo y provisto de gruesas pinzas.
masería. f. **Masada.**
masetero. m. *Zool.* *Músculo que sirve para elevar la mandíbula inferior.
masía. f. **Masada.**
másico. m. *Vino famoso en la antigua Roma.
masicoral. m. **Masecoral.**
masicore. m. Óxido de *plomo que se empleaba para la pintura de color amarillo.
masieno, na. adj. Dícese del individuo de un *pueblo antiguo de la Bética. Ú. t. c. s. ‖ Perteneciente a este pueblo.
masílico, ca. adj. Perteneciente al país de los masilos o masilios.
masiliense. adj. **Marsellés.**
masilio, lia. adj. Dícese del individuo de un *pueblo de África antigua. Ú. t. c. s. ‖ Perteneciente a este pueblo.
masilo, la. adj. **Masilio.**
masilla. f. Pasta de tiza y aceite de linaza, que usan los *vidrieros. ‖ **Arq.* *Nav.* Compuesto de cal y aceite para cubrir costuras, cabezas de pernos, etc.
masita. f. **Mil.* Cantidad que se retenía del haber de los soldados para proveerlos de zapatos y de ropa interior.
maslo. m. Tronco de la *cola de los cuadrúpedos. ‖ *Tallo de una planta.
masón. m. aum. de **Masa.** ‖ *Bollo de harina y agua, sin cocer, para *cebar las aves.
masón, na. m. y f. ***Francmasón, na.**
masonería. f. ***Francmasonería.**
***masónico, ca.** adj. Perteneciente a la masonería.
masonismo. m. **Masonería.**
masoquismo. m. Perversión sexual en que el apetito *venéreo necesita ser excitado mediante flagelaciones, golpes, etc.
masora. f. Doctrina crítica de los rabinos acerca del sagrado texto *hebreo.
masoreta. m. Cada uno de los gramáticos *hebreos que se dedicaron a estudiar y fijar el texto sagrado.
masorético, ca. adj. Perteneciente a la masora o a los masoretas.
masovero. m. **Masadero.**
mastear. tr. *Mar.* Proveer un barco de su *arboladura.
mástel. m. *Palo que sirve de *apoyo.
mastelerillo. m. *Mar.* Palo menor que se coloca sobre los *masteleros. ‖ **de juanete.** *Mar.* Cada uno de los dos que se ponen sobre los *masteleros de gavia. ‖ **de juanete de popa.** *Mar.* El que va sobre el mastelero de gavia.
***mastelero.** m. *Mar.* Palo menor que se pone sobre cada uno de los mayores, asegurado en la cabeza de éste. Suele llevar el nombre de la vela que sostiene.
***masticación.** f. Acción y efecto de masticar.
masticador. m. **Mastigador.** ‖ Instrumento con que se tritura la comida para la persona que no puede *mascarla.
masticar. tr. **Mascar.** ‖ fig. Rumiar o *meditar.
masticatorio, ria. adj. Dícese de ciertas preparaciones o medicamentos que se *mastican pero no se tragan. Ú. t. c. s. m. ‖ Que sirve para masticar.
masticino, na. adj. Perteneciente o relativo al mástique.
mastigador. m. *Freno de tres anillas sueltas que se pone al caballo para excitarle la salivación.
mástil. m. **Palo** (de *arboladura). ‖ **Mastelero.** ‖ Cualquiera de los palos derechos que sirven de *apoyo a una cosa; como cama, coche, etc. ‖ Tronco o tallo de una planta. ‖ Nervio central de la *pluma de ave. ‖ *Faja ancha de que usan los indios en lugar de calzones. ‖ Mango de la *guitarra y de otros *instrumentos de cuerda.
mastín, na. adj. V. ***Perro mastín.** Ú. t. c. s. ‖ m. *Germ.* Criado de justicia, *corchete.
mástique. m. **Almáciga.** ‖ Pasta de yeso blanco y agua de cola para igualar superficies que se han de *pintar.
mastitis. f. *Pat.* Inflamación de la *mama.
masto. m. **Patrón** (de un injerto). ‖ Animal macho, y especialmente *gallo.
mastodonte. m. *Mamífero paquidermo *fósil, parecido al elefante, pero mucho más grande.
mastoideo, a. adj. Perteneciente o relativo a la apófisis mastoides.
mastoides. adj. *Zool.* De forma de pezón. Dícese de la apófisis del *hueso temporal, situada detrás y debajo de la oreja. Ú. t. c. s.
mastranto. m. **Mastranzo.**
mastranzo. m. *Planta herbácea de las labiadas, de hojas verdes por la haz, blancas y muy vellosas por el envés. Es muy aromática.
m. *Planta herbácea, hortense, de las crucíferas. Es de sabor picante y se come en ensalada. ‖ **Berro.** ‖ fig. Hombre *necio. Ú. t. c. adj.
masturbación. f. Acción y efecto de masturbarse.
masturbarse. r. Procurarse una persona solitariamente el deleite *carnal.
masvale. m. **Malvasía.**
***mata.** f. Planta que vive varios años y tiene tallo bajo, ramificado y leñoso. ‖ Ramito o pie de una hierba. ‖ Porción de terreno poblado de *árboles de una misma especie. ‖ **Lentisco.** ‖ **de la seda.** Arbustillo de la familia de las asclepiadeas. ‖ **de pelo.** Conjunto del *cabello largo y suelto de la mujer. ‖ **parda. Chaparro.** ‖ **rubia. Coscoja** (árbol).
mata. f. **Metal.* Sulfuro múltiple que se forma al fundir menas de *azufre.
mata. f. **Matarrata.** ‖ En el juego de *naipes de la matarrata, siete de espadas y de oros.
matabuey. f. **Amarguera.**
matacabras. m. *Viento norte muy fuerte y frío.
matacallos. m. *Planta semejante a la siempreviva, y cuyas hojas se emplean para curar los callos.
matacán. m. Composición *venenosa para matar los *perros. ‖ **Nuez vómica.** ‖ *Liebre que ha sido ya corrida de los perros. ‖ *Piedra grande de ripio. ‖ Cierto juego de *naipes. ‖ Dos de bastos, en este juego. ‖ *Encina nueva. ‖ **Fort.* Obra voladiza en lo alto de un muro, con parapeto y con suelo aspillerado, para observar y hostilizar al enemigo.
matacandelas. m. Instrumento en forma de cucurucho, que, fijo en el extremo de una caña o vara, sirve para *apagar las velas.
matacandil. m. *Planta herbácea de las crucíferas. ‖ **Langosta** (*crustáceo).
matacandiles. m. *Planta herbácea de las liliáceas.
matacantos. m. Instrumento de hierro que usan los *guarnicioneros para quitar los cantos vivos.
matacía. f. Matanza de animales para el consumo.
matación. f. p. us. **Matanza.**
matachín. m. *Máscara ridícula que, en unión de otras, formaba *danzas grotescas en que se esgrimían espadas de palo y vejigas llenas de aire. ‖ Esta *danza. ‖ **Dejar** a uno

hecho un matachín. fr. fig. y fam. Avergonzarle.
matachín. m. **Jifero** (matarife). ‖ fig. y fam. Hombre *pendenciero.
***matadero.** m. Sitio donde se mata y desuella el ganado para el abasto público. ‖ fig. y fam. *Trabajo de grave incomodidad. ‖ **Ir** o **llevar** a otro, **al matadero.** fr. fig. y fam. Meterse, o poner a otro en *peligro de muerte.
matador, ra. adj. Que *mata. Ú. t. c. s. ‖ m. En el juego de *naipes llamado hombre, cualquiera de las tres cartas del estuche. ‖ Variedad del juego de *dominó.
matadura. f. **Veter.* Llaga o herida que se hace la bestia con el roce del aparejo. ‖ **Dar** a uno **en las mataduras.** fr. fig. y fam. *Zaherirle con lo que más le duele u ofende.
matafalúa. f. ant. **Matalahúva.**
matafiol. m. *Mar.* **Batafiol.** ‖ *Mar.* *Cabo para aferrar ciertas velas. ‖ Cabo para atirantar el toldo.
matafiolar. tr. *Mar.* **Aferrar.**
matafuego. m. Instrumento o aparato para *apagar los fuegos. ‖ El que se dedica a apagar los incendios.
matagallegos. m. **Arzolla** (*planta).
matagallina. f. **Torvisco.**
matagallos. m. **Aguavientos.**
matahombres. m. **Carraleja** (*insecto).
matajudío. m. **Mújol** (*pez).
matalahúga. f. **Matalahúva.**
matalahúva. f. **Anís** (*planta y semilla).
matalobos. m. **Acónito.**
matalón, na. adj. Dícese de la *caballería flaca y de mala traza. Ú. t. c. s.
matalotaje. m. *Provisión de *víveres a bordo de una embarcación. ‖ fig. y fam. Conjunto o *mezcla de cosas diferentes y en *desorden.
matalote. adj. **Matalón.** Ú. t. c. s.
matalote. m. *Mar.* *Buque que precede o sigue a otro cuando navega en columna.
matamaridos. f. fam. Mujer que se ha *casado más de una vez.
matamoros. adj. ***Valentón.**
matamoscas. m. Instrumento para matar *moscas.
matancero, ra. adj. Natural de Matanzas. Ú. t. c. s. ‖ Perteneciente a esta ciudad.
matanza. f. Acción y efecto de *matar. ‖ Mortandad de personas en una *batalla, asalto, etc. ‖ Conjunto de las operaciones necesarias para matar los *cerdos, salar las *carnes, hacer *embutidos, etc. ‖ *Época del año en que se hacen estas operaciones. ‖ Porción de ganado de cerda destinado para matar. ‖ Conjunto de productos comestibles que se obtienen del cerdo muerto. ‖ fig. y fam. Instancia y porfía en una *petición.
matapalo. m. *Árbol americano de las terebintáceas que da caucho.
mataperrada. f. fam. Acción propia del mataperros.
mataperros. m. fig. y fam. Muchacho *vagabundo y *travieso.
matapiojos. m. **Caballito del diablo.**
matapolvo. m. *Lluvia o *riego que apenas daña la superficie del suelo.
matapollo. m. **Torvisco.**
matapulgas. f. **Mastranzo.**
***matar.** tr. Quitar la vida. Ú. t. c. r. ‖ ***Apagar** (la luz, el fuego, la sed, etc.). ‖ Herir y llagar la bestia con el roce del aparejo u otra cosa. Ú. t. c. r. ‖ Hablando de la *cal o el *yeso, quitarles la fuerza echándoles agua. ‖ En los juegos de *naipes, echar una carta que gana a la que ha jugado el contrario. ‖ Tratándose de las *barajas, marcar los filos de algunos naipes, para hacer *fullerías. ‖ *Empañar el brillo de los metales. ‖ Tratándose de aristas, esquinas, etc., *achaflanarlas. ‖ fig. *Importunar con necedades y pesadeces. ‖ fig. Estrechar, violentar, *compeler. ‖ fig. Extinguir, *suprimir, aniquilar. ‖ **Pint.* Rebajar un color. ‖ r. fig. Acongojarse de no poder conseguir un *intento. ‖ fig. *Trabajar sin descanso. ‖ **Estar a matar con uno.** fr. fig. Estar muy *enemistado con él. ‖ **Mátalas callando.** com. fig. y fam. Persona que con astucia y *disimulo procura conseguir su intento. ‖ **Matarse con** uno. fr. fig. *Reñir con él. ‖ **Matarse por** una cosa. fr. fig. Hacer grandes *esfuerzos para conseguirla.
matarife. m. **Jifero** (el que mata las reses).
mataronés, sa. adj. Natural de Mataró, ciudad de Cataluña. ‖ Perteneciente a esta ciudad o a su comarca.
matarrata. f. Juego de *naipes, parecido al truque.
matarratas. m. fam. *Aguardiente muy fuerte y de mala calidad.
matarrubia. f. **Mata rubia.**
matasanos. m. fig. y fam. Médico.
matasapo. m. *Juego de muchachos parecido al de la apatusca.
matasellos. m. Estampilla para inutilizar los *sellos de *correos.
matasiete. m. fig. y fam. Espadachín, fanfarrón, *valentón.
matatías. m. El que hace *préstamos con *usura.
matatudo, da. adj. De hocico largo.
matavivos. m. *Calumniador.
***mate.** adj. Que carece de lustre, apagado, sin brillo. ‖ m. Lance que pone término al juego de *ajedrez. ‖ **Dar mate** a uno. fr. fig. *Burlarse de él. ‖ **Dar mate ahogado.** fr. fig. y fam. Querer las cosas con precipitación.
***mate.** m. Calabaza vacía y seca, que, a modo de *vasija, sirve para usos domésticos. ‖ Lo que cabe en uno de estos **mates.** ‖ *Jícara o vasija de **mate,** y también de coco o de otro fruto semejante. ‖ → fig. Infusión de hojas de hierba del Paraguay, que se toma como el *té. ‖ fig. **Hierba del Paraguay.** ‖ Nombre que se da en Cuba a ciertos fríjoles que usan los muchachos para jugar. Los hay amarillos y rojos.
matear. tr. *Sembrar o plantar las matas dejando cierta distancia entre los golpes. ‖ intr. Extenderse los *cereales echando muchos hijuelos. Ú. t. c. r. ‖ Registrar las matas el *perro o el ojeador, en busca de la *caza.
matear. intr. Tomar la infusión llamada mate.
***matemática.** f. Ciencia que trata de la cantidad. Ú. m. en pl.
matemáticamente. adv. m. Conforme a las reglas de las matemáticas. ‖ Con *exactitud.
matemático, ca. adj. Perteneciente o relativo a las *matemáticas. ‖ fig. *Exacto, preciso. ‖ m. El que sabe o profesa las matemáticas.
***materia.** Substancia de que están formados los cuerpos físicos y que tiene como propiedad fundamental la inercia. ‖ Aquello que sirve de pábulo, *substancia o alimento a la actividad de un fenómeno natural. ‖ Muestra de letra para aprender a *escribir. ‖ *Asunto de una obra literaria o científica. ‖ **Pus.** ‖ fig. Cualquier *asunto o negocio de que se trata. ‖ fig. *Causa, ocasión. ‖ **del sacramento.** La cosa y la acción a las que el ministro aplica las palabras rituales que constituyen la forma del *sacramento. ‖ **médica.** Conjunto de los cuerpos orgánicos e inorgánicos de los cuales se sacan los *medicamentos. ‖ Parte de la *terapéutica, que estudia los medicamentos. ‖ **parva. Parvedad.** ‖ **Primera materia.** La que constituye el principal elemento de una *industria o fabricación. ‖ **En materia de.** loc. En asunto de, tratándose de. ‖ **Entrar en materia.** fr. Empezar a tratar de un *asunto después de algún preliminar.
***material.** adj. Perteneciente o relativo a la *materia. ‖ Opuesto a lo espiritual. ‖ Opuesto a la forma. ‖ fig. Grosero, *necio, *tosco. ‖ m. **Ingrediente.** ‖ Cualquiera de las materias u objetos que se necesitan para una obra, o el conjunto de ellos. Ú. m. en pl. ‖ Conjunto de máquinas, *herramientas u objetos necesarios para determinado fin. ‖ **Es material.** expr. fam. Lo mismo da; es *indiferente.
materialidad. f. Calidad de *material. ‖ *Aspecto exterior de las cosas. ‖ Sonido de las *palabras.
materialismo. m. Doctrina *filosófica que sólo admite como substancia la materia, y niega la existencia del alma y de las leyes metafísicas.
materialista. adj. Dícese del partidario del materialismo. Ú. t. c. s. ‖ m. Persona que vende materiales de *construcción.
materializar. tr. Considerar como *material una cosa que no lo es. ‖ r. Dejarse uno gobernar por estímulos materiales con olvido de los espirituales.
materialmente. adv. m. Con materialidad.
maternal. adj. **Materno.** Dícese ordinariamente de las cosas del espíritu.
maternalmente. adv. m. Con afecto de *madre.
maternidad. f. Estado o calidad de *madre. ‖ *Tratamiento de las superioras de las órdenes religiosas.
maternización. f. Acción y efecto de maternizar.
maternizar. tr. Preparar la *leche de vacas de manera que se aproxime en sus propiedades a la leche de mujer.
materno, na. adj. Perteneciente a la *madre.
matero, ra. adj. Aficionado a tomar mate. Ú. t. c. s.
matico. m. Planta de las piperáceas, cuyas hojas contienen un aceite esencial aromático y balsámico.
matidez. f. Calidad de *mate.
matiego, ga. adj. *Rústico, grosero. ‖ **A la matiega.** m. adv. Rudamente, toscamente.
matihuelo. m. **Dominguillo.**
matinal. adj. **Matutinal.**
matiz. m. Combinación de colores en las pinturas, bordados y otras cosas. ‖ Cada una de las gradaciones que puede recibir un *color sin llegar a confundirse con otro de nombre distinto. ‖ fig. Cada una de las *gradaciones que caben en la inflexión de la voz, en la expresión literaria, en los afectos, etc.
matizar. tr. *Combinar diversos colores, de suerte que sean agradables a la vista. ‖ Dar a un *color determinado matiz. ‖ fig. *Graduar con delicadeza sonidos, o expresiones de conceptos, afectos, etc.
mato. m. **Matorral.**

matojo. m. despect. de **Mata.** ‖ *Mata barrillera, de las salsoláceas.
matón. m. fig. y fam. *Valentón, espadachín y pendenciero.
matonismo. m. Modo de ser de los matones.
matorral. m. Campo lleno de matas y malezas.
matorralejo. m. d. de **Matorral.**
matorro. m. **Matojo.**
matoso, sa. adj. Lleno y cubierto de matas.
matraca. f. Especie de aspa formada de tablas, entre las que cuelgan mazos que al girar aquélla producen fuerte ruido. Ú. en *Semana Santa* en lugar de campanas. ‖ *Instrumento de madera compuesto de un tablero y una o más aldabas o mazos. Tiene igual uso que el anterior. ‖ fig. y fam. *Zaherimiento o *reprensión insistente. ‖ fig. y fam. *Importunación molesta.
matracalada. f. Revuelta, *muchedumbre de gente.
matraquear. intr. fam. Hacer ruido continuado con la matraca. ‖ fig. y fam. Dar matraca, *zaherir o *reprender.
matraqueo. m. fam. Acción y efecto de matraquear.
matraquista. com. fig. y fam. Persona que da matraca.
matraz. m. Vasija de vidrio o de cristal, de figura esférica, con cuello recto, cilíndrico, que se emplea en los laboratorios *químicos.
matreramente. adv. m. Con matrería.
matrería. f. ***Astucia.**
matrero, ra. adj. *Astuto. ‖ *Suspicaz, receloso.
matriarcado. m. Régimen *social en que la madre ejerce la máxima autoridad en la familia.
matricaria. f. *Planta herbácea anual, de las compuestas, cuyas flores se emplean en cocimiento como antiespasmódico y emenagogo.
matricida. com. Persona que *mata a su madre.
matricidio. m. Delito de *matar uno a su madre.
matrícula. f. *Lista o catálogo de los nombres de las personas que se forma para algún fin. ‖ Documento en que se acredita la inclusión en dicha lista. ‖ **de buques.** Registro que se lleva en las comandancias de marina, de las embarcaciones mercantes adscritas a cada una de ellas. ‖ **de mar.** Alistamiento de marineros y demás gente de mar, para el servicio de la *armada. ‖ Conjunto de la gente matriculada.
matriculador. m. El que matricula.
matricular. tr. Inscribir o *apuntar a uno en la matrícula. ‖ **Mar.* Inscribir las embarcaciones en la matrícula de buques. ‖ r. Hacer uno que inscriban su nombre en la matrícula.
matrimonesco, ca. adj. fest. **Matrimonial.**
***matrimonial.** adj. Perteneciente o relativo al *matrimonio.
matrimonialmente. adv. m. Según el uso y costumbres de los casados.
matrimoniar. intr. Contraer matrimonio.
***matrimonio.** m. Unión de un hombre y una mujer para hacer vida común, con arreglo a derecho. ‖ *Sacramento por el cual hombre y mujer se ligan perpetuamente con arreglo a las prescripciones de la Iglesia. ‖ fam. Marido y mujer. ‖ **a yuras. Matrimonio clandestino.** ‖ **civil.** El que se contrae según la ley civil, sin intervención del párroco. ‖ **clandestino.** El que se celebraba sin presencia del propio párroco y testigos. ‖ **de conciencia.** El que por motivos graves se celebra y tiene en secreto. ‖ **de la mano izquierda.** El contraído entre un príncipe y una mujer de linaje inferior, o viceversa. ‖ **in extremis.** El que se efectúa cuando uno de los contrayentes está en peligro de muerte. ‖ **morganático. Matrimonio de la mano izquierda.** ‖ **rato.** El celebrado legítimamente, pero que no ha llegado aún a consumarse. ‖ **Contraer matrimonio.** fr. Celebrar el contrato matrimonial.
matrimoño. m. ant. **Matrimonio.**
matritense. adj. **Madrileño.** Apl. a pers., ú. t. c. s.
***matriz.** f. Víscera hueca, situada en lo interior de la pelvis de las hembras de los mamíferos, y destinada a contener el feto. ‖ *Molde en que se funden sucesivamente objetos de metal que han de ser idénticos. ‖ **Tuerca.** ‖ **Rey de codornices.** ‖ Parte del *libro talonario que queda encuadernada al separar los talones. ‖ *Min.* Roca en cuyo interior se ha formado un mineral. ‖ adj. fig. *Principal, que da origen a otras cosas análogas. ‖ fig. Aplícase a la escritura o *documento que queda en el archivo y del cual se expiden copias.
matrona. f. *Madre de familia respetable. ‖ Comadre autorizada para asistir a las mujeres que están de *parto. ‖ Mujer encargada de registrar a las personas de su sexo, en los fielatos y *aduanas.
matronal. adj. Perteneciente o relativo a la matrona.
matronaza. f. *Madre de familia, corpulenta y grave.
matula. f. p. us. **Torcida** (*mecha).
matungo, ga. adj. **Matalón.**
maturranga. f. Treta, *astucia, marrullería. Ú. m. en pl. ‖ *Germ.* ***Ramera.**
maturrango, ga. adj. Dícese del mal *jinete. Ú. t. c. s. ‖ Dícese de la persona *calmosa.
matusalén. m. Hombre muy *anciano.
matusaleno, na. adj. desus. **Longevo.**
***matute.** m. Acción de eludir el impuesto de *consumos. ‖ Género así introducido. ‖ Casa de *juego.
matutear. intr. Introducir matute.
matutero, ra. m. y f. Persona que se dedica a matutear.
matutinal. adj. **Matutino.**
matutino, na. adj. Perteneciente o relativo a las horas de la *mañana. ‖ Que ocurre por la mañana.
maula. f. Cosa *inútil y *despreciable. ‖ **Retal.** ‖ *Engaño. ‖ com. fig. y fam. *Acreedor que no paga. ‖ fig. y fam. Persona *perezosa. ‖ **Ser** uno **buena maula.** fr. fig. y fam. Ser *astuto y *vil.
maular. intr. **Maullar.**
maulería. f. Puesto en que se venden retazos de *telas. ‖ Hábito de *engañar.
maulero, ra. m. y f. Persona que vende retales de *telas. ‖ Persona que *engaña con *disimulo.
maulón. m. aum. de **Maula** (tramposo o perezoso).
maullador, ra. adj. Que maúlla mucho.
maullar. intr. Dar maullidos el gato.
maullido. m. Voz del *gato.
maúllo. m. **Maullido.**
mauraca. f. **Moraga** (acción de asar).
mauritano, na. adj. Natural de Mauritania. Ú. t. c. s. ‖ Perteneciente a esta región de África antigua.
mauro, ra. adj. desus. **Moro.**
mauseolo. m. **Mausoleo.**
máuser. m. *Fusil de repetición, usado en el ejército.
mausoleo. m. *Sepulcro suntuoso.
Mavorte. n. p. m. **Mit.* **Marte** (dios de la guerra).
maxilar. adj. Perteneciente o relativo a la *quijada. ‖ V. **Hueso maxilar.** Ú. t. c. s.
***máxima.** f. Regla generalmente admitida en una facultad o ciencia. ‖ Sentencia, apotegma o doctrina aceptada como norma de moral. ‖ Idea, norma de conducta. ‖ **Mús.* Nota de la música antigua equivalente a dos longas.
máximamente. adv. m. En primer lugar, principalmente.
máxime. adv. m. **Principalmente.**
máximo, ma. adj. sup. de **Grande.** ‖ Dícese de lo que es tan *grande en su especie, que no lo hay mayor ni igual. ‖ m. *Límite *superior o extremo.
máximum. m. **Máximo** (límite superior).
maxmordón. m. desus. Hombre *necio y *astuto.
maya. f. *Planta herbácea perenne, de las compuestas, que abunda en los prados. ‖ Niña que en algunos pueblos visten galanamente el día de la *festividad de la *Cruz, para que pida dinero a los transeúntes. ‖ *Máscara ridícula que servía de diversión en las *fiestas públicas.
maya. f. *Juego de muchachos parecido al escondite.
maya. adj. Dícese del individuo de las *tribus *indias que habitan hoy en el Yucatán. Ú. t. c. s. ‖ m. *Lengua hablada por estas tribus.
mayador, ra. adj. **Maullador.**
mayal. m. Palo del cual tira la caballería en los *molinos, malacates, etcétera. ‖ Instrumento para la *trilla del centeno, compuesto de dos palos, uno más largo que otro, unidos por medio de una cuerda.
mayar. intr. **Maullar.**
mayear. intr. Hacer el tiempo propio del mes de mayo.
mayestático, ca. adj. Relativo a la majestad o propio de ella.
mayeto. m. Viñador de escaso caudal.
mayido. m. **Maullido.**
mayo. m. Quinto *mes del año. ‖ Árbol o *palo alto, convenientemente adornado, que se pone en un lugar público en que han de celebrarse *fiestas, *danzas, etc. ‖ *Ramos que ponen los *novios a las puertas de sus novias. ‖ pl. *Música y *canto con que obsequian los mozos a las solteras.
mayólica. f. *Loza común con esmalte metálico.
mayonesa. f. **Mahonesa** (*salsa).
***mayor.** adj. comp. de **Grande.** Que excede a una cosa en cantidad o calidad. ‖ V. **Mayor de edad.** Ú. t. c. s. ‖ m. Superior o *jefe de una comunidad o cuerpo. ‖ Oficial primero o *empleado superior de una oficina. ‖ pl. Abuelos y demás progenitores de una persona o antepasados de un *linaje. ‖ En algunos estudios de *gramática, clase superior. ‖ f. **Lóg.* Primera proposición del silogismo. ‖ **de brigada. Sargento mayor de brigada.** ‖ **general.** En un ejército reunido, *oficial general encargado del servicio. ‖ Jefe que desempeña en la *armada funciones semejantes a las del estado **mayor** en el ejército. ‖ **Alzarse, levantarse,** o **subirse,** uno **a mayores.** fr. fig. Ensoberbecerse, *engreírse. ‖ **Por mayor.** m.

adv. Sumariamente, en *resumen. ‖ En cantidad grande.
mayora. f. Mujer del mayor.
mayoral. m. *Pastor principal. ‖ En las diligencias y *carruajes análogos, el que gobierna el tiro de mulas o caballos. ‖ En las cuadrillas de *segadores, el que hace de capataz. ‖ En las faenas de *labranza y en las cabañas de *mulas, capataz que manda a los otros mozos. ‖ **Mampostero** (recaudador de diezmos). ‖ En los *hospitales de San Lázaro, el administrador. ‖ *Germ.* *Alguacil. ‖ *Germ.* **Corregidor.**
mayorala. f. Mujer del mayoral.
mayoralía. f. *Rebaño de ovejas que pastoreaba un mayoral. ‖ Salario del mayoral.
mayorana. f. ***Mejorana** (hierba).
mayorazga. f. La que goza y posee un *mayorazgo. ‖ La sucesora en él. ‖ Mujer del mayorazgo.
***mayorazgo.** m. Antigua institución de derecho civil que tenía por objeto vincular en una familia la propiedad de ciertos bienes. ‖ Conjunto de estos bienes vinculados. ‖ Poseedor de los bienes vinculados. ‖ Hijo mayor de una persona que goza y posee **mayorazgo.** ‖ fam. *Hijo primogénito de cualquiera persona. ‖ fam. **Primogenitura.** ‖ **alternativo.** Aquel en que se establece que en la sucesión alternen las líneas designadas. ‖ **de agnación rigurosa,** o **verdadera.** *For.* Aquel en que suceden sólo los varones de varones. ‖ **de femineidad.** *For.* Aquel en que solamente suceden las hembras. ‖ **de masculinidad.** *For.* Aquel que sólo admite a los varones, ya sean descendientes de varón o de hembra. ‖ **de segundogenitura.** *For.* Aquel a cuya sucesión son siempre llamados los segundogénitos. ‖ **incompatible.** *For.* El que no puede estar juntamente con otro en una misma persona. ‖ **irregular.** *For.* El que se aparta de las reglas del **mayorazgo** regular. ‖ **regular.** *For.* Aquel en que se sucede prefiriendo el varón a la hembra, y el mayor al menor en cada línea.
mayorazgüelo, la. m. y f. d. de **Mayorazgo.**
mayorazguete, ta. m. y f. d. despect. de **Mayorazgo.**
mayorazguista. m. *For.* Autor que trata de *mayorazgos.
mayordoma. f. Mujer del mayordomo. ‖ Mujer que ejerce funciones de mayordomo.
mayordomear. tr. *Administrar o *gobernar una hacienda.
mayordomía. f. Cargo de mayordomo. ‖ Oficina del mayordomo.
mayordomo. m. *Criado principal de una casa o hacienda. ‖ Superior o *administrador en las *congregaciones o cofradías. ‖ Cada uno de los individuos de ciertas *cofradías religiosas. ‖ **de fábrica.** El que recauda el derecho de fábrica. ‖ **de propios.** *Administrador de los caudales y propios de un pueblo. ‖ **de semana.** Persona que en la casa *real servía durante la semana en que estaba de turno. ‖ **mayor.** Jefe principal de palacio.
mayoría. f. Calidad de mayor. ‖ **Mayor edad.** ‖ Mayor número de votos conformes en una *elección o votación. ‖ Parte mayor de los individuos que componen una colectividad. ‖ *Mar.* Oficina del mayor general. ‖ **Mil.* Oficina del sargento mayor. ‖ **absoluta.** La que consta de más de la mitad de los votos. ‖ **relativa.** La formada por el mayor número de votos, no con relación al total de éstos, sino al número de otro grupo de votantes.
mayoridad. f. **Mayoría** (de *edad).
mayorista. m. En los estudios de *gramática, el que estaba en la clase de mayores. ‖ *Comerciante que vende por mayor.
mayormente. adv. m. Principalmente.
mayueta. f. *Fresa silvestre.
mayúsculo, la. adj. Algo *mayor que lo ordinario en su especie. ‖ V. **Letra mayúscula.** Ú. t. c. s.
maza. f. *Arma antigua, a modo de bastón que aumenta de grueso, a partir de la empuñadura, guarnecida a veces de hierro. ‖ *Insignia que llevan los maceros. ‖ Instrumento de madera dura, que sirve para machacar el esparto y el *lino. ‖ *Instrumento formado de un palito rematado en una pelota forrada de cuero, que sirve para tocar el bombo. ‖ Pieza pesada que en el martinete sirve para golpear sobre los pilotes. ‖ Tronco u otra cosa pesada, en que se prende la cadena a los *monos para que no se huyan. ‖ Palo u otra cosa que en *carnaval se ataba a la cola de los perros. ‖ En los juegos de *billar y trucos, extremo más grueso de los tacos. ‖ fig. y fam. Persona pesada y *molesta. ‖ **de Fraga. Martinete.** ‖ fig. y fam. *Máximas o palabras sentenciosas que hacen grande impresión en quien las oye. ‖ **sorda. Espadaña** (planta).
mazacote. m. **Barrilla.** ‖ **Hormigón** (*argamasa). ‖ Pasta hecha de los residuos del *azúcar. ‖ fig. Cualquier objeto de arte *tosco y pesado. ‖ fig. y fam. *Guisado u otro manjar que resulta demasiado *compacto o seco. ‖ fig. y fam. Hombre *molesto e *importuno.
mazada. f. *Golpe que se da con mazo o maza. ‖ **Dar mazada** a uno. fr. fig. y fam. Causarle *daño grave.
Mazagatos. n. p. **Andar,** o **haber, la de Mazagatos.** fr. fig. y fam. Haber pendencia o *riña ruidosa.
mazagrán. m. *Refresco hecho con agua, *café y ron.
mazamorra. f. Especie de *gachas de harina de maíz con azúcar o miel. ‖ Bizcocho averiado. ‖ Galleta rota. ‖ *Maíz partido y cocido. ‖ fig. Cosa desmoronada y reducida a *fragmentos menudos.
mazaneta. f. Pieza de figura de manzana, que se ponía en algunas *joyas.
mazapán. m. Pasta de *confitería hecha con almendras molidas y azúcar y cocida al horno. ‖ Pedazo de miga de pan con que, después de *bautizar a un príncipe, los obispos se enjugan los dedos untados del óleo.
mazar. tr. Golpear la *leche para separar la *manteca.
mazarí. adj. Dícese de la *baldosa para solados. Ú. t. c. s. m.
mazarota. f. Masa de *metal, que se deja sobrante en la parte superior de los moldes al *fundir grandes piezas.
mazarrón. adj. Decíase del que *defraudaba al fisco. Usáb. t. c. s. ‖ m. *Comiso de lo que se transportaba con fraude.
mazazo m. **Mazada.**
mazdeísmo. m. *Religión de los antiguos persas, basada en la existencia de dos principios divinos: uno bueno y otro malo.
mazmodina. f. *Moneda de oro, acuñada por los almohades.
mazmorra. f. *Prisión subterránea.
maznar. tr. *Ablandar una cosa *amasándola. ‖ Machacar el *hierro cuando está caliente.
***mazo.** m. Martillo grande de madera. ‖ Cierta porción de mercaderías atadas, formando *haz o paquete. ‖ Cierto lance del juego de *naipes llamado primera. ‖ fig. Hombre *molesto e *importuno. ‖ Badajo de la *campana. ‖ **rodero.** **Arq.* *Nav.* El que se usaba para hacer estopa machacando cabos.
mazonado, da. adj. **Blas.* Dícese de la figura que representa en el escudo la obra de sillería.
mazonería. f. Fábrica de cal y canto; *mampostería. ‖ Obra de relieve.
mazonero. m. **Albañil.**
mazorca. f. Ovillo de *cuerda. ‖ Espiga densa o apretada de algunos frutos, como el *maíz. ‖ Baya del *cacao. ‖ Parte abultada en algunos *balaustres de hierro. ‖ fig. Junta de personas constituidas en *gobierno despótico.
mazorquero. m. Individuo que forma parte de una mazorca o *gobierno.
mazorral. adj. Grosero, *tosco, basto. ‖ **Impr.* Dícese de la composición que carece de cuadrados.
mazorralmente. adv. m. Grosera, toscamente, con *imperfección.
mazuelo. m. d. de **Mazo.** ‖ Mango con que se toca el morterete.
mazurca. f. *Danza de origen polaco de movimiento moderado y compás ternario. ‖ *Música de este baile.
me. Dativo o acusativo del pronombre *personal de primera persona en género masculino o femenino y número singular.
mea. f. fam. Voz infantil para pedir de *orinar.
meada. f. Emisión de *orina. ‖ Porción que se expele de una vez.
meadero. m. Lugar público usado para *orinar.
meados. m. pl. **Orines.**
meadura. f. desus. **Meada.**
meaja. f. *Moneda de vellón antigua. ‖ Ciertos *emolumentos que los jueces exigían de las partes.
meaja. f. **Migaja.** ‖ **de *huevo. Galladura.**
meajuela. f. d. de **Meaja.** ‖ Cada una de las piezas pequeñas que se ponen en los sabores del *freno.
meandro. m. *Curvas o recovecos que hace un *camino o *río. ‖ *Arq.* *Ornamentación compuesta de enlaces sinuosos y complicados.
mear. intr. ***Orinar.** Ú. t. c. tr. y c. r.
meato. m. **Bot.* Pequeño intersticio hueco en el tejido celular de las plantas. ‖ *Zool.* *Agujero en que terminan algunos conductos del *cuerpo.
meauca. f. Especie de gaviota.
meca. f. V. **Ceca.**
***mecánica.** f. Parte de la física, que trata del movimiento y equilibrio de las fuerzas y de su transformación en las máquinas. ‖ Mecanismo interior que da movimiento a un artefacto. ‖ fig. y fam. Cosa *despreciable y ruin. ‖ fig. y fam. Acción *vil e indecorosa. ‖ **Mil.* Policía interior de los cuarteles. ‖ **celeste.** Ciencia que estudia el movimiento de los *astros.
mecánicamente. adv. m. De un modo mecánico.
mecanicismo. m. **Med.* Sistema que pretende explicar los fenómenos vitales por las leyes de la mecánica.

mecanicista. m. *Med. Partidario del mecanicismo.
mecánico, ca. adj. Perteneciente a la *mecánica. ‖ Perteneciente a los *oficios u obras de los artesanos. ‖ fig. *Vil e indecoroso. ‖ m. El que profesa la mecánica. ‖ Obrero dedicado al manejo y arreglo de las máquinas.
*__mecanismo.__ m. Conjunto y combinación de órganos o piezas para producir determinado movimiento. ‖ *Medios prácticos que se emplean en las artes.
mecano, na. adj. Natural de la Meca. Ú. t. c. s. ‖ Perteneciente a esta ciudad de Arabia.
mecanografía. f. Arte de *escribir con máquina.
mecanografiar. tr. *Escribir con máquina.
mecanográfico, ca. adj. Perteneciente o relativo a la mecanografía.
mecanografista. com. **Mecanógrafo, fa.**
mecanógrafo, fa. m. y f. Persona diestra en la mecanografía.
mecanoterapia. f. *Terap. Empleo de aparatos para producir movimientos activos y pasivos.
mecapal. m. Faja de cuero con dos cuerdas en los extremos, para el *transporte de *cargas a cuestas.
mecate. m. Bramante, *cabo o *cuerda de pita.
mecedero. m. **Mecedor** (para el vino).
mecedor, ra. adj. Que mece o sirve para mecer. ‖ Instrumento de madera para *agitar o mecer el vino en las cubas o el jabón en la caldera. ‖ **Columpio.**
mecedora. f. *Silla de brazos cuyos pies descansan sobre dos arcos paralelos que van de adelante atrás, y en la cual puede mecerse el que se sienta.
mecedura. f. Acción de mecer o mecerse.
mecenas. m. fig. Príncipe o persona poderosa que *protege a *escritores o artistas.
mecenazgo. m. *Protección dispensada por una persona a un escritor o artista.
*__mecer.__ tr. *Agitar un líquido o una mezcla. ‖ → Mover una cosa con oscilaciones acompasadas, como el columpio, la cuna, etc. Ú. t. c. r. ‖ **Ordeñar.**
meco, ca. adj. Dícese de las *caballerías y del ganado *vacuno cuando tienen color bermejo con mezcla de negro. ‖ m. y f. *Indio salvaje de Méjico. ‖ m. Golpe que da con la púa el *peón cuando se le lanza bailando sobre otro.
meconio. m. **Alhorre.** ‖ *Farm. Jugo que se saca de las adormideras.
*__mecha.__ f. Cuerda retorcida, generalmente de algodón, que se pone dentro de las velas y bujías. ‖ Cinta tejida que se pone en los quinqués u otros aparatos de alumbrado para quemar el combustible. ‖ Tubo de algodón relleno de pólvora para dar fuego a minas y barrenos. ‖ Cuerda de cáñamo que, encendida, servía para prender las antiguas armas de fuego. ‖ Tejido de algodón que, impregnado de una composición química, arde con mucha facilidad. ‖ Porción de hilas o de algodón retorcido, que se emplea en *cirugía. ‖ Lonjilla de *tocino gordo para mechar aves, carne y otras cosas. ‖ **Mechón.** ‖ *Mar. Espiga de ensamblar. ‖ *Mar. Pieza central, o alma de un palo macho de la *arboladura. ‖ **de seguridad.** La de cáñamo embreado que arde lentamente. ‖ **Aguantar** uno **la mecha.** fr. fig. y fam. Sufrir con *paciencia las contrariedades. ‖ **Alargar** uno **la mecha.** fr. fig. y fam. Aumentar la paga.
¡mechachis! interj. **¡Caramba!**
mechar. tr. *Culin. Introducir mechas de *tocino en la carne.
mechazo. m. *Min. *Combustión de una mecha sin inflamar el *barreno.
mechera. adj. V. **Aguja mechera.** Ú. t. c. s. ‖ f. Mujer que *roba objetos en las tiendas.
mechero. m. Tubo o canal en que se pone la *mecha o torcida de ciertos aparatos de *alumbrado. ‖ Cañón de los *candeleros, en donde se introduce el extremo de la vela. ‖ **Boquilla** (por donde sale el gas en los aparatos de *alumbrado). ‖ Encendedor de bolsillo.
mechinal. m. *Agujero cuadrado que se deja en las *paredes, para meter en él un palo del *andamio. ‖ fig. y fam. *Habitación muy reducida.
mechoacán. m. Raíz de una planta convolvulácea, que se ha usado como *medicamento. ‖ **negro. Jalapa.**
mechón. m. aum. de **Mecha.** ‖ Porción de *pelos, *hilos, etc.
mechoso, sa. adj. Que tiene mechas en abundancia.
mechusa. f. *Germ.* **Cabeza.**
meda. f. Hacina hecha con los *haces de trigo o centeno en la era.
*__medalla.__ f. Disco de metal, acuñado con alguna figura, símbolo o emblema. ‖ **Medallón** (bajo relieve). ‖ *Recompensa honorífica que suele concederse en exposiciones o certámenes. ‖ fig. y fam. **Doblón de a ocho.**
medallón. m. aum. de **Medalla.** ‖ *Esc. Bajo relieve de figura redonda o elíptica. ‖ *Joya en forma de caja pequeña y plana, para llevar un retrato, rizo u otro objeto de recuerdo.
médano. m. **Duna.** ‖ Montón o *bajío de arena casi a flor de agua.
medanoso, sa. adj. Que tiene médanos.
medaño. m. **Médano.**
medar. tr. En Galicia, **hacinar.**
medero. m. En Galicia, hacina de *gavillas de *sarmientos.
*__media.__ f. Calzado de punto que cubre el pie y la pierna. ‖ **asnal.** fig. **Media** usada antiguamente, más fuerte que las regulares. ‖ **de arrugar.** La que se usaba antiguamente, y se ponía de modo que hiciese arrugas. ‖ **de peso.** La de seda que tenía un peso determinado por la ley. ‖ **Tener medias.** loc. En el juego del mus, reunir tres *naipes del mismo valor.
mediacaña. f. *Moldura cóncava, cuyo perfil es, por lo regular, un semicírculo. ‖ *Formón de boca arqueada. ‖ *Lima de sección semicircular. ‖ **Tenacillas** (para el *cabello). ‖ Taco de punta semicircular que se usaba en el juego de *trucos. ‖ Pieza curva de la serreta del *freno, que descansa en la nariz del caballo. ‖ *Impr. Filete de dos rayas, una fina y otra gruesa.
*__mediación.__ f. Acción y efecto de mediar.
mediacoraza. f. Especie de *armadura sin espaldar.
mediado, da. adj. Dícese de lo que sólo contiene la mitad, poco más o menos, de su cabida. ‖ **A mediados** del mes, del año, etc. loc. adv. Hacia la *mitad del tiempo que se indica.
*__mediador, ra.__ adj. Que media. Ú. t. c. s.
mediafortuna. f. *Coche pequeño de dos asientos.
medial. adj. *Fon. Dícese de la consonante que se halla en el interior de una palabra.
mediana. f. En el juego de *billar, taco algo mayor que los comunes. ‖ Correa fuerte con que se ata el barzón al *yugo de las yuntas. ‖ Caña muy delgada que se pone al extremo de la caña de *pescar. ‖ *Geom. Recta que va desde el vértice de un *triángulo al punto medio del lado opuesto. ‖ Porción media de una *embarcación.
medianamente. adv. m. Sin tocar en los extremos. ‖ De manera *mediana.
medianejo, ja. adj. fam. d. de **Mediano.** Menos que *mediano.
medianería. f. *Pared común a dos casas contiguas.
medianero, ra. adj. Dícese de la cosa que está en medio de otras dos. ‖ Dícese de la persona que *intercede por otra. Ú. m. c. s. ‖ m. *Dueño de una casa que tiene medianería con otra u otras.
*__medianía.__ f. Término medio entre dos cualidades o condiciones opuestas. ‖ fig. Persona que carece de prendas relevantes.
medianidad. f. **Medianía.**
medianil. m. Parte de una haza de *tierra que está entre la cabezada y la hondonada. ‖ **Medianería.** ‖ *Impr. El crucero de la forma o molde, que deja el espacio blanco de las márgenes interiores.
medianista. m. En los estudios de gramática, *estudiante de la clase de medianos.
*__mediano, na.__ adj. De calidad intermedia. ‖ Moderado; ni muy grande ni muy pequeño. ‖ fig. y fam. Casi *malo. ‖ m. pl. Clase de la *gramática en que se trataba del uso y construcción de las partes de la oración.
medianoche. f. *Hora en que el Sol está en el punto opuesto al de mediodía. ‖ *Bollo pequeño relleno de carne.
mediante. p. a. de **Mediar.** Que media. ‖ f. *Mús. Tercer grado de la escala. ‖ adv. m. Respecto, en atención, por *medio de.
*__mediar.__ intr. Llegar a la *mitad de una cosa, real o figuradamente. ‖ Transcurrir la mitad de un espacio de *tiempo. ‖ *Interceder por uno. ‖ → Interponerse entre dos o más que riñen o litigan, con el fin de *conciliarlos. ‖ Existir o estar una cosa en medio de otras. ‖ *Acaecer entremedias alguna cosa.
mediastino. m. *Zool.* Espacio irregular entre las *pleuras, que divide el pecho en dos partes laterales.
mediatamente. adv. l. y t. Con intermisión o mediación de una cosa.
mediatinta. f. *Pint. Tono o matiz intermedio entre claro y obscuro.
mediatizar. tr. Reducir un país o un príncipe a la *dependencia de otro, sin privarle de su soberanía nominal.
mediato, ta. adj. Dícese de lo que está *próximo a una cosa, mediando otra *entre las dos.
mediator. m. **Hombre** (juego de *naipes).
médica. f. Mujer autorizada para ejercer la *medicina. ‖ Mujer del *médico.
medicable. adj. Capaz de curarse con medicinas.
medicación. f. Administración *terapéutica de medicamentos. ‖ *Med.*

Conjunto de *medicamentos y medios curativos que tienden a un mismo fin.
medicamentar. tr. **Medicinar.**
***medicamento.** m. Cualquiera substancia o preparación que, aplicada interior o exteriormente al cuerpo del hombre o del animal, puede producir un efecto curativo. ‖ **heroico.** **Remedio heroico.**
medicamentoso, sa. adj. Que tiene virtud de *medicamento.
medicastro. m. *Médico indocto. ‖ **Curandero.**
***medicina.** f. Ciencia y arte de evitar y curar las enfermedades. ‖ ***Medicamento.** ‖ **legal.** *For.* Parte de las ciencias médicas que estudia los problemas cuya solución interesa a los tribunales de justicia.
medicinable. adj. desus. **Medicinal.**
medicinal. adj. Perteneciente a la *medicina. ‖ *Medicamentoso.
medicinalmente. adv. m. Conforme lo requiere la medicina.
medicinamiento. m. Acción y efecto de medicinar.
medicinante. m. **Curandero.** ‖ Estudiante de medicina que visita enfermos como si fuese *médico.
medicinar. tr. Administrar o dar medicinas al enfermo. Ú. t. c. r.
medición. f. Acción y efecto de medir.
***médico, ca.** adj. Perteneciente o relativo a la medicina. ‖ m. El que se halla legalmente autorizado para profesar y ejercer la medicina. ‖ **de cabecera.** El que asiste de continuo al enfermo. ‖ **forense.** El oficialmente adscrito a un juzgado de instrucción.
médicolegal. adj. Perteneciente a la medicina legal.
medicucho. m. **Medicastro.**
***medida.** f. Expresión de una cantidad o dimensión con relación a una unidad determinada. ‖ Lo que sirve para medir. ‖ Acción de medir. ‖ Número y clase de sílabas que ha de tener el *verso. ‖ Cinta cortada al tamaño de una *efigie, y que se usa por devoción. ‖ *Proporción de una cosa con otra. ‖ Disposición, *prevención, *decisión, *medio para algún fin. Ú. m. en pl. y con los verbos *tomar, adoptar,* etc. ‖ Cordura, *prudencia. ‖ **común.** Cantidad que cabe exactamente cierto número de veces en cada una de otras dos o más que se comparan entre sí. ‖ **A medida que.** loc. **Al paso que.** ‖ **Henchir, o llenar, las medidas.** fr. fig. Decir uno su sentimiento a otro claramente. ‖ fig. Adular excesivamente. ‖ **Llenarse la medida.** fr. fig. Agotarse la paciencia. ‖ **Tomarle** a uno **las medidas.** Hacer entero *juicio de lo que es un sujeto. ‖ **Tomar** uno sus **medidas.** fr. fig. *Preparar lo necesario para el buen éxito de un negocio.
medidamente. adv. m. Con medida.
medidor, ra. adj. Que mide una cosa. Apl. a pers., ú. t. c. s. ‖ m. **Fiel medidor.**
mediero, ra. m. y f. Persona que hace *medias. ‖ Persona que las vende. ‖ Cada una de las personas que *participan por mitad en la administración de tierras, cría de ganados, etc.
medieval. adj. Perteneciente o relativo a la Edad Media de la *historia.
medievo. m. *Cronol.* Edad Media.
medinés, sa. adj. Natural de Medina. Ú. t. c. s. ‖ Perteneciente a cualquiera de las poblaciones así llamadas.

***medio, dia.** adj. Igual a la mitad de una cosa. ‖ **Ret.* Aplícase al estilo exornado y elegante, pero no tan elevado como el sublime. ‖ m. Mitad, *centro o punto que en una cosa equidista de sus extremos. ‖ Persona en quien se suponen condiciones especiales para los experimentos del *hipnotismo o del espiritismo. ‖ fig. Conjunto de personas y *circunstancias entre las cuales *vive un individuo. ‖ Corte o procedimiento que se toma en un negocio. ‖ → Diligencia o acción conveniente para conseguir una cosa. ‖ Elemento en que *vive o se mueve una persona, animal o cosa. ‖ p. us. Mellizo, gemelo. ‖ *Moderación entre los extremos. ‖ Antigua *moneda mejicana. ‖ *Arit.* Quebrado que tiene por denominador el número 2. ‖ **Lóg.* En el silogismo, razón con que se prueba una cosa. ‖ f. Toque del reloj o posición de las agujas que indica la mitad de una *hora. ‖ m. pl. *Bienes o *rentas que uno posee o goza. ‖ adv. m. No del todo, de manera *incompleta. ‖ **Media diferencial.** *Mat.* Equidiferencia. ‖ **proporcional.** **Mat.* Cantidad que puede formar proporción geométrica entre otras dos. ‖ **Medio de proporción.** **Esgr.* Distancia conveniente frente al adversario. ‖ **A medias.** m. adv. Por *mitad. ‖ Algo, pero no del todo, de modo *incompleto. ‖ **De medio a medio.** loc. adv. **Mitad y mitad.** ‖ En la *mitad o en el *centro. ‖ Completamente, por *completo. ‖ **De por medio.** m. adv. **A medias.** ‖ ***Entre.** ‖ **Echar por en medio.** fr. fig. y fam. Tomar una *decisión extraordinaria. ‖ **En medio.** m. adv. No obstante, sin embargo. ‖ **Entre tanto.** ‖ **Entrar de por medio.** fr. *Mediar entre discordes o desavenidos. ‖ **Estar de por medio.** fr. *Intervenir en un negocio. ‖ **Media con limpio.** expr. que se usaba en los *hospedajes para compartir la cama con uno que estuviese limpio de sarna, tiña, etc. ‖ **Meterse de por medio, o en medio.** fr. Interponerse para *conciliar a los que riñen o disputan. ‖ **Quitar de en medio** a uno. fr. fig. y fam. Apartarlo de delante, matándolo o alejándolo. ‖ **Quitarse** uno **de en medio.** fr. fig. y fam. *Ausentarse de un lugar.
mediocre. adj. ***Mediano.**
mediocridad. f. Calidad de mediocre.
***mediodía.** m. Hora del *día en que está el Sol en el más alto punto sobre el horizonte. ‖ **Geogr.* **Sur.** ‖ **medio.** Momento en que queda dividido en dos partes iguales el día civil medio. ‖ **verdadero.** **Mediodía.** ‖ **Hacer mediodía.** fr. Detenerse durante el día para *comer el que camina o va de viaje.
medioeval. adj. **Medieval.**
medioevo. m. **Cronol.* **Medievo.**
mediomundo. m. **Velo** (para *pescar).
mediopaño. m. Tejido de lana semejante al *paño, aunque más delgado.
mediquillo. m. **Medicucho.** ‖ *Indio curandero de Filipinas.
mediquín. m. fam. **Mediquillo.**
***medir.** tr. Determinar las dimensiones o la cantidad de una cosa. ‖ Examinar la cantidad y número de sílabas de un verso. ‖ fig. Comparar una cosa no material con otra. ‖ r. fig. *Moderarse al decir o ejecutar una cosa.

meditabundo, da. adj. Que *medita en silencio.
meditación. f. Acción y efecto de *meditar.
meditador, ra. adj. Que medita.
***meditar.** tr. Aplicar la reflexión al conocimiento o consideración de una cosa.
meditativo, va. adj. Propio de la meditación.
mediterráneo, a. adj. Dícese del *mar que está rodeado de tierras. Ú. t. c. s. m. ‖ Perteneciente al mar **Mediterráneo,** o a los territorios que baña.
médium. com. **Medio** (para los espiritistas).
medo, da. adj. Natural de Media. Ú. t. c. s. ‖ Perteneciente a esta región de Asia antigua.
medra. f. *Aumento, progreso, *mejoramiento.
medrana. f. fam. **Miedo.**
medrar. intr. *Crecer los animales y plantas. ‖ fig. *Mejorar uno de fortuna o de posición.
medriñaque. m. *Tela para forros hecha con las fibras del abacá. ‖ Especie de zagalejo corto.
medro. m. **Medra.** ‖ pl. *Mejoras, *adelantamientos.
medrosamente. adv. m. Temerosamente, con *miedo.
medroso, sa. adj. Temeroso, pusilánime, *cobarde. Ú. t. c. s. ‖ Que causa *miedo.
***médula** o **medula.** f. Substancia blanda y grasa, de color blanquecino, que se halla dentro de algunos huesos de los animales. ‖ Substancia esponjosa que se halla dentro de los troncos y tallos de diversas plantas. ‖ fig. Substancia esencial o más *importante de una cosa no material. ‖ **espinal.** *Zool.* Prolongación del encéfalo por dentro del conducto vertebral. ‖ **oblonga,** u **oblongada.** *Anat.* Parte superior de la médula espinal.
medular. adj. Perteneciente o relativo a la médula.
meduloso, sa. adj. Que tiene médula.
medusa. f. **Zool.* Animal marino de la clase de los acalefos, con el cuerpo en forma de casquete esférico.
meduseo, a. adj. **Mit.* Perteneciente o relativo a Medusa, famosa *hechicera.
mefistofélico, ca. adj. Perteneciente a Mefistófeles; diabólico.
mefítico, ca. adj. Dícese de lo que contiene gases deletéreos o muy *fétidos.
megáfono. m. Aparato para reforzar el *sonido o la voz.
megalítico, ca. adj. Propio del megalito o perteneciente a él.
megalito. m. *Monumento prehistórico construido con grandes *piedras sin labrar.
megalomanía. f. *Manía o delirio de grandezas.
megalómano, na. adj. Que padece megalomanía.
mégano. m. **Médano.**
megaohmio. m. **Megohmio.**
megarense. adj. Natural de Mégara. Ú. t. c. s. ‖ Perteneciente a esta ciudad de la Grecia antigua.
megaterio. m. *Mamífero desdentado, *fósil, de unos seis metros de longitud y dos de altura.
mego, ga. adj. Manso, *apacible.
megohmio. m. Medida de resistencia *eléctrica equivalente a un millón de ohmios.
meguez. f. p. us. *Caricia, halago.
mehala. f. En Marruecos, cuerpo de *ejército regular.

meharí. m. Especie de dromedario de África.
meigo, ga. m. y f. **Brujo, ja.**
mejana. f. *Isleta en un *río.
mejedor. m. **Mecedor** (para *agitar el vino).
mejer. tr. **Mecer** (*agitar, revolver un líquido).
mejicanismo. m. Vocablo peculiar de los mejicanos.
mejicano, na. adj. Natural de Méjico. Ú. t. c. s. ‖ Perteneciente a esta república de América. ‖ m. **Azteca** (lengua).
mejido, da. adj. V. **Huevo mejido.**
***mejilla.** f. Cada una de las dos prominencias que hay a los lados de la cara del hombre debajo de los ojos. ‖ desus. **Carrillo.**
mejillón. m. *Molusco acéfalo, comestible, con dos valvas simétricas, convexas, casi triangulares, de color negro azulado.
***mejor.** adj. comp. de **Bueno.** Superior a otra cosa en alguna calidad. ‖ adv. m. comp. de **Bien.** Más bien. ‖ **Antes** o **más,** denotando idea de preferencia. ‖ **A lo mejor,** loc. adv. fam. con que se anuncia un hecho *imprevisto, generalmente *adverso. ‖ **En mejor.** m. adv. Más bueno, más bien. ‖ **Mejor que mejor.** expr. Mucho **mejor.** ‖ **Tanto mejor,** o **tanto que mejor.** expr. **Mejor** todavía.
***mejora.** f. Medra, adelantamiento y aumento de una cosa o de sus buenas cualidades. ‖ **Puja.** ‖ *For.* Porción que deja el *testador a alguno de sus hijos o nietos además de la legítima. ‖ *For.* En lo antiguo, escrito de *apelación.
mejorable. adj. Que se puede mejorar.
***mejoramiento.** m. Acción y efecto de mejorar.
***mejorana.** f. Planta herbácea vivaz de las labiadas, muy fragante. ‖ **silvestre.** Planta de las labiadas, de olor muy agradable.
***mejorar.** tr. Adelantar una cosa, hacerla pasar de un estado bueno a otro mejor. ‖ **Pujar.** ‖ *For.* Dejar en el *testamento mejora. ‖ intr. Ir cobrando la *salud perdida. Ú. t. c. r. ‖ Ponerse el tiempo más favorable o benigno. Ú. t. c. r. ‖ Progresar, *adelantar. Ú. t. c. r.
mejoría. f. *Mejoramiento. ‖ *Alivio en una dolencia. ‖ Ventaja o *superioridad de una cosa respecto de otra.
mejunje. m. Cosmético o *medicamento formado de varios ingredientes. Ú. m. en sent. despect.
mela. f. Pez coloreada para marcar el *ganado.
melada. f. Rebanada de *pan empapada en *miel. ‖ Pedazos de mermelada seca.
melado, da. adj. De *color de miel. ‖ m. Zumo de la caña de azúcar concentrado al fuego sin que llegue a cristalizar. ‖ *Torta pequeña hecha con miel y cañamones.
meladucha. adj. V. **Manzana meladucha.** Ú. t. c. s.
meladura. f. Melado ya preparado para hacer el papelón o el *azúcar.
meláfido. m. *Roca compuesta de feldespato y augita con algo de hierro magnético, que se emplea como *piedra de construcción.
melampo. m. En el *teatro, candelero con pantalla, que usaba el traspunte.
melancolía. f. *Tristeza vaga y persistente. ‖ Especie de *manía en que predominan los sentimientos tristes.
melancólicamente. adv. m. Con melancolía.
melancólico, ca. adj. Perteneciente o relativo a la melancolía. ‖ Que tiene melancolía.
melancolizar. tr. Entristecer a uno, ponerlo melancólico. Ú. t. c. r.
melanconía. f. ant. **Melancolía.**
melandro. m. **Tejón** (*mamífero).
melanita. f. Variedad de granate negro y opaco.
melanosis. f. **Pat.* Obscurecimiento anormal de los tejidos orgánicos.
melanuria. f. Enfermedad caracterizada por el color negro de la *orina.
melapia. f. Variedad de la *manzana común, de gusto azucarado.
melar. adj. Que sabe a *miel. Ú. t. c. s., hablando de los *trigos.
melar. intr. En los ingenios de *azúcar, cocer el zumo de la caña hasta que toma consistencia de miel. ‖ Hacer las *abejas la miel y ponerla en los panales. Ú. t. c. tr.
melar. tr. Marcar el *ganado lanar.
melarquía. f. desus. **Melancolía.**
melaza. f. Líquido consistente, de color pardo obscuro y sabor muy dulce, que queda como residuo de la cristalización del *azúcar. ‖ Heces de la *miel.
melca. f. **Zahína.**
melcocha. f. *Miel preparada en forma de pasta muy correosa. ‖ Cualquier pasta comestible compuesta principalmente de esta miel.
melcochero. m. El que hace o vende melcocha.
meldar. tr. *Leer, aprender.
meldense. adj. Natural de Melde, hoy Meaux. Ú. t. c. s. ‖ Perteneciente a esta ciudad de las Galias.
melecina. f. **Medicina.**
melecinar. tr. **Medicinar.**
melecinero, ra. m. y f. **Curandero, ra.**
melena. f. *Cabello que desciende a los lados del rostro y sobre los ojos. ‖ El que cae por atrás y cuelga sobre los hombros. ‖ Cabello suelto. ‖ Crin del león. ‖ **Melenera** (para el *yugo). ‖ **Andar a la melena.** fr. fig. y fam. **Andar a la greña.** ‖ **Hacer venir,** o **traer,** a uno **a la melena.** fr. fig. y fam. *Compelerle a que ejecute una cosa.
melena. f. *Pat.* *Diarrea o deposición formada principalmente por sangre negra.
melenera. f. Parte superior del testuz de los *bueyes. ‖ Almohadilla que se pone a los bueyes en la frente para que no les roce el *yugo.
meleno. adj. Aplícase al *toro que en su testuz tiene un mechón grande de pelo. ‖ m. fam. *Rústico, hombre del campo.
melenudo, da. adj. Que tiene abundante y largo el *cabello.
melera. f. La que vende *miel. ‖ Daño que sufren los *melones cuando son muy abundantes las lluvias. ‖ **Lengua de buey** (*planta).
melero. m. El que vende *miel o trata en este género. ‖ Sitio o paraje donde se guarda la miel.
melga. f. **Amelga.**
melgacho. m. **Lija** (*pez).
melgar. m. Campo abundante en mielgas.
melgar. tr. **Amelgar.**
melgarejo. m. Cordel fuerte con un anzuelo, para la *pesca de atunes.
melgo, ga. adj. **Mielgo.**
meliáceo, a. adj. **Bot.* Aplícase a árboles y arbustos dicotiledóneos de climas cálidos, cuyo tipo son la caoba y el cinamomo. Ú. t. c. s. f. ‖ f. pl. *Bot.* Familia de estas plantas.
mélico, ca. adj. Perteneciente al *canto. ‖ Perteneciente a la *poesía lírica.
melífero, ra. adj. poét. Que lleva o tiene *miel.
melificado, da. adj. **Melifluo.**
melificador. m. Cajón de lata con tapa de vidrio, para extraer la miel de *abeja separada de la cera.
melificar. tr. Hacer las *abejas la miel. Ú. t. c. intr.
melifluamente. adv. m. fig. Dulcemente, con *finura y *delicadeza.
melifluencia. f. **Melifluidad.**
melifluidad. f. fig. Calidad de melifluo.
melifluo, flua. adj. Que tiene *miel o es parecido a ella. ‖ fig. Dulce, *afable, delicado en el trato o en la manera de hablar.
melilito. m. Especie de *arcilla compacta.
meliloto. m. *Planta leguminosa abundante en los sembrados.
meliloto, ta. adj. Dícese de la persona *necia. Ú. t. c. s.
melillense. adj. Natural de Melilla. Ú. t. c. s. ‖ Perteneciente a esta ciudad de África.
***melindre.** m. *Fruta de sartén*, hecha con miel y harina. ‖ *Dulce de pasta con baño de azúcar blanco, en forma de rosquilla muy pequeña. ‖ → fig. Afectación de finura y delicadeza en palabras, acciones y ademanes.
melindrear. intr. Hacer *melindres, afectar delicadeza.
melindrería. f. Hábito de melindrear.
melindrero, ra. adj. **Melindroso.** Ú. t. c. s.
melindrizar. intr. **Melindrear.**
melindrosamente. adv. m. Con melindre, con *afectación.
melindroso, sa. adj. Que afecta demasiada *delicadeza en acciones y palabras. Ú. t. c. s.
melinita. f. Substancia *explosiva compuesta a base de ácido pícrico.
melino, na. adj. Natural de Melo, hoy Milo. Ú. t. c. s. ‖ Perteneciente a esta isla del Archipiélago. ‖ Dícese de la tierra que se sacaba de dicha isla, y se empleaba para preparar algunas *pinturas.
melión. m. **Pigargo** (*ave).
melisa. f. **Toronjil** (*planta).
melito. m. **Farm.* Jarabe hecho con miel.
***melocotón.** m. **Melocotonero.** ‖ Fruto de este árbol. Es esférico, de piel delgada, vellosa, pulpa jugosa, amarillenta, de sabor agradable y adherida a un hueso duro y rugoso. ‖ **romano.** El muy grande y sabroso que tiene el hueso colorado.
melocotonar. m. Campo plantado de melocotoneros.
***melocotonero.** m. Árbol cuyo fruto es el melocotón.
melodía. f. Dulzura y suavidad de los sonidos del canto o de los instrumentos músicos. ‖ **Mús.* Composición o parte de ella en que se desarrolla una idea musical, apoyada generalmente por el acompañamiento o armonía.
melódico, ca. adj. Perteneciente o relativo a la melodía.
melodiosamente. adv. m. De manera melodiosa.
melodioso, sa. adj. Dulce y agradable al oído.
melodista. com. Compositor en cuyas obras predominan las melodías fáciles y agradables.
melodrama. m. *Drama puesto en *música; ópera. ‖ Drama compuesto para este fin. ‖ Especie de *drama en que, con recursos vulgares,

se procura ante todo mantener la curiosidad y emoción del auditorio. Antiguamente estos dramas se acompañaban en algunos pasajes con música instrumental.
melodramáticamente. adv. m. De manera melodramática.
melodramático, ca. adj. Perteneciente o relativo al melodrama. ‖ Aplícase también a lo que participa de las malas cualidades del melodrama.
melodreña. adj. V. **Piedra melodreña.**
melografía. f. Arte de escribir *música.
meloja. f. Lavaduras de *miel.
melojar. m. Sitio poblado de melojos.
melojo. m. Árbol de las cupulíferas, semejante al roble albar.
melolonta. m. *Zool.* Género de *insectos coleópteros.
melomanía. f. Afición excesiva a la *música.
melómano, na. m. y f. Persona fanática por la *música.
***melón.** m. Planta herbácea anual, de las cucurbitáceas, con fruto grande de forma elipsoidal, de carne comestible, dulce y muy jugosa. ‖ Fruto de esta planta. ‖ **chino. Melón de la China.** ‖ **de agua.** En algunas partes, **sandía.** ‖ **de Indias,** o **de la China.** Variedad de **melón,** cuyo fruto es esférico.
melón. m. **Meloncillo** (*mamífero).
melonada. f. *Necedad, torpeza.
melonar. m. Terreno sembrado de melones.
meloncete. m. d. de **Melón.**
meloncillo. m. d. de **Melón.** ‖ **de olor. Melón de Indias.**
meloncillo. m. *Mamífero carnicero nocturno, del mismo género que la mangosta.
melonero, ra. m. y f. Persona que guarda *melones o los vende.
melopea. f. **Melopeya.** ‖ fam. *Borrachera.
melopeya. f. Arte de producir melodías. ‖ Entonación rítmica en la *recitación del verso o de la prosa.
melosidad. f. Calidad de meloso. ‖ Materia melosa. ‖ fig. *Apacibilidad, suavidad de una cosa no material.
melosilla. f. Enfermedad de la *encina.
***meloso, sa.** adj. De calidad o naturaleza de *miel. ‖ fig. Blando, *suave. Dícese del carácter y del *estilo.
melote. m. Residuo que queda después de cocer el guarapo para la fabricación del *azúcar. ‖ Conserva hecha con *miel.
melquisedeciano, na. adj. Dícese del individuo de una antigua *secta que creía a Melquisedec superior a Jesucristo. Ú. t. c. s. ‖ Perteneciente a esta secta.
melsa. f. **Bazo.** ‖ fig. Flema o *lentitud con que se hacen las cosas.
melva. f. **Corvina.**
mella. f. *Rotura o discontinuidad en el filo de una arma o herramienta, o en el borde de un objeto. ‖ Vacío o *hueco que queda en en una cosa; como en la encía cuando falta un *diente. ‖ fig. Menoscabo, *deterioro, aun en cosa no material. ‖ **Hacer mella.** fr. fig. Causar *efecto en uno la *reprensión o la súplica.
mellado, da. adj. Falto de uno o más dientes. Ú. t. c. s.
melladura. f. **Mella.**
mellar. tr. Hacer mellas en un corte, borde, etc. Ú. t. c. r. ‖ fig. Menoscabar, *disminuir. Ú. t. c. r.
melliza. f. Cierto género de *embutido hecho con miel.
mellizo, za. adj. **Gemelo** (*hermano). Ú. t. c. s. ‖ *Bot.* **Hermanado.**
mellón. m. Hachón de paja.
memada. f. **Necedad.**
membrado, da. adj. **Blas.* Aplícase a las piernas de las aves, que son de diferente esmalte que el cuerpo.
***membrana.** f. *Piel delgada a modo de pergamino. ‖ → *Bot.* y *Zool.* Tejido flexible, elástico, delgado, que en los seres orgánicos tapiza cavidades, cubre vísceras y, a veces, segrega humores. ‖ **alantoides.** *Zool.* Una de las del *feto de algunos animales. ‖ **caduca.** *Zool.* La que durante la preñez tapiza la cavidad uterina. ‖ **nictitante.** *Zool.* Túnica casi transparente que forma el tercer párpado de las *aves. ‖ **pituitaria.** *Zool.* La que reviste la cavidad de las *narices.
membranáceo, a. adj. *Bot.* y *Zool.* **Membranoso.**
membranoso, sa. adj. Compuesto de membranas. ‖ Parecido a la membrana.
membrete. m. *Apuntación provisional. ‖ Aviso o *carta en que se hace un convite o se recuerda una *petición. ‖ *Nombre o título de una persona o corporación puesto al final del escrito que se le dirige. ‖ Este mismo nombre o título puesto a la cabeza de la primera plana o estampado en la esquina superior y a la izquierda del *papel de escribir.
membrilla. f. Variedad de membrillo, de carne jugosa, fina y dulce.
membrillar. m. Terreno plantado de membrillos.
membrillate. m. **Carne de membrillo.**
membrillero. m. **Membrillo.**
membrillo. m. *Arbusto o árbol de las rosáceas, de fruto grande amarillo, muy aromático, de carne áspera y ácida. ‖ Fruto de este arbusto. ‖ **Carne de membrillo.**
membrudamente. adv. m. Con *fuerza y robustez.
membrudo, da. adj. *Fuerte y robusto.
memela. f. Tortilla de masa de *maíz con cuajada y dulce. ‖ Tortilla delgada de maíz.
memento. m. Cada una de las dos partes del canon de la *misa, en que se hace conmemoración de los fieles y *difuntos. ‖ **Hacer** uno sus **mementos.** fr. fig. Detenerse a *reflexionar en algún asunto.
memez. f. *Necedad, mentecatez.
memnónida. f. *Mit.* Cada una de las aves *quiméricas que iban desde Egipto al sepulcro de Memnón. Ú. m. en pl.
memo, ma. adj. Tonto, *necio, Ú. t. c. s.
memorable. adj. Digno de memoria.
memorando, da. adj. **Memorable.** ‖ m. **Memorándum.**
memorándum. m. *Librito en que se *apuntan las cosas que conviene recordar. ‖ Comunicación *diplomática sucinta, menos solemne que la memoria y la nota, por lo común no firmada.
memorar. tr. Recordar una cosa; hacer *memoria de ella. Ú. t. c. r.
memoratísimo, ma. adj. sup. Ilustre, *famoso y digno de eterna *memoria.
memorativo, va. adj. **Conmemorativo.**
***memoria.** f. Facultad de reproducir en la conciencia ideas o impresiones pasadas. ‖ **Recuerdo.** ‖ *Monumento para recuerdo o gloria de una cosa. ‖ Obra *pía que se funda para recuerdo de una persona. ‖ *Lista o relación de gastos o inventario sucinto de objetos. ‖ Escrito a que se remitía el testador, para que fuese reputado como parte integrante del *testamento. ‖ Exposición de hechos o motivos. ‖ Estudio, o disertación escrita, sobre alguna materia. ‖ pl. Saludo o recado *cortés que se envía a un ausente. ‖ *Libro en que se *apunta una cosa. ‖ Relaciones de sucesos particulares, que se escriben para ilustrar la *historia. ‖ Conjunto de dos o más *sortijas eslabonadas que uno se ponía en el dedo para acordarse de algo. ‖ **Memoria de gallo,** o **de grillo.** fig. y fam. Persona de poca **memoria.** ‖ **De memoria.** m. adv. Reteniendo en ella lo oído o aprendido. ‖ **Flaco de memoria.** loc. Olvidadizo, de **memoria** poco firme. ‖ **Hablar de memoria.** fr. fig. y fam. Hablar de modo *irreflexivo o sin fundamento. ‖ **Hacer memoria.** fr. Recordar, acordarse. ‖ **Raer de la memoria.** fr. fig. *Olvidarse de la especie que se va a decir.
memorial. m. *Libro o cuaderno en que se *apunta alguna cosa. ‖ Escrito en que se hace una *petición, alegando los méritos o motivos en que se funda. ‖ **ajustado.** **For.* Apuntamiento en que se hacía constar todo el hecho de un pleito o causa. ‖ **Haber perdido** uno **los memoriales.** fr. fig. y fam. Haber *olvidado una cosa.
memorialesco, ca. adj. fest. Perteneciente o relativo al memorial.
memorialista. m. El que se dedica a *escribir por cuenta ajena memoriales u otros documentos.
memorión. m. aum. de **Memoria.** ‖ adj. **Memorioso.** Ú. t. c. s.
memorioso, sa. adj. Que tiene feliz *memoria. Ú. t. c. s.
memorismo. m. Sistema de *enseñanza en que todo se fía a la memoria.
memoroso, sa. adj. ant. **Memorioso.**
mena. f. **Min.* *Mineral metalífero, tal como sale de la mina.
mena. f. *Pez marino acantopterigio, propio del Mediterráneo.
mena. f. **Vitola** (de los *cigarros). ‖ *Mar.* *Grueso de un *cabo medido por su *contorno. ‖ Medida de cada clase de *clavos.
ménade. f. Cada una de ciertas *sacerdotisas de Baco. ‖ fig. Mujer descompuesta y dominada por la *ira.
menador, ra. m. y f. Persona que da vueltas a la rueda para recoger la *seda.
menaje. m. *Muebles de una casa. ‖ Material pedagógico de una *escuela.
menar. tr. Recoger la *seda en la rueda.
mención. f. Recuerdo o *memoria que se hace de una persona o cosa, *nombrándola. ‖ **honorífica.** *Recompensa de menos importancia que el premio y el accésit. ‖ **Hacer mención.** fr. *Nombrar a una persona o cosa.
mencionar. tr. Hacer mención de una persona, *nombrarla. ‖ *Referir una cosa para que se tenga noticia de ella.
Menda. n. p. fam. Voz con que una *persona se designa a sí misma.
mendacidad. f. Hábito de *mentir.
mendaz. adj. **Mentiroso.** Ú. t. c. s.
mendelismo. m. **Biol.* Conjunto de leyes acerca de la herencia de los caracteres de los seres orgánicos.

***mendicación.** f. **Mendiguez.**
mendicante. adj. Que *mendiga. Ú. t. c. s. ‖ Dícese de la *orden religiosa* que tiene por instituto pedir limosna.
mendicidad. f. Estado y situación de *mendigo. ‖ Acción de *mendigar.
mendiganta. f. **Mendiga.**
mendigante. p. a. de **Mendigar.** Que mendiga. Ú. t. c. s. ‖ adj. **Mendicante.** Ú. t. c. s.
***mendigar.** tr. *Pedir *limosna de puerta en puerta. ‖ fig. Solicitar o *pedir algo con humillación.
***mendigo, ga.** m. y f. Persona que habitualmente pide limosna.
mendiguez. f. **Mendicidad.**
mendosamente. adv. m. Equivocada y mentirosamente.
mendoso, sa. adj. *Equivocado o *mentiroso.
mendrugo. m. Pedazo de *pan duro o desechado. ‖ fig. Tonto, *necio.
meneador, ra. adj. Que menea. Ú. t. c. s.
menear. tr. *Mover una cosa de una parte a otra. Ú. t. c. r. ‖ fig. *Gobernar o dirigir algún negocio. ‖ r. fig. y fam. Hacer con *prontitud y diligencia una cosa.
menegilda. f. fam. En algunas partes, criada de *servicio.
meneo. m. Acción y efecto de menear o menearse. ‖ fig. y fam. **Vapuleo.**
menés, sa. adj. Natural de Mena. Ú. t. c. s. ‖ Perteneciente a este valle de las provincia de Burgos.
menester. m. *Precisión o *carencia de una cosa. ‖ Ejercicio, *empleo u *ocupación. ‖ pl. Necesidades corporales. ‖ fam. Instrumentos, *utensilios o cosas necesarias para los oficios u otros usos. ‖ **Haber menester** una cosa. fr. Necesitarla, tener *precisión de ella. ‖ **Ser menester.** fr. Ser una cosa *indispensable.
menesteroso, sa. adj. Falto, necesitado, *pobre, que carece de una cosa o de muchas. Ú. t. c. s.
menestra. f. *Guisado de hortalizas y trozos pequeños de carne o jamón. ‖ *Legumbre seca. Ú. m. en plural.
menestral, la. m. y f. Artesano, persona que se gana la vida con algún *oficio mecánico.
menestralería. f. Calidad de menestral.
menestrete. m. *Arq. Nav.* Instrumento de hierro para arrancar *clavos.
menfita. adj. Natural de Menfis. Ú. t. c. s. ‖ Perteneciente o relativo a esta ciudad del antiguo Egipto. ‖ f. Ónice de capas blancas y negras.
menfítico, ca. adj. Perteneciente a la ciudad de Menfis.
mengajo. m. *Jirón o pedazo de la ropa.
mengano, na. m. y f. Voz que se usa en la misma acepción de *fulano* y *zutano.*
mengua. f. Acción y efecto de menguar. ‖ Falta, que hace que una cosa quede *incompleta. ‖ *Pobreza, escasez. ‖ fig. *Descrédito, deshonra.
menguadamente. adv. m. Deshonrada o cobardemente; sin crédito ni reputación.
menguado, da. adj. *Cobarde, pusilánime. Ú. t. c. s. ‖ Tonto, *necio. Ú. t. c. s. ‖ Miserable, *mezquino. Ú. t. c. s. ‖ m. Cada uno de los puntos que se embeben al hacer *media a fin de estrechar ésta donde conviene.
menguamiento. m. **Mengua.**
menguante. p. a. de **Menguar.** Que mengua. ‖ f. Estiaje de los *ríos o arroyos. ‖ Descenso del agua del mar por efecto de la *marea. ‖ Tiempo que dura. ‖ fig. *Decadencia de una cosa. ‖ **de la *Luna.** Intervalo que media entre el plenilunio y el novilunio.
menguar. intr. *Disminuir o irse *gastando física o moralmente una cosa. ‖ *Decaer, venir a menos. ‖ Hacer los menguados en las medias. ‖ Hablando de la *Luna, disminuir la parte iluminada del astro, visible desde la Tierra. ‖ tr. **Amenguar.**
mengue. m. fam. **Diablo.**
menhir. m. *Monumento megalítico formado por una piedra larga hincada verticalmente en el suelo.
menina. f. Señora que desde niña entraba al *servicio de la *reina o de las infantas.
***meninge.** f. *Zool.* Cada una de las tres membranas que envuelven el encéfalo y la médula espinal.
meníngeo, a. adj. Propio de las *meninges, o perteneciente a ellas.
meningitis. f. *Pat.* Inflamación de las *meninges.
meningococo. m. **Bact.* Microbio propio de las exudaciones que produce la meningitis.
menino. m. Caballero que desde niño entraba al *servicio de la *reina o de los príncipes. ‖ Sujeto pequeño y que *afecta *delicadeza.
menique. adj. **Meñique.** Ú. t. c. s.
menisco. m. Vidrio o *lente cóncava por una cara y convexa por la otra. ‖ *Cartílago de forma semilunar, como el de la rodilla. ‖ **Hidrául.* Concavidad o convexidad que se forma en la superficie de un líquido contenido en un tubo estrecho.
menispermáceo, a. adj. **Bot.* Dícese de arbustos dicotiledóneos sarmentosos, flexibles, cuyo tipo es la coca de Levante. Ú. t. c. s. f. ‖ f. pl. *Bot.* Familia de estas plantas.
menjuí. m. **Benjuí.**
menjunje. m. **Menjurje.**
menjurje. m. **Mejunje.**
menologio. m. Relación de los *mártires cristianos griegos ordenada por meses.
menonia. f. *Mit.* **Memnónida.**
menopausia. f. Cesación natural de la *menstruación en la mujer a cierta edad. ‖ *Edad en que se produce.
***menor.** adj. comp. de **Pequeño.** Que tiene menos cantidad o tamaño que otra cosa de la misma especie. ‖ **Menor de edad.** Ú. t. c. s. ‖ m. *Fraile de la orden de San Francisco. ‖ *Arq.* *Sillar cuyo paramento es más corto que la entrega. ‖ pl. En los antiguos estudios de *gramática, clase tercera. ‖ f. **Log.* Segunda proposición de un silogismo. ‖ **Por menor.** m. adv. que se usa cuando las cosas se *venden por menudo. ‖ Menudamente, por extenso, con *prolijidad.
menoración. f. ant. **Minoración.**
menoreta. f. ant. *Monja franciscana.
menorete. adj. fam. d. de **Menor,** que sólo se usa en los modos adverbiales familiares **al menorete,** o **por el menorete,** que valen lo mismo que **a lo menos,** o **por lo menos.**
menoría. f. *Inferioridad y *dependencia con que uno está sujeto a otro. ‖ **Menor edad.** ‖ fig. Tiempo de la menor *edad de una persona.
menorista. m. En los antiguos estudios de *gramática, el que estaba en la clase de menores.
menorqués, sa. adj. ant. **Menorquín.** Apl. a pers., usáb. t. c. s.
menorquín, na. adj. Natural de Menorca. Ú. t. c. s. ‖ Perteneciente a esta isla.
menorragia. f. *Pat.* Hemorragia de la matriz durante la *menstruación.
menos. adv. comp. con que se denota idea de *disminución, restricción o *inferioridad. ‖ Denota a veces *limitación indeterminada de cantidad expresa. ‖ m. *Alg.* y **Arit.* signo de substracción o resta, que se representa por una rayita horizontal (—). ‖ adv. m. ***Excepto.** ‖ **Al, a lo,** o **por lo, menos.** m. adv. con que se denota una *exclusión o salvedad. ‖ **A menos que.** m. adv. A no ser que. ‖ **De menos.** loc. adv. que denota falta de número, peso o medida. ‖ **En menos.** m. adv. En menor grado o cantidad. ‖ **Lo menos.** expr. *Igualmente, tan o tanto como.
menoscabador, ra. adj. Que menoscaba.
menoscabar. tr. *Disminuir las cosas, acortarlas. Ú. t. c. r. ‖ fig. *Deteriorar y deslustrar una cosa. ‖ fig. Causar *daño o *descrédito.
menoscabo. m. Efecto de menoscabar o menoscabarse.
menoscuenta. f. Descuento, *pago de parte de una deuda.
menospreciable. adj. Digno de *menosprecio.
menospreciablemente. adv. m. Con menosprecio.
menospreciador, ra. adj. Que menosprecia. Ú. t. c. s.
menospreciante. p. a. ant. de **Menospreciar.** Que menosprecia.
***menospreciar.** tr. Hacer poco aprecio de una persona o cosa, tenerlas en menos de lo que merecen. ‖ **Despreciar.**
menospreciativo, va. adj. Que implica o denota menosprecio.
***menosprecio.** m. Poco aprecio. ‖ Desprecio, desdén.
menostasia. f. **Pat.* Retención mecánica de la *menstruación.
***mensaje.** m. Recado oral que envía una persona a otra. ‖ Comunicación oficial que se cursa entre el poder legislativo y el ejecutivo, o entre dos *asambleas legislativas.
mensajería. f. *Carruaje para servicio público en determinadas líneas. ‖ Empresa o sociedad que explota dichas líneas. Ú. en esta acepción en pl. y aplícase también a los servicios en *buques que navegan entre puertos determinados.
***mensajero, ra.** adj. Que contiene un mensaje o que lo lleva. ‖ → m. y f. Persona que lleva un recado, despacho o noticia a otra.
***menstruación.** f. Acción de menstruar. ‖ **Menstruo** (de la mujer).
menstrual. adj. Perteneciente o relativo al menstruo.
menstrualmente. adv. m. Mensualmente o con evacuación menstrual.
menstruante. p. a. de **Menstruar.** Que menstrúa o está con el menstruo. Ú. t. c. s.
***menstruar.** intr. Evacuar el menstruo.
***menstruo, trua.** adj. **Menstruoso.** ‖ m. **Menstruación.** ‖ Sangre que todos los meses evacuan naturalmente por la vagina las mujeres y las hembras de ciertos animales. ‖ **Quím.* Disolvente o excipiente líquido.
menstruoso, sa. adj. Perteneciente o relativo al *menstruo. ‖ Aplícase a la mujer que está con el menstruo. Ú. t. c. s.

***mensual.** adj. Que sucede o se *repite cada *mes. || Que dura un *mes.
mensualidad. f. Sueldo o *remuneración correspondiente a un mes.
mensualmente. adv. m. Por meses o cada mes.
***ménsula.** f. *Arq.* Miembro de arquitectura que sobresale de un plano vertical y sirve para sostener alguna cosa.
mensura. f. **Medida.**
mensurabilidad. f. *Geom.* Calidad de mensurable.
mensurable. adj. Que se puede *medir.
mensurador, ra. adj. Que mensura. Ú. t. c. s.
mensural. adj. Que sirve para *medir.
mensurar. tr. ***Medir.**
menta. f. **Hierbabuena.**
mentado, da. adj. Que tiene *fama o celebridad.
mentagra. f. Enfermedad que ataca las partes vellosas del rostro y especialmente la *barba.
***mental.** adj. Perteneciente o relativo a la mente o *inteligencia.
mentalidad. f. Conjunto de las características mentales de un individuo, de una raza, etc.
mentalmente. adv. m. Sólo con el *entendimiento o la mente.
mentar. tr. *Nombrar o mencionar una cosa.
mentastro. m. **Mastranzo.**
mente. f. *Inteligencia, entendimiento. || *Intención, propósito, *voluntad.
mentecatada. f. **Mentecatería.**
mentecatería. f. *Necedad, tontería.
mantecatez. f. **Mentecatería.**
mentecato, ta. adj. *Tonto, falto de juicio. Ú. t. c. s. || De flaco entendimiento. Ú. t. c. s.
mentesano, na. adj. Natural de Mentesa. Ú. t. c. s. || Perteneciente a las ciudades de este nombre en la España antigua.
mentidero. m. fam. Sitio o lugar donde se junta gente ociosa para *conversar o *murmurar.
mentido, da. adj. Mentiroso, *falso.
mentidor, ra. adj. Que miente.
***mentir.** intr. Dar a entender lo que no es verdad. || Inducir a error, *engañar. || *Falsificar una cosa. || *Fingir, disfrazar una cosa, haciendo que parezca otra. Ú. m. en poesía. || Desdecir una cosa de otra, resultar *desconforme con ella. || tr. *Faltar a lo prometido.
***mentira.** f. Expresión contraria a la verdad. || Errata o *equivocación material en *escritos o impresos. || fig. y fam. *Manchita blanca que suele aparecer en las *uñas. || Crujido que se produce a veces en las articulaciones de los *dedos al estirarlos. || **oficiosa.** La que se dice con el fin de *halagar o *lisonjear a uno.
mentirijillas (de). m. adv. **De mentirillas.**
mentirilla. f. d. de **Mentira.** || **De mentirillas.** m. adv. **De burlas.**
mentirón. m. aum. de **Mentira.**
mentirosamente. adv. m. *Fingidamente; con *falsedad.
mentiroso, sa. adj. Que tiene costumbre de *mentir. Ú. t. c. s. || Dícese del *escrito que tiene muchos *errores. || Engañoso, *aparente, falso.
mentís. m. Voz injuriosa y denigrativa con que se *impugna lo dicho por una persona como falso o inexacto. || Hecho o demostración que *contradice un aserto.
mentol. m. *Quím.* Parte sólida de la esencia de menta.
mentón. m. *Barbilla.
mentonera. f. Pieza de la *armadura antigua que cubría la barbilla.
mentor. m. fig. Persona que *amonesta o guía a otra. || fig. El que sirve de ayo o *maestro.
méntula. f. **Pene.**
menú. m. *Lista de los platos de una *comida; minuta.
menuceles. m. pl. **Minucias.**
menudamente. adv. m. Con suma *pequeñez. || Circunstanciadamente, con *distinción y por menor.
***menudear.** tr. Hacer una cosa *repetidamente, con *frecuencia. || intr. Acaecer una cosa con *frecuencia. || *Referir las cosas muy por menor. || Contar o escribir menudencias.
menudencia. f. *Pequeñez de una cosa. || *Exactitud y *cuidado con que se considera una cosa. || Cosa *insignificante. || pl. Despojos o menudos de las reses de *matadero, *aves, etc. || *Embutidos de cerdo.
menudeo. m. Acción de menudear. || *Venta por menor.
menudero, ra. m. y f. Persona que trata en menudos.
menudillo. m. En las *caballerías y otros cuadrúpedos, articulación entre la caña y la cuartilla. || **Moyuelo.** || pl. Interior de las *aves, o sea conjunto del higadillo, molleja, sangre, madrecilla y yemas, cuando se aprovecha para la alimentación.
menudo, da. adj. *Pequeño o delgado. || *Despreciable. || Plebeyo o vulgar. || Aplícase al dinero en *monedas de poco valor. || *Exacto y *cuidadoso en el *examen de las cosas. || m. *Carbón de piedra en trozos menudos. || m. pl. Vientre, manos y sangre de las reses de matadero. || En las *aves, pescuezo, alones, pies higadillo, molleja, sangre, madrecilla, etc. || *Diezmo de los frutos menores. || *Moneda fraccionaria que suele traerse suelta. || **A la menuda.** m. adv. **Por menudo.** || **A menudo.** m. adv. Muchas veces, *frecuentemente. || **Por menudo.** m. adv. Particularmente, con mucha *distinción y menudencia. || En las *compras y ventas, por mínimas partes.
meñique. adj. V. **Dedo meñique.** Ú. t. c. s. || fam. Muy *pequeño.
meollada. f. Seso de una res.
meollar. m. *Mar.* Especie de cordel para aforrar *cabos, que se forma torciendo tres o más filásticas.
meollo. m. **Seso.** || **Médula.** || fig. Lo más *importante o esencial de una cosa. || fig. Juicio o *entendimiento. || **No tener meollo** una cosa. fr. fig. y fam. No tener substancia, ser *insignificante.
meolludo, da. adj. Que tiene mucho meollo. || *Cuerdo, juicioso.
meón, na. adj. Que mea mucho o frecuentemente. Ú. t. c. s. || V. **Hierba meona.** Ú. t. c. s. || f. fam. *Mujer, y más comúnmente *niña recién nacida.
mequetrefe. m. fam. Hombre *entremetido y *bullicioso, que no merece respeto.
mequiote. m. Tallo del *maíz.
meramente. adv. m. Solamente, simplemente, sin mezcla.
merar. tr. *Mezclar un líquido con otro. Dícese particularmente del agua que se mezcla con *vino.
merca. f. fam. **Compra.**
mercachifle. m. **Buhonero.** || despect. *Comerciante de poca importancia.
mercadante. m. **Mercader.**
mercadear. intr. Hacer trato y *comercio de mercancías.
mercader. m. El que trata con *mercancías. || *Germ.* *Ladrón que acude a los lugares de contratación. || **de grueso.** El que comercia en géneros por mayor.
mercadera. f. Mujer que tiene tienda de *comercio. || Mujer del mercader.
mercadería. f. **Mercancía.** || *Germ.* **Hurto.**
***mercado.** m. Contratación pública de *mercancías en paraje destinado al efecto y en días señalados. || Sitio público o edificio destinado a dicha contratación. || Concurrencia de gente en un **mercado.** || Plaza o país de especial importancia en un orden comercial cualquiera. || **negro.** *Comercio clandestino de géneros sometidos a *tasa. || **Poder vender** uno **en un buen mercado.** fr. fig. Ser *astuto.
mercaduría. f. **Mercadería.**
mercal. m. **Metical.**
***mercancía.** f. Comercio. || Todo género vendible. || → Cualquiera cosa que se hace objeto de trato o venta. || m. pl. *Tren de **mercancías.**
mercante. p. a. de **Mercar.** Que merca. Ú. t. c. s. || adj. **Mercantil.** || m. **Mercader.**
mercantil. adj. Perteneciente o relativo al mercader, a la mercancía o al *comercio.
mercantilismo. m. Predominio del espíritu mercantil en cosas que no deben ser objeto de *comercio.
mercantilizar. tr. Hacer que predomine en uno con exceso el espíritu mercantil. Ú. t. c. r.
mercantivo, va. adj. **Mercantil.**
mercar. tr. **Comprar.** Ú. t. c. r.
merced. f. *Premio o *remuneración que se da por el trabajo. || *Beneficio, *regalo o favor que los reyes o señores hacen a sus vasallos. || Cualquier beneficio gracioso que se hace o se recibe. || *Voluntad o arbitrio de uno. || *Tratamiento de cortesía que se daba a los que no tenían derecho a otro más distinguido. || *Orden militar* instituida por don Jaime el Conquistador, para la redención de cautivos. || **de agua.** Repartimiento que se hace de ella en algunos pueblos. || **A merced,** o **a mercedes.** m. adv. Sin salario conocido, pero *dependiendo de un amo. || **Entre merced y señoría.** loc. adv. fig. y fam. que se usa para significar que una cosa es *mediana. || **Estar** uno **a merced de** otro. fr. Estar enteramente a sus expensas. || **La merced de Dios.** expr. con que se designaba la fritada de *huevos y torreznos con miel. || **¡Merced!** o **¡muchas mercedes!** expr. **¡Gracias!** || **Merced a.** m. adv. **Gracias a.**
mercedario, ria. adj. **Mercenario** (*fraile de la Merced).
mercenario, ria. adj. Aplícase al que guerrea en un *ejército extranjero por cierto estipendio. || Perteneciente a la *orden religiosa* de la Merced. Apl. a pers., ú. t. c. s. || m. El que por jornal trabaja en la *labranza. || El que *sirve por estipendio. || El que *substituye a otro por el salario que le da.
mercería. f. *Comercio de cosas menudas y destinadas generalmente a la industria del *vestido; como alfileres, botones, *cintas, etc. || Conjunto de artículos de esta clase. || *Tienda en que se venden.
mercerizar. tr. Dar a los hilos y tejidos de *algodón, mediante una

preparación especial, el brillo y apariencia de la seda.
mercero. m. El que ejercita la mercería.
mercurial. adj. Perteneciente al dios *mitológico o al *planeta Mercurio. ‖ Perteneciente al *mercurio. ‖ f. *Planta herbácea de las euforbiáceas.
mercúrico, ca. adj. *Quím.* Perteneciente o relativo al *mercurio.
***Mercurio.** n. p. m. **Mit.* Entre los romanos, dios del comercio. ‖ m. *Planeta situado cerca del Sol, que presenta fases y brilla algunas veces en condiciones favorables, por la mañana y por la tarde. ‖ → **Azogue.** ‖ **dulce. Calomelanos.**
merchán. adj. desus. Apócope de **Merchante.**
merchante. adj. **Mercante.** ‖ m. El que *compra y vende algunos géneros sin tener tienda fija.
merdellón, na. m. y f. fam. *Servidor *sucio y desaseado.
merdoso, sa. adj. *Sucio, lleno de inmundicia.
mere. adv. m. **Meramente.**
merecedor, ra. adj. Que merece.
***merecer.** tr. Hacerse uno digno de premio o de castigo. ‖ **Lograr** (*conseguir). ‖ Tener cierto *precio o *estimación una cosa. ‖ intr. Hacer méritos. ‖ **Merecer bien de** uno. fr. Ser acreedor a su *gratitud.
merecidamente. adv. m. Dignamente, con razón y *justicia.
merecido. m. *Castigo de que se juzga digno a uno.
mereciente. p. a. de **Merecer.** Que merece.
***merecimiento.** m. Acción y efecto de merecer. ‖ **Mérito.**
merendar. intr. Tomar la merienda. ‖ En algunas partes, *comer al mediodía. ‖ *Investigar y acechar con curiosidad lo que otro escribe o hace. ‖ En los juegos de *naipes, mirar disimuladamente los del compañero. ‖ tr. Tomar en la merienda una u otra cosa. ‖ **Merendarse** uno una cosa. fr. fig. y fam. *Conseguirla.
merendero. m. Sitio en que se merienda.
merendilla, ta. f. d. de **Merienda.**
merendillar. intr. **Merendar.**
merendola. f. **Merendona.**
merendona. f. aum. de **Merienda.** ‖ fig. Merienda suculenta y abundante.
merengue. m. *Dulce hecho con claras de huevo y azúcar. ‖ fig. **Alfeñique** (persona excesivamente *delicada).
meretricio, cia. adj. Perteneciente o relativo a las meretrices. ‖ m. Acto *venéreo cometido con una meretriz.
meretriz. f. **Ramera.**
merey. m. **Marañón.**
mergánsar. m. **Mergo.**
mergo. m. **Cuervo marino.**
merideño, ña. adj. **Emeritense.** Apl. a pers., ú. t. c. s. ‖ Natural de Mérida, ciudad de Venezuela. Ú. t. c. s.
meridiana. f. **Camilla.** ‖ **Diván.** ‖ Siesta que se *duerme después de la comida.
meridiano, na. adj. Perteneciente o relativo a la hora del mediodía. ‖ fig. Muy *claro o luminoso. ‖ m. **Astr.* Círculo máximo de la esfera celeste, que pasa por los polos del mundo. ‖ **Geogr.* Cualquiera de los círculos máximos de la esfera terrestre que pasan por los dos polos. ‖ *Geogr.* Cualquier semicírculo de la esfera terrestre, que va de polo a polo. ‖ *Geom.* Línea de intersección de una superficie de revolución con un plano que pasa por su eje. ‖ **magnético.** Círculo máximo de la esfera terrestre situado en el plano que une los polos magnéticos. ‖ **Primer meridiano.** *Geogr.* El que convencionalmente se toma como principio para contar sobre el Ecuador los grados de longitud geográfica. ‖ **A la meridiana.** m. adv. A la hora del mediodía.
meridional. adj. Perteneciente o relativo al Sur o Mediodía.
***merienda.** f. Comida ligera que se hace por la tarde antes de la cena. ‖ En algunas partes, comida del mediodía. ‖ fig. y fam. **Corcova.** ‖ **de negros.** fig. y fam. Confusión y *desorden en alguna reunión de personas. ‖ **Juntar meriendas.** fr. fig. y fam. Unir los intereses.
merindad. f. *Territorio de la jurisdicción del merino. ‖ Cargo de merino. ‖ Distrito con una *ciudad importante que defendía los pueblos de su demarcación.
merino, na. adj. Dícese de cierta raza de *ovejas de lana muy fina. Ú. t. c. s. ‖ V. **Cabello merino.** ‖ m. *Juez que ponía el rey en un territorio. ‖ El que cuida del *ganado y de sus pastos. ‖ *Tela de cordoncillo fino, en que la trama y urdimbre son de lana escogida y peinada.
meriñaque. m. **Miriñaque.**
méritamente. adv. m. **Merecidamente.**
meritar. intr. p. us. Hacer *méritos.
meritísimo, ma. adj. sup. de **Mérito.** ‖ Dignísimo de una cosa. ‖ Que merece grandes alabanzas.
***mérito.** m. Cualquier acto del hombre que hace a éste acreedor a premio o digno de castigo. ‖ Conjunto de las buenas acciones de una persona, en cuanto la hacen digna del aprecio de las demás. ‖ Hablándose de las cosas, lo que les hace tener *valía. ‖ **de condigno.** **Teol.* Merecimiento de las buenas obras sobrenaturales del que está en gracia. ‖ **Méritos del proceso.** **For.* Conjunto de *pruebas y razones que resultan de él. ‖ **De mérito.** loc. Notable y recomendable. ‖ **Hacer mérito.** fr. fig. **Hacer mención.**
mérito, ta. adj. ant. Digno, merecedor.
meritoriamente. adv. m. Merecidamente.
meritorio, ria. adj. Digno de premio. ‖ m. *Empleado que trabaja sin sueldo y sólo por hacer méritos con el fin de obtenerlo más tarde.
merla. f. **Mirlo.**
Merlín. n. p. **Saber más que Merlín.** fr. proverb. Ser muy *sabio.
merlín. m. *Mar.* *Cabo delgado de cáñamo alquitranado.
merlo. m. **Zorzal marino.**
merlo. m. ant. *Fort.* **Merlón.**
merlón. m. **Fort.* Trozo de parapeto entre dos cañoneras.
merluza. f. *Pez marino malacopterigio subranquial, de carne blanca comestible muy apreciada. ‖ fig. y fam. **Borrachera.**
merma. f. Acción y efecto de mermar. ‖ Porción que se *gasta naturalmente o se substrae de una cosa.
mermador, ra. adj. Que merma.
mermar. intr. *Disminuirse una cosa o *consumirse parte de ella, principalmente por evaporación, filtración u otra causa semejante. Ú. t. c. r. ‖ tr. *Privar a uno de parte de cierta cantidad que de derecho le corresponde.
mermelada. f. Conserva o *dulce de membrillo con miel o azúcar. Hácese también con la pulpa de otras frutas.
mero. m. *Pez marino acantopterigio, que llega a tener un metro de largo y cuya carne es muy apreciada.
mero, ra. adj. *Puro, *simple, sin mezcla. Ú. hoy en sentido moral e intelectual.
merodeador, ra. adj. Que merodea. Ú. t. c. s.
merodear. intr. **Mil.* Apartarse algunos soldados del cuerpo en que marchan, para *hurtar víveres u otras cosas. ‖ Por ext., *vagar por el campo viviendo de lo que se coge o *roba.
merodeo. m. Acción y efecto de merodear.
merodista. com. Persona que merodea.
merovingio, gia. adj. Perteneciente a la familia o a la dinastía de Meroveo, *rey de Francia. Aplicado a los reyes de esta dinastía, ú. t. c. s.
meruéndano. m. **Arándano.**
***mes.** m. Cada una de las doce partes en que se divide el número total de días del año. ‖ Número de días consecutivos desde uno señalado hasta otro de igual fecha en el **mes** siguiente. ‖ *Menstruo de las mujeres. ‖ **Mensualidad.** ‖ **anomalístico.** *Astr.* Tiempo que pasa desde que la *Luna está en su apogeo hasta que vuelve a él. ‖ **apostólico.** El destinado antiguamente por la curia romana para la presentación de los beneficios y prebendas *eclesiásticas de España. ‖ **del obispo. Mes ordinario.** ‖ **del rey. Mes apostólico.** ‖ **lunar periódico.** *Astr.* Tiempo que invierte la *Luna en dar una vuelta completa alrededor de la Tierra. ‖ **lunar sinódico.** *Astr.* Tiempo que gasta la *Luna desde una conjunción con el Sol hasta la conjunción siguiente. ‖ **mayor.** El último de la *preñez de la mujer. ‖ **ordinario.** Aquel en que correspondía al ordinario la presentación de beneficios eclesiásticos. ‖ **solar astronómico.** *Astr.* Tiempo que gasta el *Sol en recorrer un signo del Zodiaco. ‖ **Meses mayores.** Los últimos del embarazo de la mujer. ‖ Entre labradores, los anteriores e inmediatos a la *cosecha.
***mesa.** f. Mueble para comer, escribir, etc., compuesto de un tablero horizontal sostenido por uno o varios pies. ‖ En lo místico, la *Eucaristía. ‖ En las *asambleas y otras corporaciones, conjunto de las personas que las dirigen. ‖ En las *oficinas, conjunto de negocios que pertenecen a un empleado. ‖ *Llanura elevada y de gran extensión, rodeada de valles o barrancos. ‖ **Meseta** (de escalera). ‖ Cúmulo de las rentas *eclesiásticas. ‖ Plano principal del labrado de las piedras preciosas y que, al engastarlas, ocupa la parte más visible en las *alhajas. ‖ Cualquiera de los planos que tienen las hojas de las *espadas u otras armas blancas. ‖ Cada uno de los largueros del ingenio de *encuadernador. ‖ Partida del juego de *billar. ‖ Tanto que se paga por ella, en éste y otros juegos. ‖ fig. ***Comida.** ‖ *Mar.* Asiento que se forma en los cuellos de los *masteleros. ‖ **Arq. Nav.* Tablón que se pone sobre el yugo en las lanchas. ‖ **de altar. *Altar.** ‖ **de batalla.** En las oficinas de *correos, la que sirve para clasificar las cartas. ‖ **de cambios.** Banco que usaban los cambiantes de monedas. ‖ **de gallegos.** fig. y fam. **Mesa gallega.** ‖ **de guarnición.** *Mar.* Especie de

plataforma que se coloca en los costados de los buques, para afirmar las tablas de jarcia. || **de la vaca.** En el *juego, partido menos importante que otro. || **de lavar.** **Min.* Tablero inclinado en el cual se coloca el mineral para separar de él la ganga, por medio de una corriente de agua. || **de milanos.** fig. y fam. Aquella en que es muy escasa la comida. || **de noche.** Mueble pequeño, con cajones, que se coloca al lado de la cama, para los servicios necesarios. || **franca.** Aquella en que se da de comer a todos cuantos llegan. || **gallega.** fig. y fam. Aquella en que falta pan. || **redonda.** La que no tiene preferencia en los asientos. || La que en fondas, paradores, etc., está dispuesta para los que llegan a comer a cierta hora por un precio determinado. || **revuelta.** *Dibujo o trabajo caligráfico en que se representan varios objetos en desorden. || **traviesa.** La que en el refectorio de los *conventos está en el testero, y es donde se sientan los superiores. || fig. Conjunto de los que se sientan en ella. || **Media,** o **segunda mesa.** La redonda que a precio reducido suele haber en algunas fondas. || **Alzar la mesa.** fr. fig. y fam. Levantar los manteles después de haber comido. || **A mesa puesta.** m. adv. Sin trabajo, gasto ni cuidado. || **Cubrir la mesa.** fr. fig. **Poner la mesa.** || **De sobre mesa.** m. adv. **De sobremesa.** || **Estar** uno **a mesa y mantel de** otro. fr. Comer diariamente con él y a su costa. || **Levantar la mesa.** fr. fig. **Alzar la mesa.** || **Poner la mesa.** fr. Cubrirla con los manteles y utensilios necesarios. || **Sobre mesa.** m. adv. **De sobre mesa.**

mesada. f. *Sueldo, pensión u otra cosa que se paga todos los meses.

mesadura. f. Acción de mesar o mesarse.

mesalina. f. fig. Mujer poderosa y de costumbres *inmorales.

mesana. f. *Mar.* Mástil que está más a popa en el buque de tres *palos. || *Mar.* *Vela que va contra este mástil.

mesar. tr. *Arrancar los *cabellos o *barbas con las manos. Ú. m. c. r.

mescolanza. f. fam. **Mezcolanza.**

meseguería. f. *Custodia de las mieses. || Repartimiento que se hace entre los labradores para pagar esta custodia, y lo que corresponde a cada uno.

meseguero, ra. adj. Perteneciente a las mieses. || m. El que *guarda las mieses. || El que guarda las viñas.

mesentérico, ca. adj. Perteneciente o relativo al mesenterio.

mesenterio. m. *Zool.* **Redaño.**

meseraico, ca. adj. *Zool.* **Mesentérico.**

mesero. m. *Artesano que se ajustaba con el maestro por la comida y un sueldo mensual.

***meseta.** f. Porción de piso horizontal en que termina un tramo de *escalera. || → *Llanura elevada de gran extensión. || En las prensas de los *lagares, parte en que se coloca la uva para prensarla.

mesiado. m. **Mesiazgo.**

mesiánico, ca. adj. Perteneciente al Mesías.

mesianismo. m. Doctrina relativa al Mesías. || fig. *Esperanza infundada en la solución de problemas sociales por la intervención de una sola persona.

mesías. m. El Hijo de Dios, *Jesucristo, en cuanto fue prometido por los profetas al pueblo hebreo. || fig. Sujeto real o imaginario de cuya intervención se *espera la solución de problemas sociales.

mesiazgo. m. Dignidad de Mesías.

mesidor. m. Décimo *mes del calendario republicano francés.

mesilla. f. d. de **Mesa.** || Paga diaria que daba el rey a sus *criados cuando estaba en jornada. || fig. *Reprensión dada a uno por modo de chanza. || *Arq.* **Meseta** (de *escalera). || *Arq.* Losa que se sienta en la parte superior de los *antepechos. || **corrida.** *Arq.* Mesa de *escalera, que está entre dos tramos cuyas direcciones son paralelas. || **quebrantada.** *Arq.* La que está entre dos tramos contiguos que forman ángulo, y es generalmente cuadrada.

mesillo. m. Primer *menstruo después del parto.

mesinés, sa. adj. Natural de Mesina. Ú. t. c. s. || Perteneciente a esta ciudad de Sicilia.

mesingo, ga. adj. *Débil, *delicado.

mesmedad. f. fam. Naturaleza, virtualidad *esencial de una cosa.

mesmerismo. m. Doctrina del magnetismo animal (*hipnotismo), expuesta por el médico alemán Mesmer.

mesnada. f. *Tropa que en lo antiguo servía debajo del mando del rey o de un caballero principal. || fig. Compañía, *asociación.

mesnadería. f. Sueldo del mesnadero.

mesnadero. adj. ant. Decíase del caballero descendiente de un jefe de mesnada. || m. El que seguía en la mesnada.

mesocarpio. m. *Bot.* Parte intermedia del pericarpio en los *frutos carnosos.

mesocracia. f. Forma de *gobierno en que predomina el influjo de la clase media. || fig. ***Burguesía.**

mesócrata. adj. Partidario de la mesocracia.

mesocrático, ca. adj. Perteneciente o relativo a la mesocracia.

mesón. m. **Mesotrón.**

mesón. m. Casa pública donde por dinero se da *albergue a viajeros, caballerías y carruajes.

mesonaje. m. Sitio o calle en que hay muchos mesones.

mesonero, ra. adj. Perteneciente o relativo al mesón. || m. y f. Patrón o dueño de un mesón.

mesonil. adj. Relativo o perteneciente al mesón o al mesonero.

mesonista. adj. **Mesonero** (perteneciente al mesón).

mesotórax. m. *Anat.* Parte media del *pecho. || Segmento medio del tórax de los *insectos.

mesotrón. m. Corpúsculo de masa intermedia entre el protón y el electrón, producido por el bombardeo de los rayos cósmicos sobre los *átomos del aire.

mesozoico, ca. adj. **Geol.* Dícese del terreno secundario que contiene restos de animales de la época media.

mesta. f. Asociación de *ganaderos, en lo antiguo. || **Concejo de la Mesta.** || pl. Aguas de dos o más corrientes en el punto de *confluencia.

mestal. m. Sitio poblado de mestos y otros arbustos.

mesteño, ña. adj. Perteneciente o relativo a la mesta. || **Mostrenco.**

mester. m. ant. Arte, oficio. || **de clerecía.** Género de *literatura cultivado por los clérigos o personas doctas de la Edad Media. || **de juglaría.** *Poesía de los juglares o cantores populares en la Edad Media.

mesticia. f. **Tristeza.**

mestizar. tr. **Zoot.* Corromper las castas por el ayuntamiento de individuos que no pertenecen a una misma.

***mestizo, za.** adj. Aplícase a la persona nacida de padre y madre de *raza diferente. Ú. t. c. s. || → Aplícase al animal o vegetal que resulta de haberse cruzado dos razas distintas.

mesto. m. Vegetal mestizo, producto del *alcornoque y la encina. || **Rebollo.** || ***Aladierna.** || Mezcla de varias semillas.

mestura. f. *Trigo mezclado con *centeno.

mesura. f. *Seriedad y compostura en la actitud y el semblante. || Reverencia, *cortesía, demostración de *respeto. || *Moderación, comedimiento.

mesuradamente. adv. m. Poco a poco; con *prudencia.

mesurado, da. adj. Mirado, *moderado. || Reglado, templado o *parco.

mesurar. tr. Infundir mesura. || r. Contenerse, *moderarse.

meta. f. Pilar cónico que en el *circo romano se ponía como *señal en cada uno de los dos extremos de la espina. || Término señalado a una *carrera. || En el juego del *balón, **portería.** || fig. *Finalidad a que se dirigen las acciones o deseos de una persona.

meta. f. **Mayueta.**

meta. prep. insep. que significa después, más allá, en otro lugar, etc.

metabolismo. m. **Fisiol.* Intercambio de materia y de energía entre el organismo vivo y el medio exterior.

metacarpiano. adj. Dícese de cada uno de los cinco huesos del metacarpo.

metacarpo. m. *Zool.* Parte de la *mano, comprendida entre el carpo y los dedos.

metacentro. m. En un cuerpo simétrico que *flota, punto por donde pasa, cuando el cuerpo se inclina, la resultante del empuje de las aguas.

metad. f. ant. **Mitad.**

metafísica. f. Parte de la *filosofía que trata de los principios primeros y universales. || fig. Modo de *discurrir con demasiada sutileza. || fig. Lo que así se discurre.

metafísicamente. adv. m. De un modo metafísico.

metafísico, ca. adj. Perteneciente o relativo a la metafísica. || fig. Obscuro y casi *incomprensible. || m. El que profesa la metafísica.

metáfora. f. **Ret.* Tropo que consiste en trasladar el sentido recto de las voces a otro figurado. || **continuada.** *Ret.* *Alegoría en que unas palabras se toman en sentido recto y otras en sentido figurado.

metafóricamente. adv. m. De manera metafórica.

metafórico, ca. adj. Concerniente a la metáfora.

metaforizar. tr. Usar de metáforas o alegorías.

metagoge. f. **Ret.* Tropo que consiste en aplicar voces propias de seres sensibles a cosas inanimadas.

***metal.** m. Cuerpo simple, sólido a la temperatura ordinaria, a excepción del mercurio, conductor del calor y de la electricidad y que, con el oxígeno o el hidrógeno, forma compuestos básicos. || Azófar o *latón. || fig. Timbre de la *voz. || fig. *Calidad o condición de una cosa. || *Blas. Oro o plata. || Mús. Conjunto de los *instrumentos de **metal** de una orquesta. || **blanco.** *Aleación de aspecto semejante al de la plata, que ordinariamente se obtiene mezclando cobre, níquel y cinc. || **campanil.** Bronce de *campanas. || **de imprenta.** Aleación de cuatro partes de plomo y una de antimonio, que se usa para los caracteres de imprenta. || **El vil metal.** loc. fam. El *dinero. || **machacado.** *Min.* *Oro o *plata nativos en hojas delgadas. || **precioso. Oro** o **plata.** || **Acostarse el metal.** fr. **Min.* **Acostarse la vena.**

metalada. f. **Min.* Cantidad de metal explotable contenida en una veta.

metalado, da. adj. fig. Mezclado, *impuro.

metalario. m. Artífice que trata y trabaja en *metales.

metalepsis. f. **Ret.* Tropo, especie de metonimia, que consiste en tomar el antecedente por el consiguiente, o al contrario.

metalescente. adj. Que tiene *brillo metálico.

metálica. f. **Metalurgia.**

metálico, ca. adj. De *metal o perteneciente a él. || Perteneciente a *medallas. || m. **Metalario.** || *Dinero en monedas de metal, a diferencia del papel moneda.

metalífero, ra. adj. Que contiene *metal.

metalista. m. **Metalario.**

metalistería. f. Arte de trabajar en *metales.

metalización. f. Acción y efecto de metalizar o metalizarse.

metalizar. tr. **Quím.* Hacer que un cuerpo adquiera propiedades metálicas. || r. Convertirse una cosa en *metal, o impregnarse de él. || fig. Dejarse dominar por la *avaricia o por la afición al dinero.

metaloide. m. **Quím.* Cuerpo simple, mal conductor del calor y de la electricidad y que combinado con el oxígeno produce generalmente compuestos ácidos o neutros.

metaloterapia. f. **Terap.* Tratamiento por medio de los metales.

***metalurgia.** f. Arte de beneficiar los minerales metálicos y de preparar los metales obtenidos para su uso en las industrias.

***metalúrgico, ca.** adj. Perteneciente a la metalurgia. || m. El que profesa este arte.

metalla. f. Pedazos pequeños de pan de oro que usan los *doradores.

metamórfico, ca. adj. *Geol.* Que ha sufrido metamorfismo.

metamorfismo. m. *Geol.* Transformación natural ocurrida en un *mineral o en una *roca.

metamorfosear. tr. **Transformar.** Ú. t. c. r.

metamorfóseos. m. desus. **Metamorfosis.**

metamorfosi. f. **Metamorfosis.**

metamorfosis o **metamórfosis.** f. Transformación o *mudanza de una cosa en otra. || *Zool.* Mudanza de formas que experimentan los *insectos y otros animales antes de llegar a su estado perfecto.

metano. m. **Quím.* *Gas que se produce durante la descomposición de ciertas materias orgánicas, llamado también gas de los pantanos.

metaplasmo. m. **Gram.* Nombre genérico de las figuras de dicción.

metapsíquica. f. *Fil.* Ciencia que estudia los fenómenos del *ocultismo, telepatía y otros semejantes que carecen de explicación dentro de la psicología corriente.

metástasis. f. **Pat.* Reproducción de un fenómeno patológico en lugar distinto de aquel en que se presentó primero.

metatarsiano. adj. Dícese de cada uno de los cinco huesos del metatarso.

metatarso. m. *Zool.* Parte del *pie comprendida entre el tarso y los dedos. || Sexto artejo de las patas de los *arácnidos.

metate. m. Piedra sobre la cual se *muelen el maíz y otros granos. También se emplea para trabajar la pasta del *chocolate.

metátesis. f. **Gram.* Metaplasmo que consiste en alterar el orden de las letras de un vocablo.

metatórax. m. *Zool.* Parte del coselete de los *insectos, situada entre el mesotórax y el abdomen.

metedor, ra. m. y f. Persona que *introduce una cosa en otra. || Persona que mete *contrabando. || m. Lienzo que suele ponerse debajo del pañal a los *niños pequeños. || **Impr.* Tablero en que se pone el papel que va a imprimirse.

metedoría. f. Acción de meter *contrabando.

metempsicosis o **metempsícosis.** f. Doctrina religiosa que supone la transmigración del *alma de un difunto a otro cuerpo vivo.

metemuertos. m. En el *teatro, persona que se encargaba de retirar los muebles en las mutaciones escénicas. || fig. *Entremetido, persona *impertinente.

meteórico, ca. adj. Perteneciente a los meteoros.

meteorismo. m. **Pat.* Abultamiento y tensión del *vientre por gases acumulados.

meteorítico, ca. adj. Perteneciente o relativo a los meteoritos.

meteorito. m. ***Aerolito.**

meteorización. f. **Agr.* Acción y efecto de meteorizarse la tierra.

meteorizar. tr. **Pat.* Causar meteorismo. || r. **Agr.* Recibir la tierra la influencia de los meteoros atmosféricos. || Padecer meteorismo.

***meteoro** o **meteóro.** m. Denominación común a ciertos fenómenos que se observan en la atmósfera, como el viento, la lluvia, el rayo, el arco iris, etc.

***meteorología.** f. Parte de la física que trata de la atmósfera y de los meteoros.

meteorológico, ca. adj. Perteneciente a la metereología o a los meteoros.

meteorologista. com. Persona que profesa la meteorología.

***meter.** tr. Introducir o incluir una cosa dentro de otra o en alguna parte. Ú. t. c. r. || Introducir algún género de *contrabando. || Tratándose de *chismes, enredos, etc., promoverlos o levantarlos. || Con voces como *miedo, ruido,* etc., *causar, producir. || *Inducir o mover a uno a que participe en alguna cosa. || En el *juego, hacer la postura. || *Encoger en las *costuras de una prenda la tela que sobra. || *Engañar o hacer creer una especie falsa. || Estrechar o *apretar las cosas en poco espacio. || **Poner.** || *Mar.* Dicho de las *velas, cargarlas. || r. Introducirse en una parte o en un asunto sin ser llamado. || Introducirse en el *trato y amistad de alguno. || Dejarse llevar con *pasión de una cosa. || Hablando de *ríos y arroyos, desembocar uno en otro o en el mar. || Arrojarse a los enemigos con las armas en la mano. || Junto con nombres que significan *profesión, oficio, etc., seguirlos. Se usa también con la prep. *a.* || **Estar** uno **muy metido con** una persona. fr. fig. Tener grande *amistad con ella. || **Meterse** uno **con** otro. fr. Darle motivo de *molestia o *contienda. || **Meterse** uno **en sí mismo.** fr. fig. Pensar o *meditar por sí solo las cosas. || **Meterse** uno **en todo.** fr. fig. y fam. Ser muy *entremetido.

metesillas y sacamuertos. m. **Metemuertos.**

metical. m. *Moneda de vellón antigua. || *Moneda de Marruecos equivalente a cuarenta céntimos de peseta.

meticulosidad. f. Calidad de meticuloso.

meticuloso, sa. adj. **Medroso** (que siente *temor). Ú. t. c. s. || Concienzudo, que hace las cosas con *cuidado.

metidillo. m. **Metedor** (para los *niños pequeños).

metido, da. adj. *Abundante en ciertas cosas. || m. *Golpe que con el puño da uno a otro en el cuerpo. || *Lejía amoniacal que se hacía con orines o con excrementos de ave. || Tela sobrante que suele dejarse metida en las costuras de una prenda de *ropa. || **Metedor** (pañal de niño pequeño). || fig. y fam. *Reprensión violenta. || **Impr.* Párrafos que se añaden al corregir las pruebas.

metílico, ca. adj. **Quím.* Dícese de los compuestos que contienen metilo.

metilo. m. **Quím.* Radical hipotético, compuesto de un átomo de carbono y tres de hidrógeno.

metimiento. m. Acción y efecto de meter o introducir. || fam. Privanza, *influencia cerca de una persona.

metódicamente. adv. m. Con método.

***metódico, ca.** adj. Hecho con *método. || Que usa de método.

metodismo. m. Doctrina de una secta de *protestantes.

metodista. adj. Que profesa el metodismo. Ú. t. c. s. || Perteneciente a él.

metodizar. tr. Poner orden y método en una cosa.

***método.** m. Modo de hacer con orden una cosa. || Modo de proceder una persona según su costumbre o sus ideas. || *Fil.* Procedimiento que se sigue en las ciencias para *averiguar la verdad y enseñarla. || **real.** Vía administrativa del Estado para la tramitación de las preces de los fieles a la *curia romana.

metodología. f. Ciencia del método.

metomentodo. com. fam. Persona *entremetida.

metonimia. f. **Ret.* Tropo que consiste en designar una cosa con el nombre de otra que le sirve de signo o guarda con ella alguna relación de causa a efecto.

metonímico, ca. adj. Perteneciente a la metonimia.

metopa o **métopa.** f. *Arq.* Espacio que media entre triglifo y triglifo en el *friso dórico.

metoposcopia. f. Arte de *adivinar el porvenir por las líneas del rostro.

metra. f. *Fresa silvestre.

metralgia. f. *Pat.* Dolor en la *matriz.

metralla. f. V. **Bote de metralla.** || **Art.* Munición menuda con que se cargaban las piezas de artillería. || *Metal.* Conjunto de pedazos menudos de *hierro colado que saltan fuera de los moldes.

metrallazo. m. *Disparo hecho con

metralla por una pieza de artillería.
metreta. f. Medida de *capacidad para líquidos usada por los griegos. || *Vasija en que los antiguos guardaban el *vino o el *aceite.
métrica. f. Ciencia que estudia la estructura interna de los *versos y sus distintas combinaciones.
métricamente. adv. m. Con sujeción a las reglas del metro.
métrico, ca. adj. Perteneciente o relativo al metro o *medida. || Perteneciente al metro o medida del *verso.
metrificación. f. **Versificación.**
metrificador, ra. m. y f. **Versificador, ra.**
metrificar. intr. **Versificar.** Ú. t. c. tr.
metrista. com. **Metrificador, ra.**
metritis. f. *Pat.* Inflamación de la *matriz.
metro. m. fam. Apócope de **metropolitano,** *tranvía subterráneo.
metro. m. Combinación de sílabas y acentos que caracteriza a un *verso y lo distingue de otros. || Unidad de *longitud, equivalente a la diezmillonésima parte del cuadrante de meridiano que pasa por París. || desus. Norma, modelo. || **cuadrado.** Unidad de *superficie, equivalente a un cuadrado que tiene un **metro** de lado. || **cúbico.** Unidad de *volumen, equivalente a un cubo que tiene un **metro** de arista.
metrología. f. Ciencia que estudia los sistemas de pesas y *medidas.
metrónomo. m. Aparato de *relojería que hace oscilar un péndulo a la velocidad deseada. Sirve para marcar el compás con que se ha de ejecutar una composición *musical.
metrópoli. f. *Ciudad principal de un Estado. || *Iglesia arzobispal. || La *nación, respecto de sus colonias.
metropolitano, na. adj. Perteneciente o relativo a la metrópoli. || m. El *arzobispo, respecto de los obispos, sus sufragáneos. || *Tranvía o *ferrocarril subterráneo que pone en comunicación los barrios extremos de las grandes ciudades.
metrorragia. f. *Pat.* Hemorragia de la *matriz, fuera del período menstrual.
metrorrea. f. *Pat.* Evacuación mucosa procedente de la *matriz.
meya. f. **Noca.**
meyolote. m. Cogollo fresco del *maíz.
mezcal. m. Variedad de *pita. || *Aguardiente que se saca de esta planta.
***mezcla.** f. Acción y efecto de mezclar o mezclarse. || *Quím.* Agregación de varias substancias que no tienen entre sí acción química. || *Tela hecha de hilos de diferentes clases y colores. || *Albañ.* ***Argamasa.**
mezclable. adj. Que se puede mezclar.
mezclado. m. Género de *tela o paño que antiguamente se hacía con mezclas.
mezclador, ra. m. y f. Persona que mezcla. || f. Máquina que sirve para *mezclar.
mezcladura. f. **Mezcla.**
mezclamiento. m. **Mezcla.**
***mezclar.** tr. Unir en una masa dos o más substancias o cosas distintas. Ú. t. c. r. || r. Introducirse o meterse uno entre otros; *interponerse. || *Intervenir en una cosa. || Hablando de *familias o linajes, enlazarse unos con otros.
mezclilla. f. *Tela como la mezcla, pero de menos cuerpo.
mezcolanza. f. fam. *Mezcla extraña y *desordenada.
mezquinamente. adv. m. Pobre, miserablemente. || Con avaricia.
***mezquindad.** f. Calidad de mezquino. || Cosa mezquina.
***mezquino, na.** adj. *Pobre, necesitado. || → Avaro, miserable. || *Pequeño, diminuto. || Desdichado, *desgraciado. || m. En la Edad Media, *siervo de la gleba, de raza española.
***mezquita.** f. *Templo mahometano. || fam. *Taberna.
mezquital. m. Sitio poblado de mezquites.
mezquite. m. *Árbol de América, de las leguminosas, parecido a la acacia.
mezza voce. loc. italiana. *Mús.* A media voz.
mi. m. *Mús.* Tercera voz de la escala música.
mí. Forma de genitivo, dativo y acusativo del pronombre personal de primera persona en género masculino o femenino y número singular.
mi, mis. pron. poses. Apócope de **mío, mía, míos, mías.**
mía. f. En Marruecos, *tropa regular indígena que estaba al servicio de España.
miador, ra. adj. **Maullador.**
miagar. intr. **Miar.**
miaja. f. **Migaja.**
mialgia. f. *Pat.* Dolor *muscular.
mialmas (como unas). expr. fam. de *alegría y satisfacción, que se aplica a personas y cosas.
miar. intr. **Maullar.**
miasma. m. Efluvio que se desprende de materias corruptas o aguas estancadas, y que se consideraba causa de enfermedades, antes del descubrimiento de las *bacterias. Ú. m. en pl.
miasmático, ca. adj. Que produce o contiene miasmas. || Ocasionado por los miasmas.
miau. Onomatopeya del maúllo del *gato. || m. **Maullido.**
mica. f. *Miner.* Silicato múltiple en forma de hojuelas brillantes, elásticas, sumamente delgadas.
mica. f. Hembra del mico. || **Coqueta.**
micáceo, a. adj. Que contiene mica o se asemeja a ella.
micacita. f. *Roca compuesta de cuarzo granujiento y mica.
micado. m. Nombre que se daba al *emperador del Japón.
micción. f. Acción de *orinar.
micénico, ca. adj. Perteneciente o relativo a Micenas, antigua ciudad del Peloponeso.
micer. m. *Tratamiento honorífico de la corona de Aragón, que se aplicó también a los *abogados.
mico. m. *Mono de cola larga. || fig. y fam. Hombre *lujurioso. || **capuchino. Mono capuchino.** || **Dar mico.** fr. fig. y fam. *Faltar a una cita o a un compromiso adquirido. || **Quedarse** uno **hecho un mico.** fr. fig. y fam. Quedar corrido.
micología. f. Tratado de los *hongos.
micra. f. Medida de *longitud: es la millonésima parte de un metro.
microbiano, na. adj. Perteneciente o relativo a los microbios.
microbicida. adj. Que mata los microbios.
microbio. m. Organismo microscópico y, más especialmente, *bacteria.
microbiología. f. Estudio de los microbios.
microbiológico, ca. adj. Perteneciente o relativo a la microbiología.
microcefalia. f. Calidad de microcéfalo.
microcéfalo, la. adj. De *cabeza pequeña. Ú. t. c. s.
micrococo. m. *Bacteria de forma esférica.
microcopia. f. Copia *fotográfica de tamaño muy reducido. || Reproducción de textos por este procedimiento.
microcosmo. m. Según ciertos filósofos, el *hombre considerado como reflejo y resumen del universo.
microfaradio. m. *Electr.* Medida equivalente a la millonésima parte de un faradio.
microfilm. m. Película para hacer *fotografías microscópicas.
micrófito. m. **Microbio.**
micrófono. m. Aparato *telefónico que tiene por objeto transformar las vibraciones sonoras en variaciones de intensidad de una corriente eléctrica.
microfotografía. f. Aplicación del microscopio a la *fotografía.
microfotográfico, ca. adj. Perteneciente a la microfotografía.
micrografía. f. Descripción de objetos vistos con el microscopio.
micrográfico, ca. adj. Perteneciente o relativo a la micrografía.
micrógrafo. m. El que profesa la micrografía.
microhmio. m. *Electr.* Medida equivalente a una millonésima de ohmio.
micrométrico, ca. adj. Perteneciente o relativo al micrómetro.
micrómetro. m. Instrumento o artificio para medir cantidades lineales o *angulares muy pequeñas.
micrón. m. **Micra.**
microorganismo. m. **Microbio.**
micrópilo. m. *Bot.* y *Embriol.* Pequeña abertura del óvulo, por donde penetra el semen o el polen.
microscópico, ca. adj. Perteneciente o relativo al microscopio. || Hecho con ayuda del microscopio. || Tan *pequeño, que sólo puede verse con el microscopio.
microscopio. m. Instrumento *óptico en que, mediante cierta combinación de *lentes, se obtiene una imagen extraordinariamente aumentada del objeto que se examina.
microsismo. m. *Terremoto casi imperceptible.
microsurco. m. Disco de gramófono, cuyas estrías finísimas y muy próximas unas a otras permiten registrar, en el mismo espacio que un disco ordinario, mayor cantidad de *sonidos (palabras, música, etc.).
micrótomo. m. Instrumento que sirve para *cortar láminas delgadísimas de algún objeto.
microvoltio. m. *Electr.* Medida equivalente a la millonésima parte de un voltio.
micha. f. fam. **Gata.**
michino, na. m. y f. fam. *Gato, gata.
micho. m. fam. ***Gato.**
mida. m. **Brugo.**
midriasis. f. *Pat.* Dilatación anormal de la pupila del *ojo.
mieditis. f. fam. ***Miedo.**
***miedo.** m. Sentimiento de angustia ante la proximidad de algún daño real o imaginario. || Recelo o aprensión.
miedoso, sa. adj. fam. **Medroso** (que tiene miedo). Ú. t. c. s.
***miel.** f. Substancia viscosa, amarillenta y muy dulce, que producen y acumulan las abejas en los panales para que sirva de alimento a las crías. || En los ingenios de *azúcar,

zumo de la caña, después que se le ha dado la segunda cochura. ‖ **blanca.** **Miel** de abejas. ‖ **de barrillos.** La que sale del pan de azúcar después de puesto el barro para blanquearlo. ‖ **de caldera. Miel de caña.** ‖ **de caña,** o **de cañas.** Licor espeso y obscuro que se obtiene en la fabricación del azúcar de caña. ‖ **de caras.** La última que destila el azúcar después de seco el barro. ‖ **de claros.** La que se hace cociendo de nuevo las espumas del azúcar durante su fabricación. ‖ **de prima. Miel de caña.** ‖ **negra. Miel de caña.** ‖ **rosada.** **Farm.* Preparación de **miel** batida con agua de rosas. ‖ **silvestre.** En las Indias, la que labran en los árboles unas avispas negras. ‖ **virgen.** La más pura, que naturalmente fluye de los panales. ‖ **Hacerse** uno **de miel.** fr. fig. Portarse más suavemente o con más *condescendencia de lo que conviene. ‖ **Miel sobre hojuelas.** expr. fig. y fam. de que se usa para expresar que una cosa viene a *mejorar otra ya de suyo *excelente. ‖ **Quedarse** uno **a media miel.** fr. fig. y fam. Empezar a gustar una cosa y ver *interrumpida la satisfacción que prometía. ‖ **Ser de mieles** una cosa. fr. fig. y fam. Ser muy *agradable.

mielga. f. *Planta herbácea de las leguminosas, muy abundante en los sembrados. ‖ **azafranada,** o **de flor amarilla.** Especie que se diferencia de la común en el color de las flores. ‖ **marina.** Especie que se diferencia de la común en ser de vástagos leñosos.

mielga. f. *Pez marino de los selacios, de cuerpo casi plano por el vientre, y que llega a dos metros de longitud. La carne es comestible, y la piel se emplea como la de la lija.

mielga. f. **Amelga.**

mielga. f. **Bielgo.**

mielgo, ga. adj. **Mellizo.**

mielitis. f. *Pat.* Inflamación de la *médula espinal.

mielsa. f. **Melsa.**

***miembro.** m. **Anat.* Cualquiera de las extremidades del hombre o de los animales. ‖ Órgano de la generación en el hombre y en algunos animales. ‖ Individuo que forma parte de una *corporación o colectividad. ‖ *Parte de un todo. ‖ **Arq.* Cada una de las partes principales de un edificio. ‖ **Mat.* Cualquiera de las dos cantidades de una ecuación separadas por signos de igualdad o desigualdad. ‖ **viril.** En el hombre y algunos animales, órgano de la *generación.

mienta. f. **Menta.**

miente. f. Pensamiento, *imaginación. ‖ **Caer en mientes,** o **en las mientes.** fr. Caer en la imaginación, imaginarse una cosa. ‖ **Parar,** o **poner, mientes en** una cosa. fr. Considerarla, meditar sobre ella. ‖ **Venírsele** a uno una cosa **a las mientes.** fr. Ocurrírsele.

mientra. adv. m. ant. **Mientras.**

***mientras.** adv. t. Durante el tiempo en que; en el *intervalo entre. ‖ **Mientras más.** m. adv. **Cuanto más.** ‖ **Mientras tanto.** m. adv. **Mientras.**

miera. f. **Farm.* Aceite espeso que se obtiene destilando bayas y ramas de enebro y que se usa en medicina y para la roña del *ganado. ‖ *Trementina del pino.

miércoles. m. Cuarto día de la *semana. ‖ **corvillo.** fam. **Miércoles de ceniza.** ‖ **de ceniza.** Primer día de la *cuaresma.

mierda. f. *Excremento humano. ‖ Por ext., el de algunos animales. ‖ fig. y fam. *Suciedad.

mierra. f. ***Narria.**

***mies.** f. Planta *cereal. ‖ En el norte de España, *terreno de siembra en un valle cerrado. ‖ Tiempo de la siega y cosecha de granos. ‖ fig. Hablando de la *conversión de infieles, muchedumbre de éstos. ‖ pl. Los sembrados.

miga. f. **Migaja.** ‖ Parte interior y más blanda del *pan. ‖ fig. y fam. *Substancia de las cosas físicas. ‖ fig. y fam. Entidad, *importancia o transcendencia de una cosa moral. ‖ pl. *Pan desmenuzado, humedecido con agua, y frito en aceite o grasa. ‖ **Hacer buenas,** o **malas, migas** dos o más personas. fr. fig. y fam. Avenirse bien o desavenirse, vivir en *concordia o en *desacuerdo.

miga. f. *Escuela de niñas.

migaja. f. *Fragmento o partícula de *pan. ‖ Porción pequeña de cualquier cosa. ‖ fig. Nada o casi nada. ‖ pl. Partículas de *pan, que caen de la mesa o quedan en ella. ‖ fig. *Desperdicios.

migajada. f. **Migaja.**

migajón. m. aum. de **Migaja.** ‖ Pedazo grande de miga de *pan. ‖ fig. y fam. *Substancia o virtud *principal de una cosa.

migajuela. f. d. de **Migaja.**

migar. tr. Desmenuzar el *pan para hacer migas, *sopas, etc. ‖ Echar estos pedazos en un líquido.

migración. f. ***Emigración.** ‖ Viaje periódico de las *aves de paso.

migraña. f. **Jaqueca.**

migratorio, ria. adj. Perteneciente o relativo a las migraciones de las *aves de paso. ‖ Perteneciente o relativo a estas *aves.

miguelete. m. Fusilero de montaña en Cataluña. ‖ Individuo de la milicia foral de Guipúzcoa.

miguero, ra. adj. Relativo a las migas.

mihrab. m. Entre musulmanes, hornacina que en las *mezquitas señala el sitio adonde han de mirar los que oran.

***mijo.** m. Planta gramínea, cuya semilla, redonda, brillante y de color blanco amarillento, sirve para alimento de las aves. ‖ En algunas partes, **maíz.** ‖ **ceburro. Trigo candeal.**

mil. adj. Diez veces ciento. ‖ **Milésimo.** ‖ fig. Dícese de un *número grande pero indeterminado. ‖ m. Signo o *conjunto de signos con que se representa el número **mil.** ‖ **Millar.** Ú. m. en pl. ‖ **Las mil y quinientas.** fig. y fam. Las lentejas. ‖ fig. y fam. Hora demasiado *tardía,

miladi. f. *Tratamiento que se da en Inglaterra a las señoras de la nobleza.

milagrear. tr. Hacer *milagros con frecuencia.

milagrería. f. *Narración de supuestos milagros.

milagrero, ra. adj. Dícese de la persona excesivamente *crédula en materia de milagros. ‖ Dícese también de la que finge milagros. ‖ fam. **Milagroso** (que hace *milagros).

***milagro.** m. Acto del poder divino, superior al orden natural y a las fuerzas humanas. ‖ Cualquier cosa extraordinaria y *maravillosa. ‖ **Presentalla.** ‖ V. **Trigo del milagro.** ‖ **Colgar** a uno **el milagro.** fr. fig. *Atribuirle o imputarle un hecho reprensible. ‖ **¡Milagro!** exclam. que se usa para denotar la *sorpresa que causa alguna cosa. ‖ **Vivir** uno **de milagro.** fr. fig. Mantenerse con mucha dificultad. ‖ fig. Haberse *salvado de un gran peligro.

milagrón. m. fam. Aspaviento, *ademán o expresión de *admiración.

milagrosamente. adv. m. Por milagro.

***milagroso, sa.** adj. Perteneciente o relativo al *milagro. ‖ Que obra o hace *milagros. ‖ Maravilloso, *admirable.

milamores. f. *Planta herbácea anual de las valerianáceas, que se cultiva en los jardines, y en Italia se come en ensalada.

milán. m. *Tela de lino que se fabricaba en Milán.

milanés, sa. adj. Natural de Milán. Ú. t. c. s. ‖ Perteneciente a esta ciudad de Italia. ‖ m. *Germ.* **Pistolete.**

milano. m. *Ave diurna de las rapaces, de pico corto y alas muy largas, que se alimenta con preferencia de roedores pequeños, insectos y carroñas. ‖ **Azor** (ave). ‖ *Pez marino acantopterigio, provisto de aletas pectorales muy desarrolladas, que le permiten saltar sobre la superficie del agua.

milano. m. **Vilano** (de las plantas).

mildiu. m. Enfermedad de la *vid, producida por un *hongo microscópico.

milenario, ria. adj. Perteneciente al *número mil o al millar. ‖ Milésimo *aniversario de un acontecimiento notable. ‖ **Relig.* Dícese de los que creían que Jesucristo reinaría sobre la tierra por tiempo de mil años antes del día del juicio. Ú. t. c. s. ‖ Dícese de los que creían que el fin del mundo acaecería en el año 1000 de la era cristiana. Ú. t. c. s. ‖ m. Espacio de mil *años.

milenarismo. m. Doctrina o creencia de los milenarios.

milenio. m. Período de mil *años.

mileno, na. adj. Dícese de las *telas cuya urdimbre se compone de mil hilos.

milenrama. f. *Planta herbácea de las compuestas.

milenta. m. fam. **Millar.**

milésima. f. Milésima *parte de la unidad monetaria.

milésimo, ma. adj. Que sigue inmediatamente en *orden a lo que ocupa el lugar correspondiente al número 999. ‖ Dícese de cada una de las mil *partes iguales en que se divide un todo. Ú. t. c. s.

milesio, sia. adj. Natural de Mileto. Ú. t. c. s. ‖ Perteneciente a esta antigua ciudad de Jonia.

milgrana. f. ***Granada** (fruto).

milhojas. f. **Milenrama.**

milhombres. m. fam. Apodo que se suele dar al hombre *bullicioso e *inútil.

mili. Prefijo que se usa en el sistema métrico decimal, con la significación de milésima *parte.

miliar. adj. Que tiene el tamaño y la forma de un *grano de mijo. ‖ **Dermat.* Dícese de una erupción de vejiguillas del tamaño de granos de mijo y de la fiebre que la acompaña.

miliar. adj. Dícese de la columna, piedra, etc., que indicaba la *longitud equivalente a mil pasos.

miliárea. f. Medida de *superficie equivalente a la milésima parte de un área.

miliario, ria. adj. Perteneciente o relativo a la milla. ‖ **Miliar** (que indica la distancia de mil pasos).

***milicia.** f. Arte de la guerra. ‖ Servicio o profesión militar. ‖ Tropa o gente de guerra. ‖ Coros de los *ángeles. ‖ **nacional.** Conjunto de los cuerpos sedentarios de organización militar, compuestos de individuos del orden civil, para defensa del sistema constitucional. ‖ **urbana.** En cierta época, **milicia nacional.**

miliciano, na. adj. Perteneciente a la milicia. ‖ m. Individuo de una milicia nacional.

miligramo. m. Medida de *peso, equivalente a la milésima parte de un gramo.

mililitro. m. Medida de *capacidad, equivalente a la milésima parte de un litro.

milímetro. m. Medida de *longitud, equivalente a la milésima parte de un metro.

militante. p. a. de **Militar.** Que milita.

***militar.** adj. Perteneciente o relativo a la *milicia o a la guerra. ‖ Aplicábase al traje seglar de casaca. ‖ → m. El que profesa la *milicia.

militar. intr. Servir en la guerra o profesar la *milicia. ‖ fig. Figurar entre los *partidarios de alguna idea o tendencia. ‖ fig. *Existir o concurrir en una cosa alguna circunstancia particular.

militara. f. fam. Esposa, viuda o hija de *militar.

militarismo. m. Predominio de los militares en el *gobierno del Estado.

militarista. adj. Perteneciente o relativo al militarismo. ‖ Partidario del militarismo. Ú. t. c. s.

militarización. f. Acción y efecto de militarizar.

militarizar. tr. Dar carácter u organización militar a alguna colectividad. ‖ Someter a la disciplina militar a personas o agrupaciones civiles.

militarmente. adv. m. Conforme al estilo o leyes de la *milicia.

militarote. m. *Militar de modales bruscos o groseros.

mílite. m. ***Soldado.**

milmillonésimo, ma. adj. Dícese de cada una de las *partes que resultan de dividir un todo en mil millones de partes iguales. Ú. t. c. s.

milo. m. **Lombriz.**

miloca. f. *Ave rapaz y nocturna, muy parecida al búho.

milocha. f. En algunas partes, ***cometa** (juguete).

milonga. f. *Canto popular propio del Río de la Plata. ‖ *Danza que se ejecuta con este canto.

milonguero, ra. m. y f. *Cantante de milongas. ‖ En Argentina, concurrente asiduo a *danzas populares.

milord. m. *Tratamiento que se da en Inglaterra a los señores de la primera nobleza. En plural, **milores.** ‖ Birlocho (*carruaje) con capota, muy bajo y ligero.

milpa. f. Tierra destinada en América al cultivo del *maíz.

milpear. intr. Dedicarse a la *labranza.

milpiés. m. **Cochinilla** (*crustáceo).

milla. f. Medida de *longitud, usada en la navegación, equivalente a 1852 metros. ‖ Medida itineraria romana, equivalente a un cuarto de legua.

millaca. f. **Cañota.**

millar. m. *Conjunto de mil unidades. ‖ Signo (Ð) usado para indicar que son **millares** los guarismos colocados delante de él. ‖ Cantidad de *cacao, que suele ser de tres libras y media. ‖ En las *dehesas, espacio de terreno en que se pueden mantener mil cabezas. ‖ *Número grande indeterminado. Ú. m. en pl.

millarada. f. Cantidad como de mil. ‖ **A millaradas.** m. adv. fig. A millares; innumerables veces o con gran *abundancia.

millo. m. **Mijo.** ‖ **Maíz.**

millón. m. Mil millares. ‖ fig. *Número muy grande indeterminado. ‖ pl. Servicio que los reinos tenían concedido al rey a cargo del *impuesto de consumos.

millonada. f. Cantidad como de un millón.

millonario, ria. adj. Que posee millones en dinero o valores. ‖ Muy *rico, muy acaudalado. Ú. t. c. s.

millonésimo, ma. adj. Dícese de cada una de las *partes que resultan de dividir un todo en un millón de partes iguales. Ú. t. c. s.‖ Que ocupa, en una serie *ordenada, un lugar al cual preceden 999.999 lugares.

mimador, ra. adj. Que mima.

mimar. tr. Hacer *caricias y halagos. ‖ Tratar con excesivo regalo y *condescendencia a uno.

mimbral. m. **Mimbreral.**

mimbrar. tr. Abrumar, *molestar excesivamente a uno, *oprimirle, agobiarle. Ú. t. c. r.

***mimbre.** amb. **Mimbrera** (arbusto). ‖ Cada una de las varitas que produce la mimbrera.

mimbrear. intr. Moverse o *doblarse con flexibilidad, como el mimbre. Ú. t. c. r.

mimbreño, ña. adj. De naturaleza de mimbre.

mimbrera. f. *Arbusto de las salicíneas, cuyo tronco se puebla, desde el suelo, de ramillas largas, delgadas y flexibles, que se emplean para hacer *cestas. ‖ **Mimbreral.** ‖ Nombre vulgar de varias especies de sauces.

mimbreral. m. Sitio poblado de mimbreras.

mimbrón. m. **Mimbre** (arbusto).

mimbroso, sa. adj. Perteneciente al *mimbre. ‖ Hecho de mimbres. ‖ Abundante en mimbreras.

mimesis. f. **Ret.* *Imitación y remedo de una persona, con el fin de burlarse de ella.

mimetismo. m. Propiedad que poseen algunos animales y plantas de adaptarse o *imitar, en cuanto a color, forma, etc., a los objetos entre los cuales viven.

mímica. f. Arte de *imitar, representar o *expresarse por medio de *gestos o ademanes.

mímico, ca. adj. Perteneciente al mimo y a la representación de sus fábulas. ‖ Perteneciente a la mímica. ‖ **Imitativo.**

mimo. m. Entre griegos y romanos, *histrión o *cómico que se dedicaba a *imitar a otras personas en la escena o fuera de ella. ‖ Entre griegos y romanos, farsa teatral, generalmente obscena. ‖ *Caricia, halago o demostración expresiva de ternura. ‖ Regalo o *condescendencia excesiva.

mimógrafo. m. Autor de mimos *teatrales.

mimosa. f. Género de *plantas exóticas, de las leguminosas, algunas de ellas notables por los movimientos de contracción que experimentan sus hojas cuando se las toca. ‖ **púdica,** o **vergonzosa. Sensitiva.**

mimosamente. adv. m. Con mimo.

mimoso, sa. adj. Melindroso, muy *delicado y regalón.

mina. f. *Moneda griega antigua.

***mina.** f. **Criadero** (de minerales u otras substancias útiles). ‖ Excavación que se hace para extraer un mineral. ‖ Paso *subterráneo, abierto artificialmente. ‖ fig. Oficio, empleo o negocio muy *ventajoso y de poco trabajo. ‖ fig. Aquello que *abunda en cosas útiles. ‖ **Fort.* Galería subterránea en que se ponen explosivos para destruir alguna obra del enemigo. ‖ Barrita de grafito que va en el interior del *lápiz. ‖ *Mar.* **Mina submarina.** ‖ **Iudia.** *Germ.* **Cobre.** ‖ **mayor.** *Germ.* **Oro.** ‖ **menor.** *Germ.* **Plata.** ‖ **submarina.** Torpedo fijo para la defensa contra los buques de la *armada enemiga. ‖ **Denunciar una mina.** fr. Hacer, el que la ha descubierto, las diligencias necesarias para asegurarse legalmente la propiedad de la **mina.** ‖ **Encontrar** uno **una mina.** fr. fig. Hallar medios de vivir o enriquecerse con poco trabajo. ‖ **Volar la mina.** fr. fig. *Descubrirse una cosa que estaba oculta.

minada f. Conjunto de reses *vacunas que se destinan a la labranza en un pueblo. ‖ Sociedad en que se *aseguran las reses de la **minada.**

minador, ra. adj. Que mina. ‖ m. Ingeniero o artífice que abre *minas. ‖ Buque de la *armada destinado a colocar minas submarinas.

minal. adj. Perteneciente a la mina.

minar. tr. *Excavar caminos o galerías por debajo de tierra. ‖ fig. Hacer grandes *esfuerzos para conseguir alguna cosa. ‖ fig. *Desgastar, *destruir poco a poco. ‖ **Fort.* Hacer y fabricar minas para volar y derribar muros, edificios, etc.

mindango, ga. adj. *Astuto, camandulero.

mindanguear. intr. Gandulear, pindonguear.

mindoniense. adj. Natural de Mondoñedo. Ú. t. c. s. ‖ Perteneciente a esta ciudad.

mineraje. m. Labor y beneficio de las *minas.

***mineral.** adj. Dícese de las substancias inorgánicas y del conjunto de las existentes. ‖ Dícese del *agua de manantial y especialmente de la que contiene en disolución substancias minerales. ‖ → m. Substancia inorgánica que se halla sobre la corteza terrestre o en su interior, y principalmente aquella cuyo beneficio ofrece interés. ‖ *Manantial o principio de las fuentes. ‖ Parte útil de una explotación minera. ‖ fig. *Origen y fundamento de alguna cosa. ‖ **dormido.** Entre los antiguos mineros del Perú, el de las vetas que estaban sin beneficiar.

mineralización. f. Acción y efecto de mineralizar o mineralizarse.

mineralizar. tr. **Min.* Comunicar a una substancia en el seno de la tierra las condiciones de mineral o mena. Ú. t. c. r. ‖ r. Cargarse las *aguas subterráneas de substancias minerales.

***mineralogía.** f. Parte de la historia natural que trata de los *minerales.

mineralógico, ca. adj. Perteneciente o relativo a la *mineralogía.

mineralogista. m. El que profesa la *mineralogía.

***minería.** f. Arte de laborear las *minas. ‖ Conjunto de los individuos que se dedican a este trabajo. ‖ El de los facultativos versados en la **minería.** ‖ Conjunto de las *minas de una nación o comarca.

***minero, ra.** adj. Perteneciente a la minería. ‖ m. El que trabaja en las *minas. ‖ El que las beneficia por su cuenta. ‖ ***Mina.** ‖ fig. *Origen de una cosa.

mineromedicinal. adj. Dícese del *agua mineral, que tiene alguna virtud curativa.

Minerva. n. p. f. **Mit.* Entre los

romanos, diosa de la sabiduría. || f. La *inteligencia. || *Misa solemne con exposición del Santísimo y procesión con la custodia. || *Cofradía encargada de promover este acto del culto. || *Impr.* Máquina pequeña para tirar impresos de poca importancia.
minervista. com. *Impr.* Operario que maneja la minerva.
minga. f. **Mingaco.** || *Trabajo que en día festivo hacen los peones a cambio de aguardiente.
mingaco. m. En Chile, reunión de amigos o vecinos para hacer algún trabajo en común.
mingán. adj. Dícese de una variedad de *manzana de color amarillo muy apreciada.
mingitorio. m. *Urinario en forma de columna.
minglana. f. **Granada** (fruto).
Mingo. n. p. **Más galán que Mingo.** expr. fig. y fam. Dícese del hombre muy *ataviado.
mingo. m. En el juego de *billar, bola que se coloca en la cabecera de la mesa, y con la cual no tiran los jugadores. || **Poner el mingo.** fr. fig. y fam. *Sobresalir en alguna habilidad.
mingrana. f. **Granada** (fruto).
miniar. tr. **Pint.* Pintar de miniatura.
miniatura. f. *Pintura de pequeñas dimensiones, hecha con colores desleídos en agua de goma.
miniaturista. com. *Pintor de miniatura.
minifundio. m. *Finca rústica que, por su poca extensión, no puede ser objeto de explotación remuneradora.
mínima. f. Cosa o parte muy *pequeña. || **Mús.* Nota cuyo valor es la mitad de la semibreve.
minimista. m. Estudiante de la clase de mínimos en el estudio de la *gramática.
mínimo, ma. adj. sup. de ***Pequeño.** || **Minucioso.** || Dícese del *individuo de la *orden religiosa* de San Francisco de Paula. Ú. t. c. s. || m. *Límite inferior a que se puede reducir una cosa. || pl. Segunda de las clases en que se dividía la enseñanza de la *gramática.
mínimum. m. **Mínimo** (*límite *inferior).
minina. f. fam. **Gata.**
minino. m. fam. **Gato.**
minio. m. Óxido de *plomo, pulverulento y de color rojo anaranjado, que se emplea mucho como *pintura.
ministerial. adj. Perteneciente al ministerio o *gobierno del Estado, o a alguno de los ministros. || **Polít.* Dícese del que apoya públicamente al gobierno constituido. Ú. t. c. s.
ministerialismo. m. Condición de ministerial.
ministerialmente. adv. m. Con facultades de ministro.
***ministerio.** m. Cargo, *empleo u *ocupación. || → Conjunto de los ministros que forman el *gobierno del Estado. || Empleo de ministro. || Cada uno de los departamentos en que se divide la gobernación del Estado. || *Edificio en que se hallan las *oficinas de cada departamento ministerial. || *Uso o destino que tiene alguna cosa. || **de Asuntos Exteriores.** El que entiende en los negocios y relaciones con las potencias extranjeras. || **de Gracia y Justicia.** El que tenía a su cargo los asuntos del Clero y de la administración de justicia. || **de la Gobernación.** El que tiene a su cargo el orden interior del Estado y la administración local. || **público.** Representación de la ley y del interés público, que ostenta el fiscal ante los *tribunales de justicia.
ministra. f. La que ministra alguna cosa. || Mujer del ministro. || Superiora de las *monjas trinitarias.
ministrador, ra. adj. Que ministra. Ú. t. c. s.
ministrante. p. a. de **Ministrar.** Que ministra. || m. **Practicante** (de *medicina).
ministrar. tr. *Ejercer un oficio u ocupación. Ú. t. c. intr. || Dar, *entregar, suministrar a uno una cosa.
ministril. m. Ministro de justicia inferior al *alguacil. || El que en funciones de iglesia tocaba algún *instrumento de viento.
***ministro.** m. El que ministra alguna cosa. || *Juez. || → Jefe de cada uno de los departamentos en que se divide la gobernación del Estado. || **Enviado** (*mensajero). || Cualquier representante o agente diplomático. || En algunas *comunidades, prelado ordinario de cada convento. || *Alguacil. || El que ayuda a *misa. || En las misas cantadas, el diácono y el subdiácono. || fig. Persona que ejecuta algo por *encargo de otra. || **de capa y espada.** En los *tribunales reales, consejero que no era letrado. || **de Dios. Sacerdote.** || **de la Orden Tercera.** Superior de ella. || **de la Tabla.** Cada uno de los que componían el tribunal de la Tabla del Consejo. || **del sacramento.** La persona que lo administra. || **del Señor. Ministro de Dios.** || **plenipotenciario.** Agente *diplomático que sigue en categoría al embajador. || **residente.** Agente diplomático cuya categoría es inmediatamente inferior a la de **ministro** plenipotenciario.
mino. Voz que se usa para llamar al *gato.
minoración. f. Acción y efecto de minorar o minorarse.
minorar. tr. *Disminuir, reducir a menos una cosa. Ú. t. c. r.
minorativo, va. adj. Que minora. || **Farm.* Dícese del remedio que purga suavemente. Ú. t. c. s. m. y f.
minoría. f. En las juntas, *asambleas, etc., conjunto de personas cuya opinión conforme, es distinta de la de la mayoría. || Conjunto de los votos de dichas personas en alguna *elección, votación, etc. || Parte menor de los individuos que componen una colectividad. || **Menoría** (menor *edad). || En *derecho internacional*, parte de la población de un Estado que difiere de la mayoría en raza, lengua o religión.
minoridad. f. **Minoría** (menor *edad).
minorista. m. **Clérigo de menores.** || Comerciante que *vende por menor.
minstral. adj. **Maestral** (viento). Ú. t. c. s.
mintroso, sa. adj. desus. **Mentiroso.**
minucia. f. Menudencia, cosa *insignificante. || pl. *Diezmo de poca importancia.
minuciosamente. adv. m. Con minuciosidad.
minuciosidad. f. Calidad de minucioso.
minucioso, sa. adj. Que pone gran *cuidado y *esfuerzo en las cosas más pequeñas.
minué. m. *Baile francés para dos personas, que se ejecuta en compás ternario. || *Música de este baile.
minuendo. m. *Mat.* Cantidad de que ha de *restarse otra.
minuete. m. **Minué.**
minúsculo, la. adj. Que es muy *pequeño o insignificante. || V. **Letra minúscula.** Ú. t. c. s.
minuta. f. Extracto o borrador que se hace de un contrato u otro *documento, para luego ponerlo en limpio. || Borrador original que en una oficina queda de cada comunicación que se expide. || *Apuntación. || Cuenta que de sus honorarios presentan los *abogados. || *Lista o catálogo de personas o cosas. || Lista de los platos de una *comida.
minutar. tr. Hacer la minuta de un instrumento o contrato.
minutario. m. Cuaderno en que el *notario pone los borradores o minutas de las escrituras.
minutero. m. Manecilla que señala los minutos en el *reloj.
minutisa. f. *Planta herbácea de las cariofíleas, que se cultiva en los jardines por la belleza de sus flores.
minuto, ta. adj. **Menudo.** || m. Cada una de las sesenta partes iguales en que se divide un *grado de *círculo o una *hora. || **primero. Minuto.** || **segundo. Segundo.** || **tercero. Tercero.**
miñarse. r. *Germ.* Irse, *marcharse.
miñón. m. *Soldado o *guardia destinado a la persecución de ladrones y contrabandistas. || Individuo de la milicia foral de Álava.
miñón. m. En algunas provincias, escoria del *hierro. || *Min.* Mena de hierro, de aspecto terroso.
miñona. f. **Impr.* Carácter de letra de siete puntos.
miñosa. f. En algunas partes **lombriz.**
mío, mía, míos, mías. Pronombre posesivo de primera *persona en género masculino y femenino y ambos números singular y plural. Ú. t. c. adj. || **A mía sobre tuya.** m. adv. A golpes, en *riña. || **De mío.** m. adv. Sin valerme de ajena ayuda. || Por **mi** naturaleza. || **Esta es la mía.** fr. fig. y fam. Con que se da a entender que la *ocasión presente es favorable a lo que se intenta.
mio. Voz con que se llama al *gato.
miocardio. m. *Zool.* Parte musculosa del *corazón.
miocarditis. f. *Pat.* Inflamación del miocardio.
mioceno. adj. **Geol.* Dícese del terreno intermedio del terciario y que sigue inmediatamente en edad al oligoceno. Ú. t. c. s. || *Geol.* Perteneciente a este terreno.
miodinia. f. *Pat.* *Dolor de los *músculos.
miografía. f. Parte de la anatomía, que trata de los *músculos.
miolema. m. *Zool.* Cada uno de los tubos transparentes que contienen fibras *musculares.
miología. f. Parte de la anatomía descriptiva, que trata de los *músculos.
mioma. m. *Pat.* *Tumor formado de tejido muscular.
miope. adj. Que padece miopía. Ú. t. c. s.
miopía. f. Defecto de la vista que sólo permite ver los objetos próximos al *ojo.
miosis. f. *Pat.* Contracción permanente de la pupila del *ojo.
miosota. f. **Raspilla** (*planta).
miosotis. m. **Miosota.**
miquelete. m. **Miguelete.**
miquis (con). loc. fam. de forma pleonástica. **Conmigo.**
mira. f. Toda pieza que en ciertos instrumentos y en las *armas de fuego* sirve para dirigir la *vista o asegurar la puntería. || Ángulo que tiene la adarga en la parte

superior. ‖ *_Fort._ Obra elevada que servía de avanzada o de atalaya. ‖ fig. *Intención, finalidad o norma de conducta. ‖ *_Albañ._ Cada uno de los renglones que se fijan verticalmente para asegurar la cuerda que va indicando las hiladas. ‖ *_Topogr._ Regla graduada. ‖ pl. _Mar._ *Cañones que se ponen en dos portas. ‖ **Andar, estar,** o **quedar** uno **a la mira.** fr. fig. Observar con particular *atención la marcha de un asunto.

mirabel. m. *Planta herbácea de las salsoláceas, que se cultiva en los jardines por el hermoso aspecto de su follaje que persiste durante todo el verano. ‖ ***Girasol.**

mirabolano. m. **Mirobálano.**

mirabolanos. m. **Mirobálanos.**

***mirada.** f. Acción de mirar. ‖ Modo de mirar.

miradero. m. Persona o cosa que es objeto de la atención pública. ‖ Lugar desde donde se mira.

mirado, da. adj. Dícese de la persona *prudente y *reflexiva. ‖ Merecedor de buen o mal concepto.

mirador, ra. adj. Que mira. ‖ m. *Corredor, *pabellón o *azotea para explayar la vista. ‖ *Balcón cerrado de cristales y cubierto con un tejadillo.

miradura. f. **Mirada.**

miraguano. m. *Palmera de poca altura que tiene por fruto una baya seca llena de una materia semejante al *algodón.

miramamolín. m. Dictado de ciertos *soberanos musulmanes.

miramelindos. m. **Balsamina** (*planta).

miramiento. m. Acción de *mirar u observar una cosa. ‖ *Respeto, *cuidado o *precaución que se debe observar en la ejecución de una cosa.

miranda. f. Paraje *alto desde donde se puede explayar la *vista.

mirandés, sa. adj. Natural de Miranda de Ebro, villa de la provincia de Burgos. Ú. t. c. s. ‖ Perteneciente a esta villa.

mirante. p. a. de **Mirar.** Que mira.

***mirar.** tr. Fijar deliberadamente la vista en un objeto. ‖ Tener o llevar cierta *finalidad en lo que se ejecuta. ‖ *Observar las acciones de uno. ‖ *Apreciar, estimar una cosa. ‖ Estar *situada una cosa o parte de ella *enfrente de otra. ‖ Concernir, guardar *relación. ‖ fig. *Pensar, juzgar. ‖ fig. *Cuidar, atender o *proteger a una persona o cosa. ‖ fig. Inquirir, *averiguar, *buscar una cosa. ‖ **Bien mirado.** m. adv. Si se *reflexiona en aquello de que se trata. ‖ **¡Mira!** interj. para avisar o *amenazar a uno. ‖ **Mirar bien** a uno. fr. fig. Tenerle *cariño. ‖ **Mirar mal** a uno. fr. fig. Tenerle *aborrecimiento. ‖ **Mirar por** una persona o cosa. fr. Ampararla, *protegerla. ‖ **Mirar** una cosa **por encima.** fr. fig. **Mirarla** ligeramente. ‖ **Mirarse** uno **en** otro. fr. fig. Complacerse en su persona por el mucho *cariño que le tiene. ‖ **Mirarse en** una cosa, o **en ello.** fr. fig. *Meditar en un asunto antes de tomar una resolución.

mirasol. m. ***Girasol** (planta).

miria. Prefijo que tiene la significación de diez mil.

miriada. f. *Cantidad muy grande, pero indefinida.

miriámetro. m. Medida de *longitud, equivalente a diez mil metros.

miriápodo. adj. _Zool._ **Miriópodo.** Ú. t. c. s.

mirificar. tr. p. us. Hacer *admirable. ‖ *Enaltecer, ensalzar.

mirífico, ca. adj. poét. *Admirable, maravilloso.

mirilla. f. d. de **Mira.** ‖ *Abertura o *ventanilla para observar quién es la persona que llama a la puerta. ‖ Pequeña abertura circular o longitudinal que tienen algunos instrumentos *topográficos.

miriñaque. m. Alhajuela de poco valor.

miriñaque. m. Zagalejo interior de tela rígida, a modo de *tontillo, y a veces con aros, que han solido usar las mujeres.

miriópodo. adj. _Zool._ Dícese del *insecto u otro animal articulado que se distingue por tener gran número de pies. Ú. t. c. s. m. ‖ m. pl. _Zool._ Clase de estos animales.

mirística. f. *Árbol de la India, de las lauráceas, cuya semilla es la nuez moscada.

mirla. f. **Mirlo** (*pájaro). ‖ _Germ._ ***Oreja.**

mirlado, da. adj. Grave y entonado con *afectación.

mirlamiento. m. Acción de mirlarse.

mirlarse. r. fam. Entonarse *afectando *seriedad y señorío.

mirlitón. m. *Instrumento músico infantil formado de un trozo de caña o tubo de cartón con una membrana o papel fino en uno de sus extremos.

mirlo. m. *Pájaro enteramente negro, que se domestica con facilidad, y aprende a repetir sonidos. ‖ fig. y fam. Gravedad y *afectación en el rostro. ‖ **Soltar** uno **el mirlo.** fr. fig. y fam. Empezar a *charlar.

mirmillón. m. *Gladiador que llevaba en el casco la figura de un pez.

mirobálano. m. Árbol de las combretáceas, cuyos frutos, negros, rojos o amarillos se usan en tintorería. ‖ Fruto de este árbol.

mirobálanos. m. **Mirobálano.**

mirobrigense. adj. Natural de la antigua Miróbriga, hoy Ciudad Rodrigo. Ú. t. c. s. ‖ Perteneciente a esta ciudad de Salamanca.

mirón, na. adj. Que mira, y más particularmente, que mira con *impertinencia o curiosidad. Ú. m. c. s. ‖ Dícese del que, sin jugar, presencia una partida de *juego. Ú. t. c. s.

mirra. f. *Gomorresina *aromática, en forma de lágrimas. ‖ **líquida.** Licor gomoso y oloroso que los antiguos tenían por un *bálsamo muy precioso.

mirrado, da. adj. Compuesto o mezclado con mirra.

mirrauste. m. _Culin._ *Salsa que se hacía de leche de almendras, pan rallado, azúcar y canela, para aderezar ciertas aves.

mirrino, na. adj. De mirra o parecido a ella.

mirtáceo, a. adj. *_Bot._ Dícese de árboles y arbustos dicotiledóneos, como el arrayán y el eucalipto. Ú. t. c. s. f. ‖ f. pl. _Bot._ Familia de estos árboles y arbustos.

mirtídano. m. Pimpollo que nace al pie del *mirto.

mirtillo. m. **Arándano.**

mirtino, na. adj. De *mirto o parecido a él.

***mirto.** m. **Arrayán.**

miruella. f. **Mirla** (*pájaro).

miruello. m. **Mirlo.**

mirza. m. Título honorífico entre los persas.

***misa.** f. Sacrificio incruento, en que, bajo las especies de pan y vino, ofrece el sacerdote al Eterno Padre el cuerpo y sangre de Jesucristo. ‖ Orden del presbiterado. ‖ **conventual.** La mayor que se dice en los conventos. ‖ **de campaña.** La que se celebra al aire libre para la *tropa y, por ext., para un gran concurso de gente. ‖ **de cuerpo presente.** La que se dice por lo regular estando presente el cuerpo del *difunto. ‖ **de difuntos.** La señalada por la Iglesia para que se diga por ellos. ‖ **del alba.** La que se celebra al romper el día. ‖ **del gallo.** La que se dice a medianoche de la víspera de Navidad. ‖ **de los cazadores. Misa del alba.** ‖ **de parida,** o **de purificación.** La que se dice a la mujer que va por la primera vez a la iglesia después del parto. ‖ **de réquiem. Misa de difuntos.** ‖ **en seco.** La que se dice sin consagrar. ‖ **mayor.** La que se canta a determinada hora del día. ‖ **nueva.** La primera que dice o canta el sacerdote. ‖ **parroquial.** La que se celebra en las parroquias los domingos y fiestas de guardar, a la hora de mayor concurso. ‖ **privada,** o **rezada.** La que se celebra sin canto. ‖ **votiva.** La que no siendo propia del día se puede decir en ciertos días por devoción. ‖ **Misas gregorianas.** Las que en sufragio de un difunto se dicen durante treinta días seguidos. ‖ **Ayudar a misa.** fr. Cooperar al santo sacrificio, respondiendo y sirviendo al celebrante. ‖ **Cantar misa.** fr. Decir la primera **misa** un nuevo sacerdote. ‖ **Como en misa.** loc. fig. En profundo *silencio. ‖ **Decir misa.** fr. Celebrar el sacerdote este santo sacrificio. ‖ **De misa y olla.** loc. que se dice del clérigo de cortos estudios. ‖ **No saber** uno **de la misa la media.** fr. fig. y fam. *Ignorar una cosa. ‖ **Oír misa.** fr. Asistir y estar presente a ella.

misacantano. m. *Clérigo que celebra misa. ‖ Sacerdote que dice o canta la primera misa. ‖ _Germ._ **Gallo.**

misal. adj. Aplícase al libro en que se contiene el orden y modo de celebrar la *misa. Ú. m. c. s. ‖ m. *_Impr._ Grado de letra entre peticano y parangona.

misantropía. f. Calidad de misántropo.

misantrópico, ca. adj. Perteneciente o relativo a la misantropía.

misántropo. m. Persona de carácter huraño y *desabrido, que manifiesta *aborrecimiento al trato humano.

misar. intr. fam. **Decir misa.** ‖ fam. **Oír misa.**

misario. m. Acólito o *monacillo para ayudar a misa.

miscelánea. f. *Mezcla de cosas diversas. ‖ *Obra en que se tratan muchas materias inconexas y mezcladas.

misceláneo, a. adj. Mixto, *mezclado.

miscibilidad. f. Calidad de lo que puede *mezclarse.

miscible. adj. Que se puede *mezclar.

miserabilísimo, ma. adj. sup. de **Miserable.**

miserable. adj. *Desgraciado, infeliz. ‖ Abatido, *desalentado, *tímido. ‖ Avariento, *mezquino. ‖ *Perverso, abyecto, *despreciable.

miserablemente. adv. m. *Desgraciada y lastimosamente. ‖ Escasamente; con *mezquindad.

miseración. f. **Misericordia.**

miseraico, ca. adj. _Zool._ **Meseraico.**

míseramente. adv. m. **Miserablemente.**

miserando, da. adj. Digno de conmiseración.
miserear. intr. fam. Portarse o gastar con *mezquindad.
miserere. m. *Salmo cincuenta, que empieza con esta palabra. ‖ Canto que se hace del mismo en las tinieblas de la *Semana Santa*. ‖ *Festividad que se hace en *cuaresma a alguna imagen de Cristo. ‖ *Med.* **Cólico miserere.**
miseria. f. *Desgracia, infortunio. ‖ *Pobreza suma. ‖ *Avaricia, *mezquindad. ‖ Plaga de *piojos. ‖ fig. y fam. Cosa corta o *escasa. ‖ **Comerse uno de miseria.** fr. fig. y fam. Padecer gran *pobreza.
misericordia. f. Virtud que hace al hombre *compadecerse del dolor o del infortunio ajenos. ‖ *Teol.* Atributo de *Dios, por virtud del cual perdona a sus criaturas. ‖ Porción pequeña de alguna cosa, como la que suele darse de *limosna. ‖ *Puñal que llevaban los caballeros para dar el golpe de gracia al enemigo. ‖ **Coma** (ménsula movible en los *asientos del coro).
misericordiosamente. adv. m. Con misericordia.
misericordioso, sa. adj. Dícese del que siente misericordia. Ú. t. c. s.
mísero, ra. adj. **Miserable** (desgraciado, apocado o mezquino).
misero, ra. adj. fam. Aplícase a la persona que gusta de oír muchas *misas. ‖ fam. Dícese del *sacerdote que no tiene más obvención que el estipendio de la misa.
misérrimo, ma. adj. sup. de **Mísero.**
misia. En América, *tratamiento equivalente a señora.
misio, sia. adj. Natural de Misia. Ú. t. c. s. ‖ Perteneciente a esta región de Asia antigua.
misión. f. Acción de *enviar. ‖ *Poder que se da a una persona para desempeñar algún cometido. ‖ Peregrinación que hace un *predicador yendo de pueblo en pueblo. ‖ Conjunto de los *sermones que predica. ‖ Comisión temporal dada a un *diplomático. ‖ Actuación y obra de los que van a predicar el Evangelio y a establecer la Iglesia en tierras de infieles. ‖ Conjunto de sacerdotes y religiosos enviados con este objeto a países infieles. ‖ Lugar o edificio en donde residen. ‖ Territorio en que predican los misioneros. ‖ Porción de víveres que se da a los segadores como *remuneración.
misional. adj. Perteneciente a los misioneros o a las misiones.
misionar. intr. *Predicar o dar misiones.
misionario. m. **Misionero.** ‖ *Mensajero.
misionero, ra. adj. Natural de Misiones, territorio de la República Argentina. Ú. t. c. s. ‖ Perteneciente o relativo a este territorio.
misionero, ra. adj. Perteneciente o relativo a las misiones. ‖m. y f. Individuo de una *orden religiosa* que difunde el cristianismo en tierra de infieles. ‖ m. *Predicador eclesiástico que hace misiones.
misivo, va. adj. Aplícase al papel o *carta que se envía a uno. Ú. m. c. s. f.
mismamente. adv. m. fam. Cabalmente, precisamente.
***mismo, ma.** adj. que denota la identidad de una persona o cosa. ‖ Semejante o *igual. ‖ **Así mismo.** m. adv. **Asimismo.** ‖ **Por lo mismo.** m. adv. A causa de ello.
misógamo, ma. adj. Enemigo del *matrimonio.
misoginia. f. Aversión a las *mujeres.
misógino. adj. Que *aborrece a las *mujeres. Ú. t. c. s.
misoneísmo. m. Aversión a las *novedades.
misoneísta. adj. Partidario del misoneísmo.
míspero. m. ***Níspero.**
mispíquel. m. *Miner.* Pirita arsenical de *hierro.
miss. f. Nombre o *tratamiento que se da en Inglaterra a las señoritas.
mistagógico, ca. adj. Perteneciente al mistagogo. ‖ Por ext., dícese también del escrito que pretende *revelar alguna doctrina oculta.
mistagogo. m. *Sacerdote griego, que iniciaba en los misterios.
mistamente. adv. m. *For.* **Mixtamente.**
mistar. tr. **Musitar.** Ú. m. con negación.
mistela. f. **Mixtela.**
míster. m. *Tratamiento inglés, equivalente a señor.
misterio. m. Arcano o cosa secreta en cualquier *religión. ‖ En la religión cristiana, cosa *incomprensible que debe ser objeto de *fe. ‖ Cualquier cosa muy recóndita, que no se puede comprender o explicar. ‖ Negocio *secreto o muy reservado. ‖ Cada uno de los pasos de la vida, pasión y muerte de *Jesucristo. ‖ Cualquier paso de éstos o de la Sagrada Escritura, cuando se representan con *efigies. ‖ pl. Ceremonias secretas del *culto de algunas falsas divinidades.
misteriosamente. adv. m. Con misterio.
misterioso, sa. adj. Que encierra *secreto o misterio. ‖ Aplícase al que hace misterios y da a entender cosas recónditas donde no las hay.
***mística.** f. Parte de la teología, que trata de la vida espiritual y contemplativa.
místicamente. adv. m. De un modo místico. ‖ Figurada o misteriosamente. ‖ **Espiritualmente.**
***misticismo.** m. Estado de la persona que se dedica mucho a Dios o a las cosas espirituales. ‖ *Teol.* Estado que consiste en cierta unión inefable del alma con Dios por el amor, y que va acompañada accidentalmente de éxtasis y revelaciones. ‖ Doctrina religiosa o filosófica que trata de la comunicación inmediata y directa entre el hombre y la divinidad.
místico. m. *Embarcación costanera de tres palos.
***místico, ca.** adj. Que incluye misterio o razón oculta. ‖ Perteneciente a la mística. ‖ Que se dedica a la vida espiritual. Ú. t. c. s. ‖ Que escribe o trata de mística. Ú. t. c. s.
misticón, na. adj. fam. Que *finge o afecta mística y santidad. Ú. t. c. s.
misti fori. loc. lat. **Mixti fori.**
mistifori. m. **Mixtifori.**
mistilíneo, a. adj. *Geom.* **Mixtilíneo.**
mistión. f. **Mixtión.**
misto, ta. adj. **Mixto.** Ú. t. c. s.
mistral. adj. **Minstral.** Ú. t. c. s.
mistura. f. **Mixtura.**
misturar. tr. **Mixturar.**
misturero, ra. adj. **Mixturero.** Ú. t. c. s.
mita. f. Repartimiento que se hacía por sorteo en los pueblos de indios, para emplearlos en los *trabajos públicos. ‖ *Tributo que pagaban los indios del Perú.
***mitad.** f. Cada una de las dos partes iguales en que se divide un todo. ‖ **Medio** (parte *central). ‖ **Cara mitad.** fam. **Consorte.** ‖ **Mentir por la mitad de la barba.** fr. fig. y fam. *Mentir con descaro. ‖ **Mitad y mitad.** m. adv. Por partes *iguales.
mitadenco. adj. Dícese del *censo que se paga en dos especies, mitad y mitad. ‖ m. Mezcla de *trigo y *centeno.
mitán. m. **Holandilla** (*tela).
mitayo. m. Indio que por sorteo daban los pueblos para el *trabajo. ‖ Indio que llevaba lo recaudado de la mita.
mítico, ca. adj. Perteneciente o relativo al mito.
mitigación. f. Acción y efecto de mitigar o mitigarse.
mitigadamente. adv. m. De manera mitigada.
mitigador, ra. adj. Que mitiga. Ú. t. c. s.
mitigante. p. a. de **Mitigar.** Que mitiga.
***mitigar.** tr. Moderar, aplacar, disminuir o suavizar el rigor o violencia de una cosa material o moral. Ú. t. c. r.
mitigativo, va. adj. Que mitiga o tiene virtud de mitigar.
mitigatorio, ria. adj. **Mitigativo.**
mitin. m. *Reunión pública en que se discuten asuntos políticos o sociales.
mito. m. Fábula *alegórica, especialmente en materia religiosa.
***mitología.** f. Historia de los dioses y héroes fabulosos de la gentilidad.
***mitológico, ca.** adj. Perteneciente a la mitología. ‖ m. **Mitologista.**
mitologista. m. Autor de una obra mitológica.
mitólogo. m. **Mitologista.**
mitón. m. Especie de *guante de punto, que deja al descubierto los dedos.
mitote. m. *Baile de indios en que bebían hasta embriagarse. ‖ Fiesta o *diversión casera. ‖ *Melindre, aspaviento. ‖ *Contienda, bulla, *alboroto.
mitotero, ra. adj. fig. Que hace mitotes o *melindres. Ú. t. c. s. ‖ fig. Bullanguero, amigo de *diversiones. Ú. t. c. s.
mitra. f. *Sombrero o adorno de la cabeza, que usaban los persas. ‖ Toca alta y apuntada con que en las grandes solemnidades se cubren la cabeza los *prelados. ‖ fig. Dignidad de arzobispo u obispo. ‖ fig. En algunas partes, *territorio de su jurisdicción. ‖ fig. Cúmulo de las rentas de una diócesis y archidiócesis. ‖ fig. **Obispillo** (de las aves).
mitrado, da. adj. Dícese de la persona que puede usar mitra.
mitral. adj. *Zool.* V. **Válvula mitral.**
mitrar. intr. fam. Obtener un obispado.
mitridatismo. m. Inmunidad contra ciertos *venenos, obtenida por habituación progresiva.
mitridato. m. **Farm.* Electuario compuesto de gran número de ingredientes, que se usó como *contraveneno para las mordeduras de los animales venenosos.
mítulo. m. **Mejillón.**
mixolidio, dia. adj. **Mús.* Dícese de uno de los modos griegos.
mixomatosis. f. Enfermedad que ataca a los *conejos, producida por un virus filtrable.
mixomicetos. m. pl. Cierto orden de *hongos que se presentan en agrupaciones viscosas.
mixtamente. adv. m. *For.* Corres-

pondiendo a los dos fueros, eclesiástico y civil.
mixtela. f. *Bebida que se hace con agua, aguardiente, azúcar y algo de canela. ‖ Licor alcohólico hecho de zumos muy azucarados, cuya fermentación se ha interrumpido.
mixtificar. tr. Engañar.
mixti fori. loc. lat. **For.* Aplícase a los delitos de que pueden conocer el tribunal *eclesiástico y el seglar. ‖ fig. Dícese de las cosas o hechos *confusos, cuya naturaleza no se puede deslindar claramente.
mixtifori. m. fam. *Enredo o *mezcla de cosas heterogéneas.
mixtilíneo, a. adj. *Geom.* Dícese de toda figura cuyos lados son rectos unos y curvos otros.
mixtión. f. *Mezcla, mixtura.
mixto, ta. adj. *Mezclado e incorporado con una cosa. ‖ Compuesto de varios simples. Ú. m. c. s. m. ‖ **Mestizo** (híbrido). ‖ V. **Tren mixto.** Ú. t. c. s. ‖ m. **Fósforo** (cerilla). ‖ **Artill.* Cualquiera de las mezclas que se usan para los artificios incendiarios, explosivos o de iluminación.
mixtura. f. *Mezcla. ‖ *Pan de varias semillas. ‖ **Farm.* Poción compuesta de varios ingredientes.
mixturar. tr. *Mezclar.
mixturero, ra. adj. Que mixtura. Ú. t. c. s.
miz. Voz de que se usa para llamar al *gato.
miza. f. fam. **Micha.**
mizcal. En Marruecos, **Metical** (moneda).
mízcalo. m. *Hongo comestible, muy jugoso, de sabor almizclado.
mizo. m. fam. **Micho.**
mizo, za. adj. *Germ.* Manco o izquierdo.
mnemónica. f. **Mnemotecnia.**
mnemotecnia. f. Arte de fomentar la *memoria. ‖ Método por medio del cual se forma una memoria artificial.
mnemotécnica. f. **Mnemotecnia.**
mnemotécnico, ca. adj. Perteneciente a la mnemotecnia. ‖ Que sirve para auxiliar a la *memoria.
moa. f. *Germ.* **Moneda.**
moabita. adj. Natural de la región de Moab, en la Arabia Pétrea. Ú. t. c. s. ‖ Perteneciente a esta región.
moaré. m. **Muaré.**
mobiliario, ria. adj. **Mueble.** Aplícase, por lo común, a los efectos públicos o *valores transferibles por endoso. ‖ m. **Moblaje.**
moblaje. m. Conjunto de *muebles de una casa.
moblar. tr. **Amueblar.**
moble. adj. **Móvil.**
moca. m. *Café de calidad muy apreciada.
mocador. m. **Moquero.**
mocante. m. *Germ.* **Mocador.**
mocar. tr. **Sonar** (limpiar el *moco). Ú. m. c. r.
mocárabe. m. **Almocárabe.**
mocarro. m. fam. *Moco que cuelga de las narices.
mocarsio. m. *Red de esparto que se usa en las almadrabas.
mocasín. m. *Calzado que usan los indios, hecho de piel sin curtir.
mocear. intr. Ejecutar acciones propias de gente *joven. ‖ Desmandarse en travesuras *deshonestas.
mocedad. f. *Juventud, edad comprendida entre la pubertad y la edad adulta. ‖ *Travesura o *desenfreno. ‖ Diversión *deshonesta.
mocejón. m. *Molusco bivalvo de conchas casi negras, que vive adherido a las peñas.
moceña. f. **Morcella.**
mocerío. m. Conjunto de gente *joven.
mocero. adj. Dado a la *lujuria. Ú. t. c. s.
mocete. m. **Mozalbete.**
mocetón, na. m. y f. Persona *joven, alta y fuerte.
mocil. adj. Propio de gente moza.
moción. f. Acción y efecto de *moverse o ser movido. ‖ fig. Alteración del ánimo, que se siente *atraído por alguna cosa. ‖ **Teol.* Inspiración divina que inclina el alma hacia las cosas espirituales. ‖ Proposición que se hace en una *asamblea deliberante. ‖ Nombre que se da a las *letras vocales y a otros signos en las lenguas semíticas.
mocito, ta. adj. Que está en el principio de la mocedad. Ú. t. c. s.
***moco.** m. Humor espeso y pegajoso que fluye por las ventanas de la nariz. ‖ Materia *pegajosa y medio fluida que forma grumos dentro de un líquido. ‖ Extremidad del *pabilo de una vela encendida. ‖ Escoria que sale del *hierro candente cuando se martilla. ‖ Porción derretida de las *velas, que corre y se va cuajando a lo largo de ellas. ‖ *Mar.* Cada una de las perchas pequeñas que penden de la cabeza del bauprés para guiar los cabos que aseguran el botalón. ‖ **de herrero. Moco** (del hierro candente). ‖ **de** ***pavo.** Apéndice carnoso y eréctil que esta ave tiene sobre el pico. ‖ *Planta herbácea de las amarantáceas, de flores purpúreas, que se cultiva en los jardines. ‖ **Amaranto.** ‖ **A moco de candil.** m. adv. A la luz del candil. ‖ **Caérsele** a uno **el moco.** fr. fig. y fam. Ser demasiado *cándido. ‖ **¿Es moco de pavo?** expr. fig. y fam. con que se pondera la *importancia de alguna cosa. Ú. m. con fórmula negativa. ‖ **Llorar a moco tendido.** fr. fig. y fam. *Llorar sin tregua. ‖ **No saber** uno **quitarse los mocos.** fr. fig. y fam. con que se nota la suma *ignorancia de uno. ‖ **No ser** una cosa **moco de pavo.** fr. fig. y fam. No ser despreciable. ‖ **Quitar** a uno los **mocos.** fr. fig. y fam. Darle de bofetadas.
mocoso, sa. adj. Que tiene las narices llenas de *mocos. ‖ fig. Aplícase al *niño que presume de mozo, o al *joven *inexperto que presume de hombre hecho. Ú. m. c. s. ‖ *Insignificante.
mocosuelo, la. adj. d. de **Mocoso.**
mocosuena. adv. m. fam. Atendiendo más, en las *traducciones, al sonido de las palabras extranjeras que a su significación.
mocha. f. Reverencia o *cortesía que se hacía bajando la cabeza. ‖ ***Cabeza.**
mochada. f. **Topetada.**
mochales. m. fam. Persona que ha perdido el juicio; *loco.
mochar. tr. **Desmochar.**
mochazo. m. *Golpe dado con el mocho de la escopeta u otra arma semejante.
mocheta. f. Extremo o borde grueso, *romo y contundente opuesto a la parte punzante o cortante de ciertas herramientas; como azadones, hachas, etc. ‖ Rebajo en el marco de las *puertas y ventanas, donde encaja el renvalso. ‖ *Arq.* *Ángulo diedro entrante en la esquina de una *pared. ‖ *Arq.* **Telar** (de una *puerta).
mochete. m. **Cernícalo** (*ave).
mochil. m. Muchacho que sirve de *mensajero o recadero a los labradores.
mochila. f. **Guarn.* Cierto género de caparazón que en la jineta se lleva escotado de los dos arzones. ‖ **Mil* Caja de tabla delgada que usan los soldados para llevar el equipo a la espalda. ‖ **Morral.** ‖ *Provisión de víveres que cada soldado llevaba consigo. ‖ **Hacer mochila.** fr. fig. Prevenirse los *cazadores de comida para el camino.
mochilero. m. El que servía en el *ejército llevando las mochilas. ‖ El que viaja a pie con mochila.
mochiliuna. f. *Juego de pitas o canicas parecido al gua.
mochillero. m. **Mochilero.**
mochín. m. **Verdugo.**
mocho, cha. adj. *Romo, truncado, *incompleto por faltarle la punta o el remate ordinario. ‖ fig. y fam. Pelado o cortado el *cabello. ‖ fig. Dícese del *fraile motilón. Ú. t. c. s. ‖ m. *Remate grueso y *romo de un instrumento, *escopeta, etc. ‖ **Váyase mocha por cornuda.** expr. fig. y fam. que se dice cuando el defecto de una cosa se *compensa con la bondad de otra.
mochuelo. m. *Ave rapaz y nocturna, de cabeza redonda, pico corto y encorvado, ojos grandes y cara circular. ‖ fig. y fam. Asunto o *trabajo *difícil, de que nadie quiere encargarse.
mochuelo. m. Cierta *vasija antigua.
***moda.** f. *Uso o *costumbre que está en boga durante algún tiempo. Tratándose de *trajes y conducta exterior, se entiende el uso de las personas *elegantes y refinadas. ‖ **Estar de moda** una cosa. fr. Usarse con preferencia a otras análogas. ‖ **Ser moda, o de moda,** una cosa. fr. **Estar de moda.**
modal. adj. Que corresponde a un *modo particular.
***modales.** m. pl. Porte exterior característico de una persona, y especialmente de su buena o mala crianza.
modalidad. f. *Modo de ser o manifestarse una cosa.
modéjar. adj. desus. **Mudéjar.**
modelado. m. Acción y efecto de modelar.
modelador, ra. adj. Que modela.
modelar. tr. **Esc.* Formar una figura o adorno con barro u otra materia plástica. ‖ **Pint.* Presentar con exactitud el relieve de las figuras. ‖ r. fig. Ajustarse a un modelo.
***modelo.** m. Ejemplar que uno se propone imitar. ‖ Representación en pequeño de alguna cosa. ‖ **Esc.* Figura de barro, yeso o cera, que después se ha de reproducir en mármol, metal, etc. ‖ f. Mujer que en los talleres de costura se pone los vestidos para exhibirlos. ‖ **Modelo vivo.** Persona desnuda que sirve para el estudio en el dibujo.
modenés, sa. adj. Natural de Módena. Ú. t. c. s. ‖ Perteneciente a esta ciudad de Italia.
***moderación.** f. Acción y efecto de moderar o moderarse. ‖ Templanza en las palabras o acciones.
moderadamente. adv. m. Con moderación. ‖ *Medianamente.
***moderado, da.** adj. Que tiene *moderación. ‖ Que guarda el medio entre los extremos; dícese de ciertos partidos *políticos. ‖ Perteneciente o relativo a estos partidos. Apl. a pers., ú. t. c. s.
moderador, ra. adj. Que modera. Ú. t. c. s.
moderante. p. a. de **Moderar.** Que modera. ‖ m. En algunas *universi-

dades, el que presidía los ejercicios académicos.

*__moderar.__ tr. Templar, corregir o mitigar el rigor o el exceso. Ú. t. c. r.

moderativo, va. adj. Que modera.

moderatorio, ria. adj. Que modera.

modernamente. adv. m. En época *reciente; de poco tiempo a esta parte.

modernismo. m. Afición excesiva a las cosas *modernas. || *Relig.* Conjunto de errores propalados como conquista de la ciencia moderna y condenados por la Iglesia.

modernista. adj. Perteneciente o relativo al modernismo. || Partidario del modernismo. Ú. t. c. s.

modernizar. tr. Dar aspecto *moderno a cosas antiguas.

*__moderno, na.__ adj. Que existe desde hace poco tiempo. || Que ha sucedido en época reciente. || Dícese de la persona que lleva poco tiempo en un *empleo, *colegio, etc. || pl. Los que viven en la *actualidad.

modestamente. adv. m. Con modestia y moderación.

modestia. f. Virtud que *modera el exceso en la propia estimación. || Recato o *humildad en el porte y en la conducta. || *Honestidad, decencia.

modesto, ta. adj. Que tiene modestia. Ú. t. c. s.

módicamente. adv. m. Con *escasez o *parsimonia; con moderación.

modicidad. f. Calidad de módico.

módico, ca. adj. *Moderado, *escaso, limitado.

modificable. adj. Que puede modificarse.

modificación. f. Acción y efecto de modificar o modificarse.

modificador, ra. adj. Que modifica. Ú. t. c. s.

modificante. p. a. de **Modificar.** Que modifica. Ú. t. c. s.

modificar. tr. *Cambiar la forma o el fondo de alguna cosa. || Limitar, determinar o restringir las cosas de manera que se *distingan unas de otras. Ú. t. c. r. || Reducir las cosas a los términos justos, *moderando el exceso. Ú. t. c. r. || *Fil.* Dar un nuevo modo de existir a la *substancia material.

modificativo, va. adj. Que modifica o sirve para modificar.

modificatorio, ria. adj. Que modifica.

modillón. m. *Arq.* *Resalto en forma de *ménsula, con que se adorna por la parte inferior el vuelo de una cornisa.

modio. m. Medida de *capacidad para áridos, que equivalía a dos celemines.

modismo. m. Modo particular de hablar que se suele apartar en algo de las reglas de la *gramática.

modista. com. Persona que tiene por oficio hacer *trajes para señoras. || f. La que tiene tienda de modas.

modistilla. f. fam. Modista de poca habilidad. || fam. Oficiala o aprendiza de modista.

*__modo.__ m. Forma o manera de ser o manifestarse una cosa. || Manera de *hacerse una cosa. || *Moderación en las acciones o palabras. || Urbanidad y *cortesía en el porte o trato. Ú. m. en pl. || *Gram.* Cada una de las distintas maneras generales de manifestarse la significación del *verbo. || **Mús.* Disposición especial de los intervalos de una escala musical. || **adverbial.** *Gram.* Cada una de ciertas locuciones compuestas de dos o más voces, que hacen oficio de *adverbios. || **auténtico.** **Mús.* Cada uno de los cuatro primitivos del canto ambrosiano. || **conjuntivo.** *Gram.* Cada una de ciertas locuciones compuestas de dos o más voces, que hacen oficio de *conjunciones. || **deprecativo.** *Gram.* El imperativo cuando se emplea para rogar o suplicar. || **discípulo.** **Mús.* **Modo plagal.** || **imperativo.** *Gram.* El del *verbo, con el cual se manda, exhorta o ruega. || **indicativo.** *Gram.* El del verbo, con que se indica o denota afirmación sencilla y absoluta. || **infinitivo.** *Gram.* El del verbo, que no expresa números ni personas ni tiempo determinado. || **maestro.** **Mús.* **Modo auténtico.** || **mayor.** **Mús.* Disposición de los sonidos de una escala musical, cuya tercera nota se diferencia dos tonos de la primera. || **menor.** **Mús.* Disposición de los sonidos de una escala musical, cuya tercera nota sólo se diferencia tono y medio de la primera. || **optativo.** *Gram.* El que indica deseo de que se verifique lo significado por el *verbo. || **plagal.** **Mús.* Cada uno de los cuatro del canto gregoriano, cuya dominante era la tercera por bajo de la tónica. || **potencial.** *Gram.* El que expresa la acción del *verbo como posible. || **subjuntivo.** *Gram.* El del *verbo, que generalmente necesita juntarse a otro verbo para tener significación determinada y cabal. || **A,** o **al modo.** m. adv. Como o semejantemente. || **De modo que.** m. conjunt. **De suerte que.** || **Sobre modo.** m. adv. En extremo, sobremanera.

modorra. f. *Sueño muy pesado. || **Hora de la modorra.** || **Veter.* Enfermedad parasitaria del ganado lanar caracterizada por aturdimiento.

modorrar. tr. Causar modorra. Es usado entre pastores. || r. Ponerse la fruta como para *pudrirse.

modorrilla. f. fam. Tercera vela de la noche.

modorrillo. m. Cierta *vasija usada antiguamente.

modorro, rra. adj. Que padece el accidente de modorra. || Dícese del operario que se ha azogado en las *minas de *mercurio. Ú. t. c. s. || Dícese de la fruta que pierde el color y empieza a *fermentar. || fig. Torpe o *ignorante. Ú. t. c. s.

modoso, sa. adj. Que guarda *moderación y compostura en su conducta y ademanes.

modrego. m. fam. Sujeto desmayado y *torpe.

modulación. f. **Mús.* Acción y efecto de modular. || **Radio.* Modificación de la frecuencia o amplitud de las ondas para la mejor transmisión.

modulador, ra. adj. Que modula. Ú. t. c. s.

modulante. p. a. de **Modular.** Que modula.

modular. tr. Dar a la voz las inflexiones adecuadas a la expresión de los afectos. || intr. **Mús.* Pasar de unos tonos a otros según las reglas de la armonía.

módulo. m. **Arq.* *Medida que se usa para los cuerpos arquitectónicos, y suele ser el semidiámetro de la parte inferior de la columna. || Dimensión tomada de una parte del cuerpo humano, que sirve para determinar las proporciones de las restantes partes. Se usa en *etnografía, *escultura, etc. || **Hidrául.* Obra o aparato dispuesto para regular la cantidad de agua que pasa por un conducto. || **Mat.* Cantidad que sirve de tipo de comparación en determinados cálculos. || *Mat.* Razón constante entre los logaritmos de un mismo número tomados en bases diferentes. || **Mús.* **Modulación.** || *Diámetro de una medalla o *moneda.

moduloso, sa. adj. p. us. Cadencioso, armonioso.

modus vivendi. loc. lat. Modo de vivir o regla de *conducta. || *Convenio internacional en que se establece un régimen provisional en determinada materia.

moer. m. **Muaré.**

mofa. f. *Burla y escarnio que se hace de una persona o cosa.

mofador, ra. adj. Que se mofa. Ú. t. c. s.

mofadura. f. **Mofa.**

mofante. p. a. de **Mofar.** Que se mofa. Ú. t. c. s.

mofar. intr. Hacer mofa. Ú. m. c. r. Usáb. t. c. tr.

mofeta. f. Cualquiera de los *gases perniciosos y a veces inflamables que se desprenden de las *minas y otros sitios subterráneos. || *Mamífero carnicero parecido a la comadreja. Vive en América y segrega un líquido de olor fétido procedente de dos glándulas situadas cerca del ano.

moflete. m. fam. *Carrillo grueso y carnoso.

mofletudo, da. adj. Que tiene mofletes.

moflir. tr. ant. *Comer, mascar.

mogataz. adj. V. **Moro mogataz.** Ú. t. c. s.

mogate. m. *Barniz que usan los *alfareros. || **A,** o **de, medio mogate.** m. adv. Díjose de las vasijas de *barro sólo vidriadas interior o exteriormente. || fig. y fam. Con *descuido o con *imperfección.

mogato, ta. adj. **Mojigato.** Ú. t. c. s.

mogol, la. adj. Natural de la Mogolia. Ú. t. c. s. || Perteneciente a este país de la Tartaria china. || m. *Lengua de los mogoles. || **Gran mogol.** Título de los *soberanos de una dinastía mahometana en la India.

mogólico, ca. adj. **Mogol.** || Perteneciente al gran mogol.

*__mogollón.__ m. *Entremetimiento y *gorronería. || **de mogollón.** fr. fam. **De gorra.** || De balde.

mogón, na. adj. Dícese de la res vacuna a la cual falta un *cuerno, o lo tiene roto por la punta.

mogote. m. *Montículo aislado, de forma cónica y rematado en punta roma. || *Montón de *haces en forma piramidal. || Cada una de las dos *cuernas de los gamos y venados, hasta que tienen como un palmo de largo.

mogrollo. m. **Gorrista.** || fam. Sujeto *tosco y *grosero.

mohada. f. **Mojada** (medida de *superficie).

moharra. f. Punta de la *lanza.

moharrache. m. **Moharracho.**

moharracho. m. *Histrión o *máscara *ridícula que interviene en algunas *fiestas populares. || fig. y fam. **Mamarracho.**

mohatra. f. *Venta fingida o *préstamo con *usura. || *Fraude, *engaño.

mohatrante. p. a. de **Mohatrar.** Que mohatra.

mohatrar. intr. Hacer mohatras.

mohatrero, ra. m. y f. Persona que hace mohatras.

mohatrón, na. m. y f. **Mohatrero.**

mohecer. tr. **Enmohecer.** Ú. t. c. r.

moheda. f. *Monte alto con maleza.

mohedal. m. **Moheda.**

mohiento, ta. adj. **Mohoso.**

mohín. m. Mueca o *gesto.
mohína. f. *Enojo contra alguno.
mohindad. f. **Mohína.**
mohíno, na. adj. *Triste, disgustado. || Dícese del macho o *mula hijos de caballo y burra. || Dícese de las *caballerías y reses *vacunas que tienen el hocico muy negro. Ú. t. c. s. || m. **Rabilargo** (*pájaro). || En el *juego, aquel contra quien van los demás jugadores.
***moho.** m. *Hongo muy pequeño que se cría en la superficie de los cuerpos orgánicos. || → Capa que se forma en la superficie de un cuerpo metálico por oxidación u otra alteración química. || fig. Desidia, *pereza ocasionada del demasiado ocio. || **No criar moho** una cosa. fr. fig. y fam. Estar en continuo *movimiento.
***mohoso, sa.** adj. Cubierto de moho.
mohúr. m. *Moneda de oro de la India inglesa.
mojábana. f. **Almojábana.**
mojada. f. Acción y efecto de *mojar o mojarse. || fam. *Herida con arma punzante. || Trozo de *pan que se moja y empapa en cualquier líquido.
mojada. f. Medida *superficial agraria de Cataluña, equivalente a cerca de cuarenta y nueve áreas.
mojador, ra. adj. Que *moja. Ú. t. c. s. || m. Receptáculo pequeño con una esponja empapada de agua, para mojar los sellos antes de pegarlos. || *Impr.* Depósito de agua en que se moja el papel antes de la impresión.
mojadura. f. Acción y efecto de *mojar o mojarse.
mojama. f. Cecina de atún.
***mojar.** tr. Humedecer una cosa con agua u otro líquido. Ú. t. c. r. || fig. y fam. *Herir a uno con navaja. || intr. fig. *Participar o *intervenir en un negocio.
mojarra. f. *Pez marino acantopterigio de carne estimada. || *Cuchillo ancho y corto.
mojarrilla. com. fam. Persona que siempre está *alegre y de *chanza.
moje. m. *Caldo de cualquier guisado.
mojel. m. *Mar.* Cualquiera de los *cabos o cajetas que sirven para dar vueltas al cable y al virador cuando se zarpa el *ancla.
mojera. f. **Mostajo.**
mojete. m. **Salsa.**
mojí. adj. V. **Cazuela mojí.**
mojí. m. **Mojicón.**
mojicón. m. Especie de *bizcocho de mazapán. || *Bollo que se usa principalmente para tomar chocolate. || fam. *Golpe que se da en la cara con el puño.
mojiganga. f. *Fiesta pública con *máscaras y disfraces ridículos. || Farsa *teatral con figuras ridículas y extravagantes. || fig. Cualquiera cosa ridícula que sirve de *burla.
mojigatería. f. Calidad de mogijato. || Acción propia de él.
mojigatez. f. **Mojigatería.**
mojigato, ta. adj. *Disimulado, que *finge humildad o timidez para lograr su intento. Ú. t. c. s. || Persona *piadosa o beata, que hace escrúpulo de todo. Ú. m. c. s.
mojil. adj. **Mojí.**
mojinete. m. **Albardilla** (de pared). || **Caballete.** || *Frontón o remate triangular de la fachada principal de un edificio.
mojinete. m. p. us. Golpe suave dado en la cara a los niños a modo de *caricia.
mojo. m. **Moje.**
***mojón.** m. *Señal permanente que se pone para fijar *límites, linderos, etc. || Por ext., *señal que se coloca en despoblado para que sirva de guía. || **Chito.** || ***Montón.** || Porción compacta de *excremento humano.
mojón. m. **Catavinos.**
mojona. f. *Topogr.* Acción de amojonar las tierras.
mojona. f. *Tributo que se pagaba por la medida del *vino.
mojonación. f. **Amojonamiento.**
mojonar. tr. **Amojonar.**
mojonera. f. Lugar o sitio donde se ponen los mojones. || Serie de mojones que marcan un *límite.
mojonero. m. **Aforador.**
mola. f. *Harina mezclada con sal, que usaban los gentiles en sus *sacrificios.
mola. f. Masa carnosa que anormalmente se produce dentro de la *matriz.
molada. f. Porción de *color que se muele de una vez. || Cantidad de *aceituna que se *muele de una vez.
molar. adj. Perteneciente o relativo a la muela. || Apto para *moler. || V. ***Diente molar.** Ú. m. c. s.
molcajete. m. *Mortero grande de piedra con tres pies.
moldar. tr. **Amoldar.** || **Moldurar.**
moldavo, va. adj. Natural de Moldavia. Ú. t. c. s. || Perteneciente a este antiguo principado.
***molde.** m. Pieza hueca que se llena de materia blanda o derretida, para que al solidificarse ésta, reproduzca la forma interior de dicha pieza. || Cualquier instrumento que sirve para estampar o para dar forma o cuerpo a una cosa. || V. **Letra de molde.** || fig. Persona que se toma por *modelo. || **Impr.* Conjunto de letras o forma ya dispuesta para imprimir. || **de tontos.** fig. Persona que sufre con *paciencia las impertinencias ajenas. || **De molde.** loc. Dícese de lo *impreso, a distinción de lo manuscrito. || m. adv. fig. A propósito, con *oportunidad. || fig. Bien, con *perfección.
moldeado. m. Acción y efecto de moldear.
moldeador, ra. adj. Que moldea. Ú. t. c. s.
***moldear.** tr. **Moldurar.** || Sacar el molde de una figura. || **Vaciar** (en un molde una figura).
***moldura.** f. Pieza de ornamentación, saliente y de perfil uniforme, que corre a lo largo de las obras de arquitectura, carpintería, etc.
moldura. f. **Moltura.**
molduraje. m. Conjunto de las *molduras de un mueble, habitación, etcétera.
moldurar. tr. Hacer molduras en una cosa.
mole. adj. **Muelle** (*blando, suave). || V. **Huevos moles.**
mole. f. Cosa de gran bulto o corpulencia. || Corpulencia o *volumen grande.
mole. m. *Guisado de carne usado en Méjico.
molécula. f. La *parte más pequeña que puede existir de cualquier materia, formada de una agrupación definida de átomos.
molecular. adj. Perteneciente o relativo a las moléculas.
moledera. f. Piedra en que se *muele. || fig. y fam. **Cansera.**
moledero, ra. adj. Que se ha de *moler o puede molerse.
moledor, ra. adj. Que muele. Ú. t. c. s. || fig. y fam. Dícese de la persona *importuna. Ú. t. c. s. || m. Cada uno de los cilindros que machacan las cañas en los ingenios de *azúcar.
moledura. f. **Molienda.**
molejón. m. **Mollejón.** || **Farallón** (*peñasco).
molendero, ra. m. y f. Persona que *muele o lleva qué moler a los molinos. || m. El que muele y labra el *chocolate.
moleña. f. **Pedernal.**
moleño, ña. adj. Dícese de la *piedra adecuada para hacer ruedas de molino.
***moler.** tr. Triturar, desmenuzar un cuerpo, reduciéndolo a menudísimas partes, o hasta hacerlo polvo. || Exprimir la caña de *azúcar en el trapiche. || fig. *Cansar o fatigar. || fig. *Destruir, maltratar. || fig. *Molestar gravemente y con *importunación.
molero. m. El que hace o vende muelas de molino.
molestador, ra. adj. Que molesta. Ú. t. c. s.
molestamente. adv. m. Con molestia.
***molestar.** tr. Causar molestia. Ú. t. c. r.
***molestia.** f. Fatiga, incomodidad. || Enfado, fastidio, *desasosiego, *desagrado. || Desazón originada de leve daño físico o *enfermedad. || Falta de comodidad o *impedimento para los libres movimientos del cuerpo.
***molesto, ta.** adj. Que causa molestia. || fig. Que la siente.
molestoso, sa. adj. **Molesto.**
moleta. f. d. de **Muela.** || Piedra que se emplea para *moler drogas, colores, etc. || En la fábrica de *vidrios, aparato que sirve para alisarlos y pulirlos. || **Impr.* Instrumento para moler la tinta en el tintero.
molibdenita. f. *Miner.* Sulfuro natural de molibdeno.
molibdeno. m. *Metal pesado, de color y brillo plomizos, quebradizo y difícil de fundir.
molicie. f. ***Blandura.** || fig. Afición al regalo y *comodidad; *afeminación.
***molienda.** f. Acción de moler. || Porción que se muele de una vez. || El mismo molino. || *Temporada que dura la operación de moler la aceituna o la caña de azúcar. || fig. y fam. **Molimiento** (*cansancio, *molestia). || fig. y fam. Cosa que causa molestia.
molificable. adj. Susceptible de molificarse.
molificación. f. Acción y efecto de molificar o molificarse.
molificante. p. a. de **Molificar.** Que molifica.
molificar. tr. *Ablandar o suavizar. Ú. t. c. r.
molificativo, va. adj. Que molifica o tiene virtud de molificar.
molimiento. m. Acción de *moler. || fig. *Cansancio y molestia.
molinada. f. fam. *Molienda que se hace de una vez del trigo necesario durante una temporada.
molinaje. m. Lo que se paga en el molino por *moler.
molinar. m. Sitio donde están los molinos.
molinejo. m. d. de **Molino.**
molinera. f. Mujer del molinero. || La que tiene a su cargo un molino. || La que trabaja en él.
molinería. f. Conjunto de molinos. || Industria molinera.
molinero, ra. adj. Perteneciente al *molino a o la molinería. || m. El que tiene a su cargo un molino. || El que trabaja en él.
molinés, sa. adj. Natural de Molina

de Aragón. Ú. t. c. s. ‖ Perteneciente a esta ciudad.
*molinete. m. d. de Molino. ‖ Ruedecilla con aspas que se pone en las vidrieras de una habitación para facilitar la renovación del *aire. ‖ ‖ *Juguete de niños formado de una cruz o una estrella de papel que gira movida por el viento. ‖ Figura de *baile en que todos asidos de las manos, forman corro y dan vueltas en diferentes direcciones. ‖ *Esgr. Movimiento circular y rápido, para defenderse de los golpes del enemigo. ‖ → *Mar.* Especie de *torno dispuesto horizontalmente.
molinillo. m. Instrumento pequeño para *moler. ‖ Palillo rematado en una aspa o rueda dentada, que se usa para batir el *chocolate u otras cosas. ‖ Guarnición que se usaba en los *vestidos.
molinismo. m. **Teol.* Doctrina sobre el libre albedrío y la gracia, del jesuita español Luis Molina.
molinista. adj. Partidario del molinismo. Apl. a pers., ú. t. c. s. ‖ Perteneciente a él.
*molino. m. Máquina para moler. ‖ Artefacto con que se quebranta, machaca o estruja alguna cosa. ‖ Casa o edificio en que hay **molino.** ‖ fig. Persona sumamente *bulliciosa. ‖ fig. Persona muy molesta. ‖ fig. y fam. La *boca, porque en ella se muele la comida. ‖ *Germ.* **Tormento.** ‖ **arrocero.** El que sirve para limpiar el grano de arroz. ‖ **de sangre.** El movido por fuerza animal. ‖ **de viento.** El movido por el viento. ‖ **Molinos de viento.** fig. Enemigos fantásticos o imaginarios. ‖ **Ir al molino.** fr. fig. y fam. *Confabularse para obrar contra uno, especialmente en el *juego.
molinosismo. m. Especie de quietismo, *herejía de Miguel Molinos.
molinosista. adj. Partidario del molinosismo. Apl. a pers., ú. t. c. s. ‖ Perteneciente a él.
molitivo, va. adj. Dícese de lo que molifica.
molo. m. **Malecón.**
molón. m. *Piedra grande que se desprende de la cantera al barrenar. ‖ Trozo de piedra sin labrar. ‖ **Rueda de molino.**
molondra. f. *Cabeza grande.
molondro. m. fam. Hombre *perezoso.
molondrón. m. fam. **Molondro.** ‖ *Golpe dado en la cabeza.
moloso, sa. adj. Natural de la antigua Molosia. Ú. t. c. s. ‖ Perteneciente a esta ciudad de Epiro. ‖ Dícese de cierta casta de *perros procedente de Molosia. Ú. t. c. s. ‖ m. Pie de la *poesía griega y latina, compuesto de tres sílabas largas.
molso, sa. adj. Abultado y *deforme. ‖ *Desgarbado y *sucio.
moltura. f. ***Molienda.** ‖ **Maquila.**
molturación. f. Acción y efecto de molturar.
molturar. tr. **Moler.**
***molusco.** adj. *Zool.* Dícese de los animales invertebrados, de cuerpo blando, generalmente protegido por una concha más o menos dura; como el caracol. Ú. t. c. s. m. ‖ m. pl. *Zool.* Una de las grandes divisiones o tipos zoológicos.
molla. f. Parte magra de la *carne. ‖ **Molledo** (del *pan).
mollar. adj. *Blando y fácil de quebrantar. ‖ fig. Dícese de las cosas muy *ventajosas sin trabajo considerable. ‖ fig. y fam. Aplícase al que es muy *dócil o demasiado *cándido.
molle. m. *Árbol de las terebintáceas, cuya corteza y resina se estiman como antiespasmódicas. ‖ *Árbol de Bolivia, de la misma familia que el anterior.
mollear. intr. *Doblarse o ceder una cosa a la fuerza o presión, o por su misma *blandura.
molledo. m. Parte carnosa y redonda de un miembro del *cuerpo, especialmente la de los *brazos y pantorrillas. ‖ Miga del *pan.
molleja. f. *Estómago muscular que tienen las *aves.
molleja. f. d. de **Molla.** ‖ Apéndice carnoso, formado por *inflamación de las glándulas. ‖ **Criar** uno **molleja.** fr. fig. y fam. Empezar a hacerse *perezoso.
mollejón. m. Piedra de *afilar, en forma de rueda, colocada en un eje horizontal sobre una artesa con agua.
mollejón. m. fam. Hombre muy *gordo y flojo. ‖ fig. y fam. Hombre muy *apacible.
mollejuela. f. d. de **Molleja.**
mollera. f. Parte más alta del casco de la *cabeza. ‖ fig. Caletre, seso, *talento. ‖ *Zool.* Fontanela situada en la parte más alta de la frente. ‖ **Cerrado de mollera.** loc. fig. *Necio, tonto. ‖ **Ser** uno **duro de mollera.** fr. fig. y fam. Ser *obstinado o temoso. ‖ fig. y fam. Tener escasa inteligencia.
mollero. m. fam. **Molledo** (parte carnosa).
mollerón. m. *Germ.* Casco de acero.
molleta. f. *Torta de harina de flor. ‖ En algunas partes, *pan moreno.
molletas. f. pl. **Despabiladeras.**
mollete. m. *Panecillo esponjoso y de forma ovalada. ‖ En algunas partes, molledo del *brazo.
mollete. m. **Moflete.**
molletero, ra. m. y f. Persona que hace o vende molletes.
molletudo, da. adj. **Mofletudo.**
mollificar. tr. **Molificar.**
mollino, na. adj. Dícese del agua *lluvia que cae menuda y blandamente. ‖ **Mollizna.**
mollizna. f. **Llovizna.**
molliznar. intr. **Lloviznar.**
molliznear. intr. **Molliznar.**
moma. f. **Gallina ciega** (*juego).
momeador, ra. adj. Que momea.
momear. intr. Hacer momos.
momentáneamente. adv. m. Inmediatamente, muy *pronto. ‖ Por muy *breve tiempo.
momentáneo, a. adj. *Breve, fugaz, que dura poco. ‖ Que se ejecuta con *prontitud.
***momento.** m. *Instante, espacio mínimo en que se puede considerar dividido el tiempo. ‖ *Importancia, entidad. ‖ **Mec.* Producto de la intensidad de una fuerza por su distancia a un punto o a una línea. ‖ **Al momento.** m. adv. Al instante, inmediatamente. ‖ **A cada momento,** o **cada momento.** m. adv. Con *frecuencia. ‖ **Por momentos.** m. adv. *Continuada y progresivamente.
momería. f. Ejecución de *ademanes, gestos o figuras burlescas.
momero, ra. adj. Que hace momerías. Ú. t. c. s.
***momia.** f. Cadáver que se deseca y se conserva mucho tiempo sin entrar en putrefacción. ‖ fig. Persona muy *delgada y morena.
momificación. f. Acción y efecto de momificar o momificarse.
momificar. tr. Convertir en momia un cadáver. Ú. m. c. r.
momio, mia. adj. Magro, *delgado, enjuto y sin grasa. Ú. t. c. s. m. ‖ m. fig. Lo que se da u obtiene sobre la *ganancia legítima. ‖ fig. ***Ganga** (cosa muy ventajosa). ‖ **De momio.** m. adv. fig. y fam. *Gratis.
momo. m. Gesto, figura o *ademán burlesco, propio de *histriones, *danzantes, etc.
momórdiga. f. **Balsamina** (*planta).
momperada. adj. V. **Lamparilla momperada.**
mona. f. Hembra del *mono. ‖ Mamífero cuadrumano pequeño, de grandes abazones, y cola muy corta. ‖ fig. y fam. Persona que tiende a *imitar a otras. ‖ fig. y fam. ***Borrachera.** ‖ fig. y fam. Persona ebria. ‖ Juego de *naipes, en que los jugadores van deshaciéndose de las cartas que forman pareja. ‖ **Taurom.* Cierto refuerzo que se ponen los picadores en la pierna derecha. ‖ Gusano de *seda que no hila. ‖ **Corrido como una mona.** loc. fig. y fam. Dícese de la persona que ha quedado burlada y *avergonzada.
mona. f. **Hornazo** (*torta). ‖ **de Pascua.** La que se regala en la Pascua de Resurrección.
monacal. adj. Perteneciente o relativo a los monjes.
monacato. m. Estado o profesión de monje. ‖ Institución monástica.
***monacillo.** m. Niño que se dedica a ayudar a misa y otros ministerios del altar.
monacordio. m. *Instrumento músico de teclado, parecido a la espineta.
monada. f. Acción propia de mono. ‖ *Gesto o figura *afectada. ‖ Coca pequeña y *primorosa. ‖ fig. Acción alocada. ‖ fig. *Halago. ‖ fig. **Monería.**
mónada. f. En el sistema del filósofo Leibnitz, *substancia simple e indivisible de que se compone todo *ser. ‖ *Infusorio microscópico de forma redondeada, con apéndices filamentosos.
monadismo. m. Sistema *filosófico fundado en la existencia de las mónadas.
monadología. f. Teoría de las mónadas.
monago. m. fam. **Monaguillo.**
***monaguillo.** m. ***Monacillo.**
monaquismo. m. **Monacato.**
monarca. m. *Soberano de un Estado.
monarquía. f. *País regido por un monarca. ‖ Forma de *gobierno en que el poder supremo reside en un príncipe soberano. ‖ fig. Tiempo durante el cual ha perdurado este régimen político en un país.
monárquico, ca. adj. Perteneciente o relativo al monarca o a la monarquía. ‖ Partidario de la monarquía. Ú. t. c. s.
monarquismo. m. Adhesión a la monarquía.
monasterial. adj. Perteneciente al monasterio.
***monasterio.** m. Convento, ordinariamente fuera de poblado. ‖ Por ext., cualquier casa de religiosos o religiosas.
monásticamente. adv. m. Según las reglas monásticas.
***monástico, ca.** adj. Perteneciente al estado de los *monjes o al *monasterio.
monda. f. Acción y efecto de mondar. ‖ Tiempo a propósito para escamondar los árboles. ‖ **Mondadura.** ‖ Exhumación que se hace en un *cementerio, de tiempo en tiempo, conduciendo los restos humanos al osario.
monda. f. *Ofrenda de cera que va-

rios pueblos circunvecinos a Talavera de la Reina, hacen el tercer día de Pascua de Resurrección. ‖ pl. *Fiestas públicas que se celebran con dicho motivo.

mondadientes. m. Instrumento o palillo aguzado, para sacar de entre los *dientes residuos de comida.

mondador, ra. adj. Que monda. Ú. t. c. s.

mondadura. f. **Monda** (acción y efecto de mondar). ‖ *Pellejo, cáscara o *desperdicio de las cosas que se mondan. Ú. m. en pl.

mondaoídos. m. **Mondaorejas.**

mondaorejas. m. **Escarbaorejas.**

***mondar.** tr. *Limpiar o *purificar una cosa. ‖ Limpiar el *cauce de un *canal o acequia. ‖ *Podar, escamondar. ‖→ Quitar la *cáscara a las frutas, la corteza o pellejo a los tubérculos, etc. ‖ *Cortar a uno el *cabello. ‖ fig. y fam. *Privar a uno de lo que tiene.

mondarajas. f. pl. fam. Mondaduras y *desperdicios de frutas, patatas, etc.

mondaria. f. **Mundaria.**

mondejo. m. Cierto relleno o *embutido de la panza del puerco o del carnero.

mondo, da. adj. *Limpio, *puro, sencillo, sin cosas mezcladas o añadidas. ‖ **Mondo y lirondo.** loc. fig. y fam. Limpio, sin añadidura alguna.

mondón. m. *Tronco de árbol sin corteza.

mondonga. f. despect. *Criada zafia.

mondongo. m. *Intestino y panza de las reses de *matadero. ‖ fam. Los del hombre. ‖ **Hacer el mondongo.** fr. Emplearlo en hacer *embutidos.

mondonguería. f. Tienda o paraje donde se venden mondongos.

mondonguero, ra. m. y f. Persona que vende mondongos.

mondonguil. adj. fam. Perteneciente o relativo al mondongo.

mondrego. m. Persona vil y *despreciable.

monear. intr. fam. Hacer monadas.

monecillo. m. **Monacillo.**

***moneda.** f. Disco de metal acuñado con el busto del soberano o el sello del gobierno. Sirve para facilitar las transacciones comerciales, representando un valor o precio convencional. ‖ fig. y fam. **Moneda corriente.** ‖ fig. y fam. **Caudal.** ‖ **amonedada,** o **contante y sonante. Moneda metálica.** ‖ **corriente.** La legal y usual. ‖ **cortada.** La que tiene el canto liso o mellado. ‖ **de soplillo.** La de cobre, de corto valor, que circuló antiguamente en España. ‖ **de vellón.** La acuñada con liga de plata y cobre, o sólo de cobre. ‖ **divisionaria.** La que equivale a una fracción exacta de la unidad monetaria legal. ‖ **fiduciaria.** El billete de banco. ‖ **forera.** *Tributo que de siete en siete años se pagaba al rey en reconocimiento del señorío real. ‖ **imaginaria.** La que no ha existido o no existe ya. ‖ **jaquesa.** La acuñada por los reyes de Aragón en Jaca. ‖ **metálica.** Dinero en especie, para distinguirlo del papel representativo de valor. ‖ **obsidional.** La especial que se bate en una plaza sitiada. ‖ **sonante. Moneda metálica.** ‖ **trabucante.** La que tiene algo más del peso legal. ‖ **Buena moneda.** La de oro o plata. ‖ **Batir moneda.** fr. **Labrar moneda.** ‖ **Correr la moneda.** fr. fig. Pasar sin dificultad en el comercio. ‖ **Labrar moneda.** fr. Fabricarla y acuñarla. ‖ **Pagar en buena moneda.** fr. fig. Dar entera satisfacción en cualquier materia. ‖ **Pagar en la misma moneda.** fr. fig. Ejecutar una acción por correspondencia a otra, generalmente por *venganza. ‖ **Ser** una cosa **moneda corriente.** fr. fig. y fam. Ser *regular o muy *frecuente.

monedaje. m. *Impuesto que se pagaba por la fabricación de *moneda. ‖ Antiguo tributo sobre bienes muebles y raíces.

monedar. tr. **Amonedar.**

monedear. tr. **Amonedar.**

monedería. f. Oficio de monedero.

monedero. m. El que fabrica *moneda. ‖ *Bolsita de piel o de red metálica para llevar *monedas.

monería. f. **Monada.** ‖ fig. *Gesto o acción graciosa de los *niños. ‖ fig. Cualquier cosa de poca importancia.

monesco, ca. adj. fam. Propio de los *monos.

monetario, ria. adj. Perteneciente o relativo a la *moneda. ‖ m. Colección de monedas y medallas. ‖ Mueble en que se guardan. ‖ Local en que se colocan y conservan.

monetización. f. Acción y efecto de monetizar.

monetizar. tr. Dar curso legal como *moneda a billetes de banco. ‖ **Amonedar.**

monfí. m. *Musulmán o morisco que formaba parte de las cuadrillas de *ladrones de Andalucía. Ú. m. en plural.

monfortino, na. adj. Natural de Monforte, ciudad de la provincia de Lugo. Ú. t. c. s. ‖ Perteneciente a esta ciudad.

mongol, la. adj. **Mogol.**

mongólico, ca. adj. **Mogólico.**

moniato. m. **Boniato.**

monicaco. m. despect. **Hominicaco.**

monición. f. **Admonición.**

monigote. m. Lego de una *comunidad. ‖ fig. y fam. Persona *ignorante y *tosca. ‖ fig. y fam. *Muñeco o figura ridícula. ‖ fig. y fam. *Pintura o *estatua mal hecha.

monillo. m. *Indum.* Jubón de mujer, sin faldillas ni mangas. ‖ **Arq. Nav.* Especie de pitarrasa.

moninfla. f. Perinola, especie de *peón pequeño.

monipodio. m. *Confabulación para fines ilícitos.

monís. f. Cosa *pequeña o pulida. **Confit.* Especie de masa que se hace de huevos y azúcar. ‖ m. fam. **Pecunia.** Ú. m. en pl.

monismo. m. **Filos.* Doctrina que niega la distinción entre espíritu y materia como entidades diferentes.

mónita. f. Artificio, *astucia y disimulo.

monitor. m. El que *amonesta o avisa. ‖ Cierto ayudante que solía acompañar al *orador romano. ‖ *Esclavo que acompañaba a su señor en las calles para *recordarle los *nombres de las personas a quienes veía. ‖ Barco de la *armada artillado, acorazado y con espolón de acero a proa, para el servicio de exploración.

monitoria. f. **Monitorio** (amonestación que hace el Papa).

monitorio, ria. adj. Dícese de lo que sirve para avisar o *amonestar, y de la persona que lo hace. ‖ **Ecles.* m. Monición, amonestación o advertencia que el Papa o los prelados dirigen a los fieles en general.

monja. f. Religiosa de una *comunidad. ‖ pl. fig. *Chispas o *pavesas encendidas que quedan cuando se quema alguna cosa y se van apagando poco a poco.

***monje.** m. *Solitario o anacoreta. ‖ Individuo de una *comunidad religiosa, y principalmente el que vive en monasterios establecidos fuera de población. ‖ **Paro carbonero.**

monjía. f. Derecho, beneficio o plaza que el monje tiene en su monasterio.

monjil. adj. Propio de las monjas o relativo o ellas. ‖ m. Hábito de monja. ‖ *Traje de luto que usaban las mujeres. ‖ *Manga perdida propia de este traje.

monjío. m. Estado de monja. ‖ Entrada de una monja en religión.

monjita. f. d. de **Monja.**

mono. Voz que sólo se usa como prefijo, con la significación de *único o uno solo.

***mono, na.** adj. fig. y fam. Pulido, *fino, primoroso. ‖ Gracioso. ‖ → m. Nombre genérico de los animales cuadrumanos más parecidos al hombre por sus facciones, inteligencia e instinto de imitación. ‖ fig. Persona que hace *gestos o figuras parecidas a las del **mono.** ‖ fig. Joven *alocado. ‖ fig. Figura humana o de animal, pintada, o *dibujada. ‖ En América, balde de madera para llevar la uva al *lagar. ‖ *Traje de faena, de una pieza, que usan los mecánicos y otros artesanos. ‖ **capuchino.** Especie americana cuya cola no es prensil. ‖ **negro. Mono capuchino.** ‖ **sabio.** **Taurom.* Mozo que sirve de ayudante al picador. ‖ **Estar de monos** dos o más personas. fr. fig. y fam. Estar enojadas o *enemistadas.

monobásico, ca. adj. *Miner.* Dícese del *cristal que sólo tiene una base.

monoceronte. m. **Monocerote.**

monocerote. m. **Unicornio.**

monociclo. m. *Velocípedo de una sola rueda.

monoclamídea. adj. **Bot.* Dícese de las plantas dicotiledóneas que tienen perigonio sencillo. Ú. t. c. s. f. ‖ f. pl. *Bot.* Clase de estas plantas.

monocordio. m. *Instrumento antiguo compuesto de una caja armónica y una sola cuerda tendida sobre varios puentecillos fijos o movibles. Se tocaba con púa.

monocotiledón. adj. **Bot.* **Monocotiledóneo.** Ú. t. c. s. m. ‖ m. pl. *Bot.* **Monocotiledóneas.**

monocotiledóneo, a. adj. **Bot.* Dícese de las plantas que crecen exclusivamente por el centro y cuyas semillas tienen un solo cotiledón. Ú. t. c. s. f. ‖ f. pl. **Bot.* Una de las dos clases en que se dividen las plantas cotiledóneas

monocromo, ma. adj. De un solo *color.

monocular. adj. Relativo a uno solo de los dos *ojos.

monóculo, la. adj. Que tiene un solo *ojo. Ú. t. c. s. ‖ m. *Lente para un solo ojo. ‖ **Cir.* Vendaje que se aplica a uno solo de los dos ojos.

monodia. f. *Canto para una sola voz.

monofásico, ca. adj. **Electr.* Dícese de la corriente que varía según una ley periódica y cambia de sentido dos veces en cada período.

monofilo, la. adj. **Bot.* Dícese de los órganos de las plantas que constan de una sola hojuela o de varias soldadas entre sí.

monogamia. f. Calidad de monógamo. ‖ Régimen familiar que veda la pluralidad de esposas.

monógamo, ma. adj. *Casado con una sola mujer. Ú. t. c. s. ‖ Que se ha casado una sola vez. Ú. t. c. s. ‖ *Zool.* Dícese de los animales

en que el macho sólo se aparea con una hembra.
monogenismo. m. Doctrina *antropológica, que considera todas las razas humanas descendientes de un tipo primitivo y único.
monogenista. m. Partidario del monogenismo.
monografía. f. *Obra o tratado especial de determinada parte de una ciencia, o de algún asunto en particular.
monográfico, ca. adj. Perteneciente o relativo a la monografía.
monograma. m. **Cifra** (enlace de letras).
monoico, ca. adj. *Bot.* Aplícase a las plantas que tienen separadas las flores de cada sexo, pero en un mismo pie.
monolítico, ca. adj. Perteneciente o relativo al monolito. || Que está hecho de un solo bloque de *piedra.
monolito. m. *Monumento de *piedra de una sola pieza.
***monologar.** intr. Hablar uno consigo mismo.
***monólogo.** m. **Soliloquio.** || Especie de obra *dramática en que habla un solo personaje.
monomanía. f. *Locura o manía limitada a una sola idea. || *Prejuicio infundado.
monomaniaco, ca o **monomaníaco, ca.** adj. Que padece monomanía. Ú. t. c. s.
monomaquia. f. Duelo o *desafío singular.
monometalismo. m. Sistema de *moneda en que rige un patrón único.
monometalista. com. Partidario del monometalismo.
monomio. m. **Álg.* Expresión que consta de un solo término.
monono, na. adj. *Gracioso, salado. Dícese especialmente de los niños y de las mujeres jóvenes.
monopastos. m. **Polea simple.**
monopétalo, la. adj. *Bot.* De un solo pétalo.
monoplano. m. *Avión con sólo un par de alas en un mismo plano.
***monopolio.** m. Aprovechamiento exclusivo de alguna industria o comercio. || Convenio hecho entre los mercaderes de vender los géneros a un determinado precio.
monopolista. com. Persona que ejerce monopolio.
monopolizador, ra. adj. Que monopoliza. Ú. t. c. s.
***monopolizar.** tr. Establecer o practicar un *monopolio.
monóptero, ra. adj. *Arq.* Aplícase al templo, u otro edificio redondo, cuyo techo sólo se sustenta en *columnas.
monorquidia. f. *Pat.* Existencia de un solo *testículo en el escroto.
monorrefringente. adj. **Ópt.* Que sólo produce la refracción simple.
monorrimo, ma. adj. De una sola rima.
monorrítmico, ca. adj. De un solo *ritmo.
monosabio. m. **Mono sabio.**
monosépalo, la. adj. *Bot.* De un solo sépalo.
monosilábico, ca. adj. **Pros.* Perteneciente o relativo al monosílabo.
monosílabo, ba. adj. *Gram.* De una sola sílaba. Ú. t. c. s. m.
monospastos. m. **Monopastos.**
monospermo, ma. adj. *Bot.* Aplícase al *fruto que sólo contiene una *semilla.
monóstrofe. f. Composición *poética de una sola estrofa.
monote. m. fam. Persona que permanece *enajenada o *atontada. || Riña, *contienda.
monoteísmo. m. Doctrina *teológica que reconoce un solo Dios.
monoteísta. adj. Que profesa el monoteísmo. Ú. t. c. s. || Perteneciente o relativo al monoteísmo.
monotelismo. m. *Herejía que sólo admitía en Cristo una voluntad divina.
monotelita. adj. Partidario del monotelismo. Ú. t. c. s. || Perteneciente o relativo al monotelismo.
monotipia. f. **Impr.* Procedimiento para componer con el monotipo. || **Monotipo.**
monotipista. com. Persona que maneja una monotipia.
monotipo. m. **Impr.* Máquina para componer que funde los caracteres uno a uno.
monótonamente. adv. m. Con monotonía.
monotonía. f. Uniformidad, *igualdad de tono en el que habla, recita, canta, etc. || fig. Falta de variedad en lo que suele y debe tenerla.
monótono, na. adj. Que adolece de monotonía.
monovalente. adj. **Quím.* **Univalente.**
monovero, ra. adj. Natural de Monóvar. Ú. t. c. s. || Perteneciente a esta villa de Alicante.
monseñor. m. *Tratamiento de honor que se da en algunos países extranjeros a los *prelados, príncipes, etcétera.
monserga. f. fam. *Lenguaje confuso. || Discurso enfadoso e *importuno.
monsieur. Voz francesa que significa señor, y se usa como *tratamiento.
monstro. m. desus. **Monstruo.**
***monstruo.** m. Producción *anormal o que contradice el orden regular de la naturaleza. || Cosa excesivamente *grande o extraordinaria. || Persona o cosa muy *fea. || Persona muy *cruel y perversa. || *Versos sin sentido que el compositor escribe para indicar al libretista la disposición de palabras y acentos en los cantables.
monstruosamente. adv. m. Con monstruosidad.
monstruosidad. f. *Irregularidad grave en la proporción que deben tener las cosas. || Suma fealdad o *deformidad.
monstruoso, sa. adj. Que es contra el orden de la naturaleza; *anormal, *deforme. || Excesivamente *grande o extraordinario. || Enormemente vituperable o *perverso.
monta. f. Acción y efecto de montar. || **Acaballadero.** || *Adición de varias partidas. || *Precio, calidad y *estimación intrínseca de una cosa. || *Mil.* *Toque para que monte la caballería.
montacargas. m. Ascensor destinado para *levantar pesos.
montada. f. **Desveno.**
montadero. m. **Montador** (poyo).
montado, da. adj. Dícese del *soldado que el caballero de orden militar enviaba a la guerra en lugar suyo. Ú. t. c. s. || Aplícase al que sirve en la guerra a caballo. Ú. t. c. s. || Dícese del *caballo dispuesto para poderlo montar.
montador. m. El que *monta. || Poyo, escabel, asiento u otra cosa que sirve para *montar fácilmente en las caballerías. || **Mec.* Operario especializado en el montaje de una máquina.
montadura. f. Acción y efecto de montar o montarse. || **Montura** (arreos). || **Engaste.**
montaje. m. Acción y efecto de montar o *combinar las piezas de una *máquina. || pl. Cureña de las piezas de *artillería.
montambanco. m. **Saltaembanco.**
montanera. f. *Pasto de *bellota para el ganado de cerda. || Tiempo en que está pastando. || **Estar** uno **en montanera.** fr. fig. y fam. Tener *alimento muy abundante.
montanero. m. *Guarda de monte o dehesa.
montanismo. m. *Herejía de Montano, que se decía enviado de Dios.
montanista. adj. Partidario del montanismo. Apl. a pers., ú. t. c. s. || Perteneciente a él.
montano, na. adj. Perteneciente o relativo al *monte.
montantada. f. *Jactancia vana. || Muchedumbre, *multitud.
montante. adj. **Blas.* Aplícase a los crecientes cuyas puntas están hacia el jefe del escudo, y a las abejas y mariposas, volando hacia lo alto. || m. *Espada de grandes gavilanes, que es preciso esgrimir con ambas manos. || Pie derecho de una máquina o *armazón. || *Arq.* Listón o columnita que divide el vano de una *ventana. || *Arq.* Ventana sobre la puerta de una habitación. || f. *Mar.* Flujo o pleamar. || **Meter el montante.** fr. **Esgr.* Separar con él las batallas. || fig. *Mediar uno en una disputa para cortarla.
montantear. intr. Manejar el montante en el juego de la *esgrima. || fig. Hablar con *jactancia y superioridad.
montantero. m. El que peleaba con montante.
***montaña.** f. Grande elevación natural del terreno. || Territorio cubierto y erizado de montes. || **de pinos.** *Germ.* **Mancebía.** || **rusa.** Elevación natural o artificial que forma declive más o menos recto, por el cual se desliza sobre carriles un carrito ocupado por una o más personas. Es un género de *diversión o deporte.
montañero, ra. m. y f. Persona que practica el montañismo.
montañés, sa. adj. Natural de una montaña o *habitante en ella. Ú. t. c. s. || Perteneciente o relativo a la montaña. || Natural de la Montaña de Santander. Ú. t. c. s. || Perteneciente a esta región. || m. Vendedor de *vinos por menor, en Andalucía.
montañeta. f. d. de **Montaña.**
montañismo. m. *Deporte que consiste en escalar altas *montañas.
montañoso, sa. adj. Perteneciente o relativo a las *montañas. || Abundante en ellas.
montañuela. f. d. de **Montaña.**
montaplatos. m. Aparato elevador para *subir los platos a los comedores situados en planta alta.
***montar.** intr. Ponerse o *subirse encima de una cosa. Ú. t. c. r. || → Subir en un caballo u otra cabalgadura. Ú. t. c. tr. y c. r. || **Cabalgar.** Ú. t. c. tr. || fig. Ser una cosa de *importancia. || tr. Imponer una *multa por haber entrado en el monte ganados. || **Acaballar.** || En las *cuentas, sumar una cantidad total, las partidas diversas. || Armar, *combinar debidamente las piezas de cualquier aparato o *máquina. || Tratándose de piedras preciosas, **engastar.** || **Amartillar** (las *armas de fuego*). || *Mar.* Aplicado a un buque, mandarlo. || *Mar.* Tener un buque, o poder llevar, tantos o cuantos *cañones. || **Mar.* Tratándose de un cabo, promontorio, etc., doblarlo. || **Tanto monta.**

expr. con que se significa que una cosa es *igual a otra.
montaracía. f. Cantidad que se paga al dueño de un monte por hacer *carbón en él.
montaraz. adj. Que anda por los *montes o se ha criado en ellos. ‖ fig. *Fiero, indómito. ‖ fig. *Intratable, *grosero. ‖ m. *Guarda de montes o heredades. ‖ Mayordomo de campo.
montaraza. f. Guardesa de *montes o heredades. ‖ Mujer del montaraz.
montazgar. tr. Cobrar y percibir el montazgo.
montazgo. m. *Tributo pagado por el *tránsito de *ganado por un monte.
***monte.** m. *Montaña, gran elevación natural del terreno. ‖ → Tierra inculta cubierta de árboles, arbustos o matas. ‖ fig. Grave estorbo o *impedimento. ‖ fig. y fam. *Cabellera muy espesa y desaseada. ‖ Cartas que en ciertos juegos de *naipes, quedan para robar. ‖ Juego de *naipes, de envite y azar. ‖ **Monte de piedad.** ‖ *Germ.* **Mancebía.** ‖ **alto.** El poblado de árboles grandes. ‖ Estos mismos árboles. ‖ **bajo.** El poblado de arbustos, matas o hierbas. ‖ **blanco. Monte** descuajado que se destina a la repoblación. ‖ **cerrado. Moheda.** ‖ **de piedad.** Establecimiento público que hace *préstamos sobre ropas o alhajas. ‖ **de Venus.** Pubis de la mujer. ‖ Pequeña eminencia de la palma de la *mano, en la raíz de los dedos. ‖ **hueco. Oquedal.** ‖ **pardo. Encinar.** ‖ **pío. Montepío.** ‖ **Andar** uno **a monte.** fr. fig. Andar fuera de poblado, *huyendo de la justicia. ‖ fig. y fam. Estar *ausente de un lugar o reunión antes frecuentados. ‖ **Apostar un monte.** fr. Entresacar las matas bajas para que formen un **monte** alto. ‖ **Batir,** o **correr,** el **monte. Correr montes.** frs. Ir de *caza.
montea. f. Acción de montear la *caza. ‖ **Arq.* *Dibujo de tamaño natural que se hace del todo o parte de una obra. ‖ *Arq.* **Estereotomía.** ‖ *Arq.* Sagita de un *arco o bóveda.
montear. tr. Buscar y perseguir la *caza en los montes. ‖ *Arq.* Trazar la montea de una obra. ‖ *Arq.* Voltear o formar *arcos.
montenegrino, na. adj. Natural de Montenegro. Ú. t. c. s. ‖ Perteneciente a este país de Europa.
montenegro. m. En algunos países de América, *jardín.
montepío. m. Depósito de dinero formado por los individuos de un cuerpo para mejorar las *pensiones o *socorrer a sus familias. ‖ Establecimiento público o particular fundado con el propio objeto.
***montera.** f. Prenda para abrigo de la cabeza, que generalmente se hace de paño. ‖ *Techumbre de cristales sobre un patio, galería, etc. ‖ Cubierta convexa que tapa la caldera de un *alambique. ‖ *Mar.* **Monterilla** (*vela triangular).
montera. f. Mujer del montero.
montería. f. Sitio donde se hacen *monteras. ‖ Tienda o sitio donde se venden.
monterero, ra. m. y f. Persona que hace o vende *monteras.
***montería.** f. Caza mayor. ‖ Arte de cazar.
monterilla. f. d. de **Montera.** ‖ *Mar.* *Vela triangular que se larga sobre los últimos juanetes.
montero, ra. m. f. Persona que persigue la *caza en el monte o la ojea. ‖ **de cámara,** o **de Espinosa.** *Criado distinguido de la casa real, que guardaba durante la noche la antecámara de los reyes. ‖ **de lebrel.** El que tiene a su cuidado los lebreles. ‖ **de traílla.** El que tenía a su cargo la traílla. ‖ **mayor.** Uno de los jefes de palacio, encargado de dirigir la montería.
monterón. m. aum. de **Montera.**
monterrey. m. Especie de *pastel de figura abarquillada.
monteruca. f. despect. de **Montera.**
montés. adj. Que anda, está o se cría en el *monte.
montesa. adj. f. poét. **Montés.**
montesco. m. Individuo de una familia de Verona, célebre por su *rivalidad con la de los Capeletes. Ú. m. en pl. ‖ **Haber Montescos y Capeletes.** fr. fig. y fam. Existir gran *discordia.
montesino, na. adj. **Montés.**
montevideano, na. adj. Natural de Montevideo. Ú. t. c. s. ‖ Perteneciente a esta ciudad del Uruguay.
montgolfier. m. **Aeron.* Globo que se eleva por medio del aire caliente.
***montículo.** m. Monte pequeño, por lo común aislado.
montilla. m. fig. *Vino de Montilla.
monto. m. **Monta** (suma de varias partidas).
***montón.** m. Conjunto de cosas puestas sin orden unas encima de otras. ‖ fig. y fam. Cantidad *abundante. ‖ **de tierra.** fig. y fam. Persona *inútil y *desaliñada. ‖ Persona muy *anciana. ‖ **A montón.** m. adv. fig. **A bulto.** ‖ **A, de,** o **en, montón.** m. adv. fig. y fam. Juntamente; sin distinción. ‖ **A montones.** m. adv. fig. y fam. *Abundantemente. ‖ **Ser** uno **del montón.** fr. fig. y fam. Ser adocenado y *vulgar.
montonera. f. Grupo de caballería irregular. ‖ **Almiar.**
montonero. m. El encargado de anotar la cosecha de cada labrador para imponerle el *diezmo correspondiente. ‖ El que por *cobardía sólo provoca la lucha cuando está rodeado de sus partidarios. ‖ Individuo de la montonera. ‖ **Guerrillero.**
montoreño, ña. adj. Natural de Montoro. Ú. t. c. s. ‖ Perteneciente a esta ciudad.
montoso, sa. adj. **Montuoso.**
montuno, na. adj. Perteneciente o relativo al *monte. ‖ **Rústico.**
montuosidad. f. Calidad de montuoso.
montuoso, sa. adj. Relativo a los *montes. ‖ Abundante en ellos.
montura. f. **Cabalgadura.** ‖ Conjunto de las *guarniciones o arreos de una caballería de silla. ‖ **Montaje.**
monuelo, la. adj. d. de **Mono.** ‖ *Joven *afectado y sin seso. Ú. t. c. s.
monumental. adj. Perteneciente o relativo al *monumento. ‖ fig. y fam. Muy excelente, *grande o *excesivo.
***monumento.** m. Inscripción, sepulcro u otra construcción destinada a recordar una acción heroica u otra cosa singular. ‖ Túmulo o *altar en que se reserva la *Eucaristía el Jueves Santo. ‖ Objeto o *documento de ultilidad para la *historia. ‖ Obra famosa. ‖ ***Sepulcro.**
monzón. amb. *Viento periódico en el Océano Índico.
moña. f. **Muñeca** (*juguete y maniquí).
moña. f. Lazo que usan las mujeres para el *tocado. ‖ Adorno de *cintas que suele colocarse en lo alto de la divisa de los toros de *lidia. ‖ Lazo grande de cintas negras que, sujeto con la coleta, se ponen los *toreros en la cabeza. ‖ *Gorro para los niños de pecho.
moña. f. fig. y fam. ***Borrachera.**
moñajo. m. despect. de **Moño.**
moñista. adj. *Jactancioso.
moño. m. Atado que se hacen las mujeres con el *cabello para tenerlo recogido o por adorno. ‖ Lazo de *cintas. ‖ Grupo de *plumas que sobresale en la cabeza de algunas aves. ‖ Espuma de la *leche. ‖ pl. Adornos *superfluos o de mal gusto. ‖ **Hacerse** una **el moño.** fr. fig. y fam. Peinarse. ‖ **Ponérsele** a uno una cosa **en el moño.** fr. fig. y fam. *Obstinarse en algún propósito. ‖ **Ponerse** uno **moños.** fr. Atribuirse méritos, *engreírse, *jactarse.
moñón, na. adj. **Moñudo.**
moñudo, da. adj. Que tiene moño. Dícese regularmente de las *aves.
moquear. intr. Echar *mocos.
moqueo. m. Secreción nasal abundante.
moquero. m. *Pañuelo para limpiarse los mocos.
maqueta. f. Tela fuerte de lana, de que se hacen *alfombras y *tapices.
moquete. m. *Golpe dado con el puño en el rostro.
moquetear. intr. fam. Moquear frecuentemente.
moquetear. tr. Dar moquetes.
moquillo. m. Enfermedad catarral de algunos animales, y señaladamente de los *perros y *gatos jóvenes, *gallinas, etc. ‖ *Equit.* *Nudo corredizo con que se sujeta el labio superior del caballo para domarlo.
moquita. f. *Moco claro que fluye de la nariz.
mor. m. Aféresis de **Amor.** ‖ **Por mor de.** loc. **Por amor de.**
mora. f. *For.* *Dilación o tardanza en cumplir una obligación, pagar una *deuda, etc.
mora. f. *Fruto del moral, formado por la agregación de globulillos carnosos, blandos, agridulces, de color morado casi negro. ‖ Fruto de la morera, muy parecido al anterior, pero de color blanco. ‖ ***Zarzamora.** ‖ En Honduras, ***frambuesa.**
morabetino. m. *Moneda almorávid, de plata, muy pequeña.
morabito. m. Anacoreta *mahometano. ‖ Especie de ermita, en despoblado, en que vive un **morabito.**
morabuto. m. **Morabito.**
moracho, cha. adj. Morado bajo. Ú. t. c. s.
morada. f. Casa o *habitación. ‖ Estancia algo continuada en un lugar.
morado, da. adj. De *color entre carmín y azul. Ú. t. c. s.
morador, ra. adj. Que *habita o está de asiento en un paraje. Ú. t. c. s.
moradura. f. **Equimosis.**
moradux. m. **Almoradux.**
moraga. f. *Manojo que forman las espigaderas. ‖ Acto de *asar al aire libre *pescados, frutas, etc.
morago. m. **Moraga** (manojo). ‖ Tajada del lomo del cerdo tostada a la lumbre.
***moral.** adj. Perteneciente o relativo a la **moral.** ‖ Por oposición a físico, lo que sólo puede apreciarse por el entendimiento o la *conciencia. ‖ Que no concierne al orden jurídico, sino al fuero de la conciencia. ‖ f. Ciencia que trata de las acciones humanas en orden a su bondad o malicia.
moral. m. *Árbol de las móreas, cuyo fruto es la mora.
moraleja. f. *Experiencia o ense-

ñanza *moral que se deduce de un cuento, fábula, etc.

***moralidad.** f. Conformidad de una acción o doctrina con los preceptos de la sana moral. ‖ Cualidad de las acciones humanas que las hace buenas. ‖ **Moraleja.**

moralista. m. Profesor de *moral. ‖ Autor de obras de moral. ‖ El que estudia moral. ‖ Clérigo que se ordena sin haber estudiado más que latín y moral.

moralización. f. Acción y efecto de moralizar o moralizarse.

moralizador, ra. adj. Que moraliza. Ú. t. c. s.

moralizar. tr. *Corregir las malas costumbres enseñando las buenas. Ú. t. c. r. ‖ intr. Discurrir sobre un asunto para deducir alguna enseñanza *moral.

moralmente. adv. m. Según las reglas *morales. ‖ Con *moralidad. ‖ Según el juicio general y el común sentir de los hombres.

moranza. f. **Morada.**

morapio. m. ***Vino tinto.**

morar. intr. *Habitar de asiento en un lugar.

moratiniano, na. adj. Propio y característico de cualquiera de los dos Moratines como *escritores.

morato. adj. V. ***Trigo morato.**

moratoria. f. *Plazo que se otorga para pagar una *deuda vencida.

moravo, va. adj. Natural de Moravia. Ú. t. c. s. ‖ Perteneciente a esta región.

morbidez. f. Calidad de mórbido; *blando, suave.

morbideza. f. desus. **Morbidez.**

morbididad. f. **Morbilidad.**

mórbido, da. adj. Que padece *enfermedad o la ocasiona. ‖ *Blando, suave.

morbífico, ca. adj. Que causa o puede causar *enfermedades.

morbilidad. f. Número proporcional de personas *enfermas en población y tiempo determinados.

morbo. m. ***Enfermedad.** ‖ **comicial.** *Pat.* **Epilepsia.** ‖ **gálico.** *Pat.* Bubas o gálico. ‖ **regio.** *Pat.* **Ictericia.**

morboso, sa. adj. **Enfermo.** ‖ Que causa *enfermedad o concierne a ella.

morcacho. m. **Morcajo.**

morcajo. m. **Tranquillón.**

morcas. f. pl. *Heces del *aceite.

morceguila. f. Excremento de los *murciélagos.

morcella. f. *Chispa que salta del pabilo de una luz.

morciguillo. m. **Murciélago.**

***morcilla.** f. Embutido relleno de sangre cocida y condimentada. A veces se le añaden piñones, migas de pan, etc. ‖ Embutido preparado con *veneno para matar los perros vagabundos. ‖ fig. y fam. Añadidura de su invención, que hacen algunas veces los *actores al papel que representan. ‖ **ciega.** La que se hace con la parte cerrada del intestino ciego.

morcillero, ra. m. y f. Persona que hace o vende *morcillas. ‖ fig. y fam. *Actor que intercala morcillas.

morcillo. m. Parte musculosa del *brazo, desde el hombro hasta cerca del codo.

morcillo, lla. adj. Aplícase a la *caballería de color negro con viso rojizo.

morcillón. m. aum. de **Morcilla.** ‖ Estómago del cerdo, carnero u otro animal, *embutido como la morcilla.

morcón. m. *Intestino grueso de algunos animales. ‖ *Embutido hecho con este intestino. ‖ fig. y fam. Persona *gorda y *baja. ‖ fig. y fam. Persona sucia y *desaliñada.

morcuero. m. **Majano.**

mordacidad. f. Calidad de *mordaz.

mordaga. f. ***Borrachera.**

mordante. m. **Impr.* Regla doble que usaban los cajistas para sujetar el original.

***mordaz.** adj. *Corrosivo. ‖ Áspero y *picante al paladar. ‖ → fig. Que murmura o critica con malignidad. ‖ fig. Que hiere u ofende con maledicencia punzante.

mordaza. f. Instrumento que se pone en la *boca para impedir a uno que hable o grite. ‖ Aparato para disminuir el retroceso de las piezas de *artillería. ‖ *Mar.* Máquina de hierro para detener la salida de la cadena del *ancla. ‖ **Veter.* Instrumento compuesto de dos piezas de madera, entre las cuales se sujeta la parte alta del escroto, para evitar derrames en la *castración.

mordazmente. adv. m. Con mordacidad.

mordedor, ra. adj. Que muerde. ‖ fig. Que satiriza o *murmura.

***mordedura.** f. Acción y efecto de morder.

mordente. m. **Mordiente** (para fijar los colores). ‖ **Mús.* Adorno musical formado por una o más notas que, antepuestas a la principal, se ejecutan rápidamente. ‖ *Mús.* **Quiebro.**

***morder.** tr. Asir y apretar con los dientes una cosa clavándolos en ella. ‖ **Mordicar.** ‖ *Asir una cosa a otra, haciendo presa en ella. ‖ *Desgastar insensiblemente, como hace la lima. ‖ Entre *grabadores, corroer el agua fuerte la parte dibujada de la plancha. ‖ fig. *Murmurar o *zaherir. ‖ **Impr.* Interponerse los bordes de la frasqueta entre el molde y el papel que se ha de imprimir. ‖ **A muerde y sorbe.** loc. con que se indica la manera de tomar los manjares que tienen a la par de sólidos y líquidos.

mordicación. f. Acción y efecto de mordicar.

mordicante. p. a. de **Mordicar.** Que mordica. ‖ adj. Acre, *corrosivo. ‖ fig. Dícese de la persona que suele *zaherir a otros, pero sin atacar la honra.

mordicar. tr. Picar o punzar como *mordiendo.

mordicativo, va. adj. Que mordica o tiene virtud de mordicar.

mordido, da. adj. fig. Menoscabado, *escaso, *incompleto.

mordiente. p. a. de **Morder.** Que muerde. ‖ m. Substancia que se utiliza para fijar el color con que se *tiñe alguna cosa. ‖ Substancia que emplean los *doradores para fijar los panes de oro. ‖ Agua fuerte con que se muerde una plancha para *grabarla. ‖ pl. *Germ.* Las tijeras.

mordihuí. m. **Gorgojo.**

mordimiento. m. **Mordedura.**

mordiscar. tr. *Morder frecuente o ligeramente, sin hacer presa. ‖ **Morder.**

mordisco. m. Acción y efecto de *morder o mordiscar. ‖ Mordedura que se hace sin causar grave lesión. ‖ *Pedazo que se saca de una cosa mordiéndola.

mordisquear. tr. **Mordiscar.**

moreda. f. **Moral** (*árbol). ‖ **Moreral.**

morel de sal. m. *Pint.* Cierto *color morado carmesí, hecho a fuego.

morena. f. *Pez malacopterigio ápodo, de carne comestible poco estimada.

morena. f. Hogaza o *pan de color moreno.

morena. f. *Montón de mieses *segadas. ‖ **Geol.* Montón de *piedras que se forma en los heleros.

morendo. m. adv. **Mús.* Disminuyendo la intensidad del sonido hasta casi apagarse.

morenero. m. Ayudante del que *esquila.

morenillo. m. Masa de carbón molido y vinagre, de que usan los que *esquilan para curar las cortaduras.

moreno, na. adj. Aplícase al *color obscuro que tira a negro. ‖ Hablando del color de la *tez, el menos claro en la raza blanca. ‖ fig. y fam. **Negro.** Ú. m. c. s. ‖ **Mulato.** Ú. t. c. s. ‖ m. **Morenillo.** ‖ **Sobre ello,** o **sobre eso, morena.** expr. fam. que declara la resolución de sostener con *constancia un empeño.

morenote, ta. adj. aum. de **Moreno.**

móreo, a. adj. **Bot.* Dícese de árboles y arbustos dicotiledóneos, cuyo tipo es el moral. Ú. t. c. s. f. ‖ f. pl. *Bot.* Familia de estos árboles y arbustos.

morera. f. *Árbol de las móreas, cuya hoja sirve de alimento al gusano de seda, y cuyo fruto es la mora. ‖ **blanca. Morera.** ‖ **negra. Moral.**

moreral. m. Sitio plantado de moreras.

morería. f. *Barrio donde habitaban los moros. ‖ País o territorio propio de moros.

moretón. m. fam. **Equimosis.**

morfa. f. *Hongo parásito que ataca los *naranjos y limoneros.

morfea. adj. *Veter.* V. **Blanca morfea.**

Morfeo. n. p. m. **Mit.* Dios del sueño.

morfina. f. Alcaloide que se extrae del opio, y cuyas sales se emplean como *medicamento *narcótico y *anestésico.

morfinismo. m. Estado morboso producido por el abuso de la morfina.

morfinomanía. f. *Vicio del morfinómano.

morfinómano, na. adj. Que tiene el hábito de abusar de la morfina. Ú. t. c. s.

morfología. f. Parte de la historia natural, que trata de la *forma de los seres orgánicos. ‖ **Gram.* Tratado de las formas de las palabras.

morfológico, ca. adj. Perteneciente o relativo a la morfología.

morga. f. **Alpechín.** ‖ **Coca** (baya pequeña).

morganático, ca. adj. V. ***Matrimonio morganático.** ‖ Dícese del que contrae este matrimonio.

morgaño. m. **Musgaño.**

morgue. f. En Francia, depósito judicial de *cadáveres.

moriángano. m. ***Fresa** (planta).

***moribundo, da.** adj. Que está muriendo o a punto de *morir. Apl. a pers., ú. t. c. s.

morichal. m. Terreno poblado de moriches.

moriche. m. Árbol intertropical, de la familia de las *palmas, de cuyo tronco se saca un licor azucarado potable y una fécula alimenticia. ‖ *Pájaro americano, domesticable, muy estimado por su canto.

moriego, ga. adj. **Moruno.**

morigeración. f. Templanza o *moderación en las costumbres.

morigerado, da. adj. Bien criado; de buenas costumbres.

morigerar. tr. *Moderar los excesos de los afectos y acciones. Ú. t. c. r.

morilla. f. **Cagarria.**

morillero. m. **Mochil.**

morillo. m. Caballete de hierro que se pone en el *hogar para *apoyar la leña.
morión. m. *Amuleto de ónice que se usaba contra la epilepsia.
moriondo, da. adj. Dícese de la *oveja que tiene apetito *venéreo.
***morir.** intr. Perder la vida. ‖ fig. Fenecer o *terminar del todo cualquier cosa. ‖ fig. Sentir violentamente alguna *pasión, deseo o necesidad fisiológica. ‖ fig. *Apagarse la luz o el fuego. Ú. t. c. r. ‖ fig. Cesar una cosa en su curso, *detenerse. ‖ fig. En algunos juegos de *naipes, quedar sin resultado una partida. ‖ fig. En el juego de la oca, dar con los puntos del *dado en la casilla donde está pintada la muerte. ‖ r. **Morir.** ‖ fig. *Entumecerse un miembro del cuerpo. ‖ **Morir** uno **civilmente.** fr. Quedar *aislado del trato. ‖ **Morir** uno **vestido.** fr. fig. y fam. **Morir** violentamente. ‖ **Morir,** o **morirse,** uno **por** una persona o cosa. fr. fig. *Amarla en extremo o tenerle gran *afición.
morisco, ca. adj. **Moruno.** ‖ Dícese de los moros *conversos que al tiempo de la restauración de España se quedaron en ella. Ú. t. c. s. ‖ Perteneciente a ellos. ‖ **Etnogr.* Dícese del descendiente de mulato y europea o de mulata y europeo. Ú. t. c. s.
morisma. f. Secta de los moros. ‖ Multitud de moros. ‖ **A la morisma.** m. adv. A la manera de los moros.
morisqueta. f. Ardid o *astucia propia de moros. ‖ fig. y fam. Acción con que uno pretende *engañar o *burlar a otro. ‖ *Arroz cocido con agua y sin sal, que comen los indígenas de Filipinas.
morito. m. **Falcinelo.** ‖ Variedad del juego de *billar con tres bolas y dos palos, uno de ellos negro.
morlaco, ca. adj. *Disimulado, que finge tontería o ignorancia. Ú. t. c. s. ‖ m. **Patacón** (duro). ‖ **Taurom.* Toro de lidia.
morlaco, ca. adj. Natural de Morlaquia. Ú. t. c. s. ‖ Perteneciente a este país de Austria.
morlés. m. *Tela de lino fabricada en **Morlés.** ‖ **Morlés de Morlés.** loc. fig. y fam. con que se da a entender que una cosa es casi *igual a otra.
morlón, na. adj. **Morlaco** (disimulado). Ú. t. c. s.
mormera. f. Resfriado.
mormón, na. m. y f. Persona que profesa el mormonismo.
mormónico, ca. adj. Perteneciente o relativo al mormonismo.
mormonismo. m. *Secta religiosa establecida en los Estados Unidos, que practica la poligamia. ‖ Conjunto de doctrinas y costumbres de esta secta.
mormullar. intr. **Murmurar.**
mormullo. m. **Murmullo.**
moro, ra. adj. Natural de la parte del África septentrional, frontera de España. Ú. t. c. s. ‖ Perteneciente a esta parte de África o a sus naturales. ‖ Dícese de la *caballería de pelo negro con una mancha blanca en la frente y calzada de una o de dos extremidades. ‖ Por ext., ***mahometano.** Ú. t. c. s. ‖ fig. y fam. Aplícase al *vino que no está aguado. ‖ fig. y fam. Dícese del que no ha sido *bautizado. ‖ **de paz. Moro** marroquí al servicio de España. ‖ fig. Persona *pacífica. ‖ **de rey.** *Soldado de a caballo del ejército regular del imperio marroquí. ‖ **mogataz.** Soldado indígena al servicio de España en los presidios de África. ‖ **Moros y cristianos.** *Fiesta pública en que se representaba una batalla entre soldados de ambos bandos. ‖ **Haber moros en la costa.** fr. fig. y fam. con que se recomienda la *precaución y cautela. ‖ **Haber moros y cristianos.** fr. fig. y fam. Haber gran *discordia o *contienda. ‖ **Moros van, moros vienen.** loc. fig. y fam. que se dice de aquel que está casi *borracho.
morocada. f. Topetada de carnero.
morocho, cha. adj. V. **Maíz morocho.** Ú. t. c. s. ‖ fig. y fam. Tratándose de personas, robusto, *fuerte y de buena *salud. ‖ fig. **Moreno.**
morojo. m. **Madroño.**
morón. m. *Montículo de tierra.
moroncho, cha. adj. **Morondo.**
morondanga. f. fam. *Mezcla de cosas inútiles.
morondo, da. adj. Pelado o mondado de *cabellos o de *hojas.
moronía. f. **Alboronía.**
morosamente. adv. m. Con morosidad.
morosidad. f. *Lentitud, *dilación. ‖ Falta de actividad, *negligencia, *inacción.
moroso, sa. adj. Que incurre en morosidad. ‖ Que la denota o implica.
morquera. f. **Hisopillo** (mata).
morra. f. Parte superior de la *cabeza. ‖ **Andar a la morra.** fr. fig. y fam. **Andar al morro.**
morra. f. *Juego entre dos personas que a un mismo tiempo presentan la mano con más o menos dedos extendidos y dicen un número inferior a diez. Gana el que acierta el número que forman dichos dedos sumados. ‖ El puño, que en este juego vale cero. ‖ **muda.** El mismo juego cuando se hace simplemente a pares o nones.
morra. Voz para *llamar a la *gata.
morrada. f. *Golpe dado con la cabeza. ‖ fig. Guantada, bofetada.
morral. m. *Saco con *pienso, que se cuelga de la cabeza a las bestias de manera que puedan comer su contenido. ‖ Saco que se cuelgan las personas a la espalda, para llevar provisiones o transportar alguna cosa. ‖ fig. y fam. Hombre *necio y *grosero. ‖ *Mar.* *Vela rastrera, que largan los jabenques en la punta del botalón.
morralla. f. **Boliche** (*pescado menudo). ‖ fig. *Mezcla de cosas inútiles.
morrena. f. **Geol.* **Morena,** montón de *piedras.
morreras. f. pl. Pupas en los *labios.
morrilla. f. En algunas partes, ***alcaucil.**
morrillo. m. Porción carnosa que tienen las reses en la parte superior y anterior del *cuello. ‖ fam. Por ext., cogote abultado. ‖ **Canto rodado.**
morriña. f. **Veter.* **Comalía.** ‖ fig. y fam. *Tristeza. ‖ Melancolía causada por la *ausencia.
morriñoso, sa. adj. Que tiene morriña. ‖ Raquítico, enteco.
***morrión.** m. Parte de la *armadura, en forma de casco, para cubrir la cabeza. ‖ → Prenda del uniforme militar, a manera de sombrero de copa sin alas. ‖ **Cetr.* Especie de vértigo que padecen las aves de altanería.
morrionera. f. Cierto *arbusto de las caprifoliáceas.
morro. m. Cualquier cosa *redonda. ‖ *Montículo redondo. ‖ *Guijarro pequeño y redondo. ‖ Monte o *peñasco escarpado, en la *costa, que sirve de marca a los navegantes. ‖ Saliente que forman los *labios, cuando son abultados o gruesos. ‖ **Andar al morro.** fr. fig. y fam. Andar a golpes. ‖ **Estar de morro,** o **de morros,** dos o más personas. fr. fig. y fam. **Estar de monos.**
morro. Voz para *llamar al *gato.
morrocote. m. *Niño fuerte y saludable. ‖ *Pan que se envía como limosna a la casa en que hay un *difunto.
morrocotudo, da. adj. fam. De mucha *importancia o *dificultad.
morrocoy. m. **Morrocoyo.**
morrocoyo. m. *Galápago de Cuba, de color obscuro y con cuadros amarillos.
morrón. adj. V. **Pimiento morrón.** ‖ m. En los buques de la *armada, mecha provista de un mixto. ‖ fam. *Golpe que se da una persona.
morroncho, cha. adj. **Manso.**
morronga. f. fam. ***Gata.**
morrongo. m. fam. ***Gato.**
morroña. f. fam. **Morronga.**
morroño. m. fam. **Morrongo.**
morrudo, da. adj. Que tiene morro. ‖ Hocicudo. ‖ **Goloso.**
morsa. f. Mamífero carnicero muy parecido a la *foca, provisto de dos caninos que se prolongan fuera de la mandíbula superior más de medio metro.
morsana. f. *Arbolillo de las cigofíleas, cuyos brotes tiernos se comen encurtidos.
mortadela. f. Especie de *embutido muy grueso, que se fabrica generalmente en Italia.
mortaja. f. *Vestidura, sábana u otra cosa en que se envuelve el *cadáver para el sepulcro. ‖ fig. Papel de *fumar. ‖ **de esparto.** fig. **Petate.**
mortaja. f. **Muesca.**
mortajar. tr. desus. **Amortajar.**
mortal. adj. Que ha de *morir. ‖ Por antonom., dícese del *hombre. Ú. m. c. s. ‖ Que ocasiona o puede ocasionar muerte espiritual o corporal. ‖ Aplícase al *odio u otras pasiones que mueven a desear a uno la muerte. ‖ Que tiene apariencias de muerto. ‖ Muy cercano a morir. ‖ fig. Fatigoso, abrumador, *excesivo, muy *grande o que lo parece. ‖ fig. Decisivo, concluyente, *cierto.
mortalidad. f. Calidad de mortal. ‖ Número proporcional de defunciones en población o tiempo determinados.
mortalmente. adv. m. De muerte. ‖ De manera mortal.
mortandad. f. Multitud de *muertes causadas por epidemia o guerra.
mortecino, na. adj. Dícese del animal muerto naturalmente y de su *carne. ‖ fig. *Débil, apagado y sin vigor. ‖ fig. Que está casi muriendo o apagándose. ‖ **Hacer la mortecina.** fr. fig. y fam. Fingirse muerto.
morterada. f. Porción de alimento que de una vez se prepara en el *mortero. ‖ **Artill.* Porción de proyectiles con que se carga el mortero.
morterete. m. d. de **Mortero.** ‖ Pieza pequeña de *artillería para hacer salvas. ‖ Pieza pequeña de hierro, con su fogoncillo, que se emplea en *pirotecnia. ‖ Pieza de cera hecha en forma de vaso con su mecha. ‖ Escopleadura de las cureñas antiguas de *artillería en las teleras de contera. ‖ El almirez o algún utensilio parecido que se usa para marcar el ritmo de la *danza.

***mortero.** m. Vaso grande y resistente, que sirve para machacar en él especias, semillas, drogas, etc. ‖ Pieza de *artillería destinada a proyectar bombas. ‖ En los *molinos de aceite, piedra plana sobre la cual se echa la aceituna para molerla y ruedan las piedras voladoras o el rulo. ‖ *Albañ.* *Argamasa o mezcla. ‖ **Blas.* Bonete redondo que usaron ciertos ministros de justicia, y que colocaron en vez de corona sobre el escudo de sus armas.

morteruelo. m. d. de **Mortero.** ‖ Media esferilla hueca de metal que usan los niños como *juguete, poniéndola en la palma de la mano y golpeándola con un bolillo. ‖ *Guisado de hígado de cerdo machacado.

mortífero, ra. adj. Que ocasiona o puede ocasionar la *muerte.

***mortificación.** f. Acción y efecto de mortificar o mortificarse. ‖ Lo que mortifica.

mortificador, ra. adj. Que mortifica.

mortificante. p. a. de **Mortificar.** Que mortifica.

mortificar. tr. *Med.* Privar de vitalidad alguna parte del cuerpo. Ú. t. c. r. ‖ fig. *Reprimir las pasiones castigando el cuerpo y refrenando la voluntad. Ú. t. c. r. ‖ fig. *Afligir, *zaherir o causar pesadumbre o molestia. Ú. t. c. r.

mortinato, ta. adj. Que *nace muerto.

mortual. f. *Herencia.

mortuorio, ria. adj. Perteneciente al *difunto o a las honras que por él se hacen. ‖ m. Preparativos para *enterrar los muertos. ‖ Lugar *despoblado donde hubo alguna ciudad.

morucho. m. **Taurom.* Novillo embolado para aficionados.

morueco. m. *Carnero padre.

moruno, na. adj. **Moro.**

moruro. m. Especie de *acacia de Cuba, cuya corteza sirve para curtir pieles.

morusa. f. fam. ***Dinero.**

mosaico, ca. adj. Perteneciente a Moisés. ‖ *Arq.* **Salomónico.**

***mosaico, ca.** adj. Aplícase a la obra *taraceada de piedras, vidrios, baldosas, etc. Ú. t. c. s. m. ‖ **de madera,** o **vegetal. Taracea.**

mosaísmo. m. **Ley de Moisés.** ‖ Civilización mosaica.

mosaísta. m. Constructor de mosaicos.

***mosca.** f. Insecto díptero, muy común, provisto de alas transparentes cruzadas de nervios, y boca en forma de trompa. ‖ Pelo que nace al hombre entre el labio inferior y el comienzo de la *barba. ‖ fam. ***Dinero.** ‖ fig. y fam. Persona *importuna. ‖ fig. y fam. Cosa *molesta o *desagradable que causa preocupación. ‖ *Constelación celeste cerca del polo antártico. ‖ pl. fig. y fam. *Chispas que saltan de la lumbre. ‖ **Mosca de burro.** Insecto díptero, parecido a la **mosca** común, pero de color pardo amarillento y revestido de una piel coriácea. Vive parásito sobre las caballerías. ‖ **de España. Cantárida.** ‖ **de la carne. Moscarda.** ‖ **de Milán.** **Farm.* Parche pequeño de cantáridas. ‖ **de mula. Mosca de burro.** ‖ **en leche.** fig. y fam. Mujer morena *vestida de blanco. ‖ **muerta.** fig. y fam. Persona que obra con *disimulo. ‖ **Moscas blancas.** fig. y fam. Copos de *nieve. ‖ **volantes.** *Med.* Enfermedad de los *ojos que hace ver puntos opacos o brillantes en el campo de la visión. ‖ **Aflojar** uno **la mosca.** fr. fig. y fam. **Soltar la mosca.** ‖ **Cazar moscas.** fr. fig. fam. Ocuparse en cosas *inútiles. ‖ **¡Moscas!** interj. que denota extrañeza. ‖ **Papar moscas.** fr. fig. y fam. Estar *extasiado, con la boca abierta. ‖ **Soltar** uno **la mosca.** fr. fig. y fam. Dar o *gastar dinero a disgusto.

moscabado, da. adj. **Mascabado.**

moscada. adj. V. **Nuez moscada.**

moscadero. m. ant. **Mosqueador.**

moscarda. f. Especie de *mosca mayor que la común, que se alimenta de carne muerta. ‖ En algunas partes, cresa de la reina de las *abejas.

moscardear. intr. Poner la reina de las *abejas la cresa.

morcardón. m. Especie de *mosca de gran tamaño. ‖ **Moscón.** ‖ **Avispón.** ‖ **Abejón** (*juego). ‖ fig. y fam. Hombre *importuno.

moscareta. f. *Pájaro pequeño, canoro, que se alimenta de moscas y otros insectos. ‖ **Papamoscas.**

moscarrón. m. fam. **Moscardón.**

moscatel. adj. V. ***Uva moscatel.** Ú. t. c. s. m. ‖ Aplícase también al *viñedo que la produce y al *vino que se hace de ella.

moscatel. m. fig. y fam. Hombre pesado e *importuno. ‖ En algunas partes, **zagalón.**

moscella. f. **Morcella** (*chispa).

mosco, ca. adj. Dícese de la *caballería de color muy negro y algún que otro pelo blanco. ‖ m. ***Mosquito.**

moscón. m. Especie de *mosca, algo mayor que la común y con las alas manchadas de rojo. ‖ Especie de *mosca zumbadora, de cuerpo azul obscuro con reflejos brillantes. ‖ **Arce** (*árbol). ‖ V. **Pájaro moscón.** ‖ fig. y fam. Hombre que con *importunación logra lo que desea, fingiendo ignorancia.

moscona. f. Mujer *descarada o sinvergüenza.

mosconear. tr. *Importunar.

mosconeo. m. Acción de mosconear.

moscorra. f. fam. *Borrachera.

moscovita. adj. Natural de Moscovia. Ú. t. c. s. ‖ Perteneciente a esta región rusa. ‖ **Ruso.** Apl. a pers., ú. t. c. s.

moscovítico, ca. adj. Perteneciente o relativo a los moscovitas.

mosén. m. *Título que se daba a los nobles en Aragón. ‖ Título que se da a los *clérigos en Aragón.

mosolina. f. **Aguardiente.**

mosqueado, da. adj. Sembrado de *pintas.

mosqueador. m. Instrumento para ahuyentar las *moscas. ‖ fig. y fam. *Cola de una caballería o de una res vacuna.

mosquear. tr. Ahuyentar las *moscas. Ú. t. c. r. ‖ fig. Responder con *enojo, como picado de alguna especie. ‖ fig. *Azotar, dar una *zurra. ‖ r. fig. *Rechazar o apartar de sí violentamente los estorbos. ‖ fig. Resentirse uno por el dicho de otro; tomarlo por *ofensa.

mosqueo. m. Acción de mosquear o mosquearse.

mosquero. m. Ramo o haz de hierba que se cuelga del techo para recoger y matar las *moscas. ‖ Palo provisto en uno de sus extremos de un atado de tiras de papel para ahuyentar las *moscas. ‖ Hervidero o gran copia de *moscas.

mosquerola. adj. **Mosqueruela.** Ú. t. c. s.

mosqueruela. adj. V. ***Pera mosqueruela.** Ú. t. c. s.

mosqueta. f. *Rosal de tallos flexibles, muy espinosos, con flores blancas, pequeñas, de olor almizclado. ‖ **silvestre. Escaramujo.**

mosquetazo. m. *Tiro que sale del mosquete. ‖ *Herida hecha con este tiro.

mosquete. m. *Arma de fuego* antigua, mucho más larga y de mayor calibre que el fusil.

mosquetería. f. *Tropa formada de mosqueteros. ‖ Conjunto de mosqueteros de un *teatro.

mosqueteril. adj. fam. Perteneciente a la mosquetería de los *teatros.

mosquetero. m. *Soldado armado de mosquete. ‖ En los antiguos *teatros, espectador que veía la función de pie desde la parte posterior del patio.

mosquetón. m. Carabina corta. ‖ *Anillo que se cierra mediante un muelle.

mosquil. adj. Perteneciente o relativo a la *mosca.

mosquino, na. adj. **Mosquil.**

mosquita. f. *Pájaro muy parecido a la curruca. ‖ **muerta.** fig. y fam. **Mosca muerta.**

mosquitera. f. **Mosquitero.**

mosquitero. m. *Colgadura de *cama hecha de gasa, para impedir que entren los *mosquitos.

***mosquito.** m. Insecto díptero, de cuerpo cilíndrico muy pequeño, cabeza con dos antenas y una trompa armada interiormente de un aguijón. La hembra chupa la sangre de las personas, produciendo inflamación rápida acompañada de picor. ‖ Cualquiera de los *insectos dípteros parecidos al **mosquito.** ‖ Larva de la *langosta. ‖ fig. y fam. El que acude frecuentemente a la taberna.

mostacera. f. Tarro en que se sirve la mostaza para la *mesa.

mostacero. m. **Mostacera.**

mostacilla. f. Munición menuda que se usa como *proyectil para la caza de pájaros. ‖ Abalorio de cuentecillas muy menudas.

mostacho. m. ***Bigote.** ‖ fig. y fam. Mancha o chafarrinada en el rostro. ‖ *Mar.* Cada uno de los *cabos gruesos con que se asegura el bauprés.

mostachón. m. *Bollo pequeño de almendra, azúcar y canela.

mostachoso, sa. adj. Adornado de mostachos.

mostagán. m. fam. ***Vino.**

mostajo. m. **Mostellar.**

***mostaza.** f. Planta anual de las crucíferas, cuya harina se emplea en medicina y como *condimento. ‖ *Semilla de esta planta. ‖ *Salsa que se hace con ella. ‖ **Mostacilla.** ‖ **blanca.** Planta semejante a la **mostaza** común, con semillas de color blanco amarillento. ‖ **negra. Mostaza común.** ‖ **silvestre.** Planta común en los campos, muy parecida a la ***mostaza.**

mostazal. m. Terreno poblado de mostaza.

mostazo. m. *Mosto fuerte y espeso. ‖ ***Mostaza.**

moste. interj. **Moxte.**

mostear. intr. Destilar las uvas el *mosto. ‖ Echar el mosto en las tinajas o cubas. ‖ **Remostar.** Ú. t. c. tr.

mostela. f. *Haz o gavilla.

mostelera. f. Lugar donde se hacinan las mostelas.

mostellar. m. Árbol de las rosáceas.

mostén. adj. Apócope de **Mostense.**

mostense. adj. fam. **Premonstratense.** Apl. a pers., ú. t. c. s.

mostillo. m. *Dulce hecho de mosto cocido y condimentado con anís, canela o clavo. ‖ **Mosto agustín.** ‖

*Salsa que se hace de mosto y mostaza.
***mosto.** m. Zumo exprimido de la uva, antes de fermentar. || **agustín.** Masa de mosto cocido con harina y algunos trozos de diversas frutas. || **Desliar el mosto.** fr. Separar el mosto de la lía.
mostrable. adj. Que se puede mostrar.
mostración. f. Acción de *mostrar.
mostrado, da. adj. Hecho, *acostumbrado a una cosa.
mostrador, ra. adj. Que muestra. Ú. t. c. s. || m. *Mesa o tablero que hay en las *tiendas para presentar o despachar los géneros. || Esfera de *reloj.
***mostrar.** tr. Exponer a la vista una cosa o señalarla para que se vea. || *Explicar una cosa, probar que es verdadera. || Hacer patente un afecto o modo de ser. || r. *Portarse uno como corresponde a sus circunstancias.
mostrenco, ca. adj. V. **Bienes mostrencos.** || fig. y fam. Dícese del que no tiene casa ni hogar, ni señor ni amo conocido. || fig. y fam. *Ignorante o torpe. Ú. t. c. s. || fig. y fam. Dícese del sujeto muy *gordo y pesado. Ú. t. c. s.
mostro. m. desus. **Monstruo.**
mota. f. Nudillo que se forma en el *paño, y se le quita con pinzas o tijeras. || Partícula de *hilo o cosa semejante, que se pega a la *ropa. || fig. *Defecto de poca entidad. || Pella de tierra con que se ataja el agua en una reguera. || *Prominencia o *montículo de poca altura, que se levanta en un llano. || Ribazo o *linde de tierra con que se forma una *presa o se cierra un campo. || *Moneda de cobre.
motacén. m. **Almotacén.**
motacila. f. **Aguzanieves.**
motacílidos. m. pl. Familia de *pájaros dentirrostros, cuyo tipo es la aguzanieves.
motar. tr. *Germ.* **Hurtar.**
mote. m. *Máxima o frase breve que necesita explicación. || La que llevaban como empresa los antiguos caballeros en los *torneos. || ***Apodo.**
mote. m. *Maíz desgranado y cocido con sal. || Guiso o postre de *trigo quebrantado o triturado.
motear. tr. Salpicar de motas o *pintas un *tejido.
motejador, ra. adj. Que moteja. Ú. t. c. s.
motejar. tr. *Censurar las acciones de uno con motes o apodos.
motejo. m. Acción de motejar.
motel. m. Albergue de carretera para *hospedaje de los que viajan en *automóvil.
motero, ra. adj. Que vende mote (maíz). Ú. m. c. s. m.
motete. m. Breve composición musical para *cantar en las iglesias.
motil. m. **Mochil.**
motilar. tr. *Cortar el *cabello o raparlo.
motilón, na. adj. **Pelón.** Ú. t. c. s. || m. fig. y fam. **Lego** (de una *comunidad).
motín. m. Movimiento de *rebeldía de una muchedumbre; *disturbio popular.
motivar. tr. Dar *causa o motivo para una cosa. || *Explicar el motivo que se ha tenido para una cosa.
***motivo, va.** adj. Que mueve o tiene eficacia o virtud para *mover. || → m. *Causa o razón que mueve para una cosa. || *Mús.* Grupo rítmico de sonidos que contribuye a formar un tema o frase musical. || **De** mi, tu, su, nuestro, vuestro **motivo propio.** m. adv. Con resolución espontánea y *voluntaria.
moto. m. Hito o mojón.
moto. f. Apócope de ***Motocicleta.**
***motocicleta.** f. *Bicicleta automóvil.
motociclista. com. Persona que guía una motocicleta.
motociclo. m. **Motocicleta.**
motolita. f. **Aguzanieves.**
motolito, ta. adj. *Necio. Ú. t. c. s. || **Vivir** uno **de motolito.** fr. fig. Mantenerse de *mogollón, a expensas de otro.
***motón.** m. *Mar.* Polea de diversas formas y tamaños, por donde pasan los cabos.
motonería. f. *Mar.* Conjunto de cuadernales y *motones.
motor, ra. adj. Que produce *movimiento. Ú. t. c. s. || m. *Máquina que da movimiento a un vehículo o artefacto. || f. *Embarcación menor provista de motor. || **El primer motor.** Por antonom., ***Dios.**
motorista. com. Persona que guía un *automóvil o una motocicleta.
motorizar. tr. Dotar de medios mecánicos de tracción o *transporte a un *ejército, industria, etc.
motril. m. Aprendiz de una *tienda. || **Mochil.**
motriz. adj. f. **Motora.**
motu proprio. m. adv. lat. Voluntariamente; por libre y espontánea *voluntad. || m. *Bula pontificia expedida de este modo.
movedizo, za. adj. Fácil de *moverse o ser movido. || *Inseguro, inestable. || fig. *Inconstante en el dictamen o intento.
movedor, ra. adj. Que mueve. Ú. t. c. s.
movedura. f. p. us. **Movimiento.** || ***Aborto.**
***mover.** tr. Hacer que un cuerpo cambie de lugar. Ú. t. c. r. || Por ext., menear o *agitar una cosa. || fig. Dar motivo para una cosa; *persuadir, inducir e *incitar a ella. || fig. Seguido de la preposición *a*, *causar u ocasionar. || fig. Alterar, conmover. || fig. *Excitar o dar *principio a una cosa. || fig. **Abortar.** Ú. t. c. intr. || intr. Empezar a brotar las plantas. || *Arq.* **Arrancar** (un arco o bóveda).
movible. adj. Que puede *moverse. || fig. Variable, *inconstante. || Dícese de la fiesta que la Iglesia celebra en un día diferente cada año. || **Astrol.* Dícese de los cuatro signos cardinales. Aries, Cáncer, Libra y Capricornio.
movición. f. fam. Acción de moverse; *movimiento.
movido, da. adj. Dícese del *huevo que pone la gallina desprovisto de cáscara. || *Enfermizo.
moviente. adj. Aplícase en derecho *internacional, al Estado que en lo antiguo rendía vasallaje a otro. || **Blas.* Dícese de la pieza que arranca de los bordes del escudo y se dirige hacia la parte interior.
móvil. adj. **Movible.** || Inestable, *inseguro. || m. Motivo, *causa. || **Mec.* Cuerpo en movimiento.
movilidad. f. Calidad de movible.
movilización. f. Acción y efecto de movilizar.
movilizar. tr. Poner en actividad o movimiento *tropas, etc. || Poner en pie de *guerra.
***movimiento.** m. Acción y efecto de mover o moverse. || **Pint.* Disposición y variedad bien ordenada de las líneas y el claroscuro. || fig. Alteración, *perturbación del ánimo. || fig. Primera *manifestación de un afecto, pasión, etc. || **Lit.* Variedad y animación en el estilo. || **Astr.* Adelanto o atraso de un reloj. || **Esgr.* Cambio rápido en la posición del arma. || **Mús.* Velocidad del compás. || **acelerado.** **Mec.* Aquel en que la velocidad aumenta en cada instante de su duración. || **compuesto.** **Mec.* El que resulta de la concurrencia de dos o más fuerzas en diverso sentido. || **de reducción.** **Esgr.* El que se hace dirigiendo el arma desde los lados al centro. || **directo.** **Astr.* El de traslación de un astro, cuando se verifica en el mismo sentido que los de la Tierra. || **diurno.** **Astr.* El de rotación aparente de la bóveda celeste. || **extraño.** **Esgr.* El que se hace retirando el arma. || **natural.** **Esgr.* El que se hace dirigiendo el arma hacia abajo. || **oratorio.** Arrebato del orador. || **primario.** **Astr.* **Movimiento diurno.** || **propio.** **Astr.* El de un astro cualquiera en su órbita o alrededor de su eje. || **remiso.** **Esgr.* El que se hace dirigiendo el arma desde el centro hacia los lados. || **retardado.** **Mec.* Aquel en que la velocidad va disminuyendo. || **retrógrado.** **Astr.* El real o aparente de un astro en sentido contrario al directo. || **simple.** **Mec.* El que resulta del impulso de una sola fuerza. || **uniforme.** **Mec.* Aquel en que es constante la velocidad. || **variado.** **Mec.* Aquel en que no es constante la velocidad. || **verdadero.** **Astr.* El que es real, en contraposición con el aparente de los astros. || **violento.** **Esgr.* El que se hace dirigiendo el arma hacia arriba. || **Primer movimiento.** fig. Repentino o *instintivo ímpetu de una *pasión. || **Hacer movimiento.** fr. **Arq.* Dícese de una obra cuando se separa levemente de su posición de equilibrio.
moxa. f. **Terap.* *Mecha de algodón u otra substancia inflamable, que se quema sobre la piel. || *Med.* Cauterización así obtenida.
moxte. interj. V. **Oxte.**
moya. m. *Persona indeterminada, fulano o Perico el de los palotes.
moyana. f. Pieza antigua de *artillería, semejante a la culebrina. || fig. y fam. *Mentira.
moyana. f. *Pan de salvado para los perros de ganado.
moyo. m. Medida de *capacidad equivalente a 258 litros.
moyuelo. m. *Salvado muy fino.
moza. f. *Criada, fregona. || Mujer *amancebada. || Pala con que las *lavanderas golpean la ropa. || Pieza de las trébedes, en forma de horquilla, en que se *apoya el rabo de la sartén. || En algunos *juegos, última mano. || **de cámara.** La que sirve en grado inferior al de la doncella. || **de cántaro.** *Criada que tenía la obligación de traer agua y de ocuparse en otras faenas caseras. || **de fortuna,** o **del partido.** ***Ramera.** || **Buena moza.** Mujer de aventajada *estatura y *gallarda presencia.
mozada. f. Trozo pequeño de *tierra.
mozalbete. m. d. de **Mozo.** || *Joven de pocos años.
mozalbillo. m. d. de **Mozo.** || **Mozalbete.**
mozallón. m. Mozo robusto y *fuerte.
mozancón, na. m. y f. *Joven alto y robusto.
mozárabe. adj. Aplícase al *cristiano que vivió antiguamente mezclado con los moros de España. Ú. t. c. s. || Perteneciente o rela-

tivo a los **mozárabes.** ‖ **Liturg.* Aplícase particularmente al oficio y misa que usaron los **mozárabes.**

mozcorra. f. fam. **Ramera.**

***mozo, za.** adj. ***Joven.** Ú. t. c. s. ‖ ***Soltero.** Ú. t. c. s. ‖ **Mocero.** ‖ m. *Criado que sirve en las casas o al público en oficios humildes. ‖ **Cuelgacapas.** ‖ ***Gato.** ‖ **Tentemozo.** ‖ *Germ.* **Garabato.** ‖ **Min.* Sostén sobre que gira la palanca de un *fuelle. ‖ **de campo y plaza.** El que lo mismo sirve para las labores del campo que para las domésticas. ‖ **de cordel,** o **de cuerda.** El que se ponía en los parajes públicos con un cordel al hombro, para *llevar bultos o hacer encargos. ‖ **de espuela,** o **de espuelas. Espolique.** ‖ **de esquina. Mozo de cordel.** ‖ **de estoques.** **Taurom.* El que cuida de las espadas del matador. ‖ **de mulas.** El que cuida de las *mulas. ‖ **Mozo de espuela.** ‖ **de oficio.** En palacio *real, el que empezaba a servir en un oficio de la casa o caballeriza. ‖ En otras oficinas, *criado que hace la limpieza. ‖ **de paja y cebada.** El que en las posadas lleva cuenta de lo que cada pasajero toma para el ganado. ‖ **Buen mozo.** Hombre de aventajada *estatura y *gallarda presencia.

mozuelo, la. m. y f. d. de **Mozo.** ‖ ***Muchacho.**

mu. Onomatopeya de la voz del *toro y de la vaca. ‖ m. **Mugido.**

mu. f. fam. ***Sueño.**

muaré. m. *Tela tejida de manera que forma aguas.

mucama. f. *Criada.

mucamo. m. *Criado.

múcara. f. Conjunto de *bajíos que no velan.

muceta. f. *Esclavina que cubre el pecho y la espalda y suele ser *insignia de *prelados, doctores, etc.

mucilaginoso, sa. adj. Que contiene mucilago o tiene alguna de sus propiedades.

mucilago o **mucílago.** m. Substancia *viscosa que se halla en algunos vegetales.

***mucosidad.** f. Materia glutinosa de la misma naturaleza que el moco.

mucoso, sa. adj. Semejante al *moco. ‖ Que tiene mucosidad o la produce. Dícese especialmente de algunas *membranas. Ú. t. c. s. f.

mucronato, ta. adj. Terminado en *punta. ‖ *Zool.* **Xifoides.**

múcura. m. *Vasija a modo de ánfora de barro usada por los venezolanos.

muchachada. f. Acción propia de muchachos. ‖ Muchedumbre de muchachos.

muchachear. intr. Hacer cosas propias de muchachos.

muchachería. f. **Muchachada.** ‖ *Muchedumbre de muchachos.

muchachez. f. Estado y propiedades de *muchacho.

muchachil. adj. De muchachos, o propio de ellos.

***muchacho, cha.** m. y f. Niño o niña que mama. ‖ → Niño o niña que no ha llegado a la adolescencia. ‖ Persona que sirve de *criado. ‖ fam. Persona que se halla en la mocedad. Ú. t. c. adj. ‖ m. Banquillo en que se encaja el tacón del *zapato para descalzarse.

muchachuelo, la. m. y f. d. de **Muchacho.**

***muchedumbre.** f. *Abundancia y multitud de personas o cosas. ‖ → Gran concurrencia de personas.

***mucho, cha.** adj. Abundante, numeroso. ‖ adv. c. Con *abundancia. ‖ ‖ Antepónese a otros adverbios denotando idea de *comparación. ‖ En estilo familiar, equivale a **sí** o **ciertamente.** ‖ Empleado con verbos expresivos de tiempo, denota larga *duración. ‖ **Ni con mucho.** loc. que expresa la gran *diferencia que hay de una cosa a otra. ‖ **Ni mucho menos.** loc. con que se *niega una cosa. ‖ **Por mucho que.** loc. adv. **Por más que.**

muda. f. Acción de *mudar una cosa. ‖ Conjunto de *ropa blanca que se muda de una vez. ‖ Cierto *afeite para el rostro. ‖ Tiempo o acto de mudar las aves sus *plumas. ‖ Acto de mudar los gusanos de *seda y otros animales. ‖ **Cetr.* Cámara en que se ponen las aves de caza para que muden sus plumas. ‖ *Nido para las aves de cetrería. ‖ Cambio de *voz que experimentan los muchachos cuando entran en la pubertad.

***mudable.** adj. Que con gran facilidad se muda.

mudadizo, za. adj. Mudable, *inconstante.

mudamente. adv. m. Callada y *silenciosamente.

mudamiento. m. **Mudanza.**

***mudanza.** f. Acción y efecto de *mudar o mudarse. ‖ *Traslación de los muebles y enseres de una casa o de una habitación a otra. ‖ Cierto número de movimientos que se hacen en los *bailes. ‖ *Inconstancia de los afectos u opiniones. ‖ **Deshacer la mudanza.** fr. Hacer al contrario en el *baile toda la **mudanza** ya ejecutada.

mudar. m. *Arbusto de la India, de las asclepiadeas, cuyo jugo se ha empleado como contraveneno.

***mudar.** tr. Hacer que una cosa cambie de estado, forma, lugar, etc. Ú. t. c. intr. ‖ Dejar una cosa y tomar en su lugar otra. ‖ *Destituir, remover o apartar de un sitio o empleo. ‖ Efectuar una *ave la muda de la *pluma. ‖ Cambiar periódicamente la *piel los gusanos de *seda, las culebras y otros animales. ‖ Efectuar un muchacho la muda de la *voz. ‖ r. Variar de *conducta. ‖ Tomar otra *ropa o vestido. ‖ Dejar la casa que se habita y pasar a vivir en otra. ‖ fam. *Irse uno del lugar en que estaba. ‖ fam. *Evacuar el *vientre.

mudéjar. adj. Dícese del *mahometano que, sin mudar de religión, quedaba por vasallo de los reyes cristianos. Ú. t. c. s. ‖ Perteneciente a los **mudéjares.** ‖ **Arq.* Dícese del estilo arquitectónico en que entran elementos del arte cristiano y de la ornamentación árabe.

mudez. f. Imposibilidad física de hablar. ‖ fig. *Silencio deliberado.

***mudo, da.** adj. Privado físicamente de la facultad de hablar. Ú. t. c. s. ‖ Muy silencioso o callado. ‖ *Astrol.* Dícese de los signos Cáncer, Escorpión y Piscis. ‖ **Estar en muda.** fr. fig. y fam. *Callar mientras los demás hablan.

mué. m. **Muaré.**

mueblaje. m. **Moblaje.**

mueblar. tr. **Amueblar.**

***mueble.** adj. V. ***Bienes muebles.** Ú. m. c. s. ‖ → m. Cada uno de los enseres que sirven para la comodidad o adorno en las casas. ‖ **Blas.* Cada una de las piezas pequeñas que se representan en el escudo.

mueblería. f. Taller en que se hacen *muebles. ‖ Tienda en que se venden.

mueblista. com. Persona que hace o vende *muebles. Ú. t. c. adj.

mueca. f. *Gesto o contorsión del rostro, generalmente de *burla.

muecín. m. **Almuecín.**

***muela.** f. Disco de piedra que girando sobre otra fija sirve para *moler lo que entre ambas piedras se interpone. ‖ Piedra de asperón montada en un eje, que se usa para *afilar herramientas. ‖ → Cada uno de los dientes posteriores a los caninos. ‖ *Cerro escarpado en lo alto y con cima plana. ‖ Cerro artificial. ‖ **Almorta.** ‖ **Hidrául.* Cantidad de agua que basta para hacer andar una rueda de molino. ‖ Unidad de medida hidráulica, equivalente a 260 litros por segundo. ‖ fig. Rueda o corro. ‖ **cordal.** Cada una de las que en la edad viril nacen en las extremidades de las mandíbulas. ‖ **de *dados.** *Conjunto de nueve pares de ellos. ‖ **del juicio. Muela cordal.** ‖ **Muelas de gallo.** fig. y fam. Persona que no tiene **muelas** o *dientes. ‖ **Al que le duele la muela, que se la saque.** fr. proverb. de que se suele usar para *abstenerse de participar en negocios ajenos. ‖ **Haberle salido** a uno **la muela del juicio.** fr. fig. Ser *prudente.

muelar. m. Tierra sembrada de muelas o almortas.

muelo. m. *Montón de forma cónica en que se recoge el grano de la *era.

muellaje. m. *Impuesto que se cobra en los puertos y se aplica a la conservación de los muelles.

muelle. adj. *Blando, elástico, suave. ‖ **Voluptuoso.** ‖ m. *Resorte, pieza elástica de metal, que separada de su posición natural, tiende a recobrarla en seguida. ‖ Adorno compuesto de varios relicarios o *dijes, que llevaban las señoras pendiente de la cintura. ‖ pl. *Tenazas grandes que usan en las casas de moneda. ‖ **Muelle real.** El que mueve las ruedas de los *relojes. ‖ El que en las *armas de fuego*, sirve para dar fuerza al gatillo. ‖ **Flojo de muelles.** loc. fig. y fam. Dícese de la persona que involuntariamente *evacua el excremento o la orina.

***muelle.** m. Obra construida en la orilla del mar o de un río navegable, para facilitar el embarque y desembarque. ‖ Andén alto, que en las estaciones de *ferrocarriles se destina para la *carga y descarga de mercancías.

muellear. intr. Ceder o actuar un muelle o *resorte.

muellemente. adv. m. Blandamente.

muer. m. **Muaré.**

muérdago. m. *Planta *parásita, siempre verde, de las lorantáceas, que vive sobre los troncos y ramas de los árboles.

muerdisorbe (a). m. adv. **A muerde y sorbe.**

muerdo. m. fam. Acción y efecto de *morder. ‖ fam. **Bocado.**

muérgano. m. desus. ***Órgano.** ‖ Objeto *inútil, cosa *antigua.

muergo. m. *Molusco de valvas largas, semejante al mango de un cuchillo.

muermo. m. **Veter.* Enfermedad de las caballerías, caracterizada por flujo de la mucosa nasal. Es transmisible al hombre. ‖ **común.** ant. **Papera.**

muermoso, sa. adj. Aplícase a la caballería que tiene muermo.

***muerte.** f. Cesación de la vida. ‖ **Teol.* Separación del cuerpo y del alma. ‖ **Homicidio.** ‖ Figura del *esqueleto humano como símbolo de la **muerte.** || fig. y desus. Afecto o *pasión violenta que parece poner en peligro de morir. || fig. *Destrucción, aniquilamiento. || **a mano airada. Muerte violenta.** || **civil.** *For.* Mutación de estado por la cual se considera que una persona no existe en relación con ciertos derechos. || **chiquita.** fig. y fam. Estremecimiento nervioso o *convulsión instantánea. || **natural.** La que viene por enfermedad o decrepitud y no por lesión. || **pelada.** fig. y fam. Persona *calva. || **senil.** La que viene principalmente por pura vejez o decrepitud. || **violenta.** La que se ejecuta privando de la vida a uno por golpe, herida, veneno u otra cosa. || **Buena muerte.** La contrita y cristiana. || **A muerte.** m. adv. Hasta morir uno de los contendientes. || **A muerte o a vida.** m. adv. con que se denota el *peligro de una resolución o el riesgo de un remedio u operación quirúrgica. || **De mala muerte.** loc. fig. y fam. De poco valor *insignificante. || **De muerte.** m. adv. fig. Implacablemente, con *crueldad. || Dícese de las reses cuya *lidia termina matándolas. || **Estar** uno **a la muerte.** fr. Hallarse en peligro inminente de morir. || **Hasta la muerte.** loc. con que se explica la firme resolución y *constancia del ánimo. || **Ser** una cosa **una muerte.** fr. fig. y fam. Ser en extremo *molesta. || **Volver** uno **de la muerte a la vida.** fr. fig. Recobrar la *salud después de una enfermedad gravísima.

***muerto, ta.** p. p. irreg. de **Morir.** || fam. Ú. con significación transitiva, como si procediese del verbo **matar.** || adj. Que está sin vida. Apl. a pers., ú. t. c. s. || Aplícase al *yeso o a la *cal apagados con agua. || Dícese del *color que ha perdido su brillo. || Dícese de la persona que muestra *desaliento. || **Contar** a uno **con los muertos.** fr. fig. No hacerle caso. || **Desenterrar los muertos.** fr. fig. y fam. *Murmurar de ellos. || **Echarle** a uno **el muerto.** fr. fig. *Atribuirle la *culpa de una cosa. || **Estar** uno **muerto por** una persona o cosa. fr. fig. y fam. *Amarla o *desearla con vehemencia. || **Hacer el muerto.** Dejarse flotar en el agua boca arriba e inmóvil. || **Hacerse** uno **el muerto.** fr. fig. Permanecer inactivo o silencioso. || **Levantar un muerto.** fr. fig. Cobrar uno en el *juego una puesta que no ha hecho. || **Más muerto que vivo.** loc. con que se explica el gran *temor que uno siente. || **Ni muerto ni vivo.** loc. ponderativa que se usa para significar que una persona o cosa *extraviada no se encuentra a pesar de haberla buscado.

***muesca.** f. Concavidad, hueco o ranura que hay en una cosa para encajar otra. || Corte que se hace al *ganado en la *oreja para que sirva de señal.

muescar. tr. Hacer muescas al ganado *vacuno.

mueso. m. **Bocado.** || fig. y fam. Cierto dolor de vientre subsiguiente al *parto.

mueso, sa. adj. V. **Cordero mueso.**

muestra. f. *Rótulo grande con que, en la portada de una *tienda, se indica el nombre de ella o su calidad. || Signo convencional que se pone en una tienda para denotar lo que en ella se vende. || Trozo de *tela o porción de un producto o *mercancía, que sirve para conocer la *calidad del género. || Ejemplar o *modelo que se ha de copiar o imitar. || Parte extrema de una pieza de *paño, donde va la marca de fábrica. || *Porte, modales, apostura. || **Esfera** (del *reloj). || desus. Cualquier *reloj, especialmente el de bolsillo. || En algunos juegos de *naipes, carta que se vuelve para indicar el palo de triunfo. || fig. *Señal, indicio o *prueba de una cosa. || *Agr.* Primera señal de *fruto en las plantas. || Detención que hace el *perro en acecho de la *caza. || *Mil.* **Revista.** || **Hacer muestra.** fr. *Manifestar, aparentar.

muestrario. m. Colección de muestras de *mercancías.

muévedo. m. *Feto expelido antes de tiempo.

mufla. f. Hornillo que se coloca dentro de un *horno para reconcentrar el calor.

muflir. tr. ant. **Moflir.**

muftí. m. *Jurisconsulto musulmán.

muga. f. Mojón, *límite.

muga. f. **Desove.** || *Fecundación de las huevas, en los *peces y anfibios.

mugar. intr. **Desovar.** || *Fecundar las huevas.

mugido. m. *Voz del *toro y de la vaca.

mugidor, ra. adj. Que muge.

mugiente. p. a. de **Mugir.** Que muge.

múgil. m. **Mújol.**

mugir. intr. Dar mugidos la res vacuna. || fig. **Bramar** (el que está furioso).

mugre. f. Grasa o *suciedad de la lana, del cuerpo, etc.

mugriento, ta. adj. Lleno de mugre.

mugrón. m. Sarmiento unido a la *vid, que en parte se entierra para que arraigue y produzca nueva planta. || Vástagos de otras plantas.

mugroso, sa. adj. **Mugriento.**

muguete. m. Planta vivaz de las liliáceas, cuyas flores, blancas, exhalan un olor almizclado muy suave.

muharra. f. **Moharra.**

muir. tr. **Ordeñar.**

mujada. f. **Mojada** (medida de superficie).

mujalata. f. En Marruecos, *asociación *agrícola.

***mujer.** f. Persona del sexo femenino. || La que ha llegado a la edad de la pubertad. || La *casada, con relación al marido. || **de gobierno.** Ama de gobierno. || **del arte, de la vida airada, del partido, de mala vida, de mal vivir,** o **de punto.** *Ramera. || **de su casa.** La que muestra disposición y *diligencia para el gobierno y desempeño de los quehaceres domésticos. || **mundana, perdida,** o **pública.** *Ramera. || **Ser mujer.** fr. Haber llegado una joven a estado de *menstruar. || **Tomar mujer.** fr. Contraer *matrimonio.

mujercilla. f. Mujer de poca estimación, y más especialmente *ramera.

mujeriego, ga. adj. **Mujeril.** || Dícese del hombre *lujurioso o muy dado a mujeres. || m. Agregado o conjunto de *mujeres. || **A la mujeriega,** o **a mujeriegas.** ms. advs. Cabalgando sentado y no a horcajadas.

***mujeril.** adj. Perteneciente o relativo a la mujer. || *Afeminado.

mujerilmente. adv. m. *Afeminadamente; a modo de *mujer.

mujerío. m. Conjunto de mujeres.

mujerona. f. aum. de **Mujer.**

mujerzuela. f. d. de **Mujer.** || **Mujercilla.**

mújol. m. *Pez acantopterigio, cuya carne y huevas son muy estimadas.

***mula.** f. Hembra del mulo. || **cabañil.** La de cabaña. || **de paso.** La destinada a servir de cabalgadura. || **En la mula de San Francisco.** loc. adv. **A pie.** || **Írsele** a uno **la mula.** fr. fig. y fam. **Írsele la lengua.**

mula. f. **Múleo.** || *Calzado que usan hoy los *papas, semejante al múleo.

mulada. f. Hato de *ganado mular.

muladar. m. Lugar donde se echa el estiércol o *basura. || fig. Lo que *ensucia material o moralmente.

muladí. adj. Dícese del *cristiano español *renegado, que abrazaba el *islamismo. Ú. t. c. s.

mulante. m. desus. **Mozo de mulas.**

mular. adj. Perteneciente o relativo al *mulo o la mula.

mulatear. intr. Empezar a negrear algunos *frutos en señal de *madurez.

mulatero. m. El que alquila mulas. || **Mozo de mulas.**

mulato, ta. adj. *Etnogr.* Aplícase a la persona que ha nacido de negra y blanco, o al contrario. Ú. t. c. s. || De *tez morena. || Por ext., dícese de lo que es moreno en su línea. || m. Mineral de *plata de color obscuro.

mulé (dar). fr. fam. *Matar, asesinar.

múleo. m. *Calzado que usaban los romanos, con la punta vuelta hacia el empeine.

muléolo. m. **Múleo.**

muleque. m. *Etnogr.* Negro bozal de siete a diez años.

mulero. m. Mozo de *mulas.

muleta. f. Palo o conjunto de ellos, dispuesto para que se *apoye por el sobaco la persona que tiene dificultad de andar. || Palo o *bastón del que pende un paño rojo, que usa el *torero para engañar al toro cuando va a matarlo. || fig. Cosa que *ayuda en parte a mantener otra. || fig. Porción pequeña de *alimento que se toma antes de una comida. || *Embarcación pesquera, pequeña.

muletada. f. Hato de *ganado mular.

muletazo. m. *Taurom.* Pase de muleta.

muletero. m. **Mulatero.**

muletilla. f. **Muleta** (de *torero). || Especie de *botón alargado, de pasamanería, para sujetar o ceñir la ropa. || *Bastón cuyo puño forma travesaño. || fig. **Bordón** (expresión que una persona *repite a cada paso en la conversación). || Travesaño en el extremo de un palo. || *Min.* *Clavo con cabeza en forma de cruz, que se usa en el levantamiento del plano de una mina.

muletillero, ra. m. y f. Persona que usa muletillas en la conversación.

muleto, ta. m. y f. *Mulo pequeño.

muletón. m. *Tela suave y afelpada.

mulilla. f. **Múleo.**

***mulo.** m. Cuadrúpedo híbrido, producto del cruzamiento de asno y yegua o de caballo y asna. || **castellano.** El que nace de garañón y yegua.

mulquía. f. En Marruecos, documento que acredita la legítima *posesión de un terreno.

mulso, sa. adj. Mezclado con *miel o *azúcar.

***multa.** f. Pena pecuniaria.

***multar.** tr. Imponer una multa.

multi. Prefijo que expresa la idea de multiplicidad.

multicaule. adj. *Bot.* Dícese de la planta cuyos *tallos forman macolla.

multicolor. adj. De muchos *colores.

multicopista. m. Aparato para sacar de una vez muchas *copias de un escrito, dibujo, etc.

multifloro, ra. adj. *Bot.* Que tiene muchas *flores.
multiforme. adj. Que tiene muchas *formas.
multilátero, ra. adj. *Geom.* Aplícase a los *polígonos de más de cuatro lados.
multimillonario, ria. adj. Dícese de la persona cuya *riqueza asciende a muchos millones de determinada moneda.
multípara. adj. Dícese de las hembras que tienen varios hijos de un solo *parto. ‖ Dícese de la mujer que ha tenido más de un *parto.
múltiple. adj. Vario, *diverso, que comprende dos o más cosas o maneras.
múltiplex. adj. Dícese del circuito *telegráfico que permite transmitir varios telegramas simultáneamente. Ú. t. c. s. m.
multiplicable. adj. Que se puede *multiplicar.
***multiplicación.** f. Acción y efecto de multiplicar o multiplicarse. ‖ *Mat.* Operación de multiplicar.
multiplicador, ra. adj. Que multiplica. Ú. t. c. s. ‖ *Mat.* Aplícase al factor que indica las veces que el otro se ha de tomar como sumando. Ú. m. c. s.
multiplicando. adj. *Mat.* Aplícase al factor que ha de ser multiplicado. Ú. m. c. s.
***multiplicar.** tr. Aumentar o reproducir en número considerable los individuos de una especie. Ú. t. c. r. ‖ *Reproducir por *generación. Ú. t. c. r. ‖ *Mat.* Hallar el producto de dos factores, tomando uno de ellos tantas veces por sumando como unidades contiene el otro.
multíplice. adj. **Múltiple.**
multiplicidad. f. Calidad de múltiple. ‖ Muchedumbre, *abundancia excesiva de cosas.
múltiplo, pla. adj. *Mat.* Dícese del *número que contiene a otro varias veces exactamente. Ú. t. c. s.
***multitud.** f. Número grande de cosas. ‖ *Muchedumbre de personas. ‖ fig. **Vulgo.**
multitudinario, ria. adj. Que forma una multitud. ‖ Propio o característico de las multitudes.
mullicar. tr. **Mullir** (cavar las *cepas).
mullida. f. Montón de paja en los *corrales para cama del ganado.
mullido. m. Cosa *blanda que se puede mullir y es a propósito para rellenar *colchones, muebles de *tapicería, etc.
mullidor, ra. adj. Que mulle o *ahueca.
mullir. tr. *Ahuecar una cosa para que esté *blanda y suave. ‖ fig. *Preparar la consecución de un intento. ‖ *Agr.* Cavar y ahuecar la tierra alrededor de las *cepas. ‖ **Mullírselas** a uno. fr. fig. y fam. Castigarle o *zaherirle.
mullo. m. **Salmonete.**
mullo. m. **Abalorio.**
muna. f. En Marruecos, *provisión de *víveres que tienen obligación de dar a ciertos funcionarios las ciudades y las tribus del campo.
mundanal. adj. **Mundano.**
mundanalidad. f. **Mundanería.**
mundanamente. adv. m. De modo mundano.
mundanear. intr. Atender demasiado a las cosas *terrenales.
mundanería. f. Calidad de mundano. ‖ Acción mundana.
mundano, na. adj. Perteneciente o relativo al *mundo. ‖ Dícese de la persona que atiende demasiadamente a las cosas *terrenales, o a las pompas y *placeres.
mundaria. f. ant. Cortesana, *ramera.
mundial. adj. Perteneciente o relativo a todo el *mundo.
mundicia. f. **Limpieza.**
mundificación. f. Acción y efecto de mundificar.
mundificante. p. a. de **Mundificar.** Que mundifica.
mundificar. tr. *Limpiar, *purificar.
mundificativo, va. adj. Aplícase al *medicamento que mundifica.
mundillo. m. Especie de camilla con *brasero para *secar la ropa. ‖ Almohadilla cilíndrica que usan las mujeres para hacer *encaje. ‖ *Arbusto de las caprifoliáceas, que se cultiva en los jardines por sus flores blancas agrupadas en globos. ‖ Cada uno de los grupos de *flores de este arbusto.
mundinovi. m. **Mundonuevo.**
***mundo.** m. Universo, conjunto de todas las cosas creadas. ‖ **Tierra.** ‖ Totalidad de los *hombres; género humano. ‖ *Sociedad humana. ‖ Parte de la sociedad humana, caracterizada por alguna cualidad o circunstancia. ‖ Vida *seglar en contraposición a la monástica. ‖ *Teol.* Uno de los enemigos del alma, que son las delicias, pompas y vanidades terrenas. ‖ Esfera con que se representa el globo terráqueo. ‖ **Baúl mundo.** ‖ *Germ.* ***Cara.** ‖ *Bot.* **Mundillo** (*arbusto y flor). ‖ **antiguo.** Porción del globo conocida de los antiguos. ‖ *Sociedad humana, durante el período histórico de la Edad Antigua. ‖ **centrado.** *Blas.* Esfera que lleva encima una cruz, signo de majestad. ‖ **mayor. Macrocosmo.** ‖ **menor. Microcosmo.** ‖ **El Nuevo Mundo.** Aquella parte del globo en que están las dos Américas. ‖ **El otro mundo.** *Teol.* La vida ultraterrena. ‖ **Este mundo y el otro.** loc. fig. y fam. Abundancia grande y copia de *riquezas. ‖ **Medio mundo.** loc. fig. y fam. Mucha gente, gran *concurrencia. ‖ **Todo el mundo.** loc. fig. La *generalidad de las personas. ‖ **Un mundo.** fig. y fam. *Muchedumbre. ‖ **Echar al mundo.** fr. Criar Dios a uno en el **mundo.** ‖ Producir uno una cosa nueva. ‖ **Echar del mundo** a uno. fr. Separarle del trato y comunicación de las gentes. ‖ **Echarse al mundo.** fr. fig. *Prostituirse la mujer. ‖ **Entrar** uno **en el mundo.** fr. Presentarse en la sociedad alternando en su *trato y comunicación. ‖ **Haber mundo nuevo.** fr. fig. Ocurrir *novedades o alguna novedad. ‖ **Hacer mundo nuevo.** fr. fig. Introducir *novedades. ‖ **Hundirse el mundo.** fr. fig. Ocurrir un cataclismo o una gran *desgracia. ‖ **Morir al mundo.** fr. *Retirarse de él enteramente, renunciando a sus bienes y placeres. ‖ **No ser** uno **de este mundo.** fr. fig. Estar totalmente abstraído de las cosas terrenas. ‖ **Ponerse** uno **el mundo por montera.** fr. fig. y fam. Alardear de *independencia, no hacer caso del qué dirán. ‖ **Salir** uno **de este mundo.** fr. ***Morir.** ‖ **Tener mundo,** o **mucho mundo.** fr. fam. Tener *experiencia de la vida. ‖ **Venir** uno **al mundo.** fr. ***Nacer.** ‖ **Ver mundo.** fr. fig. *Viajar por varias tierras y países.
mundología. f. fam. *Experiencia para gobernarse en la vida.
mundonuevo. m. Cajón que contiene un cosmorama portátil u otro artificio *óptico, y que se exhibe en ferias o lugares públicos.
munición. f. *Provisión de los pertrechos y bastimentos necesarios en un *ejército o en una plaza de guerra. ‖ Perdigones pequeños. ‖ Carga que se pone en las armas de fuego. ‖ **Municiones de boca.** *Mil.* Víveres y forrajes para la manutención de hombres y caballerías. ‖ **de guerra.** **Mil.* Todo género de armas, *proyectiles, etc. ‖ **De munición.** loc. Dícese de lo que el Estado suministra por contrata a la tropa. ‖ fig. y fam. *Imperfecto, de inferior calidad, hecho de prisa y sin esmero.
municionar. tr. *Proveer de municiones.
municionero, ra. m. y f. **Proveedor, ra.**
***municipal.** adj. Perteneciente o relativo al *municipio. ‖ m. **Guardia municipal.**
municipalidad. f. **Municipio** (ayuntamiento).
municipalización. f. Acción y efecto de municipalizar.
municipalizar. tr. Asignar al *municipio un servicio público.
munícipe. m. *Vecino de un municipio.
***municipio.** m. Entre los romanos, *ciudad principal cuyos vecinos podían gozar los derechos de la ciudad de Roma. ‖ Conjunto de habitantes de un mismo término jurisdiccional, regido por un ayuntamiento. ‖ El mismo ayuntamiento.
munificencia. f. *Liberalidad espléndida.
munificente. adj. Munífico, *generoso.
munificentísimo, ma. adj. sup. de **Munífico.**
munífico, ca. adj. Que ejerce la *liberalidad con esplendidez.
munitoria. f. Arte de *fortificar una plaza.
munúsculo. m. *Regalo insignificante.
***muñeca.** f. Parte del cuerpo humano, en donde se articula la *mano con el antebrazo. ‖→ Figurilla de mujer, que sirve de juguete a las niñas. ‖ Maniquí para *vestidos de mujer. ‖ Bolsita de trapo llena de polvos para estarcir. ‖ Bolsita en que se encierra cualquier substancia o *medicamento para cocerlo sin que se mezcle con el líquido. ‖ Lío de trapo, de forma redondeada, que se embebe de un líquido para *barnizar. ‖ **Hito** (mojón). ‖ fig. y fam. Mozuela frívola y presumida.
***muñeco.** m. Figura de hombre, más o menos tosca, hecha de pasta, trapos u otra cosa. ‖ fig. y fam. Joven *afeminado e insubstancial.
muñeira. f. *Baile popular de Galicia. ‖ Música de este baile.
muñequear. intr. **Esgr.* Jugar las muñecas. ‖ Empezar a echar la muñequilla el *maíz.
muñequera. f. *Brazalete de cuero.
muñequería. f. fam. Exceso en los *adornos. ‖ *Afeminación en el modo de vestirse.
muñequilla. f. d. de **Muñeca.** ‖ Mazorca tierna del *maíz.
muñidor. m. *Criado de *cofradía encargado de los avisos. ‖ Persona que gestiona activamente para *mediar en tratos, fraguar *intrigas, preparar *elecciones, etc.
muñir. tr. *Llamar o convocar a las juntas. ‖ Concertar, disponer.
muñón. m. **Cir.* Parte de un miembro cortado que permanece adherida al cuerpo. ‖ El *músculo deltoides y la región del hombro limitada por él. ‖ *Artill.* Cada una de las dos piezas cilíndricas que a uno y otro lado tiene el *cañón.

muñonera. f. **Artill.* Rebajo en las gualderas de la cureña, para alojar el muñón de la pieza.
muquición. f. *Germ.* **Comida.**
muquir. tr. *Germ.* ***Comer.**
mur. m. ant. ***Ratón.**
mura. f. Aféresis de **Amura.**
muradal. m. **Muladar.**
murador, ra. adj. ant. Decíase del *gato diestro en cazar ratones.
murajes. m. pl. *Planta herbácea, de las primuláceas.
mural. adj. Perteneciente o relativo al muro o *pared. ‖ Aplícase a las cosas que, *extendidas, ocupan una buena parte de pared.
muralla. f. **Fort.* Fábrica que ciñe y encierra para su defensa una plaza.
murallón. m. aum. de **Muralla.**
murar. tr. *Cercar y guarnecer con muro una ciudad, *fortaleza, etc.
murar. tr. Cazar el *gato a los *ratones.
murceguillo. m. ***Murciélago.**
murceo. m. *Germ.* **Tocino.**
murciano, na. adj. Natural de Murcia. Ú. t. c. s. ‖ Perteneciente a esta ciudad y antiguo reino.
murciar. tr. *Germ.* ***Hurtar.**
murciégalo. m. **Murciélago.**
***murciélago.** m. Mamífero carnicero, parecido al ratón en la forma del cuerpo y cabeza, pero con los dedos de las manos sumamente largos y unidos por una membrana que le permite volar.
murcigallero. m. *Germ.* ***Ladrón.**
murciglero. m. *Germ.* ***Ladrón.**
murcio. m. *Germ.* ***Ladrón.**
murecillo. m. *Zool.* ***Músculo.**
murena. f. **Morena** (*pez).
mureño. m. **Majano.**
murete. m. d. de **Muro.**
murga. f. **Alpechín.**
murga. f. fam. Grupo de músicos que acude con *instrumentos de viento a tocar a las puertas de las casas, tiendas, etc. ‖ **Dar murga.** fr. fam. Molestar, *importunar.
murgón. m. **Esguín.**
murguista. m. Músico de una murga.
muria. f. *Cercado de piedras con que se cierra un terreno.
muriacita. f. **Anhidrita.**
murias. m. pl. *Montones de cantos; especie de majanos para marcar *límites.
muriático, ca. adj. **Quím.* **Clorhídrico.**
muriato. m. **Quím.* **Clorhidrato.**
múrice. m. *Molusco marino, univalvo, que segrega un licor muy usado en tintorería por los antiguos. ‖ poét. *Color de púrpura.
murmujear. intr. fig. y fam. Murmurar o *hablar quedo. Ú. t. c. tr.
murmullar. intr. **Murmurar.**
murmullo. m. *Ruido que se hace hablando en voz baja. ‖ **Murmurio.**
***murmuración.** f. Conversación en perjuicio de un ausente.
murmurador, ra. adj. Que murmura. Ú. t. c. s.
murmurante. p. a. de **Murmurar.** Que murmura.
***murmurar.** intr. Hacer *ruido blando y apacible la corriente de las aguas, el viento, etc. ‖ fig. Hablar entre dientes, manifestando *queja o *enfado. Ú. t. c. tr. ‖ → fig. y fam. Conversar en perjuicio de un ausente, censurando sus acciones. Ú. t. c. tr.
murmurear. intr. **Murmurar.**
murmureo. m. Murmurio continuado.
murmurio. m. Acción y efecto de *murmurar.
muro. m. *Pared o tapia. ‖ **Muralla.** ‖ *Germ.* Broquel o *escudo.
murria. f. fam. *Tristeza, melancolía. ‖ Pesadez de *cabeza.
murria. f. *Medicamento astringente, compuesto de ajos, vinagre y sal, que se aplicaba sobre las llagas.
múrrino, na. adj. Aplícase a una especie de copa, *taza o *vaso muy estimado en la antigüedad.
murrio, rria. adj. Que tiene murria o *tristeza.
murta. f. **Arrayán.** ‖ **Murtón.** ‖ *Germ.* **Aceituna.**
murtal. m. Sitio poblado de murtas.
murtera. f. **Murtal.**
murtilla. f. *Arbusto de las mirtáceas, que tiene por fruto una baya roja, casi redonda, de olor agradable e intenso y sabor grato. ‖ Fruto de este arbusto. ‖ *Licor fermentado que se hace con este fruto.
murtina. f. **Murtilla.**
murtón. m. Fruto del arrayán.
murucuyá. f. Granadilla o pasionaria.
murueco. m. **Morueco.**
murviedrés, sa. adj. Natural de Murviedro. Ú. t. c. s. ‖ Perteneciente a esta ciudad.
mus. m. Cierto juego de *naipes y de envite. ‖ **No hay mus.** fr. con que se *deniega lo que se pide.
***musa.** f. *Mit.* Cada una de las deidades que protegían las ciencias y las artes liberales, especialmente la poesía. ‖ fig. Numen o *inspiración del poeta. ‖ fig. Ingenio peculiar de cada poeta. ‖ fig. ***Poesía.** ‖ pl. fig. Ciencias y artes liberales, especialmente poesía. ‖ **Soplarle** a uno **la musa.** fr. fig. y fam. Estar *inspirado.
musáceo, a. adj. **Bot.* Dícese de plantas monocotiledóneas, perennes, como el plátano y el abacá. Ú. t. c. s. f. ‖ f. pl. *Bot.* Familia de estas plantas.
musaraña. f. **Musgaño** (*mamífero). ‖ Por ext., cualquier *animal pequeño. ‖ fig. y fam. Figura contrahecha o fingida de una persona. ‖ fig. y fam. Especie de nubecilla que se forma en los *ojos. ‖ **Mirar** uno **a las musarañas.** fr. fig. y fam. Estar *distraído.
muscaria. f. **Moscareta.**
muscícapa. f. **Moscareta.**
musco. m. **Musgo.**
musco, ca. adj. De *color pardo obscuro.
***muscular.** adj. Perteneciente a los *músculos.
musculatura. f. Conjunto y disposición de los *músculos.
***músculo.** m. Parte carnosa del cuerpo del animal compuesta principalmente de fibras, cuya contracción determina los movimientos de los miembros. ‖ **Rorcual.** ‖ **abductor.** *Zool.* El que sirve para hacer una abducción. ‖ **complexo.** *Zool.* Uno de los principales para el movimiento de la cabeza. ‖ **del sastre. Músculo sartorio.** ‖ **gemelo.** *Zool.* Cada uno de los dos que concurren al movimiento de la pierna. Ú. m. en pl. ‖ **glúteo.** *Zool.* Cada uno de los tres que forman la nalga. ‖ **lumbrical.** *Anat.* Cada uno de los cuatro de forma de lombriz, que sirven para el movimiento de los dedos. ‖ **sartorio.** *Anat.* Uno de los del muslo, que se extiende oblicuamente a lo largo de sus caras anterior e interna. ‖ **serrato.** *Zool.* El que tiene dientes a modo de sierra. ‖ **subscapular.** *Zool.* El que está debajo de la escápula y aprieta el brazo contra las costillas.
musculoso, sa. adj. Aplícase a la parte del cuerpo que tiene músculos. ‖ Que tiene los músculos muy abultados y visibles.
muselina. f. *Tela fina y poco tupida.
museo. m. *Edificio destinado para la *enseñanza de las *ciencias, letras humanas y *artes liberales. ‖ Lugar en que se *conservan objetos notables pertenecientes a las ciencias y artes.
muserola. f. Correa de la *brida, que da vuelta al hocico del caballo por encima de la nariz.
musgaño. m. *Mamífero carnicero, pequeño, que se alimenta de insectos y arañas.
***musgo.** m. Cada una de las plantas criptógamas, herbáceas, muy pequeñas y apiñadas que crecen abundantemente en lugares sombríos o húmedos. ‖ Conjunto de estas plantas que tapiza naturalmente una superficie. ‖ pl. **Bot.* Familia de estas plantas. ‖ **Musgo marino. Coralina** (*alga).
musgo, ga. adj. **Musco** (de color obscuro).
musgoso, sa. adj. Perteneciente o relativo al *musgo. ‖ Cubierto de musgo.
***música.** f. Arte de combinar rítmicamente los sonidos con el fin de expresar emociones o sentimientos. ‖ Sucesión de sonidos modulados para recrear el oído. ‖ Concierto de instrumentos o voces. ‖ Compañía de músicos que cantan o tocan juntos. ‖ Composición musical. ‖ Colección de papeles en que están escritas las composiciones musicales. ‖ **armónica. Música vocal.** ‖ **celestial.** fig. y fam. Palabras vanas u *ofrecimientos *engañosos. ‖ **instrumental.** La compuesta sólo para *instrumentos. ‖ **llana. Canto llano.** ‖ **mensurable. Canto mensurable.** ‖ **ratonera.** fig. y fam. La mala. ‖ **rítmica.** La de instrumentos de cuerda. ‖ **vocal.** La compuesta para voces, solas o acompañadas de instrumentos. ‖ **Música y acompañamiento.** loc. fig. y fam. Gente *plebeya o de condición inferior a distinción de la principal.
***musical.** adj. Perteneciente o relativo a la *música.
musicalidad. f. Calidad o carácter *musical.
musicalmente. adv. m. Conforme a las reglas de la *música.
musicante. m. Músico *instrumentista.
***músico, ca.** adj. Perteneciente o relativo a la *música. ‖ m. y f. Persona que ejerce el arte de la música. ‖ Persona que toca algún *instrumento músico. ‖ **Músico mayor.** Director de una banda militar.
musicografía. f. Ciencia y arte del musicógrafo.
musicógrafo. m. Autor que escribe acerca de la *música.
musicología. f. Estudio de la teoría e historia de la *música.
musicólogo, ga. m. y f. Persona versada en musicología.
musicomanía. f. Afición exagerada por la *música.
musiquero. m. *Mueble para colocar libros de música.
musirse. r. **Enmohecerse.**
musitar. intr. Susurrar o *hablar entre dientes.
musivo. adj. V. **Oro musivo.**
muslime. adj. **Musulmán.** Apl. a pers., ú. t. c. s.
muslímico, ca. adj. Perteneciente a los muslimes.
***muslo.** m. Parte de la pierna comprendida entre la rodilla y el tronco.

musmón. m. Animal *híbrido del *carnero y la *cabra.
musquerola. adj. **Mosquerola.** Ú. t. c. s.
mustaco. m. *Torta de harina amasada con mosto.
muste. interj. V. **Uste.**
mustela. f. *Pez marino, de los selacios, de metro y medio de largo. Su carne es comestible.
mustiamente. adv. m. *Tristemente, con melancolía y desmayo.
mustio, tia. adj. Melancólico, *triste, *desalentado. ‖ Lánguido, *marchito.
***musulmán, na.** adj. ***Mahometano.** Apl. a pers., ú. t. c. s.
muta. f. **Jauría.**
mutabilidad. f. Calidad de *mudable.
mutación. f. **Mudanza.** ‖ Cada uno de los cambios de escena que se hacen en el *teatro, mudando los telones y bastidores. ‖ Variación *atmosférica brusca o impropia de la estación.
mutatis mutandis. loc. lat. Cambiando lo que se debe *cambiar.
mutilación. f. Acción y efecto de mutilar o mutilarse.
mutilador, ra. adj. Que mutila.
mutilar. tr. *Cortar un miembro o una parte del cuerpo, y más particularmente del cuerpo viviente. Ú. t. c. r. ‖ Cortar o *rebajar una parte de cualquier cosa.
mútilo, la. adj. Dícese de lo que está mutilado.
mutis. m. Voz que se usa en el *teatro para hacer que un actor se retire de la escena. ‖ El acto de retirarse. ‖ **Hacer mutis.** fr. ***Callar.**
mutismo. m. *Silencio voluntario o impuesto.
mutual. adj. **Mutuo.**
mutualidad. f. Calidad de *mutuo. ‖ Régimen de prestaciones mutuas, que sirve de base a determinadas asociaciones. ‖ Denominación de estas *asociaciones.
mutualismo. m. Sistema de asociaciones basadas en la mutualidad.
mutualista. adj. Perteneciente al mutualismo. ‖ com. Miembro de una asociación de socorros mutuos.
mutuamente. adv. m. Con recíproca correspondencia.
mutuante. com. Persona que da el *préstamo.
mutuario, ria. m. y f. **Mutuatario, ria.**
mutuatario, ria. m. y f. Persona que recibe el *préstamo.
***mutuo, tua.** adj. Aplícase a lo que recíprocamente se hace entre dos o más personas o cosas. Ú. t. c. s. ‖ m. *For.* Contrato real a modo de *préstamo, por el que uno recibe una cosa fungible, obligándose a restituir otra, equivalente o igual en día señalado.
muy. adv. que se antepone a adjetivos, participios, adverbios y modos adverbiales, para darles significación superlativa.
muz. m. *Arq. Nav.* *Extremidad superior y más avanzada del tajamar.
muzárabe. adj. **Mozárabe.** Apl. a pers., ú. t. c. s.
muzo, za. adj. V. ***Lima muza.** Ú. t. c. s. f.
my. f. Duodécima *letra del alfabeto griego, que corresponde a nuestra *eme.*

N

n. f. Decimosexta *letra del abecedario español. Su nombre es **ene.** || Signo con que se suple en lo escrito un nombre propio de persona. || **Geogr.* Abreviatura de Norte.

naba. f. *Planta bienal de la familia de las crucíferas, de *raíz carnosa, muy grande, que se emplea para alimento de las personas y ganados. || Raíz de esta planta.

nabab. m. *Gobernador de una provincia en la India mahometana. || fig. Hombre sumamente *rico.

nababo. m. **Nabab.**

nabal. adj. **Nabar.** || m. **Nabar.**

nabar. adj. Perteneciente a los nabos. || m. Tierra sembrada de nabos.

nabato. m. *Germ.* **Espinazo.**

nabería. f. Conjunto de nabos. || Potaje hecho con ellos.

nabero. m. *Juego de muchachos en que, puestos en rueda se pasan unos a otros un lapo o zurriago.

nabí. m. Entre los moriscos, **profeta.**

nabicol. m. Especie de nabo parecido a la remolacha.

nabina. f. *Semilla del nabo.

nabiza. f. Hoja tierna del nabo, cuando empieza a crecer. Ú. m. en pl. || Raicillas tiernas de la naba.

nabla. f. *Instrumento músico antiguo, semejante a la lira.

nabo. m. *Planta *hortense anual de las crucíferas, de raíz carnosa, comestible. || *Raíz de esta planta. || Cualquiera *raíz gruesa y principal. || fig. Tronco de la *cola de las caballerías. || *Germ.* **Embargo.** || *Arq.* Pieza vertical y central de una *armadura, como el cilindro en que se apoyan los peldaños de una *escalera de caracol. || *Mar.* **Palo** (de la *arboladura). || *Mar.* **Cebolla** (de la *madera). || **gallego. Naba.** || **Arráncate, nabo.** Cierto *juego de muchachos.

naborí. com. *Indio que se empleaba en el *servicio doméstico.

***nácar.** m. Substancia blanca con reflejos irisados, que forma lo interior de varias conchas.

nácara. f. *Timbal usado en la antigua caballería.

nacarado, da. adj. Del color o aspecto del nácar. || Adornado con nácar.

nacáreo, a. adj. **Nacarino.**

nacarino, na. adj. Propio del nácar o parecido a él.

nacarón. m. Nácar de inferior calidad.

nacela. f. *Arq.* Escocia o *moldura cóncava que se pone en las *bases de las columnas.

nacencia. f. ***Nacimiento.** || fig. Bulto o *tumor.

***nacer.** intr. Salir el animal del vientre materno. || Salir del huevo un animal ovíparo. || Empezar a salir un *vegetal de su semilla, o brotar las hojas, flores, etc. || Salir el *pelo o *pluma. || Descender de una familia o linaje. || fig. Empezar a dejarse ver un *astro en el horizonte. || fig. Tener *origen una cosa. || *Brotar un *manantial. || fig. Criarse en un hábito o *costumbre. || fig. *Empezar una cosa desde otra. || fig. Inferirse o *resultar una cosa de otra. || fig. Dejarse ver o *acaecer de repente una cosa. || fig. Junto con las preposiciones *a* o *para,* estar una cosa o persona *destinada para un fin. || r. Echar *tallo una raíz o semilla al aire libre. || Dícese de la ropa que se abre por las *costuras.

nacianceno, na. adj. Natural de Nacianzo. Ú. t. c. s. || Perteneciente a esta ciudad de Asia antigua.

nacida. f. Nacencia o landre.

nacido, da. adj. Connatural y propio de una cosa. || Propio, *apto y *conveniente para una cosa. || Dícese de cualquiera de los seres *humanos que han existido o existen. Ú. m. c. s. y en pl. || Dícese del *feto que vive al menos veinticuatro horas desprendido del seno materno. || m. **Divieso.** || **Bien nacido.** De *noble linaje o de buenos sentimientos. || **Mal nacido.** De origen *plebeyo o de *perversa condición.

naciente. p. a. de **Nacer.** Que nace. || adj. fig. Muy reciente; que *empieza a ser o manifestarse. || **Blas.* Dícese del animal cuya cabeza o cuello salen por encima de una pieza del escudo. || m. **Oriente** (punto cardinal).

***nacimiento.** m. Acción y efecto de nacer. || Por antonom., el de Jesucristo. || Lugar o sitio donde brota un *manantial. || El manantial mismo. || Lugar donde tiene uno su *origen. || *Principio de una cosa. || Representación de la escena del **nacimiento** de Jesucristo por medio de *efigies y figuras. || Origen o *linaje de una persona. || **De nacimiento.** expr. adv. con que se explica que un defecto corporal o de los sentidos lo tiene uno desde que nació.

***nación.** f. Conjunto de los habitantes de un país regido por el mismo gobierno. || Territorio de ese país. || fam. **Nacimiento.** || m. ant. ***Extranjero.** || **De nación.** loc. con que se da a entender la naturaleza de uno.

nacional. adj. Perteneciente o relativo a una *nación. || Natural de una nación, en contraposición a extranjero. Ú. t. c. s. || m. Individuo de la milicia **nacional.**

nacionalidad. f. Condición peculiar de los pueblos e individuos de una *nación. || Estado jurídico de la persona nacida o naturalizada en una nación.

nacionalismo. m. Apego de los naturales de una nación a los usos y costumbres de ella. || Doctrina *política que tiende a convertir en Estado más o menos autónomo, cierta parte de una nación o territorio. || Tendencia a exaltar la personalidad de una *nación.

nacionalista. com. Partidario del nacionalismo.

nacionalización. f. Acción y efecto de nacionalizar.

nacionalizar. tr. **Naturalizar.** || Dar carácter nacional a una cosa. || Atribuir al *Estado bienes o empresas privadas.

nacrita. f. **Miner.* Variedad de talco, de brillo igual al del nácar.

nacho, cha. adj. Chato. Ú. t. c. s. || f. pl. *Germ.* **Nares** (las *narices).

***nada.** f. Carencia absoluta de todo ser. || pron. indet. Ninguna cosa. || *Poco o muy poco. || adv. neg. De ninguna manera, de ningún modo. || **¡Ahí es nada!** expr. fig. y fam. **¡No es nada!** || **En nada.** m. adv. fig. En muy poco. || **Nada menos,** o **nada menos que eso.** m. adv. con que se *niega particularmente una cosa. || **¡No es nada!** expr. fig. y fam. que se usa para *ponderar una cosa. || **No ser nada.** fr. fig. con que se pretende minorar el daño o disgusto. || **Por nada.** loc. Por ninguna cosa, con *negación absoluta.

nadadera. f. Calabaza, corchos o vejiga para aprender a *nadar.

nadadero. m. Lugar a propósito para *nadar.

nadador, ra. adj. Que nada. Ú. t. c. s. || m. y f. Persona diestra en *nadar.

nadadura. f. Acción de *nadar.

nadal. m. **Navidad.**

nadante. p. a. de **Nadar.** Que nada. Ú. m. en poesía.

***nadar.** intr. Mantenerse y avanzar una persona o un animal, parcialmente sumergido en el agua, sin tocar el fondo. || *Flotar en un líquido cualquiera. || **Sobrenadar.** || fig. y fam. Estar una cosa muy holgada dentro de otra. Dícese con relación al *vestido y al *calzado. || **Nadar**

en una cosa. fr. fig. Tener gran *abundancia de ella.
nadería. f. Cosa *insignificante.
nadie. pron. indet. Ninguna *persona. ‖ m. fig. Persona insignificante.
nadilla. pron. indet. d. fam. de **Nada.** ‖ m. fig. **Hombre de nada.**
nádir. m. En Marruecos, *administrador de una fundación *pía.
nadir. m. **Astr.* Punto de la esfera celeste diametralmente opuesto al cenit.
nado (a). m. adv. Nadando.
nafa. f. **Azahar.** Ú. sólo en la locución **agua de nafa.**
nafra. f. **Matadura.**
nafrar. tr. **Matar** (causar mataduras).
nafta. f. **Quím.* Carburo de hidrógeno que se obtiene del petróleo. Es líquido, volátil y muy combustible.
naftadil. m. *Miner.* *Cera *fósil.
naftalina. f. Hidrocarburo sólido, procedente del alquitrán de la hulla, muy usado como *desinfectante.
nagua. f. ***Enagua.** Ú. m. en pl.
naguatlato, ta. adj. Dícese del indio mejicano que servía de *intérprete. Ú. t. c. s.
naguatle. adj. **Nahuatle.**
nagüela. f. ant. Choza de paja o *casa pobre.
nahuatle. adj. Aplícase a una *lengua hablada por los indios mejicanos. Ú. t. c. s. m.
naife. m. **Joy.* Cierto diamante de calidad superior.
nailon. m. **Nilón.**
***naipe.** m. Cada una de las cartulinas rectangulares, que llevan en una cara figuras u objetos representados, en número variable, y sirven para jugar. ‖ fig. **Baraja.** ‖ **de mayor.** El más largo que los demás, preparado para hacer *fullerías. ‖ **de tercio.** El que tiene un canto cortado algo oblicuamente, para ciertas *fullerías. ‖ **Acudir el naipe** a uno fr. **Acudirle el juego.** ‖ **Dar bien el naipe.** fr. Ser *favorable la suerte. ‖ **Dar el naipe.** fr. Tener buena suerte en el juego. ‖ **Dar el naipe** a uno **para** una cosa. fr. fig. Tener *habilidad para hacerla. ‖ **Dar mal el naipe.** fr. Ser *adversa la suerte. ‖ **Florear el naipe.** fr. fig. Disponer la baraja para hacer *fullerías. ‖ **Peinar los naipes.** fr. fig. Barajarlos de cierto modo. ‖ **Tener buen,** o **mal, naipe.** fr. fig. Tener buena, o mala *suerte en el juego.
naipera. f. Mujer que trabaja en la fabricación de *naipes.
naire. m. El que cuida y adiestra los *elefantes. ‖ Título de *dignidad entre los malabares.
naja (salir de). fr. fig. y fam. *Huir, escapar.
najarse. r. *Germ.* *Marcharse.
¡najencia! interj. *Germ.* **¡Largo!**
najerano, na. adj. Natural de Nájera. Ú. t. c. s. ‖ Perteneciente a esta ciudad.
najerino, na. adj. **Najerano.** Apl. a pers., ú. t. c. s.
***nalga.** f. Cada una de las dos porciones carnosas y redondas que forman las *asentaderas. Ú. m. en pl.
nalgada. f. **Pernil.** ‖ Golpe dado con las nalgas. ‖ Golpe recibido en ellas.
***nalgar.** adj. Perteneciente o relativo a las nalgas.
nalgatorio. m. fam. Conjunto de ambas nalgas, *asentaderas.
nalgudo, da. adj. Que tiene gruesas las nalgas.
nalguear. intr. Mover exageradamente las nalgas al *andar.
nambí. adj. Dícese de la *caballería que tiene las orejas caídas.
namorar. tr. ant. **Enamorar.**
nana. f. fam. ***Abuela.** ‖ *Canto con que se arrulla a los niños. ‖ **Niñera.** ‖ ***Nodriza.**
nana. f. **Pupa** (daño o *dolor).
nanear. intr. **Anadear.**
nanjea. f. *Árbol de Filipinas, de las artocárpeas.
nansa. f. **Nasa.** ‖ *Estanque pequeño para tener peces.
nansú. m. *Tela fina de algodón.
nanzú. m. **Nansú.**
nao. f. **Nave.**
naonato, ta. adj. Dícese de la persona *nacida en una *embarcación que *navega. Ú. t. c. s.
napa. f. *Germ.* **Nalga.**
napea. f. **Mit.* Ninfa de los bosques.
napelo. m. **Anapelo.**
napias. f. pl. *Germ.* Las *narices.
napoleón. m. *Moneda francesa de plata de cinco francos.
napoleónico, ca. adj. Perteneciente o relativo a Napoleón.
napolitana. f. En algunos juegos de *naipes, cierta combinación de cartas.
napolitano, na. adj. Natural de Nápoles. Ú. t. c. s. ‖ Perteneciente a esta ciudad y antiguo reino de Italia. ‖ Dícese de una especie de higos.
napón. m. Cierto *cabo para amarrar la *red al buque pesquero.
naque. m. Compañía de *cómicos compuesta de dos hombres.
***naranja.** f. Fruto del naranjo, de forma globosa, de color entre rojo y amarillo, y pulpa comestible, jugosa y de sabor agridulce, dividida en gajos. ‖ Bala de cañón. ‖ **cajel.** **Naranja zajarí.** ‖ **china.** Variedad cuya piel es lisa y delgada. ‖ **mandarina,** o **tangerina.** Variedad pequeña y aplastada, de cáscara muy fácil de separar. ‖ **zajarí.** Variedad producida del injerto del naranjo dulce sobre el borde. ‖ **Media naranja.** fig. y fam. Persona que se *acomoda perfectamente al modo de ser de otra. ‖ fig. y fam. Cónyuge. ‖ *Arq.* **Cúpula.** ‖ **¡Naranjas!** interj. con que se denota asombro. Sirve también para *negar.
naranjada. f. Agua o *refresco de naranja. ‖ fig. y fam. Dicho o hecho *grosero.
naranjado, da. adj. **Anaranjado.**
naranjal. m. Sitio plantado de naranjos.
naranjazo. m. *Golpe dado con una naranja.
naranjera. f. **Trabuco naranjero.**
naranjero, ra. adj. Dícese del tubo o *cañería cuyo diámetro interior es de ocho a diez centímetros. ‖ m. y f. Persona que vende *naranjas. ‖ m. En algunas partes, **naranjo.**
naranjilla. f. *Naranja verde de que se suele hacer conserva.
***naranjo.** m. Árbol de las auranciáceas, siempre verde, florido y con fruto. Su flor es el azahar. ‖ Madera de este árbol. ‖ fig. y fam. Hombre rudo o *ignorante.
narbonense. adj. **Narbonés.**
narbonés, sa. adj. Natural de Narbona. Ú. t. c. s. ‖ Perteneciente a esta ciudad de Francia.
narcisismo. m. Manía del que se jacta de *guapo y *gallardo.
narciso. m. *Planta herbácea, anual, de las amarilídeas, que se cultiva en los jardines por la belleza y aroma de sus flores. ‖ *Flor de esta planta.
narciso. m. fig. Hombre que presume de *guapo y se viste y adorna con *afectación.
narcosis. f. *Med.* *Sueño o adormecimiento producido por los narcóticos.
***narcótico, ca.** adj. **Farm.* Que produce *sopor o entorpecimiento de los sentidos. Ú. t. c. s. m.
narcotina. f. **Farm.* Alcaloide que se extrae del opio.
narcotismo. m. Estado de *sopor, que procede del uso de los narcóticos. ‖ Conjunto de efectos producidos por envenenamiento con narcóticos.
narcotización. f. Acción y efecto de narcotizar.
narcotizador, ra. adj. Que narcotiza.
narcotizar. tr. Producir narcotismo. Ú. t. c. r.
nardino, na. adj. Compuesto con nardo.
nardo. m. **Espicanardo.** ‖ *Planta de las liliáceas, que se cultiva por la belleza de sus flores blancas, muy olorosas, especialmente de noche. ‖ **Farm.* Confección aromática que se preparaba con extracto de raíces del **nardo** índico. ‖ **índico. Espicanardo.**
nares. f. pl. *Germ.* Las *narices.
narguile. m. Pipa para *fumar, en que el humo del tabaco pasa al través de un vaso lleno de agua perfumada, y se aspira mediante un tubo largo y flexible.
narigada. f. Porción de *tabaco o rapé que se toma de cada vez por las narices.
narigón, na. adj. **Narigudo.** Ú. t. c. s. ‖ m. aum. de **Nariz.** ‖ Agujero en la ternilla de la nariz.
narigudo, da. adj. Que tiene grandes las narices. Ú. t. c. s. ‖ De figura de nariz.
nariguera. f. *Arete que se ponen algunos indios en la ternilla de la nariz.
narigueta. f. d. de **Nariz.**
nariguilla. f. d. de **Nariz.**
***nariz.** f. Órgano que sobresale en el rostro humano, entre la frente y la boca, con dos orificios que comunican con el aparato de la respiración. Ú. frecuentemente en plural. ‖ Parte de la cabeza de muchos animales vertebrados, que tiene el mismo oficio que la **nariz** del hombre. ‖ Cada uno de los dos orificios que hay en la base de la **nariz.** ‖ fig. Sentido del *olfato. ‖ fig. *Perfume fragante y delicado que exhalan los vinos generosos. ‖ fig. Hierro en figura de **nariz,** donde encaja el picaporte o el pestillo al *cerrar las *puertas o ventanas. ‖ fig. Extremidad aguda o en *punta, que se forma en algunas obras; como en las *embarcaciones, en los estribos de los *puentes, etc. ‖ fig. Cañón del *alambique, de la retorta, etc. ‖ **aguileña.** La que es delgada y algo corva. ‖ **Darle** a uno **en la nariz** una cosa. fr. fig. Percibir el *olor de ella. ‖ fig. y fam. *Sospechar, barruntar alguna cosa. ‖ **Hacerle** a uno **las narices.** fr. fig. y fam. *Maltratarlo. ‖ **Hacer nariz.** fr. *Carp.* Perder un bastidor o un marco la exactitud de la forma rectangular. ‖ **Hacerse** uno **las narices.** fr. fig. y fam. Sucederle algún *contratiempo. ‖ **Hinchársele** a uno **las narices.** fr. fig. y fam. *Enojarse mucho. ‖ fig. y fam. Dícese del *mar cuando se encrespa y de los *ríos cuando van muy crecidos. ‖ **Meter** uno **las narices en** una cosa. fr. fig. y fam. Curiosear, *entremeterse. ‖ **Tener** a uno **montado en las narices.** fr. fig. y fam. Padecer constantemente sus impertinencias. ‖ **Tener** uno a otro **agarrado por las narices.** fr. fig. y fam. *Dominarle.
narizota. f. aum. de **Nariz.**
narra. m. *Árbol de Filipinas, de las leguminosas, cuya madera de co-

lor rojo vivo es susceptible de hermoso pulimento. ‖ *Madera de este árbol.

narrable. adj. Que puede ser narrado o contado.

***narración.** f. Acción y efecto de narrar. ‖ *Ret.* Una de las partes del discurso retórico, en que se refieren los hechos que han de servir de base a la argumentación.

narrador, ra. adj. Que narra. Ú. t. c. s.

***narrar.** tr. Contar, referir lo sucedido.

narrativa. f. **Narración.** ‖ Habilidad para narrar.

narrativo, va. adj. Perteneciente o relativo a la narración.

narratorio, ria. adj. **Narrativo.**

***narria.** f. Cajón o carro sin ruedas, para llevar arrastrando cosas de gran peso. ‖ fig. y fam. Mujer *gruesa y pesada. ‖ fig. y fam. Mujer que usa *vestidos muy huecos o que abultan demasiado.

narval. m. *Cetáceo de unos seis metros de largo, con dos incisivos superiores, uno corto y otro muy largo.

narvaso. m. Caña del *maíz con su follaje, que se guarda en haces para alimento del ganado vacuno.

nasa. f. Arte de *pesca que consiste en un cilindro de juncos entretejidos, con una especie de embudo dirigido hacia adentro en una de sus bases y cerrado con una tapadera en la otra. ‖ Arte parecido al anterior, formado por una manga de red y ahuecado por aros de madera. ‖ *Cesta de boca estrecha para echar la pesca, guardar pan, harina, etc.

nasal. adj. Perteneciente o relativo a la *nariz. ‖ *Fon.* Dícese de la articulación en que el aire espirado sale total o parcialmente por la nariz. ‖ Dícese de la letra que representa este sonido. Ú. t. c. s. f.

nasalización. f. Acción y efecto de nasalizar.

nasalizar. tr. Dar a un sonido o letra *pronunciación nasal.

nasardo. m. Uno de los registros del *órgano, que produce un sonido gangoso.

naso. m. fam. y fest. *Nariz grande.

nasofaríngeo, a. adj. *Anat.* Perteneciente a la *nariz y a la faringe.

nasón. m. aum. de **Nasa.**

nastuerzo. m. **Mastuerzo.**

nasudo, da. adj. p. us. **Narigudo.**

nata. f. Substancia espesa, untuosa, blanca, que forma una capa sobre la *leche que se deja en reposo. ‖ Substancia espesa de algunos *líquidos que sobrenada en ellos. ‖ fig. Lo principal y más *excelente en cualquier línea. ‖ *Metal.* Escoria de la copelación. ‖ pl. **Nata** batida con azúcar. ‖ **Natillas.**

***natación.** f. Acción y efecto de nadar. ‖ Arte de nadar.

***natal.** adj. Perteneciente al *nacimiento o al *país en que uno ha nacido. ‖ **Nativo** (*perteneciente al lugar en que uno ha nacido). ‖ m. **Nacimiento.** ‖ *Día del nacimiento de una persona.

natalicio, cia. adj. Perteneciente al *día del *nacimiento. Aplícase frecuentemente a las fiestas y *diversiones que se hacen en él. Ú. t. c. s. m.

natalidad. f. Número proporcional de *nacimientos en población y tiempo determinados.

natátil. adj. Capaz de nadar o *flotar sobre las aguas.

natatorio, ria. adj. Perteneciente a la natación. ‖ Que sirve para *nadar. ‖ Aplícase al lugar destinado para nadar o bañarse.

naterón. m. **Requesón.**

natillas. f. pl. Plato de *dulce que se hace con yemas de huevo, leche y azúcar.

natío, a. adj. Natural, nativo. ‖ m. Nacimiento, naturaleza. ‖ **De su natío.** m. adv. **Naturalmente.**

natividad. f. ***Nacimiento,** y especialmente el de Jesucristo, el de la Virgen y el de San Juan Bautista. ‖ *Festividad que celebra la Iglesia para conmemorar estos nacimientos. ‖ **Navidad.**

nativo, va. adj. Que *nace naturalmente. ‖ Perteneciente al *país en que uno ha nacido. ‖ *Natural, nacido, por oposición a artificial. ‖ Innato, *esencial a la naturaleza de cada cosa. ‖ Dícese de los metales y algunas otras substancias *minerales que se encuentran en estado de pureza.

nato, ta. p. p. irreg. de **Nacer.** ‖ adj. Aplícase al *título o al cargo que está *unido a un empleo o a la calidad de un sujeto.

natri. m. *Arbusto de las solanáceas, propio de Chile.

natrón. m. *Quím.* Carbonato sódico usado en las fábricas de jabón, vidrio y tintes. ‖ ***Barrilla.**

natura. f. **Naturaleza.** ‖ Partes *genitales. ‖ *Mús.* Escala natural del modo mayor.

***natural.** adj. Perteneciente a la naturaleza o *esencia de las cosas. ‖ Nativo, *originario de un pueblo o nación. Ú. t. c. s. ‖ Hecho sin artificio. ‖ Ingenuo, *sincero. ‖ Dícese de las cosas que *imitan a la naturaleza. ‖ Regular, *ordinario, *posible. ‖ Que se produce por solas las fuerzas de la naturaleza. ‖ Aplícase a los señores de *vasallos. ‖ *Mús.* Dícese de la nota no modificada por sostenido ni bemol. ‖ m. Genio, *carácter, modo de ser. ‖ *Instinto de los animales. ‖ **Al natural.** m. adv. Sin artificio, pulimento o variación. ‖ *Blas.* Dícese de las flores y animales que están con sus colores propios. ‖ **Copiar del natural.** fr. *Esc.* y *Pint.* Copiar el modelo vivo.

naturaleza. f. *Esencia y propiedad característica de cada ser. ‖ *Teol.* Estado natural del hombre. ‖ En sentido moral, *conciencia, razón, *juicio. ‖ Conjunto de las cosas, fenómenos y fuerzas que componen el *universo. ‖ Principio universal de todas las operaciones *naturales. ‖ Virtud, *calidad de las cosas. ‖ Instinto, *propensión. ‖ Fuerza o *poder natural. ‖ *Sexo, especialmente en las hembras. ‖ *Origen que uno tiene en cuanto al país en que ha nacido. ‖ Calidad que da derecho a ser tenido por natural o ciudadano de una *nación. ‖ Privilegio que se concede a los *extranjeros para gozar de los derechos propios de los naturales. ‖ Especie, género,*clase. ‖ *Carácter, temperamento. ‖ Señorío de *vasallos. ‖ **humana.** Conjunto de todos los *hombres. ‖ **muerta.** *Pint.* Cuadro que representa animales muertos o cosas inanimadas.

***naturalidad.** f. Calidad de natural. ‖ Ingenuidad, sencillez en el modo de proceder. ‖ *Conformidad de las cosas con el orden regular. ‖ **Naturaleza** (*origen, país de nacimiento). ‖ Derecho inherente a los naturales de un país.

naturalismo. m. Sistema *filosófico que pretende explicar el universo como una combinación de elementos materiales y fuerzas físicas. ‖ Escuela artística que se inspira directamente en la naturaleza; y más especialmente, escuela *literaria del siglo XIX que pretende analizar y reflejar íntegramente la vida sin omitir lo desagradable o repugnante.

naturalista. adj. Perteneciente o relativo al naturalismo. ‖ Que profesa este sistema filosófico. Ú. t. c. s. ‖ com. Persona que profesa la historia natural.

naturalización. f. Acción y efecto de naturalizar o naturalizarse.

***naturalizar.** tr. Admitir en un país a persona *extranjera como si fuera natural del mismo, o concederle ciertos derechos de ciudadanía. ‖ Introducir y emplear en un país cosas de otros países. Ú. t. c. r. ‖ Hacer que una especie animal o vegetal viva y se reproduzca en país distinto de aquel de donde procede. Ú. t. c. r. ‖ r. Vivir en un país persona extranjera en iguales condiciones que los naturales. ‖ Adquirir los derechos de los naturales de un país.

naturalmente. adv. m. Probablemente. ‖ Por naturaleza. ‖ Con naturalidad.

naturismo. m. Sistema *terapéutico basado en el empleo de los agentes físicos naturales.

naturista. com. Persona que practica el naturismo.

naufragante. p. a. de **Naufragar.** Que naufraga.

***naufragar.** intr. Irse a pique la embarcación. Dícese también de las personas que van en ella. ‖ fig. *Malograrse un intento o negocio.

***naufragio.** m. Pérdida o ruina de la embarcación que navega. ‖ fig. *Pérdida grande; *desgracia.

***náufrago, ga.** adj. Que ha padecido naufragio. Apl. a pers., ú. t. c. s. ‖ m. **Tiburón.**

naumaquia. f. *Combate naval que como *espectáculo se daba en un estanque o lago. ‖ Lugar destinado a este espectáculo.

***náusea.** f. Basca, ansia de vomitar. Ú. m. en pl. ‖ fig. *Asco o aversión que causa una cosa. Ú. m. en pl.

nauseabundo, da. adj. Que causa o produce *náuseas. ‖ Propenso a vómito.

nausear. intr. Tener *náuseas.

nauseativo, va. adj. **Nauseabundo.**

nauseoso, sa. adj. **Nauseabundo.**

nauta. m. **Hombre de mar.**

náutica. f. Ciencia o arte de *navegar.

náutico, ca. adj. Perteneciente o relativo a la *navegación.

nautilo. m. **Argonauta** (*molusco).

nava. f. *Valle o tierra baja y llana, a veces *pantanosa.

navacero, ra. m. y f. Persona que cultiva los navazos.

***navaja.** f. Cuchillo cuya hoja está articulada en el mango para que, al doblarla sobre éste, quede el filo guardado entre dos cachas. ‖ *Molusco acéfalo, de dos conchas simétricas, lisas, de color verdoso. ‖ fig. *Colmillo de *jabalí. ‖ fig. Aguijón cortante de algunos *insectos. ‖ fig. y fam. *Lengua de los *murmuradores. ‖ Cada uno de los dos hierros laterales de la gafa de la *ballesta. ‖ **de afeitar.** La de filo agudísimo que sirve para hacer la *barba.

navajada. f. Golpe que se da con la navaja. ‖ *Herida que resulta.

navajazo. m. **Navajada.**

navajero. m. Estuche para navajas de afeitar. ‖ Paño u otro utensilio en que se limpia la navaja al *afeitar.

navajo. m. despect. de **Nava.** ‖ **Lavajo.**
navajón. m. aum. de **Navaja.**
navajonazo. m. Corte o *herida hecha con navajón.
navajuela. f. d. de **Navaja.**
naval. adj. Perteneciente o relativo a las *embarcaciones y a la *navegación.
navarca. m. Jefe de una *armada griega. ‖ El de un buque romano.
navarrisco, ca. adj. desus. **Navarro.**
navarro, rra. adj. Natural de Navarra. Ú. t. c. s. ‖ Perteneciente a esta región de España. ‖ m. *Germ.* **Ansarón.**
navazo. m. **Navajo.** ‖ *Huerto en los arenales inmediatos a las playas.
nave. f. ***Barco.** ‖ *Embarcación antigua, de cubierta y con velas, y sin remos. ‖ **Arq.* Cada uno de los espacios que entre muros o filas de arcadas se extienden a lo largo de los *templos, fábricas, almacenes u otros edificios importantes. ‖ **de San Pedro.** fig. *Iglesia católica. ‖ **principal.** *Arq.* La que ocupa el centro del *templo. ‖ **Quemar las naves.** fr. fig. Tomar una *decisión extrema.
navecilla. f. d. de **Nave.** ‖ **Naveta** (para el incienso).
navegable. adj. Dícese del río, lago, canal etc., donde se puede *navegar.
navegación.** f. Acción de navegar. ‖ Viaje que se hace con la nave. ‖ Tiempo que éste dura. ‖ **Náutica.** ‖ V. **Patente de navegación.** ‖ **aérea. Acción de navegar por el aire. ‖ **de altura.** La que se hace por mar fuera de la vista de la tierra.
navegador, ra. adj. Que navega. Ú. t. c. s.
navegante. p. a. de **Navegar.** Que navega. Ú. t. c. s.
***navegar.** intr. Trasladarse por el agua de un punto a otro en una embarcación. Ú. t. c. tr. ‖ Andar el buque o embarcación. ‖ Por analogía, trasladarse por el aire en globo o en *avión. ‖ fig. *Andar de una parte a otra tratando y *comerciando.
naveta. f. d. de **Nave.** ‖ Vasija que sirve en la iglesia para ministrar el *incienso. ‖ **Gaveta** (cajón de un escritorio).
navícula. f. d. de **Nave.** ‖ *Bot.* *Alga microscópica en forma de navecilla.
navicular. adj. De *forma abarquillada o de navecilla. ‖ *Zool.* V. **Hueso navicular.** Ú. t. c. s.
navicularío. m. Entre los romanos, propietario o capitán de un *buque.
navichuela. f. d. de **Nave.**
navichuelo. m. **Navichuela.**
navidad. f. Natividad de *Jesucristo. ‖ *Festividad y día en que se celebra. ‖ Tiempo inmediato a este día. Ú. t. en pl. ‖ fig. ***Año** (que cumple una persona).
navideño, ña. adj. Perteneciente al tiempo de Navidad o propio de él. Dícese de algunas *frutas que se guardan para este tiempo.
naviero, ra. adj. Concerniente a *embarcaciones o a la *navegación. ‖ m. Dueño de un buque.
navío. m. Bajel de guerra. ‖ *Buque para navegar en alta mar. ‖ *Germ.* ***Cuerpo.** ‖ **Argos.** *Astr.* *Constelación del hemisferio austral, situada debajo del Can Mayor. ‖ **de alto bordo.** El que tiene muy altos los costados. ‖ **de carga. Navío de transporte.** ‖ **de línea.** El de la *armada que puede combatir con otros en batalla ordenada. ‖ **de transporte.** El que se emplea para conducir tropas, municiones, mercancías o víveres. ‖ **mercante, mercantil,** o **particular.** El que sirve para conducir mercaderías de unos puertos a otros. ‖ **Montar un navío.** fr. Mandarlo.
náyade. f. **Mit.* Ninfa que habitaba en los ríos y en las fuentes.
nayuribe. f. *Planta herbácea de las amarantáceas, cuyas cenizas se emplean para teñir de encarnado.
nazarear. intr. Ir vestido de penitente en las *procesiones de Semana Santa. ‖ fig. Practicar *ayunos y *penitencias.
nazareno, na. adj. Natural de Nazaret. Ú. t. c. s. ‖ Perteneciente a esta ciudad de Galilea. ‖ Dícese del que entre los *hebreos se consagraba al culto de Dios. Ú. t. c. s. ‖ fig. **Cristiano.** Ú. t. c. s. ‖ m. Penitente que en las *procesiones de Semana Santa va vestido con una túnica. ‖ *Efigie de Jesucristo con un ropón morado. ‖ *Árbol americano de las rámneas, cuya madera se usa para ebanistería. Cocida en agua, da un *tinte amarillo. ‖ **El Nazareno.** Por antonom., ***Jesucristo.**
nazareo, a. adj. **Nazareno.** Apl. a pers., ú. t. c. s.
názula. f. En algunas partes, **requesón.**
nea. f. Aféresis de **Anea.**
neapolitano, na. adj. ant. **Napolitano.** Apl. a pers., usáb. t. c. s.
nearca. m. **Navarca.**
nébeda. f. *Planta herbácea de las labiadas, cuyo olor y sabor son parecidos a los de la menta.
nebel. m. **Nabla.**
nebí. m. **Neblí.**
nebladura. f. Daño que con la *niebla reciben los sembrados. ‖ *Veter.* **Modorra.**
neblí. m. *Ave de rapiña muy estimada para la caza de *cetrería.
neblina. f. *Niebla espesa y baja.
neblinoso, sa. adj. Se dice del día en que abunda la *niebla.
nebral. m. Aféresis de **Enebral.**
nebreda. f. **Enebral.**
nebrina. f. Fruto del *enebro.
nebrisense. adj. **Lebrijano.** Apl. a pers., ú. t. c. s.
nebro. m. ***Enebro.**
nebulón. m. Hombre *hipócrita.
nebulosa. f. **Astr.* Materia cósmica que se ve en el firmamento como una nubecilla luminosa.
nebulosidad. f. Calidad de nebuloso. ‖ Pequeña obscuridad.
nebuloso, sa. adj. Que abunda de *nieblas, o cubierto de ellas. ‖ Obscurecido por las nubes. ‖ fig. Sombrío, *triste. ‖ fig. Falto de lucidez y claridad, *confuso. ‖ fig. Difícil de comprender.
necear. intr. Decir *necedades. ‖ *Porfiar neciamente.
***necedad.** f. Calidad de necio. ‖ Dicho o hecho necio.
necesaria. f. **Letrina** (*retrete).
necesariamente. adv. m. De modo *necesario.
***necesario, ria.** adj. Fatal, que inevitablemente ha de ser o suceder. ‖ Dícese de lo que se hace y ejecuta por *obligación. ‖ Preciso, *indispensable para algún fin. ‖ *For.* Aplicábase al *heredero instituido cuando era siervo el testador.
neceser. m. Caja o estuche de *viaje, con diversos objetos de *tocador.
***necesidad.** f. Calidad de necesario. ‖ Lo que hace que las causas obren infaliblemente en cierto sentido. ‖ Todo aquello a lo cual es imposible substraerse. ‖ *Pobreza, *carencia de las cosas que son menester para la conservación de la vida. ‖ Falta continuada de alimento que hace desfallecer; *hambre. ‖ Riesgo o *peligro que requiere pronto auxilio. ‖ *Evacuación corporal. ‖ **de medio.** **Teol.* Precisión absoluta de una cosa para conseguir la salvación. ‖ **de precepto.** Obligación fundada en una ley eclesiástica. ‖ **grave.** **Teol.* Peligro de perder la vida temporal o eterna. ‖ **mayor.** *Evacuación por cámara. ‖ **menor.** Evacuación por *orina. ‖ **De necesidad.** m. adv. **Necesariamente.** ‖ **Por necesidad.** m. adv. Necesariamente.
necesitado, da. adj. *Pobre. Ú. t. c. s.
necesitar. tr. Obligar y *compeler a ejecutar una cosa. ‖ intr. Tener *precisión o necesidad de una persona o cosa. Ú. t. c. tr.
necezuelo, la. adj. d. de **Necio.**
neciamente. adv. m. Con necedad.
***necio, cia.** adj. Ignorante de lo que podía o debía saber. Ú. t. c. s. ‖ *Imprudente u *obstinado sin razón. Ú. t. c. s. ‖ Aplícase también a las cosas ejecutadas con ignorancia, imprudencia o presunción.
necrófago, ga. adj. Que se *alimenta de cadáveres.
necrolatría. f. Culto que, en algunos países de la gentilidad, se tributa a los muertos.
necrología. f. Noticia o *biografía de una persona con ocasión de su *muerte. ‖ *Lista o noticia de muertos.
necrológico, ca. adj. Perteneciente o relativo a la necrología.
necromancia. f. **Nigromancia.**
necrópolis. f. *Cementerio de gran extensión.
necropsia. f. **Necroscopia.**
necroscopia. f. Autopsia.
necroscópico, ca. adj. Perteneciente o relativo a la necroscopia.
necrosificar. tr. *Med.* Producir necrosis en los *huesos.
necrosis. f. *Med.* Gangrena molecular de los *huesos. ‖ Por ext., destrucción íntima de un tejido.
néctar. m. **Mit.* Licor suavísimo que bebían los dioses. ‖ fig. Cualquier *bebida sumamente agradable. ‖ fig. Jugo azucarado de las flores.
nectáreo, a. adj. Que destila néctar o sabe a él.
nectarino, na. adj. **Nectáreo.**
nectario. m. *Bot.* Glándula de las *flores de ciertas plantas que segrega un jugo azucarado.
neerlandés, sa. adj. **Holandés.** Apl. a pers., ú. t. c. s. ‖ m. *Lengua germánica hablada por los habitantes de los Países Bajos.
nefandamente. adv. m. De modo nefando.
nefandario, ria. adj. Que comete pecado nefando o *sodomía.
nefando, da. adj. *Indecible, *vil, que no puede nombrarse sin repugnancia u horror.
nefariamente. adv. m. De modo nefario.
nefario, ria. adj. Sumamente *perverso.
nefas. V. **Por fas o por nefas.**
nefasto, ta. adj. Aplicado a día o a cualquiera otra división del tiempo, *desgraciado, funesto.
nefelión. m. Nube en los *ojos.
nefelismo. m. Conjunto de caracteres con que se nos presentan las *nubes.
nefrítico, ca. adj. Perteneciente o relativo a los *riñones. ‖ m. **Palo nefrítico.** ‖ **Piedra nefrítica.**
nefritis. f. *Pat.* Inflamación de los *riñones.
nefrolito. m. *Pat.* Cálculo de los *riñones.

nefrosis. f. *Pat.* Enfermedad del *riñón.
negable. adj. Que se puede negar.
***negación.** f. Acción y efecto de negar. ‖ *Carencia de una cosa. ‖ *Gram.* Partícula o voz que sirve para negar.
negado, da. adj. *Incapaz o inepto. Ú. t. c. s. ‖ Dícese de los primitivos cristianos que *renegaban de la fe. Ú. t. c. s.
negador, ra. adj. Que niega. Ú. t. c. s.
negamiento. m. **Negación.**
negante. p. a. de **Negar.** Que niega.
***negar.** tr. Decir que no es verdad una cosa. ‖ Declarar que no existe o no sucederá algo acerca de lo cual se pregunta. ‖ *Denegar, no conceder lo que se pide. ‖ *Prohibir o *impedir. ‖ *Olvidarse o retirarse de alguna opinión, práctica, etc. ‖ No confesar uno el delito de que se le hace cargo. ‖ *Rechazar una cosa o no reconocerla como propia. ‖ *Ocultar, disimular. ‖ r. Excusarse de hacer una cosa. ‖ No admitir uno en su casa al que va a visitarle, haciendo decir que está fuera. ‖ **Negarse** uno **a sí mismo.** fr. No condescender con sus deseos y apetitos.
***negativa.** f. Acción y efecto de negar. ‖ → Repulsa.
negativamente. adv. m. Con negación.
negativo, va. adj. Que incluye o contiene *negación. ‖ Perteneciente a la negación. ‖ **For.* Aplícase al reo o testigo que niega lo que se le pregunta. ‖ **Fotogr.* V. **Prueba negativa.** Ú. t. c. s.
***negligencia.** f. *Descuido, omisión. ‖ Falta de diligencia y aplicación.
***negligente.** adj. Que incurre en *negligencia. Ú. t. c. s.
negligentemente. adv. m. Con negligencia.
negociable. adj. Que se puede negociar.
negociación. f. Acción y efecto de negociar.
negociado. m. Cada una de las secciones u *oficinas en que se divide una organización administrativa para despachar determinadas clases de asuntos. ‖ **Negocio.**
negociador, ra. adj. Que negocia. Ú. t. c. s ‖ Dícese del agente *diplomático que gestiona un negocio importante. Ú. t. c. s.
negociante. p. a. de **Negociar.** Que negocia. ‖ m. **Comerciante.**
negociar. intr. Tratar y *comerciar con mercancías, valores, etc. ‖ Ajustar el traspaso, cesión o endoso de una *letra de cambio* u otro efecto. ‖ Tratándose de *valores, descontarlos. ‖ Gestionar asuntos públicos o privados. ‖ Tratar por la vía *diplomática del ajuste de un *convenio o tratado o de la resolución de algún asunto.
***negocio.** m. Cualquier *ocupación. ‖ Dependencia, pretensión, *asunto. ‖ Todo lo que es objeto de *ganancia. ‖ **Negociación.** ‖ *Ganancia o *utilidad que se logra. ‖ **redondo.** fig. y fam. El muy *ventajoso. ‖ **Hacer** uno su **negocio.** fr. Sacar de un asunto gran *ganancia, sin preocuparse del interés ajeno.
negocioso, sa. adj. Diligente y *cuidadoso.
negozuelo. m. d. de **Negocio.**
negra. f. ***Espada negra.** ‖ *Germ.* ***Caldera.** ‖ **Mús.* **Semínima.**
negrada. f. Conjunto de negros *esclavos que constituía la dotación de una finca.
negral. adj. Que tira a *negro.
negrear. intr. Mostrar una cosa tonos *negros. ‖ Tirar a *negro.
negrecer. intr. Ponerse negro. Ú. t. c. r.
negreguear. intr. **Negrear.**
negregura. f. **Negrura.**
negrería. f. Conjunto o muchedumbre de negros para el *cultivo de una hacienda.
negrero, ra. adj. Dedicado a la trata de *esclavos negros. Apl. a pers., ú. t. c. s.
negrestino, na. adj. p. us. **Negral.**
negreta. f. *Ave palmípeda, que habita en las orillas del mar. El macho es negro y la hembra, parda.
negrete. m. Individuo de cierto bando famoso en la historia de Santander por su *rivalidad con el de los giles.
negrilla. f. Especie de congrio que tiene el lomo obscuro. ‖ *Honguillo parásito que ataca algunos frutales.
negrillera. f. Sitio poblado de negrillos.
negrillo, lla. adj. d. de **Negro.** ‖ m. **Olmo.** ‖ **Tizón** (*hongo que ataca los cereales). ‖ *Min.* Mena de *plata de color muy obscuro.
negrito, ta. adj. d. de **Negro.** ‖ V. **Letra negrita.** Ú. t. c. s. f. ‖ m. *Pájaro de Cuba, de color negro, cuyo canto es parecido al del canario.
negrizal. m. *Terreno negruzco, generalmente muy fértil.
negrizco, ca. adj. **Negruzco.**
***negro, gra.** adj. Sumamente obscuro; que carece de color. Ú. t. c. s. ‖ Dícese del individuo cuya *tez es de color **negro.** Ú. t. c. s. ‖ Moreno, o que no tiene la blancura que le corresponde. ‖ *Obscuro. ‖ fig. Sumamente *triste. ‖ fig. *Desgraciado, infausto. ‖ *Germ.* *Astuto y taimado. ‖ **animal. Carbón animal.** ‖ **de humo.** Polvo que se recoge de los humos de materias resinosas para la preparación de tintas, betún para el calzado, etc. ‖ **de la uña.** Parte extrema de la uña cuando está sucia. ‖ fig. Cantidad muy *escasa de cualquier cosa.
negror. m. **Negrura.**
negrota. f. *Germ.* **Negra** (*caldera).
***negrura.** f. Calidad de *negro.
negruzco, ca. adj. De *color moreno algo negro.
neguijón. m. Enfermedad de los *dientes, que los pone negros.
neguilla. f. *Planta herbácea anual, de las cariofíleas, muy abundante en los sembrados de cereales. ‖ Semilla de esta planta. ‖ **Arañuela** (planta). ‖ Mancha negra en la cavidad de los *dientes de las *caballerías, que sirve para conocer la edad. ‖ fig. y fam. *Negación. ‖ pl. Astucia.
neguillón. m. **Neguilla** (planta).
negus. m. *Emperador de Abisinia.
neis. m. **Gneis.**
néisico, ca. adj. **Gnéisico.**
neldo. m. Aféresis de **Eneldo.**
nema. f. Cierre o *sello de una carta.
nematelmintos. m. pl. *Zool.* Clase de *gusanos de aspecto filiforme.
nemeo, a. adj. Natural de Nemea. Ú. t. c. s. ‖ Perteneciente a esta ciudad de Grecia antigua. ‖ Aplícase a las *fiestas que se celebraban en honor de Hércules.
Némesis. n. p. f. **Mit.* Diosa griega de la *venganza.
némine discrepante. expr. lat. Sin contradicción, en completa *conformidad o *concordia. ‖ Por unanimidad; por todos los votos.
nemónica. f. **Mnemónica.**
nemoroso, sa. adj. poét. Perteneciente o relativo al *bosque. ‖ poét. Cubierto de bosques.
nemotecnia. f. **Mnemotecnia.**
nemotécnica. f. **Mnemotécnica.**
nemotécnico, ca. adj. **Mnemotécnico.**
nene, na. m. y f. fam. *Niño pequeñito. ‖ Suele usarse como expresión de *cariño. ‖ m. fig. irón. Hombre de condición *perversa.
nenia. f. Composición *poética que se cantaba en las *exequias de una persona. ‖ La que se hace en *alabanza de una persona después de *muerta.
nenúfar. m. *Planta acuática de las ninfeáceas, con flores blancas, terminales y solitarias, que se cultiva en los estanques de los jardines. ‖ **amarillo.** Planta de la misma familia, pero con flores amarillas.
neo. Prefijo que se emplea con la significación de reciente o *nuevo. ‖ m. **Neón.** ‖ fam. **Neocatólico.**
neocatolicismo. m. Doctrina *político-religiosa que aspira a restablecer las tradiciones *católicas en la vida social.
neocatólico, ca. adj. Perteneciente o relativo al neocatolicismo. Ú. t. c. s. ‖ despect. Retrógrado en *política.
neocelandés, sa. adj. Natural de Nueva Zelanda. Ú. t. c. s. ‖ Perteneciente a este país.
neoclasicismo. m. En *literatura y *arte, corriente que aspiraba a restaurar el gusto y las normas del clasicismo.
neófito, ta. m. y f. Persona recién *convertida a una religión. ‖ Persona recién admitida al estado eclesiástico o *religioso. ‖ Por ext., persona recientemente adherida a una causa, *partido o colectividad.
neogranadino, na. adj. Natural de Nueva Granada. Ú. t. c. s. ‖ Perteneciente a este país de América.
neokantiano, na. adj. **Filos.* Perteneciente o relativo al neokantismo.
neokantismo. m. Doctrina *filosófica enseñada por algunos discípulos de Kant y que modifica en ciertos puntos las teorías de este filósofo.
neolatino, na. adj. Que procede de los latinos o de la *lengua latina.
neolítico, ca. adj. **Geol.* e **Hist.* Perteneciente o relativo a la segunda edad de piedra.
neológico, ca. adj. Perteneciente o relativo al neologismo.
neologismo. m. Vocablo o giro nuevo en una *lengua.
neólogo, ga. m. y f. Persona que emplea neologismos.
neomenia. f. Primer día de la *luna.
neón. m. **Quím.* Elemento *gaseoso que se encuentra en el *aire en proporción muy pequeña.
neoplasia. f. **Pat.* Formación de tejido anormal en el organismo.
neoplasma. m. **Pat.* Tejido celular anormal de nueva formación.
neoplatonicismo. m. Escuela *filosófica que floreció principalmente en Alejandría, y cuyo principal expositor fue Plotino.
neoplatónico, ca. adj. Perteneciente o relativo al neoplatonicismo. ‖ Dícese del que sigue esta doctrina. Ú. t. c. s.
neoplatonismo. m. **Neoplatonicismo.**
neorama. m. Especie de panorama.
neotérico, ca. adj. desus. Nuevo, *moderno.
neoyorquino, na. adj. Natural de Nueva York. Ú. t. c. s. ‖ Perteneciente a esta ciudad de los Estados Unidos de América.
neperiano, na. adj. Perteneciente o

relativo al *matemático inglés Juan Neper.
nepote. m. Pariente y privado del *Papa.
nepotismo. m. Excesiva *protección o *preferencia que algunos dan a sus *parientes para los *empleos públicos.
neptúneo, a. adj. poét. Perteneciente o relativo a Neptuno o al *mar.
neptuniano, na. adj. *Geol.* **Neptúnico.**
neptúnico, ca. adj. **Geol.* Dícese de los terrenos y de las rocas de formación sedimentaria.
neptunismo. m. **Geol.* Hipótesis que atribuye a la acción del agua la configuración de la corteza terrestre.
neptunista. adj. Partidario del neptunismo. Ú. t. c. s.
Neptuno. n. p. m. **Mit.* Entre los romanos, el dios de las aguas. ‖ *Planeta mucho mayor que la Tierra y acompañado de un satélite. ‖ m. *Poét.* El *mar.
nequáquam. adv. *neg. fam. En ninguna manera, de ningún modo.
nequicia. f. Maldad, *perversidad.
nequid nimis. expr. lat. que significa *nada con demasía,* y que se usa para recomendar *moderación.
nereida. f. **Mit.* Ninfa que residía en el mar. Tenía forma de mujer de medio cuerpo arriba y el resto como un pez.
nerita. f. *Molusco gasterópodo marino, de concha gruesa, redonda.
nerón. m. fig. Hombre muy *cruel.
neroniano, na. adj. Perteneciente o relativo al emperador Nerón. ‖ fig. *Cruel.
nervadura. f. *Arq.* *Moldura saliente. ‖ *Bot.* Conjunto de los nervios de una *hoja.
nérveo, a. adj. Perteneciente a los *nervios. ‖ Semejante a ellos.
nervezuelo. m. d. de **Nervio.**
nerviecillo. m. d. de **Nervio.**
nervino, na. adj. **Farm.* Dícese del remedio tónico para los nervios.
***nervio.** m. Cada uno de los cordones blanquecinos que se distribuyen por todas partes del cuerpo, y son los órganos de transmisión de las sensaciones y de los impulsos motores. ‖ Aponeurosis, o *tendón blanco, duro y resistente. ‖ Cuerda de los* instrumentos músicos. ‖ Haz fibroso que corre a lo largo de las *hojas de las plantas. ‖ Cada una de las cuerdas que se colocan al través en el lomo de un libro para *encuadernarlo. ‖ Género de *prisión antigua, a modo de cepo. ‖ fig. *Fuerza y vigor. ‖ fig. Eficacia o *poder de la razón. ‖ *Arq.* *Arco saliente en el intradós de una bóveda. ‖ *Mar.* *Cabo firme en la cara alta de una verga. ‖ **ciático.** El que se distribuye en los músculos posteriores del muslo, en los de la pierna y en el pie. ‖ **de buey. Vergajo.** ‖ **maestro. Tendón.** ‖ **óptico.** *Zool.* El que desde el ojo transmite al cerebro las impresiones luminosas. ‖ **vago.** *Zool.* **Nervio** par que nace del bulbo de la médula espinal y termina en el estómago y plexo solar.
nerviosamente. adv. m. Con excitación nerviosa.
nerviosidad. f. **Nervosidad.** ‖ Estado pasajero de *excitación *nerviosa.
nerviosismo. m. Nerviosidad, *excitación *nerviosa.
***nervioso, sa.** adj. Que tiene *nervios. ‖ → Perteneciente o relativo a los nervios. ‖ Aplícase a la persona cuyos nervios se excitan fácilmente. ‖ fig. Nervudo, *fuerte.
nervosamente. adv. m. Con vigor y actividad.
nervosidad. f. Fuerza y actividad de los *nervios. ‖ Flexibilidad que tienen algunos *metales de textura fibrosa, que se doblan sin romperse ni agrietarse. ‖ fig. Fuerza y eficacia de los *razonamientos.
nervoso, sa. adj. **Nervioso.**
nervudo, da. adj. Que tiene fuertes y robustos los nervios.
nervura. f. Conjunto de las partes salientes que en el lomo de un libro forman los nervios de la *encuadernación.
nesciencia. f. *Ignorancia, *necedad, falta de ciencia.
nesciente. adj. Que no sabe.
nescientemente. adv. m. **Ignorantemente.** ‖ Sin saber.
nesga. f. Tira o pieza de figura triangular, que se añade a los paños de las *ropas para darles el ancho que necesitan. ‖ fig. Pieza de cualquier cosa, en figura *triangular y unida con otras.
nesgado, da. adj. Que tiene nesgas.
nesgar. tr. Cortar una tela en dirección *oblicua a la de sus hilos.
néspera. f. ***Níspero.**
nestorianismo. m. *Herejía del siglo v de la Iglesia, que profesaba la división del Redentor en dos personas, una divina y otra humana.
nestoriano, na. adj. Partidario del nestorianismo. Apl. a pers., ú. t. c. s.
netáceo. adj. **Gnetáceo.**
netamente. adv. m. Con *limpieza y distinción.
netezuelo, la. m. y f. d. de **Nieto.**
neto, ta. adj. *Limpio y *puro. ‖ Que resulta líquido en una *cuenta. ‖ Dícese del *precio, cuando se han deducido gastos, comisiones, etc. ‖ m. *Arq.* *Pedestal de la columna, sin las molduras. ‖ **En neto.** m. adv. En limpio, líquidamente.
neuma. m. **Mús.* Signo que se empleaba en la antigua notación musical. ‖ *Mús.* Grupo de notas de adorno con que solían concluir las composiciones de *canto llano. Ú. m. en pl.
neuma. m. **Ret.* Declaración de lo que se siente o quiere, por medio de *ademanes, *exclamaciones o voces de sentido imperfecto.
neumático, ca. adj. *Fís.* Aplícase a varios aparatos destinados a operar con el *aire. ‖ m. Tubo de goma que lleno de aire comprimido sirve de llanta a las *ruedas de los *automóviles, *bicicletas, etc. ‖ f. Parte de la física que estudia las propiedades del *aire y demás *gases.
neumatocele. f. *Pat.* *Tumor gaseoso.
neumatosis. f. *Pat.* Acumulación de *flatulencias en el organismo.
neumococia. f. **Pat.* Infección general causada por el neumococo.
neumococo. m. *Bacteria que produce la neumonía infecciosa.
neumoconiosis. f. Género de *enfermedades crónicas producidas por la infiltración en los pulmones del polvo de varias substancias minerales.
neumogástrico, ca. adj. *Med.* Relativo al pulmón y al vientre.
neumonía. f. **Pat.* **Pulmonía.**
neumónico, ca. adj. **Pat.* Perteneciente o relativo al pulmón. ‖ **Pat.* Que padece neumonía. Ú. t. c. s.
neumotórax. m. Introducción, natural o provocada, de aire u otros gases en la cavidad de la *pleura.
neuralgia. f. **Pat.* Dolor a lo largo de un *nervio y de sus ramificaciones, sin fenómenos inflamatorios.
neurálgico, ca. adj. **Pat.* Perteneciente o relativo a la neuralgia.
neurastenia. f. **Pat.* Desorden funcional del sistema nervioso con depresión de las fuerzas vitales, y que se manifiesta con muy diversos síntomas.
neurasténico, ca. adj. **Pat.* Perteneciente o relativo a la neurastenia. ‖ *Pat.* Que padece neurastenia. Ú. t. c. s.
neurisma. f. **Aneurisma.**
neuritis. f. *Pat.* Lesión inflamatoria de un *nervio.
neurobalístico, ca. adj. **Artill.* Dícese de las antiguas máquinas de guerra, anteriores a la invención de la pólvora.
neuroeje. m. *Anat.* Eje *nervioso cerebro-espinal.
neuroesqueleto. m. *Zool.* *Esqueleto interior, formado por piezas óseas, en los animales vertebrados.
neurología. f. Parte de la anatomía que trata de los *nervios.
neurólogo. m. *Médico especialista del sistema nervioso.
neuroma. m. *Pat.* *Tumor en el espesor del tejido de los nervios.
neurona. f. *Histol.* Elemento *nervioso que comprende la célula, sus prolongaciones y el cilindroeje.
neurópata. com. Que padece neurosis.
neuropatía. f. *Pat.* Afección de los *nervios.
neuróptero, ra. adj. *Zool.* Dícese de los *insectos que tienen boca dispuesta para masticar, y cuatro alas membranosas y reticulares. Ú. t. c. s. ‖ m. pl. *Zool.* Orden de estos insectos.
neurosis. f. *Pat.* *Enfermedad nerviosa.
neurótico, ca. adj. *Pat.* Que padece neurosis. Ú. t. c. s. ‖ *Pat.* Perteneciente o relativo a la neurosis.
neurótomo. m. **Cir.* Instrumento de dos cortes, largo y estrecho, para disecar los nervios.
neutral. adj. Que no es ni de uno ni de otro; que no se inclina a un lado ni a otro. ‖ Dícese de la nación o estado, que no toma parte en la *guerra movida por otros.
neutralidad. f. Calidad de neutral.
neutralización. f. Acción y efecto de neutralizar o neutralizarse.
neutralizar. tr. Hacer neutral. Ú. t. c. r. ‖ **Quím.* Hacer neutra una substancia. Ú. t. c. r. ‖ fig. *Debilitar o *compensar el efecto de una causa, por la concurrencia de otra. Ú. t. c. r.
neutro, tra. adj. **Gram.* V. **Género neutro.** ‖ **Quím.* Dícese del compuesto en que no predominan las propiedades de ninguno de sus elementos. ‖ *Zool.* Aplícase a ciertos animales que no tienen *sexo.
neutrón. m. **Fís.* Componente del núcleo del *átomo, que carece de carga eléctrica.
nevada. f. Acción y efecto de *nevar.
nevadilla. f. *Planta herbácea anual, de las paroniquieas.
nevado, da. adj. Cubierto de *nieve. ‖ fig. *Blanco como la nieve.
***nevar.** intr. Caer *nieve. ‖ tr. fig. Poner *blanca una cosa.
nevasca. f. **Nevada.** ‖ **Ventisca.**
nevatilla. f. **Aguzanieves.**
nevazo. m. **Nevada.**
nevazón. f. **Nevada.**
nevera. f. La que vende *nieve. ‖ Sitio en que se guarda o conserva nieve. ‖ Armario de paredes aisladoras con un depósito de hielo para *enfriar y conservar alimentos y bebidas. ‖ fig. Habitación muy *fría.
nevereta. f. **Nevatilla.**

nevería. f. Tienda donde se vende nieve o refrescos helados.
nevero. m. El que vende *nieve o *refrescos helados. ‖ Paraje de las montañas, donde se conserva la *nieve todo el año. ‖ Esta misma nieve.
nevisca. f. Nevada de copos menudos.
neviscar. intr. *Nevar ligeramente.
nevoso, sa. adj. Que frecuentemente tiene *nieve. ‖ Dícese también del temporal que está dispuesto para nevar.
nexo. m. *Nudo, conexión, *enlace o vínculo de una cosa con otra.
nexo. adv. neg. *Germ.* **No.**
ni. *conj. copulat. que denota negación, alternativa, etc. ‖ **Ni bien.** m. adv. No del todo.
niara. f. *Pajar que se forma en el campo recubriendo la paja amontonada con retamas o hierbas. A veces se deja un hueco en lo interior para encerrar y conservar el *grano.
nícalo. m. **Níscalo.**
nicaragua. f. **Balsamina** (planta). Ú. m. en pl.
nicaragüense. adj. **Nicaragüeño.** Apl. a pers., ú. t. c. s.
nicaragüeño, ña. adj. Natural de Nicaragua. Ú. t. c. s. ‖ Perteneciente a esta república de América.
niceno, na. adj. Natural de Nicea. Ú. t. c. s. ‖ Perteneciente a esta antigua ciudad de Bitinia.
nicerobino. adj. V. **Ungüento nicerobino.**
nicle. m. *Calcedonia veteada.
nicociana. f. ***Tabaco.**
nicomediense. adj. Natural de Nicomedia. Ú. t. c. s. ‖ Perteneciente a esta antigua ciudad de Bitinia.
nicomelana. f. *Miner.* Sesquióxido de *níquel.
nicopirita. f. *Miner.* Sulfuro doble de *níquel y hierro.
nicótico, ca. adj. Referente al nicotismo.
nicotina. f. *Quím.* Alcaloide muy *venenoso contenido en el *tabaco.
nicotismo. m. *Pat.* *Intoxicación producida por el abuso del *tabaco.
nictación. f. Parpadeo.
nictagíneo, a. adj. **Bot.* Dícese de plantas tropicales, herbáceas o leñosas, cuyo tipo es el dondiego. Ú. t. c. s. ‖ f. pl. *Bot.* Familia de estas plantas.
nictálope. adj. Dícese de la persona que *ve mejor de noche que de día. Ú. t. c. s.
nictalopía. f. Defecto del nictálope.
nictitante. adj. *Zool.* V. **Membrana nictitante.**
nicho. m. *Concavidad en el espesor de un muro, y más especialmente la que se dispone en los *cementerios para depositar un cadáver.
nidada. f. Conjunto de los *huevos puestos en el nido. ‖ Conjunto de los *pajarillos mientras están en el *nido.
nidal. m. Lugar donde la gallina pone sus *huevos. ‖ *Huevo que se deja en un paraje señalado para que la gallina acuda a poner allí. ‖ fig. Guarida, *escondrijo. ‖ fig. Causa u *origen de alguna cosa.
nidificar. intr. Hacer nidos las aves.
nidio, dia. adj. *Resbaladizo. ‖ *Limpio, terso.
***nido.** m. Especie de lecho que preparan las aves, en algún hueco o lugar resguardado, para poner sus huevos y criar los pollos. ‖ Por ext., cavidad, agujero o conjunto de celdillas donde procrean *insectos u otros animales. ‖ **Nidal.** ‖ fig. *Casa, *patria o habitación de uno. ‖ fig. *Guarida de personas de mal vivir. ‖ fig. Lugar originario de ciertas cosas inmateriales. ‖ **de urraca.** **Fort.* Trinchera circular muy reducida. ‖ **Caerse de un nido** una persona. fr. fig. y fam. Ser excesivamente *cándida.
nidrio, dria. adj. Hablando de *lesiones o contusiones, lívido, cárdeno.
***niebla.** f. Nube en contacto con la Tierra y que obscurece más o menos la atmósfera. ‖ **Nube** (en los *ojos). ‖ **Añublo.** ‖ fig. *Confusión y *obscuridad. ‖ fig. Munición muy menuda para caza. ‖ *Germ.* **Madrugada.** ‖ *Pat.* Opacidad de la *orina. ‖ **meona.** La que va acompañada de gotitas menudas.
niego. adj. V. **Halcón niego.**
niel. m. Labor de *esmalte negro hecho de plata y plomo fundidos con azufre.
nielado. m. Acción y efecto de nielar.
nielar. tr. Adornar con nieles.
niervo. m. desus. **Nervio.**
niéspera. f. **Níspola.**
niéspola. f. **Níspola.**
nietastro, tra. m. y f. Hijo o hija del entenado o alnado.
***nieto, ta.** m. y f. Respecto de una persona, hijo o hija de su hijo o de su hija. ‖ Por ext., descendiente de una línea en las terceras, cuartas y demás generaciones.
nietro. m. Medida de *capacidad para vino, equivalente a 159 litros y 68 centilitros.
***nieve.** f. Vapor de agua helado, que se desprende de las nubes en cristales sumamente pequeños, agrupados en forma de copos blancos. ‖ Temporal en que nieva mucho. Ú. m. en pl. ‖ fig. Suma *blancura de cualquier cosa.
nigromancia. f. Arte de *adivinar lo futuro evocando a los muertos. ‖ fam. *Magia negra o diabólica.
nigromante. m. El que ejerce la nigromancia.
nigromántico, ca. adj. Perteneciente a la nigromancia. ‖ m. **Nigromante.**
nigua. f. *Insecto afaníptero, parecido a la pulga, pero mucho más pequeño. Las hembras penetran bajo la piel de los animales y del hombre, y allí depositan la cría, que ocasiona mucha picazón y úlceras graves.
nihilismo. m. **Fil.* Negación de toda creencia. ‖ Negación de todo principio *político y social.
nihilista. adj. Que profesa el nihilismo. Ú. t. c. s. ‖ Perteneciente al nihilismo.
nilad. m. *Arbusto de Filipinas, de las rubiáceas.
nilón. m. Materia sintética semejante a las proteínas de la que se obtienen *filamentos de gran elasticidad y resistencia.
nimbar. tr. Circuir de nimbo o aureola una figura o *efigie.
nimbo. m. **Aureola** (de las *efigies). ‖ Capa de *nubes formada por la aglomeración de cúmulos. ‖ *Círculo que en ciertas medallas rodea la cabeza de algunos emperadores.
nimiamente. adv. m. Con *prolijidad. ‖ Con poquedad o cortedad.
nimiedad. f. ***Prolijidad.** ‖ fam. Poquedad, *escasez. ‖ *Exceso, demasía.
nimio, mia. adj. ***Prolijo.** ‖ Meticuloso, *cuidadoso con exceso. ‖ *Mezquino, tacaño. ‖ *Insignificante.
nin. conj. ant. **Ni.**
ninfa. f. **Mit.* Nombre común a las deidades de las aguas, bosques, selvas, etc. ‖ fig. *Joven hermosa. Tómase a veces en mala parte. ‖ *Zool.* *Insecto que ha pasado ya del estado de larva y prepara su última metamorfosis. ‖ pl. Labios pequeños de la *vulva. ‖ **Ninfa Egeria.** fig. Persona que discretamente *aconseja a otra o le *sugiere lo que ha de hacer.
ninfea. m. **Nenúfar.**
ninfeáceo, a. adj. **Bot.* Dícese de plantas dicotiledóneas acuáticas, como el nenúfar y el loto. Ú. t. c. s. ‖ f. pl. *Bot.* Familia de estas plantas.
ninfo. m. fig. y fam. **Narciso** (joven que presume de hermoso).
ninfomanía. f. **Furor uterino.**
ningún. adj. Apócope de **Ninguno.**
***ninguno, na.** adj. Ni uno sólo. ‖ pron. indet. *Nulo y sin valor. ‖ **Nadie.**
ninivita. adj. Natural de Nínive. Ú. t. c. s. ‖ Perteneciente a esta ciudad de Asia antigua.
niña. f. **Pupila** (del *ojo). ‖ **Niñas de los ojos.** fig. y fam. Persona o cosa del mayor cariño o aprecio de uno.
niñada. f. Hecho o dicho impropio de la edad varonil.
niñato. m. Becerrillo que se halla en el vientre de la *vaca cuando la matan.
niñear. intr. Ejecutar niñadas.
niñera. f. *Criada destinada a cuidar *niños.
niñería. f. Acción de *niños o propia de ellos. ‖ Cosa *insignificante. ‖ fig. Hecho o dicho de poca entidad.
niñero, ra. adj. Que gusta de niños o de niñerías.
niñeta. f. **Niña** del ojo.
***niñez.** f. Período de la vida humana, desde el nacimiento hasta la adolescencia. ‖ fig. *Principio o primer tiempo de cualquier cosa. ‖ fig. **Niñería.** Ú. m. en pl.
***niño, ña.** adj. Que se halla en la niñez. Ú. t. c. s. ‖ Por ext., que tiene pocos años. Ú. t. c. s. ‖ fig. *Inexperto. Ú. t. c. s. ‖ fig. En sent. despect., que obra de modo *irreflexivo. Ú. t. c. s. ‖ m. y f. Persona *soltera, aunque tenga muchos años. ‖ *Tratamiento que los negros y mulatos dan a sus amos, y en general a todo blanco. ‖ **Niño bitongo.** fam. **Niño zangolotino.** ‖ **de coro.** El que *canta con otros en los oficios divinos. ‖ **de la bola.** Por antonom. el **Niño** Jesús. ‖ fig. y fam. El que es *afortunado. ‖ **de la doctrina. Doctrino.** ‖ **gótico.** fig. y fam. Petimetre, que sigue las modas con *afectación. ‖ **de la piedra.** ***Expósito.** ‖ **de la rollona.** El que siendo ya de edad, tiene propiedades y modales de **niño.** ‖ **de teta.** El que aún está en la *lactancia. ‖ fig. y fam. El que es muy *inferior a otros en cualquier línea. ‖ **Jesús.** *Efigie de *Jesucristo en la edad de **niño.** ‖ **zangolotino.** fam. Muchacho que quiere pasar por **niño.** ‖ **A anda, niño.** loc. adv. Manera de transportar a una distancia corta un objeto grande y pesado, inclinándolo ora a un lado, ora al opuesto, y haciéndole girar cada vez sobre la parte que se apoya en el suelo. ‖ **Como niño con zapatos nuevos.** expr. fig. y fam. que se dice de la persona que por algo que acaba de obtener se muestra muy *contenta. ‖ **La niña bonita.** fig. y fam. En algunos juegos el *número quince.
niobio. m. *Metal pulverulento de color gris, muy raro, parecido al tantalio.
nioto. m. **Cazón** (pez).
nipa. f. *Palma de unos tres metros de altura; de ella se saca la tuba y de sus hojas se hacen tejidos y techumbres. ‖ Hoja de este árbol.

nipis. m. *Tela fina casi transparente, de Filipinas.
nipón, na. adj. **Japonés.** Apl. a pers., ú. t. c. s.
nipos. m. pl. *Germ.* **Dinero.**
***níquel.** m. *Metal de color y brillo semejantes a los de la plata, muy duro y poco oxidable.
niquelado. m. Acción y efecto de niquelar.
niquelador. m. El que tiene por oficio niquelar.
niqueladura. f. **Niquelado.**
***niquelar.** tr. Cubrir con un baño de níquel otro metal.
niquelífero, ra. adj. Que contiene *níquel.
niquelina. f. *Miner.* Arseniato de *níquel.
niquelocre. m. *Miner.* Arseniato hidratado de *níquel.
niquiscocio. m. fam. Cosa *insignificante o *despreciable que se trae frecuentemente entre manos.
niquitoso, sa. adj. Dengoso, *delicado, melindroso.
nirvana. m. En el budismo, *bienaventuranza.
níscalo. m. **Mízcalo.**
***níspero.** m. Árbol de las rosáceas, cuyo fruto es la níspola. ‖ **Níspola.** ‖ **Chicozapote.** ‖ **del Japón.** *Arbusto siempre verde, de las rosáceas, de flores blancas con olor de almendra que se cultiva en los jardines. ‖ **espinoso,** o **silvestre. Espino.**
níspola. f. Fruto del *níspero. Es aovado y de sabor acerbo cuando se desprende del árbol; pero resulta dulce y comestible cuando está pasado.
nispolero. m. ***Níspero.**
nistagmo. m. *Pat.* Movimiento espasmódico de los *párpados. ‖ Oscilación involuntaria del globo del *ojo.
nitidez. f. Calidad de nítido.
nítido, da. adj. *Limpio, *puro, *brillante.
nito. m. *Helecho que se cría en Filipinas, y de cuyos peciolos se saca un *filamento que sirve para fabricar sombreros y petacas. ‖ pl. fam. Ú. como respuesta para no declarar lo que se lleva oculto.
nitral. m. Criadero de nitro.
nitratación. f. Acción y efecto de nitratar.
nitratar. tr. *Abonar las tierras con nitratos. ‖ *Ennegrecer con nitrato de plata.
nitrato. m. *Quím.* Cuerpo que resulta de la combinación del ácido nítrico con un radical.
nitrería. f. Sitio o lugar donde se recoge y beneficia el nitro.
nítrico, ca. adj. Perteneciente o relativo al nitro o al nitrógeno. ‖ *Quím.* V. **Ácido nítrico.**
***nitro.** m. Nitrato potásico que se presenta en la superficie de los terrenos húmedos y salados. ‖ **cúbico.** Nitrato sódico.
nitrocelulosa. f. *Quím.* Cuerpo que resulta de la acción del ácido nítrico sobre la celulosa. Es un *explosivo potente.
nitrogenado, da. adj. Que contiene nitrógeno.
nitrógeno. m. *Quím.* Metaloide gaseoso, que constituye próximamente las cuatro quintas partes del aire atmosférico.
nitroglicerina. f. Cuerpo oleaginoso, que resulta de la acción del ácido nítrico sobre la glicerina. Es *explosivo muy poderoso y, mezclado con un cuerpo absorbente, forma la dinamita.
nitrosidad. f. Calidad de nitroso.
nitroso, sa. adj. Que tiene nitro o se le parece en alguna de sus propiedades. ‖ *Quím.* Dícese en general de los compuestos oxidados del nitrógeno en grado inferior al ácido nítrico.
***nivel.** m. Instrumento para averiguar si dos o más puntos se hallan en el mismo plano *horizontal. ‖ **Horizontalidad.** ‖ *Altura a que llega la superficie de un líquido. ‖ fig. Altura o mérito que una cosa alcanza. ‖ fig. *Igualdad, equivalencia. ‖ **de agua.** Aparato provisto de dos tubos de cristal dispuestos verticalmente y comunicados entre sí. Lleno de agua al aparato, la altura del líquido en ambos tubos determina un plano de **nivel.** ‖ **de aire.** Regla metálica que lleva encima un tubo de cristal, que se llena de líquido de manera que sólo quede en su interior una burbuja de aire. Cuando ésta coincide con el punto medio de la regla es que el instrumento está horizontal. ‖ **de *albañil.** Triángulo rectángulo isósceles, con una plomada pendiente del vértice opuesto a la hipotenusa. ‖ **A nivel.** m. adv. En un plano *horizontal. ‖ **A cordel.** ‖ **Estar a un nivel.** fr. fig. Haber entre dos o más cosas o personas perfecta *igualdad.
nivelación. f. Acción y efecto de nivelar.
nivelador, ra. adj. Que nivela. Ú. t. c. s.
nivelar. tr. Aplicar el nivel a un *plano. ‖ Hacer que un plano quede *horizontal. ‖ Por ext., poner a igual altura dos o más cosas materiales. ‖ fig. *Igualar una cosa con otra. ‖ *Topogr.* Hallar la diferencia de altura entre dos puntos de un terreno.
níveo, a. adj. poét. De *nieve o semejante a ella.
nivoso, sa. adj. **Nevoso.** ‖ m. Cuarto *mes del calendario republicano francés.
nizardo, da. adj. Natural de Niza. Ú. t. c. s. ‖ Perteneciente a esta ciudad de Francia.
no. adv. de *negación que se emplea para contestar o preguntar. A veces es sólo expletivo. ‖ **¿A que no?** fr. Especie de reto que se dirige a uno. ‖ **No bien.** m. adv. Tan luego como. ‖ **No más.** expr. **Solamente.** ‖ Equivale a ***basta de** en giros elípticos. ‖ **No menos.** Expresión con que se pondera alguna cosa. ‖ **No, que no.** loc. que se usa para *afirmar lo que se dice. ‖ **No tal.** expr. fam. con que se esfuerza la negación. ‖ **No ya.** m. adv. No solamente.
nobiliario, ria. adj. Perteneciente o relativo a la *nobleza. ‖ Aplícase al libro que trata de la nobleza y genealogía de las familias. Ú. t. c. s.
nobilísimamente. adv. sup. Con suma nobleza.
nobilísimo, ma. adj. sup. de **Noble.**
***noble.** adj. Preclaro, ilustre. ‖ Generoso, magnánimo, de sentimientos elevados. ‖ Principal en cualquier línea; *excelente. ‖ Dícese en sentido restricto de la persona que usa algún título del reino; y por ext., de sus parientes. Ú. t. c. s. ‖ Honroso, estimable. ‖ *Título de honor que daba el rey de Aragón. ‖ m. *Moneda de oro que se usó en España.
noblemente. adv. m. Con nobleza.
nobletón, na. adj. **Noblote.**
***nobleza.** f. Calidad de noble. ‖ Conjunto o cuerpo de los nobles de un estado o de una región. ‖ *Tela de seda a modo de damasco sin labores.
noblote. adj. Que procede con nobleza y bondad.
noca. f. *Crustáceo marino, comestible, parecido a la centolla.
noceda. f. **Nogueral.**
nocedal. m. **Nogueral.**
nocente. adj. Que daña; *perjudicial. ‖ **Culpado** (que tiene *culpa). Ú. t. c. s.
nocible. adj. **Nocivo.**
***noción.** f. *Teol.* Conocimiento que se tiene de una cosa. Ú. para explicar el misterio de la *Trinidad. ‖ → Conocimiento elemental. Ú. m. en pl.
nocional. adj. *Teol.* Perteneciente a la noción.
nocividad. f. Cualidad de *perjudicial o nocivo.
nocivo, va. adj. Dañoso, *perjudicial.
nocla. f. **Noca.**
noctambulismo. m. Cualidad de noctámbulo.
noctámbulo, la. adj. **Noctívago.**
noctiluca. f. ***Luciérnaga.** ‖ *Zool.* Organismo microscópico que produce luminiscencia en el agua del mar y en substancias orgánicas en descomposición.
noctívago, ga. adj. poét. Que *anda vagando durante la *noche.
nocturnal. adj. **Nocturno.**
nocturnidad. f. *For.* Circunstancia agravante de ejecutarse de noche un *delito.
nocturnino, na. adj. p. us. **Nocturno.**
***nocturno, na.** adj. Perteneciente a la *noche, o que se hace en ella. ‖ fig. *Triste, que anda solo y retraído. ‖ **Bot.* y **Zool.* Aplícase a los animales que de día están ocultos y a las plantas cuyas flores sólo se abren de noche. ‖ m. **Liturg.* Cada una de las tres partes del oficio de maitines. ‖ **Mús.* Pieza de música vocal o instrumental, de melodía dulce y apacible. ‖ *Mús.* Serenata.
nocharniego, ga. adj. ant. **Nocherniego.**
***noche.** f. Tiempo en que, después de puesto el Sol, cesa la claridad que de él procede. ‖ Tiempo *atmosférico que hace durante la **noche** o gran parte de ella. ‖ fig. Confusión, *obscuridad o *tristeza. ‖ *Germ.* *Sentencia de muerte. ‖ **buena. Nochebuena.** ‖ **cerrada.** La muy *obscura. ‖ **intempesta.** poét. **Noche** muy entrada. ‖ **toledana.** fig. y fam. La que uno pasa en *vigilia. ‖ **vieja.** La última del año. ‖ **Media noche. Medianoche.** ‖ **Primera noche.** Horas primeras de la **noche.** ‖ **A buenas noches.** m. adv. fig. y fam. **A *obscuras.** ‖ **A prima noche.** m. adv. A primera **noche.** ‖ **Ayer noche.** m. adv. **Anoche.** ‖ **Buenas noches.** expr. fam. que se emplea como *saludo y despedida durante la **noche.** ‖ **De la noche a la mañana.** fr. fig. *Inopinadamente. ‖ **De noche.** m. adv. Después del crepúsculo vespertino. ‖ **Hacer** uno **noche** alguna cosa. fr. fig. y fam. *Hurtarla. ‖ **Hacer** uno **noche en** alguna parte. fr. Detenerse en un lugar para *dormir. ‖ **Hacerse de noche.** fr. **Anochecer.**
nochebuena. f. Noche de la vigilia de Navidad.
nochebueno. m. *Torta grande de almendras, piñones y otras cosas para la colación de nochebuena. ‖ Tronco grande de *leña.
nocherniego, ga. adj. Que *anda de *noche.
nochizo. m. *Avellano silvestre.
nodación. f. *Pat.* Impedimento en el juego de una *articulación o de los tendones.

nodal. adj. Perteneciente o relativo al nodo.
nodátil. adj. *Zool.* V. **Juntura nodátil.**
nodo. m. **Astr.* Cada uno de los dos puntos en que la órbita de un astro corta la Eclíptica. ‖ **Fís.* Punto de intersección de dos ondulaciones. ‖ *Pat.* *Tumor duro y redondeado, que se forma sobre los huesos, tendones o ligamentos. ‖ **ascendente.** **Astr.* Aquel en que el planeta pasa de la parte austral a la boreal. ‖ **descendente.** **Astr.* Aquel en que el planeta pasa de la parte boreal a la austral.
***nodriza.** f. **Ama de cría.** ‖ En los motores de *automóviles, aparato que alimenta de combustible el carburador.
nódulo. m. Concreción de poco volumen.
Noé. n. p. V. **Arca de Noé.**
nogada. f. *Salsa hecha de nueces y especias.
***nogal.** m. Árbol de las yuglándeas, cuya madera es muy apreciada en ebanistería. Su fruto es la nuez común. ‖ *Madera de este árbol.
nogalina. f. **Pint.* Color pardo obscuro que, disuelto en agua, se emplea para teñir maderas imitando el nogal.
noguera. f. **Nogal.**
noguerado, da. adj. Aplícase al *color pardo obscuro.
nogueral. m. Sitio plantado de nogales.
noguerón. m. aum. de **Noguera.**
nogueruela. f. *Planta euforbiácea.
***nolición.** f. *Fil.* Acto de no querer o de *repugnar una cosa.
noli me tángere. m. *Úlcera maligna.
noluntad. f. *For.* **Nolición.**
noma. f. *Pat.* Especie de gangrena de la *boca, llamada también *cáncer acuoso.
nómada. adj. Aplícase al individuo, familia o pueblo que anda *vagando sin domicilio fijo.
nómade. adj. **Nómada.**
nomadismo. m. *Etnol.* Estado social de los pueblos nómadas.
nombradamente. adv. m. Con expresión del *nombre.
nombradía. f. **Nombre** (*fama).
nombramiento. m. Acción y efecto de *nombrar. ‖ Documento en que se designa a uno para un *empleo.
***nombrar.** tr. Decir el nombre de una persona o cosa. ‖ Designar a uno para un *empleo.
***nombre.** m. Palabra con que se designa una persona o cosa para distinguirla de las demás. ‖ Título de una cosa. ‖ *Fama, reputación. ‖ Autoridad, poder o *delegación con que alguno actúa en lugar de otro. ‖ **Apodo.** ‖ *Gram.* Parte de la oración con que se designan las personas o cosas por su naturaleza, y no por los atributos, o propiedades variables. Llámase también **nombre substantivo.** ‖ *Mil.* Palabra que se daba por *marca o señal secreta para reconocer durante la noche a los amigos. ‖ **adjetivo.** *Gram.* Parte de la oración que se junta al substantivo para calificarlo o para determinarlo. ‖ **apelativo.** *Gram.* El que conviene a todas las personas o cosas de una misma clase. ‖ **Sobrenombre.** ‖ **colectivo.** *Gram.* El que en singular expresa conjunto o número determinado de cosas de una misma especie. ‖ **común.** *Gram.* **Nombre apelativo.** ‖ **de pila.** El que se da a la criatura cuando se bautiza. ‖ **genérico.** *Gram.* **Nombre apelativo.** ‖ **numeral.** *Gram.* El que significa número. ‖ **postizo. Apodo.** ‖ **propio.** *Gram.* El que se da a persona o cosa determinada para distinguirla de las demás de su especie o clase. ‖ **Mal nombre. Apodo.** ‖ **Poner nombre.** fr. fig. Señalar un *precio en los ajustes o compras.
nomenclador. m. *Catálogo de nombres. ‖ El que contiene la nomenclatura de una ciencia.
nomenclátor. m. **Nomenclador.**
nomenclatura. f. **Nómina.** ‖ Conjunto de las *palabras técnicas de una ciencia o facultad.
nomeolvides. f. Flor de la raspilla.
nómico. adj. **Gnómico.**
nómina. f. *Lista de nombres de personas o cosas. ‖ Relación nominal de los *empleados de una oficina, con indicación de sus haberes, y una casilla en que aquéllos han de acreditar con su firma haberlos recibido. ‖ En lo antiguo, *reliquia en que estaban escritos nombres de santos. ‖ *Amuleto.
nominación. f. **Nombramiento.**
nominador, ra. adj. Que elige y *nombra para un empleo. Ú. t. c. s.
***nominal.** adj. Perteneciente al *nombre. ‖ Que no tiene la efectividad que indica su nombre. ‖ **Nominalista.** Apl. a pers., ú. t. c. s.
nominalismo. m. Sistema *filosófico que negaba toda realidad a los términos genéricos.
nominalista. adj. Partidario del nominalismo. Ú. t. c. s. ‖ Perteneciente o relativo a este sistema.
nominalmente. adv. m. Por su nombre o por sus nombres. ‖ De manera nominal.
nominar. tr. **Nombrar.**
nominátim. adv. m. *For.* Voz latina con que se denota que una o más personas están designadas por sus respectivos *nombres, en un *testamento, relación, etc.
nominativo, va. adj. *Com.* Aplícase a los *efectos públicos*, *valores u otros títulos, que precisamente han de extenderse a nombre o a favor de uno. ‖ m. **Gram.* Caso de la declinación que designa el sujeto activo y no lleva preposición. ‖ pl. En los estudios de gramática latina, parte de la analogía que precedía a los verbos. ‖ fig. y fam. *Rudimentos de cualquier facultad o arte.
nominilla. f. En las oficinas, apunte que se entrega a los que cobran *pensiones o haberes pasivos, para que puedan percibir su haber.
nómino. m. Sujeto capacitado para empleos públicos y cargos honoríficos.
nomo. m. **Gnomo.**
nomon. m. **Gnomon.**
nomónica. f. **Gnomónica.**
nomónico, ca. adj. **Gnomónico.**
nomparell. m. **Impr.* Carácter de letra de seis puntos tipográficos.
non. adj. **Impar.** Ú. t. c. s. ‖ m. pl. *Negación repetida de una cosa, o acción de decir enfáticamente que no. ‖ **Andar de nones.** fr. fig. y fam. Estar *ocioso. ‖ fig. y fam. En algunas partes se usa para ponderar la singularidad de una cosa *única. ‖ **De non.** loc. adv. Sin pareja; *único en su clase.
nona. f. Entre los romanos, parte del *día comprendida entre la hora novena y el fin de la duodécima. ‖ **Liturg.* Última de las horas menores, que se dice antes de vísperas. ‖ pl. **Cronol.* En el antiguo cómputo romano el día 7 de marzo, mayo, julio y octubre, y el 5 de los demás meses.
nonada. f. *Poco o muy poco. ‖ Cosa *insignificante.
nonagenario, ria. adj. Que ha cumplido noventa *años y no llega a ciento. Ú. t. c. s.
nonagésimo, ma. adj. Que ocupa, en una serie *ordenada, un lugar al que preceden ochenta y nueve lugares. ‖ Dícese de cada una de las noventa *partes iguales en que se divide un todo. Ú. t. c. s.
nonagonal. adj. Perteneciente al nonágono.
nonágono, na. adj. *Geom.* **Eneágono.** Ú. t. c. s. m.
nonato, ta. adj. No nacido naturalmente, sino sacado del claustro materno por vía anormal. ‖ fig. Dícese de la cosa no existente aún.
noningentésimo, ma. adj. Que ocupa, en una serie *ordenada, un lugar al que preceden 899 lugares. ‖ Dícese de cada una de las novecientas partes iguales en que se divide un todo. Ú. t. c. s.
nonio. m. Pieza en que se marcan ciertas divisiones de manera que, al aplicarla contra una *regla o un limbo graduados, se puedan apreciar fracciones pequeñas de las divisiones menores.
nono, na. adj. **Noveno.**
non plus ultra. expr. lat. que se usa en castellano como substantivo masculino para *ponderar o enaltecer alguna cosa como lo más *excelente que cabe imaginar.
nónuplo, pla. adj. Que contiene un *número nueve veces exactamente. Ú. t. c. s. m.
nopal. m. Planta de las *cácteas, cuyos tallos forman una serie de paletas ovales, erizadas de espinas. Su fruto es el higo chumbo, de forma oval y pulpa dulce, comestible. ‖ **de la cochinilla.** Variedad cuyas palas tienen muy pocas espinas.
nopaleda. f. **Nopalera.**
nopalera. f. Terreno poblado de nopales.
noque. m. Pequeño *estanque para curtir las *pieles. ‖ Pie de capachos de aceituna molida, que se pone bajo la viga en los *molinos de aceite.
noquero. m. **Curtidor.**
norabuena. f. **Enhorabuena.** ‖ adv. m. **En hora buena.**
noramala. adv. m. **En hora mala.**
nora tal, o en tal. adv. m. **Noramala.**
noray. m. *Mar.* **Proís.**
nordestada. f. *Mar.* Collada de nordestes (*viento).
nordestal. adj. Que está en el Nordeste o viene de la parte del Nordeste.
nordestazo. m. *Mar.* *Viento fuerte del Nordeste.
nordeste. m. Punto del *horizonte entre el Norte y el Este. ‖ *Viento que sopla de esta parte.
nordestear. intr. *Mar.* Declinar la *brújula del Norte hacia el Este.
nórdico, ca. adj. Dícese de los países y pueblos escandinavos y de las lenguas germánicas que en ellos se hablan. ‖ m. *Lengua nórdica.
***noria.** f. Máquina para sacar agua de un pozo, compuesta de una rueda con arcaduces y otra horizontal, que engrana con aquélla, movida por una caballería. ‖ Pozo del cual sacan el agua con la máquina. ‖ fig. y fam. *Trabajo penoso y siempre igual.
norial. adj. Perteneciente a la noria.
norma. f. Escuadra para ajustar maderos, piedras y otras cosas. ‖ fig. *Regla a que se deben ajustar las operaciones.
normal. adj. Dícese de lo que se halla en su *natural estado. ‖ Que

sirve de norma o *regla. || V. **Escuela normal.** || *Geom.* Aplícase a la línea recta o al plano *perpendiculares a la recta o al plano tangentes, en el punto de contacto.

normalidad. f. Calidad o condición de normal.

normalista. adj. Perteneciente o relativo a la *escuela normal. || com. Alumno o alumna de una escuela normal.

normalización. f. Acción y efecto de normalizar.

normalizar. tr. Hacer que una cosa sea normal.

normalmente. adv. m. De manera normal.

normando, da. adj. Aplícase a los individuos de ciertos pueblos del norte de Europa. Ú. t. c. s. || Natural de Normandía. Ú. t. c. s. || Perteneciente a esta antigua provincia de Francia.

normano, na. adj. **Normando.** Apl. a pers., ú. t. c. s.

nornordeste. m. Punto del *horizonte entre el Norte y el Nordeste. || *Viento que sopla de esta parte.

nornoroeste. m. **Nornorueste.**

nornorueste. m. Punto del *horizonte entre el Norte y el Norueste. || *Viento que sopla de esta parte.

noroestada. f. Collada de noroestes.

noroestazo. m. *Mar.* *Viento fuerte del Noroeste.

noroeste. m. Punto del *horizonte entre el Norte y el Oeste. || *Viento que sopla de esta parte.

noroestear. intr. *Mar.* Declinar la *brújula del Norte hacia el Noroeste.

nortada. f. Continuación del *viento norte fresco.

nortazo. m. Golpe de *viento norte.

norte. m. ***Polo ártico.** || Lugar de la *Tierra o de la esfera celeste, que cae del lado del polo ártico, respecto de otro lugar. || Punto cardinal del *horizonte, que cae frente a un observador a cuya derecha esté el Oriente. || *Viento que sopla de esta parte. || **Estrella polar.** || fig. Cualquier cosa que sirve de *guía.

norteamericano, na. adj. Natural de los Estados Unidos de América del Norte. Ú. t. c. s. || Perteneciente a la América del Norte.

nortear. tr. *Mar.* Observar el Norte para la dirección del viaje por mar. || intr. Declinar hacia el Norte el *viento reinante.

norteño, ña. adj. Perteneciente o relativo a gentes, tierras o cosas situadas hacia el norte de un país.

nórtico, ca. adj. Perteneciente o relativo al Norte.

noruego, ga. adj. Natural de Noruega. Ú. t. c. s. || Perteneciente a esta nación de Europa. || m. *Lengua **noruega.**

norueste. m. **Noroeste.**

noruestear. intr. *Mar.* **Noroestear.**

nos. Una de las dos formas del dativo y el acusativo del pronombre *personal de primera persona en género masculino o femenino y número plural. Se usa a veces en lugar de **nosotros.**

nosis. f. **Gnosis.**

nosocomio. m. *Hospital.

nosogenia. f. *Pat.* Origen y desarrollo de las enfermedades. || *Pat.* Parte de la nosología que estudia estos fenómenos.

nosografía. f. *Pat.* Parte de la nosología que trata de la clasificación y descripción de las enfermedades.

nosología. f. *Med.* Parte de la medicina que tiene por objeto describir, diferenciar y clasificar las *enfermedades.

nosológico, ca. adj. Perteneciente o relativo a la nosología.

nosemántica. f. Modo de curar por *hechicería o ensalmo.

nosotros, tras. Formas del pronombre *personal de primera persona en número plural.

nostalgia. f. *Aflicción causada por la *ausencia de cosas o personas queridas. || fig. Pesar que causa el recuerdo de algún bien perdido.

nostálgico, ca. adj. Perteneciente o relativo a la nostalgia. || Que padece de nostalgia. Ú. t. c. s.

nosticismo. m. **Gnosticismo.**

nóstico, ca. adj. **Gnóstico.**

nostramo, ma. m. y f. **Nuestramo, ma.** || m. *Mar.* *Tratamiento que se suele dar a los contramaestres.

nostras. adj. *Pat.* Aplícase a ciertas enfermedades propias de Europa, para diferenciarlas de otras análogas de origen asiático.

***nota.** f. *Marca que se pone en una cosa. || Reparo que se hace a un libro o escrito. || Advertencia o *explicación que en impresos o manuscritos va al pie o al margen de los folios. || Censura o *reprobación que se hace de una persona. || *Fama, crédito. || Calificación de un tribunal de *exámenes. || *Apuntación provisional. || Comunicación *diplomática. || *Mús.* Cualquiera de los signos con que se representan los sonidos. || pl. Conjunto de los protocolos de un *escribano. || **Nota marginal.** En los registros públicos, asiento referente a la inscripción principal. || **verbal.** Comunicación *diplomática, sin firma, a modo de recordatorio. || **Caer en nota.** fr. fam. Dar motivo de escándalo o incurrir en *descrédito.

nota bene. loc. lat. que se emplea en castellano para llamar la *atención hacia alguna particularidad.

notabilidad. f. Calidad de notable. || Persona muy notable o *ilustre.

notabilísimo, ma. adj. sup. de **Notable.**

notable. adj. Digno de *atención. || *Excelente en su clase; *importante. || Dícese de lo que es *grande y *excesivo. || Una de las calificaciones usadas en los *exámenes. || m. pl. Personas principales en una colectividad.

notablemente. adv. m. De manera notable.

notación. f. **Anotación.** || Escritura *musical. || *Mat.* Sistema de signos convencionales para expresar ciertos conceptos matemáticos.

***notar.** tr. Señalar o *marcar una cosa. || Reparar, ver, *sentir o advertir. || *Apuntar brevemente una cosa. || Poner notas a los escritos o libros. || *Dictar uno para que otro escriba. || *Censurar, reprender. || Causar *descrédito.

notaría. f. Oficio de *notario. || Oficina donde despacha el notario.

notariado, da. adj. Dícese de lo que está autorizado ante *notario. || m. Carrera, profesión de *notario. || Colectividad de notarios.

notarial. adj. Perteneciente o relativo al *notario. || Hecho o autorizado por notario.

notariato. m. Título o nombramiento de *notario. || Ejercicio de este cargo.

***notario.** m. En lo antiguo, **escribano.** || → Funcionario público autorizado para dar fe de los contratos, testamentos y otros actos extrajudiciales. || El que en lo antiguo escribía con *abreviaturas. || **Amanuense.** || **de caja. Notario** del número de Zaragoza. Es oficio honorífico. || **de diligencias.** El que sólo estaba habilitado para la ejecución de autos. || **Notario mayor de los reinos.** Ministro de Justicia.

***noticia.** f. **Noción** (conocimiento elemental). || Suceso o novedad que se comunica. || pl. Conocimientos diversos en cualquier arte o ciencia. || **Noticia remota.** *Recuerdo confuso. || **Atrasado de noticias.** loc. Que *ignora lo que saben todos.

noticiar. tr. Dar *noticia o hacer saber una cosa.

noticiario. m. Película de *cine en que se ilustran brevemente los sucesos de actualidad.

noticiero. m. El que tiene por oficio dar *noticias o escribirlas en los *periódicos.

notición. m. aum. de **Noticia.** || fam. *Noticia extraordinaria o *inverosímil.

noticioso, sa. adj. Sabedor o que tiene *conocimiento de una cosa. || Erudito, *docto en varias disciplinas.

notificación. f. *For.* Acción y efecto de notificar. || Documento en que se hace constar.

notificado, da. adj. *For.* Aplícase al sujeto a quien se ha hecho la notificación.

notificar. tr. *For.* *Informar de una cosa, hacerla saber con las formalidades preceptuadas para el caso. || Por ext., dar extrajudicialmente noticia de una cosa.

noto. m. **Austro.** || **bóreo.** Movimiento del *mar en que sus aguas se mueven del austro hacia el septentrión, o al contrario.

noto, ta. adj. *Sabido, *público y notorio.

noto, ta. adj. Bastardo o ilegítimo.

notoriamente. adv. m. De manera notoria.

notoriedad. f. Calidad de notorio. || Nombradía, *fama.

notorio, ria. adj. *Público y sabido de todos.

notro. m. *Árbol de las proteáceas.

nóumeno. m. *Fil.* *Esencia o causa hipotética de los fenómenos.

novaciano, na. adj. Partidario de la herejía de Novato. Ú. m. c. s.

novación. f. *For.* Acción y efecto de novar.

novador, ra. m. y f. Persona que *inventa *novedades.

noval. adj. Aplícase a la *tierra que se cultiva de nuevo.

novar. tr. *For.* *Substituir una *obligación a otra otorgada anteriormente.

novatada. f. *Broma, generalmente vejatoria, que dan los alumnos de ciertos colegios a sus compañeros de nuevo ingreso. || Por ext., contrariedad o tropiezo que proviene de *inexperiencia.

novato, ta. adj. Nuevo, *inexperto o principiante en cualquier materia. Ú. t. c. s.

novator, ra. m. y f. **Novador, ra.**

novecientos, tas. adj. Nueve veces ciento. || **Noningentésimo.** || m. Conjunto de signos con que se representa el *número **novecientos.**

***novedad.** f. Estado de las cosas recién hechas o conocidas. || *Cambio inesperado en alguna cosa. || *Suceso o *noticia reciente. || Indisposición o *enfermedad. || fig. Extrañeza o *admiración. || pl. Géneros de moda. || **Hacer novedad.** fr. Causar una cosa extrañeza. || Innovar.

novedoso, sa. adj. Que tiene *novedad.

novel. adj. Nuevo, principiante o *inexperto.

***novela.** f. Obra literaria en que se

narra una acción real o imaginaria, con el fin de interesar y conmover al lector. ‖ fig. Ficción o *mentira. ‖ *For.* Cualquiera de las *leyes nuevas o constituciones imperiales, que dieron Teodosio II y otros emperadores.
novelador, ra. m. y f. **Novelista.**
novelar. intr. Componer o escribir *novelas. ‖ fig. Contar *cuentos y patrañas.
novelería. f. Afición o inclinación a *novedades. ‖ Afición a fábulas o *novelas.
novelero, ra. adj. Amigo de *novedades. Ú. t. c. s. ‖ Deseoso de saber o propagar *noticias nuevas. Ú. t. c. s. ‖ *Inconstante en la conducta. Ú. t. c. s. ‖ m. *Germ.* *Criado de rufián.
novelesco, ca. adj. Propio o característico de las *novelas. ‖ Imaginario o de pura *ficción.
novelista. com. Persona que escribe *novelas literarias.
novelística. f. Tratado preceptivo de la *novela.
novelístico, ca. adj. Perteneciente o relativo a la *novela.
novelón. m. *Novela muy extensa y generalmente dramática en exceso.
novén. m. **Maravedí novén.**
novena. f. **Liturg.* Ejercicio devoto que se practica durante nueve días. ‖ Libro en que se contienen las oraciones y preces de una **novena.** ‖ Sufragios y ofrendas por los *difuntos. ‖ **Andar novenas.** fr. Frecuentar este piadoso ejercicio.
novenario. m. Espacio de nueve *días que los parientes inmediatos de un *difunto dedican a pésames, *lutos, etc. ‖ El que se emplea en el *culto de un santo, con sermones. ‖ *Exequias en el noveno día después de una defunción.
novendial. adj. Aplícase a cualquiera de los días del novenario celebrado por los *difuntos.
noveno, na. adj. Que en una serie *ordenada ocupa un lugar al cual preceden ocho lugares. ‖ Dícese de cada una de las nueve *partes iguales en que se divide un todo. Ú. t. c. s. ‖ m. Cada una de las nueve partes en que se dividía todo el cúmulo de los *diezmos. ‖ Canon que paga el cultivador o *arrendatario al dueño, consistente en la novena parte de los frutos.
noventa. adj. Nueve veces diez. ‖ **Nonagésimo.** ‖ m. Conjunto de signos con que se representa el *número **noventa.**
noventavo, va. adj. **Nonagésimo.**
noventón, na. adj. **Nonagenario.** Ú. t. c. s.
noviazgo. m. Condición de novio o novia. ‖ Tiempo que dura.
noviciado. m. Tiempo de prueba en las *órdenes religiosas*, antes de profesar. ‖ Casa o cuarto en que habitan los novicios. ‖ Conjunto de novicios. ‖ Régimen y ejercicio de los novicios. ‖ fig. Tiempo de *aprendizaje en cualquier arte o facultad.
novicio, cia. m. y f. Persona que se prepara en una *orden religiosa* para profesar en ella. ‖ fig. Principiante o *aprendiz en cualquier arte o facultad. Ú. t. c. adj. ‖ fig. Persona muy modesta y *moderada en su conducta.
noviciote. m. fam. Novicio entrado en años.
noviembre. m. Undécimo *mes del año.
novilunio. m. Conjunción de la *Luna con el Sol.
novillada. f. Conjunto de novillos. ‖ *Lidia de novillos.
novilleja. f. d. de **Novilla.**
novillejo. m. d. de **Novillo.**
novillero. m. El que cuida de los novillos. ‖ *Lidiador de novillos. ‖ *Corral donde encierran los novillos. ‖ Parte de *dehesa destinada para que pasten los novillos. ‖ fam. El que hace novillos.
novillo, lla. m. y f. *Toro o vaca de dos a tres años. ‖ m. fig. y fam. Sujeto cuya mujer comete *adulterio. ‖ pl. **Novillada** (*lidia). ‖ **Novillo terzón.** El de tres años. ‖ **Hacer novillos.** fr. fam. Estar *ausente o dejar uno de asistir a alguna parte contra lo debido o acostumbrado.
***novio, via.** m. y f. Persona recién *casada. ‖ La que está próxima a contraer *matrimonio. ‖ La que mantiene relaciones amorosas para casarse. ‖ m. fig. Principiante o novicio en una dignidad o estado. ‖ **Mont.* El que por vez primera mata una res. ‖ **Pedir** uno **la novia.** fr. Ir a pedirla con solemnidad a casa de sus padres. ‖ **Quedarse** una **aderezada,** o **compuesta, y sin novio.** fr. fig. y fam. *Malograrse su deseo o propósito.
novísima. f. **Novísima Recopilación.**
novísimo, ma. adj. sup. de **Nuevo.** ‖ Último en el orden de las cosas. ‖ m. **Teol.* Cada una de las cuatro postrimerías del hombre, Ú. m. en pl.
novocaína. f. *Anestésico que emplean los *dentistas en lugar de la cocaína.
noxa. f. *Liberación del esclavo o del animal que había causado daño.
noyó. m. *Licor compuesto de aguardiente, azúcar y almendras amargas.
nubada. f. Golpe abundante de *lluvia. ‖ fig. *Abundancia grande de algunas cosas.
nubado, da. adj. **Nubarrado.**
nubarrada. f. **Nubada.**
nubarrado, da. adj. Aplícase a las telas coloridas en figura de nubes.
***nubarrón.** m. *Nube grande y densa.
***nube.** f. Masa más o menos densa y opaca de vapor acuoso suspendida en la atmósfera. ‖ Polvareda, humo u otra cosa que enturbia la atmósfera. ‖ fig. Cualquier cosa que *obscurece u *oculta otra. ‖ **Joy.* Sombra que aparece en las piedras preciosas. ‖ *Germ.* ***Capa.** ‖ *Med.* Pequeña mancha blanquecina que se forma en la capa exterior de la córnea del *ojo. ‖ **de lluvia. Nimbo.** ‖ **de verano.** *Tempestad de corta duración. ‖ fig. *Disgusto pasajero. ‖ **Andar por las nubes.** fr. fig. **Estar por las nubes.** ‖ **Como caído de las nubes.** expr. adv. fig. De súbito, de modo *imprevisto. ‖ **Descargar la nube.** fr. Desatarse en agua o granizo. ‖ fig. Desahogar uno su *ira. ‖ **Estar por las nubes.** fr. fig. **Subir** una cosa **a las nubes.** ‖ **Levantar a,** o **hasta, las nubes** a una persona o cosa. fr. fig. **Ponerla en,** o **sobre, las nubes.** ‖ **Poner en,** o **sobre, las nubes a** una persona o cosa. fr. fig. *Alabarla hasta más no poder. ‖ **Ponerse** uno **por las nubes.** fr. fig. Estar sumamente *irritado. ‖ **Remontarse** uno **a las nubes.** fr. fig. Levantar muy alto el concepto o el *estilo. ‖ **Subir** una cosa **a las nubes.** fr. fig. *Encarecer, aumentar mucho su precio.
nubiense. adj. Natural de Nubia. Ú. t. c. s. ‖ Perteneciente a este país de África.
nubífero, ra. adj. poét. Que trae *nubes.
núbil. adj. Dícese de la persona que ha llegado a la edad en que es apta para el *matrimonio.
nubilidad. f. Calidad de núbil. ‖ Edad en que hay aptitud para contraer *matrimonio.
nubiloso, sa. adj. poét. **Nubloso.**
nublado. m. *Nube que amenaza tempestad. ‖ fig. Cosa que causa *riesgo o inquietud. ‖ fig. *Multitud de cosas que caen o se ven reunidas. ‖ *Germ.* **Capa.** ‖ **Descargar el nublado.** fr. **Descargar la nube.**
***nublar.** tr. **Anublar.** Ú. t. c. r.
nublo, bla. adj. **Nubloso.** ‖ m. **Nublado.** ‖ **Tizón** (hongo).
nubloso, sa. adj. Cubierto de *nubes. ‖ fig. *Desgraciado, adverso.
nubosidad. f. Estado nuboso o abundancia de *nubes.
nuboso, sa. adj. **Nubloso.**
nuca. f. Parte alta de la cerviz, donde se une el espinazo con la *cabeza.
nuciente. adj. Que daña.
nuclear. adj. Perteneciente o relativo al núcleo.
núcleo. m. Almendra o parte mollar de los *frutos de cáscara dura. ‖ Hueso o *pepita de las frutas. ‖ fig. Elemento primordial al cual se van agregando otros para formar un todo. ‖ fig. Parte *central de alguna cosa. ‖ *Astr.* Parte más densa y luminosa de un *cometa. ‖ Parte central y característica del *átomo.
nuco. m. *Ave de rapiña, nocturna, semejante a la lechuza.
nudamente. adv. m. **Desnudamente.**
nudillo. m. Parte exterior de las *articulaciones de los *dedos. ‖ Cada uno de los puntos que forman la costura de las *medias. ‖ **Albañ.* *Tarugo de madera que se empotra en la fábrica para clavar en él una cosa.
***nudo.** m. Lazo que se estrecha y cierra con una o más cuerdas, cabos, etc., para unirlos entre sí o para sujetar alguna cosa. ‖ En los *árboles y plantas, parte del *tronco por la cual salen las ramas. ‖ En algunos tallos, raíces, *cañas, etc., parte que sobresale algo y por donde parece que están unidas las partes de que se componen. ‖ Bulto o *tumor que suele producirse en los tendones o en los huesos. ‖ En los animales, unión de unas partes con otras, especialmente de los huesos. ‖ **Ligamen.** ‖ **Lit.* Enlace o trabazón de los sucesos que preceden a la catástrofe o al desenlace. ‖ fig. Principal *dificultad. ‖ fig. Unión, *enlace, vínculo. ‖ *Geogr.* Lugar en donde se unen o cruzan dos o más sistemas de *montañas. ‖ *Mar.* Cada uno de los puntos de división de la *corredera. ‖ *Mar.* Refiriéndose a la marcha de un barco, medida de *longitud que equivale a una milla. ‖ **ciego.** El difícil de desatar. ‖ **de tejedor.** El que se hace uniendo los dos cabos y formando con ellos dos lazos encontrados. ‖ **de tripas. Miserere.** ‖ **en la garganta.** Impedimento que se suele sentir en ella. ‖ fig. *Aflicción, *temor o *vergüenza que impide el uso de la palabra. ‖ **gordiano.** fig. *Problema o *dificultad insoluble.
nudo, da. adj. **Desnudo.**
nudoso, sa. adj. Que tiene nudos.
nuecero, ra. m. y f. Persona que vende nueces.
nuégado. m. Pasta *dulce hecha de miel y nueces, y que también suele hacerse de piñones, almendras, etc

Ú. m. en pl. ‖ **Hormigo.** ‖ **Hormigón.**

nuera. f. Mujer del *hijo, respecto de los padres de éste.

nuerza. f. **Nueza.**

nuestramo, ma. Contracción de *nuestro amo, nuestra ama.* ‖ m. *Germ.* ***Escribano.**

nuestro, tra, tros, tras. Pronombre *posesivo de primera persona cuando son dos o más los poseedores. ‖ **Los nuestros.** Los que son del mismo *partido profesión o *país del que habla.

nueva. f. *Noticia. ‖ **Cogerle** a uno **de nuevas** alguna cosa. fr. fam. Saberla inopinadamente. ‖ **Hacerse uno de nuevas.** fr. *Fingir que *ignora una cosa que realmente sabía.

nuevamente. adv. m. **De nuevo.** ‖ **Recientemente.**

nueve. adj. Ocho y uno. ‖ **Noveno.** Apl. a los días del mes, ú. t. c. s. ‖ m. Signo con que se representa el *número **nueve.** ‖ Naipe que tiene **nueve** señales.

***nuevo, va.** adj. Recién hecho o conocido. ‖ *Repetido o reiterado para renovarlo. ‖ Distinto o diferente de lo que anteriormente existía. ‖ Que *acaece, sobreviene o se añade a una cosa que había antes. ‖ Recién llegado a un lugar. ‖ **Novicio.** ‖ fig. Que está poco o nada usado. ‖ **De nuevo.** m. adv. **Reiteradamente.**

***nuez.** f. Fruto del nogal. Es comestible y se compone de cuatro gajos encerrados en dos cortezas, la exterior caediza y de color verde y la interior dura, parduzca y dividida en dos mitades simétricas. ‖ *Fruto de otros árboles que tiene alguna semejanza con el del nogal. ‖ Prominencia que forma la laringe en la *garganta. ‖ Hueso sujeto al tablero de la *ballesta para afirmar o armar la cuerda. ‖ *Mús.* Pieza movible que en el extremo inferior del arco del violín e *instrumentos análogos sirve para atirantar las cerdas. ‖ **de *ciprés. Piña de ciprés.** ‖ **de especia. Nuez moscada.** ‖ **ferreña.** La desmedrada y muy dura. ‖ **moscada.** Fruto de la mirística, que se emplea como *condimento. ‖ La común, tierna y conservada en almíbar. ‖ **vómica.** Semilla de un árbol de la Oceanía, muy venenosa, que se emplea en medicina como emética. ‖ **Apretar** a uno **la nuez.** fr. fig. y fam. Matarle *ahogándole. ‖ **Cascarle** a uno **las nueces.** fr. fig. y fam. **Cascarle las liendres.** ‖ **Volver las nueces al cántaro.** fr. fig. y fam. Suscitar de nuevo una *discusión ya concluida.

nueza. f. *Planta herbácea de las cucurbitáceas. ‖ **blanca.** *Planta semejante a la anterior, pero con flores blancas. ‖ **negra.** *Planta herbácea de las dioscóreas, con tallos trepadores.

nugación. f. *Negación burlesca de una cosa cierta. ‖ *Malogro de una esperanza fundada.

nugatorio, ria. adj. *Engañoso, que burla la esperanza que se había concebido.

nulamente. adv. m. De modo nulo.

***nulidad.** f. Calidad de nulo. ‖ Vicio o *defecto que disminuye o anula la estimación de una cosa. ‖ Incapacidad, *ineptitud. ‖ Persona inepta.

nulípara. adj. Dícese de la mujer que no ha tenido ningún hijo.

***nulo, la.** adj. Falto de valor y fuerza para obligar. ‖ Incapaz, *inepto. ‖ **Ninguno.**

numantino, na. adj. Natural de Numancia. Ú. t. c. s. ‖ Perteneciente a esta antigua ciudad de la España Citerior.

numen. m. **Mit.* Cualquiera de los dioses adorados por los gentiles. ‖ ***Inspiración.**

numerable. adj. Que se puede reducir a *número o cálculo.

***numeración.** f. Acción y efecto de numerar. ‖ *Arit.* Sistema de palabras y signos con que se pueden expresar todos los números. ‖ **arábiga,** o **decimal.** Sistema basado en el valor absoluto y la posición relativa de los diez signos introducidos por los árabes. ‖ **romana.** La que expresa los números por medio de siete letras del alfabeto latino.

numerador. m. **Arit.* Guarismo que señala el número de partes iguales de la unidad, que contiene un quebrado. ‖ Aparato con que se *marca la numeración correlativa.

numeradora. f. **Impr.* Máquina para numerar correlativamente los ejemplares de una tirada.

***numeral.** adj. Perteneciente o relativo al *número.

***numerar.** tr. *Contar por el orden de los números. ‖ Expresar con *números una cantidad. ‖ *Marcar con números.

numerario, ria. adj. Que es del número de los individuos que forman una *corporación. ‖ m. *Moneda acuñada o *dinero efectivo.

numéricamente. adv. m. Con determinación a individuo; individualmente. ‖ Con relación al número.

***numérico, ca.** adj. Perteneciente o relativo a los *números. ‖ Compuesto o ejecutado con ellos.

***número.** m. *Arit.* Expresión de la cantidad en relación a una unidad. ‖ Signo o conjunto de signos con que se representa el **número.** ‖ Cantidad de personas o cosas de determinada especie. ‖ Condición o clase de personas o cosas. ‖ Cada una de las hojas o cuadernos de una publicación *periódica, correspondientes a distinta fecha. ‖ Cadencia y distribución armoniosa de los sonidos y acentos en la prosa, en la *poesía o en la *música. ‖ **Gram.* Accidente gramatical que expresa si una palabra se refiere a una sola persona o cosa o a más de una. ‖ pl. Cuarto libro del Pentateuco. ‖ **Número abstracto.** *Arit.* El que no se refiere a unidad de especie determinada. ‖ ***atómico.** *Quím.* El que denota el lugar que ocupa un cuerpo simple en el cuadro de clasificación periódica. ‖ **cardinal.** Cada uno de los **números** enteros en abstracto. ‖ **complejo.** *Arit.* El que se compone de varios **números** concretos de diferente especie. ‖ **compuesto.** *Arit.* El que se expresa con dos o más guarismos. ‖ **concreto.** *Arit.* El que expresa cantidad de especie determinada. ‖ **cósico.** *Arit.* El que es potencia exacta de otro. ‖ **deficiente.** *Arit.* El que es inferior a la suma de sus partes alícuotas. ‖ **denominado.** *Arit.* **Número complejo.** ‖ **dígito.** *Arit.* El que puede expresarse con un solo guarismo. ‖ **dual.** **Gram.* El que, además del singular y del plural, tienen algunas lenguas para significar el conjunto de dos. ‖ **entero.** *Arit.* El que consta de una o más unidades completas. ‖ **fraccionario.** *Arit.* **Número quebrado.** ‖ **impar.** *Arit.* El que no es divisible por dos. ‖ **incomplejo. Número** concreto que expresa unidades de una sola especie. ‖ **llano. Número romano.** ‖ **mixto.** *Arit.* El compuesto de entero y de quebrado. ‖ **ordinal.** *Arit.* El que expresa orden o sucesión. ‖ **par.** *Arit.* El que es divisible por dos. ‖ **perfecto.** *Arit.* El que es igual a la suma de sus partes alícuotas. ‖ **plano.** *Arit.* El que procede de la multiplicación de dos **números** enteros. ‖ **plural.** **Gram.* El de la palabra que se refiere a dos o más personas o cosas. ‖ **primero,** o **primo.** *Arit.* El que sólo es exactamente divisible por sí mismo y por la unidad. ‖ **quebrado.** *Arit.* El que expresa una o varias partes alícuotas de la unidad. ‖ **redondo.** El que con unidades completas de cierto orden expresa una cantidad con *aproximación y no exactamente. ‖ **romano.** El que se representa con letras del alfabeto latino. ‖ **simple.** *Arit.* **Número primo.** ‖ *Arit.* El que se expresa con un solo guarismo. ‖ **singular.** **Gram.* El de la palabra que se refiere a una sola persona o cosa. ‖ **sólido.** *Arit.* El que procede de la multiplicación de tres **números** enteros. ‖ **sordo.** *Arit.* El que no tiene raíz exacta. ‖ **superante.** *Arit.* El que es superior a la suma de sus partes alícuotas. ‖ **Áureo número.** **Cronol.* **Número** que se escribía con caracteres de oro en los sitios públicos de Atenas. ‖ *Cronol.* **Ciclo decemnovenal.** ‖ **Números congruentes.** *Mat.* Par de números enteros que divididos por otro, llamado módulo, dan residuos iguales. ‖ **De número.** loc. Dícese del individuo de una *corporación compuesta de limitado **número** de personas. ‖ **Número uno.** expr. fig. y fam. Una *persona o cosa, considerada con *preferencia a todas las demás. ‖ **Sin número.** loc. fig. con que se significa *multitud innumerable.

numerosamente. adv. m. En gran número. ‖ Con cadencia, medida y *proporción.

numerosidad. f. *Multitud numerosa.

numeroso, sa. adj. Que incluye *multitud de cosas. ‖ Armonioso, que tiene la *proporción debida.

númida. adj. Natural de Numidia. Ú. t. c. s. ‖ Perteneciente a esta región de África antigua.

numídico, ca. adj. **Númida.**

numisma. m. **Moneda.**

***numismática.** f. Ciencia que trata de las *monedas y medallas.

numismático, ca. adj. Perteneciente o relativo a la numismática. ‖ m. El que profesa esta ciencia.

numulario, ria. adj. V. **Tabla numularia.** ‖ m. El que comercia o trata con *dinero.

numulita. f. *Zool.* Nombre genérico de ciertas *conchas *fósiles, abundantes en el período eoceno.

***nunca.** adv. t. En ningún tiempo. ‖ Ninguna vez. ‖ **Nunca jamás.** m. adv. **Nunca.**

***nunciatura.** f. Cargo o dignidad de nuncio. ‖ Tribunal de la Rota en España. ‖ Casa en que vive el nuncio y está su tribunal.

***nuncio.** m. El que lleva *noticia o *mensaje para otro. ‖ → Representante *diplomático del *Papa. ‖ fig. Anuncio, *predicción. ‖ **apostólico. Nuncio** (del Papa).

nuncupativo. adj. Dícese del *testamento abierto.

nuncupatorio, ria. adj. Aplícase a los escritos con que se dedica u *ofrece una obra, o en que se nombra a uno *heredero o se le confiere un *empleo.

nuño. m. *Planta de las irídeas, de flores rosadas.

nupcial. adj. Perteneciente o relativo a las *bodas.

nupcialidad. f. Número proporcional de *matrimonios en un tiempo y lugar determinados.

nupcias. f. pl. **Boda.**

nutación. f. *Oscilación periódica del eje de la *Tierra, debida a la atracción lunar.

nutra. f. **Nutria.**

nutria. f. *Mamífero carnicero, cuya *piel es muy apreciada.

nutricio, cia. adj. **Nutritivo.** ‖ Que procura *alimento para otra persona.

***nutrición.** f. Acción y efecto de nutrir o nutrirse. ‖ **Farm.* Cierto procedimiento para preparar medicinas.

nutrido, da. adj. fig. Que contiene en *abundancia datos, noticias, etc.

nutrimental. adj. Que sirve de sustento o *alimento.

nutrimento. m. **Nutrición.** ‖ Substancia asimilable de los *alimentos. ‖ fig. Lo que *aumenta la fuerza o eficacia de alguna cosa inmaterial.

nutrir. tr. Proveer los cuerpos orgánicos de los *alimentos y substancias necesarias para su vida y crecimiento. Ú. t. c. r. ‖ fig. *Aumentar la fuerza o eficacia de alguna cosa inmaterial. ‖ fig. **Llenar.**

nutritivo, va. adj. Capaz de nutrir.

nutriz. f. **Nodriza.**

nutual. adj. Dícese de los cargos *eclesiásticos o *empleos civiles amovibles a voluntad del que los confiere.

ny. f. Decimotercera *letra del alfabeto griego.

Ñ

ñ. f. Decimoséptima *letra del abecedario español, llamada **eñe.**
ñagaza. f. **Añagaza.**
ñame. m. *Planta herbácea de las dioscóreas, de *raíz grande, tuberculosa, parecida a la batata. Es comestible muy usual en los países intertropicales. ‖ Raíz de esta planta.
ñandú. m. Avestruz de América.
ñandutí. m. *Tela muy fina que se usa principalmente en la América del Sur para la ropa blanca.
ñáñigo, ga. adj. Dícese del negro cubano afiliado a una sociedad secreta. Ú. m. c. s.
ñaque. m. Conjunto de cosas *inútiles y *ridículas. ‖ **Naque.**
ñiquiñaque. m. fam. Persona o cosa muy *despreciable.
ñire. m. Cierto *árbol de Chile.
ñoclo. m. Especie de *dulce o melindre hecho de harina, azúcar, huevos, vino y anís.
ñoñería. f. Acción o dicho propio de persona ñoña.
ñoñez. f. Calidad de ñoño. ‖ **Ñoñería.**
ñoño, ña. adj. fam. Dícese de la persona sumamente *apocada o *quejosa. Ú. t. c. s.
ñora. f. **Noria.**
ñora. f. *Pimiento muy picante.
ñoro. m. **Ñora** (pimiento).
ñubloso, sa. adj. **Nubloso.**
ñudillo. m. **Nudillo.**
ñudo. m. **Nudo.**
ñudoso, sa. adj. **Nudoso**

O

o. f. Decimoctava *letra del abecedario español. || *Lóg.* Signo de la proposición particular negativa.
o. *conj. disyunt. que denota contraposición, separación o alternativa entre dos o más cosas. || Denota además idea de equivalencia.
o. **Geogr.* Abreviatura de **Oeste.**
¡o! interj. **¡Oh!**
oasis. m. Paraje en que existe vegetación, y a veces algún *manantial, en medio de un *desierto. || fig. Tregua, *descanso.
ob. prep. insep. que significa por *causa de.
obcecación. f. *Ofuscación tenaz.
obcecadamente. adv. m. Con obcecación.
obcecar. tr. *Cegar, *ofuscar. Ú. t. c. r.
obduración. f. *Resistencia a dejarse convencer; *obstinación, *impenitencia.
obedecedor, ra. adj. Que obedece. Ú. t. c. s.
***obedecer.** tr. Cumplir la voluntad de quien manda. || Ejecutar las *caballerías u otros animales los movimientos que se les indican. || fig. Ceder una cosa inanimada o inmaterial al esfuerzo que se hace para cambiar su forma, estado, etc. || intr. fig. Ser una cosa *resultado o consecuencia de otra.
obedecible. adj. Que puede o debe ser obedecido.
obedecimiento. m. Acción de obedecer.
***obediencia.** f. Acción de obedecer. || *Mandato o *permiso del superior, especialmente en las *órdenes religiosas*. || En las dichas órdenes, oficio o empleo de comunidad.
obediencial. adj. Perteneciente o relativo a la *obediencia.
***obediente.** p. a. de **Obedecer.** Que obedece. || adj. *Dócil, que obedece con facilidad.
obedientemente. adv. m. Con obediencia.
obelisco. m. *Monumento en forma de pilar muy alto, de sección cuadrada y remate piramidal. Lo emplearon principalmente los egipcios cubierto de *inscripciones jeroglíficas. || *Señal que se solía poner en la margen de los libros para alguna anotación.
obelo. m. **Obelisco.**
obencadura. f. *Mar.* Conjunto de los obenques.
obenque. m. *Mar.* Cada uno de los *cabos gruesos que sujetan la cabeza de un palo o de un mastelero.
obertura. f. Pieza de *música instrumental con que se da principio a una ópera, oratorio, etc.
obesidad. f. Calidad de obeso.
obeso, sa. adj. Dícese de la persona excesivamente *gruesa.
óbice. m. Obstáculo, *impedimento.
obispado. m. Dignidad de *obispo. || Territorio asignado a sus funciones.
obispal. adj. **Episcopal.**
obispalía. f. Palacio o casa del *obispo. || **Obispado.**
obispar. intr. Obtener un obispado.
obispillo. m. *Monacillo que ayuda a misa vestido de obispo la víspera y día de San Nicolás de Bari. || En las universidades, *estudiante nuevo a quien ponían por burla una mitra de papel. || *Morcilla grande y gruesa. || Rabadilla de las *aves.
***obispo.** m. Prelado superior de una diócesis. || *Pez, especie de raya. || **Obispillo** (morcilla). || *Germ.* **Gallo.** || **auxiliar.** Prelado sin jurisdicción propia, que ayuda en sus funciones a algún obispo o arzobispo. || **comprovincial. Coepíscopo.** || **de anillo. Obispo in pártibus infidélium.** || **Obispo auxiliar.** || **de la primera silla. Metropolitano.** || **de título. Obispo in pártibus infidélium.** || ***Obispo auxiliar.** || **electo.** El que sólo tiene el nombramiento, sin estar aún consagrado ni confirmado. || **in pártibus,** o **in pártibus infidélium.** El que toma título de país o territorio ocupado por infieles y en el cual no reside. || **regionario.** El que no tenía silla determinada. || **sufragáneo.** El de una diócesis que con otra u otras compone la provincia del metropolitano. || **titular. Obispo de título.** || **Trabajar para el obispo.** fr. fig. y fam. Trabajar *gratis, sin recompensa.
óbito. m. *Muerte natural de una persona.
obitorio. m. Depósito de *cadáveres.
obituario. m. Libro parroquial en que se anotan las partidas de defunción y de entierro. || Registro de las fundaciones necrológicas de aniversario de óbito. || Sección necrológica de un *periódico. || *Sacerdote encargado de las fundaciones de aniversario.
objeción. f. Razón con que se *impugna una proposición.
objetante. p. a. de **Objetar.** Que objeta. Ú. t. c. s.
objetar. tr. Oponer reparo a una opinión, *impugnarla.
objetivamente. adv. m. En cuanto al objeto.
objetividad. f. Calidad de objetivo.
objetivo, va. adj. Perteneciente o relativo al objeto. || m. *Lente colocada en los aparatos ópticos en la parte dirigida hacia los objetos. || **Objeto** (*finalidad).
***objeto.** m. Todo lo que puede ser materia de conocimiento intelectual o sensible. || Lo que sirve de materia o *asunto a las facultades mentales. || Término o fin de los actos de las potencias. || *Finalidad a que se encamina una acción. || Materia y *asunto propio de una ciencia.
oblación. f. *Ofrenda y *sacrificio que se hace a Dios.
oblada. f. *Ofrenda por los difuntos, que regularmente es un pan o rosca que se lleva a la iglesia.
oblata. f. Porción de dinero que se da al sacristán para los gastos del culto, fábrica y otros *eclesiásticos. || En la *misa, la hostia puesta en la patena, y el vino en el cáliz, antes de ser consagrados. || Religiosa de cierta *congregación dedicada a la protección de las jóvenes. Ú. t. c. adj.
oblato. adj. Dícese del individuo de cierta *congregación fundada por San Carlos Borromeo. Ú. t. c. s. || Aplícase también a los miembros de la *congregación fundada por Eugenio Mazenod. Ú. t. c. s.
oblea. f. Hoja muy delgada de masa de harina y agua, que, previamente humedecida, se usaba para *pegar y cerrar sobres, pliegos, etc.
obleera. f. Vaso o caja para obleas.
oblicuamente. adv. m. Con oblicuidad.
oblicuángulo. adj. *Geom.* Se dice de la figura o del poliedro en que no es recto ninguno de sus *ángulos.
oblicuar. tr. Dar a una cosa dirección *oblicua con relación a otra. || intr. **Mil.* Marchar con dirección diagonal, sin perder el frente de formación.
oblicuidad. f. Calidad de *oblicuo. || Dirección oblicua. || **de la Eclíptica.** **Astr.* Ángulo que forma la Eclíptica con el Ecuador.
***oblicuo, cua.** adj. Sesgado, desviado de la horizontal o de la perpendicular; no paralelo. || **Geom.* Dícese del plano o línea que se encuentra con otro u otra, y hace con él o ella ángulo que no es recto.
***obligación.** f. Exigencia moral que rige o limita el libre albedrío. || Vínculo legal o contractual que sujeta a hacer o abstenerse de hacer una cosa. || Correspondencia al beneficio recibido; *gratitud. || *Documento en que se reconoce una deu-

da o se promete su pago u otra prestación o entrega. ‖ Título con interés fijo, que representa una suma prestada o exigible. ‖ Casa donde el obligado vende el género que está de su cargo. ‖ pl. *Familia que cada uno tiene que mantener. ‖ **Obligación civil.** La que es exigible legalmente. ‖ **mancomunada.** *For.* Aquella cuyo cumplimiento es exigible a dos o más personas. ‖ **natural.** *For.* La que subsiste solamente en el fuero interno. ‖ **solidaria.** *For.* Aquella cuyo cumplimiento se puede exigir por entero a cualquiera de los obligados.

obligacionista. com. Portador de una o varias obligaciones negociables.

obligado. m. Persona a cuya cuenta corre el *proveer a un pueblo de algún artículo de primera necesidad. ‖ *Mús.* Lo que *canta o toca un *músico como parte principal de un conjunto.

obligante. p. a. de **Obligar.** Que obliga.

***obligar.** tr. *Compeler a uno a que haga o deje de hacer alguna cosa. ‖ *Captar la voluntad de uno con beneficios u obsequios. ‖ Hacer *violencia en una cosa para conseguir el efecto deseado. ‖ *For.* Sujetar los bienes al cumplimiento de prestaciones exigibles. ‖ → r. Comprometerse a cumplir una cosa.

obligativo, va. adj. **Obligatorio.**

obligatoriedad. f. Calidad de *obligatorio.

***obligatorio, ria.** adj. Dícese de lo que obliga a su cumplimiento o ejecución.

obliteración. f. *Pat.* Acción y efecto de obliterar u obliterarse.

obliterador, ra. adj. Que oblitera.

obliterar. tr. *Pat.* *Obstruir o *cerrar un conducto o cavidad del cuerpo. Ú. t. c. r.

oblongo, ga. adj. Más *largo que ancho.

obnubilación. f. *Pat.* *Ofuscación de la *vista procedente de un trastorno nervioso.

obnubilar. tr. *Obscurecer, *ofuscar.

oboe. m. *Instrumento músico de viento, de sonido gangoso, provisto de seis agujeros y varias llaves. La embocadura es de caña. ‖ Persona que toca este instrumento.

óbolo. m. *Peso de la antigua Grecia equivalente a seis decigramos. ‖ *Moneda de plata de los antiguos griegos. ‖ fig. *Donativo escaso con que se contribuye para un fin. ‖ *Farm.* *Peso de medio escrúpulo.

***obra.** f. Cosa *hecha o *producida por un agente. ‖ → Cualquiera producción del entendimiento. ‖ *Libro o conjunto de ellos, que contiene un trabajo completo. ‖ *Edificio en construcción. ‖ *Albañ.* *Reparación o reforma de un edificio. ‖ Medio, *poder o influjo. ‖ *Trabajo que cuesta hacer una cosa. ‖ Acción *moral para la salvación del alma. ‖ Derecho de fábrica. ‖ *Metal.* Parte estrecha de un *horno alto situada encima del crisol. ‖ **accesoria,** o **accidental.** *Fortificación menor para mayor seguridad de las principales. ‖ **coronada.** *Fort.* Una de las exteriores, que consta de dos medios baluartes y uno entero. ‖ **de caridad.** La que se hace en bien del prójimo. ‖ **de El Escorial.** fig. y fam. Trabajo de larga *duración. ‖ **de fábrica.** Puente, viaducto, alcantarilla, etc., que se construye en una *vía de comunicación. ‖ **de romanos.** fig. Cualquier cosa que cuesta mucho *trabajo y tiempo. ‖ **en pecado mortal.** fig. y fam. La que se *malogra o no tiene la correspondencia debida. ‖ **exterior.** *Fort.* La que se hace de la contraescarpa afuera. ‖ **muerta.** *Arq. Nav.* Parte del casco que está por encima de la línea de *flotación. ‖ *Teol.* fig. Acción buena en sí, pero que por estar en pecado mortal el que la ejecuta no es meritoria de la vida eterna. ‖ ***pía.** Establecimiento piadoso para el culto o el ejercicio de la caridad. ‖ fig. y fam. Cualquier cosa en que se halla *utilidad. ‖ **prima. Obra** de *zapatería que se hace nueva. ‖ **pública.** La que es de interés general y se destina a uso público; como camino, puerto, etc. ‖ **viva.** *Teol.* fig. Acción buena que se ejecuta en estado de gracia. ‖ *Mar.* **Fondo** (parte del *buque, que va debajo del agua). ‖ **Buena obra. Obra de caridad.** ‖ **Alzar de obra.** fr. Entre trabajadores, dar *fin, suspender el trabajo. ‖ **Hacer mala obra.** fr. Causar *perjuicio. ‖ **Obra de.** m. adv. que sirve para determinar una cantidad de modo *aproximado. ‖ **Poner por obra** una cosa. fr. Emprenderla; dar *principio a ella. ‖ **Sentarse la obra.** fr. *Arq.* Enjugarse la fábrica, y adquirir la firmeza necesaria.

obrada. f. *Agr.* Labor que en un día hace un hombre cavando la tierra o una yunta arándola. ‖ Medida *superficial agraria que, según las provincias, comprende de treinta y nueve a cincuenta y tres áreas.

obrador, ra. adj. Que obra. Ú. t. c. s. ‖ m. **Taller.**

obradura. f. Lo que de cada vez se exprime en cada prensa de un *molino de aceite.

obraje. m. **Manufactura.** ‖ Fábrica de *paños u otras cosas.

obrajero. m. Capataz.

obrante. p. a. de **Obrar.** Que obra.

obrar. tr. *Hacer una cosa. ‖ Efectuar un *trabajo. ‖ *Ejecutar una cosa no material. ‖ *Causar efecto una cosa. ‖ *Construir, edificar. ‖ intr. **Exonerar el vientre.** ‖ *Existir, *hallarse una cosa en sitio determinado.

obregón. m. Miembro de la *congregación de hospitalarios fundada por Bernardino de Obregón. Ú. m. en pl.

obrepción. f. *Der. Pen.* *Falsa narración que se hace al superior para conseguir alguna ventaja.

obrepticio, cia. adj. *Der. Pen.* Que se pretende o consigue mediante obrepción.

obrería. f. Cargo de *obrero. ‖ *Ecles.* Renta para la fábrica de la iglesia. ‖ Cuidado de ella y lugar en que se administra.

obrerismo. m. Conjunto que forman los *obreros manuales. ‖ *Econ.* Régimen fundado en el predominio del elemento obrero.

***obrero, ra.** adj. Que trabaja. Ú. t. c. s. ‖ m. y f. Trabajador manual retribuido. ‖ m. *Ecles.* El que cuida de las obras en las *iglesias o comunidades. ‖ Dignidad de las *órdenes militares*. ‖ **de villa. Albañil.**

obrizo. adj. V. **Oro obrizo.**

obscenamente. adv. m. Con obscenidad.

obscenidad. f. Calidad de *obsceno. ‖ Cosa obscena.

***obsceno, na.** adj. Deshonesto, torpe, ofensivo al pudor.

obscuración. f. **Obscuridad.**

obscuramente. adv. m. Con obscuridad.

obscurantismo. m. Doctrina de los que creen conveniente mantener en estado de *incultura a las clases populares.

obscurantista. adj. Partidario del obscurantismo. Apl. a pers., ú. t. c. s.

***obscurecer.** tr. Privar de luz y claridad. ‖ fig. Disminuir la estimación de las cosas, *desacreditarlas. ‖ fig. *Ofuscar la razón. ‖ *Pint.* Dar mucha sombra a una parte de la composición para que otras resalten. ‖ intr. *Anochecer. ‖ r. Aplicado al cielo, *nublarse. ‖ fig. y fam. *Desaparecer una cosa o persona.

obscurecimiento. m. Acción y efecto de obscurecer u obscurecerse.

***obscuridad.** f. Falta de luz y claridad que no permite distinguir los objetos. ‖ *Densidad muy sombría de los bosques. ‖ fig. Humildad de condición, origen *plebeyo. ‖ fig. *Ofuscación, falta de lucidez intelectual. ‖ fig. Falta de claridad que hace *incomprensible un discurso o escrito. ‖ Carencia de noticias.

***obscuro, ra.** adj. Que carece de luz o claridad. ‖ Dícese del color casi *negro, y del que se contrapone a otro más claro de su misma clase. Ú. t. c. s. ‖ fig. Humilde, de linaje *plebeyo. ‖ fig. *Confuso, *incomprensible. ‖ fig. Incierto, *peligroso. ‖ m. *Pint.* Parte en que se representan las sombras. ‖ **A obscuras.** m. adv. Sin luz. ‖ fig. Sin vista, *ciego. ‖ fig. Sin conocimiento de una cosa; *ignorante de ella.

obsecración. f. Ruego, *petición.

obsecuente. adj. *Obediente, sumiso.

obsequiador, ra. adj. Que obsequia. Ú. t. c. s.

obsequiante. p. a. de **Obsequiar.** Que obsequia. Ú. t. c. s.

obsequiar. tr. *Agasajar a uno con atenciones, *regalos, etc. ‖ **Galantear.**

***obsequio.** m. Acción de obsequiar. ‖ *Regalo. ‖ *Cortesía, afabilidad.

obsequiosamente. adv. m. Con *respeto y deferencia.

obsequiosidad. f. Calidad de obsequioso.

obsequioso, sa. adj. Rendido, *cortés, *condescendiente.

observable. adj. Que se puede observar.

observación. f. Acción y efecto de *observar.

observador, ra. adj. Que observa. Ú. t. c. s.

***observancia.** f. *Cumplimiento exacto y puntual de lo mandado o convenido. ‖ En algunas *órdenes religiosas* se denomina así el estado antiguo de ellas. ‖ *Respeto, acatamiento. ‖ **Regular observancia. Observancia.**

observante. p. a. de **Observar.** Que *cumple con puntualidad. ‖ adj. Dícese del religioso de ciertas familias de la orden de San Francisco. ‖ Dícese también de algunas *órdenes religiosas* no reformadas.

***observar.** tr. Mirar y examinar atentamente. ‖ *Cumplir exactamente lo mandado. ‖ Advertir, *ver, reparar. ‖ **Atisbar.**

observatorio. m. Lugar o posición que sirve para *observar. ‖ Edificio, con inclusión del personal e instrumentos apropiados para las observaciones de *meteorología o *astronomía.

obsesión. f. fig. Apoderamiento del espíritu del hombre por un espíritu *diabólico. ‖ *Prejuicio o idea fija que *ofusca el entendimiento.

obsesivo, va. adj. Perteneciente o relativo a la obsesión.

obseso, sa. adj. Que padece obsesión.
obsidiana. f. *Mineral volcánico vítreo, de color negro o verde muy obscuro.
obsidional. adj. Perteneciente al *sitio de una plaza.
obsoleto, ta. Anticuado o caído en *desuso.
***obstáculo.** m. *Impedimento.
obstante. p. a. de **Obstar.** Que obsta. ‖ **No obstante.** m. adv. Sin embargo, a pesar de.
obstar. intr. *Impedir, estorbar. ‖ impers. *Oponerse una cosa a otra.
***obstetricia.** f. **Med.* Parte de la medicina, que trata de la gestación, el *parto y el puerperio.
***obstinación.** f. Pertinacia, *terquedad.
obstinadamente. adv. m. Terca y porfiadamente.
***obstinado, da.** adj. Que muestra *obstinación.
***obstinarse.** r. Insistir uno y mantenerse en su resolución más allá de lo prudente y razonable. ‖ Mostrarse el pecador *impenitente.
***obstrucción.** f. Acción y efecto de obstruir u obstruirse. ‖ En *asambleas deliberantes, táctica enderezada a impedir o retardar los acuerdos.
obstruccionismo. m. Ejercicio de la obstrucción en las *asambleas deliberantes.
obstruccionista. adj. Que practica el obstruccionismo. Apl. a pers., ú. t. c. s. ‖ Perteneciente o relativo al obstruccionismo.
obstructor, ra. adj. Que obstruye. Ú. t. c. s.
***obstruir.** r. Estorbar el paso, cerrar un conducto o camino. ‖ *Impedir la acción. ‖ fig. Impedir la operación de un agente. ‖ r. *Cerrarse o *taparse un agujero, conducto, etc.
obtemperar. tr. *Obedecer, asentir, *condescender.
obtención. f. Acción y efecto de obtener.
obtener. tr. Alcanzar, *conseguir una cosa. ‖ *Producir un cuerpo, compuesto u otra cosa mediante una operación material. ‖ Tener, conservar.
obtento. m. En la cancelaría, renta *eclesiástica que sirve de congrua.
obtentor. adj. Dícese del que obtiene una cosa, y especialmente del que posee un beneficio *eclesiástico.
obtestación. f. **Ret.* Figura que consiste en poner por testigo a Dios, a la naturaleza, etc.
obturación. f. Acción y efecto de obturar.
obturador, triz. adj. Dícese de lo que sirve para obturar. Ú. t. c. s. m.
obturar. tr. *Tapar o *cerrar una abertura o conducto.
obtusángulo. adj. *Geom.* V. **Triángulo obtusángulo.**
obtuso, sa. adj. *Romo, sin punta. ‖ fig. *Necio, tardo de comprensión. ‖ *Geom.* V. **Ángulo obtuso.**
obué. m. **Oboe.**
obús. m. *Mil.* Pieza de *artillería de mayor calibre que el cañón en relación con su longitud, destinada a disparar granadas. ‖ **Autom.* Piececita que sirve de cierre a la válvula de un neumático.
obusera. adj. V. **Lancha obusera.** Ú. t. c. s.
obvención. f. *Remuneración, fija o eventual, además del sueldo que se disfruta. Ú. m. en pl.
obvencional. adj. Perteneciente a la obvención.
obviar. tr. *Evitar, *apartar y *quitar de en medio obstáculos o dificultades. ‖ intr. p. us. Obstar, *estorbar, oponerse.
obvio, via. adj. Visible y *manifiesto. ‖ fig. *Fácil.
obyecto. m. Objeción, *impugnación o réplica.
oc. V. **Lengua de oc.**
***oca.** f. **Ánsar.** ‖ Juego de *dados que se hace con un cartón dividido en 65 casillas dispuestas en espiral.
oca. f. *Planta anua de las oxalídeas. La raíz produce *tubérculos feculentos, de sabor parecido al de la castaña, que en el Perú se comen cocidos. ‖ *Raíz de esta planta.
ocal. adj. Dícese de ciertas *peras y *manzanas muy apreciadas. ‖ V. **Capullo ocal.** Ú. t. c. s. ‖ V. ***Seda ocal.** Ú. t. c. s.
ocalear. intr. Hacer los gusanos los capullos ocales.
ocarina. f. *Instrumento músico de viento, de forma ovoide más o menos alargada, con ocho agujeros.
ocarinista. com. Persona que toca la ocarina.
***ocasión.** f. Oportunidad que se ofrece para hacer una cosa. ‖ *Causa o motivo. ‖ *Peligro o riesgo. ‖ **próxima.** *Teol.* Aquella en que siempre o casi siempre se cae en el *pecado. ‖ **remota.** *Teol.* Aquella que de suyo no induce a *pecado. ‖ **Asir, coger, o tomar, la ocasión por el copete, por la melena,** o **por los cabellos.** frs. figs. y fams. *Aprovechar con avidez una **ocasión** o coyuntura. ‖ **De ocasión.** m. adv. **De lance.**
ocasionadamente. adv. m. Con tal motivo.
ocasionado, da. adj. Provocativo, de carácter *desabrido o *pendenciero. ‖ Expuesto a contingencias y *peligros.
ocasionador, ra. adj. Dícese del que ocasiona. Ú. t. c. s.
ocasional. adj. Dícese de lo que ocasiona. ‖ Que *sobreviene accidentalmente.
ocasionalmente. adv. m. Por ocasión o contingencia.
ocasionar. tr. Ser *causa o motivo. ‖ Mover o *excitar. ‖ Poner en *peligro.
ocaso. m. Puesta del *Sol al transponer el horizonte. ‖ **Occidente.** ‖ fig. *Decadencia, declinación.
occidental. adj. Perteneciente al occidente. ‖ *Astr.* Dícese del *planeta que se pone después de puesto el Sol.
occidente. m. Punto *cardinal del horizonte, por donde se pone el Sol en los días equinocciales. ‖ Lugar de la *Tierra o de la esfera celeste que, respecto de otro, cae hacia donde se pone el Sol. ‖ fig. Conjunto de *naciones de la parte occidental de Europa.
occiduo, dua. adj. Perteneciente o relativo al ocaso.
occipital. adj. V. **Hueso occipital.** Ú. t. c. s.
occipucio. m. Parte de la *cabeza por donde ésta se une con las vértebras del *cuello.
occisión. f. *Muerte violenta.
occiso, sa. adj. *Muerto violentamente.
occitánico, ca. adj. **Occitano.**
occitano, na. adj. Natural de Occitania. Ú. t. c. s. ‖ Perteneciente a esta antigua región del mediodía de Francia.
oceánico, ca. adj. Perteneciente o relativo al océano.
oceánidas. f. pl. **Mit.* Ninfas del mar.
oceánide. f. **Mit.* Ninfa del mar.
océano. m. Conjunto de los grandes *mares que cubren la mayor parte de la superficie terrestre. ‖ Cada uno de estos grandes *mares. ‖ fig. Ú. para ponderar la extensión o *infinitud de algunas cosas.
oceanografía. f. Ciencia que estudia los *mares.
oceanográfico, ca. adj. Perteneciente o relativo a la oceanografía.
ocelo. m. *Bot.* *Clavel. ‖ Mancha redonda en las alas de las *mariposas. ‖ *Ojo simple de los *insectos.
ocelote. m. *Mamífero felino americano, llamado también leopardo.
ocena. f. *Fetidez del aliento, debida a la ulceración de la membrana pituitaria.
ociar. intr. Dejar el trabajo, darse al *ocio. Ú. t. c. r.
***ocio.** m. Cesación del trabajo, inacción. ‖ *Diversión u ocupación reposada, para *descanso de otras tareas. ‖ pl. *Obras de ingenio compuestas en los intervalos de otros trabajos.
ociosamente. adv. m. Sin ocupación o ejercicio. ‖ Sin *utilidad. ‖ Sin necesidad.
ociosidad. f. Vicio de no trabajar. ‖ Efecto del *ocio.
***ocioso, sa.** adj. Dícese de la persona que está sin trabajo u ocupación. Ú. t. c. s. ‖ Que no se aplica a aquello a que está destinado. ‖ *Inútil.
ocle. f. Alga, sargazo.
oclocracia. f. *Gobierno de la *plebe.
ocluir. tr. *Med.* *Cerrar un conducto del cuerpo u *obstruir algún orificio natural. Ú. t. c. r.
oclusión. f. Acción y efecto de ocluir u ocluirse.
oclusivo, va. adj. Perteneciente o relativo a la oclusión. ‖ Que la produce. ‖ Dícese del sonido en cuya articulación los órganos de la palabra forman en algún punto del canal vocal un contacto que interrumpe la salida del aire aspirado. ‖ Dícese de la letra que representa este sonido como, *p, t, k.* Ú. t. c. s. f.
ocotal. m. Sitio poblado de ocotes.
ocote. m. Especie de *pino muy resinoso, de cuya madera se hacen teas para *alumbrarse.
ocozoal. m. *Serpiente de cascabel propia de Méjico.
ocozol. m. *Árbol americano de las amentáceas, cuyas ramas exudan el liquidámbar.
ocre. m. *Mineral terroso, de color amarillo, que se emplea en *pintura. Es un óxido de *hierro hidratado. ‖ Cualquier mineral terroso que tiene color amarillo. ‖ **calcinado,** o **quemado.** El que por la acción del fuego se convierte en almagre artificial. ‖ **rojo. Almagre.** ‖ **tostado. Ocre calcinado.**
octaedro. m. **Geom.* Sólido de ocho caras o planos.
octagonal. adj. Perteneciente al octágono.
octágono, na. adj. *Geom.* Aplícase al *polígono de ocho ángulos y ocho lados. Ú. t. c. s. m.
octano. m. Hidrocarburo de la serie de las parafinas. Mezclado con otro carburante sirve para medir por referencia el poder antidetonante de la gasolina usada en *automóviles, aviones, etc.
octante. m. **Astr.* y **Mar.* Instrumento de la especie del quintante y del sextante, cuyo sector comprende sólo la octava parte de círculo.
octava. f. Espacio de ocho días,

durante los cuales celebra la Iglesia una *festividad. ‖ Último de los ocho días. ‖ Librito en que se contiene el rezo de una **octava.** ‖ Combinación métrica de ocho *versos endecasílabos. ‖ Toda combinación de ocho *versos. ‖ *Impuesto de consumos que se cobraba sobre vino, aceite o vinagre. ‖ *Mús.* Sonido que, respecto de otro, tiene doble número de vibraciones. ‖ Conjunto de estos dos sonidos. ‖ **Mús.* Serie diatónica en que se incluyen los siete sonidos de una escala. ‖ **de culebrina. Falconete.** ‖ **real. Octava** (de endecasílabos).

octavar. intr. Deducir la octava parte de las especies sujetas al *tributo de millones. ‖ *Mús.* Formar octavas en los *instrumentos de cuerda.

octavario. m. Periodo de ocho *días. ‖ *Festividad que se hace en los ocho días de una octava.

octaviano, na. adj. Perteneciente o relativo a Octavio César Augusto. ‖ V. **Paz octaviana.**

octavilla. f. Impuesto que por *consumos se cobraba sobre el vino, aceite o vinagre. ‖ Combinación de ocho *versos octosílabos. ‖ Especie de *guitarra de seis cuerdas dobles, de acero. ‖ Octava parte de un pliego de *papel.

octavín. m. **Flautín.**

octavo, va. adj. Que ocupa, en una serie *ordenada, un lugar al que preceden siete lugares. ‖ Dícese de cada una de las ocho *partes iguales en que se divide un todo. Ú. t. c. s. ‖ V. **Octava rima.** ‖ **En octavo.** loc. Dícese del *libro, folleto, etc., cuyo tamaño iguala a la **octava** parte de un pliego de papel sellado. ‖ **En octavo mayor.** loc. En **octavo** que excede a la marca ordinaria de este tamaño. ‖ **En octavo menor.** loc. En **octavo** más pequeño que la dicha marca.

octeto. m. *Mús.* Composición para ocho *instrumentos o para ocho voces. ‖ Conjunto de estas voces o instrumentos.

octingentésimo, ma. adj. Que ocupa, en una serie *ordenada, un lugar al que preceden 799 lugares. ‖ Dícese de cada una de las ochocientas *partes iguales en que se divide un todo. Ú. t. c. s.

octogenario, ria. adj. Que ha cumplido la edad de ochenta años y no llega a los noventa. Ú. t. c. s.

octogésimo, ma. adj. Que ocupa, en una serie *ordenada, un lugar al que preceden 79 lugares. ‖ Dícese de cada una de las ochenta *partes iguales en que se divide un todo. Ú. t. c. s.

octogonal. adj. Perteneciente o relativo al octógono.

octógono, na. adj. *Geom.* **Octágono.** Ú. t. c. s. m.

octópodo, da. adj. Dícese del *insecto que tiene ocho pies.

octosilábico, ca. adj. De ocho sílabas.

octosílabo, ba. adj. **Octosilábico.** ‖ m. *Verso que tiene ocho sílabas.

octubre. m. Décimo *mes del año.

óctuple. adj. Que contiene ocho veces una cantidad.

octuplicar. tr. Hacer óctuple una cosa o *multiplicar por ocho una cantidad.

óctuplo, pla. adj. **Óctuple.**

ocular. adj. Perteneciente a los *ojos o a la vista. ‖ m. En los aparatos ópticos, *lente a que aplica el ojo el observador.

ocularmente. adv. m. Con inspección material de la vista.

oculista. com. *Médico que se dedica especialmente a las enfermedades de los *ojos.

***ocultación.** f. Acción y efecto de ocultar u ocultarse.

ocultamente. adv. m. De manera *oculta.

***ocultar.** tr. Impedir que sea vista o percibida una persona o cosa. Ú. t. c. r. ‖ **Reservar** (la *Eucaristía). ‖ Callar una cosa.

ocultis (de). m. adv. Con *disimulo o en *secreto.

***ocultismo.** m. Ciencia que pretende investigar y utilizar las fuerzas ocultas de la naturaleza, y especialmente las de carácter misterioso o sobrenatural.

ocultista. adj. Perteneciente o relativo al ocultismo. ‖ com. Persona que practica el ocultismo.

***oculto, ta.** adj. Que no se da a conocer ni se deja ver ni sentir. ‖ **En oculto.** m. adv. En secreto.

ocumo. m. *Planta de Venezuela, cuyo rizoma feculento es comestible.

***ocupación.** f. Acción y efecto de ocupar u ocuparse. ‖ Trabajo o cuidado que impide emplear el tiempo en otra cosa. ‖ *Empleo, oficio o dignidad. ‖ *Ret.* **Anticipación.**

ocupada. adj. Dícese de la mujer *preñada.

ocupador, ra. adj. Que ocupa o *toma una cosa. Ú. t. c. s.

ocupante. p. a. de **Ocupar.** Que ocupa. Ú. t. c. s.

***ocupar.** tr. *Tomar posesión, apoderarse de una cosa. ‖ Desempeñar o gozar un cargo, *empleo, etc. ‖ Llenar un *espacio. ‖ *Habitar una casa. ‖ Dar que hacer o en qué *trabajar. ‖ *Estorbar a uno. ‖ fig. Llamar la *atención de uno. ‖ → r. Emplearse en un trabajo, ejercicio o tarea. ‖ Poner la *reflexión en un asunto.

ocurrencia. f. *Suceso *casual, *ocasión. ‖ Dicho inesperado, que demuestra *ingenio y *donaire.

ocurrente. p. a. de **Ocurrir.** Que ocurre. ‖ adj. Dícese del que tiene ocurrencias *ingeniosas.

ocurrir. intr. *Prevenir, *anticiparse o salir al encuentro. ‖ *Acaecer, acontecer. ‖ **Recurrir** (ante un juez o tribunal). ‖ **Liturg.* Coincidir en un día dos *festividades. ‖ Venir a la *imaginación una especie sin esperarla. Ú. t. c. r. ‖ Acudir, *concurrir.

ochava. f. Octava *parte de un todo. ‖ **Octava** (*festividad de la Iglesia). ‖ Octava parte del marco de la plata, equivalente a 359 centigramos. ‖ *Chaflán.

ochavado, da. adj. Dícese de toda figura con ocho ángulos iguales y cuyo contorno tiene ocho lados.

ochavar. tr. Dar figura ochavada a una cosa.

ochavero. adj. Dícese del *madero escuadrado que tiene el largo de dieciocho pies, canto de tres pulgadas y tabla de seis dedos. Ú. m. c. s.

ochavo. m. *Moneda de cobre con valor de dos maravedís. ‖ *Edificio o lugar que tiene figura ochavada. ‖ *Moneda pequeña de cobre sin acuñación española o muy borrosa, que valía un **ochavo** ordinario.

ochavón, na. adj. **Etnogr.* Aplícase al mestizo nacido de blanco y cuarterona o de cuarterón y blanca.

ochenta. adj. Ocho veces diez. ‖ **Octogésimo.** ‖ m. Conjunto de signos con que se representa el *número **ochenta.**

ochentavo, va. adj. *Arit.* **Octogésimo.** Ú. t. c. s.

ochenteno, na. adj. **Octogésimo.**

ochentón, na. adj. fam. **Octogenario.** Ú. t. c. s.

ocho. adj. Siete y uno. ‖ **Octavo.** Apl. a los días del mes, ú. t. c. s. ‖ m. Signo o cifra con que se representa el *número **ocho.** ‖ *Naipe que tiene **ocho** señales. ‖ Cuarta parte de un cuartillo de vino.

ochocientos, tas. adj. Ocho veces ciento. ‖ **Octingentésimo.** ‖ m. Conjunto de signos con que se representa el número **ochocientos.**

ochosén. m. *Moneda de cobre antigua, que valía ocho meajas.

oda. f. Composición *poética del género lírico, de alguna extensión, y generalmente dividida en estrofas o partes iguales.

odalisca. f. *Esclava dedicada al servicio del harén del gran turco. ‖ *Manceba turca.

odiar. tr. Tener odio.

***odio.** m. Aversión hacia alguna cosa o persona cuyo mal se desea.

odiosamente. adv. m. Con *odio. ‖ De modo que merece odio.

odiosidad. f. Calidad de odioso. ‖ *Odio, antipatía.

odioso, sa. adj. Digno de *odio. ‖ **For.* *Injusto, que contraría los designios o las presunciones que las leyes favorecen.

odisea. f. fig. *Viaje largo y en el cual abundan las aventuras y *sucesos extraños.

odómetro. m. **Podómetro.**

odontalgia. f. *Pat.* Dolor de *dientes o de muelas.

odontálgico, ca. adj. Perteneciente o relativo a la odontalgia.

odontitis. f. Caries de los *dientes.

odontogenia. f. Formación del tejido de los *dientes.

odontología. f. Estudio de los *dientes y del tratamiento de sus enfermedades.

odontológico, ca. adj. Perteneciente o relativo a la odontología.

odontólogo. m. Perito en odontología.

odontorragia. f. *Pat.* Hemorragia por extracción de un *diente o muela.

odontotecnia. f. Mecánica relacionada con la odontología.

odorable. adj. ant. Que despide *olor o puede ser olido.

odorante. adj. Oloroso, *aromático.

odorífero. adj. Que huele bien, que tiene buen *aroma.

odorífico, ca. adj. **Odorífero.**

***odre.** m. Recipiente de cuero hecho con la piel de una cabra o de otro animal convenientemente cosida. Se usa para contener líquidos, como vino o aceite. ‖ fig. y fam. Persona *borracha.

odrería. f. Taller donde se hacen *odres. ‖ Tienda donde se venden.

odrero. m. El que hace o vende *odres.

odrezuelo. m. d. de **Odre.**

odrina. f. *Odre hecho con el cuero de un buey. ‖ **Estar** uno **hecho una odrina.** fr. fig. Estar lleno de *enfermedades y llagas.

odrisio, sia. adj. Dícese del individuo de un antiguo pueblo de Tracia. Ú. t. c. s. ‖ Perteneciente a este pueblo. ‖ **Tracio.** Apl. a pers., ú. t. c. s.

oesnoroeste. m. **Oesnorueste.**

oesnorueste. m. Punto del *horizonte entre el Oeste y el Norueste. ‖ *Viento que sopla de esta parte.

oessudoeste. m. **Oessudueste.**

oessudueste. m. Punto del *horizonte entre el Oeste y el Sudoeste. ‖ *Viento que sopla de esta parte.

oeste. m. **Occidente.** ‖ *Viento que sopla de esta parte.

ofendedor, ra. adj. **Ofensor.** Ú. t. c. s.

***ofender.** tr. Hacer *daño a uno físicamente, maltratarle. ‖ Injuriar de palabra. ‖ Causar molestia, *desagrado o *asco. ‖ r. Enfadarse por un dicho o hecho.

***ofensa.** f. Acción y efecto de ofender u ofenderse.

ofensión. f. *Daño u *ofensa.

ofensiva. f. Actitud del que trata de ofender o *acometer. ‖ **Tomar la ofensiva.** fr. *Acometer al enemigo.

ofensivamente. adv. m. De manera ofensiva.

***ofensivo, va.** adj. Que ofende o puede *ofender.

ofensor, ra. adj. Que ofende. Ú. t. c. s.

oferente. adj. Que ofrece. Ú. t. c. s.

oferta. f. *Promesa de dar o de hacer una cosa. ‖ Don o *regalo que se presenta a uno para que lo acepte. ‖ Propuesta para contratar. ‖ *Com.* Presentación de mercancías en solicitud de *venta.

ofertorio. m. Parte de la *misa, en la que se ofrece a Dios la hostia y el vino antes de consagrarlos. ‖ Antífona que dice el sacerdote antes de dicho acto.

***oficial.** adj. Que es de oficio o de carácter *público, y no particular o privado. ‖ m. El que se ocupa o trabaja en un *oficio. ‖ *Artesano que no es maestro todavía. ‖ *Empleado que trabaja a las órdenes de un jefe. ‖ **Verdugo.** ‖ En algunas partes, carnicero. ‖ *Alcalde o regidor. ‖ Provisor *eclesiástico. ‖ → *Mil.* Militar, desde alférez, o segundo teniente, hasta capitán inclusive. ‖ **de la sala.** *For.* En Madrid, *escribano que actuaba en las causas criminales. ‖ *For.* Auxiliar de los *tribunales colegiados, inferior al secretario. ‖ **de secretaría.** *Empleado de un ministerio, que tiene a su cargo el despacho de un negociado. ‖ **general.** Cada uno de los generales de brigada, de división o tenientes generales. ‖ **Ser** uno **buen oficial.** fr. fig. y fam. Tener *habilidad.

oficiala. f. La que trabaja en un *oficio. ‖ La que ha terminado el aprendizaje y no es maestra todavía. ‖ La que desempeña un *empleo bajo las órdenes de un jefe.

oficialía. f. Empleo de oficial de secretaría o cosa semejante. ‖ Calidad de oficial que adquirían los *artesanos.

oficialidad. f. Conjunto de *oficiales de ejército.

oficialmente. adv. m. Con carácter oficial.

oficiar. tr. Ayudar a cantar las *misas y demás oficios divinos. ‖ Celebrar de preste la misa. ‖ **Adm. Púb.* Comunicar una cosa oficialmente y por escrito. ‖ fig. y fam. Con la preposición *de,* *actuar con el carácter de.

***oficina.** f. Sitio donde se hace, prepara o despacha una cosa. ‖ Departamento donde trabajan los *empleados públicos o particulares. ‖ Laboratorio de *farmacia. ‖ fig. Lugar en que se fragua y dispone una cosa no material. ‖ pl. *Sótanos de las casas, destinados para ciertos menesteres domésticos.

oficinal. adj. **Bot.* Dícese de cualquiera planta que se usa como medicina. ‖ **Farm.* y **Med.* Dícese del medicamento preparado según las reglas de la farmacopea.

oficinesco, ca. adj. Perteneciente a las *oficinas del estado, o propio y característico de ellas.

oficinista. m. El que está *empleado en una oficina.

***oficio.** m. *Ocupación habitual. ‖ Cargo, *empleo, ministerio. ‖ Profesión de algún arte mecánica. ‖ Función propia o *uso normal de alguna cosa. ‖ Acción y gestión en beneficio o en daño de alguno. ‖ Cualquiera de los cuartos de palacio, destinados al servicio de los *reyes. ‖ Comunicación *escrita, referente a los asuntos del servicio público. ‖ **Oficina** (despacho). ‖ **Liturg.* Rezo diario a que los eclesiásticos están obligados. ‖ pl. Funciones de iglesia, y más particularmente las de *Semana Santa*. ‖ **Oficio de boca.** En palacio, cualquiera de los cargos relacionados con la mesa de los *reyes. ‖ **de *difuntos.** El que tiene destinado la Iglesia para rogar por ellos. ‖ **de república.** Cualquiera de los cargos municipales o provinciales que son electivos. ‖ **parvo.** El que la Iglesia ha establecido en honra y alabanza de la *Virgen. ‖ **servil.** El mecánico o bajo. ‖ **Santo Oficio. Inquisición.** ‖ **Buenos oficios.** fr. Diligencias eficaces en *favor de otro. ‖ **De oficio.** m. adv. **Oficialmente.** ‖ **For.* Dícese de las diligencias que se practican judicialmente sin instancia de parte. ‖ **Estar** uno **sin oficio ni beneficio.** fr. fig. y fam. Estar *ocioso. ‖ **Hacer** uno **su oficio.** fr. Desempeñarlo bien. ‖ **No tener** uno **oficio ni beneficio.** fr. fig. y fam. **Estar sin oficio ni beneficio.** ‖ **Tomar** uno **por oficio** una cosa. fr. fig. y fam. Hacerla con *frecuencia.

oficionario. m. Libro en que se contiene el oficio *litúrgico.

oficiosamente. adv. m. Con oficiosidad. ‖ Sin usar del carácter oficial que tiene el que actúa.

oficiosidad. f. *Diligencia y aplicación al trabajo. ‖ Diligencia en el *cumplimiento de los deberes de amistad. ‖ *Entremetimiento obsequioso.

oficioso, sa. adj. Aplícase a la persona *diligente en el *cumplimiento de su deber. ‖ Que se manifiesta solícito por ser agradable a uno o por *halagarle. ‖ *Entremetido. ‖ Provechoso, *útil. ‖ Aplícase en diplomacia a la benévola *mediación de una tercera potencia entre dos o más que están en desacuerdo. ‖ Por contraposición a oficial, dícese de lo que hace o dice alguno sin formal ejercicio de la autoridad o función de gobierno que le corresponde. ‖ Aplícase al *periódico a quien se atribuye cierta conexión con los gobernantes.

oficleido. m. *Instrumento músico de viento, de metal, con embocadura abierta y once llaves.

ofidio, dia. adj. *Zool.* Dícese de los *reptiles que carecen de extremidades, tienen la boca dilatable y cuerpo largo y estrecho revestido de piel escamosa; como la boa y la víbora. Ú. t. c. s. ‖ m. pl. *Zool.* Orden de estos reptiles.

ofiolatría. f. *Culto de las serpientes.

ofiología. f. Parte de la zoología que trata de las *serpientes.

ofita. f. *Roca compuesta de feldespato, piroxena y nódulos calizos o cuarzosos.

ofiuco. m. *Astr.* **Serpentario.**

ofrecedor, ra. adj. Que ofrece. Ú. t. c. s.

***ofrecer.** tr. **Prometer.** ‖ Presentar y *dar voluntariamente una cosa. ‖ *Mostrar y poner patente una cosa. ‖ *Ofrendar o *consagrar a Dios o a un santo la obra buena que se hace, o el daño que se recibe o padece. ‖ Dar una *limosna, dedicándola a Dios. ‖ fig. y fam. Entrar a *beber en la taberna. ‖ r. Venirse una cosa a la *imaginación. ‖ *Acaecer o sobrevenir. ‖ Entregarse voluntariamente a otro.

ofreciente. p. a. de **Ofrecer. Oferente.** Ú. t. c. s.

***ofrecimiento.** m. Acción y efecto de ofrecer u ofrecerse.

***ofrenda.** f. Don que se dedica a Dios o a los santos, para implorar su auxilio. ‖ Pan, vino y otras cosas que llevan los fieles a la iglesia por sufragio a los *difuntos. ‖ Lo que se da en algunos pueblos al cura con ocasión de los entierros. ‖ Ofrecimiento de dinero que se da a los sacerdotes pobres cuando celebran la primera *misa. ‖ Por ext., dádiva, *regalo o favor en señal de gratitud.

***ofrendar.** tr. Hacer *ofrendas a Dios. ‖ Contribuir con *donaciones para determinado fin.

oftalmía. f. *Pat.* Inflamación de los *ojos.

oftálmico, ca. adj. *Pat.* Perteneciente o relativo a los *ojos o a la oftalmía.

***oftalmología.** f. *Pat.* Parte de la patología, que trata de las enfermedades de los *ojos.

oftalmológico, ca. adj. Perteneciente o relativo a la oftalmología.

oftalmólogo. m. **Oculista.**

oftalmoscopia. f. *Med.* Exploración del *ojo por medio del oftalmoscopio.

oftalmoscopio. m. *Med.* Instrumento para reconocer las partes interiores del *ojo.

***ofuscación.** f. Turbación que padece la vista por deslumbramiento u otra causa pasajera. ‖ fig. Obscuridad de la razón que impide comprender y distinguir bien las ideas.

ofuscamiento. m. ***Ofuscación.**

***ofuscar.** tr. Deslumbrar, turbar la vista. Ú. t. c. r. ‖ Obscurecer y hacer sombra. ‖ fig. Trastornar el entendimiento, obscurecerlo o confundir las ideas. Ú. t. c. r.

ogaño. adv. t. **Hogaño.**

ogro. m. **Mit.* Gigante que se alimentaba de carne humana.

¡oh! *interj. de que se usa para manifestar diversos movimientos del ánimo como *sorpresa, *admiración, alegría, etc.

ohm. m. **Electr.* Nombre del **ohmio,** en la nomenclatura internacional.

óhmico, ca. adj. Perteneciente o relativo al ohmio.

ohmio. m. Unidad que se emplea para medir la resistencia al paso de una corriente *eléctrica.

oíble. adj. Que se puede oír.

oída. f. Acción y efecto de *oír. ‖ **De oídas.** m. adv. que se usa hablando de las cosas de que uno tiene *noticia, sin haberlas visto.

oídio. m. Nombre genérico de ciertos *hongos parásitos, como el que ataca la *vid.

***oído.** m. Sentido del *oír. ‖ → Aparato de la audición, compuesto de la oreja y de varios órganos situados en el interior de la cabeza. ‖ Parte interior del aparato auditivo. ‖ Agujero que en la recámara tienen algunas *armas de fuego* para comunicar éste a la carga. ‖ Orificio que se deja en un *barreno para colocar la mecha. ‖ Aptitud para percibir y reproducir la altura relativa de un sonido *musical. ‖ **Abrir** uno **los oídos.** fr. fig. *Escuchar con atención. ‖ **Abrir** uno **tanto oído,** o **tanto el oído.** fr. fig. *Escuchar con mucha atención. ‖ **Aguzar** uno **los oídos.** fr. fig. **Aguzar las orejas.** ‖ **Al oído.** loc. adv. Dícese de lo que se *aprende oyendo. ‖ Dicho en *secreto, confidencialmente. ‖ **Aplicar** uno **el oído.** fr. Oír con atención. ‖ **Cerrar** uno **los oídos.** fr. fig. Negarse a oír razones, *rechazarlas. ‖ **Dar oídos.** fr. *Creer uno lo que le dicen. ‖ **De oído.** loc. Dícese del que toca o canta sin haber aprendido *música. ‖ **Duro de oído.** Que oye con dificultad; algo *sordo. ‖ **Entrar,** o **entrarle,** a uno una cosa **por un oído, y salir,** o **salirle, por el otro.** fr. fig. No hacer caso de lo que le dicen. ‖ **Hacer** uno **oídos de mercader.** fr. fig. Hacerse *sordo. ‖ **Llegar** una cosa **a oídos de** uno. fr. fig. Venir a *saberla. ‖ **Regalar** a uno **el oído.** fr. fig. y fam. *Lisonjearle. ‖ **Taparse** uno **los oídos.** fr. fig. que denota repugnancia en escuchar una cosa. ‖ **Tener** uno **oído,** o **buen oído.** fr. Tener disposición para la *música.

oidor, ra. adj. Que oye. Ú. t. c. s. ‖ m. Ministro o *juez togado que sentenciaba las causas y pleitos.

oidoría. f. Empleo o dignidad de oidor.

oíl. V. **Lengua de oíl.**

***oír.** tr. Percibir los sonidos. ‖ *Acceder a los ruegos o avisos de uno. ‖ Hacerse uno cargo de aquello de que le hablan. ‖ Asistir el *estudiante a determinadas enseñanzas.

oíslo. com. fam. Expresión afectuosa con que el marido designa a su *cónyuge.

***ojal.** m. Hendedura o agujero que se hace en una tela, cuero, etc., para sujetar un botón, una muletilla u otra cosa semejante. ‖ *Agujero que atraviesa de parte a parte algunas cosas. ‖ **Min.* Lazada que se hace en la punta del cintero de un torno para meter la pierna el que sube o baja colgado.

¡ojalá! interj. con que se denota vivo *deseo de que suceda una cosa.

ojaladera. f. **Ojaladora.**

ojalado, da. adj. *Veter.* Aplícase a la res *vacuna cuyo pelaje forma rayas obscuras alrededor de los ojos.

ojalador, ra. m. y f. Persona que tiene por oficio hacer *ojales.

ojaladura. f. Conjunto de *ojales de un vestido.

ojalar. tr. Hacer y formar *ojales.

ojalatero. adj. fam. Aplícase al que, en las contiendas *políticas, guerras civiles, etc., se limita a desear el triunfo de su partido. Ú. t. c. s.

ojanco. m. **Cíclope.**

ojaranzo. m. Variedad de *jara de metro y medio de altura. ‖ **Adelfa.** ‖ **Carpe** (*arbusto). ‖ **Rododendro.**

ojeada. f. *Mirada rápida.

ojeador. m. El que ojea la *caza.

ojear. tr. Dirigir los ojos o *mirar a determinada parte. ‖ **Aojar.**

ojear. tr. Espantar la *caza con voces u otros ruidos, acosándola hasta que llega al sitio conveniente. ‖ fig. Espantar y *ahuyentar en general.

ojén. m. *Aguardiente dulce anisado.

ojeo. m. Acción y efecto de ojear la *caza. ‖ **Echar un ojeo.** fr. *Cazar ojeando. ‖ **Irse** uno **a ojeo.** fr. fig y fam. *Buscar con cuidado una cosa.

ojera. f. Coloración, más o menos cárdena, alrededor del *párpado inferior. Ú. m. en pl. ‖ Copita de cristal de forma adecuada para aplicarla a la cuenca del *ojo y bañar éste con algún líquido medicinal.

ojeriza. f. *Odio o mala voluntad contra uno.

ojeroso, sa. adj. Que tiene ojeras.

ojerudo, da. adj. Que tiene habitualmente grandes ojeras.

ojete. m. d. de **Ojo.** ‖ *Ojal redondo, ordinariamente reforzado con anillos de metal, para pasar por él un cordón o cualquier otra cosa que afiance. ‖ *Agujero con que se adornan algunos *bordados. ‖ fam. **Ano.**

ojetear. tr. Hacer ojetes en alguna cosa.

ojetera. f. Parte del *corsé o jubón, en la cual van colocados los ojetes.

ojialegre. adj. fam. Que tiene los *ojos alegres.

ojienjuto, ta. adj. fam. Que tiene dificultad para *llorar.

ojigarzo, za. adj. **Ojizarco.**

ojimel. m. **Ojimiel.**

ojimiel. m. **Farm.* Composición que se prepara cociendo dos partes de miel y una de vinagre.

ojimoreno, na. adj. fam. Que tiene los *ojos pardos.

ojinegro, gra. adj. fam. Que tiene los *ojos negros.

ojituerto, ta. adj. **Bisojo.**

ojiva. f. Figura formada por dos *arcos de círculo iguales que presentan su concavidad contrapuesta y se cortan por uno de sus extremos. ‖ *Arq.* *Arco que tiene esta figura.

ojival. adj. De figura de ojiva. ‖ **Arq.* Aplícase al estilo arquitectónico caracterizado por el empleo de la ojiva para toda clase de arcos.

ojizaino, na. adj. fam. Que mira atravesado y con malos *ojos.

ojizarco, ca. adj. fam. Que tiene los *ojos azules.

***ojo.** m. Órgano de la vista en el hombre y en los animales. ‖ Agujero que tiene la *aguja para que entre el hilo. ‖ Abertura o *agujero que atraviesa de parte a parte alguna cosa. ‖ *Anillo que tienen las herramientas para que entren por él los dedos, el astil o mango con que se manejan. ‖ Anillo en que remata la *llave. ‖ Agujero por donde se mete la llave en la *cerradura. ‖ Curva cerrada que forman algunas *letras. ‖ *Manantial que surge en un llano. ‖ Cada una de las gotas de *grasa que nadan en un líquido. ‖ Círculo de colores que tiene el pavo real en las *plumas de la cola. ‖ Espacio entre dos estribos o pilas de un *puente. ‖ Agujero en el muro de ciertos *molinos para dar entrada al agua. ‖ Mano que se da a la ropa con el jabón cuando se *lava. ‖ Palabra que se pone como *señal al margen de manuscritos o impresos. ‖ *Atención, cuidado. ‖ Cada uno de los *huecos o cavidades que tienen dentro de sí el pan, el queso y otras cosas esponjosas. ‖ El agujero que en la parte superior del pie tienen algunas *balanzas para ver al través si el fiel está perpendicular. ‖ **Malla.** ‖ **Impr.* Grueso en los caracteres tipográficos. ‖ **Impr.* Relieve de los tipos, que impregnado en tinta produce la impresión. ‖ pl. Anillos de la *tijera. ‖ Se toma por expresión de gran *cariño o por el objeto de él. ‖ **Ojo clínico. Ojo médico.** ‖ **de besugo.** fig. y fam. El que está medio vuelto. ‖ **de boticario.** Sitio en las boticas, donde se guardan los ingredientes o *medicamentos de más valor. ‖ **de breque.** fig. y fam. El pitarroso y remellado. ‖ **de buey.** *Planta herbácea de las compuestas, común en los sembrados. ‖ Claraboya, *ventana redonda. ‖ fam. Doblón de a ocho, onza de oro o cualquier *moneda de gran tamaño. ‖ **de gallo.** Color que tienen algunos *vinos, parecido al **ojo** del gallo. ‖ **Ojo de pollo.** ‖ **de gato.** *Ágata de forma orbicular y color blanco amarillento. ‖ **de la *escalera.** Espacio vacío que queda dentro de las vueltas de los tramos. ‖ **de *patio.** Hueco sin techumbre comprendido entre las paredes o galerías que forman el patio. ‖ **de perdiz.** Cierta labor de *pasamanería. ‖ Punto obscuro en el centro de los nudos de las *maderas. ‖ **de pollo.** *Callo redondo y algo cóncavo hacia el centro, que suele formarse en los dedos de los *pies. ‖ ***médico.** fig. Aptitud para conocer prontamente y apreciar con exactitud las enfermedades. ‖ **moreno.** *Ano. ‖ **overo.** fam. El que descubre mucho lo blanco. ‖ **regañado.** fig. El que tiene un frunce que lo desfigura y le impide cerrarse por completo. ‖ **Ojos blandos.** fig. y fam. **Ojos tiernos.** ‖ **de bitoque.** fig. y fam. Los que miran atravesado. ‖ **de cangrejo.** Ciertas piedrezuelas calcáreas que crían interiormente los *cangrejos. ‖ **de gato.** fig. y fam. Persona que los tiene de color agrisado o incierto. ‖ **de sapo.** fig. y fam. Persona que los tiene muy reventones. ‖ **rasgados.** Los que tienen muy prolongada la comisura de los párpados. ‖ **reventones, o saltones.** Los que son muy abultados. ‖ **tiernos.** fig. Los que padecen alguna fluxión. ‖ **turnios.** Los torcidos. ‖ **vivos.** Los muy brillantes y animados. ‖ **Cuatro ojos.** fig. y fam. Persona que trae *anteojos. ‖ **Abrir** uno **el ojo.** fr. fig. y fam. Estar con *cuidado para que no le engañen. ‖ **Abrir los ojos** a uno. fr. fig. *Desengañarle. ‖ **A cierra ojos.** m. adv. A medio *dormir, a duermevela. ‖ fig. De modo *irreflexivo. ‖ fig. Con *precipitación. ‖ **Alegrársele** a uno **los ojos.** fr. Manifestar en ellos *alegría. ‖ **Al ojo.** m. adv. Cercanamente o a la vista. ‖ **Andar** uno **con cien ojos.** fr. fig. y fam. **Estar con cien ojos.** ‖ **A ojo.** m. adv. Sin peso, sin medida, *aproximadamente. ‖ fig. A discreción de uno. ‖ **A ojo de buen cubero.** expr. fig. y fam. Sin medida, *aproximadamente. ‖ **A ojos cegarritas.** m. adv. fam. Entornándolos para dirigir la mirada. ‖ **A ojos cerrados.** m. adv. **A cierra ojos.** ‖ **A ojos vistas.** m. adv. Visible, *manifiesta, palpablemente. ‖ **Arrasársele** a uno **los ojos de, o en, agua,** o **lágrimas.** fr. fig. Llenarse los **ojos** de lágrimas. ‖ **Avivar** uno **los ojos.** fr. Andar con *cuidado para no dejarse engañar. ‖ **Bailarle** a uno **los ojos.** fr. fig. Ser de carácter *alegre y vivo. ‖ **Bajar** uno **los ojos.** fr. fig. Ruborizarse, *avergonzarse y también humillarse y *obedecer. ‖ **Cerrar** uno **el ojo.** fr. fig. ***Morir.** ‖ **Cerrar** uno **los ojos.** fr. fig. **Dormir.** ‖ fig. Expirar o *morir. ‖ fig. Mostrar ciega *adhesión al dictamen de otro. ‖ fig. *Obedecer sin réplica. ‖ fig. Arrojarse con *atrevimiento a hacer una cosa. ‖ **Cerrarle** a uno **los ojos.** fr. fig. No apartarse de un enfermo hasta su *muerte. ‖ **Clavar** uno **los ojos en** una persona o cosa. fr. fig. *Mirarla con mucha *atención. ‖ **Comerse con los ojos** a una persona o cosa. fr. fig. y fam. Mostrar en las miradas vehemente *deseo, *amor, etc. ‖ **Costar** una cosa **los ojos,** o **un ojo, de la**

cara. fr. fig. y fam. Ser muy *costosa. ‖ **Dar** uno **de ojos.** fr. fig. y fam. *Caer de bruces en el suelo. ‖ fig. Incurrir en un *error. ‖ **Dar en los ojos** una cosa. fr. fig. Ser clara y *manifiesta. ‖ **Dar en los ojos con** una cosa. fr. fig. Ejecutarla con propósito de *irritar o *disgustar a uno. ‖ **Dar en ojos** a uno. fr. fig. **Dar en los ojos con** una cosa. ‖ **Darse de,** o **del ojo.** fr. **Hacerse del ojo.** ‖ **Delante de los ojos de** uno. m. adv. En su *presencia. ‖ **Echar el ojo** a una cosa. fr. fig. y fam. Mirarla con *atención, mostrando *deseo de ella. ‖ **Ensortijar los ojos** el caballo. fr. Revolverlos por lozanía al entrar en el combate. ‖ **Entrar a ojos cerrados.** fr. fig. Meterse en un negocio de modo *irreflexivo. ‖ **En un abrir,** o **en un abrir y cerrar,** o **en un volver, de ojos.** fr. fig. y fam. En un *instante. ‖ **Estar** uno **con cien ojos.** fr. fig. Vivir con mucha *precaución y prudencia. ‖ **Hacer del ojo.** fr. Hacer uno a otro señas guiñando el **ojo.** ‖ **Hacer los ojos telarañas.** fr. fig. Turbarse la *vista. ‖ **Hacer ojo.** fr. fig. Inclinarse la *balanza a un lado. ‖ **Hacerse del ojo.** fr. **Hacer del ojo.** ‖ **Hasta los ojos.** m. adv. fig. para ponderar el exceso de una cosa en que uno se halla metido. ‖ **Henchirle** a uno **el ojo** una cosa. fr. fig. **Llenarle el ojo.** ‖ **Írsele** a uno **los ojos por,** o **tras,** una cosa. fr. fig. *Desearla con vehemencia. ‖ **Llenarle** a uno **el ojo** una cosa. fr. fig. y fam. Contentarle mucho. ‖ **Llevar,** o **llevarse,** una cosa **los ojos.** fr. fig. Atraer la *atención. ‖ **Llorar** uno **con un ojo.** fr. fig. con que se moteja al que *finge más sentimiento del que realmente tiene. ‖ **Más ven cuatro ojos que dos.** fr. fig. con que se da a entender que las resoluciones importantes deben ser consultadas. ‖ **Mentir** a uno **el ojo.** fr. fig. y fam. Equivocarse por algunas señales exteriores. ‖ **Meter** una **cosa por los ojos.** fr. fig. Encarecerla, *ofrecerla insistentemente. ‖ **Meterse** uno **por el ojo de una aguja.** fr. fig. y fam. Ser *astuto y *entremetido. ‖ **Mirar con buenos,** o **malos, ojos** a una persona o cosa. fr. fig. Mirarla con *cariño, o con *odio. ‖ **Mirar de mal ojo.** fr. fig. Mostrar desafecto o *desagrado. ‖ **¡Mucho ojo!** expr. de aviso o *amonestación. ‖ **No levantar** uno **los ojos.** fr. fig. Mirar al suelo por *humildad. ‖ **No pegar el ojo,** o **los ojos.** fr. fig. y fam. No poder dormir en toda la noche. ‖ **No pegar ojo.** fr. fig. y fam. No poder dormir. ‖ **No quitar los ojos de** una persona o cosa. fr. fig. y fam. Mirarla con fijeza y *atención. ‖ **No saber** uno **dónde tiene los ojos.** fr. fig. y fam. Ser muy *ignorante. ‖ **Ofender los ojos.** fr. fig. Servir de *escándalo. ‖ **Ojo al cristo, que es de plata.** expr. fig. y fam. con que se advierte a uno que *conserve una cosa, por el riesgo que hay de que la hurten. ‖ **Ojo alerta.** expr. fam. con que se advierte a uno que esté con *atención. ‖ **Ojo avizor.** expr. Alerta, con *cuidado. ‖ **Pasar los ojos por** un escrito. fr. fig. *Leerlo ligeramente. ‖ **Pasar por ojo.** fr. *Mar.* Embestir de proa un buque a otro y echarlo a pique. ‖ fig. Destruir a uno, arruinarle. ‖ **Poner** a uno **delante de los ojos** una cosa. fr. fig. y fam. *Persuadirle con la razón o con la experiencia. ‖ **Poner los ojos en** una persona o cosa. fr. fig. Escogerla para algún designio. ‖ **Poner** uno **los ojos en blanco.** fr. Volverlos de modo que apenas se descubra más que lo blanco de ellos. ‖ **Por sus ojos bellidos.** loc. adv. Por su buena cara, *gratis. ‖ **Quebrar el ojo al diablo.** fr. fig. y fam. Hacer lo más *justo y razonable. ‖ **Quebrar los ojos** a uno. fr. fig. y fam. Desplacerle o causarle *disgusto. ‖ fig. Dícese también de la *luz cuando deslumbra. ‖ **Quebrarse** uno **los ojos.** fr. fig. Cansarse los **ojos** por el mucho leer o *estudiar. ‖ fig. Dícese también de los moribundos cuando se les turba la vista. ‖ **Revolver** uno **los ojos.** fr. Volver la vista en redondo, por efecto de una violenta pasión o accidente. ‖ **Sacarse los ojos.** fr. fig. que exagera el enojo y cólera con que dos o más personas *riñen. ‖ **Salirle** a uno **a los ojos** alguna cosa. fr. fig. **Salirle a la cara.** ‖ **Saltar a los ojos** una cosa. fr. fig. Ser muy clara. ‖ **Saltársele** a uno **los ojos.** fr. fig. con que se significa el vehemente *deseo con que apetece una cosa. ‖ **Saltar** a uno **un ojo.** fr. Herírselo, cegárselo. ‖ **Ser** uno **el ojo derecho de** otro. fr. fig. y fam. Ser de su mayor *confianza y *cariño. ‖ **Sobre los ojos.** fr. fig. que con el verbo *poner* y otros, se usa para ponderar la *estimación que se hace de una cosa. ‖ **Tener entre ojos,** o **sobre ojo,** a uno. fr. fig. y fam. *Aborrecerle. ‖ **Tener los ojos en** una cosa. fr. Mirarla con grande *atención. ‖ **Tener** uno **malos ojos.** fr. fig. Ser *desgraciado. ‖ **Tener ojo** a una cosa. fr. fig. *Atender, poner la mirada en ella. ‖ **Tierno de ojos.** loc. Dícese del que en ellos padece una fluxión ligera y continua. ‖ **Torcer los ojos.** fr. Volverlos hacia un lado. ‖ **Traer al ojo** una cosa. fr. fig. *Cuidar atentamente de una cosa o persona. ‖ **Traer entre ojos.** fr. fig. Observar a uno con *recelo. ‖ **Traer** a uno **sobre ojo.** fr. fig. **Traer entre ojos.** ‖ fig. y fam. Estar enojado con él. ‖ **Valer** una cosa **un ojo de la cara.** fr. fig. y fam. Ser de mucha estimación o muy *cara. ‖ **Vendarse** uno **los ojos.** fr. fig. No querer asentir a la razón. ‖ **Volver los ojos.** fr. Torcerlos al tiempo de mirar.

ojoso, sa. adj. Que tiene muchos ojos o *agujeros; como el pan, el queso, etc.

ojota. f. *Calzado a manera de sandalia, que usan los campesinos de algunas regiones de la América del Sur.

ojuelo. m. d. de ***Ojo.** Ú. frecuentemente en plural, por los ojos risueños, alegres y agraciados. ‖ pl. En algunas partes, *anteojos para leer.

***ola.** f. Onda de gran amplitud que se forma en la superficie de las aguas. ‖ Fenómeno *atmosférico que produce variación repentina en la temperatura de un lugar. ‖ fig. **Oleada.**

olaje. m. **Oleaje.**

olambrilla. f. *Azulejo decorativo de unos siete centímetros de lado, que se combina con baldosas rectangulares, generalmente rojas, para formar pavimentos y revestir zócalos.

¡ole! interj. **¡Olé!** ‖ m. Cierto *baile andaluz. ‖ Música de este baile.

¡olé! interj. con que se anima y *aplaude. Ú. t. c. s. y en pl.

oleáceo, a. adj. *Bot.* Dícese de árboles y arbustos dicotiledóneos, cuyo tipo es el olivo. Ú. t. c. s. f. ‖ f. pl. *Bot.* Familia de estos árboles y arbustos.

oleada. f. *Ola grande. ‖ Embate y golpe de la *ola. ‖ fig. *Agitación o movimiento impetuoso de una *muchedumbre.

oleada. f. Cosecha abundante de *aceite.

oleado, da. adj. Dícese de la persona que ha recibido la *extremaunción. Ú. t. c. s.

oleaginosidad. f. Calidad de oleaginoso.

oleaginoso, sa. adj. **Aceitoso.**

oleaje. m. Sucesión continuada de *olas.

***olear.** tr. Dar a un enfermo la *extremaunción.

oleario, ria. adj. **Oleoso.**

oleastro. m. **Acebuche.**

oleato. m. *Quím.* Sal que forma el ácido oleico con una base.

oleaza. f. Agua que queda en el fondo de las pilas de los molinos de *aceite.

olécranon. m. Apófisis saliente de la extremidad superior del cúbito.

oledero, ra. adj. Que despide *olor.

oledor, ra. adj. Que exhala olor o lo percibe. Ú. t. c. s.

oleicultura. f. Arte de cultivar el *olivo y de obtener el *aceite.

oleína. f. *Quím.* Substancia que entra en la composición de las mantecas y *aceites.

óleo. m. ***Aceite.** ‖ Por antonom., el que usa la Iglesia en los *sacramentos y otras ceremonias. Ú. m. en pl. ‖ Acción de olear. ‖ **Al óleo.** m. adv. *Pint.* Con colores disueltos en aceite. ‖ **Santo óleo.** El de la *extremaunción.

oleoducto. m. *Conducto provisto de bombas y otros aparatos para conducir el petróleo a larga distancia.

oleografía. f. Cromo que imita la pintura al óleo.

oleorresina. m. Jugo procedente de varias plantas, formado por *resina disuelta en aceite volátil.

oleosidad. f. Calidad de oleoso.

oleoso, sa. adj. **Aceitoso.**

***oler.** tr. Percibir los olores. ‖ fig. *Averiguar o conjeturar una cosa oculta. ‖ fig. Inquirir con curiosidad lo que hacen otros. ‖ intr. Exhalar olor. ‖ fig. Parecerse o tener *aspecto de una cosa, que por lo regular es mala. ‖ **No oler bien** una cosa. fr. fig. Ser *sospechosa.

olfacción. f. Acción de oler.

olfatear. tr. *Oler con ahínco y persistentemente. ‖ fig. y fam. Indagar, *averiguar con diligencia.

olfateo. m. Acción de olfatear.

olfativo, va. adj. Perteneciente o relativo al *olfato.

***olfato.** m. Sentido corporal con que se perciben los olores. ‖ fig. Sagacidad e *ingenio para *descubrir lo que está oculto o encubierto.

olfatorio, ria. adj. Perteneciente al *olfato.

olíbano. m. ***Incienso.**

oliente. p. a. de **Oler.** Que huele.

oliera. f. *Liturg.* Vaso en que se guarda el santo óleo o crisma.

oligarca. m. Cada uno de los individuos que componen una oligarquía.

oligarquía. f. *Gobierno en que unas cuantas personas asumen todos los poderes del Estado.

oligárquico, ca. adj. Perteneciente a la oligarquía.

oligisto. m. *Miner.* Óxido de *hierro, de color negruzco o pardo rojizo, muy duro y de textura compacta. ‖ **rojo. Hematites.**

oligoceno. adj. *Geol.* Dícese del

terreno que sigue inmediatamente al eoceno. Ú. t. c. s. ‖ *Geol.* Perteneciente a este terreno.
olimpiada u **olimpíada.** f. *Fiesta pública que se hacía cada cuatro años en la antigua ciudad de Olimpia. ‖ Período de cuatro *años comprendido entre dos de estas fiestas. ‖ Competición universal de *deportes y juegos atléticos.
olímpico, ca. adj. Perteneciente al Olimpo. ‖ Perteneciente a Olimpia, ciudad de Grecia antigua. ‖ Perteneciente a la olimpiada. ‖ fig. *Orgulloso, soberbio.
olimpo. m. **Mit.* *Cielo o mansión de los dioses del paganismo.
olingo. m. *Mono aullador de Honduras.
olio. m. **Óleo.**
oliscar. tr. *Oler u olfatear con reiteración. ‖ fig. *Averiguar o procurar saber alguna cosa. ‖ intr. Empezar a exhalar *fetidez alguna cosa.
olisquear. tr. **Oliscar.**
oliva. f. **Olivo.** ‖ **Aceituna.** ‖ **Lechuza.** ‖ fig. ***Paz.**
oliváceo, a. adj. De *color de *aceituna.
olivar. m. Sitio plantado de olivos.
olivar. tr. *Podar las ramas bajas de los *árboles, como se hace a los olivos.
olivarda. f. *Ave, variedad del neblí.
olivarda. f. *Planta de las compuestas.
olivarero, ra. adj. Perteneciente al cultivo del olivo.
olivarse. r. Levantarse ampollas en el *pan al ser cocido.
olivastro de Rodas. m. **Áloe** (planta).
olivera. f. **Olivo.**
olivero. m. Sitio donde se almacena la *aceituna.
olivicultura. f. Arte de cultivar el *olivo.
olivífero, ra. adj. poét. Abundante en olivos.
olivillo. m. *Arbusto de las terebintáceas.
olivino. m. **Peridoto.**
***olivo.** m. Árbol de las oleáceas, de tronco corto, grueso y torcido y hojas verdes y lustrosas por la haz y blanquecinas por el envés; cuyo fruto es la aceituna. ‖ *Madera de este árbol. ‖ **acebucheno.** El que bastardea y da fruto escaso y pequeño. ‖ **manzanillo.** El que da aceituna manzanilla. ‖ **silvestre. Acebuche.** ‖ **Tomar el olivo.** fr. fig. y fam. **Taurom.* Guarecerse en la barrera. ‖ *Huir del peligro.
olivoso, sa. adj. poét. **Olivífero.**
olma. f. Olmo muy corpulento.
olmeda. f. Sitio plantado de olmos.
olmedano, na. adj. Natural de Olmedo. Ú. t. c. s. ‖ Perteneciente a alguna de las villas de este nombre.
olmedo. m. **Olmeda.**
olmo. m. *Árbol de las ulmáceas, que crece hasta veinte metros, y da excelente madera.
ológrafo, fa. adj. Aplícase al *testamento de puño y letra del testador. Ú. t. c. s. m. ‖ **Autógrafo.**
***olor.** m. Emanación que despiden algunos cuerpos y produce una sensación característica en el órgano del olfato. ‖ Esta sensación. ‖ fig. *Esperanza o *promesa de una cosa. ‖ fig. Lo que causa o motiva una *sospecha. ‖ fig. *Fama, reputación. ‖ **Estar** uno **al olor.** fr. fig. y fam. **Estar** uno **al husmo.**
olorizar. tr. Esparcir *olor, perfumar.
oloroso, sa. adj. Que exhala de sí *aroma u olor fragante.
olvidadizo, za. adj. Que con facilidad se *olvida de las cosas. ‖ fig. *Ingrato.
olvidado, da. adj. Dícese del que olvida. ‖ *Ingrato.
***olvidar.** tr. Perder la memoria de una cosa. Ú. t. c. r. ‖ Retirar a una persona o cosa el afecto o afición que se le tenía. Ú. t. c. r. ‖ p. us. Hacer perder la memoria de una cosa.
***olvido.** m. Falta de memoria o cesación de la que se tenía de una cosa. ‖ Cesación del cariño que antes se tenía, *desapego. ‖ *Descuido de una cosa que se debía tener presente. ‖ **Dar,** o **echar, al olvido,** o **en olvido.** fr. **Olvidar.** ‖ **Entregar al olvido.** fr. fig. **Olvidar.** ‖ **No tener en olvido** a una persona o cosa. fr. Tenerla presente. ‖ **Poner en olvido.** fr. **Olvidar.** ‖ Hacer olvidar.
olla. f. *Vasija redonda de barro o metal, de boca ancha y con asas, para cocer manjares, calentar agua, etc. ‖ Plato o *guisado principal de la comida diaria en muchas regiones de España, compuesto de garbanzos, carne y tocino. ‖ *Remolino que forman las aguas de un río. ‖ **carnicera.** La de gran tamaño para dar de comer a los segadores. ‖ **ciega. Alcancía.** ‖ **de campaña.** Marmita que sirve para cocer el rancho de la tropa. ‖ **de cohetes.** fig. y fam. Grave *peligro. ‖ **de fuego.** **Artill.* **Olla** de barro llena de materias inflamables y explosivas. ‖ **de grillos.** fig. y fam. Lugar en que hay gran *desorden y confusión. ‖ **podrida.** La que, además de la carne, tocino y legumbres, tiene jamón, aves y otras cosas suculentas. ‖ **Las ollas de Egipto.** fig. Vida holgada. ‖ **A las ollas de Miguel.** *Juego que los muchachos hacen formando una rueda. ‖ **Hacer** a uno **la olla gorda.** fr. fig. y fam. **Hacer** a uno **el caldo gordo.**
ollado. m. *Mar.* **Ollao.**
ollao. m. *Mar.* Cualquiera de los ojetes u *ojales reforzados, que se abren en las *velas, toldos, etc.
ollar. m. Cada uno de los dos orificios de la *nariz de las *caballerías.
ollaza. f. aum. de **Olla.**
ollera. f. **Herrerillo** (*pájaro).
ollería. f. Fábrica donde se hacen ollas y otras vasijas de *barro. ‖ Tienda o barrio donde se venden. ‖ Conjunto de ollas y otras vasijas de barro.
ollero, ra. m. y f. Persona que hace y vende ollas y demás cosas de *barro para los usos comunes.
olleta. f. Guiso de *maíz.
olluco. m. Cierta *planta americana, de tubérculo comestible.
olluela. f. d. de **Olla.**
omaso. m. Libro, tercera cavidad del *estómago de los rumiantes.
ombligada. f. Parte que en los *cueros corresponde al ombligo.
ombligo. m. Cicatriz redonda y arrugada que se forma en medio del *vientre, después de secarse el cordón umbilical. ‖ Cordón que va desde el vientre del *feto a la placenta o pares. ‖ fig. Medio o *centro de cualquier cosa. ‖ **de Venus.** Planta herbácea anual de las crasuláceas. ‖ *Concha elíptica, pequeña, que se empleaba como *amuleto. ‖ **marino. Ombligo de Venus** (*concha). ‖ **Encogérsele** a uno **el ombligo.** fr. fig. y fam. Sentir *temor, desalentarse.
ombliguero. m. Venda que se pone a los *niños recién nacidos para sujetar el pañito que cubre el ombligo.
ombría. f. **Umbría.**
ombú. m. Árbol de la América Meridional, de las fitolacáceas.
omega. f. O larga y *letra última del alfabeto griego.
omental. adj. *Zool.* Perteneciente al omento.
omento. m. *Zool.* **Redaño.**
ómicron. f. O breve del alfabeto griego.
ominar. tr. **Agorar.**
ominoso, sa. adj. Azaroso de mal agüero, que *predice *desgracias.
omisión. f. Acción y efecto de *omitir. ‖ Acción de *abstenerse de decir o hacer. ‖ *Incumplimiento de una obligación. ‖ *Descuido o negligencia.
omiso, sa. p. p. irreg. de **Omitir.** ‖ adj. *Negligente y descuidado.
***omitir.** tr. *Abstenerse o dejar de hacer una cosa. ‖ → Pasar en silencio una cosa; excluirla de lo que se habla o escribe. Ú. t. c. r.
ómnibus. m. *Carruaje grande para transportar personas dentro de las poblaciones. ‖ V. **Tren ómnibus.**
omnímodamente. adv. m. De todos *modos.
omnímodo, da. adj. Que lo abraza y comprende todo; *absoluto.
omnipotencia. f. *Poder omnímodo, atributo de *Dios. ‖ fig. Poder muy grande.
omnipotente. adj. Que todo lo puede. Es atributo sólo de Dios. ‖ fig. Que puede muchísimo.
omnipotentemente. adv. m. Con omnipotencia.
omnipresencia. f. **Ubicuidad.**
omnipresente. adj. **Ubicuo.**
omnisapiente. adj. **Omniscio.**
omnisciencia. f. *Conocimiento de todas las cosas.
omnisciente. adj. **Omniscio.**
omniscio, cia. adj. Que tiene omnisciencia. ‖ fig. Que tiene *conocimiento de muchas cosas.
omnívoro, ra. adj. *Zool.* Aplícase a los animales que se *alimentan de toda clase de substancias orgánicas. Ú. t. c. s.
omóplato u **omoplato.** m. Cada uno de los dos *huesos anchos y planos, situados a uno y otro lado de la espalda.
omotocia. f. *Obst.* *Parto prematuro.
onagra. f. *Arbusto de las onagrarieas.
onagrarieo, a. adj. **Bot.* Dícese de plantas dicotiledóneas, cuyo tipo es la fucsia. Ú. t. c. s. ‖ f. pl. *Bot.* Familia de estas plantas.
onagro. m. **Asno silvestre.** ‖ **Artill.* Máquina antigua de guerra, parecida a la ballesta.
onanismo. m. **Masturbación.**
once. adj. Diez y uno. ‖ **Undécimo.** Apl. a los días del mes. Ú. t. c. s. ‖ m. Conjunto de signos con que se representa el *número **once.** ‖ Equipo de jugadores de fútbol. ‖ **Con sus once de oveja.** m. adv. fig. y fam. que se usa para notar a uno de *entremetido. ‖ **Estar** una cosa **a las once.** fr. fam. Estar torcida o *inclinada. ‖ **Hacer,** o **tomar,** uno **las once.** fr. fig. y fam. Tomar algo de *alimento entre el almuerzo y la comida.
oncear. tr. Pesar o dar por onzas.
oncejera. f. Lazo para *cazar oncejos y otros pájaros pequeños.
oncejo. m. **Vencejo.**
oncemil. m. *Germ.* Cota de malla.
onceno, na. adj. **Undécimo.** Ú. t. c. s.
oncijera. f. **Oncejera.**

oncología. f. *Med.* Estudio de los *tumores.

oncoma. m. *Tumor.

***onda.** f. Porción de agua que alternativamente se eleva y deprime en la superficie del mar de un lago, etc. ‖ *Ola. ‖ **Ondulación.** ‖ fig. Movimiento de la *llama. ‖ → Cada una de las *curvas, a manera de eses, que se forman en algunas cosas. Ú. m. en pl. ‖ fig. Cada uno de los recortes, a manera de semicírculo, con que se adornan algunos *vestidos. ‖ *Fís.* Forma especial del movimiento *vibratorio. ‖ **corta.** *Radio.* La que tiene una longitud comprendida entre 10 y 50 metros. ‖ ***eléctrica.** La electromagnética producida por una corriente oscilante. ‖ **hertziana.** *Fís.* **Onda eléctrica.** ‖ **larga.** *Radio.* La que tiene una longitud de mil metros o más. ‖ **luminosa.** *Fís.* La que se origina de un cuerpo luminoso y transmite su *luz. ‖ **media** o **normal.** *Radio.* La que tiene una longitud comprendida entre 200 y 550 metros. ‖ **sonora.** *Fís.* La que se origina en un cuerpo elástico y transmite el *sonido.

ondeado. m. Cualquiera cosa hecha en *ondas o que las tiene.

ondeante. p. a. de **Ondear.** Que ondea.

***ondear.** intr. Hacer *ondas el agua. ‖ **Ondular.** ‖ fig. Formar ondas los *pliegues que se hacen en una cosa. ‖ r. *Mecerse en el aire, columpiarse.

ondeo. m. Acción de ondear.

ondina. f. *Mit.* Ninfa que residía en el agua.

ondisonante. adj. **Undísono.**

ondoso, sa. adj. Que tiene *ondas o se mueve haciéndolas.

***ondulación.** f. Acción y efecto de ondular. ‖ *Fís.* Movimiento que se propaga en un fluido o medio elástico sin traslación permanente de moléculas.

***ondulado, da.** adj. Aplícase a los cuerpos cuya superficie o contorno forma *ondas pequeñas.

ondulante. p. a. de **Ondular.** Que ondula.

***ondular.** intr. Moverse una cosa formando ondas tanto en un sentido como en el opuesto. ‖ tr. Hacer ondas en el *cabello.

ondulatorio, ria. adj. Que se extiende en forma de ondulaciones. ‖ **Ondulante.**

onerario, ria. adj. Aplícase a las *embarcaciones antiguas de carga.

oneroso, sa. adj. Pesado, *molesto. ‖ *For.* Que incluye conmutación de prestaciones recíprocas.

onfacino. adj. V. **Aceite onfacino.**

onfacomeli. m. *Bebida medicinal que se hacía de agraz mezclado con miel.

onfálico, ca. adj. *Anat.* Perteneciente o relativo al ombligo.

onfalocele. m. *Pat.* *Hernia umbilical.

ónice. m. *Ágata veteada que suele emplearse para hacer camafeos.

onicofagia. f. *Pat.* Costumbre de roerse las *uñas.

onicomancia. f. *Predicción del porvenir, por medio del examen de las uñas.

onicopatía. f. *Pat.* Enfermedad de las *uñas.

onicosis. f. *Pat.* Inflamación de la base de las *uñas.

ónique. f. **Ónice.**

oniquina. adj. V. **Piedra oniquina.**

onírico, ca. adj. Relativo a los *ensueños.

oniromancia. f. *Predicción de lo por venir interpretando los *ensueños.

ónix. f. **Ónice.**

onocrótalo. m. **Alcatraz** (ave).

onomancia. f. *Predicción del porvenir de una persona basada en el nombre de ella.

onomástico, ca. adj. Perteneciente o relativo a los *nombres propios. ‖ f. *Filol.* Ciencia que trata de los nombres propios de persona. ‖ **Día onomástico** de una persona. El de su santo.

***onomatopeya.** f. Imitación del sonido de una cosa mediante la palabra que la expresa. ‖ Esta *palabra. ‖ *Ret.* Empleo de vocablos onomatopéyicos.

onomatopéyico, ca. adj. Perteneciente a la onomatopeya.

onoquiles. f. *Planta herbácea anual, de las borragíneas. De su raíz se saca una substancia roja que usan los confiteros para dar color a los dulces.

onosma. f. **Orcaneta amarilla.**

onoto. m. **Bija.**

ontina. f. *Planta de las compuestas, con flores en racimos, amarillentas y sumamente pequeñas.

ontogenia. f. *Biol.* Formación y desarrollo del individuo.

ontología. f. Parte de la metafísica, que trata del *ser en general.

ontológico, ca. adj. Perteneciente a la ontología.

ontologismo. m. *Fil.* Doctrina que pretendía explicar el origen de las ideas mediante la adecuada intuición del Ser absoluto.

ontólogo. m. El que profesa o sabe la ontología.

ontrón. m. *Charco cubierto de césped.

onubense. adj. Natural de la antigua Ónuba, hoy Huelva. Ú. t. c. s. ‖ Perteneciente a esta ciudad. ‖ **Huelveño.** Ú. t. c. s.

onza. f. Peso que es una de las dieciséis partes en que se divide la libra, y equivale a 287 decigramos. ‖ Duodécima parte del as o libra romana. ‖ Por ext., duodécima parte de varias medidas antiguas. ‖ **de oro.** *Moneda de este metal, del valor de ochenta pesetas. ‖ **Media onza.** Moneda de oro de la mitad del peso y valor que la **onza.**

onza. f. *Mamífero carnicero de tamaño mayor que el de un perro y parecido a éste en el aspecto.

onzavo, va. adj. **Undécimo.** Ú. t. c. s. m.

ooforitis. f. *Pat.* Inflamación del *ovario.

oomicetos. m. pl. Nombre genérico de ciertos hongos.

opa. f. Mechinal, *agujero para los palos del *andamio.

opacamente. adv. m. En estado de opacidad.

***opacidad.** f. Calidad de opaco.

***opaco, ca.** adj. Que impide el paso a la luz. ‖ *Obscuro, sombrío. ‖ fig. *Triste.

opado, da. adj. **Hinchado.**

opalescencia. f. Calidad de opalescente.

opalescente. adj. Translúcido, que presenta por *transparencia el aspecto del ópalo.

opalino, na. adj. Perteneciente o relativo al ópalo. ‖ De *color entre blanco y azulado con reflejos irisados.

ópalo. m. Mineral de *sílice con algo de agua. ‖ **de fuego.** El de color rojo muy encendido, brillante y translúcido. ‖ **girasol.** El que amarillea. ‖ **noble.** El que es casi transparente, con juego interior de variados reflejos.

***opción.** f. Libertad o facultad de elegir. ‖ Acción de elegir. ‖ *Derecho que se tiene a un cargo, dignidad, etc.

***ópera.** f. Poema dramático puesto en música. ‖ Letra de este poema. ‖ Música de la **ópera.**

operable. adj. Que puede obrarse, que es *posible de hacer. ‖ Que tiene *poder o virtud de obrar o hacer efecto. ‖ *Cir.* Que puede ser operado.

operación. f. *Acción y efecto de operar. ‖ Ejecución de una cosa. ‖ *Com.* Negociación o *contrato sobre valores o mercaderías. ‖ Acción de *guerra. ‖ **cesárea.** *Obst.* La que se hace abriendo la matriz para extraer el feto.

operador, ra. adj. Que opera. Ú. t. c. s.

operante. p. a. de **Operar.** Que opera. Ú. t. c. s.

operar. tr. *Cir.* Ejecutar sobre el cuerpo animal vivo, alguna maniobra quirúrgica. ‖ intr. Obrar una cosa, *actuar, hacer el efecto para que se destina. ‖ **Maniobrar.** ‖ *Com.* Especular sobre valores.

operario, ria. m. y f. **Obrero, ra.** ‖ m. En algunas comunidades, religioso que se destina para cuidar de lo espiritual.

operativo, va. adj. Activo, *eficaz, que obra y hace su efecto.

operatorio, ria. adj. *Cir.* Referente a las operaciones quirúrgicas.

opérculo. m. Pieza que sirve para *tapar, y más especialmente la que cierra las agallas de los *peces, la concha de muchos *moluscos o las cápsulas de varios *frutos.

opereta. f. *Ópera musical de carácter cómico o alegre.

operista. com. Actor que canta en las óperas.

operístico, ca. adj. Perteneciente o relativo a la *ópera.

operoso, sa. adj. Que cuesta mucho *trabajo o fatiga. ‖ Activo, *eficaz.

opiáceo, a. adj. *Farm.* Que contiene opio.

opiado, da. adj. Compuesto con opio.

opiata. f. *Farm.* Electuario en cuya composición entra el opio.

opiato, ta. adj. **Opiado.** ‖ m. **Opiata.**

opilación. f. **Obstrucción** (de los conductos fisiológicos). ‖ **Amenorrea.** ‖ **Hidropesía.**

opilar. tr. ant. ***Obstruir.** ‖ r. Contraer opilación las mujeres.

opilativo, va. adj. Que opila u obstruye.

opimo, ma. adj. *Rico, *fértil, abundante.

opinable. adj. Que puede ser defendido en pro y en contra; sujeto a *discusión.

opinante. p. a. de **Opinar.** Que opina. Ú. t. c. s.

opinar. intr. Formar *opinión. ‖ Expresarla de palabra o por escrito. ‖ Hacer *conjeturas acerca de una cosa.

***opinión.** f. Concepto o juicio que se forma de una cosa. ‖ *Fama o concepto en que se tiene a una persona o cosa. ‖ **pública.** Parecer compartido por la generalidad de las personas. ‖ **Andar** uno **en opiniones.** fr. Estar puesto en duda su crédito. ‖ **Casarse** uno **con su opinión.** fr. fig. y fam. *Obstinarse en el juicio propio.

opio. m. *Farm.* Substancia obscura, de olor característico y propiedades narcóticas, que se emplea en medicina. Es el jugo de las cabezas de

adormideras, desecado. En algunos países lo usan para *fumar.
opíparamente. adv. m. De manera opípara.
opíparo, ra. adj. Copioso y espléndido, tratándose de *comida.
opitulación. f. p. us. *Auxilio, *ayuda.
oploteca. f. *Colección o museo de *armas antiguas.
opobálsamo. m. *Farm.* *Resina verde amarillenta, que fluye de un árbol de Siria, y se emplea en medicina.
***oponer.** tr. Poner una cosa contra otra para contrarrestar o impedir su efecto. Ú. t. c. r. ‖ Proponer una razón o discurso para *impugnar lo que otro dice o siente. ‖ r. Ser una cosa contraria a otra. ‖ Estar una cosa *enfrente de otra. ‖ *Impugnar, estorbar. ‖ Pretender un cargo en *concurso con otros aspirantes.
oponible. adj. Que se puede oponer.
opopánax. m. **Opopónaco.**
opopónace. f. **Pánace.**
opopónaco. m. *Gomorresina de olor aromático muy fuerte, que se saca de la pánace y algunas otras umbelíferas. Se usa en *farmacia y en *perfumería.
oporto. m. *Vino tinto fabricado principalmente en Oporto.
oportunamente. adv. m. Convenientemente, a su tiempo y sazón.
***oportunidad.** f. Conveniencia de tiempo y de lugar para determinado fin.
oportunismo. m. Sistema *político que atiende más a las circunstancias de tiempo y lugar que a los principios o doctrinas. ‖ Este mismo sistema aplicado a la *economía política.
oportunista. adj. Partidario del oportunismo. Ú. t. c. s.
***oportuno, na.** adj. Que se hace o sucede cuando conviene. ‖ Dícese también del que es *ingenioso en la conversación.
***oposición.** f. Acción y efecto de oponer u oponerse. ‖ *Contraposición, colocación de unas cosas enfrente de otras. ‖ Disconformidad o *repugnancia de una cosa con otra. ‖ *Concurso de los pretendientes a una cátedra, empleo o destino, por medio de los ejercicios en que demuestran su suficiencia. Ú. t. en pl. ‖ Contradicción o *resistencia a lo que uno hace o dice. ‖ Minoría que en las *asambleas legislativas impugna habitualmente los actos del gobierno. ‖ Por ext., minoría de otros cuerpos deliberantes. ‖ *Astrol.* Aspecto de dos astros que ocupan casas celestes diametralmente opuestas. ‖ *Astr.* Situación relativa de dos o más cuerpos celestes cuando tienen longitudes que difieren en dos ángulos rectos.
oposicionista. m. Persona que pertenece a la oposición política.
opositor, ra. m. y f. Persona que se *opone a otra en cualquier materia. ‖ Candidato que actúa en unas *oposiciones.
opoterapia. f. Procedimiento *terapéutico fundado en el empleo de jugos o extractos de órganos o tejidos animales.
opoterápico, ca. adj. Relativo o perteneciente a la opoterapia.
opresión. f. Acción y efecto de oprimir. ‖ **de pecho.** Dificultad de *respirar.
opresivamente. adv. m. Con opresión.
opresivo, va. adj. Que oprime.
opreso, sa. p. p. irreg. de **Oprimir.**
opresor, ra. adj. Que oprime a alguno. Ú. t. c. s.
***oprimir.** tr. Ejercer presión sobre una cosa, *comprimirla, apretarla. ‖ → fig. Sujetar a alguno, dominarlo por la violencia, tratarlo con despotismo y vejación.
oprobiar. tr. Vilipendiar, *infamar.
oprobio. m. Ignominia, *deshonra.
oprobiosamente. adv. m. Con oprobio.
oprobioso, sa. adj. Que causa oprobio.
oprobriar. tr. ant. **Oprobiar.**
optación. f. *Ret.* Figura que consiste en manifestar vehemente deseo de alguna cosa.
optante. p. a. de **Optar.** Que opta.
optar. tr. Entrar en la dignidad o *empleo a que se tiene derecho. ‖ *Elegir una cosa entre varias. Ú. t. c. intr.
optativo, va. adj. Que pende de opción o la admite. ‖ *Gram.* V. **Modo optativo.** Ú. t. c. s.
***óptica.** f. Parte de la física, que trata de la luz. ‖ Aparato compuesto de *lentes y espejos, para ver estampas y dibujos agrandados.
***óptico, ca.** adj. Perteneciente o relativo a la *óptica. ‖ m. Comerciante de objetos de óptica, particularmente de *anteojos.
óptimamente. adv. m. Con *excelencia y perfección.
optimate. m. **Prócer.** Ú. m. en pl.
optimismo. m. Sistema *filosófico que atribuye al universo la mayor perfección posible. ‖ Propensión a ver en las cosas el aspecto más *favorable.
optimista. adj. Que profesa o siente el optimismo. Ú. t. c. s.
óptimo, ma. adj. sup. de **Bueno.** Sumamente *bueno, *excelente.
optómetro. m. *Ópt.* Instrumento para graduar la vista.
opuestamente. adv. m. Con oposición y contrariedad.
***opuesto, ta.** p. p. irreg. de **Oponer.** ‖ adj. *Enemigo o contrario. ‖ *Bot.* Dícese de las hojas, flores y otras partes de la planta, cuando las unas nacen enfrente de las otras.
opugnación. f. *Oposición violenta. ‖ Contradicción, *impugnación.
opugnador. m. El que opugna.
opugnar. tr. Hacer *oposición por la violencia. ‖ *Asaltar una plaza o atacar un ejército. ‖ Contradecir.
opulencia. f. Gran *riqueza. ‖ fig. Gran *abundancia.
opulentamente. adv. m. Con opulencia.
opulento, ta. adj. Que tiene opulencia.
opúsculo. m. *Obra científica o literaria de poca extensión.
oque (de). m. adv. *Gratis, de balde.
oquedad. f. Espacio *hueco en el interior de un cuerpo.
oquedal. m. *Monte de árboles altos.
oqueruela. f. Lazadilla que se forma en el *hilo de *coser cuando está muy retorcido.
ora. conj. distrib., aféresis de **Ahora.**
***oración.** f. *Discurso pronunciado en público a fin de persuadir a los oyentes o mover su ánimo. ‖ → Ruego que se hace a Dios y a los santos, y más especialmente el que se hace con arreglo a una fórmula aprobada por la Iglesia. ‖ Elevación de la mente a Dios para alabarle o pedirle mercedes. ‖ En la *misa y otros actos del culto, deprecación particular que empieza con la voz *Oremus.* ‖ Hora de las **oraciones.** ‖ *Gram.* Palabra o conjunto de palabras con que se expresa un concepto cabal. ‖ pl. Primera parte de la doctrina *cristiana o sea el padrenuestro, el avemaría, etc. ‖ Punto del *día cuando va a *anochecer, que es cuando se toca en las iglesias la campana para que recen los fieles el avemaría. ‖ El mismo toque de la *campana, que en algunas partes se repite al *amanecer y al mediodía. ‖ **Oración de ciego.** Composición *poética y religiosa que de memoria saben los ciegos, para pedir limosna. ‖ fig. Razonamiento *recitado con frialdad y monotonía. ‖ **dominical.** La del padrenuestro. ‖ **jaculatoria. Jaculatoria.** ‖ **mental.** Elevación interior del alma a Dios. ‖ **vocal.** Deprecación que se hace a Dios con palabras. ‖ **Romper las oraciones.** fr. *Interrumpir la plática con alguna *impertinencia.
oracional. adj. Concerniente a la oración *gramatical. ‖ m. Libro compuesto de *oraciones o que trata de ellas.
oráculo. m. *Respuesta que da Dios, o por sí, o por sus ministros. ‖ Respuesta que las pitonisas y sacerdotes de los *gentiles daban en nombre de sus ídolos. ‖ Lugar en que estas respuestas se pedían. ‖ **Juego del oráculo.** ‖ fig. Persona a quien todos escuchan con respeto por su mucha *sabiduría. ‖ **del campo.** ***Manzanilla.**
orador, ra. m. y f. Persona que ejerce la *oratoria. ‖ Persona que *pide y ruega. ‖ m. **Predicador.**
oraje. m. Tiempo muy crudo de *lluvias, vientos, etc.
oral. adj. Expresado con la boca o con la *palabra.
oral. m. *Viento fresco y suave.
oranés, sa. adj. Natural de Orán. Ú. t. c. s. ‖ Perteneciente a esta ciudad y provincia de Argelia.
orangután. m. *Mono antropomorfo que llega a unos dos metros de altura, muy robusto e inteligente.
orante. p. a. de **Orar.** Que ora o está en actitud de *orar. Dícese de *esculturas y figuras *pintadas.
orar. intr. Hablar en público para persuadir o conmover a los oyentes. ‖ Hacer *oración. ‖ tr. Rogar, *pedir.
orario. m. Especie de estola que usaban los romanos. ‖ *Liturg.* Estola grande que usa el *Papa.
orate. com. Persona que padece *locura. ‖ fig. y fam. Persona *alocada.
***oratoria.** f. Arte de hablar con elocuencia.
oratoriamente. adv. m. Con estilo oratorio.
oratorio. m. Lugar destinado para hacer *oración. ‖ En palacios y casas particulares, *capilla. ‖ *Congregación de presbíteros fundada por San Felipe Neri. ‖ Composición dramática y *musical sobre asunto sagrado.
oratorio, ria. adj. Perteneciente o relativo a la *oratoria.
orbe. m. *Redondez o *círculo. ‖ *Geogr.* Esfera celeste o terrestre. ‖ **Mundo.** ‖ *Pez marino plectognato, de forma casi esférica, cubierto de espinas largas, fuertes y erizadas. ‖ *Astr.* Cada una de las esferas cristalinas imaginadas en los antiguos sistemas astronómicos.
orbicular. adj. *Redondo o circular.
orbicularmente. adv. m. De un modo orbicular.
órbita. f. *Astr.* *Curva que describe un astro en su movimiento de traslación. ‖ fig. Ámbito, *espacio. ‖ *Zool.* Cuenca del *ojo.

orbital. adj. Perteneciente a la órbita del *ojo.
orbitario, ria. adj. **Orbital.**
orca. f. *Cetáceo que llega a unos diez metros de largo. Vive en los mares del Norte.
orcaneta. f. **Onoquiles.** ‖ **amarilla.** *Planta herbácea anual, de las borragíneas. Es común en España.
orcinio, nia. adj. Perteneciente o relativo al *infierno.
orco. m. **Orca.**
orco. m. **Infierno.**
orcheliano. adj. V. **Triángulo orcheliano.**
órdago. m. Envite del resto en el juego de *naipes llamado mus. ‖ **De órdago.** loc. fam. *Excelente, de superior calidad.
ordalías. f. pl. *Pruebas o juicios de Dios, a que se sometían los acusados.
***orden.** amb. Colocación de las cosas en el lugar que respectivamente les corresponde. ‖ Concierto, buena disposición de las cosas entre sí. ‖ *Regla para hacer las cosas. ‖ *Serie o sucesión de las cosas. ‖ *Ecles.* Sexto de los siete *sacramentos de la Iglesia, por el cual son instituidos los *sacerdotes. ‖ *Relación de una cosa a otra. ‖ Instituto *religioso aprobado por el Papa y cuyos individuos viven bajo ciertas reglas. ‖ *Arq.* Cierta disposición y proporción de los cuerpos principales que componen un edificio. ‖ *Geom.* Calificación que se da a una línea según el grado de la ecuación que la representa. ‖ *Hist. Nat.* Cada uno de los grupos en que se dividen las *clases. ‖ f. *Mandato que se debe obedecer. ‖ Cada uno de los institutos civiles o militares creados para *premiar por medio de condecoraciones a las personas beneméritas. ‖ *Teol.* **Coro.** ‖ amb. *Ecles.* Cada uno de los grados del sacramento de este nombre, que se van recibiendo sucesivamente. ‖ **abierto.** *Mil.* Formación en que la tropa se dispersa para ofrecer menor blanco. ‖ **atlántico.** *Arq.* El que en vez de columnas o pilastras lleva atlantes para sostener los arquitrabes. ‖ **cerrado.** *Mil.* Formación en que la tropa se agrupa para ocupar menor espacio. ‖ **compuesto.** *Arq.* El que combina ciertos elementos del jónico y del corintio. ‖ **corintio.** *Arq.* El que tiene el capitel adornado con hojas de acanto, y la cornisa con modillones. ‖ **de caballería.** Dignidad, título de honor que con varias ceremonias y ritos se daba a los hombres nobles que prometían defender con las armas la religión, el rey, la patria y a los agraviados y menesterosos. ‖ Conjunto y sociedad de los *caballeros que profesaban las armas. ‖ **Orden militar.** ‖ **de la Banda. Orden** de caballería fundada en España por el rey don Alfonso XI de Castilla. ‖ **de la Visitación. Salesas.** ‖ **del día.** *Lista de los *asuntos que, en determinada fecha, han de tratarse en una *asamblea o corporación. ‖ *Mil.* La que diariamente se da a los cuerpos de un ejército o guarnición. ‖ **de marcha.** *Mar.* Disposición en que se colocan los diferentes buques de una *armada para navegar. ‖ **dórico.** *Arq.* El que tiene el capitel sencillo y el friso adornado con metopas y triglifos. ‖ **jónico.** *Arq.* El que tiene el capitel adornado con grandes volutas, y dentículos en la cornisa. ‖ **mayor.** *Ecles.* Cada uno de los grados de subdiácono, diácono y sacerdote. Ú. m. en pl. ‖ **menor.** Cada uno de los grados de ostiario, lector, exorcista y acólito. Ú. m. en pl. ‖ **militar.** Cualquiera de las de caballeros fundadas para hacer guerra a los infieles. ‖ **paraninfico.** *Arq.* El que tiene estatuas de ninfas en lugar de columnas. ‖ **sacerdotal.** *Sacramento que instituye a los *sacerdotes. ‖ **toscano.** *Arq.* El que se distingue por ser más sólido y sencillo que el dórico. ‖ **A la orden.** *Com.* Expresión que denota ser transferible, por endoso, un valor comercial. ‖ **Consignar las órdenes.** fr. *Mil.* Dar al centinela la **orden** de lo que ha de hacer. ‖ **Dar órdenes.** fr. Conferir el obispo las **órdenes** sagradas. ‖ **En orden.** m. adv. Ordenadamente. ‖ En *relación con. ‖ **Hacer órdenes.** fr. **Dar órdenes.** ‖ **Poner** una cosa **en orden.** fr. Reducirla a método y *regla, *corregirla. ‖ **Por su orden.** m. adv. Sucesivamente.
ordenación. f. Acción y efecto de ordenar. ‖ Disposición, prevención. ‖ Acción y efecto de ordenar u ordenarse un *eclesiástico. ‖ **Orden.** ‖ *Mandato. ‖ Cierta *oficina para efectuar los *pagos en algunos ministerios. ‖ Parte de la *arquitectura, que trata de la capacidad que debe tener cada pieza del edificio. ‖ *Pint.* Conveniente disposición de las figuras en un cuadro. ‖ **de *montes,** o **forestal. Dasocracia.**
***ordenada.** adj. *Geom.* Aplícase a la coordenada vertical en el sistema cartesiano. Ú. m. c. s.
ordenadamente. adv. m. Con *orden y proporción.
ordenador, ra. adj. Que ordena. Ú. t. c. s. ‖ m. *Jefe de una ordenación de *pagos.
ordenamiento. m. Acción y efecto de *ordenar. ‖ *Ley, pragmática u ordenanza. ‖ **real.** Colección de *leyes de Castilla, promulgadas en el siglo XIV.
ordenancista. adj. *Mil.* Dícese del jefe u oficial que cumple y aplica con *rigor la ordenanza. ‖ Aplícase por ext. a los superiores en cualquier orden.
ordenando. m. *Ecles.* El que está para recibir alguna de las órdenes sagradas.
ordenante. p. a. de **Ordenar.** Que ordena. ‖ m. **Ordenando.**
ordenanza. f. *Método y *orden en las cosas que se ejecutan. ‖ Conjunto de *reglas referentes a una materia. Ú. m. en pl. ‖ Las referentes al régimen de los militares o al gobierno de una ciudad o colectividad. Ú. t. en pl. ‖ *Mandato. ‖ *Arq.* y *Pint.* **Ordenación.** ‖ *Mil.* *Soldado que está a las órdenes de un oficial o de un jefe para los asuntos del servicio. Ú. m. c. s. m. ‖ m. *Empleado subalterno o *criado en ciertas oficinas.
***ordenar.** tr. Poner en orden una cosa. ‖ *Mandar que se haga una cosa. ‖ *Guiar, *destinar y dirigir a un fin. ‖ *Ecles.* Conferir las órdenes a uno. ‖ r. Recibir la tonsura, los grados o las órdenes sagradas.
ordeñadero. m. *Vasija en que cae la *leche cuando se ordeña. ‖ Lugar donde se ordeña.
ordeñador, ra. adj. Que ordeña. Ú. t. c. s.
ordeñar. tr. Extraer la *leche exprimiendo la ubre. ‖ Coger la *aceituna deslizando las manos por las ramas.
ordeño. m. Acción y efecto de ordeñar. ‖ **A ordeño.** m. adv. Ordeñando, pasando la mano a lo largo de las ramas para coger la *aceituna.
ordinación. f. **Ordenanza.**
ordinal. adj. Referente al orden. ‖ *Arit.* V. **Número ordinal.** Ú. t. c. s. ‖ *Gram.* V. **Adjetivo ordinal.** Ú. t. c. s.
ordinariamente. adv. m. De manera *ordinaria.
ordinariez. f. Falta de urbanidad, *grosería.
***ordinario, ria.** adj. Común, regular y que sucede con *frecuencia. ‖ Vulgar, *plebeyo. ‖ Bajo, *despreciable, *tosco. ‖ *Grosero, descortés. ‖ Que no tiene grado o distinción en su línea. ‖ Dícese del *gasto de cada día y también de lo que se acostumbra comer. Ú. t. c. s. ‖ Dícese del juez o tribunal de la justicia civil en oposición a los del fuero privilegiado, y también del *obispo diocesano. Ú. t. c. s. ‖ Decíase del *correo que venía en periodos fijos y determinados. Ú. t. c. s. ‖ *For.* Aplícase este nombre al despacho corriente de tramitación. ‖ m. Persona que habitualmente *transporta personas, géneros u otras cosas de un pueblo a otro. ‖ **De ordinario.** m. adv. Común y regularmente; con *frecuencia o *repetición.
ordinativo, va. adj. Perteneciente a la ordenación o arreglo de una cosa.
ordo. m. *Liturg.* Libro de rezo de los eclesiásticos.
orea. f. **Oréade.**
oréada. f. **Oréade.**
oréade. f. *Mit.* Ninfa que residía en los bosques y montes.
oreante. p. a. de **Orear.** Que orea.
orear. tr. Dar el *aire en una cosa, refrescándola o *secándola. Ú. m. c. r. ‖ r. Salir uno a tomar el aire.
orégano. m. *Planta herbácea vivaz, aromática, de las labiadas, cuyas hojas y flores se usan como tónicas y en *condimentos.
***oreja.** f. *Oído, y más especialmente la parte externa de este órgano. ‖ Parte del *zapato que sobresale a un lado y a otro. ‖ Cada una de las dos partes simétricas que suelen llevar en la punta o en la boca ciertas *armas y herramientas. Ú. m. en pl. ‖ fig. Persona aduladora que lleva *chismes y cuentos. ‖ **de abad.** *Fruta de sartén* que se hace en forma de hojuela. ‖ **Ombligo de Venus.** ‖ **de fraile. Asaro.** ‖ **de monje. Ombligo de Venus.** ‖ **de oso.** *Planta herbácea vivaz, de las primuláceas, con hojas poco elevadas sobre el suelo, grandes, carnosas y velludas por el envés. ‖ **de ratón. Vellosilla.** ‖ **marina.** *Molusco gasterópodo de concha ovalada. ‖ **Cuatro orejas.** fig. y fam. Hombre que llevaba el *cabello recortado por encima y por detrás de la cabeza, y grandes tufos. ‖ **Aguzar las orejas.** fr. fig. Levantarlas las *caballerías, poniéndolas tiesas. ‖ fig. Prestar mucha *atención. ‖ **Apearse uno por las orejas.** fr. fig. y fam. *Caerse uno de la cabalgadura. ‖ fig. y fam. **Apearse por la cola.** ‖ **Bajar** uno **las orejas.** fr. fig. y fam. Ceder, *humillarse. ‖ **Calentar** a uno **las orejas.** fr. fig. y fam. *Reprenderle severamente. ‖ **Con las orejas caídas,** o **gachas.** m. adv. fig. y fam. Con *tristeza por haberse *malogrado el propósito o deseo. ‖ **Con las orejas tan largas.** m. adv. fig. que significa la *atención con que uno desea oír una cosa. ‖ **De cuatro orejas.** loc. fig. y fam. con que se designa al

animal que tiene *cuernos y principalmente al *toro. || **Descubrir** uno **la oreja.** fr. fig. y fam. *Descubrir su interior o el *vicio de que adolece. || **Desencapotar las orejas.** fr. fig. Dicho de algunos animales, ponerlas tiesas. || **Enseñar** uno **la oreja.** fr. fig. y fam. **Descubrir la oreja.** || **Estar a la oreja.** fr. fig. *Pedir con insistencia. || **Hacer** uno **orejas de mercader.** fr. fig. Darse por desentendido, hacerse el *distraído. || **Mojar la oreja.** fr. fig. Buscar pendencia, *ofender, *desafiar. || *Vencer a otro, superarle. || **Poner** a uno **las orejas coloradas.** fr. fig. y fam. Decirle palabras *ofensivas o darle una severa *reprensión. || **Repartir orejas.** fr. fig. Suplantar *testigos falsos. || **Tener** uno **de la oreja** a otro. fr. fig. Tenerle *dominado. || **Tirar** uno **la oreja,** o **las orejas,** o **tirar de la oreja a Jorge.** fr. fig. y fam. Jugar a los *naipes. || **Ver** uno **las orejas al lobo.** fr. fig. Hallarse en la proximidad de un gran *peligro.

orejano, na. adj. Dícese de la *res que no tiene marca en las orejas. Ú. t. c. s.

orejeado, da. adj. Dícese del que está prevenido para cuando otro le hable, o tiene contra él algún *prejuicio.

orejear. intr. Mover las *orejas un animal. || fig. Hacer una cosa de mala gana y con *repugnancia.

orejera. f. Cada una de las dos piezas de la gorra o *montera que cubren las orejas. || Cada una de las dos piezas de acero que tenían ciertos cascos para defender la orejas. || Cada una de las dos piezas del *arado, puestas oblicuamente a uno y otro lado del dental, para ensanchar el surco. || Rodaja que se metían los indios en la parte inferior de la oreja, a manera de *arete.

orejeta. f. d. de **Oreja.**

orejón. m. Pulpa de melocotón secada al aire y al sol. Ú. m. en pl. || Tirón de *orejas. || Entre los antiguos peruanos, persona que, en prueba de *nobleza, llevaba las orejas ensanchadas por medio de una rodaja. || Nombre que se dio a varias tribus de América. || Sabanero de Bogotá, y por ext., persona *tosca. || **Fort.* Cuerpo que sobresale del flanco de un baluarte.

orejudo, da. adj. Que tiene orejas grandes o largas. || m. Especie de *murciélago caracterizado por el gran desarrollo de las orejas.

orejuela. f. d. de **Oreja.** || Cada una de las dos *asas pequeñas que suelen tener las bandejas u otros utensilios semejantes.

orenga. f. **Arq. Nav.* **Varenga.** || *Mar.* **Cuaderna.**

orensano, na. adj. Natural de Orense. Ú. t. c. s. || Perteneciente a esta ciudad.

orenza. f. **Tolva** (del molino).

oreo. m. Soplo del *aire que da suavemente en una cosa.

oreoselino. m. *Planta herbácea de las umbelíferas.

oretano, na. adj. Natural de Oreto o de la Oretania. Ú. t. c. s. || Perteneciente a esta ciudad y región de la España Tarraconense.

orfanato. m. Asilo de *huérfanos.

***orfandad.** f. Estado de *huérfano. || *Pensión que disfrutan algunos huérfanos. || fig. Falta de ayuda, *desamparo.

orfebre. m. Artífice que trabaja en orfebrería; *platero.

orfebrería. f. Obra de *oro o *plata o *bordadura hecha con estos metales.

orfeón. m. Agrupación de *cantantes para ejecutar música coral, generalmente sin acompañamiento de instrumentos.

orfeonista. m. Individuo de un orfeón.

órfico, ca. adj. Perteneciente o relativo a Orfeo.

orfo. m. *Pez semejante al besugo.

organdí. m. *Tela blanca de algodón muy fina y transparente.

organero. m. El que fabrica y compone *órganos.

organicismo. m. Doctrina *médica que atribuye las enfermedades a lesión material de los órganos.

organicista. adj. Que sigue la doctrina del organicismo. Ú. t. c. s.

orgánico, ca. adj. Aplícase al cuerpo apto para la *vida. || Que tiene armonía y *proporción. || fig. Dícese de lo que atañe a la constitución de *corporaciones o entidades colectivas. || **Quím.* Dícese de la substancia cuyo componente constante es el carbono, en combinación con el hidrógeno o con el nitrógeno.

organillero, ra. m. y f. Persona que tiene por ocupación tocar el organillo.

organillo. m. *Órgano pequeño o *piano portátil, que se hace sonar por medio de un manubrio.

organismo. m. Ser orgánico. || Conjunto de órganos y funciones del *cuerpo *vegetal o *animal. || fig. Conjunto de *leyes, usos y costumbres por que se rige una *corporación o institución social. || fig. Conjunto de *oficinas, dependencias o empleos que forman un cuerpo o institución.

organista. com. Persona que toca el *órgano.

organización. f. Acción y efecto de organizar u organizarse. || Disposición de los órganos de la *vida. || fig. Disposición, arreglo, *orden.

organizado, da. adj. **Orgánico.** || Dícese de la substancia que tiene la estructura y composición peculiar de los seres *vivos.

organizador, ra. adj. Que organiza o tiene especial aptitud para organizar.

organizar. tr. Disponer el *órgano para que esté acorde y templado. || fig. *Fundar, *ordenar o reformar una cosa con arreglo a su fin peculiar. Ú. t. c. r.

***órgano.** m. Instrumento músico compuesto de muchos tubos, donde se produce el sonido mediante el paso del aire impelido mecánicamente. Tiene generalmente varios teclados, así como registros para modificar el timbre de las voces. || || Aparato refrigerante formado con una serie de tubos de estaño. || Cualquiera de las partes del *cuerpo animal o *vegetal que ejercen una función. || fig. Medio que pone en *relación o comunicación dos cosas. || fig. Persona o cosa que sirve de *medio para la ejecución de un designio. || **de Corti.** *Anat.* Parte terminal del nervio acústico en el *oído interno. || **de manubrio. Organillo.** || **expresivo.** *Mús.* **Armonio.**

organogenia. f. Estudio de la formación y desarrollo de los órganos.

organografía. f. Parte de la *zoología y de la *botánica que describe los órganos de los animales o de los vegetales.

organográfico, ca. adj. Perteneciente o relativo a la organografía.

organoléptico, ca. adj. Dícese de las propiedades de los cuerpos que pueden ser percibidas por los *sentidos.

organología. f. Tratado de los órganos de los *animales o de los *vegetales.

organoterapia. f. **Terap.* **Opoterapia.**

orgasmo. m. **Eretismo.** || Culminación del placer *venéreo.

orgía u **orgia.** f. *Banquete en que se come y bebe inmoderadamente, y se cometen otros excesos. || fig. *Desenfreno en la satisfacción de apetitos o pasiones.

orgiástico, ca. adj. Perteneciente o relativo a la orgía.

***orgullo.** m. Exceso de estimación propia, que a veces es disimulable por nacer de causas nobles.

orgullosamente. adv. m. Con orgullo.

***orgulloso, sa.** adj. Que tiene orgullo. Ú. t. c. s.

¡ori! interj. *Germ.* **¡Hola!**

oribe. m. **Orífice.**

orientación. f. Acción y efecto de orientar u orientarse.

orientador, ra. adj. Que orienta.

oriental. adj. Perteneciente al Oriente. || Natural de Oriente. Ú. t. c. s. || Perteneciente a las regiones de Oriente. || *Astr.* Aplícase al *planeta Venus.

orientalismo. m. Conocimiento de la civilización de los pueblos orientales. || Predilección por las cosas de Oriente.

orientalista. com. Persona que cultiva el orientalismo, y especialmente la que estudia las *lenguas o literaturas de los pueblos de Oriente.

orientar. tr. *Colocar una cosa en posición determinada respecto a los puntos *cardinales. || Determinar la posición de una cosa respecto de los puntos cardinales. || *Informar a uno de lo que ignora en algún asunto que piensa emprender. Ú. t. c. r. || fig. *Dirigir una cosa hacia un fin determinado. || *Geogr.* Designar en un *mapa el punto septentrional. || *Mar.* Disponer las *velas de un buque de manera que reciban el viento de lleno.

oriente. m. *Nacimiento o *principio de una cosa. || Punto cardinal del *horizonte, por donde aparece el Sol en los equinoccios. || Lugar de la *Tierra o de la esfera celeste, que, respecto de otro con el cual se compara, cae hacia donde sale el Sol. || Asia y las regiones inmediatas a ella de Europa y África. || *Viento que sopla de la parte de **oriente.** || Brillo especial de las *perlas. || *Juventud temprana del hombre. || **Astrol.* Horóscopo o casa primera del tema celeste.

orificación. f. Acción y efecto de orificar.

orificador. m. Instrumento que sirve para orificar.

orificar. tr. Rellenar con oro la picadura de una muela o de un *diente.

orífice. m. Artífice que trabaja en *oro.

orificia. f. ant. Arte de trabajar en objetos de *oro.

orificio. m. Boca o *agujero. || *Zool.* Abertura de ciertos conductos, y más comúnmente ***ano.**

oriflama. f. *Estandarte de la abadía de San Dionisio, que usaban los antiguos reyes de Francia. || Por ext., cualquiera estandarte o *bandera.

orifrés. m. *Galón de oro o plata.

***origen.** m. Principio, nacimiento y causa de una cosa. || *Patria, país donde uno ha nacido o de donde una cosa proviene. ‖ Ascendencia o *familia. ‖ fig. *Causa moral de una cosa. ‖ **de las *coordenadas.** *Germ.* Punto de intersección de los ejes coordenados.

origenismo. m. Conjunto de las doctrinas heréticas atribuidas a Orígenes. ‖ *Secta que las profesaba.

origenista. adj. Partidario del origenismo. Apl. a pers., ú. t. c. s. ‖ Perteneciente o relativo a esta secta.

***original.** adj. Perteneciente al *origen. ‖ → Dícese de toda producción humana que no es copia o imitación de otra. Ú. t. c. s. ‖ Se dice del escrito que se *traduce y de cualquier obra que se copia o imita. ‖ Dícese igualmente de lo que se distingue por cierto carácter de *novedad, fruto de la creación espontánea. ‖ También se aplica al escritor o al artista que da a sus obras este carácter de novedad. ‖ Aplicado a personas o a cosas de la vida real, singular, *extraordinario, *extravagante. ‖ m. Manuscrito o impreso que se da a la *imprenta para su reproducción. ‖ Cualquier escrito que se tiene a la vista para sacar de él una copia. ‖ Persona retratada, respecto del *retrato.

originalidad. f. Calidad de original.

originalmente. adv. m. Desde su nacimiento y origen. ‖ En su original o según el original. ‖ De un modo original.

originar. tr. Ser *causa u origen de una cosa. ‖ r. Traer una cosa su *principio u *origen de otra.

originariamente. adv. m. Por origen y procedencia; originalmente.

***originario, ria.** adj. Que da *origen a una persona o cosa. ‖ Que trae su origen de algún país, o de determinado lugar, persona o cosa.

***orilla.** f. Término, *borde o *extremo de la extensión superficial de algunas cosas. ‖ Extremo o remate de una *tela de lana, de un *vestido, etc. ‖ *Ribera, límite de la tierra, que la separa del mar, lago, río, etc. ‖ Acera de las *calles. ‖ fig. *Límite o *fin de una cosa no material. ‖ **A la orilla.** m. adv. fig. Cercanamente o con inmediación.

orilla. f. *Vientecillo fresco.

orillar. tr. fig. Concluir, *ordenar, *resolver un asunto. ‖ Dejar orillas al *paño o a otra tela. ‖ Guarnecer la orilla de una *tela o *vestido. ‖ intr. Llegarse o arrimarse a los *bordes u orillas. Ú. t. c. r.

orillo. m. Orilla del *paño.

orín. m. *Herrumbre, óxido rojizo que se forma en la superficie del hierro por la acción del aire húmedo.

orín. m. **Orina.** Ú. m. en pl.

***orina.** f. Líquido excrementicio, de color amarillo cetrino, que se acumula en la vejiga, de donde es expelido por la uretra.

***orinal.** m. Vasija para recoger la *orina. ‖ **del cielo.** fig. y fam. Paraje donde *llueve mucho.

***orinar.** intr. Expeler naturalmente la orina. Ú. t. c. r. ‖ tr. Expeler por la uretra algún otro líquido.

orincar. tr. *Mar.* Poner orinque a un *ancla.

oriniento, ta. adj. Tomado de orín o *herrumbre. ‖ fig. Entorpecido o *embotado por no usarse.

orinque. m. *Mar.* *Cabo que une y sujeta una boya a un *ancla fondeada.

oriol. m. **Oropéndola** (*pájaro).

oriolano, na. adj. Natural de Orihuela. Ú. t. c. s. ‖ Perteneciente a esta ciudad.

orión. m. *Astr.* *Constelación ecuatorial, situada al oriente del Toro.

oriscano, na. adj. Dícese del animal que tiene las *orejas blancas.

oriundez. adj. Origen, procedencia.

oriundo, da. adj. ***Originario** (de un país, lugar, etc.).

orive. m. **Oribe.**

orjivense. adj. Natural de Órjiva. Ú. t. c. s. ‖ Perteneciente a esta población de Granada.

orla. f. *Borde u orilla de *telas, *vestidos u otras cosas, con algún adorno que lo distingue. ‖ *Adorno que se pone en las orillas de una hoja de papel, *alrededor de lo escrito, o rodeando un retrato, viñeta, etc. ‖ **Blas.* Pieza hecha en forma de filete y puesta dentro del escudo.

orlador, ra. adj. Que hace orlas. Ú. t. c. s.

orladura. f. Juego y adorno de toda la orla. ‖ **Orla.**

orlar. tr. *Adornar un *vestido u otra cosa con guarniciones al canto. ‖ **Blas.* Poner la orla en el escudo.

orleanista. adj. Partidario de la casa de Orleáns. Apl. a pers., ú. t. c. s. ‖ Perteneciente o relativo a esta casa.

orlo. m. Oboe rústico y de gran tamaño, usado en los Alpes. ‖ Registro del *órgano que imita el sonido de aquel *instrumento.

orlo. m. **Plinto.**

ormesí. m. *Tela fuerte de seda, que hace visos y aguas.

ormino. m. **Gallocresta** (*planta).

ornadamente. adv. m. Con ornato y compostura.

***ornamentación.** f. Acción y efecto de ornamentar.

***ornamental.** adj. Perteneciente o relativo a la *ornamentación.

ornamentar. tr. **Adornar.**

ornamentaria. f. *Arq.* Parte de la arquitectura que trata de la *ornamentación.

***ornamento.** m. *Adorno. ‖ fig. Calidades y prendas morales del sujeto, que le hacen más recomendable. ‖ → *Arq.* y *Esc.* Cada una de las piezas accesorias, o conjunto de ellas, que se ponen para acompañar a las obras principales. ‖ pl. **Liturg.* Vestiduras sagradas y adornos del altar.

ornar. tr. **Adornar.** Ú. t. c. r.

ornato. m. *Adorno.

ornear. intr. **Rebuznar.**

ornitodelfo, fa. adj. *Zool.* Dícese de los *mamíferos que tienen el útero parecido al de las aves, con cloaca y huesos coracoides, como el ornitorrinco. Ú. t. c. s.

ornitología. f. Parte de la zoología que trata de las *aves.

ornitológico, ca. adj. Perteneciente o relativo a la ornitología.

ornitólogo. m. El que profesa la ornitología.

ornitomancia. f. *Predicción del porvenir por el vuelo y canto de las aves.

ornitorrinco. m. *Mamífero ornitodelfo, del tamaño próximamente de un conejo, de mandíbulas ensanchadas y cubiertas por una lámina córnea, por lo cual su boca se asemeja al pico de un pato, y pies palmeados.

***oro.** m. Metal amarillo, muy dúctil y maleable, sólo atacable por el cloro, el bromo y el agua regia. ‖ *Moneda o monedas de **oro.** ‖ *Joyas y otros adornos de esta especie. ‖ fig. Caudal, *dinero, *riquezas. ‖ Cualquiera de los *naipes del palo de **oros.** ‖ **Blas.* Uno de los dos metales heráldicos. ‖ pl. Uno de los cuatro palos de la *baraja española. ‖ **Oro batido.** El reducido a hojas sutilísimas, que sirve para *dorar. ‖ **coronario.** El que es muy subido de quilates. ‖ **de copela.** El obtenido por copelación. ‖ **de tíbar.** El muy acendrado. ‖ **en polvo.** El que se halla naturalmente en arenillas. ‖ **fulminante.** El precipitado del agua regia por la acción del amoniaco, que tiene gran fuerza *explosiva. ‖ **guañín. Oro** bajo de ley. ‖ **mate.** El que no está bruñido. ‖ **molido.** El que se preparaba para las iluminaciones de libros y miniaturas. ‖ fig. Cosa *excelente en su línea. ‖ **musivo.** Bisulfuro de *estaño, de color de **oro,** que se emplea en *pintura. ‖ **nativo.** El que en estado natural y casi puro se halla en algunos terrenos. ‖ **obrizo.** El muy puro. ‖ **potable.** Cada una de las varias preparaciones líquidas del **oro** que hacían los alquimistas. ‖ **verde. Electro** (aleación). ‖ **Como oro en paño.** loc. adv. fig. que explica la mucha estimación que se hace de una cosa y el *cuidado con que se guarda. ‖ **De oro.** loc. fig. Precioso, *excelente, feliz. ‖ **De oro y azul.** loc. fig. Dícese de una persona muy compuesta y adornada. ‖ **El oro y el moro.** loc. fig. y fam. con que se ponderan ciertos *ofrecimientos engañosos, o el exagerado aprecio de lo que se posee. ‖ **Hacerse** uno **de oro.** fr. fig. Adquirir muchas *riquezas con su trabajo o ingenio. ‖ **Oros son triunfos.** fr. proverb. que expresa la influencia del *dinero para lograr lo que uno desea. ‖ ‖ **Poner** a uno **de oro y azul.** fr. fig. y fam. **Ponerle como chupa de dómine.**

orobanca. f. *Planta anua de las orobancáceas, que vive parásita sobre las raíces de algunas leguminosas.

orobancáceo, a. adj. **Bot.* Dícese de plantas dicotiledóneas herbáceas, que viven adheridas a las raíces de otras plantas; su tipo es la orobanca. Ú. t. c. s. ‖ f. pl. *Bot.* Familia de estas plantas.

orobias. m *Incienso en granos menudos.

orogenia. f. Parte de la geología, que estudia el origen de las *montañas.

orogénico, ca. adj. Perteneciente o relativo a la orogenia.

orognosia. f. Parte de la geología que trata de la formación de las rocas y *montañas.

orografía. f. Parte de la geografía, que trata de la descripción de las *montañas.

orográfico, ca. adj. Perteneciente o relativo a la orografía.

orología. f. *Med.* Tratado de los *humores.

orondadura. f. ant. Diversidad de color en forma de ondas.

orondo, da. adj. Aplícase a las vasijas de mucha *concavidad o hueco. ‖ fam. *Hueco, *esponjado. ‖ fig. y fam. Lleno de presunción, ufano, *orgulloso.

oropel. m. *Lámina de latón, muy batida y adelgazada, que imita al oro. ‖ fig. Cosa *insignificante, que *finge o aparenta lo contrario. ‖ fig. *Adorno o requisito de una persona. ‖ **Gastar** uno **mucho oropel.** fr. fig. y fam. *Fingir gran *fausto sin fundamento real.

oropelero. m. El que fabrica o vende de oropel.

oropéndola. f. *Pájaro de plumaje amarillo, con las alas y la cola negras.

oropimente. m. *Mineral compuesto

de arsénico y azufre, de color de limón, que se emplea en *pintura y tintorería.
oroya. f. *Cesta o cajón del andarivel.
orozuz. m. *Planta herbácea vivaz de las leguminosas, con tallos casi leñosos y *rizomas largos, cilíndricos, pardos por fuera y amarillos por dentro, que contienen un jugo dulce y mucilaginoso que se usa mucho como pectoral y emoliente.
orquesta. f. Conjunto de músicos que ejecutan una obra *instrumental o interpretan la parte instrumental de una ópera, zarzuela, etc. Se diferencia de la banda en que los instrumentos son de varias clases y no solamente de viento. ‖ Lugar destinado para estos músicos en los *teatros.
orquestación. f. Acción y efecto de orquestar.
orquestal. adj. Perteneciente o relativo a la orquesta.
orquestar. tr. Instrumentar para orquesta.
orquestra. f. **Orquesta.**
orquídeo, a. adj. *Bot.* Dícese de plantas herbáceas monocotiledóneas, vivaces, de flores de forma y coloración muy raras, y raíz con dos tubérculos elipsoidales y simétricos; como el compañón de perro. Ú. t. c. s. ‖ f. pl. *Bot.* Familia de estas plantas.
orquitis. f. *Pat.* Inflamación del *testículo.
orre (en). m. adv. **A granel.**
ortega. f. *Ave del orden de las gallináceas, poco mayor que la perdiz, y de carne muy estimada.
*__ortiga.__ f. *Planta herbácea de las urticáceas, con hojas cubiertas de pelos *espinosos que segregan un líquido urente. ‖ **de mar. Acalefo.** ‖ **de pelotillas. Ortiga romana.** ‖ **menor,** o **moheña.** Especie que se distingue de la común en que sus hojas son ovales. ‖ **muerta.** Planta herbácea de las labiadas. ‖ **romana.** Especie muy parecida a la moheña. ‖ **Ser** uno **como unas ortigas.** fr. fig. y fam. Ser áspero y *desabrido.
ortigal. m. Terreno cubierto de ortigas.
ortigar. tr. Frotar o pinchar con ortigas.
ortivo, va. adj. Perteneciente o relativo al orto.
orto. m. *Salida del *Sol o de otro *astro por el horizonte.
ortocromático, ca. adj. *Fot.* Dícese de las placas y películas igualmente sensibles a los diferentes colores.
ortodoncia. f. Rama de la odontología que procura corregir los defectos de los *dientes.
ortodoxia. f. Rectitud dogmática o conformidad con el dogma *católico.
ortodoxo, xa. adj. Conforme con el dogma *católico. ‖ Por ext., *conforme con la doctrina fundamental de cualquiera teoría o sistema. ‖ Dícese de la *religión griega y otras orientales que niegan que el Espíritu Santo proceda del Hijo.
ortodromia. f. *Mar.* Arco de círculo máximo, camino más corto que puede seguirse en la navegación entre dos puntos.
ortodrómico, ca. adj. *Mar.* Perteneciente o relativo a la ortodromia.
ortoepía. f. Arte de *pronunciar correctamente.
ortofonía. f. *Med.* Tratamiento para corregir los defectos de *pronunciación.
ortogonal. adj. Dícese de lo que está en *ángulo recto.
*__ortografía.__ f. *Geom.* *Delineación del alzado de un edificio u otro objeto. ‖ → *Gram.* Parte de la gramática, que enseña a escribir correctamente. ‖ **degradada,** o **en *perspectiva.** *Geom.* **Ortografía proyecta.** ‖ **geométrica.** *Geom.* Proyección ortogonal en una plano vertical. ‖ **proyecta.** *Geom.* ***Perspectiva lineal.**
*__ortográfico, ca.__ adj. Perteneciente o relativo a la *ortografía.
ortógrafo, fa. m. y f. Persona que profesa la ortografía.
ortología. f. Arte de *pronunciar bien.
ortológico, ca. adj. Perteneciente o relativo a la ortología.
ortólogo, ga. m. y f. Persona versada en ortología.
ortopedia. f. *Cir.* Arte de corregir o de evitar las deformidades del cuerpo humano.
ortopédico, ca. adj. Perteneciente o relativo a la ortopedia. ‖ m. y f. **Ortopedista.**
ortopedista. com. Persona que ejerce o profesa la ortopedia.
ortóptero. adj. *Zool.* Aplícase a los *insectos que tienen un par de élitros consistentes y otro de alas membranosas plegadas longitudinalmente. Ú. t. c. s. ‖ m. pl. *Zool.* Orden de estos insectos.
ortorrómbico, ca. adj. *Geom.* Dícese del prisma recto de base rombal.
ortosa. f. *Miner.* Feldespato de estructura laminar, que es un silicato de alúmina y potasa.
*__oruga.__ f. *Planta herbácea anual, de las crucíferas, cuyas hojas se usan como condimento por su sabor picante. ‖ *Salsa gustosa que se hace de esta planta, con azúcar, vinagre y pan tostado. ‖ → Larva de los *insectos lepidópteros o mariposas. ‖ *Mec.* Llanta articulada a modo de cadena sin fin; se aplica a las *ruedas de cada lado de un vehículo.
orujo. m. Hollejo de la *uva, después de exprimida. ‖ *Residuo de la *aceituna molida y prensada.
orvallar. intr. En algunas partes, **lloviznar.**
orvalle. m. **Gallocresta** (planta).
orvallo. m. En alguna partes, **llovizna.**
orza. f. *Vasija vidriada de barro, grande, alta y sin asas.
orza. f. *Mar.* Acción y efecto de orzar. ‖ *Arq. Nav.* Pieza metálica que se aplica exteriormente a la quilla de los balandros de regata, para su mayor estabilidad. ‖ **a popa.** *Cabo con que se lleva a popa el car de la entena. ‖ **de avante,** o **de novela.** *Mar.* **Orza** a popa del trinquete. ‖ **A orza.** m. adv. *Mar.* Navegando el buque con la proa contra el viento. ‖ fig. Con *inclinación.
orzaga. f. *Planta *barrillera de las salsoláceas.
orzar. intr. *Mar.* *Inclinar la proa hacia la parte de donde viene el viento.
orzaya. f. **Niñera.**
orzoyo. m. Hebra de *seda para labrar el *terciopelo.
orzuela. f. d. de **Orza.**
orzuelo. m. *Tumorcito que nace en el borde de un *párpado.
orzuelo. m. *Trampa oscilante, a modo de ratonera, para coger *perdices vivas. ‖ Especie de cepo para *cazar las fieras por los pies.
orzura. f. **Minio.**
os. Dativo y acusativo del *pronombre de segunda *persona en género masculino o femenino y número plural.
¡os! interj. **¡Ox!**
osa. f. Hembra del *oso. ‖ **mayor.** *Astr.* *Constelación siempre visible en el hemisferio boreal, cuyas siete estrellas forman una figura parecida a un carro sin ruedas. ‖ **menor.** *Astr.* *Constelación boreal de forma semejante a la de la **osa** mayor, y de la cual forma parte la estrella polar.
osadamente. adv. m. Atrevidamente.
osadía. f. *Atrevimiento, audacia, *descaro.
osado, da. adj. Que tiene osadía.
osambre. m. **Osamenta.**
osamenta. f. **Esqueleto.** ‖ Conjunto de *huesos de que se compone el esqueleto.
osar. m. **Osario.**
osar. intr. *Atreverse; emprender alguna cosa que exige resolución y audacia.
osario. m. Lugar destinado en las iglesias o *cementerios para reunir los huesos que se sacan de las sepulturas. ‖ Cualquier lugar donde se hallan *huesos.
oscense. adj. Natural de Osca, hoy Huesca. Ú. t. c. s. ‖ Perteneciente a esta ciudad.
*__oscilación.__ f. Acción y efecto de oscilar. ‖ *Distancia que recorre el cuerpo oscilante, entre sus dos posiciones extremas.
oscilador. m. *Fís.* Aparato destinado a producir oscilaciones *eléctricas o mecánicas.
oscilante. p. a. de **Oscilar.** Que oscila.
*__oscilar.__ intr. Moverse alternativamente un cuerpo desde una posición a otra, y desde ésta a la primera, siguiendo el mismo recorrido. ‖ fig. Crecer y disminuir alternativamente, con más o menos regularidad, la intensidad de algunas manifestaciones o fenómenos. ‖ fig. **Vacilar.**
oscilatorio, ria. adj. Aplícase al movimiento de los cuerpos que *oscilan.
oscilógrafo. m. Aparato registrador de oscilaciones. Se emplea para medir variaciones de intensidad de la corriente *eléctrica, para estudiar la *pronunciación, etc.
oscitación. f. *Bostezo de origen morboso.
oscitancia. f. *Descuido, *distracción.
osco, ca. adj. Dícese del individuo de uno de los antiguos pueblos de la Italia central. Ú. t. c. s. ‖ Perteneciente a los **oscos.** ‖ m. *Lengua **osca.**
ósculo. m. **Beso.**
oscuramente. adv. m. **Obscuramente.**
oscurantismo. m. **Obscurantismo.**
oscurantista. adj. **Obscurantista.** Apl. a pers., ú. t. c. s.
oscurecer. tr. **Obscurecer.** Ú. t. c. r.
oscurecimiento. m. **Obscurecimiento.**
oscuridad. f. **Obscuridad.**
oscuro, ra. adj. **Obscuro.**
osear. tr. **Oxear.**
osecico, llo, to. m. d. de **Hueso.**
*__óseo, a.__ adj. De *hueso. ‖ De la naturaleza del hueso.
osera. f. Cueva que sirve de *cubil al *oso.
osero. m. **Osario.**
oseta. f. *Germ.* Lo que pertenece a los *rufianes.
osezno. m. Cachorro del *oso.
osezuelo. m. d. de **Hueso.**
osiánico, ca. adj. Perteneciente a la *poesía que se atribuye a Osián.

osificación. f. Acción y efecto de osificarse.
osificarse. r. Convertirse en *hueso o adquirir la consistencia de tal algún otro tejido orgánico.
osífraga. f. **Osífrago.**
osífrago. m. **Quebrantahuesos** (*ave).
osmanlí. adj. **Otomano.** Apl. a pers., ú. t. c. s.
osmazomo. m. Jugo de la *carne asada.
osmio. m. *Metal semejante al platino.
ósmosis u **osmosis.** *Hidrául.* Paso recíproco de líquidos de distinta densidad a través de una membrana que los separa.
***oso.** m. Mamífero carnicero plantígrado, que se pone en dos pies para acometer y defenderse. ‖ **blanco.** Especie mayor que la común, de pelaje blanco y liso. ‖ **colmenero.** El que destruye las colmenas para comerse la miel. ‖ **hormiguero.** *Mamífero desdentado de América, que se alimenta de hormigas. ‖ **marino.** Especie de *foca de dos metros aproximadamente de largo, con la cabeza parecida a la del **oso.** ‖ **marítimo. Oso blanco.** ‖ **negro.** Especie de **oso** mayor que el común, con pelaje más liso, de color negro. ‖ **pardo. Oso** común. ‖ **Hacer** uno **el oso.** fr. fig. y fam. Ponerse en *ridículo. ‖ fig. y fam. *Galantear, cortejar en público.
ososo, sa. adj. Perteneciente al *hueso. ‖ Que tiene hueso o huesos. ‖ **Oseo.**
osta. f. *Mar.* Conjunto de *cabos o aparejos que mantienen firmes los picos cangrejos.
ostaga. f. *Mar.* *Cabo que sirve para izar las vergas de gavia.
ostagadura. f. *Mar.* Parte de la *verga en que se hacen firmes las ostagas.
¡oste! interj. **¡Oxte!** ‖ **No decir oste ni moste.** fr. **Sin decir oxte ni moxte.**
osteítis. f. *Pat.* Inflamación de los *huesos.
ostensible. adj. Que puede *manifestarse o mostrarse. ‖ **Manifiesto** (visible, aparente).
ostensiblemente. adv. m. De un modo ostensible.
ostensión. f. *Manifestación de una cosa.
ostensivo, va. adj. Que *muestra u ostenta una cosa.
***ostentación.** f. Acción y efecto de ostentar. ‖ → Jactancia y vanagloria. ‖ Magnificencia, *fausto, esplendor.
ostentador, ra. adj. Que ostenta. Ú. t. c. s.
ostentar. tr. *Mostrar o hacer patente una cosa. ‖ Hacer gala de grandeza, *fausto y boato.
ostentativo, va. adj. Que hace ostentación de una cosa.
ostento. m. *Prodigio, cosa milagrosa o monstruosa.
ostentosamente. adv. m. Con *ostentación.
***ostentoso, sa.** adj. Magnífico, suntuoso.
osteoblasto. m. *Histol.* Célula embrionaria que preside a la formación del tejido *óseo.
osteógeno, na. adj. Que produce tejido *óseo.
osteología. f. Parte de la anatomía, que trata de los *huesos.
osteológico, ca. adj. Perteneciente o relativo a la osteología.
osteoma. m. *Pat.* *Tumor de naturaleza ósea.
osteomalacia. f. *Pat.* Reblandecimiento de los *huesos.
osteomielitis. f. *Pat.* Inflamación de la *médula ósea.
osteopatía. f. *Pat.* *Nombre común a las enfermedades de los *huesos.
osteoplastia. f. **Cir.* Substitución de un *hueso o parte de él.
ostia. f. **Ostra.**
ostial. f. *Mar.* Boca de un *puerto.
ostiario. m. *Clérigo que había obtenido uno de los cuatro grados menores.
ostión. m. **Ostrón.**
ostra. f. *Molusco acéfalo marino, de conchas ásperas y de color pardo verdoso por fuera. Es marisco muy apreciado.
ostracismo. m. *Destierro político. ‖ fig. Exclusión o *emigración voluntaria o forzosa.
ostral. m. **Ostrero.**
ostrera. f. En las costas del Cantábrico, **ostrero.**
ostrero, ra. adj. Perteneciente o relativo a las ostras. ‖ m. y f. Persona que vende ostras. ‖ m. Lugar donde se crían y conservan vivas las ostras.
ostrícola. adj. Perteneciente o relativo a la cría y conservación de las ostras.
ostricultura. f. Arte de criar ostras.
ostrífero, ra. adj. Que cría ostras o abunda en ellas.
ostro. m. **Ostrón.**
ostro. m. Cualquiera de los *moluscos cuya tinta servía para *teñir de púrpura. ‖ fig. **Púrpura.**
ostro. m. **Austro.** ‖ **Sur.**
ostrogodo, da. adj. Dícese del individuo del *pueblo godo que estuvo establecido al oriente del Dniéper. Ú. t. c. s. ‖ Perteneciente o relativo a los **ostrogodos.**
ostrón. m. Especie de ostra, mayor y más basta que la común.
ostugo. m. **Rincón.** ‖ **Pizca.**
osudo, da. adj. **Huesudo.**
osuno, na. adj. Perteneciente al *oso.
otaca. f. Tojo o árgoma.
otacústico, ca. adj. Dícese del aparato que ayuda a percibir los *sonidos.
otalgia. f. *Med.* Dolor de *oídos.
otáñez. m. Gentilhombre o escudero, generalmente de mucha edad, que estaba al *servicio de una dama.
otarra. f. Nasa de mimbres para la *pesca de langostas.
oteador, ra. adj. Que otea. Ú. t. c. s.
otear. tr. Registrar, *mirar desde lugar alto lo que está abajo. ‖ Escudriñar.
otero. m. *Cerro aislado que domina un llano.
oteruelo. m. d. de **Otero.**
ótico, ca. adj. Perteneciente al *oído.
otilar. tr. Aullar el lobo.
otis. m. Avutarda.
otitis. f. *Pat.* Inflamación del órgano del *oído.
oto. m. **Autillo** (*ave).
otoba. f. *Árbol de la América tropical, cuyo fruto es muy parecido a la nuez moscada.
otolito. m. *Zool.* Concreción que existe en el interior del *oído de ciertos animales.
otología. f. *Med.* Parte de la patología, que estudia las enfermedades del *oído.
otólogo. m. *Médico que se dedica al tratamiento de las enfermedades del *oído.
otomán. m. *Tela acordonada para vestidos de mujer.
otomana. f. Sofá otomano, especie de *canapé.
otomano, na. adj. **Turco.** Apl. a pers., ú. t. c. s.
otoñada. f. Tiempo o estación del *otoño. ‖ **Otoño.** ‖ *Pasto de otoño.
***otoñal.** adj. Propio del *otoño o perteneciente a él.
***otoñar.** tra Pasar el *otoño. ‖ Brotar la hierba en el otoño. ‖ r. **Agr.* Sazonarse la tierra en el otoño.
otoñizo, za. adj. **Otoñal.**
***otoño.** m. Estación del año que principia en el equinoccio del mismo nombre y termina en el solsticio de invierno. ‖ Época templada del año, que en el hemisferio boreal corresponde a los meses de septiembre, octubre y noviembre. ‖ Segunda *hierba que producen los prados en **otoño.**
otorgadero, ra. adj. Que se puede o debe otorgar.
otorgador, ra. adj. Que otorga. Ú. t. c. s.
otorgamiento. m. *Permisión, consentimiento. ‖ Acción de otorgar un *documento, como poder, testamento, etc. ‖ Escritura de contrato o de última voluntad.
otorgante. p. a. de **Otorgar.** Que otorga. Ú. t. c. s.
otorgar. tr. Consentir, *condescender o *conceder. ‖ *For.* Disponer, *contratar o prometer una cosa ante *notario.
otorgo. m. *Contrato esponsalicio y capitulaciones *matrimoniales.
otorragia. f. *Pat.* Hemorragia del *oído.
otorrea. f. *Pat.* Flujo mucoso o purulento procedente del *oído.
otorrinolaringología. f. *Pat.* Parte de la medicina que trata de las enfermedades del *oído, de la *nariz y de la *laringe.
otorrinolaringólogo. m. Especialista de otorrinolaringología.
otoscopia. f. *Med.* Exploración del órgano del *oído.
otoscopio. m. *Med.* Instrumento para reconocer el órgano del *oído.
otramente. adv. m. De otra suerte.
***otro, tra.** adj. Aplícase a la persona o cosa distinta de aquella de que se habla. Ú. t. c. s. ‖ Ú. muchas veces para explicar la suma *semejanza entre dos cosas o personas distintas. ‖ **Otra,** u **otro, que tal.** expr. fam. con que se da a entender la semejanza de algunas personas o cosas.
otrora. adv. t. En tiempo *pasado.
otrosí. adv. c. Demás de esto, *además. ‖ m. **For.* Cada una de las peticiones o pretensiones que se ponen después de la principal.
ova. f. Planta de la familia de las *algas, formada por frondas más o menos filamentosas. Ú. m. en pl.
ovación. f. Uno de los triunfos menores que concedían los romanos por alguna *victoria de no mucha consideración. ‖ fig. *Aplauso ruidoso que tributa una muchedumbre.
ovacionar. tr. Aplaudir ruidosamente.
ovado, da. adj. Aplícase al *ave, cuyos huevos han sido fecundados por el macho. ‖ **Aovado.** ‖ **Ovalado.**
***oval.** adj. De figura de *óvalo.
oval. adj. V. **Corona oval.**
ovalado, da. adj. **Oval.**
ovalar. tr. Dar a una cosa figura de *óvalo.
***óvalo.** m. Cualquiera curva cerrada, parecida a la elipse.
ovante. adj. Aplícase al que entre los romanos conseguía el honor de la ovación. ‖ *Victorioso o triunfante.
ovar. intr. **Aovar.**
ovárico, ca. adj. *Bot.* y *Zool.* Perteneciente o relativo al *ovario.

***ovario.** m. *Arq.* *Moldura adornada con óvalos. ‖ *Bot.* Parte inferior del pistilo de la *flor que contiene el rudimento de la semilla. ‖ → *Zool.* Órgano de la reproducción, propio de las hembras, que contiene los óvulos.
ovariocele. f. *Pat.* *Hernia del ovario.
ovariotomía. f. **Cir.* Operación que consiste en la extirpación de uno o de ambos *ovarios.
ovaritis. f. *Pat.* Inflamación de los *ovarios.
ovas. f. pl. Hueva de los *peces.
ovecico. m. d. de **Huevo.**
***oveja.** f. Hembra del carnero. ‖ **Llama** (mamífero). ‖ **renil.** La machorra o *castrada.
ovejero, ra. adj. Que cuida de las ovejas. Ú. t. c. s.
ovejuela. f. d. de **Oveja.**
ovejuno, na. adj. Perteneciente o relativo a las ovejas.
overa. f. Ovario de las *aves.
overo, ra. adj. Aplícase a los animales de color canela claro y especialmente a las *caballerías.
ovetense. adj. Natural de Oviedo. Ú. t. c. s. ‖ Perteneciente a esta ciudad.
ovezuelo. m. d. de **Huevo.**
ovidiano, na. adj. Propio o peculiar de Ovidio como *poeta.
óvidos. m. pl. **Zool.* Familia de *rumiantes que comprende las ovejas, las cabras, etc.
oviducto. m. *Anat.* Canal del *ovario que conduce los huevos al útero.
oviforme. adj. Que tiene forma de *huevo.
ovil. m. Redil, *aprisco. ‖ *Germ.* *Cama.
ovillar. intr. Hacer ovillos. ‖ r. *Encogerse haciéndose un ovillo.
ovillejo. m. d. de **Ovillo.** ‖ Combinación métrica que consta de tres *versos octosílabos, seguidos cada uno de ellos de un pie quebrado y de una redondilla cuyo último verso se compone de los tres pies quebrados.
ovillo. m. Bola que se forma devanando *hilo. ‖ fig. Cosa *enredada y de figura *redonda. ‖ fig. *Montón o *multitud confusa de cosas en *desorden. ‖ *Germ.* Lío de ropa. ‖ **Hacerse** uno **un ovillo.** fr. fig. y fam. *Encogerse, acurrucarse. ‖ fig. y fam. Embrollarse, *confundirse.
ovino, na. adj. Se aplica al ganado lanar.
ovio, via. adj. **Obvio.**
ovíparo, ra. adj. Aplícase a las especies animales cuyas hembras ponen *huevos. Ú. t. c. s.
ovívoro, ra. adj. Que se *alimenta de huevos.
ovogenia. f. **Embriol.* Conjunto de transformaciones que sufre el óvulo en la matriz.
ovoide. adj. **Aovado.** ‖ m. Conglomerado de *carbón que tiene esta forma.
ovoideo, a. adj. **Aovado.**
óvolo. m. *Arq.* **Cuarto bocel.** ‖ **Ornam.* Adorno en figura de huevo con puntas de flecha intercaladas entre cada dos.
ovoso, sa. adj. Que tiene ovas.
ovovivíparo. adj. Aplícase al animal de *generación ovípara, cuyos huevos se abren en el trayecto de las vías uterinas. Ú. t. c. s.
ovulación. f. **Embriol.* Desprendimiento natural de un óvulo, en el ovario.
óvulo. m. **Embriol.* Vesícula que contiene el germen de un nuevo ser orgánico antes de la fecundación.
¡ox! interj. que se usa para espantar las aves domésticas.
oxalato. m. **Quím.* Combinación del ácido oxálico y un radical. ‖ **potásico.** *Quím.* Sal compuesta de ácido oxálico y de potasio.
oxálico, ca. adj. **Quím.* Perteneciente o relativo a las acederas o productos análogos.
oxalídeo, a. adj. **Bot.* Dícese de plantas dicotiledóneas, cuyo tipo es el carambolo. Ú. t. c. s. ‖ f. pl. *Bot.* Familia de estas plantas.
oxalme. m. Salmuera con vinagre.
¡oxe! interj. **¡Ox!**
oxear. tr. Espantar o *ahuyentar las gallinas u otras aves domésticas.
oxhídrico, ca. adj. **Quím.* Compuesto de oxígeno e hidrógeno.
oxiacanta. f. **Espino.**
oxicrato. m. **Farm.* *Bebida preparada con agua y vinagre.
oxidable. adj. Que se puede oxidar.
oxidación. f. Acción y efecto de oxidar u oxidarse.
oxidante. p. a. de **Oxidar.** Que oxida o sirve para oxidar. Ú. t. c. s. m.
oxidar. tr. **Quím.* Transformar un cuerpo por la acción del oxígeno o de un oxidante. Ú. t. c. r.
oxidasa. f. **Quím.* Nombre genérico de ciertos *fermentos.
óxido. m. **Quím.* Combinación del oxígeno con un metal o un metaloide, distinta de los ácidos.
oxigenado, da. adj. Que contiene oxígeno.
oxigenar. tr. **Quím.* Combinar con oxígeno formando óxidos. Ú. t. c. r.
oxígeno. m. **Quím.* Metaloide gaseoso, esencial a la respiración, algo más pesado que el aire y parte integrante de él.
oxigonio. adj. *Geom.* V. **Triángulo oxigonio.**
oximel. m. **Ojimel.**
oximiel. m. **Ojimiel.**
oxipétalo. m. Planta *trepadora de las asclepiadeas, de flores azules en racimo.
oxítono, na. adj. **Pros.* Dícese de la palabra aguda.
oxiuro. m. *Lombriz intestinal, blanca y delgada como un trozo de hilo de unos diez milímetros.
oxizacre. m. *Bebida que se hacía con zumo de granadas y azúcar. ‖ Por ext., cualquier bebida agridulce.
oxoniense. adj. Natural de Oxford. Ú. t. c. s. ‖ Perteneciente a esta ciudad de Inglaterra.
¡oxte! interj. que se emplea para *ahuyentar a persona o cosa que molesta. ‖ **Sin decir oxte ni moxte.** expr. adv. fig. y fam. Sin hablar palabra.
oyente. p. a. de **Oír.** Que oye. Ú. t. c. s. ‖ *Estudiante que asiste a una aula, no matriculado como alumno.
ozona. f. *Quím.* **Ozono.**
ozonizar. tr. **Quím.* Convertir el oxígeno en ozono.
ozono. m. **Quím.* Estado alotrópico del oxígeno, producido por la electricidad.
ozonómetro. m. **Quím.* Reactivo preparado para graduar el ozono existente en el aire.

P

p. f. Decimonona *letra del abecedario español, llamada **pe.**

***pabellón.** m. Tienda de campaña en forma de cono. ‖ *Colgadura plegadiza que cobija y adorna una cama, un trono, altar, etc. ‖ *Bandera nacional. ‖ **Joy.* Pirámide truncada que forma el tallado de las piedras preciosas. ‖ Ensanche cónico con que termina la boca de algunos *instrumentos de viento. ‖ Grupo de fusiles que se forma enlazándolos por las bayonetas y apoyando las culatas en el suelo. ‖ *Edificio, por lo común aislado, pero que depende de otro o está contiguo a él. ‖ Cada una de las habitaciones donde se *alojan en los cuarteles los jefes y oficiales. ‖ fig. *Nación a que pertenecen las naves mercantes. ‖ fig. Protección. ‖ poét. fig. Cosa que cobija a manera de *bóveda. ‖ *Arq.* *Resalto de una fachada en medio de ella o en algún ángulo. ‖ **de la oreja. Oreja.**

***pabilo** o **pábilo.** m. Torcida o mecha que está en el centro de la vela o antorcha. ‖ Parte carbonizada de esta torcida.

pabilón. m. Mecha de lana o estopa que pende algo separada del copo de la *rueca.

pablar. intr. Parlar o *hablar. Sólo tiene uso en lenguaje festivo.

Pablo. n. p. **¡Guarda, Pablo!** expr. fam. con que se advierte un *peligro o contingencia.

pábulo. m. *Alimento para la subsistencia o conservación. ‖ fig. Lo que mantiene o fomenta ciertas cosas inmateriales. ‖ **Dar pábulo.** fr. Poner medios para dar incremento a un mal o a una pasión, vicio, etc.

paca. f. *Mamífero roedor, propio de la América del Sur. Su carne es muy estimada.

paca. f. Fardo de *lana o de *algodón en rama.

pacaje. m. *Mar.* *Tela de cáñamo para *velas.

pacana. f. *Árbol de las juglándeas, propio de la América del Norte, cuyo fruto contiene una almendra comestible. ‖ Fruto de este árbol.

pacato, ta. adj. De condición muy *apacible.

pacedero, ra. adj. Que tiene hierba para *pasto.

pacedura. f. Apacentamiento o *pasto del *ganado.

pacense. adj. Natural de Beja. Ú. t. c. s. ‖ Perteneciente a esta ciudad de Portugal. ‖ Natural de Badajoz. Ú. t. c. s.

paceño, ña. adj. Natural de La Paz. Ú. t. c. s. ‖ Perteneciente a esta ciudad de Bolivia.

***pacer.** intr. *Comer el *ganado la hierba en los campos, prados, etc. Ú. t. c. tr. ‖ tr. Comer, roer o *desgastar una cosa. ‖ **Apacentar.**

***paciencia.** f. Virtud que consiste en sufrir con entereza los infortunios y trabajos. ‖ Virtud cristiana que se opone a la ira. ‖ *Espera y sosiego. ‖ *Lentitud o tardanza en ejecutar alguna cosa. ‖ *Bollo redondo y muy pequeño hecho con harina, huevo, almendra y azúcar. ‖ fig. Tolerancia que implica *deshonor.

***paciente.** adj. Que sufre con *paciencia los trabajos y adversidades. ‖ fig. Sufrido, que tolera y consiente el *adulterio de su mujer. ‖ com. Persona que padece corporalmente; el *enfermo. ‖ m. *Fil.* Sujeto que *padece la acción del agente. ‖ *Gram.* **Persona paciente.**

pacientemente. adv. m. Con *paciencia.

pacienzudo, da. adj. Que tiene mucha *paciencia.

pacificación. f. Acción y efecto de pacificar. ‖ *Paz.

pacificador, ra. adj. Que pacifica. Ú. t. c. s. ‖ Que pone *paz y *concordia entre los que están enemistados. Ú. t. c. s.

pacíficamente. adv. m. Con *paz y quietud.

pacificar. tr. Establecer la *paz donde había guerra o poner *concordia entre los adversarios. ‖ intr. Tratar de asentar paces. ‖ r. fig. Sosegarse y *aplacarse las cosas insensibles.

***pacífico, ca.** adj. Quieto, *tranquilo y amigo de *paz. ‖ Que no tiene o no halla oposición. ‖ Dícese del *sacrificio que ofrecían los gentiles y los *israelitas por la paz y la salud.

pacifismo. m. Doctrina de los que condenan la guerra cualquiera que sea su motivo.

pacifista. adj. Partidario del pacifismo. Ú. t. c. s.

pación. f. *Pasto que cría un prado desde que se le siega por el verano.

paco. m. **Alpaca** (*mamífero). ‖ Mineral de *plata con ganga ferruginosa. ‖ **llama. Alpaca** (mamífero).

pacotilla. f. **Der. Mar.* Porción de géneros que los marineros u oficiales de un barco pueden embarcar por su cuenta sin pagar flete. ‖ **Hacer** uno **su pacotilla.** fr. fig. Reunir un caudal más o menos grande acumulando pequeñas *ganancias. ‖ **Ser de pacotilla** una cosa. fr. fig. Ser de inferior calidad o *defectuosa.

***pactar.** tr. Poner condiciones o consentir estipulaciones, para concluir un negocio, obligándose mutuamente a cumplirlas. ‖ Contemporizar, *transigir, una autoridad.

***pacto.** m. Concierto o convenio entre dos o más personas o entidades. ‖ Lo estatuido por tal concierto. ‖ Convenio hecho con el demonio para obrar *hechicerías. ‖ **de retro.** Estipulación por la cual el *comprador se obliga a devolver la cosa al vendedor por su precio.

pácul. m. *Plátano silvestre que se cría en Filipinas.

pachamanca. f. Carne que se *asa entre piedras caldeadas en la América del Sur.

pachón, na. adj. V. ***Perro pachón.** Ú. t. c. s. ‖ m. fam. Hombre *calmoso y flemático.

pachorra. f. fam. Flema, *lentitud en el obrar.

pachorrudo, da. adj. fam. Que gasta mucha pachorra.

pachucho, cha. adj. Pasado de puro *maduro. ‖ fig. Flojo, *débil, desmadejado.

pachulí. m. Planta herbácea de la India. ‖ Cierto *perfume que se obtiene de esta planta.

***padecer.** tr. Sentir corporalmente un daño, dolor, enfermedad, etc. ‖ Sentir los disgustos, pesares, etc. ‖ Haber incurrido en *error, *ofuscación, etc. ‖ **Soportar.** ‖ fig. Recibir *daño las cosas.

padecimiento. m. Acción de *padecer daño, enfermedad, etc.

padilla. f. Sartén pequeña. ‖ *Horno para cocer *pan, con una abertura en el centro de la plaza.

padrastro. m. Marido de la madre, respecto de los hijos habidos antes por ella. ‖ fig. Mal *padre. ‖ fig. Cualquier obstáculo, *impedimento o inconveniente. ‖ fig. Pedacito de pellejo que se levanta junto a las *uñas de las manos. ‖ fig. **Fort.* **Dominación.** ‖ *Germ.* **Fiscal.** ‖ *Germ.* *Procurador en contra.

padrazo. m. fam. *Padre muy *indulgente con sus hijos.

***padre.** m. Varón o macho que ha engendrado. ‖ *Teol.* Primera persona de la Santísima *Trinidad. ‖ Varón o macho, respecto de sus hijos. ‖ Macho destinado en el ganado para la *generación. ‖ Principal y cabeza de una descendencia, *familia o pueblo. ‖ Religioso o *sacerdote, en señal de veneración y respeto. ‖ **Santo Padre.** ‖ fig. Cualquier cosa que es *origen de otra. || fig. Autor de una obra artística o *literaria, o inventor. || fig. El que ha *creado o adelantado notablemente una ciencia o facultad. || *Germ.* Sayo. || pl. El **padre** y la madre. || Abuelos y demás progenitores de una familia. || **Padre apostólico.** Cada uno de los **padres** de la Iglesia que conversaron con los Apóstoles. || **conscripto.** Entre los romanos, el que estaba escrito y anotado como **padre** en el Senado. || **de almas.** *Prelado, eclesiástico o sacerdote a cuyo cargo está la dirección espiritual de sus feligreses. || **de concilio.** fig. El muy docto en materias *teológicas. || fig. y fam. El que habla de lo que no entiende ni puede saber ni resolver. || **de familia,** o **de familias.** Jefe o cabeza de una casa o *familia, tenga o no tenga hijos. || **de la patria.** Sujeto venerable en ella por su calidad, *respeto o ancianidad. || Título de honor concedido a los *emperadores romanos. || fam. Dictado que irónicamente suele darse a los miembros del *parlamento. || **del yermo. Anacoreta.** || **de mancebía.** El que tenía a su cargo el cuidado de la *mancebía. || **de pila.** *Padrino en el bautismo. || **de pobres.** fig. Sujeto muy caritativo y limosnero. || **de provincia.** En algunas *comunidades, sujeto que ha sido provincial o ha tenido puesto equivalente. || Título que se concedía en las provincias vascongadas al que había sido diputado en las juntas generales del país. || **de su patria. Padre de la patria.** || **espiritual.** *Confesor que cuida y dirige el espíritu y conciencia del penitente. || **Eterno.** *Teol.* **Padre** (primera persona de la *Trinidad). || **nuestro.** *Oración dominical que empieza con dichas palabras. || Cada una de las cuentas del *rosario más gruesas que las demás. || **Santo.** Por antonom., el *Papa. || **Beatísimo Padre.** Tratamiento que se da al Sumo *Pontífice. || **Nuestros primeros padres.** Adán y Eva, progenitores del linaje humano. || **Santo Padre.** Cada uno de los primeros doctores de la Iglesia griega y latina. || **Tener el padre alcalde.** fr. fig. Contar con una *protección especial.

padrear. intr. Ser uno *semejante a su padre. || Ejercer el macho las funciones de la *generación.

padrenuestro. m. **Padre nuestro.**

padrina. f. **Madrina.**

padrinazgo. m. Acción y efecto de actuar como *padrino. || Título o cargo de padrino. || fig. *Protección que uno dispensa a otro.

***padrino.** m. El que acompaña o asiste a otra persona que recibe el sacramento del bautismo, de la confirmación, del matrimonio o del orden sacerdotal. || El que presenta y *acompaña a otro que recibe algún honor, grado, etc. || El que acompaña o asiste a otro para sostener sus derechos en *concursos, torneos, *desafíos, etc. || fig. El que *protege a otro. || pl. El **padrino** y la madrina.

***padrón.** m. Lista que se hace en los pueblos para saber el número de vecinos y sus nombres. || Patrón, *modelo o dechado. || Columna o pilar con una *inscripción. || Nota pública de infamia o *deshonra. || fam. **Padrazo.**

paduano, na. adj. Natural de Padua. Ú. t. c. s. || Perteneciente a esta ciudad de Italia.

paella. f. *Cul.* Plato de *arroz con carne, pescado, legumbres, etc.

¡paf! Voz onomatopéyica con que se expresa el ruido que hace una cosa al *caer.

pafio, fia. adj. Natural de Pafos. Ú. t. c. s. || Perteneciente a esta ciudad de Chipre antigua.

paflón. m. *Arq.* **Sofito.**

paga. f. Acción de *pagar. || Cantidad de dinero que se da en pago. || *Expiación de la culpa por medio de la pena correspondiente. || Esta misma *pena. || Entre empleados y militares, *sueldo de un mes. || Correspondencia, *gratitud. || **de tocas.** *Socorro que se da a la viuda de un funcionario fallecido. || **viciosa.** La que tiene un defecto que la invalida. || **Buena,** o **mala, paga.** fig. Persona que prontamente paga lo que debe, o al contrario. || **En tres pagas.** m. adv. fig. con que se nota al mal pagador. Algunos añaden: **tarde, mal y nunca.**

pagadero, ra. adj. Que se ha de *pagar y satisfacer en cierta fecha. || Que puede pagarse fácilmente. || m. Tiempo en que uno ha de pagar lo que debe.

pagador, ra. adj. Que *paga. Ú. t. c. s. || Persona encargada de satisfacer sueldos, pensiones, etc.

pagaduría. f. Lugar público donde se *paga.

pagamento. m. **Paga.**

pagamiento. m. **Pagamento.**

pagana. f. *Madero de roble de treinta pies de longitud.

paganía. f. p. us. **Paganismo.**

***paganismo.** m. **Gentilidad.**

pagano, na. adj. *Gentil. Aplícase a los idólatras y politeístas, especialmente a los antiguos griegos y romanos. Ú. t. c. s. || Por ext., aplícase a los *mahometanos y aun a todo infiel no bautizado. Ú. t. c. s. || m. fam. El que *paga. Por lo común se da este nombre al que padece *daño por culpa ajena.

***pagar.** tr. Dar uno a otro lo que le debe. || Adeudar derechos de *aduanas o consumos los géneros que se introducen. || fig. *Expiar un delito por medio de la pena correspondiente. || fig. Corresponder con *gratitud al afecto u otro beneficio. || r. Prendarse, *aficionarse. || Ufanarse de una cosa; hacer *ostentación de ella. || **Pagarla, o pagarlas.** expr. fam. Sufrir el culpable su condigno *castigo. || **Pagarla doble.** fr. Recibir uno agravado el *castigo que se merecía.

***pagaré.** m. Obligación escrita de pagar cierta cantidad en tiempo determinado. || **a la orden.** *Com.* El que es transmisible por endoso.

pagaya. f. *Remo filipino, especie de zagual.

pagel. m. *Pez acantopterigio de carne blanca, comestible y bastante estimada.

***página.** f. Cada una de las dos planas de la hoja de un *libro o cuaderno. || Lo escrito o impreso en cada **página.** || fig. *Suceso digno de recuerdo, en el curso de una vida o de una empresa.

paginación. f. Acción y efecto de paginar. || Serie de las páginas de un escrito o impreso.

paginar. tr. Numerar páginas o planas.

***pago.** m. Entrega de un dinero o especie que se debe. || Satisfacción, premio o *recompensa. || **Dar el pago.** fr. fig. Corresponder con *ingratitud al beneficio recibido. || **Hacer pago.** fr. fig. *Cumplir, satisfacer.

pago. m. *Distrito determinado de tierras o heredades, especialmente de *viñas u olivares.

pago. adj. fam. Dícese de aquel a quien se ha pagado.

pagoda. f. *Templo de los ídolos en algunos pueblos de Oriente. || Cualquiera de los *ídolos que en ellos se adoran.

pagote. m. fam. **Pagano** (el que paga por otros o recibe daño sin culpa). || *Germ.* **Aprendiz de *rufián.**

pagro. m. *Pez acantopterigio, muy semejante al pagel.

paguro. m. **Ermitaño** (*crustáceo).

paico. m. **Pazote.**

paidología. f. Parte de la *medicina que estudia el desarrollo físico e intelectual de la *niñez.

paila. f. Vasija grande de metal, a modo de sartén.

pailar. m. Pieza en que estriba el eje de una tahona.

pailebot. m. **Pailebote.**

pailebote. m. *Embarcación, a modo de goleta pequeña, sin gavias, muy rasa y fina.

painel. m. **Panel.**

paipai. m. Hoja de cierta palmera de Filipinas. || *Abanico que se hace con esta hoja.

pairar. intr. *Mar.* Estar quieta la nave con las velas tendidas y largas las escotas.

pairo. m. *Mar.* Acción de pairar la nave. Ú. comúnmente en el m. adv. **al pairo.**

***país.** m. Nación, territorio. || *Pint.* *Paisaje. || Papel o tela que cubre la parte superior del varillaje del *abanico. || **Vivir sobre el país.** fr. *Mil.* Mantenerse las tropas a expensas de los que habitan el territorio que dominan. || fig. Vivir a costa ajena, valiéndose de *estafas y malas artes.

paisaje. m. *Pintura o dibujo que representa cierta extensión de campo, bosque, etc. || Porción de terreno considerada como *espectáculo artístico.

paisajista. adj. **Paisista.** Ú. t. c. s.

paisana. f. *Danza propia de los campesinos. || Música de esta danza.

paisanaje. m. Conjunto de paisanos. || Circunstancia de ser de un mismo *país dos o más personas.

paisano, na. adj. Que es del mismo *país, provincia o lugar que otro. Ú. t. c. s. || m. y f. **Campesino.** || m. El que no es militar.

paisista. adj. Dícese del *pintor de paisajes. Ú. t. c. s.

***paja.** f. Caña de trigo, cebada y otras gramíneas, después de seca y separada del grano. || Conjunto de estas cañas. || Arista o brizna de hierba. || fig. Cosa ligera, de poca consistencia o *insignificante. || fig. Lo inútil y de *residuo en cualquier materia. || **brava.** *Hierba de las gramíneas, propia de la América meridional. || **cebadaza.** La de cebada. || **centenaza.** La de centeno. || **de agua.** Medida *hidráulica, que equivalía a poco más de dos centímetros cúbicos por segundo. || **de camello, de esquinanto,** o **de Meca. Esquenanto.** || **larga.** fig. y fam. Persona en exceso *alta, *delgada y desairada. || **pelaza.** La de cebada machacada en las eras. || **trigaza.** La de trigo. || **Alzar** uno **las pajas con la cabeza.** fr. fig. y fam. Haber *caído de espaldas. || **Echar pajas.** fr. Echar *suertes utilizando trozos de paja de largo desigual. || **En quítame allá esas pajas.** loc. fam. Con mucha *brevedad. || **No dormirse** uno **en las**

pajas. fr. fig. y fam. Estar con *vigilancia. ‖ **Por quítame allá esas pajas.** loc. fig. y fam. Por cosa *insignificante o *infundada. ‖ **Quitar uno la paja.** fr. fig. y fam. Ser el primero que bebió del *vino que había en una vasija.

pajada. f. *Paja mojada y revuelta con salvado, que se suele dar a las caballerías.

pajado, da. adj. **Pajizo** (de *color de paja).

***pajar.** m. Sitio o lugar donde se encierra y conserva paja.

pájara. f. **Pájaro.** ‖ **Cometa.** ‖ Papel cuadrado que se dobla repetidas veces hasta darle cierta figura como de pájaro. ‖ fig. Mujer *astuta. Ú. t. c. adj. ‖ **pinta.** Especie de *juego de prendas.

pajarear. tr. *Cazar pájaros. ‖ fig. Andar *vagando.

pajarel. m. **Pardillo** (*pájaro).

pajarera. f. *Jaula grande o aposento donde se crían pájaros.

pajarería. f. Abundancia de *pájaros. ‖ Tienda donde se venden pájaros y otros animales domésticos, como *perros, *gatos, etc.

pajarero, ra. adj. fam. Aplícase a la persona *alegre y amiga de *bromas. ‖ fam. Dícese de las *telas o *pinturas de colores *charros o mal casados. ‖ m. El que se dedica a cazar, criar o vender pájaros.

pajarete. m. *Vino licoroso, muy fino y delicado.

pajarico. m. d. de **Pájaro.**

pajaril (hacer). fr. *Mar.* Amarrar el puño de la *vela con un cabo y cargarlo hacia abajo.

pajarilla. f. **Aguileña.** ‖ ***Bazo,** y más particularmente el del cerdo. ‖ **Palomilla** (*mariposa). ‖ **Abrasarse las pajarillas.** fr. fig. y fam. Hacer mucho *calor. ‖ **Alegrársele a uno la pajarilla,** o **las pajarillas.** fr. fig. y fam. Mostrar *alegría a la vista de un objeto agradable. ‖ **Asarse,** o **caerse, las pajarillas.** fr. fig. y fam. **Abrasarse las pajarillas.**

pajarillo. m. d. de **Pájaro.**

pajarita. f. Pájara de papel. ‖ **de las nieves. Aguzanieves.**

pajarito. m. d. de **Pájaro.** ‖ **Quedarse** uno **como un pajarito.** fr. fig. y fam. *Morir sin hacer gestos ni ademanes.

***pájaro.** m. Nombre genérico que comprende toda especie de *aves, y más especialmente las pequeñas. ‖ **Perdigón** (macho de perdiz para reclamo). ‖ fig. Hombre *astuto. Ú. t. c. adj. ‖ fig. El que *sobresale en una materia. ‖→ *Zool.* Cualquiera de las aves terrestres, voladoras, con pico recto, tres dedos dirigidos hacia adelante y uno hacia atrás, y tamaño generalmente pequeño. ‖ pl. *Zool.* Orden de estas aves. ‖ **Pájaro arañero.** *Ave trepadora, que se alimenta de insectos y arañas. ‖ **bitango. Cometa.** ‖ **bobo.** *Ave palmípeda, que se deja coger fácilmente. ‖ **burro. Rabihorcado.** ‖ **carpintero.** *Ave trepadora, de pico largo y delgado, pero muy fuerte. Se alimenta de insectos, que caza entre las cortezas de los árboles. ‖ **de cuenta.** fig. y fam. Hombre a quien hay que tratar con cautela o con respeto. ‖ **del sol. Ave del Paraíso.** ‖ **diablo.** *Ave marina de las palmípedas, que suele hallarse en alta mar rasando la superficie de las aguas, para coger los peces con que se alimenta. ‖ **gordo.** fig. y fam. Persona de mucha importancia o muy *rica y *poderosa. ‖ **loco. Pájaro solitario.** ‖ **mosca.** *Ave del orden de los **pájaros,** muy pequeña, de plumaje brillante de varios colores. ‖ **moscón.** *Ave del orden de los **pájaros,** que fabrica el nido en forma de bolsa y lo cuelga de una rama flexible, generalmente encima del agua. ‖ **niño.** *Ave palmípeda, propia de los mares polares. Tiene los pies muy cortos y anda empinada con la cabeza erguida y balanceándose. ‖ **polilla. Martín pescador.** ‖ **resucitado. Pájaro mosca.** ‖ **solitario.** *Ave del orden de los **pájaros,** que anida en las torres y en las hendeduras de las rocas más escarpadas. ‖ **tonto. Ave tonta.** ‖ **trapaza.** Ave del orden de los **pájaros,** de plumaje rojizo. Se alimenta de insectos.

pajarota. f. fam. Noticia falsa, *mentira.

pajarotada. f. fam. **Pajarota.**

pajarote. m. aum. de **Pájaro.**

pajarraco. m. despect. *Pájaro grande cuyo nombre se desconoce. ‖ fig. y fam. Hombre *disimulado y *astuto.

pajaruco. m. despect. **Pajarraco.**

pajaza. f. Desecho de la *paja larga que dejan los caballos en el pesebre.

pajazo. m. *Veter.* Mancha a modo de cicatriz en la córnea transparente de las caballerías.

paje. m. *Criado que atendía a ciertos menesteres decentes, como acompañar a sus amos, asistir en las antesalas, servir a la mesa, etc. ‖ Cualquiera de los muchachos destinados en las embarcaciones para aprender el oficio de *marinero. ‖ **Familiar** (de un *obispo). ‖ fig. Pinzas pendientes de un cordón, con que las señoras suspendían la cola del vestido. ‖ fig. *Mueble formado por un espejo con pie alto y una mesita para utensilios de *tocador. ‖ **de armas.** El que llevaba las *armas, para servírselas a su amo. ‖ **de bolsa.** El del secretario de los *tribunales reales, que llevaba la cartera de los papeles. ‖ **de cámara.** El que sirve dentro de ella a su señor. ‖ **de escoba. Paje** (aprendiz de marinero). ‖ **de guión.** El más antiguo de los del rey, a cuyo cargo estaba llevar las armas. ‖ **de hacha.** El que iba delante de las personas principales *alumbrándoles el camino. ‖ **de jineta.** El que acompañaba al capitán llevando la lancilla, distintivo de aquel empleo. ‖ **de lanza. Paje de armas.**

pajea. f. **Ajea.**

pajear. intr. Comer bien mucha *paja las *caballerías. ‖ fam. *Portarse, conducirse.

pajecillo. m. **Palanganero.** ‖ *Mesita o bufete pequeño en que se ponen los velones y candeleros.

pajel. m. **Pagel.**

pajera. f. *Pajar pequeño que suele haber en las caballerizas.

pajería. f. Tienda donde se vende *paja.

pajero. m. El que conduce o lleva *paja a vender de un lugar a otro.

pajil. adj. Perteneciente o relativo a los pajes.

pajilla. f. *Cigarrillo hecho en una hoja de maíz.

pajizo, za. adj. Hecho o cubierto de *paja. ‖ De *color de paja.

pajolero, ra. adj. fam. *Despreciable, *molesto.

pajón. m. *Paja alta y gruesa de las rastrojeras. ‖ Hierba de las gramíneas: es una especie de *esparto fino.

pajonal. m. Terreno cubierto de pajón.

pajoso, sa. adj. Que tiene mucha *paja. ‖ De paja o semejante a ella.

pajote. m. Estera de caña y paja que se usa en los *jardines para cubrir ciertas plantas.

pajucero. m. Lugar en que se pone a pudrir el pajuz.

pajuela. f. d. de **Paja.** ‖ Paja de centeno o *mecha de algodón, cubierta de azufre, que *arde con llama.

pajuncio. m. despect. **Paje.**

pajuno, na. adj. **Pajil.**

pajuz. m. *Paja a medio pudrir que queda en los pesebres. ‖ Paja muy menuda que se destina para *abono.

pajuzo. m. **Pajuz.**

pal. m. **Blas. Palo.**

***pala.** f. Instrumento compuesto de una tabla de madera o una plancha de hierro, y un mango grueso, más o menos largo. ‖ Hoja de hierro en figura de trapecio por lo común, con filo por un lado y un ojo en el opuesto para enastarla, que forma parte de los azadones, *azadas, *hachas y otras herramientas. ‖ Parte ancha de diversos objetos, más o menos semejante a la hoja de la **pala.** ‖ Tabla de madera con mango, para jugar a la *pelota. ‖ Especie de cucharón de madera con que se lanza la bola en el *juego de la argolla. ‖ **Raqueta.** ‖ Parte ancha del *remo. ‖ Asiento de metal en que el joyero engasta las *piedras preciosas*. ‖ *Cuchilla rectangular con mango corto y perpendicular al dorso, que sirve para descarnar las *pieles. ‖ Parte del *calzado, que abraza el pie por encima. ‖ Lo ancho y plano de los *dientes. ‖ Cada uno de los cuatro *dientes que muda el potro a las treinta meses de edad. ‖ Cada una de las pencas de la *chumbera. ‖ Cada una de las chapas de que se compone una *bisagra. ‖ Parte lisa de la charratera, de la cual pende el fleco. ‖ fig. y fam. *Astucia para *averiguar una cosa. ‖ fig. y fam. Destreza o *habilidad de un sujeto. ‖ *Mar.* **Ala** (*vela). ‖ *Mús.* En los *instrumentos de viento, parte ancha y redondeada de las llaves. ‖ **Corta pala.** fig. y fam. Persona poco inteligente o muy *ignorante.

***palabra.** f. Sonido o conjunto de sonidos articulados que expresan una idea. ‖ Representación escrita de estos sonidos. ‖ Facultad de *hablar. ‖ Aptitud *oratoria. ‖ Aseveración o empeño que hace uno de su probidad en *testimonio de la certeza de lo que asegura. ‖ *Promesa u oferta. ‖ Derecho a *hablar en las asambleas políticas y otras corporaciones. ‖ Junta esta voz con las partículas *no* o *ni* y un verbo, equivale a ***nada.** ‖ *Teol.* **Verbo.** ‖ pl. Dicciones o voces supersticiosas que usan los *hechiceros. ‖ Pasaje o texto de un autor o escrito. ‖ Las que constituyen la forma de los *sacramentos. ‖ **Palabra de Dios.** El Evangelio y la doctrina de los *predicadores evangélicos. ‖ **de matrimonio.** La que se da de contraerlo. ‖ **de rey.** fig. y fam. Ú. para encarecer la seguridad de la **palabra** que se da o de la oferta que se hace. ‖ **divina. Palabra de Dios.** ‖ **pesada.** La *injuriosa o sensible. Ú. m. en pl. ‖ **picante.** La que *zahiere o mortifica. ‖ **preñada.** fig. Dicho que incluye alguna alusión o *sugerimiento. Ú. m. en pl. ‖ **Palabras al aire.** fig. y fam. Las *insignificantes o *infundadas. ‖ **Palabras cruzadas. Crucigrama.** ‖ **de buena crianza.** Expresiones de *cortesía. ‖

de la ley, o **del duelo.** Las que las leyes dan por gravemente *injuriosas. ‖ **de oráculo.** fig. Aquellas *respuestas anfibológicas que algunas personas dan a lo que se les pregunta. ‖ **de presente.** Las que recíprocamente se dan los esposos en el acto del *matrimonio. ‖ **libres.** Las *deshonestas. ‖ **mayores.** Las *injuriosas y ofensivas. ‖ **Las siete palabras.** Las que *Jesucristo dijo en la cruz. ‖ **Medias palabras.** Las que no se *pronuncian enteramente. ‖ fig. Insinuación embozada. ‖ **A media palabra.** m. adv. fig. con que se pondera la eficacia de *persuadir. ‖ **Bajo** su **palabra.** m. adv. Sin otra seguridad que la **palabra** que uno da de hacer una cosa. ‖ **Beber las palabras** a uno. fr. fig. *Escucharle con mucha *atención. ‖ **Coger la palabra.** fr. fig. Valerse de lo que uno ha dicho para obligarle al cumplimiento de la oferta o promesa. ‖ **Comerse las palabras.** fr. fig. y fam. Omitirlas al hablar o escribir. ‖ **Correr la palabra.** fr. *Mil.* Avisarse sucesivamente los *centinelas. ‖ **Cuatro palabras.** fr. Conversación corta. ‖ **Dar la palabra.** fr. fig. Conceder el uso de ella en un debate. ‖ **Dar** uno **palabra,** o su **palabra.** fr. **Ofrecer.** ‖ **Dar palabra y mano.** fr. fig. Contraer esponsales. ‖ **Dirigir la palabra** a uno. fr. *Hablar con él. ‖ **Dos palabras.** fr. **Cuatro palabras.** ‖ **Empeñar** uno **la palabra.** fr. **Dar palabra.** ‖ **En una palabra.** expr. fig. con que se significa la *concisión con que se dice una cosa. ‖ **Estar colgado,** o **pendiente, de las palabras** de uno. fr. fig. *Oírle con suma *atención. ‖ ***Faltar** uno **a la,** o **a su palabra.** fr. Dejar de hacer lo que ha prometido. ‖ **Gastar palabras.** fr. fig. Hablar inútilmente. ‖ **Llevar la palabra.** fr. Hablar una persona *representando a otras que la acompañan. ‖ **Mantener** uno su **palabra.** fr. fig. Perseverar en lo ofrecido. ‖ **Medir** uno **las palabras.** fr. fig. Hablar con *prudencia. ‖ **Mudar las palabras.** fr. **Torcer las palabras.** ‖ **No decir,** o **no hablar, palabra.** fr. *Callar. ‖ **No tener** uno **más que palabras.** fr. fig. Jactarse de *valiente. ‖ **No tener** uno **más que una palabra.** fr. fig. Ser *serio y formal. ‖ **No tener** uno **palabra.** fr. fig. *Faltar fácilmente a lo que ofrece. ‖ **Palabra por palabra.** loc. adv. **Al pie de la letra.** ‖ **Quitarle** a uno **la palabra,** o **las palabras, de la boca.** Decir uno lo mismo que estaba a punto de expresar su interlocutor. ‖ **Quitarle** a uno **las palabras de la boca.** fr. fig. y fam. Tomar uno la **palabra,** *interrumpiendo al que habla. ‖ **Remojar la palabra.** fr. fig. y fam. Echar un trago. ‖ **Sin decir,** o **hablar palabra.** loc adv. Guardando *silencio. ‖ **Soltar la palabra.** fr. fig. Liberar a uno de la obligación en que se constituyó. ‖ **Tener palabras.** fr. fig. Decirse dos o más personas frases desagradables, *reñir. ‖ **Torcer las palabras.** fr. fig. *Tergiversarlas. ‖ **Trabarse de palabras.** fr. fig. **Tener palabras.** ‖ **Traer en palabras** a uno. fr. Entretenerle, *engañarle con *promesas. ‖ **Tratar mal de palabra** a uno. fr. Dirigirle *ofensas con un dicho ofensivo. ‖ **Trocar las palabras.** fr. **Torcer las palabras.** ‖ **Vender palabras.** fr. fig. *Engañar a uno con ellas. ‖ **Venir** uno **contra** su **palabra.** fr. fig. *Faltar a ella. ‖ **Volverle** a uno **las palabras al cuerpo.** fr. fig. y fam. Obligarle a que se desdiga.

palabrada. f. **Palabrota.**

palabreo. m. Acción y efecto de de hablar mucho y en vano.

palabrería. f. Abundancia de palabras vanas, *verbosidad.

palabrero, ra. adj. Que *habla mucho. Ú. t. c. s. ‖ Que ofrece fácilmente y después no cumple. Ú. t. c. s.

palabrimujer. adj. Dícese del hombre que tiene voz *afeminada. Ú. t. c. s.

palabrista. adj. **Palabrero.** Ú. t. t. s.

palabrita. f. Palabra *ofensiva o que lleva mucha intención. ‖ **Palabritas mansas.** fig. y fam. Persona que tiene suavidad para *persuadir.

palabrón, na. adj. **Palabrero.**

palabrota. f. despect. Dicho ofensivo, *deshonesto o *grosero.

palacete. m. Palacio pequeño.

palacial. adj. Propio de un palacio.

palaciano, na. adj. **Palaciego.** ‖ m. Dueño de un palacio en Navarra.

palaciego, ga. adj. Perteneciente o relativo al palacio del *rey. ‖ Dícese del que sirve o asiste en palacio. Ú. t. c. s. ‖ fig. **Cortesano.** Ú. t. c. s.

***palacio.** m. Casa destinada para residencia de los *reyes. ‖ Cualquiera *casa suntuosa. ‖ Casa solariega de una familia noble. ‖ Sala común y pública de ciertas casas particulares del antiguo reino de Toledo. ‖ **Echar a palacio** una cosa. fr. fig. y fam. No hacer caso de ella. ‖ **Hacer** uno **palacio.** fr. Hacer *público, *revelar lo secreto. ‖ **Hacer, mantener,** o **tener, palacio.** fr. *Conversar festivamente por pasatiempo.

palacra. f. Pepita de *oro.

palacrana. f. **Palacra.**

palada. f. Porción que la *pala puede coger de una vez. ‖ Golpe que se da al agua con la pala del *remo.

paladar. m. Parte interior y superior de la *boca del animal. ‖ V. **Aguja paladar.** ‖ fig. *Gusto que se percibe de los manjares. ‖ fig. Gusto, *sensibilidad para discernir.

paladear. tr. Tomar poco a poco el *gusto de una cosa. Ú. t. c. r. ‖ **Veter.* Limpiar la boca o el paladar a los animales. ‖ Poner en el paladar al recién nacido miel u otra cosa suave, para que *mame sin repugnancia. ‖ intr. Empezar el niño recién nacido a querer mamar.

paladeo. m. Acción de paladear o paladearse.

paladial. adj. Perteneciente o relativo al paladar. ‖ V. **Letra paladial.** Ú. t. c. s.

paladín. m. *Caballero que en la guerra se distingue por sus hazañas. ‖ fig. *Defensor denodado de alguna causa.

paladinamente. adv. m. Públicamente, sin rebozo.

paladino, na. adj. *Público y *manifiesto. ‖ m. **Paladín.**

paladio. m. *Metal bastante raro cuyas cualidades participan de las de la plata y el platino.

paladión. m. fig. Objeto en que estriba la *defensa y *seguridad de una cosa.

palado, da. adj. **Blas.* Dícese del escudo y de las figuras cargadas de palos.

palafito. m. *Habitación primitiva construida en un *lago, sobre estacas.

palafrén. m. *Caballo manso en que solían montar las damas y señoras. ‖ Caballo en que va montado el criado de un jinete.

palafrenero. m. *Criado que lleva del freno el caballo. ‖ Mozo de *caballos. ‖ Criado que monta el palafrén. ‖ **mayor.** En las caballerizas reales, picador que tenía de la cabeza el caballo para que montase el *rey.

palahierro. m. Rangua o tejuelo sobre el cual gira el gorrón de la muela del *molino.

palamallo. m. Juego semejante al del mallo.

palamenta. f. Conjunto de los *remos de una embarcación.

palán. m. En el *juego de la toña, palo con que se da a ésta.

***palanca.** f. Barra inflexible, de varias formas, que, apoyada o articulada en un punto, sirve para transmitir la fuerza, levantar pesos, etc. ‖ Pértiga o *palo que sirve para llevar entre dos una *carga pesada. ‖ fig. Valimiento, *protección poderosa. ‖ **Fort.* Fortín construido de estacas y tierra. ‖ *Mar.* **Palanquín.**

palancada. f. *Golpe dado con la palanca.

palancana. f. **Palangana.**

palangana. f. **Jofaina.**

palanganero. m. Mueble donde se coloca la palangana o *jofaina.

palangre. m. Cordel largo provisto de ramales con anzuelos para *pescar.

palangrero. m. *Barco de pesca con palangre. ‖ Pescador que usa este aparejo.

palanquera. f. *Valla de madera.

palanquero. m. El que *apalanca. ‖ Operario que movía el *fuelle en las ferrerías.

palanqueta. f. d. de **Palanca.** ‖ Barreta de hierro que usan los *ladrones para forzar las puertas o las cerraduras. ‖ Barreta de hierro con dos cabezas gruesas, que se usó como *proyectil de artillería.

palanquilla. f. V. **Hierro palanquilla.**

palanquín. m. *Ganapán o mozo de cordel. ‖ Especie de andas o *angarillas usadas en Oriente para llevar en ellas a los personajes. ‖ *Germ.* ***Ladrón.** ‖ *Mar.* Cada uno de los *cabos que sirven para cargar los puños de las velas mayores. ‖ *Mar.* Aparejo que se usa a bordo para meter los *cañones en batería. ‖ **de retenida.** *Mar.* Aparato que se usaba para asegurar las piezas de *artillería contra los balances.

Palas. n. p. f. **Mit.* Nombre griego de la diosa Minerva.

palasan. m. **Rota** (*palmera).

palastro. m. Chapa en que se coloca el pestillo de una *cerradura. ‖ *Hierro o acero laminado, *chapa de estos metales.

palatal. adj. **Paladial.**

palatina. f. Especie de *corbata ancha, de plumas o pieles, que usaban las mujeres como abrigo.

palatinado. m. Dignidad o título de uno de los *príncipes palatinos de Alemania. ‖ Territorio de los príncipes palatinos.

palatino, na. adj. Perteneciente al paladar. ‖ *Zool.* Dícese especialmente del hueso par que contribuye a formar la bóveda del paladar. Ú. t. c. s.

palatino, na. adj. Perteneciente a palacio. ‖ Dícese de los que tenían oficio principal en los palacios de los *príncipes. Ú. t. c. s.

palatizar. tr. *Pronunciar como paladial una consonante.

palatolabial. adj. Perteneciente al paladar y a los *labios.
palay. m. *Arroz con cáscara.
palazo. m. *Golpe dado con la *pala.
palazón. f. Conjunto de *palos de que se compone una construcción, barco, etc.
palco. m. Localidad independiente con balcón, en los *teatros y otros lugares de espectáculo. ‖ *Tabladillo o palenque donde se coloca la gente para ver una función. ‖ **de platea.** El que está en la planta baja. ‖ **escénico.** *Escenario.
paleador. m. El que trabaja con la *pala.
paleaje. m. *Mar.* *Descarga de un barco por medio de la pala.
palear. tr. **Apalear** (*aventar el grano).
Palencia. n. p. V. **Jabón de Palencia.**
palenque. m. *Valla o estacada de madera. ‖ Camino de tablas que desde el suelo se elevaba hasta el tablado del *teatro. ‖ El terreno cercado por una estacada para celebrar algún acto solemne, o para *fiestas, *luchas u otros *espectáculos.
palense. adj. Natural de Palos de Moguer. Ú. t. c. s. ‖ Perteneciente a esta villa.
palentino, na. adj. Natural de Palencia. Ú. t. c. s. ‖ Perteneciente a esta ciudad.
paleofitología. f. Parte de la *botánica que trata de las plantas *fósiles.
paleografía. f. Arte de *leer la *escritura y signos de los libros y documentos *antiguos.
paleográfico, ca. adj. Perteneciente a la paleografía.
paleógrafo. m. El que profesa la paleografía.
paleolítico, ca. adj. *Geol.* Perteneciente o relativo a la primitiva edad de la piedra. Ú. t. c. s.
paleología. f. Ciencia que estudia la historia primitiva del *lenguaje.
paleólogo. m. El versado en paleología.
paleontografía. f. Descripción de los *fósiles.
paleontográfico, ca. adj. Perteneciente o relativo a la paleontografía.
paleontología. f. Tratado de los seres orgánicos cuyos restos o vestigios se encuentran *fósiles.
paleontológico, ca. adj. Perteneciente o relativo a la paleontología.
paleontólogo. m. El que profesa la paleontología.
paleozoico, ca. adj. *Geol.* Dícese del segundo de los períodos de la historia de la Tierra.
palera. f. **Nopal.**
palería. f. Arte de *desaguar las tierras bajas y húmedas por medio de *canales e hijuelas.
palermitano, na. adj. **Panormitano.** Apl. a pers., ú. t. c. s.
palero. m. El que hace o vende *palas. ‖ El que ejerce el arte de la palería. ‖ *Mil.* Soldado que trabajaba con pala.
pales. m. pl. *Mec.* **Linguetes.**
palestino, na. adj. Natural de Palestina. Ú. t. c. s. ‖ Perteneciente a este país de Asia.
palestra. f. Sitio o lugar donde se *lucha. ‖ fig. poét. La misma lucha. ‖ fig. Sitio o paraje en que se celebran *certámenes literarios o *discusiones públicas.
paléstrico, ca. adj. Perteneciente a la palestra.
palestrita. m. El que se ejercita en la palestra.
***paleta.** f. d. de **Pala.** ‖ Tabla pequeña en que el *pintor tiene ordenados los colores. ‖ Utensilio de *cocina, de hierro, a modo de pala pequeña. ‖ Badil u otro instrumento semejante con que se remueve la lumbre del *brasero. ‖ Utensilio de palastro, de figura triangular y mango de madera, que usan los *albañiles para manejar la mezcla o mortero. ‖ **Paletilla.** ‖ Cada una de las palas que se fijan en las ruedas *hidráulicas para recibir la acción del agua. ‖ Cada una de las piezas análogas de los ventiladores, *hélices, etcétera. ‖ **Media paleta.** Ayudante de *albañil que aún no es oficial. ‖ **En dos paletas.** m. adv. fig. y fam. Brevemente, en un *instante.
paletada. f. Porción que la paleta puede coger de una vez. ‖ *Golpe que se da con la paleta. ‖ **En dos paletadas.** m. adv. fig. y fam. **En dos paletas.**
paletazo. m. **Varetazo.**
paletear. tr. *Mar.* *Remar mal. ‖ *Mar.* Golpear el agua con las paletas de las ruedas sin arrancar del sitio.
paleteo. m. Acción de paletear.
paletero. m. *Germ.* *Ladrón. ‖ *Mont.* Gamo de dos años.
paletilla. f. **Omóplato.** ‖ Ternilla en que termina el esternón y que corresponde a la región llamada boca del estómago. ‖ **Palmatoria.** ‖ **Caerse la paletilla.** fr. fam. Relajarse dicha ternilla. ‖ **Levantarle** a uno **la paletilla.** fr. fig. y fam. Darle una grave pesadumbre. ‖ **Ponerle** a uno **la paletilla en su lugar.** fr. fig. y fam. *Reprenderle agriamente.
paleto. m. **Gamo.**
paleto, ta. m. y f. Persona *rústica.
paletó. m. *Sobretodo de paño grueso, largo y entallado.
paletón. m. Parte de la *llave en que están los dientes y guardas.
paletoque. m. Género de *capote de dos haldas como escapulario, largo hasta las rodillas y sin mangas.
palhuén. m. *Arbusto de las papilionáceas, muy espinoso.
pali. adj. Dícese de una *lengua hermana de la sánscrita, pero menos antigua. Ú. t. c. s. m.
palia. f. *Liturg.* Lienzo sobre que se extienden los corporales para decir *misa. ‖ Cortina o pantalla que se pone delante del sagrario del *altar. ‖ **Hijuela** (para cubrir el cáliz).
paliación. f. Acción y efecto de paliar.
paliadamente. adv. m. Disimulada o encubiertamente.
paliar. tr. Encubrir, *disimular. ‖ *Exculpar, cohonestar. ‖ *Mitigar la violencia de ciertas *enfermedades.
paliativo, va. adj. *Farm.* Dícese de los remedios que se aplican para mitigar. Ú. t. c. s. m. ‖ fig. **Paliatorio.** Ú. m. c. s.
paliatorio, ria. adj. Capaz de encubrir o *disimular.
***palidecer.** intr. Ponerse pálido.
***palidez.** f. Amarillez del rostro, falta de color.
***pálido, da.** adj. Amarillo, descaecido de su color natural. ‖ **Desvaído.**
paliducho, cha. adj. Persona de quebrado color.
palier. m. *Autom.* En algunos vehículos, cada una de las dos mitades del eje de las ruedas motrices.
palillero, ra. m. y f. Persona que hace o vende palillos para los *dientes. ‖ m. Estuche en que se guardan los palillos para los dientes. ‖ Utensilio de mesa en que se colocan los palillos. ‖ Mango de *pluma.
palillo. m. Varilla en que se encaja la aguja para hacer *media. ‖ Mondadientes de madera. ‖ **Bolillo** (para *encaje). ‖ Cualquiera de las dos varitas que sirven para tocar el *tambor. ‖ Vena gruesa de la hoja del *tabaco. ‖ fig. **Palique.** ‖ pl. Bolillos que se ponen en el *billar en ciertos juegos. ‖ Palitos que emplean los *escultores para modelar el barro. ‖ fig. y fam. *Rudimentos o reglas menudas de las artes o ciencias. ‖ fig. y fam. Lo insignificante o *despreciable de una cosa. ‖ Castañuelas. ‖ **Palillo de barquillero,** o **de suplicaciones.** Tablilla colocada sobre un perno en la tapa de la arquilla o cesta del barquillero. Sirve para echar suertes haciéndola girar. ‖ **Como palillo de barquillero,** o **de suplicaciones.** loc. adv. fig. y fam. Yendo y viniendo sin reposo.
palimpsesto. m. Manuscrito antiguo que conserva huellas de una *escritura anterior. ‖ Tablilla antigua en que se podía borrar lo escrito para volver a escribir.
palíndromo. m. Palabra o frase que se lee igual de *izquierda a *derecha que en sentido *inverso.
palingenesia. f. Regeneración, *resurrección de los seres.
palinodia. f. *Retractación pública.
palinúridos. m. pl. *Zool.* Familia de *crustáceos, cuyo tipo es la langosta.
palinuro. m. **Langosta** (*crustáceo).
palio. m. Prenda del *traje griego, a manera de manto, sujeta al pecho por una hebilla o broche. ‖ *Capa o balandrán. ‖ *Insignia que da el papa a los *prelados, formada por una faja blanca con cruces negras. ‖ Especie de *dosel portátil, colocado sobre cuatro o más varas largas. Se usa en las procesiones. ‖ *Premio que señalaban en la carrera al que llegaba primero. ‖ Cualquier cosa que forma una manera de *dosel o *cobertizo.
palique. m. fam. *Conversación de poca importancia.
palisandro. m. *Madera americana parecida al palo santo.
palitoque. m. **Palitroque.**
palitroque. m. *Palo pequeño, tosco o mal labrado. ‖ pl. *Taurom.* Las banderillas.
paliza. f. *Zurra de golpes dados con palo. ‖ fig. y fam. Disputa en que uno queda *vencido.
palizada. f. Sitio *cercado de estacas. ‖ *Presa o dique de estacas y terraplenado para impedir la salida de los *ríos o dirigir su corriente. ‖ *Blas.* Conjunto de piezas en forma de palos. ‖ *Fort.* **Empalizada.**
***palma.** f. **Palmera.** ‖ Hoja de la palmera. ‖ **Datilera.** ‖ **Palmito.** ‖ Parte interior y algo cóncava de la *mano, desde la muñeca hasta los dedos. ‖ fig. **Mano.** ‖ fig. Gloria, *fama, triunfo. ‖ fig. *Victoria del *mártir contra las potestades infernales. ‖ → *Bot.* Cualquiera de las plantas monocotiledóneas, siempre verdes, de tallo leñoso, sin ramas, coronado de grandes hojas que se parten en lacinias. ‖ *Veter.* Parte inferior del *casco de las caballerías. ‖ pl. Palmadas de *aplausos. ‖ *Bot.* Familia de las plantas de este nombre. ‖ **Palma brava.** *Árbol de Filipinas, parecido al burí. ‖ **indiana. Coco.** ‖ **negra. Carandaí.** ‖ **real.** *Árbol de las palmas, muy abundante en Cuba. ‖ **Andar** uno **en palmas.** fr. Ser *alabado de todos. ‖ **Enterrar con palma** a

una mujer. fr. fig. Enterrarla en estado de *virginidad. ‖ **Ganar** uno **la palma.** fr. fig. **Llevarse la palma.** ‖ fig. **Ganar la palmeta.** ‖ **Llevar en palmas** a uno. fr. fig. *Agasajarle, darle gusto en todo. ‖ **Llevarse** uno **la palma.** fr. fig. Sobresalir entre todos, *triunfar. ‖ **Traer en palmas** a uno. fr. fig. **Llevarle en palmas.**

palmacristi. f. ***Ricino.**

palmada. f. *Golpe dado con la palma de la mano. ‖ Ruido que se hace golpeando una con otra las palmas de las manos. Ú. m. en pl. ‖ **Darse** uno **una palmada en la frente.** fr. fig. Acción con que se indica el esfuerzo para hacer *memoria de una cosa.

palmadilla. f. Cierta *danza en que para sacar a bailar a uno se le daba una palmada en las manos.

palmado, da. adj. **Palmeado.**

palmar. adj. Dícese de las cosas de *palma. ‖ Perteneciente a la palma de la *mano y a la palma del casco de los animales. ‖ Perteneciente al palmo o que consta de un palmo. ‖ fig. Claro, patente y *cierto. ‖ m. Sitio o lugar donde se crían *palmas. ‖ En la fábrica de paños, instrumento para *cardar. ‖ **Ser** uno **más viejo que un palmar.** fr. fam. con que se pondera la *ancianidad de una persona.

palmar. intr. fam. ***Morir.** ‖ tr. *Germ.* *Dar por fuerza una cosa.

palmariamente. adv. m. De modo *manifiesto.

palmario, ria. adj. **Palmar** (patente, *manifiesto).

palmatoria. f. **Palmeta** (para *castigar en las escuelas). ‖ Especie de *candelero bajo, con mango. ‖ **Ganar** uno **la palmatoria.** fr. fig. **Ganar la palmeta.**

palmeado, da. adj. De figura de *palma. ‖ *Bot.* Aplícase a las *hojas, *raíces, etc., que semejan una mano abierta. ‖ *Zool.* Dícese de los *dedos de aquellos animales que los tienen ligados entre sí por una membrana.

palmear. intr. Dar *golpes con las palmas de las manos una con otra en señal de *aplauso. ‖ tr. *Germ.* **Azotar.** ‖ **Impr.* Nivelar el molde. ‖ **Mar.* Trasladar una embarcación de un punto a otro cogiéndose con las manos a los objetos fijos inmediatos. ‖ r. *Asirse a un cabo y avanzar valiéndose de las manos.

palmejar. m. **Arq. Nav.* Tablón endentado y clavado a las varengas, para ligar entre sí las cuadernas.

palmenta. f. *Germ.* ***Carta mensajera.**

palmentero. m. *Germ.* Cartero o *correo.

palmeo. m. Medida por palmos.

***palmera.** f. *Árbol de la familia de las palmas, que tiene por fruto racimos de dátiles que penden a los lados del tronco, debajo de las hojas.

palmero. m. *Peregrino que traía palma, en señal de su romería. ‖ El que cuida de las *palmas.

palmero, ra. adj. Natural de Santa Cruz de la Palma. Ú. t. c. s. ‖ Perteneciente a esta isla.

palmesano, na. adj. Natural de Palma de Mallorca. Ú. t. c. s. ‖ Perteneciente a esta ciudad.

palmeta. f. Tablita que usaban los maestros de escuela para *castigar a los muchachos. ‖ **Palmetazo.** ‖ **Ganar la palmeta.** fr. fig. *Adelantarse uno a los demás; *triunfar en algún concurso.

palmetazo. m. *Golpe dado con la palmeta. ‖ fig. *Reprensión áspera.

palmiche. m. **Palma real.** ‖ Fruto de este árbol. ‖ *Palma propia de grandes altitudes, de tronco muy delgado. ‖ Fruto del palmito.

palmífero, ra. adj. poét. Que lleva *palmas o abunda en ellas.

palmilla. f. Cierto género de *paño. ‖ Plantilla del *zapato.

palmípedo, da. adj. *Zool.* Dícese de las *aves que tienen los dedos palmeados, a propósito para la natación. Ú. t. c. s. ‖ f. pl. *Zool.* Orden de estas aves.

palmitera. f. **Palmito.**

palmitieso, sa. adj. Dícese de la *caballería que tiene los *cascos con la palma plana o convexa.

palmito. m. Planta de la familia de las *palmas, con tronco subterráneo o apenas saliente, hojas en figura de abanico, y fruto rojizo, comestible y con hueso muy duro. ‖ Tallo blanco de esta planta, comestible.

palmito. m. fig. y fam. *Cara de *mujer.

palmo. m. Medida de *longitud, cuarta parte de la vara. ‖ Medida de la mano del hombre extendida, desde el extremo del pulgar al del meñique. ‖ **Palmo menor.** ‖ *Juego que usan los muchachos tirando unas monedas contra una pared. ‖ **de tierra.** fig. Espacio muy pequeño de ella. ‖ **menor.** Ancho que dan unidos los cuatro dedos índice, mayor, anular y meñique. ‖ **Dejar** uno **con un palmo de narices.** fr. fig. y fam. Dejarle *burlado, *privarle de lo que esperaba conseguir. ‖ **Palmo a palmo.** m. adv. fig. con que se expresa la *dificultad o *lentitud en la consecución de una cosa.

palmotear. intr. **Palmear** (*aplaudir).

palmoteo. m. Acción de palmotear. ‖ Acción de dar con la palmeta.

***palo.** m. Trozo de madera, generalmente cilíndrico, y mucho más largo que grueso. ‖ **Madera.** ‖ Cada uno de los maderos redondos, fijos verticalmente en una embarcación, y destinados a sostener las velas. ‖ *Golpe que se da con un **palo.** ‖ Último suplicio que se ejecuta en un instrumento de **palo;** como la *horca. ‖ Cada una de las cuatro series de *naipes en que se divide la baraja. ‖ Pezoncillo por donde una *fruta pende del árbol. ‖ Trazo de algunas *letras que sobresale de las demás. ‖ fig. y fam. **Varapalo.** ‖ **Blas.* Pieza heráldica en forma de rectángulo que desciende desde el jefe a la punta del escudo, y ocupa en su medio la tercera parte del ancho total. ‖ **Cetr.* **Alcándara.** ‖ pl. Palillos, *rudimentos de algún arte. ‖ Una de las suertes del juego de *billar, que consiste en derribar los **palos** con las bolas. ‖ **Palo áloe.** *Madera del agáloco. ‖ *Madera del calambacá. ‖ **Palo del águila.** ‖ **Bañón. Palo de Bañón.** ‖ **blanco.** *Árbol cubano de corteza elástica y amarga. ‖ **brasil.** *Madera dura, compacta, de color rojo fuerte, que sirve principalmente para *teñir de encarnado. ‖ **cajá.** *Árbol silvestre de Cuba, cuya madera de color anaranjado se usa mucho en carpintería. ‖ **campeche. Palo de Campeche.** ‖ **cochino.** Árbol silvestre cubano, de fruto parecido a la aceituna. ‖ **codal.** El de tamaño de un codo, que se colgaba al cuello en señal de *penitencia pública. ‖ **de áloe. Palo áloe.** ‖ **de Bañón.** ***Aladierna.** ‖ **de Campeche.** *Madera dura, negruzca, procedente de un árbol americano. Se usa principalmente para *teñir de encarnado. ‖ **de ciego.** fig. *Golpe que se da sin reparar en el daño que puede causar. ‖ fig. *Daño que se hace por desconocimiento o por *irreflexión. ‖ **de esteva.** Esteva en los coches. ‖ **de favor.** En algunos juegos de *naipes, el que se elige para que, cuando sea triunfo, tenga determinados privilegios. ‖ **de Fernambuco.** Especie de **palo** del Brasil, de color menos encarnado. ‖ **de hule.** Uno de los *árboles que producen la *goma elástica o caucho. ‖ **de jabón.** Líber de un *árbol americano, de las rosáceas. Es de color blanquecino, y macerado en agua da un líquido espumoso que puede reemplazar al jabón. ‖ **del águila.** *Madera de un árbol de la familia de las terebintáceas, algo parecida al **palo** áloe. ‖ **de la rosa. Alarguez.** ‖ **Palo de rosa.** ‖ **de las Indias. Palo santo.** ‖ **del Brasil. Palo de Fernambuco.** ‖ **Palo brasil.** ‖ **del pastor.** Unidad *superficial agraria, que se aplica a terrenos de pastos. ‖ **de Pernambuco. Palo de Fernambuco.** ‖ **de rosa.** *Madera de un árbol americano de las borragíneas, muy estimada en ebanistería. ‖ *Farm.* Parte leñosa de la raíz de una convolvulácea de Canarias. ‖ **dulce.** Raíz del orozuz. ‖ **macho.** *Mar.* Cada una de las perchas principales que constituyen la arboladura de un buque. ‖ **mayor.** *Mar.* El más alto del buque. ‖ **nefrítico.** Madera de una acacia americana, cuya infusión se usaba contra las enfermedades de las vías urinarias. ‖ **santo.** *Madera del guayaco. ‖ **Palos cortos.** Tratándose de *naipes, los de oros y copas. ‖ **Palos flamantes.** **Blas.* Los ondeados y piramidales en forma de llamas. ‖ **Palos largos.** Tratándose de *naipes, los de espadas y bastos. ‖ **A palo seco.** m. adv. **Mar.* Dícese de una embarcación cuando navega recogidas las velas. ‖ fig. Dícese de aquello que se ejecuta escuetamente. sin los complementos usuales. ‖ **Caérsele** a uno **los palos del sombrajo.** fr. fig. y fam. Abatirse, *desanimarse. ‖ **Estar del mismo palo.** fr. fig. con que se significa que uno está de *acuerdo con otro o en la misma disposición. ‖ **Meter el palo en candela.** fr. fig. y fam. Promover algún *chisme de que puede resultar pendencia. ‖ **Poner** a uno **en un palo.** fr. fig. *Ahorcarle.

paloduz. m. **Palo dulce.**

***paloma.** f. *Zool.* Nombre común a varias especies de aves, que se distinguen por tener la mandíbula superior abovedada en la punta y los dedos libres. ‖ Ave domesticada, procedente de la variedad llamada silvestre. ‖ fig. Persona de genio *apacible. ‖ *Germ.* **Sábana.** ‖ *Astr.* *Constelación austral compuesta de quince estrellas pequeñas y dos más brillantes. ‖ *Mar.* Parte media o cruz de una *verga. ‖ pl. *Mar.* *Olas espumosas que se forman en el mar. ‖ *Zool.* Orden de las **palomas.** ‖ **Paloma brava. Paloma silvestre.** ‖ **calzada.** Variedad doméstica que se distingue por tener el tarso y los dedos cubiertos de pluma. ‖ **de moño.** Variedad doméstica, de plumas largas y vueltas por la punta en el colodrillo. ‖ **de toca.** Variedad que tiene sobre la cabeza una porción de plumas largas que caen por los lados de ella. ‖ **duen-**

da. La doméstica o casera. || **mensajera.** Variedad que se distingue por su instinto de volver al palomar desde largas distancias. || **monjil. Paloma de toca.** || **moñuda. Paloma de moño.** || **palomariega.** La que está criada en el palomar y sale al campo. || **real.** La mayor de todas las variedades de la **paloma** doméstica. || **silvestre.** Especie de **paloma** con plumaje general apizarrado, de reflejos verdosos en el cuello, pico azulado obscuro y pies de color pardo rojizo. || **sin hiel.** fig. Persona muy bondadosa y *apacible. || **torcaz.** Especie de **paloma,** de tamaño grande, con el cuello verdoso y cortado por un collar blanco; alas apizarradas y patas moradas. || **tripolina.** Variedad de **paloma** doméstica, pequeña de cuerpo, con los pies calzados y moño en forma de diadema. || **zorita, zura, zurana,** o **zurita.** Especie de **paloma** de plumaje general ceniciento azulado, alas con una mancha y el borde exterior negros, pico amarillo y patas de color negro rojizo.

palomadura. f. *Mar.* Ligadura con que se sujeta la relinga a su *vela.

palomar. m. Edificio o paraje donde se recogen y crían las *palomas.

palomar. adj. Aplícase a una especie de *hilo bramante más delgado y retorcido que el regular.

palomear. intr. Andar a caza de *palomas. || Ocuparse mucho tiempo en cuidarlas.

palomera. f. Palomar pequeño de *palomas domésticas. || Páramo de corta extensión. || Casilla en que anidan y crían las palomas.

palomería. f. *Caza de las palomas que van de paso.

palomero, ra. m. y f. Persona que trata en la venta y compra de *palomas. || Persona aficionada a la cría de estas aves.

palometa. f. *Pez comestible parecido al jurel.

palomilla. f. *Mariposa nocturna, pequeña, cenicienta. || Cualquier mariposa muy pequeña. || **Fumaria.** || **Onoquiles.** || Parte anterior de la grupa de las *caballerías. || *Caballo de color muy blanco y semejante al de la paloma. || Punta que sobresale en el remate de algunas *albardas. || *Armazón de tres piezas en forma de triángulo rectángulo, que sirve a manera de *ménsula para *sostener tablas, estantes u otras cosas. || **Chumacera.** || En los *coches de cuatro ruedas, cada uno de los dos trozos de hierro que van de la caja a las ballestas del juego trasero. || **Ninfa** (de los *insectos). || pl. *Mar.* *Olas pequeñas espumosas. || **Palomilla de tintes. Onoquiles.**

palomina. f. *Excremento de las *palomas. || **Fumaria.**

palomino. m. *Pollo de la *paloma brava. || fam. *Mancha de *excremento en la parte posterior de la *camisa.

palomo. m. Macho de la *paloma. || **Paloma torcaz.** || fam. V. **Juan Palomo.** || fig. Propagandista o muñidor. || *Germ.* Hombre *necio. || **ladrón.** El que con arrullos y caricias lleva las palomas ajenas al palomar propio. || **zarandalí.** El pintado de negro. || **zumbón.** El que tiene el buche pequeño y alto.

palón. m. *Blas.* *Insignia semejante a la bandera, con cuatro farpas o puntas redondas en el extremo.

palor. m. **Palidez.**

palotada. f. *Golpe que se da con el palote o palillo. || **No dar palotada.** uno. fr. fig. y fam. *Errar, no acertar uno en nada de lo que dice o hace. || fig. y fam. Permanecer *inactivo.

palote. m. *Palo mediano, como las baquetas con que se tocan los *tambores. || Cada uno de los trazos que los niños hacen en el papel pautado, para aprender a *escribir.

paloteado. m. *Danza en que los bailarines hacen figuras, paloteando a compás de la música. || fig. y fam. Riña o *contienda ruidosa.

palotear. intr. Herir unos palos con otros o hacer ruido con ellos. || fig. Hablar mucho y *discutir acaloradamente.

paloteo. m. **Paloteado.**

palpable. adj. Que puede *tocarse con las manos. || fig. Patente, manifiesto, *evidente. || Material, *corpóreo.

palpablemente. adv. m. Patente o claramente.

palpación. f. **Palpamiento.** || *Med.* Método exploratorio que se ejecuta aplicando los dedos o la mano sobre las partes externas del cuerpo o las cavidades accesibles.

palpadura. f. **Palpamiento.**

palpallén. m. *Arbusto de Chile, de hojas dentadas y cubiertas de un vello blanquecino, y corimbos de muchas flores de cabezuelas radiadas y amarillas.

palpamiento. m. Acción de *palpar.

***palpar.** tr. Tocar con las manos una cosa para percibirla o reconocerla por el sentido del tacto. || Andar a tientas. || fig. Ver o *entender una cosa tan claramente como si se tocara.

pálpebra. f. *Zool.* **Párpado.**

palpebral. adj. *Zool.* Perteneciente o relativo a los *párpados.

palpi. m. *Arbusto de las escrofulariáceas.

palpitación. f. Acción y efecto de palpitar.

palpitante. p. a. de **Palpitar.** Que palpita.

palpitar. intr. Contraerse y dilatarse alternativamente el *corazón. || Aumentar la intensidad o frecuencia de esos movimientos naturales a consecuencia de un afecto del ánimo. || Moverse o *agitarse una parte del cuerpo interiormente con movimiento trémulo e involuntario. || fig. Manifestarse con vehemencia una *pasión.

palpo. m. *Zool.* Cada uno de los apéndices articulados y movibles que tienen los *insectos y otros artrópodos alrededor de la boca para palpar y sujetar lo que comen.

palqui. m. *Arbusto americano, de las solanáceas, que se emplea para hacer *jabón.

palta. f. **Aguacate** (fruto).

palto. m. **Aguacate** (planta).

paludamento. m. *Indum.* Manto de púrpura bordado de oro, que usaban los *emperadores romanos.

palúdico, ca. adj. **Palustre** (perteneciente a los *lagos o *pantanos). || Perteneciente o relativo al paludismo. || Que lo padece. Ú. t. c. s.

paludismo. m. *Pat.* **Malaria.**

palumbario. adj. V. **Halcón palumbario.**

palurdo, da. adj. *Tosco, grosero, *rústico. Dícese por lo común de los campesinos. Ú. t. c. s.

palustre. m. Paleta de *albañil.

palustre. adj. Perteneciente a *laguna o pantano.

pallador. m. En la América del Sur, *cantor o coplero popular.

pallaquear. tr. **Pallar.**

pallar. m. Judía del Perú, gruesa, redonda y muy blanca.

pallar. tr. *Min.* Elegir la parte más rica de los minerales.

pallas. f. *Baile de los indígenas del Perú.

pallete. m. *Mar.* Trenzado de *cabos para defender del roce ciertas partes de la embarcación.

pallón. m. Esferilla de *oro o *plata que resulta en la copela al hacer los ensayos. || Ensaye de oro.

pamandabuán. m. *Embarcación filipina, mayor que la banca.

pamela. f. *Sombrero de paja ancho de alas, que usan las mujeres.

pamema. f. fam. Cosa *insignificante a que se ha querido dar importancia.

pampa. f. Cualquiera de las *llanuras extensas de la América meridional desprovistas de arbolado.

pámpana. f. Hoja de la *vid. || **Tocar,** o **zurrar, la pámpana** a uno. fr. fig. y fam. *Golpearle, azotarle.

pampanada. f. Zumo que se saca de los pámpanos de la vid.

pampanaje. m. Copia de pámpanos. || fig. **Hojarasca.**

pampanilla. f. **Taparrabo.**

pámpano. m. *Sarmiento tierno y delgado, o pimpollo de la vid. || **Pámpana.** || **Salpa.**

pampanoso, sa. adj. Que tiene muchos pámpanos.

pampeano, na. adj. **Pampero.**

pampear. intr. Recorrer la pampa.

pampero, ra. adj. Perteneciente o relativo a las pampas. Ú. t. c. s. || *Habitante de las pampas. || Dícese del *viento impetuoso procedente de la región de las pampas. Ú. t. c. s.

pampinación. f. Limpieza de *vid.

pampirolada. f. *Salsa que se hace con pan y ajos machacados. || fig. y fam. *Necedad o cosa insubstancial.

pamplina. f. **Álsine.** || *Planta herbácea anual, de las papaveráceas, muy abundante en los sembrados. || fig. y fam. Cosa *insignificante. || **de agua.** *Planta herbácea anual, de las primuláceas. || **de canarios. Pamplina.**

pamplinada. f. **Pamplina** (cosa *insignificante).

pamplinero, ra. adj. **Pamplinoso.**

pamplinoso, sa. adj. Propenso a decir pamplinas.

pamplonés, sa. adj. Natural de Pamplona. Ú. t. c. s. || Perteneciente a esta ciudad.

pamporcino. m. *Planta herbácea, vivaz, de las primuláceas, con rizoma grande que sirve de alimento a los cerdos. || Fruto de esta planta.

pamposado, da. adj. *Perezoso.

pampringada. f. **Pringada.** || fig. y fam. Cosa *insignificante o *inoportuna.

pamue. m. Individuo de un pueblo de *raza negra que habita en el África Occidental.

***pan.** m. Porción de masa de harina y agua, que después de fermentada y cocida en horno sirve de alimento al hombre. || Masa para *pasteles y empanadas. || fig. *Masa de otras cosas, en figura de **pan.** || fig. ***Trigo.** || fig. Hoja de harina cocida entre dos hierros a la llama, que sirve para hostias, obleas y otras cosas semejantes. || fig. Hoja muy delgada de *oro u otro metal, que sirve para *dorar o platear. || En Galicia, cada una de las semillas de que se hace **pan,** menos el trigo. || pl. Los trigos, centenos, y otros *cereales, desde que nacen hasta que se siegan. ‖ **Pan aflorado. Pan floreado.** ‖ **agradecido.** fig. Persona que muestra *gratitud al beneficio. ‖ **ázimo.** El que se ha hecho sin levadura. ‖ **bazo.** El que se hace de moyuelo y salvado. ‖ **bendito.** El que suele bendecirse en la *misa y se reparte al pueblo. ‖ fig. Cualquier cosa que cuando se reparte entre muchos se *recibe con gran aceptación. ‖ **candeal.** El que se hace con harina de trigo candeal. ‖ **cenceño. Pan ázimo.** ‖ **de azúcar. Pilón** (de *azúcar). ‖ **de flor.** El que se hace con la flor de la harina de trigo. ‖ **de la boda.** fig. *Regalos, agasajos, alegrías de que gozan los recién *casados. ‖ **de munición.** El que se da a los soldados, presos, etc., fabricado por lo común en grandes cantidades. ‖ **de perro. Perruna.** ‖ fig. *Daño y castigo que se hace o da a uno. ‖ **de poya.** Aquel con que se contribuye en los hornos públicos por precio de la cochura. ‖ **de proposición.** El que se ofrecía todos los sábados en el tabernáculo, entre los *hebreos. ‖ **de tierra. Cazabe.** ‖ **eucarístico.** *Hostia consagrada. ‖ **fermentado.** El corriente. ‖ **floreado. Pan de flor.** ‖ **mal conocido.** fig. Favor no agradecido. ‖ **mediado. Pan por mitad.** ‖ **mollete. Mollete.** ‖ **o vino.** Especie de *juego, semejante al de las chapas. ‖ **perdido.** fig. Persona que se ha metido a *vagabunda. ‖ **pintado.** El que se hace para las bodas y otras funciones, adornándolo con unas labores. ‖ **porcino. Pamporcino.** ‖ **por mitad.** Entre labradores, *arrendamiento de tierras pagado en granos, por igual porción de trigo y cebada. ‖ **regañado.** El que se abre en el horno. ‖ **seco. Pan** solo, sin otra vianda o manjar. ‖ **sentado.** El que pasado un día después de su cochura permanece correoso. ‖ **subcinericio.** El cocido debajo de la ceniza. ‖ **supersubstancial. Pan eucarístico.** ‖ **terciado.** *Renta que se paga en granos, a razón de dos terceras partes de trigo y la otra de cebada. ‖ **y agua.** Cierta cantidad que daban las órdenes militares a sus caballeros por razón de alimentos. ‖ **y quesillo.** *Planta herbácea de las crucíferas. ‖ **Coger** a uno **el pan bajo el sobaco.** fr. fig. y fam. Ganarle la voluntad, *dominarle. ‖ **Comer el pan de** uno. fr. fig. y fam. Ser su familiar o *criado. ‖ **Comer uno el pan de los niños.** fr. fig. Ser ya muy *anciano. ‖ **Comer pan con corteza.** fr. fig. y fam. Estar ya bueno un enfermo. ‖ **Con su pan se lo coma.** expr. fig. con que uno da a entender la *indiferencia con que mira las cosas de otro. ‖ **Echarse los panes.** fr. Inclinarse o caerse las *mieses. ‖ **¡El pan de cada día!** expr. fig. con que se indica la *repetición o *frecuencia de una cosa. ‖ **Engañar el pan.** fr. fig. y fam. Comer con el **pan** una cosa de gusto. ‖ **Escalfar el pan.** fr. Cocerlo con demasiado fuego. ‖ **Ganar pan.** fr. fig. Adquirir caudal. ‖ **Hacer un pan como unas hostias.** fr. fig. y fam. con que se lamenta el *desacierto o *malogro de una acción. ‖ **No cocérsele** a uno **el pan.** fr. fig. y fam. con que se explica la *inquietud o *impaciencia de uno. ‖ **No comer** uno **el pan de balde.** fr. fig. No recibir nada sin *trabajo. ‖ **Pan por pan, vino por vino.** expr. fig. y fam. con que se da a entender que uno ha dicho a otro una cosa con *claridad. ‖ **Repartir como pan bendito** una cosa. fr. fig. y fam. *Distribuirla en porciones muy pequeñas. ‖ **Ser** una cosa **el pan nuestro de cada día.** fr. fig. y fam. Ocurrir con *frecuencia. ‖ **Ser** una cosa **pan y miel.** fr. fig. Ser excelente o muy agradable.

Pan. n. p. m. **Mit.* Dios de los rebaños y personificación de la naturaleza.

pana. f. *Tela gruesa, semejante al *terciopelo. ‖ *Mar.* Cada una de las tablas levadizas que forman el suelo de una *embarcación menor.

pánace. f. *Planta herbácea, vivaz, de las umbelíferas, de cuya raíz se saca el opopónaco.

panacea. f. *Medicamento a que se atribuye eficacia para curar diversas enfermedades. ‖ **universal.** Remedio que buscaban los *alquimistas para curar todas las enfermedades.

panadear. tr. Hacer *pan para venderlo.

panadeo. m. Acción de panadear.

panadería. f. Oficio de panadero. ‖ Sitio donde se hace o vende el *pan.

***panadero, ra.** m. y f. Persona que tiene por oficio hacer o vender *pan. ‖ m. pl. *Baile español semejante al zapateado.

panadizo. m. Inflamación aguda del tejido celular de los *dedos. ‖ fig. y fam. Persona que tiene el color muy *pálido.

panado, da. adj. Dícese del líquido en que se pone en infusión pan tostado.

***panal.** m. Conjunto de celdillas que las abejas forman dentro de la *colmena para depositar la miel. ‖ Cuerpo de estructura semejante que fabrican las avispas. ‖ **Azucarillo.** ‖ **longar.** El que está trabajado a lo largo de la colmena. ‖ **saetero.** El labrado de un témpano al otro de la colmena.

panamá. m. *Sombrero de pita.

panameño, ña. adj. Natural de Panamá. Ú. t. c. s. ‖ Perteneciente a esta república de América.

panamericanismo. m. Doctrina *política que propugna la colaboración de las repúblicas americanas para combatir la influencia extraña, principalmente la europea.

panamericanista. com. El que profesa ideas de panamericanismo.

panamericano, na. adj. Perteneciente o relativo al panamericanismo. Ú. t. c. s.

panarizo. m. **Panadizo.**

panarra. m. fam. Hombre *cándido y *perezoso.

panatela. f. Especie de bizcocho grande y delgado.

panateneas. f. pl. *Fiestas que se celebraban en honor de la diosa Atenea.

panática. f. Provisión de *pan en las embarcaciones.

panatier. m. **Panetero.**

panca. f. *Embarcación filipina, semejante a la banca. ‖ Especie de *abanico grande, rectangular, suspendido del techo, que se mueve tirando de una cuerda.

panca. f. **Perfolla.**

pancada. f. Contrato, muy usado en Indias, de *vender las mercaderías por junto y en montón. ‖ *Golpe brusco.

pancarpia. f. *Corona compuesta de diversas flores.

pancarta. f. Pergamino que contiene copiados varios *documentos.

pancellar. m. **Pancera.**

pancera. f. Pieza de la *armadura antigua, que cubría el vientre.

pancilla. f. V. **Letra pancilla.**

pancista. adj. fam. Dícese de la persona *egoísta que, para no perjudicar sus intereses, renuncia a toda actuación política o social. Ú. t. c. s.

panclastita. f. *Explosivo muy poderoso.

panco. m. *Embarcación filipina de cabotaje, algo semejante al pontín.

pancraciasta. m. Atleta dedicado a los ejercicios del pancracio.

pancracio. m. Combate o *lucha de origen griego, en la que eran lícitos todos los medios para vencer al adversario.

pancrático, ca. adj. *Zool.* **Pancreático.**

páncreas. m. *Glándula situada en la cavidad abdominal, y cuyo jugo contribuye a la digestión.

pancreático, ca. adj. *Zool.* Perteneciente al páncreas.

pancreatina. f. Substancia orgánica secretada por el páncreas.

pancreatitis. f. Inflamación del páncreas.

pancho. m. Cría del besugo.

pancho. m. fam. **Panza.**

panchón. m. *Pan moreno hecho con harina poco cernida.

panda. f. Cada una de las *galerías de un claustro.

pandáneo, a. adj. **Bot.* Dícese de plantas vivaces de tallo sarmentoso, rastrero, cuyo tipo es el bombonaje. Ú. t. c. s. f. ‖ f. pl. *Bot.* Familia de estas plantas.

pandar. tr. *Germ.* **Apandillar.**

pandear. intr. Torcerse una cosa *encorvándose en el medio. Dícese de las paredes, vigas y otras cosas. Ú. m. c. r.

pandectas. f. pl. Recopilación de varias obras de *derecho que el emperador Justiniano puso en el Digesto. ‖ Código del mismo emperador, con las Novelas y demás constituciones que lo componen. ‖ Conjunto del Digesto y del Código. ‖ Entre los hombres de negocios, cuaderno en que por orden alfabético se anota el folio en que está la *cuenta de cada uno en el libro mayor.

pandemia. f. *Med.* *Enfermedad epidémica que se extiende a muchos países o que ataca a casi todos los individuos de una región.

pandemónium. m. Capital imaginaria del *infierno. ‖ fig. y fam. Lugar en que hay mucho *alboroto y confusión.

pandeo. m. Acción y efecto de pandear o pandearse.

pandera. f. **Pandero.** ‖ Baile popular de Navarra.

panderada. f. Conjunto de muchos *panderos. ‖ fig. y fam. *Necedad, dicho insubstancial.

panderazo. m. *Golpe dado con el pandero o la pandera.

pandereta. f. d. de **Pandera.** ‖ **Pandero.**

panderetazo. m. *Golpe dado con la pandereta.

panderete. m. d. de **Pandero.** ‖ V. **Tabique de panderete.**

panderete. m. *Germ.* Encuentro de dos naipes preparado con *fullería.

panderetear. intr. Tocar el *pandero, o saltar y bailar al son de él.

pandereteo. m. Acción y efecto de panderetear. ‖ Regocijo y bulla al son del pandero.

panderetero, ra. m. y f. Persona que toca el *pandero. ‖ Persona que hace o vende panderos.

***pandero.** m. Instrumento rústico de

percusión, formado de una piel estirada sobre un aro estrecho de madera, provisto de cascabeles. ‖ fig. y fam. Persona *necia y *habladora. ‖ **Cometa.**

pandiculación. f. **Desperezo.**

pandilla. f. Liga o *confederación. ‖ *Confabulación para engañar a otros o hacerles daño. ‖ Cualquier *reunión de gente, y en especial la que se forma para divertirse.

pandillaje. m. Influjo de personas reunidas en pandilla o *confabulación.

pandillero. m. **Pandillista.**

pandillista. m. El que forma o fomenta pandillas.

pando, da. adj. Que pandea. ‖ Dícese de lo que se mueve *lentamente, como los *ríos cuando forman remanso. ‖ fig. Dícese del sujeto *calmoso. ‖ m. Terreno casi llano o *valle situado entre dos montañas.

pandorga. f. Figurón o *muñeco, que en cierto juego antiguo daba con el brazo al jugador poco diestro. ‖ Este mismo juego. ‖ **Cometa.** ‖ fig. y fam. Mujer muy *gorda y *perezosa. ‖ **Zambomba.**

***panecillo.** m. *Pan pequeño equivalente a la mitad de una libreta. ‖ Mollete esponjado. ‖ Lo que tiene forma de un pan pequeño.

panegírico, ca. adj. Perteneciente o relativo a la *alabanza de una persona. ‖ m. *Discurso de alabanza de una persona. ‖ Elogio de alguna persona por escrito.

panegirista. m. *Orador que pronuncia el panegírico. ‖ fig. El que *alaba a otro.

panegirizar. tr. p. us. Hacer el panegírico de una persona.

panel. m. Cada uno de los espacios en que para su *ornamentación se dividen los lienzos de *pared, las hojas de *puertas, etc.

panela. f. *Bizcocho de figura prismática. ‖ **Chancaca.** ‖ **Blas.* Hoja de álamo puesta como mueble en el escudo.

pane lucrando. expr. lat. que, aplicada a las obras artísticas o literarias, indica que el autor atendió más a *ganarse la vida que a conseguir la gloria.

panenteísmo. m. *Fil.* **Krausismo.**

panera. f. Troje o cámara donde se guardan los *granos, el *pan o la harina. ‖ *Cesta grande para transportar pan. ‖ **Nasa** (vasija).

panero. m. *Canasta redonda para echar el pan que se va sacando del horno. ‖ **Ruedo** (de estera).

paneslavismo. m. Tendencia *política que aspira a la confederación de todos los pueblos de origen eslavo.

paneslavista. adj. Perteneciente o relativo al paneslavismo. ‖ Partidario del paneslavismo. Ú. t. c. s.

panetela. f. Especie de *sopa espesa, hecha con caldo y pan rallado, a lo cual se suele agregar gallina picada, yemas de huevo, etc. ‖ *Cigarro puro largo y delgado.

panetería. f. Oficina del palacio *real para la distribución del pan y ropa de mesa.

panetero, ra. m. y f. Persona encargada de la panetería.

panfilismo. m. *Benignidad extremada.

pánfilo, la. adj. Muy pausado y *calmoso. ‖ *Bondadoso en exceso. Ú. t. c. s. ‖ m. *Juego que consistía en apagar una cerilla pronunciando la palabra **pánfilo.**

pangal. m. Terreno en que abundan los pangues.

pangelín. m. *Árbol del Brasil, de las leguminosas, con tronco recto y hojas semejantes a las del nogal.

pange lingua. m. Himno que se *canta en honor de la *Eucaristía.

pangermanismo. m. Doctrina *política que procura la unión y predominio de todos los pueblos de origen germánico.

pangermanista. adj. Perteneciente o relativo al pangermanismo. ‖ Partidario de esta doctrina. Ú. t. c. s.

pango. m. *Mar.* *Embarcación filipina a modo de canoa realzada.

pangolín. m. *Mamífero de los desdentados, parecido al lagarto, y cubierto de escamas duras y puntiagudas, que el animal puede erizar, sobre todo al arrollarse en bola para defenderse.

pangue. m. *Planta chilena, sin tallo, pero con grandes hojas, de más de un metro de largo. El rizoma se usa para curtir el *cuero.

paniaguado. m. *Servidor de una casa, que recibe alimento y salario. ‖ fig. El allegado a una persona, que recibe *protección de ella.

pánico, ca. adj. *Aplícase al *miedo excesivo, sin causa justificada. Ú. t. c. s. m.

panicular. adj. Que tiene panículo.

panículo. m. *Zool.* Capa subcutánea formada por un tejido.

paniego, ga. adj. Que come mucho *pan. ‖ Dícese del *terreno que lleva panes. ‖ m. *Saco para llevar *carbón.

panificable. adj. Que se puede panificar.

panificación. f. Acción y efecto de panificar.

panificar. tr. **Panadear.** ‖ **Agr.* Romper las dehesas y tierras eriales, para hacerlas de pan llevar.

panilla. f. Medida de *capacidad para el *aceite, que equivale a la cuarta parte de una libra. ‖ **Abacería.**

panique. m. *Murciélago de Oceanía, del tamaño del conejo, con la cabeza parecida a la del perro.

panislamismo. m. Doctrina *política que propugna la acción común de los pueblos mahometanos contra la influencia extranjera.

panizo. m. *Planta gramínea, de cuya raíz salen varios tallos con hojas planas, y flores en panojas grandes. ‖ Grano de esta planta, que sirve de alimento del hombre y de las aves. ‖ ***Maíz.** ‖ Criadero de minerales. ‖ **de Daimiel.** *Planta gramínea, que tiene las hojas planas con nervios gruesos y flores en panoja. ‖ **negro.** ***Zahína.** ‖ **Panizo de Daimiel.**

panjí. m. **Árbol del Paraíso.**

panléxico. m. *Diccionario muy completo.

panocha. f. **Panoja.**

panocho, cha. adj. Perteneciente o relativo a la *huerta de Murcia. ‖ m. y f. *Habitante de la huerta. ‖ m. *Lengua dialectal de estos habitantes.

panoja. f. Mazorca del *maíz, del panizo o del mijo. ‖ **Colgajo** (de uvas u otras *frutas). ‖ Conjunto de tres o más boquerones u otros *pescados pequeños, que se fríen pegados por las colas. ‖ *Bot.* Conjunto de espigas que nacen de un pedúnculo común.

panol. m. *Mar.* **Pañol.**

panoli. adj. fam. *Necio, tonto, o demasiado *cándido.

panonio, nia. adj. Natural de la Panonia. Ú. t. c. s. ‖ Perteneciente a esta antigua región de Europa.

panoplia. f. *Armadura de todas piezas. ‖ *Colección de *armas. ‖ Parte de la *arqueología, que estudia las armas y armaduras antiguas. ‖ Tabla, generalmente en forma de escudo, donde se colocan floretes y otras *armas de esgrima.

panóptico, ca. adj. Aplícase al *edificio construido de modo que toda su parte interior se pueda ver desde un solo punto. Ú. t. c. s. m.

panorama. m. Vista *pintada en un gran cilindro hueco, para contemplarla desde el interior del mismo. ‖ Por ext., vista de un horizonte muy dilatado.

panorámico, ca. adj. Perteneciente o relativo al panorama.

panormitano, na. adj. Natural de Palermo. Ú. t. c. s. ‖ Perteneciente a esta ciudad de Sicilia.

panoso, sa. adj. **Harinoso.**

pansido, da. adj. Dícese de las frutas pasas, como *uvas, *ciruelas, etcétera.

panspermia. f. Doctrina *filosófica que admite la existencia en todas partes de gérmenes orgánicos que no se desarrollan hasta encontrar circunstancias favorables.

pantagruélico, ca. adj. Dícese de las *comidas en que hay gran abundancia de manjares.

pantalán. m. En Filipinas, *muelle de madera.

***pantalón.** m. Prenda de vestir masculina, que ciñe al cuerpo en la cintura y baja cubriendo cada pierna hasta los tobillos. Ú. m. en pl. ‖ Prenda interior del traje de la mujer, más ancha y corta que el **pantalón** de los hombres. ‖ **bombacho.** **Pantalón** ancho cuyos perniles terminan en forma de campana abierta por el costado. ‖ **Ponerse** una mujer **los pantalones.** fr. fig. y fam. **Ponerse los calzones.**

pantalonera. f. Oficiala de *sastre que *cose *pantalones.

***pantalla.** f. Lámina que se sujeta delante o alrededor de la luz artificial, para que no ofenda a los ojos. ‖ Especie de mampara que se pone delante de las *chimeneas para interceptar la irradiación directa. ‖ En el *cinematógrafo, telón en que se proyectan las imágenes. ‖ fig. Persona o cosa que, puesta delante de otra, la *oculta o le hace sombra.

pantanal. f. Tierra *pantanosa.

***pantano.** m. Hondonada natural donde se acumulan aguas, con fondo más o menos cenagoso. ‖ Gran depósito de agua, formado en un valle artificialmente, que sirve para alimentar las acequias de riego. ‖ fig. *Dificultad, estorbo grande.

***pantanoso, sa.** adj. Dícese del terreno donde hay pantanos. ‖ Dícese del terreno *cenagoso. ‖ fig. Lleno de *dificultades o embarazos.

pantasana. f. Arte de *pesca que consiste en un cerco de redes caladas a plomo, rodeadas de otras redes horizontales.

panteísmo. m. Sistema *filosófico que identifica a Dios con el universo.

panteísta. adj. Que sigue la doctrina del panteísmo. Ú. t. c. s. ‖ **Panteístico.**

panteístico, ca. adj. Perteneciente o relativo al panteísmo.

panteología. f. Tratado de todos los dioses del *paganismo.

panteólogo. m. El versado en panteología.

panteón. m. *Monumento funerario destinado a *sepultura de varias personas.

pantera. f. Leopardo cuyas manchas

circulares de la piel son todas anilladas. ‖ *Ágata amarilla, mosqueada de pardo o rojo.
pantógrafo. m. Instrumento a modo de paralelogramo articulado, que sirve para *copiar, ampliar o reducir un plano o *dibujo.
pantómetra. f. Especie de *compás de proporción. ‖ Instrumento de *topografía para medir ángulos horizontales, compuesto de un cilindro de metal fijo, y de otro móvil con miras para dirigir visuales.
pantomima. f. Representación *teatral por figuras y *gestos sin que intervengan palabras.
pantomímico, ca. adj. Perteneciente a la pantomima o al pantomimo.
pantomimo. m. *Histrión o *cómico que remeda o imita diversas figuras.
pantoque. m. *Mar.* Parte casi plana del casco de un *barco, que forma el fondo junto a la quilla.
pantorra. f. fam. **Pantorrilla.** Ú. m. en pl.
pantorrilla. f. Parte carnosa y abultada de la *pierna, por debajo de la corva.
pantorrillera. f. *Media gruesa que se usaba para abultar las pantorrillas.
pantorrilludo, da. adj. Que tiene muy gordas las pantorrillas.
pantufla. f. **Pantuflo.**
pantuflazo. m. *Golpe que se da con el pantuflo.
pantuflo. m. *Calzado para casa, a modo de zapato sin orejas ni talón.
panucho. m. *Culin.* Tortilla de maíz rellena con fréjoles y carne de cazón.
panul. m. **Apio.**
panza. f. Nombre que se da al *vientre, especialmente al muy abultado. ‖ Parte *convexa y más saliente de ciertas vasijas o de otras cosas. ‖ *Zool.* Primera de las cuatro cavidades en que se divide el *estómago de los *rumiantes. ‖ **al trote.** fig. y fam. Persona que vive de *mogollón, y especialmente la que anda buscando donde comer a costa ajena. ‖ **de burra.** fig. y fam. Pergamino en que se daba el título del grado en las *universidades. ‖ fig. y fam. Nombre que se da al cielo con *nubes de color gris obscuro. ‖ **en gloria.** fig. y fam. Persona muy *tranquila o *insensible.
panzada. f. *Golpe que se da con la panza. ‖ fam. ***Hartazgo.**
panzón, na. adj. **Panzudo.** ‖ m. aum. de **Panza.**
panzudo, da. adj. Que tiene mucha panza.
pañal. m. Sabanilla en que se envuelve a los *niños de teta. ‖ Faldón o caídas de la *camisa del hombre. ‖ pl. Envoltura de los *niños de teta. ‖ fig. Primeros principios de la *enseñanza o educación. ‖ fig. ***Niñez.** ‖ **Estar** uno **en pañales.** fr. fig. y fam. Tener poco conocimiento de una cosa o estar *ignorante de ella.
pañalón. m. fig. y fam. Persona *desaliñada, que deja ver las caídas de la camisa.
pañería. f. Comercio o tienda de *paños. ‖ Conjunto de los mismos *paños.
pañero, ra. m. y f. Persona que vende *paños. ‖ f. Mujer del **pañero.**
***pañete.** m. d. de **Paño.** ‖ *Paño de inferior calidad o de poco cuerpo. ‖ pl. Cierto género de *calzoncillos que usan los pescadores y otros que trabajan desnudos. ‖ Enagüillas que ponen a las efigies de *Cristo desnudo. ‖ **Enlucido** (de albañilería).
pañil. m. *Árbol de las escrofulariáceas, cuyas hojas se usan para la curación de úlceras.
pañizuelo. m. **Pañuelo.**
***paño.** m. Tela de lana muy tupida y con pelo corto. ‖ ***Tela.** ‖ *Ancho de una tela. ‖ Tapiz u otra *colgadura. ‖ **Cir.* Cualquier pedazo de lienzo u otra tela para curar llagas. ‖ *Mancha obscura en la *piel de la *cara. ‖ *Vergüenza, rubor. ‖ Excrecencia membranosa del *ojo, que estorba o impide la vista. ‖ Accidente que disminuye el brillo de algunas cosas o las hace *opacas. ‖ **Enlucido.** ‖ Lienzo de *pared. ‖ *Mar.* *Velas que lleva desplegadas el navío. ‖ pl. Cualquier género de *vestiduras. ‖ **Esc.* y **Pint.* Ropas de amplio corte que forman pliegues. ‖ **Paño berbí.** El que se fabrica con trama y urdimbre sin peinar. ‖ **buriel. Paño** pardo del color natural de la lana. ‖ **catorceno.** Aquel cuya urdimbre consta de catorce centenares de hilos. ‖ **de Arrás.** *Tapiz hecho en aquella ciudad. ‖ **de cáliz.** **Liturg.* Cuadrado de tela con que se cubre el cáliz. ‖ **de hombros. Humeral.** ‖ **de lágrimas.** fig. Persona en quien se encuentra *consuelo o *protección. ‖ **de lampazo.** Tapiz que sólo representa vegetales. ‖ **de manos. Toalla.** ‖ **de mesa. Mantel.** ‖ **de púlpito.** Paramento con que se adorna exteriormente el púlpito. ‖ **de ras. Paño de Arrás.** ‖ **de tumba.** Cubierta negra que se pone o se tiende para las *exequias. ‖ **dieciocheno.** Aquel cuya urdimbre consta de dieciocho centenares de hilos. ‖ **pardillo.** El más tosco, de color pardo, sin tinte que usa la gente pobre. ‖ **treintaidoseno.** Aquel cuya urdimbre consta de treinta y dos centenares de hilos. ‖ **veinteno.** Aquel cuya urdimbre consta de veinte centenares de hilos. ‖ **veinticuatreno.** Aquel cuya urdimbre consta de veinticuatro centenares de hilos. ‖ **veintidoseno.** Aquel cuya urdimbre consta de veintidós centenares de hilos. ‖ **veintiocheno.** Aquel cuya urdimbre consta de veintiocho centenares de hilos. ‖ **veintiseiseno.** Aquel cuya urdimbre consta de veintiséis centenares de hilos. ‖ **Paños calientes.** fig. y fam. Remedios paliativos e *ineficaces. ‖ **de corte.** *Tapices con que se adornan y abrigan los aposentos en el invierno. ‖ **de excusa.** Especie de bata o *ropa de cámara, usada antiguamente. ‖ **menores.** Camisa, calzoncillos y demás *ropa interior. ‖ **Al paño.** loc. adv. En lenguaje *teatral, detrás de un telón o bastidor. Dícese del actor que así interviene en la representación. ‖ **Dar un paño.** fr. En el lenguaje teatral, decir el traspunte a un actor lo que éste ha de hablar al **paño.** ‖ **Haber paño de que cortar.** fr. fig. y fam. Haber materia *abundante de que disponer o de que hablar. ‖ **Poner el paño al púlpito.** fr. fig. y fam. *Hablar profusamente y con *afectación. ‖ **Ser** una cosa **del mismo paño que** otra. fr. fig. y fam. Ser de la *misma materia, o de *igual calidad. ‖ **Tender el paño del púlpito.** fr. fig. y fam. **Poner el paño al púlpito.**
pañol. m. *Mar.* Cualquiera de los compartimientos que se hacen en el *buque, para guardar víveres, municiones, etc.
pañolera. f. La que vende *pañuelos. ‖ La mujer del pañolero.
pañolería. f. Tienda de *pañuelos. ‖ Comercio o tráfico de pañuelos.
pañolero. m. El que vende *pañuelos.
pañolero. m. *Mar.* *Marinero encargado de uno o más pañoles.
pañoleta. f. Prenda triangular, a modo de medio *pañuelo.
pañolón. m. ***Mantón.**
pañosa. f. fam. *Capa de paño.
pañoso, sa. adj. Dícese de la persona *desaliñada o harapienta.
***pañuelo.** m. Pedazo de tela cuadrado y de una sola pieza, con guarnición o fleco o sin él. ‖ El que sirve y se usa para limpiarse el sudor y las narices. ‖ **de bolsillo,** o **de la mano. Pañuelo** para las narices. ‖ **de hierbas.** El de tela basta, con dibujos estampados.
***papa.** m. Sumo Pontífice romano, vicario de Cristo, cabeza visible de la Iglesia Católica. ‖ fam. ***Padre.**
papa. f. **Patata.** ‖ **de caña. Patata de caña.**
papa. f. fam. **Paparrucha.** ‖ pl. fig. y fam. Cualquier especie de *comida. ‖ *Sopas blandas. ‖ *Gachas.
papá. m. fam. **Papa** (*padre). Ú. más por las clases cultas.
papable. adj. Se dice del cardenal que tiene probabilidad de ser *papa.
papacia. f. Hoja ancha del *maíz.
papada. f. Abultamiento carnoso anormal que se forma debajo de la *barba. ‖ Pliegue cutáneo que sobresale en el borde inferior del *cuello de ciertos animales.
papadilla. f. Parte de carne que hay debajo de la *barba.
papado. m. Dignidad de *papa. ‖ Tiempo que dura.
papafigo. m. Ave del orden de los *pájaros, de plumaje pardo verdoso. Canta muy bien y enjaulada vive bastantes años. ‖ En algunas partes, **oropéndola.** ‖ *Mar.* **Papahígo** (*vela).
papagaya. f. Hembra del papagayo.
***papagayo.** m. Ave del orden de las trepadoras, de pico fuerte, grueso y muy encorvado, y plumaje amarillento en la cabeza y verde en el cuerpo. Es propia de los países tropicales, vive bien en la domesticidad y aprende a repetir palabras y frases enteras. ‖ *Pez marino acantopterigio, de carne comestible. ‖ *Planta herbácea anual, de las amarantáceas, con tallo derecho, y hojas de tres colores. Se cultiva en los jardines. ‖ *Planta vivaz, de las aroideas, con hojas radicales, en forma de escudo y colores muy vivos. ‖ *Germ.* *Corchete o soplón. ‖ **de noche. Guáchado** (*pájaro).
papahígo. m. *Gorro de paño, que cubre el cuello y parte de la cara. ‖ **Papafigo** (ave). ‖ *Mar.* Cualquiera de las *velas mayores, excepto la mesana.
papahuevos. m. fig. y fam. **Papanatas.**
papaína. f. **Quím.* Principio activo de la papaya o lechosa, el cual, como el jugo gástrico, disuelve la carne.
papaíto. m. d. de **Papá.**
***papal.** adj. Perteneciente o relativo al *Papa.
papalina. f. *Gorra o birrete con dos puntas, que cubre las orejas. ‖ ‖ Cofia de mujer, de tela ligera.
papalina. f. fam. **Borrachera.**
papalino, na. adj. **Papal.**
papalmente. adv. m. Como *papa.
papalote. m. Especie de *cometa (juguete).
papamoscas. m. *Pájaro de color gris por encima, blanquecino por debajo, y con cerdas negras y largas

en la comisura del pico. Se utilizaba para limpiar de moscas las habitaciones. || fig. y fam. **Papanatas.**

papanatas. m. fig. y fam. Hombre demasiado *cándido y fácil de engañar.

papandujo, ja. adj. fam. *Blando o pasado de *maduro. || f. Cosa *insignificante, bagatela.

papar. tr. *Comer cosas blandas sin mascar; como sopas, papas, etc. || fam. **Comer.** || fig. y fam. Hacer poco caso de las cosas, incurrir en *descuido.

páparo, ra. adj. Dícese del individuo de una *tribu, ya extinguida, del istmo de Panamá. Ú. t. c. s. || m. Aldeano u hombre *rústico que de todo se *admira.

paparote, ta. m. y f. **Bobalicón.**

paparrabias. com. fam. **Cascarrabias.**

paparrasolla. f. Ente imaginario que se evoca para *asustar a los *niños.

paparrucha. f. fam. Noticia falsa o *irracional; *mentira. || fam. Obra literaria, insubstancial y desatinada.

papasal. m. *Juego de muchachos que consiste en hacer ciertas rayas en la ceniza. || fig. Friolera, bagatela, cosa *insignificante.

papatoste. m. **Papanatas.**

papaveráceo, a. adj. *Bot.* Dícese de ciertas plantas dicotiledóneas, herbáceas, con jugo acre y de olor fétido, cuyo tipo es la adormidera. Ú. t. c. s. || f. pl. *Bot.* Familia de estas plantas.

papaya. f. Fruto del papayo, cuya parte mollar, semejante a la del melón, se emplea para hacer confitura.

papayáceo, a. adj. *Bot.* Dícese de plantas dicotiledóneas de flores unisexuales, fruto en baya, de carne apretada al exterior y pulposa en lo interior, y semillas semejantes a las de las cucurbitáceas; como el papayo. || f. pl. *Bot.* Familia de estas plantas.

papayo. m. *Arbolillo de las papayáceas, cuyo fruto es la papaya.

pápaz. m. Nombre que dan los moros a los *sacerdotes cristianos.

papazgo. m. **Papado.**

***papel.** m. Hoja delgada consistente en fibras de celulosa reducidas a pasta por procedimientos químicos y mecánicos, y obtenidas de trapos, madera, esparto, etc. Se usa para escribir, dibujar, imprimir, etc. || Pliego, hoja o pedazo de **papel** en blanco, manuscrito o *impreso. || Conjunto de pliegos de **papel.** || *Carta, *documento o manuscrito de cualquier clase. || Impreso que no llega a formar libro. || Parte de la obra *teatral que ha de representar cada actor. || Personaje de la obra dramática. || fig. Carácter, representación, o *calidad con que uno interviene en algún asunto. || *Com.* Documento que contiene la obligación del pago de una cantidad; como *libranza, pagaré, etc. || *Com.* Conjunto de *valores mobiliarios que salen a negociación en el mercado. || pl. Documentos con que se acredita el estado civil o la calidad de una *persona. || **Papel ahuesado.** El que imita el color del hueso. || **atlántico.** *Impr.* **Folio atlántico.** || **blanco.** El que no está escrito ni impreso. || **carbón.** El impregnado por una de sus caras con tinta grasa, que se usa para calcar y sacar *copias. || **continuo.** El que se hace a máquina en piezas de mucha longitud. || **costero. Papel quebrado.** || **cuché.** El muy satinado y barnizado. || **de añafea. Papel de estraza.** || **de Armenia.** El impregnado de materias *aromáticas, que arde con olor parecido al del incienso. || **de barba** o **de barbas.** El de tina, que no está recortado por los bordes. || **de culebrilla. Papel** fino de escribir, usado en los siglos XVI y XVII. || **Papel de seda.** || **de cúrcuma.** *Quím.* El impregnado en la tinta de cúrcuma, que se emplea como reactivo. || **de China.** El muy fino y consistente que se fabrica con la corteza de la caña del bambú. || **de estaño.** Lámina muy delgada de este metal. || **de estracilla. Estracilla.** || **de estraza. Papel** muy basto, áspero, sin cola y sin blanquear. || **de filtro.** El poroso y sin cola, que se usa para *filtrar. || **de *fumar.** El que se usa para liar cigarrillos. || **del Estado.** Diferentes documentos que emite el Estado reconociendo créditos. || **de lija.** Hoja de **papel** fuerte, recubierta por una de sus caras con vidrio molido, arena cuarzosa o polvos de esmeril. || **de luto.** El que en señal de duelo se usa con orla negra. || **de mano. Papel de tina.** || **de marca.** El de tina, del tamaño que tiene ordinariamente el **papel** sellado. || **de marca mayor.** El de tina, de doble tamaño que el de marca. || **de marquilla.** El de tina, de tamaño medio entre el de marca y el de marca mayor. || El de tina, grueso, que se emplea para dibujar. || **de música.** El rayado para escribir música. || **de pagos.** Hoja timbrada que expende la Hacienda para hacer pagos al Estado. || **de seda.** El muy fino, transparente y flexible. || **de tina.** El de hilo que se hace en molde pliego a pliego. || **de tornasol.** *Quím.* El impregnado en la tintura de tornasol que se emplea como reactivo. || **en blanco. Papel blanco.** || **en derecho.** *For.* Alegato impreso, destinado a substituir los informes orales de las partes. || **florete.** El de primera calidad. || **japonés.** El fabricado con la parte interior de la corteza del moral. || **mojado.** fig. El de poca importancia, o *inútil. || **moneda.** El que por autoridad pública substituye al dinero en metálico y tiene curso como tal. || **pautado.** El que tiene pauta para aprender a escribir, o pentágrama para la música. || **pintado.** El de varios colores y dibujos que se emplea en adornar con él las paredes. || **pluma.** El fabricado con pasta muy ligera y esponjosa. || **quebrado.** El que se rompe, mancha o arruga durante la fabricación. || **rayado.** El que tiene rayas sutiles de lápiz o tinta pálida. || **secante.** El esponjoso y sin cola, que se emplea para *secar lo escrito. || **sellado.** El que tiene estampadas las armas de la nación, y sirve para formalizar documentos y para otros usos oficiales. || **tela.** Tejido de algodón, muy fino y transparente, que se emplea para calcar dibujos. || **vergé, vergueteado,** o **verjurado.** El que lleva una filigrana de rayitas o puntizones muy menudos y otros más separados que los cortan perpendicularmente. || **volante.** Impreso de muy reducida extensión. || **Embadurnar,** o **embarrar,** o **emborronar, papel.** fr. fig. y fam. Escribir cosas inútiles o despreciables. || **Hacer** un **buen,** o **mal, papel.** fr. fig. Estar o salir lucida o desairadamente en algún acto o negocio. || **Hacer el papel.** fr. fig. *Fingir diestramente una cosa. || **Hacer papel.** fr. fig. **Hacer figura.** || **Hacer** uno **su papel.** fr. fig. *Cumplir con su cargo y ministerio. || **Manchar papel,** fr. fig. y fam. **Embadurnar papel.** || **Tener** uno **buenos papeles.** fr. fig. Tener certificaciones que prueban su *nobleza o sus méritos. || fig. Tener razón o justificación en lo que propone o disputa.

papelear. intr. Revolver *papeles. || fig. y fam. **Hacer papel.**

papeleo. m. Acción y efecto de papelear o revolver *papeles.

papelera. f. Escritorio, mueble para guardar papeles. || Abundancia de papel *escrito.

papelería. f. Conjunto de *papeles en desorden. || Tienda en que se vende papel y objetos de escritorio.

papelero, ra. adj. Perteneciente o relativo al *papel. || Farolero, *jactancioso. Ú. t. c. s. || m. El que fabrica o vende papel.

papeleta. f. **Cédula.** || p. us. Cucurucho de papel en que se incluye una cosa, y especialmente una *propina. || fig. y fam. *Asunto o *problema *difícil de resolver. || **de empeño.** Resguardo que el que *presta da al que empeña una cosa para que pueda rescatarla. || **del monte. Papeleta de empeño.**

papelillo. m. d. de **Papel.** || Cigarro de papel.

papelina. f. *Vaso para beber, estrecho por el pie y ancho por la boca.

papelina. f. *Tela muy delgada, de seda.

papelista. m. El que maneja *papeles. || Fabricante de papel. || Almacenista de papel. || Oficial que empapela habitaciones. || fam. Picapleitos.

papelón, na. adj. fam. Dícese de la persona *ostentosa, que quiere aparentar más que es. Ú. t. c. s. || m. *Escrito que se desprecia por algún motivo. || Cartón delgado hecho de dos papeles pegados. || En la fabricación de *azúcar, meladura ya cuajada en una horma cónica.

papelonado. adj. *Blas.* Dícese del escudo ornado de varias filas superpuestas de medios aros delgados.

papelonear. intr. fam. *Jactarse de autoridad o valimiento.

papelorio. m. despect. Fárrago de *papel o de papeles.

papelote. m. despect. **Papelucho.** || Conjunto de papeles inútiles o de recortes de *papel.

papelucho. m. despect. Papel o *escrito despreciable.

papera. f. **Bocio.** || **Parotiditis.** || *Tumor inflamatorio y contagioso que padecen los caballos. Se presenta en la entrada del conducto respiratorio o en los ganglios submaxilares. || pl. Escrófulas, lamparones.

papero. m. Puchero en que se hacen las papas para los niños. || **Papilla.**

papi. m. En el lenguaje infantil, *padre.

papialbillo. m. **Jineta** (*mamífero).

papila. f. *Bot.* Cada una de las pequeñas prominencias cónicas que tienen ciertos órganos de algunos vegetales. || *Zool.* Cada una de las pequeñas prominencias cónicas formadas en la *piel y en las membranas mucosas, especialmente de la *lengua. || Prominencia que forma el nervio óptico en el fondo del *ojo.

papilar. adj. *Bot.* y *Zool.* Perteneciente o relativo a las papilas.

papilionáceo, a. adj. **Amariposado.** || f. pl. *Bot.* Familia numerosa de plantas leguminosas, caracterizada por su corola amariposada.

papiloma. m. *Med.* Variedad de epitelioma caracterizada por el aumento de volumen de las papilas de la piel o de las mucosas. ‖ *Tumor pediculado en forma de botón o cabezuela. ‖ Excrecencia de la *piel por hipertrofia de sus elementos normales.

papilla. f. *Sopas espesas que se dan a los niños. ‖ fig. Cautela o *astucia con que se *halaga a uno para *engañarle. ‖ **Echar** uno **la primera papilla.** fr. fig. y fam. con que se encarece la intensidad del *vómito.

papillote. m. Rizo de *cabello sujeto con un papel.

papín. m. Especie de *dulce casero.

papión. m. **Zambo** (*mono).

papiro. m. Planta vivaz, de las ciperáceas, con *cañas de dos o tres metros de altura y un decímetro de grueso. ‖ Lámina sacada del tallo de esta planta y que empleaban los antiguos en lugar de *papel.

pápiro. m. fam. Billete de banco.

papirolada. f. fam. **Pampirolada.**

papirotada. f. **Papirote.**

papirotazo. m. **Papirote.**

papirote. m. **Capirote** (*golpe que se da en la cabeza). ‖ fig. y fam. ***Tonto.**

papisa. f. Voz que significa *mujer-*papa* y se usó para designar al personaje llamado la **papisa** Juana.

papista. adj. Nombre que los heterodoxos dan al *católico romano. Ú. t. c. s. ‖ **Ser** uno **más papista que el papa.** fr. Mostrar en un asunto más celo que el directamente interesado.

papo. m. Parte abultada del animal entre la *barba y el *cuello. ‖ Buche de las *aves. ‖ Nombre vulgar del **bocio.** ‖ Cada uno de los *pliegues que sobresalían por entre las cuchilladas en los *trajes antiguos. ‖ **Cetr.* Porción de comida que se da de una vez al ave de rapiña. ‖ pl. *Tocado que usaron las mujeres, con unos huecos o bollos que cubrían las orejas. ‖ **Papo de viento.** *Mar.* Seno formado por el viento en una *vela. ‖ **Hablar de papo.** fr. fig. y fam. Hablar con presunción o *vanidad. ‖ **Hablar,** o **ponerse, papo a papo** con uno. fr. Hablarse cara a cara, con *desenvoltura y *sinceridad.

papo. m. **Vilano** (del *cardo).

papón. m. Bu, coco para *asustar a los niños.

paporrear. tr. **Vapulear.**

papú. adj. Natural de la Papuasia. Ú. t. c. s. ‖ Perteneciente a esta región de la Nueva Guinea.

papudo, da. adj. Que tiene crecido y grueso el papo. Dícese comúnmente de las *aves.

papujado, da. adj. Aplícase a las *gallinas, que tienen mucha pluma y carne en el papo. ‖ fig. Abultado, *prominente y *hueco.

pápula. f. *Pat.* *Tumorcillo eruptivo en la *piel, sin pus ni serosidad.

papulación. f. *Pat.* Producción de pápulas en algunas enfermedades.

papuloso, sa. adj. Que tiene los caracteres de la pápula.

paquebot. m. **Paquebote.**

paquebote. m. *Embarcación que lleva *correo y pasajeros de un puerto a otro.

***paquete.** m. Envoltorio bien dispuesto y no muy abultado. ‖ Conjunto de cartas o *papeles contenidos en un mismo sobre o cubierta. ‖ **Paquebote.** ‖ fam. ***Petimetre.** Ú. t. c. adj. ‖ **Impr.* Trozo de composición tipográfica en que entran próximamente mil letras. ‖ **postal.** El que se envía por *correo.

paquetería. f. Género de mercancía que se guarda o vende en paquetes. ‖ *Comercio de este género.

paquetero, ra. adj. Que hace paquetes. Ú. t. c. s. ‖ m. y f. Persona que se encarga de los paquetes de los *periódicos para repartirlos entre los vendedores. ‖ m. El que introduce *contrabando en pequeñas porciones.

paquidermia. f. *Pat.* **Elefantiasis.**

paquidermo. adj. *Zool.* Aplícase a los animales *mamíferos de piel gruesa y dura y tres o cuatro dedos en cada extremidad; como el hipopótamo y el cerdo. Ú. t. c. s. ‖ m. pl. *Zool.* Orden de estos animales.

***par.** adj. *Igual o semejante totalmente. ‖ **Anat.* Dícese del órgano que corresponde simétricamente a otro igual. ‖ → m. Conjunto de dos personas o dos cosas de una misma especie. ‖ Conjunto de dos mulas o bueyes de *labranza. ‖ *Título de alta dignidad en algunos estados. ‖ *Arq.* Cada uno de los dos maderos que en un cuchillo de *armadura tienen la inclinación del tejado. ‖ *Fís.* Conjunto de dos cuerpos heterogéneos que en condiciones determinadas producen una corriente *eléctrica. ‖ f. pl. **Placenta.** ‖ **A la par.** m. adv. Juntamente o con *simultaneidad. ‖ Igualmente, sin distinción o separación. ‖ Tratándose de monedas, *valores, etc., igualdad entre su valor nominal y el que obtienen en cambio. ‖ **Al par.** m. adv. **A la par.** ‖ **A par.** m. adv. *Cerca de una cosa o junto a ella. ‖ Con semejanza o *igualdad. ‖ **A la par.** ‖ **A pares.** m. adv. **De dos en dos.** ‖ **De par en par.** m. adv. con que se significa estar *abiertas enteramente las puertas o ventanas. ‖ fig. De modo *manifiesto. ‖ **Echar a pares y nones** una cosa. fr. **Jugarla a pares y nones.** ‖ **Ir a la par.** fr. En el *juego o en el comercio, ir a partir igualmente la ganancia o la pérdida. ‖ **Jugar a pares y nones** una cosa. fr. Sortearla teniendo uno en el puño cerrado cierto número de cosas menudas. El otro ha de acertar si son pares o nones, y, si no acierta, pierde. ‖ **Sin par.** expr. fig. Singular, *único. Ú. para ponderar la *excelencia de alguna cosa.

par. prep. **Por,** en fórmulas de juramento.

para. prep. de muy varia significación, que expresa, entre otras, las relaciones siguientes: fin o término de un movimiento o de una acción; época o plazo en que se ha de ejecutar una cosa; uso o destino de una cosa; *finalidad o propósito de una acción; *relación, *contraposición o *comparación; *causa o motivo; *aptitud, capacidad o preparación para hacer algo; *proximidad o inminencia, etc. ‖ Junto con los pronombres personales *mí, sí,* etc., y con algunos verbos, denota que la acción de éstos es interior, *secreta y no se comunica a otro. ‖ Junto con algunos nombres, se usa supliendo el verbo **comprar.* ‖ **Para eso.** loc. que se usa despreciando una cosa, o por fácil o por inútil.

para. prep. insep. que significa junto a, a un lado.

paraba. f. Especie de *papagayo.

parabién. m. ***Felicitación.**

parábola. f. *Narración de un suceso *imaginario de que se deduce, por comparación o semejanza, una *enseñanza moral. ‖ *Geom.* *Curva abierta, que resulta de cortar un cono circular recto por un plano paralelo a una generatriz.

parabolano. m. *Clérigo de la primitiva iglesia oriental, encargado de asistir a los enfermos. ‖ El que usa de parábolas. ‖ fig. y fam. El que propaga *mentiras o noticias exageradas. ‖ ***Embustero.** ‖ pl. *Gladiadores que luchaban contra las fieras.

parabólico, ca. adj. Perteneciente o relativo a la parábola (narración imaginaria). ‖ *Geom.* Perteneciente a la parábola. ‖ *Geom.* De figura de parábola o parecido a ella.

parabolizar. intr. Representar con parábolas, ejemplificar.

paraboloide. m. **Geom.* Superficie que puede dar una sección parabólica en cualquiera de sus puntos. ‖ ‖ *Geom.* Sólido limitado por un **paraboloide** elíptico y un plano perpendicular a su eje. ‖ **de revolución.** *Geom.* El que resulta del giro de una parábola alrededor de su eje.

parabrisas. m. **Autom.* **Guardabrisa.**

paraca. f. *Viento o brisa muy fuerte del Pacífico.

paracaídas. m. Artefacto hecho de tela resistente que, al extenderse en el aire, toma la forma de una sombrilla grande. Se utiliza para disminuir la velocidad de la *caída de las personas u objetos que se arrojan desde los *aviones.

paracaidista. m. Persona diestra en el manejo del paracaídas. ‖ Soldado que con este artefacto desciende en el campo de batalla.

paracentesis. f. **Cir.* Punción en el vientre para evacuar la serosidad acumulada en el peritoneo.

paraclético. adj. Perteneciente al Espíritu Santo.

paracleto. m. **Paráclito.**

paráclito. m. *Teol.* Nombre que se da al *Espíritu Santo*.

paracronismo. m. Anacronismo que consiste en suponer acaecido un hecho en *fecha *posterior a la verdadera.

parachoques. m. Pieza o aparato que llevan en la parte anterior los *automóviles y otros *carruajes, para amortiguar los efectos de un choque.

***parada.** f. Acción de parar o detenerse. ‖ Lugar o sitio donde se para. ‖ Fin o término del movimiento de una cosa. ‖ Suspensión o pausa en la *música. ‖ Sitio o lugar donde se recogen o juntan las reses. ‖ **Acaballadero.** ‖ Tiro de *caballerías de relevo. ‖ Punto en que los tiros de relevo están apostados. ‖ **Azud** (presa). ‖ Cantidad de dinero que en el *juego se expone a una sola suerte. ‖ **Esgr.* **Quite.** ‖ **Mil.* Formación de tropas para pasarles revista. ‖ *Mil.* Reunión de la tropa que entra de guardia. ‖ *Mil.* Paraje donde esta tropa se reúne. ‖ **de coches.** Lugar asignado para que en él se estacionen los *coches de alquiler. ‖ **en firme.** **Equit.* La del caballo que, refrenado en su carrera, se contiene de pronto. ‖ fig. *Interrupción repentina. ‖ **general.** **Esgr.* Movimiento circular y rapidísimo de la espada. ‖ **Doblar la parada.** fr. En los *juegos de envite, poner cantidad doble de la que estaba puesta antes. ‖ Pujar una cosa doblando la anterior licitación.

paradera. f. *Compuerta del caz

del *molino. ‖ Clase de *red que está siempre colocada, como una almadraba.

paradero. m. Lugar de *parada. ‖ fig. *Fin o término de una cosa. ‖ Estación de *ferrocarril.

paradeta. f. d. de **Parada.** ‖ pl. Especie de *danza antigua española.

paradiástole. f. **Ret.* Figura que consiste en usar voces de significación semejante, dando a entender que la tienen diversa.

paradigma. m. *Ejemplo o ejemplar.

paradina. f. *Monte bajo de pasto, con *corrales para el ganado.

paradisiaco, ca, o **paradisíaco, ca.** adj. Perteneciente o relativo al Paraíso.

paradislero. m. *Cazador a espera. ‖ fig. El que anda *averiguando noticias, o las inventa.

parado, da. adj. Remiso, tímido o *calmoso. ‖ Callado, *inexpresivo. ‖ Desocupado, *ocioso. ‖ Erguido, de pie o en posición *vertical.

paradoja. f. Especie *absurda o que lo parece. ‖ Aserción inverosímil o *falsa, que se presenta con apariencias de verdadera. ‖ **Ret.* Figura que consiste en emplear expresiones o frases que envuelven contradicción.

paradójico, ca. adj. Que incluye paradoja o que usa de ella.

paradojo, ja. adj. **Paradójico.**

parador, ra. adj. Que para o se para. ‖ Dícese del *caballo que se para con facilidad. ‖ Dícese del *jugador que para mucho. Ú. t. c. s. ‖ m. **Mesón.**

paradura. f. **Arq. Nav.* Tablón que forma el alefriz de la quilla.

parafernales. adj. pl. *For.* V. **Bienes parafernales.**

parafina. f. **Quím.* Substancia sólida, blanca, y fácilmente fusible, que se obtiene destilando petróleo o materias bituminosas naturales.

parafraseador, ra. adj. Que parafrasea. Ú. t. c. s.

parafrasear. tr. Hacer la paráfrasis de un texto o escrito.

paráfrasis. f. *Explicación o *interpretación amplificativa de un texto. ‖ *Traducción libre en verso.

parafraste. m. Autor de paráfrasis.

parafrásticamente. adv. m. Con paráfrasis.

parafrástico, ca. adj. Perteneciente a la paráfrasis.

paragoge. f. **Gram.* Metaplasmo que consiste en añadir una letra al fin de un vocablo.

paragógico, ca. adj. Que se añade por paragoge.

paragón. m. desus. **Parangón.**

paragonar. tr. **Parangonar.**

parágrafo. m. **Párrafo.**

paragranizo. m. *Agr.* *Cobertizo de tela basta para proteger contra el granizo ciertos sembrados o frutos.

***paraguas.** m. Utensilio portátil para resguardarse de la lluvia, compuesto de un bastón y un varillaje cubierto de tela que puede extenderse o plegarse.

paraguatán. m. *Árbol de las rubiáceas, propio de Venezuela.

paraguay. m. *Papagayo del Paraguay.

paraguaya. f. *Fruta semejante al *melocotón o pérsico, de forma aplastada.

paraguayano, na. adj. **Paraguayo.** Ú. t. c. s. ‖ Perteneciente a la república del Paraguay.

paraguayo, ya. adj. Natural del Paraguay. Ú. t. c. s.

paragüería. f. Tienda de *paraguas.

paragüero, ra. m. y f. Persona que hace o vende *paraguas. ‖ m. Mueble dispuesto para colocar los paraguas y *bastones.

paragustia. f. Perversión del sentido del *gusto.

parahusar. tr. *Taladrar con el parahúso.

parahúso. m. Instrumento para *taladrar, que consiste en una barrena cilíndrica que recibe el movimiento de rotación de dos cuerdas o correas que se arrollan y desenrollan alternativamente.

paraíso. m. **Hist. Sagr.* Lugar amenísimo en donde Dios puso a Adán. ‖ ***Cielo.** ‖ Conjunto de *asientos del piso más alto de algunos *teatros. ‖ fig. Cualquier sitio o lugar muy ameno y *agradable. ‖ **de los bobos.** fig. y fam. Fantasías o ficciones que uno forja a medida de sus deseos. ‖ **terrenal. Paraíso.**

paraje. m. *Lugar, sitio o estancia. ‖ *Estado o disposición de una cosa.

parajismero, ra. m. y f. Persona que hace muchos *gestos.

parajismo. m. Ademán o *gesto exagerado.

paral. m. *Madero que sale de una fábrica y sostiene el extremo de un tablón de *andamio. ‖ Madero que se aplica oblicuo a una pared y sirve para apoyar el puente de un andamio. ‖ **Arq. Nav.* Madero que tiene en medio una muesca que se unta con sebo para que por ella se deslice la quilla de una embarcación al botarla al agua.

paraláctico, ca. adj. **Astr.* Perteneciente a la paralaje.

paralaje. f. **Astr.* Diferencia entre las posiciones aparentes que en la bóveda celeste tiene un astro, según el punto desde donde se supone observado.

paralalia. f. *Pat.* Enfermedad *mental que priva del uso del *lenguaje sin afectar al pensamiento.

paralar. tr. *Albañ.* Poner parales a un *andamio.

paralasis. f. **Paralaje.**

paralaxi. f. **Paralaje.**

paralela. f. **Fort.* Trinchera con parapeto, que abre el sitiador paralelamente a las defensas de una plaza. ‖ pl. Barras paralelas para hacer ejercicios *gimnásticos.

paralelamente. adv. m. Con paralelismo.

paralelar. tr. *Comparar, hacer paralelo.

paralelepípedo. m. **Geom.* Sólido terminado por seis paralelogramos, iguales y paralelos cada dos opuestos entre sí.

***paralelismo.** m. Calidad de paralelo.

***paralelo, la.** adj. *Geom.* Aplícase a las líneas o planos que se mantienen, cualquiera que sea su prolongación, equidistantes entre sí. ‖ Correspondiente o *semejante. ‖ m. Cotejo o *comparación de una cosa con otra. ‖ **Geogr.* Cada uno de los círculos menores **paralelos** al ecuador, que se suponen descritos en el globo terráqueo. ‖ *Geom.* Cada uno de los *círculos que en una superficie de revolución resultan de cortarla por planos perpendiculares a su eje.

***paralelogramo.** m. *Geom.* *Cuadrilátero cuyos lados opuestos son paralelos entre sí.

paralexia. f. *Pat.* Trastorno *mental que impide al enfermo *leer normalmente.

paralipómenos. m. pl. Dos libros canónicos de la *Biblia.

***parálisis.** f. Privación o disminución de la sensibilidad o del movimiento de una o varias partes del cuerpo.

paraliticado, da. adj. Que padece *parálisis.

paraliticarse. r. Ponerse paralítico.

paralítico, ca. adj. Enfermo de parálisis. Ú. t. c. s.

paralización. f. fig. *Detención de una cosa dotada de acción o de movimiento.

paralizador, ra. adj. Que paraliza.

paralizar. tr. Causar *parálisis. Ú. t. c. r. ‖ fig. *Detener, impedir la acción y movimiento de una cosa. Ú. t. c. r.

paralogismo. m. Razonamiento falso, *argucia, sofisma.

paralogizar. tr. Intentar *persuadir con *falsedades o *argucias. Ú. t. c. r.

paramentar. tr. *Adornar una cosa.

paramento. m. *Adorno con que se *cubre una cosa. ‖ **Guarn.* Sobrecubiertas o mantillas del caballo. ‖ *Arq.* Cualquiera de las dos caras de una *pared. ‖ *Cant.* Cualquiera de las seis caras de un *sillar labrado. ‖ **Paramentos sacerdotales.** Vestiduras y demás adornos que usan los sacerdotes para celebrar misa y otros actos *litúrgicos. ‖ Adornos del altar.

paramera. f. Región donde abundan los páramos.

parámetro. m. *Geom.* Línea constante e invariable que entra en la ecuación de algunas *curvas.

paramnesia. f. *Pat.* *Olvido de la significación de las palabras.

páramo. m. Terreno *erial, raso y desabrigado. ‖ fig. Cualquier lugar sumamente *frío.

parancero. m. Cazador que *caza con lazos, perchas, etc.

parangón. m. *Comparación o *semejanza.

parangona. f. **Impr.* Grado de letra, la mayor después del gran canon, peticano y misal.

parangonable. adj. Que se puede parangonar.

parangonar. tr. Hacer *comparación de una cosa con otra. ‖ **Impr.* Justificar en una línea las letras, adornos, etc., de cuerpos desiguales.

paranínfico. adj. *Arq.* V. **Orden paranínfico.**

paraninfo. m. *Padrino de las *bodas. ‖ El que *anuncia una *felicidad. ‖ En las *universidades, el que anunciaba la entrada del curso. ‖ Salón de actos académicos en algunas universidades.

paranoia. f. Perturbación *mental caracterizada por delirios de persecución, grandeza, etc.

paranoico, ca. adj. Perteneciente a la paranoia. ‖ Que la padece. Ú. t. c. s.

paranomasia. f. **Paronomasia.**

paranza. f. Puesto donde el cazador de *montería se oculta para tirar a las redes. ‖ Pequeño corral de cañizo para *pescar.

parao. m. *Embarcación grande filipina, muy semejante al casco.

parapara. f. Fruto del paraparo.

paraparo. m. *Árbol americano de las sapindáceas, cuya corteza se usa en vez de *jabón.

parapetarse. r. **Fort.* Resguardarse con parapetos. Ú. t. c. tr. ‖ fig. *Precaverse de un riesgo por algún medio de defensa.

parapeto. m. *Arq.* Pared, *antepecho o baranda que se pone para

evitar caídas, en los *puentes, escaleras, etc. ‖ *Fort.* Terraplén corto, formado sobre el principal, hasta la altura del pecho de los soldados.
parapléctico, ca. adj. *Med.* Que causa o puede causar *parálisis.
paraplejía. f. *Med.* *Parálisis de la mitad inferior del cuerpo.
parapléjico, ca. adj. Perteneciente a la paraplejía. ‖ Que la padece. Ú. t. c. s.
parapoco. com. fig. y fam. Persona *tímida y de cortos alcances.
parar. m. Juego de *naipes en que se saca uno para los puntos y otro para el banquero, y gana el que primero hace pareja.
***parar.** intr. Cesar en el movimiento o en la acción. Ú. t. c. r. ‖ *Llegar a un término o al fin. ‖ Recaer, venir a ser *propiedad de uno alguna cosa, después de otros dueños que la han poseído. ‖ Reducirse o *mudarse una cosa en otra distinta. ‖ *Habitar, *hospedarse. ‖ tr. Detener e impedir el movimiento o acción. ‖ Prevenir o *preparar. ‖ *Apostar dinero u otra cosa de valor a una suerte del juego. ‖ Hablando de los *perros de caza, mostrar ésta, deteniéndose o de otro modo. ‖ Poner a uno en estado diferente del que tenía. Ú. t. c. r. ‖ Poner de pie o en posición *vertical. Ú. t. c. r. ‖ *Esgr.* Quitar con la espada el golpe del contrario. Por ext., se dice en otros juegos y deportes. ‖ r. Estar dispuesto a exponerse a un *peligro. ‖ fig. Detenerse o *interrumpir la ejecución de un designio. ‖ **No parar.** fr. fig. con que se pondera la *diligencia con que se ejecuta una cosa. ‖ **Parar mal.** fr. **Malparar.** ‖ **Sin parar.** m. adv. Luego, al punto; muy *pronto.
pararrayo. m. **Pararrayos.**
pararrayos. m. Artificio para proteger contra el *rayo los edificios y otras construcciones, formado por uno o más conductores metálicos que, partiendo de las partes más altas, bajan hasta comunicar con la tierra.
parasanga. f. Medida itineraria de *longitud, equivalente a 5250 metros.
parasceve. f. ***Preparación.** Tómase por el día de Viernes Santo.
paraselene. f. **Meteor.* Imagen de la *Luna, que se representa en una nube.
parasemo. m. Mascarón de proa de las galeras y otros *barcos antiguos.
parasíntesis. f. **Gram.* Formación de palabras en que intervienen la composición y la derivación.
parasintético, ca. adj. Perteneciente o relativo a la parasíntesis.
parasitario, ria. adj. Perteneciente o relativo a los *parásitos.
parasiticida. adj. Dícese de la substancia que se emplea para destruir los *parásitos.
parasítico, ca. adj. **Parasitario.**
***parasitismo.** m. Condición de *parásito.
***parásito, ta.** adj. Aplícase al animal o vegetal que se alimenta y crece con el jugo y substancia de otro a quien vive asido. Ú. t. c. s. ‖ m. fig. El que vive de *mogollón.
parasitología. f. Tratado de los *parásitos.
parasol. m. ***Quitasol.**
parástade. m. *Arq.* *Pilastra colocada junto a una columna y detrás de ella.
parata. f. Bancal pequeño y estrecho, formado en un *terreno pendiente.
paratífico, ca. adj. Perteneciente o relativo a la paratifoidea.
paratifoidea. f. Infección intestinal parecida a la *fiebre tifoidea.
paratifus. m. *Pat.* **Paratifoidea.**
paraulata. f. *Ave semejante al tordo, muy estimada por su canto.
parazonio. m. *Espada ancha y sin punta, que se usaba como *insignia.
parca. f. **Mit.* Cada una de las tres deidades hermanas, que hilaban y cortaban el hilo de la vida del hombre. ‖ fig. poét. La *muerte.
parcamente. adv. m. Con *parsimonia o *escasez.
parce. m. Cédula que por *premio daban los *maestros a sus discípulos y servía para obtener *perdón de alguna falta ulterior. ‖ **Liturg.* Primera palabra de la primera de las Lecciones de Job, que se cantan en el oficio de *difuntos y designa esta *oración ritual.
parcela. f. *Superficie o *parte pequeña de *terreno, de ordinario sobrante de otra mayor. ‖ En el catastro, cada una de las tierras de distinto dueño que constituyen un pago o término. ‖ **Partícula.**
parcelación. f. Acción y efecto de parcelar.
parcelar. tr. Medir, señalar las parcelas para el catastro. ‖ *Dividir un terreno en parcelas.
parcelario, ria. adj. Perteneciente o relativo a la parcela del catastro.
***parcial.** adj. Relativo a una *parte del todo. ‖ No cabal, *incompleto. ‖ Que juzga o procede con *parcialidad. ‖ Que sigue el *partido de otro. Ú. t. c. s. ‖ **Partícipe.**
***parcialidad.** f. *Asociación de algunos que se separan de la mayoría. ‖ *Amistad íntima, familiaridad en el trato. ‖ → Prejuicio injusto en favor o en contra de personas o cosas.
parcialmente. adv. m. En cuanto a una o más *partes. ‖ Apasionadamente, con *parcialidad e injusticia.
parcidad. f. **Parquedad.**
parcionero, ra. adj. **Partícipe.** Ú. t. c. s.
parcísimo, ma. adj. sup. de **Parco.**
parco. m. **Parce** (cédula de perdón que daba el maestro).
***parco, ca.** adj. Corto o escaso en el uso o concesión de las cosas. ‖ Sobrio, *moderado en la comida o bebida.
parcha. f. **Bot.* Nombre genérico con que se conocen en América diversas plantas de la familia de las pasiflóreas. ‖ **granadilla.** *Planta de las pasiflóreas, de fruto ovoide, del tamaño de un melón y con pulpa sabrosa y agridulce.
parchazo. m. *Mar.* Golpazo que pega una *vela contra su palo o mastelero, por cambio súbito del viento. ‖ fig. y fam. Burla, *engaño o chasco. ‖ **Pegar un parchazo** a uno. fr. fig. y fam. **Pegarle un parche.**
parche. m. **Cir.* Pedazo de lienzo u otra cosa, cubierto de ungüento, bálsamo u otra confección, que se pone en una herida o parte enferma del cuerpo. ‖ Pedazo de tela, papel, caucho, etc., que por medio de un aglutinante se *pega sobre una cosa. ‖ Círculo de papel adornado de cintas, que se ponía en la frente del toro de *lidia. ‖ Cada una de las dos pieles del *tambor. ‖ fig. **Tambor.** ‖ fig. Cualquier cosa sobrepuesta o *añadida a otra, y que desdice de la principal. ‖ fig. Pegote o retoque mal hecho en la *pintura. ‖ **Pegar un parche** a uno. fr. fig. y fam. Engañarle sacándole dinero u otra cosa, *estafarle.
parchista. m. fig. y fam. **Sablista.**
pardal. adj. Aplícase a los aldeanos y gente *rústica, por andar regularmente vestida de pardo. ‖ m. **Leopardo.** ‖ **Camello pardal.** ‖ **Gorrión.** ‖ **Pardillo** (pájaro). ‖ **Anapelo.** ‖ fig. y fam. Hombre bellaco, *astuto.
pardear. intr. Sobresalir o distinguirse el *color pardo.
pardela. f. *Ave acuática, palmípeda, parecida a la gaviota.
¡pardiez! interj. fam. **¡Par Dios!**
pardilla. f. **Pardillo** (*pájaro).
pardillo, lla. adj. **Pardal** (*rústico, aldeano). Ú. t. c. s. ‖ V. **Paño pardillo.** Ú. t. c. s. ‖ m. Ave del orden de los *pájaros, de plumaje de color pardo rojizo en general, negruzco en las alas y cola, y carmesí en la cabeza. Canta bien y se domestica con facilidad.
pardina. f. **Paradina.**
pardisco, ca. adj. **Pardusco.**
pardo, da. adj. Dícese de un *color obscuro, con algo de amarillo y rojo, como el de las hojas secas. ‖ Aplícase a la *voz que no tiene timbre claro. ‖ **Mulato.** Ú. m. c. s. ‖ m. **Leopardo.**
pardomonte. m. Cierto *paño ordinario que se usaba para capas de la gente artesana.
pardusco, ca. adj. De *color que tira a pardo.
pareado, da. adj. V. ***Versos pareados.** Ú. t. c. s.
parear. tr. Juntar dos cosas iguales. ‖ Unir dos cosas *comparándolas entre sí. ‖ Formar pares de las cosas, poniéndolas de *dos en dos. ‖ **Taurom.* **Banderillear.**
parecencia. f. Parecido, *semejanza.
parecer. m. Opinión, *juicio o dictamen. ‖ *Aspecto que ofrecen las facciones de la *cara y disposición del cuerpo.
parecer. intr. *Aparecer o manifestarse alguna cosa. ‖ Opinar, *crecer. Ú. m. c. impers. ‖ *Hallarse o *encontrarse lo que se tenía por perdido. ‖ Tener determinada *apariencia. ‖ r. **Asemejarse.** ‖ **Parecer bien,** o **mal.** fr. Tener las cosas buen o mal *aspecto. ‖ Ser o no ser acertada o plausible una cosa.
parecido, da. adj. Dícese del que se parece a otro. ‖ Con los adverbios *bien* o *mal,* que tiene buen o mal *aspecto, que es *guapo o *feo. ‖ m. **Semejanza.**
pareciente. p. a. de **Parecer.** Que parece o se parece.
***pared.** f. Obra de fábrica levantada a plomo, con dimensiones adecuadas para cerrar un espacio o sostener las techumbres. ‖ **Tabique.** ‖ fig. Superficie plana y alta que forman las *mieses cuando están bastante crecidas. ‖ fig. *Conjunto de cosas o personas que se aprietan estrechamente. ‖ *Fís.* Cara o *superficie lateral de un cuerpo. ‖ **Min.* **Hastial.** ‖ **horma. Horma** (pared de piedra seca). ‖ **maestra.** *Arq.* Cualquiera de las principales y más gruesas de un edificio. ‖ **mediana.** *Arq.* **Pared medianera.** ‖ **medianera. Medianería.** ‖ **Andar a tienta paredes.** fr. fam. Andar a tientas. ‖ fig. y fam. Seguir una conducta *vacilante. ‖ **Arrimarse** uno **a las paredes.** fr. fig. y fam. Estar *borracho. ‖ **Darse** uno **contra una pared.** fr. fig. Dar muestra de estar poseído de la *ira. ‖ **Descargar las paredes.** fr. *Arq.* Aligerar su peso por medio de arcos o de estribos. ‖ **Entre cuatro paredes.** m adv. fig. con que se explica que uno está *solitario, retirado del trato de

las gentes. ‖ **Hablar las paredes.** fr. fig. con que se recomienda *prudencia al que no quiere que descubran sus secretos. ‖ **Hasta la pared de enfrente.** fr. fig. y fam. Resueltamente, sin titubeo ni cortapisa. ‖ **Las paredes oyen.** expr. fig. de sentido análogo a **Hablar las paredes.** ‖ **Pared en,** o **por, medio.** m. adv. con que se explica la *contigüidad de una casa o habitación respecto de otra. ‖ **Pegado a la pared.** loc. fig. y fam. *Avergonzado, confuso, sin saber qué contestar.

paredaño, ña. adj. Que está pared por medio.

paredón. m. aum. de **Pared.** ‖ *Pared que queda en pie, de un edificio destruido.

***pareja.** f. Conjunto de *dos personas o cosas que guardan entre sí alguna relación. ‖ En las *fiestas y torneos, unión de dos caballeros de un mismo traje, que corren juntos y unidos. ‖ Compañero o compañera en los *bailes. ‖ pl. En el juego de *dados, las dos caras del mismo número que salen de una tirada. ‖ En los *naipes, dos cartas iguales en número o en figura. ‖ *Equit.* *Carrera que dan dos jinetes juntos, sin adelantarse ninguno. ‖**Correr parejas,** o **a las parejas.** fr. fig. Ir iguales o sobrevenir *simultáneamente algunas cosas, o ser *semejantes dos o más personas en méritos o habilidades.

parejero, ra. adj. Que corría parejas. ‖ Se aplicaba al *caballo o yegua adiestrado para correrlas. ‖ Dícese del caballo de carrera. Ú. t. c. s. ‖ Dícese de quien procura por *ostentación andar acompañado de alguna persona calificada.

parejo, ja. adj. *Igual o *semejante. ‖*Liso, llano. ‖ **Por parejo,** o **por un parejo.** m. adv. Por igual.

parejuelo. m. *Madero de menor escuadría que la común en los pares de las armaduras.

parejura. f. *Igualdad o *semejanza.

parel. m. *Mar.* *Remo que hace juego con otro de la banda opuesta.

parella. f. Rodilla de tela basta, para la *limpieza.

paremia. f. *Refrán, proverbio.

paremiología. f. Tratado de *refranes.

paremiológico, ca. adj. Perteneciente o relativo a la paremiología.

paremiólogo. m. El que profesa la paremiología.

parénesis. f. Exhortación o *amonestación.

parenético, ca. adj. Perteneciente o relativo a la parénesis.

parénquima. m. *Histol.* Tejido celular esponjoso.

parenquimatoso, sa. adj. Perteneciente o relativo al parénquima.

parentación. f. p. us. Solemnidad *fúnebre.

parental. adj. ant. Perteneciente a los *padres o parientes.

parentela. f. Conjunto de todo género de parientes, cualquiera que sea el grado de *parentesco.

***parentesco.** m. Vínculo que existe entre dos o más personas por consanguinidad o afinidad. ‖ fig. Conexión, *enlace entre las cosas. ‖ **espiritual.** Vínculo que contraen en los sacramentos del *bautismo y de la confirmación el ministro y *padrino con el que los recibe y sus padres. ‖ **Contraer parentesco.** fr. Emparentar.

paréntesis. m. *Gram.* Oración o frase incidental, sin enlace necesario con los demás miembros del período. ‖ *Gram.* Signo *ortográfico (( )) en que suele encerrarse esta oración o frase. ‖ fig. Suspensión o *interrupción. ‖ **Entre,** o **por, paréntesis.** expr. fig. de que se usa para suspender o *desviar el discurso o conversación, interponiendo alguna digresión.

pareo. m. Acción y efecto de parear o *unir una cosa con otra.

parergon. m. Cosa que se *añade a otra para que la complete o le sirva de *adorno.

paresa. f. Mujer cuyo marido tiene el *título de par.

paresia. f. *Med.* *Parálisis leve por debilidad de las contracciones musculares.

parestesia. f. *Pat.* *Sensación de hormigueo, adormecimiento o ardor que se experimenta en la *piel.

pargo. m. **Pagro.**

parhelia. f. *Meteor.* **Parhelio.**

parhelio. m. *Meteor.* Aparición simultánea de varias imágenes del Sol reflejadas en las nubes.

parhilera. f. *Arq.* Madero en que se apoyan por arriba los pares y que forma el lomo de la *armadura.

paria. com. Persona de la casta ínfima de los indios que siguen la ley de Brahma. ‖ fig. Persona a quien se tiene por *vil e indigna de las ventajas de que gozan las demás.

pariambo. m. **Pirriquio.** ‖ Pie de la *poesía griega y latina.

parias f. pl. **Placenta.** ‖ *Tributo que paga un príncipe a otro en reconocimiento de superioridad. ‖ **Dar,** o **rendir, parias** a uno. fr. fig. *Someterse a él.

parición. f. Tiempo de *parir el *ganado.

parida. adj. Dícese de la hembra que ha poco tiempo que *parió. Ú. t. c. s. ‖ **Salga la parida.** *Juego de muchachos, que consiste en arrimarse en hilera unos a otros y apretarse hasta echar fuera a uno de ellos.

paridad. f. *Comparación de una cosa con otra por vía de ejemplo. ‖ *Igualdad de las cosas entre sí. ‖ **Correr la paridad.** fr. **Correr la comparación.**

paridera. adj. Dícese de la hembra *fecunda. ‖ f. Sitio en que *pare el *ganado. ‖ Acción de *parir el ganado.

paridora. adj. Dícese de la mujer u otra hembra muy *fecunda.

***pariente, ta.** adj. Respecto de una persona, dícese de toda otra persona de su *familia unida a la primera por algún vínculo de consanguinidad o afinidad. Ú. m. c. s. ‖ fig. y fam. *Semejante o parecido. ‖ m. y f. fam. El marido respecto de la mujer, y la mujer respecto del marido. ‖ *Tratamiento que en los escritos del rey de España se daba a los títulos de Castilla sin grandeza. ‖ **mayor.** El que representa la línea principal de un linaje.

parietal. adj. Perteneciente o relativo a la *pared. ‖ *Zool.* V. ***Hueso parietal.** Ú. m. c. s.

parietaria. f. *Planta herbácea anual, de las urticáceas, que crece ordinariamente junto a las paredes y se ha usado en cataplasmas.

parificación. f. Acción y efecto de parificar.

parificar. tr. *Probar o corroborar con una *comparación o ejemplo lo que se ha dicho o propuesto.

parigual. adj. *Igual o muy semejante.

parihuela. f. Artificio a modo de *angarillas, compuesto de dos varas gruesas, con unas tablas atravesadas en medio en forma de mesa o cajón. Ú. t. en pl. ‖ **Camilla** (para transporte de enfermos). Ú. t. en pl.

parima. f. Garza grande y de color violado.

pario, ria. adj. Natural de Paros. Ú. t. c. s. ‖ Perteneciente a esta isla del Archipiélago.

paripé (hacer el). loc. fam. Darse importancia, hacer *ostentación.

***parir.** intr. En las especies vivíparas, expeler el feto la hembra en tiempo oportuno. Ú. t. c. tr. ‖ **Aovar.** ‖ fig. Producir o *causar una cosa otra. ‖ fig. *Explicar bien lo que se piensa. ‖ fig. Salir a luz, *manifestarse lo que estaba oculto o ignorado. ‖ **Parir a medias.** fr. fig. y fam. *Ayudar uno a otro en un trabajo dificultoso.

París. n. p. V. **Punta de París.**

parisiena. f. *Impr.* Carácter de letra de cinco puntos.

parisiense. adj. Natural de París. Ú. t. c. s. ‖ Perteneciente a esta ciudad, capital de Francia.

parisílabo, ba. adj. Se aplica al *vocablo o al verso que consta de igual número de sílabas que otro.

paritario, ria. adj. *Sociol.* Dícese de los órganos de carácter social en que interviene un número igual de patronos y *obreros.

parla. f. Acción de parlar. ‖ **Labia.** ‖ *Verbosidad insubstancial.

parlador, ra. adj. **Hablador.** Ú. t. c. s.

parladuría. f. **Habladuría.**

parlaembalde. com. fig. y fam. Persona que *habla mucho y sin substancia.

parlamentar. intr. *Conversar unos con otros. ‖ Tratar de ajustes o *contratos. ‖ Negociar el *vencido la rendición de una plaza o fuerza.

parlamentariamente. adv. m. En forma parlamentaria.

***parlamentario, ria.** adj. Perteneciente al *parlamento. ‖ m. Persona que va a parlamentar. ‖ Miembro de un parlamento.

parlamentarismo. m. Doctrina, sistema parlamentario.

***parlamento.** m. Asamblea de los grandes del reino, que bajo los primeros reyes de Francia se convocaba para tratar negocios importantes. ‖ Cada uno de los *tribunales superiores de justicia que en Francia tenían además atribuciones políticas y de policía. ‖ Conjunto de las dos cámaras colegislativas en Inglaterra. ‖ → Por ext., asamblea legislativa. ‖ *Discurso que se dirigía a un congreso o junta. ‖ Entre *actores, relación larga en verso o prosa. ‖ Acción de parlamentar.

parlanchín, na. adj. fam. Que *habla mucho y con *imprudencia. Ú. t. c. s.

parlar. tr. *Hablar con soltura. ‖ Hablar mucho y sin substancia. ‖ *Revelar lo que se debe callar.

parlatorio. m. Acto de *conversar con otros. ‖ Lugar destinado para hablar y recibir visitas. ‖ **Locutorio.**

parlería. f. *Verbosidad. ‖ *Chisme o hablilla.

parlero, ra. adj. Que *habla mucho. ‖ Que lleva *chismes de una parte a otra. ‖ Aplícase al *ave cantora. ‖ fig. Dícese de las cosas que de alguna manera *expresan los afectos del ánimo. ‖ fig. Dícese igualmente de cosas que hacen *ruido armonioso.

parleruelo, la. adj. d. de **Parlero.**

parleta. f. fam. *Conversación frívola.

parlón, na. adj. fam. Que habla mucho. Ú. t. c. s.
parlotear. intr. fam. *Hablar mucho y sin substancia.
parloteo. m. Acción y efecto de parlotear.
parma. f. Especie de *escudo pequeño que usaron los romanos.
parmesano, na. adj. Natural de Parma. Ú. t. c. s. ‖ Perteneciente a esta ciudad y antiguo ducado de Italia. ‖ f. *Celosía que sólo deja pasar la luz oblicuamente.
parnaso. m. fig. Conjunto de todos los *poetas, o de los de un pueblo o tiempo determinado. ‖ fig. Colección de poesías de varios autores.
parné. m. *Germ.* ***Dinero.**
paro. m. Nombre genérico de diversos *pájaros con pico recto y fuerte, alas redondeadas, cola larga y tarsos fuertes; como el herrerillo. ‖ **carbonero.** *Pájaro de plumaje pardo verdoso, negro en la cabeza, cuello, cola y abdomen.
paro. m. fam. Término o *cesación de la jornada de *trabajo. ‖ Interrupción de una explotación industrial o agrícola por parte de los patronos. ‖ **forzoso.** *Inacción de los obreros por falta de trabajo.
parodia. f. *Imitación burlesca o *irónica de una obra seria de literatura.
parodiar. tr. Hacer una parodia; poner algo en parodia. ‖ Remedar, *imitar.
paródico, ca. adj. Perteneciente o relativo a la parodia.
parodista. com. Autor de parodias.
parola. f. fam. Labia, *verbosidad. ‖ fam. *Conversación larga y de poca substancia.
parolero, ra. adj. fam. **Parlanchín.**
pároli. m. En varios *juegos, lance que consiste en no retirar lo ganado para cobrar triplicado si se gana segunda vez.
parolina. f. fam. **Parola.**
paronimia. f. Calidad de parónimo.
parónimo, ma. adj. Aplícase a cada uno de dos o más vocablos que tienen entre sí comunidad de origen o semejanza en la *pronunciación.
paroniqueo, a. adj. **Bot.* Dícese de plantas dicotiledóneas herbáceas, ramosas y rastreras, cuyo tipo es la nevadilla. Ú. t. c. s. ‖ f. pl. *Bot.* Familia de estas plantas.
paronomasia. f. Semejanza entre dos o más *vocablos que tienen todas o casi todas las letras iguales, salvo alguna vocal. ‖ Conjunto de dos o más vocablos que forman **paronomasia.** ‖ **Ret.* Figura que consiste en emplear vocablos de este género.
paronomásticamente. adv. m. Por paronomasia.
paronomástico, ca. adj. Perteneciente o relativo a la paronomasia.
paropia. f. *Anat.* Ángulo externo de los *párpados.
paropsia. f. Trastorno de la visión por defecto del *ojo.
parótida. f. *Zool.* Cada una de las dos *glándulas situadas debajo del oído, provistas de un conducto que vierte en la boca la saliva. ‖ *Pat.* *Tumor inflamatorio en la glándula del mismo nombre.
parotiditis. f. *Pat.* Inflamación de la *glándula parótida.
paroxismal. adj. *Pat.* Perteneciente o relativo al paroxismo.
paroxismo. m. *Pat.* Exacerbación o acceso violento de una *enfermedad. ‖ *Pat.* *Síncope peligroso o accidente casi mortal. ‖ fig. *Excitación extrema de las pasiones.
paroxítono, na. adj. Dícese del vocablo que lleva su *acento tónico en la penúltima sílaba.
parpadear. intr. Menear los *párpados, o abrir y cerrar los ojos. ‖ fig. Centellear las *estrellas.
parpadeo. m. Acción de parpadear.
***párpado.** m. Cada una de las membranas movibles que sirven para resguardar el ojo.
parpalla. f. *Moneda de cobre que valía dos cuartos.
parpallota. f. **Parpalla.**
parpar. tr. Gritar el *pato.
parque. m. Terreno o sitio cercado y con plantas, para caza o para recreo. ‖ *Jardín extenso y con arbolado en el interior o al lado de una ciudad. ‖ Conjunto de instrumentos, aparatos o materiales destinados a un servicio público. ‖ Paraje destinado en las ciudades para estacionar transitoriamente los *automóviles. ‖ **Mil.* Sitio donde se colocan las municiones de guerra y los víveres en los campamentos. ‖ **de artillería.** Paraje en que se reúnen las piezas y demás efectos pertenecientes a la artillería. ‖ **zoológico.** Lugar en que se conservan y exhiben fieras y otros animales no comunes.
parquedad. f. *Moderación económica y *prudente en el uso de las cosas. ‖ **Parsimonia.**
parqui. m. **Palqui.**
***parra.** f. *Vid cuyos vástagos convenientemente sujetos, se extienden a cierta altura del suelo. ‖ Especie de *bejuco que destila agua. ‖ **de Corinto.** Casta de vid originaria de Corinto, cuya uva no tiene granillos. ‖ **Subirse** uno **a la parra.** fr. fig. y fam. **Montar en cólera.**
parra. f. *Vasija de barro con dos asas, que sirve para echar *miel.
parrado, da. adj. **Aparrado.**
parrafada. f. fam. *Conversación detenida y confidencial.
parrafear. intr. Redactar o escribir trabajos *literarios por vía de ensayo.
párrafo. m. Cada una de las divisiones de un *escrito señaladas al principio por letra mayúscula y por punto y aparte al final. ‖ *Gram.* Signo *ortográfico (§) con que se denota cada una de estas divisiones. ‖ **Echar párrafos.** fr. fig. y fam. *Hablar mucho. ‖ **Echar un párrafo.** fr. fig. y fam. *Conversar familiarmente. ‖ **Párrafo aparte.** expr. fig. y fam. de que se usa para *cambiar de conversación.
parragón. m. Barra de *plata de ley, que usan los ensayadores para rayar en la piedra de toque.
parral. m. Conjunto de parras sostenidas con una armazón adecuada. ‖ Sitio donde hay parras. ‖ *Viña que ha criado muchos vástagos.
parral. m. *Vasija grande de barro, semejante a la parra.
parranda. f. fam. Holgorio, *diversión con *alboroto y jarana. ‖ Grupo de personas que salen de noche tocando o cantando para divertirse.
parrandear. intr. Tomar parte en parrandas y otras diversiones análogas.
parrandeo. m. Acción y efecto de parrandear.
parrandero, ra. adj. Que parrandea. Ú. t. c. s.
parrandista. m. Individuo de una parranda.
parrar. intr. Extender mucho sus *ramas los árboles y plantas.
parrel. adj. Variedad de *uva, de hollejo tierno y color casi negro.
parresia. f. **Ret.* Figura que consiste en decir a uno cosas ofensivas, al parecer, y en realidad gratas o halagüeñas.
parricida. com. Persona que *mata a su padre, o a su madre, o a su cónyuge. ‖ Por ext., persona que mata a alguno de sus parientes o de los que son tenidos por padres.
parricidio. m. *Muerte violenta que uno da a su ascendiente, descendiente o cónyuge.
parrilla. f. Botija o *vasija de barro ancha de asiento y estrecha de boca.
parrilla. f. Utensilio de *cocina formado de una rejilla de hierro con mango y pies, y a propósito para poner a la lumbre lo que se ha de asar o tostar. Ú. m. en pl. ‖ Armazón de barras de hierro donde se quema el combustible, en los *hornos, calderas de vapor, *hogares, cocinas, etc. ‖ Restaurante, apartado del *comedor, que hay en algunos grandes hoteles. ‖ pl. *Germ.* **Potro** (para *atormentar).
parriza. f. **Labrusca.**
parro. m. ***Pato.**
***párroco.** m. **Cura.** Ú. t. c. adj.
parrocha. f. Sardina chica.
parrón. m. **Parriza.**
***parroquia.** f. Iglesia en que se administran los sacramentos a los fieles de cierta demarcación. ‖ **Feligresía.** ‖ Territorio que está bajo la jurisdicción espiritual del cura de almas. ‖ *Clero destinado al culto y administración de sacramentos en una feligresía. ‖ Clientela o conjunto de personas que acuden a *comprar a una misma *tienda, que se sirven del mismo sastre, que se valen del mismo facultativo, etc. ‖ Demarcación administrativa local, dentro del municipio. ‖ **Cumplir con la parroquia.** fr. **Cumplir con la iglesia.**
***parroquial.** adj. Perteneciente o relativo a la parroquia.
parroquialidad. f. Asignación o pertenencia a determinada parroquia.
parroquiano, na. adj. Perteneciente a determinada *parroquia. Ú. t. c. s. ‖ m. y f. Persona que acostumbra *comprar en una misma *tienda.
parsi. m. *Pueblo de la antigua Persia, que ocupaba la región de Parsistán. ‖ Pueblo del mismo origen, que habita actualmente parte de la India. ‖ *Idioma hablado por los **parsis.** ‖ *Religión de los **parsis.**
***parsimonia.** f. Moderación en los gastos. ‖ Circunspección, *prudencia.
parsimonioso, sa. adj. Que procede con *parsimonia.
parsismo. m. **Mazdeísmo.**
***parte.** f. Porción determinada o indeterminada de un todo. ‖ Cantidad o cuota que corresponde a uno en cualquier distribución. ‖ Sitio o *lugar. ‖ Cada una de las divisiones principales de una *obra científica o literaria. ‖ En ciertos géneros *literarios, obra entera, pero relacionada con otra u otras. ‖ Cada uno de los ejércitos, *partidos, sectas, etc., que luchan o contienden. ‖ Cada una de las *personas que tienen interés en un *contrato, o *participación en un mismo negocio. ‖ Cada una de las personas o de los grupos de ellas que discuten o dialogan. ‖ Cada una de las palabras de que se compone un renglón. ‖ Lado a que uno se inclina en alguna *contienda. ‖ Papel representado por un actor en una obra *dramática. ‖ Cada uno de los *actores o cantantes de que se compone una compañía. ‖ **For.* **Litigante.** ‖ m. *Correo que se establecía cuando el soberano estaba

fuera de su corte. ‖ Casa donde iba a parar el **parte.** ‖ Escrito, ordinariamente breve, que se envía a una persona para darle aviso o *noticia urgente. ‖ Comunicación de cualquiera clase transmitida por el *telégrafo o el teléfono. ‖ Usado como adverbio, sirve para *distribuir en la oración los extremos de ella. ‖ Con la preposición *de* indica procedencia u *origen. ‖ f. pl. Prendas y *excelencias naturales que adornan a una persona. ‖ Facción o *partido. ‖ Órganos de la *generación. ‖ **Parte actora.** *For.* **Actor.** ‖ **alicuanta.** La **parte** que no mide exactamente a su todo. ‖ **alícuota.** La que mide exactamente a su todo. ‖ **de fortuna.** **Astrol.* Cierto punto del cielo, que dista del ascendiente tanto como la Luna del Sol. ‖ **de la oración.** **Gram.* Cada una de las distintas clases de palabras que tienen en la oración diferente oficio. ‖ **del mundo.** Cada una de las cinco grandes divisiones que los geógrafos consideran en la *Tierra. ‖ **de por medio.** *Actor que representa papeles de ínfima importancia. ‖ **de *rosario.** Una de las tres **partes** del salterio de la Virgen. ‖ **inferior.** Hablando del hombre, el *cuerpo por contraposición al alma. ‖ **integral,** o **integrante.** La que es necesaria para la integridad del compuesto, pero no su esencia. ‖ **superior.** *Alma racional, por contraposición al cuerpo. ‖ **Partes naturales, pudendas,** o **vergonzosas.** Las de la *generación. ‖ **A partes.** m. adv. **A trechos.** ‖ **Cargar a,** o **sobre,** una **parte.** fr. Encaminarse, *dirigirse a ella. ‖ **Dar parte.** fr. Informar, dar aviso o *noticia. ‖ Por ext., se dice del aviso dado a la autoridad. ‖ Dar *participación en un negocio. ‖ **De mi parte.** m. adv. **Por mi parte.** ‖ **De parte a parte.** m. adv. Desde un lado al extremo opuesto. ‖ **De parte de.** m. adv. **A favor de.** ‖ En nombre o por *encargo de. ‖ **Echar a mala parte.** fr. Interpretar desfavorablemente, *tergiversar, *imputar significación ofensiva o reprobable. ‖ **Echar** uno **por otra parte.** fr. Seguir distinto rumbo, *desviarse, apartarse de la opinión que uno tenía. ‖ **En parte.** m. adv. En algo de lo que pertenece a un todo; no enteramente. ‖ **En partes.** m. adv. **A partes.** ‖ **Entrar** uno **a la parte.** fr. **Ir a la parte.** ‖ **Hacer** uno **de su parte.** fr. Aplicar los medios que están en su arbitrio con toda *diligencia. ‖ **Hacer las partes.** fr. Dividir, *distribuir. ‖ **Ir** uno **a la parte.** fr. *Participar con otras personas en un negocio, trato o comercio. ‖ **Llamarse** uno **a la parte.** fr. Reclamar *participación en un asunto. ‖ **Llevar** uno **la mejor,** o **la peor, parte.** fr. Estar próximo a *vencer, o a ser *vencido. ‖ **Mostrarse parte.** fr. *For.* **Apersonarse.** ‖ **Nombrar partes.** fr. *Revelar los nombres de los autores de una culpa. ‖ **No parar en ninguna parte.** fr. Mudar de habitación con frecuencia o *viajar de continuo. ‖ **No ser parte en** una cosa. fr. No tener influjo en ella. ‖ **Parte por parte.** m. adv. *Enteramente, sin omitir nada. ‖ **Poner** uno **de** su **parte.** fr. **Hacer de su parte.** ‖ **Ponerse de parte de** uno. fr. *Adherirse a su opinión o sentir. ‖ **Por la mayor parte.** m. adv. En general. ‖ **Por mi parte.** m. adv. Por lo que toca a la *persona que habla. ‖ **Por partes.** m. adv. Con *distinción y separación. ‖ **Salva sea la parte.** expr. fam. que se usa cuando uno señala en sí mismo la **parte** del *cuerpo en la cual aconteció a otra persona lo que él refiere. ‖ **Ser parte a,** o **para, que.** fr. Contribuir a un resultado o ser *causa de él. ‖ **Ser parte en** una cosa. fr. **Tener parte en** ella. ‖ **Tener** uno **de su parte** a otro. fr. Contar con su favor. ‖ **Tener parte con** una mujer. fr. Tener trato carnal con ella. ‖ **Tener parte en** una cosa. fr. Tener *participación en ella. ‖ **Tomar en mala parte.** fr. **Echar a mala parte.** ‖ **Tomar parte en** una cosa. fr. Interesarse activamente en ella.

partear. tr. Asistir el facultativo o la comadre a la mujer que está de *parto.

parteluz. m. Columnita que divide en dos el hueco de una *ventana. ‖ **Mainel.**

partencia. f. Acto de partir, *marcha.

partenogénesis. f. *Hist. Nat.* *Reproducción de la especie sin el concurso directo del sexo masculino.

partenopeo, a. adj. Natural de Parténope, o sea Nápoles. ‖ Relativo o perteneciente a esta ciudad de Italia.

partera. f. Mujer que tiene por oficio asistir a la que está de *parto.

partería. f. Oficio de partear.

partero. m. **Comadrón.**

parterre. m. Cuadro de un *jardín adornado con flores y césped.

partesana. f. Arma ofensiva, a modo de *alabarda.

partible. adj. Que se puede o se debe partir.

partición. f. Reparto o *distribución entre algunas personas, de bienes, *herencia, etc. ‖ *Arit.* ***División.**

particionero, ra. adj. **Partícipe.**

***participación.** f. Acción y efecto de participar. ‖ Aviso o *noticia que se da a uno.

participante. p. a. de **Participar.** Que participa. Ú. t. c. s.

***participar.** tr. Dar parte, *avisar, comunicar. ‖ → intr. Tener uno parte en una cosa o tocarle algo de ella.

partícipe. adj. Que tiene parte en una cosa. Ú. t. c. s.

participial. adj. *Gram.* Perteneciente al *participio.

***participio.** m. **Gram.* Parte de la oración, llamada así porque en sus varias aplicaciones participa, ya de la índole del verbo, ya de la del adjetivo.

***partícula.** f. *Parte pequeña. ‖ **Gram.* Parte indeclinable de la oración. No suele darse este nombre sino a las que son monosilábicas o muy breves. ‖ **adversativa.** *Gram.* La que expresa contraposición. ‖ **prepositiva.** *Gram.* La castellana o latina que antepuesta a otra palabra forma con ella un vocablo compuesto.

***particular.** adj. Propio y privativo de una cosa. ‖ *Extraordinario, raro. ‖ Singular o individual, como contrapuesto a universal o general. ‖ Dícese del que no tiene título o empleo que le distinga de los demás ciudadanos. Ú. t. c. s. ‖ m. Representación *dramática, en privado, que solían hacer uno o más actores para muestra de su habilidad. ‖ *Asunto o materia de que se trata.

***particularidad.** f. Singularidad, especialidad, individualidad. ‖ Distinción que en el trato o cariño se hace de una persona con *preferencia a otras. ‖ Cada una de las *circunstancias o detalles de una cosa.

particularismo. m. **Individualismo.**

***particularizar.** tr. Expresar una cosa con todas sus *circunstancias y particularidades. ‖ Mostrar *parcialidad en favor de una persona. ‖ r. Distinguirse, *singularizarse.

particularmente. adv. m. Singular o especialmente, con *particularidad. ‖ Con individualidad y *distinción.

***partida.** f. Acción de partir o salir de un punto para ir a otro. ‖ Registro o asiento de bautismo, confirmación, matrimonio o entierro de una *persona. ‖ Copia certificada de alguno de estos registros o asientos. ‖ Cada uno de los artículos que contiene una *cuenta. ‖ Cantidad o porción de un género de *comercio. ‖ **Mil.* **Guerrilla.** ‖ Conjunto poco numeroso de gente armada. ‖ **Cuadrilla.** ‖ Cada una de las manos de un *juego. ‖ Cantidad de dinero que se atraviesa en ellas. ‖ **Partido** (grupo de jugadores). ‖ fam. *Conducta, acción o modo de proceder. ‖ Parte o lugar. ‖ fig. **Muerte.** ‖ **de campo.** Excursión de varias personas para *divertirse en el campo. ‖ **de caza.** Excursión de varias personas para *cazar. ‖ **doble.** Método de *cuenta y razón, en que se llevan a la par el cargo y la data. ‖ **serrana.** fig. y fam. Comportamiento *vil o *desleal. ‖ **Las siete Partidas.** Las *leyes compiladas por don Alfonso el Sabio. ‖ **Comerse,** o **tragarse,** uno **la partida.** fr. fig. y fam. *Descubrir o *sospechar la intención *disimulada y capciosa de otro.

partidamente. adv. m. Separadamente, con división.

***partidario, ria.** adj. Que sigue un partido o bando. Ú. t. c. s. ‖ Dícese del *médico o cirujano encargado de un partido. Ú. t. c. s. ‖ Adicto a una persona o idea. Ú. t. c. s. ‖ m. **Guerrillero.** ‖ En algunas zonas mineras, el que *arrienda un modo especial de laboreo.

***partido, da.** adj. *Generoso, liberal, que reparte con otros lo que tiene. ‖ **Blas.* Dícese del escudo, pieza o animal heráldico divididos de arriba abajo en dos partes iguales. ‖ → m. Parcialidad o agrupación de los que siguen una misma opinión o interés. ‖ Provecho, *utilidad. ‖ Amparo, *protección. ‖ En el *juego, conjunto de los que van como compañeros, contra otros tantos. ‖ En ciertos *juegos, competencia concertada. ‖ En el juego, *ventaja que se da al que juega menos. ‖ Trato, *convenio o pacto. ‖ *Medio apto para conseguir una cosa. ‖ Distrito o *territorio de una jurisdicción o administración. ‖ Territorio o lugar en que el *médico tiene obligación de asistir a los enfermos. ‖ Conjunto de personas que siguen y defienden una misma causa. ‖ **Cuarto** (piso de una *casa). ‖ **robado.** En los *juegos, el que es muy ventajoso para una de las partes. ‖ **Darse** uno **a partido.** fr. fig. Ceder de su empeño, *rendirse. ‖ **Tomar partido.** fr. **Mil.* Alistarse para servir en las tropas que eran enemigas. ‖ Hacerse de una bandería. ‖ Determinarse, *decidirse.

partidor. m. El que divide o *reparte una cosa. ‖ El que parte una cosa, *rompiéndola. ‖ Instrumento con que se parte o rompe. ‖ Obra de fábrica de donde parten diferentes *conductos para distribuir las aguas que corren por un cauce. ‖ Sitio donde se hace esta distribución. ‖ Varilla que empleaban las mujeres para abrirse la raya del *cabello. ‖ *Arit.* **Divisor.**

partidura. f. Crencha, raya del *cabello.
partija. f. d. de **Parte.** || **Partición.**
partimento. m. **Partimiento.**
partimiento. m. **Partición.**
partiquino, na. m. y f. *Cantante que ejecuta en las óperas parte muy breve o de escasa importancia.
***partir.** tr. Dividir una cosa en dos o más partes. || *Hender, rajar. || *Repartir o distribuir. || *Romper o cascar los huesos de algunas frutas, o las cáscaras duras. || *Distinguir o separar una cosa de otra. || Distribuir o dividir en clases. || *Acometer en pelea o batalla. || Entre colmeneros, hacer de una *colmena dos. || *Álg.* y *Arit.* **Dividir.** || intr. Tomar un hecho o cualquier otro antecedente como *fundamento para un razonamiento o cómputo. || fig. Resolver o *decidirse. || Empezar a caminar, ponerse en *marcha. Ú. t. c. r. || fig. y fam. Desbaratar a uno, *vencerle, dejándole desconcertado. || r. Dividirse en opiniones o parcialidades, *desavenirse. || **Medio partir.** fr. *Arit.* *Dividir una cantidad por un número dígito. || **Partir abierto.** fr. Entre *colmeneros, dejar abierto, al tiempo de enjambrar, el vaso sin témpano. || **Partir por a, b, c.** fr. Tratándose de *documentos antiguos, escribir dos iguales poniendo en medio de ellos las letras del abecedario y cortándolos por dicho punto, como se hace hoy con algunos talones.
partitivo, va. adj. Que puede *partirse o dividirse. || *Gram.* Dícese del numeral que expresa división de un todo en *partes.
partitura. f. Texto completo de una obra *musical.
***parto.** m. Acción de parir. || El ser que ha nacido. || fig. Cualquiera *producción material o cualquier *obra del entendimiento o ingenio humano. || fig. Cualquier cosa especial que puede suceder y se espera que sea de importancia. || **El parto de los montes.** fig. Cualquier cosa *insignificante y ridícula que sucede cuando se esperaba una grande o importante. || **Venir el parto derecho.** fr. fig. Suceder una cosa *favorablemente.
parto, ta. adj. Natural de Partia, región del Asia antigua. Ú. t. c. s.
parturienta. adj. Aplícase a la mujer que está de *parto, o recién parida. Ú. t. c. s.
parturiente. adj. **Parturienta.** Ú. t. c. s.
párulis. m. *Med.* **Flemón** (*tumor).
***parva.** f. **Parvedad** (corta porción de *alimento). ||→ Mies tendida en la era para *trillarla, o después de trillada. || Desayuno. || fig. *Montón o cantidad grande de una cosa.
parvada. f. *Agr.* Conjunto de parvas. || **Pollada** (conjunto de *pollos).
parvedad. f. *Pequeñez, poquedad, *escasez. || Corta porción de *alimento que se toma por la mañana en los días de ayuno.
parvero. m. *Montón alargado que se forma de la parva para aventarla.
parvidad. f. **Parvedad.**
parvificar. intr. **Achicar.** || Empequeñecer. Ú. t. c. r.
parvo, va. adj. **Pequeño.**
parvulez. f. ***Pequeñez.** || **Simplicidad** (*candidez).
párvulo, la. adj. ***Pequeño.** || ***Niño.** Ú. m. c. s. || fig. Inocente, *cándido, fácil de engañar. || fig. *Humilde, cuitado.
***pasa.** f. *Uva seca, enjugada natural o artificialmente. Ú. t. c. adj. || Especie de *afeite que usaron las mujeres. || fig. Cada uno de los mechones de *cabellos ensortijados de los negros. || **de Corinto.** La que procede de la vid de igual nombre. || **gorrona.** La de gran tamaño.
pasa. f. Canalizo en el *mar, entre bajos, por el cual pueden pasar los barcos. || Paso de las *aves.
pasabalas. m. Instrumento para medir el calibre de las *balas.
pasable. adj. **Pasadero.**
pasabola. m. Jugada de *billar en que la bola propia, después de tocar otra, da en la banda que está en frente del jugador y vuelve hacia éste para tocar en la tercera bola.
pasabombas. m. Calibrador para granadas y otros *proyectiles.
pasacaballo. m. *Embarcación antigua, sin palos, muy aplanada en sus fondos.
pasacalle. m. **Mús.* Marcha popular de compás muy vivo. || Danza antigua de ritmo lento y compás de tres por cuatro. || Música de esta danza.
pasacólica. f. *Med.* **Cólica.**
pasada. f. Acción de *pasar de una parte a otra. || **Paso geométrico.** || Congrua suficiente para mantenerse. || Partida de *juego. || fig. y fam. *Mal comportamiento de una persona con otra. Ú. generalmente acompañada del adjetivo *mala.* || **Paso** (lugar por donde se *pasa). || **Dar pasada.** fr. Tolerar, *permitir, dejar pasar una cosa. || **De pasada.** m. adv. **De paso.**
pasadera. f. Cada una de las *piedras que se ponen para atravesar charcos, arroyos, etc. || Cualquier cosa colocada a modo de *puente para atravesar una corriente de agua. || *Mar.* **Meollar.**
pasaderamente. adv. m. Medianamente.
pasadero, ra. adj. Que se puede *pasar con facilidad. || *Medianamente bueno de salud, de calidad, etc. || m. **Pasadera.**
pasadía. f. **Pasada** (congrua).
pasadillo. m. Especie de *bordado que pasa por ambos lados de la tela.
pasadizo. m. Paso *estrecho. || *Calle estrecha y corta.
***pasado.** m. Tiempo que pasó; cosas que se sucedieron en él. || *Militar que ha desertado de un ejército y sirve en el enemigo. || pl. Ascendientes o antepasados.
pasador, ra. adj. Que pasa de una parte a otra, y especialmente el que pasa *contrabando. Ú. t. c. s. || m. Cierto género de *saeta muy aguda, que se disparaba con ballesta. || Pieza de hierro sujeta a una hoja de *puerta o ventana, que sirve para *cerrar corriéndola hasta hacerla entrar en una hembrilla fija en el marco. || Varilla de metal que en las *bisagras y piezas semejantes sirve de eje para el movimiento. || *Aguja grande de metal, concha u otra materia, que usan las mujeres para sujetar el *cabello. || *Sortija que se pasa por las puntas de una *corbata para mantenerla ceñida al cuello. || *Broche que usaban las mujeres para sujetar la falda en la cintura. || Imperdible para llevar en el pecho condecoraciones pequeñas y medallas. || Utensilio para colar o *filtrar. || **Coladero.** || *Botón suelto con que se abrochan dos o más ojales. || *Mar.* Instrumento de hierro, a modo de punzón, para abrir los cordones de los *cabos.
pasadura. f. *Tránsito o pasaje de una parte a otra. || fig. *Llanto convulsivo de algunos niños.
pasagonzalo. m. fam. Pequeño *golpe dado con la mano.
***pasaje.** m. *Tránsito o acción de pasar de una parte a otra. || Derecho o *impuesto que se paga por pasar por un paraje. || Sitio o lugar por donde se pasa. || Precio que se paga en los viajes marítimos por el *transporte de una o más personas. || Totalidad de los *viajeros que van en un mismo buque. || Estrecho de *mar entre dos islas o entre una isla y la tierra firme. || Trozo o lugar de un *libro o escrito, discurso, obra musical, etc. || *Acogida que se hace a uno o trato que se le da. || En la orden militar de San Juan, derecho que pagan al tesoro los caballeros. || Paso público entre dos *calles, algunas veces cubierto. || *Mús.* En el *canto, mutación hecha con arte, de una voz o de un tono a otro.
pasajero, ra. adj. Aplícase al lugar o sitio por donde *pasa ordinariamente mucha gente. || *Breve, que dura poco. || m. y f. Persona que viaja en un vehículo pagando, por lo general, el precio de transporte.
pasajuelo. m. En el juego de *pelota, rechazo que se le da desde el resto.
pasamanar. tr. Fabricar o disponer una cosa con *pasamanería.
***pasamanería.** f. Obra o fábrica de pasamanos. || Oficio de pasamanero. || Taller donde se fabrican pasamanos. || Tienda donde se venden.
pasamanero. m. El que hace pasamanos. || El que los vende.
***pasamano.** m. Obra de adorno para guarnecer vestidos y otras cosas, que comprende los galones, cordones, borlas, flecos y demás adornos de oro, plata, seda, etc. || Barandal o *barandilla. || *Mar.* Paso que hay en los *buques de popa a proa, junto a la borda.
pasamiento. m. Paso o *tránsito.
pasante. p. a. de **Pasar.** Que pasa. || adj. **Blas.* Aplícase al animal que se pinta en actitud de andar o pasar. || m. El que *ayuda al *maestro de una facultad en el ejercicio de ella, para *aprenderla prácticamente. || El que *enseña o explica la lección a otro. || En algunas *comunidades, religioso estudiante que se prepara para cátedras o púlpito. || **de pluma.** El que pasa con un abogado y le sirve de amanuense.
pasantía. f. Ejercicio del pasante.
pasapán. m. fam. **Garguero.**
pasapasa. m. **Juego de pasa pasa.**
pasaperro (coser a). fr. fig. *Encuadernar en pergamino libros de poco volumen, haciéndoles dos taladros por el borde del lomo y pasando por ellos una correhuela que sujeta hojas y tapas.
pasaportar. tr. Dar pasaporte a un militar. || Dárselo a la persona *expulsada del territorio nacional.
pasaporte. m. Despacho que se da para poder *viajar y *pasar con *seguridad de un pueblo o país a otro. || Licencia que se da a los *militares, con derecho a que se les asista con alojamiento y bagajes. || fig. *Licencia para ejecutar una cosa. || **Dar pasaporte** a uno. fr. fig. y fam. *Despedirle, *expulsarle, destituirle.
***pasar.** tr. Llevar, conducir de un lugar a otro. || Mudar, trasladar a uno de un lugar o de una clase a otros. Ú. t. c. intr. y c. r. || **Atravesar** (un río, camino, etc.). || *Enviar un recado, papel, etc. || Junto con ciertos nombres que indican un punto limitado o determinado, *re-

basarlo. ‖ Penetrar, *atravesar o traspasar. ‖ Hablando de géneros de *contrabando que adeudan derechos, introducirlos o extraerlos sin registro. ‖ Exceder, *aventajar. Ú. t. c. r. ‖ Transferir o *traspasar una cosa de un sujeto a otro. Ú. t. c. intr. ‖ Sufrir, *tolerar. ‖ Llevar o *deslizar una cosa por encima de otra, de modo que la vaya tocando. ‖ *Introducir una cosa por el hueco de otra. ‖ Colar, *filtrar. ‖ **Cerner.** ‖ Hablando de comida o bebida, ***tragar.** ‖ *Aprobar, no poner reparo o tacha en una cosa. ‖ *Callar u omitir algo de lo que se debía decir o tratar. ‖ *Disimular o no darse por entendido de una cosa. ‖ *Estudiar privadamente con uno una ciencia o facultad. ‖ Acompañar y *ayudar a un facultativo para *aprender su profesión. ‖ *Enseñar privadamente a un discípulo. ‖ Recorrer el estudiante la lección, o repasarla, para decirla. ‖ Recorrer, leyendo o estudiando, un libro o tratado. ‖ *Leer o *rezar sin atención. ‖ *Sacar una cosa al aire o al sol, como las uvas. ‖ intr. Extenderse o comunicarse una cosa de unos en otros, *contagiarse. ‖ *Mudarse, convertirse una cosa en otra. ‖ Tener lo necesario para vivir. ‖ En algunos juegos de *naipes, no entrar, y en el *dominó, dejar de poner ficha. ‖ **Dar de barato.** ‖ Hablando de cosas inmateriales, tener *movimiento o correr de una parte a otra. ‖ Con la preposición *a* y los infinitivos de algunos verbos y con algunos substantivos, dar *principio a la *acción significada. ‖ Con referencia al *tiempo, ocuparlo de algún modo. ‖ ***Morir.** ‖ Hablando de las *mercancías, valer o tener *precio. ‖ *Vivir, tener salud. ‖ Hablando de la *moneda, ser admitida. ‖ *Durar o mantenerse. ‖ *Cesar, acabarse una cosa. Ú. t. c. r. ‖ Ser autorizado un *documento por un notario. ‖ fig. Ofrecerse ligeramente una cosa a la *imaginación. ‖ Seguido de la preposición *por,* tener *fama de. ‖ Con la preposición *sin* y algunos nombres, no necesitar la cosa significada. Ú. t. c. r. ‖ impers. *Acaecer, suceder. ‖ r. Tomar un partido contrario al que antes se tenía. ‖ Acabarse, *terminar o dejar de ser. ‖ *Olvidarse una cosa. ‖ Perder la sazón, *madurar demasiado o empezarse a pudrir las frutas, carnes, etcétera. ‖ Hablando de la lumbre de *carbón, encenderse bien. ‖ *Exceder en una calidad o propiedad, o usar de ella con demasía. ‖ ***Filtrar** (rezumar). ‖ En ciertos *juegos, hacer más puntos de los que se han fijado para ganar, y en consecuencia *perder la partida. ‖ Hablando de *cerraduras, tornillos, etc., estar *flojos, no ajustar convenientemente. ‖ **Pasar de largo.** fr. Ir o atravesar por una parte sin detenerse. ‖ **Pasar en blanco,** o **en claro,** una cosa. fr. *Omitirla. ‖ **Pasar** uno, o **pasarse, por** una casa, oficina, etcétera, fr. *Visitar estos lugares para algún asunto. ‖ **Pasar** uno **por** alguna cosa. fr. Sufrirla, *tolerarla. ‖ **Pasar** uno **por alto** alguna cosa. fr. fig. *Omitirla deliberadamente o por olvido o *distracción. ‖ **Pasar** uno **por encima.** fr. fig. *Triunfar de las dificultades e inconvenientes. ‖ fig. *Adelantarse en un *empleo el menos antiguo al que tiene mejor derecho. ‖ **Pasarse de listo.** fr. fig. Errar, *equivocarse, por exceso de malicia. ‖ **Por donde pasa, moja.** expr. fig. y fam. que se usa, con relación a ciertas *bebidas que, si no son de excelente calidad, sirven al menos para aplacar la sed. ‖ **Un buen pasar.** *Bienestar relativo.

pasarela. f. *Puente pequeño o provisional.

pasatarde. m. Merienda.

***pasatiempo.** m. Diversión y entretenimiento en que se pasa el rato. ‖ Juego de ingenio.

pasatoro (a). m. adv. *Taurom.* Dícese de la manera de dar la estocada al pasar el toro.

pasaturo. m. desus. El que pasaba con otro una ciencia o facultad, atendiendo a su explicación.

pasavante. m. *Mar.* Documento que da a un buque el jefe de la *armada enemiga para que no sea molestado en su navegación. ‖ **Der. Mar.* Documento que da un cónsul al buque mercante adquirido en el extranjero, para que pueda venir a abanderarse en un puerto nacional.

pasavolante. m. Acción ejecutada con *prontitud y *precipitación. ‖ **Artill.* Especie de culebrina de muy poco calibre.

pasavoleo. m. Cierto lance del juego de *pelota.

pascasio. m. fig. y fam. En las universidades, estudiante que se iba a pasar las *vacaciones de pascuas fuera de la ciudad.

pascua. f. Fiesta que celebraban los *hebreos en memoria de la libertad del cautiverio de Egipto. ‖ En la Iglesia Católica, *festividad de la Resurrección de Jesucristo. ‖ Cualquiera de las solemnidades del nacimiento de Cristo, de la adoración de los Reyes Magos y de la venida del Espíritu Santo. ‖ pl. Tiempo desde la Natividad hasta el día de Reyes inclusive. ‖ **Pascua de flores,** o **florida.** La de Resurrección. ‖ **del Espíritu Santo. Pentecostés.** ‖ **Dar las pascuas.** fr. *Felicitar a uno en ellas. ‖ **De Pascuas a Ramos.** loc. adv. fig. y fam. **De tarde en tarde.** ‖ **Estar** uno **como una pascua,** o **como unas pascuas.** fr. fig. y fam. Estar *alegre y regocijado. ‖ **Hacer pascua.** fr. Empezar a comer carne en la cuaresma. ‖ **Santas pascuas.** loc. fam. con que se da a entender que es forzoso conformarse con lo que sucede.

pascual. adj. Perteneciente o relativo a la pascua.

pascuilla. f. Primer domingo después del de Pascua de Resurrección.

pase. m. *Permiso para que se use de un privilegio. ‖ **Pasaporte.** ‖ Licencia por escrito, para pasar algunos géneros, *transitar por algún sitio, *viajar gratuitamente, etc. ‖ Acción y efecto de pasar en el *juego. ‖ Cada uno de los movimientos que hace con las manos el que *hipnotiza o magnetiza, ya a distancia, ya tocando ligeramente el cuerpo de la persona sometida al experimento. ‖ **Exequátur.** ‖ **Esgr.* **Finta.** ‖ **Taurom.* Cada una de las veces que el matador, habiendo citado al toro con la muleta, lo deja pasar, sin intentar clavarle la espada.

paseadero. m. ***Paseo.**

paseador, ra. adj. Que se *pasea mucho y continuamente. ‖ m. **Paseo.**

paseante. p. a. de **Pasear.** Que *pasea o se pasea. Ú. t. c. s. ‖ **en corte.** fig. y fam. El que no tiene destino ni ocupación estable.

***pasear.** intr. Andar por diversión o por hacer ejercicio. Ú. t. c. tr. y c. r. ‖ Ir con iguales fines, ya a caballo, ya en cualquier vehículo. Ú. t. c. r. ‖ Andar el *caballo con movimiento o paso natural. ‖ tr. Hacer pasear. ‖ fig. *Llevar una cosa de una parte a otra, o *mostrarla acá y allá. ‖ r. fig. *Tratar de una materia sin hacer pie en ella. ‖ fig. Dicho de otras cosas que no son materiales, andar vagando. ‖ fig. Estar *ocioso.

paseata. f. *Paseo largo.

***paseo.** m. Acción de pasear o pasearse. ‖ Lugar destinado para pasearse. ‖ Acción de ir uno con pompa o acompañamiento por determinada carrera. ‖ Distancia corta, que puede recorrerse paseando. ‖ **Anda,** o **andad, a paseo.** expr. fig. y fam. que por eufemismo se emplea para *despedir o *expulsar a uno o en señal de *reprobación o desprecio. ‖ **Dar un paseo.** fr. **Pasear.**

pasera. f. Lugar donde se ponen a desecar las frutas para que se hagan *pasas. ‖ Operación de pasar algunas *frutas.

pasero, ra. adj. Dícese de la *caballería enseñada al paso.

pasero, ra. m. y f. Persona que vende *pasas.

pasibilidad. f. Calidad de pasible.

pasible. adj. Que puede *padecer.

pasicorto, ta. adj. Que tiene corto el *paso.

pasiego, ga. adj. Natural de Pas. Ú. t. c. s. ‖ Perteneciente o relativo a este valle de la provincia de Santander. ‖ f. **Ama de cría.**

pasiflóreo, a. adj. **Bot.* Dícese de plantas dicotiledóneas tropicales, árboles, arbustos o hierbas, cuyo tipo es la pasionaria. Ú. t. c. s. ‖ f. pl. *Bot.* Familia de estas plantas.

pasilargo, ga. adj. Que tiene largo el paso.

pasillo. m. Pieza de paso, larga y angosta, de cualquier edificio; *corredor. ‖ Cada una de las puntadas largas sobre que se forman los ojales y ciertos *bordados. ‖ Cláusula de la pasión de Cristo, *cantada a varias voces en los oficios de Semana Santa. ‖ **Paso** (obra *teatral breve).

***pasión.** f. Acción de *padecer. ‖ Por antonom., la de *Jesucristo. ‖ Lo contrario a la acción. ‖ Estado *pasivo en el sujeto. ‖→Cualquiera afecto desordenado del ánimo. ‖ Inclinación o preferencia muy vivas de una persona a otra. ‖ *Deseo vehemente a una cosa. ‖ *Sermón sobre los tormentos y muerte de Jesucristo, que se predica el jueves y viernes santo. ‖ Parte de cada uno de los cuatro Evangelios, que describe la **Pasión** de Cristo. ‖ **de ánimo. Nostalgia.**

pasional. adj. Perteneciente o relativo a la *pasión, especialmente *amorosa.

pasionaria. f. *Planta de las pasifloreas, con tallos ramosos, trepadores y flores olorosas, con las lacinias del cáliz verdes por fuera, azuladas por dentro y figura de hierro de lanza. ‖ **Granadilla.**

pasionario. m. Libro por donde se *canta la Pasión en Semana Santa.

pasioncilla. f. *Pasión pasajera o leve. ‖ despect. Movimiento ruin del ánimo en contra de alguna persona.

pasionera. f. **Pasionaria.**

pasionero. m. El que *canta la Pasión. ‖ Cada uno de los *sacerdotes destinados en algunos hospitales a la asistencia espiritual de los enfermos.

pasionista. m. **Pasionero.**

pasitamente. adv. m. **Pasito.**
pasito. m. d. de **Paso.** ‖ adv. m. Con gran *precaución, en *silencio o en voz baja.
pasitrote. m. Trote corto que suelen tomar las *caballerías.
pasivamente. adv. m. Con *pasividad. ‖ **Gram.* En sentido pasivo.
***pasividad.** f. Calidad de pasivo.
***pasivo, va.** adj. Aplícase al sujeto que recibe o padece la acción del agente, sin cooperar a ella. ‖ Aplícase al que deja obrar a los otros, quedando él *inactivo. ‖ Aplícase al haber o *pensión que disfrutan algunas personas en virtud de servicios prestados por ellas o por personas de su familia. ‖ **For.* Aplícase a los juicios, con relación al reo o persona demandada. ‖ **Gram.* Que implica o denota pasión, en sentido gramatical. ‖ *Gram.* V. **Voz pasiva.** Ú. t. c. s. f. ‖ m. **Cont.* y *Com.* Importe total de las *deudas y gravámenes que tiene una persona o entidad, en contraposición de los créditos y haber.
pasmado, da. adj. **Blas.* Se dice de ciertos peces que se representan con la boca abierta y sin lengua, aletas ni barbas.
pasmar. tr. *Enfriar mucho o bruscamente. Ú. t. c. r. ‖ Hablando de las plantas, helarlas hasta el punto de que se *sequen y mueran. Ú. t. c. r. ‖ *Enajenar, extasiar, suspender el sentido. Ú. m. c. r. ‖ fig. Asombrar, *admirar o *sorprender con extremo. Ú. t. c. intr. y c. r. ‖ r. Contraer la *enfermedad llamada pasmo. ‖ **Pint.* Empañarse los colores o los barnices.
pasmarota. f. fam. Cualquiera de los *ademanes o demostraciones *fingidas con que se aparenta la enfermedad del pasmo. ‖ fam. Cualquiera de los ademanes con que se aparenta *admiración o extrañeza injustificada.
pasmarotada. f. **Pasmarota.**
pasmarote. m. fam. **Estafermo.**
pasmo. m. *Resfriado que se manifiesta por dolor de huesos y otras molestias. ‖ **Pat.* **Tétanos.** ‖ fig. *Admiración, *enajenamiento y asombro extremados. ‖ fig. Objeto mismo que ocasiona esta *admiración o asombro. ‖ **De pasmo.** m. adv. **Pasmosamente.**
pasmón, na. m. y f. Persona, *torpe o *necia que parece estar *enajenada. Ú. t. c. adj.
pasmosamente. adv. m. De una manera pasmosa.
pasmoso, sa. adj. fig. Que causa pasmo o grande *admiración.
***paso.** m. Movimiento que se hace al andar, adelantando y asentando un pie antes de levantar el otro. ‖ *Longitud comprendida entre el talón del pie así adelantado y el talón del que queda atrás. ‖ ***Peldaño.** ‖ Movimiento con que camina una *caballería, teniendo sólo un pie en el aire y los otros tres sentados. ‖ *Tránsito, acción de pasar. ‖ Lugar o sitio por donde se pasa. ‖ *Diligencia o gestión que se hace en solicitud de una cosa. Ú. m. en pl. ‖ *Huella que queda impresa al andar. ‖ *Permiso para poder pasar sin estorbo. ‖ Licencia o facultad de *traspasar a otro lo que uno tiene. ‖ **Exequátur.** ‖ En los estudios, especialmente de *gramática, ascenso de una clase a otra. ‖ Repaso o explicación que hace el pasante a sus discípulos. ‖ Lance o *suceso digno de reparo. ‖ *Adelantamiento, progreso. ‖ Movimiento seguido con que *anda un ser animado. ‖ Trance de la *muerte o cualquier *conflicto grave. ‖ Cualquiera de los sucesos más notables de la Pasión de *Jesucristo. ‖ *Efigie o grupo que representa uno de estos sucesos. ‖ Lucha o combate que en determinado lugar de tránsito se obligaban a mantener uno o más caballeros contra los que acudieran a su *desafío. ‖ Cada una de las mudanzas que se hacen en los *bailes. ‖ Cláusula o pasaje de un *libro o escrito. ‖ Punta larga con que se refuerza una tela muy usada, o se hilvana una *costura. ‖ Acción o acto de la vida o *conducta del hombre. ‖ Pieza *dramática muy breve. ‖ *Geogr.* Estrecho de *mar. ‖ *Mont.* Sitio del monte, por donde acostumbra pasar la *caza. ‖ Tránsito de las aves de una región a otra para invernar. ‖ *Mec.* En un *tornillo, distancia entre dos vueltas contiguas de la rosca, medida en la generatriz. ‖ adv. m. Blandamente, quedo, en voz baja. ‖ **a nivel.** Sitio en que un *ferrocarril se cruza con otro camino al mismo nivel. ‖ **a paso.** m. adv. fig. Lentamente y con cautela. ‖ **castellano.** En las *caballerías, **paso** largo y sentado. ‖ **corto.** **Mil.* El de la marcha a razón de 120 por minuto y longitud de 33 centímetros. ‖ **de ambladura,** o **andadura.** En las caballerías, **portante.** ‖ **de ataque,** o **de carga.** *Mil.* **Paso ligero.** ‖ **de comedia.** Lance de un poema *dramático, y especialmente el elegido para representarlo suelto. ‖ fig. Lance o suceso de la vida real, que mueve a risa o extrañeza. ‖ **de gallina.** fig. y fam. Diligencia insuficiente, *descuido. ‖ **de garganta.** Inflexión de la voz en el *canto. ‖ **de la hélice.** Distancia entre dos puntos de esta curva, correspondientes a la misma generatriz. ‖ **de la madre.** fam. **Pasitrote.** ‖ **doble.** **Mús.* Marcha a cuyo compás puede llevar la tropa el **paso** ordinario. ‖ **geométrico.** Medida de longitud, equivalente a un metro y 393 milímetros. ‖ **grave.** **Danza.* Aquel en que un pie se aparta del otro describiendo un semicírculo. ‖ **largo.** **Mil.* El de la marcha con velocidad de 120 por minuto y longitud de 75 centímetros. ‖ **lento.** **Mil.* El de la marcha a razón de 76 por minuto. ‖ **libre.** El que está desembarazado de obstáculos. ‖ **ligero.** **Mil.* El de la marcha con velocidad de 180 por minuto y longitud de 83 centímetros. ‖ **ordinario.** **Mil.* El de la marcha a razón de 120 por minuto y longitud de 65 centímetros. ‖ **redoblado.** **Mil.* El ordinario, según la táctica moderna. ‖ **regular.** *Mil.* **Paso lento.** ‖ **Buen paso.** fig. Vida regalada. ‖ **Abrir paso.** fr. **Abrir camino.** ‖ **A buen paso.** m. adv. Aceleradamente, de prisa. ‖ **A cada paso.** m. adv. fig. Con *frecuencia, repetidamente. ‖ **Acortar los pasos.** fr. fig. Contener, *estorbar los progresos de uno. ‖ **A dos pasos.** m. adv. fig. A corta distancia, *cerca. ‖ **A ese paso.** m. adv. fig. Según eso, de ese modo. ‖ **Alargar el paso.** fr. fam. Andar o ir de prisa. ‖ **Al paso.** m. adv. Sin detenerse. ‖ Al pasar por una parte yendo a otra. ‖ **Al paso que.** loc. fig. Al modo, a *imitación. ‖ fig. Al mismo tiempo, *simultáneamente. ‖ **Andar en malos pasos.** fr. fig. Tener mala conducta. ‖ **A paso de carga.** m. adv. fig. Precipitadamente. ‖ **A pocos pasos.** m. adv. A poca distancia. ‖ **Apretar el paso.** fr. fam. **Alargar el paso.** ‖ **Avivar el paso.** fr. fam. **Alargar el paso.** ‖ **Ceder el paso.** fr. Dejar una persona, por *cortesía, que otra pase antes que ella. ‖ **Cerrar el paso.** fr. fig. *Impedir el progreso de un negocio. ‖ **Coger** a uno **al paso.** fr. fig. y fam. Encontrarle y *detenerle para tratar con él una cosa. ‖ **Coger al paso.** fr. En el juego de ajedrez, comerse un peón que pasó dos casas sin pedir permiso. ‖ **Contar los pasos** a uno. fr. fig. Observar o *averiguar todo lo que hace. ‖ **Cortar los pasos** a uno. fr. fig. *Impedirle la ejecución de lo que intenta. ‖ **Dar pasos.** fr. fig. **Gestionar.** ‖ **De paso.** m. adv. Al ir a otra parte. ‖ fig. Al tratar de otro asunto. ‖ **Hacer el paso.** fr. fig. y fam. Quedar en *ridículo. ‖ **Llevar el paso.** fr. Seguirle en una forma regular y acompasada. ‖ **Marcar el paso.** fr. *Mil.* Figurarle en su compás y duración sin avanzar ni retroceder. ‖ **Más que de paso.** m. adv. fig. De *prisa. ‖ **No dar paso.** fr. fig. No hacer gestiones, permanecer *inactivo. ‖ **Por sus pasos contados.** m. adv. fig. Por su orden o curso regular. ‖ **Sacar de su paso** a uno. fr. fig. y fam. Hacerle obrar fuera de su costumbre. ‖ **Salir** uno **del paso.** fr. fig. y fam. Desembarazarse de cualquier manera de un asunto. ‖ **Salir** uno **de su paso.** fr. fig. y fam. *Cambiar la costumbre regular en las acciones y modo de obrar. ‖ **Salirle** a uno **al paso.** fr. Encontrarlo de improviso o deliberadamente, deteniéndolo en su marcha. ‖ fig. Contrariarle. ‖ **Seguir los pasos** a uno. fr. fig. Observar su conducta. ‖ **Seguir los pasos de** uno. fr. fig. Imitarle en sus acciones. ‖ **Sentar el paso.** fr. Hablando de las caballerías, caminar con **paso** tranquilo y sosegado.
paso, sa. adj. Dícese de la *fruta curada y desecada al sol, como las *uvas, ciruelas, etc.
pasodoble. m. Pieza de *música que tiene el ritmo de marcha.
pasote. m. **Pazote.**
paspié. m. *Danza parecida al minué.
pasquín. m. *Cartel o escrito anónimo de contenido *satírico u ofensivo.
pasquinada. f. Dicho agudo y *satírico que se divulga.
pasquinar. tr. *Zaherir con pasquines o pasquinadas.
pássim. adv. lat. Aquí y allí, en una y otra parte, en *lugares diversos. Ú. en las anotaciones o citas de *libros.
***pasta.** f. Masa hecha de una o diversas cosas machacadas y trabadas con algo de líquido. ‖ Masa trabajada con manteca o aceite y otras cosas, para hacer pasteles, empanadas, etc. ‖ Masa de harina de trigo, de que se hacen fideos y otras figuras para *sopa. ‖ Porción de *oro, *plata u otro metal fundido y sin labrar. ‖ Cartón que se hace de *papel deshecho y machacado. ‖ Masa de trapo, madera y otras materias para hacer *papel. ‖ *Encuadernación de los libros que se hace de cartones cubiertos con pieles. ‖ **Pint.* **Empaste.** ‖ **española. Pasta** (*encuadernación). ‖ **italiana.** *Encuadernación de cartones cubiertos con pergamino muy fino. ‖ **Buena pasta.** fig. Carácter *apacible. ‖ **Media pasta.** Encuadernación a la holandesa.

pastadero. m. Terreno donde *pasta el ganado.
pastaflora. f. **Confit.* Pasta hecha con harina, azúcar y huevo, que se deshace en la boca.
***pastar.** tr. Llevar o conducir el *ganado al pasto. ‖ intr. **Pacer.**
pasteca. f. *Mar.* Especie de *motón herrado, con una abertura en uno de los lados de su caja.
***pastel.** m. Masa de harina y manteca, en que ordinariamente se envuelve crema o dulce. ‖ **Hierba pastel.** ‖ Pasta de hierba **pastel,** que se usa para *teñir de negro y otros colores. ‖ *Lápiz compuesto de una materia colorante y agua de goma. ‖ ***Pintura al pastel.** ‖ Cierta *fullería en el juego de naipes. ‖ fig. y fam. Convenio secreto, componenda o *confabulación. ‖ fig. y fam. Persona *baja y muy *gorda. ‖ **Fort.* Reducto irregular. ‖ **Impr.* Defecto que resulta de haber dado demasiada tinta o estar ésta muy espesa. ‖ **Impr.* Conjunto de letra inútil destinada para fundirse de nuevo. ‖ **Impr.* Conjunto de líneas o planas desordenadas. ‖ **en bote.** *Guisado de pierna de carnero picada con tocino, y espesado con pan y queso rallados. ‖ fig. y fam. **Pastel** (persona pequeña y gorda). ‖ **Descubrirse el pastel.** fr. fig. y fam. *Descubrirse una cosa que se procuraba ocultar.
pastelear. intr. fig. y fam. Contemporizar, *transigir por miras interesadas.
pastelejo. m. d. de **Pastel.**
pasteleo. m. Acción y efecto de pastelear.
pastelería. f. Taller donde se hacen *pasteles o pastas. ‖ Tienda donde se venden. ‖ Arte de trabajar pasteles, pastas, etc. ‖ Conjunto de pasteles o pastas.
pastelero, ra. m. y f. Persona que tiene por oficio hacer o vender *pasteles. ‖ fig. y fam. Persona que *transige o contemporiza fácilmente o que presta su *mediación para componendas y confabulaciones.
pastelillo. m. Especie de *dulce hecho de masa de mazapán y relleno de conservas.
pastelista. com. Persona que *pinta al pastel.
pastelón. m. *Empanada en que se ponen pichones, pollos, despojos de aves, etc.
pastenco, ca. adj. Aplícase a la *res recién destetada que se echa al pasto. Ú. t. c. s.
pasterela. f. *Bacteria que produce el cólera de las gallinas y otras enfermedades.
pasterizar. tr. Esterilizar los líquidos por el método de Pasteur.
pastero. m. En los *molinos de aceite, el que echa en los capachos la pasta de la aceituna.
pasteurizar. tr. **Pasterizar.**
pastilla. f. **Farm.* Porción de pasta de figura cuadrangular o redonda, y especialmente la que contiene alguna substancia medicinal o meramente agradable. ‖ **Gastar** uno **pastillas de boca.** fr. fig. y fam. Decir palabras *engañosas u *ofrecer mucho, *faltando luego a lo prometido.
pastinaca. f. **Chirivía** (*planta). ‖ *Pez marino selacio, de cuerpo aplastado, redondo y como de medio metro de diámetro. Vive en los mares de España y su carne es comestible.
pastizal. m. Terreno de abundante *pasto para caballerías.
***pasto.** m. Acción de pastar. ‖ Hierba que el ganado pace en el mismo terreno donde se cría. ‖ Cualquier cosa que sirve para el sustento del animal. ‖ Sitio en que pasta el ganado. Ú. m. en pl. ‖ fig. *Materia que se consume a consecuencia de la actividad de un agente natural. ‖ **Cetr.* Porción de comida que se da de una vez a las aves. ‖ **espiritual.** Doctrina o enseñanza que se da a los fieles. ‖ **A pasto.** m. adv. Hablando de la comida o bebida, hasta *saciarse. ‖ **A todo pasto.** m. adv. con que se da a entender que una cosa se puede *usar sin restricciones. ‖ **De pasto.** loc. De *uso diario y frecuente.
pastoforio. m. Entre los gentiles, *habitación o celda que tenían en los *templos los sumos sacerdotes.
***pastor, ra.** m. y f. Persona que guarda y apacienta el ganado. ‖ m. *Prelado o cualquier otro eclesiástico. ‖ **protestante.** Sacerdote de esta iglesia o secta. ‖ **El Buen Pastor.** Atributo que se da a *Jesucristo. ‖ **El pastor sumo, o universal.** El Sumo Pontífice, el *Papa.
pastoraje. m. **Pastoría.**
pastoral. adj. ***Pastoril.** ‖ Perteneciente a los prelados. ‖ Perteneciente o relativo a la *poesía en que se pinta la vida de los pastores. ‖ f. Especie de *drama bucólico. ‖ **Carta pastoral.**
pastoralmente. adv. m. Al modo o manera de los pastores.
pastorear. tr. Apacentar los *ganados. ‖ fig. Cuidar los *prelados de sus súbditos.
pastorela. f. *Música o *canto propio de los pastores. ‖ Composición *poética a manera de égloga o de idilio.
pastoreo. m. Ejercicio o acción de pastorear el *ganado.
pastoría. f. Oficio de *pastor. ‖ **Pastoreo.** ‖ Conjunto de pastores.
pastoricio, cia. adj. **Pastoril.**
pastoril. adj. Propio o característico de los *pastores.
pastorilmente. adv. m. Al modo o manera de los *pastores.
pastosidad. f. Calidad de pastoso.
pastoso, sa. adj. Aplícase a las cosas *blandas a semejanza de la *pasta. ‖ Dícese de la *voz de timbre lleno y agradable. ‖ **Pint.* Pintado con buena masa y pasta de color.
pastueño. adj. **Taurom.* Dícese del *toro que acude sin recelo al engaño.
pastura. f. ***Pasto.** ‖ Porción de comida que se da de una vez a los bueyes.
pasturaje. m. Lugar de *pasto común. ‖ Derechos que se pagan por llevar los ganados a pastar.
pasturar. tr. Apacentar el ganado.
***pata.** f. *Pie y pierna de los animales. ‖ **Pie** (de una mesa u otro mueble). ‖ Hembra del *pato. ‖ En las prendas de *vestir, cartera, golpe, portezuela. ‖ fam. **Pierna** (de persona). ‖ **de cabra.** Instrumento con que los *zapateros alisan los bordes de las suelas. ‖ **Pata chula.** loc. fam. Persona *coja. ‖ **de gallina.** Daño que tienen algunas *maderas. ‖ **de gallo.** *Planta gramínea. ‖ fig. y fam. Despropósito, *impertinencia. ‖ fig. Arruga con surcos divergentes, que con los años se forma en el ángulo externo de cada *ojo. ‖ **de león. Pie de león.** ‖ **de pobre.** fig. y fam. *Pierna hinchada y con llagas y parches. ‖ **galana.** fig. y fam. **Pata** *coja. ‖ fig. y fam. Persona *coja. ‖ **Patas de perdiz.** fig. y fam. Persona que trae *medias coloradas. ‖ **A cuatro patas.** loc. adv. fam. **A gatas.** ‖ **A la pata coja.** *Juego de muchachos que consiste en saltar con un pie manteniendo el otro encogido. ‖ **A la pata la llana,** o **a la pata llana,** o **a pata llana.** m. adv. Con *naturalidad, sin afectación. ‖ **Ancorar a pata de ganso.** fr. *Mar.* Echar tres *anclas al navío en forma de triángulo. ‖ **A pata.** m. adv. fam. **A pie.** ‖ **Echar la pata.** fr. fig. y fam. Aventajar a uno, vencerle. ‖ **Echar** uno **las patas por alto.** fr. fig. y fam. **Despotricar.** ‖ **Enseñar** uno **la,** o **su, pata.** fr. fig. y fam. **Enseñar la oreja.** ‖ **Estirar la pata.** fr. fig. y fam. ***Morir.** ‖ **Meter** uno **la pata.** fr. fig. y fam. Intervenir en alguna cosa con *inoportunidad. ‖ **Pata es la traviesa.** expr. que se dice cuando una cosa se *compensa con otra o se queda uno *igual que estaba. ‖ **Patas arriba.** m. adv. fig. y fam. Al *revés, o en *desorden. ‖ **Poner de patas en la calle** a uno. fr. fig. y fam. **Ponerle de patitas en la calle.** ‖ **Quedar pata,** o **patas.** fr. fam. **Salir pata,** o **patas.** ‖ **Salir,** o **ser, pata,** o **patas.** fr. fam. Salir empatados o *iguales. ‖ **Tener** uno **mala pata.** fr. fam. Tener *desgracia o mala suerte.
pataca. f. **Parpalla.**
pataca. f. **Aguaturma.** ‖ *Tubérculo de la raíz de esta planta, de carne acuosa algo azucarada y buen comestible para el ganado.
pataco, ca. adj. **Patán.** Ú. t. c. s.
patacón. m. *Moneda antigua de plata, de peso de una onza, y cortada con tijeras. ‖fam. **Peso duro.**
patache. m. *Embarcación que se destinaba en las escuadras para llevar avisos y guardar las entradas de los puertos.
patada. f. *Golpe dado con la planta del pie o con lo llano de la *pata del animal. ‖ fam. ***Paso.** ‖ fig. y fam. Estampa, *huella. ‖ **A patadas.** m. adv. fig. y fam. Con excesiva *abundancia.
patadión. m. Tira muy ancha de tela, que las indias filipinas usan en vez de *falda.
patagón, na. adj. Natural de Patagonia. Ú. t. c. s. ‖ Perteneciente a esta región de la América meridional.
patagónico, ca. adj. Perteneciente a la Patagonia o a los patagones.
patagorrilla. f. **Patagorrillo.**
patagorrillo. m. *Guisado que se hace de la asadura del puerco.
patagrás. m. Cierto *queso blando de Venezuela.
patagua. f. *Árbol de Chile, de las tiliáceas.
pataje. m. **Patache.**
patalear. intr. Mover las *piernas o los *pies violentamente y con ligereza. ‖ Dar patadas en el suelo en señal de *ira o enfado.
pataleo. m. Acción de patalear. ‖ Ruido hecho con las patas o los pies.
pataleta. f. fam. *Convulsión, especialmente cuando se cree que es *fingida.
pataletilla. f. Cierto *baile antiguo.
patán. m. fam. Aldeano o *rústico. ‖ fig. y fam. Hombre *grosero y *tosco. Ú. t. c. adj.
patanco. m. *Planta silvestre de Cuba, espinosa.
patanería. f. fam. *Grosería, rustiquez.
patao. m. *Pez comestible, del mar cubano.
patarata. f. Cosa *ridícula y *des-

preciable. ‖ Expresión, demostración *afectada y ridícula de *cortesía.
pataratero, ra. adj. Que usa de pataratas en el trato o conversación. Ú. t. c. s.
patarra. f. **Guasa.**
patarráez. m. *Mar.* *Cabo grueso para reforzar la obencadura.
patarroso, sa. adj. Que tiene patarra. Ú. t. c. s.
patata. f. Planta herbácea anual, de las solanáceas, cuya raíz produce *tubérculos redondeados, carnosos, muy feculentos, que constituyen uno de los alimentos más útiles para el hombre. ‖ Cada uno de los *tubérculos de esta planta. ‖ **Batata.** ‖ **de caña. Pataca.**
patatal. m. Terreno plantado de patatas.
patatar. m. **Patatal.**
patatero, ra. adj. Dícese de la persona aficionada a las patatas. ‖ fig. y fam. Se aplicaba al *oficial o jefe del ejército que había ascendido desde *soldado raso.
patatín patatán. loc. que se usa para aludir a las *argucias o *pretextos que se emplean en alguna *discusión.
patatús. m. fam. *Síncope o accidente leve.
patavino, na. adj. Natural de Padua. Ú. t. c. s. ‖ Perteneciente a esta ciudad de Italia.
patax. m. desus. **Patache.**
patay. m. Pasta seca hecha del fruto del algarrobo.
paté. adj. **Blas.* Dícese de la *cruz cuyos extremos se ensanchan un poco.
pateadura. f. Acción de patear. ‖ fig. y fam. *Represión o *impugnación violenta.
pateamiento. m. **Pateadura.**
patear. tr. fam. Dar *golpes con los pies.‖ fig. y fam. *Maltratar a uno, tratarle desconsiderada y rudamente. ‖ intr. fam. Dar patadas en señal de *ira o *reprobación. ‖ fig. y fam. *Andar mucho, haciendo *diligencias para conseguir una cosa. ‖ fig. y fam. Estar sumamente encolerizado.
patelar adj. *Anat.* Perteneciente o relativo a la rótula.
patena. f. Lámina o *medalla grande, con una imagen esculpida, que se usaba a modo de *alhaja o dije. ‖ **Liturg.* Platillo de oro, plata o metal dorado, en el cual se pone la *hostia en la misa. ‖ **Limpio como una patena,** o **más limpio que una patena.** locs. figs. Muy *limpio.
patentar. tr. Conceder y expedir patentes. ‖ Proteger con patente algún invento.
***patente.** adj. *Manifiesto, visible. ‖ fig. Claro, *comprensible. ‖ f. Título o despacho para el goce de un empleo o privilegio. ‖ → **Patente de invención.** ‖ Cédula que dan algunas *cofradías para el goce de ciertos *privilegios. ‖ Cédula o despacho que dan los superiores a los religiosos cuando los mudan de un *monasterio a otro. ‖ Comida o refresco con que ha de *invitar a los antiguos el que entra de nuevo en un empleo u ocupación. ‖ *Documento que acredita haber satisfecho determinada persona el *impuesto que la ley exige para el ejercicio de algunas profesiones o industrias. ‖ Por ext., cualquier testimonio que acredita una cualidad o mérito. ‖ **de contramarca. Carta de contramarca.** ‖ **de corso.** Cédula en que un gobierno autoriza a un sujeto para hacer el *corso contra los enemigos de la nación. ‖ **de invención.** Documento en que oficialmente se otorga un privilegio de invención y propiedad industrial. ‖ **de navegación.** **Der. Mar.* Despacho expedido a favor de un buque para autorizar su bandera y acreditar su nacionalidad. ‖ **de sanidad.** Certificación que llevan las embarcaciones que van de un puerto a otro, de haber o no haber peste o contagio en el paraje de su salida. ‖ **en blanco. Cédula en blanco.**
patentemente. adv. m. Visiblemente, claramente.
patentizar. tr. Hacer patente o *manifiesta una cosa.
pateo. m. fam. Acción de patear.
pátera. f. *Plato de poco fondo que se usaba en los *sacrificios antiguos.
paternal. adj. Propio del afecto o solicitud de *padre.
paternalmente. adv. m. De modo propio o digno de un *padre.
paternidad. f. Calidad de *padre. ‖ *Tratamiento que en algunas comunidades se da a los padres superiores. También suelen darlo los seglares a los religiosos en general.
paterno, na. adj. Perteneciente al *padre, o propio suyo, o derivado de él.
paternóster. m. **Padrenuestro.** ‖ Padrenuestro que se dice en la *misa. ‖ fig. y fam. *Nudo gordo y muy apretado.
pateta. m. fam. Patillas o el *diablo. ‖ fam. Persona que tiene un vicio en la conformación de los *pies o de las *piernas.
patéticamente. adv. m. De modo patético.
patético, ca. adj. Dícese de lo que infunde *sentimientos de *tristeza, *compasión, melancolía u otros análogos.
patiabierto, ta. adj. fam. Que tiene las *piernas torcidas y separadas una de otra.
patialbillo. m. **Papialbillo.**
patialbo, ba. adj. **Patiblanco.**
patiblanco, ca. adj. Dícese del animal que tiene blancas las *patas. ‖ V. **Perdiz patiblanca.**
patibulario, ria. adj. Que por su repugnante aspecto o *perversa condición produce horror y espanto.
patíbulo. m. *Tablado o lugar en que se ejecuta la *pena de muerte.
paticalzado, da. adj. Aplícase a la *caballería que tiene una o más patas blancas por la parte inferior.
paticojo, ja. adj. fam. ***Cojo.** Ú. t. c. s.
patidifuso, sa. adj. fig. y fam. **Patitieso** (extasiado).
patiecillo. m. d. de **Patio.**
patiestevado, da. adj. **Estevado.** Ú. t. c. s.
patihendido, da. adj. Aplícase al animal que tiene los *pies hendidos o divididos en partes.
patilla. f. Cierta postura de la mano izquierda en los trastes de la *vihuela. ‖ En algunas llaves de las *armas de fuego*, pieza que descansa sobre el punto para disparar. ‖ Porción de *barba que se deja crecer en cada uno de los carrillos. ‖ Gozne de las *hebillas. ‖ **Pata** (golpe o cartera en una prenda). ‖ *Arq.* Hierro plano y estrecho, terminado en punta por uno de sus extremos y ensanchado en el otro, para *sujetar por medio de clavos, algún madero o hierro. ‖ *Carp.* Parte saliente de un *madero para encajar en el hueco de otro. ‖ *Mar.* **Aguja** (pinzote del *timón). ‖ pl. El diablo. ‖ **Levantar** a uno **de patilla.** fr. fig. y fam. Exasperarle, *irritarle, hacer que pierda la paciencia.
patilludo, da. adj. Que tiene en la cara grandes patillas.
patimuleño, ña. adj. Que tiene el casco como el de las mulas.
patín. m. d. de **Patio.**
patín. m. *Ave marina palmípeda, que se alimenta de moluscos y peces que coge volando y nadando sobre las aguas del mar.
***patín.** m. Aparato para andar deslizándose sobre el hielo, y que consiste en una plancha que se adapta a la suela del calzado y lleva una especie de cuchilla por debajo. También los hay con ruedas para ir sobre un pavimento duro.
pátina. f. Especie de *lustre o *barniz duro, de color aceitunado y reluciente, que se forma en los objetos antiguos de bronce. ‖ Tono sentado y suave que da el tiempo a las *pinturas al óleo y a otras cosas.
patinadero. m. Lugar a propósito para *patinar.
patinador, ra. adj. Que patina. Ú. t. c. s.
***patinar.** intr. Deslizarse o ir resbalando con patines. ‖ *Deslizarse o resbalar las ruedas de un *carruaje sin rodar.
patinazo. m. Acción y efecto de *patinar las ruedas de un *automóvil u otro vehículo. ‖ *Desacierto, *error que se comete por inadvertencia.
patinejo. m. d. de **Patín.**
patinillo. m. d. de **Patín.**
***patio.** m. Espacio cerrado con paredes o galerías, que en las casas y otros edificios se deja al descubierto. ‖ En los *teatros, planta baja que ocupan las butacas. ‖ Espacio que media entre las líneas de árboles y el término o *linde de un camino.
patiquebrar. tr. Romper una o más patas a un animal. Ú. t. c. r.
patita. f. d. de **Pata.** ‖ **Poner** a uno **de patitas en la calle.** fr. fig. y fam. *Despedirle, *echándole fuera de casa.
patitieso, sa. adj. fam. Dícese del que, por un *síncope u otra causa, se queda sin movimiento en las *piernas o pies. ‖ fig. y fam. Que se queda *extasiado de admiración o extrañeza. ‖ fig. y fam. Que por *orgullo o afectación anda muy erguido y tieso.
patito. m. d. de **Pato.** ‖ **Los dos patitos.** En la *lotería de cartones, nombre que se da al número 22.
patituerto, ta. adj. Que tiene torcidas las *piernas o patas. ‖ fig. y fam. Dícese de lo que se *desvía de la línea que debe seguir.
patizambo, ba. adj. Que tiene las *piernas torcidas hacia afuera y junta mucho las rodillas. Ú. t. c. s.
***pato.** m. Ave palmípeda, con el pico más ancho en la punta que en la base y con los tarsos cortos, por lo que anda con dificultad. Se domestica fácilmente y su carne es muy estimada. ‖ **de flojel.** Especie de gran tamaño, muy apreciada por su excelente plumón. ‖ **negro.** Ave palmípeda, especie de **pato** con pico ancho y robusto y plumaje negro o pardo en general. ‖ **Estar** uno **hecho un pato,** o **un pato de agua.** fr. fig. y fam. Estar muy *mojado o sudado. ‖ **Pagar** uno **el pato.** fr. fig. y fam. Padecer o llevar un *castigo no merecido, o que ha merecido otro.
patochada. f. *Disparate, dicho necio o grosero.
patogenia. f. Parte de la patología,

que trata del origen y desarrollo de las *enfermedades.

patógeno, na. adj. Dícese de lo que produce las *enfermedades.

patojo, ja. adj. Que tiene las *piernas torcidas o imita al pato en el andar.

***patología.** f. Parte de la medicina, que trata de las enfermedades. || **vegetal*.** Parte de la botánica que estudia las enfermedades de las plantas.

patológico, ca. adj. Perteneciente a la patología.

patólogo. m. Profesor que ejerce la patología.

patón, na. adj. fam. **Patudo.**

patoso, sa. adj. Se dice de la persona *sosa o *impertinente que presume de chistosa y aguda.

patraña. f. *Mentira o noticia de pura invención.

patrañero, ra. adj. Que suele contar o inventar patrañas. Ú. t. c. s.

patrañuela. f. d. de **Patraña.**

***patria.** f. Lugar, ciudad o país en que se ha nacido. || Este mismo país con sus habitantes, tradiciones, costumbres, etc., en cuanto es objeto de cariño por parte de los naturales de él. || **celestial.** *Cielo o gloria. || **común.** *For.* Llamábase así a Madrid, cuando se permitía practicar en esta capital diligencias propias de la *vecindad del interesado. || **Merecer** uno **bien de la patria.** fr. Hacerse acreedor a la gratitud de sus conciudadanos por relevantes hechos o beneficios.

patriarca. m. Nombre que se da a algunos personajes de la *Biblia, por haber sido cabezas de dilatadas familias. || Título de *dignidad concedido por el Papa a algunos *prelados. || Cualquiera de los fundadores de las *órdenes religiosas*. || fig. Persona que por su edad y sabiduría ejerce *influencia moral en una *familia o en una colectividad. || **Como un patriarca.** expr. fig. de que se usa para ponderar las *comodidades de una persona.

patriarcado. m. *Dignidad de patriarca. || *Territorio de la jurisdicción de un patriarca. || Gobierno o autoridad del patriarca.

patriarcal. adj. Perteneciente o relativo al patriarca y a su autoridad y gobierno. || f. *Iglesia del patriarca. || **Patriarcado.**

patriciado. m. Dignidad o condición de patricio. || Conjunto o clase de los patricios.

patriciano, na. adj. Dícese de ciertos *herejes que seguían los errores de Patricio. Ú. t. c. s. || Perteneciente a su secta.

patricio, cia. adj. Descendiente de los primeros senadores de *Roma. Ú. t. c. s. || Dícese del que obtenía la *dignidad del patriciado. Ú. m. c. s. || Perteneciente o relativo a los patricios. || m. Individuo que por su *nobleza, riqueza o virtudes *sobresale entre sus conciudadanos.

patrimonial. adj. Perteneciente al patrimonio. || Perteneciente a uno por razón de su *patria. *padre o antepasados.

patrimonialidad. f. *Ecles.* Derecho del natural de un país a obtener los beneficios eclesiásticos reservados a los oriundos de él.

patrimonio. m. *Bienes o hacienda que una persona ha heredado de sus ascendientes. || fig. Bienes propios adquiridos por cualquier título. || **Ecles.* Bienes propios adscritos a un ordenando, como título para su ordenación. || **Patrimonialidad.** || **real.** Bienes pertenecientes a la corona o dignidad *real.

patrio, tria. adj. Perteneciente a la *patria. || Perteneciente al *padre o que proviene de él.

patriota. m. El que tiene amor a su *patria y procura todo su bien.

patriotería. f. fam. Alarde propio del patriotero.

patriotero, ra. adj. fam. Que alardea excesiva e inoportunamente de patriotismo. Ú. t. c. s.

patriótico, ca. adj. Perteneciente al patriota o a la *patria.

patriotismo. m. Amor a la *patria.

patrística. f. **Teol.* Ciencia que tiene por objeto el conocimiento de de la doctrina, obras y vidas de los Santos Padres.

patrístico, ca. adj. Perteneciente o relativo a la patrística.

patrocinador, ra. adj. Que patrocina. Ú. t. c. s.

patrocinar. tr. *Defender, *proteger, favorecer.

patrocinio. m. Amparo, *protección, auxilio. || **de Nuestra Señora.** Título de una *festividad de la *Virgen, que se celebra en una de las domínicas de noviembre. || **de San José.** Título que se da a una *festividad del patriarca San José que se celebra en la tercera domínica después de la Pascua de Resurrección.

patrología. f. **Patrística.** || Tratado sobre los Santos Padres. || Colección de sus escritos.

patrón, na. m. y f. **Patrono.** || *Santo titular de una iglesia. || Protector escogido por un pueblo o *congregación, ya sea un santo, ya la Virgen o Jesucristo, en algunas de sus advocaciones. || Dueño de una casa de *huéspedes. || *Amo, señor. || m. *Marinero que manda un barco mercante. || Dechado que sirve de *modelo para sacar otra cosa igual. || Metal que se toma como tipo para la evaluación de la *moneda en un sistema monetario. || Planta en que se hace un *injerto.

patrona. f. Galera que seguía en dignidad a la capitana de una escuadra.

patronado, da. adj. Aplícase a las iglesias y beneficios que tienen patrono. || m. **Patronato.**

patronal. adj. Perteneciente al patrono o al patronato.

patronato. m. Derecho, poder o facultad que tienen el patrono o patronos. || *Corporación que forman los patronos. || Fundación de una obra *piadosa. || Cargo de cumplir algunas obras pías. || **de legos.** Vínculo fundado con el gravamen de una obra pía. || **real.** Derecho del rey a proponer personas para ciertos cargos *eclesiásticos.

patronazgo. m. **Patronato.**

patronear. tr. Ejercer el cargo de patrón en una embarcación.

patronero. m. **Patrono.**

patronímico, ca. adj. Entre los griegos y romanos, decíase del *nombre derivado del perteneciente al padre u otro antecesor. || Aplícase al apellido que antiguamente se daba en España a los hijos, formado del *nombre de sus padres. Ú. t. c. s.

patrono, na. m. y f. *Defensor, *protector. || El que tiene derecho o cargo de patronato. || El último *amo de un esclavo manumitido. || **Patrón** (santo titular de una iglesia). || *Señor del directo dominio en los feudos. || Persona que emplea obreros en *trabajo manual.

patrulla. f. Partida o pequeño grupo de soldados que *ronda para mantener el orden y seguridad en las plazas. || fig. Corto número de personas que van acuadrilladas.

patrullar. intr. Hacer la *ronda una patrulla.

patudo, da. adj. fam. Que tiene grandes *patas o *pies.

patulea. f. fam. Conjunto desordenado de *soldados. || fam. Conjunto de *pícaros o de gente maleante.

patullar. intr. *Pisar con fuerza y *ruido. || fig. y fam. Dar muchos pasos o hacer muchas *diligencias para conseguir una cosa. || fam. **Conversar.**

paují. m. *Ave gallinácea, del Perú, del tamaño de un pavo, cuya carne se parece mucho a la del faisán. || **de copete. Guaco.** || **de piedra. Paují.**

paujil. m. **Paují.**

paúl. m. Sitio *pantanoso cubierto de hierbas.

paúl. adj. Dícese del clérigo regular que pertenece a la *congregación de San Vicente de Paúl. Ú. m. en pl. y t. c. s.

paular. m. *Pantano o atolladero.

paular. intr. Parlar o *hablar.

paulatinamente. adv. m. Poco a poco, por *grados, *lentamente.

paulatino, na. adj. Que procede u obra despacio o *lentamente.

paulilla. f. **Palomilla** (mariposa).

paulina. f. Carta de *excomunión para el descubrimiento de algunas cosas que se sospecha haber sido *robadas. || fig. y fam. *Reprensión áspera y fuerte. || fig. y fam. Carta *ofensiva anónima.

paulinia f. *Arbusto de las sapindáceas, propio del Brasil.

paulonia. f. *Árbol de las escrofulariáceas, que se cultiva en los jardines.

pauperismo. m. Existencia de gran número de *pobres.

paupérrimo, ma. adj. sup. Muy pobre.

pausa. f. Breve *interrupción. || Tardanza, *lentitud. || **Mús.* Breve intervalo en que se deja de cantar o tocar. || *Mús.* Signo de la **pausa** en la música escrita. || **A pausas.** m. adv. Interrumpidamente, por *intervalos.

pausadamente. adv. m. Con lentitud.

pausado, da. adj. Que obra con pausa o *lentitud. || adv. m. **Pausadamente.**

pausar. intr. *Interrumpir o *retardar un movimiento, acción u otra cosa.

pauta. f. Instrumento para trazar *rayas en el papel en que los niños aprenden a *escribir. || Raya o conjunto de rayas hechas con este instrumento. || fig. Lo que sirve de *regla para gobernarse en la ejecución de una cosa. || fig. Dechado o *modelo.

pautada. f. **Pentágrama.**

pautador. m. El que pauta o hace pautas.

pautar. tr. *Rayar el papel con la pauta. || fig. Dar *reglas para ejecutar una acción. || **Mús.* Señalar en el papel las rayas necesarias para escribir las notas musicales.

pava. f. Hembra del *pavo. || fig. y fam. Mujer *sosa y desgarbada. Ú. t. c. adj.

pava. f. *Fuelle grande usado en ciertos *hornos metalúrgicos. || **Caldera** (para el mate). || *Vasija de metal, con tapa y pico, para calentar agua. || **Pelar la pava.** fr. fig. y fam. Tener *amorosas pláticas los mozos con las mozas.

pavada. f. Manada de *pavos. ||

Cierto *juego de muchachos. ‖ fig. y fam. *Sosería, insulsez.

pavana. f. *Danza española, de movimientos pausados. ‖ Música de esta danza. ‖ Especie de *esclavina que usaron las mujeres.

pavero. m. *Sombrero de ala ancha y plana que se usa en Andalucía.

pavero, ra. m. y f. Persona que cuida de los *pavos o anda vendiéndolos.

pavés. m. *Escudo oblongo que cubría casi todo el cuerpo del combatiente.

***pavesa.** f. Partícula incandescente de *ceniza que se desprende de un cuerpo en combustión. ‖ **Estar** uno **hecho una pavesa.** fr. fig. y fam. Estar muy *débil.

pavesada. f. **Empavesada.**

pavesero. m. Soldado armado de pavés.

pavesina. f. Pavés pequeño.

pavezno. m. **Pavipollo.**

Pavía. n. p. **Echar por las de Pavía.** fr. fig. y fam. Hablar o responder con *descomedimiento.

pavía. f. Variedad del *pérsico, cuyo fruto tiene la carne jugosa y pegada al hueso. ‖ Fruto de este árbol.

paviano, na. adj. Natural de Pavía. Ú. t. c. s. ‖ Perteneciente a esta ciudad de Italia.

pavias. f. pl. fam. Las narices.

pavidez. f. **Pavor.**

pávido, da. adj. Tímido, *cobarde o lleno de *temor.

pavimentación. f. Acción y efecto de pavimentar.

pavimentar. tr. **Solar.**

***pavimento.** m. **Suelo.**

paviota. f. **Gaviota.**

pavipollo. m. *Pollo del *pavo.

pavisoso, sa. adj. Dícese de la persona *sosa, que carece de gracia y viveza.

pavitonto, ta. adj. *Necio, estúpido.

***pavo.** m. *Ave gallinácea, de cabeza y cuello cubiertos de carúnculas rojas, así como la membrana eréctil que lleva encima del pico. Tiene en el pecho un mechón de cerdas de tres a cuatro centímetros de longitud, se cría en domesticidad y su carne es muy apreciada. ‖ fig. *Sosería, ñoñez. ‖ fig. Persona sosa o demasiado cándida. Ú. t. c. adj. ‖ **marino.** *Ave zancuda. ‖ **real.** *Ave gallinácea, notable por la hermosura de su plumaje matizado de oro y azul, y cuya cola llega hasta metro y medio de largo en el macho. ‖ **ruante.** *Blas.* Pavón que tiene extendidas las plumas de la cola formando la rueda. ‖ **Comer pavo.** fr. fam. En un *baile, quedarse sin bailar una mujer, por no haber sido invitada a ello. ‖ **Subírsele** a uno **el pavo.** fr. fig. y fam. *Ruborizarse.

pavón. m. **Pavo real.** ‖ Color azul, negro o de café, con que a modo de *barniz se cubre la superficie de los objetos de hierro y acero. ‖ *Astr.* *Constelación celeste que está cerca del polo antártico.

pavonada. f. fam. *Paseo breve u otra *diversión semejante. ‖ fig. Ostentación o *pompa. ‖ **Darse** uno **una pavonada.** fr. fam. Ir a recrearse o *divertirse.

pavonado, da. adj. Azulado obscuro. ‖ m. **Pavón** (del hierro o acero).

pavonar. tr. Dar pavón al hierro o al acero.

pavonazo. m. *Pint.* Color mineral rojo obscuro con que se suple el carmín en la pintura al fresco.

pavonear. intr. Hacer uno vana *ostentación de su *gallardía. Ú. m. c. r. ‖ fig. y fam. *Engañar a uno para entretenerlo o hacerle desear una cosa.

pavoneo. m. Acción de pavonear o pavonearse.

***pavor.** m. *Temor acompañado de sobresalto. ‖ **Bochorno** (vergüenza).

pavorde. m. Prepósito eclesiástico de ciertas *comunidades. ‖ En la *universidad de Valencia, título de honor que se da a algunos catedráticos de teología, cánones o derecho civil, que tienen silla en el coro después de los *canónigos.

pavordear. intr. **Jabardear.**

pavordía. f. Dignidad de pavorde. ‖ Derecho de percibir los frutos de esta dignidad. ‖ Territorio en que goza de este derecho el pavorde.

pavorido, da. adj. **Despavorido.**

pavorosamente. adv. m. Con pavor.

pavoroso, sa. adj. Que causa pavor.

pavura. f. **Pavor.**

payada. f. *Canto del payador. ‖ **de contrapunto.** Certamen poético y musical de dos payadores.

payador. m. Gaucho que *canta acompañándose de la guitarra.

payar. intr. *Cantar payadas.

payasada. f. Acción o dicho propios de payaso.

payaso. m. *Histrión o *volatinero que hace de gracioso en el *circo.

payés, sa. m. y f. Campesino o campesina de Cataluña.

payo, ya. adj. **Aldeano.** Ú. t. c. s. m. ‖ m. Campesino ignorante; *rústico. ‖ *Germ.* **Pastor** (*prelado).

***paz.** f. *Teol.* *Virtud que pone en el ánimo tranquilidad y sosiego. ‖ Pública tranquilidad y quietud de los estados, en contraposición a la guerra. ‖ *Concordia y buena correspondencia de unos con otros. ‖ Genio sosegado y *apacible. ‖ *Convenio entre dos o más estados para poner fin a una guerra. ‖ En la *misa, ceremonia en que el celebrante besa el altar. En las catedrales se da a besar una reliquia. ‖ Esta misma *reliquia o imagen. ‖ *Saludo que se hace dándose un *beso en el rostro los que se encuentran. ‖ **octaviana.** fig. La completa y prolongada. ‖ **A la paz de Dios.** loc. fam. con que se *despide de uno de otro. ‖ **Con paz sea dicho.** expr. Con *permiso, o sin ofensa. ‖ **Dejar en paz** a uno. fr. No inquietarle ni molestarle. ‖ **Descansar en paz.** fr. *Morir y salvarse. ‖ **Estar en paz.** fr. Hablandc de ganancias y pérdidas, contiendas, etc., quedar uno como estaba u obtener alguna *compensación proporcionada. ‖ **Meter paz.** fr. **Poner paz.** ‖ **Paz sea en esta casa.** expr. con que se *saluda al entrar en una casa. ‖ **Poner paz.** fr. Establecerla o imponerla entre los que riñen o discuten. ‖ **Sacar a paz y a salvo** a uno. fr. *Librarle de todo peligro o riesgo. ‖ **Venir** uno **de paz.** fr. Venir sin ánimo de reñir.

pazguato, ta. adj. Simple, *cándido que se *admira de lo que ve u oye. Ú. t. c. s.

pazo. m. En Galicia, *casa solariega, palacio.

pazote. m. *Planta herbácea anual, de las salsoláceas, de hojas lanceoladas, de color verde obscuro. Toda la planta despide olor aromático, y se toman en infusión, a manera de *té, las flores y las hojas.

pazpuerca. adj. fam. Dícese de la mujer *sucia y *desaliñada. Ú. t. c. s.

pche o **pchs.** Interjección que denota *indiferencia, displicencia o reserva.

pe. f. Nombre de la *letra *p.* ‖ **De pe a pa.** m. adv. fig. y fam. *Íntegramente, desde el principio al fin.

pea. f. fam. Embriaguez, *borrachera.

peaje. m. Derecho de *tránsito.

peajero. m. El que *cobra el peaje.

peal. m. Parte de la *media que cubre el pie. ‖ *Media sin pie que se sujeta a éste con una trabilla. ‖ fig. y fam. Persona *torpe y *despreciable.

peana. f. *Basa o *apoyo para colocar encima una *efigie u otra cosa. ‖ *Tarima que hay delante del *altar, arrimada a él. ‖ Madero que forma la parte inferior del cerco de una *ventana.

peaña. f. **Peana.**

peatón. m. **Peón** (el que anda a pie). ‖ Valijero o *correo de a pie.

pebete. m. Pasta hecha con polvos *aromáticos, que al quemarse exhala un humo muy fragante. ‖ Mecha con pólvora para encender los artificios *pirotécnicos. ‖ fig. y fam. Cualquier cosa *fétida.

pebetero. m. **Perfumador.**

pebrada. f. **Pebre** (*salsa).

pebre. amb. *Salsa en que entran pimienta, ajo, perejil y vinagre. ‖ En algunas partes, **pimienta.**

peca. f. Cualquiera de las *manchas pequeñas y de color pardo que suelen salir en la *piel de la cara.

pecable. adj. Capaz de *pecar. ‖ Aplícase a la materia misma en que se puede pecar.

***pecado.** m. Infracción de cualquier precepto religioso. ‖ Culpa, en general. ‖ *Exceso o *defecto en cualquier línea. ‖ fig. y fam. El *diablo. ‖ Juego de *naipes y de envite en que la suerte preferente es la de nueve puntos. ‖ **actual.** Acto con que el hombre peca voluntariamente. ‖ **capital. Pecado mortal.** ‖ **contra natura,** o **contra naturaleza.** *Sodomía o cualquier otro carnal contrario a la generación. ‖ **grave. Pecado mortal.** ‖ **habitual.** Acto continuado o costumbre de pecar. ‖ **material.** *Teol.* Acción contraria a la ley, cuando el que la ejecuta ignora inculpablemente esa cualidad. ‖ **mortal.** Culpa que priva al hombre de la gracia, y le hace digno de la pena eterna. ‖ **nefando.** El de *sodomía. ‖ **original.** Aquel en que es concebido el hombre por descender de Adán. ‖ **venial.** El que levemente se opone a la ley de Dios.

***pecador, ra.** adj. Que peca. Ú. t. c. s. ‖ Sujeto al pecado o que puede cometerlo. Ú. t. c. s. ‖ f. fam. ***Ramera.**

pecadorizo, za. adj. Propenso a *pecar.

pecaminoso, sa. adj. Perteneciente o relativo al *pecado o al pecador. ‖ fig. Se aplica a las cosas contaminadas de *pecado.

pecante. p. a. de **Pecar.** Que peca. Ú. t. c. s. ‖ Dícese de lo que es *excesivo en su línea.

***pecar.** intr. Quebrantar la ley de Dios. ‖ *Faltar a cualquier obligación o a la observancia de cualquier regla o precepto. ‖ Dejarse llevar de la *afición a una cosa. ‖ Dar motivo para un castigo o pena. ‖ *Med.* Predominar o exceder un *humor en las enfermedades. ‖ **Aquí que no peco.** expr. fam. con que se da a entender el propósito de cometer una demasía cuando hay *seguridad de no ser castigado.

pecblenda. f. *Mineral de uranio en

que entran varios *metales raros, entre ellos el radio.
peccata minuta. expr. fam. *Error o *vicio leve.
pece. m. *Caballón de tierra que queda entre cada dos surcos.
pece. f. Tierra o *argamasa amasadas.
peceño, ña. adj. Que tiene el color de la pez. Aplícase ordinariamente a las *caballerías de este pelo. ‖ Que sabe a la pez.
pecera. f. *Vasija o globo de cristal, que se llena de agua y sirve para tener a la vista *peces de colores.
pecezuela. f. d. de **Pieza.**
pecezuelo. m. d. de **Pie.**
pecezuelo. m. d. de **Pez.**
peciento, ta. adj. Del *color de la pez.
pecilgo. m. **Pellizco.**
peciluengo, ga. adj. Aplícase a la *fruta que tiene largo el pezón del cual pende en el árbol.
pecina. f. **Piscina.**
pecina. f. *Cieno negruzco.
pecinal. m. *Charca o laguna que tiene mucha pecina.
pecinoso, sa. adj. Que tiene pecina.
pecio. m. Pedazo de la nave que ha *naufragado o porción de lo que ella contiene. ‖ **Der. Mar.* Derechos que el señor del puerto exigía de las naves que naufragaban en sus costas.
peciolado, da. adj. *Bot.* Dícese de las hojas que tienen peciolo.
peciolo o **pecíolo.** m. *Bot.* Pezón de la *hoja.
pécora. f. *Oveja u otra cabeza de ganado lanar. ‖ Persona *astuta.
pecorea. f. *Hurto o pillaje de la soldadesca. ‖ fig. *Diversión ociosa y fuera de casa.
pecorear. tr. Hurtar o *robar *ganado. ‖ intr. Entregarse los soldados al pillaje.
pecorino, na. adj. Propio del *ganado.
pecoso, sa. adj. Que tiene pecas.
pectina. f. **Quím.* Principio inmediato que existe en muchos frutos.
pectíneo. m. *Músculo del muslo que hace girar el fémur.
pectiniforme. adj. *Hist. Nat.* De figura de *peine o dentado como él.
pectoral. adj. Perteneciente o relativo al *pecho. ‖ **Farm.* Útil y provechoso para el pecho. Ú. t. c. s. m. ‖ m. *Cruz que por *insignia pontifical traen sobre el pecho los *prelados. ‖ Racional del sumo sacerdote de los *israelitas.
pectoriloquia. f. *Pat.* Fenómeno que consiste en que la *voz del enfermo, percibida por auscultación del pecho, parece formarse en el interior del *pulmón.
pectosa. f. **Quím.* Substancia contenida en los frutos y que por medio de fermentos y del agua hirviendo se convierte en pectina.
pecuario, ria. adj. Perteneciente al *ganado.
peculado. m. *For.* *Delito que consiste en el *hurto de caudales públicos, hecho por aquel a quien está confiada su administración.
peculiar. adj. Propio, *especial o privativo de cada persona o cosa.
peculiaridad. f. Calidad de peculiar.
peculiarmente. adv. m. Propiamente, con *particularidad.
peculio. m. *Bienes o caudal que el padre permitía al hijo, o el señor al siervo, para su uso y comercio. ‖ fig. *Dinero que particularmente tiene cada uno.
pecunia. f. fam. ***Dinero.**
pecuniariamente. adv. m. En *dinero efectivo.
***pecuniario, ria.** adj. Perteneciente al dinero efectivo.
pechar. tr. Pagar pecho o *tributo. ‖ ant. Pagar una *multa. ‖ Asumir una *obligación.
pechar. tr. *Cerrar con llave o cerrojo.
pechardino de manga. m. *Germ.* Engaño o *fraude que uno hace a otro, obligándole a que pague algo por ambos.
pechblenda. f. **Pecblenda.**
peche. m. **Pechina.**
pechelingue. m. ***Pirata.**
pechera. f. **Indum.* Pedazo de lienzo o paño que se pone en el pecho para abrigarlo. ‖ **Chorrera** (guarnición de la camisa.) ‖ Parte de la *camisa y otras prendas de vestir, que cubre el pecho. ‖ **Guarn.* Pedazo de vaqueta forrado y relleno, que puesto a las caballerías en el pecho, les sirve de apoyo para que tiren. ‖ fam. Parte exterior del *pecho, especialmente en las mujeres.
pechería. f. Conjunto de pechos y *tributos. ‖ Padrón, repartimiento de lo que debían pagar los pecheros.
pechero. m. **Babador.**
pechero, ra. adj. Obligado a pagar o contribuir con pecho o *tributo. Ú. t. c. s. ‖ ***Plebeyo,** por contraposición a noble. Ú. t. c. s.
pechiblanco, ca. adj. Aplícase al animal que tiene el *pecho blanco.
pechicolorado. m. **Pechirrojo.**
pechigonga. f. Juego de *naipes en que se dan nueve cartas a cada jugador, en tres veces.
pechil. m. **Cerradura.**
pechina. f. **Venera** (*concha). ‖ **Arq.* Cada uno de los cuatro triángulos curvilíneos que forma el anillo de la *cúpula con los arcos torales sobre que estriba.
pechirrojo. m. **Pardillo** (*pájaro).
pechisacado, da. adj. fig. y fam. Engreído, *orgulloso y arrogante.
***pecho.** m. Cavidad del cuerpo humano, que se extiende desde el cuello hasta el vientre. ‖ Parte exterior y delantera de esta cavidad. ‖ Parte anterior del tronco de los *cuadrúpedos entre el cuello y las patas anteriores. ‖ Cada una de las *mamas de la mujer. ‖ **Repecho.** ‖ fig. Interior del hombre; *conciencia, *alma. ‖ fig. Valor y entereza. ‖ fig. Calidad de la *voz. ‖ **Abierto de pechos.** expr. Dícese del *caballo que al andar dirige con exceso la mano hacia afuera. ‖ **Abrir** uno **su pecho a,** o **con,** otro. fr. fig. Descubrirle o *revelarle su secreto. ‖ ‖ **A pecho descubierto.** m. adv. Sin armas defensivas, *indefenso. ‖ **Criar** a uno **a los pechos.** fr. fig. Instruirlo, *enseñarlo. ‖ **Criar** uno **a** sus **pechos** a otro. fr. fig. y fam. *Protegerlo. ‖ **Dar el pecho.** fr. Dar de *mamar. ‖ **Declarar** uno **su pecho.** fr. **Declarar** su **corazón.** ‖ **De pechos.** m. adv. Con el **pecho** apoyado en una cosa. ‖ **Descubrir** uno su **pecho** a otro. fr. fig. **Abrir** uno **su pecho.** ‖ **Echar el pecho al agua.** fr. fig. Emprender con *decisión o *atrevimiento una cosa de *peligro o dificultad. ‖ **Echarse** uno **a pechos** una cosa. fr. fig. Intentarla con gran *diligencia. ‖ **Echarse** uno **a pechos** un vaso, taza, etc. fr. *Beber con ansia y en grande cantidad. ‖ **Entre pecho y espalda.** loc. fig. y fam. En el *estómago. ‖ **Fiar el pecho.** fr. fig. **Abrir** uno su **pecho.** ‖ **No caber** a uno una cosa **en el pecho.** fr. fig. Sentir ansia de manifestarla. ‖ **No podrírsele** a uno una cosa **en el pecho.** fr. fig. y fam. No tardar en decirla. ‖ **No quedarse** uno **con nada en el pecho.** fr. fig. y fam. **No quedarse con nada en el cuerpo.** ‖ **¡Pecho al agua!** expr. fig. y fam. que denota arrojo y resolución. ‖ **Pecho arriba.** m. adv. **A repecho.** ‖ **Poner a los pechos** una pistola, etc. fr. fig. *Amenazar con un daño inmediato para hacer *coacción sobre la voluntad de uno. ‖ **Poner** uno **el pecho a** una cosa. fr. Arrostrarla. ‖ **Tomar** uno **a pechos** una cosa. fr. fig. Tomarla con gran interés y *diligencia. ‖ **Tomar el pecho.** fr. Coger el niño con la boca el pezón del **pecho,** para *mamar.
pecho. m. *Tributo que se pagaba al rey o señor territorial. ‖ fig. Contribución o censo en general.
pechuelo. m. d. de **Pecho.**
pechuga. f. Pecho del *ave. ‖ Cada una de las dos partes del pecho del ave. ‖ fig. y fam. *Pecho de hombre o de mujer. ‖ fig. y fam. **Cuesta** (declive).
pechugón. m. *Golpe fuerte que se da con la mano en el pecho de otro. ‖ *Caída o *choque en que uno da de pechos. ‖ fig. *Esfuerzo extremado o impulso fuerte.
pechuguera. f. *Tos pectoral y tenaz.
pedagogía. f. Arte de enseñar o *educar a los niños.
pedagógicamente. adv. m. Con arreglo a la pedagogía.
pedagógico, ca. adj. Perteneciente o relativo a la pedagogía.
pedagogo. m. **Ayo.** ‖ ***Maestro de escuela.** ‖ Perito en pedagogía. ‖ fig. El que *acompaña a otro sirviéndole de guía o consejero.
pedaje. m. **Peaje.**
pedal. m. *Palanca que pone en movimiento un *mecanismo y sobre la cual se actúa con el pie. ‖ **Mús.* En la armonía, sonido prolongado sobre el cual se suceden diferentes acordes. ‖ *Mús.* Cada uno de los juegos mecánicos y de voces, que se mueven con los pies en el *órgano.
pedalear. intr. Poner en movimiento un pedal. Dícese especialmente con referencia al de los *velocípedos y bicicletas.
pedáneo. adj. V. **Alcalde pedáneo.** Ú. t. c. s. ‖ V. **Juez pedáneo.** Ú. t. c. s.
pedante. adj. Que hace inoportuno alarde de erudición, o *afecta poseerla. Ú. t. c. s. ‖ m. *Maestro que enseñaba la gramática a domicilio.
pedantear. intr. Portarse como un pedante.
pedantería. f. Conducta del pedante.
pedantescamente. adv. m. Con pedantería.
pedantesco, ca. adj. Perteneciente o relativo a los pedantes.
pedantismo. m. **Pedantería.**
pedazo. m. *Parte de una cosa separada del todo. ‖ **de alcornoque, de animal,** o **de bruto.** fig. y fam. Persona incapaz o *necia. ‖ **del alma, de las entrañas,** o **del corazón.** fig. y fam. Persona muy querida. ‖ **de pan.** fig. Medios que sólo permiten a uno mantenerse con *escasez. ‖ fig. Precio bajo. ‖ **A pedazos.** m. adv. Por partes. ‖ **Caerse** uno **a pedazos.** fr. fig. y fam. Andar tan desgarbado, que parece que se va cayendo. ‖ fig. y fam. Estar muy *cansado. ‖ **En pedazos.** m. adv. **A pedazos.** ‖ **Morirse por** sus **pedazos.** fr. fig. y fam. con que se explica que una persona se

muere de *amor por otra. || **Ser uno un pedazo de pan.** fr. fig. y fam. Ser de condición afable y *bondadosa.

pedazuelo. m. d. de **Pedazo.**

pederasta. m. El que comete pederastia.

pederastia. f. Abuso *deshonesto cometido contra los niños. || ***Sodomía.**

pedernal. m. Variedad de *cuarzo, de fractura concoidea, lustroso como la cera y que da chispas herido por el eslabón. || fig. Cosa de gran *dureza en cualquier especie.

pedernalino, na. adj. De pedernal o que participa de sus propiedades.

***pedestal.** m. Cuerpo compuesto de basa y cornisa, que sostiene una columna, estatuta, etc. || **Peana.** || fig. *Fundamento en que se asegura o afirma una cosa.

pedestre. adj. Que anda a *pie. || Dícese del *deporte que consiste en andar o correr. || fig. Llano, *vulgar, *inculto.

pedestrismo. m. Deporte de *carreras a pie.

pedíatra o **pediatra.** m. *Médico de niños.

pediatría. f. *Med.* *Medicina de los niños.

pedicoj. m. *Salto que se da con un pie solo.

pedicular. adj. Perteneciente o relativo al *piojo.

pedículo. m. *Bot.* **Pedúnculo.**

pediculosis. f. *Pat.* Enfermedad de la *piel, producida por la acumulación de piojos.

pedicuro. m. **Callista.**

pedido. m. Subsidio que pedían los soberanos a sus vasallos y súbditos en caso de necesidad. || *Tributo que se pagaba en los lugares. || **Com.* Encargo hecho a un fabricante o vendedor, de géneros de su tráfico. || ***Petición.**

pedidor, ra. adj. Que pide. Ú. t. c. s.

pedidura. f. Acción de *pedir.

pedigón, na. adj. fam. **Pedidor.** Ú. t. c. s. || fam. **Pedigüeño.** Ú. t. c. s.

pedigüeño, ña. adj. Que *pide con frecuencia e *importunación. Ú. t. c. s.

pediluvio. m. *Baño de pies tomado por medicina. Ú. m. en pl.

pedimento. m. **Petición.** || **For.* Escrito que se presenta ante un juez. || **A pedimento.** m. adv. A instancia, a petición.

pedimiento. m. ant. **pedimento.**

***pedir.** tr. Rogar a uno que dé o haga una cosa. || Por antonom., **pedir** *limosna. || **For.* Deducir uno ante el juez su derecho o acción contra otro. || Poner *precio a la mercadería el que *vende. || *Reclamar una cosa como necesaria o conveniente. || Querer, *desear. || Rogar a los padres o parientes de una mujer que la concedan por esposa para sí o para otro. || En el juego de *pelota y otros, preguntar a los que miran si el lance o jugada se ha hecho correctamente. || En el juego de *naipes, reclamar una o más cartas, u obligar a servir la carta del palo que se ha jugado.

pedo. m. *Ventosidad que se expele por el ano. || **de lobo. Bejín** (hongo).

pedorrera. f. Frecuencia o muchedumbre de pedos. || pl. *Calzones ajustados que usaban los escuderos.

pedorrero, ra. adj. Que frecuentemente o sin reparo expele las *ventosidades del vientre. Ú. t. c. s.

pedorreta. f. Sonido que se hace con la boca, imitando al pedo.

pedorro, rra. adj. **Pedorrero.** Ú. t. c. s.

pedrada. f. Acción de lanzar una *piedra contra alguna cosa. || *Golpe que se da con la piedra tirada. || Señal que deja. || Adorno de *cinta, que usaban los soldados para llevar plegada el ala del *sombrero. || Lazo que solían ponerse las mujeres a un lado de la cabeza. || fig. y fam. Expresión *ofensiva o mordaz, envuelta en alguna alusión.

pedral. m. **Mar* Piedra que atada a un *cabo o a una *red sirve para mantenerlos en posición vertical dentro del agua. Ú. m. en pl.

pedrea. f. Acción de apedrear o apedrearse. || Combate a pedradas. || Acto de caer piedra o *granizo de las nubes.

pedregal. m. Sitio o terreno cubierto de piedras sueltas.

pedregoso, sa. adj. Aplícase al terreno naturalmente cubierto de *piedras. || Que padece mal de piedra. Ú. t. c. s.

pedrejón. m. *Piedra grande suelta.

pedreñal. m. Especie de trabuco de chispa.

pedrera. f. Cantera o lugar de donde se sacan las *piedras.

pedreral. m. Especie de artolas de madera para *cargar en las *caballerías piedras o cosas semejantes.

pedrería. f. Conjunto de piedras preciosas, que se usan en *joyería.

pedrero. m. **Cantero** (el que labra la piedra). || Pequeño entrante de la *costa cubierto de cantos rodados. || **Artill.* Boca de fuego antigua, destinada a disparar pelotas de piedra. || **Hondero.** || **Niño de la piedra** (*expósito).

pedrés. adj. V. **Sal pedrés.**

pedreta. f. d. de **Piedra.** || Cantillo o pitón.

pedrezuela. f. d. de **Piedra.**

pedrisca. f. **Pedrisco.**

pedriscal. m. **Pedregal.**

pedrisco. m. *Granizo grueso que cae de las nubes. || Multitud de *piedras arrojadas a un mismo sitio. || Conjunto o multitud de piedras sueltas.

pedrisquero. m. **Pedrisco** (*granizo).

pedrizal. m. Abundancia de *piedras sueltas.

pedrizo, za. adj. **Pedregoso.** || f. p. us. **Pedregal.** || *Cercado de piedra seca.

pedro. m. *Germ.* *Capote o tudesquillo. || *Germ.* **Cerrojo.** || **Jiménez. Pedrojiménez.**

pedroche. m. **Pedregal.**

pedrojiménez. m. Variedad de *uva de granos esféricos, muy lisos, y de color dorado. || *Vino dulce hecho de esta uva.

pedrusco. m. fam. Pedazo de *piedra sin labrar.

pedunculado, da. adj. *Bot.* Dícese de las *flores y de los *frutos que tienen pedúnculo.

pedúnculo. m. *Bot.* **Pezón.**

peer. intr. Arrojar *ventosidad por el ano. Ú. t. c. r.

pega. f. Acción de *pegar o conglutinar una cosa con otra. || Baño que se da con la pez a los *odres, pellejos, tinajas, etc. || **Rémora** (*pez). || fam. **Chasco** (*broma). || Entre estudiantes, *problema o *pregunta difícil en los *exámenes. || fam. **Zurra.** || *Min.* Acción de pegar fuego a un *barreno. || **De pega.** *Falso, fingido.

pega. f. **Urraca.** || **reborda. Alcaudón.**

pegadillo. m. d. de **Pegado.** || **de mal de madre.** fig. y fam. Hombre pesado, *molesto y *entremetido.

pegadizo, za. adj. ***Pegajoso.** || Aplícase a la persona que se arrima a otra o se introduce con ella para comer o divertirse de *mogollón. || **Postizo.**

pegado. m. **Farm.* Parche, bizma o emplasto.

pegador. m. **Min.* Operario encargado de pegar fuego a los *barrenos. || **Rémora** (*pez).

pegadura. f. Acción de *pegar. || Unión que resulta de haberse pegado una cosa con otra.

pegajosidad. f. **Glutinosidad.**

***pegajoso, sa.** adj. Que con facilidad se pega. || *Contagioso o que con facilidad se comunica. || fig. y fam. Suave, *afable, obsequioso. || fig. y fam. **Sobón.** || fig. y fam. Aplícase a los *vicios que fácilmente se comunican. || fig. y fam. Dícese de los oficios y *empleos en que es fácil apropiarse algo con disimulo.

pegamiento. m. Acción de *pegar o pegarse una cosa con otra.

pegante. p. a. de **Pegar.** Que pega o se pega.

***pegar.** tr. Adherir una cosa a otra mediante alguna substancia aglutinante. || *Unir o juntar una cosa con otra, *atándola, *cosiéndola o de otro modo análogo. || Arrimar o aplicar una cosa a otra, ponerla *contigua a ella. || Comunicar uno a otro una cosa por el contacto, trato, etc. Dícese comúnmente de enfermedades *contagiosas, *vicios, etcétera. Ú. t. c. r. || fig. Castigar o maltratar dando *golpes. || fig. **Dar** (un golpe, puñetazo, tiro, grito, salto, etc.). || intr. Comunicarse una cosa a otra, como el fuego. || Tener efecto una cosa o despertar algún *sentimiento en el ánimo. || *Convenir una cosa con otra; ser de oportunidad, venir al caso. || Estar una cosa próxima o *contigua a otra. || *Tropezar en una cosa. || r. Hablando de *guisos, quemarse lo que está en contacto con el fondo de la olla. || fig. *Entremeterse uno adonde no es llamado. || fig. Insinuarse en el ánimo una cosa *agradable. || fig. *Aficionarse mucho a una cosa. || **Pegar, o pegarla, con** uno. fr. fig. Arremeterle, y también trabarse con él de palabras. || **Pegársela** a uno. fr. fam. Chasquearle, *burlar su buena fe o confianza. || Hablando de una mujer respecto del marido, o al contrario, faltar a la fidelidad conyugal, cometer *adulterio.

pegaseo, a. adj. Perteneciente al caballo Pegaso o a las *musas.

pegásides. f. pl. Las *musas.

pegaso. m. *Astr.* *Constelación septentrional situada a continuación y al occidente de Andrómeda.

pegata. f. fam. *Engaño, *fraude, estafa.

pegatoste. m. p. us. **Pegote** (emplasto).

pegmatita. f. *Roca de color claro y textura laminar, compuesta de feldespato y algo de cuarzo.

pego. m. *Fullería que consiste en pegar disimuladamente dos naipes. || **Dar, o tirar el pego.** fr. Emplear esta fullería. || fig. y fam. ***Engañar.**

pegollo. m. Cada uno de los *pilares de piedra o madera sobre los cuales descansan los hórreos.

pegote. m. **Farm.* Emplasto o bizma que se hace de pez u otra cosa pegajosa. || fig. y fam. Cualquier *guisado u otra cosa que está muy espesa y se pega. || fig. y fam. Per-

sona que no se aparta de otra, para comer de *mogollón. ‖ fig. y fam. Cosa que puesta junto a otra desdice de ella.
pegotear. intr. fam. Introducirse uno en las casas sin ser convidado, para comer de *mogollón.
pegotería. f. fam. Acción y efecto de pegotear.
pegual. m. *Cincha con argollas para *apresar los animales cogidos con lazo.
peguera. f. Hoyo donde se quema leña de pino para sacar de ella alquitrán y pez. ‖ En los *esquileos, paraje donde se calienta la pez para marcar el ganado.
peguero. m. El que por oficio saca o fabrica la pez. ‖ El que trata en ella.
pegujal. m. **Peculio.** ‖ fig. Corta porción de *terreno, *siembra, *ganado o *caudal.
pegujalejo. m. d. de **Pegujal.**
pegujalero. m. *Labrador que tiene poca siembra o labor. ‖ *Ganadero que tiene poco ganado.
pegujar. m. **Pegujal.**
pegujarero. m. **Pegujalero.**
pegujón. m. Conjunto de *lanas o *pelos que se aprietan y pegan unos con otros a manera de pelotón.
pegullón. m. **Pegujón.**
pegunta. f. *Marca que se pone con pez derretida al ganado, especialmente o las *ovejas.
peguntar. tr. *Marcar o señalar las reses con pez derretida.
peguntoso, sa. adj. ***Pegajoso.**
peina. f. **Peineta.**
peinada. f. **Peinadura.**
***peinado, da.** adj. fam. Dícese del hombre que se adorna con esmero o *afeminación. ‖ fig. Dícese del *estilo nimiamente cuidado. ‖ m. Adorno y compostura del *cabello.
peinador, ra. adj. Que peina. Ú. t. c. s. ‖ m. Toalla o lienzo con que se cubre el cuerpo del que se peina o afeita. ‖ Especie de bata corta de tela ligera, que usan sobre el vestido las señoras para peinarse el *cabello.
peinadura. f. Acción de peinar o peinarse. ‖ *Cabellos que salen o se arrancan con el peine.
peinar. tr. Desenredar, limpiar o componer el *cabello con el *peine. Ú. t. c. r. ‖ fig. Desenredar o limpiar el pelo o *lana de algunos animales. ‖ **Carp.* Tocar o *rozar ligeramente una cosa a otra. ‖ Cortar o quitar parte de *piedra o tierra de una roca o montaña, dejándola más *escarpada. ‖ **No peinarse** una mujer **para** uno. fr. fig. y fam. No ser para el hombre que la solicita.
peinazo. m. *Carp.* Listón o madero que atraviesa entre los largueros de *puertas y ventanas para formar los cuarterones.
***peine.** m. Utensilio de marfil, concha u otra materia, que tiene muchos dientes espesos, con el cual se desenreda y compone el pelo. ‖ ***Carda.** ‖ Barra del *telar, que tiene una serie de púas, por entre las cuales pasan los hilos de la urdimbre. ‖ Instrumento de puntas aceradas que se usó para dar tormento. ‖ **Empeine** (del *pie). ‖ fig. y fam. **Púa** (persona *astuta). ‖ **A sobre peine.** m. adv. fig. A medias, *imperfectamente.
peinecillo. m. Peineta pequeña.
peinería. f. Taller donde se fabrican *peines. ‖ Tienda donde se venden.
peinero. m. El que fabrica o vende *peines.
***peineta.** f. *Peine convexo que colocan en el *cabello las mujeres por adorno o para asegurar el peinado.
peinetero. m. **Peinero.**
peinilla. f. *Peina pequeña. ‖ *Machete.
peje. m. ***Pez.** ‖ fig. Hombre *astuto. ‖ **ángel. Angelote** (pez). ‖ **araña.** *Pez marino acantopterigio, que vive medio enterrado en la arena. Es comestible. ‖ **diablo. Escorpina.**
pejegallo. m. *Pez de Chile, provisto de una cresta carnosa que le baja hasta la boca.
pejemuller. m. **Pez mujer.**
pejepalo. m. *Bacalao o abadejo sin aplastar y curado al humo.
pejerrey. m. *Pez marino acantopterigio, de carne bastante estimada.
pejesapo. m. *Pez marino acantopterigio, de cabeza enorme y boca grandísima, colocada, así como los ojos, en la parte superior de la cabeza.
pejiguera. f. fam. Cualquier cosa que sólo ofrece *dificultades o *molestias.
pejín. adj. **Pejino.**
pejina. f. Mujer *plebeya de la ciudad de Santander o de otros puertos de su provincia.
pejino, na. adj. Dícese de la *lengua y modales de las pejinas.
pela. f. **Peladura.**
pela. f. En algunos pueblos de Galicia, niña ataviada que llevan en la *procesión del Corpus.
pelada. f. *Piel de carnero u oveja, a la cual se le arranca la lana después de muerta la res. ‖ **Chula.**
peladera. f. **Alopecia.**
peladero. m. Sitio donde se pelan los *cerdos o las *aves. ‖ fig. y fam. Sitio donde se juega con *fullerías.
peladilla. f. Almendra *confitada, lisa y redonda. ‖ Canto rodado pequeño.
peladillo. m. Variedad del *pérsico. de piel lustrosa y carne dura pegada al hueso. ‖ pl. *Lana de peladas.
pelado, da. adj. fig. *Descubierto, *desnudo (de vegetación, de adornos, etc.). ‖ *Simple, sencillo, desprovisto de lo que suele llevar adherido. ‖ Dícese del *número dígito o del que consta de decenas, centenas o millares justos. ‖ fig. *Pobre, que carece de recursos. ‖ **Bailar** uno **el pelado.** fr. fig. y fam. Estar sin dinero.
pelador. m. El que *pela o *descorteza una cosa.
peladura. f. Acción y efecto de pelar o *descortezar una cosa. ‖ **Mondadura.**
pelafustán, na. m. y f. Persona *holgazana y *despreciable.
pelagallos. m. fig. y fam. Hombre *vagabundo y *despreciable.
pelagatos. m. fig. y fam. Hombre *pobre y *despreciable.
pelagianismo. m. *Secta de Pelagio, que negaba la transmisión del pecado original. ‖ Conjunto de los sectarios de este hereje.
pelagiano, na. adj. Sectario de Pelagio. Ú. t. c. s. ‖ Perteneciente a la doctrina o secta de Pelagio.
pelágico, ca. adj. Perteneciente al piélago.
pelagra. f. *Pat.* Enfermedad crónica, que se manifiesta en la *piel y con perturbaciones digestivas y nerviosas.
pelagroso, sa. adj. Perteneciente o relativo a la pelagra. ‖ Que padece pelagra. Ú. t. c. s.
pelaire. m. *Cardador de *paños.
pelairía. f. Oficio u ocupación de pelaire.
***pelaje.** m. Naturaleza, color o calidad del *pelo o de la piel de un animal. ‖ fig. y fam. Disposición, *aspecto y *calidad de una persona o cosa.
pelambrar. tr. **Apelambrar.**
pelambre. m. Porción de *pieles que se apelambran. ‖ Conjunto de *pelo en todo el cuerpo o en algunas partes de él. ‖ Mezcla de agua y cal con que se pelan las *pieles en las tenerías. ‖ Falta de pelo en las partes donde es natural tenerlo.
pelambrera. f. Sitio donde se apelambran las *pieles. ‖ Porción de *pelo o de vello espeso y crecido. ‖ **Alopecia.**
pelambrero. m. Oficial que apelambra las *pieles.
pelamen. m. fam. **Pelambre.**
pelamesa. f. *Riña en que los contendientes se asen de los cabellos o barba. ‖ Porción de pelo que se puede asir o mesar.
pelandusca. f. **Ramera.**
pelantrín. m. Labrantín, pegujalero.
***pelar.** tr. Cortar, arrancar, quitar o raer el pelo. Ú. t. c. r. ‖ **Desplumar.** ‖ fig. *Mondar o quitar la piel o la *corteza a una cosa. ‖ fig. *Despojar a uno de sus bienes con engaño, arte o violencia. ‖ fig. y fam. En el *juego, ganar a uno todo el dinero. ‖ **Cetr.* Comer el halcón una ave que todavía tiene pluma. ‖ r. Perder el *pelo por enfermedad u otro accidente. ‖ **Duro de pelar.** loc. fig. y fam. *Difícil de conseguir o ejecutar.
pelarela. f. **Alopecia.**
pelargonio. m. *Bot.* *Planta geraniácea, cubierta de pelos glandulosos.
pelarruecas. f. fig. y fam. Mujer pobre que vive de *hilar.
pelásgico, ca. adj. Perteneciente o relativo a los pelasgos.
pelasgo, ga. adj. Dícese del individuo de un *pueblo que se estableció en territorios de Grecia y de Italia. Ú. t. c. s. ‖ Perteneciente a él. ‖ Natural de Pelasgia o de cualquier otro territorio del Peloponeso. Ú. t. c. s. ‖ Perteneciente a una u otra de estas dos regiones de la Grecia antigua. ‖ Natural de la Grecia antigua. Ú. t. c. s. ‖ Perteneciente a ella.
pelaza. adj. V. **Paja pelaza.** ‖ f. **Pelazga.**
pelazga. f. fam. *Contienda, riña, disputa.
peldaño. m. Cada uno de los planos o travesaños de una *escalera.
pelde. f. **Apelde.**
peldefebre. m. Antigua *tela de lana y pelo de cabra.
pelea. f. *Combate, batalla. ‖ *Contienda o riña de palabra o de obra. ‖ fig. Riña de los animales. ‖ fig. *Esfuerzo y diligencia que se ponen en vencer los apetitos y pasiones. ‖ fig. Afán, *trabajo.
peleador, ra. adj. Que pelea, combate, contiende o lidia. ‖ ***Pendenciero.**
peleante. p. a. de **Pelear.** Que pelea.
pelear. intr. Batallar, *combatir con armas. ‖ Contender o *disputar. ‖ fig. Luchar los brutos entre sí. ‖ fig. *Oponerse las cosas unas a otras. ‖ fig. *Resistir y luchar contra las pasiones y apetitos. ‖ fig. Afanarse, *trabajar por conseguir una cosa. ‖ r. Reñir dos o más personas a puñadas o de otro modo semejante. ‖ fig. Desavenirse, *enemistarse.
pelechar. intr. Echar los animales *pelo o *pluma. ‖ fig. y fam. Co-

menzar a *mejorar de fortuna o a recobrar la *salud.
pelele. m. *Muñeco o figura humana de paja o trapos que mantea el pueblo bajo en *carnaval. ‖ fig. y fam. Persona *cándida o *inútil.
pelendengue. m. **Perendengue.**
peleón. adj. fam. ***Pendenciero.** ‖ V. **Vino peleón.** Ú. t. c. s.
peleona. f. fam. Riña o *contienda.
pelerina. f. Especie de esclavina de mujer.
pelete. m. En los juegos de *naipes de azar, el que apunta estando de pie. ‖ fig. y fam. Hombre *pobre. ‖ **En pelete.** m. adv. Enteramente *desnudo.
peletería. f. Oficio de adobar *pieles finas o de hacer con ellas prendas de abrigo. ‖ Comercio de pieles finas. ‖ Tienda donde se venden.
peletero. m. El que tiene por oficio trabajar en *pieles finas o venderlas.
pelgar. m. fam. **Pelagallos.**
peliagudo, da. adj. Dícese del animal que tiene el *pelo largo y delgado. ‖ fig. y fam. Sumamente *difícil. ‖ fig. y fam. Aplícase al sujeto de gran *habilidad.
peliblanco, ca. adj. Que tiene blanco el *pelo.
peliblando, da. adj. Que tiene el *pelo blando y suave.
pelícano o **pelicano.** m. *Ave acuática de las palmípedas, con pico muy largo y ancho, que en la mandíbula inferior lleva una especie de bolsa donde deposita los alimentos. ‖ *Cir.* **Gatillo.** ‖ pl. **Aguileña.**
pelicano, na. adj. Que tiene *cano el *pelo.
pelicorto, ta. adj. Que tiene corto el *pelo.
película. f. *Piel delgada y delicada. ‖ **Cir.* Telilla que a veces cubre ciertas *heridas y úlceras. ‖ **Hollejo.** ‖ Lámina muy delgada de celuloide preparada para servir de placa *fotográfica. ‖ Cinta de celuloide impresionada con una serie de imágenes consecutivas para reproducirlas en el *cinematógrafo. ‖ Asunto representado en dicha cinta.
pelicular. adj. Perteneciente o relativo a la película.
peliculero, ra. adj. Perteneciente o relativo a la película cinematográfica. ‖ Que actúa en una de estas películas. Ú. t. c. s.
peliforra. f. fam. ***Ramera.**
peligno, na. adj. Natural de un territorio de la Italia antigua comprendido en el que ahora se llama de los Abruzos. Ú. t. c. s. ‖ Perteneciente a él.
***peligrar.** intr. Estar en peligro.
***peligro.** m. Contingencia inminente de que suceda algún mal. ‖ Cosa u ocasión que produce o aumenta la inminencia del daño. ‖ *Germ.* *Tormento de justicia.
peligrosamente. adv. m. Arriesgadamente; con peligro.
peligrosidad. f. Calidad de *peligroso.
***peligroso, sa.** adj. Que ofrece *peligro. ‖ fig. Aplícase a la persona *pendenciera y de genio arriesgado.
pelilargo, ga. adj. Que tiene largo el *pelo.
pelillo. m. fig. y fam. Causa o motivo muy leve de *disgusto. Ú. m. en pl. ‖ **Echar pelillos a la mar.** fr. fig. y fam. Reconciliarse dos o más personas. ‖ **No tener** uno **pelillos en la lengua.** fr. fig. y fam. **No tener pelos en la lengua.** ‖ **Pelillos a la mar.** Olvido de agravios y restablecimiento de la *concordia y amistad.
pelilloso, sa. adj. fig. y fam. Quisquilloso, delicado en el trato.
pelinegro, gra. adj. Que tiene negro el pelo.
pelirrojo, ja. adj. Que tiene rojo el pelo.
pelirrubio, bia. adj. Que tiene rubio el pelo.
pelitieso, sa. adj. Que tiene el pelo tieso y erizado.
pelitre. m. *Planta herbácea anual de las compuestas. ‖ Raíz de esta planta. ‖ Nombre común a varias plantas, de cuyas flores y hojas secas se hace un polvo *insecticida. ‖ Este polvo.
pelitrique. m. fam. Cosa *insignificante, o *adorno superfluo.
pelma. m. fam. **Pelmazo.**
pelmacería. f. fam. Calidad de pelmazo.
pelmazo. m. Cualquier cosa más *densa, compacta o aplastada de lo conveniente. ‖ *Alimento que se asienta en el estómago. ‖ fig. y fam. Persona *calmosa o pesada en sus acciones.
***pelo.** m. Filamento cilíndrico, de naturaleza córnea, que nace y crece entre los poros de la piel de casi todos los mamíferos y de algunos otros animales. ‖ Conjunto de estos filamentos. ‖ ***Cabello.** ‖ **Plumón.** ‖ Vello que tienen algunas plantas, frutas, etc. ‖ Cualquier hebra delgada. ‖ Brizna o cualquier otro cuerpo extraño que se agarra a los puntos de la *pluma de escribir. ‖ *Resorte de poquísimo resalto en que descansa el gatillo de algunas armas de fuego. ‖ En las *telas, conjunto de filamentos cortos que sobresale en la haz. ‖ *Pelaje de las caballerías. ‖ *Seda en crudo. ‖ Raya opaca en las piedras de *joyería. ‖ Raya o *hendedura sutil por donde con facilidad saltan el vidrio y los metales. ‖ Enfermedad que padecen las mujeres en las *mamas, por obstrucción de los conductos de la *leche. ‖ Parte fibrosa de la *madera. ‖ En el juego de trucos y de *billar, levedad del contacto de una bola con otra. ‖ fig. Cualquier cosa mínima o *insignificante. ‖ *Veter.* Enfermedad que padecen las caballerías en los cascos. ‖ Hoja muy estrecha y fina de una *sierra. ‖ **de aire.** fig. *Viento casi imperceptible. ‖ **de camello.** *Tela hecha con **pelo** de este animal o imitado con el pelote del macho cabrío. ‖ **de cofre,** o **de Judas.** fig. y fam. *Cabello bermejo. ‖ fig. y fam. Persona que lo tiene de este color. ‖ **de la dehesa.** fig. y fam. Resabios que conservan las gentes *rústicas. ‖ **malo. Plumón.** ‖ **Pelos y señales.** fig. y fam. *Detalles y circunstancias de una cosa. ‖ **Agarrarse** uno **de un pelo.** fr. fig. y fam. **Asirse de un pelo.** ‖ **Al pelo.** m. adv. fig. y fam. A punto, con toda *exactitud, a medida del deseo. ‖ **A medios pelos.** m. adv. fig. y fam. Medio *borracho. ‖ **Andar al pelo.** fr. fig. y fam. Andar a golpes. ‖ **A pelo.** m. adv. **Al pelo.** ‖ fig. y fam. A tiempo, con *oportunidad, de modo *conveniente. ‖ **Asirse** uno **de un pelo.** fr. fig. y fam. **Asirse de un cabello.** ‖ **Buscar el pelo al huevo.** fr. fig. y fam. Andar buscando motivos ridículos para *reñir. ‖ **Como el pelo de la masa.** loc. fig. y fam. Llano, *liso. ‖ **Contra pelo.** m. adv. **A contrapelo.** ‖ fig. y fam. Fuera de tiempo, de modo *inconveniente o *intempestivo. ‖ **Cortar un pelo en el aire.** fr. fig. **Cortar un cabello en el aire.** ‖ **De medio pelo.** loc. fig. y fam. con que se zahiere a las personas *plebeyas que quieren aparentar distinción. ‖ **De pelo en pecho.** loc. fig. y fam. Dícese de la persona *fuerte y *valiente. ‖ **Echar buen pelo.** fr. fig. y fam. **Pelechar.** ‖ **Echar pelos a la mar.** fr. fig. y fam. **Echar pelillos a la mar.** ‖ **En pelo.** m. adv. Hablando de las caballerías, sin ningún aderezo, adorno o aparejo. ‖ fig. y fam. ***Desnudamente.** ‖ **Estar** uno **hasta los pelos.** fr. fig. y fam. Estar muy harto o cansado de alguna cosa. ‖ **No tener** uno **pelo de tonto.** fr. fig. y fam. Ser *listo y avisado. ‖ **No tener** uno **pelos en la lengua.** fr. fig. y fam. No tener reparo para decir libremente lo que piensa. ‖ **No tocar** a uno **al pelo,** o **al pelo de la ropa.** fr. fig. **No tocarle a la ropa.** ‖ **Pelo a pelo.** m. adv. fig. y fam. Sin adehala o añadidura en los *trueques. ‖ **Pelo arriba.** m. adv. **Contra pelo.** ‖ **Pelo por pelo.** m. adv. fig. y fam. **Pelo a pelo.** ‖ **Ponérsele** a uno **los pelos de punta.** fr. fig. y fam. Erizársele el cabello por efecto del *miedo. ‖ **Rascarse** uno **pelo arriba.** fr. fig. y fam. Sacar dinero del bolsillo. ‖ **Relucirle** a uno **el pelo.** fr. fig. y fam. Estar *gordo y bien tratado. ‖ **Ser capaz de contarle los pelos al diablo.** fr. fig. y fam. Ser muy *hábil o diestro. ‖ **Ser** uno **de buen pelo.** fr. irón. Ser de índole *perversa. ‖ **Tener** uno **pelos en el corazón.** fr. fig. y fam. Tener mucho *valor y brío. ‖ fig. y fam. Ser inhumano o *cruel. ‖ **Tomar el pelo** a uno. fr. fig. y fam. *Burlarse de él con disimulo.
pelón, na. adj. *Calvo o que tiene poco pelo. ‖ fig. y fam. *Pobre, escaso de recursos. Ú. t. c. s.
pelona. f. **Alopecia.**
pelonería. f. fam. **Pobreza.**
pelonía. f. **Pelona.**
peloponense. adj. Natural del Peloponeso. Ú. t. c. s. ‖ Perteneciente a esta península de la Grecia antigua.
peloponesiaco, ca o **peloponesíaco, ca.** adj. Perteneciente al Peloponeso.
pelosa. f. *Germ.* *Saya, *capa.
pelosilla. f. **Vellosilla.**
peloso, sa. adj. Que tiene *pelo.
***pelota.** f. Bola maciza o hueca que se usa en varios juegos, hecha de goma o cualquier otra materia elástica. ‖ Juego que se hace con ella. ‖ *Bola de materia blanda. ‖ Bala de piedra, plomo o hierro, que se usaba como *proyectil. ‖ Batea de *piel de vaca que usan en América para pasar los ríos. ‖ fig. y fam. ***Ramera.** ‖ Acumulación de *deudas o desazones. ‖ **de viento.** La que no es maciza. ‖ **Estar la pelota en el tejado.** fr. fig. y fam. Estar *pendiente o ser todavía *dudoso el éxito de un negocio. ‖ **Hacerse** uno **una pelota.** fr. fig. y fam. **Hacerse un ovillo.** ‖ **Jugar a la pelota con** uno. fr. fig. y fam. Traerle *engañado con razones, haciéndole ir y venir inútilmente. ‖ **No tocar pelota.** fr. fig. y fam. No dar uno en el punto de la dificultad. ‖ **Rechazar** uno **la pelota.** fr. fig. *Impugnar lo que otro dice, con sus mismas razones. ‖ **Sacar** uno **pelotas de una alcuza.** fr. fig. y fam. Ser muy *astuto. ‖ **Volver** uno **la pelota.** fr. fig. **Rechazar la pelota.**
pelota (en). m. adv. **En cueros.** ‖

Dejar a uno **en pelota.** fr. fig. y fam. *Despojarle de sus bienes, *robarle todo lo que tiene. ‖ *Desnudarle de la ropa exterior.
pelotari. com. Persona que tiene por oficio jugar a la *pelota.
pelotazo. m. *Golpe dado con la *pelota.
pelote. m. *Pelo de cabra, que se emplea para rellenar muebles de *tapicería. ‖ *Bola o burujo de pelos o de otra cosa.
pelotear. tr. Repasar las partidas de una *cuenta, cotejándolas con sus justificantes. ‖ intr. Jugar a la *pelota por entretenimiento, sin haber hecho partido. ‖ fig. *Arrojar una cosa de una parte a otra. ‖ fig. *Reñir dos o más personas entre sí. ‖ fig. ***Disputar.** ‖ Pasar un *río en la batea llamada pelota. Ú. t. c. tr.
pelotera. f. fam. *Riña o *disputa.
pelotería. f. Conjunto o copia de pelotas.
pelotería. f. Conjunto de pelote.
pelotero. m. El que tiene por oficio hacer *pelotas. ‖ El que las sirve en el juego. ‖ fam. **Pelotera.**
pelotilla. f. Bolita de cera, armada de puntas de vidrio, de que usaban los *disciplinantes. ‖ fig. y fam. *Adulación, halago.
pelotillero, ra. adj. fig. y fam. ***Adulador.**
pelotón. m. aum. de **Pelota.** ‖ Conjunto de *pelos o de *cabellos unidos y apretados. ‖ fig. Conjunto o *muchedumbre de personas en tropel. ‖ **Mil.* Cuerpo de soldados menor que una sección.
pelta. f. *Escudo de cuero que usaron los griegos y romanos.
peltraba. f. *Germ.* **Morral** (de cazador).
peltre. m. *Aleación de cinc, plomo y estaño.
peltrero. m. El que trabaja en cosas de peltre.
pelú. m. *Árbol de Chile, de las leguminosas.
***peluca.** f. Cabellera postiza. ‖ fig. y fam. Persona que la usa. ‖ fig. y fam. *Reprensión severa.
pelúcido, da. adj. **Transparente.**
pelucón. m. aum. de **Peluca.**
pelucona. f. fam. Onza de oro.
peludo, da. adj. Que tiene mucho *pelo. ‖ m. Ruedo de *estera afelpado.
peluquera. f. Mujer del peluquero. ‖ Dueña de una peluquería. ‖ Mujer que tiene por oficio peinar, rizar o cortar el *cabello.
peluquería. f. Tienda del peluquero. ‖ Oficio de peluquero.
***peluquero.** m. El que tiene por oficio peinar, cortar el pelo o hacer o vender pelucas, rizos, etc.
peluquín. m. *Peluca pequeña o que sólo cubre parte de la cabeza. ‖ Peluca con bucles y coleta que se usó antiguamente.
pelusa. f. **Vello.** ‖ Pelo menudo que con el uso se desprende de las *telas. ‖ fig. y fam. *Envidia propia de los niños.
pelusilla. f. **Vellosilla.**
pelvi. adj. Aplícase a la *lengua de los parsis y a lo que se escribió en ella. Ú. t. c. s. m.
pelviano, na. adj. **Anat.* Perteneciente o relativo a la pelvis.
pelvímetro. m. **Obst.* Instrumento en forma de compás de piernas curvas, que se emplea para apreciar la forma y amplitud de la pelvis.
pelvis. f. **Anat.* Cavidad del cuerpo humano, en la parte inferior del tronco, que contiene la terminación del tubo digestivo, la vejiga urinaria y algunos órganos de la *generación, principalmente en la mujer. ‖ *Anat.* Receptáculo que se halla en el interior de cada *riñón y es el principio del uréter.
pella. f. *Masa consistente. ‖ Conjunto de los *tallitos de la coliflor y otras plantas semejantes. ‖ **Artill.* Especie de pelota incendiaria. ‖ Masa de los *metales fundidos o sin labrar. ‖ *Manteca del puerco tal como se quita de él. ‖ **Confit.* Porción pequeña y redondeada de manjar blanco, merengue, etc., con que se adornan algunos platos. ‖ fig. y fam. Cantidad de dinero, y más comúnmente la que procede de una *deuda o *estafa. ‖ *Min.* Masa de amalgama de *plata que se obtiene al beneficiar con *mercurio los minerales argentíferos.
pellada. f. Porción de *yeso o *argamasa que el peón de *albañil da con la mano al oficial que está trabajando. ‖ **Pella.** ‖ **No dar pellada.** fr. Estar parada una obra de albañilería o de otra clase.
pelleja. f. *Piel quitada del cuerpo del animal. ‖ **Zalea.** ‖ **Pellejo.** ‖ fam. ***Ramera.** ‖ *Germ.* **Saya.**
pellejería. f. Casa, tienda, calle o barrio donde se adoban *pieles o pellejos. ‖ Oficio o comercio de pellejero. ‖ Conjunto de pieles o pellejos.
pellejero, ra. m. y f. Persona que tiene por oficio adobar o vender *pieles.
pellejina. f. Pelleja pequeña.
***pellejo.** m. ***Piel.** ‖ **Odre.** ‖ fig. y fam. Persona *ebria. ‖ *Germ.* **Sayo.** ‖ **Dar, dejar,** o **perder,** uno **el pellejo.** fr. fig. y fam. ***Morir.** ‖ **Estar,** o **hallarse,** uno **en el pellejo de** otro. fr. fig. y fam. *Substituirle o ponerse mentalmente en las mismas circunstancias que otro. ‖ **Mudar** uno **el pellejo.** fr. fig. y fam. *Cambiar de condición o costumbres. ‖ **No caber** uno **en el pellejo.** fr. fig. y fam. Estar muy *gordo. ‖ fig. y fam. Estar muy *orgulloso o satisfecho. ‖ **Pagar** uno **con el pellejo.** fr. fig. y fam. Pagar con la vida. ‖ **Quitar** a uno **el pellejo.** fr. fig. y fam. Quitarle la vida, *matarle. ‖ fig. y fam. *Murmurar de él. ‖ **Salvar** uno **el pellejo.** fr. fig. y fam. Librar la vida de un peligro. ‖ **Soltar** uno **el pellejo.** fr. fig. y fam. **Dar el pellejo.**
pellejudo, da. adj. Que tiene la piel floja o sobrada.
pellejuela. f. d. de **Pelleja.**
pellejuelo. m. d. de **Pellejo.**
pelleta. f. **Pelleja.**
pelletería. f. **Pellejería.**
pelletero. m. **Pellejero.**
pellica. f. Cubierta o *manta de *cama hecha de pellejos finos. ‖ Zamarra o *abrigo hecho de pieles finas. ‖ Piel pequeña adobada.
pellico. m. Zamarra de pastor. ‖ *Abrigo de pieles que se le parece.
pellijero. m. **Pellejero.**
pellín. m. Especie de roble de Chile. ‖ Corazón de ese mismo árbol. ‖ fig. Persona o cosa muy *fuerte.
pelliquero. m. El que hace o vende pellicas.
pelliza. f. Prenda de *abrigo hecha o forrada de pieles finas. ‖ Chaqueta de abrigo con el cuello y las bocamangas reforzadas de otra tela. ‖ **Mil.* Chaqueta de paño azul con el cuello y las bocamangas revestidos de astracán, que forma parte de ciertos *trajes militares de uniforme. ‖ **Dormán.**
pellizcador, ra. adj. Que pellizca.
***pellizcar.** tr. Asir con dos dedos, con una tenaza o cualquier otra cosa, una pequeña porción de piel y carne, apretándola de suerte que cause dolor. Ú. t. c. r. ‖ *Asir o herir leve o sutilmente una cosa. ‖ *Tomar o *quitar pequeña cantidad de una cosa. ‖ r. fig. y fam. **Perecerse.**
***pellizco.** m. Acción y efecto de pellizcar. ‖ Porción pequeña de una cosa, que se toma o se quita. ‖ **de monja.** **Confit.* Bocadito de masa con azúcar.
pello. m. Especie de zamarra fina.
pellón. m. *Traje talar antiguo, que se hacía regularmente de *pieles. ‖ **Guarn.* Pelleja curtida que forma parte del recado de montar, en algunos países de América.
pellote. m. **Pellón.**
pelluzgón. m. Porción de *pelo, lana o *estopa que se coge de una vez con la mano. ‖ **Mechón** (de *cabello o de *barba). Ú. en la frase **tener la barba a pelluzgones.**
***pena.** f. Castigo impuesto por quien tiene autoridad para ello, al que ha cometido un delito o falta. ‖ Cuidado, *aflicción profunda. ‖ *Dolor, tormento corporal. ‖ *Dificultad, *trabajo. ‖ *Cinta adornada con una *joya en cada punta, que usaban las mujeres a modo de corbata o *collar. ‖ Gasa negra que, en señal de *luto, llevan a veces las mujeres, pendiente del sombrero por detrás. ‖ pl. *Germ.* **Galeras.** ‖ **Pena accesoria.** *For.* La que se impone como inherente a la principal. ‖ **aflictiva.** *For.* La de mayor gravedad, entre las de la clase primera, que señala el código penal. ‖ **capital.** La de muerte. ‖ **correccional.** *For.* La que sigue en gravedad a la aflictiva. ‖ **de daño.** Privación perpetua de la vista de Dios en la otra vida; *condenación eterna. ‖ **de la nuestra merced.** Conminación que los reyes usaban para amenazar al que contraviniera a sus mandatos. ‖ **de la vida. Pena capital.** ‖ **del homicillo. Homicilio.** ‖ **del sentido.** La que en el *infierno atormenta el cuerpo de los condenados. ‖ **del talión.** La que imponía al reo un daño igual al que él había causado. ‖ **leve.** *For.* Las de arresto menor y reprensión privada. ‖ **ordinaria.** *For.* Antiguamente pena capital. ‖ **pecuniaria.** ***Multa.** ‖ **A duras, graves** o **malas, penas.** m. adv. Con gran *dificultad o trabajo. ‖ **A penas.** m. adv. **Apenas.** ‖ **Merecer la pena** una cosa. fr. **Valer la pena.** ‖ **Ni pena ni gloria.** expr. fig. que manifiesta la *insensibilidad con que uno ve u oye las cosas. ‖ **Pasar** uno **la pena negra.** fr. fam. Padecer *aflicción o trabajo grave. ‖ **Pasar** uno **las penas del purgatorio.** fr. fig. Padecer continuos *contratiempos o *aflicciones. ‖ **Valer la pena** una cosa. fr. con que se encarece su *importancia.
pena. f. Cada una de las *plumas mayores del *ave, en las extremidades de las alas o en el arranque de la cola. ‖ *Mar.* Parte extrema y más delgada de una entena.
penable. adj. Que puede ser penado.
penachera. f. **Penacho.**
penacho. m. Grupo de *plumas que tienen algunas *aves en la parte superior de la cabeza. ‖ *Adorno de plumas en los cascos o *morriones, en el *tocado de las mujeres, en la cabeza de las caballerías, etc. ‖ fig. Lo que tiene forma o figura de tal. ‖ fig. y fam. Vanidad, *orgullo.

penachudo, da. adj. Que tiene o lleva penacho.
penachuelo. m. d. de **Penacho.**
penadamente. adv. m. **Penosamente.**
penadilla. f. Vasija penada.
penado, da. adj. Penoso o lleno de penas. ‖ *Difícil, *trabajoso. ‖ Dícese de ciertas *vasijas antiguas en las que era muy difícil beber. Ú. t. c. s. ‖ m. y f. *Delincuente condenado a una pena.
penal. adj. Perteneciente o relativo a la *pena o que la incluye. ‖ *For.* **Criminal.** ‖ m. *Prisión o establecimiento en que los penados cumplen condenas superiores a las de arresto.
penalidad. f. Trabajo aflictivo, *molestia. ‖ *For.* Calidad de penable. ‖ *For.* *Castigo o sanción impuesta por la ley penal, las ordenanzas, etc.
pénamo. m. **Pésame.**
penante. p. a. de **Penar.** Que sufre pena. ‖ adj. **Penado** (*vasija).
penar. tr. Imponer *pena. ‖ intr. *Padecer, sufrir. ‖ Padecer las penas del *purgatorio. ‖ Agonizar mucho tiempo. ‖ *For.* Señalar la ley castigo para un acto u omisión. ‖ r. *Afligirse, acongojarse. ‖ **Penar** uno **por** una cosa. fr. fig. *Desearla con ansia.
penates. m. pl. Dioses domésticos de los *gentiles.
penca. f. *Hoja carnosa de ciertas plantas. ‖ Parte carnosa de ciertas hojas cuando en su totalidad no lo son. ‖ fig. Tira de cuero con que el verdugo *azotaba a los delincuentes. ‖ fig. **Maslo.** ‖ **Hacerse** uno **de pencas.** fr. fig. y fam. *Resistirse o *negarse uno, por lo común fingidamente, a conceder lo que le piden.
pencar. tr. *Germ.* *Azotar el verdugo.
pencazo. m. *Golpe dado con la penca.
penco. m. fam. **Jamelgo.**
pencudo, da. adj. Que tiene pencas.
pencuria. f. *Germ.* ***Ramera.**
penchicarda. f. *Germ.* *Estafa que cometen algunos en una taberna o casa de comidas, simulando una *riña para salirse sin pagar.
pendajo. m. **Pingajo.**
pendanga. f. En el juego de *naipes llamado quínolas, la sota de oros. ‖ fam. ***Ramera.**
pendejada. f. *Necedad, impertinencia.
pendejo. m. *Pelo que nace en el pubis y en las ingles. ‖ fig. y fam. Hombre *cobarde. ‖ fig. Persona *necia.
pendencia. f. *Contienda, riña de palabras o de obras. ‖ *For.* **Litispendencia.** ‖ *Germ.* **Rufián.**
pendenciar. intr. *Reñir o tener pendencia.
***pendenciero, ra.** adj. Propenso a riñas o pendencias.
pendenzuela. f. d. de **Pendencia.**
***pender.** intr. Estar *colgada alguna cosa. ‖ **Depender.** ‖ → fig. Estar por resolverse un asunto.
***pendiente.** p. a. de **Pender.** Que pende. ‖ → adj. fig. Que está por resolverse o terminarse. ‖ m. *Arete con adorno colgante o sin él. ‖ **Pinjante** (*joya colgante). ‖ **Blas.* Parte inferior de los estandartes y banderas. ‖ *Carp.* Inclinación de las *armaduras de los tejados. ‖ **Min.* Cara superior de un criadero. ‖ f. Cuesta o *declive de un terreno.
pendil. m. *Manto de mujer. ‖ **Candil.** ‖ **Tomar el pendil.** fr. fig. y fam. *Marcharse o ausentarse.
pendingue (tomar el). fr. fig. y fam. **Tomar el pendil.**
pendol. m. **Arq. Nav.* Operación que consiste en inclinar una embarcación, cargando peso a una banda y descubriendo así el fondo del costado opuesto para limpiarlo. Ú. m. en pl.
péndola. f. **Pluma.**
péndola. f. Péndulo de un *reloj. ‖ fig. *Reloj que tiene **péndola.** ‖ *Arq.* Cualquiera de los maderos de un faldón de *armadura que van desde la solera a la lima tesa. ‖ *Arq.* Cualquiera de los tirantes verticales que sostienen el piso de un *puente colgante u otra cosa.
pendolaje. m. **Der. Mar.* Derecho de apropiarse en las presas de mar todos los géneros que están sobre cubierta.
pendolario. m. **Pendolista.**
pendolista. com. **Calígrafo.**
pendolón. m. aum. de **Péndola.** ‖ *Arq.* Madero de *armadura en situación vertical que va desde la hilera a la puente.
***pendón.** m. Insignia militar que consistía en una bandera más larga que ancha. ‖ Insignia militar, que era un estandarte pequeño, y se usaba para distinguir las diversas unidades del ejército. ‖ *Insignia que usan las iglesias y cofradías para guiar las procesiones. ‖ *Vástago que sale del tronco principal del árbol. ‖ fig. y fam. Persona (especialmente mujer) muy *alta y *desaliñada. ‖ fig. y fam. Persona moralmente *despreciable. ‖ **Blas.* Insignia semejante a la bandera, pero redonda por el pendiente. ‖ pl. Riendas para gobernar las mulas de guías. ‖ **Pendón caballeril.** El rectangular, usado por los señores que llevaban más de diez caballeros y menos de cincuenta. ‖ **de Castilla,** o **morado.** Insignia personal del monarca. ‖ **posadero.** El largo y rematado en punta, que se plantaba para designar los lugares donde debían acampar las huestes. ‖ **puñal. Pendón caballeril.** ‖ **Alzar pendón,** o **pendones.** fr. **Levantar bandera,** o **banderas.** ‖ **A pendón herido.** m. adv. fig. Con toda fuerza y *diligencia. ‖ **Levantar pendón,** o **pendones.** fr. **Alzar pendón,** o **pendones.** ‖ **Seguir el pendón de** uno. fr. *Mil.* Alistarse bajo sus banderas.
pendonear. intr. **Pindonguear.**
pendular. adj. Propio del péndulo o relativo a él.
péndulo, la. adj. Pendiente, *colgante. ‖ m. *Mec.* Cuerpo grave que puede *oscilar suspendido de un punto por un hilo o varilla. ‖ **de compensación.** El que se hace con una varilla compuesta de metales de dilatación diferente. ‖ **eléctrico.** *Fís.* Esferilla de una substancia muy ligera, colgada de un hilo de seda, que se desvía de su posición al acercarla a un cuerpo *electrizado. ‖ **sidéreo.** *Astr.* *Reloj magistral para marcar el tiempo sidéreo.
pendura (a la). m. adv. *Mar.* Dícese de todo lo que *cuelga, y especialmente del *ancla cuando pende de la serviola.
***pene.** m. **Miembro viril.**
peneca. com. fam. *Estudiante de primeras letras. ‖ f. Clase preparatoria en las *escuelas.
peneque. adj. fam. ***Borracho.** ‖ fam. Dícese de la persona o del animal que al *andar se tambalea.
penetrabilidad. f. Calidad de penetrable.
penetrable. adj. Que se puede penetrar.
penetración. f. Acción y efecto de penetrar. ‖ Inteligencia o *comprensión cabal de una cosa difícil. ‖ Perspicacia de *ingenio, talento agudo.
penetrador, ra. adj. Agudo, perspicaz, *listo.
penetral. m. p. us. *Habitación interior de un edificio, o parte más *interior de una cosa. Ú. m. en pl.
penetrante. p. a. de **Penetrar.** Que penetra. ‖ adj. **Profundo.** ‖ fig. Agudo, alto, hablando de la *voz, del *sonido, etc.
penetrar. tr. *Introducir un cuerpo en otro por sus poros. ‖ Introducirse en lo interior de un espacio. ‖ Hacerse sentir con intensidad el *frío, los *gritos, etc. ‖ fig. *Comprender el interior de uno, o una cosa dificultosa. Ú. t. c. r.
penetrativo, va. adj. Que penetra, o tiene virtud de penetrar.
pénfigo. m. *Pat.* Enfermedad de la *piel caracterizada por ampollas transparentes llenas de un líquido seroso.
peniano, na. adj. *Anat.* Perteneciente o relativo al *pene.
penibético, ca. adj. *Geogr.* Dícese de cierta *cordillera que va desde Sierra Nevada hasta el cabo de Tarifa. ‖ Perteneciente a esta cordillera.
penicilina. f. **Inm.* Antibiótico extraído de cierto moho.
peniforme. adj. Que tiene *forma de *pluma.
penígero, ra. adj. poét. Alado, que tiene *alas o *plumas.
***península.** f. Tierra cercada por el agua, y que sólo por una parte relativamente estrecha está unida con otra tierra de extensión mayor.
peninsular. adj. Natural de una península. Ú. t. c. s. ‖ Perteneciente a una península. ‖ Por antonom., se dice de lo relativo a la península ibérica.
penique. m. *Moneda inglesa de cobre, duodécima parte del chelín.
penisla. f. **Península.**
***penitencia.** f. Sacramento en el cual, por la absolución del sacerdote, se perdonan los pecados. ‖ *Arrepentimiento de haber pecado y propósito de no pecar más. ‖ Cualquier acto de mortificación voluntaria, interior o exterior. ‖ *Pena que impone el confesor al penitente para satisfacción del pecado. ‖ Castigo público que imponía el tribunal de la *Inquisición a algunos reos. ‖ Casa donde vivían estos penitenciados ‖ **canónica,** o **pública.** Serie de ejercicios penosos y públicos impuestos por los sagrados cánones al culpable de ciertos delitos. ‖ **Cumplir** uno **la penitencia.** fr. Practicar aquellos actos de devoción o mortificación que le prescribe el confesor. ‖ **Hacer penitencia.** fr. fig. *Comer parcamente.
penitenciado, da. adj. Castigado por la *Inquisición. Ú. t. c. s.
penitencial. adj. Perteneciente a la *penitencia o que la incluye. ‖ Libro *litúrgico que contiene los salmos penitenciales.
penitenciar. tr. Imponer *penitencia.
penitenciaría. f. Tribunal eclesiástico de la *curia romana encargado de despachar las bulas y dispensaciones pertenecientes a materias de conciencia. ‖ Dignidad, oficio o cargo de penitenciario. ‖ Establecimiento penitenciario, *prisión correccional.

penitenciario, ria. adj. Aplícase al presbítero encargado de confesar en una iglesia determinada. Ú. t. c. s. || Dícese de la *canonjía o beneficio que lleva aneja esta obligación. || Aplícase a cualquiera de los sistemas modernamente adoptados para castigo y corrección de los *presos. || m. *Cardenal presidente de la penitenciaría en Roma.

penitente. adj. Perteneciente a la *penitencia. || Que tiene penitencia. || com. Persona que hace penitencia. || Persona que se confiesa sacramentalmente con un sacerdote. || Persona que en las *procesiones va vestida de túnica en señal de penitencia.

peno, na. adj. **Cartaginés.** Apl. a pers., ú. t. c. s.

penol. m. *Mar.* Punta o extremo de las *vergas. || **A toca penoles.** m. adv. **Mar.* Ú. para indicar que una embarcación pasa muy *cerca de otra.

penosamente. adv. m. Con pena y trabajo.

penoso, sa. adj. *Trabajoso, *difícil. || Que padece una *aflicción o pena. || fam. Presumido de lindo o de galán.

pensado, da. adj. Con el adverbio *mal*, propenso a echar a mal o a *tergiversar las palabras ajenas. || **De pensado.** m. adv. De *intento, adrede.

pensador, ra. adj. Que piensa. || Que *piensa o reflexiona con intensidad. || m. Hombre que se dedica a estudios muy elevados y profundiza mucho en ellos.

***pensamiento.** m. *Inteligencia o facultad de pensar. || Acción y efecto de pensar. || *Asunto o idea capital de una obra cualquiera. || Cada una de las ideas o *máximas notables de un escrito. || fig. *Sospecha, recelo. || **Trinitaria** (*planta). || *Germ.* **Bodegón** (taberna). || **Esc.* y **Pint.* **Bosquejo.** || **Beberle** a uno **los pensamientos.** fr. fig. y fam. Adivinárselos para ponerlos prontamente en ejecución. || **Como el pensamiento.** m. adv. fig. Con suma *prontitud. || **Derramar el pensamiento.** fr. fig. Divertirlo, *distraerse. || **En un pensamiento.** m. adv. fig. Con suma *brevedad.

***pensar.** tr. *Imaginar o discurrir una cosa. || Reflexionar, examinar con cuidado una cosa para formar dictamen. || Formar la *intención de hacer una cosa. || **Pensar mal.** fr. Ser mal pensado o *suspicaz. || **Sin pensar.** m. adv. De improviso.

pensar. tr. Echar *pienso a los animales.

pensativo, va. adj. Que está absorto en sus pensamientos.

pensel. m. *Flor que se vuelve al sol como los girasoles.

penseque. m. fam. *Error nacido de ligereza o descuido.

pensil. adj. Pendiente o *colgante. || m. fig. *Jardín delicioso.

pensilvano, na. adj. Natural de Pensilvania. Ú. t. c. s. || Perteneciente a este país de la América septentrional.

***pensión.** f. *Renta o canon anual que se impone sobre una finca. || → Cantidad anual que se asigna a uno por méritos o servicios propios o extraños. || **Pupilaje.** || *Auxilio pecuniario que se concede a un estudiante o profesor para que amplíe sus conocimientos científicos, artísticos o literarios. || fig. Trabajo, *molestia que lleva consigo la posesión de una cosa.

***pensionado, da.** adj. Que tiene o cobra una pensión. Ú. t. c. s. || m. Lugar en que se alojan los alumnos internos de un *colegio.

***pensionar.** tr. Imponer una pensión o un gravamen. || Conceder pensión a una persona o establecimiento.

pensionario. m. El que paga una *pensión. || *Consejero, abogado o persona que ostenta alguna *dignidad.

pensionista. com. Persona que tiene derecho a percibir una *pensión. || *Alumno que está en una casa o establecimiento y paga cierta pensión por sus alimentos y enseñanza. || **Medio pensionista.** Alumno que come en el *colegio, pero que no duerme en él.

pentadecágono. adj. Aplícase al polígono de quince ángulos y quince lados. Ú. m. c. s.

pentaedro. m. **Geom.* Sólido que tiene cinco caras.

pentagonal. adj. *Geom.* **Pentágono.**

pentágono, na. adj. *Geom.* Aplícase al *polígono de cinco ángulos y cinco lados. Ú. m. c. s. m.

pentágrama o **pentagrama.** m. **Mús.* Conjunto de cinco *rectas horizontales, paralelas y equidistantes, sobre las cuales se escribe la música.

pentámero, ra. adj. *Bot.* Dícese de las *flores compuestas de cinco piezas. || *Zool.* Se dice de los *insectos coleópteros que tienen cinco artejos en cada tarso. Ú. t. c. s. m.

pentámetro. adj. V. **Verso pentámetro.** Ú. t. c. s.

pentapolitano, na. adj. Natural de una Pentápolis. Ú. t. c. s. || Perteneciente a ella.

pentarquía. f. *Gobierno formado por cinco personas.

pentasílabo, ba. adj. Que consta de cinco sílabas. Ú. t. c. s.

pentateuco. m. Parte de la *Biblia, que comprende los cinco primeros libros canónicos del Antiguo Testamento.

pentatlón. m. **Deporte.* Conjunto de cinco pruebas en los juegos olímpicos.

pentecostés. m. Fiesta de los *judíos, que se celebraba cincuenta días después de la pascua del Cordero. || *Festividad de la Venida del Espíritu Santo.

pentedecágono. m. **Pentadecágono.** Ú. m. c. s.

pentodo. m. Válvula de *radio compuesta de cinco electrodos.

penúltimo, ma. adj. Inmediatamente antes de lo último o postrero. Ú. t. c. s.

penumbra. f. *Sombra débil o poco obscura. || *Astr.* En los *eclipses, sombra parcial entre los espacios obscuros y los iluminados.

penuria. f. *Escasez, *carencia de las cosas más precisas.

***peña.** f. *Piedra grande natural. || *Montaña o cerro peñascoso. || **viva.** La que está adherida naturalmente al terreno. || **Ser uno peña,** o **una peña.** fr. fig. Ser *insensible.

peña. f. *Reunión de amigos o camaradas. || Nombre que toman algunos círculos de *recreo.

peñaranda. f. fam. Casa de *préstamos sobre objetos empeñados.

peñarse. r. *Germ.* ***Huir.**

peñascal. m. Sitio cubierto de peñascos.

peñascaró. m. *Germ.* **Aguardiente.**

peñascazo. m. **Pedrada.**

***peñasco.** m. Peña grande y elevada. || *Tela de mucha duración. || **Múrice** (*molusco). || *Zool.* Porción del *hueso temporal.

***peñascoso, sa.** adj. Aplícase al lugar donde hay muchos peñascos.

peñera. f. *Cedazo fino.

peñerar. tr. ***Cerner.**

peño. m. En algunas partes, ***expósito.**

peñol. m. **Peñón.**

péñola. f. ***Pluma** (de escribir).

peñolada. f. **Plumada.**

peñón. m. aum. de **Peña.** || Monte peñascoso.

peñuela. f. d. de **Peña** (piedra).

***peón.** m. El que *anda a pie. || *Obrero que no tiene oficio determinado, o que en algún oficio sólo sirve para ayudar al oficial. || Infante o *soldado de a pie. || → Juguete de madera, de figura cónica y terminado en una púa de hierro. Se le arrolla una cuerda y se lanza con fuerza para que, al desarrollarse aquélla, quede girando sobre la púa. || Cualquiera de las piezas del juego de *damas, de las menores del ajedrez, y de algunas de otros juegos de tablero. || Árbol o *eje de la *noria o de cualquiera otra máquina que gira como ella. || ***Colmena.** || **caminero.** Obrero destinado a la conservación y reparo de los *caminos públicos. || **de mano.** **Albañ.* Operario que ayuda al oficial para prepararle los materiales. || **A peón.** m. adv. fam. **A pie.** || **A torna peón.** m. adv. **A torna punta.**

peón. m. Pie de la *poesía griega y latina, que se compone de cuatro sílabas, una larga y las demás breves.

peonada. f. Obra o *trabajo que un peón o jornalero hace en un día. || Medida agraria equivalente a poco más de tres *áreas. || **Pagar** uno **la peonada.** fr. fig. y fam. Compensar una acción o beneficio con otro semejante.

peonaje. m. Conjunto de *soldados de infantería. || Conjunto de peones que *trabajan en una obra.

peonería. f. *Tierra que un hombre labra ordinariamente en un día.

peonía. f. **Saltaojos** (*planta). || Planta leguminosa americana, especie de bejuco trepador, cuyas semillas duras, redondas y de color rojo, se usan como cuentas.

peonía. f. Porción de *tierra de un país conquistado, que se solía asignar a cada soldado. || En Indias, lo que se podía labrar en un día. || **Peonada.**

peonio, nia. adj. Natural de Peonia. Ú. t. c. s. || Perteneciente o relativo a esa región de la Grecia antigua.

***peonza.** f. Juguete de madera, semejante al peón. || fig. y fam. Persona chiquita y *bulliciosa. || **A peonza.** m. adv. fam. **A pie.**

***peor.** adj. comp. de **Malo.** || adv. m. comp. de **Mal.** || **Tanto peor.** expr. **Peor** todavía.

peoría. f. Calidad de peor. || ***Empeoramiento.**

pepe. m. fam. *Melón de mala calidad o poco maduro.

pepián. m. **Pipián.**

pepinar. m. Sitio o terreno sembrado de pepinos.

pepinillo. m. Pepino pequeño *encurtido. || fig. y fam. *Proyectil cilíndrico de artillería.

***pepino.** m. Planta herbácea anual, de las *cucurbitáceas, de fruto comestible, pulposo, cilíndrico y de cáscara verde. || Fruto de esta planta. || **del diablo. Cohombrillo.** || **No dársele** a uno **un pepino de,** o **por,** una cosa. fr. fig. y fam. No importarle nada, serle *indiferente.

pepión. m. *Moneda menuda usada en Castilla en el siglo XIII.

pepita. f. **Veter.* Cierta enfermedad

que las *gallinas suelen tener en la lengua. || **No tener** uno **pepita en la lengua.** fr. fig. y fam. Hablar con libertad y *descaro.
***pepita.** f. *Simiente de algunas *frutas; como la pera, la manzana, etc. || Trozo rodado de *oro u otros metales nativos. || **de San Ignacio. Haba de San Ignacio** (simiente).
pepitoria. f. *Guisado de ave, cuya salsa tiene yema de huevo. || fig. *Mezcla de cosas diversas y sin orden.
pepitoso, sa. adj. Abundante en pepitas. || Aplícase a la *gallina que padece pepita.
peplo. m. Especie de *vestidura femenina, de la antigua Grecia. Era amplia y sin mangas, y bajaba de los hombros a la cintura.
pepón. m. ***Sandía.**
pepona. f. *Muñeca grande de cartón.
pepónide. f. *Bot.* *Fruto carnoso unido al cáliz, como el pepino y el melón.
pepsina. f. Substancia orgánica, secretada por ciertas glándulas del *estómago.
péptico, ca. adj. Perteneciente o relativo a la *digestión.
peptona. f. Substancia producida por transformación de los principios albuminoideos, mediante la acción del jugo *gástrico.
pequén. m. *Ave rapaz de Chile, muy semejante a la lechuza.
pequeñamente. adv. m. p. us. Con pequeñez.
***pequeñez.** f. Calidad de pequeño. || Infancia, *niñez. || Cosa *insignificante. || *Mezquindad, ruindad, *vileza.
***pequeño, ña.** adj. Corto, limitado en tamaño, cantidad, etc. || De muy corta edad. || fig. Bajo y *humilde. || fig. Corto, *breve.
pequeñuelo, la. adj. d. de **Pequeño.** Ú. t. c. s.
pequín. m. *Tela de seda, parecida a la sarga.
per. Prefijo que refuerza la significación de las voces a que se halla unido.
***pera.** f. Fruto del peral, carnoso, de forma generalmente ovoide, y más o menos dulce y aguanoso según las variedades. Es comestible. || fig. Porción de pelo que se deja crecer en la punta de la *barba. || fig. *Renta o *empleo muy *ventajoso, lucrativo o descansado. || *Veter.* Inflamación de la membrana que tiene el ganado lanar entre las dos pesuñas de las patas anteriores. || **ahogadiza.** Especie de **pera** muy áspera. || **almizcleña. Pera mosqueruela.** || **bergamota. Bergamota.** || **calabacil.** Cualquier casta de **peras** parecidas en su figura a la calabaza vinatera. || **mosquerola, mosqueruela,** o **musquerola.** Especie de **pera** enteramente redonda. || **verdiñal.** La que tiene la piel verde aun después de madura. || **Como pera, o peras, en tabaque.** expr. fig. y fam. que se dice de aquellas cosas que se presentan con *delicadeza y *primor. || **Dar para peras** a uno. fr. fig. y fam. con que se *amenaza que se le ha de castigar. || **Partir peras** con uno. fr. fig. y fam. Tratarle con familiaridad y llaneza. Ú. m. con neg. || **Pedir peras al olmo.** fr. fig. y fam. Pedir una cosa *imposible o impropia. || **Poner** a uno **las peras a cuarto, o a ocho.** fr. fig. y fam. Estrecharle, *compelerle a ejecutar lo que no quería.
perada. f. Conserva que se hace de la pera rallada. || *Bebida alcohólica que se obtiene por fermentación del zumo de la pera.
peragrar. intr. ant. Ir *viajando de una parte a otra.
***peral.** m. Árbol de la familia de las rosáceas, cuyo fruto es la pera. || *Madera de este árbol.
peraleda. f. Terreno poblado de perales.
peralejo. m. *Árbol de las malpigiáceas, propio de América.
peraltar. tr. *Arq.* Levantar la curva de un *arco, *bóveda o armadura más de lo que corresponde al semicírculo.
peralte. m. *Arq.* Lo que en la *altura de un *arco, *bóveda o armadura excede del semicírculo. || En las *carreteras, vías férreas, etc., mayor elevación de la parte exterior de una curva en relación con la interior.
peralto. m. *Geom.* **Altura.**
perantón. m. **Mirabel** (*planta). || **Pericón** (*abanico). || fig. y fam. Persona muy *alta.
perborato. m. *Quím.* Sal producida por la oxidación del borato.
perca. f. *Pez de río, acantopterigio, de carne comestible y delicada. || **Raño** (*pez).
percador. m. *Germ.* *Ladrón que hurta con ganzúa.
percal. m. *Tela de algodón para vestidos de mujer, camisas y otros usos.
percalina. f. Percal de un color solo.
percance. m. Gaje o provecho eventual sobre el *sueldo o salario. Ú. m. en pl. || *Contratiempo o *perjuicio imprevistos. || **Percances del oficio.** loc. irón. **Gajes del oficio.**
percatar. intr. Advertir, *conocer. Ú. m. c. r.
percebe. m. *Marisco *crustáceo cirrípedo cuya concha se compone de cinco valvas y un pedúnculo carnoso comestible. Ú. m. en pl.
percebimiento. m. **Apercibimiento.**
percentaje. m. *Cont.* **Porcentaje.**
percepción. f. Acción y efecto de percibir. || *Sensación correspondiente a la impresión material de los sentidos. || ***Idea.**
perceptible. adj. Que se puede comprender o *percibir. || Que se puede recibir o cobrar.
perceptiblemente. adv. m. Conocidamente, de un modo perceptible.
perceptividad. f. Calidad de perceptivo.
perceptivo, va. adj. Que tiene virtud de percibir.
perceptor, ra. adj. Que percibe. Ú. t. c. s.
***percibir.** tr. *Recibir o *cobrar. || → Recibir por mediación de los sentidos las impresiones exteriores. || *Comprender o conocer una cosa.
percibo. m. Acción y efecto de percibir o *cobrar.
percloruro. m. *Quím.* Cloruro que contiene la proporción máxima de cloro.
percocería. f. Obra menuda de *platería.
percocero. m. **Platero.**
percollar. tr. *Germ.* **Hurtar.**
percontear. tr. Poner perconteos. || intr. Servir de perconteo.
perconteo. m. **Cuento** (puntal).
percuciente. adj. Que *hiere o *golpea.
percudir. tr. *Ajar la tez o empañar el lustre de las cosas. || Penetrar la *suciedad en alguna cosa.
percusión. f. Acción y efecto de percutir.
percusor. m. *Ecles.* El que hiere o golpea a otro. || Pieza que golpea en cualquier máquina. Dícese especialmente de la que, en las *armas de fuego*, hace estallar el fulminante.
percutir. tr. ***Golpear.**
percutor. m. *Mil.* **Percusor** (de una *arma de fuego*).
***percha.** f. *Madero o estaca larga que se coloca horizontalmente para *sostener una cosa. || → Pieza o mueble con colgaderos en que se ponen ropa, sombreros u otros objetos. || Acción y efecto de perchar o *cardar el paño. || Lazo de *cazar perdices u otras aves. || Especie de bandoleras que usan los *cazadores para colgar las piezas que matan. || **Alcándara.** || Pescante de que los barberos *cuelgan las bacías en la puerta de la tienda. || *Germ.* Posada o casa. || *Mar.* Tronco enterizo de árbol, para la construcción de piezas de *arboladura. || *Mar.* **Brazal** (madero). || **Estar en percha** una cosa. fr. fig. Estar ya *conseguido y asegurado lo que se deseaba.
percha. f. **Perca.**
perchado, da. adj. *Blas.* Aplícase a las aves puestas en ramas o perchas.
perchar. tr. Colgar el paño y sacarle el pelo con la *carda.
perchel. m. Aparejo de *pesca consistente en uno o varios palos dispuestos para colgar las redes. || Lugar en que se colocan. || Barrio o arrabal de pescadores.
***perchero.** m. Conjunto de *perchas o lugar en que las hay. || Mueble con colgaderos; *percha.
percherón, na. adj. Dícese del *caballo muy fuerte y corpulento. Ú. t. c. s.
perchón. m. Pulgar de la *vid en el cual se han dejado más yemas de las convenientes.
perchonar. intr. Dejar perchones en las *vides. || Armar perchas para la *caza.
perdedero. m. Ocasión o motivo de *perder. || *Mont.* Lugar por donde se zafa la liebre perseguida.
perdedor, ra. adj. Que pierde. Ú. t. c. s.
***perder.** tr. Verse privado de una persona o cosa, sea por culpa propia o ajena o por cualquier contingencia o desgracia. || Desperdiciar, *malgastar una cosa. || No conseguir lo que se espera, desea o ama. || Ocasionar un *daño a las cosas, deteriorarlas. || Ocasionar a uno ruina o daño en la honra o en la hacienda. || Dejar de ganar o vencer en una lucha, *juego, apuesta, etc. || *Decaer del crédito o estimación. || Dejar de mostrar el respeto, cortesía o consideración debida a una persona. || intr. Tratándose de una *tela, desteñirse, *decolorarse. || r. Errar uno el camino, *extraviarse. || No hallar camino ni salida. || fig. Conturbarse o *aturdirse. || fig. Entregarse ciegamente a los *vicios. || fig. Borrarse la especie o ilación en un *discurso. || fig. No percibirse una cosa por el oído o la vista. || fig. *Desaprovecharse una cosa que podía o debía ser útil. || fig. *Naufragar o irse a pique. || fig. Ponerse a *riesgo de **perder** la vida o sufrir otro grave daño. || fig. *Amar o *desear con vehemencia a una persona o cosa.
perdición. f. Acción de *perder o perderse. || fig. Ruina o *daño grave en lo temporal o espiritual. || fig. Pasión de *amor. || fig. *Condenación eterna. || fig. *Desenfreno, inmoralidad. || fig. Cosa o persona que ocasiona un grave daño.
***pérdida.** f. Acción y efecto de per-

der o perderse. ‖ *Daño o menoscabo. ‖ Cantidad o cosa perdida. ‖ En el juego de *billar, billa limpia.
perdidamente. adv. m. Con *exceso, con *vehemencia. ‖ *Inútilmente.
perdidizo, za. adj. Dícese de lo que se finge perdido. ‖ Dícese de la persona que ha *huido disimuladamente. ‖ **Hacer perdidiza** una cosa. fr. fam. *Ocultarla. ‖ **Hacerse perdidizo.** fr. En el *juego, perder voluntariamente un jugador para complacer o engañar al contrario.
perdido, da. adj. Que no tiene o no lleva destino determinado. ‖ m. *Impr.* Cierto número de ejemplares que se tiran de más en cada pliego, para suplir los defectuosos. ‖ **Ser** uno **un perdido.** fr. Ser demasiado *pródigo. ‖ fig. Llevar una vida de *vicio y desenfreno.
perdidoso, sa. adj. Que padece una *pérdida.
perdigana. f. **Perdigón** (pollo de *perdiz).
perdigar. tr. *Culin.* Soasar la perdiz u otra vianda para que se conserve algún tiempo. ‖ Preparar la carne en cazuela con alguna grasa. ‖ fig. y fam. *Preparar una cosa para un fin.
perdigón. m. Pollo de la *perdiz. ‖ Perdiz nueva. ‖ Perdiz macho que emplean los cazadores como reclamo. ‖ Cada uno de los *proyectiles de plomo que forman la munición de caza. ‖ **zorrero.** El más grueso que el ordinario.
perdigón. m. fam. El que *pierde mucho en el *juego. ‖ fig. y fam. Mozo desatentado y *pródigo.
perdigonada. f. *Tiro de perdigones. ‖ *Herida que produce.
perdigonera. f. Bolsa en que los *cazadores llevaban los perdigones.
perdiguero, ra. adj. Dícese del animal que caza perdices. ‖ V. ***Perro perdiguero.*** Ú. t. c. s. ‖ m. Recovero que compra de los cazadores la *caza para revenderla.
perdigueta. f. *Arq. Nav.* Cierta pieza curva que se coloca en la parte superior del tajamar.
perdimiento. m. Perdición o *pérdida.
perdis. m. fam. Persona entregada a los *vicios o a la *inmoralidad; calavera.
***perdiz.** f. Ave gallinácea, de cuello corto, cabeza pequeña, pico y pies encarnados, y plumaje de color ceniciento rojizo. Anda más que vuela, y su carne es muy estimada. ‖ **blanca.** Ave gallinácea, poco mayor que la **perdiz** común, pero de patas y pico cenicientos, y plumaje blanco en el cuerpo y negro en la cola y alas. ‖ **blancal.** La patiblanca. ‖ **cordillerana.** Especie de **perdiz** de Chile, muy distinta de la europea. ‖ **pardilla.** Ave gallinácea, muy parecida a la **perdiz** común, pero con el pico y las patas de color gris verdoso. ‖ **patiblanca.** Especie de **perdiz,** que se diferencia de la común principalmente en tener las piernas manchadas de negro, y los pies de color blanco que tira a verde. ‖ **real. Perdiz.** ‖ **Perdiz, o no comerla.** fr. fig. y fam. *Todo, o nada. ‖ **Oler a perdices.** fr. fam. con que se advierte a uno de que está en riesgo de *perder. ‖ **Perdices en campo raso.** expr. fig. con que se da a entender que una cosa es *difícil de conseguir.
***perdón.** m. Remisión de la pena merecida. ‖ Dispensa del cumplimiento de una obligación pendiente. ‖ **Indulgencia.** ‖ fam. *Gota de aceite hirviendo o de cera u otra cosa muy caliente. ‖ pl. Frutas secas, *dulces y otras golosinas que se compran en las *romerías. ‖ **Con perdón.** m. adv. Con *licencia.
perdonable. adj. Que puede ser perdonado o merece perdón.
perdonador, ra. adj. Que *perdona o remite. Ú. t. c. s.
perdonante. p. a. de **Perdonar.** Que perdona.
***perdonar.** tr. Remitir la deuda, ofensa u otra cosa. ‖ *Eximir a uno de alguna obligación general. ‖ ***Desaprovechar.** Se usa con negación para expresar lo contrario, o sea *utilizar un medio, ocasión, etc. ‖ fig. *Renunciar a un derecho, goce o disfrute.
perdonavidas. m. fig. y fam. Baladrón, valentón, *fanfarrón.
perdulario, ria. adj. Sumamente *descuidado o *desaliñado. Ú. t. c. s. ‖ *Vicioso incorregible. Ú. t. c. s.
perdurable. adj. Perpetuo o que *dura siempre. ‖ Que *dura mucho tiempo. ‖ f. **Sempiterna** (*tela).
perdurablemente. adv. m. **Eternamente.**
perduración. f. Acción y efecto de perdurar.
perdurar. intr. *Durar mucho.
perecear. tr. fam. Dilatar, *diferir una cosa por *pereza.
perecedero, ra. adj. Poco durable; *breve, fugaz. ‖ m. fam. Necesidad, *pobreza.
perecer. intr. Acabar, *terminar, dejar de existir. ‖ ***Morir.** ‖ fig. Padecer un *daño, trabajo o molestia. ‖ fig. Padecer una ruina espiritual, especialmente la eterna *condenación. ‖ fig. Tener suma *pobreza. ‖ r. fig. *Desear con ansia una cosa. ‖ fig. Padecer con violencia un afecto o *pasión.
pereciente. p. a. de **Perecer.** Que perece.
perecimiento. m. Acción de perecer.
pereda. f. **Peraleda.**
***peregrinación.** f. *Viaje por tierras extrañas. ‖ → Viaje que se hace a un santuario por devoción o por voto. ‖ fig. *Teol.* La vida humana considerada como paso para la eterna.
peregrinaje. m. **Peregrinación.**
peregrinamente. adv. m. De un modo peregrino o *infrecuente. ‖ Con gran primor o *perfección.
peregrinante. p. a. de **Peregrinar.** Que peregrina. ‖ m. Clérigo que acude a Roma para gestionar alguna cosa.
peregrinar. intr. *Viajar uno por tierras extrañas. ‖ Ir en *romería a un santuario. ‖ fig. *Teol.* Estar en esta vida, en que se camina a la patria celestial.
peregrinidad. f. Calidad de peregrino o *infrecuente.
***peregrino, na.** adj. Aplícase al que *viaja por tierras extrañas. ‖ →Dícese de la persona que por devoción o por voto va a visitar un santuario, a veces con un traje especial. Ú. m. c. s. ‖ Hablando de *aves, **pasajero.** ‖ fig. Extraño, *extraordinario o *infrecuente. ‖ fig. Adornado de singular *hermosura o *perfección. ‖ fig. *Teol.* Que está en esta vida mortal y pasa a la eterna.
perejil. m. *Planta herbácea vivaz, de las umbelíferas, de hojas de color verde obscuro, partidas en tres gajos dentados, que se emplean como *condimento. ‖ fig. y fam. *Adorno excesivo de las mujeres, especialmente en los *vestidos y *tocados. Ú. m. en pl. ‖ pl. fig. y fam. *Títulos o dignidades con que se condecora a una persona. ‖ **Mar.* *Banderas y gallardetes. ‖ **Perejil de mar. Perejil marino.** ‖ **de monte. Oreoselino.** ‖ **de perro. Cicuta menor.** ‖ **macedonio. Apio caballar.** ‖ **mal sembrado.** fig. y fam. *Barba rala. ‖ **marino. Hinojo marino.**
perejila. f. Juego de *naipes que consiste en hacer treinta y un tantos. ‖ Siete de oros en este juego.
perenal. adj. **Perennal.**
perencejo. m. **Perengano.**
perención. f. **For.* Prescripción o caducidad de la instancia.
perendeca. f. fam. ***Ramera.**
perendengue. m. **Pendiente** (*arete). ‖ Por ext. cualquier otro *adorno mujeril de poco valor. ‖ *Moneda de vellón, que valía cuatro maravedís.
perene. adj. **Perenne.**
perengano, na. m. y f. Voz de que se usa para aludir a *persona *indeterminada o cuyo nombre no se quiere decir.
perennal. adj. **Perenne.**
perennalmente. adv. m. y t. **Perennemente.**
perenne. adj. *Continuo, incesante. ‖ *Bot.* **Vivaz.**
perennemente. adv. m. y t. Incesantemente, continuamente.
perennidad. f. *Duración, *continuación indefinida.
perentoriamente. adv. m. Con término perentorio. ‖ Con *urgencia.
perentoriedad. f. Calidad de perentorio. ‖ ***Urgencia.**
perentorio, ria. adj. Dícese del último *plazo que se concede, o de la *decisión que pone fin a un asunto. ‖ Concluyente, *decisivo. ‖ *Urgente, apremiante.
perero. m. Instrumento de que se usaba para quitar la *cáscara o pellejo a las peras, manzanas y otras frutas.
***pereza.** f. Resistencia o repugnancia a trabajar o a cumplir las obligaciones del cargo o estado de cada uno. ‖ *Flojedad, *descuido o *lentitud en las acciones o movimientos. ‖ **Sacudir la pereza.** fr. Vencerla.
perezosamente. adv. m. Lentamente, con pereza y tardanza.
***perezoso, sa.** adj. Que tiene pereza. Ú. t. c. s. ‖ Tardo, *lento o pesado en el movimiento o en la acción. ‖ Que se levanta de la cama tarde o con repugnancia. Ú. t. c. s. ‖ m. *Mamífero desdentado, propio de América, de pelaje pardo, áspero y largo, piernas cortas, pies sin dedos aparentes, armados de tres uñas muy largas y fuertes, y cola rudimentaria. Es de andar muy lento.
***perfección.** f. Acción de perfeccionar o perfeccionarse. ‖ Calidad de perfecto. ‖ Cosa perfecta.
perfeccionamiento. m. **Perfección.**
***perfeccionar.** tr. Concluir enteramente una obra, dándole el mayor grado posible de bondad o excelencia. Ú. t. c. r. ‖ *For.* Completar los requisitos de un *contrato para que tenga plena fuerza jurídica. Ú. t. c. r.
perfectamente. adv. m. Cabalmente, con *perfección.
perfectibilidad. f. Calidad de perfectible.
perfectible. adj. Capaz de perfeccionarse o de ser perfeccionado.
perfectivo, va. adj. Que da o puede dar perfección.
***perfecto, ta.** adj. Que tiene el mayor grado posible de bondad o excelencia en su línea. ‖ *For.* De plena eficacia jurídica.
perfeto, ta. adj. desus. **Perfecto.**

perficiente. adj. Que perfecciona.
pérfidamente. adv. m. Con perfidia o *deslealtad.
perfidia. f. *Deslealtad, traición.
pérfido, da. adj. *Desleal, infiel o traidor. Ú. t. c. s.
perfil. m. *Adorno sutil y delicado, especialmente el que se pone al *borde de una cosa. ‖ Cada una de las rayas delgadas que se hacen con la pluma al *escribir. ‖ Postura en que no se deja ver sino un *lado de la *cara o del cuerpo. ‖ **Geom.* Figura que presenta un cuerpo *cortado por un plano vertical. ‖ **Pint.* *Contorno aparente de la figura. ‖ pl. Complementos y retoques con que se *perfecciona una obra o una cosa. ‖ fig. Miramientos y *cortesía en la conducta o en el trato social. ‖ **Medio perfil.** **Pint.* Postura o figura del cuerpo que no está enteramente ladeado. ‖ **Corromper los perfiles.** fr. **Pint.* No ajustarse el aprendiz al dibujo del maestro. ‖ **De perfil.** loc. De lado. ‖ **Pasar perfiles.** fr. **Pint.* Afianzar el dibujo estarcido, pasándolo con lápiz, pluma o cosa semejante. ‖ **Tomar perfiles.** fr. **Pint.* Calcar los contornos de una figura.
perfilado. adj. Dícese de la *cara adelgazada y larga.
perfiladura. f. Acción de perfilar una cosa. ‖ El mismo perfil.
perfilar. tr. Dar, presentar el perfil o sacar los perfiles a una cosa. ‖ fig. Afinar, *perfeccionar una cosa. ‖ r. Colocarse de perfil. ‖ fig. y fam. *Adornarse, componerse.
perfoliada. f. *Planta herbácea de las umbelíferas.
perfoliata. f. **Perfoliada.**
perfolla. f. Hoja que cubre el fruto del *maíz, cuando está seca.
perforación. f. Acción y efecto de perforar.
perforador, ra. adj. Que perfora u horada. Ú. t. c. s.
perforar. tr. **Horadar.**
perfumadero. m. **Perfumador.**
perfumador, ra. adj. Que prepara cosas para perfumar. Ú. t. c. s. ‖ m. Vaso para quemar *perfumes, o aparato para esparcirlos.
***perfumar.** tr. Sahumar, aromatizar una cosa, quemando materias olorosas. ‖ Dar o esparcir un olor agradable. ‖ intr. Exhalar perfume.
***perfume.** m. Materia que puesta al fuego echa de sí un humo fragante y aromático. ‖ El mismo humo o cualquier otra substancia volátil y aromática. ‖ fig. Cualquier olor agradable.
perfumear. tr. **Perfumar.**
***perfumería.** f. Taller o fábrica donde se preparan *perfumes. ‖ Arte de fabricar perfumes. ‖ Tienda donde se venden.
perfumero, ra. m. y f. **Perfumista.**
perfumista. com. Persona que prepara o vende *perfumes.
perfunctoriamente. adv. m. p. us. De manera perfunctoria.
perfunctorio, ria. adj. p. us. Hecho sin cuidado, *imperfecto.
perfusión. f. *Baño, acción de *untar.
pergal. m. Recorte de las *pieles de que se hacen las túrdigas para abarcas.
pergaminero. m. El que trabaja en pergaminos o los vende.
pergamino. m. *Piel de la res, raída, adobada y estirada, que sirve para *escribir en ella, forrar libros y otras cosas. ‖ Título o *documento escrito en **pergamino.** ‖ pl. fig. Antecedentes de *nobleza de una familia o de una persona. ‖ **En pergamino.** m. adv. Dícese de la *encuadernación en que las cubiertas del libro son de **pergamino.**
pergenio. m. **Pergeño.**
pergeñar. tr. fam. *Ejecutar una cosa con poca habilidad.
pergeño. m. fam. Traza, *aspecto de una persona o cosa.
pérgola. f. *Galería formada de columnas o pilastras sobre las que se apoyan horizontalmente maderos, a modo de emparrado.
peri. f. Hada hermosa y bienhechora de la *mitología pérsica.
peri. Prefijo que significa ***alrededor.**
periambo. m. **Pariambo.**
periantio. m. *Bot.* **Perigonio.**
períbolo. m. Espacio plantado de árboles o decorado con obras escultóricas, que rodeaba los *templos antiguos. ‖ *Atrio o recinto comprendido entre un edificio y la cerca que lo rodea.
perica. f. En el juego de *naipes llamado truque, la sota de oros. ‖ *Navaja grande.
pericardio. m. *Zool.* *Tejido membranoso que envuelve el corazón.
pericarditis. f. *Pat.* Inflamación del pericardio.
pericarpio. m. *Bot.* Parte exterior del *fruto, que cubre las semillas de las plantas.
pericia. f. *Sabiduría, *experiencia y *habilidad en una ciencia o arte.
pericial. adj. Perteneciente o relativo al perito. ‖ m. Vista de *aduanas.
pericialmente. adv. m. Con pericia.
periclitar. intr. Estar en *peligro. ‖ *Decaer, declinar.
perico. m. Especie de *tocado que se usó antiguamente. ‖ Ave trepadora, especie de *papagayo. ‖ En el juego de *naipes llamado truque, caballo de bastos. ‖ fig. *Abanico grande. ‖ fig. *Espárrago de gran tamaño. ‖ fig. **Sillico.** ‖ *Mar.* Juanete del palo de mesana que se cruza sobre el *mastelero de sobremesana. ‖ *Mar.* *Vela que se larga en él. ‖ **de,** o **el de, los palotes.** Personaje proverbial. *Persona *indeterminada. ‖ **entre ellas.** fam. Hombre que gusta de estar siempre entre mujeres. ‖ **ligero. Perezoso** (*mamífero).
pericón, na. adj. Aplícase al que *substituye a todos, y más comúnmente, hablando de la *caballería que en el tiro hace a todos los puestos. Ú. t. c. s. ‖ m. En el juego de quínolas, caballo de bastos, porque sirve de comodín. ‖ *Abanico muy grande. ‖ *Baile popular de la Argentina en que intervienen varias parejas.
pericondrio. m. *Anat.* Membrana que recubre los *cartílagos.
pericote. m. *Rata grande del campo, en América.
pericráneo. m. *Zool.* Membrana fibrosa que cubre exteriormente los huesos del *cráneo.
peridoto. m. **Miner.* Silicato de magnesia y hierro, de color verde amarillento, que suele encontrarse entre las rocas volcánicas. Los cristales más transparentes se emplean en *joyería.
perieco, ca. adj. *Geogr.* Aplícase al *habitante de la Tierra, con relación a otro que ocupa un punto del mismo paralelo que el primero y diametralmente opuesto a él. Ú. t. c. s. y más comúnmente en plural.
periferia. f. **Circunferencia.** ‖ Término o *contorno de un espacio o una figura curvilínea.
periférico, ca. adj. Perteneciente o relativo a la periferia.
perifollo. m. *Planta herbácea anual, de las umbelíferas, de hojas aromáticas que se emplean como *condimento. ‖ pl. fig. y fam. *Adornos de mujer en el traje y *peinado, y especialmente los *superfluos o de mal gusto. ‖ **Perifollo oloroso.** *Planta herbácea vivaz, de las umbelíferas, que tiene olor de anís.
perifonear. tr. Transmitir por *radio noticias, música, etc.
perifonía. f. Acción y efecto de perifonear.
perífono. m. **Radiotransmisor.**
perifrasear. intr. Usar de perífrasis.
perífrasi. f. **Perífrasis.**
perífrasis. f. *Ret.* **Circunlocución.**
perifrástico, ca. adj. Perteneciente o relativo a la perífrasis; abundante en ellas.
perigallo. m. Pellejo que con exceso pende de la *barba o de la garganta. ‖ *Cinta de color llamativo, que llevaban las mujeres en el *tocado. ‖ Especie de honda. ‖ fig. y fam. Persona *alta y delgada. ‖ *Mar.* *Aparejo para mantener suspendida una cosa.
perigeo. m. **Astr.* Punto en que la Luna se halla más próxima a la Tierra.
perigonio. m. *Bot.* Envoltura sencilla o doble de los órganos sexuales de la *flor.
perihelio. m. **Astr.* Punto en que un *planeta se halla más inmediato al Sol.
perilustre. adj. Muy ilustre.
perilla. f. **Ornam.* *Remate o adorno en figura de pera. ‖ **Guarn.* Parte superior del arco que forman por delante los fustes de la silla de montar. ‖ **Pera** (*barba). ‖ Extremo del *cigarro puro, por donde se fuma. ‖ **de la oreja.** Parte inferior no cartilaginosa de la *oreja. ‖ **De perilla,** o **de perillas.** m. adv. fig. y fam. A propósito, de modo muy *conveniente u *oportuno.
perillán, na. m. y f. fam. Persona pícara y *astuta. El femenino es poco usado. Ú. t. c. adj.
perillo. m. *Panecillo de masa dulce.
perimétrico, ca. adj. Perteneciente o relativo al perímetro.
perímetro. m. **Ámbito.** ‖ *Geom.* *Contorno de una figura.
perínclito, ta. adj. *Ilustre, *heroico.
perineo. m. **Anat.* Espacio que media entre el ano y las partes sexuales.
perineumonía. f. *Med.* **Pulmonía.**
perineumónico, ca. adj. *Med.* **Pulmoniaco.** Ú. t. c. s.
perinola. f. *Peonza pequeña que se hace girar rápidamente con los dedos mediante un manguillo que tiene en la parte superior. ‖ **Perilla** (*adorno). ‖ fig. y fam. Mujer *pequeña y vivaracha.
perinquina. f. **Inquina.**
perinquinoso, sa. adj. Que tiene perinquina.
períoca. f. *Resumen o argumento de un libro o tratado.
periódicamente. adv. m. Con periodicidad.
periodicidad. f. Calidad de periódico.
***periódico, ca.** adj. Que guarda período determinado, que se *repite con *frecuencia a *intervalos determinados. ‖ → Dícese del impreso que se publica periódicamente. Ú. m. c. s. m. ‖ **Arit.* Dícese de la fracción decimal que tiene período.
periodicucho. m. *Periódico despreciable.
periodismo. m. Ejercicio o profesión de periodista.

***periodista.** m. Autor o editor de un *periódico. ‖ El que tiene por oficio escribir en periódicos.
periodístico, ca. adj. Perteneciente o relativo a *periódicos y periodistas.
período o **periodo.** m. *Tiempo que tarda en *repetirse un fenómeno o en volver un cuerpo al estado o posición que tenía al principio. ‖ Espacio de tiempo desde el principio al fin de una cosa. ‖ ***Menstruación.** ‖ **Arit.* Cifra o grupo de cifras que se repiten indefinidamente, después del cociente entero. ‖ **Cronol.* **Ciclo.** ‖ **Fís.* Tiempo que tarda un fenómeno en recorrer todas sus fases. ‖ **Gram.* Conjunto de oraciones que, enlazadas unas con otras gramaticalmente, forman sentido cabal. ‖ *Med.* Tiempo que duran ciertos fenómenos que se observan en el curso de las *enfermedades.
periostio. m. *Zool.* Membrana fibrosa adherida a los *huesos.
periostitis. f. *Pat.* Inflamación del periostio.
peripatético, ca. adj. Que sigue la *filosofía de Aristóteles. Ú. t. c. s. ‖ Perteneciente a ella. ‖ fig. y fam. Ridículo o *extravagante en sus opiniones.
peripato. m. Sistema *filosófico de Aristóteles. ‖ Conjunto de los partidarios de dicho sistema.
peripecia. f. En las obras *dramáticas, mudanza repentina de situación; accidente *imprevisto. ‖ fig. *Suceso de esta misma clase en la vida real.
periplo. m. **Circunnavegación.** ‖ Obra antigua en que se refiere un *viaje de circunnavegación.
períptero, ra. adj. *Arq.* Dícese del edificio rodeado de *columnas. Ú. t. c. s. m.
peripuesto, ta. adj. fam. Que se adereza y viste con *afectación.
periquear. intr. Usar las mujeres de excesiva libertad, mostrarse *deshonestas.
periquete. m. fam. Brevísimo espacio de tiempo, *instante.
periquillo. m. d. de **Perico.** ‖ Especie de *dulce de azúcar. ‖ Nombre que festivamente dieron al copete de *cabello postizo.
periquín. m. *Baile popular de Santander.
periquito. m. **Perico** (*papagayo). ‖ **entre ellas.** fig. y fam. **Perico entre ellas.**
periscio, cia. adj. *Geogr.* Dícese del *habitante de las zonas polares, en torno del cual gira su sombra cada veinticuatro horas en la época en que el Sol no se pone. Ú. t. c. s. y más comúnmente en plural.
periscopio. m. Aparato *óptico que usan los submarinos, cuando navegan sumergidos, para ver los objetos sobre la superficie del mar.
perisología. f. *Ret.* Vicio de la elocución, que consiste en *repetir o amplificar inútilmente los conceptos, o en expresarlos con *prolijidad.
perista. m. El que compra objetos procedentes del *robo.
peristáltico. adj. *Zool.* Que tiene la propiedad de contraerse. Dícese principalmente de los *intestinos.
per ístam. Voces latinas, que en lenguaje familiar equivalen en castellano a en blanco o en ayunas.
perístasis. f. *Ret.* Tema o *asunto del discurso.
peristilo. m. Lugar rodeado de columnas por la parte interior, como los *atrios. ‖ *Galería de *columnas que rodea un edificio.
perístole. f. *Fisiol.* Acción peristáltica del conducto *intestinal.
peritación. f. Dictamen o trabajo de un perito.
peritaje. m. **Peritación.**
perito, ta. adj. *Sabio, *experimentado, práctico en una ciencia o arte. Ú. t. c. s. ‖ m. El que en alguna materia tiene título de tal, conferido por el estado.
peritoneal. adj. *Zool.* Perteneciente o relativo al peritoneo.
peritoneo. m. *Zool.* Membrana serosa que cubre la superficie interior del *vientre.
peritonitis. f. **Pat.* Inflamación del peritoneo.
perjudicado, da. adj. Dícese de la *letra de cambio*, cuya eficacia se disminuye por la omisión de alguna formalidad.
perjudicador, ra. adj. Que perjudica. Ú. t. c. s.
perjudicante. p. a. de **Perjudicar.** Que perjudica.
***perjudicar.** tr. Ocasionar *daño o menoscabo material o moral. Ú. t. c. r.
***perjudicial.** adj. Que perjudica o puede perjudicar.
perjudicialmente. adv. m. Con perjuicio.
***perjuicio.** m. Efecto de perjudicar o perjudicarse. ‖ **Sin perjuicio.** m. adv. Dejando a salvo, con *exclusión de.
perjurador, ra. adj. **Perjuro.** Ú. t. c. s.
***perjurar.** intr. Jurar en falso. Ú. t. c. r. ‖ *Jurar inútilmente o añadiendo alguna maldición. ‖ r. Faltar a la fe ofrecida en el juramento.
***perjurio.** m. Delito de jurar en falso. ‖ Acción de perjurarse.
perjuro, ra. adj. Que jura en falso. Ú. t. c. s. ‖ Que quebranta maliciosamente el juramento que ha hecho. Ú. t. c. s.
***perla.** f. Concreción esferoidal, de color blanco agrisado, que suele formarse en lo interior de las conchas de diversos moluscos. Se emplea en *joyería. ‖ fig. Persona o cosa *excelente. ‖ fig. **Farm.* Especie de píldora, a veces hueca y llena de substancia medicinal o alimenticia. ‖ fig. En el juego del tresillo, reunión de ciertos *naipes. ‖ **Impr.* Carácter de letra de cuatro puntos tipográficos. ‖ **De perlas.** m. adv. Perfectamente, de modo *conveniente.
perlada. adj. **Perlina.** ‖ V. **Cebada perlada.**
perlático, ca. adj. Que padece perlesía. Apl. a pers., ú. t. c. s.
perlería. f. Conjunto de muchas perlas.
perlero, ra. adj. Perteneciente o relativo a la *perla.
perlesía. f. ***Parálisis.** ‖ Debilidad muscular acompañada de movimientos *convulsivos.
perlezuela. f. d. de **Perla.**
perlino, na. adj. De *color de *perla.
perlita. f. **Fonolita.**
perlongar. intr. **Mar.* Ir navegando a lo largo de una costa. ‖ *Mar.* Extender un *cabo para que se pueda tirar de él.
***permanecer.** intr. Mantenerse sin mutación en un mismo lugar, estado o calidad.
permaneciente. p. a. de **Permanecer.** Que permanece. ‖ adj. **Permanente.**
***permanencia.** f. Inmutabilidad, duración de una cosa en un mismo estado, lugar y calidad.
***permanente.** adj. Que permanece. ‖ Dícese de la ondulación artificial del *cabello que se mantiene durante largo tiempo. Ú. t. c. s. f.
permanentemente. adv. m. Con permanencia.
permanganato. m. **Quím.* Sal formada por la combinación del ácido derivado del manganeso con una base.
permansión. f. **Permanencia.**
permeabilidad. f. Calidad de permeable.
permeable. adj. Que puede ser penetrado por el agua u otro fluido.
pérmico, ca. adj. **Geol.* Dícese de un período geológico que sigue inmediatamente al carbonífero.
permisible. adj. Que se puede permitir.
***permisión.** f. Acción de permitir. ‖ **Permiso.** ‖ **Ret.* Figura que consiste en fingir que se deja al arbitrio ajeno una cosa.
permisivamente. adv. m. Con *consentimiento tácito, sin licencia expresa.
permisivo, va. adj. Que incluye la facultad o *licencia de hacer una cosa.
***permiso, sa.** p. p. irreg. ant. de **Permitir.** ‖ → m. *Licencia o consentimiento para hacer una cosa. ‖ En las *monedas, diferencia consentida entre su ley y su peso efectivo y el que exactamente deben tener.
permisor, ra. adj. **Permitidor.** Ú. t. c. s.
permistión. f. *Mezcla de algunas cosas, por lo común líquidas.
permitente. p. a. de **Permitir.** Que permite.
permitidero, ra. adj. Que se puede permitir.
permitidor, ra. adj. Que permite. Ú. t. c. s.
***permitir.** tr. Dar uno su consentimiento para que otros hagan o dejen de hacer una cosa. Ú. t. c. r. ‖ *Tolerar lo que se pudiera y debiera evitar. ‖ En la dialéctica y en la *oratoria, conceder una cosa como si fuese verdadera. ‖ **Teol.* No impedir Dios una cosa mala.
***permuta.** f. Acción y efecto de permutar o trocar una cosa por otra. ‖ Cambio, entre dos beneficiados u oficiales públicos, de los *empleos que respectivamente tienen.
permutable. adj. Que se puede permutar.
permutación. f. Acción y efecto de permutar.
***permutar.** tr. Cambiar una cosa por otra, transfiriéndose los contratantes recíprocamente el dominio de ellas. ‖ Cambiar entre sí dos eclesiásticos o dos oficiales públicos los *empleos que sirven. ‖ Variar la disposición u orden en que estaban dos o más cosas.
perna. f. *Molusco acéfalo propio de los mares tropicales.
pernada. f. *Golpe que se da con la *pierna o movimiento violento que se hace con ella. ‖ V. **Derecho de pernada.** ‖ *Mar.* Rama, ramal o brazo de alguna cosa *bifurcada.
pernales. m. pl. Estacas largas que se ponen en los bordes del *carro para aumentar la altura de los cañizos.
pernaza. f. aum. de **Pierna.**
perneador, ra. adj. Que tiene muchas fuerzas en las piernas y puede *andar mucho.
pernear. intr. Mover violentamente las *piernas. ‖ fig. y fam. *Andar mucho para conseguir algún *intento. ‖ fig. y fam. Impacientarse e *irritarse por no lograr lo que se desea. ‖ tr. Poner a vender por ca-

bezas, en la feria, el ganado de *cerda.

perneo. m. Mercado del ganado de *cerda.

pernera. f. **Pernil** (del *pantalón).

pernería. f. **Arq.** *Nav.* Conjunto o provisión de pernos.

perneta. f. d. de **Pierna.** ‖ **En pernetas.** m. adv. Con las *piernas *desnudas.

pernete. m. d. de **Perno.**

perniabierto, ta. adj. Que tiene las *piernas apartadas una de otra.

perniciosamente. adv. m. Perjudicialmente, con muy grave *daño.

pernicioso, sa. adj. Gravemente *perjudicial.

pernicorto, ta. adj. Que tiene las *piernas cortas.

pernicote. m. Hueso del pernil del *jamón.

pernicho. m. *Germ.* **Postigo.**

pernigón. m. Especie de *ciruela redonda en dulce.

pernil. m. Anca y *muslo del animal. ‖ Por antonom., el del *cerdo. ‖ Parte del *pantalón, que cubre cada pierna.

pernio. m. *Gozne que se pone en las puertas y ventanas para que giren las hojas.

perniquebrar. tr. Romper, quebrar una *pierna o las dos. Ú. t. c. r.

pernituerto, ta. adj. Que tiene torcidas las *piernas.

perno. m. *Clavo corto o pieza cilíndrica de metal, con cabeza redonda por un extremo y que por el otro se asegura por medio del remache. ‖ La pieza del pernio o *gozne, en que está la espiga.

pernoctar. intr. *Detenerse a pasar la *noche en alguna parte, generalmente fuera del propio domicilio.

pernotar. tr. **Notar** (*observar).

pero. m. Variedad de *manzano, cuyo fruto es más largo que grueso. ‖ Fruto de este árbol.

Pero. n. p. **Jimén. Perojimén.** ‖ **Jiménez. Perojiménez.**

pero. conj. advers. con que se contrapone un concepto a otro. ‖ Equivale a la conj. *sino,* cuando se usa para oponer a un concepto negativo otro afirmativo. ‖ m. fam. Inconveniente, *defecto o *dificultad.

perogrullada. f. fam. Verdad tan *evidente y sabida, que es *necedad el decirla.

perogrullesco, ca. adj. Que tiene el carácter de una perogrullada.

Perogrullo. n. p. m. V. **Verdad de Perogrullo.**

perojimén. m. **Perojiménez.**

perojiménez. m. **Pedrojiménez.**

perojo. m. Especie de *pera pequeña.

perol. m. Utensilio de *cocina, especie de *vasija de metal, de figura como de media esfera.

perola. f. Perol más grande que el ordinario.

peroné. m. *Zool.* *Hueso largo y delgado de la pierna, detrás de la tibia.

peroración. f. Acción y efecto de perorar. ‖ *Ret.* Última parte del *discurso, en que se sacan las conclusiones y se trata de mover con eficacia el ánimo del auditorio. ‖ *Ret.* En sentido restricto, parte exclusivamente patética de la **peroración.**

perorar. intr. Pronunciar un *discurso. ‖ fam. *Hablar uno en la conversación familiar como si estuviera pronunciando un discurso. ‖ fig. *Pedir con instancia.

perorata. f. *Discurso *impertinente.

perote. m. Natural de Álora, provincia de Madrid.

peróxido. m. **Quím.* En la serie de los óxidos, el que tiene la mayor proporción posible de oxígeno.

perpalo. m. ***Palanca.**

perpejana. f. **Parpalla.**

***perpendicular.** adj. *Geom.* Aplícase a la línea o al plano que forma ángulo recto con otra línea o con otro plano. Apl. a línea, ú. t. c. s. f.

perpendicularidad. f. Calidad de perpendicular.

perpendicularmente. adv. m. Rectamente, *derechamente.

perpendículo. m. **Plomada.** ‖ *Geom.* Altura de un *triángulo. ‖ **Mec.* **Péndulo.**

perpetración. f. Acción y efecto de perpetrar.

perpetrador, ra. adj. Que perpetra. Ú. t. c. s.

perpetrar. tr. *Ejecutar o cometer algún *delito o culpa grave.

perpetua. f. *Planta herbácea anual, de las amarantáceas, cuyas flores, moradas o anacaradas, o jaspeadas de estos dos colores, persisten meses enteros sin padecer alteración. ‖ Flor de esta planta. ‖ **amarilla.** Planta herbácea vivaz, de las compuestas, cuyas flores, pequeñas y amarillas, se conservan meses enteros separadas de la planta. ‖ Flor de esta planta. ‖ Planta de las compuestas, muy parecida a la anterior, y de la cual hay varias especies. ‖ **encarnada. Perpetua.**

perpetuación. f. Acción de *perpetuar o perpetuarse una cosa.

perpetuamente. adv. m. Perdurablemente, para siempre.

perpetuán. m. **Sempiterna** (*tela).

***perpetuar.** tr. Hacer perpetua una cosa o la *memoria de ella. Ú. t. c. r. ‖ Dar a las cosas una larga *duración. Ú. t. c. r.

perpetuidad. f. *Duración sin fin. ‖ fig. Duración muy larga.

***perpetuo, tua.** adj. Que dura y permanece para siempre. ‖ Aplícase a ciertos cargos o *empleos vitalicios.

perpiaño. adj. *Arq.* V. **Arco perpiaño.** ‖ m. Piedra o *sillar que atraviesa toda la pared.

perplejamente. adv. m. Confusamente, dudosamente, con *vacilación.

perplejidad. f. Irresolución, *vacilación, duda.

perplejo, ja. adj. Dudoso, *irresoluto.

perpunte. m. Jubón fuerte, colchado con algodón y pespuntado, que se usaba a modo de *armadura.

perqué. m. Antigua composición *poética, caracterizada por el empleo de la pregunta y respuesta *¿por qué? porque.* ‖ Libelo *infamatorio, escrito en la misma forma.

perquirir. tr. Investigar, *buscar o *averiguar con diligencia.

perra. f. Hembra del *perro. ‖ fig. y fam. ***Borrachera.** ‖ fam. Rabieta de niño. ‖ **chica.** fig. y fam. **perro chico.** ‖ **gorda,** o **grande.** fig. y fam. **Perro grande.**

perrada. f. Conjunto de *perros. ‖ fig. y fam. *Vileza o acción *desleal.

perramente. adv. m. fig. y fam. Muy *mal.

perrengue. m. fam. El que con facilidad y vehemencia se enoja e irrita. ‖ fig. y fam. El negro.

perrera. f. Lugar o sitio donde se encierran los *perros. ‖ Empleo u ocupación que tiene mucho *trabajo y poca utilidad. ‖ fam. Mal pagador, *deudor insolvente. ‖ fam. **Perra** (rabieta).

perrería. f. Muchedumbre de *perros. ‖ fig. Conjunto o agregado de personas *perversas. ‖ fig. Expresión o demostración de ira. ‖ **Perrada** (acción *vil).

perrero. m. El que en las catedrales tiene cuidado de echar fuera de ellas los perros. ‖ El que cuida los *perros de caza. ‖ El que es muy aficionado a tener o criar perros.

perrezno. m. Perrillo o cachorro.

perrillo. m. **Gatillo** (de las *armas de fuego*). ‖ Pieza de hierro, en forma de mediacaña arqueada y con dientes finos en la parte interior, que se pone a las caballerías muy duras de boca, en lugar de la cadenilla de barbada del *freno. ‖ **de falda. Perro faldero.**

***perro.** m. Mamífero carnicero doméstico, del cual hay muchas razas que difieren notablemente en tamaño, forma, pelaje, etc. ‖ fig. Nombre que se daba por afrenta y desprecio, especialmente a *musulmanes y judíos. ‖ fig. Hombre *constante. Ú. t. c. adj. ‖ fig. *Engaño, *perjuicio o incomodidad que se ocasiona a uno. ‖ **alano.** El de raza cruzada, corpulento y fuerte, que tiene las orejas caídas, el hocico romo y arremangado y el pelo corto y suave. ‖ **albarraniego.** El algunas partes, **perro** de ganado trashumante. ‖ **alforjero. Perro** de caza enseñado a guardar las alforjas. ‖ **ardero.** El que caza ardillas. ‖ **braco. Perro perdiguero.** ‖ Perrito fino con el hocico quebrado. ‖ **bucero.** Sabueso de hocico negro. ‖ **cobrador.** El que tiene la habilidad de traer a su amo el animal cazado. ‖ **chico.** fig. y fam. *Moneda de cobre que vale cinco céntimos de peseta. ‖ **chino.** Casta o variedad de **perro** que carece completamente de pelo y está siempre como tiritando. ‖ **de aguas.** El de pelo largo, abundante, rizado y generalmente blanco. ‖ **de ajeo.** El perdiguero acostumbrado a acosar las perdices. ‖ **de ayuda.** El enseñado a socorrer y defender a su amo. ‖ **de busca.** *Mont.* Especie de **perro** que sirve para seguir la caza. ‖ **de casta.** El que no es cruzado. ‖ **de engarro. Perro** pequeño, semejante al de ajeo. ‖ **de lanas. Perro de aguas.** ‖ **Perro faldero.** ‖ **de muestra.** El que se para al ver u olfatear la pieza de caza. ‖ **de presa. Perro dogo.** ‖ **de punta y vuelta.** Entre cazadores, el que hace punta o muestra la caza y toma después la vuelta para cogerla cara a cara. ‖ **de Terranova.** Especie de **perro** de aguas, de gran tamaño, pelo largo, sedoso y ondulado, y pies palmeados a propósito para nadar. ‖ **dogo.** El de cuerpo y cuello gruesos y cortos, de fuerza y valor extraordinarios. ‖ **faldero.** El que por ser pequeño puede estar en las faldas de las mujeres. ‖ **galgo.** Casta de **perro** muy ligero, con el cuerpo delgado y el cuello, la cola y las patas largas. ‖ **gozque. Perro** pequeño muy sentido y ladrador. ‖ **grande.** fig. y fam. *Moneda de cobre que vale diez céntimos de peseta. ‖ **guión. Perro** delantero de la jauría. ‖ **jateo. Perro raposero.** ‖ **lebrel.** Variedad de **perro** que se distingue en tener el labio superior y las orejas caídas y las piernas retiradas atrás. ‖ **lebrero.** El que sirve para cazar liebres. ‖ **lucharniego.** El adiestrado para cazar de noche. ‖ **marino. Cazón.** ‖ **mastín.** El grande y fornido, que se dedica a la guarda de los ganados. ‖ **mudo.**

Mapache. || **pachón.** El de raza muy parecida a la del perdiguero. || **perdiguero.** El de talla mediana, con orejas muy grandes y caídas. || **podenco.** El de cuerpo mediano, orejas tiesas, pelo medianamente largo y cola enroscada. || **quitador.** El que está enseñado a quitar la caza a los otros. || **raposero.** El que se emplea en la caza de zorras. || **rastrero.** El de caza, que la busca por el rastro. || **sabueso.** Variedad de podenco. || **tomador.** El que coge bien la pieza. || **ventor.** El de caza, que sigue a ésta por el olfato y viento. || **viejo.** fig. y fam. Hombre sumamente cauto por la mucha *experiencia. || **zarcero.** Casta de **perro** pequeño y corto de pies, que entra con facilidad en las zarzas a buscar la caza. || **zorrero. Perro raposero.** || **A espeta perros.** m. adv. fig. y fam. De estampía. || **Atar los perros con longaniza.** fr. fig. y fam. con que se encarece, casi siempre con ironía, la abundancia o a la esplendidez (*fausto). || **Como perros y gatos.** loc adv. fig. y fam. con que se explica el *aborrecimiento o la *discordia que hay entre algunos. || **Darse** uno **a perros.** fr. fig. y fam. *Irritarse mucho. || **Echar a perros** una cosa. fr. fig. y fam. *Malgastarla. || **Morir** uno **como un perro.** fr. fig. Morir sin dar señales de arrepentimiento. || **Tratar** a uno **como a un perro.** fr. fig. y fam. *Maltratarle, despreciarle.

perro, rra. adj. Dícese de la persona o cosa muy *mala.

perrona. f. Perra gorda, *moneda de diez céntimos.

perroquete. m. *Mar.* **Mastelerillo de juanete.**

perruna. f. *Pan de harina sin cerner para los *perros. || **Torta perruna.**

perruno, na. adj. Perteneciente o relativo al *perro.

persa. adj. Natural de Persia. Ú. t. c. s. || Perteneciente a esta nación de Asia. || m. *Idioma que se habla en dicha nación.

per se. expr. lat. Por sí o por sí mismo. Ú. en lenguaje filosófico.

***persecución.** f. Acción de perseguir.

perseguidor, ra. adj. Que persigue. Ú. t. c. s.

perseguimiento. m. **Persecución.**

***perseguir.** tr. Seguir al que va huyendo con ánimo de alcanzarle. || fig. Acosar o buscar a uno en todas partes. || fig. *Molestar a uno o procurar hacerle *daño. || fig. Solicitar o pretender con frecuencia, *importunar.

perseidas. f. pl. *Astron.* *Estrellas fugaces cuyo punto radiante está en la constelación de Perseo.

perseo. m. *Astr.* *Constelación septentrional cerca y al oriente de Andrómeda.

persevante. m. Oficial de armas inferior al faraute.

perseverancia. f. *Constancia en los propósitos y empresas. || *Duración permanente. || **final.** Constancia en la virtud hasta la muerte.

perseverante. p. a. de **Perseverar.** Que persevera.

perseverantemente. adv. m. Con perseverancia.

***perseverar.** intr. Mantenerse *constante en el propósito o la prosecución de lo comenzado. || *Durar por largo tiempo.

persiana. f. Especie de *celosía, formada de tablillas fijas o movibles que dejan paso al aire y no al sol. || *Tela de seda con varias flores grandes tejidas.

persiano, na. adj. **Persa.** Apl. a pers., ú. t. c. s.

persicaria. f. **Duraznillo.**

***pérsico, ca.** adj. **Persa.** || → m. Árbol frutal de las rosáceas, de fruto carnoso y con el hueso lleno de arrugas surcadas. || Fruto de este *árbol.

persignar. tr. **Signar** (firmar). **Ú. t.** c. r. || *Liturg.* Signar y santiguar a continuación. Ú. t. c. r. || r. fig. y fam. Manifestar uno, haciéndose cruces, *sorpresa o *admiración. || fig. y fam. Comenzar a *vender.

pérsigo. m. **Pérsico** (árbol y fruto).

persistencia. f. *Constancia en el intento o ejecución de una cosa. || Duración *permanente de una cosa.

persistente. p. a. de **Persistir.** Que persiste.

persistir. intr. *Permanecer firme o constante en una cosa. || *Durar por largo tiempo.

***persona.** f. Individuo de la especie humana. || Hombre o mujer cuyo nombre se ignora o se omite. || Hombre de distinción o dignidad. || Hombre dotado de notable *inteligencia, habilidad o *prudencia. || **Personaje.** || *Fil.* Supuesto inteligente. || **Gram.* Cada una de las distintas posiciones en que se considera, respectivamente, a la persona que habla, a aquella a quien se habla, y a aquella de que se habla. || *Gram.* Accidente del verbo que corresponde a estas distintas posiciones. || *Gram.* Nombre substantivo relacionado mediata o inmediatamente con la acción del verbo. || *Teol.* El Padre, el Hijo o el *Espíritu Santo, como tres **personas** distintas con una misma esencia. || **agente.** *Gram.* La que ejecuta la acción del verbo. || **grata.** La que es acepta. Dícese más comúnmente en estilo o lenguaje *diplomático. || **jurídica. Sociedad.** || **paciente.** *Gram.* La que recibe la acción del verbo. || **social. Persona jurídica.** || **Primera persona.** *Gram.* La que habla de sí misma en el discurso. || **Segunda persona.** *Gram.* Aquella a quien se dirige el discurso. || **Tercera persona.** La que *media entre otras. || *Gram.* La **persona** o cosa de que se habla. || **Aceptar personas.** fr. *Preferir o favorecer a unos más que a otros. || **De persona a persona.** m. adv. Estando uno solo con otro. || **En persona.** m. adv. Por uno mismo o estando presente. || **Hacer** uno **de persona.** fr. fam. Afectar poder o mérito sin tenerlo; *jactarse vanamente.

personada. adj. **Bot.* Aplícase a la *flor de corola monopétala, irregular, cuya garganta está cerrada por una protuberancia del labio inferior.

personado. m. **Ecles.* Prerrogativa que uno tiene en la iglesia, sin jurisdicción alguna, pero con silla en el coro y con renta eclesiástica, sin oficio alguno. || Persona que tiene esta prerrogativa.

***personaje.** m. Sujeto de distinción o que ostenta elevada dignidad. || → Cada uno de los seres humanos, sobrenaturales o simbólicos, que toman parte en la acción de una obra literaria.

***personal.** adj. Perteneciente a la *persona o propio o particular de ella. || m. *Tributo que pagaban los cabezas de familia que eran del estado general. || Conjunto de las personas que pertenecen a determinada clase, *corporación o *servicio. || Capítulo de las cuentas de ciertas oficinas en que se consigna el gasto del **personal** de ellas.

***personalidad.** f. *Particularidad que distingue a una *persona de todas las demás. || *Preferencia, *cariño o *aborrecimiento que se tiene a una persona. || Dicho o escrito *ofensivo para determinada persona. || *Fil.* Conjunto de cualidades que constituyen a la persona o supuesto inteligente. || *For.* *Aptitud legal para intervenir en un negocio. || *For.* Representación con que uno interviene en él.

personalismo. m. Dicho *satírico y *ofensivo contra una persona determinada.

personalizar. tr. Incurrir en personalidades hablando o escribiendo. || *Gram.* Usar como personales algunos *verbos que generalmente son impersonales.

personalmente. adv. m. En persona o por sí mismo.

personarse. r. **Avistarse.** || *Presentarse personalmente en una parte. || *For.* **Apersonarse.**

personería. f. Cargo o ministerio de personero. || *For.* **Personalidad** (*aptitud legal).

personero. m. *Procurador o representante de otro.

personificación. f. Acción y efecto de personificar. || **Ret.* **Prosopopeya.**

personificar. tr. Atribuir vida o acciones de *persona o los seres que no lo son o a las cosas. || *Simbolizar determinada persona un suceso, sistema, opinión, etc. || Representar en los discursos o escritos, bajo alusiones o nombres supuestos, personas determinadas. Ú. t. c. r.

personilla. f. despect. Persona muy pequeña de cuerpo o de *fea apariencia.

personudo, da. adj. Dícese de la persona de buena *estatura y corpulencia.

***perspectiva.** f. Arte que enseña el modo de representar en una superficie los objetos de tres dimensiones. || Obra o representación ejecutada con este arte. || fig. *Aspecto que ofrecen los objetos a la vista del espectador, especialmente cuando están lejanos y llaman la atención por algún motivo. || fig. Representación *aparente y falaz de las cosas. || fig. Contingencia que puede *preverse en el curso de algún negocio. Ú. m. en pl. || **aérea.** Aquella que representa el alejamiento de las figuras y objetos. || **caballera.** Modo convencional de representar los objetos en un plano y como si se vieran desde lo alto. || **lineal.** Aquella en que sólo se representan los objetos por las líneas de sus contornos.

perspectivo. m. El que profesa la perspectiva.

perspicacia. f. Agudeza de la *vista. || fig. Penetración de *ingenio.

perspicacidad. f. **Perspicacia.**

perspicaz. adj. Dícese de la *vista muy aguda. || fig. Aplícase al *ingenio agudo y a la persona que lo tiene.

perspicuidad. f. Calidad de perspicuo.

perspicuo, a. adj. *Claro, *transparente. || fig. Dícese de la persona que se explica con *claridad y del estilo fácilmente *comprensible.

persuadidor, ra. adj. Que persuade. Ú. t. c. s.

***persuadir.** tr. Inducir a uno con razones a creer o hacer una cosa. Ú. t. c. r.

persuasible. adj. Dícese de lo que puede hacerse *creer o puede creerse.
***persuasión.** f. Acción y efecto de persuadir o persuadirse. ‖ *Juicio razonado.
persuasiva. f. Facultad o eficacia para persuadir.
persuasivo, va. adj. Que tiene fuerza y eficacia para *persuadir.
persuasor, ra. adj. Que persuade. Ú. t. c. s.
***pertenecer.** intr. Ser una cosa de la propiedad de uno o corresponderle por algún concepto. ‖ Ser una cosa del cargo u *obligación de uno. ‖ Referirse o hacer *relación una cosa a otra, o ser parte integrante de ella. ‖ Formar parte de alguna *corporación.
pertenecido. m. **Pertenencia.**
perteneciente. p. a. de **Pertenecer.** Que pertenece.
pertenencia. f. Acción o derecho que uno tiene a la *propiedad de una cosa. ‖ Espacio o *territorio que toca a uno por jurisdicción o propiedad. ‖ Unidad de medida *superficial para las concesiones *mineras, equivalente a una hectárea. ‖ Cosa *accesoria o consiguiente a la principal.
pértica. f. Medida agraria de *longitud que equivale aproximadamente a dos metros y setenta centímetros.
pértiga. f. *Vara larga.
pertigal. m. **Pértiga.**
pértigo. m. Lanza del *carro.
pertiguear. tr. Varear los árboles para la *recolección de la fruta.
pertigueño. adj. Dícese del *madero en rollo con más de ocho varas de longitud. Ú. t. c. s.
pertiguería. f. Empleo de pertiguero.
***pertiguero.** m. Ministro secular que, en las catedrales, asiste a los que ofician llevando en la mano una pértiga o vara larga guarnecida de plata. ‖ **mayor de Santiago.** Dignidad en esta iglesia que es como protector o patrono de ella.
pertinace. adj. ant. **Pertinaz.**
pertinacia. f. *Obstinación, terquedad. ‖ fig. Grande *duración o persistencia.
pertinaz. adj. *Obstinado, terco. ‖ fig. Muy *duradero o persistente.
pertinazmente. adv. m. Con pertinacia.
pertinencia. f. Calidad de pertinente.
pertinente. adj. Perteneciente o *relativo a una cosa. ‖ Dícese de lo que viene a propósito o es adecuado o *conveniente para un fin. ‖ *For.* Conducente o concerniente al pleito.
pertinentemente. adv. m. Oportunamente, a propósito.
pertrechar. tr. *Proveer de pertrechos. ‖ fig. *Preparar o aparejar lo necesario para la ejecución de una cosa. Ú. t. c. r.
***pertrechos.** m. pl. *Mil.* Municiones, armas y demás instrumentos, máquinas, etc., necesarios para la guerra. Ú. t. en sing. ‖ Por ext., *utensilios necesarios para cualquiera operación.
perturbable. adj. Que se puede perturbar.
***perturbación.** f. Acción y efecto de perturbar o perturbarse. ‖ **de la aguja.** *Mar.* Desviación que se produce en la dirección de la *brújula, por la acción combinada del hierro del buque.
perturbadamente. adv. m. Con perturbación o desorden.
perturbador, ra. adj. Que perturba. Ú. t. c. s.
***perturbar.** tr. Alterar el orden de las cosas o la tranquilidad y el juicio de las personas. Ú. t. c. r. ‖ *Impedir el orden del discurso al que va hablando.
pertus. f. En la *llave, guarda que está más próxima a la tija.
Perú. n. p. **Valer** una cosa **un Perú.** fr. fig. y fam. Ser de mucho *precio o estimación.
peruanismo. m. Vocablo, giro o modo de hablar propio de los peruanos.
peruano, na. adj. Natural del Perú. Ú. t. c. s. ‖ Perteneciente a este país de América.
peruétano. m. *Peral silvestre. ‖ Fruto de este árbol. ‖ fig. Porción *saliente y *puntiaguda de una cosa.
perulero. m. *Vasija de barro, panzuda y estrecha de boca.
perulero, ra. adj. **Peruano.** Apl. a pers. ú. t. c. s. ‖ m. y f. Persona que ha venido desde el Perú a España, y especialmente la que es *rica.
perusino, na. adj. Natural de Perusa. Ú. t. c. s. ‖ Perteneciente a esta ciudad de Italia.
peruviano, na. adj. **Peruano.** Apl. a pers., ú. t. c. s.
perversamente. adv. m. Con perversidad.
***perversidad.** f. Suma maldad de las personas.
***perversión.** f. Acción de pervertir o pervertirse. ‖ Estado de *inmoralidad o corrupción de costumbres.
***perverso, sa.** adj. Sumamente malo, réprobo, depravado. Ú. t. c. s.
pervertidor, ra. adj. Que pervierte. Ú. t. c. s.
pervertimiento. m. **Perversión.**
***pervertir.** tr. Perturbar el orden o estado de las cosas. ‖ → Viciar con malas doctrinas o ejemplos las costumbres, la fe, el gusto, etc. Ú. t. c. r.
pervigilio. m. *Vigilia prolongada.
pervivir. intr. Seguir con *vida.
pervulgar. tr. Divulgar, hacer *público y notorio. ‖ **Promulgar.**
***pesa.** f. Pieza de determinado peso, que sirve para comparar y medir el peso de otras cosas. ‖ Pieza de peso suficiente que, colgada de una cuerda o cadena, sirve para dar movimiento a ciertos *relojes, o de contrapeso. ‖ Pieza de hierro para hacer ejercicios *gimnásticos y que está formada de dos esferas unidas por un travesaño. ‖ **dineral.** Cualquiera de las piezas con que se pesan las *monedas de oro y plata. ‖ **Como, conforme,** o **según caigan,** o **cayeren, las pesas.** loc. adv. fig. con que se da a entender que la ejecución de una cosa depende de ciertas *condiciones.
pesacartas. m. Aparato para *pesar *cartas y otros objetos ligeros.
pesada. f. Cantidad que se pesa de una vez. ‖ Acción de pesar.
pesadamente. adv. m. Con pesadez. ‖ Con *aflicción, *modestia o *repugnancia. ‖ Gravemente o con *exceso. ‖ Con *lentitud en el movimiento o en la acción.
pesadez. f. Calidad de pesado. ‖ **Pesantez.** ‖ fig. **Obesidad.** ‖ fig. *Obstinación, *importunación o impertinencia. ‖ fig. *Molestia, fatiga.
pesadilla. f. Opresión y dificultad de respirar durante el *sueño. ‖ *Ensueño angustioso. ‖ fig. *Disgusto o preocupación grave y continua.
pesado, da. adj. Que *pesa mucho. ‖ fig. **Obeso.** ‖ fig. Intenso, profundo, hablando del *sueño. ‖ fig. Hablando del tiempo *atmosférico, caluroso y cargado de humedad. ‖ fig. Tardo o muy *lento. ‖ fig. *Molesto, *impertinente. ‖ fig. *Ofensivo. ‖ fig. Duro, áspero y *desabrido.
pesador, ra. adj. Que pesa. Ú. t. c. s.
pesadumbre. f. **Pesadez.** ‖ Injuria, *ofensa. ‖ fig. *Molestia, *disgusto en lo físico o moral. ‖ fig. Motivo de *aflicción. ‖ fig. Riña o *contienda.
pesaleches. m. Instrumento para medir la *densidad de la *leche.
pesalicores. m. Areómetro para líquidos menos densos que el agua.
***pésame.** m. Expresión con que se significa a uno la *compasión o sentimiento que se tiene por su *aflicción.
pesamedello. m. *Baile y cantar español de los siglos XVI y XVII.
pesante. p. a. de **Pesar.** Que pesa. ‖ adj. **Pesaroso.** ‖ m. *Pesa de medio adarme. ‖ **de oro. Castellano** (moneda).
pesantez. f. **Gravedad.**
pesar. m. *Aflicción o dolor interior. ‖ Dicho o hecho que causa sentimiento o *disgusto. ‖ *Arrepentimiento. ‖ **A pesar.** m. adv. *Contra la voluntad de las personas, o contra la fuerza o resistencia de las cosas.
***pesar.** intr. Tener gravedad o peso. ‖ Tener mucho peso. ‖ fig. Tener una cosa *estimación o valor. ‖ fig. Causar un hecho o dicho *arrepentimiento o dolor. U. sólo en las terceras personas con los pronombres *me, te, se, le,* etc. ‖ fig. Hacer fuerza en el ánimo la razón o la *causa de una cosa. ‖ → tr. Determinar el peso de una cosa por medio de un instrumento adecuado. ‖ fig. Examinar con atención las razones de una cosa. ‖ **Mal que** me, te, le, nos, os, les **pese.** loc. adv. **Mal de** mi, **de** tu, **de** su, **de** nuestro, **de** vuestro **grado.**
pesario. m. Aparato para corregir el descenso de la *matriz.
***pesaroso, sa.** adj. Sentido o arrepentido de lo que ha dicho o hecho. ‖ Que por causa ajena tiene pesadumbre o *tristeza.
***pesca.** f. Acción y efecto de pescar. ‖ Oficio y arte de pescar. ‖ Lo que se pesca o se ha pescado. ‖ **de altura.** La que practican los barcos nacionales fuera de las aguas jurisdiccionales. ‖ **de bajura.** La que se efectúa en la proximidad de las costas.
pescada. f. **Merluza.** ‖ En algunas partes, **cecial.** ‖ *Germ.* **Ganzúa.** ‖ **en rollo,** o **fresca. Merluza.**
pescadería. f. Sitio o tienda donde se vende *pescado.
pescadero, ra. m. y f. Persona que vende *pescado, especialmente por menor.
pescadilla. f. *Pez semejante a la merluza, pero más pequeño.
***pescado.** m. Pez comestible sacado del agua. ‖ Abadejo salado, *bacalao. ‖ **Ahumársele** a uno **el pescado.** fr. fig. y fam. *Irritarse, montar en cólera.
***pescador, ra.** adj. Que pesca. Ú. m. c. s. ‖ m. **Pejesapo.**
pescante. m. Pieza *saliente sujeta a una pared, poste, etc., y que sirve para *colgar de ella alguna cosa. ‖ En los *carruajes, asiento exterior desde donde el cochero gobierna las caballerías. ‖ Delantera del vehículo *automóvil desde donde lo dirige el conductor. ‖ En el *teatro, tramoya para subir o bajar personas o cosas.
***pescar.** tr. Coger peces con redes, anzuelos u otros instrumentos a propósito. ‖ fig. fam. *Coger, agarrar

o tomar cualquier cosa. || fig. y fam. Coger a uno en las palabras o en los hechos, *sorprenderle en alguna acción que le convenía ocultar. || fig. y fam. *Lograr astutamente lo que se pretendía. || *Mar.* Sacar alguna cosa del fondo del mar o de un río.
péscola. f. *Agr.* Cuando se ara a cornijal, principio del *surco.
pescozada. f. **Pescozón.**
pescozón. m. *Golpe que se da con la mano en el pescuezo o en la cabeza.
pescozudo, da. adj. Que tiene muy grueso el *pescuezo.
pescuda. f. **Pregunta.**
***pescuezo.** m. Parte del cuerpo del animal desde la nuca hasta el tronco. || fig. *Orgullo, vanidad.
pescuño. m. *Cuña gruesa y larga con que se aprietan la esteva, reja y dental en el *arado.
***pesebre.** m. Especie de cajón donde comen las bestias. || Sitio destinado para este fin. || **Conocer el pesebre.** fr. fig. y fam. con que se nota al que asiste con frecuencia a alguna parte para comer de *mogollón.
pesebrejo. m. d. de **Pesebre.** || Cada uno de los alvéolos en las *quijadas de las caballerías.
pesebrera. f. Disposición u orden de los *pesebres en las caballerizas. || Conjunto de ellos.
pesebrón. m. En algunos *coches, cajón que tienen debajo del suelo en que se asientan los pies. || En los calesines y calesas, el mismo suelo.
peseta. f. *Moneda que tiene cinco gramos de una aleación de nueve partes de plata y una de cobre, y es la unidad monetaria en España. || **columnaria.** La labrada en América. || **Cambiar la peseta.** fr. fig. y fam. *Vomitar a consecuencia de haberse mareado o emborrachado.
pésete. m. Especie de *juramento, *maldición o execración.
pesga. f. desus. **Pesa.**
pesgua. f. *Árbol semejante al madroño, cuyas hojas secas son aromáticas. Es propio de Venezuela.
¡pesia! interj. de disgusto o *enfado. || **¡Pesia tal!** interj. **¡Pesia!**
pesiar. intr. Echar *maldiciones y reniegos.
pésicos. m. pl. *Pueblo que habitó una parte de la región de los astures, en la España primitiva.
pesillo. m. d. de **Peso.** || *Balanza pequeña para pesar monedas.
pésimamente. adv. m. Muy *mal.
pesimismo. m. Sistema *filosófico que atribuye al universo la mayor imperfección posible. || *Desesperanza exagerada o propensión a ver y juzgar las cosas en su aspecto más *desfavorable.
pesimista. adj. Que profesa el pesimismo. || Que propende a ver y juzgar las cosas con pesimismo. Ú. t. c. s.
pésimo, ma. adj. sup. de **Malo.** Sumamente *malo, que no puede ser peor.
***peso.** m. **Pesantez.** || Fuerza de gravitación ejercida sobre una materia. || Medida de lo que por ley o convenio debe pesar una cosa. || **Peso duro.** || *Moneda imaginaria que se suponía valer quince reales. || **Balanza.** || Puesto o sitio público donde se vendían por mayor varias especies *comestibles. || fig. Entidad e *importancia de una cosa. || fig. Fuerza y *eficacia de las cosas no materiales. || fig. *Obligación o gravamen que uno tiene a su cuidado. || fig. Cargazón de *humores en una parte del cuerpo. || *Germ.* **Embargo.** || **atómico.** *Quím.* El correspondiente al *átomo de cada cuerpo simple, referido al del hidrógeno. || **bruto.** El total, inclusa la tara. || **corrido. Peso** algo mayor que el justo. || **de artifara.** *Germ.* ***Pan.** || **de cruz.** La balanza de brazos iguales. || **duro.** *Moneda de plata de **peso** de una onza. || *Moneda de plata de cinco pesetas. || **específico.** *Fís.* El de un cuerpo en comparación con el de otro de igual volumen tomado como unidad. || **fuerte. Peso duro.** || **gallo.** En el boxeo, *luchador que pesa menos de 54 kilos aproximadamente. || **ligero.** En el boxeo, *luchador que pesa menos de 61 kilos aproximadamente. || **neto.** El que resta del **peso** bruto, deducida la tara. || **pesado.** En el boxeo, *luchador que pesa más de 79 kilos aproximadamente. || **pluma.** En el boxeo, *luchador que pesa menos de 57 kilos aproximadamente. || **real.** Puesto de comestibles. || **sencillo.** Cierta moneda imaginaria. || **Caerse** una cosa de su **peso.** fr. fig. Ser *evidente. || **De peso.** loc. Con el **peso** cabal que debe tener una cosa por su ley. || fig. Dícese de la persona de mucha *cordura. || **En peso.** m. adv. En el aire, *colgando. || Enteramente o del *todo. || **Tomar** uno **a peso** una cosa. fr. Sopesarla. || fig. *Examinarla con cuidado, haciéndose cargo de ella.
pésol. m. **Guisante.**
pespuntador, ra. adj. Que pespunta. Ú. t. c. s.
pespuntar. tr. *Coser o labrar de pespunte, o hacer pespuntes.
pespunte. m. Labor de *costura, con puntadas unidas.
pespuntear. tr. **Pespuntar.**
pesquera. f. Sitio o lugar donde frecuentemente se *pesca. || **Presa.**
pesquería. f. Tráfico o ejercicio de los *pescadores. || Acción de pescar. || **Pesquera.**
pesquero, ra. adj. Que pesca. Aplícase a las *embarcaciones y a las industrias con ella relacionadas.
pesquis. m. **Cacumen** (*ingenio).
pesquisa. f. *Investigación que se hace de una cosa.
pesquisante. p. a. de **Pesquisar.** Que pesquisa.
pesquisar. tr. Hacer pesquisa de una cosa.
pesquisidor, ra. adj. Que pesquisa. Ú. t. c. s. || V. **Juez pesquisidor.**
pestalociano, na. adj. Perteneciente o relativo al pedagogo Pestalozzi, y a su método de *enseñanza.
pestano, na. adj. Natural de Pesto. Ú. t. c. s. || Perteneciente a esta ciudad de la Italia antigua.
***pestaña.** f. Cada uno de los pelos que hay en los bordes de los párpados, para defensa de los ojos. || Adorno angosto que se pone al canto de las telas o *vestidos. || Orilla de la tela, que dejan las *costureras para que no se vayan los hilos. || Parte *saliente y prolongada en el borde de alguna cosa. || fig. y fam. *Ingenio, agudeza. || pl. *Bot.* *Pelos rígidos colocados en el borde de dos superficies opuestas.
pestañear. intr. Mover los párpados. || fig. Tener *vida. || **No pestañear. Sin pestañear.** frs. figs. que denotan la suma *atención con que se está *mirando una cosa, o la *entereza con que se arrostra un peligro.
pestañeo. m. Movimiento rápido y repetido de los *párpados.
pestañoso, sa. adj. Que tiene grandes *pestañas. || Que tiene pestañas, como algunas plantas.
peste. f. *Enfermedad *contagiosa y grave que causa gran mortandad. || Por ext., cualquiera enfermedad, aunque no sea contagiosa, que causa grande mortandad. || Mal olor, *fetidez. || fig. Cualquier cosa *mala o que puede ocasionar daño grave. || fig. Corrupción de las costumbres, *vicio. || fig. y fam. Excesiva *abundancia de cosas en cualquier línea. || *Germ.* *Dado de jugar. || pl. Palabras de enojo o *amenaza y *maldición. || **Peste bubónica,** o **levantina.** *Med.* *Enfermedad infecciosa epidémica y febril, caracterizada por bubones en diferentes partes del cuerpo.
pestíferamente. adv. m. Muy *mal o con grave *daño.
pestífero, ra. adj. Que puede ocasionar peste o *daño grave. || Que tiene muy mal olor; *fétido.
pestilencia. f. **Peste.**
pestilencial. f. **Pestífero.**
pestilencialmente. adv. m. **Pestíferamente.**
pestilencioso, sa. adj. Perteneciente a la pestilencia.
pestilente. adj. **Pestífero.**
pestillo. m. Pasador con que se asegura una puerta, corriéndolo a modo de *cerrojo. || Pieza prismática que sale de la *cerradura y entra en el cerradero. || **de golpe.** El que, al dar un golpe a la puerta, queda cerrada y no se puede abrir sin llave.
pestiño. m. *Fruta de sartén*, hecha de masa de harina y huevos batidos, y bañada luego con miel.
pestorejazo. m. **Pestorejón.**
pestorejo. m. **Cerviguillo.**
pestorejón. m. *Golpe dado en el pestorejo.
pesuña. f. **Pezuña.**
pesuño. m. Cada uno de los dedos, cubierto con su *uña, de los animales de pata hendida.
petaca. f. *Caja de cuero, o de madera o mimbres con cubierta de piel, y a propósito para formar el tercio de la carga de una caballería. || Estuche de cuero, metal u otra materia, para llevar en el bolsillo cigarros o *tabaco picado.
petalismo. m. Especie de *destierro usado entre los siracusanos.
pétalo. m. *Bot.* Cada una de las hojas que forman la corola de la *flor.
petalla. f. *Albañ.* Especie de alcotana que por uno de sus extremos tiene una boca de martillo.
petar. tr. fam. *Agradar, complacer.
petar. intr. *Golpear en el suelo; *llamar a la puerta.
petardear. tr. *Fort.* y *Artill.* Batir una puerta con petardos. || fig. *Estafar, engañar.
petardero. m. Soldado que aplica y dispara el petardo. || fig. **Petardista.**
petardista. com. Persona que *estafa o pega petardos.
petardo. m. *Artill.* Morterete que se sujeta a una puerta después de cargado, y se le da fuego para hacerla saltar con la explosión. || Trozo de tubo o cosa semejante, que se llena de *pólvora y se ataca y liga fuertemente para que, prendiéndole fuego, produzca una gran detonación. || fig. *Estafa, engaño. || **Pegar un petardo** a uno. fr. fig. y fam. Pedirle dinero prestado y no volvérselo.
petarte. m. ant. **Petardo.**
petate. m. *Esterilla de palma, que se usa en algunos países para dormir sobre ella. || Lío de la *cama, y la *ropa de cada marinero, soldado, preso, etc. || *Mar.* fam. Equipaje

de cualquiera de las personas que van a bordo. ‖ fig. y fam. Hombre *embustero y *estafador. ‖ fig. y fam. Hombre *despreciable. ‖ **Liar** uno **el petate.** fr. fig. y fam. Mudar de vivienda y especialmente cuando es despedido. ‖ fig. y fam. ***Morir.**

petenera. f. *Canto popular parecido a la malagueña, con coplas de cuatro versos octosílabos. ‖ **Salir** uno **por peteneras.** fr. fig. y fam. Decir alguna *impertinencia.

petequia. f. *Pat.* *Mancha que sale en la *piel, parecida a la picadura de la pulga. Se observa en enfermedades ordinariamente graves.

petequial. adj. Referente a la petequia. ‖ Que tiene petequias.

petera. f. fam. **Pelotera.** ‖ fam. *Obstinación e *ira en la expresión de algún deseo. ‖ **Rabieta.**

peteretes. m. pl. *Golosinas, bocados apetitosos.

peticano. m. **Impr.* Carácter de letra de veintiséis puntos.

peticanon. m. **Impr.* **Peticano.**

***petición.** f. Acción de pedir. ‖ Cláusula u *oración con que se pide. ‖ *For.* **Pedimento.** ‖ **de principio.** **Lóg.* Razonamiento vicioso que consiste en dar como cierto lo mismo que se trata de probar.

peticionario, ria. adj. Que pide o solicita oficialmente una cosa. Ú. t. c. s.

petifoque. m. *Mar.* Foque mucho más pequeño que el principal.

petigrís. m. Ardilla común. Es nombre usado en el comercio de *pieles.

petillo. m. **Indum.* Peto triangular, que las mujeres usaron por adorno. ‖ *Joya de la misma figura.

***petimetre, tra.** m. y f. Persona que cuida demasiadamente de su compostura y de seguir las modas.

petirrojo. m. *Pájaro del tamaño del pardillo, con el pecho de color rojo vivo uniforme.

petitoria. f. fam. ***Petición.**

petitorio, ria. adj. Perteneciente o relativo a *petición. ‖ m. fam. Petición repetida, *importunación. ‖ **Farm.* Cuaderno de los medicamentos que debe haber en las boticas.

peto. m. *Armadura del pecho. ‖ Adorno o *vestidura que se pone en el *pecho. ‖ Parte opuesta a la pala y en el otro lado del ojo, que tienen algunas herramientas; como el *hacha y la *azada. ‖ *Zool.* Parte inferior de la *concha de los quelonios. ‖ **volante.** El que llevaban los hombres de armas sobre el **peto** principal.

petra. f. *Arbusto chileno, de las mirtáceas, comestible y de sabor agradable. Sus hojas y corteza pulverizadas se usan como insecticida.

petral. m. **Guarn.* Correa o faja que, asida a la silla de montar, ciñe y rodea el pecho de la cabalgadura.

petraria. f. **Balista.**

petrarquesco, ca. adj. Propio y característico de Petrarca o de sus *poesías.

petrarquista. adj. Admirador de Petrarca, o imitador de su estilo *poético. Ú. t. c. s.

petrel. m. *Ave marina, palmípeda, muy voladora, del tamaño de una alondra.

pétreo, a. adj. De *piedra, roca o peñasco. ‖ **Pedregoso.** ‖ De la calidad de la piedra.

petrificación. f. Acción y efecto de petrificar o petrificarse.

petrificante. p. a. de **Petrificar.** Que petrifica.

petrificar. tr. Transformar o convertir en *piedra. Ú. t. c. r.

petrífico, ca. adj. Que petrifica o que tiene virtud de petrificar.

petrografía. f. Parte de la *geología que trata de las rocas.

***petróleo.** m. Líquido oleoso, más ligero que el agua, compuesto de hidrocarburos. Se encuentra nativo en lo interior de la tierra, arde fácilmente y tiene muchas aplicaciones.

petrolero, ra. adj. Perteneciente o relativo al petróleo. ‖ Dícese de la persona que en *política profesa ideas disolventes y especialmente de la que propugna la destrucción por el *fuego. Ú. t. c. s. ‖ m. y f. Persona que vende *petróleo por menor.

petrolífero, ra. adj. Que contiene petróleo.

petroso, sa. adj. Aplícase al sitio o paraje en que hay muchas *piedras. ‖ *Zool.* Dícese de cierta porción del *hueso temporal.

Petrus in cunctis. loc. lat. con que se moteja al muy *entremetido y pedante.

petulancia. f. *Descaro, insolencia, atrevimiento. ‖ *Jactancia, vanidad.

petulante. adj. Que tiene petulancia. Ú. t. c. s.

petulantemente. adv. m. Con petulancia.

petunia. f. *Planta de las solanáceas, notable por sus flores grandes, olorosas y de color blanquecino.

peucédano. m. **Servato.**

peuco. m. *Ave de rapiña, diurna, semejante al gavilán, propia de Chile. ‖ **bailarín.** Nombre vulgar del **peuco** blanco. ‖ **blanco.** Ave de rapiña muy parecida al cernícalo.

peumo. m. *Árbol grande, chileno, de las lauráceas, cuyo fruto contiene una pulpa blanca, suave y comestible.

peyorativo, va. adj. Que *empeora. Dícese principalmente en sentido moral.

***pez.** m. Animal acuático, vertebrado, de respiración branquial, sangre roja y generación ovípara. ‖ *Pescado de río. ‖ fig. Montón prolongado de *trigo en la *era, u otro cualquier bulto de la misma figura. ‖ fig. y fam. Cosa de *utilidad y provecho. ‖ pl. *Astr.* **Piscis.** ‖ *Zool.* Clase de los **peces.** ‖ **Pez austral.** *Astr.* *Constelación muy notable situada debajo de Acuario. ‖ **de San Pedro. Gallo** (pez). ‖ **espada. Pez** marino acantopterigio, que llega a tener cuatro metros de longitud, y con la mandíbula superior en forma de espada de dos cortes y como de un metro de largo. ‖ **luna. Pez** de piel lisa, plateada y fosforescente, que vive en el Mediterráneo. ‖ **martillo. Pez** parecido al tiburón, con la cabeza muy ensanchada por los lados. ‖ **mujer. Manatí.** ‖ **reverso. Rémora.** ‖ **sierra. Priste.** ‖ **volante. Volador.** ‖ *Astr.* *Constelación austral cercana al polo antártico. ‖ **Estar** uno **pez** en alguna materia. fr. fig. y fam. *Ignorarla por completo. ‖ **Estar** uno **como el pez en el agua.** fr. fig. y fam. Disfrutar *comodidades y conveniencias. ‖ **Picar el pez.** fr. fig. y fam. Dejarse engañar una persona. ‖ fig. y fam. *Ganar al juego. ‖ **Salga pez o salga rana.** expr. fig. y fam. Dícese de los que emprenden de modo *irreflexivo una cosa de dudoso éxito.

pez. f. Substancia *resinosa, sólida, de color pardo amarillento, que se obtiene echando en agua fría el residuo que deja la trementina al acabar de sacarle el aguarrás. ‖ **Alhorre.** ‖ **blanca,** o **de Borgoña.** Trementina desecada al aire. ‖ **elástica.** Mineral semejante al asfalto. ‖ **griega. Colofonia.** ‖ **naval.** **Artill.* Mixto de varios ingredientes, como son **pez** común, sebo de vaca, etc., derretidos al fuego. ‖ **negra.** La que resulta de la destilación de las trementinas impuras.

pezolada. f. Porción de hilos sueltos en los principios y fines de las piezas de *paño.

***pezón.** m. **Bot.* Rabillo que sostiene la hoja, la flor o el fruto en las plantas. ‖ → Botoncito que sobresale en los pechos o tetas de las hembras, por donde los hijos chupan la leche. ‖ Extremo del *eje, que sobresale de la rueda en los *carros y coches. ‖ Extremo o remate de algunas *llaves en la parte opuesta al ojo. ‖ Palo que se encaja en el extremo del pértico y en el cual se ata el *yugo. ‖ En los molinos de *papel, extremo y remate del árbol. ‖ fig. Punta o *cabo de tierra o de cosa semejante. ‖ fig. Parte saliente de ciertas frutas, como el *limón. ‖ *Germ.* Asidero de la bolsa.

pezonera. f. Chaveta que atraviesa la punta del *eje para que no se salga la rueda del *carruaje. ‖ Pieza redonda, con un hueco en el centro, que usan las mujeres para formar los *pezones cuando crían.

pezpalo. m. **Pejepalo.**

pezpita. f. **Aguzanieves.**

pezpítalo. m. **Pezpita.**

pezuelo. m. Principio del lienzo, que es una especie de fleco de muchos hilos, en los cuales se va atando la urdimbre de la tela que se va a *tejer.

pezuña. f. Conjunto de los pesuños de una misma pata en los animales de pata hendida.

phi. f. Vigésima primera *letra del alfabeto griego, que se pronuncia *fi.*

pi. f. Decimosexta *letra del alfabeto griego, que corresponde a la que en el nuestro se llama *pe.*

piache. Voz que figura en la expresión familiar **tarde piache,** que significa que uno llegó demasiado *tarde para lograr su propósito.

piada. f. Acción o modo de piar. ‖ fig. y fam. Expresión de uno, que parece *imitada de otro.

piador, ra. adj. Que pía. ‖ m. *Germ.* **Bebedor.**

piadosamente. adv. m. Misericordiosamente, con piedad. ‖ Según la piedad *cristiana.

***piadoso, sa.** adj. Perteneciente o relativo a la piedad. ‖ Benigno, *bondadoso, que se inclina a la piedad. ‖ Aplícase a las cosas que mueven a compasión. ‖ Religioso, devoto.

piafador, ra. adj. Dícese del *caballo que piafa.

piafar. intr. Alzar el *caballo alternadamente las manos, dejándolas caer con fuerza en el mismo sitio.

pialar. tr. **Apealar.**

piamadre. f. *Zool.* **Piamáter.**

piamáter. f. *Zool.* Membrana de en medio de las tres que envuelven el *cerebro y la médula espinal.

piamente. m. **Piadosamente.**

piamontés, sa. adj. Natural del Piamonte. Ú. t. c. s. ‖ Perteneciente a este país de Italia.

pianillo. m. d. de **Piano.** ‖ *Piano de manubrio.

pianista. com. Fabricante de *pianos. ‖ Persona que los vende. ‖ Persona que sabe tocar este instrumento.

pianístico, ca. adj. Perteneciente o relativo al *piano.

***piano.** m. Instrumento músico de teclado, compuesto de una caja sonora con una serie de cuerdas me-

tálicas de diferente grueso y longitud que, heridas por macillos, producen sonidos claros y vibrantes. || **de manubrio. Organillo.**
pianoforte. m. **Piano.**
pianola. f. *Piano que puede tocarse mecánicamente por pedales o por medio de corriente eléctrica. || Aparato que se aplica al piano para ejecutar mecánicamente las piezas preparadas al objeto.
pian, pian. m. adv. fam. **Pian, piano.**
pian, piano. m. adv. fam. Poco a poco, a paso *lento.
piante. p. a. de **Piar.** Que pía. Ú. sólo en la expresión familiar **piante ni mamante,** que se usa para denotar que no queda *ningún ser viviente.
piar. intr. Emitir algunas *aves, y especialmente el *pollo, cierto género de sonido o *voz. || fig. y fam. *Llamar, clamar con *anhelo por una cosa. || *Germ.* **Beber.**
piara. f. Manada de *cerdos, y por ext. la de yeguas, mulas, etc.
piarcón, na. m. y f. *Germ.* El que *bebe mucho.
piariego, ga. adj. Aplícase al sujeto que tiene piara de *ganado.
piastra. f. *Moneda de plata, de valor variable según los países.
***pica.** f. Especie de lanza larga, con un hierro pequeño y agudo en el extremo superior. || **Taurom.* Garrocha del picador de *toros. || Escoda con puntas piramidales en los cortes, que usan los *canteros. || Medida para profundidades, equivalente a catorce pies. || *Soldado armado de pica. || Época en que principia el celo de las *perdices. || **A pica seca.** m. adv. fig. Con *trabajo y sin utilidad. || **Calar la pica.** fr. fig. Ponerla en disposición de servirse de ella. || **pasar por las picas.** fr. fig. *Padecer muchos trabajos. || **Poder pasar por las picas de Flandes.** fr. fig. con que se pondera que una cosa tiene toda su *perfección y *excelencia. || **Poner** una **pica en Flandes.** fr. fig. y fam. *Conseguir una cosa muy difícil.
pica. f. *Pat.* **Malacia.**
picacero, ra. adj. Aplícase a las *aves de rapiña que cazan picazas.
picacismo. m. *Pat.* Pica, malacia.
picacho. m. Punta aguda, a modo de pico, en la *cumbre de las montañas.
picada. f. **Picotazo.** || **Picadura.**
picadero. m. Lugar destinado para adiestrar los caballos, y aprender a *montar. || Madero con una muesca en el cual los *carpinteros aseguran las piezas que han de labrar con la azuela. || Hoyo que hacen los gamos escarbando el suelo. || **Arq. Nav.* Cada uno de los maderos cortos sobre que descansa la quilla del buque en construcción o en carena. || fig. y fam. Habitación particular destinada a entrevistas *amorosas.
picadillo. m. *Guisado que se hace picando carne cruda con tocino, verduras y ajos, y sazonándolo con especias y huevos batidos. || Lomo de cerdo, picado y adobado para hacer *embutidos. || **Estar,** o **venir,** uno **de picadillo.** fr. fig. y fam. Estar, o venir, *enfadado.
picado, da. adj. Dícese del patrón que se traza con picaduras para señalar el *dibujo de un *encaje. || Aplícase a lo que está labrado o adornado con picaduras o agujerillos. || m. **Picadillo** (*guisado). || **Mús.* Modo de ejecutar una serie de notas interrumpiendo el sonido entre unas y otras, por oposición al ligado.
picador. m. El que tiene el oficio de domar y adiestrar caballos. || *Torero de a caballo que pica con garrocha a los toros. || Tajo de *cocina. || *Germ.* *Ladrón que usa de ganzúa. || En las *minas, obrero que arranca el mineral con el pico.
picadura. f. Acción y efecto de picar una cosa. || ***Pinchazo.** || En los *vestidos o *calzado, cisura que artificiosamente se hace para adorno. || *Mordedura o punzada de una ave o un insecto o de ciertos reptiles. || *Tabaco picado para fumar. || Principio de caries en los *dientes,
picafigo. m. **Papafigo** (*ave).
picaflor. m. **Pájaro mosca.**
picagallina. f. **Alsine.**
picagrega. f. **Pega reborda.**
picajón, na. adj. fam. **Picajoso.** Ú. t. c. s.
picajoso, sa. adj. Que fácilmente se *irrita o da por ofendido. Ú. t. c. s.
pical. m. *Confluencia o cruce de diferentes *caminos vecinales.
picamaderos. m. **Pájaro carpintero.**
picamulo. m. *Germ.* **Arriero.**
picana. f. **Aguijada.**
picanear. tr. **Aguijar.**
***picante.** p. a. de **Picar.** Que pica. || fig. Aplícase a las expresiones *mordaces y a las que son un tanto libres sin llegar a ser francamente *obscenas. || m. Acerbidad o acrimonia que tienen algunas cosas. || fig. Mordacidad en el decir. || *Germ.* **Pimienta.**
picantemente. adv. m. Con intención de picar o herir.
picaño. m. *Remiendo que se echa al *zapato.
picaño, ña. adj. *Pícaro, *holgazán.
picapedrero. m. **Cantero.**
picapica. f. Polvos, hojas o pelusilla vegetales que, aplicados sobre la piel de las personas, causan mucho *picor.
picapleitos. m. fam. **Pleitista.** || fam. *Abogado sin pleitos.
picaporte. m. Artificio para *cerrar de golpe las puertas y ventanas, compuesto de una barrita articulada, sujeta en la hoja, y cuyo extremo libre encaja en una nariz de hierro que está clavada en el cerco. || *Llave con que se abre el **picaporte.** || Llamador, aldaba. || **de resbalón.** Especie de *cerradura cuyo pestillo entra en el cerradero y queda encajado por la presión de un resorte.
picaposte. m. **Picamaderos.**
picapuerto. m. *Ave trepadora, de plumaje negro brillante, manchado de blanco en las alas, sonrosado en el pecho y rojo vivo en la nuca y en el abdomen.
***picar.** tr. Herir levemente con instrumento *punzante. || **Taurom.* Herir el picador al toro en el morrillo con la garrocha, procurando detenerlo. || Punzar o *morder las aves, los insectos y ciertos reptiles. || *Cortar en trozos muy menudos. || Tomar las *aves la comida con el pico. || Morder el *pez el cebo puesto en el anzuelo para pescarlo. || → Causar o producir escozor o *picor en alguna parte del cuerpo. Ú. t. c. intr. || Enardecer el paladar ciertas cosas excitantes; como la pimienta, la guindilla, etc. Ú. t. c. intr. || Comer *uvas de un racimo tomándolas grano a grano. Ú. m. c. intr. || **Espolear.** || Adiestrar el picador al caballo. || Herir con la punta del taco la bola de *billar, de modo que tome determinado movimiento. || Recortar o agujerear papel o tela haciendo dibujos. || **Albañ.* y **Cant.* Golpear con pico, piqueta u otro instrumento adecuado las piedras para labrarlas, o las paredes para revocarlas. || Restablecer las asperezas de las caras de la muela de molino. || fig. Mover, *incitar. Ú. t. c. intr. || fig. *Irritar y provocar a otro con palabras y acciones. || fig. *Excitar, estimular. || En el juego de los cientos, contar el que es mano sesenta puntos cuando debía contar treinta. || *Moler o desmenuzar una cosa. || *Mar.* *Cortar a golpe de hacha o de otro instrumento cortante. || *Mar.* Precipitar la *boga. || *Mar.* Hacer funcionar una *bomba. || *Mil.* *Perseguir al enemigo que se retira, atacando su retaguardia. || **Mús.* Hacer sonar una nota de manera que entre ella y la siguiente quede un cortísimo silencio. || **Pint.* Concluir con algunos golpecitos graciosos y oportunos una cosa pintada. || intr. *Calentar mucho el sol. || Tomar una ligera porción de un manjar o *alimento. || Abrir un libro a la *suerte para disertar sobre el punto que aparezca a la vista. || fig. Empezar a concurrir *compradores. || fig. Empezar a obrar algunas cosas no materiales. || fig. Tener *nociones de alguna ciencia o facultad. || fig. Junto con la preposición *en,* tocar, llegar a. || r. Agujerearse la ropa por la acción de la polilla. || Dañarse o empezar a *pudrirse o agriarse una cosa. || Dícese también de los animales que están en celo. || Agitarse la superficie del mar formando *olas pequeñas. || fig. *Ofenderse, *enfadarse. || fig. Preciarse, *jactarse de alguna cualidad o habilidad que se tiene. || fig. Dejarse llevar de la *vanidad, creyendo aventajar a otro. || **Picar** uno **más alto,** o **muy alto.** fr. fig. Tener mucha ambición o grandes pretensiones.
pícaramente. adv. m. Con *vileza y picardía.
picaraza. f. **Picaza** (pájaro).
picardear. tr. Enseñar a alguno a hacer o decir picardías; *pervertirlo. || intr. Decirlas o ejecutarlas. || Retozar, hacer *travesuras. || Resabiarse, adquirir algún *vicio.
picardía. f. Acción baja, ruindad, *vileza. || *Engaño. || Bellaquería, *astucia. || *Travesura de muchachos. || *Broma, chasco. || Intención o acción *deshonesta o impúdica. || Junta de *pícaros. || pl. Dichos *ofensivos.
picardihuela. f. d. de **Picardía.**
picardo, da. adj. Natural de Picardía. Ú. t. c. s. || Perteneciente a esta provincia de Francia.
picaresca. f. Junta de *pícaros. || Profesión de pícaro.
picarescamente. adv. m. De modo picaresco.
picaresco, ca. adj. Perteneciente o relativo a los *pícaros. || Aplícase a las *novelas u otras producciones literarias en que se pinta la vida de los pícaros.
picaril. adj. **Picaresco.**
picarizar. tr. **Picardear.**
***pícaro, ra.** adj. Vil, ruin, falto de honra y vergüenza. Ú. t. c. s. || Astuto, taimado. Ú. t. c. s. || fig. *Perjudicial o malicioso en su línea. || m. *Personaje desvergonzado, travieso y de mal vivir, que figura en obras magistrales de la literatura española. || **de cocina. Pinche.**
picarote. adj. aum. de **Pícaro.**
picarrelincho. m. **Picamaderos.**
picarro. m. **Pico** (*ave).

picatoste. m. Rebanadilla de *pan tostada con manteca o frita.

pica y huye. f. *Insecto de Venezuela, especie de hormiga muy pequeña, cuya picadura es dolorosa y produce calentura.

picaza. f. **Urraca.** ‖ **chillona,** o **manchada. Pega reborda.** ‖ **marina. Flamenco** (ave).

picaza. f. *Azada o legón pequeño.

picazo. m. *Golpe que se da con la *pica o con alguna cosa puntiaguda y punzante. ‖ Señal que queda de este golpe.

picazo. m. **Picotazo.** ‖ Pollo de la picaza.

picazo, za. adj. Dícese de la *caballería de color blanco y negro mezclados formando manchas grandes. Ú. t. c. s. m.

***picazón.** f. *Picor, desazón que causa una cosa que pica en alguna parte del cuerpo. ‖ fig. *Enojo o *disgusto.

picazuroba. f. *Ave del orden de las gallináceas, semejante a la tórtola.

picea. f. Árbol parecido al *abeto común.

píceo, a. adj. De pez o parecido a ella.

Picio. n. p. **Más feo que Picio.** expr. fig. y fam. Dícese de la persona excesivamente *fea.

***pico.** m. Parte saliente de la cabeza de las *aves, compuesta de dos piezas córneas, terminadas generalmente en punta, que les sirven para tomar el alimento. ‖ Parte *puntiaguda que sobresale en la superficie o en el borde de alguna cosa. ‖ Herramienta de *cantero, con dos puntas opuestas aguzadas, y enastada en un mango largo de madera. ‖ Instrumento formado por una barra de hierro o acero algo encorvada, aguda por un extremo y con un ojo en el otro para enastarla en un mango de madera. ‖ **Zapapico.** ‖ Punta acanalada que tienen en el borde algunas *vasijas. ‖ Cúspide aguda de una *montaña. ‖ Montaña de *cumbre puntiaguda. ‖ Parte pequeña en que una cantidad *excede a un número redondo. ‖ Esta misma parte cuando es *indeterminada o no se quiere expresar. ‖ fig. y fam. **Boca.** ‖ fig. y fam. Facundia, facilidad para *hablar. ‖ **Punta** (de ganado). ‖ *Crustáceo del género bálano, de carne blanca y sabrosa. ‖ **cangrejo.** *Mar.* **Cangrejo** (*verga). ‖ **de cigüeña.** *Planta herbácea anual, de las geraniáceas. ‖ **de oro.** fig. Persona que *habla bien. ‖ **A pico de jarro.** m. adv. con que se explica la acción de *beber sin medida. ‖ **De pico.** m. adv. fig. y fam. Sin que lo que se dice o promete tenga el debido cumplimiento. ‖ Se dice del ave que vuela hacia el *cazador. ‖ **Hacer el pico** a uno. fr. fig. Mantenerle de *comida. ‖ **Hincar el pico.** fr. fam. **Morir.** ‖ **Perder,** o **perderse,** uno **por el pico.** fr. fig. y fam. Venirle daño por haber *revelado lo que no debía. ‖ **Pico a viento.** m. adv. Con el viento en la cara. ‖ **Tener** uno **mucho pico.** fr. fig. y fam. *Revelar todo lo que sabe.

pico. m. **Picamaderos.** ‖ **barreno,** o **carpintero. Pájaro carpintero.** ‖ **de frasco. Tucán.** ‖ **verde.** *Ave trepadora, semejante al pájaro carpintero, pero con plumaje verdoso y muy encarnado en el moño.

pico. m. *Peso usado en Filipinas, equivalente a sesenta y tres kilogramos.

picoa. f. *Germ.* **Olla.**

picofeo. m. **Tucán.**

pícol. adv. c. *Germ.* *Poco, en pequeña cantidad.

picoleta. f. **Pistero** (*vasija). ‖ Piqueta de *albañil.

picolete. m. Grapa interior de la *cerradura, para sostener el pestillo.

picón, na. adj. Dícese de la *caballería cuyos *dientes incisivos superiores sobresalen de los inferiores. ‖ m. *Broma o burla que se hace a uno para *incitarle a que ejecute una cosa. ‖ *Pez pequeño de agua dulce, que tiene el hocico puntiagudo. ‖ Especie de *carbón muy menudo para los braseros. ‖ *Arroz quebrantado. ‖ *Germ.* **Piojo.**

piconero, ra. m. y f. Persona que vende el *carbón llamado picón. ‖ m. **Taurom.* Picador de toros.

***picor.** m. Escozor que resulta en el paladar por haber comido alguna cosa picante. ‖ **Picazón.**

picosa. f. *Germ.* ***Paja.**

picoso, sa. adj. Aplícase al picado de viruelas.

picota. f. Rollo o columna de piedra o de fábrica, donde se exponían las cabezas de los ajusticiados, o los reos, a la *vergüenza. ‖ *Juego de muchachos, en que cada jugador tira un palo puntiagudo para clavarlo en el suelo y derribar el del contrario. ‖ fig. Parte *superior, en *punta, de una torre o *montaña muy alta. ‖ *Mar.* Barra ahorquillada donde descansa el perno sobre el cual gira el guimbalete.

picotada. f. **Picotazo.**

picotazo. m. *Golpe que dan las aves con el pico. ‖ *Punzadura o *mordedura de un insecto. ‖ Señal que queda de ella.

picote. m. *Tela áspera y basta de pelo de cabra. ‖ Cierta tela de seda muy lustrosa. ‖ **Saco** (vestidura).

picoteado, da. adj. Que tiene picos.

picotear. tr. *Golpear o herir las *aves con el pico. ‖ intr. fig. Mover de continuo la cabeza el *caballo, de arriba abajo. ‖ fig. y fam. *Hablar mucho y de cosas inútiles. ‖ r. fig. y fam. *Reñir las mujeres entre sí, diciéndose palabras desagradables.

picotería. f. fam. Prurito de *hablar.

picotero, ra. adj. fam. Que *habla mucho y con *imprudencia. Ú. t. c. s.

picotillo. m. Picote de inferior calidad.

picotín. m. Cuarta parte del cuartal (medida de *capacidad).

picrato. m. **Quím.* Sal formada por el ácido pícrico.

pícrico. adj. **Quím.* V. **Ácido pícrico.**

picta. adj. lat. V. **Toga picta.**

pictografía. f. *Escritura ideográfica, cuyos signos representan gráficamente los objetos.

pictográfico, ca. adj. Perteneciente o relativo a la pictografía.

pictórico, ca. adj. Perteneciente o relativo a la *pintura. ‖ Adecuado para ser representado en pintura.

picuda. f. *Mar.* *Bote o lancha de mucho andar.

picudilla. f. *Ave zancuda.

picudillo, lla. adj. d. de **Picudo.** ‖ V. **Aceituna picudilla.** Ú. t. c. s.

picudo, da. adj. Que tiene pico. ‖ **Hocicudo.** ‖ fig. y fam. Aplícase a la persona que *habla demasiado. ‖ m. **Espetón.**

piche. adj. V. **Trigo piche.** Ú. t. c. s.

pichel. m. *Vasija alta y redonda, ordinariamente de estaño, con su tapa engoznada en el remate del asa.

pichelería. f. Oficio del pichelero.

pichelero. m. El que hace picheles.

pichelingue. m. ***Pirata.**

pichella. m. Jarro o vasija para medir vino, y cuya *capacidad viene a ser la mitad de un litro.

pichi. m. *Arbusto chileno, de las solanáceas, con hermosas flores blancas en el extremo de los ramos tiernos.

pichiciego. m. *Zool.* Nombre vulgar de una especie de armadillo.

pichihuén. m. *Pez acantopterigio, muy estimado por su carne.

pichoa. f. *Planta de las euforbiáceas, propia de Chile.

pichola. f. Medida de *capacidad para vino, equivalente a poco más de un cuartillo.

pichón. m. Pollo de la *paloma casera. ‖ fig. y fam. Nombre que suele darse a las personas del sexo masculino en señal de *cariño.

pichona. f. fam. Nombre que suele darse a las personas del sexo femenino en señal de *cariño.

pidén. m. *Ave de Chile parecida a la gallareta o foja española.

pidientero. m. **Pordiosero.**

pido. m. fam. ***Petición.**

pidón, na. adj. fam. **Pedigüeño.** Ú. t. c. s.

***pie.** m. Extremidad de los miembros inferiores del hombre, que se apoya en el suelo en la posición erguida. ‖ Parte análoga de los miembros de muchos animales. ‖ *Base o parte en que se apoya alguna cosa. ‖ *Tronco de los árboles y plantas. ‖ El *árbol entero, especialmente cuando es joven. ‖ Poso, *sedimento. ‖ Masa de *uva pisada, que se coloca debajo de la prensa para exprimirla. ‖ *Hilo de lana para las urdimbres. ‖ Imprimación que se usa en los *tintes para dar permanencia al color. ‖ En las *medias, calcetas o botas, parte que cubre el **pie.** ‖ Cada una de las partes, de dos o más sílabas, con que se mide un verso en aquellas *poesías que atienden a la cantidad. ‖ Cada uno de los metros que se usan en la *poesía castellana. ‖ En el *juego, el último en orden de los que juegan. ‖ En el juego de la brisca, jugador que distribuye los *naipes. ‖ Palabra con que termina lo que dice un *actor, y sirve de señal al que ha de hablar a continuación. ‖ Medida de *longitud, que equivale próximamente a veintiocho centímetros. ‖ *Regla, *costumbre, estilo. ‖ Parte final de un *escrito, y espacio en blanco que queda en la parte inferior del papel. ‖ **Membrete.** ‖ Parte de una cosa que sirve de base o medida para las demás. ‖ Parte o extremo *posterior de una cosa. Ú. m. en pl. ‖ *Fundamento para alguna cosa. ‖ *Ocasión, *pretexto o motivo. ‖ *Carp.* Cada una de las partes inferiores de un *mueble que lo sustentan. ‖ pl. Rapidez o agilidad en el *andar. ‖ **Pie columbino. Pie de paloma.** ‖ **de altar.** Emolumentos que como *remuneración perciben los curas y otros ministros eclesiásticos por las funciones que ejercen. ‖ **de amigo.** Todo aquello que sirve para *apoyar y fortalecer otra cosa. ‖ Instrumento de *suplicio, a modo de horquilla, que se ponía debajo de la barba a los reos a quienes se azotaba o sacaba a la vergüenza. ‖ **de banco.** fig. y fam. **Pata de gallo** (*disparate). ‖ **de becerro. Aron.** ‖ **de burro. Bálano** (*crustáceo). ‖ **de cabalgar. Pie** *izquierdo del *jinete. ‖ **Pie** izquierdo de la cabalgadura. ‖ **de cabra.** *Palanca hendida por uno de sus extremos. ‖ **Percebe.** ‖ **de gallina. Quijones.** ‖ **de gallo.**

Cierto lance del juego de *damas. || Armadura de hierro de donde colgaban las sopandas de los antiguos *coches. || **Pata de gallina.** || **Pata de gallo.** || **de gato. Patilla** (de las *armas de fuego*). || **de gibao.** *Danza antigua española. || **de *imprenta.** Indicación que se suele poner en los impresos con el nombre del impresor o de su taller, lugar y fecha de la impresión. || **de león.** *Planta herbácea anual, de las rosáceas. || **de liebre.** Especie de trébol muy común en terrenos arenosos de España. || **de montar. Pie de cabalgar.** || **de paliza.** *Zurra de palos, golpes, etc. || **de paloma. Onoquiles.** || **derecho.** *Arq.* Cualquier *madero que se usa como *puntal. || **de roda.** *Arq. Nav.* Pieza curva en que remata la quilla por la parte de proa y en la que se empalma la roda. || **de tierra.** fig. **Palmo de tierra.** || **forzado.** *Verso o rima fijados de antemano para que entren en una composición poética. || **geométrico. Pie** romano antiguo, algo mayor que el de Castilla. || **quebrado.** *Verso corto que alterna con otros más largos en ciertas combinaciones métricas. || **Siete pies de tierra.** fig. **Sepultura.** || **A cuatro pies.** m. adv. **A gatas.** || **Al pie.** m. adv. *Cercano, próximo. || fig. Cerca de o *aproximadamente. || **Al pie de la cuesta.** m. adv. fig. Al *principio de una empresa larga o difícil. || **Al pie de la letra.** m. adv. **A la letra.** || **Al pie de la obra.** m. adv. Tratándose del *precio de materiales, puestos en el lugar en que se han de emplear. || **Andar** uno **de pie quebrado.** fr. fig. y fam. **Andar de capa caída.** ||**Andar** uno **en un pie,** o **en un pie como grulla,** o **como las grullas.** fr. fig. y fam. Hacer las cosas con *diligencia y prontitud. || **A pie.** m. adv. *Andando. || **A pie enjuto.** m. adv. Sin mojarse los **pies.** || fig. Sin zozobras ni peligros, en *seguridad. || fig. Sin fatiga ni trabajo, con *facilidad. || **A pie firme.** m. adv. Sin moverse del sitio que se ocupaba. || fig. Con entereza. || **A pie juntillas,** o **juntillo,** o **a pies juntillas.** m. adv. Con los **pies** juntos. || fig. **Firmemente.** || **A pie llano.** m. adv. Sin escalones. || fig. ***Fácilmente.** || **A pie quedo.** m. adv. Sin mover los **pies.** || **Arrastrar** uno **los pies.** fr. fig. y fam. Estar ya muy *viejo. || **Asentar** uno **el pie.** fr. fig. Proceder con *prudencia. || **Besar los pies** a uno. fr. fig. que se usa por *cortesía, hablando con soberanos, damas, etc. || **Buscar** uno **cinco,** o **tres, pies al gato.** fr. fig. y fam. Empeñarse temerariamente en cosas que pueden acarrearle daño. || **Caer de pies** uno. fr. fig. Tener *felicidad en aquellas cosas en que hay peligro. || **Cojear** uno **del mismo pie que** otro. fr. fig. y fam. Adolecer del mismo *vicio. || **Comer por los pies** a uno. fr. fig. Ocasionarle *gastos excesivos. || **Con buen pie.** m. adv. fig. Con *felicidad. || **Con mal pie.** m. adv. Con infelicidad o *desgracia. || **Con pie,** o **pies de plomo.** m. adv. fig. y fam. Despacio, con cautela y *prudencia. || **Con pie derecho.** m. adv. fig. Con buena fortuna. || **Con un pie en el hoyo, el sepulcro,** o **la sepultura.** m. adv. fig. y fam. Cercano a la *muerte. || **Cortar por el pie.** fr. Echar abajo los árboles, cortándolos a ras de la tierra. || **Dar con el pie** a una cosa. fr. fig. Tratarla con *desprecio. || **Dar el pie** a uno. fr. Servirle de *apoyo para subir a un lugar alto. || **Dar pie.** fr. fig. Ofrecer ocasión o *motivo para una cosa. || **Dar por el pie** a una cosa. fr. Derribarla o *destruirla del todo. || **De a pie.** loc. Dícese de los soldados y otros que no usan de caballo, por contraposición a los que lo tienen. || **Dejar** a uno **a pie.** fr. fig. *Destituirle, *privarle del acomodo que tenía. || **Del pie a la mano.** expr. fig. De un *instante para otro. || **De pie. De pies.** ms. advs. **En pie.** || **De pies a cabeza.** m. adv. **Enteramente.** || **Echar el pie adelante** a uno. fr. fig. y fam. Aventajarle. || **Echar el pie atrás.** fr. fig. y fam. *Retractarse, *flaquear. || **Echar pie a tierra.** fr. Descabalgar o bajarse del coche, etc. || **Echarse a los pies de** uno. fr. fig. *Pedirle con sumisión una cosa. || **En buen pie.** m. adv. fig. En buen estado. || fig. **Con buen pie.** || **En pie.** m. adv. con que se denota que uno ha recobrado la *salud y está ya levantado. || ***Erguido.** || fig. Con *permanencia y duración. || fig. *Constante y firmemente. || **En pie de guerra.** loc. adv. Dícese del *ejército preparado para entrar en campaña. || **Entrar con buen pie,** o **con el pie derecho,** o **con pie derecho.** frs. figs. Empezar con *acierto o en condiciones *favorables un negocio. || **Estar** uno **a los pies de los caballos.** fr. fig. Estar muy abatido y despreciado. || **Estar** uno **con el pie en el estribo.** fr. fig. Estar a punto de emprender un *viaje. || **Estar** uno **con un pie en el aire.** fr. fig. y fam. No estar de asiento en una parte. || **Estar** uno **con un pie en la sepultura.** fr. fig. Estar muy próximo a *morir. || **Faltarle** a uno **los pies.** fr. fig. Perder el equilibrio a punto de *caer. || **Hacer** una cosa **con los pies.** fr. fig. Hacerla mal. || **Hacer** a uno **levantar los pies del suelo.** fr. fig. Inquietarle. || **Hacer pie.** fr. fig. Hallar fondo en que sentar los **pies,** el que entra en un río, lago, etcétera. || En los lagares, preparar el montón de uva o de aceituna que se ha de pisar. || fig. Dícese del que va con *seguridad en un intento. || fig. *Detenerse o estar de asiento en un lugar. || **Hacer** a uno **un pie agua.** fr. fig. y fam. Causarle grave *daño. || **Herir de pie y de mano.** fr. *Temblar violentamente por cualquier causa. || **Ir** uno **por su pie.** fr. Ir andando. || Valerse por sí mismo. || **Irsele los pies** a uno. fr. ***Resbalar.** || **Irse** uno **por pies,** o **por sus pies.** fr. *Huir, escapar corriendo. || **Juntos los pies.** m. adv. **A pie juntillas.** || **Más viejo que andar a pie.** expr. fig. **Más viejo que la sarna.** || **Meter el pie.** fr. fig. y fam. Introducirse en una casa, o en un negocio. || **Meter un pie.** fr. fig. y fam. *Empezar a *adelantar en su pretensión. || **Nacer** uno **de pie,** o **de pies.** fr. fig. y fam. Tener buena fortuna. || **No caber de pies.** fr. fig. y fam. con que se da a entender la *estrechez con que se está en una parte. || **No dar** uno **pie con bola.** fr. fig. y fam. *Equivocarse muchas veces seguidas. || **No dar pie ni patada.** fr. fig. y fam. No hacer nada, permanecer inactivo. || **No llegarle** a uno **al pie.** fr. fig. **No llegarle a la suela del zapato.** || **No llevar** una cosa **pies ni cabeza.** fr. fig. y fam. **No tener pies ni cabeza.** || **No poderse tener** uno **en pie.** fr. con que se explica la *debilidad que padece. || **No poner** uno **los pies en el suelo.** fr. fig. con que se pondera la ligereza con que *corre. || **No tener** una cosa **pies ni cabeza.** fr. fig. y fam. No tener orden ni concierto. || **Pasar del pie a la mano.** fr. que se dice de las *caballerías que con el **pie** pisan más adelante de donde pisaron con la mano. || **Perder pie.** fr. fig. No encontrar el fondo en el agua. || fig. *Turbarse y no hallar salida en el discurso. || **Pie adelante.** m. adv. fig. Con *adelantamiento o mejora. || **Pie ante pie.** m. adv. **Paso a paso.** || **Pie a tierra.** expr. que se usa para mandar a uno que se apee de la caballería. || **Pie atrás.** m. adv. fig. con que se explica el *atraso en lo que se intenta. || **Pie con bola.** expr. fam. Justamente, con *exactitud, sin sobrar ni faltar nada. || **Pie con pie.** m. adv. fig. Muy de *cerca. || **Pies, ¿para qué os quiero?** expr. que denota la resolución de *huir de un peligro. || **Poner** a uno **a los pies de los caballos.** fr. fig. y fam. Tratarle con el mayor *desprecio. || **Poner** a uno **el pie sobre el cuello,** o **el pescuezo.** fr. fig. Humillarle u *oprimirle. || **Poner los pies en** una parte. fr. Ir a ella. Ú. más con negación. || **Poner** uno **los pies en el suelo.** fr. fig. y fam. Levantarse de la cama. || **Poner pies con cabeza** las cosas. fr. fig. y fam. Confundirlas, ponerlas en *desorden. || **Poner** uno **pies en pared.** fr. fig. y fam. Mantener su parecer con *obstinación, o *resistir a la voluntad ajena. || **Poner pies en polvorosa.** fr. fam. *Huir, escapar. || **Sacar con los pies adelante** a uno. fr. fig. y fam. Llevarle a *enterrar. || **Sacar** a uno **el pie del lodo.** fr. fig. y fam. Librarle de un apuro. || **Sacar los pies de las alforjas,** o **del plato.** fr. fig. y fam. Atreverse o *descomedirse el que parecía tímido o respetuoso. || **Salvarse** uno **por los pies,** o **por pies.** fr. Acudir a la huida. || **Ser pies y manos de** uno. fr. fig. *Ayudarle eficazmente en todos sus asuntos. || **Sin pies ni cabeza.** fr. fig. y fam. **No tener** una cosa **pies ni cabeza.** || **Tener** a uno **el pie sobre el cuello,** o **el pescuezo.** fr. fig. Tenerle *humillado o sujeto. || **Tener pies.** fr. fig. Dícese del que anda o *corre mucho. || **Tomar pie** una cosa. fr. fig. Arraigarse o coger fuerza. || **Tomar** uno **pie de** una cosa. fr. fig. Tomar ocasión y *pretexto de ella. || **Tres pies,** o **un pie, a la francesa.** m. adv. fam. De *prisa, inmediatamente. || **Un pie tras otro.** m. adv. con que a uno se le *despide o *expulsa. || **Vestirse** uno **por los pies.** fr. fig. y fam. Ser del sexo *masculino. || **Volver pie atrás** uno. fr. fig. ***Retroceder.**

piecezuela. f. d. de **Pieza.**

piecezuelo. m. d. de **Pie.**

***piedad.** f. Virtud que inspira devoción a las cosas santas y actos de abnegación y compasión. || Amor entrañable a los padres y a objetos venerandos. || Lástima, *compasión. || *Efigie de la *Virgen, representada sosteniendo el cadáver de su Hijo.

piedra.** f. Substancia mineral, dura y compacta, que no es terrosa ni de aspecto metálico. || **Piedra** labrada con alguna *inscripción o figura. || **Cálculo** (de la vejiga). || *Granizo grueso. || Lugar destinado para dejar los niños *expósitos. || En ciertos *juegos, tanto que se gana cada mano. ‖ Pedernal de las *armas de chispa. ‖ **Muela** (de *molino). ‖ *Germ.* **Gallina.** ‖ **afiladera,** o **aguzadera. Piedra amoladera.** ‖ **alumbre. Alumbre.** ‖ **amoladera. Piedra de amolar.** ‖ **angular.** *Sillar que en los edificios hace esquina. ‖ fig. Base o *fundamento de una cosa. ‖ **azufre. Azufre.** ‖ **berroqueña. Granito.** ‖ **bezar. Bezar.** ‖ **bornera. Piedra** negra de que se hacen muelas de *molino. ‖ **calaminar. Calamina.** ‖ **ciega.** La preciosa que no tiene transparencia. ‖ **de afilar. Asperón.** ‖ **de amolar. Asperón.** ‖ **de *cal. Caliza.** ‖ **de chispa. Pedernal.** ‖ **de escándalo.** fig. Origen o motivo de *escándalo. ‖ **de escopeta,** o **de fusil. Pedernal.** ‖ **del águila. Etites.** ‖ **de la luna,** o **de las Amazonas. Labradorita.** ‖ **del escándalo.** fig. **Piedra de escándalo.** ‖ **del labrador,** o **del sol. Labradorita.** ‖ **de lumbre. Pedernal.** ‖ **de Moca.** *Calcedonia con dendritas. ‖ **de pipas. Espuma de mar.** ‖ **de rayo.** *Hacha de **piedra** pulimentada, que cree el vulgo proceder de la caída de un rayo. ‖ **de toque.** Jaspe negro, que emplean los *plateros para toque. ‖ fig. Lo que sirve de *ensayo para conocer la bondad o malicia de una cosa. ‖ **divina.** *Farm.* Mezcla de alumbre, vitriolo azul, nitro y alcanfor, que se usa como colirio. ‖ **dura.** Toda **piedra** de naturaleza de pedernal. ‖ **falsa.** La natural o artificial que imita las preciosas. ‖ **filosofal.** La materia con que los *alquimistas pretendían hacer *oro artificialmente. ‖ **fina. Piedra preciosa.** ‖ **franca.** La que es fácil de labrar. ‖ **fundamental.** La primera que se pone en los edificios. ‖ fig. *Origen y *fundamento de una cosa. ‖ **imán. Imán.** ‖ **infernal.** Nitrato de *plata. ‖ **inga. Pirita.** ‖ **jaspe. Jaspe.** ‖ **judaica. Judaica.** ‖ **lipes. Vitriolo azul.** ‖ **litográfica.** *Mármol algo arcilloso que usan los grabadores. ‖ **loca. Espuma de mar.** ‖ **mármol. Mármol.** ‖ **melodreña. Piedra amoladera.** ‖ **meteórica. Aerolito.** ‖ **nefrítica. Jade.** ‖ **ollar.** Variedad de serpentina. ‖ **oniquina. Ónique.** ‖ **palmeada.** La que en su fractura presenta estrías parecidas a hojas de palma. ‖ **pómez. Piedra** *volcánica, esponjosa y muy dura, que se usa para desgastar y *pulir. ‖ **preciosa. La que por su brillo, color o rareza se emplea en *joyería. ‖ **rodada. Canto rodado.** ‖ **seca.** La que se emplea en la *mampostería en seco. ‖ **viva. Peña viva.** ‖ **voladora.** Rueda de **piedra** que, en los *molinos de aceite, gira alrededor del árbol del alfarje. ‖ **Ablandar las piedras.** fr. fig. con que se exagera la *compasión que excita un caso lastimoso. ‖ **A piedra y lodo.** m. adv. fig. Completamente *cerrado. ‖ **Echar a,** o **en, la piedra.** fr. fig. Poner a criar los hijos en una casa de *expósitos. ‖ **Echar la primera piedra.** fr. **Poner la primera piedra.** ‖ **Hasta las piedras.** expr. fig. Todos sin excepción. ‖ **No dejar uno piedra por mover.** fr. fig. Poner todas las *diligencias y medios para conseguir un fin. ‖ **No dejar piedra sobre piedra.** fr. fig. con que se da a entender la completa *destrucción de un edificio, ciudad, etc. ‖ **No quedarle** a uno **piedra por mover.** fr. fig. **No dejar piedra por mover.** ‖ **No quedar piedra sobre piedra.** fr. fig. **No dejar piedra sobre piedra.** ‖ **Picar la piedra.** fr. *Cant.* Labrarla. ‖ **Poner la primera piedra.** fr. Ejecutar la ceremonia de asentar la **piedra** fundamental de un edificio o *construcción. ‖ fig. y fam. Dar *principio a una empresa. ‖ **Señalar con piedra blanca,** o **negra.** fr. fig. Celebrar con *aplauso y regocijo el día *feliz y dichoso, o, por el contrario, lamentar el aciago y *desgraciado. ‖ **Tirar** uno **piedras.** fr. fig. y fam. Estar *loco o muy irritado.

piedrezuela. f. d. de **Piedra.**

***piel.** f. Tegumento fibroso y elástico, que cubre el cuerpo de algunos animales. ‖ **Cuero.** ‖ Cuero curtido de modo que conserve por fuera su pelo natural. ‖ *Pellejo que cubre la pulpa de ciertas frutas. ‖ **de rata.** Capa del ganado caballar, de color gris ceniciento. ‖ **de Rusia. Piel** adobada a la cual se da olor agradable por medio de un aceite de abedul. ‖ **roja.** *Indio de la América del Norte. ‖ **Dar** uno **la piel.** fr. fig. y fam. ***Morir.** ‖ **Ser** uno **de la,** o **la, piel del diablo.** fr. fig. y fam. Ser muy *travieso. ‖ **Soltar** uno **la piel.** fr. fig. y fam. **Dar la piel.**

piélago. m. Parte del *mar, que dista mucho de la tierra. ‖ **Mar.** ‖ fig. Alguna cosa de que hay gran *abundancia.

pielga. f. Trozo de madero convenientemente horadado para que entren los cañizos enhiestos con que se forma un *aprisco o corraliza.

pielgo. m. **Piezgo.**

pielitis. f. *Pat.* Inflamación de la pelvis *renal.

***pienso.** m. Porción de alimento seco que se da al ganado.

pienso. m. ant. **Pensamiento.** ‖ **Ni por pienso.** m. adv. **Ni por sueño.**

piérides. f. pl. Las *musas.

pierio, ria. adj. poét. Perteneciente o relativo a las musas.

***pierna.** f. Parte de las extremidades inferiores del hombre, comprendida entre el pie y la rodilla; también se dice comprendiendo además el muslo. ‖ En los cuadrúpedos y aves, **muslo.** ‖ Cada una de las dos piezas que forman el *compás. ‖ fig. Tratando de ciertas cosas, la que junta con otras semejantes compone un todo. ‖ En las *telas, falta de rectitud en las orillas o en el corte. ‖ *Vasija a modo de cantarilla larga y angosta. ‖ En el arte de *escribir, trazo que en algunas letras va de arriba abajo. ‖ **Impr.* Cada uno de los dos maderos que se ponían a un lado y otro de la prensa. ‖ **de nuez.** Cada una de las cuatro partes en que está naturalmente dividida la pulpa de una *nuez común. ‖ **A la pierna.** m. adv. **Equit.* Dícese del *caballo cuando anda de costado. ‖ **A pierna suelta,** o **tendida.** m. adv. fig. y fam. con que se explica que uno *duerme o disfruta una cosa con *tranquilidad y sin cuidado. ‖ **Echar** a uno **la pierna encima.** fr. fig. y fam. Excederle o *aventajarle. ‖ **Echar piernas.** fr. fig. y fam. Preciarse o *jactarse de galán o valiente. ‖ **En piernas.** m. adv. Con las **piernas** *desnudas. ‖ **Estirar** uno **la pierna.** fr. fig. y fam. ***Morir.** ‖ **Estirar,** o **extender,** uno **las piernas.** fr. fig. y fam. ***Pasear.** ‖ **Hacer piernas.** fr. fig. **Equit.* Dícese de los caballos cuando se afirman en ellas y las juegan bien. ‖ fig. Dícese de los hombres que presumen de galanes y bien formados. ‖ fig. Estar firme y *constante en un propósito. ‖ **Meter,** o **poner, piernas** al caballo. fr. Avivarle el *jinete para que corra.

piernitendido, da. adj. Extendido de piernas.

pietismo. m. Secta de los pietistas.

pietista. adj. Se aplica a ciertos *protestantes que aconsejan el ascetismo más riguroso. Ú. t. c. s. ‖ Perteneciente o relativo al pietismo.

pieza. f. Pedazo o *parte de una cosa. ‖ ***Moneda.** ‖ *Alhaja, utensilio u obra de *arte trabajados con mucho esmero. ‖ Cada una de las partes que suelen componer una *máquina o artefacto. ‖ Porción de *tejido que se fabrica de una vez. ‖ Tira de *papel continuo que se hace de una vez. ‖ Cualquiera sala o aposento de una *casa. ‖ Espacio de *tiempo o lugar. ‖ Animal de *caza o *pesca. ‖ Cada una de las figuritas, bolillos, discos, etc., que se usan para jugar a las *damas, al *ajedrez y a otros juegos. ‖ Obra *dramática, y con particularidad la que no tiene más que un acto. ‖ Composición suelta de *música vocal o instrumental. ‖ Con calificativo encomiástico, cosa sobresaliente o *excelente. ‖ ***Remiendo.** ‖ **Blas.* Cualquiera de las figuras que se forman en el escudo y que no representan objetos naturales o artificiales. ‖ **de *artillería.** Cualquier arma de fuego que no es portátil para un solo hombre. ‖ **de autos.** **For.* Conjunto de papeles cosidos, pertenecientes a una causa o pleito. **de batir.** Antigua boca de fuego para embestir murallas. ‖ **de leva.** *Mar.* Cañonazo que se tira al tiempo de zarpar las embarcaciones. ‖ **de recibo.** La que en la *casa está destinada para admitir visitas. ‖ **eclesiástica. Beneficio *eclesiástico.** ‖ **honorable.** **Blas.* La que ocupa el tercio de la anchura del escudo. ‖ **honorable disminuida.** **Blas.* La que tiene la misma figura y menos ancho que la honorable. ‖ **tocada.** fig. Aquello que no puede tocarse sin inconveniente o sin *ofender a uno. ‖ **Hacerse** uno **piezas.** fr. fig. y fam. **Hacerse pedazos.** ‖ **Quedarse** uno **en una pieza,** o **hecho una pieza.** fr. fig. y fam. Quedarse *sorprendido o *extasiado ante una cosa extraordinaria o no esperada.

piezgo. m. En el *odre, parte correspondiente a cualquiera de las extremidades del animal. ‖ fig. Todo cuero preparado para transportar líquidos.

piezoelectricidad. f. Conjunto de fenómenos *eléctricos que se producen en algunos cuerpos sometidos a presión u otra acción mecánica.

piezómetro. m. *Fís.* Instrumento que sirve para medir el grado de *compresión de los líquidos.

pífano. m. Flautín de tono muy agudo. ‖ Persona que toca este *instrumento.

pifar. tr. *Germ.* Picar al caballo con la *espuela.

pifia. f. Golpe en falso que se da con el taco en la bola de *billar. ‖ fig. y fam. *Error, *desacierto.

pifiar. intr. Soplar, el que toca la flauta, de manera que se oiga demasiado el soplo. ‖ tr. Hacer una pifia en el *billar o en los trucos.

pifo. m. *Germ.* *Capote o tudesquillo.

pigargo. m. *Ave rapaz de gran tamaño, de plumaje leonado, que vive en las costas y se alimenta de peces y aves acuáticas. ‖ *Ave rapaz, más pequeña que la anterior

con plumaje de color ceniciento obscuro, que se alimenta ordinariamente de reptiles.
pigmentación. f. Formación o acumulación de pigmentos en alguna parte de la *piel.
pigmentario, ria. adj. Perteneciente o relativo al pigmento.
pigmento. m. **Histol.* Materia colorante de las substancias organizadas.
pigmeo, a. adj. **Mit.* Dícese de cierto pueblo fabuloso cuyos individuos no tenían más de un codo de alto. ‖ Cada uno de estos individuos. Ú. t. c. s. ‖ fig. Muy *pequeño. Apl. a pers., ú. t. c. s.
pignoración. f. Acción y efecto de pignorar.
pignorar. tr. **Empeñar.**
pignoraticio, cia. adj. Perteneciente o relativo a la pignoración.
pigre. adj. *Calmoso, *perezoso o *negligente.
pigricia. f. *Pereza. ‖ *Negligencia, *descuido.
pigro, gra. adj. **Pigre.**
píhua. f. **Coriza** (*calzado).
pihuela. f. **Cetr.* *Correa con que se aseguran los pies de los halcones. ‖ fig. Embarazo o *impedimento. ‖ pl. fig. Grillos o *prisiones para los reos.
pijama. m. **Piyama.**
pijota. f. **Pescadilla.**
pijote. m. **Esmeril** (pieza de *artillería).
pijotería. f. Cosa *insignificante, nimiedad despreciable.
pijotero, ra. adj. Cicatero, *mezquino.
pila. f. *Recipiente grande de piedra o de otra materia, donde cae o se echa el agua para varios usos. ‖ **Pila** de piedra que hay en las iglesias para administrar el *bautismo. Se llama también **pila bautismal.** ‖ *Montón que se hace poniendo una sobre otra las cosas. ‖ Conjunto de toda la *lana que se corta cada año, perteneciente a un dueño. ‖ fig. *Parroquia o feligresía. ‖ *Arq.* Cada uno de los machones que sostienen dos arcos de un *puente. ‖ **Blas.* Pieza en figura de triángulo, con vértice dirigido hacia la punta del escudo. ‖ *Fís.* Aparato que sirve para producir corrientes *eléctricas mediante una acción química. ‖ *Metal.* Receptáculo de los *hornos de fundición, en el cual cae el metal fundido. ‖ ***atómica.** La que mediante una reacción en cadena produce energía atómica. ‖ **Sacar de pila,** o **tener en la pila** a uno. fr. Ser *padrino de una criatura en el *bautismo.
pilada. f. Cantidad de *argamasa que se amasa de una vez. ‖ Porción del *paño que se abatana de cada vez. ‖ **Pila** (montón).
pilapila. f. *Arbusto chileno, de las malváceas, de tallo por lo común rastrero.
***pilar.** m. **Pilón** (receptáculo de una *fuente). ‖ Hito o mojón que se pone como *señal en los caminos. ‖ → Especie de *pilastra. ‖ fig. **Columna** (lo que sirve de *protección).
pilar. tr. Separar la *cáscara de los *granos en el pilón o mortero.
pilarejo. m. d. de **Pilar.**
pilares. m. **Nabero** (juego).
***pilastra.** f. Columna cuadrada.
pilastrón. m. aum. de **Pilastra.**
pilatero. m. El que trabaja en las pilas del batán de *paños.
pilca. f. *Tapia hecha con piedras y barro.
pilche. m. *Jícara o vasija de madera.
píldora. f. Bolita que se hace mezclando un *medicamento con un excipiente adecuado. ‖ **Cir.* Bola o mecha de hilas que se ponía antiguamente en las heridas o llagas. ‖ fig. y fam.*Noticia *desagradable. ‖ **alefangina.** **Farm.* **Píldora** purgante en cuya composición entran áloe, nuez moscada, cinamomo y otras substancias aromáticas. ‖ **Dorar la píldora.** fr. fig. y fam. *Mitigar o *disimular de algún modo una mala noticia. ‖ **Tragarse** uno **la píldora.** fr. fig. y fam. *Creer una patraña.
pildorero. m. **Farm.* Aparato para hacer píldoras.
píleo. m. Especie de *sombrero o gorra que usaban los hombres libres en la antigua Roma. ‖ Capelo de los *cardenales.
pilero. m. Peón que amasa con los pies el barro destinado a la fabricación de *ladrillos u objetos de *alfarería.
pileta. f. d. de **Pila.** ‖ Pila pequeña que suele haber en las casas para tomar agua bendita. ‖ **Alcorque.** ‖ *Min.* Sitio en que se recogen las aguas dentro de las *minas.
pilme. m. *Insecto coleóptero del género cantárida, que causa mucho daño en las huertas.
pilo. m. Arma arrojadiza, a modo de *lanza o *dardo.
pilocarpina. f. **Farm.* Alcaloide contenido en las hojas del jaborandi.
pilón. m. aum. de **Pila.** ‖ *Recipiente de piedra o de fábrica en que cae y se recoge el agua de una *fuente. ‖ Especie de *mortero de madera o de metal, que sirve para majar granos u otras cosas. ‖ Pan de *azúcar refinado, de figura cónica. ‖ Pesa de la *romana. ‖ En los *molinos de aceite o en los lagares, piedra grande que sirve de contrapeso para que la viga apriete. ‖ Montón de *argamasa que se deja algún tiempo en figura piramidal. ‖ **Beber del pilón** uno. fr. fig. y fam. Recibir y *publicar las *noticias del vulgo.
pilón. m. Construcción maciza, de cuatro caras, que servía de portada de los *templos del antiguo Egipto.
pilonero, ra. adj. fig. y fam. Aplícase a las *noticias vulgares o al que las publica.
pilongo, ga. adj. *Flaco, extenuado. ‖ V. **Castaña pilonga.** Ú. t. c. s.
pilongo, ga. adj. **Ecles.* Dícese del beneficio eclesiástico destinado a personas bautizadas en ciertas pilas o parroquias.
pilórico, ca. adj. *Zool.* Perteneciente o relativo al píloro.
píloro. m. *Zool.* Abertura inferior del *estómago.
piloso, sa. adj. **Peludo.**
pilotaje. m. Ciencia y arte del piloto. ‖ Cierto *impuesto o derecho que pagan las embarcaciones cuando han de utilizar pilotos prácticos.
pilotaje. m. Conjunto de pilotes hincados en tierra para consolidar los *cimientos.
pilotar. tr. **Mar.* Dirigir un buque, especialmente a la entrada o salida de puertos, barras, etc. ‖ Dirigir una *aeronave.
pilote. m. *Madero rollizo que se hinca en tierra para consolidar los *cimientos.
pilotear. tr. **Pilotar.**
pilotín. m. d. de **Piloto.** ‖ El que servía como ayudante del piloto.
piloto. m. El que gobierna y dirige un buque en la *navegación. ‖ El segundo de un buque mercante. ‖ El que dirige un *automóvil, *aeronave u otro vehículo. ‖ *Germ.* *Ladrón que sirve de guía a otros. ‖ **de altura.** El que sabe dirigir la *navegación en alta mar por las observaciones de los astros.
pilpilén. m. *Ave zancuda de Chile.
piltra. f. *Germ.* **Cama.**
piltraca. f. **Piltrafa.**
piltrafa. f. Parte de *carne flaca, que casi no tiene más que el pellejo. ‖ pl. Por ext., *residuos menudos de cualquier cosa. ‖ **Andrajo.**
piltrafoso, sa. adj. **Andrajoso.**
piltro. m. *Germ.* ***Aposento.** ‖ *Germ.* Mozo del *rufián.
pilular. adj. Perteneciente o relativo a las píldoras o semejante a ellas.
pilvén. m. *Pez de agua dulce, propio de Chile.
pilla. f. **Pillaje.**
pillabán. m. Pillastre, *pícaro.
pillada. f. fam. Acción propia de un pillo.
pillador, ra. adj. Que hurta o *roba. Ú. t. c. s. ‖ m. *Germ.* **Jugador.**
pillaje. m. *Hurto, rapiña. ‖ *Mil.* *Robo o saqueo hecho por los soldados en país enemigo.
pillán. m. *Trueno, rayo.
pillar. tr. Hurtar, *robar. ‖ *Tomar por fuerza una cosa. ‖ *Coger, agarrar. ‖ fam. *Sorprender a uno en una mentira o *averiguar lo que tenía secreto. ‖ *Germ.* **Jugar.** ‖ **Quien pilla, pilla.** expr. fam. con que se moteja a los *egoístas que procuran sólo su utilidad y aprovechamiento.
pillastre. m. fam. **Pillo.**
pillastrón. m. aum. de **Pillastre.**
pillear. intr. fam. Hacer vida de pillo.
pillería. f. fam. Gavilla de pillos. ‖ fam. **Pillada.**
pillete. m. d. de **Pillo.**
pillín. m. d. de **Pillo.**
pillo. m. *Ave zancuda, especie de ibis, que se alimenta de reptiles.
pillo, lla. adj. fam. Dícese del *pícaro desvergonzado. Ú. m. c. s. m. ‖ fam. Sagaz, *astuto. Ú. m. c. s. m.
pillopillo. m. *Árbol de Chile, especie de laurel.
pilluelo, la. adj. fam. d. de **Pillo.** Ú. m. c. s. m.
pimental. m. Terreno sembrado de *pimientos.
pimentela (a la). m. adv. Dícese de cierto modo de llevar la *barba, que estuvo de moda en el siglo XVII.
pimentero. m. *Arbusto trepador, de las piperáceas, cuyo fruto es la pimienta. ‖ Vasija en que se pone en la *mesa la pimienta molida. ‖ **falso. Turbinto.**
pimentón. m. aum. de **Pimiento.** ‖ Polvo que se obtiene moliendo *pimientos encarnados secos. ‖ En algunas partes, fruto del *pimiento.
pimienta. f. Fruto del pimentero. Es una baya redonda que, una vez seca, toma color pardo o negruzco. Es aromática, de gusto picante, y muy usada para *condimento. ‖ Cosecha de *pimientos. ‖ **blanca.** Aquella a que se le ha quitado la corteza. ‖ **de Chiapa,** o **de Tabasco. Malagueta.** ‖ **falsa.** Fruto del turbinto, parecido a la **pimienta** común. ‖ **inglesa.** Malagueta seca y molida. ‖ **larga.** Fruto de un pimentero asiático. ‖ **loca. Pimienta silvestre.** ‖ **negra.** Aquella que conserva la película o corteza. ‖ **silvestre. Sauzgatillo.** ‖ Fruto de esta planta. ‖ **Comer** uno **pimienta.** fr. fig. y fam. Enojarse, *irritarse. ‖ **Hacer pimienta.** fr. fig. y fam. **Hacer novillos.** ‖ **Ser** uno **como**

una, o **una pimienta.** fr. fig. y fam. Ser muy *listo y activo. || **Tener mucha pimienta.** fr. fig. y fam. Estar muy *caro algún género o mercancía.

pimientilla. f. *Arbusto de las verbenáceas, que segrega la cera vegetal.

***pimiento.** m. Planta herbácea anual, de las solanáceas, de fruto en baya hueca, generalmente cónico, de punta obtusa, primeramente verde y después rojo o amarillo, que se usa como alimento. Algunas variedades son picantes. || Fruto de esta planta. || **Pimentero.** || **Pimentón.** || **Roya.** || **de bonete. Pimiento de hocico de buey.** || **de cerecilla. Pimiento de las Indias.** || **de cornetilla.** Variedad del **pimiento,** que tiene la forma de un cucurucho y es muy picante. || **de hocico de buey.** Variedad cuyo fruto es más grueso que el de las otras castas. Es el más dulce de todos. || **de las Indias. Guindilla.** || **loco,** o **montano. Sauzgatillo.** || **morrón. Pimiento de hocico de buey.** || **silvestre. Pimiento loco.**

pimpido. m. *Pez muy parecido a la mielga y de carne muy sabrosa.

pimpín. m. *Juego de muchachos, semejante al de la pizpirigaña.

pimpina. f. *Vasija de barro poroso, de cuerpo esférico y cuello largo, que se usa para enfriar el agua.

pimpinela. f. *Planta herbácea vivaz, de las rosáceas. || **mayor.** *Planta que se diferencia de la anterior en llegar a un metro de altura. || **menor. Pimpinela.**

pimplar. tr. fam. *Beber vino. Ú. t. c. r.

pimpleides. f. pl. Las *musas.

pimpleo, a. adj. Perteneciente o relativo a las *musas.

pimplón. m. *Cascada o salto de agua.

pimpollada. f. **Pimpollar.**

pimpollar. m. Sitio poblado de pimpollos.

pimpollear. intr. **Pimpollecer.**

pimpollecer. intr. Echar *retoños o pimpollos.

pimpollejo. m. d. de **Pimpollo.**

pimpollo. m. *Pino nuevo. || *Árbol nuevo. || *Vástago o tallo nuevo de las plantas. || Capullo de rosa. || fig. y fam. Niño o niña, o persona *joven que se distingue por su *belleza. También se dice **pimpollo de oro.**

pimpolludo, da. adj. Que tiene muchos pimpollos.

pina. f. Mojón terminado en punta. || Cada uno de los trozos curvos de madera que, unidos en círculo, forman la *rueda del coche o carro.

pinabete. m. ***Abeto.**

pinacoteca. f. Galería o museo de *pinturas.

pináculo. m. Parte *superior de un *edificio monumental o de un *templo. || fig. Parte más sublime o *excelente de una ciencia o de otra cosa inmaterial.

pinada. adj. *Bot.* Dícese de la *hoja compuesta de hojuelas insertas a uno y otro lado del peciolo, como las barbas de una pluma.

pinar. m. Sitio o lugar poblado de *pinos.

pinarejo. m. d. de **Pinar.**

pinariego, ga. adj. Perteneciente al *pino.

pinastro. m. **Pino rodeno.**

pinatar. m. **Pinar.**

pinatero. m. **Cao** (*ave).

pinatífido, da. adj. **Bot.* Hendido al través en tiras largas.

pinato. m. *Pino joven.

pinaza. f. *Embarcación a modo de barcaza para la carga y descarga de buques.

pincarrasca. f. **Pincarrasco.**

pincarrascal. m. Sitio poblado de pincarrascos.

pincarrasco. m. Especie de *pino de tronco tortuoso y piñas de color canela, con piñones pequeños.

pincel. m. Instrumento para *pintar, compuesto de un atado de pelos que se sujeta en el extremo de un cañón de pluma, o de un mango de madera o metal. || Cualquiera de las *plumas que los vencejos tienen debajo de la segunda pluma del ala. || fig. Mano o sujeto que pinta. || fig. Obra *pintada. || fig. Modo de *pintar. || *Mar.* Escobilla de mango largo, con que se da alquitrán a los costados y palos de la nave.

pincelada. f. Trazo que el *pintor hace con el pincel. || fig. Expresión *abreviada. || **Dar la última pincelada.** fr. fig. *Perfeccionar o *concluir una obra.

pincelar. tr. ***Pintar.** || ***Retratar.**

pincelero, ra. m. y f. Persona que hace o vende pinceles. || m. **Brucero.** || Caja para pinceles.

pincelote. m. aum. de **Pincel.**

pincerna. com. **Copero.**

pinciano, na. adj. **Vallisoletano.** Apl. a pers., ú. t. c. s.

pinchadura. f. Acción y efecto de *pinchar o pincharse.

***pinchar.** tr. Picar, punzar con una cosa aguda. Ú. t. c. r. || fig. **Picar** (las aves). || **No pinchar ni cortar.** fr. fig. Ser *ineficaz, no tener influjo en un asunto.

pinchaúvas. m. fig. y fam. Pillete que roba la *uva, picándola con un alfiler. || fig. y fam. Hombre *despreciable.

pinchazo. m. ***Punzadura.** || fig. Hecho o dicho con que se *zahiere a uno, o se le *incita a que tome una determinación.

pinche. m. Mozo de *cocina.

pincho. m. *Punta aguda de hierro u otra materia. || Estoque que usan los empleados de *consumos para reconocer las cargas.

pinchón. m. **Pinzón** (pájaro).

pinchudo, da. adj. Que *pincha, que tiene fuertes púas.

pindárico, ca. adj. Propio y característico del *poeta griego Píndaro, o de sus producciones.

pindonga. f. fam. Mujer *callejera.

pindonguear. intr. fam. **Callejear.**

pineal. adj. *Zool.* V. **Glándula pineal.**

pineda. f. **Pinar.**

pineda. f. Especie de *cinta.

pinga. f. *Palo que sirve para conducir al hombro una *carga repartida en las dos extremidades.

pingajo. m. fam. *Andrajo que cuelga de alguna parte.

pingajoso, sa. adj. **Andrajoso.**

pinganello. m. **Calamoco.**

pinganillas (en). m. adv. **De puntillas.**

pinganillo. m. **Pinganello.**

pinganitos (en). m. adv. fam. En situación *afortunada.

pingar. intr. Pender, *colgar. || *Gotear lo que está empapado en algún líquido. || Brincar, *saltar. || tr. Poner una cosa derecha o *vertical. || Alzar la bota para *beber.

pingo. m. fam. **Pingajo.** || pl. fam. *Vestidos de mujer, de calidad inferior. || **Andar, estar, o ir, de pingo.** fr. fig. y fam. con que se moteja a las mujeres ociosas y *callejeras.

pingopingo. m. *Arbusto de las coníferas, propio de Chile.

pingorote. m. fam. **Peruétano** (cosa saliente y puntiaguda).

pingorotudo, da. adj. fam. Empinado, *alto o *erguido.

pingue. m. *Embarcación de carga, cuyas medidas aumentan en la bodega.

pingüe. adj. *Craso, gordo. || fig. *Abundante, *fértil.

pingüedinoso, sa. adj. Que tiene gordura o *grasa.

pingüino. m. **Pájaro niño.**

pinguosidad. f. *Grasa, crasitud.

pinífero, ra. adj. poét. Abundante en *pinos.

pinillo. m. *Planta herbácea anual, de las labiadas, que despide un olor parecido al del pino. || **Mirabel.**

pinípedo. adj. **Pinnípedo.**

pinito. m. **Pino** (primer *paso que dan los niños). Ú. m. en pl.

pinjante. adj. Dícese de la *joya o dije que se lleva *colgando para adorno. Ú. m. c. s. || **Ornam.* Aplícase al adorno que cuelga de lo superior de la fábrica. Ú. m. c. s.

pinjar. intr. ***Colgar.**

pinnípedo, da. adj. *Zool.* Dícese de los *mamíferos unguiculados de cuatro extremidades cortas y anchas a propósito para la natación; como la *foca. Ú. t. c. s. || m. pl. *Zool.* Orden de estos animales.

***pino.** m. Árbol de la familia de las coníferas, con tronco de madera resinosa, hojas muy estrechas, puntiagudas y punzantes y fruto en piña, cuya semilla es el piñón. || fig. poét. Nave o *embarcación. || **albar.** Especie de **pino** de gran crecimiento, y de madera muy estimada. || **Pino piñonero.** || **alerce.** ***Alerce.** || **blanco. Pino negral.** || **blanquillo. Pino albar.** || **bravo.** En Galicia, **pino rodeno.** || **carrasco,** o **carrasqueño. Pincarrasco.** || **cascalbo. Pino negral.** || **de cargo.** *Madero de diez varas de longitud. || **de Cuenca.** En Madrid, **pino negral.** || **de oro.** fig. Especie de *adorno que antiguamente usaban las mujeres en el *tocado. || **de Valsaín. Pino albar.** || **doncel,** o **manso. Pino piñonero.** || **marítimo. Pino rodeno.** || **melis.** Variedad del pino negral de madera muy estimada. || **negral.** Especie de **pino** que llega a más de cuarenta metros de altura. Su madera es muy elástica y bastante rica en resina. || **Pino rodeno.** || **negro.** Especie de **pino** de corteza bastante lisa. || **piñonero.** Especie de tronco muy derecho y copa ancha, que produce piñones comestibles. || **pudio. Pino negral.** || **real. Pino piñonero.** || **rodeno.** Especie cuya madera es la más abundante en resina. || **royo. Pino albar.** || **salgareño. Pino negral.** || **tea.** Especie cuya madera es muy resinosa, de color rojizo, compacta y dura. || **Ser** uno **como un,** o **un, pino de oro.** fr. fig. y fam. Ser muy *guapo y *gallardo.

pino, na. adj. Muy en *declive o casi *vertical. || m. fam. Primer *paso que dan los *niños para aprender a *andar. Ú. m. en pl. y con el verbo *hacer.* || **A pino.** m. adv. con que se explica el modo de tocar las *campanas, volteándolas. || **En pino.** m. adv. En pie, derecho.

pinocha. f. *Hoja del *pino.

pinocha. f. Panoja del *maíz y del panizo.

pinochera. f. Espata que cubre la panoja del *maíz y del panizo.

pinocho. m. **Pimpollo.** || Piña de pino rodeno.

pinole. m. Harina de *maíz tostado.

|| *Bebida que se hace con esta harina, agregándole azúcar y otros ingredientes.

pinoso, sa. adj. Que tiene pinos.

pinrel. m. *Pie de las personas. Ú. m. en pl.

pinsapar. m. Sitio poblado de pinsapos.

pinsapo. m. *Árbol de las coníferas, de corteza blanquecina, y piñas derechas, más gruesas que las del abeto.

***pinta.** f. Mancha o señal pequeña, y especialmente la que tienen algunos animales en la piel o en el plumaje. || *Adorno en forma de lunar o mota, con que se matiza alguna cosa. || ***Gota.** || Señal que tienen los *naipes en sus extremos, por donde se conoce de qué palo son. || fig. *Señal o *aspecto exterior por donde se conoce la calidad buena o mala de personas o cosas. || pl. Juego de *naipes, parecido al parar. || **Tabardillo.** || **Descubrir** a **uno por la pinta.** fr. **Sacarle por la pinta.** || **No quitar pinta.** fr. fig. y fam. Parecerse con grandísima *semejanza a otro. || **Sacar** a uno **por la pinta** fr. fig. y fam. Conocerle por alguna señal.

pinta. f. Medida de *capacidad para líquidos, que equivale a media azumbre escasa.

pintacilgo. m. **Jilguero.**

pintada. f. **Gallina de Guinea.**

pintadera. f. Instrumento para adornar la cara superior del *pan u otras cosas.

pintadillo. m. **Jilguero.**

pintado, da. adj. Naturalmente matizado de diversos *colores. || **Pintojo.** || **Pintado,** o **como pintado.** fig. Dícese de lo que es muy adecuado o *conveniente para algún fin. || **El más pintado.** loc. fam. El más hábil o el que *sobresale en cualquier línea.

pintamonas. com. fig. y fam. *Pintor de corta habilidad.

***pintar.** tr. Representar en una superficie, por medio de líneas y colores, personas o cosas. || Cubrir con un color la superficie de las cosas; como persianas, puertas, etc. || Hacer labores con la pintadera. || ***Escribir.** || fig. *Describir animadamente personas o cosas por medio de la palabra. || fig. *Ponderar o exagerar una cosa. || *Min.* **Emboquillar.** || intr. Empezar a tomar color y *madurar ciertos frutos. Ú. t. c. r. || Mostrarse la pinta de los *naipes cuando se talla. || fig. y fam. Empezar a *mostrarse la calidad buena o mala de una cosa. || fig. Tener una cosa *importancia o significación. || r. Darse colores y *afeites en el rostro. || **Pintar bien,** o **mal,** una cosa. fr. fig. Resultar *favorable o *adversa. || **Pintarla.** fr. fig. y fam. *Afectar autoridad, elegancia o gentileza. || **Pintarse** uno **solo para** una cosa. fr. fig. y fam. Ser muy *hábil para ella.

pintarrajar. tr. fam. **Pintorrear.**

pintarrajear. tr. fam. **Pintarrajar.** Ú. t. c. r.

pintarrajo. m. fam. *Pintura mal hecha.

pintarroja. f. **Lija** (*pez)

pintarrojo. m. **Pardillo** (*pájaro).

pintear. intr. **Lloviznar.**

pinteño, ña. adj. Natural de Pinto. Ú. t. c. s. || Perteneciente a esta villa.

pintiparado, da. adj. Muy *semejante a otro. || Dícese de lo que se *acomoda perfectamente a otra cosa.

pintiparar. tr. Hacer una cosa *semejante a otra. || fam. *Comparar una cosa con otra.

Pinto. n. p. **Estar** uno **entre Pinto y Valdemoro.** fr. fig. y fam. Estar medio *borracho.

pintojo, ja. adj. Que tiene pintas o manchas.

pintón, na. adj. Dícese del racimo de *uvas cuyos granos van tomando color. || Aplícase al *ladrillo que no está bien cocido. || m. *Insecto que ataca las plantas de maíz. || Enfermedad de la planta de *maíz, causada por dicho insecto.

***pintor, ra.** m. y f. Persona que profesa o ejercita el arte de la pintura. || f. Mujer del pintor. || **Pintor de brocha gorda.** El de puertas y ventanas.

pintoresco, ca. adj. Aplícase a las cosas de aspecto *agradable, digno de ser pintado. || fig. Dícese del lenguaje, *estilo, etc., con que se describen animadamente las cosas.

pintorrear. tr. fam. *Pintar sin arte una cosa. Ú. t. c. r.

***pintura.** f. Arte de pintar. || Tabla o lienzo en que está pintada una cosa. || La misma obra pintada. || Color preparado para pintar. || fig. *Descripción viva y animada por medio de la palabra. || **a dos visos.** La que mirada de un modo representa un figura, y mirada de otro, otra distinta. || **a la aguada. Aguada.** || **a la chamberga.** Aquella en que se emplean colores preparados con barniz de pez griega y aguarrás. || **al encausto. Encausto.** || **al fresco.** La que se hace en paredes y techos con colores disueltos en agua de cal y extendidos sobre una capa de estuco fresco. || **al óleo.** La hecha con colores desleídos en aceite secante. || **al pastel.** La que se hace con lápices blandos, y de colores variados. || **al temple.** La hecha con colores preparados con líquidos glutinosos y calientes, como agua de cola, etc. || **bordada.** Labor que se hace con sedas de colores, mediante la aguja, sobre piel o tejido. || **cerífica. Pintura** al encausto, hecha con cera de varios colores. || **de aguazo. Aguazo.** || **de miniatura. Miniatura.** || **de mosaico. Mosaico.** || **de porcelana.** La hecha de esmalte. || **embutida.** La que imita objetos de la naturaleza, embutiendo fragmentos de varias materias. || **figulina.** La hecha con colores metálicos sobre vasijas de barro. || **rupestre.** La prehistórica que se encuentra en rocas o en cavernas. || **tejida.** La que se hace en la tela por medio del tejido. || **Hacer pinturas** un caballo. fr. fig. y fam. *Equit.* Hacer escarceos y gallardear.

pinturero, ra. adj. fam. Dícese de la persona que con *afectación se *jacta de bien parecida, fina o elegante. Ú. t. c. s.

pinuca. f. *Crustáceo comestible propio de Chile.

pínula. f. Tablilla metálica, provista de una abertura longitudinal, para dirigir visuales en los instrumentos *topográficos y *astronómicos.

***pinzas.** f. pl. Instrumento de metal, a manera de *tenacillas, para coger cosas menudas. || Cada uno de los órganos que tienen los *crustáceos, *insectos y otros animales para coger las cosas.

pinzón. m. *Pájaro del tamaño de un gorrión, con plumaje de color rojo obscuro en la cara, pecho y abdomen, y pardo rojizo en el lomo. Se alimenta de insectos y su canto es agradable. || **real.** El de pico muy grueso y robusto.

pinzón. m. *Mar.* **Guimbalete.**

pinzote. m. *Mar.* Barra o palanca que se usaba para mover el *timón. || Hierro acodado que se usa como *gozne para el *timón.

piña. f. Fruto del *pino, de figura aovada, compuesto de varias piezas leñosas, colocadas en forma de escama a lo largo de un eje común, y cada una con dos piñones y rara vez uno. || **Ananá.** || *Tela blanca muy fina, que los indios de Filipinas fabrican con los filamentos de las hojas del ananá. || fig. *Conjunto o *reunión de personas o cosas agregadas estrechamente. || Cresta del *pavo. || *Mar.* Especie de *nudo que se teje con los chicotes descolchados de un *cabo. || *Min.* Masa esponjosa de *plata, de figura cónica, que queda en los moldes, al beneficiar minerales argentíferos. || **de *ciprés.** Fruto de este árbol.

piñata. f. **Olla** (vasija). || Olla o cosa semejante, llena de dulces, que se cuelga del techo para romperla a palos con los ojos vendados. Es juego propio del baile de *máscaras del primer domingo de cuaresma.

piñón. m. Simiente del *pino que, en algunas especies, contiene una almendra blanca, dulce y comestible. || Almendra comestible de la semilla del pino piñonero. || *Asno más trasero de la recua, en el cual suele ir montado el arriero. || *Arbusto de las euforbiáceas, propio de América. || En las *armas de fuego*, pieza en que estriba la patilla de la llave cuando está para disparar. || *Cetr.* Huesecillo último de las *alas del ave. || **Estar** uno **a partir un piñón con** otro. fr. fig. y fam. Haber entre ambos *amistad y *concordia.

piñón. m. *Rueda pequeña, dentada, que engrana con otra mayor.

piñón. m. *Cetr.* Cualquiera de las *plumas pequeñas, que los halcones tienen debajo de las alas.

piñonata. f. **Confit.* Género de conserva que se hace de almendra raspada y azúcar.

piñonate. m. Pasta *dulce de piñones y azúcar. || Masa de harina frita, cortada en pedacitos que, rebozados con miel o almíbar, se unen unos a otros.

piñoncillo. m. *Cetr.* **Piñón.**

piñonear. intr. En las *armas de fuego*, sonar el piñón y la patilla de la llave cuando se montan. || Castañetear el macho de la *perdiz cuando está en celo. || fig. y fam. Mostrar el *joven, en su porte y modo de ser, que ha salido ya de la niñez. || fig. y fam. Dícese en tono burlesco de los *viejos que *galantean aún a las mujeres.

piñoneo. m. Acción y efecto de piñonear.

piñonero. adj. V. **Pino piñonero.** || m. **Pinzón real.**

piñuela. f. Cierta *tela de seda. || Nuez o fruto del *ciprés.

piñuelo. m. **Erraj.**

pío. m. Voz del *pollo de cualquier ave. Ú. también de esta voz para llamarlos a comer. || fam. *Deseo vehemente de una cosa. || *Germ.* ***Vino.**

***pío, a.** adj. Devoto, inclinado a la piedad. || Benigno, *bondadoso y *compasivo.

pío, a. adj. Dícese de la *caballería cuyo pelo, blanco en su fondo, presenta manchas más o menos extensas de otro color.

piocha. f. *Joya de varias figuras

que usaban las mujeres para el *tocado. ‖ *Flor de mano, hecha de plumas delicadas de aves.
piocha. f. **Albañ.* Herramienta con una boca cortante, a manera de *pico.
piogenia. f. *Med.* Formación de *pus.
piógeno, na. adj. *Med.* Dícese de las *bacterias que producen *pus.
piohemia. f. **Pat.* Infección general debida a la reabsorción del pus.
piojento, ta. adj. Perteneciente o relativo a los *piojos. ‖ Que tiene piojos.
piojera. adj. V. **Hierba piojera.** ‖ f. Abundancia de *piojos.
piojería. f. Abundancia de *piojos. ‖ fig. y fam. Miseria, *escasez, *pobreza, *mezquindad.
piojillo. m. *Insecto ortóptero, sin alas, que vive parásito sobre las aves, de cuya sangre se alimenta.
***piojo.** m. Insecto anopluro, de cuerpo ovalado y chato, con seis patas de dos artejos y dos uñas en forma de pinzas, y boca con tubo a manera de trompa que le sirve para chupar. Vive parásito sobre el hombre y otros mamíferos, de cuya sangre se alimenta. ‖ **Piojillo.** ‖ *Min.* Partícula que a los golpes del martillo suele saltar de la cabeza de la barrena. ‖ **de mar.** *Crustáceo de tres a cuatro centímetros de largo, que vive como parásito royendo el cuerpo de la ballena y de otros grandes mamíferos marinos. ‖ **pegadizo.** fig. y fam. Persona importuna y *molesta. ‖ **resucitado.** fig. y fam. Persona *pobre o de humilde origen, que logra elevarse por malos medios.
piojoso, sa. adj. Que tiene muchos *piojos. Ú. t. c. s. ‖ fig. Miserable, *mezquino. Ú. t. c. s.
piojuelo. m. d. de **Piojo.** ‖ **Pulgón.**
piola. f. *Mar.* *Cabo delgado formado de dos o tres filásticas.
pión, na. adj. Que pía mucho.
pionía. f. *Semilla de bucare, muy dura y de brillante y hermosísimo color encarnado, con la cual se hacen *collares y *brazaletes.
piopollo. m. **Birimbao.**
piornal. m. **Piorneda.**
piorneda. f. Terreno poblado de piornos.
piorno. m. **Gayomba.** ‖ **Codeso.** ‖ **amarillo.** Especie de *retama.
piorno. m. *Germ.* **Borracho.**
piorrea. f. *Pat.* Flujo de *pus.
***pipa.** f. Tonel o *cuba. ‖ → Utensilio para fumar, que consiste en un tubo terminado en un recipiente, en que se coloca el tabaco picado. Las hay de varias materias y tamaños. ‖ Lengüeta de las chirimías. ‖ **Pipiritaña.** ‖ **Espoleta** (de un proyectil). ‖ **Tomar pipa.** fr. fam. *Marcharse, *huir.
pipa. f. **Pepita** (*semilla).
pipar. intr. *Fumar en pipa.
piperáceo, a. adj. **Bot.* Dícese de plantas dicotiledóneas de hojas gruesas, enteras o aserradas, cuyo tipo es el pimentero. Ú. t. c. s. f. ‖ f. pl. *Bot.* Familia de estas plantas.
pipería. f. Conjunto o provisión de pipas o *cubas. ‖ *Mar.* Conjunto de pipas en que se lleva la aguada y otros géneros. ‖ **Abatir la pipería.** fr. *Mar.* Deshacer las pipas o barriles que sirven para llevar el agua dulce.
pipeta. f. Tubo de cristal ensanchado en su parte media, que sirve para *transvasar pequeñas porciones de líquido.
pipí. m. fam. **Orina.**
pipí. m. **Pitpit.**
pipián. m. **Culin.* Guiso americano de carnero, gallina, pavo u otra ave, con tocino gordo y almendra machacada.
pipiar. intr. Piar las aves.
pipiolo. m. fam. El novato o *inexperto.
pipirigallo. m. *Planta herbácea, vivaz, de las leguminosas, que se cultiva en los jardines por la belleza de sus flores rojas y fragantes.
pipirijaina. f. fam. Compañía de *cómicos de la legua.
pipiripao. m. fam. *Convite o *banquete espléndido.
pipiritaña. f. *Silbato que suelen hacer los muchachos con las cañas del alcacer.
pipitaña. f. **Pipiritaña.**
pipo. m. *Ave trepadora, insectívora, de plumaje negro manchado de blanco. ‖ **Botijo.**
piporro. m. fam. **Bajón** (fagot). ‖ **Botijo.**
pipote. m. Pipa o *cuba pequeña. ‖ **Botijo.**
pique. m. Resentimiento, *enfado o *disgusto. ‖ Sentimiento de emulación o *rivalidad. ‖ Acción y efecto de picar poniendo *señales en un libro, etc. ‖ En el juego de *naipes llamado de los cientos, cierto lance en que el que es mano cuenta sesenta puntos antes que el contrario cuente uno. ‖ **Nigua.** ‖ **A pique.** m. adv. *Cerca, a riesgo, *próximo a. ‖ *Mar.* Dícese de la *costa que forma una pared casi *vertical. ‖ **Echar a pique.** fr. *Mar.* Hacer que un buque se sumerja en el mar. ‖ fig. Destruir y acabar una cosa. ‖ **Estar,** o **ponerse, a pique.** fr. *Mar.* Con relación al *ancla fondeada, estar el buque verticalmente sobre ella, teniendo teso su cable. ‖ **Irse a pique.** fr. *Mar.* *Hundirse en el agua una embarcación u otro objeto flotante.
pique. m. **Arq. Nav.* Varenga en forma de horquilla, que se coloca a la parte de proa.
piqué. m. *Tela de algodón que forma grano u otro género de labrado en relieve.
piquera. f. *Agujero que se hace en las *colmenas para que las abejas puedan entrar y salir. ‖ Agujero que tienen en uno de sus dos frentes los *toneles y alambiques para sacar el líquido. ‖ Agujero inferior de los *hornos altos para dar salida al metal fundido. ‖ **Mechero** (de una lámpara).
piquería. f. Tropa de piqueros.
piquero. m. *Soldado que servía en el ejército con la pica. ‖ *Ave palmípeda, de pico recto puntiagudo, propia de América.
piqueta. f. ***Zapapico.** ‖ Herramienta de *albañilería, con mango de madera y dos bocas opuestas, una plana y otra aguzada.
piquete. m. *Golpe o *herida de poca importancia hecha con instrumento punzante. ‖ *Rotura o *agujero pequeño que se hace en las ropas u otras cosas. ‖ **Topogr.* Jalón pequeño. ‖ **Mil.* Grupo poco numeroso de soldados.
piquetero. m. **Min.* Muchacho que lleva de una parte a otra las piquetas.
piquetilla. f. **Albañ.* Piqueta pequeña que en lugar de la punta tiene el remate ancho y afilado.
piquituerto. m. *Pájaro de mandíbulas muy encorvadas y fuertes con las cuales saca los piñones de las piñas y los parte.
pira. f. Hoguera en que se quemaban los cuerpos de los difuntos y las víctimas de los *sacrificios. ‖ fig. ***Hoguera.** ‖ fig. *Germ.* *Huida, fuga. ‖ **Blas.* **Punta.**
piragón. m. **Pirausta.**
piragua. f. *Embarcación larga y estrecha, mayor que la canoa, que usan los indios de América y Oceanía. ‖ Embarcación de igual forma y muy liviana que se usa en los ríos y en algunas playas. ‖ Planta trepadora americana, de las aroideas.
piragüero. m. El que gobierna la piragua.
piral. m. **Pirausta.**
piramidal. adj. De figura de *pirámide. ‖ *Zool.* V. **Hueso piramidal.** ‖ *Zool.* Dícese de cada uno de los *músculos pares, que enlazan la parte inferior del tronco con la superior de los muslos. ‖ fig. fam. ***Extraordinario.**
piramidalmente. adv. m. En forma o figura de pirámide.
***pirámide.** f. *Geom.* Sólido que tiene por base un polígono cualquiera y cuyas caras son triángulos que se juntan en un solo punto, llamado vértice. ‖ **óptica.** La que forman los rayos *ópticos que, partiendo del objeto, tienen por vértice el punto impresionado en la retina. ‖ **regular.** *Geom.* La que tiene por base un polígono regular y por caras triángulos isósceles iguales.
piramidón. m. **Farm.* Nombre de una substancia que se emplea como antipirético.
pirarse. r. fam. Marcharse, *huir.
***pirata.** adj. **Pirático.** ‖ m. Persona que se hace a la mar para asaltar y robar los barcos que encuentre. ‖ fig. Sujeto *cruel.
***piratear.** intr. Apresar o robar embarcaciones.
***piratería.** f. Ejercicio de pirata. ‖ Robo o presa que hace el pirata. ‖ fig. *Robo o destrucción de los bienes de otro.
pirático, ca. adj. Perteneciente al pirata o a la *piratería.
pirausta. f. *Mariposa *quimérica que vivía en el fuego.
pirca. f. *Pared de piedra en seco.
pircar. tr. *Cercar con pirca.
pirco. m. **Culin.* Guiso chileno de fréjoles, maíz y calabaza.
pircún. m. *Arbustillo chileno, de las fitolacáceas, de raíz en forma de nabo grueso.
pirenaico, ca. adj. Perteneciente o relativo a los montes Pirineos.
pirene. adj. **Pirineo.**
pirético, ca. adj. Perteneciente a las *fiebres.
piretología. f. Parte de la patología, que trata de las *fiebres.
pirexia. f. **Pat.* **Fiebre esencial.**
pirgüín. m. Especie de sanguijuela, propia de Chile. ‖ *Enfermedad causada por este parásito.
pirhuín. m. **Pirgüín.**
pírico, ca. adj. Perteneciente o relativo al *fuego, y especialmente a los *fuegos artificiales*.
piriforme. adj. Que tiene *figura de *pera.
pirineo, a. adj. **Pirenaico.**
pirita. f. *Miner.* Sulfuro de *hierro de color amarillo de oro. ‖ **arsenical.** La que se compone de azufre, arsénico y hierro. ‖ **cobriza,** o **de cobre.** La que se compone de azufre, hierro y cobre. ‖ **de hierro. Pirita.** ‖ **magnética.** Mineral compuesto de protosulfuro y bisulfuro de hierro. ‖ **marcial. Pirita de hierro.**
piritoso, sa. adj. Que contiene pirita.
pirlitero. m. **Majuelo** (*espino).
pirobalística. f. Estudio del lanzamiento de *proyectiles con armas de fuego.
pirobolista. m. **Fort.* Ingeniero de-

dicado especialmente a la construcción de minas militares.
pirofilacio. m. *Caverna muy extensa y llena de fuego en lo interior de la Tierra.
pirofórico. adj. V. **Hierro pirofórico.**
piróforo. m. Cierto cuerpo o composición que *arde al contacto del aire.
pirograbado. m. Procedimiento para *grabar en madera por medio de una punta de platino incandescente.
pirolatría. f. *Culto del fuego.
pirolusita. f. **Manganesa.**
piromancia. f. Arte de *adivinar por el color y disposición de la llama.
piromántico, ca. adj. Perteneciente a la piromancia. ‖ m. El que la profesa.
pirómetro. m. Instrumento para medir *temperaturas muy elevadas.
piropear. tr. fam. Decir piropos.
piropo. m. Variedad de granate, de color rojo de fuego, que se emplea en *joyería. ‖ **Carbúnculo.** ‖ fam. Lisonja, requiebro, especialmente el que se dice por *galantería.
piróscafo. m. *Buque de vapor.
piroscopio. m. *Fís.* Termómetro diferencial, con que se estudian los fenómenos de reflexión y de radiación del *calor.
pirosfera. f. **Geol.* Masa candente que, según algunos, ocupa el centro de la Tierra.
pirosis. f. *Pat.* Sensación urente que sube desde el *estómago hasta la faringe.
***pirotecnia.** f. Arte que trata de los artificios de fuego que se emplean en la guerra o para diversión y festejo.
pirotécnico, ca. adj. Perteneciente a la pirotecnia. ‖ m. El que practica el arte de la pirotecnia.
piroxena. f. **Miner.* Silicato de hierro, cal y magnesia, de brillo vítreo y fractura concoidea, que forma parte integrante de diversas rocas.
piroxilina. f. **Pólvora de algodón.**
pirquinear. intr. Trabajar uno en las *minas por su cuenta pagando al dueño el precio convenido.
pirquinero. m. El que pirquinea.
pirrarse. f. fam. *Desear con vehemencia una cosa.
pírrico, ca. adj. Aplícase a una *danza usada en la Grecia antigua. Ú. t. c. s. f.
pirriquio. m. Pie de la *poesía griega y latina, compuesto de dos sílabas breves.
pirrónico, ca. adj. **Escéptico.** Apl. a pers., ú. t. c. s.
pirronismo. m. **Escepticismo.**
pirueta. f. **Cabriola.** ‖ **Equit.* Vuelta rápida que se hace dar al caballo, obligándole a alzarse de manos y a girar apoyado sobre los pies.
piruétano. m. **Peruétano.**
piruja. f. Mujer joven y de costumbres *deshonestas.
pis. m. En lenguaje infantil, *orina.
pisa. f. Acción de *pisar. ‖ Porción de *aceituna o *uva que se estruja de una vez en el *molino o *lagar. ‖ fam. *Zurra de patadas que se da a uno. ‖ *Germ.* ***Mancebía.**
pisacorto, ta. adj. Dícese de la persona que al *andar da pasos muy cortos.
pisada. f. Acción y efecto de *pisar. ‖ *Huella que deja el pie en la tierra. ‖ **Patada.** ‖ **Seguir las pisadas de** uno. fr. fig. *Imitarle.
pisadera. f. **Lagar.**
pisador, ra. adj. Que pisa. ‖ Dícese del *caballo que pisa con fuerza y estrépito. ‖ m. El que pisa la *uva.
pisadura. f. **Pisada.**
pisano, na. adj. Natural de Pisa. Ú. t. c. s. ‖ Perteneciente a esta ciudad de Italia.
pisante. m. *Germ.* ***Pie.** ‖ *Germ.* ***Zapato.**
pisapapeles. m. Utensilio u objeto pesado que en las mesas de *escritorios, mostradores, etc., se pone sobre los papeles para sujetarlos.
***pisar.** tr. Poner el pie sobre alguna cosa. ‖ *Apretar o estrujar una cosa con los pies o con algún instrumento adecuado. ‖ En las *aves, cubrir el macho a la hembra para la *generación. ‖ *Cubrir en parte una cosa a otra. ‖ Tratándose de teclas o de cuerdas de *instrumentos de música, apretarlas con los dedos. ‖ fig. Hollar, conculcar, *infringir. ‖ fig. **Pisotear.** ‖ fig. *Anticiparse a *tomar o ejecutar lo que otro pretende. ‖ intr. En los edificios, estar el *suelo o piso de una habitación fabricado sobre otra.
pisasfalto. m. Variedad de asfalto de consistencia parecida a la de la pez.
pisaúvas. m. **Pisador.**
pisaverde. m. fig. y fam. Hombre presumido y *afeminado, que hace *afectación de elegancia.
piscator. m. Especie de *almanaque con pronósticos de *meteorología.
piscatorio, ria. adj. Perteneciente o relativo a la *pesca o a los pescadores. ‖ Aplícase a la composición *poética en que se pinta la vida de los pescadores. Ú. t. c. s. f.
piscícola. adj. Perteneciente o relativo a la piscicultura.
piscicultor, ra. m. y f. Persona dedicada a la piscicultura.
piscicultura. f. Arte de fomentar la reproducción de los *peces y mariscos.
piscifactoría. f. Establecimiento de piscicultura.
pisciforme. adj. De forma de *pez.
piscina. f. *Estanque para tener peces. ‖ Lugar en que se echan, después de usadas, algunas materias *sacramentales. ‖ Estanque donde pueden *bañarse a la vez diversas personas. ‖ **probática.** La que había en Jerusalén para lavar y purificar las reses destinadas a los *sacrificios.
piscis. m. *Astr.* Duodécimo signo del *Zodiaco. ‖ *Astr.* *Constelación que se halla delante del mismo signo y un poco hacia el oriente.
piscívoro, ra. adj. *Zool.* **Ictiófago.** Ú. t. c. s.
piscolabis. m. Ligera porción de *alimento, merienda. ‖ fig. En algunos juegos de *naipes, acción de echar un triunfo superior al que ya está en la mesa.
pisiforme. adj. Que tiene la *figura de guisante. ‖ *Anat.* Se dice del cuarto *hueso de la primera fila del carpo.
piso. m. Acción y efecto de *pisar. ‖ *Suelo o pavimento. ‖ **Alto** (cada uno de los cuartos de una *casa situados en diferentes planos). ‖ Habitación de un seglar en un *convento. ‖ *Convite que ha de pagar el forastero que *galantea a una joven. ‖ **Impr.* Trozo de madera sobre el cual se asientan las planchas estereotípicas. ‖ Suela del *calzado. ‖ **Geol.* Cada una de las capas que se distinguen en un terreno. ‖ **Min.* Conjunto de labores subterráneas situadas a una misma profundidad. ‖ **Cobrar el piso.** fr. Pedir un *convite los mozos de un pueblo al forastero que corteja a una joven.
pisón. m. Instrumento pesado para *apretar la tierra, piedras, etc. ‖ **A pisón.** m. adv. A golpe de **pisón.**
pisondera. f. **Aguzanieves.**
pisonear. tr. **Apisonar.**
pisotear. tr. *Pisar repetidamente, maltratando o ajando una cosa. ‖ fig. *Humillar, maltratar de palabra.
pisoteo. m. Acción de pisotear.
pisotón. m. Acción de *pisar fuerte sobre el pie de otro.
pispajo. m. **Trapajo.**
pista. f. *Huella que dejan los animales por donde han pasado. ‖ Sitio dedicado a las *carreras y demás ejercicios, en los picaderos, *circos, hipódromos, etc. ‖ *Carretera con firme especial. ‖ En aeródromos y aeropuertos, superficie de terreno convenientemente dispuesta para que despeguen y tomen tierra los *aviones. ‖ fig. Conjunto de *indicios que puede conducir a la *investigación de un hecho. ‖ **Seguir la pista** a uno. fr. fig. y fam. *Perseguirle, espiarle.
pistache. m. Cierto *dulce casero.
pistachero. m. **Alfóncigo** (árbol).
pistacho. m. **Alfóncigo** (fruto).
pistadero. m. Instrumento para pistar.
pistar. tr. *Machacar o *comprimir una cosa o *extraerle el jugo.
pistero. m. *Vasija a modo de jarro pequeño o taza, con un pitón que sirve para dar caldo u otro líquido a los enfermos que no pueden incorporarse.
pistilo. m. *Bot.* Órgano femenino de la *flor.
pisto. m. *Jugo de carne. ‖ **Culin.* Fritada de pimientos, tomates, huevo, cebolla o de otros manjares, picados y revueltos. ‖ fig. *Mezcla confusa. ‖ **A pistos.** m. adv. fig. y fam. Poco a poco, con *escasez y miseria. ‖ **Darse pisto.** fr. fam. Darse importancia, *jactarse o mostrarse *orgulloso.
***pistola.** f. *Arma de fuego*, corta y con la culata arqueada, que se maneja con una sola mano. ‖ **de arzón.** Cada una de las que se llevan en el arzón de la silla de montar.
pistolera. f. *Estuche de cuero en que se guarda una *pistola.
pistolero. m. *Delincuente que se sirve de la *pistola para atentados con fines políticos.
pistoletazo. m. Tiro de pistola. ‖ *Herida que resulta de él.
pistolete. m. *Arma de fuego* más corta que la pistola. ‖ **Cachorrillo.**
pistolo. m. fam. *Soldado de infantería.
pistón. m. **Émbolo.** ‖ Parte o pieza de una cápsula o cartucho, donde está colocado el fulminante. ‖ Llave en forma de émbolo que tiene diversos *instrumentos músicos de viento.
pistoresa. f. Arma corta de acero a manera de *puñal.
pistraje. m. fam. *Bebida, condimento o bodrio desabrido o de mal gusto.
pistraque. m. fam. **Pistraje.**
pistura. f. Acción o efecto de pistar.
***pita.** f. Planta vivaz, de las amarilídeas, de pencas carnosas, en pirámide triangular, con espinas en el margen y en la punta. Las pencas son de color verde claro y de ellas se saca una fibra *textil. También se saca del tronco un líquido azucarado, de que se hace el pulque. ‖ *Hilo que se hace de las hojas de esta planta.
pita. f. Voz que se usa repetida para llamar a las *gallinas. ‖ **Gallina.**
pita. f. Bolita de cristal; cantillo o pitón. ‖ pl. ***Juego de los cantillos.**
pita. f. **Silba.**

pitaco. m. Bohordo de la *pita.
pitada. f. *Silbido. ‖ fig. Salida de tono, *impertinencia.
pitaflo. m. *Germ.* **Jarro.**
pitagórico, ca. adj. Que sigue la escuela, opinión o filosofía de Pitágoras. Ú. t. c. s. ‖ Perteneciente a ellas.
pitajaña. f. *Planta americana de tallos rastreros sin hojas, y flores amarillas, grandes y hermosas que despiden olor como de vainilla.
pitancería. f. Sitio o lugar donde se *reparten las pitanzas. ‖ *Distribución que se hace por pitanzas. ‖ Lo destinado a ellas. ‖ Empleo de pitancero.
pitancero. m. El encargado de *repartir las pitanzas. ‖ En algunas catedrales, ministro encargado de apuntar las *ausencias o faltas en el coro. ‖ En los conventos de las *órdenes militares*, mayordomo.
pitanza. f. *Distribución que se hace diariamente de *alimento, dinero u otra cosa. ‖ Ración de comida que se distribuye a los pobres. ‖ fam. *Alimento cotidiano. ‖ fam. *Precio o estipendio. ‖ fam. ***Ganga.***
pitaña. f. **Legaña.**
pitañoso, sa. adj. **Pitarroso.**
pitao. m. *Árbol chileno siempre verde.
pitar. intr. Tocar el *pito. ‖ tr. **Pagar.** ‖ **Fumar.**
pitar. tr. *Distribuir, repartir o dar las pitanzas.
pitarque. m. **Acequia.**
pitarra. f. **Pitaña.**
pitarrasa. f. *Arq. Nav.* Hierro de calafate.
pitarrasear. tr. *Arq. Nav.* Calafatear las costuras con la pitarrasa.
pitarro. m. Chorizo o *embutido pequeño.
pitarroso, sa. adj. **Legañoso.**
pitecántropo. m. *Zool.* Nombre de un supuesto tipo humano representado por restos fósiles, que algunos han considerado como intermedio entre el *hombre y el *mono.
piteco. m. *Zool.* **Orangután.**
pitera. f. ***Pita*** (*planta).
pitezna. f. En los cepos de *caza, pestillo que se dispara al tocar en él.
pítico, ca. adj. **Pitio.**
pitido. m. *Silbido del pito o de los pájaros.
pitihué. m. *Ave trepadora chilena, variedad del pico.
pitillera. f. Cigarrera que hace pitillos. ‖ Petaca para guardar pitillos.
pitillo. m. **Cigarrillo.** ‖ **Cañutillo** (*planta).
pítima. f. **Farm.* Socrocio que se aplica sobre el corazón. ‖ fig. y fam. **Borrachera.**
pitiminí. m. V. **Rosal de pitiminí.**
pitio, tia. adj. Perteneciente a Apolo. Dícese de ciertas *fiestas que se celebraban en honra de Apolo.
pitío. m. **Pitido.**
pitipié. m. **Escala** (para apreciar distancias).
pitiriasis. f. *Pat.* Enfermedad de la *piel que produce una descamación de ésta.
pitirre. m. *Pájaro algo más pequeño que el gorrión, pero de cola más larga, que limpia a las auras de los parásitos que las mortifican.
***pito.** m. Flauta pequeña, como un silbato, de sonido agudo. ‖ Persona que toca este *instrumento. ‖ *Vasija pequeña de barro, con un pitón. Llena de agua produce un sonido semejante al gorjeo de los pájaros cuando se sopla por el pitón. ‖ Garrapata casi circular, propia de América, de color amarillento y con una mancha encarnada en el dorso. ‖ *Taba con que juegan los muchachos. ‖ *Pollo de gallina. ‖ Capullo de *seda abierto por una punta. ‖ **Pitos flautos.** fam. Devaneos, *diversiones frívolas. ‖ **Cuando pitos, flautas,** o **flautos; cuando flautas,** o **flautos, pitos.** expr. fig. y fam. con que se explica que las cosas suelen suceder al *revés de lo que se esperaba. ‖ **No dársele** a uno **un pito de** una cosa. fr. fig. y fam. Hacer *desprecio de ella; serle *indiferente. ‖ **No tocar pito.** fr. fig. y fam. No tener parte en un negocio. ‖ **No valer un pito** una persona o cosa. fr. fig. y fam. Ser *inútil o *insignificante.
pito. m. **Pico** (*ave). ‖ **real. Pico verde.**
pitoche. m. despect. de **Pito.** ‖ **No importar un pitoche.** fr. **No importar un bledo.** ‖ **No valer un pitoche.** fr. **No valer un pito.**
pitoflero, ra. m. y f. fam. El que toca sin habilidad algún *instrumento de viento. ‖ fig. Persona *chismosa.
pitoitoy. m. *Ave zancuda americana, de pico corto y tarsos altos.
pitón. m. *Cuerno que empieza a salir. ‖ Punta del cuerno del toro. ‖ Tubo cónico, que arranca de la parte inferior del cuello en los botijos, pisteros y otras *vasijas análogas. ‖ fig. Bulto pequeño que forma *punta en la superficie de una cosa. ‖ *Retoño del árbol cuando empieza a abotonar. ‖ **Pitaco.** ‖ **Cantillo** (piedrecita para cierto *juego infantil).
pitón. m. *Zool.* Género de *reptiles ofidios.
pitonisa. f. *Sacerdotisa de Apolo, que daba los oráculos en el templo de Delfos. ‖ Encantadora, *hechicera.
pitorra. f. **Chochaperdiz.**
pitorrearse. r. *Burlarse de otro.
pitorreo. m. Acción y efecto de pitorrearse.
pitorro. m. **Pitón** (del botijo).
pitpit. m. *Pájaro insectívoro de color ceniciento verdoso y con manchas pardas.
pitreo. m. **Pitaco.**
pituita. f. *Mucosidad que segregan varios órganos del cuerpo animal, principalmente las membranas de la nariz y los bronquios.
pituitario, ria. adj. Que contiene o segrega pituita.
pituitoso, sa. adj. Que abunda en pituita. ‖ **Pituitario.**
pituso, sa. adj. Pequeño, gracioso, refiriéndose a *niños. Ú. t. c. s.
piular. intr. **Piar.**
piulido. m. Acción de piular.
piune. m. *Arbolillo de hojas grandes, cubiertas de un vello rojizo por debajo.
piuquén. m. Especie de avutarda de Chile, mayor que la europea y de carne muy apreciada.
piure. m. *Molusco comestible de Chile, que forma una especie de saquillo cónico, carnoso, lleno de agua salobre.
pivotante. adj. Dícese de las *raíces centrales que profundizan verticalmente.
pivote. m. Extremo de un *eje giratorio.
píxide. f. Copón o cajita en que se lleva la *Eucaristía a los enfermos.
piyama. m. *Traje de dormir y para casa, compuesto de pantalón y blusa de tela ligera.
***pizarra.** f. Roca homogénea, de grano muy fino, de color negro azulado, que se divide con facilidad en hojas planas y delgadas. ‖ Trozo de **pizarra** obscura, de forma rectangular en que se *escribe o dibuja con el pizarrín. ‖ Tablero pintado de negro para *escribir en él con tiza.
pizarral. m. Lugar o sitio en que se hallan las *pizarras.
pizarreño, ña. adj. Perteneciente a la *pizarra, o parecido a ella.
pizarrería. f. Sitio donde se extraen y labran *pizarras.
pizarrero. m. Artífice que labra las *pizarras, o las coloca en las techumbres de los edificios.
pizarrín. m. Barrita de *lápiz o de pizarra blanda que se usa para escribir o dibujar en las pizarras de piedra.
***pizarroso, sa.** adj. Abundante en *pizarra. ‖ Que tiene apariencia de pizarra.
pizate. m. **Pazote.**
pizca. f. fam. Porción mínima o *parte muy pequeña de una cosa.
pizcar. tr. fam. **Pellizcar.**
pizco. m. fam. ***Pellizco.***
pizco. m. **Jaramugo.**
pizmiento, ta. adj. Atezado, de color *negro o de pez.
pizpereta. adj. fam. **Pizpireta.**
pizpierno. m. **Lacón.**
pizpireta. adj. fam. Aplícase a la mujer *pronta y *astuta.
pizpirigaña. f. *Juego de muchachos en que se pellizcan las manos unos a otros.
pizpita. f. **Aguzanieves.**
pizpitillo. m. **Pizpita.**
pizzicato. m. **Mús.* Modo de ejecución en los *instrumentos de arco, que consiste en pellizcar las cuerdas con los dedos.
***placa.** f. *Moneda antigua de los Países Bajos. ‖ *Insignia de alguna de las órdenes caballerescas. ‖→ Lámina, plancha o película, y especialmente la que está superpuesta en un objeto. ‖ **Fotogr.* Planchuela de metal sobre la que se hacía la daguerrotipia. ‖ **Fotogr.* Vidrio cubierto en una de sus caras por una capa sensible a la luz y en la que puede obtenerse una prueba negativa. ‖ **giratoria.** Armazón giratoria provista de carriles que forman dos o más vías cruzadas, y que sirve en las estaciones de *ferrocarril para hacer que los carruajes cambien de vía.
placabilidad. f. Facilidad o disposición de *aplacarse una cosa.
placable. adj. **Aplacable.**
placarte. m. p. us. *Cartel, letrero o edicto que se fijaba en las esquinas para noticia del público.
placativo, va. adj. Capaz de aplacar.
placear. tr. Destinar algunos géneros comestibles a la *venta por menor en el mercado. ‖ *Publicar o hacer manifiesta una cosa.
placebo. m. **Farm.* Preparado agradable al paladar, pero de poca o ninguna eficacia.
placel. m. *Mar.* **Placer** (*bajío).
pláceme. m. **Felicitación.**
placenta. f. **Embriol.* Masa como de carne esponjosa que por una de sus caras se adhiere a la superficie interior del útero, y de la opuesta, plana, nace el cordón umbilical. ‖ *Bot.* Parte vascular del *fruto a la que están unidas las semillas.
placentario, ria. adj. Perteneciente a la placenta.
placenteramente. adv. m. *Alegremente y con placer.
placentero, ra. adj. *Agradable, *apacible.
placentín. adj. **Placentino.** Apl. a pers., ú. t. c. s.
placentino, na. adj. Natural de Pla-

sencia. Ú. t. c. s. ‖ Perteneciente a cualquiera de las dos ciudades de este nombre.

placer. m. Banco o *bajío en el fondo del mar, llano y de bastante extensión. ‖ Arenal que contiene partículas de *oro. ‖ Pesquerías de *perlas en las costas de América.

***placer.** m. Contento del ánimo. ‖ Sensación agradable. ‖ *Voluntad, arbitrio. ‖ Consentimiento, *aprobación, beneplácito. ‖ *Diversión, entretenimiento. ‖ **A placer.** m. adv. Con todo gusto, a toda satisfacción, con *facilidad. ‖ **Despacio.**

placer. tr. *Agradar o dar gusto. ‖ **Que me place.** expr. con que se denota que agrada o se *aprueba una cosa.

placero, ra. adj. Perteneciente a la *plaza o propio de ella. ‖ Aplícase a la persona que *vende en la plaza *frutas y otros géneros comestibles. Ú. t. c. s. ‖ fig. Dícese de la persona ociosa y *callejera. Ú. t. c. s.

plácet. Voz latina con que se indica la *aprobación o consentimiento de un soberano o de un gobierno para la designación, en su territorio, de un *diplomático extranjero. ‖ m. Esta aprobación o consentimiento.

placeta. f. d. de **Plaza.**

placetuela. f. d. de **Placeta.**

placibilidad. f. Calidad de placible.

placible. adj. ***Agradable.**

placiblemente. adv. m. ant. **Apaciblemente.**

plácidamente. adv. m. Con sosiego y *tranquilidad.

placidez. f. Calidad de plácido.

plácido, da. adj. *Tranquilo, sosegado. ‖ Grato, apacible.

placiente. p. a. de **Placer.** Que place. ‖ adj. ***Agradable.**

plácito. m. Parecer, dictamen, *juicio.

plafón. m. *Arq.* **Paflón.**

plaga. f. Calamidad o *desgracia grande que aflige a un pueblo. ‖ *Daño grave. ‖ **Llaga.** ‖ fig. Cualquier infortunio, pesar o contratiempo. ‖ fig. Gran *abundancia de una cosa nociva. ‖ fig. Azote que aflige a la agricultura.

plaga. f. **Clima** (*país, región). ‖ **Rumbo** (*dirección).

plagado, da. adj. Herido o castigado.

plagal. adj. *Mús.* V. **Modo plagal.**

plagar. tr. Llenar o cubrir con excesiva *abundancia de algo nocivo o no conveniente. Ú. t. c. r.

plagiar. tr. Retener a un hombre libre como *esclavo o utilizar un siervo ajeno como propio. ‖ fig. *Copiar o *apropiarse en lo substancial obras ajenas. ‖ *Apresar una persona para obtener rescate por su libertad.

plagiario, ria. adj. Que plagia. Ú. m. c. s.

plagio. m. Acción y efecto de plagiar.

plagióstomos. m. pl. *Zool.* Orden de *peces selacios que se distinguen por tener la boca transversal y en la parte inferior del cuerpo.

***plan.** m. *Altura o nivel. ‖ → Intento, proyecto. ‖ Extracto o *apuntación extensa. ‖ p. us. *Descripción o *lista de personas o cosas. ‖ *Topogr.* **Plano.** ‖ *Mar.* Parte inferior y más ancha del fondo de un *buque en la bodega. ‖ *Min.* **Piso.**

plana. f. **Llana** (de *albañil).

plana. f. Cada una de las dos caras o *superficies de una hoja de *papel. ‖ Escrito que hacen los niños en una cara del papel en que aprenden a *escribir. ‖ ***Llanura.** ‖ *Impr.* Conjunto de líneas ya ajustadas, de que se compone cada página. ‖ **mayor.** *Mar.* En la *armada, el conjunto de generales, jefes, oficiales y marinería que no pertenecen a determinada dotación. ‖ **Mil.* Conjunto de los jefes y otros individuos de un batallón o regimiento, que no pertenecen a ninguna compañía. ‖ **A plana renglón,** o **a plana y renglón.** m. adv. Hablando de alguna *copia o reimpresión, de modo que tenga en cada una de sus **planas** los mismos renglones y palabras que el original. ‖ fig. Dícese de una cosa ajustada con *exactitud a lo que se necesita. ‖ **Cerrar la plana.** fr. fig. *Concluir una cosa. ‖ **Corregir,** o **enmendar, la plana** a uno. fr. fig. Intentar mejorar o *corregir lo que otro ha ejecutado. ‖ fig. *Aventajar una persona a otra.

planada. f. **Llanada.**

planador. m. Oficial de *platero que con el martillo aplana sobre el tas las piezas lisas. ‖ El que aplana las planchas para *grabar.

planco. m. **Planga.**

***plancha.** f. *Lámina delgada y lisa de metal, madera, etc. ‖ → Utensilio manual de hierro, con asa en la parte superior, que sirve para planchar. ‖ Trozo de hierro que, sujeto por una cadena al juego trasero de las diligencias y otros *carruajes, hace oficio de freno. ‖ Ejercicio *gimnástico, que consiste en mantener el cuerpo en el aire, en posición horizontal sin más apoyo que el de las manos asidas a un barrote. ‖ fig. y fam. *Desacierto o error de que resulta una situación desairada o *ridícula. ‖ *Madero en rollo. ‖ **Impr.* Reproducción estereotípica o galvanoplástica preparada para la impresión. ‖ *Mar.* Tablón con tojinos que se pone como *puente entre la tierra y una embarcación, o entre dos embarcaciones. ‖ **de agua.** **Arq. Nav.* Entablado flotante para hacer ciertos trabajos en los buques a flote. ‖ **de blindaje.** Cada una de las piezas metálicas, de gran dureza y resistencia, con las cuales se protegen los buques de la *armada. ‖ **de viento.** *Mar.* *Andamio que se cuelga del costado de un buque para que puedan trabajar los operarios.

planchada. f. Tablazón que, apoyada en la costa del mar o de un río, sirve de *puente para el embarco y desembarco. ‖ *Mar.* Explanada para la artillería de los barcos en las cubiertas de mucha curvatura.

***planchado.** m. Acción y efecto de *planchar. ‖ Conjunto de ropa blanca por planchar o ya planchada.

planchador, ra. m. y f. Persona que *plancha.

***planchar.** tr. Estirar y alisar la ropa pasando sobre ella una plancha caliente.

planchear. tr. Cubrir una cosa con planchas o *láminas de metal.

plancheta. f. Instrumento de *topografía, que consiste en un trípode sobre el que va montado un tablero horizontal, en cuya superficie se trazan con lápiz las visuales por medio de una alidada. ‖ **Echarla** uno **de plancheta.** fr. fam. *Jactarse de valiente o de otra cosa.

planchón. m. aum. de **Plancha.**

planchuela. f. d. de **Plancha.** ‖ V. **Hierro planchuela.**

planeador. m. *Avión sin motor.

***planear.** tr. Trazar o formar el *plan de una obra. ‖ *Preparar o forjar planes.

planear. intr. Volar o descender un *avión en planeo.

planeo. m. Vuelo o descenso de un *avión sin la acción del motor.

***planeta.** f. **Liturg.* Especie de casulla, cuya hoja anterior pasa poco de la cintura. ‖ → m. *Astr.* Cuerpo celeste, opaco, que sólo brilla por la luz refleja del Sol, alrededor del cual describe su órbita. ‖ *Astr.* ***Satélite.** ‖ *Germ.* **Candela.** ‖ **exterior.** *Astr.* **Planeta superior.** ‖ **inferior,** o **interior.** *Astr.* Aquel cuya órbita es menor que la de la Tierra. ‖ **primario.** *Astr.* **Planeta.** ‖ **secundario.** *Astr.* **Satélite.** ‖ **superior.** *Astr.* Aquel cuya órbita es mayor que la de la Tierra.

planetario, ria. adj. Perteneciente o relativo a los *planetas.

planetícola. com. Supuesto *habitante de cualquiera de los planetas, exceptuada la Tierra.

planetista. m. **Astrólogo.**

planga. f. *Ave de las rapaces diurnas, especie de águila.

planicie. f. ***Llanura.**

planimetría. f. **Topogr.* Representación en una superficie plana de una porción de la terrestre.

planímetro. m. Instrumento que sirve para medir *áreas de figuras planas.

planisferio. m. *Mapa en que la esfera celeste o la terrestre está representada en un plano.

***plano, na.** adj. Llano, liso. ‖ **Geom.* Perteneciente o relativo al **plano.** ‖ m. *Geom.* **Superficie plana.** ‖ **Topogr.* Representación gráfica, en una superficie, de un terreno o de la planta de un campamento, plaza, etc. ‖ En los *aviones, superficie de forma conveniente, que sirve de sustentación para el aparato en vuelo. ‖ ***coordenado.** *Geom.* Cada uno de los tres **planos** que se cortan en un punto y sirven para determinar la posición de los demás puntos del espacio ‖ **de nivel.** **Topogr.* El paralelo al nivel del mar. ‖ **inclinado.** **Mec.* Superficie **plana,** resistente, que forma ángulo agudo con el horizonte, y por medio de la cual se facilita la elevación o el descenso de pesos y otras cosas. ‖ **vertical.** **Persp.* Superficie **plana** que, pasando por la vista, es perpendicular a la vez al **plano** horizontal y al **plano** óptico. ‖ **Dar de plano.** fr. Dar con lo ancho de un instrumento cortante o con la mano abierta. ‖ **De plano.** m. adv. fig. Enteramente, de modo manifiesto. ‖ **For.* Dícese de la resolución judicial adoptada sin trámites.

***planta.** f. Parte inferior del *pie, con que se pisa. ‖ → **Vegetal.** ‖ Árbol u hortaliza que, sembrada y nacida en alguna parte, está dispuesta para trasplantarse en otra. ‖ **Plantío.** ‖ *Dibujo en que se da idea para la fábrica o formación de una cosa. ‖ Especial *postura de los pies para esgrimir, danzar u otros ejercicios. ‖ *Proyecto que se hace para asegurar el buen logro de un negocio. ‖ Plan que determina las diversas dependencias y *empleados de una oficina u otro establecimiento. ‖ Cada uno de los pisos de una *casa. ‖ **Arq.* Figura que forman sobre el terreno los cimientos de un edificio o la sección horizontal de los diferentes pisos. ‖ *Arq.* Diseño de esta figura. ‖ **Esgr.* Combinación de líneas trazadas real o imaginariamente en el suelo para fijar la dirección de los compases. ‖ **Min.* **Piso.** ‖ **Persp.* Pie de la perpendicular bajada desde un punto al plano horizontal. ‖ **baja.** Piso bajo de una *casa o edificio. ‖

Buena planta. fam. Buena presencia. ‖ **De planta.** m. adv. De nueva *construcción; desde los *cimientos; a ras del suelo. ‖ **Echar plantas.** fr. fig. y fam. Echar bravatas, *amenazar. ‖ **Fijar** uno **las plantas.** fr. fig. Afirmarse en un concepto u opinión.

***plantación.** f. Acción de plantar. ‖ Conjunto de lo plantado.

plantador, ra. adj. Que planta. Ú. t. c. s. ‖ m. Instrumento pequeño de hierro, que usan los hortelanos para *plantar. ‖ *Germ.* **Sepulturero.** ‖ f. Máquina para plantar.

plantagináceo, a. adj. *Bot.* Dícese de toda planta herbácea, con escapo o tallo, y flores en espiga; como el llantén. Ú. t. c. s. ‖ f. pl. *Bot* Familia de estas plantas.

plantaina. f. **Llantén.**

plantaje. m. Conjunto de *plantas.

plantaje. m. **Plantaina.**

plantar. adj. *Zool.* Perteneciente a la planta del *pie.

***plantar.** tr. Meter en tierra una planta o un vástago, esqueje, etc., para que arraigue. ‖ Poblar de plantas un terreno. ‖ fig. *Fijar y poner *vertical una cosa. ‖ fig. *Colocar una cosa en el lugar en que debe estar. ‖ fig. **Plantear** (poner en *ejecución). ‖ fig. *Fundar, establecer. ‖ fig. y fam. Tratándose de *golpes, darlos. ‖ fig. y fam. Poner o introducir a uno en una parte contra su voluntad. ‖ fig. y fam. Dejar a uno *burlado o *abandonarle. ‖ fig. y fam. Decir a uno tales *impertinencias u *ofensas, que se quede *aturdido y sin acertar a responder. ‖ *Germ.* **Enterrar.** ‖ r. fig. y fam. Ponerse de pie firme ocupando un lugar o sitio. ‖ fig. y fam. *Llegar con brevedad a un lugar, trasladarse a él en poco tiempo. ‖ fig. y fam. *Pararse una *caballería y resistirse a adelantar. ‖ fig. y fam. En algunos juegos de *naipes, no querer más de los que se tienen. Ú. t. c. intr. ‖ fig. Resolverse a no hacer o a *resistir alguna cosa.

plantario. m. **Almáciga.**

plante. m. *Confabulación entre varias personas para exigir airadamente alguna cosa. ‖ Expresión o respuesta *descarada, que deja a uno plantado.

planteamiento. m. Acción y efecto de plantear.

plantear. tr. Estudiar el *proyecto de una cosa para procurar el acierto en ella. ‖ fig. Tratándose de sistemas, instituciones, reformas, etc., *establecerlos o *ejecutarlos. ‖ fig. Tratándose de *problemas o dudas, proponerlos.

plantel. m. **Criadero** (de plantas). ‖ fig. Establecimiento, *escuela o reunión de gente, en que se forman personas capaces para alguna profesión, ejercicio, etc.

plantificación. f. Acción y efecto de plantificar.

plantificar. tr. **Plantear** (hacer *proyectos). ‖ fig. y fam. **Plantar** (dar golpes o poner a uno en la calle, en prisión, etc.). ‖ r. fig. y fam. **Plantarse** (llegar pronto a un lugar).

plantígrado, da. adj. *Zool.* Dícese de los *cuadrúpedos que al *andar apoyan en el suelo toda la planta de los *pies y las manos; como el oso. Ú. t. c. s.

plantilla. f. Suela sobre la cual los zapateros arman el *calzado. ‖ Pieza de badana, tela, etc., con que interiormente se cubre la planta del *calzado. ‖ Soleta con que se *remiendan los pies de las *medias y calcetines cuando están rotos. ‖ Pieza donde se fijaban todos los demás hierros de la llave del arcabuz y de otras *armas de fuego*. ‖ Pieza de hierro terminada en arco de círculo, que sirve de patrón para dar a las llantas de las *ruedas la curvatura conveniente. ‖ Tabla o plancha cortada con la misma figura que ha de tener la superficie de una pieza, y puesta sobre ella, sirve de *regla o *modelo para cortarla y labrarla. ‖ **Arq.* Plano reducido, o porción del plano total, de una obra. ‖ Relación de los puestos de los servicios públicos y de los *empleados que los ocupan. ‖ fig. y fam. ***Jactancia.** ‖ **Astrol.* Figura o tema celeste. ‖ **Carp.* **Montea.**

plantillar. tr. Echar plantillas al calzado.

plantillero, ra. adj. **Plantista** (el que echa *amenazas). Ú. t. c. s.

plantiniano, na. adj. **Impr.* Aplícase a la oficina y a las ediciones del famoso impresor belga Cristóbal Plantín y sus sucesores.

plantío, a. *adj.* Aplícase a la tierra o sitio plantado o que se puede *plantar. ‖ m. Acción de plantar. ‖ Lugar plantado recientemente. ‖ Conjunto de estas plantas.

plantista. m. En los *jardines, el que está destinado para cuidar de la cría y plantío de los árboles. ‖ fam. El que echa fieros y *amenazas; *fanfarrón.

planto. m. ant. *Llanto con gemidos y sollozos.

plantón. m. Pimpollo o arbolito nuevo que ha de ser *trasplantado. ‖ Estaca *plantada para que arraigue. ‖ Soldado a quien se obligaba a estar de *guardia en un puesto, como castigo. ‖ Persona destinada a guardar la *puerta exterior de una casa, oficina, etc. ‖ **Comisionado de apremio.** ‖ **Dar un plantón** a uno. Hacerle *esperar más de lo debido. ‖ **Estar** uno **de, o en, plantón.** fr. fam. Estar *quieto en una parte por mucho tiempo.

plantosa. f. *Germ.* *Taza o vaso para beber.

planudo, da. adj. *Mar.* Aplícase al *buque que puede navegar en poca agua.

plañidera. f. Mujer contratada para *llorar en los *entierros.

plañidero, ra. adj. *Lloroso y lastimero.

plañido. m. Lamento, *queja y *llanto.

plañimiento. m. Acción y efecto de plañir.

plañir. intr. Gemir y *llorar, sollozando o clamando. Ú. t. c. tr.

plaqué. m. *Chapa muy delgada, de oro o de plata, que recubre la superficie de otro metal de menos valor.

plaqueta. f. Elemento celular de la *sangre de forma circular u ovalada.

plaquín. m. *Cota de armas, larga, ancha de cuerpo y de mangas.

plasenciano, na. adj. **Placentino.** Apl. a pers., ú. t. c. s.

plasma. m. Parte líquida de la *sangre en circulación.

plasma. f. **Prasma.**

plasmador, ra. adj. **Creador.** Aplícase especialmente a *Dios. Ú. t. c. s.

plasmante. p. a. de **Plasmar.** Que plasma.

plasmar. tr. *Hacer, crear una cosa, darle *forma. Dícese especialmente de los objetos de *barro que hace el alfarero.

plasmático, ca. adj. Perteneciente o relativo al plasma.

plasta. f. Cualquiera *masa blanda. ‖ Cosa *aplastada. ‖ fig. y fam. Cosa *imperfecta y sin proporción.

plaste. m. *Masa hecha de yeso mate y agua de cola, para alisar la superficie de una cosa que se ha de *pintar.

plastecer. tr. Cubrir con plaste.

plastecido. m. Acción y efecto de plastecer.

plástica. f. Arte de plasmar, o de dar *forma a las cosas de *barro, yeso, etc.

plasticidad. f. Calidad de plástico.

plástico, ca. adj. Perteneciente a la plástica. ‖ Dúctil, *blando, que se deja modelar fácilmente. ‖ **Formativo.** ‖ Dícese de las artes en que el resultado se obtiene modelando los materiales; como la *escultura. ‖ fig. Aplícase al estilo o a la frase que da mucho realce a la *expresión.

plastrón. m. *Corbata ancha de forma aplastada.

***plata.** f. Metal blanco, brillante, dúctil y maleable, más pesado que el cobre y menos que el plomo. Es uno de los metales preciosos. ‖ fig. *Moneda o monedas de **plata.** ‖ fig. *Dinero en general. ‖ fig. *Alhaja que conserva su valor intrínseco, aunque pierda la hechura. ‖ fig. Lo que sin ser gravoso es de valor y *utilidad en cualquier tiempo. ‖ **Blas.* Uno de los dos metales de que se usa en el blasón. ‖ **agria.** Mineral compuesto de **plata,** azufre y antimonio. ‖ **bruneta.** ant. Cierta especie de **plata** sin labrar. ‖ **córnea.** Mineral de aspecto córneo, que se compone de cloro y **plata.** ‖ **de piña.** *Min.* **Piña.** ‖ **encantada.** **Miner.* Obsidiana recubierta de una substancia vítrea de color blanco nacarado. ‖ **gris.** Mineral cristalino, brillante y de color gris obscuro, que se compone de **plata** y azufre. ‖ **labrada.** Conjunto de piezas de este metal destinadas al uso doméstico o al culto. ‖ **mejicana.** La acuñada fuera de las casas de la *moneda. ‖ **nativa.** La que en estado natural y casi pura se halla en algunos terrenos. ‖ **quebrada.** *Moneda de **plata** a cuyo valor, respecto de otra de su clase, se agregaba un quebrado. ‖ **roja.** Mineral de color de rubí, que se compone de azufre, arsénico y **plata.** ‖ **seca.** Mineral de **plata** que en la amalgamación no se junta con el azogue. ‖ **Como una plata.** loc. fig. y fam. *Limpio y hermoso, reluciente. ‖ **En plata.** m. adv. fig. y fam. Brevemente, sin rodeos, con toda *claridad. ‖ fig. y fam. En *resumen.

platabanda. f. **Arriate.** ‖ Dintel de sillería.

plataforma. f. Máquina para señalar y cortar los dientes de las *ruedas de los aparatos de *relojería. ‖ *Tablado horizontal, elevado sobre el *suelo. ‖ Suelo superior, a modo de *azotea. ‖ *Vagón descubierto y con bordes de poca altura en sus cuatro lados. ‖ Parte anterior y posterior de los *tranvías, en la que no hay asientos. ‖ Pieza de madera, de forma circular, que en el *molino arrocero se mantiene fija y a conveniente distancia sobre la volandera. ‖ fig. Apariencia, *pretexto. ‖ fig. Causa o *tema cuya defensa o propaganda toma un sujeto para algún fin generalmente interesado. ‖ **Fort.* Obra interior que se levanta sobre el terraplén de la cortina.

platal. m. **Dineral.**
platalea. f. **Pelícano.**
platanal. m. **Platanar.**
platanar. m. Sitio poblado de plátanos.
platáneo, a. adj. *Bot.* Dícese de árboles dicotiledóneos que tienen hojas alternas palmeadas y lobuladas, flores monoicas sobre receptáculos globosos, y por frutos nuececillas coriáceas con una semilla de albumen carnoso. Ú. t. c. s. f. ‖ f. pl. *Bot.* Familia de estos árboles.
platanero, ra. adj. Dícese en Cuba de cierto *viento huracanado. ‖ m. **Plátano** (de las musáceas).
*__plátano.__ m. *Árbol de la familia de las platáneas, de tronco recto, redondo y sin ramas en la parte baja. ‖ → Planta arbórea de la familia de las musáceas, con tallo compuesto de varias cortezas herbáceas, metidas unas en otras. El fruto es largo, cilíndrico y algo encorvado, blando, de olor agradable, característico y de gusto muy delicado. Está cubierto de una piel amarilla correosa. ‖ Fruto de esta planta. ‖ **falso.** *Árbol de ancha copa, de las aceríneas, con hojas grandes, y flores en racimos colgantes. ‖ **guineo.** Variedad de ***plátano** de fruto pequeño, cilíndrico y de pulpa muy dulce.
platea. f. **Patio** (de un teatro). ‖ Palco de platea.
plateado, da. adj. De color semejante al de la *plata.
plateador. m. Obrero que platea.
plateadura. f. Acción y efecto de platear. ‖ *Plata que se emplea en esta operación.
*__platear.__ tr. Dar o cubrir de *plata una cosa.
platel. m. Especie de *plato o bandeja.
platelminto, ta. adj. *Zool.* Dícese de ciertos *gusanos que tienen el cuerpo en forma de cinta y viven parásitos en el interior de otros animales. Ú. t. c. s. m.
plateresco, ca. adj. Aplícase al estilo español de *ornamentación empleado por los plateros del siglo XVI aprovechando elementos de las arquitecturas clásica y ojival. ‖ **Arq.* Dícese del estilo arquitectónico en que se emplean estos adornos.
*__platería.__ f. Arte y oficio de platero. ‖ Taller o tienda de platero.
*__platero.__ m. Artífice que labra la *plata. ‖ El que vende objetos labrados de plata u *oro, o *joyas con pedrería. ‖ **de oro. Orífice.**
platero, ra. adj. Dícese de la *caballería de *pelaje blanquecino.
plática. f. ***Conversación.** ‖ Discurso o *sermón para exhortar a los actos de virtud, instruir en la doctrina cristiana, etc. ‖ **A libre plática.** loc. adv. **Mar.* Aplícase a un buque cuando es admitido a comunicación, pasada la cuarentena o dispensado de ésta.
platicar. tr. *Conversar, hablar uno con otro. Ú. m. c. intr.
platija. f. *Pez marino malacopterigio subranquial, semejante al lenguado.
platilla. f. **Bocadillo** (tela).
platillo. m. Pieza pequeña de figura semejante al *plato. ‖ Cada una de las dos piezas, por lo común en forma de plato o de disco, que tiene la *balanza. ‖ En ciertos juegos de *naipes, recipiente donde se deposita la cantidad que se atraviesa en cada mano. ‖ Esta misma cantidad. ‖ *Guisado compuesto de carne y verduras picadas. ‖ Extraordinario que comen los religiosos en los días festivos. ‖ fig. Objeto o *asunto de *murmuración. ‖ pl. *Mús.* *Instrumento de percusión compuesto de dos chapas metálicas circulares.
platina. f. **Platino.**
platina. f. Parte del microscopio, en que se coloca el objeto que se quiere observar. ‖ Disco de vidrio deslustrado o de metal sobre el que se coloca la campana de la máquina neumática. ‖ **Impr.* Mesa fuerte y ancha, forrada de metal, que sirve para ajustar, imponer y acuñar las formas. ‖ **Impr.* Superficie plana de la prensa o máquina de imprimir, sobre la cual se coloca la forma.
platinero. m. **Impr.* Operario encargado de la imposición de las formas.
platino. m. *Metal el más pesado de todos, de color de plata, difícilmente fusible e inatacable por los ácidos, excepto el agua regia.
platinotipia. f. **Fotogr.* Procedimiento que da imágenes positivas sobre papel sensibilizado con sales de platino. ‖ Cada una de las pruebas así obtenidas.
platirrinia. f. Ensanchamiento de la *nariz.
platirrino, na. adj. *Zool.* Dícese de cierta especie de *monos que tienen la nariz muy ensanchada. Ú. t. c. s. m.
*__plato.__ m. Vasija baja y redonda, con una concavidad en medio y borde comúnmente plano alrededor. Se emplea en las mesas para servir las viandas y comer en él. ‖ **Platillo** (de la *balanza). ‖ Vianda o manjar que se sirve en los **platos.** ‖ Manjar preparado para ser comido. ‖ fig. *Comida u ordinario que cada día se gasta en comer. ‖ fig. **Platillo** (objeto de *murmuración). ‖ *Arq.* *Ornamentación que se pone en el friso del orden dórico sobre la metopa y entre los triglifos. ‖ **compuesto.** El que se hace de variedad de dulces, huevos y otros ingredientes. ‖ **sopero. Plato** hondo que sirve para comer en él la sopa. ‖ **trinchero.** El que sirve para trinchar en él los manjares. ‖ Aquel menos hondo que el sopero. ‖ **Comer en un mismo plato.** fr. fig. y fam. Tener dos o más personas grande *amistad. ‖ **Hacer el plato** a uno. fr. fig. y fam. Mantenerlo, darle de *comer. ‖ **Hacer plato.** fr. Servir a otros en la mesa la comida. ‖ **Nada entre dos platos.** loc. fig. y fam. que se usa para expresar que una cosa que se presenta como importante es en realidad *insignificante. ‖ **No haber quebrado uno un plato.** fr. fig. y fam. No haber cometido ninguna falta; ser enteramente *inocente.
platónico, ca. adj. Que sigue la escuela y *filosofía de Platón. Ú. t. c. s. ‖ Perteneciente a ella. ‖ Desinteresado, *honesto, *casto. Dícese principalmente del *amor.
platonismo. m. Escuela y doctrina *filosófica de Platón.
platuja. f. **Platija.**
plausibilidad. f. Calidad de plausible.
plausible. adj. Digno o merecedor de *aplauso. ‖ Atendible, que se puede *aprobar o *admitir.
plausiblemente. adv. m. Con aplauso.
plausivo, va. adj. Que *aplaude.
plauso. m. ***Aplauso.**
plaustro. m. poét. ***Carro.**
plautino, na. adj. Propio y característico del *poeta latino Plauto, o de sus obras.
*__playa.__ f. Ribera del mar o de un río grande, formada de arenales en superficie casi plana.
playado, da. adj. Dícese del río, mar, etc., que tiene playa.
playazo. m. *Playa grande y extendida.
playera. f. Cierto *canto popular andaluz. Ú. m. en pl.
playero, ra. m. y f. Persona que conduce de la playa el *pescado para venderlo. Ú. m. en pl.
playón. m. aum. de **Playa.**
playuela. f. d. de **Playa.**
*__plaza.__ f. Lugar ancho y espacioso dentro de poblado. ‖ Lugar espacioso de una población donde se celebran *mercados, ferias y reuniones públicas. ‖ Cualquier lugar *fortificado. ‖ *Lugar determinado para una persona o cosa. ‖ Espacio, lugar en general. ‖ Oficio, puesto o *empleo. ‖ Asiento que se hace en los libros acerca del que voluntariamente se presenta para servir en la *milicia. ‖ Población en que se hacen operaciones considerables de *comercio por mayor. ‖ Gremio o reunión de negociantes de una **plaza** de comercio. ‖ Suelo del *horno. ‖ **alta.** **Fort.* Fortificación superior al terraplén. ‖ **baja.** **Fort.* Batería que se pone detrás del orejón. ‖ **de abastos. Plaza** (de *mercado). ‖ **de armas.** Población fortificada. ‖ ***Campamento.** ‖ **de capa y espada.** La que obtenía el ministro de esta clase en los antiguos Consejos. ‖ **de toros.** Circo donde *lidian toros. ‖ **fuerte. Plaza de armas.** ‖ **montada.** *Mil.* *Soldado u oficial que usa caballo. ‖ **viva.** *Mil.* La del *soldado que aunque no esté presente se cuenta como si lo estuviera. ‖ **Atacar bien la plaza.** fr. fig. y fam. *Comer. ‖ **Borrar la plaza.** fr. *Mil.* Quitarla, tachar el asiento que se hizo de ella. ‖ **Ceñir la plaza.** fr. Cercarla o *sitiarla. ‖ **Cerrar plaza** un toro. fr. Ser el último que se *lidia en una corrida. ‖ **Echar en la plaza,** o **en plaza,** una cosa. fr. fig. y fam. **Sacarla a plaza.** ‖ **En pública plaza.** m. adv. **En *público.** ‖ **Estar sobre una plaza.** fr. Tenerla *sitiada o asediada. ‖ **Hacer plaza.** fr. Hablando de ciertas cosas, *venderlas por menudo públicamente. ‖ Hacer lugar; *despejar un sitio. ‖ fig. y fam. **Sacar a la plaza** una cosa. ‖ **Pasar plaza.** fr. fig. Ser tenida una persona o cosa por lo que no es en realidad. ‖ **Romper plaza.** fr. fig. Ser primero en la *lidia un toro. ‖ **Sacar a la plaza,** o **a plaza,** una cosa. fr. fig. y fam. *Publicarla. ‖ **Sentar plaza.** fr. Entrar a servir de *soldado. ‖ **Socorrer la plaza.** fr. fig. Suministrar *socorro a una persona necesitada.
*__plazo.__ m. Término o tiempo señalado para una cosa. ‖ Vencimiento del término. ‖ Cada parte de una cantidad que se ha de *pagar en dos o más veces. ‖ **Correr el plazo.** fr. **Correr el término.** ‖ **En tres plazos.** m. adv. fig. y fam. **En tres pagas.**
*__plazoleta.__ f. d. de **Plazuela.** ‖ Espacio, a manera de plazuela, que suele haber en *jardines y alamedas.
plazuela. f. d. de ***Plaza.**
ple. m. Juego de *pelota, en que se arroja ésta contra la pared.
pleamar. f. *Mar.* Fin o término de la *marea creciente del mar. ‖ Tiempo que ésta dura.
plébano. m. En algunas partes, **cura párroco.**
*__plebe.__ f. Estado llano; el común

de los vecinos o habitantes de un pueblo, con excepción de los que tienen algún cargo, empleo, privilegio, etc. ‖ **Populacho.**

plebeyez. f. Calidad de *plebeyo.

***plebeyo, ya.** adj. Propio de la plebe o perteneciente a ella. ‖ Dícese de la persona que no es noble ni hidalga. Ú. t. c. s.

plebezuela. f. d. de **Plebe.**

plebiscitario, ria. adj. Perteneciente o relativo al plebiscito.

plebiscito. m. *Ley que la plebe de Roma establecía a propuesta de su tribuno. ‖ Resolución tomada por todo un pueblo a pluralidad de *votos. ‖ Consulta al *voto popular directo.

pleca. f. **Impr.* Filete pequeño y de una sola raya.

plectognato. adj. *Zool.* Dícese de los *peces que tienen la mandíbula superior fija al resto de la cabeza; carecen de costillas y de aletas abdominales, y el esqueleto tarda mucho en endurecérseles. Ú. t. c. s. m. ‖ m. pl. *Zool.* Orden de estos peces.

plectro. m. Palillo o púa que usaban los antiguos para tocar ciertos *instrumentos de cuerda. ‖ fig. En poesía, *inspiración.

plegable. adj. Capaz de plegarse.

plegadera. f. Instrumento a manera de *cuchillo, a propósito para *plegar o *cortar papel.

plegadizo, za. adj. Fácil de plegarse o doblarse.

plegado. m. **Plegadura.**

plegador, ra. adj. Que pliega. Ú. t. c. s. ‖ m. Instrumento con que se pliega una cosa. ‖ En el arte de la *seda, madero redondo para ir tejiendo la tela.

plegador. m. El que recoge la *limosna para una cofradía o comunidad.

plegadura. f. Acción de *plegar una cosa. ‖ ***Pliegue.**

***plegar.** tr. Hacer pliegues en una cosa. Ú. t. c. r. ‖ Doblar los pliegos de que se compone un libro que se ha de *encuadernar. ‖ En el arte de la *seda, revolver la urdimbre en el plegador. ‖ r. fig. Rendirse, ceder, *someterse.

plegaria. f. Deprecación u *oración humilde y ferviente para *pedir una cosa. ‖ Toque de *campana al mediodía para que todos los fieles hagan oración.

pleguete. m. Tijereta o *zarcillo de las vides y de otras plantas.

pleistoceno. adj. **Geol.* Dícese del período cuaternario en que abundan restos humanos y obras del hombre.

pleita. f. Faja o tira de *esparto *tejido, que sirve para hacer *esteras. También se hace de pita, palma, etc., para otros usos.

pleiteador, ra. adj. Que pleitea. Ú. t. c. s. ‖ **Pleitista.** Ú. t. c. s.

pleiteante. p. a. de **Pleitear.** Que pleitea.

pleitear. tr. Litigar o contender *judicialmente sobre una cosa.

pleitesía. f. Muestra de *cortesía con que se honra a una persona.

pleitista. adj. Dícese del sujeto propenso a ocasionar contiendas y pleitos. Ú. t. c. s.

pleito. m. Contienda, litigio *judicial entre partes. ‖ Contienda o *batalla que se determina por las armas. ‖ Disputa o *contienda privada. ‖ **For.* Proceso o cuerpo de autos sobre cualquier causa. ‖ **civil.** *For.* Aquel en que se litiga sobre derechos civiles. ‖ **criminal.** *For.* **Causa.** ‖ **de *acreedores.** *For.* **Concurso de acreedores.** ‖ **homenaje.** **Homenaje.** ‖ **ordinario.** fig. Aquello que se hace común y muy *frecuente, cediendo del rigor con que comenzó. ‖ fig. y fam. *Discusión o altercado frecuente. ‖ **Juicio declarativo.** ‖ **Arrastrar el pleito.** fr. *For.* **Arrastrar la causa.** ‖ **Conocer de un pleito.** fr. *For.* Ser juez de él. ‖ **Contestar** uno **el pleito.** fr. *For.* Presentar el escrito en que se contesta la demanda del actor, impugnando sus pretensiones. ‖ **Dar el pleito por concluso.** fr. *For.* Declararlo terminado, en espera de la sentencia. ‖ **Ganar** uno **el pleito.** fr. fig. *Lograr aquello en que había dificultad. ‖ **Poner a pleito.** fr. fig. *Oponerse con ardor a una cosa sin motivo para ello. ‖ **Poner pleito** a uno. fr. Entablarlo contra él. ‖ **Salir con el pleito.** fr. Ganarlo. ‖ **Tener mal pleito.** fr. fig. No tener razón en lo que se pide. ‖ **Ver el pleito.** fr. **For.* Hacerse relación oral de él ante los juzgadores. ‖ **Ver uno el pleito mal parado.** fr. fig. Reconocer el *peligro en que se halla.

plenamar. f. **Pleamar.**

plenamente. adv. m. Llena y enteramente.

plenariamente. adv. m. **Plenamente.** ‖ **For.* Con juicio plenario.

plenario, ria. adj. Lleno, *entero, *completo, total. ‖ **For.* Parte del proceso criminal en que se exponen los cargos y las defensas en forma contradictoria.

plenilunio. m. **Luna llena.**

plenipotencia. f. *Poder pleno, que se concede a otro para ejecutar o pactar alguna cosa, y especialmente el que se da a un representante *diplomático.

plenipotenciario, ria. adj. Dícese del *diplomático u otra persona que envían los soberanos o los gobiernos a otros estados, con pleno poder para pactar convenios, ajustar tratados, paces, etc. Ú. t. c. s.

plenitud. f. Totalidad, *integridad. ‖ Abundancia o exceso de un *humor en el cuerpo. ‖ **de los tiempos.** **Teol.* Época de la Encarnación del Verbo divino.

pleno, na. adj. ***Lleno.** ‖ m. Reunión o junta general de una *corporación. ‖ En el *juego de la ruleta, suerte que consiste en apuntar a uno de los números contra los treinta y cinco restantes.

pleonasmo. m. **Gram.* Figura de construcción, que consiste en emplear vocablos innecesarios para el recto sentido de la expresión, pero con los cuales se le da gracia o vigor. ‖ *Prolijidad o redundancia.

pleonásticamente. adv. m. Cometiendo pleonasmo.

pleonástico, ca. adj. Perteneciente al pleonasmo.

plepa. f. fam. Persona o cosa que tiene muchos *defectos.

plesímetro. m. **Med.* Instrumento, formado por lo común de una chapa de marfil o caucho endurecido, que sirve para auscultar por percusión.

plesiosauro. m. *Paleont.* *Reptil gigantesco, a modo de enorme lagarto, del que hoy se hallan solamente restos en estado *fósil.

pletina. f. Pieza de *hierro más larga que ancha, y de dos a cuatro milímetros de espesor.

plétora. f. *Med.* Abundancia de *humores en el cuerpo. Por antonom., abundancia de *sangre. ‖ fig. *Abundancia excesiva de alguna cosa.

pletórico, ca. adj. *Med.* Que tiene plétora.

***pleura.** f. *Zool.* Cada una de las membranas que en ambos lados del pecho cubren las paredes de la cavidad torácica y la superficie de los pulmones.

pleural. adj. **Pleurítico.**

pleuresía. f. *Pat.* Enfermedad que consiste en la inflamación de la *pleura. ‖ **falsa.** *Pat.* **Pleurodinia.**

pleurítico, ca. adj. *Pat.* Que padece pleuresía. Ú. t. c. s. ‖ *Zool.* Perteneciente a la *pleura.

pleuritis. f. *Pat.* Inflamación de la *pleura.

pleurodinia. f. *Pat.* *Dolor en los músculos de las paredes del pecho.

plexiglás. m. Resina sintética, que tiene el aspecto del vidrio. ‖ Material transparente y flexible de que se hacen *telas, *tapices, etc.

plexo. m. *Anat.* Red formada por varios filamentos *nerviosos o vasculares entrelazados. ‖ **sacro.** *Zool.* El constituido por las ramas nerviosas sacras. ‖ **solar.** Red *nerviosa que rodea a la arteria aorta ventral.

pléyadas. f. pl. *Astr.* **Pléyades.**

pléyade. f. fig. Grupo de *literatos o de personas señaladas, que florecen por el mismo tiempo.

pléyades. f. pl. *Astr.* Grupo de *estrellas en la constelación Tauro, y entre las cuales hay seis perceptibles a la simple vista, aunque vulgarmente se cuentan siete.

plica. f. Sobre cerrado y *sellado. ‖ *Med.* Enfermedad del *cabello o de la *barba, que se aglomeran y no pueden cortarse sin que la sangre brote.

pliego. m. Trozo de *papel de forma cuadrangular, doblado por medio. ‖ Por ext., la hoja de papel sin doblar en que se hacen dibujos, planos, mapas, etc. ‖ Conjunto de páginas de un *libro o folleto cuando en el tamaño de fábrica, no forman más que un **pliego.** ‖ Escrito que contiene las condiciones o cláusulas de un *contrato, *subasta, etc. ‖ Carta, oficio o *documento que cerrado se envía de una parte a otra. ‖ Conjunto de papeles contenidos en un mismo sobre o cubierta. ‖ **común.** El que tiene las dimensiones del papel sellado. ‖ **de condiciones.** Memoria comprensiva de las condiciones que se proponen o aceptan en un *contrato, concesión o *subasta. ‖ **Pliegos de cordel.** *Obras populares, como romances y coplas de ciego que se imprimen en **pliegos** sueltos.

***pliegue.** m. Doblez que se hace en un papel, tela u otra cosa flexible. ‖ Huella o *surco que queda. ‖ Doblez hecho artificialmente por *adorno.

plieguecillo. m. Medio pliego común de *papel, doblado por la mitad a lo ancho.

plinto. m. *Arq.* Cuadrado sobre que asienta la base de la *columna.

plioceno. adj. **Geol.* Dícese del terreno que forma la parte superior del terciario. Ú. t. c. s. ‖ *Geol.* Perteneciente a este terreno.

plomada. f. *Lápiz de plomo que usan algunos artífices. ‖ **Albañ.* Pesa de plomo o de otro metal que, colgada de una cuerda, sirve para señalar la línea *vertical. ‖ **Sonda.** ‖ *Azote de correas en cuyo remate había unas bolas de plomo. ‖ Conjunto de plomos que se ponen en la *red para pescar. ‖ *Germ.* **Pared.** ‖ *Artill.* Plancha de plomo con que se protegía el oído del *cañón.

plomar. tr. Poner un *sello de plomo pendiente de hilos en un documento.
plomazón. f. Almohadilla de cuero sobre la cual se cortan los panes para *dorar.
plombagina. f. **Grafito.**
plomería. f. Cubierta o *techumbre de plomo que se pone en los edificios. ‖ Almacén o depósito de *plomos.
plomero. m. El que trabaja o fabrica cosas de *plomo.
plomífero, ra. adj. Que contiene *plomo. ‖ fig. Dícese de la persona o cosa *fastidiosa.
***plomizo, za.** adj. Que tiene *plomo. ‖ De *color de plomo. ‖ Parecido al plomo en alguna de sus cualidades.
***plomo.** m. Metal pesado, blando y fácilmente fusible de color gris. ‖ ‖ **Plomada** (de albañil). ‖ fig. Cualquiera pieza o pedazo de **plomo.** ‖ fig. ***Bala.** ‖ fig. y fam. Persona pesada y *molesta. ‖ **blanco.** Carbonato de **plomo.** ‖ **corto.** El mezclado con arsénico, que se usa en la fabricación de perdigones. ‖ **de obra.** El argentífero. ‖ **dulce.** El refinado. ‖ **pobre.** El escaso de *plata. ‖ **rico.** El abundante en *plata. ‖ **A plomo.** m. adv. ***Verticalmente.** ‖ **Caer a plomo.** fr. fig. y fam. *Caer con todo el peso del cuerpo.
plomoso, sa. adj. **Plomizo.**
***pluma.** f. Cada uno de los apéndices que nacen en la piel de las aves, formados de un cañón de naturaleza córnea y de un astil guarnecido de barbillas. ‖ Conjunto de **plumas.** ‖ **Pluma** de ave convenientemente cortada para escribir con ella. ‖ Instrumento de metal para el mismo uso. ‖ **Pluma** preparada para servir de adorno, o adorno hecho de **plumas.** ‖ fig. Cualquier instrumento con que se escribe, en forma de **pluma.** ‖ fig. Habilidad o destreza caligráfica. ‖ fig. ***Escritor.** ‖ fig. *Estilo o manera de escribir. ‖ fig. Profesión o ministerio del escritor. ‖ fig. y fam. **Pedo.** ‖ *Germ.* **Remo.** ‖ **de agua.** *Hidrául.* Unidad de medida que sirve para aforar las aguas. ‖ **en sangre.** La de las aves que no tiene el cañón seco. ‖ **estilográfica.** La de mango hueco lleno de tinta que fluye a los puntos de ella. ‖ **viva.** La que se quita de las aves estando vivas. ‖ **Al correr de la pluma. A vuela pluma.** locs. advs. figs. Dejándose llevar de la inspiración, sin detenerse a meditar. ‖ **Dejar correr la pluma.** fr. fig. Escribir con abandono y sin meditación. ‖ fig. Escribir con *prolijidad. ‖ **Echar buena pluma.** fr. fig. y fam. **Echar buen pelo.** ‖ **Hacer a pluma y a pelo.** fr. fig. y fam. Servir para distintos menesteres. ‖ **Llevar la pluma** a uno. fr. fig. y fam. Ser su amanuense; *escribir lo que dicta. ‖ **Poner uno la pluma bien, o mal.** fr. fig. Expresar por escrito, bien o mal, las ideas. ‖ **Vivir** uno **de su pluma.** fr. fig. Ganarse la vida como *escritor.
plumada. f. Acción de *escribir una cosa corta. ‖ Rasgo o letra adornada que se hace sin levantar la pluma del papel. ‖ **Cetr.* Plumas que se preparan para que se las traguen los halcones. ‖ **Hacer la plumada.** fr. *Cetr.* Arrojar el azor las plumas que comió.
plumado, da. adj. Que tiene pluma.
plumaje. m. Conjunto de *plumas que adornan y visten al ave. ‖ Penacho de plumas.
plumajería. f. Cúmulo o agregado de plumajes.
plumajero. m. El que hace o vende *plumas o plumajes.
plumaria. adj. V. **Arte plumaria** (*bordado).
plumario. m. El que ejercita el arte plumaria.
plumazo. m. *Colchón o *almohada grande, llena de pluma. ‖ Trazo fuerte de pluma con que se tacha o *borra lo escrito.
plumazón. f. **Plumajería.** ‖ **Plumaje.**
plumbado, da. adj. Con *sello cancilleresco de plomo.
plumbagina. f. **Plombagina.**
plumbagíneo, a. adj. **Bot.* Dícese de hierbas y matas dicotiledóneas, cuyo tipo es la belesa. Ú. t. c. s. ‖ f. pl. *Bot.* Familia de estas plantas.
plúmbeo, a. adj. De *plomo. ‖ fig. Que pesa como el plomo.
plúmbico, ca. adj. *Quím.* Perteneciente o relativo al *plomo.
plumeado. m. *Pint.* Conjunto de rayas semejantes a las que se hacen con la pluma, para sombrear un dibujo.
plumear. tr. Sombrear un *dibujo con trazos de lápiz o de pluma.
plúmeo, a. adj. Que tiene *pluma.
plumería. f. Conjunto o abundancia de *plumas.
plumerío. m. **Plumería.**
***plumero.** m. Utensilio para la *limpieza, compuesto de un palo en cuyo extremo va sujeto un atado de plumas. ‖ Vaso o caja donde se ponen las *plumas de escribir. ‖ Penacho de plumas. ‖ **Plumaje.**
plumífero, ra. adj. poét. Que tiene o lleva *plumas. ‖ m. despect. Escritor, *periodista.
plumilla. f. d. de **Pluma.** ‖ *Bot.* **Plúmula.**
plumión. m. **Plumón.**
plumista. m. El que tiene por oficio *escribir, y más regularmente, *escribano u otro curial. ‖ El que hace o vende objetos de *pluma.
plumón. m. *Pluma muy delgada que tienen las aves debajo del plumaje exterior. ‖ *Colchón lleno de esta pluma.
plumoso, sa. adj. Que tiene *pluma o mucha pluma.
plúmula. f. *Bot.* Yemecilla que en el embrión de la planta es rudimento del *tallo.
plural. adj. *Gram.* V. **Número plural.** Ú. t. c. s.
pluralidad. f. *Multitud, número grande de algunas cosas. ‖ Calidad de ser más de uno. ‖ **A pluralidad de *votos.** m. adv. Por mayoría.
pluralizar. tr. **Gram.* Dar número plural a palabras que ordinariamente no lo tienen. ‖ Referir a *dos o más sujetos lo que sólo es propio de uno.
plurilingüe. adj. Escrito en varias lenguas. ‖ Dícese del que habla varias *lenguas.
plus. m. Gratificación, *remuneración adicional o sobresueldo.
pluscuamperfecto. adj. *Gram.* V. **Pretérito pluscuamperfecto.** Ú. t. c. s.
plus minusve. loc. lat. Más o menos.
plus ultra. loc. lat. Más allá.
plusvalía. f. **Mayor valía.**
plúteo. m. Cada uno de los cajones o tablas de un estante o *armario de libros. ‖ **Artill.* Armadura antigua sobre ruedas, a modo de *escudo movible. ‖ *Antepecho que cerraba la parte inferior de un intercolumnio.
plutocracia. f. Preponderancia de los *ricos en el *gobierno del estado. ‖ Predominio de la clase más *rica de un país.
plutócrata. com. Individuo de la plutocracia.
plutocrático, ca. adj. Perteneciente o relativo a la plutocracia.
Plutón. n. p. m. *Mit.* Dios de los infiernos. ‖ m. *Astron.* *Planeta menor que la Tierra.
plutoniano, na. adj. **Plutónico.** Aplícase más comúnmente a personas. Ú. t. c. s.
plutónico, ca. adj. **Geol.* Perteneciente o relativo al plutonismo.
plutonio. m. **Quím.* Cuerpo simple radiactivo. Se emplea en los procedimientos *atómicos para obtener el uranio 235.
plutonismo. m. **Geol.* Sistema que atribuye la configuración del globo a la acción del fuego interior.
plutonista. adj. **Geol.* Partidario del plutonismo. Ú. t. c. s.
pluvia. f. ant. ***Lluvia.**
pluvial. adj. V. **Capa pluvial.**
pluvímetro. m. **Pluviómetro.**
pluviométrico, ca. adj. Perteneciente o relativo al pluviómetro.
pluviómetro. m. Aparato para medir la *lluvia que cae en lugar y tiempo dados.
pluvioso, sa. adj. **Lluvioso.** ‖ m. Quinto *mes del calendario republicano francés.
poa. f. *Mar.* Seno o doble seno de *cabo en el cual se hacen firmes las bolinas.
pobeda. f. Sitio o lugar poblado de pobos.
***población.** f. Acción y efecto de poblar. ‖ Número de *habitantes de un pueblo, provincia, nación, etc. ‖ → Ciudad, villa o lugar.
poblacho. m. despect. *Población ruin y destartalada.
poblachón. m. *Población grande.
poblado. m. *Población, ciudad, villa o lugar.
poblador, ra. adj. Que puebla. Ú. t. c. s. ‖ Fundador de una *colonia. Ú. t. c. s.
***poblar.** tr. Fundar uno o más pueblos o *poblaciones. Ú. t. c. intr. ‖ Ocupar con gente un sitio para que habite en él. ‖ Por ext., se dice de animales y cosas. ‖ Procrear mucho. ‖ r. Hablando de los *árboles, llenarse de *hojas o ramaje.
poblazo. m. **Poblacho.**
poblezuelo. m. d. de **Pueblo.**
pobo. m. **Álamo blanco.**
pobra. adj. fam. desus. Decíase de la mujer que pedía limosna de puerta en puerta. Usáb. t. c. s.
***pobre.** adj. Que carece de lo necesario para vivir, o que lo tiene con mucha escasez. Ú. t. c. s. ‖ *Escaso o incompleto. ‖ fig. Humilde, *insignificante, de poco valor. ‖ fig. Infeliz, *desgraciado. ‖ fig. Pacífico, *apacible, *humilde. ‖ **For.* Persona que tiene derecho a la defensa gratuita en el enjuiciamiento civil o criminal. ‖ m. **Mendigo.** ‖ **de solemnidad.** El que lo es de notoriedad. ‖ **limosnero.** ***Mendigo.**
pobremente. adv. m. Con *pobreza o con escasez.
pobrería. f. **Pobretería.**
pobrero. m. El que en las comunidades tiene el encargo de dar *limosna a los pobres.
pobreta. f. fig. y fam. ***Ramera.**
pobrete, ta. adj. d. de **Pobre.** ‖ *Desgraciado, infeliz. Ú. t. c. s. ‖ fam. Dícese del sujeto *torpe o *apocado, pero de buen natural. Ú. t. c. s.
pobretear. intr. Comportarse como *pobre.

pobretería. f. Conjunto de *pobres. ‖ *Escasez o miseria en las cosas.
pobreto. m. **Pobrete.**
pobretón, na. adj. Muy pobre. Ú. t. c. s.
***pobreza.** f. Escasez o carencia de lo necesario para el sustento de la vida. ‖ Falta, *escasez. ‖ Escaso haber de la gente pobre. ‖ fig. *Timidez, falta de gallardía.
pobrezuelo, la. adj. d. de **Pobre.**
pobrismo. m. **Pobretería.**
pocero. m. El que fabrica o hace *pozos o trabaja en ellos. ‖ El que *limpia los pozos o depósitos de las inmundicias.
pocilga. f. *Establo para ganado de cerda. ‖ fig. y fam. Cualquier lugar muy *sucio y hediondo.
pocillo. m. Tinaja o *vasija empotrada en la tierra para recoger un líquido; como el *aceite y *vino en los molinos y lagares. ‖ **Jícara.**
pócima. f. **Farm.* Cocimiento medicinal de materias vegetales. ‖ fig. Cualquiera *bebida medicinal.
poción. f. ***Bebida.** ‖ **Farm.* *Medicamento líquido que se ingiere por la boca.
***poco, ca.** adj. Escaso, corto en cantidad o calidad. ‖ Empleado con verbos de duración, denota *brevedad. ‖ m. Cantidad corta o escasa. ‖ adv. c. Con escasez, en cantidad menor que la ordinaria o precisa. ‖ En poco tiempo, con *brevedad. ‖ **A poco.** m. adv. Algún tiempo *después. ‖ **De poco más o menos.** expr. fam. que se aplica a las personas o cosas *despreciables. ‖ **En poco.** m. adv. con que se da a entender que estuvo muy *próxima a suceder una cosa. ‖ **Poco a poco.** m. adv. Despacio, con *lentitud. ‖ De corta en corta cantidad, por *grados. ‖ **Poco más o menos.** m. adv. Con corta diferencia. ‖ ***Aproximadamente.** ‖ **Por poco.** m. adv. **En poco.** ‖ **Sobre poco más o menos.** m. adv. **Poco más o menos.** ‖ **Tener** uno **en poco** a una persona o cosa. fr. No hacer aprecio de ella.
póculo. m. *Vaso para beber.
pocho, cha. adj. *Descolorido, quebrado de color. ‖ Demasiado *maduro o *podrido.
***poda.** f. Acción y efecto de podar. ‖ Tiempo en que se ejecuta.
podadera. f. Herramienta de corte curvo y mango de madera, que se usa para *podar.
podador, ra. adj. Que poda. Ú. t. c. s.
podadura. f. p. us. **Poda.**
podagra. f. **Pat.* Enfermedad de gota, y especialmente cuando se padece en los pies.
***podar.** tr. Cortar o quitar las ramas superfluas de los árboles, vides y otras plantas para que fructifiquen con más vigor.
podazón. f. Tiempo o sazón de *podar los árboles.
podenco, ca. adj. V. ***Perro podenco.** Ú. t. c. s.
podenquero. m. Entre cazadores, el que cuida los podencos.
poder. m. Facultad de hacer alguna cosa, material o inmaterial. ‖ *Dominio, mando, jurisdicción. ‖ Autorización que uno da a otro para que actúe por *delegación suya. ‖ *Documento en que consta esta autorización. ‖ Fuerzas de un estado, en especial las militares. ‖ *Posesión actual o tenencia de una cosa. ‖ *Fuerza, vigor. ‖ Capacidad, *posibilidad. ‖ pl. fig. Facultades, autorización para hacer una cosa. ‖ **Poder absoluto,** o **arbitrario. Despotismo.** ‖ **ejecutivo.** En los gobiernos representativos, el que tiene a su cargo aplicar las leyes. ‖ **judicial.** El que ejerce la administración de *justicia. ‖ **legislativo.** Aquel en que reside la potestad de hacer y reformar las *leyes. ‖ **moderador.** El que ejerce el jefe supremo del Estado. ‖ **real.** Autoridad real. ‖ **A poder de.** m. adv. A fuerza de, o con *repetición de actos o abundancia de una cosa. ‖ **A todo poder.** m. adv. Con todo el *esfuerzo posible. ‖ **De poder absoluto.** m. adv. **Despóticamente.** ‖ **De poder a poder.** m. adv. con que se da a entender que en una *oposición o *contienda, cada parte ha empleado todas las fuerzas disponibles para el caso. ‖ **Hacer un poder.** fr. fig. y fam. con que se incita a hacer un *esfuerzo.
***poder.** tr. Tener expedita la facultad o potencia de hacer una cosa. ‖ Tener facilidad, tiempo o lugar de hacer una cosa. Ú. m. con negación. ‖ impers. Ser contingente o *posible que suceda una cosa. ‖ **A más no poder.** m. adv. con que se explica que uno ejecuta una cosa impelido y forzado. ‖ **Hasta más no poder.** ‖ **No poder más.** ‖ **Hasta más no poder.** fr. Todo lo posible. ‖ **No poder con** uno. fr. No **poder** reducirlo a la razón. ‖ **No poder** uno **consigo mismo.** fr. fig. Aburrirse, *fastidiarse aun de sí propio. ‖ **No poder más.** fr. con que se explica la *precisión de ejecutar una cosa. ‖ Estar sumamente *cansado de hacer una cosa. ‖ No tener tiempo para concluir lo que se está haciendo. ‖ **No poder menos.** fr. Ser necesario o *preciso. ‖ **No poder parar.** fr. ponderativa con que se explica el *desasosiego de uno. ‖ **No poderse tener.** fr. con que se explica la *debilidad o flaqueza de una persona o cosa. ‖ **No poderse valer.** fr. Hallarse uno *impotente para evitar el daño que le amenaza. ‖ No tener expedito el uso de un miembro. ‖ **No poder tragar** a uno. fr. fig. Tenerle *aborrecimiento. ‖ **No poder ver** a uno. fr. fig. *Aborrecerle. ‖ **No poder ver** a uno **pintado,** o **ni pintado.** fr. *Aborrecerle. ‖ **Poder a** uno. fr. fam. Tener más fuerza que él; *vencerle.
poderdante. com. Persona que da poder o *comisión a otra para que la represente.
poderhabiente. com. Persona que tiene poder o *comisión de otro para representarle.
poderío. m. *Poder de hacer o impedir una cosa. ‖ Hacienda, *bienes. ‖ Dominio, señorío. ‖ Vigor, *fuerza.
poderosamente. adv. m. Vigorosa y fuertemente.
***poderoso, sa.** adj. Que tiene *poder. Ú. t. c. s. ‖ Muy *rico. Ú. t. c. s. ‖ Grande, *excelente. ‖ Activo, eficaz.
podestá. m. Primer magistrado o *gobernador de algunas ciudades italianas.
podíatra. m. *Médico especializado en las enfermedades de los *pies.
podio. m. *Arq.* *Pedestal alargado en que estriban varias columnas.
podo. m. desus. **Poda.**
podoftalmos. m. pl. *Zool.* Orden de *crustáceos que tienen los ojos pedunculados.
podómetro. m. Aparato en forma de reloj de bolsillo, para contar los *pasos que da la persona que lo lleva.
podón. m. Podadera grande.
podoscafo. m. *Bote ligero que se maniobra con un solo remo de doble paleta.
podre. f. ***Pus.**
podrecer. tr. ***Pudrir.** Ú. t. c. intr. y c. r.
podrecimiento. m. **Podredura.**
podredumbre. f. Substancia o germen que *pudre una cosa. ‖ **Podre.** ‖ fig. Sentimiento callado de *aflicción o *desasosiego.
podredura. f. Putrefacción, *corrupción.
podrición. f. **Podredura.**
podridero. m. **Pudridero.**
***podrido, da.** p. p. de **Podrir.** ‖ adj. V. **Olla podrida.**
podrigorio. m. fam. Persona llena de *enfermedades y dolencias.
podrimiento. m. **Pudrimiento.**
podrir. tr. **Pudrir.** Ú. t. c. r.
***poema.** m. Obra en *verso o de contenido poético, y de alguna extensión. ‖ Suele también tomarse por **poema** épico. ‖ **sinfónico.** **Mús.* Composición para orquesta que se ajusta a un programa o argumento.
***poesía.** f. Interpretación emotiva de la naturaleza o de la vida, en lenguaje bello, abundante en imágenes y sujeto a medida y cadencia. ‖ Propiedad que tienen algunas obras de arte, acciones y aun cosas innominadas, de evocar emociones análogas a las que inspira la poesía lírica. ‖ Arte de componer obras poéticas. ‖ Arte de componer versos y obras en verso. ‖ Obra o composición en verso, y especialmente la que pertenece al género lírico.
poeta. m. El que compone obras poéticas. ‖ El que hace versos.
poetambre. f. fam. Turba de *poetas hambrientos.
poetastro. m. Mal poeta.
poética. f. **Poesía** (arte de componer versos). ‖ Obra o tratado sobre los principios y reglas de la *poesía.
poéticamente. adv. m. Con poesía, de manera poética.
***poético, ca.** adj. Perteneciente o relativo a la *poesía. ‖ Propio o característico de la poesía.
poetisa. f. Mujer que compone obras *poéticas. ‖ Mujer que hace versos.
poetizar. intr. Hacer o componer versos u obras *poéticas. ‖ tr. Embellecer o dar carácter *ideal a alguna cosa con el encanto de la *poesía.
poíno. m. Codal que sirve de encaje y sustenta las *cubas en las bodegas.
póker. m. **Póquer.**
pola. f. ant. **Puebla.**
polacada. f. Acto *arbitrario y tiránico de favoritismo.
polaco, ca. adj. Natural de Polonia. Ú. t. c. s. ‖ Perteneciente a este país de Europa. ‖ m. *Lengua de los **polacos.**
polacra. f. *Buque de cruz, de dos o tres palos enterizos y sin cofas.
***polaina.** f. Especie de media calza, hecha regularmente de paño o cuero, que cubre la pierna hasta la rodilla.
polar. adj. Perteneciente o relativo a los polos.
polaridad. f. **Ópt.* y **Electr.* Propiedad que tienen los agentes físicos de acumularse en los polos de un cuerpo. ‖ **Polarización.**
polarímetro. m. *Fís.* Aparato destinado a medir los efectos de la *luz polarizada.
polariscopio. m. **Ópt.* Aparato para observar la luz polarizada.
polarización. f. *Fís.* Acción y efecto de polarizar o polarizarse.

polarizar. tr. *Ópt. Modificar los rayos luminosos por medio de refracción o reflexión, de tal manera que queden incapaces de refractarse o reflejarse de nuevo en ciertas direcciones. Ʊ. t. c. r. ‖ r. *Fís.* Hablando de una pila *eléctrica, disminuir o agotarse la corriente que produce. ‖ Concentrar la *atención o el ánimo en una cosa.
polca. f. *Danza de origen bohemio, de movimiento rápido y en compás binario. ‖ *Música de esta danza.
polcar. intr. *Bailar la polca.
pólder. m. *Pantano desecado que se dedica al cultivo.
***polea.** f. Rueda acanalada en su circunferencia y móvil alrededor de un eje. ‖ *Mar.* Motón de dos cuerpos, uno prolongación de otro, y cuyas roldanas están en el mismo plano. ‖ **combinada.** La que forma parte de un sistema de **poleas;** como los cuadernales y aparejos. ‖ **fija.** La que funciona sin cambiar de sitio. ‖ **movible.** La que cambia de sitio bajando y subiendo. ‖ **simple.** La que funciona sola e independiente.
poleadas. f. pl. *Gachas o puches.
poleame. m. Conjunto de *poleas.
polemarca. m. Cierto *magistrado de Grecia, que era a la vez general del ejército.
polémica. f. Arte que trata del *acometimiento y *defensa de las plazas. ‖ **Teología dogmática.** ‖ *Discusión por escrito sobre materias teológicas, políticas, literarias, etc.
polémico, ca. adj. Perteneciente o relativo a la polémica.
polemista. com. *Escritor que sostiene polémicas.
polemoniáceo, a. adj. *Bot. Dícese de plantas dicotiledóneas, arbustos o hierbas, cuyo tipo es el polemonio. Ʊ. t. c. s. f. ‖ f. pl. *Bot.* Familia de estas plantas.
polemonio. m. *Planta herbácea de las polemoniáceas, de flores olorosas de corola azul, morada o blanca, que se cultiva en los jardines.
polen. m. *Bot.* Polvillo fecundante contenido en la antera de las *flores.
polenta. f. *Gachas de harina de maíz.
poleo. m. *Planta herbácea anual, de las labiadas, que despide un olor muy agradable. ‖ fam. *Jactancia y vanidad en el *andar o hablar. ‖ fam. *Viento frío. ‖ *Germ.* **Polinche.**
poleví. m. **Ponleví.**
poliandria. f. Estado de la mujer *casada simultáneamente con dos o más hombres. ‖ *Bot.* Condición de la *flor que tiene muchos estambres.
poliantea. f. Colección o *florilegio de noticias de distintas clases.
poliarquía. f. *Gobierno de muchos.
poliárquico, ca. adj. Perteneciente o relativo a la poliarquía.
poliartritis. f. *Pat.* Artritis que ataca varias *articulaciones.
pólice. m. **Pulgar.**
policelular. adj. *Histol.* Que tiene muchas *cédulas.
***policía.** f. Buen orden y *gobierno de una colectividad, población, etc. ‖ → Cuerpo encargado de velar por el mantenimiento del orden público y la seguridad de los ciudadanos. ‖ *Cortesía y urbanidad en el trato y costumbres. ‖ *Limpieza, aseo. ‖ m. **Agente de policía.** ‖ **judicial.** La que tiene por objeto la averiguación de los delitos y la persecución de los delincuentes. ‖ **urbana.** La que se refiere a la limpieza, higiene, salubridad y ornato de los pueblos.
policiaco, ca o **policíaco, ca.** adj. Relativo o perteneciente a la *policía.
policial. adj. Perteneciente o relativo a la policía.
policitación. f. *Promesa que no ha sido aceptada todavía.
policlínica. f. **Consultorio.**
policopia. f. Aparato que sirve para sacar varias *copias de un escrito.
policroísmo. m. *Mineral. Propiedad de ciertos minerales, de presentar diferentes colores según la dirección con que los atraviesa la luz.
policromar. tr. Decorar una cosa con varios colores y, más especialmente, pintar una *escultura imitando los colores del modelo.
policromía. f. Cualidad de policromo.
policromo, ma. adj. De varios *colores.
polícroto, ta. adj. *Med.* Dícese del *pulso cuya línea de descenso ofrece varias elevaciones.
polichinela. m. **Pulchinela.**
polidipsia. f. *Sed anormal que obliga a beber con frecuencia y abundantemente.
poliédrico, ca. adj. *Geom. Perteneciente o relativo al poliedro.
***poliedro.** adj. *Geom. V. **Ángulo poliedro.** ‖ m. *Geom. Sólido terminado por superficies planas.
polifacético, ca. adj. Que ofrece *diversos *aspectos.
polifagia. f. ***Hambre canina.**
polífago, ga. adj. Que tiene polifagia.
polifarmacia. f. Prescripción de gran número de *medicamentos o abuso de ellos.
polifásico, ca. adj. Dícese del circuito *eléctrico sometido a muchas fases.
polifonía. f. *Mús. Combinación armónica de varias melodías o motivos simultáneos.
polifónico, ca. adj. Perteneciente o relativo a la polifonía.
polífono, na. adj. **Polifónico.**
polígala. f. *Planta herbácea de las poligaleas, con raíz perenne, y de sabor amargo algo aromático, cuyo cocimiento se usa en medicina.
poligaleo, a. adj. *Bot. Dícese de plantas dicotiledóneas, arbustos o hierbas, cuyo tipo es la polígala. Ʊ. t. c. s. f. ‖ f. pl. *Bot. Familia de estas plantas.
poligalia. f. *Med.* Secreción excesiva de *leche en las paridas.
poligamia. f. Estado o calidad de polígamo. ‖ Régimen familiar en que se permite al varón tener pluralidad de esposas o concubinas.
polígamo, ma. adj. Dícese del hombre *casado simultáneamente con dos o más mujeres. Ʊ. t. c. s. ‖ Por ext. y p. us., dícese del que sucesivamente las tuvo. ‖ *Bot. Aplícase a las plantas que tienen en uno o más pies flores masculinas, femeninas y hermafroditas. ‖ *Zool.* Dícese del animal que se junta con varias hembras, y de la especie a que pertenece.
poligenismo. m. Doctrina que admite variedad de orígenes en la especie *humana.
poligenista. m. El que profesa el poligenismo.
poliginia. f. Condición de la *flor que tiene muchos pistilos.
políglota o **poliglota.** adj. Escrito en varias *lenguas. ‖ Aplícase también a la persona versada en varias lenguas. Ʊ. m. c. s. ‖ f. La *Biblia impresa en varios idiomas.
poligloto. adj. **Políglota.**
poligonáceo, a. adj. *Bot. Dícese de plantas dicotiledóneas, arbustos o hierbas, de tallos y ramos nudosos, como el alforfón. Ʊ. t. c. s. ‖ f. pl. *Bot. Familia de estas plantas.
poligonal. adj. *Geom. Perteneciente o relativo al polígono. ‖ *Geom.* Dícese del prisma o pirámide cuyas bases son polígonos.
***polígono, na.** adj. *Geom.* **Poligonal.** ‖ → m. *Geom.* Porción de plano limitado por líneas rectas. ‖ **exterior.** *Fort. El que se forma tirando líneas rectas de punta a punta de todos los baluartes de una plaza. ‖ **interior.** *Fort. Figura compuesta de las líneas que forman las cortinas y semigolas.
poligrafía. f. *Criptografía o arte de escribir de modo que sólo pueda descifrar lo escrito quien previamente conozca la clave. ‖ Arte de descifrar los escritos de esta clase. ‖ Ciencia del que escribe sobre asuntos *diversos.
poligráfico, ca. adj. Perteneciente o relativo a la poligrafía.
polígrafo. m. El que se dedica al estudio y cultivo de la poligrafía. ‖ *Escritor que trata de materias diferentes.
polilla. f. *Mariposa nocturna pequeña, cenicienta, cuya larva se alimenta de borra y hace una especie de capullo, destruyendo para ello la materia en donde anida, que suele ser en tejidos, pieles, papel, etc. ‖ Larva de este insecto. ‖ fig. Lo que menoscaba o *destruye insensiblemente una cosa. ‖ **Polilla de la cera.** Insecto lepidóptero, que, en estado de larva, ataca la cera de los *paneles. ‖ **No tener uno polilla en la lengua.** fr. fig. y fam. Hablar con libertad o *descaro.
polímita. adj. Aplícase a la *tela tejida de hilos de varios colores.
polimorfismo. m. *Quím. Propiedad de los cuerpos que pueden cambiar de *forma sin variar su naturaleza.
polimorfo, fa. adj. *Quím. Que puede tener varias *formas.
polín. m. **Rodillo** (*madero corto y cilíndrico). ‖ Trozo de madera prismático, de longitud variable, que sirve en los almacenes para *apoyar sobre él lo que se desea mantener elevado del suelo.
polinche. m. *Germ.* El que encubre *ladrones.
polinesio, sia. adj. Natural de Polinesia. Ʊ. t. c. s. ‖ Perteneciente a la Polinesia.
polinización. f. *Bot. Transporte del polen hasta el estigma.
polinomio. m. *Álg. Expresión que consta de varios términos, y especialmente la que tiene más de dos.
polio. m. **Zamarrilla.**
poliomielitis. f. *Pat.* Inflamación de la substancia gris de la *medula espinal. ‖ *Pat. Parálisis infantil.
poliorcética. f. Arte de *sitiar, atacar y *defender las plazas fuertes.
poliorquidia. f. *Pat.* Existencia de más de dos *testículos en el hombre.
polipasto. m. **Polispasto.**
polipero. m. Formación submarina, obra de diversos géneros de zoófitos que en ella viven y mueren, que llega a levantar *escollos.
polipétalo, la. adj. *Bot.* De muchos pétalos. Dícese de las *flores o de sus corolas.
poliplano, na. adj. *Aeron. Dícese del avión en que se utilizan más de dos superficies de sostén. Ʊ. t. c. s.
***pólipo.** m. Animal radiado, cuya boca, rodeada de tientos, conduce a un estómago, o simple o seguido de intestinos. ‖ **Pulpo.** ‖ *Pat.* *Tu-

mor, de forma pediculada, que crece en las membranas mucosas de diferentes cavidades y principalmente de la nariz, vagina, matriz, etc.
polipodiáceas. f. pl. Familia de plantas *criptógamas cuyo tipo es el polipodio.
polipodio. m. ***Helecho.**
políptoton. f. **Ret.* **Traducción.**
polisarcia. f. **Pat.* **Obesidad.**
polisemia. f. Diversidad de *significaciones de una *palabra.
polisépalo, la. adj. *Bot.* De muchos sépalos. Dícese de las *flores o de sus cálices.
polisialia. f. Secreción excesiva de *saliva.
polisílabo, ba. adj. Aplícase a la palabra que consta de varias sílabas. Ú. t. c. s. m.
polisíndeton. m. **Ret.* Figura que consiste en emplear todas las conjunciones necesarias para dar fuerza o trabazón a los conceptos.
polisintético, ca. adj. *Filol.* Dícese de las *lenguas en que los varios componentes de una frase se unen en una sola palabra.
polisón. m. Armazón que, atada a la cintura, se ponían las mujeres para que abultasen las *faldas por detrás. ‖ *Ahuecador que se ponían en la cintura.
polispasto. m. **Aparejo** (sistema de *poleas).
polista. m. Indio de Filipinas, que presta servicio en los trabajos comunales.
polista. com. Jugador de polo. Ú. t. c. adj.
polistilo, la. adj. *Arq.* Que tiene muchas *columnas. ‖ **Bot.* Que tiene muchos estilos. ‖ m. *Arq.* *Pórtico compuesto de muchas columnas.
politécnico, ca. adj. Que abraza muchas ciencias o artes.
politeísmo. m. Doctrina y *religión de los que creen en la existencia de muchos dioses.
politeísta. adj. Perteneciente o relativo al politeísmo. ‖ Que profesa el politeísmo. Ú. t. c. s.
***política.** f. Arte de gobernar los *pueblos, y conservar el orden y buenas costumbres. ‖ *Cortesía, urbanidad. ‖ Por ext., *modo de conducir un asunto para conseguir el fin deseado. ‖ *Habilidad, *astucia para lograr uno su intento.
políticamente. adv. m. Conforme a las leyes o reglas de la política.
politicastro. m. despect. *Político inepto o de ruines propósitos.
***político, ca.** adj. Perteneciente o relativo a la política. ‖ *Cortés, urbano. ‖ Versado en las cosas del gobierno y negocios del Estado. Ú. t. c. s. ‖ Aplicado a un nombre significativo de *parentesco, denota que éste es por afinidad.
politicón, na. adj. Que se distingue por su exagerada *cortesía. Ú. t. c. s. ‖ Que muestra extremada afición a la *política.
politiquear. intr. fam. Ocuparse en los menudos menesteres de la *política, o hablar de ella fuera de sazón y con frecuencia.
poliuria. f. *Pat.* Secreción y excreción de gran cantidad de *orina.
polivalvo, va. adj. Aplícase a los testáceos que tienen más de dos *conchas.
póliza. f. *Libranza o instrumento en que se da orden para percibir o cobrar algún dinero. ‖ Guía que acredita no ser de *contrabando los géneros y mercancías que se llevan. ‖ Papeleta de *entrada para alguna función o *ceremonia. ‖ Papel anónimo o *cartel clandestino. ‖ Documento justificativo del contrato en *seguros, operaciones de *bolsa y otras negociaciones comerciales. ‖ *Sello suelto con que se satisface el *impuesto del timbre. ‖ **Impr.* Diversa proporción en que se hallan las letras de una fundición.
polizón. m. Sujeto ocioso y *callejero. ‖ El que se *embarca clandestinamente para *viajar de un punto a otro.
polizonte. m. despect. ***Policía** (agente).
***polo.** m. Cualquiera de los dos extremos del eje de rotación de una esfera o cuerpo redondeado. ‖ fig. Aquello en que estriba una cosa y sirve como de *fundamento a otra. ‖ *Fís.* Cualquiera de los dos puntos opuestos de un cuerpo, en los cuales se acumula en mayor cantidad el *magnetismo o la *electricidad. ‖ *Geom.* En las coordenadas polares, punto que se escoge para trazar desde él los radios vectores. ‖ **antártico.** *Astr.* y *Geogr.* El opuesto al ártico. ‖ **ártico.** *Astr.* y *Geogr.* El de la esfera celeste inmediato a la Osa Menor, y el correspondiente del globo terráqueo. ‖ **austral.** *Astr.* y *Geogr.* **Polo antártico.** ‖ **boreal.** *Astr.* y *Geogr.* **Polo ártico.** ‖ **gnomónico.** Cierto punto de la superficie del *reloj de sol. ‖ **magnético.** Cada uno de los dos puntos del globo terrestre adonde se dirige naturalmente la aguja imantada. ‖ **De polo a polo.** m. adv. fig. con que se pondera la distancia que hay de una parte a otra.
polo. m. Cierto *canto popular de Andalucía.
polo. m. *Impuesto que consistía en una prestación personal redimible en metálico, impuesta en Filipinas a todo indio varón de cierta edad.
polo. m. *Juego entre grupos de jinetes que, con mazas de astiles largos, impulsan una bola de madera, tratando cada bando de llevarla a la meta del contrario.
polonés, sa. adj. **Polaco.** Apl. a pers., ú. t. c. s.
polonesa. f. Prenda de *abrigo femenina, a modo de gabán corto guarnecido con pieles. ‖ **Mús.* Composición que imita cierto aire de danza y canto polacos.
Polonia. n. p. V. **Trigo de Polonia.**
polonio. m. *Metal raro y radiactivo hallado en la pecblenda.
poltrón, na. adj. Flojo, *perezoso. ‖ V. **Silla poltrona.** Ú. t. c. s.
poltronería. f. *Pereza, haraganería.
poltronizarse. r. Hacerse poltrón.
polución. f. Efusión del *semen.
poluto, ta. adj. *Sucio, inmundo.
Pólux. n. p. m. *Astr.* Una de las dos *estrellas principales de la constelación de Géminis.
polvareda. f. Cantidad de *polvo que se levanta de la tierra. ‖ fig. Efecto causado entre las gentes por dichos o hechos que las *perturban o apasionan.
polvera. f. Vaso de *tocador, que sirve para contener los polvos.
polvificar. tr. fam. **Pulverizar.**
***polvo.** m. Conjunto de partículas de tierra seca y deshecha, que con cualquier movimiento se levanta en el aire. ‖ Lo que queda de otras cosas sólidas, finamente trituradas. ‖ Cantidad de **polvo,** que se puede tomar de una vez con las yemas de los dedos pulgar e índice. ‖ Partículas que flotan en el aire y se posan sobre los objetos. ‖ pl. Los que se hacen de almidón u otras substancias y se usan como *afeite. ‖ **Polvo de batata.** Conserva dulce que se hace con la batata desmenuzada. ‖ **de capuchino.** El de las semillas de la cebadilla. ‖ **de tierra. Cola de caballo.** ‖ **Polvos de cartas. Arenilla.** ‖ **de Juanes.** Mercurio precipitado rojo. ‖ **de la madre Celestina.** fig. y fam. *Medio secreto y *prodigioso con que se hace una cosa. ‖ **de salvadera. Arenilla.** ‖ **de Soconusco. Pinole.** ‖ **Hacerle** a uno **polvo.** fr. fig. y fam. Aniquilarle, *vencerle. ‖ **Hacer morder el polvo** a uno. fr. fig. Rendirle, *vencerle en la pelea. ‖ **Levantar del polvo,** o **del polvo de la tierra,** a uno. fr. fig. *Enaltecerlo, elevarlo a una dignidad o empleo. ‖ **Limpio de polvo y paja.** expr. fig. y fam. Dado o recibido sin trabajo o gravamen; *gratis. ‖ fig. y fam. Dícese de la *ganancia líquida. ‖ **Matar el polvo.** fr. fig. *Regar el suelo. ‖ **Sacar del polvo** a uno. fr. fig. **Levantarlo del polvo.** ‖ **Sacar polvo debajo del agua.** fr. fig. y fam. con que se pondera el *ingenio de uno. ‖ **Sacudir el polvo** a uno. fr. fig. y fam. Darle *golpes. ‖ fig. y fam. *Impugnarle.
***pólvora.** f. Explosivo compuesto de salitre, azufre y carbón. También se da este nombre a otros explosivos de distinta composición. ‖ Conjunto de *fuegos artificiales* que se disparan en una ocasión. ‖ fig. Mal genio de uno, carácter *irritable. ‖ fig. Actividad y *vehemencia de una cosa. ‖ **de algodón.** La que se hace con la borra de esta planta, impregnada de los ácidos nítrico y sulfúrico. ‖ **de papel.** La que consiste en hojas de papel bañadas de diversas composiciones. ‖ **detonante,** o **fulminante.** La que es inflamable al choque y aun al rozamiento. ‖ **sorda.** fig. Sujeto que hace daño a otro con gran *disimulo. ‖ **viva.** Aquella cuya inflamación total es casi instantánea. ‖ **Pólvoras de duque. Polvoraduque.** ‖ **Correr la pólvora.** fr. Ejecutar varias maniobras corriendo a escape a caballo y disparando las armas de fuego. ‖ **Gastar la pólvora en salvas.** fr. fig. Poner medios *inútiles o intempestivos para un fin. ‖ **Mojar la pólvora** a uno. fr. fig. *Aplacar al que estaba colérico. ‖ **No haber inventado** uno **la pólvora.** fr. fig. y fam. Ser *necio o muy corto de alcances. ‖ **Ser** uno **una pólvora.** fr. fig. Ser muy activo y *veloz. ‖ **Tirar** uno **con pólvora ajena.** fr. fig. y fam. *Gastar dinero ajeno.
polvoraduque. f. *Salsa que se hacía de clavo, jengibre, azúcar y canela.
polvoreamiento. m. Acción de polvorear.
polvorear. tr. Echar *polvo o polvos sobre una cosa.
polvoriento, ta. adj. Lleno o cubierto de *polvo.
polvorín. m. *Pólvora muy menuda. ‖ **Cebador.** ‖ Lugar o edificio convenientemente dispuesto para guardar la pólvora.
polvorista. m. **Pirotécnico.**
polvorizable. adj. **Pulverizable.**
polvorización. f. **Pulverización.**
polvorizar. tr. **Polvorear.** ‖ **Pulverizar.**
polvorón. m. Torta o *dulce de harina, manteca y azúcar, que se deshace en polvo al comerlo.
polvoroso, sa. adj. **Polvoriento.**
polla. f. *Gallina nueva, que no pone huevos o que empieza a po-

nerlos. || En algunos juegos de *naipes, **puesta.** || fig. y fam. **Mocita.** || **de agua. Rey de codornices.** || **Fúlica.** || *Ave zancuda, de plumaje rojizo, que habita en parajes pantanosos.

pollada. f. Conjunto de *pollos que de una vez sacan las aves, particularmente las gallinas. || **Artill.* Multitud de granadas que se disparaban de un mortero al mismo tiempo.

pollancón, na. m. y f. **Pollastro.** || fig. y fam. *Joven muy corpulento.

pollastre. m. **Pollastro.**

pollastro, tra. m. y f. *Pollo o polla algo crecidos. || m. fig. y fam. Hombre muy *astuto.

pollazón. f. Echadura de huevos que de una vez *empollan las aves. || **Pollada.**

pollera. f. La que tiene por oficio criar o vender *pollos. || Lugar o sitio en que se crían los pollos. || Especie de cesto de mimbres o red, para guardar los pollos. || Artefacto en figura de campana, hecho de mimbres, dentro del cual se pone a los *niños para que aprendan a *andar sin caerse. || *Falda que las mujeres se ponían sobre el tontillo.

pollería. f. Sitio, casa o calle donde se venden *gallinas, pollos y otras aves comestibles.

pollero, ra. m. y f. Persona que tiene por oficio criar o vender *pollos. || **Pollera** (para guardar los pollos).

pollez. f. **Cetr.* Tiempo que se mantienen sin mudar la pluma los halcones y otras aves de rapiña.

pollinarmente. adv. m. **Asnalmente.**

pollinejo, ja. m. y f. d. de **Pollino.**

pollino, na. m. y f. *Asno joven. || Por ext., cualquier borrico. || fig. Persona *necia o muy ignorante. Ú. t. c. adj.

pollito, ta. m. y f. fig. y fam. *Niño o niña de corta edad. || *Joven que acaba de entrar en la adolescencia.

***pollo.** m. Cría que sacan de cada huevo las aves y particularmente las gallinas. || Cría de las *abejas. || fig. y fam. *Joven de pocos años. || fig. y fam. Hombre *astuto y sagaz. || En las viñas de regadío, margen que levantan a trechos los cavadores para *represar el agua. || fam. **Gargajo.** || **Cetr.* Ave que no ha mudado aún la pluma. || **Sacar pollos.** fr. Fomentar los huevos y darles calor para que se vaya formando el **pollo.**

polluelo, la. m. y f. d. de **Pollo.**

poma. f. **Manzana.** || Casta de *manzana pequeña y chata. || **Perfumador** (vaso). || **Bujeta.** || Cierta confección *aromática.

pomáceo, a. adj. **Bot.* Dícese de plantas dicotiledóneas, con fruto en pomo y semilla sin albumen. Ú. t. c. s. f. || f. pl. *Bot.* Familia de estas plantas.

pomada. f. **Farm.* Confección hecha con grasa y otros ingredientes, que se emplea como *afeite o medicamento.

pomar. m. Lugar o huerta donde hay árboles frutales, especialmente *manzanos.

pomarada. f. **Manzanar.**

pomarrosa. f. Fruto del yambo, semejante en su forma a una manzana pequeña, de sabor dulce, olor de rosa y una sola semilla.

pomelo. m. **Toronja.**

pomerano, na. adj. Natural de Pomerania. Ú. t. c. s. || Perteneciente a esta provincia de Prusia.

pómez. f. **Piedra pómez.**

pomífero, ra. adj. poét. Que lleva o da pomas o *manzanas.

pomo. m. *Fruto o fruta de pipa, especialmente de los árboles, como el manzano. || **Poma** (confección *aromática). || *Vasija o vaso pequeño para contener los licores y confecciones olorosas. || Extremo de la guarnición de la *espada. || Ramillete de *flores.

pomología. f. Tratado de los *frutos.

Pomona. n. p. f. **Mit.* Diosa de los frutos y de los jardines, entre los romanos.

***pompa.** f. Acompañamiento suntuoso y de gran aparato, que se hace en una ceremonia. || → Fausto, magnificencia. || *Procesión solemne. || *Burbuja de aire que se forma en un líquido. || Fuelle hueco o ahuecamiento que se forma con la ropa, cuando toma aire. || Rueda que hace el *pavo real. || *Mar.* **Bomba.**

pompático, ca. adj. **Pomposo.**

pompear. intr. Hacer pompa u *ostentación de algo. || r. fam. Tratarse con *pompa. || fam. **Pavonearse.**

pompeyano, na. adj. Perteneciente a Pompeyo el Magno o a sus hijos. || Partidario de aquél o de éstos. Ú. t. c. s. || Natural de Pompeya. Ú. t. c. s. || Perteneciente a esta ciudad de Italia. || Dícese en sentido restricto del estilo propio de las *pinturas y objetos de arte hallados en Pompeya.

pompo, pa. adj. *Romo, sin filo.

pompón. m. *Mil.* Esfera metálica o bola con que se adornaba la parte anterior y superior de los *morriones.

pomponearse. r. fam. **Pompearse.**

pomposamente. adv. m. Con *pompa.

pomposidad. f. Calidad de pomposo.

pomposo, sa. adj. *Ostentoso, magnífico. || *Hueco, hinchado. || fig. Dícese del *estilo exornado con exceso.

pómulo. m. *Hueso de cada una de las *mejillas.

ponceño, ña. adj. Natural de Ponce. Ú. t. c. s. || Perteneciente a esta ciudad.

poncí. adj. **Poncil.**

poncidre. adj. **Poncil.**

poncil. adj. Dícese de una especie de *limón o cidra agria y de corteza muy gruesa. Ú. t. c. s. m.

poncio. m. fam. *Gobernador de una provincia.

ponchada. f. Cantidad de ponche para varias personas.

ponche. m. *Bebida que se hace mezclando ron u otro licor espirituoso con agua, limón y azúcar. || **de huevo.** El que se hace mezclando ron con leche, huevo batido y azúcar.

ponchera. f. *Vaso semiesférico, con pie, en el cual se prepara el ponche.

poncho. m. ***Capote de monte.** || Capote militar.

poncho, cha. adj. *Perezoso, negligente.

ponderable. adj. Que se puede *pesar. || Digno de ponderación.

ponderación. f. Acción y efecto de ponderar. || *Prudencia y *reflexión con que se dice o hace una cosa.

ponderadamente. adv. m. Con ponderación.

ponderador, ra. adj. Que pondera o exagera. Ú. t. c. s.

ponderal. adj. Perteneciente al *peso.

***ponderar.** tr. *Pesar, examinar el peso de una cosa. || Considerar detenidamente una cosa, *meditar sobre ella. || → Exagerar. || Contrapesar, equilibrar.

ponderativo, va. adj. Que pondera o *alaba con *exageración una cosa. || Dícese de la persona que tiene por hábito ponderar las cosas.

ponderosamente. adv. m. **Pesadamente.** || Atenta y cuidadosamente.

ponderosidad. f. Calidad de ponderoso.

ponderoso, sa. adj. **Pesado.** || fig. *Serio, circunspecto.

ponedero, ra. adj. Que se puede poner o está para ponerse. || Dícese de las *aves que ya ponen *huevos. || m. **Nidal.** || Lugar en que se halla el nidal de la *gallina.

ponedor, ra. adj. Que pone. || Aplícase a la *caballería enseñada a levantarse de manos. || **Ponedero** (que pone *huevos). || m. **Postor.**

ponencia. f. Cargo de ponente. || Informe o *dictamen dado por el ponente.

ponente. adj. Aplícase al individuo de una asamblea o de un cuerpo colegiado a quien toca hacer relación de un asunto y proponer un *dictamen o resolución. Ú. t. c. s.

ponentino, na. adj. **Ponentisco.** Ú. t. c. s.

ponentisco, ca. adj. **Occidental.** Ú. t. c. s.

***poner.** tr. Colocar en un lugar o en determinada situación una persona o cosa. Ú. t. c. r. || Disponer o *preparar una cosa con lo que ha menester para algún fin. || Contar o *calcular. || **Suponer.** || **Apostar.** || *Confiar una cosa a la resolución de otro. || *Escribir una cosa en el papel. || Representar una obra de *teatro. || Soltar el *huevo las aves. || Dedicar a uno a una *ocupación u *oficio. Ú. t. c. r. || En el juego, **parar.** || Aplicar, adaptar. || Tratándose de *nombres, motes, etcétera, aplicarlos a personas o cosas. || **Exponer** (*arriesgar). Ú. t. c. r. || Escotar o contribuir a algún gasto. || *Añadir voluntariamente una cosa a la narración. || En algunos juegos de *naipes, depositar un jugador en el fondo una cantidad igual a la que había de percibir si ganara. || Tratar a uno bien o mal de palabra. || Con la preposición *a* y el infinitivo de otro verbo, *empezar a ejecutar la acción. Ú. t. c. r. || Hacer adquirir a una persona la condición o estado que se expresa. Ú. t. c. r. || r. *Oponerse a uno; hacerle frente o *reñir con él. || *Vestirse o ataviarse. || Mancharse o *ensuciarse. || Hablando de los *astros, *ocultarse debajo del horizonte. || *Llegar a un lugar determinado. || **No ponérsele** a uno **nada por delante.** fr. fig. Seguir adelante con su intento sin miramientos ni reparos. || **Poner** a uno **ante** el alcalde, el juez, etc. fr. Demandarle. || **Poner** a uno **a parir.** fr. fig. y fam. Estrecharle fuertemente para *compelerle a una cosa. || **Poner colorado** a uno. fr. fig. y fam. Avergonzarle. Ú. t. c. r. || **Poner como nuevo** a uno. fr. fig. y fam. *Maltratarle de obra o *zaherirle. || **Poner en** tal cantidad. fr. En las *subastas, hacer postura de ella. || **Poner en claro.** fr. *Averiguar o explicar con claridad alguna cosa. || **Poner mal** a uno. fr. Enemistarle, perjudicarle. || **Poner por encima.** fr. Preferir, anteponer. || En los *juegos de envite, **poner** o parar a una suerte los que están fuera de ellos. || **Ponerse al corriente.** fr. Enterarse, *informarse de una cosa.

|| **Ponerse** uno **bien.** fr. fig. *Adelantarse, mejorar de condición.
ponfo. m. *Pat.* *Ampolla que se forma debajo de la *piel.
pongo. m. Especie de *mono antropomorfo.
pongo. m. *Indio que hace oficios de *criado. || Paso angosto y peligroso de un *río.
ponientada. f. *Viento duradero de poniente.
poniente. m. **Occidente.** || *Viento que sopla de la parte occidental. || *Germ.* **Sombrero.**
ponimiento. m. Acción y efecto de *poner o ponerse.
ponleví. m. Forma especial de *calzado que arqueaba mucho el pie por tener el tacón muy alto. || **A la ponleví.** loc. Dícese del calzado que tiene dicha forma. || Dícese del tacón de esta clase de calzado.
pontaje. m. **Pontazgo.**
pontana. f. Cada una de las losas que cubren el *cauce de un arroyo o de una acequia.
pontazgo. m. *Impuesto que se paga para *pasar por los *puentes.
pontear. tr. Fabricar o hacer un *puente, o colocarlo.
pontederiáceo, a. adj. **Bot.* Dícese de plantas monocotiledóneas, acuáticas, perennes con rizoma rastrero, cuyo tipo es el camalote. Ú. t. c. s. || f. pl. *Bot.* Familia de estas plantas.
pontevedrés, sa. adj. Natural de Pontevedra. Ú. t. c. s. || Perteneciente a esta ciudad.
pontezuela. f. d. de **Puente.**
pontezuelo. m. d. de **Puente.**
póntico, ca. adj. Perteneciente al Ponto Euxino, hoy mar Negro. || Perteneciente al Ponto, región de Asia antigua.
pontificado. m. Dignidad de *pontífice. || Tiempo que dura. || Tiempo que conserva un *prelado el gobierno de su iglesia.
pontifical. adj. Perteneciente o relativo al sumo *pontífice. || Perteneciente o relativo a un *obispo o arzobispo. || m. Conjunto o agregado de ornamentos que sirven al *obispo para el *culto. Ú. t. en pl. || Libro que contiene las ceremonias pontificias y las de las funciones episcopales. || Renta de *diezmos que correspondía a cada parroquia. || **De pontifical.** m. adv. fig. y fam. En traje de ceremonia o de *gala.
pontificalmente. adv. m. Según la práctica y estilos de los *obispos o *pontífices.
pontificar. intr. *Liturg.* Celebrar funciones litúrgicas con rito pontifical. || fam. Ser pontífice u obtener la dignidad pontificia.
***pontífice.** m. Magistrado *sacerdotal que presidía las ceremonias religiosas en la antigua Roma. || *Obispo o arzobispo de una diócesis. || → Por antonom., prelado supremo de la Iglesia Católica Romana; papa.
***pontificio, cia.** adj. Perteneciente o relativo al *pontífice.
pontil. m. En la fabricación del *vidrio, masa que se toma con la punta de una varilla para hacer un objeto.
pontín. m, *Embarcación filipina de cabotaje, mayor que el panco.
ponto. m. poét. **Mar.**
pontocón. m. **Puntillón.**
pontón. m. *Barco chato, para pasar los ríos o construir *puentes. || Buque viejo que, amarrado de firme en los puertos, sirve de almacén, de *hospital, etc. || *Madero que tiene tres pulgadas de canto por tres o cuatro de tabla. || *Puente formado de maderos o de una sola tabla. || **flotante.** Barca hecha de maderos unidos, para pasar un río, etc.
pontonero. m. El que está empleado en el manejo de los pontones.
ponzoña. f. Substancia *venenosa o nociva para la salud. || fig. Doctrina o práctica que ocasiona *perversión de las buenas costumbres.
ponzoñosamente. adv. m. Con ponzoña.
ponzoñoso, sa. adj. Que tiene ponzoña. || fig. *Perjudicial a las buenas costumbres.
popa. f. Parte *posterior de las *embarcaciones. || **De popa a proa.** m. adv. fig. Entera o totalmente, del *todo.
popamiento. m. Acción y efecto de popar.
popar. tr. *Despreciar a uno. || Acariciar o *halagar. || fig. Tratar con blandura y *cuidado.
pope. m. *Sacerdote del rito griego, en los pueblos eslavos.
popel. adj. *Mar.* Dícese de la cosa que está situada más a popa que otra u otras con que se compara.
popelina. f. Cierta *tela delgada para camisas y usos análogos.
popés. m. *Mar.* Cualquiera de los dos *cabos muy gruesos que se colocaban en ayuda de los obenques.
poplíteo, a. adj. *Zool.* Perteneciente a la corva.
popote. m. Especie de paja para hacer *escobas.
populación. f. **Población.**
populachería. f. *Fama alcanzada entre el vulgo halagando sus pasiones.
populachero, ra. adj. Perteneciente o relativo al populacho.
populacho. m. Lo ínfimo de la *plebe.
popular. adj. Perteneciente o relativo al pueblo. || Del pueblo o de la *plebe. Ú. t. c. s. || Que es grato al pueblo.
popularidad. f. *Fama y aplauso que uno tiene en el pueblo.
popularizar. tr. Acreditar a una persona o cosa, extendiendo su *fama entre el público. Ú. t. c. r.
popularmente. adv. m. De manera grata a la multitud. || **Tumultuosamente.**
populazo. m. **Populacho.**
populeón. m. **Farm.* Ungüento calmante, compuesto a base de las yemas del chopo o álamo negro.
populetano, na. adj. Perteneciente o relativo al monasterio de Poblet.
pópulo. m. **Pueblo.** Ú. únicamente en la frase familiar **hacer una de pópulo bárbaro,** que significa poner por obra una *decisión violenta o desatinada.
populoso, sa. adj. Aplícase a la ciudad, villa o lugar en que hay *muchedumbre de personas.
popurrí. m. **Mús.* Composición formada con fragmentos o temas musicales de un autor.
poquedad. f. *Escasez, corta cantidad de una cosa. || *Timidez, *cobardía. || Cosa *insignificante.
póquer. m. Juego de *naipes; es de envite y gana el que tiene la combinación superior.
póquil. m. Hierba chilena, que sirve para *teñir de amarillo.
poquito, ta. adj. d. de **Poco.** || **A poquito.** m. adv. **Poco a poco.** || **A poquitos.** m. adv. En pequeñas y repetidas porciones; por *grados. || **De poquito.** loc. fam. Dícese del que es *torpe o *apocado.
por. *prep. con que se indican muy diversas relaciones de *tiempo, *causa, *modo, finalidad, *substitución, *comparación, *distribución, proporción, etc. || En las oraciones pasivas, indica el sujeto agente. || Precediendo a ciertos infinitivos, denota que la acción está *pendiente o se concibe como *futura. || También significa *a favor* o *en defensa de.* || Con el verbo *ir* y otros que indican traslación, suple a **traer.* || **Por donde.** m. adv. Por lo cual. || **Por que.** conj. causal. **Porque.** || m. conjunt. final. **Para que.** || **Por qué.** m. conjunt. Por cuál razón.
porcachón, na. m. y f. fam. aum. de **Puerco.** Ú. t. c. adj.
porcallón, na. m. y f. fam. aum. de **Puerco.** Ú. t. c. adj.
porcar. tr. **Aporcar.**
porcel. m. **Porcino** (chichón).
porcelana. f. Especie de *loza fina. || Vasija de **porcelana.** || *Esmalte blanco que usan los *plateros. || *Color blanco azulado.
porcelanita. f. *Roca compacta, listada de diversos colores que procede de arcillas o pizarras tostadas por el calor de las minas de carbón incendiadas.
porcentaje. m. **Cont.* Tanto por ciento.
porcino, na. adj. Perteneciente al *puerco. || m. Puerco pequeño. || **Chichón.**
porción. f. Cantidad segregada de otra mayor, *parte de un todo. || fig. Cantidad de vianda que diariamente se da a uno para su *alimento. || En algunas catedrales, **ración** (prebenda). || fam. *Multitud o número considerable de personas o cosas. || Cuota individual. || **congrua.** **Ecles.* Aquella parte que se da al eclesiástico que tiene cura de almas y no percibe los diezmos. || Cuota que se considera estrictamente necesaria para sustento de los eclesiásticos.
porcionero, ra. adj. **Partícipe.** Ú. t. c. s.
porcionista. com. Persona que tiene acción o derecho a una porción. || En los *colegios y comunidades, **pensionista.**
porcipelo. m. fam. Cerda fuerte y aguda del *cerdo.
porciúncula. f. Primer *convento de la orden de San Francisco. || Jubileo que se gana en las iglesias de dicha orden.
porcuno, na. adj. Perteneciente o relativo al *puerco. || **Cochinero.**
porche. m. Soportal, *cobertizo. || ***Atrio.**
pordiosear. intr. ***Mendigar.** || fig. *Pedir porfiadamente y con humildad una cosa.
pordioseo. m. Acción de pordiosear.
pordiosería. f. **Pordioseo.**
pordiosero, ra. adj. Dícese del mendigo que pide implorando el nombre de Dios, y en general de cualquier *mendigo o *pobre. Ú. t. c. s.
***porfía.** f. Acción de porfiar. || **A porfía.** m. adv. Con emulación, en *rivalidad.
porfiadamente. adv. m. Obstinadamente, con *porfía.
***porfiado, da.** adj. Dícese del sujeto *obstinado en su dictamen y parecer. Ú. t. c. s.
porfiador, ra. adj. Que porfía mucho. Ú. t. c. s.
***porfiar.** intr. *Discutir y altercar obstinadamente. || ***Importunar.** || Continuar y *repetir una acción para el logro de un intento.
porfídico, ca. adj. Perteneciente o relativo al pórfido. || Parecido al pórfido.
pórfido. m. *Roca compacta y dura,

de color obscuro y con cristales de feldespato y cuarzo.
porfioso, sa. adj. **Porfiado.**
porfirizar. tr. Reducir una substancia a *polvo impalpable.
porgadero. m. Harnero, *cedazo.
porgar. tr. **Ahechar.**
pormenor. m. Conjunto de *circunstancias menudas y *detalles de una cosa. Ú. m. en pl. ‖ Cosa secundaria.
pormenorizar. tr. *Describir minuciosamente o con *prolijidad.
pornografía. f. Tratado acerca de la *prostitución. ‖ Carácter *obsceno de obras literarias o artísticas.
pornográfico, ca. adj. Dícese del autor de obras *obscenas. ‖ Perteneciente o relativo a la pornografía.
pornógrafo. m. El que escribe acerca de la *prostitución. ‖ Autor de obras pornográficas.
poro. m. Espacio *hueco que hay entre las moléculas de los cuerpos. ‖ Intersticio entre las partículas de los sólidos. ‖ Cada uno de los *agujeros invisibles a simple vista, que hay en la superficie de los seres vivos.
pororó. m. **Rosetas.**
pororoca. m. **Macareo.**
porosidad. f. Calidad de poroso.
poroso, sa. adj. Que tiene poros.
poroto. m. Especie de *alubia americana. ‖ Guiso que se hace con esta legumbre.
porque. conj. causal. Por *causa o razón de que. ‖ conj. final. **Para que.**
porqué. m. fam. *Causa, razón o motivo. ‖ fam. Cantidad de *dinero.
porquecilla. f. d. de **Puerca.**
porquera. f. Lugar o sitio en que habitan los *jabalíes en el monte.
porquería. f. fam. *Suciedad, inmundicia. ‖ fam. Acción *vil, indecente. ‖ fam. ***Grosería.*** ‖ fam. Cosa *insignificante o de poco valor. ‖ fam. Golosina, *alimento poco nutritivo, o que ensucia el estómago.
porqueriza. f. Sitio o pocilga donde se recogen los *cerdos.
porquerizo. m. El que guarda los puercos.
porquero. m. **Porquerizo.**
porquerón. m. fam. *Corchete o ministro de justicia.
porqueta. f. **Cochinilla** (crustáceo).
porquezuelo, la. m. y f. d. de **Puerco.**
***porra.** f. Palo o bastón cuyo grueso aumenta desde la empuñadura al extremo opuesto. ‖ **Cachiporra.** ‖ *Martillo de bocas iguales y mango largo. ‖ fig. Entre muchachos, el *último en el orden de *jugar. ‖ fig. y fam. *Vanidad, *jactancia. ‖ fig. y fam. Sujeto pesado, *molesto. ‖ *Germ.* **Cara.** ‖ **¡Porra!** interj. fam. de disgusto o enfado.
porráceo, a. adj. De *color verdinegro. Dícese especialmente del *vómito.
porrada. f. **Porrazo.** ‖ Por ext., el *golpe que se da con la mano o con un instrumento. ‖ fig. y fam. *Necedad, disparate. ‖ Conjunto o *abundancia de cosas.
porral. m. Terreno plantado de *puerros.
porrazo. m. *Golpe que se da con la porra. ‖ Por ext., cualquier golpe que se da con otro instrumento. ‖ fig. El que se recibe por una *caída.
porrear. intr. fam. Insistir con pesadez en una cosa, *importunar.
porredana. f. En Santander, *pescado de la bahía.
porrería. f. fam. *Necedad, tontería. ‖ fam. *Tardanza, pesadez.
porreta. f. Hojas verdes del *puerro. ‖ Por ext., las de ajos y cebollas, y las primeras que brotan de los *cereales. ‖ **En porreta.** m. adv. fam. **En cueros.**
porretada. f. *Conjunto de cosas semejantes.
porrilla. f. *Martillo con que los *herradores labran los clavos. ‖ **Veter.* Tumor duro, huesoso, que se forma en las articulaciones de los menudillos de las caballerías y bueyes.
porrillo (a). m. adv. fam. En *abundancia.
porrina. f. Estado de las *mieses o sembrados cuando están muy pequeños y verdes. ‖ **Porreta.**
porrino. m. Simiente de los *puerros. ‖ Planta del *puerro antes de trasplantarla.
porro. m. **Puerro.**
porro. adj. fig. y fam. Aplícase al sujeto *torpe y *necio.
porrón. m. **Botijo.** ‖ *Vasija a modo de redoma de vidrio, con un pitón largo en la panza. Se usa para beber el vino a chorro.
porrón, na. adj. fig. y fam. Dícese del sujeto *calmoso, pachorrudo.
porrudo. m. *Palo o cayado con que el *pastor guía su ganado.
porta. f. En los buques de la *armada, cada una de las aberturas que se practican en los costados y la popa para el juego de la artillería. ‖ **Artill.* **Mandilete.** ‖ *Zool.* V. **Vena porta.**
portaalmizcle. m. **Almizclero** (*rumiante).
portaaviones. m. Buque de la *armada provisto de las instalaciones necesarias para conducir y lanzar al aire *aviones.
portabandera. f. Especie de bandolera con un seno a manera de cuja, donde se mete el regatón del asta de la *bandera.
portacaja. f. *Mil.* Correa a modo de tahalí, de donde se cuelga el *tambor o caja para poderlo tocar.
portacarabina. f. **Mil.* Bolsa pequeña de vaqueta, pendiente de la silla, en donde entra la boca de la carabina.
portacartas. m. *Bolsa, cartera o valija en que se llevan las *cartas.
portachuelo. m. Paso *estrecho o boquete abierto en la convergencia de dos montañas.
portada. f. **Arq.* Obra de ornamentación con que se realza la *puerta o fachada principal de un edificio. ‖ Primera plana de los *libros impresos. ‖ En el arte de la *seda, división que de cierto número de hilos se hace para formar la urdimbre. ‖ *Tabla de nueve o más pies de longitud, con una escuadría de veinticuatro dedos por tres. ‖ fig. Frontispicio o cara *anterior o principal de cualquier cosa.
portadera. f. **Aportadera.**
portadilla. adj. V. **Tabla portadilla.** Ú. t. c. s. ‖ f. *Impr.* Anteportada de un *libro.
portado, da. adj. Con los adverbios *bien* y *mal,* dícese de la persona que se *viste con decoro, o al contrario.
portador, ra. adj. Que lleva o trae una cosa de una parte a otra. Ú. t. c. s. ‖ m. *Bandeja de madera con un mango en medio. ‖ *Com.* y **Banca.* Tenedor de efectos públicos o valores transmisibles sin endoso.
portaestandarte. m. *Oficial de caballería destinado a llevar el *estandarte.
portafusil. m. *Correa para llevar el fusil echado a la espalda.
portaguión. m. En los antiguos regimientos de dragones, *oficial destinado a llevar el guión.
portaje. m. **Portazgo.**
***portal.** m. Zaguán o primera pieza de la casa, donde está la puerta principal. ‖ **Soportal.** ‖ **Pórtico.** ‖ En algunas partes, puerta de la *ciudad.
portalada. f. *Puerta más o menos monumental que da acceso al patio en que tienen su portal las casas señoriales.
portalámparas. m. En los aparatos *eléctricos de *alumbrado, casquillo en que se insertan las lámparas de incandescencia.
portalejo. m. d. de **Portal.**
portaleña. adj. **Portadilla** (tabla). Ú. t. c. s. ‖ f. *Mar.* **Portañola.**
portalero. m. Empleado de *consumos.
portalibros. m. *Correas que usan los escolares para sujetar y llevar sus libros y *cuadernos.
portalón. m. *Puerta grande que hay en algunos palacios y que cierra un patio descubierto. ‖ *Mar.* Abertura a manera de *puerta, hecha en el costado del *buque.
portamantas. m. Par de *correas enlazadas por un travesaño de cuero o metal, con las que se sujetan y llevan a la mano las mantas o abrigos para *viaje.
portamanteo. m. **Manga** (*maleta).
portamira. m. *Topogr.* El que conduce la mira o regla graduada.
portamonedas. m. Bolsita o *cartera para llevar dinero a mano.
portanario. m. *Zool.* **Píloro.**
portante. adj. Dícese del paso de las *caballerías en el cual mueven a un tiempo la mano y el pie del mismo lado. Ú. t. c. s. ‖ **Tomar uno el portante.** fr. fig. y fam. Irse, *marcharse.
portantillo. m. Paso menudo y apresurado de una *caballería, y particularmente del pollino.
portanuevas. com. Persona que trae o da *noticias.
portanveces. m. Teniente o *substituto de otro.
portañola. f. *Mar.* Cañonera, tronera.
portañuela. f. Tira de tela con que se tapaba la abertura anterior de los calzones o *pantalones.
portaobjetos. m. **Ópt.* Lámina de cristal en que se ponen los objetos para mirarlos en el microscopio. ‖ Platina del mismo instrumento.
portapaz. amb. **Liturg.* Utensilio de forma plana, con que en las iglesias se da la paz a los fieles.
portapliegos. m. *Cartera pendiente del hombro o de la cintura, para llevar pliegos.
portaplumas. m. Mango en que se coloca la *pluma metálica para escribir.
***portar.** tr. *Mont.* Traer el perro al *cazador la pieza cobrada. ‖→ r. Con los adverbios *bien, mal* u otros semejantes, observar una *conducta conveniente, o al contrario. ‖ Proceder con *liberalidad y franqueza en las ocasiones de lucimiento. ‖ Por ext., distinguirse, quedar *victorioso. ‖ intr. *Mar.* Recibir bien el viento las *velas.
portátil. adj. Fácil de *manejar o de *transportarse de una parte a otra.
portaventanero. m. *Carpintero que hace *puertas y ventanas.
portaviandas. m. **Fiambrera.**
portavoz. m. *Mil.* Bocina que usan

los jefes para *mandar la maniobra al tender los *puentes militares. || fig. El que *representa o lleva la voz de una colectividad.
portazgar. tr. *Cobrar el portazgo.
portazgo. m. *Impuesto que se paga por *pasar por un sitio determinado. || Edificio donde se cobra.
portazguero. m. Encargado de cobrar el portazgo.
portazo. m. *Golpe recio que da la *puerta. || Acción de cerrar la puerta a uno en señal de *desprecio.
***porte.** m. Acción de portear. || Cantidad que se da o paga por el *transporte de una cosa. || *Conducta, modo de proceder. || → Aspecto o disposición de una persona, en cuanto al modo de vestirse, modales, etc. || Calidad, *nobleza de la sangre. || Grandeza, *dimensión o *capacidad de una cosa.
porteador, ra. adj. Que portea. Ú. t. c. s.
portear. tr. *Llevar de una parte a otra una cosa por el precio convenido. || r. *Pasarse de una parte a otra, y se dice particularmente de las aves pasajeras.
portear. intr. Dar *golpes las *puertas y ventanas o darlos con ellas.
portegado. m. *Pórtico, atrio. || ***Cobertizo.**
portel. m. En algunas partes, **portillo** (pasaje *estrecho).
portela. f. **Portel.**
***portento.** m. Cualquiera cosa, acción o suceso que, por exceder de lo corriente o conocido, causa admiración o terror.
portentosamente. adv. m. De modo portentoso.
portentoso, sa. adj. Perteneciente o relativo al portento.
porteño, ña. adj. Natural del Puerto de Santa María. Ú. t. c. s. || Perteneciente a esta ciudad. || **Bonaerense.** Ú. t. c. s.
porteo. m. Acción y efecto de portear.
porterejo. m. d. de **Portero.**
portería. f. Pieza contigua a la entrada de un edificio, en la que está situado el *portero. || Empleo u oficio de portero. || Su habitación. || En el juego del *balón y otros, meta en forma de recinto con sólo una entrada.
portería. f. *Mar.* Conjunto de todas las portas de un buque.
porteril. adj. Perteneciente al portero o a la portería.
***portero, ra.** adj. Aplícase al *ladrillo que no se ha cocido bastante. || → m. y f. Persona que tiene a su cuidado el guardar la entrada de un edificio. || Jugador que en algunos deportes defiende la meta de su bando. || **de estrados.** El que sirve en tribunal o consejo para que el público guarde compostura. || **de vara.** Ministro de justicia, inferior al *alguacil.
portezuela. f. d. de **Puerta.** || Puerta de *carruaje. || Entre *sastres, cartera, golpe.
portezuelo. m. d. de **Puerto.**
***pórtico.** m. Sitio cubierto y con columnas que se construye delante de los templos u otros edificios suntuosos. || *Galería con arcadas o columnas a lo largo de una fachada, patio, etc.
portilla. f. Espacio que se deja en los cerramientos para el *tránsito de carros, ganados o peatones. || *Mar.* Cada una de las aberturas pequeñas que sirven de *ventanas en los costados de los *buques.
portillera. f. **Portillo.**
portillo. m. *Abertura que hay en las murallas, paredes o tapias. || Postigo o *puerta chica en otra mayor. || En algunas *poblaciones, puerta no principal cerrada a los géneros que adeudan derechos. || *Pasaje *estrecho entre dos alturas. || fig. Cualquier paso o entrada que se abre en un muro, vallado, etc. || fig. *Muesca o hueco que queda en una cosa quebrada. || fig. *Medio para hacer una cosa, no previsto por quienes la quisieron evitar. || **Diezmar a portillo.** fr. Diezmar el ganado al tiempo de desfilar por un **portillo.**
portón. m. aum. de **Puerta.** || *Puerta que divide el zaguán de lo demás de la casa.
portorriqueño, ña. adj. Natural de Puerto Rico. Ú. t. c. s. || Perteneciente a la isla de este nombre.
portuario, ria. adj. Perteneciente o relativo al puerto de mar.
portuense. adj. Natural de cualquiera población denominada Puerto. Ú. t. c. s. || Perteneciente a ella. || Del puerto de Ostia, en Italia.
portugalés, sa. adj. Dícese de un *partido *rival de los bejaranos en tiempo de don Sancho IV de Castilla.
portugués, sa. adj. Natural de Portugal. Ú. t. c. s. || Perteneciente a esta nación. || m. *Lengua que se habla en Portugal. || *Moneda de oro que circulaba en Castilla.
portuguesada. f. ***Exageración.**
portuguesismo. m. **Lusitanismo.**
portulano. m. Colección encuadernada de planos de varios *puertos.
***porvenir.** m. Tiempo futuro.
¡porvida! interj. de ira o amenaza. Ú. t. c. s.
pos. Prefijo que significa **detrás** o ***después de.** || Ú. como adverbio con igual significación en el modo adverbial **en pos.**
posa. f. Clamor de *campanas por los *difuntos. || Parada que hace el clero cuando se lleva a *enterrar un cadáver, para cantar el responso. || pl. ***Asentaderas.**
posada. f. *Casa en que uno habita. || **Mesón.** || **Casa de huéspedes.** || **Campamento.** || Estuche compuesto de *cuchara, tenedor y cuchillo, para viaje. || **Hospedaje.** || **de colmenas. Asiento de colmenas.** || **franca.** *Hospedaje gratuito.
posaderas. f. pl. Nalgas, *asentaderas.
posadero, ra. m. y f. Persona que tiene mesón o casa de *huéspedes. || m. Cilindro hecho de espadaña o de soga de esparto, que se usa como *asiento. || **Sieso** (*ano).
posante. p. a. de **Posar.** Que posa. || adj. *Mar.* Dícese del *buque que al navegar no tiene movimientos violentos.
***posar.** intr. Alojarse u *hospedarse en una casa o posada. || *Descansar, reposar. || Hablando de las aves u otros animales que *vuelan, *detenerse y apoyarse con las patas en la tierra o en otra cosa, después de haber volado. Ú. t. c. r. || tr. Soltar la *carga que se trae a cuestas, para descansar o tomar aliento. || → r. Depositarse los *posos de un líquido, o caer el *polvo sobre las cosas o en el suelo. || Tomar tierra los *aviones o amarar los hidroaviones.
posarmo. m. Cierta clase de *col.
posaverga. f. *Mar.* Palo largo, para reemplazar o componer un mastelero o *verga.
posca. f. Mezcla de agua y vinagre que empleaban los romanos como *refresco y para otros usos.
poscafé. m. *Licor o licores que suelen servirse con el café después de las comidas.
poscomunión. f. Oración que se dice en la *misa después de la comunión.
posdata. f. Lo que se añade a una *carta ya concluida y firmada.
pose. f. fam. Actitud *afectada.
***poseedor, ra.** adj. Que posee. Ú. t. c. s.
***poseer.** tr. Tener uno en su poder una cosa. || *Saber suficientemente una cosa; como arte, idioma, etc. || r. Dominarse uno a sí mismo; refrenar sus pasiones. || **Estar poseído** uno. fr. Estar penetrado de un *prejuicio o pasión.
poseído, da. p. p. de **Poseer.** || adj. **Poseso.** Ú. t. c. s. || fig. Dícese del que actúa dominado por la *ira. Ú. t. c. s.
***posesión.** f. Acción y efecto de poseer. || *Captación del espíritu del hombre por otro espíritu que obra en él como agente. || Cosa poseída. || **Dar posesión** a uno. fr. *For.* Poner real y efectivamente a su disposición la cosa o derecho de que se trata.
posesional. adj. Perteneciente a la *posesión.
posesionar. tr. Poner en *posesión de una cosa. Ú. m. c. r.
posesionero. m. *Ganadero que ha adquirido la posesión de los *pastos arrendados.
***posesivo, va.** adj. Que denota *posesión. || **Posesorio.** || *Gram.* V. ***Pronombre posesivo.** Ú. t. c. s.
poseso, sa. p. p. irreg. de **Poseer.** || adj. Dícese de la persona poseída por un espíritu ajeno. Ú. t. c. s.
posesor, ra. adj. **Poseedor.** Ú. t. c. s.
***posesorio, ria.** adj. Perteneciente o relativo a la *posesión.
poseyente. p. a. de **Poseer.** Que posee.
posfecha. f. *Fecha *posterior a la verdadera.
posfijo. m. **Postfijo.**
posguerra. f. Tiempo que sigue a la terminación de una *guerra.
***posibilidad.** f. Calidad de posible. || Aquello que hace que una cosa sea posible. || **Probabilidad.** || pl. *Bienes, caudal disponible.
posibilismo. m. Tendencia *política que pretende armonizar la implantación de ciertas mejoras con lo que permiten las circunstancias.
posibilista. adj. Partidario del posibilismo. Ú. t. c. s.
posibilitar. tr. Hacer *posible o *fácil una cosa dificultosa.
***posible.** adj. Que puede ser o suceder; que se puede ejecutar. || m. pl. *Bienes, *rentas. || **Hacer** uno **lo posible,** o **todo lo posible.** fr. No omitir *diligencia alguna para el logro de lo que intenta.
posición. f. Manera de estar *colocada una persona o cosa. || Acción de *poner. || Categoría o condición *social. || ***Suposición.** || *Situación o disposición. || **For.* Estado jurídico que resulta de unos autos. || *For.* Cada una de las *preguntas que cualquiera de los litigantes ha de contestar bajo juramento, ante el juzgador. || *Mil.* Punto *fortificado o naturalmente ventajoso. || **militar.** **Mil.* La del soldado cuando se cuadra. || **Falsa posición.** **Arit.* Suposición que se hace de uno o más números para resolver una cuestión. || **Absolver posiciones.** fr. *For.* Contestarlas.
positivamente. adv. m. *Cierta y efectivamente.
positivismo. m. Demasiada afición

a comodidades y *goces materiales. ‖ Sistema *filosófico que admite únicamente el método experimental.
positivista. adj. Perteneciente o relativo al positivismo. ‖ Partidario del positivismo. Ú. t. c. s.
positivo, va. adj. *Cierto, *efectivo, *verdadero. ‖ Aplícase al *derecho promulgado, en contraposición al natural. ‖ Dícese del que busca la realidad de las cosas, en punto a sus conveniencias y *placeres. ‖ *Lóg.* ***Afirmativo,** en contraposición de negativo. ‖ **De positivo.** m. adv. **Ciertamente.**
pósito. m. Depósito de *granos, principalmente de trigo, para *prestarlos en condiciones módicas a los labradores y vecinos. ‖ Casa en que se guarda el grano de dicho instituto. ‖ Por ext., ciertas asociaciones de *cooperación o mutuo auxilio. ‖ **pío.** El de carácter caritativo o benéfico.
positrón. m. Elemento del *átomo que tiene la misma masa que el electrón, y está cargado de electricidad positiva.
positura. f. **Postura.** ‖ *Estado o disposición de una cosa.
posliminio. m. **Postliminio.**
posma. f. fam. Pesadez, *lentitud, cachaza. ‖ com. fig. y fam. Persona *calmosa e *importuna. Ú. t. c. adj.
posmeridiano. m. **Postmeridiano.**
***poso.** m. Sedimento del líquido contenido en una vasija. ‖ *Descanso, *quietud.
posó. m. Moño que se hacen con el *cabello las indias filipinas.
posología. f. *Med.* Parte de la *terapéutica, que trata de las dosis de los medicamentos.
posón. m. **Posadero** (*asiento).
pospalatal. f. **Postpalatal.**
pospelo (a). m. adv. **A contrapelo.** ‖ fig. y fam. **Al,** o **a, redopelo.**
pospierna. f. En las caballerías, **muslo.**
posponer. tr. *Atrasar o poner a una persona o cosa *después de otra, en el espacio o en el tiempo. ‖ fig. Apreciar a una persona o cosa menos que a otra.
posposición. f. Acción de posponer.
pospositivo, va. adj. **Gram.* Que se pospone.
pospuesto, ta. p. p. irreg. de **Posponer.**
***posta.** f. Conjunto de caballerías apostadas a distancia de dos o tres leguas, para que, mudando los tiros, se haga el viaje con más rapidez. Lo utilizaban principalmente los *correos. ‖ Casa o lugar donde están las **postas.** ‖ *Distancia que hay de una **posta** a otra. ‖ Tajada de *carne, pescado u otra cosa. ‖ *Bala pequeña de plomo, mayor que los perdigones. ‖ En los *juegos de envite, porción de dinero que se envida y pone sobre la mesa. ‖ Tarjetón con una *inscripción o un letrero conmemorativo. ‖ *Arq.* Dibujo de *ornamentación compuesto de líneas curvas en forma de ondas, volutas o eses unidas. ‖ m. Persona que corre y va por la **posta** a una diligencia, propia o ajena. ‖ **Germ.* ***Alguacil.** ‖ **A posta.** m. adv. fam. **Aposta.** ‖ **Por la posta.** m. adv. Corriendo la **posta.** ‖ fig. y fam. Con *prontitud.
***postal.** adj. Concerniente al ramo de *correos. ‖ V. **Tarjeta postal.** Ú. t. c. s. f.
postdata. f. **Posdata.**
postdiluviano, na. adj. Posterior al diluvio universal.
poste. m. *Madero, piedra o columna colocada verticalmente para servir de *apoyo o de *señal. ‖ fig. *Castigo que se da a los colegiales poniéndolos en pie durante algún tiempo. ‖ **Dar poste.** fr. fig. Hacer que uno *aguarde más de lo regular. ‖ **Llevar poste.** fr. fig. y fam. *Aguardar a uno que falta a la cita. ‖ **Oler** uno **el poste.** fr. fig. y fam. Prever y *evitar el daño que podría sucederle.
postelero. m. **Arq.* *Nav.* Puntal que sujeta las mesas de guarnición.
postema. f. Absceso o *tumor supurado. ‖ fig. Persona pesada o *molesta.
postemero. m. **Cir.* Bisturí o lanceta para abrir las postemas.
postemoso, sa. adj. Lleno de postemas.
postergación. f. Acción y efecto de postergar.
postergar. tr. Hacer sufrir *atraso a una persona o cosa. ‖ Perjudicar a un *empleado dando a otro más moderno el ascenso que correspondía a aquél.
posteridad. f. Descendencia, *linaje o generación venidera. ‖ *Fama póstuma.
***posterior.** adj. Que está o viene después en el tiempo o en el espacio.
***posterioridad.** f. Calidad de posterior.
posteriormente. adv. de orden y de t. Después, detrás.
posteta. f. Porción de pliegos que baten de una vez los *encuadernadores. ‖ **Impr.* Conjunto de pliegos de papel que los impresores meten unos dentro de otros para empaquetar las impresiones.
postfijo, ja. adj. **Sufijo.** Ú. m. c. s. m.
postigo. m. *Puerta falsa. ‖ Puerta de una hoja, generalmente lisa. ‖ *Puerta chica abierta en otra mayor. ‖ Cada una de las puertecillas que hay en las *ventanas o puertaventanas. ‖ Cualquiera de las puertas no principales de una *población.
postila. f. **Apostilla.**
postilación. f. Acción de postilar.
postilador. m. El que postila.
postilar. tr. **Apostillar.**
postilla. f. Costra que se cría en las *llagas o *abscesos cuando se van secando.
postilla. f. **Postila.**
postillón. m. Mozo que va a caballo delante de los que corren la *posta, o montado en una caballería de las delanteras del tiro de un *carruaje.
postilloso, sa. adj. Que tiene postillas.
postín. m. fam. *Vanidad, *jactancia.
postinero, ra. adj. Vanidoso, *jactancioso.
postitis. f. *Pat.* Inflamación del prepucio.
postiza. f. **Castañuela.** Ú. m. en pl. ‖ *Mar.* Obra muerta que se ponía exteriormente a las galeras y otras *embarcaciones, en ambos costados, para colocar los remos en la posición más ventajosa.
postizo, za. adj. Que no es natural ni propio, sino *artificial, *añadido o fingido. ‖ V. **Nombre postizo.** ‖ m. Añadido o tejido de *cabello que sirve para suplir la falta o escasez de éste.
postliminio. m. Ficción del *derecho romano, que permitía al que había estado prisionero del enemigo, reintegrarse en todos los derechos de ciudadano.
postmeridiano, na. adj. Perteneciente o relativo a la *tarde; posterior al mediodía. ‖ m. **Astr.* Cualquiera de los puntos del paralelo de declinación de un astro, a occidente del meridiano del observador.
postónico, ca. adj. V. **Sílaba postónica.**
postor. m. **Licitador.** ‖ **Mayor,** o **mejor, postor.** El que hace la postura más ventajosa en una *subasta.
postpalatal. adj. *Gram.* Dícese de la consonante para cuya *pronunciación choca la raíz de la lengua contra el velo del paladar. Ú. t. c. s. ‖ f. Letra que representa este sonido.
postración. f. Acción y efecto de postrar o postrarse. ‖ *Desaliento por enfermedad o *aflicción.
postrador, ra. adj. Que postra. ‖ m. *Tarima baja para arrodillarse en ella.
postrar. tr. Rendir, *bajar, derribar una cosa. ‖ *Debilitar, quitar el vigor y fuerzas a uno. Ú. t. c. r. ‖ r. Hincarse de *rodillas; *humillarse a los pies de otro en señal de *respeto.
postre. adj. **Postrero.** ‖ m. Fruta, dulce y otras cosas análogas, que se sirven al fin de las *comidas. ‖ **A la postre,** o **al postre.** m. adv. A lo *último, al *fin.
postremas (a). m. adv. ant. **A la postre.**
postremero, ra. adj. **Postrimero.**
postremo, ma. adj. Postrero o *último.
postrer. adj. **Postrero.**
postreramente. adv. de orden y de t. **A la postre.**
postrero, ra. adj. *Último en orden. Ú. t. c. s. ‖ Que está, se queda o viene *detrás. Ú. t. c. s.
postrimer. adj. **Postrimero.**
postrimeramente. adv. de orden y de t. *Última y finalmente.
postrimería. f. Último período o últimos años de la *vida. ‖ Período *último en la duración de una cosa. Ú. m. en pl. ‖ **Teol.* **Novísimo.**
postrimero, ra. adj. Postrero o *último.
post scriptum. loc. lat. equivalente a **postdata.**
póstula. f. **Postulación.**
postulación. f. Acción y efecto de postular.
postulado. m. *Lóg.* Proposición cuya verdad se admite sin pruebas y es fundamento necesario de ulteriores *razonamientos. ‖ **Geom.* *Supuesto que se establece para fundar una demostración.
postulador. m. **Ecles.* En derecho canónico, cada uno de los capitulares que postulan. ‖ El que solicita en la curia romana la beatificación y canonización de una persona venerable.
postulanta. f. Mujer que aspira a ingresar en una *comunidad religiosa.
postulante. p. a. de **Postular.** Que postula. Ú. t. c. s.
postular. tr. *Pedir, pretender. ‖ Proponer para *prelado de una iglesia a quien no puede ser elegido.
póstumo, ma. adj. Que *nace o sale a luz *después de la *muerte del padre o autor.
***postura.** f. *Colocación, *actitud o disposición de una persona, animal o cosa. ‖Acción de *plantar. ‖ *Precio o tasa que establece la autoridad para las cosas comestibles. ‖ Precio que el comprador ofrece por una cosa en *subasta. ‖ *Pacto, ajuste

o convenio. ‖ Cantidad que se atraviesa en una *apuesta. ‖ *Huevo del ave. ‖ Acción de ponerlo. ‖ *Planta o arbolillo tierno que se trasplanta. ‖ Medida *superficial agraria de unos treinta y cuatro metros cuadrados. ‖ **del Sol. Ocaso.** ‖ **Hacer postura.** fr. Tomar parte como licitador en una *subasta. ‖ **Plantar de postura.** fr. *Plantar poniendo árboles tiernos.

pota. f. *Mar.* Vértice del ángulo que forman los brazos del *ancla.

potabilidad. f. Calidad de potable.

potable. adj. Que se puede *beber.

potación. f. Acción de potar o *beber. ‖ ***Bebida.**

potado. m. *Germ.* **Borracho.**

potador, ra. adj. Que pota o *bebe. Ú. t. c. s.

***potaje.** m. *Caldo de olla u otro *guisado. ‖ Por antonom., legumbres guisadas para el mantenimiento en los días de *abstinencia. ‖ *Legumbres secas. ‖ *Bebida en que entran muchos ingredientes. ‖ fig. *Mezcla de varias cosas inútiles.

potajería. f. Conjunto de *legumbres secas para hacer potajes. ‖ Oficina en que se guardan las *semillas o potajes.

potajier. m. Jefe de la potajería de algunas antiguas casas *reales.

potala. f. *Mar.* Piedra que se utiliza como ancla para *fondear los botes o embarcaciones menores. ‖ *Mar.* *Buque pesado y poco marinero.

potámide. f. **Mit.* Ninfa de los ríos. Ú. m. en pl.

potamología. f. Tratado de los *ríos.

potar. tr. Igualar y marcar el fiel *contraste las pesas y medidas.

potar. tr. **Beber.**

potasa. f. **Quím.* Óxido de potasio.

potásico, ca. adj. **Quím.* Perteneciente o relativo al potasio.

potasio. m. *Metal de color argentino, más blando que la cera, menos pesado que el agua y capaz de producir llama en contacto con ella.

pote. m. *Vaso de barro, alto, para beber o guardar los licores. ‖ *Tiesto, maceta. ‖ *Vasija redonda, generalmente de hierro, con barriga y boca ancha. ‖ Medida o *pesa que sirve de patrón para arreglar otras. ‖ **Culin.* Olla de alubias, verdura y tocino. ‖ **A pote.** m. adv. fam. ***Abundantemente.**

potencia. f. *Poder para ejecutar una cosa o producir un efecto. ‖ Imperio, *dominio. ‖ ***Posibilidad.** ‖ Capacidad de *engendrar. ‖ Poder y *fuerza de un estado. ‖ Por antonom., cualquiera de las facultades del alma. ‖ *Nación o estado soberano. ‖ Cada uno de los grupos de rayos de *luz que se ponen en la cabeza de las *efigies de Jesucristo, de Moisés, etc. ‖ *Fís.* Fuerza motora de una *máquina. ‖ **Mat.* Producto que resulta de multiplicar una cantidad por sí misma una o más veces. ‖ **Segunda potencia.** **Álg.* y *Arit.* **Cuadrado.** ‖ **Tercera potencia.** **Álg.* y *Arit.* **Cubo.** ‖ **Elevar a potencia.** fr. **Álg.* y *Arit.* Multiplicar una cantidad por sí misma tantas veces como su exponente indica. ‖ **En potencia.** m. adv. *Fil.* **Potencialmente.** ‖ **Lo último de potencia.** loc. Todo el *esfuerzo de que uno es capaz.

potenciación. f. **Mat.* Elevación a potencias.

potencial. adj. Que tiene en sí potencia o *poder. ‖ *Posible, que puede suceder o existir, en contraposición de lo que existe. ‖ m. Energía *eléctrica acumulada en un cuerpo y que se mide en unidades de trabajo. ‖ *Fís.* Función matemática que permite determinar, en ciertos casos, la duración e intensidad de un campo de fuerzas en cualquier punto dado de éste. ‖ *Gram.* V. **Modo potencial.**

potencialidad. f. Capacidad de la potencia, independiente del acto. ‖ *Equivalencia de una cosa respecto de otra en virtud y eficacia.

potencialmente. adv. m. **Virtualmente.**

potentado. m. Príncipe o *soberano independiente, pero que toma investidura de otro príncipe superior. ‖ Cualquier soberano o persona poderosa. ‖ Persona de gran *riqueza e influencia.

potente. adj. Que tiene *poder, eficacia o virtud para una cosa. ‖ **Poderoso.** ‖ Dícese del hombre capaz de *engendrar. ‖ fam. *Grande, desmesurado.

potentemente. adv. m. **Poderosamente.**

potentila. f. Cierto *arbusto de las rosáceas.

potenza. f. **Blas.* Palo que, puesto horizontalmente sobre otro, forma con él la figura de una T.

potenzado, da. adj. V. **Cruz potenzada.** ‖ **Blas.* Aplícase a las piezas terminadas en una potenza.

potera. f. Aparejo para *pescar calamares, formado de una pieza erizada de garfios.

poterna. f. *Fort.* En las *fortificaciones, *puerta no principal que da al foso o al extremo de una rampa.

potero. m. En algunas partes, **potador.**

potestad. f. *Dominio, *poder o jurisdicción sobre una cosa. ‖ En algunas poblaciones de Italia, **podestá.** ‖ **Potentado.** ‖ *Mat.* **Potencia.** ‖ pl. Espíritus bienaventurados que forman el sexto coro de los *ángeles. ‖ **Potestad tuitiva.** **Ecles.* La del poder real para remediar los agravios hechos por los jueces eclesiásticos. ‖ **Patria potestad.** Autoridad que los *padres tienen, con arreglo a las leyes, sobre sus hijos no emancipados.

potestativo, va. adj. Que está en la facultad o potestad de uno.

potetería. f. *Halago empalagoso y fingido.

potetero, ra. adj. Que hace poteterías. Ú. t. c. s.

potingue. m. fam. y fest. Cualquier bebida de la *farmacia.

potísimo, ma. adj. Muy *poderoso o *principal.

potista. com. fam. *Bebedor de líquidos alcohólicos.

potología. f. Tratado de las *bebidas.

potosí. m. fig. *Riqueza extraordinaria.

pot-pourri (voz francesa). m. *Mezcla de varias especies, revoltillo. ‖ *Mús.* **Popurrí.**

potra. f. *Yegua desde que nace hasta que muda los dientes de leche.

potra. f. fam. ***Hernia.** ‖ fam. Hernia en el escroto. ‖ **Cantarle** a uno **la potra.** fr. fig. y fam. Sentir el quebrado algún dolor en la parte lastimada. ‖ **Tener potra** uno. fr. fig. y fam. Ser *afortunado.

potrada. f. Reunión de potros de una yeguada o de un dueño.

potranca. f. *Yegua que no pasa de tres años.

potrear. tr. fam. *Molestar, mortificar a una persona.

potrero. m. El que cuida de los potros en la dehesa. ‖ Sitio destinado a la cría de ganado *caballar. ‖ En América, hacienda cercada y con árboles, destinada principalmente a la cría de *ganados.

potrero. m. fam. **Hernista.**

potril. adj. V. **Dehesa potril.** Ú. t. c. s.

potrilla. m. fig. y fam. *Viejo que presume de joven.

potro. m. *Caballo desde que nace hasta que muda los dientes de leche. ‖ Aparato de madera en el cual sentaban a los procesados, para darles *tormento. ‖ **Veter.* Máquina de madera para sujetar los caballos cuando se resisten a dejarse *herrar o curar. ‖ Sillón para uso de las mujeres que están de *parto. ‖ Hoyo que se abre en tierra para partir los peones de las *colmenas. ‖ fig. Todo aquello que *molesta. ‖ **de primer bocado.** Caballo desde los dos años y medio de edad, hasta los tres años y medio. ‖ **de segundo bocado.** Caballo desde los tres años y medio de edad, hasta los cuatro años y medio.

potroso, sa. adj. **Hernioso.** Ú. t. c. s. ‖ fam. Dichoso y *afortunado.

povisa. f. *Polvo que sueltan el trigo y otras semillas al limpiarlas.

poya. f. *Impuesto o derecho que se paga en *pan en el horno común. ‖ Residuo formado por las gárgolas del *lino.

poyal. m. Paño o *tapiz listado con que en algunos pueblos cubren los poyos para *sentarse. ‖ **Poyo.**

poyar. intr. Pagar la poya.

poyata. f. *Vasar o anaquel para poner vasos y otras cosas. ‖ **Repisa.**

poyato. m. Cada uno de los bancales que se forman para aprovechar un *terreno en cuesta.

poyete. m. d. de **Poyo** (*asiento).

***poyo.** m. Banco o *asiento de piedra, fábrica u otra materia, que ordinariamente se hace arrimado a las paredes, junto a las puertas de las casas. ‖ Derecho o *remuneración que se abonaba a los jueces por administrar justicia.

poza. f. ***Charca.** ‖ Balsa o alberca para macerar el cáñamo o el *lino.

pozal. m. Cubo o *vasija con que se saca el agua del *pozo. ‖ Brocal del *pozo. ‖ **Pocillo** (tinaja empotrada en el suelo).

pozanco. m. Poza que queda en las orillas de los *ríos después de una avenida.

***pozo.** m. Hoyo o perforación que se hace en el terreno hasta encontrar vena de agua. ‖ Sitio en donde los *ríos tienen mayor profundidad. ‖ En el juego de la cascarela y otros, cierto número de puestas. ‖ En el juego de la oca, casa de la cual no sale el jugador hasta que entre en ella otro. ‖ *Hoyo profundo, aunque esté seco. ‖ fig. Cosa profunda o completa en su línea. ‖ *Mar.* Parte de bodega de un *buque, que corresponde verticalmente a cada escotilla. ‖ **Mar.* Sentina o parte de la bodega que corresponde a la caja de bombas. ‖ *Mar.* Distancia o *profundidad que hay desde el canto de la borda hasta la cubierta superior en las embarcaciones que no tienen combés. ‖ *Mar.* Depósito que en los barcos *pescadores se forma para conservar vivos los peces. ‖ *Min.* Hoyo profundo para bajar a las *minas. ‖ **airón. Pozo** o sima de gran profundidad. ‖ fig. Según opinión vulgar, **pozo** sin fondo. ‖ **artesiano. Pozo** perforado, generalmente a gran profundidad, para que el agua contenida entre dos capas subterráneas impermeables encuentre salida y suba naturalmente al nivel de donde procede. ‖ **de lobo.** **Fort.* Pequeña excavación disimulada con ramaje, que sirve para dificultar el paso de la caballería en la guerra; se emplea también para cazar con *trampa algunas fieras. ‖ **de nieve.** Excavación seca donde se guarda y conserva la nieve para el verano. ‖ **negro.** El que para depósito de aguas inmundas, *excrementos, etc., se hace junto a las casas, cuando no hay alcantarillas.

pozuela. f. d. de **Poza.**

pozuelo. m. d. de **Pozo.** ‖ **Pocillo.**

pracrito o **prácrito.** m. *Idioma vulgar de la India, en oposición al sánscrito o lengua clásica.

práctica. f. Acción y efecto de *ejercer o aplicar cualquier arte o facultad. ‖ Destreza o *habilidad adquirida con este ejercicio. ‖ *Uso o *costumbre. ‖ *Modo o método que particularmente observa uno en sus operaciones. ‖ Ejercicio que bajo la dirección de un maestro tienen que hacer algunos para *aprender y poder ejercer públicamente su profesión. Ú. m. en pl. ‖ Aplicación de una idea o doctrina a la realidad.

practicable. adj. Que se puede practicar o poner en práctica. ‖ De posible *navegación, acceso o *tránsito.

practicador, ra. adj. Que practica. Ú. t. c. s.

practicaje. m. **Mar.* Ejercicio de la profesión de piloto práctico. ‖ **Pilotaje.**

prácticamente. adv. m. Con uso y ejercicio de una cosa; experimentadamente. ‖ Casi del *todo.

practicante. p. a. de **Practicar.** Que practica. ‖ m. El que posee título para el ejercicio de la *cirugía menor. ‖ El que se ejercita en la práctica de la cirugía y *medicina, al lado y bajo la dirección de un facultativo. ‖ Persona que en los *hospitales cura o atiende a los enfermos según instrucciones del facultativo. ‖ Persona encargada de la preparación y despacho de los medicamentos, bajo la dirección del *farmacéutico.

practicar. tr. *Ejecutar, ejercer o poner en práctica una cosa que se ha aprendido o especulado. ‖ *Usar continuamente una cosa. ‖ Ejercer algunos profesores la práctica, al lado y bajo la dirección de un maestro, por tiempo determinado.

práctico, ca. adj. Perteneciente a la práctica. ‖ Aplícase a las facultades que *enseñan el modo de hacer una cosa. ‖ *Experimentado, versado y diestro en una cosa. ‖ m. **Mar.* El que por el conocimiento especial del lugar en que navega dirige a ojo el rumbo de las embarcaciones.

practicón, na. m. y f. fam. Persona diestra en una facultad, más por haberla practicado mucho que por ser muy docta en ella.

pradal. m. **Prado.**

pradejón. m. *Prado de corta extensión.

pradeño, ña. adj. Perteneciente o relativo al prado.

***pradera.** f. **Pradería.** ‖ Prado grande.

pradería. f. Conjunto de prados.

praderoso, sa. adj. Perteneciente al prado.

pradial. m. Noveno *mes del calendario republicano francés.

***prado.** m. Tierra muy húmeda o de regadío, en la cual se deja crecer o se siembra la hierba para pasto de los ganados. ‖ Sitio ameno que sirve de *paseo en algunas poblaciones. ‖ **de guadaña.** El que se siega anualmente. ‖ **A prado.** expr. adv. *Pastando el animal en el campo.

prae mánibus. m. adv. lat. A la *mano o entre las manos.

pragmática. f. *Ley que se promulgaba con arreglo a determinadas fórmulas.

pragmático. adj. *For.* Aplícase al jurisconsulto que interpreta o glosa las leyes nacionales. Ú. t. c. s.

pragmático, ca. adj. Perteneciente o relativo al pragmatismo.

pragmatismo. m. Método *filosófico, según el cual la verdad de toda doctrina científica se ha de fundar en sus efectos prácticos.

pragmatista. adj. Partidario del pragmatismo o perteneciente a él. Apl. a pers., ú. t. c. s.

prama. f. *Mar.* *Embarcación destinada a servir de batería flotante.

prao. *Mar.* *Embarcación malaya de poco calado.

prasio. m. *Cuarzo cristalino en cuya masa se encierran cristales de silicato de magnesia, cal y hierro.

prasma. m. *Ágata de color verde obscuro.

pratense. adj. Que se produce o vive en el *prado.

praticultor. m. El que cultiva *prados o praderas.

praticultura. f. Cultivo de los *prados.

pravedad. f. Iniquidad, *perversidad, *inmoralidad.

pravo, va. adj. *Perverso, malvado.

pre. m. **Prest.**

pre. Prefijo que denota prioridad o encarecimiento.

preadamismo. m. **Relig.* Doctrina que supone que Adán no fue el primer hombre creado.

preadamita. m. Supuesto antecesor de Adán. Ú. m. en pl.

preadamítico, ca. adj. Lo relativo o perteneciente al preadamita. ‖ Dícese del tiempo o época de los preadamitas.

***preámbulo.** m. Primeras palabras que se dicen antes de entrar en materia, ya en un libro, discurso, narración, etc. ‖ *Rodeo o digresión impertinente.

prebenda. f. *Renta aneja a un oficio eclesiástico. ‖ Cualquiera de los beneficios *eclesiásticos superiores de las iglesias catedrales. ‖ Dote que se da por una fundación a una mujer para tomar estado. ‖ fig. y fam. Oficio, *empleo muy *ventajoso. ‖ **de oficio.** Cualquiera de las cuatro *canonjías.

prebendado. m. El que disfruta de alguna prebenda eclesiástica.

prebendar. tr. Conferir prebenda a uno. ‖ intr. Obtenerla. Ú. t. c. r.

prebostal. adj. Perteneciente a la jurisdicción del preboste.

prebostazgo. m. Oficio de preboste.

preboste. m. *Jefe o cabeza de una *comunidad. ‖ *Mil.* **Capitán preboste.**

precariamente. adv. m. De modo precario.

precario, ria. adj. De poca estabilidad, *inseguro, *fugaz. ‖ *For.* Que se *posee sin título; por tolerancia o por inadvertencia del dueño.

precarista. adj. Dícese del que *posee en precario cosas ajenas. Ú. t. c. s.

***precaución.** f. Advertencia y cautela para evitar o prevenir los inconvenientes.

precaucionarse. r. Precaverse.

precautelar. tr. Poner los medios necesarios para *evitar un riesgo o peligro.

precautorio, ria. adj. Dícese de lo que sirve de *precaución.

***precaver.** tr. Prevenir o *evitar un daño o peligro. Ú. t. c. r.

precavidamente. adv. m. Con precaución.

precavido, da. adj. Que *evita o sabe precaver los riesgos.

precedencia. f. *Anterioridad en el tiempo o en el espacio. ‖ *Preferencia en el lugar y asiento y en algunos actos honoríficos. ‖ Primacía, *superioridad.

precedente. p. a. de **Preceder.** Que *precede o es anterior. ‖ m. **Antecedente.** ‖ Resolución anterior, que sirve de *fundamento o *modelo para otros casos análogos.

***preceder.** tr. Ir delante en tiempo, orden o lugar. ‖ fig. Tener una persona o cosa preferencia o *superioridad sobre otra.

precelente. adj. p. us. Muy *excelente.

preceptista. adj. Dícese de la persona que da o *enseña preceptos y *reglas. Ú. t. c. s.

preceptivamente. adv. m. De un modo preceptivo.

preceptivo, va. adj. Que incluye o encierra en sí preceptos. ‖ f. Tratado normativo de *retórica y poética.

precepto. m. *Mandato u orden de autoridad legítima. ‖ Cada una de las *reglas que se dan para el conocimiento o práctica de un arte o facultad. ‖ Por antonom., cada uno de los del Decálogo o de los mandamientos de la ley de Dios. ‖ **afirmativo.** Cualquiera de los del Decálogo, en que se *manda hacer una cosa. ‖ **formal de obediencia.** El que en las *comunidades usan los superiores para estrechar a la obediencia. ‖ **negativo.** Cualquiera de los del Decálogo, en que se *prohíbe hacer una cosa. ‖ **Cumplir con el precepto.** fr. **Cumplir con la iglesia.**

preceptor, ra. m. y f. *Maestro o maestra. ‖ Persona que enseña gramática latina.

preceptoril. adj. despect. Propio de un preceptor o relativo a él.

preceptuar. tr. Dar o dictar preceptos o *reglas.

preces. f. pl. **Liturg.* Versículos tomados de la Sagrada Escritura y oraciones para pedir a Dios socorro en las necesidades públicas o particulares. ‖ Ruegos, *peticiones. ‖ *Oraciones dirigidas a Dios, a la Virgen o a los santos. ‖ Instancias con que se pide una bula o despacho de la *curia romana.

precesión. f. **Ret.* **Reticencia.** ‖ **de los equinoccios.** **Astr.* Movimiento retrógrado de los puntos equinocciales, en virtud del cual se anticipan un poco de año en año las épocas de los equinoccios.

preciado, da. adj. Precioso, *excelente. ‖ ***Jactancioso.**

preciador, ra. adj. **Apreciador.** Ú. t. c. s.

preciar. tr. **Apreciar.** ‖ r. Gloriarse, *jactarse de alguna cosa.

precinta. f. Pequeña tira de cuero o de metal que se pone en los cajones a sus esquinas para darles *firmeza y *sujeción. ‖ Tira estampada, de papel, que en las *aduanas se aplica a las cajas de tabacos, en *garantía de haber sido aforadas. ‖ **Arq. Nav.* Tira con que se cubren las junturas de las tablas de los buques. ‖ *Mar.* Tira de lona vie ja embreada, que se arrolla en espiral alrededor de un *cabo.

precintar. tr. Asegurar y *afianzar los cajones, poniéndoles precintas. ‖ Poner precinto o precinta.

precinto. m. Acción y efecto de precintar. ‖ Ligadura y *sello con que se *atan a lo largo y a lo ancho cajones, baúles, etc.

***precio.** m. Valor pecuniario en que se estima una cosa. ‖ Premio o *recompensa honorífica que se ganaba en los *torneos. ‖ fig. Estimación, *importancia o *fama. ‖ fig. Aquello que sirve de *medio para conseguir una cosa. ‖ *For.* Prestación en numerario que un contratante da o promete, a cambio de la cosa, servicio o derecho que adquiere. ‖ **No tener precio** una persona o cosa. fr. fig. Valer mucho.

preciosa. f. **Ecles.* En algunas catedrales, distribución que se da a los prebendados por asistir a la misa por el alma de un bienhechor.

preciosamente. adv. m. De manera preciosa.

preciosidad. f. Calidad de precioso. ‖ Cosa preciosa.

preciosilla. f. Mujer *vanidosa.

precioso, sa. adj. *Excelente, exquisito. ‖ De mucho valor o muy *costoso. ‖ fig. Chistoso, *gracioso. ‖ fig. y fam. ***Hermoso.**

***precipicio.** m. Despeñadero o derrumbadero. ‖ Despeño o *caída precipitada y violenta. ‖ fig. Grave *daño temporal o espiritual.

***precipitación.** f. Acción y efecto de precipitar o precipitarse. ‖ Agua procedente de la atmósfera en forma de *lluvia, *nieve o *granizo.

precipitadamente. adv. m. Con precipitación.

precipitadero. m. **Precipicio.**

***precipitado, da.** adj. Atropellado, alocado, *irreflexivo. ‖ m. **Quím.* Materia que por resultado de reacciones químicas se separa del líquido en que estaba disuelta y forma un *sedimento. ‖ **blanco.** *Quím.* Protocloruro de *mercurio obtenido por precipitación. ‖ **rojo.** *Quím.* Bióxido de *mercurio.

precipitante. p. a. de **Precipitar.** Que precipita. ‖ m. **Quím.* Cualquiera de los agentes que determinan la precipitación.

***precipitar.** tr. Despeñar, *arrojar o hacer *caer desde un lugar alto. Ú. t. c. r. ‖ → Atropellar, acelerar. ‖ fig. *Exponer a uno a un *peligro espiritual o temporal. ‖ **Quím.* Producir en una disolución un precipitado. ‖ r. fig. Arrojarse con *imprudencia a ejecutar o decir una cosa.

precípite. adj. Puesto en *peligro o riesgo de *caer.

precipitosamente. adv. m. **Precipitadamente.**

precipitoso, sa. adj. Pendiente, *resbaladizo. ‖ fig. **Precipitado.**

precipuamente. adv. m. **Principalmente.**

precipuo, pua. adj. *Importante o principal.

precisamente. adv. m. De manera precisa; con *determinación. ‖ Necesaria o indispensablemente.

precisar. tr. Fijar o *determinar de modo preciso. ‖ Obligar, *compeler sin excusa a ejecutar una cosa.

***precisión.** f. Necesidad indispensable que fuerza a ejecutar una cosa. *Determinación, *exactitud. ‖ Tratándose del lenguaje, estilo, etc., *concisión. ‖ **Lóg.* Abstracción que hace el entendimiento de dos cosas realmente idénticas, para concebirlas como distintas.

***preciso, sa.** adj. Necesario, *indispensable para un fin. ‖ Puntual, *exacto. ‖ Distinto, *claro y *terminante. ‖ Tratándose del lenguaje, estilo, etc., *conciso. ‖ **Lóg.* Abstraído o separado por el entendimiento.

precitado, da. adj. Antes citado.

precito, ta. adj. **Réprobo.** Ú. t. c. s.

preclaramente. adv. m. Con mucho esclarecimiento.

preclaro, ra. adj. Esclarecido, *ilustre, famoso.

***precocidad.** f. Calidad de precoz.

precognición. f. *Conocimiento anterior.

precolombino, na. adj. Se dice de lo relativo a América, antes de su descubrimiento por Cristóbal Colón.

preconcebido, da. adj. Pensado o *meditado de antemano.

preconización. f. Acción y efecto de preconizar.

preconizador, ra. adj. Que preconiza. Ú. t. c. s.

preconizar. tr. Encomiar, *alabar públicamente a una persona o cosa. ‖ En la curia romana, exponer los méritos del que ha sido propuesto para *prelado.

preconocer. tr. *Presentir, conjeturar, conocer anticipadamente una cosa.

precordial. adj. Se dice de la región del pecho que corresponde al *corazón.

precordialgia. f. *Pat.* Angina de pecho.

***precoz.** adj. Dícese del fruto temprano, inmaturo. ‖ fig. Aplícase a la persona joven que muestra más *talento o habilidad de lo que corresponde a sus años. ‖ También se dice de estas mismas cualidades.

precursor, ra. adj. Que precede o va delante. Ú. t. c. s. ‖ fig. Que profesa o enseña doctrinas adelantándose a su tiempo. ‖ m. Por antonom., San Juan Bautista.

predecesor, ra. m. y f. **Antecesor.**

***predecir.** tr. Anunciar algo que ha de suceder.

predefinición. f. **Teol.* Decreto o determinación de Dios para la existencia de las cosas en un tiempo señalado.

predefinir. tr. **Teol.* Determinar el tiempo en que han de existir las cosas. ‖ **Prefinir.**

predestinación. f. *Destinación anterior de una cosa. ‖ **Teol.* Por antonom., ordenación de la voluntad divina con que desde la eternidad tiene elegidos a los que han de lograr la gloria.

predestinado, da. adj. *Destinado por Dios desde la eternidad para lograr la gloria. Ú. t. c. s. ‖ fig. **Cornudo.**

predestinante. p. a. de **Predestinar.** Que predestina.

***predestinar.** tr. *Destinar anticipadamente una cosa para un fin. ‖ **Teol.* Por antonom., destinar Dios desde la eternidad a los que han de lograr la gloria.

predeterminación. f. Acción y efecto de predeterminar.

predeterminar. tr. *Determinar con *anticipación una cosa.

predial. adj. Perteneciente o relativo al predio.

prédica. f. despect. *Sermón o plática.

predicable. adj. Digno de ser predicado. Aplícase a los asuntos propios de los *sermones. ‖ m. **Lóg.* Cada una de las clases a que se reducen todas las cosas que se pueden decir o predicar del sujeto.

***predicación.** f. Acción de predicar. ‖ Doctrina que se predica.

predicadera. f. **Púlpito.** ‖ pl. fam. Cualidad o dotes de un predicador.

predicado. m. **Lóg.* Lo que se afirma del sujeto en una proposición.

***predicador, ra.** adj. Que *predica. Ú. t. c. s. ‖ m. Orador evangélico que predica o declara la palabra de Dios.

predicamental. adj. **Lóg.* Perteneciente al predicamento.

predicamento. m. **Lóg.* Cada una de las clases o categorías a que se reducen todas las cosas o entidades físicas. ‖ *Fama o estimación de que uno goza por sus obras.

predicante. p. a. de **Predicar.** Que predica. Ú. t. c. s.

***predicar.** tr. *Publicar y hacer patente una cosa. ‖ → Pronunciar un sermón. ‖ intr. *Alabar con exceso. ‖ fig. *Reprender agriamente. ‖ fig. y fam. *Amonestar o hacer observaciones.

***predicción.** f. Acción y efecto de predecir.

predicho, cha. p. p. irreg. de **Predecir.**

predifunto, ta. adj. *For.* *Muerto antes que otro. Ú. t. c. s.

predilección. f. *Cariño especial y *preferencia con que se distingue a una persona o cosa.

predilecto, ta. adj. Preferido por amor o afecto especial. ‖ Que goza de alguna *preferencia.

predio. m. Heredad, *tierra o posesión inmueble. ‖ **dominante.** *For.* Aquel en cuyo favor está constituida una *servidumbre. ‖ **rústico.** El que, fuera de las poblaciones, está dedicado a uso agrícola, pecuario o forestal. ‖ **sirviente.** *For.* El que está gravado con *servidumbre. ‖ **urbano.** El que está sito en poblado, y el *edificio que, fuera de población, se destina a vivienda.

predisponer. tr. *Preparar el ánimo de las personas para un fin determinado o influir en ellas desde el primer momento. Ú. t. c. r.

predisposición. f. Acción y efecto de predisponer o predisponerse.

predominación. f. Acción y efecto de predominar.

predominancia. f. **Predominación.**

predominante. p. a. de **Predominar.** Que predomina.

predominar. tr. Prevalecer, preponderar, *sobresalir. Ú. m. c. intr. ‖ fig. Exceder mucho en altura una cosa respecto de otra.

predominio. m. Imperio, *superioridad, fuerza dominante que se tiene sobre una persona o cosa.

predorsal. adj. *Anat.* Dícese de lo que está situado en la parte anterior de la columna *vertebral. ‖ **Fon.* Dícese de la consonante en cuya articulación interviene principalmente la parte anterior del dorso de la lengua.

preelegir. tr. *Elegir con *anticipación; predestinar.

preeminencia. f. *Privilegio, *exención, *superioridad o preferencia que tiene uno respecto de otro u otros.

preeminente. adj. Sublime, *superior.

preexcelso, sa. adj. Sumamente *ilustre.

preexistencia. f. *Fil.* *Existencia *anterior.

preexistente. p. a. de **Preexistir.** Que preexiste.

preexistir. intr. *Fil.* *Existir *antes.

prefacio. m. **Prefación.** ‖ Parte de la *misa, que precede inmediatamente al canon.

prefación. f. **Prólogo.**

prefecto. m. Entre los romanos, título que se daba a ciertos *jefes militares o civiles. ‖ *Magistrado o ministro que preside y manda en un tribunal, junta o *comunidad eclesiástica. ‖ Persona encargada en una colectividad de *vigilar el desempeño de ciertos cargos. ‖ En Francia, *gobernador de un departamento.
prefectoral. adj. Perteneciente o relativo al prefecto.
prefectura. f. Dignidad, empleo o cargo de prefecto. ‖ Territorio gobernado por un prefecto. ‖ Oficina del prefecto.
***preferencia.** f. *Superioridad o ventaja que una persona o cosa tiene sobre otra. ‖ Elección de una cosa o persona, entre varias, por inclinación favorable del que elige. ‖ **De preferencia.** m. adv. **Preferentemente.**
preferente. p. a. de **Preferir.** Que prefiere o se prefiere.
preferentemente. adv. m. Con *preferencia.
***preferible.** adj. Digno de preferirse.
preferiblemente. adv. m. **Preferentemente.**
***preferir.** tr. Dar la *preferencia. Ú. t. c. r. ‖ Exceder, *aventajar.
prefiguración. f. Representación anticipada de una cosa.
prefigurar. tr. Representar anticipadamente una cosa.
prefijación. f. **Gram.* Modo de formar nuevas voces por medio de prefijos.
prefijar. tr. *Determinar o fijar anticipadamente una cosa.
prefijo, ja. p. p. irreg. de **Prefijar.** ‖ adj. **Gram.* Dícese del afijo que va antepuesto. Ú. m. c. s. m.
prefinición. f. Acción de prefinir.
prefinir. tr. Señalar o fijar el término o *plazo para ejecutar una cosa.
prefloración. f. *Bot.* Disposición de los órganos de la *flor, antes de la florescencia.
prefoliación. f. *Bot.* Disposición de las *hojas antes de abrirse la yema.
prefulgente. adj. Muy resplandeciente y lúcido.
pregón. m. *Publicación que se hace en alta voz por calles y plazas, o en lugar público, de una cosa que conviene que todos sepan. ‖ Proclama o amonestación canónica de próximo *matrimonio. ‖ **Tras cada pregón, azote.** expr. fig. y fest. con que se zahiere al que tras cada bocado quiere *beber.
pregonar. tr. *Publicar en voz alta una cosa para que venga a noticia de todos. ‖ Anunciar uno a voces la mercancía o género que lleva para *vender. ‖ fig. *Revelar públicamente lo que estaba oculto. ‖ fig. *Alabar en público los hechos o cualidades de una persona. ‖ **Proscribir.**
pregonería. f. Oficio o ejercicio del pregonero. ‖ Cierto derecho o *tributo.
pregonero, ra. adj. Que pregona. Ú. t. c. s. ‖ m. Oficial público que en alta voz da los pregones, cuya *publicación dispone la autoridad.
***pregunta.** f. Proposición que uno formula para que otro la responda. ‖ **Interrogatorio.** ‖ **Absolver las preguntas.** fr. *For.* *Responder el *testigo a las de un interrogatorio. ‖ **Andar, estar,** o **quedar,** uno **a la cuarta pregunta.** fr. fig. y fam. Estar escaso de dinero o en la mayor *pobreza.
preguntaderas. f. pl. Modo de *preguntar.
preguntador, ra. adj. Que pregunta. Ú. t. c. s. ‖ Molesto e impertinente en preguntar. Ú. t. c. s.
preguntante. p. a. de **Preguntar.** Que pregunta.
***preguntar.** tr. Hacer a uno preguntas. Ú. t. c. r. ‖ Exponer en forma de interrogación una especie, para indicar *duda. Ú. t. c. r.
preguntón, na. adj. fam. **Preguntador.** Ú. t. c. s.
pregustación. f. Acción y efecto de pregustar.
pregustar. tr. Hacer la salva de la *comida.
prehistoria. f. Parte de la *arqueología que estudia todo lo relativo al período anterior a la existencia de documentos históricos.
prehistórico, ca. adj. De tiempos a que no alcanza la *historia.
preinserto, ta. adj. Que antes se ha insertado.
prejudicial. adj. **For.* Que requiere decisión previa a la sentencia de lo principal.
prejudicio. m. **Prejuicio.**
***prejuicio.** m. Acción y efecto de prejuzgar. ‖ → Juicio que uno forma sin fundamento suficiente, o apartándose de lo justo o razonable.
***prejuzgar.** tr. Juzgar de las cosas sin tener de ellas cabal conocimiento.
prelacía. f. Dignidad u oficio de *prelado.
prelación. f. *Anterioridad o preferencia con que una cosa debe ser atendida respecto de otra u otras.
prelada. f. Superiora de una *comunidad de religiosas.
***prelado.** m. Superior eclesiástico constituido en una de las dignidades de la Iglesia, como abad, obispo, arzobispo, etc. ‖ Superior de un convento o *comunidad eclesiástica. ‖ **consistorial.** Superior de *canónigos o monjes que se provee por el consistorio del papa. ‖ **doméstico.** Eclesiástico de la familia del *papa.
prelaticio, cia. adj. Propio del prelado.
prelatura. f. **Prelacía.**
***preliminar.** adj. Que sirve de preámbulo para empezar a tratar de alguna materia. ‖ m. En derecho *internacional, cada uno de los artículos generales que sirven de fundamento para el ajuste y tratado de *paz. Ú. m. en pl. ‖ fig. Que es *anterior o ha de ir al *principio de una acción, empresa, litigio, etc. Ú. t. c. s.
preliminarmente. adv. m. **Anticipadamente.**
prelucir. intr. Lucir con anticipación.
preludiar. intr. **Mús.* Ejecutar algún preludio. Ú. t. c. tr. ‖ tr. fig. *Preparar o *empezar una cosa.
preludio. m. Lo que sirve de *preámbulo, *preparación o *principio a una cosa. ‖ **Mús.* Lo que se toca o canta para ensayar la voz o los instrumentos, antes de comenzar la ejecución de una obra musical. ‖ *Mús.* Composición musical independiente, destinada a preceder la ejecución de otras obras. ‖ *Mús.* Obertura o sinfonía.
prelusión. f. *Preámbulo, exordio.
prematuramente. adv. t. *Antes de tiempo, fuera de sazón.
prematuro, ra. adj. Que no está en sazón; *inmaturo. ‖ Que ocurre antes de tiempo, anticipadamente. ‖ *For.* Aplícase a la mujer en estado de *virginidad, que no ha llegado a la edad de admitir varón.
premeditación. f. Acción de premeditar. ‖ *For.* Una de las circunstancias que agravan los *delitos.
premeditadamente. adv. m. Con premeditación.
premeditar. tr. *Meditar detenidamente una cosa antes de ejecutarla. ‖ *For.* Proponerse perpetrar un *delito, tomando al efecto previas disposiciones.
premiador, ra. adj. Que premia. Ú. t. c. s.
premiar. tr. *Remunerar con ventajas materiales u honoríficas los méritos y servicios de uno.
premidera. f. **Cárcola.**
***premio.** m. Recompensa que se da por algún mérito o servicio. ‖ Cantidad que se añade al *precio o valor por vía de compensación o de incentivo. ‖ Aumento de valor que adquieren algunas *monedas por el curso del cambio. ‖ Cada uno de los lotes sorteados en la *lotería nacional. ‖ **gordo.** fig. y fam. El lote mayor de la lotería pública.
premiosamente. adv. m. De manera premiosa.
premiosidad. f. Calidad de premioso.
premioso, sa. adj. Tan ajustado o *apretado, que dificultosamente se puede mover. ‖ Gravoso, *molesto. ‖ Que apremia. ‖ fig. Rígido, *riguroso. ‖ fig. Dícese de la persona *torpe o *calmosa para la acción o la expresión. ‖ fig. Dícese del *lenguaje o *estilo que carece de espontaneidad y soltura.
premisa. f. **Lóg.* Cada una de las dos primeras proposiciones del silogismo, de donde se infiere y saca la conclusión. ‖ fig. *Indicio por donde se infiere una cosa.
premiso, sa. adj. *Preparado o *enviado con *anticipación. ‖ *For.* Que precede.
premoción. f. Moción anterior.
premonitorio, ria. adj. *Med.* Se dice del síntoma precursor de alguna *enfermedad.
premonstratense. adj. Dícese de la *comunidad de *canónigos regulares fundada por San Norberto, y de sus individuos. Apl. a pers., ú. t. c. s.
premoriencia. f. *For.* *Muerte anterior a otra.
premoriente. p. a. de **Premorir.** Que premuere. Ú. t. c. s.
premorir. tr. *For.* *Morir una persona antes que otra.
premostratense. adj. **Premonstratense.** Apl. a pers., ú. t. c. s.
premuerto, ta. p. p. irreg. de **Premorir.** Ú. t. c. s.
premura. f. Aprieto, prisa, *urgencia.
***prenda.** f. Cosa mueble que se da en garantía del cumplimiento de una obligación. ‖ Cualquiera de las *alhajas, *muebles o enseres de uso doméstico. ‖ Cualquiera de las partes que componen el *vestido y *calzado. ‖ fig. Cualquier cosa no material que sirve de *garantía para algún fin. ‖ fig. Lo que se *ama intensamente; como hijos, mujer, amigos, etc. ‖ fig. Cada una de las buenas partes, *excelencias o perfecciones que concurren en una persona. ‖ pl. **Juego de prendas.** ‖ **Prenda pretoria.** *For.* La constituida por autoridad del juez. ‖ **Hacer prenda.** fr. Retener una alhaja para la seguridad de un crédito. ‖ **No dolerle prendas** a uno. fr. fig. *Cumplir fielmente sus obligaciones o promesas. ‖ **Soltar prenda** uno. fr. fig. y fam. *Revelar o decir algo que le deje comprometido a una cosa.

prendador, ra. adj. Que prenda o saca una prenda. Ú. t. c. s.
prendamiento. m. Acción y efecto de prendar o prendarse.
prendar. tr. Sacar una prenda o alhaja para la *garantía de una obligación. ‖ *Captar la voluntad y agrado de uno. ‖ r. Aficionarse, *enamorarse de una persona o cosa.
prendedero. m. Lo que sirve para *asir o coger. ‖ *Broche que usaban las mujeres para prender las faldas. ‖ *Cinta o tira de tela que usaban las mujeres para el *tocado.
prendedor. m. El que prende. ‖ **Prendedero.**
prendedura. f. **Galladura.**
prender. tr. *Asir, agarrar una cosa. ‖ *Apresar a una persona privándola de la libertad, y, principalmente, ponerla en la *cárcel. ‖ Hacer presa una cosa en otra, *enredarse. ‖ **Cubrir** (el macho a la hembra para la *generación). ‖ *Adornar, engalanar a una mujer. Ú. t. c. r. ‖ intr. *Arraigar la planta en la tierra. ‖ *Empezar a *arder una cosa; comunicarse el *fuego u otra cosa material o inmaterial.
prendería. f. *Tienda en que se compran y venden alhajas o muebles *usados.
prendero, ra. m. y f. Persona que tiene prendería o trafica en objetos *usados.
prendido. m. *Adorno de las mujeres, especialmente el del *tocado. ‖ Patrón o dibujo picado para hacer los *encajes. ‖ Parte del encaje hecha sobre lo que ocupa el dibujo.
prendimiento. m. Acción de prender, *asir o *apresar. ‖ Por antonomasia, el de *Jesucristo en el Huerto.
prenoción. f. *Fil.* *Idea anticipada o primer conocimiento de las cosas.
prenombre. m. *Nombre que entre los romanos precedía al de familia.
prenotar. tr. Notar con *anticipación.
***prensa.** f. Máquina que sirve para *comprimir. ‖ fig. ***Imprenta.** ‖ fig. Conjunto o generalidad de las publicaciones *periódicas y especialmente las diarias. ‖ **Dar a la prensa.** fr. *Imprimir o publicar una obra. ‖ **Entrar, o meter, en prensa.** fr. Comenzar la tirada del impreso. ‖ **Sudar la prensa.** fr. fig. Imprimir mucho o continuadamente.
prensado. m. Acción y efecto de prensar. ‖ *Lustre o labor que queda en los *tejidos por efecto de la prensa.
prensador, ra. adj. Que prensa. Ú. t. c. s.
prensadura. f. Acción de prensar.
prensaestopas. m. *Mec.* Artificio para apretar la estopa alrededor de un vástago movible, de manera que no quede paso para líquidos, gases, etcétera.
prensar. tr. *Apretar en la prensa una cosa.
prensero. m. En algunos ingenios de *azúcar, persona que introduce la caña en los trapiches.
prensil. adj. Que sirve para *asir o coger.
prensión. f. Acción y efecto de prender una cosa.
prensista. m. Oficial de *imprenta que trabaja en la prensa.
prensor, ra. adj. *Zool.* Aplícase a las *aves de mandíbulas robustas, la superior encorvada desde la base, y las patas con dos dedos dirigidos hacia atrás; como el loro. Ú. t. c. s. ‖ f. pl. *Zool.* Orden de estas aves.
prenunciar. tr. Anunciar de antemano, *predecir.
prenuncio. m. Anuncio anticipado, *predicción.
***preñado, da.** adj. Dícese de la hembra *fecundada, que ha concebido y tiene el feto o la criatura en el vientre. ‖ fig. Dícese de la *pared que está desplomada y forma como una barriga. ‖ fig. *Lleno o cargado de alguna cosa. ‖ fig. Que incluye en sí una cosa que no se descubre. ‖ m. ***Preñez.** ‖ *Feto o criatura en el vientre materno.
***preñez.** f. Estado de la hembra preñada. ‖ fig. Estado de un asunto que está *pendiente de resolución. ‖ fig. *Confusión, *dificultad.
preocupación. f. *Adquisición *anticipada. ‖ ***Prejuicio.** ‖ *Cuidado, *desasosiego u *ofuscación del entendimiento ante alguna contingencia azarosa o adversa.
preocupadamente. adv. m. Con preocupación.
preocupar. tr. Ocupar o *tomar anticipadamente una cosa. ‖ fig. Prevenir el ánimo de uno con *prejuicios. ‖ Poner el ánimo con cuidado. Ú. t. c. r. ‖ r. Estar prevenido en favor o en contra de una persona o cosa.
preopinante. adj. Dícese de cualquiera de los que en una *discusión han expresado su *opinión antes que otro. Ú. t. c. s.
preordinación. f. *Teol.* Acción y efecto de preordinar.
preordinadamente. adv. m. *Teol.* Con preordinación.
preordinar. tr. *Teol.* *Destinar y disponer Dios las cosas desde la eternidad para que tengan su efecto en los tiempos.
prepalatal. adj. *Fon.* Dícese de la consonante para cuya *pronunciación choca la parte superior de la lengua contra el paladar. Ú. t. c. s.
***preparación.** f. Acción y efecto de preparar o prepararse.
preparado. adj. Dícese de la droga o *medicamento producidos industrialmente. Ú. t. c. s.
preparador, ra. m. y f. Persona que prepara.
preparamento. m. **Preparamiento.**
preparamiento. m. **Preparación.**
***preparar.** tr. Disponer y ordenar una cosa para que surta el efecto deseado. ‖ Prevenir a un sujeto para una acción que se ha de seguir. ‖ *Quím.* y *Farm.* Hacer las operaciones necesarias para obtener un producto. ‖ Prevenir el advenimiento de algún hecho. ‖ r. Disponerse para ejecutar una cosa.
preparativo, va. adj. **Preparatorio.** ‖ m. Cosa dispuesta y preparada.
preparatoriamente. adv. m. Con *preparación.
preparatorio, ria. adj. Dícese de lo que prepara y dispone.
preponderancia. f. Mayor *peso de una cosa respecto de otra. ‖ fig. ***Superioridad.**
preponderar. intr. *Pesar más una cosa respecto de otra. ‖ fig. Prevalecer o *dominar una opinión u otra cosa. ‖ fig. Ejercer un influjo dominante o decisivo.
preponer. tr. Anteponer o *preferir una cosa a otra.
***preposición.** f. *Gram.* Parte invariable de la oración, que indica el régimen o *relación entre dos palabras o términos. ‖ **inseparable.** *Gram.* **Prefijo.**
preposicional. adj. Perteneciente o relativo a la *preposición.
prepositivo, va. adj. Perteneciente o relativo a la *preposición.
prepósito. m. *Jefe o cabeza de una junta o *comunidad.
prepositura. f. Dignidad, empleo o cargo de prepósito. ‖ **Pavordía.**
preposteración. f. Acción y efecto de preposterar.
prepósteramente. adv. m. y t. Fuera de tiempo u orden; de modo *intempestivo.
preposterar. tr. *Invertir el orden de algunas cosas.
prepóstero, ra. adj. Trastrocado, hecho al *revés e *intempestivo.
prepotencia. f. *Poder superior al de otros, o gran poder.
prepotente. adj. Más poderoso que otros.
prepucio. m. *Zool.* Piel móvil que cubre el bálano del *pene.
prepuesto, ta. p. p. irreg. de **Preponer.**
prerrafaelismo. m. **Pint.* Arte y estilo anteriores a Rafael de Urbino. ‖ Escuela que imita este arte.
prerrafaelista. adj. **Pint.* Se dice del arte y estilo anteriores a Rafael de Urbino. ‖ m. Partidario del prerrafaelismo.
prerrogativa. f. *Privilegio o *exención que acompaña regularmente a una dignidad, empleo o cargo. ‖ fig. Atributo de *dignidad.
***presa.** f. Acción de prender o *tomar una cosa. ‖ Cosa apresada o robada; *botín. ‖ **Llave** (en la *lucha). ‖ **Acequia.** ‖ → Muro o dique que se construye a través de un río, arroyo o canal, para detener el agua a fin de derivarla fuera del cauce. ‖ *Conducto por donde se lleva el agua a las ruedas de los *molinos. ‖ Tajada, o *parte pequeña de una cosa *comestible. ‖ Cada uno de los *colmillos o dientes agudos que tienen en ambas quijadas algunos animales. ‖ **Culin.* Puchero de enfermo. ‖ **Cetr.* Ave prendida por el halcón. ‖ *Cetr.* Uña del halcón u otra ave de rapiña. ‖ **de caldo. Pisto.** ‖ **y pinta. Parar** (juego de *naipes). ‖ **Buena,** o **mala, presa.** La que ha sido hecha con arreglo a las normas internacionales, o al contrario. ‖ **Caer a la presa.** fr. *Cetr.* Bajar el halcón a hacer **presa.** ‖ **Hacer presa.** fr. *Asir una cosa y asegurarla. ‖ fig. Aprovechar una circunstancia.
presada. f. Agua que se retiene en el caz del *molino para servir de fuerza motriz durante cierto tiempo.
presado, da. adj. De *color verde claro.
***presagiar.** tr. *Predecir o prever una cosa, induciéndola de presagios o conjeturas.
***presagio.** m. Señal que anuncia un suceso favorable o contrario. ‖ Especie de adivinación de las cosas futuras por presentimientos o indicios.
presagioso, sa. adj. Que presagia o contiene *presagio.
présago, ga, o presago, ga. adj. Que anuncia o presagia.
presbicia. f. *Med.* Defecto o imperfección del présbita.
présbita. adj. Dícese del que, por defecto del *ojo, percibe difícilmente los objetos próximos. Ú. t. c. s.
présbite. adj. **Présbita.**
presbiterado. m. ***Sacerdocio.**
presbiteral. adj. Perteneciente o relativo al presbítero.
presbiterato. m. **Presbiterado.**
presbiteriano, na. adj. Dícese del *protestante que no reconoce la autoridad episcopal sobre los presbíteros. Ú. t. c. s. ‖ Perteneciente a los **presbiterianos.**
presbiterio. m. Área del *altar mayor hasta el pie de las gradas por donde se sube a él. ‖ Reunión de los presbíteros con el obispo.
presbítero. m. Clérigo ordenado de misa, o *sacerdote.

presciencia. f. Conocimiento o *previsión de las cosas futuras.
presciente. adj. Que tiene presciencia.
prescindible. adj. Dícese de aquello de que se puede prescindir.
***prescindir.** intr. Hacer abstracción de una persona o cosa; pasarla en *silencio. ‖ Excluir una cosa o persona, no contar con ella. ‖ *Abstenerse de ella, renunciar a ella, *dejarla.
prescito, ta. adj. **Precito.** Ú. t. c. s.
prescribir. tr. Preceptuar, ordenar, *mandar una cosa. ‖ intr. *For.* *Adquirir una cosa o un derecho por el hecho de su posesión continuada, o caducar un derecho por lapso del tiempo señalado al efecto. Ú. t. c. tr. y c. r. ‖ fig. Perderse, *disiparse o *anularse por el transcurso del tiempo, una cosa corporal o inmaterial. ‖ Extinguirse o *cesar una obligación por el transcurso de cierto tiempo.
prescripción. f. Acción y efecto de prescribir.
prescriptible. adj. Que puede prescribir o prescribirse.
prescripto, ta. p. p. irreg. **Prescrito.**
prescrito, ta. p. p. irreg. de **Prescribir.**
presea. f. Alhaja, *joya o cosa de valor.
***presencia.** f. Acción y efecto de estar presente una persona o cosa. ‖ *Aspecto exterior de una persona. ‖ Representación, *pompa, fausto. ‖ fig. Actual *memoria de una especie, o representación de ella. ‖ **de ánimo.** Serenidad y *entereza así en los sucesos adversos como en los prósperos. ‖ **de Dios.** Actual consideración de estar delante del Señor.
presencial. adj. Perteneciente o relativo a la *presencia.
presencialmente. adv. m. Con actual *presencia o personalmente.
presenciar. tr. Hallarse presente a un acontecimiento, etc.
presentable. adj. Que está en condiciones de *presentarse o ser presentado.
presentación. f. Acción y efecto de *mostrar, presentar o *presentarse. ‖ *Festividad con que la Iglesia conmemora la **presentación** de la *Virgen en el templo.
presentado, da. adj. Aplícase en algunas *comunidades al teólogo que ha seguido su carrera y está esperando el grado de maestro. Ú. t. c. s. ‖ m. *Eclesiástico que ha sido propuesto para una dignidad.
presentador, ra. adj. Que presenta. Ú. t. c. s.
presentalla. f. **Exvoto.**
presentáneamente. adv. t. Luego, al punto, sin intermisión de tiempo.
presentáneo, a. adj. *Eficaz por su sola presencia.
presentante. p. a. de **Presentar.** Que presenta.
***presentar.** tr. *Mostrar una cosa; ponerla en la presencia de uno. Ú. t. c. r. ‖ Dar graciosa y voluntariamente a uno una cosa; hacerle *donación de ella. ‖ *Colocar provisionalmente una cosa para ver el efecto que hace. ‖ **Ecles.* Proponer a un sujeto para una dignidad, oficio o beneficio eclesiástico. ‖ Introducir a uno en el *trato de otro, a veces recomendándole personalmente. ‖ r. *Ofrecerse voluntariamente para un fin. ‖ → Comparecer en algún lugar o acto. ‖ Comparecer ante un jefe o autoridad. ‖ **For.* Comparecer en juicio.
presente. adj. Que está delante o en *presencia de uno, o concurre con él en el mismo sitio. ‖ Dícese del tiempo *actual. ‖ *Gram.* V. **Tiempo presente.** Ú. t. c. s. ‖ m. Don, alhaja o *regalo. ‖ **Al presente,** o **de presente.** m. adv. **Ahora.** ‖ En la época *actual. ‖ **Mejorando lo presente.** expr. que se emplea por *cortesía cuando se *alaba a una persona delante de otra. ‖ **Por el, por la,** o **por lo, presente.** m. adv. Por ahora.
presentemente. adv. t. **Al presente.**
presentero. m. **Ecles.* El que presenta para prebendas o beneficios eclesiásticos.
presentimiento. m. Acción y efecto de *presentir.
***presentir.** tr. Antever por cierto movimiento interior del ánimo o por indicios exteriores lo que ha de suceder.
presepio. m. **Pesebre.** ‖ **Caballeriza.** ‖ **Establo.**
presera. f. **Amor de hortelano** (*planta).
presero. m. *Guarda de una presa o acequia.
preservación. f. Acción y efecto de preservar o preservarse.
preservador, ra. adj. Que preserva. Ú. t. c. s.
preservar. tr. *Proteger o *librar anticipadamente a una persona o cosa, de algún daño o peligro. Ú. t. c. r.
preservativamente. adv. m. Con preservación, a fin de preservar.
preservativo, va. adj. Que tiene virtud o eficacia de preservar. Ú. t. c. s. m.
presidario. m. **Presidiario.**
***presidencia.** f. Dignidad, empleo o cargo de presidente. ‖ Acción de presidir. ‖ Sitio que ocupa el presidente. ‖ Edificio en que reside.
***presidencial.** adj. Perteneciente a la presidencia.
presidencialismo. m. Sistema de organización *política en que el presidente de la república es también jefe del *gobierno.
presidenta. f. La que preside. ‖ Mujer del presidente.
***presidente.** m. El que preside. ‖ Cabeza o *jefe de un consejo, tribunal o colectividad. ‖ Magistrado que en las repúblicas ejerce el cargo de jefe del Estado. ‖ Entre los romanos, juez *gobernador de una provincia. ‖ En algunas *comunidades, el que substituye al prelado. ‖ *Maestro que en la cátedra asistía al discípulo durante un acto literario.
presidiable. adj. Que merece estar en presidio.
presidiar. tr. **Mil.* Guarnecer con soldados un puesto, plaza, etc.
***presidiario.** m. Penado que cumple en presidio su condena.
presidio. m. Guarnición de soldados que se pone en las plazas, castillos, etcétera. ‖ Ciudad o *fortaleza que se puede guarnecer de soldados. ‖ *Prisión en que cumplen sus condenas los penados por graves delitos. ‖ Conjunto de presidiarios de un mismo lugar. ‖ *Pena de prisión con diversos grados de rigor y de tiempo. ‖ fig. Auxilio, *ayuda, *protección.
***presidir.** tr. Tener el primer lugar y asumir determinadas funciones en una asamblea, corporación, junta, etcétera. ‖ Asistir el *maestro, desde la cátedra, al discípulo que sustenta un acto literario. ‖ Predominar una cosa.
presilla. f. *Lazo de cordón o de hilo en que se asegura un *botón u otra cosa análoga. ‖ Cierta especie de *tela. ‖ Entre *sastres, costurilla que se pone en los *ojales y otras partes para que la tela no se abra.
***presión.** f. Acción y efecto de apretar o *comprimir. ‖ Tensión de los gases. ‖ *Med.* Tensión de la *sangre en las arterias.
***preso, sa.** p. p. irreg. de **Prender.** Ú. t. c. s. ‖ **Preso por mil, preso por mil y quinientos.** expr. fig. y fam. que indica la *resolución de llevar a cabo un empeño, aunque sea con mayor sacrificio de lo que se había pensado.
prest. m. **Mil.* Haber diario que se da a los soldados.
presta. f. **Hierbabuena.**
prestación. f. Acción y efecto de *prestar. ‖ *Entrega o *servicio exigido por una autoridad o a consecuencia de un pacto o contrato. ‖ Cosa o servicio que un contratante da o promete al otro, en *compensación de lo que recibe. ‖ Renta o *tributo. ‖ **personal.** Servicio personal o *trabajo exigido por la ley para obras de utilidad común.
prestadizo, za. adj. Que se puede prestar.
prestado, da. p. p. de **Prestar.** ‖ **De prestado.** m. adv. De modo precario.
prestador, ra. adj. Que presta. Ú. t. c. s.
prestamente. adv. m. Pronta y ligeramente, con *brevedad y *prontitud.
prestamera. f. **Ecles.* Estipendio o pensión que se daba temporalmente a los que estudiaban para sacerdotes.
prestamería. f. Dignidad de prestamero. ‖ Goce de prestamera.
prestamero. m. El que goza de una prestamera. ‖ **mayor.** Señor que goza de beneficios eclesiásticos secularizados.
prestamista. com. Persona que da dinero a préstamo.
***préstamo.** m. Acción y efecto de prestar o tomar prestado. ‖ Cantidad de dinero u otra cosa prestada. ‖ **Empréstito.** ‖ **Prestamera.** ‖ Terreno contiguo a un *camino donde se excava la tierra necesaria para los terraplenes. ‖ **a la gruesa.** *Com.* **Contrato a la gruesa.**
prestancia. f. ***Excelencia.**
prestante. adj. **Excelente.**
***prestar.** tr. Entregar a uno dinero u otra cosa para que use de ella por cierto tiempo, y con la obligación de restituir igual cantidad o la cosa misma. ‖ *Ayudar al logro de una cosa. ‖ *Dar o comunicar. ‖ intr. Aprovechar o ser *útil una cosa para algún fin. ‖ Dar de sí, *extenderse, estirarse. ‖ r. *Acceder, avenirse a una cosa.
prestatario, ria. adj. Que toma dinero a *préstamo. Ú. t. c. s.
preste. m. *Sacerdote que celebra la misa cantada. ‖ **Juan.** Título del *emperador de los abisinios.
presteza. f. *Prontitud y *brevedad.
***prestidigitación.** f. Arte del prestidigitador.
***prestidigitador, ra.** m. y f. **Jugador de manos.**
prestigiador, ra. adj. Que causa prestigio. ‖ m. y f. Persona que con habilidad y artificios *engaña a la gente.
prestigio. m. Fascinación causada por *magia o sortilegio. ‖ *Engaño, ilusión o apariencia para embaucar a la gente. ‖ Ascendiente, *influencia.

prestigioso, sa. adj. **Prestigiador.** || Que tiene prestigio o *influencia.
prestimonio. m. **Préstamo.**
prestiño. m. **Pestiño.**
prestir. tr. *Germ.* **Prestar.**
presto, ta. adj. Pronto, diligente, *veloz. || *Preparado o dispuesto para ejecutar una cosa. || adv. t. Luego, al instante, *pronto. || **Mús.* Con movimiento rápido. || m. *Mús.* Trozo musical que se ha de ejecutar de ese modo. || **De presto.** m. adv. Prontamente, con presteza.
presumible. adj. Que se puede presumir.
presumido, da. adj. Que presume; vano, *jactancioso. Ú. t. c. s.
presumir. tr. *Sospechar o *conjeturar una cosa. || intr. Vanagloriarse, *jactarse, *engreírse.
presunción. f. Acción y efecto de presumir. || *For.* Cosa que por ministerio de la ley se tiene como verdad. || **de hecho y de derecho.** *For.* Aquella contra la cual no vale ni se admite prueba. || **de ley,** o **de solo derecho.** *For.* La que se reputa verdadera, mientras no exista prueba en contrario.
presuntamente. adv. m. Por presunción.
presuntivamente. adv. m. Por presunción.
presuntivo, va. adj. Que está apoyado en presunción.
presunto, ta. p. p. irreg. de **Presumir.**
presuntuosamente. adv. m. Vanamente, con *jactancia.
presuntuosidad. f. Presunción, vanagloria, *jactancia.
presuntuoso, sa. adj. Lleno de presunción y *orgullo. Ú. t. c. s.
presuponer. tr. Dar una cosa por *supuesta para pasar a tratar de otra. || **Cont.* Formar el cómputo de los gastos o ingresos de una empresa, colectividad, nación, etc.
presuposición. f. Suposición previa. || **Presupuesto** (causa o motivo).
presupuestario, ria. adj. Perteneciente o relativo al presupuesto.
presupuestívoro, ra. adj. fam. Dícese de la persona que vive a costa del erario, y principalmente de la que tiene dos o más *empleos.
presupuesto, ta. p. p. irreg. de **Presuponer.** || m. Motivo, *causa o *pretexto con que se ejecuta una cosa. || Supuesto o *suposición. || *Cálculo anticipado del coste de una obra, y también de los gastos o ingresos de una empresa o colectividad. || **Presupuesto que.** m. conjunt. **Supuesto que.**
presura. f. *Dificultad, aprieto. || Prisa, *prontitud. || Ahínco, *diligencia.
presurosamente. adv. m. **Prontamente.**
presuroso, sa. adj. Pronto, *veloz.
pretal. m. **Petral.**
pretendencia. f. **Pretensión.**
pretender. tr. *Pedir o intentar una cosa, haciendo las diligencias necesarias para conseguirla. || ***Procurar.**
pretendienta. f. La que pretende o solicita una cosa.
pretendiente. p. a. de **Pretender.** Que pretende o solicita una cosa. Ú. t. c. s.
pretensión. f. *Petición o *exigencia para conseguir una cosa que se desea. || *Derecho bien o mal fundado que uno juzga tener sobre una cosa. || pl. *Deseos, ambiciones.
pretenso, sa. p. p. irreg. de **Pretender.** || m. p. us. **Pretensión.**
pretensor, ra. adj. Que pretende. Ú. t. c. s.
preterición. f. Acción y efecto de preterir. || **Fil.* Forma de lo que no existe de presente, pero que existió en algún tiempo. || *For.* Omisión de un *heredero forzoso. || **Ret.* Figura que consiste en aparentar que se omite aquello mismo que se dice encarecidamente.
preterir. tr. *Prescindir de una persona o cosa. || *For.* Omitir en el *testamento a un heredero forzoso.
pretérito, ta. adj. Dícese de lo que ya ha *pasado o sucedió. || *Gram.* V. **Tiempo pretérito.** Ú. t. c. s. || **imperfecto.** *Gram.* Tiempo que indica haber sido presente la acción del *verbo, coincidiendo con otra acción ya pasada. || **perfecto.** *Gram.* Tiempo que denota ser ya pasada la significación del *verbo. || **pluscuamperfecto.** *Gram.* Tiempo que enuncia que una cosa estaba ya hecha, o podía estarlo, cuando otra se hizo.
pretermisión. f. **Omisión.** || *Ret.* **Preterición.**
pretermitir. tr. ***Omitir.**
preternatural. adj. **Teol.* Que se halla fuera del ser y estado natural de una cosa.
preternaturalizar. tr. *Mudar el ser o estado natural de una cosa. Ú. t. c. r.
preternaturalmente. adv. m. De modo preternatural.
pretexta. f. **Indum.* Especie de toga orlada con una tira de púrpura, de que usaban los *magistrados romanos. Ú. t. c. adj.
***pretextar.** tr. Valerse de un *pretexto.
***pretexto.** m. Motivo o causa simulada que se alega para hacer una cosa o para excusarse de no haberla ejecutado.
pretil. m. Murete o *antepecho que se pone en los *puentes y en otros parajes para preservar de caídas. || Por ext., *paseo a lo largo de un **pretil.**
pretina. f. *Correa o cinta con hebilla o broche para *ceñir a la cintura ciertas prendas de ropa. || Cintura donde se ciñe la **pretina.** || Parte de los *calzones, faldas, etc., que se ciñe y ajusta a la cintura. || fig. Lo que *ciñe o rodea una cosa.
pretinazo. m. *Golpe dado con la pretina.
pretinero. m. El que fabrica pretinas.
pretinilla. f. *Cinturón de adorno que usaban las mujeres, asegurado por delante con una hebilla.
pretónico, ca. adj. **Protónico.**
pretor. m. *Magistrado romano que ejercía jurisdicción en Roma o en las provincias.
pretor. m. En la *pesca de atunes, negrura de las aguas en los parajes donde aquéllos abundan.
pretoría. f. **Pretura.**
pretorial. adj. Perteneciente o relativo al pretor.
pretoriano, na. adj. **Pretorial.** || *Mil.* Aplícase a los *soldados de la guardia de los emperadores romanos. Ú. t. c. s.
pretoriense. adj. Perteneciente al pretorio.
pretorio, ria. adj. **Pretorial.** || m. Palacio donde juzgaban las causas los pretores romanos o los presidentes de las provincias. || Obra de fábrica con *escalones que, en la puerta de algunas casas, sirve para salvar el desnivel de la calle.
pretura. f. Empleo o dignidad de pretor.
prevalecer. intr. *Sobresalir una persona o cosa entre otras. || *Conseguir, obtener una cosa en oposición de otros. || *Arraigar las plantas y semillas en la tierra. || fig. *Crecer y aumentar una cosa no material.
prevaleciente. p. a. de **Prevalecer.** Que prevalece.
prevaler. intr. **Prevalecer.** || r. Valerse o *aprovecharse de una cosa.
prevaricación. f. Acción y efecto de prevaricar.
prevaricador, ra. adj. Que prevarica. Ú. t. c. s. || Que *pervierte e incita a uno a faltar a su deber. Ú. t. c. s.
prevaricar. intr. *Faltar uno a sabiendas a la obligación del cargo que desempeña. || Cometer *perjurio. || *For.* Cometer el crimen de prevaricato. || Por ext., cometer una *infracción. || fam. **Desvariar.**
prevaricato. m. Prevaricación, *deslealtad.
***prevención.** f. Acción y efecto de prevenir. || Preparación o *precaución para evitar un riesgo. || *Provisión de mantenimiento o de otra cosa. || Concepto o *prejuicio, por lo común desfavorable, que se tiene de una persona o cosa. || Puesto de policía o vigilancia de un distrito, donde se pone en *prisión preventiva a las personas que han cometido algún delito o falta. || *Mil.* *Guardia del cuartel. || *Mil.* Lugar donde está. || **A prevención.** m. adv. **De prevención.** || **De prevención.** m. adv. Por si acaso, por *previsión.
prevenidamente. adv. m. ***Anticipadamente.**
prevenido, da. adj. Apercibido, *preparado para una cosa. || Provisto, lleno. || Próvido, *cuidadoso.
preveniente. p. a. de **Prevenir.** Que previene o dispone con anticipación.
***prevenir.** tr. *Preparar y disponer con anticipación las cosas para un fin. || *Prever, conocer de antemano un daño o perjuicio. || Precaver, *evitar o *impedir una cosa. || Advertir, *informar. || *Imbuir, impresionar el ánimo o voluntad de uno. || Evitar o *vencer un inconveniente, dificultad u objeción. || *Resolver una dificultad. || **For.* Ordenar y ejecutar un juzgado las diligencias iniciales o urgentes. || **For.* Instruir las primeras diligencias para asegurar los bienes y las resultas de un juicio. || r. *Prepararse de antemano para una cosa. || **Prevenírsele** a uno una cosa. fr. Venirle al *pensamiento.
preventivamente. adv. m. Con, o por, prevención.
preventivo, va. adj. Dícese de lo que previene.
preventorio. m. Establecimiento destinado a prevenir ciertas enfermedades y especialmente la tuberculosis (*sanatorio).
***prever.** tr. Ver con anticipación; conjeturar lo que ha de suceder.
previamente. adv. m. Con anticipación o antelación.
previo, via. adj. Anticipado, *anterior, que va delante o que sucede primero.
previsible. adj. Que está dentro de la *previsión normal.
***previsión.** f. Acción y efecto de prever.
previsor, ra. adj. Que prevé. Ú. t. c. s.
previsto, ta. p. p. irreg. de **Prever.**
prez. amb. *Honor, *fama o consideración que se gana con una acción gloriosa.
priapismo. m. *Med.* Erección continuada y dolorosa del *pene, sin apetito venéreo.
príapo. m. Falo, *pene.

priarse. r. Alterarse, *corromperse una cosa.
priesa. f. **Prisa.**
prieto, ta. adj. Aplícase al color muy obscuro o casi *negro. ‖ **Apretado.** ‖ fig. Mísero, *mezquino.
prima. f. Primera de las cuatro partes iguales en que dividían los romanos el *día artificial. ‖ **Liturg.* Una de las siete horas canónicas, que se dice después de laudes. ‖ En algunos *instrumentos de cuerda, la más delgada, a la que corresponden los sonidos más agudos. ‖ *Germ.* ***Camisa.*** ‖ *Cetr.* *Halcón hembra. ‖ Cantidad que se paga por el *traspaso de un derecho o una cosa además de su valor en venta. ‖ Premio concedido por el gobierno a fin de estimular operaciones o empresas de conveniencia pública. ‖ **Com.* Suma que en ciertas operaciones de *bolsa se obliga el comprador a plazos a pagar al vendedor por el derecho a rescindir el contrato. ‖ En el contrato de *seguros, precio que paga el asegurado. ‖ **Mil.* Uno de los cuartos en que, para los *centinelas, se divide la *noche.
primacía. f. *Superioridad que una cosa tiene con respecto a otra de su especie. ‖ Dignidad o empleo de primado.
primacial. adj. Perteneciente o relativo al primado o a la primacía.
primada. f. fam. *Engaño que padece el que es poco cauto, con perjuicio para sí y ventaja para otros.
primado. m. Primer lugar o *superioridad que una cosa tiene respecto de otras de su especie. ‖ *Prelado que por su jurisdicción o privilegios es el primero y más eminente de un país o región. ‖ Dignidad o cargo de primado.
primado, da. adj. Perteneciente al **primado.**
prima facie. expr. adv. lat. **A primera vista.**
primal, la. adj. Aplícase a la *res ovejuna o cabría que tiene más de un año y no llega a dos. Ú. t. c. s. ‖ m. *Cordón o trenza de seda.
primariamente. adv. m. Principalmente; en primer lugar.
primario, ria. adj. *Principal o primero en orden o grado. ‖ Elemental, *rudimentario. ‖ **Geol.* Perteneciente a uno o varios de los terrenos sedimentarios más antiguos. ‖ m. ***Catedrático de prima.***
primate. m. Personaje *sobresaliente; prócer. Ú. m. en pl. ‖ pl. *Zool.* Orden de mamíferos que incluye al hombre y a los *monos.
***primavera.** f. Estación del año, que astronómicamente principia en el equinoccio del mismo nombre y termina en el solsticio de verano. ‖ Época templada del año, que en el hemisferio boreal corresponde a los meses de marzo, abril y mayo. ‖ *Planta herbácea perenne, de las primuláceas, que se cultiva en los jardines por sus flores amarillas en figura de quitasol. ‖ *Tela de seda matizada de flores de varios colores. ‖ fig. Cualquier cosa de hermosos *colores. ‖ fig. Tiempo en que una cosa está en su mayor *fuerza y *belleza.
***primaveral.** adj. Perteneciente o relativo a la primavera.
primazgo. m. *Parentesco que tienen entre sí los primos. ‖ **Primado** (cargo y dignidad).
primearse. r. fam. Darse *tratamiento de primos el *rey y los grandes, o éstos entre sí.
primer. adj. Apócope de **Primero.**
primera. f. Juego de *naipes en que se dan cuatro cartas a cada jugador. La mejor suerte, y con que se gana todo, es el flux. ‖ pl. Bazas que, de seguida y bastantes para ganar la partida, hace un jugador antes que los demás hagan ninguna.
primeramente. adv. t. y orden. En el primer lugar.
primerizo, za. adj. Que hace por vez primera una cosa, o *empieza a *aprender algún arte, profesión o ejercicio. Ú. t. c. s. ‖ Aplícase especialmente a la hembra que *pare por primera vez. Ú. t. c. s.
***primero, ra.** adj. Dícese de la persona o cosa que *precede a las demás de su especie en orden, tiempo, lugar, jerarquía, etc. Ú. t. c. s. ‖ Excelente y que *aventaja a otros. ‖ *Antiguo, y que antes se ha poseído y logrado. ‖ adv. t. **Primeramente.** ‖ Con *preferencia, antes, más bien, de mejor gana. ‖ **A las primeras.** m. adv. **A las primeras de cambio.** ‖ **De primero.** m. adv. *Antes o al *principio.
primevo, va. adj. Primitivo o *primero. ‖ Dícese de la persona de más *edad que otra.
primicerio, ria. adj. Aplícase a la persona que es primera o *superior a las demás en su línea. ‖ m. En algunas iglesias catedrales o colegiales, **chantre.** ‖ En la *universidad de Salamanca, graduado que ejercía ciertas funciones económicas y ocupaba el lugar inmediato al rector.
primicia. f. *Fruto primero de cualquier cosa. ‖ Prestación de frutos y ganados que además del *diezmo se daba a la Iglesia. ‖ pl. fig. *Principios o primeros *efectos que produce cualquier cosa no material.
primicial. adj. Perteneciente a primicias.
primiclerio. m. **Primicerio.**
primichón. m. *Madeja de seda torcida para *bordados.
primigenio, nia. adj. *Primitivo, originario.
primilla. f. *Perdón de la primera falta que se comete. ‖ **Cernícalo** (*ave).
primípara. f. **Obst.* **Primeriza.**
primitivamente. adv. m. En su *origen, al *principio.
***primitivo, va.** adj. Anterior o primero en su línea, o que no tiene ni toma origen de otra cosa. ‖ **Gram.* Aplícase a la palabra que no se deriva de otra de la misma lengua. ‖ **Esc.* y **Pint.* Aplícase al artista y a la obra artística anteriores al renacimiento clásico. Ú. t. c. s.
***primo, ma.** adj. **Primero.** ‖ Primoroso, *excelente. ‖ → m. y f. Respecto de una persona, hijo o hija de su tío o tía. ‖ *Tratamiento que daba por escrito el *rey a los grandes de España. ‖ fam. **Negro.** ‖ fam. Persona demasiado *cándida. ‖ m. *Germ.* **Jubón.** ‖ adv. m. **Primeramente.** ‖ **Ser** una cosa **prima hermana de** otra. fr. fig. y fam. Ser *semejante a ella.
primogénito, ta. adj. Aplícase al *hijo que nace primero. Ú. t. c. s.
primogenitura. f. Dignidad, prerrogativa o derecho del primogénito.
***primor.** m. Cuidado y habilidad con que se hace una cosa. ‖ Artificio. *perfección, finura, belleza de una obra. ‖ Esta obra.
primordial. adj. *Primitivo, primero. ‖ *Principal y que sirve de *fundamento.
primorear. intr. Hacer primores. Ú. particularmente entre los que tocan *instrumentos.
primorosamente. adv. m. Diestra y perfectamente.
***primoroso, sa.** adj. *Excelente, hecho con *primor. ‖ Diestro, *hábil.
primuláceo, a. adj. **Bot.* Dícese de plantas herbáceas dicotiledóneas, cuyo tipo es la primavera. Ú. t. c. s. ‖ f. pl. *Bot.* Familia de estas plantas.
princesa. f. Mujer del *príncipe. ‖ La que gobierna por título propio un principado. ‖ En España, hija del *rey, inmediata sucesora del reino. También se llamaba **princesa de Asturias.**
principada. f. fam. **Alcaldada** (arbitrariedad).
principado. m. Título o dignidad de *príncipe. ‖ *Territorio o jurisdicción sobre que recae este título. ‖ Primacía o *superioridad con que una cosa excede a otras. ‖ pl. Espíritus bienaventurados, que forman el séptimo coro de los *ángeles.
***principal.** adj. Dícese de la persona o cosa que tiene el primer lugar en estimación o importancia. ‖ *Ilustre, esclarecido en *nobleza. ‖ Dícese del que es *jefe o cabeza de un negocio, empresa, casa de *comercio, etc. ‖ *Importante o fundamental, por oposición a accesorio. ‖ **Impr.* Aplicado a la edición, **príncipe.** ‖ Dícese de la *habitación o cuarto que en los edificios se halla sobre el piso bajo, o sobre el entresuelo. ‖ m. En las plazas de armas, cuerpo de *guardia situado en el centro de la población. ‖ *Capital de una obligación o censo, en oposición a *intereses, pensión o canon. ‖ *For.* **Poderdante,** con respecto a su apoderado.
principalía. f. En Filipinas, cierta colectividad *municipal presidida por el gobernadorcillo.
principalidad. f. Calidad de *principal.
principalmente. adv. m. Primeramente, antes que todo.
***príncipe.** adj. **Impr.* V. **Edición príncipe.** ‖ m. El primero y superior en una cosa. ‖ → Por antonom., hijo primogénito de un soberano, heredero de su corona. ‖ Individuo de familia real o imperial. ‖ *Soberano de un estado. ‖ *Título de honor que dan los reyes. ‖ Cualquiera de los grandes o *nobles de un reino. ‖ Entre colmeneros, pollo de las *abejas de la clase de reinas, que no se halla aún en estado de procrear. ‖ **de Asturias.** Título que se daba en España al hijo del rey, inmediato sucesor de la corona. ‖ **de la sangre.** El que era de la familia real de Francia y podía suceder en el reino. ‖ **Portarse** uno **como un príncipe.** fr. fig. Tratarse con *fausto y magnificencia.
principela. f. *Tela de lana, semejante a la lamparilla.
principesco, ca. adj. Perteneciente o relativo al *príncipe.
principiador, ra. adj. Que principia. Ú. t. c. s.
principianta. f. *Mujer que está *aprendiendo cualquier arte u oficio.
principiante. p. a. de **Principiar.** Que principia. ‖ Que empieza a *aprender o ejercer un oficio, arte, facultad o profesión. Ú. m. c. s.
principiar. tr. Empezar, dar *principio a una cosa. Ú. t. c. r.
***principio.** m. Primer instante del ser de una cosa. ‖ Punto que se considera como primero o anterior en una cosa. ‖ *Fundamento o base de un razonamiento o discurso. ‖

*Causa primitiva u *origen de una cosa. ‖ Cualquiera de los platos que se sirven en la *comida entre el principal y los postres. ‖ En la universidad de Alcalá, cualquiera de los tres actos que tenían los *teólogos de una de las cuatro partes del libro de las sentencias. ‖ Cualquiera de las primeras *nociones por donde se empiezan a estudiar las facultades. ‖ Cualquiera cosa que entra con otra en la *composición de un cuerpo. ‖ Cada una de las *máximas o *reglas particulares por donde cada cual se rige. ‖ pl. *Impr.* Todo lo que precede al texto de un *libro. ‖ **Principio de contradicción.** *Fil.* Enunciado *lógico y metafísico basado en la imposibilidad de que una cosa sea y no sea al mismo tiempo. ‖ **inmediato.** *Quím.* Substancia orgánica de composición definida, que entra en la constitución de los seres *vivos. ‖ **A los principios,** o **al principio.** m. adv. Al empezar una cosa. ‖ **A principios** del mes, año, etc., m. adv. En sus primeros días. ‖ **Del principio al fin.** m. adv. **De todo en todo.** ‖ **En principio.** m. adv. Dícese de lo que se acepta o acoge en *esencia, sin que haya entera *conformidad en la forma o los detalles. ‖ **Tener, tomar,** o **traer, principio** una cosa **de** otra. fr. Proceder o provenir de ella.

principote. m. fam. El que en su *fausto y porte hace *ostentación de una clase superior a la suya.

pringada. f. Rebanada de *pan empapada en pringue.

pringamoza. f. *Bejuco de Cuba cubierto de una pelusa que produce en la piel gran picazón. ‖ Especie de **ortiga.**

pringar. tr. *Empapar con pringue el *pan u otro alimento. ‖ Estrujar con pan algún alimento pringoso. ‖ Echar a uno, como *castigo, pringue hirviendo. ‖ Manchar o *ensuciar con pringue. Ú. t. c. r. ‖ fam. *Herir haciendo sangre. ‖ fig. y fam. *Participar en un negocio. ‖ fig. y fam. Denigrar, *infamar. ‖ r. fig. y fam. *Malversar o *apropiarse uno indebidamente parte del caudal que maneja.

pringón, na. adj. fam. *Sucio, lleno de grasa o pringue. ‖ m. fam. Acción de mancharse con pringue. ‖ fam. *Mancha de pringue.

pringoso, sa. adj. Que tiene pringue.

pringote. m. *Culin.* Amasijo que se hace mezclando la carne, el tocino y el chorizo del cocido.

pringue. amb. *Grasa animal, manteca. ‖ fig. *Suciedad que se pega a la ropa o a otra cosa. ‖ *Castigo consistente en pringar.

prior. adj. p. us. *Anterior, previo. ‖ m. En algunas *comunidades, superior o *prelado ordinario del convento. ‖ En otras, segundo prelado después del abad. ‖ Superior de cualquier convento de los canónigos regulares y de las órdenes militares. ‖ Dignidad que hay en algunas iglesias catedrales. ‖ Párroco, *cura. ‖ El jefe de un *consulado que entiende en asuntos de *comercio.

priora. f. Prelada de algunas *comunidades de religiosas. ‖ En algunas religiones, segunda prelada.

prioral. adj. Perteneciente o relativo al prior o a la priora.

priorato. m. Oficio, dignidad o empleo de prior o de priora. ‖ Distrito o jurisdicción del prior. ‖ *Convento de los monjes de San Benito.

priorato. m. *Vino tinto procedente de la región de igual nombre, en España.

priorazgo. m. **Priorato** (cargo de prior).

prioresa. f. desus. **Priora.**

prioridad. f. *Anterioridad de una cosa respecto de otra. ‖ Anterioridad de una cosa respecto de otra que *procede de ella.

prioste. m. Mayordomo de una hermandad o *cofradía.

***prisa.** f. Prontitud y rapidez con que sucede o se ejecuta una cosa. ‖ *Contienda muy revuelta y confusa. ‖ *Concurrencia grande para la compra o despacho de una cosa. ‖ Entre *sastres y otros oficiales, concurrencia de muchas obras. ‖ **Andar** uno **de prisa.** fr. fig. Aplícase al que parece que le falta tiempo para cumplir con sus muchas *ocupaciones. ‖ **A prisa.** m. adv. **Aprisa.** ‖ **Correr prisa** una cosa. fr. Ser *urgente. ‖ **Dar prisa.** fr. *Apremiar a uno. ‖ *Acometer al contrario con ímpetu, obligándole a huir. ‖ **Dar prisa** una cosa. fr. **Correr prisa.** ‖ **Darse** uno **prisa.** fr. fam. Apresurarse. ‖ **De prisa.** m. adv. Con *prontitud. ‖ **De prisa y corriendo.** m. adv. Con la mayor celeridad. ‖ **Estar** uno **de prisa.** fr. Tener que hacer una cosa con urgencia. ‖ **Meter** uno **prisa.** fr. Apresurar las cosas. ‖ **Tener** uno **prisa.** fr. **Estar de prisa.**

priscal. m. Lugar en el campo donde se recogen los *ganados por la noche.

priscilianismo. m. *Herejía de Prisciliano, que profesaba algunos de los errores de los gnósticos y maniqueos.

priscilianista. adj. Sectario del priscilianismo. Ú. t. c. s.

prisciliano, na. adj. **Priscilianista.** Ú. t. c. s. ‖ Perteneciente a Prisciliano.

prisco. m. **Albérchigo.**

***prisión.** f. Acción de prender, *asir o coger. ‖ → Cárcel o sitio donde se encierran y aseguran los presos. ‖ **Cetr.* Presa que hace el halcón volando a poca altura. ‖ *Atadura con que están presas las aves de caza. ‖ fig. Cualquier cosa que ata o *estorba físicamente. ‖ fig. Lo que une estrechamente las voluntades y afectos. ‖ → pl. Grillos, cadenas y otros instrumentos con que en las cárceles se aseguran los delincuentes. ‖ **preventiva.** *For.* La que sufre el procesado durante la substanciación del juicio.

***prisionero, ra.** m. y f. Persona que en la guerra cae en poder del enemigo. ‖ fig. El que está como cautivo de un afecto o *pasión. ‖ **de guerra.** El que se entrega al vencedor precediendo capitulación.

***prisma.** m. **Geom.* Cuerpo terminado por dos caras planas, paralelas e iguales que se llaman bases, y por tantos paralelogramos cuantos lados tenga cada base. ‖ **Ópt.* **Prisma** triangular de cristal, que se usa para varios fines.

prismático, ca. adj. De figura de prisma. ‖ V. **Anteojo prismático.** Ú. t. c. s. m. pl.

priste. m. *Pez marino selacio, de unos cinco metros de largo, que tiene en la mandíbula superior un espolón como de un metro de largo, semejante a una espada y con espinas laterales.

prístino, na. adj. *Antiguo, *primitivo.

prisuelo. m. **Caza.* Bozal que se pone a los hurones para que no puedan chupar la sangre a los conejos al hacerles presa.

***privación.** f. Acción de despojar o privar. ‖ *Carencia de una cosa en sujeto capaz de tenerla. ‖ *Pena con que se desposee a uno del empleo, derecho o dignidad que tenía. ‖ fig. *Ausencia del bien que se apetece y desea.

privada. f. **Letrina** (*retrete). ‖ Plasta grande de *suciedad o *excremento.

privadamente. adv. m. Familiar o separadamente, en *particular.

privadero. m. Pocero, el que limpia los pozos negros.

privado, da. adj. Que se ejecuta a vista de pocos, en *confianza o en familia. ‖ *Particular y personal de cada uno. ‖ m. El que tiene privanza.

privanza. f. *Preferencia en el favor y *confianza de un príncipe o alto personaje.

***privar.** tr. Despojar a uno de una cosa que poseía. ‖ *Destituir a uno de un empleo, ministerio, dignidad, etcétera. ‖ *Prohibir o vedar. ‖ Producir a uno *síncope o desmayo. Ú. m. c. r. ‖ intr. Tener privanza. ‖ Tener general *aprobación una persona o cosa. ‖ r. *Dejar voluntariamente una cosa agradable o conveniente.

privativamente. adv. m. *Especial y singularmente, con exclusión de todos los demás.

privativo, va. adj. Que causa privación o la significa. ‖ Propio y *especial de una cosa o persona, y no de otras.

privilegiadamente. adv. m. De un modo privilegiado.

privilegiar. tr. Conceder *privilegio.

privilegiativo, va. adj. Que encierra o incluye en sí privilegio.

***privilegio.** m. Gracia, ventaja o exención especial que se concede a uno. ‖ *Documento en que consta esta concesión. ‖ **convencional.** El que se concede mediante un pacto con el privilegiado. ‖ **de introducción.** *Patente para un procedimiento industrial o una fabricación que se implanta de nuevo en un país. ‖ **de invención.** *Patente para el aprovechamiento exclusivo, por tiempo determinado, de una producción o un procedimiento industrial hasta entonces no conocidos. ‖ **del canon.** **Ecles.* El que gozan las personas del estado clerical y religioso, de que quien impusiere manos violentas en algunas de ellas, incurra en la pena de excomunión. ‖ **del fuero.** **Ecles.* El que tienen los eclesiásticos para ser juzgados por sus tribunales.

pro. amb. ***Provecho.** ‖ V. **Hombre de pro.** ‖ **Buena pro.** Fórmula de *saludo al que está comiendo o bebiendo. ‖ Ú. en los contratos o *subastas para demostrar que se han perfeccionado. ‖ **El pro y el contra.** fr. Lo favorable y lo adverso. ‖ **En pro.** m. adv. En *favor.

pro. Prefijo que denota substitución, progresión, continuidad, etc.

proa. f. Parte delantera de la *embarcación. ‖ **Poner la proa** a una cosa. fr. fig. Fijar la mira en ella, haciendo las *diligencias necesarias para su logro y consecución. ‖ **Poner la proa** a uno. fr. fig. Formar el propósito de hacerle algún *daño.

proal. adj. Perteneciente a la proa.

***probabilidad.** f. *Verosimilitud. ‖ Calidad de *probable.

probabilismo. m. **Teol.* Doctrina que permite seguir la opinión probable, en contraposición de la más probable.

probabilista. adj. **Teol.* Que profesa la doctrina del probabilismo. Apl. a pers., ú. t. c. s.

*__probable.__ adj. __Verosímil.__ ‖ Que se puede *probar. ‖ Dícese de aquello que hay buenas razones para creer que sucederá.

__probablemente.__ adv. m. Con *verosimilitud o probabilidad.

__probación.__ f. *__Prueba.__ ‖ En las *comunidades, examen y prueba de la vocación y virtud de los novicios antes de profesar.

__probado, da.__ adj. Acreditado por la experiencia. ‖ Dícese de la persona que ha sufrido con *paciencia grandes adversidades. ‖ *For.* Acreditado como *verdad en los autos.

__probador, ra.__ adj. Que prueba. Ú. t. c. s. ‖ m. En los talleres de *costura, aposento en que se prueban los vestidos.

__probadura.__ f. Acción de probar o gustar.

__probanza.__ f. *Investigación o *prueba hecha jurídicamente. ‖ Cosa o conjunto de ellas que acreditan una verdad o un hecho.

*__probar.__ tr. Demostrar de algún modo la certeza de un hecho o la verdad de una afirmación. ‖ *Ensayar y experimentar las cualidades de personas o cosas. ‖ Examinar si una cosa está arreglada a la medida o proporción de otra a que se debe ajustar. ‖ Tomar una pequeña porción de un manjar o líquido para apreciar su *sabor. ‖ intr. Con la preposición *a* y el infinitivo de otros verbos, *intentar una cosa. ‖ Ser *conveniente una cosa para determinado fin. Regularmente se usa con los adverbios *bien* o *mal.*

__probática.__ adj. V. __Piscina probática.__

__probatoria.__ f. *For.* Término concedido por la ley o por el juez para hacer las *pruebas.

__probatorio, ria.__ adj. Que sirve para *probar o averiguar la verdad de una cosa.

__probatura.__ f. fam. *Ensayo, prueba.

__probeta.__ f. Manómetro de mercurio, de poca altura, para determinar la *presión del *gas en la máquina neumática. ‖ Máquina para probar la fuerza de la *pólvora. ‖ **Quím.* Tubo de cristal, con pie o sin él, cerrado por un extremo y destinado a contener líquidos o gases.

__probidad.__ f. Bondad, *moralidad, integridad y honradez en el obrar.

*__problema.__ m. Cuestión que se trata de aclarar; proposición dudosa. ‖ **Mat.* Proposición dirigida a averiguar el modo de obtener un resultado cuando ciertos datos son conocidos.

__problemática.__ f. Conjunto de los *problemas que presenta una ciencia.

__problemáticamente.__ adv. m. De modo problemático.

__problemático, ca.__ adj. *Dudoso, incierto.

__probo, ba.__ adj. Que tiene probidad y *honradez.

__proboscidio, dia.__ adj. *Zool.* Dícese de los *mamíferos ungulados que tienen trompa prensil y cinco dedos en cada una de las cuatro extremidades; como el elefante. Ú. t. c. s. ‖ m. pl. *Zool.* Orden de estos animales.

__procacidad.__ f. *Desvergüenza, insolencia.

__procaz.__ adj. *Descarado, atrevido.

__procedencia.__ f. *Origen, principio de donde nace o se deriva una cosa. ‖ **Mar.* Punto de salida o escala de un barco. ‖ *Conformidad con la moral, la *razón o el derecho. ‖ **For.* *Fundamento legal de una demanda.

__procedente.__ p. a. de __Proceder.__ Que trae su *origen de una persona o cosa. ‖ Arreglado a la prudencia o a la *razón. ‖ **For.* *Conforme a *derecho.

__proceder.__ m. *Conducta o modo de portarse.

*__proceder.__ intr. Ir algunas personas o cosas en *fila o unas tras otras guardando cierto orden. ‖ → Seguirse u originarse una cosa de otra. ‖ *Portarse y gobernar uno sus acciones bien o mal. ‖ Empezar a *ejecutar alguna cosa. ‖ *Continuar, seguir adelante en la ejecución de algunas cosas. ‖ Ser *conforme a *razón, derecho o conveniencia. ‖ __Proceder contra__ uno. fr. **For.* Iniciar o seguir procedimiento criminal contra él.

__procedimiento.__ m. Acción de proceder. ‖ *Método de ejecutar algunas cosas. ‖ **For.* Actuación por trámites judiciales o administrativos. ‖ __ejecutivo.__ *For.* El que se sigue a instancia de un *acreedor contra su deudor.

__procela.__ f. poét. *Borrasca, tormenta.

__proceleusmático.__ m. Pie de la *poesía griega y latina, compuesto de dos pirriquios.

__proceloso, sa.__ adj. *Borrascoso, tempestuoso.

__prócer.__ adj. *Alto, eminente o elevado. ‖ m. Persona constituida en alta *dignidad. ‖ Cada uno de los individuos que, por derecho propio o nombramiento del rey, formaban parte del *parlamento, constituyente de un Estamento.

__procerato.__ m. Dignidad de prócer.

__proceridad.__ f. *Altura, eminencia o elevación. ‖ Vigor, *lozanía.

__prócero, ra,__ o __procero, ra.__ adj. __Prócer.__

__proceroso, sa.__ adj. Dícese de la persona de *alta estatura y de aspecto respetable.

__procesado, da.__ adj. **For.* Aplícase al escrito y letra de proceso. ‖ Declarado presunto *reo en un proceso criminal. Ú. t. c. s.

__procesal.__ adj. Perteneciente o relativo al proceso.

__procesamiento.__ m. Acto de procesar.

__procesar.__ tr. Formar autos y procesos. ‖ **For.* Declarar a una persona presunto reo de delito.

*__procesión.__ f. Acción de *proceder una cosa de otra. ‖ → Acto de ir ordenadamente de un lugar a otro muchas personas con algún fin público y solemne, por lo común religioso. ‖ fig. y fam. *Fila de personas o animales que van de un lugar a otro. ‖ __Andar,__ o __ir, por dentro la procesión.__ fr. fig. y fam. Sentir *ira, inquietud, etc., sin darlo a conocer.

__procesional.__ adj. Ordenado en forma de procesión. ‖ Perteneciente a ella.

__procesionalmente.__ adv. m. En forma de procesión.

__procesionaria.__ f. Especie de *mariposa, cuyas orugas suelen ir en fila unas tras otras.

__procesionario.__ adj. V. __Libro procesionario.__ Ú. t. c. s.

__proceso.__ m. __Progreso.__ ‖ Transcurso del *tiempo. ‖ *Serie de las fases sucesivas de un fenómeno. ‖ **For.* Agregado de los autos y demás escritos en cualquiera causa civil o criminal. ‖ *For.* Causa criminal. ‖ __en infinito.__ Continuación de una serie de cosas que no tiene fin. ‖ __Fulminar el proceso.__ fr. **For.* Hacerlo y substanciarlo hasta ponerlo en estado de sentencia. ‖ __Vestir el proceso.__ fr. *For.* Formarlo con todas las solemnidades requeridas.

__procidencia.__ f. **Pat.* Salida anormal al exterior del cuerpo de algún órgano o parte del mismo.

__proción.__ m. *Astr.* *Estrella de primera magnitud penteneciente al Can Menor.

__proclama.__ f. Notificación *pública, y especialmente la de las amonestaciones para los que tratan de *casarse u ordenarse. ‖ *Discurso o alocución política o militar.

__proclamación.__ f. *Publicación solemne de un decreto, bando o *ley. ‖ Actos públicos y ceremonias con que se solemniza el *principio de un nuevo reinado. ‖ *Alabanza pública y general.

__proclamar.__ tr. *Publicar en alta voz una cosa. ‖ Declarar solemnemente el *principio de un reinado, etc. ‖ __Aclamar.__ ‖ fig. Dar señales inequívocas de un afecto, pasión, etc.

__proclisis.__ f. **Gram.* Unión de una palabra proclítica con la que le sigue.

__proclítico, ca.__ adj. **Pros.* Dícese de la voz monosílaba que, sin acentuación prosódica, se liga en la cláusula con el vocablo subsiguiente.

__proclive.__ adj. Inclinado o *propenso a una cosa mala o *perversa.

__proclividad.__ f. Calidad de proclive.

__proco.__ m. p. us. El que pretende *enamorar a una mujer. ‖ p. us. El que la demanda en *matrimonio o es su *padrino al tomar estado religioso.

__procomún.__ m. Utilidad pública o *social.

__procomunal.__ m. __Procomún.__

__procónsul.__ m. *Gobernador de una provincia entre los romanos.

__proconsulado.__ m. Dignidad o empleo de procónsul. ‖ Tiempo que duraba esta dignidad.

__proconsular.__ adj. Perteneciente o relativo al procónsul.

__procreación.__ f. Acción o efecto de procrear.

__procreador, ra.__ adj. Que procrea. Ú. t. c. s.

__procreante.__ p. a. de __Procrear.__ Que procrea.

__procrear.__ tr. *Engendrar, multiplicar una especie.

__proctitis.__ f. *Pat.* Inflamación del *ano.

__procura.__ f. __Procuración__ (poder, *delegación). ‖ __Procuraduría.__ ‖ Cuidado asiduo en los negocios.

__procuración.__ f. *Cuidado o diligencia con que se maneja un negocio. ‖ *Comisión o poder que uno da a otro para que en su nombre haga una cosa. ‖ Oficio o cargo de *procurador. ‖ **Ecles.* Contribución que los prelados exigen de las iglesias que visitan.

*__procurador, ra.__ adj. Que procura. Ú. t. c. s. ‖ m. El que en virtud de poder o *comisión de otro ejecuta en su nombre una cosa. ‖ El que, con la necesaria habilitación legal, representa en juicio a cada una de las partes. ‖ En las *comunidades, sujeto encargado de los asuntos económicos. ‖ __a Cortes. Procurador en Cortes.__ ‖ __de Cortes. Procurador en Cortes.__ ‖ __del Reino.__ Cada uno de los individuos que, elegidos por las provincias, formaban en el *parlamento el Estamento a que daban nombre. ‖ __de pobres.__ fig. y fam. Sujeto *entremetido. ‖ __en Cortes.__ Cada uno de los individuos que designaban ciertas ciudades para concurrir a las Cortes con voto en éstas.

__procuradora.__ f. En las *comunid

des, religiosa encargada de los asuntos económicos.
procuraduría. f. Cargo u oficina de procurador o procuradora.
procurante. p. a. de **Procurar.** Que procura o solicita una cosa.
***procurar.** tr. Hacer diligencias para conseguir lo que se desea. ‖ Ejercer el oficio de *procurador.
procurrente. m. *Geogr.* Gran pedazo de tierra que se adelanta y avanza mar adentro; como algunas *penínsulas.
prodición. f. Alevosía, traición.
prodigalidad. f. *Derroche, desperdicio. ‖ Copia, *abundancia.
pródigamente. adv. m. Con *abundancia y prodigalidad.
prodigar. tr. *Derrochar, malgastar. ‖ *Dar con abundancia. ‖ r. Excederse indiscretamente en la exhibición personal.
***prodigio.** m. Suceso extraño que excede los límites de lo natural. ‖ Cosa *especial, rara o primorosa en su línea. ‖ ***Milagro.**
prodigiosamente. adv. m. De un modo prodigioso.
prodigiosidad. f. Calidad de prodigioso.
***prodigioso, sa.** adj. Maravilloso, que encierra en sí *prodigio. ‖ *Excelente, exquisito.
***pródigo, ga.** adj. Disipador, que *malgasta o consume su hacienda en gastos inútiles. Ú. t. c. s. ‖ Que desprecia generosamente la vida u otra cosa estimable. ‖ Muy *generoso.
pro domo súa. expr. lat. Se usa para indicar que uno procede con *egoísmo, en su provecho exclusivo.
prodrómico, ca. adj. **Pat.* Perteneciente o relativo al pródromo.
pródromo. m. **Pat.* Malestar u otro síntoma que precede a una enfermedad.
***producción.** f. Acción de producir. ‖ Cosa producida. ‖ Acto o modo de producirse. ‖ Conjunto de los productos del suelo o de la *industria.
producente. p. a. de **Producir.** Que produce.
producibilidad. f. *Fil.* Calidad de producible.
producible. adj. *Fil.* Que se puede producir.
producidor, ra. adj. **Productor.** Ú. t. c. s.
produciente. p. a. de **Producir.** Que produce.
***producir.** tr. *Engendrar, procrear. ‖ → Crear, hacer, elaborar. ‖ Dar *fruto los terrenos, árboles, etc. ‖ Dar *interés, *utilidad o beneficio anual una cosa. ‖ fig. Procurar, *causar, ocasionar. ‖ **For.* Exhibir, presentar, *manifestar. ‖ r. *Expresarse, darse a entender por medio de la palabra.
productividad. f. Calidad de productivo.
productivo, va. adj. Que tiene virtud de producir.
***producto, ta.** p. p. irreg. de **Producir.** ‖ m. Cosa producida. ‖ Caudal, *ganancia o *renta que se obtiene de una cosa. ‖ **Mat.* Cantidad que resulta de la *multiplicación.
productor, ra. adj. Que produce. Ú. t. c. s. ‖ m. *Obrero o *empleado de una empresa.
proejar. intr. *Remar contra la corriente o contra el viento.
proel. adj. *Mar.* Aplícase a la parte de la *embarcación que está más cerca de la proa. ‖ m. *Mar.* Marinero que en un bote, lancha, etcétera, maneja el *remo de proa.
proemial. adj. Perteneciente al proemio.
proemio. m. ***Preámbulo.**
proeza. f. *Hazaña, acción valerosa o heroica.
***profanación.** f. Acción y efecto de profanar.
profanador, ra. adj. Que profana. Ú. t. c. s.
profanamente. adv. m. Con profanidad.
profanamiento. m. **Profanación.**
***profanar.** tr. Tratar una cosa sagrada sin el debido respeto. ‖ fig. Deslucir, *desacreditar, hacer uso indigno de cosas respetables.
***profanidad.** f. Calidad de profano. ‖ *Fausto excesivo.
***profano, na.** adj. Que no es sagrado ni sirve a usos sagrados. ‖ Que es contra la reverencia debida a las cosas sagradas. ‖ Libertino o muy dado a los *placeres. Ú. t. c. s. ‖ Inmodesto, deshonesto en el atavío o compostura. ‖ *Ignorante o falto de autoridad en una materia. Ú. t. c. s.
profazador, ra. adj. ***Chismoso.** Úsab. t. c. s.
profazar. tr. Abominar, *censurar o *desacreditar una persona o cosa.
profazo. m. *Descrédito, mala fama.
profecía. f. Don sobrenatural que permite *prever o conocer las cosas distantes o futuras. ‖ *Predicción hecha en virtud de don sobrenatural. ‖ Cada uno de los libros de la *Biblia, en que se contienen los escritos de los profetas mayores. ‖ fig. Juicio o *conjetura que se forma de una cosa. ‖ pl. Libro canónico de la *Biblia, que contiene los escritos de los doce profetas menores.
proferente. p. a. de **Proferir.** Que profiere.
proferir. tr. Pronunciar, *decir palabras.
profesante. p. a. de **Profesar.** Que profesa.
profesar. tr. Ejercer una ciencia, arte, oficio, *ocupación, etc. ‖ *Enseñar una ciencia o arte. ‖ Obligarse en una *comunidad religiosa a cumplir los votos propios de su instituto. ‖ Cultivar un *sentimiento o *creencia. ‖ Declarar uno su *adhesión a un principio, doctrina, etc.
***profesión.** f. Acción y efecto de profesar. ‖ → Empleo, facultad u oficio que cada uno ejerce. ‖ **Hacer profesión de** una costumbre o habilidad. fr. *Jactarse de ella.
profesional. adj. Perteneciente a la profesión o magisterio de ciencias y artes.
profesionalismo. m. Práctica de los *deportes como medio de lucro.
profeso, sa. adj. Dícese del que ha profesado en una *comunidad religiosa. Ú. t. c. s. ‖ Igualmente se aplica al colegio o casa de los profesos.
profesor, ra. m. y f. Persona que ejerce una ciencia o arte. ‖ Persona que la *enseña.
profesorado. m. Cargo de profesor. ‖ Cuerpo de profesores.
***profeta.** m. El que posee el don de profecía. ‖ fig. El que por algunas señales conjetura y *predice lo que ha de suceder.
profetal. adj. **Profético.**
proféticamente. adv. m. Con espíritu profético, a modo de *profeta.
profético, ca. adj. Perteneciente o relativo a la profecía o al *profeta.
profetisa. f. Mujer que posee el don de profecía.
profetizador, ra. adj. Que profetiza. Ú. t. c. s.
profetizante. p. a. de **Profetizar.** Que profetiza.
profetizar. tr. Hacer predicciones el *profeta. ‖ fig. ***Conjeturar.**
proficiente. adj. Dícese del que saca *provecho de una cosa.
proficuo, cua. adj. **Provechoso.**
profiláctica. f. *Med.* ***Higiene.**
profiláctico, ca. adj. *Med.* **Preservativo.** Ú. t. c. s. m.
profilaxis. f. *Med.* **Preservación.**
prófugo, ga. adj. **Fugitivo.** Ú. t. c. s. ‖ m. *Mil.* Mozo que se ausenta o se oculta para no ser *soldado.
profundamente. adv. m. Con *profundidad.
profundar. tr. **Profundizar.**
***profundidad.** f. Calidad de profundo. ‖ **Hondura.** ‖ *Geom.* Dimensión de los cuerpos perpendicular a una superficie dada.
profundizar. tr. Cavar una cosa para que esté más *honda. ‖ fig. *Meditar detenidamente y examinar una cosa para llegar a su perfecto conocimiento. Ú. t. c. intr.
***profundo, da.** adj. Dícese de la vasija, hueco, cavidad, etc., que tiene el fondo muy distante del borde o boca. ‖ Más hondo que lo regular. ‖ Extendido a lo largo, o que tiene gran fondo. ‖ Dícese de lo que se *introduce mucho o va hasta muy adentro. ‖ fig. *Intenso. ‖ fig. Difícil de penetrar o casi *incomprensible. ‖ fig. Tratándose del *entendimiento, de las cosas a él concernientes o de sus producciones, extenso, vasto. ‖ fig. Dícese de la persona cuyo entendimiento penetra mucho. ‖ fig. *Humilde en sumo grado. ‖ m. **Profundidad.** ‖ poét. ***Mar.** ‖ poét. ***Infierno.**
profusamente. adv. m. Con excesiva *abundancia, con profusión.
profusión. f. Copia, *abundancia excesiva.
profuso, sa. adj. *Abundante, con exceso.
progenie. f. Casta o *familia de que desciende una persona.
progenitor. m. *Pariente en línea recta ascendente.
progenitura. f. **Progenie.** ‖ Calidad de primogénito. ‖ Derecho de primogénito.
progimnasma. m. *Ret.* Ensayo que hace un *orador para prepararse a hablar en público.
prognatismo. m. Calidad de prognato.
prognato, ta. adj. Dícese de la persona que tiene saliente la *mandíbula inferior. Ú. t. c. s.
progne. f. poét. **Golondrina.**
prognosis. f. Conocimiento anticipado de algún suceso. Se aplica a la *previsión *meteorológica del tiempo, al pronóstico de las *enfermedades, etc.
programa. m. Edicto o *anuncio público. ‖ Previa declaración o *proyecto de lo que se piensa hacer en alguna materia. ‖ *Tema que se da para un discurso, cuadro, etc. ‖ Sistema y distribución de las materias de un curso o asignatura, que forma y publica el *catedrático. ‖ *Lista o exposición de las partes de que se han de componer ciertas cosas.
progresar. tr. Hacer progresos o *adelantamientos en una materia.
progresión. f. Acción de *continuar o *adelantar una cosa. ‖ **Mat.* Serie de números o términos algebraicos en la cual cada tres consecutivos forman proporción continua. ‖ **aritmética.** *Mat.* Aquella en que cada dos términos consecutivos se diferencian en una misma cantidad.

|| **ascendente.** *Mat.* Aquella en que cada término tiene mayor valor que el antecedente. || **descendente.** *Mat.* Aquella en que cada término tiene menos valor que el antecedente. || **geométrica.** *Mat.* Aquella en que cada dos términos consecutivos dan un mismo cociente.

progresista. adj. Aplícase a un partido *político que propugna el desenvolvimiento de las libertades públicas. || Perteneciente o relativo a este partido. Apl. a pers., ú. t. c. s.

progresivamente. adv. m. Con progresión.

***progresivo, va.** adj. Que procura el *adelantamiento o avance. || Que progresa.

progreso. m. Acción de ir hacia adelante. || *Adelantamiento, *perfeccionamiento.

prohibente. p. a. de **Prohibir.** Que prohíbe.

***prohibición.** f. Acción y efecto de prohibir.

***prohibir.** tr. Vedar o impedir el uso o ejecución de una cosa.

prohibitivo, va. adj. **Prohibitorio.**

prohibitorio, ria. adj. Dícese de lo que prohíbe.

prohijación. f. **Prohijamiento.**

prohijador, ra. adj. Que prohíja. Ú. t. c. s.

prohijamiento. m. Acción y efecto de prohijar.

***prohijar.** tr. *Adoptar como hijo al que no lo es naturalmente. || fig. *Admitir como propias las opiniones ajenas, *asentir a ellas.

prohombre. m. En los gremios de los *artesanos, cada uno de los maestros del mismo oficio, que por su probidad y conocimientos se elegía para presidir y gobernar el gremio correspondiente. || El que goza de especial consideración o *fama entre los de su clase.

pro indiviso. loc. lat. *For.* Dícese de las cosas que se poseen en *común, sin dividir.

proís. m. *Mar.* Piedra u otra cosa en tierra, en que se *amarra la embarcación. || *Mar.* *Cabo que se amarra en tierra para asegurar la embarcación.

proíz. m. **Proís.**

proíza. f. ant. *Mar.* Cierto *cabo que se ponía a proa para *anclar o amarrar el navío.

prójima. f. fam. Mujer de poca estimación pública o de conducta *deshonesta.

prójimo. m. Cualquier *persona u *hombre respecto de otro, como miembro de la comunidad humana. || **Al prójimo, contra una esquina.** expr. fig. y fam. con que se moteja a los *egoístas. || **No tener prójimo** uno. fr. fig. Ser *cruel, no lastimarse del mal ajeno.

prolapso. m. **Pat.* *Caída o descenso de una víscera o de un órgano.

prole. f. *Linaje, hijos o descendencia de uno.

prolegómeno. m. Tratado *preliminar que se pone en una obra o escrito, para establecer los fundamentos generales de la materia que se ha de tratar después. Ú. m. en pl.

prolepsis. f. **Ret.* **Anticipación.**

proletariado. m. Clase *social constituida por los proletarios.

proletario, ria. adj. Dícese del vecino *pobre no comprendido en las listas del pueblo en que habita sino por su persona y familia. Ú. t. c. s. m. || fig. *Plebeyo, vulgar. || m. En la antigua Roma, ciudadano pobre. || Individuo de la clase indigente.

proliferación. f. **Embriol.* División y multiplicación del huevo fecundado y de sus derivados celulares. || *Reproducción de una cosa en abundancia.

prolífero, ra. adj. Que se multiplica o *reproduce.

prolífico, ca. adj. Que tiene virtud de *engendrar.

prolijamente. adv. m. Con *prolijidad.

***prolijidad.** f. Calidad de prolijo.

***prolijo, ja.** adj. Largo, extenso y dilatado con exceso. || Demasiadamente *cuidadoso o esmerado. || *Impertinente, pesado, *importuno.

prologal. adj. Perteneciente o relativo al prólogo.

prologar. tr. Escribir el prólogo de una obra.

prólogo. m. Discurso o capítulo *preliminar de una obra, en que el autor hace a sus lectores alguna advertencia o declaración. || Discurso que en el *teatro antiguo solía preceder al poema dramático. || Primera parte de algunas obras dramáticas y novelas, desligada en cierto modo de las posteriores, pero que les sirve de antecedente o preparación. || fig. Lo que sirve como de *exordio para ejecutar una cosa.

prologuista. com. Persona que ha escrito uno o más prólogos.

prolonga. f. **Artill.* Cuerda que une el avantrén con la cureña cuando se suelta la clavija.

prolongación. f. Acción y efecto de *prolongar o prolongarse. || Parte prolongada de una cosa.

prolongadamente. adv. m. y t. Dilatadamente, con *extensión o con larga *duración.

prolongado, da. adj. Más *largo que ancho. || Que *dura cierto tiempo.

prolongador, ra. adj. Que prolonga. Ú. t. c. s.

prolongamiento. m. **Prolongación.**

***prolongar.** tr. Alargar una cosa. Ú. t. c. r. || Hacer que *dure una cosa más tiempo de lo regular. Ú. t. c. r.

proloquio. m. **Gram.* Proposición, sentencia.

prolusión. f. **Prelusión.**

promanar. intr. **Provenir.**

promediar. tr. *Igualar o repartir una cosa en dos *mitades o partes iguales. || intr. Interponerse entre dos o más personas o *interceder para ajustar un negocio. || Llegar a su mitad un espacio de tiempo determinado.

promedio. m. Punto en que una cosa se divide por mitad o casi por la *mitad. || **Término medio.**

***promesa.** f. Expresión con que uno se obliga a dar o hacer alguna cosa. || Ofrecimiento hecho a Dios o a sus santos de ejecutar una obra piadosa. || En los pagarés de la *lotería primitiva, premio correspondiente a la suma que se había jugado. || fig. Augurio, *indicio o señal favorable. || **Simple promesa.** La que no se confirma con voto o juramento.

prometedor, ra. adj. Que promete. Ú. t. c. s.

***prometer.** tr. Obligarse a hacer o dar alguna cosa. || **Asegurar** (*afirmar, certificar). || intr. Dar una persona o cosa muestra anticipada de alguna cualidad o defecto. || r. *Esperar una cosa o mostrar gran confianza de lograrla. || Ofrecerse uno o *consagrarse al servicio o culto de Dios o de sus santos. || rec. Darse mutuamente palabra de *casamiento. || **Prometérselas** uno **felices.** fr. fam. Tener *esperanza de conseguir una cosa.

prometida. f. **Futura** (novia).

prometido. m. **Futuro** (novio). || **Promesa.** || Talla que en los arriendos se ponía de premio a los que hacían *pujas.

prometiente. p. a. de **Prometer.** Que promete.

prometimiento. m. **Promesa.**

***prominencia.** f. Elevación de una cosa sobre lo que está alrededor.

***prominente.** adj. Que se levanta sobre lo que está a su inmediación.

promiscuación. f. Acción de promiscuar.

promiscuamente. adv. m. Con promiscuidad.

promiscuar. intr. *Comer en los días de *abstinencia carne y pescado en una misma comida. || fig. *Participar o *mezclarse indistintamente en cosas heterogéneas u opuestas.

promiscuidad. f. *Mezcla, *confusión.

promiscuo, cua. adj. *Mezclado confusa o indiferentemente. || *Ambiguo o que tiene dos sentidos equivalentes.

promisión. f. ***Promesa.** || *For.* Oferta o promesa acerca de la cual no ha mediado estipulación con la persona a quien favorece.

promisorio, ria. adj. Que encierra en sí *promesa.

promoción. f. Acción de promover. || *Conjunto de los individuos que al mismo tiempo han obtenido un grado o *empleo en determinada carrera o profesión.

promontorio. m. *Montaña o *altura muy considerable de tierra. || fig. Cualquiera cosa que por su gran *volumen causa mucho estorbo. || Altura considerable de tierra que avanza dentro del mar.

promotor, ra. adj. Que promueve. Ú. t. c. s. || **de la fe.** Individuo de la *curia romana que en las causas de beatificación y canonización tiene el deber de suscitar dudas y oponer objeciones. || **fiscal.** Funcionario que desempeñaba en los *tribunales las funciones que hoy corresponden al fiscal.

promovedor, ra. adj. **Promotor.** Ú. t. c. s.

promover. tr. Dar *principio a una cosa o *procurar su *adelantamiento y consecución. || Ascender a una persona a una dignidad o *empleo superior.

promulgación. f. Acción y efecto de promulgar.

promulgador, ra. adj. Que promulga. Ú. t. c. s.

promulgar. tr. *Publicar una cosa solemnemente. || *For.* Publicar formalmente una ley u otra disposición de la autoridad.

pronación. f. Movimiento del antebrazo que hace girar la *mano presentando el dorso de ella.

prono, na. adj. Muy *propenso o inclinado a una cosa.

***pronombre.** m. *Gram.* Parte de la oración, que suple al nombre o lo determina. || **demostrativo.** *Gram* Aquel con que se señalan personas, animales o cosas. || **indeterminado.** *Gram.* El que vagamente alude a personas o cosas. || **personal.** *Gram* El que directamente representa personas, animales o cosas. Consta de las tres personas gramaticales. || **posesivo.** *Gram.* El que denota posesión o pertenencia. || **relativo.** *Gram.* El que se refiere a persona, animal o cosa de que anteriormente se ha hecho mención.

pronominado, da. adj. *Gram.* V. **Verbo pronominado.**

pronominal. adj. *Gram.* Perteneciente al *pronombre o que participa

de su índole o naturaleza. ‖ *Gram.* **Pronominado.**
pronosticación. f. **Pronóstico.**
pronosticador, ra. adj. Que pronostica. Ú. t. c. s.
pronosticar. tr. Conocer o *prever lo futuro. ‖ *Predecir lo que ha de suceder.
pronóstico. m. Acción y efecto de pronosticar. ‖ *Señal por donde se conjetura o adivina una cosa futura. ‖ *Calendario astronómico y meteorológico. ‖ **Med.* Juicio que forma el médico respecto a la importancia, duración y terminación de una enfermedad. ‖ **reservado.** **Med.* El que se reserva el médico forense, a causa de las contingencias posibles de una lesión.
prontamente. adv. t. Con prontitud.
***prontitud.** f. Celeridad o presteza en ejecutar una cosa. ‖ Viveza de *ingenio o de imaginación. ‖ *Precipitación en el obrar.
***pronto, ta.** adj. *Veloz, ligero. ‖ *Preparado para la ejecución de una cosa. ‖ m. fam. Movimiento *vehemente y repentino del ánimo o *decisión inesperada. ‖ adv. m. Presto, prontamente. ‖ **Primer pronto.** fam. Primer arranque o movimiento del ánimo. ‖ **Al pronto.** m. adv. En el primer momento. ‖ **De pronto.** m. adv. Apresuradamente, sin reflexión. ‖ **De repente.** ‖ **Por de,** o **el,** o **lo, pronto.** m. adv. *Interinamente, provisionalmente.
prontuario. m. *Resumen o *apunte sucinto de lo que conviene tener presente. ‖ Libro en que se contienen reunidas las *reglas de una ciencia o arte.
prónuba. f. poét. *Madrina de *boda.
pronuncia. f. *For.* **Pronunciamiento** (declaración del juez).
***pronunciación.** f. Acción y efecto de pronunciar. ‖ Parte de la antigua retórica, que trataba del *ademán y semblante del *orador.
pronunciador, ra. adj. Que pronuncia. Ú. t. c. s.
pronunciamiento. m. *Rebelión militar. ‖ **For.* Cada una de las declaraciones, condenas o mandatos del juzgador. ‖ **De previo y especial pronunciamiento.** loc. **For.* Dícese del asunto judicial que se ha de resolver por separado y antes del fallo principal.
***pronunciar.** tr. Emitir y articular sonidos para hablar. ‖ Determinar, *decidir. Ú. t. c. r. ‖ fig. Alzarse en *rebelión. Ú. m. c. r. ‖ *For.* *Publicar la *sentencia o auto.
pronuncio. m. Eclesiástico que substituye al *nuncio pontificio.
propagación. f. Acción y efecto de propagarse.
propagador, ra. adj. Que propaga. Ú. t. c. s.
propaganda. f. Congregación de *cardenales de la *curia romana, encargada de difundir la religión católica. ‖ Por ext., asociación cuyo fin es *propagar doctrinas, opiniones, etc. ‖ Por ext., trabajo empleado con este fin.
propagandista. adj. Dícese de la persona que hace propaganda. Ú. t. c. s.
propagante. p. a. de **Propagar.** Que propaga.
***propagar.** tr. Multiplicar por *generación u otra vía de *reproducción. Ú. t. c. r. ‖ → fig. Extender, dilatar o aumentar una cosa o los efectos de ella. Ú. t. c. r. ‖ fig. Extender el conocimiento de una cosa. **Ú. t. c. r.**
propagativo, va. adj. Que tiene virtud de propagar.
propalador, ra. adj. Que propala.
propalar. tr. *Divulgar o *revelar una cosa oculta.
propao. m. *Mar.* Pieza gruesa de madera que sirve para *amarrar algunos *cabos.
proparoxítono, na. adj. *Gram.* **Esdrújulo.**
propartida. f. Tiempo inmediatamente anterior a la *partida.
propasar. tr. Pasar más adelante de lo debido, *rebasar el límite conveniente. Ú. m. c. r. para expresar que uno se excede de lo razonable o se muestra *descomedido.
propedéutica. f. Conjunto de reglas o conocimientos que sirven de *preparación para el estudio de una ciencia o facultad.
propedéutico, ca. adj. Perteneciente o relativo a la propedéutica.
***propender.** intr. Inclinarse uno a una cosa por especial *afición, temperamento u otro motivo.
propensamente. adv. m. Con *propensión a un objeto.
***propensión.** f. Inclinación de una persona o cosa a lo que es de su gusto o naturaleza.
***propenso, sa.** p. p. irreg. de **Propender.** ‖ adj. Con inclinación o afecto a lo que es natural a uno.
propiamente. adv. m. Con propiedad.
propiciación. f. **Liturg.* Acción agradable a Dios, con que se le mueve a piedad y misericordia. ‖ *Sacrificio que se ofrecía para aplacar la justicia divina.
propiciador, ra. adj. Que propicia. Ú. t. c. s.
propiciamente. adv. m. Benigna, favorablemente.
propiciar. tr. Ablandar, *aplacar la ira de uno, haciéndole favorable o *captando su voluntad.
propiciatorio, ria. adj. Que tiene virtud de hacer propicio. ‖ m. **Liturg.* Lámina cuadrada de oro, que se colocaba sobre el arca del Testamento. ‖ Todo aquello por cuya *mediación se espera alcanzar la merced divina, como imágenes, reliquias, etc. ‖ **Reclinatorio.**
propicio, cia. adj. *Benigno, inclinado a hacer bien. ‖ fig. Dícese de la persona o cosa *favorable a determinado propósito.
***propiedad.** f. Derecho a poseer una cosa y a disponer libremente de ella. ‖ Cosa sobre la que recae este derecho, sobre todo si es inmueble o raíz. ‖ Atributo o cualidad *esencial de una persona o cosa. ‖ fig. *Semejanza completa entre una cosa y su *imitación o representación. ‖ fig. Defecto contrario a la pobreza religiosa. ‖ *Fil.* **Propio.** ‖ *Gram.* Correspondencia *exacta entre la *significación de las palabras empleadas y el concepto que se quiere expresar. ‖ **Mús.* Cada una de las tres especies de hexacordos que se usaron en el canto llano. ‖ **Nuda propiedad.** *For.* Atributos del dominio de una cosa, considerado separadamente del usufructo.
propienda. f. Cada una de las tiras de lienzo que se fijan en los banzos del bastidor para *bordar.
propietariamente. adv. m. Con derecho de propiedad.
***propietario, ria.** adj. Que tiene derecho de *propiedad sobre una cosa. Ú. m. c. s. ‖ Que tiene cargo o *empleo en propiedad. ‖ Dícese del religioso que incurre en el defecto contrario a la pobreza. ‖ **Nudo propietario.** *For.* El que tiene la nuda propiedad de una cosa.
propileo. m. *Vestíbulo de un *templo; peristilo de columnas.
***propina.** f. Colación o *agasajo que se repartía entre los concurrentes a una junta, y que después se redujo a una remuneración en dinero. ‖ Agasajo que sobre el precio convenido se da por algún servicio. ‖ → Gratificación pequeña. ‖ **De propina.** m. adv. fam. Por añadidura, *además.
propinación. f. Acción y efecto de propinar.
propinar. tr. Dar a *beber. ‖ Administrar un *medicamento. ‖ fam. Dar (*golpes u otras cosas por el estilo).
propincuidad. f. Calidad de propincuo.
propincuo, cua. adj. Allegado, *cercano, *próximo.
***propio, pia.** adj. Perteneciente a uno en propiedad. ‖ Característico, *particular o peculiar de cada persona o cosa. ‖ *Conveniente y a propósito para un fin. ‖ *Natural, en contraposición a postizo o accidental. ‖ **Mismo.** ‖ *Fil.* Dícese del accidente inseparable de la *esencia y naturaleza de las cosas. Ú. t. c. s. ‖ m. ***Mensajero.** ‖ Heredad, dehesa, casa u otro cualquier género de hacienda que tiene un *ayuntamiento para satisfacer los gastos públicos. Ú. m. en pl. ‖ **Al propio.** m. adv. Con propiedad, con exactitud o *semejanza.
propóleos. m. Substancia cérea con que las abejas bañan las *colmenas antes de empezar a obrar.
proponedor, ra. adj. Que propone. Ú. t. c. s.
proponente. p. a. de **Proponer.** Que propone.
***proponer.** tr. *Expresar con razones una cosa para conocimiento de uno, o para inducirle a adoptarla. ‖ *Ofrecer a la aceptación de uno un plan, negocio, etc. ‖ → Determinar o hacer *intención de ejecutar una cosa. Ú. m. c. r. ‖ En las escuelas, presentar los *argumentos en pro y en contra de una cuestión. ‖ Consultar o presentar a uno para un *empleo o beneficio. ‖ En el juego del ecarté, invitar a tomar nuevos *naipes. ‖ Hacer una propuesta. ‖ **Mat.* Hacer una proposición o formular un *problema.
***proporción.** f. Disposición o correspondencia debida de las partes de una cosa con el todo, o entre cosas relacionadas entre sí. ‖ Ocasión u *oportunidad para hacer o lograr una cosa. ‖ **Tamaño.** ‖ **Mat.* Igualdad de dos razones. Llámase **aritmética** o **geométrica,** según sean las razones de una u otra especie. ‖ **continua.** *Mat.* La que forman tres términos consecutivos de una progresión. ‖ **A proporción.** m. adv. Según, conforme a.
proporcionable. adj. Que puede proporcionarse.
proporcionablemente. adv. m. **Proporcionadamente.**
proporcionadamente. adv. m. Con *proporción.
***proporcionado, da.** adj. *Regular, adecuado, *apto o *conveniente para algún fin. ‖ → Que guarda proporción.
***proporcional.** adj. Perteneciente a la *proporción o que la incluye en sí. ‖ **Gram.* Dícese del nombre o del adjetivo numeral que expresa un múltiplo de una cantidad.
proporcionalidad. f. **Proporción.**

proporcionalmente. adv. m. **Proporcionadamente.**
*__proporcionar.__ tr. Disponer y ordenar una cosa con la debida proporción. ‖ *Preparar convenientemente las cosas, a fin de conseguir lo que se desea. Ú. t. c. r. ‖ *Entregar o poner a disposición de uno lo que necesita. Ú. t. c. r.
proposición. f. Acción y efecto de proponer. ‖ **Lóg.* **Oración.** ‖ **Mat.* Enunciación de una verdad demostrada o que se trata de demostrar. ‖ *Ret.* Parte del *discurso, en que se enuncia lo que ha de ser objeto de demostración. ‖ **Absolver las proposiciones** de un interrogatorio. fr. *For.* **Absolver posiciones.**
propósito. m. *Intención de hacer o de no hacer una cosa. ‖ Objeto, finalidad. ‖ *Asunto de que se trata. ‖ **A propósito.** m. adv. con que se expresa que una cosa es *conveniente u *oportuna para el fin a que se destina. ‖ **De propósito.** m. adv. Con *intención determinada. ‖ **Fuera de propósito.** m. adv. Sin venir al caso, de modo *intempestivo.
propretor. m. *Magistrado romano que era reelegido pretor. ‖ Pretor que al dejar el cargo pasaba a *gobernar una provincia.
proprio, pria. adj. ant. **Propio.**
própter nuptias. loc. lat. *For.* V. **Donación própter nuptias.**
propuesta. f. Idea, proyecto, negocio, etc., que se expone y *ofrece a uno para un fin. ‖ Consulta de uno o más sujetos hecha al superior para un *empleo o beneficio. ‖ Consulta que se hace a la persona, junta o cuerpo que ha de resolver un asunto.
propuesto, ta. p. p. irreg. de **Proponer.**
propugnáculo. m. **Fort.* **Fortaleza.** ‖ fig. Cualquier cosa que *defiende a otra.
propugnar. tr. *Defender, amparar.
propulsa. f. ***Repulsa.**
propulsar. tr. **Repulsar.** ‖ Impeler, *empujar hacia adelante.
propulsión. f. **Propulsa.** ‖ Acción de propulsar o *empujar.
*__propulsor, ra.__ adj. Que propulsa. Ú. t. c. s. ‖ → m. Mecanismo que propulsa, como la hélice de un barco, aeronave, etc.
prora. f. poét. **Proa.**
pro rata. loc. lat. **Prorrata.**
prorrata. f. Cuota o parte *proporcional que toca a uno de lo que se reparte entre varios. ‖ **A prorrata.** m. adv. Mediante prorrateo.
prorratear. tr. *Distribuir proporcionalmente una cantidad entre varios.
prorrateo. m. *Distribución *proporcional de una cantidad entre varios.
prórroga. f. **Prorrogación.** ‖ Nuevo *plazo con que se amplía otro fijado anteriormente.
prorrogable. adj. Que se puede prorrogar.
prorrogación. f. *Continuación de una cosa por un tiempo determinado.
prorrogar. tr. *Continuar un *plazo u otra cosa por tiempo determinado. ‖ Suspender, aplazar, *diferir.
prorrumpir. tr. *Salir con ímpetu una cosa. ‖ fig. *Exclamar, emitir con fuerza o violencia una voz, *queja u otra demostración de dolor o *pasión.
*__prosa.__ f. Forma ordinaria del lenguaje, no sometida a las leyes del verso. ‖ Lenguaje prosaico en la poesía. ‖ En la *misa, secuencia que se dice después de la aleluya o del tracto. ‖ fig. y fam. *Prolijidad o demasía de palabras para decir cosas poco importantes. ‖ fig. Aspecto *vulgar de las cosas.
prosador, ra. m. y f. **Prosista.** ‖ fig. y fam. *Hablador impertinente.
prosaicamente. adv. m. De manera prosaica.
*__prosaico, ca.__ adj. Perteneciente o relativo a la *prosa, o escrito en prosa. ‖ Dícese de la obra en verso que adolece de prosaísmo. ‖ → fig. Dicho de personas y de ciertas cosas, *vulgar, *vil, falto de idealidad o elevación.
prosaísmo. m. Defecto de la obra en verso que consiste en la demasiada llaneza de la expresión, o en la *vulgaridad del concepto.
prosapia. f. Ascendencia o *linaje de una persona.
proscenio. m. En el antiguo *teatro, lugar entre la escena y la orquesta. ‖ Parte del escenario más inmediata al público.
proscribir. tr. *Desterrar o *expulsar a uno del territorio de su patria. ‖ fig. *Prohibir el uso de una cosa.
proscripción. f. Acción y efecto de proscribir.
proscripto, ta. p. p. irreg. **Proscrito.** Ú. t. c. s.
proscriptor, ra. adj. Que proscribe. Ú. t. c. s.
proscrito, ta. p. p. irreg. de **Proscribir.** Ú. t. c. s.
prosecución. f. Acción de proseguir o *continuar. ‖ Seguimiento, *persecución.
proseguible. adj. Que se puede proseguir.
proseguimiento. m. **Prosecución.**
proseguir. tr. Seguir, *continuar lo que se tenía empezado.
proselitismo. m. Celo de ganar prosélitos.
prosélito. m. Infiel o sectario *convertido a la religión católica. ‖ fig. ***Partidario.**
prosénquima. m. **Bot.* y **Zool.* Tejido fibroso de los animales y de las plantas.
prosificación. f. Acción y efecto de prosificar.
prosificar. tr. Poner en *prosa una composición poética.
prosimio, mia. adj. *Zool.* Dícese del *mamífero cuya estructura participa de la del *mono y la de los quirópteros. ‖ m. pl. *Zool.* *Orden de estos animales.
prosinodal. adj. V. **Juez prosinodal.**
prosista. com. *Escritor o escritora de obras en prosa.
prosita. f. Discurso o trozo corto de una obra en *prosa.
*__prosodia.__ f. *Gram.* Parte de la gramática, que enseña la recta pronunciación y acentuación.
prosódico, ca. adj. *Gram.* Perteneciente o relativo a la *prosodia.
prosopografía. f. *Ret.* *Descripción del exterior de una persona o de un animal.
prosopopeya. f. **Ret.* Figura que consiste en atribuir a los animales o a las cosas inanimadas o abstractas, actos o cualidades propios de los seres animados o de las personas. ‖ fam. *Afectación de *seriedad y pompa.
prospecto. m. *Anuncio breve que se distribuye entre el público para recomendar una obra, espectáculo, mercancía, etc.
prósperamente. adv. m. Con prosperidad.
prosperar. tr. Ocasionar prosperidad o suerte *feliz. ‖ intr. Tener o gozar prosperidad.
prosperidad. f. Curso *favorable de las cosas; éxito feliz. ‖ *Bienestar material.
próspero, ra. adj. *Favorable, propicio, afortunado.
prostaféresis. f. **Astr.* Diferencia entre la anomalía media y la verdadera de un astro.
próstata. f. *Glándula pequeña que tienen los machos de los mamíferos unida al cuello de la vejiga de la *orina y a la uretra.
prostático, ca. adj. Perteneciente o relativo a la próstata.
prostatitis. f. *Pat.* Inflamación de la próstata.
prosternarse. r. **Postrarse.**
próstesis. f. *Gram.* **Prótesis.**
prostético, ca. adj. *Gram.* **Protético.**
prostíbulo. m. **Mancebía.**
próstilo. adj. *Arq.* V. **Templo próstilo.**
*__prostitución.__ f. Acción y efecto de prostituir o prostituirse. ‖ Comercio que hace una mujer de su cuerpo, entregándose a los hombres por dinero.
*__prostituir.__ tr. Exponer públicamente a todo género de torpeza y sensualidad. Ú. t. c. r. ‖ Exponer o entregar una mujer a la *prostitución. Ú. t. c. r. ‖ fig. Deshonrar, *envilecer uno su talento, empleo, autoridad, etc. Ú. t. c. r.
*__prostituta.__ f. **Ramera.**
prostituto, ta. p. p. irreg. de **Prostituir.**
protagonista. com. *Personaje principal de cualquier obra literaria o *dramática. ‖ Por ext., persona que en un suceso cualquiera tiene la parte *principal.
prótasis. f. Exposición o primera parte del poema *dramático. ‖ **Gram.* Primera parte del período en que queda pendiente el sentido, que se completa o cierra en la segunda, llamada apódosis.
protático, ca. adj. Perteneciente a la prótasis del poema dramático.
proteáceo, a. adj. **Bot.* Se aplica a plantas dicotiledóneas, por lo general árboles y arbustos, de flores hermafroditas, agrupadas en espiga o racimo. Ú. t. c. s. f. ‖ f. pl. *Bot.* Familia de estas plantas.
*__protección.__ f. Acción y efecto de proteger.
proteccionismo. m. **Econ.* Doctrina que pretende defender la agricultura y la industria de un país gravando la importación de productos extranjeros. ‖ Régimen de *aduanas fundado en esta doctrina.
proteccionista. adj. Partidario del proteccionismo. Ú. t. c. s. ‖ Perteneciente o relativo al proteccionismo.
*__protector, ra.__ adj. Que protege. Ú. t. c. s. ‖ Persona encargada de cuidar de los derechos o intereses de una *comunidad. Ú. t. c. s.
protectorado. m. *Dignidad o cargo de protector. ‖ Parte de soberanía que un estado ejerce en territorio que no pertenece a su país y en el cual existen autoridades propias. ‖ *Territorio en que se ejerce esta soberanía.
protectoría. f. Empleo o ministerio de protector.
protectorio, ria. adj. Perteneciente o relativo a la *protección.
protectriz. adj. **Protectora.** Ú. t. c. s.
*__proteger.__ tr. Amparar, favorecer, defender.
protegido, da. m. y f. Favorito, ahijado.
proteico, ca. adj. Que *cambia de *formas o de ideas.
proteico, ca. adj. **Histol.* Se dice de las materias albuminoideas que fundamentalmente constituyen el protoplasma.
proteiforme. adj. Que *cambia de *forma con facilidad.

proteína. f. **Albuminoide.**
proteísmo. m. Propensión a *cambiar de *forma.
proteo. m. fig. Persona *inconstante, que *cambia frecuentemente de opiniones y afectos.
protervamente. adv. m. Con protervia.
protervia. f. Obstinación en la maldad, *perversidad, *impenitencia.
protervidad. f. **Protervia.**
protervo, va. adj. Que tiene protervia. Ú. t. c. s.
prótesis. f. *Cir.* Procedimiento mediante el cual se repara artificialmente la falta de un órgano o parte de él. ‖ **Gram.* Metaplasmo que consiste en añadir una o más letras al principio de un vocablo.
protesta. f. Acción y efecto de protestar. ‖ *Promesa con atestación de ejecutar una cosa. ‖ *For.* *Declaración jurídica que uno hace para que no se perjudique su *derecho. ‖ *Reprobación formal de una cosa. ‖ **de mar.** **Der. Mar.* Declaración justificada del que manda un buque, para dejar a salvo su responsabilidad.
protestación. f. **Protesta.** ‖ **de la fe.** Confesión pública que uno hace de la *creencia que profesa. ‖ Fórmula dispuesta por el concilio de Trento para enseñar en público las verdades de la fe *católica.
***protestante.** p. a. de **Protestar.** Que protesta. ‖ → adj. Que sigue el luteranismo o cualquiera de sus sectas. Ú. t. c. s. ‖ Perteneciente a estos sectarios.
***protestantismo.** m. Creencia religiosa de los protestantes. ‖ Conjunto de ellos.
protestar. tr. *Expresar uno su *intención de ejecutar una cosa. ‖ Confesar públicamente la fe y *creencia que uno profesa. ‖ Con la prep. *de,* *afirmar con ahínco. ‖ Con la prep. *contra,* negar la validez o legalidad de un acto, o *reprobarlo formalmente. ‖ *Com.* Hacer el protesto de una *letra de cambio*.
protestativo, va. adj. Dícese de lo que declara una cosa o da *testimonio de ella.
protesto. m. **Protesta.** ‖ *Com.* Diligencia notarial que, por no ser aceptada o pagada una *letra de cambio*, se practica para que no se perjudiquen los derechos de los interesados. ‖ *Com.* Testimonio en que consta dicha diligencia.
protético, ca. adj. **Gram.* Perteneciente o relativo a la prótesis.
proto. Prefijo que significa prioridad, preeminencia o superioridad.
protoalbéitar. m. Primero entre los albéitares o *veterinarios. ‖ Vocal del protoalbeiterato.
protoalbeiterato. m. Tribunal en que se examinaban los albéitares o *veterinarios para poder ejercer su facultad.
protocloruro. m. **Quím.* Cuerpo resultante de la combinación del cloro con un radical simple o compuesto, en la menor proporción conocida.
protocolar. tr. **Protocolizar.**
protocolar. adj. Relativo al protocolo.
protocolario, ria. adj. Dícese de lo que se hace con carácter *solemne, pero no indispensable.
protocolizar. tr. Incorporar al protocolo un *documento.
protocolo. m. Ordenada serie de las escrituras matrices y otros documentos que un *notario autoriza y custodia. ‖ Acta o cuaderno de actas relativas a un acuerdo, conferencia o congreso *diplomático. ‖ Por ext., *ceremonia diplomática o palatina.
protoevangelista. m. Primer evangelista.
protohistoria. f. Período *histórico en que faltan la cronología y los documentos.
protohistórico, ca. adj. Perteneciente o relativo a la protohistoria.
protomártir. m. El primero de los *mártires.
protomedicato. m. Tribunal formado por los protomédicos para examinar a los que aspiraban a ser *médicos. ‖ Empleo o título honorífico de protomédico.
protomédico. m. Cada uno de los *médicos del *rey que componían el tribunal del protomedicato.
protón. m. *Fís.* Elemento del núcleo del *átomo, provisto de electricidad positiva.
protonauta. m. El primer *navegante.
protónico, ca. adj. V. **Sílaba protónica.**
protonotario. m. Antiguo jefe de los *notarios. ‖ **apostólico.** **Ecles.* Dignidad eclesiástica que el Papa concede a algunos clérigos, eximiéndolos de la jurisdicción ordinaria.
protoplasma. m. **Histol.* Substancia albuminoidea que constituye la parte esencialmente activa y viva de la célula.
protoplasmático, ca. adj. **Histol.* Perteneciente o relativo al protoplasma.
protosulfuro. m. **Quím.* Primer grado de combinación de un radical con azufre.
prototipo. m. *Modelo, original o primer *molde en que se fabrica una figura u otra cosa. ‖ fig. El más *perfecto ejemplar en cualquier línea.
protóxido. m. **Quím.* Cuerpo que resulta de la combinación del oxígeno con un radical simple o compuesto, en su primer grado de oxidación.
***protozoario, ria.** adj. *Zool.* Dícese de los animales **protozoarios.** ‖ m. Animal generalmente microscópico, perteneciente a una división del reino animal, que contiene las formas más elementales, y son tránsito entre los reinos vegetal y animal. ‖ pl. *Zool.* Esta división.
protozoo. m. *Zool.* ***Protozoario.**
protráctil. adj. Dícese de la *lengua de ciertos animales que puede proyectarse mucho fuera de su boca.
pro tribunal. m. adv. lat. **For.* En estrados y audiencia pública o con el traje y aparato de juez. ‖ fig. y fam. Con tono autoritario y *decisivo.
protuberancia. f. *Prominencia más o menos redonda.
protutor. m. Persona encargada de intervenir las funciones de la *tutela y asegurar su recto ejercicio.
protutoría. f. Cargo y empleo del protutor.
provecto, ta. adj. Que está ya *adelantado, o que ha aprovechado en una cosa. ‖ Maduro, entrado en días; *anciano. ‖ V. **Edad provecta.**
***provecho.** m. Beneficio o *utilidad que se obtiene de alguna cosa. ‖ ***Ganancia.** ‖ Aprovechamiento o *adelantamiento en las ciencias, artes o virtudes. ‖ pl. Aquellas utilidades o emolumentos que se reciben además del *sueldo o salario.
provechosamente. adv. m. Con *provecho o *utilidad.
***provechoso, sa.** adj. Que causa provecho o utilidad.
proveedor, ra. m. y f. Persona que tiene a su cargo *proveer de todo lo necesario a los ejércitos, armadas y otras colectividades. ‖ Comerciante o industrial que *vende regularmente sus géneros a una persona o colectividad.
proveeduría. f. Cargo y oficio de proveedor. ‖ Casa donde se guardan y distribuyen las provisiones.
***proveer.** tr. Prevenir y acopiar todas las cosas necesarias para un fin. Ú. t. c. r. ‖ *Decidir, resolver un negocio. ‖ Dar o conferir una *dignidad, *empleo, etc. ‖ Abastecer de lo necesario para un fin. Ú. t. c. r. ‖ **For.* Dictar un juez o tribunal una resolución que no sea definitiva. ‖ r. Desembarazar, *evacuar el vientre.
proveído. m. Resolución *judicial de trámite.
proveimiento. m. Acción de proveer.
provena. f. *Mugrón de la *vid.
proveniente. p. a. de **Provenir.** Que proviene.
provenir. intr. *Proceder, originarse una cosa de otra.
provento. m. Producto, *renta.
provenzal. adj. Natural de la Provenza. Ú. t. c. s. ‖ Perteneciente a esta antigua provincia de Francia. ‖ m. **Lengua de oc.** ‖ *Lengua actual de los **provenzales.**
provenzalismo. m. Vocablo, giro o modo de hablar peculiares de la *lengua provenzal.
provenzalista. com. Persona que cultiva la lengua o literatura provenzales.
proverbiador. m. *Libro o cuaderno donde se anotan *máximas y otras cosas dignas de traerlas a la memoria.
***proverbial.** adj. Perteneciente o relativo al *proverbio o que lo incluye. ‖ V. **Frase proverbial.** ‖ Muy *conocido y *habitual.
proverbialmente. adv. m. En forma de *proverbio o como proverbio.
proverbiar. intr. fam. Usar mucho de *proverbios.
***proverbio.** m. Refrán, máxima o adagio. ‖ *Superstición que consiste en creer que ciertas palabras, oídas casualmente, anuncian la dicha o desdicha de quien las oye. ‖ Obra *dramática cuyo objeto es poner en acción un **proverbio** o refrán. ‖ pl. Libro de la *Biblia que contiene varias sentencias de Salomón.
proverbista. com. fam. Persona aficionada a decir *proverbios o a coleccionarlos o estudiarlos.
provicero. m. **Vaticinador.**
próvidamente. adv. m. De manera próvida.
***providencia.** f. *Prevención encaminada al logro de un fin. ‖ Disposición que se toma para evitar un daño. ‖ *Remedio. ‖ Por antonom., la de Dios. ‖ fig. *Dios, en cuanto árbitro del *destino. ‖ *For.* *Decisión del juez, en que no van expresos los motivos. ‖ **A la Providencia.** m. adv. Sin más amparo que el de Dios. ‖ **Tomar** una **providencia,** o **una providencia.** fr. Adoptar una decisión.
providencial. adj. Perteneciente o relativo a la Providencia.
providencialmente. adv. m. Provisionalmente, por inmediata providencia. ‖ De manera providencial.
providenciar. tr. Dictar o tomar providencia.
providente. adj. Avisado, *prudente. ‖ **Próvido.**
próvido, da. adj. Prevenido, *cuidadoso y diligente. ‖ Propicio, *favorable.
***provincia.** f. Cada una de las grandes divisiones de un territorio o estado. ‖ Conjunto de *conventos de

una orden, que ocupan determinado territorio. ‖ Antiguo juzgado de los alcaldes de corte.
provincial. adj. Perteneciente o relativo a una *provincia. ‖ m. Religioso que tiene el gobierno de todas las casas y *conventos de una provincia.
provinciala. f. Superiora religiosa que gobierna los *conventos de una provincia.
provincialato. m. Dignidad, oficio o empleo de provincial o provinciala. ‖ Tiempo que dura esta dignidad.
provincialismo. m. Predilección que uno da a los usos, producciones, etcétera, de la *provincia en que ha nacido. ‖ *Palabra o giro que únicamente tiene uso en una provincia o región.
provinciano, na. adj. Dícese del *habitante de una provincia, en contraposición al de la capital de la nación. Ú. t. c. s. ‖ Perteneciente o relativo a cualquiera de las provincias vascongadas. Ú. t. c. s.
***provisión.** f. Acción y efecto de proveer. ‖ Acopio de cosas necesarias o útiles. ‖ *Víveres o cosas que se previenen para un fin. Ú. m. en pl. ‖ **For.* Despacho que expedían algunos tribunales, para que se ejecutase lo que por ellos se mandaba. ‖ Providencia o *medio conducente para el logro de una cosa. ‖ **de fondos.** *Com.* Existencia en poder del pagador de una *letra de cambio*, del valor de ésta.
provisional. adj. ***Interino.**
provisionalmente. adv. m. De manera provisional.
proviso (al). m. adv. **Al instante.**
provisor. m. **Proveedor.** ‖ **Ecles.* Juez eclesiástico en quien el obispo delega su autoridad y jurisdicción.
provisora. f. En las *comunidades de religiosas, la que cuida de la provisión de la casa.
provisorato. m. Empleo u oficio de provisor.
provisoría. f. **Provisorato.** ‖ En los *conventos y otras comunidades, lugar donde se guardan las provisiones.
provisto, ta. p. p. irreg. de **Proveer.**
provocación. f. Acción y efecto de provocar.
provocador, ra. adj. Que provoca. Ú. t. c. s.
provocante. p. a. de **Provocar.** Que provoca.
provocar. tr. *Incitar a uno a que ejecute una cosa. ‖ *Irritar o *excitar a uno. ‖ *Facilitar, *ayudar. ‖ fam. ***Vomitar.**
provocativo, va. adj. Que provoca o incita. ‖ **Provocador.**
proxeneta. com. ***Alcahuete.**
proxenético, ca. adj. Perteneciente o relativo al proxeneta.
proxenetismo. m. Acto u oficio de proxeneta.
próximamente. adv. m., l. y t. Con *proximidad. ‖ adv. c. ***Aproximadamente.**
***proximidad.** f. Calidad de próximo.
***próximo, ma.** adj. Cercano, que dista poco en el tiempo o en el espacio. ‖ **De próximo.** m. adv. **Próximamente.**
***proyección.** f. Acción y efecto de proyectar. ‖ **Ópt.* Imagen que por medio de un foco luminoso se arroja sobre una superficie plana. ‖ → *Geom.* y **Persp.* Figura que resulta en una superficie, al proyectar en ella todos los puntos de un sólido u otra figura.
proyectante. p. a. de **Proyectar.** Que proyecta. ‖ adj. *Geom.* Dícese de la línea recta que sirve para proyectar un punto en una superficie.
***proyectar.** tr. *Lanzar, arrojar a distancia. ‖ Preparar o trazar el *plan de una obra u operación. ‖ **Ópt.* Hacer visible sobre un cuerpo o una superficie la figura o la sombra de otro. Ú. t. c. r. ‖ Hacer visibles en la pantalla del *cine las imágenes sucesivas de una película. ‖ *Geom.* y **Persp.* Trazar líneas rectas desde todos los puntos de un sólido u otra figura, según determinadas reglas, hasta que encuentren una superficie.
***proyectil.** m. Cualquier cuerpo arrojadizo; como saeta, bala, etc.
proyectista. com. Persona dada a hacer *proyectos y a facilitarlos.
***proyecto, ta.** adj. *Geom.* Representado en *perspectiva. ‖ → m. Plan para la ejecución de una obra u operación. ‖ *Intención o pensamiento de ejecutar algo.
proyector, ra. adj. Que sirve para proyectar la *luz. ‖ m. **Ópt.* Reflector.
proyectura. f. *Arq.* **Vuelo** (*saliente, resalto).
***prudencia.** f. Una de las cuatro virtudes cardinales, que consiste en distinguir lo que es bueno o malo, para seguirlo o huir de ello. ‖ Templanza, *moderación. ‖ Discernimiento, *cordura.
prudencial. adj. Perteneciente o relativo a la prudencia.
prudencialmente. adv. m. Según las reglas de la prudencia.
***prudente.** adj. Que tiene prudencia.
prudentemente. adv. m. Con prudencia.
***prueba.** f. Acción y efecto de probar. ‖ Razón, demostración, documento, testimonio u otro medio con que se pretende hacer patente la verdad o falsedad de una cosa. ‖ *Indicio de una cosa. ‖ *Ensayo o experiencia que se hace de una cosa. ‖ **Com.* Cantidad pequeña de un género comestible, que se destina para examinar si es bueno o malo. ‖ **Arit.* Operación que se ejecuta para averiguar la exactitud de otra ya hecha. ‖ **For.* Justificación de la verdad de los hechos controvertidos en un juicio, hecha con arreglo a la ley. ‖ **Impr.* Muestra de la composición tipográfica, destinada a corregir las erratas antes de tirarse el pliego. Por ext. se llaman así las muestras del *grabado y de la *fotografía. ‖ pl. *For.* **Probanzas,** y con especialidad las que se hacen de la *nobleza del linaje de uno. ‖ **negativa.** **Fotogr.* Imagen en que los claros y los obscuros salen invertidos. ‖ **positiva.** **Fotogr.* La que se obtiene al invertir los claros y los obscuros de la **prueba** negativa, para fijar las imágenes con sus verdaderas luces y sombras. ‖ **semiplena.** *For.* **Prueba** imperfecta que resulta de la declaración de un solo testigo. ‖ **A prueba.** m. adv. que denota estar una cosa hecha a toda ley, con *perfección. ‖ Para que el comprador haga el *ensayo de la cosa cuya adquisición se le propone. ‖ **A prueba de agua, de bomba,** etc., ms. advs. Dícese de las cosas cuya *firmeza y resistencia no se destruye por el agua, las bombas, etc. ‖ **A prueba, y estése.** expr. **For.* Antigua fórmula de la providencia para recibir a **prueba** una causa y mantener la prisión preventiva del reo. ‖ **De prueba.** m. adv. con que se explica la consistencia o *firmeza de una cosa o la *entereza de una persona. ‖ **Recibir a prueba.** fr. **For.* Abrir el período del juicio en que las partes han de probar sus alegaciones.
pruna. f. En algunas partes, ***ciruela.**
pruno. m. En algunas partes, ***ciruelo.**
pruriginoso, sa. adj. Que produce *picor.
prurigo. m. **Pat.* Nombre genérico de ciertas afecciones de la *piel caracterizadas por pápulas que se cubren de costras negruzcas.
prurito. m. *Med.* Comezón, *picor. ‖ fig. *Deseo vehemente.
prusiano, na. adj. Natural de Prusia. Ú. t. c. s. ‖ Perteneciente a este país de Europa.
prusiato. m. **Quím.* Sal compuesta de ácido prúsico combinado con una base.
prúsico, ca. adj. V. **Ácido prúsico.**
pseudo. adj. **Seudo.**
psi. f. Vigésima tercera *letra del alfabeto griego.
psicoanálisis. amb. **Terap.* Tratamiento de ciertas enfermedades *mentales o nerviosas, basado en el análisis retrospectivo de las causas morales y afectivas que determinan el estado morboso.
psicofísica. f. Parte de la *psicología experimental que estudia y mide las relaciones entre los fenómenos psíquicos y los fisiológicos.
***psicología.** f. Parte de la filosofía, que trata del *alma, sus facultades y operaciones, y más particularmente de los fenómenos de la conciencia. ‖ Por ext., todo lo que atañe al espíritu.
psicológico, ca. adj. Perteneciente al alma. ‖ Perteneciente o relativo a la psicología.
psicólogo. m. El que profesa la psicología o tiene en ella especiales conocimientos.
psicometría. f. Medida de la actividad mental.
psicópata. com. *Med.* Enfermo *mental.
psicopatía. f. Enfermedad *mental.
psicosis. f. *Pat.* Nombre genérico de las enfermedades *mentales.
psicotecnia. f. Rama de la *psicología que pretende orientar a los individuos según sus aptitudes.
psicoterapia. f. **Terap.* Tratamiento *mental de las enfermedades.
psicrómetro. m. *Fís.* Higrómetro diferencial para calcular el grado de *humedad del aire.
psiquiatra. m. Médico especialista en enfermedades *mentales.
psiquiatría. f. Ciencia que trata de las enfermedades *mentales.
psíquico, ca. adj. Relativo o perteneciente al *alma.
psiquis. f. *Filos.* El *alma.
psitacismo. m. Método de *enseñanza en que se da excesiva intervención a la *memoria.
psitacosis. f. *Pat.* *Enfermedad que padecen los *loros y puede transmitirse al hombre.
psoriasis. f. *Pat.* Enfermedad de la *piel, caracterizada por la formación de escamas blanquecinas.
ptialismo. m. *Pat.* Aumento anormal de la secreción de *saliva.
¡pu! interj. **¡puf!**
púa. f. Cuerpo delgado y rígido que acaba en *punta aguda. ‖ Vástago de un árbol que se introduce en otro para *injertarlo. ‖ Diente de un *peine. ‖ Cada uno de los dientes de la *carda. ‖ Chapa triangular de carey, que se usa para tocar la bandurria y otros *instrumentos. ‖ Cada uno de los pinchos o espi-

nas del erizo, puerco espín, etc. ‖ Hierro del *trompo. ‖ fig. Causa no material de *disgusto o aflicción. ‖ fig. y fam. Persona *astuta. ‖ *Hoja del pino. ‖ **Saber** uno **cuantas púas tiene un peine.** fr. fig. y fam. Ser muy *astuto. ‖ **Sacar la púa al trompo.** fr. fig. y fam. *Averiguar a fuerza de diligencia alguna cosa.

puado. m. Conjunto de las púas de un *peine.

puar. tr. Hacer púas en un *peine u otra cosa.

púber, ra. adj. Que ha llegado a la pubertad. Ú. t. c. s.

púbero. adj. **Púber.** Ú. t. c. s.

pubertad. f. Edad en que se manifiesta la aptitud para la *generación; *juventud.

pubes. m. *Zool.* **Pubis.**

pubescencia. f. **Pubertad.**

pubescente. p. a. de **Pubescer.** Que pubesce. ‖ adj. *Bot.* **Velloso.**

pubescer. intr. Llegar a la pubertad.

pubiano, na. adj. *Anat.* Perteneciente o relativo al pubis.

pubis. m. Parte inferior del *vientre. ‖ *Zool.* Una de las partes del *hueso innominado.

pública. f. En algunas *universidades, acto público que precedía a la recepción del grado mayor.

***publicación.** f. Acción y efecto de publicar. ‖ *Obra literaria o artística publicada. ‖ Proclama, amonestación para el *matrimonio.

publicador, ra. adj. Que publica. Ú. t. c. s.

públicamente. adv. m. De un modo público.

publicano. m. Entre los romanos, arrendador de los *impuestos o rentas de la *hacienda.

***publicar.** tr. Hacer notoria y patente una cosa para que llegue a noticia de todos. ‖ *Revelar lo secreto u oculto. ‖ Correr las amonestaciones para el *matrimonio y las órdenes sagradas. ‖ Difundir por medio de la *imprenta u otro procedimiento de reproducción un escrito, estampa, etc.

publicata. f. *Ecles.* Despacho que se da, para que se publique, a uno que se ha de ordenar. ‖ Certificación de haberse publicado.

***publicidad.** f. Calidad o estado de lo que es *público. ‖ Conjunto de medios que se emplean para hacer pública una cosa. ‖ **En publicidad.** m. adv. **Públicamente.**

publicista. com. Autor que escribe del *derecho público. ‖ *Escritor o persona que escribe para el público, generalmente de varias materias.

publicitario, ria. adj. Perteneciente o relativo a la *publicidad utilizada con fines comerciales.

***público, ca.** adj. Notorio, manifiesto, visto o conocido por todos. ‖ Vulgar, común. ‖ Aplícase a la jurisdicción y *facultad para hacer una cosa, como contrapuesto a privado. ‖ Perteneciente a todo el pueblo. ‖ m. Común del pueblo o ciudad. ‖ Conjunto de las personas que coinciden en unas mismas aficiones o *concurren a determinado lugar, espectáculo, etc. ‖ **Dar al público.** fr. **Publicar.** ‖ **De público.** m. adv. Notoriamente, públicamente. ‖ **En público.** m. adv. **Públicamente.** ‖ **Sacar al público** una cosa. fr. fig. Publicarla.

pucelana. f. **Puzolana.**

pucia. f. *Farm.* *Vasija cuyo cuello remata en un cono truncado, y se tapa con otra de la misma especie, pero más chica.

puchada. f. *Terap.* Cataplasma que se hace con harina desleída a modo de puches. ‖ Especie de gachas para cebar los *cerdos.

puchera. f. fam. **Olla** (cocido).

pucherazo. m. *Golpe dado con un puchero. ‖ fam. Fraude *electoral que consiste en computar votos no emitidos.

puchero. m. *Vasija de barro vidriado o sin vidriar, de panza abultada y cuello ancho, que sirve para cocer la comida. Los hay también de hierro fundido y esmaltado. ‖ **Olla** (cocido). ‖ fig. y fam. *Alimento diario y regular. ‖ fig. y fam. *Gesto o movimiento que precede al *llanto verdadero o fingido. Ú. m. en pl. ‖ **de enfermo.** Cocido sin verduras ni otros aditamentos, que se hacía para los convalecientes. ‖ **Oler a puchero de enfermo.** fr. fig. y fam. con que las mujeres solteras desprecian a los hombres casados que las *galantean. ‖ Ser una cosa muy sabida y *despreciable.

pucheruelo. m. d. de **Puchero.**

puches. amb. pl. ***Gachas.**

pucho. m. Colilla de *cigarro.

pudelación. f. Acción y efecto de pudelar.

pudelar. tr. Hacer dulce el *hierro colado en los hornos de reverbero.

pudendo, da. adj. Torpe, feo, que debe causar *vergüenza. ‖ V. **Partes pudendas.** ‖ m. **Miembro viril.**

pudibundez. f. *Afectación del *pudor.

pudibundo, da. adj. **Pudoroso.**

pudicicia. f. *Honestidad, pudor.

púdico, ca. adj. *Honesto, *casto, pudoroso.

pudiente. adj. *Poderoso, *rico. Ú. t. c. s.

pudio. adj. V. **Pino pudio.**

***pudor.** m. Honestidad, recato.

***pudoroso, sa.** adj. Lleno de *pudor.

pudredumbre. f. ant. **Podredumbre.**

pudrición. f. **Putrefacción.** ‖ **roja. Tabaco** (enfermedad de los árboles).

pudridero. m. Sitio en que se pone una cosa para que se *pudra. ‖ Cámara o *sepultura provisional en que se tienen cierto tiempo los cadáveres antes de colocarlos en el panteón.

pudridor. m. En las fábricas de *papel, pila en que se ponía en remojo el trapo.

pudrigorio. m. fam. **Podrigorio.**

pudrimiento. m. Putrefacción, *corrupción.

***pudrir.** tr. Corromper o descomponer una materia orgánica. Ú. t. c. r. ‖ fig. Consumir, inquietar, irritar, *impacientar. Ú. t. c. r. ‖ intr. Haber muerto, estar en la *sepultura.

pudú. m. Especie chilena de *cabra montés de tamaño menor que la europea.

puebla. f. *Población, pueblo, lugar. ‖ Siembra que hace el hortelano.

pueble. m. *Min.* Conjunto de operarios que concurren al laboreo de una *mina.

pueblerino, na. adj. **Lugareño.**

***pueblo.** m. ***Población.** ‖ *Población pequeña. ‖ Conjunto de personas de un lugar, región o país. ‖ Gente común o *plebe. ‖ ***Nación.**

puelche. m. Indígena que vive en la parte oriental de la cordillera de los Andes.

***puente.** amb. Fábrica que se construye sobre los ríos, fosos, etc., para pasar de un lado a otro. ‖ Paso que se hace poniendo tablas sobre barcas, odres u otros cuerpos flotantes, para atravesar un río. ‖ Pieza de madera colocada perpendicularmente en la tapa de los *instrumentos de arco, para mantener levantadas las cuerdas. ‖ **Cordal** (de los instrumentos de cuerda). ‖ Cada uno de los dos palos o barras horizontales que en los *carros aseguran por la parte superior las estacas de uno y otro lado. ‖ Conjunto de los dos maderos horizontales en que se sujeta el peón de la *noria. ‖ *Arq.* Cualquiera de los *maderos que en las obras o *andamios se colocan horizontalmente entre otros dos, verticales o inclinados. ‖ *Mar.* Cada una de las cubiertas que llevan batería en los buques de la *armada. ‖ *Mar.* Plataforma colocada a cierta altura sobre la cubierta, y desde la cual da sus órdenes el oficial de guardia. ‖ **cerril.** El que es estrecho y sirve para pasar el ganado suelto. ‖ **colgante.** El sostenido por cables o cadenas. ‖ **de los asnos.** fig. y fam. Aquella *dificultad que se encuentra en una ciencia u otra cosa, y ante la cual se detienen los principiantes de cortos alcances. ‖ **transbordador.** El que soporta un carro, del cual va colgada la barquilla transbordadora. ‖ **Calar el puente.** fr. Bajar el levadizo para que se pueda pasar por él. ‖ **Hacer la puente de plata** a uno. fr. fig. *Facilitarle y allanarle las dificultades. ‖ **Hacer puente.** fr. fig. Considerar como *festivo el día intermedio entre dos que lo son realmente. ‖ **Por la puente, que está seco.** expr. fig. y fam. con que se aconseja la elección del partido que ofrece más *seguridad.

puentecilla. f. **Puente** (de los *instrumentos de cuerda).

puentezuela. f. d. de **Puente.**

puerca. f. Hembra del puerco o *cerdo. ‖ **Cochinilla** (*crustáceo). ‖ Larguero en que estriba el quicio de una puerta. ‖ **Escrófula.** ‖ La pieza del pernio o *gozne en que está el anillo. ‖ fig. y fam. Mujer *desaliñada y *sucia. Ú. t. c. adj. ‖ fig. y fam. Mujer *grosera. Ú. t. c. adj. ‖ fig. y fam. Mujer *vil. Ú. t. c. adj. ‖ **montés,** o **salvaje. Jabalina.**

puercamente. adv. m. fam. Con *suciedad. ‖ fig. y fam. Con *grosería.

***puerco.** m. Mamífero paquidermo doméstico de cabeza grande, orejas caídas y jeta casi cilíndrica, con la cual hoza la tierra. Es de cuerpo muy grueso, con cerdas fuertes y ralas, patas cortas y pies con cuatro dedos. ‖ fig. y fam. Hombre *desaliñado y *sucio. Ú. t. c. adj. ‖ fig. y fam. Hombre *grosero. Ú. t. c. adj. ‖ fig. y fam. Hombre *vil. Ú. t. c. adj. ‖ *Mont.* ***Jabalí.** ‖ **de simiente. Verraco.** ‖ **espín,** o **espino.** *Mamífero roedor cuyo cuerpo está cubierto de púas córneas de unos veinte centímetros de longitud, blancas y negras en zonas alternas. ‖ **Fort.* Madero grueso guarnecido de púas de hierro. ‖ **jabalí.** ***Jabalí.** ‖ **marino. Delfín** (*cetáceo). ‖ **montés,** o **salvaje. Jabalí.**

puericia. f. Edad que media entre la *niñez y la adolescencia desde los siete años hasta los catorce.

puericultor, ra. m. y f. **Med.* Persona que practica la puericultura.

puericultura. f. Crianza y cuidado de los *niños durante los primeros años de la infancia.

***pueril.** adj. Perteneciente o relativo al *niño o a la puericia. ‖ fig. Fútil, *infundado. ‖ ***Insignificante.**

puerilidad. f. Calidad de pueril. ‖ Hecho o dicho propio de *niño. ‖ fig. Cosa *insignificante o *despreciable.

puerilmente. adv. m. De modo pueril.

puérpera. f. Mujer recién parida.

puerperal. adj. Relativo al puerperio.

puerperio. m. **Sobreparto.**

puerquezuelo, la. m. y f. d. de **Puerco.**

***puerro.** m. Planta herbácea anual, de las liliáceas, que se cultiva en los huertos porque el bulbo de su raíz es muy apreciado como condimento. ‖ V. **Ajo puerro.** ‖ **silvestre.** Planta de la misma familia que la anterior, pero de hojas semicilíndricas.

***puerta.** f. Hueco que se deja en una pared, cercado, etc., para entrar y salir. ‖ Armazón de madera, hierro u otra materia, que, engoznada o sujeta en uno de los lados de dicho hueco, sirve para impedir o permitir a voluntad la entrada y salida. ‖ Cualquier *agujero que sirve para entrar y salir por él. ‖ *Tributo de entrada o de *consumos que se paga en las ciudades y otros lugares. Ú. m. en pl. ‖ fig. Camino, principio o *medio para entablar una pretensión. ‖ En el juego del monte, primer *naipe que se ve en la baraja, al volverla el banquero. ‖ **accesoria.** La que sirve en el mismo edificio que tiene otra u otras principales. ‖ **cochera.** Aquella por donde pueden entrar y salir carruajes. ‖ **excusada,** o **falsa.** La que sale a un paraje excusado. ‖ **franca.** Entrada o salida *libre que se concede a todos. ‖ *Exención de derechos de consumo. ‖ **reglar.** En los *conventos, aquella por donde se entra a la clausura de las religiosas. ‖ **secreta. Puerta falsa.** ‖ La muy oculta. ‖ **trasera.** fig. La que se abre en la fachada opuesta a la principal. ‖ fig. y fest. **Ano.** ‖ **vidriera.** La que tiene vidrios en lugar de tableros. ‖ **Abrir la puerta,** o **puerta.** fr. fig. Dar motivo o *facilidad para una cosa. ‖ **A las puertas de la muerte.** m. adv. fig. En cercano peligro de *morir. ‖ **A puerta cerrada.** m. adv. fig. **En *secreto.** ‖ **A puertas.** m. adv. fig. **Por puertas.** ‖ **A puertas cerradas.** m. adv. fig. Hablando de *testamentos, se dice de los que mandan la herencia a uno sin reservar o exceptuar nada. ‖ **Cerrar** uno **la puerta.** fr. fig. Hacer imposible o *dificultar mucho una cosa. ‖ **Cerrársele** a uno **todas las puertas.** fr. fig. Faltarle todo recurso, hallarse en estado de *desamparo. ‖ **Coger entre puertas** a uno. fr. fig. y fam. Sorprenderle para *compelerle a hacer una cosa. ‖ **Coger** uno **la puerta.** fr. **Tomar la puerta.** ‖ **Dar** a uno **con la puerta en la cara, en las narices, en los hocicos,** o **en los ojos.** fr. fig. y fam. Desairarle, *rechazarle con *menosprecio. ‖ **De puerta en puerta.** m. adv. fig. *Mendigando. ‖ **Detrás de la puerta.** expr. fig. y fam. con que se pondera la facilidad de *encontrar una cosa. ‖ **Echar las puertas abajo.** fr. fig. y fam. *Llamar muy fuerte. ‖ **Enseñarle** a uno **la puerta de la calle.** fr. fig. y fam. *Echarle o despedirle de casa. ‖ **Estar,** o **llamar, a la puerta** una cosa. fr. fig. Estar muy *próxima a suceder. ‖ **Fuera de puertas.** expr. adv. **Extramuros.** ‖ **Llamar a las puertas de** uno. fr. fig. Implorar su favor. ‖ **Poner** a uno **en la puerta de la calle.** fr. fig. y fam. **Ponerle de patitas en la calle.** ‖ **Por puertas.** m. adv. fig. En extrema *pobreza. ‖ **Salir** uno **por la puerta de los carros,** o **de los perros.** fr. fig. y fam. *Huir precipitadamente por temor de un castigo. ‖ fig. y fam. Ser *despedido con malas razones. ‖ **Tomar** uno **la puerta.** fr. Irse, *marcharse.

puertaventana. f. **Contraventana.**

puertezuela. f. d. de ***Puerta.**

puertezuelo. m. d. de ***Puerto.**

***puerto.** m. Lugar en la costa, que ofrece seguridad a las naves para las operaciones de tráfico y armamento. ‖ Paso *estrecho entre *montañas. ‖ Por ext., *montaña o cordillera que tiene una o varias de estas gargantas. ‖ *Presa o estacada en un río. ‖ fig. *Asilo, refugio. ‖ *Germ.* Posada o venta. ‖ pl. En el Concejo de la Mesta, *pastos de verano. ‖ **Puerto de arrebatacapas.** fig. y fam. Cualquier sitio por donde corren *vientos impetuosos. ‖ fig. y fam. Lugar o casa donde, por el mucho *desorden, hay riesgo de fraudes o *robos. ‖ **de arribada.** *Mar.* **Escala.** ‖ **franco.** El que goza de franquicia de *aduanas. ‖ **habilitado.** El que lo está para ciertas importaciones o exportaciones. ‖ **seco.** Lugar de las fronteras, en donde está establecida una *aduana. ‖ **De puertos allende.** loc. Dícese del territorio situado más allá de una sierra. ‖ **De puertos aquende.** loc. Dícese del territorio que se halla más acá de una cordillera. ‖ **Naufragar** uno **en el puerto.** fr. fig. Ver *malogrados sus proyectos cuando más seguros los creía. ‖ **Tomar puerto.** fr. Arribar a él. ‖ fig. *Acogerse a lugar seguro.

puertorriqueño, ña. adj. Natural de Puerto Rico. Ú. t. c. s. ‖ Perteneciente a esta isla.

pues. conj. causal. ‖ Toma carácter de *condicional en ciertas frases y también hace oficio de continuativa, ilativa, etc.

puesta. f. Acción de ponerse un *astro. ‖ En algunos juegos de *naipes, cantidad que pone la persona que pierde, o lo que apunta cada uno de los jugadores. ‖ **Posta** (tajada de carne). ‖ **en marcha.** Mecanismo del *automóvil que se utiliza para su arranque. ‖ **Primera puesta.** *Mil.* Conjunto de prendas del vestuario militar. ‖ **A puesta,** o **a puestas, del Sol.** m. adv. Al ponerse el *Sol.

puestera. f. Mujer que tiene un puesto en el *mercado.

puesto, ta. p. p. irreg. de **Poner.** ‖ adj. Con los adverbios *bien* y *mal*, bien vestido, *adornado o *desaliñado. ‖ m. *Lugar o espacio que ocupa una cosa. ‖ Lugar señalado para la ejecución de una cosa. ‖ *Tiendecilla, generalmente ambulante, en que se vende por menor. ‖ *Empleo, oficio o ministerio. ‖ Sitio dispuesto para ocultarse el *cazador y tirar desde él. ‖ Destacamento permanente de la *guardia civil o carabineros, cuyo jefe tiene categoría inferior a la de oficial. ‖ **Acaballadero.** ‖ fig. *Estado en que se halla una cosa, física o moralmente. ‖ *Mil.* *Campamento, posición u otro lugar ocupado por tropa. ‖ **Puesto que.** m. conjunt. adversativo. **Aunque.** ‖ m. conjunt. causal. **Pues.**

¡puf! interj. con que se denota *asco o repugnancia.

puf. m. Especie de taburete bajo con *asiento de tapicería.

púgil. m. *Gladiador que combatía a puñadas. ‖ *Luchador que contiende a puñadas.

pugilar. m. Volumen manual en que tenían los hebreos las lecciones de la *Biblia.

pugilato. m. *Lucha o pelea a puñadas. ‖ fig. *Disputa en que se extrema a porfía.

pugilista. com. Persona que toma parte en un pugilato.

pugna. f. *Contienda, pelea. ‖ *Oposición o *rivalidad entre personas, colectividades, etc.

pugnacidad. f. Calidad de pugnaz.

pugnante. adj. Contrario, opuesto, enemigo.

pugnar. intr. Batallar, contender o *reñir. ‖ fig. Solicitar, *instar con ahínco, *procurar con eficacia. ‖ fig. *Porfiar con tesón.

pugnaz. adj. Belicoso, *pendenciero.

puja. f. Acción de pujar (hacer *fuerza).

***puja.** f. Acción y efecto de pujar (en una *subasta). ‖ Cantidad que un licitador *ofrece.

pujador, ra. m. y f. Persona que hace puja en una *subasta.

pujame. m. *Mar.* **Pujamen.**

pujamen. m. *Mar.* Orilla inferior de una *vela.

pujamiento. m. Abundancia de *humores, y más comúnmente de *sangre.

pujante. adj. Que tiene pujanza.

pujantemente. adv. m. Con pujanza.

pujanza. f. *Fuerza grande para ejecutar una acción.

pujar. tr. Hacer *fuerza para pasar adelante o proseguir una acción. ‖ intr. Tener *dificultad para *hablar; no acertar a decir una cosa. ‖ *Vacilar en la ejecución de una cosa. ‖ fam. Hacer *gestos para prorrumpir en *llanto.

***pujar.** tr. Aumentar los licitadores el precio puesto a una cosa que se vende o arrienda en *subasta.

pujavante. m. Instrumento de que usan los *herradores para cortar el casco a las bestias.

pujo. m. Sensación muy penosa, que obliga a *orinar o a *evacuar el vientre a cada momento. ‖ fig. *Deseo o gana irresistible de *reír o *llorar. ‖ fig. Deseo de lograr un propósito. ‖ fig. y fam. **Conato.** ‖ **de sangre. Pujo** con *evacuaciones sanguinolentas. ‖ **A pujos.** m. adv. fig. y fam. Poco a *poco, con *dificultad.

pulcritud. f. *Cuidado especial en el *adorno y *limpieza de la persona y también en la ejecución de un trabajo delicado. ‖ fig. Delicadeza, *finura, *honradez extremada en la conducta.

pulcro, cra. adj. *Limpio, *hermoso, bien *adornado. ‖ Delicado, *cuidadoso, *fino. ‖ fig. Extremado en cuestiones de *honradez.

pulchinela. m. *Personaje burlesco del *teatro italiano.

pulga. f. *Insecto díptero, como de dos milímetros de longitud, color negro rojizo, boca con mandíbula en forma de trompa y patas fuertes, largas y a propósito para dar grandes saltos. ‖ *Peón muy pequeño con que juegan los muchachos. ‖ **Echar** a uno **la pulga detrás de la oreja.** fr. fig. y fam. Decirle una cosa que le *inquiete. ‖ **No aguantar,** o **no sufrir, pulgas.** fr. fig. y fam. No tolerar ofensas o vejámenes, ser muy *pundonoroso. ‖ **Sacudirse** uno **las pulgas.** fr. fig. y fam. *Rechazar las cosas molestas u ofensivas. ‖ **Tener** uno **malas pulgas.** fr. fig. y fam. Ser de temperamento *irritable.

pulgada. f. Medida de *longitud

que equivale a algo más de veintitrés milímetros.
pulgar. m. *Dedo primero y más grueso de los de la mano. Ú. t. c. adj. ‖ Parte de sarmiento que con dos o tres yemas se deja en las *vides al podarlas. ‖ **Menear uno los pulgares.** fr. fig. En el juego de los *naipes, brujulear las cartas. ‖ fig. y fam. Darse *prisa en ejecutar una cosa.
pulgarada. f. *Golpe que se da apretando el dedo pulgar. ‖ **Polvo** (*cantidad que se coge con dos dedos). ‖ **Pulgada.**
pulgareta. f. Cada una de las dos conchas que los muchachos sujetan al pulgar y usan como castañuelas.
pulgón. m. *Insecto hemíptero, de uno a dos milímetros de largo, color negro, bronceado o verdoso, y dos tubillos en la extremidad del abdomen, por donde segrega un líquido azucarado. Las hembras y sus larvas viven *parásitas en las partes tiernas de ciertas plantas.
pulgoso, sa. adj. Que tiene pulgas.
pulguera. f. Lugar donde hay muchas pulgas. ‖ **Zaragatona** (*planta).
pulguera. f. **Empulguera.**
pulguillas. m. fig. y fam. Hombre bullicioso e *irritable.
pulicán. m. **Gatillo** (*tenaza de *dentista).
pulícidos. m. pl. *Zool.* Familia de *insectos dípteros, cuyo tipo es la pulga.
pulidamente. adv. m. Curiosamente, con adorno y *finura.
pulidero. m. **Pulidor** (para devanar).
pulidez. f. Calidad de pulido.
pulido, da. adj. *Hermoso o de buen parecer; pulcro, *primoroso.
pulidor, ra. adj. Que pule, compone y adorna una cosa. Ú. t. c. s. ‖ m. Instrumento con que se *pule una cosa. ‖ Pedacito de trapo o de cuero suave que se tiene entre los dedos para que no se lastimen por el rozamiento del *hilo que se devana.
pulimentar. tr. **Pulir.**
pulimento. m. Acción y efecto de *pulir.
***pulir.** tr. Alisar o dar lustre a una cosa. ‖ Adornar o *perfeccionar una cosa dándole la última mano. ‖ *Adornar, aderezar. Ú. m. c. r. ‖ fig. Quitar a uno la rusticidad, hacerle *cortés o instruido. Ú. t. c. r. ‖ *Germ.* *Vender o empeñar. ‖ *Germ.* ***Hurtar.**
***pulmón.** m. Órgano de la respiración del hombre y de algunos vertebrados. ‖ Órgano de la respiración de ciertos arácnidos y algunos moluscos terrestres. ‖ **marino. Medusa.**
pulmonado, da. adj. *Zool.* Dícese del animal articulado que tiene pulmones.
pulmonar. adj. Perteneciente a los *pulmones.
pulmonaria. f. *Planta herbácea anual, de las borragíneas, de hojas ovales de color verde con manchas blancas, cuyo cocimiento se emplea en medicina como pectoral. ‖ *Liquen coriáceo, de color pardo y superficie con ampollas, que vive parásito sobre los troncos de diversos árboles.
pulmonía. f. *Pat.* Inflamación del *pulmón o de una parte de él.
pulmoniaco, ca o **pulmoníaco, ca.** adj. *Pat.* Perteneciente a relativo a la pulmonía. ‖ *Pat.* Que padece pulmonía. Ú. t. c. s.
pulpa. f. Parte mollar de las *carnes, o carne pura. ‖ Carne de los *frutos. ‖ Médula o tuétano de las plantas leñosas.
pulpejo. m. Parte carnosa y mollar de la palma de la mano, en la base del dedo pulgar. También se da este nombre a partes semejantes de otros órganos. ‖ Sitio blando y flexible que tienen los *cascos de las *caballerías.
pulpería. f. Tienda, en América, donde se venden *comestibles, *bebidas y géneros pertenecientes a droguería, mercería, etc.
pulpero. m. El que tiene pulpería.
pulpero. m. *Pescador de pulpos.
pulpeta. f. Tajada que se saca de la pulpa de la *carne.
pulpetón. m. aum. de **Pulpeta.**
púlpito. m. Plataforma pequeña, elevada, con antepecho y tornavoz, desde la cual, en las *iglesias, se dirige el *predicador a los fieles. ‖ fig. En las *órdenes religiosas*, empleo del predicador.
pulpo. m. *Molusco cefalópodo con ocho tentáculos provistos de dos filas de ventosas para adherirse a los objetos. ‖ **Poner** a uno **como un pulpo.** fr. fig. y fam. *Golpearle mucho.
pulposo, sa. adj. Que tiene pulpa.
pulque. m. *Bebida espiritosa que se usa en América y se obtiene haciendo fermentar el aguamiel, el jugo de las pitas, etc.
pulquería. f. Tienda donde se vende pulque.
pulquérrimo, ma. adj. sup. de **Pulcro.**
***pulsación.** f. Acción de pulsar. ‖ → Cada uno de los latidos de una arteria. ‖ **Hidrául.* fig. Movimiento periódico de un fluido.
pulsada. f. **Pulsación.**
pulsador, ra. adj. Que pulsa. Ú. t. c. s. ‖ m. Llamador de un timbre *eléctrico.
pulsamiento. m. ant. **Pulsación.**
pulsante. p. a. de **Pulsar.** Que pulsa.
***pulsar.** tr. *Tocar, golpear. ‖ Reconocer el estado del pulso en las arterias. ‖ fig. Tantear un asunto por vía de *ensayo. ‖ → intr. Latir la arteria, el corazón u otra cosa que tiene movimiento sensible.
pulsátil. adj. **Pulsativo.**
pulsatila. f. *Planta perenne de las ranunculáceas.
pulsativo, va. adj. Dícese de lo que pulsa o golpea.
pulsear. intr. Probar dos personas, asida mutuamente la mano derecha, quién de ellas tiene más *fuerza en el pulso.
pulsera. f. *Cir.* Venda con que se sujeta en el pulso de un enfermo algún medicamento confortante. ‖ Rizo de *cabello que cae sobre la sien. ‖ *Brazalete que se pone en la muñeca. ‖ **de pedida.** La que regala el novio a su novia el día que la pide en *matrimonio.
pulsímetro. m. **Esfigmómetro.**
pulsista. adj. Dícese del *médico que sobresale en el conocimiento del pulso. Ú. t. c. s.
***pulso.** m. Latido intermitente de las arterias, que se observa especialmente en la muñeca. ‖ Parte de la muñeca donde se siente el latido de la arteria. ‖ Seguridad o firmeza en la *mano para ejecutar una acción con acierto. ‖ fig. Tiento o *prudencia en un negocio. ‖ **formicante.** *Med.* **Pulso** bajo, débil y frecuente. ‖ **serrátil,** o **serrino.** *Med.* El frecuente y desigual. ‖ **A pulso.** m. adv. Haciendo *fuerza con la muñeca y la mano y sin apoyar el brazo en parte alguna. ‖ **Quedarse** uno **sin pulso,** o **sin pulsos.** fr. fig. Inmutarse gravemente. ‖ **Tomar a pulso** una cosa. fr. Examinar o *ensayar su *peso. ‖ **Tomar el pulso.** fr. **Pulsar.**
pulsómetro. m. Especie de *bomba de vapor en que la presión actúa directamente sobre el líquido.
pultáceo, a. adj. Que es de consistencia *blanda. ‖ **Pat.* Que tiene apariencia de podrido o gangrenado.
pululante. p. a. de **Pulular.** Que pulula.
pulular. intr. Empezar a brotar y echar *vástagos un vegetal. ‖ *Originarse una cosa de otra. ‖ *Abundar, *reproducirse copiosamente en un paraje los insectos y sabandijas. ‖ fig. *Agitarse y bullir en un paraje personas o cosas.
pulverizable. adj. Que se puede pulverizar.
pulverización. f. Acción y efecto de pulverizar o pulverizarse.
pulverizador. m. Aparato para pulverizar un líquido.
***pulverizar.** tr. Reducir a polvo una cosa. Ú. t. c. r. ‖ Reducir un líquido a partículas muy tenues, a manera de polvo. Ú. t. c. r.
pulverulento, ta. adj. **Polvoriento.**
pulla. f. Palabra o dicho *obsceno. ‖ Dicho con que embozadamente se *zahiere o *reprende a una persona. ‖ Expresión *ingeniosa y picante, dicha con prontitud.
pulla. f. **Planga.**
pullés, sa. adj. Natural de la Pulla. Ú. t. c. s. ‖ Perteneciente a este país de Italia.
pullista. com. Persona amiga de *decir pullas.
¡pum! Voz que se usa para expresar ruido, *estallido o *golpe.
puma. f. *Mamífero carnicero de América, parecido al tigre, pero de pelo suave y leonado.
pumarada. f. **Pomarada.**
pumente. m. *Germ.* Faldellín o *saya de mujer.
pumita. f. **Piedra pómez.**
puna. f. *Meseta o tierra *alta, próxima a la cordillera de los Andes. ‖ **Páramo.** ‖ **Soroche.**
punción. f. **Cir.* Operación que consiste en abrir los tejidos con instrumento *punzante y cortante a la vez.
puncha. f. Púa, espina, *punta delgada y aguda.
punchar. tr. Picar, *punzar.
***pundonor.** m. Punto de honor, punto de honra.
pundonorosamente. adv. m. Con *pundonor.
***pundonoroso, sa.** adj. Que incluye en sí *pundonor o lo causa. ‖ Que lo tiene. Ú. t. c. s.
pungente. p. a. de **Pungir.** Que punge.
pungimiento. m. Acción y efecto de pungir.
pungir. tr. ***Punzar.** ‖ fig. Herir las *pasiones el ánimo.
pungitivo, va. adj. Que punge o es capaz de pungir.
***punible.** adj. Que merece castigo.
punición. f. ***Castigo.**
púnico, ca. adj. **Cartaginés.**
punitivo, va. adj. Perteneciente o relativo al *castigo.
punitorio, ria. adj. Dícese del *interés que por contrato se impone al *deudor en caso de morosidad.
***punta.** f. Extremo agudo de una arma u otro instrumento con que se puede herir. ‖ *Extremo de una cosa. ‖ **Colilla** (de cigarro). ‖ Pequeña porción de *ganado que se separa del hato. ‖ Cada una de las

protuberancias que tienen los *cuernos del ciervo. || *Cuerno del toro. || Lengua de tierra, que penetra en el mar. || Extremo de cualquier *madero, opuesto al raigal. || *Sabor que va tirando a *agrio en el vino o en otras cosas. || Parada que hace el perro de *caza cada vez que se detiene la pieza. || fig. Tratándose de cualidades morales o intelectuales, algo, un *poco. || Hoja de *tabaco, de exquisito aroma y superior calidad. || *Arq.* *Madero que corresponde a la extremidad del árbol. || **Blas.* Tercio inferior del campo del escudo. || **Blas.* Parte media de este tercio. || **Blas.* Pieza honorable de figura triangular que tiene el vértice hacia arriba. || **Impr.* Punzón para sacar de la composición letras o palabras. || pl. *Encaje que forma ondas o **puntas** en una de sus orillas. || Primeros afluentes de un *río u otro caudal de agua. || Primeras vertientes donde tiene origen un caudal de agua. || **Punta con cabeza.** *Juego de niños que consiste en tratar de acertar la posición de un par de alfileres que otro tiene en la mano cerrada. || **de diamante.** **Ornam.* Pirámide de poca altura que se suele labrar en piedras u otras materias. || **de París.** *Clavo de cabeza pequeña y punta piramidal, hecho de alambre de hierro. || **seca. Aguja** (de grabador). || **Agudo como punta de colchón.** loc. fig. y fam. *Necio y de poco entendimiento. || **A punta de lanza.** m. adv. fig. Con todo *rigor. || **A torna punta.** m. adv. fig. y fam. Recíprocamente. || **De punta a cabo.** m. adv. **De cabo a cabo.** || **De punta en blanco.** m. adv. De manera *directa e inmediata. || Con todas las piezas de la *armadura antigua. || fig. y fam. Vestido de uniforme o de *gala. || **Estar de punta** uno **con** otro. fr. fig. y fam. Estar *enemistado con él. || **Estar** uno **hasta la punta de los pelos.** fr. fig. y fam. **Estar hasta los pelos.** || **Sacar punta** a una cosa. fr. fam. Atribuirle malicia o significado que no tiene. || **Ser de punta** una persona o cosa. fr. fig. *Sobresalir en su línea. || **Tener** uno una cosa **en la punta de la lengua.** fr. fig. Estar a punto de *decirla. || fig. Estar a punto de *recordar una cosa y no dar en ella.

puntación. f. Acción de poner puntos sobre las letras.

puntada. f. Cada uno de los *agujeros hechos con aguja u otro instrumento semejante, en la tela que se va *cosiendo. || Espacio que media entre dos de estos agujeros próximos entre sí. || Porción de hilo que ocupa este espacio. || fig. Razón o palabra que se dice como al descuido para *insinuar una cosa.

puntador. m. **Apuntador.**

***puntal.** m. *Madero hincado en firme, para *sostener la pared u otra obra desplomada. || *Prominencia de un terreno, que forma como punta. || fig. Apoyo, *fundamento. || *Mar.* *Profundidad de la nave desde la cubierta principal o superior hasta el plan.

puntano, na. adj. Natural de San Luis. Ú. t. c. s. || Perteneciente a esta provincia de la Argentina.

puntapié. m. *Golpe que se da con la punta del *pie. || **Mandar** a uno **a puntapiés.** fr. fig. y fam. Tener grande ascendiente sobre él.

puntar. tr. Apuntar las *ausencias de los eclesiásticos en el coro. || Poner, en la *escritura de las lenguas semíticas, los signos con que se representan las vocales. || **Mús.* Poner sobre las letras los puntos del canto del órgano.

puntazo. m. *Golpe dado con la punta de un *cuerno.

punteada. f. **Punteado.**

punteado. m. Acción y efecto de puntear.

puntear. tr. *Marcar puntos en una superficie. || *Dibujar, pintar o *grabar con puntos. || *Coser o dar puntadas. || Tocar la *guitarra u otro instrumento semejante hiriendo cada cuerda con un solo dedo. || Compulsar una *cuenta partida por partida. || intr. **Mar.* Ir orzando para aprovechar el viento. Ú. t. c. tr.

puntel. m. *Tubo de hierro con que en las fábricas de *vidrio se saca del horno la masa que se ha de soplar.

puntera. f. *Remiendo, en el calzado, medias, etc., de la parte que cubre la punta del pie. || Sobrepuesto o contrafuerte de piel que se coloca en la punta de la pala del *calzado. || fam. **Puntapié.**

puntería. f. Acción de *dirigir o apuntar una arma arrojadiza o de fuego. || *Dirección del arma apuntada. || Destreza del que *dispara, para dar en el blanco.

puntero, ra. adj. Aplícase a la persona que hace bien la puntería con una arma. || m. Palito o vara con que se *señala una cosa para llamar la atención sobre ella. || Cañita que está unida a la tapa de las crismeras por la parte de adentro, y sirve para ungir a los que reciben el *sacramento de la confirmación o extremaunción. || Punzón de boca cuadrangular y con el cual se abren en las *herraduras los agujeros para los clavos. || **Cant.* *Cincel de boca puntiaguda y cabeza plana, que usan los canteros.

punterol. m. *Germ.* Almarada o *aguja de hacer alpargatas.

punterola. f. **Min.* Barrita de hierro que lleva hacia su mitad un ojo en el que se enasta el mango que sirve para mantenerla fija mientras se le dan golpes con el martillo.

***puntiagudo, da.** adj. Que tiene aguda la punta.

puntido. m. Descansillo o meseta de las *escaleras.

puntilla. f. *Encaje muy angosto hecho de puntas u ondas. || **Carp.* Instrumento, a manera de cuchillito, con punta redonda para trazar en lugar de lápiz. || **Cachetero.** || **Dar la puntilla.** fr. Clavarla. || **De puntillas.** m. adv. con que se explica el modo de *andar, pisando sólo con las puntas de los pies.

puntillazo. m. fam. **Puntapié.**

puntillero. m. **Cachetero** (el que da la puntilla).

puntillo. m. Cualquier cosa, leve por lo regular, en que una persona pone su *honor o estimación. || *Pundonor exagerado. || **Mús.* Punto que puesto a la derecha de una nota aumenta en la mitad su valor.

puntillón. m. fam. **Puntillazo.**

puntilloso, sa. adj. Dícese de la persona que tiene mucho *pundonor. || Nimiamente *delicado.

puntiseco, ca. adj. Dícese de los vegetales *secos por las puntas.

puntizón. m. **Impr.* Cada uno de los agujeros que dejan en el pliego de prensa las puntas que lo sujetan al tímpano. || pl. Rayas horizontales y transparentes en el *papel de tina.

punto. m. *Señal que deja en una superficie el contacto o presión de alguna cosa puntiaguda, como lápiz, punzón, etc. || Cada una de las partes en que se divide el pico de la *pluma de escribir. || Granito de metal que tienen junto a la boca los fusiles y otras *armas de fuego*, para que haga oficio de mira. || **Piñón** (de las armas de fuego). || Cada una de las puntadas en las obras de *costura. || Cada una de las lazadillas o nuditos de que se forma el *tejido de las medias, elásticas, etc. || *Rotura pequeña que se hace en las *medias, por soltarse alguna de estas lazadillas. || Cada una de las diversas maneras de trabar y enlazar entre sí los hilos que forman ciertos tejidos. || Medida de *longitud, duodécima parte de la línea. || Unidad de longitud en que se divide el cartabón de los *zapateros, equivalente a dos tercios de centímetro. || **Impr.* Medida tipográfica, duodécima parte del cícero. || Cada uno de los *agujeros que tienen a trechos ciertas piezas; como el *cinturón, el timón de un arado, etc. || Sitio, *lugar. || Paraje público determinado donde se sitúan los *coches de alquiler. || Valor que tiene cada una de las cartas de la *baraja, o de las caras del *dado. || Valor convencional que se atribuye a las cartas de la baraja en ciertos juegos. || As de cada palo, en ciertos juegos de *naipes. || Unidad de tanteo, en algunos *juegos. || Unidad que se toma por base para calificar ciertos ejercicios, como *exámenes, pugilatos, etc. || Persona que apunta contra el banquero en algunos *juegos de azar. || Cosa muy corta, *parte mínima de una cosa. || *Instante, porción pequeñísima de tiempo. || *Ocasión oportuna. || **Vacación.** || Cada uno de los *errores que se cometen al dar de memoria una lección. || Cada una de las cuestiones que salen a la suerte en los *exámenes u oposiciones. || Cada uno de los *asuntos que se trata en un sermón, discurso, etc. || Parte o *problema de una ciencia. || Lo substancial o *principal en un asunto. || *Finalidad u objeto de cualquier acción. || *Estado actual de cualquier especie o negocio. || **Culin.* Estado perfecto que llega a tomar cualquier cosa que se elabora al fuego. || Hablando de las calidades morales buenas o malas, extremo o grado a que éstas pueden llegar. || ***Pundonor.** || **Cir.* Puntada que da el cirujano pasando la aguja por los labios de la *herida. || **Geom.* Límite mínimo de la extensión, que se considera sin longitud, latitud ni profundidad. || **Mar.* Lugar señalado en la carta de marear, que indica la situación de la nave. || *Med.* **Punto de costado.** || *Mús.* En los instrumentos músicos, tono determinado de *afinación para que estén acordes. || *Ortogr.* Nota *ortográfica que se pone sobre la *i* y la *j*. || **Ortogr.* Signo ortográfico (.) con que se indica el fin de una oración o de un período. || ***cardinal.** Cada uno de los cuatro que dividen el horizonte en otras tantas partes iguales, y están determinados, respectivamente, por la posición de los polos y por la salida y puesta del Sol en los equinoccios. || **céntrico. Centro.** || fig. *Finalidad a que se dirigen las acciones del que intenta una cosa. || fig. Paraje muy *concurrido y de fácil acceso en una población. || **crudo.** fig. y fam. *Momento preciso en que sucede una cosa. || **de apoyo.** *Mec.* Lugar fijo sobre el cual estriba una *palanca u otra máquina. || **de caramelo.** Grado de concentración que se da al almíbar para que, al enfriarse, se convierta en caramelo. || **de costado.** *Med.* *Dolor con punzadas al lado del corazón. || **de escuadría.** **Mar.* El que se deduce del rumbo que se ha seguido y de la latitud observada. || **de estima.** **Mar.* El que se deduce del rumbo seguido y de la distancia andada en un tiempo determinado. || **de fábrica.** *Arq.* Trozo de *muro que se rehace por el pie, dejando lo demás intacto. || **de fantasía.** **Mar.* **Punto de estima.** || **de honra.** ***Pundonor.** || **de la vista.** **Persp.* Aquel en que el rayo principal corta la tabla o plano óptico. || **de longitud.** **Mar.* El que se determina por medio de observaciones de longitud. || **de observación.** **Mar.* El que se determina por medio de observaciones astronómicas. || **de partida.** fig. Lo que se toma como antecedente y *fundamento para tratar o deducir una cosa. || **de tafetán.** El que imita el tejido de esta clase de tela. || **de vista.** **Persp.* **Punto de la vista.** || fig. Cada uno de los aspectos que se pueden considerar en un asunto u otra cosa. || **equinoccial.** **Astr.* y *Geogr.* Cada uno de los dos, el de primavera y el de otoño, en que la Eclíptica corta al Ecuador. || **equipolado.** **Blas.* Cada uno de los cuatro cuadrillos que se interpolan con otros cinco de diferente esmalte, estando dispuestos los nueve en forma de tablero de ajedrez. || **fijo.** **Mar.* **Punto de longitud.** || **final.** **Ortogr.* **Punto.** || **interrogante.** **Ortogr.* **interrogación.** || **muerto.** Posición de los engranajes de la caja de cambio del *automóvil, en que el movimiento del motor no se transmite a las ruedas. || ***musical.** **Nota.** || **por encima.** Cada una de las puntadas que atraviesan alternativamente por encima y por debajo la unión de dos telas. || *Costura hecha con este género de puntadas. || **principal.** **Persp.* **Punto de la vista.** || **redondo.** **Ortogr.* **Punto final.** || **torcido.** Entre *bordadores, labor cuyo dibujo es sólo una línea, la cual se ha de cubrir con la seda. || **visual.** El término de la distancia necesaria para *ver los objetos con toda claridad. || **y coma.** **Ortogr.* Signo ortográfico (;) con que se indica pausa mayor que con la coma, y menor que con los dos **puntos.** || **Medio punto.** *Arq.* *Arco o *bóveda de curvatura semicircular. || *Gram.* Nombre que se solía dar a la coma. || **Puntos suspensivos.** **Ortogr.* Signo ortográfico (...) con que se denota quedar incompleto el sentido de una oración o cláusula. || **Dos puntos.** **Ortogr.* Signo ortográfico (:) con que se indica haber terminado completamente el sentido gramatical, pero no el sentido lógico. || **A buen punto.** m. adv. A tiempo, con *oportunidad. || **Al punto.** m. adv. *Pronto, sin la menor dilación. || **A punto.** m. adv. Con la *prevención necesaria. || A tiempo, *oportunamente. || **A punto fijo.** m. adv. Con *exactitud o con *certidumbre. || **A punto largo.** m. adv. fig. y fam. Con *descuido, groseramente. || **Bajar de punto.** fr. fig. Declinar o *decaer del estado anterior. || *Mús.* **Bajar el punto.** || **Bajar el punto.** fr. *Mús.* Descender de un signo a otro. || **Bajar el punto** a una cosa. fr. fig. *Moderarla. || **Calzar** uno **muchos,** o **pocos, puntos.** fr. fig. Ser persona *docta, o *ignorante, en alguna materia. || **Calzar** uno tantos **puntos.** fr. Tener su pie la dimensión que indica el número de éstos. || **Dar en el punto.** fr. fig. *Acertar, dar en la dificultad. || **Dar punto.** fr. *Cesar en cualquier trabajo. || **Darse** uno **un punto en la boca.** fr. fig. y fam. **Coserse la boca.** || **De todo punto.** m. adv. *Enteramente, del todo. || **Echar el punto.** fr. **Mar.* Situar en la carta el paraje en que está la nave. || **En buen,** o **mal, punto.** expr. adv. fig. **En buena,** o **mala, hora.** || **En punto.** m. adv. Sin sobra ni falta, *exactamente. || **En punto de caramelo.** m. adv. fig. y fam. Perfectamente *preparada una cosa para algún fin. || **Estar a,** o **en, punto.** fr. Estar *próxima a suceder una cosa. || **Estar en punto de solfa** una cosa. fr. fig. y fam. **Estar en solfa.** || **Hacer punto.** fr. **Dar punto.** || **Hacer punto de** una cosa. fr. Tomarla por cosa de *honor. || **Hasta cierto punto.** loc. adv. En alguna manera, no del todo. || **Levantar de punto.** fr. Realzar, *enaltecer. || **Meter en puntos.** fr. **Esc.* Desbastar una pieza hasta aproximarse al contorno de la figura que se intenta esculpir. || **No perder punto.** fr. fig. Proceder con la mayor *diligencia. || **Poner en punto de solfa** una cosa. fr. fig. y fam. **Ponerla en solfa.** || **Poner en su punto** una cosa. fr. fig. y fam. Ponerla en el grado de *perfección que le corresponde. || **Poner los puntos.** fr. fig. Dirigir la *intención a un fin que se desea. || **Poner los puntos muy altos.** fr. fig. Pretender una cosa que está por encima de lo ordinario. || **Poner los puntos sobre las íes.** fr. fig. y fam. *Determinar o *perfeccionar una cosa. || **Por punto general.** m. adv. Por regla *general. || **Punto en boca.** expr. fig. Ú. para prevenir a uno que *calle. || **Punto por punto.** m. adv. fig. con que se expresa el modo de referir una cosa sin omitir ningún *detalle o *circunstancia. || **Sacar de puntos.** fr. Reproducir un modelo de *escultura por medio de compases de proporción. || **Subir de punto** una cosa. fr. *Crecer o *aumentar su importancia.

puntoso, sa. adj. Que tiene muchas *puntas.

puntoso, sa. adj. ***Pundonoroso.** || **Puntilloso.**

puntuación. f. Acción y efecto de puntuar. || **Ortogr.* Conjunto de los signos ortográficos que sirven para puntuar.

puntual. adj. *Formal, *diligente, *exacto en la ejecución de las cosas. || Indubitable, *cierto. || Conforme, *conveniente.

puntualidad. f. Calidad de puntual.

puntualizar. tr. Grabar profundamente las especies en la *memoria. || *Referir un suceso o describir una cosa con todos sus *detalles. || Dar la última mano a una cosa; *perfeccionarla. || Precisar, *determinar una cosa.

puntualmente. adv. m. Con puntualidad.

puntuar. tr. Poner en la escritura los signos de *ortografía necesarios.

puntuoso, sa. adj. ***Pundonoroso.**

puntura. f. *Herida hecha con instrumento u objeto *punzante. || **Impr.* Cada una de las dos puntas de hierro afirmadas en los dos costados del tímpano de una prensa de imprimir, para sujetar el pliego que ha de tirarse. || **Veter.* Sangría que se hace en la cara plantar del casco de las caballerías. || **Ajustar punturas.** fr. **Impr.* Colocar las **punturas** de modo que el blanco coincida con la retiración.

punzada. f. *Herida o picada de *punta. || fig. *Dolor agudo, repentino y pasajero. || fig. Sentimiento de aflicción.

punzador, ra. adj. Que punza. Ú. t. c. s.

***punzadura.** f. **Punzada.**

***punzante.** p. a. de **Punzar.** Que punza. || adj. Dícese de la herida causada con instrumento **punzante.**

***punzar.** tr. Herir de punta. || intr. fig. Avivarse un *dolor de cuando en cuando. || fig. Hacerse sentir una *aflicción o remordimiento.

punzó. adj. Dícese del *color rojo muy vivo. Ú. t. c. s.

punzón. m. Instrumento de hierro *puntiagudo que se emplea para abrir *agujeros u *ojales y para otros usos. || **Buril.** || Instrumento de acero, de forma cilíndrica o prismática, que en la boca tiene de realce una figura, *marca o *sello que, por presión o percusión, queda impreso en las *monedas, medallas, etc. || **Pitón** (*cuerno). || *Llave de honor que llevaban sujeta en la casaca ciertos empleados de palacio.

punzonería. f. **Impr.* Colección de todos los punzones necesarios para una fundición de letra.

puñada. f. **Puñetazo.**

puñado. m. Porción de cualquier cosa que *cabe en el puño. || fig. *Escasa proporción de una cosa de que debe o suele haber cantidad. || **de moscas.** fig. y fam. Conjunto de cosas que fácilmente se *dispersan. || **A puñados.** m. adv. fig. Con *abundancia y *liberalidad.

***puñal.** m. Arma ofensiva de acero, de unos dos decímetros de largo, que sólo hiere de punta.

puñal. adj. p. us. Perteneciente o relativo a la pugna o *contienda.

puñalada. f. Golpe que se da de punta con el *puñal u otra arma semejante. || *Herida que resulta de este golpe. || fig. *Disgusto grande que llega de improviso. || **de misericordia.** **Golpe de gracia.** || **Coser a puñaladas** a uno. fr. fig. y fam. Darle muchas **puñaladas.** || **Ser puñalada de pícaro** una cosa. fr. fig. y fam. Ser muy *urgente.

puñalejo. m. d. de **Puñal.**

puñalero. m. El que hace o vende *puñales.

puñera. f. **Almorzada.** || Medida de *capacidad que suele haber en los *molinos para cobrar la maquila, equivalente a la tercera parte del celemín.

puñetazo. m. *Golpe que se da con el puño.

puñete. m. **Puñetazo.** || **Manilla** (brazalete).

puño. m. *Mano cerrada. || **Puñado.** || Parte de la *manga de la *camisa y de otras prendas de *vestir, que rodea la muñeca. || Adorno de encaje o tela fina, que se pone en la bocamanga. || *Mango de algunas *armas blancas*. || Parte por donde ordinariamente se *coge el *bastón, el paraguas, etc. || fig. y fam. Lugar más *estrecho de lo debido. || *Mar.* Cualquiera de los ángulos de las *velas. || pl. fig. y fam. *Fuerza, valor. ‖ **Apretar los puños.** fr. fig. y fam. Poner mucho *esfuerzo para ejecutar una cosa. ‖ **A puño cerrado.** m. adv. Tratándose de *golpe, con el **puño.** ‖ **Creer a puño cerrado.** fr. fig. y fam. *Creer firmemente. ‖ **De propio puño.** m. adv. De mano propia. ‖ **Jugarla de puño** a uno. fr. fig. y fam. **Pegársela de puño.** ‖ **Medir a puños.** fr. *Medir una cosa poniendo un **puño** sobre otro. ‖ **Meter en un puño** a uno. fr. fig. y fam. Confundirlo, *asustarlo, *oprimirlo. ‖ **Pegarla de puño** a uno. fr. fig. y fam. *Engañarle. ‖ **Por sus puños.** m. adv. fig. y fam. Con su propio *trabajo. ‖ **Ser** uno **como un puño.** fr. fig. y fam. Ser *mezquino. ‖ fig. y fam. Ser pequeño de cuerpo.

pupa. f. Erupción en los *labios. ‖ Postilla que queda en la *piel cuando se seca un grano. ‖ Voz *infantil que indica *dolor. ‖ **Hacer pupa** a uno. fr. fig. y fam. Darle que sentir, causarle *daño.

pupila. f. *Huérfana menor de edad, respecto de su *tutor. ‖ Mujer de la mancebía, *ramera. ‖ *Zool.* Abertura que el iris del *ojo tiene en su parte media. ‖ fig. fam. Perspicacia, *ingenio.

pupilaje. m. Estado o condición del pupilo o de la pupila. ‖ Estado de aquel que está *sometido a la voluntad de otro porque le da de comer. ‖ Casa donde se reciben *huéspedes mediante precio convenido. ‖ Este precio.

pupilar. adj. Perteneciente o relativo al pupilo o a la menor edad. ‖ *Zool.* Perteneciente o relativo a la pupila del *ojo.

pupilero, ra. m. y f. Persona que recibe pupilos en su casa.

pupilo, la. m. y f. *Huérfano o huérfana menor de edad, respecto de su *tutor. ‖ Persona que se *hospeda en casa particular por precio ajustado. ‖ **Medio pupilo.** El que solamente come al mediodía en una casa de *huéspedes. ‖ Alumno medio pensionista. ‖ **A pupilo.** m. adv. Alojado y mantenido por precio.

pupitre. m. Mueble de madera, con tapa en forma de plano inclinado, para *escribir sobre él.

puposo, sa. adj. Que tiene pupas.

puquio. m. En América, *manantial, fuente.

puramente. adv. m. Con *pureza y sin mezcla de otra cosa. ‖ *Simplemente, estrictamente. ‖ *For.* Sin condición, excepción, restricción ni plazo.

purana. m. Cada uno de los dieciocho *poemas sánscritos que contienen la teogonía de la India antigua.

puré. m. Pasta o *sopa espesa que se hace de legumbres u otras cosas comestibles cocidas, pasadas por tamiz. ‖ *Sopa que se hace con esta pasta desleída en caldo.

purear. intr. fam. *Fumar cigarro puro.

purera. f. **Cigarrera.**

*__pureza.__ f. Calidad de puro. ‖ fig. *Virginidad, doncellez. ‖ ***Castidad.**

purga. f. *Medicamento que se toma por la boca, para descargar el vientre. ‖ fig. *Residuos de algunas operaciones industriales.

purgable. adj. Que se puede o debe purgar.

purgación. f. *Terap.* Acción y efecto de purgar o purgarse. ‖ ***Menstruación.** ‖ **Pat.* Líquido purulento que se produce en la uretra y sale por el orificio exterior de ésta. Ú. m. en pl. ‖ *For.* *Exculpación, refutación de notas o indicios contra una persona. ‖ **canónica.** **Ecles.* *Prueba que los cánones establecen para el caso en que uno fuere infamado o notado de un delito que no se puede plenamente probar. ‖ **vulgar.** *For.* Juicio en que se declara la culpa o inocencia del reo mediante prácticas supersticiosas, *desafíos, etc.

purgador, ra. adj. Que purga. Ú. t. c. s.

purgamiento. m. **Purgación.**

purgante. p. a. de **Purgar.** Que purga. Dícese comúnmente del *medicamento que sirve para este efecto. Ú. t. c. s. m.

purgar. tr. *Limpiar, *purificar una cosa. ‖ *Expiar con una pena alguna culpa o delito. ‖ Padecer el alma las penas del *purgatorio para purificarse y poder entrar en la gloria. ‖ **Terap.* Dar al enfermo la medicina conveniente para exonerar el vientre. Ú. t. c. r. ‖ Evacuar un *humor. Ú. t. c. intr. y c. r. ‖ ***Expiar.** ‖ fig. Purificar, acrisolar. ‖ fig. *Corregir, moderar las pasiones. ‖ *For.* Desvanecer los indicios que hay contra una persona; *exculparla. ‖ r. fig. *Libertarse de cualquier cosa no material que causa perjuicio o gravamen.

purgativo, va. adj. Que purga o tiene virtud de purgar.

*__purgatorio, ria.__ adj. **Purgativo.** ‖ → m. *Teol.* Lugar donde las almas de los que mueren en gracia se purifican de sus culpas con las penas que padecen, para ir después a la gloria. ‖ fig. Cualquier lugar donde se pasa la vida con *trabajo y penalidad. ‖ Esta misma penalidad.

puridad. f. **Pureza.** ‖ ***Secreto.** ‖ **En puridad.** m. adv. Sin rebozo, *claramente. ‖ **En secreto.**

purificación. f. Acción y efecto de *purificar o purificarse. ‖ *Festividad que celebra la Iglesia en memoria de la visita que hizo la *Virgen al templo, a los cuarenta días de su parto. ‖ Cada uno de los lavatorios con que en la *misa se purifica el cáliz.

purificadero, ra. adj. Dícese de lo que purifica.

purificador, ra. adj. Que purifica. Ú. t. c. s. ‖ m. **Liturg.* Paño de lino, con el cual se enjuga y purifica el cáliz. ‖ Lienzo de que se sirve el sacerdote en el altar para limpiarse los dedos.

purificante. p. a. de **Purificar.** Que purifica.

*__purificar.__ tr. Quitar de una cosa lo que le es extraño, dejándola en el ser y perfección que debe tener según su calidad. Ú. t. c. r. ‖ Limpiar de toda imperfección una cosa no material. Ú. t. c. r. ‖ **Teol.* Acrisolar Dios las almas por medio de las aflicciones y trabajos. Ú. t. c. r. ‖ En otro tiempo, rehabilitar a los incapacitados por causas *políticas. ‖ En la ley antigua, ejecutar las ceremonias prescritas para dejar libres de ciertas impurezas a personas o cosas. Ú. t. c. r. ‖ *For.* Cumplirse o suprimirse la *condición de que un derecho dependía. Ú. t. c. r.

purificatorio, ria. adj. Que sirve para purificar una cosa.

purísima. f. Nombre antonomástico de la *Virgen en el misterio de su inmaculada Concepción.

purismo. m. Calidad de purista.

purista. adj. **Lit.* Que escribe o habla con pureza. Ú. t. c. s. ‖ Aplícase igualmente al que, por afán de ser puro en la manera de escribir o de hablar, adolece de *afectación. Ú. t. c. s.

puritanismo. m. *Secta y doctrina de los puritanos. ‖ Por ext., se dice de la exagerada escrupulosidad en el cumplimiento de los deberes. ‖ Calidad de puritano.

puritano, na. adj. Dícese del individuo de una secta *protestante inglesa que se precia de observar religión más pura que la del Estado. Ú. t. c. s. ‖ Perteneciente a estos sectarios. ‖ fig. Dícese de la persona que real o afectadamente profesa con *rigor las *virtudes públicas o privadas. Ú. t. c. s.

*__puro, ra.__ adj. Libre y exento de toda mezcla de otra cosa. ‖ Que procede con desinterés y *honradez en el desempeño de sus obligaciones. ‖ Que no incluye ninguna condición; *absoluto. ‖ V. **Cigarro puro.** Ú. m. c. s. ‖ fig. Libre y exento de imperfecciones. ‖ fig. ***Casto.** ‖ fig. Mero, solo, *simple. ‖ fig. Tratándose del lenguaje o del *estilo, ajustado a las leyes gramaticales y al mejor uso. ‖ **A puro.** m. adv. A fuerza de. ‖ **De puro.** m. adv. A fuerza de.

púrpura. f. *Molusco gasterópodo marino, que segrega una tinta que al contacto del aire se torna de color rojo obscuro, y que se usaba en tintorería y en pintura. ‖ *Tinte muy costoso que los antiguos preparaban con la tinta de varias especies de este molusco o de otros parecidos. ‖ *Tela muy costosa, teñida con este tinte y que servía para las *vestiduras propias de sumos sacerdotes, soberanos, etc. ‖ fig. Prenda de vestir, de este color o roja, que forma parte del traje característico de *soberanos, *cardenales, etc. ‖ fig. *Color rojo subido que tira a violado. ‖ fig. Dignidad imperial, consular, cardenalicia, etc. ‖ fig. poét. ***Sangre.** ‖ **Blas.* Color heráldico, que en pintura se representa por el violado. ‖ **Pat.* Estado morboso, caracterizado por hemorragias, petequias o equimosis. ‖ **de Casio.** *Oro en polvo finísimo, de color rojo pardusco, que se obtiene por precipitación.

purpurado. m. **Cardenal** (prelado).

purpurante. p. a. de **Purpurar.** Que purpura.

purpurar. tr. *Teñir de púrpura. ‖ *Vestir de ella.

purpúrea. f. **Lampazo** (*planta).

purpurear. intr. Mostrar una cosa el *color de púrpura. ‖ Tirar a purpúreo.

purpúreo, a. adj. De *color de púrpura. ‖ Perteneciente o relativo a la púrpura.

purpurina. f. Substancia colorante roja, extraída de la raíz de la rubia. ‖ Polvo finísimo de bronce o de metal blanco, que se usa para *pintar.

purpurino, na. adj. **Purpúreo.**

purrela. f. *Vino último de los que se llaman aguapié.

purriela. f. fam. Cualquier cosa *despreciable o de mala calidad.

purulento, ta. adj. *Pat.* Que tiene *pus.

*__pus.__ m. *Pat.* Secreción espesa y más o menos amarillenta que se produce en los tejidos inflamados, tumores, llagas, etc.

pusilánime. adj. Falto de ánimo, *cobarde o *tímido. Ú. t. c. s.

pusilanimidad. f. Calidad de pusilánime.

pusinesco, ca. adj. Dícese del tamaño que en la *pintura representa a las personas en un tercio del suyo natural.

pústula. f. *Pat.* **Postilla.** ‖ **maligna. Ántrax.**
pustuloso, sa. adj. *Pat.* Perteneciente o relativo a la pústula.
puta. f. ***Ramera.**
putaísmo. m. Vida de *ramera. ‖ Reunión de estas mujeres. ‖ Casa de *prostitución.
putanismo. m. **Putaísmo.**
putaña. f. ant. ***Ramera.**
putañear. intr. fam. Darse al vicio de la *lujuria con las *rameras.
putañero. adj. fam. Aplícase al hombre que putañea.
putativo, va. adj. Reputado o tenido por padre, hermano, etc., no siéndolo.
putear. intr. fam. **Putañear.**
putería. f. **Putaísmo.** fig. y fam. Arrumacos o *halagos de que usan algunas mujeres.
puterío. m. **Putaísmo.**
putero. adj. fam. **Putañero.**
putesco, ca. adj. fam. Perteneciente o relativo a las putas.
puto. m. *Sodomita pasivo.
putrefacción. f. Acción y efecto de *pudrir o pudrirse. ‖ **Podredumbre.**
putrefactivo, va. adj. Que puede causar putrefacción.
putrefacto, ta. adj. *Podrido, corrompido.
putrescible. adj. Que se *pudre fácilmente.
putridez. f. Calidad de pútrido.
pútrido, da. adj. *Podrido, corrompido. ‖ Acompañado de putrefacción.
putuela. f. d. de **Puta.**
puya. f. *Punta acerada que en una extremidad tienen las varas o garrochas de los picadores y vaqueros, con la cual *aguijan o castigan a las reses.
puya. f. *Planta de las bromeliáceas, propia de Chile.
puyada. f. En algunas partes de América, *lidia de toros.
puyazo. m. *Herida que se hace con puya.
puzol. m. **Puzolana.**
puzolana. f. *Roca volcánica muy desmenuzada, que se emplea para hacer, mezclada con *cal, mortero hidráulico.

Q

q. f. Vigésima *letra del abecedario español. Su nombre es **cu.**

que. pron. *relat. invariable, que equivale a *el, la, lo cual; los, las cuales.* ‖ A veces, delante de un nombre equivale a **cual, cuan** o **cuanto.** ‖ Como neutro, equivale a **qué cosa.** ‖ conj. copulat. cuyo más ordinario oficio es enlazar un verbo con otro. También sirve de *conjunción comparativa, disyuntiva, ilativa, final, etc. ‖ **Sin qué ni para,** o **por, qué.** loc. adv. Sin motivo, de manera *infundada.

quebracho. m. Nombre común a varios *árboles americanos, cuya corteza se ha empleado como la quina. ‖ *Corteza de estos árboles.

quebrada. f. Abertura *estrecha y áspera entre *montañas. ‖ **Quiebra** (*barranco).

quebradero. m. desus. **Quebrador.** ‖ **de cabeza.** fig. y fam. Lo que perturba e *inquieta el ánimo. ‖ fig. y fam. Objeto del cuidado *amoroso.

quebradillo. m. Tacón del *calzado a la ponleví. ‖ Cierto quiebro que se hace con el cuerpo en algunos *bailes.

quebradizo, za. adj. Fácil de *quebrarse, *frágil. ‖ fig. *Débil y delicado en la salud y disposición corporal. ‖ fig. Dícese de la *voz ágil para el canto.

quebrado, da. adj. Que ha hecho bancarrota o quiebra. Ú. t. c. s. ‖ Que padece quebradura o *hernia. Ú. t. c. s. ‖ Quebrantado, debilitado. ‖ Aplicado a terreno, camino, etcétera, desigual o *escabroso, con altos y bajos. ‖ V. **Verso quebrado.** Ú. t. c. s. ‖ **Arit.* V. **Número quebrado.** Ú. t. c. s. ‖ m. Hoja de *tabaco de superior calidad, pero agujereada. ‖ pl. Trechos rayados y trechos sin rayas en el *papel pautado en que aprenden a escribir los niños. ‖ **decimal.** **Arit.* Aquel cuyo denominador es la unidad seguida de ceros. ‖ **de quebrado.** **Arit.* Número compuesto de una o más de las partes iguales en que se considera dividido un **quebrado.** ‖ **impropio.** *Arit.* **Fracción impropia.** ‖ **propio.** *Arit.* **Fracción propia.**

quebrador, ra. adj. Que quiebra una cosa. Ú. t. c. s. ‖ Que *infringe una ley o estatuto. Ú. t. c. s.

quebradura. f. *Hendedura, rotura. ‖ ***Hernia.**

quebraja. f. Grieta, *hendedura o raja en la madera, el hierro, etc.

quebrajar. tr. **Resquebrajar.** Ú. t. c. intr. y c. r.

quebrajoso, sa. adj. **Quebradizo.** ‖ Lleno de quebrajas.

quebramiento. m. **Quebrantamiento.**

quebrantable. adj. Que se puede quebrantar.

quebrantador, ra. adj. Que quebranta. Ú. t. c. s.

quebrantadura. f. **Quebrantamiento.**

quebrantahuesos. m. *Ave rapaz, de gran tamaño, con plumaje de color pardo obscuro en la parte superior del cuerpo, y pico corvo y rodeado de cerdas. ‖ **Pigargo** (*ave). ‖ *Juego de muchachos, que consiste en cogerse dos de ellos por la cintura, uno de pie y otro cabeza abajo, y voltearse alternativamente. ‖ fig. y fam. Sujeto molesto e *importuno.

quebrantamiento. m. Acción y efecto de quebrantar o quebrantarse.

quebrantante. p. a. de **Quebrantar.** Que quebranta.

quebrantaolas. m. *Mar.* Navío inservible que se echa a pique en un *puerto para quebrantar la marejada delante de una obra hidráulica. ‖ *Mar.* *Boya pequeña asida a otra grande sumergida.

quebrantapiedras. f. *Planta herbácea anual, de las paroniquieas, que se ha usado contra el mal de piedra.

quebrantar. tr. *Romper, separar con violencia las partes de un todo. ‖ Cascar o *hender una cosa, sin acabarla de romper en pedazos. Ú. t. c. r. ‖ *Machacar una cosa, sin deshacerla enteramente. ‖ Violar o *profanar algún sagrado o reservado. ‖ fig. *Infringir una ley o *faltar a una palabra u obligación. ‖ fig. Forzar, *vencer una dificultad. ‖ fig. Disminuir las fuerzas o el brío; *refrenar o templar el exceso de una cosa. Dícese especialmente del calor o el frío. ‖ fig. *Molestar, fatigar. ‖ fig. Causar *compasión. ‖ fig. *Persuadir, *incitar. ‖ *Aplacar el rigor o la ira. ‖ *For.* *Anular, revocar un *testamento. ‖ r. Experimentar las personas algún malestar a causa de golpe, *enfermedad, etc. ‖ *Mar.* Perder la quilla de un buque su figura, arqueándose.

quebrante. p. a. de **Quebrar.** Que quiebra.

quebranto. m. Acción y efecto de quebrantar o quebrantarse. ‖ fig. *Debilidad, *desaliento. ‖ fig. Lástima, *compasión. ‖ fig. Grande *pérdida o *daño. ‖ fig. *Aflicción, dolor.

***quebrar.** tr. **Quebrantar.** ‖ *Doblar o torcer. Ú. t. c. r. ‖ fig. *Interrumpir o *estorbar la continuación de una cosa no material. ‖ fig. *Moderar la fuerza y el rigor de una cosa. ‖ fig. *Ajar, afear el color de la *cara. Ú. t. c. r. ‖ fig. *Vencer una dificultad material u opresión. ‖ intr. fig. Romper la amistad de uno. ‖ fig. Ceder, *flaquear. ‖ *Com.* Cesar en el comercio por no alcanzar el activo a cubrir las *deudas o el pasivo. ‖ fig. *Malograrse un intento. ‖ fig. En los juegos de *naipes, fallar una serie de lances que venían repitiéndose. ‖ → r. Relajarse, formársele *hernia a uno. ‖ Hablando de cordilleras, cuestas o cosas semejantes, interrumpirse su continuidad.

quebraza. f. **Grieta.** ‖ pl. Defecto grave en la hoja de la *espada, que consiste en unas hendeduras muy sutiles.

quebrazar. tr. Producir grietas o quebrazas. Usáb. m. c. r.

queche. m. *Embarcación de un solo palo y de igual figura por la popa que por la proa.

quechemarín. m. *Embarcación chica de dos palos, con velas al tercio.

quechua. adj. **Quichua.** Ú. t. c. s. m.

queda. f. Hora de la *noche, en que, a toque de campana, se *retiraban a sus casas los vecinos. ‖ *Campana destinada a este fin. ‖ *Toque que se da con ella.

quedada. f. Acción de quedarse en un sitio o lugar.

quedamente. adv. m. **Quedo.**

***quedar.** intr. *Estar, *detenerse forzosa o voluntariamente en un paraje. Ú. t. c. r. ‖ → Subsistir un *residuo o parte de una cosa. ‖ Precediendo a la preposición *por,* *resultar las personas con algún concepto, calidad, etc. ‖ Precediendo a la misma preposición *por,* rematarse a favor de uno una *subasta o concurso. ‖ *Permanecer, subsistir una persona o cosa en su estado. ‖ *Cesar, terminar. ‖ Con la preposición *en,* *convenirse, llegar a un acuerdo u *ofrecerse para algo. ‖ r. Junto con la preposición *con,* *apropiarse o *conservar uno en su poder alguna cosa. ‖ Dicho del *viento, disminuir su fuerza. ‖ Dicho del *mar, disminuir el oleaje. ‖ En el juego del *billar, dejar un jugador las bolas en posición favorable para el adversario. ‖ En los *juegos infantiles, tocarle a uno el *papel menos agradable. ‖ Con la preposición *con* y nombre de persona, *burlarse de ella. ‖ **Quedar** uno **bien,** o **mal.** fr. Portarse en una acción, o salir de un negocio, bien, o mal. ‖ **Quedar** una cosa **por** uno. fr. No verificarse, por *faltar uno a lo que debía o le tocaba.

quedito. adv. m. Muy quedo, pasito.

quedo, da. adj. **Quieto.** ‖ adv. m. Con *voz baja o que apenas se oye. ‖ Con tiento y *precaución. ‖ **De quedo.** m. adv. Poco a poco, con *lentitud. ‖ **¡Quedo!** interj. que sirve para contener a uno. ‖ **Quedo a quedo.** m. adv. **De quedo.** ‖**Quedo que quedo.** expr. Dícese del que muestra *repugnancia o *resistencia a ejecutar una cosa.

quefir. m. Preparación que se hace con la *leche, sometiéndola a una fermentación especial.

quehacer. m. *Ocupación, negocio. Ú. m. en pl.

***queja.** f. Expresión de dolor o sentimiento. ‖ Resentimiento, *disgusto, *enfado. ‖ **Querella** (*acusación ante el juez).

***quejar.** tr. **Aquejar.** ‖ → r. Expresar una queja. ‖ Manifestar uno el resentimiento que tiene de otro. ‖ **Querellarse.**

quejicoso, sa. adj. Que se *queja demasiadamente, con *melindre o sin causa.

quejido. m. Voz lastimosa, motivada por un dolor o pena.

quejigal. m. Terreno poblado de quejigos.

quejigar. m. **Quejigal.**

quejigo. m. Árbol de las cupulíferas, de bellotas parecidas a las del *roble. ‖ Roble que todavía no ha alcanzado su desarrollo regular.

quejigueta. f. Arbusto de las cupulíferas, de poca altura.

quejilloso, sa. adj. **Quejicoso.**

quejosamente. adv. m. Con queja.

***quejoso, sa.** adj. Dícese del que tiene queja de otro.

quejumbre. f. *Queja frecuente y sin gran motivo.

quejumbroso, sa. adj. Que se *queja con poco motivo.

quelenquelen. m. *Planta medicinal de Chile, de las poligaleas.

quelónidos. m. pl. *Zool.* **Quelonios.**

quelonio, nia. adj. *Zool.* Dícese de los *reptiles que tienen cuatro extremidades cortas, y el cuerpo protegido por una concha dura que cubre la espalda y el pecho, como la *tortuga. Ú. t. c. s. ‖ m. pl. *Zool.* Orden de estos reptiles.

quema. f. Acción y efecto de *quemar o quemarse. ‖ Incendio, combustión. ‖ **Huir de la quema** uno. fr. fig. Apartarse para *evitar un peligro o dificultad.

quemada. f. **Quemado** (rodal de *monte quemado).

quemadero, ra. adj. Que ha de ser quemado. ‖ m. Paraje en que se quemaba a los sentenciados a la *pena de fuego. ‖ Paraje destinado a la quema de animales muertos.

quemado, da. p. p. de **Quemar.** ‖ *Germ.* **Negro.** Ú. t. c. s. ‖ m. Rodal de *monte consumido por el fuego. ‖ fam. Cosa quemada o que se quema.

quemador, ra. adj. Que *quema. Ú. t. c. s. ‖ **Incendiario.** Ú. t. c. s. ‖ m. Mechero para la *combustión del carbón o del carburante en los hogares de calefacción.

quemadura. f. Descomposición de un tejido orgánico, producida por el contacto del *fuego o de una substancia *corrosiva. ‖ Llaga o huella que queda. ‖ Enfermedad de las plantas, ocasionada por cambios grandes y repentinos de temperatura. ‖ **Tizón** (*hongo).

quemajoso, sa. adj. Que *pica o escuece como quemando.

quemamiento. m. p. u. **Quema.**

quemante. p. a. de **Quemar.** Que quema. ‖ m. *Germ.* **Ojo.**

***quemar.** tr. Consumir una cosa por medio del fuego. ‖ *Calentar con mucha actividad; como el sol en el estío. ‖ Causar una sensación muy *picante en la boca. ‖ Hacer llagas o ampollas una cosa *cáustica o muy caliente. ‖ fig. Malbaratar, destruir o vender una cosa con *depreciación. ‖ fig. y fam. Impacientar o *inquietar a uno. Ú. t. c. r. ‖ intr. Estar demasiadamente caliente una cosa. ‖ r. Padecer o sentir mucho *calor. ‖ fig. Padecer la fuerza de una *pasión o afecto. ‖ fig. y fam. Estar muy *cerca de *acertar o de *hallar una cosa.

quemazón. f. **Quema.** ‖ *Calor excesivo. ‖ fig. y fam. **Comezón.** ‖ fig. y fam. Dicho *mordaz. ‖ fig. y fam. *Disgusto o *enfado. ‖ fig. y fam. Realización, *venta de géneros con *depreciación. ‖ *Min.* Espuma de metal, que es una de las señales de la veta.

quena. f. *Instrumento a modo de flauta, que usan algunos indios de América.

quepis. m. *Gorra, ligeramente cónica y con visera horizontal, que usan los militares en algunos países.

queratina. f. *Histol.* Substancia fundamental del tejido *cutáneo, piloso, córneo, etc.

queratitis. f. *Pat.* Inflamación de la córnea transparente del *ojo.

queratoma. m. *Pat.* *Tumor en el tejido de la córnea.

quercitrón. m. Polvo de la corteza de una encina americana, usado en *tintorería.

querella. f. ***Queja.** ‖ *Discordia, *contienda. ‖ *For.* *Acusación propuesta ante el juez por el agraviado a consecuencia de un delito. ‖ *For.* Reclamación que los herederos forzosos hacen ante el juez, pidiendo la invalidación de un *testamento.

querellador, ra. adj. Que se querella. Ú. t. c. s.

querellante. p. a. de **Querellarse.** Que se querella. Ú. t. c. s.

querellarse. r. **Quejarse.** ‖ *For.* Presentar querella contra uno. Usóse t. c. intr.

querellosamente. adv. m. Con *queja o sentimiento.

querelloso, sa. adj. **Querellante.** Ú. t. c. s. ‖ Quejoso, o que con facilidad se *queja de todo.

querencia. f. Acción de *amar o querer bien. ‖ *Costumbre o *propensión del hombre y de ciertos animales a volver al sitio en que se han criado. ‖ Este mismo sitio.

querencioso, sa. adj. Dícese del animal que tiene mucha querencia. ‖ Aplícase también al sitio a que se la tienen los animales.

querer. m. Cariño, *amor.

***querer.** tr. *Desear o apetecer. ‖ *Amar, tener cariño a una persona o cosa. ‖→ Tener voluntad o determinación de ejecutar una cosa. ‖ Resolver, *decidir. ‖ Pretender, *intentar o procurar. ‖ Ser *conveniente una cosa a otra. ‖ Conformarse uno al intento o deseo de otro. ‖ En el *juego, aceptar el envite. ‖ impers. Estar *próxima a ser o verificarse una cosa. ‖ **Como quiera que.** loc. adv. De cualquier modo. ‖ Supuesto que. ‖ **Cuando quiera.** m. adv. En cualquier tiempo. ‖ **Querer bien** una persona **a** otra. fr. *Amar un hombre a una mujer, o viceversa. ‖ **Querer decir.** fr. ***Significar.** ‖ **¡Que si quieres!** loc. fam. que se emplea para *rechazar una pretensión o para ponderar la *dificultad de hacer o lograr una cosa. ‖ **Sin querer.** m. adv. Por *casualidad, sin intención.

queresa. f. **Cresa.**

querido, da. m. y f. Hombre, respecto de la mujer, o mujer, respecto del hombre, cuando están *amancebados.

queriente. p. a. de **Querer.** Que quiere.

querindanga. f. fam. Querida, *manceba.

quermes. m. *Insecto hemíptero parecido a la cochinilla, cuya hembra forma las agallitas que dan el color de grana. ‖ **Farm.* Mezcla de óxido y sulfuro de antimonio, que se usaba en las enfermedades de los órganos respiratorios. ‖ **mineral.** **Miner.* Sulfuro de antimonio algo oxigenado, de color rojo.

quern. m. **Arqueol.* Montículo de piedras con que los antiguos celtas señalaban las *sepulturas de sus jefes.

querocha. f. **Queresa.**

querochar. intr. Poner las *abejas y otros *insectos la querocha.

quersoneso. m. ***Península.**

querub. m. poét. **Querube.**

querube. m. poét. **Querubín.**

querúbico, ca. adj. Perteneciente o parecido al querubín. Ú. m. en poesía.

querubín. m. Cada uno de los *ángeles que constituyen el primer coro.

querusco, ca. adj. Dícese del individuo de cierto pueblo antiguo de Germania. Ú. t. c. s. ‖ Perteneciente a este pueblo.

querva. f. **Cherva.**

quesadilla. f. Cierto género de *pastel de queso y masa. ‖ *Dulce relleno de almíbar, conserva u otro manjar.

quesear. intr. Hacer *quesos.

quesera. f. La que hace o vende *queso. ‖ Lugar o sitio donde se fabrican los quesos. ‖ Mesa o tabla a propósito para hacerlos. ‖ Vasija de barro para guardar los quesos. ‖ Plato con cubierta, ordinariamente de cristal, en que se sirve el queso a la *mesa.

quesería. f. Tiempo a propósito para hacer queso. ‖ Lugar en que se venden o fabrican *quesos.

quesero, ra. adj. **Caseoso.** ‖ m. El que hace o vende queso.

quesillo. m. V. **Pan y quesillo.**

quesiqués. m. **Quisicosa.**

***queso.** m. Masa que se hace de la leche cuajada y privada del suero. ‖ fig. y fam. *Pie de una persona, y especialmente el de gran tamaño. ‖ **de bola.** El que tiene forma esférica. ‖ **de cerdo.** Manjar que se hace con *carne de cabeza de cerdo o jabalí, picada y prensada en figura de **queso.** ‖ **de hierba.** El que se hace cuajando la leche con una hierba a propósito. ‖ **helado.** *Helado compacto hecho en molde. ‖ **Medio queso.** Tablero grueso y de forma semicircular, que sirve a los sastres para *planchar algunas prendas de vestir.

quetro. m. *Pato muy grande, propio de Chile, caracterizado por tener las alas sin plumas.

quetzal. m. *Ave trepadora propia de la América tropical, de plumaje

verde tornasolado y muy brillante en las partes superiores del cuerpo y rojo en el pecho y abdomen.
queule. m. **Mirobálano.**
quevedesco, ca. adj. Propio y característico de Quevedo como *escritor.
quevedos. m. pl. *Lentes de forma circular con armadura de resorte, que los mantiene sujetos en la nariz.
¡quia! interj. fam. con que se denota incredulidad o *negación.
quiaca. f. Cierto *árbol de Chile.
quibey. m. *Planta de las Antillas, herbácea, anual, de la familia de las lobeliáceas.
quicial. m. Madero de las *puertas y ventanas que, por medio de pernios y bisagras, se sujeta en el quicio. ‖ **Quicio.**
quicialera. f. **Quicial.**
quicio. m. Parte de las *puertas o ventanas en que entra el espigón del quicial. ‖ Larguero del marco de una *puerta o ventana en que se sujeta o articula el quicial. ‖ Conjunto de dos o más *escalones que suele haber en la puerta exterior de algunas casas para bajar al piso de la calle. ‖ **Fuera de quicio.** m. adv. fig. Fuera del orden o estado regular. ‖ **Sacar de quicio** una cosa. fr. fig. *Exagerarla o sacarla de su natural curso o estado. ‖ **Sacar de quicio a** uno. fr. fig. *Excitarle, hacerle perder el tino.
quiché. adj. Aplícase al indígena de Guatemala. Ú. t. c. s. ‖ Se dice de la *lengua que hablaba. Ú. t. c. s. ‖ Perteneciente o relativo a estos *indios y a su idioma.
quichua. adj. Dícese del *indio que al tiempo de la colonización habitaba ciertas regiones del Perú. Ú. t. c. s. ‖ Dícese de la *lengua hablada por estos indígenas.
quid. m. *Esencia, razón, o *causa principal de una cosa.
quídam. m. fam. Sujeto o *persona *indeterminada. ‖ fam. Sujeto *despreciable.
quid divínum. expr. lat. con que se designa la *inspiración propia del genio.
quid pro quo. expr. lat. con la cual se da a entender que una cosa se *substituye con otra. ‖ m. *Error que consiste en tomar a una persona o cosa por otra.
***quiebra.** f. *Rotura o abertura. ‖ *Hendedura de la tierra, *barranco. ‖ *Pérdida o menoscabo de una cosa. ‖ → *Com.* Acción y efecto de quebrar un comerciante.
quiebrahacha. m. **Jabí** (*árbol).
quiebro. m. *Movimiento o *ademán que se hace con el cuerpo, como quebrándolo por la cintura. ‖ **Mús.* Variación que sufre una nota por medio de mordentes o notas de adorno. ‖ **Taurom.* Rápido movimiento de la cintura con que el torero hurta el cuerpo al embestirle el toro.
quien. pron. *relat. que con esta sola forma conviene a los géneros masculino y femenino, y que en plural hace **quienes.** ‖ pron. indet. que sólo se refiere a *personas y rara vez se usa en plural. Equivale **a la persona que.**
quienesquiera. pron. indet. p. us. Plural de **Quienquiera.**
quienquier. pron. indet. p. us. Apócope de **Quienquiera.**
quienquiera. pron. indet. *Persona indeterminada, alguno, sea el que fuere.
quietación. f. Acción y efecto de quietar o quietarse.
quietador, ra. adj. Que quieta. Ú. t. c. s.
quietamente. adv. m. Pacíficamente, con quietud.
quietar. tr. **Aquietar.** Ú. t. c. r.
quiete. f. Hora o tiempo que en algunas *comunidades se da para *descanso después de comer.
quietismo. m. *Inacción, quietud. ‖ *Secta que ponía la suma perfección del alma humana en el anonadamiento de la voluntad para unirse con Dios, y en la indiferencia de cuanto pueda sucederle en el estado de contemplación pasiva.
quietista. adj. Partidario del quietismo. Apl. a pers., ú. t. c. s. ‖ Perteneciente a él.
***quieto, ta.** adj. Que no tiene o no hace movimiento. ‖ fig. Pacífico, *tranquilo. ‖ fig. No dado a los vicios, *casto, honesto.
***quietud.** f. Carencia de movimiento. ‖ fig. Sosiego, *tranquilidad, *descanso.
quif. m. Cierta preparación de la planta del cáñamo indio, que sirve para fumar en algunos países.
***quijada.** f. Cada uno de los dos huesos de la cabeza del animal, en que están encajados los dientes y las muelas.
quijal. m. **Quijada.** ‖ **Muela.**
quijar. m. **Quijal.**
quijarudo, da. adj. Que tiene grandes y abultadas las quijadas.
quijera. f. Hierro que guarnece el tablero de la *ballesta. ‖ Cada una de las dos correas de la *cabezada que van de la frontalera a la muserola.
quijero. m. Lado en *declive de la *acequia.
quijo. m. *Cuarzo que contiene mineral de *oro o *plata.
quijones. m. *Planta herbácea anual, de las umbelíferas.
quijotada. f. Acción propia de un quijote.
quijote. m. Pieza de la *armadura, destinada a cubrir el muslo. ‖ Parte superior de las ancas de las *caballerías.
quijote. m. fig. Hombre exageradamente *serio. ‖ fig. Hombre excesivamente *pundonoroso. ‖ fig. Hombre de conducta *extravagante. ‖ Hombre exageradamente *altruista. ‖ fig. Persona que se *entremete a *defender causas que no le importan.
quijotería. f. Conducta o acción propia de un quijote.
quijotescamente. adv. m. Con quijotismo.
quijotesco, ca. adj. Que obra con quijotería. ‖ Que se ejecuta con quijotería.
quijotismo. m. Exageración en los sentimientos *caballerosos. ‖ Engreimiento, *orgullo.
quila. f. Especie de *bambú americano.
quilatador. m. El que quilata el *oro, la plata o las piedras preciosas.
quilatar. tr. **Aquilatar.**
quilate. m. Unidad de *peso para las *perlas y piedras preciosas. ‖ Cada una de las veinticuatroavas partes en peso de *oro puro que contiene cualquier aleación de este metal. ‖ *Moneda antigua, del valor de medio dinero. ‖ Pesa de un **quilate.** ‖ fig. Grado de *perfección en cualquier cosa no material. Ú. comúnmente en pl. ‖ **Por quilates.** m. adv. fig. y fam. Menudamente, en pequeñísimas cantidades.
quilatera. f. Instrumento con agujeros de diversos tamaños, para apreciar los quilates de las *perlas.
quili. Prefijo. **Kili.**
quiliárea. f. **Kiliárea.**
quilífero, ra. adj. *Zool.* Dícese de cada uno de los vasos *linfáticos de los *intestinos, que absorben el quilo.
quilificación. f. *Zool.* Acción y efecto de quilificar o quilificarse.
quilificar. tr. *Zool.* Convertir en quilo el alimento, en el proceso de la *digestión. Ú. m. c. r.
quilma. f. En algunas partes, **costal.**
quilmay. m. *Planta trepadora, de las apocináceas, que se distingue por sus hermosas flores blancas.
quilo. m. Líquido que el intestino delgado *secreta del quimo formado en el *estómago con los alimentos. ‖ **Sudar** uno **el quilo.** fr. fig. y fam. *Trabajar con gran fatiga y desvelo.
quilo. m. **Kilo.**
quilo. m. *Arbusto chileno, de las poligonáceas, de fruto azucarado, comestible y del cual se hace una chicha. ‖ Fruto de este arbusto.
quilográmetro. m. **Kilográmetro.**
quilogramo. m. **Kilogramo.**
quilolitro. m. **Kilolitro.**
quilombo. m. En Venezuela, choza o *cabaña rústica.
quilométrico, ca. adj. **Kilométrico.**
quilómetro. m. **Kilómetro.**
quiloso, sa. adj. Que tiene quilo o participa de él.
quilquil. m. *Helecho arbóreo de Chile, cuyo *rizoma sirve de alimento a los indios.
quilla. f. **Arq. Nav.* Pieza que va de popa a proa por la parte inferior del barco y en que se asienta toda su armazón. ‖ Parte saliente y afilada del esternón de las *aves. ‖ **Dar de quilla,** o **la quilla.** fr. **Arq. Nav.* Inclinar un barco para descubrir bien todo el costado y poderlo limpiar o componer.
quillar. tr. **Arq. Nav.* Poner quilla a una nave.
quillay. m. *Árbol americano, de las rosáceas, de gran tamaño, cuya corteza interior se usa como jabón.
quillotra. f. fam. Amiga, manceba, *concubina.
quillotrador, ra. adj. fam. Que quillotra.
quillotranza. f. fam. *Dificultad, conflicto, amargura.
quillotrar. tr. fam. *Excitar, estimular, *incitar. ‖ fam. **Enamorar.** Ú. t. c. r. ‖ fam. **Cautivar** (*captar la voluntad). ‖ fam. *Meditar, pensar. ‖ fam. Componer, *adornar. Ú. t. c. r. ‖ r. fam. *Quejarse.
quillotro. m. Voz rústica con que se *insinuaba lo que no se quería expresar de otro modo. ‖ fam. *Atractivo, incentivo. ‖ fam. *Indicio, síntoma. ‖ fam. *Amores, enamoramiento. ‖ fam. Devaneo, quebradero de cabeza. ‖ fam. Requiebro, galantería. ‖ fam. *Adorno, gala. ‖ fam. *Amigo, favorito.
quimbo. m. ***Machete.**
quimbombó. m. **Quingombó.**
***quimera.** f. Monstruo imaginario que tenía cabeza de león, vientre de cabra y cola de dragón. ‖ fig. ***Ficción.** ‖ fig. Riña o *contienda.
quimerear. tr. p. us. Promover quimeras o *contiendas.
***quimérico, ca.** adj. Fabuloso, fingido o imaginado.
quimerino, na. adj. **Quimérico.**
quimerista. adj. Amigo de ficciones y de cosas *quiméricas. Ú. t. c. s. ‖ *Pendenciero. Ú. t. c. s.
quimerizar. intr. Fingir *quimeras o cosas imaginarias.
***química.** f. Ciencia que estudia las

propiedades de los cuerpos simples y compuestos y la acción que ejercen los unos sobre los otros. ‖ **inorgánica.** La que estudia los cuerpos simples y sus combinaciones, con excepción de los compuestos de carbono. ‖ **orgánica.** La que trata de los compuestos de carbono.
químicamente. adv. m. Según las reglas de la química.
químico, ca. adj. Perteneciente a la *química. ‖ Por contraposición a físico, concerniente a la composición de los cuerpos. ‖ m. El que profesa la química.
quimificación. f. *Zool.* Acción y efecto de quimificar o quimificarse.
quimificar. tr. Convertir en quimo el alimento por medio de la *digestión. Ú. m. c. r.
quimista. m. **Alquimista.**
quimo. m. Pasta homogénea en que los alimentos se transforman en el *estómago por la digestión.
quimógrafo. m. Aparato empleado en los laboratorios de fonética para registrar la *pronunciación.
quimón. m. *Tela de algodón, procedente del Japón, muy fina, estampada y pintada.
quimono. m. *Vestidura exterior a modo de túnica larga, usada en el Japón por los dos sexos.
quina. f. **Quinterna.** ‖ pl. **Blas.* Armas de Portugal, que son cinco escudos azules puestos en cruz, y en cada escudo cinco dineros en aspa. ‖ En el juego de *dados, dos cincos cuando salen en una tirada. ‖ *Germ.* Los *dineros.
quina. f. Corteza del quino, muy usada en medicina para *medicamentos febrífugos. ‖ **de la tierra. Aguedita.** ‖ **de Loja. Quina** gris. ‖ **Tragar quina.** fr. fig. y fam. Sufrir con *paciencia alguna cosa desagradable o vejatoria.
quinal. m. *Mar.* *Cabo grueso para ayudar a los obenques.
quinao. m. *Impugnación concluyente.
quinaquina. f. **Quina** (corteza medicinal).
quinario. adj. Compuesto de cinco elementos, unidades o *números. Ú. t. c. s. m. ‖ m. *Moneda romana de plata, que valía cinco ases o medio denario. ‖ Espacio de cinco *días que se dedican a un *culto o devoción.
quincalla. f. Conjunto de *mercancías de *hierro u otro *metal, como tijeras, dedales, imitaciones de joyas, etc.
quincallería. f. Fábrica de quincalla. ‖ Tienda o lugar donde se vende. ‖ Comercio de quincalla.
quincallero, ra. m. y f. Persona que fabrica o vende quincalla.
quince. adj. Diez y cinco. ‖ **Décimoquinto.** Apl. a los días del mes, ú. t. c. s. ‖ m. Conjunto de signos o cifras con que se representa el *número **quince.** ‖ Juego de *naipes, cuyo fin es hacer **quince** puntos. ‖ En el juego de *pelota a largo, cada uno de los dos primeros lances y tantos que se ganan.
quincena. f. Espacio de quince *días. ‖ *Sueldo o paga que se recibe cada quince días. ‖ *Acertijo que se ha de adivinar haciendo a quien le propone, quince preguntas a lo más. ‖ Detención o *prisión gubernativa durante quince días. ‖ **Mús.* Intervalo que comprende las quince notas sucesivas de dos octavas. ‖ *Mús.* Registro de trompetería en el *órgano, que corresponde a este intervalo.
quincenal. adj. Que sucede o se *repite cada quincena. ‖ Que dura una quincena.
quincenario, ria. adj. **Quincenal.** ‖ m. y f. Persona que sufre en la *cárcel una o más quincenas.
quinceno, na. adj. **Décimoquinto.** ‖ m. y f. Muleto o muleta de quince meses.
quincineta. f. **Ave fría.**
quincuagena. f. *Conjunto de cincuenta cosas de una misma especie.
quincuagenario, ria. adj. Que consta de cincuenta unidades. ‖ **Cincuentón.** Ú. t. c. s.
quincuagésima. f. Domínica que precede a la primera de cuaresma.
quincuagésimo, ma. adj. Que ocupa, en una serie *ordenada, un lugar al que preceden cuarenta y nueve lugares. ‖ Dícese de cada una de las cincuenta *partes iguales en que se divide un todo. Ú. t. c. s.
quincha. f. *Tejido o trama de junco. ‖ *Pared o *cercado hechos de cañas o varillas que se cubren con barro.
quinchamalí. m. *Planta chilena, de las santaláceas.
quinchar. tr. Cubrir o cercar con quinchas.
quinchihue. m. *Planta anual, americana.
quinchoncho. m. *Arbusto de las leguminosas, cultivado en América, cuyo fruto es una vaina linear con dos o tres semillas comestibles.
quindécimo, ma. adj. **Quinzavo.** Ú. t. c. s.
quindenial. adj. Que sucede o se *repite cada quindenio. ‖ Que dura un quindenio.
quindenio. m. Espacio de quince *años. ‖ **Ecles.* Cantidad que se pagaba al *Papa de las rentas agregadas a comunidades o manos muertas.
quinete. m. *Tela a modo de estameña ordinaria.
quingentésimo, ma. adj. Que ocupa, en una serie *ordenada, un lugar al que preceden 499 lugares. ‖ Dícese de cada una de las 500 *partes iguales en que se divide un todo. Ú. t. c. s.
quingombó. m. *Planta herbácea de las malváceas, cuyo fruto tierno se emplea en algunos guisos, dando una especie de gelatina que los espesa. También contiene una fibra textil.
quingos. m. En América **zigzag.**
quiniela. f. Juego de *pelota entre cinco jugadores. ‖ Sistema reglamentado de *apuestas mutuas en los partidos de fútbol.
quinientos, tas. adj. Cinco veces ciento. ‖ **Quingentésimo.** ‖ m. Signo o conjunto de signos o cifras con que se representa el *número **quinientos.**
quinina. f. **Farm.* Alcaloide que se extrae de la quina y es el principio activo febrífugo de este medicamento.
quinismo. m. **Pat.* Conjunto de fenómenos que produce en el organismo el abuso de la quinina.
quino. m. *Árbol americano de las rubiáceas, cuya corteza es la quina. ‖ **Farm.* Zumo concreto, que se extrae de varios vegetales, muy usado como astringente.
quínola. f. En cierto juego de *naipes, lance principal, que consiste en reunir cuatro cartas de un palo. ‖ fam. Rareza, *extravagancia. ‖ pl. Juego de *naipes cuyo lance principal es la **quínola.**
quinolear. tr. Disponer la *baraja para el juego de las quínolas.
quinolillas. f. pl. **Quínolas.**
quinqué. m. Especie de *lámpara de aceite o de petróleo con tubo de cristal. ‖ fig. y fam. Agudeza, *ingenio.
quinquefolio. m. **Cincoenrama.**
quinquenal. adj. Que sucede o se *repite cada quinquenio. ‖ Que dura un quinquenio.
quinquenervia. f. **Lancéola.**
quinquenio. m. Tiempo de cinco *años.
quinquillería. f. **Quincallería.**
quinquillero. m. **Quincallero.**
quinta. f. *Casa de recreo en el campo. ‖ Acción y efecto de quintar. ‖ **Mil.* Conjunto de los mozos que entran cada año en el ejército. ‖ En el juego de los cientos, cinco *naipes consecutivos de un palo. ‖ **Mús.* Intervalo que consta de tres tonos y un semitono mayor. ‖ **remisa.** **Mús.* Nota que sigue inmediatamente a la cuarta.
quintador, ra. adj. Que quinta. Ú. t. c. s.
quintaesenciar. tr. Refinar, *purificar, alambicar.
quintal. m. *Peso de cien libras. ‖ **métrico.** Peso de cien kilogramos.
quintalada. f. Cantidad que del importe de los *fletes se *repartía a la gente de mar.
quintaleño, ña. adj. Capaz de un quintal o que lo contiene.
quintalero, ra. adj. Que tiene el *peso de un quintal.
quintana. f. **Quinta** (*casa de campo). ‖ Lugar de los *campamentos romanos, donde se vendían víveres.
quintante. m. **Mar.* Instrumento *astronómico, que consiste en un sector graduado, provisto de dos reflectores y un anteojo.
quintañón, na. adj. fam. **Centenario** (que tiene cien *años de edad). Ú. t. c. s.
quintar. tr. Sacar por *suerte uno de cada cinco. ‖ Sacar por suerte los nombres de los que han de ser *soldados. ‖ Pagar el *tributo llamado quinto. ‖ **Agr.* Dar la quinta y última vuelta de arado a las tierras para sembrarlas. ‖ intr. Llegar la *Luna al quinto día. ‖ *Pujar la quinta parte en los remates de arrendamientos o compras.
quintería. f. *Casa de campo o cortijo para *labranza.
quinterna. f. **Quinterno** (de la *lotería).
quinterno. m. *Cuaderno de cinco pliegos. ‖ Suerte o acierto de cinco números en el juego de la *lotería de cartones.
quintero. m. El que tiene *arrendada una quinta, o *cultiva las heredades que pertenecen a la misma. ‖ *Gañán o criado de labrador.
quinteto. m. Combinación métrica de cinco *versos de arte mayor aconsonantados y ordenados como los de la quintilla. ‖ **Mús.* Composición a cinco voces o instrumentos.
quintil. m. Quinto *mes del primitivo calendario romano.
quintilla. f. Combinación métrica de cinco *versos octosílabos, con dos diferentes consonancias, y ordenados de cierto modo. ‖ Combinación de cinco *versos de cualquiera medida con dos distintas consonancias. ‖ **Andar,** o **ponerse,** uno **en quintillas con** otro. fr. fig. y fam. Oponérsele, *disputando con él.
quintillo. m. Juego de *naipes parecido al del hombre, cuando se juega entre cinco.
quintín. m. *Tela de hilo muy fina.
Quintín (San). n. p. **Armarse,** o **haber la de San Quintín.** fr. fig. Haber gran *contienda entre dos o más personas.

quinto, ta. adj. Que sigue inmediatamente en *orden al cuarto lugar. || Dícese de cada una de las cinco *partes iguales en que se divide un todo. Ú. t. c. s. || m. Aquel a quien toca por suerte ser *soldado. || Derecho de veinte por ciento. || Cierto *tributo, de la quinta parte, que se pagaba al rey, de las presas, tesoros y otras cosas semejantes. || Parte de dehesa o *tierra, aunque no sea la **quinta.** || *For.* **Quinta** parte de la *herencia, que podía el testador legar libremente. || **Mar.* Cada una de las cinco partes en que dividían los marineros la *hora.

quintral. m. Muérdago de flores rojas, propio de Chile, que se usa en *tintorería. || Cierta enfermedad que sufren las sandías y porotos.

quintuplicación. f. Acción y efecto de quintuplicar o quintuplicarse.

quintuplicar. tr. *Multiplicar por cinco una cantidad. Ú. t. c. r.

quíntuplo, pla. adj. Que contiene un número cinco veces exactamente. Ú. t. c. s. m.

quinua. f. *Planta anual americana, cuyas hojas tiernas se comen como espinaca.

quinzal. m. *Madero en rollo, de quince pies de largo.

quinzavo, va. adj. Dícese de cada una de las quince *partes iguales en que se divide un todo. Ú. t. c. s.

quiñón. m. *Tierra que uno siembra en *común con otros. || Porción de tierra de cultivo, de dimensión variable según los usos locales. || Medida *superficial agraria usada en Filipinas, equivalente a dos hectáreas, setenta y nueve áreas y cincuenta centiáreas.

quiñonero. m. Dueño de un quiñón.

quío, a. adj. Natural de Quío. Ú. t. c. s. || Perteneciente a esta isla del Archipiélago.

quiosco. m. *Pabellón de estilo oriental y generalmente abierto por todos lados, que se construye en azoteas, jardines, etc. || Pabellón generalmente circular u ochavado, que se construye en parajes públicos, para vender periódicos, flores, etc. || **de necesidad.** *Retrete público.

quipo. m. Cada uno de los ramales de cuerdas anudados, con que los indios del Perú formaban un sistema de signos para suplir la falta de *escritura. Ú. m. en pl.

quique. m. Especie de hurón argentino.

quiquiriquí. m. *Voz imitativa del canto del *gallo. || fig. y fam. Persona *vanidosa que quiere sobresalir y gallear.

quiragra. f. **Pat.* Gota de las *manos.

quirguiz. adj. Aplícase a los individuos de un *pueblo de raza tártara que vive entre el Ural y el Irtich.

quirie. m. **Kirie.**

quirinal. adj. Perteneciente a uno de los siete montes de la antigua Roma. || Por contraposición a Vaticano, el Estado italiano.

quiritario, ria. adj. Perteneciente o relativo a los quirites.

quirite. m. Ciudadano de la antigua Roma.

quirófano. m. **Cir.* Departamento de algunos *hospitales dispuesto de manera que las operaciones puedan verse sin hallarse en la misma sala.

quirografario, ria. adj. Relativo al quirógrafo.

quirógrafo, fa. adj. Relativo al *documento contractual que no está autorizado por notario. Ú. m. c. s.

quiromancia. f. *Adivinación supersticiosa por las rayas de las *manos.

quiromántico, ca. adj. Perteneciente o relativo a la quiromancia. || m. y f. Persona que la profesa.

quiróptero, ra. adj. **Zool.* Dícese del mamífero carnicero que vuela con alas formadas de extensa membrana que tiene entre los dedos, como el *murciélago. Ú. t. c. s. || m. pl. *Zool.* Orden de estos animales.

quiroteca. f. ***Guante.**

quirquincho. m. *Mamífero, especie de armadillo, propio de América.

quirúrgico, ca. adj. Perteneciente o relativo a la *cirugía.

quirurgo. m. ***Cirujano.**

quisca. f. **Quisco.** || Cada una de las espinas de este *cacto, largas y duras, como agujas de hacer media.

quisco. m. Especie de *cacto espinoso de Chile, que crece en forma de cirio cubierto de espinas de treinta centímetros de largo.

quisicosa. f. fam. Enigma, *problema o *acertijo.

quisque. V. **Cada quisque.**

quisquilla. f. Reparo o *dificultad de poca importancia. || Melindre, nimia *delicadeza. || **Camarón** (*crustáceo).

quisquilloso, sa. adj. Que se para en quisquillas o *melindres. Ú. t. c. s. || Demasiado *delicado en el trato común. Ú. t. c. s. || Fácil de *irritarse u ofenderse con pequeña causa. Ú. t. c. s.

quistarse. r. *Captarse la voluntad de los demás y vivir en *concordia con ellos.

quiste. m. *Tumor formado por un saco cerrado, que contiene un líquido o una substancia densa.

quistión. f. p. us. **Cuestión.**

quisto, ta. p. p. irreg. ant. de **Querer.** Ú. comúnmente con los adverbios *bien* o *mal.*

quita. f. *For.* Remisión o *liberación que de la *deuda o parte de ella hace el acreedor al deudor. || **Quita y espera.** loc. *For.* Petición que un *deudor hace a todos sus acreedores, para que éstos aminoren los créditos y aplacen el cobro.

quitación. f. *Renta, *sueldo o salario. || *For.* **Quita.**

quitador, ra. adj. Que quita. Ú. t. c. s. || V. **Perro quitador.** Ú. t. c. s.

quitaguas. m. **Paraguas.**

quitaipón. m. **Quitapón.**

quitamanchas. com. Persona que tiene por oficio quitar las manchas de las ropas y *limpiarlas. || m. Producto o preparado que sirve para *limpiar o quitar manchas.

quitameriendas. f. **Cólquico.** || Cualquiera de ciertas plantas muy parecidas al cólquico.

quitamiento. m. **Quita.**

quitamotas. com. fig. y fam. Persona *aduladora y servilmente obsequiosa.

quitante. p. a. de **Quitar.** Que quita.

quitanza. f. Finiquito, *recibo o carta de pago que se da al deudor cuando paga.

quitapelillos. com. fig. y fam. **Quitamotas.**

quitapesares. m. fam. Consuelo o *alivio en la pena.

quitapón. m. **Guarn.* Adorno de lana de colores y con borlas, que suele ponerse en las cabezas de las caballerías. || **De quitapón.** loc. fam. **De quita y pon.**

***quitar.** tr. Tomar una cosa separándola y apartándola de otras, o del lugar en que estaba. || **Desempeñar.** || ***Hurtar.** || *Impedir o estorbar. || *Prohibir o vedar. || Derogar, *anular una ley, sentencia, etc. || *Suprimir un empleo u oficio. || *Despojar o privar de una cosa. || *Libertar a uno de una obligación, gravamen, pena, etc. || **Esgr.* Defenderse de un tajo o apartar la espada del contrario. || r. *Dejar una cosa. || Irse, *marcharse de un lugar. || **Al quitar.** m. adv. con que se significa la *inestabilidad o *brevedad de una cosa. || *For.* Dícese del censo redimible. || **De quita y pon.** loc. que se aplica a ciertas piezas o partes de un objeto que están dispuestas para poderlas quitar y poner. || **Quitarse de encima** a alguno o alguna cosa. fr. fig. *Librarse de algún enemigo o de alguna molestia.

***quitasol.** m. Especie de *paraguas para resguardarse del sol.

quitasolillo. m. **Cazabe.**

quitasueño. m. fam. *Disgusto que causa desvelo.

quite. m. Acción de *quitar o *estorbar. || **Esgr.* Movimiento defensivo con que se detiene o evita el ofensivo. || **Taurom.* Lance con que un torero libra a otro del peligro en que se halla por la acometida del toro. || **Estar al quite,** o **a los quites.** fr. Estar preparado para acudir en *defensa de alguno.

quiteño, ña. adj. Natural de Quito. Ú. t. c. s. || Perteneciente a esta ciudad de la república del Ecuador.

quitina. f. *Hist. Nat.* Materia córnea que endurece los élitros y otros órganos de los *insectos.

quito, ta. adj. *Libre, exento.

quitón. m. *Molusco que tiene la concha de ocho piezas y las branquias en forma de hojitas.

quitrín. m. *Carruaje abierto, de dos ruedas y cubierta de fuelle, usado en Cuba.

quizá. adv. de *duda con que se denota *posibilidad. || **Quizá y sin quizá.** loc. que se emplea para dar por *cierta una cosa.

quizás. adv. de duda. **Quizá.**

quórum. m. Número de individuos necesario para que tome ciertos acuerdos una *asamblea deliberante.

R

r. f. Vigésima primera *letra del abecedario español.
raba. f. Cebo que emplean los *pescadores, hecho con huevas de *bacalao.
rabada. f. Cuarto trasero de las reses de *matadero.
rabadán. m. Mayoral que gobierna todos los hatos de *ganado, y manda a los zagales y pastores. ‖ Pastor que gobierna uno o más hatos de ganado.
rabadilla. f. Extremidad inferior del *espinazo. ‖ En las *aves, extremidad movible en donde están las plumas de la *cola.
rabal. m. **Arrabal.**
rabalero, ra. adj. **Arrabalero.**
rabanal. m. Terreno plantado de rábanos.
rabanera. f. La que vende rábanos. ‖ fig. y fam. **Verdulera** (mujer desvergonzada y grosera).
rabanero, ra. adj. fig. y fam. Aplícase al *vestido *corto, especialmente de las mujeres. ‖ fig. y fam. Dícese de los ademanes y modo de hablar *desvergonzados. ‖ m. El que vende rábanos.
rabanete. m. d. de **Rábano.**
rabanillo. m. d. de **Rábano.** ‖ *Planta herbácea anual, de las crucíferas, muy común en los sembrados. ‖ fig. Sabor del *vino que se empieza a *agriar. ‖ fig. y fam. *Desabrimiento, esquivez. ‖ fig. y fam. *Deseo vehemente de hacer una cosa.
rabaniza. f. *Simiente del rábano. ‖ *Planta herbácea anual, de las crucíferas, común en los terrenos incultos.
rábano. m. *Planta herbácea anual, de las crucíferas, cuya raíz carnosa, casi redonda, o fusiforme y de sabor picante, suele comerse como entremés. ‖ *Raíz de esta planta. ‖ **silvestre. Rabanillo.** ‖ **Cuando pasan rábanos, comprarlos.** fr. proverb. con que se aconseja aprovechar las *ocasiones. ‖ **Tomar** uno **el rábano por las hojas.** fr. fig. y fam. *Equivocarse de medio a medio; *tergiversar el sentido de alguna cosa.
rabárbaro. m. **Ruibarbo.**
rabazuz. m. Extracto del *jugo de la raíz del orozuz.
rabeada. f. **Mar.* Sacudida rápida que da el buque por manejo defectuoso del timón.
rabear. intr. Menear el *rabo. ‖ **Mar.* Mover con exceso un buque su popa a uno y otro lado.
rabel. m. *Instrumento músico parecido al laúd y con tres cuerdas que se tocan con arco. ‖ *Juguete que consiste en una caña y un bordón, entre los cuales se coloca una vejiga llena de aire. Se hace sonar con un arco de cerdas.
rabel. m. fig. y fest. *Asentaderas o posaderas.
rabelejo. m. d. de **Rabel.**
rabeo. m. Acción y efecto de rabear.
rabera. f. Parte *posterior de cualquier cosa. ‖ Zoquete con que en los *carros de labranza se une y traba la tablazón de su asiento. ‖ Tablero de la *ballesta, de la nuez abajo. ‖ *Residuo que queda sin apurar después de aventado y acribado el trigo y otras semillas.
raberón. m. Extremo superior del *tronco de un árbol separado del resto.
rabí. m. Título con que los *israelitas honran a los *sabios de su ley. ‖ **Rabino.**
rabia. f. *Enfermedad caracterizada por desórdenes nerviosos, contracciones espasmódicas, dificultad de tragar y horror al agua. La padecen principalmente los *perros y se comunica por la saliva a otros animales y al hombre. ‖ Roya que padecen los garbanzos. ‖ fig. *Ira, cólera violenta. ‖ **Tener rabia** a una persona. fr. fig. y fam. Tenerle *aborrecimiento.
rabiacana. f. **Arísaro.**
rabiar. intr. Padecer el mal de rabia. ‖ fig. Padecer un vehemente *dolor, que obliga a prorrumpir en quejidos. ‖ fig. Construido con la preposición *por*, *desear una cosa con vehemencia. ‖ fig. Impacientarse o *irritarse. ‖ fig. *Exceder en mucho a lo usual y ordinario. ‖ **A rabiar.** m. adv. *Mucho; con *exceso.
rabiatar. tr. *Atar por el *rabo.
rabiazorras. m. fam. **Solano** (*viento).
rabicán. adj. Apócope de **Rabicano.**
rabicano, na. adj. **Colicano.**
rábico, ca. adj. Perteneciente a la rabia o a la hidrofobia.
rabicorto, ta. adj. Dícese del animal que tiene corto el *rabo. ‖ fig. Aplícase a la persona que, vistiendo faldas o *ropas talares, las usa más *cortas de lo regular.
rábida. f. En Marruecos, *convento.
rábido, da. adj. **Rabioso.**
rabieta. f. d. de **Rabia.** ‖ fig. y fam. Impaciencia o *enfado grande y de poca duración.
rabihorcado. m. *Ave palmípeda, propia de los países tropicales.
rabil. m. **Mec.* Cigüeña o manubrio. ‖ *Molino que se mueve a brazo y sirve para quitar el cascabillo a la escanda.
rabilar. tr. Quitar el cascabillo a la escanda por medio del rabil.
rabilargo, ga. adj. Aplícase al animal que tiene largo el *rabo. ‖ fig. Dícese de la persona que trae las *vestiduras demasiado largas. ‖ m. *Pájaro de plumaje negro brillante en la cabeza, azul claro en las alas y la cola y leonado en el resto del cuerpo.
rabillo. m. d. de **Rabo.** ‖ **Peciolo.** ‖ **Pedúnculo.** ‖ **Cizaña** (planta). ‖ *Mancha negra que se advierte en los granos de los *cereales atacados por el tizón. ‖ **de conejo.** *Planta anua de las gramíneas. ‖ **Mirar con el rabillo del ojo,** o **de rabillo de ojo.** fr. fam. **Mirar** a uno **con el rabo del ojo,** o **de rabo de ojo.**
rabínico, ca. adj. Perteneciente o relativo a los rabinos o a su lengua o doctrina.
rabinismo. m. Doctrina que siguen y enseñan los rabinos.
rabinista. com. Persona que sigue las doctrinas de los rabinos.
rabino. m. Maestro *hebreo que *interpreta la Sagrada Escritura. ‖ **Gran rabino.** El jefe de una sinagoga.
rabión. m. Corriente impetuosa del *río en los parajes estrechos o de mucho declive.
rabiosamente. adv. m. Con *ira.
rabioso, sa. adj. Que padece rabia. Ú. t. c. s. ‖ Que siente o muestra *ira o enfado. ‖ fig. *Vehemente, *intenso.
rabisalsera. adj. fam. Aplícase a la mujer que tiene *desenvoltura excesiva.
rabiseco, ca. adj. *Mar.* Dícese de los palos de *arboladura que van disminuyendo hasta acabar en punta.
rabiza. f. Punta de la caña de *pescar, en la que se pone el sedal. ‖ *Germ.* ***Ramera.** ‖ *Mar.* *Cabo corto y delgado, unido por un extremo a un objeto cualquiera.
***rabo.** m. Cola de los animales, y especialmente la de los cuadrúpedos. ‖ **Rabillo** (de una hoja o fruto). ‖ fig. y fam. Cualquier cosa *colgante a semejanza de la cola de un animal. ‖ fig. y fam. **Maza** (del *billar). ‖ fig. En algunas partes, **rabera** (residuo de la parva). ‖ **de junco.** *Pájaro de Nueva Guinea, del tamaño de un mirlo, con plumaje verde de reflejos dorados en el lomo y vientre. ‖ **del ojo.** fig. **Ángulo del ojo.** ‖ **de zorra. Carri-**

cera. || **Rabos de gallo.** Cirros (*nubes). || **Estar,** o **faltar, el rabo por desollar.** fr. fig. y fam. con que se denota que una cosa está *inconclusa, o que falta aún lo más duro y difícil. || **Ir** uno **rabo entre piernas.** fr. fig. y fam. Quedar *vencido y *avergonzado. || **Mirar** a uno **con el rabo del ojo,** o **de rabo de ojo.** fr. fig. y fam. Mostrarse cauteloso o *severo con él. || **Quedar el rabo por desollar.** fr. fig. y fam. **Estar,** o **faltar, el rabo por desollar.** || **Salir** uno **rabo entre piernas.** fr. fig. y fam. **Ir rabo entre piernas.**

rabón, na. adj. Dícese del animal que tiene el *rabo más corto que lo ordinario en su especie, o que carece de él.

rabona. f. ant. Entre jugadores, *juego de poca entidad. || Mujer que acompañaba a los *soldados en las marchas y en campaña. || **Hacer rabona.** fr. fam. **Hacer novillos.**

rabopelado. m. **Zarigüeya.**

raboseada. f. Acción y efecto de rabosear.

raboseadura. f. **Raboseada.**

rabosear. tr. *Ajar, deslucir o rozar levemente una cosa.

raboso, sa. adj. Que tiene rabos o partes deshilachadas en la extremidad.

rabotada. f. fam. Expresión *descomedida u *ofensiva, con ademanes groseros.

rabotear. tr. **Desrabotar.**

raboteo. m. Acción de rabotear. || Época del año, en que se corta el rabo de las *ovejas y carneros. || Tiempo en que se rabotea.

rabudo, da. adj. Que tiene grande el *rabo.

rábula. m. *Abogado charlatán.

raca. f. *Mar.* Anillo de cuerda, hierro, madera, etc., que ensartado en un palo de *arboladura o cabo, puede correr a lo largo del mismo.

racahút. m. Pasta alimenticia parecida al *chocolate, muy usada entre los árabes.

racamente. m. **Racamento.**

racamento. m. *Mar.* **Raca.**

racel. m. *Mar.* **Delgado** (de una nave).

racial. adj. Perteneciente o relativo a la *raza.

racima. f. Conjunto de cencerrones.

racimado, da. adj. **Arracimado.**

racimal. adj. Perteneciente o relativo al racimo. || V. **Trigo racimal.** Ú. t. c. s.

racimar. tr. En algunas partes, rebuscar la racima. || r. **Arracimarse.**

racimo. m. Porción de *uvas, unidas por sus pedúnculos a un mismo tallo. || Por ext., dícese de otras frutas. || fig. *Conjunto de cosas menudas, dispuestas con alguna semejanza de **racimo.** || *Bot.* Conjunto de *flores o *frutos sostenidos por un eje común.

racimoso, sa. adj. Que echa o tiene racimos. || Que tiene muchos racimos.

racimudo, da. adj. Que tiene racimos grandes.

raciocinación. f. Acción y efecto de raciocinar.

raciocinar. intr. Usar de la *razón para conocer y juzgar.

***raciocinio.** m. Facultad de raciocinar. || **Raciocinación.** || Argumento o discurso.

ración. f. Porción que se da para *alimento en cada comida. || Asignación diaria que en especie o dinero se da a una persona para su alimento. || Porción de cada vianda que en las casas de comida se da por determinado precio. || **Ecles.* Prebendado en alguna iglesia catedral o colegial, y que tiene su renta en la mesa del cabildo. || **Copa** (medida de *capacidad). || **de hambre.** fig. y fam. *Empleo o renta que no es suficiente para la manutención. || **Media ración.** **Ecles.* En las iglesias catedrales y colegiales, prebenda que tiene la mitad de una **ración.** || **A media ración.** m. adv. fig. Con *escasa comida. || **A ración.** m. adv. **Tasadamente.**

racionabilidad. f. Facultad intelectiva que juzga de las cosas con *razón.

***racional.** adj. Perteneciente o relativo a la razón. || Arreglado a ella. || Dotado de razón. Ú. t. c. s. || || **Mat.* Aplícase a las expresiones algebraicas que no contienen cantidades irracionales. || m. **Liturg.* Ornamento sagrado que llevaba puesto en el pecho el sumo sacerdote de la ley antigua, con los nombres de las doce tribus de Israel. || Contador mayor de la casa real de Aragón.

racionalidad. f. Calidad de *racional.

racionalismo. m. Doctrina *filosófica fundada en la omnipotencia e independencia de la razón humana.

racionalista. adj. Que profesa la doctrina del racionalismo. Ú. t. c. s.

racionalización. f. Organización sistemática del *trabajo para obtener un mayor rendimiento.

racionalmente. adv. m. Conforme, arreglado a razón.

racionamiento. m. Acción y efecto de racionar o racionarse.

racionar. tr. En épocas de *escasez, limitar la adquisición de ciertos artículos. || **Mil.* Distribuir raciones a las tropas. Ú. t. c. r.

racionero. m. **Ecles.* Prebendado que tenía ración en una iglesia catedral o colegial. || El que distribuye las raciones en una *comunidad. || **Medio racionero.** Prebendado inmediatamente inferior al **racionero.**

racionista. com. Persona que goza *sueldo o ración. || En el *teatro, actor de ínfima clase.

racha. f. *Mar.* **Ráfaga** (de *viento). || fig. y fam. Período *breve en que se suceden cosas favorables o adversas. Ú. m. comúnmente en el *juego.

racha. f. **Raja.** || *Min.* Astilla grande de *madera.

rachar. tr. **Rajar.**

rada. f. Bahía, *ensenada.

radal. m. *Árbol chileno de las proteáceas.

radar. m. Sistema que permite descubrir la situación de un cuerpo que no se ve, mediante la emisión de ondas eléctricas que, reflejándose en dicho cuerpo, vuelven al punto de partida. || Aparato para aplicar este sistema (*radio).

radiación. f. **Fís.* Acción y efecto de radiar.

radiactividad. f. **Fís.* Energía de los cuerpos radiactivos.

radiactivo, va. adj. Se dice de los cuerpos o substancias que emiten determinadas radiaciones.

***radiado, da.** adj. V. ***Corona radiada.** || **Bot.* Dícese de lo que tiene sus diversas partes situadas alrededor de un punto o de un eje. || →*Zool.* Dícese del animal invertebrado cuyas partes están dispuestas a manera de radios, como la estrella de mar. Ú. t. c. s. || m. pl. *Zool.* Grupo de estos animales.

radiador. m. Aparato de *calefacción compuesto de uno o más cuerpos huecos, a través de los cuales pasa una corriente de agua o vapor a elevada temperatura. || **Mec.* Serie de tubos por los cuales circula el agua destinada a refrigerar los cilindros de algunos motores de explosión.

radial. adj. V. **Corona radial.** || *Geom.* Perteneciente o relativo al radio del *círculo o de la esfera. || *Anat.* Perteneciente al radio (*hueso del brazo).

radiante. adj. *Fís.* Que radia. || fig. *Brillante, resplandeciente. || fig. Visiblemente *contento y satisfecho.

radiar. intr. *Fís.* **Irradiar.** || tr. Emitir noticias, música, etc., por medio de la *radio.

radiata. adj. V. **Corona radiata.**

radicación. f. Acción y efecto de radicar o radicarse. || fig. Larga práctica y *duración de un uso, *costumbre, etc.

radical. adj. Perteneciente o relativo a la *raíz. || fig. ***Fundamental.** || En *política, partidario de reformas extremas, especialmente en sentido democrático. Ú. t. c. s. || **Bot.* Dícese de cualquiera parte de una planta, que nace inmediatamente de la raíz. || **Gram.* Concerniente a las raíces de las palabras. || **Gram.* Aplícase a las letras de una palabra que se conservan en otro u otros vocablos que de ella proceden o se derivan. || **Mat.* Aplícase al signo ($\sqrt{\ }$) con que se indica la operación de extraer raíces. Ú. t. c. s. m. || m. **Gram.* Parte que queda de una palabra variable al quitarle la desinencia. || **Quím.* Átomo o grupo de átomos que se considera como base para la formación de combinaciones.

radicalismo. m. Doctrina *política de los que pretenden *cambiar radicalmente las prácticas existentes.

radicalmente. adv. m. De raíz; fundamentalmente.

radicar. intr. **Arraigar.** Ú. t. c. r. || Estar o *hallarse *situadas ciertas cosas en determinado lugar.

radicícola. adj. *Bot.* y *Zool.* Dícese del organismo que vive *parásito sobre las *raíces de una planta.

radicoso, sa. adj. Que participa en algo de la naturaleza de las *raíces.

radícula. f. *Bot.* **Rejo.**

radiestesia. f. Sensibilidad especial para captar ciertas radiaciones, utilizada por los zahoríes para *descubrir *manantiales subterráneos, venas metalíferas, etc.

***radio.** m. **Geom.* Línea *recta tirada desde el centro del *círculo a la circunferencia, o desde el centro de la esfera a su superficie. || En las *ruedas que no son macizas, cada una de las piezas que unen el cubo con la llanta. || *Zool.* *Hueso contiguo al cúbito, con el cual forma el antebrazo. || **de la plaza.** **Fort.* La mayor distancia a que se extiende la eficacia de una fortaleza. || **de los signos.** Figura que sirve para marcar en los *relojes de sol las curvas llamadas de los signos. || **de población.** Espacio que media desde la última casa del casco de *población hasta una distancia de 1600 metros. || **vector.** *Geom.* Línea recta tirada en una *curva desde un foco a cualquier punto de la misma. || *Geom.* En las *coordenadas polares, distancia de un punto cualquiera al polo.

radio. m. *Metal rarísimo, cuyas sales emiten constantemente radiaciones de diversa naturaleza.

***radio.** f. fam. Apócope de **Radiodifusión.** || amb. Apócope de **Radiorreceptor.** || m. Apócope de **Radiograma.**

radío, a. adj. **Errante.**
radiodifusión. f. **Radio.* Emisión, por medio de la radiotelefonía, de noticias, conciertos, etc.
radioelectricidad. f. **Radio.* Producción, propagación y recepción de ondas eléctricas.
radioescucha. com. **Radio.* Persona que oye las emisiones de radiotelefonía.
radiofonía. f. **Radiotelefonía.**
radiofónico, ca. adj. Perteneciente o relativo a la radiofonía.
radiofonista. m. y f. Persona que practica la radiofonía.
radiogoniómetro. m. Aparato destinado a determinar la situación de un navío o de una *aeronave con relación a dos o más estaciones que emiten señales radioeléctricas.
radiografía. f. Procedimiento para hacer fotografías por medio de los rayos X. ‖ Fotografía así obtenida.
radiografiar. tr. *Fotografiar por medio de los rayos X.
radiograma. m. Telegrama transmitido por medio de la *radio.
radiolario, ria. adj. *Zool.* Animal *protozoario provisto de seudópodos radiales.
radiología. f. Tratado de la radioterapia.
radiológico, ca. adj. Perteneciente a la radiología.
radiólogo. m. El que profesa la radiología.
radiómetro. m. **Astr.* **Ballestilla.**
radiorreceptor. m. **Radio.* Aparato empleado en radiotelegrafía y radiotelefonía para recoger las ondas emitidas por el radiotransmisor.
radioscopia. f. **Med.* Examen del interior del cuerpo humano y, en general, de los cuerpos opacos por medio de los rayos X.
radioso, sa. adj. Que despide rayos de *luz.
radiotelefonía. f. **Radio.* Sistema de comunicación telefónica por medio de ondas hertzianas.
radiotelefonista. com. Persona que se ocupa en la instalación y servicio de aparatos telefónicos por *radio.
***radiotelegrafía.** f. Sistema de comunicación telegráfica por medio de la *radio.
radiotelegráfico, ca. adj. Perteneciente o relativo a la radiotelegrafía.
radiotelegrafista. com. Persona que se ocupa en la instalación y servicio de aparatos telegráficos por *radio.
radiotelegrama. m. Mensaje transmitido por *radio.
radioterapia. f. Empleo *terapéutico de los rayos X.
radiotransmisor. m. **Radio.* Aparato empleado en radiotelegrafía y radiotelefonía para producir y emitir las ondas portadoras de señales o de sonidos.
radioyente. com. **Radio.* **Radioescucha.**
raditerapia. f. Empleo *terapéutico del radio y de las substancias radiactivas.
radiumterapia. f. **Terap.* **Raditerapia.**
raedera. f. Instrumento para *raer. ‖ Tabla semicircular con que el peón de *albañil rae el yeso que se pega en el cuezo. ‖ *Azada pequeña, de pala semicircular, muy usada en las minas.
raedizo, za. adj. Fácil de raerse.
raedor, ra. adj. Que *rae. Ú. t. c. s. ‖ m. **Rasero.**
raedura. f. Acción y efecto de *raer. ‖ *Parte menuda o *desperdicio que se rae de una cosa. Ú. m. en pl.
***raer.** tr. Raspar la superficie de una cosa con un instrumento cortante. ‖ **Rasar.** ‖ fig. Extirpar o *suprimir enteramente una cosa *perjudicial.
rafa. f. **Raza** (del casco de las caballerías). ‖ Cortadura hecha en el quijero de la *acequia a fin de sacar agua para el riego. ‖ *Machón que se ingiere en una pared para reforzarla. ‖ **Min.* Plano en *declive que se labra en la roca para apoyar un arco de la fortificación.
ráfaga. f. Golpe de *viento de poca duración. ‖ Cualquier *nubecilla de poca densidad. ‖ Golpe de *luz vivo e instantáneo. ‖ Serie de *proyectiles que lanza una arma automática.
rafal. m. Granja, *casa de campo.
rafalla. f. **Rafal.**
rafania. f. **Pat.* Enfermedad caracterizada por contracciones musculares muy violentas y dolorosas.
rafe. m. Alero del *tejado.
rafe. m. *Bot.* Cordoncillo saliente que forma el funículo en algunas *semillas. ‖ *Anat.* Rugosidad saliente, a modo de costura, en el perineo y el escroto.
rafear. tr. Asegurar con rafas un edificio.
rafia. f. Género de *palmeras que producen una fibra muy resistente. ‖ Esta fibra *textil.
ragadía. f. desus. Resquebradura, grieta.
raglán. m. *Abrigo de hombre sin mangas y con esclavina.
raguseo, a. adj. Natural de Ragusa. Ú. t. c. s. ‖ Perteneciente a esta ciudad de Yugoslavia.
rahalí. adj. **Rehalí.**
rahez. adj. Vil, *despreciable.
rahína. f. En Marruecos, *hipoteca sobre un terreno con aprovechamiento del mismo por el acreedor.
raíble. adj. Que se puede raer.
raiceja. f. d. de **Raíz.**
raicilla. f. d. de **Raíz.** ‖ *Bot.* Cada una de las fibras que nacen del cuerpo principal de la *raíz. ‖ *Bot.* **Raicita.**
raicita. f. *Bot.* **Radícula.**
raído, da. adj. Se dice del vestido o de cualquiera tela muy *deteriorados por el uso. ‖ fig. Desvergonzado, *descarado.
raigal. adj. Perteneciente a la *raíz. ‖ Extremo del *madero que corresponde a la raíz del árbol.
raigambre. f. Conjunto de *raíces de los vegetales. ‖ fig. Conjunto de antecedentes, intereses, etc., que dan *estabilidad a una cosa.
raigón. m. aum. de **Raíz.** ‖ Raíz de las muelas y los *dientes. ‖ **Atocha.** ‖ **del Canadá.** *Árbol de las leguminosas, de hermoso aspecto, que se cultiva en los paseos de Europa.
raijo. m. *Retoño, vástago.
raíl o **rail.** m. **Carril** (de una línea férrea).
raimiento. m. **Raedura.** ‖ *Descaro, desvergüenza.
raín. m. Cortinal, *terreno de siembra.
rainal. m. *Cuerda delgada de que pende el anzuelo de *pescar.
***raíz.** f. Órgano de las plantas que se introduce en la tierra para absorber los elementos necesarios para el crecimiento y desarrollo del vegetal. ‖ **Finca.** Ú. más generalmente en plural. ‖ fig. Parte oculta de cualquier cosa, de la cual *procede lo que está manifiesto. ‖ fig. Parte inferior o *base de cualquier cosa. ‖ *Origen o principio de que procede una cosa. ‖ **Álg.* Cada uno de los valores que puede tener la incógnita de una ecuación. ‖ *Álg.* y *Arit.* Cantidad que se ha de multiplicar por sí misma una o más veces para obtener un número determinado. ‖ **Gram.* Lo que queda de una palabra después de quitarle las desinencias, sufijos y prefijos. ‖ **cuadrada.** **Álg.* y *Arit.* Cantidad que se ha de multiplicar por sí misma una vez para obtener un número determinado. ‖ **cúbica.** **Álg.* y *Arit.* Cantidad que se ha de multiplicar por sí misma dos veces para obtener un número determinado. ‖ **del moro. Helenio.** ‖ **irracional.** **Mat.* Aplícase a las **raíces** o cantidades radicales que no pueden expresarse exactamente con números enteros y fraccionarios. ‖ **rodia. Raíz** muy olorosa, parecida a la del costo. ‖ **sorda.** **Arit.* **Raíz** irracional. ‖ **A raíz.** m. adv. fig. Con *proximidad en el tiempo; inmediatamente *después. ‖ Por la **raíz** o junto a ella. ‖ **De raíz.** m. adv. fig. Por *entero, o desde el principio hasta el fin de una cosa. ‖ **Echar raíces.** fr. fig. Fijarse, *avecindarse en un lugar.
raja. f. Cada una de las *partes de un leño que resultan de abrirlo al hilo con hacha, cuña u otro instrumento. ‖ ***Hendedura.** ‖ *Pedazo que se *corta a lo largo o a lo ancho de un fruto o de algunos otros comestibles. ‖ **Hacerse** uno **rajas.** fr. fig. y fam. Poner excesivo empeño en algún *intento. ‖ **Sacar** uno **raja.** fr. fig. y fam. **Sacar astilla.**
raja. f. Especie de *paño grueso y de baja calidad.
rajá. m. *Soberano de la India.
rajable. adj. Que se deja rajar fácilmente.
rajabroqueles. m. fig. y fam. ***Fanfarrón.**
rajadillo. m. *Dulce de almendras rajadas y bañadas de azúcar.
rajadizo, za. adj. Fácil de rajarse.
rajador. m. El que raja madera o leña.
rajante. p. a. de **Rajar.** Que raja.
rajar. tr. *Partir en rajas. ‖ Hender, *romper, abrir. Ú. t. c. r. ‖ intr. fig. y fam. Jactarse de *valiente. ‖ fig. y fam. *Hablar mucho. ‖ r. fam. *Retractarse, volverse atrás.
rajatabla (a). m. adv. Con todo rigor y *severidad.
rajeta. f. *Paño semejante a la raja, pero de menos cuerpo.
rajuela. f. d. de **Raja.** ‖ *Piedra delgada y sin labrar.
ralea. f. Especie, *calidad. ‖ despect. Aplicado a personas, *raza o *linaje. ‖ **Cetr.* Ave a que es más inclinado el halcón.
ralear. intr. Hacerse *rala una cosa. ‖ No granar enteramente los racimos de las *vides. ‖ *Revelar uno su mala inclinación y ralea.
raleón, na. adj. Dícese del ave de *cetrería muy diestra en determinada ralea.
raleza. f. Calidad de *ralo.
***ralo, la.** adj. Dícese de las cosas cuyas partes están separadas más de lo regular en su clase.
rallador. m. Utensilio de *cocina contra el cual se frota o *raspa el pan, el queso, etc., para desmenuzarlos.
ralladura. f. *Surco que deja el rallador. ‖ Lo que queda rallado.
rallar. tr. Desmenuzar una cosa *raspándola con el rallador. ‖ fig. y fam. Molestar, *importunar.
rallo. m. **Rallador.** ‖ **Alcarraza.**
rallón. m. Dardo provisto de un hierro transversal afilado, que se disparaba con la *ballesta y servía para la *caza mayor.
***rama.** f. Cada una de las partes en

que se bifurca el tronco o tallo principal de la planta. ‖ Parte de una *ciencia. ‖ fig. Serie de personas que traen su origen de un mismo *linaje. ‖ fig. Parte *accesoria de una cosa. ‖ **Andarse** uno **por las ramas.** fr. fig. y fam. Detenerse en lo menos substancial de un asunto, usar de *rodeos. ‖ **Asirse** uno **a las ramas.** fr. fig. y fam. Buscar *excusas frívolas. ‖ **De rama en rama.** m. adv. fig. Sin fijarse en objeto determinado, con *inconstancia en el propósito. ‖ **En rama.** m. adv. con que se designa el estado de ciertas materias, como el *algodón, antes de recibir su última aplicación. ‖ Aplícase también a los ejemplares de un *libro que aún no se han encuadernado. ‖ **Plantar de rama.** fr. *Agr.* *Plantar un árbol con una **rama** cortada o desgajada de otro.

rama. f. **Impr.* Cerco de hierro cuadrangular con que se ciñe y aprieta el molde. ‖ En las fábricas de *paños, bastidor para estirarlos.

ramada. f. **Ramaje.** ‖ p. us. **Enramada.** ‖ *Cobertizo hecho con ramas.

ramadán. m. Noveno *mes del año lunar de los *mahometanos, durante el cual se ha de observar riguroso *ayuno.

ramaje. m. Conjunto de *ramas o ramos.

***ramal.** m. Cada uno de los cabos de que se componen las *cuerdas, sogas, trenzas, etc. ‖ *Ronzal de una bestia. ‖ Cada uno de los diversos tramos que parten de la misma meseta de una *escalera. ‖ →Cada una de las partes en que se *bifurca un camino, acequia, etc. ‖ fig. Parte o división que resulta o nace de una cosa con relación y dependencia de ella, como rama suya.

ramalazo. m. *Golpe que se da con el ramal. ‖ Señal que deja el golpe dado con el ramal. ‖ fig. Mancha o *huella que se produce en el cuerpo por un golpe o por enfermedad. ‖ fig. *Dolor agudo y repentino. ‖ fig. *Desgracia, *daño o *disgusto que *sorprende a uno. ‖ Racha de *viento.

ramalear. intr. **Cabestrear.**

ramazón. f. Conjunto de *ramas separadas de los árboles.

rambla. f. *Cauce natural de las aguas de *lluvia. ‖ En algunas ciudades, *calle o *paseo principal. ‖ Armazón de madera con puntas o ganchos de hierro, en que se colocan los *paños para enramblarlos.

ramblar. m. *Cauce o lugar adonde *confluyen varias ramblas.

ramblazo. m. *Cauce o lugar por donde corren las aguas de las *inundaciones o avenidas.

ramblizo. m. **Ramblazo.**

rameado, da. adj. Dícese de la *tela o papel cuyo dibujo representa ramos.

rameal. adj. *Bot.* **Rámeo.**

rámeo, a. adj. *Bot.* Perteneciente o relativo a la *rama.

***ramera.** f. Mujer que se entrega al comercio carnal por interés.

ramería. f. ***Mancebía.** ‖ ***Prostitución.**

rameril. adj. Perteneciente o relativo a las *rameras.

rameruela. f. d. de **Ramera.**

ramial. m. Sitio poblado de ramio.

***ramificación.** f. Acción y efecto de ramificarse. ‖ *Zool.* *Bifurcación de las venas, arterias o nervios que nacen de un mismo tronco.

ramificarse. r. Esparcirse y *bifurcarse en ramas una cosa. ‖ fig. *Propagarse, extenderse en varias direcciones las consecuencias de un hecho o suceso.

rámila. f. **Garduña.**

ramilla. f. *Rama de tercer orden o que sale inmediatamente del ramo. ‖ fig. Cualquier *medio poco importante de que uno se vale para su intento.

ramillete. m. Ramo artificial de *flores o hierbas olorosas. ‖ fig. Plato de *dulce artísticamente dispuesto. ‖ fig. Adorno o centro de *mesa, compuesto de figuras y piezas de mármol o metales labrados. ‖ fig. *Colección de cosas selectas o útiles en una materia. ‖ *Bot.* Conjunto de *flores que forman una cima o copa contraída. ‖ **de Constantinopla. Minutisa.**

ramilletero, ra. m. y f. Persona que hace o vende ramilletes. ‖ m. **Florero.**

ramillo. m. **Dinerillo** (cierta *moneda antigua).

ramina. f. Hilaza del ramio.

ramio. m. *Planta urticácea, que contiene una fibra *textil.

ramiro. m. p. us. **Carnero.**

ramito. m. d. de **Ramo.** ‖ *Bot.* Cada una de las subdivisiones de los *ramos de una planta.

ramiza. f. Conjunto de *ramas cortadas. ‖ Lo que se hace de ramas.

rámneo, a. adj. **Bot.* Dícese de árboles y arbustos dicotiledóneos, cuyo tipo es el cambrón. Ú. t. c. s. f. ‖ f. pl. *Bot.* Familia de estos árboles y arbustos.

ramo. m. *Rama de segundo orden o que sale de la rama madre. ‖ Rama cortada del árbol. ‖ Conjunto o manojo de *flores, sea natural o artificial. ‖ **Ristra.** ‖ En *pasamanería, conjunto de hilos de seda con que se hacen las labores de las cintas. ‖ fig. Cada una de las *partes en que se considera dividida una ciencia, arte, industria, etc. ‖ fig. *Enfermedad incipiente o poco determinada. ‖ **del viento. Alcabala del viento.** ‖ **Vender al ramo.** fr. fig. y fam. Vender el *vino por menor los cosecheros.

ramojo. m. Conjunto de *ramas delgadas, cortadas de los árboles.

ramón. m. Ramojo que cortan los pastores para *pasto de los ganados. ‖ Ramaje que resulta de la *poda.

ramonear. intr. Cortar las puntas de las ramas de los árboles. ‖ *Pacer los animales las hojas y las puntas de los ramos de los árboles.

ramoneo. m. Acción de ramonear. ‖ Temporada en que se ramonea.

ramoso, sa. adj. Que tiene muchos ramos o *ramas.

rampa. f. Plano en *declive para subir y bajar por él. ‖ Garrampa, calambre, *contracción.

rampante. adj. **Blas.* Aplícase al león u otro animal con la mano abierta y las garras tendidas en ademán de agarrar o asir.

rampiñete. m. **Artill.* Aguja de hierro terminada en espiral, que usaban los artilleros para limpiar el fogón de las piezas.

ramplón, na. adj. Aplícase al *calzado tosco. ‖ fig. *Tosco, *vulgar, *grosero, *charro. ‖ m. Especie de taconcillo en la cara inferior de las *herraduras. ‖ Piececita de hierro en forma piramidal, que se pone en las *herraduras para que las caballerías no resbalen en el hielo. ‖ **A ramplón.** m. adv. Con herraduras de **ramplón.**

ramplonería. f. Calidad de ramplón, tosco o vulgar.

rampojo. m. **Raspajo.**

rampollo. m. Rama que se corta del árbol para *plantarla.

ramuja. f. Ramojo del *olivo.

ramulla. f. *Leña menuda. ‖ **Ramojo.**

***rana.** f. *Batracio de color verde con manchas negras, vientre blanco, cabeza grande, ojos saltones, y las patas casi dobles de largo que el resto del cuerpo. Vive en agua dulce, anda y nada a saltos, y su carne es muy apreciada. ‖ *Juego que consiste en introducir desde cierta distancia una chapa o moneda por la boca abierta de una **rana** de metal puesta sobre una mesilla. ‖ pl. **Ránula.** ‖ **Rana de zarzal.** *Batracio semejante a un sapillo. ‖ **marina,** o **pescadora. Pejesapo.** ‖ **No ser rana** uno. fr. fig. y fam. Ser *hábil o *docto en una materia.

ranacuajo. m. **Renacuajo.**

rancajada. f. Acción de *arrancar de cuajo las plantas o cosas semejantes.

rancajado, da. adj. Herido de un rancajo.

rancajo. m. *Punta o astilla que se clava en la carne.

ranciar. tr. **Enranciar.** Ú. m. c. r.

rancidez. f. **Ranciedad.**

ranciedad. f. Calidad de rancio. ‖ Cosa *anticuada.

rancio, cia. adj. Dícese del *vino y otras cosas cuando con el tiempo han mejorado su calidad o aumentado su fuerza. ‖ Dícese de las *grasas y otras cosas cuando con el tiempo se empiezan a *corromper o a perder sus buenas cualidades. ‖ fig. Dícese de las cosas *antiguas y de las personas apegadas a ellas. ‖ m. **Rancidez.** ‖ *Tocino **rancio.** ‖ Suciedad grasienta de los *paños.

rancioso, sa. adj. **Rancio.**

rancor. m. p. us. **Rencor.**

rancheadero. m. Lugar o sitio donde se ranchea.

ranchear. intr. Formar ranchos en una parte o acomodarse en ellos. Ú. t. c. r.

ranchería. f. Conjunto de ranchos o chozas que forman una *población.

ranchero. m. El que *guisa el rancho y cuida de él. ‖ El que gobierna un rancho. ‖ Campesino que habita en un rancho.

rancho. m. *Comida que se hace para muchos en común, y que generalmente se reduce a un solo guisado. ‖ Conjunto de personas que toman a un tiempo esta comida. ‖ Lugar de las *afueras de un poblado, donde se albergan diversas familias o personas. ‖ fig. y fam. *Reunión familiar de algunas personas que se apartan de otras para tratar alguna materia particular. ‖ *Choza o *casa pobre fuera de poblado. ‖ Granja donde se crían *caballos y otros cuadrúpedos. ‖ *Mar.* Paraje destinado a alojamiento en las *embarcaciones antiguas. ‖ *Mar.* Cada una de las divisiones que se hacen de la marinería para el buen orden y disciplina en los buques. ‖ **de Santa Bárbara.** División debajo de la cámara principal de la nave, donde estaba la caña del *timón. ‖ **Alborotar el rancho.** fr. fig. y fam. **Alborotar el cortijo.** ‖ **Asentar el rancho.** fr. fig. y fam. *Detenerse en un paraje para comer o descansar. ‖ **Hacer rancho.** fr. fam. **Hacer lugar.**

randa. f. Cierto *encaje labrado con aguja. ‖ m. fam. Ratero, *ladrón, *pícaro.

randado, da. adj. Adornado con randas.

randera. f. La que por oficio hace randas.

raneta. f. Variedad de *manzana agridulce.
rangífero. m. **Reno.**
rango. m. Índole, *clase, *calidad. ‖ *Liberalidad, esplendidez.
rangua. f. *Mec.* **Tejuelo.**
ranilla. f. Parte blanda del *casco de las caballerías, situada entre los dos pulpejos. ‖ *Veter.* Enfermedad del ganado vacuno producida por la coagulación de sangre en los intestinos.
ránula. f. *Pat.* *Tumor blando que suele formarse en la *boca, debajo de la lengua. ‖ *Veter.* Tumor carbuncoso que se forma debajo de la lengua al ganado caballar y vacuno.
ranunculáceo, a. adj. *Bot.* Dícese de plantas dicotiledóneas, arbustos o hierbas, cuyo tipo es el ranúnculo. Ú. t. c. s. f. ‖ f. pl. *Bot.* Familia de estas plantas.
ranúnculo. m. *Planta herbácea anual, de las ranunculáceas, que contiene un jugo acre muy venenoso.
***ranura.** f. Surco estrecho y largo que se abre en un madero, piedra u otro material.
ranzal. m. Cierta *tela antigua de hilo.
raña. f. Instrumento para *pescar pulpos, formado por una cruz de madera o hierro erizada de garfios.
raña. f. Terreno de *monte bajo.
raño. m. *Pez marino acantopterigio. ‖ *Pesca.* Garfio de hierro con mango largo de madera, para arrancar de las peñas las ostras, lapas, etc.
rapa. f. Flor del *olivo.
rapabarbas. m. despect. **Barbero.**
apacejo. m. Alma sobre la cual se tuerce estambre, seda o metal para formar los cordoncillos de los *flecos. ‖ *Fleco liso.
rapacejo, ja. m. y f. d. de **Rapaz** (*muchacho).
rapacería. f. **Rapacidad.**
rapacería. f. **Rapazada.**
rapacidad. f. Calidad de rapaz (inclinado al *robo).
rapador, ra. adj. Que rapa. Ú. t. c. s. ‖ m. fam. **Barbero.**
rapadura. f. Acción y efecto de rapar o raparse.
rapagón. m. Mozo *joven a quien todavía no ha salido la *barba.
rapamiento. m. **Rapadura.**
rapante. p. a. de **Rapar.** ‖ Que rapa o hurta. ‖ adj. *Blas.* **Rampante.**
rapapiés. m. **Buscapiés.**
rapapolvo. m. fam. *Reprensión severa.
rapar. tr. ***Afeitar** (la barba). Ú. t. c. r. ‖ *Cortar el *pelo al rape. ‖ fig. y fam. Hurtar o *robar.
rapavelas. m. fam. *Sacristán o monaguillo.
rapaz. adj. Inclinado al *robo. ‖ V. ***Ave rapaz.** Ú. t. c. s. f. ‖ f. pl. *Zool.* Orden de estas aves.
rapaz, za. m. y f. *Muchacho de corta edad.
rapazada. f. **Muchachada.**
rapazuelo, la. m. y f. d. de **Rapaz** (muchacho).
rape. m. fam. Rasura o corte de la *barba hecho sin cuidado. ‖ **Al rape.** m. adv. A la orilla o casi a raíz.
rape. m. **Pejesapo.**
rapé. adj. V. ***Tabaco rapé.** Ú. m. c. s.
rapeta. f. *Red para pescar sardinas.
rápidamente. adv. m. Con *prontitud. ‖ Con *brevedad, en un instante.
***rapidez.** f. Movimiento *veloz o acelerado.
rápido, da. adj. *Veloz, acelerado. ‖ m. **Rabión.**
rapiego, ga. adj. V. **Ave rapiega.**
rapingacho. m. *Culin.* Tortilla de queso que se hace en el Perú.
rapiña. f. *Robo o saqueo que se ejecuta rápidamente.
rapiñador, ra. adj. Que rapiña. Ú. t. c. s.
rapiñar. tr. fam. *Hurtar o arrebatar una cosa.
rapista. m. fam. El que rapa. ‖ fam. **Barbero.**
rápita. f. **Rábida.**
rapo. m. **Naba** (*raíz).
rapónchigo. m. *Planta perenne de las campanuláceas, de raíz blanca, carnosa y comestible.
rapóntico. m. **Ruipóntico.**
raposa. f. ***Zorra** (mamífero). ‖ fig. y fam. **Zorra** (persona *astuta).
raposear. intr. Usar de *engaños o trampas como la raposa.
raposeo. m. Acción de raposear.
raposera. f. **Zorrera** (*guarida de la zorra).
raposería. f. **Zorrería.** ‖ **Raposeo.**
raposero, ra. adj. V. **Perro raposero.**
raposía. f. **Raposería.**
raposino, na. adj. **Raposuno.**
raposo. m. ***Zorro** (mamífero). ‖ fig. y fam. **Zorro** (persona *astuta). ‖ **ferrero.** *Zorro propio de los países glaciales, cuya *piel se estima mucho para adornos de peletería.
raposuno, na. adj. **Zorruno.**
rapsoda. m. En la Grecia antigua, cantor que iba de pueblo en pueblo *recitando trozos de los *poemas homéricos u otras poesías.
rapsodia. f. Trozo de un *poema. ‖ **Centón** (*obra compuesta de pasajes ajenos). ‖ Pieza *musical formada con fragmentos de otras obras o a base de temas populares.
rapta. adj. p. us. **Raptada.**
raptada. adj. Aplícase a la mujer a quien lleva un hombre por fuerza o con engaños.
raptar. tr. Cometer el delito de *rapto.
***rapto.** m. Impulso, acción de arrebatar o *tomar una cosa por la violencia. ‖ → Delito que consiste en llevarse de su domicilio a una mujer por fuerza o con engaño, y con miras deshonestas. ‖ ***Éxtasis.** ‖ p. us. **Robo.** ‖ *Med.* *Síncope que priva del sentido.
raptor. m. Que comete el delito de *rapto.
rapuzar. tr. *Segar la mies sin apurar la caña.
raque. m. Acto de *recoger los objetos perdidos en las costas por algún *naufragio o echazón.
raquero, ra. adj. Dícese de la *embarcación que va *pirateando por las costas. ‖ m. El que se ocupa en andar al raque. ‖ Ratero que *hurta en puertos y costas.
raqueta. f. Bastidor de madera con mango, que sujeta una red atirantada, y que se emplea como pala en el juego del volante, de la *pelota, etcétera. ‖ Juego de pelota en que se emplea la pala. ‖ **Jaramago.** ‖ Utensilio de madera en forma de rasqueta, que se usa en las mesas de *juego para mover el dinero de las posturas.
raquetero, ra. m. y f. Persona que hace o vende raquetas.
raquialgia. f. *Pat.* Dolor a lo largo del *espinazo.
raquianestesia. f. *Anestesia producida por inyección en el conducto raquídeo.
raquídeo, a. adj. Perteneciente al raquis.
raquis. m. *Bot.* **Raspa.** ‖ *Zool.* ***Espinazo.**
raquítico, ca. adj. *Pat.* Que padece raquitis. Ú. t. c. s. ‖ fig. Exiguo, *escaso, *pequeño. ‖ fig. *Débil, endeble.
raquitis. f. *Pat.* Enfermedad infantil caracterizada por reblandecimiento y encorvadura de los huesos, y debilidad y entumecimiento de los tejidos.
raquitismo. m. *Pat.* **Raquitis.**
raquítomo. m. *Cir.* Instrumento para abrir el conducto vertebral sin interesar la médula.
rara. f. *Ave americana, del tamaño de la codorniz, con el pico grueso y dentado.
rara avis in terris. Frase latina con que se designa en castellano una persona o cosa *única en su género. Dícese más comúnmente **rara avis.**
raramente. adv. m. Por maravilla, rara vez. ‖ Con rareza, de un modo *extravagante.
rarefacción. f. Acción y efecto de *enrarecer o enrarecerse.
rarefacer. tr. **Enrarecer.** Ú. t. c. r.
rarefacto, ta. p. p. irreg. de **Rarefacer.**
rareza. f. Calidad de raro. ‖ Cosa rara. ‖ Acción característica de la persona *extravagante.
***raridad.** f. Calidad de ralo, poco denso o enrarecido.
rarificar. tr. **Rarefacer.** Ú. t. c. r.
rarificativo, va. adj. Que tiene virtud de rarificar.
***raro, ra.** adj. Que tiene poca densidad y consistencia, *ralo, enrarecido, disperso. ‖ *Extraordinario, *infrecuente, *especial. ‖ *Escaso en su clase o especie. ‖ Insigne, *excelente en su línea. ‖ ***Extravagante.**
ras. m. *Igualdad en la superficie o la altura de las cosas. ‖ **A ras.** m. adv. Casi tocando, muy *contiguo a una cosa. ‖ **Ras con ras,** o **ras en ras.** m. adv. A un mismo *nivel o a una misma línea. ‖ Dícese también cuando un cuerpo pasa *rozando ligeramente a otro.
rasa. f. Abertura o raleza que se hace en las *telas sin que se rompan la trama ni la urdimbre. ‖ *Llano *alto y despejado de un monte. ‖ **Raso** (*plano).
rasadura. f. Acción y efecto de rasar.
rasamente. adv. m. Clara y abiertamente.
rasante. p. a. de **Rasar.** Que rasa. ‖ f. Línea de una *calle o camino considerada en su inclinación respecto del plano *horizontal.
rasar. tr. *Igualar con el rasero las medidas de *capacidad para trigo, cebada, etc. ‖ Pasar *rozando ligeramente un cuerpo con otro.
rasarse. r. Ponerse rasa o limpia una cosa, como el cielo sin *nubes.
rascacielos. m. *Edificio que tiene gran *altura.
rascacio. m. **Rescaza.**
rascadera. f. **Rascador.** ‖ fam. **Almohaza.**
rascador. m. Cualquiera de los varios instrumentos que sirven para *rascar. ‖ Especie de *aguja de adorno que las mujeres usan para el *tocado. ‖ Instrumento de hierro para *desgranar el maíz y otros frutos análogos.
rascadura. f. Acción y efecto de *rascar o rascarse.
rascalino. m. **Tiñuela** (cuscuta).
rascamiento. m. **Rascadura.**
rascamoño. m. **Rascador** (aguja de adorno).
***rascar.** tr. Frotar la piel con una cosa aguda o áspera, y por lo regular con las uñas. Ú. t. c. r. ‖ **Arañar.** ‖ *Limpiar con rascador o rasqueta alguna cosa. ‖ Tocar mal un *instrumento de cuerda y arco. ‖ **Llevar,** o **tener,** uno **qué rascar.**

fr. fig. y fam. Haber recibido algún daño difícil de remediar.
rascatripas. m. fam. El que toca mal el violín u otro *instrumento análogo.
rascazón. f. Comezón o *picor que incita a rascarse.
rascle. m. Cierto arte para la *pesca del coral.
rasco. m. ant. **Rascadura.**
rascón, na. adj. Áspero o *picante al paladar. ‖ m. **Polla de agua** (*ave zancuda).
rascuñar. tr. **Rasguñar.**
rascuño. m. **Rasguño.**
rasel. m. *Mar.* **Racel.**
rasera. f. **Rasero.** ‖ Utensilio de *cocina a modo de *pala con agujeros, para escurrir y sacar los fritos de la sartén. ‖ *Carp.* Cepillo de afinar.
rasero. m. Palo cilíndrico que sirve para rasar las medidas de *capacidad para áridos. ‖ **Por el mismo,** o **por un, rasero.** m. adv. fig. Con rigurosa *igualdad.
rasgado, da. adj. Dícese del balcón o *ventana que llega hasta el piso de la habitación. ‖ m. **Rasgón.**
rasgador, ra. adj. Que rasga.
rasgadura. f. Acción y efecto de rasgar. ‖ **Rasgón.**
rasgal. m. Cierta *red para la *pesca del salmón.
***rasgar.** tr. Romper o hacer pedazos sin ningún instrumento, cosas de poca consistencia; como telas, papel, etc. Ú. t. c. r. ‖ **Rasguear.**
rasgo. m. Línea de adorno que se añade a las letras al *escribir. ‖ fig. *Expresión feliz de un afecto o pensamiento. ‖ fig. Acción *gallarda o *heroica. ‖ Facción de la *cara. Ú. m. en pl.
rasgón. m. *Rotura de un vestido o tela.
rasgueado. m. **Rasgueo.**
rasguear. tr. Tocar la *guitarra rozando varias cuerdas a la vez con las puntas de los dedos de la mano derecha. ‖ intr. Hacer rasgos con la pluma.
rasgueo. m. Acción y efecto de rasguear.
rasguñar. tr. *Arañar o rascar con las uñas o con algún instrumento. ‖ *Pint.* *Dibujar en apuntamiento o tanteo.
***rasguño.** m. **Arañazo.** ‖ *Pint.* *Dibujo en apuntamiento o tanteo.
rasguñuelo. m. d. de **Rasguño.**
rasilla. f. *Tela de lana delgada. ‖ *Ladrillo delgado y hueco.
rasión. f. **Rasuración.**
raso, sa. adj. *Plano, *liso, *desembarazado. Ú. t. c. s. ‖ Aplícase al *asiento que no tiene respaldar. ‖ Dícese del *soldado que no tiene empleo ni distinción especial. ‖ Dícese también de la atmósfera cuando está libre de *nubes y nieblas. ‖ Que pasa o se mueve a poca altura del suelo. ‖ m. *Tela de seda lustrosa. ‖ *Germ.* **Clérigo.** ‖ **chorreado.** Cierta especie de **raso** antiguo. ‖ **Al raso.** m. adv. En el campo o a cielo *descubierto.
rasoliso. m. Cierta *tela, especie de raso.
raspa. f. **Arista** (de ciertos frutos). ‖ **Pelo** (en la *pluma). ‖ En los *pescados, cualquier espina, especialmente la esquena. ‖ Gajo de *uvas. ‖ En algunos frutos, **zurrón** (cáscara exterior). ‖ *Germ.* Cierta *fullería. ‖ **Zuro** (del *maíz). ‖ *Bot.* Eje o pedúnculo común de las *flores y *frutos de una espiga o un racimo. ‖ **Ir** uno **a la raspa.** fr. fam. Ir a *hurtar. ‖ **Tender** uno **la raspa.** fr. fig. y fam. Echarse a *dormir.
raspadillo. m. *Germ.* **Raspa** (*fullería).
raspador. m. Instrumento que sirve para *raspar, y más especialmente la cuchillita que se emplea para raspar lo escrito.
***raspadura.** f. Acción y efecto de raspar. ‖ Lo que raspando se quita de la superficie.
raspajo. m. Escobajo de *uvas.
raspamiento. m. **Raspadura.**
ráspano. m. **Rasponera.**
***raspar.** tr. Raer ligeramente la superficie de una cosa. ‖ *Picar el vino u otro licor al paladar. ‖ *Hurtar, quitar una cosa. ‖ **Rasar** (pasar rozando).
raspear. intr. Correr con aspereza y dificultad la *pluma.
raspilla. f. *Planta herbácea de las borragíneas.
raspinegro, gra. adj. **Arisnegro.**
rasponazo. m. *Señal o *herida superficial producida por un cuerpo punzante.
rasponera. f. **Arándano.**
rasposo, sa. adj. *Áspero, que raspa.
raspudo, da. adj. V. **Trigo raspudo.**
rasqueta. f. Planchuela de hierro, de cantos afilados y con mango de madera, para *raer y limpiar las maderas. ‖ **Almohaza.**
rasquetear. tr. **Almohazar.**
rastel. m. **Barandilla.**
rastillado, da. adj. *Germ.* Dícese de aquel a quien han *robado una cosa.
rastillador, ra. adj. **Rastrillador.** Ú. t. c. s.
rastillar. tr. **Rastrillar.**
rastillero. m. *Germ.* ***Ladrón.**
rastillo. m. ***Rastrillo.** ‖ *Germ.* ***Mano.**
rastra. f. **Rastro** (herramienta). ‖ ***Narria.** ‖ **Grada** (instrumento de *labranza). ‖ **Recogedor.** ‖ Cualquier cosa que va *colgando y arrastrando. ‖ Persona que ordinariamente sigue o *acompaña a otra. ‖ Sarta de cualquier *fruta seca. ‖ fig. Resulta de una acción que obliga a *compensación o *expiación. ‖ Entre ganaderos, *cría de una *res, que mama aún. ‖ *Mar.* Seno de *cabo que se arrastra por el fondo del mar para buscar algún objeto sumergido. ‖ **A la rastra, a rastra,** o **a rastras.** m. adv. *Arrastrando. ‖ fig. De mal grado, con *repugnancia.
rastrallar. tr. **Restallar.**
rastreado. m. Cierto *baile español antiguo.
rastreador, ra. adj. Que rastrea.
rastrear. tr. *Buscar una cosa siguiendo su rastro. ‖ Llevar arrastrando por el agua un arte de *pesca u otra cosa. ‖ Vender la *carne en el rastro por mayor. ‖ fig. Inquirir, *averiguar por conjeturas o señales. ‖ intr. Hacer alguna labor con el rastro. ‖ Ir *volando, pero casi tocando el suelo.
rastrel. m. **Ristrel.**
rastreo. m. Acción de rastrear por el fondo del agua.
rastrera. f. *Mar.* **Arrastradera.**
rastreramente. adv. m. De un modo rastrero, con *vileza.
rastrero, ra. adj. Que va *arrastrando. ‖ Aplícase a las cosas que van *volando o por el aire, pero casi tocando el suelo. ‖ fig. Bajo, *servil y *despreciable. ‖ *Bot.* Dícese del *tallo que, tendido por el suelo, echa raicillas de trecho en trecho. ‖ m. El que tiene oficio en el rastro o *matadero. ‖ El que trae ganado para el rastro.
rastrilla. f. *Rastro que tiene el mango en una de las caras estrechas del travesaño.
rastrillada. f. Todo lo que se recoge o se barre de una vez con el rastrillo o rastro.
rastrillador, ra. adj. Que rastrilla. Ú. t. c. s.
rastrillaje. m. Maniobra que se ejecuta con la rastra o rastrillo.
rastrillar. tr. Limpiar el *lino o cáñamo de la arista y estopa. ‖ Recoger con el *rastro la parva o la *hierba segada. ‖ Pasar la rastra por los sembrados. ‖ Limpiar de hierba con el rastrillo los *jardines.
***rastrillo.** m. Especie de carda de alambre grueso, sobre la que se pasa el lino o cáñamo para apartar la estopa y separar las fibras. ‖ Compuerta formada con una reja o *verja fuerte y espesa, que se echa en las *puertas de las *fortalezas. ‖ Estacada, verja o puerta de hierro de una fortaleza o *prisión. ‖ En las *armas de fuego* de chispa, pieza de acero en que hiere el pedernal. ‖ → Entre labradores, **rastro.** ‖ Guarda perpendicular a la tija de la *llave y que sólo penetra hasta la mitad del paletón. ‖ Planchita encorvada que está dentro de la *cerradura y que al girar la llave entra por el **rastrillo** del paletón.
***rastro.** m. Instrumento compuesto de un mango largo y delgado, cruzado en uno de sus extremos por un travesaño armado de púas a manera de dientes. ‖ Herramienta a manera de *azada, que en vez de pala tiene dientes fuertes y gruesos. ‖ *Huella o *indicio que deja una cosa. ‖ ***Mugrón.** ‖ *Mercado semanal de *carne por mayor. ‖ ***Matadero.** ‖ **de la corte.** Territorio al cual alcanzaba la jurisdicción de los alcaldes de corte.
rastrojera. f. Conjunto de *tierras que han quedado de rastrojo. ‖ Temporada en que los ganados pastan los rastrojos. ‖ Estos mismos *pastos o rastrojos.
***rastrojo.** m. *Residuo de las cañas o *paja de la mies que queda en la tierra después de segar. ‖ El *campo después de segada la mies y antes de recibir nueva labor. ‖ **Sacar** a uno **de los rastrojos.** fr. fig. y fam. Sacarle de estado bajo o humilde.
rasura. f. Acción y efecto de rasurar. ‖ **Raedura.** ‖ pl. **Tártaro.**
rasuración. f. **Rasura.** ‖ **Raedura.**
rasurar. tr. ***Afeitar** (la barba). Ú. t. c. r.
***rata.** f. Mamífero roedor, de hocico puntiagudo, orejas tiesas, cuerpo grueso y pelaje gris obscuro. Es animal muy destructor y voraz, y vive por lo común en los edificios y embarcaciones. ‖ Hembra del rato. ‖ Coleta de *cabello. ‖ *Germ.* **Faltriquera.** ‖ m. fam. **Ratero** (*ladrón). ‖ **Más pobre que las ratas,** o **que una rata.** expr. fig. y fam. Sumamente *pobre.
ratadura. f. *Mar.* Roedura hecha por las ratas.
ratafía. f. *Licor parecido al rosoli, pero con zumo de cerezas o de guindas.
ratania. f. *Arbusto americano de las poligaleas, cuya raíz es muy usada en medicina como astringente poderoso. ‖ *Raíz de esta planta.
rata parte. loc. lat. **Prorrata.**
rataplán. m. Voz onomatopéyica con que se imita el sonido del *tambor.
rata por cantidad. m. adv. Mediante prorrateo.
ratear. tr. *Disminuir o rebajar a

*proporción o prorrata. ‖ *Distribuir, repartir *proporcionadamente.
ratear. tr. *Hurtar con destreza cosas pequeñas.
ratear. intr. *Deslizarse arrastrando con el cuerpo pegado a la tierra.
rateo. m. **Prorrateo.**
rateramente. adv. m. Con ratería, con *vileza.
ratería. f. *Hurto de cosas de poco valor. ‖ Acción de hurtarlas con maña y cautela.
ratería. f. *Vileza, ruindad en los tratos.
ratero, ra. adj. Dícese del *ladrón que hurta con maña cosas de poco valor. Ú. m. c. s.
rateruelo, la. adj. d. de **Ratero.** Ú. m. c. s.
ratificación. f. Acción y efecto de ratificar o *ratificarse.
***ratificar.** tr. *Aprobar o *confirmar una cosa que se ha dicho o hecho. Ú. t. c. r.
ratificatorio, ria. adj. Que ratifica o denota ratificación.
ratigar. tr. *Atar y asegurar con una soga el rátigo en el *carro.
rátigo. m. Conjunto de cosas diversas que lleva un *carro; como son *odres de vino, pieles, costales, etcétera.
ratihabición. f. *For.* Declaración de la voluntad de uno aprobando y *confirmando la *validez de un acto que otro hizo por *encargo suyo.
ratimago. m. fam. *Engaño hecho con *astucia.
ratina. f. *Tela de lana delgada y con granillo.
ratino, na. adj. Dícese de la res *vacuna de pelo gris.
ratiño. m. Nombre o apodo que se daba al habitante del Bierzo. Usáb. t. c. adj.
rato. adj. V. **Matrimonio rato.**
rato. m. Espacio de *tiempo y especialmente cuando es *breve. ‖ Gusto y *diversión o, por el contrario, desagrado o *disgusto; y en este sentido va siempre acompañado de los adjetivos *bueno* o *malo* u otros análogos. ‖ **Buen rato.** fam. Gran *abundancia de una cosa. ‖ **Ratos perdidos.** *Ocios, horas en que uno se ve libre de ocupaciones obligatorias. Ú. m. en el m. adv. **a ratos perdidos.** ‖ **A ratos.** m. adv. **De rato en rato.** ‖ **A veces.** ‖ **De rato en rato.** m. adv. Con algunas intermisiones de tiempo. ‖ **Pasar el rato.** fr. fam. **Perder el tiempo.**
rato. m. En algunas partes, ***ratón.**
***ratón.** m. Mamífero roedor, pequeño, de pelaje gris. Vive generalmente en las casas, donde causa daño por lo que come, roe y destruye. ‖ *Germ.* *Ladrón cobarde. ‖ *Mar.* Piedra puntiaguda y cortante que está en el fondo del mar y roza los cables. ‖ **almizclero. Desmán** (mamífero).
ratona. f. Hembra del *ratón.
ratonar. tr. *Morder o roer los *ratones una cosa. ‖ r. Ponerse enfermo el *gato, de comer muchos ratones.
ratonera. f. *Trampa en que se cogen o cazan los *ratones. ‖ *Agujero que hace el ratón para entrar y salir por él. ‖ Madriguera de *ratones. ‖ **de agua. Gato de agua.** ‖ **Caer** uno **en la ratonera.** fr. fig. y fam. **Caer en el lazo.**
ratonero, ra. adj. **Ratonesco.**
ratonesco, ca. adj. Perteneciente a los *ratones.
ratonil. adj. **Ratonesco.**
rauco, ca. adj. poét. **Ronco.**
rauda. f. *Cementerio árabe.
raudal. m. *Torrente o masa de agua que corre arrebatadamente. ‖ fig. *Abundancia de cosas que de golpe concurren o se derraman.
raudamente. adv. m. **Rápidamente.**
raudo, da. adj. Rápido, *veloz, precipitado.
raulí. m. Árbol chileno, de las cupulíferas, de madera muy apreciada.
rauta. f. Fardo, *envoltorio de ropa, petate. ‖ **Tomar la rauta.** fr. fig. *Marcharse, irse.
ravenés, sa. adj. Natural de Ravena. Ú. t. c. s. ‖ Perteneciente a esta ciudad de Italia.
ravioles. m. pl. **Culin.* Emparedados de masa con carne picada, que se sirven con salsa.
***raya.** f. Señal larga y estrecha que se marca en una superficie. ‖ Término o *límite de una nación, provincia, predio, etc. ‖ Término que se pone a una cosa, así en lo físico como en lo moral. ‖ **Cortafuego.** ‖ Cada uno de los puntos o tantos que se ganan en determinados *juegos. ‖ Señal que resulta en la cabeza, de dividir los *cabellos con el peine. ‖ Cada una de las *estrías en espiral que se hacen en el ánima de las *armas de fuego*. ‖ **Ortogr.* Guión algo más largo que el ordinario, y para usos diferentes. ‖ **de mulo.** Faja negra y estrecha que algunas *caballerías tienen en el cuello y el lomo. ‖ **A raya.** m. adv. Dentro de los justos límites. ‖ **Dar quince y raya** a uno. fr. fig. y fam. **Dar** uno **quince y falta** a otro. ‖ **Echar raya.** fr. fig. **Competir.** ‖ **Hacer raya.** fr. fig. *Aventajarse o sobresalir en una cosa. ‖ **Pasar de la raya,** o **de raya.** fr. fig. Propasarse o *exceder en cualquiera línea. ‖ **Tres en raya.** *Juego que consiste en colocar tres piezas en una misma línea de las varias en que está dividido un cuadrado.
raya. m. Pez marino selacio, con cuerpo aplastado y romboidal. Su carne es comestible.
rayadillo. m. *Tela de algodón rayada.
rayado. m. Conjunto de *rayas o listas de una tela, papel, etc. ‖ Acción de rayar.
rayador. m. *Ave marina americana que tiene el pico muy aplanado y delgado y la mandíbula superior mucho más corta que la inferior.
rayano, na. adj. Que confina o *linda con una cosa. ‖ Que está en la raya que divide dos territorios. ‖ fig. *Cercano, tan *semejante que se aproxima a igualdad.
rayar. tr. Hacer o tirar *rayas. ‖ Tachar o *borrar lo manuscrito o impreso, con una o varias rayas. ‖ **Subrayar.** ‖ intr. Confinar, *lindar una cosa con otra. ‖ Con las voces *alba, día,* etc., *amanecer. ‖ fig. *Sobresalir o distinguirse entre otros. ‖ fig. *Asemejarse una cosa a otra, acercarse a igualarla.
***rayo.** m. **Fís.* Línea de propagación de la energía radiante, y especialmente de la luz y del calor. ‖ **Ópt.* Haz de *luz que procede de un cuerpo luminoso, y especialmente del Sol. ‖ → Chispa eléctrica de gran intensidad producida por descarga entre dos nubes o entre una nube y la tierra. ‖ Cada una de las piezas que a modo de radios de círculo unen el cubo a la llanta de una *rueda. ‖ V. **Piedra de rayo.** ‖ fig. Cualquier cosa que tiene gran *poder o eficacia en su acción. ‖ fig. Persona muy pronta de *ingenio. ‖ fig. Persona pronta y *veloz en sus acciones. ‖ fig. *Dolor intenso y repentino. ‖ fig. Estrago, *desgracia o *castigo repentino. ‖ *Germ.* Criado de justicia, *corchete. ‖ *Germ.* **Ojo.** ‖ **de especies.** *Ópt.* **Rayo de luz.** ‖ **de la incidencia.** *Ópt.* **Rayo incidente.** ‖ **de leche.** Hilo de *leche que arroja el pezón de las mujeres que crían. ‖ **de luz.** Línea de luz que se propaga al través de un medio diáfano. ‖ fig. Idea que se ofrece repentinamene a la inteligencia, y permite *entender o averiguar alguna cosa. ‖ **directo.** *Ópt.* El que proviene derechamente del objeto luminoso. ‖ **incidente.** *Ópt.* Parte del **rayo** de luz desde el objeto hasta el punto en que se quiebra o refleja. ‖ **óptico.** *Ópt.* Aquel por medio del cual se ve el objeto. ‖ **principal.** **Persp.* Línea recta tirada desde la vista perpendicularmente a la tabla. ‖ **reflejo.** **Ópt.* El que, por haberse encontrado con un cuerpo opaco, retrocede. ‖ **refracto.** **Ópt.* El que a través de un cuerpo se quiebra y pasa adelante. ‖ **textorio.** fig. **Lanzadera.** ‖ **verde.** Destello vivo e instantáneo que a veces se observa al transponer el *Sol el horizonte del mar. ‖ **visual.** **Ópt.* Línea recta que va desde la vista al objeto, o que de éste viene a la vista. ‖ **Rayos cósmicos.** Los de gran poder penetrante, producidos por transmutaciones de *átomos en los espacios interestelares. ‖ **Rayos X.** **Terap.* Los que pasan fácilmente a través de muchos cuerpos opacos a la luz ordinaria, y se utilizan en medicina como medio de investigación y como tratamiento. ‖ **Echar rayos** uno. fr. fig. Manifestar grande *ira o enojo con acciones o palabras.
rayón. m. Nombre registrado de cierta *seda artificial.
rayoso, sa. adj. Que tiene rayas.
rayuela. f. d. de **Raya.** ‖ *Juego en el que, tirando tejos a una raya hecha en el suelo y a cierta distancia, gana el que la toca o más se acerca a ella.
rayuelo. m. **Agachadiza.**
***raza.** f. Casta o *calidad del origen o *linaje. ‖ Cada uno de los grupos en que se subdividen algunas *especies zoológicas. ‖ → **Razas humanas.** Grupos de seres humanos que por el color de su piel y otros caracteres se distinguen en **raza** blanca, amarilla, cobriza y negra.
raza. f. Grieta, *hendedura. ‖ Rayo de *luz que penetra por una abertura. ‖ **Veter.* Grieta que se forma en la parte superior del casco de las caballerías. ‖ Lista, en el paño, u otra tela, en que el tejido está más *ralo que en el resto.
razado, da. adj. Aplícase al paño u otro tejido que tiene razas.
rázago. m. **Harpillera.**
razar. tr. ant. *Raer o *borrar.
***razón.** f. Facultad de discurrir. ‖ Acto de discurrir el entendimiento. ‖ Palabras o frases con que se *expresa el pensamiento. ‖ *Argumento en apoyo de alguna cosa. ‖ Motivo o *causa. ‖ *Orden y *método en una cosa. ‖ *Información, recado, noticia. ‖ *Justicia, rectitud. ‖ *Derecho a ejecutar una cosa. ‖ Equidad en las *compras y ventas. ‖ *Cuenta, cómputo. ‖ **Mat.* Resultado de la comparación entre dos cantidades. ‖ **aritmética.** **Mat.* Aquella en que se trata de averiguar el exceso de un término sobre el otro. ‖ **de cartapacio.** fig. y fam. La que se da sin venir al caso. ‖ **de estado.** *Política con que se gobiernan las cosas pertenecientes al interés y utilidad de la república.

|| **de pie de banco.** fig. y fam. La *disparatada o inaplicable al caso. ||**geométrica.** *Mat. Aquella en que se comparan dos términos para saber cuántas veces el uno contiene al otro. || **natural.** Potencia discursiva del hombre, desnuda de toda ayuda o influencia ajena. || **por cociente.** *Mat. **Razón geométrica.** || **por diferencia.** *Mat. **Razón aritmética.** || **social.** *Com. Nombre y firma por los cuales es conocida una *sociedad mercantil de forma colectiva o comanditaria. || **Alcanzar de razones** a uno. fr. fam. *Vencerle en la disputa. || **A razón.** m. adv. **Al respecto.** Ú. en las imposiciones de censos y dinero a intereses. || **Asistir la razón** a uno. fr. Tenerla de su parte. || **Atravesar razones.** fr. **Trabarse de palabras.** || **Cargarse** uno **de razón.** fr. fig. Tener mucha *paciencia para proceder después con más fundamento. || **Dar la razón** a uno. fr. *Concederle lo que dice. || **Dar razón.** fr. *Informar de un negocio. || **En razón a** o **de.** m. adv. Por lo que pertenece o toca a alguna cosa, en *relación con ella. || **Envolver** a uno **en razones.** fr. fig. Confundirle de modo que no sepa responder. || **Estar a razón,** o **a razones.** fr. Raciocinar, *discutir o platicar sobre un punto. || **Hacer** uno **la razón.** fr. Corresponder a un *brindis con otro brindis. || **Llenarse** uno **de razón.** fr. **Cargarse de razón.** || **Meter** a uno **en razón.** fr. Obligarle a obrar razonablemente. || **Perder** uno **la razón.** fr. Volverse *loco. || **Poner en razón.** fr. *Aplacar a los que contienden o altercan. || *Corregir a uno con el castigo. || **Ponerse** uno **a razones con** otro. fr. *Discutir con él. || **Ponerse en razón,** o **en la razón.** fr. En los ajustes y conciertos, venir a *precios o términos *moderados. || **Tomar razón,** o **la razón.** fr. Asentar una partida en *cuenta o *apuntar en un registro alguna cosa.

***razonable.** adj. Arreglado, conforme a razón. || fig. *Mediano, regular.

razonablejo, ja. adj. fam. d. de **Razonable.**

razonablemente. adv. m. Conforme a la razón. || Más que medianamente.

razonadamente. adv. m. Por medio de razones.

razonado, da. adj. Fundado en razones o documentos.

razonador, ra. adj. Que razona. Ú. t. c. s.

***razonamiento.** m. Acción y efecto de razonar. || Serie de conceptos encaminados a demostrar una cosa.

razonante. p. a. de **Razonar.** Que razona.

***razonar.** intr. Exponer las razones en que se funda un juicio, creencia, demostración, etc. || *Hablar, de cualquier modo que sea. || tr. Tratándose de dictámenes, cuentas, etc., apoyarlos con *pruebas o documentos.

re. prep. insep. que denota repetición, negación o inversión del significado del simple, etc.

re. m. *Mús. Segunda nota de la escala música.

rea. f. p. us. Mujer acusada de un *delito.

reabsorber. tr. *Absorber de nuevo.

reabsorción. m. Acción y efecto de *absorber de nuevo.

***reacción.** f. Acción que *resiste o se *opone a otra acción. || En *política, tendencia opuesta a las innovaciones y progresos. || *Mec. Fuerza que un cuerpo sujeto a la acción de otro ejerce sobre él en dirección opuesta. || **Med.* Período de *fiebre y frecuencia de pulso que en algunas enfermedades sucede al de frío. || *Med.* Acción orgánica que propende a contrarrestar la influencia de un agente morbífico. || *Quím. Acción recíproca entre dos o más cuerpos. || **en cadena.** La que da origen a productos (del *átomo) que ocasionan por sí mismos una reacción igual a la primera y así sucesivamente. || **neutra.** *Quím.* Carácter de saturación que se revela por no alterar el color del papel de tornasol.

reaccionar. intr. Producirse una reacción en una persona o colectividad.

reaccionario, ria. adj. Que propende a restablecer lo abolido. Ú. t. c. s. || *Polít. Opuesto a las innovaciones.

reacio, cia. adj. Inobediente, remolón, que muestra *resistencia o *repugnancia a hacer lo que debe.

reactivo, va. adj. Dícese de lo que produce reacción. Ú. m. c. s. m. || m. *Quím. Substancia empleada para descubrir la presencia de otra.

reactor. m. Aparato o instalación en que se producen y regulan las escisiones nucleares de los *átomos.

readmitir. tr. Volver a admitir.

reagravación. f. Acción y efecto de reagravar o reagravarse.

reagravar. tr. Volver a agravar, o agravar más. Ú. t. c. r.

reagudo, da. adj. Extremadamente agudo.

real. adj. Que tiene *existencia verdadera y efectiva.

***real.** adj. Perteneciente o relativo al rey o a la realeza. || Decíase del navío de tres puentes y más de ciento veinte cañones. || Decíase de la galera que llevaba el estandarte **real.** Ú. t. c. s. || **Realista.** || fig. **Regio.** || fig. y fam. Muy bueno, *excelente. || m. Sitio en que estaba la tienda del rey o del general, y por extensión, sitio donde está *acampado un ejército. Ú. m. en pl. || *Campo donde se celebra una *feria. || *Moneda de plata, equivalente a veinticinco céntimos de peseta. || **de a cincuenta.** Moneda antigua de plata. || **de a cuatro.** Moneda de plata, del valor de la mitad del **real** de a ocho. || **de a dos.** Moneda de plata, del valor de la mitad del **real** de a cuatro. || **de agua.** Antigua medida *hidráulica de aforo, correspondiente al líquido que corría por un caño cuya boca era del diámetro de un **real** de plata. || **de a ocho.** Moneda antigua de plata que valía ocho **reales** de plata vieja. || **de ardite.** Moneda antigua de Cataluña, que valía dos sueldos. || **de minas.** Pueblo de Méjico, en cuyo distrito hay *minas de *plata. || **de plata.** Moneda efectiva de plata, que tuvo diferentes valores. || **de plata doble,** o **de plata vieja.** Moneda de cambio, del valor de dieciséis cuartos. || **de vellón. Real** (de veinticinco céntimos de peseta). || **fontanero. Real de agua.** || **fuerte.** Moneda que los españoles labraron en Méjico y corre aún en América. || **valenciano.** Moneda que corría en Valencia con el valor de doce cuartos y tres maravedís de vellón de Castilla. || **Alzar el real,** o **los reales.** fr. Ponerse en movimiento el ejército, dejando el *campamento. || **Asentar los reales.** fr. *Acampar un ejército. || **Levantar el real.** fr. **Alzar el real.** || **Sentar** uno **el real,** o **los reales.** fr. fig. Fijarse o domiciliarse en un lugar. || **Un real sobre otro.** m. adv. fig. y fam. Al contado y completamente.

reala. f. **Rehala.**

realce. m. *Adorno o labor que sobresale o forma *prominencia en la superficie de una cosa. || fig. Lustre, estimación, *fama. || **Pint.* Parte del objeto iluminado, donde más activa y directamente tocan los rayos luminosos. || **Bordar de realce.** fr. Hacer un *bordado que sobresalga en la superficie de la tela. || fig. *Exagerar y desfigurar los hechos.

realdad. f. p. us. **Realeza** (dignidad real).

realegrarse. r. Sentir *alegría extraordinaria.

realejo. m. d. de **Real.** || *Órgano pequeño y manual.

realengo, ga. adj. Aplícase a las *poblaciones que no eran de señorío ni de las órdenes. || Dícese de los *terrenos pertenecientes al estado.

realera. f. **Maestril.**

realete. m. d. de **Real** (*moneda).

realeza. f. Dignidad o soberanía *real.

***realidad.** f. *Existencia real y efectiva de una cosa. || *Verdad, ingenuidad, *sinceridad. || **En realidad.** m. adv. Efectivamente, sin duda alguna. || **En realidad de verdad.** m. adv. **Verdaderamente.**

realillo. m. d. de **Real** (moneda de veinticinco céntimos). || **Real de vellón.**

realismo. m. Doctrina de los *filósofos que atribuían realidad a las ideas generales. || Sistema estético que asigna como fin a las obras *artísticas o *literarias la imitación fiel de la naturaleza.

realismo. m. Doctrina *política u opinión favorable a la monarquía, y especialmente a la absoluta.

realista. adj. Partidario del realismo *filosófico o *artístico. Ú. t. c. s. || Perteneciente al realismo o a los **realistas.**

realista. adj. Partidario del realismo *político. Ú. t. c. s. || Perteneciente al realismo o a los **realistas.**

realito. m. **Realillo.** || **columnario.** *Moneda de plata que valía un real y cuartillo de vellón.

realizable. adj. Que se puede realizar.

realización. f. Acción y efecto de realizar o realizarse.

realizar. tr. *Hacer real y efectiva una cosa. Ú. t. c. r. || *Com.* *Vender, convertir en dinero mercaderías o cualesquier otros bienes. Se dice más comúnmente de la venta hecha con *depreciación.

realmente. adv. m. Efectivamente, en realidad de verdad.

realzar. tr. *Levantar o elevar una cosa más de lo que estaba. Ú. t. c. r. || Labrar de realce. || fig. Ilustrar o *enaltecer. Ú t. c. r. || **Pint.* Tocar de luz una cosa.

reamar. tr. *Amar mucho.

reanimar. tr. Confortar, restablecer las *fuerzas. Ú. t. c. r. || fig. Infundir ánimo y *valor al que está abatido. Ú. t. c. r.

reanudar. tr. fig. *Renovar o *continuar trato, estudio, trabajo, o cualquier otra cosa que se había interrumpido. Ú. t. c. r.

reaparecer. intr. Volver a *aparecer o a mostrarse.

reaparición. f. Acción y efecto de reaparecer.

reapretar. tr. Volver a apretar. || *Apretar mucho.

rearar. tr. Volver a arar.

reasegurador, ra. adj. Dícese del que toma a su cargo un reaseguro. Ú. t. c. s.

reasegurar. tr. *Asegurar un riesgo

mediante un contrato de reaseguro.
reaseguro. m. Contrato por el cual se *asegura, en totalidad o parcialmente, un riesgo ya cubierto por otro asegurador.
reasumir. tr. Volver a *tomar lo que antes se tenía o se había dejado. ‖ Tomar una autoridad superior las *facultades de las inferiores.
reasunción. f. Acción y efecto de reasumir.
reasunto, ta. p. p. irreg. de **Reasumir.**
reata. f. *Cuerda o *correa que *ata dos o más caballerías para que vayan una detrás de otra. ‖ Hilera de *caballerías que van de **reata.** ‖ Caballería tercera que se añade al carro o coche para tirar delante. ‖ *Mar.* Conjunto de vueltas espirales y contiguas que se dan con un *cabo alrededor de un palo u otra cosa. ‖ **De reata.** m. adv. Formando **reata.** ‖ fig. y fam. De *adhesión o conformidad ciega con la voluntad de otro. ‖ fig. y fam. De seguida, en pos, *detrás; en *serie.
reatadura. f. Acción y efecto de reatar.
reatar. tr. Volver a *atar. ‖ Atar apretadamente. ‖ Atar dos o más caballerías para que vayan en hilera.
reatino, na. adj. Natural de Rieti. Ú. t. c. s. ‖ Perteneciente a esta ciudad de Italia.
reato. m. *Obligación que queda a *expiar la *pena correspondiente al pecado, aun después de perdonado.
reaventar. tr. Volver a aventar o a echar al *aire una cosa.
reavivar. tr. Volver a avivar, o avivar intensamente. Ú. t. c. r.
rebaba. f. *Resalto que se forma en el *borde o extremo de algunas herramientas, o porción de materia sobrante que sobresale por una juntura.
rebaja. f. *Disminución o descuento de una cosa.
rebajado. m. *Soldado rebajado del servicio activo.
rebajador. m. **Fot.* Baño que se usa para rebajar las imágenes muy obscuras o de contrastes violentos.
rebajamiento. m. Acción y efecto de *rebajar o rebajarse.
***rebajar.** tr. Hacer más bajo el nivel o superficie horizontal de un terreno u otro objeto. ‖ Hacer nueva baja de una cantidad, *precio, etc. ‖ fig. *Humillar, abatir. Ú. t. c. s. ‖ *Arq.* Disminuir la altura de un arco o *bóveda a menos de lo que corresponde al semicírculo. ‖ **Pint.* Declinar el claro hacia el obscuro. ‖ r. En algunos *hospitales, darse por enfermo uno de los asistentes. ‖ Quedar dispensado del servicio un militar.
rebajo. m. **Carp.* Parte del canto de un madero u otra cosa, donde se ha disminuido el espesor por medio de un corte a modo de espera o de *ranura.
rebalaje. m. *Corriente o *remolino de las aguas.
rebalgar. intr. Abrir mucho las piernas al *andar.
rebalsa. f. Porción de agua, que, *detenida en su curso, forma *embalse. ‖ Porción de *humor detenido en una parte del cuerpo.
rebalsar. tr. *Represar o recoger el agua de suerte que haga balsa. Ú. m. c. intr. y c. r.
rebalse. m. Acción y efecto de rebalsar o rebalsarse. ‖ Estancamiento de aguas que son corrientes de ordinario.
rebanada. f. *Parte delgada, ancha y *plana que se saca de una cosa y especialmente del *pan, cortando de un extremo al otro.
rebanar. tr. Hacer rebanadas una cosa o de alguna cosa. ‖ *Cortar o dividir una cosa de una parte a otra.
rebanco. m. *Arq.* Segundo banco o zócalo que se pone sobre el primero.
rebanear. tr. fam. **Rebanar.**
rebañadera. f. Aro de hierro con varios *ganchos colgantes, que se utiliza para sacar lo que se cayó en un *pozo.
rebañadura. f. **Arrebañadura.**
rebañar. tr. **Arrebañar.**
rebañego, ga. adj. Perteneciente al rebaño de ganado.
***rebaño.** m. Hato grande de *ganado y especialmente de ovejas. ‖ fig. Congregación de los fieles de la *Iglesia, respecto de sus pastores espirituales.
rebañuelo. m. d. de **Rebaño.**
rebasadero. m. *Mar.* Paraje del *mar por donde un buque puede rebasar un peligro.
***rebasamiento.** m. Acción y efecto de rebasar.
***rebasar.** tr. Pasar o exceder de cierto límite. ‖ **Mar.* Pasar, navegando, más allá de un buque, cabo, escollo, etc.
rebase. m. **Rebasamiento.**
rebate. m. Reencuentro, *combate, *contienda.
rebatible. adj. Que se puede rebatir o refutar.
rebatimiento. m. Acción y efecto de rebatir.
rebatiña. f. **Arrebatiña.**
rebatir. tr. Rechazar o *resistir la fuerza o violencia de uno. ‖ Volver a batir. ‖ Batir mucho. ‖ Redoblar, reforzar. ‖ *Rebajar de una suma una cantidad que no debió comprenderse en ella. ‖ *Impugnar, refutar. ‖ fig. Resistir, rechazar tentaciones, propuestas, etc. ‖ **Esgr.* Desviar la espada o sable del contrario, haciéndole bajar la punta, para evitar la herida. ‖ **Arq. Nav.* Dar a las costuras el último repaso de calafatería.
rebato. m. *Llamamiento o convocación de los vecinos de uno o más pueblos, hecho por medio de *toque de *campana, tambor, etc., con el fin de defenderse cuando sobreviene un peligro. ‖ fig. Alarma o *perturbación ocasionada por algún acontecimiento repentino. ‖ *Mil.* *Acometimiento repentino que se hace al enemigo. ‖ **De rebato.** m. adv. fig. y fam. De modo *imprevisto, repentinamente.
rebautizante. p. a. de **Rebautizar.** Que rebautiza.
rebautizar. tr. Reiterar el sacramento del *bautismo.
rebeco. m. **Gamuza** (*rumiante).
***rebelarse.** r. Levantarse, faltando a la obediencia debida. ‖ Retirarse de la amistad o correspondencia que se tenía. ‖ fig. Oponer *resistencia.
***rebelde.** adj. Que se rebela o subleva. Ú. t. c. s. ‖ *Indócil, *desobediente. ‖ Que se resiste con *obstinación. ‖ **For.* Dícese del declarado en rebeldía. Ú. t. c. s.
***rebeldía.** f. Calidad de rebelde. ‖ Acción propia del rebelde. ‖ **For.* Estado procesal del que, siendo parte en un juicio, no acude al llamamiento del juez. ‖ **En rebeldía.** m. adv. **For.* En situación jurídica de rebelde.
***rebelión.** f. Acción y efecto de rebelarse. Se usó t. c. m. ‖ **For.* *Delito contra el orden público, definido en las leyes.
rebelón, na. adj. Aplícase a la *caballería que rehúsa volverse a uno o a ambos lados.
rebencazo. m. Golpe dado con el rebenque.
rebenque. m. *Látigo de cuero o cáñamo embreado, con el cual se castigaba a los galeotes. ‖ Látigo recio de jinete. ‖ *Mar.* Cuerda o *cabo cortos.
rebina. f. **Tercia** (tercera cava que se da a las *viñas).
rebinar. tr. *Agr.* Cavar por tercera vez las *viñas. ‖ intr. fig. *Reflexionar, volver a meditar sobre una cosa.
rebisabuelo, la. m. y f. **Tatarabuelo.**
rebisnieto, ta. m. y f. **Tataranieto.**
reblandecer. tr. *Ablandar una cosa o ponerla tierna. Ú. t. c. r.
reblandecimiento. m. Acción y efecto de reblandecer o reblandecerse. ‖ **Pat.* Degeneración de los tejidos orgánicos, caracterizada por la disminución de su consistencia natural.
reblar. intr. Titubear, *vacilar, retroceder.
reble. m. *Germ.* **Nalga.**
rebocillo. m. **Rebociño.**
rebociño. m. *Mantilla o toca corta usada por las mujeres. ‖ *Toca de lienzo blanco, ceñida a la cabeza y al rostro de las mujeres.
rebojo. m. *Mendrugo, trozo de *pan duro.
rebollar. m. **Rebolledo.**
rebolledo. m. Sitio poblado de rebollos.
rebollidura. f. Bulto en el alma de un *cañón mal fundido.
rebollo. m. *Árbol de las cupulíferas, de flores en amento, y bellotas solitarias y sentadas, o dos o tres sobre un pedúnculo corto. ‖ Brote de las raíces del melojo. ‖ *Tronco de árbol. ‖ **Alcanforada.** ‖ Barda de roble.
rebollón. m. *Madero de doce a veinte palmos de longitud.
rebolludo, da. adj. *Fuerte, robusto y no muy alto.
rebombar. intr. *Sonar estrepitosamente una cosa.
reboñar. intr. Pararse la rueda del *molino por rebalsar el agua en el cauce de salida.
reboño. m. Suciedad o *lodo depositado en el cauce del *molino.
reborda. adj. V. **Pega reborda.**
reborde. m. Faja estrecha y *saliente a lo largo del *borde de alguna cosa.
rebosadero. m. Paraje, agujero o conducto por donde rebosa o *desagua un líquido.
rebosadura. f. Acción y efecto de rebosar.
rebosamiento. m. **Rebosadura.**
***rebosar.** intr. Derramarse un líquido por encima de los bordes de un recipiente que no puede contenerlo todo. ‖ Dícese también del mismo recipiente. Ú. t. c. r. ‖ fig. *Abundar con *exceso una cosa. Ú. t. c. tr. ‖ fig. *Expresar de algún modo algún sentimiento interior. ‖ desus. **Vomitar.**
rebotación. f. fam. Acción y efecto de rebotar o rebotarse; *turbación, sofoco.
rebotadera. f. *Peine de hierro con que se levanta el pelo del *paño para tundirlo.
rebotador, ra. adj. Que rebota. Ú. t. c. s.
rebotadura. f. Acción de rebotar.
***rebotar.** intr. Botar repetidamente un cuerpo. ‖ Botar la *pelota en la pared después de haber botado en el suelo. ‖ tr. *Doblar o remachar la punta de un clavo u otra cosa análoga. ‖ Levantar con la rebota-

dera el pelo del *paño. ‖ **Rechazar.** ‖ Alterar el color y calidad de una cosa. Ú. m. c. r. ‖ fam. Conturbar, *aturdir, poner fuera de sí a una persona, dándole motivos de agravio, *temor, etc. Ú. m. c. r.
***rebote.** m. Acción y efecto de rebotar. ‖ Cada uno de los botes que después del primero da el cuerpo que rebota. ‖ **De rebote.** m. adv. fig. De rechazo, a consecuencia de.
rebotica. f. Pieza que está detrás de la principal de la botica, y le sirve de desahogo. ‖ En algunas partes, **trastienda.**
rebotiga. f. En algunas partes, **trastienda.**
rebotín. m. Segunda *hoja que echa la morera.
rebozar. tr. *Cubrir casi todo el rostro con la *capa o *manto. Ú. t. c. r. ‖ **Culin.* Bañar una vianda en huevo batido, harina, etc.
rebozo. m. Modo de llevar la *capa o *manto cuando con él se cubre casi todo el rostro. ‖ **Rebociño.** ‖ fig. Simulación, *pretexto. ‖ **De rebozo.** m. adv. fig. De *oculto. ‖ **Sin rebozo.** m. adv. fig. *Manifiesta, sinceramente.
rebramar. intr. Volver a bramar. ‖ Bramar fuertemente. ‖ *Mont.* Responder a un bramido con otro.
rebramo. m. Bramido del ciervo u otro rumiante.
rebrillar. intr. *Brillar mucho.
rebrotar. tr. **Retoñar.**
rebrote. m. **Retoño.**
rebudiar. intr. *Mont.* Roncar el *jabalí.
rebudio. m. Ronquido (*voz) del *jabalí.
rebufar. intr. Volver a bufar. ‖ Bufar con fuerza.
rebufe. m. Bufido (*voz) del toro. ‖ fig. *Ira, cólera.
rebufo. m. Expansión del aire alrededor de la boca del arma de fuego al salir el *tiro.
rebujado, da. adj. Enmarañado, *enredado; en desorden.
rebujal. m. Número o *residuo de cabezas que en un *rebaño exceden de cincuenta o de un múltiplo de cincuenta. ‖ *Terreno de inferior calidad, que no llega a media fanega.
rebujar. tr. **Arrebujar.** Ú. t. c. r.
rebujina. f. **Rebujiña.**
rebujiña. f. fam. *Alboroto, bullicio popular.
rebujo. m. Embozo con que se *cubrían las mujeres para no ser conocidas. ‖ *Envoltorio de papel, trapos u otras cosas. ‖ En algunas partes, porción de *diezmos que se distribuía en dinero.
rebultado, da. adj. **Abultado.**
rebullicio. m. *Bullicio grande.
rebullir. intr. Empezar a *moverse o a dar *señales de vida lo que estaba quieto. Ú. t. c. r.
rebumbar. tr. Zumbar la *bala de cañón.
rebumbio. m. fam. **Barullo.**
rebuño. m. Rebujo, *envoltorio u otra cosa de forma parecida.
reburujar. tr. fam. Cubrir o revolver una cosa haciéndola un burujón.
reburujón. m. **Rebujo** (*envoltorio).
rebusca. f. Acción y efecto de rebuscar. ‖ Fruto que queda en los campos después de alzada la *cosecha. ‖ fig. Desecho, *desperdicio.
rebuscador, ra. adj. Que rebusca. Ú. t. c. s.
rebuscamiento. m. Acción de rebuscar. ‖ Hablando del lenguaje y *estilo, corrección *afectada.
rebuscar. tr. Escudriñar o *buscar repetidamente o con minuciosidad. ‖ Recoger el fruto que queda en los campos después de alzadas las *cosechas.
rebusco. m. **Rebusca.**
rebutir. tr. Embutir, rellenar.
rebuznador, ra. adj. Que rebuzna. Ú. t. c. s.
rebuznar. intr. Dar rebuznos.
rebuzno. m. *Voz del *asno.
recabar. tr. *Conseguir con instancias o reclamaciones lo que se desea.
recabita. adj. *Israelita descendiente de Recab. Ú. t. c. s. ‖ Perteneciente a los individuos de esta familia.
recadero, ra. m. y f. *Mensajero o persona que tiene por oficio llevar recados de un punto a otro.
recado. m. *Mensaje o *respuesta que de palabra se da o se envía a otro. ‖ Memoria o recuerdo *cortés del afecto que se tiene a una persona. ‖ *Regalo, presente. ‖ *Provisión que para el surtido de las casas se lleva diariamente del mercado. ‖ Conjunto de *utensilios u objetos necesarios para hacer ciertas cosas. ‖ Documento que justifica las partidas de una *cuenta. ‖ ***Precaución.** ‖ **Impr.* Conjunto de tipos, signos, etc., que se aprovechan de un pliego para otro. ‖ **Mal recado.** Mala acción, *travesura, *descuido. ‖ **Dar recado para** una cosa. fr. *Proveer de lo necesario para ejecutarla. ‖ **Sacar los recados.** fr. Sacar el juzgado eclesiástico el despacho para las amonestaciones de un *casamiento.
recaer. intr. Volver a *caer. ‖ Caer nuevamente *enfermo de la misma dolencia el que estaba convaleciendo. ‖ Reincidir en los *vicios, errores, etc. ‖ Venir a caer o parar en uno o sobre uno los *efectos de alguna cosa.
recaída. f. Acción y efecto de recaer.
recalada. f. **Mar.* Acción de recalar un buque.
recalar. tr. *Impregnar poco a poco un líquido un cuerpo seco, dejándolo *húmedo o mojado. Ú. t. c. r. ‖ intr. **Mar.* Llegar el buque a la vista de un punto de la costa. ‖ *Mar.* Llegar el *viento a un lugar determinado.
recalcada. f. **Mar.* Acción de recalcar un buque.
recalcadamente. adv. m. Muy apretadamente.
recalcadura. f. Acción de recalcar.
recalcar. tr. *Apretar mucho una cosa con otra o sobre otra. ‖ *Llenar mucho de una cosa un receptáculo, apretándola para que quepa más cantidad de ella. ‖ fig. Tratándose de palabras, decirlas con lentitud y exagerada fuerza de *expresión como llamando la atención sobre ellas. ‖ intr. **Mar.* Aumentar el buque su inclinación o escora sobre la máxima de un balance. ‖ r. fig. y fam. *Repetir una cosa muchas veces, como saboreándose con las palabras. ‖ fig. y fam. **Arrellanarse.**
recalce. m. Acción y efecto de recalzar. ‖ **Recalzo.**
recalcitrante. adj. Terco, *impenitente, *obstinado en la *resistencia.
recalcitrar. intr. *Retroceder. ‖ fig. Resistir o *desobedecer con tenacidad.
recalentador. m. *Mec.* En las *calderas de vapor, aparato para recuperar parte del calor que escapa del hogar.
recalentamiento. m. Acción y efecto de recalentar o recalentarse.
recalentar. tr. Volver a *calentar. ‖ Calentar demasiado. ‖ Excitar el apetito *venéreo. Ú. t. c. r. ‖ r. Tratándose de ciertas cosas como el tabaco, la *madera, las aceitunas, etcétera, echarse a perder o *pudrirse por el excesivo calor. ‖ Tomar una cosa más calor del que conviene para su uso.
recalmón. m. *Mar.* Súbita disminución en la fuerza del *viento.
recalvastro, tra. adj. despect. *Calvo desde la frente a la coronilla.
recalzar. tr. **Agr.* Arrimar tierra alrededor de las plantas o árboles. ‖ **Arq.* Hacer un recalzo. ‖ **Pint.* Pintar un dibujo.
recalzo. m. **Recalzón.** ‖ *Arq.* Reparo que se hace en los *cimientos de un edificio ya construido.
recalzón. m. Pina de refuerzo para suplir en la *rueda a la llanta de hierro.
recamado. m. **Bordado de realce.**
recamador, ra. m. y f. *Bordador de realce.
recamar. tr. **Bordar de realce.**
recámara. f. *Aposento después de la cámara, destinado para guardar los vestidos o alhajas. ‖ Repuesto de alhajas o *muebles de las casas ricas. ‖ Sitio en el interior de una mina, destinado a contener los *explosivos. ‖ **Fort.* **Hornillo.** ‖ En las *armas de fuego*, extremo del ánima opuesto a la boca, en el cual se coloca el cartucho. ‖ fig. y fam. Cautela, reserva, *disimulo.
recambiar. tr. Hacer segundo cambio o *trueque. ‖ *Com.* Girar *letra de resaca.
recambio. m. Acción y efecto de recambiar. ‖ *Germ.* **Bodegón.** ‖ *Provisión o repuesto de piezas de *máquinas.
recamo. m. **Recamado.** ‖ **Indum.* Especie de alamar hecho de galón, cerrado con una bolita al extremo.
recancamusa. f. fam. **Cancamusa.**
recancanilla. f. fam. Modo de *andar los muchachos como *cojeando. ‖ fig. y fam. Modo de recalcar o aumentar la *expresión de las palabras. Ú. m. en pl.
recantación. f. **Palinodia.**
recantón. m. **Guardacantón.**
recapacitar. tr. Recorrer la *memoria para recordar los distintos puntos de un asunto y *reflexionar sobre ellos. Ú. m. c. intr.
recapitulación. f. Acción y efecto de recapitular.
recapitular. tr. Recordar en *resumen y ordenadamente lo que ya se había expuesto con extensión.
recargar. tr. Volver a *cargar. ‖ Aumentar *carga. ‖ Hacer nuevo cargo o *acusación. ‖ fig. Agravar una cuota de *impuesto. ‖ fig. *Adornar con exceso o *afectación una persona o cosa. ‖ *For.* En lo antiguo, detener al reo en la *prisión o agravar su condena. ‖ r. *Med.* Tener recargo de *fiebre.
recargo. m. Nueva *carga o aumento de carga. ‖ Nuevo cargo o *acusación que se hace a uno. ‖ *For.* En lo antiguo, acción de recargar la *pena al reo. ‖ *Med.* Aumento de *fiebre.
recata. f. Acción de catar por segunda vez.
recatadamente. adv. m. Con recato.
recatado, da. adj. Circunspecto, *prudente. ‖ ***Honesto.**
recatamiento. m. ant. **Recato.**
recatar. tr. Encubrir u *ocultar lo que no se quiere que se vea o se sepa. Ú. t. c. r. ‖ r. Mostrar *temor o *recelo en tomar una resolución.
recatar. tr. Catar segunda vez.
recatear. tr. **Regatear.**
recatería. f. **Regatonería.**
recato. m. **Cautela.** ‖ **Honestidad.**
recatón, na. adj. **Regatón** (que

vende por menor). ‖ **Regatón** (contera).
recatonazo. m. Golpe dado con el recatón de la lanza.
recatonear. tr. **Regatonear.**
recatonería. f. **Regatonería.**
recaudación. f. Acción de *recaudar. ‖ Cantidad recaudada. ‖ Oficina para la entrega de caudales públicos.
recaudador. m. Encargado de la *cobranza de caudales públicos.
recaudamiento. m. **Recaudación.** ‖ Cargo o empleo de recaudador. ‖ *Territorio a que se extiende el cargo de un recaudador.
***recaudar.** tr. Cobrar o percibir caudales o efectos. ‖ Asegurar, poner o tener en *custodia.
recaudo. m. **Recaudación.** ‖ *Precaución, cuidado. ‖ *For.* Caución, fianza. ‖ **A buen recaudo,** o **a recaudo.** m. adv. Bien custodiado.
recavar. tr. *Agr.* Volver a cavar.
recazo. m. En la *espada y otras armas análogas, extremo de la hoja, de donde arranca la espiga para formar la empuñadura. ‖ Parte *roma del cuchillo, opuesta al filo.
recebar. tr. Echar recebo.
recebo. m. Arena o *piedra muy menuda para la construcción y reparación de carreteras. ‖ Cantidad de líquido con que se *llenan los *toneles que han sufrido alguna merma.
recechar. tr. *Mont.* **Acechar.**
rececho. m. *Mont.* **Acecho.**
recejar. intr. **Recular.**
recela. m. **Caballo recelador.**
recelador. adj. V. **Caballo recelador.** Ú. t. c. s.
recelamiento. m. **Recelo.**
recelar. tr. *Temer, desconfiar y *sospechar. Ú. t. c. r. ‖ Poner el *caballo frente a la yegua para despertar el apetito *venéreo.
***recelo.** m. Acción y efecto de recelar.
receloso, sa. adj. Que tiene recelo.
recensión. f. *Noticia, reseña o *crítica breve de una obra literaria o científica.
recentadura. f. Porción de levadura que se deja reservada para otra *fermentación.
recental. adj. V. **Cordero recental.** Ú. t. c. s. ‖ **Ternero recental.** Ú. t. c. s.
recentar. tr. Poner en la masa del *pan la porción de levadura para *fermentar. ‖ r. **Renovarse.**
recentín. adj. **Recental.**
recentísimo, ma. adj. sup. de **Reciente.**
receñir. tr. Volver a *ceñir.
***recepción.** f. Acción y efecto de recibir. ‖ Admisión en un empleo, oficio o corporación. ‖ *Fiesta o *ceremonia en que desfilan, ante un jefe de estado u otro personaje principal, los representantes de cuerpos o clases sociales. ‖ *Reunión con carácter de fiesta que se celebra en algunas casas particulares. ‖ *For.* Hablando de *testigos, examen de ellos.
recepta. f. Libro en que se anotaban las *multas impuestas por el Consejo de Indias.
receptación. f. Ocultación de objetos *robados.
receptáculo. m. *Recipiente o *concavidad en que puede contenerse cualquiera substancia. ‖ fig. Acogida, *asilo. ‖ *Bot.* Extremo del pedúnculo, donde se asientan las hojas o verticilos de la *flor.
receptador, ra. m. y f. *For.* Persona que *oculta o encubre delincuentes o cosas que son materia de *delito.
receptar. tr. *For.* *Ocultar o encubrir delincuentes o cosas que son materia de *delito. ‖ *Recibir, acoger. Ú. t. c. r.
receptividad. f. *Pat.* Predisposición a contraer cierta enfermedad.
receptivo, va. adj. Que recibe o es capaz de recibir.
recepto. m. Refugio, lugar de *seguridad.
receptor, ra. adj. Que recepta o recibe. Ú. t. c. s. ‖ Dícese del aparato que sirve para recibir las señales eléctricas, *telegráficas, telefónicas, etc. Ú. m. c. s. ‖ m. **Radiorreceptor.** ‖ *For.* *Escribano comisionado por un tribunal para hacer *cobranzas y otras diligencias. ‖ **general.** El que recaudaba las *multas.
receptoría. f. **Recetoría.** ‖ Oficio u oficina del receptor. ‖ *For.* Despacho o comisión que lleva el receptor.
recercador, ra. adj. Que recerca. Ú. t. c. s. ‖ m. **Cercador** (especie de *cincel romo).
recercar. tr. Volver a cercar. ‖ **Cercar.**
recésit. m. **Recle.**
receso. m. *Desviación, *apartamiento. ‖ *Cesación, *interrupción, vacación. ‖ **del Sol.** *Astr.* Movimiento aparente con que el Sol se aparta del Ecuador.
receta. f. *Med.* Prescripción facultativa. ‖ Nota escrita de esta prescripción. ‖ *Cont.* Relación de partidas que se pasa de una contaduría a otra. ‖ fig. Instrucción que expresa el *modo de hacer una cosa o los ingredientes de que se compone. ‖ fig. y fam. Memoria de cosas que se *piden.
recetador. m. El que receta.
recetante. p. a. de **Recetar.** Que receta.
recetar. tr. *Med.* Prescribir un medicamento, con expresión de su dosis, preparación y uso. ‖ fig. y fam. *Pedir alguna cosa de palabra o por escrito.
recetario. m. Asiento de todo lo que el *médico ordena que se suministre al enfermo. ‖ Cuaderno que en los *hospitales sirve para poner estos asientos. ‖ Conjunto de recetas no pagadas que se guardan en una *farmacia. ‖ **Farmacopea.** ‖ Libro que contiene recetas de *cocina, o para usos domésticos o industriales.
recetor. m. **Receptor.** ‖ Tesorero que recibe caudales públicos.
recetoría. f. Oficina del recetor. ‖ *Ecles.* Tesorería adonde acuden los prebendados de algunas iglesias a cobrar sus emolumentos.
recial. m. Corriente impetuosa de los *ríos.
reciamente. adv. m. *Fuertemente, con vigor y *violencia.
reciario. m. Gladiador cuya arma principal era una red con que trataba de envolver al adversario.
recibí. m. Expresión con que en los *recibos u otros documentos se declara haber recibido aquello de que se trata.
recibidero, ra. adj. Dícese de lo que tiene condición para ser recibido o tomado.
recibido, da. adj. Admitido generalmente, *ordinario, regular.
recibidor, ra. adj. Que recibe. Ú. t. c. s. ‖ m. **Recibimiento** (*aposento). ‖ En la orden de San Juan, ministro diputado para recaudar los fondos.
recibiente. p. a. de **Recibir.** Que recibe.
recibimiento. m. **Recepción.** ‖ *Acogida buena o mala que se hace al que viene de fuera. ‖ En algunas partes, **antesala.** ‖ En otras, sala principal. ‖ *Aposento que da entrada a cada uno de los cuartos habitados por una familia. ‖ *Visita general en que una persona recibe a todas las de su amistad. ‖ En algunas partes, *altar que se hace en las calles para las procesiones.
***recibir.** tr. Tomar uno lo que le dan. ‖ **Percibir** (*cobrar). ‖ Sustentar, *sostener un cuerpo a otro. ‖ *Padecer uno algún daño. ‖ Admitir dentro de sí una cosa a otra; como el mar los ríos, etc. ‖ Admitir, *aprobar una cosa. ‖ *Acoger uno a otro en su compañía o comunidad. ‖ Admitir *visitas una persona en día previamente determinado. ‖ Salir a encontrarse con uno para *agasajarle o acompañarle, cuando viene de fuera. ‖ Esperar al que acomete, con ánimo de *resistirle. ‖ *Albañ.* *Sujetar o fijar con yeso u otro material un cuerpo que se introduce en la fábrica. ‖ *Taurom.* Aguantar el matador la embestida del toro sin mover los pies, y clavarle el estoque aprovechando el impulso de la fiera. ‖ r. Tomar uno la investidura para ejercer alguna facultad o *profesión.
***recibo.** m. ***Recepción.** ‖ **Recibimiento** (aposento). ‖ → Escrito firmado en que se declara haber recibido dinero u otra cosa. ‖ **Estar de recibo.** fr. Estar una persona dispuesta para recibir visitas. ‖ **Ser de recibo.** ‖ **Ser de recibo.** fr. Tener un género todas las *buenas cualidades requeridas.
recidiva. f. *Pat.* Repetición de una enfermedad poco después de terminada la convalecencia.
reciedumbre. f. *Fuerza o vigor.
recién. adv. t. **Recientemente.** Ú. siempre antepuesto a los participios pasivos.
***reciente.** adj. Nuevo, fresco o acabado de hacer. ‖ m. **Levadura.**
***recientemente.** adv. t. Poco tiempo *antes.
recinchar. tr. Fajar una cosa con otra, *ciñéndola.
recincho. m. Ceñidor o *cinturón.
recinto. m. *Lugar o espacio comprendido dentro de ciertos límites.
recio, cia. adj. *Fuerte, robusto. ‖ *Grueso, gordo. ‖ Áspero, de carácter *desabrido. ‖ Duro, grave, difícil de soportar. ‖ Hablando de *tierras, substancioso, de mucha miga. ‖ Hablando del tiempo *atmosférico, desapacible, riguroso. ‖ *Veloz, impetuoso. ‖ **De recio.** m. adv. Con rapidez o precipitación. ‖ **Reciamente.**
recio, cia. adj. Natural de Recia. Ú. t. c. s. ‖ Perteneciente a este país de la Europa antigua.
récipe. m. *Med.* Palabra que solía ponerse en abreviatura a la cabeza de la receta. ‖ fam. **Receta.** ‖ fig. y fam. Desazón, *disgusto que se da a uno.
recipiendario. m. El que es recibido solemnemente en una *corporación para formar parte de ella.
***recipiente.** adj. Que recibe. ‖ → m. Concavidad o vaso en que puede contenerse alguna cosa. ‖ Vaso donde se reúne el líquido que destila un *alambique. ‖ Campana de la máquina neumática.
reciprocación. f. ***Reciprocidad.** ‖ Manera de ejercerse la acción del verbo recíproco.
recíprocamente. adv. m. Mutuamente, con igual correspondencia.
reciprocar. tr. Hacer que dos cosas se correspondan. Ú. t. c. r. ‖ *Res-

ponder a una acción con otra semejante.

***reciprocidad.** f. Correspondencia mutua de una persona o cosa con otra.

***recíproco, ca.** adj. Igual en la correspondencia de uno a otro. ‖ ‖ *Gram.* V. **Verbo recíproco.** Ú. t. c. s.

recisión. f. desus. *For.* **Rescisión.**

***recitación.** f. Acción de recitar.

recitáculo. m. Lugar del *templo donde antiguamente se *recitaba.

recitado. m. **Mús.* Género de canto que se usa en las óperas y otras composiciones, y que es un medio entre la declamación y el canto propiamente dicho.

recitador, ra. adj. Que recita. Ú. t. c. s.

recital. m. **Mús.* Concierto compuesto de varias obras ejecutadas por un solo artista en un mismo *instrumento.

recitante, ta. m. y f. Comediante o farsante.

***recitar.** tr. Referir o decir en voz alta un discurso u oración. ‖ Decir de memoria y en voz alta versos, discursos, etc.

recitativo, va. adj. *Mús.* V. **Estilo recitativo.**

reciura. f. Calidad de recio. ‖Rigor del tiempo *atmosférico.

recizalla. f. Segunda cizalla.

reclamación. f. Acción y efecto de *reclamar. ‖ *Impugnación o contradicción que se hace a una cosa.

reclamante. p. a. de **Reclamar.** Que reclama. Ú. t. c. s.

***reclamar.** intr. Clamar contra una cosa; *oponerse a ella de palabra o por escrito. ‖ poét. **Resonar.** ‖ tr. *Llamar con mucha instancia. ‖ → Pedir o exigir con derecho una cosa. ‖ **Caza.* Llamar a las aves con el reclamo. ‖ **For.* Llamar una autoridad a un prófugo, o pedir el juez competente el reo o la causa en que otro entiende indebidamente. ‖ rec. Llamarse unas a otras ciertas aves de una misma especie. Ú. t. c. tr.

reclame. m. *Mar.* Cajera con sus *poleas, que está en los cuellos de los masteleros.

reclamo. m. *Ave amaestrada que se lleva a la *caza para que con su canto atraiga otras de su especie. ‖ Voz con que una ave llama a otra de su especie. ‖ Instrumento con que se imita esta voz. ‖ Sonido de este instrumento. ‖ *Voz o grito con que se *llama a uno. ‖ **Llamada** (*señal en impresos y manuscritos). ‖ fig. Cualquier cosa que *atrae. ‖ *Germ.* Criado de *mancebía. ‖ *For.* **Reclamación.** ‖ **Impr.* Palabra o sílaba que solía ponerse al fin de cada plana, y era la misma con que había de empezar la plana siguiente. ‖ *Anuncio llamativo de un espectáculo, libro, mercancía, etc.

recle. m. **Ecles.* Tiempo que se permite a los prebendados *ausentarse del coro.

reclinación. f. Acción y efecto de reclinar o reclinarse.

reclinar. tr. *Inclinar el cuerpo, o parte de él, *apoyándolo sobre una cosa. Ú. t. c. r. ‖ *Inclinar una cosa *apoyándola sobre otra. Ú. t. c. r.

reclinatorio. m. *Mueble u otra cosa dispuesta para reclinarse. ‖ Mueble acomodado para *arrodillarse y *rezar.

recluir. tr. Encerrar o poner en reclusión. Ú. t. c. r.

reclusión. f. *Encierro, aislamiento o *prisión voluntaria o forzada. ‖ Sitio en que uno está recluso.

recluso, sa. p. p. irreg. de **Recluir.** Ú. t. c. s.

reclusorio. m. **Reclusión** (lugar en que uno está encerrado).

recluta. f. **Reclutamiento.** ‖ m. El que voluntariamente sienta plaza de *soldado. ‖ Por ext., mozo alistado para el servicio *militar. ‖ Por ext., soldado muy bisoño. ‖ **disponible.** El que aún no ha sido llamado a las filas.

reclutador. m. El que recluta o alista reclutas.

reclutamiento. m. **Mil.* Acción y efecto de reclutar. ‖ Conjunto de los reclutas de un año.

reclutar. tr. Alistar reclutas.

***recobrar.** tr. Volver a poseer lo que antes se tenía. ‖r. Repararse o *compensarse de un daño recibido. ‖ Desquitarse, reintegrarse de lo perdido. ‖ Volver en sí de la enajenación del ánimo o de los *sentidos.

recobro. m. Acción y efecto de recobrar o recobrarse.

recocer. tr. Volver a *cocer. ‖ Cocer mucho una cosa. Ú. t. c. r. ‖ Caldear los *metales para que adquieran determinadas propiedades. ‖ r. fig. Atormentarse por la vehemencia de una *pasión.

recocida. f. **Recocido.**

recocido, da. adj. fig. Muy *experimentado y práctico en cualquier materia. ‖ m. Acción y efecto de recocer o recocerse.

recocina. f. *Aposento contiguo a la *cocina, para desahogo de ella.

recocho, cha. adj. Muy *cocido. Ú. t. c. s. ‖ m. *Ladrillo **recocho.**

recodadero. m. Mueble o sitio acomodado para recodarse.

recodar. intr. *Apoyarse o descansar sobre el codo. Ú. m. c. r.

recodar. intr. Formar recodo o *curva un río, un camino, etc.

recodo. m. *Ángulo o *curva muy marcada que forman las calles, *ríos, etc. ‖ Lance del juego de *billar, en que la bola herida toca sucesivamente en dos bandas contiguas.

recogeabuelos. m. Imperdible que usan las mujeres para sujetar los *cabellos de la nuca o abuelos.

recogedero. m. Parte en que se *recogen algunas cosas. ‖ Instrumento con que se recogen.

recogedor, ra. adj. Que recoge o da *hospitalidad a uno. ‖ m. Instrumento de *labranza para recoger la *parva de la era, formado de una tabla arrastrada por una caballería.

***recoger.** tr. Volver a *coger; *tomar segunda vez una cosa. ‖ *Juntar o congregar personas o cosas separadas. ‖ Hacer la *recolección de los frutos. ‖ *Encoger, estrechar o *ceñir. ‖ *Guardar, poner en cobro una cosa. ‖ Ir juntando y guardando poco a poco. ‖ Dar asilo, *acoger a uno. ‖ *Encerrar a uno por *loco o insensato. ‖ *Interrumpir el uso o curso de una cosa. ‖ Retirarse, acogerse a una parte. ‖ *Retirarse del trato de las gentes. ‖ *Moderarse en los gastos. ‖ Retirarse a *dormir o descansar. ‖ Retirarse a casa. ‖ fig. Apartarse o *enajenarse el espíritu de todo lo terreno.

recogida. f. Acción y efecto de recoger.

recogidamente. adv. m. Con recogimiento.

recogido, da. adj. Que vive *retirado del trato de las gentes. ‖ Dícese de la mujer que vive en determinada casa o *comunidad con clausura voluntaria o forzosa. Ú. t. c. s. ‖ Aplícase a la *caballería o animal que es corto de tronco.

recogimiento. m. Acción y efecto de recoger o recogerse. ‖ Casa o *asilo de recogidas.

recolar. tr. Volver a *colar un líquido.

***recolección.** f. Recopilación, *resumen. ‖ → Cosecha de los frutos. ‖ *Cobranza, recaudación. ‖ En algunas *comunidades, observancia estrecha de la regla. ‖ *Convento en que se guarda y observa más estrechez que la común de la regla. ‖ fig. Casa particular en que se observa recogimiento. ‖ Entre los *místicos, atención a Dios y a las cosas divinas, con abstracción de todo lo demás.

recolectar. tr. **Recoger.**

recolector. m. **Recaudador.**

recolegir. tr. **Colegir.**

recoleto, ta. adj. Aplícase al *fraile que guarda recolección. Ú. t. c. s. ‖Dícese del *convento o casa en que se guarda recolección. ‖ fig. Dícese del que vive con *retraimiento y abstracción, o viste modestamente. Ú. t. c. s.

recomendable. adj. Digno de recomendación o estimación.

recomendablemente. adv. m. De modo recomendable.

***recomendación.** f. Acción y efecto de recomendar o recomendarse. ‖ *Encargo que se hace a otro, poniendo a su cuidado y diligencia una cosa. ‖ *Alabanza de un sujeto para *interceder por él cerca de otro. ‖ Autoridad, representación o *excelencia por que se hace más apreciable una cosa. ‖ **del alma.** Súplica que hace la Iglesia con determinadas *oraciones por el que está próximo a *morir.

recomendante. p. a. de **Recomendar.** Que recomienda. Ú. t. c. s.

recomendar. tr. *Encargar a uno para que tome a su cuidado una persona o negocio. ‖ Hablar o *interceder por uno, elogiándole. ‖ Hacer recomendable a uno. Ú. t. c. r.

recomendatorio, ria. adj. Dícese de lo que recomienda.

recomerse. r. **Concomerse.**

***recompensa.** f. Acción y efecto de recompensar. ‖ Lo que sirve para recompensar.

recompensable. adj. Que se puede recompensar. ‖ Digno de recompensa.

recompensación. f. **Recompensa.**

***recompensar.** tr. ***Compensar** (resarcir un daño). ‖ → Retribuir o *remunerar un servicio. ‖ Premiar un beneficio, virtud o mérito.

recomponer. tr. Componer de nuevo, *reparar.

recompuesto, ta. p. p. irreg. de **Recomponer.**

reconcentración. f. **Reconcentramiento.**

reconcentramiento. m. Acción y efecto de reconcentrar o reconcentrarse.

reconcentrar. tr. *Introducir, *internar una cosa en otra. Ú. m. c. r. ‖ *Juntar en un punto, como *centro, las cosas que estaban esparcidas. Ú. t. c. r. ‖ fig. *Disimular, *ocultar un sentimiento o afecto. ‖ r. fig. Abstraerse para *meditar, ensimismarse.

reconciliación. f. Acción y efecto de reconciliar o reconciliarse.

reconciliador, ra. adj. Que reconcilia. Ú. t. c. s.

reconciliar. tr. Volver a la *concordia a los que estaban desunidos. Ú. t. c. r. ‖ Restituir al gremio de la Iglesia a uno que se había separado de sus doctrinas. Ú. t. c. r. ‖

Oír el confesor una breve o ligera *confesión. || *Purificar un lugar *sagrado, por haber sido violado. || r. Confesarse de algunas culpas ligeras u olvidadas en otra *confesión reciente.
reconcomerse. r. Concomerse en demasía.
reconcomio. m. fam. Acción de reconcomerse. || fig. y fam. Recelo o *sospecha que inquieta el ánimo. || fig. y fam. *Sentimiento que inclina a un afecto.
reconditez. f. fam. Cosa recóndita.
recóndito, ta. adj. Muy *oculto.
reconducción. f. *For.* Acción y efecto de reconducir.
reconducir. tr. *For.* Prorrogar un *arrendamiento.
reconocedor, ra. adj. Que reconoce, revisa o examina. Ú. t. c. s.
***reconocer.** tr. Examinar con cuidado a una persona o cosa. || Percibir una persona o cosa que ya se conocía, comprobando su identidad y *distinguiéndola de otras. || Registrar el contenido de un baúl, lío, etc., como se hace en las *aduanas. || En las relaciones *internacionales, aceptar un nuevo estado de cosas. || **Mil.* Examinar de cerca un campamento, fortificación o posición militar del enemigo. || Confesar la *dependencia en que uno está respecto de otro. || Confesar uno la obligación de *gratitud a otro. || Considerar, advertir u *observar. || Dar uno por suya una *obligación. || Construido con la preposición *por*, conceder a uno, con la conveniente solemnidad, la relación de *parentesco que tiene con el que hace la declaración. || r. Dejarse comprender por ciertas *señales una cosa. || *Acusarse o declararse culpable de un error, falta, etc. || Tenerse uno a sí propio por lo que es en realidad.
reconocidamente. adv. m. Con reconocimiento o gratitud.
reconocido, da. adj. Dícese del que reconoce y *agradece el beneficio que otro le ha hecho.
reconociente. p. a. de **Reconocer.** Que reconoce.
reconocimiento. m. Acción y efecto de reconocer o reconocerse. || ***Gratitud.**
reconquista. f. Acción y efecto de reconquistar.
reconquistar. tr. Volver a *conquistar. || fig. *Recuperar la opinión, el afecto, la hacienda, etc.
reconstitución. f. Acción y efecto de reconstituir o reconstituirse.
reconstituir. tr. Volver a constituir, *restablecer. Ú. t. c. r. || **Terap.* Dar o devolver al organismo sus condiciones normales. Ú. t. c. r.
reconstituyente. p. a. de **Reconstituir.** Que reconstituye. || **Farm.* Dícese especialmente del remedio que tiene virtud de reconstituir. Ú. t. c. s. m.
reconstrucción. m. Acción o efecto de reconstruir.
reconstruir. tr. Volver a *construir. || fig. Evocar en la *memoria todas las circunstancias de un hecho, para tenerlo presente por entero.
recontamiento. m. Acción de recontar o referir.
recontar. tr. Contar o volver a contar o *calcular. || **Referir** (*narrar).
recontento, ta. adj. Muy *contento. || m. Contento grande.
reconvalecer. intr. Volver a convalecer.
reconvención. f. Acción de reconvenir. || Cargo o argumento con que se reconviene. || **For.* Demanda que al contestar entabla el demandado contra el que promovió el juicio.
reconvenir. tr. Hacer cargo a uno o *reprenderle, arguyéndole ordinariamente con su propio hecho o palabra. || **For.* Ejercitar el demandado, cuando contesta, acción contra el promovedor del juicio.
recopilación. f. Compendio, *resumen breve de una obra o un discurso. || *Colección de escritos diversos. || Colección oficial de las *leyes de España, publicada en 1567. || **Novísima Recopilación.** La que se publicó en 1805. || **Nueva Recopilación.** Edición novena de la **Recopilación,** hecha en el año de 1775.
recopilador. m. El que recopila.
recopilar. tr. Juntar en compendio, *coleccionar escritos literarios.
recoquín. m. fam. Hombre *bajo y muy *gordo.
record. m. En algunos *deportes, comprobación oficial de una hazaña notable o que supera a otras de igual índole.
recordable. adj. Que se puede recordar. || Digno de recordación.
recordación. f. Acción de traer a la *memoria una cosa. || **Recuerdo.**
recordador, ra. adj. Que recuerda.
recordante. p. a. de **Recordar.** Que recuerda.
***recordar.** tr. Traer a la memoria una cosa. Ú. t. c. intr. || intr. fig. *Despertar el que está dormido. Ú. t. c. r.
recordativo, va. adj. Dícese de lo que hace o puede hacer *recordar. || m. **Recordatorio.**
recordatorio. m. Aviso, comunicación u otro medio para hacer *recordar alguna cosa.
recorrer. tr. Atravesar de un extremo a otro un camino, provincia u otra extensión determinada; *andar, *viajar o *transitar por ella. || Registrar, *reconocer una cosa por completo. || Repasar o *leer ligeramente un escrito. || *Reparar lo que estaba deteriorado. || **Impr.* Justificar la composición pasando letras de una línea a otra. || intr. p. us. **Recurrir.**
***recorrido.** m. Espacio o *distancia que recorre una persona o cosa. || Acción de *reparar lo que está deteriorado. || **Repasata** (*reprensión). || **Impr.* Operación y efecto de recorrer.
recortado, da. adj. **Bot.* Dícese de las hojas y otras partes de las plantas cuyos bordes tienen muchas y muy señaladas desigualdades. || m. Figura recortada de *papel.
recortadura. f. **Recorte.** || pl. **Recortes** (*residuos).
***recortar.** tr. *Cortar lo que sobra en una cosa. || Cortar con arte el *papel u otra cosa en varias figuras. || **Pint.* Señalar los perfiles de una figura.
recorte. m. Acción y efecto de recortar. || **Taurom.* Regate para evitar la cogida del toro. || pl. *Residuos que quedan cuando se va cortando una cosa hasta reducirla a la forma que conviene.
recorvar. tr. **Encorvar.** Ú. t. c. r.
recorvo, va. adj. **Corvo.**
recoser. tr. Volver a *coser. || Componer, zurcir o *remendar la ropa.
recosido. m. Acción y efecto de recoser.
recostadero. m. Paraje o cosa que sirve para recostarse.
recostar. tr. *Apoyar o reclinar la parte superior del cuerpo el que está de pie o sentado. Ú. t. c. r. || Reclinar una cosa. Ú. t. c. r.
recotín, recotán. m. Cierto *juego de muchachos.
recova. f. *Compra de *huevos, *gallinas y otras cosas semejantes, para revenderlos. || Paraje público o *mercado en que se venden las gallinas y demás *aves domésticas. || *Cobertizo para defender del temporal algunas cosas. || *Mont.* Cuadrilla de *perros de caza.
recoveco. m. *Curva, *ángulo o revuelta de un callejón, pasillo, arroyo, etc. || fig. *Fingimiento o *rodeo de que uno se vale para conseguir un fin.
recovero, ra. m. y f. Persona que anda a la recova.
recre. m. **Recle.**
recreable. adj. Que produce recreo.
recreación. f. Acción y efecto de recrear o recrearse. || *Diversión para alivio del trabajo.
recrear. tr. *Divertir o deleitar. Ú. t. c. r.
recreativo, va. adj. Que recrea.
recrecer. tr. *Aumentar, acrecentar una cosa. Ú. t. c. intr. || intr. *Acaecer u ofrecerse una cosa de nuevo. || r. Reanimarse, cobrar bríos.
recrecimiento. m. Acción y efecto de recrecer o recrecerse.
recredenciales. f. pl. Cartas que un gobierno envía a su representante *diplomático en un país para que acredite ante éste que ha cesado en su cargo.
recreído, da. adj. **Cetr.* Aplicábase al ave de caza que perdía su adiestramiento.
recrementicio, cia. adj. *Fisiol.* Perteneciente o relativo al recremento.
recremento. m. *Fisiol.* *Humor que después de segregado vuelve a ser absorbido por el organismo.
***recreo.** m. **Recreación.** || Sitio o lugar apto o dispuesto para *diversión.
recría. f. Acción y efecto de recriar.
recriador. m. El que recría.
recriar. tr. **Zoot.* Fomentar, a fuerza de pasto y pienso, el desarrollo de *caballerías u otros animales criados en región distinta. || fig. Dar a un ser nuevos elementos de vida y *fuerza. || fig. **Teol.* Aplicado a la especie humana, redimirla por la pasión y muerte de Jesucristo.
recriminación. f. Acción y efecto de recriminar o recriminarse.
recriminador, ra. m. y f. Persona que recrimina.
recriminar. tr. Responder a una *acusación con otra. || rec. Acriminarse dos o más personas.
recrudecer. intr. *Agravarse una *enfermedad, pasión, etc., después de haber empezado a remitir o ceder. Ú. t. c. r.
recrudecimiento. m. **Recrudescencia.**
recrudescencia. f. Acción y efecto de recrudecer o recrudecerse.
recrudescente. p. a. de **Recrudecer.** Que recrudece.
recrujir. intr. Crujir mucho.
rectal. adj. *Anat.* Perteneciente al recto.
rectamente. adv. m. Con rectitud.
rectangular. adj. *Geom.* Perteneciente o relativo al *ángulo recto. || Que tiene uno o más ángulos rectos. || *Geom.* Que contiene uno o más rectángulos. || *Geom.* Perteneciente o relativo al rectángulo.
rectángulo, la. adj. *Geom.* **Rectangular.** || Aplícase principalmente al triángulo y al paralelepípedo. || m. *Geom.* *Paralelogramo que tiene los cuatro ángulos rectos y los lados contiguos desiguales.
rectar. tr. p. us. **Rectificar.**
rectificación. f. Acción y efecto de rectificar.
rectificador. m. *Alambique para rectificar. || **Electr.* Aparato que

convierte la corriente alterna en continua.

rectificar. tr. *Corregir una cosa para que tenga la *exactitud necesaria. ‖ Procurar uno reducir a la conveniente exactitud los dichos o hechos que se le atribuyen. ‖ *Geom.* Tratándose de una línea *curva, hallar una *recta cuya longitud sea igual a la de aquélla. ‖ **Quím.* Purificar los líquidos. ‖ r. Enmendar uno sus actos o su proceder.

rectificativo, va. adj. Dícese de lo que rectifica o puede rectificar. Ú. t. c. s. m.

rectilíneo, a. adj. *Geom.* Que se compone de *líneas rectas. ‖ Que sigue la línea recta. ‖ Que muestra *entereza, a veces con exageración.

rectitud. f. *Derechura o *distancia más breve entre dos puntos o términos. ‖ fig. Calidad de recto o *justo. ‖ fig. Recta *razón. ‖ Probidad, *honradez. ‖ fig. *Exactitud o justificación en las operaciones.

***recto, ta.** adj. Derecho, que no se tuerce a un lado ni a otro. ‖ fig. *Justo y severo en sus resoluciones. ‖ fig. Dícese del *significado literal de las palabras, a diferencia del traslaticio o figurado. ‖ fig. Dícese del folio de un *libro que cae a la derecha del que lee. El opuesto se llama **verso** o **vuelto.** ‖ *Geom.* V. **Línea recta.** Ú. t. c. s. f. ‖ *Zool.* Dícese de la última porción del *intestino grueso, que termina en el ano. Ú. t. c. s. m.

rector, ra. adj. Que rige o *gobierna. Ú. t. c. s. ‖ m. y f. Superior o *jefe a cuyo cargo está el gobierno y mando de una *comunidad, hospital o *colegio. ‖ m. *Párroco o cura propio. ‖ Superior de una *universidad.

rectorado. m. Oficio, cargo y oficina del rector. ‖ Tiempo que se ejerce.

rectoral. adj. Perteneciente o relativo al rector. ‖ f. En algunos lugares, *casa del *párroco.

rectorar. intr. Llegar a ser rector.

rectoría. f. Empleo, oficio o jurisdicción del rector. ‖ Oficina del rector.

recua. f. Conjunto de *caballerías o animales de *carga, que sirve para trajinar. ‖ fig. y fam. Muchedumbre de cosas que van en *fila unas detrás de otras.

recuadrar. tr. **Pint.* Cuadrar o cuadricular.

recuadro. m. **Arq.* Compartimiento o división en forma de cuadro o cuadrilongo, en un paramento.

recuaje. m. *Tributo pagado por razón del tránsito de las recuas.

recuarta. f. En las *vihuelas de cuerdas dobles, la segunda que se pone en el cuarto lugar.

recubrimiento. m. Acción y efecto de recubrir.

recubrir. tr. Volver a *cubrir. ‖ **Retejar.**

recudimento. m. **Recudimiento.**

recudimiento. m. Despacho que se daba al arrendador para *cobrar las rentas.

recudir. tr. *Pagar o entregar a uno lo que le toca y debe percibir. ‖ intr. *Regresar o volver una cosa al paraje de donde salió primero.

recuelo. m. *Lejía muy fuerte, según sale del cernadero. ‖ fam. Bebida que resulta de poner en infusión posos de *café.

recuento. m. Cómputo o segunda *cuenta que se hace de una cosa. ‖ **Inventario.**

recuentro. m. **Reencuentro.**

***recuerdo.** m. Memoria que se hace de una cosa pasada. ‖ fig. Cosa que se *regala en testimonio de buen afecto. ‖ pl. Memorias, *saludos.

recuero. m. Arriero a cuyo cargo está la recua.

recuesta. f. *Petición, requerimiento, intimación.

recuestar. tr. Demandar o pedir.

recuesto. m. Sitio o paraje que está en *declive.

reculada. f. Acción de recular.

recular. intr. Cejar o *retroceder. ‖ fig. y fam. *Transigir, ceder uno de su dictamen u opinión.

reculo, la. adj. Aplícase al pollo o *gallina que no tiene *cola.

reculones (a). m. adv. fam. Reculando.

recuñar. tr. **Cant.* y **Min.* Arrancar piedra o mineral por medio de cuñas.

recuperable. adj. Que puede o debe recuperarse.

***recuperación.** f. Acción y efecto de recuperar o recuperarse.

recuperador, ra. adj. Que recupera. Ú. t. c. s. ‖ m. Aparato para recuperar el calor que se pierde en las *calderas de vapor y en ciertas operaciones industriales.

recuperar. tr. **Recobrar.**

recuperativo, va. adj. Dícese de lo que recupera o tiene virtud de recuperar.

recura. f. *Cuchillo para recurar, con hoja de dos cortes en forma de sierra.

recurar. tr. Formar las púas de los *peines con la recura.

recurrente. p. a. de **Recurrir.** Que recurre. ‖ com. *For.* Persona que tiene entablado un *recurso.

recurrir. intr. *For.* Acudir a un juez o autoridad con una demanda o *petición. ‖ *For.* Entablar *recurso. ‖ *Acogerse a la *protección o al favor de uno, o emplear medios no comunes para el logro de un objeto. ‖ *Regresar o volver una cosa al lugar de donde salió.

***recurso.** m. Acción y efecto de recurrir. ‖ *Regreso o retorno de una cosa al lugar de donde salió. ‖ Memorial, *petición por escrito. ‖→ *For.* Acción que concede la ley al interesado en un juicio o en otro procedimiento para reclamar contra las resoluciones desfavorables. ‖ pl. *Bienes, medios de subsistencia. ‖ fig. Expedientes, *medios para salir airoso de una empresa. ‖ **Recurso contencioso administrativo.** *For.* El que se interpone contra las resoluciones de la administración activa. ‖ **de apelación.** El que se entabla a fin de que una resolución sea revocada por tribunal superior al que la dictó. ‖ **de casación.** *For.* El que se interpone ante el Tribunal Supremo por considerar infringidas leyes o doctrina legal, o quebrantada alguna garantía esencial del procedimiento. ‖ **de mil y quinientas.** *For.* El que se interponía para la revisión de ciertos procesos graves, con depósito de mil quinientas doblas. ‖ **de súplica.** *For.* El que se interpone contra las resoluciones incidentales de los tribunales superiores, pidiendo ante ellos mismos su modificación o revocación.

recusable. adj. Que se puede recusar.

recusación. f. Acción y efecto de recusar.

recusante. p. a. de **Recusar.** Que recusa. Ú. t. c. s.

recusar. tr. *Rechazar, negarse a admitir una cosa. ‖ **For.* Poner tacha legítima al juez, oficial, perito, etcétera, que interviene en un procedimiento o juicio, para que no actúe en él. ‖ Por ext. tachar a una persona de *inepta, *parcial, etc.

rechazador, ra. adj. Que rechaza. Ú. t. c. s.

rechazamiento. m. Acción y efecto de rechazar.

***rechazar.** tr. *Resistir un cuerpo a otro, forzándole a *retroceder en su curso. ‖ fig. Resistir al enemigo, obligándole a ceder. ‖ → Negarse a admitir una cosa o a aceptar una propuesta o dictamen. ‖ fig. *Contradecir lo que otro expresa.

rechazo. m. *Rebote, vuelta o *retroceso que hace un cuerpo por encontrarse con alguna resistencia. ‖ **De rechazo.** m. adv. fig. De una manera incidental.

rechifla. f. Acción de rechiflar.

rechiflar. tr. *Silbar con insistencia. ‖ r. *Burlarse de uno, o ridiculizarle.

rechinador, ra. adj. Que rechina.

rechinamiento. m. Acción y efecto de rechinar.

rechinante. p. a. de **Rechinar.** Que rechina.

rechinar. intr. Producir un *sonido desapacible una cosa que se *frota con otra. ‖ fig. Aceptar o hacer una cosa con *repugnancia.

rechinido. m. **Rechino.**

rechino. m. **Rechinamiento.**

rechistar. intr. **Chistar.**

rechizar. tr. *Calentar el sol con demasiada fuerza.

rechoncho, cha. adj. fam. Se dice de la persona o animal *gruesos y de poca altura.

rechupar. tr. Volver a chupar. ‖ r. **Pint.* Absorber el lienzo el color dejándolo sin brillo.

rechupete (de). loc. fam. Muy *agradable o *excelente.

***red.** f. Aparejo hecho con hilos, cuerdas o alambres trabados o anudados formando mallas, que se usa para pescar, cazar, cercar, etc. ‖ Labor o *tejido de mallas. ‖ **Redecilla** (para el *cabello). ‖ *Verja o reja. ‖ Paraje donde se vendían *pan u otras cosas por entre verjas. ‖ fig. Ardid o *engaño para atraer a otro. ‖ fig. Conjunto de *calles afluentes a un mismo punto. ‖ fig. Conjunto sistemático de *conductos, de cables *eléctricos o de *vías de comunicación. ‖ fig. Conjunto y *enlace de cosas que obran en favor o en contra de un intento. ‖ *Germ.* ***Capa.** ‖ **barredera.** Aquella cuya relinga inferior es arrastrada por el fondo del agua. ‖ **de araña. Telaraña.** ‖ **de jorrar,** o **de jorro. Red barredera.** ‖ **del aire.** La de caza que se arma en alto, colgándola de un árbol a otro. ‖ **de pájaros.** fig. y fam. Cualquiera *tela muy rala y mal tejida. ‖ **de payo.** *Germ.* *Capote de sayal. ‖ **sabogal.** La de pescar sabogas. ‖ **A red barredera.** m. adv. fig. Llevándolo todo por delante. ‖ **Caer** uno **en la red.** fr. fig. y fam. **Caer en el lazo.** ‖ **Echar,** o **tender, la red,** o **las redes.** fr. Echarlas al agua para *pescar. ‖ fig. y fam. *Prepararse para obtener alguna cosa.

redacción. f. Acción y efecto de redactar. ‖ Lugar u oficina donde se redacta. ‖ Conjunto de redactores de un *periódico.

redactar. tr. Poner por *escrito un pensamiento, narración, tratado, etc.

redactor, ra. adj. Que redacta. Ú. t. c. s. ‖ Que forma parte de una redacción.

redada. f. Lance de red para *pescar. ‖ fig. y fam. *Conjunto de personas o cosas que se cogen de una vez.

redamar. tr. Corresponder al *amor con el amor.

redaño. m. *Zool.* Prolongación del peritoneo, que cubre por delante los *intestinos. ‖ pl. Fuerzas, bríos, *valor.
redar. tr. **Echar la red.**
redargución. f. Acción de redargüir. ‖ *Argumento que se vuelve contra el que lo hace.
redargüir. tr. Convertir el *argumento contra el que lo hace. ‖ *For.* Contradecir, *impugnar una cosa por algún vicio que contiene.
redaya. f. *Red para pescar en los ríos.
redecilla. f. d. de **Red.** ‖ *Tejido de mallas de que se hacen las redes. ‖ Prenda de malla, en figura de bolsa, y con cordones o cintas, usada para sujetar el *cabello. ‖ *Zool.* Segunda de las cuatro cavidades en que se divide el *estómago de los *rumiantes.
redecir. tr. *Repetir porfiadamente uno o más vocablos.
rededor. m. *Contorno. ‖ **Al,** o **en, rededor.** m. adv. **Alrededor.**
redejón. m. Redecilla de mayor tamaño que la ordinaria. ‖ *Red montada en un aro provisto de un mango largo para cazar codornices.
redel. m. **Arq. Nav.* Cada una de las cuadernas que se colocan en el arranque de los delgados del buque.
redención. f. Acción y efecto de redimir o redimirse. ‖ Por antonom., la que hizo del género humano *Jesucristo por medio de su pasión y muerte. ‖ fig. *Medio, recurso.
redendija. f. **Rendija.**
redentor, ra. adj. Que redime. Ú. t. c. s. ‖ m. Por antonom., **Jesucristo.** ‖ En las *órdenes religiosas* de la Merced y la Trinidad, religioso nombrado para hacer el rescate de los cautivos cristianos.
redentorista. adj. Dícese del individuo de la *congregación fundada por San Alfonso María de Ligorio. Ú. t. c. s. ‖ Perteneciente o relativo a dicha congregación.
redeña. f. **Salabardo.**
redero, ra. adj. Perteneciente a las *redes. ‖ m. y f. Persona que hace *redes. ‖ Persona que arma las *redes. ‖ Persona que *caza con redes. ‖ m. *Germ.* *Ladrón que quita capas.
redescuento. m. *Com.* Nuevo descuento de *letras de cambio* u otros *valores o efectos mercantiles.
redhibición. f. Acción y efecto de redhibir.
redhibir. tr. Deshacer el comprador la *venta, por haber descubierto el vicio o gravamen de la cosa vendida.
redhibitorio, ria. adj. Perteneciente o relativo a la redhibición.
redición. f. *Repetición de lo que se ha dicho.
redicho, cha. adj. fam. Aplícase a la persona que habla con *afectación.
rediente. m. *Resalto que se hace de distancia en distancia al formar los *cimientos.
rediezmar. tr. Cobrar el rediezmo.
rediezmo. m. Segundo *diezmo o porción que legítimamente se extraía del acervo. ‖ Novena parte de los frutos ya diezmados.
redil. m. *Aprisco circuido con un vallado o con redes.
redilar. tr. **Amajadar.**
redilear. tr. **Redilar.**
redimible. adj. Que se puede redimir.
redimir. tr. *Libertar o sacar de *esclavitud al cautivo, mediante precio. Ú. t. c. r. ‖ *Comprar de nuevo una cosa que se había poseído. ‖ Dejar libre una cosa *hipotecada, empeñada o sujeta a otro gravamen. ‖ *Librar de una obligación, o extinguirla. Ú. t. c. r. ‖ fig. Poner término a algún vejámen, dolor, castigo, molestia, etc. Ú. t. c. r.
redingote. m. *Capote de poco vuelo y con mangas ajustadas.
rédito. m. *Renta, *interés o beneficio renovable que rinde un capital.
redituable. adj. Que rinde *utilidad o beneficio, periódicamente.
reditual. adj. **Redituable.**
redituar. tr. Rendir, producir periódicamente *utilidad, *renta o *interés.
redivivo, va. adj. Aparecido, *resucitado.
redoblado, da. adj. Dícese del hombre *robusto y no muy alto. ‖ Dícese también de la cosa que es más *gruesa o *resistente que de ordinario.
redobladura. f. **Redoblamiento.**
redoblamiento. m. Acción y efecto de redoblar o redoblarse.
redoblante. m. *Tambor de caja prolongada, usado en orquestas y en bandas militares. ‖ Músico que toca este *instrumento.
redoblar. tr. Aumentar una cosa otro tanto o el *doble de lo que antes era. Ú. t. c. r. ‖ *Doblar o volver la punta del *clavo o cosa semejante en dirección opuesta a la de su entrada. ‖ *Repetir, reiterar. ‖ intr. Tocar redobles en el *tambor.
redoble. m. **Redoblamiento.** ‖ *Toque de *tambor, formado de una rápida sucesión de golpes.
redoblegar. tr. Doblegar o redoblar.
redoblón. adj. Aplícase al *clavo, perno o cosa semejante que ha de redoblarse. Ú. m. c. s. ‖ m. *Germ.* Acción de doblar el naipe para hacer la *fullería llamada flor.
redolente. adj. Que tiene redolor.
redoliente. adj. ant. Que duele mucho.
redolino. m. Bolita hueca en la cual se introduce la cédula con el nombre de la persona que ha de entrar en un *sorteo. ‖ *Turno para moler la *aceituna.
redolor. m. *Dolorcillo tenue y sordo.
redoma. f. *Vasija de vidrio ancha en su fondo, que va angostándose hacia la boca.
redomado, da. adj. Muy *astuto.
redomazo. m. *Golpe dado con una redoma.
redomón, na. adj. Aplícase a la *caballería no domada por completo.
redonda. f. **Comarca.** ‖ *Dehesa o coto de pasto. ‖ *Germ.* **Basquiña.** ‖ *Mar.* *Vela cuadrilátera que se larga en el trinquete de las goletas. ‖ *Mús.* **Semibreve.** ‖ **A la redonda.** m. adv. En torno, *alrededor.
redondamente. adv. m. En circunferencia, *alrededor. ‖ *Claramente, de modo terminante.
redondeado, da. adj. De forma que tira a *redondo.
***redondear.** tr. Poner redonda una cosa. Ú. t. c. r. ‖ Hablando de *cantidades, prescindir de fracciones para completar unidades de cierto orden. ‖ fig. Sanear uno sus bienes *liberándolos de gravámenes, deudas, etc. ‖ r. fig. *Adquirir uno bienes o rentas que le permitan vivir holgadamente. ‖ fig. Descargarse de toda *deuda o cuidado.
redondel. m. fam. ***Círculo.** ‖ Especie de *capa sin esclavina. ‖ Espacio destinado a la *lidia, en las plazas de toros.
redondete, ta. adj. d. de **Redondo.**
***redondez.** f. Calidad de *redondo. ‖ Circuito de una figura *curva. ‖ *Superficie de un cuerpo redondo. ‖ **de la Tierra.** Toda su extensión o superficie.
redondilla. f. Combinación métrica de cuatro *versos octosílabos, que riman de cierta manera.
redondillo. adj. V. **Trigo redondillo.**
***redondo, da.** adj. De figura circular o semejante a ella. ‖ De figura esférica o semejante a ella. ‖ Dícese del terreno adehesado y que no es común. ‖ V. **Letra redonda.** Ú. t. c. s. f. ‖ fig. Aplícase a la persona de *nobleza o calidad originaria igual por sus cuatro costados. ‖ fig. *Claro, sin *rodeo. ‖ m. Cosa de figura circular o esférica. ‖ fig. y fam. ***Moneda.** ‖ **De redondo.** m. adv. que se usa hablando de los vestidos de los niños cuando los ponen a andar. ‖ Con letra **redonda.** ‖ **En redondo.** m. adv. En circuito, *alrededor. ‖ fig. **Redondamente.**
redondón. m. fam. *Círculo o figura orbicular muy grande.
redopelo. m. Pasada que a contrapelo se hace con la mano al *paño u otra tela. ‖ fig. y fam. *Riña entre muchachos con palabras u obras. ‖ **Al,** o **a, redopelo.** m. adv. **A contrapelo.** ‖ fig. y fam. Contra el curso o modo natural de una cosa cualquiera, al *revés o violentamente. ‖ **Traer al redopelo** a uno. fr. fig. y fam. Ajarle, *maltratarle o tratarle con *desprecio.
redor. f. *Esterilla redonda. ‖ poét. **Rededor.**
redova. f. *Danza popular eslava, parecida a la polca. ‖ Música de este baile.
redro. adv. l. fam. Atrás o *detrás. ‖ m. Anillo que se forma en los *cuernos del ganado lanar y del cabrío.
redrojo. m. Cada uno de los racimos pequeños de *uvas que van dejando atrás los vendimiadores. ‖ Fruto o flor *tardía. ‖ fig. y fam. Muchacho *débil, atrasado en su desarrollo.
redrojuelo. m. d. de **Redrojo.**
redropelo. m. **Redopelo.** ‖ **Al,** o **a, redropelo.** m. adv. **Al redopelo.**
redroviento. m. *Mont.* Viento que la *caza recibe del sitio del cazador.
redruejo. m. **Redrojo.**
reducción. f. Acción y efecto de reducir o reducirse. ‖ Pueblo de *indios convertidos al *cristianismo.
reducible. adj. Que se puede reducir.
reducido, da. adj. *Estrecho, *pequeño.
reducimiento. m. **Reducción.**
***reducir.** tr. Volver una cosa al lugar o al estado que tenía; *restablecerla en su disposición anterior. ‖ →Disminuir o minorar. ‖ *Mudar una cosa en otra equivalente. ‖ Cambiar unas *monedas por otras. ‖ *Compendiar en pocas razones un discurso, narración, etc. ‖ *Dividir un cuerpo en partes menudas. ‖ Hacer que un cuerpo pase del estado sólido al líquido o al de *vapor, o al contrario. ‖ Comprender, *incluir en cierto número o cantidad. Ú. t. c. r. ‖ *Dominar y sujetar a la obediencia a los que se habían separado de ella. ‖ *Persuadir o atraer a uno con razones y argumentos. ‖ **Cir.* Restablecer en su situación natural los huesos dislocados o rotos, las hernias, etc. ‖ **Lóg.* Convertir en perfecta la figura imperfecta de un silogismo. ‖ **Mat.* Expresar el valor de una cantidad en unidades de especie distinta. ‖ **Pint.* Hacer una figura o dibujo más pequeño. ‖ **Quím.* Descomponer un cuerpo en sus princi-

pios o elementos. ‖ **Quím.* Separar parcial o totalmente de un compuesto oxidado el oxígeno que contiene. ‖ r. *Moderarse en el modo de vida o porte. ‖ *Decidirse por motivos poderosos a ejecutar una cosa.

reducto. m. **Fort.* Obra de campaña compuesta de parapeto y una o más banquetas.

reductor, ra. adj. **Quím.* Que reduce o sirve para reducir. Ú. t. c. s.

redundancia. f. *Exceso o demasiada *abundancia. ‖ *Repetición inútil de un concepto.

redundante. p. a. de **Redundar.** Que redunda.

redundantemente. adv. m. Con redundancia.

redundar. intr. *Rebosar, salirse una cosa de sus límites por demasiada abundancia. ‖ *Resultar una cosa en beneficio o daño de alguno.

reduplicación. f. Acción y efecto de reduplicar. ‖ **Ret.* Figura que consiste en repetir consecutivamente un vocablo en una misma cláusula.

reduplicar. tr. **Redoblar.**

reedición. f. Acción y efecto de reeditar.

reedificación. f. Acción y efecto de reedificar.

reedificador, ra. adj. Que reedifica o hace reedificar. Ú. t. c. s.

reedificar. tr. Volver a edificar o *construir de nuevo.

reeditar. tr. Volver a editar.

reelección. f. Acción y efecto de reelegir.

reelecto, ta. p. p. irreg. de **Reelegir.**

reelegible. adj. Que puede ser reelegido.

reelegir. tr. Volver a *elegir.

reembarcar. tr. Volver a embarcar. Ú. t. c. r.

reembarque. m. Acción y efecto de reembarcar.

reembolsable. adj. Que puede o debe reembolsarse.

reembolsar. tr. *Recobrar una cantidad el que la había desembolsado. Ú. t. c. r. ‖ *Devolver una cantidad al que la había dado o prestado.

reembolso. m. Acción y efecto de reembolsar o reembolsarse.

reemplazable. adj. Que puede ser reemplazado.

reemplazar. tr. *Substituir una cosa por otra. ‖ Suceder a uno en el *empleo, cargo o comisión que tenía o hacer accidentalmente sus veces.

reemplazo. m. Acción y efecto de reemplazar. ‖ *Substitución que se hace de una persona o cosa por otra. ‖ **Mil.* Renovación parcial del contingente del ejército activo. ‖ Hombre que entra a servir en lugar de otro en la milicia. ‖ **De reemplazo.** loc. **Mil.* Dícese de la situación en que queda el jefe u oficial que no tiene plaza efectiva, pero sí opción a ella.

reencarnación. f. Acción y efecto de reencarnar o reencarnarse.

reencarnar. intr. Volver a encarnar. Ú. t. c. r.

reencuadernación. f. Acción y efecto de reencuadernar.

reencuadernar. tr. Volver o *encuadernar un libro.

reencuentro. m. Encuentro o *choque de una cosa con otra. ‖ Choque o *combate de tropas enemigas en corto número.

reenganchamiento. m. **Mil.* **Reenganche.**

reenganchar. tr. **Mil.* Volver a enganchar. Ú. t. c. r.

reenganche. m. **Mil.* Acción y efecto de reenganchar o reengancharse. ‖ *Mil.* Dinero que se da al que se reengancha.

reengendrador, ra. adj. Que reengendra. Ú. t. c. s.

reengendrar. tr. Volver a *engendrar. ‖ fig. **Teol.* Dar nuevo ser espiritual o de gracia.

reensayar. tr. Volver a *ensayar.

reensaye. m. Acción y efecto de reensayar un *metal.

reensayo. m. Segundo o ulterior *ensayo.

reentrar. intr. Volver a *entrar.

reenviar. tr. *Enviar a otro alguna cosa que se ha recibido.

reenvidar. tr. Envidar sobre lo envidado.

reenvite. m. Envite que se hace sobre otro.

reexaminación. f. Nuevo *examen.

reexaminar. tr. Volver a *examinar.

reexpedición. f. Acción y efecto de reexpedir.

reexpedir. tr. Expedir o *enviar a otro una cosa que se ha recibido.

reexportación. f. Acción y efecto de reexportar.

reexportar. tr. **Com.* Exportar lo que se había importado.

refacción. f. *Alimento moderado para reparar las fuerzas. ‖ **Ecles.* Restitución que se hacía al estado eclesiástico de ciertos impuestos. ‖ ‖ *Gratificación que se daba a los militares en compensación del mayor precio de los víveres. ‖ fam. Lo que en cualquiera *venta se da al comprador sobre la medida exacta. ‖ **Refección** (*reparación).

refaccionario, ria. adj. Perteneciente o relativo a la refacción. ‖ *For.* Dícese de los *créditos que proceden de dinero invertido en fabricar o reparar una cosa.

refajo. m. *Falda de bayeta o paño, que usan las mujeres unas veces como prenda interior y otras encima de las enaguas.

refalsado, da. adj. *Falso, engañoso.

refección. f. **Refacción** (*alimento). ‖ Compostura, *reparación.

refeccionario, ria. adj. *For.* **Refaccionario.**

refectolero. m. **Refitolero.**

refectorio. m. *Comedor en las comunidades y en algunos colegios.

referencia. f. *Narración o relación de una cosa. ‖ *Relación, *dependencia o *semejanza de una cosa respecto de otra. ‖ **Remisión** (en los libros y escritos). ‖ *Información que acerca de la probidad, solvencia u otras cualidades de tercero da una persona a otra. Ú. m. en pl.

referendario. m. **Refrendario.**

referéndum. m. Despacho en que un agente *diplomático pide nuevas instrucciones a su gobierno. ‖ Consulta que se hace al cuerpo *electoral acerca de una cuestión *política, proyecto de ley, etc.

referente. p. a. de **Referir.** Que refiere o que dice *relación a otra cosa.

referible. adj. Que se puede referir.

***referir.** tr. Expresar, de palabra o por escrito, un hecho verdadero o ficticio. ‖ Dirigir, *guiar una cosa a cierto fin u objeto. Ú. t. c. r. ‖ ***Relacionar.** Ú. t. c. r. ‖ r. Remitirse a un *documento o escrito. ‖ ***Aludir.**

refertero, ra. adj. *Pendenciero, amigo de reyertas.

refigurar. tr. Representarse uno de nuevo en la *imaginación alguna cosa.

refilón (de). m. adv. **De soslayo.** ‖ fig. **De pasada.**

refinación. f. Acción y efecto de refinar.

refinadera. f. Piedra larga y cilíndrica para labrar a brazo el *chocolate después de hecha la mezcla.

refinado, da. adj. fig. Sobresaliente, *excelente, muy *fino. ‖ fig. *Astuto, malicioso.

refinador. m. El que refina, especialmente *metales o *licores.

refinadura. f. Acción de refinar.

refinamiento. m. *Cuidado minucioso con que se hace o *perfecciona una cosa, ya sea buena o mala.

refinar. tr. Hacer más *pura una cosa. ‖ fig. *Perfeccionar una cosa.

refinería. f. Fábrica de refino de *azúcar o de otra cosa.

refino, na. adj. Muy *fino o *puro. ‖ m. **Refinación.** ‖ p. us. *Tienda donde se vende cacao, azúcar, *chocolate y otras cosas.

refirmar. tr. *Apoyar una cosa sobre otra. ‖ *Confirmar, ratificar.

refitolero, ra. adj. Que tiene cuidado del refectorio de una *comunidad. Ú. t. c. s. ‖ fig. y fam. *Entremetido, cominero. Ú. t. c. s.

refitor. m. Cierta porción de *diezmos que percibía el cabildo de la catedral.

reflectante. p. a. de **Reflectar.** Que reflecta.

reflectar. intr. *Fís.* ***Reflejar.**

reflector, ra. adj. Dícese del cuerpo que *refleja. Ú. t. c. s. ‖ m. *Ópt.* Aparato de forma y superficie convenientes para *reflejar los rayos luminosos, el *calor u otra radiación.

refleja. f. Acción de *reflexionar.

***reflejar.** intr. *Fís.* Hacer retroceder o cambiar de dirección la luz, el calor, el sonido o algún cuerpo elástico, mediante el choque contra una superficie adecuada. Ú. t. c. r. ‖ tr. ***Reflexionar.** ‖ *Manifestar o hacer patente una cosa. ‖ r. fig. *Revelarse o dejarse ver una cosa en otra.

***reflejo, ja.** adj. Que ha sido reflejado. ‖ fig. Aplícase al conocimiento de una cosa después de haber *meditado sobre ella. ‖ **Fisiol.* Aplícase a los actos que obedecen a excitaciones no percibidas por la conciencia. ‖ m. Luz reflejada. ‖ Representación, imagen.

***reflexión.** f. *Fís.* Acción y efecto de *reflejar o reflejarse. ‖ → fig. Acción y efecto de reflexionar. ‖ fig. Advertencia o *consejo. ‖ *Gram.* Manera de ejercerse la acción del *verbo reflexivo.

***reflexionar.** tr. Considerar nueva o detenidamente una cosa.

reflexivamente. adv. m. Con *reflexión.

reflexivo, va. adj. Que *refleja o reflecta. ‖ Acostumbrado a hablar y a obrar con *reflexión. ‖ *Gram.* V. ***Verbo reflexivo.** Ú. t. c. s.

reflorecer. intr. Volver a *florecer los campos o las plantas. ‖ fig. *Renovar o recobrar una cosa inmaterial el lustre y la estimación que tuvo.

refluente. p. a. de **Refluir.** Que refluye.

refluir. intr. Volver hacia atrás o hacer *retroceso un líquido. ‖ fig. **Redundar** (*resultar una cosa en bien o en mal).

reflujo. m. Movimiento de descenso de la *marea.

refocilación. f. Acción y efecto de refocilar o refocilarse.

refocilar. tr. Recrear, alegrar, *divertir. Dícese particularmente de las cosas que calientan y dan vigor. Ú. t. c. r.

refocilo. m. **Refocilación.**

reforma. f. Acción y efecto de reformar o reformarse. ‖ Lo que tiene por objeto *mejorar, *reparar o *restablecer alguna cosa. ‖ Movimiento religioso dentro del cristia-

nismo occidental, que determinó el nacimiento de las iglesias *protestantes. ‖ **Religión reformada.**
reformable. adj. Que se puede reformar. ‖ Digno de reforma.
reformación. f. **Reforma.**
reformado, da. adj. Decíase del *militar que no estaba en activo.
reformador, ra. adj. Que reforma. Ú. t. c. s.
reformar. tr. Volver a formar, rehacer. ‖ *Reparar, restaurar, *restablecer. ‖ Arreglar, *corregir, poner en *orden. ‖ Reducir o restituir una *orden religiosa* u otro instituto, a su primitiva observancia o disciplina. ‖ *Deshacer un establecimiento o cuerpo. ‖ Privar del ejercicio de un empleo, *destituir. ‖ *Disminuir, rebajar en el número o cantidad. ‖ r. Enmendarse, *corregirse. ‖ Contenerse, *moderarse.
reformativo, va. adj. **Reformatorio.**
reformatorio, ria. adj. Que reforma o arregla. ‖ m. Establecimiento en donde, por medios educativos severos, se trata de *corregir la viciosa inclinación de algunos jóvenes.
reformista. adj. Partidario de reformas *políticas o ejecutor de ellas. Ú. t. c. s.
reforzado, da. adj. Que tiene refuerzo. Aplícase especialmente a piezas de *artillería y maquinaria. ‖ Dícese de cierta especie de *cinta. Ú. m. c. s.
reforzador. m. **Fot.* Baño para reforzar las imágenes.
reforzar. tr. *Aumentar o añadir nuevas *fuerzas a una cosa. ‖ Fortalecer o reparar. ‖ Animar, alentar. Ú. t. c. r.
refracción. f. **Ópt.* Acción o efecto de refractar o refractarse. ‖ **Doble refracción.** Propiedad que tienen ciertos cristales de duplicar las imágenes de los objetos.
refractar. tr. **Ópt.* Hacer que cambie de dirección el rayo de luz que pasa oblicuamente de un medio a otro de diferente densidad. Ú. t. c. r.
refractario, ria. adj. Aplícase a la persona que rehúsa cumplir una promesa u obligación. ‖ *Opuesto, rebelde, que muestra *repugnancia a hacer o a admitir alguna cosa. ‖ *Fís.* y *Quím.* Dícese del cuerpo *incombustible o que resiste la acción del fuego sin cambiar de estado ni descomponerse.
refractivo, va. adj. Que produce refracción.
refracto, ta. adj. Que ha sido refractado.
refractómetro. m. **Ópt.* Aparato para medir la refracción.
***refrán.** m. Dicho sentencioso de uso común.
refranero. m. Colección de *refranes.
refrangibilidad. f. **Ópt.* Calidad de refrangible.
refrangible. adj. **Ópt.* Capaz de refracción.
refranista. com. Persona que con frecuencia cita *refranes.
refregadura. f. **Refregamiento.** ‖ Señal que queda de haberse refregado una cosa.
refregamiento. m. Acción de refregar o refregarse.
refregar. tr. *Estregar una cosa con otra. Ú. t. c. r. ‖ fig. y fam. Dar en cara a uno con una cosa que le *ofende o molesta.
refregón. m. fam. **Refregadura.** ‖ *Mar.* **Ráfaga.**
refreír. tr. Volver a *freír. ‖ Freír mucho o demasiado. ‖ fig. Atormentar, *molestar.
refrenable. adj. Que se puede refrenar.
refrenada. f. **Sofrenada.**
refrenamiento. m. Acción y efecto de refrenar o refrenarse.
***refrenar.** tr. Sujetar y reducir el *jinete al caballo con el freno. ‖ → fig. Contener, reprimir o corregir. Ú. t. c. r.
refrendación. f. Acción y efecto de refrendar.
refrendar. tr. Autorizar un documento por medio de la *firma de persona hábil para ello. ‖ Poner un ministro su firma en un decreto, debajo de la del jefe del Estado. ‖ Revisar un pasaporte y anotar su presentación. ‖ fig. y fam. Volver a ejecutar o *repetir la acción que se había hecho.
refrendario. m. El que con autoridad pública refrenda o *firma.
refrendata. f. Firma del refrendario.
refrendo. m. **Refrendación.** ‖ *Testimonio que acredita haber sido refrendada una cosa. ‖ *Firma puesta en los decretos al pie de la del jefe del Estado por los ministros.
refrescador, ra. adj. Que refresca.
refrescadura. f. Acción y efecto de refrescar o refrescarse.
refrescamiento. m. **Refresco.**
refrescante. p. a. de **Refrescar.** Que refresca.
***refrescar.** tr. Disminuir o rebajar el calor de una cosa. Ú. t. c. r. ‖ fig. *Renovar, reproducir una acción. ‖ fig. Renovar un sentimiento, *recuerdo, etc. ‖ intr. fig. Tomar *fuerzas. ‖ Moderarse el calor del aire. ‖ Tomar el fresco. Ú. t. c. r. ‖ *Beber alguna cosa refrescante. Ú. t. c. r. ‖ **Mar.* Hablando del *viento, aumentar su fuerza.
***refresco.** m. *Alimento moderado que se toma para fortalecerse y continuar en el trabajo. ‖ *Bebida fría o del tiempo. ‖ *Agasajo de bebidas, dulces, etc., con que se convida a uno. ‖ **De refresco.** m. adv. **De nuevo.**
refriante. p. a. de **Refriar.** Que refría. ‖ m. **Refrigerante.**
refriar. tr. **Enfriar.**
refriega. f. Reencuentro o *combate parcial.
refrigeración. f. Acción y efecto de refrigerar o refrigerarse. ‖ **Refrigerio** (*alimento).
refrigerante. p. a. de **Refrigerar.** Que refrigera. Ú. t. c. s. ‖ m. **Corbato.** ‖ **Quím.* Recipiente con agua para rebajar la temperatura de un fluido.
refrigerar. tr. **Refrescar.** Ú. t. c. r. ‖ fig. Reparar las *fuerzas. Ú. t. c. r.
refrigerativo, va. adj. Que tiene virtud de refrigerar.
refrigerio. m. Beneficio o alivio que se siente con lo *fresco. ‖ fig. *Alivio o consuelo. ‖ fig. Corto *alimento que se toma para reparar las fuerzas.
refringencia. f. **Ópt.* Calidad de refringente.
refringente. p. a. de **Refringir.** Que refringe.
refringir. tr. **Ópt.* **Refractar.** Ú. t. c. r.
refrito, ta. p. p. irreg. de **Refreír.** ‖ m. Aceite frito con ajo, cebolla y otros ingredientes, que se añade en caliente a algún *guisado. ‖ fig. Cosa rehecha o de nuevo aderezada. Dícese comúnmente de obras *literarias.
refuelle. m. Especie de *red en forma de manga.
refuerzo. m. Mayor *grueso o pieza adicional con que se da mayor *firmeza o resistencia a los cañones, cilindros de máquinas, etc. ‖ Reparo o *apoyo que se pone para fortalecer y afirmar una cosa. ‖ *Socorro o ayuda que se presta en ocasión o necesidad.
refugiado, da. m. y f. Persona que a consecuencia de guerras, revoluciones, etc., se ve obligada a buscar refugio en país *extranjero.
refugiar. tr. *Acoger o amparar a uno. Ú. m. c. r. ‖ r. Buscar refugio en país extranjero.
refugio. m. *Asilo, acogida. ‖ Hermandad o *cofradía dedicada al servicio y socorro de los pobres.
refulgencia. f. *Resplandor que emite el cuerpo luminoso o brillante.
refulgente. adj. Que emite *resplandor.
refulgir. intr. Resplandecer, emitir *resplandor.
refundición. f. Acción y efecto de refundir o refundirse. ‖ La obra refundida.
refundidor, ra. m. y f. Persona que refunde.
refundir. tr. Volver a *fundir o liquidar los *metales. ‖ fig. Comprender o *incluir. Ú. t. c. r. ‖ fig. Dar nueva forma y disposición a una obra *literaria con el fin de mejorarla o modernizarla. ‖ intr. fig. **Redundar** (resultar).
refunfuñador, ra. adj. Que refunfuña.
refunfuñadura. f. Acción y efecto de refunfuñar.
refunfuñar. intr. Dar muestras de *ira o *desagrado, regañando o protestando entre dientes.
refunfuño. m. **Refunfuñadura.**
refutable. adj. Que puede refutarse o es fácil de *refutar.
refutación. f. Acción y efecto de *refutar. ‖ *Argumento o prueba cuyo objeto es destruir las razones del contrario.
***refutar.** tr. Contradecir, impugnar con argumentos o razones lo que otros dicen.
refutatorio, ria. adj. Que sirve para refutar.
regacear. tr. **Arregazar.**
***regadera.** f. Vasija de forma conveniente para regar. ‖ **Reguera.** ‖ pl. Ciertos conductos por donde llegaba agua al eje de las *grúas para refrescarlo.
regadero. m. **Reguera.**
regadío, a. adj. Aplícase al *terreno que se puede *regar Ú. t. c. s. m.
regadizo, za. adj. **Regadío.**
regador. m. Punzón de hierro, con punta curva, que se usaba para marcar las púas de los *peines.
regador, ra. adj. Que riega. Ú. t. c. s. ‖ m. **Regante.**
regadura. f. *Riego que se hace por una vez.
regaifa. f. *Torta, hornazo. ‖ Piedra circular y con una canal en su contorno, por donde, en los *molinos de aceite, corre el líquido que sale de la prensa.
regajal. m. **Regajo.**
regajo. m. ***Charco.** ‖ ***Arroyo.**
regala. f. **Arq. Nav.* Tablón que forma el borde de las embarcaciones.
regalada. f. *Caballeriza real donde están los caballos de regalo. ‖ Conjunto de *caballos que la componen.
regaladamente. adv. m. Con regalo y *delicadeza.
regalado, da. adj. Suave o delicado. ‖ *Agradable, deleitoso.
regalador, ra. adj. Que regala o es amigo de regalar. Ú. t. c. s. ‖ m. Palo forrado de esparto que usan los boteros para alisar por fuera los *odres y corambres.

regalamiento. m. Acción de regalar o regalarse.
***regalar.** tr. *Dar a uno graciosamente una cosa con ánimo de agasajarle. ‖ *Halagar, acariciar. ‖ Recrear o *agradar. Ú. t. c. r. ‖ r. Tratarse bien, procurando tener las *comodidades posibles.
regalar. tr. **Derretir.** Ú. t. c. r.
regalaría. f. p. us. *Regalo, obsequio.
regalejo. m. d. de **Regalo.**
regalero. m. Empleado que en los sitios reales llevaba las frutas o flores al *rey.
regalía. f. Preeminencia o *privilegio que en virtud de suprema potestad ejerce un soberano en su estado. ‖ **Ecles.* Privilegio que la Santa Sede concede a los soberanos en algún punto relativo a la disciplina de la Iglesia. Ú. m. en pl. ‖ fig. *Privilegio o excepción en cualquier línea. ‖ fig. Gajes o provechos que además de su *sueldo perciben los empleados en algunas oficinas.
regalicia. f. **Regaliz.**
regalillo. m. d. de **Regalo.** ‖ **Manguito** (abrigo para las *manos).
regalismo. m. Escuela o sistema de los regalistas.
regalista. adj. **Ecles.* Dícese del defensor de las regalías de la corona. Apl. a pers., ú. t. c. s.
regaliz. m. **Orozuz.**
regaliza. f. **Regaliz.**
***regalo.** m. Dádiva o *donación que se hace voluntariamente. ‖ *Placer o complacencia que se recibe. ‖ *Comida o bebida delicada y exquisita. ‖ *Comodidad o descanso que se procura en orden a la persona.
regalón, na. adj. fam. Que se cría o se trata con mucho regalo y *comodidad.
regante. p. a. de **Regar.** Que riega. ‖ m. El que tiene derecho de *regar con agua comprada o repartida para ello. ‖ Empleado u obrero encargado del riego de los campos.
regañada. f. *Torta de pan muy delgada y recocida.
regañadientes (a). m. adv. Con *repugnancia y refunfuñando.
regañamiento. m. Acción y efecto de regañar.
regañar. intr. Gruñir el *perro sin ladrar y mostrando los dientes. ‖ Abrirse el hollejo o corteza de algunas frutas cuando *maduran. ‖ Dar muestras de *enfado con palabras y gestos. ‖ fam. ***Reñir.** ‖ tr. fam. ***Reprender.**
regañina. f. **Regaño,** *reprensión.
regañir. intr. Gañir reiteradamente.
regaño. m. Demostración de *ira o desagrado por medio de *gestos y palabras ásperas. ‖ fig. Parte del *pan que está tostada del horno y sin corteza. ‖ fam. ***Reprensión.**
regañón, na. adj. fam. Dícese de la persona que tiene costumbre de regañar o *reprender sin motivo suficiente. Ú. t. c. s. ‖ fam. Dícese del *viento noroeste. Ú. t. c. s.
***regar.** tr. Esparcir agua sobre una superficie o rociar con agua alguna cosa. ‖ Atravesar un *río o *canal una comarca o territorio. ‖ Humedecer las *abejas los vasos en que está el pollo. ‖ fig. *Esparcir, desparramar alguna cosa menuda.
regata. f. Reguera pequeña en las huertas y jardines.
regata. f. *Deporte en que toman parte dos o más lanchas u otros buques ligeros, para ganar un premio o apuesta el que llega antes a un punto dado.
regate. m. *Movimiento rápido que se hace hurtando el cuerpo a una parte u otra. ‖ fig. y fam. *Evasiva o efugio hábilmente buscado.
regatear. tr. Debatir el comprador y el vendedor el *precio de una cosa puesta en *venta. ‖ Revender, vender por menor. ‖ fig. y fam. Escasear o *repugnar la ejecución de una cosa. ‖ intr. Hacer regates. ‖ **Mar.* Disputar dos o más embarcaciones sobre cual aventaja a las otras en el mayor andar.
regateo. m. Acción y efecto de regatear.
regatería. f. **Regatonería.**
regatero, ra. adj. **Regatón** (que vende por menor). Ú. t. c. s.
regato. m. **Regajo.**
regatón. m. Casquillo o contera que se pone en el extremo inferior de las *lanzas, *bastones, etc. ‖ Hierro de figura de ancla, que tienen los *bicheros en uno de sus extremos.
regatón, na. adj. Que revende por menor los comestibles comprados por junto. Ú. t. c. s. ‖ Que regatea mucho en las *compras. Ú. t. c. s.
regatonear. tr. *Comprar por mayor para revender por menor.
regatonería. f. *Venta por menor de los géneros que se han comprado por junto. ‖ Oficio y ocupación del regatón.
regazar. tr. **Arregazar.**
regazo. m. Enfaldo que se forma entre las rodillas y la cintura de una persona sentada. ‖ Parte del *cuerpo correspondiente, aunque no tenga *falda. ‖ fig. Cosa que *acoge a otra, dándole amparo o *consuelo.
regencia. f. Acción de regir o *gobernar. ‖ Empleo de regente. ‖ Gobierno de un estado durante la menor edad, ausencia o incapacidad de su legítimo *soberano. ‖ Tiempo que dura tal gobierno. ‖ Nombre de ciertos estados musulmanes vasallos de Turquía.
regeneración. f. Acción y efecto de regenerar o regenerarse.
regenerador, ra. adj. Que regenera. Ú. t. c. s.
regenerar. tr. Dar nuevo ser a una cosa que degeneró; *restablecerla o mejorarla. Ú. t. c. r.
regenta. f. Mujer del regente. ‖ Profesora en algunos establecimientos de *enseñanza.
regentar. tr. Desempeñar temporalmente ciertos cargos o *empleos. ‖ Ejercer un *mando. ‖ Ser regente de una farmacia, imprenta, etc.
regente. p. a. de **Regir.** Que rige o *gobierna. ‖ com. Persona que gobierna un estado en la menor edad de su príncipe o por otro motivo. ‖ m. *Magistrado que presidía una audiencia territorial. ‖ En las *comunidades, el que gobierna y rige los estudios. ‖ En algunas antiguas escuelas y universidades, *catedrático trienal. ‖ Sujeto habilitado para regentar ciertas cátedras. ‖ En las *imprentas, *farmacias, etc., el que sin ser el dueño, actúa como jefe de ellas.
regentear. tr. **Regentar.**
regiamente. adv. m. Con grandeza real. ‖ fig. **Suntuosamente.**
regicida. adj. El que *mata o intenta matar a un rey u otro soberano. Ú. t. c. s.
regicidio. m. Acto y crimen del regicida.
regidor, ra. adj. Que rige o gobierna. ‖ m. **Concejal.**
regidora. f. Mujer del regidor.
regidoría. f. **Regiduría.**
regiduría. f. Oficio del regidor.
régimen. m. *Modo de gobernarse o de ejecutar alguna cosa. ‖ *Constituciones, reglamentos o prácticas de un *gobierno. ‖ **Gram.* Dependencia que entre sí tienen las palabras en la oración. ‖ **Gram.* Preposición que pide cada verbo, o caso que pide cada *preposición. ‖ **Terap.* Uso metódico de todos los medios necesarios para el sostenimiento de la vida.
regimentar. tr. **Mil.* Reducir a regimientos varias compañías o partidas sueltas.
regimiento. m. Acción y efecto de regir o regirse. ‖ Cuerpo de regidores de un *ayuntamiento. ‖ Oficio o empleo de regidor. ‖ **Mil.* Unidad orgánica de una misma arma, cuyo jefe es un coronel. ‖ **Mar.* Libro en que se daban a los pilotos las reglas de su facultad.
regio, gia. adj. Perteneciente o relativo al *rey. ‖ fig. Suntuoso, *excelente.
región. f. Porción de *territorio determinada por caracteres étnicos, físicos, políticos, etc. ‖ Espacio que, según la filosofía antigua, ocupaba en el *universo cada uno de los cuatro elementos. ‖ fig. Todo *espacio o *lugar de mucha capacidad. ‖ *Zool.* Cada una de las partes en que se considera dividido al exterior el *cuerpo de los animales.
regional. adj. Perteneciente o relativo a una región.
regionalismo. m. Doctrina *política que defiende la concesión de cierta autonomía a las regiones de un estado. ‖ Amor o apego a determinada región de un estado y a las cosas pertenecientes a ella. ‖ *Palabra o giro privativo de una región.
regionalista. adj. Partidario del regionalismo. Ú. t. c. s. ‖ Perteneciente al regionalismo o a los **regionalistas.**
regionario, ria. adj. Dícese del oficial de la *curia romana, que tenía a su cargo la administración de determinado distrito. Ú. t. c. s. ‖ V. **Obispo regionario.** Ú. t. c. s.
regir. tr. *Dirigir, *gobernar o *administrar. ‖ *Guiar, conducir. ‖ Traer bien gobernado el vientre, *evacuarlo. ‖ **Gram.* Tener una palabra bajo su dependencia otra palabra de la oración. ‖ **Gram.* Pedir una palabra tal o cual preposición, caso de la declinación o modo verbal. ‖ intr. Estar vigente, tener *validez una ley o precepto. ‖ Funcionar o *moverse bien un artefacto u organismo. ‖ **Mar.* Obedecer la nave al timón.
registrador, ra. adj. Que registra. ‖ m. Funcionario que tiene a su cargo algún registro público, y especialmente el de la *propiedad. ‖ *Escribano que tenía a su cargo, con autoridad pública, el poner en el registro todos los privilegios, cartas o despachos librados por el rey, consejos, tribunales, etc. ‖ Empleado de consumos o *aduanas.
***registrar.** tr. Reconocer y *examinar una cosa con cuidado. ‖ Poner de *manifiesto mercaderías, géneros o bienes para que sean examinados o anotados. ‖ *Copiar y notar en los libros de registro un despacho, cédula, privilegio, etc. ‖ Poner una *señal o registro entre las hojas de un libro. ‖ Anotar, *apuntar. ‖ Recoger por un procedimiento mecánico *sonidos, variaciones de presión, de temperatura, etc. ‖ fig. Tener un edificio vistas sobre un predio vecino. ‖ r. Presentarse e inscribirse en un *padrón o matrícula.
registro. m. Acción de registrar. ‖ Lugar desde donde se puede *ver algo. ‖ Pieza que en el *reloj u otra máquina sirve para disponer o modificar su movimiento. ‖ *Abertura

con su tapa o cubierta, para examinar el interior de alguna cosa. ‖ *Padrón y matrícula. ‖ **Protocolo** (de un *notario). ‖ Lugar y oficina en donde se registra. ‖ Asiento o *apunte de lo que se registra. ‖ Libro a manera de índice o *lista, donde se apuntan noticias o datos. ‖ Cordón, cinta u otra *señal que se pone entre las hojas de los *libros. ‖ Pieza y mecanismo del *órgano, que sirve para modificar el timbre o la intensidad de los sonidos. ‖ Cada género de voces del *órgano. ‖ En el clave, *piano, etc., pedal para esforzar o apagar los sonidos. ‖ En el comercio de Indias, *buque suelto que llevaba mercaderías registradas en el puerto de salida. ‖ *Germ.* **Bodegón.** ‖ **Impr.* Correspondencia igual de las planas de un pliego impreso con las del dorso. ‖ **Impr.* Nota que se ponía al fin de un libro, con las signaturas de todo él, para advertencia del encuadernador. ‖ **Quím.* Agujero del hornillo. ‖ **civil. Registro** en que se hacen constar oficialmente todos los hechos relativos al estado civil de las *personas. ‖ **de la *propiedad. Registro** en que se inscriben por el registrador todos los bienes raíces de un partido judicial. ‖ **de la propiedad industrial.** El que sirve para registrar *patentes de invención o de introducción, marcas de fábrica, etc. ‖ **mercantil.** El que sirve para la inscripción de actos y contratos del comercio. ‖ **Echar** o **tocar** uno **todos los registros.** fr. fig. No omitir *diligencia alguna en una materia o asunto.

regitivo, va. adj. p. us. Que rige o gobierna.

***regla.** f. Listón largo y delgado que sirve principalmente para trazar líneas rectas. ‖ Ley por que se gobierna una comunidad religiosa. ‖ Estatuto, constitución. ‖ → Precepto, principio o máxima. ‖ Razón a que se han de ajustar las acciones. ‖ *Moderación, templanza. ‖ **Pauta.** ‖ *Orden y concierto invariable que guardan las cosas naturales. ‖ **Menstruación.** ‖ **Mat.* Método de hacer una operación. ‖ **de aligación.** **Arit.* La que enseña a calcular el promedio de varios números. ‖ **de compañía.** **Arit.* La que enseña a dividir una cantidad en partes proporcionales. ‖ **de falsa posición.** **Arit.* La que enseña a resolver un problema por tanteos. ‖ **lesbia. Cercha** (regla flexible). ‖ **A regla.** m. adv. Hablando de obras artificiales, justificado o comprobado con la **regla.** ‖ fig. Con arreglo, con sujeción a la razón. ‖ **Echar la regla.** fr. Examinar con ella si están rectas las líneas. ‖ **En regla.** m. adv. fig. **Como es debido.** ‖ **Salir de regla.** fr. fig. *Excederse, propasarse.

regladamente. adv. m. Con medida, con regla.

reglado, da. adj. Templado o parco en *comer o *beber. ‖ Sujeto a *regla.

reglamentación. f. Acción y efecto de reglamentar. ‖ Conjunto de reglas.

reglamentar. tr. Sujetar a reglamento un instituto o una materia determinada.

reglamentario, ria. adj. Perteneciente o relativo al reglamento.

reglamento. m. Colección ordenada de *reglas o preceptos.

reglar. adj. Perteneciente o relativo a una regla o *comunidad religiosa.

reglar. tr. Tirar o hacer *líneas o rayas derechas. ‖ Sujetar a *reglas una cosa. ‖ Medir o *moderar las acciones conforme a regla. ‖ r. *Moderarse, templarse.

regleta. f. **Impr.* Planchuela de metal, que sirve para regletear.

regletear. tr. **Impr.* Espaciar la composición poniendo regletas entre los renglones.

reglón. m. aum. de **Regla.** ‖ Regla grande de que usan los *albañiles y soladores.

regnícola. adj. Natural de un reino o *habitante en él. Ú. t. c. s. ‖ m. *Escritor de las cosas especiales de su patria.

regocijadamente. adv. m. Alegremente, con regocijo.

regocijado, da. adj. Que causa o incluye regocijo o *alegría.

regocijador, ra. adj. Que regocija. Ú. t. c. s.

regocijar. tr. *Alegrar, causar gusto o placer. ‖ r. Recrearse, *gozar.

***regocijo.** m. **Júbilo.** ‖ Acto con que se manifiesta la alegría, como *fiestas públicas, etc.

regodearse. r. fam. Deleitarse o *gozar deteniéndose en ello. ‖ fam. Hablar o estar de chacota o de *broma.

regodeo. m. Acción y efecto de regodearse. ‖ fam. *Diversión, fiesta.

regojo. m. Pedazo de *pan que queda de sobra en la mesa. ‖ fig. *Muchacho pequeño de cuerpo.

regojuelo. m. d. de **Regojo.**

regolaje. m. Buen humor, *alegría.

regoldano, na. adj. Perteneciente o relativo al regoldo.

regoldar. intr. **Eructar.**

regoldo. m. *Castaño borde o silvestre.

regolfar. intr. *Retroceder el agua contra su corriente. Ú. t. c. r. ‖ Cambiar la dirección del *viento por chocar con algún obstáculo.

regolfo. m. Vuelta o *retroceso del *agua o del *viento contra su curso. ‖ Seno o cala en el *mar.

regomello. m. Preocupación, *temor, *recelo.

regona. f. Reguera grande.

regordete, ta. adj. fam. Dícese de la persona o de la parte de su cuerpo, pequeña y *gruesa.

regordido, da. adj. p. us. Gordo, *grueso.

regostarse. r. **Arregostarse.**

regosto. m. Recuerdo de alguna sensación *agradable y *deseo de volverla a gozar.

regraciar. tr. Mostrar uno su *gratitud a otro.

***regresar.** intr. Volver una persona o cosa al punto de partida. ‖ **Ecles.* Volver a entrar en posesión del beneficio que se había cedido o permutado.

regresión. f. *Regreso o acción de volver hacia atrás.

regresivo, va. adj. Dícese de lo que hace volver hacia atrás.

***regreso.** m. Acción de regresar.

regruñir. intr. Gruñir mucho.

regüeldo. m. Acción y efecto de regoldar. ‖ fig. Cardencha imperfecta.

reguera. f. *Canal que se hace en la tierra a fin de conducir el agua para el *riego.

reguero. m. Corriente de algún líquido, a modo de *chorro o de *arroyo pequeño. ‖ Línea o *huella continuada que queda de una cosa que se va vertiendo. ‖ **Reguera.**

reguilete. m. **Rehilete.**

regulación. f. Acción y efecto de regular.

regulado, da. adj. *Regular o conforme a regla.

regulador, ra. adj. Que regula. ‖ m. Mecanismo para regular el movimiento o los efectos de una *máquina o de alguno de los órganos de ella. ‖ **Mús.* Signo en figura de ángulo agudo que, según su posición, sirve para indicar que la intensidad del sonido se ha de aumentar o disminuir gradualmente.

***regular.** adj. Ajustado y conforme a regla. ‖ *Moderado en las acciones y modo de vivir. ‖ ***Mediano.** ‖ Aplícase a las personas que viven bajo una regla o en *comunidad. Ú. t. c. s. ‖ **Geom.* Dícese del *polígono cuyos lados y ángulos son iguales entre sí, y del poliedro cuyas caras y ángulos sólidos son también iguales. ‖ **Gram.* Aplícase a la palabra que en su derivación o flexión se ajusta a las reglas generales. ‖ **Por lo regular.** m. adv. Común o regularmente.

regular. tr. *Medir, ajustar o concertar una cosa según ciertas *reglas.

regularidad. f. Calidad de regular. ‖ Exacta observancia de la regla de una *comunidad.

regularizador, ra. adj. Que regulariza. Ú. t. c. s.

regularizar. tr. Regular, someter a ciertas *reglas.

regularmente. adv. m. Comúnmente, ordinariamente. ‖ ***Medianamente.**

regulativo, va. adj. Que regula, dirige o concierta. Ú. t. c. s.

régulo. m. *Soberano o señor de un estado pequeño. ‖ **Basilisco** (animal *quimérico). ‖ **Reyezuelo** (*pájaro). ‖ *Astr.* *Estrella de primera magnitud en el signo de Leo. ‖ **Quím.* Parte más pura de los minerales.

regurgitación. f. Acción y efecto de regurgitar.

regurgitar. intr. Expeler por la boca, sin esfuerzo o sacudida de *vómito, substancias contenidas en el estómago. ‖ *Med.* Extravasarse algún *humor o secreción.

rehabilitación. f. Acción y efecto de rehabilitar o rehabilitarse.

rehabilitar. tr. Habilitar de nuevo o *restablecer a una persona o cosa en su antiguo estado. Ú. t. c. r.

rehacer. tr. Volver a hacer lo que se había deshecho. ‖ Reponer, *reparar, *restablecer. Ú. t. c. r. ‖ r. Reforzarse, tomar nuevas *fuerzas. ‖ fig. Serenarse, *aplacarse, mostrar *tranquilidad.

rehacimiento. m. Acción y efecto de rehacer o rehacerse.

rehala. f. *Rebaño de *ovejas de diversos dueños y conducido por un solo mayoral. ‖ **A rehala.** m. adv. Admitiendo ganado ajeno en el rebaño propio.

rehalero. m. Mayoral o *pastor de la rehala.

rehalí. adj. que se aplicaba a ciertos *labradores de las tribus árabes de Marruecos.

rehartar. tr. *Hartar mucho. Ú. t. c. r.

reharto, ta. p. p. irregular de **Rehartar.**

rehecho, cha. p. p. irreg. de **Rehacer.** ‖ adj. De estatura mediana, *grueso y *fuerte.

rehelear. intr. **Ahelear** (amargar).

reheleo. m. Efecto de rehelear.

rehén. m. Persona de calidad, fortaleza, plaza u otra cosa, que como prenda o *garantía queda en poder del enemigo mientras está pendiente un ajuste o tratado. Ú. m. en pl.

rehenchimiento. m. Acción y efecto de rehenchir o rehenchirse.

rehenchir. tr. Volver a henchir o *llenar una cosa. Ú. t. c. r. ‖ Re- *llenar de cerda, pluma o lana o

cosa semejante algún mueble de *tapicería.
rehendija. f. **Rendija.**
reherimiento. m. Acción y efecto de reherir.
reherir. tr. Rebatir, rechazar.
reherrar. tr. Volver a herrar con la misma *herradura, aunque con clavos nuevos.
rehervir. intr. Volver a *hervir. Ú. t. c. tr. || fig. Encenderse o cegarse a causa de una *pasión. || r. Hablando de las *conservas, *fermentarse.
rehiladillo. m. **Hiladillo** (cinta).
rehilandera. f. **Molinete** (juguete).
rehilar. tr. *Hilar demasiado o torcer mucho lo que se hila. || intr. Moverse una persona o cosa como *temblando. || Dícese de ciertas armas arrojadizas, como la *flecha, cuando van zumbando por el aire.
rehilero. m. **Rehilete.**
rehilete. m. *Flechilla con púa para tirar al blanco. || **Banderilla** (de *lidia). || **Volante** (para jugar a la raqueta). || fig. Dicho *mordaz, pulla.
rehílo. m. *Temblor de una cosa que se mueve ligeramente.
rehinchimiento. m. ant. **Rehenchimiento.**
rehinchir. tr. ant. **Rehenchir.**
rehogar. tr. **Culin.* Sazonar una vianda a fuego lento, sin agua y muy tapada, en manteca o aceite.
rehollar. tr. Volver a hollar o *pisar. || **Pisotear.**
rehoya. f. **Rehoyo.**
rehoyar. intr. Renovar el *hoyo hecho antes para *plantar árboles.
rehoyo. m. *Barranco u *hoyo profundo.
rehuida. f. Acción de rehuir.
rehuir. tr. Retirar, *apartar o *evitar una cosa por temor, sospecha o recelo de un riesgo. Ú. t. c. intr. y c. r. || *Repugnar o llevar mal una cosa. || *Rechazar o excusar el admitir algo. || intr. Entre *cazadores, volver a huir la res por las mismas huellas.
rehumedecer. tr. *Humedecer bien. Ú. t. c. r.
rehundido, da. m. **Vaciado.**
rehundir. tr. *Hundir o sumergir una cosa a lo más hondo de otra. Ú. t. c. r. || **Ahondar.**
rehundir. tr. **Refundir.** || fig. *Derrochar, malgastar.
rehurtarse. r. *Mont.* Echar la *caza por diferente rumbo del que se desea.
rehusar. tr. *Rechazar, no querer o no aceptar una cosa.
reidero, ra. adj. fam. Que produce *risa y algazara.
reidor, ra. adj. Que *ríe con frecuencia. Ú. t. c. s.
reimpresión. f. Acción y efecto de reimprimir. || Conjunto de ejemplares reimpresos de una vez.
reimpreso, sa. p. p. irreg. de **Reimprimir.**
reimprimir. tr. Volver a *imprimir, o repetir la impresión de una obra.
***reina.** f. Esposa del rey. || La que ejerce la potestad real por derecho propio. || Pieza del juego de *ajedrez, la más importante después del rey. || ***Abeja reina.** || fig. Mujer, animal o cosa del género femenino, que *sobresale entre las demás de su especie. || **de los prados.** *Hierba perenne de las rosáceas, que se cultiva como planta de adorno. || **luisa. Luisa.** || **mora. Infernáculo.**
reinado. m. Espacio de *tiempo en que gobierna un *rey o reina. || Por ext., aquel en que predomina o está en auge alguna cosa. || Cierto juego de *naipes antiguo.
reinador, ra. m. y f. Persona que reina.
reinal. m. *Cuerdecita muy fuerte de cáñamo compuesta de dos ramales retorcidos.
reinante. p. a. de **Reinar.** Que reina.
***reinar.** intr. Regir un *rey o príncipe un estado. || *Dominar una persona o cosa sobre otra. || fig. *Permanecer o seguir extendiéndose una cosa.
reinar. intr. fam. Rebinar, *meditar repetidamente sobre alguna cosa.
reincidencia. f. *Repetición de una misma culpa o defecto. || *For.* Circunstancia agravante de la responsabilidad criminal, que consiste en haber sido el reo condenado antes por *delito análogo.
reincidente. p. a. de **Reincidir.** Que reincide.
reincidir. intr. Volver a incurrir en un *error, falta o *delito.
reincorporación. f. Acción y efecto de reincorporar o reincorporarse.
reincorporar. tr. Volver a *incorporar. Ú. t. c. r.
reineta. f. **Manzana reineta.**
reingresar. intr. Volver a ingresar.
reingreso. m. Acción y efecto de reingresar.
reino. m. Territorio o *país con sus habitantes sujeto a un rey. || Cualquiera de las *provincias de un estado que antiguamente tuvieron su rey propio. || Diputados o procuradores que con poderes del **reino** lo representaban en el *parlamento. || fig. **Campo** (*espacio o extensión). || *Hist. Nat.* Cada uno de los tres grandes grupos en que se consideran distribuidos todos los seres naturales. || **de Dios.** **Teol.* Nuevo estado social de justicia, paz y felicidad espiritual, predicado por Cristo. || **de los cielos.** ***Cielo.** || **Reino de Dios.**
reinstalación. f. Acción y efecto de reinstalar.
reinstalar. tr. Volver a instalar. Ú. t. c. r.
reintegrable. adj. Que se puede o se debe reintegrar.
reintegración. f. Acción y efecto de reintegrar o reintegrarse.
reintegrar. tr. Restituir, *devolver, *pagar o satisfacer íntegramente una cosa. || *Restablecer la integridad de una cosa. || r. *Recobrarse enteramente de lo que se había perdido, o dejado de poseer.
reintegro. m. **Reintegración.** || **Pago.**
***reír.** intr. Manifestar alegría y regocijo mediante la emisión de una serie de sonidos inarticulados, acompañados de ciertos movimientos de la boca y otras partes del rostro. Ú. t. c. r. || fig. Hacer *burla o zumba. Ú. t. c. tr. y c. r. || fig. Ofrecer algunas cosas un aspecto *agradable capaz de infundir gozo o alegría. Ú. t. c. r. || tr. Celebrar con risa alguna cosa. || r. fig. y fam. Empezar a *romperse o abrirse la tela del vestido. || **Reírse** uno **de** una persona o cosa. fr. fig. y fam. *Despreciarla.
reis. m. pl. *Moneda imaginaria portuguesa equivalente a la par a seis décimas de céntimo de peseta.
reiteración. f. Acción y efecto de reiterar o reiterarse.
reiteradamente. adv. m. Con reiteración, repetidamente.
reiterar. tr. Volver a decir o ejecutar; *repetir una cosa. Ú. t. c. r.
reiterativo, va. adj. Que tiene la propiedad de reiterarse. || Que denota reiteración.
reitre. m. Antiguo *soldado de caballería alemana.
reivindicable. adj. Que puede ser reivindicado.
reivindicación. f. Acción y efecto de reivindicar.
reivindicar. tr. *For.* *Recuperar uno lo que le pertenece. || *Reclamar, exigir uno aquello a que tiene derecho.
reivindicatorio, ria. adj. *For.* Que sirve para reivindicar, o se refiere a la reivindicación.
reja. f. Pieza del *arado que se hinca en la tierra. || fig. **Agr.* Cada labor o vuelta que se da a la tierra con el arado.
reja. f. Armazón o *enrejado de barras de hierro entrecruzadas, que se pone en las ventanas y otras aberturas de los muros para seguridad o adorno.
rejacar. tr. **Arrejacar.**
rejada. f. **Arrejada.**
rejado. m. **Verja.**
rejal. m. Pila de *ladrillos colocados de canto y cruzados unos sobre otros.
rejalgar. m. *Mineral de color rojo, muy venenoso, compuesto de arsénico y azufre.
rejera. f. *Mar.* Calabrote, *cabo, *boya o *ancla con que se procura mantener fijo o en posición conveniente un buque.
rejería. f. Arte de construir rejas o *verjas. || Conjunto de obras de rejero.
rejero. m. El que tiene por oficio labrar o fabricar rejas o *verjas.
rejileto, ta. adj. Tieso, gallardo, que tiene *garbo.
rejilla. f. *Enrejado, red de alambre o cosa parecida que suele ponerse en las ventanillas de los confesonarios, en el ventanillo de una puerta, etc. || Por ext., *ventanilla de confesonario, ventanillo de *puerta o cualquiera otra abertura pequeña cerrada con **rejilla.** || *Tejido claro hecho con tiritas de los tallos flexibles y resistentes de ciertas plantas, que sirve para *asientos de sillas y otros usos. || **Rejuela** (*brasero pequeño). || Armazón de barras de hierro, que sostiene el combustible en el *hogar de las hornillas, *hornos, etc. || **Radio.* Pantalla a modo de parrilla de alambre que se coloca entre el cátodo y el ánodo para regular el flujo electrónico.
rejiñol. m. **Pito** (*vasija).
rejitar. tr. *Cetr.* ***Vomitar.**
rejo. m. *Punta o aguijón de hierro o de otra clase. || Aguijón de la *abeja. || Clavo o hierro redondo con que se *juega al herrón. || Hierro que se pone en el cerco de las *puertas. || fig. Robustez o *fuerza. || *Bot.* En el embrión de la planta, órgano de que se forma la *raíz.
rejón. m. *Barra de hierro que remata en *punta. || **Taurom.* Asta de madera con una moharra en la punta, que sirve para rejonear. || Especie de *puñal. || Púa del *peón.
rejonazo. m. Golpe y herida de rejón.
rejoncillo. m. **Rejón** (para rejonear).
rejoneador. m. El que rejonea.
rejonear. tr. En la *lidia a caballo, herir al toro con el rejón, quebrándolo por la muesca que tiene al efecto en el asta.
rejoneo. m. Acción de rejonear.
rejuela. f. d. de **Reja** (*enrejado). || *Braserito para calentarse los pies.
rejuntado. m. **Albañ.* Acción y efecto de rejuntar.
rejuntar. tr. **Albañ.* Repasar y tapar las juntas de un paramento.
rejuvenecer. tr. Remozar, dar a uno la *fuerza y lozanía que se suele tener en la *juventud. Ú. t. c. intr.

y c. r. || fig. *Renovar, dar modernidad o actualidad a lo antiguo.
rejuvenecimiento. m. Acción y efecto de rejuvenecer o rejuvenecerse.
rejuz. m. Cosa *despreciable o de desecho.
relabra. f. Acción y efecto de relabrar.
relabrar. tr. Volver a labrar una piedra o madera.
***relación.** f. Acción y efecto de *referir una cosa o de darle determinado destino. || → *Conexión, correspondencia de una cosa con otra. || *Trato, comunicación de una persona con otra. Ú. m. en pl. || En el poema *dramático, trozo narrativo de alguna extensión. || *Lista, enumeración. || *For.* Informe que se hace de un proceso o de alguna incidencia en él, ante un tribunal o juez. || *Gram.* Conexión o enlace entre dos términos de una misma oración. || pl. Tratándose de personas de distinto sexo, noviazgo. || **de ciego. Romance de ciego.** || fig. y fam. La frívola e *impertinente. || fig. y fam. Lo que se *recita o lee con monotonía. || **jurada.** Razón o *cuenta que se da con juramento. || **Decir,** o **hacer, relación** a una cosa. fr. Tener con ella conexión aquello de que se trata.
relacionar. tr. Hacer relación de un hecho, *referirlo. || Poner en *relación personas o cosas. Ú. t. c. r.
relacionero. m. El que hace o vende coplas o relaciones.
relajación. f. Acción y efecto de relajar o relajarse. || **Hernia.**
relajadamente. adv. m. Con relajación.
relajador, ra. adj. Que relaja. Ú. t. c. s.
relajamiento. m. **Relajación.**
relajante. p. a. de **Relajar.** Que relaja. || adj. *Farm.* Dícese especialmente del medicamento que se usa para relajar. Ú. t. c. s. m.
relajar. tr. *Aflojar, laxar o *ablandar. Ú. t. c. r. || fig. Distraer o *divertir el ánimo con algún descanso. || fig. Hacer menos severa o rigurosa la observancia de las leyes, reglas, etc. Ú. t. c. r. || *For.* Relevar o *liberar de un voto, juramento u obligación. || *Ecles.* Entregar el juez eclesiástico al secular un reo de pena capital. || *For.* Aliviar o disminuir a uno la pena. || r. *Pat.* Laxarse o dilatarse una parte en el cuerpo por una fuerza o violencia que se hizo. || Formársele a uno *hernia. || fig. Entregarse a los *vicios, *pervertirse.
relamer. tr. Volver a *lamer. || r. Lamerse los labios una o muchas veces. || fig. Usar con exceso de *afeites o atavíos. || fig. *Jactarse de lo que se ha ejecutado. || Saborear por anticipado.
relamido, da. adj. *Afectado, demasiadamente pulcro.
***relámpago.** m. Resplandor vivísimo e instantáneo producido en las nubes por una descarga eléctrica. || fig. Cualquier fuego o *resplandor repentino. || fig. Cualquier cosa muy *veloz o *fugaz. || fig. Especie aguda e *ingeniosa que se ocurre al momento. || Parte que del brial se veía en las mujeres por la abertura anterior del *vestido. || *Germ.* ***Día.** || *Germ.* ***Golpe.** || **Veter.* Especie de nube que se forma a los caballos en los ojos.
relampagueante. p. a. de **Relampaguear.** Que relampaguea.
relampaguear. intr. Haber *relámpagos. || fig. Arrojar *luz o *brillar mucho con algunas intermisiones.
relampagueo. m. Acción de relampaguear.
relance. m. Segundo lance. || Suceso *casual. || En los *juegos de envite, suerte o azar que se sigue o sucede a otros. || Acción de relanzar las cédulas para una *elección. || **De relance.** m. adv. Casualmente, de modo *imprevisto.
relanzar. tr. Repeler, *rechazar, hacer *retroceder. || Volver a echar en el cántaro la cédula en las *elecciones.
relapso, sa. adj. Que reincide en un *pecado de que ya había hecho penitencia, o en una *herejía de que había abjurado. Ú. t. c. s.
relatador, ra. adj. Que relata. Ú. t. c. s.
relatante. p. a. de **Relatar.** Que relata.
relatar. tr. ***Referir.** || **For.* Hacer relación de un proceso o pleito.
relata réfero. expr. lat. que significa: yo *refiero lo que he oído.
relativamente. adv. m. Con *relación a una persona o cosa.
relatividad. f. Calidad de *relativo. || **Fís.* Teoría según la cual si dos sistemas en movimiento tienen una velocidad uniforme, el observador situado en un sistema sólo podrá determinar en el otro sistema la existencia del movimiento relativo.
relativismo. m. **Fil.* Doctrina según la cual el conocimiento humano no puede llegar nunca a lo absoluto. || Doctrina según la cual la realidad sólo consiste en la relación de los fenómenos.
***relativo, va.** adj. Que hace relación a una persona o cosa. || Que no es absoluto. || *Gram.* V. **Pronombre relativo.** Ú. t. c. s.
***relato.** m. Acción de relatar. || Narración, cuento.
***relator, ra.** adj. Que relata o *refiere una cosa. Ú. t. c. s. || m. Letrado encargado de hacer relación de los autos o expedientes en los *tribunales superiores.
relatoría. f. Empleo u oficina de relator.
relavar. tr. Volver a *lavar o purificar más una cosa.
relave. m. Acción de relavar. || **Min.* Segundo lave. || pl. **Min.* Partículas de mineral que el agua del lave arrastra.
relazar. tr. Enlazar o *atar con varios lazos o vueltas.
releer. tr. *Leer de nuevo.
relegación. f. Acción y efecto de relegar. || *For.* Pena que ha de cumplirse en el lugar designado por la autoridad.
relegar. tr. Entre los antiguos romanos, *desterrar a un ciudadano sin privarle de los derechos de tal. || **Desterrar.** || fig. *Apartar, posponer.
relej. m. **Releje.**
relejar. intr. Formar releje la *pared.
releje. m. ***Rodada.** || Sarro que se cría en los *labios o en la boca. || Faja estrecha y brillante que dejan los afiladores a lo largo del filo de las navajas. || *Arq.* Lo que la parte superior de un paramento en *declive dista de la vertical que pasa por su pie. || Resalte que por la parte interior suelen tener algunas piezas de *artillería en la recámara.
relente. m. *Humedad que en noches serenas se nota en la atmósfera. || fig. y fam. Sorna, *descaro, frescura.
relentecer. intr. **Lentecer.** Ú. t. c. r.
relevación. f. Acción y efecto de relevar. || *Liberación de una carga u obligación. || *For.* *Exención de una obligación o un requisito.
relevador. m. **Electr.* Aparato receptor que cierra un circuito local.
relevante. adj. Sobresaliente, *excelente.
relevar. tr. Hacer *saliente o de relieve una cosa. || *Eximir o *liberar de una carga. || *Destituir de un empleo. || Remediar o socorrer. || Absolver, *perdonar. || fig. Exaltar o *enaltecer una cosa. || *Mil.* Mudar un *centinela o cuerpo de tropa. || Por ext., reemplazar, *substituir a una persona con otra. || **Pint.* Pintar una cosa de manera que parezca de bulto. || intr. **Esc.* Resaltar una figura fuera del plano.
relevo. m. *Mil.* Acción de relevar una *guardia o centinela. || *Mil.* Soldado o cuerpo que releva.
relicario. m. Lugar donde están guardadas las *reliquias. || *Caja o estuche para custodiar reliquias.
relieve. m. Labor o figura que *resalta sobre el plano. || **Pint.* Realce que aparentan algunas cosas pintadas. || pl. *Residuos de lo que se come. || **Alto relieve.** **Esc.* Aquel en que las figuras salen del plano más de la mitad de su bulto. || **Bajo relieve.** **Esc.* Aquel en que las figuras resaltan poco del plano. || **Medio relieve.** **Esc.* Aquel en que las figuras salen del plano la mitad de su grueso. || **Todo relieve.** *Esc.* **Alto relieve.**
religa. f. Porción de metal que se añade en una liga o *aleación para alterar sus proporciones.
religación. f. Acción y efecto de religar.
religar. tr. Volver a *atar. || *Ceñir más estrechamente. || Volver a ligar un metal con otro.
***religión.** f. Conjunto de creencias acerca de la divinidad. || Conjunto de sentimientos, normas morales y prácticas derivadas de dichas creencias. || Profesión y observancia de la doctrina religiosa. || *Obligación de conciencia, *cumplimiento de un deber. || *Orden religiosa*, comunidad. || **católica.** La revelada por Jesucristo. || **natural.** La que funda las relaciones del hombre con la divinidad en la misma naturaleza de las cosas. || **reformada.** *Orden religiosa* en que se ha restablecido su primitiva disciplina. || ***Protestantismo.** || **Entrar en religión** una persona. fr. Tomar el hábito en una *comunidad religiosa.
religionario. m. Sectario del protestantismo.
religiosamente. adv. m. Con *religión. || Con puntualidad y *exactitud.
religiosidad. f. *Devoción y fiel observancia de las obligaciones religiosas. || Puntualidad, *exactitud en *cumplir una cosa.
***religioso, sa.** adj. Perteneciente o relativo a la religión o a los que la profesan. || Que tiene *religión. || → Que ha tomado hábito en una orden **religiosa** regular. Ú. t. c. s. || Fiel y exacto en el *cumplimiento del deber. || Moderado, *parco.
relimar. tr. Volver a *limar.
relimpiar. tr. Volver a *limpiar. Ú. t. c. r. || *Limpiar mucho. Ú. t. c. r.
relimpio, pia. adj. fam. Muy *limpio.
relinchador, ra. adj. Que relincha con frecuencia.
relinchante. p. a. de **Relinchar.** Que relincha.
relinchar. tr. Emitir con fuerza su *voz el *caballo.
relinchido. m. **Relincho.**
relincho. m. *Voz del *caballo. || fig.

*Grito de fiesta o de alegría en algunos lugares.
relindo, da. adj. Muy lindo o *hermoso.
relinga. f. Cada una de las cuerdas en que van colocados los plomos y corchos con que se calan y sostienen las *redes en el agua. ‖ *Mar.* *Cabo con que se refuerzan las orillas de las *velas.
relingar. tr. *Mar.* Coser o pegar la relinga. ‖ *Mar.* Izar una *vela hasta poner tirantes sus relingas. ‖ intr. Moverse la relinga con el viento.
***reliquia.** f. *Residuo que queda de un todo. Ú. m. en pl. ‖ → Parte del cuerpo de un santo, o lo que por haberle tocado es digno de veneración. ‖ fig. *Huella o vestigio de cosas pasadas. ‖ fig. Dolor o achaque que resulta de una enfermedad o accidente. ‖ **insigne.** Porción principal del cuerpo de un santo.
reliquiario. m. p. us. **Relicario.**
***reloj.** m. Aparato que sirve para medir el tiempo o dividir el día en horas, minutos y segundos. ‖ pl. **Pico de cigüeña.** ‖ **Reloj de agua.** Artificio para medir el tiempo observando lo que tarda en pasar cierta cantidad de agua de un vaso a otro. ‖ **de arena.** Artificio que se compone de dos ampolletas unidas por el cuello, y sirve para medir el tiempo conociendo lo que tarda en pasar la arena de una ampolleta a la otra. ‖ **de campana.** El que da las horas con campana. ‖ **de Flora.** *Bot.* Tabla de las diversas horas del día en que abren sus *flores ciertas plantas. ‖ **de longitud. Reloj marino.** ‖ **de repetición.** El que, mediante un mecanismo adecuado, vuelve a tocar la hora cuando se quiere. ‖ **desconcertado.** fig. Persona desordenada o *informal. ‖ **de sol.** Artificio para señalar las diversas horas del día por medio de la sombra que un gnomon o estilo arroja sobre una superficie. ‖ **magistral.** Aquel cuya marcha sirve de norma a la de otros. ‖ **marino.** Cronómetro que sirve para calcular las diferencias de longitud. ‖ **solar. Reloj de sol.** ‖ **Estar** uno **como un reloj.** fr. fig. Estar bien dispuesto, y en perfecta *salud.
relojería. f. Arte de hacer *relojes. ‖ Taller donde se hacen o componen relojes. ‖ Tienda donde se venden.
***relojero, ra.** m. y f. Persona que hace, compone o vende *relojes. ‖ f. Mueblecillo o bolsa para el *reloj de bolsillo. ‖ Mujer del relojero.
relso, sa. adj. p. us. **Terso.**
reluciente. p. a. de **Relucir.** Que reluce.
relucir. intr. Despedir o reflejar *luz una cosa resplandeciente. ‖ Lucir o *brillar mucho una cosa. ‖ fig. Resplandecer uno en alguna cualidad, *excelencia o *virtud. ‖ **Sacar,** o **salir, a relucir.** fr. fig. y fam. *Revelar por modo inesperado algún hecho o razón.
reluctancia. f. *Fís.* Resistencia que ofrece al flujo *magnético un circuito.
reluctante. adj. Reacio, *opuesto.
reluchar. intr. fig. *Luchar porfiadamente.
relumbrante. p. a. de **Relumbrar.** Que relumbra.
relumbrar. intr. Dar una cosa viva *luz.
relumbro. m. **Relumbrón.**
relumbrón. m. Golpe de *luz vivo y pasajero. ‖ **Oropel.** ‖ **De relumbrón.** m. adv. De mejor *apariencia que calidad.
relumbroso, sa. adj. **Relumbrante.**
rellanar. tr. Volver a *allanar una cosa. ‖ r. **Arrellanarse.**
rellano. m. **Meseta** (de *escalera). ‖ *Llano que interrumpe la pendiente de un terreno.
***rellenar.** tr. Volver a *llenar una cosa. ‖ Llenar enteramente. ‖ **Culin.* Llenar de carne picada u otros ingredientes una ave u otro manjar. ‖ fig. y fam. Dar de *comer hasta la saciedad. Ú. m. c. r.
relleno, na. adj. Muy *lleno. ‖ m. **Culin.* Picadillo sazonado con que se llenan *pasteles, aves, hortalizas, etc. ‖ Acción y efecto de rellenar o rellenarse. ‖ fig. Parte *superflua que alarga una oración o un escrito.
remachar. tr. *Aplastar o machacar la punta o la cabeza del *clavo o del roblón, una vez colocados en el lugar conveniente. ‖ fig. Recalcar, *confirmar, robustecer lo dicho o hecho.
remache. m. Acción y efecto de remachar. ‖ **Roblón.** ‖ En el juego del *billar, lance que consiste en impeler una bola sobre otra pegada a la banda.
remador, ra. m. y f. **Remero, ra.**
remadura. f. Acción y efecto de *remar.
remallar. tr. Componer, *reparar las mallas viejas o rotas.
remamiento. m. **Remadura.**
remanal. m. **Hontanar.**
remandar. tr. *Mandar una cosa muchas veces.
remanecer. intr. *Aparecer de nuevo e inopinadamente.
remaneciente. p. a. de **Remanecer.** Que remanece.
remanente. m. *Residuo de una cosa.
remanga. f. Bolsa de *red para la pesca del camarón.
remangar. tr. **Arremangar.** Ú. t. c. r.
remango. m. **Arremango.**
remanoso, sa. adj. **Manantío.**
remansarse. r. *Detenerse la corriente de un líquido.
***remanso.** m. Detención o suspensión de la corriente del agua u otro líquido. ‖ fig. Pachorra, *lentitud.
remante. p. a. de **Remar.** Que rema. Ú. t. c. s.
***remar.** intr. Mover convenientemente el remo para impeler la embarcación en el agua. ‖ fig. *Trabajar con grande afán en una cosa.
remarcar. tr. Volver a *marcar.
rematadamente. adv. m. **Totalmente.**
rematado, da. adj. Dícese de la persona que se halla en tan mal estado o tan *enferma, que es imposible su remedio. ‖ Dícese del *reo condenado por fallo ejecutorio a alguna *pena.
rematador. m. **Subastador.**
rematamiento. m. **Remate.**
rematante. m. Persona a quien se adjudica la cosa *subastada.
rematar. tr. Acabar, *concluir o *finalizar una cosa. ‖ Poner fin a la vida de la persona o del animal que está en trance de *muerte. ‖ Entre *sastres y *costureras, afianzar la última puntada. ‖ Hacer remate en una *subasta. ‖ intr. Terminar o fenecer. ‖ r. *Perderse, acabarse o destruirse una cosa.
***remate.** m. *Fin, *extremidad o *conclusión de una cosa. ‖ → Lo que se sobrepone a los edificios, muebles y otras cosas, para coronarlos o adornar su parte superior. ‖ Postura que obtiene la adjudicación en *subastas o almonedas. ‖ Esta adjudicación. ‖ **De remate.** m. adv. *Absolutamente, sin remedio. ‖ **Por remate.** m. adv. Por fin, por *último.
rembolsable. adj. **Reembolsable.**
rembolsar. tr. **Reembolsar.**
rembolso. m. **Reembolso.**
remecedor. m. El que varea los olivos para *cosechar la *aceituna.
remecer. tr. Mover reiteradamente una cosa de un lado a otro, hacerla *oscilar. Ú. t. c. r.
remedable. adj. Que se puede remedar.
remedador, ra. adj. Que remeda. Ú. t. c. s.
remedar. tr. *Imitar o contrahacer una cosa. ‖ Seguir uno las mismas huellas y ejemplos de otro. ‖ Hacer uno, por *burla, las mismas acciones y ademanes que otro.
remediable. adj. Que se puede remediar.
remediador, ra. adj. Que remedia o ataja un daño. Ú. m. c. s.
remediar. tr. Poner *remedio al daño. Ú. t. c. r. ‖ Socorrer una necesidad o urgencia. Ú. t. c. r. ‖ *Librar, apartar o separar de un riesgo. ‖ *Evitar o *impedir que se ejecute una cosa de que se sigue daño.
remedición. f. Acción y efecto de remedir.
***remedio.** m. Medio que se toma para reparar o evitar un daño o inconveniente. ‖ Enmienda o *corrección. ‖ Recurso, auxilio o refugio. ‖ **Farm.* Todo lo que en las enfermedades sirve para producir un cambio favorable. ‖ **Permiso** (en las *monedas). ‖ *Germ.* ***Procurador.** ‖ **For.* **Recurso.** ‖ **casero.** El que se hace empíricamente, sin recurrir a las *farmacias. ‖ **heroico.** El de acción muy enérgica, que sólo se aplica en casos extremos. ‖ fig. *Decisión extraordinaria tomada en circunstancias graves. ‖ **No haber para un remedio.** fr. fig. y fam. **No tener para un remedio.** ‖ **No haber más remedio.** fr. **No tener más remedio.** ‖ **No haber remedio,** o **no tener más remedio.** fr. Haber *precisión o *necesidad de una cosa. ‖ **No quedar,** o **no encontrar,** una cosa **para un remedio.** fr. fig. y fam. Ser imposible o muy difícil encontrarla. ‖ **No tener para un remedio.** fr. *Carecer absolutamente de todo. ‖ **No tener remedio.** fr. **No haber remedio.**
remedión. m. Función con que en el *teatro se *substituye la anunciada.
remedir. tr. Volver a *medir.
remedo. m. *Imitación imperfecta o ridícula de una cosa.
remellado, da. adj. Que tiene mella. Dícese principalmente de los *labios, y de los *ojos. ‖ Dícese de la persona que tiene uno de estos defectos. Ú. t. c. s.
remellar. tr. Raer el pelo de las *pieles en las tenerías.
remellón, na. adj. fam. **Remellado.** Apl. a pers., ú. t. c. s.
remembranza. f. *Recuerdo de una cosa.
remembrar. tr. **Rememorar.**
rememoración. f. Acción y efecto de rememorar.
rememorar. tr. Recordar, traer a la *memoria.
rememorativo, va. adj. Que recuerda.
remendado, da. adj. fig. Que tiene *manchas como recortadas. Dícese de ciertos animales y de su *pelaje.
***remendar.** tr. *Reparar con *remiendo lo que está viejo o roto. ‖ *Corregir o enmendar. ‖ Aplicar una cosa a otra para *completarla.

remendista. adj. **Impr.* Dícese del operario que hace remiendos.
remendón, na. adj. Que tiene por oficio *remendar. Dícese especialmente de los *sastres y *zapateros de viejo. Ú. t. c. s.
remense. adj. Natural de Reims. Ú. t. c. s. || Perteneciente a esta ciudad de Francia.
remera. f. Cada una de las *plumas grandes con que terminan las alas de las aves.
***remero, ra.** m. y f. Persona que *rema.
remesa. f. *Envío que se hace de una cosa de una parte a otra. || La cosa enviada en cada vez.
remesar. tr. Mesar repetidas veces la *barba o el *cabello. Ú. t. c. r.
remesar. tr. *Com.* Hacer remesas de dinero o géneros.
remesón. m. Acción de arrancar el *cabello o la *barba. || Porción de pelo arrancado.
remesón. m. **Equit.* Detención repentina del caballo. || **Esgr.* Cierta treta para herir al adversario.
remeter. tr. Volver a meter. || *Introducir más adentro. || Hablando de los *niños, ponerles un metedor limpio.
remetido. m. **Impr.* **Terno.**
remezón. m. *Terremoto ligero.
remiche. m. Espacio que había en las *galeras entre banco y banco. || Galeote destinado al *remo.
remiel. m. Segunda miel que se saca de la caña de *azúcar.
***remiendo.** m. Pedazo de paño u otra tela, que se cose a lo que está viejo o roto. || Obra de corta entidad que se hace para *reparar algún desperfecto. || En la piel de los animales, *mancha de distinto color que el fondo. || fig. Composición, *enmienda o *adición que se introduce en una cosa. || fig. y fam. *Insignia de las *órdenes militares*, que se cose al lado izquierdo de la capa u otra prenda. || **Impr.* Obra de corta entidad o extensión. || **A remiendos.** m. adv. fig. y fam. con que se explica que una obra se hace a pedazos y con *interrupción de tiempo. || **Echar un remiendo a la vida.** fr. fig. y fam. Tomar un refrigerio.
remilgadamente. adv. m. Con remilgo.
remilgado, da. adj. Que afecta suma compostura, *delicadeza y gracia.
remilgarse. r. Repulirse y hacer gestos *afectados.
remilgo. m. Acción y ademán de remilgarse. || ***Melindre.**
reminiscencia. f. Acción de ofrecerse a la *memoria alguna especie. || Facultad del alma, con que traemos a la memoria alguna cosa. || En literatura y música, lo que recuerda demasiado lo compuesto anteriormente por otro autor.
remirado, da. adj. Dícese del que *reflexiona *prudentemente sobre sus acciones.
remirar. tr. Volver a *mirar o reconocer con *reflexión alguna cosa. || r. Esmerarse o poner mucho *cuidado. || *Mirar una cosa complaciéndose en ella.
remisamente. adv. m. Flojamente, con remisión.
remisible. adj. Que se puede remitir o *perdonar.
remisión. f. Acción y efecto de remitir o remitirse. || *Indicación, en un escrito, del lugar del mismo o de otro escrito a que se remite al lector.
remisivamente. adv. m. Con remisión a una persona, lugar o tiempo.
remisivo, va. adj. Dícese de lo que remite o sirve para remitir.
remiso, sa. adj. Flojo, *irresoluto, *tímido. || Aplícase a las calidades físicas que tienen escasa actividad.
remisoria. f. **For.* Despacho con que el juez remite la causa o el preso a otro tribunal. Ú. m. en pl.
remisorio, ria. adj. Dícese de lo que tiene virtud o facultad de remitir o *perdonar.
remitente. p. a. de **Remitir.** Que remite. Ú. t. c. s.
remitido. m. Artículo o noticia que inserta un *periódico a petición de un particular y mediante pago.
remitir. tr. *Enviar una cosa de un lugar a otro. || *Perdonar una pena o *liberar de una obligación. || *Dejar, *diferir o suspender. || *Disminuir, *aflojar o perder una cosa parte de su intensidad. Ú. t. c. intr. y c. r. || *Confiar al juicio de otro la resolución de una cosa. Ú. m. c. r. || *Indicar en un *escrito otro lugar que puede interesar al lector. || r. Atenerse a lo dicho o hecho por uno mismo o por otra persona.
***remo.** m. Instrumento de madera, en forma de pala larga y estrecha, que sirve para mover las embarcaciones haciendo fuerza en el agua. || *Brazo o *pierna, en el hombre y en los cuadrúpedos. Ú. m. en pl. || En las aves, cada una de las *alas. Ú. m. en pl. || fig. *Trabajo grande y continuado. || fig. *Pena de remar en las galeras. || **Al remo.** m. adv. Remando, o por medio del **remo.** || **A remo.** m. adv. **Al remo.** || **A remo y sin sueldo.** m. adv. fig. y fam. *Trabajando mucho y sin utilidad.
***remoción.** f. Acción y efecto de remover o removerse.
remocho. m. Brote, *retoño.
remojadero. m. Lugar donde se echa alguna cosa en remojo.
remojar. tr. *Empapar en agua o poner en remojo una cosa. || fig. Celebrar uno el estreno de un traje o cualquier suceso feliz *convidando a *beber a sus amigos.
remojo. m. Acción de remojar o *empapar en agua una cosa. || **Echar en remojo** un negocio. fr. fig. y fam. *Diferir su resolución.
remolacha. f. *Planta herbácea anual, de las salsoláceas, con raíz grande, carnosa, fusiforme, generalmente encarnada, que es comestible y de la cual se extrae *azúcar. || Esta *raíz. || **forrajera.** La que se utiliza como alimento del ganado.
remolar. m. Maestro o carpintero que hace *remos. || Taller en que se hacen remos.
remolar. tr. *Germ.* Cargar un *dado para hacer *fullerías.
remolcador, ra. adj. Que sirve para remolcar. Aplicado a *embarcaciones, ú. t. c. s. m.
remolcar. tr. *Mar.* Llevar una embarcación u otra cosa sobre el agua, *tirando de ella con un cable, cadena, etc. || Por semejanza, llevar por tierra un carruaje a otro. || fig. *Incitar a una persona a que haga lo que no quería.
remolda. f. Monda de los árboles.
remoldar. tr. *Podar o escamondar los árboles.
remoler. tr. *Moler mucho una cosa.
remolido. m. **Min.* Mineral menudo que ha de someterse al lavado.
remolimiento. m. Acción y efecto de remoler.
remolinante. p. a. de **Remolinar.** Que remolina.
remolinar. intr. Hacer o formar *remolinos una cosa. Ú. t. c. r. || r. **Arremolinarse.** Ú. t. c. intr.
remolinear. tr. Mover una cosa alrededor en forma de *remolino. || intr. **Remolinar.** Ú. t. c. r.
***remolino.** m. Movimiento giratorio y rápido de una masa de agua o de aire, producido por el encuentro de dos corrientes opuestas. || Retorcimiento natural del *pelo en redondo. || fig. *Concurrencia desordenada de gente en movimiento. || fig. *Disturbio, alteración.
remolón. m. *Colmillo de la mandíbula superior del *jabalí. || Cualquiera de las puntas con que termina la corona de las *muelas de las *caballerías.
remolón, na. adj. Flojo, *perezoso, que huye del trabajo maliciosamente. Ú. t. c. s.
remolonear. intr. *Resistirse a hacer una cosa, por flojedad y *pereza. Ú. t. c. r.
remolque. m. Acción y efecto de remolcar. || Cabo o cuerda que se da a una embarcación para remolcarla. || Vehículo u otra cosa que se lleva remolcada por mar o por tierra. || **A remolque.** m. adv. *Mar.* Remolcando. || fig. Aplícase a la acción que se ejecuta con *repugnancia y más bien por excitación o impulso de otra persona. || **Dar remolque.** fr. *Mar.* **Remolcar.**
remollar. tr. *Germ.* Aforrar o guarnecer.
remollerón. m. *Gram.* **Casco** (de la armadura).
remondar. tr. Limpiar o *podar por segunda vez. Dícese regularmente de los árboles y las vides.
remonta. f. *Reparación del *calzado cuando se le pone de nuevo el pie o las suelas. || **Guarn.* Rehenchido de las sillas de las caballerías. || Parche que se pone al pantalón de montar para evitar su desgaste. || **Mil.* Compra, cría y cuidado de los caballos para proveer al ejército. || *Mil.* Establecimiento destinado al efecto. || *Mil.* Conjunto de los *caballos o mulas destinados a cada cuerpo.
remontamiento. m. Acción de remontar o proveer de *caballerías.
remontar. tr. *Ahuyentar o espantar. Dícese propiamente de la caza. || Elevar, *levantar una cosa por el aire. || fig. Encumbrar, *enaltecer. Ú. t. c. r. || Proveer de nuevos *caballos a la tropa. || **Guarn.* Rehenchir o recomponer una silla de montar. || Echar nuevos pies o suelas al *calzado. || r. Refugiarse en los montes los esclavos de América o los indios de Filipinas. || Subir o *volar muy alto las aves. || fig. Subir hasta el *origen de una cosa.
remonte. m. Acción y efecto de remontar o remontarse.
remontista. m. Militar empleado en un establecimiento de remonta.
remoque. m. fam. Palabra *mordaz.
remoquete. m. Moquete, *golpe dado con el puño en el rostro. || fig. Dicho *satírico. || fam. Cortejo o galanteo. || **Dar remoquete.** fr. fig. y fam. Hacer deliberadamente una persona en presencia de otra algo que la *moleste.
rémora. f. *Pez marino acantopterigio, que tiene en la cabeza un disco oval, con el cual hace el vacío para adherirse fuertemente a los objetos flotantes. Los antiguos le atribuían la propiedad de detener las naves. || fig. Cualquier cosa que *detiene o *estorba.
remordedor, ra. adj. Que remuerde o inquieta interiormente.

remorder. tr. Volver a *morder o morderse uno a otro. ‖ Entre *grabadores, someter por segunda vez a la acción del ácido partes determinadas de la lámina. ‖ fig. *Inquietar la *conciencia, punzar un escrúpulo. ‖ r. Descubrir o *revelar algún sentimiento interior.
remordiente. p. a. de **Remorder.** Que remuerde.
remordimiento. m. *Arrepentimiento y *desasosiego que queda después de ejecutada una mala acción.
remosquearse. r. fam. Mostrarse receloso o *desconfiado. ‖ *Impr.* Resultar borrosa la impresión por haberse corrido el pliego, o por haberlo pisado dos veces.
remostar. intr. Echar mosto en el *vino añejo. Ú. t. c. tr. ‖ r. Mostear los racimos de *uva antes de llegar al lagar. ‖ Estar dulce el *vino, o saber a mosto.
remostecerse. r. **Remostarse.**
remosto. m. Acción y efecto de remostar o remostarse.
remotamente. adv. l. y t. Lejanamente, apartadamente. ‖ fig. **Confusamente.**
***remoto, ta.** adj. Distante o apartado, lejano en el tiempo o en el espacio. ‖ fig. Que no es verosímil, o está muy distante de suceder. ‖ **Estar remoto** uno. fr. fig. Estar casi *olvidado de una cosa.
remover. tr. *Trasladar una cosa de un lugar a otro. Ú. t. c. r. ‖ *Quitar, apartar, desobstruir. ‖ Conmover, *perturbar o revolver alguna cosa o asunto. Ú. t. c. r. ‖ *Destituir a uno de su empleo o destino.
removimiento. m. **Remoción.**
remozar. tr. Dar o comunicar cierta especie de *fuerza y lozanía propias de la *juventud. Ú. m. c. r.
remplazable. adj. **Reemplazable.**
remplazar. tr. **Reemplazar.**
remplazo. m. **Reemplazo.**
rempujar. tr. fam. **Empujar.**
rempujo. m. fam. *Fuerza o impulsión que se aplica a una cosa. ‖ *Mar.* Disco plano, estriado, que aplican los veleros a la palma de la mano para empujar la aguja cuando *cosen las *velas.
rempujón. m. fam. **Empujón.**
remuda. f. Acción y efecto de remudar o remudarse. ‖ **Muda** (*ropa).
remudamiento. m. **Remuda.**
remudar. tr. *Substituir a una persona o cosa con otra. Ú. t. c. r.
remudiar. intr. Mugir la *vaca para llamar a la cría, y viceversa.
remugar. tr. **Rumiar.**
remullir. tr. Mullir mucho.
***remuneración.** f. Acción y efecto de remunerar. ‖ Lo que se da o sirve para remunerar.
remunerador, ra. adj. Que remunera. Ú. t. c. s.
***remunerar.** tr. *Recompensar, premiar.
remuneratorio, ria. adj. Dícese de lo que se hace o da en *remuneración o premio.
remusgar. intr. *Presentir o *sospechar.
remusgo. m. Acción y efecto de remusgar. ‖ *Vientecillo frío y penetrante.
renacentista. adj. Relativo o perteneciente al Renacimiento. ‖ Se dice del que cultiva los estudios o arte propios del Renacimiento. Ú. t. c. s.
renacer. intr. Volver a *nacer; *resucitar. ‖ fig. Adquirir por el *bautismo la vida de la gracia.
renacimiento. m. Acción de renacer. ‖ *Cronol.* Época que comienza a mediados del siglo XV, caracterizada por el estudio de la antigüedad clásica griega y latina.
renacuajo. m. Cría de la *rana, mientras tiene cola y respira por branquias. ‖ fig. y fam. Hombrecillo *pequeño y *despreciable.
renadío. m. *Sembrado que retoña después de cortado en hierba.
***renal.** adj. Perteneciente o relativo a los *riñones.
renano, na. adj. Dícese de los territorios situados en las orillas del Rin. ‖ Perteneciente o relativo a estos territorios.
rencajo. m. Animal mal *castrado.
rencilla. f. *Contienda o riña.
rencilloso, sa. adj. Inclinado a rencillas o riñas, *pendenciero.
renco, ca. adj. *Cojo por lesión de las caderas. Ú. t. c. s.
rencor. m. Resentimiento o *enfado persistente.
rencorosamente. adv. m. Con rencor.
rencoroso, sa. adj. Que tiene o guarda rencor.
rencoso. adj. Dícese del *cordero que tiene un *testículo fuera y otro dentro.
renda. f. **Bina** (segunda cava de las *viñas).
rendaje. m. Conjunto de riendas y demás correas de que se compone la *brida de las cabalgaduras.
rendajo. m. **Arrendajo.**
rendar. tr. **Binar** (las *viñas).
rendibú. m. fam. Manifestación obsequiosa de *respeto o *cortesía.
***rendición.** f. Acción y efecto de rendir o *rendirse. ‖ **Rendimiento** (sumisión obsequiosa). ‖ Cantidad de *moneda acuñada que aún no se ha puesto en circulación.
rendidamente. adv. m. Con sumisión y rendimiento.
rendido, da. adj. Sumiso, obsequioso, *cortés, *obediente.
rendija. f. *Hendedura que se produce naturalmente en cualquier cuerpo sólido.
rendimiento. m. Rendición, *debilidad, *cansancio. ‖ *Sumisión, subordinación, humildad. ‖ Obsequiosa expresión de *acatamiento. ‖ Producto o *utilidad que da una cosa.
***rendir.** tr. *Vencer, obligar a las tropas, plazas o embarcaciones enemigas, etc., a que se entreguen. ‖ Sujetar, someter una cosa al *dominio de uno. Ú. t. c. r. ‖ *Dar o *devolver a uno lo que le toca. ‖ Dar fruto o *utilidad una cosa. ‖ *Cansar, fatigar. Ú. t. c. r. ‖ *Vomitar o volver la comida. ‖ *Mar.* Tratándose de un crucero, un viaje, etc., terminarlo, *llegar a su fin. ‖ *Mil.* Entregar una cosa al cuidado o vigilancia de otro. ‖ *Mil.* Hacer con ciertas cosas actos de sumisión y *respeto. ‖ r. *Mar.* *Romperse o henderse un palo de la *arboladura. ‖ → Someterse, entregarse el vencido al vencedor.
rene. f. **Riñón.**
renegado, da. adj. Que renuncia la ley de Jesucristo. Ú. t. c. s. ‖ fig. y fam. Dícese de la persona *desabrida y *murmuradora. Ú. t. c. s. ‖ m. **Tresillo** (juego de *naipes).
renegador, ra. adj. Que reniega, *blasfema o jura frecuentemente. Ú. t c. s.
***renegar.** tr. *Negar con instancia una cosa. ‖ Detestar, *maldecir, abominar. ‖ intr. Cometer *apostasía. ‖ **Blasfemar.** ‖ fig. y fam. Decir *injurias contra uno.
renegón, na. adj. fam. Que reniega con frecuencia. Ú. t. c. s.
renegrear. intr. *Negrear intensamente.
renegrido, da. adj. Dícese del color cárdeno muy obscuro, en especial hablando de contusiones.
renga. f. Parte del lomo sobre la que se pone la *carga a las *caballerías. ‖ ***Joroba.**
rengadero. m. **Cadera.**
rengar. tr. Descaderar, derrengar.
rengífero. m. **Rangífero.**
rengle. m. **Ringlera.**
renglera. f. **Ringlera.**
renglón. m. Serie de palabras o caracteres *escritos o *impresos en línea recta. ‖ fig. Parte de *renta que uno tiene, o del *gasto que hace. ‖ pl. fig. y fam. Cualquier *escrito o *impreso. ‖ **A renglón seguido.** fr. fig. y fam. A *continuación. ‖ **Dejar entre renglones** una cosa. fr. fig. *Olvidarse de ella. ‖ **Leer entre renglones.** fr. fig. Penetrar la intención de un escrito *averiguando lo que intencionadamente calla.
renglonadura. f. Conjunto de líneas señaladas en el papel, para *escribir sobre ellas los renglones.
rengo, ga. adj. **Renco.** Ú. t. c. s. ‖ **Dar** a uno **con la de rengo.** fr. fig. y fam. *Engañarle después de haberle entretenido con esperanzas. ‖ **Hacer la de rengo.** fr. fig. y fam. *Fingir enfermedad o lesión para excusarse del trabajo.
reniego. m. ***Blasfemia.** ‖ fig. y fam. Execración, dicho *injurioso.
reniforme. adj. Que tiene forma de *riñón.
renil. adj. V. **Oveja renil.**
renitencia. f. Estado de la *piel, cuando se halla tersa y lustrosa.
renitencia. f. ***Repugnancia** (resistencia a hacer algo).
renitente. adj. Que se *resiste a hacer o admitir alguna cosa, o la *repugna.
reno. m. *Rumiante, especie de ciervo de los países septentrionales. Se domestica con facilidad y sirve como animal de tiro para los trineos.
renombrado, da. adj. Célebre, *famoso.
renombre. m. Apellido o sobrenombre propio. ‖ Epíteto de gloria. ‖ *Fama y celebridad.
renovación. f. Acción y efecto de renovar o renovarse.
renovador, ra. adj. Que renueva. Ú. t. c. s.
renoval. m. Terreno poblado de renuevos.
renovante. p. a. de **Renovar.** Que renueva.
***renovar.** tr. Hacer como de nuevo una cosa, o volverla a su primer estado. Ú. t. c. r. ‖ Restablecer o reanudar una cosa que se había interrumpido. Ú. t. c. r. ‖ *Substituir una cosa usada por otra nueva. ‖ Reiterar o *publicar de nuevo. ‖ Consumir el sacerdote las formas antiguas y consagrar otras de nuevo.
renovero, ra. m. y f. Persona que practica la *usura.
renquear. intr. Andar como renco.
***renta.** f. Utilidad o beneficio que rinde anualmente una cosa. ‖ Lo que paga en dinero o en frutos un *arrendatario. ‖ Deuda pública o títulos que la representan. ‖ **de sacas.** Impuesto que pagaba el que transportaba géneros a otro país o de un lugar a otro. ‖ **estancada.** La que procede de un artículo cuya venta exclusiva se reserva el gobierno. ‖ **rentada.** La que no es eventual, sino fija y segura. ‖ **A renta.** m. adv. En *arrendamiento. ‖ **Hacer rentas, o las rentas.** fr. Arrendarlas publicándolas. ‖ **Mejorar las rentas.** fr. Pujarlas. ‖ **Me-**

terse uno **en la renta del excusado.** fr. fig. y fam. *Entremeterse en lo que no le incumbe o importa.
rentado, da. adj. Que tiene renta para mantenerse.
rentar. tr. Producir *renta.
rentero, ra. adj. **Tributario.** ‖ m. y f. Colono que tiene en *arrendamiento una finca rural. ‖ m. El que hace postura a la renta o la arrienda.
rentilla. f. Juego de *naipes semejante al de la treinta y una. ‖ Juego con seis *dados. ‖ **Siete rentillas.** Ciertas *rentas de poca importancia que se solían arrendar juntas.
rentista. com. Persona versada en materias de *hacienda pública. ‖ Persona que percibe *renta procedente de papel del Estado. ‖ Persona que vive de sus rentas.
rentístico, ca. adj. Perteneciente o relativo a las rentas públicas.
rento. m. *Renta que paga anualmente el labrador o el colono.
rentoso, sa. adj. Que produce o da renta.
rentoy. m. Juego de *naipes entre dos, cuatro, seis u ocho personas, a cada una de las cuales se dan tres cartas. ‖ Muestra del triunfo en este juego. ‖ fig. *Jactancia y también expresión con que se *zahiere indirectamente.
renuencia. f. *Repugnancia a hacer una cosa.
renuente. adj. *Indócil, remiso.
renuevo. m. *Vástago que echa el árbol después de podado o cortado. ‖ **Renovación.**
renuncia. f. Acción de *renunciar. ‖ Instrumento o *documento que contiene la **renuncia.**
renunciable. adj. Que se puede renunciar. ‖ Aplícase al *empleo que se adquiere con facultad de transferirlo a otro por renuncia.
renunciación. f. **Renuncia.** ‖ **simple.** *For.* La que se hace sin reservar frutos ni títulos.
renunciamiento. m. **Renuncia.**
renunciante. p. a. de **Renunciar.** Que renuncia. Ú. t. c. s.
***renunciar.** tr. Hacer dejación voluntaria de una cosa que se tiene, o del derecho y acción que se puede tener. ‖ *Rechazar, no querer admitir una cosa. ‖ *Despreciar o abandonar. ‖ Faltar a las leyes de algunos juegos de *naipes. ‖ **Renunciarse** uno **a sí mismo.** fr. Privarse uno, en servicio de Dios o por *altruismo, de hacer su propia voluntad.
renunciatario. m. Aquel a cuyo favor se ha hecho una renuncia.
renuncio. m. Falta que se comete renunciando en algunos juegos de *naipes. ‖ fig. y fam. *Mentira o contradicción en que se coge a uno.
renvalsar. tr. *Carp.* Hacer el renvalso.
renvalso. m. *Carp.* Rebajo que se hace en el canto de las hojas de *puertas y ventanas.
reñidamente. adv. m. Con *riña y *porfía.
reñidero. m. Sitio destinado a la riña de algunos animales, y principalmente a la de los *gallos.
reñido, da. adj. Que está *enemistado con otro. ‖ Dícese de la *batalla, *contienda o discusión muy encarnizada.
reñidor, ra. adj. Que suele *reñir frecuentemente.
reñidura. f. fam. Regaño, *reprensión.
***reñir.** intr. Contender de obra o de palabra. ‖ **Pelear.** ‖ Desavenirse, *enemistarse. ‖ tr. *Reprender a uno con algún rigor o amenaza. ‖ Tratándose de *desafíos, batallas, etc., llevarlos a efecto.
reo. m. **Trucha de mar.**
reo, a. adj. Criminoso, culpado.
***reo.** com. Persona que por haber cometido una *culpa merece castigo. ‖ **For.* El demandado en juicio civil o criminal, a *distinción del actor. ‖ **de Estado.** El que ha cometido un *delito contra la seguridad del Estado.
reoctava. f. **Octavilla** (*impuesto).
reoctavar. tr. Sacar la reoctava.
reóforo. m. *Fís.* Cada uno de los dos conductores que establecen la comunicación entre un generador y un aparato *eléctrico.
reojo (mirar de). fr. *Mirar disimuladamente por encima del hombro. ‖ fig. Mirar con *desprecio u hostilidad.
reómetro. m. *Fís.* Aparato para medir las corrientes *eléctricas. ‖ **Hidrául.* Aparato para medir la velocidad de una corriente de agua.
reorganización. f. Acción y efecto de reorganizar.
reorganizador, ra. adj. Perteneciente o relativo a la reorganización. ‖ m. y f. Persona que reorganiza.
reorganizar. tr. Volver a organizar una cosa.
reóstato. m. *Fís.* Instrumento que sirve para hacer variar la resistencia en un circuito *eléctrico.
repacer. tr. *Pacer el ganado la hierba hasta apurarla.
repagar. tr. *Pagar con exceso una cosa.
repajo. m. *Monte o lugar cerrado con arbustos o matas.
repanchigarse. r. **Repantigarse.**
repantigarse. r. Arrellanarse en el *asiento, y extenderse para mayor *comodidad.
repapilarse. r. Hartarse de *comida.
reparable. adj. Que se puede reparar o remediar. ‖ Digno de reparo o *atención.
***reparación.** f. Acción y efecto de reparar o componer una cosa. ‖ Desagravio, *compensación, satisfacción de un daño, injuria, etc. ‖ Acto literario que hacían en las *escuelas los estudiantes.
reparada. f. Movimiento inesperado y brusco que hace el *caballo.
reparado, da. adj. Reforzado, proveído.
reparador, ra. adj. Que repara o mejora una cosa. Ú. t. c. s. ‖ Que propende a *reprobar o a notar defectos. Ú. t. c. s. ‖ Que restablece las *fuerzas y da aliento o vigor. ‖ Que desagravia.
reparamiento. m. **Reparo.** ‖ **Reparación.**
***reparar.** tr. Componer o enmendar el menoscabo que ha padecido una cosa. ‖ *Mirar con cuidado; *observar, advertir una cosa. ‖ *Atender, considerar o *reflexionar. ‖ Enmendar, *corregir. ‖ **Desagraviar.** ‖ *Detenerse por razón de algún inconveniente o embarazo. Ú. t. c. r. ‖ Oponer una *defensa contra el golpe, para librarse de él. ‖ Remediar o *evitar un daño o perjuicio. ‖ Restablecer las *fuerzas. ‖ Dar la última mano a su obra el vaciador para quitarle los defectos que saca el *molde. ‖ intr. Pararse, *detenerse en una parte. ‖ r. Contenerse o *refrenarse.
reparativo, va. adj. Que repara o tiene virtud de reparar.
reparo. m. *Reparación o remedio. ‖ Obra que se hace para componer una fábrica o edificio deteriorado. ‖ Advertencia, nota, *amonestación. ‖ *Duda, dificultad. ‖ **Terap.* Confortante que se pone al enfermo en la boca del estómago, para darle vigor. ‖ Cualquier cosa que se pone por *defensa o resguardo. ‖ **Esgr.* Parada o quite.
reparón, na. adj. fam. **Reparador.** Ú. t. c. s.
repartible. adj. Que se puede o se debe *repartir.
repartición. f. Acción de *repartir.
repartidamente. adv. m. Por partes, en diversas porciones.
repartidero, ra. adj. Que se ha de repartir.
repartido. m. **Impr.* Distribución que se hace de una cabeza.
repartidor, ra. adj. Que reparte o distribuye. Ú. t. c. s. ‖ m. **Partidor** (de aguas). ‖ *For.* Persona encargada de repartir los negocios en los *tribunales.
repartimiento. m. Acción y efecto de *repartir. ‖ Instrumento en que consta lo que a cada uno se ha repartido. ‖ *Contribución o carga que se reparte entre los obligados a soportarla. ‖ *For.* Oficio y oficina del repartidor de los tribunales.
***repartir.** tr. Distribuir entre varios una cosa. ‖ Cargar una *contribución o gravamen por partes.
reparto. m. **Repartimiento.**
repasadera. f. **Carp.* Garlopa para sacar perfiles en la madera.
repasadora. f. Mujer que se ocupa en repasar o *cardar la lana.
repasar. tr. Volver a *pasar por un mismo sitio o lugar. Ú. t. c. intr. ‖ Esponjar y limpiar la *lana para *cardarla después de teñida. ‖ Volver a mirar o a *reconocer una cosa. ‖ Volver a explicar la lección el *maestro. ‖ Recorrer lo que se ha *estudiado. ‖ Reconocer muy por encima un escrito, *leerlo sin detenerse. ‖ Recoser o *zurcir la ropa. ‖ Examinar una obra ya terminada, para *corregir sus imperfecciones. ‖ *Min.* Mezclar el mineral de *plata con azogue y magistral hasta conseguir la amalgamación.
repasata. f. fam. ***Reprensión.**
repaso. m. Acción y efecto de repasar. ‖ *Estudio ligero que se hace de lo aprendido para mayor firmeza en la *memoria. ‖ *Examen de una cosa después de hecha, para ver si le falta algo. ‖ fam. **Repasata.**
repastar. tr. Añadir harina, agua u otro líquido a una *pasta, para *amasarla de nuevo. ‖ Añadir agua a la *argamasa para amasarla de nuevo.
repastar. tr. Volver el ganado a *pastar. ‖ Volver a dar pasto al ganado.
repasto. m. *Pasto añadido al ordinario o regular.
repatriación. f. Acción y efecto de repatriar o repatriarse.
repatriado, da. p. p. de **Repatriar.** Ú. t. c. s.
repatriar. tr. Hacer que uno *regrese a su patria. Ú. t. c. intr. y m. c. r.
repechar. intr. Subir por un repecho.
repecho. m. *Cuesta bastante pendiente y no larga. ‖ **A repecho.** m. adv. Cuesta arriba.
repegoso, sa. adj. Persistente, importuno, *molesto.
repeladura. f. Segunda peladura.
repelar. tr. Tirar del *cabello o *arrancarlo. ‖ **Equit.* Hacer dar al caballo una carrera corta. ‖ *Cortar las puntas a la *hierba. ‖ fig. Cercenar, *disminuir.
repelente. p. a. de **Repeler.** Que repele.
***repeler.** tr. Arrojar, apartar de sí

una cosa con violencia. ‖ Rechazar, *contradecir una proposición.

repelo. m. Lo que no va al pelo. ‖ Parte pequeña de cualquier cosa que se levanta en sentido *inverso del corriente o natural. ‖ Conjunto de fibras torcidas de una *madera. ‖ fig. y fam. Riña o *contienda sin importancia. ‖ fig. y fam. *Repugnancia a ejecutar una cosa.

repelón. m. Acción de *tirar del *cabello. ‖ En las *medias, hebra que encoge los puntos. ‖ fig. *Parte pequeña que se toma o saca de una cosa. ‖ fig. *Carrera pronta e impetuosa que da el *caballo. ‖ pl. *Min.* *Llamas que salen por las hendeduras que se abren en la camisa de los *hornos. ‖ **A repelones.** m. adv. fig. y fam. con que se explica que una cosa se va tomando por partes con *dificultad o *repugnancia. ‖ **Batir de repelón.** fr. **Equit.* Herir al caballo con las espuelas, de abajo hacia arriba. ‖ **De repelón.** m. adv. y fam. Sin detenerse o ligeramente.

repeloso, sa. adj. Aplícase a la *madera que tiene repelo. ‖ fig. y fam. Quisquilloso, *irritable.

repeluzno. m. **Escalofrío.**

repellar. tr. **Albañ.* Arrojar pelladas de yeso o cal a la pared.

repensar. tr. Volver a pensar con detención, *reflexionar.

repente. m. fam. *Movimiento súbito o *imprevisto de personas o animales. ‖ adv. **De repente.** ‖ **De repente.** m. adv. Prontamente, sin preparación. ‖ **Hablar de repente.** fr. **Hablar de memoria.**

repentinamente. adv. m. **De repente.**

repentino, na. adj. Pronto, impensado, *imprevisto.

repentista. com. **Improvisador.** ‖ Persona que repentiza.

repentizar. intr. Ejecutar a la primera lectura una obra *musical.

repentón. m. fam. aum. de **Repente.**

repeor. adj. y adv. fam. Mucho *peor.

repercudida. f. **Repercusión.**

repercudir. intr. **Repercutir.** Ú. t. c. tr.

repercusión. f. Acción y efecto de repercutir.

repercusivo, va. adj. **Farm.* Dícese del medicamento que repercute. Ú. t. c. s. m.

repercutir. intr. *Retroceder o *rebotar un cuerpo al chocar con otro. ‖ r. **Reverberar.** ‖ *Reflejarse el sonido. ‖ fig. Trascender, causar *efecto una cosa en otra. ‖ tr. *Med.* Rechazar un *humor.

repertorio. m. Libro o *compendio en que sucintamente se hace mención de cosas notables. ‖ Copia de obras *dramáticas o *musicales que habitualmente representa o ejecuta un artista. ‖ *Colección de obras o de noticias de una misma clase. ‖ ***Calendario.**

repesar. tr. Volver a *pesar una cosa.

repeso. m. Acción y efecto de repesar. ‖ Lugar que se tiene destinado para repesar. ‖ **De repeso.** m. adv. Con todo el *peso de una mole o cuerpo. ‖ fig. Con todo el *esfuerzo posible.

***repetición.** f. Acción y efecto de repetir o repetirse. ‖ Discurso que componían los *catedráticos en las universidades literarias. ‖ Acto literario que solía efectuarse en algunas *universidades antes de recibir el grado mayor. ‖ Lección de hora en dicho acto. ‖ Mecanismo que sirve en el *reloj para que dé la hora siempre que se toca un resorte. ‖ **Reloj de repetición.** ‖ *Esc.* y *Pint.* Obra de *escultura y *pintura, o parte de ella, repetida por el mismo autor. ‖ **For.* Reclamación contra tercero. ‖ **Ret.* Figura que consiste en repetir de propósito palabras o conceptos.

repetidamente. adv. m. Con repetición.

repetidor, ra. adj. Que repite. ‖ m. El que repasa a otro la lección.

***repetir.** tr. Volver a hacer lo que se había hecho. Ú. t. c. r. ‖ **For.* Reclamar contra tercero. ‖ intr. Hablando de manjares o bebidas, venir a la boca el *sabor de lo que se ha comido o bebido. ‖ Efectuar la repetición en las *universidades.

repicado, da. adj. *Vanidoso, presumido.

repicar. tr. Picar mucho una cosa; *dividirla en partes muy menudas. ‖ Tañer con cierto compás las *campanas en señal de fiesta o regocijo. Dícese además de otros *instrumentos. Ú. t. c. intr. ‖ Volver a picar o *punzar. ‖ En el juego de *naipes llamado de los cientos, contar un jugador noventa puntos antes que cuente uno el contrario. ‖ r. *Jactarse, preciarse de una cosa.

repicoteado, da. adj. Adornado con *ángulos, picos, *ondas o dientes.

repicotear. tr. *Adornar un objeto con picos, *ondas o dientes.

repinaldo. m. Variedad de *manzana de gran tamaño y forma alargada.

repinarse. r. Remontarse, *levantarse.

repintar. tr. *Pint.* *Pintar sobre lo ya pintado. ‖ r. Pintarse o usar de *afeites. ‖ **Impr.* Señalarse la letra de una página en otra por estar reciente la impresión.

repinte. m. **Pint.* Segunda pintura.

repique. m. Acción y efecto de repicar o repicarse. ‖ fig. *Contienda ligera que tiene uno con otro.

repiquete. m. Repique vivo y rápido de *campanas. ‖ *Combate, *contienda o reencuentro. ‖ **Mar.* Bordada corta.

repiquetear. tr. Repicar con mucha viveza las *campanas u otro instrumento sonoro. ‖ r. fig. y fam. *Reñir dos o más personas diciéndose palabras injuriosas.

repiqueteo. m. Acción y efecto de repiquetear o repiquetearse.

repisa. f. Miembro arquitectónico, a modo de *ménsula, que tiene más longitud que vuelo y sirve para sostener un objeto o bien a modo de *vasar.

repisar. tr. Volver a *pisar. ‖ **Apisonar.** ‖ fig. Encomendar ahincadamente una cosa a la *memoria.

repiso. m. *Vino de inferior calidad que se hace de la uva repisada.

repiso, sa. adj. Que siente *arrepentimiento.

repitiente. p. a. de **Repetir.** Que repite y sustenta en *escuelas la repetición. Ú. t. c. s.

repizcar. tr. **Pellizcar.**

repizco. m. **Pellizco.**

replantación. f. Acción y efecto de replantar.

replantar. tr. Volver a *plantar en sitio que ha estado plantado. ‖ **Trasplantar.**

replantear. tr. **Arq.* Trazar en el terreno la planta de una obra ya estudiada y proyectada.

replanteo. m. Acción y efecto de replantear.

repleción. f. Calidad de repleto.

replegar. tr. *Plegar o doblar muchas veces. ‖ r. **Mil.* Retirarse en buen orden las tropas avanzadas. Ú. t. c. tr.

repletar. tr. *Rellenar, colmar. ‖ r. Ahitarse, *hartarse.

repleto, ta. adj. Muy lleno. ‖ *Harto de comida.

***réplica.** f. Acción de replicar. ‖ Expresión, argumento o discurso con que se replica. ‖ *Copia de una obra de arte. ‖ **For.* Segundo escrito del actor para impugnar la contestación y la reconvención.

replicador, ra. adj. Que replica frecuentemente. Ú. t. c. s.

replicante. p. a. de **Replicar.** Que replica.

***replicar.** intr. Instar o argüir *refutando la respuesta o argumento. ‖ *Responder como *repugnando lo que se dice o manda. Ú. t. c. tr. ‖ **For.* Impugnar el actor la contestación del demandado.

replicato. m. *Réplica con que uno repugna lo que otro dice o manda. ‖ **For.* Réplica del actor a la respuesta del reo.

replicón, na. adj. fam. **Replicador.** Ú. t. c. s.

repliegue. m. *Pliegue doble. ‖ **Mil.* Acción y efecto de replegarse las tropas.

repo. m. *Arbusto chileno de las verbenáceas, especie de arrayán de gran tamaño.

repoblación. f. Acción y efecto de repoblar o repoblarse. ‖ Conjunto de *árboles o especies vegetales en terrenos repoblados.

repoblar. tr. Volver a *poblar. Ú. t. c. r.

repodar. tr. Recortar los troncos o ramas ya *podados.

repodrir. tr. **Repudrir.** Ú. t. c. r.

repollar. intr. Formar repollo. Dícese de ciertas plantas y de sus *hojas. Ú. t. c. r.

repollo. m. Especie de *col, cuyas hojas comprimidas unas con otras forman como una bola. ‖ Grumo o cabeza más o menos redonda que forman algunas plantas, apretándose sus *hojas unas sobre otras.

repolludo, da. adj. Dícese de la planta que forma repollo. ‖ fig. De figura de repollo. ‖ fig. Dícese de la persona *gruesa y *baja.

repolluelo. m. d. de **Repollo.**

reponer. tr. Volver a poner; *restablecer, colocar a una persona o cosa en el empleo, lugar o estado que antes tenía. ‖ *Completar o *substituir lo que falta o lo que se había sacado de alguna parte. ‖ Replicar, *responder. ‖ Volver a representar en el *teatro una obra ya estrenada en otra temporada anterior. ‖ **For.* Retrotraer la causa o pleito a un estado determinado. ‖ r. *Recobrar la *salud o la hacienda. ‖ Serenarse, *tranquilizarse.

reportación. f. Sosiego, serenidad, *moderación.

reportaje. m. *Información *periodística o *cinematográfica sobre una persona o materia determinada.

reportamiento. m. Acción y efecto de reportar o reportarse.

reportar. tr. *Refrenar o moderar una pasión o al que la tiene. Ú. t. c. r. ‖ Alcanzar, *conseguir. ‖ *Traer o llevar. ‖ Pasar un *grabado *litográfico a la piedra para multiplicar las tiradas.

reporte. m. ***Noticia.** ‖ ***Chisme.** ‖ Prueba de litografía que sirve para estampar de nuevo un grabado en otras piedras.

reporteril. adj. Perteneciente al reportero.

reporterismo. m. Oficio de reportero.

reportero, ra. adj. Dícese del que

lleva reportes o noticias. Ú. t. c. s. ‖ m. *Periodista encargado de las *informaciones urgentes.
reportista. m. Litógrafo práctico en reportar.
reportorio. m. **Almanaque.**
reposadamente. adv. m. Con reposo.
reposadero. m. *Metal.* Pileta colocada en la parte exterior de los *hornos, para recibir el metal fundido.
reposado, da. adj. Sosegado, *tranquilo.
reposar. intr. ***Descansar.** Ú. c. tr. en la frase **reposar la comida.** ‖ ***Dormir.** Ú. t. c. r. ‖ Permanecer en *quietud y sin alteración una persona o cosa. Ú. t. c. r. ‖ Estar *sepultado, yacer. Ú. t. c. r. ‖ r. Tratándose de líquidos, ***posarse.** Ú. t. c. intr.
***reposición.** f. Acción y efecto de reponer o reponerse.
repositorio. m. Lugar donde se *guarda una cosa.
reposo. m. Acción y efecto de reposar o reposarse.
repostar. tr. *Proveer nuevamente de víveres, pertrechos, combustible, etcétera. Ú. t. c. r.
reposte. m. **Despensa.**
repostería. f. Taller en que se hacen y venden *dulces, *pasteles y algunas *bebidas. ‖ En algunas partes, despensilla. ‖ Lugar donde se guarda la plata y lo demás perteneciente al servicio de *mesa. ‖ Empleo de repostero mayor de los antiguos *reyes de Castilla. ‖ Conjunto de provisiones e instrumentos pertenecientes al oficio de repostero. ‖ Gente que se emplea en este oficio.
repostero. m. El que tiene por oficio hacer *pasteles, dulces y algunas bebidas. ‖ El que tenía a su cargo, en los palacios de los antiguos *reyes y señores, la custodia de los objetos pertenecientes a un ramo de servicio. ‖ *Tapiz o paño cuadrado, con las armas o *insignias del príncipe o señor.
repregunta. f. *For.* Segunda *pregunta que hace al *testigo el litigante contrario al que presenta a aquél.
repreguntar. tr. *For.* Proponer o hacer preguntas al *testigo.
reprehender. tr. **Reprender.**
reprehensible. adj. **Reprensible.**
reprehensión. f. **Reprensión.**
reprendedor, ra. adj. **Reprensor.** Ú. t. c. s.
***reprender.** tr. Corregir, amonestar a uno desaprobando lo que ha dicho o hecho.
reprendiente. p. a. de **Reprender.** Que reprende.
reprensible. adj. Digno de reprensión.
***reprensión.** f. Acción de reprender. ‖ Expresión o razonamiento con que se reprende.
reprensor, ra. adj. Que reprende. Ú. t. c. s.
***represa.** f. Acción de represar una embarcación. ‖ → Detención que se hace de una cosa, y especialmente del agua que se *represa. ‖ fig. *Detención de algunas cosas no materiales.
represalia. f. Derecho que se arroga un combatiente de causar al enemigo igual o mayor daño que el recibido. Ú. m. en pl. ‖ **Der. Intern.* *Retención de los bienes de una nación con la cual se está en guerra, o de sus individuos. Ú. m. en pl. ‖ Por ext., daño que uno causa a otro, en *venganza de un agravio.
***represar.** tr. Detener o estancar el agua corriente. Ú. t. c. r. ‖ *Recobrar de los enemigos la embarcación que habían apresado. ‖ fig. *Detener, contener. Ú. t. c. r.
representable. adj. Que se puede representar o hacer visible.
representación. f. Acción y efecto de *representar o representarse. ‖ Función de *teatro. ‖ Autoridad, dignidad de una persona *respetable. ‖ Figura, *imagen o *idea que substituye a la realidad. ‖ *Petición apoyada en razones, que se dirige a un superior. ‖ Conjunto de personas que *representan a una entidad, colectividad o corporación. ‖ *For.* Derecho de una persona a ocupar el lugar de otra difunta, para la sucesión en una *herencia o *mayorazgo.
representador, ra. adj. Que representa. ‖ m. y f. **Representante** (*actor, cómico).
representanta. f. **Actriz.**
representante. p. a. de **Representar.** Que representa. ‖ com. Persona que representa a otra o a un cuerpo o comunidad. ‖ **Comediante.**
***representar.** tr. Hacer presente una cosa en la *imaginación por medio de palabras o figuras. Ú. t. c. r. ‖ *Informar, declarar o *referir. ‖ *Expresar uno el afecto de que está poseído. ‖ Recitar o ejecutar en público una obra *dramática. ‖ → Substituir a uno o hacer sus veces. ‖ Ser *imagen o *símbolo de una cosa, o imitarla perfectamente.
representativo, va. adj. Dícese de lo que sirve para representar otra cosa.
***represión.** f. Acción y efecto de *represar o represarse. ‖ → Acción y efecto de reprimir o reprimirse.
represivo, va. adj. Dícese de lo que *reprime.
represor, ra. adj. Que *reprime. Ú. t. c. s.
reprimenda. f. ***Reprensión.**
***reprimir.** tr. Contener, refrenar. Ú. t. c. r.
reprobable. adj. Digno de *reprobación.
***reprobación.** f. Acción y efecto de reprobar.
reprobadamente. adv. m. Con *reprobación.
reprobado, da. adj. **Réprobo.** Ú. t. c. s. ‖ m. Nota de haber sido suspendido en *exámenes.
reprobador, ra. adj. Que reprueba. Ú. t. c. s.
***reprobar.** tr. No aprobar, dar por malo.
reprobatorio, ria. adj. Dícese de lo que reprueba o sirve para reprobar.
réprobo, ba. adj. Condenado a las penas del *infierno. Ú. t. c. s.
reprochable. adj. Que puede reprocharse o es digno de reproche.
reprochador, ra. m. y f. Persona que reprocha. ‖ Que tiene por costumbre reprochar.
reprochar. tr. Reconvenir, echar en cara, *reprender. ‖ *Reprobar, censurar.
reproche. m. Acción de reprochar. ‖ Expresión con que se reprocha.
***reproducción.** f. Acción y efecto de reproducir o reproducirse. ‖ Cosa reproducida.
***reproducir.** tr. Volver a producir o producir de nuevo. Ú. t. c. r. ‖ *Repetir o volver a hacer presente lo que antes se dijo y alegó.
reproductivo, va. adj. Que produce *ganancia o beneficio.
reproductor, ra. adj. Que reproduce. Ú. t. c. s.
repromisión. f. *Promesa repetida.
repropiarse. r. Resistirse la *caballería a obedecer al que la rige.
repropio, pia. adj. Dícese de la *caballería que se repropia.
reprueba. f. Nueva *prueba sobre la que ya se ha dado.
reps. m. *Tela fuerte, que se usa en obras de *tapicería.
reptación. f. Acción y efecto de reptar.
reptante. p. a. de **Reptar.** Que *anda arrastrándose.
reptar. intr. *Andar los reptiles y otros animales rozando la tierra con el vientre.
***reptil.** adj. *Zool.* Dícese de los animales vertebrados, ovíparos u ovovivíparos, de sangre fría y respiración pulmonar, que caminan rozando la tierra con el vientre. Ú. t. c. s. ‖ m. pl. *Zool.* Clase de estos animales.
república. f. Estado, *nación. ‖ Estado *político en que se gobierna sin monarca. ‖ **Municipio.** ‖ Causa pública, el común o su utilidad. ‖ **de las letras,** o **literaria.** Conjunto de los *escritores y hombres sabios.
republicanismo. m. Condición de republicano. ‖ Sistema *político que proclama la forma republicana para el gobierno de un estado. ‖ Preferencia por esta forma de *gobierno.
republicano, na. adj. Perteneciente o relativo a la república. ‖ Aplícase al ciudadano de una república. Ú. t. c. s. ‖ Partidario de este género de gobierno. Ú. t. c. s. ‖ m. **Repúblico.**
repúblico. m. Hombre de representación que es capaz de los oficios públicos. ‖ **Estadista.** ‖ Buen *ciudadano.
repudiación. f. Acción y efecto de repudiar o *renunciar.
repudiar. tr. Desechar o *repeler la mujer propia. ‖ ***Renunciar.**
repudio. m. Acción y efecto de repudiar.
repudrir. tr. *Pudrir mucho. Ú. t. c. r. ‖ r. fig. y fam. Consumirse mucho interiormente, de *ira o *impaciencia, o de callar o disimular un sentimiento.
repuesto, ta. p. p. irreg. de **Reponer.** ‖ adj. Apartado, *oculto, escondido. ‖ m. *Provisión de comestibles u otras cosas para cuando sean necesarias. ‖ Aparador o *mesa en que está preparado todo lo necesario para el servicio de la *comida. ‖ Pieza o cuarto donde se pone el aparador. ‖ **Puesta** (en los juegos de naipes). ‖ **De repuesto.** m. adv. **De prevención.**
***repugnancia.** f. *Oposición o contradicción entre dos cosas. ‖ *Aborrecimiento, aversión a las cosas o personas. ‖ ***Asco.** ‖ → Aversión que se siente o resistencia que se opone a consentir o hacer una cosa.
repugnante. p. a. de **Repugnar.** Que *repugna. ‖ adj. Que causa repugnancia o *asco.
repugnantemente. adv. m. Con repugnancia.
***repugnar.** tr. Ser *opuesta una cosa a otra. Ú. t. c. r. ‖ *Contradecir o negar una cosa. ‖ → Rehusar, hacer de mala gana una cosa o admitirla con dificultad. ‖ intr. Causar *asco una cosa.
***repujado.** m. Acción y efecto de repujar. ‖ Obra de repujado.
***repujar.** tr. Labrar a martillo chapas metálicas, de modo que en una de sus caras resulten figuras de relieve.
repulgado, da. adj. fig. y fam. ***Afectado.**
repulgar. tr. Hacer repulgos.
repulgo. m. **Dobladillo** (*costura). ‖ Borde labrado que hacen a las empanadas o *pasteles. ‖ Excrecencia que suele producirse en las heridas

de los árboles. ‖ **Repulgos de empanada.** fig. y fam. Cosas *insignificantes o escrúpulos ridículos.
repulido, da. adj. Acicalado con *afectación.
repulir. tr. Volver a *pulir una cosa. ‖ Acicalar con demasiada *afectación. Ú. t. c. r.
***repulsa.** f. Acción y efecto de repulsar.
repulsar. tr. Desechar, *repeler o *despreciar una cosa. ‖ *Denegar lo que se pide.
repulsión. f. Acción y efecto de *repeler. ‖ **Repulsa.** ‖ *Repugnancia, aversión.
repulsivo, va. adj. Que tiene acción o virtud de repulsar.
repullo. m. **Rehilete** (*flechita). ‖ *Movimiento violento del cuerpo, sacudida que procede de *sorpresa o *temor. ‖ fig. Demostración exterior de *sorpresa. ‖ *Germ.* **Acetre.**
repunta. f. Punta o *cabo de tierra, más saliente que otros inmediatos. ‖ fig. *Indicio o primera *manifestación de alguna cosa. ‖ fig. y fam. Desazón, *disgusto. ‖ Riña, *contienda.
repuntar. intr. *Mar.* Empezar la *marea. ‖ r. Empezar a volverse el *vino; tener punta de vinagre. ‖ fig. y fam. *Irritarse o *enemistarse levemente una persona con otra.
repunte. m. *Mar.* Acción y efecto de repuntar la *marea.
repurgar. tr. Volver a *limpiar o *purificar una cosa.
reputación. f. **Fama.**
reputante. p. a. de **Reputar.** Que reputa.
reputar. tr. Estimar, formar *juicio del estado o calidad de una persona o cosa. ‖ ***Apreciar.**
requebrador, ra. adj. Que requiebra. Ú. t. c. s.
requebrajo. m. despect. de **Requiebro.**
requebrar. tr. Volver a *quebrar en piezas más menudas. ‖ fig. *Galantear a una mujer *alabando sus atractivos. ‖ fig. *Adular, lisonjear.
requemado, da. adj. Dícese de lo que tiene color obscuro por haber estado al fuego o a la intemperie. ‖ m. Género de *tela negra de que se hacían mantos.
requemamiento. m. **Resquemo.**
requemante. p. a. de **Requemar.** Que requema.
requemar. tr. Volver a *quemar Ú. t. c. s. ‖ *Tostar con exceso. Ú. t. c. r. ‖ Privar de jugo a las plantas, *secarlas. Ú. t. c. r. ‖ **Resquemar.** ‖ fig. Hablando de la *sangre, irritarla. Ú. t. c. r. ‖ r. fig. *Irritarse o *afligirse interiormente y sin darlo a conocer.
requemazón. f. **Resquemo.**
requemo. m. Acción y efecto de requemarse interiormente.
requeridor, ra. adj. Que requiere. Ú. t. c. s.
requeriente. p. a. de **Requerir.** Que requiere.
requerimiento. m. Acción y efecto de requerir o intimar.
requerir. tr. Intimar, *informar o hacer saber una cosa con autoridad pública. ‖ *Reconocer o examinar una cosa. ‖ Necesitar, tener *precisión de alguna cosa. ‖ Solicitar correspondencia al *amor que uno siente. ‖ Inducir, *persuadir.
***requesón.** m. Masa blanca y mantecosa que se hace cuajando la leche sin el suero. ‖ Cuajada que se saca de los residuos de la leche después de hecho el queso.
requeté. m. Cuerpo de voluntarios, con organización *militar, que lucharon en las guerras civiles españolas en defensa de la religión y la monarquía. ‖ Individuo afiliado a este cuerpo.
requetebién. adv. m. fam. Muy *bien.
requiebro. m. Acción y efecto de requebrar. ‖ Dicho o expresión con que se requiebra. ‖ **Min.* Mineral vuelto a quebrantar.
réquiem. V. ***Misa de réquiem.** ‖ ‖ m. Composición *musical que se canta con el texto litúrgico de la misa de difuntos o parte de él.
requiescat in pace. expr. lat. que literalmente dice, **descanse en paz,** y se aplica como despedida a los *difuntos. ‖ fam. Dícese también de las cosas que se dan por *concluidas para no volver a tratar de ellas.
requilorio. m. fam. Formalidad o *condición nimia e innecesaria; *rodeo. Ú. m. en pl.
requintador, ra. m. y f. Persona que requinta en las *subastas de los arrendamientos.
requintar. tr. *Pujar la quinta parte en los arrendamientos después de rematados y quintados. ‖ Sobrepujar, *aventajar mucho. ‖ *Mús.* Subir o bajar de tono cinco puntos. ‖ Terciar la *carga en una caballería.
requinto. m. Segundo quinto que se saca de una cantidad de que se había extraído ya la quinta *parte. ‖ *Puja de quinta parte. ‖ *Tributo extraordinario que se impuso a los indios del Perú. ‖ *Instrumento a modo de clarinete pequeño y de tono agudo. ‖ Músico que toca este *instrumento. ‖ **Guitarrillo.**
requirente. p. a. irreg. de **Requerir.** *For.* **Requeriente.** Ú. t. c. s.
requisa. f. *Examen o inspección de las personas o de las dependencias de un establecimiento. ‖ **Requisición.**
requisar. tr. Hacer requisición de caballos, vehículos, alimentos y otras cosas para el servicio *militar.
requisición. f. Recuento y *embargo de caballos, bagajes, alimentos, etc., para el servicio *militar en tiempo de guerra.
requisito, ta. p. p. irreg. de **Requerir.** ‖ m. Circunstancia o *condición *indispensable para una cosa.
requisitorio, ria. adj. **For.* Aplícase al despacho en que un juez requiere a otro para que ejecute un mandamiento. Ú. m. c. s. f.
requive. m. **Arrequive.**
***res.** f. Cualquier animal cuadrúpedo de ciertas especies domésticas, como del ganado vacuno, lanar, etc., o de los salvajes, como venados, jabalíes, etc. ‖ **de vientre.** Hembra paridera en los rebaños, vacadas, etc.
res. prep. insep. que atenúa o refuerza la significación de las voces simples a que se halla unida.
resaber. tr. *Saber muy bien una cosa.
resabiar. tr. Hacer tomar un *vicio o mala costumbre. Ú. t. c. r. ‖ r. *Disgustarse o desazonarse.
resabido, da. adj. Que se precia de muy *sabio y entendido.
resabio. m. *Sabor desagradable que deja una cosa. ‖ *Vicio o mala costumbre.
resaca. f. Movimiento en retroceso de las *olas después que han llegado a la orilla. ‖ fam. Malestar que se siente después de haber dormido una *borrachera. ‖ *Com.* *Letra de cambio* que el tenedor de otra que ha sido protestada gira a cargo del librador para reembolsarse de su importe y de los gastos.
resacar. tr. *Mar.* Halar de un *cabo para facilitar su laboreo.
resalado, da. adj. fig. y fam. Que tiene mucha *gracia y donaire.
resalga. f. Caldo que resulta en la pila donde se hace la salazón de *pescados.
resalir. intr. *Arq.* **Resaltar.**
resalsero. m. Extensión de *costa en que rompen sin cesar las olas.
***resaltar.** intr. ***Rebotar.** ‖ **Saltar** (*separarse o desprenderse una cosa). ‖ → Sobresalir en parte un cuerpo de otro en los edificios u otras cosas. ‖ fig. Distinguirse o *sobresalir mucho una cosa entre otras.
resalte. m. **Resalto.**
***resalto.** m. Acción y efecto de resaltar o *rebotar. ‖ → Parte que sobresale de la superficie de una cosa. ‖ **Mont.* Modo de cazar al jabalí, disparándole en el momento en que se para a reconocer de quién huye.
resaludar. tr. Corresponder al *saludo de otro. ‖ **Albañ.* *Reparar una pared desconchada.
resalutación. f. Acción de resaludar.
resalvo. m. *Vástago que se deja para formar un árbol.
resallar. tr. Volver a sallar.
resallo. m. Acción y efecto de resallar.
resanar. tr. Cubrir con oro las partes defectuosas de un *dorado. ‖ *Reparar una cosa deteriorada.
resarcible. adj. Que se puede o se debe resarcir.
resarcimiento. m. Acción y efecto de resarcir o resarcirse.
resarcir. tr. Indemnizar, *compensar un daño. Ú. t. c. r.
resayo. m. Terreno en *declive.
resbaladero, ra. adj. **Resbaladizo.** ‖ m. Lugar resbaladizo.
***resbaladizo, za.** adj. Dícese de lo que se resbala fácilmente. ‖ Aplícase al paraje en que hay exposición de resbalar. ‖ fig. Dícese de lo que pone en *riesgo de incurrir en algún desliz.
resbalador, ra. adj. Que resbala.
resbaladura. f. Señal o *huella que queda de haber resbalado.
resbalamiento. m. **Resbalón.**
resbalante. p. a. de **Resbalar.** Que resbala.
***resbalar.** intr. Escurrirse, *deslizarse. Ú. t. c. r. ‖ fig. Incurrir en un desliz o *culpa. Ú. t. c. r.
resbalera. f. **Resbaladero** (lugar *resbaladizo).
resbalón. m. Acción y efecto de resbalar o resbalarse. ‖ V. **Picaporte de resbalón.**
resbaloso, sa. adj. **Resbaladizo.**
rescaldar. tr. **Escaldar.**
rescaño. m. *Residuo o *parte de alguna cosa.
rescatador, ra. adj. Que rescata. Ú. t. c. s.
rescatar. tr. *Recobrar por precio o por fuerza una persona o cosa. ‖ ‖ *Trocar oro u otros objetos preciosos por mercaderías ordinarias. ‖ fig. *Librar a uno del trabajo o contratiempo. Ú. t. c. r. ‖ fig. Recobrar el tiempo o la ocasión perdidos.
rescate. m. Acción y efecto de rescatar. ‖ Dinero con que se rescata, o que se pide para ello.
rescaza. f. **Escorpina.**
rescindir. tr. *Anular o dejar sin efecto un *contrato, obligación, etc.
rescisión. f. Acción y efecto de rescindir.
rescisorio, ria. adj. Perteneciente o relativo a la rescisión.
rescoldera. f. **Pirosis.**
rescoldo. m. Brasa menuda que *arde bajo la ceniza. ‖ fig. Escozor, recelo o *escrúpulo.
rescontrar. tr. *Compensar en las *cuentas una partida con otra.

rescripto, ta. p. p. irreg. **Rescrito.** || m. Decisión del *papa o *decreto de un soberano para resolver una consulta o responder a una petición. || **pontificio. Breve.**
rescriptorio, ria. adj. Perteneciente a los rescriptos.
rescuentro. m. Acción y efecto de rescontrar. || Papeleta provisional que se expedía a los jugadores de la *lotería primitiva.
resecación. f. Acción y efecto de resecar o resecarse.
resecar. tr. *Secar mucho. Ú. t. c. r.
resecar. tr. **Cir.* Hacer la resección.
resección. f. **Cir.* Operación que consiste en separar del organismo el todo o parte de uno o más órganos.
reseco, ca. adj. Demasiadamente *seco. || **Seco** (flaco, delgado). || m. Parte seca del árbol o arbusto. || En las *colmenas, parte de cera que queda sin melar. || Mal sabor de boca acompañado de sed intensa, que suele producirse después de una *borrachera.
reseda. f. *Planta *herbácea anual, de las resedáceas, que se cultiva en los jardines por su olor agradable. || Flor de esta planta. || **Gualda.**
resedáceo, a. adj. **Bot.* Dícese de plantas dicotiledóneas herbáceas, cuyo tipo es la reseda. Ú. t. c. s. || f. pl. *Bot.* Familia de estas plantas.
resegar. tr. Volver a *segar el heno. || Recortar los tocones a ras del suelo.
reseguir. tr. Quitar a los *filos de las *espadas los resaltos o torceduras, dejándolos en línea seguida.
resellante. p. a. de **Resellar.** Que resella.
resellar. tr. Volver a *sellar la *moneda u otra cosa. || r. fig. Pasarse de un partido *político a otro.
resello. m. Acción y efecto de resellar o resellarse. || Segundo *sello que se echa a la *moneda o a otra cosa.
resembrar. tr. Volver a *sembrar.
resentido, da. adj. Dícese de la persona que tiene algún resentimiento o *enfado.
resentimiento. m. Acción y efecto de resentirse.
resentirse. r. Empezar a *aflojarse o a flaquear una cosa. || fig. *Ofenderse o sentir *enfado por una cosa.
reseña. f. Revista que se hace de la tropa. || Nota que se toma de las *señales más distintivas del cuerpo de una persona, de un animal o de otra cosa. || *Narración sucinta. || Breve noticia o *crítica de una obra literaria.
reseñar. tr. Hacer una reseña o *relato.
resequido, da. adj. Dícese de una cosa que siendo húmeda por su naturaleza, se ha quedado *seca.
reserva. f. Guarda o *custodia que se hace de una cosa. ||*Provisión de alguna cosa para que sirva a su tiempo. || Reservación o *excepción. || *Precaución o cautela para no descubrir algo que se sabe o piensa. || *Discreción, comedimiento. || Acción de reservar solemnemente el sacramento de la *Eucaristía. || Parte del *ejército o *armada de una nación, que no está en servicio activo. || Cuerpo de *tropas de tierra o mar, que se tiene a prevención para auxiliar o reforzar a los que combaten. || En algunas partes, **reservado** (*Eucaristía). || **For.* Declaración que hace el juez de que la resolución que dicta no perjudicará algún derecho. || *For.* Obligación impuesta por la ley al *viudo de reservar ciertos bienes para transmitirlos a ciertas personas. || **mental.** *Intención restrictiva del juramento o promesa. Ú. m. en pl. || **A reserva de.** m. adv. Con el propósito, con la *intención de. || **Sin reserva.** m. adv. Abierta o *manifiestamente, sin disfraz.
reservación. f. Acción y efecto de reservar.
reservadamente. adv. m. Con reserva o bajo sigilo.
reservado, da. adj. Cauteloso, que procede con *precaución y *disimulo. || Comedido, *discreto. || Que se reserva o debe reservarse. || m. En algunas partes, sacramento de la *Eucaristía que se guarda en el sagrario. || Compartimiento de un coche de *ferrocarril, estancia, recinto, etc., que se destina sólo a personas o a usos determinados.
***reservar.** tr. Guardar para en adelante. || *Diferir para otro tiempo lo que se podía o se debía ejecutar al presente. || *Destinar un lugar o una cosa, de un modo exclusivo, para uso o persona determinados. || Exceptuar, *eximir de una ley común. || *Separar o apartar uno algo de lo que se distribuye, reteniéndolo para sí o para entregarlo a otro. || Retener u *ocultar una cosa o el ejercicio o conocimiento de ella. || Encubrir, ocultar, *callar. || Conservar discrecionalmente, en algunos juegos de *naipes, ciertas cartas que no hay obligación de servir. || || Encubrir la *Eucaristía, que estaba de manifiesto. || r. Conservarse o irse deteniendo para mejor ocasión.
reservativo, va. adj. Perteneciente a la reserva.
reservista. adj. Dícese del *militar perteneciente a la reserva. Ú. t. c. s.
reservón, na. adj. fam. Que procede con excesiva *precaución. || **Taurom.* Dícese del toro que no muestra codicia en acudir a las suertes.
***resfriado.** m. Destemple general del cuerpo, acompañado de manifestaciones catarrales. || *Riego que se da a la tierra para poderla arar.
resfriador, ra. adj. Que resfría.
resfriadura. f. *Veter.* **Resfriado.**
resfriamiento. m. **Enfriamiento.**
resfriante. p. a. de **Resfriar.** Que resfría. || m. **Corbato.**
resfriar. tr. ***Enfriar.** || fig. Entibiar, *moderar el ardor o fervor. Ú. t. c. r. || intr. Empezar a hacer *frío. || r. Contraer *resfriado. || fig. Entibiarse el amor o la amistad.
resfrío. m. ***Resfriado.**
resguardar. tr. *Defender o poner en seguridad. || r. Cautelarse, precaverse contra un daño.
resguardo. m. *Custodia, *defensa o *seguridad que se pone en una cosa. || *Garantía o seguridad que por escrito se hace en las deudas o contratos. || *Documento donde consta esta seguridad. || Guarda o custodia de un paraje o frontera para que no se introduzca *contrabando. || Cuerpo de empleados destinados a este servicio. || **Mar.* Distancia prudencial que por precaución toma el buque al pasar cerca de un punto peligroso.
***residencia.** f. Acción y efecto de residir. || Lugar en que se reside. || Casa de jesuitas que no es colegio ni casa profesa. || **Ecles.* Espacio de tiempo que debe residir el eclesiástico en el lugar de su beneficio. || Cargo de ministro residente. || Acción y efecto de residenciar. || **For.* Proceso formado al residenciado. || *Edificio donde una autoridad o corporación tiene su domicilio o donde ejerce sus funciones.
residencial. adj. Aplícase al *empleo o beneficio que pide residencia personal.
residenciar. tr. Tomar cuenta un *juez a otro, o a cualquier funcionario público, de su comportamiento oficial. || Por ext., pedir cuenta o hacer cargo en otras materias.
residente. p. a. de **Residir.** Que reside. || V. **Ministro residente.** Ú. t. c. s.
residentemente. adv. m. Con ordinaria residencia o asistencia.
***residir.** intr. *Estar de asiento en un lugar. || *Hallarse uno personalmente en determinado lugar por razón de su empleo, dignidad, etc. || fig. Estar en una persona cualquier cosa inmaterial; como derechos, facultades, etc. || fig. Estar o radicar en un punto o en una cosa el quid de la *cuestión.
residual. adj. Perteneciente o relativo al residuo.
***residuo.** m. Parte o porción que queda de un todo. || Lo que resulta de la descomposición, combustión o destrucción de una cosa. || *Álg.* y *Arit.* Resultado de la operación de *restar.
resiembra. f. Acción y efecto de resembrar.
resigna. f. Acción y efecto de resignar un beneficio *eclesiástico.
resignación. f. *Sumisión o entrega voluntaria que uno hace de sí poniéndose en las manos de otro. || **Resigna.** || **Conformidad** (*paciencia).
resignadamente. adv. m. Con resignación.
resignante. p. a. de **Resignar.** Que resigna.
***resignar.** tr. **Ecles.* Renunciar un beneficio eclesiástico a favor de un sujeto determinado. || Entregar una autoridad el mando a otra en determinadas circunstancias. || → r. Conformarse, *someterse, *condescender.
resignatario. m. **Ecles.* Sujeto en cuyo favor se hacía la resigna.
***resina.** f. Substancia sólida, soluble en el alcohol y capaz de arder en contacto del aire, que fluye naturalmente de varias plantas.
resinación. f. Acción y efecto de resinar.
resinar. tr. Sacar *resina a ciertos árboles haciendo incisiones en el tronco.
resinero, ra. adj. Perteneciente o relativo a la *resina. || m. El que tiene por oficio resinar.
resinífero, ra. adj. **Resinoso.**
***resinoso, sa.** adj. Que tiene o destila *resina. || Que participa de alguna de las cualidades de la *resina.
resisa. f. **Octavilla** (impuesto).
resisar. tr. *Achicar más las medidas de *capacidad, ya sisadas, del vino, vinagre y aceite.
***resistencia.** f. Acción y efecto de resistir o resistirse. || **Mec.* Cualquier cosa que se opone a la acción de una fuerza. || **Electr.* Dificultad que opone un conductor al paso de la corriente. || **Electr.* Elemento que se intercala en un circuito para dificultar el paso de la corriente o para que ésta se transforme en *calor. || fig. Renuencia en hacer alguna cosa.
resistente. p. a. de **Resistir.** Que resiste o se resiste.
resistero. m. **Siesta.** || *Calor causado por la reverberación del sol.

‖ Lugar en que especialmente se nota este calor.
resistible. adj. Que puede ser resistido.
resistidero. m. **Resistero.**
resistidor, ra. adj. Que resiste.
***resistir.** intr. Oponerse una cosa o una fuerza a la acción o violencia de otra. Ú. t. c. r. ‖ Rechazar, *repeler. ‖ Repugnar, *contradecir. ‖ tr. *Tolerar, aguantar. ‖ Combatir las pasiones, deseos, etc. ‖ r. Bregar, forcejar.
resistivo, va. adj. Que resiste o tiene virtud para resistir.
resma. f. Conjunto de veinte manos de *papel. ‖ **sucia.** La de papel de hilo, que tiene sus dos costeras correspondientes.
resmilla. f. Paquete de veinte cuadernillos de *papel de cartas.
resobado, da. adj. Dícese del *tema de conversación muy trillado.
resobar. tr. **Manosear.**
resobrar. intr. *Sobrar mucho.
resobrino, na. m. y f. Hijo de *sobrino carnal.
resol. m. Reverberación del *sol.
resolano, na. adj. Dícese del sitio donde se toma el *sol sin que ofenda el viento. Ú. t. c. s. f.
resolgar. intr. p. us. **Resollar.**
resoluble. adj. Que se puede *resolver.
***resolución.** f. Acción y efecto de *resolver o resolverse. ‖ → *Decisión, *atrevimiento o *valor. ‖ Actividad, *prontitud. ‖ *Decreto, providencia, auto o *fallo de autoridad gubernativa o judicial. ‖ **Mús.* Paso de un acorde disonante a uno consonante. ‖ **judicial.** *For.* La que dictan los jueces o los tribunales, ya sea en forma de auto, de providencia o de sentencia.
resolutivamente. adv. m. Con decisión.
resolutivo, va. adj. **Lóg.* Aplícase al método en que se procede analíticamente. ‖ **Farm.* Que tiene virtud de resolver. Ú. t. c. s. m.
resoluto, ta. p. p. irreg. ant. de **Resolver.** ‖ adj. **Resuelto.** ‖ *Conciso, abreviado. ‖ Versado, diestro, *experto.
resolutoriamente. adv. m. Con resolución.
resolutorio, ria. adj. Que motiva o denota resolución.
resolvente. p. a. de **Resolver.** Que resuelve. Ú. t. c. s.
***resolver.** tr. Tomar una decisión terminante. ‖ *Resumir, recapitular. ‖ → Desatar una dificultad o dar solución a una duda. ‖ Hallar la solución de un problema. ‖ Deshacer, *destruir. ‖ Deshacer en sus elementos algún compuesto. Ú. t. c. r. ‖ Analizar, *dividir física o mentalmente un compuesto. ‖ *Fís.* y *Med.* Hacer que se *disipe, desvanezca o evapore una cosa. Ú. t. c. r. ‖ r. *Atreverse a decir o hacer una cosa. ‖ Reducirse, *cambiarse una cosa en otra. ‖ *Med.* Terminar las *enfermedades, y con especialidad las inflamaciones, quedando los órganos en el estado normal.
resollar. intr. ***Respirar.** ‖ Respirar con ruido. ‖ fig. y fam. Dar *noticia de sí después de algún tiempo la persona ausente, o *hablar la que ha permanecido callada.
resonación. f. Acción y efecto de resonar.
resonador, ra. adj. Que hace resonar. ‖ m. **Acúst.* Cuerpo hueco que sólo resuena con determinado sonido.
resonancia. f. Prolongación o modificación de un *sonido, causada por la reflexión del mismo o por su repercusión en otros cuerpos que entran en vibración. ‖ Cada uno de los sonidos elementales que acompañan al principal y le comunican un timbre particular. ‖ fig. Gran *publicidad que adquiere un hecho.
resonante. p. a. de **Resonar.** Que resuena.
***resonar.** intr. Hacer *sonido por repercusión o sonar mucho. Ú. en poesía como tr.
resoplar. intr. Dar resoplidos.
resoplido. m. Resuello fuerte.
resoplo. m. **Resoplido.**
resorber. tr. *Absorber una persona o cosa un líquido que ha salido de ella misma.
resorción. f. Acción y efecto de resorber.
***resorte.** m. **Muelle.** ‖ Fuerza *elástica de una cosa. ‖ fig. *Medio de que uno se vale para lograr un fin.
respailar. intr. fam. *Moverse con *precipitación.
respaldar. m. **Respaldo.** ‖ Derrame de jugos producido en los troncos de los árboles por golpes violentos.
respaldar. tr. *Apuntar algo en el respaldo de un escrito. ‖ Guardar las espaldas, *proteger, amparar. ‖ r. *Inclinarse hacia atrás el que está sentado, para *apoyarse en el respaldo de la silla o banco. ‖ *Veter.* Despaldarse una caballería.
respaldo. m. Parte de la silla u otro *asiento, en que descansan las espaldas. ‖ **Espaldera.** ‖ Vuelta o parte *posterior del papel o *escrito, en que se nota alguna cosa. ‖ Lo que allí se escribe.
respaldón. m. aum. de **Respaldo.** ‖ Muralla, *dique o malecón de cantería que sirve para contener el empuje de los ríos.
respectar. defect. Tocar, decir *relación.
respectivamente. adv. m. Con *relación a una cosa. ‖ Según la relación o conveniencia necesaria a cada caso.
respective. adv. m. **Respectivamente.**
respectivo, va. adj. *Relativo a persona o cosa determinada.
respecto. m. Razón, *relación o *proporción de una cosa a otra. ‖ **Al respecto.** m. adv. A *proporción, respectivamente. ‖ **Con respecto,** o **respecto, a,** o **de.** m. adv. **Respectivamente.**
résped. m. *Lengua de la culebra o de la víbora. ‖ Aguijón de la *abeja o de la avispa. ‖ Intención malévola en las palabras, *murmuración.
respeluzar. tr. **Despeluzar.** Ú. t. c. r.
respetabilidad. f. Calidad de respetable.
***respetable.** adj. Digno de respeto. ‖ fig. *Importante, considerable.
respetador, ra. adj. Que respeta.
***respetar.** tr. Tener respeto.
respetivo, va. adj. **Respetuoso.**
***respeto.** m. Justa apreciación de las excelencias morales de una persona y acatamiento que por tal causa se le hace. ‖ Miramiento, consideración, *causa o motivo particular. ‖ *Germ.* ***Espada.** ‖ *Germ.* **Cortejo** (novio o amante). ‖ **humano.** Miramiento excesivo hacia la opinión de los hombres, cuando se opone a los dictados de la moral. Ú. m. en pl. ‖ **De respeto.** m. adv. Dícese de cualquier cosa que se tiene a *prevención para usar de ella en determinadas circunstancias. ‖ **Campar uno por su respeto,** o **por sus respetos.** fr. fig. y fam. Obrar uno con entera *independencia.
respetosamente. adv. m. desus. **Respetuosamente.**
respetoso, sa. adj. desus. **Respetuoso.**
respetuosamente. adv. m. Con respeto y veneración.
respetuosidad. f. Calidad de respetuoso.
***respetuoso, sa.** adj. Que causa *respeto. ‖ Que guarda el debido respeto.
réspice. m. fam. *Respuesta *desabrida. ‖ fam. *Reprensión corta, pero fuerte.
respigador, ra. adj. Que respiga. Ú. t. c. s.
respigar. tr. **Espigar.**
respigo. m. Semilla de la *col.
respigón. m. **Padrastro** (de las *uñas). ‖ *Pat.* Inflamación de las glándulas de las *mamas durante la lactancia. ‖ **Veter.* Llaga que se hace a las caballerías en los pulpejos.
respingar. intr. Sacudirse la *caballería la carga u otra cosa que le causa molestia. ‖ fam. **Indum.* Alzarse el borde de la falda o de la chaqueta por estar mal hecha la prenda. ‖ fig. y fam. Resistir, *repugnar, hacer gruñendo lo que se manda.
respingo. m. Acción de respingar. ‖ *Agitación violenta del cuerpo. ‖ fig. y fam. Expresión o *ademán con que uno muestra *repugnancia a ejecutar lo que se le manda.
respingona. adj. fam. Dícese de la *nariz cuya punta vuelve algo hacia arriba.
respirable. adj. Que se puede *respirar sin daño de la salud.
***respiración.** f. Acción y efecto de respirar. ‖ Aire que se respira. ‖ Acción de *ventilar un aposento u otro lugar cerrado.
respiradero. m. *Abertura por donde entra y sale el *aire. ‖ Lumbrera, tronera. ‖ **Ventosa** (de un *conducto). ‖ fig. **Respiro** (*alivio, *descanso). ‖ fam. Órgano o conducto de la *respiración.
respirador, ra. adj. Que respira. ‖ *Zool.* Aplícase a los *músculos que sirven para la respiración.
respirante. p. a. de **Respirar.** Que respira.
***respirar.** intr. Absorber el aire los seres vivos para tomar de él ciertas substancias y expeler las restantes, modificadas por los procesos químicos interiores. ‖ Exhalar un *olor. ‖ fig. Animarse, cobrar *ánimo. ‖ fig. Tener *salida o comunicación con el aire externo. ‖ fig. *Descansar, *aliviarse del trabajo. ‖ fig. y fam. **Hablar.** ‖ **Sin respirar.** m. adv. fig. De manera *continua, sin descanso ni intermisión.
respiratorio, ria. adj. Que sirve para la respiración o la facilita.
respiro. m. **Respiración.** ‖ fig. Rato de *descanso en el trabajo. ‖ fig. *Alivio en medio de una fatiga, pena o dolor. ‖ fig. Prórroga de *plazo que obtiene el *deudor.
***resplandecer.** intr. Despedir *luz o *brillar mucho una cosa. ‖ fig. *Sobresalir, aventajarse.
resplandeciente. p. a. de **Resplandecer.** Que resplandece.
resplandecimiento. m. **Resplandor.**
resplandina. f. fam. *Reprensión fuerte.
***resplandor.** m. *Luz muy clara que arroja el Sol u otro cuerpo luminoso. ‖ desus. *Afeite de albayalde que usaban las mujeres. ‖ fig. *Brillo de algunas cosas. ‖ fig. Esplendor, *fausto o lucimiento.
resplendente. adj. desus. Esplendente, resplandeciente.

respondedor, ra. adj. Que responde. Ú. t. c. s.

***responder.** tr. Contestar de palabra o por escrito a lo que se pregunta o propone. ‖ Contestar uno al que le llama o al que toca a la puerta. ‖ Corresponder con su voz los animales o aves a la de los otros de su especie. ‖ Satisfacer al argumento, duda o demanda. ‖ *Cantar o recitar en correspondencia con lo que otro canta o recita. ‖ Replicar a un pedimento o alegato. ‖ intr. Corresponder, repetir el eco. ‖ Corresponder, mostrarse *agradecido. ‖ fig. Rendir *utilidad o provecho. ‖ fig. Dicho de las cosas inanimadas, *causar el efecto que se desea o pretende. ‖ Corresponder con una acción a la realizada por otro. ‖ Guardar *proporción o *conformidad una cosa con otra. ‖ Replicar, ser respondón. ‖ Mirar, estar *situado un lugar, edificio, etc., hacia una parte determinada. ‖ Estar uno *obligado a la pena y resarcimiento correspondientes. ‖ Asegurar una cosa como *garantizando la verdad de ella. ‖ **Responder por** uno. fr. Abonarle, salir fiador por él.

respondiente. p. a. de **Responder.** Que responde.

respondón, na. adj. fam. Que tiene el vicio de replicar con *descomedimiento. Ú. t. c. s.

responsabilidad. f. *Obligación de *compensar o reparar un daño, culpa, etc. ‖ Cargo u obligación moral que resulta para uno del posible yerro en cosa o asunto determinado. ‖ **De responsabilidad.** loc. Dícese de la persona de posibles, de crédito.

responsable. adj. *Obligado a responder de alguna cosa o por alguna persona.

responsar. intr. Decir o rezar responsos.

responsear. intr. fam. **Responsar.**

responseo. m. fam. Acción y efecto de responsear.

responso. m. Responsorio que se dice por los *difuntos.

responsorio. m. **Liturg.* Ciertas preces y versículos que se dicen en el rezo.

***respuesta.** f. Acción de *responder a una pregunta, duda o dificultad. ‖ **Réplica.** ‖ ***Refutación.** ‖ Contestación a una *carta o billete. ‖ Acción con que uno corresponde a la de otro.

resquebradura. f. *Hendedura, grieta.

resquebrajadizo, za. adj. **Resquebrajoso.**

resquebrajadura. f. **Resquebradura.**

resquebrajar. tr. *Hender ligera y a veces superficialmente algunos cuerpos duros. Ú. m. c. r.

resquebrajo. m. **Resquebradura.**

resquebrajoso, sa. adj. Que se resquebraja fácilmente.

resquebrar. tr. Empezar a *quebrarse una cosa. Ú. t. c. r.

resquemar. tr. Causar algunos alimentos en la lengua y paladar un calor *picante. Ú. t. c. intr. ‖ **Requemar** (causar *enfado). Ú. t. c. r. ‖ fig. **Escocer** (producir desazón o *disgusto).

resquemazón. f. **Resquemo.**

resquemo. m. Acción y efecto de resquemar o resquemarse. ‖ Calor *picante que producen en la lengua y paladar algunos manjares. ‖ *Sabor y olor desagradables que adquieren los alimentos por la acción del fuego.

resquemor. m. **Escozor** (resentimiento). ‖ **Resquemo** (sensación picante en la lengua).

resquicio. m. *Abertura que hay entre el quicio y la *puerta. ‖ Por ext., cualquiera otra *hendedura pequeña. ‖ fig. *Oportunidad que se proporciona para un fin.

resquilar. intr. Gatear, *subirse a un árbol.

resta. f. *Alg.* y *Arit.* *Substracción, operación de restar. ‖ *Alg.* y *Arit.* ***Residuo.**

***restablecer.** tr. Volver a establecer una cosa o ponerla en el estado que antes tenía. ‖ r. Recobrar la *salud o reponerse de cualquier daño o menoscabo.

restablecimiento. m. Acción y efecto de restablecer o restablecerse.

restado, da. adj. **Arrestado** (*valiente).

restallar. intr. Producir un *ruido agudo y seco ciertas cosas, como la honda o el látigo, cuando se sacuden en el aire con violencia. ‖ Crujir, hacer fuerte *ruido.

restante. p. a. de **Restar.** Que resta. ‖ m. ***Residuo.**

restañadero. m. **Estuario.**

restañadura. f. Acción y efecto de volver a *estañar.

restañar. tr. Volver a estañar.

restañar. tr. Estancar, *detener el curso de un líquido y especialmente del derrame de la *sangre. Ú. t. c. intr. y c. r.

restañar. intr. **Restallar.**

restañasangre. f. **Alaqueca.**

restaño. m. Especie de *tela antigua, parecida al glasé.

restaño. m. Acción y efecto de restañar la *sangre. ‖ *Remanso o estancamiento de las aguas.

***restar.** tr. Separar o quitar parte de un todo y hallar el residuo que queda. ‖ *Disminuir, rebajar. ‖ Devolver el resto la *pelota al saque. ‖ **Mat.* Hallar la diferencia entre dos cantidades. ‖ intr. *Faltar o quedar.

restauración. f. Acción y efecto de restaurar. ‖ Restablecimiento en un país del régimen *político que había sido substituido por otro. ‖ Reposición en el trono de un *rey o del representante de una dinastía destronada.

restaurador, ra. adj. Que restaura. Ú. t. c. s.

restaurante. p. a. de **Restaurar.** Que restaura. Ú. t. c. s. ‖ m. Establecimiento donde se sirven *comidas.

restaurar. tr. Recuperar o *recobrar. ‖ *Restablecer, volver a poner una cosa en aquel estado o estimación que antes tenía. ‖ *Reparar una pintura, escultura, etc., del deterioro que ha sufrido.

restaurativo, va. adj. Dícese de lo que restaura o tiene virtud de restaurar. Ú. t. c. s. m.

restauro. m. desus. **Restauración.**

restinga. f. Punta o lengua de arena o piedra que forma *escollo a poca profundidad.

restingar. m. Sitio o paraje en que hay restingas.

restitución. f. Acción y efecto de restituir. ‖ **in íntegrum.** *For.* Reintegración de una persona privilegiada en todas sus acciones y derechos.

restituible. adj. Que se puede restituir.

restituidor, ra. adj. Que restituye. Ú. t. c. s.

restituir. tr. *Devolver una cosa a quien la tenía antes. ‖ *Restablecer una cosa. ‖ r. *Regresar uno al lugar de donde había salido.

restitutorio, ria. adj. Que restituye, o se da o se recibe por vía de restitución. ‖ *For.* Dícese de lo que incluye o dispone la restitución.

resto. m. ***Residuo.** ‖ Cantidad que en los *juegos de envite se consigna para jugar y envidar. ‖ Jugador que devuelve la *pelota al saque. ‖ Sitio desde donde se resta, en el juego de *pelota. ‖ Acción de restar, en el juego de *pelota. ‖ pl. **Restos mortales.** ‖ **Resto abierto.** En algunos juegos, el que es ilimitado. ‖ **Restos mortales.** Lo que queda del cuerpo humano después de muerto; *cadáver. ‖ **Echar,** o **envidar, el resto.** fr. Parar y hacer envite, en el *juego, de todo el caudal que uno tiene en la mesa. ‖ fig. y fam. Hacer todo el *esfuerzo posible.

restregadura. f. Acción y efecto de restregar o restregarse.

restregamiento. m. **Restregadura.**

restregar. tr. *Estregar mucho y con ahínco.

restregón. m. **Estregón.**

restribar. intr. Estribar o *apoyarse con fuerza.

restricción. f. *Limitación o modificación. ‖ **mental.** Reserva que se hace mentalmente para no cumplir lo que se dice.

restrictivamente. adv. m. De manera restrictiva, con restricción.

restrictivo, va. adj. Dícese de lo que tiene virtud o fuerza para restringir y *reprimir. ‖ Dícese de lo que *limita o coarta.

restricto, ta. adj. *Limitado, ceñido o *conciso.

restringa. f. **Restinga.**

restringente. p. a. de **Restringir.** Que restringe. Ú. t. c. s. m.

restringible. adj. Que se puede restringir.

restringir. tr. Ceñir, circunscribir, *rebajar a menores *límites. ‖ **Restriñir.**

restriñidor, ra. adj. Que restriñe.

restriñimiento. m. Acción y efecto de restriñir.

restriñir. tr. **Astringir.**

restrojo. m. **Rastrojo.**

resucitador, ra. adj. Que hace resucitar. Ú. t. c. s.

***resucitar.** tr. Volver la vida a un muerto. ‖ fig. y fam. *Restablecer, renovar. ‖ intr. Volver uno a la vida.

resudación. f. Acción de resudar. ‖ **Resudor.**

resudar. intr. *Sudar ligeramente. ‖ Perder el exceso de humedad los troncos que se dejan tendidos, antes de proceder a su labra. ‖ **Rezumar.**

resudor. m. *Sudor ligero y tenue.

resueltamente. adv. m. De manera resuelta, con resolución.

***resuelto, ta.** p. p. irreg. de **Resolver.** ‖ → adj. Demasiadamente atrevido, audaz o descarado. ‖ Pronto, *diligente, *veloz.

resuello. m. Aliento o *respiración, especialmente la violenta. ‖ *Germ.* **Dinero.** ‖ **Meterle** a uno **el resuello en el cuerpo.** fr. fig. y fam. Hacerle *callar, intimidándole.

resulta. f. *Efecto, consecuencia. ‖ Lo que últimamente se *decide en una deliberación o conferencia. ‖ *Vacante que queda de un *empleo por ascenso del que lo tenía. ‖ **De resultas.** m. adv. Por consecuencia, por efecto.

***resultado.** m. Efecto y consecuencia de un hecho.

resultancia. f. **Resultado.**

resultando. m. *For.* Cada uno de los *fundamentos de hecho enumerados en *sentencias, resoluciones gubernativas, etc.

resultante. p. a. de **Resultar.** Que resulta. ‖ adj. **Mec.* Dícese de una fuerza que resulta del conjunto de otras varias. Ú. t. c. s. f.

***resultar.** intr. Resaltar o *rebotar. ‖ Redundar, venir a parar una cosa en provecho o daño de una persona o de algún fin. ‖ → Nacer, *originarse o ser efecto una cosa de otra. ‖ *Aparecer, manifestarse o comprobarse una cosa.
resumbruno. adj. *Cetr.* Dícese del plumaje del *halcón entre rubio y negro.
***resumen.** m. Acción y efecto de resumir o resumirse. ‖ Exposición resumida de un asunto o materia. ‖ **En resumen.** m. adv. Resumiendo, recapitulando.
resumidamente. adv. m. **En resumen.** ‖ Brevemente, en pocas palabras.
***resumir.** tr. *Abreviar, reducir a términos breves y precisos lo esencial de un asunto. Ú. t. c. r. ‖ Repetir el actuante el *argumento del contrario. ‖ r. Convertirse o *mudarse una cosa en otra.
resunta. f. desus. **Resumen.**
resurgimiento. m. Acción y efecto de resurgir.
resurgir. intr. Surgir de nuevo, volver a *aparecer. ‖ **Resucitar.**
***resurrección.** f. Acción de resucitar. ‖ Por excelencia, la de *Jesucristo. ‖ **Pascua.** ‖ **de la carne.** *Teol.* La de todos los muertos, en el día del juicio final.
resurtida. f. Rechazo o *rebote de una cosa.
resurtir. intr. *Rebotar, *retroceder un cuerpo de resultas del *choque con otro.
resurtivo, va. adj. Que resurte.
retabillo. m. *Rastro para recoger la paja en las eras.
retablero. m. Artífice que construye retablos.
retablo. m. Conjunto de figuras *pintadas o de *talla, que representan una historia o suceso. ‖ Obra de arquitectura que compone la decoración de un *altar. ‖ **de dolores,** o **de duelos.** fig. Persona *desgraciada, en quien se acumulan muchos trabajos y miserias.
retacar. tr. Herir dos veces la bola con el taco, en el juego de trucos y *billar.
retacería. f. Conjunto de retazos de diversos géneros de *tela.
retaco. m. *Escopeta corta muy reforzada en la recámara. ‖ En el juego de trucos y *billar, taco más corto que los regulares. ‖ fig. Hombre *grueso y de *baja estatura.
retador, ra. adj. Que reta o *desafía. Ú. t. c. s. m.
retaguarda. f. **Retaguardia.**
retaguardia. f. Postrer cuerpo de tropa, que cubre las marchas y movimientos de un *ejército. ‖ **A retaguardia.** m. adv. En la **retaguardia.** ‖ Rezagado, postergado. ‖ **Picar la retaguardia.** fr. *Perseguir y acosar al ejército enemigo que se retira.
retahíla. f. *Serie de muchas cosas que están o suceden unas detrás de otras.
retajar. tr. *Cortar en redondo una cosa. ‖ Volver a cortar la *pluma de ave para escribir. ‖ **Circuncidar.** ‖ Sajar junto al pezón las *mamas de las *vacas para que no dejen mamar a los terneros.
retajo. m. Acción de retajar. ‖ Cosa retajada.
retal. m. Pedazo sobrante o *residuo de una *tela, piel, chapa, etc. ‖ *Desperdicio de *piel que sirve para hacer la cola que usan los pintores.
retallar. tr. Volver a pasar el *buril por las rayas de una lámina ya gastada. ‖ *Arq.* Dejar o hacer retallos en una pared.
retallar. intr. p. us. **Retallecer.**
retallecer. intr. Volver a echar *tallos las plantas.
retallo. m. *Arq.* *Resalto que queda en el paramento de un muro donde se disminuye su espesor.
retallo. m. Nuevo *tallo.
***retama.** f. Mata de las leguminosas, con muchas ramas delgadas, hojas lanceoladas y flores amarillas. ‖ **blanca.** La que tiene blancas las flores. ‖ **común. Retama.** ‖ **de escobas.** Mata de las leguminosas, que se emplea para hacer *escobas y como combustible ligero. ‖ **de olor. Gayomba.** ‖ **de tintes,** o **de tintoreros.** Mata de las leguminosas, cuya raíz contiene una substancia amarilla empleada en tintorería. ‖ **macho. Gayomba.** ‖ **negra. Retama de escobas.**
retamal. m. **Retamar.**
retamar. m. Sitio poblado de *retamas.
retamero, ra. adj. Perteneciente a la *retama.
retar. tr. desus. *Acusar de *traición un noble a otro, quedando obligado el primero a mantener la denuncia en buena lid. ‖ *Desafiar, provocar a duelo o contienda. ‖ fam. *Reprender, echar en cara.
***retardación.** f. Acción y efecto de retardar o retardarse.
retardador, ra. adj. Que retarda.
***retardar.** tr. *Diferir, detener, dilatar. Ú. t. c. r.
retardativo, va. adj. Que sirve para retardar.
retardatriz. adj. f. *Mec.* **Retardadora.**
retardo. m. **Retardación.** ‖ *Mús.* Sonido de un acorde que no se resuelve con éste, sino que se prolonga hasta el acorde siguiente y se resuelve en él.
retartalillas. f. pl. Flujo de palabras, charlatanería.
retasa. f. Acción y efecto de retasar.
retasación. f. **Retasa.**
retasar. tr. Tasar segunda vez. ‖ Rebajar el justiprecio de las cosas puestas en *subasta.
retatarabuelo, la. m. y f. Cuarto *abuelo.
retazar. tr. *Partir, hacer pedazos una cosa. ‖ Dividir el *rebaño en hatajos. ‖ *Cortar *leña menuda.
retazo. m. Retal o *residuo de una *tela. ‖ fig. Trozo de un razonamiento o *discurso.
rete. Prefijo que encarece el significado de la palabra a que se une.
retecho. m. Parte del techo que forma *saliente en la pared.
retejador. m. El que reteja.
retejar. tr. Reparar los *tejados. poniendo las tejas que les faltan. ‖ fig. y fam. *Proveer de vestido, calzado u otras prendas.
retejer. tr. *Tejer unida y apretadamente.
retejo. m. Acción y efecto de retejar.
retel. m. Arte de *pesca que consiste en un aro con una red que forma bolsa.
retemblar. intr. ***Temblar.**
retén. m. Repuesto o *provisión que se tiene de una cosa. ‖ *Mil.* *Tropa que se tiene dispuesta para reforzar uno o más puestos militares.
retención. f. Acción y efecto de retener. ‖ Parte o totalidad retenida de un sueldo. ‖ *Pat.* Detención de un *humor que debiera expelerse.
retenedor, ra. adj. Que retiene.
retener. tr. *Conservar, guardar, no separarse de una cosa o persona. ‖ Conservar en la *memoria una cosa. ‖ Suspender el rey el uso de un rescripto de la autoridad *eclesiástica. ‖ Suspender en todo o en parte el pago del *sueldo y reservar la cantidad no entregada para *pagar con ella alguna *deuda. ‖ Imponer *prisión preventiva, arrestar. ‖ *For.* Asumir un tribunal superior la jurisdicción con exclusión del inferior.
retenida. f. *Cabo, aparejo, etc., que sirve para contener o *guiar un cuerpo en su *caída.
retenidamente. adv. m. Con retención.
retenimiento. m. **Retención.**
retentar. tr. Volver a amenazar una *enfermedad, *dolor, etc.
retentiva. f. *Memoria, facultad de acordarse.
retentivo, va. adj. Dícese de lo que tiene virtud de retener. Ú. t. c. s.
reteñir. tr. Volver a *teñir.
reteñir. intr. **Retiñir.**
retesamiento. m. Acción y efecto de retesar.
retesar. tr. Poner *tirante o rígida una cosa.
reteso. m. **Retesamiento.** ‖ Teso pequeño, ligera *altura del terreno. ‖ Plenitud de la *mama llena de *leche.
retestinar. tr. **Percudir** (impregnar de *suciedad).
reticencia. f. Acción de *insinuar alguna especie maliciosa, dando a entender que se guarda *silencio acerca de ella. ‖ *Ret.* Figura que consiste en dejar incompleta una frase para que se entienda más de lo que al parecer se calla.
reticente. adj. Que usa reticencias. ‖ Que envuelve o incluye reticencia.
rético, ca. adj. Perteneciente a la Retia, región de la Europa antigua. ‖ m. *Lengua hablada en la antigua Retia y que comprende el grisón y los dialectos afines.
retícula. f. **Retículo.**
reticular. adj. De figura de redecilla o *red.
retículo. m. *Tejido en forma de red. ‖ Conjunto de dos o más hilos o líneas cruzadas que se ponen o tallan en los *anteojos y otros instrumentos ópticos, y sirve para precisar la visual. ‖ *Zool.* **Redecilla** (del *estómago).
retiforme. adj. De figura de *red.
retín. m. **Retintín.**
retina. f. *Zool.* Membrana interior del *ojo, en la cual se reciben las impresiones luminosas.
retinglar. intr. *Resonar una cosa.
retiniano, na. adj. Perteneciente a la retina del *ojo.
retinitis. f. Inflamación de la retina.
retinte. m. Segundo tinte.
retinte. m. **Retintín.**
retintín. m. Sensación que persiste en el oído del *sonido de una campana u otro cuerpo sonoro. ‖ fig. y fam. Tonillo con que se recalca una *expresión mordaz o maliciosa.
retinto, ta. p. p. irreg. de **Reteñir.** ‖ adj. De color castaño muy obscuro.
retiñir. intr. Durar el retintín.
retiración. f. *Impr.* Acción y efecto de retirar. ‖ *Impr.* Forma o molde para retirar.
retirada. f. Acción y efecto de retirarse. ‖ Terreno o sitio que sirve de *acogida *segura. ‖ **Retreta** (*toque militar). ‖ Paso de la antigua *danza española. ‖ Terreno que va quedando en *seco cuando cambia el *cauce natural de un río. ‖ *Mil.* Acción de retroceder en orden un ejército o parte de él.
retiradamente. adv. m. Escondidamente, en secreto.
retirado, da. adj. *Distante, apartado, desviado. ‖ Dícese del *militar

que deja oficialmente el servicio, conservando algunos derechos. Ú. t. c. s.
retiramiento. m. **Retiro.**
*__retirar.__ tr. Apartar o *separar una persona o cosa de otra o de un sitio. Ú. t. c. r. ‖ *Quitar de la vista una cosa, *ocultarla. ‖ Obligar a uno a que se retire, *expulsarle. ‖ **Impr.* Estampar por el revés el pliego que ya lo está por la cara. ‖ intr. Tirar, *asemejar una cosa a otra. ‖ → r. Apartarse del trato o amistad.
retiro. m. Acción y efecto de *retirarse. ‖ Lugar apartado del concurso y bullicio de la gente. ‖ *Retraimiento, apartamiento y abstracción. ‖ Ejercicio *piadoso que consiste en practicar ciertas devociones retirándose por uno o más días de las ocupaciones ordinarias. ‖ Situación del *militar retirado. ‖ *Sueldo o haber que éste disfruta.
reto. m. desus. Acción y efecto de retar. ‖ ***Amenaza.**
retobado, da. adj. **Respondón.** ‖ Indómito, *obstinado. ‖ *Astuto, redomado.
retobar. tr. *Forrar o cubrir con cuero. ‖ *Envolver o forrar los fardos con harpillera. ‖ r. Mostrar *indiferencia o reserva excesiva.
retobo. m. *Desecho, cosa *inútil. ‖ Acción y efecto de retobar. ‖ Harpillera, *tela basta con que se retoba.
retocador, ra. m. y f. Persona que retoca *fotografías.
retocar. tr. Volver a *tocar. ‖ Tocar repetidamente. ‖ Dar a un dibujo, *pintura o *fotografía ciertos toques para quitarle imperfecciones. ‖ fig. *Perfeccionar, dar la última mano a cualquier obra.
*__retoñar.__ intr. Volver a echar *vástagos la planta. ‖ fig. *Reproducirse o *renovarse lo que había dejado de ser.
retoñecer. intr. **Retoñar.**
*__retoño.__ m. Vástago que echa de nuevo la planta. ‖ fig. y fam. Hablando de personas, *hijo, y especialmente el de corta edad.
retoque. m. Acción y efecto de retocar. ‖ Última mano que se da a cualquier obra para *perfeccionarla. Dícese principalmente de las *pinturas. ‖ Amago de un accidente o de ciertas *enfermedades.
retor. m. *Tela de algodón fuerte y ordinaria.
retorcedura. f. **Retorcimiento.**
*__retorcer.__ tr. Torcer mucho una cosa, dándole varias vueltas. Ú. t. c. r. ‖ fig. Volver un *argumento contra el mismo que lo hace. ‖ fig. *Tergiversar una cosa.
retorcido, da. adj. Dícese de la persona *astuta que procede con *disimulo. ‖ m. Especie de *dulce de frutas.
retorcimiento. m. Acción y efecto de *retorcer o retorcerse.
*__retórica.__ f. Arte de dar al lenguaje eficacia bastante para deleitar, persuadir o conmover. ‖ Tratado de este arte. ‖ pl. fam. Sofisterías o *argucias impertinentes.
retoricadamente. adv. m. En forma retoricada.
retóricamente. adv. m. Según las reglas de la retórica.
retoricar. intr. Hablar según las leyes y usos de la retórica. ‖ Usar de retóricas. Ú. t. c. tr.
retórico, ca. adj. Perteneciente a la *retórica. ‖ Versado en retórica. Ú. t. c. s.
retornamiento. m. **Retorno.**
retornante. p. a. de **Retornar.** Que retorna.
retornar. tr. *Devolver, restituir. ‖ *Retorcer una cosa. ‖ Hacer que una cosa *retroceda. ‖ intr. *Regresar o volver al lugar o a la situación en que se estuvo. Ú. t. c. r.
retornelo. m. **Mús.* Frase que servía de preludio a una composición y que después se *repetía en medio de ésta o al final.
retorno. m. Acción y efecto de retornar. ‖ Paga o *recompensa del beneficio recibido. ‖ Cambio o *trueque. ‖ *Carruaje o *caballería que vuelve hacia el pueblo de donde salió. ‖ *Mar.* *Montón que se coloca para variar la dirección en que trabaja un cabo de labor.
retorromano, na. adj. **Rético.** ‖ m. *Lengua rética.
retorsión. f. Acción y efecto de retorcer.
retorsivo, va. adj. Dícese de lo que incluye una retorsión.
retorta. f. *Vasija con cuello largo encorvado, que se usa en los laboratorios de *química. ‖ *Tela de hilo entrefina y de gran consistencia.
retortero. m. *Vuelta *alrededor. ‖ **Andar al retortero.** fr. fam. *Vagar sin sosiego de aquí para allí. ‖ **Traer a** uno **al retortero.** fr. fam. Traerle de un lado a otro. ‖ fig. y fam. No dejarle parar, dándole continuas *ocupaciones. ‖ fig. y fam. Tenerle *engañado con falsas *promesas.
retortijar. tr. Ensortijar o *retorcer mucho.
retortijón. m. Ensortijamiento de una cosa. ‖ Demasiado *torcimiento de ella. ‖ **de tripas.** Dolor breve que se siente en el *vientre.
retostado, da. adj. De *color obscuro, como de cosa muy tostada.
retostar. tr. Volver a *tostar una cosa. ‖ *Tostarla mucho.
retozador, ra. adj. Que retoza frecuentemente.
retozadura. f. **Retozo.**
retozar. intr. *Saltar alegremente. ‖ Travesear y *jugar unos con otros, personas o animales. ‖ *Travesear con desenvoltura personas de distinto sexo. Ú. t. c. tr. ‖ fig. Moverse impetuosamente en lo interior algunas *pasiones.
retozo. m. Acción y efecto de retozar.
retozón, na. adj. Inclinado a retozar o que retoza con frecuencia.
retracción. f. Acción y efecto de retraer. ‖ **Pat.* Reducción persistente de volumen en ciertos tejidos orgánicos.
retractable. adj. Dícese de lo que se puede o debe retractar.
*__retractación.__ f. Acción de retractarse.
*__retractar.__ tr. Revocar expresamente lo que se ha dicho; desdecirse de ello. Ú. t. c. r.
retráctil. adj. *Hist. Nat.* Que puede retraerse quedando envuelto y oculto al exterior.
retractilidad. f. Calidad de retráctil.
retracto. m. *For.* Derecho que compete a ciertas personas para quedarse, por el tanto de su precio, con la cosa *vendida a otro. ‖ **de aledaños.** *For.* El que concede la ley a los propietarios colindantes de la finca vendida. ‖ **de comuneros.** *For.* El que concede la ley a los condueños para favorecer la consolidación de la propiedad.
retraer. tr. Volver a *traer. ‖ ***Retratar.** ‖ Apartar o *disuadir de un intento. Ú. t. c. r. ‖ desus. Echar en cara, *censurar. ‖ *For.* Ejercitar el derecho de retracto. ‖ r. *Acogerse, refugiarse. ‖ Retirarse, *retroceder. ‖ Hacer vida de *aislamiento.
retraído, da. adj. Decíase de la persona refugiada en lugar sagrado o de *asilo. Ú. t. c. s. ‖ Que gusta de la *soledad. ‖ fig. Poco comunicativo, corto, *tímido.
*__retraimiento.__ m. Acción y efecto de retraerse. ‖ *Habitación interior y retirada. ‖ Sitio de acogida, *asilo y guarida para *seguridad. ‖ Cortedad, *timidez, carácter huraño.
retranca. f. **Guarn.* Correa ancha, a manera de ataharre, que llevan las bestias de tiro. ‖ **Galga** (del *carro). ‖ **Freno** (de un *carruaje).
retranquear. tr. *Arq.* **Bornear.**
retranqueo. m. *Arq.* Acción y efecto de retranquear.
retranquero. m. **Guardafrenos.**
retransmisión. f. **Radio.* Acción y efecto de retransmitir.
retransmitir. tr. **Radio.* Transmitir desde una emisora lo que se ha transmitido a ella desde otro lugar.
retrasar. tr. Atrasar, *diferir la ejecución de una cosa. Ú. t. c. r. ‖ intr. Ir atrás o a menos en alguna cosa.
retraso. m. Acción y efecto de retrasar o retrasarse.
retratable. adj. **Retractable.**
retratación. f. **Retractación.**
retratador, ra. m. y f. **Retratista.**
*__retratar.__ tr. Pintar, esculpir, fotografiar o dibujar la figura de alguna cosa, y más especialmente la efigie de una persona. ‖ Hacer la *descripción de una persona. Ú. t. c. r. ‖ ***Imitar.** ‖ **Retractar.** Ú. t. c. r.
retratista. com. Persona que hace retratos.
*__retrato.__ m. Pintura o efigie que representa alguna persona o cosa. ‖ *Descripción física o moral de una persona. ‖ fig. Lo que se *asemeja mucho a una persona o cosa. ‖ *For.* **Retracto.**
retrayente. p. a. de **Retraer.** Que retrae. Ú. t. c. s.
retrechar. intr. *Retroceder el *caballo.
retrechería. f. fam. *Disimulo y engaño para eludir el cumplimiento de lo debido.
retrechero, ra. adj. fam. Que con *disimulo y engaño trata de eludir el cumplimiento de lo debido. ‖ fam. Que tiene mucho *atractivo.
retrepado, da. adj. Dícese de lo que está *inclinado o echado hacia atrás.
retreparse. r. *Inclinar hacia atrás la parte superior del cuerpo. ‖ Recostarse en la silla, echándola hacia atrás al *apoyarse en el respaldo.
retreta. f. *Toque militar para marchar en retirada y para que la tropa se recoja por la noche al cuartel. ‖ *Fiesta nocturna en la cual recorren las calles tropas con faroles, músicas, etc.
*__retrete.__ m. desus. Cuarto pequeño en la *casa, destinado para retirarse. ‖ → Cuarto donde está la letrina.
retribución. f. *Recompensa o *pago de una cosa.
retribuente. p. a. ant. **Retribuyente.**
retribuir. tr. *Remunerar o pagar un servicio, favor, etc. ‖ *Compensar, corresponder al favor o al obsequio que uno recibe.
retributivo, va. adj. Dícese de lo que tiene virtud de retribuir.
retribuyente. p. a. de **Retribuir.** Que retribuye.
retril. m. desus. **Atril.**
retrillar. tr. Volver a *trillar lo ya trillado.

retro. Preposición inseparable que lleva a lugar o tiempo *anterior la significación de las voces simples a que se halla unida.
retroactividad. f. Calidad de retroactivo.
retroactivo, va. adj. Que obra o tiene fuerza sobre lo *pasado.
retrocar. tr. desus. **Trocar.**
retrocarga (de). V. **Artillería de retrocarga.**
***retroceder.** intr. Volver hacia atrás.
retrocesión. f. ***Retroceso.** || *For.* Acción y efecto de ceder a uno el derecho o cosa que él había cedido antes.
***retroceso.** m. Acción y efecto de retroceder. || Lance del juego de *billar en que la bola, después de chocar con otra, vuelve hacia el punto de partida. || *Pat.* Recrudescencia de una *enfermedad que había empezado a declinar.
retrofaríngeo, a. adj. Dícese de lo que está detrás de la faringe.
retroflexión. f. Inclinación de la *matriz hacia atrás.
retrogradación. f. **Astr.* Acción de retrogradar un planeta.
retrogradar. intr. **Retroceder.** || **Astr.* *Retroceder aparentemente los planetas en su órbita, vistos desde la Tierra.
retrógrado, da. adj. Que retrograda. || fig. Partidario de instituciones *políticas y sociales propias de tiempos pasados. Ú. t. c. s.
retronar. intr. Hacer un gran *ruido.
retropilastra. f. *Arq.* *Pilastra que se pone detrás de una columna.
retropulsión. f. *Pat.* Variedad de metástasis que consiste en la desaparición de un *tumor agudo, que se reproduce en un órgano distante.
retrospección. f. Examen retrospectivo.
retrospectivo, va. adj. Que se refiere a tiempo *pasado.
retrotracción. f. *For.* Acción y efecto de retrotraer.
retrotraer. tr. Fingir para ciertos efectos legales que una cosa sucedió en un tiempo *anterior a aquel en que realmente ocurrió.
retrovender. tr. *For.* Volver el *comprador una cosa al mismo de quien la compró, *devolviéndole éste el precio.
retrovendición. f. *For.* **Retroventa.**
retroventa. f. *For.* Acción de retrovender.
retrovisor. m. Espejo dispuesto en el *automóvil para ver lo que viene detrás.
retrucar. intr. En los juegos del *billar y de trucos, volver la bola rechazada por la banda, y herir a la otra que le causó el movimiento. || En el juego del truque, envidar en contra sobre el primer envite hecho. || **Replicar** (*responder uno mostrando *repugnancia a obedecer).
retruco. m. **Retruque.**
retruécano. m. *Inversión de los términos de una proposición en otra subsiguiente para que el sentido de esta última forme contraste con el de la anterior. || También suele tomarse por otros juegos de palabras, que se hacen por *donaire. || **Ret.* Figura que consiste en aquella inversión de términos.
retruque. m. Acción de retrucar la bola de *billar. || Segundo envite en contra del primero, en el juego del truque.
retuelle. m. Cierta *red para pescar.
retuerto, ta. p. p. irreg. de **Retorcer.**
rétulo. m. **Título.**
retumbante. p. a. de **Retumbar.** Que retumba. || fig. *Ostentoso, pomposo.
retumbar. intr. *Resonar una cosa con grande ruido o estruendo.
retumbo. m. Acción y efecto de retumbar.
retundir. tr. **Albañ.* Igualar el paramento de una obra de fábrica después de concluida. || *Pat.* Repeler, repercutir los *humores.
reucliniano, na. adj. Perteneciente o relativo a la *pronunciación griega según la doctrina de Reuchlin.
reúma o **reuma.** amb. **Pat.* **Reumatismo.** Ú. m. c. m. || **Pat.* **Corrimiento.**
reumático, ca. adj. **Pat.* Que padece reuma. Ú. t. c. s. || **Pat.* Perteneciente a este mal.
reumátide. f. *Enfermedad de la piel originada o sostenida por el reumatismo.
reumatismo. m. **Pat.* Enfermedad que se manifiesta generalmente por inflamaciones dolorosas en las articulaciones, o por dolores en los músculos.
***reunión.** f. Acción y efecto de reunir o reunirse. || Conjunto de personas reunidas.
***reunir.** tr. Volver a *unir. Ú. t. c. r. || *Juntar, congregar. Ú. t. c. r.
reuntar. tr. Volver a untar.
reusense. adj. Natural de Reus. Ú. t. c. s. || Perteneciente a esta ciudad.
revacunación. f. Acción y efecto de revacunar o revacunarse.
revacunar. tr. *Vacunar al que ya está vacunado. Ú. t. c. r.
reválida. f. Acción y efecto de revalidarse.
revalidación. f. Acción y efecto de revalidar.
revalidar. tr. Ratificar, *confirmar o dar de nuevo *validez a una cosa. || r. Recibirse o aprobarse en un grado *universitario.
revecero, ra. adj. Que *alterna o se remuda. Dícese de los *ganados de labor, *arados, etc. || m. y f. Mozo o moza que cuida del ganado de revezo.
reveedor. m. **Revisor.**
revejecer. intr. Avejentarse, ponerse *viejo antes de tiempo. Ú. t. c. r.
revejido, da. adj. Envejecido antes de tiempo.
***revelación.** f. Acción y efecto de revelar. || Manifestación de una verdad secreta u oculta, y especialmente cuando es obra de la divinidad.
revelado. m. **Fotogr.* Conjunto de operaciones necesarias para revelar una imagen.
revelador, ra. adj. Que revela. Ú. t. c. s. || m. Líquido que hace aparecer la imagen en la placa *fotográfica impresionada.
revelamiento. m. **Revelación.**
revelandero, ra. m. y f. Persona que falsamente pretende haber tenido *revelaciones divinas.
revelante. p. a. de **Revelar.** Que revela.
***revelar.** tr. Descubrir o manifestar un secreto. || **Teol.* Manifestar Dios a los hombres lo futuro u oculto. || Hacer visible la imagen latente en la placa *fotográfica.
reveler. tr. **Terap.* Separar lo que causa una enfermedad, llamándolo hacia otra parte del cuerpo.
revellín. m. Saliente que sirve de *vasar en la campana de la *chimenea. || **Fort.* Obra exterior que cubre la cortina de un fuerte y la defiende.
revellinejo. m. d. de **Revellín.**
revenar. intr. Echar *retoños los árboles por la parte en que han sido desmochados.
revendedera. f. **Revendedora.**
revendedor, ra. adj. Que revende. Ú. t. c. s.
revender. tr. *Vender uno lo que ha comprado a otro vendedor.
revendón, na. m. y f. desus. **Revendedor.**
revenido. m. Operación que consiste en calentar por debajo de una temperatura crítica el *acero templado para disminuir su fragilidad.
revenimiento. m. Acción y efecto de revenir o revenirse. || *Hundimiento parcial del terreno de una *mina.
revenir. intr. Volver una cosa a su estado anterior. || r. *Encogerse, *consumirse una cosa poco a poco. || Hablando de *conservas y licores, *agriarse. || Escupir una cosa hacia afuera la *humedad que tiene. || Ponerse una masa, pasta o fritura *blanda y correosa con la humedad o el calor. || fig. Ceder, *flaquear o *transigir. || Agostarse las mieses por excesivo calor.
reveno. m. Brote o *retoño que echan los árboles cuando revenan.
reventa. f. Acción y efecto de revender.
reventadero. m. Paraje *escabroso o *declive difícil de escalar. || fig. *Trabajo penoso.
reventador. m. El que en un espectáculo, y especialmente en el *teatro, va predispuesto a mostrar ruidosamente su desagrado o *reprobación.
***reventar.** intr. Abrirse una cosa por impulso interior. Ú. t. c. r. || Deshacerse en espuma las olas del *mar. || Brotar, nacer o *salir con ímpetu. || fig. Tener *deseo vehemente de una cosa. || fig. y fam. **Estallar** (de ira u otra *pasión). || tr. Deshacer o *romper una cosa *aplastándola con violencia. || Dicho del *caballo, hacerle enfermar o morir por exceso en la carrera. Ú. t. c. r. || fig. *Cansar mucho a uno con exceso de trabajo. Ú. t. c. r. || fig. y fam. *Molestar, enfadar. || fig. y fam. Causar gran *daño a una persona.
reventazón. f. Acción y efecto de reventar materialmente alguna cosa.
reventino, na. adj. fam. Dícese de la persona sumamente *fastidiosa.
reventón. adj. Aplícase a ciertas cosas que revientan o que por su estado de *hinchazón parece que van a reventar. || m. Acción y efecto de *reventar o reventarse. || fig. *Cuesta muy dificultosa de subir. || fig. Aprieto o *dificultad. || fig. *Trabajo grande en un caso urgente y preciso. || **Min.* **Afloramiento.**
rever. tr. Volver a *ver, o *examinar con cuidado una cosa. || **For.* Ver segunda vez un tribunal superior el pleito visto y sentenciado en otra sala del mismo.
reverberación. f. Acción y efecto de reverberar. || *Quím.* *Calcinación hecha en el horno de reverbero.
reverberante. p. a. de **Reverberar.** Que reverbera.
reverberar. intr. *Reflejarse la luz en un cuerpo bruñido.
reverbero. m. **Reverberación.** || Cuerpo de superficie bruñida y de forma conveniente en que la luz reverbera. || ***Farol.**
reverdecer. intr. Cobrar nuevo verdor o *lozanía los campos o plantíos. Ú. t. c. tr. || fig. Renovarse o tomar nuevas *fuerzas. Ú. t. c. tr.
reverdeciente. p. a. de **Reverdecer.** Que reverdece.
reverencia. f. *Respeto o veneración que una persona siente y muestra hacia otra. || Inclinación del cuerpo en señal de respeto o *cor-

tesía. ‖ *Tratamiento que se da a los religiosos condecorados.
reverenciable. adj. Digno de reverencia y respeto.
reverenciador, ra. adj. Que reverencia o respeta.
reverencial. adj. Que incluye reverencia o respeto.
reverenciar. tr. *Respetar o venerar.
reverendas. f. pl. Cartas dimisorias en las cuales un *prelado da facultad a su súbdito para recibir órdenes de otro. ‖ Calidad, prendas o *excelencias del sujeto, que le hacen digno de estimación.
reverendísimo, ma. adj. sup. de **Reverendo,** que se aplica como *tratamiento a los cardenales, *prelados y otros altos dignatarios de la Iglesia.
reverendo, da. adj. Digno de reverencia. ‖ Aplícase como *tratamiento a las dignidades eclesiásticas y a los *prelados y graduados de las comunidades. Ú. t. c. s. ‖ fam. Demasiadamente circunspecto y *prudente.
reverente. adj. Que muestra reverencia o *respeto.
reversibilidad. f. Calidad de reversible.
reversible. adj. *For.* Que puede o debe revertir. ‖ **Mec.* Dícese de una transmisión que puede cambiar el sentido del movimiento.
reversión. f. *Reposición o restitución de una cosa al estado que tenía. ‖ *For.* Acción y efecto de revertir.
reverso. m. **Revés.** ‖ En las *monedas y medallas, cara *posterior o haz opuesta al anverso. ‖ **El reverso de la medalla.** fig. Persona cuyo modo de ser es por completo *opuesto al de otra persona con quien se compara.
reverter. intr. *Rebosar una cosa de sus términos o límites.
revertir. intr. *For.* Volver una cosa a la *propiedad del dueño que antes tuvo.
***revés.** m. Espalda o parte *posterior u opuesta de una cosa. ‖ *Golpe que se da a otro con el dorso de la mano, o con ésta vuelta. ‖ Golpe que con la mano vuelta da el jugador a la *pelota. ‖ **Esgr.* Golpe que se da con la espada diagonalmente, partiendo de izquierda a derecha. ‖ fig. *Desgracia o contratiempo. ‖ fig. Vuelta o mudanza en el trato o en el genio. ‖ **El revés de la medalla.** fig. **El reverso de la medalla.** ‖ → **Al revés.** m. adv. Al contrario, o invertido el orden regular. ‖ **Al revés me las calcé.** expr. fig. y fam. con que se denota haberse entendido o hecho al contrario una cosa. ‖ **De revés.** m. adv. **Al revés.** ‖ De izquierda a derecha.
revesa. f. *Germ.* *Astucia para engañar. ‖ *Mar.* Corriente derivada de otra principal y de distinta dirección a la de ésta o a la de la *marea.
revesado, da. adj. *Difícil, intrincado o *incomprensible. ‖ fig. *Travieso, *indócil.
revesar. tr. **Vomitar.** ‖ intr. *Mar.* Formar revesas la *marea.
revesino. m. Juego de *naipes que se juega entre cuatro. ‖ **Cortar el revesino.** fr. Quitar una baza al que intenta hacerlas todas. ‖ fig. *Impedir a uno el designio que llevaba.
revestido. m. **Revestimiento.**
***revestimiento.** m. Capa o cubierta con que se recubre, resguarda o adorna una superficie.
revestir. tr. Vestir una ropa sobre otra. Dícese regularmente del sacerdote cuando sale a decir *misa. Ú. m. c. r. ‖ *Cubrir con un revestimiento. ‖ fig. **Vestir** (adornar con galas *retóricas o disimular). ‖ r. fig. Imbuirse o dejarse llevar de algún *prejuicio. ‖ fig. ***Engreírse.** ‖ Poner a contribución, en trance difícil, la *entereza del ánimo, *paciencia, etc.
reveza. f. *Mar.* **Revesa** (corriente de la *marea).
revezar. intr. Reemplazar, *substituir a otro.
revezo. m. Acción de revezar. ‖ Cosa que reveza. ‖ **Agr.* Par de mulas, caballos o bueyes con que se releva el par que trabaja.
reviejo, ja. adj. Muy *viejo. ‖ m. *Rama reseca e inútil de un árbol.
reviernes. m. Cada uno de los siete viernes siguientes a la Pascua de Resurrección.
revinar. tr. desus. Añadir *vino viejo al nuevo.
revirado, da. adj. Aplícase a las fibras de los árboles que están retorcidas alrededor del eje, por lo cual su *madera resulta defectuosa.
revirar. tr. **Torcer** (*desviar). ‖ intr. **Mar.* Volver a virar.
reviro. m. Torcimiento o *curvatura de la *madera.
revisar. tr. **Rever.** ‖ Someter una cosa a nuevo *exámen para corregirla o repararla.
revisión. f. Acción de rever o revisar.
revisita. f. Nuevo reconocimiento o *examen que se hace de una cosa.
revisor, ra. adj. Que revé o *examina con cuidado una cosa. ‖ m. El que tiene por oficio rever o reconocer. ‖ En los *ferrocarriles, *tranvías, etc., agente encargado de comprobar que el viajero va provisto de su billete.
revisoría. f. Oficio de revisor.
revista. f. Segunda *vista o *examen. ‖ Inspección que un jefe hace de las personas o cosas sometidas a su autoridad. ‖ Examen o *crítica que se hace y publica de producciones literarias, representaciones teatrales, etc. ‖ Formación de las *tropas para que un jefe las inspeccione. ‖→ Publicación *periódica por cuadernos, con escritos sobre varias materias. ‖ Espectáculo *teatral consistente en una serie de cuadros sueltos. ‖ **For.* Segunda vista de los pleitos, en otra sala del mismo tribunal. ‖ **Pasar revista.** fr. Ejercer un jefe las funciones de inspección que le corresponden. ‖ Presentarse las personas ante el jefe que ha de inspeccionar su número y condición.
revistar. tr. **Pasar revista.**
revistero, ra. m. y f. Persona encargada de escribir revistas o reseñas en un *periódico.
revisto, ta. p. p. irreg. de **Rever.**
revitar. tr. *Doblar la punta de un *clavo embutiéndola en la madera.
revívalo. m. fam. Expresión *desabrida de enojo.
revivídero. m. Lugar en que se aviva la simiente de los gusanos de *seda.
revivificación. f. Acción y efecto de revivificar.
revivificar. tr. Vivificar, reavivar.
revivir. intr. ***Resucitar.** ‖ Volver en sí el que parecía muerto. ‖ fig. *Renovarse o *reproducirse una cosa.
revocabilidad. f. Calidad de revocable.
revocable. adj. Que se puede o se debe revocar.
revocablemente. adv. m. De manera revocable.
revocación. f. *Anulación o casación de un acto, mandato, etc.
revocador, ra. adj. Que revoca. ‖ m. *Albañil que hace revoques.
revocadura. f. **Revoque.** ‖ **Pint.* Porción del lienzo tapada por el grueso del marco.
revocante. p. a. de **Revocar.** Que revoca.
revocar. tr. *Anular o dejar sin efecto una concesión, un mandato o una resolución. ‖ Apartar, *disuadir a uno de un designio. ‖ Hacer *retroceder ciertas cosas. Ú. t. c. intr. ‖ **Albañ.* Enlucir o *pintar los paramentos exteriores de un edificio.
revocatorio, ria. adj. Dícese de lo que revoca o invalida.
revoco. m. **Albañ.* **Revoque.** ‖ Cubierta de retama que suele ponerse en las *seras del carbón.
revolante. p. a. de **Revolar.** Que revuela o revolotea.
revolar. intr. Dar segundo *vuelo el ave. Ú. t. c. r. ‖ **Revolotear.** ‖ *Germ.* Escapar el ladrón arrojándose de un tejado o ventana.
revolcadero. m. Sitio donde habitualmente se revuelcan los animales.
revolcar. tr. Hacer *caer a uno y darle *vueltas en el suelo. Dícese especialmente del toro contra el *torero. ‖ fig. y fam. *Vencer al adversario en altercado o controversia. ‖ r. *Echarse sobre una cosa, *estregándose y refregándose en ella. ‖ fig. *Obstinarse en una especie.
revolcón. m. fam. **Revuelco.**
revolear. intr. *Volar haciendo tornos o giros.
revoleo. m. **Revuelo.** (confusión).
revolotear. intr. *Volar haciendo tornos o dando *vueltas en poco espacio. ‖ Venir una cosa por el aire dando vueltas. ‖ tr. *Arrojar una cosa a lo alto con ímpetu.
revoloteo. m. Acción y efecto de revolotear.
revoltijo. m. **Revoltillo.**
revoltillo. m. *Mezcla o *conjunto de muchas cosas, sin orden ni método. ‖ Trenza o conjunto de tripas. ‖ fig. Confusión o *enredo.
revoltón. adj. V. **Gusano revoltón.** Ú. t. c. s. ‖ m. **Bovedilla.** ‖ *Arq.* Sitio en que una *moldura cambia de dirección, como en los rincones.
revoltoso, sa. adj. Sedicioso, *rebelde. Ú. t. c. s. ‖ *Travieso, enredador. ‖ Que tiene muchas *curvas y revueltas; intrincado.
revolución. f. Acción y efecto de revolver o revolverse. ‖ *Perturbación, alboroto, *rebelión. ‖ Cambio violento en las instituciones *políticas de una nación. ‖ Conmoción y alteración de los *humores. ‖ fig. *Mudanza en el estado o gobierno de las cosas. ‖ **Astr.* Movimiento de un astro en todo el curso de su órbita. ‖ *Mec.* Giro o *vuelta que da una pieza sobre su eje.
revolucionar. tr. Provocar un estado de revolución. ‖ **Mec.* Hacer dar más o menos revoluciones en un tiempo determinado a un cuerpo que *gira.
revolucionario, ria. adj. Perteneciente o relativo a la revolución *política. ‖ Partidario de ella. Ú. m. c. s. ‖ Alborotador, turbulento. Ú. t. c. s.
revolvedero. m. **Revolcadero.**
revolvedor, ra. adj. Que revuelve o inquieta. Ú. t. c. s.
revólver. m. *Pistola de recámara múltiple dispuesta en un cilindro giratorio.

revolver. tr. *Mover, *agitar o dar *vuelta a una cosa de un lado a otro, alrededor o de arriba abajo. || *Envolver una cosa en otra. Ú. t. c. r. || Volver la cara al enemigo para *acometerle. Ú. t. c. r. || *Separar unas cosas de otras para buscar algo. || Inquietar, enredar; mover *disturbios. || *Meditar en varias cosas, reflexionándolas. || Volver el *jinete al caballo en poco terreno y con rapidez. Ú. t. c. intr. y c. r. || Volver a andar lo andado. Ú. t. c. intr. y c. r. || Meter en pendencia, pleito, etc. || Dar una cosa *vuelta entera. Ú. t. c. r. || Introducir *desorden en la disposición de las cosas. || r. *Moverse de un lado a otro. || Hacer mudanza el tiempo *atmosférico, ponerse *borrascoso. || **Astr.* Hacer un astro el recorrido de su órbita. || **Revolver** a uno **con** otro. fr. Ponerle mal con él; *malquistarlos entre sí.

revolvimiento. m. **Revolución** (vuelta).

revoque. m. **Albañ.* Acción y efecto de revocar los paramentos. || Capa de cal y arena u otro material análogo con que se revoca.

revotarse. r. *Votar lo contrario de lo que se había votado antes.

revuelco. m. Acción y efecto de revolcar o revolcarse.

revuelo. m. Segundo *vuelo que dan las aves. || Vuelta y revuelta del vuelo. || fig. *Agitación y movimiento *confuso de algunas cosas. || Salto que da el *gallo en la pelea asestando el espolón al adversario. || **De revuelo.** m. adv. fig. *Pronta y ligeramente, como de paso.

revuelta. f. Segunda *vuelta o repetición de la vuelta.

revuelta. f. Revolución, *disturbio, *rebelión. || *Riña, pendencia. || Punto en que una cosa empieza a *desviarse o a *torcerse. || Este mismo cambio de dirección. || Vuelta o *mudanza de un estado a otro.

revueltamente. adv. m. Con *desorden.

revuelto, ta. p. p. irreg. de **Revolver.** || adj. Aplícase al *caballo que se vuelve en poco terreno. || **Revoltoso** (*travieso). || Intrincado, revesado, *incomprensible. || ***Turbio.** || Hablando del tiempo *atmosférico, inseguro. || m. *Sarmiento con que se rodea la cepa.

revuelvepiedras. m. *Ave marina zancuda, algo mayor que el mirlo, con plumaje blanco y pico negruzco, muy fuerte. Se alimenta de moluscos que busca entre las piedras.

revulsión. f. **Terap.* Congestión que se produce artificialmente en la superficie de la piel o las mucosas.

revulsivo, va. adj. *Med.* Dícese del *medicamento o agente que produce la revulsión. Ú. t. c. s. m.

revulsorio, ria. adj. *Med.* **Revulsivo.** Ú t. c. s. m.

***rey.** m. Monarca o príncipe soberano de un reino. || Pieza principal del juego de *ajedrez. || *Naipe que tiene pintada la figura de un **rey.** || Paso de la antigua *danza española. || El que en un juego, o por fiestas, manda a los demás. || ***Abeja maesa.** || fam. **Porquerizo.** || fig. Hombre, animal o cosa del género masculino, que por su excelencia *sobresale entre los demás de su clase o especie. || *Germ.* ***Gallo.** || Cierto juego de la *taba. || **de armas.** *Caballero que en las cortes de la Edad Media tenía el cargo de ordenar las grandes *ceremonias y llevar los registros de la *nobleza. || **de banda,** o **de bando.** *Perdiz que sirve de guía a las demás cuando van formando bando. || **de codornices.** *Ave zancuda, del tamaño de una codorniz. Su carne es muy gustosa. || **de gallos.** Regocijo de *carnaval en que un muchacho hacía de **rey** de otros. || Muchacho que hacía de **rey** en este regocijo. || **de los trigos. Trigo salmerón.** || **Reyes magos.** Los que, guiados por una estrella, fueron de Oriente a adorar al Niño *Jesús. || **Rey misto.** *Juego de muchachos parecido al escondite. || **Alzar rey, o por rey, a** uno. fr. Aclamarlo por tal. || **El rey Perico, el rey que rabió, o el rey que rabió por gachas.** Personaje proverbial, símbolo de *antigüedad muy remota. || **La, o lo, del rey.** loc. fam. La *calle. || **Ni rey ni roque.** loc. fig. y fam. con que se *excluye a todo género de personas en la materia que se trata. || **No conocer** uno **al rey por la moneda.** fr. fig. y fam. Ser muy *pobre. || **No temer rey ni roque.** fr. fig. y fam. No temer nada ni a nadie. || **Pedir rey.** fr. En el juego del mediator, designar, el que entra, un **rey** del palo que no es triunfo. || **Servir al rey.** fr. Ser *soldado.

reyerta. f. *Contienda, disputa.

reyezuelo. m. d. de **Rey.** || *Pájaro pequeño, de plumaje vistoso.

reyuno, na. adj. desus. Aplicábase en Chile a la *moneda que tenía el sello del rey de España.

rezado. m. **Rezo.**

rezador, ra. adj. Que reza mucho. Ú. t. c. s.

rezaga. f. **Retaguardia.**

rezagante. p. a. de **Rezagar.** Que se rezaga.

rezagar. tr. Dejar *atrás una cosa. || *Atrasar, *interrumpir por algún tiempo la ejecución de una cosa. || Separar las *reses endebles de un rebaño. || r. Quedarse atrás.

rezago. m. *Atraso o *residuo que queda de una cosa. || Reses débiles que se apartan del *rebaño. || *Ganado que se queda a la zaga.

rezandera. f. Mantis religiosa (*insecto).

***rezar.** tr. Decir oraciones usadas o aprobadas por la Iglesia. || **Litúrg.* Leer el oficio divino o las horas canónicas. || Recitar la *misa, una oración, etc., en contraposición a cantarla. || fam. Decir o decirse en un *escrito una cosa. || intr. fig. y fam. Gruñir, refunfuñar. || **Rezar** una cosa **con** uno. fr. fam. *Concernirle, ser de su obligación.

rezmila. f. **Rámila.**

rezno. m. Larva de un *insecto díptero, provista de trompa y dos ganchos córneos. Sus diferentes especies viven *parásitas sobre el *buey, el caballo y otros mamíferos. || **Ricino.**

rezo. m. Acción de *rezar. || Oficio *litúrgico que se reza diariamente. || Conjunto de los oficios particulares de cada festividad.

rezón. m. *Ancla pequeña, de cuatro uñas y sin cepo.

rezongador, ra. adj. Que rezonga. Ú. t. c. s.

rezongar. intr. Gruñir, mostrar *enfado y *repugnancia a ejecutar una cosa.

rezonglón, na. adj. fam. **Rezongón.** Ú. t. c. s.

rezongo. m. **Refunfuño.**

rezongón, na. adj. fam. **Rezongador.** Ú. t. c. s.

rezumadero. m. Sitio por donde se rezuma una cosa. || Lo rezumado. || Sitio donde se recoge lo rezumado.

rezumar. intr. *Filtrarse un líquido al través de los poros de un recipiente. Ú. t. c. r. || r. fig. y fam. Traslucirse y *divulgarse una especie.

rezura. f. p. us. **Reciura.**

rho. f. *Letra del alfabeto griego, que corresponde a la que en el nuestro se llama *erre*.

ría. f. Parte del *río próxima a su entrada en el mar.

¡riá! Voz que usan los carreteros para guiar las *caballerías hacia la *izquierda.

riacho. m. **Riachuelo.**

***riachuelo.** m. *Río pequeño y de poco caudal.

riada. f. Avenida, *inundación.

riatillo. m. p. us. **Riachuelo.**

riba. f. **Ribazo.** || Muro del cajero de una *acequia.

ribacera. f. Margen en talud que hay en los *canales.

ribadense. adj. Natural de Ribadeo. Ú. t. c. s. || Perteneciente a este pueblo de Galicia.

ribadoquín. m. Antigua pieza de *artillería, algo menor que la cerbatana.

ribagorzano, na. adj. Natural del condado de Ribagorza. Ú. t. c. s. || Perteneciente a este condado de Aragón.

ribaldería. f. Acción propia del ribaldo.

ribaldo, da. adj. *Pícaro, bellaco. Ú. t. c. s. || ***Rufián.** Ú. t. c. s. m. *Soldado de ciertos cuerpos antiguos de infantería.

ribazo. m. Porción de tierra con alguna elevación y *declive.

ribazón. f. **Arribazón.**

***ribera.** f. Margen y orilla del mar o río. || Por ext., tierra cercana a los ríos, aunque no esté a su margen. || **Ribero.** || *Huerto cercado que linda con un río. || *Casa de campo próxima a las orillas de los ríos o cercana a la capital.

riberano, na. adj. **Ribereño.** Ú. t. c. s.

ribereño, ña. adj. Perteneciente a la *ribera o propio de ella. || Dícese del dueño o *habitante de un predio contiguo al río. Ú. t. c. s.

riberiego, ga. adj. Aplícase al *ganado que no es trashumante. || Dícese de los dueños de este género de ganado. Ú. t. c. s. || **Ribereño.**

ribero. m. *Valla de estacas y céspedes que se hace a la orilla de las *presas.

ribesiáceo, a. adj. **Bot.* **Grosularieo.** Ú. t. c. s. f. || f. pl. *Bot.* **Grosularieas.**

ribete. m. *Cinta o cosa análoga con que se guarnece y refuerza la orilla del *vestido, *calzado, etc. || Añadidura, cosa que se *añade o *aumenta a otra. || Entre *jugadores, *interés que pacta el que presta a otro una cantidad. || fig. *Detalle o digresión que por *donaire se añade a la narración o discurso. || pl. fig. Asomo, *indicio.

ribeteado, da. adj. fig. Dícese de los *ojos cuando los párpados están irritados.

ribeteador, ra. adj. Que ribetea. Ú. t. c. s. || f. La que tiene por oficio ribetear el *calzado.

ribetear. tr. Echar ribetes.

rica. f. *Planta leguminosa parecida al yero.

ricacho, cha. m. y f. fam. Persona *rica, aunque de humilde condición.

ricachón, na. m. y f. aum. de **Ricacho.**

ricadueña. f. Hija o mujer de grande o de ricohombre.

ricahembra. f. **Ricadueña.**

ricahombría. f. Título que se daba

en lo antiguo a la primera *nobleza de España.
ricamente. adv. m. Opulentamente, con abundancia. ‖ **Preciosamente.** ‖ Con toda *comodidad.
ricial. adj. Aplícase a la *tierra en que, después de cortadas las mieses verdes, vuelven a retoñar. ‖ Dícese de la tierra *sembrada de forraje para el ganado.
ricino. m. Planta de las euforbiáceas, de cuya semilla se extrae un aceite purgante. ‖ **Farm.* Este aceite.
ricio. m. Campo que se *siembra aprovechando las espigas que quedaron sin segar.
***rico, ca.** adj. *Noble o de excelentes cualidades. Ú. t. c. s. ‖ → Adinerado, hacendado. Ú. t. c. s. ‖ *Abundante, opulento. ‖ Gustoso, que tiene buen *sabor. ‖ *Excelente en su línea. ‖ Aplícase a las personas como expresión de *cariño.
ricohombre. m. El que en lo antiguo pertenecía a la primera *nobleza de España.
ricote. adj. fam. aum. de **Rico.** Ú. t. c. s.
rictus. m. *Med.* Contracción de los *labios que da a la boca el aspecto de la *risa.
ridículamente. adv. m. De manera ridícula.
***ridiculez.** f. Dicho o hecho ridículo. ‖ Calidad de*ridículo. ‖ Nimia *delicadeza.
***ridiculizar.** tr. *Burlarse de una persona o cosa haciendo resaltar su *ridiculez.
ridículo. m. *Bolsa manual que usaban las señoras.
***ridículo, la.** adj. Que por su rareza o extravagancia mueve a risa. ‖ *Escaso, corto. ‖ Extraño, *irregular. ‖ De genio nimiamente *delicado. ‖ m. Situación ridícula en que cae una persona.
***riego.** m. Acción y efecto de regar. ‖ Agua disponible para regar.
riel. m. *Barra pequeña de *metal en bruto. ‖ ***Carril** (de una vía férrea).
rielar. intr. poét. *Brillar con luz *trémula.
rielera. f. *Molde para fundir rieles o barras.
rienda. f. Cada una de las dos correas, cintas o cuerdas que, partiendo de las camas del *freno, sirven para gobernar las caballerías. Ú. m. en pl. ‖ fig. *Moderación en acciones o palabras. ‖ pl. fig. *Gobierno, dirección de una cosa. ‖ **Falsa rienda.** *Equit.* Conjunto de dos correas que parten del bocado, y sirven para poder contener el caballo en el caso de que falten las **riendas.** Ú. m. en pl. ‖ **Aflojar las riendas.** fr. fig. Aliviar, disminuir el trabajo, el rigor o la sujeción. ‖ **A rienda suelta.** m. adv. fig. Con violencia o celeridad. ‖ fig. Con toda *libertad. ‖ **A toda rienda.** m. adv. Al galope. ‖ **Dar rienda suelta.** fr. fig. Dar *libre curso. ‖ **Ganar las riendas.** fr. Apoderarse de las **riendas** de una caballería para detener al que va en ella. ‖ **Soltar la rienda.** fr. fig. Entregarse con *desenfreno a los vicios. ‖ **Tener las riendas.** fr. Tirar de ellas para detener el paso de una caballería. ‖ **Tirar la rienda,** o **las riendas.** fr. fig. Sujetar, contener, *reprimir.
riente. p. a. de **Reír.** Que ríe.
***riesgo.** m. Contingencia o proximidad de un daño. ‖ Cada una de las contingencias que pueden ser objeto de un *seguro.
riestra. f. desus. **Ristra.**
***rifa.** f. Sorteo que se hace de una cosa entre varios por medio de cédulas de corto valor. ‖ *Contienda, *enemistad.
rifador. m. El que rifa.
rifadura. f. *Mar.* Acción y efecto de rifarse una *vela.
rifar. tr. Sortear una cosa en *rifa. ‖ intr. *Reñir, contender o *enemistarse con uno. ‖ r. *Mar.* Romperse una *vela.
rifeño, ña. adj. Natural del Rif. Ú. t. c. s. ‖ Perteneciente a esta comarca de Marruecos.
rifirrafe. m. fam. *Contienda o *alboroto sin trascendencia.
rifle. m. Fusil rayado.
rifón. m. **Rufeiro.**
rigente. adj. poét. **Rígido.**
rígidamente. adv. m. Con rigidez.
rigidez. f. Calidad de rígido.
***rígido, da.** adj. **Inflexible.** ‖ fig. Riguroso, *severo.
rigodón. m. Cierta especie de contradanza. ‖ *Música de esta *danza.
***rigor.** m. *Severidad escrupulosa. ‖ Aspereza o *desabrimiento en el trato. ‖ Último grado o *límite a que pueden llegar las cosas. ‖ *Intensidad, vehemencia. ‖ Propiedad y *exactitud. ‖ *Germ.* **Fiscal.** ‖ *Med.* Tiesura o rigidez preternatural de los músculos. ‖ *Pat.* Frío intenso que entra en el principio de las *calenturas. ‖ **En rigor.** m. adv. En realidad, en *verdad. ‖ **Ser de rigor** una cosa. fr. Ser *indispensable. ‖ **Ser uno el rigor de las desdichas.** fr. fig. y fam. Padecer muchos males o *desgracias.
rigorismo. m. Exceso de *severidad.
rigorista. adj. Extremadamente *severo. Ú. t. c. s.
rigorosamente. adv. m. **Rigurosamente.**
rigoroso, sa. adj. **Riguroso.**
riguridad. f. desus. **Rigor.**
rigurosamente. adv. m. Con rigor.
rigurosidad. f. p. us. **Rigor.**
***riguroso, sa.** adj. Muy *severo. ‖ Áspero, *desagradable. ‖ Estrecho, austero. ‖ Dicho del frío, calor, etc., *intenso, duro de soportar.
rija. f. **Oftalm.* Fístula que se hace debajo del lagrimal.
rija. f. Pendencia, *riña o *alboroto.
rijador, ra. adj. **Rijoso.**
rijo. m. Propensión a la *lujuria.
rijoso, sa. adj. ***Pendenciero.** ‖ Inquieto y alborotado a vista de la hembra. ‖ ***Lujurioso.**
rilar. intr. *Temblar, tiritar. ‖ r. **Estremecerse.**
rima. f. Consonancia o consonante. ‖ Asonancia o asonante. ‖ Composición en *verso, del género lírico. Ú. m. en pl. ‖ Conjunto de los consonantes de una lengua. ‖ **imperfecta,** o **media rima. Asonancia.** ‖ **perfecta. Consonancia.** ‖ **Octava rima.** Composición *poética en que cada estrofa es una **octava** real. ‖ **Sexta rima. Sextina.** ‖ **Tercia rima.** Composición poética en que cada estrofa es un terceto.
rima. f. **Rimero.**
rimador, ra. adj. Que rima bien los *versos. Ú. t. c. s.
rimar. intr. Componer en *verso con rima. ‖ Ser una palabra asonante o más especialmente consonante de otra. ‖ tr. Emplear el poeta una palabra como asonante o consonante de otra.
rimbombancia. f. Calidad de rimbombante.
rimbombante. p. a. de **Rimbombar.** Que rimbomba. ‖ adj. fig. *Ostentoso, llamativo.
rimbombar. intr. Retumbar, *resonar mucho.
rimbombe. m. **Rimbombo.**
rimbombo. m. Retumbo o repercusión de un *sonido.
rimero. m. Pila o *montón de cosas puestas unas sobre otras.
rimú. m. *Planta de las oxalídeas, propia de Chile.
***rincón.** m. Ángulo entrante que se forma en el encuentro de dos paredes. ‖ *Escondrijo o lugar retirado. ‖ *Espacio pequeño. ‖ fig. y fam. Domicilio o *habitación en que uno se retira del trato de las gentes. ‖ fig. *Residuo de alguna cosa que queda apartado de la vista.
rinconada. f. Ángulo entrante que se forma en la unión de dos casas, calles o caminos, etc.
rinconera. f. *Mesita o *estante pequeños comúnmente de figura triangular, que se colocan en un rincón de una habitación. ‖ *Arq.* Parte de *pared comprendida entre una esquina o un rincón de la fachada y el hueco más próximo.
ringar. tr. **Derrengar.**
ringla. f. fam. **Ringlera.**
ringle. m. fam. **Ringlera.**
ringlera. f. *Fila de cosas puestas en orden unas tras otras.
ringlero. m. Cada una de las *líneas del papel pautado para aprender a *escribir.
ringorrango. m. fam. Rasgo de pluma exagerado e inútil, en la *escritura. Ú. m. en pl. ‖ fig. y fam. Cualquier *adorno *superfluo o de mal gusto. Ú. m. en pl.
rinitis. f. *Pat.* Inflamación de las mucosas de la *nariz.
rinoceronte. m. *Mamífero paquidermo, de gran tamaño, patas cortas y terminadas en tres pesuños; la cabeza estrecha, el hocico puntiagudo, con el labio superior movedizo y uno o dos cuernos cortos y encorvados.
rinoplastia. f. **Cir.* Operación quirúrgica para restaurar la *nariz.
rinoscopia. f. **Med.* Exploración de las cavidades nasales.
rinoscopio. m. *Med.* Aparato para explorar el interior de la *nariz.
***riña.** f. Pendencia, disputa. ‖ **tumultuaria.** *For.* Aquella en que se acometen dos o más sin que se puedan distinguir los actos de cada uno.
***riñón.** m. Cada una de las dos glándulas secretorias de la orina, situadas en la región lumbar. ‖ fig. Lo *interior o más íntimo de una cosa. ‖ *Min.* Trozo redondeado de *mineral, contenido en otro de distinta naturaleza. ‖ pl. Parte del *cuerpo que corresponde a la pelvis. ‖ **Costar** una cosa **un riñón.** fr. fig. y fam. **Costar un ojo de la cara.** ‖ **Tener** uno **cubierto, o bien cubierto, el riñón.** fr. fig. y fam. Estar *rico.
riñonada. f. Tejido adiposo que envuelve los *riñones. ‖ Lugar del cuerpo en que están los riñones. ‖ *Guisado de riñones. ‖ **Riñones de conejo.** Guiso de *alubias secas.
***río.** m. Corriente de agua que se origina en la tierra y fluye continuamente hasta desembocar en otra o en el mar. ‖ fig. Grande *abundancia de una cosa. ‖ fig. **Riolada.** ‖ **A río revuelto.** m. adv. fig. En la confusión y *desorden.
rioja. m. *Vino procedente de la región de este nombre.
riojano, na. adj. Natural de la Rioja. Ú. t. c. s. ‖ Perteneciente a esta región.
riolada. f. fam. Afluencia de muchas cosas o gran *abundancia o *concurrencia de personas.
rioplatense. adj. Natural del Río de la Plata. Ú. t. c. s. ‖ Perteneciente o relativo a los países de la cuenca del Río de la Plata.
riosellano, na. adj. Natural de Riba-

desella. Ú. t. c. s. ‖ Perteneciente a este pueblo de Asturias.
riostra. f. *Arq.* Pieza que, puesta oblicuamente, asegura la rigidez de una *armadura, *andamio u otra armazón.
riostrar. tr. *Arq.* Poner riostras.
ripa. f. Ribazo alto.
ripia. f. *Tabla delgada, desigual y sin pulir. ‖ Costero tosco del madero aserrado.
ripiar. tr. **Albañ.* **Enripiar.**
ripio. m. *Residuo que queda de una cosa. ‖ *Escombros o fragmentos de obra de albañilería, que se emplean para rellenar huecos. ‖ Palabra o frase inútil o *superflua que se emplea con el solo objeto de completar el *verso. ‖ Conjunto de palabras inútiles en cualquiera clase de discursos o escritos. ‖ **Dar ripio a la mano.** fr. fig. y fam. Dar con facilidad y *abundancia una cosa. ‖ **No perder ripio.** fr. fig. y fam. *Aprovechar uno todas las ocasiones para lograr su intento. ‖ *Escuchar con gran *atención.
ripioso, sa. adj. Que abunda en ripios.
***riqueza.** f. Abundancia de bienes y cosas preciosas. ‖ Copia de cualidades o atributos excelentes. ‖ **imponible. Líquido imponible.**
***risa.** f. Acción y efecto de reír. ‖ Lo que mueve a reír. ‖ **falsa.** La que uno hace fingiendo agrado. ‖ **sardesca, sardonia** o **sardónica.** *Pat.* *Convulsión y contracción de los músculos de la cara, que imita la risa. ‖ fig. **Risa** afectada. ‖ **La risa del conejo.** fig. y fam. La del que se ríe sin ganas. ‖ **Caerse de risa** uno. fr. fig. y fam. Reír desordenadamente. ‖ **Retozar la risa,** o **retozar la risa en el cuerpo, a** uno. fr. fig. y fam. Querer reír o estar movido a **risa,** procurando reprimirla. ‖ **Morirse de risa.** fr. fig. y fam. Reírse mucho. ‖ **Tomar a risa** una cosa. fr. fig. No darle crédito o importancia.
risada. f. **Risotada.**
riscal. m. Sitio de muchos *riscos.
***risco.** m. Peñasco alto y escarpado. ‖ *Fruta de sartén*, hecha con pedacitos de masa rebozados en miel.
riscoso, sa. adj. Que tiene muchos *riscos. ‖ Perteneciente a ellos.
risibilidad. f. Facultad de *reír.
***risible.** adj. Capaz de reírse. ‖ Que causa risa.
risiblemente. adv. m. De modo digno de *risa.
risica, lla, ta. f. d. de **Risa.** ‖ **Risa falsa.**
riso. m. poét. *Risa apacible, sonrisa.
risotada. f. Carcajada, *risa estrepitosa.
risoteo. m. *Risa estrepitosa.
ríspido, da. adj. **Áspero** (*severo, riguroso).
rispión. m. **Rastrojo.**
rispo, pa. adj. **Ríspido.** ‖ Arisco, *intratable.
ristolero, ra. adj. *Alegre, risueño.
ristra. f. *Hilera de *ajos, *cebollas, etc., unidos por medio de sus tallos trenzados. ‖ fig. y fam. Conjunto de ciertas cosas colocadas en *fila.
ristre. m. Hierro sujeto en el peto de la *armadura antigua, donde encajaba el cabo de la manija de la *lanza.
ristrel. m. *Arq.* *Listón grueso de madera.
risuelo. m. Frenillo que se pone a los hurones para *cazar.
***risueño, ña.** adj. Que muestra risa en el semblante. ‖ Que con facilidad se ríe. ‖ fig. De aspecto *agradable, que infunde gozo o *alegría. ‖ fig. Próspero, *favorable.
¡rita! Voz con que los pastores *llaman o avisan al *ganado menor.
rítmica. f. *Lit.* Ciencia del ritmo de los *versos.
***rítmico, ca.** adj. Perteneciente al ritmo o al metro.
***ritmo.** m. Armoniosa sucesión de sílabas, notas musicales, movimientos, etc., que se obtiene combinando acertadamente duraciones, pausas, acentos, etc. ‖ Metro o *verso. ‖ → Orden acompasado en la sucesión o acaecimiento de las cosas.
rito. m. *Costumbre o *ceremonia. ‖ Conjunto de *reglas establecidas para el *culto. ‖ **doble.** El más solemne. ‖ **semidoble.** El que es menos solemne que el doble y más que el simple. ‖ **simple.** El menos solemne de los tres.
rito. m. *Manta gruesa.
ritornelo. m. **Retornelo.**
ritual. adj. Perteneciente o relativo al rito. ‖ V. **Libro ritual.** Ú. t. c. s. ‖ m. Conjunto de ritos de una *liturgia. ‖ **Ser de ritual** una cosa. fr. fig. Estar impuesta por la *costumbre.
ritualidad. f. *Observancia de las formalidades prescritas para hacer una cosa.
ritualismo. m. Secta *protestante que concede gran importancia a los ritos. ‖ Exagerado apego a los ritos.
ritualista. com. Partidario del ritualismo.
***rival.** com. ***Competidor.**
***rivalidad.** f. Oposición entre dos o más personas que aspiran a obtener una misma cosa. ‖ ***Enemistad.**
rivalizar. intr. ***Competir.**
rivera. f. ***Arroyo.**
riza. f. Rastrojo del alcacer. ‖ *Residuo de *pienso que dejan en los pesebres las caballerías.
riza. f. *Destrucción o estrago que se hace en una cosa. ‖ **Hacer riza.** fr. fig. Causar gran destrozo y mortandad en la *guerra.
rizado. m. Acción y efecto de rizar o rizarse.
rizagra. f. Pinza de *dentista para extraer raigones.
rizal. adj. **Ricial.**
rizar. tr. Formar artificialmente en el *cabello anillos, bucles, tirabuzones, etc. ‖ Mover el viento la *mar, formando olas pequeñas. Ú. t. c. r. ‖ Hacer en las telas, papel, etcétera, *pliegues o dobleces menudos. ‖ r. Ensortijarse el *cabello naturalmente.
rizo, za. adj. Ensortijado o hecho rizos naturalmente. ‖ Aplícase a un *terciopelo que forma cordoncillo. Ú. t. c. s. ‖ m. Mechón de *cabello que forma bucle o tirabuzón. ‖ *Mar.* Cada uno de los pedazos de *cabo que, pasando por los ollaos de las velas de los buques, sirven de envergues o de tomadores, según los casos. ‖ **Hacer el rizo.** fr. Hacer dar al *avión en el aire una vuelta de campana. ‖ **Tomar rizos.** fr. *Mar.* Aferrar a la verga una parte de las *velas, disminuyendo su superficie.
rizófago, ga. adj. *Zool.* Dícese de los animales que se *alimentan de *raíces. Ú. t. c. s.
rizofóreo, a. adj. **Bot.* Dícese de árboles o arbustos dicotiledóneos, con muchas raíces, en parte visibles; como el mangle. Ú. t. c. s. f. ‖ f. pl. *Bot.* Familia de estas plantas.
rizografía. f. *Bot.* Descripción de las *raíces.
***rizoma.** m. *Bot.* Tallo horizontal y subterráneo.
rizón. m. *Ancla de tres uñas.
rizópodos. m. pl. *Zool.* Denominación de uno de los cuatro grandes grupos en que se dividen los *protozoarios.
rizoso, sa. adj. Dícese del *cabello que tiende a rizarse naturalmente.
ro. Voz de que se usa repetida para arrullar a los niños.
roa. f. *Mar.* **Roda.**
roanés, sa. adj. Natural de Ruán. Ú. t. c. s. ‖ Perteneciente a esta ciudad de Francia.
roano, na. adj. Aplícase a la *caballería cuyo pelo está mezclado de blanco, gris y bayo.
rob. m. **Farm.* Arrope o cualquier zumo cocido hasta que tome la consistencia del jarabe.
robada. f. Medida agraria *superficial equivalente a ocho áreas y noventa y ocho centiáreas.
robadera. f. **Agr.* **Traílla** (para *allanar las tierras).
robadizo, za. adj. Dícese de lo que se finge *robado. ‖ m. Tierra que fácilmente roba el agua. ‖ Hueco o merma que deja en una tierra un arroyo que se ha salido de su *cauce.
robador, ra. adj. Que roba. Ú. t. c. s.
robaliza. f. Hembra del róbalo.
róbalo o **robalo.** m. *Pez marino acantopterigio, de carne muy apreciada.
***robar.** tr. Tomar para sí con violencia lo ajeno. ‖ Tomar para sí lo ajeno aunque sea sin violencia. ‖ Raptar una mujer. ‖ Llevarse los *ríos y corrientes parte de la tierra de las márgenes. ‖ *Redondear una punta o *achaflanar una esquina. ‖ Entre colmeneros, sacar del peón partido todas las *abejas y hacer que entren de nuevo, después de haber quitado los panales. ‖ Tomar del monte *naipes en ciertos juegos, y fichas en el del *dominó. ‖ fig. *Captar la voluntad o el afecto.
robda. f. **Robla** (*tributo).
robellón. m. Especie de *hongo comestible.
robezo. m. **Gamuza** (*rumiante).
robín. m. Orín o *herrumbre de los metales.
robinia. f. ***Acacia falsa.**
robiñano. m. p. us. **Perengano.**
robla. f. *Tributo de pan, vino y cierto número de reses viejas que, además del arriendo, pagaban los ganaderos por los *pastos. ‖ **Alboroque.** ‖ Comida que se da por vía de *agasajo al que ha terminado una faena.
robladero, ra. adj. Hecho de modo que pueda roblarse.
robladura. f. Redobladura de la punta de un *clavo, perno, etc.
roblar. tr. **Robrar.** ‖ *Doblar o remachar un *clavo, perno, etc.
***roble.** m. Árbol de las cupulíferas, de madera dura, compacta y muy apreciada. ‖ *Madera de este árbol. ‖ fig. Persona o cosa *fuerte y de gran resistencia. ‖ **albar.** Especie que se distingue de la común por tener las hojas pecioladas y las bellotas sin rabillo. ‖ **borne. Melojo.** ‖ **carrasqueño. Quejigo.** ‖ **negral, negro,** o **villano. Melojo.**
robleda. f. **Robledal.**
robledal. m. Robledo de gran extensión.
robledo. m. Sitio poblado de robles.
roblizo, za. adj. *Fuerte, *duro.
roblón. m. Clavija o *clavo de hierro con cabeza en un extremo, y que después de colocado en su sitio se remacha hasta formar otra cabeza en el extremo opuesto. ‖

Lomo que en el tejado forman las *tejas por su parte convexa.
roblonar. tr. *Sujetar con roblones.
***robo.** m. Acción y efecto de robar. ‖ Cosa robada. ‖ En algunos juegos de *naipes o en el *dominó, número de cartas o de fichas que se toman de la baceta. ‖ **Ir al robo.** En algunos juegos de naipes, **robar.**
robo. m. Medida de *capacidad para áridos equivalente a veintiocho litros y trece centilitros.
robo. m. **Pecina** (*cieno).
roboración. f. Acción y efecto de roborar.
roborante. p. a. de **Roborar.** Que robora. Aplícase a los *medicamentos reconstituyentes.
roborar. tr. Dar *fuerza y *firmeza a una cosa. ‖ fig. **Corroborar** (*confirmar).
roborativo, va. adj. Que sirve para roborar.
robra. f. **Alboroque.** ‖ *For.* *Documento que se hacía para *garantía de un contrato.
robrar. tr. Hacer la escritura llamada robra.
robre. m. **Roble.**
robredal. m. **Robledal.**
robredo. m. **Robledo.**
robustamente. adv. m. Con robustez.
robustecedor, ra. adj. Que robustece.
robustecer. tr. Dar robustez. Ú. t. c. r.
robustecimiento. m. Acción y efecto de robustecer.
robustez. f. Calidad de robusto.
robusteza. f. **Robustez.**
robusticidad. f. desus. **Robustez.**
***robusto, ta.** adj. *Fuerte, vigoroso. ‖ Que tiene fuertes miembros y buena *salud.
***roca.** f. Terreno constituido por *piedra dura. ‖ *Peñasco que se levanta en la tierra o en el mar. ‖ fig. Cosa muy *dura y firme. ‖ → *Geol.* Substancia mineral que por su extensión forma parte importante de la masa terrestre.
rocada. f. Copo que se pone de cada vez en la *rueca.
rocadero. m. **Coroza** (capirote). ‖ Armazón en figura de piña, que en la parte superior de la *rueca sirve para poner el copo. ‖ Envoltura que se pone en esta parte para asegurar el copo.
rocador. m. **Rocadero** (de la *rueca). ‖ *Mantilla semicircular de terciopelo, que usan las charras. ‖ *Sombrero de copa cónica y alas anchas que usan los campesinos.
rocalla. f. Conjunto de *piedrecillas desprendidas de las rocas. ‖ Abalorio grueso.
rocambola. f. Planta de las liliáceas, que se cultiva en substitución del ajo.
rocambor. m. Juego de *naipes muy parecido al tresillo.
roce. m. Acción y efecto de *rozar o rozarse. ‖ fig. *Trato o comunicación frecuente con algunas personas.
rocero, ra. adj. Dícese de la persona ordinaria o aficionada a tratar con gente *vulgar o *plebeya.
rociada. f. Acción y efecto de *rociar. ‖ **Rocío.** ‖ *Veter.* Hierba con el rocío, que se da por medicina a las bestias caballares. ‖ fig. Conjunto de cosas que se *esparcen al arrojarlas. ‖ fig. Murmuración *mordaz. ‖ fig. *Represión áspera.
rociadera. f. ***Regadera.**
rociado, da. adj. Mojado por el *rocío.
rociador. m. Brocha o escobón para rociar la ropa que se ha de *planchar.
rociadura. f. **Rociada.**
***rociamiento.** m. **Rociada.**
***rociar.** intr. Caer sobre la tierra el *rocío o la lluvia menuda. ‖→ tr. Esparcir sobre alguna cosa en menudas gotas el agua u otro líquido. ‖ fig. Arrojar algunas cosas de modo que se *dispersen al caer. ‖ fig. Dar *gratificación el *jugador a quien le prestó dinero para jugar.
rocín. m. *Caballo de mala traza. ‖ Caballo de trabajo, a distinción del de regalo. ‖ fig. y fam. Hombre *tosco e *ignorante. ‖ **Ir,** o **venir, de rocín a ruin.** fr. fig. y fam. *Decaer o ir de mal en peor.
rocinal. adj. Perteneciente al rocín.
rocinante. m. fig. Rocín matalón.
rocino. m. **Rocín.**
***rocío.** m. Vapor de agua que por la noche se condensa en la atmósfera en muy menudas gotas, que aparecen sobre la superficie de la tierra o sobre las plantas. ‖ Las mismas gotas perceptibles a la vista. ‖ *Lluvia corta y pasajera. ‖ fig. Gotas menudas esparcidas sobre una cosa para humedecerla.
roción. m. Salpicadura copiosa de agua del *mar, producida por el choque de las olas contra un obstáculo.
roclo. m. *Capote ajustado al cuerpo.
rococó. m. Estilo de *ornamentación francés, parecido al barroco.
rocoso, sa. adj. Abundante en *riscos y peñascos.
rocote. m. *Planta y fruto de una especie de ají grande.
rocha. f. **Roza** (*tierra rozada).
rochelés, sa. adj. Natural de La Rochela. Ú. t. c. s. ‖ Perteneciente a esta ciudad de Francia.
rocho. m. Ave *quimérica a la cual se atribuye desmesurado tamaño y extraordinaria fuerza.
roda. f. **Robla** (*tributo). ‖ **Pez luna.**
roda. f. *Arq. Nav.* Pieza gruesa y curva que forma la proa de la nave.
rodaballo. m. *Pez marino malacopterigio subranquial, de carne muy estimada. ‖ fig. y fam. Hombre taimado y *astuto.
***rodada.** f. *Huella que deja impresa la rueda en el suelo por donde pasa.
rodadero, ra. adj. **Rodadizo.** ‖ Que está en disposición o figura para *rodar.
rodadizo, za. adj. Que *rueda con facilidad.
rodado, da. adj. Dícese de la *caballería que tiene manchas redondas, más oscuras que el color general de su pelo. ‖ m. Especie de refajo que usan las mujeres.
rodado, da. adj. *Lit.* Aplícase al período o frase que se distingue por su fluidez o facilidad. ‖ *Min.* Dícese de los pedazos de mineral esparcidos naturalmente por el suelo. Ú. t. c. s.
rodador, ra. adj. Que *rueda o *cae rodando. ‖ m. *Mosquito de América que cuando se llena de sangre rueda por el suelo. ‖ **Rueda** (pez).
rodadura. f. Acción de rodar.
***rodaja.** f. Pieza *redonda y *plana. ‖ **Rueda** (loncha o tajada redonda). ‖ Estrella de la *espuela. ‖ fam. **Rosca** (de carne que se forma en el cuello de las personas *gruesas).
rodaje. m. Conjunto de *ruedas. ‖ *Impuesto sobre los carruajes. ‖ Período durante el cual el *automóvil no debe pasar de una velocidad moderada para dar tiempo a que se ajusten sus mecanismos. ‖ Acción de rodar una película de *cinematógrafo.
rodajuela. f. d. de **Rodaja.**
rodal. m. *Lugar o espacio pequeño que por alguna circunstancia se distingue de lo que le rodea. ‖ ***Mancha** (pinta, lunar). ‖ *Carro de ruedas macizas.
rodalán. m. *Planta de las onagrarieas, propia de Chile.
rodamiento. m. **Autom.* y *Mec.* Cojinete formado por dos cilindros concéntricos, entre los que se intercala una corona de bolas o rodillos que pueden girar libremente.
rodancha. f. Lonja delgada y redonda.
rodancho. m. *Germ.* ***Broquel.**
rodante. p. a. de **Rodar.** Que rueda o puede rodar.
rodapelo. m. **Redopelo.**
rodapié. m. Paramento de madera u otra materia con que se cubren alrededor los pies de las *camas, *mesas y otros muebles. ‖ **Friso.** ‖ Tabla, celosía o enrejado que se pone en la parte inferior de la barandilla de los *balcones.
rodaplancha. f. Abertura que divide el paletón de la *llave hasta la tija.
***rodar.** intr. Dar *vueltas un cuerpo alrededor de su eje, ya permanezca éste en el mismo sitio o cambie de lugar. ‖ Moverse una cosa sobre *ruedas. ‖ *Caer dando vueltas por una pendiente, escalera, etc. ‖ Hablando de películas de *cinematógrafo, impresionarlas o proyectarlas. ‖ fig. No tener una cosa colocación fija. ‖ fig. Ir de un lado para otro, *vagar sin establecerse en sitio determinado. ‖ fig. **Abundar.** ‖ fig. Andar inútilmente en súplicas o *peticiones. ‖ fig. Suceder o *seguir unas cosas a otras. ‖ **Rodar** uno **por** otro. fr. fig. y fam. Estar pronto para servirle.
rodeabrazo (a). m. adv. Dando una vuelta al brazo para *arrojar una cosa con él.
rodeador, ra. adj. Que rodea.
rodear. intr. *Andar *alrededor. ‖ Ir por camino más largo que el ordinario o regular. ‖ fig. Usar de circunloquios o *rodeos. ‖ Sestear el *ganado vacuno. ‖ tr. Poner una o varias cosas alrededor de otra. ‖ *Cercar una cosa cogiéndola en medio. ‖ Hacer dar *vuelta a una cosa. ‖ Reunir el *ganado mayor en un sitio determinado. ‖ r. Revolverse, bullir.
rodela. f. *Escudo redondo y delgado.
rodeleja. f. d. de **Rodela.**
rodelero. m. *Soldado que usaba rodela. ‖ Soldado que, como paje de armas, llevaba la rodela de su superior. ‖ Mozo que rondaba de noche con espada y rodela.
rodenal. m. Sitio poblado de *pinos rodenos.
rodeno, na. adj. **Rojo.** Dícese de tierras, rocas, etc. ‖ V. ***Pino rodeno.**
***rodeo.** m. Acción de rodear. ‖ *Camino más largo o *desviación del camino derecho. ‖ Vuelta o regate para *escapar de quien persigue. ‖ Sitio donde se reúne el *ganado mayor. ‖ Reunión del *ganado mayor. ‖ En algunos países de América, *deporte que consiste en montar caballos salvajes o becerros bravos, arrojarles el lazo y practicar otros ejercicios análogos. ‖ fig. *Medio o manera indirecta de hacer alguna cosa. ‖ fig. Manera de decir alguna cosa indirectamente. ‖ fig. Escape o *evasiva. ‖ *Germ.* Conjunto de *ladrones o de *rufianes.
rodeón. m. aum. de **Rodeo.** ‖ *Vuel-

ta en redondo. ‖ Bofetada, revés.
rodera. f. ***Rodada.** ‖ *Camino abierto por el paso de los carros a través de los campos.
rodero. m. El que *cobraba el tributo de la roda.
rodero, ra. adj. Perteneciente a la *rueda.
roderón. m. *Rodada honda.
rodete. m. Rosca que con las trenzas del *cabello se hacen las mujeres para tenerlo recogido. ‖ Rosca de lienzo u otra materia que se pone en la cabeza para *cargar sobre ella un peso. ‖ Chapa circular fija en lo interior de la *cerradura, para que pueda girar únicamente la llave cuyas guardas se ajustan a ella. ‖ Rueda horizontal donde gira el juego delantero del *coche. ‖ *Mec.* *Polea de llanta ancha y plana que se emplea para las transmisiones. ‖ **Blas.* Trenza o cordón que rodea la parte superior del yelmo. ‖ *Mec.* Rueda *hidráulica horizontal con paletas.
rodezno. m. Rueda *hidráulica con paletas curvas y eje vertical. ‖ Rueda dentada que engrana con la que está unida a la muela del *molino.
rodezuela. f. d. de **Rueda.**
rodil. m. *Prado situado entre tierras de labranza.
***rodilla.** f. Región del cuerpo en que se articula el muslo con la pierna, y especialmente la parte anterior de dicha región. ‖ En los cuadrúpedos, unión del antebrazo con la caña. ‖ **Rodete** (para poner alguna carga en la cabeza). ‖ Paño basto que sirve para *limpiar, especialmente en la cocina. ‖ **A media rodilla.** m. adv. Con sólo una **rodilla** doblada y apoyada en el suelo. ‖ **De rodilla en rodilla.** loc. adv. fig. De varón en varón. ‖ **De rodillas.** m. adv. Con las **rodillas** dobladas y apoyadas en el suelo. ‖ **Doblar** uno **la rodilla.** fr. **Arrodillarse.** ‖ fig. *Rendirse, humillarse a otro. ‖ **Estar** uno **en** tal **rodilla con** otro. fr. Estar con él en tal grado de *parentesco en línea recta. ‖ **Hincar** uno **la rodilla.** fr. **Doblar la rodilla.** ‖ **Hincar** uno **las rodillas,** o **hincarse de rodillas.** fr. **Arrodillarse.**
rodillada. f. **Rodillazo.** ‖ *Golpe que se recibe en la rodilla. ‖ Colocación de la rodilla en tierra.
rodillazo. m. *Golpe dado con la rodilla.
rodillera. f. Cualquiera cosa que se pone para defensa o adorno de la *rodilla. ‖ Pieza o *remiendo que se echa a los calzones en la parte correspondiente a la rodilla. ‖ Convexidad que llega a formar el *pantalón en la parte que cae sobre la rodilla. ‖ **Veter.* Herida que se hacen las caballerías en las rodillas por efecto de una caída. ‖ Cicatriz de esta herida. ‖ **Rodete** (para llevar una *carga en la cabeza).
rodillero, ra. adj. Perteneciente a las rodillas. ‖ m. Cajón que usan las *lavanderas en el río para arrodillarse.
rodillo. m. Madero redondo y fuerte sobre el cual se coloca una cosa de mucho peso para arrastrarla con más facilidad. ‖ *Cilindro muy pesado de piedra o de hierro, que se hace rodar sobre la tierra para apisonarla y *allanarla o para consolidar el firme de las carreteras. ‖ Cilindro que se emplea para dar *tinta en las imprentas, litografías, etcétera. ‖ Especie de *rastrillo sin dientes. ‖ **De rodillo a rodillo.** m. adv. Haciendo rodar con violencia una bola en el *juego de bochas.
rodilludo, da. adj. Que tiene abultadas las *rodillas.
rodio. m. *Metal raro de color blanco de plata y difícilmente fusible.
rodio, dia. adj. Natural de Rodas. Ú. t. c. s. ‖ Perteneciente a esta isla del Archipiélago. ‖ Aplícase al *estilo de los escritores de Rodas.
rodiota. adj. **Rodio.** (natural de Rodas).
rodo. m. **Rodillo.** ‖ *Manto que usan las maragatas. ‖ Faldón de la *camisa. ‖ **A rodo.** m. adv. En *abundancia.
rododafne. f. **Adelfa.**
rododendro. m. Arbolillo o *arbusto de las ericáceas, que se cultiva como planta de adorno por la hermosura de sus flores.
rodomiel. m. **Miel rosada.**
rodona. f. ***Ramera.** ‖ Mujer que anda *vagando de un lado a otro.
rodrejo, ja. adj. Aplícase a la fruta que no llega a sazón. ‖ f. Especie de *ciruela verdal temprana.
rodriga. f. **Rodrigón** (para las plantas).
rodrigar. tr. Poner rodrigones a las plantas.
rodrigazón. f. Tiempo de poner rodrigones.
rodrigón. m. Vara o caña que se clava al pie de una planta para *sujeción de sus tallos y ramas. ‖ fig. y fam. *Criado anciano que servía para *acompañar señoras.
roedor, ra. adj. Que *roe. ‖ fig. Que *conmueve o agita el ánimo. ‖ *Zool.* Dícese del *mamífero unguiculado con los incisivos dispuestos para roer; como el ratón. Ú. t. c. s. ‖ m. pl. *Zool.* Orden de estos mamíferos.
roedura. f. Acción de *roer. ‖ Porción que se corta royendo. ‖ Señal que queda en la parte roída.
roel. m. **Blas.* Pieza redonda en los escudos de armas.
roela. f. **Numism.* Disco de oro o de plata en bruto.
***roer.** tr. Cortar o desmenuzar con los dientes la superficie de una cosa dura. ‖ Comerse las *abejas las realeras. ‖ Quitar poco a poco con los dientes la carne adherida a un hueso. ‖ fig. *Desgastar superficialmente. ‖ fig. *Molestar, afligir interiormente.
roete. m. *Vino medicinal hecho con zumo de granadas.
rogación. f. Acción de *rogar. ‖ pl. Letanías que se dicen en *procesiones públicas.
rogado, da. adj. Aplícase a la persona que gusta que la rueguen mucho antes de *conceder lo que le *piden.
rogador, ra. adj. Que ruega. Ú. t. c. s.
rogante. p. a. de **Rogar.** Que ruega.
***rogar.** tr. Pedir por gracia una cosa. ‖ Instar con súplicas.
rogativa. f. *Oración pública y colectiva para conseguir el remedio de una grave necesidad. Ú. m. en pl.
rogativo, va. adj. Que incluye ruego.
rogatorio, ria. adj. Que implica petición o ruego.
roge. m. Roscón que se lleva a la iglesia como *ofrenda en ciertos días.
rogo. m. poét. *Hoguera, pira.
roído, da. adj. fig. y fam. *Escaso, dado con *mezquindad.
rojal. adj. Que tira a rojo. Dícese de las *tierras, plantas y semillas.
rojeante. p. a. de **Rojear.** Que rojea.
rojear. intr. Mostrar una cosa su *color rojo. ‖ Tirar a rojo.
rojete. m. Colorete, arrebol (*afeite).
rojez. f. Calidad de rojo.
rojizo, za. adj. Que tira a rojo.
rojo, ja. adj. De *color encarnado muy vivo. Ú. t. c. s. ‖ **Rubio.** ‖ Dícese del *cabello de un rubio casi colorado. ‖ Dícese de lo que toma este color por estar muy *caliente. ‖ En *política, radical, revolucionario. ‖ **alambrado.** De *color encendido de brasa. ‖ **Al rojo.** m. adv. Dícese del hierro u otro metal incandescente.
rojura. f. **Rojez.**
rol. m. *Lista o catálogo. ‖ **Mar.* Licencia que se da al capitán o patrón de un buque, y en la cual consta la lista de la marinería que lleva.
rolar. intr. Rodar, dar *vueltas.
roldana. f. *Polea de un motón o garrucha.
rolde. m. **Rueda** (corro de personas). ‖ *Círculo, redondel.
roldón. m. **Emborrachacabras.**
roleo. m. **Ornam.* **Voluta.**
rolla. f. *Trenza gruesa de espadaña, forrada con pellejo, con que se ajusta el *yugo a las colleras de las caballerías.
rolla. f. **Niñera.**
rollar. tr. **Arrollar.**
rollar. m. **Pedregal.**
rolletar. m. **Pedregal.**
rollete. m. d. de **Rollo.**
rollizo, za. adj. Redondo en figura de rollo o *cilindro. ‖ m. *Madero en rollo.
rollo. m. Cualquier cosa que toma forma *cilíndrica. ‖ Cilindro de madera, piedra, metal u otra materia dura que sirve para labrar una masa; como el que se usa para hacer el *chocolate. ‖ *Madero redondo descortezado, pero sin labrar. ‖ Trozo de *tela, *papel, etc., enrollado en forma cilíndrica. ‖ *Columna de piedra, que era *insignia de jurisdicción y que en muchos casos servía de picota. ‖ Canto rodado de figura casi cilíndrica. ‖ **For.* desus. Pieza de autos. ‖ **Rolla** (para ajustar el *yugo). ‖ Bollo o *pan en forma de rosca. ‖ fig. y fam. *Discurso o lectura larga e *impertinente. ‖ **Enviar,** o **hacer ir,** a uno **al rollo.** fr. fig. y fam. *Despedirle por desprecio.
rollón. m. **Acemite** (salvado).
rollona. f. fam. **Niñera.**
Roma. n. p. f. fig. Autoridad del *Papa y de la curia romana. ‖ **A Roma por todo.** expr. fig. y fam. con que se da a entender que se acomete una empresa con ánimo *resuelto.
romadizarse. r. **Arromadizarse.**
romadizo. m. Catarro de la membrana de la *nariz.
romaico, ca. adj. Aplícase a la *lengua griega moderna. Ú. t. c. s. m.
román. m. ant. *Lengua española.
***romana.** f. Instrumento para *pesar, compuesto de una palanca de brazos desiguales. El cuerpo que se ha de pesar se suspende del extremo del brazo menor, y se equilibra con un pilón que se hace correr sobre el brazo mayor, convenientemente graduado. ‖ **Entrar la romana con** tanto. fr. Comenzar su cuenta con cierto número de unidades de peso. ‖ **Entrar** uno **con todas, como la romana del diablo.** fr. fig. y fam. No sentir escrúpulos, ser capaz de cualquier *inmoralidad. ‖ **Hacer romana.** fr. Equilibrar o *compensar una cosa con otra. ‖ **Venir a la romana** una cosa. fr. Ajustarse al peso indicado.
romanador. m. **Romanero.**
romanar. tr. **Romanear.**
romanato. m. *Arq.* Especie de alero volteado, que cubre las buhardas

de las armaduras de *tejado quebrantadas.
romance. adj. Aplícase a cada una de las *lenguas modernas derivadas del latín. Ú. t. c. s. m. ‖ m. *Idioma español. ‖ *Novela o libro de caballerías. ‖ Combinación métrica, cuya rima se reduce a la asonancia de todos los *versos pares. ‖ Sin calificativo, **romance** de versos octosílabos. ‖ Composición *poética escrita en **romance.** ‖ pl. fig. *Pretextos, excusas. ‖ **corto.** El de *versos de menos de ocho sílabas. ‖ **de ciego. Romance** que cantan los ciegos por la calle. ‖ **de gesta.** El popular en que se referían hechos de personajes históricos, legendarios o tradicionales. ‖ **heroico,** o **real.** El de versos endecasílabos. ‖ **En buen romance.** m. adv. fig. *Claramente y de modo que todos lo entiendan. ‖ **Hablar** uno en **romance.** fr. fig. Explicarse con *claridad y sin rodeos.
romanceador, ra. adj. Que romancea. Ú. t. c. s.
romancear. tr. *Traducir al romance. ‖ Explicar con otras voces la oración castellana para facilitar el ponerla en latín.
romancerista. com. Persona que escribe o publica romances.
romancero, ra. m. y f. Persona que *canta romances. ‖ m. Colección de romances.
romancesco, ca. adj. **Novelesco.**
romancillo. m. **Romance corto.**
romancista. adj. Dícese de la persona que escribía en romance, por contraposición a la que escribía en latín. Ú. m. c. s. ‖ com. *Poeta que escribe romances.
romanche. adj. Dícese de un *pueblo establecido en el cantón de los Grisones, y de sus individuos. ‖ m. *Lengua romance que habla este pueblo.
romanear. tr. *Pesar con la romana. ‖ *Mar.* Disponer o trasladar la *carga del buque, para perfeccionar la estiba. ‖ intr. Hacer una cosa contrapeso.
romaneo. m. Acción y efecto de romanear.
romanero. m. **Fiel de romana.**
romanesco, ca. adj. Perteneciente o relativo a los romanos. ‖ **Romancesco.**
romanía. (andar uno **de).** fr. fam. **Andar de capa caída.**
románico, ca. adj. **Arq.* Aplícase a cierto estilo arquitectónico que dominó en Europa entre los siglos XI y XIII. ‖ *Filol.* **Neolatino.**
romanilla. f. Cancel corrido, a manera de *celosía.
romanillo, lla. adj. d. de **Romano.** ‖ V. ***Letra romanilla.** Ú. t. c. s. m. y f.
romanina. f. Juego que consiste en derribar con una *peonza ciertos bolos colocados en una mesa larga y angosta.
romanista. adj. Dícese del que profesa el *derecho romano. Ú. m. c. s. ‖ Dícese de la persona versada en las *lenguas y *literaturas romances. Ú. t. c. s.
romanística. f. Estudio comparado de las *lenguas romances.
romanización. f. Acción y efecto de romanizar o romanizarse.
romanizar. tr. Difundir la civilización romana. ‖ r. Adoptar la civilización romana o la *lengua latina.
romano, na. adj. Natural de Roma. Ú. t. c. s. ‖ Perteneciente a esta ciudad de Italia o a cualquiera de los estados dominados por Roma. Ú. t. c. s. ‖ Aplícase a la *religión católica. ‖ Aplícase también a la *lengua latina. Ú. t. c. s. ‖ **rústico.** Latín hablado por el vulgo de los pueblos latinos. ‖ **A la romana.** m. adv. Al uso de Roma.
romanticismo. m. **Lit.* Escuela literaria de la primera mitad del siglo XIX, extremadamente individualista y que prescindía de las reglas o preceptos tenidos por clásicos. ‖ Propensión a lo sentimental y novelesco.
romántico, ca. adj. Perteneciente al romanticismo. ‖ Dícese del escritor que practica el romanticismo. Ú. t. c. s. ‖ Partidario del romanticismo. Ú. t. c. s. ‖ Sentimental y *altruista.
romanza. f. Aria de carácter sencillo y tierno. ‖ Composición *música del mismo carácter.
romanzador, ra. adj. **Romanceador.** Ú. t. c. s.
romanzar. tr. **Romancear.**
romaza. f. *Hierba perenne de las poligonáceas, cuyas hojas se comen en potaje.
rombal. adj. De figura de rombo.
rombo. m. *Geom.* *Paralelogramo que tiene los lados iguales y dos de sus ángulos mayores que los otros dos. ‖ **Rodoballo.**
romboedro. m. **Geom.* Prisma oblicuo de bases y caras rombales.
romboidal. m. *Geom.* De figura de romboide.
romboide. m. *Geom.* *Paralelogramo cuyos lados contiguos son desiguales y dos de sus ángulos mayores que los otros dos.
romeo, a. adj. Griego bizantino. Ú. t. c. s.
romeraje. m. **Romería.**
romeral. m. Terreno poblado de romeros.
***romería.** f. Viaje que se hace por devoción a un santuario. ‖ *Fiesta popular que se celebra en el campo inmediato a alguna ermita o santuario. ‖ fig. Gran *concurrencia de personas.
romeriego, ga. adj. Amigo de andar en romerías.
romerillo. m. *Planta silvestre, de Cuba, que sirve de pasto al ganado.
romero. m. *Arbusto de las labiadas, con tallos ramosos, hojas lineales y flores en racimos axilares de color azulado. Toda la planta es aromática.
romero, ra. adj. Aplícase al *peregrino que va en romería con bordón y esclavina. Ú. m. c. s. ‖ m. *Pez marino malacopterigio subranquial. ‖ *Pez marino acantopterigio, de color azul plateado, con siete fajas transversales más obscuras.
romí. adj. V. **Azafrán romí.**
romín. adj. **Romí.**
***romo, ma.** adj. Obtuso y sin punta. ‖ De *nariz pequeña y poco puntiaguda.
rompecabezas. m. *Arma ofensiva compuesta de dos bolas de metal sujetas a los extremos de un mango corto y flexible. ‖ fig. y fam. *Problema o acertijo de difícil solución. ‖ *Pasatiempo que consiste en componer determinada figura que ha sido previamente cortada en trozos menudos.
rompecoches. m. **Sempiterna** (*tela).
rompedera. f. Puntero grande enastado como un martillo y que sirve para *taladrar el hierro candente. ‖ *Criba de piel, que se usa en las fábricas de pólvora.
rompedero, ra. adj. Fácil de romperse, frágil.
rompedor, ra. adj. Que rompe. Dícese especialmente del que rompe mucho los vestidos. Ú. t. c. s.
rompedura. f. **Rompimiento.**
rompegalas. com. fig. y fam. Persona *desaliñada.
rompehielos. m. *Embarcación dispuesta especialmente para navegar entre los hielos.
rompenecios. com. fig. desus. Persona *egoísta que *abusa de los demás.
rompeolas. m. *Dique avanzado en el mar, para proteger un puerto o rada.
rompepoyos. com. fig. desus. Persona *holgazana.
***romper.** tr. Separar con más o menos violencia las partes de un todo. Ú. t. c. r. ‖ Quebrar o hacer pedazos una cosa. Ú. t. c. r. ‖ *Desgastar, destrozar. Ú. t. c. r. ‖ Desbaratar un cuerpo de gente armada. ‖ Hacer una *abertura en un cuerpo. Ú. t. c. r. ‖ **Roturar.** ‖ fig. *Rebasar el límite establecido. ‖ fig. *Cortar o separar por breve tiempo la unión o continuidad de un cuerpo fluido. ‖ fig. *Interrumpir la continuidad de algo no material. ‖ fig. Hablando de un astro o de la *luz, vencer con su claridad la niebla o nube que la *ocultaba. ‖ fig. Abrir espacio suficiente para *pasar por un paraje obstruido por cosas o personas. ‖ fig. *Interrumpir al que está hablando. ‖ fig. *Infringir una ley, precepto, etc. ‖ Quitar el verde vicioso de las cepas de *vid. ‖ intr. **Reventar** (las *olas). ‖ fig. **Empezar.** ‖ fig. Entre cazadores, partir la *caza hacia un lado distinto del que se esperaba. ‖ fig. *Decidirse a la ejecución de una cosa. ‖ fig. *Cesar de pronto un impedimento físico. ‖ fig. Prorrumpir, *salir o brotar. ‖ fig. Abrirse las *flores. ‖ r. fig. Adquirir uno *desenvoltura en el porte y las acciones. ‖ **De rompe y rasga.** loc. fig. y fam. De ánimo resuelto y gran *desenvoltura. ‖ **Romper con** uno. fr. *Enemistarse con él. ‖ **Romper por todo.** fr. *Atreverse a la ejecución de una cosa sin reparar en obstáculos.
rompesacos. m. *Planta gramínea, que arroja muchas cañitas delgadas con nudos de color de púrpura obscuro.
rompesquinas. m. fig. y fam. *Valentón que se pone en las esquinas de las calles como en espera.
rompezaragüelles. m. *Planta americana de las compuestas, aromática y medicinal.
rompible. adj. Que se puede romper.
rompido, da. adj. **Roto.** ‖ m. *Tierra que se rompe a fin de cultivarla.
rompiente. p. a. de **Romper.** Que rompe. ‖ m. *Bajío, escollo o *costa donde rompe y se levanta el agua del *mar o de un río.
rompimiento. m. Acción y efecto de *romper o romperse. ‖ *Abertura o quiebra en un cuerpo sólido. ‖ Derecho que pagaba a la parroquia el que teniendo *sepultura de su propiedad, la hacía abrir para enterrar un cadáver. ‖ Telón recortado de *teatro, que deja ver otro u otros en el fondo. ‖ fig. *Discordia o *riña entre algunas personas. ‖ **Min.* Comunicación entre dos excavaciones subterráneas. ‖ **Pint.* Porción del fondo de un cuadro, donde se pinta una abertura que deja ver un objeto lejano.
rompopo. m. *Bebida propia de Honduras, hecha con aguardiente, leche, huevos, azúcar y canela.
ron. m. *Licor alcohólico que se

saca por destilación de una mezcla fermentada de melazas y zumo de caña de azúcar.
ronca. f. *Voz que da el gamo cuando está en celo. ‖ Tiempo en que está en celo. ‖ fam. *Amenaza con *jactancia de valor. Ú. m. en pl. ‖ **¡Vítor la ronca!** expr. irón. con que se *desprecia una amenaza.
ronca. f. *Arma semejante a la partesana.
roncadera. f. *Espuela muy grande que se usa en el Ecuador.
roncador, ra. adj. Que ronca. Ú. t. c. s. ‖ m. *Pez marino acantopterigio que cuando está fuera del agua produce un sonido ronco especial. ‖ En las *minas de Almadén, **capataz.**
roncal. m. **Ruiseñor.**
roncalés, sa. adj. Natural del Roncal. Ú. t. c. s. ‖ Perteneciente a este valle del Pirineo.
roncamente. adv. m. Tosca o groseramente.
roncar. intr. Hacer ruido bronco con la *respiración cuando se duerme. ‖ Llamar el gamo a la hembra. ‖ fig. Hacer un *ruido sordo o bronco ciertas cosas; como el mar, el viento, etc. ‖ fig. y fam. Echar roncas en son de *amenaza o de *burla.
ronce. m. fam. **Roncería** (*halago).
roncear. intr. *Diferir por *repugnancia o *pereza la ejecución de alguna cosa. ‖ fam. *Halagar con acciones y palabras para lograr un fin. ‖ **Mar.* Ir tarda y perezosa la embarcación.
roncería. f. *Tardanza o *repugnancia que uno muestra en hacer lo que se le manda. ‖ fam. Expresión de *halago para conseguir un fin. ‖ **Mar.* Movimiento tardo y perezoso de la embarcación.
roncero, ra. adj. *Lento y *perezoso en ejecutar lo que se manda. ‖ Regañón, *desabrido. ‖ Que usa de roncería para conseguir un intento. ‖ **Mar.* Aplícase a la embarcación tarda y perezosa en el movimiento.
***ronco, ca.** adj. Que tiene o padece *ronquera. ‖ Aplícase también a la voz o *sonido áspero y bronco.
roncón. m. Tubo de la gaita gallega que forma el bajo del *instrumento.
roncha. f. *Hinchazón de la piel en figura de haba. ‖ **Cardenal** (equimosis). ‖ fig. y fam. *Pérdida de dinero a consecuencia de un engaño. ‖ **Levantar ronchas.** fr. fig. **Mortificar.**
roncha. f. Tajada delgada de cualquier cosa, cortada en redondo.
ronchar. tr. **Ronzar** (*mascar). ‖ intr. Crujir un manjar cuando se masca, por estar falto de sazón.
ronchar. intr. Hacer o causar ronchas en la piel. ‖ Rodar, dar *vueltas. ‖ **Resbalar.**
ronchón. m. aum. de **Roncha** (hinchazón).
***ronda.** f. Acción de rondar. ‖ Grupo de personas que andan rondando. ‖ Reunión nocturna de mozos para tocar y *cantar por las calles. ‖ **Fort.* Espacio que hay entre la parte interior del muro y las casas de una plaza fuerte. ‖ *Camino o *calle de un pueblo, contiguo al límite del mismo. ‖ Juego de *naipes parecido al tenderete. ‖ Reunión de dos cartas iguales en este juego. ‖ Conjunto de las tres cartas primeras que en el juego del sacanete se ofrecen a los que van a parar. ‖ En varios juegos de *naipes, vuelta o suerte de todos los jugadores. ‖ fam. *Distribución de copas de vino o de cigarros a personas reunidas en corro. ‖ **mayor.** *Mil.* La que efectúa un jefe en la plaza o en el campo. ‖ **Coger la ronda a** uno. fr. *Sorprenderle en la acción o delito que quería ocultar. ‖ **Hacer ronda.** fr. En el juego del sacanete, ganarla.
rondador. m. Que ronda. Ú. t. c. s. ‖ *Instrumento músico formado de una serie de canutos de carrizo de diversa longitud y calibre.
rondalla. f. *Cuento, patraña o conseja. ‖ **Ronda** (de mozos).
***rondar.** intr. Recorrer de noche una población, campamento, etc., para vigilar ciertos servicios o impedir los desórdenes, el que tiene este ministerio. Ú. t. c. tr. ‖ Andar de noche *paseando las *calles. Ú. t. c. tr. ‖ Pasear los mozos las calles donde viven las mozas a quienes *enamoran. Ú. t. c. tr. ‖ Montear de noche. ‖ tr. fig. Dar *vueltas alrededor de una cosa. ‖ fig. y fam. Andar alrededor de uno, *importunándolo para conseguir de él una cosa. ‖ fig. y fam. Amagar el *sueño, la *enfermedad, etc.
rondel. m. Composición *poética corta en que se repiten al final las primeras palabras o el primer verso.
rondeña. f. *Canción propia de Ronda, parecida al fandango.
rondeño, ña. adj. Natural de Ronda. Ú. t. c. s. ‖ Perteneciente a la ciudad de Ronda.
rondín. m. *Ronda que hace un cabo de escuadra para la vigilancia de los centinelas. ‖ Sujeto destinado en los arsenales de marina para vigilar e impedir los robos. ‖ *Guardia municipal. ‖ Individuo que vigila y ronda de noche. ‖ En el juego de la ronda, reunión de tres *naipes iguales.
rondís. m. **Mesa** (de las piedras de *joyería).
rondiz. m. **Rondís.**
rondó. m. **Mús.* Composición música cuyo tema principal aparece varias veces alternando con temas secundarios.
rondón (de). m. adv. Con *atrevimiento y sin reparo. ‖ **Entrar de rondón** uno. fr. fig. y fam. *Entrarse de repente y con familiaridad, sin dar aviso ni ser llamado.
rongigata. f. **Rehilandera.**
ronquear. intr. Estar ronco.
ronquedad. f. Aspereza o bronquedad de la *voz o del sonido.
***ronquera.** f. Afección de la *laringe, que cambia el timbre de la voz haciéndolo bronco y poco sonoro.
ronquez. f. p. us. **Ronquera.**
ronquido. m. *Ruido o sonido que se hace roncando. ‖ fig. Ruido o sonido bronco.
ronronear. intr. Producir el *gato, cuando está satisfecho, una especie de ronquido.
ronroneo. m. Acción y efecto de ronronear el *gato.
ronza (ir a la). fr. **Mar.* Sotaventarse una embarcación.
***ronzal.** m. Cuerda que se ata al pescuezo o a la cabeza de las caballerías para sujetarlas.
ronzal. m. *Mar.* **Palanquín** (*cabo).
ronzar. tr. *Mascar cosas duras, quebrantándolas con algún ruido.
ronzar. tr. *Mar.* Mover una cosa pesada ladeándola por medio de *palancas.
roña. f. *Sarna del ganado lanar. ‖ Porquería y *suciedad pegada fuertemente. ‖ ***Moho.** ‖ *Corteza del pino. ‖ fig. *Daño moral contagioso. ‖ fig. y fam. **Roñería** (*mezquindad). ‖ fig. y fam. Farsa, treta, *astucia. ‖ m. fig. y fam. Persona roñosa, *mezquina.
roñal. m. Sitio en que se almacenan en el monte las cortezas de árboles usadas para curtir el *cuero.
roñar. tr. *Reprender, reñir. Ú. t. c. intr.
roñería. f. fam. Miseria, *mezquindad.
roñica. com. fam. Persona roñosa, *mezquina.
roñoso, sa. adj. Que tiene o padece roña. ‖ Puerco, *sucio. ‖ Oxidado o cubierto de *herrumbre. ‖ fig. y fam. Miserable, *mezquino.
***ropa.** f. Todo género de tela convenientemente dispuesta para el uso o adorno de las personas o las cosas. ‖ Cualquiera prenda de vestir. ‖ Vestidura especial de ciertas personas según sus cargos o profesiones. ‖ **blanca.** Conjunto de prendas de hilo o de algodón sin teñir, para el vestido interior o para el uso doméstico. ‖ **de cámara,** o **de levantar.** Vestidura holgada que se usa para levantarse de la cama. ‖ **hecha.** La que para vender se hace sin medidas de persona determinada. ‖ **vieja.** fig. *Guisado de la carne que ha sobrado de la olla. ‖ **Acomodar de ropa limpia** a uno. fr. fig. e irón. *Ensuciarle o mancharle. ‖ **A quema ropa.** m. adv. Tratándose del *disparo de una arma de fuego, desde muy *cerca. ‖ fig. De *improviso. ‖ **A toca ropa.** m. adv. Muy de *cerca. ‖ **De buena ropa.** loc. fig. Dícese de la persona que ostenta *dignidad o merece respeto. ‖ fig. Aplícase también a algunas cosas de *buena calidad. ‖ **De poca ropa.** loc. fig. Dícese de la persona *pobre o mal vestida. ‖ fig. Aplícase también a la persona de escasa autoridad. ‖ **Guardar** uno **la ropa.** fr. fig. y fam. Obrar con *precaución. ‖ **Hurta ropa.** fr. *Juego de muchachos, en que tiran a quitarse la **ropa** los unos a los otros. ‖ **Nadar y guardar la ropa.** fr. fig. y fam. Proceder con *precaución. ‖ **No tocar** a uno **la ropa.** fr. fig. y fam. No hacer nada que le pueda molestar o perjudicar. ‖ **Palpar la ropa.** fr. fig. Estar un enfermo a punto de *morir. ‖ **Poner** a uno **como ropa de pascua.** fr. fig. y fam. **Ponerle como chupa de dómine.** ‖ **¡Ropa a la mar!** expr. *Mar.* Se usa para ordenar que se alivie de carga la embarcación. ‖ **Tentar** a uno **la ropa.** fr. fig. y fam. *Averiguar el estado en que se halla o provocarle a alguna cosa. ‖ **Tentarse** uno **la ropa.** fr. fig. y fam. Considerar con *reflexión las consecuencias que podrá tener un acto.
ropaje. m. *Vestido u ornato exterior del cuerpo. ‖ Vestidura larga, de gala o de autoridad. ‖ Conjunto de ropas. ‖ fig. Forma de expresión, *lenguaje.
ropálico, ca. adj. V. **Verso ropálico.**
ropavejería. f. Tienda de ropavejero.
ropavejero, ra. m. y f. Persona que vende *ropas, baratijas y otras cosas *usadas.
ropería. f. Oficio de ropero. ‖ Tienda donde se vende *ropa hecha. ‖ Habitación donde se guarda y dispone la ropa de los individuos de un *convento o colectividad. ‖ Casa donde los *pastores trashumantes guardan el hato. ‖ Empleo de guardar la ropa y cuidar de ella. ‖ **de viejo. Ropavejería.**
ropero, ra. m. y f. Persona que *vende *ropa hecha. ‖ Persona des-

tinada a cuidar de la ropa de una comunidad. ‖ Joven que hace los recados de la ropería de los *pastores. ‖ Persona encargada de la *quesería de una cabaña de ovejas. ‖ m. *Armario o *habitación donde se guarda ropa. ‖ Asociación benéfica destinada a distribuir ropas entre los necesitados.
ropeta. f. **Ropilla.**
ropilla. f. d. de **Ropa.** ‖ Antigua *vestidura corta con mangas y brahones, que se vestía al medio cuerpo sobre el jubón. ‖ **Dar** a uno **una ropilla.** fr. fig. y fam. *Reprenderle amigablemente.
ropón. m. aum. de **Ropa.** ‖ m. *Ropa larga que se pone suelta sobre los demás vestidos.
roque. m. **Torre** (del *ajedrez).
roqueda. f. Lugar abundante en rocas o *peñascos.
roquedal. m. **Roqueda.**
roquedo. m. *Peñasco o roca.
roqueño, ña. adj. Aplícase al sitio o paraje lleno de rocas o *peñascos. ‖ *Duro como roca.
roquero, ra. adj. Perteneciente a las rocas o edificado sobre ellas.
roqués. adj. V. ***Halcón roqués.**
roqueta. f. d. de **Roque.** ‖ **Fort.* Caballero, a modo de atalaya, en el interior de una fortaleza.
roquete. m. **Litúrg.* Especie de sobrepelliz cerrada y con mangas cortas.
roquete. m. Hierro de la *lanza de torneo, que terminaba con tres o cuatro puntas separadas. ‖ **Atacador** (de *cañón). ‖ **Blas.* Figura o pieza en forma de triángulo.
rorcual. m. *Ballena que llega a tener treinta metros de longitud.
rorro. m. fam. *Niño pequeñito.
ros. m. Especie de chacó pequeño, más alto por delante que por detrás.
***rosa.** f. Flor del rosal. ‖ *Mancha redonda, encarnada, que suele salir en el cuerpo. ‖ Lazo de *cintas o cosa semejante, en figura de **rosa.** ‖ Cualquier cosa fabricada o formada con alguna semejanza a esta figura. ‖ Flor del *azafrán. ‖ **Diamante rosa.** ‖ **Cometa crinito.** ‖ *Fruta de sartén* hecha con masa de harina. ‖ **Rosa del azafrán.** ‖ Época de la *recolección del azafrán. ‖ *Arq.* **Rosetón.** ‖ pl. **Rosetas.** ‖ m. *Color parecido al de la rosa común. ‖ **albardera. Saltaojos.** ‖ **de Jericó.** *Planta herbácea anual, de las crucíferas, cuyas ramas y hojas se contraen al secarse, formando una pelota apretada, que se extiende cuando se pone en agua. ‖ **del azafrán.** *Flor del azafrán. ‖ **de los *vientos.** Círculo que tiene marcados los treinta y dos rumbos en que se divide la vuelta del horizonte. ‖ **de rejalgar. Saltaojos.** ‖ **francesa. Adelfa.** ‖ **maldita. Saltaojos.** ‖ **montés. Saltaojos.** ‖ **náutica. Rosa de los vientos.**
rosáceo, a. adj. De *color parecido al de la rosa. ‖ **Bot.* Aplícase a árboles, arbustos y hierbas dicotiledóneos, como el almendro, la fresa y el rosal. Ú. t. c. s. f. ‖ f. pl. *Bot.* Familia de estas plantas.
rosada. f. ***Escarcha.**
rosadelfa. f. **Azalea.**
rosado, da. adj. Aplícase al *color de la rosa. ‖ Compuesto con rosas. ‖ **Rubicán.**
rosado, da. adj. Dícese de la bebida *helada que está a medio cuajar.
***rosal.** m. Arbusto tipo de las *rosáceas, con tallos llenos de aguijones y flores terminales, solitarias o en panoja, blancas, amarillas o rojas, en diversos matices según las variedades, y algunas muy fragantes. La variedad común tiene la flor de color rojo claro. ‖ **de pitiminí.** El de tallos trepadores, que echa muchas rosas muy pequeñas. ‖ **perruno** o **silvestre. Escaramujo.**
rosaleda. f. **Rosalera.**
rosalera. f. Sitio en que hay muchos *rosales.
rosar. intr. Caer *rocío.
rosariera. f. **Cinamomo.**
rosariero. m. El que hace o vende *rosarios.
rosarino, na. adj. Natural de la ciudad del Rosario, en la Argentina. Ú. t. c. s. ‖ Perteneciente o relativo a esta ciudad.
***rosario.** m. Rezo de la Iglesia en que se conmemoran los quince misterios de la Virgen, recitando después de cada uno un padrenuestro, diez avemarías y un gloriapatri. ‖ Sarta de cuentas, separadas de diez en diez por otras de distinto tamaño, para rezar el **rosario.** ‖ fig. **Sarta** (*serie, hilera). ‖ Junta de personas que rezan o cantan el **rosario** a coros. ‖ Este mismo acto de devoción. ‖ V. **Parte de rosario.** ‖ Máquina *hidráulica compuesta de tacos sujetos de trecho en trecho a una cuerda o cadena, los cuales entran muy ajustados en un tubo vertical cuya base está sumergida en el depósito. ‖ fig. y fam. ***Espinazo.**
rosarse. r. **Sonrosarse.**
rosbif. m. **Cul.* *Carne de vaca poco asada.
rosca. f. *Máquina que se compone de *tornillo y tuerca. ‖ Cualquier cosa más o menos cilíndrica que, cerrada en *redondo, deja en medio un espacio vacío. ‖ *Pan o *bollo de esta forma. ‖ Carnosidad que rebosa a las personas *gruesas alrededor del *cuello, las muñecas, etc. ‖ Rollo circular que los *colegiales usaban como *insignia en una de las hojas de la beca. ‖ Cada una de las vueltas de una *espiral, o el conjunto de ellas. ‖ Resalto helicoidal de un *tornillo. ‖ Faja de material que forma un *arco o bóveda. ‖ **de Arquímedes.** Aparato para elevar agua, por medio de un tubo arrollado en hélice alrededor de un cilindro giratorio sobre su eje. ‖ **Hacer la rosca** a uno. fr. fig. y fam. Rondarle para conseguir algo. ‖ **Hacer la rosca.** fr. fig. y fam. Echarse a *dormir aunque sea con incomodidad. ‖ **Pasarse de rosca.** fr. *Aflojarse un tornillo por holgura de la tuerca. ‖ **Pasarse** uno **de rosca.** fr. fig. *Excederse en lo que dice o hace; ir más allá de lo prudente.
roscadero. m. *Cesto grande de mimbre con dos o cuatro asas para llevar frutas y verduras.
roscado, da. adj. En forma de rosca.
rosco. m. Roscón o rosca de *pan.
roscón. m. aum. de **Rosca.** ‖ *Bollo en forma de rosca grande.
rosear. intr. Mostrar *color parecido al de la rosa.
rosellonés, sa. adj. Natural del Rosellón. Ú. t. c. s. ‖ Perteneciente a esta comarca de Francia.
róseo, a. adj. De *color de rosa.
roséola. f. Enfermedad caracterizada por la aparición de pequeñas manchas rosáceas en la *piel.
rosero, ra. m. y f. Persona que trabaja en la *recolección de rosas del *azafrán.
roseta. f. d. de **Rosa.** ‖ **Chapeta** (*mancha encendida, en las mejillas). ‖ Rallo de la *regadera. ‖ Pieza que impide que el pilón salga de la barra o brazo de la romana. ‖ *Min.* Costra de *cobre puro, de color de rosa, que se forma en las pilas de los hornos de afino. ‖ pl. Granos de *maíz que al tostarse se abren en forma de flor.
rosetón. m. aum. de **Roseta.** ‖ *Arq.* *Ventana circular calada, con adornos. ‖ *Arq.* Adorno circular que se coloca en los *techos.
rosicler. m. *Color rosado, claro y suave de la aurora. ‖ **Plata roja.**
rosigar. tr. ***Roer.** ‖ intr. ***Murmurar.**
rosigo. m. **Ramón** (ramaje podado de los olivos).
rosigón. m. Mendrugo de *pan.
rosijo. m. *Hoja de la *encina.
rosillo, lla. adj. d. de **Roso.** ‖ Rojo claro. ‖ Dícese de la *caballería cuyo pelo está mezclado de blanco, negro y castaño.
rosita. f. d. de **Rosa.** ‖ pl. Rosetas de *maíz. ‖ **De rositas.** m. adv. fam. *Gratis, sin esfuerzo alguno.
rosmarino. m. **Romero** (*arbusto).
rosmarino, na. adj. Rojo claro.
rosmaro. m. **Manatí.**
roso. adj. Raído, *liso, sin pelo. ‖ **A roso y velloso.** m. adv. fig. Totalmente, sin excepción.
roso, sa. adj. **Rojo.**
rosoli. m. *Licor compuesto de aguardiente, azúcar, canela y otros ingredientes olorosos.
rosones. m. pl. Reznos.
rosqueado, da. adj. Dícese de lo que hace o forma roscas.
rosquete. m. Rosquilla de masa *dulce, algo mayor que las regulares.
rosquilla. f. Especie de masa *dulce y delicada, formada en figura de roscas pequeñas. ‖ Larva de *insecto que se enrosca con facilidad. ‖ **tonta.** Variedad de rosquilla con poca azúcar. ‖ **No saber a rosquillas** una cosa. fr. fig. y fam. Producir dolor o *disgusto. ‖ **Saber a rosquillas** una cosa. fr. fig. y fam. Producir satisfacción o efecto *agradable.
rosquillero, ra. m. y f. Persona que se dedica a hacer rosquillas o a venderlas.
rostrado, da. adj. Que remata en una *punta semejante al pico del pájaro o al espolón de la nave.
rostral. adj. **Rostrado.**
rostrillo. m. d. de **Rostro.** ‖ Adorno que se ponían las mujeres alrededor de la *cara, y hoy se suele poner a las imágenes. ‖ *Aljófar de seiscientas perlas en onza. ‖ **grueso.** Aljófar de quinientas perlas en onza. ‖ **menudo.** Aljófar de setecientas perlas en onza. ‖ **Medio rostrillo** Aljófar de mil doscientas perlas en onza. ‖ **Medio rostrillo grueso.** Aljófar de ochocientas cincuenta perlas en onza. ‖ **Medio rostrillo mejor.** Aljófar de mil perlas en onza.
rostritorcido, da. adj. **Rostrituerto.**
rostrituerto, ta. adj. fig. y fam. Que en el *semblante manifiesta *enojo o pesadumbre.
rostrizo. m. Tostón, cochinillo asado.
rostro. m. Pico del *ave. ‖ Por ext., cosa en *punta, parecida a él. ‖ *Cara, semblante. ‖ desus. Frente de una *moldura. ‖ *Mar.* **Espolón.** ‖ **A rostro firme.** m. adv. fig. Cara a cara, con resolución y *valor. ‖ **Conocer de rostro** a uno. fr. Conocerle personalmente. ‖ **Dar en rostro** a uno **con** una cosa. fr. fig. Echarle en cara los beneficios que ha recibido o las faltas que ha cometido. ‖ **Dar en rostro** una cosa. fr. fig. Causar enojo y *disgusto. ‖

Encapotar el rostro. tr. Ponerlo *ceñudo. ‖ **Hacer rostro.** fr. fig. *Resistir al enemigo. ‖ fig. *Oponerse al dictamen de uno. ‖ **Rostro a rostro.** m. adv. **Cara a cara.** ‖ **Torcer** uno **el rostro.** fr. fig. y fam. Hacer algún gesto en demostración de disgusto. ‖ **Volver** uno **el rostro.** fr. fig. con que se explica el *cariño o *desprecio que inspira una cosa o persona, según que se la mire o se aparte de ella la vista. ‖ fig. ***Huir.**

rota. f. ***Derrota.** ‖ **De rota, o de rota batida.** m. adv. Con total pérdida o *destrucción. ‖ fig. y fam. De repente, de modo *imprevisto.

rota. f. Tribunal de la *curia romana, que decide en apelación las causas eclesiásticas de todo el orbe católico. ‖ **de la nunciatura apostólica.** Tribunal supremo eclesiástico de última apelación en España.

rota. f. *Palma vivaz de cuyo tallo se hacen *bastones.

rotación. f. Acción y efecto de *rodar o girar. ‖ **de *cultivos.** Variedad de siembras alternativas o simultáneas para evitar que el terreno se agote.

rotacismo. m. *Pronunciación de *r* en vez de *s*, en posición intervocálica.

rotal. adj. Perteneciente o relativo al Tribunal de la Rota.

rotamente. adv. m. Con *desenvoltura.

rotante. p. a. de **Rotar.** Que rota.

rotar. intr. **Rodar.**

rotar. intr. **Erutar.**

rotativo, va. adj. Dícese de la máquina que a gran velocidad *imprime los ejemplares de un periódico. ‖ f. La misma máquina. ‖ m. Por extensión, *periódico impreso en estas máquinas.

rotatorio, ria. adj. Que tiene movimiento circular, que *gira o puede girar.

roterodamense. adj. Natural de Roterdam. Ú. t. c. s. ‖ Perteneciente a esta ciudad de Holanda.

roten. m. **Rota** (*palma). *Bastón hecho del tallo de la rota.

rotífero, ra. adj. *Zool.* Dícese de ciertos *gusanos provistos en su extremidad anterior de un órgano rotatorio, casi siempre retráctil. ‖ m. pl. Clase de estos gusanos.

roto, ta. p. p. irreg. de ***Romper.** ‖ adj. Cubierto de *andrajos. Ú. t. c. s. ‖ Aplícase al que vive con *desenfreno y también a las mismas costumbres y vida. ‖ m. Individuo de la clase ínfima de la *plebe, en Chile. ‖ fam. despect. Apodo con que se designa al chileno en ciertos países de América. ‖ Mestizo de español e indígena. ‖ *Petimetre del pueblo, en Méjico.

rotonda. f. *Arq.* *Edificio o sala de planta circular. ‖ Departamento último de los tres que tienen ciertos *coches y diligencias.

rotor. m. **Electr.* Parte giratoria de una máquina electromagnética. ‖ **Aeron.* Sistema de palas giratorias que sirve de sustentación al autogiro.

rótula. f. **Farm.* **Trocisco.** ‖ *Zool.* *Hueso en la parte anterior de la articulación de la tibia con el fémur.

rotulación. f. Acción y efecto de *rotular.

rotulador, ra. adj. Que rotula o sirve para rotular. Ú. t. c. s.

***rotular.** tr. Poner un rótulo.

rotular. adj. Perteneciente o relativo a la rótula.

rotulata. f. Colección de *rótulos. ‖ fam. **Rótulo.**

rotuliano, na. adj. **Rotular** (del hueso de la rodilla).

***rótulo.** m. **Título.** ‖ *Cartel que se fija en público para dar noticia o aviso de una cosa. ‖ Despacho que libra la *curia romana para que se hagan ciertas informaciones antes de canonizar a una persona. ‖ Lista de graduandos en la antigua *universidad de Alcalá.

rotunda. f. **Rotonda** (*edificio redondo).

rotundamente. adv. m. De un modo *claro y *terminante.

rotundidad. f. Calidad de rotundo.

rotundo, da. adj. **Redondo.** ‖ fig. **Lit.* Aplicado al lenguaje, lleno y sonoro. ‖ fig. Completo y *terminante.

***rotura.** f. **Rompimiento.** ‖ **Contrarrotura.** ‖ *Terreno roturado.

roturación. f. Acción y efecto de roturar. ‖ Terreno recién roturado.

roturar. tr. **Agr.* *Arar por primera vez las tierras para ponerlas en cultivo.

roya. f. *Honguillo parásito, a manera de polvo amarillento, que se cría en varias plantas. ‖ **Tabaco** (enfermedad de los árboles).

royega. f. Especie de *oruga grande que ataca a los árboles frutales.

royo, ya. adj. V. ***Pino royo.** ‖ Rubio, rojo.

roza. f. Acción y efecto de rozar las tierras. ‖ *Tierra rozada para sembrar en ella. ‖ *Canal pequeño para dar curso a las aguas. ‖ Terreno poblado de plantas propias de *monte bajo. ‖ *Hierbas o matas que se obtienen de rozar un campo. ‖ *Arroyo de corto caudal en la ladera de un monte.

rozable. adj. Que está en disposición de ser rozado.

rozadera. f. **Rozón.**

rozadero. m. Lugar o cosa en que se roza.

rozador, ra. m. y f. Persona que roza las tierras.

rozadura. f. Acción y efecto de *rozar una cosa con otra. ‖ *Bot.* Enfermedad de los árboles, que consiste en formarse una capa de madera de mala calidad por desprendimiento de la corteza. ‖ *Cir.* *Herida superficial de la piel.

rozagante. adj. Aplícase a la *vestidura vistosa y muy larga. ‖ fig. Satisfecho, *orgulloso, ufano.

rozamiento. m. **Roce.** ‖ fig. *Enemistad o *desacuerdo leve entre dos personas o entidades. ‖ **Mec.* *Resistencia que se opone al resbalamiento de un cuerpo sobre otro.

***rozar.** tr. **Agr.* Limpiar las tierras de las matas y hierbas inútiles. ‖ Cortar *leña menuda. ‖ Cortar los animales con los dientes la hierba para comerla. ‖ *Raer o *quitar una parte de la superficie de una cosa. ‖ **Albañ.* Abrir algún hueco o canal en un paramento. ‖ → intr. Pasar una cosa tocando ligeramente la superficie de otra. Ú. t. c. tr. ‖ r. Tropezarse o herirse un *pie con otro. ‖ fig. Tener *trato entre sí dos o más personas. ‖ fig. Embarazarse en las palabras, *pronunciándolas mal o con dificultad. ‖ fig. Tener una cosa *semejanza o *relación con otra.

rozavillón. m. El que come de *mogollón.

roznar. tr. **Ronzar.**

roznar. intr. **Rebuznar.**

roznido. m. Ruido que, al roznar, se hace con los dientes.

roznido. m. **Rebuzno.**

rozno. m. *Borrico pequeño.

rozo. m. **Roza** (de una tierra). ‖ *Leña menuda. ‖ *Germ.* ***Comida.**

rozón. m. Especie de *guadaña fuerte con mango largo, para rozar árgoma, zarzas, etc.

rúa. f. *Calle de un pueblo. ‖ *Camino carretero. ‖ En Galicia, *fiesta nocturna de aldeanos. ‖ **Hacer la rúa.** fr. **Ruar.**

ruán. m. p. us. *Tela de algodón estampada en colores.

ruana. f. Cierta *tela de lana. ‖ Especie de *capote de monte o poncho.

ruanés, sa. adj. **Roanés.** Apl. a pers., ú. t. c. s.

ruano, na. adj. **Roano.**

ruano, na. adj. Que está en *rueda o la hace.

ruante. p. a. de **Ruar.** Que rúa.

ruante. adj. *Blas.* V. **Pavo ruante.**

ruar. intr. Andar o *pasear por las calles a pie, a caballo o en *coche. ‖ *Galantear a una mujer paseándole la calle.

rubefacción. f. *Pat.* Rubicundez anormal de la *piel.

rubefaciente. adj. **Farm.* Dícese de lo que produce rubefacción. Ú. t. c. s. m.

rúbeo, a. adj. Que tira a rojo.

rubéola. f. **Pat.* **Sarampión.**

rubescente. adj. De *color que tira a rojo.

rubeta. f. **Rana de zarzal.**

rubí. m. *Mineral compuesto de alúmina y magnesia, más duro que el acero, de color rojo y brillo intenso. Es una de las piedras preciosas más estimadas en *joyería. ‖ **balaje. Balaje.** ‖ **de Bohemia.** Cristal de roca sonrosado. ‖ **del Brasil. Topacio del Brasil.** ‖ **espinela. Espinela.** ‖ **oriental.** Corindón carmesí o rojo.

rubia. f. *Planta vivaz de la familia de las rubiáceas, originaria de Oriente, cuya raíz seca y pulverizada sirve para preparar una substancia colorante roja. ‖ *Raíz de esta planta. ‖ **menor.** Variedad de esta planta, que crece silvestre en Europa.

rubia. f. *Pececillo de agua dulce, malacopterigio abdominal, de carne comestible. ‖ *Automóvil grande con carrocería de madera natural.

rubia. f. *Moneda árabe de oro.

rubiáceo, a. **Bot.* Dícese de plantas dicotiledóneas, árboles, arbustos, y hierbas, como la rubia, el quino y el café. Ú. t. c. s. f. ‖ f. pl. *Bot.* Familia de estas plantas.

rubial. m. Campo o *tierra donde se cría la rubia.

rubial. adj. Que tira al *color rubio. Dícese de tierras y plantas.

rubicán, na. adj. Aplícase a la *caballería de pelaje mezclado de blanco y rojo. ‖ Aplícase a las ovejas de ese color.

rubicela. f. Espinela de color vinoso más bajo que el del rubí balaje.

rubicundez. f. Calidad de rubicundo. ‖ *Pat.* *Color rojo o sanguíneo que se presenta, a veces, en la *piel y en las mucosas.

rubicundo, da. adj. De *color rubio que tira a rojo. ‖ Aplícase a la persona de buen color y aspecto *sano. ‖ Dícese del pelo que tira a colorado.

rubidio. m. *Metal raro, semejante al potasio, aunque más blando y más pesado.

rubiel. m. Pagel común.

rubiera. f. Calaverada, *travesura. ‖ *Diversión.

rubificar. tr. Poner colorada una cosa o teñirla de *color rojo.

rubilla. f. **Asperilla.**
rubín. m. **Rubí.** ‖ **Robín.**
rubinejo. m. d. de **Rubí.**
rubio, bia. adj. De *color rojo claro parecido al del oro. Dícese especialmente del cabello de este color y de la persona que lo tiene. ‖ m. *Pez marino acantopterigio. ‖ pl. Centro de la cruz en el lomo del *toro.
rubión. adj. V. **Trigo rubión.** Ú. t. c. s. ‖ **Alforfón.**
rublo. m. *Moneda de plata usada en Rusia, que equivale a cuatro pesetas a la par.
***rubor.** m. *Color encarnado o rojo muy encendido. ‖ Color que la *vergüenza saca al rostro. ‖ fig. Empacho y vergüenza.
***ruborizarse.** r. Teñirse de rubor el *semblante. ‖ fig. Sentir *vergüenza.
ruborosamente. adv. m. fig. Con rubor.
ruboroso, sa. adj. Que tiene rubor.
***rúbrica.** f. *Marca encarnada o roja. ‖ → Rasgo de pluma de figura determinada, que como parte de la firma ponen algunos después de su nombre o título. A veces pónese la **rúbrica** sola. ‖ Epígrafe o *rótulo. ‖ Cada una de las *reglas para las ceremonias *litúrgicas. ‖ Conjunto de estas reglas. ‖ **fabril.** Almagre de que usan los *carpinteros para señalar líneas en la madera. ‖ **lemnia. Bol arménico.** ‖ **sinópica. Minio.** ‖ **Bermellón.** ‖ **Ser de rúbrica** una cosa. fig. y fam. Ser *conforme a cualquiera *costumbre o práctica establecida.
rubricante. p. a. de **Rubricar.** Que rubrica o firma. ‖ m. Ministro o *magistrado más moderno, a quien tocaba rubricar los autos del Consejo.
rubricar. tr. Poner uno su *rúbrica. ‖ Subscribir, firmar un despacho o papel y ponerle el *sello o escudo de armas. ‖ fig. Subscribir o dar *testimonio de una cosa.
rubriquista. m. **Liturg.* El que está versado en las rúbricas de la Iglesia.
rubro, bra. adj. Encarnado, rojo.
ruc. m. **Rocho.**
ruca. f. *Planta silvestre de la familia de las crucíferas.
ruca. f. Choza de los indios, y por ext., cualquier *cabaña.
rucar. tr. **Ronzar** (*mascar). Ú. t. c. intr.
rucio, cia. adj. De *color pardo claro, blanquecino o canoso. Aplícase a las *caballerías. ‖ fam. Dícese de la persona entrecana. ‖ desus. **Rubio.**
ruco, ca. Viejo, inútil. Aplicado especialmente a las *caballerías, matalón.
ruchar. intr. Brotar las plantas.
ruche. m. **Rucho** (pollino). ‖ fam. *Dinero, monises. ‖ **A ruche.** m. adv. Sin dinero, en la *pobreza.
rucho. m. **Pollino.** ‖ **Brote.**
ruda. f. *Planta perenne, de la familia de las rutáceas, de olor fuerte y desagradable, usada en medicina. ‖ **cabruna. Galega.** ‖ **Ser** una persona o cosa **más conocida que la ruda.** fr. fig. y fam. Ser muy *conocida.
rudamente. adv. m. Con rudeza.
rudera. f. Cascote, *escombro.
rudeza. f. Calidad de rudo.
rudimental. adj. **Rudimentario.**
***rudimentario, ria.** adj. Perteneciente o relativo al rudimento o a los rudimentos.
***rudimento.** m. Embrión o estado primordial e informe de un ser orgánico. ‖ Parte de un ser orgánico imperfectamente desarrollada. ‖→ pl. Primeros estudios de cualquiera ciencia o profesión.
rudo, da. adj. *Tosco, sin pulimento. ‖ Que no se ajusta a las reglas del arte. ‖ *Necio, de inteligencia torpe. ‖ *Descortés, grosero. ‖ Rigoroso, *violento.
***rueca.** f. Instrumento que sirve para hilar. ‖ fig. Vuelta o *curvatura de una cosa.
***rueda.** f. Pieza circular, de poco grueso respecto a su radio, que puede girar sobre un eje. ‖ *Círculo o corro de personas o cosas. ‖ **Signo rodado.** ‖ *Pez marino plectognato, de forma casi circular. ‖ Despliegue en abanico, que hace el *pavo con las plumas de la cola. ‖ Tajada circular de ciertas frutas, carnes o pescados. ‖ **Indum.* Especie de tontillo que se ponía en los pliegues de las casacas de los hombres para ahuecarlas. ‖ *Turno, vez, orden sucesivo. ‖ Partida de *billar que se juega entre tres. ‖ ***Noria.** ‖ *Germ.* **Broquel.** ‖ **Impr.* Círculo que se hace con los rimeros de los distintos pliegos de una obra impresa. ‖ **catalina. Rueda de Santa Catalina.** ‖ **de la fortuna.** fig. *Inconstancia y poca estabilidad de las cosas humanas. ‖ **de *molino. Muela.** ‖ **de Santa Catalina.** La de dientes agudos y oblicuos que hace mover el volante de cierta clase de *relojes. ‖ La que los saludadores se hacen estampar en alguna parte del cuerpo. ‖ **libre.** En las *bicicletas, automóviles, etc., la que, estando ordinariamente conectada con el mecanismo propulsor, se desconecta para que ruede libremente. ‖ **Ande la rueda, y coz con ella.** Cierto *juego de muchachos. ‖ **Clavar** uno **la rueda de la fortuna.** fr. fig. Fijar, hacer estable su prosperidad. ‖ **Comulgar** uno **con ruedas de molino.** fr. fig. y fam. **Tragárselas como ruedas de molino.** ‖ **Escupir en rueda.** fr. fig. y fam. **Escupir en corro.** ‖ **Hacer la rueda** a uno. fr. fig. y fam. *Adularle para *captar su voluntad. ‖ **Tragárselas** uno **como ruedas de molino.** fr. fig. y fam. *Creer las cosas más inverosímiles.
ruedero. m. El que hace *ruedas.
ruedo. m. Acción de *rodar. ‖ Parte puesta o colocada *alrededor de una cosa. ‖ Refuerzo con que se guarnecen interiormente por la parte inferior los *vestidos talares. ‖ *Estera pequeña y redonda. ‖ Esterilla afelpada o de pleita lisa. ‖ *Círculo o circunferencia de una cosa. ‖ *Contorno, límite. ‖ **Redondel** (de la plaza de toros). ‖ Tierras situadas en las *afueras de una ciudad. ‖ **A todo ruedo.** m. adv. En todo lance, próspero o adverso.
ruego. m. Súplica, *petición.
ruejo. m. **Rueda de molino.** ‖ **Ruello.**
ruello. m. Rodillo de piedra.
rueño. m. **Rodete** (para llevar una *carga en la cabeza).
ruezno. m. Corteza exterior del fruto del *nogal.
rufa. f. **Traílla** (para igualar los terrenos).
rufeiro. m. *Caballo recelador.
rufeta. f. *Uva negra.
rufezno. m. **Rufiancete.**
***rufián.** m. El que comercia con la prostitución de las mujeres. ‖ fig. Hombre *despreciable.
rufiancete. m. d. de **Rufián.**
rufianear. tr. e intr. **Alcahuetear.**
rufianejo. m. d. de **Rufián.**
rufianería. f. **Alcahuetería.** ‖ Dichos o hechos propios de rufián.
rufianesca. f. Conjunto de rufianes. ‖ Costumbres de los rufianes.
rufianesco, ca. adj. Perteneciente o relativo a los rufianes.
rufo. m. *Germ.* **Rufián.**
rufo, fa. adj. Rubio, rojo o bermejo. ‖ Que tiene el *cabello ensortijado. ‖ Tieso, *fuerte. ‖ *Agradable, vistoso.
rufón. m. *Germ.* Eslabón con que se saca *fuego.
ruga. f. ***Arruga.**
rugar. tr. ***Arrugar.** Ú. t. c. r.
rugible. adj. Capaz de rugir.
rugido. m. *Voz del león. ‖ fig. **Bramido.** ‖ fig. Estruendo, retumbo. ‖ fig. Ruido que hacen los *intestinos.
rugiente. p. a. de **Rugir.** Que ruge.
ruginoso, sa. adj. Mohoso, que tiene *herrumbre u orín.
rugir. intr. Bramar el león. ‖ fig. **Bramar.** ‖ Crujir o rechinar. ‖ impers. Sonar una cosa, o empezarse a hacer *pública.
rugosidad. f. Calidad de rugoso. ‖ **Arruga.**
rugoso, sa. adj. Que tiene *arrugas, arrugado.
ruibarbo. m. *Planta herbácea, vivaz, de las poligonáceas, cuya raíz se usa mucho en medicina como purgante. ‖ Raíz de esta planta. ‖ **blanco. Mechoacán.**
***ruido.** m. Sonido inarticulado y confuso, o que carece de timbre definido. ‖ fig. *Contienda, *alboroto. ‖ fig. Apariencia grande en las cosas *insignificantes. ‖ fig. Novedad o *sorpresa que inmuta el ánimo. ‖ *Germ.* **Rufián.** ‖ **Hacer,** o **meter, ruido** una persona o cosa. fr. fig. Causar *admiración o *sorpresa. ‖ **Querer** uno **ruido.** fr. fig. Ser *pendenciero. ‖ **Quitarse de ruidos** uno. fr. fig. y fam. *Abstenerse de tomar parte en asuntos o lances peligrosos. ‖ **Ser más el ruido que las nueces.** fr. fig. y fam. Ser *insignificante una cosa que aparece como grande o de importancia.
ruidosamente. adv. m. De manera ruidosa.
***ruidoso, sa.** adj. Que causa mucho *ruido. ‖ fig. Aplícase a la acción o lance *importante y de que se habla mucho.
ruin. adj. *Vil, bajo y despreciable. ‖ *Pequeño, desmedrado. ‖ Dícese de la persona de malas costumbres y procedimientos. ‖ *Mezquino y avariento. ‖ Dícese de los animales falsos y de malas mañas. ‖ m. Extremo de la *cola de los *gatos, que en algunas partes les arrancan por creer que así crecen. ‖ **Reyezuelo** (*pájaro).
ruina. f. Acción de *caer o *destruirse una cosa. ‖ fig. *Pérdida grande de los bienes de fortuna. ‖ fig. *Decadencia de una persona, familia, etcétera. ‖ fig. Causa de esta decadencia. ‖ pl. Restos de uno o más edificios arruinados. ‖ **Batir en ruina.** fr. **Artill.* Percutir la muralla de una fortaleza hasta derribar un trozo de ella.
ruinar. tr. **Arruinar.** Ú. t. c. r.
ruindad. f. Calidad de ruin. ‖ Acción ruin o *despreciable.
ruinera. f. **Ruina** (especialmente la que padece una persona por una enfermedad).
ruinmente. adv. m. Con ruindad.
ruinoso, sa. adj. Que se empieza a arruinar o amenaza ruina. ‖ *Pequeño, desmedrado. ‖ Que arruina y destruye.
ruiponce. m. **Rapónchigo.**
ruipóntico. m. *Planta vivaz de las

poligonáceas, de raíz semejante a la del ruibarbo y también purgante.
ruiseñor. m. Ave del orden de los *pájaros, común en España, de plumaje pardo rojizo. Es la más celebrada de las aves canoras de Europa.
rujiada. f. Golpe de *lluvia. ‖ **Rociada.**
rujiar. tr. *Rociar, *regar.
rula. f. *Juego semejante a la chueca. ‖ Palo de un metro o más de largo, encorvado en uno de sus extremos, y con el cual se juega a la rula. ‖ Lonja de contratación del *pescado.
rular. intr. ***Rodar.** Ú. t. c. tr.
rulé. m. fam. Trasero, *asentaderas.
ruleta. f. Aparato para ciertos *juegos de azar, compuesto de una rueda que gira horizontalmente, dividida en treinta y seis casillas, y de una bolita que se lanza sobre dicha rueda. ‖ *Juego de azar en que se utiliza este aparato. ‖ Ruedecilla con puntas, a manera de estrella, de que usan los *zapateros para marcar líneas en el cuero.
rulo. m. Bola gruesa u otra cosa *redonda que rueda fácilmente. ‖ Piedra de figura de cono truncado, que gira con movimientos de rotación y traslación en los *molinos de aceite. ‖ **Rodillo.**
rulo. m. Secano.
rumano, na. adj. Natural de Rumania. Ú. t. c. s. ‖ Perteneciente a esta nación de Europa. ‖ m. *Lengua **rumana.**
rumantela. f. Francachela, parranda, *diversión.
rumazón. f. **Arrumazón.**
rumba. f. Cierta *danza popular de Cuba. ‖ Música de esta danza.
rumbada. f. **Arrumbada.**
rumbantela. f. **Rumantela.**
rumbar. intr. Ser rumboso. ‖ **Gruñir.** ‖ **Zumbar.**
rumbático, ca. adj. Rumboso, ostentoso.
rumbeador. m. Baquiano, que rumbea.
rumbear. intr. Orientarse, tomar el rumbo.
***rumbo.** m. *Dirección en el plano del horizonte, y principalmente cualquiera de las comprendidas en la rosa náutica. ‖ Camino o *método que uno se propone seguir. ‖ fig. y fam. *Pompa, ostentación. ‖ fig. y fam. Garbo y *liberalidad para gastar. ‖ **Blas.* Losange con un agujero redondo en el centro. ‖ *Mar.* *Abertura que se hace artificialmente en el casco de la nave. ‖ **Abatir el rumbo.** fr. **Mar.* Hacer declinar su dirección hacia sotavento. ‖ **Hacer rumbo.** fr. **Mar.* Ponerse a navegar con dirección a punto determinado.
rumbón, na. adj. fam. Rumboso, desprendido.
rumbosamente. adv. m. fam. De manera rumbosa.
rumboso, sa. adj. fam. *Ostentoso y magnífico. ‖ fam. Desprendido, *generoso para gastar.
rumeliota. adj. Natural de Rumelia. Ú. t. c. s. ‖ Perteneciente a esta región de Europa.
rumí. m. Nombre dado por los moros a los *cristianos.
rumia. f. Acción y efecto de rumiar.
rumiaco. m. **Verdín** (capa de plantas criptógamas).
rumiador, ra. adj. Que rumia. Ú. t. c. s.
rumiadura. f. **Rumia.**
***rumiante.** p. a. de **Rumiar.** Que rumia. ‖ → adj. *Zool.* Aplícase a los mamíferos vivíparos patihendidos, que carecen de dientes incisivos en la mandíbula superior, y tienen el estómago compuesto de cuatro cavidades. Ú. t. c. s. ‖ m. pl. *Zool.* Orden de estos animales.
***rumiar.** tr. *Mascar segunda vez. ‖ fig. y fam. Considerar con *reflexión y madurez una cosa. ‖ fig. y fam. Rezongar, refunfuñar.
rumión, na. adj. fam. Que rumia mucho.
rumo. m. Primer aro de los cuatro con que se aprietan las cabezas de los *toneles o cubas.
***rumor.** m. Voz que corre entre el público. ‖ Ruido confuso de voces. ‖ *Ruido sordo y continuado.
rumoroso, sa. adj. Que causa rumor.
rumpiata. f. *Arbusto de las sapindáceas, propio de Chile.
runa. f. Cada uno de los caracteres que empleaban en la *escritura los antiguos escandinavos.
rundel. m. Mantellina más larga que las ordinarias y con una cenefa alrededor.
rundún. m. ***Pájaro mosca.** ‖ *Juguete parecido a la bramadera.
runfla. f. fam. *Serie de varias cosas de una misma especie. ‖ En el juego de la malilla, *naipe firme. ‖ **Echar runflas.** fr. fig. Echar bravatas.
runflada. f. fam. **Runfla.**
runflante. p. a. de **Runflar.** Que runfla. ‖ Arrogante, *orgulloso.
runflar. intr. **Resoplar.** ‖ *Resonar fuertemente.
rungo. m. *Cerdo de menos de un año.
rúnico, ca. adj. Perteneciente o relativo a las runas.
runo, na. adj. **Rúnico.**
runrún. m. fam. ***Rumor.**
ruñar. tr. Labrar la muesca circular en que se encajan las tiestas de los *toneles o cubas.
rupestre. adj. Dícese de algunas cosas pertenecientes o relativas a las rocas y *peñascos. Aplícase especialmente a las *pinturas y dibujos prehistóricos existentes en algunas rocas y *cavernas.
rupia. f. *Moneda de oro de Persia y del Indostán, que vale aproximadamente treinta y siete pesetas. ‖ *Moneda de plata de los mismos países, que vale aproximadamente dos pesetas y media a la par.
rupia. f. *Pat.* Enfermedad de la *piel, caracterizada por la aparición de ampollas grandes y aplastadas, las cuales contienen un líquido obscuro.
rupicabra. f. **Rupicapra.**
rupicapra. f. **Gamuza** (*rumiante).
ruptura. f. fig. **Rompimiento** (*discordia, enemistad). ‖ *Cir.* ***Rotura.**
ruqueta. f. ***Oruga.** ‖ **Jaramago.**
rural. adj. Perteneciente o relativo al *campo y a las labores de él. ‖ fig. *Inculto, tosco.
ruralmente. adv. m. De un modo rural.
rurrú. m. desus. **Runrún.**
rurrupata. f. **Nana** (canto para arrullar a los niños).
rus. m. **Zumaque** (*arbusto).
rusalca. f. En la *mitología eslava, ninfa acuática que atrae a los hombres para darles muerte.
rusco. m. **Brusco** (*planta).
rusel. m. *Tela de lana asargada.
rusentar. tr. Poner rusiente.
rusiente. adj. Que está rojo o candente por la acción del *calor.
ruso, sa. adj. Natural de Rusia. Ú. t. c. s. ‖ Perteneciente a esta nación de Europa. ‖ m. *Lengua **rusa.** ‖ *Abrigo o gabán de paño grueso.
rusticación. f. Acción y efecto de rusticar.
rustical. adj. **Rural.**
rústicamente. adv. m. De manera *rústica. ‖ Con *tosquedad e incultura.
rusticano, na. adj. **Silvestre.** Dícese del rábano y otras plantas.
rusticar. intr. Irse a vivir al *campo, y especialmente cuando es para recobrar o *fortalecer la *salud.
rusticidad. f. Calidad de *rústico.
***rústico, ca.** adj. Perteneciente o relativo al *campo. ‖ fig. Tosco, inculto, *grosero, basto. ‖ m. Hombre del campo. ‖ **A la,** o **en, rústica.** m. adv. Tratándose de *encuadernaciones de libros, con cubierta de papel.
rustiquez. f. **Rusticidad.**
rustiqueza. f. **Rustiquez.**
rustir. tr. *Asar, *tostar. ‖ ***Roer.** ‖ Aguantar con *paciencia trabajos y penas.
rustrir. tr. *Tostar el pan, y majarlo cuando está tostado o duro. ‖ intr. **Pastar.** ‖ *Comer con avidez.
rustro. m. **Blas.* **Rumbo.**
ruta. f. Rota, *dirección o derrotero para un viaje. ‖ Itinerario o *camino para él. ‖ fig. **Derrotero.**
rutáceo, a. adj. **Bot.* Dícese de plantas dicotiledóneas, cuyo tipo es la ruda. Ú. t. c. s. f. ‖ f. pl. *Bot.* Familia de estas plantas.
rutar. intr. *Murmurar, rezongar. ‖ Susurrar, zumbar. ‖ Rodar, dar *vueltas. ‖ ***Eructar.**
rute. m. *Rumor, susurro.
rutel. m. Hato pequeño de *ganado cabrío o lanar.
rutenio. m. *Metal muy parecido al osmio.
ruteno, na. adj. Dícese de un *pueblo eslavo que habita en parte de Polonia. Ú. t. c. s. ‖ Perteneciente o relativo a este pueblo. ‖ m. *Lengua **rutena.**
rutiar. tr. Atar las *caballerías en reata. ‖ intr. Callejear, andar *vagando.
rutilante. p. a. de **Rutilar.** Que rutila.
rutilar. intr. poét. *Brillar como el oro, o despedir rayos de *luz.
rútilo, la. adj. De color rubio subido *brillante y resplandeciente.
rutina. f. *Costumbre de hacer las cosas por mera práctica y sin razonarlas.
rutinario, ria. adj. Que se hace o practica por rutina. ‖ **Rutinero.** Ú. t. c. s.
rutinero, ra. adj. Que procede por mera rutina. Ú. t. c. s.
rutón, na. adj. Que gruñe con frecuencia.
ruzafa. f. Entre los árabes, *jardín

S

s. f. Vigésima segunda *letra del abecedario español. Su nombre es **ese.**
sabadellense. adj. Natural de Sabadell, ciudad de Cataluña. Ú. t. c. s. ‖ Perteneciente a esta ciudad y a su comarca.
sabadeño, ña. adj. Aplícase al *embutido hecho con la asadura y carne de inferior calidad del cerdo. Ú. m. c. s.
sabadiego. m. **Sabadeño.**
sábado. m. Séptimo y último *día de la semana. ‖ **de gloria. Sábado** santo.
sabalar. m. *Red para pescar sábalos.
sabalera. f. Rejilla de hierro en los *hornos de reverbero.
sabalero. m. *Pescador de sábalos.
sábalo. m. *Pez marino malacopterigio abdominal, de unos cuatro decímetros de largo.
***sábana.** f. Cada una de las dos piezas de lienzo, de tamaño suficiente para cubrir la cama y colocar el cuerpo entre ambas. ‖ *Manto que usaban los hebreos. ‖ **Sabanilla** (de *altar). ‖ Sarria o red de esparto para transportar paja, hortalizas, etc. ‖ **santa.** Aquella en que envolvieron a *Jesucristo para ponerle en el sepulcro. ‖ **Pegársele a** uno **las sábanas.** fr. fig. y fam. Quedarse en la cama hasta más *tarde de lo que debe.
sabana. f. En América, *llanura sin vegetación arbórea.
sabandija. f. Cualquier *reptil pequeño o *insecto, especialmente de los asquerosos y molestos. ‖ fig. Persona *despreciable.
sabandijuela. f. d. de **Sabandija.**
sabanear. intr. Recorrer la sabana para buscar y reunir el *ganado.
sabanera. f. *Serpiente que vive en las sabanas, de vientre amarillo y lomo salpicado de negro, verde y pardo.
sabanero, ra. adj. *Habitante de una sabana. Ú. t. c. s. ‖ Perteneciente o relativo a la sabana. ‖ m. Hombre encargado de sabanear el *ganado. ‖ *Pájaro muy parecido al estornino.
sabanilla. f. d. de **Sábana.** ‖ Cualquier pieza de lienzo pequeña. ‖ Cubierta exterior de lienzo con que se cubre el *altar. ‖ Pedazo de beatilla con que las mujeres adornaban el *tocado. ‖ *Pañuelo blanco que las mujeres llevan cubriendo la cabeza. ‖ Tejido de lana muy fino que se usa en la *cama, a manera de colcha. ‖ Capa de *grasa que cubre el vientre del *cerdo.
sábano. m. Sábana de estopa.
sabañón. m. Tumefacción causada por el frío, principalmente en los pies, manos y orejas, que se manifiesta por rubicundez de la *piel y picazón ardiente. ‖ Segundo enjambre que suele salir de las *colmenas al terminar el verano. ‖ **Comer** uno **como un sabañón.** fr. fig. y fam. *Comer mucho y con *gula.
sabatario, ria. adj. Díjose de los *hebreos porque guardaban religiosamente el sábado. Usáb. m. c. s. ‖ Aplícase a los judíos *conversos que continuaban guardando el sábado.
sabático, ca. adj. Perteneciente o relativo al sábado. ‖ Aplícase al séptimo *año, en que los hebreos dejaban descansar sus tierras.
sabatina. f. *Litúrg.* Oficio divino propio del sábado. ‖ Lección compuesta de todas las de la semana, que los *estudiantes daban el sábado. ‖ Ejercicio literario que se hacía los sábados.
sabatino, na. adj. Perteneciente al sábado o ejecutado en él.
sabatismo. m. Acción de sabatizar. ‖ *Descanso tomado después de un trabajo asiduo.
sabatizar. intr. Guardar el *descanso del sábado, cesando en las obras serviles.
sabaya. f. ***Desván.**
sabedor, ra. adj. Que tiene *conocimiento de una cosa.
sabeísmo. m. *Religión de los sabeos, que daban culto a los astros.
sabela. f. *Zool.* Género de *gusanos anélidos marinos con las branquias colocadas en semicírculo.
sabelección. amb. *Planta silvestre de las crucíferas, especie de mastuerzo.
sabelianismo. m. *Herejía de Sabelio, fundada en la creencia de un solo Dios que se revela bajo tres nombres diferentes.
sabeliano, na. adj. Dícese de los sectarios de Sabelio. Ú. t. c. s. ‖ Perteneciente a su doctrina.
sabélico, ca. adj. Perteneciente a los sabinos o samnitas.
sabelotodo. com. fam. **Sabidillo.**
sabeo, a. adj. Natural de Saba. Ú. t. c. s. ‖ Perteneciente a esta región de la Arabia antigua.
***saber.** m. **Sabiduría.**
***saber.** tr. Tener noticia de una cosa. ‖ Ser docto en alguna materia. ‖ Tener *habilidad para una cosa. ‖ intr. Ser muy sagaz y *astuto. ‖ Tener *sabor una cosa. ‖ Tener una cosa semejanza con otra. ‖ Tener una cosa *eficacia para un fin. ‖ Sujetarse o *acomodarse a una cosa. ‖ Conocer el camino o la *dirección para ir a alguna parte. ‖ **A saber.** expr. con que se anuncia la explicación de lo que precede. ‖ **No saber** uno **cuántas son cinco.** fr. fig. y fam. Ser muy *ignorante. ‖ **No saber** uno **dónde meterse.** fr. fig. con que se pondera el gran *temor o la *vergüenza que siente. ‖ **No saber** uno **lo que se pesca.** fr. fig. y fam. Hallarse *ignorante en los asuntos que trata. ‖ **No saber** uno **lo que tiene.** fr. fig. y fam. con que se pondera la *riqueza de una persona. ‖ **No saber** uno **por dónde anda,** o **se anda.** fr. fig. y fam. Ser ignorante o torpe para hacer aquello de que está encargado. ‖ fig. y fam. No acertar a resolver una cosa, por *ofuscación. ‖ **No sé cuántos.** fr. con que se designa a una persona *indeterminada. ‖ **No sé qué.** expr. Cosa *indeterminada o que no se acierta a explicar.
sabiamente. adv. m. Con *sabiduría.
sabicú. m. *Árbol cubano de las leguminosas, parecido a la acacia.
sabidillo, lla. adj. despect. Que presume de *docto. Ú. t. c. s.
sabido, da. adj. Que sabe o entiende mucho. ‖ m. *Sueldo o jornal fijo.
sabidor, ra. adj. Sabedor, que *sabe. Ú. t. c. s.
***sabiduría.** f. *Prudencia. ‖ Conocimiento profundo en ciencias, letras o artes. ‖ Noticia, conocimiento. ‖ **eterna,** o **increada.** El Verbo divino.
sabiendas (a). m. adv. De un modo *cierto. ‖ Con *conocimiento e *intención.
sabiente. p. a. de **Saber.** Que sabe.
sabihondez. f. fam. Calidad de sabihondo.
sabihondo, da. adj. fam. Que presume de sabio sin serlo. Ú. t. c. s.
sábila. f. **Áloe.**
sabina. f. *Arbusto de las coníferas, siempre verde. ‖ **albar.** *Árbol de la misma familia que el anterior. ‖ **rastrera.** Especie muy ramosa, de hojas pequeñitas adheridas a la rama, y fruto de color negro azulado. ‖ **roma. Sabina albar.**
sabinar. m. Terreno poblado de sabinas.
sabinilla. f. *Arbusto de Chile, de las rosáceas, de fruto carnoso, pequeño y comestible.
sabino, na. adj. Dícese de cierto *pueblo de la Italia antigua y de

sus individuos. Ú. t. c. s. || *Dialecto que hablaba este pueblo.

sabino, na. adj. **Rosillo** (caballería).

***sabio, bia.** adj. Dícese de la persona que posee la sabiduría. Ú. t. c. s. || Aplícase a las cosas que comunican o contienen sabiduría. || ***Cuerdo.** Ú. t. c. s. || Aplícase a los animales amaestrados que tienen muchas habilidades. || m. Por antonom., Salomón. || *Roca arenisca.

sabiondo, da. adj. **Sabihondo.**

sablazo. m. Golpe dado con *sable. || *Herida hecha con él. || fig. y fam. Acto de sablear a uno.

***sable.** m. Arma blanca semejante a la espada, pero de un solo corte. || fig. y fam. Habilidad para sacar dinero a otro o vivir de *mogollón. || *Pez con forma de anguila, de color plateado brillante.

sable. m. **Blas.* *Color heráldico que en pintura se expresa con el negro. Ú. t. c. adj.

sable. m. Arenal en la *ribera del mar o de un río.

sablear. intr. fig. y fam. *Pedir y obtener de otro dinero, convites, etc.

sablera. f. **Sable** (arenal).

sablista. adj. fam. Que tiene por hábito sablear. Ú. m. c. s.

sablón. m. *Arena gruesa.

saboga. f. **Sábalo.**

sabogal. adj. V. ***Red sabogal.** Ú. t. c. s. m.

saboneta. f. *Reloj de bolsillo, cuya esfera se cubre con una tapa articulada.

***sabor.** m. Sensación que ciertos cuerpos producen en el órgano del gusto. || fig. Impresión que una cosa produce en el ánimo. || fig. *Semejanza de una cosa con otra, a la que recuerda de algún modo. || Cualquiera de las cuentas que se ponen en el *freno, junto al bocado. Ú. m. en pl. || **A sabor.** m. adv. Al gusto o conforme a la voluntad y deseo.

saboreador, ra. adj. Que saborea. || Que da sabor.

saboreamiento. m. Acción y efecto de saborear o saborearse.

saborear. tr. Dar *sabor a las cosas. || Tomar el *gusto, con delectación, de lo que se come o se bebe. Ú. t. c. r. || fig. *Apreciar detenidamente alguna cosa que causa *placer. Ú. t. c. r.

saboreo. m. Acción de saborear.

saborete. m. d. de **Sabor.**

sabotaje. m. *Daño o deterioro que ocasionan los *obreros para perjudicar al patrono.

sabotear. tr. Realizar actos de sabotaje.

saboyana. f. *Falda que usaban las mujeres, a modo de basquiña abierta por delante. || *Pastel empapado en almíbar y rociado con ron.

saboyano, na. adj. Natural de Saboya. Ú. t. c. s. || Perteneciente a esta región de Francia y de Italia.

sabrosamente. adv. m. Con sabor y gusto; de manera sabrosa.

sabroso, sa. adj. Sazonado y grato al sentido del *gusto. || fig. Delicioso, *agradable. || fam. Algo *salado.

sabucal. m. Sitio poblado de sabucos.

sabuco. m. **Saúco.**

sabueso, sa. adj. V. ***Perro sabueso.** Ú. t. c. s. || m. fig. Pesquisidor, persona que sabe *investigar y descubrir las cosas.

sabugal. m. **Sabucal.**

sabugo. m. **Sabuco.**

sábulo. m. *Arena gruesa y pesada.

sabuloso, sa. adj. Que tiene arena.

saburra. f. *Pat.* Mucosidad espesa que se acumula en las paredes del *estómago. || Capa blanquecina que cubre la *lengua en ciertas enfermedades.

saburral. adj. *Med.* Perteneciente o relativo a la saburra.

saburroso, sa. adj. *Pat.* Que tiene saburra.

saca. f. Acción y efecto de *sacar. || Exportación, *transporte, *comercio de frutos o de géneros de un país a otro. || Acción de sacar los estanqueros el *tabaco y efectos timbrados que después venden al público. || *Copia autorizada de un *documento protocolizado. || Retracto o tanteo. || **Estar de saca.** fr. Estar de *venta una cosa. || fig. y fam. Estar una mujer en aptitud de *casarse.

saca. f. *Saco grande y largo para transportar la correspondencia u otros efectos. || pl. Juego parecido al de los cantillos, que se juega con *tabas.

sacabala. f. **Cir.* Pinzas que usaban los cirujanos para sacar una bala de la herida.

sacabalas. m. Sacatrapos para sacar la bala del ánima de las escopetas y fusiles. || *Artill.* Instrumento de hierro para extraer los proyectiles ojivales del ánima de los *cañones.

sacabocado. m. **Sacabocados.**

sacabocados. m. Instrumento de hierro a modo de tenazas, con una boca de *corte redondo que sirve para *taladrar. También los hay a modo de cincel. || fig. *Medio eficaz con que se consigue una cosa.

sacabotas. m. Tabla con una muesca en la cual se encaja el talón del *calzado para descalzarse.

sacabrocas. m. Herramienta que usan los *zapateros para desclavar las brocas.

sacabuche. m. *Instrumento músico antiguo, parecido al trombón de varas. || Profesor que toca este instrumento. || fig. y fam. **Renacuajo** (hombrecillo *despreciable). || *Mar.* *Bomba de mano para líquidos. || *Cuchillo de punta. || fam. Ademán de sacar la navaja. || **Zambomba.**

sacaclavos. m. Herramienta para sacar *clavos.

sacacorchos. m. Instrumento para quitar los *tapones de corcho a los frascos y botellas.

sacacuartos. m. fam. **Sacadineros.**

sacada. f. *Territorio que se ha separado de una provincia. || En el *tresillo, jugada en que el hombre ha hecho más bazas que los demás. || **Saca** (acción de sacar).

sacadera. f. Cuévano pequeño que se emplea en la *vendimia. || Especie de *bieldo para recoger el carbón. || *Oveja que se da al pastor.

sacadilla. f. d. de **Sacada.** || Batida corta que coge poco terreno.

sacadinero. m. fam. **Sacadineros.**

sacadineros. m. fam. Espectáculo o cosa *insignificante o de poco valor, pero de buena apariencia. || fam. Persona que tiene arte para sacar dinero al público con algún *engaño.

sacador, ra. adj. Que saca. Ú. t. c. s. || m. **Impr.* Tablero de la máquina para ir colocando el papel impreso.

sacadura. f. Corte o escotadura que hacen los *sastres para que siente bien una prenda.

sacafilásticas f. *Mar.* Aguja terminada en un arponcillo, para sacar la clavellina del oído de los *cañones.

sacafondos. m. Herramienta de *tonelero provista de una barrena.

sacaliña. f. **Garrocha** (*dardo). || fig. **Socaliña.**

sacamanchas. com. **Quitamanchas.**

sacamantas. m. fig. y fam. Comisionado de la *hacienda para apremiar a los contribuyentes.

sacamantecas. com. fam. *Delincuente que despanzurra a sus víctimas.

sacamiento. m. Acción de *sacar.

sacamolero. m. **Sacamuelas.**

sacamuelas. com. Persona que tiene por oficio sacar *muelas. || fig. ***Charlatán.**

sacanabo. m. **Artill.* Vara de hierro con un gancho para sacar del mortero la bomba.

sacanete. m. Juego de envite y azar, en que se juntan y mezclan hasta seis *barajas.

sacapelotas. m. Instrumento para sacar *balas. || fig. Persona *despreciable.

sacapotras. m. fig. y fam. Mal *cirujano.

***sacar.** tr. Quitar o extraer una cosa del interior de otra. || *Quitar, apartar a una persona o cosa del sitio en que se halla. || Aprender, *averiguar, *resolver. || Conocer, *hallar, descubrir por indicios. || *Conseguir con fuerza o con maña que uno diga o dé una cosa. || Extraer de una cosa alguno de sus componentes. || *Elegir por *sorteo o por votación. || *Ganar por suerte una cosa. || Conseguir, obtener una cosa. || Volver a *lavar la ropa después de la colada para aclararla. || Alargar, *adelantar una cosa. || Exceptuar, *excluir. || *Copiar un escrito. || *Mostrar una cosa. || **Quitar.** || Citar, *nombrar. || *Ganar al juego. || *Producir, *inventar, *imitar una cosa. || En el juego de *pelota, hacer el saque. || Tratándose de citas, notas, etc., de un texto, *apuntarlas aparte. || Tratándose de apodos, motes, faltas, etc., aplicarlos, *atribuirlos. || **Sacar en claro.** fr. Deducir claramente, *inferir en conclusión. || **Sacar en limpio.** fr. fig. **Sacar en claro.** || **Sacar largo.** fr. Lanzar la *pelota a mucha distancia desde el saque.

sacarífero, ra. adj. Que contiene *azúcar.

sacarificación. f. Acción y efecto de sacarificar.

sacarificar. tr. Convertir las substancias sacarígenas en *azúcar.

sacarígeno, na. adj. Dícese de la substancia capaz de convertirse en *azúcar.

sacarimetría. f. Procedimiento para determinar la proporción de *azúcar contenido en un líquido.

sacarímetro. m. Instrumento para determinar la proporción de *azúcar contenido en un líquido.

sacarina. f. Substancia blanca y pulverulenta que se extrae de la brea mineral, y que endulza mucho más que el *azúcar.

sacarino, na. adj. Que tiene *azúcar. || Que se asemeja al azúcar.

sacaroideo, a. adj. Dícese del *mármol u otras cosas de estructura parecida a la del azúcar de pilón.

sacarosa. f. **Azúcar.**

sacasillas. m. fam. **Metemuertos.**

sacatinta. m. *Arbusto americano de que se extrae un tinte azul violeta.

sacatrapos. m. Espiral de hierro que se atornilla en el extremo de la baqueta y sirve para sacar los tacos de las *armas de fuego*. || fig. Persona que sonsaca a otra para *averiguar sus intenciones.

sacayán. m. Especie de baroto.

saceliforme. adj. *Anat.* Que tiene forma de *saco.
sacerdocio. m. Dignidad y estado de *sacerdote. ‖ Ejercicio y ministerio propio del sacerdote. ‖ fig. Consagración activa y celosa al desempeño de una *profesión.
sacerdotal. adj. Perteneciente al *sacerdote.
***sacerdote.** m. Hombre dedicado a ofrecer sacrificios. ‖ En la religión cristiana, hombre ungido y ordenado para celebrar el sacrificio de la misa. ‖ **augustal.** Cada uno de los destinados para hacer sacrificios a Augusto, contado entre los dioses. ‖ **Sumo sacerdote.** Príncipe de los **sacerdotes.**
***sacerdotisa.** f. Mujer dedicada a ofrecer sacrificios a ciertas deidades.
sácere. m. **Arce.**
saciable. adj. Que se puede saciar.
***saciar.** tr. *Hartar de bebida o de comida. Ú. t. c. r. ‖ fig. Hartar y satisfacer en las cosas del ánimo. Ú. t. c. r.
***saciedad.** f. Hartura producida por satisfacer con exceso el deseo de una cosa.
saciña. f. **Sargatillo.**
sacio, cia. adj. p. us. Saciado, harto.
***saco.** m. Receptáculo de tela, cuero, papel, etc., por lo común de forma rectangular, abierto por uno de los lados. ‖ Lo contenido en él. ‖ *Vestidura tosca y áspera. ‖ Vestido corto que usaban los romanos en tiempo de guerra. ‖ Especie de *abrigo grande y holgado. ‖ Medida inglesa de *capacidad, algo mayor que un hectolitro. ‖ fig. Cualquiera cosa que en sí *incluye otras muchas. ‖ **Saqueo.** ‖ En el juego de *pelota, **saque.** ‖ *Mar.* Bahía, *ensenada de boca muy estrecha con relación al fondo. ‖ **de noche.** El que suele llevarse a la mano en los viajes, a modo de maleta sin armadura. ‖ **Entrar,** o **meter, a saco.** fr. **Saquear.** ‖ **No echar en saco roto** una cosa. fr. fig. y fam. No olvidarla, tenerla en la *memoria.
sacocha. f. *Germ.* **Faltriquera.**
sacoime. m. *Germ.* **Mayordomo.**
sacomano. m. **Saqueo.**
sácope. m. Súbdito, tributario.
sacra. f. **Liturg.* Cada una de las tres hojas, impresas o manuscritas, que en sus correspondientes marcos, se suelen poner en el *altar para que el sacerdote pueda leer cómodamente algunas oraciones de la misa.
sacramentación. f. Acción y efecto de sacramentar o administrar la *extremaunción.
***sacramental.** adj. Perteneciente a los *sacramentos. ‖ Dícese de los remedios que tiene la Iglesia para sanar el alma de los pecados veniales, como son el agua bendita, indulgencias y jubileos. Ú. t. c. m. pl. ‖ fig. Acostumbrado, consagrado por la ley o la *costumbre. ‖ m. Individuo de una especie de *cofradía. ‖ f. *Cofradía dedicada a dar culto al Sacramento del altar. ‖ En Madrid, cofradía que tiene por principal fin procurar *entierro a los cofrades. ‖ *Cementerio destinado a este efecto.
sacramentalmente. adv. m. Con realidad de *sacramento. ‖ En confesión sacramental.
sacramentar. tr. Convertir totalmente el pan en el cuerpo de Jesucristo mediante el sacramento de la *Eucaristía. Ú. t. c. r. ‖ Administrar a un enfermo el viático y la *extremaunción. ‖ fig. *Ocultar, esconder.
sacramentario, ria. adj. Dícese de los *protestantes que negaban la presencia real de Jesucristo en el sacramento de la Eucaristía. Apl. a pers., ú. m. c. s.
sacramente. adv. m. **Sagradamente.**
sacramentino, na. adj. Perteneciente a la *orden religiosa* de la adoración perpetua del Santísimo Sacramento. Ú. t. c. s.
***sacramento.** m. Signo sensible de un efecto interior y espiritual que Dios obra en nuestras almas. ‖ Cristo sacramentado en la *hostia. ‖ **Misterio** (religioso). ‖ **del altar.** El de la *Eucaristía. ‖ **Con todos los sacramentos.** fr. fig. Aplícase a las cosas que se *cumplen con todos sus requisitos. ‖ **Incapaz de sacramentos.** fig. y fam. Dícese de la persona muy *necia. ‖ **Recibir los sacramentos.** fr. Recibir el enfermo los de penitencia, eucaristía y *extremaunción. ‖ **Últimos sacramentos.** Los de la penitencia, eucaristía y *extremaunción.
sacratísimo, ma. adj. sup. de **Sagrado.**
sacre. m. *Ave rapaz, muy parecida al gerifalte. ‖ Pieza de *artillería, que era el cuarto de culebrina. ‖ fig. **Ladrón.**
sacrificadero. m. Lugar o sitio donde se hacían los sacrificios.
sacrificador, ra. adj. Que sacrifica. Ú. t. c. s.
sacrificante. p. a. de **Sacrificar.** Que sacrifica.
***sacrificar.** tr. Hacer sacrificios a la divinidad. ‖ *Matar, degollar las reses de *matadero. ‖ fig. Poner a una persona o cosa en algún *riesgo o *daño para algún fin superior. ‖ r. Dedicarse, *consagrarse particularmente a Dios. ‖ fig. Someterse con *paciencia a una cosa violenta o repugnante.
***sacrificio.** m. Ofrenda a una deidad en señal de homenaje o expiación. ‖ Acto del sacerdote al ofrecer en la *misa la *Eucaristía en honor de Dios Padre. ‖ fig. *Peligro o *trabajo grave a que se somete a una persona. ‖ fig. Acción a que uno se sujeta con gran *repugnancia. ‖ fig. Acto de abnegación o *altruismo inspirado por la vehemencia del cariño. ‖ fig. y fam. **Cir.* Operación quirúrgica muy cruenta y peligrosa. ‖ **del altar.** El de la *misa.
sacrílegamente. adv. m. Irreligiosamente, con sacrilegio.
***sacrilegio.** m. *Profanación de cosa, persona o lugar sagrados.
sacrílego, ga. adj. Que comete o contiene sacrilegio. ‖ Perteneciente o relativo al sacrilegio. Apl. a pers., ú. t. c. s.
sacrismoche. m. fam. despec. ***Sacristán.** Dícese también de la persona *desaliñada y vestida de negro
sacrismocho. m. fam. **Sacrismoche.**
sacrista. m. **Sacristán** (dignidad eclesiástica).
***sacristán.** m. El encargado de ayudar al sacerdote en el servicio del altar y cuidar de la iglesia y sacristía. ‖ **Ecles.* Dignidad eclesiástica que se conserva en algunas catedrales, y en las *órdenes militares*. ‖ ***Tontillo.** ‖ **de amén.** fig. y fam. Sujeto que sigue con *servilismo el dictamen de otro. ‖ **mayor.** El principal entre los **sacristanes.** ‖ **Ser uno bravo,** o **gran, sacristán.** fr. fig. y fam. Ser muy *astuto.
sacristana. f. Mujer del *sacristán. ‖ Religiosa destinada en su *convento a cuidar de las cosas de la sacristía.
sacristanejo. m. d. de **Sacristán.**
sacristanesco, ca. adj. despect. Propio del sacristán.
sacristanía. f. Empleo de *sacristán. ‖ Dignidad de sacristán que hay en algunas iglesias.
sacristía. f. Lugar, en las *iglesias, donde se revisten los sacerdotes y están guardados los objetos pertenecientes al culto. ‖ **Sacristanía.**
sacro, cra. adj. **Sagrado.** ‖ *Zool.* Referente a la región en que está situado el hueso sacro en el *espinazo. ‖ V. ***Hueso sacro.** Ú. t. c. s.
sacrosantamente. adv. m. De manera sacrosanta.
sacrosanto, ta. adj. Que reúne las calidades de *sagrado y *santo.
sacuara. f. **Güin** (de las *cañas).
***sacudida.** f. **Sacudimiento.**
sacudidamente. adv. m. Con *sacudida.
sacudido, da. adj. fig. *Desabrido, *indócil e intratable. ‖ fig. Desenfadado, *atrevido.
sacudidor, ra. adj. Que sacude. Ú. t. c. s. ‖ m. Instrumento con que se sacude y *limpia el *polvo.
sacudidura. f. Acción de sacudir una cosa, especialmente para quitarle el *polvo.
sacudimiento. m. Acción y efecto de sacudir o sacudirse.
sacudión. m. *Sacudida rápida y brusca.
***sacudir.** tr. *Agitar violentamente una cosa a una y otra parte. ‖ *Golpear una cosa o agitarla en el aire con violencia para quitarle el *polvo. ‖ Golpear, dar *golpes. ‖ *Arrojar una cosa o apartarla violentamente de sí. ‖ r. *Rechazar violentamente o con astucia un trabajo, molestia, etcétera.
sachadura. f. Acción de sachar.
sachar. tr. **Agr.* Escardar la tierra sembrada, para quitar las malas hierbas.
sacho. m. Especie de *azada pequeña para sachar. ‖ Instrumento formado por una armazón de madera con una piedra, que se usa en lugar de *ancla en las embarcaciones menores.
sádico, ca. adj. Perteneciente al sadismo.
sadismo. m. Aberración del instinto *venéreo que se excita y satisface asociado a la más refinada *crueldad.
saduceísmo. m. Doctrina de los saduceos.
saduceo, a. adj. Dícese del individuo de cierta secta de *judíos. Ú. t. c. s. ‖ Perteneciente o relativo a estos sectarios.
***saeta.** f. Asta delgada y ligera con punta de hierro que, disparada con el arco, sirve de arma arrojadiza. ‖ **Manecilla** (del *reloj). ‖ **Brújula.** ‖ Punta del *sarmiento, que queda en la cepa cuando se poda. ‖ Copla breve y fervorosa que se *canta al paso de las imágenes en algunas *procesiones religiosas. ‖ *Astr.* *Constelación boreal al norte del Águila y cerca de ella.
saetada. f. **Saetazo.**
saetazo. m. Acción de tirar o herir con la *saeta. ‖ *Herida hecha con ella.
saetear. tr. **Asaetear.**
saetera. f. **Fort.* Aspillera para disparar saetas. ‖ fig. *Ventanilla estrecha.
saetero, ra. adj. Perteneciente a las *saetas. ‖ m. El que pelea con arco y saetas.
saetí. m. **Saetín** (*tela).
saetía. f. *Embarcación latina antigua de tres palos y una sola cubierta. ‖ **Saetera.** ‖ *Planta gramí-

nea de Cuba, que sirve de pasto al ganado.
saetilla. f. d. de **Saeta.** || **Sagitaria.**
saetín. m. d. de **Saeta.** || *Clavito delgado y sin cabeza. || En los *molinos, *canal angosta por donde se conduce el agua hasta la rueda hidráulica.
saetín. m. desus. **Raso** (*tela de seda).
saetista. com. Persona que *canta saetas.
saetón. m. aum. de **Saeta.** || Lance de *ballesta, con casquillo puntiagudo y un travesaño en el asta, para la *caza de conejos.
safena. adj. V. ***Vena safena.**
sáfico, ca. adj. V. ***Verso sáfico.** Ú. t. c. s. || Aplícase también a la estrofa compuesta de tres *versos **sáficos** y uno adónico.
safismo. m. Práctica lujuriosa entre mujeres.
saga. f. ***Hechicera.**
saga. f. Cada una de las leyendas *poéticas en que se recogen las tradiciones heroicas y *mitológicas de la antigua Escandinavia.
sagacidad. f. Calidad de sagaz o *astuto.
sagallino. m. Lienzo cuadrado, con una cuerda en cada punta, que se usa para *transportar la *hierba.
sagapeno. m. *Gomorresina de una planta de Persia, de las umbelíferas, que se usaba en medicina como antiespasmódico.
sagardúa. f. ***Sidra.**
sagarmín. f. *Manzana silvestre.
sagatí. m. *Tela parecida a la estameña, tejida como sarga.
sagaz. adj. Avisado, *astuto y prudente. || Precavido, que *prevé las cosas. || Aplícase al *perro que saca por el rastro la caza.
sagazmente. adv. m. *Astutamente, con sagacidad.
sagena. f. *Prisión, cárcel.
sagita. f. *Geom.* Porción de *recta comprendida entre el punto medio de un *arco de círculo y el de su cuerda.
sagital. adj. De figura de *saeta.
sagitaria. f. *Planta herbácea anual, de las alismáceas, que vive en los terrenos encharcados.
sagitario. m. **Saetero.** || *Astr.* Noveno signo o parte del *Zodiaco. || *Astr.* *Constelación zodiacal. || *Germ.* El que llevaban por las calles *azotándole.
sago. m. ant. **Sayo.**
ságoma. f. *Arq.* **Escantillón.**
sagradamente. adv. m. Con respeto a lo divino.
***sagrado, da.** adj. Que según rito está dedicado a Dios y al culto divino. || Que por alguna relación con lo divino es venerable. || fig. Que por su destino o uso es digno de respeto. || Decíase de las *enfermedades incurables y de todo aquello que con gran *dificultad se podía alcanzar. || *Execrable, detestable. || m. ***Asilo** (lugar seguro). || Cualquier cosa que ofrece *seguridad contra un peligro.
sagrario. m. Parte interior del *templo, en que se reservan las cosas sagradas. || *Tabernáculo o lugar en que se deposita a Cristo sacramentado. || En algunas iglesias catedrales, capilla que sirve de *parroquia.
sagú. m. Planta tropical de la familia de las *palmas, cuyo tronco tiene una médula abundante en fécula. El palmito es comestible. || *Planta herbácea de las cannáceas, de *tubérculo y raíz muy apreciados, porque se obtiene de ellos una fécula muy nutritiva. || *Fécula amilácea que se obtiene de la medula de la palmera del mismo nombre, y de otras plantas, y se usa como alimento de muy fácil digestión.
saguaipe. m. *Gusano parásito hermafrodita, que vive en el hígado de algunos animales, y causa grandes estragos en el ganado lanar.
ságula. f. Sayo corto.
sagundil. m. **Lagartija.**
saguntino, na. adj. Natural de Sagunto. Ú. t. c. s. || Perteneciente a esta ciudad.
sahína. f. **Zahína.**
sahinar. m. **Zahinar.**
sahornarse. r. Escocerse o excoriarse la *piel de una parte del cuerpo, por rozarse con otra.
sahorno. m. Efecto de sahornarse.
sahumado, da. adj. fig. Dícese de cualquier cosa que siendo buena por sí, resulta *excelente por la adición de otra.
sahumador. m. **Perfumador.** || **Enjugador** (utensilio para enjugar).
sahumadura. f. **Sahumerio.**
sahumar. tr. Dar *humo *aromático a una cosa para que huela bien. Ú. t. c. r.
sahumerio. m. Acción y efecto de sahumar o sahumarse. || *Humo con que se sahúma. || Substancia que produce humo *aromático.
sahúmo. m. **Sahumerio.**
saín. m. *Grasa o górdura de un animal. || Grasa de la sardina, que se usa para el alumbrado. || Grasa y *suciedad en los sombreros y otras cosas.
sainar. tr. *Cebar, engordar a los animales. || intr. **Sangrar** (*hurtar disimuladamente y poco a poco).
sainete. m. d. de **Saín.** || *Cetr.* Pedacito de gordura que los halconeros daban al halcón cuando lo cobraban. || *Salsa que se pone a ciertos manjares para hacerlos más apetitosos. || Pieza *dramática jocosa y de carácter popular. || fig. Bocadito delicado y gustoso al paladar. || fig. *Sabor delicado de un manjar. || fig. Lo que realza el mérito de una cosa, de suyo *agradable. || fig. *Adorno de los vestidos u otras cosas.
sainetear. intr. Representar sainetes. || tr. fig. desus. Agradar con algún *sabor delicado.
sainetero. m. Escritor de sainetes.
sainetesco, ca. adj. Perteneciente al sainete o propio de él.
saíno. m. *Mamífero paquidermo americano, cuyo aspecto general es el de un jabato. Su carne es apreciada.
saja. f. **Sajadura.**
saja. f. Pecíolo del abacá, del cual se extrae el filamento *textil.
sajador. m. **Sangrador.** || **Cir.* **Escarificador.** || **Guarn.* Especie de cejadero que va desde la retranca de la caballería a las varas del carro.
sajadura. f. **Cir.* Cortadura hecha en la carne.
sajar. tr. **Cir.* Hacer sajaduras.
sajelar. tr. Limpiar de chinas u otros cuerpos extraños el barro para las obras de *cerámica.
sajía. f. **Sajadura.**
sajón, na. adj. Dícese del individuo de un *pueblo de raza germánica que habitaba en la desembocadura del Elba y parte del cual se estableció en Inglaterra. Ú. t. c. s. || Perteneciente a este pueblo. || Natural de Sajonia. Ú. t. c. s. || Perteneciente a este país de Europa.
***sal.** f. Substancia blanca, cristalina, de sabor característico, muy soluble en agua, que se emplea para sazonar los manjares y conservar las carnes. Es un compuesto de cloro y sodio. || fig. Agudeza, *donaire. || Garbo, *gallardía en los ademanes. || **Quím.* Cuerpo resultante de la substitución de los átomos de hidrógeno de un ácido por radicales básicos. || **amoniaca,** o **amoniaco. Sal** que se compone de ácido clorhídrico y amoniaco. || **ática. Aticismo.** || **común. Sal** (cloruro de sodio). || **de acederas.** *Quím.* Oxalato de potasa. || **de cocina.** Sal común. || **de compás. Sal gema.** || **de la Higuera.** Sulfato de magnesia natural, que hace amargas y purgantes ciertas aguas. || **de nitro.** Nitrato de potasio. || **de perla.** Acetato de cal. || **de plomo,** o **de Saturno.** **Quím.* Acetato neutro de plomo. || **gema.** La común que se halla en las minas o procede de ellas. || **infernal.** Nitrato de plata. || **marina.** La común que se obtiene de las aguas del mar. || **pedrés,** o **piedra. Sal gema.** || **prunela.** **Quím.* Mezcla de nitrato de potasa con un poco de sulfato. || **Con su sal y pimienta.** m. adv. fig. y fam. Con intención de *zaherir. || fig. y fam. A mucha costa, con *dificultad. || Con cierto *donaire y gracia picante. || **Echar** uno **en sal** una cosa. fr. fig. y fam. Guardarla o reservarla. || **Estar** uno **hecho de sal.** fr. fig. Estar gracioso, alegre. || **Hacerse sal y agua.** fr. fig. y fam. Hablando de los bienes y riquezas, *gastarse en breve tiempo. || Reducirse a nada.
sala. f. Pieza principal de la *casa. || Aposento de grandes dimensiones. || Pieza donde se constituye un *tribunal de justicia. || Conjunto de los jueces que forman un tribunal de alzada. || **de apelación.** Junta que se formaba de dos alcaldes de corte, para decidir y ejecutoriar los pleitos que habían sido sentenciados por los otros alcaldes. || **de armas.** Pieza en que da sus lecciones el maestro de *esgrima. || **de batalla.** fig. En las oficinas de *Correos, el local donde se hace el apartado. || **de gobierno.** La que se forma en los tribunales colegiados para entender en asuntos disciplinarios o gubernativos. || **de Indias.** La que en algunos *tribunales superiores entendía en asuntos de Ultramar. || **de justicia.** La que entiende en los pleitos y causas. || **del crimen.** Junta de los alcaldes del crimen en las chancillerías y audiencias. || **de mil y quinientas.** La del Consejo que estaba especialmente destinada para ver los pleitos graves. || **de Millones.** En el Consejo de Hacienda, la que entendía en lo relativo al servicio de millones. || **de vacaciones.** La que se constituye por turno entre los magistrados para entender durante el período de la vacación judicial en asuntos urgentes. || **Guardar sala.** En los *tribunales de justicia, observar el decoro debido. || **Hacer sala.** fr. Juntarse el número de magistrados suficiente para constituir tribunal.
salab. m. *Arbusto de las sapindáceas, propio de Filipinas.
salabardo. m. Saco o manga de *red, colocado en un aro de hierro, que se emplea para sacar la pesca de las redes grandes.
salabre. m. Red pequeña en forma de bolsa, montada en un mango de madera, que se usa para *pescar.
salacenco, ca. adj. Natural del valle de Salazar, en Navarra. Ú. t. c. s. || Perteneciente a este valle.

salacidad. f. Calidad de salaz o *lujurioso.
salacot. m. *Sombrero a modo de casco ligero, a veces ceñido a la cabeza con un aro distante de los bordes para dejar circular el aire.
saladamente. adv. m. fig. y fam. Chistosamente, con *donaire y gracejo.
saladar. m. *Charco en que se cuaja la *sal en las marismas. ‖ *Terreno esterilizado por abundar en él las sales. ‖ **Salobral.**
saladería. f. Industria de salar *carne.
saladero. m. Local para *salar *carnes o pescados. ‖ En Madrid se daba este nombre a una *prisión que existió en terrenos de un saladero de carnes.
saladilla. f. *Planta salsolácea, parecida a la barrilla.
saladillo, lla. adj. d. de **Salado.** ‖ V. **Tocino saladillo.** Ú. t. c. s.
***salado, da.** adj. Dícese del terreno estéril por contener *salitre. ‖ → Aplícase a los manjares que tienen más *sal de la necesaria. ‖ fig. Que tiene gracia, *donaire o gallardía. ‖ *Desgraciado, infortunado. ‖ fig. *Caro, costoso. ‖ m. **Caramillo** (planta *barrillera). ‖ **negro. Zagua.**
salador, ra. adj. Que sala. Ú. t. c. s. ‖ m. **Saladero.**
saladura. f. Acción y efecto de salar.
salagón. m. *Piedra arcillosa, caliza e hidráulica.
salamanca. f. *Cueva natural que hay en algunos cerros de Chile. ‖ Salamandra de cabeza chata que los indios de la Argentina consideran como espíritu del mal. ‖ **Juego de manos.**
salamandra. f. *Batracio parecido en su forma al lagarto, de color negro intenso con manchas amarillas simétricas. ‖ *Mit.* Ser fantástico, espíritu elemental del fuego. ‖ Estufa para *calefacción de habitaciones, dispuesta de modo que la combustión se efectúa lentamente. ‖ **Alumbre de pluma.** ‖ **acuática.** *Batracio acuático con una especie de cresta, que se prolonga en los machos por encima del lomo.
salamandria. f. **Salamanquesa.**
salamandrino, na. adj. Relativo a la salamandra o semejante a ella.
salamanquero, ra. m. y f. **Prestidigitador.**
salamanqués, sa. adj. **Salmantino.** Apl. a pers., ú. t. c. s.
salamanquesa. f. *Reptil saurio de unos ocho centímetros de largo, con cuerpo comprimido y ceniciento. Tiene en la extremidad de los dedos unas laminillas que le permiten adherirse aun a las superficies más lisas. ‖ **de agua. Salamandra acuática.**
salamanquino, na. adj. **Salmantino.** Apl. a pers., ú. t. c. s.
salamántiga. f. **Salamandra acuática.**
salamunda. f. *Planta de la familia de las timeleáceas.
salangana. f. *Pájaro parecido a la golondrina, cuyos nidos contienen ciertas substancias gelatinosas comestibles.
salar. tr. Echar en *sal *carnes, *pescados y otras substancias para su *conservación. ‖ Sazonar con sal un manjar. ‖ Echar más sal de la necesaria. ‖ Manchar, desacreditar. Ú. t. c. r. ‖ Desgraciar, *malograr. Ú. t. c. r.
salariado. m. Sistema económico en que la *remuneración del obrero se limita al salario.
salariar. tr. **Asalariar.**
salario. m. *Remuneración que se da a los criados por razón de su servicio o trabajo. ‖ Por ext., estipendio con que se retribuyen servicios personales.
salaz. adj. Muy inclinado a la *lujuria.
salazón. f. Acción y efecto de *salar carnes o pescados. ‖ Acopio de *carnes o *pescados salados. ‖ Industria y tráfico que se hace con estas *conservas.
salazonero, ra. adj. Relativo o referente a la salazón.
salbanda. f. *Min.* Capa que separa el filón de la roca estéril.
salce. m. ***Sauce.**
salceda. f. Sitio poblado de salces.
salcedo. m. **Salceda.**
salcinar. m. **Salceda.**
salciña. f. **Sargatillo.**
salcochar. tr. *Culin.* Cocer carnes, pescados, legumbres u otras viandas, sólo con agua y sal.
salcocho. m. Acción y efecto de salcochar.
salchicha. f. *Embutido, en tripa delgada, de carne de cerdo picada, que se sazona con sal, pimentón y otras especias, y que se consume en fresco. ‖ fig. *Fort.* Fajina muy larga que se usa para abrazar las demás. ‖ fig. *Artill.* Cilindro de tela muy largo relleno de pólvora, que se empleaba para dar fuego a las minas.
salchichería. f. Tienda donde se venden *embutidos.
salchichero, ra. m. y f. Persona que hace o vende *embutido.
salchichón. m. aum. de **Salchicha.** ‖ *Embutido de jamón, tocino y pimienta en grano, prensado y curado. ‖ *Fort.* Fajina grande formada con ramas gruesas. ‖ **de mina. Salchicha** (cilindro de tela relleno de *pólvora).
salchucho. m. Estropicio, trastorno, *alboroto.
saldar. tr. Liquidar enteramente una *cuenta satisfaciendo el alcance o recibiendo el sobrante. ‖ *Vender con *depreciación una mercancía.
salderita. f. **Lagartija.**
saldista. m. El que *compra y vende géneros procedentes de saldos. ‖ El que salda.
saldo. m. *Pago o finiquito de deuda u obligación. ‖ Cantidad que de una *cuenta resulta a favor o en contra de uno. ‖ Resto de mercancías que el fabricante o el comerciante *venden con *depreciación.
saldorija. f. *Mata olorosa de las labiadas.
saldubense. adj. Natural de Sálduba. Ú. t. c. s. ‖ Perteneciente a esta ciudad de la España antigua.
salea. f. Acción y efecto de salearse.
salearse. r. *Pasear por el *mar en una embarcación pequeña.
saledizo. m. *Arq.* **Salidizo.**
salega. f. **Salegar.**
salegar. m. Sitio en que se da *sal a los *ganados en el campo.
salegar. intr. Tomar el *ganado la *sal que se le da.
salema. f. **Salpa.**
salentino, na. adj. Dícese del individuo de un *pueblo de Italia antigua en la Mesapia. Ú. t. c. s. ‖ Perteneciente a este pueblo.
salep. m. *Fécula que se saca de los tubérculos del satirión y de otras orquídeas.
salera. f. Piedra o recipiente en que se echa la *sal al *ganado. ‖ Especiero para tener la sal y las especias.
salernitano, na. adj. Natural de Salerno. Ú. t. c. s. ‖ Perteneciente a esta ciudad de Italia.
salero. m. Vaso o recipiente en que se sirve la *sal en la *mesa. ‖ Sitio o almacén donde se guarda la *sal. ‖ **Salegar.** ‖ Base sobre que se arman los saquetes de metralla. ‖ fig. y fam. Gracia, *donaire. ‖ fig. y fam. Persona salerosa. ‖ **Artill.* Zoquete de madera sobre el cual se colocan y aseguran las granadas esféricas.
saleroso, sa. adj. fig. y fam. Que tiene salero y *gracia.
salesa. adj. Dícese de la *religiosa que pertenece a la orden fundada por San Francisco de Sales. Ú. t. c. s.
salesiano, na. adj. Dícese de la persona perteneciente a la *congregación de San Francisco de Sales, fundada por San Juan Bosco. Ú. t. c. s. ‖ Perteneciente o relativo a dicha congregación.
saleta. f. d. de **Sala.** ‖ **Sala de apelación.** ‖ Habitación que antecede a la antecámara del *rey o de las personas reales.
salga. f. Impuesto de *consumos que se pagaba en Aragón sobre la *sal.
salgada. f. **Orzaga.**
salgadera. f. **Salgada.**
salgar. tr. Dar *sal a los *ganados.
salgar. m. **Sauce.**
salgareño. adj. V. **Pino salgareño.**
salgue. m. Forraje para el ganado.
salguera. f. **Sauce.**
salguero. m. **Salguera.**
salicaria. f. *Planta herbácea anual, de las litrarieas, que crece a orillas de los ríos y arroyos, con hojas parecidas a las del sauce.
salicilato. m. *Quím.* Sal formada por el ácido salicílico y una base.
salicílico. adj. *Quím.* V. **Ácido salicílico.**
salicina. f. *Quím.* Glucósido cristalizable, de color blanco y sabor muy amargo, que se extrae de la corteza del sauce y se emplea en medicina como tónico.
salicíneo, a. adj. *Bot.* Aplícase a árboles y arbustos dicotiledóneos, cuyo tipo es el sauce. Ú. t. c. s. f. ‖ f. pl. *Bot.* Familia de estos árboles y arbustos.
sálico, ca. adj. Perteneciente o relativo a los salios o francos.
salicor. m. *Planta fruticosa, vivaz, barrillera, de las salsoláceas.
***salida.** f. Acción y efecto de salir o salirse. ‖ Parte por donde se sale de un lugar. ‖ *Campo en las *afueras de una población. ‖ *Parte *saliente de alguna cosa. ‖ Despacho o *venta de los géneros. ‖ Partida de descargo en una *cuenta. ‖ fig. *Evasiva, *pretexto. ‖ fig. Medio con que se vence un argumento, peligro, etc. ‖ fig. Fin o *conclusión de un negocio. ‖ fig. y fam. **Ocurrencia** (dicho *ingenioso). ‖ **Mar.* **Arrancada.** ‖ **Mar.* Velocidad con que navega el buque. ‖ *Mil.* *Acometimiento repentino de los sitiados contra los sitiadores. ‖ **de pavana.** fig. y fam. **Entrada de pavana.** ‖ **de pie de banco.** fig. y fam. Despropósito, *disparate. ‖ **de teatro.** *Abrigo ligero que usan las señoras por la noche. ‖ **de tono.** fig. y fam. Dicho destemplado o *impertinente.
salidero, ra. adj. Amigo de salir a *paseo, visitas, etc. ‖ m. Salida, espacio para salir.
salidizo. m. *Arq.* Parte del edificio, que forma *resalto en la pared maestra de la fábrica.

salido, da. adj. Aplícase a lo que sobresale o *resalta en un cuerpo más de lo regular. ‖ Dícese de las hembras de algunos animales cuando están poseídas del instinto *venéreo.
***saliente.** m. **Oriente.** ‖ → Parte que sobresale en la superficie de una cosa.
salífero, ra. adj. **Salino.**
salificable. adj. **Quím.* Dícese del cuerpo que puede combinarse con un ácido o con una base para formar una sal.
salificación. f. **Quím.* Acción y efecto de salificar.
salificar. tr. **Quím.* Convertir en sal una substancia.
salimiento. m. Acción y efecto de salir.
salín. m. Almacén de sal.
salina. f. Mina de *sal. ‖ Establecimiento donde se beneficia la *sal del mar o de ciertos manantiales.
salinero. adj. Dícese del *toro que tiene el pelo jaspeado de rojo y blanco. ‖ Perteneciente o relativo a las salinas. ‖ m. El que fabrica *sal o trafica con ella.
***salino, na.** adj. Que naturalmente contiene *sal. ‖ Que participa de los caracteres de la *sal. ‖ Manchado; aplícase a la res *vacuna.
salio, lia. adj. Perteneciente o relativo a los sacerdotes de Marte. ‖ m. *Sacerdote de Marte en la antigua Roma.
salio, lia. adj. Dícese del individuo de uno de los antiguos *pueblos francos que habitaban la Germania inferior. Ú. m. c. s. y en pl.
salipirina. f. **Farm.* Salicilato de antipirina usado como antipirético.
***salir.** intr. Pasar de la parte de adentro a la de afuera. ‖ Partir, *marcharse de un lugar a otro. ‖ Desembarazarse o librarse de algún lugar estrecho. ‖ *Libertarse de algo que ocupa o molesta. ‖ Aparecer, *manifestarse. ‖ Nacer, brotar. ‖ Tratándose de manchas, borrarse cuando se *limpian. ‖ *Sobresalir, estar una cosa más alta o más afuera que otra. ‖ Manifestar determinadas cualidades. ‖ Nacer, *proceder una cosa de otra. ‖ Ser uno, en ciertos *juegos, el primero que juega. ‖ Deshacerse de una cosa *vendiéndola o despachándola. ‖ Darse al *público. ‖ Decir o hacer una cosa inesperada o *intempestiva. ‖ Ocurrir, *acaecer de nuevo una cosa. ‖ Importar costar una cosa determinado *precio. ‖ Tratándose de *cuentas, resultar bien hechas o ajustadas. ‖ Con la preposición *a*, *obligarse a satisfacer algún gasto. ‖ Con la preposición *con* y algunos nombres, lograr o *conseguir. ‖ Venir a ser, quedar, *cambiarse en. ‖ Tener buen o mal *resultado. ‖ Hablando de las estaciones y otras partes del tiempo, *finalizarse. ‖ Con la preposición *a*, mostrar *semejanza, parecerse. ‖ Apartarse de lo regular o debido. Ú. t. c. r. ‖ *Cesar en un oficio o cargo. ‖ Ser *elegido por *suerte o votación. ‖ Ir a parar, tener salida a punto determinado una *calle, camino, etc. ‖ *Mar.* Adelantarse una embarcación a otra. ‖ r. *Derramarse por una rendija o rotura el contenido de una vasija. ‖ *Rebosar un líquido al hervir. ‖ Tener una vasija o depósito alguna rendija o rotura por la cual se derrama el contenido. ‖ En algunos *juegos, hacer los tantos o las jugadas necesarios para ganar. ‖ **No salir de** uno una cosa. fr. Callarla. ‖ Ser sugerida por otro. ‖ **Salga lo que saliere.** expr. fam. con que se denota la *decisión de hacer una cosa sin preocuparse del resultado. ‖ **Salir a volar.** fr. fig. Darse al *público una persona o cosa. ‖ **Salir en público.** fr. **Salir** por las calles con más pompa y aparato de lo ordinario. ‖ **Salir** uno **pitando.** fr. fig. y fam. **Salir** o echar a *correr. ‖ fig. y fam. Manifestar de pronto cólera o *vehemencia. ‖ **Salir por** uno. fr. Fiarle, abonarle, *defenderle. ‖ **Salirse allá** una cosa. fr. fig. y fam. Venir a ser casi *igual o equivalente.
salisipan. m. *Embarcación filipina, parecida a la panca.
salitrado, da. adj. Compuesto o mezclado con *salitre.
salitral. adj. **Salitroso.** ‖ m. Sitio o paraje donde se cría y halla el *salitre.
***salitre.** m. **Nitro.**
salitrera. f. **Salitral.**
salitrería. f. Casa o lugar donde se fabrica *salitre.
salitrero, ra. adj. Perteneciente o relativo al *salitre. ‖ m. y f. Persona que trabaja en salitre, o que lo vende.
salitroso, sa. adj. Que tiene *salitre.
***saliva.** f. Humor alcalino, algo viscoso, que segregan en la boca ciertas glándulas. Sirve para reblandecer los alimentos, y preparar su digestión. ‖ **Gastar saliva en balde.** fr. fig. y fam. *Hablar *inútilmente. ‖ **Tragar saliva.** fr. fig. y fam. Soportar con *paciencia y en silencio alguna cosa desagradable. ‖ *Turbarse, no acertar a hablar.
salivación. f. Acción de segregar *saliva. ‖ **Tialismo.**
salivadera. f. **Escupidera.**
salivajo. m. **Salivazo.**
salival. adj. Perteneciente a la *saliva.
salivar. intr. Arrojar *saliva.
salivatorio, ria. adj. **Farm.* Que excita la salivación.
salivazo. m. Porción de *saliva que se escupe de una vez.
salivera. f. Sabor unido al *freno del caballo. Ú. m. en pl.
salivoso, sa. adj. Que expele mucha *saliva.
salma. f. **Tonelada.**
salmanticense. adj. **Salmantino.** Ú. t. c. s.
salmántiga. f. **Salamandra acuática.**
salmantino, na. adj. Natural de Salamanca. Ú. t. c. s. ‖ Perteneciente a esta ciudad.
salmear. intr. Rezar o *cantar los *salmos.
salmer. m. *Arq.* *Sillar cortado en plano inclinado, de donde arranca un *arco adintelado o escarzano. ‖ **Mover de salmer.** fr. *Arq.* Arrancar así un arco.
salmerón. adj. V. **Trigo salmerón.** Ú. t. c. s.
salmiac. m. **Quím.* Sal amoniaco.
***salmista.** m. El que compone *salmos. ‖ Por antonom., el profeta David. ‖ El que tiene por oficio *cantar los salmos.
***salmo.** m. Composición o cántico que contiene alabanzas a Dios. ‖ pl. Por antonom., los de David.
salmodia. f. Canto usado en la Iglesia para los *salmos. ‖ fig. y fam. *Canto monótono.
salmodiar. intr. **Salmear.** ‖ tr. *Cantar algo con cadencia monótona.
salmón. m. *Pez fluvial y marino, malacopterigio abdominal, de carne algo rojiza y muy apreciada. ‖ **zancado.** El que después del desove baja flaco y sin fuerzas al mar.
salmonado, da. adj. Que se parece en la carne al salmón. Dícese especialmente de la trucha.
salmonera. f. *Red para la pesca del salmón.
salmonete. m. *Pez marino acantopterigio, de color más o menos rojo en las diferentes partes del cuerpo, y de carne muy apreciada.
salmorejo. m. *Salsa de agua, vinagre, aceite, sal y pimienta. ‖ Especie de gazpacho que se hace en Andalucía, y cuyos ingredientes se desmenuzan para que resulte como un puré. ‖ fig. *Represión, escarmiento.
salmuera. f. Agua cargada de *sal. ‖ Agua que sueltan las cosas saladas.
salmuerarse. r. **Veter.* Enfermar los ganados de comer mucha sal.
salobral. adj. **Salobreño.** ‖ m. *Terreno salobreño.
salobre. adj. Que por su naturaleza tiene sabor de *sal.
salobreño, ña. adj. Aplícase a la *tierra que es salobre o tiene mezcla de alguna *sal.
salobreño, ña. adj. Natural de Salobreña. Ú. t. c. s. ‖ Perteneciente a esta villa.
salobridad. f. Calidad de salobre.
salol. m. **Farm.* Preparación pulverulenta compuesta de los ácidos salicílico y fénico, que se usa como antipirético y antiséptico.
saloma. f. *Canto cadencioso con que acompañan los *marineros y otros operarios su faena.
salomar. intr. Acompañar una faena con la saloma.
salomón. m. fig. Hombre de gran *sabiduría.
salomónico, ca. adj. Perteneciente o relativo a Salomón. ‖ *Arq.* De forma parecida a la columna salomónica.
salón. m. aum. de **Sala.** ‖ *Reunión en una casa particular, y especialmente de literatos, políticos, etc.
salón. m. p. us. *Carne o *pescado salado para que se conserve. ‖ Salvado con sal para la ceba de los *cerdos.
saloncillo. m. d. de **Salón.** ‖ En los *teatros, habitación en que se reúnen los actores y reciben las visitas.
salpa. f. *Pez marino acantopterigio.
salpicadero. m. **Autom.* Tablero situado delante del asiento del conductor en el que se hallan algunos mandos y aparatos indicadores.
***salpicadura.** f. Acción y efecto de salpicar.
***salpicar.** tr. *Rociar, esparcir en gotas una cosa líquida. ‖ *Ensuciar o manchar una cosa con las gotas que se desprenden de algún líquido por choque u otra causa. Ú. t. c. r. ‖ fig. *Esparcir varias cosas en una superficie u otra cosa. ‖ fig. Pasar de unas cosas a otras, *interrumpirlas dejándose algunas en medio.
salpicón. m. **Culin.* Guiso de *carne, pescado o marisco desmenuzado, con pimienta, sal, aceite, vinagre y cebolla. ‖ fig. y fam. Cualquiera otra cosa hecha *partes menudas. ‖ **Salpicadura.** ‖ Pasta de *nueces.
salpimentar. tr. *Condimentar y adobar una cosa con sal y pimienta. ‖ fig. Amenizar, hacer sabrosa una cosa con *donaires, agudezas, etc.
salpimienta. f. Mezcla de *sal y pimienta.
salpingitis. f. *Pat.* Inflamación de las trompas del *ovario.
salpique. m. **Salpicadura.**
salpresamiento. m. Acción y efecto de salpresar.
salpresar. tr. Aderezar con *sal una

cosa, apretándola para que se *conserve.

salpreso, sa. p. p. irreg. de **Salpresar.**

salpuga. f. Especie de *hormiga venenosa.

salpullido. m. Erupción leve y pasajera en el *cutis, formada por muchos granitos o ronchas. ‖ *Huellas que dejan en el cutis las picaduras de las pulgas.

salpullir. tr. Levantar salpullido. ‖ r. Llenarse de salpullido.

***salsa.** f. Composición más o menos fluida de varias substancias, que se hace para aderezar o condimentar la comida. ‖ fig. Cualquier cosa que mueve o excita el *gusto. ‖ **de San Bernardo.** fig. y fam. *Hambre o apetito. ‖ **mahonesa** o **mayonesa.** La que se hace batiendo yema de huevo con aceite crudo. ‖ **mayordoma.** La que se hace batiendo manteca de vacas con perejil y otros condimentos.

salsear. intr. fam. *Entremeterse, meterse en todo.

***salsedumbre.** f. Calidad de *salado.

salsera. f. Vasija en que se sirve la *salsa en la *mesa. ‖ **Salserilla** (tacita).

salsereta. f. **Salserilla** (*taza pequeña).

salserilla. f. d. de **Salsera.** ‖ *Taza pequeña y de poco fondo en que se mezclan algunos ingredientes, *colores, *afeites, etc.

salsero, ra. adj. **Entremetido.** ‖ m. Salpicadura de agua de *mar.

salserón. m. Medida de *capacidad para grano y maquila, que equivale a un octavo de celemín.

salseruela. f. d. de **Salsera.** ‖ **Salserilla** (taza pequeña).

salsifí. m. *Planta herbácea bienal, de las compuestas, de raíz fusiforme, blanca, tierna y comestible. ‖ **de España,** o **negro. Escorzonera.**

salso, sa. adj. ant. Que está *salado.

salsoláceo, a. adj. *Bot.* Dícese de plantas dicotiledóneas herbáceas o fruticosas, cuyo tipo es la acelga. Ú. t. c. s. ‖ f. pl. *Bot.* Familia de estas plantas.

saltabanco. m. Charlatán que, puesto sobre un banco o mesa, *vende al público hierbas, confecciones, etc. ‖ *Histrión, *volatinero, *prestidigitador que hace sus habilidades en la calle. ‖ fig. y fam. Hombre bullidor e *informal.

saltabancos. m. **Saltabanco.**

saltabardales. com. fig. y fam. Persona *traviesa y *alocada.

saltabarrancos. com. fig. y fam. Persona que corre y *salta por todas partes.

saltable. adj. Que se puede *saltar.

saltacaballo. m. *Arq.* Parte de la dovela de un *arco, que monta sobre la hilada horizontal inmediata.

saltacabrillas. m. *Juego de muchachos.

saltación. f. Arte de *saltar. ‖ *Baile o danza.

saltacharquillos. com. fig. y fam. Persona que *anda pisando de puntillas y medio saltando con afectación.

saltadero. m. Sitio a propósito para *saltar. ‖ **Surtidor** (*chorro).

saltadizo, za. adj. *Frágil, quebradizo.

saltado, da. adj. **Saltón.** Aplícase a los *ojos.

saltador, ra. adj. Que salta. ‖ m. y f. Persona que tiene oficio o ejercicio en que necesita *saltar, y especialmente el *volatinero o acróbata. ‖ m. **Comba** (cuerda para saltar).

saltadura. f. *Cant.* Defecto en la superficie de una piedra por haber saltado una lasca al labrarla.

saltaembanco. m. **Saltabanco.**

saltaembancos. m. **Saltabanco.**

saltaembarca. f. Especie de ropilla que se *vestía por la cabeza.

saltagatos. m. **Saltamontes.**

saltambarca. f. **Saltaembarca.**

***saltamontes.** m. Insecto ortóptero, de color verde amarillento, de patas posteriores muy robustas y largas, con las cuales da grandes saltos. Es una variedad de langosta.

saltante. p. a. de **Saltar.** Que salta.

saltaojos. m. *Planta perenne de las ranunculáceas, de flor terminal, solitaria, grande, de color rosado purpúreo. Se cultiva en los jardines como planta de adorno.

saltapajas. m. ***Saltamontes.**

saltaparedes. com. fig. y fam. **Saltabardales.**

saltaprados. m. ***Saltamontes.**

***saltar.** intr. Levantarse del suelo con el impulso de las piernas. ‖ Arrojarse desde una altura para *caer de pie. ‖ Moverse una cosa de una parte a otra, levantándose con violencia. ‖ Desprenderse o *separarse una cosa de otra; *soltarse. ‖ *Salir un líquido hacia arriba con ímpetu. ‖ *Romperse o quebrantarse una cosa por excesiva tirantez, dilatación u otras causas. ‖ fig. Hacerse notar o *sobresalir mucho una cosa. ‖ fig. Ofrecerse repentinamente una especie a la *imaginación o a la *memoria. ‖ fig. Hacer alguna demostración de enfado o resentimiento. ‖ fig. Decir una cosa *impertinente o intempestiva. ‖ tr. Salvar de un salto un espacio o distancia. ‖ Cubrir el macho a la hembra para la *generación. ‖ Pasar de una cosa a otra, *interrumpiendo u *omitiendo algo. ‖ En los juegos de *damas, ajedrez y tablas, mover una pieza pasándola por encima de otra. ‖ En el juego del monte, apuntar a uno de los cuatro *naipes contra los otros tres. ‖ fig. *Omitir parte de un escrito. ‖ fig. *Dejar uno contra su voluntad el puesto o cargo que desempeñaba. ‖ *Mar.* Arriar un poco un *cabo para disminuir su tensión y trabajo. ‖ **Salta tú y dámela tú.** *Juego de muchachos, en que los de un bando esconden una prenda para que la busquen los del otro.

saltarel. m. **Saltarelo.**

saltarelo. m. Especie de *baile español antiguo.

saltarén. m. Cierto son de *guitarra, que se tocaba para *bailar. ‖ **Saltamontes.**

saltarín, na. adj. Que *danza o baila. Ú. t. c. s. ‖ fig. Dícese del mozo *travieso y de poco juicio. Ú. t. c. s.

saltarregla. f. **Falsa escuadra.**

saltarrostro. m. **Salamanquesa.**

saltaterandate. m. Especie de *bordado.

saltatrás. com. **Tornatrás.**

saltatriz. f. Mujer que tiene por profesión *saltar y *bailar.

saltatumbas. m. fig. y despect. fam. *Clérigo que se mantiene principalmente de lo que gana asistiendo a los *entierros.

salteador. m. El que saltea y *roba en los *caminos.

salteadora. f. Mujer que vive con salteadores.

salteamiento. m. Acción de saltear.

saltear. tr. Atacar en los caminos a los pasajeros para *robarlos. ‖ *Asaltar, acometer. ‖ Hacer una cosa con *interrupciones, o dejándola comenzada y pasando a otras. ‖ *Tomar una cosa anticipándose a otro. ‖ fig. *Sorprender el ánimo. ‖ *Culin.* **Sofreír.**

salteño, ña. adj. Natural de Salta. Ú. t. c. s. ‖ Perteneciente a esta ciudad y provincia de la Argentina. ‖ Natural de Salto. Ú. t. c. s. ‖ Perteneciente a esta ciudad o departamento del Uruguay.

salteo. m. **Salteamiento.**

salterio. m. Libro canónico de la *Biblia, que consta de ciento cincuenta salmos. ‖ Libro de coro que contiene sólo los *salmos. ‖ *Liturg.* Parte del breviario que contiene las horas canónicas de toda la semana. ‖ *Rosario de la Virgen compuesto de ciento cincuenta avemarías. ‖ *Instrumento músico que consiste en una caja prismática de madera, provista de cuerdas metálicas.

salterio. m. *Germ.* **Salteador.**

saltero, ra. adj. **Montaraz.**

saltigallo. m. ***Saltamontes.**

saltígrado, da. adj. Dícese del animal que *anda a *saltos.

saltimbanco, ca. m. fam. **Saltabanco.**

saltimbanqui. m. fam. **Saltabanco.**

***salto.** m. Acción y efecto de saltar. ‖ *Juego de muchachos, en el cual uno designado por suerte se pone encorvado para que los otros salten por encima de él. ‖ Lugar que no se puede pasar sino saltando. ‖ *Precipicio o despeñadero muy profundo. ‖ **Salto de agua.** ‖ Distancia entre el punto de donde se salta y aquel a que se llega. ‖ Palpitación violenta del *corazón. ‖ *Acometimiento, asalto. ‖ fig. Tránsito o *cambio desproporcionado de una cosa a otra, sin pasar por los estados intermedios. ‖ fig. *Supresión, voluntaria o no, de una parte de un escrito. ‖ fig. Ascenso o *adelantamiento a puesto superior sin pasar por los del medio. ‖ En el juego del monte, lance en que el jugador apunta a un *naipe contra los otros tres. ‖ *Mar.* Pequeña porción de *cabo que se arría o salta. ‖ **atrás. Tornatrás.** ‖ *Retroceso en sentido moral o físico. ‖ **de agua.** Caída del agua de un río, arroyo o canal donde hay un desnivel repentino. ‖ **de cama.** Bata ligera que usan las mujeres por casa. ‖ **de campana.** Vuelta que da en el aire el *torero al ser volteado por el toro. También se dice de vehículos y otras cosas cuando vuelcan dando una *vuelta completa. ‖ **de carnero.** *Equit.* El que da el *caballo encorvándose, para tirar al jinete. ‖ **de la muerte.** *Juego del paso o de saltacabrillas. ‖ **de lobo.** fig. Zanja abierta para servir de límite a un cercado. ‖ **de mal año.** fig. y fam. Efecto de pasar de necesidad y miseria a una situación *afortunada. ‖ **de mata.** fig. *Huida o escape. ‖ **mortal.** fig. **Salto** que dan los volatineros lanzándose de cabeza y tomando vuelta en el aire para caer de pie. ‖ **y encaje.** Cierto paso de la *danza española. ‖ **A salto de mata.** loc. adv. fig. *Huyendo y recatándose. ‖ **En un salto.** m. adv. Con *prontitud, rápidamente.

saltón, na. adj. Que anda a *saltos, o salta mucho. ‖ Dícese de algunas cosas, como los ojos, los dientes, etcétera, que *sobresalen más de lo regular. ‖ Sancochado, medio crudo. ‖ m. **Saltamontes.** ‖ Cresa que suelen criar el *tocino y el jamón. ‖ **Aguja paladar.**

salubérrimo, ma. adj. sup. de **Salubre.**

salubre. adj. **Saludable.**
***salubridad.** f. Calidad de salubre.
***salud.** f. Estado del ser orgánico en que todas sus funciones se efectúan normalmente. ‖ *Libertad o bien público o particular de cada uno. ‖ *Teol.* Estado de gracia espiritual. ‖ **Salvación.** ‖ *Germ.* **Iglesia** (lugar de *seguridad). ‖ pl. Actos y expresiones *corteses. ‖ **Beber a la salud de** uno. fr. Brindar a su **salud.** ‖ **Curarse** uno **en salud.** fr. fig. Precaverse de un daño ante la más leve amenaza. ‖ fig. *Disculparse de una cosa antes que le hagan cargo de ella. ‖ **En sana salud.** m. adv. En estado de perfecta **salud.** ‖ **Gastar salud.** fr. Gozarla buena. ‖ **Vender,** o **verter,** uno **salud.** fr. fig. y fam. Ser muy robusto o parecerlo.
saludable. adj. Que sirve para conservar o restablecer la *salud corporal. ‖ fig. Provechoso para la salvación del alma.
saludablemente. adv. m. De manera saludable.
saludación. f. p. us. **Salutación.**
saludador, ra. adj. Que *saluda. Ú. t. c. s. ‖ m. Embaucador que se dedica a *curar o precaver enfermedades con el aliento, la saliva y ciertas fórmulas cabalísticas o *mágicas.
***saludar.** tr. Desear a otro cortésmente salud o hacerle alguna demostración de benevolencia o respeto. ‖ Proclamar a uno por *soberano, emperador, etc. ‖ Usar de ciertas preces y fórmulas *mágicas para *curar y precaver la rabia u otros males. ‖ Enviar saludes. ‖ *Mar.* Arriar los buques un poco y por breve tiempo sus *banderas, en señal de bienvenida o buen viaje. ‖ *Mil.* Dar señales de obsequio o festejo con las armas, toques militares, etc.
***saludo.** m. Acción y efecto de saludar. ‖ **a la voz.** *Mar.* Honor que se tributa a bordo con vítores o hurras, a los que contesta la tripulación. ‖ pl. Mensaje de *cortesía con que uno se recomienda al recuerdo de otro.
salumbre. f. **Flor de la sal.**
salutación. f. **Saludo.** ‖ Parte del *sermón en la cual se saluda a la *Virgen. ‖ **angélica.** Primera parte de la *oración del *avemaría.* ‖ Esta misma *oración.
salute. m. *Moneda de oro que se acuñó en Francia con la salutación angélica en la leyenda.
salutíferamente. adv. m. **Saludablemente.**
salutífero, ra. adj. **Saludable.**
salva. f. *Ensayo o prueba que hacía de la *comida y bebida la persona encargada de servirla, para asegurar que no estaba envenenada. ‖ *Saludo, bienvenida. ‖ Saludo hecho *disparando armas de fuego. ‖ *Prueba temeraria que hacía uno de su *inocencia exponiéndose a un grave peligro. ‖ *Juramento, *promesa solemne. ‖ **Salvilla.** ‖ **de aplausos.** *Aplausos nutridos en que prorrumpe una concurrencia. ‖ **Hacer la salva.** fr. fig. Pedir *licencia para hablar o para representar una cosa.
salvabarros. m. **Alero** (de los *carruajes).
salvable. adj. Que se puede salvar.
***salvación.** f. Acción y efecto de *salvar o salvarse. ‖ Consecución de la *gloria y bienaventuranza eternas.
salvachia. f. *Mar.* Especie de estrobo, largo y flexible.
salvadera. f. Vaso con agujeros en la parte superior, en que se tiene la arenilla para enjugar lo *escrito recientemente.
***salvado.** m. Cáscara del grano desmenuzada por la molienda.
salvador, ra. adj. Que *salva. Ú. t. c. s. ‖ m. Por antonom., ***Jesucristo.**
salvadoreño, ña. adj. Natural del Salvador. Ú. t. c. s. ‖ Perteneciente a esta nación de la América Central.
salvaguarda. m. **Salvaguardia.**
salvaguardar. tr. *Defender, custodiar.
salvaguardia. m. *Guarda que se pone para la custodia de las ciudades, dehesas, equipajes de los ejércitos, etc. ‖ Señal que en tiempo de guerra se pone a la entrada de los pueblos o a las puertas de las casas, para *seguridad de los habitantes. ‖ f. Papel o señal que se da a uno para que no sea ofendido o detenido. ‖ *Protección, amparo.
salvajada. f. Dicho o hecho propio de un *salvaje.
***salvaje.** adj. Aplícase a los *vegetales silvestres y sin cultivo. ‖ Dícese del animal *indómito o que no es doméstico. ‖ Aplícase al terreno montañoso, *escabroso e *inculto. ‖ Natural de aquellos países que no tienen cultura. Ú. t. c. s. ‖ fig. Sumamente *necio o *inculto. Ú. t. c. s.
salvajería. f. **Salvajada.**
salvajez. f. p. us. Calidad de *salvaje.
salvajina. f. Conjunto de fieras monteses. ‖ *Carne de estos *animales. ‖ *Pieles de los mismos. ‖ Animal montaraz, como el *jabalí, el venado, etc.
salvajino, na. adj. **Salvaje.** ‖ Perteneciente a los *salvajes o semejante a ellos. ‖ Aplícase a la *carne de los animales monteses.
***salvajismo.** m. Modo de ser o de obrar propio de los salvajes. ‖ **Salvajez.**
salvajuelo, la. adj. d. de **Salvaje.**
salvamano (a). m. adv. Con *seguridad, a mansalva.
salvamente. adv. m. Con *seguridad y sin riesgo.
salvamento. m. Acción y efecto de *salvar o salvarse. ‖ Lugar o paraje en que uno se *acoge para evitar algún peligro.
salvamiento. m. **Salvamento.**
salvante. adv. m. fam. **Salvo** (*excepto).
***salvar.** tr. Librar de un riesgo o peligro; poner en seguro. Ú. t. c. r. ‖ Dar Dios a una persona la *gloria eterna. ‖ *Evitar un inconveniente, dificultad, etc. ‖ *Exceptuar, dejar aparte, *excluir. ‖ *Vencer un obstáculo, *pasando por cima o a través de él. ‖ *Rebasar una altura *sobresaliendo por cima de ella. ‖ Poner al fin de la escritura o *documento una nota para dar *validez a las correcciones hechas. ‖ Recorrer la *distancia que media entre dos lugares. ‖ *Exculpar jurídicamente. ‖ *Germ.* Retener el naipe el *fullero. ‖ intr. Hacer la salva a la *comida o bebida. ‖ r. Alcanzar la gloria eterna, ir al *cielo.
salvaterrano, na. adj. Natural de Salvatierra. Ú. t. c. s. ‖ Perteneciente o relativo a alguna de las poblaciones de este nombre.
salvatierra. m. *Germ.* ***Fullero.**
salvatiqueza. f. p. us. **Selvatiquez.**
salvavidas. m. Cuerpo flotante dispuesto para que los *náufragos puedan salvarse. ‖ Aparato colocado delante de las ruedas de los *tranvías, para evitar desgracias en casos de atropello.
salve. interj. poét. que se emplea para *saludar. ‖ f. Una de las *oraciones con que se saluda y ruega a la *Virgen.
salvedad. f. Razonamiento o advertencia que se emplea como *excusa, descargo o *limitación de lo que se va a decir.
salvia. f. *Mata de las labiadas, cuyas hojas se usan para preparar un cocimiento tónico y estomacal.
salvilora. f. *Arbusto americano de las loganiáceas.
salvilla. f. *Bandeja con una o varias divisiones en que se encajan copas, tazas, etc. ‖ **Vinagreras.**
***salvo, va.** p. p. irreg. desus. de **Salvar.** ‖ adj. Ileso, *indemne. ‖ Exceptuado, omitido. ‖ adv. m. **Excepto.** ‖ **A salvo.** m. adv. Sin detrimento, fuera de peligro. ‖ **A** su **salvo.** m. adv. A su satisfacción. ‖ **Dejar a salvo.** fr. *Excluir, sacar aparte. ‖ **En salvo.** m. adv. En libertad.
salvoconducto. m. Documento expedido por una autoridad para que el que lo lleva pueda *transitar sin riesgo por determinada región. ‖ fig. *Facultad para hacer algo sin temor de castigo.
salvohonor. m. fam. *Asentaderas, culo.
salzmimbre. m. *Sauce de vástagos útiles para la cestería.
sallador, ra. m. y f. **Escardador.**
salladura. f. Acción de sallar.
sallar. tr. **Sachar.** ‖ Tender sobre polines las grandes piezas de *madera para conservarlas en los almacenes.
sallete. m. Instrumento para sallar.
sámago. m. Parte más blanda de las *maderas.
samán. m. *Árbol americano parecido al cedro del Líbano.
samanta. f. Haz de *leña.
sámara. f. *Bot.* *Fruto seco, indehiscente, con pocas semillas y pericarpio extendido a manera de ala; como el del olmo.
samarilla. f. *Mata rastrera de las labiadas; especie de sérpol.
samarita. adj. **Samaritano.** Ú. t. c. s.
samaritano, na. adj. Natural de Samaria. Ú. t. c. s. ‖ Perteneciente a esta ciudad del Asia antigua. ‖ Partidario de la *secta de Samaria.
samarugo. m. **Renacuajo.** ‖ fig. Persona torpe o *necia.
samaruguera. f. *Red de mallas pequeñas que se tiende de orilla a orilla en los riachuelos.
sambenitar. tr. **Ensambenitar.** ‖ fig. ***Infamar.**
sambenito. m. Capotillo o escapulario que se ponía a los penitentes reconciliados por el tribunal de la *Inquisición. ‖ Letrero que se ponía en las iglesias con el nombre y *castigo de los penitenciados. ‖ fig. Mala nota o *descrédito que resulta de alguna acción.
samblaje. m. **Ensambladura.**
sambrano. m. *Planta de las leguminosas, cuya raíz se usa como sudorífico.
sambuca. f. Antiguo *instrumento músico de cuerda, semejante al arpa. ‖ **Artill.* Máquina antigua de guerra, con una plataforma levadiza, para caer como *puente sobre los muros de una ciudad y facilitar el asalto.
sambumbia. f. *Bebida fermentada que se hace en Cuba con miel de caña, agua y ají. ‖ *Refresco hecho de piña, agua y azúcar.
sambumbiería. f. Lugar donde se

hace sambumbia y tienda donde se vende.
samio, mia. adj. Natural de Samos. Ú. t. c. s. ‖ Perteneciente a esta isla del Archipiélago.
samisén. m. *Instrumento músico de cuerda y plectro, usado en el Japón.
samnita. adj. Natural de Samnio, país de la Italia antigua. Ú. t. c. s.
samnite. adj. **Samnita.** Ú. t. c. s.
samnítico, ca. adj. Perteneciente a los samnitas.
samosateno, na. adj. Natural de Samosata. Ú. t. c. s. ‖ Perteneciente a esta ciudad del Asia antigua.
samotana. f. Zambra, *diversión con bulla y alboroto.
samotracio, cia. adj. Natural de Samotracia. Ú. t. c. s. ‖ Perteneciente a esta isla del mar Egeo.
samoyedo, da. adj. Aplícase a un *pueblo del norte de Rusia. ‖ Perteneciente o relativo a este pueblo. ‖ *Lengua de este pueblo.
sampa. f. *Arbusto ramoso, copudo, propio de América.
sampaguita. f. *Mata fruticosa, de las jazmíneas, de flores olorosas, blancas, en embudo.
sampán. m. *Mar.* *Embarcación pequeña, propia de las costas de China.
sampedrada. f. *Fiesta que se celebra en el campo el día de San Pedro Apóstol.
sampedrano, na. adj. Natural de Villa de San Pedro. Ú. t. c. s. ‖ Perteneciente a este pueblo del Paraguay.
sampsuco. m. ***Mejorana.**
samuga. f. **Jamuga.**
samugo. m. Persona *obstinada y taciturna.
samurai. m. En el antiguo sistema *feudal japonés, individuo de una clase inferior de la *nobleza, constituida por los militares que estaban al servicio de los daimios.
san. adj. Apócope de **Santo.**
sanable. adj. Que puede sanar.
sanabrés, sa. adj. Natural de Sanabria. Ú. t. c. s. ‖ Perteneciente a esta región de Zamora.
sanador, ra. adj. Que sana. Ú. t. c. s.
sanalotodo. m. *Farm.* Cierto emplasto de color negro. ‖ fig. *Medio que se intenta aplicar a todo.
sanamente. adv. m. Con sanidad. ‖ fig. *Sinceramente, sin malicia.
sananica. f. **Mariquita** (*insecto).
sanantona. f. **Aguzanieves.**
sanapudio. m. **Arraclán.**
*__sanar.__ tr. Restituir a uno la salud que había perdido. ‖ intr. Recobrar el enfermo la salud.
sanativo, va. adj. Que *sana o tiene virtud de sanar.
*__sanatorio.__ m. Establecimiento dispuesto para que en él residan los enfermos sometidos a cierto régimen curativo.
sanción. f. Estatuto o *ley. ‖ Acto solemne por el que el jefe del Estado *confirma una ley o estatuto. ‖ *Pena establecida por la ley. ‖ Daño dimanado de una culpa o yerro. ‖ Autorización o *aprobación.
sancionable. adj. Que merece sanción.
sancionador, ra. adj. Que sanciona. Ú. t. c. s.
sancionar. tr. Dar *validez o fuerza de *ley a una disposición. ‖ Autorizar o *aprobar. ‖ Aplicar una sanción o *castigo.
sancirole. com. fam. **Sansirolé.**
sanco. m. *Gachas de harina tostada de maíz o de trigo. ‖ *Culin.* Guiso hecho con harina, sangre de res, grasa y cebolla. ‖ fig. *Barro muy espeso.
sancochar. tr. *Culin.* *Cocer la vianda, dejándola medio cruda.
sancocho. m. *Culin.* Vianda a medio *cocer. ‖ Olla compuesta de carne, yuca, plátano y otros ingredientes, y que se toma en el almuerzo en algunos países de América.
sancta. m. Parte anterior del *tabernáculo, separada por un velo de la interior o sanctasanctórum.
sanctasanctórum. m. Parte interior y más sagrada del *tabernáculo. ‖ fig. Lo que para una persona es más *excelente y de mayor *respeto. ‖ fig. Lo muy reservado y misterioso.
sanctórum. m. Cuota o *limosna con que contribuía al sostenimiento del culto parroquial cada individuo de una familia de indios de Filipinas.
sanctus. m. Parte de la *misa, en que dice el sacerdote tres veces esta palabra.
sanchecia. f. Cierta *planta herbácea del Perú, de las escrofulariáceas.
sanchete. m. *Moneda antigua española de plata del valor de un dinero.
sanchina. f. **Garrapata.**
sanchopancesco, ca. adj. Propio de Sancho Panza. ‖ *Prosaico y vulgar, como este personaje del Quijote.
sandalia. f. *Calzado compuesto de una suela que se asegura con correas o cintas a la garganta del pie.
sandalino, na. adj. Perteneciente al sándalo.
sándalo. m. *Planta herbácea, olorosa de las labiadas. ‖ *Árbol de las santaláceas, muy semejante en su aspecto al nogal. ‖ Leño oloroso de este árbol. ‖ **rojo.** *Árbol tropical de las leguminosas, cuya madera roja se pulveriza fácilmente y se emplea en tintorería.
sandáraca. f. *Resina amarillenta que se saca del enebro y de otras coníferas. ‖ **Rejalgar.**
sandez. f. Calidad de sandio. ‖ Despropósito, *necedad.
*__sandía.__ f. Planta herbácea anual, de las cucurbitáceas, con fruto casi esférico muy grande, comestible, de corteza verde y pulpa encarnada, aguanosa y dulce. ‖ Fruto de esta planta.
sandialahuén. m. *Planta chilena de las verbenáceas.
sandiar. m. Terreno sembrado de *sandías.
sandio, dia. adj. *Necio o simple. Ú. t. c. s.
sanducero, ra. adj. Natural de Paisandú. Ú. t. c. s. ‖ Perteneciente a esta ciudad de la república del Uruguay.
sandunga. f. fam. Gracia, *donaire.
sandunguero, ra. adj. fam. Que tiene sandunga.
sandwich. m. Medianoche, emparedado.
saneado, da. adj. Aplícase a los *bienes, *rentas, sueldos, etc., que están *libres de cargas o descuentos.
saneamiento. m. Acción y efecto de sanear.
sanear. tr. Afianzar o dar *garantía del daño que puede sobrevenir. ‖ *Reparar o remediar una cosa. ‖ Dar condiciones de *salubridad a un terreno, edificio, etc. ‖ *For.* Indemnizar o *compensar el vendedor al *comprador de todo el perjuicio que haya experimentado por vicio de la cosa comprada, o por haber sido perturbado en la posesión de ella.
sanedrín. m. *Consejo supremo de los *judíos, en el que se decidían los asuntos de Estado y de religión.
sanfrancia. f. fam. Pendencia, *contienda.
sangley. adj. Dícese en Filipinas del indio chino que viene a comerciar en estas islas.
sangonera. f. **Sanguijuela.**
sangordilla. f. **Lagartija.**
sangradera. f. **Lanceta.** ‖ Vasija que sirve para recoger la sangre cuando sangran a uno. ‖ fig. Caz o *acequia de riego. ‖ fig. *Compuerta por donde se da salida al agua sobrante de un caz.
sangrador. m. El que tiene por oficio sangrar. ‖ fig. Abertura o *desagüe que se hace para dar salida a los líquidos contenidos en un depósito.
sangradura. f. **Sangría** (parte del *brazo opuesta al codo). ‖ **Cir.* Cisura de la vena. ‖ fig. *Desagüe o salida que se da a las aguas de un río o terreno encharcado.
*__sangrar.__ tr. *Cir.* Abrir una vena y dejar salir determinada cantidad de sangre. ‖ fig. Dar salida a un líquido, abriendo *canal por donde corra. ‖ ***Resinar.** ‖ fig. y fam. *Hurtar, sisar. ‖ **Impr.* Empezar un renglón más adentro que los otros de la plana. ‖ intr. Arrojar *sangre. ‖ r. Hacerse dar una sangría. ‖ **Estar sangrando** una cosa. fr. fig. Estar clara y *manifiesta.
sangraza. f. *Sangre corrompida.
*__sangre.__ f. Humor que circula por las arterias y las venas. Es rojo en el hombre y en los animales vertebrados, y blanco en la mayor parte de los invertebrados. ‖ fig. Linaje o *parentesco. ‖ **azul.** fig. **Sangre** *noble. ‖ **de drago.** *Resina encarnada que se saca del tronco del drago y se usa en medicina como astringente. ‖ **de espaldas.** Flujo de **sangre,** procedente de las venas hemorroidales dilatadas. ‖ **de Francia. Crisantemo.** ‖ **de horchata.** Dícese del *calmoso que no se altera por nada. ‖ **en el ojo.** fig. *Pundonor para cumplir las obligaciones. ‖ Resentimiento, deseo de *venganza. ‖ **fría.** Serenidad, *entereza de ánimo. ‖ **ligera.** Dícese de la persona simpática. ‖ **negra.** *Sangre venosa. ‖ **pesada.** Dícese de la persona antipática. ‖ **roja.** Sangre arterial. ‖ **y leche.** *Mármol encarnado con grandes manchas blancas. ‖ **A primera sangre.** fr. A la primera herida. Ú. para designar los *desafíos en que el combate ha de cesar en cuanto uno de los contendientes esté herido. ‖ **A sangre fría.** m. adv. Con premeditación y cálculo. ‖ **A sangre y fuego.** m. adv. Con todo *rigor, sin dar cuartel. ‖ fig. Con violencia, sin ceder en nada. ‖ **Buena sangre.** fr. fig. y fam. Condición benigna. ‖ **Bullirle** a uno **la sangre.** fr. fig. y fam. Tener el vigor de la *juventud. ‖ **Correr sangre.** fr. Haber heridas en una riña. ‖ **Chupar la sangre.** fr. fig. y fam. Privar uno a otro de su hacienda poco a poco. ‖ **Escribir con sangre.** fr. fig. Escribir con mucha saña o acrimonia. ‖ **Escupir sangre.** fr. fig. Blasonar de muy *noble. ‖ **Estar chorreando sangre** una cosa. fr. fig. y fam. Estar muy *reciente. ‖ **Hacer sangre.** fr. fig. Causar una *herida de donde sale **sangre.** ‖ fig. **Sacar sangre.** ‖ **Hervirle** a uno **la sangre.** fr. **Bullirle la sangre.** ‖ fig. Exaltársele un afecto o *pasión. ‖ **Igualar la sangre.** fr. *Cir.* Sangrar del lado opuesto al ya sangrado. ‖ **Lavar con sangre.** fr. fig. Derramar la del enemigo en *venganza de algún agravio. ‖ **Llevar** una cosa **en la sangre.** fr. fig. Ser

innata o hereditaria. || **Mala sangre.** fr. fig. y fam. Carácter *perverso. || **Sacar sangre.** fr. fig. Lastimar, dar que sentir. || **Subírsele** a uno **la sangre a la cabeza.** fr. fig. Perder la serenidad, *irritarse. || **Tomar la sangre.** fr. *Cir.* Contener la que fluye de una herida.

sangredo. m. **Arraclán** (arácnido). || ***Aladierna.**

sangrentar. tr. desus. **Ensangrentar.**

sangría. f. *Cir.* Acción y efecto de sangrar. || Parte de la articulación del *brazo opuesta al codo. || Corte que se hace en un árbol para que fluya la *resina. || fig. *Regalo que se solía hacer por amistad a la persona que se sangraba. || fig. Extracción o *hurto de una cosa, que se hace poco a poco. || fig. *Bebida refrescante que se compone de agua y vino con azúcar y limón. || *Germ.* Abertura que hace el *ladrón para sacar el dinero. || **Impr.* Acción y efecto de sangrar un impreso. || **Metal.* En los hornos de fundición, chorro de metal al que se da salida. || **suelta.** fig. *Gasto continuo sin compensación.

sangricio. m. ***Aladierna.**

sangrientamente. adv. m. De modo sangriento.

sangriento, ta. adj. Que echa *sangre. || Teñido en sangre o mezclado con sangre. || **Sanguinario.** || Que causa efusión de sangre. || fig. Que *ofende gravemente. || poét. De *color de sangre.

sangriza. f. **Purgación.**

sanguaza. f. **Sangraza.** || fig. *Jugo del color de la sangre acuosa, que sale de algunas legumbres o frutas.

sangüeño. m. **Cornejo.**

sangüesa. f. **Frambuesa.**

sangüeso. m. **Frambueso.**

sanguífero, ra. adj. Que contiene y lleva en sí *sangre.

sanguificación. f. *Fisiol.* Conversión de la *sangre negra o venosa en roja o arterial.

sanguificar. tr. Hacer que se críe *sangre.

sanguijolero, ra. m. y f. **Sanguijuelero.**

sanguijuela. f. *Gusano anélido de cuerpo casi cilíndrico, que se alimenta con la sangre que chupa a los animales a que se agarra. Esta propiedad se utiliza en medicina para conseguir evacuaciones sanguíneas en los enfermos. || fig. y fam. Persona que poco a poco va *apoderándose del dinero o bienes de otro.

sanguijuelero, ra. m. y f. Persona que se dedica a coger, vender o aplicar sanguijuelas.

sanguina. f. *Lápiz rojo obscuro, fabricado con hematites. || *Dibujo hecho con este lápiz. || *Germ.* ***Menstruo.**

sanguinaria. f. Piedra semejante al ágata, de color de sangre. || **mayor. Centinodia** (planta). || **menor. Nevadilla.**

sanguinariamente. adv. m. De un modo sanguinario.

sanguinario, ria. adj. Feroz, vengativo, *cruel.

***sanguíneo, a.** adj. De *sangre. || Que contiene sangre o abunda en ella. || Dícese también de la complexión en que predomina este humor. || De *color de sangre. || Perteneciente a la *sangre.

sanguino, na. adj. **Sanguíneo.** || Dícese de las *naranjas cuya pulpa es de color rojo. || desus. **Sanguinario.** || m. ***Aladierna.** || **Cornejo.**

sanguinolencia. f. Calidad de sanguinolento.

sanguinolento, ta. adj. **Sangriento.**

sanguinoso, sa. adj. Que participa de la naturaleza o accidentes de la *sangre. || **Sanguinario.**

sanguiñuelo. m. **Cornejo.**

sanguis. m. La sangre de Cristo bajo los accidentes del vino en la *eucaristía.

sanguisorba. f. **Pimpinela.**

sanguisuela. f. **Sanguijuela.**

sanguja. f. **Sanguijuela.**

sanícula. f. *Planta herbácea anual, de las umbelíferas, que se usó en medicina como vulneraria.

sanidad. f. Calidad de *sano. || ***Salubridad.** || Conjunto de servicios gubernativos encargados de proteger la *salud del común de los habitantes de un país. || **exterior.** La que presta sus servicios en las costas y fronteras nacionales. || **interior.** La que ejerce su ministerio propio dentro del reino. || **marítima.** Aquella parte de la exterior que radica en los puertos y atañe a la navegación. || **militar.** Cuerpo de médicos y farmacéuticos y de tropas especiales, que presta sus servicios profesionales en los ejércitos de mar y tierra. || **En sanidad.** m. adv. **En sana salud.**

sanidina. f. **Miner.* Variedad de ortosa cuyos cristales se hallan en algunas rocas volcánicas.

sanie. f. *Med.* **Sanies.**

sanies. f. *Med.* **Icor.**

sanioso, sa. adj. *Med.* **Icoroso.**

sanitario, ria. adj. Perteneciente o relativo a la sanidad. || m. Individuo del cuerpo de sanidad militar.

sanjacado. m. *Territorio del imperio turco, gobernado por un sanjaco.

sanjacato. m. **Sanjacado.**

sanjaco. m. *Gobernador de un territorio del imperio turco.

sanjuán. m. *Madero en rollo, de castaño, de cuatro varas y media de longitud.

sanjuanada. f. *Fiesta o *diversión que se celebra en las huertas o en el campo el día de San Juan Bautista. || Días próximos a la *festividad de San Juan, o 24 de junio.

sanjuanero, ra. adj. Aplícase a algunas *frutas que maduran por San Juan y al árbol que las produce. || Natural de San Juan en la isla de Cuba. Ú. t. c. s. || Perteneciente a una de las ciudades cubanas de este nombre.

sanjuanino, na. adj. Natural de San Juan. Ú. t. c. s. || Perteneciente o relativo a esta ciudad y provincia argentinas.

sanjuanista. adj. Aplícase al individuo de la *orden militar* de San Juan de Jerusalén. Ú. t. c. s.

sanluisero, ra. adj. Natural de San Luis. Ú. t. c. s. || Perteneciente o relativo a esta ciudad y provincia argentinas.

sanluqueño, ña. adj. Natural de Sanlúcar. Ú. t. c. s. || Perteneciente a algunas de las poblaciones de este nombre.

sanmiguelada. m. Últimos días de septiembre próximos a la *festividad de San Miguel, en que tradicionalmente terminan ciertos contratos de *arrendamiento.

sanmigueleño, ña. adj. Aplícase a algunas *frutas que maduran por San Miguel y al árbol que las produce.

***sano, na.** adj. Que goza de perfecta salud. || Seguro, sin riesgo. || **Saludable.** || *Indemne, ileso. || fig. Sin daño o corrupción. || fig. Libre de error o vicio; recto, *moral, *verdadero. || fig. *Sincero, de buena intención, *bondadoso. || fig. y fam. *Entero, no roto ni estropeado. || **Cortar por lo sano.** fr. fig. y fam. Emplear el procedimiento más expeditivo y *directo para remediar males o conflictos. || **Sano y salvo.** loc. Sin lesión, enfermedad ni peligro, *indemne.

sanroqueño, ña. adj. Aplícase a algunas *frutas que maduran hacia la fiesta de San Roque, a mediados de agosto, y al árbol que las produce.

sansa. f. Hojuela u orujo de *aceituna.

sanscritista. com. Persona versada en la *lengua y literatura sánscritas.

sánscrito, ta. adj. Aplícase a la antigua *lengua de los brahmanes y a lo referente a ella. Ú. t. c. s.

sanseacabó. expr. fam. con que se da por *terminado un asunto.

sansimoniano, na. adj. Partidario del sansimonismo. Apl. a pers., ú. t. c. s. || Perteneciente a esta doctrina.

sansimonismo. m. Doctrina *política y social de Saint-Simón, conforme a la cual debe ser cada uno remunerado según sus obras.

sansirolé. com. fam. Bobalicón, *necio, papanatas.

sanso. m. *Grito de expansión o de alegría que se oye en las *romerías o diversiones públicas al aire libre.

sansón. m. fig. Hombre de mucha *fuerza.

sant. adj. ant. **San.**

santabárbara. f. *Mar.* Pañol destinado en las embarcaciones para custodiar la *pólvora. || *Mar.* Cámara por donde se baja a este pañol.

santafecino, na. adj. **Santafesino.**

santafereño, ña. adj. Natural de Santa Fe de Bogotá. Ú. t. c. s. || Perteneciente a esta ciudad de Colombia.

santafesino, na. adj. Natural de la ciudad o provincia de Santa Fe. Ú. t. c. s. || Perteneciente a este territorio argentino.

santaláceo, a. adj. **Bot.* Dícese de plantas dicotiledóneas, árboles, matas o hierbas, cuyo tipo es el sándalo de la India. Ú. t. c. s. f. || f. pl. *Bot.* Familia de estas plantas.

santamente. adv. m. Con santidad. || **Sencillamente.**

santanderiense. adj. **Santanderino.** Apl. a pers., ú. t. c. s.

santanderino, na. adj. Natural de Santander. Ú. t. c. s. || Perteneciente a esta ciudad.

santateresa. f. Mantis religiosa (*insecto).

santelmo. m. **Fuego de Santelmo.**

santera. f. Mujer del santero. || La que cuida de un santuario o *ermita.

santería. f. Calidad de santo.

santero, ra. adj. Dícese del que tributa a las *efigies un *culto indiscreto y supersticioso. || Dícese del que facilita a un *ladrón los datos y pormenores útiles para la comisión del robo. Ú. t. c. s. || m. y f. Persona que cuida de un santuario o *ermita. || Persona que pide *limosna, llevando de casa en casa la imagen de un santo.

Santiago. *Grito con que los españoles invocaban a su patrón **Santiago** al romper la *batalla. || m. *Acometimiento en la batalla. || *Tela de hilo, de mediana calidad, que se fabrica en **Santiago** de Galicia.

santiagueño, ña. En algunas partes aplícase a las *frutas que maduran por Santiago y al árbol que las produce. || Natural de la ciudad o de la provincia de Santiago del Estero.

Ú. t. c. s. ‖ Perteneciente a esta ciudad o provincia argentinas.
santiaguero, ra. adj. Natural de Santiago de Cuba. Ú. t. c. s. ‖ Perteneciente a esta ciudad.
santiagués, sa. adj. Natural de Santiago de Compostela. Ú. t. c. s. ‖ Perteneciente a esta ciudad de Galicia.
santiaguino, na. adj. Natural de Santiago de Chile. Ú. t. c. s. ‖ Perteneciente a esta ciudad.
santiaguista. adj. Dícese del individuo de la *orden militar* de Santiago. Ú. t. c. s.
santiamén (en un). fr. fig. y fam. En un *instante.
***santidad.** f. Calidad de santo. ‖ *Tratamiento honorífico que se da al *Papa.
santificable. adj. Que merece o puede santificarse.
santificación. f. Acción y efecto de *santificar o santificarse.
santificador, ra. adj. Que *santifica. Ú. t. c. s.
santificante. p. a. de **Santificar.** Que santifica.
***santificar.** tr. Hacer a uno santo por medio de la gracia. ‖ *Consagrar a Dios una cosa. ‖ Hacer venerable una cosa por la presencia o contacto de lo que es santo. ‖ → Reconocer al que es santo, honrándole y sirviéndole como a tal. ‖ fig. y fam. Abonar, *disculpar a uno. Ú. t. c. r.
santificativo, va. adj. Que tiene virtud o facultad de santificar.
santiguada. f. Acción y efecto de santiguar o santiguarse. ‖ **Para,** o **por, mi santiguada.** expr. de *juramento que equivale a: por mi fe, o por la cruz.
santiguadera. f. Acción de santiguar los saludadores o *hechiceros. ‖ Mujer que santigua, saludadora.
santiguador, ra. m. y f. Persona que *supersticiosamente santigua a otra diciendo ciertas oraciones.
santiguamiento. m. Acción y efecto de santiguar o santiguarse.
santiguar. tr. *Liturg.* Hacer, cruzando los dedos índice y mayor de la mano derecha, la señal de la *cruz desde la frente al pecho y desde el hombro izquierdo al otro, invocando a la Santísima Trinidad. Ú. m. c. r. ‖ Hacer *supersticiosamente cruces sobre uno, diciendo ciertas oraciones. ‖ fig. y fam. Castigar o *golpear a uno. ‖ r. fig. y fam. **Hacerse cruces.**
santiguo. m. Acción de santiguar. ‖ **Santiamén.**
santimonia. f. ***Santidad.** ‖ *Planta herbácea de las compuestas, semejante a la matricaria, que se cultiva en los jardines por sus flores.
santiscario. m. **Invención.** U. sólo en la expresión familiar **de mi santiscario.**
santísimo, ma. sup. de **Santo.** ‖ adj. Aplícase al *Papa como *tratamiento honorífico. ‖ m. **El Santísimo.** Cristo en la *Eucaristía. ‖ **Descubrir,** o **manifestar, el Santísimo.** fr. *Liturg.* Exponerle a la pública adoración de los fieles.
***santo, ta.** adj. Perfecto y libre de toda culpa. ‖ → Dícese de la persona a quien la Iglesia declara tal, y manda que se le dé culto universalmente. Ú. t. c. s. ‖ Aplícase a la persona de especial *virtud y ejemplo. Ú. t. c. s. ‖ Dícese de lo que está especialmente consagrado a Dios. ‖ Aplícase a lo que es venerable por algún motivo de religión. ‖ Dícese de los seis días de la Semana **Santa** que siguen al Domingo de Ramos. ‖ Conforme a la ley de Dios. ‖ *Sagrado, inviolable. ‖ Aplícase a algunas cosas que tienen singular virtud para la *curación de algunas enfermedades. ‖ Dícese del *ladrillo que resulta parcialmente vitrificado. ‖ Con ciertos nombres encarece el significado de éstos. ‖ m. Imagen o *efigie de un **santo.** ‖ fam. Viñeta, *grabado, *dibujo. ‖ Respecto de una persona, *festividad del **santo** cuyo nombre lleva. ‖ *Mil.* **Nombre** (que sirve de contraseña a los *centinelas). ‖ **de pajares.** fig. y fam. Aquel de cuya santidad no se puede fiar. ‖ **mocarro,** o **macarro.** *Juego en que van manchando a uno la cara los demás, con la condición de quedar en lugar de éste el que se ría. ‖ **Alzarse** uno **con el santo y la limosna,** o **y la cera.** fr. fig. y fam. *Apropiárselo todo, lo suyo y lo ajeno. ‖ **A santo de.** m. adv. Con *motivo de, con pretexto de. ‖ **A santo tapado.** m. adv. Con cautela, *ocultamente. ‖ **Cargar** uno **con el santo y la limosna.** fr. fig. y fam. **Alzarse con el santo y la limosna.** ‖ **Comerse** uno **los santos.** fr. fig. y fam. Extremar la *devoción en las prácticas religiosas. ‖ **Dar** uno **con el santo en tierra.** fr. fig. y fam. Dejar caer lo que lleva. ‖ **Dar el santo.** fr. *Mil.* Señalar el jefe superior de la milicia el nombre de un **santo** para que sirva de seña a las *guardias y centinelas. ‖ *Mil.* Decir este nombre al que por ordenanza debe exigirlo. ‖ **Írsele** a uno **el santo al cielo.** fr. fig. y fam. *Olvidársele lo que iba a decir o hacer. ‖ **Jugar con uno al santo mocarro,** o **macarro.** fr. fig. y fam. *Burlarse de él. ‖ **Llegar y besar el santo.** fr. fig. que indica la brevedad con que se *logra algún intento. ‖ **No ser** una persona **santo de la devoción de** otra. fr. fig. y fam. *Desagradarle, inspirarle *desconfianza. ‖ **Por todos los santos,** o **por todos los santos del cielo.** expr. fam. con que se *ruega encarecidamente alguna cosa. ‖ **Santo y bueno.** expr. con que se *aprueba una proposición o especie.
santol. m. Cierto *árbol frutal de la familia de las meliáceas, propio de Filipinas.
santolio. m. El santo óleo.
santón. m. El que profesa vida austera y penitente fuera de la religión cristiana. Dícese especialmente del *mahometano que hace esa vida. ‖ fig. y fam. Hombre *hipócrita o que aparenta *santidad.
santónico. m. *Planta perenne de las compuestas, cuyas cabezuelas se usan en medicina como vermífugas. ‖ Cabezuela de esta planta.
santonina. f. *Farm.* Substancia amarga y acre que se extrae del santónico y se emplea en medicina como vermífugo.
santoñés, sa. adj. Natural de Santoña. Ú. t. c. s. ‖ Perteneciente a esta villa.
santoñés, sa. adj. Natural de la Santoña. Ú. t. c. s. ‖ Perteneciente a esta antigua provincia de Francia.
santoral. m. Libro que contiene vidas o hechos de *santos. ‖ Libro de *coro que contiene los introitos y antífonas de los oficios de los santos. ‖ Lista de los *santos cuya festividad se conmemora en cada uno de los días del año.
santuario. m. *Templo o ermita en que se venera la imagen o *reliquia de un santo. ‖ **Sancta.** ‖ fig. **Tesoro.**
santucho, cha. adj. fam. **Santurrón.** Ú. t. c. s.
santulón, na. adj desus. **Santurrón.**
santurrón, na. adj. Nimio o exagerado en los actos de *devoción. Ú. t. c. s. ‖ Gazmoño, *hipócrita.
santurronería. f. Calidad de santurrón.
saña. f. Furor, *enojo ciego. ‖ Intención rencorosa y *cruel.
sañosamente. adv. m. **Sañudamente.**
sañoso, sa. adj. **Sañudo.**
sañudamente. adv. m. Con saña.
sañudo, da. adj. Propenso a la saña, o que tiene saña.
sao. m. **Labiérnago.** ‖ Sabana pequeña con algunos matorrales o grupos de árboles.
sapa. f. *Residuo que queda de la *masticación del buyo.
sapada. f. *Caída de bruces.
sapan. m. **Sibucao.**
sapidez. f. Calidad de sápido.
sápido, da. adj. Aplícase a la substancia que tiene algún *sabor.
sapiencia. f. **Sabiduría.** ‖ Libro de la Sabiduría de Salomón, en la *Biblia.
sapiencial. adj. Perteneciente a la *sabiduría.
sapiente. adj. p. us. ***Sabio.** Ú. t. c. s.
sapientísimo, ma. adj. sup. de **Sapiente.**
sapillo. m. d. de **Sapo.** ‖ *Veter.* **Ránula.** ‖ Especie de afta en la *boca de algunos niños de pecho. ‖ **Salicor.**
sapina. f. **Salicor.**
sapindáceo, a. adj. *Bot.* Aplícase a plantas dicotiledóneas exóticas, arbóreas o sarmentosas, cuyo tipo es el jaboncillo. Ú. t. c. s. ‖ f. pl. *Bot.* Familia de estas plantas.
sapino. m. ***Abeto.**
***sapo.** m. *Batracio de piel verdosa llena de verrugas, cuerpo rechoncho, ojos saltones, extremidades cortas y cinco dedos. ‖ fam. Cualquier bicho cuyo nombre se ignora. ‖ *Juego de la rana. ‖ **marino. Pejesapo.** ‖ **Echar** uno **sapos y culebras.** fr. fig. y fam. Decir *disparates. ‖ fig. y fam. Proferir con *ira denuestos. ‖ **Pisar el sapo.** fr. fig. y fam. con que se nota al *perezoso que se levanta tarde de la cama. ‖ fig. y fam. Aplícase a la persona *tímida, que no se atreve a ejecutar una acción.
saponáceo, a. adj. **Jabonoso.**
saponaria. f. **Jabonera** (planta).
saponificable. adj. Que se puede saponificar.
saponificación. f. Acción y efecto de saponificar o saponificarse.
saponificar. tr. Convertir en *jabón un cuerpo graso. Ú. t. c. r.
saporífero, ra. adj. Que causa *sabor.
sapotáceo, a. adj. *Bot.* Dícese de arbustos y árboles dicotiledóneos, cuyo tipo es el zapote. Ú. t. c. s. f. ‖ f. pl. *Bot.* Familia de estas plantas.
sapote. m. **Zapote.**
saprofito, ta. adj. *Bot.* Dícese de los vegetales que se nutren de materias orgánicas en descomposición.
saque. m. Acción de sacar en el juego de *pelota. ‖ Raya o sitio desde el cual se saca la pelota. ‖ El que saca la pelota. ‖ **Tener buen saque.** fr. fig. y fam. *Comer o *beber mucho de cada vez.
saqueador, ra. adj. Que saquea. Ú. t. c. s.
saqueamiento. m. **Saqueo.**
saquear. tr. *Robar los soldados lo que hallan en un paraje. ‖ fig. Apo-

derarse de todo o la mayor parte de aquello de que se habla.
saqueo. m. Acción y efecto de saquear.
saquería. f. Fabricación de *sacos. ‖ Conjunto de ellos.
saquerío. m. Conjunto de sacos.
saquero, ra. m. y f. Persona que hace sacos o los vende.
saquete. m. d. de **Saco.** ‖ Envoltura en que se empaqueta la carga del *cañón. ‖ **de metralla.** *Artill.* Platillo de hierro o madera sobre el que se agrupan *proyectiles pequeños.
saquilada. f. Cantidad que se lleva en un saco, cuando no va lleno. Dícese especialmente del trigo que se lleva a *moler.
sarabaíta. adj. Decíase del *monje relajado que vivía en las ciudades con dos o tres compañeros, sin regla ni superior. Ú. t. c. s.
sargüete. m. fam. Sarao casero.
sarama. f. **Basura.**
sarampión. m. **Pat.* Enfermedad febril, contagiosa, que se manifiesta por manchas pequeñas y rojas en la *piel y síntomas catarrales.
sarán. m. *Cesto ordinario hecho de madera de castaño.
sarandí. m. *Arbusto de la familia de las euforbiáceas, de ramas largas y flexibles, propio de América.
sarao. m. *Reunión nocturna de personas de distinción para *divertirse con *baile o música.
sarape. m. ***Capote de monte.**
sarapia. f. *Árbol americano, de las leguminosas, cuya semilla se usa para aromatizar el rapé y preservar la ropa de la polilla. ‖ Fruto de este árbol.
sarapico. m. **Zarapito.**
sarasa. m. fam. Hombre *afeminado, marica.
saraviado, da. adj. Pintado, con *manchas, mosqueado. Aplícase a las *aves.
sarazo. adj. Aplícase al *maíz que empieza a madurar.
sarcasmo. m. *Burla sangrienta, *ironía mordaz y cruel. ‖ **Ret.* Figura que consiste en emplear esta especie de ironía o burla.
sarcásticamente. adv. m. Con sarcasmo.
sarcástico, ca. adj. Que denota o implica sarcasmo. ‖ Aplícase a la persona propensa a emplearle.
sarcia. f. *Carga, fardaje.
sarco. m. *Germ.* **Sayo.** ‖ **de popal.** *Germ.* Sayo de faldamenta larga.
sarcocarpio. m. *Bot.* **Mesocarpio.**
sarcocele. m. *Pat.* *Tumor duro y crónico del *testículo.
sarcocola. f. *Goma de color amarillento o rojizo, sabor amargo y olor ambarino, que fluye de la corteza de un arbusto de Arabia, y se usó en medicina.
sarcófago. m. ***Sepulcro.**
sarcolema. m. *Zool.* **Miolema.**
sarcoma. m. *Pat.* *Tumor maligno que se reproduce con facilidad.
sarcótico, ca. adj. **Farm.* Aplicábase a los remedios que tienen virtud de cerrar las llagas. Usáb. t. c. s. m.
sarda f. **Caballa.** ‖ Cierto *pececillo de río. ‖ *Monte bajo, matorral. ‖ **Sardo** (tejido de mimbre para poner a secar las *castañas).
sardana. f. *Danza en corro, tradicional de Cataluña.
sardanés, sa. adj. Natural de Cerdaña. Ú. t. c. s. ‖ Perteneciente a esta comarca de Cataluña.
sarde. m. **Bieldo.**
sardesco, ca. adj. Aplícase a la *caballería pequeña. Ú. t. c. s. ‖ fig. y fam. Dícese de la persona *desabrida.
sardiano, na. adj. Natural de Sardes, capital de Lidia. Ú. t. c. s. ‖ Perteneciente a esta ciudad del Asia antigua.
sardicense. adj. Natural de Sárdica. Ú. t. c. s. ‖ Perteneciente a esta ciudad de Tracia.
sardina. f. *Pez marino malacopterigio abdominal, parecido al arenque, pero de carne más delicada. ‖ **arenque. Arenque.**
sardinal. m. *Red para pescar sardinas, que se mantiene entre dos aguas en posición vertical.
sardinel. m. **Albañ.* Obra hecha de ladrillos sentados de canto y adosados por sus caras mayores. ‖ *Escalón de entrada de una casa o habitación. ‖ *Mar.* *Cabo de tres cordones, con dos filásticas cada uno.
sardinero, ra. adj. Perteneciente a las sardinas. ‖ m. y f. Persona que vende sardinas o trata en ellas.
sardineta. f. d. de **Sardina.** ‖ Porción que se corta al *queso en lo que sobresale del molde. ‖ Adorno formado por dos *galones, que se usa en ciertos uniformes militares. ‖ Papirotazo que por *juego da un muchacho a otro en la mano.
sardio. m. **Sardónice.**
sardioque. m. *Germ.* **Salero.** ‖ *Germ.* ***Sal.**
sardo, da. adj. Dícese del ganado *vacuno de pelaje negro, blanco y colorado. ‖ m. **Sardónice.** ‖ *Tejido de mimbres donde se ponen a curar las *castañas y avellanas.
sardo, da. adj. Natural de Cerdeña. Ú. t. c. s. ‖ Perteneciente a esta isla de Italia. ‖ m. *Lengua hablada en la misma isla.
sardón. m. Mata achaparrada de *encina. ‖ *Monte bajo, terreno lleno de maleza.
sardonal. m. Sitio poblado de sardones.
sardonia. f. Especie de ranúnculo, cuyo jugo produce en los músculos de la cara una contracción que imita la *risa.
sardónica. f. **Sardónice.**
sardónice. f. *Agata de color amarillento con zonas más o menos obscuras.
sardónico, ca. adj. fig. *Med.* V. ***Risa sardónica.** ‖ Perteneciente a la sardonia.
sardonio. m. **Sardónice.**
sardónique. f. **Sardónice.**
sarga. f. *Tela cuyo tejido forma unas líneas diagonales. ‖ **Pint.* Tela pintada para adornar las paredes de las habitaciones.
sarga. f. *Arbusto de las salicíneas, que abunda a orillas de los ríos.
sargadilla. f. *Planta perenne de las salsoláceas.
sargado, da. adj. **Asargado.**
sargal. m. Terreno poblado de sargas.
sargantana. f. **Lagartija.**
sargantesa. f. **Lagartija.**
sargatillo. m. Especie de sauce.
sargazo. m. Planta marina de la familia de las *algas, que a veces cubre grandes extensiones en la superficie del *mar.
sargenta. f. **Sergenta.** ‖ *Alabarda que llevaba el sargento. ‖ Mujer del sargento. ‖ **Sargentona.**
sargentear. tr. Gobernar gente *militar haciendo el oficio de sargento. ‖ fig. **Capitanear.** ‖ fig. y fam. *Mandar con afectado imperio.
sargentería. f. Ejercicio de las funciones del sargento.
sargentía. f. Empleo de sargento. ‖ **mayor.** Empleo de sargento mayor. ‖ Oficina del sargento mayor.
sargento. m. Individuo de la clase de *tropa, que tiene empleo superior al de cabo. ‖ *Oficial subalterno que en las antiguas compañías de infantería seguía en orden al alférez. ‖ Alcalde de corte. ‖ **general de batalla.** En la milicia antigua, *oficial inmediato subalterno del maestre de campo general. ‖ **mayor.** Oficial que solía haber en los regimientos, y era jefe superior a los capitanes. ‖ **mayor de brigada.** El más antiguo de los **sargentos** mayores. ‖ **mayor de la plaza.** *Oficial jefe de ella, encargado del pormenor del servicio. ‖ **mayor de provincia.** Jefe militar que en Indias mandaba después del gobernador y teniente de rey.
sargentona. f. fam. despect. Mujer corpulenta y *hombruna.
sargo. m. *Pez marino acantopterigio.
sarguero. m. *Pintor que se dedicaba a pintar sargas.
sarguero, ra. adj. Perteneciente a la sarga (arbusto).
sargueta. f. d. de **Sarga** (tela pintada).
sariama. f. *Ave zancuda, de cuello largo, propia de América.
sarilla. f. ***Mejorana.**
sarillo. m. **Devanadera.**
sármata. adj. Natural de Sarmacia, región de la Europa antigua. Ú. t. c. s. ‖ **Sarmático.**
sarmático, ca. adj. Perteneciente a Sarmacia.
sarmentador, ra. m. y f. Persona que sarmenta.
sarmentar. intr. Coger los *sarmientos podados.
sarmentazo. m. aum. de **Sarmiento.** ‖ *Golpe dado con un sarmiento.
sarmentera. f. Lugar donde se guardan los *sarmientos. ‖ Acción de sarmentar. ‖ *Germ.* *Toca de red.
sarmenticio, cia. adj. Aplicábase a los *mártires cristianos que se dejaban quemar con sarmientos.
sarmentillo. m. d. de **Sarmiento.**
sarmentoso, sa. adj. Que tiene semejanza con los *sarmientos.
***sarmiento.** m. Vástago de la vid, flexible y nudoso. ‖ **cabezudo.** El que para plantar se corta de la cepa con parte de madera vieja.
***sarna.** f. *Pat.* Enfermedad que se manifiesta por picazón intensa, y vesículas diseminadas por el cuerpo, producidas por el ácaro o arador. ‖ **perruna.** Variedad de **sarna** cuyas vesículas no supuran y cuyo prurito es muy vivo. ‖ **Más viejo que la sarna.** expr. fig. y fam. Muy *antiguo.
sarnazo. m. fam. aum. de **Sarna.**
***sarnoso, sa.** adj. Que tiene sarna. Ú. t. c. s.
sarpullido. m. **Salpullido.**
sarpullir. tr. **Salpullir.** Ú. t. c. r.
sarracénico, ca. adj. Perteneciente a los sarracenos.
sarraceno, na. adj. Natural de la Arabia Feliz. Ú. t. c. s. ‖ **Moro.**
sarracín, o **sarracino, na.** adj. **Sarraceno.** Apl. a pers., ú. t. c. s.
sarracina. f. *Combate o pelea entre muchos, especialmente cuando es confusa o tumultuaria. ‖ Por ext. *contienda en que hay heridas o muertes.
sarrajón. m. Planta silvestre (*caña) de la familia de las gramíneas.
sarrapia. f. **Sarapia.**
sarria. f. Género de *red basta para transportar paja. ‖ *Espuerta grande.
sarrianense. adj. Natural de Sarriá (provincia de Gerona). Ú. t. c. s.

sarrianés, sa. adj. Natural de Sarriá (barrio de Barcelona). Ú. t. c. s.
sarriano, na. adj. Natural de Sarria (provincia de Lugo). Ú. t. c. s.
sarrieta. f. d. de **Sarria.** || *Espuerta honda y alargada en que se echa el *pienso a las bestias.
sarrillo. m. Estertor del moribundo.
sarrillo. m. **Aro** (*planta).
sarrio. m. **Gamuza** (*rumiante).
sarro. m. *Sedimento que se adhiere al fondo y paredes de una vasija. || Substancia amarillenta, de naturaleza calcárea, que se adhiere al esmalte de los *dientes. || **Saburra.** || **Roya** (*hongo de los cereales).
sarroso, sa. adj. Que tiene sarro.
sarruján. m. **Zagal** (pastor).
sarrusofón. m. *Mús.* *Instrumento de viento, de tubo cónico de metal y lengüeta doble, usado en las bandas militares.
sarsola. f. *Mar.* Especie de *pala para desaguar embarcaciones pequeñas.
sarta. f. *Serie de cosas *atravesadas por un hilo, cuerda, etc. || fig. Porción de gentes o de otras cosas que van en fila unas tras otras.
sartal. m. **Sarta.**
sartalejo. m. d. de **Sartal.**
sartén. f. Vasija de hierro, circular, más ancha que honda y con mango largo. Es utensilio de *cocina y se usa principalmente para freír. || **Sartenada.** || **Tener** uno **la sartén por el mango.** fr. fig. y fam. Tener el *dominio o el principal manejo y autoridad en un negocio.
sartenada. f. Lo que de una vez se fríe en la sartén.
sartenazo. m. *Golpe que se da con la sartén o cosa parecida.
sarteneja. f. d. de **Sartén.**
sartenero. m. El que hace sartenes o las vende.
sartorio. m. *Anat.* ***Músculo sartorio.**
sasafrás. m. *Árbol americano de las lauráceas, de madera y corteza de olor fuerte aromático, usadas en medicina.
sastra. f. Mujer del *sastre. || La que tiene el oficio de sastre.
***sastre.** m. El que tiene por oficio cortar y coser trajes de hombre. || **Buen sastre.** fig. y fam. Persona muy *docta en una materia. || **Corto sastre.** fig. y fam. Persona *ignorante.
sastrería. f. Oficio de sastre. || Obrador de sastre.
sastresa. f. **Sastra.**
Satán. n. p. m. **Satanás.**
Satanás. n. p. m. **Lucifer.**
satandera. f. **Comadreja.**
satánico, ca. adj. Perteneciente a Satanás; propio y característico de él. || fig. Extremadamente *perverso.
***satélite.** m. Cuerpo celeste opaco que gira alrededor de un planeta primario. || fam. ***Alguacil.** || fig. Persona o cosa que depende de otra y especialmente el que obedece a otro de un modo *servil. || **Mec.* Rueda dentada que forma parte de un engranaje y gira libremente sobre su eje para transmitir el movimiento de otra rueda. Se usa en el diferencial del *automóvil.
satén. m. *Tela arrasada.
satín. m. *Madera americana parecida al nogal.
satinador, ra. adj. Que satina.
satinar. tr. Dar al *papel o a la tela tersura y *lustre por medio de la presión.
sátira. f. Composición *poética u otro escrito en que se *zahiere a personas o cosas. || *Discurso o dicho picante y mordaz.
satiriasis. f. *Pat.* Estado de exaltación morbosa de las funciones *genitales masculinas.
satíricamente. adv. m. De modo satírico.
***satírico, ca.** adj. Perteneciente a la sátira. || m. *Escritor que cultiva la sátira.
satírico, ca. adj. Perteneciente o relativo al sátiro.
satirio. m. *Mamífero roedor, de forma semejante a la rata, que nada muy bien y caza en el agua y fuera de ella.
satirión. m. *Planta herbácea, vivaz, de las orquídeas, de flores de figura extraña, blancas olorosas, y raíces con dos tubérculos parejos y aovados, de que puede sacarse salep.
satirizante. p. a. de **Satirizar.** Que satiriza.
satirizar. intr. Escribir sátiras. || tr. *Zaherir y motejar.
sátiro, ra. adj. p. us. *Mordaz, propenso a zaherir. Ú. t. c. s. || m. Composición *teatral, *obscena y desvergonzada. || fig. *Hombre *lujurioso. || **Mit.* Monstruo o semidiós que era medio hombre y medio cabra.
satis. m. **Asueto** (*vacación).
satisdación. f. *For.* ***Fianza.**
satisfacción. f. Acción y efecto de *satisfacer o satisfacerse. || Parte del sacramento de la *penitencia, que consiste en pagar con obras la pena debida. || Razón, acción o modo con que se *responde enteramente a una cosa. || *Reparación de un daño o agravio. || Presunción, *vanidad. || Confianza o *tranquilidad del ánimo. || *Cumplimiento del deseo o del gusto. || **A satisfacción.** m. adv. A gusto de uno. || **Tomar** uno **satisfacción.** fr. *Vengarse, volver por el propio honor.
***satisfacer.** tr. Pagar enteramente lo que se debe. || *Expiar la culpa o hacer una obra que merezca el perdón de la pena debida. || Aquietar y *aplacar las pasiones del ánimo. || *Saciar un apetito, pasión, etc. || Dar *solución a una duda o dificultad. || Deshacer un agravio u ofensa. || *Premiar con equidad los méritos de uno. || r. *Vengarse de un agravio. || Aquietarse o *persuadirse con una eficaz razón.
satisfaciente. p. a. de **Satisfacer.** Que satisface.
satisfactoriamente. adv. m. De modo satisfactorio.
satisfactorio, ria. adj. Que puede satisfacer o *pagar una cosa debida. || Que puede *resolver una duda o deshacer un agravio. || Grato, *agradable, favorable.
satisfecho, cha. p. p. irreg. de **Satisfacer.** || adj. *Orgulloso o pagado de sí mismo. || Contento, *feliz.
sativo, va. adj. Que se *siembra o *cultiva, a distinción de lo silvestre.
sato. m. p. us. **Sembrado.**
sátrapa. m. *Gobernador de una provincia de la antigua Persia. || fig. y fam. Hombre que se sabe gobernar con *astucia. Ú. t. c. adj.
satrapía. f. Dignidad de sátrapa. || *Territorio gobernado por un sátrapa.
saturable. adj. Que puede saturarse.
saturación. f. **Quím.* Acción y efecto de saturar o saturarse.
saturar. tr. **Saciar.** || **Quím.* Combinar dos o más cuerpos en la máxima proporción en que pueden unirse. || *Fís.* Impregnar de otro cuerpo un fluido hasta la máxima cantidad que puede admitir. Ú. t. c. r.
saturnal. adj. Perteneciente o relativo a Saturno. || f. *Fiesta en honor del dios Saturno. Ú. m. en pl. || fig. Orgía, *desenfreno.
saturnino, na. adj. Dícese de la persona de genio *triste y taciturno. || *Quím.* Perteneciente o relativo al *plomo. || *Med.* Aplícase a las *enfermedades producidas por intoxicación con una sal de plomo.
saturnio, nia. adj. **Saturnal.**
saturnismo. m. *Pat.* *Enfermedad producida por la intoxicación con sales de plomo.
Saturno. n. p. m. **Mit.* Entre los romanos, dios de la agricultura. || m. *Astr.* *Planeta distante del Sol nueve veces más que la Tierra, acompañado de ocho satélites y rodeado por un doble anillo. || *Quím.* ***Plomo.**
sauale. m. *Tejido de tiras de caña, para hacer toldos.
***sauce.** m. Árbol de las salicíneas, de hojas angostas, lanceoladas, común en las orillas de los ríos. || **blanco. Sauce.** || **cabruno.** Árbol de las salicíneas, que se diferencia del **sauce** blanco por tener las hojas mayores. || **de Babilonia,** o **llorón.** Árbol de las salicíneas, de ramas y ramillas muy largas, flexibles y péndulas.
sauceda. f. **Salceda.**
saucedal. m. **Salceda.**
saucera. f. **Salceda.**
saucillo. m. **Centinodia** (*planta).
saúco. m. *Arbusto o arbolillo de las caprifoliáceas, con tronco de corteza parda y rugosa y médula blanca abundante. El cocimiento de las flores se usa en medicina como diaforético. || Segunda tapa de que se componen los *cascos de los caballos.
sauquillo. m. **Mundillo** (arbusto).
saurio, ria. adj. *Zool.* Dícese de los *reptiles que generalmente tienen cuatro extremidades cortas, mandíbulas con dientes, y cuerpo largo con cola larga; como el lagarto y el cocodrilo. Ú. t. c. s. || m. pl. *Zool.* Orden de estos reptiles.
sausería. f. Oficina de palacio encargada del servicio de mesa.
sausier. m. Jefe de la sausería de palacio.
sautor. m. **Blas.* **Sotuer.**
sauz. m. **Sauce.**
sauzal. m. **Salceda.**
sauzgatillo. m. *Arbusto de las verbenáceas, que crece a orillas de los ríos.
savia. f. *Jugo que nutre las plantas. || fig. Energía, elemento vivificador.
saxafrax. f. **Saxífraga.**
saxátil. adj. *Hist. Nat.* Que se cría entre *piedras o adherido a ellas.
sáxeo, a. adj. De *piedra.
saxífraga. f. *Planta herbácea, vivaz, de las saxifragáceas, cuya infusión se ha empleado en medicina contra los cálculos de los riñones. || **Sasafrás.**
saxifragáceo, a. adj. **Bot.* Dícese de plantas dicotiledóneas, árboles, arbustos o hierbas, cuyo tipo es la saxífraga. Ú. t. c. s. f. || f. pl. *Bot.* Familia de estas plantas.
saxifragia. f. **Saxífraga.**
saxofón o **saxófono.** m. *Instrumento músico de viento, de metal, con boquilla de madera y caña.
***saya.** f. Falda interior que usan las mujeres. || *Regalo en dinero que solían dar las reinas a sus servidoras que tomaban estado. || *Vestidura talar antigua.
sayagués, sa. adj. Natural de Sayago. Ú. t. c. s. || Perteneciente a este territorio de la provincia de Zamo-

ra. ‖ fig. desus. Tosco, *inculto, *rústico, aplicado a persona.
sayal. m. *Tela muy basta de lana.
sayalería. f. Oficio de sayalero.
sayalero, ra. m. y f. Persona que teje sayales.
sayalesco, ca. adj. De sayal o perteneciente a él.
sayalete. m. d. de **Sayal.** ‖ Sayal delgado.
sayete. m. d. de **Sayo.**
sayo. m. *Indum.* Casaca holgada, larga y sin botones. ‖ fam. Cualquier *vestido. ‖ **baquero.** Vestido exterior que cubre todo el cuerpo y se ataca por una abertura que tiene atrás. ‖ **bobo.** Vestido estrecho, entero, abotonado, de que usaban comúnmente los graciosos en los entremeses. ‖ **Cortar** a uno **un sayo.** fr. fig. y fam. *Murmurar de él en su ausencia, censurarle.
sayón. m. En la Edad Media, ministro de justicia o *alguacil encargado de hacer citaciones y ejecutar los embargos. ‖ ***Verdugo.** ‖ *Cofrade que va en las *procesiones de Semana Santa con una túnica larga. ‖ fig. y fam. Hombre de aspecto feroz.
sayon. m. *Planta de las salsoláceas.
sayuela. f. d. de **Saya.** ‖ adj. Dícese de cierto género de *higuera. ‖ f. *Camisa de estameña que usan en algunas *comunidades.
sayuguina. f. Flor del saúco.
saz. m. **Sauce.**
sazón. f. Punto o *madurez de las cosas. ‖ Estado de *perfección de una cosa en su línea. ‖ *Ocasión, coyuntura. ‖ *Gusto y sabor que se percibe en los manjares. ‖ **A la sazón.** m. adv. **Entonces.** ‖ **En sazón.** m. adv. Oportunamente.
sazonadamente. adv. m. Con sazón.
sazonado, da. adj. Dícese del lenguaje que contiene *donaires y expresiones agudas.
sazonador, ra. adj. Que sazona.
sazonar. tr. Dar sazón al manjar. *condimentarlo. ‖ *Concluir debidamente las cosas, dándoles la sazón, punto y madurez que deben tener. Ú. t. c. r.
se. Forma reflexiva del pronombre personal de tercera persona. ‖ Partícula que sirve para formar oraciones impersonales y de pasiva.
sebáceo, a. adj. Que participa de la naturaleza del sebo. ‖ *Anat.* Dícese de ciertas *glándulas que segregan materias grasas.
sebastiano. m. **Sebestén.**
sebe. f. *Cercado de estacas altas entretejidas con ramas largas. ‖ Matas de *monte bajo.
sebera. f. *Cartera de cuero que llevan los campesinos chilenos en la montura. ‖ **Arq. Nav.* Tubo en que los calafates llevan el sebo.
sebestén. m. *Arbolito de las borragíneas, de cuyo fruto se obtiene un mucilago que se ha empleado en medicina. ‖ Fruto de este arbolito.
sebillo. m. *Sebo delicado para suavizar las manos y para otros efectos. ‖ Especie de *jabón para suavizar las manos.
***sebo.** m. Grasa sólida y dura que se saca de los animales herbívoros. ‖ Cualquier género de gordura.
seborrea. f. *Pat.* Secreción anormal de grasa en ciertas regiones de la *piel.
seboso, sa. adj. Que tiene *sebo. ‖ Untado de sebo o de otra *grasa. ‖ fig. Decíase de los portugueses, por lo muy derretidos que eran en sus *amores.
sebucán. m. Colador cilíndrico para separar el yare del almidón de la yuca.
seca. f. **Sequía.** ‖ Período en que se secan las pústulas de ciertas erupciones *cutáneas. ‖ Infarto de una *glándula. ‖ Especie de *torta delgada y extendida. ‖ **Secano** (banco de *arena).
secácul. m. *Raíz muy aromática que procede de una planta oriental.
secadal. m. **Sequedal.** ‖ **Secano.** ‖ En los *tejares, era en que se orea la obra modelada.
secadero, ra. adj. Apto para conservarse seco. ‖ m. Paraje destinado para poner a *secar una cosa.
secadillo. m. *Dulce que se hace de almendras machacadas, corteza de limón, azúcar y clara de huevo.
secadío, a. adj. Que puede *secarse.
secadora. f. Máquina para *secar.
secafirmas. m. Utensilio de escritorio provisto de papel secante, para *secar lo escrito.
secamente. adv. m. Con pocas palabras o sin pulimento ni adorno. ‖ Ásperamente, con *desabrimiento.
secamiento. m. Acción y efecto de *secar o secarse.
secano. m. *Tierra de labor que no tiene riego. ‖ *Bajío de arena que no está cubierto por el agua. ‖ *Islita próxima a la costa. ‖ fig. Cualquier cosa que está muy seca.
secansa. f. Juego de *naipes parecido al de la treinta y una. ‖ Reunión, en este juego, de dos cartas de valor correlativo. ‖ Reunión, en el juego de los cientos, de tres cartas del mismo palo y de valor correlativo.
secante. p. a. de **Secar.** Que *seca. Ú. t. c. s. ‖ m. **Papel secante.** ‖ *Pint.* **Aceite secante.**
secante. adj. **Geom.* Aplícase a las líneas o superficies que *cortan a otras líneas o superficies. Ú. t. c. s. f. ‖ **de un ángulo.** *Trig.* La del arco que sirve de medida al ángulo.
***secar.** tr. Extraer la humedad, o hacer que se exhale de un cuerpo mojado. ‖ *Gastar o ir consumiendo el humor o jugo en los cuerpos. ‖ fig. *Fastidiar, aburrir. Ú. t. c. r. ‖ r. Enjugarse la humedad de una cosa evaporándose. ‖ Quedarse sin agua un río, una fuente, etc. ‖ Perder una planta su lozanía, *marchitarse. ‖ Enflaquecer y extenuarse una persona o un animal. ‖ fig. Tener mucha *sed. ‖ fig. Dicho del corazón o del ánimo, hacerse *insensible.
secaral. m. **Sequeral.**
secarrón, na. adj. aum. de **Seco.** Aplícase generalmente al carácter.
secatón, na. adj. *Soso, que carece de gracia.
secatura. f. Insulsez, *sosería.
sección. f. **Cortadura.** ‖ Cada una de las *partes en que se divide o considera dividido un todo. ‖ Cada uno de los grupos en que se *divide o considera dividido un conjunto de personas o cosas. ‖ *Dibujo del perfil o figura que resultaría si se cortara un objeto por un plano vertical. ‖ **Geom.* Figura que resulta de la intersección de una superficie o un sólido con otra superficie. ‖ **Mil.* Cada uno de los grupos mandados por un oficial. ‖ **cónica.** **Geom.* Cualquiera de las curvas que resultan de cortar la superficie de un cono circular por un plano. ‖ **de reserva.** **Mil.* Cuadro jerárquico de los generales que han dejado de prestar servicio activo.
seccionar. tr. *Dividir en secciones.
secén. adj. Dícese del *madero en rollo, de ocho varas de largo. Ú. m. c. s.
secesión. f. Acto de *separarse de una nación parte de su pueblo y territorio. ‖ Apartamiento, *retraimiento de los negocios públicos.
secesionista. adj. Partidario de la secesión. Apl. a pers., ú. t. c. s. ‖ Perteneciente o relativo a ella.
seceso. m. *Evacuación de vientre.
***seco, ca.** adj. Que carece de jugo o humedad. ‖ Falto de agua. Dícese de los manantiales, ríos, etc. ‖ Falto de verdor, *marchito. ‖ Tratándose de las plantas, **muerto.** ‖ Aplícase a las *frutas, especialmente a las de cáscara dura, como avellanas, nueces, etc. ‖ *Flaco o de muy pocas carnes. ‖ Dícese también del tiempo en que no llueve. ‖ fig. Aplícase a lo que está *solo, sin alguna cosa accesoria que le dé mayor valor o estimación. ‖ fig. *Escaso o falto de aquellas cosas necesarias para la vida y trato humano. ‖ fig. Áspero, *desabrido en el trato. ‖ fig. *Riguroso, estricto. ‖ fig. En sentido *místico, poco fervoroso. ‖ fig. Aplicado al entendimiento o al ingenio y a sus producciones, árido, *inexpresivo, falto de amenidad. ‖ fig. Dícese del *aguardiente puro. ‖ fig. V. **Vino seco.** ‖ fig. Tratándose de ciertos *sonidos, corto y sin resonancias. ‖ **A secas.** m. adv. Solamente, sin otra cosa alguna. ‖ **Dejar** a uno **seco.** fr. fig. y fam. Dejarle *muerto en el acto. ‖ **En seco.** m. adv. Fuera del agua o de un lugar húmedo. ‖ fig. De repente. ‖ **Albañ.* Sin argamasa.
secón. m. *Panal de *cera sin miel.
secoya. f. Conífera gigantesca americana, que alcanza hasta ciento cincuenta metros de altura.
***secreción.** f. **Apartamiento.** ‖→ Acción y efecto de secretar. ‖ **interna.** La de las glándulas, que pasa directamente o a la sangre o a la linfa.
secreta. f. *Examen que, presenciado sólo por los doctores de la facultad, se hacía en algunas universidades. ‖ **For.* Sumario o pesquisa secreta que se hace a los residenciados. ‖ Cada una de las oraciones que se dicen en la *misa después del ofertorio y antes del prefacio. ‖ **Letrina.**
secretamente. adv. m. De manera secreta.
***secretar.** tr. *Fisiol.* Elaborar y evacuar las glándulas, membranas y células una substancia líquida o viscosa.
secretaria. f. Mujer del secretario. ‖ La que hace oficio de secretario.
secretaría. f. Destino o cargo de secretario. ‖ *Oficina donde despacha los negocios.
secretario, ria. adj. Dícese de la persona a quien se comunica algún *secreto para que lo calle. ‖ m. Sujeto encargado de *escribir las actas, dar fe de los acuerdos y custodiar los documentos de una oficina, asamblea o corporación. ‖ El que redacta la correspondencia de la persona a quien sirve para este fin. ‖ **Amanuense.** ‖ **Escribano.** ‖ **del despacho,** o **del despacho universal. Secretario** o *ministro con quien el rey despachaba las consultas pertenecientes al ramo de que estaba encargado. ‖ **Primer secretario de Estado y del Despacho.** Ministro de Estado.
secretear. intr. fam. *Hablar en secreto una persona con otra.

secreteo. m. fam. Acción de secretear.
secretista. adj. Que trata o escribe acerca de los secretos de la naturaleza. Ú. t. c. s. ‖ Dícese de la persona que habla mucho en secreto.
*__secreto.__ m. Lo que se tiene reservado y oculto. ‖ Reserva, sigilo, *silencio. ‖ Despacho de las causas de fe, en las cuales entendía secretamente el tribunal de la *Inquisición. ‖ Secretaría en que se despachaban estas causas. ‖ *Conocimiento que exclusivamente alguno posee. ‖ **Misterio.** ‖ Escondrijo que suelen tener algunos muebles. ‖ En algunas *cerraduras, mecanismo oculto. ‖ *Germ.* *Huésped que da posada. ‖ *Germ.* ***Puñal.** ‖ *Mús.* Tabla armónica del *órgano, del *piano y de otros instrumentos semejantes. ‖ **De secreto.** m. adv. **En secreto.** ‖ Sin solemnidad ni ceremonia pública, en *confianza. ‖ **Echar un secreto en la calle.** fr. fig. y fam. *Publicarlo. ‖ **En secreto.** m. adv. **Secretamente.**
*__secreto, ta.__ adj. Oculto, ignorado. ‖ *Callado, silencioso.
secretor, ra. adj. **Secretorio.**
secretorio, ria. adj. Que *secreta.
*__secta.__ f. Doctrina particular enseñada por su autor y seguida y defendida por otros. ‖→ Falsa religión enseñada por un maestro famoso.
sectador, ra. adj. **Sectario.** Ú. t. c. s.
sectario, ria. adj. Que profesa y sigue una secta. Ú. t. c. s. ‖ Secuaz, fanático e intransigente de un *partido o de una idea.
sectarismo. m. Celo propio de sectario.
sector. m. *Geom.* Porción de *círculo comprendida entre un arco y los dos radios que pasan por sus extremidades. ‖ fig. *Parte de una clase o de una colectividad que presenta caracteres peculiares. ‖ **esférico.** *Geom.* Porción de *esfera comprendida entre un casquete y la superficie cónica formada por los radios que terminan en su borde.
secuano, na. adj. Dícese del individuo de un *pueblo de la Galia Transalpina, que habitó entre el Saona, el Ródano y el Rin. Ú. t. c. s. ‖ Perteneciente a este pueblo.
secuaz. adj. Que sigue el *partido, doctrina u opinión de otro. Ú. t. c. s.
secuela. f. *Consecuencia o resulta de una cosa.
secuencia. f. Prosa o verso que se dice en ciertas *misas después del gradual. ‖ En el *cinematógrafo, sucesión de planos que integran una unidad en el tiempo y en el espacio dentro de una película.
secuestración. f. ***Secuestro.**
secuestrador, ra. adj. Que secuestra. Ú. t. c. s.
secuestrar. tr. *Depositar judicialmente un objeto en poder de un tercero hasta que se decida a quién pertenece. ‖ ***Embargar.** ‖ *Apresar los ladrones a una persona, *exigiendo dinero por su rescate.
secuestrario, ria. adj. Perteneciente al secuestro.
*__secuestro.__ m. Acción y efecto de secuestrar. ‖ desus. *Juez árbrito o mediador. ‖ *Bienes secuestrados. ‖ **Cir.* Porción de hueso mortificada que subsiste en el cuerpo separada de la parte viva. ‖ *For.* *Depósito judicial por embargo de bienes para *garantía en cuanto a los litigiosos.
sécula (para), o para in sécula, o **sécula sin fin,** o **sécula seculórum.** frs. advs. Para *siempre jamás.
*__secular.__ adj. **Seglar.** ‖ Que sucede o se *repite cada siglo. ‖ Que dura un *siglo, o desde hace siglos. ‖ → Dícese del clero o *sacerdote que vive en el siglo, a distinción del que vive en clausura. Apl. a pers., ú. t. c. s.
secularización. f. Acción y efecto de secularizar o secularizarse.
secularizar. tr. Hacer *secular lo que era eclesiástico. Ú. t. c. r. ‖ Autorizar a un religioso para que pueda vivir fuera de clausura.
secundar. tr. *Ayudar, favorecer.
secundariamente. adv. m. En segundo lugar.
*__secundario, ria.__ adj. Segundo en orden y no principal, accesorio. ‖ Aplícase a la segunda *enseñanza. ‖ **Geol.* Dícese de cualquiera de los terrenos triásico, jurásico y cretáceo. ‖ *Geol.* Perteneciente a ellos.
secundinas. f. pl. *Zool.* Placenta y membranas que envuelven el *feto.
secundípara. adj. Aplícase a la mujer que *pare por segunda vez.
secura. p. us. f. ***Sequedad.**
*__sed.__ f. Gana y necesidad de beber. ‖ fig. Necesidad de agua o de humedad que tienen ciertas cosas, como las tierras, plantas, etc. ‖ fig. Apetito o *deseo ardiente de una cosa. ‖ **Apagar la sed.** fr. fig. Aplacarla bebiendo. ‖ **Hacer sed.** fr. Tomar incentivos que la causen. ‖ **Matar la sed.** fr. fig. **Apagar la sed.** ‖ **Una sed de agua.** fr. fig. y fam. Cosa menguada o *escasísima.
*__seda.__ f. Hebra sutil, lustrosa y muy flexible, con que forman sus capullos ciertos gusanos u orugas. ‖ *Hilo formado con varias de estas hebras. ‖ Cualquier obra o tela hecha de **seda.** ‖ Cerda de algunos animales, especialmente del *jabalí. ‖ Enfermedad de algunos árboles frutales, que consiste en una especie de tela de araña que sofoca la flor. ‖ **ahogada.** La que se hila después de ahogado el gusano. ‖ **azache.** La de inferior calidad. ‖ **conchal.** La de clase superior. ‖ **cruda.** La que conserva la goma que naturalmente tiene. ‖ **de candongo,** o **de candongos. Seda** más delgada que la conchal. ‖ **de capullos,** o **de todo capullo.** La basta y gruesa de inferior calidad. ‖ **floja. Seda** lasa, sin torcer. ‖ **joyante.** La que es muy fina y de mucho lustre. ‖ **medio conchal. Seda** de calidad inferior a la de candongo. ‖ **ocal.** La que se saca del capullo ocal. ‖ **porrina. Seda azache.** ‖ **redonda. Seda ocal.** ‖ **verde.** La que se hila estando vivo el gusano. ‖ **Como una seda.** fr. fig. y fam. Muy suave al tacto. ‖ fig. y fam. Dícese de la persona *dócil. ‖ fig. y fam. Dícese cuando se consigue algo con gran *facilidad. ‖ **De toda seda.** De **seda** sin mezcla de otra fibra.
sedación. f. Acción y efecto de sedar.
sedadera. f. Instrumento para asedar el *cáñamo.
sedal. m. *Hilo o cuerda de que pende el anzuelo en la caña de *pescar. ‖ **Cir. y Veter.* Cinta o cordón que se mete por una parte de la piel y se saca por otra para facilitar la supuración.
sedán. m. Cierta especie de *paño. ‖ Modelo de *automóvil cerrado con capota o cubierta fija.
sedante. p. a. de **Sedar.** Que seda. Dícese especialmente de los *medicamentos.
sedar. tr. *Aplacar, sosegar, calmar.
sedativo, va. adj. **Farm.* Que tiene virtud de calmar los dolores y la excitación nerviosa.
sede. f. *Asiento o trono de un *prelado que ejerce jurisdicción. ‖ Capital de una diócesis. ‖ **Diócesis.** ‖ Jurisdicción y potestad del Sumo *Pontífice. (Se llama también **sede apostólica** o **Santa Sede**). ‖ Lugar en que *reside o tiene su domicilio una sociedad industrial, comercial, etcétera. ‖ **plena.** Actual ocupación de la dignidad episcopal o pontificia. ‖ **vacante.** La que no está ocupada.
sedear. tr. Limpiar *alhajas con la sedera.
sedentario, ria. adj. Aplícase al oficio o vida de *quietud o poco movimiento. ‖ Dícese de la *raza o del pueblo que tiene domicilio fijo en una región, por oposición a nómada. ‖ *Zool.* Dícese de la especie *animal cuyos individuos no salen de la región donde han nacido.
sedente. adj. Que está sentado.
sedeña. f. Estopilla segunda que se saca del *lino al rastrillarlo. ‖ Hilaza o *tela que se hace de ella. ‖ **Sedal** (para *pescar).
sedeño, ña. adj. De *seda o semejante a ella. ‖ Que tiene *pelos o cerdas.
sedera. f. Escobilla o brocha de cerdas.
sedería. f. Mercadería de *seda. ‖ Conjunto de ellas. ‖ Su tráfico. ‖ Tienda donde se venden géneros de seda.
sedero, ra. adj. Perteneciente a la *seda. ‖ m. y f. Persona que labra la seda o trata en ella.
sedición. f. Tumulto, *rebelión popular. ‖ fig. Sublevación de las pasiones.
sediciosamente. adv. m. De manera sediciosa.
sedicioso, sa. adj. Dícese de la persona que promueve una sedición o toma parte en ella. Ú. t. c. s. ‖ Aplícase a los actos o palabras de la persona **sediciosa.**
sedientes. adj. pl. V. **Bienes sedientes.**
*__sediento, ta.__ adj. Que tiene *sed. Apl. a pers., ú. t. c. s. ‖ fig. Aplícase a los campos o plantas que necesitan de humedad o *riego. ‖ fig. Que con ansia *desea una cosa.
sedimentación. f. Acción y efecto de sedimentar o sedimentarse.
sedimentar. tr. Depositar *sedimento un líquido. ‖ r. Formar sedimento las materias suspendidas en un líquido.
sedimentario, ria. adj. Perteneciente o relativo al *sedimento. ‖ **Geol.* Dícese de los terrenos formados por sedimentación.
*__sedimento.__ m. Materia que, habiendo estado suspensa en un líquido, se posa en el fondo del recipiente.
sedoso, sa. adj. Parecido a la *seda.
seducción. f. Acción y efecto de *seducir.
*__seducir.__ tr. Persuadir al mal con engaños o halagos. ‖ → Cautivar el ánimo con algún *atractivo físico o moral.
seductivo, va. adj. Dícese de lo que seduce.
seductor, ra. adj. Que seduce. Ú. t. c. s.
sefardí. adj. Dícese del *judío oriundo de España, o del que sigue sus prácticas religiosas.
sefardita. adj. **Sefardí.**
sega. m. En algunos juegos, el interviene en segundo lugar.

segable. adj. Que está en sazón para ser *segado.
segada. f. **Siega.**
segadera. f. *Hoz para segar.
segadero, ra. adj. **Segable.**
***segador.** m. El que *siega. ‖ Arácnido pequeño, de patas muy largas.
segadora. adj. Dícese de la máquina que sirve para *segar. Ú. t. c. s. ‖ f. Mujer que *siega.
segallo. m. Cría de la *cabra, antes de llegar a primal.
***segar.** tr. Cortar mieses o hierba con la hoz, la guadaña o cualquier máquina a propósito. ‖ *Cortar de cualquier manera, y especialmente la parte superior de alguna cosa. ‖ fig. Interrumpir o *estorbar desconsiderada y bruscamente el desarrollo de algo.
segazón. f. **Siega.**
***seglar.** adj. Perteneciente a la vida, estado o costumbre del siglo o mundo. ‖ **Lego.** Ú. t. c. s.
seglaridad. f. Calidad de *seglar.
seglarmente. adv. m. De modo seglar.
segmentación. f. Acción y efecto de segmentar.
segmentar. tr. *Dividir en segmentos.
segmento. m. Pedazo o *parte cortada de una cosa. ‖ **Autom.* Cada uno de los aros elásticos que encajan en el émbolo y se ajustan a las paredes del cilindro. ‖ *Geom.* Parte del *círculo comprendida entre un arco y su cuerda. ‖ **esférico.** *Geom.* Parte de la *esfera cortada por un plano que no pasa por el centro.
segobricense. adj. **Segorbino.** Apl. a pers., ú. t. c. s.
segobrigense. adj. Natural de la antigua Segóbriga, hoy Segorbe. Ú. t. c. s. ‖ Perteneciente a esta ciudad.
segorbino, na. adj. Natural de Segorbe. Ú. t. c. s. ‖ Perteneciente a esta ciudad.
segote. m. Instrumento para *segar hierba compuesto de una hoja recta de hierro y un mango de palo.
segoviano, na. adj. Natural de Segovia. Ú. t. c. s. ‖ Perteneciente a esta ciudad.
segoviense. adj. **Segoviano.** Apl. a pers., ú. t. c. s.
segregación. f. Acción y efecto de segregar.
segregar. tr. *Separar o apartar una cosa de otra u otras. ‖ ***Secretar.**
segregativo, va. adj. Que segrega o tiene virtud de segregar.
segrí. m. *Tela de seda, fuerte y labrada.
segueta. f. *Sierra de marquetería.
seguetear. intr. Trabajar con la segueta.
seguida. f. Acción y efecto de *seguir. ‖ *Serie, *continuación. ‖ Cierto *baile antiguo. ‖ **De seguida.** m. adv. De manera *continua, sin interrupción. ‖ **Inmediatamente.** ‖ **En seguida.** m. adv. **Acto continuo.**
seguidamente. adv. m. **De seguida.** ‖ **En seguida.**
seguidero. m. Regla o pauta para *escribir.
seguidilla. f. Cierta composición métrica que puede constar de cuatro o de siete *versos. ‖ pl. *Canto popular español. ‖ *Baile correspondiente a este canto. ‖ fig. y fam. *Diarrea o flujo de vientre. ‖ **Seguidilla chamberga. Seguidilla** con estribillo irregular de seis versos. ‖ **Seguidillas boleras.** Música con que se acompañan las bailadas a lo bolero. ‖ **manchegas.** Las que se cantan y bailan con cierta música originaria de la Mancha.
seguido, da. adj. *Continuo, sin intermisión de lugar o tiempo. ‖ Que está en línea *recta. ‖ adv. m. **De seguida.** ‖ m. Cada uno de los puntos que se van menguando en el remate del pie de las *medias.
seguidor, ra. adj. Que sigue a una persona o cosa. Ú. t. c. s. ‖ m. **Seguidero.**
seguimiento. m. Acción y efecto de *seguir o seguirse.
***seguir.** tr. Ir después o detrás de uno. ‖ Ir en *busca de una persona o cosa. ‖ Proseguir o *continuar en lo empezado. ‖ Ir en *compañía de uno. ‖ Profesar o ejercer una ciencia, arte o estado. ‖ Tratar o manejar un *negocio o pleito. ‖ Conformarse, convenir, ser del dictamen o *partido de una persona. ‖ *Perseguir, acosar o *importunar a uno. ‖ *Imitar o hacer una cosa por el ejemplo que otro ha dado de ella. ‖ *Dirigir una cosa por camino o método adecuado. ‖ r. Inferirse o ser *consecuencia una cosa de otra. ‖ Suceder una cosa a otra por orden, turno o número. ‖ fig. *Originarse o causarse una cosa de otra.
según. prep. De conformidad o con arreglo a. ‖ Toma carácter de adverbio, e indica relaciones de *conformidad, *semejanza, *posibilidad, *modo, *condición, etc. ‖ **Según y como.** m. adv. De *igual suerte o manera que. ‖ **Según y conforme.** m. adv. **Según y como.**
segunda. f. En las *cerraduras y llaves, vuelta doble. ‖ **Segunda intención.**
segundamente. adv. m. ant. En segundo lugar.
segundar. tr. **Asegundar.** ‖ intr. Ser segundo o seguirse al primero.
segundariamente. adv. m. **Secundariamente.**
segundario, ria. adj. **Secundario.**
segundero, ra. adj. Dícese del segundo *fruto que dan ciertas plantas dentro del año. ‖ m. Manecilla que señala los segundos en el *reloj.
segundilla. f. desus. Agua que se *enfría en la nieve que sirvió para enfriar otra cosa. ‖ *Campana pequeña que se usa en algunos *conventos. ‖ **Lagartija.**
segundillo. m. d. de **Segundo.** ‖ En algunas *comunidades, segunda porción de *pan, menor que la primera y principal, que suele darse en las *comidas. ‖ Segundo principio.
segundo, da. adj. Que sigue inmediatamente en *orden a lo que está en primer lugar. ‖ p. us. **Favorable.** ‖ m. Persona que en una institución sigue en jerarquía al *jefe o principal. ‖ *Astr.* y *Geom.* Cada una de las sesenta partes iguales en que se divide el minuto de tiempo o el de *círculo. ‖ **Sin segundo.** expr. fig. **Sin par.**
segundogénito, ta. adj. Dícese del *hijo o hija nacidos después del primogénito. Ú. t. c. s.
segundogenitura. f. Dignidad o derecho del segundogénito.
segundón. m. *Hijo segundo de la casa. ‖ Por ext., cualquier hijo no primogénito.
seguntino, na. adj. Natural de Sigüenza. Ú. t. c. s. ‖ Perteneciente a esta ciudad.
segur. f. *Hacha grande para cortar. ‖ Hacha que se llevaba como *insignia en las fasces de los lictores romanos. ‖ ***Hoz.**
Segura. n. p. **A Segura llevan,** o **le llevan, preso.** fr. proverb. con que se da a entender que toda *precaución es poca.
segurador. m. **Fiador.**
seguramente. adv. m. De modo seguro. Ú. t. c. adv. afirm.
***seguridad.** f. Calidad de seguro. ‖ *Fianza u obligación de indemnidad a favor de uno. ‖ Situación del que está a cubierto de algún riesgo. ‖ **De seguridad.** fr. Dícese de lo que sirve para evitar riesgos o peligros.
***seguro, ra.** adj. Libre y a cubierto de todo peligro, daño o riesgo. ‖ *Cierto, indubitable. ‖ Firme, *sujeto, que no está en peligro de caerse. ‖ Desprevenido, *confiado, *leal, ajeno de sospecha. ‖ m. Seguridad, certeza. ‖ Lugar o sitio libre de todo peligro. ‖ → Contrato por el cual una persona, natural o jurídica, se obliga a resarcir pérdidas o daños que ocurran a otra. ‖ **Salvoconducto.** ‖ Muelle o mecanismo destinado en algunas *armas de fuego* a evitar que se disparen por el juego de la llave. ‖ **subsidiario.** El que cubre el riesgo de que otro asegurador falte al pago de la indemnización. ‖ **A buen seguro, al seguro, o de seguro.** ms. advs. *Ciertamente, en verdad. ‖ **En seguro.** m. adv. **En salvo.** ‖ **A salvo.** ‖ **Irse** uno **del seguro.** fr. fig. y fam. Entregarse a algún arrebato, *descomedirse. ‖ **Sobre seguro.** m. adv. Sin aventurarse a ningún riesgo.
segurón. m. aum. de **Segur.**
seico. m. Conjunto de seis haces de mies.
seis. adj. Cinco y uno. ‖ **Sexto.** Apl. a los días del mes, ú. t. c. s. ‖ m. Signo o conjunto de signos con que se representa el *número **seis.** ‖ *Naipe que tiene **seis** señales. ‖ Cada uno de los **seis** regidores *municipales delegados para algún fin.
seisavar. tr. Dar a una cosa figura de hexágono regular.
seisavo, va. adj. **Sexto** (sexta parte). Ú. t. c. s. m. ‖ **Hexágono.** Ú. m. c. s.
seiscientos, tas. adj. Seis veces ciento. ‖ **Sexcentésimo.** ‖ m. Conjunto de signos con que se representa el *número **seiscientos.**
***seise.** m. Cado uno de los niños de coro, seis por lo común, que bailan y cantan tocando las castañuelas en la catedral de Sevilla, en determinadas festividades.
seisén. m. **Sesén.**
seiseno, na. adj. **Sexto.**
seisillo. m. **Mús.* Conjunto de seis notas iguales que se han de ejecutar en el tiempo correspondiente a cuatro de ellas.
seísmo. m. **Fenómeno sísmico.**
seismología. f. **Sismología.**
seje. m. *Palma de la América Meridional, muy semejante al coco.
sel. m. *Prado en que suele sestear el ganado vacuno.
selacio, cia. adj. *Zool.* Dícese de los *peces cartilagíneos que tienen las branquias fijas por sus dos bordes y móvil la mandíbula inferior; como el tiburón. Ú. t. c. s. ‖ m. pl. *Zool.* Orden de estos peces.
selección. f. *Elección de una persona o cosa entre otras. ‖ **Zoot.* Elección de los animales destinados a la reproducción.
seleccionar. tr. *Elegir, practicar una selección.
selectas. f. pl. **Analectas.**
selectividad. f. **Radio.* Calidad de selectivo.
selectivo, va. adj. **Radio.* Dícese del aparato que recibe una onda de longitud determinada sin que per-

turben la audición otras ondas próximas.
selecto, ta. adj. Que es o se reputa por mejor o *excelente entre otras cosas de su especie.
selenio. m. *Quím.* Metaloide de color pardo rojizo y brillo metálico, que se reblandece en agua hirviendo.
selenita. com. Habitante de la *Luna. ‖ f. **Espejuelo** (*yeso).
selenitoso, sa. adj. Que contiene *yeso.
seleniuro. m. *Quím.* Cuerpo resultante de la combinación del selenio con un radical simple o compuesto.
selenografía. f. Parte de la astronomía, que trata de la descripción de la *Luna.
selenógrafo. m. El que profesa la selenografía.
selenosis. f. **Mentira** (mancha en la *uña).
selva. f. *Bosque o terreno extenso, inculto y muy poblado de árboles.
selvático, ca. adj. Perteneciente o relativo a las selvas o *bosques. ‖ fig. Tosco, *rústico.
selvatiquez. f. Calidad de selvático.
selvicultura. f. **Silvicultura.**
selvoso, sa. adj. Propio de la selva. ‖ Aplícase al país o territorio en que hay muchas selvas.
sellador, ra. adj. Que sella o pone el *sello. Ú. t. c. s.
selladura. f. Acción y efecto de sellar.
***sellar.** tr. Imprimir el sello. ‖ fig. Estampar, imprimir o dejar la *huella o señal de una cosa en otra. ‖ fig. *Concluir, poner *fin a una cosa. ‖ fig. *Cerrar, *tapar.
***sello.** m. Utensilio en que se hallan grabadas, en hueco o en relieve, armas, divisas, cifras, leyendas, etcétera, para estamparlas en plomo, cera, papel, etc. ‖ Lo que queda estampado, impreso y señalado con el mismo **sello.** ‖ Disco de metal o de cera que, estampado con un **sello,** se unía a ciertos documentos de importancia. ‖ Trozo pequeño de papel, con timbre oficial de figuras o signos grabados, que se pega a ciertos documentos o a las cartas para franquearlas. ‖ Casa u oficina donde se estampa y pone el **sello** a algunos escritos para autorizarlos. ‖ **Sellador.** ‖ *Carácter distintivo comunicado a una obra u otra cosa. ‖ *Farm.* Conjunto de dos obleas redondas y cóncavas, entre las cuales se encierra una dosis de medicamento. ‖ **del estómago.** fig. Cualquier pequeña porción de *alimento que afirma y corrobora la demás comida. ‖ **de Salomón.** Estrella de seis puntas formada por dos *triángulos equiláteros cruzados y a la cual atribuían ciertas virtudes *mágicas. ‖ *Planta herbácea de las esmiláceas. ‖ **de Santa María. Sello de Salomón** (*planta). ‖ **hermético.** *Cerramiento de una vasija hecho con la misma materia. ‖ **volante.** El que se pone en las cartas de modo que queden abiertas. ‖ **Echar,** o **poner, el sello a** una cosa. fr. fig. *Concluirla, llevarla a la última *perfección.
semafórico, ca. adj. Perteneciente al semáforo.
semáforo. m. *Telégrafo óptico para comunicarse con los buques. ‖ Poste con una o varias luces intermitentes, que sirven de *señal para regular el tráfico urbano.
***semana.** f. Serie de siete días naturales consecutivos, empezando por el domingo y acabando por el sábado. ‖ Período septenario de tiempo, sea de días, meses, años o siglos. ‖ fig. *Sueldo ganado en una **semana.** ‖ fig. Una de las muchas variedades del *juego del infernáculo. ‖ **grande, mayor,** o **santa.** La última de la cuaresma, desde el Domingo de Ramos hasta el de Resurrección. ‖ Libro *litúrgico en que está el rezo propio del tiempo de la **Semana Santa.** ‖ **inglesa.** Régimen semanal de *trabajo que termina a mediodía del sábado. ‖ **Mala semana.** fam. Mes o *menstruo en las mujeres. ‖ **Entre semana.** m. adv. En cualquier día de ella, menos el primero y el último.
***semanal.** adj. Que sucede o se *repite cada *semana. ‖ Que dura una semana o a ella corresponde.
semanalmente. adv. t. Por *semanas.
semanario, ria. adj. **Semanal.** ‖ m. *Periódico que se publica semanalmente. ‖ Juego de siete navajas de *afeitar.
semanería. f. Cargo u oficio de semanero. ‖ En los *tribunales, inspección semanal que se hacía de los despachos.
semanero, ra. adj. Aplícase a la persona que ejerce un *empleo o encargo por *semanas. Ú. t. c. s.
semanilla. f. **Semana Santa** (libro de rezos).
semántica. f. Estudio de la *significación de las palabras.
semántico, ca. adj. Referente a la *significación de las palabras.
semasiología. f. **Semántica.**
semasiológico, ca. adj. Referente a la semasiología.
***semblante.** m. Representación de algún afecto del ánimo en el rostro. ‖ **Cara.** ‖ fig. *Aspecto de las cosas. ‖ **Componer** uno **el semblante.** fr. Mostrar *seriedad o modestia. ‖ Serenar la expresión del rostro. ‖ **Mudar de semblante.** fr. Demudarse o alterarse una persona, dándolo a entender en el rostro. ‖ fig. Alterarse o *cambiar las circunstancias de las cosas.
semblanza. f. Bosquejo *histórico de la *vida de una persona.
sembrada. f. **Sembrado.**
sembradera. f. **Sembradora.**
sembradío, a. adj. Dícese del terreno destinado o a propósito para sembrar.
***sembrado.** m. Tierra sembrada.
sembrador, ra. adj. Que siembra. Ú. t. c. s.
sembradora. f. Máquina para *sembrar.
sembradura. f. Acción y efecto de *sembrar.
***sembrar.** tr. Arrojar y esparcir las semillas en la tierra preparada para que germinen. ‖ fig. Desparramar, *esparcir. ‖ fig. Dar motivo, *causa o principio a una cosa. ‖ fig. Colocar sin orden una cosa para *adorno de otra. ‖ fig. Esparcir, *publicar una especie para que se divulgue. ‖ fig. *Preparar o hacer algunas cosas de que se ha de seguir provecho.
semeiología. f. **Semiología.**
semeja. f. ***Semejanza.** ‖ *Señal, indicio. Ú. m. en pl.
semejable. adj. Capaz de asemejarse a una cosa.
semejado, da. adj. **Semejante.**
***semejante.** adj. Que semeja a una persona o cosa. Ú. t. c. s. ‖ Úsase con sentido de *comparación o ponderación. ‖ Empleado con carácter de demostrativo, **Tal.** ‖ *Geom.* Dícese de dos figuras distintas sólo por el tamaño y cuyas partes guardan todas respectivamente la misma proporción. ‖ m. *Semejanza, imitación. ‖ **Prójimo.**
semejantemente. adv. m. Con semejanza.
***semejanza.** f. Calidad de semejante. ‖ *Ret.* **Símil.** ‖ **A semejanza.** m. adv. Semejantemente, de igual o parecida manera.
***semejar.** intr. Parecerse una persona o cosa a otra. Ú. t. c. r.
***semen.** m. Substancia que para la generación secretan los animales del sexo masculino. ‖ *Bot.* ***Semilla.**
semencera. f. **Sementera.**
semencontra. m. *Farm.* **Santónico.**
semental. adj. Perteneciente o relativo a la *siembra o sementera. ‖ Aplícase al animal macho que se destina a la *generación. Ú. t. c. s.
sementar. tr. **Sembrar.**
sementera. f. Acción y efecto de *sembrar. ‖ Tierra sembrada. ‖ Cosa sembrada. ‖ Tiempo a propósito para sembrar. ‖ fig. **Semillero** (principio o causa de algunas cosas).
sementero. m. *Saco o costal en que se llevan los granos para sembrar. ‖ **Sementera.**
sementino, na. adj. Perteneciente a la *simiente.
semestral. adj. Que sucede o se *repite cada semestre. ‖ Que dura un semestre.
semestralmente. adv. t. Por semestres.
semestre. adj. **Semestral.** ‖ m. Espacio de seis *meses. ‖ *Renta, sueldo, etc., que se cobra o que se paga al fin de cada **semestre.** ‖ Conjunto de los números de un periódico publicados durante un **semestre.**
semi. Prefijo que se emplea con la significación de **medio,** en sentido recto o equivaliendo a **casi.**
semibreve. f. *Mús.* Nota musical que vale un compasillo entero.
semicabrón. m. **Semicapro.**
semicadencia. f. *Mús.* Paso sencillo de la nota tónica a la dominante.
semicapro. m. Monstruo *quimérico, medio cabra o cabrón y medio hombre.
semicilíndrico, ca. adj. Perteneciente o relativo al semicilindro. ‖ De figura de semicilindro o semejante a ella.
semicilindro. m. Cada una de las dos mitades del *cilindro separadas por un plano que pasa por el eje.
semicircular. adj. Perteneciente o relativo al semicírculo. ‖ De figura de semicírculo o semejante a ella.
semicírculo. m. *Geom.* Cada una de las dos mitades del *círculo separadas por un diámetro.
semicircunferencia. f. *Geom.* Cada una de las dos mitades de la circunferencia.
semiconsonante. adj. Se dice del sonido o *letra que participa de los caracteres de vocal y de consonante. Ú. t. c. s. f.
semicopado, da. adj. *Mús.* **Sincopado.**
semicorchea. f. *Mús.* Nota musical cuyo valor es la mitad de una corchea.
semicromático, ca. adj. *Mús.* Dícese del género de música que participa del diatónico y del cromático.
semicupio. m. Recipiente para tomar *baños de asiento.
semidea. f. poét. **Semidiosa.**
semideo. m. poét. **Semidiós.**
semidiáfano, na. adj. Que es algo *transparente, pero no completamente diáfano.
semidiámetro. m. *Geom.* Cada una de las dos mitades de un diámetro. ‖ **de un astro.** *Astr.* El ángulo

formado por dos visuales dirigidas una a su centro y otra a su limbo.
semidifunto, ta. adj. Medio difunto o casi difunto.
semidiós. m. **Mit.* Héroe a quien los gentiles colocaban entre sus deidades.
semidiosa. f. **Mit.* Heroína que los gentiles hacían descender de alguno de sus dioses.
semidítono. m. **Mús.* Intervalo de un tono y un semitono mayor.
semidoble. adj. V. **Fiesta, rito semidoble.**
semidormido, da. adj. Medio *dormido o casi dormido.
semidragón. m. Monstruo *quimérico, que tenía de hombre la mitad superior del cuerpo y de dragón la otra mitad.
semieje. m. *Geom.* Cada una de las dos mitades de un *eje.
semiesfera. f. **Hemisferio.**
semiesférico, ca. adj. Perteneciente o relativo a la semiesfera. || De forma de semiesfera.
semifallo, lla. adj. En algunos juegos de *naipes, dícese del que sólo tiene una carta de cierto palo.
semifinal. f. Cada una de las dos últimas competiciones en un concurso de *deportes.
semiflósculo. m. *Bot.* Cada una de las florecitas terminadas en figura de lengüeta, que forman parte de una *flor compuesta.
semifluido, da. adj. Casi *fluido.
semiforme. adj. A medio *formar, no del todo formado.
semifusa. f. **Mús.* Nota musical cuyo valor es la mitad de una fusa.
semigola. f. **Fort.* Línea recta que pasa del ángulo de un flanco del baluarte a la capital.
semihombre. m. **Pigmeo.**
semilunar. adj. Que tiene figura de media luna.
semilunio. m. *Astr.* Mitad de una lunación.
***semilla.** f. Parte del fruto de la planta, que contiene el germen de ella. || fig. Cosa que es causa u *origen de otras. || pl. Granos que se siembran, exceptuados el trigo y la cebada.
semillero. m. Sitio donde se *siembran y crían los vegetales que después han de trasplantarse. || Sitio donde se guardan colecciones de diversas *semillas. || fig. *Origen de que nacen o se propagan algunas cosas.
seminal. adj. Perteneciente o relativo al *semen. || Perteneciente o relativo a la *semilla.
seminario, ria. adj. desus. **Seminal.** || m. **Semillero.** || *Colegio o lugar destinado para educación de niños y jóvenes. || Organismo de *enseñanza en que, mediante el trabajo en común de maestros y discípulos se adiestran éstos en la investigación de alguna disciplina. || fig. **Semillero** (origen de ciertas cosas). || **conciliar.** Casa para la educación de los jóvenes que se dedican al estado *sacerdotal.
seminarista. m. Alumno de un seminario.
seminífero, ra. adj. *Zool.* Que produce o contiene *semen.
semínima. f. **Mús.* Nota musical que vale la mitad de una mínima. || pl. fig. Menudencias, minucias.
semiología. f. **Semiótica.**
semiotecnia. f. Conocimiento de los signos gráficos que sirven para la notación *musical.
semiótica. f. Parte de la *medicina, que trata de los signos de las enfermedades.
semipedal. adj. De medio pie de *largo.
semipelagianismo. m. *Secta de los semipelagianos. || Conjunto de estos sectarios.
semipelagiano, na. adj. Dícese del *hereje que quería conciliar las ideas de los pelagianos con la doctrina ortodoxa. Ú. t. c. s. || Perteneciente a la doctrina o secta de estos herejes.
semiperíodo. m. **Electr.* Mitad del período correspondiente a un sistema de corrientes bifásicas.
semiplena. adj. *For.* V. **Prueba semiplena.**
semiplenamente. adv. m. *For.* Con probanza semiplena.
semis. m. *Moneda romana que valía medio as.
semita. adj. Descendiente de Sem; dícese de los árabes, *hebreos y otros pueblos. Ú. m. c. s. || **Semítico.**
semítico, ca. adj. Perteneciente o relativo a los semitas.
semitismo. m. Conjunto de creencias, instituciones y costumbres de los pueblos semitas. || *Palabra o giro propio de las lenguas semíticas.
semitono. m. **Mús.* Cada una de las dos partes en que se divide el intervalo de un tono. || **cromático.** *Mús.* **Semitono menor.** || **diatónico.** *Mús.* **Semitono mayor.** || **enarmónico.** *Mús.* Intervalo de una coma, que media entre dos **semitonos** menores comprendidos dentro de un mismo tono. || **mayor.** *Mús.* El que comprende tres comas. || **menor.** *Mús.* El que comprende dos comas.
semitransparente. adj. Casi *transparente.
semitrino. m. **Mús.* Trino de corta duración que comienza por la nota superior.
semivivo, va. adj. Medio vivo o que no tiene *vida perfecta.
semivocal. adj. V. **Letra semivocal.** Ú. t. c. s.
sémola. f. *Trigo candeal sin la corteza. || Trigo quebrantado a modo del farro y que se guisa como él. || *Pasta de sopa hecha de harina de flor reducida a granos muy menudos.
semoviente. adj. V. **Bienes semovientes.** Ú. t. c. s. en sing. y pl.
sempiterna. f. *Tela de lana, basta y muy tupida. || **Perpetua.**
sempiternamente. adv. m. Perpetua, eternamente.
sempiterno, na. adj. **Eterno.**
sen. m. *Arbusto de las leguminosas, parecido a la casia, y cuyas hojas se usan como purgante.
sen. m. *Moneda fraccionaria del Japón, que vale la centésima parte de un yen.
sena. f. **Sen** (arbusto).
sena. f. *Conjunto de seis puntos señalados en una de las caras del *dado.
senado. m. *Asamblea de patricios que formaba el Consejo supremo de la antigua Roma. || En los Estados en que existen dos cámaras legislativas, la que no es elegida por sufragio directo. || Edificio en que delibera esta cámara. || fig. Cualquier *reunión de personas respetables. || fig. *Concurrencia que asiste a una representación *dramática.
senadoconsulto. m. *Decreto del antiguo senado romano.
***senador.** m. Individuo del senado legislativo.
senaduría. f. Dignidad de senador.
senara. f. Porción de *tierra que dan los amos a los criados para que la labren por su cuenta. || Producto de esta labor. || **Sementera.** || Tierra concejil.
senario, ria. adj. Compuesto de seis elementos, unidades o guarismos. || V. **Verso senario.** Ú. t. c. s.
senatorial. adj. Perteneciente o relativo al senado o al senador.
senatorio, ria. adj. **Senatorial.**
sencido, da. adj. **Cencido.**
sencillamente. adv. m. Con sencillez.
sencillez. f. Calidad de sencillo.
sencillo, lla. adj. *Simple, no compuesto. || *Natural, sin artificio ni composición. || *Fácil, exento de complicación. || Dícese de lo que es más *delgado que otras cosas de su especie. || Que carece de ostentación y adornos. || Dícese del *estilo que carece de exornación y artificio. || Dícese de la *moneda pequeña, respecto de otra del mismo nombre, de más valor. || fig. Incauto, *cándido, fácil de engañar. || fig. *Sincero en el trato.
senda. f. *Camino más estrecho que la vereda. || fig. **Camino** (*medio de conseguir alguna cosa).
senderar. tr. **Senderear.**
senderear. tr. *Guiar o encaminar por el sendero. || Abrir senda o *camino. || intr. fig. Echar por caminos *indirectos en el modo de obrar o discurrir.
sendero. m. **Senda.**
senderuela. f. *Hongo con el sombrerete pardo obscuro, plano y liso.
senderuelo. m. d. de **Sendero.**
sendos, das. adj. pl. *Uno o una para cada cual de dos o más personas o cosas.
séneca. m. fig. Hombre de mucha *sabiduría.
senectud. f. Edad senil, *ancianidad.
senegalés, sa. adj. Natural del Senegal. Ú. t. c. s. || Perteneciente o relativo a esta región de África.
senequismo. m. *Conducta ajustada a los dictados de la moral de Séneca.
senescal. m. En algunos países, mayordomo mayor de la casa *real. || *Jefe antiguo de la nobleza.
senescalado. m. *Territorio sujeto a la jurisdicción de un senescal. || **Senescalía.**
senescalía. f. Dignidad, cargo o empleo de senescal.
senescente. adj. Que empieza a envejecer.
senil. adj. Perteneciente a los viejos o a la *vejez.
seno. m. *Concavidad o *hueco. || Concavidad de una cosa *curva. || ***Pecho** (de las personas). || Espacio o hueco que queda entre el vestido y el pecho. || ***Matriz.** || Cualquiera de las concavidades interiores del cuerpo del animal. || *Ensenada o parte de mar entre dos puntas o cabos de tierra. || fig. **Regazo.** || fig. Parte *interior de alguna cosa. || *Arq.* Espacio comprendido entre los trasdoses de dos *arcos o *bóvedas contiguas. || **Cir.* Pequeña cavidad que se forma en la llaga o apostema. || *Geogr.* ***Golfo.** || *Mar.* Curvatura que hace cualquiera vela o cuerda que no esté tirante. || **Trig.* **Seno de un ángulo.** || *Trig.* **Seno de un arco.** || **de Abrahán. Limbo.** || **de un ángulo.** *Trig.* El del arco que sirve de medida al ángulo. || **de un arco.** *Trig.* Perpendicular que va desde un extremo del arco al diámetro que pasa por el otro extremo. || **verso.** *Trig.* Parte del radio comprendida entre el pie del **seno** de un arco y el arco mismo.
***sensación.** f. Impresión que las co-

sas producen en el alma por medio de los sentidos. ‖ ***Emoción.**
sensacional. adj. f. Que causa *emoción.
sensatamente. adv. m. Con sensatez.
sensatez. f. Calidad de sensato.
sensato, ta. adj. *Prudente, *cuerdo.
senserina. f. **Tomillo.**
***sensibilidad.** f. Facultad de sentir, propia de los seres animados. ‖ Propensión a dejarse llevar de los afectos de *compasión y ternura. ‖ Calidad de sensible a los agentes naturales.
sensibilizar. tr. Hacer sensibles a la acción de la luz ciertas materias usadas en *fotografía.
***sensible.** adj. Capaz de sentir, física o moralmente. ‖ Que puede ser conocido por medio de los sentidos. ‖ Perceptible, *manifiesto, *comprensible. ‖ Que causa *sentimientos de pena o de dolor. ‖ Dícese de la persona que se deja llevar fácilmente del *sentimiento. ‖ Dícese de las cosas que ceden fácilmente a la acción de ciertos agentes naturales. ‖ **Mús.* Aplícase a la séptima nota de la escala diatónica. Ú. t. c. s. f.
sensiblemente. adv. m. De forma que se percibe por los *sentidos o por el entendimiento. ‖ Con dolor o *aflicción.
sensiblería. f. Sentimentalismo exagerado o fingido.
sensiblero, ra. adj. Que muestra sensiblería.
sensitiva. f. *Planta de las leguminosas, cuyas hojuelas se alzan y aplican unas a otras al sentir el contacto de un cuerpo extraño, y el pecíolo queda pendiente como si el vegetal estuviese marchito.
sensitivo, va. adj. Perteneciente a los sentidos corporales. ‖ Capaz de *sensibilidad. ‖ Que tiene la virtud de excitar la sensibilidad.
sensorio, ria. adj. Perteneciente o relativo a la *sensibilidad corporal. ‖ m. Centro común de todas las sensaciones. ‖ **común. Sensorio,** 2.ª acep.
sensual. adj. **Sensitivo.** ‖ Aplícase a los *placeres de los sentidos y a las cosas que los incitan. ‖ Dícese de las personas demasiado aficionadas a dichos placeres. ‖ Perteneciente al apetito *carnal.
sensualidad. f. Calidad de sensual. ‖ **Sensualismo** (propensión a los *placeres).
sensualismo. m. Propensión a los *placeres de los sentidos. ‖ **Fil.* Doctrina que pone exclusivamente en los sentidos el origen del conocimiento.
sensualista. adj. **Fil.* Que profesa la doctrina del sensualismo. Apl. a pers., ú. t. c. s.
sensualmente. adv. m. Con sensualidad.
sentada. f. **Asentada.**
sentadero. m. Cualquier objeto que, sin ser propiamente un *asiento, puede servir para sentarse.
sentadillas (a). m. adv. **A asentadillas.**
sentado, da. adj. Juicioso, *prudente. ‖ *Bot.* Aplícase a las hojas, flores y demás partes de la planta que carecen de piececillo. ‖ Dícese del *pan algo correoso.
sentamiento. m. **Arq.* **Asiento.**
***sentar.** tr. Colocar a uno en un asiento con el cuerpo erguido, apoyado en las nalgas y con las piernas pendientes. Ú. t. c. r. ‖ intr. fig. y fam. Tratándose de la comida o la bebida, recibirlas bien el *estómago y digerirlas sin molestia. ‖ fig. y fam. Tratándose de cosas o acciones capaces de influir en la *salud del cuerpo, hacer provecho. ‖ fig. Cuadrar, *convenir una cosa a otra. ‖ fig. y fam. *Agradar a uno una cosa; ser conforme a su gusto. ‖ r. **Asentarse.** ‖ fig. y fam. Hacer a uno huella o *llaga en la carne una cosa, macerándosela.
***sentencia.** f. *Dictamen o parecer emitido por alguno. ‖ *Máxima o dicho grave y sucinto que encierra doctrina o moralidad. ‖ → Declaración del juicio y resolución del juez. ‖ Decisión de cualquier controversia o disputa extrajudicial, dada por quien tiene poder para ello. ‖ En los *juegos de prendas, castigo o condición que se impone al que quiere rescatar la que ha pagado. ‖ **definitiva.** *For.* La que resuelve sobre el asunto principal del juicio o pone fin a éste, sin perjuicio del recurso a que haya lugar. ‖ **firme.** *For.* La que por estar confirmada, causa ejecutoria. ‖ **pasada en autoridad de cosa,** o **en cosa, juzgada.** *For.* **Sentencia firme.** ‖ **Fulminar,** o **pronunciar, la sentencia.** fr. *For.* Dictarla, publicarla.
sentenciador, ra. adj. Que sentencia.
***sentenciar.** tr. Dar o pronunciar sentencia. ‖ fig. y fam. *Destinar una cosa para un fin.
sentenciario. m. Libro registro de *sentencias.
sentención. m. aum. de **Sentencia.** ‖ fam. *Sentencia rigurosa o excesiva.
sentenciosamente. adv. m. De modo sentencioso.
***sentencioso, sa.** adj. Aplícase al dicho o escrito sucinto y agudo, que encierra moralidad o doctrina. ‖ También se aplica al tono de la persona que habla con *afectada gravedad.
sentenzuela. f. d. de **Sentencia.**
sentible. adj. desus. **Sensible.**
senticar. m. **Espinar.**
sentidamente. adv. m. Con *sentimiento.
***sentido, da.** adj. Que incluye o explica un *sentimiento. ‖ Dícese de la persona *delicada que se ofende con facilidad. ‖ → m. Cada una de las aptitudes que tiene el alma, de percibir, por medio de determinados órganos corporales, las impresiones de los objetos externos. ‖ *Inteligencia, entendimiento. ‖ Modo particular de entender una cosa, o juicio que se hace de ella. ‖ Razón de ser, *finalidad. ‖ *Significación cabal de una proposición. ‖ Significado, o cada una de las distintas acepciones de las palabras. ‖ Cada una de las varias *interpretaciones que puede admitir un escrito o discurso. ‖ fig. ***Expresión.** ‖ *Geom.* Modo de apreciar una *dirección desde un determinado punto a otro. ‖ **acomodaticio.** *Interpretación mística que se da a algunas palabras de la Escritura. ‖ **común. Sensorio común.** ‖ Facultad, que la generalidad de las personas tiene, de *juzgar razonablemente de las cosas. ‖ **interior. Sensorio.** ‖ **Abundar** uno **en** un **sentido.** fr. *Confirmar uno su propia opinión o la ajena. ‖ **Aguzar el sentido.** fr. fig. y fam. **Aguzar las orejas.** ‖ **Con todos** mis, tus, sus **cinco sentidos.** loc fig. y fam. Con toda *atención y cuidado. ‖ **Costar** una cosa **un sentido.** fr. fig. y fam. Costar excesivamente *cara. ‖ **Perder** uno **el sentido.** fr. Privarse, *desmayarse. ‖ **Poner** uno, o **tener puestos,** sus **cinco sentidos en** una persona o cosa. fr. fig. y fam. Dedicarle extraordinaria *atención o *cariño. ‖ **Valer** una cosa **un sentido.** fr. fig. y fam. Ser de gran valor o precio.
sentimental. adj. Que expresa o excita *sentimientos de *compasión o de ternura. ‖ Propenso a ellos. ‖ Que *afecta sensibilidad.
sentimentalismo. m. Calidad de sentimental.
sentimentalmente. adv. m. De manera sentimental.
***sentimiento.** m. Acción y efecto de sentir o sentirse. ‖ Estado afectivo que causan en el ánimo cosas espirituales. ‖ ***Aflicción.**
sentina. f. *Mar.* Cavidad inferior de la *embarcación. ‖ fig. Lugar lleno de *suciedad y *fetidez. ‖ fig. Cualquier foco de *inmoralidad.
sentir. m. ***Sentimiento.** ‖ *Dictamen, parecer.
***sentir.** tr. Experimentar sensaciones físicas o morales. ‖ *Oír o percibir con el sentido del oído. ‖ Experimentar *aflicción por alguna cosa o suceso. ‖ Juzgar, opinar. ‖ Acomodar el *ademán a las expresiones o palabras. ‖ Presentir, barruntar, o *prever. ‖ r. Formar *queja de alguna cosa. ‖ Padecer un *dolor o indisposición. ‖ Seguido de algunos adjetivos, hallarse en determinada situación o *estado. ‖ Seguido de ciertos adjetivos, considerarse, reconocerse. ‖ Empezar a rajarse o *quebrarse una cosa. ‖ Empezar a *corromperse o podrirse una cosa. ‖ **Sin sentir.** m. adv. **Inadvertidamente.**
seña. f. Nota o *indicio para dar a entender una cosa. ‖ *Signo convenido entre dos o más personas para entenderse. ‖ ***Señal.** ‖ **Mil.* Palabra que, acompañada del santo, se da en la orden del día para que sirva de reconocimiento. ‖ pl. Indicación del domicilio en que *habita una persona. ‖ **Dar señas.** fr. *Manifestar las circunstancias individuales de una cosa. ‖ **Hablar** uno **por señas.** fr. Explicarse por medio de *ademanes. ‖ **Señas mortales.** fr. fig. Muestras muy significativas e inequívocas de alguna cosa.
***señal.** f. Marca que hay o se pone en las cosas para darlas a conocer. ‖ Hito o mojón para marcar un *límite o lindero. ‖ Cualquier *signo que se emplea para acordarse después de una especie. ‖ Nota con que se califica alguna cosa. ‖ **Signo.** ‖ Indicio inmaterial de una cosa. ‖ Vestigio o *huella que queda de una cosa. ‖ Cicatriz de una *herida u otro daño. ‖ *Imagen o representación de una cosa. ‖ *Prodigio o cosa extraordinaria. ‖ Parte de *precio que se anticipa en *garantía de que se estará a lo convenido. ‖ Aviso o *llamamiento para concurrir a un lugar determinado. ‖ *Germ.* Criado de justicia, *alguacil. ‖ **Med.* Accidente o síntoma de una *enfermedad. ‖ **de la cruz.** **Liturg.* *Cruz formada con dos dedos de la mano o con el movimiento de ésta. ‖ **de tronca.** La que se hace al *ganado, cortando a las reses una o ambas orejas. ‖ **En señal.** m. adv. En *prueba, prenda o muestra de una cosa. ‖ **Ni señal.** expr. fig. con que se da a entender que una cosa ha *cesado o *desaparecido por completo.
señaladamente. adv. m. Con *particularidad o singularidad.
señalado, da. adj. Insigne, *famoso. ‖ ***Importante.**
señalamiento. m. Acción de señalar un *plazo, lugar, fecha, etc. ‖ **For.*

Designación de día para un juicio oral o una vista.

*señalar. tr. Poner *marca o señal en una cosa para distinguirla de otra. ‖ **Rubricar.** ‖ Llamar la atención hacia una persona o cosa, *mostrándola con la mano o de otro modo. ‖ *Nombrar o determinar persona, *plazo o lugar para algún fin. ‖ Hacer una *herida o señal en el cuerpo, particularmente en el rostro. ‖ Hacer el amago y señal de una cosa sin ejecutarla. ‖ Hacer señal para dar noticia de una cosa. ‖ En algunos juegos de *naipes, tantear los puntos que cada uno va ganando. ‖ r. Distinguirse o singularizarse.

señaleja. f. d. de **Señal.**

señalización. f. Acción y efecto de señalizar.

señalizar. tr. Colocar en las *carreteras y otras vías, las *señales que indican itinerarios, bifurcaciones, cruces, pasos a nivel, etc., y cuantas otras puedan ser útiles a los usuarios.

señero, ra. adj. Aplícase al *territorio que tenía facultad de levantar pendón.

señero, ra. adj. *Solo, solitario, aislado.

señolear. intr. *Cazar con señuelo.

***señor, ra.** adj. *Dueño de una cosa. Ú. t. c. s. ‖ fam. Noble, *serio y propio de **señor.** ‖ fam. Antepuesto a algunos nombres, sirve para *ponderar el significado de los mismos. ‖ m. Por antonom., ***Dios.** ‖ Jesús en el sacramento *eucarístico. ‖ → Poseedor de estados y lugares con dominio y jurisdicción. ‖ Título nobiliario. ‖ **Amo.** ‖ *Tratamiento de cortesía que se aplica a cualquier hombre. ‖ fam. **Suegro.** ‖ **de horca y cuchillo. Señor** que tenía jurisdicción para castigar hasta con pena capital. ‖ **del argamandijo. Dueño del argamandijo.** ‖ **de los ejércitos. Dios.** ‖ **mayor.** Hombre respetable, de edad avanzada. ‖ **Gran señor.** Precedido del artículo *el*, *emperador de los turcos. ‖ **Nuestro Señor.** ***Jesucristo.** ‖ **Quedar** uno **señor del campo.** fr. *Mil.* Haber ganado la batalla.

señora. f. Mujer del *señor. ‖ La que por sí posee un señorío. ‖ ***Ama.** ‖ *Tratamiento de cortesía que se aplica a una mujer, y especialmente a la casada o viuda. ‖ ***Mujer** (esposa). ‖ fam. **Suegra.** ‖ **de compañía.** La que tiene por oficio *acompañar a paseo, espectáculos, etc., a señoras y más especialmente a señoritas. ‖ **de honor.** Título que se daba en palacio a las que tenían empleo inferior al de dama. ‖ **mayor.** Mujer respetable y de avanzada edad. ‖ **Nuestra Señora.** La *Virgen María. ‖ **y mayora.** La *madre, cuando instituye *heredero de ella en capítulos matrimoniales, reservándose el dominio.

señorada. f. Acción propia de señor.

señoraje. m. **Señoreaje.**

señoreador, ra. adj. Que señorea. Ú. t. c. s.

señoreaje. m. Derecho que pertenecía al soberano en las casas de *moneda.

señoreante. p. a. de **Señorear.** Que señorea.

señorear. tr. *Dominar o *mandar en una cosa como dueño de ella. ‖ *Mandar uno imperiosamente, en general. ‖ *Apoderarse de una cosa. Ú. t. c. r. ‖ fig. Estar una cosa en situación *superior o en mayor altura que otra. ‖ fig. *Reprimir, sujetar uno las pasiones a la razón. ‖ fam. Dar a uno repetidas veces e importunamente el *tratamiento de señor. ‖ r. Usar de *seriedad y moderación en el porte, vestido o trato.

señoría. f. *Tratamiento que se da a ciertas personas. ‖ Persona a quien se da este tratamiento. ‖ **Señorío.** ‖ *Soberanía de ciertos Estados particulares que se gobernaban como repúblicas. ‖ Senado que *gobernaba ciertos Estados independientes.

señorial. adj. Perteneciente o relativo al señorío. ‖ **Dominical.** ‖ Majestuoso, *noble.

señoril. adj. Perteneciente al *señor.

señorilmente. adv. m. De modo señoril.

***señorío.** m. *Dominio o *mando sobre una cosa. ‖ *Territorio perteneciente al señor. ‖ *Dignidad de señor. ‖ V. **Lugar de señorío.** ‖ fig. *Seriedad y mesura en el porte o en las acciones. ‖ fig. *Poder y libertad en obrar, sujetando las pasiones a la razón. ‖ fig. Conjunto de señores o personas de *dignidad. ‖ **mayor.** Derecho de *propiedad sujeto a cortapisas determinadas.

señorita. f. *Hija de un señor o de persona de representación. ‖ *Tratamiento de cortesía que se aplica a la mujer soltera. ‖ fam. **Ama.**

señoritingo, ga. m. y f. despect. de **Señorito, ta.**

señorito. m. *Hijo de un señor o de persona de representación. ‖ fam. ***Amo.** ‖ fam. *Joven acomodado y *ocioso.

señorón, na. adj. Dícese de la persona que se conduce como un gran señor, o que afecta señorío y grandeza. Ú. t. c. s.

señuelo. m. *Cetr.* Figura de ave en que se ponen algunos trozos de carne para atraer al halcón remontado. ‖ Por ext., cualquier cosa que sirve para atraer otras aves. ‖ **Cimbel.** ‖ fig. Cualquier cosa que sirve para *atraer o seducir con *engaño. ‖ **Caer al señuelo.** fr. *Cetr.* **Caer a la presa.** ‖ **Caer** uno **en el señuelo.** fr. fig. y fam. **Caer en el lazo.**

seo. f. **Iglesia catedral.**

seó. m. fam. Apócope de **Seor.**

seor. m. Síncopa de **Señor.**

seora. f. Síncopa de **Señora.**

sépalo. m. *Bot.* Cada una de las divisiones del cáliz de la *flor.

sepancuantos. m. fam. *Castigo, *reprensión.

separable. adj. Capaz de separarse o de ser separado.

***separación.** f. Acción y efecto de separar o separarse. ‖ *For.* Interrupción de la vida en común de los *cónyuges por conformidad de las partes o fallo judicial.

separadamente. adv. m. Con separación.

separador, ra. adj. Que separa. Ú. t. c. s.

separante. p. a. de **Separar.** Que separa.

***separar.** tr. Apartar una cosa del contacto o proximidad de otra. Ú. t. c. r. ‖ *Distinguir unas cosas de otras. ‖ *Destituir de un empleo o cargo. ‖ r. Retirarse uno de algún ejercicio u ocupación, *dejarlo. ‖ *For.* **Desistir.**

separata. f. *Impr.* **Tirada aparte.**

separatismo. m. Doctrina *política y actividad de los separatistas. ‖ Partido separatista.

separatista. adj. *Polít.* Que trabaja y conspira para que un territorio o colonia se separe de la soberanía actual. Apl. a pers., ú. t. c. s.

separativo, va. adj. Dícese de lo que separa o tiene virtud de separar.

sepedón. m. **Eslizón.**

sepelio. m. Acción de inhumar o *enterrar la Iglesia a los fieles.

sepia. f. **Jibia** (*molusco). ‖ Materia colorante que se saca de la jibia y se emplea en *pintura.

sepiera. f. *Red en forma de manga para pescar jibias.

sepsia. f. *Med.* **Putrefacción.**

septena. f. *Conjunto de siete cosas por orden.

septenario, ria. adj. Aplícase al *número compuesto de siete unidades, o que se escribe con siete guarismos. ‖ Aplícase, en general, a todo lo que consta de siete elementos. ‖ m. Tiempo de siete *días. ‖ **Liturg.* Tiempo de siete días que se dedican a la devoción y culto de Dios y de sus santos.

septenio. m. Tiempo de siete *años.

septeno, na. adj. **Séptimo.**

septentrión. m. **Osa Mayor.** ‖ **Norte.**

septentrional. adj. Perteneciente o relativo al Septentrión. ‖ Que cae al Norte.

septeto. m. **Mús.* Composición para siete instrumentos o siete voces. ‖ *Mús.* Conjunto de estos siete *instrumentos o voces.

septicemia. f. **Pat.* Alteración de la *sangre, causada por materias sépticas.

séptico, ca. adj. *Pat.* Que produce *corrupción o putrefacción.

septiembre. m. Noveno *mes del año.

septillo. m. **Mús.* Conjunto de siete notas iguales que se deben ejecutar en el tiempo correspondiente a seis de ellas.

séptima. f. Reunión, en el juego de los cientos, de siete *naipes de valor correlativo. ‖ **Mús.* Intervalo de una nota a la **séptima** ascendente o descendente en la escala. ‖ **mayor.** *Mús.* Intervalo que consta de cinco tonos y un semitono. ‖ **menor.** *Mús.* Intervalo que consta de cuatro tonos y dos semitonos mayores.

septimino. m. **Mús.* **Septeto.**

séptimo, ma. adj. Que sigue inmediatamente en *orden a lo sexto. ‖ Dícese de cada una de las siete *partes iguales en que se divide un todo. Ú. t. c. s.

septingentésimo, ma. adj. Que en una serie *ordenada, ocupa un lugar al que preceden 699 lugares. ‖ Dícese de cada una de las setecientas *partes iguales en que se divide un todo. Ú. t. c. s.

septisílabo, ba. adj. **Heptasílabo.**

septuagenario, ria. adj. Que ha cumplido la *edad de setenta *años y no llega a ochenta. Ú. t. c. s.

septuagésima. f. Domínica que celebra la Iglesia tres semanas antes de la primera de *cuaresma.

septuagésimo, ma. adj. Que en una serie *ordenada de lugares, ocupa un lugar al que preceden sesenta y nueve. ‖ Dícese de cada una de las setenta *partes iguales en que se divide un todo. Ú. t. c. s.

septuplicación. f. Acción y efecto de septuplicar o septuplicarse.

septuplicar. tr. Hacer séptupla una cantidad, *multiplicarla por siete. Ú. t. c. r.

séptuplo, pla. adj. Aplícase a la cantidad que incluye en sí siete veces a otra. Ú. t. c. s. m.

***sepulcral.** adj. Perteneciente o relativo al *sepulcro.

***sepulcro.** m. Obra de fábrica, levantada del suelo, para dar en ella sepultura al cadáver de una persona. ‖ Urna o andas cerradas, con una *efigie de Jesucristo difunto. ‖ Hueco del *altar donde se depositan las *reliquias.

sepultador, ra. adj. Que sepulta. Ú. t. c. s.

***sepultar.** tr. Poner en la sepultura a un difunto; *enterrar su cuerpo. ‖ fig. *Ocultar alguna cosa como enterrándola. ‖ Sumergir, abismar, dicho del ánimo. Ú. m. c. r.

sepulto, ta. p. p. irreg. de **Sepultar.**

***sepultura.** f. Acción y efecto de sepultar. ‖ Hoyo que se hace en tierra para enterrar un cadáver. ‖ Lugar en que está enterrado un cadáver. ‖ Sitio que en la iglesia tiene señalado una familia para colocar la *ofrenda por sus difuntos.

sepulturero. m. El que tiene por oficio abrir las sepulturas y *enterrar a los muertos.

***sequedad.** f. Calidad de seco. ‖ fig. Dicho, expresión o ademán áspero y *desabrido. Ú. m. en pl.

sequedal. m. *Terreno muy seco.

sequeral. m. **Sequedal.**

sequero. m. **Secano.** ‖ **Secadero.**

sequeroso, sa. adj. Falto del jugo o humedad que debía tener.

sequete. m. Pedazo de *pan seco y duro. ‖ *Golpe seco que se da a una cosa para ponerla en movimiento o para *detenerla. ‖ fig. y fam. *Desabrimiento, aspereza.

sequía. f. Tiempo *seco de larga duración.

sequillo. m. *Dulce de masa azucarada, en forma de bollo, rosquilla, etcétera.

sequío. m. **Secano.**

séquito. m. *Concurrencia que, en obsequio o *aplauso de uno, le *acompaña y sigue. ‖ Aplauso y benevolencia común en *aprobación de las acciones de alguno.

sequizo, za. adj. Que propende a *secarse.

***ser.** m. *Esencia o naturaleza. ‖ **Ente.** ‖ Valor, *estimación de las cosas. ‖ *Modo de existir. ‖ **En ser, o en su ser.** m. adv. Sin haberse gastado, consumido o deshecho.

***ser.** Verbo substantivo que afirma del sujeto lo que significa el atributo. ‖ Verbo auxiliar que sirve para formar la voz pasiva. ‖ intr. Haber o *existir. ‖ Servir, tener *utilidad para algún fin. ‖ Estar en lugar o situación. ‖ Suceder, *acaecer. ‖ **Valer** (tener determinado *precio). ‖ *Pertenecer a la posesión o dominio de uno. ‖ Corresponder, *convenir. ‖ Formar parte de una *corporación o comunidad. ‖ Tener *origen o naturaleza, hablando de los lugares o países. ‖ Sirve para afirmar o negar lo que se dice o pretende. ‖ **¡Cómo ha de ser!** exclam. con que se manifiesta resignación o conformidad. ‖ **Esto es.** expr. que precede a una *explicación de lo dicho antes.

***sera.** f. Espuerta grande, regularmente sin asas. ‖ Sarria de esparto.

serado. m. **Seraje.**

seráficamente. adv. m. De modo seráfico.

seráfico, ca. adj. Perteneciente o parecido al serafín. ‖ Suele darse este epíteto a San Francisco de Asís y a la *orden religiosa* que fundó. ‖ fig. y fam. Pobre, *humilde. ‖ **Hacer la seráfica.** fr. fig. y fam. *Fingir o afectar *virtud y modestia.

serafín. m. Cada uno de los espíritus bienaventurados que forman el segundo coro de los *ángeles. ‖ fig. Persona de singular *belleza.

serafín. m. *Moneda de oro, equivalente al cequí.

serafina. f. *Tela de lana muy semejante a la bayeta, adornada con flores y otros dibujos.

seraje. m. Conjunto de *seras, especialmente de *carbón.

serano. m. *Reunión o tertulia nocturna, que se tiene en los pueblos. ‖ ***Tarde.**

serapino. m. **Sagapeno.**

serasquier. m. General de ejército entre los turcos.

serba. f. *Fruto del serbal, comestible después de madurar entre paja o colgado.

serbal. m. *Árbol de las rosáceas, cuyo fruto es la serba.

serbo. m. **Serbal.**

serena. f. Composición *poética o musical de los trovadores, que solía *cantarse de noche. ‖ fam. **Sereno** (*humedad por la noche). ‖ **A la serena.** m. adv. fam. **Al sereno.**

serenar. tr. Aclarar, *tranquilizar una cosa; como el tiempo, el mar, etcétera. Ú. t. c. intr. y c. r. ‖ *Enfriar agua al sereno. Ú. t. c. r. ‖ Sentar o aclarar los licores que están turbios y mezclados de algún *sedimento. Ú. m. c. r. ‖ fig. *Apaciguar disturbios o tumultos. ‖ fig. *Aplacar, moderar el enojo o señas de ira u otra pasión. Ú. t. c. r.

serenata. f. *Música al aire libre y durante la noche, para festejar a una persona. ‖ Composición *poética o musical destinada a este objeto.

serenero. m. *Toca que usaban las mujeres por la noche. ‖ *Pañuelo que doblado diagonalmente se ponen las mujeres a la cabeza.

serení. m. Uno de los *botes más pequeños que llevaban los antiguos bajeles de guerra.

serenidad. f. Calidad de sereno, *tranquilo, apacible. ‖ *Tratamiento honorífico de algunos príncipes.

serenísimo, ma. adj. sup. de **Sereno.** ‖ *Tratamiento que se ha dado a los príncipes hijos de reyes y a algunas repúblicas.

sereno. m. Frialdad *húmeda que se produce en las noches claras por la irradiación del suelo. ‖ *Guarda encargado de *rondar de noche por las calles para velar por la seguridad del vecindario y de la propiedad. ‖ **Al sereno.** m. adv. A la intemperie de la noche.

sereno, na. adj. Claro, despejado de nubes o nieblas. ‖ fig. Apacible, *tranquilo, sin turbación física o moral. ‖ *Germ.* **Desvergonzado.**

serete. m. **Serijo.**

sergas. f. pl. Hechos, *hazañas.

sergenta. f. Religiosa lega de la orden de Santiago.

seriamente. adv. m. Con seriedad.

sericicultor, ra. m. y f. Persona dedicada a la sericicultura.

sericicultura. f. Industria que tiene por objeto la producción de la *seda.

sérico, ca. adj. De *seda.

sericultura. f. **Sericicultura.**

***serie.** f. Conjunto de cosas relacionadas entre sí y que se suceden unas a otras. ‖ *Mat.* Sucesión de cantidades que se derivan unas de otras según una ley determinada.

***seriedad.** f. Calidad de serio.

serifio, fia. adj. Natural de Serifio. Ú. t. c. s. ‖ Perteneciente a esta isla del mar Egeo.

serija. f. d. de ***Sera.**

serijo. m. *Sera pequeña.

serillo. m. **Serijo.**

seringa. f. **Goma elástica.**

***serio, ria.** adj. Grave, sentado y compuesto en las acciones y en el modo de proceder. Aplícase también a las acciones. ‖ *Severo en el semblante, en el modo de mirar o hablar. ‖ Real, *verdadero y sincero. ‖ *Grave, *importante. ‖ Contrapuesto a jocoso o bufo.

***sermón.** m. Discurso que se predica para la enseñanza de la buena doctrina religiosa, para la exhortación a la virtud o para la enmienda de los vicios. ‖ p. us. Habla, lenguaje. ‖ fig. Amonestación, *reprensión. ‖ **de tabla.** Uno de los que figuran como carga de la magistralía.

sermonar. intr. *Predicar, echar sermones.

sermonario, ria. adj. Perteneciente al *sermón o que tiene semejanza con él. ‖ m. Colección de *sermones.

sermoneador, ra. adj. Que sermonea o acostumbra *reprender.

sermonear. intr. **Sermonar.** ‖ tr. Amonestar o *reprender.

sermoneo. m. fam. Acción de sermonear.

serna. f. Porción de *tierra de sembradura.

serodiagnóstico. m. **Med.* Diagnóstico fundado en la aglutinación de bacterias por el suero de una persona.

seroja. f. Conjunto de *hoja seca que se cae de los árboles. ‖ Residuo o desperdicio de la leña.

serojo. m. **Seroja.**

serología. f. **Inm.* Tratado de los sueros terapéuticos.

***serón.** m. Especie de *sera más larga que ancha, que sirve regularmente para carga de una caballería.

serondo, da. adj. Aplícase a los *frutos *tardíos.

seronero. m. El que hace o vende serones.

***serosidad.** f. Líquido que ciertas membranas segregan en el estado normal. ‖ → *Humor que se acumula en las ampollas de la epidermis formadas por quemaduras, cáusticos, etcétera.

seroso, sa. adj. Perteneciente o relativo al suero o a la *serosidad. ‖ Que produce serosidad.

seroterapia. f. **Terap.* Procedimiento curativo mediante la inyección de sueros convenientemente preparados.

serótino, na. adj. **Serondo.**

serpa. f. **Jerpa.**

serpear. intr. **Serpentear.**

serpentaria. f. **Dragontea.** ‖ **virginiana.** Aristoloquia que venía de América.

serpentario. m. *Astrom.* *Constelación septentrional próxima al Ecuador celeste, unida a la Serpiente.

serpenteado, da. adj. Que tiene *ondulaciones.

serpentear. intr. *Andar, moverse o extenderse, formando vueltas y *ondulaciones como la serpiente.

serpenteo. m. Acción y efecto de serpentear.

serpentígero, ra. adj. poét. Que lleva o tiene serpientes.

serpentín. m. Instrumento de hierro en que se ponía la *mecha para hacer fuego con el mosquete. ‖ Pieza de acero en las llaves de las *armas de fuego* y chispa. ‖ Tubo largo en línea espiral o quebrada que sirve para facilitar el enfriamiento de la destilación en los *alambiques y para otros fines. ‖ **Serpentina** (*piedra). ‖ Pieza antigua de *artillería, que tenía quince pies de longitud.

serpentina. f. **Serpentín** (de las *armas de fuego*). ‖ Venablo o *dardo antiguo cuyo hierro forma ondas. ‖ *Piedra de color verdoso, con manchas o venas más o menos obscuras, casi tan dura como el mármol. Es un silicato de magnesia. ‖ Tira de papel arrollada que por diversión se arrojan unas personas a otras, teniéndola sujeta por un extremo, principalmente en *carnaval.

serpentinamente. adv. m. A modo de serpiente.

serpentino, na. adj. Perteneciente o relativo a la *serpiente. ‖ poét. Que serpentea.

serpentón. m. aum. de **Serpiente.** ‖ *Instrumento músico de viento, de tonos graves, que se usaba en algunas bandas militares.

serpezuela. f. d. de **Sierpe.**

serpia. f. **Jerpa.**

***serpiente.** f. Nombre vulgar que se da a los reptiles ofidios, y especialmente a aquellos más temibles por su gran tamaño o por la gravedad de su mordedura. ‖ fig. El ***demonio.** ‖ *Astr.* *Constelación septentrional, que está al occidente y debajo de Hércules y al oriente de Libra. ‖ **de cascabel. Crótalo.** ‖ **de anteojos.** Reptil venenoso del orden de los ofidios, que tiene en el cuello un dibujo en forma de anteojos y cola córnea cubierta de escamas. ‖ **pitón.** Género de culebras, las de mayor tamaño conocidas, propias de Asia y de África.

serpiginoso, sa. adj. Perteneciente o relativo al serpigo.

serpigo. m. *Llaga que cunde a lo largo, cicatrizándose por un extremo y extendiéndose por el otro.

serpol. m. Especie de tomillo de tallos rastreros y hojas planas y obtusas.

serpollar. intr. Echar serpollos un árbol, retoñar.

serpollo. m. Cada una de las *ramas nuevas que brotan al pie de un árbol o en la parte por donde se le ha podado. ‖ Renuevo, *retoño.

serradizo, za. adj. **Aserradizo.**

serrado, da. adj. Que tiene dentecillos *puntiagudos, semejantes a los de la sierra.

serrador, ra. adj. **Aserrador.** Ú. t. c. s.

serraduras. f. pl. **Aserrín.**

serragatino, na. adj. Natural de la sierra de Gata. Ú. t. c. s. ‖ Perteneciente a esta región de Salamanca.

serrallo. m. Lugar en que los mahometanos tienen sus mujeres y *concubinas. ‖ fig. Cualquier sitio donde se cometen graves desórdenes *obscenos.

serrana. f. Composición *poética parecida a la serranilla.

serranía. f. Espacio de terreno que se compone de *montañas y sierras.

serraniego, ga. adj. **Serrano.**

serranil. m. Especie de puñal o *cuchillo.

serranilla. f. Composición *poética de asunto amoroso y rústico, escrita por lo general en metros cortos.

serrano, na. adj. Que habita en una sierra, o nacido en ella. Ú. t. c. s. ‖ Perteneciente a las sierras o serranías, o a sus moradores.

serrar. tr. **Aserrar.** ‖ intr. Ajear la *perdiz.

serratilla. f. d. de **Sierra** (*cordillera).

serrato. adj. *Zool.* V. **Músculo serrato.** Ú. t. c. s.

serrería. f. Taller mecánico para *aserrar maderas.

serreta. f. d. de **Sierra.** ‖ Mediacaña de hierro, de forma semicircular y con puntas, que se pone sujeta al cabezón de la *brida, sobre la nariz de las caballerías. ‖ *Galón de oro o plata dentado por uno de sus bordes, que se usó como *insignia en ciertos cuerpos militares. ‖ Pieza con que se *tapan los imbornales de ciertas *embarcaciones.

serretazo. m. Tirón que se da a la serreta para castigar al caballo. ‖ fig. Sofrenada, *reprensión violenta.

serrezuela. f. d. de **Sierra.**

serrijón. m. Sierra o *cordillera de montes de poca extensión.

serrín. m. **Aserrín.**

serrino, na. adj. Perteneciente a la *sierra o parecido a ella. ‖ *Med.* V. **Pulso serrino.**

serrón. m. aum. de ***Sierra.** ‖ **Tronzador.**

serrucho. m. *Sierra de hoja ancha y regularmente con sólo una manija.

serta. f. *Germ.* **Camisa.**

seruendo, da. adj. **Serondo.**

servador. adj. Guardador o *defensor. Úsase en poesía como epíteto de Júpiter.

servato. m. *Planta herbácea de las umbelíferas.

serventesio. m. Género de composición *poética provenzal, de asunto generalmente moral o *satírico. ‖ Cuarteto en que riman el primer *verso con el tercero y el segundo con el cuarto.

serventía. f. *Camino que pasa por terrenos de propiedad particular.

servible. adj. Que puede servir.

serviciador. m. El que cobraba el servicio y montazgo.

servicial. adj. Que *sirve con cuidado y obsequio. ‖ Pronto a complacer y servir a otros. ‖ m. **Ayuda** (*lavativa).

servicialmente. adv. m. Con diligencia y cuidado en el *servir.

serviciar. tr. Pagar, cobrar o percibir el servicio y montazgo.

***servicio.** m. Acción y efecto de servir. ‖ Estado de criado o sirviente. ‖ Rendimiento y *culto que se debe a Dios. ‖ Mérito que se hace sirviendo al Estado o a otra entidad o persona. ‖ **Servicio militar.** ‖ *Obsequio que se hace en beneficio de otro. ‖ *Donación de dinero para las urgencias del Estado o bien público. ‖ *Utilidad o provecho que resulta a uno de lo que otro ejecuta en atención suya. ‖ Vasija u *orinal grande, que sirve para *excrementos mayores. ‖ ***Lavativa.** ‖ ***Cubierto** (de mesa). ‖ Conjunto de vajilla y otras cosas, para servir en la *mesa la comida, el café, etc. ‖ **Ecles.* Hablando de beneficios o prebendas, residencia y asistencia personal. ‖ *Contribución que pagaban anualmente los ganados. ‖ Organización y personal destinados a satisfacer necesidades del público o de alguna entidad oficial o privada. ‖ **activo.** El que corresponde a un empleo y se está prestando de hecho. ‖ ***militar.** El que se presta siendo soldado. ‖ **Hacer un flaco servicio** a uno. fr. fam. Hacerle mala obra o causarle un *perjuicio. ‖ **Prestar servicios.** fr. Hacerlos.

servidero, ra. adj. *Útil o a propósito para *servir o ser utilizado. ‖ Que pide o requiere asistencia personal.

***servidor, ra.** m. y f. Persona que sirve como *criado. ‖ Persona adscrita al manejo de una arma, de una maquinaria o de otro artefacto. ‖ Nombre que por *cortesía se da a sí misma una *persona respecto de otra. ‖ m. El que corteja a una dama. ‖ **Servicio** (*orinal).

***servidumbre.** f. Trabajo o ejercicio propio del *siervo. ‖ Estado o condición del *siervo. ‖ Conjunto de *criados que sirven en una casa. ‖ *Obligación inexcusable de hacer una cosa. ‖ fig. Sujeción causada por las pasiones. ‖ → *For.* Derecho en predio ajeno que limita el dominio en éste y que está constituido en favor de determinadas personas. ‖ **de acueducto.** La que grava un predio por donde pasa una conducción de aguas. ‖ **de luces.** La que limita la altura de un edificio para dejar libre paso de la luz a otra finca. ‖ **forzosa.** *For.* Aquella a que puede ser legítimamente compelido el dueño del predio sirviente. ‖ **legal.** *For.* La que por ministerio de la ley grava los inmuebles. ‖ **pública.** *For.* La que está constituida para el uso general.

***servil.** adj. Perteneciente a los siervos y *criados. ‖ Bajo, humilde y de poca estimación. ‖ → Rastrero, que obra con servilismo. ‖ **Polít.* Apodo con que los liberales designaban, en el primer tercio del siglo XIX, a los que preferían la monarquía absoluta. Ú. m. c. s.

***servilismo.** m. Ciega adhesión y vil sometimiento a la voluntad de otro. ‖ **Polít.* Orden de ideas de los denominados serviles.

servilmente. adv. m. A manera de *siervo. ‖ Indecorosa o indecentemente; con *servilismo. ‖ A la letra, sin quitar ni poner nada, con toda *exactitud.

servilón, na. adj. aum. de **Servil.** ‖ m. **Servil** (en sentido político).

servilla. f. **Zapatilla.**

***servilleta.** f. Paño que se pone en la mesa para aseo y limpieza de cada persona. ‖ **Doblar la servilleta.** fr. fig. y fam. ***Morir.**

servilletero. m. Aro en que se pone arrollada la *servilleta.

servio, via. adj. Natural u oriundo de Servia. Ú. t. c. s. ‖ Perteneciente a este país de Europa. ‖ m. *Idioma servio.

serviola. f. *Mar.* Pescante instalado en la parte exterior del costado del buque y provisto de un juego de roldanas por las que laborea el *aparejo de gata. ‖ *Mar.* Vigía que se establece de noche cerca de este pescante.

***servir.** intr. Estar al servicio de otro. Ú. t. c. tr. ‖ Estar empleado en la ejecución de una cosa por *delegación de otro. ‖ Estar sujeto a otro, *depender de él por cualquier motivo. ‖ Ser un instrumento, máquina o cosa, *conveniente para determinado fin. ‖ Ejercer un *empleo o cargo propio o en *substitución de otro. Ú. t. c. tr. ‖ Hacer las veces de otro. ‖ Aprovechar, ser de *utilidad. ‖ Ser soldado en activo. ‖ Asistir con *naipe del mismo palo a quien ha jugado primero. ‖ Sacar o restar la *pelota de modo que se pueda jugar fácilmente. ‖ Asistir a la *mesa trayendo los manjares o las bebidas. ‖ Entre *panaderos y *alfareros, calentar el horno. ‖ tr. Dar *culto o adoración a Dios o a los santos. ‖ Obsequiar a uno o hacerle cualquier *beneficio. ‖ Cortejar o *enamorar a una dama. ‖ Ofrecer o *dar voluntariamente al gobierno dinero para las necesidades del Estado. ‖ Hacer plato o llenar el vaso o la copa al que va a *comer o *beber. Ú. t. c. r. ‖ r. *Querer o *acceder a ha-

cer alguna cosa. || Valerse de una cosa para el *uso propio de ella. || **No servir** uno **para descalzar** a otro. fr. fig. y fam. Ser muy *inferior a él en alguna cualidad.
servita. adj. Dícese del individuo de la orden tercera fundada por San Felipe Benicio. Ú. t. c. s.
servomotor. m. *Mar.* *Máquina para dar movimiento al *timón. || **Mec.* Motor auxiliar.
ses. m. **Sieso.**
sesada. f. Fritada de sesos. || Sesos de un animal.
sesámeo, a. adj. **Bot.* Dícese de hierbas dicotiledóneas, cuyo tipo es la alegría. Ú. t. c. s. || f. pl. *Bot.* Familia de estas plantas.
sésamo. m. **Alegría** (*planta).
sesamoideo, a. adj. Parecido en la forma a la semilla del sésamo. Aplícase especialmente a unos *huesos pequeños, que se desarrollan en el espesor de los tendones.
sescuncia. f. *Moneda de cobre de los antiguos romanos.
sesear. intr. *Pronunciar la *c* como *s.*
sesén. m. *Moneda de Aragón, que equivalía a seis maravedís burgaleses.
sesena. f. **Sesén.**
sesenta. adj. Seis veces diez. || **Sexagésimo.** || m. Conjunto de signos con que se representa el *número **sesenta.**
sesentavo, va. adj. Dícese de cada una de las sesenta *partes iguales en que se divide un todo. Ú. t. c. s.
sesentén. adj. Dícese del *madero de hilo de sesenta palmos de longitud. Ú. t. c. s.
sesentón, na. adj. fam. **Sexagenario.** Ú. m. c. s.
seseo. m. Acción y efecto de sesear.
sesera. f. Parte de la *cabeza del animal, en que están los sesos. || **Seso** (encéfalo).
sesga. f. **Nesga.**
sesgadamente. adv. m. **Al *sesgo.**
sesgadamente. adv. m. **Sosegadamente.**
sesgado, da. adj. **Sosegado.**
sesgadura. f. Acción y efecto de sesgar.
sesgamente. adv. m. **Al *sesgo.**
sesgamente. adv. m. **Sosegadamente.**
sesgar. tr. Cortar o partir en *sesgo. || Torcer a un lado o atravesar una cosa hacia un lado.
***sesgo, ga.** adj. Torcido, cortado o situado oblicuamente. || fig. Grave, *serio en el semblante. || → m. *Inclinación, oblicuidad o torcimiento de una cosa hacia un lado. || fig. *Modo, procedimiento o medio término que se toma en los negocios dudosos. || Por ext., curso o rumbo que toma un negocio. || **Al *sesgo.** m. adv. Oblicuamente o al través.
sesgo, ga. adj. p. us. **Sosegado.**
sesí. m. *Pez muy parecido al pargo.
sésil. adj. **Bot.* **Sentado.**
sesión. f. p. us. Acción y efecto de sentarse. || Cada una de las juntas o *reuniones de un concilio, *asamblea u otra corporación. || fig. *Conferencia o consulta entre varios. || **Abrir la sesión.** fr. Comenzarla. || **Levantar la sesión.** fr. Concluirla.
sesma. f. **Sexma.**
sesmero. m. **Sexmero.**
sesmo. m. **Sexmo.**
seso. m. ***Cerebro.** || Masa nerviosa contenida en la cavidad del cráneo. Ú. m. en pl. || fig. *Prudencia, cordura. || **Calentarse,** o **devanarse** uno, **los sesos.** frs. figs. Fatigarse *meditando mucho en una cosa. || **Perder** uno **el seso.** fr. fig. Perder el juicio, o privarse. || **Tener** uno **los sesos en los calcañales.** fr. fig. y fam. Tener poco juicio, ser *alocado o irreflexivo. || **Tener sorbido el seso** a uno. fr. fig. y fam. Tener *captado su albedrío, ejercer sobre él influjo incontrastable.
seso. m. Piedra, ladrillo o hierro con que, a modo de *cuña, se calza la olla para que asiente bien.
sesqui. Prefijo latino que, unido a un ordinal, significa la unidad más una fracción cuyo numerador es la unidad misma, y el denominador el número ordinal. También sirve para expresar una unidad más la mitad de ella.
sesquiáltero, ra. adj. Aplícase a las cosas que contienen la *unidad y una *mitad de ella.
sesquidoble. adj. Que contiene dos veces y media un número o cantidad.
sesquimodio. m. Medida de modio y medio de *capacidad.
sesquióxido. m. **Quím.* Óxido que contiene la mitad más de oxígeno que el protóxido.
sesquipedal. adj. De pie y medio de *largo.
sesquiplano. m. *Avión cuyas alas están formadas por dos planos superpuestos, uno de ellos mucho menor que el otro.
sesteadero. m. Lugar donde sestea el ganado.
sestear. intr. Pasar la siesta *durmiendo o *descansando. || Recogerse el *ganado durante el día al abrigo del sol.
sestercio. m. *Moneda de plata de los romanos, que valía dos ases y medio.
sestero. m. **Sesteadero.**
sestil. m. **Sesteadero.**
sesudamente. adv. m. De manera sesuda.
sesudez. f. Calidad de sesudo.
sesudo, da. adj. Que tiene seso, *prudente, *cuerdo.
seta. f. **Seda** (cerda, *pelo grueso).
***seta.** f. Cualquiera especie de *hongos de forma de sombrero o casquete sostenido por un piececillo. || fig. **Moco** (del pabilo).
setabense. adj. Natural de la antigua Setabis, hoy Játiva. Ú. t. c. s. || Perteneciente a esta comarca.
setabitano, na. adj. **Setabense.** Apl. a pers., ú. t. c. s.
setal. m. Sitio o porción de terreno donde abundan las setas.
sete. m. desus. Oficina de las casas de *moneda, donde se acuñaba a martillo.
setecientos, tas. adj. Siete veces ciento. || **Septingentésimo.** || m. Conjunto de signos con que se representa el *número **setecientos.**
setena. f. **Septena.** || pl. *Pena que consistía en pagar el séptuplo de una cantidad determinada. || **Pagar** uno **con las setenas** una cosa. fr. fig. Sufrir un *castigo superior a la culpa cometida.
setenado, da. adj. Castigado con pena superior a la culpa. || m. Período de siete *años.
setenar. tr. Sacar por *suerte uno de cada siete.
setenario. m. **Septenario.**
setenta. adj. Siete veces diez. || **Septuagésimo.** || m. Conjunto de signos con que se representa el *número **setenta.**
setentavo, va. adj. **Septuagésimo** (cada una de las setenta *partes en que se divide un todo). Ú. t. c. s. m.
setentón, na. adj. fam. **Septuagenario.** Ú. m. c. s.
setica. f. Cierto *árbol de las artocárpeas, propio del Perú.
setiembre. m. **Septiembre.**
sétimo, ma. adj. **Séptimo.** U. t. c. s.
seto. m. *Cercado hecho de palos o varas entretejidos. || **vivo.** Cercado de matas o arbustos vivos.
setuní. m. **Aceituní.**
seudestesia. f. *Sensación falsa.
seudo. adj. *Supuesto, *falso.
seudónimo, ma. adj. Dícese del *escritor o autor que oculta con un nombre falso el suyo verdadero. || Aplícase también a la obra de este autor. || m. *Nombre empleado por un autor en vez del suyo verdadero.
seudópodo. m. Cualquiera de las prolongaciones protoplasmáticas transitorias de ciertas *células, que les sirven para el movimiento y para la aprehensión.
severamente. adv. m. Con *severidad.
***severidad.** f. Rigor en el castigo y reprensión. || *Desabrimiento o aspereza en el trato. || Exactitud y puntualidad en el *cumplimiento de una ley, precepto o regla. || Gravedad, *seriedad.
***severo, ra.** adj. Riguroso, duro en el trato o castigo. || Exacto, puntual y rígido en el *cumplimiento de un precepto o regla. || Grave, *serio.
sevicia. f. *Crueldad excesiva; malos tratos.
sevillana. f. Amarradura con que se unen dos *cabos.
sevillanas. f. pl. Aire musical propio de Sevilla y con el cual se *cantan seguidillas. || *Danza que se baila con esta música.
sevillano, na. adj. Natural de Sevilla. Ú. t. c. s. || Perteneciente a esta ciudad o a su provincia.
séviro. m. Jefe de cada una de las seis decurias de los caballeros romanos. || Cada uno de los seis individuos que componían ciertas *corporaciones romanas. || **augustal.** Individuo de cualquiera de los colegios sacerdotales.
sexagenario, ria. adj. Que ha cumplido la edad de sesenta *años y no llega a setenta. Ú. t. c. s.
sexagésima. f. Domínica segunda de las tres que se cuentan antes de la primera *cuaresma.
sexagesimal. adj. Aplícase al sistema de *numeración en que se cuenta de sesenta en sesenta.
sexagésimo, ma. adj. Que ocupa, en una serie *ordenada, un lugar al que preceden cincuenta y nueve lugares. || Dícese de cada una de las sesenta *partes iguales en que se divide un todo. Ú. t. c. s.
sexagonal. adj. **Hexagonal.**
sexángulo, la. adj. *Geom.* **Hexágono.** Ú. t. c. s. m.
sexcentésimo, ma. adj. Que ocupa, en una serie *ordenada, un lugar al que preceden 599 lugares. || Dícese de cada una de las seiscientas *partes iguales en que se divide un todo. Ú. t. c. s.
sexenal. adj. Que ocurre o se *repite cada seis *años.
sexenio. m. Tiempo de seis *años.
sexma. f. Sexta *parte de cualquier cosa, y más generalmente de la vara. || **Sexmo** (división *territorial). || *Madero de doce dedos de ancho y ocho de grueso. || **Séxtula.**
sexmero. m. Encargado de los negocios y derechos de un sexmo.
sexmo. m. División *territorial que comprende cierto número de pueblos. || *Madero de seis varas de longitud.
***sexo.** m. Condición orgánica que distingue al macho de la hembra.

Por ext. se aplica este concepto a algunos vegetales y a sus órganos. ‖ *débil. Las *mujeres. ‖ **feo,** o **fuerte.** Los *varones. ‖ **Bello sexo. Sexo débil.**

sexta. f. Tercera de las cuatro partes iguales en que dividían los romanos el *día artificial. ‖ *Liturg.* En el rezo eclesiástico, una de las horas menores, que se dice después de la tercia. ‖ Reunión, en el juego de los cientos, de seis *naipes de valor correlativo. ‖ **Mús.* Intervalo de una nota a la sexta ascendente o descendente en la escala.

sextaferia. f. *Tributo en forma de prestación vecinal para la reparación de caminos u otras obras de utilidad pública.

sextaferiar. tr. *Trabajar en la sextaferia.

sextantario, ria. adj. Que tiene el peso de un sextante (*moneda).

sextante. m. *Moneda de cobre romana, que valía la sexta parte del as. ‖ **Topogr.* y **Mar.* Instrumento parecido al quintante y cuyo sector es de sesenta grados.

sextario. m. Medida antigua de *capacidad, sexta parte del congio.

sextavado, da. adj. Dícese de la figura hexagonal.

sextavar. tr. Dar figura sextavada a una cosa.

sexteto. m. **Mús.* Composición para seis instrumentos o seis voces. ‖ *Mús.* Conjunto de estos seis *instrumentos o voces.

sextilla. f. Combinación métrica de seis *versos de arte menor aconsonantados.

sextillo. m. **Mús.* **Seisillo.**

sextina. f. Composición *poética que consta de seis estrofas de a seis versos endecasílabos cada una, y de otra que sólo se compone de tres. ‖ Cada una de las estrofas de a seis versos que entran en esta composición. ‖ Combinación métrica de seis versos endecasílabos.

sextina. f. Especie de carta de *excomunión para descubrir delincuentes.

sexto, ta. adj. Que sigue inmediatamente en *orden a lo quinto. ‖ Dícese de cada una de las seis *partes iguales en que se divide un todo. Ú. t. c. s. ‖ m. **Ecles.* Libro en que están juntas algunas constituciones y decretos canónicos. ‖ fam. Sexto mandamiento del Decálogo.

séxtula. f. *Moneda de cobre de los antiguos romanos.

sextuplicación. f. Acción y efecto de sextuplicar o sextuplicarse.

sextuplicar. tr. Hacer séxtupla una cosa, *multiplicar por seis una cantidad. Ú. t. c. r.

séxtuplo, pla. adj. Que incluye en sí seis veces una cantidad. Ú. t. c. s.

***sexual.** adj. Perteneciente o relativo al sexo.

sexualidad. f. Conjunto de condiciones anatómicas y fisiológicas que caracterizan a cada *sexo.

sha. m. *Soberano de Persia.

si. m. **Mús.* Séptima nota de la escala música.

sí. Forma reflexiva del pronombre *personal de tercera persona. ‖ **De por sí.** m. adv. ***Separadamente.** ‖ **De sí.** m. adv. **De suyo.** ‖ **Para sí.** m. adv. Mentalmente o sin dirigir a otro la palabra. ‖ **Por sí y ante sí.** m. adv. Por propia deliberación y sin contar con nadie. ‖ **Sobre sí.** m. adv. Con *atención o cuidado. ‖ Con entereza y *orgullo.

sí. adv. *afirm. que se emplea más comúnmente respondiendo a pregunta. ‖ Ú. como substantivo por *consentimiento o permiso. ‖ **Dar uno el sí.** fr. Conceder una cosa, convenir en ella. Ú. m. hablando del *matromonio. ‖ **Por sí o por no.** loc. adv. Por si ocurre o no, en *previsión de alguna contingencia. ‖ **Sí tal.** expr. con que se esfuerza la *afirmación.

si. conj. con que se denota *condición o suposición en virtud de la cual un concepto depende de otro u otros. ‖ A principio de cláusula tiene a veces por objeto dar énfasis o energía a las expresiones de duda, deseo o aseveración. ‖ Precedida del adverbio *como* o de la conjunción *que,* se emplea en conceptos comparativos. ‖ Empléase también como conjunción adversativa, equivaliendo a **aunque.**

sialagogo. adj. **Farm.* Dícese del medicamento que estimula la secreción de *saliva.

sialismo. m. *Pat.* Secreción abundante de *saliva.

sialorrea. f. *Pat.* Secreción excesiva de *saliva.

siamés, sa. adj. Natural u oriundo de Siam. Ú. t. c. s. ‖ Perteneciente a esta nación de Asia. ‖ m. *Idioma siamés.

sibarita. adj. Natural de Síbaris. Ú. t. c. s. ‖ Perteneciente a esta ciudad de la Italia antigua. ‖ fig. Dícese de la persona muy dada a los *placeres. Ú. t. c. s.

sibarítico, ca. adj. Perteneciente o relativo a la ciudad de Síbaris. ‖ fig. **Sensual.**

sibaritismo. m. Vida dedicada a los *placeres, como la de los antiguos sibaritas.

siberiano, na. adj. Natural de la Siberia. Ú. t. c. s. ‖ Perteneciente a esta región de Asia.

sibil. m. Pequeña despensa en las *cuevas, para conservar los *alimentos. ‖ Concavidad *subterránea.

sibila. f. Mujer sabia a quien los antiguos atribuyeron espíritu *profético.

sibilante. adj. Que *silba o suena a manera de silbo. ‖ **Fon.* Dícese del sonido que se pronuncia con una especie de silbido, como la *s.* ‖ f. **Fon.* *Letra que representa este sonido.

sibilino, na. adj. Perteneciente o relativo a la sibila. ‖ fig. Misterioso, *oculto, *incomprensible.

sibilítico, ca. adj. **Sibilino.**

sibucao. m. *Arbolito de Filipinas, de las leguminosas, de madera tan dura que sirve para hacer clavos. ‖ Esta misma *madera.

sic. adv. lat. que se usa en impresos y manuscritos para dar a entender que una palabra o frase que pudiera parecer inexacta, es textual.

sicalipsis. f. fam. Literatura erótica rayana con la *obscenidad.

sicalíptico, ca. Perteneciente o relativo a la sicalipsis. ‖ Erótico, que excita a la *lujuria.

sicambro, bra. adj. Dícese del individuo de un *pueblo que habitó en la Germania septentrional. Ú. t. c. s. ‖ Perteneciente a este pueblo.

sicamor. m. **Ciclamor.**

sicano, na. adj. Natural de Sicania, hoy Sicilia. Ú. t. c. s. ‖ Perteneciente a esta isla de la Italia antigua.

sicario. m. Asesino asalariado.

sicigia. f. *Astr.* Conjunción de la *Luna con el *Sol.

siciliano, na. adj. Natural de Sicilia. Ú. t. c. s. ‖ Perteneciente a esta isla de Italia.

sicionio, nia. adj. Natural de Sición. Ú. t. c. s. ‖ Perteneciente a esta ciudad del Peloponeso.

siclo. m. *Moneda hebrea de plata, que pesaba media onza.

sicoanálisis. amb. **Psicoanálisis.**

sicofanta. m. Impostor, *calumniador.

sicofante. m. **Sicofanta.**

sicofísica. f. **Psicofísica.**

sicología. f. **Psicología.**

sicológico, ca. adj. **Psicológico.**

sicólogo. m. **Psicólogo.**

sicometría. f. **Psicometría.**

sicómoro. m. *Higuera propia de Egipto, de madera incorruptible, que usaban los antiguos egipcios para encerrar las momias. ‖ **Plátano falso.**

sicópata. com. **Psicópata.**

sicopatía. f. **Psicopatía.**

sicosis. f. **Psicosis.**

sicote. m. *Suciedad del cuerpo humano.

sicotecnia. f. **Psicotecnia.**

sicoterapia. f. **Psicoterapia.**

sicrómetro. m. **Psicrómetro.**

sículo, la. adj. **Siciliano.** Apl. a pers., ú. t. c. s.

sidecar (voz inglesa). m. Asiento adicional, apoyado en una rueda, que se sujeta al lado de una motocicleta.

sideral. adj. **Sidéreo.**

sidéreo, a. adj. Perteneciente o relativo a los *astros.

siderita. f. **Siderosa.** ‖ *Planta herbácea de las labiadas, que se usó para cicatrizar heridas.

siderosa. f. Carbonato de *hierro, de color pardo amarillento, brillo acerado, quebradizo y algo más duro que el mármol.

siderosis. f. **Pat.* Afección pulmonar que padecen los obreros que trabajan en la preparación del óxido de hierro.

sideróstato. m. **Astr.* Aparato que compensa automáticamente el movimiento aparente de los astros, a fin de que éstos aparezcan inmóviles en los instrumentos ópticos.

siderurgia. f. Arte de extraer el *hierro y de trabajarlo.

siderúrgico, ca. adj. Perteneciente o relativo a la siderurgia.

sidonio, nia. adj. Natural de Sidón. Ú. t. c. s. ‖ Perteneciente a esta ciudad de Fenicia. ‖ **Fenicio.** Apl. a pers., ú. t. c. s.

***sidra.** f. Bebida alcohólica que se obtiene por la fermentación del zumo de las manzanas.

sidrería. f. Lugar en que se vende *sidra.

sidrero, ra. adj. Perteneciente o relativo a la *sidra. ‖ Que fabrica o vende sidra. Ú. t. c. s.

***siega.** f. Acción y efecto de segar las mieses. ‖ Tiempo en que se siegan. ‖ Mieses segadas.

***siembra.** f. Acción y efecto de sembrar. ‖ Tiempo en que se siembra. ‖ *Terreno sembrado.

***siempre.** adv. t. En todo o en cualquier *tiempo. ‖ En todo caso o cuando menos. ‖ **Para siempre.** m. adv. Por todo tiempo o por tiempo indefinido. ‖ **Por siempre.** m. adv. **Perpetuamente.** ‖ **Siempre jamás.** m. adv. **Siempre.** ‖ **Siempre que.** m. conjunt. *condic. **Con tal que.** ‖ **Siempre y cuando que.** m. conjunt. condic. **Simpre que.**

siempretieso. m. **Dominguillo** (*muñeco lastrado).

siempreviva. f. **Perpetua amarilla.** ‖ **amarilla. Siempreviva.** ‖ **mayor.** *Planta perenne de las crasuláceas, con flores que no se marchitan. ‖ **menor. Uva de gato.**

sien. f. Cada una de las dos partes laterales de la *cabeza comprendidas entre la frente, la oreja y la mejilla.
siena. f. *Germ.* ***Cara.**
sienita. f. *Roca compuesta de feldespato, anfíbol y algo de cuarzo, de color generalmente rojo.
sierpe. f. ***Serpiente.** ‖ fig. Persona muy fea o dominada por la *ira. ‖ fig. Cualquier cosa que se mueve con *ondulaciones a manera de **sierpe.** ‖ *Germ.* **Ganzúa.** ‖ *Bot.* *Vástago que brota de las raíces leñosas. ‖ ***Cometa** (juguete).
***sierra.** f. Hoja o cinta de acero con dientes agudos y triscados en el borde, que sirve para dividir madera u otros cuerpos duros. ‖ Herramienta que consiste en una hoja de acero fuerte, con borde liso, que sirve para dividir piedras duras con el auxilio de arena y agua. ‖ *Cordillera de montes o peñascos cortados. ‖ **Pez sierra.** ‖ Loma o colina. ‖ pl. *Germ.* Las sienes. ‖ **Sierra abrazadera.** La de grandes dimensiones, con la hoja montada en el medio del bastidor. ‖ **de mano.** La que puede manejar un hombre solo. ‖ **de punta.** La de hoja estrecha y puntiaguda. ‖ **de trasdós.** Serrucho de hoja rectangular y muy delgada.
sierro. m. Teso de sierra, *risco.
***siervo, va.** m. y f. **Esclavo.** ‖ Nombre que una persona se da a sí misma respecto de otra para mostrarle *adhesión y rendimiento. ‖ Persona profesa en ciertas *órdenes religiosas*. ‖ **de Dios.** fam. Persona muy *tímida, pobre hombre. ‖ **de la gleba.** *For.* Esclavo afecto a una heredad. ‖ **de los siervos de Dios.** Nombre que por humildad se da a sí mismo el *Papa. ‖ **de la pena.** *Reo condenado a servir en las minas u otras obras públicas.
sieso. m. Parte inferior del intestino recto en la cual se comprende el *ano.
siesta. f. Tiempo después del *mediodía, en que aprieta más el *calor. ‖ Tiempo destinado para *dormir o *descansar después de comer. ‖ *Sueño que se echa después de comer. ‖ Música que en las iglesias se *canta o toca por la tarde. ‖ **del carnero.** La que se duerme antes de la comida del mediodía.
siete. adj. Seis y uno. ‖ **Séptimo.** Apl. a los días del mes, ú. t. c. s. ‖ m. Signo o conjunto de signos con que se representa el número **siete.** ‖ Naipe que tiene **siete** señales. ‖ **Barrilete** (instrumento de *carpintero). ‖ fam. Rasgón o *rotura angular. ‖ **Ano.** ‖ **y media.** Juego de *naipes en que gana el que primero hace siete puntos y medio o el que más se acerque por bajo de este número. ‖ **Tres sietes.** Juego de naipes cuyo objeto es llegar a veintiún puntos. ‖ **Más que siete.** loc. adv. fig. y fam. *Muchísimo, excesivamente.
sietecolores. m. **Jilguero.** ‖ *Pájaro pequeño de Chile, que tiene en medio de la cabeza un moño de color rojo vivo.
sietecueros. m. *Tumor que se forma en el talón del pie. ‖ **Panadizo.**
sieteenrama. m. **Tormentila.**
sietelevar. m. En el juego de la banca, tercera suerte, en que se va a ganar siete tantos.
sietemesino, na. adj. Aplícase a la criatura que *nace a los siete meses de engendrada. Ú. t. c. s. ‖ fam. *Jovencito que presume de persona mayor. Ú. t. c. s.

sieteñal. adj. Que tiene siete *años o es de siete años.
sietesangrías. f. **Centaura menor.**
sifílide. f. *Pat.* Enfermedad de la *piel originada o sostenida por la sífilis.
sífilis. f. **Pat.* Enfermedad *venérea, específica y hereditaria.
sifilítico, ca. adj. *Pat.* Perteneciente o relativo a la sífilis. ‖ *Pat.* Que la padece. Ú. t. c. s.
sifilografía. f. Parte de la *medicina, que trata de las enfermedades sifilíticas.
sifilográfico, ca. adj. **Pat.* Perteneciente o relativo a la sifilografía.
sifón. m. *Tubo encorvado, cuya extremidad de salida está más baja que la de entrada, y sirve para sacar líquidos del vaso que los contiene, haciéndolos pasar por un punto superior a su nivel. ‖ Botella o recipiente herméticamente cerrado y provisto de una llave, por la que sale el líquido interior a consecuencia de la presión a que está sometido. ‖ Tubo doblemente acodado de manera que quede en él la cantidad de agua suficiente para impedir la salida de los gases de las cañerías al exterior. ‖ *Arq.* *Canal cerrado o tubo que sirve para hacer pasar el agua por un punto inferior a sus dos extremos.
sifué. m. **Sobrecincha.**
sigilación. f. Acción y efecto de sigilar.
sigilar. tr. *Sellar, imprimir con sello. ‖ *Callar u ocultar una cosa.
sigilo. m. ***Sello.** ‖ *Ocultación o *silencio que se guarda de una cosa o noticia. ‖ **sacramental.** *Secreto inviolable que debe guardar el confesor, de lo que oye en la confesión sacramental.
sigilografía. f. Estudio de los sellos antiguos.
sigilomanía. f. Afición a coleccionar sellos de correos.
sigilosamente. adv. m. Con sigilo.
sigiloso, sa. adj. Que guarda sigilo.
sigla. f. Letra inicial que se emplea como *abreviatura de una palabra. ‖ Rótulo o denominación que se forma con estas **siglas:** INRI.
***siglo.** m. Espacio de cien *años. ‖ Mucho o muy largo tiempo. ‖ Comercio y *trato de los hombres en cuanto toca a la vida *terrenal. ‖ **de cobre.** **Cronol.* Entre los poetas, tiempo y espacio en que se adelantó la malicia de los hombres a los engaños y guerras. ‖ **de hierro.** Tiempo en que, según los poetas, huyeron de la tierra las virtudes y empezaron a reinar los *vicios. ‖ fig. Tiempo *desgraciado. ‖ **de oro.** Tiempo en que, según los poetas, vivieron los hombres justificadamente. ‖ fig. Tiempo de *paz y de ventura. ‖ fig. Tiempo en que las letras, las artes, la política, etc., han tenido mayor incremento y esplendor en un pueblo o país. ‖ fig. Tiempos *felices. ‖ **de plata.** Tiempo en que, según los poetas, los hombres habitaron cuevas y chozas y labraron la tierra. ‖ **dorado. Siglo de oro.** ‖ **Siglos medios.** **Cronol.* Tiempo que transcurrió desde la caída del imperio romano hasta la toma de Constantinopla por los turcos. ‖ **En,** o **por, los siglos de los siglos.** m. adv. **Eternamente.**
sigma. f. Decimoctava *letra del alfabeto griego, correspondiente a la *ese.*
sigmoideo, a. adj. Aplícase a lo que por su forma se parece a la sigma.
signáculo. m. *Sello o señal en lo escrito.

signar. tr. Hacer, poner o imprimir el *signo. ‖ **Firmar.** ‖ Hacer la señal de la *cruz sobre una persona o cosa. Ú. t. c. r. ‖ **Liturg.* Hacer con los dedos índice y pulgar de la mano derecha cruzados, tres cruces, la primera en la frente, la segunda en la boca y la tercera en el pecho. Ú. t. c. r.
signatario, ria. adj. **Firmante.** Ú. t. c. s.
signatura. f. ***Señal.** ‖ Especialmente la señal de números y letras que se pone a un *libro o a un documento para catalogarlo. ‖ Tribunal de la *curia romana compuesto de varios prelados. ‖ **Impr.* Señal que con las letras del alfabeto o con números se ponía al pie de las primeras planas de los pliegos o cuadernos, para gobierno del encuadernador. Hoy sólo se pone en la primera cara de cada cuaderno.
signífero, ra. adj. poét. Que lleva o incluye una señal o *insignia.
***significación.** f. Acción y efecto de significar. ‖ Sentido de una palabra o frase. ‖ Objeto que se significa. ‖ *Importancia o trascendencia en cualquier orden.
***significado.** m. **Significación.**
significador, ra. adj. Que significa. Ú. t. c. s.
significancia. f. ***Significación.**
significante. p. a. de **Significar.** *Significativo.
***significar.** tr. Ser una cosa signo de otra. ‖ Ser una palabra o frase expresión o signo de una idea o de una cosa material. ‖ Hacer saber, *informar o manifestar una cosa. ‖ intr. Representar, valer, tener *importancia. ‖ r. *Distinguirse por alguna cualidad o circunstancia.
significativamente. adv. m. De un modo significativo.
***significativo, va.** adj. Que da a entender con propiedad una cosa. ‖ Que tiene *importancia por representar algún valor.
***signo.** m. Cosa que por su naturaleza o por convenio evoca en el entendimiento la idea de otra. ‖ Cualquiera de los caracteres que se emplean en la *escritura y en la imprenta. ‖ Señal que se hace por modo de *bendición; como las que se hacen en la *misa. ‖ Conjunto de trazos, rasgos o figuras que los *notarios agregan a su *firma en los documentos públicos. ‖ **Astrol.* *Destino o *suerte determinada por el influjo de los astros. ‖ *Astr.* Cada una de las doce partes iguales en que se considera dividido el *Zodiaco, y que se designan con nombres especiales. ‖ **Mat.* Señal o figura de que se usa en los cálculos para indicar las operaciones que se han de ejecutar. ‖ **Mús.* Cualquiera de los caracteres con que se escribe la música. ‖ **Mús.* En particular, el que indica el tono natural de un sonido. ‖ **negativo.** **Mat.* **Menos.** ‖ **positivo.** *Mat.* **Más.** ‖ **rodado.** Figura circular al pie del privilegio rodado y que solía llevar en el centro una cruz y las armas reales.
siguapa. f. *Ave de rapiña nocturna, pequeña, propia de América.
siguemepollo. m. *Cinta que como adorno llevaban las mujeres, dejándola pendiente a la espalda.
siguiente. p. a. de **Seguir.** Que sigue. ‖ adj. Ulterior, *posterior.
sijú. m. *Ave rapaz nocturna de las Antillas.
sil. m. **Ocre.**
sílaba. f. Sonido vocal, simple o articulado, en cuya *pronunciación se emplea una sola emisión de voz. ‖

Letra o conjunto de ellas con que se representa este sonido. || **aguda.** **Pros.* La acentuada o en que carga la pronunciación. || **átona.** *Pros.* La que no tiene acento prosódico. || **breve.** *Pros.* La que se pronuncia en menos tiempo que la larga. || **larga.** *Pros.* La que se pronuncia en mayor espacio de tiempo que la breve. || **postónica.** *Pros.* La átona que en el vocablo viene detrás de la tónica. || **protónica.** *Pros.* La átona que en el vocablo precede a la tónica. || **tónica.** *Pros.* La que tiene el acento prosódico.

silabar. intr. **Silabear.**

silabario. m. Librito o cartel con sílabas sueltas y palabras divididas en sílabas, que sirve para enseñar a *leer.

silabear. intr. Ir *pronunciando separadamente cada sílaba. Ú. t. c. tr.

silabeo. m. Acción y efecto de silabear.

silábico, ca. adj. Perteneciente a la sílaba.

silabismo. m. Sistema de *escritura en que cada signo representa una sílaba.

sílabo. m. Índice, *lista, catálogo.

silanga. f. Brazo de *mar largo y estrecho que separa dos islas.

silba. f. Acción de *silbar con propósito de *censura.

silbador, ra. adj. Que silba. Ú. t. c. s.

silbante. p. a. de ***Silbar.** Que silba. || adj. **Sibilante.**

***silbar.** intr. Dar silbidos. || Agitar el aire con violencia, de que resulta un sonido como de silbo. || fig. Manifestar desagrado y *reprobación el público, con silbidos u otras demostraciones. Ú. t. c. tr.

***silbato.** m. Instrumento pequeño y hueco que produce un silbo agudo cuando se sopla en él. || *Rotura pequeña o *agujero por donde escapa el aire o se rezuma un líquido.

***silbido.** m. **Silbo.**

***silbo.** m. Sonido agudo que hace el viento al pasar por una abertura o chocar con algunos cuerpos. || Sonido agudo que resulta de hacer pasar con fuerza el aire por la boca con los labios fruncidos o con los dedos colocados en ella convenientemente. || Sonido de igual clase que se hace soplando con fuerza en un cuerpo hueco, como silbato, llave, etcétera. || *Voz aguda y penetrante de algunos animales.

silbón. m. *Ave palmípeda semejante a la cerceta, que se domestica con facilidad.

silboso, sa. adj. Que *silba.

silenciador. m. Silencioso del *automóvil.

silenciar. tr. Sigilar, *callar, pasar en silencio.

silenciario, ria. adj. Que guarda continuo *silencio. || m. Persona encargada de cuidar del silencio o la quietud del *templo.

silenciero, ra. adj. Que cuida de que se observe *silencio. Ú. t. c. s.

***silencio.** m. Abstención de hablar. || fig. Ausencia de todo ruido o sonido. || fig. Efecto de no mencionar por escrito. || *Mús.* **Pausa.** || **En silencio.** m. adv. fig. Sin protestar, sin quejarse. || **Pasar** uno **en silencio** una cosa. fr. *Omitirla, callarla. || **Perpetuo silencio.** *For.* Fórmula de la *sentencia con que se prohíbe al actor que vuelva a deducir la acción o a instar sobre ella.

silenciosamente. adv. m. Con *silencio. || *Secreta o disimuladamente.

silencioso, sa. adj. Dícese del que calla o tiene hábito de *callar. || Aplícase al lugar o tiempo en que se guarda *silencio. || Que no hace ruido. || m. Aparato que se aplica al cañón de una *arma de fuego* para amortiguar la detonación. || Aparato que se pone en el escape de un *automóvil para disminuir el ruido que produce.

silente. adj. **Silencioso.**

silepsis. f. **Gram.* Figura de construcción que consiste en quebrantar las leyes de la concordancia en el género o el número de las palabras. || **Ret.* Tropo que consiste en usar a la vez una misma palabra en sentido recto y figurado.

silería. f. Lugar donde están los silos.

silero. m. **Silo.**

silesiano, na. adj. **Silesio.** Apl. a pers., ú. t. c. s.

silesio, sia. adj. Natural de Silesia. Ú. t. c. s. || Perteneciente a esta región de Alemania.

sílex. m. **Pedernal.**

sílfide. f. **Mit.* Ninfa o espíritu elemental del *aire.

silfo. m. **Mit.* Espíritu elemental del *aire.

silga. f. **Sirga.**

silgar. tr. *Mar.* **Sirgar.** || *Mar.* Hacer que avance una embarcación moviendo a uno y otro lado un *remo que se coloca en el punto medio de la popa.

silguero. m. **Jilguero.**

silicato. m. **Quím.* Sal compuesta de ácido silícico y una base.

***sílice.** f. **Quím.* Combinación del silicio con el oxígeno. || **anhidra. Cuarzo.**

silíceo, a. adj. De *sílice o semejante a ella.

silícico, ca. adj. **Quím.* Perteneciente o relativo a la sílice.

silicio. m. **Quím.* Metaloide que se extrae de la sílice.

silicosis. f. **Pat.* Neumoconiosis producida por el polvo de *sílice.

silicua. f. *Peso antiguo, que era de cuatro granos. || *Bot.* *Fruto simple, seco, abridero, bivalvo, cuyas semillas se hallan alternativamente adheridas a las dos suturas.

silícula. f. *Bot.* Silicua casi tan larga como ancha.

silingo, ga. adj. Dícese del individuo de un *pueblo germano que habitó al norte de Bohemia. Ú. m. c. s. y en pl. || Perteneciente a este pueblo.

silo. m. Lugar subterráneo y seco en donde se guarda el trigo u otros *granos, semillas o forrajes. || fig. Cualquier lugar *subterráneo, profundo y obscuro.

silogismo. m. **Lóg.* Argumento que consta de tres proposiciones, la última de las cuales se deduce necesariamente de las otras dos. || **cornuto.** *Lóg.* **Argumento cornuto.**

silogístico, ca. adj. *Lóg.* Perteneciente al silogismo.

silogizar. intr. Disputar, argüir con silogismos o hacerlos.

silonia. f. **Nueza.**

silueta. f. *Dibujo sacado siguiendo los *contornos de la sombra de un objeto. || Forma que presenta a la vista la masa de un objeto más obscuro que el fondo sobre el cual se proyecta. || **Perfil.**

siluriano, na. adj. **Silúrico.**

silúrico, ca. adj. **Geol.* Dícese de cierto terreno sedimentario, que se considera como uno de los más antiguos. Ú. t. c. s. || **Geol.* Perteneciente a este terreno.

siluro. m. *Pez de agua dulce, malacopterigio abdominal, parecido a la anguila, pero de gran tamaño. || **Mar. Mil.* fig. Torpedo automóvil.

silva. f. *Colección de varias materias o especies, escritas sin método ni orden. || Combinación métrica en que ordinariamente alternan con los *versos endecasílabos los heptasílabos, y algunos libres o sueltos de cualquiera de estas dos medidas. || Composición poética escrita en **silva.** || desus. **Selva.** || **Zarza.**

silvano. m. **Mit.* Semidiós de las selvas.

silvático, ca. adj. **Selvático.**

***silvestre.** adj. **Bot.* Criado naturalmente y sin cultivo en selvas o campos. || → *Inculto, rústico.

silvicultor. m. El que profesa la silvicultura.

silvicultura. f. Cultivo de los *bosques o montes. || Ciencia que trata de este cultivo.

silvoso, sa. adj. **Selvoso.**

***silla.** f. *Asiento para una persona, y especialmente el que tiene cuatro patas y respaldo. || **Guarn.* Aparejo para montar a caballo, formado por una armazón de madera, cubierta generalmente de cuero. || **Sede.** || Dignidad de *Papa y otras eclesiásticas. || fig. y fam. **Ano.** || **bastarda.** La antigua en que se llevaban las piernas menos estiradas que cabalgando a la brida y más que cabalgando a la jineta. || **curul. Silla** de marfil, en donde se sentaban los ediles romanos. || fig. La que ocupa la persona que ejerce una elevada magistratura o dignidad. || **de caderas.** ant. **Silla** con respaldo y brazos para recostarse. || **de la reina.** Asiento que forman entre dos con las cuatro manos entrelazadas, asiendo cada uno su muñeca y la de otro. || **de manos.** Vehículo con asiento para una persona, a modo de *litera. || **Silla de la reina.** || **de montar*.** Aparejo para *montar a caballo. || **de posta.** *Carruaje en que se corría la posta. || **de tijera.** La que tiene el asiento de tela y las patas articuladas en forma de aspa, de manera que puede plegarse. || **gestatoria. Silla** portátil que usa el *Papa en ciertos actos de gran ceremonia. || **jineta.** La de montar, que tiene los borrenes más altos y menos distantes que en la común. || **poltrona.** La más baja que la común y de más amplitud y comodidad. || **turca.** *Anat.* Escotadura en forma de silla que ofrece el *hueso esfenoides. || **volante.** *Carruaje de dos ruedas y de dos asientos, puesto sobre dos varas. || **Dar silla** uno a otro. fr. fig. Hacer que se siente en su presencia. || **De silla a silla.** m. adv. Hablando dos o más personas en *conferencia privada. || **Pegársele** a uno **la silla.** fr. fig. y fam. *Detenerse mucho tiempo en una *visita.

***sillar.** m. Cada una de las piedras labradas que se emplean en la construcción. || Parte del lomo de la *caballería, donde sienta la silla. || **de hoja.** **Cant.* El que no ocupa todo el grueso del muro. || **lleno.** **Cant.* El que tiene igual grueso en el paramento que en el tizón.

sillarejo. m. d. de **Sillar.**

sillería. f. Conjunto de *sillas iguales, o de sillas, sillones y canapés de una misma clase. || Conjunto de *asientos unidos unos a otros; como los del coro de las *iglesias. || Taller donde se fabrican sillas. || Tienda donde se venden. || Oficio de sillero.

sillería. f. Fábrica hecha de *sillares asentados unos sobre otros y

en hileras. ‖ Conjunto de estos sillares.
sillero, ra. m. y f. Persona que se dedica a hacer sillas o a venderlas. ‖ Persona que cuida de las sillas en una *iglesia.
silleta. f. d. de **Silla.** ‖ Vaso para evacuar el *excremento en la cama los enfermos. ‖ Piedra sobre la cual se labra o muele el *chocolate. ‖ **Silla de la reina.** ‖ pl. **Jamugas.**
silletazo. m. *Golpe dado con una silla.
sillete. m. Banquillo de anea o paja con cuatro patas unidas por travesaños.
silletero. m. Cada uno de los portadores de la silla de manos. ‖ desus. **Sillero.**
silletín. m. d. de **Silleta** o **Sillete.** ‖ *Escabel para apoyar los pies el que está sentado.
sillico. m. Bacín o vaso para *excrementos.
sillín. m. Jamuga cómoda y lujosa. ‖ *Guarn.* Silla de montar más ligera y sencilla que la común. ‖ Especie de silla muy pequeña que lleva la caballería de varas. ‖ *Asiento que tienen la *bicicleta y otros vehículos análogos para montar en ellos.
sillón. m. aum. de **Silla.** ‖ *Silla de brazos mayor y más cómoda que la ordinaria. ‖ *Guarn.* Silla de montar en que una mujer puede ir sentada como en una silla común.
sima. f. *Concavidad grande y muy *profunda en la tierra. ‖ **Escocia** (moldura).
simado, da. adj. Aplícase a las tierras *hondas.
simarruba. f. *Árbol corpulento de las rutáceas, propio de América.
simbiosis. f. *Biol.* Asociación de organismos de diferentes especies que se favorecen mutuamente en su desarrollo.
simbol. m. *Arbusto de las gramíneas, de tallos largos y flexibles que se usan para hacer cestos.
simbólicamente. adv. m. De manera simbólica. ‖ Por medio de *símbolos.
simbólico, ca. adj. Perteneciente o relativo al *símbolo.
simbolismo. m. Sistema de *símbolos. ‖ *Lit.* Escuela literaria caracterizada por el empleo de expresiones simbólicas.
simbolista. adj. Partidario del simbolismo *literario. Ú. t. c. s.
simbolizable. adj. Que es propio para expresarse con un *símbolo.
simbolización. f. Acción y efecto de simbolizar.
***simbolizar.** tr. Servir una cosa como símbolo de otra. ‖ intr. desus. Parecerse, asemejarse una cosa a otra.
***símbolo.** m. Objeto, animal u otra cosa que se toma como tipo para representar un concepto moral o intelectual, por alguna semejanza o correspondencia. ‖ Dicho *sentencioso. ‖ *Quím.* Letra o letras convenidas con que se designa un cuerpo simple. ‖ **de la fe,** o **de los Apóstoles. Credo.**
simetría. f. *Proporción adecuada de las partes de un todo entre sí y con el todo mismo. ‖ Armonía de posición de las partes o puntos similares unos respecto de otros, y con referencia a punto, línea o plano determinados.
simétricamente. adv. m. Con simetría.
simétrico, ca. adj. Perteneciente a la simetría. ‖ Que la tiene.
simia. f. Hembra del simio.
símico, ca. adj. Perteneciente o relativo al simio.
***simiente.** f. ***Semilla.** ‖ ***Semen.** ‖ **de papagayos. Alazor.**
simienza. f. **Sementera.**
simiesco, ca. adj. Que se asemeja al simio.
símil. adj. p. us. *Semejante, parecido a otro. ‖ m. *Comparación entre dos cosas.
similar. adj. Que tiene *semejanza o analogía con una cosa.
similicadencia. f. *Ret.* Figura que consiste en emplear al fin de dos o más cláusulas, o miembros del período, palabras de sonido semejante.
similirrate. m. *Germ.* *Ladroncillo temeroso.
similitud. f. ***Semejanza.**
similitudinario, ria. adj. Dícese de lo que tiene similitud con otra cosa.
similor. m. *Aleación de cinc y cobre, que tiene el color y el brillo del *oro. ‖ **De similor.** *Falso, fingido.
simio. m. **Mono** (*cuadrúmano).
simón. adj. V. ***Coche simón.** Ú. t. c. s.
simonía. f. *Ecles.* Compra o venta deliberada de cosas espirituales. ‖ Propósito de verificar dicha *compraventa.
simoniacamente o **simoníacamente.** adv. m. Con simonía.
simoniaco, ca o **simoníaco, ca.** adj. Perteneciente a la simonía. ‖ Que la comete. Ú. t. c. s.
simoniático, ca. adj. **Simoniaco.** Ú. t. c. s.
simpa. f. **Trenza** (de cabello).
simpatía. f. Inclinación o *afición que una persona siente hacia otra, generalmente fundada en la *conformidad de cualidades y sentimientos. ‖ *Fisiol.* Relación de actividad fisiológica y patológica de algunos órganos que no tienen entre sí conexión directa.
simpáticamente. adv. m. Con simpatía.
simpático, ca. adj. Que inspira simpatía. ‖ *Mús.* Dícese de la cuerda que resuena por sí sola cuando se hace sonar otra. ‖ **Gran simpático.** *Zool.* Sistema *nervioso de la vida vegetativa que existe en el hombre y en los animales superiores.
simpatizante. com. Persona que simpatiza.
simpatizar. intr. Sentir simpatía.
***simple.** adj. Sin composición. ‖ → Sencillo, dicho de las cosas que pueden ser dobles o estar duplicadas. ‖ Dícese del traslado o *copia que se saca sin firmar ni autorizar. ‖ fig. Desabrido, falto de sazón, *insípido. ‖ fig. *Cándido, apacible. Ú. t. c. s. ‖ fig. *Necio y de poco discurso. Ú. t. c. s. ‖ *Gram.* Aplícase a la palabra que no se compone de otras de la lengua a que ella pertenece. ‖ m. Substancia orgánica o inorgánica, que entra en la composición de un *medicamento.
simplemente. adv. m. Con *simplicidad o sencillez. ‖ ***Absolutamente.**
simpleza. f. Bobería, *necedad. ‖ desus. Rusticidad, tosquedad, *descortesía.
***simplicidad.** f. Sencillez, *candidez. ‖ → Calidad de simple o sencillo.
simplicísimo, ma. adj. sup. de **Simple.**
simplicista. adj. **Simplista** (que simplifica). Apl. a pers., ú. t. c. s.
simplificable. adj. Susceptible de simplificación.
simplificación. f. Acción y efecto de *simplificar.
simplificador, ra. adj. Que simplifica.
***simplificar.** tr. Hacer más sencilla una cosa.
simplísimo, ma. adj. sup. de **Simple.**
simplista. adj. Que simplifica o tiende a *simplificar. Apl. a pers., ú. t. c. s. ‖ com. *Farm.* Persona que escribe o trata de los simples.
simplón, na. adj. fam., aum. de **Simple** (*cándido). ‖ Sencillo, ingenuo. Ú. t. c. s.
simposio. m. *Banquete. ‖ Conjunto de personas que se *reúnen para cambiar ideas.
simulación. f. Acción de simular. ‖ *For.* *Fraude o alteración de la causa, la índole o el objeto de un contrato.
simulacro. m. *Efigie o figura hecha a semejanza de una cosa o persona, especialmente sagrada. ‖ Especie que forma la *imaginación. ‖ desus. *Modelo, dechado. ‖ **Mil.* Acción de guerra, fingida.
simuladamente. adv. m. Con simulación.
simulador, ra. adj. Que simula. Ú. t. c. s.
simular. tr. Representar una cosa, *fingiendo o *imitando lo que no es.
simultáneamente. adv. m. Con *simultaneidad.
simultanear. tr. Realizar en el mismo espacio de tiempo dos o más cosas.
***simultaneidad.** f. Calidad de simultáneo.
***simultáneo, a.** adj. Dícese de lo que se hace u ocurre al mismo tiempo que otra cosa.
simún. m. *Viento abrasador que suele soplar en los desiertos de África y de Arabia.
sin. prep. separat. y negat. que denota *carencia o falta. ‖ Fuera de o *además de.
sin. prep. insep. que significa unión o simultaneidad.
sinabafa. f. *Tela antigua, parecida a la holanda.
sinagoga. f. Congregación o *junta religiosa de los *judíos. ‖ *Templo o local en que se juntan los judíos a orar. ‖ fig. **Conciliábulo** (*confabulación).
sinalagmático, ca. adj. *For.* **Bilateral.**
sinalefa. f. *Pros.* Superposición o enlace de la última sílaba de un vocablo y de la primera del siguiente cuando aquél acaba en vocal y éste empieza con letra de igual clase.
sinamay. m. *Tela muy fina que se fabrica en Filipinas con las fibras del abacá y de la pita.
sinamayera. f. La que vende sinamay y otras telas en Filipinas.
sinapismo. m. *Terap.* Tópico hecho con polvo de mostaza. ‖ fig. y fam. Persona o cosa que *molesta.
sinario. m. p. us. Sino, pronóstico.
sinartrosis. f. *Anat.* *Articulación no movible, como la de los huesos del cráneo.
sincerador, ra. adj. Que sincera. Ú. t. c. s.
sinceramente. adv. m. Con *sinceridad.
sincerar. tr. *Exculpar a uno. Ú. m. c. r.
***sinceridad.** f. Veracidad, falta de fingimiento en el modo de expresarse.
***sincero, ra.** adj. Ingenuo, veraz y sin doblez.
síncopa. f. *Gram.* Metaplasmo que consiste en suprimir una o más letras en medio de un vocablo. ‖

***Mús.** Sonido que comienza en una parte débil del compás y se prolonga hasta una parte fuerte. Dícese también del que comienza en la segunda mitad de una parte y continúa hasta la siguiente.
sincopadamente. adv. m. Con síncopa.
sincopado, da. adj. *Mús.* Dícese de la nota que forma síncopa. ‖ Dícese del ritmo o canto que tiene notas **sincopadas.**
sincopal. adj. *Med.* Dícese de la *fiebre que va acompañada de síncope.
sincopar. tr. *Gram.* y **Mús.* Hacer síncopa. ‖ fig. ***Abreviar.**
***síncope.** m. *Gram.* **Síncopa.** ‖ → *Pat.* Accidente con pérdida repentina del conocimiento y de la sensibilidad, debido a la suspensión momentánea de la acción cardiaca.
sincopizar. tr. *Pat.* Causar *síncope. Ú. t. c. r.
sincrético, ca. adj. Perteneciente o relativo al sincretismo.
sincretismo. m. Sistema *filosófico que trata de conciliar doctrinas diferentes.
sincronía. f. **Filol.* Conjunto de fenómenos que presenta una lengua, considerada en su aspecto estático.
sincrónico, ca. adj. *Simultáneo; dícese de las cosas que ocurren al mismo tiempo.
sincronismo. m. ***Simultaneidad.**
sincronizar. tr. Hacer que sean *simultáneos dos o más fenómenos.
sindactilia. f. *Med.* Adherencia anormal de los *dedos entre sí.
sindáctilo, la. adj. Que tiene sindactilia.
sindéresis. f. Discreción, *razón, *cordura.
sindicable. adj. Que puede sindicarse.
sindicación. f. Acción y efecto de sindicar o sindicarse.
sindicado. m. Junta de síndicos.
sindicador, ra. adj. Que sindica. Ú. t. c. s.
sindical. adj. Perteneciente o relativo al síndico. ‖ Perteneciente o relativo al sindicato.
sindicalismo. m. **Polít.* y **Econ.* Sistema de organización obrera por medio del sindicato.
sindicalista. adj. **Polít.* y **Econ.* Perteneciente o relativo al sindicalismo. ‖ com. Partidario del sindicalismo.
sindicar. tr. *Acusar o delatar. ‖ *Censurar, poner tacha o sospecha. ‖ Sujetar una cantidad de dinero o cierta clase de *valores a compromisos especiales. ‖ *Asociar varias personas de una misma profesión, o de intereses comunes para formar un sindicato. Ú. t. c. r. ‖ r. Entrar a formar parte de un sindicato.
sindicato. m. **Sindicado.** ‖ *Asociación formada para la defensa de intereses *económicos o *políticos comunes a todos los asociados. Dícese especialmente de las asociaciones obreras de esta clase.
sindicatura. f. Oficio o cargo de síndico. ‖ Oficina del síndico.
síndico. m. El encargado de la liquidación de bienes de un *deudor quebrado. ‖ El que tiene el dinero de las *limosnas que se dan a los religiosos mendicantes. ‖ Procurador que nombraban los concejos para defensa de sus intereses y reparación de los agravios recibidos. ‖ ‖ Persona que por *delegación de una comunidad o corporación se cuida de sus intereses.
síndrome. m. Conjunto de síntomas característicos de una *enfermedad.
sinécdoque. f. **Ret.* Tropo que consiste en designar un todo con el nombre de una de sus partes, o viceversa; un género con el de una especie, etc.
sinecura. f. *Empleo o cargo lucrativo y *ventajoso, que ocasiona poco trabajo.
sinedrio. m. **Sanedrín.**
sineira. f. Cuerda con que se tira de la *red de pescar.
sine qua non. expr. lat. V. **Condición sine qua non.**
sinéresis. f. **Pros.* Licencia *poética que consiste en diptongar vocales pertenecientes a sílabas distintas.
sinergia. f. **Fisiol.* Concurso activo y concertado de varios órganos para realizar una función.
sinestesia. f. *Sensación secundaria que se produce en un sentido o en una parte del cuerpo a consecuencia de un estímulo aplicado en otra parte del organismo.
sinfín. m. Infinidad, *abundancia innumerable.
sínfisis. f. *Anat.* Conjunto de partes orgánicas que aseguran las *articulaciones o enlaces de determinados huesos entre sí.
sínfito. m. **Consuelda.**
sinfonía. f. *Conjunto de voces, de instrumentos, o de ambas cosas, que suenan a la vez. ‖ **Mús.* Composición instrumental para orquesta. ‖ Pieza de *música instrumental, que precede a las óperas y otras obras teatrales. ‖ Nombre que en lo antiguo se aplicaba indistintamente a ciertos instrumentos *músicos. ‖ **Acordeón.** ‖ **Pint.* Armonía de colores.
sinfónico, ca. adj. Perteneciente o relativo a la sinfonía.
sinfonista. com. Persona que compone sinfonías. ‖ Persona que toma parte en su ejecución.
singa. f. *Mar.* Acción y efecto de singar.
singar. intr. *Mar.* Producir un movimiento de avance manejando un *remo en la popa.
singladura. f. **Mar.* Distancia recorrida por una nave en veinticuatro horas. ‖ *Mar.* En las navegaciones, intervalo de veinticuatro horas que empiezan a contarse al mediodía.
singlar. intr. **Mar.* Navegar la nave con un rumbo determinado.
single. adj. *Mar.* Dícese del *cabo que se emplea sencillo.
singlón. m. **Arq. Nav.* **Genol.**
singular. adj. **Único.** ‖ fig. *Extraordinario, *excelente, poco frecuente. ‖ *Particular, individuo. Ú. t. c. s. ‖ *Gram.* V. **Número singular.** Ú. t. c. s. ‖ **En singular.** m. adv. Especialmente.
singularidad. f. Calidad de singular. ‖ *Particularidad, distinción de lo común.
singularizar. tr. *Distinguir o particularizar una cosa entre otras. ‖ **Gram.* Dar número singular a palabras que ordinariamente no lo tienen. ‖ r. Distinguirse, apartarse del común.
singularmente. adv. m. Separadamente, *particularmente.
singulto. m. ***Sollozo.** ‖ ***Hipo.**
sinhueso. f. fam. *Lengua, en cuanto es órgano de la palabra.
sínico, ca. adj. **Chino.** Aplícase a cosas.
siniestra. f. **Izquierda.**
siniestramente. adv. m. De manera siniestra.
siniestro, tra. adj. Aplícase a la parte o sitio que está a la mano *izquierda. ‖ fig. Viciado, *perverso. ‖ fig. Infeliz, funesto o *desgraciado. ‖ m. Propensión o inclinación a lo malo; resabio, *vicio. Ú. m. en pl. ‖ *Daño o *desgracia que sufren las personas o la propiedad, especialmente por muerte, incendio o naufragio.
sinipiti. m. *Mar.* Especie de *ancla de madera, usada en Asia.
sinistrórsum. adv. l. Hacia la *izquierda. Dícese de las formas y movimientos helicoidales.
sinnúmero. m. *Multitud incalculable de personas o cosas.
sino. m. Hado, *destino.
sino. *conj. advers. con que se contrapone a un concepto negativo otro afirmativo. A veces denota excepción, adición, etc. ‖ m. desus. Pero, *defecto.
sinoble. adj. **Blas.* **Sinople.** Ú. t. c. s.
sinocal. adj. *Pat.* V. **Fiebre sinocal.** Ú. t. c. s.
sínoco, ca. adj. *Pat.* V. ***Fiebre sínoca.** Ú. t. c. s.
sinodal. adj. **Ecles.* Perteneciente al sínodo. Aplícase regularmente a las decisiones de los sínodos. Ú. t. c. s. f. ‖ V. **Examinador sinodal.** Ú. t. c. s.
sinodático. m. **Ecles.* Tributo que pagaban al obispo los eclesiásticos seculares cuando iban al sínodo.
sinódico, ca. adj. Perteneciente o relativo al sínodo.
sínodo. m. ***Concilio.** ‖ **Ecles.* Junta de *clérigos que nombra el ordinario para examinar a los ordenandos y confesores. ‖ **Astr.* Conjunción de dos planetas en el mismo grado de la Eclíptica. ‖ **diocesano.** El presidido por el obispo para tratar de asuntos eclesiásticos. ‖ **Santo sínodo.** Asamblea de la Iglesia rusa.
sinología. f. Estudio de la *lengua, la literatura y las instituciones de China.
sinólogo. m. El que profesa la sinología.
sinonimia. f. Calidad de sinónimo. ‖ **Ret.* Figura que consiste en usar voces sinónimas para amplificar la expresión de un concepto.
sinónimo, ma. adj. Dícese de los *vocablos que tienen *igual o muy parecida *significación. Ú. t. c. s. m.
sinopense. adj. Natural de Sinope, ciudad de la Turquía asiática. Ú. t. c. s. ‖ **Sinópico.**
sinópico, ca. adj. Perteneciente a Sinope.
sinople. adj. **Blas.* *Color heráldico que en pintura se representa por el verde.
sinopsis. f. *Compendio o resumen de una ciencia o tratado, expuesto en forma sinóptica.
sinóptico, ca. adj. Dícese de lo que presenta a la vista con *claridad y distinción las partes principales de un *todo o *conjunto.
sinovia. f. *Zool.* *Humor viscoso que lubrica las *articulaciones.
sinovial. adj. *Zool.* Dícese de las *glándulas que secretan la sinovia y de lo concerniente a ella.
sinovitis. f. *Pat.* Inflamación de las *glándulas sinoviales.
sinrazón. f. Acción *injusta o contra lo razonable o debido.
sinsabor. m. **Desabor.** ‖ fig. Pesar, *disgusto, pesadumbre.
sinsonte. m. *Pájaro americano semejante al mirlo, de canto muy variado y melodioso. ‖ fig. y fam. Tonto, *necio.
sinsorgo, ga. adj. Dícese de la persona *informal o *necia. Ú. t. c. s.

sinsubstancia. com. fam. Persona *necia o *insignificante.
sintáctico, ca. adj. **Gram.* Perteneciente o relativo a la sintaxis.
sintaxis. f. **Gram.* Parte de la gramática, que enseña a coordinar las palabras para formar las oraciones.
síntesis. f. *Composición de un todo por la reunión de sus partes. || Suma y *compendio de una materia. || **Quím.* Producción de substancias complejas por combinación de otras simples o compuestas.
sintéticamente. adv. m. De manera sintética.
sintético, ca. adj. Perteneciente o relativo a la síntesis. || Que procede por *composición, pasando de las partes al todo. || Dícese del producto obtenido por síntesis *química.
sintetizable. adj. Que se puede sintetizar.
sintetizar. tr. Hacer síntesis.
sintoísmo. m. *Religión primitiva y popular de los japoneses, basada principalmente en el culto a los antepasados.
sintoísta. adj. Partidario del sintoísmo. Ú. t. c. s.
síntoma. m. *Med.* Fenómeno propio de una *enfermedad. || fig. *Señal, indicio de una cosa que está sucediendo o va a suceder.
sintomático, ca. adj. Perteneciente al síntoma.
sintomatología. f. *Med.* Parte de la medicina que trata de los síntomas.
sintonía. f. **Radio.* Igualdad de frecuencia entre dos vibraciones.
sintónico, ca. adj. Sintonizado.
sintonismo. m. Cualidad de sintónico.
sintonización. f. Acción y efecto de sintonizar.
sintonizador. m. Sistema para sintonizar aparatos *eléctricos.
sintonizar. tr. **Radio.* Hacer que el aparato de recepción vibre al unísono con el de transmisión. || En el *cinematógrafo, hacer que coincida el sonido con la imagen.
sinuosidad. f. Calidad de sinuoso. || **Seno** (*concavidad u *ondulación).
sinuoso, sa. adj. Que tiene senos, *ondulaciones o recodos. || fig. Dícese del carácter o de las acciones que tratan de *ocultar o *disimular el propósito a que se dirigen.
sinusitis. f. **Pat.* Inflamación de la mucosa de los senos frontales.
sinusoidal. adj. *Geom.* Perteneciente o relativo a la *curva sinusoide.
sinusoide. f. *Geom.* *Curva plana, cuya ordenada es el seno del arco que tiene por desarrollo la abscisa de dicha curva.
sinvergüencería. f. fam. ***Desvergüenza.**
sinvergüenza. adj. *Pícaro, bribón. Ú. t. c. s.
sipedón. m. **Sepedón** (*reptil).
siquiatra. m. **Psiquiatra.**
siquiatría. f. **Psiquiatría.**
síquico, ca. adj. **Psíquico.**
siquier. conj. **Siquiera.**
siquiera. conj. advers. que equivale a **aunque.** || Ú. como *conjunción distributiva. || adv. c. y m. que equivale a **por lo menos** en conceptos afirmativos, y a **tan sólo** en conceptos negativos.
siquis. f. **Psiquis.**
sir. m. *Tratamiento que se ha dado a ciertos soberanos.
siracusano, na. adj. Natural de Siracusa. Ú. t. c. s. || Perteneciente a esta ciudad de Sicilia.
sire. m. **Sir.**
sirena. f. **Mit.* Cualquiera de las ninfas marinas con busto de mujer y cuerpo de ave, que extraviaban a los navegantes atrayéndolos con la dulzura de su canto. A veces se representan con medio cuerpo de mujer y el otro medio de pez. || Instrumento para contar el número de vibraciones de un *sonido. || *Pito que se oye a mucha distancia y que se emplea en los buques, automóviles, etc.
sirenio, nia. adj. *Zool.* Aplícase a *mamíferos pisciformes con las aberturas nasales en el extremo del hocico y mamas pectorales; como el manatí. Ú. t. c. s. || m. pl. *Zool.* Orden de estos animales.
sirga. f. *Mar.* *Cabo grueso que sirve para tirar las redes, para llevar las *embarcaciones desde tierra en la navegación fluvial, y para otros usos. || **A la sirga.** m. adv. *Mar.* Dícese de la embarcación que navega *tirada de una cuerda o **sirga** desde la orilla.
sirgar. tr. Llevar a la sirga una *embarcación.
sirgo. m. *Hilo de seda torcida. || *Tela de seda.
sirgo, ga. adj. Aplícase a las reses *vacunas que tienen el pelo con manchas blancas y negras.
sirguero. m. **Jilguero.**
siriaco, ca. o **siríaco, ca.** adj. Natural de Siria. Ú. t. c. s. || Perteneciente a esta región de Asia. || Dícese de la *lengua hablada por los antiguos **siriacos.** Ú. t. c. s. m.
siriano, na. adj. ant. **Siriaco.** Apl. a pers., usáb. t. c. s.
sirimiri. m. *Lluvia menuda, calabobos.
siringa. f. poét. *Instrumento a modo de zampoña, compuesto de varios tubos de caña que forman escala musical y van sujetos unos al lado de otros. || *Árbol de las euforbiáceas, de unos cuarenta metros de altura, de cuyo tronco se extrae la *goma elástica.
siringomielia. f. *Pat.* Cierta enfermedad de la *médula espinal.
Sirio. n. p. *Astr.* La más brillante de las *estrellas en la constelación del Can Mayor.
sirio, ria. adj. **Siriaco.** Apl. a pers. ú. t. c. s.
sirle. m. *Excremento del ganado lanar y cabrío.
sirmiense. adj. Natural de Sirmio. Ú. t. c. s. || Perteneciente a esta antigua ciudad de la Panonia.
siro, ra. adj. **Siriaco.** Apl. a pers., ú. t. c. s.
siroco. m. **Sudeste** (*viento).
sirón. m. **Lución.**
sirria. f. **Sirle.**
sirte. f. *Bajío de arena.
sirventés. m. **Serventesio** (composición *poética).
sirvienta. f. Mujer dedicada al *servicio doméstico.
sirviente. p. a. de **Servir.** Que sirve. Ú. t. c. s. || m. **Servidor.**
sisa. f. Parte que se defrauda o se *hurta, especialmente en la compra diaria. || **Indum.* Sesgadura hecha en la tela de las prendas de vestir y especialmente corte curvo correspondiente a la parte de los sobacos. || Impuesto de *consumos que se cobraba sobre géneros comestibles, menguando las medidas.
sisa. f. Mordiente que usan los *doradores para fijar los panes de oro.
sisa. f. **Sisón** (ave).
sisador, ra. adj. Que sisa. Ú. t. c. s.
sisal. m. **Agave.** || *Planta musácea cuya fibra *textil se usa en lugar del abacá. || Esta fibra.
sisallo. m. **Caramillo** (planta *barrillera).
sisar. tr. Cometer el *hurto llamado sisa. || Hacer sisas en las prendas de *vestir. || Acortar o rebajar las medidas de *capacidad de los comestibles en proporción al impuesto de la sisa.
sisar. tr. Preparar con la sisa lo que se ha de *dorar.
sisardo. m. Gamuza de los Pirineos.
sisear. intr. Emitir el sonido inarticulado de *s* para manifestar *reprobación o desagrado. Ú. t. c. tr.
sisella. f. ***Paloma torcaz.**
siseo. m. Acción y efecto de sisear. Ú. m. en pl.
sisero. m. Empleado en la cobranza de la sisa.
sisimbrio. m. **Jaramago.**
sísmico, ca. adj. Perteneciente o relativo al *terremoto.
sismo. m. **Terremoto.**
sismógrafo. m. Instrumento que señala, durante un *terremoto, la amplitud y dirección de las oscilaciones.
sismología. f. Parte de la geología, que trata de los *terremotos.
sismológico, ca. adj. Perteneciente o relativo a la sismología.
sismómetro. m. Instrumento que sirve para medir durante el *terremoto la fuerza de las oscilaciones.
sisón. m. *Ave zancuda, insectívora, de carne comestible.
sisón, na. adj. fam. Que frecuentemente sisa. Ú. t. c. s.
sistema. m. *Método o conjunto de *reglas o principios conexos acerca de determinada materia. || Conjunto de cosas que ordenadamente *enlazadas entre sí contribuyen a determinado objeto. || **Anat.* Conjunto de órganos que intervienen en una función. || **acusatorio.** **For.* Ordenamiento que veda al juzgador exceder la acusación en la condena. || **astático.** El formado por dos agujas *imantadas que se colocan con los polos invertidos y los ejes paralelos. || **métrico decimal.** El de pesas y *medidas que tiene por base el metro. || **cegesimal.** El que tiene por unidades fundamentales el centímetro, el gramo y el segundo.
sistemáticamente. adv. m. De modo sistemático.
sistemático, ca. adj. Que sigue o se ajusta a un sistema o *método. || Dícese de la persona que procede por principios, y es *constante en su vida, opiniones, etc.
sistematización. f. Acción y efecto de sistematizar.
sistematizar. tr. Reducir a sistema.
sístilo. adj. *Arq.* Dícese del edificio o monumento cuyos intercolumnios tienen cuatro módulos de *vano.
sístole. f. Licencia *poética que consiste en usar como breve una sílaba larga. || *Zool.* Movimiento de contracción del *corazón y de las arterias.
sistro. m. Antiguo *instrumento músico de metal, en forma de aro o de herradura y atravesado por varillas.
sitácido, da. adj. *Zool.* Dícese de aves trepadoras, especie de *papagayos, propias de los trópicos. || m. pl. Familia de estas aves.
sitacismo. m. **Psitacismo.**
sitacosis. f. **Psitacosis.**
sitgesano, na. adj. Natural de Sitges. || Perteneciente o relativo a esta ciudad.
sitgetano, na. adj. **Sitgesano.**
sitiado, da. p. p. de **Sitiar.** Ú. t. c. s.

***sitiador, ra.** adj. Que *sitia una plaza o fortaleza. Ú. t. c. s.
sitial. m. *Asiento de ceremonia, que usan en actos solemnes ciertas personas. ‖ desus. Taburete que se solía poner en el estrado de las señoras.
***sitiar.** tr. Cercar una plaza o fortaleza para apoderarse de ella. ‖ fig. Cercar o *acosar a uno para cogerle o rendir su voluntad.
sitibundo, da. adj. poét. **Sediento.**
sitio. m. ***Lugar.** ‖ Paraje a propósito para alguna cosa. ‖ *Casa campestre o finca de recreo. ‖ **Dejar** a uno **en el sitio.** fr. fig. Dejarle *muerto en el acto.
***sitio.** m. Acción y efecto de sitiar. ‖ **Levantar el sitio.** fr. Desistir del de una plaza sitiada.
sito, ta. adj. Situado o fundado.
***situación.** f. Acción y efecto de situar. ‖ Disposición de una cosa respecto del lugar que ocupa. ‖ **Situado** (*sueldo o renta). ‖ *Estado o constitución de las cosas y personas. ‖ **activa.** La del *empleado que está prestando algún servicio al Estado. ‖ **pasiva.** La de la persona que se encuentra cesante, jubilada, excedente, etc.
situado. m. *Sueldo o *renta señalados sobre algunos bienes.
***situar.** tr. Poner a una persona o cosa en determinado lugar o situación. Ú. t. c. r. ‖ Asignar fondos para algún *pago o inversión.
síu. m. *Pájaro de Chile muy semejante al jilguero.
smoking (voz inglesa). m. Prenda de *vestir a modo de chaqueta con las solapas casi hasta abajo y un solo botón.
snobismo. m. **Esnobismo.**
so. m. fam. Forma de apelación que se antepone a adjetivos despectivos con los cuales se increpa u *ofende a alguna persona.
so. prep. Bajo, *debajo de. ‖ prep. insep. **Sub.**
¡so! interj. que se emplea para que se *detengan las *caballerías.
soalzar. tr. p. us. Alzar ligeramente.
soasar. tr. Medio *asar o asar ligeramente.
soba. f. Acción y efecto de sobar. ‖ fig. Paliza o *zurra.
sobacal. adj. Perteneciente o relativo al sobaco. ‖ **Axilar.**
sobaco. m. **Anat.* Concavidad que forma el arranque del *brazo con el cuerpo. ‖ **Axila.** ‖ **Arq.* **Enjuta.**
sobadero, ra. adj. Que se puede sobar. ‖ m. Sitio destinado a sobar las *pieles.
sobado. adj. Aplícase al *bollo o torta a cuya masa se ha agregado aceite o manteca. Ú. t. c. s. ‖ fig. Manido, *ajado, muy *usado. ‖ m. **Sobadura.** ‖ Especie de melcocha.
sobadura. f. **Soba.**
sobajadura. f. Acción y efecto de sobajar.
sobajamiento. m. **Sobajadura.**
sobajanero. m. *Mozo que sirve en los cortijos para ir por el recado al pueblo.
sobajar. tr. Manosear una cosa con fuerza, *ajándola.
sobajeo. m. Acción y efecto de sobajar.
sobanda. f. Parte del *tonel, que está más distante respecto del que lo mira.
sobaquera. f. Abertura que se deja en algunos *vestidos, en la unión de la manga y cuerpo a la parte del sobaco. ‖ Pieza con que se refuerza el vestido en esta parte. ‖ Pieza de tela impermeable con que se resguarda del *sudor la parte del vestido correspondiente al sobaco.
sobaquido. m. *Germ.* *Hurto que se lleva debajo del brazo.
sobaquillo (de). m. adv. **Taurom.* Modo de poner banderillas dejando pasar la cabeza del toro y clavándolas hacia atrás.
sobaquina. f. *Sudor de los sobacos, y especialmente cuando es *fétido.
sobar. tr. Manosear y *ajar una cosa repetidamente a fin de que se ablande o suavice. ‖ fig. Castigar, dando algunos *golpes. ‖ fig. *Palpar, manosear a una persona. ‖ fig. y fam. *Molestar, fastidiar.
sobarba. f. **Muserola.**
sobarbada. f. **Sofrenada.** ‖ fig. *Reprensión con palabras ásperas.
sobarbo. m. **Alabe** (de la rueda *hidráulica).
sobarcar. tr. *Asir o *llevar debajo del sobaco una cosa abultada. ‖ Levantar o subir hacia los sobacos los *vestidos.
sobejos. m. pl. **Sobras** (*residuos).
sobeo. m. *Correa fuerte con que se ata al *yugo la lanza del carro o el timón del arado.
soberanamente. adv. m. Con soberanía. ‖ **Extremadamente.**
soberanear. intr. *Mandar a modo de soberano.
soberanía. f. Calidad de *soberano. ‖ Dignidad soberana. ‖ *Excelencia no superada en cualquier orden inmaterial.
***soberano, na.** adj. Que ejerce o posee la autoridad suprema e *independiente. Apl. a pers., ú. t. c. s. ‖ *Excelente y no superado.
soberbia. f. *Orgullo y apetito desordenado de ser preferido a otros. ‖ Excesiva estimación de las propias prendas con menosprecio de los demás. ‖ Exceso en la *magnificencia, suntuosidad o pompa. ‖ Demostración de *ira o enojo.
soberbiamente. adv. m. Con soberbia.
soberbio, bia. adj. Que tiene soberbia o se deja llevar de ella. ‖ *Orgulloso, arrogante. ‖ fig. Alto, *excelente o excesivo en las cosas inanimadas. ‖ fig. Grandioso, *excelente. ‖ fig. **Fogoso.** Aplícase a los *caballos.
soberbiosamente. adv. m. **Soberbiamente.**
soberbioso, sa. adj. **Soberbio.**
sobermejo, ja. adj. Bermejo obscuro.
sobina. f. *Clavo de madera.
sobo. m. **Soba.**
sobón, na. adj. fam. Que abusa de las *caricias y halagos. Ú. t. c. s. ‖ fam. Dícese de la persona *holgazana. Ú. t. c. s.
sobordo. m. Revisión de la *carga de un buque. ‖ Libro en que el capitán de la embarcación anota las mercancías que constituyen el cargamento. ‖ *Remuneración adicional que en tiempo de guerra se da a los tripulantes.
sobornación. f. **Soborno.**
sobornador, ra. adj. Que *soborna. Ú. t. c. s.
sobornal. m. **Sobrecarga.**
***sobornar.** tr. Corromper a uno con dádivas para conseguir de él una cosa.
***soborno.** m. Acción y efecto de sobornar. ‖ Dádiva con que se soborna. ‖ fig. Cualquier *causa que inclina a complacer a otro o a *captar su voluntad.
sobra. f. *Exceso en cualquier cosa. ‖ *Ofensa, injuria. ‖ pl. *Residuos que quedan de la comida al levantar la mesa. ‖ Por ext., lo que sobra o queda de otras cosas. ‖ *Desperdicios o desechos. ‖ **De sobra.** m. adv. **Abundantemente.** ‖ Por demás, sin necesidad.
sobradamente. adv. c. **De sobra.**
sobradar. tr. Poner sobrado o *desván a los edificios.
sobradero. m. Canal por donde se *desagua una acequia cuando hay sobrante.
sobradillo. m. **Guardapolvo.**
sobrado, da. adj. Demasiado, *excesivo, que sobra. ‖ Atrevido, *descarado y *vicioso. ‖ *Rico y abundante de bienes. ‖ m. ***Desván.** ‖ Sobras o *residuos de la comida. ‖ **Vasar.** ‖ adv. c. **Sobradamente.**
sobral. m. *Monte de *alcornoques.
sobrancero. adj. Aplícase al que está *ocioso y sin oficio determinado. Ú. t. c. s. ‖ Que *excede en tamaño, cantidad o peso. ‖ *Gañán que está para suplir.
sobrante. p. a. de **Sobrar.** Que sobra. Ú. t. c. s.
***sobrar.** tr. *Exceder o *aventajar. ‖ → intr. Exceder de lo que se necesita para una cosa. ‖ **Estar de más.** ‖ Quedar, restar.
sobrasada. f. *Embutido grueso de carne de cerdo muy picada y sazonada con sal y pimiento molido.
***sobre.** *prep. **Encima.** ‖ **Acerca de.** ‖ *Además de. ‖ Ú. para indicar *aproximación en una cantidad o un número. ‖ Con *dominio y superioridad. ‖ En *prenda de una cosa. ‖ A o hacia. ‖ Después de. ‖ m. Cubierta de papel, en que se incluye la *carta, tarjeta, etc. ‖ **Sobrescrito.** ‖ **Escondite** (*juego).
sobreabundancia. f. Acción y efecto de sobreabundar.
sobreabundante. p. a. de **Sobreabundar.** Que sobreabunda.
sobreabundantemente. adv. m. Con sobreabundancia.
sobreabundar. intr. *Abundar mucho.
sobreaguar. intr. Andar, *flotar o estar sobre la superficie del agua. Ú. t. c. r.
sobreagudo, da. adj. *Mús.* Dícese de los *sonidos más agudos del sistema musical. Ú. t. c. s.
sobrealiento. m. *Respiración difícil y fatigosa.
sobrealimentación. f. Acción y efecto de sobrealimentar.
sobrealimentar. tr. Dar a un individuo más *alimento del que ordinariamente necesita. Ú. t. c. r.
sobrealzar. tr. Alzar o *levantar demasiado una cosa.
sobreañadir. tr. *Añadir con exceso o con repetición.
sobreañal. adj. Aplícase a algunos animales de poco más de un *año.
sobrearar. tr. Repetir en una tierra la labor del *arado.
sobrearco. m. *Arq.* El *arco construido sobre un dintel para aliviar el peso.
sobrebarato, ta. adj. Muy *barato.
sobrebarrer. tr. Barrer ligeramente.
sobrebeber. intr. *Beber de nuevo o con exceso.
sobrebota. f. *Polaina de cuero curtido.
sobrecalza. f. **Polaina.**
sobrecama. f. **Colcha.**
sobrecaña. f. **Veter.* Tumor óseo en la caña de las extremidades anteriores de las caballerías.
sobrecarga. f. Lo que se añade a una *carga regular. ‖ *Cuerda o lazo que se echa encima de la carga para asegurarla. ‖ fig. *Molestia que sobreviene y se añade a otra.
sobrecargar. tr. *Cargar con exceso. ‖ *Coser segunda vez una costura redoblando un borde sobre el otro

sobrecargo. m. *Mar. El que en los buques mercantes lleva a su cuidado el cargamento.
sobrecaro, ra. adj. Muy *caro.
sobrecarta. f. **Sobre.** ‖ *For. Segunda provisión que daban los tribunales acerca de una misma cosa.
sobrecartar. tr. *For. Dar sobrecarta.
sobrecebadera. f. *Mar. *Verga que se cruzaba sobre el botalón de foque, y la *vela que se envergaba en ella.
sobrecédula. f. Segunda cédula o real *decreto para la observancia de lo ya prescrito.
sobreceja. f. Parte de la frente inmediata a las *cejas. ‖ ***Ceño.**
sobrecejo. m. ***Ceño.** ‖ desus. **Dintel.** ‖ desus. Borde o canto de una pieza que forma *resalto.
sobrecelestial. adj. Relativo o perteneciente al más alto cielo.
sobrecenar. intr. Cenar por segunda vez. Ú. t. c. tr.
sobreceño. m. *Ceño muy sañudo.
sobrecerco. m. Cerco o guarnición con que se refuerza otro.
sobrecerrado, da. adj. Muy bien cerrado.
sobrecielo. m. fig. Dosel, toldo, *pabellón.
sobrecincha. f. *Guarn. Faja o correa que, pasada por debajo de la barriga de la cabalgadura y por encima del aparejo, sujeta la manta.
sobrecincho. m. **Sobrecincha.**
sobreclaustra. f. **Sobreclaustro.**
sobreclaustro. m. Pieza o vivienda que hay encima del claustro.
sobrecoger. tr. Coger de *sorpresa. ‖ r. Sorprenderse, *asustarse.
sobrecogimiento. m. Acción de sobrecoger o sobrecogerse.
sobrecomida. f. **Postre.**
sobrecopa. f. Tapadera de la *copa.
sobrecoser. tr. *Coser por encima.
sobrecrecer. intr. Exceder en *crecimiento o crecer excesivamente.
sobrecreciente. p. a. de **Sobrecrecer.** Que sobrecrece.
sobrecruz. m. *Hidrául. Cada uno de los cuatro brazos que la rueda de la azuda lleva en los lados de las cruces.
sobrecubierta. f. Segunda cubierta que se pone a una cosa.
sobrecuello. m. Segundo *cuello sobrepuesto al de una prenda de vestir. ‖ **Collarín.**
sobrecurar. tr. *Curar a medias.
sobredezmero. m. Interventor o acompañado del dezmero.
sobredicho, cha. adj. Dicho arriba o antes.
sobrediente. m. *Diente que nace encima de otro.
sobredorar. tr. *Dorar los metales, y especialmente la plata. ‖ fig. *Disculpar y abonar con *pretextos una acción reprensible.
sobreedificar. tr. Construir sobre otra *edificación u otra fábrica.
sobreempeine. m. Parte inferior de la *polaina.
sobreentender. tr. **Sobrentender.**
sobreesdrújulo, la. adj. **Sobresdrújulo.** Ú. t. c. s. m.
sobreexceder. tr. **Sobrexceder.**
sobreexcitación. f. Acción y efecto de sobreexcitar o sobreexcitarse.
sobreexcitar. tr. *Excitar más de lo normal las propiedades vitales de todo el organismo o de una de sus partes. Ú. t. c. r.
sobrefalda. f. *Falda corta que se coloca como adorno sobre otra.
sobrefaz. f. *Superficie exterior de las cosas. ‖ *Fort. Distancia que hay entre el ángulo exterior del baluarte y el flanco prolongado.
sobreflor. f. *Flor que nace del centro de otra.
sobrefrenada. f. **Sofrenada.**
sobreganar. tr. *Ganar con exceso.
sobreguarda. m. Jefe inmediato de los *guardas. ‖ Segundo *guarda que suele ponerse para más seguridad.
sobrehaz. f. **Sobrefaz.** ‖ **Cubierta.** ‖ fig. *Apariencia somera.
sobreherido, da. adj. Herido leve o superficialmente.
sobrehilado. m. *Costura en la orilla de una tela para que no se deshilache.
sobrehilar. tr. Dar puntadas sobre el borde de una tela cortada, para que no se deshilache.
sobrehílo. m. **Sobrehilado.**
sobrehora (a). m. adv. desus. **A deshora.**
sobrehueso. m. *Tumor duro que está sobre un hueso. ‖ fig. Cosa que *molesta. ‖ fig. *Trabajo, molestia.
sobrehumano, na. adj. Que excede a lo humano.
sobrehúsa. f. *Culin. Guiso de pescado en salsa. ‖ fig. ***Apodo.**
sobreintendencia. f. **Superintendencia.**
sobrejalma. f. *Manta que se pone sobre la jalma.
sobrejuanete. m. *Mar.* Cada una de las *vergas que se cruzan sobre los juanetes, y las velas que se largan en ellas.
sobrelecho. m. *Arq.* Superficie inferior de la piedra o *sillar.
sobrellavar. tr. Poner sobrellave.
sobrellave. f. Segunda *llave en la puerta. ‖ m. Oficio del que tiene esta segunda llave.
sobrellenar. tr. *Llenar en abundancia.
sobrelleno, na. adj. Superabundante, rebosante.
sobrellevar. tr. *Llevar uno encima una *carga para aliviar a otro. ‖ fig. *Ayudar a sufrir los trabajos o molestias de la vida. ‖ fig. Resignarse a ellos con *paciencia. ‖ fig. Disimular y suplir los descuidos de otro. ‖ desus. *Eximir de una obligación.
sobremanera. adv. m. **Sobre manera.**
sobremano. f. *Veter. Tumor óseo que se desarrolla sobre la corona de los cascos delanteros.
sobremesa. f. Tapete que se pone sobre la *mesa por adorno. ‖ Tiempo que se está a la mesa después de haber *comido. ‖ **De sobremesa.** Dícese de ciertos objetos a propósito para estar sobre una *mesa. ‖ m. adv. Inmediatamente después de haber comido y sin levantarse de la *mesa.
sobremesana. f. *Mar.* Gavia del palo mesana.
sobremodo. adv. **Sobre modo.**
sobremuñonera. f. *Art. Banda semicilíndrica de hierro, dispuesta en la cureña para impedir que la pieza se descabalgue en los disparos.
sobrenadar. intr. *Flotar, mantenerse encima del agua o de otro líquido sin hundirse.
***sobrenatural.** adj. Que excede los términos de la naturaleza.
sobrenaturalmente. adv. m. De modo *sobrenatural.
sobrenjalma. f. **Sobrejalma.**
sobrenoche. f. p. us. Altas horas de la *noche.
sobrenombre. m. *Nombre que se añade a veces al apellido. ‖ Nombre calificativo con que se distingue especialmente a una persona.
sobrentender. tr. Entender una cosa que no está expresa, pero que debe *suponerse. Ú. t. c. r.
sobreño, ña. adj. **Sobreañal;** aplícase a la res *vacuna.
sobrepaga. f. Aumento de paga o remuneración.
sobrepaño. m. *Tela o paño que se pone encima de otro paño.
sobreparto. m. Tiempo que inmediatamente se sigue al *parto. ‖ Convalecencia después del parto.
sobrepeine. adv. m. fam. Por encima del cabello. ‖ fig. Con *descuido, sin esmero ni reflexión.
sobrepelo. m. **Sudadero** (*manta). ‖ **De sobrepelo.** m. adv. fig. desus. Someramente, por encima.
sobrepelliz. f. *Liturg. Vestidura blanca de lienzo fino, con mangas muy anchas, que llevan sobre la sotana los eclesiásticos, en las funciones de iglesia.
sobrepié. m. *Veter. Tumor óseo de las caballerías, en la corona de los cascos traseros.
sobrepintarse. r. **Repintarse.**
sobreplán. f. *Arq. *Nav.* Cada una de las ligazones que se colocan sobre el forro interior del buque, empernadas a la sobrequilla y a las cuadernas.
sobreponer. tr. *Añadir una cosa o ponerla encima de otra. ‖ r. fig. *Dominar y *vencer con entereza los impulsos del ánimo o los obstáculos que se presentan. ‖ fig. Obtener o afectar *superioridad.
sobreprecio. m. Recargo en el *precio ordinario.
sobreprima. f. Tratándose de *seguros, prima adicional.
sobreprimado, da. adj. Dícese de la res lanar que ha cumplido dos *años.
sobrepuerta. f. Pieza de madera que se coloca sobre las *puertas interiores y de la cual penden las *cortinas. ‖ Cenefa o cortinilla que se pone sobre las puertas. ‖ *Ornam. Adorno apaisado que se pone sobre las puertas.
sobrepuesto, ta. p. p. irreg. de **Sobreponer.** ‖ m. **Aplicación** (detalle de *ornamentación). ‖ Panal que forman las *abejas encima de la obra que hacen primero. ‖ Vasija dispuesta para ello.
sobrepujamiento. m. Acción y efecto de sobrepujar.
sobrepujante. p. a. de **Sobrepujar.** Que sobrepuja.
sobrepujanza. f. Pujanza excesiva.
sobrepujar. tr. *Aventajar una cosa a otra en cualquier línea.
sobrequilla. f. *Arq. *Nav.* Madero colocado de popa a proa por encima de la trabazón de las varengas, y fuertemente empernado a la quilla.
sobrero. m. **Alcornoque.**
sobrero, ra. adj. **Sobrante.** Aplícase al toro de *lidia que se tiene de repuesto por si se inutiliza algún otro.
sobrero, ra. m. y f. Persona que tiene por oficio hacer sobres.
sobrerrienda. f. **Falsa rienda.**
sobrerronda. f. **Contrarronda.**
sobrerropa. f. **Sobretodo.**
sobresabido, da. adj. *Previsto, sabido de antemano.
sobresalienta. f. **Sobresaliente** (en el *teatro, actriz que suple a otra).
sobresaliente. p. a. de **Sobresalir.** Que sobresale. Ú. t. c. s. ‖ m. En la calificación de *exámenes, nota superior a la de notable. ‖ com. fig. Persona destinada a suplir la falta de otra; como entre *cómicos y *toreros.
***sobresalir.** intr. Exceder una per-

sona o cosa a otras en altura, tamaño, etc. ‖ Aventajarse uno a otros.

sobresaltar. tr. *Acometer de repente. ‖ *Asustar a uno repentinamente. Ú. t. c. r. ‖ intr. **Pint.* Venirse a los ojos las figuras del lienzo.

sobresalto. m. *Sorpresa y turbación que produce un acontecimiento imprevisto. ‖ *Temor o susto repentino. ‖ **De sobresalto.** m. adv. **De *improviso.**

sobresanar. intr. Cerrarse una *herida sólo por la superficie, quedando dañada la parte interior. ‖ fig. Ocultar alguna cosa con *disimulo.

sobresano. adv. m. Con *curación falsa o superficial. ‖ fig. Afectada, *fingidamente. ‖ m. **Arq. Nav.* Pedazo de madera con que se rellena algún hueco.

sobrescribir. tr. Escribir o poner un *letrero sobre una cosa. ‖ Poner el sobrescrito en las *cartas.

sobrescripto, ta. p. p. irreg. **Sobrescrito.**

sobrescrito, ta. p. p. irreg. de **Sobrescribir.** ‖ m. Lo que se escribe en el sobre de una *carta o pliego.

sobresdrújulo, la. adj. Dícese de la voz, cuyo *acento principal va en sílaba anterior a la antepenúltima. Ú. t. c. s. m.

sobreseer. intr. *Desistir de la pretensión o empeño que se tenía. ‖ *Cesar en el cumplimiento de una obligación. ‖ **For.* Cesar en una instrucción sumarial. Ú. t. c. tr.

sobreseimiento. m. Acción y efecto de sobreseer.

sobresello. m. Segundo *sello que se pone para mayor autoridad.

sobresembrar. tr. *Sembrar sobre lo ya sembrado.

sobreseñal. f. *Insignia o divisa que tomaban los caballeros armados.

sobresolar. tr. Coser una suela nueva en los *zapatos.

sobresolar. tr. Echar un segundo *suelo sobre lo solado.

sobrestada. f. **Sobrestadía.**

sobrestadía. f. **Der. Mar.* Cada uno de los días que pasan después de las estadías, o segundo plazo para cargar o descargar un buque. ‖ Cantidad que por tal demora se paga.

sobrestante. m. **Capataz.**

sobrestaría. f. **Sobrestadía.**

sobresueldo. m. Salario o *remuneración que se añade al sueldo fijo.

sobresuelo. m. Segundo *suelo que se pone sobre otro.

sobretarde. f. Última parte de la *tarde, antes de anochecer.

sobretendón. m. **Veter.* Tumor que suele formarse a las caballerías en los tendones de las piernas.

sobretercero. m. Sujeto nombrado a más del tercero, para llevar cuenta de los *diezmos.

***sobretodo.** m. Prenda de vestir ancha, larga y con mangas, que se lleva sobre el traje ordinario.

sobretrancanil. m. *Mar.* Conjunto de piezas con que se refuerza por encima el trancanil.

sobreveedor. m. Superior de los veedores.

sobrevenida. f. *Venida repentina e *imprevista.

***sobrevenir.** intr. *Acaecer una cosa además o después de otra. ‖ Venir de *improviso. ‖ Venir al tiempo de.

sobreverterse. r. *Verterse con abundancia.

sobrevesta. f. **Sobreveste.**

sobreveste. f. Prenda de *vestir, especie de túnica, que se usaba sobre la *armadura o el traje.

sobrevestir. tr. Poner un *vestido sobre el que se lleva.

sobrevidriera. f. *Enrejado de alambre con que se resguarda una vidriera. ‖ Segunda vidriera que se pone para mayor abrigo.

sobrevienta. f. Golpe de *viento impetuoso. ‖ fig. Furia, *violencia. ‖ fig. Sobresalto, *sorpresa. ‖ **A sobrevienta.** m. adv. **De *improviso.**

sobreviento. m. **Sobrevienta** (golpe de *viento). ‖ **Estar, o ponerse, a sobreviento.** fr. **Mar.* Tener el barlovento respecto de otra nave.

sobrevista. f. Visera de metal fija por delante al borde del *morrión. ‖ p. us. **Sobreveste.**

sobrevivencia. f. **Supervivencia.**

sobreviviente. p. a. de **Sobrevivir.** Que sobrevive.

***sobrevivir.** intr. *Vivir uno después de la muerte de otro o después de un determinado suceso o plazo.

sobrexcedente. p. a. de **Sobrexceder.** Que sobrexcede.

sobrexceder. tr. Exceder, sobrepujar.

sobrexcitación. f. **Sobreexcitación.**

sobrexcitar. tr. **Sobreexcitar.** Ú. t. c. r.

sobriamente. adv. m. Con sobriedad.

sobriedad. f. Calidad de sobrio.

sobrinazgo. m. Parentesco de sobrino. ‖ **Nepotismo.**

***sobrino, na.** m. y f. Respecto de una persona, hijo o hija de su hermano o hermana, o de su primo o prima.

sobrio, bria. adj. Templado, *moderado en comer y beber.

soca. m. fam. Persona *disimulada y *astuta.

socaire. m. *Mar.* Abrigo o *defensa que ofrece una cosa en su lado opuesto a aquel de donde sopla el *viento.

socalce. m. Acción y efecto de socalzar (*cimentación).

socaliña. f. *Engaño o artificio con que se saca a uno lo que no está obligado a dar.

socaliñar. tr. Sacar a uno con socaliña alguna cosa.

socaliñero, ra. adj. Que usa de socaliñas. Ú. t. c. s.

socalzar. tr. **Albañ.* Reforzar por la parte inferior un edificio o muro que amenaza ruina.

socapa. f. *Pretexto con que se disimula la verdadera intención con que se hace una cosa. ‖ **A socapa.** m. adv. *Disimuladamente o con cautela.

socapiscol. m. **Sochantre.**

socarra. f. Acción y efecto de socarrar o socarrarse. ‖ **Socarronería.**

socarrar. tr. *Quemar o *tostar superficialmente una cosa. Ú. t. c. r.

socarrén. m. Alero del *tejado.

socarrena. f. *Hueco, concavidad. ‖ *Arq.* Hueco entre cada dos *maderos de un suelo o un tejado.

socarreña. f. *Cobertizo en un *corral.

socarrina. f. fam. **Chamusquina.**

socarrón, na. adj. *Astuto, *disimulado. Ú. t. c. s.

socarronamente. adv. m. Con socarronería.

socarronería. f. Calidad de socarrón. ‖ Acción propia de él.

socava. f. Acción y efecto de socavar. ‖ **Alcorque** (para el *riego).

socavación. f. **Socava.**

socavar. tr. *Excavar por debajo alguna cosa, dejándola sin apoyo.

socavón. m. *Cueva que se excava en un monte y a veces se prolonga formando galería *subterránea. ‖ *Hoyo que se produce por hundimiento del suelo.

socaz. m. Trozo de *cauce que hay debajo del *molino o batán.

sociabilidad. f. Calidad de *sociable.

***sociable.** adj. Naturalmente inclinado al trato social.

***social.** adj. Perteneciente o relativo a la sociedad y a las distintas clases que la componen. ‖ Perteneciente o relativo a una compañía o sociedad.

socialismo. m. Sistema de organización *social que atribuye al Estado absoluta potestad de ordenar las condiciones de la vida civil, económica y *política.

socialista. adj. Que profesa la doctrina del socialismo. Ú. t. c. s. ‖ Perteneciente o relativo al socialismo.

socialización. f. Acción y efecto de socializar.

socializar. tr. Transferir al Estado, u otro órgano colectivo, las propiedades, industrias, etc., particulares.

***sociedad.** f. Conjunto organizado de personas, familias, pueblos o naciones. ‖ Agrupación natural o pactada de personas, con el fin de cumplir, mediante la mutua cooperación, todos o alguno de los fines de la vida. ‖ *Com.* La de comerciantes. ‖ **accidental.** *Com.* La que se verifica sin establecer **sociedad** formal. ‖ **anónima.** *Com.* La que se forma por acciones, con responsabilidad circunscrita al capital que éstas representan. ‖ **comanditaria, o en comandita.** *Com.* Aquella en que hay dos clases de socios: unos con derechos y obligaciones como en la sociedad colectiva, y otros que tienen limitados a cierta cuantía su interés y su responsabilidad. ‖ **conyugal.** La constituida por el marido y la mujer durante el *matrimonio. ‖ **cooperativa.** La que se forma para un objeto de utilidad común de los asociados. ‖ **de cuenta en participación. Sociedad accidental.** ‖ **regular colectiva.** *Com.* Aquella en que todos los socios participan de los mismos derechos y obligaciones, con responsabilidad indefinida. ‖ **Buena sociedad.** Conjunto de personas de uno y otro sexo que se distinguen por su cultura y *cortesía. ‖ **Mala sociedad.** La de gente sin educación y *grosera.

socinianismo. m. *Herejía de Socino, que negaba la divinidad de Jesucristo.

sociniano, na. adj. Partidario del socinianismo. Apl. a pers., ú. t. c. s. ‖ Perteneciente o relativo a esta herejía.

***socio, cia.** m. y f. Persona asociada con otra u otras para algún fin. ‖ Individuo de una sociedad. ‖ **capitalista.** El que aporta capital a una empresa o compañía. ‖ **industrial.** El que no aporta capital sino servicios o pericia personales.

***sociología.** f. Ciencia que trata de las condiciones de existencia y organización de las *sociedades humanas.

sociológico, ca. adj. Perteneciente o relativo a la sociología.

sociólogo, ga. m. y f. Persona que profesa la sociología.

socola. f. **Ataharre.**

socolar. tr. Desbrozar un *monte.

socolor. m. ***Pretexto.** ‖ m. adv. **So color.**

socollada. f. *Mar.* Sacudida que dan las *velas. ‖ **Mar.* Bajada brusca de la proa de un buque.

socollar. intr. **Mar.* Dar socolladas las *velas.

soconusco. m. V. **Polvos de Soconusco.**
socoro. m. En las *iglesias, sitio que está debajo del coro.
socorredor, ra. adj. Que socorre. Ú. t. c. s.
***socorrer.** tr. Ayudar a uno en un peligro o necesidad. ‖ *Pagar a uno, a cuenta, parte de lo que se le debe.
socorrido, da. adj. Dícese del que está pronto a socorrer la necesidad de otro. ‖ Dícese de lo que está *provisto de las cosas o condiciones *útiles o necesarias.
***socorro.** m. Acción y efecto de socorrer. ‖ Dinero, alimento u otra cosa con que se socorre. ‖ *Tropa que acude en auxilio de otra. ‖ *Provisión de municiones de boca o de guerra que se lleva a donde es necesaria. ‖ *Germ.* **Hurto.** ‖ *Germ.* Lo que la *prostituta envía al rufián.
socrático, ca. adj. Que sigue la doctrina de Sócrates. Ú. t. c. s. ‖ Perteneciente a ella.
socrocio. m. **Farm.* Emplasto en que entra el azafrán.
socucho. m. Rincón, chiribitil, *aposento mezquino.
sochantre. m. Director del *coro en los oficios divinos.
soda. f. **Sosa.** ‖ *Bebida de agua gaseosa que contiene en disolución ácido carbónico.
sódico, ca. adj. **Quím.* Perteneciente o relativo al sodio, o que lo contiene.
sodio. m. *Metal de aspecto argentino, blando, muy ligero y que descompone el agua a la temperatura ordinaria.
***sodomía.** f. Concúbito entre personas de un mismo sexo, o contra el orden natural.
***sodomita.** adj. Natural de Sodoma. Ú. t. c. s. ‖ Perteneciente a esta antigua ciudad de Palestina. ‖ Que comete sodomía. Ú. t. c. s.
sodomítico, ca. adj. Perteneciente a la *sodomía.
soez. adj. Bajo, *grosero, *vil.
sofá. m. *Asiento cómodo para dos o más personas, que tiene respaldo y brazos.
sofaldar. tr. Alzar las *faldas. ‖ fig. *Levantar cualquier cosa para *descubrir otra.
sofaldo. m. Acción y efecto de sofaldar.
sofí. m. Título de dignidad de los antiguos *soberanos de Persia.
sofí. adj. **Sufí.** Ú. t. c. s.
sofión. m. **Bufido** (expresión de *enfado). ‖ **Trabuco.**
sofisma. m. *Argucia o argumento aparente con que se quiere defender lo que es falso.
sofismo. m. **Sufismo.**
***sofista.** adj. Que se vale de sofismas. Ú. t. c. s. ‖ m. En la Grecia antigua, *filósofo.
sofistería. f. Uso de raciocinios sofísticos. ‖ Estos mismos raciocinios.
sofisticación. f. Acción y efecto de sofisticar.
sofísticamente. adv. m. De manera sofística.
***sofisticar.** tr. Adulterar, falsificar con sofismas.
sofístico, ca. adj. Aparente, fingido con sofismas.
sofistiquez. f. p. us. Calidad de sofístico.
sofito. m. *Arq.* Plano inferior del saliente de una *cornisa o de otro cuerpo voladizo.
soflama. f. *Llama tenue o reverberación del fuego. ‖ Bochorno o *rubor que sube a la cara por indignación, *vergüenza, etc. ‖ fig. Expresión con que uno intenta *engañar a otro. ‖ fig. despect. *Discurso, alocución. ‖ fig. Roncería, arrumaco, *halago.
soflamar. tr. Usar de expresiones encaminadas a *engañar a uno. ‖ fig. Dar a uno motivo para que se avergüence o *ruborice. ‖ r. **Culin.* Tostarse, requemarse con la llama lo que se asa o cuece.
soflamero, ra. adj. fig. Que usa de soflamas. Ú. t. c. s.
sofocación. f. Acción y efecto de sofocar o sofocarse. ‖ Sofoco, *disgusto.
sofocador, ra. adj. Que sofoca.
sofocante. p. a. de **Sofocar.** Que sofoca.
sofocar. tr. *Ahogar, impedir la respiración. ‖ *Apagar, extinguir. ‖ Oprimir, *dominar. ‖ fig. Acosar, *importunar. ‖ fig. *Avergonzar, abochornar. Ú. t. c. r.
sofocleo, a. adj. **Lit.* Propio y característico de Sófocles como poeta trágico.
sofoco. m. Efecto de sofocar o sofocarse. ‖ fig. Grave *disgusto.
sofocón. m. fam. Desazón, *disgusto grave.
sofoquina. f. fam. **Sofoco.**
sófora. f. *Árbol de las leguminosas, de flores pequeñas, amarillas, en panojas colgantes, que se cultiva en los jardines y paseos.
sofreír. tr. *Freír un poco o ligeramente una cosa.
sofrenada. f. Acción y efecto de sofrenar.
sofrenar. tr. Reprimir el *jinete a la caballería tirando violentamente de las riendas. ‖ fig. *Reprender con aspereza. ‖ fig. *Reprimir una pasión del ánimo.
sofrito, ta. p. p. irreg. de **Sofreír.**
***soga.** f. Cuerda gruesa de esparto. ‖ **Cuerda** (medida de *longitud). ‖ Medida *superficial agraria, cuya extensión varía según las provincias. ‖ *Arq.* Parte de un *sillar o *ladrillo que queda descubierta en el paramento de la fábrica. ‖ m. fig. y fam. Hombre *astuto y *disimulado. ‖ **A soga.** m. adv. **Albañ.* Dícese de piedras o ladrillos colocados de modo que su mayor dimensión quede en la línea horizontal del paramento. ‖ **Con la soga en la garganta.** fr. fig. *Amenazado de un riesgo grave. ‖ En apretura o apuro. ‖ **Dar soga** a uno. fr. fig. y fam. **Darle cuerda.** ‖ fig. y fam. Darle chasco o burlarse de él.
sogalinda. f. **Lagartija.**
sogdiano, na. adj. Natural de la Sogdiana. Ú. t. c. s. ‖ Perteneciente a este país del Asia antigua.
soguear. tr. *Medir con soga. ‖ **Agr.* Sacudir las espigas pasando por encima una cuerda tirante a fin de que se desprenda el rocío.
soguería. f. Oficio y trato de soguero. ‖ Sitio donde se hacen o se venden *sogas. ‖ Conjunto de sogas.
soguero. m. El que hace *sogas o las vende. ‖ ***Mozo de cordel.**
soguilla. f. Trenza delgada de *cabello. ‖ Trenza delgada de *esparto. ‖ m. ***Mozo de cordel.**
soguillo. m. **Soguilla** (trenza de *cabello).
soja. f. *Planta leguminosa con fruto parecido al fréjol, comestible y muy nutritivo.
sojuzgador, ra. adj. Que sojuzga. Ú. t. c. s.
sojuzgar. tr. Oprimir, avasallar, *dominar, *mandar con violencia.
***sol.** m. Astro luminoso, centro de nuestro sistema planetario. ‖ fig. *Luz y *calor de este astro. ‖ fig. ***Día.** ‖ Cierto género de *encajes. ‖ *Moneda de plata de la república del Perú, equivalente a un peso fuerte. ‖ *Alq.* ***Oro.** ‖ **con uñas.** fig. y fam. Este astro cuando luce al través de nubes ligeras. ‖ **de justicia.** expr. fig. con que se designa a Cristo. ‖ fig. **Solazo.** ‖ **de las Indias.** ***Girasol.** ‖ **figurado.** **Blas.* El que se representa con cara humana. ‖ **medio.** **Astr.* **Sol** ficticio que se supone recorrer el Ecuador con movimiento uniforme. ‖ **Al sol puesto.** m. adv. Al crepúsculo de la *tarde. ‖ **Arrimarse al sol que más calienta.** fr. fig. Servir y adular al más poderoso. ‖ **De sol a sol.** m. adv. Desde que nace el **Sol** hasta que se pone. ‖ **Jugar el sol antes que salga.** fr. fig. y fam. *Jugar el jornal del día siguiente. ‖ **Meter** a uno **donde no vea el sol.** fr. fig. y fam. Ponerle en *prisión. ‖ **Morir** uno **sin sol, sin luz y sin moscas.** fr. fig. y fam. Morir *abandonado de todos. ‖ **No dejar a sol ni a sombra** a uno. fr. fig. y fam. *Perseguirle e *importunarle a todas horas. ‖ **Partir el sol.** fr. En los *desafíos antiguos y públicos, colocar a los combatientes de modo que la luz del **Sol** les sirviese igualmente. ‖ **Tomar el sol.** fr. Ponerse en parte adecuada para gozar de él. ‖ **Mar.* Tomar la altura meridiana del **Sol.**
sol. m. **Mús.* Quinta nota de la escala música.
solacear. tr. **Solazar.**
solacio. m. desus. **Solaz.**
solada. f. **Suelo.**
***solado.** m. Acción de solar. ‖ → Revestimiento de un piso con ladrillo, losas u otro material.
***solador.** m. El que tiene por oficio solar pisos.
soladura. f. Acción y efecto de *solar pisos. ‖ Material que sirve para solar.
solamente. adv. m. De un solo modo, *únicamente o sin otra cosa. ‖ **Solamente que.** loc. adv. Con la única *condición de que.
solana. f. Sitio donde el *sol da de lleno. ‖ *Corredor para tomar el sol.
solanáceo, a. adj. **Bot.* Aplícase a hierbas, matas y arbustos dicotiledóneos, cuyo tipo es la hierba mora. Ú. t. c. s. f. ‖ f. pl. *Bot.* Familia de estas plantas.
solanar. m. **Solana.**
solanera. f. Efecto que produce en una persona el tomar mucho *sol. ‖ Paraje expuesto a los rayos solares.
solanina. f. **Quím.* Glucósido muy *venenoso contenido en algunas plantas de la familia de las solanáceas.
solano. m. *Viento que sopla de donde nace el Sol. ‖ Viento cálido y sofocante.
solano. m. **Hierba mora.**
solapa. f. Parte correspondiente al pecho en las prendas de *vestir abiertas por delante, y que suele ir doblada hacia fuera sobre la misma prenda. ‖ fig. Ficción o *pretexto para *disimular una cosa. ‖ **Veter.* Cavidad que hay en algunas llagas que presentan un orificio pequeño. ‖ **De solapa.** m. adv. **A solapo.**
solapadamente. adv. m. fig. Con *disimulo.
solapado, da. adj. fig. Dícese de la persona que obra con gran cautela y *disimulo.
solapamiento. m. *Veter.* **Solapa.**
solapar. tr. Poner solapas a los *vestidos. ‖ **Traslapar** (*cubrir a solapo). ‖ fig. *Disimular cautelosamen-

te la intención. ‖ intr. Caer cierta parte del cuerpo de un *vestido doblada sobre otra.
solape. m. **Solapa.**
solapo. m. **Solapa.** ‖ Parte de una cosa que queda cubierta por otra, como las pizarras, tejas u otras cosas que se colocan *imbricadas. ‖ fig. y fam. **Sopapo.** ‖ **A solapo.** m. adv. fig. y fam. ***Ocultamente.**
solar. m. *Casa solariega. ‖ *Linaje, descendencia, noble abolengo. ‖ Porción de *terreno destinado a la edificación.
***solar.** adj. Perteneciente al *Sol.
solar. tr. Revestir el *suelo con ladrillos, losas u otro material.
solar. tr. Echar suelas al *calzado.
solariego, ga. adj. Perteneciente al solar de *antigüedad y *nobleza. Ú. t. c. s. ‖ Decíase del *vasallo o colono que vivía en tierra del rey o de la Iglesia, sometido al poder de su señor. Ú. m. c. s. ‖ Aplícase a los fundos que *pertenecen con pleno derecho a sus dueños. ‖ *Antiguo y *noble.
solaz. m. Consuelo, *placer, *diversión, alivio de los trabajos. ‖ **A solaz.** m. adv. Con gusto y placer.
solazar. tr. Dar solaz. Ú. m. c. r.
solazo. m. fam. *Sol fuerte y ardiente.
solazoso, sa. adj. Que causa solaz.
soldada. f. Sueldo, *remuneración. ‖ Haber del *soldado o marinero.
soldadero, ra. adj. Que gana soldada.
soldadesca. f. Ejercicio y profesión del *soldado. ‖ *Tropa de soldados. ‖ Tropa indisciplinada.
soldadesco, ca. adj. Perteneciente a los *soldados. ‖ **A la soldadesca.** m. adv. Al uso de los soldados.
***soldado.** m. El que sirve en la milicia. ‖ Militar sin graduación. ‖ fig. El que es diestro en la milicia. ‖ fig. Mantenedor, partidario. ‖ **blanquillo.** fam. **Soldado** de infantería que usaba uniforme blanco. ‖ **cumplido.** El que permanece en el regimiento hasta obtener la licencia. ‖ **de cuota.** El que, mediante el pago de una cuota, sólo debe estar en filas una parte del tiempo señalado por la ley. ‖ **de haber.** El que no es de cuota. ‖ **de Pavía.** fam. Tajada de *bacalao frito rebozado con huevo y harina. ‖ **desmontado.** El de caballería cuando no tiene caballo. ‖ **distinguido.** El que siendo noble, gozaba de ciertas distinciones.
soldador. m. El que tiene por oficio *soldar. ‖ Instrumento con que se suelda.
***soldadura.** f. Acción y efecto de soldar. ‖ Material que sirve para soldar. ‖ fig. *Reparación o corrección de una cosa. ‖ **autógena.** La que se hace con el mismo metal de la pieza que se suelda.
soldán. m. **Sultán.**
***soldar.** tr. Pegar sólidamente dos cosas, o dos partes de una misma cosa, y más especialmente unir entre sí partes o piezas metálicas por medio de un metal fundido. ‖ fig. *Corregir o enmendar un desacierto.
soleamiento. m. Acción de solear o solearse.
solear. tr. **Asolear.** Ú. t. c. r.
soleares. f. pl. Soledades (*cante y *baile andaluz).
solecismo. m. *Gram.* Falta de sintaxis o error cometido contra la pureza de un idioma.
***soledad.** f. Carencia de compañía. ‖ Lugar *desierto. ‖ *Tristeza y melancolía que se sienten por la *ausencia de alguna persona o cosa. ‖ Tonada andaluza de carácter melancólico, en compás de tres por ocho. Ú. m. en pl. ‖ *Copla que se canta con esta *música. ‖ *Danza que se baila con ella.
soledoso, sa. adj. **Solitario.** ‖ Que siente soledad o nostalgia.
soledumbre. f. desus. Paraje solitario y *desierto.
solejar. m. **Solana.**
***solemne.** adj. Que se hace o *repite de *año a año. ‖ → Celebrado públicamente con pompa o ceremonias extraordinarias. ‖ Formal, *serio, firme, *válido. ‖ Crítico, interesante. ‖ Grave, majestuoso, *excelente.
solemnemente. adv. m. De manera *solemne.
solemnidad. f. Calidad de *solemne. ‖ Acto o *ceremonia *solemne. ‖ *Festividad eclesiástica. ‖ Cada una de las formalidades de un acto solemne. ‖ *For.* Conjunto de requisitos legales para la validez de ciertos *documentos.
solemnizador, ra. adj. Que solemniza. Ú. t. c. s.
***solemnizar.** tr. Festejar o celebrar de manera solemne un suceso. ‖ *Enaltecer, *alabar o encarecer una cosa.
solenoide. m. *Fís.* Alambre que, arrollado en forma de hélice, se emplea en varios aparatos *eléctricos.
sóleo. m. *Zool.* *Músculo de la pantorrilla unido a los gemelos por su parte inferior.
soleo. m. Recolección de la *aceituna caída del árbol.
soler. m. *Mar.* Entablado que tienen las *embarcaciones en lo bajo del plan.
soler. intr. Acostumbrar, tener *costumbre de hacer alguna cosa. ‖ Ser *frecuente una cosa.
solera. f. *Madero asentado de plano sobre fábrica para que en él descansen o se ensamblen otros. ‖ Madero de sierra. ‖ Piedra plana puesta en el suelo para servir de *basa a pies derechos u otras cosas. ‖ Muela del *molino fija. ‖ Suelo del *horno. ‖ Superficie del fondo en *canales y acequias. ‖ Madre o *heces del vino.
solercia. f. *Habilidad y *astucia.
solería. f. Material que sirve para solar. ‖ **Solado.**
solería. f. Conjunto de *cueros para hacer suelas.
solero. m. **Solera** (muela del *molino).
solerte. adj. Sagaz, *astuto.
soleta. f. Pieza con que se *remienda la planta del pie de la *media. ‖ fam. Mujer *descarada. ‖ **Apretar,** o **picar, de soleta** o **tomar soleta.** frs. fams. Andar aprisa o *correr, *huir.
soletar. tr. Echar soletas en las *medias.
soletear. tr. **Soletar.**
soletero, ra. m. y f. Persona que por oficio echa soletas.
solevación. f. Acción y efecto de solevar o solevarse.
solevamiento. m. **Solevación.**
solevantado, da. adj. *Inquieto, perturbado.
solevantamiento. m. Acción y efecto de solevantar o solevantarse.
solevantar. tr. *Levantar una cosa empujando de abajo arriba. Ú. t. c. r. ‖ fig. **Soliviantar.** Ú. t. c. r.
solevar. tr. **Sublevar.** Ú. t. c. r. ‖ **Solevantar.**
solfa. f. Arte de leer y entonar las diversas voces de la *música. ‖ Notación musical. ‖ fig. **Música.** ‖ fig. y fam. *Zurra de golpes. ‖ **Estar** una cosa **en solfa.** fr. fig. y fam. Estar escrita o explicada de una manera *incomprensible. ‖ **Poner** una cosa **en solfa.** fr. fig. y fam. Presentarla en un aspecto *ridículo. ‖ **Tocar la solfa** a uno. fr. fig. y fam. Darle una *zurra.
solfatara. f. En los terrenos *volcánicos, abertura por donde salen vapores *sulfurosos.
solfeador, ra. adj. Que solfea. Ú. t. c. s.
solfear. tr. **Mús.* Cantar marcando el compás y pronunciando los nombres de las notas. ‖ fig. y fam. Castigar a uno dándole *golpes. ‖ fig. y fam. *Reprender con dureza.
solfeo. m. Acción y efecto de solfear. ‖ fig. y fam. *Zurra o castigo de golpes.
solferino, na. adj. De *color morado rojizo.
solfista. com. Persona que practica el solfeo.
solía. f. ***Costumbre.**
solicitación. f. Acción de solicitar.
solicitador, ra. adj. Que solicita. Ú. t. c. s. ‖ m. **Agente.** ‖ **Agente fiscal.**
solícitamente. adv. m. De manera solícita.
solicitante. p. a. de **Solicitar.** Que solicita.
solicitar. tr. *Procurar, *pedir o buscar una cosa con diligencia. ‖ Gestionar los negocios propios o ajenos. ‖ *Galantear o requerir de *amores a una persona. ‖ **Fís.* *Atraer una o más fuerzas a un cuerpo.
solícito, ta. adj. *Diligente, *cuidadoso.
solicitud. f. *Cuidado y *diligencia. ‖ Memorial en que se solicita o *pide algo.
sólidamente. adv. m. Con solidez. ‖ fig. Con *fundamento y razones verdaderas.
solidar. tr. **Consolidar.** Ú. t. c. r. ‖ fig. Establecer, *probar una cosa con razones fundamentales.
solidariamente. adv. m. **In sólidum.**
solidaridad. f. Modo de derecho u *obligación en *común. ‖ *Adhesión a la causa de otros.
solidario, ria. adj. Aplícase a las *obligaciones contraídas en *común y a las personas que las contraen. ‖ *Adherido o asociado a la causa de otro.
solidarizar. tr. Hacer solidario. Ú. t. c. r.
solideo. m. *Gorro a modo de casquete de tela ligera, que usan los eclesiásticos para cubrirse la corona.
***solidez.** f. Calidad de sólido. ‖ *Geom.* **Volumen.**
solidificación. f. Acción y efecto de *solidificar o solidificarse.
***solidificar.** tr. Hacer sólido un fluido. Ú. t. c. r.
***sólido, da.** adj. *Firme, macizo, *denso. ‖ → Aplícase al cuerpo cuyas moléculas tienen entre sí mayor cohesión que las de los líquidos. Ú. t. c. s. m. ‖ fig. *Cierto, probado con razones fundamentales y verdaderas. ‖ m. *Moneda de oro de los antiguos romanos.
soliloquiar. intr. fam. Hablar a solas.
soliloquio. m. *Monólogo, discurso de una persona que no dirige a otra la palabra. ‖ Lo que habla de este modo un personaje de *teatro.
solimán. m. **Sublimado corrosivo.**
solimitano, na. adj. Aféresis de **Jerosolimitano.** Apl. a pers., ú. t. c. s.

solio. m. Trono, *asiento con dosel para un *soberano o príncipe.
solípedo, da. adj. *Zool.* Aplícase a los *mamíferos ungulados sin trompa prensil y con las extremidades terminadas en una sola pieza; como el caballo. Ú. t. c. s. ‖ m. pl. **Zool.* Orden de estos animales.
solista. com. **Mús.* Persona que ejecuta un solo de una pieza de *canto o *instrumental.
solitaria. f. Silla de *posta capaz para una sola persona. ‖ **Tenia** (*lombriz).
solitariamente. adv. m. En soledad.
***solitario, ria.** adj. Desamparado, *desierto. ‖ ***Solo** (sin compañía). ‖ *Retirado, que ama la soledad o vive en ella. Ú. t. c. s. ‖ V. **Pájaro solitario.** Ú. t. c. s. ‖ m. Diamante grueso que se engasta solo en una *joya. ‖ Juego de *naipes o *pasatiempo que ejecuta una sola persona. ‖ **Ermitaño.**
sólito, ta. adj. *Acostumbrado, *frecuente.
solitud. f. ant. **Soledad.**
soliviadura. f. Acción y efecto de soliviar o soliviarse.
soliviantar. tr. *Incitar el ánimo de una persona a la *rebeldía. Ú. t. c. r.
soliviar. tr. Ayudar a *levantar una cosa por debajo. ‖ r. *Erguirse un poco el que está sentado o echado sin acabarse de levantar del todo.
solivio. m. **Soliviadura.**
solivión. m. aum. de **Solivio.** ‖ Esfuerzo de *tracción para sacar una cosa oprimida por otra que tiene encima.
solivo. m. *Madero de construcción.
solmenar. tr. *Agitar por el tallo o tronco una planta. ‖ fig. Agitar de un modo semejante cualquiera otra cosa.
***solo, la.** adj. Único en su especie. ‖ → Que está aislado de otras cosas. ‖ Dicho de personas, sin compañía. ‖ Que está *abandonado o sin protección. ‖ m. *Danza que se ejecuta sin pareja. ‖ Juego de *naipes parecido al tresillo. ‖ En el juego del hombre y otros de *naipes, lance en que se gana sin ayuda de robo ni de compañero. ‖ **Solitario** (juego para una sola persona). ‖ **Mús.* Composición o parte de ella que canta o toca una persona sola. ‖ **A solas.** m. adv. Sin ayuda ni compañía de otro. ‖ **De solo a solo.** m. adv. Sin intervención de tercera persona; en *conversación reservada de uno con otro.
sólo. adv. m. **Solamente.**
solombría. f. **Umbría.**
solomillo. m. En los animales de matadero, *carne que hay entre las costillas y el lomo.
solomo. m. **Solomillo.** ‖ Por ext., lomo de puerco adobado.
solsonense. adj. Natural de Solsona. Ú. t. c. s. ‖ Perteneciente a esta ciudad.
solsticial. adj. Perteneciente o relativo al solsticio.
solsticio. m. *Astr.* Época en que el *Sol se halla en uno de los dos trópicos. ‖ **hiemal.** *Astr.* El de *invierno. ‖ **vernal.** *Astr.* El de *verano.
soltadizo, za. adj. Que se dice con arte y *disimulo para *averiguar alguna cosa.
soltador, ra. adj. Que *suelta una cosa que tenía asida. Ú. t. c. s.
soltaní. m. *Moneda antigua de oro del imperio turco.
***soltar.** tr. Desatar o desceñir. ‖ Dejar en *libertad al que estaba detenido o preso. Ú. t. c. r. ‖ Desasir lo que estaba sujeto. Ú. t. c. r. ‖ Dar *salida a lo que estaba confinado. Ú. t. c. r. ‖ Con relación al vientre, hacerle *evacuar con frecuencia. Ú. t. c. r. ‖ Romper en *risa, llanto, etc. ‖ *Explicar, descifrar, dar *solución. ‖ fam. ***Decir.** ‖ r. fig. Adquirir *experiencia y *habilidad o *desenvoltura en la ejecución de las cosas. ‖ fig. *Empezar a hacer algunas cosas.
***soltería.** f. Estado de soltero.
***soltero, ra.** adj. **Célibe.** Ú. t. c. s. ‖ Suelto o *libre.
solterón, na. adj. Célibe ya entrado en años. Ú. t. c. s.
soltura. f. Acción y efecto de *soltar. ‖ Agilidad, *prontitud, *facilidad y *gallardía en lo material o en lo inmaterial. ‖ fig. Disolución, *inmoralidad y *descaro. ‖ fig. Facilidad y lucidez de *lenguaje. ‖ *For.* *Libertad acordada por el juez para un preso.
solubilidad. f. Calidad de soluble.
***soluble.** adj. Que se puede disolver o desleír. ‖ fig. Que se puede resolver.
***solución.** f. *Disolución, acción y efecto de disolver. ‖ → Satisfacción que se da a una duda, problema, dificultad, etc. ‖ En el *drama y poema épico, **desenlace.** ‖ *Pago, satisfacción. ‖ Desenlace o *conclusión de un proceso, negocio, etc. ‖ **Mat.* Cada una de las cantidades que satisfacen las condiciones de un problema o de una ecuación. ‖ **de continuidad.** *Interrupción o falta de continuidad.
solutivo, va. adj. **Farm.* Dícese del medicamento laxante. Ú. t. c. s. m.
solvencia. f. Acción y efecto de solventar. ‖ Calidad de solvente.
solventar. tr. Arreglar cuentas, *pagando lo debido. ‖ *Resolver un asunto difícil.
solvente. adj. Desempeñado de *deudas. ‖ Capaz de *pagarlas. ‖ Capaz de *cumplir obligación, cargo, etc.
solver. tr. desus. **Resolver.**
solla. f. *Pez parecido al lenguado.
sollado. m. *Mar.* Uno de los pisos o cubiertas inferiores de la *embarcación.
sollamar. tr. Socarrar una cosa con la llama. Ú. t. c. r.
sollastre. m. Pinche de *cocina. ‖ ‖ fig. *Pícaro redomado.
sollastría. f. Acción o ministerio del sollastre.
sollera. f. *Red para pescar sollos.
sollisparse. r. Concebir *sospechas.
sollo. m. **Esturión.**
sollozante. p. a. de **Sollozar.** Que solloza.
sollozar. intr. Emitir *sollozos.
***sollozo.** m. Conjunto de inspiraciones entrecortadas que suele acompañar al *llanto.
soma. f. **Cabezuela** (*harina). ‖ *Germ.* ***Gallina.** ‖ *Pan hecho de **soma.**
somanta. f. fam. Paliza, *zurra.
somarrar. tr. *Quemar, chamuscar. Ú. t. c. r.
somarro. m. Trozo de *carne sazonada con sal y asada en las brasas.
somatén. m. Cuerpo de gente armada, que no pertenece al *ejército, y que se reúne a toque de campana. ‖ En Cataluña, **rebato** (*toque). ‖ fig. y fam. Bulla, *disturbio, *alboroto. ‖ **¡Somatén!** Grito de guerra de las antiguas *milicias de Cataluña.
somatenista. m. Individuo que forma parte de un somatén.
somático, ca. adj. Perteneciente o relativo al *cuerpo.
somatología. f. Ciencia que estudia el *cuerpo humano, su constitución, desarrollo y funcionamiento *fisiológico.
***sombra.** f. *Obscuridad, falta de luz. ‖ → Espacio obscuro que queda tras un cuerpo opaco en dirección opuesta a aquella por donde vienen los rayos de luz. ‖ Imagen obscura que sobre una superficie proyecta el contorno de un cuerpo opaco, interpuesto entre dicha superficie y un foco luminoso. ‖ *Espectro o aparición fantástica de una persona ausente o difunta. ‖ fig. Asilo, *protección, *defensa. ‖ fig. *Aspecto o *semejanza de una cosa. ‖ fig. Mácula, *defecto. ‖ fam. **Suerte.** ‖ ***Donaire.** ‖ **Falsilla.** ‖ *Germ.* **Justicia.** ‖ **Pint.* Color o tono obscuro con que se representa la parte menos iluminada de los objetos. ‖ **de hueso.** *Pint.* *Color pardo obscuro que se prepara con huesos quemados y molidos. ‖ **de Venecia.** *Pint.* *Color pardo negruzco que se prepara con el lignito terroso. ‖ **de viejo.** *Pint.* *Color muy obscuro que se prepara con la arcilla negruzca. ‖ **Sombras chinescas.** *Espectáculo que consiste en proyectar en un lienzo las sombras de figuras o personas que se mueven detrás. ‖ **invisibles. Sombras chinescas.** ‖ **A la sombra.** fr. fig. y fam. En la *cárcel. ‖ **A sombra de tejado,** o **de tejados.** m. adv. fig. y fam. Encubierta y *ocultamente. ‖ **Hacer sombra.** fr. Impedir la luz. ‖ fig. Impedir uno a otro prosperar, por tener más mérito, más habilidad o más favor que él, o por *aventajarle en cualquier línea. ‖ fig. *Proteger y amparar uno a otro. ‖ **Mirarse** uno **a la sombra.** fr. fig. y fam. Preciarse de galán. ‖ **Ni por sombra.** m. adv. fig. De ningún modo. ‖ fig. Sin especie o noticia alguna. ‖ **No ser** una persona o cosa su **sombra,** o **ni sombra de lo que era.** fr. fig. Haber *degenerado o decaído mucho. ‖ **No tener** uno **sombra,** o **ni sombra, de** una cosa. fr. fig. Carecer absolutamente de ella. ‖ **Sin sombra,** o **como sin sombra.** fr. *Triste y desasosegado. ‖ **Tener** uno **buena sombra.** fr. fig. y fam. Ser agradable o tener *gracia. ‖ **Tener** uno **mala sombra.** fr. fig. Ejercer influencia *adversa sobre los que le rodean. ‖ fig. y fam. Ser *desagradable, *soso y antipático.
sombraje. m. **Sombrajo.**
sombrajo. m. Reparo o *cobertizo de ramas, mimbres, esteras, etcétera, para hacer *sombra. ‖ fam. *Sombra que hace uno poniéndose delante de la luz. Ú. m. en pl.
sombrar. tr. **Asombrar.**
sombreador, ra. adj. Que sombrea.
sombrear. tr. Dar o producir *sombra. ‖ **Pint.* Poner sombra en una pintura o dibujo. ‖ intr. Empezar a hacer sombra el bigote o la *barba.
sombrerada. f. Lo que cabe en un *sombrero. ‖ fam. desus. **Sombrerazo.**
sombrerazo. m. aum. de **Sombrero.** ‖ *Golpe dado con el sombrero. ‖ fam. *Saludo que se hace quitándose el sombrero.
sombrerera. f. Mujer del sombrerero. ‖ La que hace *sombreros y la que los vende. ‖ Caja para guardar el *sombrero.
sombrerería. f. Oficio de hacer *sombreros. ‖ Fábrica donde se hacen. ‖ Tienda donde se venden.
sombrerero. m. El que hace *sombreros y el que los vende.
sombrerete. m. d. de **Sombrero.** ‖

Caperuza de los *hongos. ‖ Caperuza de una *chimenea.
sombrerillo. m. d. de ***Sombrero.** ‖ Cestillo que los presos colgaban de la reja de la *prisión para recoger las limosnas de los transeúntes. ‖ **Ombligo de Venus** (*planta).
***sombrero.** m. Prenda de vestir, que sirve para cubrir la cabeza, y consta de copa y ala. ‖ Techo que cubre el púlpito de la *iglesia, para reflejar la voz del *predicador. ‖ fig. *Privilegio que tenían los grandes de España de cubrirse ante el rey. ‖ _Bot._ Parte superior y redondeada de los *hongos. ‖ _Mar._ Pieza circular de madera, que forma la parte superior del *cabrestante. ‖ **a la chamberga. Sombrero chambergo.** ‖ **apuntado.** El de ala grande, recogida por ambos lados y sujeta con una puntada por encima de la copa. ‖ **calañés. Sombrero** de ala vuelta hacia arriba y copa en forma de cono truncado. ‖ **castoreño.** El fabricado con el pelo del castor u otra materia parecida. ‖ **Sombrero calañés.** ‖ **cordobés.** El de fieltro, de ala ancha y plana, con copa baja cilíndrica. ‖ **chambergo.** El de copa acampanada y de ala ancha levantada por un lado y sujeta con presilla. Solía adornarse con plumas y con una cinta que, rodeando la base de la copa, caía por detrás. ‖ **de Calañas. Sombrero calañés.** ‖ **de canal.** El que tiene abarquilladas las alas en forma de teja. Úsanlo los eclesiásticos. ‖ **de candil. Sombrero de tres candiles.** ‖ **de canoa. Sombrero de canal.** ‖ **de catite.** El calañés, con copa alta. ‖ **de copa,** o **de copa alta.** El de ala estrecha y copa alta, casi cilíndrica y plana por encima, generalmente forrado de felpa de seda negra. ‖ **de jipijapa.** El de ala ancha tejido con paja muy fina. ‖ **de medio queso.** El de forma semiesférica con alas levantadas por encima de la copa, donde se sujetan con una presilla. ‖ **de muelles. Clac.** ‖ **de pelo. Sombrero de copa.** ‖ **de teja. Sombrero de canal.** ‖ **de tres candiles. Sombrero de tres picos.** ‖ **de tres picos.** El que está armado en forma de triángulo. ‖ **encandilado.** El de tres picos que tiene muy levantado el de delante. ‖ **flexible.** El de fieltro sin apresto. ‖ **gacho.** El de copa baja y ala ancha y tendida hacia abajo. ‖ **hongo.** El de copa redondeada, dura, y con alas pequeñas que en los lados se vuelven hacia arriba. ‖ **jarano.** El de fieltro, usado en América, muy duro, con falda ancha y tendida horizontalmente, y bajo de copa. ‖ **jíbaro.** El de campo, hecho de hoja de palma, que se usa en Cuba. ‖ **redondo. Sombrero de copa alta.** ‖ **tricornio. Sombrero de tres picos.**
sombría. f. **Umbría.**
sombrilla. f. **Quitasol.**
sombrillazo. m. *Golpe dado con una sombrilla.
sombrío, a. adj. Dícese del lugar naturalmente *obscuro o en que hay casi siempre *sombra. ‖ Dícese de la parte donde se ponen las sombras en la pintura. ‖ fig. Tétrico, melancólico, *triste.
sombroso, sa. adj. Que hace mucha *sombra. ‖ **Sombrío.**
somera. f. Cada uno de los dos maderos en que se apoya el juego de la máquina antigua de *imprimir.
someramente. adv. m. De un modo somero.
***somero, ra.** adj. Casi encima o muy inmediato a la *superficie. ‖ fig. Ligero, superficial, hecho de modo *irreflexivo o *rudimentario.
***someter.** tr. Sujetar, dominar, rendir a una persona, tropa o facción. Ú. t. c. r. ‖ Subordinar el juicio, decisión o afecto propios a los de otra persona. ‖ Proponer a la consideración de uno razones, reflexiones, etc. ‖ Encomendar a una o más personas el *juicio o *decisión de un negocio o litigio.
sometimiento. m. Acción y efecto de someter o someterse.
somier. m. Bastidor con tela metálica elástica y atirantada, que se usa como *colchón de muelles.
somnambulismo. m. Estado de somnámbulo.
somnámbulo, la. adj. Dícese de la persona que durante el sueño *anda, *habla, etc., sin darse cuenta de ello al despertar. Ú. t. c. s.
somnífero, ra. adj. Que da o causa *sueño.
somnílocuo, cua. adj. Que *habla durante el *sueño. Ú. t. c. s.
somnolencia. f. Pesadez de los sentidos motivada por el *sueño. ‖ Gana de dormir. ‖ fig. *Pereza, falta de actividad.
somontano, na. adj. Natural de la región del alto Aragón situada en las vertientes de los Pirineos. Ú. t. c. s. ‖ Dícese de esta región y de lo perteneciente a ella.
somonte (de). expr. Basto, *tosco, áspero. ‖ Dícese del mosto que aún no se ha convertido en *vino.
somorgujador. m. ***Buzo.**
somorgujar. tr. *Sumergir, chapuzar. Ú. t. c. r. ‖ **Bucear.**
somorgujo. m. *Ave palmípeda, con pico recto y agudo, alas cortas y un pincel de plumas detrás de cada ojo. Puede mantener largo tiempo la cabeza sumergida en el agua. ‖ **A lo somorgujo,** o **a somorgujo.** m. adv. Por debajo del agua. ‖ fig. y fam. ***Ocultamente.**
somorgujón. m. **Somorgujo.**
somormujar. tr. **Somorgujar.**
somormujo. m. **Somorgujo.**
sompesar. tr. **Sopesar.**
son. m. *Sonido agradable. ‖ fig. *Noticia, fama, *rumor público. ‖ fig. **Pretexto.** ‖ fig. Tenor, *modo o manera. ‖ _Germ._ Voz para imponer *silencio. ‖ **¿A qué son?** expr. fig. y fam. ¿Con qué motivo? ‖ **A son de** un instrumento. m. adv. Con acompañamiento de tal instrumento. ‖ **¿A son de qué?** expr. fig. y fam. **¿A qué son?** ‖ **Bailar** uno **a cualquier son.** fr. fig. y fam. Mudar fácilmente de afecto o pasión. ‖ **Bailar** uno **al son que le tocan.** fr. fig. y fam. *Acomodar la conducta propia a los tiempos y circunstancias. ‖ **En son de.** m. adv. fig. De tal *modo o a manera de. ‖ A título de. ‖ **Sin son.** m. adv. fig. y fam. Sin razón, de manera *infundada.
son. prep. insep. **Sub.**
sonable. adj. *Sonoro o ruidoso. ‖ **Sonado** (*famoso).
sonada. f. **Sonata.**
sonadera. f. Acción de sonarse las *narices.
sonadero. m. Lienzo o *pañuelo para sonarse las *narices.
sonado, da. adj. ***Famoso.** ‖ *Divulgado con mucho ruido y admiración. ‖ **Hacer una que sea sonada.** fr. fam. Promover un escándalo o *alboroto.
sonador, ra. adj. Que *suena o hace ruido. Ú. t. c. s. ‖ m. **Sonadero.**
sonaja. f. Par de chapas de metal que, atravesadas por un alambre, se colocan en algunos *instrumentos para hacerlas sonar agitándolas. ‖ *_Mar._ Regleta transversal de la ballestilla. ‖ pl. *Instrumento formado por un aro de madera delgada con varias **sonajas.** ‖ **Espantalobos.**
sonajero. m. *Juguete que tiene sonajas o cascabeles, y sirve para entretener a los niños de pecho.
sonajuela. f. d. de **Sonaja.**
sonambulismo. m. **Somnambulismo.**
sonámbulo, la. adj. **Somnámbulo.** Ú. t. c. s.
sonante. p. a. de ***Sonar.** Que suena. ‖ adj. **Sonoro.** ‖ V. ***Moneda sonante.** ‖ f. _Germ._ ***Nuez.**
***sonar.** intr. Hacer o causar ruido una cosa. ‖ Tener una letra un sonido correspondiente en la *pronunciación. ‖ Mencionarse, citarse, *expresarse un nombre u otra cosa. ‖ ‖ Tener una cosa *apariencias de algo. ‖ fam. Ofrecerse vagamente al *recuerdo alguna cosa oída anteriormente. ‖ tr. Tocar un *instrumento u otra cosa para que suene con arte y armonía. ‖ Limpiar de *mocos las *narices, después de hacerlos salir con una espiración violenta. Ú. m. c. r. ‖ impers. Susurrarse, esparcirse *rumores de una cosa. Ú. m. c. r.
sonata. f. _Mús._ Composición de *música instrumental en varios tiempos.
sonatina. f. *_Mús._ Sonata corta y, por lo común, de fácil ejecución.
soncle. m. Medida de *capacidad para leña.
***sonda.** f. Acción y efecto de sondar. ‖ → Cuerda con un peso en su extremidad, para medir la profundidad de las aguas y explorar el fondo. ‖ Barrena que sirve para abrir en los terrenos *taladros de gran profundidad. ‖ *_Cir._ **Algalia.** ‖ _Cir._ **Tienta.** ‖ _Mar._ Sitio o paraje del *mar cuyo fondo es comúnmente sabido. ‖ **acanalada.** *_Cir._ Vástago de metal, acanalado por una de sus caras, y que se usa para introducir y guiar el bisturí a través de un órgano.
sondable. adj. Que se puede sondar.
sondaleza. f. _Mar._ Cuerda larga y delgada, con la cual y el *escandallo se sonda y se mide la profundidad del agua desde la superficie hasta el fondo.
***sondar.** tr. Echar el escandallo al agua para averiguar la profundidad y la calidad del fondo. ‖ Averiguar la naturaleza del subsuelo con una sonda. ‖ fig. Inquirir y *averiguar con disimulo la intención de uno, o las circunstancias y estado de una cosa. ‖ *_Cir._ Introducir en el cuerpo sondas o algalias para diferentes fines.
***sondear.** tr. **Sondar.**
sondeo. m. Acción y efecto de sondear o *sondar.
sonecillo. m. d. de **Son.** ‖ *Sonido que se percibe poco. ‖ Son alegre, vivo y ligero.
sonetear. intr. Componer sonetos.
sonetico. m. d. de **Son.** ‖ d. de **Soneto.** ‖ *Ruido que suele hacerse con los dedos sobre la mesa o cosa semejante.
sonetillo. m. d. de **Soneto.** ‖ Soneto de versos de ocho o menos sílabas.
sonetista. com. Autor de sonetos.
soneto. m. Composición *poética de catorce versos endecasílabos distribuidos en dos cuartetos y dos tercetos. ‖ **caudato. Soneto** con estrambote.
soniche. m. **Silencio.**

***sonido.** m. Sensación producida en el oído por el movimiento vibratorio de los cuerpos. ‖ Valor y *pronunciación de las letras. ‖ Hablando de las palabras, *significación literal. ‖ fig. Noticia, fama.
sonique. m. **Follador.**
soniquete. m. desp. de **Son.** ‖ **Sonecillo.** ‖ **Sonsonete.**
sonlocado, da. adj. **Alocado.**
sonochada. f. Principio de la *noche. ‖ Acción y efecto de sonochar.
sonochar. intr. *Velar en las primeras horas de la noche.
sonómetro. m. **Monocordio.**
sonoramente. adv. m. De un modo *sonoro.
sonoridad. f. Calidad de *sonoro.
sonorización. f. *Gram.* Acción y efecto de sonorizar.
sonorizar. tr. *Gram.* *Pronunciar una letra o articulación sorda como sonora.
***sonoro, ra.** adj. Que suena o puede sonar. ‖ Que suena mucho y agradablemente. ‖ Que despide bien el sonido. ‖ *Gram.* Dícese de las letras, sonidos o articulaciones, cuya *pronunciación va acompañada de una vibración de las cuerdas vocales.
sonoroso, sa. adj. p. us. **Sonoro.**
sonreír. intr. *Reírse un poco o levemente, y sin ruido. Ú. t. c. r. ‖ fig. **Reír** (tener aspecto *agradable y atractivo). ‖ fig. Mostrarse *favorable un asunto, suceso, etc.
sonriente. p. a. de **Sonreír.** Que sonríe. Ú. t. c. s.
sonrisa. f. Acción de sonreírse.
sonriso. m. **Sonrisa.**
sonrisueño, ña. adj. Que se sonríe. Ú. t. c. s.
sonrodarse. r. Atascarse y quedar *detenidas las ruedas de un *carruaje.
sonrojar. tr. Hacer salir los colores al rostro, *avergonzar. Ú. t. c. r.
sonrojear. tr. **Sonrojar.** Ú. t. c. r.
sonrojo. m. Acción y efecto de sonrojar o sonrojarse. ‖ Dicho u *ofensa que obliga o sonrojarse.
sonrosado, da. adj. De *color de rosa.
sonrosar. tr. Dar, poner o causar *color como de rosa. Ú. t. c. r.
sonrosear. tr. **Sonrosar.** ‖ r. **Sonrojarse.**
sonroseo. m. Color rosado que sale al rostro; rubor, *vergüenza.
sonsaca. f. Acción y efecto de sonsacar.
sonsocador, ra. adj. Que sonsaca. Ú. t. c. s.
sonsacamiento. m. **Sonsaca.**
sonsacar. tr. *Sacar furtivamente algo por debajo del sitio en que está. ‖ Solicitar cautelosamente a uno para que deje el *servicio que tiene y pase a prestarlo en otra parte. ‖ fig. *Averiguar o procurar con maña que uno diga lo que sabe y reserva.
sonsaque. m. **Sonsaca.**
sonsonete. m. *Sonido que resulta de los golpes pequeños y repetidos que se dan con cierto ritmo. ‖ fig. *Ruido continuado, y por lo común desapacible. ‖ fig. Tonillo que denota *desprecio o *ironía.
soñación (ni por). loc. adv. fig. y fam. **Ni por sueño.**
soñador, ra. adj. Que *sueña mucho. ‖ Que cuenta *mentiras y ensueños o los cree fácilmente. Ú. t. c. s. ‖ fig. Que *imagina cosas fantásticas sin tener en cuenta la realidad.
soñante. p. a. de **Soñar.** Que sueña.
***soñar.** tr. Representarse en la fantasía durante el sueño cosas o sucesos. ‖ fig. Discurrir o *imaginar cosas fantásticas y tenerlas por reales. ‖ **Soñar a uno.** fr. fig. Temblarle, *temerle, acordarse de su venganza o castigo.
soñarrera. f. fam. Acción de *soñar mucho. ‖ fam. *Sueño pesado. ‖ fam. **Soñera.**
soñera. f. Propensión a *dormir.
soñolencia. f. **Somnolencia.**
soñolientamente. adv. m. Con soñolencia.
***soñoliento, ta.** adj. Acometido del *sueño o muy inclinado a él. ‖ Que está dormitando. ‖ Que causa *sueño. ‖ fig. *Lento o *perezoso.
***sopa.** f. Pedazo de *pan empapado en cualquier líquido comestible. ‖ → Plato compuesto de caldo con rebanadas de pan, o con arroz, pastas, etc. ‖ Plato compuesto de un líquido alimenticio y de rebanadas de pan. ‖ Pasta, fécula o verduras que se mezclan con el caldo en el plato de este mismo nombre. ‖ *Comida que dan a los pobres en los conventos. ‖ pl. Rebanadas de *pan que se cortan para echarlas en el caldo. ‖ **Sopa boba. Sopa** (de los conventos). ‖ fig. Vida holgazana del *gorrón. ‖ **borracha.** La que se hace de pedazos de pan, o bizcochos, mojados en vino con azúcar y canela. ‖ **de arroyo.** fig. y fam. *Piedra suelta o guijarro. ‖ **de vino.** En algunas partes, flor del abrojo. ‖ **Sopas de ajo.** Las que se hacen de rebanadas de pan cocidas en agua, y aceite frito con ajos. ‖ **de gato.** Las que se hacen de rebanadas de pan cocidas en agua, aceite crudo y sal. ‖ **Andar a la sopa.** fr. Mendigar la comida de casa en casa. ‖ **Caerse la sopa en la miel.** fr. fig. y fam. Haber sucedido una cosa *felizmente. ‖ **Hecho una sopa.** loc. fig. y fam. Muy *mojado.
sopaipa. f. *Fruta de sartén* a modo de hojuela gruesa.
sopalancar. tr. Meter la *palanca debajo de una cosa para *levantarla o moverla.
sopalanda. f. **Hopalanda.**
sopanda. f. *Madero horizontal para fortificar otro que está encima de él. ‖ Cada una de las *correas empleadas para suspender la caja de los *coches antiguos.
sopapear. tr. fam. Dar sopapos. ‖ fig. y fam. **Sopetear** (*maltratar).
sopapina. f. fam. *Zurra o tunda de sopapos.
sopapo. m. *Golpe que se da con la mano debajo de la papada. ‖ fam. **Bofetada.**
sopar. tr. **Ensopar.**
sopear. tr. **Sopar.**
sopear. tr. *Pisar, hollar. ‖ fig. Supeditar, *dominar o *maltratar a uno.
sopeña. f. Espacio o *concavidad que forma una peña por su parte inferior.
sopera. f. Vasija en que se sirve la sopa en la *mesa.
sopero. adj. V. ***Plato sopero.** Ú. t. c. s.
sopesar. tr. Levantar una cosa como para tantear el *peso que tiene.
sopetear. tr. Mojar repetidas veces *pan en el caldo de un guisado.
sopetear. tr. fig. *Maltratar o ultrajar a uno.
sopeteo. m. Acción de sopetear (mojar *pan).
sopetón. m. *Pan tostado y mojado en aceite.
sopetón. m. *Golpe fuerte dado con la mano. ‖ **De sopetón.** m. adv. **De *improviso.**
sopicaldo. m. *Sopa muy clara o caldosa.
sopista. com. Persona que anda a la sopa. ‖ m. *Estudiante que seguía su carrera costeada por la caridad.
sopitipando. m. fam. Accidente, *desmayo.
soplada. f. *Mar.* Ráfaga de *viento de corta duración.
sopladero. m. *Abertura por donde sale con fuerza el *viento de las *cuevas o cavidades subterráneas.
soplado, da. adj. fig. y fam. Demasiadamente pulido y *limpio. ‖ fig. y fam. Estirado, engreído, *orgulloso. ‖ m. **Min.* *Hendedura muy profunda o cavidad grande del terreno.
soplador, ra. adj. Que *sopla. ‖ adj. Dícese del que *excita o promueve alguna cosa. ‖ m. **Aventador** (soplillo). ‖ **Sopladero.**
sopladura. f. Acción y efecto de *soplar.
soplafuelles. com. fig. y fam. Persona *entremetida o excesivamente oficiosa.
soplamocos. m. fig. y fam. *Golpe que se da a uno en la cara, especialmente tocándole en las *narices.
***soplar.** intr. Despedir aire con violencia por la boca, formando una abertura estrecha entre los labios. Ú. t. c. tr. ‖ Hacer que los *fuelles u otros artificios adecuados expulsen el aire que han recibido. ‖ Correr el *viento, haciéndose sentir. ‖ tr. Apartar o *quitar con el soplo una cosa. ‖ ***Inflar.** Ú. t. c. r. ‖ *Hurtar o quitar una cosa a escondidas. ‖ fig. *Inspirar o sugerir. ‖ fig. En el juego de *damas y otros, quitar al contrario la pieza con que debió comer y no comió. ‖ fig. *Sugerir a uno la especie que debe decir y no acierta o ignora. ‖ fig. *Acusar o delatar. ‖ r. fig. y fam. *Beber mucho y a veces también *comer. ‖ fig. y fam. *Hincharse, engreírse. ‖ **¡Sopla!** interj. fam. con que se denota *admiración o ponderación. ‖ **Sopla, vivo te lo doy.** *Juego entre varias personas que, tomando en la mano una cosa encendida, la van pasando de unas a otras, y pierde aquella en cuyo poder se apaga.
soplavivo. m. fig. desus. Composición en que se iban encadenando los *versos.
soplete. m. Instrumento para proyectar a presión un chorro de aire u otro gas sobre una *llama a fin de dirigirla sobre un objeto y avivar la combustión. Se usa para fundir *metales. ‖ Canuto de boj por donde se hincha de aire la gaita gallega.
soplido. m. **Soplo.**
***soplillo.** m. d. de ***Soplo.** ‖ **Aventador** (especie de *abanico). ‖ Cualquier cosa sumamente *delicada o muy leve. ‖ Especie de *tela de seda muy ligera. ‖ **Confit.* Bizcocho de pasta muy esponjosa y delicada. ‖ Una especie de *hormiga propia de Cuba.
***soplo.** m. Acción y efecto de soplar. ‖ fig. *Instante o brevísimo tiempo. ‖ fig. y fam. Aviso o *noticia que se da en secreto y con cautela. ‖ fig. y fam. *Acusación, delación. ‖ fig. y fam. **Soplón.**
soplón, na. adj. fam. Dícese de la persona que *acusa en secreto y cautelosamente. Ú. t. c. s.
soplonear. tr. fam. *Acusar secretamente.
soplonería. f. Hábito propio del soplón.

sopón. m. aum. de ***Sopa.** ‖ fam. **Sopista.**
soponcio. m. fam. Desmayo, *síncope. ‖ fam. **Sopón** (aum. de ***Sopa**).
***sopor.** m. *Med.* Modorra morbosa persistente. ‖ fig. **Adormecimiento.**
soporífero, ra. adj. Que mueve o inclina al *sueño. Ú. t. c. s.
soporoso, sa. adj. p. us. **Soporífero.** ‖ Que tiene o padece *sopor.
soportable. adj. Que se puede soportar o *sufrir.
soportador, ra. adj. Que soporta. Ú. t. c. s.
soportal. m. Espacio cubierto que en algunas casas precede a la entrada principal. ‖ *Pórtico, a manera de claustro o *corredor, que tienen algunos edificios o manzanas de casas en sus fachadas y delante de las puertas y tiendas. Ú. m. en pl.
soportante. p. a. de **Soportar.** Que soporta.
soportar. tr. *Sostener o llevar sobre sí una *carga o peso. ‖ fig. *Sufrir, tolerar.
soporte. m. *Apoyo o sostén. ‖ **Blas.* Cada una de las figuras que sostienen el escudo.
soprano. m. **Mús.* **Tiple.** ‖ Hombre *castrado. ‖ com. *Cantante que tiene voz de **soprano.**
sopuntar. tr. Poner uno o varios puntos debajo de una letra, palabra o frase *escrita, para *distinguirla de otra, o con cualquier otro fin.
sor. f. **Hermana.** Ú. como *tratamiento precediendo al nombre de las religiosas.
sor. m. **Seor.**
sor. prep. insep. **Sub.**
sorbedor, ra. adj. Que sorbe. Ú. t. c. s.
***sorber.** tr. Beber aspirando. ‖ fig. Atraer o absorber algunas cosas aunque no sean líquidas. ‖ fig. Recibir o esconder una cosa hueca o esponjosa a otra, dentro de sí o en su concavidad. ‖ fig. *Absorber, tragar. ‖ fig. Apoderarse el ánimo con avidez de alguna especie apetecida.
***sorbete.** m. Bebida dulce, congelada, de consistencia pastosa, hecha de leche, huevos y zumos de frutas.
sorbetón. m. fam. aum. de **Sorbo.**
sorbible. adj. Que se puede *sorber.
sorbición. f. desus. **Sorbo** (acción de sorber).
sorbimuerde (a). m. adv. *Tragando de prisa y a dos carrillos.
sorbo. m. Acción de *sorber. ‖ Porción de líquido que se puede tomar de una vez en la boca. ‖ fig. Cantidad pequeña de un líquido.
sorche. m. fam. **Recluta** (*soldado).
sorda. f. **Agachadiza.**
sorda. f. *Mar.* Guindaleza sujeta en la roda de un barco para botarlo al agua.
sordamente. adv. m. fig. Secretamente y sin ruido.
sordedad. f. desus. **Sordera.**
***sordera.** f. Privación o disminución de la facultad de oír.
sordez. f. p. us. **Sordera.**
sórdidamente. adv. m. Con sordidez.
sordidez. f. Calidad de sórdido.
sórdido, da. adj. ***Sucio.** ‖ fig. Impuro, *deshonesto o escandaloso. ‖ fig. *Mezquino, avariento. ‖ *Pat.* Dícese de la *úlcera que produce supuración icorosa.
sordina. f. Pieza pequeña que se ajusta en el puente a los *instrumentos de arco y cuerda para disminuir la intensidad del sonido. ‖ Pieza que para el mismo fin se pone en otros instrumentos. ‖ Registro en los *órganos y *pianos, con que se produce el mismo efecto. ‖ **A la sordina.** m. adv. fig. En *silencio y con disimulo.
sordino. m. *Instrumento parecido al violín, pero con una tabla plana en vez de caja.
***sordo, da.** adj. Que no oye, o no oye bien. Ú. t. c. s. ‖ Callado, silencioso. ‖ Que suena poco o con *sonido opaco. ‖ fig. *Obstinado o insensible a los ruegos, consejos o avisos. ‖ *Gram.* Dícese de las letras o articulaciones, cuya *pronunciación no va acompañada de vibraciones de las cuerdas vocales. ‖ *Mar.* Aplícase a la *marejada que va en dirección diversa de la del viento reinante. ‖ **A la sorda, a lo sordo,** o **a sordas.** ms. advs. figs. En *silencio, sin estrépito.
sordomudez. f. Calidad de sordomudo.
***sordomudo, da.** adj. Privado por *sordera nativa de la facultad de hablar. Ú. t. c. s.
sordón. m. *Instrumento antiguo semejante al fagot, con lengüeta doble de caña y doble tubo.
sorgo. m. **Zahína.**
sorguina. f. Bruja, *hechicera.
sorianense. adj. Natural de Soriano. Ú. t. c. s. ‖ Perteneciente a esta ciudad y departamento del Uruguay.
soriano, na. adj. Natural de Soria. Ú. t. c. s. ‖ Perteneciente a esta ciudad y a la provincia de este nombre.
soriasis. f. **Psoriasis.**
sorites. m. *Lóg.* *Razonamiento compuesto de muchas proposiciones encadenadas, de modo que en la conclusión se une al sujeto de la primera con el predicado de la última.
sorna. f. *Lentitud, calma. ‖ fig. *Disimulo y bellaquería. ‖ *Germ.* ***Noche.**
sornar. intr. *Germ.* ***Dormir.**
soro. m. **Bot.* Conjunto de esporangios que forman unas manchitas en las hojas de los *helechos.
soroche. m. Dificultad de *respirar que, a causa de la rarefacción del aire, se siente en ciertos lugares elevados.
sóror. f. **Sor** (hermana).
sorprendente. p. a. de **Sorprender.** Que *sorprende o admira. ‖ adj. Peregrino, *infrecuente, *extraordinario.
***sorprender.** tr. Coger desprevenido. ‖ Conmover o maravillar con algo imprevisto o incomprensible. Ú. t. c. r. ‖ *Descubrir lo que otro ocultaba o disimulaba.
***sorpresa.** f. Acción y efecto de sorprender o sorprenderse. ‖ Cosa que da motivo para que alguien se sorprenda.
sorqui. m. **Rodete** (para llevar una *carga en la cabeza).
sorra. f. *Arena gruesa que se echa por lastre en las embarcaciones.
sorra. f. Cada uno de los costados del vientre del atún.
sorrabar. tr. **Desrabotar.**
sorrapear. tr. Raspar y limpiar de *hierba con la azada la superficie de un sendero o campo.
sorregar. tr. *Regar por filtración o derrame un bancal inmediato al que se está regando.
sorriego. m. Acción y efecto de sorregar. ‖ Agua que sorriega.
sorrostrada. f. Insolencia, *descaro. ‖ **Dar sorrostrada.** fr. Decir insolencias, echar en cara cosas desagradables.
sorteable. adj. Que se puede o se debe *sortear.
sorteador, ra. adj. Que sortea. Ú. t. c. s.
sorteamiento. m. **Sorteo.**
***sortear.** tr. Someter la suerte de personas o cosas al resultado de los medios fortuitos o casuales. ‖ *Lidiar a pie y hacer suertes a los toros. ‖ fig. *Evitar con maña o *huir de un compromiso, riesgo o dificultad.
***sorteo.** m. Acción de *sortear.
sortero, ra. m. y f. Agorero, *adivino. ‖ Cada una de las personas entre las cuales se reparte por sorteo alguna cosa.
sortiaria. f. *Adivinación supersticiosa por cédulas o naipes.
***sortija.** f. Aro de metal u otra materia, liso, labrado o con piedras preciosas, que se lleva por adorno en los dedos de la mano. ‖ *Juego de muchachos que consiste en adivinar cuál de ellos tiene un anillo que, disimuladamente, se pasan de unos a otros. ‖ **Anilla.** ‖ Rizo del *cabello. ‖ Cada uno de los aros que en los carros refuerzan los cubos de las *ruedas. ‖ **Correr sortija.** fr. Ejecutar el ejercicio de destreza que se efectúa en ciertas *fiestas y que consiste en ensartar en la punta de la lanza, y corriendo a caballo, una **sortija** pendiente de una cinta.
sortijilla. f. dim. de ***sortija.** ‖ **Sortija** (de *cabello).
sortijón. m. aum. de ***Sortija.**
sortijuela. f. d. de ***Sortija.**
sortilegio. m. *Adivinación por suertes supersticiosas.
sortílego, ga. adj. Que *adivina o pronostica por medio de suertes supersticiosas. Ú. t. c. s.
sos. prep. insep. **Sub.**
SOS. m. *Señal formada por estas letras del alfabeto Morse, adoptada por convenio internacional para indicar que un barco, aeronave, etc., se halla en inminente *peligro.
sosa. f. ***Barrilla.** ‖ **Quím.* Óxido de sodio, base salificable muy cáustica.
sosaina. com. fam. Persona *sosa. Ú. t. c. adj.
sosal. m. Terreno donde abunda la sosa.
sosamente. adv. m. Con *sosería.
sosar. m. Terreno en que abunda la sosa o *barrilla.
sosegadamente. adv. m. Con sosiego.
sosegado, da. adj. *Tranquilo, pacífico.
sosegador, ra. adj. Que sosiega. Ú. t. c. s.
sosegar. tr. Aplacar, *tranquilizar, aquietar. Ú. t. c. r. ‖ fig. *Aplacar las alteraciones del ánimo o el ímpetu de las pasiones. Ú. t. c. r. ‖ intr. *Descansar, aquietarse la turbación o el movimiento. Ú. t. c. r. ‖ *Dormir o reposar.
sosera. f. **Sosería.**
***sosería.** f. Insulsez, falta de gracia y de viveza. ‖ Dicho o hecho insulso y sin gracia.
sosero, ra. adj. Que produce sosa.
sosia. m. Persona que tiene tanta *semejanza con otra que se confunde con ella.
sosiega. f. Sosiego, *descanso. ‖ *Trago de vino o de *aguardiente que se toma durante la sosiega.
sosiego. m. *Quietud, *tranquilidad.
soslayar. tr. Poner una cosa ladeada u *oblicua. ‖ Rehuir o *evitar con un rodeo alguna dificultad.
soslayo, ya. adj. Soslayado, *oblicuo. ‖ **Al soslayo.** m. adv. **Oblicuamente.** ‖ **De soslayo.** m. adv. **Al soslayo.** ‖ De costado y perfilando

bien el cuerpo para pasar por alguna estrechura.

*__soso, sa.__ adj. Que no tiene sal, o tiene poca. ‖ → fig. Dícese de la persona o cosa que carecen de gracia y viveza.

*__sospecha.__ f. Acción y efecto de sospechar. ‖ *Germ.* __Mesón.__

*__sospechar.__ tr. Aprehender o imaginar, una cosa por *conjeturas. ‖ intr. Desconfiar, recelar de una persona. Usóse t. c. tr.

__sospechosamente.__ adv. m. De un modo *sospechoso.

*__sospechoso, sa.__ adj. Que da motivo para sospechar o desconfiar de una persona o cosa. ‖ Dícese de la persona que sospecha. ‖ m. Individuo de conducta o antecedentes sospechosos.

__sospesar.__ tr. __Sopesar.__

__sosquín.__ m. *Golpe que se da por un lado o a traición.

__sostén.__ m. Acción de *sostener. ‖ Persona o cosa que sostiene. ‖ Prenda del *vestido interior que usan las mujeres para *ceñir el pecho. ‖ fig. Amparo, *protección. ‖ **Mar.* Resistencia que ofrece el buque al esfuerzo del viento.

__sostenedor, ra.__ adj. Que sostiene. Ú. t. c. s.

*__sostener.__ tr. Sustentar, mantener firme una cosa. Ú. t. c. r. ‖ *Afirmar o defender una proposición. ‖ fig. *Sufrir, tolerar. ‖ fig. Prestar apoyo o *protección. ‖ Dar a uno lo necesario para su manutención.

__sostenido, da.__ adj. **Mús.* Dícese de la nota cuya entonación excede en un semitono mayor a la que corresponde a su sonido natural. ‖ m. Movimiento de la *danza española, que se hace levantando el cuerpo sobre las puntas de los pies. ‖ **Mús.* Signo que representa la subida en un semitono del sonido natural de la nota o notas a que se refiere.

__sosteniente.__ p. a. de __Sostener.__ Que sostiene.

__sostenimiento.__ m. Acción y efecto de *sostener o sostenerse. ‖ Mantenimiento o *alimentación.

__sota.__ f. *Naipe de cada palo de la baraja española que tiene estampada la figura de un paje o infante. ‖ Mujer *deshonesta y *descarada. ‖ m. **Agr.* Sobrestante o manijero. ‖ Cortador en las fábricas de *calzado. ‖ prep. que se usa en composición para significar el subalterno o *substituto en algunos oficios. ‖ __Sota, caballo y rey.__ fr. fig. y fam. con que se designan los tres platos de la *comida ordinaria, compuesta de sopa, cocido y principio.

__sotabanco.__ m. Piso habitable encima de la cornisa general de la *casa. ‖ *Arq.* Hilada que se coloca sobre la cornisa para los arranques de un *arco o bóveda.

__sotabarba.__ f. *Barba que se deja crecer por debajo de la barbilla.

__sotabasa.__ f. *Arq.* Plinto, zócalo bajo la *basa.

__sotacola.__ f. __Ataharre.__

__sotacoro.__ m. __Socoro.__

__sotacura.__ m. __Coadjutor.__

__sotalugo.__ m. Segundo *aro con que se aprietan los extremos de los *toneles.

__sotaministro.__ m. __Sotoministro.__

__sotamontero.__ m. El que hace las veces del montero mayor.

__sotana.__ f. *Vestidura talar que usan los *clérigos. Usáronla también los estudiantes de las universidades.

__sotana.__ f. fam. __Somanta.__

__sotanear.__ tr. fam. Dar una *zurra o *reprensión áspera.

__sotaní.__ m. *Indum.* Especie de *falda o zagalejo corto y sin pliegues.

__sotanilla.__ f. d. de __Sotana.__ ‖ Traje que en algunas ciudades usaban los colegiales.

*__sótano.__ m. Pieza subterránea, entre los cimientos de un edificio.

__sotaventarse.__ r. **Mar.* Irse o caer el buque a sotavento.

__sotaventearse.__ r. __Sotaventarse.__

__sotavento.__ m. **Mar.* Costado de la nave opuesto al barlovento. ‖ **Mar.* Parte que cae hacia aquel lado.

__sote.__ m. Nigua, cuando es pequeña.

__sotechado.__ m. *Cobertizo, techado.

__soteño, ña.__ adj. Que se cría en sotos. ‖ Natural del Soto. Ú. t. c. s. ‖ Perteneciente a alguna de las poblaciones de este nombre.

__sotera.__ f. *Azada para entrecavar.

__soteriología.__ f. Parte de la *teología que trata de la *salvación por Jesucristo.

__soterramiento.__ m. Acción y efecto de soterrar.

__soterraño, ña.__ adj. __Subterráneo.__ Ú. t. c. s. m.

__soterrar.__ tr. *Enterrar, poner una cosa debajo de tierra. ‖ fig. Esconder u *ocultar una cosa de modo que no parezca.

__sotileza.__ f. Parte más fina del aparejo de *pescar donde va el anzuelo.

__sotillo.__ m. d. de __Soto.__

__soto.__ m. Sitio que en las *riberas o vegas está poblado de *árboles y arbustos. ‖ Sitio poblado de *malezas y árboles. ‖ __Batir el soto.__ fr. __Batir el monte.__

__soto.__ prep. insep. __Debajo.__

__sotole.__ m. *Palma gruesa que se emplea para fabricar chozas.

__sotoministro.__ m. Coadjutor superior de los que en la Compañía de Jesús tienen a su cuidado la *cocina y despensa.

__sotreta.__ f. __Plepa.__ Aplícase especialmente al caballo *inútil.

__sotrozo.__ m. **Artill.* Pasador de hierro, que atraviesa el pezón del eje para que no se salga la rueda de la cureña. ‖ *Mar.* Pedazo de hierro hecho firme en las jarcias y en el cual se sujetan las jaretas.

__sotuer.__ m. **Blas.* Pieza honorable compuesta de la banda y de la barra cruzadas.

__sotuto.__ m. *Insecto díptero que deposita sus larvas en la piel del hombre.

__soviet.__ m. Órgano de *gobierno que ejerce la dictadura comunista en Rusia.

__soviético, ca.__ adj. Perteneciente al soviet.

__sovoz (a).__ m. adv. En voz baja y suave.

__sport__ (voz inglesa). m. *__Deporte.__

__stábat.__ m. **Liturg.* Himno dedicado a los dolores de la *Virgen al pie de la cruz. ‖ Composición *musical para este himno. ‖ __Máter. Stábat.__

__statu quo.__ loc. lat. que se usa como substantivo, especialmente en *derecho internacional*, para designar el *estado de cosas en un determinado momento.

__stock__ (voz inglesa). m. Existencias, *acopio.

__su.__ prep. insep. __Sub.__

__su, sus.__ Pronombre *posesivo de tercera persona en género masculino y femenino y en ambos números singular y plural.

__suarda.__ f. __Juarda.__

__suarismo.__ m. Doctrina *teológica del jesuita español Francisco Suárez, que pretende conciliar la libertad humana con la infalible eficacia de la gracia divina.

__suarista.__ com. Partidario del suarismo.

__suasorio, ria.__ adj. Perteneciente a la *persuasión, o propio para persuadir.

*__suave.__ adj. *Liso y *blando al tacto. ‖ Blando, dulce, *agradable a los sentidos. ‖ fig. *Tranquilo, quieto. ‖ fig. *Lento, moderado. ‖ fig. *Dócil, *apacible.

__suavemente.__ adv. m. De manera suave.

__suavidad.__ f. Calidad de suave.

__suavizador, ra.__ adj. Que suaviza. ‖ m. Pedazo de cuero, o utensilio de otra clase, para suavizar el *filo de las navajas de *afeitar.

__suavizar.__ tr. Hacer suave.

__sub.__ prep. insep. que a veces cambia su forma en alguna de las siguientes: __so, son, sor, sos, su__ y __sus.__ Significa más ordinariamente inferioridad, substitución, atenuación o disminución, etc.

__subacetato.__ m. **Quím.* Acetato básico de plomo.

__subafluente.__ m. *Río o arroyo que desagua en un afluente.

__subalcaide.__ m. Substituto o teniente de alcaide.

__subalternante.__ p. a. de __Subalternar.__ Que subalterna.

__subalternar.__ tr. Sujetar o poner debajo, supeditar.

__subalterno, na.__ adj. *Inferior, o que está debajo o *depende de una persona o cosa. ‖ m. *Empleado de categoría inferior. ‖ *Mil.* *Oficial cuyo empleo es inferior al de capitán.

__subálveo, a.__ adj. Que está debajo del álveo o *cauce de un río o arroyo. Ú. t. c. s. m.

__subarrendador, ra.__ m. y f. Persona que da en subarriendo alguna cosa.

__subarrendamiento.__ m. __Subarriendo.__

__subarrendar.__ tr. Dar o tomar en *arrendamiento una cosa del que ya la tiene arrendada.

__subarrendatario, ria.__ m. y f. Persona que toma en subarriendo alguna cosa.

__subarriendo.__ m. Acción y efecto de subarrendar. ‖ Contrato por el cual se subarrienda una cosa. ‖ Precio en que se subarrienda.

*__subasta.__ f. Venta pública que se hace al mejor postor. ‖ Adjudicación que en la misma forma se hace de una contrata, generalmente de servicio público. ‖ __Sacar a pública subasta__ una cosa. fr. Ofrecerla a quien haga proposiciones más ventajosas.

__subastación.__ f. p. us. __Subasta.__

__subastador, ra.__ adj. Que subasta. Ú. t. c. s.

*__subastar.__ tr. Vender efectos o contratar servicios, arriendos, etc., en pública *subasta.

__subcierna.__ f. Moyuelo que se emplea para *pienso del ganado.

__subcinericio.__ adj. V. __Pan subcinericio.__

__subclase.__ f. *Hist. Nat.* Cada uno de los grupos en que se dividen ciertas *clases de seres naturales.

__subclavero.__ m. Teniente de clavero en algunas *órdenes militares*.

__subclavio, via.__ adj. **Anat.* Dícese de lo que en el cuerpo del animal está debajo de la clavícula.

__subcolector.__ m. El que hace las veces de colector y sirve a sus órdenes.

__subcomendador.__ m. Teniente comendador en las *órdenes militares*.

__subcomisión.__ f. Grupo de individuos de una comisión que tiene cometido determinado.

subconsciencia. f. *Conciencia vaga, incompleta o latente.
subconsciente. adj. Dícese del proceso psicológico que no llega a ser plenamente *consciente.
subconservador. m. *Juez delegado por el conservador.
subcostal. adj. *Anat.* Que está debajo de las costillas.
subcutáneo, a. adj. *Anat.* Que está inmediatamente debajo de la *piel.
subdelegable. adj. Que se puede subdelegar.
subdelegación. f. Acción y efecto de subdelegar. ‖ Distrito, oficina y empleo del subdelegado.
subdelegado, da. adj. Dícese de la persona que sirve inmediatamente a las órdenes del delegado o le substituye en sus funciones. Ú. m. c. s.
subdelegante. p. a. de **Subdelegar.** Que subdelega.
subdelegar. tr. Trasladar o dar el delegado su jurisdicción o *delegación a otro.
subdiaconado. m. *Ecles.* Orden de subdiácono o de epístola.
subdiaconato. m. **Subdiaconado.**
subdiácono. m. *Clérigo ordenado de epístola.
subdirección. f. Cargo de subdirector. ‖ Oficina del subdirector.
subdirector, ra. m. y f. Persona que sirve inmediatamente a las órdenes del director o le *substituye en sus funciones.
subdistinción. f. Acción y efecto de subdistinguir.
subdistinguir. tr. *Distinguir en lo ya distinguido.
súbdito, ta. adj. *Dependiente de la autoridad de un superior con obligación de obedecerle. Ú. t. c. s.
subdividir. tr. *Dividir una parte que resulta de una división anterior. Ú. t. c. r.
subdivisible. adj. Que se puede subdividir.
subdivisión. f. Acción y efecto de subdividir o subdividirse.
subdominante. f. **Mús.* Cuarta nota de la escala diatónica.
subduplo, pla. adj. *Mat.* Aplícase al número o cantidad que es *mitad exacta de otro u otra.
subejecutor. m. El que con la *delegación de otro ejecuta una cosa.
subentender. tr. **Sobrentender.** Ú. t. c. r.
subeo. m. **Sobeo.**
súber. m. *Bot.* ***Corcho.**
suberoso, sa. adj. Parecido al *corcho.
subfiador. m. Fiador subsidiario.
subfluvial. adj. Que está debajo de la superficie o del *cauce del *río.
subforo. m. *For.* Contrato por el cual el forero cede el dominio útil de la finca a otro.
subgénero. m. *Hist. Nat.* Cada uno de los grupos en que se dividen ciertos *géneros de seres naturales.
subgobernador. m. Empleado inferior al gobernador y que le substituye en sus funciones.
***subida.** f. Acción y efecto de subir o subirse. ‖ Sitio o lugar en *declive, que va subiendo.
subidero, ra. adj. Aplícase a algunos instrumentos que sirven para *subir en alto. ‖ m. Lugar o paraje por donde se sube.
subido, da. adj. Dícese de lo último, más fino y *excelente en su especie. ‖ Dícese del *color o del *olor fuerte. ‖ Muy elevado, *caro o que excede al término ordinario.
subidor. m. El que por oficio lleva una cosa de un lugar bajo a otro alto.
subiente. p. a. de **Subir.** Que sube. ‖ m. **Ornam.* Cada uno de los follajes que suben adornando un vaciado de pilastras o cosa semejante.
subigüela. f. **Alondra.**
subilla. f. **Lezna.**
subimiento. m. **Subida.**
subíndice. m. **Mat.* Letra o número que se añade a un símbolo para distinguirlo de otro semejante.
subinspección. f. Cargo de subinspector. ‖ Oficina del subinspector.
subinspector. m. Jefe inmediato después del inspector.
subintendencia. f. Cargo de subintendente.
subintendente. m. El que sirve inmediatamente a las órdenes del intendente o le substituye en sus funciones.
subintración. f. *Cir.* y *Pat.* Acción y efecto de subintrar.
subintrante. p. a. de **Subintrar.** *Cir.* y **Pat.* Que subintra.
subintrar. intr. *Entrar uno después o en lugar de otro. ‖ **Cir.* Colocarse un hueso o fragmento de él debajo de otro. ‖ *Pat.* Comenzar una accesión de *fiebre antes de terminar la anterior.
***subir.** intr. Pasar de un lugar a otro superior o más alto. ‖ Cabalgar, *montar. ‖ *Crecer en *altura ciertas cosas. ‖ Ponerse el gusano de *seda en las ramas para hilar el capullo. ‖ Importar una *cuenta. ‖ fig. *Mejorar en dignidad, empleo, hacienda, etc. ‖ fig. Agravarse o difundirse ciertas *enfermedades. ‖ *Mús.* Elevar la *voz o el sonido de un *instrumento desde un tono grave a otro más agudo. ‖ tr. Recorrer yendo hacia arriba, remontar. ‖ Trasladar a una persona o cosa a lugar más alto que el que ocupaba. Ú. t. c. r. ‖ Hacer más *alta una cosa o irla aumentando hacia arriba. ‖ Enderezar o poner *vertical una cosa que estaba inclinada hacia abajo. ‖ fig. Dar a las cosas más precio o mayor estimación de la que tenían. ‖ **Subirse a predicar.** fr. fig. y fam. Dicho del *vino, **subirse a la cabeza.**
súbitamente. adv. m. De manera súbita.
subitáneamente. adv. m. **Súbitamente.**
subitaneidad. f. Calidad de subitáneo.
subitáneo, a. adj. Que sucede súbitamente.
súbito, ta. adj. *Imprevisto, repentino. ‖ *Precipitado, *irreflexivo o violento en las obras o palabras. ‖ adv. m. **Súbitamente.** ‖ **De súbito.** m. adv. **Súbitamente.**
subjefe. m. El que hace las veces de *jefe y sirve a sus órdenes.
subjetividad. f. Calidad de subjetivo.
subjetivismo. m. Predominio de lo subjetivo.
subjetivo, va. adj. Perteneciente o relativo al sujeto o *espíritu del hombre. ‖ Relativo a nuestra *conciencia y no al objeto en sí mismo.
sub júdice. *For.* Locución latina con que se denota que una cuestión está pendiente de una resolución.
subjuntivo, va. adj. *Gram.* V. **Modo subjuntivo.** Ú. t. c. s.
sublevación. f. Acción y efecto de sublevar o sublevarse.
sublevamiento. m. **Sublevación.**
***sublevar.** tr. Alzar en *rebeldía o motín. Ú. t. c. r. ‖ fig. Excitar indignación, *ira o protesta.
sublimación. f. Acción y efecto de sublimar.
sublimado. m. **Quím.* Substancia obtenida por sublimación. ‖ **Quím.* **Sublimado corrosivo.** ‖ **corrosivo.** **Quím.* Combinación de cloro y de mercurio en forma de polvo blanco, *venenoso, que se usa como desinfectante enérgico.
***sublimar.** tr. Engrandecer, exaltar, *enaltecer. ‖ → **Quím.* Volatilizar un cuerpo sólido y condensar sus *vapores. Ú. t. c. r.
sublimatorio, ria. adj. **Quím.* Perteneciente o relativo a la sublimación.
sublime. adj. Excelso, eminente, de *altura extraordinaria. ‖ fig. *Excelente, que alcanza un grado de *belleza a de bondad insuperable.
sublimemente. adv. m. De manera sublime.
sublimidad. f. Calidad de sublime.
sublingual. adj. *Anat.* Perteneciente a la región inferior de la *lengua.
sublunar. adj. Que está debajo de la *Luna. Se suele aplicar a la *Tierra.
submarino, na. adj. Que está bajo la superficie del *mar. ‖ m. **Buque submarino.**
submaxilar. adj. *Anat.* Dícese de lo que está debajo de la *mandíbula inferior.
subministración. f. **Suministración.**
subministrador, ra. adj. **Suministrador.** Ú. t. c. s.
subministrar. tr. **Suministrar.**
submúltiplo, pla. adj. *Mat.* Aplícase al número contenido en otro exactamente dos o más veces. Ú. t. c. s.
subnota. f. *Impr.* *Nota puesta a otra nota.
suboficial. m. Categoría militar comprendida entre las de *oficial y sargento.
subordinación. f. *Dependencia, *sumisión a la orden, mando o dominio de uno.
subordinadamente. adv. m. Con subordinación.
subordinado, da. adj. Dícese de la persona sujeta a otro o *dependiente de ella. Ú. m. c. s.
subordinar. tr. Sujetar personas o cosas a la *dependencia de otras. Ú. t. c. r. ‖ Clasificar algunas cosas como inferiores o *accesorias respecto de otras. Ú. t. c. r.
subpiso. m. **Geol.* Cada una de las divisiones de los pisos.
subprefecto. m. Jefe o *magistrado inmediatamente inferior al prefecto.
subprefectura. f. Cargo de subprefecto. ‖ Oficina del subprefecto.
subranquial. adj. *Zool.* Situado debajo de las branquias.
subrayar. tr. *Señalar por debajo con una raya alguna letra, palabra o frase *escrita. ‖ *Impr.* Imprimirla con carácter cursivo. ‖ fig. **Recalcar** (la *expresión de alguna palabra o frase).
subrepción. f. Acción *oculta y a escondidas. ‖ *For.* *Ocultación de un hecho para obtener lo que de otro modo no se conseguiría.
subrepticiamente. adv. m. De manera subrepticia.
subrepticio, cia. adj. Que se pretende u obtiene con subrepción. ‖ Que se hace o toma *ocultamente y a escondidas.
subrigadier. m. *Oficial que desempeñaba las funciones de sargento segundo. ‖ *Mar.* En las antiguas compañías de guardias marinas, el que ejercía las funciones de cabo subordinado al brigadier.
subrogación. f. Acción y efecto de subrogar o subrogarse.
subrogar. tr. *For.* *Substituir o poner una persona o cosa en lugar de otra. Ú. t. c. r.

subsanable. adj. Que se puede subsanar.
subsanar. tr. Disculpar o *excusar un desacierto o delito. ‖ *Reparar o remediar un defecto, o *indemnizar un daño.
subscapular. adj. *Zool.* V. **Músculo subscapular.** Ú. t. c. s.
***subscribir.** tr. *Firmar al pie o al fin de un escrito. ‖ fig. *Asentir al dictamen de uno; *acceder a él. ‖ r. Obligarse uno a contribuir como otros al pago de una cantidad para cualquier obra o empresa. ‖ → Abonarse para recibir alguna publicación periódica o en serie. Ú. t. c. tr.
***subscripción.** f. Acción y efecto de subscribir o subscribirse.
subscripto, ta. p. p. irreg. **Subscrito.**
subscriptor, ra. m. y f. Persona que subscribe o se subscribe.
subscrito, ta. p. p. irreg. de **Subscribir.**
subscritor, ra. m. y f. **Subscriptor.**
subsección. f. En las *clasificaciones, cada una de las partes en que se divide una sección.
subsecretaría. f. *Empleo de subsecretario. ‖ *Oficina del subsecretario.
subsecretario, ria. m. y f. Persona que hace las veces del secretario. ‖ m. Secretario general de un ministro o de un antiguo secretario del despacho.
subsecuente. adj. **Subsiguiente.**
subseguir. intr. *Seguir una cosa inmediatamente a otra. Ú. t. c. r.
subseyente. adj. ant. **Subsiguiente.**
subsidiariamente. adv. m. Por vía de subsidio. ‖ *For.* De un modo subsidiario.
subsidiario, ria. adj. Que se da en *socorro o subsidio de uno. ‖ *For.* Aplícase a la acción u *obligación que *substituye o robustece a otra principal.
subsidio. m. *Socorro o auxilio extraordinario. ‖ **Ecles.* Cierto auxilio concedido por la Sede apostólica a los reyes de España sobre las rentas eclesiásticas. ‖ *Contribución impuesta al comercio y a la industria.
subsiguiente. p. a. de **Subseguirse.** Que se subsigue. ‖ adj. Después del siguiente.
subsistencia. f. *Permanencia, estabilidad y *conservación de las cosas. ‖ *Provisión de los *alimentos y medios necesarios para el sustento de la *vida humana. Ú. m. en pl. ‖ *Fil.* Complemento último de la *substancia, que la hace incomunicable a otra.
subsistente. p. a. de **Subsistir.** Que subsiste.
subsistir. intr. *Permanecer, *durar una cosa o conservarse. ‖ ***Vivir.** ‖ *Fil.* *Existir con todas las condiciones propias de su ser y de su naturaleza.
subsolano. m. **Este** (*viento).
***substancia.** f. Cualquier cosa con que otra se *alimenta o aumenta y sin la cual se acaba. ‖ *Jugo que se extrae de ciertas materias alimenticias, o *caldo que con ellas se hace. ‖ → Ser, esencia, naturaleza de las cosas. ‖ Hacienda, caudal, *bienes. ‖ *Estimación e *importancia que tienen las cosas. ‖ Parte nutritiva de los *alimentos. ‖ fig. y fam. Juicio, madurez, *prudencia. ‖ *Fil.* Entidad o esencia que subsiste o existe por sí. ‖ **blanca.** *Anat.* Una de las dos de que se componen el *encéfalo y la médula espinal. ‖ **gris.** *Anat.* Una de las dos que componen el *encéfalo y la médula espinal. ‖ **En substancia.** m. adv. **En *compendio.** ‖ **Farm.* Dícese del simple que se da como medicamento en su ser natural.
substanciación. f. Acción y efecto de substanciar.
***substancial.** adj. Perteneciente o relativo a la *substancia. ‖ **Substancioso.** ‖ Dícese de lo *esencial y más importante de una cosa.
substancialmente. adv. m. **En substancia.**
substanciar. tr. Compendiar, *abreviar, extractar. ‖ **For.* Tramitar un juicio por la vía procesal adecuada hasta ponerlo en estado de sentencia.
substancioso, sa. adj. Que tiene substancia.
substantivamente. adv. m. A manera de substantivo, con carácter de substantivo.
substantivar. tr. **Gram.* Dar valor y significación de nombre substantivo a otra parte de la oración. Ú. t. c. r.
substantividad. f. Calidad de substantivo, real, *efectivo.
substantivo, va. adj. Que tiene existencia real y *efectiva, independiente, individual. ‖ **Gram.* V. **Nombre substantivo.** Ú. t. c. s.
***substitución.** f. Acción y efecto de substituir. ‖ *For.* Nombramiento de *heredero o legatario en reemplazo de otro. ‖ **ejemplar.** *For.* Designación de sucesor en los bienes del que, por causa de demencia, está incapacitado para hacer *testamento. ‖ **pupilar.** *For.* Nombramiento de sucesor en los bienes del pupilo que no puede hacer *testamento.
substituible. adj. Que se puede o debe *substituir.
substituidor, ra. adj. Que substituye. Ú. t. c. s.
***substituir.** tr. Poner a una persona o cosa en lugar de otra.
substitutivo, va. adj. Dícese de la substancia que puede *substituir a otra en el uso. Ú. t. c. s.
***substituto, ta.** m. y f. Persona que hace las veces de otra. ‖ *For.* *Heredero o legatario designado para cuando falta el nombrado con prioridad a él.
***substracción.** f. Acción y efecto de substraer o substraerse. ‖ *Álg.* y *Arit.* **Resta.**
substraendo. m. *Mat.* Cantidad que ha de *restarse de otra.
***substraer.** tr. *Apartar, *separar, *extraer. ‖ Hurtar, *robar. ‖ → *Mat.* ***Restar.** ‖ r. *Faltar al cumplimiento de una obligación, promesa, etc., o *desistir de lo que se tenía proyectado.
substrato. m. *Fil.* ***Substancia.** ‖ **Filol.* Lengua que, invadida y substituida por otra, influye de algún modo en la lengua invasora.
subsuelo. m. *Terreno que está debajo de la capa labrantía o en general debajo de una capa de tierra. ‖ Parte profunda del terreno a la cual no llegan los aprovechamientos superficiales y que se considera de dominio público para otorgar concesiones *mineras.
subtender. tr. *Geom.* Unir una *línea recta los extremos de un *arco de curva o de una línea quebrada.
subtenencia. f. Empleo de subteniente.
subteniente. m. **Segundo teniente.**
subtensa. f. *Geom.* **Cuerda** (de un *arco).
subtenso, sa. p. p. irreg. de **Subtender.**
subterfugio. m. *Evasiva, escapatoria.
subterráneamente. adv. m. Por debajo de tierra.
***subterráneo, a.** adj. Que está debajo de tierra. ‖ m. Cualquier lugar o espacio que está debajo de tierra.
subtítulo. m. Título o *letrero secundario que se pone a veces después del título principal.
suburbano, na. adj. Aplícase al edificio, terreno o *campo próximo a la ciudad. Ú. t. c. s. ‖ Perteneciente o relativo a un suburbio o *arrabal. ‖ m. *Habitante de un suburbio.
suburbicario, ria. adj. Perteneciente a las diócesis que componen la provincia eclesiástica de Roma.
suburbio. m. Barrio, *arrabal o aldea cerca de la ciudad.
suburense. adj. Natural de la antigua Subur, hoy Sitges. Ú. t. c. s. ‖ Perteneciente a esta población.
subvención. f. Acción y efecto de subvenir. ‖ Cantidad con que se subviene.
subvencionar. tr. Favorecer con una subvención.
subvenir. tr. *Auxiliar, amparar. ‖ Favorecer el Estado ciertas empresas o instituciones privadas, con determinada cantidad.
subversión. f. Acción y efecto de subvertir o subvertirse.
subversivo, va. adj. Capaz de subvertir, o que tiende a ello. Aplícase especialmente a lo que tiende a subvertir el orden público.
subversor, ra. adj. Que subvierte. Ú. t. c. s.
subvertir. tr. Trastornar, *perturbar, destruir. Ú. más en sentido moral.
subyacente. adj. Que yace *debajo de otra cosa.
subyugable. adj. Que se puede subyugar.
subyugación. f. Acción y efecto de subyugar o subyugarse.
subyugador, ra. adj. Que subyuga. Ú. t. c. s.
subyugar. tr. Avasallar, oprimir, *dominar violentamente. Ú. t. c. r.
succino. m. **Ámbar.**
***succión.** f. Acción de chupar.
sucedáneo, a. adj. Dícese del *medicamento o substancia que por tener propiedades parecidas a las de otra, puede *substituirla. Ú. m. c. s. m.
***suceder.** intr. Entrar una persona o cosa en lugar o *substitución de otra o *seguirse a ella. ‖ Entrar como *heredero o legatario en la posesión de los bienes de un difunto. ‖ Descender, *proceder, provenir. ‖→impers. *Acaecer un hecho.
sucedido. m. fam. **Suceso.**
sucediente. p. a. de **Suceder.** Que sucede o se sigue.
sucesible. adj. Dícese de aquello en que se puede suceder.
sucesión. f. Acción y efecto de suceder. ‖ *Herencia o conjunto de bienes, derechos y obligaciones que, al morir una persona, son transmisibles a sus herederos o a sus legatarios. ‖ Prole, *linaje, descendencia directa. ‖ **forzosa.** *For.* La que está ordenada preceptivamente. ‖ **intestada.** *For.* La que se verifica por ministerio de la ley y no por testamento. ‖ **testada.** La que se regula por la voluntad del causante. ‖ **universal.** La que transmite al heredero la totalidad o una parte alícuota de la personalidad civil y del haber íntegro del causante, haciéndole continuador de éste. ‖ **Deferirse la sucesión.** *For.* Efectuarse de derecho la transmisión sucesoria.
sucesivamente. adv. m. Sucediendo

o siguiéndose una persona o cosa a otra.
sucesivo, va. adj. Dícese de lo que *sigue a otra cosa. ‖ **En lo sucesivo.** De aquí en adelante, en lo *futuro.
***suceso.** m. Cosa que sucede. ‖ Transcurso del *tiempo. ‖ Éxito, *resultado, *conclusión buena o mala de un negocio.
sucesor, ra. adj. Que sucede a uno o sobreviene en su lugar, como continuador de él. Ú. t. c. s.
sucesorio, ria. adj. Perteneciente o relativo a la sucesión o *herencia.
suciamente. adv. m. Con suciedad.
***suciedad.** f. Calidad de sucio. ‖ Inmundicia, porquería. ‖ fig. Dicho o hecho *deshonesto o *vil.
sucinda. f. **Alondra.**
sucintamente. adv. m. De modo sucinto o *compendioso.
sucintarse. r. Ceñirse, *abreviar, ser *conciso.
sucinto, ta. adj. Recogido o *ceñido por abajo. ‖ Breve, compendioso, *conciso.
***sucio, cia.** adj. Que tiene manchas o impurezas. ‖ Que se ensucia fácilmente. ‖ fig. Manchado con pecados o con *imperfecciones. ‖ fig. *Deshonesto u obsceno en acciones o palabras. ‖ fig. Dícese del *color confuso y turbio. ‖ fig. Con daño, infección o *contagio. ‖ adv. m. fig. Hablando de algunos *juegos, sin la debida observancia de sus reglas y leyes propias.
suco. m. ***Jugo.**
sucoso, sa. adj. ***Jugoso.**
sucotrino. adj. V. **Áloe sucotrino.**
sucre. m. *Moneda de plata, del Ecuador, equivalente a cinco pesetas a la par.
sucreño, ña. adj. Natural de Sucre. Ú. t. c. s. ‖ Perteneciente a esta ciudad de Bolivia o al departamento así llamado.
suctorio, ria. adj. Apto para *chupar.
sucu. m. *Gachas de harina de maíz con leche.
súcubo. adj. Dícese del espíritu o *demonio que tiene comercio *carnal con un varón bajo la apariencia de *mujer.
sucucho. m. Rincón, *ángulo entrante que forman dos paredes. ‖ **Socucho.** ‖ *Mar.* Rincón estrecho que queda en las partes más cerradas de las ligazones de un *buque.
súcula. f. **Torno.**
suculentamente. adv. m. De modo suculento.
suculento, ta. adj. *Jugoso, substancioso, muy nutritivo.
sucumbiente. p. a. de **Sucumbir.** Que sucumbe.
sucumbir. intr. Ceder, rendirse, *someterse. ‖ *Morir, perecer. ‖ **For.* Perder el pleito.
sucursal. adj. Dícese del establecimiento, *tienda o almacén que sirve de ampliación a otro, del cual depende. Ú. t. c. s. f.
suche. adj. *Agrio, *verde, sin madurar. ‖ m. **Súchil.** ‖ *Empleado de última categoría, en Chile.
súchel. m. **Súchil.**
Súchil. m. *Árbol americano, de las apocináceas, de ramas tortuosas.
sud. m. **Sur.** Es la forma usada en composición.
sudación. f. Acción y efecto de *sudar.
sudadera. f. **Sudadero.**
sudadero. m. *Pañuelo con que se limpia el *sudor. ‖ *Manta que se pone a las cabalgaduras debajo de la silla o aparejo. ‖ Lugar en el baño, destinado para *sudar. ‖ Lugar por donde se *filtra el agua a gotas. ‖ **Bache.**
sudafricano, na. adj. Natural del África del Sur. Ú. t. c. s. ‖ Perteneciente a esta parte de África.
sudamericano, na. adj. Natural de la América del Sur. Ú. t. c. s. ‖ Perteneciente a esta parte de América.
sudamina. f. Cada una de las *ampollas pequeñas que se forman en la piel por efecto del *sudor en algunas *fiebres.
sudanés, sa. adj. Natural del Sudán. Ú. t. c. s. ‖ Perteneciente a esta región de África.
sudante. p. a. de **Sudar.** Que suda. Ú. t. c. s.
***sudar.** intr. Exhalar y expeler el sudor. Ú. t. c. tr. ‖ fig. Destilar los árboles, plantas y frutos algunas gotas de su *jugo. Ú. t. c. tr. ‖ fig. *Filtrarse o rezumar humedad algunas cosas. ‖ fig. y fam. *Trabajar con fatiga o desvelo. ‖ tr. Empapar en *sudor. ‖ fig. y fam. *Dar una cosa, especialmente con repugnancia.
sudario. m. desus. **Sudadero.** ‖ Lienzo que se pone sobre el rostro de los difuntos o en que se envuelve el *cadáver. ‖ **Santo sudario.** Sábana con que Josef de Arimatea cubrió el cuerpo de *Jesucristo cuando lo bajó de la cruz.
sudatorio, ria. adj. **Sudorífico.**
sudestada. f. *Viento con lluvia persistente que viene del Sudeste.
sudeste. m. Punto del *horizonte entre el Sur y el Este, a igual distancia de ambos. ‖ *Viento que sopla de esta parte.
sudexpreso. m. Tren expreso que circula por la parte meridional de una nación.
sudoeste. m. Punto del *horizonte entre el Sur y el Oeste, a igual distancia de ambos. ‖ *Viento que sopla de esta parte.
***sudor.** m. Serosidad clara y transparente que sale por los orificios de ciertas glándulas de la piel. ‖ fig. *Jugo o *goma que sudan las plantas. ‖ fig. Gotas que salen y se destilan de las cosas que contienen humedad. ‖ fig. *Trabajo y fatiga. ‖ pl. **Terap.* Tratamiento del mal venéreo que consiste en dar a los enfermos medicinas que los obliguen a sudar frecuentemente. ‖ **diaforético.** *Med.* **Sudor** disolutivo, continuo y copioso que acompaña a ciertas calenturas.
sudoriento, ta. adj. Sudado, humedecido con el *sudor.
sudorífero, ra. adj. **Sudorífico.** Ú. t. c. s. m.
sudorífico, ca. adj. **Farm.* Aplícase al medicamento que hace sudar. Ú. t. c. s. m.
sudoríparo, ra. adj. *Anat.* Dícese de la *glándula o folículo que segrega el *sudor.
sudoroso, sa. adj. Que está sudando mucho. ‖ Muy propenso a *sudar.
sudoso, sa. adj. Que tiene *sudor.
sudsudeste. m. Punto del *horizonte que media entre el Sur y el Sudeste. ‖ *Viento que sopla de esta parte.
sudsudoeste. m. Punto del horizonte que media entre el Sur y el Sudoeste. ‖ *Viento que sopla de esta parte.
sudueste. m. *Mar.* **Sudoeste.**
sueco, ca. adj. Natural u oriundo de Suecia. Ú. t. c. s. ‖ Perteneciente a esta nación de Europa. ‖ *Idioma **sueco.** ‖ **Hacerse** uno **el sueco.** fr. fig. y fam. Afectar *distracción para no darse por entendido; *fingir que no entiende.
suegra. f. *Madre del marido respecto de la mujer, o de la mujer respecto del marido. ‖ Parte más delgada de la rosca del *pan.
suegro. m. *Padre del marido respecto de la mujer, o de la mujer respecto del marido.
suela. f. Parte del *calzado que toca al suelo, hecha de cuero fuerte, goma elástica, etc. ‖ *Cuero vacuno curtido. ‖ Pedazo de cuero que se pega a la punta del taco de *billar. ‖ **Lenguado.** ‖ **Zócalo.** ‖ fig. *Madero que se pone debajo de un tabique para levantarlo. ‖ pl. En algunas órdenes religiosas, **sandalias.** ‖ **Bañado de suela.** loc. fig. Dícese del *calzado cuya **suela** es más ancha de lo que pide la planta del pie. ‖ **De tres, de cuatro,** o **de siete, suelas.** expr. fig. y fam. Notable en su línea y especialmente en sentido *despreciable. ‖ **Media suela.** Pieza con que se *remienda el *calzado desde el enfranque a la punta. ‖ **No llegarle** a uno **a la suela del zapato.** fr. fig. y fam. Ser muy *inferior a él.
suelda. f. **Consuelda.** ‖ desus. **Soldadura.**
sueldacostilla. f. *Planta de las liliáceas, con bohordo central y flores en corimbo.
***sueldo.** m. *Moneda antigua, de distinto valor según los tiempos y países. ‖ **Sólido** (*moneda romana de oro). ‖ → Remuneración anual asignada a un individuo por el desempeño de un cargo o servicio profesional. ‖ **a libra. Sueldo por libra.** ‖ **bueno,** o **burgalés.** *Moneda antigua de Castilla. ‖ **de oro.** *Moneda bizantina que pesaba un sexto de onza. ‖ **menor,** u **ochosén. Ochosén.** ‖ **por libra.** *Interés sobre un capital determinado, en proporción de uno a veinte. ‖ **A sueldo.** m. adv. Mediante retribución fija.
***suelo.** m. Superficie de la tierra. ‖ fig. *Base, fondo, superficie inferior de algunas cosas. ‖ *Sedimento que deja en el hondo una materia líquida. ‖ Sitio o solar de un edificio. ‖ Superficie artificial que se hace para que el piso esté sólido y llano. ‖ Piso de un cuarto o vivienda. ‖ Piso o alto, hablando de los diferentes órdenes de habitaciones en que se divide la altura de una *casa. ‖ ***Territorio.** ‖ *Casco de las caballerías. ‖ fig. *Tierra o mundo. ‖ fig. Término, *fin. ‖ pl. *Grano que, recogida la parva, queda en la era. ‖ *Paja o grano que queda de un año a otro en los pajares o en los graneros. ‖ **Suelo natal.** ***Patria.** ‖ **Arrastrarse** uno **por el suelo.** fr. fig. y fam. Abatirse, *humillarse. ‖ **Besar el suelo.** fr. fig. y fam. *Caerse al suelo de bruces. ‖ **Dar** uno **consigo en el suelo.** fr. *Caerse en tierra. ‖ **Dar en el suelo con** una cosa. fr. fig. Perderla o malpararla. ‖ **Echarse** uno **por los suelos.** fr. fig. *Humillarse o rendirse con exceso. ‖ **Medir** uno **el suelo.** fr. fig. Tender el cuerpo en él para descansar. ‖ *Caerse a la larga. ‖ **Por el suelo,** o **los suelos.** m. adv. fig. que denota la *depreciación de alguna cosa. ‖ **Sin suelo.** m. adv. fig. Con grande *exceso o con *descaro.
suelta. f. Acción y efecto de *soltar. ‖ Traba o maniota con que se *atan las manos de las caballerías. ‖ Cierto número de *bueyes que se llevan para suplir a los que van tirando. ‖ Sitio o paraje a propósito para soltar o desuncir los bueyes

y darles *pasto. ‖ **Dar suelta** a uno. fr. fig. Permitirle que por breve tiempo se espacie, *divierta o *salga de su retiro.
sueltamente. adv. m. Con *desenvoltura. ‖ Espontánea, *voluntariamente.
***suelto, ta.** p. p. irreg. de **Soltar.** ‖ adj. Ligero, *veloz. ‖ Poco compacto, disgregado, *disperso. ‖ Expedito, *hábil en la ejecución de una cosa. ‖ *Libre, que vive con *desenfreno. ‖ Aplícase al que padece *diarrea. ‖ Tratándose del *estilo, etcétera, fácil, corriente. ‖ *Separado, aislado, *único, que no hace juego. ‖ Aplícase al conjunto de *monedas fraccionarias de plata o calderilla. Ú. t. c. s. m. ‖ m. Cualquiera de los escritos de corta extensión y sin firma, insertos en un *periódico.
***sueño.** m. Acto de dormir. ‖ *Ensueño, acción de representarse en la fantasía, estando dormido, especies o sucesos. ‖ Estos mismos sucesos o especies. ‖ Gana de dormir. ‖ Cierto *baile licencioso del siglo XVIII. ‖ fig. Cosa fantástica, *inexistente o *irracional. ‖ **dorado.** fig. *Deseo vehemente, ilusión halagüeña. Ú. t. en pl. ‖ **eterno.** La *muerte. ‖ **pesado.** fig. El muy profundo. ‖ **Conciliar** uno **el sueño.** fr. Conseguir dormirse. ‖ **Decir** uno **el sueño y la soltura.** fr. fig. y fam. Referir con *descaro e *imprudencia todo lo que se ofrece. ‖ **Descabezar** uno **el sueño.** fr. fig. y fam. Quedarse dormido un breve rato sin acostarse en la cama. ‖ **Dormir** uno **a sueño suelto.** fr. fig. Dormir tranquilamente. ‖ **Echar un sueño.** fr. fam. Dormir breve rato. ‖ **El sueño de la liebre.** expr. fig. y fam. que se aplica a los que fingen o *disimulan una cosa. ‖ **En sueños.** m. adv. Estando durmiendo. ‖ **Entre sueños.** m. adv. Dormitando. ‖ **En sueños.** ‖ **Guardar el sueño** a uno. fr. Cuidar de que no le despierten. ‖ **Ni por sueño.** loc. adv. fig. y fam. con que se pondera lo *inverosímil de una cosa.
suero. m. Parte líquida de la *sangre, del quilo o de la *linfa. ‖ **de la leche.** Parte líquida que se separa al coagularse la *leche. ‖ **medicinal.** El que se obtiene de los animales y se emplea en inyecciones hipodérmicas.
sueroso, sa. adj. **Seroso.**
sueroterapia. f. *Inm.* Empleo terapéutico de los sueros y especialmente de los de animales inmunizados.
***suerte.** f. Encadenamiento de los sucesos, considerado como fortuito o casual. ‖ Circunstancia de ser favorable o adverso a personas o cosas lo que sucede. ‖ **Suerte** *favorable. ‖ *Casualidad a que se fía la resolución de una cosa. ‖ Dícese especialmente del sorteo que se hace para elegir los mozos destinados al servicio *militar. ‖ Estado, condición. ‖ Cualquiera de ciertos medios casuales empleados antiguamente para *adivinar lo por venir. ‖ Género o *clase de una cosa. ‖ Manera o *modo de hacer una cosa. ‖ En los *dados y otros juegos, puntos con que se gana o acierta. ‖ Cada uno de los lances de la *lidia taurina. ‖ Parte de *tierra de labor, separada de otra u otras por sus lindes. ‖ Con los números ordinarios *primera, segunda,* etcétera, *calidad respectiva. ‖ Billete de *lotería. ‖ *Impr.* Conjunto de tipos fundidos con una misma matriz. ‖ **Correr bien, o mal, la suerte** a uno. fr. Ser dichoso, o desgraciado. ‖ **De suerte que.** fr. conjunt. que indica consecuencia y *resultado. ‖ **Suerte y verdad.** expr. de que se usa en el *juego, para pedir a los circunstantes que resuelvan la duda en un lance dificultoso. ‖ **Tocarle** a uno **la suerte.** fr. Sacar en un sorteo cédula o número favorables o adversos.
suertero. m. Vendedor de billetes de *lotería, en el Perú.
sueste. m. **Sudeste.** ‖ *Mar.* *Sombrero *impermeable de ala caída por detrás.
suévico, ca. adj. Perteneciente o relativo a los suevos.
suevo, va. adj. Natural de Suevia. Ú. t. c. s. ‖ Aplícase al individuo perteneciente a cualquiera de las tribus germánicas establecidas entre el Rin, el Danubio y el Elba, y que en el siglo V invadieron las Galias y parte de España. Ú. m. c. s. y en pl.
sufete. m. Cada uno de los dos *magistrados supremos de Cartago y de otras repúblicas fenicias.
sufí. adj. Sectario o partidario del sufismo. Ú. t. c. s.
***suficiencia.** f. Calidad de suficiente. ‖ Capacidad, *aptitud. ‖ fig. **Pedantería.** ‖ **A suficiencia.** m. adv. **Bastantemente.**
***suficiente.** adj. Bastante para lo que se necesita. ‖ *Apto o idóneo.
suficientemente. adv. m. De un modo suficiente.
sufijo, ja. adj. *Gram.* Aplícase al afijo que va pospuesto. Ú. m. c. s. m.
sufismo. m. Doctrina mística que profesan ciertos *mahometanos.
sufocación. f. **Sofocación.**
sufocador, ra. adj. **Sofocador.** Ú. t. c. s.
sufocante. p. a. de **Sufocar.** Que sufoca.
sufocar. tr. **Sofocar.** Ú. t. c. r.
sufra. f. *Guarn.* Correón que sostiene las varas, apoyado en el sillín de la caballería de tiro. ‖ **Prestación personal.**
sufragáneo, a. adj. Que *depende de la jurisdicción y autoridad de alguno. ‖ V. ***Obispo sufragáneo.** Ú. t. c. s. ‖ Perteneciente a la jurisdicción del **obispo sufragáneo.**
sufragar. tr. *Ayudar o favorecer. ‖ Costear, *satisfacer.
sufragio. m. *Ayuda, favor o *socorro. ‖ Obra buena en *ofrenda por las almas del purgatorio. ‖ **Voto.** ‖ Sistema *electoral para la provisión de cargos. ‖ pl. **Consuetas.** Ú. t. en sing. ‖ **Sufragio universal.** Aquel en que votan todos los ciudadanos. ‖ **restringido.** Aquel en que se reserva el voto para los ciudadanos que tienen ciertas condiciones.
sufragista. adj. Partidario del voto femenino. Ú. m. c. s. f.
sufrible. adj. Que se puede *sufrir o tolerar.
sufrida. f. *Germ.* ***Cama.**
sufridera. f. Pieza de hierro, con un agujero en medio, que los *herreros ponen debajo de la que quieren penetrar con el punzón.
sufridero, ra. adj. **Sufrible.**
sufrido, da. adj. Que consiente el *adulterio de su mujer. Ú. t. c. s. ‖ Aplícase al *color que disimula lo sucio.
sufridor, ra. adj. Que sufre. Ú. t. c. s.
sufriente. p. a. de **Sufrir.** Que sufre.
sufrimiento. m. *Paciencia, tolerancia con que se sufre una cosa. ‖ Padecimiento, *dolor, *aflicción.
***sufrir.** tr. ***Padecer.** ‖ → Recibir con paciencia y resignación un daño moral o físico. Ú. t. c. r. ‖ Sostener, *resistir. ‖ Aguantar, tolerar. ‖ **Permitir.** ‖ **Pagar** (*expiar). ‖ *Apoyar u oprimir fuertemente con alguna herramienta la parte de una pieza de madera o de *hierro opuesta a aquella en que se golpea.
sufumigación. f. *Terap.* Sahumerio que se hace recibiendo el *humo.
sufusión. f. *Pat.* Cierta enfermedad de los *ojos, especie de cataratas. ‖ *Pat.* Imbibición en los tejidos orgánicos de líquidos extravasados y especialmente de *sangre.
sugerencia. f. Idea que se *sugiere, inspiración, insinuación.
sugerente. p. a. de **Sugerir.** Que sugiere.
***sugerimiento.** m. Acción y efecto de sugerir.
***sugerir.** tr. Hacer entrar en el ánimo de alguno una idea, inspirándosela o haciéndole caer en ella.
sugestión. f. Acción de *sugerir. ‖ Especie sugerida. ‖ Acción y efecto de sugestionar.
sugestionable. adj. Fácil de ser sugestionado.
sugestionador, ra. adj. Que sugestiona.
sugestionar. tr. Inspirar a una persona *hipnotizada palabras o actos involuntarios. ‖ *Captar o dominar la voluntad de una persona.
sugestivo, va. adj. Que sugiere.
suicida. com. Persona que se suicida. ‖ adj. fig. Dícese del acto o la conducta que *daña o destruye al propio agente.
suicidarse. r. *Matarse, quitarse violenta y voluntariamente la vida.
suicidio. m. Acción y efecto de suicidarse.
suideo, a. adj. *Zool.* Parecido al *cerdo.
suidos. m. pl. Familia de *mamíferos cuyo tipo es el *cerdo.
sui géneris. expr. lat. que se usa en español para denotar que una cosa es de un género o especie muy *especial o excepcional.
suita. f. *Planta gramínea que se utiliza en Honduras como forraje y para cubrir la techumbre de las casas.
suiza. f. Antigua *fiesta militar, recuerdo de las costumbres caballerescas de la Edad Media. ‖ Soldadesca festiva de a pie, que intervenía en ciertas fiestas populares. ‖ fig. *Contienda, riña, *alboroto. ‖ fig. *Disputa en juntas, *concursos y certámenes.
suizo, za. adj. Natural de Suiza. Ú. t. c. s. ‖ Perteneciente a esta nación de Europa. ‖ m. El que forma parte de la suiza (*fiesta popular). ‖ Persona *servilmente adicta a otra. ‖ *Bollo de harina, huevo y azúcar.
suizón. m. Chuzo, *pica, etc., con que se armaba cada uno de los que tomaban parte en la fiesta llamada suiza.
***sujeción.** f. Acción de sujetar o sujetarse. ‖ Unión con que una cosa se asegura de modo que no pueda separarse, dividirse o inclinarse. ‖ *Ret.* Figura que consiste en hacer el orador o el escritor preguntas a que él mismo responde. ‖ *Ret.* Anticipación o prolepsis.
sujetador, ra. adj. Que sujeta. Ú. t. c. s.
sujetapapeles. m. Pinza de alambre para mantener juntos varios papeles.

***sujetar.** tr. Someter al *dominio de alguno. Ú. t. c. r. ‖ → Afirmar, fijar, unir o contener una cosa.
sujeto, ta. p. p. irreg. de **Sujetar.** ‖ adj. Expuesto a algún *peligro o que tiene *propensión a una cosa. ‖ m. *Asunto o materia sobre que se habla o escribe. ‖ *Persona innominada. ‖ *Fil.* El *espíritu humano considerado en oposición al mundo externo, y también en oposición a sí mismo como término de conciencia. ‖ **Gram.* Aquello de que el verbo afirma algo. ‖ **Lóg.* Ser del cual se predica o enuncia alguna cosa.
sula. f. *Pescado pequeño, de color plateado, propio de la bahía de Santander.
sulfamida. f. Nombre común a varios compuestos orgánicos del azufre, que se emplean como *medicamentos contra ciertas infecciones.
sulfatado. m. Acción y efecto de sulfatar.
sulfatador, ra. adj. Que sulfata. Ú. t. c. s. ‖ m. y f. Máquina para sulfatar.
sulfatar. tr. Impregnar o bañar con un sulfato alguna cosa; como las *vides para preservarlas de ciertas enfermedades.
sulfato. m. **Quím.* Cuerpo resultante de la combinación del ácido sulfúrico con un radical mineral u orgánico.
sulfhídrico, ca. adj. **Quím.* Perteneciente o relativo a las combinaciones del azufre con el hidrógeno.
sulfito. m. **Quím.* Cuerpo resultante de la combinación del ácido sulfuroso con un radical mineral u orgánico.
sulfonal. m. **Farm.* Substancia blanca insípida e inodora, que se emplea como medicamento hipnótico.
sulfurar. tr. Combinar un cuerpo con el *azufre. ‖ fig. *Irritar, encolerizar. Ú. m. c. r.
sulfúreo, a. adj. Perteneciente o relativo al *azufre. ‖ Que tiene *azufre.
sulfúrico, ca. adj. **Sulfúreo.** ‖ *Quím.* V. **Ácido sulfúrico.**
sulfuro. m. **Quím.* Cuerpo que resulta de la combinación del azufre con un metal o alguno de ciertos metaloides.
***sulfuroso, sa.** adj. **Sulfúreo.** ‖ *Quím.* Que participa de las propiedades del *azufre. ‖ *Quím.* V. **Ácido sulfuroso.**
sulpiciano, na. adj. Dícese del individuo de la *congregación de clérigos regulares de San Sulpicio. Ú. t. c. s. ‖ Perteneciente o relativo a dicha congregación.
sultán. m. *Emperador de los turcos. ‖ Príncipe o *gobernador mahometano.
sultana. f. Mujer del sultán. ‖ *Embarcación principal que usaban los turcos en la guerra.
sultanía. f. *Territorio sujeto a un sultán.
sulla. f. *Planta leguminosa que se cultiva para forraje.
***suma.** f. Agregado de muchas cosas, y más comúnmente de *dinero. ‖ Acción de sumar. ‖ Lo más *importante de una cosa. ‖ *Colección o resumen de tratados, o recopilación de todas las partes de una ciencia o facultad. ‖ → *Mat.* Cantidad equivalente a dos o más homogéneas. ‖ **En suma.** m. adv. **En resumen.**
sumaca. f. *Embarcación pequeña y planuda de dos palos, que se emplea en la América española.
sumador, ra. adj. Que suma. Ú. t. c. s.
sumamente. adv. m. En sumo grado.
sumando. m. *Mat.* Cada una de las cantidades parciales que han de acumularse para formar la *suma o cantidad total que se busca.
***sumar.** tr. Recopilar, *abreviar una materia extensa y difusa. ‖ → *Mat.* Reunir en una sola varias cantidades homogéneas. ‖ r. *Adherirse a una doctrina, incorporarse a un grupo. ‖ **Suma y sigue.** fr. fig. y fam. con que se denota la *repetición o continuación de una cosa.
sumaria. f. **For.* Proceso escrito. ‖ **For.* En el procedimiento criminal militar, **sumario,** conjunto de actuaciones para preparar el juicio criminal.
sumarial. adj. **For.* Perteneciente o relativo al sumario o a la sumaria.
sumariamente. adv. m. De un modo sumario, en *resumen. ‖ **For.* De plano o por trámites abreviados.
sumariar. tr. **For.* Someter a uno a sumaria.
sumario, ria. adj. Reducido a *compendio; breve, conciso. ‖ **For.* Aplícase a los juicios civiles en que se prescinde de algunas formalidades o trámites. ‖ **Vía sumaria.** ‖ m. *Resumen, compendio. ‖ **For.* Conjunto de actuaciones encaminadas a preparar el juicio criminal.
sumarísimo, ma. adj. **For.* Dícese de cierta clase de juicios, en que por la urgencia del caso señala la ley una tramitación brevísima.
sumergible. adj. Que se puede *sumergir. ‖ m. *Buque sumergible.
sumergimiento. m. **Sumersión.**
***sumergir.** tr. Meter una cosa debajo del agua o de otro líquido. Ú. t. c. r. ‖ fig. Abismar, *hundir. Ú. t. c. r.
sumersión. f. Acción y efecto de sumergir o sumergirse.
sumidad. f. Ápice o extremo más *alto de una cosa.
***sumidero.** m. *Conducto o *desagüe por donde se sumen las aguas.
sumiller. m. Jefe o superior en varias oficinas y ministerios del palacio *real. ‖ **de cortina.** Eclesiástico destinado en palacio para asistir a los *reyes en la capilla.
sumillería. f. Oficina del sumiller. ‖ Ejercicio y cargo de sumiller.
suministrable. adj. Que puede o debe suministrarse.
suministración. f. **Suministro.**
suministrador, ra. adj. Que suministra. Ú. t. c. s.
suministrar. tr. *Proveer a uno de algo que necesita.
suministro. m. Acción y efecto de suministrar. ‖ *Provisión de víveres o utensilios, para las *tropas, prisiones, etc. Ú. m. en pl.
sumir. tr. *Hundir o meter debajo de la tierra o del agua. Ú. t. c. r. ‖ **Consumir** (en la *misa). ‖ fig. ***Sumergir.** Ú. t. c. r. ‖ r. Hundirse o formar una *concavidad anormal alguna parte del cuerpo, como la *boca, los *carrillos, etc.
sumisamente. adv. m. Con sumisión.
***sumisión.** f. Acción y efecto de someter o someterse. ‖ Rendimiento u obsequiosa *cortesía. ‖ **For.* Acto por el cual uno se somete a otra jurisdicción.
***sumiso, sa.** adj. *Obediente, subordinado. ‖ Rendido, subyugado.
sumista. adj. Referente a la suma o *compendio. ‖ com. Persona práctica y diestra en contar o hacer *sumas. ‖ m. Autor que escribe sumas o *compendios de alguna materia. ‖ El que sólo ha aprendido por sumas la *teología moral.
sumo, ma. adj. **Supremo.** ‖ fig. Muy *grande, enorme. ‖ **A lo sumo.** m. adv. A lo más, al mayor grado o *límite máximo a que puede llegar una persona o cosa. ‖ Cuando más, si acaso. ‖ **De sumo.** m. adv. *Entera y cabalmente.
sumonte (de). expr. **De somonte.**
sumóscapo. m. *Arq.* Parte saliente en que termina el fuste de la *columna por la parte superior.
súmulas. f. pl. *Compendio de los principios elementales de la *lógica.
sumulista. m. El que enseña súmulas. ‖ El que las estudia.
sumulístico, ca. adj. Perteneciente o relativo a las súmulas.
sunción. f. Acción de sumir en la *misa.
suncho. m. **Zuncho.**
sundín. m. Reunión de gente del pueblo para *divertirse con diversos *bailes.
suntuario, ria. adj. Relativo o perteneciente al *lujo o *fausto.
suntuosamente. adv. m. Con suntuosidad.
suntuosidad. f. Calidad de *suntuoso.
***suntuoso, sa.** adj. Magnífico, grande y costoso. ‖ Dícese de la persona magnífica en su modo de vivir y portarse.
supedáneo. m. Especie de peana o *basa que suelen tener algunos crucifijos o *efigies.
supeditación. f. Acción y efecto de supeditar o supeditarse.
supeditar. tr. Sujetar, *dominar con rigor o violencia. ‖ fig. **Avasallar.** Ú. t. c. r.
súper. prep. insep. que significa **sobre,** y denota preeminencia, superioridad, abundancia o exceso.
superable. adj. Que se puede superar o vencer.
superabundancia. f. *Abundancia muy grande. ‖ **De superabundancia.** m. adv. **Superabundantemente.**
superabundante. p. a. de **Superabundar.** Que superabunda.
superabundantemente. adv. m. Con superabundancia.
superabundar. intr. *Abundar con extremo o rebosar.
superación. f. Acción y efecto de superar.
superádito, ta. adj. *Añadido a una cosa.
superante. p. a. de **Superar.** Que supera.
superar. tr. Sobrepujar, *aventajar, *vencer.
superávit. m. *Com.* En las *cuentas, *exceso del haber o caudal sobre las deudas u obligaciones.
superbo, ba. adj. desus. **Soberbio.**
superciliar. adj. *Anat.* Dícese del reborde en forma de arco que tiene el *hueso frontal en la parte correspondiente a la *ceja.
supercheria. f. *Engaño, dolo, *fraude, *falsedad. ‖ desus. *Injuria o violencia con abuso de fuerza.
superchero, ra. adj. Que usa de supercherías. Ú. t. c. s.
superdominante. f. **Mús.* Sexta nota de la escala diatónica.
supereminencia. f. Elevación, alteza, *superioridad en que una persona o cosa se halla respecto de otras.
supereminente. adj. Muy elevado.
superentender. tr. Inspeccionar, *vigilar, *gobernar.
supererogación. f. Prestación que se hace *gratuitamente además de *cumplir la obligación.

supererogatorio, ria. adj. Relativo a la supererogación. ‖ ***Gratuito.**

superferolítico, ca. adj. **Superfirolítico.**

superfetación. f. Concepción de un segundo feto durante la *preñez.

***superficial.** adj. Perteneciente o relativo a la superficie. ‖ Que está o se queda en ella. ‖ fig. *Aparente, sin substancia. ‖ fig. Frívolo, *infundado. ‖ Elemental, *rudimentario.

superficialidad. f. Calidad de superficial; frivolidad, *futilidad.

superficialmente. adv. m. De un modo superficial.

superficiario, ria. adj. *For.* Aplícase al que tiene el *uso de la superficie del fundo ajeno, pagando cierta pensión anual al señor de él.

***superficie.** f. Límite exterior de un cuerpo, que lo separa y distingue del resto del espacio. ‖ *Geom.* Extensión en que sólo se consideran dos dimensiones, que son: longitud y latitud. ‖ **alabeada.** *Geom.* La reglada que no es desarrollable. ‖ **cilíndrica.** *Geom.* **Superficie** curva engendrada por una recta que se mueve quedando siempre paralela a otra. ‖ **cónica.** *Geom.* La engendrada por una línea recta que se mueve pasando constantemente por un punto fijo y teniendo por directriz una curva. ‖ **curva.** *Geom.* La que no es plana ni compuesta de superficies planas. ‖ **desarrollable.** *Geom.* La reglada que se puede extender sobre un plano. ‖ **esférica.** *Geom.* La de la esfera. ‖ **plana.** *Geom.* La que puede contener una línea recta en cualquier posición. ‖ **reglada.** *Geom.* Aquella sobre la cual se puede aplicar una regla en una o en más direcciones.

superfino, na. adj. Muy *fino.

superfirolítico, ca. adj. fam. Excesivamente *delicado, fino o *afectado.

superfluamente. adv. m. Con *superfluidad.

superfluencia. f. *Abundancia grande.

***superfluidad.** f. Calidad de superfluo. ‖ Cosa superflua.

***superfluo, flua.** adj. No necesario, que está de sobra.

superfosfato. m. *Quím.* Fosfato ácido de cal, que se emplea como *abono.

superhombre. m. Tipo de *hombre hipotético, muy superior a los demás.

superhumeral. m. **Efod.** ‖ **Liturg.* Banda que usa el sacerdote para tener la custodia.

superintendencia. f. Suprema *administración en un ramo. ‖ *Empleo y jurisdicción del superintendente. ‖ *Oficina del superintendente.

superintendente. com. Persona a cuyo cargo está la dirección y cuidado de una cosa, como *jefe de ella.

***superior.** adj. Dícese de lo que está más alto y en lugar preeminente respecto de otra cosa. ‖ fig. Dícese de lo más excelente y digno de aprecio. ‖ fig. *Excelente, muy bueno. ‖ **Geogr.* Aplícase a lugares que están en la parte alta de la cuenca de los ríos. ‖ m. El *jefe, el que manda, gobierna o dirige una congregación o *comunidad.

superiora. f. La que gobierna o dirige una congregación o *comunidad.

superiorato. m. Empleo o dignidad de superior o superiora, especialmente en las *comunidades.

***superioridad.** f. Preeminencia o ventaja en una persona o cosa respecto de otra. ‖ *Jefe, persona o conjunto de personas de superior autoridad.

superiormente. adv. m. De modo superior.

superlación. f. Calidad de superlativo.

superlativamente. adv. m. **En grado superlativo.**

superlativo, va. adj. Muy *grande y *excelente en su línea. ‖ **Gram.* V. ***Adjetivo superlativo.** Ú. t. c. s.

superno, na. adj. Supremo, *superior o más alto.

supernumerario, ria. adj. Que *excede del número establecido. ‖ m. y f. *Empleado que trabaja en una oficina pública sin figurar en la plantilla.

superponer. tr. **Sobreponer.** Ú. t. c. r.

superposición. f. Acción y efecto de superponer o superponerse.

supersónico, ca. adj. Dícese de la velocidad superior a la del sonido y de lo que se mueve de este modo; como algunos *aviones.

***superstición.** f. Creencia extraña a la fe religiosa y relativa a causas o efectos sobrenaturales.

***supersticiosamente.** adv. m. Con superstición.

***supersticioso, sa.** adj. Perteneciente o relativo a la superstición. ‖ Dícese de la persona que cree en ella. Ú. t. c. s.

supérstite. adj. *For.* **Superviviente.**

supersubstancial. adj. V. **Pan supersubstancial.**

supertónica. f. **Mús.* Segunda nota de la escala diatónica.

supervacáneo, a. adj. p. us. ***Superfluo.**

supervención. f. *For.* Acción y efecto de sobrevenir nuevo derecho.

superveniencia. f. Acción y efecto de supervenir.

superveniente. p. a. de **Supervenir.** Que superviene.

supervenir. intr. Sobrevenir, *acaecer.

supervivencia. f. Acción y efecto de sobrevivir. ‖ Concesión o prórroga de una renta o *pensión después de haber fallecido el que la obtenía.

superviviente. adj. **Sobreviviente.** Ú. t. c. s.

supinación. f. Posición *horizontal de una persona tendida sobre el dorso, o de la mano con la palma hacia arriba. ‖ Movimiento del *brazo que hace volver la *mano hacia arriba.

supinador, ra. adj. *Anat.* Dícese del músculo que contribuye a la supinación.

supino, na. adj. Que está *tendido sobre el dorso. ‖ Referente a la supinación. ‖ V. ***Ignorancia supina.** ‖ *Necio, tonto. ‖ m. En la gramática latina, una de las formas nominales del *verbo.

supitaño, ña. adj. desus. **Subitáneo.**

súpito, ta. adj. **Súbito.**

suplantable. adj. Que puede ser suplantado.

suplantación. f. Acción y efecto de suplantar.

suplantador, ra. adj. Que suplanta. Ú. t. c. s.

suplantar. tr. *Falsificar un *escrito con palabras o cláusulas que *tergiversen su sentido. ‖ *Substituir ilegalmente a otro, usurpar su personalidad o los derechos inherentes a ella.

supleausencias. com. fam. **Suplefaltas.**

supleción. f. p. us. **Suplemento.**

suplefaltas. com. fam. Persona que suple faltas de otra o la *substituye sin título ni grado.

suplemental. adj. **Suplementario.**

suplementario, ria. adj. Que sirve para suplir o *substituir una cosa o *completarla.

suplementero. adj. Vendedor ambulante de *periódicos en Chile. Ú. t. c. s.

suplemento. m. Acción y efecto de suplir. ‖ **Complemento.** ‖ *Geom.* *Ángulo que falta a otro para componer dos rectos. ‖ *Geom.* *Arco de este ángulo. ‖ **Gram.* p. us. Modo de suplir con el verbo auxiliar *ser* la falta de una parte de otro verbo. ‖ Hoja extraordinaria de un *periódico.

suplencia. f. Actuación del suplente o *substituto.

suplente. p. a. de **Suplir.** Que suple. Ú. t. c. s.

supletorio, ria. adj. Dícese de lo que suple una falta.

súplica. f. Acción y efecto de suplicar o *rogar. ‖ Memorial o escrito en que se suplica. ‖ *For.* V. **Recurso de súplica.** ‖ **A súplica.** m. adv. Mediante ruego o *petición.

suplicación. f. **Súplica.** ‖ *Barquillo estrecho en forma de canuto. ‖ *For.* *Apelación de la sentencia de vista en los tribunales superiores, que se interponía ante ellos mismos. ‖ **A suplicación.** m. adv. **A súplica.**

suplicacionero, ra. m. y f. Persona que vendía suplicaciones o *barquillos.

suplicante. p. a. de **Suplicar.** Que suplica. Ú. t. c. s.

suplicar. tr. Rogar, *pedir con humildad y sumisión una cosa. ‖ *For.* *Apelar de la sentencia del tribunal superior ante el mismo.

suplicatoria. f. **For.* Carta u oficio que pasa un tribunal o juez a otro superior.

suplicatorio. m. **For.* **Suplicatoria.** ‖ *For.* Instancia que un juez o tribunal eleva a las Cortes, pidiendo permiso para proceder en justicia contra algún miembro de aquella *asamblea.

supliciar. tr. Dar suplicio.

***suplicio.** m. Lesión corporal, o muerte, infligida como castigo. ‖ fig. Lugar donde el reo padece este castigo. ‖ fig. Grave *dolor físico o moral. ‖ **Último suplicio. Pena capital.**

suplidor, ra. adj. **Suplente.** Ú. t. c. s.

suplir. tr. *Completar lo que falta en una cosa o remediar la carencia de ella. ‖ Ponerse en lugar de uno para *substituirlo. ‖ *Disimular o *excusar uno un defecto de otro. ‖ **Gram.* Dar por supuesto lo que sólo se contiene implícitamente en la oración o frase.

suponedor, ra. adj. Que supone una cosa que no es. Ú. t. c. s.

***suponer.** tr. Dar por sentada y existente una cosa. ‖ Fingir una cosa. ‖ Traer consigo, *incluir, importar. ‖ intr. Tener representación o merecer *respeto en una comunidad.

suportación. f. Acción y efecto de suportar.

suportar. tr. **Soportar.**

***suposición.** f. Acción y efecto de suponer. ‖ Lo que se supone o da por sentado. ‖ Autoridad, *fama, talento. ‖ Impostura, *calumnia o falsedad. ‖ **Lóg.* Acepción de un término en lugar de otro.

supositicio, cia. adj. *Fingido, supuesto, inventado.

supositivo, va. adj. Que implica o denota *suposición.

supositorio. m. **Farm.* Preparado de pasta en forma cónica, que se introduce en el recto, en la vagina, etc., y que, al fundirse, suelta el medicamento cuyo efecto se busca.
supra. adv. latino que se une a algunas voces como prefijo, con la significación de sobre, arriba.
suprarrenal. adj. *Anat.* Situado encima de los *riñones.
suprasensible. adj. Que no puede ser percibido por los *sentidos; inmaterial *incorpóreo.
supraspina. f. **Anat.* Fosa alta de la escápula.
suprema. f. Consejo supremo de la *Inquisición.
supremacía. f. Grado supremo en cualquier línea. || Preeminencia, *superioridad jerárquica.
supremamente. adv. m. De una manera suprema.
supremo, ma. adj. **Altísimo.** || Que no tiene *superior en su línea. || V. **Tribunal Supremo.** || **Último.**
***supresión.** f. Acción y efecto de suprimir.
supreso, sa. p. p. irreg. de **Suprimir.**
***suprimir.** tr. Hacer cesar, hacer desaparecer. || *Omitir, callar.
suprior. m. El que en algunas *comunidades religiosas hace las veces del prior.
supriora. f. Religiosa que en algunas *comunidades hace las veces de la priora.
supriorato. m. Empleo de suprior o supriora.
***supuesto, ta.** p. p. irreg. de **Suponer.** || → m. **Lóg.* Objeto que no se expresa en la proposición, pero es aquello de que depende la verdad de ella. || **Hipótesis.** || *Fil.* Todo *ser que es principio de sus acciones. || **Por supuesto.** m. adv. **Ciertamente.** || **Supuesto que.** m. conjunt. causal y continuativo. **Puesto que.**
***supuración.** f. Acción y efecto de supurar.
supurante. p. a. de **Supurar.** Que supura o hace supurar.
***supurar.** intr. Formar o echar pus. || tr. fig. desus. Disipar, *gastar o consumir. Usáb. t. c. r.
supurativo, va. adj. Que tiene virtud de hacer *supurar. Ú. t. c. s. m.
supuratorio, ria. adj. Que supura.
suputación. f. Cómputo o *cálculo.
suputar. tr. Computar, *calcular.
sur. m. Punto cardinal del *horizonte, diametralmente opuesto al Norte. || *Viento que sopla de esta parte. || Lugar de la *Tierra o de la esfera celeste que cae del lado del polo antártico, respecto de otro con el cual se compara.
sura. m. Cualquiera de las lecciones o capítulos en que se divide el *Alcorán.
surá. m. *Tela de seda flexible y fina.
surada. f. *Mar.* Collada de *viento del Sur.
sural. adj. **Anat.* Perteneciente o relativo a la pantorrilla.
súrbana. f. *Planta herbácea de las gramíneas, propia de Cuba.
surcador, ra. adj. Que surca. Ú. t. c. s.
surcaño. m. **Linde.**
surcar. tr. Hacer *surcos en la tierra al ararla. || Hacer *rayas o estrías en alguna cosa. || fig. Ir o caminar por un fluido rompiéndolo o cortándolo, como el barco cuando *navega, el pájaro cuando *vuela, etcétera.
***surco.** m. Hendedura prolongada que se hace en la tierra con el arado. || Señal o *huella que deja una cosa que pasa sobre otra. || *Arruga en el rostro o en otra parte del cuerpo. || **A surco.** m. adv. Dícese de dos labores o hazas que están *contiguas. || **Echarse** uno **en el surco.** fr. fig. y fam. Abandonar una empresa por *pereza o *desaliento.
surculado, da. adj. *Bot.* Aplícase a las plantas que no echan más que un *tallo.
súrculo. m. *Bot.* *Vástago de que no han brotado otros.
surculoso, sa. adj. *Bot.* **Surculado.**
surgente. p. a. de **Surgir.** Que surge.
surgidero. m. Sitio o paraje donde *fondean las naves.
surgidor, ra. adj. Que surge. Ú. t. c. s.
surgiente. p. a. ant. de **Surgir.** Que surge.
surgir. intr. **Surtir** (brotar el agua de un *manantial). || *Fondear la nave. || fig. Alzarse, *manifestarse, aparecer.
suri. m. **Avestruz.**
suripanta. f. Mujer corista en un *teatro. || despect. Mujer *despreciable.
sursuncorda. m. fig. y fam. *Personaje indeterminado al que se atribuye mucha importancia.
surtida. f. Salida oculta que hacen los sitiados contra los *sitiadores. || **Fort.* Paso o puerta pequeña que se hace en las fortificaciones. || fig. *Puerta falsa. || **Arq. Nav.* Rampa o plano inclinado hacia el mar para varar embarcaciones menores. || *Mar.* **Varadero.**
surtidero. m. **Buzón** (*conducto de *desagüe). || **Surtidor** (*chorro).
surtido, da. adj. Aplícase al artículo de *comercio que se ofrece como *mezcla de *diversas clases. Ú. t. c. s. || m. Acción y efecto de surtir o surtirse. || *Provisión que sirve para surtir. || **De surtido.** m. adv. De *uso común.
surtidor, ra. adj. Que surte o *provee. Ú. t. c. s. || m. *Chorro de agua que brota hacia arriba.
surtimiento. m. **Surtido.**
surtir. tr. *Proveer a uno de alguna cosa. Ú. t. c. r. || intr. *Brotar el agua, y más en particular hacia arriba.
surto, ta. p. p. irreg. de **Surgir** (*fondear). || adj. fig. *Tranquilo, en reposo.
súrtuba. f. *Helecho gigante de América, cuya médula se come asada.
surumpe. m. Inflamación de los *ojos que se produce en los Andes por efecto de la reverberación del sol en la nieve.
sus. prep. insep. **Sub.**
¡sus! interj. que se emplea para *estimular o infundir ánimo repentinamente. || **Sus de gaita.** loc. fig. y fam. Cualquier cosa *insignificante.
susano, na. adj. Próximo, *cercano.
suscepción. f. Acción de *recibir uno algo en sí mismo.
susceptibilidad. f. Calidad de susceptible.
susceptible. adj. Capaz de *padecer o *recibir modificación o impresión. || Quisquilloso, picajoso, *irritable.
susceptivo, va. adj. **Susceptible.**
suscitación. f. Acción y efecto de suscitar.
suscitar. tr. Levantar, promover, *causar.
suscribir. tr. **Subscribir.** Ú. t. c. r.
suscripción. f. **Subscripción.**
suscripto, ta. p. p. irreg. **Subscrito.**
suscriptor, ra. m. y f. **Subscriptor.**
suscrito, ta. p. p. irreg. de **Suscribir.**
suscritor, ra. m. y f. **Suscriptor.**
susidio. m. fig. Inquietud, *desasosiego.
suso. adv. l. **Asuso.**
susodicho, cha. adj. **Sobredicho.**
suspendedor, ra. adj. Que suspende. Ú. t. c. s.
***suspender.** tr. Levantar, colgar, sostener en alto o en el aire. || *Detener o *interrumpir por algún tiempo una cosa. Ú. t. c. r. || fig. Causar *admiración o *enajenamiento. || fig. Privar temporalmente a uno del sueldo o *empleo que tiene. || fig. Negar la aprobación a un examinando hasta nuevos *exámenes. || r. Asegurarse el *caballo sobre las piernas con los brazos al aire.
***suspensión.** f. Acción y efecto de suspender o suspenderse. || Censura *eclesiástica o corrección gubernativa que en todo o en parte priva del *empleo o de sus emolumentos. || En los *carruajes, cada una de las ballestas y correas destinadas a suspender la caja del coche. || **Mús.* Prolongación de una nota que forma parte de un acorde, sobre el siguiente, produciendo disonancia. || **Ret.* Figura que consiste en diferir la declaración del concepto. || **de armas.** *Mil.* *Cesación temporal de hostilidades, *tregua.
suspensivo, va. adj. Que tiene virtud o fuerza de suspender o *interrumpir.
suspenso, sa. p. p. irreg. de **Suspender.** || adj. Admirado, perplejo, *extasiado. || m. Nota de haber sido suspendido en un examen. || **En suspenso.** m. adv. *Pendiente de resolución.
suspensorio, ria. adj. Que sirve para suspender. || m. **Cir.* Vendaje para sostener el escroto, u otro miembro.
suspicacia. f. Calidad de suspicaz. || *Sospecha o desconfianza.
***suspicaz.** adj. Propenso a concebir *sospechas.
suspicazmente. adv. m. De modo suspicaz.
suspirado, da. adj. fig. *Deseado con ansia.
suspirar. tr. Dar suspiros. || **Suspirar** uno **por** una cosa. fr. fig. *Desearla con ansia. || **Suspirar** uno por una persona. fr. fig. *Amarla intensamente.
suspiro. m. Aspiración fuerte y prolongada, seguida de una espiración y que suele denotar *queja, *aflicción o *deseo. || *Dulce de harina, azúcar y huevo. || *Pito pequeño de vidrio, de silbido agudo y penetrante. || **Trinitaria** (planta). || Nombre que se da a distintas especies de *enredaderas. || **Mús.* Pausa breve. || **Mús.* Signo que la representa. || **Último suspiro.** fig. y fam. *Fin y remate de cualquier cosa.
suspirón, na. adj. Que suspira mucho.
suspiroso, sa. adj. Que suspira con dificultad.
sustancia. f. **Substancia.**
sustanciación. f. **Substanciación.**
sustancial. adj. **Substancial.**
sustancialmente. adv. m. **Substancialmente.**
sustanciar. tr. **Substanciar.**
sustancioso, sa. adj. **Substancioso.**
sustantivar. tr. *Gram.* **Substantivar.** Ú. t. c. r.
sustanciación. f. **Substanciación.**
sustantivo, va. adj. **Substantivo.** Ú. t. c. s.

sustenido, da. adj. *Mús.* **Sostenido.** Ú. t. c. s. m.
sustentable. adj. Que se puede sustentar o defender con razones.
sustentación. f. Acción y efecto de sustentar. ‖ **Sustentáculo.** ‖ *Ret.* **Suspensión.**
sustentáculo. m. *Apoyo o sostén de una cosa.
sustentador, ra. adj. Que sustenta. Ú. t. c. s.
sustentamiento. m. Acción y efecto de sustentar o sustentarse.
sustentante. p. a. de **Sustentar.** Que sustenta. ‖ m. Cada una de las partes en que se *apoya un *edificio. ‖ El que defiende conclusiones en acto público de una *universidad. ‖ *Mar.* Cualquiera de las barras de hierro clavadas por un extremo en el costado del buque, que sirve para colocar las *vergas de respeto.
***sustentar.** tr. **Mantener** (procurar *alimento; *conservar una cosa; hacer, *afirmaciones; *sostener, *sujetar). Ú. t. c. r.
sustento. m. Mantenimiento, *alimento. ‖ Lo que sirve para dar vigor y permanencia a una cosa. ‖ Sostén o *apoyo.
sustitución. f. **Substitución.**
sustituible. adj. Que se puede sustituir.
sustituidor, ra. adj. **Substituidor.** Ú. t. c. s.
sustituir. tr. **Substituir.**
sustitutivo, va. adj. **Substitutivo.**
sustituto, ta. p. p. irreg. de **Sustituir.** ‖ m. y f. **Substituto.**
***susto.** m. Impresión repentina causada en el ánimo por temor, sorpresa, etc. ‖ fig. Preocupación vehemente por alguna adversidad o daño que se teme.
sustracción. f. **Substracción.**
sustraendo. m. *Arit.* **Substraendo.**
sustraer. tr. **Substraer.**
susurración. f. *Murmuración secreta.
susurrador, ra. adj. Que susurra. Ú. t. c. s.
susurrante. p. a. de **Susurrar.** Que susurra.
susurrar. intr. *Hablar quedo, produciendo un murmullo sordo. ‖ Empezarse a decir o *divulgar una cosa secreta. Ú. t. c. r. ‖ fig. Moverse con *ruido suave el aire, el agua, etc.
susurrido. m. **Susurro.**
susurro. m. Rumor suave que resulta de *hablar quedo. ‖ fig. *Ruido suave que naturalmente hacen algunas cosas, como el viento, el agua, etc.
susurrón, na. adj. fam. Que acostumbra *murmurar secretamente o a escondidas. Ú. t. c. s.
sutás. m. Trencilla de *pasamanería, estrecha, que se usa para adorno.
sute. adj. Enteco, *enfermizo. ‖ m. *Cerdo, gorrino. ‖ Especie de aguacate.
sutil. adj. *Delgado, *fino, tenue. ‖ fig. Agudo, *ingenioso.
sutileza. f. Calidad de sutil, agudo e *ingenioso. ‖ fig. Dicho o concepto excesivamente agudo, pero *falso o superficial. ‖ fig. *Instinto de los animales. ‖ **Teol.* Uno de los cuatro dotes del cuerpo glorioso, que consiste en poder penetrar por otro cuerpo. ‖ **de manos.** fig. *Habilidad manual. ‖ fig. Ligereza y habilidad del *ladrón.
sutilidad. f. **Sutileza.**
sutilizador, ra. adj. Que sutiliza. Ú. t. c. s.
sutilizar. tr. *Adelgazar, atenuar. ‖ fig. Limar, *perfeccionar cosas no materiales. ‖ fig. Discurrir con *ingenio y, a veces, con *argucia.
sutilmente. adv. m. De manera sutil.
sutorio, ria. adj. Aplícase al arte de hacer *zapatos, o a lo perteneciente a él.
sutura. f. *Bot.* Cordoncillo que forma la juntura de las ventallas de un *fruto. ‖ *Cir.* Costura con que se reúnen los labios de una *herida. ‖ *Anat.* Línea sinuosa, a modo de sierra, que forma la *articulación de ciertos huesos del cráneo.
suyo, suya, suyos, suyas. Pronombre y adjetivo *posesivo de tercera persona en género masculino y femenino y ambos números singular y plural. Ú. t. c. s. ‖ **La suya.** *Intención determinada del sujeto de quien se habla. ‖ **Los suyos.** Personas unidas a otra por *parentesco, amistad, servidumbre, etc. ‖ **De suyo.** m. adv. Naturalmente, por virtud de su propio *ser, sin ayuda ajena. ‖ **Salir** uno o **salirse con la suya.** fr. fig. *Lograr su *intento. ‖ **Ver** uno **la suya.** fr. fig. y fam. Presentársele *ocasión favorable para efectuar una cosa.
suzarro. m. *Germ.* Mozo de *servicio.
suzón. m. **Zuzón.**
svástica. f. **Esvástica.**

T

t. f. Vigésima tercera *letra del abecedario español, llamada **te.**
¡ta! interj. **¡Tate!** Ú. repetida. ‖ Repetida, se usa también para significar los golpes que se dan en la puerta para *llamar.
***taba.** f. **Astrágalo** (*hueso). ‖ Lado de la **taba** opuesto a la chupa. ‖ → Juego en que se tira al aire una **taba** de carnero, y se gana o se pierde según la cara que queda hacia arriba. ‖ **Menear** uno **las tabas.** fr. fig. y fam. *Andar con mucha *prisa.
tabacal. m. Sitio sembrado de *tabaco.
tabacalero, ra. adj. Perteneciente o relativo al cultivo, fabricación o venta del *tabaco. ‖ Dícese de la persona que cultiva el tabaco. Ú. t. c. s. ‖ **Tabaquero.** Ú. t. c. s.
***tabaco.** m. Planta de las solanáceas, de hojas alternas, grandes, lanceoladas y glutinosas, que se usan para fumar. Toda la planta tiene olor fuerte y es narcótica. ‖ Hoja de esta planta, curada y preparada para sus diversos usos. ‖ Polvo a que se reducen las hojas secas para tomarlo por las narices. ‖ **Cigarro.** ‖ Enfermedad de algunos árboles, cuyo tronco se descompone interiormente convirtiéndose en un polvo pardusco o negro. ‖ **capero.** El apropiado para capas de cigarros. ‖ **colorado.** Cigarro puro de menos fortaleza que el maduro. ‖ **cucarachero.** El de polvo, que se elabora con hojas de dicha planta. ‖ **Tabaco** en polvo, teñido con almagre, que se usó en otro tiempo. ‖ **de barro.** El de polvo, aromatizado con barro oloroso. ‖ **de cucaracha. Tabaco cucarachero.** ‖ **de hoja.** Hoja o conjunto de hojas escogidas para capa de los puros. ‖ **de humo.** El que se fuma. ‖ **del diablo. Tupa.** ‖ **de montaña. Árnica.** ‖ **de palillos.** El de polvo, que se prepara con los tallos y venas de la planta. ‖ **de pipa.** El cortado en forma de hebra para fumarlo en pipa. ‖ **de polvo.** El que resulta de pulverizar las hojas. ‖ **de regalía.** El de superior calidad. ‖ **de somonte,** o **sumonte. Tabaco** sin lavar y sin aderezo alguno. ‖ **de vena.** Picadura que se fabrica con las venas y tallos de la planta. ‖ **de vinagrillo. Tabaco vinagrillo.** ‖ **groso.** El fabricado en forma de granos de mostaza, amasando el polvo de las hojas con aguas de olor. ‖ **holandilla.** El de poco aroma, procedente de Holanda. ‖ **maduro.** Cigarro puro de color obscuro y de mucha fortaleza. ‖ **moruno.** El que se cría en Europa y África. ‖ **negro.** El que, aderezado con miel, se elabora en forma de mecha retorcida y flexible. ‖ **Tabaco moruno.** ‖ **peninsular.** El que se elabora en fábricas de la Península Ibérica. ‖ **rapé.** El de polvo. ‖ **rubio.** El de color amarillo que se cultiva principalmente en Virginia y en Oriente. ‖ **verdín.** El de polvo, que se elabora antes de madurar las hojas. ‖ **vinagrillo.** El de polvo aderezado con vinagre aromático. ‖ **Tomar tabaco.** fr. Usar de él, sorbiéndolo en polvo por las narices.
tabacoso, sa. adj. fam. Dícese del que toma mucho *tabaco de polvo. ‖ Manchado con *tabaco. ‖ Aplícase al árbol atacado del tabaco.
tabal. m. *Barril en que se conservan las sardinas arenques.
tabalada. f. fam. **Tabanazo.** ‖ fam. **Tamborilada** (*caída).
tabalario. m. fam. **Tafanario.**
tabalear. tr. Menear o *mecer una cosa a una parte y otra. Ú. t. c. r. ‖ intr. Golpear con los *dedos en una tabla o cosa semejante, imitando el toque del *tambor.
tabaleo. m. Acción y efecto de tabalear o tabalearse.
tabanazo. m. fam. *Golpe que se da con la mano. ‖ fam. **Bofetada.**
tabanco. m. Puesto o *tienda ambulante que se pone en las calles o mercados para la venta de los *comestibles. ‖ *Desván, sobrado. ‖ **Tajo** (de los *trabajadores).
tabanera. f. Sitio donde hay muchos tábanos.
tábano. m. *Insecto díptero, de dos a tres centímetros de longitud y de color pardo, que ataca principalmente a las caballerías.
tabanque. m. *Rueda de madera que mueven con el pie los *alfareros, para hacer girar el torno.
tabaola. f. **Bataola.**
tabaque. m. *Cesto o canastillo pequeño de mimbres, en que se pone la fruta, la *costura, etc.
tabaque. m. *Clavo poco mayor que la tachuela común.
tabaquera. f. Caja para *tabaco en polvo. ‖ Caja o pomo con agujeros en su parte superior, para sorber el tabaco en polvo. ‖ Receptáculo del *tabaco en la pipa de fumar. ‖ Petaca para llevar en el bolsillo tabaco picado.
tabaquería. f. Puesto o tienda donde se vende *tabaco.
tabaquero, ra. adj. Dícese de la persona que tuerce el *tabaco. Ú. t. c. s. ‖ Dícese de la persona que lo vende o comercia con él. Ú. t. c. s.
tabaquismo. m. *Intoxicación crónica producida por el abuso del tabaco.
tabaquista. com. Persona que entiende la calidad del *tabaco. ‖ Persona que toma mucho tabaco.
tabardete. m. **Tabardillo.**
tabardillo. m. **Pat.* Enfermedad febril, aguda y grave, acompañada de perturbación del sistema nervioso y alteración de la sangre. ‖ fam. **Insolación.** ‖ fig. y fam. Persona *alocada y molesta. ‖ **pintado. Tifus petequial,** o **exantemático.**
tabardo. m. Prenda de *abrigo a modo de *capote con las mangas bobas, que usan los labradores. ‖ Ropón blasonado de que usaban antiguamente los heraldos o reyes de armas, y llevan hoy los empleados de ciertas corporaciones; como los maceros de las Cortes y los de algunos *ayuntamientos. ‖ Especie de gabán sin mangas, usado antiguamente.
tabarra. f. **Lata** (discurso o conversación *impertinente y *molesta).
tabarrera. f. fam. Tabarra grande.
tabarro. m. **Tábano.**
tabasqueño, ña. adj. Natural de Tabasco. Ú. t. c. s. ‖ Perteneciente a este estado de Méjico.
tabea. f. *Embutido hecho con la asadura del cerdo.
tabelión. m. ant. **Escribano.**
tabellar. tr. Doblar y tablear las piezas de *paño y demás tejidos de lana. ‖ Marcar los *tejidos o ponerles los *sellos de fábrica.
***taberna.** f. Tienda donde se vende por menor vino y otras bebidas espiritosas.
***tabernáculo.** m. Lugar donde los hebreos tenían colocada el arca del Testamento. ‖ **Sagrario** (del altar). ‖ Tienda o *pabellón en que habitaban los antiguos hebreos.
tabernario, ria. adj. Propio de la *taberna o de las personas que la frecuentan. ‖ fig. Bajo, *grosero, *vil.
tabernera. f. Mujer del tabernero. ‖ Mujer que vende vino en la taberna.
tabernería. f. Oficio o trato de tabernero.
tabernero. m. El que vende vino en la *taberna.
tabes. f. **Pat.* **Consunción.**
tabí. m. *Tela antigua de seda, con labores que forman aguas.

tabica. f. *Arq.* Tablilla con que se cubre un hueco; como el de una socarrera o el del frente de un *escalón de madera.

tabicar. tr. *Cerrar o *tapar con tabique una cosa; como puerta, ventana, etc. ‖ fig. *Cerrar o *tapar otra cosa.

tabicón. m. aum. de **Tabique.** Dícese cuando no pasa de un pie de grueso. ‖ **Adobe.** ‖ Tablón, *madero.

tábido, da. adj. *Podrido o corrompido. ‖ *Pat.* Extenuado por consunción.

tabífico, ca. adj. **Pat.* Que produce la tabes o consunción.

tabilla. f. d. de **Taba.** ‖ **Tabina.**

tabina. f. Vaina y semilla de las *leguminosas, cuando están verdes.

tabinete. m. *Tela arrasada, usada para el *calzado de las señoras.

***tabique.** m. *Pared delgada que se hace principalmente para la división de los cuartos o aposentos de las casas. ‖ Por extensión, cosa plana y delgada que separa dos huecos. ‖ **de panderete.** El que está hecho con ladrillos puestos de canto. ‖ **sordo.** El que se compone de dos panderetes separados y paralelos.

tabiquería. f. Conjunto o serie de tabiques.

tabiquero. m. El operario que se dedica a hacer tabiques.

***tabla.** f. Pieza de madera, plana, más larga que ancha, de caras paralelas, y de poco grueso relativamente a sus demás dimensiones. ‖ Pieza plana y de poco espesor de alguna otra materia rígida. ‖ Cara más ancha de un *madero. ‖ Dimensión mayor de una escuadría. ‖ **Diamante tabla.** ‖ Parte que se deja sin plegar en un *vestido. ‖ Doble *pliegue ancho y plano. ‖ desus. Establecimiento público de *banca. ‖ **Tablilla** (juego de *billar). ‖ Índice que se pone en los *libros, regularmente por orden alfabético. ‖ *Lista o catálogo de cosas puestas por orden. ‖ Cuadro o catálogo de *números de especie determinada. ‖ Parte algo plana de ciertos miembros del *cuerpo. ‖ Faja de *tierra de labor comprendida entre dos filas de *árboles. ‖ Cuadro o plantel de tierra en que se siembran verduras en las *huertas. ‖ **Bancal.** ‖ Casa donde se registran las mercaderías que causan derechos de *aduana en los puertos secos. ‖ Mostrador de carnicería. ‖ Puesto público de *carne. ‖ **Persp.* Superficie del cuadro que se considera siempre como vertical. ‖ **Pint.* Pintura hecha en **tabla.** ‖ pl. Estado, en el juego de *damas o en el de ajedrez, en el cual ninguno de los jugadores puede ganar la partida. ‖ **Empate.** ‖ Piedras en que se escribió la ley del Decálogo. ‖ fig. El escenario del *teatro. ‖ **Tablas reales.** ‖ **Tabla alcaceña.** Pieza de madera de sierra, de nueve pies de longitud. ‖ **barcal.** Pieza de madera de sierra, de una a tres pulgadas de canto. ‖ **bocal.** *Mar.* La que está debajo de la regala de ciertas *embarcaciones menores. ‖ **de agua. Tabla de *río.** ‖ **de armonía.** *Mús.* **Tabla** delgada de madera ligera, que cubre la caja de los *instrumentos de cuerda. ‖ **de canal.** *Mar.* Hilada más baja de tablones puesta en el forro de la bodega. ‖ **de coto.** Pieza de madera de sierra, que tiene un coto de ancho. ‖ **de chilla. Chilla.** ‖ **de escantillones.** **Arq. Nav.* Pedazo de **tabla** en que están marcados los escantillones que han de formar las piezas. ‖ **de gordillo.** Pieza de madera de sierra, de seis pies de longitud. ‖ **de gordo.** Pieza de madera de sierra, de siete a nueve pies de longitud. ‖ **de guindola.** *Mar.* Cualquiera de las tres dispuestas para formar la guindola de la *arboladura. ‖ **de jarcia.** *Mar.* Conjunto de obenques de cada banda de un *palo o mastelero, con la flechadura hecha. ‖ **de juego.** Casa de *juego. ‖ **de *lavar.** La de madera que sirve para restregar sobre ella la ropa al enjabonarla. ‖ **del Consejo.** Conjunto de los ministros que componían los *tribunales antiguos. ‖ **de manteles. *Mantel.** ‖ **de *río.** Parte en que, por haber poca pendiente, éste corre más extendido y plano. ‖ **de salvación.** fig. Último recurso para *salvarse o salir de un apuro. ‖ **numularia.** Establecimiento público que hubo antiguamente, a manera de *banca. ‖ **pitagórica.** *Arit.* **Tabla** de *multiplicación de los números dígitos dispuesta en forma de cuadro. ‖ **portadilla.** Pieza de madera de sierra, de nueve pies de longitud. ‖ **rasa.** La que, aparejada para la *pintura, nada tiene aún trazado ni pintado. ‖ fig. Entendimiento *inculto. ‖ **Tablas reales.** Juego de *tablero, muy semejante al chaquete. ‖ **de la ley. Tablas** (las que Dios entregó a Moisés). ‖ **A la tabla del mundo.** m. adv. fig. Al *público. ‖ **A raja tabla.** m. adv. fig. y fam. Cueste lo que cueste, a toda costa. ‖ **Escapar** uno **en una tabla.** fr. fig. *Salvarse de un riesgo venturosamente y como por milagro. ‖ **Hacer tabla rasa** de algo. fr. Prescindir o desentenderse de ello. ‖ **Pisar bien las tablas.** fr. fig. Estar y moverse el *actor en la escena con naturalidad y desembarazo. ‖ **Por tabla.** m. adv. Por choque y reflexión de la bola de *billar en una de las bandas. ‖ fig. **Por carambola.** ‖ **Salvarse** uno **en una tabla.** fr. fig. **Escapar en una tabla.**

tablachero. m. El que cuida del tablacho y de las tandas de *riego.

tablachina. f. Broquel o *escudo de madera.

tablacho. m. *Compuerta para detener el agua. ‖ **Echar,** o **hacer, el tablacho.** fr. fig. y fam. *Interrumpir al que está hablando.

tablada. f. Cada uno de los espacios en que se divide una *huerta para su *riego. ‖ Lugar de las *afueras donde se reúne y reconoce el ganado que se destina al *matadero.

***tablado.** m. Suelo plano formado de tablas unidas por el canto. ‖ Suelo de tablas formado en alto sobre una armazón. ‖ Pavimento del escenario de un *teatro. ‖ Armazón de tablas que cubre la escalera del *carro. ‖ Conjunto de tablas de la *cama sobre que se tiende el colchón. ‖ **Patíbulo.** ‖ Castillete contra el cual los caballeros lanzaban bohordos o lanzas, hasta derribarlo o desbaratarlo, en ciertas *fiestas antiguas. ‖ *Germ.* **Cara.** ‖ **Sacar al tablado** una cosa. fr. fig. *Publicarla.

tablaje. m. Conjunto de *tablas. ‖ **Garito.**

tablajería. f. Vicio o costumbre de *jugar en los tablajes. ‖ **Garito.** ‖ Carnicería, puesto o despacho en que se vende *carne.

tablajero. m. *Carpintero que hace tablados para las fiestas de toros o para otros regocijos. ‖ Persona a cuyo cargo estaba *cobrar los derechos reales. ‖ **Garitero.** ‖ **Carnicero** (el que corta y vende *carne). ‖ despect. Practicante del hospital.

tablar. m. Conjunto de tablas de *huerta o de jardín. ‖ **Tabla de agua.** ‖ **Adral.**

tablazo. m. *Golpe dado con una tabla. ‖ Paraje de *mar o de *río, extendido y de poco fondo. ‖ **Meseta** (*llanura elevada).

tablazón. f. Agregado de *tablas. ‖ **Arq. Nav.* Conjunto de tablas con que se hacen las cubiertas de las embarcaciones y se cubre su costado.

tablear. tr. Dividir un madero en *tablas. ‖ Dividir en tablas el terreno de una *huerta o de un jardín. ‖ *Allanar la tierra con la atabladera. ‖ Reducir las barras cuadradas de *hierro a figura de llanta, pletina o fleje. ‖ Hacer tablas o *pliegues en la tela.

tableo. m. Acción y efecto de tablear.

tablera. f. La que pide *limosna repicando las tablillas de San Lázaro.

***tablero.** adj. Dícese del *madero a propósito para cortarlo en tablas. ‖ m. Tabla o conjunto de tablas unidas por el canto, con una superficie plana y alisada, y barrotes atravesados por la cara opuesta para evitar el alabeo. ‖ **Tabla** (de mármol, metal, etc). ‖ Palo o cureña de la *ballesta. ‖ → Tabla cuadrada con casillas para jugar al ajedrez, a las damas, al chaquete, al asalto, etc. ‖ **Mostrador** (de las *tiendas). ‖ **Garito.** ‖ *Mesa grande en que cortan los *sastres. ‖ **Tablar.** ‖ Suelo bien cimentado de una represa en un *canal. ‖ Cuadro de madera pintado de negro que se usa en las escuelas para *escribir con tiza, en vez del encerado. ‖ Especie de petrel, muy parecido a la gaviota. ‖ *Arq.* Plano resaltado, liso o con molduras, para *ornamentación de algunas partes del edificio. ‖ *Arq.* **Ábaco.** ‖ *Carp.* Tablazón que se coloca en los cuadros formados por los largueros y peinazos de una hoja de *puerta o ventana. ‖ *Mar.* **Mamparo.** ‖ **contador. Ábaco.** ‖ **equipolado.** **Blas.* El ajedrezado que sólo tiene nueve escaques.

tableta. f. d. de ***Tabla.** ‖ **Farm.* **Pastilla.** ‖ pl. **Tablillas de San Lázaro.** ‖ **Estar en tabletas** una cosa. fr. fig. Estar en duda su logro.

tableteado. m. Efecto de tabletear.

tabletear. intr. Hacer chocar tabletas o tablas para producir *ruido.

tableteo. m. Acción y efecto de tabletear.

tabletero, ra. m. y f. Persona que *mendiga usando las tablillas de San Lázaro.

tablilla. f. d. de **Tabla.** ‖ **Tableta.** ‖ Tabla pequeña en la cual se expone al *público un edicto, anuncio, etc. ‖ Cada uno de los trozos de baranda de la mesa de trucos o de *billar comprendidos entre dos troneras. ‖ **de santero.** Insignia con que se piden las *limosnas para los santuarios o ermitas. ‖ **Tablillas de San Lázaro.** Instrumento compuesto de tres **tablillas** articuladas, de manera que al agitarlo produce fuerte ruido. Usáb. para pedir *limosna para los hospitales de San Lázaro y otros. ‖ **neperianas.** Tablas de logaritmos, inventadas por Juan Néper. ‖ **Por tablillas.** m. adv. **Por tabla.**

tablizo. m. **Teguillo.**

tabloide. m. **Farm.* Tableta o pastilla pequeña lenticular, solidificada por compresión y sin aglutinante.

tablón. m. aum. de **Tabla.** ‖ Tabla gruesa. ‖ *Germ.* *__Mesa.__ ‖ fam. *__Borrachera.__ ‖ **de aparadura.** **Arq. Nav.* El primero del fondo del buque que va encajado en el alefriz.

tablonaje. m. Conjunto de tablones.

tabloncillo. m. d. de **Tablón.** ‖ Madera de sierra de diferentes dimensiones, según la región. ‖ **Taurom.* Asiento de la fila más alta de las gradas y tendidos.

tabloza. f. **Paleta** (de *pintor).

tabo. m. *Vasija hecha con la cáscara interior del coco.

tabolango. m. *Insecto díptero, con cuerpo grueso y alargado, de color pardo obscuro, propio de Chile.

tabón. m. **Terrón.**

tabón. m. *Ave marítima zancuda, de Filipinas, cuya hembra entierra los huevos en la arena para que el calor del sol los incube.

tabor. m. Unidad de *tropa regular marroquí, de varias mías o compañías.

tabora. f. *Charco cenagoso.

tabú. m. *Prohibición de comer o tocar algún objeto, impuesta por algunas *religiones de la Polinesia.

tabuco. m. *Aposento pequeño o mezquino.

tabulador. m. Mecanismo de las máquinas de *escribir que facilita la disposición en tablas, cuadros o columnas de cantidades, palabras, etcétera.

tabular. adj. Que tiene forma de *tabla.

taburete. m. *Asiento sin brazos ni respaldo, para una persona. ‖ Silla con el respaldo muy estrecho. ‖ pl. Media luna que había en el patio de los *teatros, cerca del escenario, con asientos de tabla.

tac. m. Onomatopeya con que se representa el *ruido de ciertos movimientos acompasados. Ú. m. repetido.

taca. f. *__Mancha.__

taca. f. *Alacena pequeña.

taca. f. *Min.* Cada una de las placas que forman parte del crisol de una *forja.

taca. f. *Marisco comestible de Chile, de concha casi redonda.

tacaco. m. Planta trepadora americana, de las *cucurbitáceas, que produce un fruto semejante al chayote.

tacada. f. Golpe dado con la punta del taco a la bola de *billar o de trucos. ‖ Serie de carambolas que hace un jugador hasta que pierde el turno. ‖ **Arq. Nav.* Conjunto de los tacos de madera que se colocan entre un punto firme y otro que ha de moverse.

tacamaca. f. *Árbol americano de las terebintáceas, de cuya corteza hacen canoas los indios. ‖ *Resina de este árbol. ‖ **angélica.** La resina que es opaca. ‖ **común.** La que es transparente.

tacamacha. f. **Tacamaca.**

tacamahaca. f. **Tacamaca.**

tacana. f. Mineral comúnmente negruzco, abundante en *plata.

tacañamente. adv. m. Con tacañería.

tacañear. intr. Obrar con tacañería o *mezquindad.

tacañería. f. Calidad de tacaño o *mezquino. ‖ Acción propia del tacaño.

tacaño, ña. adj. *Astuto, *pícaro, bellaco. Ú. t. c. s. ‖ Miserable, *mezquino. Ú. t. c. s.

tacar. tr. *Señalar, haciendo hoyo, *huella, mancha, etc.

tacataca. m. Especie de andaderas para que los niños aprendan a *andar.

tacazo. m. Golpe dado con el taco.

taceta. f. *Calderito de cobre que sirve en los molinos de aceite para trasegarlo.

tacita. f. d. de *__Taza.__ ‖ **de plata.** fig. Dícese de lo que está muy *limpio y acicalado.

tácitamente. adv. m. *Secretamente, con *silencio. ‖ Sin expresión o declaración formal.

tácito, ta. adj. *Callado, silencioso. ‖ Que no se expresa formalmente, sino que se *supone e infiere.

taciturnidad. f. Calidad de taciturno.

taciturno, na. adj. *Callado, silencioso, poco amigo de hablar. ‖ fig. *Triste, melancólico.

taclobo. m. *Concha de gran tamaño y hermoso aspecto, que abunda en Filipinas.

taco. m. Pedazo de madera, metal u otra materia, corto y grueso, con que se *tapa o llena algún hueco. ‖ *Tarugo de madera. ‖ Cilindro de trapo, *papel, estopa, etc., que se coloca entre la *pólvora y el *proyectil en las armas de fuego. ‖ Cilindro de trapo, estopa, etc., con que se aprieta la carga del *barreno. ‖ **Baqueta** (de las armas de fuego). ‖ Vara de madera dura, pulimentada, como de metro y medio de largo, con la cual se impelen las bolas del *billar y de los trucos. ‖ Canuto de madera con que *juegan los muchachos tapando sus extremos con **tacos** de papel humedecido. Impulsando uno de éstos con un palito, a manera de émbolo, comprime el aire y hace que el otro **taco** salga disparado. ‖ *Lanza usada en el juego del estafermo y en el de la sortija. ‖ Conjunto de las hojas de papel superpuestas que forman el moderno *calendario de pared. ‖ fig. y fam. Bocado o *comida muy ligera que se toma fuera de las horas de comer. ‖ fig. y fam. *Trago de vino. ‖ fam. Embrollo, lío, *enredo. ‖ fig. y fam. Voto, *juramento. ‖ **Cohombro** (*fruta de sartén*). ‖ *Germ.* **Regüeldo.** ‖ **Impr.* **Botador.** ‖ **de suela.** El de *billar que tiene una rodajita de suela en la punta. ‖ **limpio, o seco.** fig. El de *billar que no tiene suela en la punta.

tacón. m. Pieza semicircular, más o menos alta, que va exteriormente unida a la suela del *zapato o bota, en aquella parte que corresponde al calcañar. ‖ **Impr.* Cuadro formado por unas barras, a las cuales se ajusta el pliego en la prensa.

taconazo. m. Golpe dado con el tacón.

taconear. intr. *Pisar causando *ruido con el tacón. ‖ fig. *Andar con valentía y arrogancia.

taconeo. m. Acción y efecto de taconear.

tacotal. m. Matorral espeso. ‖ **Ciénaga.**

táctica. f. Arte que enseña a poner en *orden las cosas. ‖ **Mil.* Conjunto de reglas para la instrucción y ejercicio de la tropa y para la ejecución de las operaciones militares. ‖ fig. *Habilidad y *disimulo para conseguir un fin. ‖ **naval.** Arte que enseña la posición, defensa o ataque de los buques de la *armada.

táctico, ca. adj. Perteneciente o relativo a la táctica. ‖ m. **Mil.* El que sabe o practica la táctica.

tacticografía. f. Arte de representar gráficamente las maniobras militares.

táctil. adj. Referente al *tacto.

*__tacto.__ m. Sentido corporal con el cual se percibe y distingue la aspereza o suavidad, dureza o blandura, etc., de las cosas. ‖ Acción de tocar o palpar. ‖ fig. Tino, *acierto, *habilidad. ‖ **de codos.** **Mil.* expr. con que se denota la unión que debe haber entre uno y otro soldado para que estén en formación correcta. ‖ fig. *Confabulación de varias personas para determinado fin.

tacuacín. m. **Zarigüeya.**

tacuache. m. Especie de avispa.

tacuara. f. Planta gramínea, especie de *bambú gigante de América.

tacurú. m. Cada uno de los *montículos cónicos de cerca de un metro de altura, que se encuentran en los terrenos anegadizos de América, y que en su origen fueron hormigueros.

tacha. f. Falta, *imperfección, defecto. ‖ Especie de *clavo pequeño, mayor que la tachuela común. ‖ *For.* Motivo legal para desestimar la declaración de un *testigo.

tacha. f. **Tacho.**

tachable. adj. Que merece tacha.

tachador, ra. adj. Dícese del que pone tacha. Ú. t. c. s.

tachadura. f. **Tachón** (borradura).

tachar. tr. Poner en una cosa falta o tacha, *censurarla. ‖ *Borrar lo escrito. ‖ Alegar contra un *testigo algún motivo legal para que no sea creído en el pleito. ‖ fig. *Acusar, notar.

tachero. m. Operario que maneja los tachos en la fabricación del *azúcar. ‖ **Hojalatero.**

tachigual. m. Cierta *tela de algodón.

tacho. m. *Vasija de metal, de fondo redondeado, con una o dos asas y que se usa en América como utensilio de *cocina. ‖ Paila grande en que se acaba de cocer el melado y se le da el punto de *azúcar.

tachón. m. Cada una de las *rayas o señales que se hacen sobre lo escrito para *borrarlo. ‖ Golpe de galón, cinta u otro adorno de *pasamanería.

tachón. m. Tachuela grande, de cabeza dorada o plateada, que se usa para adorno.

tachonado. m. *Germ.* **Cinto.**

tachonar. tr. Adornar una cosa con tachones. ‖ *Adornar con *clavos los cofres y otras cosas.

tachonería. f. Obra o labor de tachones.

tachoso, sa. adj. Que tiene tacha o *defecto.

tachuela. f. *Clavo corto y de cabeza grande. ‖ fig. y fam. Persona de estatura muy *baja.

tachuela. f. Especie de escudilla de metal que se usa para poner a calentar algunas cosas. ‖ *Taza de metal para beber agua, que se usa en Venezuela.

tael. m. *Moneda imaginaria de Filipinas, equivalente a seis pesetas y pico. ‖ *Peso que se usa en Filipinas.

tafanario. m. fam. Parte posterior del cuerpo humano, o *asentaderas.

tafetán. m. *Tela delgada de seda, muy tupida. ‖ pl. fig. Las *banderas. ‖ fig. Galas de mujer. ‖ **Tafetán de heridas, o inglés.** El que está cubierto por una cara con cola de pescado y se emplea para cubrir *heridas pequeñas.

tafilete. m. *Cuero bruñido muy delgado y flexible.

tafiletear. tr. Adornar o componer con tafilete los *zapatos.

tafiletería. f. Arte de adobar el tafilete. ‖ Oficina donde se adoba. ‖ Tienda donde se vende.
tafo. m. Tufo, olor fuerte y *fétido. ‖ ***Olfato.**
tafón. m. *Molusco marino gasterópodo.
tafurea. f. *Embarcación muy planuda que se usó para el transporte de caballos.
tagalo, la. adj. Dícese del individuo de una *raza indígena de Filipinas, que habita en el centro de la isla de Luzón. Ú. t. c. s. ‖ Perteneciente o relativo a los **tagalos.** ‖ m. *Lengua que hablan los **tagalos.**
tagarino, na. adj. Dícese de los moriscos que vivían y se criaban entre los cristianos. Ú. t. c. s.
tagarnina. f. **Cardillo.** ‖ fam. *Cigarro puro muy malo.
tagarote. m. **Baharí.** ‖ fig. Escribiente de *notario o escribano. ‖ fam. *Hidalgo pobre que trata de vivir de *mogollón. ‖ fam. Hombre *alto y desgarbado.
tagarotear. intr. Formar los caracteres de la *escritura con facilidad y garbo.
tagua. f. *Ave, especie de fúlica, que vive en las lagunas de Chile. ‖ *Semilla de una palma americana de la cual se extrae el marfil vegetal.
taguán. m. **Guiguí.**
tagüitas (***jugar a las**). fr. fam. Lanzar *piedras planas paralelamente a la superficie del agua para que vayan dando *saltos.
taha. f. Comarca, distrito, *territorio.
tahalí. m. Tira de cuero u otra materia, para llevar *colgada del hombro la *espada. ‖ Caja de cuero pequeña para llevar *reliquias y oraciones.
taharal. m. **Tarayal.**
tahelí. m. desus. **Tahalí.**
taheño, ña. adj. Dícese del *cabello bermejo. ‖ **Barbitaheño.**
tahona. f. *Molino de harina cuya rueda se mueve con caballería. ‖ Casa en que se cuece *pan y se vende para el público.
tahonera. f. La que tiene tahona. ‖ Mujer del tahonero.
tahonero. m. El que tiene tahona.
tahúlla. f. Medida agraria *superficial usada para tierras de regadío, equivalente a once áreas y dieciocho centiáreas.
tahúr, ra. adj. ***Jugador.** Ú. m. c. s. ‖ m. El que frecuenta las casas de *juego. ‖ Jugador *fullero.
tahurear. intr. Frecuentar las casas de *juego.
tahurería. f. Garito o casa de *juego. ‖ Vicio de los tahúres. ‖ Modo de jugar con *trampas y *fullerías.
taifa. f. Bandería, parcialidad, *partido político. ‖ fig. y fam. Reunión de pícaros o gente *despreciable.
taima. f. **Taimería.** ‖ Murria, *tristeza.
taimado, da. adj. Bellaco, *astuto, *disimulado. Ú. t. c. s. ‖ Amorrado, terco, *obstinado.
taimería. f. Picardía, *astucia desvergonzada.
taina. f. **Tinada** (*cobertizo). ‖ **Coz.** ‖ **Meta.**
taino, na. adj. Dícese del individuo perteneciente a una de las *tribus que habitaron en el alto Orinoco o en las Antillas. Ú. t. c. s. ‖ *Dialecto caribe que se conserva en el norte del Brasil.
taire. m. **Cachete.**
taita. m. Nombre *infantil con que se designa al *padre. ‖ **Padre de mancebía.** ‖ *Tratamiento que suele darse a los negros ancianos. ‖ Tratamiento que se da al padre o jefe de la familia en Venezuela. ‖ Aplícase como voz infantil a personas que merecen respeto. ‖ **¡Ajó, taita!** expr. fam. **¡Ajó!**
taja. f. *Armazón de varios palos que se pone sobre el baste para llevar más sujetas las *cargas. ‖ Tabla que usan las *lavanderas para restregar sobre ella la ropa.
taja. f. **Cortadura.** ‖ **Tarja.**
tajá. f. Especie de *pájaro carpintero.
tajada. f. *Parte cortada de una cosa, especialmente comestible. ‖ Trozo de *carne en un guisado. ‖ fam. *Ronquera o tos ocasionada por un resfriado. ‖ fam. ***Borrachera.** ‖ **Hacer tajadas** a uno. fr. fig. y fam. Acribillarle de *heridas con arma blanca. ‖ **Sacar** uno **tajada.** fr. fig. y fam. *Conseguir con maña *participación ventajosa en algún negocio.
tajadera. f. *Cuchilla, a modo de media luna, para cortar el queso, el turrón, etc. ‖ Cincel para cortar el hierro en caliente. ‖ pl. *Compuerta que se pone para detener la corriente del agua.
tajadero. m. **Tajo** (trozo de madera para picar o cortar *carne).
tajadilla. f. **Culin.* Plato compuesto de tajadas de livianos guisadas. ‖ Porción pequeña de limón o naranja que se vende para los bebedores de *aguardiente.
tajado, da. adj. Dícese de la costa, roca o peña cortada *verticalmente y que forma como una pared.
tajador, ra. adj. Que taja. Ú. t. c. s. ‖ **Tajo** (para cortar la *carne). ‖ *Plato de madera con tajadera que se emplea en las matanzas, para picar la carne.
tajadura. f. Acción y efecto de tajar.
tajamar. m. **Arq. Nav.* Tablón de forma curva, ensamblado en la parte exterior de la roda. ‖ *Arq.* Parte de fábrica, de figura angular, que se adiciona a las pilas de los *puentes, de manera que pueda cortar el agua de la corriente. ‖ *Germ.* *Cuchillo de campo. ‖ Malecón, *dique. ‖ *Presa o balsa.
tajamiento. m. **Tajadura.**
tajante. p. a. de **Tajar.** Que taja o *corta. ‖ m. **Tablajero.**
tajaplumas. m. **Cortaplumas.**
tajar. tr. Dividir una cosa en dos o más partes con instrumento *cortante. ‖ Tratándose de la *pluma de ave para escribir, cortarla.
tajea. f. **Atarjea.** ‖ Obra de fábrica, pequeña, para dar paso al agua por debajo de un camino.
tajero. m. **Tarjero.**
tajo. m. *Corte hecho con instrumento adecuado. ‖ Sitio hasta donde llega en su faena la cuadrilla de operarios que *trabaja avanzando sobre el terreno. ‖ **Tarea.** ‖ *Precipicio o escarpa alta y cortada casi *vertical. ‖ *Filo o corte. ‖ Pedazo de madera grueso, afirmado sobre tres pies, que sirve en las cocinas para partir y picar la *carne. ‖ **Tajuelo** (banquillo, *asiento). ‖ Trozo de madera grueso y pesado sobre el cual se cortaba la cabeza a los condenados a esta *pena. ‖ **Taja** (de las *lavanderas). ‖ **Esgr.* Corte que se da con la espada u otra arma blanca. ‖ **diagonal.** *Esgr.* El que se tira en línea diagonal.
tajón. m. **Tajo** (para cortar la *carne). ‖ *Madero de menor longitud que la que por el marco le corresponde. ‖ Vena de piedra de que se hace la *cal. ‖ *Germ.* **Mesón.**
tajú. m. Cocimiento de *té, jengibre y azúcar que sirve de desayuno a los indígenas de Filipinas.
tajuela. f. **Tajuelo** (banquillo, *asiento). ‖ **Banca** (de las *lavanderas).
tajuelo. m. d. de **Tajo.** ‖ Banquillo rústico para *asiento de una persona. ‖ *Mec.* **Tejuelo.**
tajugo. m. **Tejón** (*mamífero).
tal. adj. Aplícase a las cosas, como antecedente de *cual, como,* etc., para establecer una *comparación con otras. ‖ Igual, semejante, o de la misma forma o figura. ‖ Tanto o tan grande. Ú. para ponderar o exagerar. ‖ Ú. t. para indicar de manera *indeterminada algo que no está especificado o distinguido. ‖ Ú. a veces como pronombre demostrativo. Empleado como neutro equivale a *semejante cosa.* ‖ También se emplea como pronombre indeterminado. ‖ Aplicado a un nombre de persona, indica que ésta es poco conocida del que habla o de los que escuchan. ‖ adv. m. Así, de esta manera. ‖ Precedido de los adverbios *sí* o *no* en la réplica, refuerza la significación de los mismos. ‖ **Con tal que.** m. conjunt. *condic. En el caso de que. ‖ **Tal cual.** expr. que da a entender que son en corto número las personas o cosas de que se habla. ‖ Pasadero, *mediano, regular. ‖ m. adv. Así, así; medianamente. ‖ **Tal para cual.** expr. fam. con que se denota *igualdad o *semejanza. ‖ **Tal por cual.** expr. despect. De poco más o menos. ‖ **Una tal.** expr. despect. Una *ramera.
tala. f. Acción y efecto de talar (*árboles). ‖ *Juego de muchachos, que se hace con un palo pequeño y puntiagudo por ambos extremos. Colocado en el suelo, y golpeándolo en un extremo con otro palo más largo, salta en el aire donde recibe un nuevo golpe que lo lanza a cierta distancia. ‖ Palo pequeño que se emplea en este *juego. ‖ **Fort.* Atrincheramiento con árboles cortados que se colocan con las ramas hacia el enemigo. ‖ Acción de *pacer los ganados la hierba que no se alcanza a cortar con la hoz.
tala. f. *Árbol americano de las urticáceas, cuya raíz sirve para teñir.
talabarte. m. *Cinturón que sujeta los tiros de que cuelga la *espada o el sable.
talabartería. f. Tienda o taller de talabartero.
talabartero. m. *Guarnicionero que hace talabartes y otros correajes.
talabricense. adj. Natural de Talavera de la Reina. Ú. t. c. s. ‖ Perteneciente a esta ciudad.
talacho. m. ***Azada.**
talador, ra. adj. Que tala. Ú. t. c. s.
taladrador, ra. adj. Que taladra. Ú. t. c. s.
taladrante. p. a. de **Taladrar.** Que taladra.
***taladrar.** tr. Horadar una cosa con taladro u otro instrumento semejante. ‖ fig. Herir los oídos algún *sonido agudo y penetrante. ‖ fig. Penetrar, *entender una materia obscura o dudosa.
taladrilla. f. Barrenillo (*insecto) que ataca al *olivo.
***taladro.** m. Instrumento agudo o cortante con que se agujerea la madera u otra cosa. ‖ *Agujero angosto y cilíndrico.
talamera. f. *Árbol en que se coloca el señuelo para la *caza de palomas.
talamete. m. *Mar.* Entablado o cu-

bierta en la parte de proa en las *embarcaciones menores.

talamiflora. adj. **Bot.* Dícese de las plantas dicotiledóneas que tienen perigonio doble y los pétalos distintos e insertos en el receptáculo. Ú. t. c. s. ‖ f. pl. *Bot.* Clase de estas plantas.

talamite. m. *Remero de la fila inferior, en las naves antiguas.

tálamo. m. Lugar preeminente donde los novios celebraban sus *bodas y recibían los parabienes. ‖ *Cama conyugal. ‖ *Bot.* **Receptáculo.**

talán. m. Sonido de la *campana. Ú. más repetido.

talanquera. f. *Valla o pared que sirve de defensa o reparo; como las que se construyen en las plazas para la *lidia de toros. ‖ fig. Cualquier sitio o paraje que sirve de *defensa o asilo. ‖ fig. *Seguridad y defensa.

talante. m. *Modo o manera de ejecutar una cosa. ‖ *Semblante o disposición personal. ‖ *Estado o calidad de las cosas. ‖ *Voluntad, *deseo. ‖ **De buen,** o **mal, talante.** expr. adv. Con buena *disposición de ánimo para hacer o conceder una cosa, o al contrario.

talantoso, sa. adj. p. us. Que está de buen talante.

talar. adj. Dícese del traje o *vestidura que llega hasta los talones. ‖ **Mit.* Dícese de las *alas que tenía el dios Mercurio en los talones. Ú. t. c. s. m. y más en pl.

talar. tr. *Cortar por el pie masas de árboles. ‖ *Destruir, arruinar a mano airada campos, edificios o poblaciones. ‖ Tratándose de olivos o encinas, ***podar.*** ‖ *Germ.* Quitar o arrancar.

talasiófito, ta. adj. **Bot.* Dícese de las plantas que viven en el mar. Ú. t. c. s.

talasómetro. m. *Sonda marina.

talasoterapia. f. **Terap.* Uso terapéutico de los *baños o del aire de *mar.

talaverano, na. adj. Natural de Talavera. Ú. t. c. s. ‖ Perteneciente a cualquiera de las poblaciones de este nombre.

talayote. m. *Monumento megalítico de las Baleares, semejante a una torre de poca altura.

talayote. m. *Fruto de algunas plantas de la familia de las asclepiadeas.

talco. m. **Miner.* Silicato de magnesia, transparente, infusible, de textura hojosa, tan blando que se raya con la uña. Se usa en láminas, substituyendo al *vidrio en ventanillas, faroles, etc. ‖ *Lámina metálica muy delgada y brillante, que se emplea en *bordados y otros adornos.

talcoso, sa. adj. Compuesto de talco o abundante en él.

talcualillo, lla. adj. fam. Algo mejor que *mediano. ‖ fam. Que va experimentando alguna mejoría en su *enfermedad.

talchocote. m. *Árbol americano, que produce fruto parecido a la aceituna.

tálea. f. **Fort.* Estacada que los romanos usaban en sus campamentos.

taled. m. **Liturg.* Pieza de lana, a manera de amito, con que se cubren los *judíos la cabeza y el cuello en sus ceremonias religiosas.

talega. f. *Saco o bolsa ancha y corta. ‖ Lo que se guarda o se lleva en ella. ‖ Bolsa de lienzo o tafetán que usaban las mujeres para preservar el *tocado. ‖ **Culero** (para los *niños). ‖ Cantidad de mil pesos duros en plata. ‖ fam. Caudal monetario, *dinero. Ú. m. en pl. ‖ fig. y fam. *Pecados que tiene uno que confesar. ‖ *Saco de tela gruesa, de cabida de cuatro fanegas. ‖ Costal de media fanega de trigo para *moler. ‖ *Cesto de mimbres que se usa en las vendimias.

talegada. f. Lo que cabe en una talega. ‖ **Costalada.**

talegazo. m. *Golpe que se da con un talego. ‖ **Costalada.**

talego. m. *Saco largo y angosto, de lienzo basto. ‖ fig. y fam. Persona *gruesa y poco esbelta. ‖ **Tener talego.** fr. fig. y fam. Tener dinero.

taleguilla. f. d. de **Talega.** ‖ Calzón del traje usado en la lidia por los *toreros. ‖ **de la sal.** fig. y fam. *Dinero que se consume en el *gasto diario.

***talento.** m. *Moneda imaginaria de los griegos. ‖ fig. **Teol.* Conjunto de dones naturales o sobrenaturales con que Dios enriquece a los hombres. ‖ → fig. Dotes intelectuales, como ingenio, prudencia, etc. ‖ fig. Por antonom., **entendimiento.**

talentoso, sa. adj. Que tiene talento.

talentudo, da. adj. **Talentoso.**

tálero. m. *Moneda antigua alemana.

talero. m. Especie de fusta o *látigo.

talín. m. *Pájaro, especie de canario silvestre.

talio. m. *Metal poco común, parecido al plomo.

talión. m. *Pena que consiste en hacer sufrir al delincuente un daño igual al que causó.

talionar. tr. Castigar a uno con la *pena del talión.

***talismán.** m. Objeto, carácter o figura, a que se atribuyen virtudes portentosas.

talma. f. Especie de esclavina o *capa corta.

talmente. adv. m. De tal *modo, así.

talmud. m. Libro de los *judíos, que contiene la tradición, doctrinas, ceremonias, etc., que deben observar.

talmúdico, ca. adj. Perteneciente al Talmud.

talmudista. m. El que profesa o *explica la doctrina del Talmud.

talo. m. *Torta de harina de *maíz sin fermentar, que se cuece sobre las ascuas.

talo. m. *Bot.* Aparato vegetativo de los hongos, *algas y otros vegetales inferiores.

talocha. f. **Albañ.* Tabla cuadrada con mango perpendicular a una de sus caras, que se usa para fratasar.

talofitas. f. pl. **Bot.* Tipo de plantas cuyo aparato vegetativo se reduce a un talo; como los *hongos y algas.

talón. m. **Calcañar.** ‖ Parte del *calzado, que cubre el calcañar. ‖ **Pulpejo** (del *casco). ‖ Parte del arco del violín y de otros *instrumentos semejantes, inmediata al mango. ‖ *Arq.* *Moldura sinuosa cuyo perfil se compone de dos arcos de círculo contrapuestos y unidos entre sí. ‖ *Com.* *Libranza a la vista, que consiste en parte de una hoja cortada de un libro o cuaderno. ‖ *Com.* *Documento o resguardo expedido en la misma forma. ‖ *Mar.* Corte oblicuo en la extremidad posterior de la quilla, para ajustar la madre del timón. ‖ **Apretar** uno **los talones.** fr. fig. y fam. Echar a *correr. ‖ **Pisarle** a uno **los talones.** fr. fig. y fam. Seguirle de cerca. ‖ fig. *Competir con él con buena fortuna.

talón. m. *Germ.* **Mesón.**

talonario, ria. adj. Dícese del *documento escrito en una hoja que se corta de un libro, quedando en él una parte de dicha hoja. ‖ V. **Libro talonario.** Ú. t. c. s.

talonear. intr. fam. *Andar a pie con mucha prisa y diligencia.

talonero. m. *Germ.* Ventero o mesonero.

talonesco, ca. adj. fam. Perteneciente a los talones.

talpa. f. *Cir.* **Talparia.**

talparia. f. *Cir.* Absceso o *tumor en lo interior de los tegumentos de la cabeza.

talque. m. *Tierra talcosa muy refractaria, usada para hacer crisoles.

talque. pron. indet. desus. **Alguno.**

talqueza. f. *Hierba empleada en América, para cubrir las chozas.

talquita. f. Roca *pizarrosa compuesta principalmente de talco.

taltuza. f. *Mamífero roedor americano, especie de rata.

talud. m. *Inclinación del paramento de un muro o de un terreno. ‖ Terreno así cortado.

taludín. m. *Reptil, especie de caimán, propio de Guatemala.

talvina. f. *Gachas que se hacen con leche de almendras.

***talla.** f. Obra de escultura, especialmente en madera. ‖ *Tributo señorial que se percibía en la corona de Aragón. ‖ *Remuneración que se ofrece por la *liberación de un cautivo o la *prisión de un delincuente. ‖ Cantidad de *moneda que ha de ser producida por cierta unidad de peso del metal que se acuñe. ‖ En el juego de la banca y en el del monte y otros de *naipes, **mano.** ‖ Estatura o *altura del hombre. ‖ **Marca** (altura). ‖ Tara o tarja. ‖ **Cir.* Operación para extraer los cálculos de la vejiga. ‖ **Media talla.** **Esc.* **Medio relieve.** ‖ **A media talla.** m. adv. fig. Con *descuido y sin miramiento. ‖ **Poner talla.** fr. Señalar la **talla** públicamente por el *apresamiento de un delincuente.

talla. f. **Alcarraza.**

talla. f. *Mar.* *Polea o aparejo que sirve para ayudar ciertas faenas.

tallado, da. adj. Con los adverbios *bien* o *mal,* de buen, o mal, *aspecto. ‖ m. Acción y efecto de tallar. ‖ *Germ.* Basquiña o *saya.

tallado, da. adj. **Blas.* Aplícase a las plantas que tienen el tallo de diferente esmalte.

tallador. m. *Grabador en hueco o de *medallas. ‖ *Militar encargado de tallar a los quintos.

talladura. f. **Entalladura.**

tallante. p. a. de **Tallar.** Que talla.

tallar. adj. Que puede ser talado o cortado. ‖ Aplícase a una clase de *peines pequeños. Ú. t. c. s. m. ‖ m. *Monte que se está renovando. ‖ Monte o bosque nuevo en que se puede hacer la primera corta.

tallar. tr. Llevar la *baraja en el juego de la banca y otros. ‖ Cargar de tallas o *impuestos. ‖ Hacer obras de *talla. ‖ Labrar piedras de *joyería. ‖ Abrir metales, *grabar en hueco. ‖ Tasar, *valuar. ‖ Medir la *estatura de una persona. ‖ Charlar, *conversar. ‖ Hablar de *amores un hombre y una mujer.

tallarín. m. Cada una de las tiras hechas con la *pasta de los macarrones y que se emplean para sopa. Ú. m. en pl.

tallarola. f. Cuchilla con que se

corta la urdimbre de la tela del *terciopelo para sacar el vello.
talle. m. Disposición o aspecto proporcionado del *cuerpo humano. ‖ **Cintura.** ‖ Forma que se da al *vestido para ajustarlo al cuerpo. ‖ Parte del vestido que corresponde a la cintura. ‖ fig. Traza, *aspecto. ‖ **Largo de talle.** loc. fig. y fam. Dícese de la cantidad de ciertas cosas, cuando *excede del término que expresa.
tallecer. intr. Echar *tallo las semillas, bulbos o tubérculos de las plantas. Ú. t. c. r.
táller. m. **Tálero.**
***taller.** m. Oficina en que se trabaja una obra de manos. ‖ fig. *Escuela o seminario de ciencias.
taller. m. **Angarillas** (convoy, vinajeras).
tallista. com. Persona que hace obras de *talla.
***tallo.** Órgano de las plantas que se prolonga en sentido contrario al de la raíz y sirve de sustentáculo a las hojas, flores y frutos. ‖ **Renuevo.** ‖ Germen que ha brotado de una semilla, bulbo o tubérculo. ‖ Trozo *confitado de calabaza, melón, etc. ‖ Bretón o *col. ‖ **Cardo santo.**
tallón. m. **Talla** (cantidad que se ofrece por el rescate).
tallón. m. *Germ.* **Mesón.**
talludo, da. adj. Que ha echado *tallo grande. ‖ fig. Crecido y *alto para su edad. ‖ fig. Aplícase al que, por *vicio o costumbre, tiene dificultad en prescindir de alguna cosa. ‖ fig. Dícese de la mujer cuando va pasando de la juventud.
talluelo. m. d. de **Tallo.**
tam-tam. m. *Instrumento de percusión, especie de tambor. ‖ *Instrumento de percusión parecido al gong.
tamagás. m. *Víbora muy venenosa de América.
tamal. m. Especie de *empanada de harina de maíz, cocida al vapor o en el horno. ‖ fig. Lío, *enredo, intriga.
tamalero, ra. m. y f. Persona que hace o vende tamales.
tamanaco, ca. adj. Dícese del individuo de una *tribu que habita en las orillas del Orinoco. Ú. t. c. s. ‖ Perteneciente a él. ‖ m. *Lengua **tamanaca.**
tamanduá. m. **Oso hormiguero.**
tamango. m. *Calzado muy basto que usan los gauchos.
tamañamente. adv. m. Tan grandemente como otra cosa con que se *compara.
tamañito, ta. adj. d. de **Tamaño.** ‖ fig. Achicado, *turbado, confuso.
***tamaño, ña.** adj. *comp. Tan *grande o tan *pequeño. ‖ adj. sup. Muy grande o muy pequeño. ‖ → m. Mayor o menor dimensión de una cosa.
tamañuelo, la. adj. d. de **Tamaño.**
támara. f. *Palmera de Canarias. ‖ Terreno poblado de palmas. ‖ Carga de ramaje que *pesa de ocho a diez arrobas. ‖ pl. Dátiles en racimos. ‖ *Leña muy delgada, despojos de la gruesa.
tamarigal. m. **Tarayal.**
tamarilla. f. *Mata leñosa de la familia de las cistíneas.
tamarindo. m. *Árbol de las leguminosas, cuyo fruto, de sabor agradable, se usa en medicina como laxante. ‖ Fruto de este árbol.
tamariscíneo, a. adj. **Bot.* Dícese de plantas dicotiledóneas, árboles o matas, cuyo tipo es el taray. Ú. t. c. s. ‖ f. pl. *Bot.* Familia de estas plantas.
tamarisco. m. **Taray.**
tamaritano, na. adj. Natural de Tamarite de Litera, villa de la provincia de Huesca. ‖ Perteneciente a esta villa.
tamariz. m. **Taray.**
tamarrizquito, ta. adj. fam. Muy *pequeño.
tamarrusquito, ta. adj. fam. **Tamarrizquito.**
tamarugo. m. *Árbol americano de las leguminosas; especie de algarrobo.
tamba. f. **Manta.** ‖ Paño que usan los indios a manera de *delantal.
tambaleante. p. a. de **Tambalear.** Que se tambalea.
tambalear. intr. *Moverse una cosa a uno y otro lado, como que se va a *caer por falta de fuerza o por *inestabilidad. Ú. m. c. r.
tambaleo. m. Acción de tambalear o tambalearse.
tambanillo. m. *Arq.* Frontón sobrepuesto a una *puerta o ventana.
támbara. f. Rodrigón u tutor que se pone para *apoyo o *sujeción a una planta.
tambarillo. m. Arquilla o *caja con tapa redonda y combada.
tambarimba. f. Altercado, *contienda.
tambarria. f. Holgorio, parranda, *diversión. ‖ despect. *Taberna o figón de ínfima clase.
tambero, ra. adj. Dícese del ganado *vacuno manso. ‖ Perteneciente al tambo. ‖ m. y f. Persona que tiene un tambo o está encargada de él.
tambesco. m. **Columpio.**
también. adv. m. Se usa para denotar comparación, semejanza, conformidad o relación de una cosa con otra ya nombrada. ‖ Tanto o así.
tambo. m. Venta, posada. ‖ **Casa de vacas.**
***tambor.** m. Instrumento músico de percusión, de forma cilíndrica, hueco, cubierto por sus dos bases con piel estirada. ‖ El que toca el **tambor** en las tropas de infantería. ‖ *Cedazo fino por donde pasan el azúcar los reposteros. ‖ Cilindro de hierro, cerrado y lleno de agujeritos, para *tostar *café, castañas, etc. ‖ Aro de madera sobre el cual se tiende una tela para *bordarla. ‖ Cubierta de madera que se pone sobre la piedra del *molino. ‖ *Arq.* Aposentillo que se hace de tabiques dentro de otro *aposento. ‖ *Arq.* Muro cilíndrico que sirve de base a una *cúpula. ‖ *Arq.* Cuerpo del *capitel corintio sobre el cual parecen sobrepuestas las hojas. ‖ **Autom.* Disco de acero acoplado a la cara interior de las ruedas, sobre el que actúa la zapata del freno. ‖ **Fort.* Pequeña plaza, que forma una especie de cancel delante de las puertas. ‖ *Mar.* Cilindro de madera en que se arrollan los guardines del *timón. ‖ *Mar.* Cada uno de los cajones de las ruedas en los vapores. ‖ *Mec.* *Rueda de canto liso, ordinariamente de más espesor que la polea. ‖ *Zool.* **Tímpano** (del *oído). ‖ **mayor.** Maestro y jefe de una banda de **tambores.** ‖ **A tambor, o con tambor, batiente.** m. adv. Tocando el **tambor.** ‖ Con aire triunfal.
tambora. f. Bombo o *tambor grande.
tamborear. intr. **Tabalear.**
tamboreo. m. Acción y efecto de tamborear.
tamborete. m. d. de **Tambor.** ‖ *Mar.* Trozo de madera, con un agujero cuadrado y otro redondo, que sirve para sujetar a un palo de la *arboladura otro sobrepuesto.
tamboril. m. *Tambor pequeño que se toca con una mano y se usa en las danzas populares.
tamborilada. f. fig. y fam. *Golpe que se da con fuerza *cayendo sentado en el suelo. ‖ fig. y fam. Golpe dado con la mano en la cabeza o en las espaldas.
tamborilazo. m. fig. y fam. **Tamborilada.**
tamborilear. intr. Tocar el tamboril. ‖ tr. *Alabar mucho a uno en público. ‖ **Impr.* Igualar las letras del molde con el tamborilete.
tamborileo. m. Acción y efecto de tocar el *tambor.
tamborilero. m. El que tiene por oficio tocar el tamboril.
tamborilete. m. d. de **Tamboril.** ‖ **Impr.* Tablita cuadrada con que se golpea el molde para que todas las letras queden a la misma altura.
tamborín. m. **Tamboril.**
tamborino. m. **Tamboril.** ‖ **Tamborilero.**
tamboritear. intr. **Tamborilear.**
tamboritero. m. **Tamborilero.**
tamborón. m. aum. de **Tambora.**
tambucho. m. *Mar.* Caseta con que se protege alguna abertura en la cubierta de una *embarcación.
tamínea. adj. **Taminia.**
taminia. adj. V. **Uva taminia.**
tamiz. m. *Cedazo muy tupido.
tamizar. tr. Pasar una cosa por tamiz o *cedazo.
tamo. m. Pelusa que se desprende del lino, *algodón o lana. ‖ Polvo o *paja muy menuda de varias semillas *trilladas. ‖ Pelusilla que se cría debajo de las camas y otros muebles por acumulación de *polvo.
tamojal. m. Sitio poblado de tamojos.
tamojo. m. Metát. de **Matojo.**
tampoco. adv. neg. con que se *niega una cosa después de haberse negado otra.
tampón. m. Almohadilla empapada en *tinta que se emplea para entintar sellos, estampillas, etc.
tamuja. f. **Borrajo.**
tamujal. m. Sitio poblado de tamujos.
tamujo. m. *Mata de las euforbiáceas, con cuyas ramas se hacen *escobas para barrer las calles. ‖ Tamuja de *pino.
tan. m. *Sonido o eco que resulta del tambor, campana u otro instrumento semejante, tocado a golpes. Ú. m. repetido.
tan. adv. c., apócope de **Tanto.** Se usa precediendo al adjetivo, adverbio y participio. ‖ Correspondiéndose con *como* o *cuan* en *comparación expresa, denota idea de equivalencia o igualdad. ‖ **Tan siquiera.** m. adv. **Siquiera.**
tanaceto. m. **Hierba lombriguera.**
tanador. m. ant. **Curtidor.**
tanagra. f. *Estatuita figulina que se fabricaba en Tanagra de Beocia.
tanate. m. Mochila, *bolsa o zurrón de cuero o de palma. ‖ Lío, *fardo, *envoltorio.
tancal. m. *Mar.* Especie de *embarcación pequeña con carroza.
tanda. f. *Alternativa o turno. ‖ **Tarea.** ‖ Capa o *tongada. ‖ Cada uno de los grupos en que se dividen las personas o las bestias empleadas en un *trabajo. ‖ Cada uno de los grupos de personas o de bestias que turnan en algún trabajo. ‖ **Partida** (de billar). ‖ *Conjunto o número determinado de ciertas cosas de un mismo género. ‖ Período de

*arrendamiento de finca urbana, que dura seis meses, desde Navidad al veinticuatro de junio. ‖ Avío que se da a los jornaleros para su *comida. ‖ Sección de una representación *teatral. ‖ **Resabio** (*vicio o mala costumbre). ‖ **Min.* Cada uno de los períodos de días en que alternativamente se trabaja o descansa en las minas.

tándem. m. *Bicicleta para dos personas, que se sientan una tras otra.

tandeo. m. Distribución del agua de *riego *alternativamente o por tandas.

tanela. f. Pasta de *hojaldre adobada con miel.

tanga. f. **Chito** (*juego).

tángana. f. **Chito** (*juego).

tanganillas (en) m. adv. Con poca seguridad o firmeza; de manera *insegura.

tanganillo. m. d. de **Tángano.** ‖ Palo, piedra o cosa semejante que se pone para *apoyar una cosa provisionalmente. ‖ Longaniza pequeña. ‖ *Juego de la rayuela.

tángano. m. **Chito** (*juego). ‖ *Rama seca de un árbol. ‖ *Raíz de urce que se usa como combustible.

tangencia. f. Calidad de tangente. ‖ *Contacto de líneas o superficies tangentes.

tangente. p. a. de **Tangir.** Que *toca. ‖ adj. **Geom.* Aplícase a las líneas y superficies que se tocan o tienen puntos comunes sin cortarse. ‖ f. *Geom.* Recta que toca a una curva o a una superficie. ‖ **de un ángulo.** *Trig.* La del arco que le sirve de medida. ‖ **Escapar, escaparse, irse,** o **salir,** uno **por la tangente.** fr. fig. y fam. Valerse de un subterfugio o *evasiva para salir de un apuro.

tangerino, na. adj. Natural de Tánger. Ú. t. c. s. ‖ Perteneciente a esta ciudad de África.

***tangible.** adj. Que se puede *tocar. ‖ fig. Que se puede *percibir.

tangidera. f. *Mar.* *Cabo grueso que se da a la reguera para tesarla.

tangir. tr. ant. **Tocar.**

tango. m. **Chito** (*juego). ‖ *Fiesta y *baile de negros o de gente del pueblo en América. ‖ *Baile de sociedad importado de América en los primeros años de este siglo. ‖ Música para estos bailes. ‖ Especie de *tambor que usan los indios de Honduras, formado por un tronco hueco cubierto en uno de sus extremos con un cuero.

tangón. m. *Mar.* Cualquiera de los dos botalones que se colocan en el costado de proa.

tanguista. f. *Bailarina profesional contratada en un café cantante.

tánico, ca. adj. Que contiene tanino.

tanino. m. **Quím.* Substancia astringente contenida en la nuez de agallas, en las cortezas de la encina y en muchos vegetales, y que se usa para curtir las *pieles y para otros usos.

tanobia. f. Tablón que se coloca, a modo de rellano, al terminar la *escalera del hórreo.

tanor, ra. adj. Dícese del indio filipino que prestaba el *servicio de tanoría. Ú. t. c. s.

tanoría. f. *Servicio doméstico que los indios de Filipinas prestaban gratuitamente a los españoles.

tanque. m. **Propóleos.**

tanque. m. *Automóvil de guerra blindado con *cañones, provisto de una llanta articulada, a modo de cadena sin fin, que le permite avanzar por terrenos muy escabrosos. ‖ *Mar.* **Aljibe.** ‖ *Vasija pequeña, por lo general cilíndrica, con una asa para sacar un líquido contenido en otra vasija mayor. ‖ *Sapo grande. ‖ *Estanque, depósito de agua.

tantalio. m. *Metal poco común, de color gris y tan pesado como la plata.

tantán. m. **Batintín.**

tantarán. m. **Tantarantán.**

tantarantán. m. Sonido del *tambor o atabal, cuando se repiten los golpes. ‖ fig. y fam. *Golpe violento dado a uno.

tanteador. m. El que tantea en el *juego. ‖ Aparato que hay en los partidos de *pelota, donde se apuntan los tantos de cada bando.

tantear. tr. *Medir o *comparar una cosa con otra para ver si viene bien o ajustada. ‖ Apuntar los tantos en el *juego para saber quién gana. Ú. t. c. intr. ‖ fig. Considerar con prudencia y *reflexión las cosas antes de decidirse. ‖ fig. Examinar con cuidado a una persona o cosa, *ensayarla para conocer sus cualidades. ‖ fig. Explorar el ánimo o la intención de uno, *averiguar su propósito. ‖ *Calcular *aproximadamente o al tanteo. ‖ *For.* *Comprar una cosa por el mismo precio en que ha sido rematada en favor de otro, por la preferencia que concede el derecho en algunos casos. ‖ *Pint.* Comenzar un *dibujo, trazar sus primeras líneas. ‖ r. *For.* Allanarse a pagar aquella misma cantidad en que una renta o alhaja está arrendada o se ha rematado. ‖ *For.* Conseguir las villas o lugares exención del señorío a que estaban sujetos, mediante un precio igual a aquel en que fueron enajenados.

tanteo. m. Acción y efecto de tantear o tantearse. ‖ Número determinado de tantos que se ganan en el *juego. ‖ **Al tanteo.** loc. adv. *Aproximadamente, a ojo, a bulto.

tantico. adj., m. y adv. ***Poco.**

tanto, ta. adj. Aplícase a *cantidad o número *indeterminado, como correlativo de **cuanto.** ‖ Tan *grande o muy grande. ‖ Ú. como pronombre demostrativo, y en este caso equivale a **eso,** pero incluyendo idea de ponderación. ‖ m. *Cantidad cierta o número determinado de una cosa. ‖ *Copia de un escrito. ‖ Ficha, moneda u otro objeto a propósito, con que se señalan los puntos que se ganan en ciertos *juegos. ‖ Unidad de cuenta en muchos juegos. ‖ *Com.* Cantidad *proporcional respecto de otra. ‖ pl. Número que se ignora o no se quiere expresar. ‖ adv. m. De tal *modo o en tal grado. ‖ adv. c. Hasta tal punto; tal cantidad. ‖ En sentido comparativo se corresponde con **cuanto** o **como,** y denota idea de equivalencia o *igualdad. ‖ Pospuesto a un numeral sirve para formar múltiplos. ‖ **Tanto de culpa.** fr. **For.* Testimonio que se libra de una parte de un pleito o expediente, cuando resultan pruebas o indicios de responsabilidad criminal. ‖ **Algún tanto.** expr. Algo o un poco. ‖ **Al tanto.** m. adv. Por el mismo precio, coste o trabajo. ‖ **Al tanto de** una cosa. fr. Al corriente, enterado de ella. ‖ **Con tanto que.** m. conjunt. **Con tal que.** ‖ **En su tanto.** m. adv. Guardada *proporción, proporcionalmente. ‖ **En tanto,** o **entre tanto.** ms. advs. Mientras, ínterin, en el *intervalo. ‖ **Las tantas.** expr. fam. con que se designa indeterminadamente cualquier hora muy avanzada o *tardía del día o de la *noche. ‖ **Otro tanto.** loc. que se usa en forma comparativa para encarecer una cosa. ‖ Lo mismo, cosa igual. ‖ **Por lo tanto.** m. adv. y conjunt. Por consiguiente. ‖ **Por tanto.** m. adv. y conjunt. Por lo que, en atención a lo cual. ‖ **Por tantos y cuantos.** expr. fam. con que se asegura y pondera una cosa. ‖ **Tanto más cuanto.** fr. Trato o regateo entre comprador y vendedor. ‖ **Tanto por tanto.** m. adv. comp. Por el mismo *precio o coste. ‖ **Tanto que.** m. adv. **Luego que.**

tántum ergo. m. Estrofa quinta del himno *Pange lingua,* que empieza con aquellas palabras y suele cantarse al reservar solemnemente el sacramento de la *Eucaristía.

tanza. f. **Sedal** (para la *pesca).

tañedor, ra. m. y f. Persona que tañe un *instrumento músico.

tañente. p. a. de **Tañer.** Que tañe.

tañer. tr. **Tocar** (un *instrumento músico). ‖ intr. **Tabalear.** ‖ **Tañer de occisa.** fr. **Mont.* Avisar con la bocina estar muerta la res que se perseguía.

tañido. m. Son particular que se toca en cualquier *instrumento. ‖ Sonido de la cosa tocada; como el de la *campana, etc.

tañimiento. m. Acción y efecto de tañer.

taño. m. **Casca** (corteza de ciertos árboles).

tao. m. *Insignia que usaban en el pecho y capa los comendadores de la orden de San Antonio Abad.

***tapa.** f. Pieza que cierra por la parte superior las cajas, vasijas, etc. ‖ fam. *Rodaja de salchichón u otro *embutido o fiambre que se sirve sobre un vasito de *vino. ‖ Cubierta córnea que rodea el *casco de las caballerías. ‖ Cada una de las diversas capas de suela de que se compone el tacón del *calzado. ‖ Cada una de las dos cubiertas de un *libro encuadernado. ‖ ***Compuerta.** ‖ En las reses de matadero, *carne que corresponde al medio de la pierna trasera. ‖ Tasajo, cecina. ‖ f. pl. Conjunto de *mantas y colcha de la *cama. ‖ **Tapa de los sesos.** fig. y fam. Parte superior del casco de la *cabeza. ‖ **Levantar** a uno **la tapa de los sesos.** fr. Romperle el cráneo. Ú. t. el verbo c. r. ‖ **Meter en tapas.** fr. **Encuad.* Colocar dentro de ellas el libro ya cosido y preparado.

tapa. f. **Estramonio.**

tapabalazo. m. *Mar.* Cilindro de madera envuelto en estopa, que se usaba en los barcos de la *armada para *tapar los agujeros abiertos por las balas.

tapaboca. m. *Golpe que se da en la boca con la mano abierta. ‖ **Bufanda.** ‖ fig. y fam. Razón, dicho o acción con que se *contradice a uno haciéndole *callar.

tapabocas. m. **Tapaboca** (bufanda). ‖ Taco cilíndrico de madera, con que se cierra la boca de las piezas de *artillería.

tapacamino. m. *Ave, especie de chotacabras.

tapacantos. m. Capa de arena para recebar un *camino.

tapacete. m. *Toldo o cubierta corrediza con que se tapa la carroza de las cámaras de un *buque.

tapacubos. m. **Autom.* Tapa metálica que se adapta exteriormente al cubo de las ruedas.

tapaculo. m. **Escaramujo.** ‖ *Pájaro pequeño de Chile. ‖ *Pez parecido al lenguado.

tapachiche. m. Insecto, especie de *langosta grande, de alas rojas.

tapada. f. Mujer que *oculta la cara con el manto o el pañuelo para no ser conocida.
tapadera. f. Pieza que se ajusta a la boca de alguna cavidad, vasija, etcétera, para *taparla. ‖ fig. Persona que *oculta o disimula lo que otra desea que se ignore.
tapadero. m. Instrumento con que se *tapa un agujero o la boca ancha de una cosa.
tapadillo. m. Acción de *cubrirse la cara las mujeres con el manto o el pañuelo para no ser conocidas. ‖ Uno de los registros de flautas que hay en el *órgano. ‖ **De tapadillo.** m. adv. fig. A escondidas, en *secreto, con disimulo.
tapadizo. m. En algunas partes, **cobertizo.**
tapado, da. adj. Dícese de la *caballería sin mancha ni señal alguna en su capa. Ú. t. c. s. ‖ *Culin.* Comida preparada con plátanos y carne, que se asan en un hoyo hecho en tierra. ‖ *Abrigo o capa de señora o de niño. ‖ *Tesoro enterrado.
tapador, ra. adj. Que tapa. Ú. t. c. s. ‖ m. Cierto género de *tapa que encaja en la boca o abertura de lo que se quiere tapar. ‖ *Sayo o saya. ‖ *Germ.* **Padre de mancebía.**
***tapadura.** f. Acción y efecto de tapar o taparse.
tapafunda. f. *Guarn.* Faldilla que pende de la boca de las pistoleras, para resguardar de la lluvia las pistolas.
tapagujeros. m. fig. y fam. *Albañil de poca habilidad. ‖ fig. y fam. Persona de quien se echa mano para que *substituya a otra.
tapajuntas. m. *Carp.* *Moldura estrecha que se pone para tapar la juntura del cerco de una puerta o ventana con la pared.
tápalo. m. Chal o mantón.
tapamiento. m. **Tapadura.**
tápana. f. ***Alcaparra.**
tapanca. f. *Guarn.* **Gualdrapa** (del *caballo).
tapanco. m. Toldo o *pabellón abovedado hecho con tiras de bambú.
tapaojo. m. **Quitapón.**
tapapiés. m. **Brial.**
***tapar.** tr. Cubrir o cerrar lo que está descubierto. ‖ Cerrar con tapa. ‖ *Abrigar o cubrir con la ropa u otra defensa. Ú. t. c. r. ‖ fig. Encubrir, *ocultar o *callar un defecto. ‖ r. Cubrir el *caballo la huella de una mano oon la de la otra.
tápara. f. ***Alcaparra.** ‖ **Alcaparrón.**
tapara. f. Fruto del taparo, que, seco y ahuecado, se usa como *vasija. ‖ **Vaciarse** uno **como una tapara.** fr. fig. y fam. Decir todo lo que quiere.
taparo. m. *Árbol de América, muy semejante a la güira.
taparote. m. **Alcaparrón.**
***taparrabo.** m. Pedazo de tela u otra cosa con que a manera de *calzón se cubren los salvajes las partes pudendas. ‖ Calzón muy corto, que se usa como traje de *baño.
tapate. m. **Estramonio.**
tapayagua. f. **Llovizna.**
tapera. f. Restos de un pueblo *destruido. ‖ *Habitación ruinosa y abandonada.
taperujarse. r. fam. Taparse, arrebujarse, *cubrirse parte del cuerpo.
taperujo. m. fam. *Tapón o tapador mal hecho o mal puesto. ‖ fam. Modo desaliñado y sin arte de taparse o embozarse.
tapesco. m. Especie de zarzo que sirve de *cama.
tapetado, da. adj. Dícese del color obscuro o *negro.
tapete. m. *Alfombra pequeña. ‖ Cubierta de hule, paño u otro tejido, que se suele poner en las mesas y otros muebles. ‖ **verde.** fig. y fam. Mesa de juego de *naipes. ‖ **Estar sobre el tapete** una cosa. fr. fig. Estar sometida a *examen o *pendiente de resolución.
***tapia.** f. Cada uno de los trozos de *pared que de una sola vez se hacen con tierra amasada y apisonada en una horma. ‖ Esta misma tierra amasada y apisonada. ‖ Pared formada de **tapias.** ‖ Muro de cerca. ‖ *Albañ.* Medida superficial de cincuenta pies cuadrados. ‖ **acerada.** *Albañ.* La guarnecida con mezcla de cal y arena. ‖ **real.** *Albañ.* Pared que se forma mezclando la tierra con alguna parte de cal. ‖ **Más sordo que una tapia.** fr. fig. y fam. Muy sordo.
tapiador. m. *Albañ.* Oficial que hace tapias.
tapial. m. Molde compuesto de dos tableros, sujetos con los costales y las agujas, para formar las tapias. ‖ **Tapia.** ‖ **Adral.** Ú. m. en pl.
tapiar. tr. *Cerrar o *cercar con tapias. ‖ fig. *Tapar un hueco haciendo en él un muro o tabique.
***tapicería.** f. Juego de tapices. ‖ Lugar donde se guardan y recogen los tapices. ‖ Arte de tapicero. ‖ Obra de tapicero. ‖ Tienda de tapicero.
tapicero. m. Oficial que teje tapices. ‖ El que tiene por oficio poner *alfombras, tapices o *cortinas, guarnecer sillerías, sofás, etc. ‖ **mayor.** Jefe de la tapicería en *palacio.
tapido, da. adj. Dícese de la *tela tupida o apretada.
tapiería. f. Conjunto de tapias.
tapín. m. Tapa metálica que cierra la boquilla del cuerno de pólvora con que se cebaban los *cañones. ‖ **Tepe.** ‖ *Arq. Nav.* Taco de madera con que se cubre la cabeza de los pernos o clavos que sujetan las tablas de las cubiertas.
tapioca. f. *Fécula blanca y granulada que se saca de la raíz de la mandioca.
tapir. m. *Mamífero paquidermo de países intertropicales, parecido al jabalí.
tapirujarse. r. fam. **Taperujarse.**
tapirujo. m. fam. **Taperujo.**
tapis. m. *Faja ancha, de color obscuro, que usan las indígenas de Filipinas.
tapiscar. tr. Cosechar el *maíz, desgranando la mazorca.
***tapiz.** m. Paño grande en cuyo tejido se copian cuadros de historia, países, blasones, etc. ‖ **Arrancado de un tapiz.** fig. Dícese de la persona que tiene aspecto *ridículo o *desaliñado.
tapizar. tr. **Entapizar.** ‖ *Cubrir, forrar con tela los muebles o las paredes. ‖ fig. ***Forrar.** ‖ fig. Cubrir la pared o el suelo con algo como con un *tapiz.
***tapón.** m. Pieza de materia y forma adecuada para tapar el orificio de una vasija. ‖ *Cir.* Masa de hilas o de algodón en rama, con que se obstruye una herida o una cavidad natural del cuerpo. ‖ **de cuba.** fig. y fam. Persona muy *gruesa y pequeña.
taponamiento. m. *Cir.* Acción y efecto de taponar.
taponar. tr. Cerrar con *tapón un orificio cualquiera. ‖ *Cir.* Obstruir con tapones una herida o una cavidad natural del cuerpo.
taponazo. m. *Golpe que da el tapón de una botella de líquido espumoso, al destaparla. ‖ *Estampido que produce.
taponería. f. Conjunto de *tapones. ‖ Fábrica de tapones. ‖ Tienda de tapones. ‖ Industria taponera.
taponero, ra. adj. Perteneciente o relativo a la taponería. ‖ m. y f. Persona que fabrica o vende *tapones.
tapsia. f. *Planta herbácea, de las umbelíferas, cuya raíz contiene un jugo que se emplea como revulsivo.
tapujarse. r. fam. Taparse de rebozo o embozarse.
tapujo. m. Embozo o *disfraz con que una persona se tapa para no ser conocida. ‖ fig. y fam. *Disimulo con que se disfraza la verdad.
tapuya. adj. Dícese del individuo de unas *tribus indígenas que ocupaban casi todo el Brasil. Ú. t. c. s. ‖ Perteneciente a estas tribus.
taque. m. Ruido o golpe que da una puerta al *cerrarse con llave. ‖ Ruido del golpe con que se *llama a una puerta.
taqué. m. *Autom.* Cada uno de los vástagos que transmiten la acción del árbol de levas a las válvulas del motor.
taquera. f. Especie de estante donde se colocan los tacos de *billar.
taquicardia. f. Ritmo acelerado de los latidos del *corazón.
***taquigrafía.** f. Arte de escribir tan de prisa como se habla, por medio de ciertos signos y abreviaturas.
taquigrafiar. tr. Escribir taquigráficamente.
taquigráficamente. adv. m. Por medio de la taquigrafía.
taquigráfico, ca. adj. Perteneciente o relativo a la taquigrafía.
taquígrafo, fa. m. y f. Persona que sabe o profesa la taquigrafía.
taquilla. f. Papelera, o *armario para guardar papeles. ‖ Casillero para los billetes de *teatro, *ferrocarril, etcétera. ‖ Por ext., despacho de billetes para ciertos *espectáculos, y también lo que en él se recauda.
taquillero, ra. m. y f. Persona encargada de un despacho de billetes o taquilla.
taquimetría. f. Parte de la *topografía, que enseña a levantar planos por medio del taquímetro.
taquimétrico, ca. adj. Perteneciente o relativo a la taquimetría o al taquímetro.
taquímetro. m. *Topog.* Instrumento semejante al teodolito, que sirve para medir a un tiempo distancias y ángulos horizontales y verticales.
taquín. m. **Taba** (hueso). ‖ *Germ.* **Fullero.**
taquinero. m. *Jugador de taba.
tara. f. Parte de *peso que se rebaja en los géneros o mercancías por razón del recipiente o *embalaje.
tara. f. **Tarja** (palito en que se señalan con rayas las partidas de una *cuenta).
tara. f. **Langostón.** ‖ Especie de *serpiente venenosa. ‖ *Arbusto de Chile que se usa como planta tintórea. ‖ Estigma de *decadencia o *enfermedad.
tarabilla. f. Cítola del *molino. ‖ Zoquetillo de madera giratorio que sirve para *cerrar las puertas o ventanas. ‖ Listón de madera que por torsión mantiene tirante la cuerda del bastidor de una *sierra. ‖ fig. y fam. Persona que *habla mucho y precipitadamente. ‖ fig. y fam. Tropel de palabras dichas de este modo. ‖ Matraca o carraca pequeña. ‖ **Bramadera.** ‖ **Soltar** uno **la ta-**

rabilla. fr. fig. y fam. *Hablar mucho y de prisa.
tarabita. f. Palito al extremo de la *cincha, por donde pasa la correa o cordel para apretarla y ajustarla. || *Maroma por la cual corre la oroya.
***taracea.** f. Embutido hecho con pedazos menudos de chapa de madera, concha, nacar y otras materias.
taracear. tr. Adornar con *taracea la madera u otra materia.
taracol. m. *Crustáceo parecido al cangrejo.
tarafada. f. *Germ.* *Fullería o trampa en los *dados.
tarafana. f. *Germ.* ***Aduana.**
tarafe. m. *Germ.* ***Dado** (para jugar).
taragallo. m. **Trangallo.**
taragontía. f. **Dragontea.**
taragoza. f. *Germ.* *Población, pueblo.
taragozajida. f. *Germ.* ***Ciudad.**
taraje. m. **Taray.**
taramba. f. *Instrumento músico, usado en Honduras, que consiste en un arco con su cuerda de alambre, que se golpea con un palito.
tarambana. com. fam. Persona *alocada. Ú. t. c. adj. || Trozo de *tabla que se *ata a la *res para que no se aleje.
tarando. m. **Reno.**
tarangallo. m. **Trangallo.**
tarángana. f. Especie de *morcilla muy ordinaria.
taranta. f. Desmayo, *síncope, aturdimiento. || Repente, *locura. || *Cante popular andaluz propio de los mineros.
tarantela. f. *Baile napolitano de movimiento muy vivo, en compás de seis por ocho. || *Música de este baile.
tarantín. m. Cachivache, *trasto. || **Tenducha.**
tarántula. f. *Araña venenosa, de cuerpo negro por encima y con patas fuertes. || **Picado de la tarántula.** fig. Dícese del que adolece de algún *vicio. || fig. y fam. Que padece mal *venéreo.
tarantulado, da. adj. **Atarantado.**
tarapaqueño, ña. adj. Natural de Tarapacá. Ú. t. c. s. || Perteneciente a esta provincia chilena.
tarara. f. Señal o *toque de la trompeta. || **Aventador** (para la *trilla).
tararaco. m. Cierta *planta silvestre de la familia de las liliáceas.
tararear. tr. *Cantar entre dientes y sin articular palabras.
tarareo. m. Acción de tararear.
tararira. f. fam. *Diversión con *alboroto y alegría. || Cierto *pez de río, comestible, propio de la Argentina. || com. fam. Persona bulliciosa e *informal. || interj. fam. que denota *incredulidad o *desconfianza.
tarasa. f. *Planta americana de las malváceas.
tarasca. f. Figura de *serpiente monstruosa, que en algunas partes se saca durante la *procesión del Corpus. || fig. **Gomia** (persona que come con *gula). || fig. y fam. Mujer *fea y descarada. || *Puerca grande y vieja. || *Boca grande.
tarascada. f. Golpe, *mordedura o *herida hecha con los dientes. || fig. y fam. Respuesta *desabrida u *ofensiva.
tarascar. tr. *Morder o herir con los dientes.
tarascón, na. m. y f. aum. de **Tarasca.**
taratántara. m. *Toque de trompeta.
taray. m. *Arbusto de las tamariscíneas, con ramas mimbreñas de corteza rojiza y flores con cáliz encarnado y pétalos blancos. || Fruto de este arbusto.
tarayal. m. Sitio poblado de tarayes.
tarazana. f. **Atarazana.**
tarazanal. m. **Tarazana.**
tarazar. tr. **Atarazar.** || fig. *Molestar, mortificar o *afligir.
tarazón. m. *Pedazo que se parte o corta de una cosa, y comúnmente, de carne o pescado.
tarbea. f. Sala o aposento grande.
tarco. m. *Árbol americano, de las saxifragáceas.
tardador, ra. adj. Que tarda o se tarda. Ú. t. c. s.
tardanaos. m. **Rémora.**
***tardanza.** f. Dilación, demora, lentitud.
***tardar.** intr. Detenerse, no llegar oportunamente. || *Retardar la ejecución de una cosa. Ú. t. c. r. || Emplear tiempo en hacer las cosas. || **A más tardar.** m. adv. de que se usa para señalar el *plazo máximo para una cosa.
***tarde.** f. Tiempo que hay desde mediodía hasta anochecer. || Últimas horas del día. || → adv. t. A hora avanzada del día o de la noche. || Fuera de tiempo, después de haber pasado el oportuno. || **Buenas tardes.** expr. que se emplea como salutación familiar durante la **tarde.** || **De tarde en tarde.** m. adv. De cuando en cuando, con largos intervalos. || **Para luego es tarde.** expr. con que se *apremia y da prisa a uno.
tardecer. intr. Empezar a caer la *tarde.
tardecica, ta. f. Caída de la *tarde, cerca de anochecer.
tardíamente. adv. t. **Tarde.**
tardígrado. adj. *Zool.* Aplícase a los *mamíferos desdentados, que se distinguen por la *lentitud de sus movimientos. || m. pl. *Zool.* Clase de estos mamíferos.
tardinero, ra. adj. **Tardo.**
***tardío, a.** adj. Que tarda en venir a sazón y madurez más de lo regular. Dícese comúnmente de los *frutos. || Que sucede después del tiempo oportuno. || Pausado, *lento, calmoso. || m. *Sembrado o plantío de fruto tardío. Ú. m. en pl. || m. Otoñada, *otoño.
tardo, da. adj. *Lento, perezoso en obrar. || ***Tardío.** || *Torpe, que habla o entiende con dificultad. || *Astr.* Dícese de un *planeta cuando su movimiento diurno verdadero es menor que el medio.
tardón, na. adj. fam. *Lento, calmoso. Ú. t. c. s. || fam. Que comprende tarde las cosas. Ú. t. c. s.
tarea. f. Cualquier obra o *trabajo. || Trabajo que debe hacerse en tiempo limitado. || Conjunto de quince fanegas de *aceitunas. || **de chocolate.** Cantidad de *chocolate equivalente a unas cuarenta y ocho libras.
tareco. m. *Trasto, trebejo.
tareero. m. Obrero ajustado por tareas para la recolección de *aceituna.
tarentino, na. adj. Natural de Tarento. Ú. t. c. s. || Perteneciente a esta ciudad de Italia.
tárgum. m. Libro de los *judíos, que contiene las glosas y paráfrasis caldeas de la *Biblia.
tarida. f. Embarcación que se usó en el Mediterráneo para conducir caballos y máquinas militares.
tarifa. f. *Lista o catálogo de los *precios, derechos o impuestos que se deben *pagar por alguna cosa.
tarifar. tr. Señalar o aplicar una tarifa. || intr. fam. Reñir con uno, *enemistarse.
tarifeño, ña. adj. Natural de Tarifa. Ú. t. c. s. || Perteneciente a esta ciudad.
***tarima.** f. Entablado movible.
tarimón. m. aum. de **Tarima.**
tarín. m. *Moneda antigua, realillo de plata de ocho cuartos y medio.
tarina. f. desus. *Plato grande en que se servía la vianda a la mesa.
tarín barín. loc. adv. fam. *Aproximadamente, sobre poco más o menos.
tarja. f. *Escudo grande que cubría todo el cuerpo. || *Moneda antigua de vellón. || En algunas partes, pieza de cobre de dos cuartos. || Tablita o chapa que sirve de *señal. || Caña o *palito en que se marcan con muescas las partidas de una *cuenta. || fam. *Golpe o azote. || desus. **Tarjeta** (adorno *ornamental). || **Tarjeta** (de visita). || **Beber sobre tarja.** fr. fig. y fam. *Beber vino al fiado.
tarjador, ra. m. y f. Persona que tarja.
tarjar. tr. Señalar o rayar en la tarja lo que se *cuenta.
tarjero, ra. m. y f. **Tarjador.**
tarjeta. f. d. de **Tarja** (*escudo). || **Ornam.* Adorno plano y oblongo sobrepuesto a un miembro arquitectónico, y que lleva por lo común inscripciones o emblemas. || Membrete o *rótulo de los mapas y cartas. || Pedazo de cartulina rectangular, con el nombre, título o cargo de una o más personas. Se usa principalmente para *visitas, felicitaciones, etc. || Pedazo de cartulina que lleva impreso o escrito un *permiso, invitación, etc. || **postal. Tarjeta** que suele llevar estampado un *sello de *correos y cuyo porte cuesta menos que el de una carta cerrada.
tarjeteo. m. fam. Uso frecuente de tarjetas para cumplimentarse recíprocamente las personas.
tarjetero. m. *Cartera para llevar tarjetas de visita.
tarjetón. m. aum. de **Tarjeta.**
tarlatana. f. *Tela rala de algodón, semejante a la muselina.
taró. m. ***Niebla.**
tarol. m. **Taró.**
taropé. m. *Planta acuática de las ninfáceas, especie de nenúfar de hojas grandes.
tarquia. f. *Germ.* **Tarja** (*moneda de vellón).
tarquín. m. Légano, *cieno.
tarquina. adj. *Mar.* V. ***Vela tarquina.** Ú. t. c. s.
tarquinada. f. fig. y fam. *Violación de una mujer.
tarraconense. adj. Natural de la antigua Tárraco, hoy Tarragona. Ú. t. c. s. || Perteneciente a esta ciudad. || Perteneciente a la antigua provincia del mismo nombre. || Natural de Tarragona. Ú. t. c. s. || Perteneciente a esta ciudad.
tarrafa. f. Arte de cerco y jareta para *pesca de sardinas y otros peces. Su construcción y tamaño varían en las costas españolas desde la *red de más de un kilómetro hasta las de pequeñas dimensiones.
tárraga. f. *Baile español antiguo.
tarraja. f. **Terraja.**
tarralí. f. Planta *trepadora silvestre, propia de Colombia.
tarrañuela. f. Tarreña, castañuela (*instrumento).
tarrascar. tr. *Germ.* Arrancar, violentar.
tarrasense. adj. Natural de Tarrasa. Ú. t. c. s. || Perteneciente a esta ciudad de Cataluña.

tarraya. f. Atarraya, esparavel (red para *pescar).
tarraza. f. desus. *Vasija de barro.
tarreña. f. Cada una de las dos tejuelas que se golpean una con otra como las castañuelas.
tarrico. m. **Caramillo** (*instrumento).
tarriza. f. Barreño, lebrillo.
tarro. m. *Vasija cilíndrica de barro cocido y vidriado, de vidrio o de otra materia. ‖ fig. y fam. V. **Cabeza de tarro.** ‖ Borra de los *panales de miel.
tarsana. f. *Corteza de un árbol americano, de las sapindáceas, que se usa como el palo de *jabón.
tarso. m. *Anat.* Parte posterior del *pie, compuesta de siete *huesos estrechamente unidos. ‖ *Zool.* La parte más delgada de las *patas de las *aves, que une los dedos con la tibia. ‖ *Zool.* **Corvejón** (de los cuadrúpedos).
tarta. f. **Tortera.** ‖ **Tortada.**
tártago. m. *Planta herbácea anual de las euforbiáceas, que se usa como purgante y emética. ‖ fig. y fam. Suceso *desgraciado. ‖ fig. y fam. *Broma o burla pesada. ‖ **de Venezuela. Ricino.**
tartaja. adj. **Tartajoso.** Ú. t. c. s.
tartajear. intr. Hablar con *pronunciación premiosa o imperfecta, por algún impedimento en la lengua.
tartajeo. m. Acción y efecto de tartajear.
tartajoso, sa. adj. Que tartajea. Ú. t. c. s.
tartalear. intr. fam. *Andar o moverse con movimientos *trémulos o descompuestos. ‖ fam. *Turbarse uno de modo que no acierta a hablar.
tartamudear. intr. Hablar o leer con *pronunciación entrecortada y repitiendo las sílabas.
tartamudeo. m. Acción y efecto de tartamudear.
tartamudez. f. Calidad de tartamudo.
tartamudo, da. adj. Que tartamudea. Ú. t. c. s.
tartán. m. *Tela de lana con cuadros o listas cruzadas de diferentes colores.
tartana. f. *Embarcación menor, de vela latina y con un solo palo, muy usada para la pesca y el tráfico de cabotaje. ‖ *Carruaje de dos ruedas, con cubierta abovedada y asientos laterales.
tartanero. m. Conductor del carruaje llamado tartana.
tártano. m. *Panal de miel.
tartáreo, a. adj. poét. Perteneciente al tártaro o *infierno.
tartarí. m. Cierta *tela lujosa usada antiguamente.
tartárico, ca. adj. **Quím.* **Tártrico.**
tartarinesco, ca. adj. Jactancioso, *fanfarrón.
tartarizar. tr. **Farm.* Preparar una confección con tártaro.
tártaro. m. **Quím.* Tartrato ácido de potasio que forma costra en el fondo y paredes de la vasija donde fermenta el mosto. ‖ **Sarro** (de los dientes). ‖ **emético.** Tartrato de antimonio y de potasio, de poderosa acción emética o purgante.
tártaro. m. poét. El *infierno.
tártaro, ra. adj. Natural de Tartaria. Ú. t. c. s. ‖ Perteneciente a esta región de Asia.
tartera. f. **Tortera.** ‖ **Fiambrera.**
tartesio, sia. adj. Natural de la Tartéside. Ú. t. c. s. ‖ Perteneciente a esta región de la España antigua.
tartrato. m. **Quím.* Sal formada por la combinación del ácido tártrico con una base.
tártrico, ca. adj. **Quím.* Perteneciente o relativo al tártaro.
taruga. f. Mamífero *rumiante americano de la especie de la vicuña y parecido a ésta.
***tarugo.** m. Clavija gruesa de madera. ‖ Zoquete, trozo corto y grueso de madera. ‖ Trozo prismático de madera, para *pavimentar calles.
tarumá. m. *Árbol de las verbenáceas, propio de la Argentina.
tarumba (volverle a uno). fr. fam. *Aturdirle, confundirle. Ú. t. el verbo como r.
tarusa. f. **Chito** (*juego).
tárzano. m. Poste colocado verticalmente en el *hogar para *colgar la olla sobre la lumbre.
tas. m. Yunque pequeño y cuadrado que usan los *plateros, *hojalateros y plomeros.
***tasa.** f. Acción y efecto de tasar. ‖ Documento en que consta la **tasa.** ‖ Precio fijo puesto por la autoridad a las cosas vendibles. ‖ *Medida, regla.
tasación. f. Justiprecio, avalúo de las cosas.
tasadamente. adv. m. Con *tasa o medida. ‖ fig. Limitada y *escasamente.
tasador, ra. adj. Que *tasa. Ú. t. c. s. ‖ m. El que ejerce el oficio público de tasar.
tasajo. m. Pedazo de *carne seco y salado o acecinado para que se conserve. ‖ Por ext., pedazo cortado o tajado de cualquier carne.
tasar. tr. Poner *tasa a las cosas vendibles. ‖ Graduar el valor o precio de las cosas. ‖ Regular la *remuneración correspondiente a un trabajo. ‖ fig. Poner método, regla o medida para que haya *moderación en cualquiera materia. ‖ fig. *Rebajar con *mezquindad lo que se da o se gasta.
tasca. f. Garito o casa de *juego de mala fama. ‖ ***Taberna.**
tascador. m. **Espadilla** (para el *lino).
tascar. tr. **Espadar.** ‖ fig. *Mascar con ruido la hierba o el verde las bestias cuando pacen.
tasco. m. *Estopa gruesa del cáñamo o lino.
tasconio. m. **Talque.**
tasi. m. *Enredadera silvestre, de las asclepiadeas, de fruto comestible, grande, ovalado y pulposo.
tasio, sia. adj. Natural de Tasio. Ú. t. c. s. ‖ Perteneciente a esta isla del mar Egeo.
tasquera. f. fam. *Contienda, riña. ‖ *Germ.* ***Taberna.**
tasquil. m. Fragmento pequeño que salta de la *piedra al labrarla.
tastana. f. Costra producida por la *sequedad en las tierras de cultivo. ‖ Membrana que separa los gajos de ciertas frutas; como la *nuez, la *naranja, la *granada, etc.
tástara. f. *Salvado gordo.
tastaz. m. Polvo hecho de los crisoles viejos, que sirve para *limpiar las piezas de azófar.
tasto. m. *Sabor desagradable que toman algunas viandas o bebidas.
tasugo. m. **Tejón** (*mamífero).
tata. m. fam. Nombre *infantil con que se designa a la niñera. ‖ *Padre, papá. ‖ En América se usa también como *tratamiento de respeto. ‖ Voz de cariño con que se designa a la *hermana menor.
tatabro. m. Mamífero paquidermo de América, parecido a un *cerdo pequeño.
tatagua. f. *Mariposa nocturna de gran tamaño y color obscuro.
tataibá. m. Moral silvestre de fruto amarillo y áspero.
tatarabuelo, la. m. y f. Tercer *abuelo.
tataradeudo, da. m. y f. *Pariente muy antiguo; antepasado.
tataranieto, ta. m. y f. Tercer *nieto, el cual tiene el cuarto grado de consanguinidad en la línea recta descendente.
tataré. m. *Árbol grande, de las leguminosas, de cuya corteza se extrae una materia que sirve para *teñir.
tatarrete. m. despect. de **Tarro.**
tatas. Voz que sólo tiene uso en la frase ***andar a tatas,** equivalente a **andar a gatas.**
¡tate! interj. que equivale ¡detente! o poco a poco. Ú. también repetida.
tatetí. m. **Tres en raya** (*juego).
tato. m. fam. Voz de cariño con que se designa a un *hermano pequeño o al niño en general.
tato, ta. adj. Tartamudo que vuelve la *c* y *s* en *t*.
tatú. m. Especie de armadillo, con trece bandas córneas en el cuerpo, uñas muy largas y fuertes, y cola redonda.
tatuaje. m. Acción y efecto de tatuar o tatuarse.
tatuar. tr. *Pintar dibujos en la *piel humana, introduciendo materias colorantes bajo la epidermis. Ú. t. c. r.
tau. m. Última *letra del alfabeto hebreo. ‖ **Tao.** ‖ fig. *Insignia, distintivo. ‖ f. Decimanona *letra del alfabeto griego.
taujel. m. *Listón de madera, reglón.
taujía. f. **Ataujía.**
taumaturgia. f. Facultad de realizar *prodigios.
taumaturgo. m. Autor de cosas estupendas y *prodigiosas.
taurino, na. adj. Perteneciente o relativo al toro, o a la *lidia de toros.
taurios. adj. pl. Dícese de las *fiestas antiguas en que luchaban los hombres con los toros.
tauro. m. *Astr.* Segundo signo o parte del *Zodiaco. ‖ *Astr.* *Constelación zodiacal que en otro tiempo debió coincidir con el signo de este nombre.
taurófilo, la. adj. Aficionado a la *lidia de toros.
taurómaco, ca. adj. **Tauromáquico.** ‖ Dícese de la persona entendida en *tauromaquia. Ú. t. c. s.
taurómano, na. adj. Muy aficionado a la *tauromaquia.
***tauromaquia.** f. Arte de lidiar toros.
tauromáquico, ca. adj. Perteneciente o relativo a la *tauromaquia.
tauteo. m. *Voz peculiar de la *zorra.
tautología. f. **Ret.* *Repetición viciosa de un mismo pensamiento expresado de distintas maneras.
taxativamente. adv. m. De un modo taxativo.
taxativo, va. adj. *For.* Que *determina y *limita un caso a determinadas circunstancias.
taxi. m. **Taxímetro** (*coche).
taxidermia. f. Arte de disecar los *animales muertos para *conservarlos con apariencia de vivos.
taxidermista. com. Disecador, persona que se dedica a practicar la taxidermia.
taxímetro. m. Aparato que marca automáticamente la distancia recorrida y la cantidad devengada en un *automóvil o *coche de alquiler.

‖ Coche de alquiler provisto de un **taxímetro.**
taxista. com. Persona que conduce un *automóvil con taxímetro.
taxonomía. f. Parte de la historia natural, que trata de la *clasificación de los seres.
taxonómico, ca. adj. Perteneciente o relativo a la taxonomía.
tayuyá. m. Planta rastrera de las *cucurbitáceas.
taz a taz. m. adv. Sin añadir precio alguno, al *permutar o trocar una cosa por otra.
***taza.** f. Vasija pequeña con asa, que se usa generalmente para tomar líquidos. ‖ Lo que cabe en ella. ‖ Receptáculo redondo y cóncavo donde cae el agua de las *fuentes. ‖ Pieza de metal, que forma parte de la guarnición de algunas *espadas.
tazaña. f. En algunas partes, **tarasca.**
tazar. tr. Rozar la ropa por los dobleces. Ú. m. c. r.
tazmía. f. Porción de granos que cada cosechero llevaba al *diezmo. ‖ Distribución de los diezmos entre los partícipes en ellos. ‖ Pliego en que se hacía la distribución a los partícipes.
tazón. m. aum. de **Taza.** ‖ **Jofaina.**
te. f. Nombre de la *letra *t*.
te. Dativo o acusativo del pronombre *personal de segunda persona en género masculino o femenino y número singular.
***té.** m. Arbusto de las camelieas, de hojas perennes, alternas, elípticas, puntiagudas, dentadas y coriáceas. ‖ Hoja de este arbusto, seca, arrollada y tostada ligeramente. ‖ → Infusión, en agua hirviendo, de las hojas de este arbusto, que se usa mucho como bebida estimulante. ‖ *Reunión de personas que se celebra por la tarde y durante la cual se sirve un refrigerio del que forma parte el **té.** ‖ **borde, de España,** o **de Europa. Pazote.** ‖ **de los jesuitas,** o **del Paraguay. Mate.** ‖ **de Méjico. Pazote.** ‖ **negro.** El tostado después de seco y aromatizado con ciertas hierbas. ‖ **perla.** El verde preparado con las hojas más frescas y delicadas, que se arrollan en bolitas. ‖ **verde.** El que se ha tostado cuando las hojas están frescas, y teñido con yeso y añil.
tea. f. Astilla de madera muy *resinosa que, encendida, *alumbra como una hacha. ‖ **Teas maritales,** o **nupciales.** Las que antiguamente llevaban los desposados delante de sus esposas. ‖ fig. Las *bodas.
teame. f. Piedra a la cual algunos de los antiguos atribuían propiedad contraria a la del *imán.
teamide. f. **Teame.**
teatina. f. *Planta gramínea, especie de avena, cuya paja se emplea en Chile para tejer *sombreros.
teatinería. f. fig. *Fingimiento, hipocresía.
teatino. adj. Dícese de los clérigos regulares de San Cayetano, que ayudaban a bien morir a los ajusticiados. Ú. t. c. s. ‖ Perteneciente a esta *orden religiosa*. ‖ desus. Por confusión se aplicó a los padres de la Compañía de Jesús. Usáb. t. c. s.
***teatral.** adj. Perteneciente o relativo al teatro. ‖ Aplícase también a cosas de la vida real en que se descubre cierto propósito de *ostentación o *fingimiento.
teatralidad. f. Calidad de teatral.
teatralmente. adv. m. De modo teatral.
teátrico, ca. adj. p. us. **Teatral.**
***teatro.** m. Local o edificio destinado a la representación de obras dramáticas o a otros espectáculos semejantes. ‖ Sitio o lugar en que se ejecuta una cosa a vista de numeroso concurso. ‖ Escenario o escena. ‖ Conjunto de todas las producciones dramáticas de un pueblo, de una época o de un autor. ‖ Profesión de actor. ‖ Arte de componer obras dramáticas, o de representarlas. ‖ fig. Literatura dramática. ‖ fig. *Lugar en que ocurren acontecimientos notables y dignos de atención.
tebaico, ca. adj. Perteneciente a Tebas, ciudad del Egipto antiguo. ‖ V. **Extracto tebaico.**
tebano, na. adj. Natural de Tebas. Ú. t. c. s. ‖ Perteneciente a esta ciudad de la Grecia antigua.
tebeo, a. adj. **Tebano.** Apl. a pers., ú. t. c. s.
tebib. m. En Marruecos, *médico.
teca. f. *Árbol de las verbenáceas, cuya *madera, dura, elástica e incorruptible, es muy apreciada para ciertas construcciones navales.
teca. f. *Bot.* Célula en que están encerrados los esporos de algunos *hongos.
tecali. m. *Alabastro oriental de colores muy vivos que se halla en Tecali, población de Méjico.
tecla. f. Cada una de las palancas, generalmente cubiertas de marfil, que, oprimidas con los dedos, hacen sonar los tubos del *órgano o las cuerdas del *piano y otros instrumentos semejantes. ‖ Palanca semejante en las máquinas de *escribir, calcular, etc. ‖ fig. Materia *difícil o delicada que debe tratarse con cuidado. ‖ **Dar uno en la tecla.** fr. fig. y fam. *Acertar en el modo de ejecutar una cosa.
teclado. m. Conjunto ordenado de teclas del *piano, *órgano, máquina de *escribir, etc.
tecle. m. *Mar.* Especie de *aparejo con un solo motón.
tecleado. m. Acción de teclear con los dedos.
teclear. intr. Mover las teclas. ‖ fig. y fam. Menear los *dedos a manera del que toca las teclas. ‖ tr. fig. y fam. *Ensayar diversos medios para la consecución de algún fin.
tecleo. m. Acción y efecto de teclear.
técnica. f. Conjunto de *reglas prácticas, *modos y procedimientos de que se sirve una ciencia o un arte. ‖ Pericia o *habilidad para usar de esos procedimientos.
técnicamente. adv. m. De manera técnica.
tecnicismo. m. Conjunto de *vocablos técnicos empleados en el lenguaje de un arte, ciencia u oficio, etc. ‖ Cada uno de estos vocablos.
técnico, ca. adj. Perteneciente o relativo a las aplicaciones de las *ciencias y las *artes. ‖ Aplícase a las *palabras o expresiones empleadas exclusivamente, o con sentido distinto del vulgar, en el lenguaje propio de un *arte, *ciencia u *oficio, etc. ‖ m. El que posee los *conocimientos especiales de una ciencia o arte.
tecnología. f. Conjunto de los conocimientos propios de un *oficio mecánico o *arte industrial. ‖ Tratado de los *vocablos técnicos. ‖ Lenguaje técnico de una *ciencia o arte.
tecnológico, ca. adj. Perteneciente o relativo a la tecnología.
tecol. m. *Gusano que se cría en el maguey.
tecolote. m. **Búho.**
tectónico, ca. adj. **Geol.* Perteneciente o relativo a la estructura de la Tierra. ‖ f. Parte de la *geología que trata de dicha estructura.
techado. m. **Techo.**
techador. m. El que se dedica a techar, especialmente el que hace cubiertas de paja para casas y chozas.
techar. tr. Cubrir un edificio formando el techo.
***techo.** m. Parte interior y superior de un edificio o habitación. ‖ fig. *Casa, habitación o domicilio.
***techumbre.** f. ***Techo.** Dícese, por lo regular, de los muy altos y extensos.
tedero. m. Pieza de hierro, a modo de *candelabro, sobre la cual se ponen las teas para *alumbrar. ‖ Vendedor de teas.
tedéum. m. **Liturg.* Cántico que usa la Iglesia para dar gracias a Dios por algún beneficio.
tediar. tr. *Aborrecer una cosa o persona.
***tedio.** m. Repugnancia, fastidio, aburrimiento.
tediosidad. f. Calidad de tedioso.
tedioso, sa. adj. *Fastidioso, molesto.
tegeo, a. adj. Natural de Tegea. Ú. t. c. s. ‖ Perteneciente a esta ciudad de Arcadia.
tegual. m. Impuesto de *consumos que se pagaba por cada carga de *pescado en el antiguo reino de Granada.
teguillo. m. *Arq.* *Listón para la construcción de cielos rasos.
tegumento. m. **Bot.* *Tejido que cubre algunas partes de las plantas. ‖ **Histol.* Membrana que cubre el cuerpo del animal o alguna de sus partes internas.
teína. f. **Quím.* Principio activo del *té, análogo a la cafeína.
teinada. f. **Tinada** (*cobertizo).
teísmo. m. Creencia o *religión fundada en la existencia de un Dios personal y providente, creador y conservador del mundo.
teísta. adj. Que profesa el teísmo. Apl. a pers., ú. t. c. s.
***teja.** f. Pieza de barro cocido hecha en forma de canal, que se usa para cubrir los techos de las casas y otros edificios. ‖ Cada una de las dos piezas de acero que, preparadas convenientemente, envuelven el alma de la *espada. ‖ **Hidrául.* Parte alícuota de la fila de agua. ‖ V. **Sombrero de teja.** ‖ *Mar.* Concavidad semicircular que se hace en un *palo para ajustar o empalmar otro cilíndrico. ‖ **árabe.** La que tiene forma de una canal cónica. ‖ **plana.** La que tiene forma de cuadrilátero en el cual hay marcadas dos o más canales cilíndricas. ‖ **A teja vana.** m. adv. Sin otro *techo que el *tejado. ‖ fig. A la ligera. ‖ **A toca teja.** m. adv. fam. En dinero contante; *pagado en el acto. ‖ **De tejas abajo.** loc. adv. fig. y fam. Por un orden regular y *ordinario. ‖ fig. y fam. En el mundo, en la vida *terrenal. ‖ **De tejas arriba.** loc. adv. fig. y fam. Según orden sobrenatural. ‖ fig. y fam. En el *cielo.
teja. f. **Tilo.**
tejadillo. m. d. de **Tejado.** ‖ Parte que en los *coches de viga cubría los estribos. ‖ Tapa o cubierta de la caja de un *coche. ‖ Manera de coger los naipes para hacer *fullerías con la mano que los tiene.
***tejado.** m. Parte superior y exterior del edificio, cubierta comúnmente por tejas. ‖ **Min.* Afloramiento que

forma la parte alta de las vetas o filones metalíferos.
tejamaní. m. **Tejamanil.**
tejamanil. m. *Tabla delgada y cortada en trozos que se colocan como *tejas.
tejano, na. adj. Natural de Tejas. Ú. t. c. s. || Perteneciente a este país de los Estados Unidos.
tejar. m. Sitio donde se fabrican tejas, *ladrillos y adobes.
***tejar.** tr. Cubrir de tejas las casas y demás edificios o fábricas.
tejaroz. m. **Alero** (de *tejado).
tejavana. f. Edificio techado a teja vana; cobertizo.
tejazo. m. Golpe de teja.
tejedera. f. **Tejedora.** || **Escribano del agua.**
***tejedor, ra.** adj. Que teje. || fig. y fam. *Intrigante. Ú. t. c. s. || m. y f. Persona que tiene por oficio tejer. || m. *Insecto hemíptero que corre con mucha agilidad por la superficie del agua.
tejedura. f. Acción y efecto de *tejer. || **Textura.**
tejeduría. f. Arte de *tejer. || Taller donde trabajan los tejedores.
tejemaneje. m. fam. *Diligencia y *habilidad con que se hace una cosa o se maneja un negocio.
***tejer.** tr. Formar la tela con la trama y la urdimbre. || Entrelazar hilos, cordones, espartos, etc., para formar trencillas, pleitas, etc. || Formar ciertos animales articulados sus telas y capullos. || fig. *Componer, *ordenar con método una cosa. || fig. Discurrir, *inventar planes o combinaciones. || fig. Cruzar movimientos ordenados, como en la *danza. || **Tejer y destejer.** fr. fig. Mudar de resolución haciendo y deshaciendo una misma cosa.
tejera. f. La que fabrica *tejas y ladrillos. || **Tejar.**
tejería. f. **Tejar.**
tejeringo. m. **Cohombro** (churro, *fruta de sartén*).
tejero. m. El que fabrica tejas y *ladrillos.
***tejido.** m. **Textura** (disposición de los hilos en la tela). || Cosa tejida. || **Histol.* Trama celular, de distinta estructura según su función, que constituye la base anatómica de los seres animales y vegetales. || **adiposo.** *Zool.* El formado por células de grasa. || **conjuntivo.** *Zool.* El formado por manojos de hebras finas. || **fibroso.** Una de las variedades del conjuntivo, principal elemento de los ligamentos, tendones y aponeurosis. || **laminoso. Tejido conjuntivo.**
tejillo. m. Especie de trencilla de que usaban las mujeres como *ceñidor.
tejo. m. *Disco hecho de teja, metal, etc., que se usa para lanzarlo en ciertos *juegos. || **Chito** (juego). || *Placa metálica gruesa y de figura circular. || Pedazo de *oro en pasta. || **Cospel.** || *Mec.* **Tejuelo.**
tejo. m. *Árbol de las coníferas, siempre verde, con tronco grueso y poco elevado.
tejoleta. f. Pedazo de *teja. || Cualquier pedazo de *barro cocido. || **Tarreña.**
tejón. m. *Mamífero carnicero de pelo largo, que habita en madrigueras profundas.
tejón. m. aum. de **Tejo.** || **Tejo** (trozo de *oro en pasta).
tejonera. f. Madriguera donde se crían los tejones.
tejuela. f. d. de **Teja.** || **Tejoleta.** || **Guarn.* Pieza de madera que forma cada uno de los dos fustes de la silla de montar.
tejuelo. m. d. de **Tejo** (para *jugar). || Cuadrito de piel o de papel que se pega al lomo de un *libro para poner el *rótulo. || El rótulo mismo, aunque no sea sobrepuesto. || **Mec.* Pieza donde se apoya el gorrón de un árbol. || *Veter.* Hueso de forma semilunar, que sirve de base al *casco de las caballerías.
***tela.** f. Obra hecha de muchos hilos entrecruzados, que forman como una hoja o lámina. || Obra semejante a ésta, pero formada de puntos o lazaditas hechos con un mismo hilo. || Lo que se pone de una vez en el telar. || ***Membrana.** || Valla que se ponía en los *torneos, para evitar que los dos caballos se topasen. || Sitio cerrado dispuesto para lides públicas y otros *espectáculos o *fiestas. || Sabogal empleado en el Ebro para *pescar sabogas. || Flor o nata que crían algunos *líquidos en la superficie. || Túnica que tienen algunas frutas debajo de la *cáscara o corteza que las cubre. || Tejido que forman la *araña común y otros animales de su clase. || Nubecilla que se empieza a formar sobre la niña del *ojo. || fig. *Enredo, maraña o *mentira. || fig. *Asunto o materia. || **Mont.* Plaza o recinto formado con lienzos, para encerrar la caza y matarla con seguridad. || **de araña. Telaraña.** || **de cebolla. Binza.** || **metálica.** Tejido hecho con alambre. || **pasada.** Aquella en cuyas flores o labores pasa la seda al envés de ella. || **En tela de juicio.** fr. adv. En *duda acerca de la certeza o el éxito de una cosa. || **Haber tela de que cortar.** fr. fig. y fam. Haber mucha *abundancia de una cosa. || **Hay tela cortada,** o **larga tela.** expr. fig. y fam. con que se indica que el negocio de que se trata ofrece *dificultades. || fig. y fam. Ú. t. para censurar la *prolija locuacidad de una persona. || **Llegarle** a uno **a las telas del corazón.** fr. fig. *Ofenderle en lo que más ama. || **Mantener tela,** o **la tela.** fr. fig. Tomar parte principal en una *conversación. || **Ver** uno una cosa **por tela de cedazo.** fr. fig. y fam. Verla o entenderla confusamente, por *ofuscación o prejuicio.
telamón. m. *Arq.* **Atlante.**
***telar.** m. Máquina para tejer. || Parte superior del *escenario, de donde bajan los telones y bambalinas. || Aparato en que los *encuadernadores colocan los pliegos para coserlos. || *Arq.* Parte del espesor del *vano de una *puerta o ventana, más próxima al paramento exterior de la pared y que está con él a escuadra.
telaraña. f. Tela que forma la *araña. || fig. Cosa sutil e *insignificante. || **Mirar** uno **las telarañas.** fr. fig. y fam. Estar *distraído.
telarejo. m. d. de **Telar.**
telecomunicación. f. Sistema de comunicación telegráfica, telefónica o por *radio a larga distancia.
teledirigido, da. adj. Dícese del *avión, *proyectil u otro móvil, que se puede dirigir desde lejos mediante la emisión de ondas *eléctricas.
teleférico. Sistema de *transporte en que los *vehículos se deslizan por un cable metálico, a modo de *ferrocarril funicular.
telefio. m. *Planta herbácea de las crasuláceas, cuyas hojas suelen usarse como cicatrizantes y para ablandar los callos.
telefonear. tr. Dirigir comunicaciones por medio del *teléfono.
telefonema. m. Despacho telefónico.
telefonía. f. Arte de construir, instalar y manejar los *teléfonos. || Servicio público de comunicaciones telefónicas. || **sin hilos. Radiotelefonía.**
telefónicamente. adv. m. Por medio del teléfono.
***telefónico, ca.** adj. Perteneciente o relativo al *teléfono o a la telefonía.
telefonista. com. Persona que se ocupa en el servicio de los aparatos telefónicos.
***teléfono.** m. Conjunto de aparatos eléctricos e hilos conductores con los cuales se transmite a distancia la palabra y toda clase de sonidos.
telefotografía. f. Arte de tomar *fotografías de objetos lejanos, y estas mismas fotografías.
***telegrafía.** f. Arte de construir, instalar y manejar los telégrafos. || Servicio público de comunicaciones telegráficas. || **sin hilos. Radiotelegrafía.**
telegrafiar. tr. Manejar el telégrafo. || Enviar comunicaciones por telégrafo.
telegráficamente. adv. m. Por medio del *telégrafo.
***telegráfico, ca.** adj. Perteneciente o relativo al *telégrafo o a la telegrafía.
telegrafista. com. Persona que se ocupa en la instalación o el servicio de los aparatos *telegráficos.
***telégrafo.** m. Conjunto de aparatos que sirven para transmitir despachos con rapidez y a larga distancia. || **eléctrico.** El que funciona por medio de la electricidad. || **marino.** Conjunto de combinaciones de banderas u otras *señales que usan los buques para comunicar entre sí y con las estaciones de tierra. || **óptico.** El que funciona por medio de señales luminosas. || **sin hilos.** El eléctrico en que las señales se transmiten por medio de las ondas hertzianas. || **Hacer telégrafos.** fr. fig. y fam. Hablar por señas, especialmente los *enamorados.
telegrama. m. Despacho *telegráfico.
telele. m. Patatús, soponcio, *síncope.
telemetría. f. **Topogr.* Arte de medir distancias entre objetos lejanos.
telemétrico, ca. adj. Perteneciente o relativo al telémetro.
telémetro. m. **Topogr.* *Anteojo que permite averiguar, sin moverse de un sitio, la *distancia que hay desde él a otro donde se ha colocado una mira.
telendo, da. adj. Vivo, airoso, *gallardo.
teleobjetivo. m. *Fot.* Objetivo para *fotografiar objetos lejanos como si estuviesen más próximos.
teleología. f. *Fil.* Doctrina de las *causas finales.
teleológico, ca. adj. *Fil.* Perteneciente a la teleología.
teleósteo, a. adj. *Zool.* Dícese de los *peces que poseen esqueleto completo. Ú. t. c. m. pl.
telepatía. f. Comunicación entre dos inteligencias sin que medie ningún agente físico, o percepción o presentimiento de un fenómeno ocurrido fuera del alcance de los sentidos (*ocultismo).
telepático, ca. adj. Perteneciente a la telepatía.
telera. f. Travesaño que sujeta el dental a la cama del *arado o al timón mismo, y sirve para graduar la inclinación de la reja. || Redil o *aprisco formado con pies derechos clavados en tierra, y tablas que se

afirman en ellos. ‖ Cada uno de los dos maderos paralelos que forman las prensas de *carpinteros y *encuadernadores. ‖ Travesaño de madera con que se enlaza cada lado del pértigo con las tijeras o largueros de la escalera del *carro. ‖ *Metal. *Montón piramidal que se hacía con los minerales de pirita de cobre para calcinarlos. ‖ *Pan bazo grande y de forma ovalada. ‖ Galleta delgada y cuadrilonga. ‖ *Artill.* Cada una de las tablas que en las *cureñas unen y afirman las gualderas. ‖ *Mar.* Palo con una fila de agujeros, que sirve para mantener separados los *cabos de una araña. ‖ *Mar.* El medio punto del *timón.

telerín. m. **Adral.**

telero. m. Palo o estaca de las barandas de los *carros y galeras.

telerón. m. *Artill.* Pieza fuerte con que se aseguran entre sí las gualderas por la parte anterior del montaje.

telescópico, ca. adj. Relativo o perteneciente al telescopio. ‖ Que no se puede ver sino con el telescopio.

telescopio. m. *Anteojo de gran alcance, que generalmente se destina a observar los astros.

teleta. f. Hoja de papel secante que se pone sobre lo *escrito para que no se borre. ‖ *Red que se pone en las pilas de los molinos de *papel para que salga el agua y no el material.

teletipo. m. Aparato *telegráfico que imprime los mensajes en caracteres ordinarios. Es nombre registrado.

teletón. m. desus. *Tela de seda parecida al tafetán.

televisión. f. Transmisión de imágenes a larga distancia por medio de la *radio.

televisor. m. *Radio.* Aparato receptor de televisión.

telilla. f. d. de ***Tela.*** ‖ Tejido de lana más delgado que el camelote. ‖ **Tela** (nata en la superficie de los líquidos). ‖ Capa delgada y mate que cubre la masa fundida de la *plata cuando se copela.

telina. f. **Almeja.**

telón. m. Lienzo grande pintado que se pone en el escenario de un *teatro, ya para que forme parte principal de las decoraciones, ya para ocultar al público la escena. ‖ **de boca.** El que cierra la embocadura del escenario. ‖ **de foro.** El que cierra la escena formando el fondo de la decoración.

telonio. m. Oficina pública donde se pagaban los *tributos.

telúrico, ca. adj. Perteneciente o relativo a la *Tierra como planeta.

telurio. m. *Quím.* Cuerpo simple clasificado como metaloide, análogo al selenio.

tellina. f. **Telina.**

telliz. m. **Caparazón** (de la *armadura del caballo).

telliza. f. **Sobrecama.**

***tema.** m. Proposición o texto que se toma por asunto de un discurso. ‖ Este mismo asunto. ‖ **Gram.* Parte esencial e invariable de un vocablo, a diferencia de la terminación, del sufijo o del prefijo de aquél. ‖ **Mús.* Frase o motivo musical que sirve de base a una composición. ‖ f. Porfía, *obstinación. ‖ Especie o idea fija o *manía. ‖ *Aborrecimiento u oposición caprichosa a uno. ‖ **celeste.** *Astrol.* **Figura celeste.** ‖ **A tema.** m. adv. A porfía, a competencia.

temático, ca. adj. Que se arregla, ejecuta o dispone según el tema. ‖ **Temoso.** ‖ **Gram.* Perteneciente o relativo al tema de una palabra.

tembladal. m. **Tremedal.**

tembladera. f. *Vaso ancho, de plata, oro o vidrio, de paredes muy delgadas y de figura redonda, con dos asas a los lados y un pequeño asiento. ‖ **Tembleque** (*joya). ‖ **Torpedo** (*pez). ‖ *Planta anual de las gramíneas, con cañas cilíndricas de las cuales cuelgan unas espigas matizadas de verde y blanco. ‖ **Tremedal.**

tembladerilla. f. *Planta de las papilonáceas, que produce temblor en los animales que la comen.

tembladero, ra. adj. Que retiembla. ‖ m. **Tremedal.**

temblador, ra. adj. Que tiembla. Ú. t. c. s. ‖ m. y f. **Cuáquero.**

temblante. p. a. de ***Temblar.*** Que tiembla. ‖ m. Especie de *ajorca que usaban las mujeres.

***temblar.** intr. Agitarse con movimiento frecuente e involuntario. ‖ *Oscilar, moverse rápidamente una cosa a uno y otro lado de su posición normal. ‖ fig. Tener mucho *miedo. ‖ **Temblando,** con los verbos *estar, quedar, dejar* u otros semejantes, dícese de la cosa que está próxima a *gastarse o acabarse.

tembleque. adj. **Tembloroso.** ‖ m. Persona o cosa que *tiembla mucho. ‖ *Joya que, montada sobre una hélice de alambre, tiembla con facilidad.

temblequear. intr. fam. *Temblar con frecuencia o continuación. ‖ fam. Afectar *temblor.

tembletear. intr. fam. **Temblequear.**

temblón, na. adj. fam. **Temblador.** ‖ V. **Álamo temblón.** Ú. t. c. s. ‖ **Hacer** uno **la temblona.** fr. fam. Fingirse tembloroso el *mendigo para mover a lástima.

***temblor.** m. Movimiento involuntario, repetido y continuado del cuerpo o de algunas partes de él. ‖ **de tierra.** *Terremoto.

***tembloroso, sa.** adj. Que tiembla mucho.

tembloso, sa. adj. **Tembloroso.**

temedero, ra. adj. Digno de ser temido.

temedor, ra. adj. Que teme. Ú. t. c. s.

***temer.** tr. Tener a una persona o cosa por objeto de temor. ‖ Recelar un daño. ‖ *Sospechar, recelar, creer. ‖ intr. Sentir *temor.

temerariamente. adv. m. De modo temerario.

temerario, ria. adj. *Atrevido, *imprudente y que se arroja a los peligros sin meditado examen. ‖ *Infundado, que se dice, hace o piensa sin razón o motivo.

temeridad. f. Calidad de temerario. ‖ Acción temeraria. ‖ Juicio temerario.

temerón, na. adj. fam. Dícese de la persona que afecta *valor y esfuerzo para infundir miedo con sus ponderaciones. Ú. t. c. s.

temerosamente. adv. m. Con *temor.

temeroso, sa. adj. Que causa temor. ‖ Medroso, *cobarde. ‖ Que recela un daño.

***temible.** adj. Digno o capaz de ser temido.

temiente. p. a. de **Temer.** Que *teme. Ú. t. c. s.

temor.** m. Sentimiento que hace huir o rehusar las cosas que se consideran perjudiciales o peligrosas. ‖ Presunción o *sospecha. ‖ Recelo de un daño futuro. ‖ *Germ.* ***Cárcel. ‖ **de Dios.** *Teol.* Miedo reverencial que se debe tener a Dios. Es uno de los dones del Espíritu Santo.

temoso, sa. adj. Tenaz y *porfiado.

tempanador. m. Especie de *escoplo que sirve para abrir las *colmenas, quitando de ellas los témpanos o tapas.

tempanar. tr. Echar témpanos a las *colmenas, *cubas, etc.

tempanil. m. Pernil delantero del *cerdo.

tempanilla. adj. Dícese del *madero de sierra de diez, doce o quince palmos de longitud. Ú. m. c. s.

tempanillo. m. *Madera de junto a la médula del árbol.

témpano. m. ***Timbal.*** ‖ Piel extendida del *pandero, *tambor, etc. ‖ *Pedazo de cualquier cosa dura, extendida o *plana. ‖ Hoja de *tocino, quitados los perniles. ‖ Tapa de *cuba o tonel. ‖ Corcho redondo que sirve de tapa y cierre a una *colmena. ‖ *Arq.* **Tímpano** (*frontón).

tempate. m. **Piñón** (arbusto).

temperación. f. Acción y efecto de temperar o temperarse.

temperadamente. adv. m. **Templadamente.**

temperamento. m. **Temperie.** ‖ *Medio para terminar las disensiones y contiendas o para *resolver dificultades. ‖ **Fisiol.* Constitución particular de cada individuo, que resulta del predominio fisiológico de un sistema orgánico o de un humor. ‖ **Mús.* *Afinación aproximada de ciertos instrumentos, de la que resultan iguales ciertos intervalos que en realidad no lo son.

temperancia. f. **Templanza.**

temperante. p. a. de **Temperar.** Que tempera. Ú. t. c. s.

temperar. tr. **Atemperar.** Ú. t. c. r. ‖ **Terap.* Templar la excitación orgánica por medio de calmantes y antiespasmódicos.

temperatísimo, ma. adj. sup. Muy templado.

***temperatura.** f. Grado mayor o menor de calor en los cuerpos. ‖ **Temperie.**

temperie. f. Estado de la *atmósfera, según los diversos grados de calor o frío, sequedad o humedad.

tempero. m. **Agr.* Sazón en que se halla la *tierra para las sementeras y labores.

***tempestad.** f. Perturbación atmosférica acompañada de lluvia, descargas eléctricas y a veces granizo, viento, etc. ‖ Perturbación de las aguas del mar, causada por el ímpetu y violencia de los vientos. ‖ fig. Conjunto de palabras ásperas o *injuriosas. ‖ fig. **Tormenta** (*excitación de los ánimos).

tempestar. intr. Descargar la tempestad.

tempestivamente. adv. m. De modo tempestivo.

tempestividad. f. Calidad de tempestivo.

tempestivo, va. adj. *Oportuno, que viene a tiempo y ocasión.

tempestuosamente. adv. m. Con tempestad.

tempestuoso, sa. adj. Que causa o constituye una *tempestad. ‖ Expuesto o propenso a tempestades.

tempisque. m. *Árbol americano, de las sapotáceas, de frutos comestibles.

templa. f. **Pint.* Agua con cola fuerte o con yema de huevo batida, que se emplea para la pintura al temple.

templa. f. **Sien.** Ú. m. en pl.

templa. f. Porción de guarapo contenida en un tacho.

templadamente. adv. m. Con templanza.
templadera. f. *Compuerta que se pone en las acequias para regular el paso del agua.
templado, da. adj. *Moderado y parco en la comida o bebida o en alguna otra cosa. ‖ *Tibio, que no está frío ni caliente. ‖ Tratándose del *estilo, **medio.** ‖ fam. *Valiente con serenidad y *entereza. ‖ **Estar bien,** o **mal, templado.** fr. fig. y fam. Estar de buen o mal humor.
templador, ra. adj. Que templa. Ú. t. c. s. ‖ m. Llave con que se *afinan algunos instrumentos de cuerda, como el arpa, piano, etc. ‖ Llave con que se regula la *tensión de alambres, cables, etc.
templadura. f. Acción y efecto de templar o templarse.
templamiento. m. desus. **Templanza.**
templanza. f. Una de las cuatro *virtudes cardinales, que consiste en moderar los apetitos y el uso excesivo de los sentidos. ‖ *Moderación, sobriedad y continencia. ‖ Benignidad del *clima de un país. ‖ **Pint.* Armonía y buena disposición de los colores.
templar. tr. *Moderar o suavizar la fuerza de una cosa. ‖ Quitar el frío de una cosa, calentarla ligeramente, dejándola *tibia. ‖ Dar a un *metal, al *vidrio u otras materias el punto de dureza o elasticidad que requieren para ciertos usos. ‖ Poner en *tensión o *presión moderada una cosa. ‖ fig. *Mezclar una cosa con otra para suavizar o corregir su actividad. ‖ fig. Moderar, *aplacar la cólera u otra pasión. ‖ **Cetr.* Preparar el halcón para la caza, poniéndolo a dieta. ‖ *Mar.* Moderar y proporcionar las *velas al viento. ‖ *Mús.* *Afinar un instrumento. ‖ **Pint.* Armonizar los colores. ‖ r. fig. Contenerse, moderarse. ‖ intr. Perder el frío una cosa, empezar a *calentarse.
templario. m. Individuo de una *orden de caballería* destinada a proteger a los visitantes de los Santos Lugares de Jerusalén.
***temple.** m. **Temperie.** ‖ ***Temperatura.** ‖ Punto de dureza o elasticidad que se da a un *metal, al *vidrio, etc., templándolos. ‖ → fig. Disposición o estado de ánimo. ‖ fig. Arrojo, *valor. ‖ fig. *Medio término o partido que se toma entre dos cosas diferentes. ‖ *Mús.* *Afinación de los instrumentos. ‖ **Al temple.** m. adv. **Pint.* V. **Pintura al temple.**
temple. m. *Orden de los templarios; hoy se llaman así algunas iglesias que fueron suyas.
templén. m. Pieza del telar, que sirve para regular el ancho del *tejido.
templete. m. d. de **Templo.** ‖ Armazón pequeña, en figura de templo pagano, que sirve para cobijar una *efigie o forma parte de un mueble o *alhaja. ‖ *Pabellón o quiosco.
templista. com. **Pint.* Persona que pinta al temple.
***templo.** m. Edificio destinado al culto público de la divinidad. ‖ fig. Lugar en que se rinde culto al *saber, la *justicia, etc. ‖ **próstilo.** *Arq.* El que, además de las dos columnas conjuntas, tenía otras dos enfrente de las pilastras angulares.
témpora. f. Tiempo de *ayuno en el comienzo de cada una de las cuatro estaciones del año. Ú. m. en pl.
***temporada.** f. Espacio de varios días, meses o años que se consideran formando un conjunto. ‖ *Tiempo durante el cual se efectúa habitualmente alguna cosa. ‖ **De temporada.** m. adv. Durando algún tiempo, pero no de manera permanente.
***temporal.** adj. Perteneciente al tiempo. ‖ → Que dura por algún tiempo. ‖ *Secular, profano. ‖ Que pasa con el tiempo; que no es eterno; *fugaz. ‖ m. p. us. Buena o mala calidad o constitución del tiempo. ‖ ***Tempestad.** ‖ Tiempo de *lluvia persistente. ‖ *Obrero que sólo trabaja por ciertos tiempos del año.
temporal. adj. **Anat.* Perteneciente o relativo a las sienes. ‖ **Anat.* V. **Hueso temporal.** Ú. t. c. s.
temporalidad. f. Calidad de temporal o *secular. ‖ **Ecles.* Frutos y cualquier cosa profana que los eclesiásticos perciben de sus beneficios o prebendas. Ú. m. en pl.
temporalizar. tr. Convertir lo eterno en temporal o *secular.
temporalmente. adv. t. Por algún tiempo. ‖ adv. m. En el orden de lo temporal y *secular.
temporáneo, a. adj. ***Temporal** (pasajero).
temporario, ria. adj. ***Temporal** (pasajero).
temporejar. tr. **Mar.* Aguantarse a la capa en un temporal.
temporero, ra. adj. Dícese del *empleado que ejerce temporalmente un oficio o empleo, y especialmente del que no es de plantilla.
temporil. m. **Temporal** (*obrero de temporada).
temporizar. intr. **Contemporizar.** ‖ *Ocuparse en alguna cosa por mero *pasatiempo.
tempranal. adj. Aplícase a la *tierra y plantío de fruto temprano. Ú. t. c. s. m.
tempranamente. adv. t. **Temprano.**
tempranero, ra. adj. ***Temprano** (anticipado).
tempranilla. adj. V. **Uva tempranilla.** Ú. t. c. s.
tempranito. adv. t. fam. Muy temprano.
***temprano, na.** adj. Adelantado, anticipado con relación al tiempo regular u ordinario. ‖ m. *Sembrado o *plantación de fruto temprano. ‖ adv. t. En las primeras horas del día o de la noche. ‖ En tiempo anterior al convenido o acostumbrado para algún fin.
temu. m. *Árbol de las mirtáceas, propio de Chile.
temulencia. f. **Embriaguez.**
temulento, ta. adj. *Borracho, embriagado.
ten con ten. exp. fam. usada c. s. m. Tiento, *moderación, *prudencia.
tena. f. **Tinada** (*cobertizo).
tenace. adj. poét. **Tenaz.**
tenacear. tr. **Atenacear.**
tenacear. intr. Insistir o porfiar con *obstinación.
tenacero. m. El que hace o vende *tenazas. ‖ El que las maneja, y especialmente el obrero que en las *herrerías sostiene las piezas mientras se trabajan en el yunque.
tenacidad. f. Calidad de tenaz.
***tenacillas.** f. pl. d. de ***Tenazas.** ‖ **Despabiladeras.** ‖ Instrumento a modo de pinzas para tener cogido el cigarrillo al tiempo de *fumarlo. ‖ Tenaza pequeña de muelle, que sirve para coger terrones de azúcar y otras cosas. ‖ Instrumento, a manera de tenaza pequeña, que sirve para rizar el *cabello. ‖ Pinzas para *depilarse.
tenáculo. m. **Cir.* Instrumento para coger las arterias que deben ligarse.
tenada. f. **Tinada** (cobertizo). ‖ **Henal.**
tenallón. m. **Fort.* Especie de falsabraga hecha delante de las cortinas y flancos de una fortificación.
tenante. m. **Blas.* Cada una de las figuras de ángeles u hombres que sostienen el escudo.
tenar. m. *Anat.* Eminencia en la palma de la *mano hacia la base del pulgar.
tenaz. adj. Que se *pega o adhiere a una cosa, y es dificultoso de separar. ‖ Que opone mucha resistencia a romperse o deformarse; *duro, *resistente. ‖ fig. Firme, *constante, *obstinado.
***tenaza.** f. Instrumento de metal, compuesto de dos brazos articulados en un eje, que pueden abrirse y cerrarse para coger o sujetar fuertemente una cosa o arrancarla o cortarla. Ú. m. en pl. ‖ Instrumento de metal, compuesto de dos brazos paralelos, unidos en uno de sus extremos por un muelle semicircular. Ú. m. en pl. ‖ **Pinzas.** ‖ Extremo libre de la viga de los antiguos *molinos de aceite. ‖ fig. Par de cartas con las cuales se hacen precisamente dos bazas en algunos juegos de *naipes. ‖ **Fort.* Obra exterior con uno o dos ángulos retirados, sin flancos, situada delante de la cortina. ‖ **Hacer tenaza.** fr. fig. Asir *mordiendo, atravesando o cruzando las presas.
tenazada. f. Acción de agarrar con la *tenaza. ‖ *Ruido que produce la tenaza al manejarla. ‖ fig. Acción de *morder fuertemente.
tenazazo. m. *Golpe dado con las tenazas.
tenazmente. adv. m. Con tenacidad.
tenazón (a o de). m. adv. *Disparando de golpe, sin fijar la puntería. ‖ fig. Aplícase a lo que ocurre de *improviso. ‖ **Parar de tenazón** el caballo. fr. **Equit.* Pararle de golpe en la carrera.
tenazuelas. f. pl. d. de **Tenazas.** ‖ **Tenacillas.**
tenca. f. *Pez de agua dulce, malacopterigio abdominal, de carne blanca y sabrosa. ‖ Ave del orden de los pájaros, especie de alondra, propia de América.
tención. f. Acción de tener.
tendajo. m. **Tendejón.**
tendal. m. **Toldo.** ‖ Trozo de lienzo, que se pone debajo de los olivos para que caigan en él las *aceitunas. ‖ En algunas partes, **tendedero.** ‖ Conjunto de cosas tendidas para que se *sequen. ‖ *Cobertizo en donde se *esquilaba el ganado. ‖ Cada uno de los dos maderos laterales del lecho de la *carreta. ‖ **Tendalera.** ‖ Espacio solado donde se pone el *café para que se seque al sol.
tendalera. f. fam. Conjunto de cosas que se dejan tendidas por el suelo en *desorden.
tendalero. m. **Tendedero.**
tendedero. m. Sitio o lugar donde se tiende una cosa para que se *seque.
tendedor, ra. m. y f. Persona que tiende.
tendedura. f. Acción y efecto de tender o tenderse.
tendejón. m. *Tienda pequeña o cobertizo.
tendel. m. **Albañ.* Cuerda que se tiende horizontalmente entre dos reglones verticales, para guiarse al sentar las hiladas de ladrillo o piedra. ‖ **Albañ.* Capa de mortero o

de yeso que se extiende sobre cada hilada de ladrillos para sentar la siguiente.
tendencia. f. *Propensión o inclinación en los hombres y en las cosas hacia determinados fines.
tendencioso, sa. adj. Que manifiesta *propensión o tendencia determinada.
tendente. adj. Que tiende o muestra *propensión hacia algún fin.
ténder. m. *Ferroc.* Carruaje que se engancha a la locomotora y lleva el combustible y agua necesarios para alimentarla.
***tender.** tr. Desdoblar, *extender o desplegar una cosa. || Echar por el suelo una cosa, *esparciéndola. || Extender al aire, al sol o al fuego la ropa mojada, para que se *seque. || *Alargar o extender. || **Albañ.* Enlucir o revestir paredes o techos con una capa delgada de cal, yeso o mortero. || intr. Mostrar *propensión o tendencia hacia algún fin. || → r. Echarse, tumbarse a la larga. || Presentar el jugador todos sus *naipes. || Extenderse en la carrera el *caballo, aproximando el vientre al suelo. || fig. y fam. *Descuidarse en alguna empresa.
tenderete. m. Juego de *naipes en que los jugadores tratan de emparejar en puntos o figuras sus cartas con las de la mesa. || *Tienda o puesto de venta por menor, colocado al aire libre. || fam. **Tendalera.** || **robador.** Aquel en que se puede robar la baza del contrario.
***tendero, ra.** m. y f. Persona que tiene *tienda. || Persona que vende por menor. || m. El que hace tiendas o *pabellones de campaña. || El que cuida de ellas.
tendezuela. f. d. de ***Tienda.**
tendidamente. adv. m. Extensa o *prolijamente.
tendido, da. adj. Aplícase al galope del *caballo cuando éste se tiende. || m.**Taurom.* Gradería descubierta y próxima a la barrera. || Porción de *encaje que se hace sin levantarla del patrón. || Conjunto de ropa que cada *lavandera tiende. || Masa en *panes, puesta en el tablero para meterla en el horno. || Cielo despejado, sin *nubes. || *Albañ.* Parte del *tejado desde el caballete al alero. || **Albañ.* Capa delgada de cal, yeso, etc., que se tiende en paredes o techos.
tendiente. p. a. de **Tender.** Que tiende.
tendinoso, sa. adj. *Zool.* Que tiene *tendones o se compone de ellos.
***tendón.** m. Haz de fibras que une por lo común los músculos a los huesos. || **de Aquiles.** *Anat.* El grueso y fuerte, que une el talón con la pantorrilla.
tenducha. f. despect. *Tienda de mal aspecto.
tenducho. m. despect. **Tenducha.**
tenebrario. m. *Candelabro triangular, con quince velas, que se encienden en los oficios de tinieblas de *Semana Santa*.
tenebrosamente. adv. m. Con tenebrosidad.
tenebrosidad. f. Calidad de tenebroso.
tenebroso, sa. adj. *Obscuro, cubierto de tinieblas.
tenedero. m. *Mar.* Paraje del mar, donde puede afirmarse el *ancla.
***tenedor.** m. El que tiene o *posee una cosa. || *Com.* El que posee legítimamente una *letra de cambio* u otro valor endosable. || → Utensilio de mesa, a modo de horquilla con tres o cuatro púas, que sirve para clavarlo en los manjares sólidos y llevarlos a la boca. || En el juego de *pelota, persona encargada de recoger las que ruedan por el suelo. || **de bastimentos.** Persona encargada de la *provisión y distribución de víveres. || **de libros.** El que tiene a su cargo los libros de *cuenta y razón.
teneduría. f. Cargo y oficina del tenedor de libros. || **de libros.** Arte de llevar los libros de *contabilidad.
tenencia. f. Ocupación y *posesión actual y corporal de una cosa. || Cargo u oficio de teniente.
***tener.** tr. *Asir o mantener asida una cosa. || → *Poseer una cosa. || Mantener, *sostener. Ú. t. c. r. || Contener o *incluir en sí. || *Dominar o sujetar. || *Detener, parar. Ú. t. c. r. || *Cumplir el juramento o promesa. || *Hospedar o *acoger en su casa. || Estar en *obligación de hacer una cosa u ocuparse en ella. || Juzgar, reputar y *estimar. Suélese juntar con las prep. *a, por* y *en,* y ú. t. c. r. || Con los nombres que significan tiempo, expresa la duración o *edad de las cosas o personas. || intr. Ser *rico y adinerado. || r. Afirmarse o *apoyarse uno para no caer. || Hacer asiento un cuerpo sobre otro. || *Resistir o hacer frente a uno en riña o pelea. || Atenerse, adherirse, ser *partidario de una persona o cosa. || Como verbo auxiliar equivale a **haber.** || Construido con la conjunción *que* y el infinitivo de otro verbo, denota la *necesidad u *obligación de hacer lo que el verbo significa. || **No tenerlas** uno **todas consigo.** fr. fig. y fam. Sentir recelo o *temor. || **Tener** uno **algo que perder.** fr. fig. y fam. Poseer *bienes, posición o fama. || **Tener** uno **a menos.** fr. Desdeñarse de hacer una cosa, por *orgullo o por considerarla humillante. || **Tener** uno **en buenas.** fr. fam. Reservar en el juego los *naipes buenos para lograr la mano. || **Tener en menos** a uno. fr. Menospreciarle. || **Tenerlas tiesas** uno. fr. fig. y fam. **Tenérselas tiesas.** || **Tener que ver** una persona o cosa con otra. fr. Haber entre ellas alguna *relación o semejanza. || **Tener que ver** un hombre **con** una mujer. fr. **Tener** cópula carnal. || **Tenerse fuerte** uno. fr. *Resistir fuertemente. || **Tenérselas tiesas** uno, o **a,** o **con,** uno. fr. fig. y fam. *Resistir, mantenerse firme contra otro. || **Tener,** o **tenerse,** uno **tieso.** fr. fig. y fam. Mantenerse *constante en una resolución.
tenería. f. **Curtiduría.**
tenesmo. m. **Pujo.**
tengue. m. *Árbol de las leguminosas, parecido a la acacia.
tenguerengue (en). m. adv. fam. Sin estabilidad, en equilibrio *inestable.
tenia. f. *Helminto intestinal, de cuerpo formado de anillos aplastados de seis a ocho milímetros de ancho, que se desprenden y se reproducen con facilidad, llegando a tener entre todos una longitud de algunos metros. || *Arq.* *Moldura fina, listel o filete.
tenida. f. Sesión que celebran los *francmasones.
tenienta. f. Mujer del teniente.
tenientazgo. m. **Tenencia** (cargo de teniente).
teniente. p. a. de **Tener.** Que tiene o *posee una cosa. || adj. Aplícase a la fruta *verde. || fam. Algo *sordo. || fig. Miserable y *mezquino. || m. El que ejerce el cargo o ministerio de otro, como *substituto suyo. || *Mil.* *Oficial inmediatamente inferior al capitán. || **coronel.** *Mil.* Inmediato jefe después del coronel. || **de alcalde.** Concejal encargado de ciertas funciones de alcaldía. || **de navío.** Oficial de la *armada cuya categoría corresponde a la de capitán del ejército. || **general.** *Mil.* *Oficial general de categoría superior a la del general de división e inferior a la de capitán general. || **Primer teniente.** *Mil.* **Teniente.** || **Segundo teniente.** *Mil.* *Oficial de categoría inmediatamente inferior a la de primer **teniente.**
tenífugo, ga. adj. **Farm.* Dícese del medicamento eficaz para la expulsión de la tenia. Ú. t. c. s. m.
tenis. m. Juego de *pelota con raqueta, en que los adversarios están separados por una red de poca altura.
teníu. m. *Árbol de las saxifragáceas, propio de Chile.
tenor. m. Constitución esencial, *calidad o composición de una cosa. || Contenido literal de un *escrito u oración. || **A este tenor.** m. adv. Por el mismo estilo.
tenor. m. *Mús.* *Voz media entre la de contralto y la de barítono. || *Mús.* Persona que tiene esta voz.
tenorio. m. fig. El que anda en *galanteos y es audaz y *pendenciero.
tensino, na. adj. Natural del valle de Tena. Ú. t. c. s. || Perteneciente a esta región de la provincia de Huesca.
***tensión.** f. Estado de un cuerpo, estirado por la acción de fuerzas que lo solicitan. || *Intensidad de la fuerza con que los *gases tienden a dilatarse. || Grado de energía *eléctrica que se manifiesta en un cuerpo. || **superficial.** **Fís.* Acción de las fuerzas moleculares que tiende a contener los líquidos dentro de la mínima superficie.
tensión. f. **Tensón.**
***tenso, sa.** adj. Que se halla en estado de *tensión.
tensón. f. Composición *poética de los provenzales, a manera de controversia sobre un tema determinado.
tensor, ra. adj. Que origina *tensión o sirve para producirla. Ú. t. c. s.
tentabuey. m. ***Gatuña.**
tentación. f. Instigación o *estímulo que induce a una cosa mala. || Impulso repentino que excita a hacer una cosa, aunque no sea mala. || fig. Sujeto que *induce o persuade. || **Caer** uno **en la tentación.** fr. fig. Dejarse vencer de ella.
tentacular. adj. Referente al tentáculo.
tentáculo. m. **Zool.* Cualquiera de los apéndices móviles y blandos que tienen muchos *moluscos, *crustáceos, etc., y que les sirven para tocar y para hacer presa.
tentadero. m. Corral o sitio cerrado en que se hace la tienta de becerros de *lidia.
tentador, ra. adj. Que tienta. Ú. t. c. s. || Que hace caer en la tentación. Ú. t. c. s. || m. Por antonom., **diablo.**
tentadura. f. *Ensayo que se hace del mineral de *plata tratándolo con el azogue. || Muestra necesaria para dicho ensayo. || Tiento, *zurra.
tentalear. tr. Tentar o *palpar repetidas veces; reconocer a tientas una cosa.
tentar. tr. *Palpar o tocar una cosa. || Examinar y reconocer por medio

del sentido del tacto lo que no se puede ver. ‖ *Incitar, inducir o estimular. ‖ Intentar o *procurar. ‖ Examinar, *ensayar o experimentar. ‖ Probar a uno; hacer examen de su constancia o fortaleza. ‖ *Cir. Reconocer con la tienta la cavidad de una herida.

tentaruja. f. fam. Manoseo, *ajamiento, sobadura.

tentativa. f. Acción con que se *intenta, experimenta, *ensaya o tantea una cosa. ‖ *Examen previo que se hacía en algunas universidades. ‖ *For.* Principio de ejecución de un *delito que no se llega a consumar, sin que haya mediado desistimiento del culpable.

tentativo, va. adj. Que sirve para tantear o *ensayar una cosa.

tentebonete (a). m. adv. Con *abundancia.

tentemozo. m. Puntal o *apoyo que se aplica a una cosa expuesta a caerse. ‖ Palo que cuelga del pértigo del *carro para impedir que éste caiga hacia adelante. ‖ **Dominguillo.** ‖ **Quijera** (de la cabezada).

tentempié. m. fam. **Refrigerio.**

tentenelaire. com. **Etnogr.* Hijo o hija de cuarterón y mulata o de mulato y cuarterona. ‖ Descendiente de jíbaro y albarazada o de albarazado y jíbara. ‖ **Colibrí.**

tentetieso. m. **Dominguillo** (*muñeco).

tentón. m. fam. Acción de tentar brusca y rápidamente.

***tenue.** adj. Delgado y débil. ‖ De poca substancia, *insignificante. ‖ **Sencillo** (*natural, no afectado).

tenuemente. adv. m. Con tenuidad.

tenuidad. f. Calidad de *tenue. ‖ Cualquier cosa *insignificante.

tenuirrostro, tra. adj. *Zool.* Dícese del *pájaro que tiene el pico alargado, tenue y sin dientes. ‖ m. pl. *Zool.* Familia de estos pájaros.

tenuta. f. *For.* *Posesión interina de los frutos, rentas y preeminencias de algún *mayorazgo.

tenutario, ria. adj. *For.* Perteneciente o relativo a la tenuta.

tenzón. f. **Tensón.**

teña. f. **Oruga.** ‖ **Pocilga.**

teñidura. f. Acción y efecto de *teñir o teñirse.

***teñir.** tr. Dar a una cosa un color distinto del que tenía. Ú. t. c. r. ‖ **Pint.* Rebajar o apagar un color con otros más obscuros.

teobroma. m. ***Cacao.**

teobromina. f. **Quím.* Principio activo del *cacao.

teocali. m. *Templo de los antiguos mejicanos.

teocinte. m. Especie de *maíz, que se aprovecha para forraje en Costa Rica.

teocracia. f. *Gobierno ejercido directamente por *Dios. ‖ Gobierno en que el poder supremo está sometido a los *sacerdotes.

teocrático, ca. adj. Perteneciente o relativo a la teocracia.

teodicea. f. ***Teología natural.**

teodolito. m. **Topogr.* Instrumento que se compone de un círculo horizontal y un semicírculo vertical, provistos de anteojos, para medir ángulos en sus planos respectivos.

teodosiano, na. adj. Perteneciente a Teodosio el Grande, o a su nieto Teodosio II.

teofobia. f. Odio a Dios.

teófobo, ba. adj. Que odia a Dios.

teogonía. f. Generación de los dioses del *paganismo.

teogónico, ca. adj. Perteneciente o relativo a la teogonía.

teologal. adj. Perteneciente o relativo a la *teología. ‖ V. **Virtud teologal.**

***teología.** f. Ciencia que trata de Dios y de sus atributos. ‖ **ascética.** Parte de la **teología** que se refiere al ejercicio de las virtudes. ‖ **dogmática.** La que trata de Dios y de sus atributos a la luz de los principios revelados. ‖ **escolástica.** La dogmática que utiliza para sus conclusiones los métodos de la filosofía escolástica. ‖ **mística.** Parte de la **teología** dogmática y moral, que se refiere a la perfección de la vida cristiana. ‖ **natural.** La que trata de Dios y de sus atributos a la luz de los principios de la razón. ‖ **pastoral.** La que trata de las obligaciones de la cura de almas. ‖ **positiva.** La que apoya sus conclusiones con los principios, hechos y monumentos de la revelación cristiana. ‖ **No meterse uno en teologías.** fr. fig. y fam. Discurrir o hablar con *naturalidad y llaneza.

teológicamente. adv. m. En términos o principios *teológicos.

***teológico, ca.** adj. **Teologal.**

teologizar. intr. Discurrir sobre principios o razones *teológicos.

***teólogo, ga.** adj. **Teologal.** ‖ →m. y f. Persona que profesa la teología. ‖ Estudiante de teología.

teorema. m. **Lóg.* Proposición que afirma una verdad demostrable.

teorético, ca. adj. *Intelectual, especulativo, que no es experimental.

teoría. f. *Conocimiento especulativo considerado con independencia de toda aplicación. ‖ Ley o sistema de leyes que se deducen de la observación de ciertos fenómenos *científicos, y sirven para relacionarlos y explicarlos. ‖ *Suposición o hipótesis. ‖ *Procesión religiosa entre los antiguos griegos.

teórica. f. **Teoría** (*conocimiento).

teóricamente. adv. m. De manera teórica.

teórico, ca. adj. Perteneciente a la teoría. ‖ Que *conoce las cosas o las considera tan sólo especulativamente.

teorizante. adj. Que teoriza.

teorizar. tr. Tratar un asunto sólo en teoría.

teoso, sa. adj. Perteneciente o relativo a la tea. ‖ Dícese de la *madera que por ser abundante en *resina sirve para tea.

teosofía. f. Doctrina que aspira a *conocer la divinidad directamente, prescindiendo de la revelación y de la especulación. ‖ Conjunto de creencias *supersticiosas fundadas en el esperitismo y en la reencarnación de las almas.

teosófico, ca. adj. Perteneciente o relativo a la teosofía.

teósofo. m. El que profesa la teosofía.

tepe. m. Pedazo de tierra cubierto de césped y muy trabado con las raíces de esta *hierba, que se usa para hacer *paredes y *malecones.

tepeaqués, sa. adj. Natural de Tepeaca. Ú. t. c. s. ‖ Perteneciente a esta población de Méjico.

tepeizcuinte. m. **Paca** (*mamífero).

tepemechín. m. *Pez de río de carne muy sabrosa, propio de América.

tepú. m. *Árbol pequeño de las mirtáceas, propio de los bosques de Chile.

tequiche. m. *Dulce que se usa en Venezuela, compuesto de harina de maíz tostado, leche de coco y mantequilla.

tequio. m. Tarea, *trabajo personal, que se imponía como *tributo a los *indios. ‖ fig. Molestia, *perjuicio. ‖ **Min.* Cantidad de mineral que forma el destajo de un barretero.

terapeuta. adj. Dícese de cada uno de los individuos de una *secta judía, que observaba algunas prácticas del cristianismo. ‖ com. Persona que profesa la terapéutica.

***terapéutica.** f. Parte de la medicina, que trata de la curación de las enfermedades.

terapéutico, ca. adj. Perteneciente o relativo a la *terapéutica.

teratología. f. Estudio de las anomalías y *deformaciones del organismo animal o vegetal.

teratológico, ca. adj. Perteneciente o relativo a la teratología.

terbio. m. *Metal muy raro que se ha hallado en algunos minerales de Suecia.

tercamente. adv. m. Con terquedad u *obstinación.

tercelete. adj. *Arq.* Dícese del arco que, en las bóvedas por arista, sube por un lado hasta la mitad del arco diagonal.

tercena. f. *Almacén del Estado para vender por mayor *tabaco y otros efectos estancados.

tercenal. m. Fascal, conjunto de treinta *haces.

tercenco, ca. adj. Aplícase a la *oveja o carnero que tiene tres años.

tercenista. com. Persona encargada de la tercena.

tercer. adj. Apócope de **Tercero.** Ú. siempre antepuesto al substantivo.

tercera. f. Reunión, en el juego de los cientos, de tres *naipes del mismo palo y de valor correlativo. ‖ ***Alcahueta.** ‖ **Mús.* Consonancia que comprende el intervalo de dos tonos y medio. ‖ **mayor.** La que comienza por el as, en el juego de los cientos. ‖ *Mús.* **Dítono.** ‖ **menor.** **Mús.* **Semidítono.** ‖ **real.** En el juego de los cientos, la que comienza por el rey.

terceramente. adv. l. p. us. En tercer lugar.

tercerear. intr. p. us. Hacer oficio de tercero o *mediador. ‖ tr. **Terciar.**

tercería. f. Oficio o cargo de tercero. ‖ Tenencia interina de un *castillo, fortaleza, etc. ‖ *For.* *Derecho que deduce un tercero entre dos o más litigantes.

tercerilla. f. Composición métrica de tres *versos de arte menor, dos de los cuales riman o hacen consonancia.

tercerista. m. **For.* Parte demandante en una tercería.

tercero, ra. adj. Que sigue inmediatamente en *orden al segundo. Ú. t. c. s. ‖ Que ejerce su *mediación entre dos o más personas. Ú. m. c. s. ‖ m. **Alcahuete.** ‖ El que profesa la regla de la **tercera** *orden de San Francisco. ‖ Encargado de recoger los *diezmos y custodiarlos. ‖ *Persona que no es ninguna de dos o más de quienes se trata. ‖ *Geom.* Cada una de las sesenta partes iguales en que se divide el segundo de *círculo. ‖ **en discordia.** El que media para zanjar una desavenencia entre *árbitros, arbitradores o peritos.

tercerol. m. *Mar.* En algunas cosas, lo que ocupa el lugar tercero; como el *remo de la tercera bancada, etc.

tercerola. f. *Arma de fuego* usada por la caballería, y es un tercio más corta que la carabina. ‖ Especie de *barril de mediana cabida. ‖ Flauta algo más pequeña que la ordinaria.

tercerón, na. m. y f. **Alcahuete.**

terceto. m. Combinación métrica de

tres *versos endecasílabos, que se emplea siempre repetida. ‖ **Tercerilla.** ‖ **Mús.* Composición para tres voces o instrumentos. ‖ *Mús.* Conjunto de estas tres voces o *instrumentos.

tercia. f. Tercera parte de una vara. ‖ Tercera *parte de un todo. ‖ Segunda de las cuatro partes iguales en que dividían los romanos el día artificial. ‖ **Liturg.* Una de las horas menores del oficio divino. ‖ Casa en que se depositaban los *diezmos. ‖ **Tercera** (combinación de *naipes). ‖ Pieza de madera de hilo, con escuadría de una **tercia** en la tabla y una cuarta en el canto. ‖ *Agr.* Tercera cava que se da a las *viñas. ‖ **Tercias reales.** Los dos novenos que de todos los *diezmos eclesiásticos se deducían para el rey.

terciado, da. adj. Dícese del azúcar algo moreno. ‖ m. *Espada un tercio más corta que la de marca. ‖ *Cinta algo más ancha que el listón. ‖ *Madero de sierra que resulta de dividir en tres partes iguales el ancho de una alfarjía.

terciador, ra. adj. Que tercia o media. Ú. t. c. s. ‖ m. *Mazo menor que la almádena.

terciana. f. *Pat.* *Calentura intermitente que repite al tercer día. ‖ **de cabeza.** *Pat.* Cefalea intermitente.

tercianario, ria. adj. Que padece tercianas. Ú. t. c. s. ‖ Dícese de la comarca o país ocasionado a ellas. ‖ Aplícase a la misma *calentura que repite cada tercer día.

tercialena. f. *Tela a modo de gro, de cordoncillo muy grueso.

terciar. tr. Poner una cosa atravesada o al *sesgo. ‖ *Dividir una cosa en tres partes. ‖ Equilibrar la *carga repartiéndola por igual a los dos lados de la acémila. ‖ **Agr.* Dar la tercera reja o labor a las tierras. ‖ *Agr.* Cortar las plantas o arbustos por una tercia sobre la tierra, para que retoñen con más fuerza. ‖ *Mil.* Tener el fusil cogido por la parte más estrecha de la culata y apoyado a lo largo del cuerpo. ‖ r. Venir bien una cosa, *acaecer de modo *conveniente u *oportuno. ‖ intr. Interponerse y *mediar para *conciliar a los desavenidos. ‖ Hacer tercio; *participar en la acción de otros. ‖ *Completar el número necesario de personas para alguna cosa. ‖ Llegar al número de tres. Dícese de la *Luna cuando llega al tercer día.

terciario, ria. adj. Tercero en *orden o grado. ‖ *Arq.* Dícese de cierta especie de *arco que se hace en las *bóvedas formadas con cruceros. ‖ **Geol.* Dícese del terreno posterior al cretáceo. Ú. t. c. s. ‖ **Geol.* Perteneciente a él. ‖ m. Religioso tercero.

terciazón. f. **Agr.* Tercera reja o labor que se da a las tierras.

tercio, cia. adj. **Tercero.** ‖ m. Cada una de las tres *partes iguales en que se divide un todo. ‖ Cada una de las dos mitades de la *carga de una acémila, cuando va en fardos. ‖ Cada una de las tres partes que se consideran en la altura de una caballería. ‖ Cada una de las tres partes en que se considera dividida la *lidia (varas, banderillas y muerte). ‖ Cada uno de los tres períodos que se consideran en la carrera del *caballo. ‖ Cada una de las tres partes en que se divide el *rosario. ‖ Parte más ancha de la *media que cubre la pantorrilla. ‖ Fardo de *tabaco en rama que pesa aproximadamente un quintal. ‖ *Mar.* Cada uno de los antiguos batallones o cuerpos de tropas que guarnecían las galeras. ‖ *Mar.* Asociación de los marineros y de los propietarios de lanchas para el ejercicio de la *pesca. ‖ **Mil.* Cuerpo de infantería que equivalía en España a **regimiento.** ‖ **Mil.* Denominación que alguna vez se da a cuerpos o batallones de infantería en la milicia moderna. ‖ *Mil.* Cada una de las divisiones del instituto de la Guardia Civil. ‖ pl. Miembros fuertes y robustos del hombre. ‖ **Tercio de fuerza. Tercio** de la longitud de la *espada más próximo a la empuñadura. ‖ **flaco. Tercio** de la longitud de la *espada más próximo a la punta. ‖ **naval.** *Mar.* Cada uno de los cuerpos formados por la marinería de un departamento para el servicio de la *armada. ‖ **Ganar** uno **los tercios de la espada** a otro. fr. **Esgr.* Introducir la suya muy adentro, cargando la contraria de modo que no pueda obrar. ‖ **Hacer** uno **buen,** o **mal, tercio** a otro. fr. Hacerle *beneficio o *daño. ‖ **Hacer tercio** uno. fr. *Participar en alguna cosa; completar el número de los que concurren a ella. ‖ **Mejorado en tercio y quinto.** expr. fig. *Aventajado con exceso, o favorecido mucho más que otro.

terciodécuplo, pla. adj. Que contiene un número trece veces exactamente. Ú. t. c. s. m.

terciopelado, da. adj. **Aterciopelado.** ‖ m. Especie de tejido semejante a *terciopelo.

terciopelero. m. Oficial que trabaja los *terciopelos.

***terciopelo.** m. Tela velluda y tupida de seda, formada por dos urdimbres y una trama. ‖ Tela velluda y semejante al verdadero **terciopelo,** pero tejida con hilos que no son de seda. ‖ **Macagua terciopelo.** ‖ *Arbusto perenne de las bignoniáceas, que se cultiva en los jardines.

terco, ca. adj. Pertinaz, *obstinado. ‖ fig. Dícese de lo que es *tosco, *duro o difícil de labrar.

terebintáceo, a. adj. **Bot.* Aplícase a plantas dicotiledóneas, árboles, arbustos o matas, de corteza resinosa, cuyo tipo es el terebinto. Ú. t. c. s. f. ‖ f. pl. *Bot.* Familia de estas plantas.

terebinto. m. *Arbolillo de las terebintáceas, que exuda por la corteza gotitas de trementina blanca muy olorosa.

terebrante. adj. *Pat.* Dícese del *dolor que parece taladrar la parte dolorida.

terenciano, na. adj. Propio y característico del *poeta cómico latino Terencio.

tereniabín. m. **Farm.* Substancia viscosa con aspecto de miel, que fluye de las hojas de un arbusto de Persia, y se emplea en medicina como purgante.

tereque. m. *Trasto, trebejo.

teresa. adj. Dícese de la *monja carmelita descalza que profesa la reforma de Santa Teresa. Ú. t. c. s. f.

teresiana. f. Especie de quepis usado como prenda de uniforme militar.

teresiano, na. adj. Perteneciente o relativo a Santa Teresa de Jesús. ‖ Afiliado a la devoción de esta *santa. ‖ Aplícase a la hermana de votos simples, perteneciente a un instituto religioso afiliado a la tercera orden carmelitana.

terete. adj. p. us. Rollizo, de carne fuerte.

tergiversable. adj. Que puede tergiversarse.

***tergiversación.** f. Acción y efecto de tergiversar.

tergiversador, ra. adj. Que tergiversa. Ú. t. c. s.

***tergiversar.** tr. Alterar los hechos, interpretarlos con error o torcer las razones o argumentos. ‖ Trasladar o citar un texto con ánimo de falsear su sentido.

teriaca. f. **Triaca.**

teriacal. adj. **Triacal.**

terigüela. f. Tarabilla del *arado. ‖ *Cordel atado a la oreja de un buey para castigarle mientras va *arando.

teristro. m. Velo o *manto delgado que usaban las mujeres de Palestina.

terliz. m. *Tela fuerte de lino o algodón.

termal. adj. Perteneciente o relativo a las termas o caldas. ‖ V. **Agua termal.**

termas. f. pl. **Caldas.** ‖ *Baños públicos de los antiguos romanos.

termes. m. **Comején** (*insecto).

térmico, ca. adj. Perteneciente o relativo al *calor.

termidor. m. Undécimo *mes del calendario republicano francés.

terminable. adj. Que tiene término.

terminación. f. Acción y efecto de *terminar o terminarse. ‖ *Conclusión o parte final de una cosa. ‖ **Gram.* Letra o letras que se subsiguen al radical de los vocablos. ‖ **Gram.* **Desinencia.** ‖ **Pat.* Estado de la naturaleza de un enfermo al entrar en convalecencia. ‖ **Poesía.* Letra o letras que determinan la asonancia o consonancia de unos vocablos con otros.

terminacho. m. fam. Voz o *palabra poco culta o mal formada. ‖ fam. Término bárbaro o mal usado.

terminador, ra. adj. Que termina. Ú. t. c. s.

terminajo. m. fam. **Terminacho.**

terminal. adj. *Final, que pone término a una cosa. ‖ *Bot.* Dícese de lo que está en el *extremo de cualquier parte de la planta. ‖ **Electr.* Extremo de un conductor dispuesto para facilitar su conexión con un aparato.

***terminante.** p. a. de **Terminar.** Que termina. ‖ → adj. Claro, preciso, concluyente.

terminantemente. adv. m. De manera *terminante o concluyente.

***terminar.** tr. Poner *término a una cosa, acabarla. ‖ **Acabar.** ‖ intr. Tener término una cosa, acabar. Ú. t. c. r. ‖ **Pat.* Entrar una enfermedad en su último período.

terminativo, va. adj. *Fil.* Respectivo o relativo al término u *objeto de una acción.

terminista. com. Persona que habla con *afectación usando términos rebuscados.

término. m. *Extremo, *límite o último punto hasta donde llega o se extiende una cosa. ‖ *Fin o último momento de la duración o existencia de una cosa. ‖ fig. *Límite o extremo de una cosa inmaterial. ‖ **Mojón.** ‖ Línea divisoria de dos Estados, provincias, etc. ‖ Porción de *territorio sometido a la autoridad de un ayuntamiento. ‖ Paraje o *lugar señalado para algún fin. ‖ Tiempo o *plazo determinado. ‖ Hora, *fecha o punto preciso de hacer algo. ‖ Objeto, *finalidad. ‖ *Aspecto, apariencia. ‖ **Palabra.** ‖ *Estado o situación en que se halla una persona o cosa. ‖ Forma o modo de portarse o hablar. Ú. m. en pl. ‖ *Arq.* Sostén o *apoyo que termina por la parte superior en una cabeza humana. ‖ **Gram.* Cada uno de los dos elementos necesarios en la relación gramatical. ‖ **Lóg.* Aquello dentro de lo cual se contiene enteramente una cosa. ‖ **Lóg.* Cada una de las palabras que substancialmente integran una proposición o un silogismo. ‖ **Mat.* Cada una de las cantidades que componen un polinomio o forman una razón, una proporción o un quebrado. ‖ **Mús.* Punto, tono. ‖ **Pint.* Plano en que se representa algún objeto en un cuadro. ‖ pl. **Astrol.* Ciertos grados y límites en que se creía que los planetas tienen mayor fuerza en sus influjos. ‖ **Término de una audiencia.** **For.* Intervalo entre dos sesiones consecutivas de un tribunal. ‖ **eclíptico.** *Astr.* Distancia de la *Luna a uno de los dos nodos de su órbita. ‖ **fatal.** *For.* El improrrogable. ‖ **medio.** **Mat.* Cantidad que resulta de sumar otras varias y dividir la suma por el número de ellas. ‖ *Modo o procedimiento para salir de alguna duda, o para componer una discordia. ‖ **negativo.** *Álg.* El que lleva el signo menos (—). ‖ **perentorio.** *For.* **Término fatal.** ‖ **positivo.** *Álg.* El que lleva el signo más (+). ‖ **probatorio.** **For.* El que señala el juez, para proponer y hacer las probanzas. ‖ **redondo.** *Territorio exento de la jurisdicción de todos los pueblos comarcanos. ‖ Conjunto de predios de un mismo dueño, que no incluyen en sus linderos ninguna heredad ajena. ‖ **ultramarino.** *For.* El que se concedía para practicar prueba en Ultramar. ‖ **Medio término. Término medio.** ‖ **Términos hábiles.** *Posibilidad de hacer o conseguir una cosa. ‖ **necesarios.** *Astr.* En los *eclipses de Sol o Luna, aquellas posiciones de estos astros con arreglo a las cuales necesariamente ha de haber eclipse en alguna parte de la Tierra. ‖ **posibles.** *Astr.* En los *eclipses, aquellas distancias al nodo, dentro de las cuales puede haber eclipse. ‖ **repugnantes.** **Lóg.* Los que dicen incompatibilidad entre sí. ‖ **Medios términos.** *Rodeo, *evasiva o *tergiversación con que uno huye de lo que le desagrada. ‖ **Correr el término.** fr. Transcurrir el señalado para una cosa. ‖ **En propios términos.** loc. adv. Con *claridad y genuina expresión para la inteligencia de una cosa.

terminología. f. Conjunto de términos o *vocablos propios de determinada profesión, ciencia o materia.

terminote. m. aum. de **Término.** ‖ fam. *Palabra chocante por afectada, indecente o demasiadamente culta.

termita. f. **Comején** (*insecto).

termita. f. **Quím.* Mezcla de limaduras de aluminio y de óxidos de diferentes metales, que por inflamación produce elevadísima temperatura.

termo. m. *Vasija de dobles paredes para conservar la temperatura de las substancias que en ella se ponen, aislándolas del exterior.

termocauterio. m. **Cir.* Cauterio hueco, de platino, que se mantiene candente por la electricidad, por combustión interior u otro medio semejante.

termodinámica. f. Parte de la física, que trata de la fuerza mecánica del *calor.

termodinámico, ca. adj. Perteneciente o relativo a la termodinámica.

termoeléctrico, ca. adj. Dícese del aparato en que se desarrolla *electricidad por la acción del calor.

termología. f. Tratado del *calor.

termometría. f. Medición de la *temperatura.

termométrico, ca. adj. Perteneciente o relativo al termómetro.

termómetro. m. *Fís.* Instrumento que sirve para medir la *temperatura. ‖ **clínico.** El de máxima precisión, que se usa para tomar la temperatura a los enfermos. ‖ **de máxima.** El que deja registrada la temperatura máxima. ‖ **de mínima.** El que deja registrada la temperatura mínima. ‖ **diferencial.** Instrumento que sirve para medir diferencias pequeñas de temperatura.

termos. m. **Termo.**

termonuclear. adj. Perteneciente o relativo al *calor producido por la fisión del *átomo.

termoscopio. m. *Fís.* **Termómetro diferencial.**

termosifón. m. Aparato anejo a una *cocina y que sirve para calentar agua. ‖ Aparato de *calefacción por medio del agua caliente.

terna. f. *Conjunto de tres personas propuestas para un cargo o *empleo. ‖ Pareja de tres puntos, en el juego de *dados. ‖ Cada juego o conjunto de dados con que se juega. ‖ **Paño** (*ancho de una *tela).

ternario, ria. adj. Compuesto de tres elementos, unidades o *números. ‖ **Mús.* V. **Compás ternario.** ‖ m. **Liturg.* Espacio de tres días dedicados a una devoción o ejercicio espiritual.

ternasco. m. **Cordero recental.** ‖ **Cabrito.**

terne. adj. fam. ***Valentón.** Ú. t. c. s. ‖ fam. Perseverante, *obstinado. ‖ fam. *Fuerte, robusto, que goza de buena *salud.

ternecico, ca, to, ta. adj. d. de **Tierno.**

ternejal. adj. fam. **Terne.** Ú. t. c. s.

ternejón, na. adj. **Ternerón.** Ú. t. c. s.

***ternera.** f. Cría hembra de la vaca. ‖ *Carne de **ternera** o de ternero.

***ternero.** m. Cría macho de la vaca. ‖ **recental.** El de leche o que no ha pastado todavía.

ternerón, na. adj. fam. Aplícase a la persona *compasiva que se enternece con facilidad. Ú. t. c. s.

terneruela. f. d. de **Ternera.**

ternez. f. desus. **Terneza.**

terneza. f. ***Ternura.** ‖ **Requiebro.** Ú. m. en pl.

ternezuelo, la. adj. d. de **Tierno.**

***ternilla.** f. *Cartílago o tejido sólido, elástico y blanquecino, que generalmente forma láminas en el cuerpo de los animales.

ternilloso, sa. adj. Compuesto de ternillas. ‖ Parecido a ellas.

ternísimo, ma. adj. sup. de **Tierno.**

terno. m. *Conjunto de tres cosas de una misma especie. ‖ Suerte de tres números, en el juego de la *lotería primitiva. ‖ **Indum.* Pantalón, chaleco y chaqueta, u otra prenda semejante, hechos de la misma tela. ‖ Conjunto del oficiante y sus dos ministros, que celebran una *misa mayor. ‖ **Liturg.* Vestuario exterior del **terno** eclesiástico. ‖ Voto, *juramento. ‖ **Impr.* Conjunto de tres pliegos impresos metidos uno dentro de otro. ‖ **seco.** El que se jugaba en una cédula de la *lotería primitiva, sin opción a los ambos. ‖ fig. y fam. Suerte *feliz e inesperada.

***ternura.** f. Calidad de tierno. ‖ **Requiebro.**

tero. m. **Teruteru.**

terquear. intr. Mostrarse terco u *obstinado.

terquedad. f. Calidad de terco. ‖ Porfía, *disputa obstinada.

terquería. f. **Terquedad.**

terqueza. f. **Terquedad.**

terracota. f. *Escultura de *barro cocido.

terrada. f. Especie de *betún compuesto de almagre, ajos, blanquimiento y cola.

terrado. m. ***Azotea.**

terraguero. m. **Terrero** (montón de barreduras en la *era).

terraja. f. **Albañ.* Tabla recortada con arreglo al perfil de una *moldura, y que sirve para hacer las de yeso, estuco o mortero. ‖ Herramienta de acero, provista de piezas cortantes que sirven para labrar las roscas de los *tornillos. ‖ **de agujero cerrado.** La que tiene de una sola pieza la caja donde se labra la rosca. ‖ **de cojinetes.** La que tiene la caja donde se labra la rosca dividida en dos partes.

terraje. m. **Terrazgo** (*renta).

terrajero. m. **Terrazguero.** ‖ Persona encargada de cobrar el terrazgo.

terral. adj. V. ***Viento terral.** Ú. t. c. s.

terramicina. f. **Farm.* e **Inm.* Antibiótico derivado de cultivos de un actinomiceto y cuyo clorhidrato se emplea contra las neumonías, blenorragias, etc.

terraplén. m. Macizo de *tierra que se levanta para hacer una defensa, un *camino u otra obra semejante.

terraplenar. tr. *Llenar de *tierra un vacío o hueco. ‖ Acumular tierra para levantar un terraplén.

terrapleno. m. desus. **Terraplén.**

terráqueo, a. adj. **Geogr.* Compuesto de tierra y agua. Aplícase únicamente al globo o esfera terrestre.

terrateniente. com. *Dueño o poseedor de tierra o hacienda.

terraza. f. Jarra vidriada, de dos asas. ‖ **Arriate** (de un *jardín). ‖ **Terrado.** ‖ Espacio descubierto, más o menos levantado del suelo, en algunos edificios.

terrazgo. m. Pedazo de *tierra para sembrar. ‖ Pensión o *renta que paga al señor de una tierra el que la labra. ‖ desus. Esta tierra.

terrazguero. m. Labrador que paga terrazgo.

terrazo. m. **Pint.* Terreno representado en un paisaje.

terrazuela. f. d. de **Terraza** (jarra).

terrear. intr. Descubrirse o dejarse ver la tierra en los *sembrados.

terrecer. tr. **Aterrar** (causar *temor). Ú. t. c. r. ‖ intr. Sentir *temor.

terregoso, sa. adj. Aplícase al *campo lleno de terrones.

***terremoto.** m. Sacudida del terreno, ocasionada por fuerzas que actúan en lo interior del globo.

***terrenal.** adj. Perteneciente a la tierra, en contraposición de lo que pertenece al cielo.

terrenidad. f. Calidad de terrenal.

***terreno, na.** adj. **Terrestre.** ‖ ***Terrenal.** ‖ → m. Sitio o espacio de tierra. ‖ fig. Campo o esfera de acción en que se ejerce el *poder o influencia de personas o cosas. ‖ fig. Orden de materias o *asuntos de que se trata. ‖ **Geol.* Conjunto de substancias minerales que tienen origen común, o cuya formación corresponde a una misma época. ‖ **agarrado.** El que es duro y compacto. ‖ **de transición.** **Geol.* Terreno sedimentario donde se han hallado *fósiles primitivos. ‖ **franco.** **Min.* El que puede ser concedido libremente por el Estado para la industria minera. ‖ **Ganar** uno **terreno.** fr. fig. *Adelantar en una cosa. ‖ fig. Irse introduciendo con habilidad para *conseguir algún fin. ‖ **Medir** uno **el terreno.** fr. fig. *Ensayar o tantear dificultades de un negocio. ‖ **Minarle** a uno **el terreno.** fr. fig. Trabajar solapadamente para desbaratar a uno sus planes. ‖ **Perder** uno **terreno.** fr. fig. *Atrasar en un negocio.

terreño, ña. adj. **De la tierra.**

térreo, a. adj. De *tierra. ‖ Parecido a ella.

terrera. f. Trozo de tierra escarpada. ‖ ***Alondra.**

terrero, ra. adj. Perteneciente o relativo a la *tierra. ‖ Aplícase al *vuelo rastrero de ciertas aves. ‖ Dícese de la *caballería que al caminar levanta poco los brazos. ‖ Aplícase a las *cestas o *espuertas que se emplean para llevar tierra de un punto a otro. Ú. t. c. s. f. ‖ fig. Bajo y *humilde. ‖ m. **Terrado.** ‖ Montón de *tierra. ‖ Depósito de tierras acumuladas por la acción de las aguas. ‖ Montón de broza o desechos sacados de una *mina. ‖ Objeto o blanco que se pone para *disparar sobre él. ‖ Especie de *plaza pública. ‖ Montón que en la *era se forma con las barreduras de la parva. ‖ **Hacer terrero.** fr. fig. desus. Galantear o *enamorar a una dama desde la calle.

terrestre. adj. Perteneciente o relativo a la *tierra.

terrezuela. f. d. de **Tierra.** ‖ *Tierra de poca substancia o de poco valor.

terribilidad. f. Calidad de terrible.

terribilísimo, ma. adj. sup. de **Terrible.**

***terrible.** adj. Digno o capaz de ser *temido; que causa *horror. ‖ *Desabrido o desapacible de genio o condición. ‖ Muy *grande o excesivo.

terriblemente. adv. m. Espantosa u horriblemente. ‖ fam. **Extraordinariamente.**

terriblez. f. **Terribleza.**

terribleza. f. **Terribilidad.**

terrícola. com. *Habitante de la tierra.

terrífico, ca. adj. Que amedrenta, pone *miedo o terror.

terrígeno, na. adj. *Nacido o engendrado de la *tierra.

terrino, na. adj. De *tierra.

***territorial.** adj. Perteneciente al *territorio.

territorialidad. f. Calidad de *territorial respecto de determinada *nación. ‖ Ficción jurídica por la cual los buques y los domicilios de los agentes *diplomáticos se consideran, dondequiera que estén, como si formasen parte del territorio de su propia nación.

***territorio.** m. Porción de la superficie terrestre perteneciente a una nación, provincia, etc. ‖ Circuito que comprende una jurisdicción. ‖ Demarcación sujeta al mando de un *gobernador.

terrizo, za. adj. Hecho o fabricado de *tierra. ‖ m. y f. Barreño, lebrillo. ‖ m. *Era sin empedrar.

terrollo. m. **Guarn.* Especie de collera hecha de un rollo de paja de centeno forrado de tela fuerte.

terromontero. m. *Montículo, cerro o collado.

***terrón.** m. Masa pequeña de *tierra compacta. ‖ Masa pequeña y *sólida de otras substancias. ‖ *Residuo de la *aceituna después de exprimida. ‖ fig. y fam. Persona *anciana y achacosa. ‖ pl. Hacienda rústica, *tierras labrantías, etc. ‖ **Terrón de tierra. Montón de tierra.** ‖ **A rapa terrón.** m. adv. fam. Hablando de *siega, a ras de tierra.

terronazo. m. *Golpe dado con un terrón.

***terror.** m. *Miedo, espanto. ‖ Época durante la revolución francesa, en que eran frecuentes las ejecuciones por motivos políticos.

terrorífico, ca. adj. **Terrífico.**

terrorismo. m. Dominación por el terror. ‖ **Polít.* Sucesión de actos de violencia ejecutados para infundir terror.

terrorista. m. Partidario del terrorismo.

terrosidad. f. Calidad de terroso.

terroso, sa. adj. Que participa de la naturaleza y propiedades de la *tierra. ‖ Que tiene mezcla de tierra. ‖ m. *Germ.* **Terrón.**

terruño. m. Terrón o trozo de *tierra. ‖ Comarca o *nación, especialmente el país natal. ‖ *Terreno, especialmente hablando de su calidad.

tersar. tr. Poner tersa una cosa.

tersidad. f. **Tersura.**

terso, sa. adj. *Limpio, *liso y *brillante. ‖ fig. Tratándose de lenguaje, *estilo, etc., puro, fluido.

tersura. f. Calidad de terso.

tertil. m. *Impuesto antiguo sobre la *seda.

tertulia. f. *Reunión de personas que se juntan habitualmente para *conversar amigablemente o para algún *pasatiempo honesto. ‖ Corredor en la parte más alta de los antiguos *teatros de España. ‖ Lugar en los cafés destinado a mesas de *juegos de billar, cartas, etc.

tertuliano, na. adj. Dícese del que concurre a una tertulia. Ú. t. c. s.

tertuliante. adj. **Tertuliano.**

tertuliar. intr. Estar de tertulia, *conversar.

tertulio, lia. adj. **Tertuliano.** Ú. t. c. s.

teruelo. m. Bola hueca donde se incluye el nombre de cada uno de los que entran en *suerte.

teruncio. m. *Moneda romana que valía la cuarta parte de un as.

teruteru. m. *Ave americana zancuda, con plumaje de color blanco con mezcla de negro y pardo.

terzón, na. adj. V. **Novillo terzón.** Ú. t. c. s.

terzuela. f. **Ecles.* Distribución que reciben los capitulares por asistir al coro a la hora de tercia.

terzuelo. m. Tercio o tercera *parte de una cosa. ‖ *Cetr.* *Halcón macho.

tesálico, ca. adj. **Tesaliense.**

tesaliense. adj. Natural de Tesalia. Ú. t. c. s. ‖ Perteneciente a esta región de la Grecia antigua.

tesalio, lia. adj. **Tesaliense.** Apl. a pers., ú. t. c. s.

tésalo, la. adj. **Tesaliense.** Ú. t. c. s.

tesalonicense. adj. Natural de Tesalónica. Ú. t. c. s. ‖ Perteneciente a esta ciudad de Macedonia.

tesalónico, ca. adj. **Tesalonicense.** Apl. a pers., ú. t. c. s.

tesar. tr. *Mar.* Poner en *tensión los cabos, velas, etc. ‖ intr. *Retroceder, andar hacia atrás los bueyes uncidos.

tesaurizar. tr. **Atesorar.**

tesauro. m. **Tesoro** (diccionario).

tesbita. adj. Natural de Tesba. Ú. t. c. s. ‖ Perteneciente a esta ciudad de Palestina.

tesela. f Cada una de las piezas de mármol, piedra, etc., con que los antiguos formaban los *pavimentos del *mosaico.

teselado, da. adj. Dícese del *pavimento formado con teselas.

tésera. f. Pieza que los romanos usaban como contraseña; *marca, *señal o prenda de un pacto.

tesis. f. **Lóg.* Conclusión, proposición que se mantiene con razonamientos. ‖ Disertación escrita que presenta a la *universidad el aspirante al título de doctor.

tesitura. f. **Mús.* Extensión normal, desde lo grave hasta lo agudo, que corresponde a cada *voz o a cada *instrumento. ‖ fig. Actitud o *disposición del ánimo.

teso, sa. p. p. irreg. de **Tesar.** ‖ adj. **Tieso.** ‖ m. *Cumbre o alto de un *cerro o collado. ‖ Pequeña *prominencia o *resalto en una superficie lisa. ‖ Sitio en que se hace la *feria de *ganados. ‖ Cada una de las divisiones del rodeo en las ferias.

tesón. m. Firmeza, *constancia, *obstinación, *entereza. ‖ Manga corta para *pescar. ‖ Cada una de las tablas planas que forman los fondos de las *cubas.

tesonería. f. Terquedad, *obstinación.

tesonero, ra. adj. desus. Dícese del que tiene tesón o *constancia.

tesorería. f. Cargo u oficio de tesorero. ‖ Oficina o despacho del tesorero.

tesorero, ra. m. y f. Persona encargada de *custodiar y distribuir los caudales de una dependencia. ‖ m. *Canónigo o dignidad a cuyo cargo está la custodia de las reliquias y alhajas.

tesorizar. tr. desus. **Atesorar.**

***tesoro.** m. Cantidad de *dinero, *bienes u objetos preciosos, reunida y guardada. ‖ Erario público. ‖ Abundancia de dinero guardado. ‖ fig. Persona o cosa, o conjunto de ellas, de calidad *excelente. ‖ fig. Nombre dado por sus autores a ciertos *diccionarios, catálogos, etc. ‖ **de duende.** Riqueza imaginaria o que se disipa fácilmente.

tespíades. f. pl. Las *musas.

testa. f. ***Cabeza.** ‖ Frente, cara *anterior de algunas cosas. ‖ fig. y fam. Entendimiento y *prudencia. ‖ **coronada.** Monarca o señor *soberano de un Estado. ‖ **de ferro. Testaferro.**

testáceo, a. adj. Dícese de los animales que tienen *concha. Ú. t. c. s. m.

testación. f. Acción y efecto de testar o *borrar.

testada. f. **Testarada.**

testado, da. adj. Dícese de la persona que ha muerto habiendo hecho *testamento, y de la sucesión por éste regida.

***testador, ra.** m. y f. Persona que hace *testamento.

testadura. f. **Testación.**

testaférrea. m. **Testaferro.**

testaferro. m. El que por *delegación secreta de otro presta su nombre en un contrato, pretensión o negocio.

testamentar. tr. Dejar en *testamento.

testamentaría. f. Ejecución de lo dispuesto en el *testamento. ‖ Sucesión y caudal de una herencia hasta que termina la liquidación y división. ‖ Junta de los testamentarios. ‖

Juicio, de los llamados universales, para inventariar, liquidar y partir la *herencia.

***testamentario, ria.** adj. Perteneciente o relativo al testamento. ‖ m. y f. Persona encargada por el testador de cumplir su última voluntad.

testamentifacción. f. *For.* Facultad de hacer *testamento.

***testamento.** m. Declaración que de su última voluntad hace una persona, disponiendo de bienes y asuntos para después de su muerte. ‖ Documento donde consta la voluntad del testador. ‖ **abierto.** El que se otorga ante notario y testigos y se protocoliza como escritura pública. ‖ **adverado.** El que, según derecho foral, se otorga ante el párroco y dos testigos. ‖ **cerrado.** El que se otorga escribiendo o haciendo escribir el testador su voluntad bajo cubierta sellada. ‖ **de hermandad,** o de **mancomún.** El que se otorgaba en un mismo instrumento por dos personas, en beneficio recíproco o de tercero. ‖ **escrito. Testamento cerrado.** ‖ **marítimo.** El otorgado por la persona que se halla a bordo de una nave en viaje. ‖ **militar.** El otorgado por la persona que forma parte de un ejército en campaña. ‖ **nuncupativo. Testamento abierto.** ‖ **ológrafo.** El que deja el testador escrito y firmado de su mano propia. ‖ **sacramental.** El que se otorga con especiales formalidades de juramento religioso. ‖ **Antiguo Testamento.** Parte de la *Biblia que contiene los escritos de Moisés y todos los demás canónicos anteriores a la venida de Jesucristo. ‖ **Nuevo Testamento.** Parte de la *Biblia que contiene los Evangelios y demás obras canónicas posteriores al nacimiento de Jesús. ‖ **Viejo Testamento. Antiguo Testamento.** ‖ **Ordenar,** u **otorgar,** uno su **testamento.** fr. Hacerlo. ‖ **Quebrantar el testamento.** fr. *For.* Inutilizar o invalidar el que se hizo según derecho.

***testar.** intr. Hacer *testamento. ‖ tr. Tachar, *borrar con trazos lo escrito.

testarada. f. *Golpe dado con la testa. ‖ Terquedad, *obstinación.

testarazo. m. **Testarada** (*golpe).

testarrón, na. adj. fam. **Testarudo.** Ú. t. c. s.

testarronería. f. fam. **Testarudez.**

testarudez. f. Calidad de testarudo. ‖ Acción propia del testarudo.

testarudo, da. adj. Porfiado, terco, *obstinado. Ú. t. c. s.

teste. m. **Testículo.** ‖ Grano de consistencia coriácea que sale en los *dedos de las manos.

testera. f. Frente o fachada *anterior de una cosa. ‖ *Asiento, en el *coche, en que se va de frente. ‖ **Guarn.* Adorno para la frente de las caballerías. ‖ Parte anterior y superior de la *cabeza del animal. ‖ Cada una de las paredes del *horno de fundición.

testerada. f. **Testarada.**

testeraje. m. Conjunto de tiestos o *macetas.

testerillo, lla. adj. Dícese de la *caballería que tiene una mancha blanca en la frente.

testero. m. **Testera.** ‖ Trashoguero de la *chimenea. ‖ **Min.* Macizo de mineral con dos caras descubiertas. ‖ Extremo del tronco del pino por donde ha sido cortado.

testicular. adj. Perteneciente o relativo a los *testículos.

***testículo.** m. Cada una de las dos glándulas secretorias del semen.

testificación. f. Acción y efecto de testificar.

testifical. adj. Referente a los *testigos.

testificante. p. a. de **Testificar.** Que testifica.

testificar. tr. Afirmar o probar de oficio una cosa, con referencia a *testigos o a documentos auténticos. ‖ Deponer como *testigo en algún acto judicial. ‖ fig. Certificar de la verdad de una cosa.

testificata. f. *Testimonio y *documento legalizado de escribano.

testificativo, va. adj. Dícese de lo que da *testimonio de una cosa.

***testigo.** com. Persona que da testimonio de una cosa. ‖ Persona que *presencia una cosa. ‖ m. Cualquier cosa, aunque sea inanimada, por la cual se infiere la verdad de un hecho. ‖ Hito de tierra que se deja a trechos en las *excavaciones, para cubicar después el volumen de tierra extraída. ‖ Extremo de una *cuerda en que el cáñamo o esparto está sin torcer e indica que la cuerda está entera. ‖ **Testículo.** ‖ pl. Piedras que se arriman a los lados de los mojones para señalar la dirección de la *linde. ‖ **Testigo abonado.** *For.* El que no tiene tacha legal. ‖ **de cargo.** El que depone en contra del procesado. ‖ **de descargo.** El que depone en favor del procesado. ‖ **de oídas.** El que depone de un caso por haberlo oído a otros. ‖ **de vista.** El que se halló presente al caso. ‖ **mayor de toda excepción.** *For.* El que no tiene tacha ni excepción legal. ‖ **ocular. Testigo de vista.** ‖ **sinodal.** Persona de suficiencia y probidad, nombrada en el sínodo para dar testimonio de la observancia de los estatutos. ‖ **Examinar testigos.** fr. *For.* Tomarles el juramento y las declaraciones. ‖ **Hacer testigos.** fr. *For.* Poner personas de autoridad para que confirmen la verdad de una cosa.

testimonial. adj. Que hace fe y verdadero *testimonio. ‖ f. pl. *Documento auténtico. ‖ Testimonio que dan los *obispos de la buena *conducta de un súbdito que pasa a otra diócesis.

testimoniar. tr. **Atestiguar.**

testimoniero, ra. adj. Que levanta falsos testimonios y *calumnias. Ú. t. c. s. ‖ Hazañero, *hipócrita. Ú. t. c. s.

***testimonio.** m. Atestación o aseveración de una cosa. ‖ *Documento autorizado por escribano o notario, en que se da fe de un hecho. ‖ *Copia auténtica de un documento. ‖ *Prueba de la certeza o verdad de una cosa. ‖ Impostura, *calumnia.

testimoñero, ra. adj. **Testimoniero.** Ú. t. c. s.

testón. m. *Moneda de plata, usada en diversos países.

testudíneo, nea. adj. Propio de la *tortuga, parecido a ella.

testudo. m. **Artill.* Máquina militar antigua con que se cubrían los soldados para arrimarse a las murallas. ‖ Cubierta que formaban los soldados alzando y uniendo los *escudos sobre sus cabezas.

testuz. m. En algunos animales, **frente.** ‖ En otros animales, **nuca.**

testuzo. m. **Testuz.**

tesura. f. **Tiesura.**

teta. f. *Mama: cada uno de los órganos glandulosos y prominentes que sirven a las hembras de los mamíferos para la secreción de la *leche. ‖ ***Pezón.** ‖ fig. **Mogote.** ‖ **de maestra. Maestril.** ‖ **de vaca.** Merengue grande y de forma cónica. ‖ **Barbaja.** ‖ **Dar la teta.** fr. Dar de *mamar. ‖ **De teta.** Dícese del *niño o de la cría de un animal que está en el período de la lactancia. ‖ **Quitar la teta.** fr. fam. **Destetar.**

tetania. f. *Enfermedad caracterizada por contracciones dolorosas y por diversos trastornos del metabolismo.

tetánico, ca. adj. **Pat.* Perteneciente o relativo al tétanos.

tétano. m. **Pat.* **Tétanos.**

tétanos. m. **Pat.* Rigidez y tensión *convulsiva de los músculos sometidos al imperio de la voluntad. ‖ *Pat.* *Enfermedad infecciosa caracterizada por los fenómenos antedichos.

tetar. tr. **Atetar.** ‖ intr. **Mamar.**

tetera. f. *Vasija de forma adecuada para hacer y servir el *té.

tetero. m. **Biberón.**

teticiega. adj. Dícese de la res que tiene obstruidos los conductos de la *leche de una teta.

tetigonia. f. Especie de cigarra menor que la común.

tetilla. f. d. de **Teta.** ‖ Cada una de las tetas rudimentarias de los machos. ‖ Especie de *pezón de goma que se pone al biberón. ‖ Yema adventicia de la *vid. ‖ *Hierba anual de las saxifragáceas, cuyos pecíolos contienen mucha agua. ‖ **Dar** a uno **en,** o **por, la tetilla.** fr. fig. y fam. Persuadirle, o tocarle en lo que más siente.

tetón. m. Pedazo seco de la *rama *podada que queda unido al tronco. ‖ **Lechón.**

tetona. adj. fam. **Tetuda.**

tetracordio. m. **Mús.* Serie de cuatro sonidos que forman un intervalo de cuarta.

tetraedro. m. **Geom.* Sólido terminado por cuatro planos o caras. ‖ **regular.** *Geom.* Aquel cuyas caras son triángulos equiláteros.

tetrágono, na. adj. *Geom.* Dícese del *polígono que tiene cuatro ángulos y cuatro lados. Ú. t. c. s.

tetragrama. m. **Mús.* Renglonadura de cuatro rayas usada en la escritura del canto gregoriano.

tetragrámaton. m. Nombre o *palabra compuesta de cuatro letras. ‖ Por excel., nombre de *Dios, que en hebreo se compone de cuatro letras.

tetralogía. f. Conjunto de cuatro obras *dramáticas o de ópera.

tetrámero, ra. adj. **Bot.* Dícese del verticilo que consta de cuatro piezas y de la flor que tiene corola y cáliz con este carácter. ‖ Dícese de los *insectos que tienen cuatro artejos en cada tarso. Ú. t. c. s. ‖ m. pl. Suborden de estos insectos.

tetrarca. m. *Soberano o señor de la cuarta parte de un reino o provincia. ‖ *Gobernador de una provincia o territorio.

tetrarquía. f. Dignidad de tetrarca. ‖ *Territorio de su jurisdicción.

tetrasílabo, ba. adj. **Cuatrisílabo.** Ú. t. c. s. m.

tetrastilo. m. *Arq.* Templo cuyo frente tiene cuatro *columnas.

tétrico, ca. adj. *Triste, demasiadamente *serio y melancólico.

tetuán. adj. p. us. **Tetuaní.**

tetuaní. adj. Natural de Tetuán. Ú. t. c. s. ‖ Perteneciente a esta ciudad de África.

tetuda. adj. Dícese de la hembra que tiene muy grandes las tetas o *mamas.

teucali. m. **Teocali.**

teucrio. m. *Arbusto de las labiadas.
teucro, cra. adj. **Troyano.** Apl. a pers., ú. t. c. s.
teúrgia. f. Especie de *magia de los antiguos.
teúrgico, ca. adj. Relativo a la teúrgia.
teúrgo. m. Mago dedicado a la teúrgia.
teutón, na. adj. Dícese del individuo de un pueblo de raza germánica que habitó cerca de la desembocadura del Elba. Ú. m. c. s. y en pl. ‖ fam. **Alemán.**
teutónico, ca. adj. Perteneciente o relativo a los teutones. ‖ Aplícase a una orden militar de Alemania y a los caballeros de la misma. ‖ m. *Lengua de los teutones.
***textil.** adj. Dícese de la materia capaz de reducirse a hilos y ser tejida. Ú. t. c. s.
texto. m. Lo dicho o *escrito por un autor. ‖ Pasaje citado de una *obra literaria. ‖ Por antonom., sentencia de la *Biblia. ‖ Todo lo que se dice en el cuerpo de la *obra manuscrita o impresa, a diferencia de las notas, índices, etc. ‖ Grado de letra de *imprenta, menos gruesa que la parangona y más que la atanasia. ‖ **Libro de texto.** ‖ **Sagrado texto.** La *Biblia.
textorio, ria. adj. Perteneciente al arte de *tejer.
textual. adj. Conforme con el texto o propio de él. ‖ Aplícase también al que *prueba sus pensamientos con lo literal de los textos.
textualista. m. El que usa con frecuencia y singularidad del texto.
textualmente. adv. m. De manera textual.
textura. f. Disposición y orden de los hilos en una *tela. ‖ Operación de *tejer. ‖ fig. *Lit.* **Estructura** (de una obra, poema, etc.). ‖ *Hist. Nat.* *Colocación o disposición que tienen entre sí las partículas de un cuerpo.
teyo, ya. adj. Natural de Teos. Ú. t. c. s. ‖ Perteneciente a esta ciudad de Jonia.
***tez.** f. **Superficie.** Dícese más especialmente de la del rostro humano.
tezado, da. adj. **Atezado.**
tezcucano, na. adj. Natural de Tezcuco. Ú. t. c. s. ‖ Perteneciente a esta ciudad de Méjico.
theta. f. Octava *letra del alfabeto griego.
ti. Forma del pronombre *personal de segunda persona de singular, común a los casos genitivo, dativo, acusativo y ablativo. ‖ **Hoy por ti y mañana por mí.** expr. con que se manifiesta la *reciprocidad que puede haber en servicios o favores.
***tía.** f. Respecto de una persona, hermana o prima de su padre o madre. ‖ En los pueblos, tratamiento de respeto que se da a la *mujer casada o entrada en edad. ‖ fam. Mujer *rústica y *grosera. ‖ fam. ***Ramera.** ‖ fam. **Madrastra,** y algunas veces **suegra.** ‖ **abuela.** Respecto de una persona, hermana de uno de sus abuelos. ‖ **No hay tu tía.** expr. fig. y fam. con que se denota la *imposibilidad de lograr una cosa. ‖ **Quedar,** o **quedarse, una para tía.** fr. fig. y fam. Quedarse *soltera.
tiaca. f. *Árbol de las saxifragáceas, propio de Chile, cuyas ramas flexibles sirven de zunchos para toneles.
tialina. f. Substancia contenida en la *saliva.
tialismo. m. **Ptialismo.**
tiánguez. m. **Tianguis.**
tianguis. m. ***Mercado.**
tiara. f. *Gorro alto que usaban los persas y otras gentes del Asia antigua. ‖ Mitra alta usada por el *Papa como insignia de su autoridad suprema. ‖ Dignidad del Sumo Pontífice.
tíbar. m. V. **Oro de tíbar.**
tibe. m. **Corindón.** ‖ Piedra que se usa en Cuba para *afilar.
tiberino, na. adj. Perteneciente o relativo al río Tíber.
tiberio. m. fam. Confusión y *alboroto.
tibetano, na. adj. Natural del Tíbet. Ú. t. c. s. ‖ Perteneciente a esta región de Asia. ‖ m. *Lengua de los **tibetanos.**
tibia. f. **Flauta.** ‖ *Anat.* *Hueso principal y anterior de la pierna.
tibiamente. adv. m. Con *indiferencia, flojedad o *descuido.
tibiar. tr. p. us. **Entibiar.** Ú. t. c. r.
***tibieza.** f. Calidad de tibio.
***tibio, bia.** adj. Templado, medio entre caliente y frío. ‖ fig. Flojo, *descuidado e *indiferente.
tibisí. m. Especie de carrizo silvestre de Cuba, con cuyas cañas se hacen jaulas, nasas, etc.
tibor. m. *Vaso grande y ornamental de barro, de China o del Japón. ‖ **Orinal.** ‖ **Jícara.**
tiborna. f. **Tostón** (rebanada de *pan).
tiburón. m. *Pez marino de los selacios, de seis a ocho metros de largo, con boca enorme armada de seis filas de dientes.
tiburtino, na. adj. Natural de Tíbur. Ú. t. c. s. ‖ Perteneciente a esta ciudad de la Italia antigua.
tic. m. Movimiento *convulsivo habitual, y especialmente el de los músculos de la cara.
ticinense. adj. Natural de Ticino, hoy Pavía. Ú. t. c. s. ‖ Perteneciente a esta ciudad de la Italia antigua. ‖ **Paviano.** Apl. a pers., ú. t. c. s.
tictac. m. Ruido acompasado que produce el escape de un *reloj.
tichela. f. *Vasija en que se recoge el caucho según mana del árbol.
tiemblo. m. ***Álamo temblón.**
***tiempo.** m. Duración o continuada existencia de las cosas. ‖ Concepto abstracto de esta duración, como dimensión infinita divisible en partes iguales. ‖ Parte de esta duración. ‖ Época durante la cual vive alguna persona o sucede alguna cosa. ‖ **Estación** (del *año). ‖ **Edad.** ‖ *Oportunidad, ocasión de hacer algo. ‖ Espacio de **tiempo** que uno tiene libre para dedicarlo a determinada ocupación. ‖ *Ocio, vacación. ‖ Largo espacio de **tiempo.** ‖ Cada uno de los actos o *movimientos sucesivos en que se divide la ejecución de una cosa; como ciertos ejercicios militares, las composiciones musicales, etc. ‖ Estado *atmosférico. ‖ *Esgr.* Golpe que a pie firme ejecuta el tirador. ‖ *Gram.* Cada una de las varias divisiones de la conjugación correspondientes a la época relativa en que se ejecuta o sucede la acción del *verbo. ‖ *Mar.* Temporal o *tempestad en el mar. ‖ **Mús.* Cada una de las partes de igual duración en que se divide el compás. ‖ **compuesto.** *Gram.* El que se forma con el participio pasado y un tiempo del auxiliar haber. ‖ **crudo.** fig. y fam. **Punto crudo.** ‖ **de fortuna.** El de muchas nieves, aguas o *tempestades. ‖ **de pasión.** En *liturgia, el que comienza en las vísperas de la domínica de pasión y acaba con la nona del Sábado Santo. ‖ **futuro.** *Gram.* El que sirve para denotar la acción que no ha sucedido todavía. ‖ **inmemorial.** *For.* **Tiempo** *antiguo no fijado por documentos fehacientes. ‖ **medio.** **Astron.* El que se mide por el movimiento uniforme de un astro ficticio. ‖ **pascual.** En *liturgia, el que principia en las vísperas del Sábado Santo y acaba con la nona antes del domingo de la Trinidad. ‖ **presente.** *Gram.* El que sirve para denotar la acción actual. ‖ **pretérito.** *Gram.* El que sirve para denotar la acción que ya ha sucedido. ‖ **sidéreo.** *Astr.* El que se mide por el movimiento aparente de las estrellas. ‖ **simple.** *Gram.* **Tiempo** del *verbo que se conjuga sin auxilio de otro verbo. ‖ **solar verdadero,** o **tiempo verdadero.** *Astr.* El que se mide por el movimiento aparente del Sol. ‖ **Medio tiempo.** El que se interpone y pasa entre un suceso y otro. ‖ **Tiempos heroicos.** Aquellos en que se supone haber vivido los antiguos héroes del paganismo. ‖ **Abrir el tiempo.** fr. fig. Empezar a disiparse los nublados. ‖ **Ajustar los tiempos.** fr. Investigar o fijar la *cronología de los sucesos. ‖ **A largo tiempo.** m. adv. Después de mucho **tiempo.** ‖ **Al mejor tiempo.** m. adv. **A lo mejor.** ‖ **Alzar,** o **alzarse, el tiempo.** fr. fig. Serenarse, o dejar de llover. ‖ **Andando el tiempo.** fr. adv. En el transcurso del **tiempo,** más adelante, en lo *futuro. ‖ **Andar** uno **con el tiempo.** fr. fig. Lisonjear al que tiene mucho poder. ‖ **A su tiempo.** m. adv. En ocasión *oportuna. ‖ **A tiempo.** m. adv. En coyuntura, ocasión y *oportunidad. ‖ **A tiempos.** m. adv. **A veces.** ‖ **De cuando en cuando.** ‖ **A un tiempo.** m. adv. ***Simultáneamente.** ‖ **Capear el tiempo.** fr. *Mar.* **Estar a la capa.** ‖ **Cargarse el tiempo.** fr. fig. Irse aglomerando las *nubes. ‖ **Con tiempo.** m. adv. *Anticipadamente; sin premura. ‖ Cuando es aún *ocasión oportuna. ‖ **Correr el tiempo.** fr. fig. Irse pasando. ‖ **Dar tiempo al tiempo.** fr. fam. *Aguardar la oportunidad para una cosa. ‖ fig. y fam. Usar de *condescendencia. ‖ **Dejar el tiempo** una cosa. fr. Levantar mano de un negocio, a ver si el **tiempo** lo resuelve. ‖ **Del tiempo de Maricastaña.** loc. fig. y fam. De **tiempo** muy *antiguo. ‖ **Descomponerse el tiempo.** fr. fig. Destemplarse la atmósfera. ‖ **Despejarse el tiempo.** fr. fig. **Despejarse el cielo.** ‖ **De tiempo.** expr. que se aplica a la criatura o al animal que nace al término natural de la *preñez. ‖ **De tiempo en tiempo.** m. adv. Con *intervalos o interrupción de **tiempo.** ‖ **De todo tiempo.** expr. **De tiempo.** ‖ **Engañar** uno **el tiempo.** fr. fig. *Ocuparse en algo, para que el **tiempo** se le haga más corto. ‖ **En tiempo.** m. adv. En ocasión *oportuna. ‖ **En tiempo de Maricastaña** o **del rey Perico.** loc. adv. fig. y fam. En **tiempo** muy *antiguo. ‖ **Entretener** uno **el tiempo.** fr. fig. **Engañar el tiempo.** ‖ **Fuera de tiempo.** m. adv. **Intempestivamente.** ‖ **Ganar tiempo.** fr. fig. y fam. Darse *prisa. ‖ **Gastar** uno **el tiempo.** fr. **Perder el tiempo.** ‖ **Gozar** uno **del tiempo.** fr. Usarlo bien o aprovecharse de él. ‖ **Hacer tiempo** uno. fr. fig. Entretenerse *aguardando que llegue el momento oportuno. ‖ **Levantar el tiempo.** fr. fig. **Alzar el tiempo.** ‖ **Matar** uno **el tiempo.**

fr. fig. **Engañar el tiempo.** || **Medir** uno **el tiempo.** fr. fig. Proporcionarlo a lo que se necesite. || **Pasar** uno **el tiempo.** fr. Estar *ocioso o *inactivo. || **Perder** uno **el tiempo,** o **tiempo.** fr. No aprovecharse de él, *malgastarlo. || fig. Trabajar *inútilmente. || **Por tiempo.** m. adv. Por cierto **tiempo,** por algún **tiempo.** || **Sentarse el tiempo.** fr. fig. **Abonanzar.** || **Sin tiempo.** m. adv. **Fuera de tiempo.** || **Tomarse tiempo** uno. fr. Dejar para más adelante lo que ha de hacer. || **Un tiempo.** m. adv. En otro **tiempo.** || **Y si no, al tiempo.** expr. elípt. para manifestar que los sucesos *futuros demostrarán la verdad de lo que se afirma.

***tienda.** f. *Pabellón formado con palos hincados en tierra y cubierto con telas o pieles sujetas con cuerdas, que sirve de alojamiento en campaña. || Toldo que se pone en algunas *embarcaciones para defenderse del sol o de la lluvia. || **Entalamadura.** || → Local o puesto donde se venden al público artículos de comercio por menor. || Por antonom., la de comestibles o la de mercería. || Por antonom., en América, aquella en que se venden tejidos. || **Abatir tienda.** fr. *Mar.* Quitarla o bajarla. || **Abrir tienda.** fr. Poner **tienda** pública. || **Alzar tienda.** fr. Quitarla, cerrarla. || **Batir tiendas.** fr. *Mil.* Desarmar y recoger las del *campamento. || **Hacer tienda.** fr. *Mar.* Ponerla. || **La tienda de los cojos.** fig. y fam. La más *cercana. || **Levantar tienda.** fr. **Alzar tienda.**

tienta. f. **Taurom.* Operación que consiste en probar la bravura de los becerros. || Sagacidad con que se pretende *averiguar una cosa. || **Tientaguja.** || **Cir.* Instrumento delgado y liso para explorar cavidades y conductos naturales, o la profundidad y dirección de las heridas. || **A tientas.** m. adv. **A tiento.** || Con incertidumbre, con *duda y vacilación.

tientaguja. f. Barra de hierro terminada en punta dentada, para explorar la calidad del terreno en que se ha de hacer una *cimentación.

tientaparedes. com. Persona que anda a tientas o a ciegas, por *ceguera u *ofuscación.

tiento. m. Ejercicio del sentido del *tacto. || Palo o *bastón que usan los ciegos para que les sirva de guía. || Cuerda o palo delgado que va desde el peón de la *noria a la cabeza de la bestia y la obliga a seguir la pista. || **Contrapeso** (de los *volatineros). || **Pulso** (seguridad en la *mano, *habilidad manual). || fig. Consideración *prudente; miramiento y *cordura. || fig. y fam. ***Golpe.** || *Correa delgada para *atar y hacer trenzas, pasadores, etc. || **Albañ.* Pellada de yeso con que se afirman las miras y los reglones. || *Mont.* Palito delgado con una punta de hierro muy aguda que se hincaba en la tierra para afianzar las *redes. || **Mús.* Floreo o preludio que hace el músico para comprobar la *afinación del instrumento. || **Pint.* Varita que el pintor toma en la mano izquierda y apoya en el lienzo, de manera que sirva de sostén y guía a la otra mano. || *Zool.* **Tentáculo.** || pl. *Cante andaluz con letra de tres versos octosílabos y *baile que se ejecuta a su compás. || **A tiento.** m. adv. **Por el tiento.** || fig. **Dudosamente.** || **Dar** uno **un tiento** a una cosa. fr. fig. *Reconocerla cuidadosamente. || fig. y fam. Con la palabra *bota, jarro* u otra cosa semejante, echar un *trago. || **De tiento en tiento.** loc. adv. De una en otra tentativa. || **Por el tiento.** m. adv. Por el *tacto. || **Sacar de tiento** a uno. fr. fig. y fam. **Sacarle de tino.** || **Tomar el tiento** a una cosa. fr. fig. y fam. Pulsarla, *examinarla.

tiernamente. adv. m. Con ternura o *cariño.

***tierno, na.** adj. ***Blando.** || fig. *Reciente, moderno. || fig. Dícese de la edad de la *niñez. || fig. Propenso al *llanto. || fig. *Cariñoso y *afable. || Dícese de los frutos *verdes o en agraz.

***tierra.** f. Planeta que habitamos. || Parte superficial de este mismo globo no ocupada por el mar. || Materia inorgánica, suelta o desmenuzable, de que principalmente se compone el suelo natural. || Mantillo producido por los despojos del brezo y mezclado con arena. || *Suelo o piso. || Terreno dedicado a cultivo a propio para ello. || ***Patria.** || *País, región. || *Territorio o distrito. || fig. Conjunto de los *habitantes de un territorio. || **abertal.** La que con facilidad se abre y forma grietas. || **blanca.** Greda o tierra de Segovia. || **Tierra campa.** || **bolar.** Aquella de que se hace el bol. || **campa.** La que carece de arbolado. || **de batán.** Greda muy limpia que se emplea para desengrasar los *paños. || **de Holanda. Ancorca.** || **del pipiripao.** fam. Aquel lugar o casa donde hay *riqueza y constante *diversión. || **de miga.** La que es muy arcillosa. || **de pan llevar.** La destinada a la siembra de cereales. || **de Promisión.** La que Dios prometió al pueblo de Israel. || fig. La muy fértil y abundante. || **de Segovia. Greda.** || **de sembradura.** La que se destina para sembrar cereales. || **de Venecia. Ancorca.** || **firme. Continente.** || Terreno sólido y capaz por su consistencia y dureza de admitir sobre sí un edificio. || **japónica. Cato.** || **moriega.** La que perteneció a los moriscos. || **negra. Mantillo.** || **prometida. Tierra de Promisión.** || **rara.** Cualquiera de los óxidos de ciertos *metales que ocupan lugares contiguos en la escala de los números atómicos desde el cerio al lutecio. || **Santa.** Lugares de Palestina donde vivió *Jesucristo. || **vegetal.** La que tiene abundancia de elementos orgánicos que la hacen apta para el cultivo. || **verde. Verdacho.** || **Besar la tierra.** fig. fam. *Caer de bruces. || **Como tierra.** loc. adv. fig. y fam. Con *abundancia. || **Dar en tierra con** una cosa. fr. Derribarla o hacer que *caiga. || **De la tierra.** Dícese de los frutos que produce el país o la comarca. || **Echar en tierra** una cosa. fr. *Mar.* Desembarcarla. || **Echar por tierra** una cosa. fr. fig. *Destruirla, arruinarla. || **Echarse uno a, en, o por, tierra.** fr. fig. Humillarse, *rendirse. || fig. *Fingir modestia y *humildad. || **Echar tierra** a una cosa. fr. fig. *Ocultarla, hacer que se *olvide. || **Estar uno comiendo, o mascando, tierra.** fr. fig. Estar *enterrado. || **Ganar tierra** uno. fr. fig. **Ganar terreno.** || **Irse a tierra** una cosa. fr. **Venir, o venirse, a tierra.** || **La tierra de María Santísima.** fr. fam. con que se designa la Andalucía. || **Morder la tierra.** fr. fig. **Morder el polvo.** || **Partir la tierra.** fr. Lindar el término de un pueblo, ciudad o provincia con el de otra. || **Perder tierra** uno. fr. No poder sostenerse en ella y resbalar o caer el que va andando. || **Poner por tierra.** fr. *Derribar un edificio o cosa semejante. || **Poner** uno **tierra en,** o **por, medio.** fr. fig. Ausentarse, *huir. || **Por debajo de tierra.** m. adv. fig. Con cautela o *secreto. || **Sacar** uno **de debajo de la tierra** una cosa. fr. fig. y fam. con que se pondera la dificultad de *buscarla o adquirirla. || **Saltar** uno **en tierra.** fr. Desembarcarse. || **Sin sentirlo la tierra.** loc. adv. fig. y fam. Con mucho *silencio y cautela. || **Tierra adentro.** loc. adv. con que se determina todo lugar distante de las costas o riberas. || **Tierra a tierra.** m. adv. Costeando o *navegando siempre a la vista de **tierra.** || fig. Con cautela y sin arrojo en los negocios. || **Tomar tierra.** fr. *Mar.* Aportar, arribar la nave. || Posarse una *aeronave. || Desembarcar las personas. || **Venir, o venirse, a tierra** una cosa. fr. Caer, arruinarse, *destruirse. || **Ver tierras** uno. fr. fig. **Ver mundo.**

tiesamente. adv. m. *Fuertemente, firmemente.

tieso, sa. adj. Duro, firme, *rígido. || Robusto de *salud. || Tenso, *tirante. || fig. *Valiente, animoso. || fig. *Serio y circunspecto con *afectación. || fig. Terco, *obstinado. || adv. m. Recia o *fuertemente. || **Tieso que tieso.** expr. fam. con que se denota la terquedad u *obstinación de alguno.

tiesta. f. Canto de los fondos de los *toneles.

***tiesto.** m. Pedazo de cualquier vasija de barro. || → **Maceta.** || **Orinal.**

tiesto, ta. adj. **Tieso.**

tiesura. f. Calidad de tieso. || fig. *Seriedad demasiada o con *afectación.

tifáceo, a. adj. **Bot.* Dícese de plantas monocotiledóneas, acuáticas, perennes, de tallos cilíndricos, cuyo tipo es la espadaña. Ú. t. c. s. || f. pl. *Bot.* Familia de estas plantas.

tífico, ca. adj. **Pat.* Perteneciente o relativo al tifus. || Que tiene tifus. Ú. t. c. s.

tiflitis. f. *Pat.* Inflamación del *intestino ciego.

tifo. m. **Pat.* **Tifus.** || **asiático.** *Pat.* **Cólera.** || **de América.** **Pat.* **Fiebre amarilla.** || **de Oriente.** **Pat.* **Peste bubónica,** o **levantina.**

tifo, fa. adj. fam. *Harto, repleto.

tifoideo, a. adj. **Pat.* Perteneciente o relativo al tifus, o parecido a este mal. || Perteneciente a la fiebre tifoidea. || f. **Fiebre tifoidea.**

tifón. m. **Meteor.* **Manga.** || Huracán en el mar de la China.

tifus. m. **Pat.* Enfermedad infecciosa grave, caracterizada por síntomas nerviosos de estupor, e infección punteada roja que se presenta en el tronco. || fig. y fam. Conjunto de personas que asisten de *mogollón o con billetes de favor a algún espectáculo. || **exantemático** o **petequial. Tifus,** llamado así por los exantemas o petequias con que se manifiesta. || **icterodes.** *Pat.* **Fiebre amarilla.**

tigre. m. *Mamífero carnicero muy feroz y de gran tamaño, parecido al gato en la figura. Se ha usado t. c. f. || fig. Persona cruel y sanguinaria. || **Jaguar.** || *Pájaro americano de plumaje pardo con manchas negras, semejante a la piel del tigre.

tigrillo. m. *Mamífero carnicero americano, semejante al *zorro.

tigüilote. m. *Árbol americano cuya madera se usa en tintorería.
tija. f. Barrita o astil de la *llave, que media entre el ojo y el paletón.
***tijera.** f. Instrumento compuesto de dos hojas de acero, a manera de cuchillas de un solo filo, cruzadas y articuladas en un eje, de modo que al cerrarlas puedan cortar lo que se ponga entre ellas. Ú. m. en pl. ‖ fig. Nombre de ciertas cosas compuestas, como la **tijera,** de dos piezas cruzadas que giran alrededor de un eje. ‖ Cierta zanja que se hace en las tierras para *desaguarlas. ‖ *Esquilador de ganado lanar. ‖ Aspa que sirve para *apoyar un madero que se ha de *aserrar o labrar. ‖ Cada uno de los dos correones cruzados por debajo de la caja, en los *coches antiguos. ‖ *Madero de distinta escuadría según las regiones. ‖ fig. Persona que *murmura. ‖ Cuchillo de una *armadura. ‖ Conjunto de ovejas que un operario puede trasquilar en un día. ‖ *Pluma primera del ala del halcón. ‖ pl. Largueros que a uno y otro lado del pértigo quedan enlazados con las teleras para formar la escalera del *carro. ‖ Armazón de vigas que se atraviesa como *presa en el cauce de un río para detener las maderas que arrastra la corriente. ‖ *Germ.* *Dedos índice y cordial de la misma mano. ‖ **Buena tijera.** fig. y fam. Persona hábil en *cortar. ‖ fig. y fam. Persona que *come mucho. ‖ fig. y fam. Persona muy *murmuradora. ‖ **Cortar de tijera.** fr. **Cortar de vestir.** ‖ **De media tijera.** loc. fig. y fam. **De medio pelo.** ‖ **Hacer tijera** el *caballo. fr. *Equit.* No llevar la boca en la postura regular.
tijerada. f. **Tijeretada.**
tijereta. f. d. de **Tijera.** Ú. m. en pl. ‖ Cada uno de los *zarcillos de las vides. ‖ **Cortapicos** (*insecto). ‖ *Ave palmípeda americana con el pico aplanado, cortante y desigual. ‖ **Decir tijeretas.** fr. fig. y fam. *Porfiar necia y tercamente. ‖ **Tijeretas han de ser.** fr. fig. con que se da a entender la *obstinación y necia porfía de uno.
tijeretada. f. *Corte hecho de un golpe con las *tijeras.
tijeretazo. m. **Tijeretada.**
tijeretear. tr. Dar varios cortes con las *tijeras a una cosa, y por lo común sin arte ni tino. ‖ fig. y fam. *Entremeterse o *gobernar uno, según su arbitrio, en negocios ajenos.
tijereteo. m. Acción y efecto de tijeretear. ‖ *Ruido que hacen las tijeras movidas repetidamente.
tijerilla. f. d. de **Tijera.** ‖ **Tijereta** (*zarcillo).
tijeruela. f. d. de **Tijera.** ‖ **Tijereta** (*zarcillo).
tijuil. m. *Pájaro del orden de los conirrostros, propio de América.
tila. f. **Tilo.** ‖ *Flor del tilo. ‖ *Bebida antiespasmódica que se hace con flores de tilo en infusión de agua caliente.
tilbe. m. Trampa para *pescar que construyen los indios de América.
tílburi. m. *Carruaje de dos ruedas grandes, ligero y sin cubierta, tirado por una sola caballería.
tildar. tr. *Escribir la tilde, ponerla a las letras que lo necesitan. ‖ *Borrar, tachar lo escrito. ‖ fig. *Censurar o *desacreditar con alguna nota denigrativa a una persona.
tilde. amb. Ú. m. c. f. **Ortogr.* Virgulilla o rasgo que se pone sobre algunas abreviaturas, el que lleva la *ñ* y cualquiera otro signo semejante. ‖ fig. Tacha, *descrédito, nota denigrativa. ‖ f. Cosa mínima o muy *escasa.
tildón. m. **Tachón.**
tilia. f. **Tilo.**
tiliáceo, a. adj. **Bot.* Dícese de plantas dicotiledóneas, árboles, arbustos o hierbas, cuyo tipo es el tilo. Ú. t. c. s. f. ‖ f. pl. *Bot.* Familia de estas plantas.
tiliche. m. *Trasto, cachivache.
tilichero. m. **Buhonero.**
tilín. m. Sonido de la *campanilla. ‖ **Hacer tilín.** fr. fig. y fam. Caer en gracia, *agradar. ‖ **Tener tilín.** fr. fig. y fam. Tener *atractivo.
tilintear. intr. Producir un *sonido metálico como el de la *campanilla.
tilma. f. Manta de algodón que llevan los hombres del campo, a modo de *capa, en Méjico.
tilo. m. Árbol de las tiliáceas, que llega a veinte metros de altura, con flores de cinco pétalos, blanquecinas, olorosas y medicinales. ‖ Yema floral del *maíz.
tilla. f. Entablado que cubre una parte de las *embarcaciones menores.
tillado. m. **Entablado** (entarimado).
tillar. tr. Echar *suelos de madera.
timador, ra. m. y f. fam. Persona que tima.
tímalo. m. *Pez malacopterigio abdominal, parecido al salmón.
timar. tr. Quitar o *hurtar con engaño. ‖ *Engañar o *estafar. ‖ rec. fam. Entenderse con la mirada, hacerse guiños los *enamorados.
timba. f. fam. Partida de *juego de azar. ‖ Casa de *juego, garito. ‖ Cubo para sacar agua del pozo. ‖ Barriga, *vientre.
***timbal.** m. Especie de tambor de un solo parche, con caja metálica en forma de media esfera. ‖ **Atabal** (tamborcillo pastoril). ‖ *Empanada en forma de cubilete, que se rellena de macarrones u otros manjares.
timbalero. m. El que toca los timbales.
timbar. intr. fam. *Jugar a juegos de azar.
timbiriche. m. Árbol de la familia de las rubiáceas.
timbirimba. f. fam. **Timba** (partida y casa de *juego).
timbó. m. Árbol de la familia de las leguminosas.
timbrador. m. El que timbra. ‖ Instrumento que sirve para timbrar.
timbrar. tr. **Blas.* Poner el timbre en el escudo de armas. ‖ Estampar un timbre, *sello o membrete.
timbrazo. m. Toque fuerte de un timbre.
timbre. m. **Blas.* *Insignia que se coloca encima del escudo de armas, para distinguir los grados de nobleza. ‖ *Sello, y especialmente el que se estampa en seco. ‖ Sello que en el papel donde se extienden algunos documentos públicos indica la cantidad que debe pagarse al fisco en concepto de *impuesto. ‖ Aparato para *llamar, compuesto de una *campana y un macito que la hiere movido por la electricidad o impulsado de otro modo. ‖ Cualidad que distingue un *sonido de otro de igual altura e intensidad. ‖ fig. *Hazaña gloriosa o cualidad personal que ensalza y ennoblece.
timbreo, a. adj. Natural de Timbra. Ú. t. c. s. ‖ Perteneciente a esta ciudad de la Tróade.
timeleáceo, a. adj. **Bot.* Dícese de plantas dicotiledóneas, arbustos y hierbas, cuyo tipo es la adelfilla. Ú. t. c. s. f. ‖ f. pl. *Bot.* Familia de estas plantas.
timiama. m. Confección olorosa, a modo de *incienso, que usaban los judíos.
tímidamente. adv. m. Con timidez.
***timidez.** f. Calidad de tímido.
***tímido, da.** adj. Temeroso, encogido y corto de ánimo.
timo. m. **Tímalo.**
timo. m. fam. Acción y efecto de timar. ‖ Dicho o frase que se *repite a manera de muletilla durante cierto tiempo. ‖ **Dar un timo a** uno. fr. fam. Timarle.
timo. m. *Anat.* *Glándula situada detrás del esternón.
timocracia. f. *Gobierno en que ejercen el poder los ciudadanos que tienen cierta renta.
timócrata. adj. Partidario de la timocracia. Ú. t. c. s.
timocrático, ca. adj. Perteneciente o relativo a la timocracia.
timol. m. *Quím.* Cierta substancia de carácter ácido, muy usada como *desinfectante.
***timón.** m. Palo derecho que sale de la cama del *arado en su extremidad. ‖ **Pértigo.** ‖ Varilla del *cohete. ‖ fig. Dirección o *gobierno de un negocio. ‖ → *Mar.* Plancha fuerte articulada verticalmente sobre goznes en el codaste de la nave, y que sirve para gobernarla. ‖ Cada una de las superficies planas articuladas que se disponen en el *avión para dirigir su movimiento en sentido recto, vertical o lateral.
timonear. intr. Gobernar el *timón.
timonel. m. El que gobierna el *timón de la nave.
timonera. adj. Dícese de las *plumas grandes que tienen las aves en la cola. Ú. t. c. s. f. ‖ f. *Mar.* Sitio donde estaba el pinzote con que el timonel gobernaba la nave.
timonero. adj. Aplícase al arado común o de *timón. ‖ m. **Timonel.**
timorato, ta. adj. *Piadoso, que tiene el santo temor de Dios. ‖ *Tímido, encogido.
timpa. f. *Metal.* Barra de hierro colado que sostiene la pared delantera del crisol de un *horno alto.
timpánico, ca. adj. Perteneciente o relativo al tímpano del *oído. ‖ *Med.* Dícese del sonido como de tambor que producen por la percusión ciertas cavidades del cuerpo cuando contienen *ventosidades o gases.
timpanillo. m. **Impr.* Tímpano pequeño sobre el cual asienta el cuadro en las prensas antiguas.
timpanismo. m. Distensión de alguna cavidad del cuerpo, especialmente del abdomen por *flatulencia o *ventosidad.
timpanítico, ca. adj. *Med.* Que padece timpanitis. Ú. t. c. s. ‖ *Med.* Perteneciente a esta enfermedad.
timpanitis. f. *Pat.* Hinchazón de alguna cavidad del cuerpo producida por gases o *ventosidades, y en especial, abultamiento del *vientre por esta causa.
timpanización. f. *Med.* Acción y efecto de timpanizarse.
timpanizarse. r. *Med.* Abultarse el *vientre y ponerse tenso, con timpanitis.
tímpano. m. **Timbal** (tambor de caja metálica en forma de media esfera). ‖ Juguete a modo de *instrumento músico compuesto de varias tiras desiguales de vidrio colocadas de mayor a menor sobre dos cuerdas o cintas, y que se toca con un macillo. ‖ Cada uno de los fondos o tapas planas de la *cuba. ‖ *Arq.*

Espacio triangular que queda entre las cornisas de un *frontón. ‖ *Impr.* Bastidor que tienen las prensas antiguas, sobre el cual descansa el papel que ha de imprimirse. ‖ *Zool.* Membrana extendida y tensa que separa el conducto auditivo externo del *oído medio.

tina. f. **Tinaja.** ‖ *Vasija de madera, de forma de media cuba. ‖ Vasija grande, de forma de caldera, que sirve para el *tinte de telas y para otros usos. ‖ ***Baño** (recipiente para bañarse). ‖ **Balsa** (media bota). ‖ *Arca grande en que se guarda la *harina.

tinaco. m. Tina pequeña de madera. ‖ **Alpechín.**

tinada. f. Montón o *haz de *leña. ‖ Cobertizo para tener recogidos los ganados.

tinado. m. **Tinaja** (*cobertizo).

tinador. m. **Tinado.**

tinaja. f. *Vasija grande de barro cocido, panzuda y de fondo pequeño y boca grande, que se usa para guardar agua, aceite u otros líquidos. ‖ Líquido que cabe en una **tinaja.** ‖ Medida de *capacidad para líquidos, equivalente a unos cuarenta y ocho litros.

tinajería. f. **Tinajero.**

tinajero. m. El que hace o vende tinajas. ‖ Sitio o lugar donde se ponen o empotran las tinajas. ‖ Armario o lugar donde se tienen las tinajas, cántaros, jarras y demás *vasijas para el servicio del agua potable.

tinajón. m. aum. de **Tinaja.** ‖ *Vasija tosca de barro cocido parecida a la mitad inferior de una tinaja.

tinajuela. f. d. de **Tinaja.**

tinapá. m. *Pescado seco ahumado.

tincar. tr. Dar un capirotazo a una bola o pita para *arrojarla con fuerza.

tincazo. m. **Capirotazo.**

tinción. f. Acción y efecto de *teñir.

tinco, ca. adj. Dícese del animal *vacuno que roza una pata con otra al caminar.

tindalo. m. *Árbol de Filipinas, de las leguminosas, cuya madera es muy apreciada para ebanistería.

tindío. m. *Ave acuática del Perú, semejante a la gaviota.

tínea. f. **Polilla.** ‖ Carcoma de la madera.

tinelar. adj. Perteneciente al tinelo.

tinelero, ra. m. y f. Persona a cuyo cargo está el cuidado y provisión del tinelo.

tinelo. m. *Comedor de los *criados en las casas de los grandes. ‖ **Dar tinelo.** fr. fig. Dar de *comer a los *sirvientes.

tinera. f. Piedra del *hogar adosada a la pared.

tinerfeño, ña. adj. Natural de Tenerife. Ú. t. c. s. ‖ Perteneciente a esta isla, una de las Canarias.

tinero. m. En los lavaderos de *lana, el que cuida de las tinas.

tineta. f. d. de **Tina.**

tinge. m. Búho mayor y más fuerte que el común.

tingitano, na. adj. Natural de Tingis, hoy Tánger. Ú. t. c. s. ‖ Perteneciente a esta ciudad de África antigua. ‖ **Tangerino.** Apl. a pers., ú. t. c. s.

tingladillo. m. *Arq. Nav.* Disposición de las tablas de forro de algunas embarcaciones menores, cuando van *imbricadas o montan unas sobre otras, como las tejas.

tinglado. m. ***Cobertizo.** ‖ *Tablado armado a la ligera. ‖ fig. *Artificio, *enredo, *intriga. ‖ Tablado en ligero declive donde cae la miel que purgan los panes de *azúcar.

tingle. f. Pieza plana y pequeña de hueso, que usan los *vidrieros para abrir la tiras de plomo y ajustarlas al vidrio.

tinicla. f. Especie de *cota de armas, que usaban los oficiales superiores del ejército.

tiniebla. f. Falta de luz, *obscuridad. Ú. m. en pl. ‖ pl. fig. Suma *ignorancia. ‖ fig. Obscuridad, *ofuscación del entendimiento. ‖ **Liturg.* Maitines de los tres últimos días de la Semana Santa.

tinillo. m. Receptáculo de fábrica, en donde se recoge el mosto en el *lagar.

tino. m. *Habilidad de acertar a tientas con las cosas que se buscan. ‖ *Acierto y destreza para dar en el blanco con lo que se tira o *dispara. ‖ fig. Juicio y *cordura para el gobierno y dirección de un negocio. ‖ **A buen tino.** m. adv. fam. A bulto, a ojo, por *aproximación. ‖ **A tino.** m. adv. **A tientas.** ‖ **Sacar de tino** a uno. fr. fig. Aturdirle, confundirle o *irritarle. ‖ **Sin tino.** m. adv. Sin tasa, sin medida, con *exceso.

tino. m. **Tina** (vasija a modo de *caldera). ‖ Depósito de piedra adonde el agua hirviendo va desde la caldera, en los lavaderos de *lana. ‖ En algunas partes, ***lagar.**

tino. m. **Durillo** (*trigo).

tinola. f. *Sopa con gallina picada y calabaza, que se come en Filipinas.

***tinta.** f. *Color con que se *pinta o *tiñe una cosa. ‖ → Líquido, generalmente negro, que se emplea para escribir. ‖ **Tinte.** ‖ fig. *Carácter, disposición de ánimo. ‖ pl. Matices, degradaciones de color. ‖ **Pint.* Mezcla de colores que se hace para pintar. ‖ **Tinta comunicativa.** La apropiada para que lo escrito con ella pueda ser reproducido en uno o más ejemplares, mediante estampación mecánica. ‖ **simpática.** Composición líquida que tiene la propiedad de que no se conozca lo escrito con ella hasta que se le aplica el reactivo conveniente. ‖ **Media tinta.** **Pint.* Color templado que une y empasta los claros con los obscuros. ‖ **Medias tintas.** fig. y fam. Hechos, dichos o juicios vagos, que revelan *precaución y recelo. ‖ **Correr la tinta.** fr. Estar fluida. ‖ **Meter tintas.** fr. **Pint.* Poner o colocar las **tintas** en los lugares correspondientes. ‖ **Recargar** uno **las tintas.** fr. fig. *Exagerar el alcance o significación de una cosa. ‖ **Saber** uno **de buena tinta** una cosa. fr. fig. y fam. Tener *conocimiento de ella por conducto digno de crédito.

tintar. tr. **Teñir.**

***tinte.** m. Acción y efecto de teñir. ‖ Color con que se tiñe. ‖ Casa, tienda o paraje donde se tiñen telas, ropas y otras cosas. ‖ fig. *Engaño, *disimulo o artificio con que se desfigura alguna cosa.

tinterazo. m. *Golpe dado con un tintero.

tinterillada. f. *Mentira, *intriga.

tinterillo. m. fig. y fam. *Abogado de poco saber y respeto.

tintero. m. Vaso en que se pone la *tinta de escribir para mojar en ella la pluma. ‖ **Neguilla** (de los *dientes). ‖ **Impr.* Depósito que en las máquinas de imprimir recibe la tinta. ‖ **Arq. Nav.* Zoquete de madera con varios huecos en que guardan la almagra los carpinteros y calafates. ‖ **Dejar,** o **dejarse,** uno, o **quedársele** a uno, **en el tintero** una cosa. fr. fig. y fam. *Olvidarla u *omitirla.

tintilla. f. *Vino tinto, astringente y dulce que se hace en la provincia de Cádiz.

tintillo. adj. V. ***Vino tintillo.** Ú. t. c. s.

tintín. m. *Sonido de la esquila, *campanilla o timbre, y el que hacen al chocar las copas u otras cosas parecidas.

tintinar. intr. Producir el sonido especial del tintín.

tintinear. intr. **Tintinar.**

tintineo. m. Acción y efecto de tintinar.

tintirintín. m. *Sonido agudo y penetrante del clarín y otros instrumentos.

tinto, ta. p. p. irreg. de **Teñir.** ‖ adj. V. **Uva tinta.** Ú. t. c. s. ‖ V. ***Vino tinto.** Ú. t. c. s. ‖ Rojo obscuro.

tintóreo, a. adj. Aplícase a las plantas u otras substancias colorantes.

tintorera. f. La que tiene por oficio *teñir o dar tintes. ‖ Mujer del tintorero. ‖ Hembra del tiburón (*pez).

***tintorería.** f. Oficio de tintorero. ‖ **Tinte.**

tintorero. m. El que tiene por oficio *teñir o dar tintes.

tintura. f. **Tinte.** ‖ *Afeite para el rostro. ‖ Líquido en que se ha hecho *disolver una substancia que le comuncia color. ‖ fig. *Noción superficial de una facultad o ciencia. ‖ **Farm.* Solución de cualquier substancia medicinal en un líquido que disuelve de ella ciertos principios.

tinturar. tr. **Teñir.** ‖ fig. Instruir o *informar sumariamente de una cosa. Ú. t. c. r.

tiña. f. Arañuelo o gusanillo que daña a las *colmenas. ‖ *Med.* Cualquiera de las enfermedades producidas por diversos parásitos en la *piel del cráneo, y especialmente las que ocasionan sólo la caída del *cabello. ‖ fig. y fam. Miseria, *mezquindad. ‖ **mucosa.** *Med.* **Eczema.**

tiñería. f. fam. **Tiña** (*mezquindad).

tiñoso, sa. adj. Que padece tiña. Ú. t. c. s. ‖ fig. y fam. Escaso, *mezquino y ruin. Ú. t. c. s. ‖ fam. Dícese del que tiene buena *suerte en el juego.

tiñuela. f. Cuscuta parásita del *lino. ‖ *Mar.* Broma que empieza a atacar el casco de una *embarcación.

***tío.** m. Respecto de una persona, hermano o primo de su padre o madre. ‖ En los pueblos, *tratamiento de respeto que se da al hombre casado o entrado ya en edad. ‖ fam. Hombre rústico y *grosero. ‖ fam. **So.** ‖ fam. **Padrastro,** y algunas veces **suegro.** ‖ Aplícase a los negros viejos. ‖ **abuelo.** Respecto de una persona, hermano de uno de sus abuelos.

tioneo. adj. **Mit.* Aplícase como sobrenombre al dios Baco.

tiorba. f. *Instrumento músico semejante al laúd, pero algo mayor, con dos mangos y con ocho cuerdas más para los bajos. ‖ *Orinal de cama.

tiovivo. m. Aparato giratorio con asientos de varias formas dispuestos en círculo, que sirve de *recreo en las ferias y *fiestas populares.

tipa. f. *Árbol americano. ‖ *Bolsa o *cesto de cuero.

tipejo. m. Persona *ridícula y *despreciable.

tipiadora. f. **Mecanógrafa.** ‖ Máquina de *escribir.
típico, ca. adj. Que incluye en sí la representación o *símbolo de otra cosa.
tiple. m. La más aguda de las *voces humanas. ‖ *Guitarrillo de voces muy agudas. ‖ *Germ.* ***Vino.*** ‖ *Mar.* *Vela de falucho con todos los rizos tomados. ‖ *Mar.* *Palo de una sola pieza. ‖ com. Persona cuya voz es el **tiple.** ‖ Persona que toca el **tiple.**
tiplisonante. adj. fam. Que tiene *voz o tono de tiple.
tipo. m. *Modelo, ejemplar. ‖ *Símbolo representativo de cosa figurada. ‖ ***Letra de *imprenta.*** ‖ Cada una de las clases de esta letra. ‖ *Figura o talla de una persona. ‖ despect. Persona *extravagante. ‖ *Hist. Nat.* Cada una de las grandes agrupaciones de *clases en que se dividen los reinos animal y vegetal.
tipocromía. f. Impresión en colores.
tipografía. f. **Imprenta.**
tipográfico, ca. adj. Perteneciente o relativo a la tipografía.
tipógrafo. m. Operario que profesa la tipografía.
tipolitografía. f. **Impr.* Procedimiento de impresión sobre piedra litográfica.
tipómetro. m. **Impr.* Instrumento para medir los puntos tipográficos.
tipoy. m. Túnica desceñida, a modo de *camisa larga, que usan algunas indias de América.
típula. f. Insecto díptero semejante al *mosquito, pero algo mayor.
tique. m. *Árbol de las euforbiáceas, propio de Chile.
tiquín. m. Pértiga o *bichero, por lo común de caña de bambú.
tiquis miquis. expr. fam. **Tiquismiquis.**
tiquismiquis. m. pl. Escrúpulos de *conciencia injustificados o nimios. ‖ fam. Expresiones ridículamente *corteses.
tiquistiquis. m. Árbol de las sapindáceas, propio de Filipinas.
tiquizque. m. *Planta liliácea americana, de hojas enormes y rizomas comestibles y muy olorosos.
tira.** f. Pedazo largo y angosto de tela, papel, cuero u otra cosa delgada. ‖ **For.* Cierto derecho que se pagaba en las escribanías. Usáb. m. en pl. ‖ *Germ.* ***Camino. ‖ *Mar.* Parte de un *cabo que pasando por un motón se extiende horizontalmente. ‖ **angosta.** *Germ.* *Juego de bolos.
tirabala. m. **Taco** (*juguete).
tirabeque. m. Guisante mollar. ‖ **Tirador** (de gomas).
tirabotas. m. Gancho de hierro para *calzarse las botas.
tirabraguero. m. Correa tirante para sujetar la ligadura de una *hernia.
tirabrasas. m. Barra de hierro para remover el *fuego en los *hornos.
tirabuzón. m. **Sacacorchos.** ‖ fig. Rizo de *cabello, largo y pendiente en espiral.
tiracantos. m. fam. **Echacantos.**
tiracol. m. **Tiracuello.** ‖ **Baticola.**
tiracuello. m. **Tahalí.**
tiracuero. m. despect. **Zapatero.**
tirachinos. m. **Tirador** (de gomas).
tirada. f. Acción de tirar. ‖ *Distancia que hay de un lugar a otro, o de un tiempo a otro. ‖ *Serie de cosas que se dicen o escriben de un tirón. ‖ **Impr.* Acción y efecto de imprimir. ‖ **Impr.* Número de ejemplares de que consta una edición. ‖ **Impr.* Lo que se tira en un solo día de labor. ‖ **aparte.** **Impr.* Impresión por separado que se hace de algún artículo o capítulo publicado en una revista u obra. ‖ **De,** o **en, una tirada.** m. adv. fig. **De un tirón.**
tiradera. f. *Flecha muy larga, de bejuco, usada por los indios de América. ‖ *Clavo grande de hierro con una *cadena para arrastrar *maderos. ‖ *Germ.* ***Cadena.***
tiradero. m. Lugar o paraje donde el *cazador se pone para tirar.
tirado, da. adj. Dícese de las cosas que se dan muy *baratas. ‖ *Mar.* Dícese del *buque que tiene mucha eslora y poca altura de casco. ‖ m. Acción de reducir a *alambre o hilo los metales, singularmente el oro.
tirador, ra. m. y f. Persona que tira. ‖ Persona que tira o *dispara con cierta destreza y habilidad. ‖ Persona que estira. ‖ m. Instrumento con que se estira. ‖ *Asidero para cerrar una puerta, abrir un cajón, etc. ‖ Cordón o alambre de que se tira para hacer sonar la campanilla o el timbre. ‖ *Regla de hierro que usan los *canteros. ‖ *Pluma metálica que sirve de tiralíneas. ‖ *Juguete de muchachos formado de una horquilla con mango, a los extremos de la cual se sujetan dos gomas unidas por una badana. Sirve para disparar chinas o perdigones. ‖ *Cinturón ancho que usa el gaucho. ‖ **Impr.* **Prensista.** ‖ **de oro.** Artífice que lo reduce a hilo.
tirafondo. m. *Tornillo para asegurar en la madera piezas de hierro. ‖ **Cir.* Instrumento para extraer del fondo de las heridas los cuerpos extraños.
tirafuera. m. Manga provista de un palo largo, para *pescar desde la orilla.
tiragomas. m. **Tirador** (*juguete).
tirajo. m. despect. de **Tira.**
tiralíneas. m. Instrumento de metal, a modo de pinzas, que sirve para trazar *líneas de tinta más o menos gruesas.
tiramiento. m. Acción y efecto de tirar; *tracción.
tiramira. f. *Cordillera larga y estrecha. ‖ Fila o *serie continuada de muchas cosas o personas. ‖ **Tirada** (distancia).
tiramollar. intr. *Mar.* Tirar de un *cabo que pasa por retorno, para aflojarlo.
tirana. f. *Canción antigua española, de ritmo sincopado en compás ternario. ‖ **Indum.* Franja de paño picado con que se adorna la parte inferior del refajo o manteo. ‖ *Vid de más de tres yemas.
tiranamente. adv. m. **Tiránicamente.**
***tiranía.** f. Gobierno ejercido por un tirano. ‖ → fig. *Abuso extraordinario de cualquier poder, fuerza o superioridad. ‖ fig. Dominio excesivo que un afecto ejerce sobre la voluntad.
tiránicamente. adv. m. De manera tiránica.
tiranicida. adj. Que da *muerte a un tirano. Ú. m. c. s.
tiranicidio. m. *Muerte dada a un tirano.
tiránico, ca. adj. Perteneciente o relativo a la tiranía. ‖ **Tirano.**
tiranización. f. Acción y efecto de tiranizar.
tiranizadamente. adv. m. **Tiránicamente.**
tiranizar. tr. *Gobernar un tirano algún Estado. ‖ fig. *Dominar tiránicamente.
tirano, na. adj. Aplícase a quien obtiene contra derecho el *gobierno de un Estado, y lo ejerce sin otra ley que su voluntad personal. Ú. t. c. s. ‖ fig. Dícese del que abusa de su poder o fuerza en cualquier materia. Ú. t. c. s. ‖ fig. Dícese de la *pasión o afecto que domina el ánimo.
***tirante.** p. a. de **Tirar.** Que tira. ‖ adj. **Tenso.** ‖ fig. Dícese de las relaciones que amenazan convertirse en *enemistad. ‖ m. *Madero de siete dedos de tabla por cinco de canto. ‖ Cuerda o *correa que, asida a las *guarniciones de las caballerías, sirve para tirar de un carruaje o de otra cosa. ‖ Cada una de las dos tiras de piel o tela, comúnmente con elásticos, que sirven para suspender de los hombros el *pantalón. ‖ *Arq.* Pieza de madera o *barra de hierro colocada horizontalmente en una *armadura para impedir la separación de los pares. ‖ *Mec.* Pieza generalmente de hierro o acero, destinada a soportar un esfuerzo de tensión. ‖ Frenillo de la cometa. ‖ f. *Germ.* **Calza.** Ú. m. en pl. ‖ **A tirantes largos.** m. adv. Tirando del carruaje cuatro *caballerías, con dos cocheros.
tirantez. f. Calidad de *tirante. ‖ *Distancia en línea recta entre los extremos de una cosa. ‖ *Arq.* Dirección de los planos de hilada de un *arco o *bóveda.
tiranuelo, la. adj. d. de **Tirano.** Ú. t. c. s.
tirapié. m. *Correa unida por sus extremos, que los *zapateros pasan por el pie y la rodilla para tener sujeto el zapato al coserlo.
***tirar.** tr. Despedir de la mano una cosa. ‖ Arrojar, *lanzar en dirección determinada. ‖ **Derribar.** ‖ *Disparar la carga de una arma de fuego, un cohete, etc. Ú. t. c. intr. ‖ Estirar o *extender. ‖ Reducir a hilo o *alambre un metal. ‖ Tratándose de *líneas o rayas, hacerlas. ‖ Devengar, *ganar. ‖ fig. Malgastar, *derrochar. ‖ **Impr.* **Imprimir.** ‖ intr. *Atraer por virtud natural. ‖ → Hacer fuerza para traer hacia sí o para llevar o arrastrar tras sí. ‖ Tratándose de ciertas *armas, manejarlas o esgrimirlas según arte. ‖ Seguido de la preposición *de* y un nombre de arma o instrumento, *sacarlo o tomarlo en la mano. ‖ Producir el tiro o corriente de aire de un hogar. ‖ fig. Atraer una persona o cosa la voluntad y el afecto de otra persona. ‖ fig. Torcer, *desviarse a uno u otro lado. ‖ fig. *Durar o mantenerse trabajosamente una persona o cosa. ‖ fig. Tender, mostrar *propensión a alguna cosa. ‖ fig. Imitar, *asemejarse o parecerse una cosa a otra. ‖ fig. Poner los medios, hacer *esfuerzos para lograr algo. ‖ **Albañ.* Fraguar el mortero de yeso. ‖ r. **Abalanzarse.** ‖ **Arrojarse.** ‖ Echarse, tenderse en el suelo o encima de algo. ‖ **A todo tirar.** m. adv. fig. A lo más, a lo sumo. ‖ **Ir tirando.** fr. fam. Sobrellevar las adversidades y trabajos. ‖ **Tirar de,** o **por, largo.** fr. fam. Gastar sin tasa o *malgastar. ‖ fam. Calcular una cosa con *exageración. ‖ **Tirarla de.** loc. fam. **Echarla de.** ‖ **Tira y afloja.** loc. fig. y fam. Con *prudencia y tino, o alternando el rigor con la suavidad. ‖ **Juego de tira y afloja.**
tiratacos. m. **Taco** (*juguete).
tiratiros. m. **Colleja.**
tiratrillo. m. Balancín de madera con un anillo en el centro para enganchar el *trillo.
tirela. f. *Tela listada.

tireta. f. **Agujeta** (para *atar).
tiricia. m. desus. **Ictericia.**
tirilla. f. d. de **Tira.** ‖ Lista o tira de lienzo que se pone por cuello en las *camisas, y modernamente suele servir para fijar en ella el cuello postizo.
tirintio, tia. Natural de Tirinto. Ú. t. c. s. ‖ Perteneciente a esta ciudad del Peloponeso.
tirio, ria. adj. Natural de Tiro. Ú. t. c. s. ‖ Perteneciente a esta ciudad de Fenicia. ‖ **Tirios y troyanos.** loc. fig. *Partidarios de opiniones o intereses *rivales.
tiritaña. f. *Tela fina de seda. ‖ fig. y fam. Cosa *insignificante.
tiritaño. m. Garlito para *pescar en las presas de los molinos.
tiritar. intr. *Temblar o estremecerse de *frío.
tiritón. m. Cada uno de los estremecimientos que siente el que tirita. ‖ **Dar** uno **tiritones.** fr. **Tiritar.**
tiritona. f. Acción y efecto de tiritar. ‖ fam. *Temblor afectado. ‖ **Hacer** uno **la tiritona.** fr. fam. Fingir temblor.
***tiro.** m. Acción y efecto de tirar. ‖ *Huella o impresión que hace lo que se tira. ‖ Pieza de *artillería. ‖ Disparo de una arma de fuego. ‖ *Estampido que éste produce. ‖ Carga de una arma de fuego. ‖ Alcance de cualquier arma arrojadiza. ‖ Lugar donde se tira al blanco. ‖ Conjunto de *caballerías que tiran de un carruaje. ‖ **Guarn.* **Tirante.** ‖ Cuerda puesta en una *polea o máquina, para subir una cosa. ‖ Corriente de *aire, y especialmente la que produce el fuego de un hogar, y que arrastra al exterior los *humos de la combustión. ‖ *Longitud de una pieza de cualquier tejido. ‖ *Anchura del *vestido, de hombro a hombro, por la parte del pecho. ‖ Holgura entre las perneras del *pantalón. ‖ Tramo de *escalera. ‖ fig. *Daño grave, físico o moral. ‖ fig. *Broma o burla con que se engaña a uno. ‖ fig. **Hurto.** ‖ fig. Indirecta o *insinuación desfavorable contra una persona. ‖ En el *juego de bolos, sitio marcado para tirar. ‖ *Artill.* Dirección que se da al *disparo de las armas de fuego. ‖ **Min.* Pozo abierto en el suelo de una galería. ‖ **Min.* Profundidad de un pozo. ‖ *Veter.* Vicio de algunos *caballos de apoyar los dientes en el pesebre, acompañado de un ruido particular. ‖ pl. *Correas pendientes de que cuelga la *espada. ‖ **Tiro directo.** *Artill.* Lanzamiento de un proyectil contra un blanco visible para el tirador. ‖ **entero.** El que consta de seis o más caballerías. ‖ **indirecto.** *Artill.* El efectuado contra un blanco oculto a la vista del que dispara. ‖ **par.** El que consta de cuatro *caballerías. ‖ **rasante.** *Artill.* Aquel cuya trayectoria se aproxima cuanto es posible a la línea horizontal. ‖ **A tiro.** m. adv. Al alcance de una arma arrojadiza o de fuego. ‖ fig. Dícese de lo que se halla al alcance de los deseos o intentos de uno. ‖ **A tiro de ballesta.** m. adv. fig. y fam. A bastante distancia, desde *lejos. ‖ **A tiro hecho.** m. adv. Apuntando con grandes probabilidades de no errar el **tiro.** ‖ fig. Determinadamente, con *intención deliberada. ‖ **A tiros largos.** m. adv. **A tirantes largos.** ‖ **De tiros largos.** m. adv. **A tiros largos.** ‖ fig. y fam. Con vestido de *gala. ‖ **Errar** uno **el tiro.** fr. fig. *Equivocarse o fracasar en el intento. ‖ **Hacer tiro.** fr. Lanzar el *jugador la barra de modo que caiga en el suelo de punta y sin dar vuelta. ‖ fig. *Perjudicar, hacer mal tercio a uno. ‖ **Salir el tiro por la culata.** fr. fig. y fam. Dar una cosa resultado contrario del que se pretendía o deseaba.
tirocinio. m. *Aprendizaje, noviciado.
tiroideo, dea. adj. *Anat.* Relativo o perteneciente a la *glándula o cuerpo tiroides.
tiroides. f. Cierta *glándula de secreción interna situada en el cuello.
tiroides. adj. *Anat.* V. **Cuerpo tiroides.** Ú. t. c. s.
tiroidina. f. **Farm.* Extracto del cuerpo tiroides, que se usa en medicina.
tiroidismo. m. **Pat.* Conjunto de fenómenos morbosos causados por las secreciones de la *glándula tiroides.
tirolés, sa. adj. Natural del Tirol. Ú. t. c. s. ‖ Perteneciente a este país de Europa. ‖ m. *Dialecto hablado en el Tirol. ‖ Por ext., mercader de *juguetes y quincalla.
tirón. m. *Aprendiz, novicio.
tirón. m. Acción y efecto de *tirar con violencia, de golpe. ‖ **Estirón.** ‖ **Al tirón.** m. adv. Cobrando anticipados los *intereses de un préstamo. ‖ **De un tirón.** m. adv. De una vez, de manera *continua, de un golpe. ‖ **Ni a dos, ni a tres, tirones.** loc. adv. fig. y fam. con que se indica la *dificultad de conseguir una cosa.
tirona. f. *Red que se usa para pesca sedentaria, dejándola calada en el fondo.
tiroriro. m. fam. Sonido de los *instrumentos músicos de viento. ‖ pl. fam. Estos mismos instrumentos.
tirotear. tr. Repetir los *disparos de fusil de una parte a otra. Ú. m. c. rec. ‖ rec. fig. Andar en *discusiones o en dimes y diretes.
tiroteo. m. Acción y efecto de tirotear o tirotearse.
tirreno, na. adj. Aplícase al mar comprendido entre Italia, Sicilia, Córcega y Cerdeña. ‖ **Etrusco.** Apl. a pers., ú. t. c. s.
tirria. f. fam. *Aborrecimiento o manía contra uno.
tirso. m. **Mit.* Vara enramada que suele llevar como cetro la figura de Baco. ‖ *Bot.* Panoja de *flores, de forma aovada, como la de la vid y la lila.
¡tirte! interj. Apártate, retírate.
tirulato, ta. adj. Alelado, pasmado, *extasiado.
tirulo. m. Rollo de hoja de *tabaco, o porción de picadura que forma el alma del cigarro puro.
tisana. f. **Farm.* *Bebida medicinal que resulta del cocimiento ligero de una o varias hierbas.
tisanuro, ra. adj. *Zool.* Dícese de los *insectos que carecen de alas y tienen varios apéndices en el extremo del abdomen. Ú. t. c. s. ‖ m. pl. *Zool.* Orden de estos insectos.
tiseras. f. pl. ant. **Tijeras.**
tísico, ca. adj. **Pat.* Que padece de tisis. Ú. t. c. s. ‖ **Pat.* Perteneciente a la tisis.
tisis. f. **Pat.* Enfermedad en que hay consunción gradual y lenta. ‖ *Pat.* Tuberculosis pulmonar.
tiste. m. *Bebida refrescante que se prepara con harina de maíz tostado, cacao, achiote y azúcar.
tisú. m. *Tela de seda entretejida con hilos de oro o plata.
tisuria. f. *Pat.* Debilidad causada por la excesiva *secreción de *orina.
tita. f. fam. **Tía.**
titán. m. **Mit.* Gigante que había pretendido asaltar el cielo. ‖ fig. Sujeto de excepcional poder, o que *sobresale por algún motivo. ‖ fig. *Grúa gigantesca para mover pesos grandes.
titánico, ca. adj. Perteneciente o relativo a los titanes. ‖ fig. Muy *grande, excesivo, como de titanes.
titanio. m. *Metal pulverulento de color gris.
titanio, nia. adj. **Titánico.**
titar. intr. Graznar el *pavo para llamar a la manada.
títere. m. *Muñeco o figurilla vestida y adornada, que se mueve con alguna cuerda o artificio. ‖ fig. y fam. Sujeto de figura *ridícula o *pequeña. ‖ fig. y fam. Sujeto *informal. ‖ fig. Idea fija que preocupa u *ofusca. ‖ pl. fam. Diversión pública de *volatineros, acróbatas, etc. ‖ **Echar** uno **los títeres a rodar.** fr. fig. y fam. Romper o *enemistarse abiertamente con una o más personas. ‖ **No dejar títere con cabeza.** fr. fig. y fam. con que se pondera la *destrucción o desbarajuste total de una cosa.
titerero, ra. m. y f. **Titiritero.**
titeretada. f. fam. Acción propia de un títere, *informalidad.
titerista. com. **Titiritero.**
tití. m. Cuadrumano pequeño, de cara blanca y pelada, con una mancha negruzca sobre la nariz y la boca, y mechones blancos alrededor de las orejas. Habita en la América Meridional.
titilación. f. Acción y efecto de titilar.
titilador, ra. adj. Que titila.
titilante. p. a. de **Titilar.** Que titila.
titilar. intr. Agitarse con ligero *temblor alguna parte del organismo animal. ‖ Por ext., centellear un cuerpo *luminoso.
titímalo. m. **Lechetrezna.**
titirimundi. m. **Mundonuevo.**
titiritaina. f. fam. *Ruido confuso de flautas u otros *instrumentos. ‖ Por ext., *alboroto, bullicio alegre.
titiritar. intr. *Temblar de *frío o de miedo.
titiritero, ra. m. y f. Persona que trae o gobierna los títeres. ‖ **Volatinero.**
tito. m. fam. **Tío.**
tito. m. **Almorta.** ‖ Sillico, orinal, vaso para el *excremento. ‖ Hueso o *pepita de la fruta. ‖ **Yero.** ‖ **Guisante.** ‖ *Pollo de la *gallina.
titubar. intr. **Titubear.**
titubear. intr. *Oscilar una cosa, perdiendo la estabilidad. ‖ Tropezar en la elección o *pronunciación de las palabras. ‖ fig. Sentir *vacilación en algún punto o materia.
titubeo. m. Acción y efecto de titubear.
titulado. m. Persona que posee un título académico. ‖ **Título** (persona de la *nobleza).
titular. adj. Que tiene algún título, por el cual se *nombra. ‖ Que da su propio *nombre por título a otra cosa. ‖ Dícese del que ejerce oficio o *profesión con título y cometido especial. ‖ *Impr.* V. **Letra titular.** Ú. t. c. s.
titular. tr. Poner título, *nombre o inscripción a una cosa. ‖ intr. Obtener una persona *título nobiliario.
titulillo. m. **Impr.* Renglón que se pone en la parte superior de la página impresa, para indicar la materia de que se trata.
***título.** m. Palabra o frase con que se *nombra o da a conocer el asun-

o materia de una obra científica o literaria, o de cada una de las partes de un escrito o *impreso. || *Letrero o inscripción con que se indica el contenido o destino de otras cosas. || Renombre o distintivo con que se designa a una persona. || *Causa, motivo o *pretexto. || Origen o fundamento jurídico de un *derecho. || Demostración auténtica del mismo por medio de un *documento adecuado. || Testimonio o instrumento dado para ejercer un *empleo. || → Dignidad nobiliaria, como la de conde, marqués, etc. || Persona condecorada con esta dignidad nobiliaria. || Cada una de las partes principales en que suelen dividirse las *leyes, reglamentos, etc. || Cierto documento que representa deuda pública o valor comercial. || **al portador.** El que no es nominativo, sino pagadero a quien lo lleva o exhibe. || **colorado.** *For.* El que tiene apariencia de justicia o de buena fe, pero no es suficiente para transferir por sí solo la *propiedad. || *Ecles.* El que tiene apariencias de válido, pero adolece de un vicio oculto que lo hace *nulo. || **del reino. Título** (*nobiliario). || **lucrativo.** *For.* El que proviene de un acto de liberalidad, como la *donación o el legado. || **A título.** m. adv. Con *pretexto, *motivo o causa.

titundia. f. Antiguo *baile cubano.

tiufado. m. *Caudillo que mandaba un cuerpo de mil hombres, en el ejército visigodo.

tiuque. m. *Ave de rapiña, de pico grande y plumaje obscuro, propia de América.

tiza. f. Arcilla terrosa blanca que se usa para *escribir en los encerados, para *limpiar metales y otros usos. || Asta de ciervo calcinada. || Compuesto de yeso y greda con que se unta la suela del taco de *billar.

tizana. f. *Carbón vegetal menudo.

tizna. f. Materia tiznada y preparada para tiznar.

tiznadura. f. Acción y efecto de tiznar o tiznarse.

tiznajo. m. fam. **Tiznón.**

***tiznar.** tr. Manchar de *negro, con tizne, *hollín u otra materia semejante. Ú. t. c. r. || Por ext., *ensuciar a manera de tizne con substancia de cualquier otro color. Ú. t. c. r. || fig. Deslustrar, *desacreditar o manchar la fama.

***tizne.** amb. Ú. m. c. m. *Humo u hollín que se pega a las sartenes y otras vasijas que han estado a la lumbre. || m. **Tizón.**

tiznón. m. *Mancha que resulta de poner tizne.

tizo. m. Trozo de *carbón vegetal que despide humo al arder por estar mal carbonizado.

tizón. m. Palo o *leño a medio quemar. || *Honguillo parásito, negruzco, que destruye los granos del trigo y de otros *cereales. || fig. Mancha o *deshonra en la fama. || *Arq.* Parte de un *sillar o ladrillo que entra en la fábrica. || **A tizón.** m. adv. *Albañ.* Dícese de la colocación de piedras o ladrillos de modo que su mayor dimensión quede en sentido perpendicular al paramento.

tizona. f. fig. y fam. ***Espada.**

tizonada. f. **Tizonazo.**

tizonazo. m. *Golpe dado con un tizón. || fig. y fam. Castigo del fuego en el *infierno. Ú. m. en pl.

tizoncillo. m. d. de **Tizón.** || **Tizón** (*hongo parásito).

tizonear. intr. Componer los tizones, atizar el *fuego.

tizonera. f. Carbonera que se hace con los tizos para acabar de carbonizarlos. || *Reunión o velada en la cocina al amor de la lumbre.

tlaco. m. Octava parte de la *moneda llamada real columnario.

tlacuache. m. **Zarigüeya.**

tlascalteca. adj. Natural de Tlascala. Ú. t. c. s. || Perteneciente a esta ciudad de Méjico.

tlazol. m. Punta de la caña de *maíz o de *azúcar.

¡to! interj. p. us. con que se llama al *perro. || interj. con que se denota haber venido en *conocimiento de alguna cosa, o se manifiesta *admiración o *sorpresa.

toa. f. *Maroma o sirga.

***toalla.** f. Lienzo para limpiarse y secarse las manos y la cara. || Cubierta que se tiende en las *camas sobre las *almohadas.

toallero. m. Mueble o instrumento para colgar *toallas.

toalleta. f. d. de **Toalla.** || **Servilleta.**

toar. tr. *Mar.* **Atoar.**

toba. f. Depósito *calizo, que dejan algunas aguas. || **Sarro** (de los *dientes). || ***Cardo borriquero.** || fig. Capa o corteza que *cubre algunas cosas sobre las cuales se forma.

toba. f. *Germ.* Metátesis de **Bota.**

toballa. f. **Toalla.**

toballeta. f. **Toalleta.**

tobar. m. Cantera de toba.

tobelleta. f. **Toballeta.**

tobera. f. *Abertura tubular por donde entra el aire en un *horno o en una *forja.

tobiano, na. adj. Dícese de la *caballería que tiene la capa de dos colores a grandes manchas.

Tobías. n. p. V. **Libro de Tobías.**

tobillera. f. fam. Muchacha *joven.

tobillo. m. Protuberancia de cada uno de los dos *huesos de la *pierna en la garganta del *pie.

toboba. f. Especie de *víbora de América.

tobogán. m. Especie de carrito montado sobre *patines largos, que se usa para *deslizarse por pendientes cubiertas de nieve. || Pista en declive para deslizarse por ella.

toboseño, ña. adj. Natural del Toboso. Ú. t. c. s. || Perteneciente a este pueblo de la Mancha.

tobosesco, ca. adj. desus. **Toboseño.**

tobosino, na. adj. desus. **Toboseño.**

toboso, sa. adj. Formado de piedra toba.

***toca.** f. Prenda de tela, generalmente delgada, para cubrir la cabeza. || Prenda de lienzo blanco que ceñida al rostro usan las *monjas para cubrir la cabeza. || *Tela de que ordinariamente se hacen las **tocas.** || *Sombrero femenino con ala pequeña. || pl. Cantidad que se entrega en ciertos casos a la *viuda o a las hijas de un empleado que fallece.

tocable. adj. Que se puede *tocar.

***tocado.** m. Prenda con que se cubre la cabeza. || → Peinado y adorno de la cabeza, en las mujeres. || Juego de cintas y otros adornos, para tocarse una mujer.

tocado, da. adj. fig. Medio *loco, algo perturbado.

***tocador.** m. *Manto para cubrirse y adornarse la cabeza. || → Mueble con espejo y otros utensilios, para el peinado y aseo de una persona. || Aposento destinado a este fin. || **Neceser.**

tocador, ra. adj. Que toca un *instrumento músico, y más especialmente la *guitarra. || m. Llave de *afinador.

tocadura. f. **Tocado** (prenda con que se cubre la cabeza).

tocadura. f. *Veter.* **Matadura.**

tocamiento. m. Acción y efecto de *tocar o palpar. || fig. Llamamiento o *inspiración.

tocante. p. a. de **Tocar.** Que toca. || **Tocante a.** loc. adv. En orden a, *relativo a.

***tocar.** tr. Percibir un objeto por medio de los órganos del sentido del tacto. || Hacer *sonar, según arte, cualquier *instrumento. || Avisar, haciendo seña o *llamando, con *campana u otro instrumento. || *Tropezar ligeramente una cosa con otra. || Acercar una cosa a otra de modo que queden en *contacto. || Poner una cosa en contacto con otra para que le comunique cierta virtud; como un hierro al imán. || Ensayar una pieza de *oro o *plata en la piedra de toque. || fig. Conocer una cosa por *experiencia. || fig. *Estimular, *persuadir. || fig. *Tratar o hablar superficialmente de una materia. || *Germ.* ***Engañar.** || *Mar.* Tirar un poco hacia afuera de los guarnes de un *aparejo y soltar en seguida para facilitar su laboreo. || *Mar.* Dar suavemente con la quilla en el fondo. || *Pint.* Dar toques o pinceladas sobre lo pintado. || intr. *Pertenecer por algún derecho o título. || *Llegar de paso a algún lugar. || Ser de la *obligación o cargo de uno. || *Importar, ser de interés alguna cosa. || Corresponder a uno parte de lo que se *distribuye o adjudica en común. || Caer en *suerte una cosa. || Estar una cosa *contigua a otra. || Haber llegado el momento o la *oportunidad para alguna cosa. || *Mar.* Flamear una *vela por haber perdido el viento. || Ser uno *pariente de otro, o tener alianza con él. || Hallar el galgo el rastro de la caza. || **A toca, no toca.** expr. adv. que indica la posición de la persona o cosa tan *cercana a otra que casi la toca. || **Estar tocada** una cosa. fr. fig. Empezar a *pudrirse. || **Tocárselas** uno. expr. fig. y fam. *Huir, tomar las de Villadiego. || **Tocar de cerca.** fr. fig. Tener una persona *parentesco próximo con otra.

tocar. tr. Peinar y adornar el *cabello. Ú. m. c. r. || r. *Cubrirse la cabeza con *sombrero, mantilla, pañuelo, etc.

tocasalva. f. **Salvilla** (*bandeja).

tocata. f. *Pieza de *música instrumental, ordinariamente breve. || fig. y fam. **Zurra.**

tocatorre. f. **Marro** (*juego de muchachos).

tocayo, ya. m. y f. Respecto de una persona, otra que tiene su mismo *nombre.

tocía. f. **Atutía.**

tocinera. f. La que vende *tocino. || Mujer del tocinero. || Especie de banco donde se sala el tocino en las casas.

tocinería. f. Tienda o lugar donde se vende *tocino.

tocinero. m. El que vende *tocino.

***tocino.** m. Carne grasa del puerco, y especialmente la salada. || **Lardo.** || Témpano de la canal del cerdo. || En el *juego de la comba, serie de saltos rápidos y acelerados. || ***Cerdo.** || *Arbusto trepador de las leguminosas. || *Germ.* ***Azote.** || **del cielo.** *Dulce compuesto de yema de huevo y almíbar. || **entreverado.** El que tiene algunas hebras de magro. || **saladillo.** El fresco a media sal.

tocio, cia. adj. **Tozo** (enano). Dícese

principalmente de una especie de *roble.

toco. m. *Hueco u hornacina rectangular en la *arquitectura incaica.

tocología. f. ***Obstetricia.**

tocólogo. m. Profesor que ejerce especialmente la tocología.

tocomate. m. Vasija hecha de cáscara de coco.

tocón. m. Parte del *tronco de un árbol que queda unida a la raíz cuando lo cortan por el pie. ‖ **Cir.* **Muñón.**

tocona. f. Tocón de diámetro grande.

toconal. m. Sitio donde hay muchos tocones. ‖ Plantación de *olivos formada por renuevos de tocones.

tocorno. m. *Roble mal podado, cuya madera sólo sirve para quemar.

tocororo. m. *Ave trepadora propia de Cuba.

tocotoco. m. **Pelícano.**

tocuyo. m. *Tela burda de algodón.

toche. m. *Pájaro conirrostro, de América.

tochedad. f. Calidad de tocho o *necio. ‖ Dicho o hecho propio de persona tocha.

tochimbo. m. *Horno de fundición usado en el Perú.

tocho, cha. adj. Tosco, inculto, *rústico, *necio. ‖ m. Lingote de *hierro. ‖ *Palo redondo, tranca.

tochuelo. adj. d. de **Toche.** ‖ V. **Hierro tochuelo.**

tochura. f. **Tochedad.**

todabuena. f. *Planta herbácea anual, de las hipericíneas, que se usó en medicina como vulneraria.

todasana. f. **Todabuena.**

todavía. adv. t. Hasta el momento *actual, o hasta un momento determinado desde tiempo anterior. ‖ adv. m. Con todo eso, no obstante, en *oposición a. ‖ Denota encarecimiento o *ponderación.

todito, ta. adj. d. de **Todo.** ‖ fam. Encarece el significado de **todo.**

***todo, da.** adj. Dícese de lo que se toma o se comprende en su integridad o en el conjunto de sus partes sin excluir nada. ‖ Ú. t. para ponderar la *abundancia o el exceso de alguna calidad o circunstancia. ‖ Seguido de un substantivo en singular y sin artículo, da a aquél un significado de *generalidad y un valor de plural. ‖ En plural equivale a veces al distributivo **cada.** ‖ m. Cosa íntegra. ‖ Condición que se pone en ciertos juegos de *naipes, en que se paga más al que hace **todas** las bazas. ‖ En las charadas, la voz que contiene en sí todas las sílabas que se han enunciado. ‖ adv. m. **Enteramente.** ‖ **Ante todo.** m. adv. Primera o *principalmente. ‖ **Así y todo.** loc. adv. A pesar de eso. ‖ **A todo esto, o a todas estas.** m. adv. Mientras tanto, entre tanto. ‖ **Con todo, con todo eso,** o **con todo esto.** ms. advs. No obstante, sin embargo. ‖ **Del todo.** m. adv. *Entera, *absolutamente. ‖ **De todo en todo.** m. adv. Entera y *absolutamente. ‖ **En todo y por todo.** m. adv. Entera o *absolutamente. ‖ **En un todo.** m. adv. Absoluta y generalmente. ‖ **Hallárselo** uno **todo hecho.** fr. fig. y fam. Ser muy dispuesto y expedito. ‖ **Jugar** uno **el todo por el todo.** fr. fig. Aventurarlo **todo.** ‖ **Sobre todo.** m. adv. Con especialidad, *principalmente. ‖ **Todo es uno.** expr. irón. con que se da a entender que una cosa es totalmente *diversa o *intempestiva. ‖ **Y todo.** m. adv. Hasta, también.

todopoderoso, sa. adj. Que todo lo puede. ‖ m. Por antonom., ***Dios.**

toesa. f. Antigua medida francesa de *longitud, equivalente a poco menos de dos metros.

tofana. adj. V. **Agua tofana.**

tofo. m. **Nodo** (*tumor). ‖ *Arcilla blanca refractaria.

toga. f. **Indum.* Prenda principal exterior, a manera de capa holgada y sin esclavina, que usaban los romanos sobre la túnica. ‖ Traje o ropón negro, exterior y de ceremonia, que usan los *magistrados, letrados, *catedráticos, etc., encima del ordinario. ‖ **palmada,** o **picta.** La enriquecida con labores y recamos de oro.

togado, da. adj. Que viste toga. Dícese comúnmente de los *magistrados superiores. Ú. t. c. s.

toisón. m. *Orden de caballería instituida por Felipe el Bueno, y cuyo jefe era el rey de España. ‖ *Insignia de esta orden. ‖ **de oro. Toisón.**

tojal. m. Terreno poblado de tojos.

tojino. m. **Arq. Nav.* Pedazo de madera que se clava en lo interior de la embarcación, para asegurar la carga. ‖ *Mar.* Cada uno de los trozos de madera que se ponen en el costado del buque, y sirven de *escalera para subir y bajar. ‖ *Mar.* Taco de madera que se clava en los penoles de las vergas, para asegurar las empuñiduras.

tojo. m. *Planta perenne de las leguminosas, variedad de aulaga. ‖ Lugar manso y profundo de un *río. ‖ Tronco hueco en que anidan las *abejas. ‖ **Alondra.**

tojosita. f. *Ave, especie de *paloma silvestre, propia de Cuba.

tol. m. Calabaza hueca y cortada por la mitad.

tola. f. Nombre de diferentes especies de *arbustos en América.

tolano. m. **Veter.* Enfermedad que padecen las bestias en las encías. Ú. m. en pl. ‖ **Picarle** a uno **los tolanos.** fr. fig. y fam. Tener *hambre.

tolano. m. Cada uno de los *cabellos cortos que nacen en el cogote. Ú. m. en pl.

toldadura. f. *Colgadura para defenderse del calor o templar la luz.

toldar. tr. **Entoldar.** ‖ *Germ.* *Cubrir o aderezar.

toldería. f. *Campamento formado por toldos de indios.

toldero. m. Tendero que vende la *sal por menor.

toldilla. f. *Mar.* Cubierta parcial que tienen algunos *buques a la altura de la borda, desde el palo mesana al coronamiento de popa.

toldillo. m. d. de **Toldo.** ‖ *Litera o silla de manos cubierta.

***toldo.** m. *Pabellón o cubierta de lienzo, que se tiende para hacer *sombra en algún paraje. ‖ **Entalamadura.** ‖ fig. Engreimiento, *vanidad. ‖ Tienda en que se vende la *sal por menor. ‖ *Cabaña de los *indios hecha con pieles y ramas.

tole. m. fig. Confusión, *alboroto, gritería popular. ‖ fig. *Murmuración o *rumor de desaprobación, que va cundiendo entre las gentes. ‖ **Tomar** uno **el tole.** fr. fam. *Marcharse aceleradamente.

toledano, na. adj. Natural de Toledo. Ú. t. c. s. ‖ Perteneciente a esta ciudad.

toledo. m. fam. Nombre que por eufemismo se da a veces al *número 13.

tolena. f. **Tollina.**

tolerable. adj. Que se puede *tolerar.

tolerablemente. adv. m. De manera tolerable.

***tolerancia.** f. Acción y efecto de tolerar. ‖ *Respeto y consideración hacia las opiniones ajenas. ‖ ***Permiso.** ‖ *Aproximación o *diferencia que se consiente en la calidad o cantidad de las cosas.

tolerante. p. a. de **Tolerar.** Que tolera, o propenso a la tolerancia.

tolerantismo. m. Opinión favorable a la tolerancia en materia de *religión.

***tolerar.** tr. Sufrir, llevar con *paciencia. ‖ Disimular o *permitir algunas cosas sin consentirlas expresamente.

tolete. m. *Mar.* **Escálamo.** ‖ Garrote o *palo corto.

tolmera. f. Sitio donde abundan los tolmos.

tolmo. m. *Peñasco elevado.

tolo. m. **Tolondro** (chichón).

tolobojo. m. **Pájaro bobo.**

tolón. m. **Veter.* **Tolano.** Ú. m. en pl.

tolondro, dra. adj. *Aturdido, que obra con *desacierto, *torpe. Ú. t. c. s. ‖ m. *Hinchazón o chichón que se levanta en alguna parte del cuerpo, de resultas de un golpe. ‖ **A topa tolondro.** m. adv. De modo *irreflexivo.

tolondrón, na. adj. **Tolondro.** ‖ m. **Tolondro.** ‖ **A tolondrones.** m. adv. Con tolondros o chichones. ‖ fig. Con *interrupción o a retazos.

tolonés, sa. adj. Natural de Tolón. Ú. t. c. s. ‖ Perteneciente a esta ciudad de Francia.

tolosano, na. adj. Natural de Tolosa, Ú. t. c. s. ‖ Perteneciente a cualquiera de las poblaciones de este nombre.

tolteca. adj. Dícese del individuo de una antigua tribu de Méjico. Ú. t. c. s. ‖ Perteneciente a esta tribu. ‖ m. Idioma de la misma.

Tolú. n. p. de una ciudad de Colombia. V. **Bálsamo de Tolú.**

tolva. f. Caja en forma de tronco de pirámide invertido, en la que se echan los granos u otras cosas que han de ir cayendo poco a poco en el *molino. ‖ Pieza análoga de otros mecanismos. ‖ Parte superior en la *abertura de los cepillos o urnas, en forma de tronco de pirámide invertido.

tolvanera. f. *Remolino de *polvo.

tolla. f. Terreno *pantanoso o tremedal encharcado por las aguas subterráneas.

tolla. f. **Mielga** (*pez).

tolla. f. *Artesa grande para dar de beber a los animales.

tolladar. m. **Tolla** (terreno *pantanoso).

tollina. f. fam. *Zurra, paliza.

tollo. m. **Cazón** (*pez). ‖ *Carne que tiene el ciervo junto a los lomos.

tollo. m. Hoyo o escondite, donde se *ocultan los cazadores en espera de la *caza. ‖ **Tolla** (terreno pantanoso). ‖ *Lodo, fango. ‖ *Charco formado por el agua de lluvia.

tollón. m. **Coladero** (paso estrecho en las *montañas).

***toma.** f. Acción de tomar o recibir una cosa. ‖ *Conquista u ocupación de una plaza o ciudad. ‖ *Cantidad de alguna cosa, que se coge o recibe de una vez. ‖ *Lugar por donde se deriva el fluido de un *conducto o la corriente de un *circuito eléctrico. ‖ **Hidrául.* **Data.** ‖ *Abertura por donde se desvía el agua

de una corriente o de un *embalse.
tomada. f. **Toma** (*conquista).
tomadero. m. Parte por donde se toma o *ase una cosa. ‖ **Toma** (de agua). ‖ Adorno abollonado que se usó en ciertas prendas de *vestir.
tomador, ra. adj. Que toma. Ú. t. c. s. ‖ **Bebedor.** ‖ *Mont.* V. ***Perro tomador.** Ú. t. c. s. ‖ m. *Com.* Aquel a cuya orden se gira una *letra de cambio*. ‖ *Mar.* Cualquiera de las badernas firmes en las vergas, que sirven para mantener sujetas a ellas las *velas.
tomadura. f. **Toma** (acción de tomar y cantidad que se toma de cada vez). ‖ **de pelo.** fig. y fam. *Burla que se hace de uno disimuladamente.
tomaína. f. *Quím.* Nombre de varios alcaloides venenosos que resultan de la *corrupción de las substancias animales.
tomajón, na. adj. fam. Que toma con frecuencia, facilidad o descaro. Ú. t. c. s. ‖ m. *Germ.* *Alguacil o ministro de justicia.
***tomar.** tr. Coger con la mano una cosa. ‖ Coger alguna cosa con un instrumento, recipiente, etc. ‖ *Recibir o aceptar algo. ‖ **Percibir.** ‖ *Conquistar u ocupar una fortaleza o ciudad. ‖ *Comer o *beber. ‖ Adoptar, *ejecutar, poner por obra. ‖ *Contraer, *adquirir. ‖ Contratar personas para que presten un *servicio. ‖ ***Alquilar.** ‖ Entender, juzgar e *interpretar una cosa en determinado sentido. ‖ Ocupar un sitio cualquiera para cerrar u *obstruir el paso. ‖ Quitar o *hurtar. ‖ ‖ ***Comprar.** ‖ *Imitar o hacer uno suyos los usos, modos o cualidades de otro. ‖ *Padecer los efectos de algunas cosas. ‖ *Encargarse de un asunto o negocio. ‖ Acometer a una persona el *sueño, el *miedo, la *risa, etc. ‖ ***Elegir.** ‖ *Fecundar o cubrir el macho a la hembra para la *generación. ‖ Hacer baza en un juego de *naipes. ‖ Suspender o parar la *pelota que se ha sacado. ‖ Llevar a uno en su *compañía. ‖ Adoptar una decisión. ‖ intr. Encaminarse, empezar a seguir una *dirección determinada. ‖ r. Cubrirse de *moho u orín. ‖ **¡Toma!** interj. fam. con que se da a entender la poca novedad o importancia de alguna cosa. ‖ **Tomarla con** uno. fr. Contradecirle y culparle en cuanto dice o hace. ‖ Tener tema con él, mostrarle *aborrecimiento. ‖ **Tomarse con** uno. fr. Reñir o tener *contienda con él. ‖ **Tomar** uno **sobre sí** una cosa. fr. fig. *Encargarse de ella.
tomatada. f. *Culin.* Fritada de tomate.
tomatal. m. Sitio en que abundan las tomateras.
tomatazo. m. aum. de **Tomate.** ‖ *Golpe dado con un tomate.
tomate. m. Fruto de la tomatera, aproximadamente redondo, de color rojo cuando está maduro. Es *hortaliza comestible. ‖ **Tomatera.** ‖ Juego de *naipes, parecido al julepe. ‖ fig. y fam. Roto en las medias, calcetines, etc., generalmente redondo, al través del cual se ve la carne.
tomatera. f. Planta herbácea anual, de las solanáceas. Es planta *hortense, que se cultiva mucho por su fruto, que es el tomate.
tomatero, ra. m. y f. Persona que vende tomates.
tomatillo. m. d. de **Tomate.** ‖ Variedad de guinda de exquisito sabor. ‖ *Arbusto solanáceo lampiño, propio de Chile.
tomaza. f. Planta semejante al tomillo.
tómbola. f. *Rifa de objetos, generalmente con un fin benéfico.
tome. m. Especie de espadaña.
tomeguín. m. *Pájaro pequeño, de plumaje de color verdoso, propio de Cuba.
tomento. m. *Estopa basta. ‖ **Bot.* Capa de *pelos cortos, que cubre la superficie de los órganos de algunas plantas.
tomentoso, sa. adj. Que tiene tomento.
tomillar. m. Sitio poblado de tomillos.
tomillo. m. Planta *fruticosa, perenne, de las labiadas, muy olorosa. ‖ **blanco. Santónico.** ‖ **salsero.** Planta de la misma familia que el **tomillo** común, pero de hojas más estrechas.
tomín. m. *Peso de la tercera parte del adarme, y que equivale a 596 miligramos. ‖ *Moneda de plata que se usó en América, equivalente a unos treinta céntimos de peseta.
tomineja. f. **Tominejo.**
tominejo. m. **Pájaro mosca.**
tomismo. m. **Teol.* Sistema escolástico contenido en las obras de Santo Tomás de Aquino y de sus discípulos.
tomista. adj. Que sigue la doctrina de Santo Tomás de Aquino. Ú. t. c. s.
tomiza. f. *Cuerda o soguilla de esparto.
tomo. m. Cada una de las partes con paginación propia, en que suelen dividirse los *libros u obras impresas o manuscritas de cierta extensión. ‖ p. us. *Grosor, volumen de una cosa. ‖ fig. *Importancia, *valía. ‖ **De tomo y lomo.** loc. fig. y fam. De mucho bulto y peso. ‖ fig. y fam. De consideración o *importancia.
tomón, na. adj. fam. **Tomajón.** Ú. t. c. s.
ton. m. Apócope de **Tono.** Se usa en la frase familiar **sin ton ni son,** que significa: *arbitrariamente, sin ocasión o causa.
tona. f. Nata de la *leche.
tonada. f. Composición *poética para cantarse. ‖ *Música de esta canción.
tonadilla. f. d. de **Tonada.** ‖ *Canción alegre y ligera. ‖ Zarzuela o pieza corta y ligera, que se *cantaba en los *teatros.
tonadillero, ra. m. y f. Persona que compone tonadillas. ‖ Persona que las canta.
tonaira. f. *Red de pescar atunes.
tonal. adj. **Mús.* Perteneciente al tono o a la tonalidad.
tonalidad. f. **Mús.* Sistema de sonidos que sirve de fundamento a una composición musical. ‖ **Pint.* Sistema de colores y tonos.
tonante. p. a. de **Tonar.** Que truena. Ú. como epíteto del dios Júpiter.
tonar. intr. poét. Tronar o arrojar *rayos.
tonario. m. **Libro antifonario.**
tondino. m. *Arq.* **Astrágalo.**
tondiz. f. **Tundizno.**
tondo. m. **Ornam.* Adorno circular rehundido en un paramento.
***tonel.** m. Cuba grande en que se echa el vino u otro líquido. ‖ Medida antigua de *capacidad para el arqueo de las embarcaciones. ‖ **macho. Tonelada.**
tonelada. f. Unidad de *peso o de *capacidad que se usa para calcular el desplazamiento de los buques. ‖ *Peso de veinte quintales. ‖ *Impuesto que pagaban las embarcaciones de uno por ciento sobre los doce de avería. ‖ **Tonelería** (conjunto de *toneles). ‖ **de arqueo.** Medida de capacidad equivalente a 2,83 metros cúbicos. ‖ **métrica de arqueo. Metro cúbico.** ‖ **métrica de peso.** Peso de mil kilogramos.
tonelaje. m. **Arqueo** (*capacidad de una embarcación). ‖ Número de toneladas que mide un conjunto de buques mercantes. ‖ *Impuesto de un real de vellón por tonelada, que pagaban las embarcaciones al empezar la carga.
tonelería. f. Arte u oficio del tonelero. ‖ Taller del tonelero. ‖ Conjunto o provisión de *toneles.
tonelero, ra. adj. Perteneciente o relativo al *tonel. ‖ m. El que hace *toneles.
tonelete. m. d. de **Tonel.** ‖ **Brial** (de los hombres de armas). ‖ *Falda corta que sólo cubre hasta las rodillas. ‖ Parte de las antiguas *armaduras que tenía esta forma. ‖ Traje con falda corta que usaban los *niños. ‖ El el *teatro, traje antiguo de hombre, con falda corta.
tonga. f. ***Tongada.** ‖ Pila o *montón ordenado de cosas. ‖ Tanda, tarea de *trabajo.
***tongada.** f. Capa de materia o de objetos de una misma clase, que se extiende sobre una superficie.
tongo. m. Trampa que hace un jugador en el juego de *pelota, aceptando dinero para dejarse ganar. ‖ Trampa que hace el jinete en las *carreras y, en general, cualquier *jugador dejándose ganar por interés.
tonicidad. f. **Fisiol.* Grado de tensión de los órganos del cuerpo vivo.
tónico, ca. adj. **Farm.* Que entona. Ú. t. c. s. m. ‖ **Mús.* Aplícase a la nota primera de una escala musical. Ú. m. c. s. f. ‖ **Pros.* Aplícase a la vocal o sílaba de una palabra, en que carga la pronunciación.
tonificación. f. Acción y efecto de tonificar.
tonificador, ra. adj. Que tonifica.
tonificante. p. a. de **Tonificar.** Que tonifica.
tonificar. tr. **Entonar** (dar *fuerza y vigor al organismo).
tonillo. m. d. de **Tono.** ‖ Tono monótono y desagradable con que algunos *hablan o leen. ‖ **Dejo** (*pronunciación peculiar de ciertas regiones).
tonina. f. **Atún.** ‖ **Delfín** (*cetáceo).
tono. m. Mayor o menor elevación del *sonido correspondiente a la mayor o menor rapidez de las vibraciones que lo producen. ‖ Inflexión de la voz y modo particular de decir una cosa, según la intención del que *habla. ‖ Carácter particular de la *expresión y del *estilo de una obra literaria según el asunto. ‖ **Tonada.** ‖ Energía, *fuerza. ‖ **Fisiol.* Aptitud y energía que el organismo animal, o alguna de sus partes, tiene para ejercer las funciones que le corresponden. ‖ **Mús.* **Modo.** ‖ **Mús.* Cada una de las escalas que se forman, tomando como nota fundamental cada uno de los distintos grados de la escala normal. ‖ **Mús.* **Diapasón normal.** ‖ **Mús.* Cada una de las piezas que en algunos *instrumentos de viento se mudan para hacer subir o bajar el **tono.** ‖ **Mús.* Intervalo o distancia que media entre una nota y su inmediata, excepto del *mi* al *fa* y del *si* al *do.* ‖ **Pint.* Vigor y relieve de todas las partes de una pintura. ‖ **maestro.** **Mús.* Cada uno de los cuatro **tonos** impares del canto

llano. ‖ **mayor.** **Mús.* **Modo mayor.** ‖ **Mús.* Intervalo entre dos notas consecutivas de la escala diatónica cuando guardan la proporción de 8 a 9. ‖ **menor.** **Mús.* **Modo menor.** ‖ **Mús.* **Semitono.** ‖ **A este tono.** m. adv. **A este tenor.** ‖ **Bajar** uno **el tono.** fr. fig. *Humillarse o reprimirse después de haber hablado con arrogancia. ‖ **Darse tono** uno. fr. fam. Darse importancia, *jactarse uno de sus prendas, valimiento, etc. ‖ **De buen,** o **mal, tono.** loc. De buen o mal gusto. ‖ **Estar** o **poner, a tono.** fr. fig. Acomodar una cosa a otra. ‖ **Mudar** uno **de tono.** fr. fig. Moderarse en el modo de hablar. ‖ **Subir** uno, o **subirse, de tono.** fr. fig. Aumentar el *orgullo o arrogancia en el trato.

tonsila. f. *Anat.* **Amígdala.**

tonsilar. adj. *Anat.* Perteneciente o relativo a las tonsilas.

tonsura. f. Acción y efecto de tonsurar. ‖ **Ecles.* Grado preparatorio para recibir las órdenes menores.

tonsurado. m. El que ha recibido el grado de tonsura *clerical.

tonsurando. m. El que está próximo a recibir la tonsura *clerical.

tonsurar. tr. *Cortar el *pelo o la *lana a personas o animales. ‖ **Ecles.* Dar a uno el grado de tonsura *clerical.

tontada. f. **Tontería.**

tontaina. com. fam. Persona *tonta. Ú. t. c. adj.

tontamente. adv. m. Con tontería.

***tontear.** intr. Hacer o decir tonterías.

tontedad. f. **Tontería.**

tontera. f. fam. **Tontería.**

tontería. f. Calidad de *tonto. ‖ Dicho o hecho *tonto. ‖ fam. *Disputa leve. ‖ fig. Dicho o hecho *insignificante, nadería.

tontiloco, ca. adj. Tonto alocado.

***tontillo.** m. Armazón con aros de ballena o de otra materia que usaron las mujeres para ahuecar las faldas. ‖ **Indum.* Pieza tejida de cerda que ponían los sastres en las casacas para ahuecarlas.

tontina. f. *Com.* Operación a modo de *seguro, que consiste en poner un fondo entre varias personas para repartirlo en una época dada, entre los asociados que han sobrevivido.

tontito. m. **Chotacabras.**

tontivano, na. adj. Tonto *vanidoso.

***tonto, ta.** adj. Mentecato, falto o escaso de entendimiento. Ú. t. c. s. ‖ Dícese del hecho o dicho propio de un tonto. ‖ m. Especie de *mantón. ‖ Juego de *naipes parecido a la mona. ‖ **de capirote.** fam. Persona muy necia e incapaz. ‖ **A tontas y a locas.** m. adv. Con *desorden, sin concierto. ‖ **Ponerse tonto,** o **tonta.** fr. fam. Mostrar *vanidad u obstinación.

tontón, na. adj. aum. de ***Tonto.**

tontucio, cia. adj. despect. de ***Tonto;** medio tonto. Ú. t. c. s.

tontuelo, la. adj. d. de ***Tonto.**

tontuna. f. **Tontería.**

toña. f. **Tala** (*juego). ‖ *Pan grande. ‖ *Torta amasada con aceite y miel.

toñil. m. Especie de nido de paja o hierba seca, para *madurar en él las *manzanas.

toñina. f. **Tonina** (atún).

¡top! *Mar.* Voz de mando para que se *detenga la *corredera o se pare otra cualquiera observación.

topa. f. *Mar.* *Motón de driza con que se izaban las velas de las galeras.

topacio. m. Piedra de *joyería, transparente, amarilla, compuesta de sílice, alúmina y flúor. ‖ **ahumado.** Cristal de roca pardo obscuro. ‖ **de Hinojosa.** Cristal de roca amarillo. ‖ **del Brasil. Topacio** amarillo rojizo, rosado o morado. ‖ **de Salamanca. Topacio de Hinojosa.** ‖ **oriental.** Corindón amarillo. ‖ **quemado,** o **tostado.** El del Brasil, de color bajo, que se ha hecho artificialmente morado por la acción del calor.

topada. f. **Topetada.**

topadizo, za. adj. **Encontradizo.**

topador, ra. adj. Que topa. Dícese con propiedad de los *carneros y otros animales de *cuernos. ‖ Que quiere en el *juego con facilidad y poca reflexión. Ú. t. c. s.

topar. tr. *Chocar una cosa con otra. ‖ *Hallar casualmente sin buscar. Ú. t. c. intr. ‖ *Hallar lo que se andaba buscando. Ú. t. c. intr. ‖ Echar a pelear los *gallos por vía de ensayo. ‖ *Mar.* *Unir al tope dos maderos. ‖ intr. **Topetar.** ‖ En los juegos de *naipes, aceptar el envite. ‖ fig. Consistir o estribar una cosa en otra y *causar *obstáculo. ‖ fig. Tropezar en alguna *dificultad. ‖ fig. y fam. Salir bien una cosa, *lograrse.

toparca. m. Señor o *soberano de un pequeño Estado.

toparquía. f. Señorío o jurisdicción del toparca.

toparra. f. Tropiezo que encuentra el *arado en las tierras.

topatopa. f. *Arbusto de las escrofulariáceas, propio de América.

tope. m. Parte por donde una cosa puede topar o ponerse en *contacto con otra. ‖ Pieza que sirve para limitar o *detener el movimiento de otra. ‖ Cada una de las piezas provistas interiormente de un resorte, dispuestas en la parte anterior y posterior de los carruajes de *ferrocarril, *tranvías, etc. ‖ Material rígido que se pone por dentro, en la punta del *calzado para que no se arrugue. ‖ Tropiezo, *impedimento. ‖ **Topetón.** ‖ fig. Punto donde estriba la *dificultad de una cosa. ‖ fig. Reyerta, *contienda. ‖ *Mar.* *Extremo superior de cualquier palo de *arboladura. ‖ *Mar.* Punta del último mastelero. ‖ *Mar.* Canto o *extremo de un madero o tablón. ‖ *Mar.* *Marinero que está de vigía en un sitio de la arboladura más alto que la cofa. ‖ **Al tope,** o **a tope.** m. adv. con que se denota la *unión de las cosas por sus extremidades, sin ponerse una sobre otra. ‖ **De tope a quilla.** loc. adv. desus. *Mar.* **De alto a bajo.** ‖ **De tope a tope.** loc. adv. *Mar.* **De cabo a cabo.** ‖ **Estar** uno **de tope.** fr. *Mar.* Estar de vigía en lo alto de la arboladura. ‖ **Estar hasta los topes.** fr. *Mar.* Hallarse un buque con excesiva *carga. ‖ fig. y fam. Tener una persona o cosa hartura o *exceso de algo. ‖ **Hasta el tope.** m. adv. fig. Enteramente, del *todo, o hasta donde se puede llegar.

topeadura. f. **Equit.* Diversión que consiste en empujar un jinete a otro para desmontarlo.

topera. f. Madriguera del topo.

topetada. f. *Golpe que dan con la cabeza los *toros, *carneros, etc. ‖ fig. y fam. Golpe que da uno con la *cabeza en alguna cosa.

topetar. tr. *Golpear con la cabeza en alguna cosa, especialmente los *carneros y otros animales cornudos. Ú. t. c. intr. ‖ **Topar.**

topetazo. m. **Topetada.**

topetón. m. *Choque o golpe de una cosa con otra. ‖ **Topetada.**

topetudo, da. adj. Aplícase al animal que tiene costumbre de dar topetadas.

tópico, ca. adj. Perteneciente a determinado *lugar. ‖ m. *Asunto o materia de *conversación. ‖ *Terap.* *Medicamento externo. ‖ *Ret.* Expresión *vulgar o trivial. ‖ pl. **Lugares comunes.**

topil. m. desus. ***Alguacil.**

topinada. f. fam. Acción propia de un topo o persona *torpe.

topinaria. f. **Talparia.**

topinera. f. **Topera.**

topino, na. adj. Dícese de la *caballería que pisa con la parte anterior del casco.

topiquero, ra. m. y f. **Med.* Persona encargada de la aplicación de tópicos en los hospitales.

topo. m. *Mamífero insectívoro pequeño, que vive bajo tierra en galerías que socava con las uñas. ‖ fig. y fam. Persona que tropieza en cualquier cosa, o por cortedad de *vista o por *torpeza. Ú. t. c. adj. ‖ fig. y fam. Persona *necia o que en todo yerra o se equivoca. Ú. t. c. adj.

topo. m. Medida itineraria de legua y media de *longitud.

topo. m. *Alfiler grande con que las indias se prenden el mantón.

topocho, cha. adj. V. **Cambur topocho.** ‖ **Rechoncho.**

***topografía.** f. Arte de describir gráficamente la superficie de un terreno. ‖ Conjunto de particularidades que presenta un terreno en su configuración superficial.

topográficamente. adv. m. De un modo topográfico.

***topográfico, ca.** adj. Perteneciente o relativo a la topografía.

topógrafo. m. El que profesa el arte de la *topografía.

toponimia. f. Estudio de los nombres propios de *lugar.

topónimo. m. Nombre propio de *lugar.

***toque.** m. Acción de *tocar o palpar una cosa. ‖ Ensaye de cualquier objeto de *oro o *plata mediante la huella que deja al frotarlo contra una piedra especial. ‖ **Piedra de toque.** ‖ → Tañido de las campanas o de ciertos instrumentos, con que se anuncia alguna cosa. ‖ fig. Punto *esencial o más *importante de que depende alguna cosa. ‖ fig. *Ensayo, examen o experiencia que se hace de algún sujeto. ‖ fig. *Amonestación, advertencia que se hace a uno. ‖ fig. y fam. *Golpe que se da a alguno. ‖ **Pint.* Pincelada ligera. ‖ **de baquetas.** *Mil.* El que se tocaba durante la carrera de baquetas. ‖ **del alba.** El de las *campanas de los templos, al amanecer. ‖ **de luz.** **Pint.* Esplendor o realce de claro. ‖ **de obscuro.** **Pint.* **Apretón.** ‖ **Dar un toque** a uno. fr. fig. y fam. Ponerle a prueba. ‖ fig. y fam. Sondarle para *averiguar alguna cosa.

toqueado. m. Serie de *sonidos o golpes acompasados que se hace con manos, pies, palo u otra cosa.

toquería. f. Conjunto de *tocas. ‖ Oficio del toquero.

toquero, ra. m. y f. Persona que teje o hace *tocas o que las vende.

toquetear. tr. *Tocar reiteradamente.

toqui. m. Entre los antiguos araucanos, *jefe del Estado en tiempo de guerra.

toquilo. m. **Pico** (ave).

toquilla. f. Gasa, *cinta u otra cosa,

que se ponía alrededor de la copa del *sombrero. ‖ *Pañuelo pequeño que se pone en la cabeza o al cuello. ‖ Pañuelo de lana, que usan para *abrigo las mujeres y los niños. ‖ Paja muy fina con que se fabrican los *sombreros de Jipijapa.

tora. f. *Tributo que pagaban los *judíos por familias. ‖ Libro de la *ley de los judíos.

tora. f. Armazón en figura de toro que, revestida de *cohetes, sirve para diversión en algunas *fiestas populares. ‖ **Agalla** (del roble).

torácico, ca. adj. *Zool.* Perteneciente o relativo al tórax.

toracoplastia. f. **Cir.* Resección de las costillas para inmovilizar un *pulmón enfermo.

torada. f. Manada de *toros.

toral. adj. *Principal o que tiene más *fuerza y vigor en cualquier concepto. ‖ m. *Min.* *Molde donde se da forma a las barras de *cobre. ‖ *Min.* Barra formada en este molde.

tórax. m. *Zool.* ***Pecho.** ‖ *Zool.* Cavidad del pecho.

torbellino. m. *Remolino de *viento. ‖ fig. *Abundancia de cosas que ocurren a un mismo tiempo. ‖ fig. y fam. Persona demasiadamente *precipitada.

torca. f. Depresión o *concavidad circular en un terreno y con bordes escarpados.

torcal. m. Terreno donde hay torcas.

torcaz. adj. V. **Paloma torcaz.**

torcazo, za. adj. **Torcaz.** Ú. t. c. f.

torce. f. Cada una de las vueltas que da alrededor del cuello una cadena o *collar. ‖ p. us. **Collar.**

torcecuello. m. *Ave trepadora, de color pardo jaspeado de negro y rojo, que, cuando teme algún peligro, tuerce el cuello hacia atrás y lo extiende después rápidamente.

torcedero, ra. adj. *Torcido, desviado de lo recto. ‖ m. Instrumento con que se tuerce.

torcedor, ra. adj. Que tuerce. Ú. t. c. s. ‖ m. *Huso con que se tuerce la hilaza. ‖ fig. Cualquier cosa que ocasiona persistente *disgusto o pesadumbre. ‖ **Veter.* **Acial.**

torcedura. f. Acción y efecto de torcer o torcerse. ‖ **Aguapié** (*vino.) ‖ *Cir.* Distensión de las partes blandas que rodean las *articulaciones de los huesos. ‖ **Cir.* *Desviación de un órgano de su dirección normal.

***torcer.** tr. Dar vueltas al extremo de una cosa alrededor de su eje mayor, manteniendo fijo el otro extremo o haciéndole girar en sentido contrario. Ú. t. c. r. ‖ Encorvar o *doblar una cosa recta. Ú. t. c. r. ‖ *Inclinar una cosa o ponerla sesgada. ‖ *Desviar una cosa de su posición o dirección habitual. ‖ Dicho del *gesto, el *semblante, etc., dar al rostro expresión de *desagrado. ‖ Dar violentamente dirección a un miembro u otra cosa, contra el orden natural. Ú. t. c. r. ‖ Elaborar el *cigarro puro, envolviendo la tripa en la capa. ‖ fig. Interpretar mal, *tergiversar. ‖ fig. Mudar la voluntad o el dictamen de alguno, *disuadirle de su propósito. Ú. t. c. r. ‖ fig. Hacer que los jueces u otras autoridades obren con *parcialidad. Ú. t. c. r. ‖ r. Avinagrarse y enturbiarse el *vino. ‖ Cortarse la *leche. ‖ fig. Entre *fulleros, dejarse un jugador ganar por su contrario, para estafar entre ambos a un tercero. ‖ *Malograrse un negocio que iba por buen camino. ‖ fig. Desviarse del camino de la virtud. ‖ **Andar,** o **estar, torcido con** uno. fr. fig. y fam. Estar *enemistado con él.

torcida. f. *Mecha de algodón o trapo torcido, que se pone en los velones, quinqués, velas, etc. ‖ Ración diaria de *carne que dan en los *molinos de aceite al que muele la aceituna.

torcidamente. adv. m. De manera torcida.

torcidillo. m. d. de **Torcido** (*hebra gruesa de seda).

torcido, da. adj. Que no es recto; que hace *curvas o está oblicuo o *inclinado. ‖ fig. Dícese de la persona que obra con *inmoralidad o *parcialidad. ‖ m. Rollo hecho con pasta de ciruela u otras frutas en *dulce. ‖ En algunas partes, **torcedura.** ‖ *Hebra gruesa y fuerte de *seda torcida.

torcijón. m. **Retorcimiento.** ‖ **Retortijón de tripas.** ‖ **Torozón.**

***torcimiento.** m. **Torcedura.** ‖ fig. *Rodeo o circunlocución.

torco. m. Bache, *charco grande.

torculado, da. adj. De forma de *tornillo.

tórculo. m. Prensa, y en especial la que se usa para estampar *grabados.

torcho. m. Lingote de *hierro.

torchuelo. adj. **Tochuelo.**

torda. f. Hembra del tordo.

tordancha. f. **Estornino.**

tordella. f. Especie de tordo más grande que el ordinario.

tórdiga. f. **Túrdiga.**

tordillejo, ja. adj. d. de **Tordillo.** Ú. t. c. s.

tordillo, lla. adj. **Tordo** (que tiene el pelo blanco y negro). Ú. t. c. s.

tordo, da. adj. Dícese de la *caballería que tiene el pelo mezclado de negro y blanco. Ú. t. c. s. ‖ m. *Pájaro de color gris aceitunado, común en España, y que se alimenta de insectos y de frutos, principalmente de aceitunas. ‖ **Estornino.** ‖ **alirrojo. Malvís.** ‖ **de agua.** *Pájaro semejante al **tordo,** que vive a orillas de los ríos y se sumerge en el agua para coger insectos y moluscos. ‖ **de campanario. Estornino.** ‖ **de Castilla. Estornino.** ‖ **loco. Pájaro solitario.** ‖ **mayor. Cagaaceite.** ‖ **serrano.** *Pájaro semejante al estornino y de color negro uniforme.

toreador. m. El que torea.

torear. intr. *Lidiar los toros en la plaza. Ú. t. c. tr. ‖ Echar los toros a las vacas para la *generación. ‖ tr. fig. Entretener las esperanzas de uno *engañándole. ‖ fig. Hacer *burla de alguien con cierto disimulo. ‖ fig. Fatigar, *molestar a uno, llamando su atención a diversas partes.

toreo. m. Acción de torear. ‖ Arte de torear o *lidiar los toros.

torera. f. **Indum.* Chaquetilla corta y ceñida al cuerpo, que usan los *toreros.

torería. f. Gremio o conjunto de *toreros. ‖ desus. *Travesura, calaverada.

***torero, ra.** adj. fam. Perteneciente o relativo al toreo o al que torea. ‖ → m. y f. Persona que *lidia toros en las corridas públicas.

torés. m. *Arq.* Toro que asienta sobre el plinto de la *basa de la columna.

toresano, na. adj. Natural de Toro. Ú. t. c. s. ‖ Perteneciente a esta ciudad.

torete. m. d. de **Toro.** ‖ fig. y fam. Cuestión, *problema o *dificultad, que hace trabajar al entendimiento para su resolución. ‖ fig. y fam. *Asunto o *novedad que sirve de tema corriente en las conversaciones.

torga. f. **Horca.** ‖ **Torna** (que se pone en las regueras).

toril. m. Sitio donde se tienen encerrados los toros que han de *lidiarse.

torillo. d. de **Toro** (bocel). ‖ m. Espiga que une dos pinas contiguas de una *rueda. ‖ *Zool.* **Rafe.**

torillo. m. d. de **Toro.** ‖ fig. y fam. **Torete** (*tema de conversación).

torio. m. *Metal radiactivo, de color plomizo, más pesado que el hierro.

toriondez. f. Calidad de toriondo.

toriondo, da. adj. Aplícase al ganado *vacuno cuando manifiesta apetito *venéreo.

torito. m. d. de **Toro.** ‖ **Fío.** ‖ Especie de escarabajo con un cuernecito en la frente. ‖ Cierta variedad de orquídea.

torloroto. m. *Instrumento músico de viento, parecido al orlo.

tormagal. m. **Tormellera.**

tormellera. f. **Tolmera.**

tormenta. f. ***Tempestad.** ‖ fig. Adversidad, suceso *desgraciado. ‖ fig. *Excitación de los ánimos por algún suceso reprobable.

tormentario, ria. adj. Perteneciente o relativo a la *artillería o maquinaria de guerra. ‖ V. **Arte tormentaria.** Ú. t. c. s.

tormentila. f. *Planta herbácea anual, de las rosáceas, cuyo rizoma rojizo se emplea en medicina como astringente y contra el dolor de muelas.

tormentín. m. *Mar.* *Palo pequeño que iba colocado sobre el bauprés.

***tormento.** m. Acción y efecto de atormentar o atormentarse. ‖ *Dolor físico. ‖ → Dolor corporal que se causaba al reo para obligarle a confesar o declarar. ‖ **Artill.* Máquina de guerra para disparar balas u otros proyectiles. ‖ fig. Congoja, *aflicción del ánimo. ‖ fig. Cosa que la ocasiona. ‖ **de cuerda. Mancuerda.** ‖ Trato de cuerda. ‖ **de garrucha.** El que consistía en colgar al reo de una cuerda que pasaba por una garrucha. ‖ **de toca.** El que consistía en hacer tragar agua a través de una gasa delgada. ‖ **Confesar** uno **sin tormento.** fr. fig. Decir o *revelar lo que sabe, sin necesidad de instancias.

tormentoso, sa. adj. Que ocasiona tormenta o *tempestad. ‖ Dícese del tiempo en que hay o amenaza tormenta. ‖ *Mar.* Dícese del *buque que trabaja mucho con la mar y el viento.

tormera. f. **Tolmera.**

tormo. m. **Tolmo.** ‖ **Terrón.**

torna. f. Acción de tornar. ‖ *Presa, por lo general de tierra y césped, que se pone en una reguera para cambiar el curso del agua de *riego. ‖ Remanso de un *río. ‖ Cada dos o cuatro *surcos de terreno sembrado. ‖ Cajón de madera que recibe el grano en el *molino. ‖ Granzones o *residuos que dejan los bueyes y se echan a otros animales. ‖ **Volver las tornas.** fr. fig. Corresponder una persona al proceder de otra. ‖ *Invertirse la marcha de un asunto. Ú. m. c. r.

tornaboda. f. Día después de la *boda. ‖ *Fiesta con que se *celebra este día.

tornachile. m. Pimiento gordo.

tornada. f. Acción de tornar o *regresar. ‖ Repetición de la ida a un paraje o lugar. ‖ Estrofa que a modo de *despedida se ponía al fin de ciertas composiciones *poéticas.

tornadera. f. *Horquilla de dos puntas que se usa para dar vuelta a las parvas.
tornadero. m. **Torna** (para el *riego).
tornadizo, za. adj. *Inconstante, que muda o varía fácilmente de creencia, partido u opinión. Ú. t. c. s. ‖ m. **Alcornoque.**
tornado. m. Huracán en el golfo de Guinea.
tornadura. f. **Torna.** ‖ **Tornada** (regreso). ‖ **Pértica.**
tornagallos. m. **Lechetrezna.**
tornaguía. f. *Recibo o resguardo de la guía con que se despachó o expidió una mercancía.
tornalecho. m. Dosel sobre la *cama.
tornamiento. m. Acción y efecto de tornar o tornarse.
tornapeón (a). m. adv. *Agr.* Ayudándose mutuamente los vecinos en las labores del campo.
tornapunta. f. Madero de *armadura ensamblado en uno horizontal, para apear otro vertical o inclinado. ‖ **Puntal.**
tornar. tr. ***Devolver.** ‖ *Mudar a una persona o cosa su naturaleza o su estado. Ú. t. c. r. ‖ intr. ***Regresar.**
tornasol. m. ***Girasol** (planta). ‖ Cambiante, *reflejo o viso de *color que hace la luz en algunas telas o en otras cosas muy tersas. ‖ **Quím.* Materia colorante azul violácea, cuya tintura sirve de reactivo para reconocer los ácidos.
tornasolado, da. adj. Que tiene o hace visos y tornasoles.
tornasolar. tr. Hacer o causar tornasoles.
tornátil. adj. Hecho a *torno o torneado. ‖ poét. Que *gira con facilidad y presteza. ‖ fig. **Tornadizo.**
tornatrás. com. **Etnol.* Descendiente de mestizos y con caracteres propios de una sola de las razas originarias, por atavismo. ‖ Con especialidad, hijo de albina y europeo o de europea y albino.
tornaviaje. m. Viaje de *regreso. ‖ Lo que se trae al regresar de un viaje.
tornavirón. m. **Torniscón** (*golpe).
tornavoz. m. Sombrero del púlpito, concha del apuntador en los teatros, o cualquiera otra cosa que recoge y refleja el *sonido.
torneador. m. El que *tornea. ‖ ***Tornero.**
torneadura. f. Viruta que se saca de lo que se *tornea.
torneante. p. a. de **Tornear** (combatir en un torneo). Que tornea. Ú. t. c. s.
***tornear.** tr. Labrar o redondear una cosa al torno. ‖ Dar vuelta a la *parva. ‖ En el *juego de bolos, imprimir un movimiento de rotación a la bola que se arroja. ‖ intr. Dar *vueltas alrededor o en torno. ‖ Combatir en el *torneo. ‖ fig. Dar vueltas con la imaginación; desvelarse con *reflexiones y meditaciones.
***torneo.** m. *Lucha o combate a caballo entre varias personas, en cuadrillas y bandos. ‖ → Fiesta pública entre caballeros armados unidos en cuadrillas, a imitación de una batalla. ‖ *Danza que se ejecutaba a imitación del **torneo,** llevando varas en lugar de lanzas. ‖ **Veter.* Modorra de las reses lanares.
torneo. m. *Germ.* ***Tormento.**
tornera. f. *Monja destinada para servir en el torno. ‖ Mujer del *tornero.
tornería. f. Taller o tienda de *tornero. ‖ Oficio de *tornero.
***tornero.** m. El que tornea o trabaja en el torno. ‖ El que hace tornos. ‖ *Mensajero o demandadero de monjas.
tornés, sa. adj. Aplícase a la *moneda francesa que se fabricó en la ciudad de Tours. ‖ m. *Moneda antigua de plata.
tornija. f. *Cuña que se introduce en la punta del eje del *carro para evitar que se salga la rueda.
tornillazo. m. Chasco, *broma.
tornillero. m. fam. *Soldado desertor.
***tornillo.** m. Cilindro de metal, madera, etc., con resalto en hélice, que entra y juega en la tuerca. ‖ *Clavo con resalto en hélice. ‖ fig. y fam. *Huida o deserción del soldado. ‖ *Arbusto de las bombáceas. ‖ **de rosca golosa.** *Clavo de espiga ligeramente cónica, con resalto helicoidal. ‖ **sin fin.** **Mec.* Engranaje compuesto de una rueda dentada y un cilindro con resalto helicoidal. ‖ **Apretarle** a uno **los tornillos.** fr. fig. y fam. *Compelerle a obrar en determinado sentido. ‖ **Faltarle** a uno **un tornillo,** o **tener flojos los tornillos.** fr. fig. y fam. Tener poco seso, estar algo *loco.
torniquete. m. *Palanca angular de hierro, que sirve para comunicar el movimiento del tirador a la *campanilla. ‖ Especie de cruz dispuesta horizontalmente en un eje vertical giratorio, que se coloca en las *puertas o entradas por donde sólo han de pasar una a una las personas. ‖ **Cir.* Artificio quirúrgico para evitar o contener la hemorragia por medio de la *compresión. ‖ **Dar torniquete a** una frase. fr. fig. Torcer su sentido, *tergiversarla.
torniscón. m. fam. *Golpe o revés que se da en la cara o en la cabeza. ‖ fam. *Pellizco retorcido.
***torno.** m. *Máquina simple que consiste en un cilindro giratorio, que actúa sobre la resistencia por medio de una cuerda que se va arrollando al cilindro. ‖ Caja giratoria de varias formas que se ajusta a un *ventanillo y sirve para pasar objetos de una parte a otra, sin que se vean las personas que los dan o reciben. Se usa principalmente en los *conventos, casas de *expósitos y *comedores. ‖ Máquina en que, por medio de una rueda, cigüeña, etcétera, se hace que alguna cosa se retuerza sobre sí misma; como las que sirven para hilar, torcer seda, etc. ‖ → Máquina en que se imprime un movimiento giratorio sobre su eje a objetos de madera, metal, barro, etc., para labrarlos en redondo. ‖ Freno de los *carruajes ordinarios, que se maneja con un manubrio. ‖ *Vuelta alrededor, movimiento circular o rodeo. ‖ Recodo que forma el cauce de un *río. ‖ Aparato que se emplea para *cerner harina. ‖ *Germ.* **Potro** (*tormento). ‖ **Carp.* Instrumento compuesto de dos brazos paralelos que, mediante una tuerca, se aproximan y *aprietan lo que se coloca entre ellos. ‖ **A torno.** m. adv. **En torno.** ‖ **En torno.** m. adv. ***Alrededor.** ‖ **En cambio.**
***toro.** m. Mamífero rumiante, de metro y medio de altura hasta la cruz, con cabeza gruesa armada de dos cuernos. ‖ fig. Hombre muy robusto y *fuerte. ‖ **Astr.* **Tauro.** ‖ pl. Fiesta o *corrida de **toros.** ‖ **corrido.** fig. y fam. Sujeto muy *astuto o difícil de engañar, por su mucha *experiencia. ‖ **de campanilla.** El que lleva colgando de la piel del pescuezo una túrdiga que le cortan los vaqueros. ‖ **de fuego. Tora.** ‖ **del aguardiente.** El que se lidia por el público a primera hora de la mañana. ‖ **de muerte.** El destinado a ser muerto en el redondel. ‖ **de puntas.** El que se lidia sin tener emboladas las astas. ‖ **de ronda. Jubillo.** ‖ **furioso.** **Blas.* **Toro** en la forma y situación de león rapante. ‖ **mejicano. Bisonte.** ‖ **Ciertos son los toros.** expr. fig. y fam. con que se *afirma la certeza de una cosa, por lo regular desagradable. ‖ **Echarle a** uno **el toro.** fr. fig. y fam. *Reprenderle ásperamente. ‖ **Haber toros y cañas.** fr. fig. y fam. Haber fuertes *disputas. ‖ **Mirar** uno **los toros desde el andamio,** etc., fr. fig. y fam. **Verlos toros desde la barrera.** ‖ **Soltarle a** uno **el toro.** fr. fig. y fam. **Echarle el toro.** ‖ **Ver** uno **los toros desde la barrera, el andamio, la talanquera,** etc., fr. fig. y fam. Presenciar alguna cosa o tratar de ella estando a *salvo de todo peligro.
toro. m. *Arq.* **Bocel.**
toronja. f. *Cidra de forma globosa como la naranja.
toronjil. m. *Planta herbácea anual, de las labiadas, cuyas sumidades floridas se usan en medicina como tónico y antiespasmódico.
toronjina. f. **Toronjil.**
toronjo. m. Variedad de *cidro que produce las toronjas.
toroso, sa. adj. *Fuerte y robusto.
torozón. m. fig. *Disgusto, *desasosiego, sofoco. ‖ **Veter.* Enteritis de las caballerías, acompañada de dolores cólicos y movimientos violentos de los miembros.
***torpe.** adj. Que no tiene movimiento libre, o lo tiene *lento y pesado. ‖ → Desmañado, falto de habilidad y destreza. ‖ *Necio, tonto, tardo en comprender. ‖ *Deshonesto, impúdico. ‖ Ignominioso, *vil. ‖ *Feo, tosco.
torpedeamiento. m. Acción y efecto de torpedear.
torpedear. tr. **Mar. Mil.* Atacar una embarcación o hundirla por medio de torpedos.
torpedeo. m. **Mar. Mil.* Acción y efecto de torpedear.
torpedero. adj. **Mar. Mil.* Aplícase al *buque destinado a lanzar o a aplicar torpedos. Ú. m. c. s.
torpedista. m. Persona diestra en la construcción o manejo de los torpedos.
torpedo. m. *Pez marino, selacio, de cuerpo aplanado y orbicular, que tiene la propiedad de producir una conmoción eléctrica a la persona o animal que lo toca. ‖ **Mar. Mil.* Aparato o *proyectil cargado de materia explosiva, que se lanza por debajo del agua contra un buque. ‖ **automóvil.** El de forma de cigarro que lleva en su interior elementos para trasladarse y gobernarse automáticamente. ‖ **de corriente,** o **a la ronza.** El que se deja ir al garete aprovechando los movimientos de las aguas.
torpemente. adv. m. Con torpeza.
***torpeza.** f. Calidad de torpe. ‖ Acción o dicho torpe.
tórpido, da. adj. **Pat.* Que reacciona con dificultad o torpeza.
torpor. m. desus. *Med.* ***Entumecimiento.**
torques. f. *Collar que como *insignia o adorno usaban los antiguos.
torrado. m. Garbanzo tostado.
torrar. tr. ***Tostar.**

***torre.** f. **Fort.* Edificio fuerte y elevado para defenderse de los enemigos desde él. ‖ Construcción o cuerpo de *edificio más alto que ancho que en las iglesias sirve para colocar las *campanas, y en las casas para esparcimiento de la vista y para adorno. ‖ Pieza grande del juego de *ajedrez, en figura de **torre,** que camina de frente y de costado en todas direcciones. ‖ En los *buques de guerra, reducto acorazado sobre la cubierta para alojar una o más piezas de artillería. ‖ *Casa de campo o granja con huerta. ‖ Chimenea del ingenio de *azúcar. ‖ pl. Cierto juego de *pelota entre dos bandos, que consiste en defender unos puestos llamados **torres.** ‖ **albarrana.** **Fort.* Cualquiera de las **torres** que antiguamente se ponían a trechos en las murallas. ‖ La que servía no sólo para defensa, sino también de atalaya. ‖ **cubierta.** **Blas.* La que se representa con techo casi siempre puntiagudo. ‖ **de Babel.** fig. y fam. **Babel.** ‖ **de farol.** desus. ***Faro.** ‖ **del homenaje.** La dominante y más fuerte, en la que el castellano o gobernador juraba defender la fortaleza. ‖ **de viento.** loc. fig. **Castillos en el aire.** ‖ **maestra. Torre del homenaje.**

torrear. tr. Guarnecer con *torres una *fortaleza o plaza fuerte.

torrecilla. f. Azud, *presa o partidor para el *riego.

***torrefacción.** f. **Tostadura.**

torrefacto, ta. adj. **Tostado.**

torrejón. m. *Torre pequeña o mal formada.

torrencial. adj. Parecido al torrente.

***torrente.** m. Corriente o avenida impetuosa de aguas. ‖ fig. *Abundancia de cosas o gran *concurrencia de personas que afluyen a un lugar. ‖ **de voz.** fig. Gran cantidad de *voz fuerte y sonora.

torrentera. f. *Cauce de un torrente.

torreón. m. aum. de **Torre.** ‖ *Torre grande, para defensa de una plaza o castillo.

torrero. m. El que tiene a su cuidado una atalaya o un *faro. ‖ **Agr.* Labrador o colono de una torre o granja.

torreznada. f. **Culin.* Fritada grande y abundante de torreznos.

torreznero, ra. adj. fam. *Holgazán y regalón. Ú. t. c. s.

torrezno. m. Pedazo de *tocino frito o para freír.

tórrido, da. adj. Muy *caliente.

torrija. f. Rebanada de *pan empapada en vino, leche u otro líquido, frita o rebozada, y endulzada con miel, almíbar o azúcar.

torrontera. f. **Torrontero.**

torrontero. m. Montón de *tierra que dejan las *inundaciones o avenidas impetuosas.

torrontés. adj. V. **Uva torrontés.** ‖ Aplícase también al viduño que produce esta especie de *uva.

tórsalo. m. *Insecto o *gusano parásito, propio de América, que se desarrolla bajo la piel del hombre y de algunos animales.

torsión. f. Acción y efecto de *torcer o torcerse.

torso. m. Tronco del *cuerpo humano. Ú. principalmente en escultura y pintura. ‖ *Estatua falta de cabeza y extremidades.

***torta.** f. Masa de harina, de figura redonda y aplastada, que se cuece a fuego lento. Suele llevar otros ingredientes, como aceite, huevo, azúcar, etc. ‖ fig. Cualquier masa reducida a figura de **torta.** ‖ fig. y fam. **Bofetada.** ‖ **Impr.* Paquete de caracteres de imprenta formado en la fundición. ‖ **Impr.* Plana mazorral que se guarda para distribuir. ‖ **de reyes.** La que tradicionalmente se come el día de reyes. ‖ **perruna. Torta** de harina, manteca y azúcar con que suele tomarse el chocolate. ‖ **Costar la torta un pan.** fr. fig. y fam. con que se pondera la *dificultad con que se consigue una cosa. ‖ **Ser** una cosa **tortas y pan pintado.** fr. fig. y fam. Ser un daño mucho menor que otro con que se compara.

tortada. f. *Torta grande, rellena de carne, huevos, dulce, etc. ‖ *Albañ.* **Tendel** (capa de *argamasa).

tortazo. m. fig. y fam. **Bofetada.**

tortedad. f. Calidad de tuerto o torcido.

tortera. f. Rodaja que se pone en la parte inferior del *huso, y ayuda a torcer la hebra.

tortera. adj. **Culin.* Aplícase a la cazuela o cacerola casi plana que sirve para hacer tortadas. Ú. m. c. s.

tortero. m. **Tortera** (rodaja del *huso). ‖ Cierta *planta de las gramíneas, que tiene en la raíz varios bulbos en figura de disco.

tortero, ra. m. y f. El que hace *tortas o las vende. ‖ m. *Caja o *cesta para guardar tortas.

torteruelo. m. Variedad de alfalfa.

torticeramente. adv. m. Contra derecho, razón o justicia.

torticero, ra. adj. ***Injusto.**

tortícolis. m. **Pat.* Dolor de los músculos del *cuello que impide mover libremente la cabeza, u obliga a tenerla torcida.

tortilla. f. **Culin.* Fritada de *huevos batidos, comúnmente hecha en figura redonda a modo de torta, y en la cual se incluye de ordinario algún otro manjar. ‖ **Hacer tortilla** a una persona o cosa. fr. fig. *Aplastarla o *romperla en menudos pedazos. ‖ **Volverse la tortilla.** fr. fig. y fam. Trocarse la fortuna favorable que uno tenía, o *mudarse a favor de otro.

tortillo. m. **Blas.* Cada una de las piezas redondas y de color, que no son de metal.

tortillón. m. Difumino pequeño para el *dibujo a lápiz.

Tortis. n. p. V. **Letra de Tortis.**

tortita. f. d. de ***Torta.** ‖ pl. *Juego del niño pequeño, que consiste en dar palmadas.

tórtola. f. *Ave del orden de las palomas, común en España.

tórtolo. m. Macho de la tórtola. ‖ fig. y fam. Hombre muy *enamorado.

tortor. m. Palo corto o barra con que se *aprieta una ligadura retorciendo un lazo hecho en la misma. ‖ *Mar.* Cada una de las vueltas con que se retuerce, por medio de una palanca, la trinca de *cabo.

tortosino, na. adj. Natural de Tortosa. Ú. t. c. s. ‖ Perteneciente a esta ciudad.

tortozón. adj. V. **Uva tortozón.** Ú. t. c. s.

tortuca. f. *Pan de maíz.

***tortuga.** f. Reptil quelonio marino, cuyo cuerpo está contenido en una coraza de la que salen la cabeza y las extremidades. Su carne, huevos y tendones son comestibles. ‖ *Reptil terrestre quelonio, de espaldar muy convexo, cuya carne es sabrosa y delicada. ‖ **Testudo.**

tortuosamente. adv. m. De manera tortuosa.

tortuosidad. f. Calidad de tortuoso.

tortuoso, sa. adj. Que tiene vueltas, *curvas o *rodeos. ‖ fig. Solapado, *astuto con *disimulo.

tortura. f. Calidad de tuerto o torcido. ‖ **Cuestión de tormento.** ‖ Dolor, *aflicción grande.

torturador, ra. adj. Que tortura.

torturar. tr. Dar tortura, *atormentar. Ú. t. c. r.

torunda. f. **Cir.* **Clavo.**

toruno. m. *Toro castrado después de tres o más años.

torva. f. *Remolino de *lluvia o *nieve.

torvisca. f. **Torvisco.**

torviscal. m. Sitio en que abunda el torvisco.

torvisco. m. *Mata de las timeleáceas, cuya corteza sirve para cauterios.

torvo, va. adj. Fiero, *horrible y que revela *ira.

tory. m. Miembro del partido *político conservador en Inglaterra.

torzadillo. m. Especie de *hilo torzal, menos grueso que el común.

torzal. m. *Hilo o cordoncillo delgado de seda. ‖ fig. Unión de varias cosas torcidas unas con otras. ‖ *Lazo o maniota de cuero.

torzón. m. **Veter.* **Torozón.**

torzonado, da. adj. **Veter.* Que padece torzón.

torzuelo. m. *Cetr.* **Terzuelo** (*halcón).

torzuelo. m. *Germ.* *Sortija, anillo.

***tos.** f. Expulsión violenta y ruidosa del aire contenido en el aparato respiratorio del hombre y de algunos animales, ya sea por irritación local o para expulsar las flemas. ‖ **convulsiva,** o **ferina.** *Med.* La que da por accesos violentos, intermitentes y sofocantes. ‖ **perruna. Tos** bronca, producida por espasmos de la laringe.

tosa. f. ***Trigo chamorro.**

tosca. f. **Toba.** ‖ Sarro de los *dientes.

toscamente. adv. m. De manera tosca.

toscano, na. adj. Natural de Toscana. Ú. t. c. s. ‖ Perteneciente a este país de Italia. ‖ m. *Lengua italiana.

***tosco, ca.** adj. Grosero, basto, sin pulimento. ‖ fig. *Inculto, rudo. Ú. t. c. s.

tosegoso, sa. adj. **Tosigoso.**

***toser.** intr. Tener *tos. ‖ **Toser** una persona **a** otra. fr. fig. y fam. Competir con ella pretendiendo *aventajarla en cualquier línea y especialmente en valor.

toseta. f. **Trigo chamorro.**

tosidura. f. Acción y efecto de toser.

tosigar. tr. **Atosigar.**

tósigo. m. *Veneno, ponzoña. ‖ fig. *Aflicción o pena grande.

tosigoso, sa. adj. Envenenado, que contiene *veneno. Ú. t. c. s.

tosigoso, sa. adj. Que padece *tos.

***tosquedad.** f. Calidad de tosco.

tostación. f. Acción y efecto de *tostar.

tostada. f. Rebanada de *pan tostada, que se suele untar con manteca, miel u otra cosa. ‖ **Dar** a uno **la tostada.** fr. fig. y fam. Perjudicarle con algún *engaño.

tostadero. m. Aparato o lugar para *tostar.

tostadillo. m. *Vino ligero que se cría en varias regiones del norte de España.

tostado, da. adj. Dícese del *color subido y obscuro. ‖ m. ***Tostadura.** ‖ *Maíz tostado.

tostador, ra. adj. Que tuesta. Ú. t.

c. s. ‖ m. Instrumento o vasija para *tostar alguna cosa.
***tostadura.** f. Acción y efecto de tostar.
***tostar.** tr. Someter directamente a la acción del fuego un manjar u otra cosa hasta que pierda la humedad o adquiera determinadas condiciones. Ú. t. c. r. ‖ fig. *Calentar demasiado. Ú. t. c. r. ‖ fig. Curtir el sol o el viento la *piel del cuerpo. Ú. t. c. r. ‖ fig. *Golpear, vapular.
tostón. m. **Torrado** (garbanzo). ‖ Pedazo de *pan tostado, empapado en aceite. ‖ Cosa demasiado tostada. ‖ Cochinillo asado. ‖ *Dardo hecho con una vara tostada por la punta para endurecerla. ‖ *Planta de las nictagíneas, propia de Cuba. ‖ **Tabarra** (conversación *impertinente y *molesta).
tostón. m. *Moneda portuguesa de plata, que vale cien reis. ‖ *Moneda mejicana de plata, de cincuenta centavos.
total. adj. *General, que lo comprende todo en su especie. ‖ m. *Mat.* ***Suma.** ‖ adv. En *resumen, en conclusión.
totalidad. f. Calidad de total. ‖ Todo, la *integridad de una cosa. ‖ La *generalidad o el *conjunto de todas las cosas o personas que forman una clase.
totalitario, ria. adj. **Polít.* Dícese del régimen que concentra todo el poder en el Estado. Aplícase al fascismo, comunismo, etc.
totalitarismo. m. Sistema de gobierno totalitario.
totalmente. adv. m. Enteramente, del todo.
totem. m. **Etnogr.* Animal o *efigie del mismo que, en algunos pueblos salvajes, se considera como emblema de una tribu o familia, y al cual se rinde *culto a veces.
totemismo. m. Creencia y prácticas derivadas del reconocimiento de un totem.
totí. m. *Pájaro de Cuba de plumaje muy negro.
totilimundi. m. **Mundonuevo.**
totolate. m. Piojillo de la *gallina.
totoloque. m. *Juego de los antiguos mejicanos, parecido al del tejo.
totoposte. m. *Torta o rosquilla de harina de maíz, muy tostada.
totora. f. Especie de espadaña propia de América.
totoral. m. Paraje poblado de totoras.
totorero. m. *Pájaro que vive en los pajonales de las vegas de Chile.
totovía. f. **Cogujada.**
tótum revolútum. m. **Revoltillo.**
totuma. f. Fruto del totumo o güira. ‖ *Vasija hecha con este fruto.
totumo. m. **Güira** (*árbol).
tova. f. En algunas partes, **totovía.**
toxemia. f. *Pat.* *Envenenamiento de la *sangre por toxinas.
toxicar. tr. **Atosigar.**
toxicidad. f. Calidad de tóxico o *venenoso.
tóxico, ca. adj. Aplícase a las substancias *venenosas. Ú. t. c. s. m.
toxicología. f. Parte de la medicina, que trata de los *venenos.
toxicológico, ca. adj. Perteneciente o relativo a la toxicología.
toxicomanía. f. Hábito patológico de narcóticos o substancias que suprimen el dolor.
toxicómano, na. adj. El que padece toxicomanía. Ú. t. c. s.
toxina. f. **Inm.* Substancia elaborada por los seres vivos, en especial por los microbios, y que obra como *veneno.
toza. f. Pedazo de *corteza del pino y de otros árboles. ‖ Pieza grande de *madera labrada a esquina viva. ‖ **Tocón.** ‖ *Yugo con que se uncen las mulas al *arado.
tozal. m. **Teso** (cumbre).
tozalbo, ba. adj. Dícese de la res *vacuna que tiene la frente blanca.
tozar. intr. **Topetar.** ‖ fig. Porfiar con *obstinación.
tozo. m. **Tozuelo.**
tozo, za. adj. Enano o de *baja estatura.
tozolada. f. *Golpe que se da en el tozuelo. ‖ Caída de nuca.
tozolón. m. **Tozolada.**
tozudez. f. Calidad de tozudo.
tozudo, da. adj. *Obstinado, testarudo.
tozuelo. m. *Cerviz gruesa y crasa de un animal.
traba. f. Acción y efecto de trabar o triscar la *sierra. ‖ Instrumento con que se junta o *sujeta una cosa con otra. ‖ Ligadura con que se *atan las manos o los pies de una caballería. ‖ Cada una de las dos cuerdas que se ponen a las caballerías del pie a la mano de cada lado para acostumbrarlas al paso de andadura. ‖ Cada uno de los dos palos delanteros de la *red de cazar *palomas. ‖ Tela que une las dos partes del escapulario de ciertos hábitos monásticos. ‖ Piedra o *cuña con que se calzan las ruedas de un *carro. ‖ fig. Cualquier cosa que *estorba la ejecución de otra. ‖ Palo que asegura el frente del arca donde se mueve la piedra del *molino. ‖ *For.* *Embargo de bienes, incluso derechos, o *impedimento para disponer de ellos. ‖ pl. **Clemátide.**
trabacuenta. f. *Error o equivocación en una *cuenta. ‖ fig. *Discusión, controversia.
trabada. f. *Germ.* ***Cota** (armadura).
trabadero. m. **Cuartilla** (de las *caballerías).
trabado, da. adj. Aplícase a la *caballería que tiene blancas las dos manos o que tiene blancos la mano derecha y el pie izquierdo, o viceversa. ‖ fig. Robusto, *fuerte.
trabador. m. *Carp.* Herramienta para trabar los dientes de la *sierra.
trabadura. f. Acción y efecto de trabar.
trabajadamente. adv. m. **Trabajosamente.**
trabajado, da. adj. *Cansado, molido del trabajo. ‖ Lleno de *trabajos.
***trabajador, ra.** adj. Que *trabaja. ‖ Muy aplicado al *trabajo. ‖ m. y f. Jornalero, obrero. ‖ m. **Totorero.**
trabajante. p. a. de **Trabajar.** Que trabaja. Ú. t. c. s.
***trabajar.** intr. Emplear la actividad o el esfuerzo corporal o mental para un fin determinado. ‖ Procurar e *intentar alguna cosa con eficacia. ‖ Aplicarse uno con desvelo a la ejecución de alguna cosa. ‖ fig. Cooperar las tierras con sus agentes naturales a la *producción de los frutos. ‖ fig. Desarrollarse los *vegetales en la tierra. ‖ fig. *Resistir una máquina, un buque, un edificio u otra cosa, la acción de los esfuerzos a que se hallan sometidos. ‖ *Germ.* Hurtar o *robar. ‖ tr. *Hacer una cosa, arreglándose a método y *orden. ‖ **Equit.* Ejercitar y amaestrar el caballo. ‖ fig. *Molestar, perturbar. ‖ fig. Hacer sufrir trabajos a una persona. ‖ r. *Ocuparse con empeño en alguna cosa.
***trabajo.** m. Acción y efecto de trabajar. ‖ **Obra.** ‖ **Mec.* Operación de la máquina, herramienta o utensilio que se emplea para algún fin. ‖ Esfuerzo humano aplicado a la producción de riqueza. ‖ fig. *Dificultad, *impedimento o *perjuicio. ‖ fig. Penalidad, *molestia, *contratiempo. ‖ *Germ.* *Prisión o galeras. ‖ **Mec.* Producto del valor de una fuerza por la distancia que recorre su punto de aplicación. ‖ pl. fig. Estrechez, *pobreza. ‖ **Trabajo de zapa.** fig. *Intriga para conseguir algún fin. ‖ **Trabajos forzados,** o **forzosos.** Aquellos en que se ocupa por obligación al presidiario. ‖ **Trabajo,** le, o te, **mando.** expr. con que se da a entender ser muy *difícil una cosa.
trabajosamente. adv. m. Con *trabajo o dificultad.
***trabajoso, sa.** adj. Que da mucho *trabajo. ‖ Que padece trabajo o miseria; en especial, *enfermizo.
trabajuelo. m. d. de **Trabajo.**
trabal. adj. V. **Clavo trabal.**
trabalenguas. m. Palabra o locución difícil de *pronunciar.
trabamiento. m. Acción y efecto de trabar.
trabanca. f. *Mesa formada por un tablero sobre dos caballetes, de que usan los *papelistas y otros operarios.
trabanco. m. **Trangallo.**
trabar. tr. Juntar, *sujetar o *enlazar una cosa con otra, para mayor fuerza o resistencia. ‖ Coger, agarrar o *asir. Ú. t. c. intr. ‖ Echar trabas. ‖ Espesar o dar mayor *densidad o consistencia. ‖ **Triscar** (la *sierra). ‖ fig. Dar *principio a una batalla, contienda, etc. ‖ fig. *Enlazar, concordar o *conciliar. ‖ *For.* *Embargar bienes o derechos. ‖ r. desus. Pelear, *contender. ‖ Entorpecérsele a uno la lengua al *pronunciar una palabra.
trabazón. f. *Sujeción o *enlace de dos o más cosas entre sí. ‖ *Densidad o consistencia que se da a un líquido o masa.
trabe. f. **Viga.**
trábea. f. *Vestidura talar de gala, que usaban los *soberanos y ciertos *sacerdotes de la Roma antigua.
trabilla. f. Tira de tela o de cuero que pasa por debajo del pie para sujetar los bordes inferiores del *pantalón, o de la *polaina. ‖ Tira de tela que por la espalda *ciñe a la cintura una prenda de vestir. ‖ Punto que queda suelto al hacer *media.
trabina. f. Fruto de la sabina.
trabón. m. aum. de **Traba.** ‖ *Anillo o argolla fija de hierro, a la cual se *atan los caballos. ‖ Tablón atravesado sobre la cabeza de la viga prensadora de los lagares y *molinos de aceite.
trabuca. f. Buscapiés o *cohete rastrero.
trabucación. f. Acción y efecto de trabucar o trabucarse.
trabucador, ra. adj. Que trabuca. Ú. t. c. s.
trabucaire. m. *Rebelde o faccioso catalán armado de trabuco. ‖ adj. ***Valentón.**
trabucar. tr. Trastornar, *invertir, volver lo de arriba abajo o lo de un lado a otro. Ú. t. c. r. ‖ fig. *Ofuscar, *confundir el entendimiento. Ú. t. c. r. ‖ fig. Trastrocar o *tergiversar el sentido de especies o noticias. ‖ fig. *Pronunciar o escribir equivocadamente las palabras o usar unas por otras. Ú. t. c. r.
trabucazo. m. *Disparo del trabuco. ‖ Tiro dado con él. ‖ fig. y

fam. Pesadumbre, *disgusto que coge de *sorpresa.
***trabuco.** m. **Artill.* Máquina de guerra para batir las murallas, disparando contra ellas piedras muy gruesas. || → *Arma de fuego* más corta y de mayor calibre que la escopeta ordinaria. || **Taco** (*juguete). || desus. Trastorno, revuelta. || **naranjero.** El de boca acampanada y gran calibre.
trabuquete. m. **Catapulta.** || Traíña pequeña.
traca. f. **Pirot.* Artificio de pólvora que se hace con una serie de petardos que estallan sucesivamente.
traca. f. **Arq. Nav.* Cada una de las tres hiladas de la cubierta inmediata al contracarril.
trácala. f. Trampa, *engaño.
tracalada. f. *Concurrencia de gente, multitud.
tracalero, ra. adj. **Tramposo.** Ú. t. c. s.
tracamundana. f. fam. *Permuta de cosas de poco valor. || fam. *Alboroto, bullicio.
***tracción.** f. Acción y efecto de tirar de alguna cosa para moverla o arrastrarla.
tracería. f. *Ornamentación arquitectónica formada por combinaciones de figuras geométricas.
traciano, na. adj. **Tracio.** Apl. a pers., ú. t. c. s.
tracias. m. *Viento que corre entre el coro y el bóreas.
tracio, cia. adj. Natural de Tracia. Ú. t. c. s. || Perteneciente a esta región de la Europa antigua.
tracista. adj. Dícese del que *inventa el plan y traza de una fábrica. Ú. t. c. s. || fig. Dícese de la persona que usa de artificios y *engaños. Ú. t. c. s.
tracoma. m. **Oftalm.* Conjuntivitis granulosa y contagiosa, que llega a causar la ceguera.
tracto. m. Distancia entre dos lugares. || **Lapso** (de *tiempo). || Conjunto de versículos que se cantan o rezan antes del evangelio en la *misa de ciertos días.
tractor. m. Máquina que produce *tracción. || *Vehículo automotor cuyas ruedas se adhieren fuertemente al terreno y se emplea para arrastrar arados, remolques, etc.
tradición. f. *Transmisión de *historias, noticias, *narraciones, *costumbres, etc., hecha de unas generaciones a otras. || Doctrina *religiosa, *política, *literaria, etc., transmitida de igual manera, y conservada en un pueblo o nación. || *For.* **Entrega.**
tradicional. adj. Perteneciente o relativo a la tradición.
tradicionalismo. m. Doctrina *filosófica que pone el origen de las ideas en la revelación y en su transmisión sucesiva. || Sistema *político que aspira a mantener en la nación las instituciones antiguas.
tradicionalista. adj. Partidario del tradicionalismo. Ú. t. c. s. || Perteneciente a esta doctrina o sistema.
tradicionalmente. adv. m. Por tradición.
tradicionista. com. *Narrador, *escritor o colector de tradiciones.
***traducción.** f. Acción y efecto de traducir. || Obra del traductor. || *Interpretación que se da a un texto o escrito. || **Ret.* Figura que consiste en emplear dentro de la cláusula un mismo vocablo con distintos accidentes gramaticales.
traducible. adj. Que se puede traducir.
***traducir.** tr. Expresar en una lengua lo dicho o escrito en otra. || *Mudar, convertir. || fig. Explicar, *interpretar.
***traductor, ra.** adj. Que traduce una obra o escrito. Ú. t. c. s.
traedizo, za. adj. Que se trae o puede traer.
traedor, ra. adj. Que trae.
traedura. f. p. us. **Traída.**
***traer.** tr. Trasladar una cosa desde el lugar en que se halla a otro más próximo al que habla. || ***Atraer.** || *Causar, ocasionar. || Tener a uno en el estado o situación que expresa el adjetivo que se junta con el verbo. || Llevar puesta o *usar una prenda de *vestir, alhaja, etc. || fig. *Alegar razones o autoridades, para comprobar un aserto. || Obligar, *compeler a uno a que haga alguna cosa. || fig. *Persuadir a uno a que siga determinada opinión o partido. || fig. Tratar, andar haciendo una cosa, tenerla *pendiente. || p. us. ***Manejar.** || r. *Vestirse bien o mal. || **Traer** a uno **a mal traer.** fr. *Maltratarle o *molestarle mucho. || **Traer** a uno **arrastrado,** o **arrastrando.** fr. fig. y fam. Fatigarle mucho. || **Traérselas.** loc. fam. que se aplica a aquello que tiene más intención, *maldad o *dificultad de lo que parece. || **Traer y llevar.** fr. fam. ***Chismear.**
traeres. m. pl. ***Atavío.**
trafagador. m. El que anda en tráfagos y tratos.
trafagante. p. a. de **Trafagar.** Que trafaga. Ú. t. c. s.
trafagar. intr. **Traficar.** || Andar, *vagar o *viajar por varios países. Ú. t. c. tr.
tráfago. m. **Tráfico.** || Conjunto de *ocupaciones que ocasiona mucha fatiga.
trafagón, na. adj. fam. Dícese de la persona que negocia con mucha solicitud y *diligencia. Ú. t. c. s.
trafalgar. m. *Tela de algodón, especie de linón ordinario.
trafalmeja. adj. **Trafalmejas.**
trafalmejas. adj. Se aplica a la persona *bulliciosa y *alocada. Ú. t. c. s.
traficación. f. **Tráfico.**
traficante. p. a. de **Traficar.** Que trafica o comercia. Ú. t. c. s.
traficar. intr. *Comerciar, negociar con el dinero y las mercaderías. || **Trafagar** (viajar).
tráfico. m. Acción de traficar. || *Tránsito de vehículos por calles, carreteras, etc.
tragable. adj. Que se puede *tragar.
tragacanta. f. **Tragacanto.**
tragacanto. m. *Arbusto de las leguminosas, de cuyo tronco y ramas fluye naturalmente una goma blanquecina muy usada en farmacia y en la industria. || Esta misma *goma.
tragacete. m. Arma antigua a manera de *dardo.
tragaderas. f. pl. ***Tragadero** (faringe). || fig. y fam. Facilidad de *creer cualquier cosa. || fig. y fam. Falta de *conciencia o *vileza del que *tolera cosas inmorales.
***tragadero.** m. **Faringe.** || Boca o *sumidero que traga o sorbe una cosa; como agua, etc. || pl. **Tragaderas.**
tragador, ra. adj. Que *traga. Ú. t. c. s. || Que *come mucho. Ú. t. c. s. || **de leguas.** fig. y fam. **Tragaleguas.**
tragafees. m. *Traidor a la fe debida.
tragahombres. m. fam. **Perdonavidas.**
trágala. m. **Polít.* *Canción con que los liberales españoles *zaherían a los partidarios del gobierno absoluto. || fig. Cosa que *compele a uno a reconocer, admitir o soportar algo que rechazaba.
tragaldabas. com. fam. Persona muy tragona.
tragaleguas. com. fam. Persona que *anda mucho y de prisa.
tragaluz. m. *Ventana abierta en un techo o en la parte superior de una pared.
tragallón, na. adj. Tragón, que *come mucho. Ú. t. c. s.
tragamallas. com. fam. **Tragaldabas.**
tragantada. f. El mayor *trago que se puede tragar de una vez.
tragante. p. a. de **Tragar.** Que traga. || m. *Cauce por donde entra en las *presas del *molino la mayor parte del río. || *Metal.* Abertura o conducto en la parte superior de los *hornos, por donde sale la llama.
tragantón, na. adj. fam. Que *come o traga mucho. Ú. t. c. s.
tragantona. f. fam. Comilona, acción de *comer mucho. || fam. Acción de *tragar a la fuerza, generalmente por *temor o pesadumbre. || fig. y fam. Violencia que hace uno a su razón para *creer una cosa inverosímil.
tragaperras. m. Aparato que funciona automáticamente, mediante la introducción de una moneda. Los hay que marcan el *peso, que dan premios en dinero como en los *juegos de azar, etc.
***tragar.** tr. Pasar una cosa de la boca al estómago mediante los movimientos adecuados de los órganos correspondientes. || fig. *Comer mucho. || fig. *Hundir en el abismo o *sumergir las aguas lo que está en su superficie. Ú. t. c. r. || fig. *Creer fácilmente cosas inverosímiles. Ú. t. c. r. || fig. Soportar o *tolerar cosa vejatoria. Ú. t. c. r. || Disimular, no darse por entendido de una cosa. Ú. t. c. r. || fig. Absorber, consumir, *gastar. Ú. t. c. r. || **No tragar** a una persona o cosa. fr. fig. y fam. Sentir *aborrecimiento hacia ella.
tragasantos. com. fam. despect. Persona muy *devota o que frecuenta mucho las iglesias.
tragavenado. f. *Serpiente de Venezuela, de unos cuatro metros de largo, que ataca al venado y a otros cuadrúpedos corpulentos.
tragavino. m. **Embudo.**
tragavirotes. m. fam. Hombre excesivamente *serio y erguido.
tragaz. m. **Grada de dientes.**
tragazón. f. fam. Glotonería, *gula.
tragedia. f. *Canción de los gentiles en loor del dios Baco. || Obra *dramática de asunto terrible y desenlace funesto, en que intervienen personajes ilustres o heroicos. || Composición *poética destinada a lamentar sucesos infaustos. || Género trágico. || fig. Suceso o *desgracia de la vida real, capaz de infundir terror y lástima.
trágicamente. adv. m. De manera trágica.
trágico, ca. adj. Perteneciente o relativo a la tragedia. || Dícese del autor de tragedias. Ú. t. c. s. || Aplícase al *actor que representa papeles **trágicos.** || fig. Infausto, muy *desgraciado.
tragicomedia. f. Poema *dramático que participa de los géneros trágico y cómico. || Obra jocoseria escrita en diálogo y no destinada a la representación teatral. || fig. Suceso

que juntamente mueve a *risa y a *compasión.

tragicómico, ca. adj. Perteneciente o relativo a la tragicomedia. ‖ **Jocoserio.**

***trago.** m. Porción de líquido, que se bebe de una vez. ‖ fig. y fam. Adversidad, infortunio, *contratiempo. ‖ **A tragos.** m. adv. fig. y fam. Poco a poco, *lentamente.

trago. m. Prominencia de la *oreja, situada delante del conducto auditivo.

tragón, na. adj. fam. Que traga o *come mucho. Ú. t. c. s.

tragonear. tr. fam. Tragar mucho y con frecuencia.

tragonería. f. fam. Vicio del tragón.

tragonía. f. fam. **Tragonería.**

tragontina. f. **Aro** (planta).

***traición.** f. Quebrantamiento de la lealtad o de la fidelidad debida. ‖ **Alta traición.** La cometida contra el soberano, o contra el honor, la seguridad y la independencia del Estado. ‖ **A traición.** m. adv. **Alevosamente.**

***traicionar.** tr. Hacer *traición a una persona o cosa.

traicionero, ra. adj. ***Traidor.** Ú. t. c. s.

traída. f. Acción y efecto de *traer.

traído, da. adj. *Usado, gastado. Dícese principalmente de la *ropa.

***traidor, ra.** adj. Que comete traición. Ú. t. c. s. ‖ Aplícase a los irracionales domesticados que se vuelve contra su dueño. ‖ Que implica o denota traición o falsía.

traidoramente. adv. m. **A traición.**

traílla. f. *Cuerda o *correa con que se lleva el *perro atado a las cacerías. ‖ **Tralla.** ‖ **Agr.* Especie de cogedor grande que, arrastrado por caballerías, sirve para *allanar los terrenos. ‖ **Caza.* Cuerda con que se echa el hurón en las madrigueras, para tirar de él. ‖ Un par de *perros atraillados. ‖ Conjunto de estas **traíllas** unidas por una cuerda.

traillar. tr. *Allanar o igualar la tierra con la traílla.

traína. f. Denominación que se da a varias *redes de fondo.

trainel. m. *Germ.* *Criado de la *ramera o del rufián.

trainera. adj. Dícese de la *barca que *pesca con traína. Ú. t. c. s.

traíña. f. *Red muy extensa con que se rodea un banco de sardinas para conservarlas vivas e ir sacando las necesarias para la venta.

traite. m. **Percha** (del paño).

traja. f. *Carga sobre la cubierta de una nave.

trajano, na. adj. Perteneciente o relativo al emperador Trajano.

***traje.** m. Vestido peculiar de una clase o colectividad de personas. ‖ Vestido completo de una persona. ‖ **corto.** El que usan de ordinario los *toreros; se distingue por el pantalón, muy ceñido de caderas, y por la chaqueta, ajustada a la cintura y que no pasa de ella. ‖ **de ceremonia,** o **de etiqueta.** Uniforme propio de un cargo o dignidad. ‖ El de *gala, generalmente de frac, que usan los hombres de clase distinguida cuando asisten a actos solemnes. ‖ **de luces.** El traje de seda, bordado de oro o plata, con lentejuelas, que se ponen los *toreros para torear. ‖ **de serio.** El de *gala.

trajear. tr. Proveer de *traje a una persona. Ú. t. c. r.

trajín. m. Acción de trajinar.

trajinante. p. a. de **Trajinar.** Que trajina. ‖ m. El que trajina.

trajinar. tr. *Transportar *mercancías de un lugar a otro. ‖ intr. *Andar y tornar de un sitio a otro con cualquier *intento u ocupación.

trajinería. f. Ejercicio de trajinero.

trajinero. m. **Trajinante.**

trajino. m. **Trajín.**

tralhuén. m. *Arbusto espinoso de las rámneas, propio de Chile.

tralla. f. *Cuerda más gruesa que el bramante. ‖ Trencilla que se pone al extremo del *látigo para que restalle. ‖ Este *látigo. ‖ Trozo de cabo que usan los *pescadores para tirar del copo.

trallazo. m. *Golpe dado con la tralla. ‖ Chasquido de la tralla. ‖ fig. **Latigazo** (*reprensión). ‖ fig. y fam. *Trago de vino o aguardiente.

tralleta. f. d. de **Tralla.**

trama. f. Conjunto de hilos que, cruzados y enlazados con los de la urdimbre, forman un *tejido. ‖ Especie de seda para tramar. ‖ fig. Artificio, *intriga o *confabulación con que se perjudica a uno. ‖ Disposición interna de un *asunto u otra cosa, y en especial el enredo de una obra *dramática o novelesca. ‖ fig. Florecimiento y *flor de los árboles, especialmente del *olivo.

tramador, ra. adj. Que trama los hilos para hacer un *tejido. Ú. t. c. s.

tramar. tr. Atravesar los hilos de la trama por entre los de la urdimbre, para formar un *tejido. ‖ fig. *Preparar con astucia una *intriga, engaño o traición. ‖ Disponer con habilidad la ejecución de cualquier cosa difícil. ‖ intr. *Florecer los árboles, especialmente el *olivo.

tramilla. f. ***Bramante.**

tramitación. f. Acción y efecto de tramitar. ‖ Serie de trámites prescritos para un asunto.

tramitador, ra. m. y f. Persona que tramita un asunto.

tramitar. tr. Hacer pasar un negocio por los trámites debidos hasta su despacho o *solución.

trámite. m. *Tránsito de una parte a otra, o de una cosa a otra. ‖ Cada uno de los estados y *diligencias que hay que recorrer en un negocio hasta su conclusión.

tramo. m. Trozo de *terreno o de *suelo limitado de alguna manera. ‖ Parte de una *escalera, comprendida entre dos mesetas. ‖ Cada uno de los trechos o *partes en que está dividido un andamio, canal, camino, etc.

tramojo. m. Vencejo hecho con mies para *atar los *haces de la *siega. ‖ Parte de la mies por donde se ata la gavilla. ‖ fam. *Trabajo, apuro. Ú. m. en pl. ‖ Especie de trangallo o *palo que se pone a una *res para que no haga daño en los cercados.

tramontana. f. **Norte** (*viento). ‖ fig. *Vanidad, soberbia. ‖ **Perder uno la tramontana.** fr. fig. y fam. **Perder la brújula.** ‖ fig. y fam. **Perder los estribos** (*descomedirse).

tramontano, na. adj. Dícese de lo que, respecto de alguna parte, está del otro lado de los *montes.

tramontar. intr. Pasar del otro lado de los montes. Dícese particularmente del *Sol, cuando se pone por detrás de los montes. ‖ tr. Disponer que uno *huya de un peligro que le amenaza. Ú. m. c. r.

tramoya. f. Máquina para figurar en el *teatro transformaciones mágicas. ‖ Conjunto de estas *máquinas. ‖ fig. *Enredo o *engaño dispuesto con ingenio. ‖ Tolva del *molino.

tramoyista. m. Constructor o director de tramoyas de *teatro. ‖ Operario que las hace funcionar. ‖ El que trabaja en las mutaciones escénicas. ‖ com. fig. Persona que usa de *fingimientos o engaños. Ú. t. c. adj.

***trampa.** f. Artificio para cazar, compuesto ordinariamente de un hoyo cuya tapa se hunde al ponerse encima el animal. ‖ *Puerta en el suelo. ‖ Tablero horizontal, articulado, que suelen tener los mostradores de las *tiendas. ‖ **Portañuela.** ‖ fig. Ardid para burlar o *estafar a alguno. ‖ fig. *Deuda cuyo pago se demora. ‖ **legal.** Acto ilícito que se cubre con apariencias de legalidad. ‖ **Coger** a uno **en la trampa.** fr. fig. y fam. Sorprenderle en algún mal hecho. ‖ **Llevarse la trampa** una cosa, o negocio. fr. fig. y fam. Echarse a perder o *malograrse.

trampal. m. *Pantano, atolladero, tremedal.

trampantojo. m. fam. Ilusión, *enredo o artificio con que se *engaña a uno haciéndole ver lo que no es.

trampazo. m. Última de las vueltas que se daban en el *tormento de cuerda.

trampeador, ra. adj. fam. Que trampea. Ú. t. c. s.

trampear. intr. fam. Pedir *prestado o fiado con ardides y *engaños. ‖ fam. Arbitrar medios lícitos para *ganarse la vida. ‖ fam. Conllevar la falta de *salud o la vida valetudinaria. ‖ tr. fam. Usar una persona de artificio o cautela para engañar o *defraudar a otra.

trampería. f. Acción propia de tramposo.

trampilla. f. *Ventanilla en el suelo de las habitaciones altas. ‖ *Puerta pequeña con que se cierra la carbonera de un fogón de cocina. ‖ **Portañuela.**

trampista. adj. **Tramposo.** Ú. t. c. s.

trampolín. m. Plano inclinado y elástico que presta impulso al *gimnasta para dar grandes *saltos. ‖ fig. Persona o cosa que sirve de *medio para conseguir rápidamente algún *adelanto o ventaja.

tramposo, sa. adj. Que no paga sus *deudas. Ú. t. c. s. ‖ Que hace trampas o *fullerías en el juego. Ú. t. c. s.

tranca. f. *Palo grueso y fuerte. ‖ Palo grueso que se pone para mayor *firmeza, a manera de puntal o atravesado, detrás de una puerta o ventana cerrada. ‖ fam. ***Borrachera.**

trancada. f. **Tranco** (*paso largo). ‖ **Trancazo** (golpe). ‖ **En dos trancadas.** m. adv. fig. y fam. **En dos trancos.**

trancahílo. m. *Nudo o lazo sobrepuesto para que *detenga el paso del hilo o cuerda por alguna parte.

trancanil. m. **Arq. Nav.* Serie de maderos tendidos desde la proa a la popa, para ligar los baos a las cuadernas y al forro exterior.

trancar. tr. **Atrancar** (la puerta). ‖ intr. fam. **Atrancar** (obstruir).

trancazo. m. *Golpe que se da con la tranca. ‖ fig. y fam. **Gripe.**

trance. m. Momento *difícil y decisivo. ‖ **Psicol.* Estado de suspensión de los sentidos durante el éxtasis *místico o por efecto del *hipnotismo. ‖ *For.* *Embargo o apremio judicial contra los bienes de un deudor. ‖ **de armas.** *Combate, *desa-

fío, batalla. ‖ **A todo trance.** m. adv. Resueltamente, con *resolución, sin reparar en riesgos.
trancelín. m. **Trencellín.**
tranco. m. *Paso largo. ‖ **Umbral.** ‖ **Tala** (*juego). ‖ fam. En la *costura, puntadas largas hechas sin esmero. ‖ **Al tranco.** m. adv. Hablando de caballerías, a paso largo. ‖ **A trancos.** m. adv. fig. y fam. Con *precipitación y sin arte. ‖ **En dos trancos.** m. adv. fig. y fam. con que se explica la *prontitud con que se puede llegar a un paraje.
trancha. f. Hierro clavado en un borriquete y sobre el cual se rebordean los cantos de la *hojalata.
tranchete. m. **Chaira** (de *zapatero).
trancho. m. *Pez muy parecido al sábalo.
trangallo. m. *Palo corto que se pone pendiente del collar a los *perros y a algunas *reses, para que no puedan bajar la cabeza hasta el suelo.
trangues. m. pl. *Mercado público.
tranquear. intr. fam. **Trancar.** ‖ Remover, *empujando y *apalancando.
tranquera. f. Estacada o *valla de trancas. ‖ Talanquera o *puerta rústica en un *cercado.
tranquero. m. Piedra labrada con que se forman las jambas y dinteles de *puertas y *ventanas.
tranquil. m. *Arq.* Línea *vertical o del plomo.
tranquilamente. adv. m. De manera tranquila.
tranquilar. tr. Señalar con dos rayitas las partidas de un libro de comercio, hasta donde iguala la *cuenta. ‖ p. us. **Tranquilizar.** Ú. t. c. r.
***tranquilidad.** f. Calidad de tranquilo.
tranquilizador, ra. adj. Que tranquiliza.
***tranquilizar.** tr. Poner tranquila a una persona o cosa. Ú. t. c. r.
***tranquilo, la.** adj. Quieto, sosegado, pacífico.
tranquilla. f. d. de **Tranca.** ‖ fig. Especie con que se sorprende a uno para *averiguar de él alguna cosa. ‖ Pasador que se pone en una barra para que sirva de tope o *detención.
tranquillo. m. fig. *Modo práctico o expediente cómodo para hacer alguna cosa. ‖ Fórmula o recurso de que uno usa con *repetición. ‖ Tranco, umbral de la *puerta.
tranquillón. m. Mezcla de *trigo con *centeno en la siembra y en el pan.
trans. *prep. insep. que significa **al través, del otro lado,** etc.
transacción. f. Acción y efecto de *transigir. ‖ Por ext., trato, negocio, *pacto.
transalpino, na. adj. Dícese de las regiones que desde Italia aparecen situadas al otro lado de los Alpes. ‖ Perteneciente o relativo a ellas.
transandino, na. adj. Dícese de las regiones situadas al otro lado de la cordillera de los Andes. ‖ Perteneciente o relativo a ellas.
transatlántico, ca. adj. Dícese de las regiones situadas al otro lado del Atlántico. ‖ Perteneciente o relativo a ellas. ‖ Dícese del tráfico y medios de locomoción que atraviesan el Atlántico. ‖ m. *Buque destinado a hacer la travesía del Atlántico, o de otro gran mar.
transbisabuelo, la. m. y f. **Tatarabuelo.**
transbisnieto, ta. m. y f. **Tataranieto.**
transbordador, ra. adj. Que transborda. ‖ m. Barquilla que va y viene de un punto a otro para *transportar viajeros. ‖ ***Puente transbordador.** ‖ **funicular.** El constituido por una vía funicular.
transbordar. tr. Trasladar efectos o personas de un *buque a otro. Ú. t. c. r. ‖ *Transportar personas o efectos de un *tren a otro o de unos carruajes a otros.
transbordo. m. Acción y efecto de transbordar o transbordarse.
transcendencia. f. **Trascendencia.**
transcendental. adj. **Trascendental.** ‖ **Fil.* Dícese de lo que traspasa los límites de la ciencia experimental.
transcendente. p. a. de **Transcender.** Que transciende.
transcender. intr. **Trascender.**
transcribir. tr. ***Copiar.** ‖ *Escribir con un sistema de caracteres lo que está escrito con otro. ‖ **Mús.* Arreglar para un instrumento la música escrita para otro u otros.
transcripción. f. Acción y efecto de transcribir. ‖ **Mús.* Pieza musical que resulta de transcribir otra.
transcripto, ta. p. p. irreg. **Transcrito.**
transcrito, ta. p. p. irreg. de **Transcribir.**
***transcurrir.** intr. Pasar, correr el tiempo.
***transcurso.** m. Paso o curso del *tiempo.
tránseat. Voz latina que se usa para *consentir una afirmación sin concederla ni negarla.
transepto. m. *Arq.* Crucero de un *templo.
transeúnte. adj. Que *transita o pasa por un lugar. Ú. t. c. s. ‖ Que está transitoriamente en un sitio. Apl. a pers., u. t. c. s. ‖ Transitorio, *interino. ‖ *Fil.* Dícese del efecto que se termina fuera del agente.
transferencia. f. Acción y efecto de transferir.
transferible. adj. Que puede ser transferido o traspasado a otro.
transferidor, ra. adj. Que transfiere. Ú. t. c. s.
transferir. tr. *Transportar una cosa desde un lugar a otro. ‖ ***Diferir.** ‖ Extender o trasladar la *significación de una voz para que designe figuradamente otra cosa distinta. ‖ Ceder o *traspasar a otro el derecho que se tiene sobre una cosa. ‖ **Esgr.* Hacer ciertos movimientos con la espada para quedar superior.
transfigurable. adj. Que se puede transfigurar.
transfiguración. f. Acción y efecto de transfigurar o transfigurarse. ‖ Por antonom., la de *Jesucristo en el monte Tabor.
transfigurar. tr. Hacer *cambiar de figura a una persona o cosa. Ú. t. c. r.
transfijo, ja. adj. *Atravesado con una cosa puntiaguda.
transfixión. f. Acción de herir *atravesando de parte a parte. Úsase hablando de los dolores de la *Virgen.
transflor. m. **Pint.* Pintura sobre metales, y especialmente de verde sobre oro.
transflorar. intr. *Transparentarse una cosa a través de otra.
transflorar. tr. *Pint.* **Transflorear.** ‖ *Pint.* *Copiar un dibujo al trasluz.
transflorear. tr. **Pint.* Adornar con transflor.
transformable. adj. Que puede transformarse.
transformación. f. Acción y efecto de transformar o transformarse.
transformador, ra. adj. Que transforma. Ú. t. c. s. ‖ m. *Fís.* Aparato *eléctrico para convertir una corriente de alta tensión en otra de baja, o viceversa.
transformamiento. m. **Transformación.**
transformante. p. a. de **Transformar.** Que transforma.
transformar. tr. Hacer *cambiar de forma o de condiciones a una persona o cosa. Ú. t. c. r. ‖ *Mudar una cosa en otra. Ú. t. c. r. ‖ fig. Hacer mudar de *conducta a una persona. Ú. t. c. r.
transformativo, va. adj. Que tiene virtud o fuerza para transformar.
transformismo. m. Doctrina *biológica que admite la transformación de las especies unas en otras.
transformista. adj. Perteneciente o relativo al transformismo. ‖ com. Partidario de esta doctrina. ‖ *Histrión o *cómico que hace mutaciones rapidísimas en los tipos que representa.
transfregar. tr. *Frotar una cosa con otra.
transfretación. f. **Mar.* Tránsito de un estrecho.
transfretano, na. adj. Que está al otro lado de un estrecho o brazo de mar.
transfretar. tr. **Mar.* Pasar el mar. ‖ intr. Extenderse, dilatarse.
tránsfuga. com. Persona que pasa *huyendo de una parte a otra. ‖ fig. **Polít.* Persona que pasa de un partido a otro.
tránsfugo. m. **Tránsfuga.**
transfundición. f. **Transfusión.**
transfundir. tr. *Decantar o verter un líquido poco a poco de un vaso en otro. ‖ fig. Comunicar o *difundir una cosa entre diversos sujetos. Ú. t. c. r.
transfusible. adj. Que se puede transfundir.
transfusión. f. Acción y efecto de transfundir o transfundirse. ‖ **de la sangre.** **Cir.* Operación cuyo objeto es hacer pasar cierta cantidad de *sangre de un individuo a otro.
transfusor, ra. adj. Que transfunde. Ú. t. c. s.
transgangético, ca. adj. Dícese de las regiones situadas al Norte del río Ganges. ‖ Perteneciente o relativo a ellas.
transgredir. tr. *Infringir, violar un precepto.
transgresión. f. Acción y efecto de transgredir.
transgresor, ra. adj. Que comete transgresión. Ú. t. c. s.
transiberiano, na. adj. Dícese del tráfico y de los medios de locomoción que atraviesan la Siberia.
transición. f. *Cambio o mudanza de un modo de ser o estar a otro distinto. ‖ Paso más o menos rápido de una materia a otra, en *discursos u obras *literarias. ‖ Cambio repentino de tono y expresión. ‖ V. **Terreno de transición.**
transido, da. adj. fig. Fatigado, acongojado por alguna *aflicción, o agotado por el dolor, *hambre, etc. ‖ fig. Miserable, *mezquino.
transigencia. f. Condición de transigente. ‖ Lo que se hace o consiente transigiendo.
transigente. p. a. de **Transigir.** Que transige.
***transigir.** intr. Consentir o admitir condicional o parcialmente lo que no se cree justo, razonable o verdadero, por espíritu de condescendencia. Ú. a veces c. tr. ‖ tr. **For.* Ajustar algún punto dudoso o litigioso cediendo algo cada una de las partes.

transilvano, na. adj. Natural de Transilvania. Ú. t. c. s. ‖ Perteneciente a esta región de Europa.
transistor. m. Amplificador de cristal empleado para substituir las válvulas en los receptores de *radio.
transitable. adj. Dícese del sitio o paraje por donde se puede *pasar o transitar.
***transitar.** intr. Ir, *andar o *pasar de un punto a otro por parajes públicos. ‖ *Viajar haciendo tránsitos.
transitivo, va. adj. p. us. Que pasa y se transfiere de uno en otro. ‖ *Gram.* V. ***Verbo transitivo.**
***tránsito.** m. Acción de transitar. ‖ **Paso** (acción de pasar). ‖ Lugar determinado para *descansar o *detenerse en alguna jornada o marcha. ‖ Paso de un estado o empleo a otro. ‖ *Muerte de las personas santas y justas. Dícese especialmente de la *Virgen. ‖ *Festividad que en honor de la muerte de la Virgen celebra la Iglesia el 15 de agosto. ‖ *Corredor o galería de un claustro. ‖ **Hacer tránsitos.** fr. Parar u *hospedarse en albergues situados de trecho en trecho entre los puntos extremos de un viaje. ‖ **Por tránsitos.** m. adv. **Haciendo tránsitos.**
transitoriamente. adv. m. De manera transitoria.
transitorio, ria. adj. Pasajero, temporal, *interino. ‖ Caduco, *fugaz.
translación. f. **Traslación.**
translaticiamente. adv. m. **Traslaticiamente.**
translaticio, cia. adj. **Traslaticio.**
translativo, va. adj. **Traslativo.**
translimitación. f. Acción y efecto de translimitar. ‖ **Der. Int.* Envío de tropas de una potencia al territorio de un Estado vecino, para intervenir en favor de uno de los partidos en *guerra.
translimitar. tr. *Rebasar los límites morales o materiales. ‖ **Der. Int.* Pasar inadvertidamente, o mediante autorización previa, la frontera de un Estado sin ánimo de violar el territorio.
translinear. intr. **For.* Pasar un *vínculo de una línea a otra.
translucidez. f. Calidad de translúcido.
translúcido, da. adj. Dícese del cuerpo *transparente a la luz, pero que no deja ver sino confusamente lo que hay detrás de él.
transmarino, na. adj. Dícese de las regiones situadas al otro lado del mar. ‖ Perteneciente o relativo a ellas.
transmigración. f. Acción y efecto de transmigrar.
transmigrar. intr. *Emigrar a otro país para vivir en él, especialmente una nación entera o parte de ella. ‖ Pasar una *alma de un cuerpo a otro.
transmisible. adj. Que se puede transmitir.
***transmisión.** f. Acción y efecto de transmitir. ‖ **de movimiento.** **Mec.* Conjunto de mecanismos que comunican el movimiento de un cuerpo a otro, modificando generalmente su velocidad, su sentido o su forma.
transmisor, ra. adj. Que transmite o puede transmitir. Ú. t. c. s. ‖ m. Aparato *telegráfico o *telefónico que sirve para producir las corrientes, o las ondas hertzianas, que han de actuar en el receptor.
***transmitir.** tr. Trasladar, transferir. ‖ → *For.* Ceder, *traspasar o dejar a otro un derecho u otra cosa. ‖ Emitir por *radio señales, música, noticias, etc.
transmontano, na. adj. **Tramontano.**
transmontar. tr. e intr. **Tramontar.** Ú. t. c. r.
transmonte. m. p. us. Acción de transmontar.
transmudación. f. **Transmutación.**
transmudamiento. m. **Transmutación.**
transmudar. tr. **Trasladar.** Ú. t. c. r. ‖ **Transmutar.** Ú. t. c. r. ‖ fig. *Disuadir de un afecto o mudarlo.
transmundano, na. adj. Que está fuera del *mundo.
transmutable. adj. Que se puede transmutar.
transmutación. f. Acción y efecto de transmutar o transmutarse.
transmutar. tr. **Convertir.** Ú. t. c. r.
transmutativo, va. adj. Que tiene virtud o fuerza para transmutar.
transmutatorio, ria. adj. **Transmutativo.**
transpacífico, ca. adj. Perteneciente o relativo a las regiones situadas al otro lado del Pacífico. ‖ Aplícase a los grandes buques que hacen sus viajes a través del Pacífico.
transpadano, na. adj. Que habita o está de la otra parte del río Po. Apl. a pers., ú. t. c. s.
***transparencia.** f. Calidad de transparente.
***transparentarse.** r. Dejarse ver la luz u otra cosa cualquiera a través de un cuerpo transparente. ‖ Ser transparente un cuerpo. ‖ fig. *Revelarse alguna cosa interior o secreta en lo que se manfiesta o declara.
***transparente.** adj. Dícese del cuerpo a través del cual pueden verse los objetos distintamente. ‖ **Translúcido.** ‖ fig. Que se deja adivinar o vislumbrar. ‖ m. Tela o papel que, colocado a modo de *cortina delante de *ventanas o balcones, sirve para templar la luz. ‖ *Pantalla en que se proyectan imágenes o *letreros. ‖ *Ventana de cristales que ilumina y adorna el fondo de un *altar.
transpirable. adj. Dícese de lo que puede transpirar o transpirarse.
transpiración. f. Acción y efecto de transpirar o transpirarse.
transpirar. intr. Salir los *humores al exterior del cuerpo a través de los poros de la piel. Ú. t. c. r. ‖ fig. ***Sudar.**
transpirenaico, ca. adj. Dícese de las regiones situadas al otro lado de los Pirineos. ‖ Perteneciente o relativo a ellas.‖ Dícese del comercio y de los medios de locomoción que atraviesan los Pirineos.
***transplantar.** tr. **Trasplantar.**
transponedor, ra. adj. Que transpone. Ú. t. c. s.
transponer. tr. *Trasladar a una persona o cosa más allá, en lugar diferente del que ocupaba. Ú. t. c. r. ‖ ***Trasplantar.** ‖ r. *Ocultarse a la vista de uno alguna persona o cosa, desapareciendo detrás de algún objeto lejano. Ú. t. c. tr. ‖ Ocultarse de nuestro horizonte el Sol u otro *astro. ‖ Quedarse uno algo *dormido.
transportable. adj. Que se puede *transportar.
transportación. f. **Transporte.**
transportador, ra. adj. Que transporta. Ú. t. c. s. ‖ m. Círculo graduado que sirve para medir los *ángulos de un *dibujo geométrico.
transportamiento. m. **Transporte.**
***transportar.** tr. Llevar una cosa de un lugar a otro. ‖ **Portear.** ‖ **Mús.* Trasladar una composición de un tono a otro. ‖ r. fig. Enajenarse de la razón o del sentido, por pasión, *éxtasis u otra causa.
***transporte.** m. Acción y efecto de transportar. ‖ *Buque de la *armada para el **transporte** de tropas y efectos de guerra. ‖ Acción y efecto de transportarse.
transposición. f. Acción y efecto de transponer o transponerse. ‖ **Ret.* Figura que consiste en alterar el orden normal de las voces en la oración.
transpositivo, va. adj. Capaz de transponerse. ‖ Perteneciente o relativo a la transposición.
transpuesta. f. **Traspuesta.**
transpuesto, ta. p. p. irreg. de **Transponer.**
transterminante. p. a. de **Transterminar.** Que transtermina.
transterminar. tr. *Rebasar un término *jurisdiccional.
transtiberino, na. adj. Que, respecto de Roma y sus cercanías, habita o está al otro lado del Tíber. Apl. a pers., ú. t. c. s.
transubstanciación. f. *Mudanza o conversión total de una substancia en otra. Dícese especialmente de la conversión total del pan y del vino en el cuerpo y sangre de Jesucristo en la *Eucaristía.
transubstancial. adj. Que se transubstancia.
transubstanciar. tr. *Mudar totalmente una substancia en otra. Ú. t. c. r. Dícese especialmente del cuerpo y sangre de Cristo en la *Eucaristía.
***transvasación.** f. Acción y efecto de transvasar.
***transvasar.** tr. Pasar un líquido de una vasija a otra.
transverberación. f. **Transfixión.**
transverberar. tr. *Atravesar de parte a parte.
transversal. adj. Que *atraviesa de un lado a otro. ‖ Que se *inclina o *desvía de la dirección principal o recta. ‖ **Colateral.** Ú. t. c. s.
transverso, sa. adj. Colocado o dirigido al *través a al *sesgo.
***tranvía.** m. Ferrocarril establecido en una calle o camino carretero. ‖ fig. Coche de **tranvía.** ‖ **de sangre.** Aquél en que el tiro se hace con caballerías.
tranviario, ria. adj. Perteneciente o relativo a los *tranvías. ‖ m. Empleado en el servicio de *tranvías.
tranviero. m. **Tranviario.**
tranza. f. **Trance** (*embargo por *deuda).
tranzadera. f. **Trenzadera** (*atadura).
tranzar. tr. *Cortar, tronchar. ‖ **Trenzar.** ‖ **Rematar** (en una *subasta).
tranzón. m. Cada una de las partes en que se divide un *monte o una *tierra de labor. ‖ Trozo de terreno que forma ya propiedad independiente.
trapa. f. Instituto perteneciente a la *orden religiosa* del Císter.
trapa. f. *Mar.* *Cabo provisional con que se ayuda a cargar y cerrar una vela. ‖ pl. *Mar.* Trincas o *aparejos con que se asegura la lancha dentro del buque.
trapa. f. Ruido de los pies al *andar, o *alboroto de gente.
trapa. f. **Grada de dientes.**
trapacear. intr. Usar de trapazas u otros *engaños.
trapacería. f. **Trapaza.**
trapacero, ra. adj. **Trapacista.** Ú. t. c. s.
trapacete. m. Libro en que el comerciante o el banquero sienta las partidas de su *cuenta.
trapacista. adj. Que usa de trapazas. Ú. t. c. s. ‖ fig. Que con astu-

cias y mentiras procura *engañar a otro. Ú. t. c. s.

trapajería. f. *Mar.* *Velamen de una nave. ‖ Prendas de *vestir muy usadas.

trapajo. m. despect. de **Trapo.**

trapajoso, sa. adj. Roto, *desaliñado. ‖ **Estropajoso.**

trápala. f. *Alboroto y confusión de gente. ‖ Ruido acompasado del trote o galope de un *caballo.

trápala. f. fam. *Mentira, embuste, *engaño. ‖ *Germ.* ***Carcel.** ‖ m. fam. Prurito de *hablar mucho y sin substancia. ‖ com. fig. y fam. Persona que habla mucho y sin substancia. Ú. t. c. adj. ‖ fig. y fam. Persona *falsa y embustera. Ú. t. c. adj.

trapalear. intr. Meter ruido con los pies al *andar.

trapalear. intr. fam. Decir o hacer cosas propias de un trápala.

trapalón, na. m. y f. fam. aum. de **Trápala** (embustero y charlatán). Ú. t. c. adj.

trápana. f. *Germ.* **Trápala** (*cárcel).

trapatiesta. f. fam. *Contienda, *alboroto, desorden.

trapaza. f. Artificio con que se perjudica y *defrauda a una persona. ‖ ***Engaño.**

trapazar. intr. **Trapacear.**

trape. m. **Indum.* Entretela con que se armaban los pliegues de las casacas y las faldillas.

trapear. impers. fam. ***Nevar.** ‖ tr. *Fregar el suelo con trapo o estropajo.

trapecial. adj. *Geom.* Perteneciente o relativo al trapecio. ‖ *Geom.* De figura de trapecio.

trapecio. m. Palo horizontal suspendido de dos cuerdas por sus extremos, y que sirve para ejercicios *gimnásticos. ‖ *Geom.* *Cuadrilátero irregular que tiene paralelos solamente dos de sus lados. ‖ *Anat.* Primer *hueso de la segunda fila del carpo o muñeca. ‖ *Anat.* Cada uno de los dos *músculos situados en la parte posterior del cuello y superior de la espalda.

trapense. adj. Dícese del *monje de la Trapa. Ú. t. c. s. ‖ Perteneciente o relativo a esta *orden religiosa*.

trapería. f. Conjunto de muchos *trapos. ‖ Sitio donde se venden trapos y otros objetos *usados.

trapero, ra. m. y f. Persona que tiene por oficio recoger *trapos de desecho para traficar con ellos. ‖ El que compra y vende trapos y otros objetos *usados. ‖ com. Persona que recoge la *basura y los desperdicios de las casas.

trapezoidal. adj. *Geom.* Perteneciente o relativo al trapezoide. ‖ *Geom.* De figura de trapezoide.

trapezoide. m. **Geom.* *Cuadrilátero irregular que no tiene ningún lado paralelo a otro. ‖ *Anat.* Segundo *hueso de la segunda fila del carpo o muñeca.

trapiche. m. *Molino para extraer el jugo de algunos frutos de la tierra, y especialmente de la caña de *azúcar. ‖ **Min.* Molino para pulverizar minerales.

trapichear. intr. fam. Ingeniarse, *intrigar, hacer *diligencias para el logro de algún fin. ‖ *Comerciar al menudeo.

trapicheo. m. fam. Acción y ejercicio de trapichear.

trapichero. m. El que trabaja en los trapiches.

trapiento, ta. adj. **Andrajoso.**

trapillo. m. fig. y fam. *Amante, galán o dama de baja estofa. ‖ fig. y fam. *Caudal pequeño *ahorrado y guardado. ‖ **De trapillo.** m. adv. fig. y fam. Con *vestido casero o de *confianza.

trapío. m. desus. ***Velamen.** ‖ fig. y fam. *Gallardía que suelen tener algunas mujeres. ‖ fig. y fam. Buena planta y bravura del toro de *lidia.

trapisonda. f. fam. *Contienda y alboroto. ‖ fam. Embrollo, *enredo. ‖ fig. desus. Agitación del *mar, formada por olas pequeñas que se cruzan en diversos sentidos.

trapisondear. intr. fam. Armar con frecuencia trapisondas o embrollos.

trapisondista. com. Persona que arma trapisondas o anda en ellas.

trapito. m. d. de **Trapo.** ‖ **Los trapitos de cristianar.** fam. La ropa de *gala.

***trapo.** m. Pedazo de tela desechado por viejo o por inútil. ‖ ***Velamen.** ‖ fam. **Capote** (del *torero). ‖ fam. *Tela, roja por lo común, de la muleta del espada. ‖ pl. fam. Prendas de *vestir, especialmente de la mujer. ‖ **Los trapos de cristianar.** fam. **Los trapitos de cristianar.** ‖ **A todo trapo.** m. adv. *Mar.* **A toda vela.** ‖ fig. y fam. Con *diligencia y actividad. ‖ **Poner** a uno **como un trapo.** fr. fig. y fam. *Reprenderle agriamente o decirle palabras *ofensivas. ‖ **Soltar** uno **el trapo.** fr. fig. y fam. Echarse a *llorar. ‖ fig. y fam. Echarse a *reír.

traque. m. *Estallido que da el cohete. ‖ *Mecha de pólvora fina para encender los *fuegos artificiales*. ‖ fig. y fam. *Ventosidad con ruido. ‖ **A traque barraque.** expr. fam. Con mucha *frecuencia o con cualquier motivo.

***tráquea.** f. Conducto cilíndrico, compuesto de anillos cartilaginosos que, partiendo de la laringe, se divide en dos ramas o bronquios. ‖ **Bot.* Celdilla de figura de tubo membranoso con un hilillo en espiral adherido a su cara interna. ‖ *Zool.* Cada uno de los conductos aéreos que forman el aparato *respiratorio de los insectos y otros articulados.

traqueal. adj. Perteneciente o relativo a la *tráquea. ‖ *Zool.* Dícese del animal que respira por medio de tráqueas.

traquear. intr. **Traquetear.**

traquearteria. f. desus. *Zool.* **Tráquea.**

traqueo. m. **Traqueteo.**

traqueotomía. f. **Cir.* Abertura que se hace en la tráquea para impedir la sofocación de los enfermos.

traquetear. intr. Hacer ruido, dar *estallidos. ‖ tr. Mover o *agitar un líquido u otra cosa de una parte a otra. ‖ fig. y fam. *Frecuentar, manejar mucho una cosa.

traqueteo. m. *Ruido continuo del *estallido de los cohetes. ‖ Movimiento de una persona o cosa que se *golpea al *transportarla de un punto a otro.

traquido. m. *Estallido causado por el tiro o disparo de una arma de fuego. ‖ **Chasquido.**

traquita. f. *Roca volcánica compuesta de feldespato vítreo y cristales de hornablenda o mica, que se emplea como *piedra de construcción.

trarigüe. m. Faja o *cinturón de lana que usan los indios de Chile.

trarilonco. m. Cinta con que los indios de Chile se ciñen la cabeza y el *cabello.

traro. m. *Ave de rapiña, de color blanquecino, salpicado de negro, propia de Chile.

tras. prep. *Después de, a continuación de, detrás de. ‖ fig. En *busca. ‖ Fuera de esto, *además. ‖ prep. insep. **Trans.** ‖ m. fam. **Trasero** (asentaderas).

tras. Voz con que se imita un *golpe con ruido. ‖ **Tras, tras.** expr. fam. con que se significa el golpe repetido, especialmente el que se da *llamando a una puerta.

trasalcoba. f. Pieza que está detrás de la alcoba.

trasalpino, na. adj. **Transalpino.**

trasaltar. m. Sitio que en las iglesias está detrás del *altar.

trasandino, na. adj. **Transandino.**

trasandosco, ca. adj. Aplícase al *cordero que tiene algo más de dos años. Ú. t. c. s.

trasanteanoche. adv. t. En la *noche de trasanteayer.

trasanteayer. adv. t. En el *día que precedió inmediatamente al de anteayer.

trasantier. adv. t. fam. **Trasanteayer.**

trasañejo, ja. adj. **Tresañejo.** ‖ Que tiene más de tres *años.

trasatlántico, ca. adj. **Transatlántico.** Ú. t. c. s.

trasbarrás. m. *Ruido que produce una cosa al caer.

trasbisabuelo, la. m. y f. ant. **Transbisabuelo.**

trasbisnieto, ta. m. y f. ant. **Transbisnieto.**

trasbocar. tr. ***Vomitar.**

trasbordar. tr. **Transbordar.**

trasbordo. m. **Transbordo.**

trasca. f. *Correa fuerte de tres a cuatro centímetros de ancho, que sirve para hacer cabezadas y aciones. ‖ *Cerda que, después de haber criado, se engorda para la matanza. ‖ **Pescuño.**

trascabo. m. **Traspié** (zancadilla).

trascantón. m. **Guardacantón.** ‖ *Ganapán o mozo de cordel. ‖ **Dar trascantón** a uno. fr. fig. y fam. **Darle cantonada.**

trascantonada. f. **Trascantón** (guardacantón).

trascartarse. r. Quedarse, en un juego de *naipes, una carta detrás de otra.

trascartón. m. Efecto de tracartarse un *naipe.

trascendencia. f. Penetración, perspicacia, *ingenio. ‖ Resultado, consecuencia importante.

trascendental. adj. Que se comunica o *propaga a otras cosas. ‖ fig. Que es de mucha *importancia o *gravedad, por sus probables consecuencias.

trascendente. p. a. de **Trascender.** Que trasciende.

trascender. intr. Exhalar *olor penetrante que se extiende a gran distancia. ‖ Empezar a ser *manifiesto o sabido lo que estaba oculto. ‖ *Difundirse o propagarse los *efectos de unas cosas a otras. ‖ tr. Penetrar, *entender o averiguar alguna cosa.

trascendido, da. adj. Dícese del que *entiende o averigua con *ingenio y facilidad.

trascocina. f. Pieza que está detrás de la cocina y para desahogo de ella.

trascoda. m. Trozo de cuerda de tripa que en los *instrumentos de arco sujeta el cordal al botón.

trascol. m. *Falda de cola que usaban las mujeres.

trascolar. tr. Colar o *filtrar a través de alguna cosa. Ú. t. c. r. ‖

fig. *Pasar desde un lado al otro de un monte u otro sitio.
trasconejarse. r. Quedarse la *caza detrás de los perros que la siguen. Dícese especialmente de los conejos. ‖ fig. y fam. *Perderse, *extraviarse alguna cosa, entre otras análogas.
trascordarse. r. Perder la noticia puntual de una cosa, por *olvido o por confusión con otra.
trascoro. m. Sitio que en las *iglesias está detrás del coro.
trascorral. m. Sitio cerrado y descubierto que suele haber después del *corral. ‖ fam. Culo, *asentaderas.
trascorvo, va. adj. Dícese de la *caballería que tiene la rodilla más atrás de la línea de aplomo.
trascribir. tr. **Transcribir.**
trascripción. f. **Transcripción.**
trascripto, ta. p. p. irreg. **Trascrito.**
trascrito, ta. p. p. irreg. de **Trascribir.**
trascuarto. m. Vivienda o *habitación que está después o detrás de la principal.
trascuenta. f. **Trabacuenta.**
trascurrir. intr. **Transcurrir.**
trascurso. m. **Transcurso.**
trasdobladura. f. Acción y efecto de trasdoblar.
trasdoblar. tr. **Tresdoblar.**
trasdoblo. m. Número triple.
trasdós. m. *Arq.* Superficie exterior de un *arco o bóveda. ‖ *Arq.* *Pilastra que está inmediatamente detrás de una columna.
trasdosear. tr. **Albañ.* Reforzar una obra por la parte posterior.
trasechador, ra. adj. Que trasecha. Ú. t. c. s.
trasechar. tr. **Asechar.**
trasegador, ra. adj. Que trasiega. Ú. t. c. s.
trasegar. tr. Trastornar, revolver, *desordenar. ‖ Mudar o *trasladar cosas de un lugar a otro. ‖ *Transvasar un líquido.
traseñalador, ra. adj. Que traseñala. Ú. t. c. s.
traseñalar. tr. Poner a una cosa distinta señal o nueva *marca.
trasera. f. Parte *posterior de alguna cosa.
***trasero, ra.** adj. Que está o viene *detrás. ‖ Dícese del *carro cargado que tiene más peso detrás que delante. ‖ m. Parte posterior del animal. ‖ → ***Asentaderas.** ‖ pl. fam. Padres, *abuelos y demás ascendientes de un *linaje.
trasferencia. f. **Transferencia.**
trasferible. adj. **Transferible.**
trasferidor, ra. adj. **Transferidor.** Ú. t. c. s.
trasferir. tr. **Transferir.**
trasfigurable. adj. **Transfigurable.**
trasfiguración. f. **Transfiguración.**
trasfigurar. tr. **Transfigurar.** Ú. t. c. r.
trasfijo, ja. adj. **Transfijo.**
trasfixión. f. **Transfixión.**
trasflor. m. *Pint.* **Transflor.**
trasflorar. tr. *Pint.* **Transflorar.**
trasflorear. tr. *Pint.* **Transflorear.**
trasfollado, da. adj. **Veter.* Dícese del animal que padece de trasfollos.
trasfollo. m. **Veter.* Tumor sinovial que se forma en la parte anterior del corvejón.
trasformación. f. **Transformación.**
trasformador, ra. adj. **Transformador.** Ú. t. c. s.
trasformamiento. m. **Transformamiento.**
trasformar. tr. **Transformar.** Ú. t. c. r.
trasformativo, va. adj. **Transformativo.**
trasfregar. tr. **Transfregar.**
trasfretano, na. adj. **Transfretano.**
trasfretar tr. e intr. **Transfretar.**
trasfuego. m. **Trashoguero** (losa posterior del *hogar).
trásfuga. com. **Tránsfuga.**
trásfugo. m. **Tránsfugo.**
trasfundición. f. **Transfundición.**
trasfundir. tr. **Transfundir.** Ú. t. c. r.
trasfusión. f. **Transfusión.**
trasfusor, ra. adj. **Transfusor.** Ú. t. c. s.
trasga. f. Pértigo del *carro o carreta de bueyes.
trasgo. m. **Duende.** ‖ fig. Niño *travieso.
trasgredir. tr. **Transgredir.**
trasgresión. f. **Transgresión.**
trasgresor, ra. adj. **Transgresor.** Ú. t. c. s.
trasguear. intr. Fingir acciones que la *superstición atribuye a los trasgos.
trasguero, ra. m. y f. Persona que trasguea.
trashoguero, ra. adj. Dícese del *perezoso que se queda rezagado en su casa. ‖ m. Losa o plancha que está detrás del *hogar o en la pared de la chimenea. ‖ *Leño grueso que se pone arrimado a la pared en el *hogar, para conservar la lumbre.
trashojar. tr. **Hojear.**
trashumación. f. Acción y efecto de trashumar.
trashumante. p. a. de **Trashumar.** Que trashuma.
trashumar. intr. *Pasar el *ganado con sus pastores desde las dehesas de invierno a las de verano, y viceversa.
trasiego. m. Acción y efecto de trasegar o *transvasar.
trasijado, da. adj. Que tiene los ijares recogidos, a causa del *hambre. ‖ fig. Dícese del que está muy *flaco.
***traslación.** f. Acción y efecto de trasladar o trasladarse. ‖ **Gram.* Figura de construcción, que consiste en usar un tiempo del verbo fuera de su natural significación. ‖ *Ret.* **Metáfora.** ‖ **de luz.** **Astrol.* Acción de transferir un planeta a otro su luz.
trasladable. adj. Que puede trasladarse.
trasladación. f. **Traslación.**
trasladador, ra. adj. Que traslada o sirve para trasladar. Ú. t. c. s.
trasladante. p. a. de **Trasladar.** Que traslada.
***trasladar.** tr. Llevar a una persona o cosa de un lugar a otro. Ú. t. c. r. ‖ Hacer pasar a una persona de un puesto o *empleo a otro de la misma categoría. ‖ *Anticipar o *diferir la celebración de una junta, función, etc., para una fecha distinta de la primeramente fijada. ‖ **Traducir.** ‖ **Copiar.**
traslado. m. ***Copia.** ‖ Acción y efecto de trasladar a un *empleado. ‖ **For.* Comunicación que se da a algunas de las partes que litigan, de las pretensiones o alegatos de otra u otras.
traslapar. tr. *Cubrir una cosa a otra. ‖ Cubrir parcialmente una cosa a otra como las tejas de un tejado y demás cosas *imbricadas.
traslapo. m. **Solapo** (parte de una cosa imbricada, cubierta por otra).
traslaticiamente. adv. m. Con sentido traslaticio.
traslaticio, cia. adj. Aplícase al sentido en que se usa un vocablo con *significación distinta de la usual.
traslativo, va. adj. Que transfiere.
traslato, ta. adj. **Traslaticio.**
traslinear. intr. *For.* **Translinear.**
trasloar. tr. p. us. *Alabar o encarecer a una persona o cosa con *exageración.
traslúcido, da. adj. **Translúcido.**
trasluciente. adj. **Traslúcido.**
traslucimiento. m. Acción y efecto de traslucirse.
traslucirse. r. Ser translúcido un cuerpo. ‖ fig. *Conjeturarse o *inferirse una cosa de otra u otras. Ú. t. c. tr.
traslumbramiento. m. Acción y efecto de traslumbrar o traslumbrarse.
traslumbrar. tr. Deslumbrar u *ofuscar a alguno una luz viva. Ú. t. c. r. ‖ r. Pasar o *desaparecer repentinamente una cosa.
trasluz. m. *Luz que pasa a través de un cuerpo translúcido. ‖ Luz *reflejada por la superficie de un cuerpo. ‖ **Al trasluz.** m. adv. Por transparencia.
trasmallo. m. Arte de *pesca formado por tres redes, más tupida la central que las exteriores.
trasmallo. m. Virola de hierro con que se refuerza el cotillo del mazo que se usa para *jugar al mallo.
trasmano. com. Segundo en *orden en ciertos *juegos. ‖ **A trasmano.** m. adv. Fuera del alcance cómodo de la mano. ‖ *Desviado de los lugares frecuentados, o del trato corriente.
trasmañana. adv. t. **Pasado mañana.**
trasmañanar. tr. *Diferir una cosa de un día en otro.
trasmarino, na. adj. **Transmarino.**
trasmatar. tr. fam. Suponer uno que otro ha de *morir antes que él.
trasmerano, na. adj. Natural de Trasmiera. Ú. t. c. s. ‖ Perteneciente a esta comarca de la provincia de Santander.
trasmigración. f. **Transmigración.**
trasmigrar. intr. **Transmigrar.**
trasminar. tr. Abrir camino *excavando por debajo de tierra. ‖ intr. Penetrar o *filtrarse a través de alguna cosa un *olor, un líquido, etc. Ú. t. c. r.
trasmisible. adj. **Transmisible.**
trasmisión. f. **Transmisión.**
trasmitir. tr. **Transmitir.**
trasmontana. f. **Tramontana.**
trasmontano, na. adj. **Tramontano.**
trasmontar. tr. e intr. **Transmontar.** Ú. t. c. r.
trasmosto. m. **Aguapié.**
trasmudación. f. **Transmudación.**
trasmudamiento. m. **Transmudamiento.**
trasmudar. tr. **Transmudar.** Ú. t. c. r. ‖ **Trasegar.**
trasmutable. adj. **Transmutable.**
trasmutación. f. **Transmutación.**
trasmutar. tr. **Transmutar.** Ú. t. c. r.
trasmutativo, va. adj. **Transmutativo.**
trasmutatorio, ria. adj. **Transmutatorio.**
trasnieto, ta. m. y f. **Tataranieto.**
trasnochada. f. *Noche *anterior al día presente. ‖ *Vigilia o *vigilancia por una noche. ‖ *Mil.* *Emboscada o embestida hecha de noche.
trasnochado, da. adj. Aplícase a lo que, por haber pasado una noche por ello, se altera o *corrompe. ‖ fig. Dícese de la persona *débil y macilenta. ‖ fig. Falto de novedad, *antiguo.
trasnochador, ra. adj. Que trasnocha. Ú. t. c. s.
trasnochar. intr. Pasar uno la *noche, o gran parte de ella, en *vigilia. ‖ **Pernoctar.** ‖ tr. Dejar pasar

la noche sobre una cosa cualquiera.
trasnoche. m. fam. **Trasnocho.**
trasnocho. m. fam. Acción de trasnochar.
trasnombrar. tr. Trastrocar, *invertir o *equivocar los *nombres.
trasnominación. f. *Ret.* **Metonimia.**
trasoír. tr. *Oír con *error lo que se dice.
trasojado, da. adj. Caído, *enfermizo o macilento de *ojos o con ojeras.
trasoñar. tr. *Imaginar con *error o equivocación una cosa, como tomando por realidad un *ensueño.
trasovado, da. adj. *Bot.* V. **Hoja trasovada.**
traspadano, na. adj. **Transpadano.** Apl. a pers., ú. t. c. s.
traspalar. tr. Mover la *parva u otra cosa con la *pala de un lado a otro. ‖ fig. Mover o *trasladar una cosa de un lugar a otro. ‖ Cortar la grama de las *viñas con el azadón.
traspalear. tr. **Traspalar.**
traspaleo. m. Acción y efecto de traspalear.
traspapelarse. r. *Confundirse, *perderse o *extraviarse un papel entre otros. Ú. t. c. tr.
trasparencia. f. **Transparencia.**
trasparentarse. r. **Transparentarse.**
trasparente. adj. **Transparente.** Ú. t. c. s.
traspasable. adj. Que se puede traspasar.
traspasación. f. Acción de traspasar o *transmitir.
traspasador, ra. adj. **Transgresor.** Ú. t. c. s.
traspasamiento. m. **Traspaso.**
***traspasar.** tr. *Llevar una cosa de un sitio a otro. ‖ Pasar *adelante, *rebasar, *exceder de lo debido. ‖ Pasar a la otra parte. ‖ *Atravesar de parte a parte con alguna arma o instrumento. ‖ → Transmitir a otro el derecho o dominio de una cosa. ‖ **Repasar.** ‖ **Transgredir.** ‖ fig. Hacerse sentir un *dolor o *aflicción con extraordinaria violencia.
***traspaso.** m. Acción y efecto de traspasar. ‖ Conjunto de *mercancías traspasadas. ‖ Precio de la cesión de estos géneros o del local donde se ejerce un comercio o industria. ‖ Ardid, *astucia. ‖ fig. *Aflicción grande. ‖ fig. Sujeto que la causa. ‖ ***Ayunar al traspaso.** fr. No comer desde el Jueves Santo al medio día hasta el Sábado Santo al tocar a gloria.
traspecho. m. Huesecillo que guarnece por abajo la caja de la *ballesta.
traspeinar. tr. Volver a *peinar ligeramente lo que ya está peinado.
traspellar. tr. **Cerrar.**
traspié. m. Resbalón, *deslizamiento o *tropezón. ‖ **Zancadilla.** ‖ **Dar** uno **traspiés.** fr. fig. y fam. Cometer *errores o faltas.
traspilastra. f. *Arq.* **Contrapilastra.**
traspillar. tr. **Traspellar.** ‖ r. Desfallecer, *debilitarse.
traspintar. tr. Engañar a los puntos el *fullero, dejándoles ver la pinta de un naipe y sacando otro. Ú. t. c. r. ‖ r. fig. y fam. Salir una cosa al contrario de como se esperaba, *malograrse.
traspintarse. r. *Transparentarse lo escrito o dibujado.
traspirable. adj. **Transpirable.**
traspiración. adj. **Transpiración.**
traspirar. intr. **Transpirar.** Ú. t. c. r.
traspirenaico, ca. adj. **Transpirenaico.**
trasplantable. adj. Que puede trasplantarse.
***trasplantar.** tr. Mudar un vegetal del sitio donde está plantado a otro. ‖ r. fig. *Trasladarse una persona del lugar o país donde ha nacido a otro, para establecerse en él.
trasplante. m. Acción y efecto de trasplantar o trasplantarse.
trasponedor, ra. adj. **Transponedor.** Ú. t. c. s.
trasponer. tr. **Transponer.** Ú. t. c. intr. y c. r.
traspontín. m. **Traspuntín.** ‖ fam. Trasero, *asentaderas.
trasportación. f. **Transportación.**
trasportador, ra. adj. **Transportador.** Ú. t. c. s.
trasportamiento. m. **Transportamiento.**
trasportar. tr. **Transportar.** Ú. t. c. r.
trasporte. m. **Transporte.**
trasportín. m. **Traspuntín.**
trasposición. f. **Transposición.**
traspositivo, va. adj. **Transpositivo.**
traspuesta. f. **Transposición.** ‖ Repliegue o elevación del terreno que *oculta lo que hay al lado de allá. ‖ *Huida de una persona, para librarse de algún peligro. ‖ *Puerta, *corral y otras dependencias que están detrás de lo principal de la casa.
traspuesto. p. p. irreg. de **Trasponer.**
traspunte. m. En el *teatro, apuntador que previene a cada actor cuándo ha de salir a la escena.
traspuntín. m. Cada uno de los colchoncillos que se ponen a veces atravesados debajo de los *colchones de la cama. ‖ *Asiento suplementario y plegadizo que hay en algunos *coches. ‖ *Asentaderas.
trasquero. m. El que vende trascas.
trasquila. f. **Trasquiladura.**
trasquilador. m. El que trasquila.
trasquiladura. f. Acción y efecto de trasquilar o trasquilarse.
trasquilar. tr. *Cortar el *cabello a trechos, sin orden ni arte. Ú. t. c. r. ‖ ***Esquilar.** ‖ fig. y fam. *Disminuir una cosa quitando parte de ella.
trasquilimocho, cha. adj. fam. Trasquilado a raíz. ‖ m. desus. Menoscabo, *pérdida.
trasquilón. m. fam. **Trasquiladura.** ‖ fig. y fam. Parte del caudal ajeno que uno se *apropia con astucia. ‖ **A trasquilones.** m. adv. fig. y fam. Con *desorden, sin método.
trasroscarse. r. No jugar bien un tornillo en su tuerca, por mala colocación de ésta o por desgaste de la rosca.
trastabillar. intr. **Trastrabillar.**
trastabillón. m. *Tropezón, traspié.
trastada. f. fam. Acción que revela *informalidad, *travesura o *vileza.
trastazo. m. fam. **Porrazo.**
traste. m. Cada uno de los resaltos colocados transversalmente y a conveniente distancia en el mástil de la *guitarra u otros *instrumentos semejantes para formar, al pisar las cuerdas, los diversos sonidos. ‖ *Vaso pequeño con que prueban el *vino los catadores.
traste. m. **Trasto.** ‖ ***Asentaderas.** ‖ **Dar** uno **al traste con** una cosa. fr. *Destruirla o *derrocharla.
trasteado. m. Conjunto de trastes que hay en un *instrumento.
trasteador, ra. adj. Que trastea o hace *ruido con algunos trastos. Ú. t. c. s.
trastear. tr. Poner los trastes a la *guitarra u otro instrumento semejante. ‖ Pisar las cuerdas de los *instrumentos de trastes.
trastear. tr. Revolver, mover o *trasladar trastos de una parte a otra. ‖ fig. *Discurrir con *ingenio y travesura sobre alguna especie. ‖ tr. *Taurom.* Dar el espada al toro pases de muleta. ‖ fig. y fam. Manejar con *habilidad a una persona o un negocio.
trastejador, ra. adj. Que trasteja Ú. t. c. s.
trastejadura. f. **Trastejo.**
trastejar. tr. **Retejar.** ‖ fig. Recorrer cualquier cosa para *repararla.
trastejo. m. Acción y efecto de trastejar. ‖ fig. Movimiento o *agitación continuados.
trasteo. m. Acción de trastear al toro o a una persona.
trastería. f. Copia de *trastos viejos. ‖ fig. y fam. **Trastada.**
trasterminante. p. a. de **Trasterminar.** Que trastermina.
trasterminar. tr. *For.* **Transterminar.**
trastero, ra. adj. Dícese de la pieza o *desván en que se guardan trastos. Ú. t. c. s. f.
trastesado, da. adj. Endurecido, tieso, dicho especialmente de las ubres de los animales cuando tienen abundancia de *leche.
trastesón. m. Abundancia de *leche en la ubre de una res.
trastiberino, na. adj. **Transtiberino.** Apl. a pers., ú. t. c. s.
trastienda. f. Aposento o pieza que está detrás de la *tienda. ‖ fig. y fam. *Precaución, *disimulo.
***trasto.** m. Cualquiera de los muebles o utensilios de una casa. ‖ Mueble inútil arrinconado. ‖ Cada uno de los bastidores o artificios de madera y lienzo, que forman parte de las decoraciones de *teatro. ‖ fig. y fam. Persona *inútil. ‖ fig. y fam. Persona *informal. ‖ pl. *Espada, daga y otras armas de uso. ‖ *Utensilios o herramientas de algún arte o ejercicio. ‖ **Tirarse los trastos a la cabeza.** fr. fig. y fam. Armar *discusión o *contienda violenta.
trastocar. tr. p. us. Trastornar, *invertir, revolver. ‖ r. p. us. Trastornarse, padecer una enfermedad *mental.
trastornable. adj. Que fácilmente se trastorna.
trastornador, ra. adj. Que trastorna. Ú. t. c. s.
trastornadura. f. **Trastorno.**
trastornamiento. m. **Trastorno.**
trastornar. tr. *Invertir o volver una cosa de abajo arriba o de un lado a otro. ‖ fig. Inquietar, perturbar, causar *disturbios. ‖ fig. *Turbar o quitar el sentido algún *olor, vapor, etc. Ú. t. c. r. ‖ fig. *Disuadir a uno de su opinión. ‖ Volver a uno *loco. Ú. t. c. r.
trastorno. m. Acción y efecto de trastornar o trastornarse.
trastrabado, da. adj. Aplícase a la *caballería que tiene blancos la mano izquierda y el pie derecho, o viceversa.
trastrabillar. intr. Dar traspiés o *tropezar. ‖ Tambalear, *vacilar, titubear. ‖ Tartalear, tartamudear, trabarse la lengua al *pronunciar las palabras.
trastrás. m. fam. El que precede al *último en algunos *juegos de muchachos.
trastrigo. m. Voz que sólo se usa en la loc. fig. y fam. **Buscar pan de trastrigo,** que significa pretender uno cosas *imposibles o que envuelven algún *peligro.

trastrocamiento. m. Acción y efecto de trastrocar o trastrocarse.
trastrocar. tr. *Cambiar el ser o estado de una cosa. Ú. t. c. r. ‖ *Invertir el orden de las cosas.
trastrueco. m. **Trastrueque.**
trastrueque. m. **Trastrocamiento.**
trastuelo. m. d. de **Trasto.**
trastulo. m. *Pasatiempo, *juguete.
trastumbar. tr. Dejar *caer o echar a *rodar una cosa.
trasudadamente. adv. m. Con trasudores y *trabajos.
trasudar. tr. Exhalar o echar de sí trasudor.
trasudor. m. *Sudor leve, ocasionado por lo regular por algún temor u otro sentimiento interno.
trasuntar. tr. *Copiar o trasladar un escrito. ‖ *Compendiar una cosa.
trasuntivamente. adv. m. En copia. ‖ **Compendiosamente.**
trasunto. m. *Copia que se saca del original. ‖ *Imitación exacta o representación de una cosa.
trasvasar. tr. **Transvasar.**
trasvenarse. r. **Extravenarse.** ‖ fig. *Perderse o *derramarse una cosa.
trasver. tr. *Ver a través de alguna cosa. ‖ Ver mal y equivocadamente.
trasverberación. f. **Transverberación.**
trasversal. adj. **Transversal.**
trasverso, sa. adj. **Transverso.**
trasverter. intr. *Rebosar el líquido contenido en un vaso.
trasvinarse. r. Rezumarse o *derramarse poco a poco el vino de las vasijas. Ú. t. alguna vez c. tr. ‖ fig. y fam. **Traslucirse** (conjeturarse).
trasvolar. tr. *Pasar *volando de una parte a otra.
trata. f. Tráfico de *esclavos negros. ‖ **de blancas.** Tráfico de mujeres para la *prostitución.
*__tratable.__ adj. Que se puede o deja tratar fácilmente. ‖ Cortés, sociable, *afable.
tratadista. m. *Escritor de tratados sobre una materia determinada.
tratado. m. Ajuste, *convenio o pacto, y especialmente, el que celebran entre sí dos o más príncipes o gobiernos. ‖ *Obra que trata de una materia determinada.
tratador, ra. adj. Que trata un negocio o materia, especialmente para procurar la *concordia. Ú. t. c. s.
*__tratamiento.__ m. ***Trato.** ‖ → Título de cortesía que se da a una persona. ‖ Sistema o método que se emplea para *curar enfermedades o defectos. ‖ Procedimiento empleado en una experiencia o en la *fabricación de un producto y especialmente en la obtención de *metales. ‖ **impersonal.** Aquel que se da al sujeto en tercera persona. ‖ **Apear** uno **el tratamiento.** fr. fig. No admitirlo el que lo tiene. ‖ **Dar tratamiento** a uno. fr. Hablarle o escribirle con el **tratamiento** que le corresponde.
tratante. m. El que se dedica a comprar géneros para *comerciar con ellos o revenderlos.
*__tratar.__ tr. *Manejar una cosa; *usar de ella materialmente. ‖ Manejar, *gobernar o disponer algún negocio. ‖ → Comunicar, tener *amistad o relaciones con un individuo. Ú. t. c. intr. y r. ‖ Tener relaciones *amorosas. Ú. m. c. intr. ‖ *Portarse bien, o mal, con una persona, de obra o de palabra. ‖ Asistir y *cuidar bien, o mal, a uno, especialmente en orden a la comida, vestido, etc. Ú. t. c. r. ‖ Conversar, discurrir o disputar de palabra o por escrito sobre un asunto. Ú. t. c. intr. ‖ Con la preposición *de* y un *tratamiento de cortesía, dar este título a una persona. ‖ **Quím.* Someter una substancia a la acción de otra. ‖ intr. Con la preposición *de*, *procurar el logro de algún fin. ‖ Con la preposición *en*, **comerciar.** ‖ r. *Portarse, conducirse.
*__trato.__ m. Acción y efecto de tratar o tratarse. ‖ **Tratado.** ‖ ***Tratamiento** (de cortesía). ‖ Ocupación u oficio de tratante. ‖ **de cuerda.** *Tormento que se daba atando las manos por detrás al reo o al acusado y suspendiéndolo por ellas. ‖ **doble.** Fraude y *deslealtad. ‖ **hecho.** Fórmula familiar con que se da por definitivo un *contrato o acuerdo.
trauma. m. **Traumatismo.** ‖ **psíquico.** Choque sentimental o *emoción que deja una impresión duradera.
traumático, ca. adj. **Cir.* Perteneciente o relativo al traumatismo.
traumatismo. m. *Cir.* *Lesión de los tejidos por agentes mecánicos, generalmente externos.
traumatología. f. Parte de la medicina que trata de los traumatismos o *lesiones.
travata. f. *Viento huracanado en el golfo de Guinea.
traversa. f. Madero que atraviesa los *carros para dar firmeza al brancal. ‖ *Mar.* **Estay.**
*__través.__ m. *Inclinación o *torcimiento de una cosa con relación a otra. ‖ fig. *Desgracia, contratiempo. ‖ *Arq.* Pieza de madera en que se afirma el pendolón de una *armadura. ‖ **Fort.* Obra exterior para estorbar el paso en parajes angostos. ‖ **Fort.* Muro o parapeto, generalmente de tierra, sacos, etc. ‖ *Mar.* Dirección perpendicular a la de la quilla. ‖ **Al través.** m. adv. **A través.** ‖ **De través.** ‖ **A través.** m. adv. Por entre. ‖ **Dar al través.** fr. **Mar.* Tropezar la nave por los costados en una roca u otro obstáculo. ‖ **De través.** m. adv. En dirección transversal. ‖ **Echar al través** una nave. fr. *Mar.* Vararla para hacerla pedazos.
travesaña. f. Travesaño de madera que une los varales del *carro.
travesaño. m. Pieza de madera o hierro que *atraviesa de una parte a otra. ‖ *Almohada larga que ocupa toda la cabecera de la cama.
travesar. tr. **Atravesar.** Ú. t. c. r.
*__travesear.__ intr. Andar inquieto o *bullicioso de una parte a otra. Dícese especialmente de los muchachos y por extensión, de las cosas inanimadas. ‖ fig. *Discurrir con *ingenio y viveza. ‖ fig. Vivir con *deshonestidad o *desenfreno.
travesero, ra. adj. Dícese de lo que se pone de través. ‖ V. **Flauta travesera.** ‖ m. **Travesaño** (*almohada).
travesía. f. *Camino o *tránsito transversal. ‖ Callejuela que atraviesa entre calles principales. ‖ Parte de una *carretera comprendida dentro del casco de una población. ‖ *Distancia entre dos puntos de tierra o de mar. ‖ *Viaje por mar. ‖ Modo de estar una cosa al *través. ‖ Cantidad que se puede ganar o perder en un *juego. ‖ Región vasta, *desierta y sin agua. ‖ **Fort.* Conjunto de traveses. ‖ *Mar.* *Viento cuya dirección es perpendicular a la de una costa. ‖ *Mar.* Paga o viático que se da al *marinero mercante.
travesío, a. adj. Aplícase al *ganado no trashumante que sale de los términos del pueblo donde mora. ‖ Aplícase a los *vientos que no soplan de frente. ‖ m. Sitio o terreno por donde se *pasa o atraviesa.
travestido, da. adj. *Disfrazado.
*__travesura.__ f. Acción y efecto de travesear. ‖ fig. Viveza de *ingenio. ‖ → fig. Acción reprensible en que interviene más la ligereza y cierta habilidad que la intención de causar daño.
traviesa. f. **Travesía** (*distancia). ‖ Lo que se *juega además de la puesta. ‖ *Apuesta que el que no juega hace a favor de un *jugador. ‖ Cada uno de los maderos que se atraviesan en una vía de *ferrocarril para asentar sobre ellos los rieles. ‖ Cada una de las piezas que unen los largueros de un bastidor o *armazón. ‖ Parada de tablas o piedras y tierra para desviar o *represar el agua. ‖ *Arq.* Cualquiera de los cuchillos de *armadura de un tejado. ‖ *Arq.* *Pared maestra que no está en fachada ni en medianería. ‖ **Min.* Galería transversal al filón o capa que se beneficia.
*__travieso, sa.__ adj. Atravesado o puesto al *través o de lado. ‖ fig. Sutil, *astuto, sagaz. ‖ → fig. Inquieto y revoltoso. ‖ fig. **Vicioso.** ‖ **De travieso.** m. adv. **De través.** ‖ *For.* Por línea transversal.
travo. m. *Germ.* Esgrimidor o maestro de *esgrima.
trayecto. m. *Distancia o *camino que se recorre o puede recorrerse de un punto a otro. ‖ Acción de recorrer dicha distancia.
trayectoria. f. Línea descrita en el espacio por un punto que se *mueve. ‖ Recorrido que sigue el proyectil *disparado por una arma de fuego. ‖ *Meteor.* Derrota o *dirección que sigue el cuerpo de un huracán o tormenta giratoria.
trayente. p. a. de **Traer.** Que trae.
traza. f. *Proyecto, plan o diseño para la fábrica de un edificio u otra obra. ‖ fig. Plan, *medio para realizar un fin. ‖ fig. *Invención, arbitrio. ‖ fig. *Aspecto o figura de una cosa. ‖ *Geom.* y *Persp.* Intersección de una línea o de una superficie con cualquiera de los planos de *proyección. ‖ **Darse** uno **trazas.** fr. fig. y fam. Ingeniarse, mostrar *habilidad para lograr alguna cosa.
trazable. adj. Que puede trazarse.
trazado, da. adj. Con los adverbios *bien* o *mal* antepuestos, dícese de la persona de buena o mala disposición o *aspecto. ‖ m. Acción y efecto de trazar. ‖ **Traza** (*proyecto). ‖ Recorrido o *dirección de un camino, canal, etc.
trazador, ra. adj. Que traza, *inventa o idea una obra. Ú. t. c. s.
trazar. tr. Hacer trazos o *dibujos. ‖ Delinear la traza o *proyecto para un edificio u otra obra. ‖ fig. Discurrir y disponer los medios oportunos para un *intento. ‖ fig. *Describir por medio del lenguaje.
trazo. m. *Delineación con que se forma el diseño o planta de cualquier cosa. ‖ *Línea, raya. ‖ En la *escritura, cada una de las partes en que se considera dividida la letra. ‖ *Pint.* Pliegue de ropaje. ‖ **magistral.** El grueso que forma la parte principal de una letra *escrita. ‖ ***Dibujar al trazo.** fr. Señalar con una línea los contornos de una figura.
trazumarse. r. **Rezumarse.**
treballa. f. *Salsa blanca que se hacía de almendras, ajos, pan, huevos, especias, agraz, azúcar y canela.

trébede. f. *Habitación cuya *calefacción se obtiene quemando paja por debajo del suelo. ‖ pl. Aro o triángulo de hierro con tres pies, que sirve para *apoyar en el *hogar sartenes, peroles, etc.
trebejar. intr. *Travesear, juguetear. ‖ p. us. ***Jugar.**
trebejo. m. Cualquiera de los *trastos o *utensilios que sirven para una cosa. Ú. m. en pl. ‖ *Juguete con que uno se divierte. ‖ Cada una de las piezas del juego de *ajedrez.
trebejuelo. m. d. de **Trebejo.**
trebelánica. adj. *For.* **Trebeliánica.** Ú. t. c. s.
trebeliánica. adj. *For.* V. **Cuarta trebeliánica.** Ú. t. c. s.
trebo. m. *Arbusto espinoso de Chile, que se usa para formar *setos.
trébol. m. *Planta herbácea anual, de las leguminosas, de hojas casi redondas, pecioladas de tres en tres. Es planta forrajera muy estimada. ‖ **hediondo.** Especie de higueruela. ‖ **oloroso. Meliloto.**
trebolar. m. Terreno cubierto de trébol.
trece. adj. Diez y tres. ‖ **Decimotercio.** Apl. a los días del mes. ú. t. c. s. ‖ m. Conjunto de signos con que se representa el *número **trece.** ‖ Cada uno de los **trece** regidores *municipales que había en algunas ciudades. ‖ Cada uno de los **trece** *caballeros de la orden de Santiago, diputados para un capítulo general. ‖ **Estarse, mantenerse** o **seguir** uno, **en** sus **trece.** fr. fig. Persistir con *obstinación en un propósito o dictamen.
trecemesino, na. adj. De trece *meses.
trecén. m. Decimotercia *parte del valor de las cosas vendidas, que se pagaba como *tributo al *señor jurisdiccional.
trecenario. m. Número de trece *días, dedicados a un mismo objeto.
trecenato. m. **Trecenazgo.**
trecenazgo. m. Oficio o dignidad de trece.
treceno, na. adj. **Tredécimo.**
trecésimo, ma. adj. **Trigésimo.**
trecientos, tas. adj. **Trescientos.** Ú. t. c. s.
trecha. f. **Treta.**
trecheador. m. *Min.* El que trechea.
trechear. tr. **Min.* *Transportar una carga a mano o en espuerta.
trechel. adj. V. ***Trigo trechel.** Ú. t. c. s.
trecheo. m. *Min.* Acción de trechear.
trecho. m. *Espacio, *distancia de lugar o *tiempo. ‖ **A trechos.** m. adv. Con intermisión o *intervalo de lugar o tiempo. ‖ **De trecho a,** o **en, trecho.** m. adv. De distancia a distancia, de tiempo en tiempo.
tredécimo, ma. adj. **Decimotercio.**
trefe. adj. Ligero, *delgado, *flojo. ‖ *Falso, falto de ley.
***tregua.** f. *Interrupción o *cesación de hostilidades, por determinado tiempo. ‖ fig. Intermisión, *descanso. ‖ **Dar treguas.** fr. fig. Suspenderse o mitigarse por algún tiempo el dolor u otra cosa. ‖ fig. Dar tiempo, no ser urgente una cosa.
treílla. f. **Traílla.**
treinta. adj. Tres veces diez. ‖ **Trigésimo.** Apl. a los días del mes, ú. t. c. s. ‖ m. Conjunto de signos con que se representa el *número **treinta.** ‖ Juego de *naipes en que se trata de acercarse a **treinta** puntos. ‖ **Treinta y cuarenta.** Cierto *juego de azar. ‖ **Treinta y una.** Juego de *naipes o de *billar, que consiste en hacer **treinta** y un tantos y no más.
treintaidosavo, va. adj. Dícese de cada una de las treinta y dos *partes iguales en que se divide un todo. ‖ **En treintaidosavo.** expr. Dícese del *libro, folleto, etc., cuyo tamaño iguala a la **treintaidosava** parte de un pliego de papel.
treintaidoseno, na. adj. Trigésimo segundo.
treintanario. m. Número de treinta *días, dedicados a un mismo objeto, ordinariamente religioso.
treintañal. adj. Dícese de lo que es de treinta *años o los tiene.
treintavo, va. adj. **Trigésimo.** Ú. t. c. s. m.
treintena. f. *Conjunto de treinta unidades. ‖ Cada una de las treintavas *partes de un todo.
treinteno, na. adj. **Trigésimo.**
treja. f. Tirada por tabla o recodo, en el juego de *trucos.
tremadal. m. **Tremedal.**
tremebundo, da. adj. Espantable, *horrible, que hace temblar.
tremedal. m. Terreno *pantanoso cubierto de césped.
tremendo, da. adj. *Temible y formidable; digno de ser temido. ‖ Digno de *respeto y reverencia. ‖ fig. y fam. Muy *grande y *excesivo en su línea. ‖ **Echar por la tremenda.** fr. fam. *Descomedirse, llevar un asunto o discusión a términos *violentos.
tremente. p. a. de **Tremer.** Que treme.
trementina. f. Líquido *resinoso que fluye de los pinos, alerces y terebintos. ‖ **de Quío.** *Resina del lentisco de Quío.
tremer. intr. ***Temblar.**
tremés. adj. **Tremesino.**
tremesino, na. adj. De tres *meses. ‖ V. ***Trigo tremesino.**
tremielga. f. **Torpedo** (*pez).
tremís. m. *Moneda antigua de Castilla, que valía el tercio de un sueldo. ‖ *Moneda romana que valía la tercera parte de un sólido de oro.
tremó. m. *Adorno a manera de marco, que se pone a los *espejos que están fijos en la pared.
tremol. m. **Tremó.** ‖ **Álamo temblón.**
tremolante. p. a. de **Tremolar.** Que tremola o se *agita en el aire.
tremolar. tr. Enarbolar y *agitar en el aire las *banderas y estandartes. ‖ fig. Hacer *ostentación de alguna cualidad o circunstancia.
tremolín. m. **Álamo temblón.**
tremolina. f. Movimiento ruidoso del *viento. ‖ fig. y fam. *Alboroto y confusión de voces y personas.
trémolo. m. **Mús.* Sucesión rápida de muchas notas iguales, de la misma duración.
tremor. m. **Temblor.** ‖ Comienzo del *temblor.
trémulamente. adv. m. Con *temblor.
tremulante. adj. **Trémulo.**
tremulento, ta. adj. **Trémulo.**
***trémulo, la.** adj. Que *tiembla. ‖ Que parece que tiembla.
tremuloso, sa. adj. desus. **Trémulo.**
***tren.** m. *Provisión de las cosas necesarias para un *viaje o expedición. ‖ Conjunto de máquinas o *utensilios que se emplean para una misma operación o servicio. ‖ Ostentación o *fausto en lo perteneciente a la persona o casa. ‖ → Serie de carruajes enlazados unos a otros, para conducir pasajeros y mercancías por los caminos de hierro. ‖ **ascendente.** El que va desde las costas al interior. ‖ **botijo.** fam. El de recreo, que en el verano y por precios muy económicos lleva viajeros a algunas poblaciones de la costa. ‖ **carreta.** fam. El que marcha a poca velocidad. ‖ **correo.** El que normalmente lleva la correspondencia pública. ‖ **de escala.** desus. El que para en todas las estaciones. ‖ **de mercancías.** El que sólo transporta carga y no admite viajeros. ‖ **descendente.** El que desde Madrid o del interior va hacia la costa. ‖ **directo.** desus. **Tren expreso.** ‖ Aquel en que sin transbordar se puede hacer un viaje. ‖ **expreso.** El de viajeros que se detiene solamente en las estaciones principales del trayecto y camina con mucha velocidad. ‖ **mixto.** El que conduce viajeros y mercancías. ‖ **ómnibus.** El que lleva carruajes de todas clases y para en todas las estaciones. ‖ **rápido.** El que lleva mayor velocidad que el expreso.
trena. f. Especie de *banda que la gente de guerra usaba como *cinturón, o pendiente del hombro derecho al costado izquierdo. ‖ *Plata quemada. ‖ *Bollo o *pan de figura de trenza. ‖ ***Cárcel.** ‖ **Meter** a uno **en trena.** fr. fig. y fam. **Meterlo en cintura.**
trenado, da. adj. Tejido o dispuesto en forma de *red o trenza.
trenca. f. Cada uno de los palos atravesados en el vaso de la *colmena, para sostener los panales. ‖ Cada una de las *raíces principales de una *cepa.
trencellín. m. **Trencillo.**
trencilla. f. *Galoncillo que sirve para adornos de *pasamanería.
trencillar. tr. Guarnecer con trencilla.
trencillo. m. **Trencilla.** ‖ Cintillo de plata u oro, guarnecido de pedrería, que se solía poner en los *sombreros.
trencha. f. *Mar.* *Escoplo para desguazar tablones de los buques.
treno. m. *Canto *fúnebre por alguna calamidad o desgracia. ‖ Por antonom., cada una de las *quejas o lamentaciones del profeta Jeremías.
treno. m. *Germ.* ***Preso.**
trenque. m. Reparo o *dique para cortar o desviar la corriente de un río.
trente. amb. Especie de *bieldo con los dientes de hierro. Ú. t. en pl.
trenza. f. Conjunto de tres o más ramales que se *entretejen a lo largo. ‖ La que se hace entretejiendo el *cabello largo. ‖ *Panecillo en forma de **trenza.** ‖ **En trenza.** m. adv. Con las **trenzas** sueltas, dicho de las mujeres.
trenzadera. f. *Lazo que se forma trenzando una cuerda o cinta. ‖ *Cinta de hilo.
trenzado. m. **Trenza.** ‖ **Danza.* Salto durante el cual se cruzan y descruzan los pies. ‖ **Equit.* Paso que hace el caballo piafando. ‖ **Al trenzado.** m. adv. Con *desaliño, al *descuido.
trenzar. tr. Hacer trenzas. ‖ intr. **Danza* y **Equit.* Hacer trenzados.
treo. m. *Mar.* *Vela cuadra o redonda con que las embarcaciones latinas navegan en popa.
trepa. f. Acción y efecto de trepar *(subir). ‖ fam. Media voltereta que dan los *volatineros.
trepa. f. Acción y efecto de trepar (*agujerear). ‖ Especie de adorno a la orilla de los *vestidos, y que va dando vueltas por ella. ‖ Aguas y ondulaciones que presenta la superficie de algunas *maderas labra-

das. ‖ fam. *Astucia, malicia. ‖ Engaño, *fraude. ‖ fam. *Castigo que se da a uno con *golpes, azotes, etcétera.
trepadera. f. Juego de cuerdas que forman dos estribos y un cinto, y sirve para *subir a las *palmeras.
trepado. m. **Trepa** (adorno en el borde de un *vestido). ‖ Línea de *agujeritos o puntos taladrados a máquina que se hace en el papel para separar fácilmente la parte que conviene.
trepado, da. adj. **Retrepado.** ‖ Aplícase al animal rehecho y *fuerte.
***trepador, ra.** adj. Que trepa. ‖ → *Bot.* Dícese de las plantas que trepan. ‖ *Zool.* Aplícase a las *aves que tienen el dedo externo unido al de en medio, o versátil, o dirigido hacia atrás para trepar con facilidad. Ú. t. c. s. ‖ m. Sitio o lugar por donde se trepa o se puede trepar. ‖ f. pl. *Zool.* Orden de las *aves **trepadoras.**
trepajuncos. m. **Arandillo** (*pájaro).
trepanación. f. Acción y efecto de trepanar.
trepanar. tr. *Cir.* Horadar el cráneo con el trépano.
trépano. m. **Cir.* Instrumento que se usa para trepanar.
trepante. adj. Que usa de trepas o *engaños. Ú. t. c. s.
trepar. intr. *Subir a un lugar alto, valiéndose de los pies y las manos. Ú. t. c. tr. ‖ *Crecer y subir las plantas agarrándose a los árboles u otros objetos.
trepar. tr. Taladrar, *agujerear. ‖ Guarnecer con trepa el *bordado.
treparse. r. **Retreparse.**
trepatroncos. m. **Herrerillo** (*pájaro).
trepe. m. fam. *Reprensión áspera.
trepidación. f. Acción de trepidar. ‖ **Astron.* Balance aparente que los antiguos atribuían al firmamento.
trepidar. intr. *Temblar, estremecerse.
trépido, da. adj. **Trémulo.**
treponema. m. **Espiroqueta.**
tres. adj. Dos y uno. ‖ **Tercero.** Apl. a los días del mes, ú. t. c. s. ‖ m. Signo o conjunto de signos con que se representa el *número **tres.** ‖ Carta o *naipe que tiene **tres** señales. ‖ Regidor *municipal de una ciudad o villa en que había este número de ellos. ‖ **Trío.** ‖ **de menor.** *Germ.* *Asno o macho. ‖ **Como tres y dos son cinco.** expr. fig. y fam. con que se pondera la *certidumbre de una afirmación.
tresalbo, ba. adj. Aplícase a la *caballería que tiene tres pies blancos.
tresañal. adj. **Tresañejo.**
tresañejo, ja. adj. Dícese de lo que es de tres *años.
tresbolillo (a, o **al).** m. adv. Dícese de la *plantación hecha en filas paralelas, de modo que las plantas de cada fila correspondan al medio de los huecos de la fila inmediata.
trescientos, tas. adj. Tres veces ciento. ‖ **Tricentésimo.** ‖ m. Conjunto de signos con que se representa el *número **trescientos.**
tresdoblar. tr. **Triplicar.** ‖ Dar a una cosa tres *dobleces, uno sobre otro.
tresdoble. adj. **Triple.** Ú. t. c. s.
tresillista. com. Persona muy diestra en el tresillo.
***tresillo.** m. Juego de *naipes entre tres personas, cada una de las cuales recibe nueve cartas. ‖ **Mús.* Conjunto de tres notas iguales que se deben ejecutar en el tiempo correspondiente a dos de ellas. ‖ Conjunto de un sofá y dos butacas. ‖ *Sortija u otra *alhaja con tres piedras preciosas que hacen juego.
tresmesino, na. adj. **Tremesino.**
tresnal. m. Conjunto de *haces de mies apilados.
tresquilar. tr. **Trasquilar.**
tresquilón. m. **Trasquilón.**
trestanto. adv. m. Tres veces tanto. ‖ m. Cantidad triplicada.
treta. f. *Habilidad o artificio ingenioso para conseguir algún intento. ‖ *Engaño hecho con astucia. ‖ **Esgr.* Engaño que ejecuta el diestro para herir o desarmar a su contrario.
tretero, ra. adj. desus. *Astuto, taimado.
treudo. m. *Censo enfitéutico cuyo canon se paga unas veces en dinero y otras en frutos. ‖ Canon o pensión de este censo.
treza. f. *Germ.* **Bestia.**
trezavo, va. adj. Dícese de cada una de las trece *partes iguales en que se divide un todo. Ú. t. c. s. m.
tri. Prefijo que tiene la significación de tres.
tría. f. Acción y efecto de triar o triarse. ‖ **Carril** (*rodada). ‖ **Dar una tría.** fr. Trasladar una *colmena poco poblada al sitio de otra fuerte, para que cambien de vaso las abejas.
***triaca.** f. *Medicamento hecho de muchos ingredientes, que se empleaba contra las mordeduras de animales *venenosos. ‖ fig. *Remedio de un mal, y especialmente el de naturaleza análoga a la de aquél.
triacal. adj. De triaca, o que tiene alguna de sus propiedades.
triache. m. *Café de calidad inferior, compuesto de los granos requemados, partidos, etc.
triada. f. *Conjunto de tres cosas iguales.
triangulación. f. **Arq.* y **Geod.* Operación de triangular. ‖ Conjunto de datos obtenidos mediante esa operación.
triangulado, da. adj. Dispuesto u ordenado en figura *triangular.
***triangular.** adj. De figura de *triángulo o semejante a él.
triangular. tr. **Arq.* Disponer las piezas de una *armazón de modo que formen triángulos. ‖ **Geod.* Ligar por medio de triángulos ciertos puntos.
triangularmente. adv. m. En figura triangular.
***triángulo, la.** adj. **Triangular.** ‖ → m. *Geom.* Figura formada por tres líneas que se cortan mutuamente. ‖ *Mús.* *Instrumento de percusión formado por una varilla metálica doblada en forma de **triángulo** y suspendida de un cordón. ‖ **acutángulo.** *Geom.* El que tiene los tres ángulos agudos. ‖ **ambligonio.** *Geom.* **Triángulo obtusángulo.** ‖ **austral.** *Astron.* *Constelación celeste cerca del polo antártico. ‖ **boreal.** *Astron.* *Constelación debajo o un poco al sur de Perseo. ‖ **cuadrantal.** *Trigon.* El esférico que tiene por lados uno o más cuadrantes. ‖ **escaleno.** *Geom.* El que tiene los tres lados desiguales. ‖ **esférico.** *Geom.* El trazado en la superficie de la esfera. ‖ **esférico birrectángulo.** *Geom.* El que tiene dos ángulos rectos. ‖ **esférico rectángulo.** *Geom.* El que tiene un ángulo recto. ‖ **esférico trirrectángulo.** *Geom.* El que tiene los tres ángulos rectos. ‖ **isósceles.** *Geom.* El que tiene iguales solamente dos lados. ‖ **oblicuángulo.** *Geom.* El que no tiene ángulo recto alguno. ‖ **obtusángulo.** *Geom.* El que tiene obtuso uno de sus ángulos. ‖ **orcheliano.** Artificio gráfico ideado por Orchell para explicar la correlación de las vocales, en lo referente a su *pronunciación. ‖ **ortogonio.** *Geom.* **Triángulo rectángulo.** ‖ **oxigonio.** *Geom.* **Triángulo acutángulo.** ‖ **plano.** *Geom.* El que tiene sus tres lados en un mismo plano. ‖ **rectángulo.** *Geom.* El que tiene recto uno de sus ángulos.
triaquera. f. Caja o bote para guardar triaca u otro *medicamento.
triaquero, ra. m. y f. desus. Persona que vende triaca y otros *medicamentos.
triar. tr. Escoger, *separar, entresacar. ‖ intr. Entrar y salir con frecuencia las *abejas de una colmena. ‖ r. Clarearse, *transparentarse una tela por usada o mal tejida. ‖ Cortarse la *leche.
triario. m. Cada uno de los *soldados veteranos de un cuerpo de reserva, en la milicia romana.
triásico, ca. adj. **Geol.* Dícese del terreno sedimentario, inferior al liásico; es el más antiguo de los secundarios. Ú. t. c. s. ‖ **Geol.* Perteneciente a este terreno.
tribadismo. m. Práctica *lujuriosa entre mujeres.
tribal. adj. **Tribual.**
tribraquio. m. Pie de la *poesía griega y latina, compuesto de tres sílabas breves.
***tribu.** f. Cada una de las agrupaciones sociales en que algunos pueblos antiguos estaban divididos. ‖ Conjunto de familias nómadas que obedecen a un jefe. ‖ *Hist. Nat.* Cada uno de los grupos en que muchas familias se dividen dentro de una *clasificación.
tribual. adj. Perteneciente a la *tribu.
tribuente. p. a. de **Tribuir.** Que tribuye.
tribuir. tr. **Atribuir.**
tribulación. f. Congoja, *disgusto o *aflicción que inquieta y turba el ánimo. ‖ *Persecución o *desgracia que padece el hombre.
tríbulo. m. Nombre genérico de varias plantas *espinosas. ‖ **Abrojo.**
tribuna. f. *Tablado o plataforma elevada y con antepecho, desde donde los *oradores dirigían la palabra al pueblo. ‖ Especie de púlpito desde el cual se lee o perora en las *asambleas. ‖ Galería destinada a los espectadores en estas mismas *asambleas. ‖ Ventana o balcón que hay en algunas *iglesias, y desde donde se puede asistir a los oficios. ‖ fig. Conjunto de *oradores políticos de un país, de una época, etc.
tribunado. m. Dignidad de tribuno. ‖ Tiempo que duraba.
***tribunal.** m. Lugar en que se reúnen los jueces para administrar justicia y pronunciar sentencias. ‖ Ministro o ministros que administran justicia. ‖ Conjunto de jueces ante el cual se verifican *exámenes, oposiciones, etc. ‖ **colegiado.** El que se forma con tres o más individuos por contraposición al **tribunal** unipersonal. ‖ **de *Cuentas.** Oficina central de contabilidad del Estado. ‖ **de Dios.** **Teol.* Juicio que Dios hace de los hombres después de la muerte. ‖ **de la *conciencia.** Juicio íntimo de los deberes y de los actos propios. ‖ **de la penitencia.** Sacramento de la *penitencia, y lugar en que se administra. ‖ **Supremo.** El que tiene jurisdicción sobre todo el país y contra cuyas sentencias no cabe recurso ante otro **tribunal.**
tribunicio, cia. adj. **Tribúnico.** ‖ fig.

Perteneciente o relativo al tribuno u *orador.

tribúnico, ca. adj. Perteneciente a la dignidad de tribuno.

tribuno. m. Cada uno de los *magistrados que elegía el pueblo romano, con facultad de poner el veto a las resoluciones del Senado. ‖ fig. *Orador *político, de elocuencia fogosa y apasionada. ‖ **de la plebe. Tribuno** (romano). ‖ ***militar.** Jefe de un cuerpo de tropas de los antiguos romanos.

tributable. adj. Que puede dar tributo.

tributación. f. Acción de tributar. ‖ **Tributo.** ‖ Régimen o sistema tributario. ‖ **Enfiteusis.**

tributante. p. a. de **Tributar.** Que tributa. Ú. t. c. s.

tributar. tr. Entregar el *vasallo al señor, o el súbdito al Estado, cierta cantidad en dinero o en especie. ‖ fig. Ofrecer a modo de *tributo y reconocimiento de superioridad, alguna demostración de *respeto, alabanza, etc. ‖ Dar a treudo. ‖ Amojonar los *límites señalados a la mesta.

tributario, ria. adj. Perteneciente o relativo al *tributo. ‖ Que paga *tributo o está obligado a pagarlo. Ú. t. c. s. ‖ fig. Dícese de una *corriente de agua con relación al *río o mar adonde va a parar.

***tributo.** m. Lo que se tributa. ‖ Carga u obligación de tributar. ‖ **Censo.** ‖ fig. Cualquier carga u *obligación permanente. ‖ *Germ.* Mujer de *mancebía.

tricahue. m. *Loro grande propio de Chile.

tricenal. adj. Que dura treinta *años. ‖ Que se *repite de treinta en treinta *años.

tricentenario. m. Período de trescientos *años. ‖ *Fecha en que se cumplen trescientos años de algún acontecimiento famoso.

tricentésimo, ma. adj. Que en una serie *ordenada ocupa un lugar al que preceden 299 lugares. ‖ Dícese de cada una de las trescientas *partes iguales en que se divide un todo. Ú. t. c. s.

tríceps. adj. *Anat.* Dícese del *músculo que tiene tres porciones o cabezas. Ú. t. c. s. ‖ **braquial.** *Anat.* El que al contraerse extiende el antebrazo. ‖ **espinal.** *Anat.* El que está a lo largo del espinazo. ‖ **femoral.** *Anat.* El unido al fémur y la tibia.

tricésimo, ma. adj. **Trigésimo.** Ú. t. c. s.

triciclo. m. *Velocípedo u otro vehículo de tres ruedas.

tricípite. adj. Que tiene tres *cabezas.

triclinio. m. Cada uno de los lechos o *camas en que los antiguos griegos y romanos se reclinaban para comer. ‖ *Comedor de los antiguos griegos y romanos.

tricolor. adj. De tres *colores.

tricomicosis. f. *Pat.* Enfermedad del *cabello producida por cierto hongo.

tricorne. adj. poét. Que tiene tres *cuernos.

tricornio. adj. **Tricorne.** ‖ V. **Sombrero tricornio.** Ú. t. c. s.

tricotomía. f. *División en tres partes. ‖ **Lóg.* Método de *clasificación en que las divisiones y subdivisiones tienen tres partes.

tricotómico, ca. adj. Perteneciente o relativo a la tricotomía.

tricótomo, ma. adj. Que se divide en tres *partes.

tricromía. f. **Impr.* Estampación tipográfica hecha mediante la combinación de tres tintas. ‖ Estampa así obtenida.

tricúspide. adj. *Zool.* V. **Válvula tricúspide.** Ú. t. c. s. f.

tridacio. m. *Farm.* *Medicamento obtenido por la evaporación del zumo de los tallos de la lechuga espigada.

tridente. adj. De tres *dientes. ‖ m. **Mit.* Cetro en forma de fisga, que tienen en la mano las figuras de Neptuno. ‖ **Fisga** (para *pescar).

tridentino, na. adj. Natural de Trento. Ú. t. c. s. ‖ Perteneciente a esta ciudad del Tirol. ‖ Perteneciente al *concilio celebrado en esta ciudad a partir del año 1545.

triduano, na. adj. De tres *días.

triduo. m. Ejercicios devotos o de *culto que se practican durante tres días.

triedro. adj. *Geom.* V. **Ángulo triedro.**

trienal. adj. Que sucede o se *repite cada trienio. ‖ Que dura un trienio.

trienio. m. Tiempo o espacio de tres *años.

trieñal. adj. **Trienal.**

triestino, na. adj. Natural de Trieste. Ú. t. c. s. ‖ Perteneciente a esta ciudad del Adriático. ‖ m. *Lengua hablada en esta región.

trifauce. adj. poét. De tres *bocas o *gargantas. Es epíteto del fabuloso Cancerbero.

trífido, da. adj. *Bot.* *Dividido, abierto o hendido por tres *partes.

trifilar. adj. Que tiene tres *hilos o cabos.

trifinio. m. Punto donde *confluyen o tienen su *límite tres divisiones territoriales.

trifloro, ra. adj. Que tiene o encierra tres *flores.

trifolio. m. **Trébol.**

triforio. m. *Arq.* *Galería que corre sobre las naves laterales de una *iglesia.

triforme. adj. De tres *formas o figuras. Es epíteto de la diosa Diana.

trifulca. f. Aparato formado con tres palancas, para mover los *fuelles de los *hornos metalúrgicos. ‖ fig. y fam. Desorden y *contienda entre varias personas.

trifurcado, da. adj. De tres *ramales, brazos o puntas.

triga. f. *Carro de tres caballos. ‖ poét. Conjunto de tres *caballos de frente que tiran de un carro.

trigal. m. Campo sembrado de *trigo.

trigaza. adj. V. **Paja trigaza.**

trigémino, na. adj. Dícese del individuo nacido con dos más en el mismo *parto. ‖ m. *Anat.* *Nervio que comunica sensibilidad a la región facial y a gran parte del cuero cabelludo.

trigésimo, ma. adj. Que sigue inmediatamente en *orden al vigésimo nono. ‖ Dícese de cada una de las treinta *partes iguales en que se divide un todo. Ú. t. c. s.

trigla. f. ***Trilla.**

triglifo. m. *Arq.* Miembro *ornamental en forma de rectángulo saliente y surcado por tres canales.

***trigo.** m. Género de plantas gramíneas, con espigas terminales compuestas de cuatro o más carreras de granos ovales. Hay muchas especies, y en ellas innumerables variedades. ‖ Grano de esta planta. ‖ **Trigal.** Ú. m. en pl. ‖ fig. *Dinero, caudal. ‖ pl. **Uva de gato.** ‖ **Trigo álaga. Álaga.** ‖ **alonso.** Variedad de **trigo** fanfarrón. ‖ **aristado.** El que tiene aristas, en contraposición del mocho. ‖ **azul, azulejo** o **azulenco. Trigo moreno.** ‖ **berrendo.** Variedad de **trigo** común, cuyo cascabillo tiene manchas de azul obscuro. ‖ **bornero.** El que da pan bazo. ‖ **candeal.** Especie de **trigo** aristado, que da harina y pan blancos. ‖ **cañihueco,** o **cañivano.** Variedad de **trigo** redondillo, cuya paja es hueca. ‖ **cascalbo.** Variedad de **trigo** fanfarrón can raspa blanca. ‖ **común. Trigo candeal.** ‖ **cuchareta. Cuchareta.** ‖ **chamorro.** Especie de **trigo** mocho, con la espiga pequeña y el grano blando. ‖ **chapado.** Especie de **trigo** parecido al cuchareta. ‖ **de Bona. Trigo de Polonia.** ‖ **de invierno. Trigo otoñal.** ‖ **del milagro. Trigo racimal.** ‖ **de marzo. Trigo tremés.** ‖ **de Polonia.** Especie de **trigo** parecido al duro y con las espigas más anchas por la base que por la cúspide. ‖ **desraspado. Trigo chamorro.** ‖ **durillo,** o **duro.** Especie de **trigo** muy parecido al moro, que tiene los granos elípticos, muy duros y casi diáfanos. ‖ **fanfarrón.** Especie de **trigo** duro, alto, que da mucho salvado y poca harina. ‖ **garzul. Trigo álaga.** ‖ **lampiño.** Cualquiera de los que carecen de vello en las glumas florales. ‖ **marzal. Trigo tremés.** ‖ **mocho.** El que no tiene aristas. ‖ **montesino.** Especie de egílope. ‖ **morato,** o **moreno.** Variedad de álaga, cuyos granos son de color obscuro. ‖ **moro,** o **moruno.** Especie de **trigo** parecido al fanfarrón, pero más pequeño y más moreno. ‖ **otoñal.** Cualquiera de los que se siembran en otoño, y fructifican en verano. ‖ **pelón,** o **peloto.** Variedad de **trigo** chamorro. ‖ **piche.** Variedad de **trigo** candeal, de grano blando, pequeño y obscuro. ‖ **racimal.** Cualquiera de las variedades que echan más de una espiga en la extremidad de la caña. ‖ **raspudo. Trigo aristado.** ‖ **redondillo.** Cualquiera de las dos especies de **trigo** que tienen las espigas cuadradas, y el grano redondeado y rojizo. ‖ **rubión.** Variedad de **trigo** fanfarrón de grano dorado. ‖ **Alforfón.** ‖ **salmerón.** Variedad de **trigo** fanfarrón, que tiene la espiga larga y gruesa. ‖ **sarraceno. Alforfón.** ‖ **trechel, tremés,** o **tremesino.** Cualquiera de los que se siembran en primavera y fructifican en el verano del mismo año. ‖ **zorollo.** El segado antes de su completa madurez. ‖ **Echar** uno **por esos trigos,** o **por los trigos de Dios.** fr. fig. y fam. Ir desacertado, *desviarse del camino derecho.

trigón. m. *Instrumento músico de figura triangular y con cuerdas metálicas, usado en la antigüedad.

trígono. m. **Astrol.* Conjunto de tres signos del *Zodiaco equidistantes entre sí. ‖ *Geom.* ***Triángulo.** ‖ *Gnom.* **Radio de los signos.**

***trigonometría.** f. Parte de las matemáticas, que trata de los *triángulos, tanto planos como esféricos. ‖ **esférica.** La que trata de los triángulos esféricos. ‖ **plana.** La que trata de los triángulos planos.

trigonométrico, ca. adj. Perteneciente o relativo a la trigonometría.

trigueño, ña. adj. Del *color del trigo; entre moreno y rubio.

triguera. f. *Planta perenne de las gramíneas, muy parecida al alpiste. ‖ **Pinzón** (*pájaro). ‖ **Triguero** (*criba para el trigo).

triguero, ra. adj. Perteneciente o relativo al *trigo. ‖ Que se cría o anda entre el trigo. ‖ Aplícase al terreno en que se da bien el trigo. ‖ m. *Criba para zarandar el trigo.

|| El que comercia y trafica en trigo.
triguillo. m. d. de **Trigo.** || **Ahechaduras.**
trilátero, ra. adj. *Geom. De tres lados.
trile. m. *Pájaro de Chile, parecido al tordo.
trilingüe. adj. Que tiene tres *lenguas. || Que habla tres *lenguas. || Escrito en tres *lenguas.
trilítero, ra. adj. De tres letras.
trilito. m. *Arqueol. Dolmen compuesto de tres grandes piedras, dos de las cuales, a manera de jambas, sostienen la tercera a modo de dintel.
trilobulado, da. adj. Que tiene tres lóbulos.
trilocular. adj. Dividido en tres *partes.
trilogía. f. Conjunto de tres obras trágicas de un mismo autor, en la Grecia antigua. || Conjunto de tres obras *dramáticas que tienen entre sí algún enlace.
trilla. f. **Salmonete.**
***trilla.** f. **Trillo.** || → Acción de trillar. || Tiempo en que se trilla.
trilladera. f. **Trillo.** || Tirante con que se ata el trillo a las caballerías.
trillado, da. adj. V. **Camino trillado.** || fig. Común y *sabido; *vulgar.
trillador, ra. adj. Que trilla. Ú. t. c. s.
trilladora. f. Máquina trilladora.
trilladura. f. Acción y efecto de *trillar.
***trillar.** tr. Quebrantar la mies para separar el grano de la paja. || fig. y fam. *Frecuentar una cosa. || fig. Maltratar, quebrantar.
trillique. com. Persona que guía la yunta durante la *trilla.
***trillo.** m. Instrumento para *trillar, formado de un tablón con pedazos de pedernal o cuchillas de acero en su cara inferior. || **Senda** (*camino estrecho).
trillón. m. *Arit.* Un millón de billones, que en la *numeración se expresa por la unidad seguida de dieciocho ceros.
trimembre. adj. De tres miembros o *partes.
trimensual. adj. Que se *repite tres veces en un *mes.
trímeros. m. pl. *Zool.* Clase de *insectos cuyos tarsos constan de tres articulaciones.
trimestral. adj. Que sucede o se *repite cada trimestre. || Que dura un trimestre.
trimestralmente. adv. m. Por trimestres.
trimestre. adj. **Trimestral.** || m. Espacio de tres *meses. || *Renta, sueldo, etc., que se cobra al fin de cada **trimestre.** || Conjunto de los números de un *periódico o revista, publicados durante un **trimestre.**
trímetro. adj. V. **Verso trímetro.** Ú. t. c. s.
trimielga. f. **Torpedo** (*pez).
trimotor. m. *Avión provisto de tres motores.
trimurti. f. Especie de *trinidad en la religión de Brahma.
trinacrio, cria. adj. Natural de Trinacria, hoy Sicilia. Ú. t. c. s. || Poét. **Siciliano.** Apl. a pers., ú. t. c. s.
trinado. m. **Mús.* **Trino.** || **Gorjeo.**
trinar. intr. *Mús.* Hacer trinos. || fig. y fam. Rabiar, dar muestras de *ira.
trinca. f. *Conjunto de tres cosas de una misma clase. || Conjunto de tres personas designadas para argüir recíprocamente en las *oposiciones. || *Mar.* *Cabo o cuerda que sirve para trincar una cosa. || *Mar.* Ligadura que se da a un palo, o a cualquiera otra cosa, con un cabo o cuerda. || **Estar a la trinca.** fr. *Mar.* **Estar a la capa.**
trincadura. f. *Mar.* Especie de *lancha de gran tamaño.
trincaesquinas. m. **Parahúso** (instrumento para *taladrar).
trincafía. f. *Atadura en espiral, con vueltas muy juntas.
trincapiñones. m. fam. Mozo liviano y *alocado.
trincar. tr. *Partir en trozos.
trincar. tr. *Atar fuertemente. || *Sujetar a uno por los brazos. || ***Hurtar.** || *Apretar, oprimir. || Torcer, *inclinar. Ú. t. c. r. || *Mar.* Asegurar o sujetar fuertemente con trincas de *cabo o de cadena los efectos de a bordo. || intr. **Mar.* **Pairar.**
trincar. tr. fam. *Beber vino o licor.
trincha. f. Ajustador dispuesto en la cintura de los chalecos, *pantalones, etc., y que sirve para *ceñir dichas prendas al cuerpo por medio de hebillas.
trinchador, ra. adj. Que trincha. Ú. t. c. s.
trinchante. p. a. de **Trinchar.** Que trincha. || m. El que *corta y separa las piezas de la vianda en la mesa. || Empleado de palacio que trinchaba, servía la copa y hacía la salva de la comida. || Instrumento con que se afianza o asegura lo que se ha de trinchar. || **Escoda.**
trinchar. tr. *Cortar en trozos la vianda para servirla. || fig. y fam. *Decidir en algún asunto con resolución y autoridad.
trinche. m. **Tenedor.**
trinchera. f. **Fort.* Defensa hecha de tierra y dispuesta de modo que cubra el cuerpo del soldado. || Desmonte hecho en el terreno para una línea de *camino y con taludes por ambos lados. || Cada una de las piezas curvas que en la *carreta sujetan el eje al tablero. || **Abrir trinchera.** fr. *Mil.* Empezar a hacerla. || **Montar la trinchera.** fr. *Mil.* Entrar de guardia en ella.
trinchero. adj. V. ***Plato trinchero.** || m. *Mueble de *comedor, que sirve principalmente para trinchar sobre él las viandas.
trincherón. m. aum. de **Trinchera.**
trinchete. m. **Chaira** (de *zapatero).
***trineo.** m. Vehículo sin ruedas que se desliza sobre el hielo.
***trinidad.** f. *Teol.* Distinción de tres Personas divinas en una sola y única esencia. || *Orden religiosa* para la redención de cautivos. || fig. *Conjunto o asociación de tres personas en algún negocio.
trinitaria. f. *Planta herbácea anual, de las violáceas, con flores de tres colores. || Flor de esta planta.
trinitario, ria. adj. Dícese del religioso o religiosa de la *orden de la Trinidad. Ú. t. c. s. || Natural de Trinidad. Ú. t. c. s. || Perteneciente a esta villa de Cuba.
trino, na. adj. Que contiene en sí tres cosas distintas. Ú. para significar la *trinidad de las Personas en Dios. || **Ternario.** || m. **Mús.* Sucesión rápida y alternada de dos notas de igual duración, entre las cuales media la distancia de un tono o de un semitono.
trinomio. m. **Álg.* Expresión algebraica que consta de tres términos.
trinquetada. f. *Mar.* *Navegación que se hace con sólo el trinquete.
trinquete. m. *Mar.* *Verga mayor que se cruza sobre el palo de proa. || *Mar.* *Vela que se larga en ella. || *Mar.* *Palo que se arbola inmediato a la proa.
trinquete. m. Juego de *pelota cerrado y cubierto.
trinquete. m. **Mec.* Garfio o pieza articulada por un extremo, que resbala sobre los dientes oblicuos de una rueda, para *detenerla e impedir que ésta se vuelva hacia atrás. || Aldabilla con que se aseguran las *puertas. || *Germ.* *Cama de cordeles.
trinquete. m. **Triquete.** || **A cada trinquete.** m. adv. fig. y fam. **A cada trique.**
trinquetilla. f. *Mar.* *Vela o foque pequeño que se caza en malos tiempos.
trinquis. m. fam. *Trago de vino o licor.
trío. m. **Tría.**
trío. m. **Mús.* **Terceto.**
triones. m. pl. *Astr.* Las siete *estrellas principales de la Osa mayor.
trióxido. m. **Quím.* Cuerpo resultante de la combinación de un radical con tres átomos de oxígeno.
tripa. f. ***Intestino.** || *Vientre, y con especialidad el de la hembra abultado por la *preñez. || **Panza.** || Relleno del *cigarro puro. || Hoja del *tabaco con que se hace este relleno. || pl. Laminillas de substancia córnea que se encuentran en lo interior del cañón de las *plumas de algunas aves. || Partes interiores de algunas *frutas. || fig. Lo *interior de ciertas cosas. || Conjunto de *documentos que componen un expediente administrativo. || **Tripa del cagalar.** *Intestino recto. || **Echar** uno **las tripas.** fr. fig. y fam. **Echar las entrañas.** || **Hacer** uno **de tripas corazón.** fr. fig. y fam. Esforzarse para *disimular el miedo o algún contratiempo. || **Revolver** a uno **las tripas** una persona o cosa. fr. fig. y fam. Causarle *asco o *repugnancia. || **Sin tripas ni cuajar.** loc. fig. y fam. Muy consumido y *flaco. || **Tener** uno **malas tripas.** fr. fig. y fam. Ser *cruel o sanguinario.
tripada. f. fam. **Panzada** (*hartazgo).
tripanosis. f. *Pat.* *Enfermedad causada por el tripanosoma, y especialmente la enfermedad del sueño.
tripanosoma. m. *Infusorio que vive parásito en la sangre y produce la enfermedad del sueño.
tripartición. f. Acción y efecto de tripartir.
tripartir. tr. *Dividir en tres partes.
tripartito, ta. adj. *Dividido en tres partes.
tripastos. m. Aparejo compuesto de tres *poleas.
tripe. m. Tejido semejante al *terciopelo.
tripería. f. *Carnicería o puesto donde se venden tripas o mondongo. || Conjunto o agregado de tripas.
tripero, ra. m. y f. Persona que vende tripas o mondongo. || m. Paño que se pone para abrigar el *vientre.
tripicallero, ra. m. y f. Persona que vende tripicallos.
tripicallos. m. pl. **Callos.**
trípili. m. Tonadilla que se *cantaba y *bailaba en los teatros de España.
triplano. m. **Aeron.* Avión cuyas alas están formadas por tres planos rígidos superpuestos.
triple. adj. Dícese del *número que contiene a otro tres veces exacta-

mente. Ú. t. c. s. m. ‖ Dícese de la cosa que va acompañada de otras dos semejantes.
triplete. m. **Fot.* Objetivo compuesto de tres lentes.
tríplica. f. **For.* *Respuesta a la dúplica.
triplicación. f. Acción y efecto de triplicar o triplicarse.
triplicar. tr. *Multiplicar por tres. Ú. t. c. r. ‖ Hacer tres veces una misma cosa. ‖ **For.* Responder en juicio a la dúplica.
tríplice. adj. **Triple.**
triplicidad. f. Calidad de triple.
triplo, pla. adj. **Triple.** Ú. t. c. s. m.
trípode. amb. Ú. m. c. m. *Mesa, *asiento, *armazón, *apoyo, etc., de tres pies. ‖ Banquillo de tres pies en que daba la sacerdotisa de Apolo sus respuestas en el templo de Delfos.
trípol. m. **Trípoli.**
trípoli. m. *Sílice pulverulenta procedente de carapachos de infusorios fósiles, que se emplea para *pulimentar vidrio, metales y piedras duras.
tripolino, na. adj. **Tripolitano.** Apl. a pers., ú. t. c. s.
tripolitano, na. adj. Natural de Trípoli. Ú. t. c. s.
tripón, na. adj. fam. **Tripudo.** Ú. t. c. s.
tripote. m. **Morcilla.**
tríptico. m. Tablita para *escribir dividida en tres hojas articuladas. ‖ *Libro o tratado que consta de tres partes. ‖ *Pintura, grabado o relieve distribuido en tres hojas.
triptongar. tr. *Pronunciar tres vocales formando un triptongo.
triptongo. m. **Pros.* Conjunto de tres vocales que forman una sola sílaba.
tripudiante. p. a. de **Tripudiar.** Que tripudia. Ú. t. c. s.
tripudiar. intr. ***Danzar.**
tripudio. m. ***Danza.**
tripudo, da. adj. Que tiene el *vientre o la tripa muy abultada. Ú. t. c. s.
tripulación. f. Personas que van en una *embarcación o *aeronave, dedicadas a su maniobra y servicio durante la *navegación.
tripulante. m. Persona que forma parte de una tripulación.
tripular. tr. Dotar de tripulación a un barco o a una *aeronave. ‖ Ir la tripulación en el barco, o en la *aeronave.
trique. m. *Estallido leve. ‖ **A cada trique.** m. adv. fig. y fam. A cada momento, con mucha *frecuencia.
trique. m. *Planta chilena, de las irídeas, cuyo rizoma se usa como purgante. ‖ *Bebida refrescante que se hace con cebada tostada y triturada.
triquete. m. d. de **Trique** (*estallido). ‖ **A cada triquete.** m. adv. fig. y fam. **A cada trique.**
triquete. m. ant. *Mar.* **Trinquete.**
triquina. f. *Helminto que vive en los músculos de los animales vertebrados y se transmite de unos a otros por vía digestiva.
triquinosis. f. **Pat.* Enfermedad ocasionada por la presencia de triquinas en el organismo.
triquiñuela. f. fam. *Rodeo, *evasiva, *astucia.
triquitraque. m. *Ruido como de golpes repetidos. ‖ Los mismos golpes. ‖ **Pirot.* Rollo delgado de papel con pólvora y atado en varios dobleces, que al arder produce varias detonaciones. ‖ **A cada triquitraque.** m. adv. fig. y fam. **A cada trique.**
trirrectángulo. adj. *Geom.* V. **Triángulo esférico trirrectángulo.**
trirreme. m. *Embarcación antigua de tres órdenes de remos.
tris. m. Leve *sonido que hace una cosa delicada al *quebrarse. ‖ Golpe ligero que produce este sonido. ‖ fig. y fam. *Distancia *pequeña o tiempo *breve. ‖ *Ocasión leve o pasajera. ‖ **En un tris.** m. adv. fig. y fam. En *peligro inminente. ‖ **Tris, tras.** expr. fam. **Tras, tras.** ‖ fig. y fam. *Repetición enfadosa y porfiada.
trisa. f. **Sábalo.**
trisagio. m. *Liturg.* Himno y práctica devota en honor de la *Trinidad.
trisar. tr. *Romper o rajar cristal, porcelana, etc. ‖ intr. Emitir su *voz o chirrido la golondrina.
trisca. f. *Ruido que se hace con los pies al quebrantar avellanas, nueces, etc. ‖ Por ext., cualquier *alboroto o algazara.
triscador, ra. adj. Que trisca. ‖ m. Instrumento de acero para triscar los dientes de las *sierras.
triscar. intr. Hacer *ruido con los pies. ‖ fig. *Saltar, retozar, *travesear. ‖ tr. fig. *Mezclar una cosa con otra. Ú. t. c. r. ‖ Torcer alternativamente y a uno y otro lado los dientes de la *sierra. ‖ intr. Crujir, producir pequeños estampidos.
triscón, na. m. y f. Persona *murmuradora.
trisecar. tr. *Geom.* Cortar o *dividir una cosa en tres partes iguales. Dícese comúnmente del *ángulo.
trisección. f. *Geom.* Acción y efecto de trisecar.
trisemanal. adj. Que se *repite tres veces por *semana.
trisílabo, ba. adj. **Pros.* De tres sílabas. Ú. t. c. s.
trismo. m. *Pat.* Rigidez espasmódica de los *músculos de la mandíbula inferior.
trispasto. m. **Tripastos.**
***triste.** adj. Afligido, que tiene pesadumbre. ‖ De carácter melancólico. ‖ fig. Que denota pesadumbre. ‖ fig. Que la ocasiona. ‖ fig. Funesto, deplorable, *desgraciado, que mueve a *compasión. ‖ fig. Doloroso, *desagradable, difícil de soportar. ‖ fig. Insignificante, *escaso, *inútil. ‖ m. *Canción popular de varios países sudamericanos, que se acompaña con la guitarra.
tristemente. adv. m. Con tristeza.
***tristeza.** f. Sentimiento de aflicción, pesadumbre o melancolía. ‖ *Germ.* *Sentencia de muerte.
tristón, na. adj. Un poco *triste.
tristura. f. **Tristeza.**
trisulco, ca. adj. De tres púas o *puntas. Ú. m. en poesía. ‖ De tres surcos o *ranuras.
triticeo, a. adj. De *trigo, o que participa de sus cualidades.
tritio. m. Isótopo del hidrógeno cuyo peso *atómico es 3.
tritón. m. **Mit.* Cada una de ciertas deidades marinas con figura de hombre desde la cabeza hasta la cintura, y de pez el resto.
trítono. m. **Mús.* Intervalo compuesto de tres tonos consecutivos, dos mayores y uno menor.
tritóxido. m. **Quím.* **Trióxido.**
triturable. adj. Que se puede *triturar.
trituración. f. Acción y efecto de *triturar.
triturador, ra. adj. Que tritura. Ú. t. c. s.
***triturar.** tr. Desmenuzar una materia sólida, sin reducirla enteramente a polvo. ‖ ***Mascar.** ‖ fig. *Maltratar, molestar gravemente. ‖ fig. Desmenuzar, *contradecir y refutar una afirmación o argumento.
triunfador, ra. adj. Que *triunfa. Ú. t. c. s.
triunfal. adj. Perteneciente al triunfo.
triunfalmente. adv. m. De modo triunfal.
triunfante. p. a. de **Triunfar.** Que triunfa. ‖ Que incluye triunfo.
triunfantemente. adv. m. **Triunfalmente.**
***triunfar.** intr. Entrar con gran pompa y solemnidad en la antigua Roma el vencedor de sus enemigos. ‖ → Quedar victorioso. ‖ Jugar del palo del triunfo en ciertos juegos de *naipes. ‖ fig. *Gastar mucho y aparatosamente.
triunfo. m. Acto *solemne de entrar triunfante el vencedor romano. ‖ ***Victoria.** ‖ Carta del palo preferido en ciertos juegos de *naipes. ‖ **Burro** (juego de *naipes). ‖ fig. Acción de triunfar o *vencer. ‖ fig. Lo que sirve de despojo, *botín o trofeo que acredita el **triunfo.** ‖ fig. Éxito *feliz en un empeño dificultoso. ‖ Cierta *danza popular americana.
triunviral. adj. Perteneciente o relativo a los triunviros.
triunvirato. m. *Gobierno de la Roma antigua, en que intervenían tres magistrados. ‖ *Junta de tres personas para cualquier empresa o asunto.
triunviro. m. Cada uno de los tres *magistrados romanos encargados del *gobierno y administración de la república.
***trivial.** adj. Perteneciente o relativo al trivio o *cruce de caminos. ‖ fig. *Vulgar, muy común y *sabido de todos. ‖ fig. *Mediano, que no sobresale de lo común. ‖ *Insignificante, de poca importancia.
trivialidad. f. Calidad de trivial. ‖ Dicho o especie trivial.
trivialmente. adv. m. De manera trivial.
trivio. m. División de un *camino en tres *ramales, y *confluencia de éstos. ‖ En lo antiguo, conjunto de la *gramática, la *retórica y la dialéctica.
triza. f. Pedazo pequeño. ‖ **Hacer trizas.** fr. *Destruir completamente una cosa.
triza. f. *Mar.* **Driza.**
trizar. tr. Destrizar, hacer trizas.
trocable. adj. Que se puede *permutar o trocar por otra cosa.
trocada (a la). m. adv. En sentido *inverso de lo que ordinariamente se entiende. ‖ **A trueque.**
trocadamente. adv. m. Trocando o *tergiversando las cosas.
trocadilla (a la). m. adv. **A la trocada.**
trocador, ra. adj. Que trueca una cosa por otra. Ú. t. c. s.
trocaico, ca. adj. Perteneciente o relativo al troqueo. ‖ V. ***Verso trocaico.** Ú. t. c. s.
trocamiento. m. **Trueque.**
trocánter. m. *Anat.* Prominencia que algunos *huesos largos tienen en su extremidad.
trocantín. m. Trueque, *permuta.
trocar. m. **Cir.* Punzón con punta de tres aristas cortantes, revestido de una cánula que deja al descubierto dicha punta.
***trocar.** tr. *Permutar una cosa por otra. ‖ ***Vomitar.** ‖ *Equivocar, decir una cosa por otra, *tergiversar. ‖ **Equit.* **Cambiar.** ‖ r. *Portarse de otro modo. ‖ Permutar el asiento con otra persona. ‖ Mudarse, *cambiarse enteramente una cosa.
trocatinta. f. fam. Trueque o *permuta equivocada.

trocatinte. m. *Color de mezcla o tornasolado.
trocear. tr. *Dividir en trozos.
troceo. m. *Mar.* *Cabo grueso, forrado por lo común de cuero.
trociscar. tr. **Farm.* Reducir una cosa a trociscos.
trocisco. m. **Farm.* Cada uno de los trozos que se hacen de la masa de un compuesto, para formar después las píldoras.
trocla. f. **Polea.**
troco. m. **Rueda** (*pez).
trocoide. f. *Geom.* **Cicloide.**
trócola. f. **Trocla.**
trocha. f. Vereda o *camino excusado, o que sirve de atajo. ‖ Camino abierto en la maleza.
trochemoche (a), o **a troche y moche.** m. adv. fam. De modo *absurdo o *irreflexivo.
trochuela. f. d. de **Trocha.**
trofeo. m. *Monumento, insignia o señal de una victoria. ‖ Despojo o *botín obtenido en la guerra. ‖ Conjunto de *armas e *insignias militares agrupadas con cierta simetría. ‖ fig. ***Victoria.**
trófico, ca. adj. Perteneciente o relativo a la *nutrición de los tejidos.
trofología. f. Ciencia de la *nutrición.
troglodita. adj. Que habita en *cavernas. Ú. t. c. s. ‖ fig. Dícese del hombre bárbaro y *cruel. Ú. t. c. s. ‖ fig. Muy *comedor. Ú. t. c. s. ‖ m. Género de *pájaros dentirrostros.
troglodítico, ca. adj. Perteneciente o relativo a los trogloditas.
troica. f. *Carruaje o vehículo ruso, a modo de *trineo, tirado por tres caballos.
troj. f. *Granero para cereales. ‖ Por ext., **algorín.**
troje. f. **Troj.**
trojero. m. El que *guarda las trojes o las tiene a su cargo.
trola. f. fam. *Mentira, falsedad.
trole. m. Pértiga de hierro con que los *tranvías eléctricos toman la corriente del cable conductor.
trolebús. m. Ómnibus *automóvil, provisto de trole, que se usa para el servicio público.
trolero, ra. adj. fam. ***Mentiroso.** Ú. t. c. s.
tromba. f. **Meteor.* **Manga.**
trombo. m. *Pat.* Coágulo de *sangre que se forma en el interior de una *vena.
trombón. m. *Instrumento músico de metal, de doble curvatura, cuyos sonidos responden, según su clase, a las voces de tenor, contralto o bajo. ‖ Músico que toca uno de estos instrumentos. ‖ **de pistones.** Aquel en que la variación de notas se obtiene por el juego combinado de llaves o pistones. ‖ **de varas.** Aquel cuyo tubo está compuesto de dos piezas convenientemente enchufadas para que una de ellas pueda deslizarse en el interior de la otra; lo cual permite acortar o alargar el instrumento para producir los distintos tonos y semitonos.
trombosis. f. *Pat.* Formación de coágulos de *sangre en las venas.
trompa. f. *Instrumento músico de viento, que consiste en un tubo de latón enroscado circularmente y que va ensanchándose desde la boquilla al pabellón. ‖ *Trompo grande que tiene dentro otros pequeños. ‖ *Trompo grande, hueco, con una abertura lateral para que zumbe al girar. ‖ Prolongación muscular, hueca y elástica de la *nariz de algunos animales, capaz de absorber fluidos. ‖ Aparato chupador, dilatable y contráctil que tienen algunos *insectos. ‖ **Tromba.** ‖ Aparato para *soplar en una *forja a la catalana, en el que el aire sale impulsado por un chorro de agua. ‖ Bohordo de la cebolla cortado, que usan como *juguete los muchachos para hacerlo sonar. ‖ Instrumento que por ficción poética se supone que hace sonar el *poeta épico al entonar sus cantos. ‖ fam. ***Borrachera.** ‖ *Arq.* *Bóveda voladiza fuera del paramento de un muro. ‖ m. El que toca la **trompa** en las orquestas o en las músicas militares. ‖ **de Eustaquio.** *Anat.* Canal que va de la cavidad del tímpano del *oído a la parte lateral y superior de la faringe. ‖ **de Falopio.** *Zool.* Cada uno de los dos conductos que van de la *matriz a los ovarios. ‖ **de París,** o **gallega. Birimbao.** ‖ **marina.** *Instrumento músico de una sola cuerda muy gruesa, que se toca con arco. ‖ **A trompa tañida.** m. adv. Al *toque de este instrumento, usado para convocar tropas, ordenar el ataque, etc. ‖ **A trompa y talega.** m. adv. fig. y fam. De modo *irreflexivo, sin orden ni concierto.
trompada. f. fam. **Trompazo.** ‖ fig. y fam. Encontrón o *choque de dos personas cara a cara, dándose en las narices. ‖ fig. y fam. Puñetazo, *golpazo. ‖ **Mar.* Embestida que da un buque contra otro o contra la tierra.
trompar. intr. Jugar al *trompo.
trompazo. m. *Golpe dado con el trompo. ‖ *Golpe dado con la trompa. ‖ fig. Cualquier golpe recio.
trompear. intr. **Trompar.** ‖ tr. Dar trompadas.
trompero. m. El que hace o tornea *trompos.
trompero, ra. adj. Que *engaña.
trompeta. f. *Instrumento músico de viento, que consiste en un tubo largo de metal que va ensanchándose desde la boquilla al pabellón. ‖ **Clarín.** ‖ m. El que toca la **trompeta.** ‖ fig. y fam. Hombre *despreciable y para poco. ‖ **de amor.** ***Girasol.**
trompetada. f. fam. **Clarinada.**
trompetazo. m. *Sonido destemplado de la trompeta. ‖ Por ext., el de cualquiera otro instrumento análogo. ‖ *Golpe dado con una trompeta. ‖ fig. y fam. **Trompetada.**
trompetear. intr. fam. Tocar la trompeta.
trompeteo. m. Acción y efecto de trompetear.
trompetería. f. Conjunto de varias trompetas. ‖ Conjunto de los registros del *órgano formados con trompetas de metal.
trompetero. m. El que hace trompetas. ‖ El que se dedica a tocar la trompeta.
trompetilla. f. d. de **Trompeta.** ‖ Instrumento a modo de trompeta, que los *sordos se aplican al oído para percibir reforzado el sonido. ‖ *Cigarro puro, de forma cónica. ‖ **De trompetilla.** Dícese de ciertos *mosquitos que al volar producen un zumbido.
trompicar. tr. Hacer a uno *tropezar violenta y repetidamente. ‖ fig. y fam. *Adelantar a uno, sin el orden debido, al *empleo que a otro pertenecía. ‖ intr. *Tropezar violenta y repetidamente.
trompicón. m. Cada uno de los tropezones que da el que trompica.
trompilladura. f. **Trompicón.**
trompillar. tr. e intr. **Trompicar.**
trompillo. m. *Arbusto americano de las bixíneas. ‖ Tocón de jara.
trompillón. m. *Arq.* Dovela que sirve de clave en una trompa o en una *bóveda de planta circular.
trompis. m. fam. **Trompada** (*golpe fuerte).
***trompo.** m. ***Peón** (juguete). ‖ **Peonza.** ‖ *Molusco gasterópodo marino, abundante en las costas de España, con tentáculos cónicos en la cabeza, y concha cónica, gruesa. ‖ fig. **Bolo** (persona *torpe). ‖ Planta semejante a la neguilla. ‖ Instrumento de madera o de metal, de forma cónica, para abocardar *cañerías. ‖ **Ponerse** uno **como un trompo,** o **hecho un trompo.** fr. fig. y fam. *Comer o beber hasta hincharse.
trompón. m. aum. de **Trompo.** ‖ **Trompada** (*golpe). ‖ **Narciso.** ‖ **A,** o **de, trompón.** m. adv. fam. En *desorden, sin concierto.
trona. f. **Miner.* Carbonato de sosa cristalizado que suele hallarse formando incrustaciones en las orillas de algunos lagos y grandes ríos.
tronada. f. *Tempestad de truenos.
tronado, da. adj. Deteriorado por efecto del *uso. ‖ Falto de recursos, *pobre.
tronador, ra. adj. Que truena. ‖ **Tronera** (*juguete).
tronante. p. a. de **Tronar.** Que truena.
tronar. impers. Haber o sonar *truenos. ‖ intr. Causar gran ruido o *estampido; como las armas de fuego. ‖ fig. y fam. *Perder uno su caudal hasta el punto de arruinarse. ‖ fig. y fam. *Impugnar o atacar violentamente con discursos o escritos a una persona o cosa. ‖ **Tronar con** uno. fr. fig. y fam. Reñir, *enemistarse con él.
tronca. f. **Truncamiento.**
troncal. adj. Perteneciente al *tronco o procedente de él.
troncalidad. f. En las *herencias, sistema de sucesión establecido en algunas regiones.
troncar. tr. **Truncar.**
***tronco.** m. Cuerpo truncado. ‖ → Tallo fuerte y macizo de los árboles y arbustos. ‖ *Cuerpo humano o de cualquier animal, prescindiendo de la cabeza y las extremidades. ‖ Par de *caballerías que tiran de un carruaje enganchadas al juego delantero. ‖ *Conducto principal del que salen otros menores. ‖ fig. Ascendiente común de dos o más *familias. ‖ fig. Persona *insensible, *inútil o despreciable. ‖ **Estar** uno **hecho un tronco.** fr. fig. y fam. Estar como inerte a consecuencia de un *síncope u otro accidente. ‖ fig. y fam. Estar profundamente *dormido.
troncón. m. aum. de **Tronco** (de las plantas). ‖ **Tocón.**
tronchar. tr. Partir o *romper con violencia el tronco, tallo o ramas de un *árbol u otra planta. Ú. t. c. r.
tronchazo. m. *Golpe dado con un troncho.
troncho. m. *Tallo de las hortalizas.
tronchudo, da. adj. Aplícase a las *hortalizas que tienen grueso o fuerte el troncho.
tronera. f. Abertura en el costado de un buque, en el parapeto de una muralla, etc., para disparar los *cañones. ‖ *Ventana pequeña y angosta por donde entra escasamente la luz. ‖ Papel plegado de modo que, al sacudirlo con fuerza, la parte recogida salga detonando. Es *juguete de muchachos. ‖ Cada uno de los agujeros que hay en las mesas de trucos y de *billar, para que por ellos entren las bolas. ‖ com.

fig. y fam. Persona *alocada o *informal.

tronerar. tr. **Atronerar.**

tronero. m. **Cúmulo** (*nube).

tronga. f. Manceba, *concubina.

trónica. f. Murmuración, patraña, *chisme.

tronido. m. *Estampido del trueno. ‖ fig. y fam. Rumbo, *fausto, arrogancia.

tronitoso, sa. adj. fam. Dícese de lo que hace *ruido de *truenos u otro semejante.

trono. m. *Asiento con gradas y dosel, de que usan los *soberanos y otras personas de alta dignidad. ‖ *Tabernáculo en que se expone a la veneración pública la Eucaristía. ‖ Lugar en que se coloca la *efigie de un *santo para honrarle con culto más solemne. ‖ fig. Dignidad de *rey o soberano. ‖ pl. Espíritus bienaventurados que forman el tercer coro de los *ángeles.

tronquear. tr. Excavar las *vides.

tronquista. m. El que gobierna los caballos o mulas de tronco de un *carruaje.

tronzador. m. *Sierra grande y fuerte, con un mango en cada uno de sus extremos.

tronzar. tr. *Dividir, quebrar o hacer trozos. ‖ Hacer *pliegues iguales y muy menudos en los vestidos de las mujeres. ‖ fig. *Cansar excesivamente. Ú. t. c. r.

tronzo, za. adj. Dícese de la *caballería que tiene cortadas una o entrambas orejas, en señal de que es inútil.

***tropa.** f. *Muchedumbre de gentes reunidas con fin determinado. ‖ despect. **Gentecilla.** ‖ → Gente militar, a distinción del paisanaje. ‖ Recua de *ganado. ‖ Manada de *ganado trashumante. ‖ Cáfila de *carretas dedicadas al tráfico. ‖ *Mil.* Conjunto de las tres clases de sargentos, cabos y soldados. ‖ *Mil.* *Toque militar, para que las **tropas** tomen las armas y formen. ‖ pl. *Mil.* Conjunto de cuerpos que componen un ejército, división, guarnición, etc. ‖ **Tropa de línea.** *Mil.* La organizada para maniobrar y combatir en orden cerrado y por cuerpos. ‖ *Mil.* La que por su institución es permanente. ‖ **ligera.** *Mil.* La organizada para maniobrar y combatir en orden abierto. ‖ **En tropa.** m. adv. En grupos, sin orden ni formación.

tropel. m. *Movimiento o *agitación confusa de una *muchedumbre de personas o cosas. ‖ *Precipitación, aceleramiento *desordenado. ‖ En la antigua *milicia, uno de los trozos o partes en que se dividía el ejército. ‖ *Montón de cosas en desorden. ‖ *Germ.* *Prisión o *cárcel. ‖ **De,** o **en, tropel.** m. adv. Con movimiento acelerado y violento. ‖ Yendo muchos juntos, sin orden y *confusamente.

tropelero. m. *Germ.* **Salteador.**

tropelía. f. Aceleración confusa y *desordenada. ‖ *Precipitación o violencia en las acciones. ‖ Hecho violento y *arbitrario. ‖ Vejación, atropello. ‖ Arte *mágica que muda las apariencias de las cosas.

tropelista. m. El que ejerce la tropelía o *magia.

tropeoleo, a. adj. *Bot.* Dícese de plantas dicotiledóneas, herbáceas, rastreras o trepadoras, cuyo tipo es la capuchina. Ú. t. c. s. ‖ f. pl. *Bot.* Familia de estas plantas.

tropero. m. Pastor de *ganado vacuno.

tropezadero. m. Lugar donde hay peligro de *tropezar.

tropezador, ra. adj. Que *tropieza con frecuencia. Ú. t. c. s.

tropezadura. f. Acción de *tropezar.

***tropezar.** intr. Dar con los pies en un estorbo que pone en peligro de caer. ‖ *Detenerse una cosa por un estorbo que le impide avanzar. ‖ fig. Deslizarse en alguna *culpa. ‖ fig. *Reñir con uno u oponerse a su dictamen. ‖ fig. *Ver el defecto o falta de una cosa o la *dificultad de su ejecución. ‖ fig. y fam. *Hallar casualmente una persona a otra donde no la buscaba. ‖ r. *Veter.* Rozarse las bestias una mano con la otra.

tropezón, na. adj. fam. **Tropezador.** Dícese comúnmente de las caballerías. ‖ m. **Tropezadura.** ‖ **Tropiezo.** ‖ fig. y fam. Pedazo pequeño de *jamón u otra vianda que se mezcla con las *sopas o las legumbres. Ú. m. en pl. ‖ **A tropezones.** m. adv. fig. y fam. Con varios *impedimentos y *dilaciones.

tropezoso, sa. adj. fam. Que tropieza o se detiene en la ejecución de una cosa.

tropical. adj. Perteneciente o relativo a los trópicos.

trópico, ca. adj. *Ret.* Perteneciente o relativo al tropo; figurado. ‖ m. *Astron.* Cada uno de los dos círculos menores que se consideran en la esfera celeste, paralelos al Ecuador y a determinada distancia de él. ‖ *Geogr.* Cada uno de los dos círculos menores que se consideran en el globo terrestre en correspondencia con los dos de la esfera celeste.

tropiezo. m. Aquello en que se *tropieza. ‖ Lo que sirve de *impedimento. ‖ fig. Falta, *culpa o pecado, comúnmente en materia de honestidad. ‖ fig. *Causa de la culpa cometida. ‖ fig. Persona con quien se comete. ‖ fig. *Dificultad, embarazo. ‖ fig. Riña o *contienda.

tropilla. f. Manada de *caballos guiados por una madrina.

tropismo. m. *Biol.* *Movimiento total o parcial que efectúan los organismos, determinado por el estímulo de agentes físicos o químicos.

tropo. m. *Ret.* Empleo de las palabras en sentido distinto del que propiamente les corresponde.

tropología. f. *Lenguaje figurado, sentido *alegórico. ‖ Mezcla de *moralidad y *enseñanza en lo que se dice o escribe, aunque sea en materia indiferente.

tropológico, ca. adj. *Lit.* Figurado, expresado por tropos. ‖ Doctrina *moral que se dirige a la *correción de las costumbres.

troposfera. f. *Meteor.* Zona inferior de la *atmósfera en que se desarrollan los meteoros acuosos.

troque. m. Especie de botón que se forma en los paños cuando se van a *teñir, reservando así una pequeña porción en su color natural a fin de compararlo con el obtenido después.

troquel. m. *Molde empleado en la acuñación de *monedas, medallas, etcétera.

troquelar. tr. **Acuñar.**

troqueo. m. Pie de la *poesía griega y latina, compuesto de dos sílabas, la primera larga y la otra breve.

troquilo. m. *Arq.* **Mediacaña** (*moldura).

trosas. f. pl. Especie de *angarillas de que cuelga una cesta semiesférica de mimbres, que sirve para transportar tierra, estiércol, etc.

trotacalles. com. **Azotacalles.**

trotaconventos. f. fam. ***Alcahueta.**

trotador, ra. adj. Que trota bien o mucho.

trotamundos. com. Persona muy aficionada a *viajar.

trotar. intr. Ir el *caballo al trote. ‖ *Equit.* Cabalgar una persona en caballo que va al trote. ‖ fig. y fam. *Andar mucho o con celeridad una persona.

trote. m. Modo de caminar acelerado, natural a todas las *caballerías. ‖ fig. *Trabajo u ocupación fatigosa. ‖ **cochinero.** fam. **Trote** corto y apresurado. ‖ **Al trote.** m. adv. fig. **Aceleradamente.** ‖ **Amansar** uno **el trote.** fr. fig. y fam. ***Moderarse.** ‖ **A trote.** m. adv. fig. **Al trote.** ‖ **Para todo trote.** loc. fig. y fam. Para *uso diario y continuo. Dícese de las prendas de *vestir. ‖ **Tomar** uno **el trote.** fr. fig. y fam. *Marcharse intempestivamente y con aceleración.

trotón, na. adj. Aplícase a la *caballería cuyo paso ordinario es el trote. ‖ m. **Caballo.**

trotona. f. **Señora de compañía.**

trotonería. f. Acción continuada de trotar.

trova. f. ***Verso.** ‖ Composición métrica formada a imitación de otra, o parificando una historia o fábula. ‖ Composición métrica escrita generalmente para canto. ‖ *Canción amorosa compuesta o cantada por los trovadores.

trovador, ra. adj. Que trova. Ú. t. c. s. ‖ m. *Poeta provenzal de la Edad Media, que escribía en lengua de *oc.* ‖ m. y f. ***Poeta, poetisa.**

trovadoresco, ca. adj. Perteneciente o relativo a los trovadores.

trovar. intr. Hacer *versos. ‖ Componer trovas. ‖ tr. Imitar una composición métrica. ‖ fig. *Tergiversar el sentido de una cosa.

trovero. m. *Poeta de la lengua de *oíl,* en la literatura francesa de la Edad Media.

trovista. com. **Trovador.**

trovo. m. Composición *poética popular, generalmente de asunto amoroso.

trox. f. **Troj.**

troyano, na. adj. Natural de Troya. Ú. t. c. s.

troza. f. *Tronco aserrado por los extremos para sacar tablas. ‖ *Madero de hilo de siete a diez pies de longitud.

troza. f. *Mar.* Combinación de dos pedazos de cabo grueso con sus correspondientes *aparejos, que sirve para asegurar la verga mayor al cuello de su palo.

trozar. tr. *Romper, hacer pedazos. ‖ Entre madereros, *cortar en trozas el tronco de un árbol.

trozo. m. Pedazo o *parte de una cosa que se considera aparte del resto. ‖ *Mil.* Cada una de las dos partes en que se dividía una columna del ejército. ‖ **de abordaje.** *Mar. Mil.* Cada uno de los grupos especialmente destinados a dar y rechazar los abordajes.

trucar. intr. Hacer el primer envite en el juego de *naipes llamado truque. ‖ Hacer trucos en el juego de este nombre y en el del *billar.

***truco.** m. Suerte del juego llamado de los **trucos,** que consiste en echar con la bola propia la del contrario por alguna de las troneras o por encima de la barandilla. ‖ Cencerro grande. ‖ **Truque.** ‖ fig. y fam. Artificio *engañoso. ‖ → **pl.** Juego de destreza y habilidad parecido al del billar.

truculencia. f. Calidad de truculento.

truculento, ta. adj. *Cruel, atroz y *horrible.
trucha. f. *Pez de agua dulce, malacopterigio abdominal, de carne muy sabrosa y delicada. ‖ *Mec.* **Cabria.** ‖ **de mar. Raño.** ‖ *Pez marino malacopterigio abdominal, de cabeza roma, cuerpo comprimido y carne rojiza. ‖ com. fig. y fam. **Truchimán** (persona *astuta).
trucha. f. Puesto o *tienda pequeña de mercería.
truchano. m. **Buche** (*borrico).
truchero. m. El que pesca truchas, o el que las vende.
truchimán, na. m. y f. fam. **Trujamán.** ‖ fig. y fam. Persona *astuta, poco escrupulosa en su proceder. Ú. t. c. adj.
truchuela. f. d. de **Trucha.** ‖ *Bacalao curado más delgado que el común.
trué. m. *Tela de lienzo delgada y blanca.
trueco. m. **Trueque.** ‖ **A trueco de.** m. adv. **Con tal que.** ‖ **A, o en, trueco.** m. adv. **A,** o **en trueque.**
***trueno.** m. Estampido o estruendo producido por una descarga eléctrica, entre las nubes o entre éstas y la tierra. ‖ Ruido o *estampido que causa el tiro de cualquier arma o artificio de fuego. ‖ fig. y fam. Joven *alocado y *vicioso. ‖ **gordo.** Estampido con que terminan los *fuegos artificiales*.
***trueque.** m. Acción y efecto de trocar o trocarse. ‖ **A,** o **en, trueque.** ‖ m. adv. **En cambio.**
trufa. f. Variedad muy aromática de criadilla de tierra. ‖ fig. *Mentira, patraña.
trufador, ra. adj. Que trufa o *miente. Ú. t. c. s.
trufar. tr. **Culin.* Rellenar de trufas las aves, embutidos y otros manjares. ‖ intr. Inventar *mentiras. ‖ Mentir, *engañar.
truhán, na. adj. Dícese de la persona *despreciable, que vive de engaños y estafas. Ú. t. c. s. ‖ Dícese del *histrión que con bufonadas, gestos, etc., procura divertir y hacer reír. Ú. t. c. s.
truhanada. f. **Truhanería.**
truhanamente. adv. m. A manera de truhán.
truhanear. intr. *Estafar, engañar. ‖ Decir *chanzas y chocarrerías propias de un truhán.
truhanería. f. Acción truhanesca. ‖ Conjunto de truhanes.
truhanesco, ca. adj. Propio de truhán.
truja. f. **Algorín.**
trujal. m. Prensa donde se estrujan las *uvas o se exprime la aceituna. ‖ *Molino de aceite. ‖ Tinaja en que se prepara la *barrilla para fabricar el *jabón. ‖ Estanque donde se elabora el *vino, fermentando el mosto juntamente con el escobajo. ‖ **Lagar.**
trujaleta. f. *Vasija donde cae el mosto desde el trujal.
trujamán, na. m. y f. p. us. **Intérprete.** ‖ m. El que tiene *experiencia de una cosa, especialmente en el *comercio.
trujamanear. intr. Hacer oficio de trujamán. ‖ Trocar unos géneros por otros, *comerciar con ellos.
trujamanía. f. Oficio de trujamán.
trujar. tr. *Dividir por medio de *tabiques una o varias habitaciones en otras más pequeñas.
trujillano, na. adj. Natural de Trujillo. Ú. t. c. s. ‖ Perteneciente a esta ciudad.
trujimán, na. m. y f. p. us. **Trujamán.**
trulla. f. Bulla y *alboroto de gente. ‖ Turba, *muchedumbre de gente.
trulla. f. **Llana** (de *albañil).
trullar. tr. **Albañ.* Enlucir con barro una pared. ‖ fig. *Untar, embadurnar.
trullo. m. *Ave palmípeda, del tamaño de un pato, de cabeza negra y con moño.
trullo. m. *Lagar con depósito inferior donde cae directamente el mosto.
trullo. m. Cierta *ave, especie de cerceta.
trumao. m. **Geol.* Tierra arenisca muy fina que procede de la disgregación de rocas volcánicas.
trun. m. *Fruto *espinoso de algunas plantas que se *adhiere al pelo o a la lana como los cadillos o amores.
truncadamente. adv. m. Truncando las palabras o las frases.
truncamiento. m. Acción y efecto de truncar.
truncar. tr. *Cortar una parte a alguna cosa. ‖ Dejar *incompleta una cosa por separar de ella alguna parte. ‖ Cortar la *cabeza al cuerpo del hombre o de un animal. ‖ fig. *Callar, omitir algunas palabras en frases o pasajes de un escrito. ‖ fig. *Interrumpir, dejar imperfecto el sentido de lo que se escribe o lee. ‖ fig. Interrumpir una acción.
trunco, ca. adj. Truncado, mutilado, *incompleto.
trupial. m. *Pájaro americano muy parecido a la oropéndola.
truque. m. Juego de envite entre varias personas, a cada una de las cuales se reparten tres *naipes. ‖ Una de las variedades del *juego del infernáculo.
truquero. m. El que tiene a su cargo y cuidado una mesa de *trucos.
truquiflor. m. Juego de *naipes en que, además de los lances del truque, hay el de flor.
trusas. f. pl. *Indum.* Gregüescos con cuchilladas que llegaban a mitad del muslo.
trust. m. Consorcio de fabricantes o comerciantes para *acaparar una mercancía y regular su precio.
tsetsé. f. Nombre de una *mosca africana que inocula el tripanosoma de la enfermedad del sueño.
tú. Nominativo y vocativo del pronombre personal de segunda persona. ‖ **A tú por tú.** m. adv. fig. y fam. Con *descortesía o *descomedimiento. ‖ **De tú por tú.** m. adv. Tuteándose. ‖ **Hablar,** o **tratar de tú** a uno. fr. Tutearle.
tu, tus. pron. poses. Apócope de **tuyo, tuya, tuyos, tuyas.**
tuatúa. f. *Árbol americano de las euforbiáceas, con hojas moradas, parecidas a las de la vid.
tuáutem. m. fam. Sujeto que se considera a sí mismo *indispensable o muy *importante para algún fin. ‖ fam. Cosa que se considera *indispensable.
tuba. f. *Licor que por destilación se obtiene de la nipa, el coco o el burí y también de otras palmeras, en Filipinas.
tuba. f. *Mús.* *Instrumento de viento, de metal; es de gran tamaño y produce sonidos muy graves.
tubario, ria. adj. *Anat.* Perteneciente a las trompas de Falopio.
tuberculina. f. **Terap.* Preparación hecha con gérmenes tuberculosos, y utilizada para el tratamiento y diagnosis de la tuberculosis.
tuberculización. f. **Pat.* Desarrollo de tubérculos en los tejidos u órganos.
***tubérculo.** m. *Bot.* Abultamiento que se presenta en las distintas partes de algunas plantas y especialmente el que ofrecen algunas raíces; como la patata. ‖ **Pat.* Producto morboso de color ordinariamente blanco amarillento, y que adquiere por reblandecimiento el aspecto y la consistencia del *pus. ‖ **Zool.* Protuberancia que presenta el dermatoesqueleto o la superficie de varios animales.
***tuberculosis.** f. **Pat.* Nombre común a varias enfermedades en que hay desarrollo de tubérculos producidos por el bacilo de Kock.
tuberculoso, sa. adj. Perteneciente o relativo al tubérculo. ‖ De figura de tubérculo. ‖ Que padece tuberculosis. Ú. t. c. s.
tubería. f. Conducto formado de *tubos para el paso de líquidos o gases. ‖ Conjunto de tubos. ‖ Fábrica, taller o comercio de tubos.
tuberosa. f. **Nardo.**
tuberosidad. f. *Tumor, *hinchazón, tubérculo.
tuberoso, sa. adj. Que tiene tuberosidades.
***tubo.** m. Pieza hueca, de forma por lo común cilíndrica y más larga que gruesa. ‖ Pieza hueca de cristal, cilíndrica o abombada, que se coloca en los quinqués y otras *lámparas para activar la llama. ‖ **Anat.* Parte del organismo animal o vegetal constituida a modo de tubo. ‖ **acústico.** El de caucho, terminado en cada uno de sus extremos por un embudo de madera. Se utiliza como un *teléfono, para hablar desde un extremo con la persona que escucha en el otro. ‖ **de ensayo.** El de cristal, cerrado por uno de sus extremos, usado para los análisis *químicos. ‖ **intestinal.** Conjunto de los *intestinos de un animal. ‖ **lanzatorpedos.** *Mar.* El instalado en los buques de la *armada, cerca de la línea de flotación, para disparar los torpedos automóviles.
tubuladura. f. *Abertura que tienen ciertas *vasijas o recipientes para recibir el extremo de un tubo.
tubular. adj. Perteneciente al *tubo; que tiene su figura o está formado de tubos.
tubuloso, sa. adj. **Bot.* Tubular, en forma de tubo.
tucán. m. *Ave americana trepadora, de pico muy grueso y casi tan largo como el cuerpo. Se domestica fácilmente. ‖ *Astr.* *Constelación cercana al polo antártico.
tucía. f. **Atutía.**
tucinte. m. *Planta gramínea, de hojas grandes que se utilizan para techar las chozas, en Honduras.
tuciorismo. m. Doctrina de *teología *moral que en puntos discutibles sigue la opinión más favorable a la ley.
tuciorista. adj. Partidario del tuciorismo. Ú. t. c. s.
tuco. m. ***Cocuyo.** ‖ Especie de búho.
tucumano, na. adj. Natural de Tucumán. Ú. t. c. s. ‖ Perteneciente a esta ciudad argentina o a su provincia.
tucúquere. m. Búho de gran tamaño.
tucurpilla. f. Especie de tórtola pequeña de América.
tucuso. m. **Chupaflor.**
tucutuco. m. *Mamífero semejante al topo, propio de la Argentina.
tuda. f. *Cueva hecha en la falda de un monte.
tudel. m. Tubo de latón encorvado, fijo en lo alto del bajón u otro *instrumento semejante, y a cuyo extremo libre se ajusta el estrangul.
tudelano, na. adj. Natural de Tu-

dela. Ú. t. c. s. ‖ Perteneciente a cualquiera de las poblaciones de este nombre.
tudense. adj. Natural de Túy. Ú. t. c. s. ‖ Perteneciente a esta ciudad.
tudesco, ca. adj. Natural de cierto país de Alemania en la Sajonia inferior. Ú. t. c. s. ‖ Perteneciente a él. ‖ Por ext., **alemán.** Apl. a pers., ú. t. c. s. ‖ m. *Capote alemán. ‖ **Comer, beber,** uno **como un tudesco.** fr. fig. y fam. *Comer, *beber mucho.
tueca. f. Tueco, tocón.
tueco. m. **Tocón.** ‖ *Hueco producido por la carcoma en las *maderas.
tuera. f. **Coloquíntida.**
***tuerca.** f. Pieza con un hueco labrado en espiral que ajusta exactamente en el filete de un tornillo.
tuerce. m. **Torcedura.**
tuérdano. m. *Tejido de varas que en las *cocinas se pone sobre el llar para recoger el hollín.
tuero. m. **Trashoguero** (*leño). ‖ **Leña.**
tuerto, ta. p. p. irreg. de **Torcer.** ‖ adj. Falto de la vista en un *ojo. Ú. t. c. s. ‖ m. *Daño, *ofensa o injuria que se hace a uno. ‖ pl. Entuertos después del parto. ‖ **A tuertas.** m. adv. fam. Al *revés, u *oblicuamente. ‖ **A tuertas o a derechas.** m. adv. **A tuerto o a derecho.** ‖ **A tuerto.** m. adv. Contra razón, *injustamente. ‖ **A tuerto o a derecho.** m. adv. Sin consideración ni reflexión. ‖ **Deshacer tuertos.** fr. **Deshacer agravios.**
tueste. m. ***Tostadura.**
tuétano. m. ***Médula.** ‖ **Hasta los tuétanos.** loc. adv. fig. y fam. Hasta *dentro, hasta lo más profundo de la parte física o moral del hombre.
tufarada. f. *Olor vivo o fuerte que se percibe de pronto.
tufillas. com. fam. Persona que se atufa o *irrita fácilmente.
tufo. m. *Humo o emanación gaseosa que se desprende de las fermentaciones y de las combustiones imperfectas. ‖ fam. *Olor molesto o *fetidez que despide de sí una cosa. ‖ fig. y fam. Soberbia, *orgullo. Ú. m. en pl.
tufo. m. Cada una de las dos porciones de *cabello que caen o se colocan por delante de las orejas.
tufo. m. **Toba** (piedra *caliza).
tugiense. adj. Natural de la antigua Tugia, hoy Toya. Ú. t. c. s. ‖ Perteneciente a esta ciudad.
tugurio. m. Choza o *cabaña de pastores. ‖ fig. *Habitación pequeña y mezquina.
tui. m. *Loro pequeño, de color verde claro.
tuición. f. *For.* Acción y efecto de guardar o *defender.
tuína. f. **Indum.* Especie de chaquetón largo y holgado.
tuitivo, va. adj. *For.* Que guarda, *ampara y defiende.
tul. m. *Tela sutil que forma malla.
tule. m. *Junco o espadaña.
tulipa. f. Tulipán pequeño. ‖ *Pantalla de vidrio que se pone en algunas *lámparas, de forma algo parecida a la de un tulipán.
tulipán. m. *Planta herbácea de las liliáceas, vivaz, con raíz bulbosa y flor única en lo alto del escapo, grande, globosa, de seis pétalos de hermosos colores. ‖ Flor de esta planta.
tullecer. tr. **Tullir** (*lisiar). ‖ intr. Quedarse tullido.
tullidez. f. **Tullimiento.**
***tullido, da.** adj. *Lisiado, que ha perdido el movimiento del cuerpo o de alguno de sus miembros. Ú. t. c. s.
tullidura. f. **Cetr.* *Excremento de las aves de rapiña. Ú. m. en pl.
tullimiento. m. Acción y efecto de tullir.
tullir. intr. **Cetr.* Arrojar el *excremento las aves de rapiña. ‖ tr. Hacer que uno quede tullido o *lisiado. ‖ r. Perder uno el uso y movimiento de su cuerpo o de un miembro de él.
tumba. f. ***Sepulcro.** ‖ Armazón en forma de ataúd, que se usa en las honras de un *difunto. ‖ Cubierta arqueada de ciertos *coches. ‖ Armazón con cubierta de lujo, en el pescante de los *coches de gala.
tumba. f. **Tumbo** (vaivén). ‖ **Voltereta** (de *volatinero). ‖ *Baile que se usaba en Andalucía, en las fiestas de Navidad.
tumbacuartillos. com. fam. Sujeto *borracho o que frecuenta mucho las tabernas.
tumbadillo. m. *Mar.* Cajón de medio punto, que suele cubrir la escotadura de popa de la cubierta del alcázar en las *embarcaciones menores.
tumbado, da. adj. De figura de tumba; como los baúles, los coches, etcétera.
tumbaga. f. *Aleación o liga metálica muy quebradiza, compuesta de oro y cobre, que se emplea en joyería. ‖ *Sortija hecha de esta liga.
tumbagón. m. aum. de **Tumbaga.** ‖ *Brazalete de tumbaga.
tumbaollas. com. fam. Persona *comedora y glotona.
tumbar. tr. Hacer *caer o derribar a una persona o cosa. ‖ fig. y fam. *Marear o quitar a uno el sentido un *olor fuerte, el vino, etc. ‖ ***Segar.** ‖ intr. Caer, rodar por tierra. ‖ *Mar.* **Dar de quilla.** ‖ r. fam. *Tenderse, especialmente echarse a *dormir. ‖ fig. Aflojar en un trabajo o *desistir de él.
tumbilla. f. Armazón con un *braserillo para calentar la *cama.
tumbo. m. *Oscilación o vaivén violento con riesgo de *caer, o cayendo. ‖ Ondulación de la ola del *mar. ‖ Ondulación del terreno. ‖ **de dado.** fig. *Peligro inminente. ‖ **de olla.** fam. **Culin.* Cada uno de los tres vuelcos de la olla: caldo, legumbres y carne.
tumbo. m. *Libro grande de pergamino, donde las *iglesias, *monasterios, etc., tenían copiados los privilegios y demás escrituras de sus pertenencias.
tumbón. m. aum. de **Tumba.** ‖ m. *Coche con cubierta de tumba. ‖ Cofre o *arca con tapa de esta hechura.
tumbón, na. adj. fam. **Socarrón.** Ú. t. c. s. ‖ fam. Perezoso, *holgazán. Ú. t. c. s. ‖ f. Meridiana, sofá en que se puede uno tumbar.
tumefacción. f. *Pat.* ***Hinchazón.**
tumefacto, ta. adj. Túmido, *hinchado.
tumescencia. f. Calidad de tumescente.
tumescente. adj. Que se *hincha.
túmido, da. adj. fig. **Hinchado.** ‖ *Arq.* Dícese del *arco o *bóveda que es más ancho hacia la mitad de la altura que en los arranques.
tumo. m. **Espliego.**
***tumor.** m. Hinchazón, producción o acumulación de tejidos que se forma anormalmente en alguna parte del cuerpo del animal.
tumoroso, sa. adj. Que tiene varios *tumores.
tumulario, ria. adj. Perteneciente o relativo al túmulo.
túmulo. m. *Sepulcro levantado de la tierra. ‖ Montecillo artificial con que en algunos pueblos antiguos cubrían las sepulturas. ‖ Armazón de madera, vestida de paños fúnebres, que se erige para la celebración de las honras de un *difunto.
tumulto. m. Motín, *disturbio, *alboroto producido por una *muchedumbre. ‖ Confusión agitada o *desorden ruidoso.
tumultuante. p. a. de **Tumultuar.** Que tumultúa.
tumultuar. tr. Levantar un tumulto, motín, *disturbio o *desorden. Ú. t. c. r.
tumultuariamente. adv. m. De manera tumultuaria.
tumultuario, ria. adj. Que causa o levanta tumultos. ‖ Que está o se efectúa con *desorden.
tumultuosamente. adv. m. De manera tumultuosa.
tumultuoso, sa. adj. **Tumultuario.**
tuna. f. Higuera de tuna, *chumbera. ‖ **Higo de tuna.** ‖ **brava, colorada** o **roja.** Especie silvestre, con fruto de pulpa muy encarnada.
tuna. f. Vida *holgazana, libre y *vagabunda. ‖ **Estudiantina.** ‖ **Correr** uno **la tuna.** fr. fam. **Tunar.**
tunal. m. **Tuna** (*chumbera). ‖ Sitio donde abunda esta planta.
tunanta. adj. fam. *Pícara, bribona. Ú. t. c. s.
tunantada. f. Acción propia de tunante o *pícaro.
tunante. p. a. de **Tunar.** Que tuna. Ú. t. c. s. ‖ adj. *Pícaro, bribón. Ú. t. c. s.
tunantear. intr. **Tunear.**
tunantería. f. Calidad de tunante. ‖ **Tunantada.**
tunantuela. adj. fam. d. de **Tunanta.** Ú. t. c. s.
tunantuelo. adj. fam. d. de **Tunante.** Ú. t. c. s.
tunar. intr. Andar de un lugar a otro, haciendo vida de *vagabundo.
tunco. m. ***Cerdo.**
tunda. f. Acción y efecto de tundir los *paños. ‖ fam. Castigo riguroso de *golpes, azotes, etc.
tundear. tr. Dar una tunda o *zurra.
tundente. p. a. de **Tundir** (*golpear). Que tunde. ‖ adj. **Contundente.**
tundición. f. **Tunda** (de los *paños).
tundidor. m. El que tunde los paños.
tundidora. adj. Dícese de la máquina que sirve para tundir los *paños. Ú. t. c. s. ‖ f. Mujer que tunde los *paños.
tundidura. f. **Tunda** (de los *paños).
tundir. tr. Cortar o igualar con tijera el pelo de los *paños.
tundir. tr. fig. y fam. Castigar con *golpes, palos o azotes.
tundizno. m. Borra que queda de la tundidura del *paño.
tunduque. m. Especie de *ratón grande, propio de Chile.
tunear. intr. Hacer vida de tuno o *pícaro. ‖ Proceder como tal.
tunecí. adj. **Tunecino.** Apl. a pers., ú. t. c. s.
tunecino, na. adj. Natural de Túnez. Ú. t. c. s. ‖ Perteneciente a esta ciudad y región de África.
túnel. m. Paso *subterráneo que se abre para el *tránsito de un *ferrocarril o de una carretera, para establecer una comunicación al través de un monte, por debajo de un río, etcétera.
tunera. f. **Tuna** (*chumbera).
tunería. f. Calidad de tunante o *pícaro.
tungro, gra. adj. Dícese del indivi-

duo de un pueblo de la antigua Germania, que vino a establecerse entre el Rin y el Escalda. Ú. t. c. s. ‖ Perteneciente o relativo a los **tungros.**

tungsteno. m. **Volframio.**

túnica. f. *Vestidura sin mangas, que usaban los antiguos a modo de *camisa. ‖ Vestidura de lana que usan los *frailes debajo de los hábitos. ‖ *Vestidura exterior amplia y larga. ‖ Película muy fina que en algunas frutas o bulbos está pegada a la *cáscara y cubre más inmediatamente la carne. ‖ *Zool.* *Membrana sutil que cubre algunas partes del cuerpo. ‖ **de Cristo.** *Planta anual, parecida al estramonio, de flor violada por fuera y blanca por dentro. ‖ **palmada.** La muy rica y adornada que llevaban los romanos debajo de la toga picta. ‖ **úvea.** *Anat.* La tercera del *ojo.

tunicado, da. adj. **Zool.* Envuelto por una túnica.

tunicela. f. **Túnica.** ‖ *Vestidura a modo de dalmática, que usan los *prelados en los pontificales debajo de la casulla.

túnico. m. *Vestidura amplia y larga que como traje de la Edad Media suele usarse en el teatro. ‖ Túnica que usan las mujeres. ‖ Túnica de los religiosos.

tuno, na. adj. **Tunante.** Ú. t. c. s. ‖ m. Higo *chumbo o de tuna.

tuntún (al, o **al buen).** m. adv. fam. De modo *irreflexivo. ‖ fam. Sin conocimiento del asunto.

tupa. f. Acción y efecto de tupir o tupirse. ‖ fig. y fam. ***Hartazgo.**

tupa. f. *Planta chilena, de las lobeliáceas, con flores grandes de color de grana.

tupé. m. **Copete** (de *cabello). ‖ fig. y fam. *Atrevimiento, *descaro.

tupí. adj. Dícese de cada uno de los *indios que dominaban en las costas de la Guayana francesa y brasileña antes de la conquista. Ú. m. c. s. y en pl. ‖ m. *Lengua de estos indios.

tupido, da. adj. ***Espeso** (denso). ‖ Dicho del entendimiento y los sentidos, obtuso, cerrado, *torpe.

tupín. m. Marmita con tres pies.

tupinambo. m. **Aguaturma.**

tupir. tr. *Apretar mucho una cosa, hacerla más *densa, *obstruyendo sus poros o intersticios. Ú. t. c. r. ‖ r. fig. *Hartarse de un manjar o bebida.

tupitaina. f. Tupa, *hartazgo.

turanio, nia. adj. Natural del Turán. Ú. t. c. s. ‖ Perteneciente o relativo a esta región de la antigua Asia Central. ‖ Aplícase a las *lenguas que se creen originarias del Asia Central y no corresponden a los grupos ario y semítico.

***turba.** f. Combustible fósil, de poco peso, formado de residuos vegetales acumulados en sitios pantanosos. ‖ Estiércol mezclado con carbón mineral, que se emplea como *combustible en los hornos de *ladrillos.

turba. f. *Muchedumbre de gente confusa y desordenada.

***turbación.** f. Acción y efecto de turbar o turbarse. ‖ Confusión, *desorden.

turbadamente. adv. m. Con turbación o sobresalto.

turbador, ra. adj. Que causa turbación. Ú. t. c. s.

turbal. m. **Turbera.**

turbamiento. m. **Turbación.**

turbamulta. f. fam. *Muchedumbre confusa y desordenada.

turbante. p. a. de **Turbar.** Que turba.

turbante. m. Tocado que, en lugar de *sombrero, usan algunos pueblos orientales, y que consiste en una faja larga de tela rodeada a la cabeza.

***turbar.** tr. Alterar o conmover el estado o curso natural de una cosa; *desordenarla o descomponerla. ‖ *Aturdir a uno, hacerle perder la serenidad o el libre uso de sus facultades. Ú. t. c. r. ‖ ***Enturbiar.** Ú. t. c. r. ‖ fig. *Sorprender a uno, de modo que no acierte a hablar. Ú. t. c. r. ‖ fig. Interrumpir la quietud, el silencio, etc. Ú. t. c. r.

turbativo, va. adj. Que turba o inquieta.

turbera. f. Sitio donde yace la turba.

turbia. f. Masa de agua *enturbiada por arrastres de tierras.

turbiamente. adv. m. De manera *turbia o *confusa.

túrbido, da. adj. ***Turbio.**

***turbiedad.** f. Calidad de turbio.

turbieza. f. **Turbulencia.** ‖ Acción y efecto de enturbiar o de *ofuscar.

turbina. f. Rueda *hidráulica, con paletas curvas colocadas en su periferia. También se llaman así otras ruedas y *máquinas en que la fuerza motriz no es el agua, sino el vapor u otro fluido a presión.

turbino. m. *Raíz del turbit pulverizada.

turbinto. m. *Árbol americano, de las terebintáceas. Da buena trementina, y con sus bayas se hace en América una bebida muy grata.

***turbio, bia.** adj. Mezclado o alterado por una cosa que obscurece o quita la claridad natural o transparencia. ‖ fig. *Perturbado, dudoso, turbulento. ‖fig. Tratando de la visión, confusa, poco clara. ‖ fig. Aplicado a lenguaje, locución, explicación, etc., obscura o *incomprensible. ‖ m. pl. *Sedimentos o heces del *aceite.

turbión. m. Aguacero con viento fuerte, que dura poco. ‖ fig. Abundancia de cosas que *caen de golpe, llevando tras sí lo que encuentran. ‖ fig. *Multitud de cosas desagradables o *adversas que ocurren o vienen al mismo tiempo.

turbit. m. Planta *trepadora de las convolvuláceas, con raíces largas, blancas por dentro y resinosas, que se han empleado en medicina como purgante. ‖ *Raíz de esta planta. ‖ **mineral.** *Farm.* Sulfato mercurial de propiedades purgantes parecidas a las del **turbit** vegetal.

turbogenerador. m. Generador *eléctrico accionado por una turbina.

turbonada. f. Fuerte chubasco de viento y *lluvia, acompañado de truenos.

turbulencia. f. *Turbiedad de las cosas claras y transparentes que se obscurecen con alguna mezcla que reciben. ‖ fig. *Confusión, *alboroto o *perturbación.

turbulentamente. adv. m. De manera turbulenta.

turbulento, ta. adj. **Turbio.** ‖ fig. *Confuso, alborotado y *desordenado.

turca. f. fam. ***Borrachera.**

turca. f. *Pájaro conirrostro de Chile, de plumaje pardo rojizo.

turco, ca. adj. Aplícase al individuo de un *pueblo que, procedente del Turquestán, se estableció en el Asia Menor y en la parte oriental de Europa. Ú. t. c. s. ‖ Natural de Turquía. Ú. t. c. s. ‖ Perteneciente a esta nación de Europa y Asia. ‖ m. *Lengua turca. ‖ *Germ.* **Vino.** ‖ **El gran turco.** El sultán de Turquía.

turcomano, na. adj. Aplícase al individuo de cierta rama de la *raza turca, muy numerosa en Persia y otras regiones de Asia. Ú. t. c. s. ‖ Perteneciente a los **turcomanos.**

turcople. adj. Aplícase al nacido de padre turco y madre griega. Ú. t. c. s.

turdetano, na. adj. Natural de Turdetania. Ú. t. c. s. ‖ Perteneciente a esta antigua región meridional de España.

túrdiga. f. *Tira o lista de *piel.

turdión. m. Especie de *baile parecido a la gallarda.

túrdulo, la. adj. Dícese del habitante de una antigua región meridional de España. Ú. t. c. s. ‖ Perteneciente a los **túrdulos.**

turf. (voz inglesa). m. Terreno en que se efectúan las *carreras de caballos.

turgencia. f. Cualidad de turgente.

turgente. adj. poét. Abultado, elevado, *prominente. ‖ *Med.* Aplícase al *humor que *hincha alguna parte del cuerpo.

túrgido, da. adj. poét. **Turgente** (*prominente).

turibular. tr. Mecer o *agitar el turíbulo.

turibulario. m. **Turiferario.**

turíbulo. m. **Incensario.**

turiferario. m. El que lleva el incensario.

turífero, ra. adj. Que produce o lleva *incienso.

turificación. f. Acción y efecto de turificar.

turificar. tr. **Incensar.**

turión. m. *Bot.* *Yema que nace de un tallo subterráneo; como en los *espárragos.

turismo. m. Práctica de *viajar por diversos países para distracción y recreo. ‖ Organización de los medios conducentes a facilitar estos viajes.

turista. m. Persona que *viaja por un país, generalmente extranjero, por distracción y recreo.

turlerín. m. *Germ.* ***Ladrón.**

turma. f. *Testículo o criadilla. ‖ **de tierra. Criadilla de tierra.**

turmalina. f. **Miner.* Silicato de alúmina con ácido bórico, magnesia, cal, óxido de hierro y otras substancias en proporciones pequeñas. Es tan duro como el cuarzo, y sus variedades verdes y encarnadas suelen emplearse en *joyería.

turnar. intr. *Alternar con una o más personas en el ejercicio o disfrute de alguna cosa, *siguiendo determinado orden.

turnio, nia. adj. Dícese de los ojos bizcos. ‖ Que tiene *ojos **turnios.** Ú. t. c. s. ‖ Que mira con *ceño o demasiada *severidad. Ú. t. c. s.

***turno.** m. Orden o alternativa que se observa entre varias personas, para la ejecución de una cosa, o en la sucesión de éstas.

turolense. adj. Natural de Teruel. Ú. t. c. s. ‖ Perteneciente a esta ciudad o a su provincia.

turón. m. *Mamífero carnicero, pequeño, con cuerpo flexible y prolongado, cabeza pequeña, hocico agudo y patas cortas. Despide olor fétido y se alimenta de caza.

turonense. adj. Natural de Tours. Ú. t. c. s. ‖ Perteneciente a esta ciudad de Francia.

turpial. m. **Trupial.**

turquesa. f. *Molde, a modo de tenaza, para hacer bodoques de ballesta o *balas de plomo. ‖ ***Molde.**

turquesa. f. **Mineral.* Fosfato amorfo de alúmina con algo de cobre y

hierro, de color azul verdoso, y casi tan duro como el vidrio, que se emplea en *joyería. ‖ **occidental.** Hueso o diente fósil, teñido naturalmente de azul por el óxido de cobre, y que se usa en *joyería. ‖ **oriental.** **Miner.* Turquesa ordinaria.
turquesado, da. adj. **Turquí.**
turquesco, ca. adj. Perteneciente o relativo a Turquía. ‖ **A la turquesca.** m. adv. Al uso de Turquía.
turquí. adj. desus. **Turquesco.** ‖ V. **Azul turquí.** Ú. t. c. s.
turquía. f. *Germ.* Dobla de oro.
turquino, na. adj. **Turquí.**
turra. f. Especie de tomillo muy nocivo para el ganado. ‖ **Chito** (*juego).
turrar. tr. *Tostar o asar en las brasas.
turrón. m. **Confit.* Masa dura, hecha de almendras, piñones, avellanas o nueces, tostado todo y mezclado con miel. Hácense también **turrones** de pastas más finas y delicadas, de varias clases. ‖ fig. y fam. *Empleo muy *ventajoso o beneficio que se obtiene del Estado. ‖ *Germ.* ***Piedra.**
turronada. f. *Germ.* **Pedrada.** ‖ *Albañ.* *Argamasa de cal y guijos gruesos.
turronería. f. Tienda en que se vende el turrón.
turronero, ra. m. y f. Persona que hace o vende turrón.
turubí. m. *Planta aromática argentina, de raíz tuberculosa que tiene propiedades de emenagogo.
turulato, ta. adj. fam. Alelado, *enajenado, estupefacto.
turulés. adj. V. **Uva turulés.**
turullo. m. *Cuerno que usan los *pastores para llamar y reunir el ganado.
turumbón. m. **Tolondrón.**
turupial. m. **Trupial.**
tururú. m. En algunos juegos, lance en que un jugador reúne tres *naipes del mismo valor.
¡tus! Voz para llamar a los *perros. Ú. m. repetida. ‖ **Sin decir tus ni mus.** loc. adv. fig. y fam. **Sin decir palabra.**
tusa. f. fam. ***Perra.** Ú. como interjección para llamarla o espantarla.
tusa. f. **Zuro** (del *maíz). ‖ Espata de la mazorca del maíz. ‖ **Pajilla.** ‖ Barbas de la mazorca del maíz. ‖ Crines del *caballo. ‖ Hoyo de viruela. ‖ fig. Mujer *despreciable.
tusco, ca. adj. Etrusco o toscano. Apl. a pers., ú. t. c. s.
tusculano, na. adj. Natural de Túsculo. Ú. t. c. s. ‖ Perteneciente a esta ciudad del Lacio.
tusilago. m. **Fárfara** (*planta).
tuso. m. fam. ***Perro.** Ú. como interjección para llamarlo o espantarlo.
tusón. m. **Vellón** (de *lana). ‖ Potro que no ha llegado a dos años.
tusona. f. fam. ***Ramera.** ‖ Potranca que no ha llegado a dos años.
tuta. f. **Chito** (*juego).
tútano. m. desus. **Tuétano.**
tute. m. Juego de *naipes en que puede acusar veinte tantos el que tiene rey y caballo del mismo palo, o cuarenta si son del triunfo; y gana la partida el que reúne los cuatro reyes o los cuatro caballos. ‖ Reunión, en este juego, de los cuatro reyes o los cuatro caballos. ‖ **arrastrado.** El que se juega entre tres, repartiendo todas las cartas y arrastrando. ‖ fam. *Trabajo intenso y prolongado. ‖ **Darse un tute.** fr. *Trabajar durante tiempo y sin descanso en alguna cosa.
tutear. tr. Hablar a uno empleando el pronombre de segunda persona. Ú. t. c. rec.
***tutela.** f. Autoridad que, en defecto de la paterna o materna, se confiere a uno para que cuide de la persona y los bienes de un menor o de otra persona que no tiene completa capacidad civil. ‖ Cargo de tutor. ‖ fig. *Protección o defensa. ‖ **dativa.** *For.* La que se confiere por nombramiento del consejo de familia o del juez. ‖ **ejemplar.** *For.* La que se constituye para los incapacitados mentalmente. ‖ **legítima.** *For.* La que se confiere por virtud de llamamiento que hace la ley. ‖ **testamentaria.** La que se defiere por testamento.
tutelar. adj. Que *protege o defiende. ‖ *For.* Perteneciente a la tutela de los incapaces.
tuteo. m. Acción de tutear.
tutía. f. **Atutía.**
tutilimundi. m. **Mundonuevo.**
tutiplén (a). m. adv. fam. En *abundancia, a porrillo.
***tutor, ra.** m. y f. Persona que ejerce una tutela. ‖ Persona que ejerce las funciones asignadas en otro tiempo al curador. ‖ m. **Rodrigón** (para sujetar las plantas). ‖ fig. *Defensor, *protector. ‖ **dativo.** *For.* El nombrado por autoridad competente. ‖ **legítimo.** *For.* El designado por la ley civil. ‖ **testamentario.** *For.* El designado en testamento.
tutoría. f. **Tutela.**
tutriz. f. **Tutora.**
tutú. m. Ave de rapiña de la Argentina, con plumaje verde en el lomo y azul en el pecho.
tuturuto, ta. adj. Turulato, atontado.
tuturutú. m. Sonido de la corneta.
tuya. f. *Árbol americano de las coníferas, de ramos siempre verdes. ‖ **articulada. Alerce africano.**
tuyo, tuya, tuyos, tuyas. Pronombre *posesivo de segunda persona en género masculino y femenino y ambos números singular y plural.

U

u. f. Vigésima cuarta *letra del abecedario español. Es muda en las sílabas *que, qui;* y también, por regla general, en las sílabas *gue, gui.* ‖ **consonante. V.** ‖ **valona. V doble.**

u. conj. disyunt. que para evitar el hiato se emplea en vez de *o.*

ubada. f. Medida *superficial agraria que contiene treinta y seis fanegas.

ubajay. m. *Árbol de las mirtáceas, propio de América, de fruto comestible algo ácido. ‖ Fruto de este árbol.

ube. m. Planta de las dioscóreas, que produce *rizomas comestibles. Es propia de Filipinas.

ubérrimo, ma. adj. sup. Muy *abundante y *fértil.

ubetense. adj. Natural de Úbeda. Ú. t. c. s. ‖ Perteneciente a esta ciudad de Jaén.

ubi. m. Especie de *bejuco de Cuba, que se utiliza para hacer canastas.

ubicación. f. Acción y efecto de ubicar o ubicarse.

ubicar. intr. Estar, *hallarse en determinado lugar. Ú. m. c. r. ‖ tr. Situar o *colocar en determinado lugar.

ubicuidad. f. Calidad de ubicuo.

ubicuo, cua. adj. Que está *presente a un mismo tiempo en todas partes. Dícese solamente de *Dios. ‖ fig. Aplícase a la persona que por *diligencia o curiosidad todo lo quiere presenciar.

ubio. m. **Yugo.**

ubiquidad. f. **Ubicuidad.**

ubiquitario, ria. adj. Dícese del individuo de una secta del *protestantismo que niega la transubstanciación. Ú. t. c. s.

ubre. f. Cada una de las *mamas o tetas de la hembra, en los mamíferos. ‖ Conjunto de ellas.

ubrera. f. Excoriación que suelen padecer los niños en la *boca durante la *lactancia.

ucase. m. *Decreto del zar. ‖ fig. Orden gubernativa o *mandato injusto y *despótico.

ucé. com. ant. Vuestra merced.

ucencia. com. ant. **Vuecencia.**

ucranio, nia. adj. Natural de Ucrania. Ú. t. c. s. ‖ Perteneciente o relativo a esta región del sur de la antigua Rusia.

ucubitano, na. adj. Natural de la antigua Ucubi, hoy Espejo, en la provincia de Córdoba. Ú. t. c. s. ‖ Perteneciente a esta ciudad de la Bética.

udómetro. m. **Pluviómetro.**

uesnorueste. m. **Oesnorueste.**

uessudueste. m. **Oessudueste.**

ueste. m. **Oeste.**

¡uf! interj. con que se denota *cansancio, fastidio, *asco, etc.

ufanamente. adv. m. Con ufanía.

ufanarse. r. *Engreírse, *jactarse.

ufanía. f. Calidad de ufano.

ufanidad. f. desus. **Ufanía.**

ufano, na. adj. Arrogante, *vanidoso, engreído. ‖ fig. Satisfecho, *alegre. ‖ fig. Que procede con *atrevimiento y *desenvoltura.

ufo (a). m. adv. De *mogollón, sin ser convidado ni llamado.

ugrios. m. pl. *Pueblos fineses de la vertiente oriental del Ural.

ujier. m. *Portero de estrados de un palacio o tribunal. ‖ *Empleado subalterno que en algunos *tribunales y cuerpos del Estado tiene a su cargo ciertas diligencias y la policía de los estrados. ‖ **de armas.** Criado que tenía el encargo de la custodia de las armas del rey. ‖ **de cámara.** El que servía en la antecámara del *rey.

ulaguiño. m. **Abrótano.**

ulano. m. *Soldado de caballería ligera armado de lanza, en algunos ejércitos europeos.

***úlcera.** f. *Med.* Solución de continuidad con pérdida de substancia en los tejidos orgánicos, sostenida por un vicio local o por una causa interna. ‖ Daño en la parte leñosa de las plantas.

ulceración. f. Acción y efecto de ulcerar o ulcerarse.

ulcerante. p. a. de **Ulcerar.** Que ulcera.

***ulcerar.** tr. Causar úlcera. Ú. t. c. r.

ulcerativo, va. adj. Que causa o puede causar *úlceras.

ulceroso, sa. adj. Que tiene úlceras.

ulema. m. Doctor de la ley *mahometana, entre los turcos.

ulfilano, na. adj. **Impr.* Dícese de un carácter de *letra gótica, cuya invención se atribuye al obispo Ulfilas.

uliginoso, sa. adj. Aplícase a los terrenos *húmedos y a las plantas que crecen en ellos.

ulmáceo, a. adj. **Bot.* Dícese de árboles o arbustos dicotiledóneos, cuyo tipo es el olmo. Ú. t. c. s. ‖ f. pl. *Bot.* Familia de estas plantas.

ulmaria. f. **Reina de los prados.**

ulmén. m. Entre los indios araucanos, hombre *rico y digno de *respeto.

ulpo. m. Especie de mazamorra o *gachas de harina tostada desleída en agua, que sirve de alimento a los indios.

ulterior. adj. Que está de la parte de allá o en lugar más *lejano, respecto de un sitio o territorio. ‖ Que se dice, sucede o se ejecuta *después de otra cosa.

ulteriormente. adv. m. *Después de un momento dado.

ultílogo. m. Discurso puesto en un libro al *fin de la obra.

ultimación. f. Acción y efecto de ultimar.

ultimador, ra. adj. El que ultima. Ú. t. c. s.

últimamente. adv. m. **Por último.** ‖ En un *pasado próximo; recientemente.

ultimar. tr. Acabar, *concluir, *finalizar.

ultimato. m. desus. **Ultimátum.**

ultimátum. m. En el lenguaje *diplomático, resolución terminante y definitiva, comunicada por escrito. ‖ fam. *Decisión definitiva.

ultimidad. f. Calidad de último.

***último, ma.** adj. Dícese de lo que en una serie o sucesión de cosas está o se considera en el lugar postrero. ‖ Dícese de lo más *lejano, retirado o escondido. ‖ Aplícase al recurso, *decisión o acuerdo eficaz y definitivo que se toma en algún asunto. ‖ Dícese de lo más *excelente o *superior en su línea. ‖ Aplícase a la *finalidad a que deben dirigirse todas nuestras acciones y designios. ‖ Dícese del *precio que se pide como mínimo o del que se ofrece como máximo. Ú. t. c. s. n. ‖ **A la última.** m. adv. fam. A la última moda. ‖ **Estar** uno **a lo último de** una cosa. fr. fam. **Estar al cabo de** ella. ‖ **Estar** uno **en las últimas.** fr. fam. **Estar al cabo.** ‖ **Por último.** m. adv. *Después o detrás de todo, finalmente.

ultra. adv. *Además de. ‖ En composición con algunas voces, más allá de, al otro lado de. ‖ Antepuesta como partícula inseparable a algunos adjetivos, expresa idea de *exceso.

ultrajador, ra. adj. Que ultraja. Ú. t. c. s.

ultrajante. p. a. de **Ultrajar.** Que ultraja.

ultrajar. tr. *Maltratar o *injuriar de obra o de palabra. ‖ *Despreciar a una persona.

ultraje. m. Maltratamiento, *injuria o *desprecio.

ultrajoso, sa. adj. Que causa o incluye ultraje.

ultramar. m. **Geogr.* País o sitio

que está de la otra parte del mar.
ultramarino, na. adj. Que está o se considera del otro lado o a la otra parte del *mar. ‖ Aplícase a las *mercancías o *comestibles traídos de la otra parte del mar, y en general a los comestibles que se pueden conservar sin que se alteren fácilmente. Ú. m. c. s. y en pl.
ultramicroscópico, ca. adj. Dícese de lo que por su *pequeñez no puede ser visto sino por medio del ultramicroscopio.
ultramicroscopio. m. Sistema o aparato *óptico que sirve para ver objetos de dimensiones aún más pequeñas que las que se perciben con el microscopio.
ultramontanismo. m. *Ecles.* Conjunto de las doctrinas y opiniones de los ultramontanos. ‖ Conjunto de éstos.
ultramontano, na. adj. Que está más allá o de la otra parte de las *montañas. ‖ **Ecles.* Dícese del partidario y defensor del más lato poder y amplias facultades del *Papa en relación con la potestad civil del Estado. Ú. t. c. s. ‖ Perteneciente o relativo a la doctrina de los **ultramontanos.**
ultramundano, na. adj. Que excede a lo mundano o está más allá.
ultranza (a). m. adv. **A muerte.** ‖ A todo trance, con *decisión inquebrantable.
ultrapuertos. m. Lo que está más allá o a la otra parte de los puertos de las *montañas.
ultrarrojo. adj. **Ópt.* **Infrarrojo.**
ultrasolar. adj. Que está más allá del *Sol.
ultratumba. adv. **Teol.* Más allá de la tumba.
ultraviolado, da. adj. **Ópt.* Perteneciente o relativo a la parte invisible del espectro *luminoso, que se extiende a continuación del color violado.
ultravioleta. adj. **Ultraviolado.**
ultravirus. m. **Inm.* Virus que pasa al través de los filtros y que contiene gérmenes patógenos.
úlula. f. **Autillo** (ave).
ululación. f. Acción y efecto de ulular. ‖ *Voz del búho, del autillo y de otras *aves.
ulular. intr. Dar *gritos o alaridos.
ululato. m. Clamor, *queja, alarido.
ulluco. m. *Planta americana de las salsoláceas que produce un *tubérculo comestible semejante a la patata.
umbela. f. *Bot.* Grupo de *flores o *frutos que nacen en un mismo punto del tallo y se elevan a igual altura.
umbelífero, ra. adj. **Bot.* Dícese de plantas dicotiledóneas, de fruto compuesto de dos aquenios, en cada uno de los cuales hay una sola semilla; como el cardo corredor, el apio, etc. Ú. t. c. s. f. ‖ f. pl. *Bot.* Familia de estas plantas.
umbilicado, da. adj. De figura de ombligo.
umbilical. adj. **Anat.* Perteneciente al ombligo.
umbráculo. m. *Cobertizo de ramaje o de otra cosa que dé paso al aire. Se usa para dar *sombra y para proteger las plantas de la fuerza del sol.
umbral. m. Parte inferior o *escalón, en la *puerta o entrada de una casa. ‖ fig. *Principio o entrada de cualquier cosa. ‖ *Arq.* *Madero que se atraviesa en lo alto de un *vano para sostener el muro que hay encima. ‖ **Atravesar,** o **pisar los umbrales de** un edificio. fr. *Entrar en él. Ú. m. con neg.
umbralado. m. *Arq.* *Vano asegurado por un umbral. ‖ **Umbral.**
umbralar. tr. *Arq.* Poner umbral al vano de un muro.
umbrático, ca. adj. Perteneciente a la *sombra. ‖ Que la causa.
umbrátil. adj. **Umbroso.**
umbría. f. *Valle o parte de *terreno en que casi siempre hace *sombra.
umbrío, a. adj. **Sombrío.**
umbroso, sa. adj. Que tiene *sombra o la causa.
un, una. Artículo indeterminado en género masculino y femenino y número singular. ‖ adj. **Uno.**
unalbo, ba. adj. Se dice de la *caballería que tiene calzado un pie o una mano.
unánime. adj. Dícese del conjunto de las personas que están de *acuerdo en un mismo parecer, voluntad o sentimiento. ‖ Aplícase a este parecer, voluntad o sentimiento.
unánimemente. adv. m. De manera unánime.
unanimidad. f. Calidad de unánime. ‖ **Por unanimidad.** m. adv. **Unánimemente.**
uncia. f. *Moneda romana de cobre, que valía la duodécima parte del as. ‖ *For.* Duodécima *parte de la *herencia.
uncial. adj. Dícese de ciertas *letras, todas mayúsculas y del tamaño de una pulgada, que se usaron hasta el siglo VII. Ú. t. c. s. ‖ Aplícase también a este sistema de *escritura.
uncidor, ra. adj. Que unce o sirve para *uncir. Ú. t. c. s.
unciforme. adj. *Anat.* Dícese de uno de los *huesos de la segunda fila del carpo o muñeca. Ú. m. c. s.
unción. f. Acción de ungir o *untar. ‖ ***Extremaunción.** ‖ Gracia y comunicación especial del *Espíritu Santo*, que mueve a la virtud y perfección. ‖ *Devoción y fervor con que el ánimo se entrega a alguna cosa. ‖ *Mar.* *Vela muy pequeña que se arma en la proa de las lanchas en caso de galerna. ‖ pl. **Terap.* Unturas de ungüento mercurial para la curación de la sífilis.
uncionario, ria. adj. *Enfermo que está tomando las unciones o convaleciente de ellas. Ú. t. c. s. ‖ m. Pieza o aposento en que se toman.
***uncir.** tr. Atar o sujetar al yugo bueyes, mulas u otras bestias.
undante. adj. poét. **Undoso.**
undecágono, na. adj. *Geom.* **Endecágono.** Ú. m. c. s. m.
undécimo, ma. adj. Que sigue inmediatamente en *orden al décimo. ‖ Dícese de cada una de las once *partes iguales en que se divide un todo. Ú. t. c. s.
undécuplo, pla. adj. Que contiene un *número once veces exactamente. Ú. t. c. s.
undísono, na. adj. poét. Aplícase a las aguas que causan *ruido con el movimiento de las *ondas.
undívago, ga. adj. poét. Que *ondea o se mueve como las olas.
undoso, sa. adj. Que tiene *ondas o se mueve haciéndolas.
undulación. f. ***Ondulación.** ‖ *Fís.* **Onda.**
undulante. p. a. de **Undular.** Que undula.
***undular.** intr. Moverse una cosa formando giros en figura de eses.
undulatorio, ria. adj. Aplícase al movimiento de undulación.
ungido, da. p. p. de **Ungir.** ‖ m. *Rey o *sacerdote signado con el óleo santo.
ungimiento. m. Acción y efecto de ungir.
ungir. tr. *Untar con aceite u otra materia pingüe, extendiéndola superficialmente. ‖ Signar con óleo sagrado a una persona, para denotar el carácter de su *dignidad, o para la recepción de un *sacramento.
ungüentario, ria. adj. **Farm.* Perteneciente a los ungüentos o que los contiene. ‖ m. El que hace los ungüentos. ‖ Paraje en que se tienen colocados los ungüentos.
ungüento. m. Todo aquello que sirve para ungir o *untar. ‖ *Medicamento pastoso que se aplica al exterior, y en cuya composición figuran la cera amarilla, el aceite de olivas o el sebo de carnero. ‖ Compuesto de simples olorosos que se usaba para embalsamar *cadáveres. ‖ fig. Cualquier cosa que *capta la voluntad. ‖ **amaracino.** Medicamento cuyo principal ingrediente es la mejorana. ‖ **amarillo.** El madurativo cuyo principio medicinal es la colofonia. ‖ *Remedio que se supone aplicable a todos los casos. ‖ **basilicón.** El madurativo y supurativo cuyo principio medicinal es la pez negra. ‖ **de soldado.** Aquel en cuya composición entra el mercurio. ‖ **mejicano. Unto de Méjico.** ‖ **nicerobino. Ungüento** muy precioso y *perfumado de que usaban mucho los antiguos para ungirse.
unguiculado, da. adj. *Zool.* Que tiene los dedos terminados por *uñas. Ú. t. c. s.
unguis. m. *Anat.* *Hueso muy pequeño de la parte anterior e interna de cada una de las órbitas.
ungulado, da. adj. *Zool.* Que tiene *casco o pesuña. Ú. t. c. s.
ungular. adj. Que pertenece o se refiere a la *uña.
unible. adj. Que puede unirse.
únicamente. adv. m. Sola o precisamente.
unicaule. adj. *Bot.* Dícese de la planta que tiene un solo *tallo.
unicelular. adj. Que consta de una sola *célula.
unicidad. f. Calidad de *único.
***único, ca.** adj. Solo y sin otro de su especie. ‖ fig. Singular, *extraordinario, *particular.
unicolor. adj. De un solo *color.
unicornio. m. Animal *quimérico de figura de caballo y con un cuerno recto en mitad de la frente. ‖ **Rinoceronte.** ‖ *Marfil *fósil de mastodonte. ‖ *Astr.* *Constelación boreal comprendida entre Pegaso y el Águila. ‖ **de mar,** o **marino. Narval.**
***unidad.** f. Propiedad de todo ser que no puede ser dividido sin dejar de ser esencialmente el mismo. ‖ Indivisión de las cosas opuesta a la pluralidad o diversidad. ‖ Singularidad en número o calidad. ‖ Unión o *conformidad. ‖ Cualidad de la obra *literaria o *artística en que sólo hay un asunto o pensamiento principal. ‖ *Mat.* Cantidad que se toma por *medida o término de comparación de las demás de su especie. ‖ *Mil.* Fracción del *ejército que puede obrar independientemente. ‖ **de lugar.** Cualidad, en la obra *dramática, de desarrollarse su acción en un solo lugar. ‖ **de tiempo.** Cualidad, en la obra *dramática, de durar la acción el tiempo, sobre poco más o menos, que dure la representación.
unidamente. adv. m. Juntamente, con *unión o *concordia.
unidor, ra. adj. Que une.

unificación. f. Acción y efecto de *unificar o unificarse.
***unificar.** tr. Hacer de muchas cosas una, o reducirlas a una misma especie. Ú. t. c. r.
unifoliado, da. adj. *Bot.* Que tiene una sola *hoja.
uniformador, ra. adj. Que uniforma.
uniformar. tr. Hacer uniformes dos o más cosas. Ú. t. c. r. ‖ Dar *traje igual a los individuos de un cuerpo o comunidad.
uniforme. adj. Dícese de dos o más cosas que tienen la misma *forma. ‖ *Igual, *conforme, *semejante. ‖ m. *Traje especial y distintivo que usan los militares y otros empleados o los individuos que pertenecen a un mismo cuerpo o colegio.
uniformemente. adv. m. De manera uniforme.
uniformidad. f. Calidad de uniforme.
unigénito, ta. adj. Aplícase al *hijo único. ‖ m. Por antonom., *Jesucristo.
unilateral. adj. Se dice de lo que se refiere solamente a una *parte o a un aspecto de alguna cosa. ‖ **Bot.* Que está colocado solamente a un *lado.
***unión.** f. Acción y efecto de unir o unirse. ‖ Correspondencia y *conformidad de una cosa con otra. ‖ Conformidad y *concordia de voluntades o dictámenes. ‖ ***Casamiento.** ‖ Semejanza de dos *perlas. ‖ Composición que resulta de la *mezcla de algunas cosas entre sí. ‖ Entre los *místicos, grado de perfección espiritual en que el alma se une con su Criador por la caridad. ‖ Alianza, *confederación. ‖ **Ecles.* Agregación o incorporación de un beneficio o prebenda a otra. ‖ *Contigüidad de una cosa a otra. ‖ *Sortija compuesta de dos, enlazadas o eslabonadas entre sí. ‖ *Cir.* Consolidación de los labios de la *herida. ‖ **hipostática.** **Teol.* La de la naturaleza humana con el Verbo divino en una sola persona.
unionista. adj. **Polít.* Dícese de la persona, partido, etc., que mantiene cualquier idea de unión. Ú. t. c. s.
unípede. adj. De un solo pie.
unipersonal. adj. Que consta de una sola *persona. ‖ Que corresponde o pertenece a una sola persona.
***unir.** tr. Juntar dos o más cosas entre sí, haciendo de ellas un todo. ‖ *Mezclar algunas cosas entre sí. ‖ *Atar o juntar una cosa con otra, física o moralmente. ‖ *Acercar una cosa a otra, para que formen un conjunto o concurran al mismo objeto o fin. ‖ **Ecles.* Agregar un beneficio o prebenda eclesiástica a otra. ‖ **Casar.** Ú. t. c. r. ‖ fig. Concordar o *conciliar las voluntades o pareceres. ‖ *Cir.* Consolidar o cerrar la *herida. ‖ r. *Asociarse varios para el logro de algún intento. ‖ Juntarse en un sujeto dos o más cosas antes separadas y distintas. ‖ Estar muy *cercana, *contigua o inmediata una cosa a otra. ‖ Agregarse uno a la *compañía de otro.
unisexual. adj. De un solo *sexo.
unisón. adj. **Unísono.**
unisonancia. f. Concurrencia de dos o más voces o instrumentos en un mismo tono de *música. ‖ Monotonía, persistencia del orador en un mismo tono de voz.
unísono, na. adj. Dícese de lo que tiene el mismo tono o sonido que otra cosa. ‖ **Al unísono.** m. adv. fig. Sin discrepancia, con unanimidad.
unitario, ria. adj. Individuo de cierta *secta, que, admitiendo en parte la revelación, no reconoce en Dios más que una sola persona. Ú. t. c. s. ‖ Partidario de la unidad en materias *políticas. Ú. t. c. s. ‖ Que propende a la unidad o la conserva.
unitarismo. m. Doctrina u opinión de los unitarios.
unitivo, va. adj. Que tiene virtud de *unir.
univalente. adj. **Quím.* Dícese del cuerpo o elemento que sólo tiene una valencia de combinación.
univalvo, va. adj. Dícese de la *concha de una sola pieza. ‖ Aplícase al *molusco que tiene concha de esta clase. Ú. t. c. s. m. ‖ Dícese del *fruto cuya cáscara no tiene más que una sutura.
***universal.** adj. Que comprende o es común a todos en su especie, sin excepción de ninguno. ‖ Aplícase a la persona versada en muchas ciencias, o que posee muchos *conocimientos. ‖ Que lo comprende todo en la especie de que se habla. ‖ Que pertenece o se extiende a todo el mundo, a todos los países, a todos los tiempos. ‖ **Lóg.* Lo que por su naturaleza es apto para ser predicado de muchos.
universalidad. f. Calidad de *universal. ‖ *For.* Comprensión en la *herencia de todos los bienes, derechos o responsabilidades del difunto.
universalísimo, ma. adj. **Lóg.* Aplícase al género supremo que comprende otros géneros inferiores que también son universales.
universalizar. tr. Hacer universal una cosa, *generalizarla mucho.
universalmente. adv. m. De manera *universal.
***universidad.** f. Instituto público donde se cursan ciertas facultades, y se confieren los grados correspondientes. ‖ Instituto público de enseñanza donde se hacían los estudios mayores de ciencias y letras. ‖ Edificio destinado a las cátedras y oficinas de una **universidad.** ‖ Conjunto de personas que forman una *corporación. ‖ Conjunto de *poblaciones que estaban bajo una misma representación jurídica. ‖ ***Mundo.** ‖ **Universalidad.** ‖ **de villa y tierra. Universidad** (conjunto de poblaciones).
universitario, ria. adj. Perteneciente o relativo a la *universidad. ‖ m. *Catedrático de universidad.
***universo, sa.** adj. **Universal.** ‖ m. ***Mundo.**
univocación. f. Acción y efecto de univocarse.
unívocamente. adv. m. De manera unívoca.
univocarse. r. *Convenir en una misma propiedad o circunstancia dos o más cosas.
unívoco, ca. adj. Dícese de lo que tiene *igual naturaleza o *significación que otra cosa. Ú. t. c. s. ‖ **Lóg.* Dícese del término que se predica de varios individuos con la misma significación. Ú. t. c. s.
***uno, una.** adj. Que no está dividido en sí mismo; *entero, íntegro. ‖ Dícese de la persona o cosa identificada o *unida, física o moralmente, con otra. ‖ *Idéntico, lo mismo. ‖ **Único.** ‖ pl. **Algunos.** ‖ Antepuesto a un número cardinal, *aproximadamente. ‖ Pronombre *indeterminado. ‖ m. **Unidad** (cantidad que sirve de *medida). ‖ *Número o guarismo con que se expresa la unidad sola. ‖ Individuo de cualquier especie. ‖ **A una.** m. adv. A un tiempo, unidamente o *simultáneamente. ‖ **Cada uno.** Cualquier persona considerada individualmente. ‖ **De una.** m. adv. **De una vez.** ‖ **De uno en uno.** m. adv. **Uno a uno.** ‖ **En uno.** m. adv. Con unión o de *conformidad. ‖ **Para en uno.** loc. adv. Para estar o vivir unidos o conformes. ‖ **Ser todo uno,** o **ser uno.** fr. fig. Venir a ser o parecer varias cosas **una** misma. ‖ **Una de dos.** loc. que se emplea para *contraponer en disyuntiva dos cosas o ideas. ‖ **Una por una.** loc. adv. En todo caso, efectivamente. ‖ **Una y no más.** expr. con que se denota la resolución de *abstenerse en algún asunto. ‖ **Uno a otro.** m. adv. *Mutua o recíprocamente. ‖ **Uno a uno.** m. adv. con que se explica la *separación o distinción por *orden de personas y cosas. ‖ **Uno con otro.** m. adv. Tomadas en conjunto varias cosas, *compensando lo que excede una con lo que falta a otra. ‖ **Uno de tantos.** loc. fam. que se usa para indicar que un individuo no se distingue por ninguna cualidad especial. ‖ **Uno por uno.** m. adv. **Uno a uno.** Ú. para expresar mayor *separación o distinción. ‖ **Uno que otro.** loc. Algunos *pocos de entre muchos. ‖ **Unos cuantos.** loc. Pocos, en número *escaso. ‖ **Uno tras otro.** m. adv. Sucesivamente o por *orden sucesivo. ‖ **Uno y otro.** loc. **Ambos.**
untada. f. Rebanada de *pan untada con manteca, miel, etc.
untador, ra. adj. Que unta. Ú. t. c. s.
***untadura.** f. Acción y efecto de untar o untarse. ‖ **Untura.**
untamiento. m. **Untadura.**
***untar.** tr. Aplicar superficialmente una materia más o menos fluida, extendiéndola mucho. ‖ fig. y fam. Corromper o *sobornar a uno, con dones o dinero. ‖ r. *Ensuciarse casualmente con una materia untuosa. ‖ fig. y fam. *Apropiarse ilícitamente algo de las cosas que se manejan.
untaza. f. **Unto** (grasa animal).
unto. m. Materia pingüe a propósito para untar. ‖ *Grasa interior del cuerpo del animal. ‖ **Ungüento.** Ú. m. en sent. fig. ‖ **de Méjico,** o **de rana.** fig. y fam. ***Dinero,** especialmente el que se emplea en el *soborno.
untoso, sa. adj. **Untuoso.**
untuosidad. f. Calidad de untuoso.
untuoso, sa. adj. *Craso, pingüe y pegajoso.
untura. f. **Untadura.** ‖ Materia con que se unta.
***uña.** f. Parte del cuerpo, de naturaleza córnea, que nace y crece en las extremidades de los dedos. ‖ Casco o pesuña. ‖ Punta corva en que remata la cola del alacrán, y con la cual pica. ‖ *Espina corva de algunas plantas. ‖ **Tetón.** ‖ **Veter.* Especie de costra que se forma a las bestias sobre las mataduras. ‖ Excrecencia de la carúncula lagrimal, semejante a la raíz de la **uña.** ‖ *Gancho o punta corva de algunos instrumentos de metal. ‖ ‖ Escopleadura o *muesca que se hace en el espesor de algunas piezas, para poder moverlas impulsándolas con el dedo. ‖ **Dátil** (*molusco). ‖ Especie de dedal abierto y puntiagudo que se usa para hacer *cigarrillos. ‖ fig. y fam. Destreza o suma inclinación a *hurtar. Ú. m. en pl. ‖ *Mar.* Punta triangular en que rematan los brazos del *ancla. ‖ **de caballo. Fárfara** (planta). ‖ **de la gran bestia.** La del pie derecho del alce o anta, la cual se

creyó *medicamento eficaz para el mal de corazón. ‖ **de vaca.** Mano o pie de esta res después que se corta para la carnicería. ‖ **gata.** *Gatuña. ‖ **olorosa.** Opérculo de una especie de cañadilla índica. ‖ **Afilar,** o **afilarse,** uno **las uñas.** fr. fig. y fam. Hacer o *prepararse para hacer un *esfuerzo extraordinario. ‖ **A uña de caballo.** m. adv. fam. A todo el *correr del caballo. ‖ **Caer en las uñas de** uno. fr. fig. y fam. Caer en su poder. ‖ **Comerse** uno **las uñas.** fr. fig. y fam. Morderse las de las manos, en señal de *ira o preocupación. ‖ **Descubrir** uno **la uña.** fr. fig. y fam. **Descubrir la oreja.** ‖ **De uñas.** loc. adv. fig. y fam. con que se denota la *enemistad de dos o más personas. ‖ **De uñas a uñas.** expr. fam. con que se indica la *longitud que media en el cuerpo humano desde las puntas de los dedos de una mano hasta las de los dedos de la otra, estando los brazos abiertos en cruz. ‖ **Enseñar** uno **las uñas** a otro. fr. fig. y fam. **Enseñarle los dientes.** ‖ **Enseñar** uno **la uña.** fr. fig. y fam. **Descubrir la uña.** ‖ **Hincar** uno **la uña.** fr. fig. y fam. **Meter la uña.** ‖ **Largo de uñas.** fig. y fam. Inclinado al *robo. ‖ **Libertar** a uno **de las uñas de** otro. fr. fig. y fam. **Sacarle de** sus **uñas.** ‖ **Meter** uno **la uña.** fr. fig. y fam. Exceder en los precios o derechos debidos, o *defraudar. ‖ **Mirarse** uno **las uñas.** fr. fig. y fam. Jugar a los *naipes. ‖ fig. y fam. Estar enteramente *ocioso. ‖ **Mostrar** uno **las uñas** a otro. fr. fig. y fam. **Enseñarle las uñas.** ‖ **Mostrar** uno **la uña.** fr. fig. y fam. **Descubrir la uña.** ‖ **Ponerse de uñas** uno. fr. fig. y fam. Oír con mucho desagrado lo que se pide o pretende, y *negarse a concederlo. ‖ **Ponerse** uno **en veinte uñas.** fr. fig. y fam. *Tenderse boca abajo, afirmándose en el suelo con pies y manos. ‖ fig. y fam. *Negarse del todo, a lo que se pide o se pretende. ‖ **Quedarse** uno **soplando las uñas.** fr. fig. y fam. Quedar burlado. ‖ **Sacar** a uno **de las uñas de** otro. fr. fig. y fam. Libertarle de su poder. ‖ **Sacar** uno **las uñas.** fr. fig. y fam. Valerse de toda su *habilidad en algún lance. ‖ **Sacar** uno **la uña.** fr. fig. y fam. **Descubrir la uña.** ‖ **Sacar por la uña al león.** fr. fig. Llegar al conocimiento de una cosa por una leve *conjetura. ‖ **Ser uña y carne** dos o más personas. fr. fig. y fam. Haber estrecha *amistad entre ellas. ‖ **Tener** uno **en la uña** una cosa. fr. fig. y fam. *Saberla muy bien. ‖ **Tener** uno **las uñas afiladas.** fr. fig. y fam. Estar ejercitado en el *robo. ‖ **Uñas abajo.** loc. adv. *Equit.* Explica la posición en que queda la mano cuando se afloja un poco la rienda. ‖ **Uñas adentro.** loc. adv. **Equit.* Explica la posición ordinaria de la mano izquierda, con que se llevan las riendas. ‖ **Uñas arriba.** loc. adv. **Equit.* Explica la posición en que ha de quedar la mano cuando se acorta un poco la rienda.

uñada. f. *Huella que se hace en una cosa apretando con el filo de la uña. ‖ *Impulsión que se da a una cosa con la uña. ‖ **Uñarada.**

uñarada. f. Rasguño o *arañazo que se hace con las uñas.

uñate. m. **Uñeta** (*juego con monedas). ‖ fam. Acción y efecto de *apretar con la *uña una cosa. ‖ *Juego de niños que consiste en impulsar con la uña un alfiler hasta cruzarlo con el contrario.

uñero. m. Inflamación en la raíz de la *uña. ‖ Herida que produce la uña cuando se introduce en la carne, al crecer.

uñeta. f. d. de **Uña.** ‖ *Cincel de boca ancha, que usan los *canteros. ‖ *Juego de muchachos, que ejecutan tirando cada uno una moneda al hoyuelo. ‖ **Arq. Nav.* Instrumento de calafate para sacar *clavos.

uñi. m. *Arbusto chileno de las mirtáceas, que tiene por fruto una baya comestible.

uñidura. f. Acción y efecto de uñir.

uñir. tr. **Uncir.**

uñoperquén. m. *Planta herbácea de las campanuláceas, propia de Chile.

uñoso, sa. adj. Que tiene largas las *uñas.

uñuela. f. d. de **Uña.**

¡upa! Voz para esforzar a *levantar algún peso o a levantarse. ‖ **A upa.** m. adv. En brazos. Es voz infantil.

upas. m. *Veneno sacado del látex de ciertas plantas, que usan algunos salvajes para envenenar las flechas.

upupa. f. **Abubilla.**

uralaltaico, ca. adj. Perteneciente a los Urales y al Altai. ‖ Dícese de una familia de *lenguas aglutinantes y de los *pueblos que las hablan.

uranio. m. *Quím.* *Metal muy denso, de color parecido al del níquel y fusible tan sólo a elevadísima temperatura.

uranio, nia. adj. Perteneciente o relativo a los *astros y al espacio celeste.

uranismo. m. *Pat.* ***Sodomía.**

Urano. n. p. m. **Mit.* Personificación del cielo. ‖ m. *Planeta mucho mayor que la Tierra, acompañado de ocho satélites.

uranografía. f. **Cosmografía.**

uranógrafo. m. El que profesa la uranografía.

uranolito. m. ***Aerolito.**

uranometría. f. Parte de la *astronomía, que trata de la medición de las distancias celestes.

urao. m. **Trona.**

urato. m. **Quím.* Compuesto salino correspondiente al ácido úrico.

urbanamente. adv. m. Con urbanidad.

urbanidad. f. *Cortesía, buen trato y buenos modales.

urbanismo. m. Conjunto de los conocimientos referentes al desarrollo y progreso de las *poblaciones.

urbanista. adj. Referente al urbanismo. ‖ m. Persona que lo profesa.

urbanización. f. Acción y efecto de urbanizar.

urbanizar. tr. Hacer urbano y *cortés a uno. Ú. t. c. r. ‖ Convertir en *ciudad o población una porción de terreno, o prepararlo para ello.

***urbano, na.** adj. Perteneciente a la *ciudad. ‖ fig. *Cortés, atento y de buen modo. ‖ m. Individuo de la milicia **urbana.**

urbe. f. *Ciudad, especialmente la muy populosa.

urbícola. adj. Dícese del *habitante de las ciudades. Ú. t. c. s.

urca. f. *Embarcación grande, muy ancha por el centro, para el transporte de granos y otros géneros.

urca. f. **Orca.**

urce. m. **Brezo.**

urcitano, na. adj. Natural de Urci, hoy Chuche, barrio de Almería. Ú. t. c. s. ‖ Perteneciente a esta antigua ciudad. ‖ **Almeriense.** Apl. a pers., ú. t. c. s.

urchilla. f. Cierto *liquen que vive en las rocas bañadas por el mar. ‖ **Pint.* Color de violeta que se saca de esta planta.

urdemalas. m. Trapisondista, *intrigante.

urdidera. f. **Urdidora.** ‖ Instrumento a modo de devanadera, donde los *tejedores preparan los hilos para las urdimbres.

urdidor, ra. adj. Que urde. Ú. t. c. s. ‖ m. **Urdidera.**

urdidura. f. Acción y efecto de urdir.

urdiembre. f. **Urdimbre.**

urdimbre. f. Estambre o pie después de urdido para *tejerlo. ‖ Conjunto de hilos que se colocan en el *telar paralelamente unos a otros para formar una tela. ‖ fig. Acción de urdir una *intriga u otra maquinación.

urdir. tr. Preparar los hilos en la urdidera para pasarlos al *telar. ‖ fig. Maquinar y disponer alguna *intriga.

urea. f. **Quím.* Principio que constituye la mayor parte de la materia orgánica contenida en la *orina en su estado normal.

uremia. f. **Pat.* Enfermedad ocasionada por la acumulación, en la sangre, de las substancias que normalmente son eliminadas con la *orina.

urémico, ca. adj. *Pat.* Perteneciente o relativo a la uremia.

urente. adj. Que *quema, ardiente, abrasador.

uréter. m. *Anat.* Cada uno de los conductos por donde desciende la orina a la vejiga desde los *riñones.

urétera. f. *Anat.* **Uretra.**

urético, ca. adj. *Anat.* Perteneciente o relativo a la uretra.

uretra. f. *Anat.* Conducto por donde se expele la *orina.

uretral. adj. *Anat.* **Urético.**

uretritis. f. **Pat.* Inflamación de la membrana mucosa de la uretra. ‖ *Pat.* **Blenorragia.**

urgabonense. adj. Natural de Arjona. Ú. t. c. s. ‖ Perteneciente a esta villa de Jaén.

***urgencia.** f. Calidad de urgente. ‖ *Carencia o *precisión de lo que es menester para algún negocio. ‖ Hablando de las leyes o preceptos, actual *obligación de cumplirlos.

***urgente.** p. a. de **Urgir.** Que urge.

urgentemente. adv. m. De manera urgente.

urgir. intr. *Apremiar o ser *indispensable la pronta ejecución de una cosa. ‖ Obligar actualmente la ley o el precepto, estar *vigente.

úrico, ca. adj. Perteneciente o relativo al ácido úrico. ‖ **Urinario.**

urinal. adj. **Urinario.**

***urinario, ria.** adj. Perteneciente o relativo a la *orina. ‖ m. Lugar destinado para *orinar en las calles, locales públicos, etc.

urna. f. *Vasija o *caja que se usaba para guardar ciertas cosas, como el dinero, las cenizas de los cadáveres humanos, etc. ‖ Arquita de hechura varia, que sirve para depositar números o papeletas en los *sorteos, *elecciones, etc. ‖ Caja de cristales planos para tener resguardados del polvo *efigies u otros objetos preciosos. ‖ Medida antigua de *capacidad para líquidos, equivalente a cuatro congios.

urnición. f. **Arq. Nav.* En los astilleros de Vizcaya, **barraganete.**

uro. m. Animal salvaje, muy parecido al bisonte.

urodelo, la. adj. Dícese de los *anfibios provistos de cola.
urogallo. m. *Ave gallinácea, de plumaje pardo negruzco jaspeado de gris.
urología. f. Parte de la medicina que trata de las enfermedades del aparato *urinario.
urólogo. m. El que profesa la urología.
uromancia. f. *Adivinación por el examen de la orina.
uroscopia. f. **Med.* Inspección metódica de la *orina para esclarecer el diagnóstico de las enfermedades.
urotropina. f. **Farm.* Antiséptico de las vías urinarias que se obtiene mediante la acción del formol sobre el amoniaco.
urpila. f. *Paloma pequeña de la Argentina.
urraca. f. *Pájaro de plumaje blanco en el vientre y negro con reflejos metálicos en el resto del cuerpo. Abunda en España, se domestica con facilidad, y suele llevarse al nido objetos pequeños, sobre todo si son brillantes. || *Fort.* V. **Nido de urraca.**
ursa. f. *Astron.* **Osa.**
ursaonense. adj. Natural de la antigua Ursao o de la moderna Osuna. Ú. t. c. s. || Perteneciente a esta villa.
ursulina. adj. Dícese de la religiosa que pertenece a la *Congregación fundada por Santa Ángela de Brescia, para educación de niñas y cuidado de enfermos. Ú. t. c. s.
urticáceo, a. adj. **Bot.* Aplícase a plantas dicotiledóneas, arbustos o hierbas, cuyo tipo es la ortiga. Ú. t. c. s. f. || f. pl. *Bot.* Familia de estas plantas.
urticación. f. **Terap.* Revulsión local mediante la flagelación con ortigas frescas.
urticante. adj. Que produce un *picor semejante a la punzadura de las *ortigas.
urticaria. f. *Pat.* Enfermedad eruptiva de la *piel, acompañada de una comezón parecida a la que producen las picaduras de la ortiga.
urú. m. *Ave de la Argentina, parecida a la perdiz.
urubú. m. Especie de buitre americano.
urucú. m. **Bija.**
uruga. f. **Gayuba.**
uruguayo, ya. adj. Natural del Uruguay. Ú. t. c. s. || Perteneciente a esta nación de la América del Sur.
urundey. m. Árbol de las terebintáceas, propio de América.
urutaú. m. *Pájaro nocturno americano, que lanza durante la noche una especie de alarido prolongado.
urutí. m. Cierto pajarillo de varios colores.
usadamente. adv. m. Según el uso o conforme a él.
usado, da. adj. *Desgastado o deslucido por el uso. || *Acostumbrado, ejercitado en alguna cosa. || **Al usado.** m. adv. con que se expresa que las *letras de cambio* se han de pagar en el tiempo o modo que es costumbre.
usador, ra. adj. ant. Que usa.
usagre. m. *Pat.* Erupción pustulosa, seguida de costras, que se presenta en la *piel de la cara y alrededor de las orejas durante la primera dentición. || *Veter.* *Sarna en el cuello del perro y otros animales domésticos.
usante. p. a. de **Usar.** Que usa.
usanza. f. ***Uso.**
***usar.** tr. Hacer servir una cosa para algo. || Disfrutar uno alguna cosa, *utilizarla, sea o no dueño de ella. || *Ejecutar alguna cosa habitualmente o por *costumbre. || Ejercer o servir un empleo u *ocupación. || intr. **Acostumbrar.**
usarcé. com. Apócope de **Usarced.**
usarced. com. Metapl. de **Vuesarced,** vuestra merced.
usencia. com. Metapl. de **Vuesa reverencia.** Ú. entre los religiosos.
useñoría. com. Metapl. de **Vueseñoría,** vuestra señoría.
usgo. m. **Asco.**
usía. com. Síncopa de **Usiría,** vuestra señoría. || m. fam. Presidente de una *corrida de toros.
usier. m. **Ujier.**
usillo. m. Achicoria silvestre.
usiría. com. Metapl. de **Useñoría,** vuestra señoría.
uslero. m. Palo *cilíndrico de madera que se usa en la *cocina para extender la masa de harina.
***uso.** m. Acción y efecto de usar. || Ejercicio o práctica general de una cosa. || **Moda.** || *Eficacia o modo determinado de obrar que tiene una persona o una cosa. || Empleo continuado y habitual de una persona o cosa. || Derecho de usar de la cosa ajena con cierta limitación. || **de *razón.** Posesión del natural discernimiento, que se adquiere pasada la primera niñez. || **Al uso.** m. adv. Conforme o según él. || **A uso.** m. adv. **Al uso.**
ustaga. f. *Mar.* **Ostaga.**
¡uste! interj. **¡Oxte!**
usted. com. *Tratamiento usual de cortesía entre personas de igual condición.
ustible. adj. ***Combustible.**
ustión. f. Acción de *quemar o quemarse.
ustorio. adj. V. **Espejo ustorio.**
usual. adj. Que es de *uso *frecuente y *ordinario. || Aplícase al sujeto *sociable y de buen genio. || Dícese de las cosas que se pueden *usar con facilidad.
usualmente. adv. m. De manera usual.
usuario, ria. adj. Que usa ordinariamente una cosa o se sirve de ella. Ú. m. c. s. || *For.* Aplícase al que tiene derecho de *usar de la cosa ajena con cierta limitación. Ú. m. c. s. || *For.* Dícese del que por concesión gubernativa goza un aprovechamiento de aguas. Ú. t. c. s.
usucapión. f. *For.* Modo de *adquirir por haber pasado el tiempo que las leyes señalan al efecto.
usucapir. tr. *For.* *Adquirir una cosa por usucapión.
***usufructo.** m. Derecho de usar de la cosa ajena y aprovecharse de todos sus frutos sin deteriorarla. || *Utilidades que se sacan de cualquier cosa.
usufructuar. tr. Tener o gozar el usufructo de una cosa. || intr. **Fructificar** (producir utilidad una cosa).
usufructuario, ria. adj. Dícese de la persona que posee y disfruta una cosa. Ú. t. c. s. || *For.* Aplícase al que tiene el derecho de *usufructo. Ú. t. c. s.
***usura.** f. Interés que se lleva por el dinero o el género en el contrato de préstamo. || Este mismo contrato. || Interés excesivo en un préstamo. || fig. Ganancia, *ventaja o *utilidad excesiva. || **Pagar** uno **con usura** una cosa. fr. fig. Corresponder a un beneficio con otro mayor o con suma *gratitud.
usurar. intr. **Usurear.**
usurariamente. adv. m. Con usura.
usurario, ria. adj. Aplícase a los tratos y contratos en que hay *usura.
usurear. intr. Dar o tomar a *usura. || fig. *Ganar con facilidad o con exceso.
usurero, ra. m. y f. Persona que *presta con *usura. || Por ext. se dice de la persona que obtiene *ganancias excesivas.
usurpación. f. Acción y efecto de usurpar. || Cosa usurpada.
usurpador, ra. adj. Que usurpa. Ú. t. c. s.
usurpar. tr. *Apoderarse de una cosa ajena, generalmente con violencia. Extiéndese también a las cosas no materiales, como dignidades, empleos, etc.
ut. m. ant. **Mús.* **Do.**
***utensilio.** m. Objeto o instrumento que sirve para el uso manual y frecuente. Ú. m. en pl. || Herramienta o instrumento de un oficio o arte. Ú. m. en pl. || **Mil.* Auxilio que debe dar el patrón al soldado alojado en su casa. Ú. m. en pl.
uterino, na. adj. Perteneciente al útero o *matriz. || V. **Hermano uterino.**
útero. m. ***Matriz.**
uticense. adj. Natural de Útica. Ú. t. c. s. || Perteneciente a esta ciudad del África antigua.
***útil.** adj. Que produce o procura algún provecho, conveniencia o ventaja. || V. **Dominio útil.** || *For.* Aplícase al tiempo o días hábiles de un plazo señalado por la ley o la costumbre. || m. **Utilidad.** || pl. *Utensilios.
***utilidad.** f. Calidad de útil. || Provecho, *ganancia o fruto que se saca de una cosa.
utilitario, ria. adj. Que es de utilidad. || Que sólo propende a conseguir lo *útil.
utilitarismo. m. Doctrina *filosófica que considera la utilidad como principio de la moral.
utilizable. adj. Que puede o debe utilizarse.
utilización. f. Acción y efecto de *utilizar.
***utilizar.** tr. Servirse de una cosa para algún fin útil. Ú. t. c. r.
útilmente. adv. m. De manera útil.
utopía o **utopia.** f. Plan, *proyecto o *ficción ideal, pero de *imposible realización.
utópico, ca. adj. Perteneciente o relativo a la utopía.
utopista. adj. Que traza utopías o es dado a ellas. Ú. m. c. s.
utrerano, na. adj. Natural de Utrera. Ú. t. c. s. || Perteneciente a esta ciudad.
utrero, ra. m. y f. Novillo o *ternera desde los dos años hasta cumplir los tres.
ut retro. m. adv. lat. V. **Fecha ut retro.**
utrículo. m. *Odre pequeño. || *Bot.* *Fruto seco, monospermo, de pericarpio poco desarrollado.
ut supra. m. adv. lat. Se emplea en ciertos documentos para referirse a una fecha, cláusula o frase escrita más arriba.
***uva.** f. Fruto de la vid, en forma de baya o grano redondo y jugoso. || Cada uno de los granos que produce el berberís o arlo, los cuales son semejantes a los de la granada. || Enfermedad de la campanilla (*garganta), que consiste en un tumorcillo de la figura de una **uva.** || Especie de verruga o verrugas pequeñas que suelen formarse en el *párpado. || Racimo de **uvas.** || **abejar.** Variedad de **uva,** de grano más grueso que la albilla. || **alarije.** Variedad de **uva** de color rojo. || **albarazada.** Variedad de

uva, que tiene el hollejo jaspeado. ‖ **albilla.** Variedad de **uva,** de hollejo delgado y muy gustosa. ‖ **arije. Uva alarije.** ‖ **bodocal.** Variedad de **uva** negra. ‖ **cana,** o **canilla. Uva de gato.** ‖ **cigüete.** Variedad de **uva** blanca, parecida a la albilla. ‖ **crespa. Uva espina.** ‖ **de gato.** Hierba anual de las crasuláceas, que se cría comúnmente en los tejados. ‖ **de pájaro. Uva de gato.** ‖ **de perro. Uva de gato.** ‖ **de playa.** Fruto del uvero, del tamaño de una cereza grande, morado, tierno, muy jugoso y dulce. ‖ **de raposa.** *Planta herbácea, perenne, de las esmiláceas. ‖ **espina.** Variedad de *grosellero, que tiene las hojas vellosas. ‖ **hebén.** Variedad de **uva,** blanca, gorda y vellosa, parecida a la moscatel. ‖ **hebén prieta. Uva palomina.** ‖ **herrial.** Variedad de **uva,** gruesa y tinta. ‖ **jabí. Jabí.** ‖ **jaén.** Variedad de **uva,** blanca y de hollejo grueso y duro. ‖ **lairén.** Variedad de **uva,** de grano grueso y hollejo duro. ‖ **larije. Uva alarije.** ‖ **ligeruela. Uva** temprana. ‖ **lupina. Acónito.** ‖ **marina. Belcho.** ‖ Racimo de huevas de jibia. ‖ **moscatel.** Variedad de **uva,** blanca o morada, de grano redondo y muy liso, y gusto sumamente dulce y aromático. ‖ **palomina.** Variedad de uva negra en racimos largos y ralos. ‖ **rojal.** Variedad de uva muy fina, de color de grosella. ‖ **tamínea,** o **taminia. Hierba piojera.** ‖ **tempranilla. Uva** temprana. ‖ **teta de vaca.** Variedad de **uva,** que tiene alargados los granos. ‖ **tinta.** Variedad de **uva,** que tiene negro el zumo y sirve para dar color a ciertos mostos. ‖ **torrontés.** Variedad de **uva,** blanca, muy transparente y que tiene el grano pequeño y el hollejo muy delgado. ‖ **tortozón.** Variedad de **uva,** de grano grueso y racimos grandes. ‖ **turulés.** Variedad de **uva** fuerte. ‖ **verdeja.** La que tiene color muy verde aunque esté madura. ‖ **verga. Acónito.** ‖ **Uvas de mar. Uva marina.** ‖ **Entrar** uno **por uvas.** fr. fig. y fam. Arriesgarse a *participar en un asunto. Ú. m. con negación. ‖ **Hecho una uva.** expr. fig. y fam. Muy *borracho. ‖ **Mala uva.** fig. y fam. Mal humor, *disgusto.

uvada. f. Copia o abundancia de *uva.

uvaduz. f. **Gayuba.**

uvaguemaestre. m. **Vaguemaestre.**

uval. adj. Parecido a la *uva.

uvate. m. Conserva hecha de *uvas, regularmente cocidas con el mosto.

uvayema. f. Especie de *vid silvestre *trepadora.

uve. f. Nombre de la *letra *v.*

úvea. adj. *Anat.* V. **Túnica úvea.** U. t. c. s.

uvero, ra. adj. Perteneciente o relativo a las *uvas. ‖ m. y f. Persona que vende uvas. ‖ m. *Árbol americano de las poligonáceas, cuyo fruto es la uva de playa.

uvillo. m. *Arbusto *trepador de las fitolacáceas, propio de Chile.

úvula. f. *Zool.* Parte media del velo palatino, de forma cónica y textura membranosa y muscular, la cual divide la entrada de la *garganta en dos mitades a modo de arcos.

uvular. adj. *Anat.* Perteneciente o relativo a la úvula o campanilla.

uxoricida. adj. Dícese del que *mata a su mujer. Ú. t. c. m.

uxoricidio. m. *Muerte causada a la mujer por su marido.

uxorio, ria. adj. Perteneciente o relativo a la mujer *casada.

V

v. f. Vigésima quinta *letra del abecedario español. ‖ Letra numeral que tiene el valor de cinco en la *numeración romana. ‖ **doble.** *Letra de esta figura (W), que sólo se usa en algunos nombres y vocablos extranjeros.

***vaca.** f. Hembra del toro. ‖ *Carne de **vaca** o de buey, que se emplea como alimento. ‖ Dinero que *juegan en común dos o más personas. ‖ *Cuero de la **vaca** después de curtido. ‖ **abierta. Vaca** fecunda. ‖ **del aguardiente.** La que en las fiestas populares de algunas localidades se *lidia a primera hora de la mañana. ‖ **de San Antón. Mariquita** (*insecto). ‖ **marina.** ***Manatí.**

***vacación.** f. Suspensión de cualquier trabajo u ocupación por algún tiempo. Ú. m. en pl. ‖ Tiempo que dura la cesación del trabajo. Ú. m. en pl. ‖ Acción de quedar *vacante un empleo o cargo. ‖ **Vacante.**

vacada. f. Manada de ganado *vacuno. ‖ Conjunto de ganado *vacuno con que negocia un ganadero.

vacancia. f. **Vacante** (cargo *vacante).

***vacante.** p. a. de **Vacar.** Que vaca. ‖ adj. Aplícase al cargo, empleo o dignidad que está sin proveer. Ú. t. c. s. f. ‖ f. Renta devengada mientras está sin proveerse un beneficio o dignidad *eclesiástica. ‖ **Vacación.**

vacar. intr. *Cesar uno por algún tiempo en sus habituales ocupaciones. ‖ Quedar *vacante un empleo, cargo o dignidad. ‖ Dedicarse o entregarse enteramente a una *ocupación. ‖ ***Carecer.**

vacarí. adj. De cuero de vaca, o cubierto de este cuero. Dícese del *escudo.

vacatura. f. Tiempo que está *vacante un empleo, cargo o dignidad.

vaccinieo, a. adj. **Bot.* Dícese de arbustitos dicotiledóneos, cuyo tipo es el arándano. Ú. t. c. s. f. ‖ f. pl. *Bot.* Familia de estas plantas.

vaciadero. m. Sitio en que se *vacía una cosa. ‖ *Conducto por donde se vacía.

vaciadizo, za. adj. Aplícase a la obra de *metal vaciada.

vaciado. m. Acción de vaciar en un *molde un objeto de metal, yeso, etcétera. ‖ *Arq.* ***Excavación.** ‖ *Arq.* Fondo que queda en el neto del *pedestal después de la faja o moldura que lo guarnece. ‖ *Esc.* *Escultura o adorno de yeso, estuco, etc., que se ha formado en el molde.

vaciador. m. El que *vacía. ‖ Instrumento con que se vacía.

vaciamiento. m. Acción y efecto de *vaciar o vaciarse.

vaciante. p. a. de **Vaciar.** Que vacía. ‖ f. **Menguante** (*marea).

***vaciar.** tr. Dejar vacía alguna vasija, un recipiente u otra cosa. Ú. t. c. r. ‖ Sacar, *verter o arrojar el contenido de una vasija u otra cosa. Ú. t. c. r. ‖ Formar un objeto echando en un *molde hueco metal fundido u otra materia blanda que luego se endurece. ‖ Formar un *hueco en alguna cosa. Ú. mucho en la arquitectura. ‖ Sacar *filo muy agudo en la piedra a los instrumentos cortantes. ‖ fig. Exponer o *explicar extensa o prolijamente una doctrina. ‖ fig. Trasladarla de un escrito a otro. ‖ intr. Hablando de los *ríos o corrientes, **desaguar.** ‖ Menguar el agua en los ríos, en el mar, etc. ‖ r. fig. y fam. *Revelar uno sin reparo lo que debía callar.

vaciedad. f. fig. *Necedad, sandez.

vaciero. m. *Pastor del ganado vacío.

***vacilación.** f. Acción y efecto de vacilar u *oscilar. ‖ → fig. Perplejidad, irresolución.

vacilante. p. a. de **Vacilar.** Que vacila.

***vacilar.** intr. *Moverse u *oscilar indeterminadamente una cosa. ‖ Estar *insegura una cosa en su sitio o estado. ‖ → fig. Titubear, estar uno perplejo.

***vacío, a.** adj. Falto de contenido. ‖ Aplícase a la hembra que no tiene cría. ‖ Vano, sin fruto. ‖ *Ocioso, sin ocupación. ‖ Aplícase a las casas o pueblos *inhabitados. ‖ *Imperfecto, *insignificante o poco eficaz. ‖ *Hueco, *débil o falto de la solidez correspondiente. ‖ fig. Vano, *orgulloso, sin fundamento. ‖ m. *Concavidad o *hueco de algunas cosas. ‖ **Ijada.** ‖ *Vacante de algún empleo, dignidad, etc. ‖ Cierto paso de la *danza española. ‖ fig. Falta, *carencia o *ausencia de alguna cosa o persona. ‖ *Fís.* Espacio que no contiene aire ni otra materia. ‖ **De vacío.** m. adv. Sin *carga. ‖ Sin ocupación o ejercicio. ‖ Sin haber conseguido uno lo que pretendía. ‖ **En vacío.** m. adv. **En vago.** ‖ *Mús.* Pisando levemente la cuerda de un *instrumento para producir un armónico. ‖ **Hacer el vacío** a uno. fr. fig. Negarle el trato, *aislarle.

vaco. m. fam. **Buey.**

vaco, ca. adj. **Vacante.**

vacuidad. f. Calidad de vacuo o *vacío.

***vacuna.** f. *Veter.* Cierto grano o viruela que sale a las vacas en las tetas. ‖ Pus de estos granos que se inocula al hombre para preservarlo de las viruelas. ‖ → Cualquier virus o principio orgánico que se inocula a persona o animal para preservarlos de una enfermedad determinada.

***vacunación.** f. Acción y efecto de vacunar o vacunarse.

vacunador, ra. adj. Que vacuna. Ú. t. c. s.

***vacunar.** tr. Inocular una vacuna.

***vacuno, na.** adj. Perteneciente al ganado bovino. ‖ De *cuero de vaca.

vacunoterapia. f. **Inm.* Tratamiento de las enfermedades o profilaxia por medio de vacunas.

vacuo, a. adj. **Vacío.** ‖ **Vacante.** ‖ m. ***Vacío** (concavidad).

vadeable. adj. Dícese del *río, o corriente de agua, que se puede vadear.

vadear. tr. *Pasar un *río u otra corriente de agua por lugar en que se pueda hacer pie. ‖ fig. *Vencer una grave dificultad. ‖ fig. Tantear o *averiguar el estado de ánimo de uno. ‖ fig. *Comprender una cosa dificultosa u obscura. ‖ r. Manejarse, *portarse.

vademécum. m. *Libro manual que, en forma *abreviada, contiene las nociones más necesarias de una ciencia o de un arte. ‖ Cartapacio en que llevan los estudiantes los libros y los papeles.

vadera. f. Vado ancho por donde pueden *pasar ganados y carruajes.

vade retro. expr. lat. que se emplea para *rechazar a una persona o cosa.

vadiano, na. adj. Dícese de ciertos *herejes que seguían las doctrinas de Audio. Ú. t. c. s. ‖ Perteneciente a esta secta.

vado. m. Paraje de un *río con fondo firme y poco profundo por donde se puede *pasar andando, cabalgando o en carruaje. ‖ fig. *Solución, curso, *remedio o alivio de algún mal o dificultad. ‖ desus. Tregua, *interrupción. ‖ **Tentar** uno **el vado.** fr. Sondearle. ‖ fig. *Ensayar un negocio con precaución.

vadoso, sa. adj. Aplícase al paraje del mar, *río o lago que tiene vados o *bajíos.

vafe. m. *Golpe atrevido.

vagabundear. intr. Andar *vagabundo.
vagabundeo. m. Acción y efecto de andar *vagabundo.
***vagabundo, da.** adj. Que anda errante de una parte a otra. ‖ → Holgazán u ocioso que anda de un lugar a otro, sin oficio ni beneficio. U. t. c. s.
vagamente. adv. m. De una manera vaga.
vagamundear. intr. **Vagabundear.**
vagamundo, da. adj. **Vagabundo.** U. t. c. s.
***vagancia.** f. Acción de vagar o estar sin oficio u ocupación.
vagante. p. a. de **Vagar.** Que vaga o anda suelto.
vagar. m. *Vacación, tiempo libre para hacer una cosa. ‖ Espacio, *lentitud, pausa o sosiego. ‖ **Andar de vagar** uno. fr. *Holgar; estar ocioso. ‖ **De vagar.** m. adv. ant. Despacio, *lentamente.
vagar. intr. Tener *ocios o tiempo libre para hacer una cosa. ‖ *Holgar, estar sin oficio ni beneficio.
***vagar.** intr. Andar de un lado para otro sin propósito determinado. ‖ Andar por un sitio sin hallar camino o lo que se busca.
vagarosamente. adv. m. De modo vagaroso.
vagaroso, sa. adj. Que vaga o anda *errante.
vagido. m. Gemido o *llanto del recién nacido.
vagina. f. *Anat.* Conducto membranoso y fibroso que en las hembras de los mamíferos se extiende desde la vulva hasta la *matriz.
vaginal. adj. *Anat.* Perteneciente o relativo a la vagina.
vaginiforme. adj. Que tiene *forma de *vaina.
vaginitis. f. **Pat.* Inflamación de la vagina.
vagneriano, na. adj. Perteneciente a Wagner o a su *música.
vago, ga. adj. *Vacío, desocupado. Dícese del hombre *ocioso o *perezoso. Ú. t. c. s. ‖ m. *Erial o solar vacío. ‖ **En vago.** m. adv. Sin firmeza ni consistencia, de modo *inseguro, o sin apoyo suficiente. ‖ fig. En vano, *inútilmente.
vago, ga. adj. Que anda *errante de una parte a otra. ‖ Aplícase a las cosas de sentido o uso *indeterminados. ‖ *Indeterminado, indeciso. * *Pint.* Vaporoso, ligero, indefinido. ‖ *Zool.* V. **Nervio vago.** Ú. m. c. s.
***vagón.** m. Carruaje de un *ferrocarril. ‖ *Carro grande de mudanzas.
vagoneta. f. Vagón pequeño y descubierto, para transporte.
vagra. f. **Arq. Nav.* Listón flexible de madera, que se coloca sobre las ligazones del buque para mantenerlas en la posición conveniente.
vaguada. f. Línea que marca la parte más honda de un *valle, y forma el *cauce natural de las aguas.
vagueación. f. Inquietud o *inconstancia de la *imaginación. ‖ Acción de vagar.
vagueante. p. a. de **Vaguear.** Que vaguea.
***vaguear.** intr. **Vagar** (andar *errante). ‖ → Andar vagabundo.
vaguedad. f. Calidad de vago, *indeterminado o impreciso. ‖ Expresión o frase vaga.
vaguemaestre. m. *Oficial militar encargado de la conducción de bagajes.
vaguido, da. adj. Turbado, o que padece vahídos o *desmayos. ‖ m. **Vahído.**
vahaje. m. *Viento suave.
vahanero, ra. adj. Ocioso, *holgazán o *pícaro. Usáb. t. c. s.
vahar. intr. **Vahear.**
vaharada. f. Acción y efecto de echar el vaho o *respiración.
vaharera. f. Cierta erupción pustulosa que padecen los niños en las comisuras de la *boca. ‖ *Melón que se empieza a fermentar.
vaharina. f. fam. Vaho, *vapor o *niebla.
vahear. intr. Echar de sí vaho o *vapor.
vahído. m. Desvanecimiento, desmayo o *síncope pasajero.
vaho. m. *Vapor que despiden los cuerpos en determinadas condiciones.
vaída. adj. Dícese de la *bóveda formada por un hemisferio cortado por cuatro planos verticales paralelos dos a dos.
***vaina.** f. Funda alargada y estrecha, de cuero u otra materia, en que se guardan algunas armas, instrumentos, etc. ‖ Túnica o *cáscara tierna y larga en que están encerradas algunas simientes. ‖ fig. y fam. Persona *despreciable. ‖ Contrariedad, *molestia. ‖ *Bot.* Ensanchamiento del pecíolo o de la *hoja que envuelve al tallo. ‖ *Mar.* Dobladillo que se hace en la orilla de una *vela para reforzarla. ‖ pl. Judías que se comen en verde. ‖ **Vaina abierta.** La que tenían las espadas largas, que sólo estaba cerrada en el último tercio. ‖ **Dar con vaina y todo.** fr. Pegar con la espada envainada, como *castigo afrentoso. ‖ fig. *Reprender, o *maltratar a uno afrentosamente.
vainazas. m. fam. Persona *perezosa, descuidada o desvaída.
vainero. m. Oficial que hace *vainas para todo género de armas.
vainica. f. Deshilado menudo que por adorno se hace junto a la *costura de los dobladillos.
vainilla. f. *Arbusto americano, de las orquídeas, con fruto capsular en forma de judía. Es muy oloroso y se emplea como *condimento y para aromatizar los licores, el chocolate, etc. ‖ Fruto de esta planta. ‖ Heliotropo que se cría en América. ‖ **Vainica.**
vainiquera. f. *Costurera que se dedica a hacer vainicas.
vaivén. m. Movimiento u *oscilación de un cuerpo que alternativamente va y viene recorriendo el mismo camino. ‖ fig. *Mudanza o *inconstancia de las cosas. ‖ fig. Encuentro o riesgo. ‖ *Mar.* *Cabo delgado que sirve para entrañar y forrar otros más gruesos.
vaivenear. tr. desus. Causar o producir vaivén.
vaivoda. m. Título que se daba a los *soberanos de Moldavia, Valaquia y Transilvania.
vajilla. f. Conjunto de *vasijas, como platos, fuentes, vasos, tazas, jarros, etc., para el servicio de la *mesa. ‖ Cierto *impuesto que se cobraba de las alhajas de oro y plata en Nueva España.
val. m. Apócope de ***Valle.** Ú. mucho en composición. ‖ Acequia o *conducto para *desagüe de las aguas sucias.
val. Apócope anticuado de **Vale,** tercera persona del singular del presente de indicativo del verbo *valer.*
valaco, ca. adj. Natural de Valaquia. Ú. t. c. s. ‖ Perteneciente a este antiguo principado. ‖ Dícese igualmente de la *lengua romance que se habla en Valaquia. ‖ m. *Lengua **valaca.**
valais. m. *Tabla de madera de sierra, que tiene doce pies de largo, y se emplea para hacer rediles o teleras.
valar. adj. Perteneciente al vallado o *cercado.
valdense. adj. Partidario de la *secta de Pedro de Valdo, heresiarca francés. Ú. t. c. s. ‖ Perteneciente a esta secta.
valdepeñas. m. *Vino tinto procedente de Valdepeñas, pueblo de Ciudad Real.
valdepeñero, ra. adj. Natural de Valdepeñas. Ú. t. c. s. ‖ Perteneciente a este pueblo de la provincia de Ciudad Real. ‖ Dícese de una *uva blanca muy fina y preferida para conservarla colgada.
vale. Voz latina usada alguna vez en español para *despedirse.
vale. m. Papel o *garantía que se firma a favor de uno, obligándose a pagarle una cantidad de dinero. ‖ Nota o apuntación firmada, a modo de *recibo, que se da al que ha de entregar una cosa. ‖ Papel que un *maestro de escuela da como *premio provisional a un discípulo. ‖ Envite que con las primeras cartas se hace en algunos juegos de *naipes. ‖ **Vale real.** ‖ **real.** Título de una antigua deuda pública. ‖ **Recoger un vale.** fr. *Pagar lo que se debe por él.
valedero, ra. adj. Que tiene *validez, que ha de ser firme y subsistente.
valedor, ra. m. y f. Persona que *protege o ampara a otra.
valencia. f. **Quím.* Valor de combinación de un elemento, representado por el número de átomos de hidrógeno que cada átomo de dicho elemento puede retener. ‖ **Inm.* Poder de un anticuerpo para combinarse con uno o más antígenos.
valencianismo. m. Vocablo o giro propio del habla valenciana.
valenciano, na. adj. Natural de Valencia. Ú. t. c. s. ‖ Perteneciente a esta ciudad y antiguo reino. ‖ m. *Dialecto de los **valencianos.**
valentía. f. *Valor, brío, aliento. ‖ Hecho o hazaña heroica ejecutada con *valor. ‖ Expresión arrogante o *jactancia de las acciones de valor y esfuerzo. ‖ *Gallardía en la manera de concebir o ejecutar una obra *literaria o *artística. ‖ Sitio público donde antiguamente se vendían *zapatos viejos, remendados y compuestos.
valentiniano, na. adj. Partidario de la *secta de Valentín, heresiarca del siglo II. Ú. t. c. s.
valentino, na. adj. **Valenciano.**
valentísimo, ma. adj. sup. de **Valiente.** ‖ Muy *perfecto o *docto en un arte o ciencia.
***valentón, na.** adj. Arrogante o que se jacta de valiente. Ú. t. c. s.
valentona. f. fam. **Valentonada.**
valentonada. f. *Jactancia o exageración del propio valor.
***valer.** tr. Amparar, *proteger. ‖ Reditur, producir *renta o utilidad. ‖ Montar, sumar o importar las *cuentas. ‖ → Tener las cosas un precio determinado para la compra o la venta. ‖ Hablando de las *monedas, equivaler unas a otras en determinada proporción. ‖ intr. **Equivaler.** ‖ Merecer más o menos aprecio y *estimación. ‖ Tener una persona *poder, autoridad o fuerza. ‖ Correr o pasar, tratándose de *monedas. ‖ Ser una cosa de *importancia o *utilidad. ‖ Prevalecer una cosa en oposición de otra, *aventajarla. ‖ Ser o servir de *defensa o

*amparo una cosa. ‖ Tener la fuerza o eficacia que se requiere para la *validez o firmeza de algún acto. ‖ Con la preposición *por*, incluir en sí equivalentemente las calidades de otra cosa. ‖ fig. Tener *amistad o autoridad con uno. ‖ r. *Usar de una cosa o servirse útilmente de ella. ‖ Recurrir o *acogerse al favor de otro. ‖ m. Valor, *valía. ‖ **Valga lo que valiere.** loc. que se usa para expresar que se hace una diligencia en *previsión y sin seguridad de su resultado. ‖ **¡Válgame! ¡Válgate!** Exclamaciones que denotan *sorpresa, enfado, etc.

valeriana. f. *Planta herbácea, de las valerianáceas, con rizoma fragante, que se usa en medicina como antiespasmódico.

valerianáceo, a. adj. *Bot.* Dícese de plantas dicotiledóneas, herbáceas, anuales o vivaces, cuyo tipo es la valeriana. Ú. t. c. s. ‖ f. pl. *Bot.* Familia de estas plantas.

valerianato. m. *Quím.* Sal formada por el ácido valeriánico y una base.

valeriánico. adj. *Quím.* Aplícase a un ácido que se halla en la raíz de la valeriana y que tiene aplicación en farmacia.

valeriense. adj. Natural de Valeria, hoy Valera de Arriba. Ú. t. c. s.

valerosamente. adv. m. Con *valor. ‖ Con fuerza y *eficacia.

valerosidad. f. Calidad de valeroso.

valeroso, sa. adj. *Eficaz, que puede mucho. ‖ ***Valiente.** ‖ **Valioso.**

valetudinario, ria. adj. *Enfermizo, delicado. Ú. t. c. s.

valhala. m. *Cielo o mansión de los dioses, en la *mitología escandinava.

valí. m. *Gobernador de una provincia en un Estado musulmán.

***valía.** f. Estimación, valor o aprecio de una cosa. ‖ Valimiento, *influencia, privanza. ‖ Facción, *parcialidad. ‖ **A las valías.** m. adv. Al mayor precio de los frutos. ‖ **Mayor valía.** Acrecentamiento de valor que recibe una cosa, por circunstancias ajenas a la actividad de su dueño.

valiato. m. *Gobierno de un valí. ‖ *Territorio gobernado por un valí.

validación. f. Acción y efecto de dar *validez. ‖ Firmeza, *validez o subsistencia de algún acto.

válidamente. adv. m. De manera válida.

validar. tr. Dar fuerza o firmeza a una cosa; hacerla *válida.

***validez.** f. Calidad de válido.

***válido, da.** adj. Firme, subsistente y que tiene fuerza legal o jurídica. ‖ Robusto, *fuerte.

valido, da. adj. Recibido, *creído o aceptado generalmente. ‖ m. El que tiene el primer lugar en la *amistad y gracia de un príncipe o alto personaje. ‖ *Ministro superior que el rey nombraba, con jurisdicción plena para ciertos asuntos.

***valiente.** adj. *Fuerte y robusto en su línea. ‖ → Esforzado, animoso, que tiene brío y valor. Ú. t. c. s. ‖ *Eficaz y activo en su línea. ‖ *Excelente, primoroso. ‖ *Grande, *intenso o excesivo. ‖ Valentón, baladrón. Ú. t. c. s. ‖ Dícese del *zapatero remendón.

valientemente. adv. m. Con *fuerza o *eficacia. ‖ Esforzada y animosamente. ‖ Con demasía o *exceso.

valija. f. ***Maleta.** ‖ *Saco de cuero, cerrado con llave, donde llevan la correspondencia los *correos. ‖ El mismo *correo.

valijero. m. El que conduce la valija del *correo.

valijón. m. aum. de **Valija.**

valimiento. m. Acción de *valer una cosa o de valerse de ella. ‖ *Impuesto o servicio transitorio que el rey mandaba le hiciesen sus súbditos, para alguna urgencia. ‖ Privanza, *amistad, *preferencia o aceptación particular que una persona tiene con otra. ‖ *Amparo, protección o defensa.

valioso, sa. adj. Que tiene mucha *estimación o *poder. ‖ Adinerado, *rico.

valisoletano, na. adj. **Vallisoletano.** Apl. a pers., ú. t. c. s.

valón, na. adj. Natural del territorio comprendido entre el Escalda y el Lys. Ú. t. c. s. ‖ Perteneciente a él. ‖ m. *Idioma hablado por los **valones.** ‖ pl. Zaragüelles o gregüescos al uso de los **valones.** ‖ **A la valona.** m. adv. Según el uso y *costumbre de los **valones.**

valona. f. *Cuello grande y vuelto sobre la espalda, que se usó en otro tiempo. ‖ Crines convenientemente recortadas que cubren el cuello de las *caballerías.

***valor.** m. Grado de *utilidad, conveniencia o *estimación que tienen las cosas. ‖ Cualidad de las cosas, en cuya virtud se da por poseerlas cierto *precio. ‖ Alcance de la *significación o *importancia de una cosa. ‖ → Cualidad moral que mueve a acometer resueltamente grandes empresas y a arrostrar sin miedo los peligros. ‖ Úsase también en mala parte, denotando osadía, y hasta *desvergüenza. ‖ *Validez y firmeza de algún acto. ‖ Fuerza, eficacia o virtud de las cosas para producir sus efectos. ‖ *Renta, fruto o *producto de una hacienda. ‖ Equivalencia de una cosa a otra, especialmente hablando de las *monedas. ‖ *Mús.* Duración del sonido que corresponde a cada nota. ‖ → pl. Títulos representativos de participación en haberes de sociedades, de cantidades prestadas, de mercaderías, etc. ‖ **Valor cívico.** *Entereza de ánimo para cumplir los deberes de la ciudadanía. ‖ **en cuenta.** *Com.* El que el librador de una *letra de cambio* cubre con asiento de igual cuantía a cargo del tomador. ‖ **en sí mismo.** *Com.* Fórmula empleada en las letras o pagarés para significar que el librador gira a su propia orden. ‖ **entendido.** *Com.* El de las letras o pagarés, cuyo librador se reserva asentárselo en cuenta al tomador. ‖ fr. que indica connivencia o *acuerdo consabido entre dos o más personas. ‖ **Valores declarados.** Moneda o billetes que se envían por *correo, declarando su valor en la administración de salida. ‖ **fiduciarios.** Los emitidos en representación de numerario.

valoración. f. Acción y efecto de valorar o *valuar.

valorar. tr. *Valuar, señalar a una cosa el valor correspondiente a su estimación.

valorear. tr. **Valorar.**

valoría. f. *Valía, estimación.

valorizar. tr. Aumentar la *utilidad o el *precio de una cosa.

valquiria. f. Cada una de ciertas divinidades de la *mitología escandinava que en los combates designaban los héroes que habían de morir.

vals. m. *Baile, de ritmo ternario, que ejecutan las parejas con movimiento giratorio y de traslación. ‖ *Música de este baile.

valsar. intr. *Bailar el vals.

valúa. f. **Valía.**

valuación. f. **Valoración.**

***valuar.** tr. **Valorar.**

valva. f. *Bot.* **Ventalla.** ‖ *Zool.* Cada una de las piezas duras y movibles que constituyen la *concha de algunos *moluscos.

valvar. adj. Perteneciente o relativo a las valvas de las *conchas.

valvasor. m. *Hidalgo infanzón.

válvula. f. Pieza que en ciertas *máquinas o instrumentos, sirve para *cerrar o *abrir un orificio o *conducto, o para interrumpir la comunicación entre dos de sus órganos. ‖ **Anat.* Pliegue membranoso que impide el retroceso de lo que circula por los vasos o conductos. ‖ Lámpara de *radio. ‖ **de seguridad.** La que se coloca en las *calderas de las máquinas de vapor para que éste se escape automáticamente cuando su presión sea excesiva. ‖ **mitral.** *Anat.* La que existe entre la aurícula y el ventrículo izquierdos del *corazón. ‖ **tricúspide.** *Anat.* La que se halla entre la aurícula derecha del *corazón y el ventrículo correspondiente.

valvular. adj. Perteneciente o relativo a las válvulas.

***valla.** f. Vallado o estacada para defensa. ‖ → Cercado hecho de estacas hincadas en el suelo o de tablas unidas. ‖ fig. *Obstáculo o impedimento material o moral. ‖ **Romper,** o **saltar,** uno **la valla.** fr. fig. *Empezar antes que otros la ejecución de una cosa difícil.

valladar. m. **Vallado.** ‖ fig. *Obstáculo que sirve de defensa.

valladear. tr. **Vallar** (cercar con *valla).

vallado. m. *Cercado que se forma de tierra apisonada, o de bardas, estacas, etc.

vallar. adj. **Valar.** ‖ m. **Valladar.**

vallar. tr. *Cercar o cerrar un sitio con vallado.

***valle.** m. Llanura de tierra entre montes o alturas. ‖ Cuenca de un *río. ‖ Conjunto de lugares, caseríos o aldeas situados en un **valle.** ‖ **de lágrimas.** fig. Este mundo, la vida *terrenal.

vallejo. m. d. de **Valle.**

vallejuelo. m. d. de **Vallejo.**

vallico. m. **Ballico.**

vallisoletano, na. adj. Natural de Valladolid. Ú. t. c. s. ‖ Perteneciente a esta ciudad.

vampiro. m. *Espectro o *cadáver que, según el vulgo supersticioso, va por las noches a chupar la sangre de los vivos. ‖ *Murciélago americano que se alimenta de insectos y chupa la sangre de las personas y animales dormidos. ‖ fig. Persona codiciosa que se *apodera poco a poco de los bienes ajenos.

vanadio. m. *Metal parecido a la plata.

vanagloria. f. *Jactancia del propio valer.

vanagloriarse. r. *Jactarse de su propio valer.

vanagloriosamente. adv. m. Con vanagloria.

vanaglorioso, sa. adj. *Jactancioso. U. t. c. s.

vanamente. adv . m. **En vano.** ‖ Con *superstición o vana observancia. ‖ De manera *infundada. ‖ Arrogantemente, con *jactancia o *vanidad.

vandálico, ca. adj. Perteneciente o relativo a los vándalos o al vandalismo.

vandalismo. m. *Destrucción o devastación propia de los antiguos vándalos. ‖ fig. Espíritu de destrucción que no respeta cosa alguna.

vándalo, la. adj. Dícese del individuo de cierto *pueblo de la Germania antigua que invadió la España romana y se señaló en todas partes por el furor con que destruía los monumentos. Ú. t. c. s. || Perteneciente o relativo a los **vándalos.** || m. fig. El que comete acciones o profesa doctrinas propias de gente *inculta, *brutal o *cruel.
vandeano, na. adj. Natural del territorio francés llamado *la Vendée.* Ú. t. c. s. || Perteneciente al mismo territorio. || Partidario de la religión y la monarquía durante la revolución francesa. Ú. t. c. s. || Perteneciente a este partido *político.
vanear. intr. *Hablar vanamente.
vanguardia. f. Parte de un *ejército o fuerza armada, que va delante del cuerpo principal. || pl. Lugares, en *riberas y orillas de los ríos, donde arrancan las obras de un *puente o de una presa. || **A vanguardia.** m. adv. *Delante, en el punto más avanzado.
***vanidad.** f. Calidad de vano. || Orgullo infundado. || *Fausto u *ostentación. || Palabra inútil o vana e insubstancial. || Ilusión o *ficción de la fantasía. || **Ajar la vanidad de** uno. fr. fig. y fam. *Humillar su soberbia. || **Hacer** uno **vanidad de** una cosa. fr. Preciarse o *jactarse de ella.
***vanidoso, sa.** adj. Que tiene *vanidad y la da a conocer. Ú. t. c. s.
vanilocuencia. f. *Verbosidad inútil e insubstancial.
vanilocuente. adj. **Vanílocuo.**
vanílocuo, cua. adj. *Hablador u orador insubstancial.
vaniloquio. m. Discurso inútil e insubstancial.
vanistorio. m. fam. *Vanidad ridícula y afectada. || fam. Persona vanidosa.
***vano, na.** adj. Falto de realidad, *aparente, sin substancia. || Hueco, *vacío e *inseguro. || Hablando de algunos frutos de cáscara, falto del meollo por haberse podrido o secado. || *Inútil, infructuoso o sin efecto. || Arrogante, *orgulloso. || Insubsistente, *inestable, *fugaz. || ***Infundado.** || m. Especie de harnero sin agujeros. || → *Arq.* Hueco de un muro u otra fábrica, o parte de ella que carece de apoyo. || **En vano.** m. adv. ***Inútilmente.** || Sin necesidad.
vánova. f. Colcha o cubierta de *cama.
***vapor.** m. Forma gaseosa de una substancia que, a la temperatura ordinaria, es líquida o sólida; y más especialmente del agua. || *Flatulencia de los eructos. Ú. m. en pl. || Especie de vértigo o *desmayo. || fig. *Buque de vapor. || pl. Accesos histéricos, atribuidos por los antiguos a ciertos **vapores** que suponían nacidos de la *matriz. || **Al vapor.** m. adv. fig. y fam. Con gran *prontitud.
vapora. f. *Lancha de vapor.
vaporable. adj. Capaz de arrojar *vapores o evaporarse.
vaporación. f. **Evaporación.**
vaporar. tr. **Evaporar.** Ú. t. c. r.
vaporario. m. Aparato para producir el vapor de agua que se usa en ciertos *baños.
vaporear. tr. **Vaporar.** Ú. t. c. r. || intr. Exhalar *vapores.
vaporización. f. Acción y efecto de vaporizar o vaporizarse. || Uso *terapéutico de vapores, especialmente de aguas termales.
vaporizador. m. Aparato que sirve para vaporizar.
vaporizar. tr. Convertir en *vapor, por la acción del calor, un cuerpo sólido o líquido. Ú. t. c. r.
vaporoso, sa. adj. Que arroja de sí *vapores o los ocasiona. || fig. Tenue, *delgado y *transparente.
vapulación. f. Acción y efecto de vapular o vapularse.
vapulamiento. m. **Vapulación.**
vapular. tr. ***Azotar.** Ú. t. c. r.
vapuleador, ra. adj. Que vapulea.
vapuleamiento. m. **Vapulamiento.**
vapulear. tr. **Vapular.** Ú. t. c. r.
vapuleo. m. **Vapulación.**
vápulo. m. **Vapulación.**
vaquear. tr. Cubrir los *toros a las vacas para la *generación. || intr. *Navegar al filo del viento en un *río o canal.
vaqueira. f. Composición *poética de los antiguos provenzales, usada aún en Galicia.
vaquería. f. **Vacada.** || Lugar donde hay *vacas o se vende su *leche.
vaqueriza. f. Corral o estancia donde se recoge el ganado *vacuno.
vaquerizo, za. adj. Perteneciente o relativo al ganado *vacuno. || m. y f. **Vaquero.**
vaquero, ra. adj. Propio de los *pastores de ganado *vacuno. || m. y f. *Pastor o pastora de reses vacunas.
vaqueta. f. *Cuero de ternera, curtido y adobado. || fig. y fam. V. **Cara de vaqueta.**
vaquigüela. f. **Salamandra** (*batracio).
vaquilla. f. d. de ***Vaca.** || *Ternera de año y medio a dos años.
vaquillona. f. *Vaca nueva de dos a tres años.
***vara.** f. Vástago o rama delgada y lisa, limpia de hojas. || Palo largo y delgado. || *Bastón que por *insignia usaban los ministros de *justicia. || La que llevan los *alcaldes y sus tenientes. || fig. *Poder o jurisdicción de que es insignia la **vara.** || Medida de *longitud, equivalente a 835 milímetros y nueve décimas. || Barra de esa longitud, que sirve para *medir. || **Vara alcándara.** || **Vara larga.** || Garrochazo dado al toro de *lidia por el picador. || Trozo de tela u otra cosa que tiene la medida o longitud de la **vara.** || Conjunto de cuarenta a cincuenta *cerdos de montanera. || Bohordo con *flores de algunas plantas. || **alcándara.** Cada uno de los dos palos que se afirman en los largueros de la escalera del *carro y entre los cuales se engancha la caballería. || **alta.** fig. Autoridad, *influencia. || **cuadrada.** Medida de *superficie equivalente a un cuadrado que tiene de lado una **vara.** || **de Aragón.** Medida de *longitud que equivale a 772 milímetros. || **de Burgos. Vara de Castilla.** || **de Castilla. Vara** (la de 835 milímetros y nueve décimas). || **de detener. Vara larga.** || **de guardia.** Balancín del que se enganchan las caballerías. || **de *Inquisición.** Ministro que este tribunal diputaba para algún encargo. || **de José. Nardo.** || **de luz.** Especie de *meteoro luminoso que aparece al pasar los rayos del Sol por la abertura de las nubes. || **larga.** Especie de pica que se usa para guiar y sujetar los toros, o para picarlos en la *lidia. || **Entrar en vara.** fr. Reunirse en montanera cuarenta o *cincuenta cerdos. || **Ir a, o en, varas.** fr. Dícese de la *caballería que va entre las dos **varas** de un carruaje. || **Jurar** uno **en vara de justicia.** fr. Prestar *juramento ante un ministro de justicia. || **Picar de vara larga** uno. fr. fig. Intentar el logro de las cosas poniéndose en *seguridad. || **Poner varas.** fr. Dar garrochazos al toro los vaqueros y picadores. || **Tomar varas.** fr. Recibir el toro de *lidia garrochazos del picador.
varada. f. Acción y efecto de *varar un barco.
varada. f. Conjunto de obreros *agrícolas bajo la dirección de un capataz. || Tiempo que duran ciertas faenas del campo. || **Vara** (de *cerdos). || *Min.* Medición de los trabajos hechos en una *mina al cabo de un período de labor. || *Min.* Este mismo período. || *Min.* Ganancias obtenidas en dicho tiempo.
varadera. f. **Arq. Nav.* Cualquiera de los palos que se ponen en el costado de un buque para que sirvan de resguardo a la tablazón.
varadero. m. **Arq. Nav.* Lugar donde varan las embarcaciones para resguardarlas o repararlas. || **del ancla.** *Mar.* Plancha de hierro con que se defiende el costado del buque en el sitio en que descansa el *ancla.
***varadura.** f. Acción y efecto de varar un barco.
varal. m. *Vara muy larga y gruesa. || Cada uno de los dos palos redondos donde encajan las estacas que forman los costados de la caja en los *carros y galeras. || Madero con luces colocado verticalmente entre los bastidores de los *teatros. || fig. y fam. Persona muy *alta. || Armazón de **varales** para tender al sol y al aire la *carne de que se hace el tasajo.
varamiento. m. ***Varadura.**
varapalo. m. *Palo largo a modo de vara. || *Golpe dado con palo o vara. || fig. y fam. *Daño o perjuicio material o moral. || fig. y fam. Pesadumbre o *disgusto grande.
***varar.** tr. desus. Echar un barco al agua. || intr. Encallar la embarcación en la costa o en un banco de arena. || fig. Quedar parado o *detenido un negocio. || tr. **Arq. Nav.* Sacar a la playa y poner en seco una embarcación, para resguardarla o carenarla.
varaseto. m. *Cercado o *enrejado de varas o cañas.
varazo. m. *Golpe dado con una vara.
varbasco. m. **Verbasco.**
vardasca. f. **Verdasca.**
vardascazo. m. **Verdascazo.**
várdulo, la. adj. Natural de una región de la antigua España Citerior. Ú. t. c. s. || Perteneciente a esta región.
varea. f. Acción de varear los árboles para la *recolección del fruto.
vareador. m. El que varea.
vareaje. m. Acción y efecto de varear los árboles o de *medir por varas.
varear. tr. Derribar con los golpes de la vara los frutos de algunos árboles para hacer la *recolección. || Dar *golpes con vara o palo. || Herir a los toros o fieras con varas o cosa semejante. || *Medir con la vara. || Vender por varas. || r. fig. *Adelgazar, enflaquecer.
varejón. m. *Vara larga y gruesa. || Vardasca, vergueta.
varejonazo. m. Golpe dado con un varejón.
varenga. f. **Arq. Nav.* **Brazal.** || **Arq. Nav.*, Pieza curva que se coloca atravesada sobre la quilla para formar la cuaderna.
vareo. m. **Vareaje.**

vareta. f. d. de **Vara.** ‖ Palito untado con liga, que sirve para *cazar pájaros. ‖ *Raya de color diferente del fondo de una *tela. ‖ fig. Expresión *mordaz. ‖ fig. y fam. **Indirecta.** ‖ **Irse de vareta** uno. fr. fig. y fam. Tener *diarrea.
varetazo. m. Golpe de lado que da el toro con el *cuerno.
varetear. tr. Formar varetas en los tejidos.
varga. f. Parte más pendiente de una *cuesta.
varganal. m. *Seto formado de várganos.
várgano. m. Cada uno de los *palos o estacas con que se forma una *valla o empalizada.
Vargas. n. p. **Averíguelo Vargas.** fr. proverb. de que se usa cuando una cosa es difícil de *averiguar.
vargueño. m. **Bargueño.**
varí. m. *Ave de rapiña diurna americana, de plumaje gris con rayas rojizas por debajo.
variabilidad. f. Calidad de variable.
variable. adj. *Mudable, que varía o puede variar. ‖ *Inestable, *inconstante. ‖ *Mat.* V. **Cantidad variable.** Ú. t. c. s. f.
variablemente. adv. m. De manera variable.
variación. f. Acción y efecto de variar o *cambiar. ‖ *Mús.* Cada una de las imitaciones melódicas de un mismo tema. ‖ **de la aguja,** o **magnética.** *Mar.* **Declinación de la aguja.**
variado, da. adj. Que tiene variedad o *diversidad. ‖ De varios *colores.
variamente. adv. m. De un modo vario.
variante. p. a. de **Variar.** Que varía. ‖ f. Variedad o diferencia de lección en las *copias de un códice, manuscrito o *libro. ‖ Desviación de un *camino. ‖ pl. *Encurtidos.
variar. tr. Hacer que una cosa *cambie o sea diferente de lo que antes era. ‖ Dar variedad. ‖ intr. *Cambiar una cosa de forma, propiedad o estado. ‖ Ser una cosa *diferente de otra. ‖ *Mar.* Hacer ángulo la *brújula con la línea meridiana.
varice o **várice.** f. *Pat.* Dilatación permanente de una *vena.
varicela. f. *Pat.* *Enfermedad caracterizada por una erupción *cutánea parecida a la de la viruela benigna.
varicocele. m. *Pat.* *Tumor formado por la dilatación de las venas del escroto y del cordón espermático.
varicoso, sa. adj. **Pat.* Perteneciente o relativo a las varices. ‖ **Pat.* Que tiene varices. Ú. t. c. s.
variedad. f. Calidad de vario o *diverso. ‖ *Diferencia dentro de la unidad. ‖ Conjunto de cosas *diversas. ‖ *Inconstancia, inestabiliad de las cosas. ‖ *Mudanza en la substancia de las cosas. ‖ **Variación.** ‖ *Hist. Nat.* Cada uno de los grupos en que se *clasifican algunas especies y que se distinguen entre sí por ciertos caracteres muy secundarios. ‖ pl. Función de *teatro en que intervienen números de índole varia.
varilarguero. m. **Taurom.* Picador de toros.
varilla. f. d. de **Vara.** ‖ *Barra larga y delgada. ‖ Cada una de las tiras de madera, marfil, etc., que forman la armazón del *abanico. ‖ Cada una de las costillas que forman la armazón de los *paraguas y quitasoles. ‖ fam. Cada uno de los dos huesos largos que forman la *quijada. ‖ Tira de cinc o plomo, de perfil adecuado, que usan los *vidrieros para unir y sujetar los cristales. ‖ pl. Bastidor rectangular en que se mueven los *cedazos para cerner. ‖ **Varilla de virtudes.** La que usan los *prestidigitadores, atribuyéndole las operaciones con que sorprenden a los espectadores.
varillaje. m. Conjunto de varillas de *abanicos, *paraguas, etc.
vario, ria. adj. *Diverso o *diferente. ‖ *Inconstante o mudable. ‖ Indiferente o *indeterminado. ‖ Que tiene variedad de adornos o *colores. ‖ pl. Algunos, unos cuantos. ‖ m. pl. Conjunto de *libros, folletos, etcétera, reunidos en tomos o cajas.
variolar. adj. **Varioloso.**
varioloide. f. **Pat.* Viruela atenuada y benigna.
varioloso, sa. adj. **Pat.* Perteneciente o relativo a la viruela. ‖ **Pat.* **Virolento.** Ú. t. c. s.
varita. f. d. de **Vara.** ‖ **Varita de virtudes. Varilla de virtudes.** ‖ **Varita de San José. Malva real.**
varitero. m. Porquero que varea las bellotas para los *cerdos.
variz. f. **Varice.**
varizo. m. Madero o *palo delgado y largo.
***varón.** m. Criatura racional del sexo masculino. ‖ Hombre que ha llegado a la edad viril. ‖ Hombre *respetable. ‖ *Mar.* Cada uno de los dos *cabos o cadenas que se hacen firmes en la pala del *timón, para gobernar en casos de avería en la caña. ‖ **de Dios.** Hombre santo o de particular *virtud. ‖ **Buen varón.** Hombre *prudente y experimentado. ‖ **Santo varón.** fig. Hombre *bondadoso, pero de pocos alcances.
varona. f. ***Mujer.** ‖ Mujer *hombruna.
varonesa. f. **Varona** (*mujer).
varonía. f. *Parentesco o descendencia de varón en varón.
***varonil.** adj. Perteneciente o relativo al *varón. ‖ Esforzado, *valiente.
varonilmente. adv. m. De manera varonil.
varraco. m. **Verraco.**
varraquear. intr. fam. **Verraquear.**
varraquera. f. fam. **Verraquera.**
varsoviana. f. *Danza polaca, variante de la mazurca. ‖ *Música de esta danza.
varsoviano, na. adj. Natural de Varsovia. Ú. t. c. s. ‖ Perteneciente a esta ciudad de Polonia.
vasa. f. **Vajilla.**
vasallaje. m. Vínculo de dependencia y fidelidad de una persona respecto de su *señor. ‖ Relación de *dependencia entre personas o cosas. ‖ *Tributo pagado por el vasallo a su señor.
***vasallo, lla.** adj. Sujeto a algún señor con vínculo de vasallaje. ‖ En lo antiguo, **feudatario.** ‖ m. y f. Súbdito de un soberano o de cualquier otro gobierno supremo. ‖ El que tenía acostamiento del rey para servirle con cierto número de lanzas. ‖ fig. Cualquiera que reconoce a otro por superior o se *somete a él. ‖ **de signo servicio.** El que debía servicio personal a su señor.
***vasar.** m. Poyo o anaquelería, y especialmente la de ladrillo y yeso, que se usa para poner vasos, platos, etc., en las *cocinas y despensas.
vasco, ca. adj. **Vascongado.** Apl. a pers., ú. t. c. s. ‖ m. **Vascuence.**
vascófilo. m. El aficionado a la *lengua vascongada.
vascón, na. adj. Natural de la Vasconia, región de la España Tarraconense. Ú. t. c. s. ‖ Perteneciente a esta región.
vascongado, da. adj. Natural de las provincias de Álava, Guipúzcoa y Vizcaya. Ú. t. c. s. ‖ Perteneciente a ellas. ‖ m. **Vascuence.**
vascónico, ca. adj. Perteneciente o relativo a los vascones.
vascuence. adj. Dícese de la *lengua hablada por parte de los naturales de las provincias vascongadas. Ú. m. c. s. ‖ m. fig. y fam. Dicho o escrito *incomprensible o muy confuso. ‖ pl. *Germ.* **Grillos.**
vascular. adj. **Bot.* Que tiene celdillas de figura de vasos o tubos. ‖ **Histol.* Relativo a los vasos del cuerpo animal, y principalmente a los de la *sangre.
vasculoso, sa. adj. *Bot.* y **Anat.* **Vascular.**
vaselina. f. Substancia *crasa, que se saca del *petróleo y se emplea en *farmacia y *perfumería.
vasera. f. ***Vasar.** ‖ Caja o funda en que se guarda el *vaso. ‖ Salvilla o *bandeja con asa, en que llevan los vasos los aguadores.
***vasija.** f. Recipiente portátil, y especialmente cualquiera de los de uso ordinario en las casas, destinados a contener líquidos o materias alimenticias. ‖ Conjunto de *cubas y tinajas en las bodegas. ‖ **Vajilla.**
vasillo. m. **Celdilla.**
***vaso.** m. Recipiente o *vasija, en general. ‖ → Recipiente de metal, vidrio u otra materia, por lo común de forma cilíndrica, que sirve para beber. ‖ Cantidad de líquido que *cabe en él. ‖ Casco de una *embarcación. ‖ **Bacín.** ‖ Casco o *uña de las bestias caballares. ‖ Obra de *escultura, en forma de jarrón, florero o pebetero, que se usa para decorar edificios. ‖ Por ext., receptáculo o depósito natural de mayor o menor capacidad, que contiene algún líquido. ‖ desus. *Hueco de algunas otras cosas. ‖ *Astron.* **Copa** (*constelación). ‖ **Bot.* y **Anat.* Cualquiera de los conductos por donde circulan los fluidos en los seres orgánicos. ‖ **de elección.** fig. **Teol.* Sujeto especialmente escogido por Dios para un ministerio singular. ‖ Por antonom., el *apóstol San Pablo. ‖ **de reencuentro.** **Quím.* **Vaso** para la circulación de los disolventes, compuesto de dos matraces encontrados. ‖ **excretorio. Vaso** (bacín). ‖ **lacrimatorio.** Vasija pequeña a manera de pomo, que se encuentra en los *sepulcros antiguos y que se supuso destinada a guardar las lágrimas vertidas por los deudos del difunto.
vasomotor, ra. adj. *Anat.* Dícese de los *nervios que producen determinados movimientos en los vasos.
***vástago.** m. Renuevo que brota del árbol o planta. ‖ fig. Persona descendiente de otra. ‖ **Mec.* Barra sujeta al centro de una de las dos caras del émbolo. ‖ *Tallo del plátano.
vastedad. f. *Anchura o *grandeza de una cosa. ‖ *Infinitud, espacio ilimitado.
vástiga. f. **Vástago** (de las plantas).
vasto, ta. adj. *Espacioso, muy extendido o muy *grande.
vate. m. **Adivino.** ‖ ***Poeta.**
vaticano, na. adj. Perteneciente al monte **Vaticano.** ‖ Perteneciente o relativo al palacio en que ordinariamente habita el *Papa. ‖ Perte-

ciente al Papa o a la corte pontificia. ‖ m. fig. Corte pontificia.
vaticinador, ra. adj. Que vaticina. U. t. c. s.
vaticinante. p. a. de **Vaticinar.** Que vaticina.
vaticinar. tr. *Predecir, adivinar, profetizar.
vaticinio. m. *Predicción, adivinación.
vatídico, ca. adj. **Vaticinador.** Ú. t. c. s. ‖ Perteneciente o relativo al vaticinio.
vatímetro. m. Aparato *eléctrico para la medición de los vatios.
vatio. m. Cantidad de trabajo *eléctrico, equivalente a un julio por segundo.
vaya. f. *Burla que se hace de uno o chasco que se le da.
ve. f. Nombre la *letra *v*.
vecera. f. Manada de *ganado, por lo común de *cerda, perteneciente a un vecindario.
vecería. f. **Vecera.**
vecero, ra. adj. Aplícase al que ejerce por *turno un cargo concejil o *municipal. Ú. t. c. s. ‖ Aplícase a las plantas que en un año dan mucho *fruto y poco o ninguno en otro. ‖ m. y f. **Parroquiano** (cliente). ‖ Persona que guarda *turno para una cosa.
vecinal. adj. Perteneciente al vecindario o a los *vecinos de un pueblo.
vecinamente. adv. m. Inmediatamente, o con *contigüidad y cercanía.
***vecindad.** f. Calidad de vecino. ‖ Conjunto de las personas que viven en los distintos cuartos de una misma casa. ‖ **Vecindario.** ‖ Contorno o *cercanías de un sitio o paraje. ‖ **Media vecindad.** Derecho que en algunas partes adquiere el forastero para aprovechar los *pastos del pueblo. ‖ **Hacer mala vecindad.** fr. Ser molesto o *perjudicial a los vecinos.
vecindario. m. Conjunto de los *vecinos de una población o de parte de ella. ‖ *Lista o padrón de los vecinos de un pueblo. ‖ **Vecindad.**
***vecino, na.** adj. Que habita con otros en un mismo pueblo, barrio o casa, en habitación independiente. Ú. t. c. s. ‖ Que tiene casa y hogar en un pueblo, y contribuye a las cargas aunque actualmente no viva en él. Ú. t. c. s. ‖ Que ha ganado los derechos de vecindad en un pueblo. Ú. t. c. s. ‖ fig. *Cercano, *próximo o *contiguo en cualquiera línea. ‖ fig. *Semejante, parecido. ‖ **mañero.** El que se procuraba una segunda vecindad para rehuir las cargas de la propia. ‖ **Medio vecino.** El que tiene el derecho de media vecindad.
vectación. f. Acción de ir en un vehículo. ‖ Acción y efecto de *pasear en *carruaje.
vector. adj. *Geom.* V. **Radio vector.** ‖ m. **Geom.* Segmento dotado de longitud, dirección y sentido.
veda. f. Acción y efecto de vedar o *prohibir. ‖ Espacio de tiempo en que está vedado *cazar o *pescar.
veda. m. Cada uno de los *libros sagrados* primitivos de la India.
vedado. m. Campo o sitio acotado, *cercado o cerrado por ley u ordenanza.
vedamiento. m. ***Prohibición.**
vedar. tr. *Prohibir por ley, estatuto o mandato. ‖ Impedir, *estorbar.
vedegambre. m. *Planta de las colquicáceas, cuyo rizoma se emplea en medicina pulverizado, como estornutatorio.
vedeja. f. **Guedeja.**
védico, ca. adj. Perteneciente o relativo a los vedas y a la *lengua en que están escritos.
vedija. f. Mechón de *lana. ‖ **Verija.** ‖ *Pelo enredado en cualquier parte del cuerpo del animal. ‖ Mata de *cabello enredada y ensortijada.
vedijero, ra. m. y f. Persona que recoge la *lana de caídas cuando se esquila el ganado.
vedijoso, sa. adj. **Vedijudo.**
vedijudo, da. adj. Que tiene la lana o el pelo enredado o en vedijas.
vedijuela. f. d. de **Vedija.**
vedilla. f. *Germ.* **Frazada.**
vedismo. m. *Religión más antigua de los indios, contenida en los libros llamados vedas.
veduño. m. **Viduño.**
veedor, ra. adj. Que *ve o mira con *atención las acciones de los otros. Ú. t. c. s. ‖ m. *Inspector encargado de velar por la *provisión y abastecimiento de una ciudad. ‖ *Criado de confianza que vigilaba al despensero. ‖ Jefe segundo de las caballerizas de los *reyes de España. ‖ Jefe *militar cuyas funciones eran semejantes a las de los modernos inspectores y directores generales. ‖ **de vianda.** Empleado de palacio que vigilaba el servicio de la mesa.
veeduría. f. Cargo u oficio de veedor. ‖ Oficina del veedor.
vega. f. Parte de *tierra baja, llana y fértil. ‖ Terreno sembrado de *tabaco, en Cuba. ‖ Terreno muy húmedo.
vegetabilidad. f. Calidad de vegetable.
vegetable. adj. p. us. ***Vegetal.** Ú. t. c. s. m.
vegetación. f. Acción y efecto de vegetar. ‖ Conjunto de los *vegetales existentes en un terreno determinado. ‖ pl. *Med.* Masas de tejido linfoide en la parte posterior de la *nariz.
***vegetal.** adj. Que vegeta. ‖ Perteneciente o relativo a las plantas. ‖ → m. Ser orgánico que crece y vive, pero incapaz de sensibilidad y de movimientos voluntarios.
vegetalista. adj. **Vegetariano.**
vegetante. p. a. de **Vegetar.** Que vegeta.
***vegetar.** intr. Germinar, nutrirse, crecer y aumentarse los vegetales. Ú. t. c. r. ‖ fig. *Vivir maquinalmente una persona con vida meramente orgánica. ‖ fig. Disfrutar voluntariamente vida *cómoda, exenta de trabajo y de cuidados.
vegetarianismo. m. Régimen *alimenticio en el que entran exclusivamente vegetales o substancias de origen vegetal.
vegetariano, na. adj. Dícese de la persona que se *alimenta exclusivamente de vegetales o de substancias de origen vegetal. ‖ Perteneciente a este régimen alimenticio. Ú. t c. s.
vegetativo, va. adj. Que vegeta o tiene vigor para vegetar. ‖ **Fisiol.* Que concurre a las funciones de nutrición o reproducción.
veguer. m. *Magistrado que en algunas regiones ejercía la misma jurisdicción que el corregidor en Castilla.
veguería. f. *Territorio o distrito a que se extendía la jurisdicción del veguer.
veguerío. m. **Veguería.**
veguero, ra. adj. Perteneciente o relativo a la vega. ‖ m. Labrador que trabaja en el *cultivo de una vega, en especial para la explotación del tabaco. ‖ Cigarro puro hecho de una sola hoja de *tabaco enrollada y, por ext., cigarro.
***vehemencia.** f. Calidad de vehemente.
***vehemente.** adj. Que obra o se mueve con ímpetu y violencia. ‖ Dícese de lo que en la vida real o en el arte se expresa con viveza e ímpetu. ‖ Aplícase también a las personas que se expresan de este modo.
vehementemente. adv. m. De manera vehemente.
***vehículo.** m. Carruaje, embarcación, aeronave u otro artefacto, que sirve para transportar personas o cosas de una parte a otra. ‖ fig. Lo que sirve para conducir o transmitir fácilmente una cosa, como el sonido, los contagios, etc. ‖ **Farm.* **Excipiente.**
veimarés, sa. adj. Natural de Sajonia Véimar. Ú. t. c. s.
veintavo, va. adj. **Vigésimo.** Ú. t. c. s. m.
veinte. adj. Dos veces diez. ‖ **Vigésimo.** Apl. a los días del mes, ú. t. c. s. ‖ m. Conjunto de signos o cifras con que se representa el *número **veinte.** ‖ **de bolos. Diez de bolos.** ‖ **A las veinte.** m. adv. fig. y fam. A horas *intempestivas.
veintén. m. Escudito de oro de valor de veinte reales.
veintena. f. *Conjunto de veinte unidades.
veintenar. m. **Veintena.**
veintenario, ria. adj. Dícese de lo que tiene veinte *años.
veintenero. m. **Sochantre,** en ciertas iglesias.
veinteno, na. adj. **Vigésimo.** ‖ **Veintavo.** Ú. t. c. s. f.
veinteñal. adj. Que dura veinte *años.
veinteocheno, na. adj. **Veintiocheno.**
veinteseiseno, na. adj. **Veintiseiseno.**
veintésimo, ma. adj. **Vigésimo.** Ú. t. c. s.
veinticinco. adj. Veinte y cinco. ‖ Vigésimo quinto. Apl. a los días del mes, ú. t. c. s. ‖ m. Conjunto de signos o cifras con que se representa el *número **veinticinco.**
veinticuatrén. adj. Aplícase al *madero de veinticuatro palmos de longitud. Ú. m. c. s.
veinticuatreno, na. adj. Perteneciente al *número veinticuatro. ‖ Vigésimo cuarto. ‖ V. ***Paño veinticuatreno.** Ú. t. c. s. ‖ **de capas.** Velarte de primera clase.
veinticuatría. f. Cargo u oficio de veinticuatro.
veinticuatro. adj. Veinte y cuatro. ‖ Vigésimo cuarto. Apl. a los días del mes, ú. t. c. s. ‖ m. Conjunto de signos o cifras con que se representa el *número **veinticuatro.** ‖ En lo antiguo, regidor de *ayuntamiento.
veintidós. adj. Veinte y dos. ‖ Vigésimo segundo. Apl. a los días del mes, ú. t. c s. ‖ m. Conjunto de signos o cifras con que se representa el *número **veintidós.**
veintidoseno, na. adj. Vigésimo segundo. ‖ V. ***Paño veintidoseno.** Ú. t. c. s. ‖ **de capas.** Velarte de segunda clase.
veintinueve. adj. Veinte y nueve. ‖ Vigésimo nono. Apl. a los días del mes, ú. t. c. s. ‖ m. Conjunto de signos o cifras con que se representa el *número **veintinueve.**
veintiocheno, na. adj. Vigésimo octavo. ‖ V. **Paño veintiocheno.** Ú. t. c. s.
veintiocho. adj. Veinte y ocho. ‖ Vi-

gésimo octavo. Apl. a los días del mes, ú. t. c. s. ‖ m. Conjunto de signos o cifras con que se representa el *número **veintiocho.**

veintiséis. adj. Veinte y seis. ‖ Vigésimo sexto. Apl. a los días del mes, ú. t. c. s. ‖ m. Conjunto de signos o cifras con que se representa el *número **veintiséis.**

veintiseiseno, na. adj. Perteneciente al *número veintiséis. ‖ Vigésimo sexto. ‖ V. ***Paño veintiseiseno.** Ú. t. c. s.

veintisiete. adj. Veinte y siete. ‖ Vigésimo séptimo. Apl. a los días del mes, ú. t. c. s. ‖ m. Conjunto de signos o cifras con que se representa el *número **veintisiete.**

veintitrés. adj. Veinte y tres. ‖ Vigésimo tercio. Apl. a los días del mes, ú. t. c. s. ‖ m. Conjunto de signos o cifras con que se representa el *número **veintitrés.**

veintiún. adj. Apócope de **Veintiuno.**

veintiuna. f. Juego de *naipes, o de *dados, en que gana el que hace veintiún puntos.

veintiuno, na. adj. Veinte y uno. ‖ Vigésimo primero. Apl. a los días del mes, ú. t. c. s. ‖ m. Conjunto de signos o cifras con que se representa el *número **veintiuno.**

vejación. f. Acción y efecto de vejar.

vejador, ra. adj. Que veja. Ú. t. c. s.

vejamen. m. **Vejación.** ‖ *Zaherimiento o *reprensión festiva. ‖ Discurso o composición *poética de índole burlesca, que se pronunciaba o leía en las *universidades.

vejaminista. m. Sujeto a quien se encargaba el vejamen en los *certámenes o funciones literarias.

vejancón, na. adj. fam. aum. de **Viejo.** Ú. t. c. s.

vejar. tr. *Maltratar, *molestar, *oprimir o *zaherir a uno. ‖ Dar vejamen.

vejarrón, na. adj. fam. aum. de **Viejo.** Ú. t. c. s.

vejatorio, ria. adj. Dícese de lo que veja o puede vejar.

vejazo, za. adj. aum. de **Viejo.** Ú. t. c. s.

vejestorio. m. despect. Persona muy vieja.

vejeta. f. **Cogujada.**

vejete. adj. d. de ***Viejo.** Dícese especialmente del viejo ridículo. Ú. m. c. s.

***vejez.** f. Calidad de *viejo. ‖ **Senectud.** ‖ fig. *Impertinencia propia de la edad de los viejos. ‖ fig. Dicho o *narración de una cosa muy sabida y *vulgar.

vejezuelo, la. adj. d. de **Viejo.** Ú. t. c. s.

vejiga. f. _Anat._ Órgano membranoso, a manera de bolsa, en el que se deposita la *orina segregada por los riñones. ‖ ***Ampolla.** ‖ *Burbuja formada en cualquier superficie y llena de aire u otro gas o de un líquido. ‖ Bolsita de tripa de carnero en que se conservaba un color para la *pintura al óleo. ‖ **Viruela.** ‖ **de la bilis** o **de la hiel.** Órgano, a modo de bolsita, en que se deposita esta secreción del hígado. ‖ **de perro. Alquequenje.** ‖ **natatoria.** Receptáculo membranoso lleno de aire, que tienen muchos *peces.

vejigatorio, ria. adj. *_Terap._ Aplícase al emplasto o parche irritante, que se pone para levantar vejigas. Ú. m. c. s. m.

vejigazo. m. *Golpe dado con una vejiga llena de aire u otra cosa.

vejigón. m. aum. de **Vejiga.**

vejigoso, sa. adj. Lleno de vejigas.

vejigüela. f. d. de **Vejiga.**

vejiguilla. f. d. de **Vejiga.** ‖ **Vejiga** de perro. ‖ _Anat._ **Vesícula.**

vejote, ta. adj. aum. de ***Viejo.** Ú. t. c. s.

***vela.** f. **Velación** (*vigilia). ‖ Tiempo que se vela o en que se *trabaja por la *noche. ‖ Asistencia por horas o turno delante del sacramento de la *Eucaristía. ‖ ***Romería.** ‖ *Centinela o guardia que se ponía por la noche. ‖ →Cilindro o prisma de cera, sebo, estearina, etc., con pabilo en el eje para que pueda encenderse y dar luz. ‖ fig. y fam. *Cuerno del toro. ‖ pl. fig. y fam. *Mocos que cuelgan de la nariz. ‖ **María.** La **vela** blanca que se coloca en el tenebrario en medio de las demás amarillas. ‖ **A vela y pregón.** m. adv. En pública *subasta. ‖ **En vela.** m. adv. *Despierto o con falta de sueño.

***vela.** f. Pieza de lona o lienzo fuerte, que se amarra a las vergas para recibir el viento que impele la nave. ‖ **Toldo.** ‖ fig. *Barco de **vela.** ‖ fig. *Oreja de las *caballerías y otros animales cuando la ponen erguida por recelo u otro motivo. ‖ **al tercio.** _Mar._ **Vela** trapezoidal. ‖ **bastarda.** _Mar._ La mayor de los buques latinos. ‖ **cangreja.** _Mar._ **Vela** de cuchillo, de forma trapezoidal, envergada en el pico y palo correspondientes. ‖ **cuadra.** _Mar._ Especie de **vela** de figura cuadrangular. ‖ **de abanico.** _Mar._ La que se compone de paños cortados al sesgo y reunidos en un puño por la parte más estrecha. ‖ **de cruz.** _Mar._ Cualquiera de las cuadradas o trapezoidales que se envergan en las vergas que se cruzan sobre los mástiles. ‖ **de cuchillo.** _Mar._ Cualquiera de las envergadas en nervios colocados en el plano longitudinal del buque. ‖ **encapillada.** _Mar._ Aquella que el viento echa sobre la verga o el estay. ‖ **latina.** _Mar._ La triangular, envergada en entena. ‖ **mayor.** _Mar._ **Vela** principal que va en el palo mayor. ‖ **tarquina.** _Mar._ **Vela** trapezoidal muy alta de baluma y baja de caída. ‖ **Velas mayores.** _Mar._ Las tres **velas** principales del navío. ‖ **A la vela.** m. adv. fig. Con la prevención o *preparación necesaria para algún fin. ‖ **Alzar velas.** fr. _Mar._ Disponerse para navegar. ‖ fig. y fam. *Ausentarse uno de repente del sitio en que se halla. ‖ **Apocar las velas.** fr. ant. _Mar._ Disminuir o minorar el número de **velas.** ‖ **A toda vela.** m. adv. _Mar._ Navegando la embarcación con gran viento. ‖ **Hacerse a la vela** o **largar las velas.** frs. _Mar._ Salir a navegar el barco de **vela** que estaba en el puerto. ‖ **Recoger velas** uno. fr. fig. Contenerse, *moderarse.

velación. f. Acción de velar o estar *despierto.

velación. f. Ceremonia del *matrimonio católico, que consiste en cubrir con un velo a los cónyuges en la misa nupcial. Ú. m. en pl. ‖ pl. **Rogativas.** ‖ **Abrirse las velaciones.** fr. Principiar el tiempo en que la Iglesia permite que se velen los desposados.

velacho. m. _Mar._ Gavia del trinquete.

velada. f. *Vigilia, acción y efecto de velar. ‖ *Concurrencia nocturna a una plaza o paseo público, con motivo de alguna *fiesta. ‖ *Reunión nocturna de varias personas para algún entretenimiento o *diversión. ‖ Fiesta musical o literaria por la *noche.

velado, da. m. y f. Marido o mujer legítima.

velador, ra. adj. Que vela o está *despierto. Ú. t. c. s. ‖ Dícese del que *cuida de alguna cosa. Ú. t. c. s. ‖ m. *Candelero, regularmente de madera. ‖ *Mesita de un solo pie, redonda por lo común.

veladura. f. *_Pint._ Tinta transparente que se da para suavizar el tono de lo pintado.

velaje. m. **Velamen.**

***velamen.** m. Conjunto de velas de una embarcación.

***velar.** intr. Estar despierto durante el tiempo destinado de ordinario para dormir. ‖ Continuar *trabajando por la *noche o después de haber terminado la jornada ordinaria. ‖ Asistir por horas o turnos delante del sacramento de la *Eucaristía. Ú. t. c. tr. ‖ fig. *Cuidar solícitamente de una cosa. ‖ _Mar._ *Sobresalir sobre la superficie del agua algún *escollo u otro objeto peligroso para los navegantes. ‖ _Mar._ Persistir el *viento durante la noche. ‖ tr. Hacer *centinela o guardia por la noche. ‖ Asistir de noche a un *enfermo o a un *difunto. ‖ fig. *Mirar u *observar atentamente una cosa.

velar. tr. *Cubrir con velo. Ú. t. c. r. ‖ Celebrar la ceremonia de las velaciones en el *matrimonio católico. ‖ En *fotografía, borrarse total o parcialmente la imagen por la acción indebida de la luz. Ú. t. c. r. ‖ *_Pint._ Dar veladuras.

velar. adj. Que vela u *obscurece. ‖ Perteneciente o relativo al velo del paladar. Dícese de los sonidos que se *pronuncian hacia esa parte posterior de la *boca. ‖ *_Fon._ Dícese de la articulación que se caracteriza por el contacto o aproximación del dorso de la lengua al velo del paladar. ‖ Letra que representa este sonido.

velarte. m. *Paño enfurtido y lustroso, de color negro.

velatorio. m. Acto de velar a un *difunto.

velay. interj. Se usa para *confirmar un dicho o conjetura.

veleidad. f. Voluntad *caprichosa. ‖ *Inconstancia, ligereza.

veleidoso, sa. adj. *Inconstante, mudable. ‖ ***Caprichoso.**

velejar. intr. Usar o valerse de las *velas en la navegación.

velería. f. Despacho o tienda donde se venden *velas de alumbrar.

velero, ra. adj. Dícese de la persona que asiste a velas y *romerías. Ú. t. c. s. ‖ m. y f. Persona que hace *velas para el alumbrado, o las vende.

velero, ra. adj. Aplícase a la *embarcación muy ligera o que navega mucho. ‖ m. El que hace *velas para buques. ‖ Buque de vela.

***veleta.** f. Pieza de metal de forma adecuada para que, al girar en un eje vertical a impulso del viento, señale la dirección de éste. ‖ Plumilla u otra cosa que los *pescadores de caña ponen sobre el corcho para conocer cuándo pica el pez. ‖ **Banderola.** ‖ com. fig. Persona *inconstante.

velete. m. *Velo delgado que usan las mujeres de algunos países.

velicación. f. *_Terap._ Acción y efecto de velicar.

velicar. tr. *_Terap._ *Punzar en alguna parte del cuerpo para dar salida a los humores.

velicomen. m. *Vaso grande que se usaba en algunos festines de bienvenida.

velilla. f. Cerilla, fósforo para *encender.
velillo. m. *Tela muy delgada y rala, tejida con algunas flores de hilo de plata.
vélite. m. *Soldado de infantería ligera, entre los romanos.
velmez. m. Vestidura que antiguamente se ponía debajo de la *armadura.
***velo.** m. *Cortina o tela que cubre una cosa. ‖ → Prenda del traje femenino de calle, hecha de tul, gasa, etcétera, y con la cual suelen cubrirse las mujeres la cabeza, el cuello y a veces el rostro. ‖ Trozo de tul, gasa, etc., con que se guarnecen algunas mantillas por la parte superior. ‖ El que, sujeto por delante al sombrero, cubriendo el rostro, suelen llevar las señoras. ‖ Manto bendito con que cubren la cabeza y la parte superior del cuerpo las religiosas. ‖ Banda de tela blanca, que en la misa de velaciones se pone al marido por los hombros y a la mujer sobre la cabeza, en señal del *matrimonio. ‖ **Liturg.* **Humeral.** ‖ Fiesta que se hace para dar la profesión a una *monja. ‖ fig. Cualquier cosa delgada, ligera y más o menos transparente, que *oculta la vista de otra. ‖ fig. *Pretexto, disimulación. ‖ fig. *Ofuscación u obscuridad del entendimiento. ‖ fig. Cualquier cosa que *oculta o *disimula el conocimiento de otra. ‖ Aparejo de *pesca, compuesto de un varal y una red. ‖ **del paladar.** *Anat.* Especie de cortina muscular y membranosa que separa la cavidad de la *boca de la de las fauces. ‖ **humeral,** u **ofertorio. Humeral** (paño con que el sacerdote coge la custodia). ‖ **Correr el velo.** fr. fig. *Manifestar, *descubrir una cosa que estaba oculta. ‖ **Correr,** o **echar, un velo sobre** una cosa. fr. fig. *Callarla, omitirla. ‖ **Tomar el velo.** fr. fig. Profesar una *monja.
***velocidad.** f. Ligereza o *prontitud en el movimiento. ‖ **Mec.* Relación entre el espacio andado y el tiempo empleado en recorrerlo. ‖ **En doble pequeña velocidad.** Aplícase al transporte de mercancías por ferrocarril en que se utilizan los trenes mixtos. ‖ **En gran velocidad.** Cuando las mercancías son conducidas en el primer tren de viajeros hábil para ello. ‖ **En pequeña velocidad.** Cuando el transporte se ha de hacer en un tren de mercancías y esperando el turno.
velocipédico, ca. adj. Perteneciente o relativo al *velocípedo.
velocipedismo. m. *Deporte de los aficionados al velocípedo.
velocipedista. com. Persona que sabe andar en *velocípedo.
***velocípedo.** m. Vehículo de hierro, formado por una especie de caballete para sentarse, y con dos o tres ruedas que se mueven por medio de pedales.
velódromo. m. Lugar destinado para carreras en *bicicleta.
velógrafo. m. Aparato en que mediante una pasta especial se pueden sacar muchas *copias de un escrito.
***velón.** m. *Lámpara de metal, para aceite común, compuesta de un vaso con varios mecheros, y de un eje en que puede girar, terminado por arriba en una asa y por abajo en un pie.
velonera. f. Repisa en que se colocaba el velón.
velonero. m. El que hace o vende velones.
velorio. m. *Reunión con bailes, cantos y otras *diversiones, que durante la noche se celebra en las casas de los pueblos, con ocasión de alguna faena doméstica. ‖ Velatorio, especialmente para velar a un niño *difunto.
velorio. m. Ceremonia de tomar el velo una *monja.
velorta. f. **Vilorta.**
velorto. m. **Vilorto.** ‖ **Viburno.**
***veloz.** adj. Acelerado y pronto en el movimiento. ‖ Ágil y pronto en lo que se ejecuta o discurre.
velozmente. adv. m. De manera *veloz.
veludillo. m. **Velludillo.**
veludo. m. **Velludo** (*terciopelo).
vellera. f. Mujer que afeita o *depila a otras.
vellida. f. *Germ.* **Frazada.**
vellido, da. adj. **Velloso.** ‖ m. *Germ.* ***Terciopelo.**
***vello.** m. Pelo que sale en algunas partes del cuerpo humano, con excepción de la cabeza y de la cara. ‖ Pelusilla de que están cubiertas algunas frutas o plantas.
vellocino. m. **Vellón** (*lana). ‖ **Vellón** (zalea); y especialmente el **vellocino** de oro de la fábula.
vellón. m. Toda la *lana de un carnero u oveja. ‖ **Zalea.** ‖ Vedija o guedeja de *lana.
vellón. m. *Aleación de plata y cobre con que se labró moneda antiguamente. ‖ *Moneda de cobre que se usó posteriormente.
vellonero. m. El que en los *esquileos tiene el cuidado de recoger los vellones.
vellora. f. Mota o granillo que ciertos *paños suelen tener en el revés.
vellorí. m. *Paño entrefino, de color pardo ceniciento o de lana sin teñir.
vellorín. m. **Vellorí.**
vellorio, ria. adj. **Parduzco.** Aplícase a la *caballería de piel parecida a la de la rata, con algunos pelos blancos.
vellorita. f. **Maya** (*planta). ‖ **Primavera** (*planta).
vellosidad. f. Abundancia de *vello.
vellosilla. f. *Planta herbácea, de las compuestas, con hojas blanquecinas por el envés y con pelos largos en las dos caras.
velloso, sa. adj. Que tiene *vello. ‖ *Germ.* **Bernia** (*tela). ‖ *Germ.* **Carnero.**
velludillo. m. Felpa o *terciopelo de algodón, de pelo muy corto.
velludo, da. adj. Que tiene mucho *vello. ‖ m. Felpa o *terciopelo.
vellutero. m. En algunas partes, el que trabaja en seda, especialmente en *felpa.
***vena.** f. Cualquiera de los vasos del cuerpo por donde vuelve al corazón la sangre que ha corrido por las arterias. ‖ **Min.* Filón metálico. ‖ Cada uno de los hacecillos de fibras que sobresalen en el envés de las *hojas de las plantas. ‖ Faja o *banda de tierra o piedra, que por su calidad o su color se distingue de la masa en que se halla interpuesta. ‖ Conducto natural por donde circula el *agua en las entrañas de la tierra. ‖ Cada una de las *rayas onduladas o ramificadas que tienen ciertas *piedras y *maderas. ‖ fig. *Inspiración poética. ‖ **ácigos.** *Zool.* La que pone en comunicación la **vena** cava superior con la inferior. ‖ **basílica.** *Zool.* Una de las del brazo. ‖ **cardiaca.** *Zool.* Cada una de las que coronan la aurícula derecha del corazón. ‖ **cava.** *Zool.* Cada una de las dos **venas** mayores del cuerpo, una superior o descendente, y otra inferior o ascendente. ‖ **cefálica.** *Zool.* La del brazo, que se aproxima al pliegue del codo. ‖ **coronaria.** *Zool.* **Vena cardiaca.** ‖ **de loco.** fig. Genio *inconstante. ‖ **emulgente.** *Zool.* Cada una de las **venas** por donde sale la sangre de los riñones. ‖ **láctea.** *Zool.* Vaso quilífero. ‖ **leónica.** *Zool.* **Vena ranina.** ‖ **porta.** *Zool.* La gruesa cuyo tronco está entre las eminencias de la superficie interior del hígado. ‖ **ranina.** *Zool.* La que se halla situada en la cara inferior de la lengua. ‖ **safena.** *Zool.* Cada una de las dos principales que van a lo largo de la pierna. ‖ **subclavia.** *Zool.* Cada una de las dos que se extienden desde la clavícula hasta la **vena** cava superior. ‖ **yugular.** *Zool.* Cada una de las dos que hay a uno y otro lado del cuello. ‖ **Acortarse la vena.** fr. **Min.* Cambiarse el buzamiento del filón. ‖ **Dar** uno **en la vena.** fr. fig. *Encontrar un medio para *conseguir fácilmente su deseo.
venable. adj. **Venal** (expuesto a la *venta).
venablo. m. *Dardo o lanza corta y arrojadiza. ‖ **Echar** uno **venablos.** fr. fig. Prorrumpir en expresiones de *ira.
venación. f. ant. ***Caza.**
venadero. m. Sitio o paraje en que los venados tienen su querencia o acogida. ‖ adj. Aplícase al *perro que se utiliza en la caza de venados.
venado. m. **Ciervo.**
venadriz. f. ant. ***Cazadora.**
venaje. m. Conjunto de venas de *agua y *manantiales que dan origen a un *río.
venal. adj. Perteneciente o relativo a las *venas.
venal. adj. Vendible o expuesto a la *venta. ‖ fig. Que se deja *sobornar con dádivas.
venalidad. f. Calidad de venal (vendible o sobornable).
venar. intr. *Cazar en el monte.
venático, ca. adj. fam. Que tiene vena de *loco. Ú. t. c. s.
venatorio, ria. adj. Perteneciente o relativo a la *caza.
vencedero, ra. adj. Que vence (el *plazo) en una época determinada.
vencedor, ra. adj. Que vence. Ú. t. c. s.
vencejera. f. *Haz de paja de centeno.
vencejo. m. Lazo o ligadura con que se *ata una cosa, especialmente los *haces de las mieses. ‖ *Pájaro insectívoro, de cola muy larga y ahorquillada, que se parece en su forma y costumbres a la golondrina. ‖ *Germ.* **Pretina.**
***vencer.** tr. Rendir o sujetar al enemigo. ‖ Rendir a una persona aquellas cosas físicas o morales que actúan sobre ella, como el hambre, el dolor, etc. Ú. t. c. r. ‖ *Aventajar a otro en alguna competencia o comparación. ‖ Sujetar o *dominar las pasiones y afectos. ‖ Superar las dificultades o estorbos. ‖ *Inducir a una persona a que siga determinado parecer. ‖ Sufrir, llevar con *paciencia un dolor, adversidad, etc. ‖ *Subir, superar la altura o aspereza de un sitio. ‖ Ladear, *inclinar una cosa. Ú. m. c. r. ‖ intr. Cumplirse un término o *plazo. ‖ Terminar o quedar *anulado un contrato por cumplirse la *condición fijada para ello. ‖ Hacerse exigible una *deuda u otra obligación. ‖ *Conseguir uno su propósito en contienda, disputa o pleito. ‖ Refrenar o *reprimir los ímpetus de la pasión. Ú. t. c. r.

vencetósigo. m. *Planta perenne de las asclepiadeas, de raíz medicinal, de olor parecido al del alcanfor.
vencible. adj. Que puede vencerse.
vencida. f. **Vencimiento** (úsase en la fr. **A la tercera va la vencida,** con que se da a entender que a la tercera tentativa se suele *conseguir el fin deseado).
vencimiento. m. Acción de vencer, *victoria. || Acción y efecto de ser vencido, *derrota. || fig. *Inclinación o torcimiento de una cosa material. || fig. Cumplimiento del *plazo de una deuda, obligación, etc.
venda. f. **Cir.* Tira de lienzo, que sirve para ligar un miembro o para sujetar los apósitos. || Faja que, rodeada a las sienes, servía a los reyes de *corona. || **Caérsele** a uno **la venda de los ojos.** fr. fig. ***Desengañarse.** || **Tener** uno **una venda en los ojos.** fr. fig. Desconocer la verdad por *ofuscación del entendimiento.
vendaje. m. **Cir.* Ligadura que se hace con vendas.
vendaje. m. p. us. *Remuneración que se da a uno por el trabajo de *vender los géneros que se le encomiendan. || Yapa, *gratificación o adehala.
vendar. tr. *Atar, ligar o cubrir con la venda. || fig. *Ofuscar el entendimiento, como hacen las pasiones.
vendaval. m. *Viento fuerte que sopla del Sur, con tendencia al Oeste. || Por ext., cualquier viento duro.
vendedera. f. Mujer que tiene por oficio *vender.
***vendedor, ra.** adj. Que *vende. Ú. t. c. s.
vendehúmos. com. fam. Persona que se *jacta de su valimiento o privanza con un poderoso.
vendeja. f. *Venta pública. || desus. Conjunto de *mercancías destinadas a la venta. || Venta de pasas, higos, limones, etc., en el tiempo de la *cosecha. || *Fruta y *hortalizas que llevan a vender al mercado las aldeanas.
***vender.** tr. Traspasar a otro por el precio convenido la propiedad de lo que uno posee. || Exponer u ofrecer públicamente las mercaderías, para el que las quisiere comprar. || Sacrificar al interés cosas que no tienen valor material. || fig. *Traicionar a uno, faltar a la fe o amistad que se le debe. || r. Dejarse *sobornar. || fig. Ofrecerse a todo *riesgo en favor de uno. || fig. *Revelar uno inadvertidamente algo que quiere tener oculto. || fig. Seguido de la preposición *por*, atribuirse uno condición o calidad que no tiene. || **Estar** uno **como vendido.** fr. Estar *inquieto y temiendo algún peligro. || **Estar vendido** uno. fr. fig. Estar en conocido *peligro. || **Venderse** uno **caro.** fr. fig. Prestarse con gran dificultad al trato, ser *solitario.
vendí. m. Certificado que da el *vendedor, corredor o agente que ha intervenido en una venta de mercancías o efectos públicos.
vendible. adj. Que se puede *vender.
vendiente. p. a. de **Vender.** Que vende.
***vendimia.** f. *Recolección y cosecha de la uva. || Tiempo en que se hace. || fig. *Utilidad o provecho abundante que se saca de cualquier cosa.
vendimiador, ra. m. y f. Persona que vendimia.
vendimiar. tr. *Cosechar el fruto de las *viñas. || fig. Disfrutar una cosa o *aprovecharse de ella, especialmente si es ajena. || fig. y fam. *Matar o quitar la vida.
vendimiario. m. Primer *mes del calendario republicano francés.
vendo. m. Orillo o *borde del *paño. || pl. **Zorros** (para el *polvo).
venduta. f. Almoneda o *subasta.
veneciano, na. adj. Natural de Venecia. Ú. t. c. s. || Perteneciente a esta ciudad de Italia. || **A la veneciana.** m. adv. Al uso de Venecia. || Tratándose de *alumbrado, el que se hace con gran profusión de faroles de colores vistosos.
venencia. f. *Vasija o cacillo metálico, con mango en forma de varilla acabada en gancho. Se usa principalmente para sacar pequeñas cantidades del *vino que contiene una bota.
venenífero, ra. adj. poét. **Venenoso.**
***veneno.** m. Substancia que, introducida por cualquier vía en el organismo animal, en poca cantidad, le ocasiona la muerte o graves trastornos. || fig. Cualquier cosa nociva o *perjudicial. || fig. Afecto de *ira u otro mal sentimiento.
venenosidad. f. Calidad de venenoso.
***venenoso, sa.** adj. Que incluye veneno.
venera. f. *Concha semicircular de dos valvas, una plana y otra muy convexa. Son de un molusco muy común en los mares de Galicia, y los *peregrinos que volvían de Santiago solían traerlas en las esclavinas. || *Insignia que traen pendiente al pecho los caballeros de cada una de las *órdenes. || **Empeñar** uno **la venera.** fr. fig. y fam. No perdonar gastos ni *esfuerzo para lograr un fin.
venera. f. **Venero** (*manantial).
venerabilísimo, ma. adj. sup. de **Venerable.**
venerable. adj. Digno de veneración o *respeto. || Aplícase como renombre a las personas de conocida *virtud. || Aplícase como *tratamiento o título a los *prelados. || Primer título que se concede en Roma a los que mueren con fama de *santidad. Ú. t. c. s.
venerablemente. adv. m. Con veneración.
veneración. f. Acción y efecto de venerar.
venerador, ra. adj. Que venera. Ú. t. c. s.
venerando, da. adj. **Venerable.**
venerante. p. a. de **Venerar.** Que venera.
venerar. tr. *Respetar en sumo grado a una persona por sus méritos y virtudes, o a una cosa por lo que representa. || Dar *culto a Dios, a los santos o a las cosas sagradas.
***venéreo, a.** adj. Perteneciente o relativo al deleite sensual o al acto carnal. || Dícese del mal que se contagia por el trato carnal. Ú. t. c. s. m.
venero. m. *Manantial de agua. || Raya o línea horaria en los *relojes de sol. || fig. *Origen de donde procede una cosa. || **Min.* **Criadero.**
veneruela. f. d. de **Venera.**
véneto, ta. adj. **Veneciano.** Apl. a pers., ú. t. c. s.
venezolanismo. m. *Palabra o giro propio de los venezolanos.
venezolano, na. adj. Natural de Venezuela. Ú. t. c. s. || Perteneciente a esta nación de América.
vengable. adj. Que puede o debe ser vengado.
vengador, ra. adj. Que venga o se venga. Ú. t. c. s.
vengainjurias. m. *Germ.* **Fiscal.**
***venganza.** f. Satisfacción que se toma del agravio o daño recibidos, y especialmente por medio de otro daño. || desus. ***Castigo.**
***vengar.** tr. Tomar venganza. Ú. t. c. r.
vengativo, va. adj. Inclinado a tomar *venganza.
venia. f. *Perdón de la ofensa o culpa. || *Licencia que se pide para ejecutar una cosa. || Inclinación que se hace con la cabeza, *saludando cortésmente a uno. || *For.* Licencia que se concedía a un *menor para administrar por sí su hacienda.
venial. adj. Dícese de la *infracción, *pecado o culpa leves o *insignificantes.
venialidad. f. Calidad de venial.
venialmente. adv. m. De modo venial.
venida. f. Acción de *venir. || ***Regreso.** || **Avenida** (*inundación). || **Esgr.* Acometimiento mutuo que se hacen los combatientes, después de presentar la espada. || fig. Ímpetu, acción *indeliberada.
venidero, ra. adj. Que está por venir, *futuro. || m. pl. **Sucesores.** || Los que han de nacer después.
venimécum. m. **Vademécum.**
***venir.** intr. Trasladarse una persona o cosa de allá hacia acá. || *Llegar una persona o cosa a donde está el que habla. || *Presentarse una persona ante otra. || Ajustarse, *acomodarse bien o mal una cosa a otra o con otra. || Llegar uno a *transigir o avenirse. Ú. t. c. r. || Volver a *tratar del asunto, después de alguna digresión. || Seguido de la preposición *en*, resolver, *decidir una autoridad. || *Inferirse, ser una cosa *consecuencia de otra. || Pasar, *trasmitirse el dominio o uso de una cosa de unos a otros. || *Producirse una cosa en un terreno. || Estar *próximo a llegar el tiempo en que una cosa ha de acaecer. || Traer *origen una cosa de otra. || Excitarse o *empezarse a mover un afecto, pasión o apetito. || Ofrecerse una cosa a la *imaginación o a la *memoria. || *Manifestarse, *comenzar a existir una cosa. || Con la preposición *a* y el infinitivo de otro verbo, *acaecer al fin una cosa. || Seguido de infinitivo y de expresión de cantidad, la indica *aproximadamente. || Seguido de la preposición *sobre*, ***caer.** || Suceder, *acaecer. || r. Perfeccionarse algunas cosas por medio de la *fermentación. || **En lo por venir.** loc. adv. En lo sucesivo, en lo *futuro. || **Venir a menos.** fr. Deteriorarse, empeorarse o *decaer una persona o cosa. || **Venir clavada** una cosa a otra. fr. fig. y fam. Serle adecuada o *conveniente. || **Venirle** a uno **ancha** una cosa. fr. fig. y fam. **Venirle muy ancha.** || **Venirle** a uno **muy ancha** una cosa. fr. fig. y fam. Ser excesiva para su capacidad o su mérito. || **Venir rodada** una cosa. fr. fig. Suceder *casualmente de modo *favorable. || **Venirse abajo** una cosa. fr. **Venir,** o **venirse, a tierra.** || **Venirse** uno **a buenas.** fr. **Darse a buenas.**
venora. f. Hilada de piedra o de ladrillo que se pone de trecho en trecho en las *acequias para que sirva de *señal a los que las limpian.
***venoso, sa.** adj. Que tiene *venas. || Perteneciente o relativo a la *vena.
***venta.** f. Acción y efecto de vender. || Contrato en virtud del cual se traspasa a dominio ajeno una cosa propia, por el precio pactado.

‖ Casa establecida en los caminos o despoblados para *hospedaje de los pasajeros. ‖ fig. y fam. Sitio *solitario y expuesto a las injurias del tiempo. ‖ **pública.** Almoneda, *subasta.

ventada. f. Golpe de *viento.

***ventaja.** f. Superioridad en cualquier sentido, de una persona o cosa respecto de otra. ‖→ Excelencia, utilidad o conveniencia especial de alguna cosa. ‖ *Sueldo sobreañadido al común que gozan otros. ‖ Ganancia anticipada que un *jugador concede a otro para compensar la superioridad, real o supuesta, de éste.

ventajista. m. Jugador de ventaja; *fullero.

ventajosamente. adv. m. De manera ventajosa.

***ventajoso, sa.** adj. Dícese de lo que tiene ventaja o la reporta.

ventalla. f. **Válvula.** ‖ *Bot.* Cada una de las dos o más partes de la *cáscara de un fruto, que, juntas por una o más suturas, encierran las semillas.

ventalle. m. ***Abanico.**

***ventana.** f. Abertura más o menos elevada sobre el suelo, que se deja en una pared para dar luz y ventilación. ‖ Hoja u hojas de madera y de cristales con que se cierra esa abertura. ‖ Agujero de la *nariz. ‖ **Arrojar,** o **echar,** una cosa **por la ventana.** fr. fig. Desperdiciarla o *malgastarla. ‖ **Hablar** uno **desde la ventana.** fr. fig. Censurar, el que está en seguro, a los que se hallan en algún conflicto o peligro. ‖ **Hacer ventana** una mujer. fr. Ponerse a ella para ser vista. ‖ **Tirar** uno **a ventana conocida,** o **señalada.** fr. fig. y fam. *Aludir a alguna persona embozadamente.

ventanaje. m. Conjunto de *ventanas de un edificio.

ventanal. m. *Ventana grande, como las de las catedrales.

ventanazo. m. *Golpe recio que da al cerrarse una *ventana. ‖ Acción de cerrar violentamente las ventanas en señal de *desprecio a persona que se halla en la parte de afuera.

ventanear. tr. fam. Asomarse o *mostrarse a la *ventana con frecuencia.

ventaneo. m. fam. Acción de ventanear.

ventanero, ra. adj. Dícese del hombre que mira con poco recato a las ventanas en que hay mujeres. Ú. t. c. s. ‖ Dícese de la mujer *ociosa muy aficionada a asomarse a la ventana. Ú. t. c. s. ‖ m. El que hace *ventanas.

ventanico. m. **Ventanillo.**

ventanilla. f. d. de ***Ventana.** ‖ Abertura pequeña que hay en la pared o tabique de los despachos de billetes, bancos y otras *oficinas para comunicación con el público. ‖ Cada uno de los agujeros de la *nariz.

ventanillo. m. d. de **Ventano.** ‖ Postigo pequeño de *puerta o *ventana. ‖ Ventana pequeña o abertura hecha en la puerta exterior de las casas y resguardada por lo común con rejilla, para ver a la persona que llama. ‖ **Trampilla.**

ventano. m. *Ventana pequeña.

ventanuco. m. d. despect. de **Ventana.**

ventar. impers. **Ventear.**

ventarrón. m. *Viento muy fuerte.

venteadura. f. Efecto de ventearse.

ventear. impers. Soplar el *viento o hacer aire fuerte. ‖ tr. Tomar algunos animales el viento con el *olfato. ‖ Poner, sacar al *aire alguna cosa para *secarla o *limpiarla. ‖ fig. Andar indagando o *averiguando una cosa. ‖ r. Rajarse o henderse una cosa por la diferente dilatación de sus partes. ‖ Levantarse *ampollas en las tejas y *ladrillos al cocerse. ‖ Adulterarse o *corromperse algunas cosas por la acción del aire; como el *tabaco. ‖ **Ventosear.**

ventecico, llo, to. m. ant. d. de ***Viento.**

venteril. adj. Propio de venta, o de ventero o ventera.

ventero, ra. adj. Dícese del perro que ventea.

ventero, ra. m. y f. Dueño o encargado de una venta para *hospedaje de los pasajeros.

ventifarel. m. Cínife, *mosquito.

ventilación. f. Acción y efecto de *ventilar o ventilarse. ‖ Abertura que sirve para ventilar un aposento.

ventilador. m. Instrumento o aparato que impulsa, cambia o remueve el *aire confinado en una habitación.

***ventilar.** tr. Hacer correr o penetrar el aire en algún sitio. Ú. m. c. r. ‖ *Agitar una cosa en el aire. ‖ Exponer una cosa al viento. ‖ Renovar el aire de un aposento o pieza cerrada. ‖ fig. Controvertir o *examinar una cuestión o duda, hasta dar con la *solución.

ventilla. f. Especie de válvula que cierra la entrada de un tubo de *órgano.

ventisca. f. Borrasca de *viento y *nieve.

ventiscar. impers. *Nevar con *viento fuerte. ‖ Levantarse la nieve por la violencia del viento.

ventisco. m. **Ventisca.**

ventiscoso, sa. adj. Aplícase al tiempo y lugar en que son frecuentes las ventiscas.

ventisquear. impers. **Ventiscar.**

ventisquero, ra. m. **Ventisca.** ‖ Altura o *cumbre de los montes más expuesta a las ventiscas. ‖ Sitio, en las alturas de los montes, donde naturalmente se conserva la *nieve y el hielo. ‖ Masa de *nieve o hielo reunida en este sitio.

ventola. f. *Mar.* Esfuerzo que hace el *viento contra un obstáculo.

ventolera. f. Golpe de *viento recio y poco durable. ‖ **Rehilandera.** ‖ fig. y fam. *Vanidad, *jactancia. ‖ fig. y fam. Pensamiento o determinación *irreflexiva.

ventolina. f. *Mar.* *Viento leve y variable.

ventor, ra. adj. Dícese del animal que, guiado por su *olfato, busca un rastro o huye del cazador. ‖ m. ***Perro ventor.**

ventorrero. m. Sitio *alto y muy combatido de los *vientos.

ventorrillo. m. **Ventorro.** ‖ Bodegón o casa de *comidas en las afueras de una población.

ventorro. m. despect. Venta de *hospedaje pequeña o mala.

ventosa. f. *Abertura para dar paso al viento, y especialmente la que se deja en los puntos más elevados de una *cañería, o la que, provista de un tubo, sirve para ventilación de las atarjeas. ‖ Órgano que tienen ciertos *animales en los pies u otras partes del cuerpo, para *adherirse o agarrarse, mediante el *vacío, al andar o hacer presa. ‖ *Germ.* ***Ventana.** ‖ **Cir.* Vaso o campana, en cuyo interior se enrarece el aire, después de aplicada a cualquier parte del cuerpo con el fin de producir una revulsión. ‖ **escarificada,** o **sajada.** *Cir.* La que se aplica sobre una superficie escarificada o sajada. ‖ **seca.** *Cir.* La que se aplica sobre una parte no sajada. ‖ **Pegar** a uno **una ventosa.** fr. fig. y fam. Sacarle con *engaño dinero u otra cosa.

***ventosear.** intr. Expeler del cuerpo las ventosidades. Ú. alguna vez c. r.

***ventosidad.** f. Calidad de ventoso o flatulento. ‖ → Gases intestinales encerrados o comprimidos en el cuerpo.

ventoso, sa. adj. Que contiene *viento o *aire. ‖ Aplícase al día o tiempo en que hace aire fuerte, y al sitio combatido por los *vientos. ‖ **Flatulento.** ‖ **Ventor.** ‖ m. Sexto *mes del calendario republicano francés. ‖ *Germ.* El que *hurta por la ventana.

ventral. adj. Perteneciente al *vientre.

ventrecillo. m. d. de ***Vientre.**

ventrecha. f. *Vientre de los *peces.

ventregada. f. *Cría o conjunto de animalillos que han nacido de un parto. ‖ fig. *Abundancia de muchas cosas que vienen juntas de una vez.

ventrera. f. Faja para *ceñir el vientre. ‖ *Armadura que cubría el vientre.

ventrezuelo. m. d. de ***Vientre.**

ventricular. adj. **Anat.* Perteneciente o relativo al ventrículo.

ventrículo. m. *Zool.* ***Estómago.** ‖ **de la *laringe.** *Anat.* Cada una de las dos cavidades que hay a uno y otro lado de la glotis. ‖ **del *corazón.** *Anat.* Cada una de las dos cavidades inferiores de este órgano. ‖ **del *encéfalo.** *Anat.* Cada una de las cuatro cavidades interiores del encéfalo de los vertebrados.

ventril. m. Pieza de madera para equilibrar la viga en los *molinos de aceite. ‖ Vara del *carro de bueyes a la cual se unce el ganado. ‖ *Correa que pasa por debajo del vientre de las mulas y se une al *yugo.

ventrílocuo, cua. adj. Dícese de la persona que tiene el arte de modificar su *voz de manera que parezca venir de lejos. Ú. t. c. s.

ventriloquia. f. Arte del ventrílocuo.

ventrón. m. aum. de **Vientre.** ‖ Túnica muscular que cubre el *estómago de algunos *rumiantes y de la cual se hace el guiso de callos.

ventroso, sa. adj. **Ventrudo.**

ventrudo, da. adj. Que tiene abultado el *vientre.

ventura. f. ***Felicidad.** ‖ Contingencia o *casualidad. ‖ Riesgo, *peligro. ‖ **Buena ventura. Buenaventura.** ‖ **A la buena ventura.** m. adv. Sin determinado objeto ni designio; a lo que depare la *casualidad. ‖ **A la ventura.** m. adv. **A la buena ventura.** ‖ **A ventura.** ‖ **A ventura.** m. adv. con que se denota que una cosa se expone al *riesgo de que suceda mal o bien. ‖ **Por ventura.** m. adv. **Quizá.**

venturado, da. adj. **Venturoso.**

venturanza. f. **Ventura** (*felicidad).

venturero, ra. adj. Aplícase al *ocioso o *vagabundo. ‖ **Venturoso.** ‖ **Aventurero.** Ú. t. c. s. ‖ m. *Madero de hilo de dieciocho pies de longitud.

venturina. f. *Cuarzo pardo amarillento con laminitas de mica dorada en su masa.

venturo, ra. adj. *Futuro, que ha de venir o de suceder.

venturón. m. aum. de **Ventura.**

venturosamente. adv. m. De manera venturosa.

venturoso, sa. adj. ***Afortunado.**

Venus. n. p. f. **Mit.* Entre los griegos, diosa del amor y de la hermo-

sura. ‖ m. *Planeta poco menor que la Tierra, distante del Sol una cuarta parte menos que ésta. ‖ f. fig. *Mujer muy hermosa. ‖ Deleite *venéreo. ‖ *Alq.* **Cobre.**
venusino, na. adj. Natural de Venusa. ‖ Perteneciente a esta ciudad de Italia. ‖ m. Por antonom., el poeta Horacio.
venustez. f. **Venustidad.**
venustidad. f. *Belleza perfecta.
venusto, ta. adj. *Hermoso y agraciado.
ver. m. Sentido de la *vista. ‖ *Aspecto o apariencia de las cosas. ‖ **A mi, tu, su ver.** m. adv. Según el *juicio o dictamen de uno.
***ver.** tr. Percibir por los ojos la forma y color de los objetos. ‖ *Observar, *reconocer o considerar alguna cosa. ‖ *Visitar a una persona o estar con ella para tratar de algún asunto. ‖ Ir con *precaución en las cosas que se ejecutan. ‖ *Experimentar o reconocer por el hecho. ‖ Meditar o *reflexionar. ‖ Prevenir o *presentir las cosas de futuro. ‖ *Conocer, juzgar. ‖ Seguido de la preposición *de* y de un infinitivo, *intentar, tratar de realizar una cosa. ‖ **For.* Asistir los jueces a la discusión oral de un pleito o causa que han de sentenciar. ‖ r. Estar en sitio o postura a propósito para **ser visto.** ‖ Hallarse constituido en algún *estado o situación. ‖ Avistarse una persona con otra para *conferenciar o discutir. ‖ Darse una cosa a conocer, aparecer, *manifestarse. ‖ Estar o *hallarse en un sitio o lance. ‖ **A más ver.** expr. fam. que se emplea como *saludo de *despedida. ‖ **A ver.** expr. que se usa para pedir una cosa que se quiere reconocer o **ver.** ‖ Úsase como interjección para significar extrañeza. ‖ **A ver, veamos.** expr. fam. con que se explica la determinación de *aguardar que el suceso patentice la certidumbre de alguna cosa. ‖ **Hasta más ver.** expr. fam. **A más ver.** ‖ **Veremos.** expr. que se emplea para *diferir la resolución de una cosa, sin concederla ni negarla. ‖ **Verlas venir.** fr. fam. Jugar al monte y, en general, a juegos de *naipes. ‖ **Verse y desearse** uno. fr. fam. Costarle mucho *trabajo una cosa, ser muy *difícil. ‖ **Ver y creer.** expr. que se usa para manifestar *duda.
vera. f. **Orilla.** ‖ **Friso** (en la parte inferior de la pared). ‖ **A la vera.** m. adv. **A la orilla.**
vera. f. *Árbol americano, de las cigofíleas, semejante al guayaco.
veracidad. f. Calidad de *veraz.
vera efigies. expr. lat. *Efigie verdadera de una persona o cosa.
veralca. f. Piel de guanaco que se usa como *alfombra o manta de *cama.
veranada. f. Temporada de *verano, respecto da los ganados.
veranadero. m. Sitio donde en verano pastan los *ganados.
veranar. intr. **Veranear.**
veraneante. p. a. de **Veranear.** Que veranea. Ú. t. c. s.
***veranear.** intr. Pasar el *verano en alguna parte, y especialmente fuera de la residencia habitual.
veraneo. m. Acción y efecto de veranear. ‖ **Veranero.**
veranero. m. Sitio o paraje adonde algunos animales pasan a veranear.
veraniego, ga. adj. Perteneciente o relativo al *verano. ‖ fig. Dícese del que en tiempo de verano suele ponerse flaco o *enfermo. ‖ fig. Ligero, *insignificante.
veranillo. m. d. de ***Verano.** ‖ Tiempo breve en que suele hacer calor durante *el otoño.
***verano.** m. **Estío.** ‖ En el Ecuador, donde las estaciones no son sensibles, temporada de sequía. ‖ Época la más calurosa del año. ‖ **Recolección.**
veras. f. pl. Realidad, *verdad en las cosas que se dicen o hacen. ‖ *Eficacia, *diligencia y *seriedad con que se ejecutan o desean las cosas. ‖ V. **Hombre de veras.** ‖ **De veras.** m. adv. Con *verdad. ‖ Con formalidad, con *seriedad.
verascopio. m. Aparato *fotográfico para tomar vistas estereoscópicas.
veráscopo. m. **Verascopio.**
verato, ta. adj. Natural de la Vera de Plasencia, en la provincia de Cáceres. Ú. t. c. s.
veratrina. f. **Quím.* Alcaloide contenido en la cebadilla.
veratro. m. **Eléboro blanco.**
***veraz.** adj. Que dice, usa o profesa siempre la verdad.
verba. f. Labia, *verbosidad.
***verbal.** adj. Dícese de lo que se refiere a la *palabra, o se sirve de ella. ‖ Que se hace o estipula sólo de *palabra. ‖ *Gram.* Perteneciente al *verbo. ‖ *Gram.* Aplícase a las palabras que se derivan de un verbo. Ú. t. c. s. m.
verbalismo. m. Propensión a fundar el *razonamiento más en las palabras que en los conceptos. ‖ Procedimiento de *enseñanza en que se cultiva con preferencia la memoria verbal.
verbalista. adj. Perteneciente o relativo al verbalismo. Ú. t. c. s.
verbalmente. adv. m. De *palabra.
verbasco. m. **Gordolobo.**
verbena. f. *Planta herbácea anual, de las verbenáceas, muy célebre en la antigüedad como planta sagrada de los celtas. ‖ *Feria y *fiesta popular nocturna, generalmente durante el verano. ‖ **Coger** uno **la verbena.** fr. fig. y fam. Madrugar mucho, levantarse al *amanecer o muy *temprano para pasear.
verbenáceo, a. adj. **Bot.* Aplícase a plantas dicotiledóneas, hierbas, arbustos y árboles, cuyo tipo es la verbena. Ú. t. c. s. f. ‖ f. pl. *Bot.* Familia de estas plantas.
verbenear. intr. fig. Gusanear, hormiguear, *agitarse. ‖ *Abundar, *reproducirse en gran cantidad.
verbenero, ra. adj. Relativo a las verbenas y otras *fiestas populares.
verberación. f. Acción y efecto de verberar.
verberar. tr. *Azotar, castigar con azotes. Ú. t. c. r. ‖ fig. Azotar el *viento o el agua en alguna parte.
verbigracia. m. ***Ejemplo.**
verbi gratia. expr. elíp. lat. Por vía de ejemplo.
***verbo.** m. *Jesucristo como segunda persona de la Santísima Trinidad. ‖ ***Palabra.** ‖ **Terno** (*juramento, voto). ‖ → *Gram.* Parte de la oración que designa esencia, acción, pasión o estado, casi siempre con expresión de tiempo, número y persona. ‖ **activo.** *Gram.* **Verbo transitivo.** ‖ **adjetivo.** *Gram.* Cualquiera de los **verbos,** exceptuado *ser,* que es el único substantivo. ‖ **auxiliar.** *Gram.* El que se emplea en la formación de la voz pasiva y de los tiempos compuestos. ‖ **defectivo.** *Gram.* Aquel que no se usa en todos los modos, tiempos o personas. ‖ **deponente.** *Gram.* **Verbo** latino que, con significación de activo, se conjuga por la voz pasiva. ‖ **determinado.** *Gram.* El que es regido por otro. ‖ **determinante.** *Gram.* El que rige a otro. ‖ **factitivo.** El que expresa una acción que ha de ejecutar persona distinta del sujeto. ‖ **frecuentativo.** *Gram.* Aquel que denota acción frecuentemente reiterada. ‖ **impersonal.** *Gram.* El que solamente se emplea en el modo infinitivo y en la tercera persona de singular de cada uno de los tiempos. ‖ **incoativo.** *Gram.* El que expresa el comienzo de una acción progresiva. ‖ **intransitivo.** *Gram.* Aquel cuya significación no pasa del sujeto a otra persona o cosa. ‖ **irregular.** *Gram.* El que se conjuga alterando ya las letras radicales, ya las terminaciones propias de la conjugación regular. ‖ **neutro.** *Gram.* **Verbo intransitivo.** ‖ **pasivo.** *Gram.* **Verbo** latino que, conjugándose como activo, denota pasión en sentido gramatical. ‖ **pronominado.** *Gram.* Cualquiera de los que se conjugan teniendo por régimen o complemento un pronombre. ‖ **recíproco.** *Gram.* Aquel que denota reciprocidad de acción entre dos o más personas o cosas. ‖ **reflejo,** o **reflexivo.** *Gram.* Aquel cuya acción recae en la misma persona que la produce. ‖ **regular.** *Gram.* Aquel que se conjuga sin alterar las letras radicales ni las terminaciones propias de la conjugación a que pertenece. ‖ **substantivo.** *Gram.* El **verbo** *ser.* ‖ **transitivo.** *Gram.* Aquel cuya acción recae en la persona o cosa que es término directo de la oración. ‖ **unipersonal.** *Gram.* **Verbo impersonal.** ‖ **En un verbo.** loc. adv. fig. y fam. Sin dilación, con brevedad.
verborrea. f. fam. *Verbosidad excesiva.
***verbosidad.** f. Abundancia o copia de palabras en la elocución.
verboso, sa. adj. Abundante y copioso de palabras; *hablador.
verdacho. m. *Arcilla teñida naturalmente de color verde claro, que se usa para la *pintura al temple.
***verdad.** f. Conformidad de las cosas con el concepto que de ellas forma la mente. ‖ Conformidad de lo que se dice con lo que se siente o se piensa. ‖ Propiedad que tiene una cosa de *permanecer siempre la misma. ‖ Juicio o proposición evidente. ‖ **Veracidad.** ‖ Expresión clara, sin rebozo ni lisonja, con que a uno se le corrige o *reprende. ‖ **Realidad.** ‖ **de Perogrullo.** fam. **Perogrullada.** ‖ **La pura verdad.** La **verdad** indubitable. ‖ **Verdades como puños.** fig. y fam. **Verdades** evidentes. ‖ **A decir verdad.** expr. **A la verdad.** ‖ **A la verdad.** m. adv. con que se afirma la certeza y realidad de una cosa. ‖ **A mala verdad.** m. adv. Con *engaño. ‖ **Bien es verdad.** expr. **Verdad es que.** ‖ **Decir** a uno **las cuatro verdades,** o **las verdades, del barquero.** fr. fig. y fam. Decirle sin miramiento o con *descaro cosas que le amarguen. ‖ **De verdad.** m. adv. **A la verdad.** ‖ **De veras.** ‖ **En verdad.** m. adv. **Verdaderamente.** Suele usarse repetido. ‖ **Es verdad que.** expr. **Verdad es que.** ‖ **Verdad es que.** expr. que se usa contraponiendo una cosa a otra.
verdaderamente. adv. m. Con toda verdad o con verdad. ‖ **A la verdad.**
***verdadero, ra.** adj. Que contiene *verdad. ‖ Real y *efectivo. ‖ Ingenuo, *sincero. ‖ **Veraz.**
verdal. adj. Dícese de las *ciruelas

y otras *frutas que tienen color verde aun después de maduras. ‖ Dícese también de los *árboles que las producen.

verdasca. f. *Vara o ramo delgado, ordinariamente verde.

verdascazo. m. *Golpe dado con una verdasca.

***verde.** adj. De *color semejante al de la hierba fresca. Ú. t. c. s. ‖ *Lozano o con vida. Dícese en contraposición de seco, de los árboles y las plantas que aún conservan alguna savia. ‖ Dícese de la *leña recién cortada del árbol vivo. ‖ Tratándose de *legumbres, las que se consumen frescas. ‖ → Dícese de lo que aún no está maduro. ‖ fig. Aplícase a los primeros años de la vida y a la *juventud. ‖ fig. Dícese de las cosas que están a los *principios y todavía *imperfectas. ‖ fig. Libre, *obsceno. Aplícase a cuentos, escritos, etc. ‖ fig. Dícese del que conserva inclinaciones galantes o apetitos *carnales impropios de su edad. ‖ m. Alcacer y demás *hierbas que se siegan en verde y se dan como *pienso al ganado. ‖ **Follaje.** ‖ Sabor áspero del *vino. ‖ pl. Hierbas, *años de un animal. ‖ **Verde de montaña,** o **de tierra.** Carbonato de *cobre terroso y de color **verde** claro. ‖ **Darse** uno **un verde.** fr. fig. y fam. Holgarse o *divertirse por poco tiempo. ‖ *Hartarse de hacer alguna cosa. ‖ **Poner verde** a uno. fr. fig. y fam. *Reprenderle ácremente o *murmurar de él.

verdea. f. *Vino de color verdoso.

verdear. intr. Mostrar una cosa el *color verde que en sí tiene. ‖ Dicho del *color, tirar a verde. ‖ Empezar a brotar los *vegetales en los *sembrados, o cubrirse los árboles de *hojas y tallos. ‖ tr. En algunas partes, coger la *aceituna.

verdeceledón. m. *Color verde claro que se da a ciertas telas en los países de Levante.

verdecer. intr. Reverdecer, vestirse de verde la tierra o los árboles.

verdecillo. m. **Verderón** (*pájaro).

verdegal. m. Sitio donde verdea un *sembrado.

verdegay. adj. De *color verde claro. Ú. t. c. s.

verdeguear. intr. **Verdear.**

verdejo, ja. adj. d. de **Verde.** ‖ **Verdal.**

verdel. m. **Verderón** (*pájaro).

verdemar. m. *Color semejante al verdoso que suele tomar el mar.

verdemontaña. m. **Verde de montaña.** ‖ *Color verde claro que se hace de este mineral.

verderol. m. **Verderón** (*pájaro).

verderol. m. **Berberecho.**

verderón. m. Ave canora del orden de los *pájaros, del tamaño y forma del gorrión, con plumaje verde y manchas amarillentas.

verderón. m. **Berberecho.**

verderón, na. adj. **Verdino.** ‖ m. *Bolsa tejida de torzal verde, que se cierra con dos anillas.

verdete. m. **Cardenillo.** ‖ *Color verde claro que se emplea en *pintura y en tintorería.

verdevejiga. m. Compuesto de hiel de vaca y sulfato de hierro, de color verde obscuro, que, conservado en vejigas, se usa en la *pintura.

verdezuela. f. **Colleja.**

verdezuelo. m. d. de **Verde.** ‖ **Verderón** (pájaro).

verdigón. m. *Molusco parecido a la almeja, de concha de color verdoso.

verdín. m. Primer *color verde que tienen las *hierbas o plantas que no han llegado a su sazón. ‖ Estas mismas *hierbas o plantas. ‖ Capa verde de plantas *criptógamas, que se cría en las aguas estancadas, en las paredes y lugares húmedos, etc. ‖ **Cardenillo.** ‖ **Tabaco verdín.**

verdina. f. **Verdín.**

verdinal. m. **Fresquedal.**

verdinegro, gra. adj. De *color verde obscuro.

verdino, na. adj. Muy verde o de *color verdoso.

verdiseco, ca. adj. Medio *seco.

verdó. m. Juego de *vaso y botella para agua que se suele tener en la mesa de noche.

verdolaga. f. *Planta herbácea anual, de las cariofileas, que se usa como *verdura. ‖ **Como verdolaga en huerto.** expr. adv. que se dice de la persona que está con toda *comodidad.

verdón. m. **Verderón** (pájaro). ‖ *Germ.* **Campo.**

verdor. m. *Color verde vivo de las plantas. ‖ Color verde. ‖ fig. *Fuerza, *lozanía. ‖ fig. Edad de la *juventud. Ú. t. en pl.

verdoso, sa. adj. Que tira a verde. ‖ m. *Germ.* ***Higo.**

verdoyo. m. **Verdín** (*color verde de las *hierbas).

verdugada. f. *Albañ.* **Verdugo** (hilada de ladrillo en una *pared).

verdugado. m. Vestidura que las mujeres usaban, a modo de *tontillo, para ahuecar las faldas.

verdugal. m. *Monte bajo que, después de cortado, se cubre de verdugos o renuevos.

verdugazo. m. *Golpe dado con el verdugo.

***verdugo.** m. Renuevo o *vástago del árbol. ‖ Estoque muy delgado. ‖ *Azote hecho de cuero u otra materia flexible. ‖ Roncha o *hinchazón que levanta el golpe del azote. ‖ → Ministro de justicia que ejecuta las penas de muerte. ‖ Aro de *sortija. ‖ **Alcaudón.** ‖ **Verdugado.** ‖ fig. Persona muy *cruel. ‖ fig. Cualquier cosa que atormenta o *molesta mucho. ‖ Pieza de madera que en la *carreta va colocada entre el eje y el larguero del tablero. ‖ **Albañ.* Hilada de ladrillo que se pone horizontalmente en una fábrica de otro material.

verdugón. m. **Verdugo** (vástago nuevo). ‖ *Huella o *hinchazón que produce el golpe de azote.

verduguillo. m. d. de **Verdugo.** ‖ **Pat. Veg.* Especie de roncha que suele levantarse en las *hojas de algunas plantas. ‖ Navaja para *afeitar, más angosta y pequeña que las regulares. ‖ **Verdugo** (estoque). ‖ ***Arete** (pendiente). ‖ **Arq. Nav.* Galón u otro listón estrecho, labrado en forma de mediacaña.

verdulera. f. La que vende *verduras. ‖ fig. y fam. Mujer *desvergonzada y *grosera.

verdulería. f. Tienda o puesto de *verduras.

verdulero. m. El que vende *verduras.

***verdura.** f. **Verdor.** ‖ → Hortaliza, y especialmente la que se come cocida. Ú. m. en pl. ‖ Follaje que se *pinta en los países y tapicerías. ‖ Dicho *obsceno.

verdusco, ca. adj. De *color que tira a verde obscuro.

verecundia. f. ***Vergüenza.**

verecundo, da. adj. ***Vergonzoso.**

vereda. f. *Camino angosto, formado comúnmente por el tránsito de peatones y ganados. ‖ Vía para los *ganados trashumantes, de veinticinco varas de ancho. ‖ Orden o *aviso para hacer saber una cosa en lugares que están en un mismo camino. ‖ Camino que hacen los regulares por determinados pueblos, para *predicar en ellos. ‖ ***Acera.** ‖ **Prestación personal.** ‖ **Hacer** a uno **entrar por vereda.** fr. fig. y fam. *Compelerle al cumplimiento de sus deberes.

veredero. m. *Mensajero que lleva despachos u otros documentos para *publicarlos o distribuirlos en uno o varios lugares.

veredicto. m. Definición sobre un hecho dictada por el *tribunal del jurado. ‖ Por ext., parecer o *juicio emitido reflexiva y autorizadamente.

***verga.** f. *Miembro genital de los mamíferos. ‖ Arco de acero de la *ballesta. ‖ Tira de plomo con ranuras en los cantos, que usan los *vidrieros para sujetar los vidrios de las ventanas. ‖ → *Mar.* Percha labrada convenientemente, a la cual se asegura el grátil de una *vela. ‖ **seca.** *Mar.* La mayor del *palo mesana. ‖ **toledana.** Medida antigua de *longitud equivalente a dos codos. ‖ **Vergas en alto.** loc. **Mar.* Denota que la embarcación está pronta para navegar.

verga. adj. V. **Uva verga.**

vergajazo. m. *Golpe dado con un vergajo.

vergajo. m. Verga del toro, que convenientemente preparada, se usa como *látigo.

vergé. adj. V. ***Papel vergé.**

vergel. m. *Huerto o *jardín con variedad de flores y árboles frutales.

vergelero. m. p. us. El que tiene a su cargo un vergel.

vergeta. f. **Vergueta** (vara delgada).

vergonzante. adj. Que tiene vergüenza. Aplícase al que *mendiga con cierto disimulo.

vergonzosamente. adv. m. De modo *vergonzoso.

***vergonzoso, sa.** adj. Que causa vergüenza. ‖ Que se avergüenza con facilidad. Ú. t. c. s. ‖ m. *Mamífero, especie de armadillo, con el cuerpo y la cola cubiertos de escamas y que cuando es perseguido se encoge formando como una bola.

verguear. tr. Varear o *golpear con verga o *vara.

***vergüenza.** f. Sentimiento penoso a consecuencia de algún acto que rebaja al hombre ante sus propios ojos o a juicio de los demás, y que suele encender el color del rostro. ‖ *Pundonor, estimación de la propia honra. ‖ *Timidez o cortedad para ejecutar una cosa. ‖ Acción que envuelve *deshonor para el que la ejecuta. ‖ Pena o *castigo que consistía en exponer al reo a la afrenta pública. ‖ *Germ.* *Toca de la mujer. ‖ pl. **Partes pudendas.**

verguer. m. Alguacil de vara.

verguero. m. **Verguer.**

vergueta. f. *Varita delgada. ‖ m. desus. fig. Corchete, *alguacil.

vergueteado. adj. V. ***Papel vergueteado.**

verguío, a. adj. Dícese de las *maderas flexibles y correosas.

vericueto. m. Lugar *escabroso por donde no se puede andar fácilmente.

verídico, ca. adj. Que dice *verdad. ‖ Aplícase también a lo que la incluye.

verificación. f. Acción de verificar o verificarse.

verificador, ra. adj. Que verifica. Ú. t. c. s.

verificar. tr. *Probar que una cosa que se dudaba es verdadera. ‖

*Examinar y contrastar la verdad de una cosa. || Realizar, *ejecutar, efectuar. Ú. t. c. r. || r. *Acaecer o salir cierto y verdadero lo que se dijo o pronosticó.

verificativo, va. adj. Dícese de lo que sirve para verificar o *probar una cosa.

verija. f. Región de las partes *genitales.

veril. m. *Mar.* Orilla o *borde de un *bajío, sonda, placer, etc. || Faja estrecha de *terreno colindante con un *camino.

verilear. intr. **Mar.* Navegar por un veril o por sus inmediaciones.

verisímil. adj. **Verosímil.**

verisimilitud. f. **Verosimilitud.**

verisímilmente. adv. m. **Verosímilmente.**

verismo. m. En el *teatro, en la *literatura y en la *música, representación de la realidad sin excluir lo feo ni lo desagradable.

***verja.** f. Enrejado que sirve de puerta, ventana o cerca.

verjería. f. Conjunto de *verjas.

verjurado. adj. V. ***Papel verjurado.**

verme. m. *Med.* ***Lombriz intestinal.** Ú. m. en pl.

vermicida. adj. **Farm.* **Vermífugo.** Ú. t. c. s. m.

vermicular. adj. Que tiene *gusanos o vermes, o los cría. || Que se parece a los *gusanos.

vermiforme. adj. De figura de *gusano.

vermífugo, ga. adj. **Farm.* Que tiene virtud para matar las lombrices intestinales. Ú. t. c. s. m.

verminoso, sa. adj. Aplícase a las *úlceras, enfermedades, etc., en que hay producción de *lombrices.

vermut. m. *Licor aperitivo compuesto de *vino blanco, ajenjo y otras substancias amargas y tónicas.

vernáculo, la. adj. Doméstico, nativo, de nuestra casa o *país. Dícese especialmente del idioma o *lengua.

vernal. adj. Perteneciente a la *primavera.

vernier. m. *Geom.* **Nonio.**

vero. m. **Marta cebellina.** || pl. **Blas.* Esmaltes que cubren el escudo, en figura de campanillas alternadas, y con las bocas opuestas.

veronense. adj. **Veronés.** Apl. a pers., ú. t. c. s.

veronés, sa. adj. Natural de Verona. Ú. t. c. s. || Perteneciente a esta ciudad de Italia.

verónica. f. *Planta herbácea, vivaz, de las escrofulariáceas. || **Taurom.* Lance en que espera el lidiador la acometida del toro con la capa extendida con ambas manos enfrente de la res.

***verosímil.** adj. Que tiene apariencia de verdadero. || Creíble por no ofrecer carácter alguno de falsedad.

***verosimilitud.** f. Calidad de verosímil.

verosímilmente. adv. m. De modo verosímil.

verraco. m. *Cerdo padre que se echa a la puerca para la *generación.

verraquear. intr. fig. y fam. Gruñir o dar señales de *enfado. || fig. y fam. *Llorar con rabia y continuadamente los niños.

verraquera. f. fam. *Lloro con rabia de los niños.

verriondez. f. Calidad de verriondo.

verriondo, da. adj. Aplícase al *cerdo y otros animales cuando están en celo. || Dícese de las hierbas o cosas semejantes cuando están *marchitas. || **Culin.* Dícese de lo que está mal *cocido o crudo.

verrón. m. **Verraco.**

verruga. f. Excrecencia en la *piel, por lo general redonda. || **Pat. Veg.* Abultamiento que la acumulación de savia produce en algún punto de la superficie de una planta. || fig. y fam. Persona o cosa que *molesta.

verrugo. m. fam. Hombre *mezquino y avaro.

verrugoso, sa. adj. Que tiene muchas verrugas.

verrugueta. f. *Germ.* *Fullería, que consiste en marcar las cartas.

verruguetar. tr. *Germ.* Usar de verruguetas en el juego.

versado, da. adj. Ejercitado, práctico, que tiene *conocimientos y *experiencia en alguna materia.

versal. adj. **Impr.* V. **Letra versal.** Ú. t. c. s.

versalilla, ta. adj. **Impr.* V. **Letra versalita.** Ú. t. c. s.

versar. intr. Dar *vueltas alrededor. || Hablando de un libro, discurso, etc., *tratar de determinada materia. Ú. con la prep. *sobre.* || r. Hacerse uno práctico o perito en una cosa.

versátil. adj. Que se *vuelve o se puede volver o *cambiar fácilmente. || fig. De genio o carácter *inconstante.

versatilidad. f. Calidad de versátil.

versecillo. m. d. de **Verso.**

versería. f. Conjunto de versos de *artillería.

versete. m. d. de **Verso** (pieza de *artillería).

versicolor. adj. Que presenta varios *colores. || Que cambia de color.

versícula. f. Lugar de la *iglesia donde se ponen los libros de coro.

versiculario. m. El que *canta los versículos. || El que cuida de los libros de coro.

versículo. m. Cada una de las breves divisiones de los capítulos de ciertos libros, y singularmente de la *Biblia. || **Liturg.* Parte del responsorio que se dice en las horas canónicas, regularmente antes de la oración.

versificación. f. Acción y efecto de versificar.

versificador, ra. adj. Que hace o compone *versos. Ú. t. c. s.

versificante. p. a. de **Versificar.** Que versifica.

versificar. intr. Hacer o componer *versos. || tr. Poner en verso.

versión. f. ***Traducción.** || Modo que tiene cada uno de *referir un mismo suceso. || Operación para cambiar la postura del feto que se presenta mal para el *parto.

versista. com. **Versificador.** || Persona que tiene prurito de hacer *versos.

***verso.** m. Palabra o conjunto de palabras sujetas a cierta medida y cadencia. || Empléase también en sentido colectivo, por contraposición a prosa. || **Versículo.** || **acataléctico. Verso** griego o latino que tiene cabales todos sus pies. || **adónico. Verso** de la poesía griega y latina, que consta de un dáctilo y un espondeo. || **Verso** de la poesía española, que consta de cinco sílabas, la primera y la cuarta largas, y breves las demás. || **agudo.** El que termina en palabra aguda. || **alejandrino.** El de catorce sílabas, dividido en dos hemistiquios. || **anapéstico.** En la poesía griega y latina, **verso** compuesto de anapestos o análogos. || **asclepiadeo. Verso** de la poesía griega y latina, que se compone de un espondeo, dos coriambos y un pirriquio. || **blanco. Verso suelto.** || **cataléctico. Verso** de la poesía griega y latina, al que le falta una sílaba al fin, o en el cual es imperfecto alguno de los pies. || **coriámbico.** El que consta de coriambos. || **dactílico.** El que consta de dáctilos. || **de arte mayor.** El de doce sílabas, que consta de dos de redondilla menor. || Cualquiera de los que tienen diez sílabas o más. || **de arte menor.** El de redondilla mayor o menor. || Cualquiera de los que no pasan de ocho sílabas. || **de cabo roto.** El que tiene suprimida o cortada la sílaba o sílabas que siguen a la última acentuada. || **de redondilla mayor.** El de ocho sílabas u octosílabo. || **de redondilla menor.** El de seis sílabas o hexasílabo. || **ecoico.** El latino cuyas dos últimas sílabas son iguales. || El que se emplea en la composición poética castellana llamada eco. || **esdrújulo.** El que finaliza en voz esdrújula. || **espondaico. Verso** hexámetro que tiene espondeos en determinados lugares. || **faleuco.** El endecasílabo griego o latino compuesto de cinco pies: un espondeo, un dáctilo y tres troqueos. || **gliconio. Verso** griego o latino compuesto de un espondeo y dos dáctilos. || **heroico.** El que en cada idioma se tiene por más a propósito para ser empleado en la poesía de esta clase. || **hexámetro. Verso** de la poesía griega y latina, que consta de seis pies. || **hiante.** Aquel en que hay hiatos. || **leonino. Verso** latino usado en la Edad Media, cuyas sílabas finales forman consonancia con las últimas de su primer hemistiquio. || **libre. Verso suelto.** || **llano.** El que termina en palabra llana o grave. || **pentámetro.** El griego o latino que, después de los dos primeros pies, lleva un espondeo y dos anapestos. || **quebrado.** El de cuatro sílabas cuando alterna con otros más largos. || **ropálico.** El de la poesía griega en que cada palabra tiene una sílaba más que la anterior. || **sáfico. Verso** de la poesía griega y latina, que se compone de once sílabas distribuidas en cinco pies. || **Verso** de la poesía española, que consta de once sílabas y cuyos acentos métricos estriban en la cuarta y la octava. || **senario.** El que consta de seis pies. || **suelto.** El que no forma con otro rima perfecta ni imperfecta. || **trímetro.** El latino compuesto de tres pies. || **trocaico. Verso** de la poesía latina, que consta de siete pies, de los cuales los unos son troqueos y los demás espondeos o yambos. || **yámbico. Verso** de la poesía griega y latina, en que entran yambos, o que se compone exclusivamente de ellos. || **Versos fesceninos. Versos** satíricos y *obscenos inventados en la ciudad de Fescenio. || **pareados.** Los dos **versos** que van unidos y aconsonantados, como los dos últimos de la octava. || **Correr el verso.** fr. Tener fluidez, sonar bien al oído.

verso. m. Pieza ligera de la *artillería antigua, como la mitad de la culebrina.

versta. f. Medida itineraria de *longitud equivalente a poco más de un kilómetro.

***vértebra.** f. *Zool.* Cada uno de los huesos que forman el espinazo de los mamíferos, aves, reptiles y peces.

vertebrado. adj. **Zool.* Que tiene vértebras. || *Zool.* Dícese de los ani-

males que tienen esqueleto con columna vertebral. Ú. t. c. s. ‖ m. pl. *Zool.* Una de las grandes divisiones zoológicas.
***vertebral.** adj. Perteneciente a las *vértebras o compuesto de ellas.
vertedera. f. Especie de orejera que sirve para voltear la tierra levantada por el *arado.
vertedero. m. Sitio o paraje adonde o por donde se vierte o *arroja algo.
vertedor, ra. adj. Que *vierte. Ú. t. c. s. ‖ m. Canal o *conducto que sirve para dar salida al agua y a las inmundicias. ‖ *Mar.* **Achicador.**
vertello. m. *Mar.* Bola de madera que, ensartada con otras iguales en un cabo, forma el racamento de las *vergas.
***verter.** tr. Derramar o vaciar líquidos o cosas menudas. Ú. t. c. r. ‖ Inclinar una vasija o volverla boca abajo para *vaciar su contenido. Ú. t. c. r. ‖ ***Traducir.** ‖ fig. Tratándose de dichos, conceptos, etc., emitirlos con el fin de *sugerir algo desagradable. ‖ intr. Correr, *fluir un líquido por una pendiente.
vertibilidad. f. Calidad de vertible.
vertible. adj. Que puede volverse o *mudarse.
***vertical.** adj. *Geom.* Aplícase a la recta o plano perpendicular al del horizonte. Ú. t. c. s. f. ‖ m. **Astr.* Cualquiera de los semicírculos máximos que se consideran en la esfera celeste perpendiculares al horizonte. ‖ **primario,** o **primer vertical.** El que es perpendicular al meridiano y pasa por los puntos cardinales de oriente y occidente.
***verticalidad.** f. Calidad de vertical.
verticalmente. adv. m. De un modo vertical.
vértice. m. *Geom.* Punto en que concurren los dos lados de un *ángulo. ‖ **Geom.* Punto donde concurren tres o más planos. ‖ **Geom.* **Cúspide.** ‖ *Geom.* Punto de una curva, en que la encuentra un eje suyo normal a ella. ‖ fig. Parte más elevada de la *cabeza humana.
verticidad. f. Capacidad o potencia de *moverse a varias partes o de dar *vueltas.
verticilado, da. adj. *Bot.* Que forma verticilo.
verticilo. m. **Bot.* Conjunto de tres o más ramos u órganos vegetales, que están en un mismo plano alrededor de un tallo.
vertiente. p. a. de **Verter.** Que vierte. ‖ amb. *Declive o sitio por donde corre o puede correr el agua.
vertiginoso, sa. adj. Perteneciente o relativo al vértigo. ‖ Que causa vértigo. ‖ Que padece vértigos.
vértigo. m. Vahído, *síncope. ‖ Turbación del juicio, repentina y por lo regular pasajera; ramo de *locura.
vertimiento. m. Acción y efecto de *verter o verterse.
vesania. f. Demencia, *locura furiosa.
vesánico, ca. adj. Perteneciente o relativo a la vesania. ‖ Que padece de vesania. Ú. t. c. s.
vesical. adj. *Zool.* Perteneciente o relativo a la vejiga de la *orina.
vesicante. adj. Dícese de la substancia o *medicamento que produce ampollas en la piel. Ú. t. c. s. m.
vesícula. f. *Anat.* Vejiga o *ampolla pequeña en la epidermis, llena generalmente de líquido seroso. ‖ *Bot.* Ampolla llena de aire que suelen tener ciertas plantas acuáticas en las hojas o en el tallo. ‖ **aérea.** *Zool.* Cada una de aquellas en que terminan las últimas ramificaciones de los *bronquios. ‖ **biliar.** *Zool.* **Vejiga de la *bilis.** ‖ **elemental,** u **orgánica.** *Bot.* y *Zool.* ***Célula.** ‖ **ovárica.** **Embriol.* La que contiene el óvulo. ‖ **seminal.** *Zool.* Cada una de las dos que contienen el *semen.
vesicular. adj. De forma de vesícula.
vesiculoso, sa. adj. Lleno de vesículas.
vesperal. m. Libro de *canto llano, que contiene el de vísperas.
véspero. m. El *planeta Venus como lucero de la tarde.
vespertilio. m. p. us. ***Murciélago.**
vespertina. f. Acto literario que se celebraba por la tarde en las *universidades. ‖ *Sermón que se predica por la tarde.
vespertino, na. adj. Perteneciente o relativo a la *tarde. ‖ *Astr.* Dícese de los *astros que transponen el horizonte después del ocaso del Sol. ‖ m. **Vespertina** (*sermón).
vesque. m. **Liga** (de cazar pájaros).
Vesta. n. p. f. **Mit.* Diosa romana del hogar. ‖ m. Asteroide o *planeta menor.
vestal. adj. **Mit.* Perteneciente o relativo a la diosa Vesta. ‖ Dícese de las *sacerdotisas o doncellas romanas consagradas a la diosa Vesta. Ú. m. c. s.
veste. f. poét. ***Vestido.**
vestecha. f. *Portal o *cobertizo, sostenido por postes de madera.
vestfaliano, na. adj. Natural de Vestfalia. Ú. t. c. s. ‖ Perteneciente a este país de Alemania.
vestibular. adj. *Anat.* Perteneciente o relativo al vestíbulo del *oído.
***vestíbulo.** m. Atrio o portal que está a la entrada de un edificio. ‖ Cavidad irregular del *oído interno.
***vestido.** m. Todo aquello con que se cubre el cuerpo por honestidad o para abrigo o adorno. ‖ Conjunto de las principales piezas que sirven para este uso, a distinción de los cabos. ‖ **de ceremonia. Traje de ceremonia.** ‖ **de corte.** El que usan en palacio las señoras los días de función. ‖ **de etiqueta,** o **de serio. Traje de etiqueta.**
***vestidura.** f. **Vestido.** ‖ Vestido que, sobrepuesto al ordinario, usan los sacerdotes para el *culto divino. Ú. m. en pl.
***vestigio.** m. **Huella.** ‖ *Memoria de las acciones de los antiguos que se recuerda como ejemplo. ‖ Señal o *residuo que queda de un edificio u otra fábrica antigua. ‖ → fig. *Señal que queda de otras cosas, materiales o inmateriales. ‖ fig. *Indicio por donde se infiere la verdad de una cosa.
vestiglo. m. Monstruo *quimérico de aspecto horrible.
vestimenta. f. ***Vestido.** ‖ Vestidura *litúrgica. Ú. m. en pl.
***vestir.** tr. Cubrir o adornar el cuerpo con el vestido. ‖ Guarnecer o cubrir una cosa con otra para *defensa o *adorno. ‖ Dar a uno la cantidad necesaria para que se haga vestidos. ‖ fig. Exornar una especie con galas *retóricas. ‖ fig. Disfrazar o *disimular artificiosamente la realidad. ‖ fig. *Cubrir la hierba, los campos; la hoja, los árboles, etc. Ú. t. c. r. ‖ fig. Hacer los vestidos para otro. ‖ fig. Afectar una pasión del ánimo, demostrándolo en el *semblante. Ú. t. c. r. ‖ intr. **Vestirse,** o **ir vestido.** ‖ Llevar un traje de color, forma o distintivo especial. ‖ Ser una prenda a propósito para el cuerpo de una persona. ‖ r. fig. Salir de la cama el que ha estado algún tiempo enfermo. ‖ fig. *Engreírse vanamente de la autoridad o empleo. ‖ fig. Sobreponerse una cosa a otra, encubriéndola.
vestuario m. ***Vestido.** ‖ Conjunto de trajes necesarios para una representación *teatral. ‖ **Ecles.* Renta que se da en las catedrales a los que tienen obligación de vestirse en las funciones. ‖ Lo que en algunas comunidades se da a sus individuos para vestirse. ‖ Sitio, en algunas *iglesias, donde se revisten los eclesiásticos. ‖ Parte del *teatro, en que están los aposentos donde se visten los actores. ‖ Por ext., toda la parte interior del teatro. ‖ *Mil.* Uniforme de los *soldados.
vestugo. m. Renuevo o vástago del *olivo.
veta. f. Faja, *raya o capa de una materia que por su calidad, color, etc., se distingue de la masa en que se halla interpuesta. ‖ **Vena** (del filón de una *mina). ‖ **Dar** uno **en la veta.** fr. fig. **Dar en la vena.**
vetado, da. adj. **Veteado.**
veteado, da. adj. Que tiene vetas.
vetear. tr. Señalar o pintar vetas, imitando las de la madera, el mármol, etc.
veterano, na. adj. Aplícase a los *militares que llevan muchos años de servicio. Ú. t. c. s. ‖ fig. *Antiguo y *experimentado en cualquier profesión o ejercicio.
***veterinaria.** f. Ciencia que trata de las enfermedades de los animales y de su curación.
***veterinario.** m. Profesor de veterinaria.
vetisesgado, da. adj. Que tiene las vetas al sesgo.
veto. m. Derecho que tiene una persona o corporación para *prohibir o *impedir una cosa. ‖ Por ext., acción y efecto de vedar.
vetustez. f. Calidad de vetusto.
vetusto, ta. adj. Muy *antiguo o *anciano.
***vez.** f. Cada uno de los actos o sucesos repetidos que forman una serie. ‖ Tiempo u *ocasión en que ocurre una cosa o en que se ejecuta una acción. ‖ *Alternación, turno. ‖ Tiempo u ocasión de hacer una cosa por turno u orden. ‖ **Vecera.** ‖ pl. Actuación de otra una persona por *delegación de otra en *substitución de ella. ‖ **A la de veces,** o **a las de veces,** o **a las veces.** ms. advs. En alguna ocasión o tiempo, como excepción de lo que comúnmente sucede. ‖ **A la vez.** m. adv. A un tiempo, *simultáneamente. ‖ **Alguna vez.** m. adv. En una que otra ocasión. ‖ **A su vez.** m. adv. Por orden sucesivo y alternado. ‖ Por su parte, por separado de lo demás. ‖ **A veces.** m. adv. Por orden alternativo. ‖ **A las veces.** ‖ **Cada vez que.** loc. Siempre que. ‖ **De una vez.** m. adv. Con una sola acción, en un acto *continuo. ‖ **De vez en cuando.** m. adv. **De cuando en cuando.** ‖ **De tiempo en tiempo.** ‖ **En vez de.** m. adv. En *substitución de una persona o cosa. ‖ **Otra vez.** m. adv. **Reiteradamente.** ‖ **Por vez.** m. adv. **A su vez.** ‖ **Tal cual vez.** m. adv. En rara ocasión. ‖ **Tal vez.** m. adv. **Quizá.** ‖ **Tal cual vez.** ‖ **Tal y tal vez.** m. adv. **Tal cual vez.** ‖ **Tomarle** a uno **la vez.** fr. fam. *Adelantársele. ‖ **Una que otra vez.** m. adv. Rara **vez,** alguna **vez.** ‖ **Una vez que.** loc. fam. con que se *supone una cosa para pasar adelante. ‖ **Una vez que**

otra. m. adv. **Una que otra vez.**
veza. f. **Arveja.**
vezar. tr. **Avezar.** Ú. t. c. r.
vezo. m. ant. ***Costumbre.**
***vía.** f. **Camino.** ‖ Espacio que hay entre los carriles que señalan las ruedas de los carruajes. ‖ El mismo carril. ‖ *Carril de hierro, raíl. ‖ Parte del suelo explanado, en la cual se asientan los carriles. ‖ **Anat.* Cualquiera de los conductos por donde pasan en el cuerpo los humores, el aire, los alimentos, etc. ‖ Entre los ascéticos, modo y orden de vida espiritual encaminada a la perfección de la *virtud. ‖ Calidad de la *ocupación, estado o facultad que se toma para vivir. ‖ Camino o dirección que han de seguir los *correos. ‖ fig. *Medio o procedimiento para conseguir algún fin. ‖ **For.* Ordenamiento procesal. ‖ pl. En lenguaje de la Biblia, *mandatos o leyes de Dios. ‖ **Teol.* Medios de que se sirve la *Providencia para conducir las cosas humanas. ‖ **Vía de agua.** **Mar.* Entrada del agua a través del casco de la embarcación. ‖ **de comunicación.** *Camino terrestre o ruta marítima utilizada para el comercio. ‖ **ejecutiva.** **For.* Procedimiento para hacer un pago judicialmente, previo *embargo de los bienes del deudor. ‖ **férrea.** ***Ferrocarril.** ‖ **húmeda.** **Quím.* Procedimiento analítico que consiste en disolver el cuerpo objeto del análisis. ‖ **láctea.** *Astr.* Ancha zona de luz blanca y difusa que atraviesa casi toda la esfera celeste, y está formada de multitud de *estrellas. ‖ **muerta.** En los *ferrocarriles, la que no tiene salida. ‖ **ordinaria.** **For.* Forma procesal de contención, usada en los juicios declarativos. ‖ **pública.** *Calle, plaza, etc., por donde transita el público. ‖ **reservada.** Curso extraordinario que se daba a ciertos negocios, sin consulta de tribunales ni de otra autoridad. ‖ **sacra. Vía crucis.** ‖ **seca.** *Quím.* Procedimiento analítico que consiste en someter a la acción del calor el cuerpo objeto del análisis. ‖ **sumaria.** **For.* Forma abreviada de enjuiciar. ‖ **Cuaderna vía.** Estrofa usada principalmente en los siglos XIII y XIV; se componía de cuatro *versos alejandrinos monorrimos. ‖ **Por vía.** m. adv. De forma, a manera y *modo. ‖ **Vía recta.** m. adv. **En *derechura.**
viabilidad. f. Calidad de viable.
viable. adj. Que puede *vivir. ‖ fig. Dícese del asunto que, por sus circunstancias, tiene *posibilidad de buen éxito.
vía crucis. Expresión latina con que se denomina el *camino señalado con diversas estaciones de cruces o *altares. Ú. c. s. m. ‖ Conjunto de catorce *cruces o de catorce cuadros que representan los pasos del Calvario, y se colocan en las paredes de las iglesias. ‖ **Liturg.* Ejercicio piadoso en que se rezan y conmemoran los pasos del Calvario. ‖ Libro en que se contiene este rezo. ‖ fig. *Trabajo, aflicción continuada.
viada. f. **Mar.* **Arrancada.**
viadera. f. Pieza de madera que en los *telares antiguos servía para colgar los lizos y manejar el tejido.
viador. m. **Teol.* *Hombre o criatura racional que está en esta vida y aspira y camina a la eternidad.
viaducto. m. Obra a manera de *puente, para el paso de un *camino sobre una hondonada.
viajador, ra. m. y f. **Viajero.**
viajante. p. a. de **Viajar.** Que *viaja. Ú. t. c. s. ‖ m. Dependiente *comercial que hace viajes para negociar ventas o compras.
***viajar.** intr. Hacer viaje.
viajata. f. fam. *Viaje corto de recreo.
***viaje.** m. Recorrido o jornada de cierta duración que se hace de una parte a otra. ‖ *Camino por donde se hace. ‖ *Carga o peso que se lleva de un lugar a otro de una vez. ‖ Escrito donde se *refiere lo que ha visto u observado un viajero. ‖ *Agua que por acueductos o cañerías se conduce desde un manantial o depósito hasta el lugar de su consumo. ‖ *Cañería por donde se conduce. ‖ **redondo.** El efectuado yendo directamente de un punto a otro y volviendo al primero. ‖ fig. Completo y *favorable resultado de un negocio emprendido.
viaje. m. *Arq.* **Esviaje.** ‖ Corte oblicuo que se da a alguna cosa. ‖ Acción de *acometer por sorpresa con *arma blanca* ‖ **Taurom.* **Derrote.**
***viajero, ra.** adj. Que *viaja. ‖ m. y f. Persona que hace un viaje, y particularmente la que escribe las cosas que ha observado. ‖ *Criado de una chacra encargado de ir a caballo a hacer los mandados.
vial. adj. Perteneciente o relativo a la *vía. ‖ m. *Calle formada por dos filas paralelas de árboles u otras plantas.
vialidad. f. Calidad de vial. ‖ Conjunto de servicios pertenecientes a las *vías públicas.
***vianda.** f. Todo lo que sirve de *alimento a los racionales. ‖ *Comida que se sirve a la mesa.
viandante. com. Persona que hace *viaje o *anda camino. ‖ Persona que anda *errante por los caminos.
viandera. f. Mujer que lleva la *comida a los obreros del campo.
viaraza. f. Flujo de vientre, *diarrea.
viaticar. tr. Administrar el Viático o sacramento de la *Eucaristía a un enfermo. Ú. t. c. r.
viático. m. *Provisión de *alimentos para el que hace un *viaje. ‖ Subvención que en dinero se abona a los diplomáticos para trasladarse al punto de su destino. ‖ Sacramento de la *Eucaristía, que se administra a los enfermos en peligro de muerte.
***víbora.** f. Culebra venenosa pequeña, de cabeza en forma de corazón, con dos dientes ganchosos y huecos, por los cuales sale un líquido ponzoñoso.
viborán. m. *Planta americana de las asclepiadeas de flores encarnadas con estambres amarillos.
viborezno, na. adj. Perteneciente o relativo a la *víbora. ‖ m. Cría de la víbora.
***vibración.** f. Acción y efecto de vibrar. ‖ Cada movimiento vibratorio, o doble oscilación.
vibrante. p. a. de **Vibrar.** Que vibra. ‖ **Fon.* Dícese del sonido cuya pronunciación se caracteriza por un rápido contacto oclusivo, simple o múltiple entre los órganos de la articulación.
***vibrar.** tr. *Agitar en el aire la pica, lanza o cosa semejante. ‖ Dar movimiento *trémulo a cualquier cosa larga, delgada y elástica. ‖ Por ext., dícese del sonido trémulo de la *voz. ‖ *Arrojar con ímpetu y violencia una cosa, especialmente haciéndola **vibrar.** ‖ intr. → *Mec.* Moverse rápidamente las moléculas de un cuerpo elástico alrededor de sus posiciones naturales de equilibrio, y también la masa o totalidad del cuerpo.
vibrátil. adj. Capaz de *vibrar.
***vibratorio, ria,** adj. Que *vibra o es capaz de vibrar.
vibrión. m. *Bacteria de forma curva, como la de una coma.
viburno. m. *Arbusto de las caprifoliáceas.
vicaria. f. Segunda superiora en algunos *conventos de monjas.
vicaría. f. Oficio o dignidad de vicario. ‖ Oficina o tribunal en que despacha el vicario. ‖ *Territorio de la jurisdicción del vicario. ‖ **perpetua. Curato.**
vicariato. m. **Vicaría.** ‖ Tiempo que dura el oficio de vicario.
vicario, ria. adj. Que tiene las veces de otro o le *substituye. Ú. t. c. s. ‖ m. y f. Persona que en las *órdenes religiosas* tiene las veces y autoridad de alguno de los superiores. ‖ m. **Ecles.* Juez eclesiástico nombrado por los prelados para que ejerza sobre sus súbditos la jurisdicción ordinaria. ‖ pl. **Sueldacostilla.** ‖ **Vicario** o **vicaria de coro.** Persona que en las *órdenes religiosas* rige y gobierna en orden al canto y al rezo en el coro. ‖ **de Jesucristo.** Uno de los títulos del *Papa. ‖ **del imperio.** Dignidad que hubo en el imperio romano. ‖ **general castrense,** o **de los ejércitos.** El que como delegado apostólico ejerce la omnímoda jurisdicción eclesiástica sobre todos los dependientes del ejército y armada. ‖ **perpetuo. Cura.**
vicarizar. tr. Representar o *substituir una persona a otra.
***vice.** Prefijo que se aplica al título de un cargo para expresar que el que lo ejerce lo hace como *substituto o representante.
vicealmiranta. f. Segunda galera de una escuadra.
vicealmirantazgo. m. Dignidad de vicealmirante.
vicealmirante. m. Oficial general de la *armada, inmediatamente inferior al almirante.
vicecanciller. m. *Cardenal presidente de la *curia romana. ‖ Sujeto que hace el oficio de canciller.
vicecancillería. f. Cargo de vicecanciller. ‖ Oficina del vicecanciller.
viceconsiliario. m. El que hace las veces de consiliario.
vicecónsul. m. Funcionario de la carrera consular, inmediatamente inferior al *cónsul.
viceconsulado. m. Empleo o cargo de vicecónsul. ‖ Oficina de este funcionario.
vicecristo. m. **Vicediós.**
vicediós. m. *Título honorífico que se da al *Papa como a representante de Dios en la tierra.
vicegerencia. f. Cargo de vicegerente.
vicegerente. m. El que hace las veces de gerente.
vicegobernador. m. El que hace las veces de *gobernador.
vicenal. adj. Que sucede o se *repite cada veinte años. ‖ Que dura veinte *años.
vicense. adj. **Vigitano.** Apl. a pers., ú. t. c. s.
Vicente. n. p. **¿Dónde va Vicente? Donde va la gente.** fr. proverbial que se usa para notar el espíritu de *imitación de uno y su falta de iniciativa.
vicepresidencia. f. Cargo de vicepresidente o vicepresidenta.
vicepresidente, ta. m. y f. Persona que hace o está facultada para ha-

cer las veces del *presidente o de la presidenta.

viceprovincia. f. Agregado de casas o *conventos que aún no se ha erigido en provincia.

viceprovincial. adj. Relativo o perteneciente a una viceprovincia. ‖ m. Persona que gobierna una viceprovincia.

vicerrector, ra. m. y f. Persona que hace las veces del rector o de la rectora.

vicesecretaría. f. Cargo de vicesecretario o vicesecretaria.

vicesecretario, ria. m. y f. Persona que hace las veces del secretario o de la secretaria.

vicésima. f. *Impuesto de la vigésima parte sobre ciertos bienes en la Roma antigua.

vicesimario, ria. adj. Perteneciente o relativo a la vicésima.

vicésimo, ma. adj. **Vigésimo.** Ú. t. c. s.

vicetesorero, ra. m. y f. Persona que hace las veces del tesorero.

***viceversa.** adv. m. Al contrario, al revés, cambiadas dos cosas recíprocamente. ‖ m. Cosa, dicho o acción *absurda, o al revés de lo que lógicamente debe ser o suceder.

vicia. f. **Arveja.**

***viciar.** tr. Dañar o *corromper física o moralmente. Ú. t. c. r. ‖ *Falsear o adulterar los géneros, mezclarlos con *impurezas o con otros de inferior calidad. ‖ *Falsificar o *tergiversar un escrito. ‖ *Anular el valor de un acto. ‖ *Pervertir o corromper las buenas costumbres o modo de vida. Ú. t. c. r. ‖ fig. *Tergiversar el sentido de una proposición. ‖ *Abonar las tierras de labranza. ‖ r. Entregarse uno a los *vicios. ‖ **Enviciarse.**

***vicio.** m. *Mala calidad, *defecto o daño físico en las cosas. ‖ Falta de rectitud moral en las acciones. ‖ *Falsedad, yerro o engaño. ‖→Hábito de obrar mal. ‖ *Defecto o *exceso propio de algunas personas. ‖ *Afición o vehemente *deseo de una cosa, que incita a usar de ella con exceso. ‖ Desviación, *curvatura o alabeo de una superficie apartándose de la forma que debe tener. ‖ *Lozanía y frondosidad excesivas. ‖ Mala educación. ‖ Mala costumbre que adquiere a veces una *caballería. ‖ **Mimo.** ‖ Estiércol, *abono. ‖ **De vicio.** m. adv. Sin necesidad ni fundamento. ‖ **Echar de vicio** uno. fr. fam. Hablar con *descaro y desenfado. ‖ **Hablar de vicio** uno. fr. fam. Ser *hablador.

visiosamente. adv. m. De manera *viciosa.

viciosidad. f. Calidad de vicioso.

***vicioso, sa.** adj. Que tiene, padece o causa vicio, error o defecto. ‖ Entregado a los vicios. Ú. t. c. s. ‖ Vigoroso y *fértil. ‖ *Abundante, provisto. ‖ fam. Dícese del niño mimado, malcriado o *grosero.

vicisitud. f. *Orden sucesivo o *alternativo de alguna cosa. ‖ Inconstancia de la *suerte.

vicisitudinario, ria. adj. Que acontece por *orden sucesivo o *alternativo.

vico. m. **Boche** (*juego).

***víctima.** f. Persona o animal sacrificado o destinado al sacrificio. ‖ fig. Persona que se expone a un grave *riesgo en obsequio de otra. ‖ fig. Persona que *padece *daño o *desgracia por culpa ajena o por causa fortuita.

victimario. m. Sirviente de los antiguos *sacerdotes gentiles, que encendía el fuego y preparaba las víctimas para el *sacrificio.

victo. m. *Alimento o sustento diario.

¡víctor! interj. **¡Vítor!** Ú. t. c. s.

victorear. tr. **Vitorear.**

***victoria.** f. Superioridad o ventaja que se consigue del contrario, en disputa o contienda. ‖ fig. Vencimiento o *dominio de los vicios o pasiones. ‖ **Cantar** uno **victoria.** fr. fig. Blasonar o jactarse del triunfo. ‖ **¡Victoria!** interj. que sirve para aclamar la que se ha conseguido del enemigo.

victoria. f. *Coche de dos asientos, abierto y con capota.

victoriato. m. *Moneda romana de plata, que lleva la figura de la victoria.

victoriosamente. adv. m. De un modo *victorioso.

***victorioso, sa.** adj. Que ha conseguido una victoria en cualquier línea. Ú. t. c. s. ‖ Aplícase también a las acciones con que se consigue.

vicuña. f. Mamífero *rumiante parecido a un macho cabrío, pero con cuello más largo y cabeza más redonda y sin cuernos. Tiene el cuerpo cubierto de pelo largo y finísimo de color amarillento rojizo, muy apreciado como materia *textil. ‖ *Lana de este animal. ‖ *Paño o *tela que se hace de esta lana.

***vid.** f. Planta vivaz y trepadora de las ampelídeas, con tronco retorcido, y hojas con cinco lóbulos puntiagudos. Su fruto es la uva. ‖ **salvaje,** o **silvestre.** La no cultivada.

***vida.** f. Actividad funcional de los seres orgánicos, indispensable para su conservación. ‖ Estado de actividad de los seres orgánicos. ‖ Unión del alma y del cuerpo. ‖ Espacio de tiempo que transcurre desde el nacimiento de un ser orgánico hasta su muerte. ‖ *Duración de las cosas. ‖ Modo de vivir en lo tocante a la *suerte de una persona. ‖ Modo de vivir en orden a la profesión, empleo u *ocupación. ‖ *Alimento necesario para vivir. ‖ *Conducta de los seres racionales. ‖ *Persona o ser humano. ‖ Relación o *historia de las acciones notables ejecutadas por una persona. ‖ Estado del *alma después de la muerte. ‖ fig. Cualquier cosa muy *agradable o conveniente. ‖ fig. Cualquier cosa que contribuye a la *conservación de otra. ‖ fig. *Teol.* Estado de la gracia y proporción para el mérito de las buenas obras. ‖ fig. ***Bienaventuranza.** ‖ fig. *Expresión del semblante. ‖ fig. Aleluyas, *estampas con su explicación en *versos pareados. ‖ ant. *For.* Espacio de diez años. ‖ **airada. Vida** desordenada y viciosa, *desenfreno. ‖ ***Prostitución.** ‖ **ancha.** fig. y fam. La relajada e *inmoral. ‖ **animal.** Aquella cuyas tres funciones principales son la nutrición, la relación y la reproducción. ‖ **canonical,** o **de canónigo.** fig. y fam. La que se disfruta con sosiego y *comodidad. ‖ **capulina. Vida** regalada y *feliz. ‖ **de perros.** fig. y fam. La que se pasa con *trabajos, *molestias y *contratiempos. ‖ **espiritual.** Modo de vivir arreglado a los ejercicios de *virtud y aprovechamiento en el espíritu. ‖ **papal.** fig. y fam. **Vida canonical.** ‖ **y milagros.** fam. Modo de vivir, *conducta. Tómase casi siempre en mala parte. ‖ **La otra vida,** o **vida futura.** *Teol.* Existencia del alma después de la muerte. ‖ **La vida pasada.** Las acciones ejecutadas en el tiempo pasado, especialmente las culpables. ‖ **Media vida.** fig. Cosa de gran *agrado o *alivio para uno. ‖ **A vida.** m. adv. Respetando la **vida.** ‖ **Buena vida. Vida** regalada. ‖ **Buscar,** o **buscarse** uno **la vida.** fr. Usar de los medios conducentes para *ganarse el sustento. ‖ **Consumir la vida** a uno. fr. fig. con que se pondera la *molestia que otro le ocasiona, o lo mucho que le fatigan los *trabajos y necesidades. ‖ **Dar** uno **mala vida** a otra persona. fr. *Maltratarla o causarle pesadumbres. ‖ **Darse** uno **buena vida.** Buscar y disfrutar sus *comodidades. ‖ **De mala vida.** loc. Dícese de la persona de conducta *inmoral. ‖ **De por vida.** m. adv. **Perpetuamente.** ‖ **En la vida,** o **en** mi, tu, su **vida.** m. adv. *Nunca o en ningún tiempo. ‖ **Enterrarse** uno **en vida.** fr. fig. *Retirarse del trato social, y especialmente entrar en alguna *orden religiosa*. ‖ **Entre la vida y la muerte.** fr. En peligro inminente de muerte. ‖ **En vida.** m. adv. Durante ella. ‖ **Escapar** uno **con vida,** o **la vida.** fr. Librarse de un grave *peligro de muerte. ‖ ***Ganar,** o **ganarse,** uno **la vida.** fr. *Trabajar o buscar medios de mantenerse. ‖ **Gran vida. Buena vida.** ‖ **Hacer** uno **por la vida.** fr. fam. ***Comer.** ‖ **Hacer vida.** fr. Vivir juntos los unidos en *matrimonio. ‖ **Llevar** uno **la vida jugada.** fr. fig. y fam. Estar en conocido *riesgo de perderla. ‖ **Meterse** uno **en vidas ajenas.** fr. *Murmurar, *averiguando lo que a uno no le importa. ‖ **Mudar** uno **de vida,** o **la vida.** fr. Dejar las malas costumbres o vicios, *corregirse. ‖ **Partir,** o **partirse,** uno **de esta vida.** fr. fig. ***Morir.** ‖ **Pasar** uno **a mejor vida.** fr. Morir en gracia de Dios. ‖ **Pasar** uno **la vida.** fr. Vivir con lo estrictamente necesario. ‖ **Perder** uno **la vida.** fr. ***Morir.** ‖ **¡Por vida!** Modo de hablar que se usa como aseveración y *juramento. ‖ **¡Por vida mía!** Especie de *juramento con que se asegura la verdad de una cosa. ‖ **Ser la vida perdurable.** fr. fig. y fam. *Tardar mucho en suceder una cosa. ‖ **Tener** uno **la vida en un hilo.** fr. fig. y fam. Estar en mucho *peligro. ‖ **Tener** uno **siete vidas como los gatos.** fr. fig. y fam. Salir *indemne de graves riesgos de muerte. ‖ **Traer** uno **la vida jugada.** fr. fig. y fam. **Llevar la vida jugada.** ‖ **Vender** uno **cara la vida.** fr. fig. Perderla a mucha costa del enemigo.

vidalita. f. *Canción popular argentina, por lo general amorosa, que se acompaña con la guitarra.

vidente. p. a. de **Ver.** Que ve. ‖ m. ***Profeta.**

vidercome. m. **Velicomen.**

vidorra. f. fam. Vida *cómoda y regalada.

vidorria. f. fam. despect. **Vida** (modo de vivir).

vidriado, da. adj. **Vidrioso.** ‖ m. Barro o *loza con barniz vítreo. ‖ Este *barniz. ‖ **Vajilla.**

vidriar. tr. Dar a las piezas de *barro o loza un *barniz o *esmalte que fundido al horno toma la transparencia y lustre del vidrio. ‖ r. fig. Ponerse vidriosa alguna cosa.

vidriera. f. Bastidor con *vidrios con que se cierran *puertas y *ventanas. ‖ desus. **Escaparate.** ‖ **de colores.** La formada por vidrios con dibujos coloreados.

vidriería. f. Taller donde se labra y corta el *vidrio. ‖ Tienda donde se venden *vidrios.

***vidriero.** m. El que trabaja en vidrio o el que lo vende.

***vidrio.** m. Substancia dura, frágil, transparente por lo común, que se obtiene fundiendo sílice con potasa o sosa y pequeñas cantidades de otras bases. ‖ Cualquier pieza o vaso de **vidrio.** ‖ En el coche, *asiento en que se va de espaldas al tiro. ‖ fig. Cosa muy delicada y quebradiza. ‖ fig. Persona de genio muy delicado y fácilmente *irritable. ‖ **bufado.** Hojuelas que resultan de romper una ampolla muy tenue que se hace con **vidrio** fundido. ‖ **Pagar** uno **los vidrios rotos.** fr. fig. y fam. **Pagar el pato.**

vidriola. f. Alcancía, *hucha.

vidriosidad. f. fig. Calidad de vidrioso o *irritable.

vidrioso, sa. adj. *Frágil, que fácilmente se *quiebra como el vidrio. ‖ fig. Aplícase al piso muy *resbaladizo. ‖ fig. Dícese de las materias *delicadas, que exigen gran cuidado y tiento. ‖ fig. Aplícase a la persona fácilmente *irritable. ‖ fig. Dícese de los *ojos que se vidrian.

vidro. m. ant. **Vidrio.**

vidual. adj. Perteneciente o relativo a la *viudez o a la viuda.

vidueño. m. **Viduño.**

viduño. m. Casta o variedad de *vid.

vieira. f. *Molusco comestible común en los mares de Galicia.

vieja. f. *Pez de color negruzco, figura prolongada y cabeza grande con tentáculos cortos sobre las cejas. ‖ fam. ***Cuaresma.**

viejarrón, na. adj. fam. **Vejarrón.** Ú. t. c. s.

viejez. f. ant. **Vejez.**

viejezuelo, la. adj. d. de ***Viejo.** Ú. t. c. s.

***viejo, ja.** adj. Dícese de la persona de mucha edad. Ú. t. c. s. ‖ Dícese, por extensión, de los animales. ‖ *Antiguo o del tiempo pasado. ‖ Que no es reciente ni nuevo. ‖ Deslucido, *ajado por el *uso. ‖ m. pl. ant. fam. *Cabello de los aladares.

vienense. adj. Natural de Viena de Francia. Ú. t. c. s. ‖ Perteneciente a esta ciudad. ‖ **Vienés.** Apl. a pers., ú. t. c. s.

vienés, sa adj. Natural de Viena de Austria. Ú. t. c. s. ‖ Perteneciente a esta ciudad.

***viento.** m. Corriente de aire producida en la atmósfera por causas naturales. ‖ ***Aire.** ‖ *Olor que como rastro dejan las piezas de *caza. ‖ *Olfato de ciertos animales. ‖ Cierto hueso que tienen los *perros entre las orejas. ‖ fig. Cualquier cosa que agita el ánimo con *violencia. ‖ fig. Vanidad y *jactancia. ‖ fig. *Cuerda larga o alambre con que se *atiranta una cosa para mantenerla derecha en determinada posición. ‖ fam. ***Ventosidad.** ‖ *Germ.* *Acusador, soplón. ‖ Huelgo que queda entre la *bala y el ánima del cañón. ‖ *Mar.* **Rumbo.** ‖ **abierto.** *Mar.* El que forma con la derrota un ángulo mayor de seis cuartas. ‖ **a la cuadra.** *Mar.* El que sopla perpendicularmente al rumbo a que se navega. ‖ **a un largo.** *Mar.* **Viento largo.** ‖ **calmoso.** *Mar.* El muy flojo y que sopla con intermisión. ‖ **cardinal.** El que sopla de alguno de los cuatro puntos cardinales del horizonte. ‖ **de bolina.** *Mar.* El que viene de proa. ‖ **de proa.** *Mar.* El que sopla en dirección contraria a la que lleva el buque. ‖ **en popa.** *Mar.* El que sopla hacia el mismo punto a que se dirige el buque. ‖ **entero.** Cada uno de los cardinales y de los cuatro intermedios. ‖ **etesio.** *Mar.* El que se muda en tiempo determinado del año. ‖ **frescachón.** *Mar.* El muy recio. ‖ **fresco.** *Mar.* El que llena bien el aparejo y permite llevar largas las velas altas. ‖ **largo.** *Mar.* El que sopla desde cualquier dirección comprendida entre la perpendicular al rumbo y la que coincide con éste. ‖ **maestral.** *Mar.* El que viene de la parte intermedia entre el poniente y tramontana. ‖ **marero.** *Mar.* El que viene de la parte del mar. ‖ **terral.** *Mar.* El que viene de la tierra. ‖ **Vientos alisios. Vientos** fijos que soplan de la zona tórrida, con inclinación al Nordeste o al Sudeste, según el hemisferio en que reinan. ‖ **altanos.** *Mar.* Los que alternativamente corren del mar a la tierra, y viceversa. ‖ **Medio viento.** Cada uno de los ocho que equidistan de los enteros en la rosa náutica. ‖ **Alargar el viento.** fr. *Mar.* Soplar más largo, o más para popa. ‖ **A los cuatro vientos.** loc adv. fig. En todas direcciones, por todas partes. ‖ **Beber** uno **los vientos por** algo. expr. fig. y fam. *Desearlo con ansia. ‖ **Cargar el viento.** fr. Aumentar mucho su fuerza. ‖ **Contra viento y marea.** loc. adv. fig. Arrostrando inconvenientes y dificultades. ‖ **Correr malos vientos.** fr. fig. Ser las circunstancias *adversas. ‖ **Echarse el viento.** fr. fig. Calmarse o sosegarse. ‖ **Picar el viento.** fr. *Mar.* Correr favorable y suficiente para el rumbo que se lleva. ‖ **Refrescar el viento.** fr. *Mar.* Aumentar su fuerza o violencia. ‖ **Saltar el viento.** fr. *Mar.* Mudarse repentinamente de una parte a otra. ‖ **Tomar el viento.** fr. *Mar.* Acomodar y disponer las velas de modo que el **viento** las hiera. ‖ Indagar o rastrear por él la *caza. ‖ **Viento en popa.** m. adv. fig. Con buena suerte, de modo próspero o *favorable.

***vientre.** m. Cavidad del cuerpo del animal, en la que se contienen los intestinos y otras vísceras. ‖ Conjunto de las vísceras contenidas en esta cavidad. ‖ Región exterior y anterior del cuerpo humano, correspondiente al abdomen. ‖ *Feto o *preñado. ‖ **Panza.** ‖ fig. Cavidad grande o *hueco de una cosa. ‖ *Fís.* Parte más ensanchada de las ondulaciones correspondiente al movimiento *vibratorio. ‖ *For.* ***Madre.** ‖ *For.* Criatura humana que no ha salido del claustro materno, a la cual una ficción legal atribuye ciertos derechos. ‖ **libre.** expr. con que se determina en algunas legislaciones que el hijo concebido por la *esclava nace libre. ‖ **Bajo vientre. Hipogastrio.** ‖ **Constiparse el vientre.** fr. **Estreñirse.** ‖ **Descargar** uno **el vientre.** fr. **Exonerar el vientre.** ‖ **De vientre.** loc. Dícese del animal hembra destinado a la *generación. ‖ **Evacuar, exonerar,** o **mover** uno **el vientre,** o **hacer de,** o **del vientre.** frs. Descargarlo del *excremento. ‖ **Regir el vientre.** fr. Hacer con regularidad las evacuaciones fecales. ‖ **Sacar** uno **el vientre de mal año.** fr. fig. y fam. Saciar el hambre; *comer mucho. ‖ **Servir** uno **al vientre.** fr. fig. Darse a la *gula.

viernes. m. Sexto día de la *semana. ‖ **de Indulgencias,** o **de la Cruz.** ant. Viernes Santo. ‖ **Comer de viernes.** fr. **Comer de vigilia.** ‖ **Haber aprendido,** u **oído,** uno **en viernes** una cosa. fr. fig. y fam. *Repetir mucho lo que aprendió u oyó una vez.

vierteaguas. m. *Resalto con una superficie inclinada convenientemente para escurrir las aguas de *lluvia.

***viga.** f. Madero largo y grueso que sirve para formar los techos en los edificios y para otros fines. ‖ Hierro de doble T destinado a los mismos usos que la **viga** de madera. ‖ Pieza arqueada de madera o hierro, que en algunos *coches antiguos enlaza el juego delantero con el trasero. ‖ Prensa compuesta de un gran madero horizontal articulado por uno de sus extremos y que se carga con pesos en el otro para que *comprima lo que se pone debajo. Úsase principalmente para exprimir la aceituna molida en los *molinos. ‖ Porción de aceituna que en los *molinos de aceite se pone cada vez debajo de la **viga.** ‖ **de aire.** *Arq.* La que sólo está sostenida en sus extremos. ‖ **maestra.** *Arq.* La que, tendida sobre pilares o columnas, sirve para sostener las cabezas de otros maderos también horizontales.

vigencia. f. Calidad de vigente.

***vigente.** adj. Aplícase a los preceptos, estilos y costumbres que están en vigor y observancia.

vigesimal. adj. Aplícase al sistema de *numeración o al modo de subdividir de veinte en veinte.

vigésimo, ma. adj. Que sigue inmediatamente en *orden al o a lo decimonono. ‖ Dícese de cada una de las veinte *partes iguales en que se divide un todo. Ú. t. c. s. ‖ Dícese de cada una de las veinte cédulas en que se divide un billete de *lotería. Ú. t. c. s.

vigía. f. **Atalaya.** ‖ Persona destinada a vigiar o atalayar el mar o la campiña. Ú. m. c. s. m. ‖ Acción de *vigiar a larga distancia. ‖ *Mar.* *Escollo que sobresale algo sobre la superficie del mar.

vigiar. tr. *Vigilar o cuidar de hacer descubiertas desde un lugar adecuado.

***vigilancia.** f. Acción y efecto de vigilar. ‖ Servicio dispuesto para vigilar.

vigilante. p. a. de **Vigilar.** Que vigila. ‖ adj. Que vela o está *despierto. ‖ m. Persona encargada de velar por algo. ‖ Agente de *policía.

vigilantemente. adv. m. Con vigilancia.

***vigilar.** intr. Velar sobre una persona o cosa, o atender cuidadosamente a ella. Ú. t. c. tr.

vigilativo, va. adj. Dícese de lo que causa vigilias o no deja dormir.

***vigilia.** f. Acción de estar despierto. ‖ *Trabajo intelectual, especialmente el que se ejecuta de noche. ‖ *Obra producida de este modo. ‖ **Víspera.** ‖ Víspera de una *festividad de la Iglesia. ‖ **Liturg.* Oficio que se reza en la víspera de ciertas festividades. ‖ Oficio de *difuntos. ‖ Falta de sueño o dificultad de dormirse. ‖ Cada una de las partes en que se divide la *noche para las *guardias, rondas y otros actos del servicio militar. ‖ Comida con *abstinencia de carne. ‖ Día de **vigilia.** ‖ **Comer de vigilia.** fr. Comer pescado, legumbres, etc., con exclusión de carnes.

vigitano, na. adj. Natural de Vich. Ú. t. c. s. ‖ Perteneciente a esta ciudad.

vigolero. m. *Germ.* Ayudante del *verdugo en el tormento.

vigor. m. *Fuerza o actividad de las cosas animadas o inanimadas. ‖ *Eficacia de las acciones. ‖ *Loza-

nía de las plantas. ‖ *Validez o vigencia. ‖ fig. Entonación o *expresión enérgica en las obras artísticas o *literarias.
vigorar. tr. **Vigorizar.** Ú. t. c. r.
vigorizador, ra. adj. Que da vigor.
vigorizar. tr. Dar vigor o *fuerza. Ú. t. c. r. ‖ fig. Animar, esforzar. Ú. t. c. r.
vigorosamente. adv. m. De manera vigorosa.
vigorosidad. f. Calidad de vigoroso.
vigoroso, sa. adj. Que tiene vigor.
vigota. f. *Mar.* Especie de *motón sin roldana, por donde pasan los acolladores.
vigota. f. *Madero de hilo, de dieciocho pies de longitud.
viguería. f. Conjunto de *vigas de una fábrica o edificio.
vigués, sa. adj. Natural de Vigo. Ú. t. c. s. ‖ Perteneciente a esta ciudad.
vigueta. f. d. de **Viga.** ‖ *Madero de veintidós pies de largo. ‖ Barra de hierro laminado, destinado a la edificación.
***vihuela.** f. ***Guitarra.** ‖ Instrumento músico de cuerda antiguo, de forma parecida a la guitarra, de seis cuerdas dobles, que se tocaba punteado.
vihuelista. com. Persona que toca la vihuela.
***vil.** adj. Ruin, bajo o despreciable. ‖ Indigno, torpe. ‖ Aplícase a la persona *desleal. Ú. t. c. s.
vilagómez. m. *Germ.* El que cobra el barato en la casa de *juego.
vilano. m. Apéndice de pelos o filamentos que corona el *fruto de muchas plantas. ‖ Flor del *cardo.
vilayato. m. *Provincia o división territorial equivalente, en Turquía.
vilera. f. *Lazo o presilla que se forma en un cordel al doblarlo o retorcerlo.
***vileza.** f. Calidad de vil. ‖ Acción o expresión vil.
vilhorro. m. *Germ.* El que se libra de un peligro, *huyendo.
vílico. m. Capataz de *labranza, entre los romanos.
vilipendiador, ra. adj. Que vilipendia. Ú. t. c. s.
vilipendiar. tr. *Despreciar o *infamar a una persona o cosa.
vilipendio. m. *Desprecio, *descrédito o denigración de una persona o cosa.
vilipendioso, sa. adj. Que causa vilipendio o lo implica.
vilmente. adv. m. De manera vil.
vilo (en). m. adv. *Suspendido, en situación *insegura. ‖ fig. Con *desasosiego, inquieto.
vilordo, da. adj. *Perezoso, *lento.
vilorta. f. Vara de madera flexible que se dobla en forma de *aro para *atar o sujetar alguna cosa. ‖ Cada una de las abrazaderas de hierro que sujetan al timón la cama del *arado. ‖ **Arandela.** ‖ *Juego que consiste en lanzar por el aire, con ayuda del vilorto, una bola de madera que ha de pasar a través de una fila de pinas o estacas. ‖ **Vilorto** (clemátide).
vilorto. m. Especie de clemátide de hojas más anchas que la común. ‖ **Vilorta** (para *atar). ‖ Palo grueso que termina por una de sus puntas en forma de aro, y encordelado a modo de raqueta, se usa para *jugar a la vilorta.
vilos. m. *Embarcación filipina de dos palos, parecida al panco.
vilote. adj. **Cobarde.**
viltrotear. intr. fam. Corretear, *vagar, callejear más de lo lícito.
viltrotera. adj. Dícese de la mujer que viltrotea. Ú. t. c. s.
villa. f. *Casa de recreo situada aisladamente en el campo. ‖ *Población que tiene algunos privilegios con que se distingue de las aldeas y lugares. ‖ **Consistorio.**
villabarquín. m. *Carp.* **Berbiquí.**
Villadiego. n. p. **Coger, o tomar, las de Villadiego.** fr. fig. Ausentarse para *huir de un riesgo o compromiso.
villaje. m. *Población pequeña.
villanada. f. Acción propia de villano.
villanaje. m. Gente de la *plebe o estado llano en los lugares. ‖ Calidad del estado de los villanos, como contrapuesta a la nobleza.
villanamente. adv. m. De manera villana.
villancejo. m. **Villancico.**
villancete. m. **Villancico.**
villancico. m. Composición *poética popular con estribillo, y especialmente la de asunto religioso que se *canta en Navidad.
villanciquero. m. El que compone o canta villancicos.
villanchón, na. adj. fam. Villano, *rústico, rudo y *grosero. Ú. t. c. s.
villanería. f. **Villanía.** ‖ **Villanaje.**
villanesca. f. *Cancioncilla rústica antigua. ‖ *Danza que se acompañaba con este canto.
villanesco, ca. adj. Perteneciente a los villanos.
villanía. f. Origen *plebeyo o bajeza de nacimiento, condición o estado. ‖ fig. Acción *vil. ‖ fig. Expresión indecorosa.
villano, na. adj. Individuo de la *plebe o estado llano en una villa o aldea, a distinción de noble o hidalgo. Ú. t. c. s. ‖ fig. *Rústico o *descortés. ‖ fig. Ruin, *vil o indecoroso. ‖ m. *Canción o *baile españoles, comunes en los siglos XVI y XVII. ‖ **harto de ajos.** fig. y fam. Persona *rústica y *grosera.
villanote. adj. aum. de **Villano.** Ú. t. c. s.
villar. m. **Villaje.**
villazgo. m. Calidad o privilegio de villa. ‖ *Tributo que se imponía a las villas como tales.
villería. f. **Comadreja.**
villero. m. *Población de escaso vecindario.
villeta. f. d. de **Villa.**
villoría. f. Casería o *casa de campo.
villorín. m. **Vellorín.**
villorrio. m. despect. *Población pequeña y poco urbanizada.
vimbre. m. ***Mimbre.**
vimbrera. f. **Mimbrera.**
vinagrada. f. *Refresco compuesto de agua, vinagre y azúcar.
***vinagre.** m. Líquido ácido y astringente, producido por la fermentación del vino. ‖ fig. y fam. Persona de genio *desapacible.
vinagrera. f. *Vasija destinada a contener *vinagre para el uso diario. ‖ **Acedera.** ‖ **Acedía.** ‖ pl. Utensilio para el servicio de *mesa, con dos o más frascos para aceite y vinagre.
vinagrero, ra. m. y f. Persona que hace o vende *vinagre.
vinagreta. f. *Salsa compuesta de aceite, cebolla y vinagre.
vinagrillo. m. d. de **Vinagre.** ‖ *Vinagre de poca fuerza. ‖ Preparación de *tocador compuesta con vinagre, alcohol y esencias aromáticas. ‖ Vinagre aromático para aderezar el *tabaco en polvo. ‖ ***Tabaco vinagrillo.** ‖ Cierta *planta americana de las oxalídeas, cuyos tallos segregan un jugo ácido.
vinagrón. m. *Vino repuntado y de inferior calidad.
vinagroso, sa. adj. De gusto *ácido, semejante al del vinagre. ‖ fig. y fam. De genio *desabrido.
vinajera. f. **Liturg.* Cada uno de los dos jarrillos con que se sirven en la *misa el *vino y el agua. ‖ pl. Conjunto de ambos jarrillos y de la bandeja donde se colocan.
vinar. adj. Vinario o vinatero.
vinariego. m. El que tiene hacienda de *viñas y es práctico en su cultivo.
vinario, ria. adj. Perteneciente al *vino.
vinatera. f. *Mar.* *Cabo con una gaza en un extremo y una muletilla en el otro.
vinatería. f. Tráfico y comercio del *vino. ‖ Tienda en que se vende *vino.
vinatero, ra. adj. Perteneciente al *vino. ‖ V. **Calabaza vinatera.** ‖ m. El que trafica con el *vino.
vinático, ca. adj. desus. Perteneciente al *vino.
vinaza. f. Especie de *vino de inferior calidad que se saca de los posos y las heces.
vinazo. m. *Vino fuerte y espeso.
vinca. f. *Bot.* **Vincapervinca.**
vincapervinca. f. *Planta herbácea, perenne, de las apocináceas, que se cultiva en los jardines.
vinco. m. *Anillo de alambre que se pone en el hocico a los *cerdos para evitar que hocen. ‖ pl. *Aretes de plata que usan las mujeres.
vinculable. adj. Que se puede vincular.
vinculación. f. Acción y efecto de vincular o vincularse.
***vincular.** tr. Sujetar los bienes a vínculo para perpetuarlos en empleo o familia determinados. ‖ fig. *Atar, *enlazar una cosa con otra. ‖ fig. *Perpetuar o continuar una cosa. Ú. m. c. r.
vincular. adj. Perteneciente o relativo al *vínculo.
***vínculo.** m. Unión o *atadura de una cosa con otra. ‖ → *For.* Sujeción de los bienes, con prohibición de enajenarlos, a que se transmitan en familia o línea determinada o a que se empleen para ciertos fines. Dícese de estos mismos bienes.
vincha. f. Cinta o pañuelo con que se *ciñe la cabeza o se sujeta el *cabello.
vinchuca. f. *Insecto alado americano, especie de chinche.
vindicación. f. Acción y efecto de vindicar o vindicarse.
vindicador, ra. adj. Que vindica. Ú. t. c. s.
vindicar. tr. ***Vengar.** Ú. t. c. r. ‖ Defender o *exculpar al que se ha injuriado o injustamente notado. Ú. t. c. r. ‖ *For.* **Reivindicar.**
vindicativo, va. adj. **Vengativo.** ‖ Aplícase al escrito o discurso en que se vindica a alguno.
vindicatorio, ria. adj. Que sirve para vindicar o vindicarse.
vindicta. f. ***Venganza.** ‖ **pública.** Satisfacción o *expiación de los delitos, para ejemplo del público.
vínico, ca. adj. Perteneciente o relativo al *vino.
vinícola. adj. Relativo a la fabricación del *vino. ‖ m. **Vinariego.**
vinicultor, ra. m. y f. Persona que se dedica a la vinicultura.
***vinicultura.** f. Elaboración de *vinos.
viniebla. f. **Cinoglosa.**
viniente. p. a. ant. de **Venir.** Que viene. Ú. en la locución **yentes y vinientes.**

vinificación. f. Fermentación del mosto de la uva para la obtención del *vino.
vinillo. m. d. de **Vino.** ‖ *Vino muy flojo.
***vino.** m. Licor alcohólico que se hace del zumo de las uvas fermentado. ‖ Zumo de otras cosas que se cuece y fermenta al modo del de las uvas. ‖ **abocado.** El intermedio entre dulce y seco. ‖ **albillo.** El que se hace con la uva albilla. ‖ **amontillado.** El generoso y pálido de Jerez, hecho a imitación del de Montilla. ‖ **atabernado.** El vendido por menor en las tabernas. ‖ **barbera.** Clase de vino áspero y de color obscuro, propio de la Argentina. ‖ **clarete.** Especie de **vino** tinto, algo claro. ‖ **cubierto.** El de color obscuro. ‖ **de agujas. Vino** raspante o picante. ‖ **de Borgoña.** El tinto obscuro que se cosecha en la región francesa de este nombre. ‖ **de Burdeos.** El clarete que se cosecha en la región francesa de Burdeos. ‖ **de cabezas. Aguapié.** ‖ **de coco.** *Aguardiente flojo que se fabrica en Filipinas con la tuba del coco. ‖ **de dos, de tres,** etc., **hojas.** El que tiene dos, tres o más años. ‖ **de dos orejas. Vino** fuerte y bueno. ‖ **de garnacha. Garnacha.** ‖ **de garrote.** El que se saca a fuerza de viga, torno o prensa. ‖ **de lágrima.** El que destila la uva sin exprimir ni apretar el racimo. ‖ **de mesa. Vino de pasto.** ‖ **de nipa.** *Aguardiente flojo que se fabrica en Filipinas con la tuba de la nipa. ‖ **de pasto.** El más común y ligero, que se bebe durante la comida. ‖ **de postre. Vino generoso.** ‖ **de solera.** El más añejo y generoso, que se destina para dar vigor al nuevo. ‖ **de una oreja.** El delicado y generoso. ‖ **de yema.** El que se toma del centro de la cuba. ‖ **garnacha. Garnacha.** ‖ **generoso.** El más fuerte y añejo que el **vino** común. ‖ **medicamentoso,** o **medicinal.** El que contiene en disolución un medicamento. ‖ **moscatel.** El que se fabrica con la uva moscatel. ‖ **pardillo.** Cierto **vino** entre blanco y tinto, más bien dulce que seco. ‖ **peleón.** fam. El muy ordinario. ‖ **seco.** El que no tiene sabor dulce. ‖ **tintillo. Vino** poco subido de color. ‖ **tinto.** El de color muy obscuro. ‖ **verde.** Mosto ordinario, áspero y seco. ‖ **Bautizar,** o **cristianar, el vino.** fr. fig. y fam. Echarle agua. ‖ **Dormir** uno **el vino.** fr. Dormir mientras dura la *borrachera. ‖ **Tener** uno **mal vino.** fr. Ser *pendenciero en la embriaguez. ‖ **Tomarse** uno **del vino.** fr. fig. **Embriagarse.**
vinolencia. f. Exceso en el beber vino, propensión a *emborracharse.
vinolento, ta. adj. Dado al vino o propenso a *emborracharse.
vinosidad. f. Calidad de vinoso.
vinoso, sa. adj. Que tiene la calidad o apariencia del *vino. ‖ **Vinolento.**
vinote. m. Líquido que queda en la caldera del alambique después de destilado el vino y hecho el *aguardiente.
vinotera. f. **Carraleja** (*insecto).
vinta. f. En el sur del archipiélago filipino, **baroto.**
***viña.** f. Terreno plantado de muchas vides. ‖ **Arropar las viñas.** fr. Agr. Abrigar las raíces de las cepas. ‖ **Como hay viñas.** expr. fam. que se usa para asegurar la verdad de una cosa evitando el *juramento. ‖ **Como por viña vendimiada.** m. adv. fig. *Fácilmente, sin reparo ni estorbo. ‖ **La viña del Señor.** fr. fig. El conjunto de fieles guiados por un ministro de la *Iglesia. ‖ **Ser una viña** una cosa. fr. fig. y fam. Producir muchas *ganancias. ‖ **Tener** uno **una viña.** fr. fig. y fam. Lograr una cosa u ocupación muy *ventajosa. ‖ **Tomar viñas,** o **las viñas.** fr. fig. *Germ.* **Coger,** o **tomar, las de Villadiego.** ‖ **Viñas y Juan Danzante.** expr. *Germ.* Ú. para dar a entender que uno sale *huyendo.
viñadero. m. **Viñador** (*guarda).
viñador. m. El que cultiva las *viñas. ‖ *Guarda de una viña.
viñedo. m. Terreno plantado de *vides.
viñero, ra. m. y f. Persona que tiene heredades de *viñas.
viñeta. f. **Impr.* *Dibujo o estampita que se pone para adorno en el principio o el fin de los libros y capítulos.
viñetero. m. **Impr.* Armario destinado a guardar los moldes de las viñetas y adornos.
viñuela. f. d. de ***Viña.**
viola. f. *Instrumento de la misma figura que el violín, aunque algo mayor, y cuyos sonidos son una quinta más graves. ‖ com. Persona que toca este *instrumento. ‖ **de amor.** La que tenía siete cuerdas de tripa y otras siete de acero. Éstas no se herían con el arco y sólo vibraban por resonancia.
viola. f. **Violeta.** ‖ **Alhelí.**
violáceo, a. adj. **Violado.** Ú. t. c. s. ‖ **Bot.* Dícese de plantas dicotiledóneas, hierbas, matas o arbustos, cuyo tipo es la violeta. Ú. t. c. s. f. ‖ f. pl. *Bot.* Familia de estas plantas.
***violación.** f. Acción y efecto de violar.
violado, da. adj. De *color de violeta, morado claro. Ú. t. c. s.
violador, ra. adj. Que viola. Ú. t. c. s.
violar. m. Sitio plantado de violetas.
***violar.** tr. *Infringir o quebrantar una ley o precepto. ‖ → Tener acceso por fuerza con una mujer. ‖ *Profanar un lugar sagrado. ‖ fig. *Ajar o deslucir una cosa.
violario. m. *Pensión que el poseedor de los bienes paternos da a la persona que entra en religión. ‖ *Renta vitalicia.
***violencia.** f. Calidad de violento. ‖ Acción y efecto de violentar o violentarse. ‖ fig. Acción violenta. ‖ fig. Acción de *violar a una mujer.
violentamente. adv. m. De manera violenta.
violentar. tr. Aplicar medios *violentos a cosas o personas para vencer su resistencia. ‖ fig. *Tergiversar lo dicho o escrito. ‖ fig. *Entrar en una casa u otra parte contra la voluntad de su dueño. ‖ r. fig. *Vencer uno su repugnancia a hacer alguna cosa.
***violento, ta.** adj. Que está fuera de su natural estado, situación o modo. ‖ Que obra con ímpetu e *intensidad. Dícese también de las mismas acciones. ‖ Dícese de lo que hace uno con *repugnancia. ‖ fig. Aplícase al que se deja llevar fácilmente de la *ira. ‖ fig. Falso, torcido, que *tergiversa el sentido natural. ‖ fig. Que se ejecuta contra el modo regular o con *injusticia.
violero. m. Constructor de *instrumentos de cuerda. ‖ **Mosquito.**
violeta. f. *Planta herbácea, vivaz, de las violáceas, que se cultiva en los jardines por sus flores de color morado, generalmente, y de olor muy suave. ‖ *Flor de esta planta. ‖ m. *Color morado claro.
violetero. m. Florero pequeño para poner violetas.
violeto. m. **Peladillo.**
violín. m. *Instrumento músico de arco, con cuatro cuerdas. Es el más pequeño de los instrumentos de su clase, y equivale al tiple. ‖ **Violinista.** ‖ En el juego del *billar, soporte que se usa para apoyar la mediana. ‖ Parte del atelaje en los *carros de la Mancha.
violinista. com. Persona que toca el violín.
violón. m. *Instrumento músico de cuerda y de arco de forma casi idéntica a la del violín, pero de mucho mayores dimensiones. ‖ Persona que toca este *instrumento. ‖ **Tocar el violón.** fr. fig. y fam. Hablar u obrar de modo *inoportuno, generalmente por *distracción.
violoncelista. com. **Violonchelista.**
violoncelo. m. **Violonchelo.**
violonchelista. com. Músico que toca el violonchelo.
violonchelo. m. *Instrumento músico de cuerda y de arco, más pequeño que el violón y de la misma forma.
vipéreo, a. adj. **Viperino.**
viperino, na. adj. Perteneciente a la *víbora. ‖ fig. Que tiene sus propiedades.
vira. f. Especie de *saeta delgada y de punta muy aguda. ‖ Tira de tela, badana o vaqueta que se cose entre la suela y la pala del *calzado. ‖ Franja o *galón con que las mujeres adornan los vestidos.
viracocha. m. Nombre que los antiguos indios daban a los conquistadores españoles.
virada. f. **Mar.* Acción y efecto de virar.
virador. m. Líquido empleado en *fotografía para virar. ‖ *Mar.* Cabo grueso que se guarnece al *cabrestante para meter el cable. ‖ *Mar.* *Cabo que sirve para guindar y echar abajo los masteleros.
virago. f. Mujer *hombruna.
viraje. m. Acción y efecto de virar, en fotografía, o de cambiar la dirección de un vehículo.
virar. tr. En *fotografía, someter el papel impresionado a la acción de un líquido especial para dar estabilidad y fijeza a la imagen. ‖ **Mar.* Cambiar de rumbo o de bordada, pasando de una amura a otra. Ú. t. c. intr. ‖ *Mar.* Dar vueltas al *cabrestante para levar anclas o suspender otras cosas de peso. ‖ intr. Mudar de *dirección en la marcha de un automóvil, avión, etc.
viratón. m. Virote o vira grande.
viravira. f. *Planta herbácea chilena, de las compuestas.
virazón. f. *Viento que en las costas sopla de la parte del mar durante el día y en sentido contrario por la noche. ‖ Cambio repentino del viento.
víreo. m. **Virio.**
***virgen.** com. Persona que conserva la *virginidad. Ú. t. c. adj. ‖ adj. Dícese de la tierra que no ha sido arada o cultivada. ‖ Aplícase a aquellas cosas que conservan su *integridad original y que no han servido aún para aquello a que se destinan. ‖ *Natural, exento de artificio. ‖ → f. Por antonom., la Madre de Cristo. ‖ *Efigie o imagen que la representa. ‖ Uno de los títulos y grados que da la Iglesia a las *santas y mujeres que conservaron su pureza. ‖ Cada uno de los dos pies derechos que en los laga-

res y *molinos de aceite guían el movimiento de la viga. || *Astr.* **Virgo.**
virgiliano, na. adj. Propio y característico del *poeta Virgilio.
***virginal.** adj. Perteneciente a la virgen. || fig. *Puro, inmaculado.
virgíneo, a. adj. **Virginal.**
virginia. m. *Tabaco virginiano.
virginiano, na. adj. Natural de Virginia. Ú. t. c. s. || Perteneciente a este país de América.
***virginidad.** f. Entereza corporal de la persona que no ha tenido comercio carnal.
virgo. m. ***Virginidad.** || fam. **Himen.** || *Astr.* Sexto signo del *Zodiaco. || *Ast.* *Constelación zodiacal que en otro tiempo debió de coincidir con el signo de este nombre.
vírgula. f. *Vara pequeña. || Rayita o *línea muy delgada. || *Ortogr.* **Coma.** || **Bact.* Bacilo encorvado, agente del cólera morbo asiático.
virgulilla. f. Cualquier signo *ortográfico de figura de coma, rasguillo o trazo; como el apóstrofo, la zedilla, la tilde de la ñ, etc. || Cualquiera rayita o *línea corta y muy delgada.
virigaza. f. **Clemátide.**
viril. m. *Vidrio que se pone delante de algunas cosas para preservarlas, dejándolas patentes a la vista. || **Liturg.* Custodia pequeña que se pone dentro de la grande.
viril. adj. ***Varonil.**
***virilidad.** f. Calidad de viril. || **Edad viril.**
virilmente. adv. m. **Varonilmente.**
virina. f. **Guardabrisa.**
virio. m. **Oropéndola.**
viripotente. adj. Aplícase a la mujer apta para el *matrimonio.
viripotente. adj. Vigoroso, potente.
virofijador. m. **Fot.* Líquido que se usa para virar y fijar la imagen al mismo tiempo.
virol. m. **Blas.* Perfil *circular de la boca de la bocina y de otros instrumentos semejantes.
virola. f. Abrazadera o *anillo de metal que se pone por remate o por adorno *ciñendo el extremo de otras piezas. || Anillo ancho de hierro que se pone en la extremidad de la garrocha o *pica, para que la púa no penetre demasiado en la piel del *toro.
virolay. m. Antigua canción *poética de los provenzales.
virolento, ta. adj. Que tiene viruelas. Ú. t. c. s. || Señalado de ellas. Ú. t. c. s.
virón. m. aum. de **Vira.** || *Madero en rollo, de castaño, de seis varas y media de longitud.
virotazo. m. Golpe dado con el virote.
virote. m. Especie de *saeta guarnecida con un casquillo. || Hierro que a modo de maza se colgaba al cuello de los *esclavos para evitar su fuga. || Punta que por *broma solía hacerse en el vestido de alguno. || **Mar.* Vara cuadrangular de la ballestilla. || fig. y fam. Mozo soltero, *ocioso; *petimetre. || fig. y fam. Hombre erguido y demasiadamente *serio. || *Cepa de tres años. || Cada uno de los pies derechos del *telar. || **palomero.** El de *ballesta, con una virola de hierro en la cabeza. || **Mirar** uno **por el virote.** fr. fig. y fam. Atender con *cuidado y vigilancia a lo que importa.
virotillo. m. *Arq.* *Madero corto vertical y sin zapata, que sostiene otro horizontal o inclinado.
virotismo. m. *Orgullo, presunción.
virreina. f. Mujer del virrey. || La que gobierna como virrey.
virreinato. m. Dignidad o cargo de virrey. || Tiempo que dura el empleo o cargo de virrey. || *Territorio gobernado por un virrey.
virreino. m. **Virreinato.**
virrey. m. El que con este título *gobierna en nombre y con autoridad del *rey.
virtual. adj. Que tiene virtud y *eficacia para producir un efecto, pero que no lo produce de presente. || Implícito, tácito. || *Fís.* Que tiene existencia *aparente y no real.
virtualidad. f. Calidad de virtual.
virtualmente. adv. m. De un modo virtual. || Tácitamente, implícitamente.
***virtud.** f. *Eficacia o fuerza de las cosas para producir sus efectos. || Eficacia de un *medicamento u otra cosa para conservar o restablecer la salud corporal. || *Poder o potestad de obrar. || Integridad de ánimo y bondad de vida. || → Hábito y disposición del alma para las acciones conformes a la ley moral. || Acción virtuosa o recto modo de proceder. || pl. Espíritus bienaventurados, que forman el quinto coro de los *ángeles. || **Virtud cardinal.** *Teol.* Cada una de las cuatro que son principio de otras. || **moral.** Hábito de obrar bien, independientemente de los preceptos de la ley. || **teologal.** Cada una de las tres (fe, esperanza y caridad) cuyo objeto directo es Dios. || **En virtud.** m. adv. En fuerza, a *consecuencia de.
virtuosamente. adv. m. De manera virtuosa.
***virtuoso, sa.** adj. Que se ejercita en la virtud u obra según ella. Ú. t. c. s. || Aplícase igualmente a las mismas acciones. || Dícese también de las cosas que tienen la *eficacia y virtud natural que les corresponde. || m. y f. Artista, y especialmente *músico, que se distingue por el dominio y perfección de la parte técnica de su arte.
viruela. f. *Enfermedad aguda, contagiosa, con erupción de pústulas o granos en la *piel. Ú. m. en pl. || Cada una de las pústulas producidas por esta enfermedad. || fig. Granillo que sobresale en la superficie de ciertas cosas. || **Viruelas confluentes.** Las que aparecen juntas en gran cantidad. || **locas.** Las que no tienen malignidad y son pocas y ralas.
virulencia. f. Calidad de virulento.
virulento, ta. adj. **Pat.* Ponzoñoso, ocasionado por un virus. || Que tiene materia o *pus. || fig. Dícese del *estilo, o del escrito o *discurso muy ponzoñoso o *mordaz.
virus. m. **Inm.* Podre, humor maligno. || **Inm.* Germen de varias enfermedades, que se atribuye al desarrollo de *bacterias especiales para cada una.
viruta. f. *Lámina delgada que se saca con el cepillo u otras herramientas al labrar la madera o los metales. || **Meter la viruta.** fr. fam. *Engañar, defraudar.
vis. f. Fuerza, vigor. Ú. sólo en la locución **vis cómica.**
visado. m. Acción y efecto de visar un documento.
visaje. m. ***Gesto** (expresión o movimiento de la cara).
visajero, ra. adj. **Gestero.**
visante. m. *Germ.* **Ojo.**
visar. tr. Reconocer un documento, y *certificar de su validez poniendo el visto bueno.
visar. tr. Entre *artilleros y topógrafos, *dirigir la puntería o la visual.
víscera. f. **Entraña.**
visceral. adj. Perteneciente o relativo a las vísceras.
visco. m. **Liga** (de cazar pájaros). || Árbol americano de las leguminosas, cuya corteza se usa como curtiente.
viscosidad. f. Calidad de *viscoso. || Materia viscosa.
***viscoso, sa.** adj. Pegajoso, glutinoso.
visera. f. Parte del yelmo de la *armadura, con agujeros para ver, que cubría y defendía el rostro. || Ala pequeña que tienen en la parte delantera las *gorras, chacós, etc., para resguardar la vista. || **Caza.* Garita desde donde el palomero observa el movimiento de las palomas. || **Calar,** o **calarse,** uno **la visera.** fr. Bajarse la del yelmo.
visibilidad. f. Calidad de *visible. || Estado de la *atmósfera que permite ver con mayor o menor claridad los objetos distantes.
***visible.** adj. Que se puede ver. || *Cierto y evidente. || Dícese de la persona notable o *ilustre.
visiblemente. adv. m. De manera visible.
visigodo, da. adj. Dícese del individuo de una parte del *pueblo godo, que fundó un reino en España. Ú. t. c. s. || **Visigótico.**
visigótico, ca. adj. Perteneciente o relativo a los visigodos.
visillo. m. **Cortinilla.**
visión. f. Acción y efecto de *ver. || Objeto de la vista, especialmente cuando es muy *feo, ridículo o espantoso. || Fantasía o *imaginación, que no tiene realidad y se toma como verdadera. || fig. y fam. Persona *fea y ridícula. || **beatífica.** *Teol.* Acto de ver a Dios, en el cual consiste la *bienaventuranza. || **Ver** uno **visiones.** fr. fig. y fam. Dejarse llevar mucho de su *imaginación.
visionario, ria. adj. Propenso a *imaginar y *creer cosas quiméricas. Ú. t. c. s.
visir. m. *Ministro de un soberano musulmán.
***visita.** f. Acción de visitar. || Persona que visita. || *Ecles.* Casa en que está el tribunal de los visitadores eclesiásticos. || Conjunto de ministros que asisten en forma de *tribunal para la **visita** de *cárceles. || Especie de *esclavina que usaban las señoras como abrigo. || **de altares.** *Oración vocal que se hace en cada uno de ellos. || **de cárcel,** o **de cárceles.** La de inspección que un juez o tribunal hace a las *cárceles en días determinados. || **de cumplido,** o **de cumplimiento.** La que se hace como muestra de cortesanía y respeto. || **de médico.** fig. y fam. La de corta duración. || **de sanidad.** La que se hace oficialmente en los puertos para enterarse del estado de la *salud de los tripulantes y pasajeros. || **domiciliaria.** La que se hace por el juez u otra autoridad en casas sospechosas. || La que hacen por *caridad, en casas pobres, las personas constituidas en asociación para ese fin. || **general.** La que se giraba antiguamente sobre los *edificios, manzanas y calles de las poblaciones. || **pastoral.** La que hace el obispo para inspeccionar las iglesias de su diócesis. || **Pagar** uno **la visita** a otro. fr. Corresponder al que le ha visitado, haciéndole igual obsequio.
visitación. f. ***Visita.** || Por antonom.

visita que hizo la *Virgen a su prima Santa Isabel.
visitador, ra. adj. Que visita frecuentemente. Ú. t. c. s. ‖ m. *Juez, ministro o empleado que tiene a su cargo hacer visitas o reconocimientos.
visitadora. f. Ayuda, *lavativa.
visitante. p. a. de **Visitar.** Que visita. Ú. t. c. s.
***visitar.** tr. Ir a ver a uno en su casa por cortesía, amistad o cualquiera otro motivo. ‖ Ir a un templo o santuario por *devoción. ‖ Informarse el *juez superior del estado de las causas en los distritos de su jurisdicción. ‖ Ir el *médico a casa del enfermo para asistirle. ‖ Registrar en las *aduanas los géneros para el pago de los derechos. ‖ Reconocer en las *cárceles los presos y las prisiones en orden a su seguridad. ‖ Informarse o *averiguar personalmente una cosa. ‖ Ir o *concurrir con frecuencia a un paraje. ‖ *For.* Ir un juez o tribunal a la *cárcel para enterarse del estado de los presos. ‖ **Teol.* Enviar Dios a los hombres algún especial consuelo o trabajo para su mayor merecimiento. ‖ r. *For.* Acudir a la visita el preso para hacer alguna petición.
visiteo. m. Acción de hacer o recibir muchas *visitas.
visitero, ra. adj. fam. **Visitador.** Ú. t. c. s.
visitón. m. aum. de **Visita.** ‖ fam. *Visita muy larga y enfadosa.
visivo, va. adj. Que sirve para *ver.
vislumbrar. tr. *Ver un objeto tenue o confusamente por la distancia o falta de luz. ‖ fig. Conocer por *conjeturas una cosa inmaterial.
vislumbre. f. *Reflejo de la *luz, o tenue resplandor. ‖ fig. *Conjetura, sospecha o indicio. Ú. m. en pl. ‖ fig. Corta o *dudosa noticia. ‖ fig. *Apariencia o leve *semejanza de una cosa con otra.
viso. m. Lugar *alto desde donde se *ve y descubre mucho terreno. ‖ *Lustre, *reflejo o *color que se advierte en la superficie de algunas cosas cuando las hiere la luz con determinada inclinación. ‖ *Forro de color o prenda de *vestido que se coloca debajo de una tela clara para que por ella se transparente. ‖ fig. Apariencia de las cosas. ‖ **de altar.** **Liturg.* Cuadro pequeño de tela con su bastidor, con el cual cubren las puertas del sagrario donde está la *Eucaristía. ‖ **A dos visos.** m. adv. fig. Con dos intentos distintos. ‖ **Al viso.** m. adv. Modo de mirar al *sesgo ciertos objetos. ‖ **De viso.** loc. Dícese de las personas *importantes. ‖ **Hacer visos.** fr. Dícese de ciertas *telas que forman cambiantes o tornasoles.
visogodo, da. adj. p. us. **Visigodo.** Apl. a pers., ú. t. c. s.
visón. m. *Mamífero carnicero americano, semejante a la marta, y cuya *piel es estimada en peletería.
viscontino, na. adj. Natural de Vinuesa. Ú. t. c. s. ‖ Perteneciente o relativo a esta villa de la provincia de Soria.
visor. m. En los aparatos de *fotografía, prisma o sistema óptico para centrar el objeto cuya imagen se desea obtener.
visorio, ria. adj. Perteneciente a la *vista o que sirve para ver. ‖ m. Visita o *examen pericial.
víspera. f. *Día inmediatamente *anterior a otro determinado, especialmente si es fiesta. ‖ fig. Cualquier cosa que *precede a otra, y en cierto modo la ocasiona. ‖ fig. *Proximidad a una cosa que ha de suceder. ‖ pl. Una de las divisiones del día entre los antiguos romanos, que correspondía al crepúsculo de la *tarde. ‖ **Liturg.* Una de las horas del oficio divino que se dicen después de nona. ‖ **En vísperas.** m. adv. fig. Cerca o con *proximidad en el tiempo.
***vista.** f. Sentido corporal con que se ven los colores y formas de las cosas. ‖ **Visión.** ‖ *Aspecto de las cosas en orden al sentido del ver. ‖ Campo, *espectáculo que se descubre desde un punto. Ú. t. en pl. ‖ ***Ojo.** ‖ Conjunto de ambos *ojos. ‖ Encuentro o *concurrencia en que uno se ve con otro. ‖ *Espectro o aparición. ‖ *Pintura, *estampa que representa un lugar o monumento, etc. ‖ *Conocimiento claro de las cosas. ‖ *Relación de unas cosas con otras. ‖ *Intención o propósito. ‖ Parte visible de una prenda interior; como los puños, cuello y pechera de una *camisa. Ú. t. en pl. ‖ **Vistazo.** ‖ **For.* Actuación en que se ventila ante el tribunal un juicio o incidente, oyendo a los defensores o interesados que a ella concurran. ‖ pl. *Concurrencia o *conversación de dos o más sujetos que se ven para fin determinado. ‖ *Regalos que recíprocamente se hacen los *novios. ‖ *Ventana, *puerta u otra abertura por donde entra la luz en los edificios. ‖ *Galería, *ventanas u otros huecos de pared, por donde desde un edificio se ve lo exterior. ‖ m. Empleado de *aduanas a cuyo cargo está el registro de los géneros. ‖ **Vista actuario.** El que interviene en un despacho de *aduanas. ‖ **cansada.** La del présbite. ‖ **corta.** La del miope. ‖ **de águila.** fig. La que alcanza y abarca mucho. ‖ **de lince.** fig. La muy aguda y penetrante. ‖ **de ojos.** Diligencia *judicial de ver personalmente una cosa para informarse con seguridad de ella. ‖ **Doble vista.** Facultad extraordinaria o *sobrenatural de ver por medio de la imaginación cosas que no están al alcance de la **vista.** ‖ **A la vista.** m. adv. Luego, al punto. Dicho de *letras de cambio* vale tanto como pagaderas a su presentación. ‖ **A primera vista.** m. adv. Considerando una cosa por la primera vez y sin detenimiento. ‖ **A vista de.** m. adv. En *presencia de o delante de. ‖ En consideración o *comparación. ‖ **A vista de ojos.** m. adv. Denota que uno ve por sí mismo una cosa. ‖ **A vistas.** m. adv. A ser visto. ‖ **Comerse** uno **con la vista** a una persona o cosa. fr. fig. y fam. *Mirarla airadamente o con grande ansia. ‖ **Como la vista.** fr. fig. Muy rápido. ‖ **Conocer de vista** a uno. fr. Conocerle sin haber tenido trato con él. ‖ **Corto de vista. Miope.** Ú. t. c. s. ‖ fig. Poco perspicaz, *necio. ‖ **Dar una vista.** fr. Mirar, visitar de paso y sin detenerse mucho. ‖ **Dar vista** a una cosa. fr. Avistarla. ‖ **De la vista baja.** fr. fam. con que se designa al *cerdo. ‖ **Derramar la vista.** fr. fig. Mirar los *caballos a los lados sin volver la cabeza. ‖ **Echar** uno **la vista** a una cosa. fr. fig. *Elegir mentalmente una cosa entre otras. ‖ **Echar** uno **la vista,** o **la vista encima,** a otro. fr. fig. *Hallarle o verle cuando le anda buscando. ‖ **Echar una vista.** fr. fig. *Cuidar de una cosa mirándola de cuando en cuando. ‖ **En vista de.** m. adv. En consideración de alguna cosa. ‖ **Estar a la vista.** fr. Ser *evidente una cosa. ‖ **Fijar** uno **la vista.** fr. Ponerla en un objeto con atención y cuidado. ‖ **Hacer** uno **la vista gorda.** fr. fam. Fingir con *disimulo que no ha visto una cosa, o tolerarla sin consentir en ella expresamente. ‖ **Hasta la vista.** expr. **A más ver.** ‖ **Írsele** a uno **la vista.** fr. fig. *Desmayarse, turbársele el sentido. ‖ **No perder** uno **de vista** a una persona o cosa. fr. Estarla *observando sin apartarse de ella. ‖ fig. *Cuidar con suma vigilancia de una cosa. ‖ **Pasar** uno **la vista por** un escrito. fr. **Pasar los ojos por** él. ‖ **Perderse de vista** una persona o cosa. fr. fig. y fam. Tener gran *superioridad en su línea. ‖ **Por vista de ojos.** m. adv. **A vista de ojos.** ‖ **Saltar a la vista** una cosa. fr. fig. **Saltar a los ojos.** ‖ **Tener** uno **a la vista** una cosa. fr. fig. Tenerla presente en la *memoria. ‖ **Torcer,** o **trabar,** uno **la vista.** fr. fig. Torcer los ojos al mirar.
vistazo. m. *Mirada superficial o ligera.
vistillas. f. pl. Lugar *alto desde el cual se *ve mucho terreno.
visto, ta. p. p. irreg. de **Ver.** ‖ **Visto.** **Admón. Púb.* Fórmula con que se significa que no procede dictar resolución respecto de un asunto. ‖ **For.* Fórmula con que se da por terminada la vista pública, o se anuncia el pronunciamiento del fallo. ‖ m. Cada uno de los datos que preceden a los considerandos de un dictamen, *sentencia, etc. ‖ **Bien,** o **mal, visto.** loc. que significa que una acción o una cosa merece la *aprobación o *censura de las gentes. ‖ **Es,** o **está, visto.** expr. con que se da una cosa por *cierta y segura. ‖ **No visto,** o **nunca visto.** loc. Raro o *extraordinario en su línea. ‖ **Visto bueno.** Fórmula que se pone al pie de algunas *certificaciones y otros instrumentos para legalizarlos. ‖ **Visto que.** m. conj. Pues que, una vez que.
vistosamente. adv. m. De manera vistosa.
vistosidad. f. Calidad de vistoso.
vistoso, sa. adj. Que *agrada o *atrae mucho la atención por su viveza de *colores o apariencia *fastuosa. ‖ desus. *Ciego fingido, generalmente para *mendigar. ‖ m. *Germ.* ***Ojo.** Ú. m. en pl. ‖ *Germ.* ***Sayo.**
visu (de). expr. lat. **A vista de ojos.**
visual. adj. Perteneciente al sentido de la *vista. ‖ f. **Ópt.* Línea recta que se considera tirada desde el ojo del espectador hasta el objeto.
visualidad. f. Efecto *agradable que produce el conjunto de objetos vistosos.
visura. f. *Examen que se hace de una cosa por vista de ojos.
vital. adj. Perteneciente o relativo a la *vida. ‖ fig. De suma *importancia.
vitalicio, cia. adj. Que *dura desde que se obtiene hasta el fin de la vida. Dícese de cargos, *rentas, etc. ‖ Aplícase a la persona que disfruta de ciertos cargos **vitalicios.** ‖ m. Póliza de *seguro sobre la vida. ‖ *Pensión duradera hasta el fin de la vida del perceptor.
vitalicista. com. Persona que disfruta de una *renta vitalicia o de un *seguro vitalicio.
vitalidad. f. Calidad de tener *vida. ‖ Actividad o *fuerza de las facultades vitales.
vitalismo. m. **Fisiol.* Doctrina que

explica los fenómenos orgánicos por la acción de las fuerzas vitales y no exclusivamente por la acción de las fuerzas generales de la materia.

vitalista. adj. Que sigue la doctrina del vitalismo. Apl. a pers., ú. t. c. s. ‖ Perteneciente o relativo al vitalismo o a los **vitalistas.**

vitalizar. tr. Dar o infundir *vida.

vitamina. f. Nombre de diversas substancias que en cantidades pequeñísimas forman parte de algunos *alimentos, y son indispensables para la salud.

vitando, da. adj. Que se debe *evitar. ‖ Odioso, *aborrecible.

vitar. tr. ***Evitar.**

vitela. f. *Piel de vaca o ternera, preparada para pintar o *escribir en ella.

vitelina. adj. **Embriol.* Dícese de la membrana que envuelve el óvulo humano y el de algunos animales. Ú. t. c. s.

vitelo. m. **Embriol.* Parte fundamental del óvulo animal, que contiene la vesícula germinativa.

vitícola. adj. Perteneciente o relativo a la viticultura. ‖ com. **Viticultor.**

viticultor, ra. m. y f. Persona perita en la viticultura.

***viticultura.** f. Cultivo de la *vid. ‖ Arte de cultivar las vides.

vitiligo. m. *Pat.* Enfermedad de la *piel, que produce en ella manchas blancas que se van ensanchando poco o poco.

vito. m. *Baile andaluz muy animado y vivo, en compás de tres por ocho. ‖ *Música de este baile. ‖ Letra que se canta con esta música.

vitola. f. Plantilla para calibrar *proyectiles. ‖ *Marca con que por su tamaño se diferencian los *cigarros puros. ‖ fig. Traza o *aspecto de una persona. ‖ **Arq. Nav.* Escantillón para los herrajes que entran en la construcción de un barco.

¡vítor! interj. de alegría y de *aplauso. ‖ m. *Ceremonia pública en que se aclama a uno. ‖ *Cartel o tabla en que se expone al público el elogio de una acción meritoria.

vitorear. tr. Aplaudir o aclamar con vítores.

vitoriano, na. adj. Natural de Vitoria. Ú. t. c. s. ‖ Perteneciente a esta ciudad.

vitre. m. *Mar.* Lona muy delgada para *velas.

vítreo, a. adj. Hecho de *vidrio o que tiene sus propiedades. ‖ Parecido al vidrio.

vitrificable. adj. Fácil o capaz de *vitrificarse.

vitrificación. f. Acción y efecto de *vitrificar o vitrificarse.

***vitrificar.** tr. Convertir en vidrio una substancia. Ú. t. c. r. ‖ Hacer que una cosa adquiera la apariencia o calidad del vidrio. Ú. t. c. r.

vitrina. f. Escaparate, *armario o caja con puertas o tapas de cristales, para tener expuestos a la vista, objetos de arte, artículos de comercio, etc.

vitriólico, ca. adj. **Quím.* Perteneciente al vitriolo o que tiene sus propiedades.

vitriolo. m. **Quím.* **Sulfato.** ‖ **amoniacal.** *Quím.* Sulfato de amoniaco. ‖ **azul.** *Quím.* Sulfato de cobre. ‖ **blanco.** *Quím.* Sulfato de cinc. ‖ **de plomo. Anglesita.** ‖ **verde.** *Quím.* **Caparrosa verde.**

vitualla. f. *Provisión de cosas necesarias para la *comida, especialmente en los *ejércitos. Ú. m. en pl. ‖ fam. Abundancia de comida.

vituallar. tr. **Avituallar.**

vítula marino. m. **Becerro marino.**

vituperable. adj. Que merece vituperio.

vituperación. f. Acción y efecto de vituperar.

vituperador, ra. adj. Que vitupera. Ú. t. c. s.

vituperante. p. a. de **Vituperar.** Que vitupera.

vituperar. tr. Decir mal de una persona o cosa, *desacreditarla, infamarla.

vituperio. m. Baldón u *ofensa que se dice a uno. ‖ Acción o circunstancia que *infama o *deshonra.

vituperiosamente. adv. m. De manera vituperiosa.

vituperioso, sa. adj. Que incluye vituperio.

vituperosamente. adv. m. **Vituperiosamente.**

vituperoso, sa. adj. **Vituperioso.**

viuda. f. *Planta herbácea, bienal, de las dipsáceas, con flores en ramos axilares, de color morado que tira a negro. ‖ Flor de esta planta. ‖ *Germ.* **Horca.**

viudal. adj. Perteneciente al *viudo o a la viuda.

viudedad. f. *Pensión que se asigna a las viudas. ‖ *Usufructo del caudal conyugal, que durante su viudez goza el consorte sobreviviente.

***viudez.** f. Estado de viudo o viuda.

viudita. f. Ave insectívora de la familia de los *loros, que tiene en la cabeza una especie de toca blanca.

***viudo, da.** adj. Dícese de la persona a quien se le ha muerto su cónyuge y no ha vuelto a casarse. Ú. t. c. s. ‖ fig. Aplícase a algunas *aves que, estando apareadas para criar, se quedan sin la compañera.

vivac. m. **Vivaque.**

vivacidad. f. Calidad de vivaz. ‖ **Viveza** (*lustre).

vivamente. adv. m. Con viveza o *eficacia. ‖ Con propiedad o semejanza.

vivandero, ra. m. y f. Persona que vende *alimentos y *bebidas a los militares en campaña.

vivaque. m. *Mil.* *Guardia principal en las plazas de armas. ‖ *Mil.* *Campamento militar. ‖ **Estar al vivaque.** fr. *Mil.* **Vivaquear.**

vivaquear. intr. *Mil.* Pasar las tropas la noche al raso.

vivar. m. Paraje donde crían los *conejos. ‖ Vivero de *peces.

vivaracho, cha. adj. fam. Muy vivo de genio; *travieso y *alegre.

vivariense. adj. Natural de Vivero. Ú. t. c. s. ‖ Perteneciente a esta ciudad gallega.

vivaz. adj. Que tiene *vida *duradera. ‖ *Eficaz, enérgico. ‖ Agudo, *listo, de pronta comprensión. ‖ **Bot.* Dícese de la planta que vive más de dos años.

vivencia. f. **Psicol.* Hecho de *experiencia que, con participación consciente o inconsciente del sujeto, se incorpora a su personalidad.

vivera. f. **Vivar.**

viveral. m. **Vivero** (de árboles).

***víveres.** m. pl. *Provisión de *alimentos para un *ejército, plaza o buque. ‖ Comestibles necesarios para el alimento de las personas.

vivero. m. Terreno adonde se *trasplantan desde la almáciga los arbolillos. ‖ Lugar donde se mantienen o se crían dentro del agua *peces, moluscos u otros animales. ‖ fig. **Semillero.** ‖ *Pantano pequeño.

vivero. m. *Tela de hilo que se fabrica en Vivero.

viveza. f. *Prontitud o celeridad en las acciones. ‖ *Vehemencia o energía en la *expresión de los afectos. ‖ Agudeza de *ingenio. ‖ Dicho pronto e *ingenioso. ‖ Propiedad y semejanza en la representación de algo. ‖ Esplendor y *lustre de algunas cosas, especialmente de los *colores. ‖ Gracia particular de los *ojos en el modo de mirar o de moverse. ‖ Acción o *palabra *irreflexiva.

vividero, ra. adj. Aplícase al sitio o vivienda que puede *habitarse.

vívido, da. adj. poét. **Vivaz.**

vividor, ra. adj. Que vive. Ú. t. c. s. ‖ **Vivaz.** ‖ Aplícase a la persona *trabajadora y económica y que busca modo de *ganarse la vida. Ú. t. c. s. ‖ m. El que vive de *mogollón o se busca la vida sin escrúpulos.

vivienda. f. Morada, *habitación. ‖ Género de *vida.

viviente. p. a. de **Vivir.** Que vive. Ú. t. c. s.

vivificación. f. Acción y efecto de vivificar.

vivificador, ra. adj. Que vivifica.

vivificante. p. a. de **Vivificar.** Que vivifica.

vivificar. tr. Dar *vida. ‖ *Fortalecer o refrigerar.

vivificativo, va. adj. Capaz de vivificar.

vivífico, ca. adj. Que incluye *vida o nace de ella.

vivijagua. f. *Hormiga grande muy voraz.

vivíparo, ra. adj. **Zool.* Aplícase a los animales que *paren vivos los hijos. Ú. t. c. s.

vivir. m. Conjunto de los *bienes o medios de vida y subsistencia. ‖ **Recogerse,** o **retirarse,** uno **a buen vivir.** fr. Poner *enmienda a su conducta.

***vivir.** intr. Tener vida. ‖ Durar con vida. ‖ *Durar las cosas. ‖ Pasar y mantener la vida. ‖ *Habitar o morar en un lugar o país. Ú. t. c. tr. ‖ fig. Tener determinada *conducta en lo moral. ‖ fig. Mantenerse o durar en la *fama o en la memoria. ‖ fig. *Acomodarse uno a las circunstancias. ‖ fig. Estar presente una cosa en la *memoria. ‖ ***Estar.** ‖ **¿Quién vive?** expr. con que el soldado que está de *centinela pregunta quién es el que llega o pasa. Ú. t. c. s. ‖ **¡Viva!** interj. de *alegría y *aplauso. Ú. t. c. s. m.

vivisección. f. **Med.* Disección de los animales vivos, para estudios científicos.

vivismo. m. Sistema *filosófico de Luis Vives, que pretendía armonizar los dogmas cristianos con las doctrinas aristotélicas y platónicas.

***vivo, va.** adj. Que tiene vida. Apl. a pers., ú. t. c. s. ‖ *Intenso, fuerte. ‖ Dícese del *militar que está en actual ejercicio de un empleo. ‖ Sutil, *ingenioso. ‖ *Precipitado, *descomedido o *irreflexivo en el obrar. ‖ fig. Que dura y subsiste en toda su fuerza y *validez. ‖ fig. Perseverante, durable en la *memoria. ‖ fig. Diligente, *veloz y ágil. ‖ fig. Muy *expresivo o persuasivo. ‖ *Arq.* Dícese de la arista o el *ángulo agudo y bien determinado. ‖ m. *Borde, canto u orilla de alguna cosa. ‖ Filete, *galón o trencilla que se pone por adorno en los bordes o en las costuras de las prendas de *vestir. ‖ **Veter.* Especie de usagre, que padecen los perros. ‖ ***Veter.* **Ardínculo.** ‖ **Vivo te lo doy.** *Juego de prendas en que se va pasando de mano en mano una cerilla encendida. Paga prenda la persona en cuya mano se apaga la cerilla. ‖

A lo vivo, o **al vivo.** m. adv. Con suma *expresión y eficacia. ‖ **Como de lo vivo a lo pintado.** loc. con que se manifiesta la gran *diferencia que hay de una cosa a otra.
vizcacha. f. *Mamífero roedor americano, parecido a la liebre, y con cola larga.
vizcachera. f. *Madriguera de la vizcacha.
vizcainada. f. Acción o dicho propios de vizcaíno. ‖ fig. Palabras o expresiones concertadas contra las reglas de la *gramática.
vizcaíno, na. adj. Natural de Vizcaya. Ú. t. c. s. ‖ Perteneciente a esta provincia. ‖ m. Uno de los ocho principales *dialectos del vascuence.
vizcaitarra. adj. Partidario de la independencia *política de Vizcaya como nación. Ú. t. c. s.
vizcondado. m. *Título o dignidad de vizconde. ‖ *Territorio sobre que radicaba este título.
vizconde. m. En lo antiguo, substituto del conde, y especialmente el que era *gobernador de una provincia. ‖ *Título de honor y de dignidad con que los soberanos distinguen a una persona.
vizcondesa. f. Mujer del vizconde. ‖ La que por sí goza este *título.
***vocablo.** m. ***Palabra.** ‖ **Jugar** uno **del vocablo.** fr. fig. Hacer juego de palabras.
***vocabulario.** m. **Diccionario.** ‖ Conjunto de vocablos de que se usa especialmente en materia determinada. ‖ Conjunto de las palabras de un idioma o dialecto. ‖ Catálogo especial de las palabras usadas por un autor o en determinada región, puestas por orden alfabético. ‖ fig. y fam. Persona que *interpreta lo que otra piensa o dice.
vocabulista. m. Autor de un *vocabulario. ‖ Persona dedicada al estudio de los vocablos.
vocación. f. **Teol.* *Inspiración con que Dios *llama a algún estado, especialmente al de religión. ‖ **Advocación.** ‖ fam. Inclinación o *afición a cualquier estado, profesión o carrera.
vocal. adj. Perteneciente a la *voz. ‖ Dícese de lo que se expresa materialmente con la voz. ‖ V. ***Letra vocal.** Ú. t. c. s. ‖ com. Persona que tiene voz en un consejo, *reunión o junta, por derecho, por *elección o por nombramiento. ‖ **abierta.** *Fon.* La *pronunciada con la lengua más separada del paladar que para la **vocal** cerrada. ‖ **breve.** *Fon.* La de sílaba breve. ‖ **cerrada.** *Fon.* La pronunciada con la lengua más próxima al paladar que para la **vocal** abierta. ‖ **larga.** *Fon.* La de sílaba larga. ‖ **nasal.** *Fon.* La *pronunciada dejando escapar por la nariz parte del aire espirado.
vocálico, ca. adj. Perteneciente o relativo a la vocal.
vocalismo. m. Sistema vocálico, conjunto de vocales de una lengua.
vocalización. f. **Mús.* Acción y efecto de vocalizar. ‖ *Mús.* En el arte del *canto, todo ejercicio preparatorio que se ejecuta con una misma vocal. ‖ *Mús.* Pieza de *música compuesta expresamente para enseñar a vocalizar.
vocalizador, ra. adj. Que vocaliza.
vocalizar. intr. **Mús.* Solfear sin nombrar las notas, empleando solamente una de las vocales. ‖ *Mús.* Ejecutar los ejercicios de vocalización para aprender a *cantar.
vocalmente. adv. m. Con la voz.
vocativo. m. **Gram.* Caso de la declinación, que sirve únicamente para invocar, llamar o nombrar.
voceador, ra. adj. Que vocea o da muchas *voces. Ú. t. c. s. ‖ m. **Pregonero.**
***vocear.** intr. Dar *voces o gritos. ‖ tr. *Publicar a voces una cosa. ‖ *Llamar a uno en voz alta. ‖ *Aplaudir o aclamar con voces. ‖ fig. *Manifestar o *indicar algo con claridad las cosas inanimadas. ‖ fig. y fam. *Jactarse o alabarse uno públicamente, en especial de un beneficio hecho a otro.
vocejón. m. *Voz muy áspera y bronca.
vocería. f. ***Gritería.**
vocería. f. Cargo de vocero.
vocerío. m. ***Gritería.**
vocero. m. El que habla a nombre o por *delegación de otro, llevando su voz. ‖ desus. **Abogado.**
vociferación. f. Acción y efecto de vociferar.
vociferador, ra. adj. Que vocifera. Ú. t. c. s.
vociferante. p. a. de **Vociferar.** Que vocifera.
vociferar. tr. *Publicar *jactanciosamente una cosa. ‖ intr. Vocear o dar grandes *voces.
vocinglería. f. Calidad de vocinglero. ‖ *Alboroto de muchas voces.
vocinglero, ra. adj. Que da muchas *voces o habla muy recio. Ú. t. c. s. ‖ Que habla mucho y vanamente. Ú. t. c. s.
vodca. m. Especie de *aguardiente de centeno, muy usado en Rusia.
voila. m. Voz que usan en el juego de la *taba para detenerla o anular la tirada.
volada. f. *Vuelo a corta distancia. ‖ Cada una de las veces que se ejecuta. ‖ fam. *Engaño, *fraude. ‖ Ráfaga de *viento. ‖ **A las voladas.** m. adv. **Al vuelo.**
voladera. f. **Paleta** (de la rueda *hidráulica). ‖ **Molinete** (*juguete).
voladero, ra. adj. Que puede *volar. ‖ fig. *Fugaz, que pasa ligeramente. ‖ m. ***Precipicio.**
voladizo, za. adj. Que vuela o forma *resalto en las paredes o edificios. Ú. t. c. s. m.
volado, da. adj. **Impr.* Dícese del tipo de menor tamaño que se coloca en la parte superior del renglón. ‖ m. **Bolado.** ‖ **Estar** uno **volado.** fr. fig. y fam. **Estar en ascuas.**
volador, ra. adj. Que *vuela. ‖ Dícese de lo que está *colgante, de manera que el aire lo pueda mover. ‖ Que *corre con ligereza. ‖ m. **Cohete.** ‖ *Pez marino acantopterigio, provisto de grandes aletas pectorales que, extendidas, sirven al animal para elevarse sobre el agua y volar a alguna distancia. ‖ *Árbol tropical americano, de las lauráceas.
voladura. f. Acción y efecto de volar o hacer *estallar con un *explosivo.
volandas (en). m. adv. Por el aire o levantado del suelo y como que va volando. ‖ fig. y fam. Con *prontitud, en un *instante.
volandera. f. **Arandela.** ‖ Rodaja de hierro que se coloca en los extremos del eje del *carro para sujetar las ruedas. ‖ **Piedra voladora.** ‖ **Muela** (de *molino). ‖ fig. y fam. ***Mentira.** ‖ **Impr.* Tableta delgada que entra en el rebajo y por entre los listones de la galera.
volandero, ra. adj. **Volantón.** ‖ *Colgado en el aire y que se mueve fácilmente a su impulso. ‖ fig. *Accidental, *casual. ‖ fig. Que anda *errante; que no se detiene en ningún lugar. Dícese también de las cosas inmateriales.
volandillas (en). m. adv. **En volandas.**
volanta. f. **Volante** (coche).
volante. p. a. de **Volar.** Que *vuela. ‖ adj. *Errante, suelto, que se *mueve de una parte a otra sin asiento fijo. ‖ m. Género de adorno pendiente, que usaban las mujeres para el *tocado. ‖ Guarnición rizada, plegada o fruncida con que se adornan prendas de *vestir o de *tapicería. ‖ *Pantalla movible y ligera. ‖ **Mec.* *Rueda grande y pesada de una máquina motora, que sirve para regularizar su movimiento. ‖ ‖ **Autom.* Pieza en figura de aro con varios radios, que forma parte de la dirección de los vehículos automóviles. ‖ Anillo provisto de dos topes, que detiene y deja libres alternativamente los dientes de la rueda de escape de un *reloj. ‖ Máquina donde se colocan los troqueles para acuñar *monedas, medallas, etcétera. ‖ Hoja de *papel, estrecha y larga, que sirve para *apuntaciones sucintas. ‖ *Criado de librea que iba a pie delante del *coche o caballo de su amo. ‖ *Pelota pequeña de madera, coronada de plumas, que se usa para jugar, lanzándola por el aire con raquetas. ‖ Este *juego. ‖ f. *Coche que se usa en las Antillas, con varas muy largas y ruedas grandes.
volantín, na. adj. **Volante.** ‖ m. Especie de cordel con uno o más anzuelos para *pescar. ‖ **Balancín** (de un *carruaje). ‖ ***Cometa** (*juguete).
volantón, na. adj. Dícese del pájaro que está para salir a *volar. Ú. t. c. s.
volapié. m. **Taurom.* Suerte que consiste en herir de corrida el espada al toro cuando éste se halla parado. ‖ **A volapié.** m. adv. Modo de correr algunas aves ayudándose con las alas.
volapuk. m. *Lengua artificial, anterior al esperanto.
***volar.** intr. Ir o moverse por el aire, las aves, insectos, etc., sosteniéndose con las alas. ‖ fig. Elevarse en el aire y moverse de un punto a otro en una *aeronave. ‖ fig. *Levantarse una cosa en el aire y moverse algún tiempo por él. Ú. t. c. r. ‖ fig. Caminar o *correr con gran prisa y aceleración. ‖ fig. *Desaparecer rápida e inesperadamente una cosa. ‖ fig. Sobresalir o formar *saliente en el paramento de un edificio. ‖ fig. Ir por el aire una cosa *arrojada con violencia. ‖ fig. Hacer las cosas con gran *prontitud. ‖ fig. *Difundirse con celeridad una especie entre muchos. ‖ tr. fig. Hacer *estallar o saltar con violencia en el aire alguna cosa, especialmente por medio de una substancia *explosiva. ‖ fig. *Irritar, enfadar a uno. ‖ **Mont.* Hacer que el ave se levante y **vuele** para tirar a ella. ‖ **Cetr.* Soltar el halcón para que persiga al ave de presa. ‖ **Impr.* Levantar una letra o signo de modo que resulte volado.
volata. m. *Germ.* *Ladrón que hurta por ventana o tejado.
volateo (al). m. adv. Persiguiendo y tirando el *cazador a las aves cuando van volando.
volatería. f. **Cetr.* *Caza de aves que se hace con otras enseñadas a este efecto. ‖ Conjunto de diversas *aves. ‖ fig. Modo de *adquirir o *hallar una cosa por casualidad. ‖ fig. Multitud de especies que andan vagantes en la *imaginación.

volatero. m. *Cazador de volatería. ‖ *Germ.* *Ladrón que, corriendo, acomete a hurtar una cosa.
***volátil.** adj. Que vuela o puede *volar. Ú. t. c. s. ‖ Aplícase a las cosas que se *mueven ligeramente por el aire. ‖ fig. Mudable, *inconstante. ‖ *Quím.* Aplícase a la substancia que se *evapora fácilmente a la temperatura ordinaria.
volatilidad. f. *Quím.* Calidad de volátil.
volatilización. f. Acción y efecto de volatilizar o volatilizarse.
volatilizar. tr. Transformar un cuerpo sólido o líquido en vapor o *gas. ‖ r. Exhalarse o disiparse una substancia o cuerpo.
volatín. m. ***Volatinero.** ‖ Cada uno de los ejercicios del *volatinero.
***volatinero, ra.** m. y f. Persona que con habilidad anda y voltea por el aire sobre una cuerda o alambre, y hace otras acrobacias.
volatizar. tr. **Volatilizar.**
***volcán.** m. Abertura en la tierra, y más comúnmente en una montaña, por donde salen del interior humo, llamas y materias derretidas. ‖ fig. El mucho *fuego, o la violencia del calor. ‖ fig. Cualquiera *pasión ardiente; como el amor o la ira. ‖ **Estar** uno **sobre un volcán.** fr. fig. Estar amenazado de un gran *peligro.
volcanejo. m. d. de **Volcán.**
***volcánico, ca.** adj. Perteneciente o relativo al *volcán. ‖ fig. Muy *vehemente o fogoso.
volcar. tr. Torcer, *inclinar o *invertir una cosa o vasija, de modo que caiga o se vierta lo contenido en ella. Ú. t. c. intr., tratándose de *carruajes. ‖ *Turbar a uno la cabeza un *olor fuerte. ‖ fig. Hacer mudar de parecer o *disuadir a uno a fuerza de razones. ‖ fig. *Molestar o estrechar a uno con *burlas hasta irritarle.
volea. f. Palo que a modo de balancín cuelga de una argolla en la punta de la lanza de los *carruajes. ‖ **Voleo** (*golpe).
voleador. m. *Germ.* *Ladrón que hurta en las ferias.
volear. tr. *Golpear una cosa en el aire para impulsarla. ‖ *Sembrar a voleo.
voleo. m. *Golpe dado en el aire a una cosa antes que caiga al suelo. En especial, golpe que se da a la *pelota antes que haga bote. ‖ Movimiento rápido de la *danza española, levantando un pie de frente. ‖ **Bofetón.** ‖ **A,** o **al voleo.** m. adv. dicho de la *siembra cuando se arroja la semilla a puñados esparciéndola al aire. ‖ **Del primer,** o **de un, voleo.** m. adv. fig. y fam. Con *prontitud.
volframio. m. *Quím.* *Metal de color gris de acero, muy duro, y difícilmente fusible.
volición. f. *Fil.* Acto de la *voluntad.
volitar. intr. **Revolotear.**
volitivo, va. adj. *Fil.* Aplícase a los actos y fenómenos de la *voluntad.
volquearse. r. Revolcarse o dar vuelcos.
volquete. m. *Carro cuyo cuerpo consiste en un cajón que se puede volcar girando sobre un eje.
volquetero. m. Conductor de un volquete.
volsco, ca. adj. Dícese del individuo de un antiguo *pueblo del Lacio. Ú. t. c. s. ‖ Perteneciente a este pueblo.
volt. m. *Electr.* Nombre del voltio en la nomenclatura internacional.
voltaje. m. Conjunto de voltios que actúan en un aparato o sistema *eléctrico.
voltámetro. m. **Fís.* Aparato destinado a demostrar la descomposición del agua por la corriente *eléctrica.
voltariedad. f. Calidad de voltario.
voltario, ria. adj. **Versátil** (*inconstante).
volteador, ra. adj. Que voltea. ‖ m. y f. Persona que voltea con habilidad. ‖ ***Volatinero.**
voltear. tr. Dar *vueltas a una persona o cosa. ‖ *Invertir una cosa, ponerla al revés de como estaba colocada. ‖ *Trasladar o *mudar una cosa a otro estado o sitio. ‖ *Arq.* Dicho de un arco o *bóveda, **construir.** ‖ intr. Dar *vueltas una persona o cosa, o *cayendo por ajeno impulso, o voluntariamente y con arte, como lo hacen los *volatineros.
voltejear. tr. **Voltear.** ‖ **Mar.* Navegar de bolina, virando de cuando en cuando para ganar el barlovento.
voltejeo. m. **Mar.* Acción y efecto de voltejear.
volteleta. f. **Voltereta.**
volteo. m. Acción y efecto de voltear.
voltereta. f. *Vuelta ligera dada en el aire. ‖ Lance de varios juegos de *naipes, y principalmente del tresillo, que consiste en descubrir una carta para saber qué palo ha de ser triunfo.
volterianismo. m. Espíritu de *incredulidad o *irreligión, manifestado con burla o cinismo.
volteriano, na. adj. Dícese del que, a la manera de Voltaire, manifiesta *incredulidad o *irreligión cínica y burlona. Ú. t. c. s. ‖ Que denota o implica este género de incredulidad o irreligión.
volteta. f. **Voltereta.**
voltímetro. m. Aparato para medir potenciales *eléctricos.
voltio. m. **Eléctr.* Cantidad de fuerza electromotriz que, aplicada a un conductor cuya resistencia sea de un ohmio, produce una corriente de un amperio.
voltizo, za. adj. *Torcido, ensortijado. ‖ fig. **Versátil** (*inconstante).
volubilidad. f. Calidad de voluble.
voluble. adj. Que fácilmente se puede *volver alrededor. ‖ fig. *Inconstante, versátil. ‖ *Bot.* Dícese del *tallo que crece formando espiras alrededor de los objetos.
***volumen.** m. Corpulencia o bulto de una cosa, especialmente cuando además de longitud y anchura, tiene un grosor apreciable. ‖ Cuerpo material de un *libro encuadernado. ‖ *Geom.* Espacio ocupado por un cuerpo.
volumétrico, ca. adj. Aplícase a la medida de *volúmenes.
voluminoso, sa. adj. Que tiene mucho *volumen o bulto.
***voluntad.** f. Facultad de los seres racionales de gobernar libre y conscientemente sus actos externos y su actividad espiritual. ‖ Cada uno de los actos con que esta facultad admite o rechaza una cosa. ‖ Decreto, determinación o disposición de Dios. ‖ Libre albedrío. ‖ *Elección de una cosa sin precepto o impulso externo que a ello obligue. ‖ *Intención o resolución de hacer una cosa. ‖ *Amor, cariño, *afición. ‖ Gana o *deseo de hacer una cosa. ‖ Disposición o *mandato de una persona. ‖ Consentimiento, asentimiento, *condescendencia. ‖ **de hierro.** fig. La muy enérgica e inflexible. ‖ **virgen.** fig. y fam. La indómita e ineducada. ‖ **Mala voluntad.** *Aborrecimiento, malquerencia. ‖ **Última voluntad.** La expresada en el *testamento. ‖ **Testamento.** ‖ **De buena voluntad,** o **de voluntad.** m. adv. Con gusto y benevolencia. ‖ **Ganar** uno **la voluntad** de otro. fr. *Captarse su benevolencia. ‖ **No tener** uno **voluntad propia.** fr. fig. Ser muy *dócil e inclinado a obedecer. ‖ **Quitar la voluntad** a uno. fr. *Disuadirle de que ejecute lo que quiere o desea. ‖ **Zurcir voluntades.** fr. fig. **Alcahuetear.**
voluntariado. m. Alistamiento voluntario para el *ejército.
voluntariamente. adv. m. De manera *voluntaria.
voluntariedad. f. Calidad de *voluntario. ‖ Determinación de la propia voluntad por mero *capricho.
***voluntario, ria.** adj. Dícese del acto que nace espontáneamente de la propia voluntad. ‖ Que se hace por espontánea voluntad y no por obligación o deber. ‖ **Voluntarioso.** ‖ Dícese del *soldado que voluntariamente se alista para el servicio. Ú. t. c. s. ‖ m. y f. Persona que, entre varias obligadas a ejecutar algún trabajo o servicio, se presta a hacerlo por propia voluntad.
voluntariosamente. adv. m. De manera voluntariosa.
voluntarioso, sa. adj. Que por *capricho quiere hacer siempre su voluntad. ‖ Que hace con voluntad y con *deseo de agradar alguna cosa.
voluptuosamente. adv. m. De manera voluptuosa.
voluptuosidad. f. Complacencia en los *placeres sensuales.
voluptuoso, sa. adj. Que inclina a la voluptuosidad, la inspira o la hace sentir. ‖ Dado a los *placeres sensuales. Ú. t. c. s.
voluta. f. **Ornam.* Adorno en figura de *espira que se coloca en los *capiteles de los órdenes jónico y compuesto.
volvedera. f. Instrumento de madera para dar vueltas a la mies.
volvedor, ra. adj. Aplícase a la *caballería que se vuelve a la querencia.
***volver.** tr. Dar vuelta a una cosa. ‖ Corresponder, *pagar, satisfacer. ‖ *Dirigir, encaminar una cosa a otra. ‖ ***Traducir.** ‖ ***Devolver.** ‖ *Restablecer o poner nuevamente a una persona o cosa en el estado que antes tenía. ‖ Hacer que *cambie una cosa o persona de un estado o aspecto en otro. Ú. m. c. r. ‖ *Cambiar, mudar. ‖ *Invertir la haz de las cosas, poniéndolas a la vista por el envés, o al contrario. ‖ ***Vomitar.** ‖ *Disuadir a uno de su dictamen. Ú. m. c. r. ‖ Dar el *vendedor al *comprador la vuelta del *dinero. ‖ Tratándose de una puerta, ventana, etc., hacerla girar para *cerrarla o entornarla. ‖ Restar la *pelota. ‖ **Agr.* Dar la segunda reja a la tierra, después de sembrada. ‖ Despedir o rechazar, hacer *retroceder por repercusión o reflexión. ‖ *Rechazar un regalo o don. ‖ intr. ***Regresar.** ‖ Anudar el hilo de la historia o *discurso que se había interrumpido con alguna digresión. ‖ Torcer o *desviarse un camino, línea, etc. ‖ *Repetir o reiterar lo que antes se ha hecho. ‖ Construido con la preposición *por*, *defender a la persona o cosa de que se trata. ‖ Recobrar el sentido el que lo perdió por *síncope o accidente. ‖ r. Acedarse, avinagrarse o dañarse ciertos líquidos, especialmente el *vino. ‖ Inclinar el cuerpo o el rostro en señal de dirigir la conversa-

ción a determinados sujetos. ‖ **Volver** uno **por** sí. fr. fig. Restaurar con las buenas acciones la *fama o crédito que había perdido. ‖ **Volverse** uno **atrás.** fr. No cumplir la promesa o la palabra; *retractarse. ‖ **Volverse** uno **contra** otro. fr. Perseguirle, hacerle *daño. ‖ **Volverse** uno **loco.** fr. fig. y fam. Manifestar excesiva *alegría. ‖ **Volver** uno **sobre** sí. fr. Hacer *reflexión sobre las operaciones propias. ‖ *Recuperarse de una pérdida. ‖ Recobrar la serenidad y el ánimo.

volvible. adj. Que se puede volver.

volvo. m. **Vólvulo.**

vólvulo. m. *Anat.* **Íleo.**

vómer. m. *Anat.* *Huesecillo impar que forma la parte posterior de la pared de las fosas nasales.

vómica. f. *Pat.* Absceso o *tumor formado en lo interior del pecho y en que el pus llega a los *bronquios y se evacua como por vómito.

vómico, ca. adj. Que motiva o causa *vómito.

vomipurgante. adj. *Farm.* Dícese del medicamento que promueve el *vómito y las evacuaciones del vientre. Ú. t. c. s. m.

vomipurgativo, va. adj. *Farm.* **Vomipurgante.** Ú. t. c. s. m.

vomitado, da. adj. fig. y fam. Dícese de la persona *flaca, *pálida y de mala figura.

vomitador, ra. adj. Que vomita. Ú. t. c. s.

***vomitar.** tr. Arrojar violentamente por la boca lo contenido en el estómago. ‖ fig. *Arrojar de sí violentamente una cosa algo que tiene dentro. ‖ fig. Tratándose de *injurias, maldiciones, etc., proferirlas. ‖ fig. y fam. *Revelar uno lo que se resistía a descubrir. ‖ fig. y fam. *Devolver uno lo que retiene indebidamente en su poder.

vomitivo, va. adj. *Farm.* Aplícase a la medicina que mueve o excita el vómito. Ú. t. c. s. m.

***vómito.** m. Acción de vomitar. ‖ Lo que se vomita. ‖ **negro,** o **prieto. Fiebre amarilla.**

vomitón, na. adj. fam. Aplícase al niño de teta que *vomita mucho.

vomitona. f. fam. *Vómito muy abundante.

vomitorio, ria. adj. **Vomitivo.** Ú. t. c. s. ‖ m. *Puerta de los *circos o *teatros antiguos, por donde entraban las gentes.

vopisco, ca. adj. Dícese de aquel de dos *hermanos gemelos que queda vivo, cuando el otro muere en el parto.

voquible. m. fam. **Vocablo.**

vorace. adj. **Voraz.**

voracidad. f. Calidad de voraz.

vorágine. f. *Remolino impetuoso que hacen en algunos parajes las aguas del mar, de los ríos, etc.

voraginoso, sa. adj. Aplícase al sitio en que hay vorágines.

vorahúnda. f. **Baraúnda.**

voraz. adj. Aplícase a la persona o animal que *come mucho y con ansia. ‖ fig. Que *destruye o *consume rápidamente.

vorazmente. adv. m. Con voracidad.

vormela. f. *Mamífero carnicero parecido al hurón, propio del norte de Europa.

vórtice. m. Torbellino, *remolino. ‖ *Centro de un ciclón.

vortiginoso, sa. adj. Dícese del movimiento o *remolino que hacen el agua o el *viento en forma circular o *espiral.

vos. Cualquiera de los casos del pronombre *personal de segunda persona en género masculino o femenino y número singular y plural, cuando esta voz se emplea como *tratamiento.

vosear. tr. Dar a uno el *tratamiento de vos.

voseo. m. Empleo del *tratamiento de *vos* donde correspondía *tú.*

vosotros, tras. Nominativos masculino y femenino del pronombre personal de segunda *persona en número plural.

votación. f. Acción y efecto de *votar. ‖ Conjunto de votos emitidos.

votada. f. **Votación.**

votador, ra. adj. Que vota. Ú. t. c. s. ‖ m. y f. Persona que tiene el vicio de echar votos o *juramentos.

votante. p. a. de **Votar.** Que vota. Ú. t. c. s.

***votar.** intr. Hacer voto o *promesa a Dios o a los santos. Ú. t. c. tr. ‖ Echar votos o *juramentos. ‖→ Dar uno su voto o decir su dictamen en una reunión o cuerpo deliberante. Ú. t. c. tr. ‖ **¡Voto a tal!** expr. fam. **¡Voto va!**

votivo, va. adj. Ofrecido por voto o relativo a él.

***voto.** m. *Promesa hecha a Dios, a la Virgen o a un santo. ‖ Cualquiera de los prometimientos que constituyen el estado *sacerdotal o el de religión. ‖ → Parecer o dictamen en orden a la decisión de un punto o elección de un sujeto; y especialmente el que se da a una junta o asamblea, ya sea razonándolo o por medio de una señal convenida. ‖ *Dictamen sobre una materia. ‖ Persona que da o puede dar su ***voto.** ‖ Ruego u *oración con que se pide a Dios una gracia. ‖ *Juramento o *maldición en demostración de ira. ‖ ***Deseo.** ‖ ***Exvoto.** ‖ **activo. Voz activa.** ‖ **consultivo.** Dictamen que dan algunas corporaciones o personas autorizadas a los que han de decidir un negocio. ‖ **cuadragesimal.** El que hacen en algunas órdenes los religiosos, de observar todo el año la misma *abstinencia que en cuaresma. ‖ **de amén.** fig. y fam. El de la persona que se conforma siempre y *servilmente con el dictamen ajeno. ‖ fig. y fam. Esta misma persona. ‖ **de calidad.** El que por ser de persona de mayor autoridad, *decide la cuestión en caso de empate. ‖ **de confianza.** Aprobación que el *parlamento da a la actuación de un gobierno en determinado asunto. ‖ *Aprobación y autorización que se da a alguno para que efectúe libremente una gestión. ‖ **decisivo.** El que los ministros de algunos tribunales tenían para resolver por sí. ‖ **de gracias.** Acuerdo que se toma en una *asamblea o corporación en señal de *gratitud a una persona o entidad. ‖ **de reata.** fig. y fam. El que se da *servilmente, sólo por seguir el dictamen de otro. ‖ fig. y fam. Persona que procede así. ‖ **de Santiago.** *Tributo en trigo o pan que daban los labradores a la iglesia de Santiago de Compostela. ‖ **informativo.** El que no tiene efecto ejecutivo. ‖ **particular.** Dictamen que uno o varios individuos de una comisión presentan en caso de disconformidad con el de la mayoría. ‖ **pasivo. Voz pasiva.** ‖ **secreto.** El que se emite por papeletas dobladas, por bolas blancas y negras, etcétera. ‖ **simple.** *Promesa hecha a Dios sin solemnidad exterior de derecho. ‖ **solemne.** El que se hace públicamente con las formalidades de derecho. ‖ **Regular los votos.** fr. Contarlos, y confrontar unos con otros. ‖ **¡Voto va!** expr. fam. con que se amenaza o se denota enfado, sorpresa, etc.

votri. m. Planta *trepadora de Chile, de hojas ovaladas, muy carnosas, y flores que tienen la corola formando un tubo muy abultado.

***voz.** f. Sonido que produce el aire cuando al salir de los pulmones hace vibrar las cuerdas de la laringe. ‖ Calidad, timbre o intensidad de este sonido. ‖ *Sonido que forman algunas cosas inanimadas, heridas del viento o hiriendo en él. ‖ **Grito.** Ú. m. en plural. ‖ ***Vocablo.** ‖ fig. Músico que *canta. ‖ fig. *Aprobación o fuerza que reciben las cosas por el dicho u opinión común. ‖ fig. *Poder, facultad para hacer una cosa en nombre propio o por *delegación de otro. ‖ fig. Facultad de hablar, aunque no de *votar, en una asamblea. ‖ fig. Opinión, *fama. ‖ fig. *Motivo o *pretexto público. ‖ fig. Precepto o *mandato del superior. ‖ *Germ.* **Consuelo.** ‖ *Gram.* Forma de conjugación que expresa si el sujeto del *verbo es agente o paciente. ‖ **Mús.* Sonido particular o tono correspondiente a las notas y claves. ‖ Voto en una asamblea. ‖ **activa.** Facultad de *votar que tiene el individuo de una corporación. ‖ **Gram.* Forma de conjugación que sirve para significar que el sujeto del verbo es agente. ‖ **aguda.** *Mús.* Alto y tiple. ‖ **argentada,** o **argentina.** fig. La clara y sonora. ‖ **cantante.** **Mús.* Parte principal de una composición. ‖ **común.** Opinión o *rumor general. ‖ **de cabeza. Falsete.** ‖ **de la conciencia.** fig. **Remordimiento.** ‖ **del cielo.** fig. **Teol.* Inspiración o inclinación que nos lleva hacia el bien. ‖ **de mando.** *Mil.* La que da a sus subordinados el que los *manda. ‖ **de trueno.** fig. La muy fuerte o retumbante. ‖ **empañada.** La de timbre poco claro y sonoro. ‖ **pasiva.** Facultad de poder ser votado o *elegido para un cargo o empleo. ‖ *Gram.* Forma de conjugación que sirve para significar que el sujeto del *verbo es paciente. ‖ **sumisa.** fig. La baja y suave. ‖ **tomada.** fig. La de timbre poco claro. ‖ **vaga.** *Rumor o hablilla esparcida entre muchos y cuyo verdadero fundamento se desconoce. ‖ **Aclarar la voz.** fr. Quitar el impedimento que había para pronunciar con claridad. ‖ **Ahuecar** uno **la voz.** fr. Abultarla para que parezca más grave e imponente. ‖ **Alzar** uno **la voz** a otro. fr. fam. **Levantarle la voz.** ‖ **A media voz.** m. adv. Con **voz** baja. ‖ fig. Con ligera *insinuación. ‖ **Anudársele** a uno **la voz.** fr. fig. No poder hablar por alguna vehemente *pasión de ánimo. ‖ **A una voz.** m. adv. fig. De común *acuerdo. ‖ **A voces.** m. adv. A gritos o en **voz** alta. ‖ **A voz de apellido.** m. adv. ant. Por convocación o *llamamiento. ‖ **A voz en cuello,** o **en grito.** m. adv. En muy alta **voz** o gritando. ‖ **Correr la voz.** fr. *Divulgarse una cosa que se ignoraba. ‖ **De viva voz.** m. adv. Úsase para indicar la expresión oral, por contraposición a la escrita. ‖ **Dar una voz** a uno. fr. *Llamarle en alta **voz** desde lejos. ‖ **Desanudar la voz.** fr. fig. Quedar expedita la **voz** y el habla, impedidas antes por un accidente. ‖ **Echar** uno **a voces** una cosa. fr. fig. **Meterla a voces.** ‖ **Echar** uno **voz,** o **la voz.** fr. *Publicar alguna especie o noticia. ‖ **En voz.** m. adv. De *palabra o verbalmente. ‖ *Mús.* Con la **voz** clara para poder *cantar. ‖ **Jugar** uno **la voz.** fr. *Cantar haciendo quiebros o inflexiones. ‖ **Levantar la voz.** fr. Señalar el cabezalero que continúe el foro o *enfiteusis. Ú. m. en Galicia. ‖ **Levantar** uno **la voz** a otro. fr. fam. Hablarle con *descomedimiento. ‖ **Llevar la voz cantante.** fr. fig. Ser la persona que se impone a los demás en una reunión. ‖ **Meter** uno **a voces** una cosa. fr. fig. Confundir y *ofuscar la razón con *alboroto y bullicio. ‖ **Poner mala voz.** fr. fig. *Desacreditar a una persona o cosa. ‖ **Romper** uno **la voz.** fr. Levantarla más de lo regular, o ejercitarla para el *canto. ‖ **Soltar** uno **la voz.** fr. fig. Divulgar, *publicar. ‖ **Tomar** uno **la voz.** fr. Hablar continuando una especie o materias que otros han empezado. ‖ **Tomar la voz de** uno. Hablar por *delegación suya. ‖ Salir a su *defensa. ‖ **Tomar voz.** fr. *Averiguar, tomar informes de una cosa. ‖ fig. *Publicarse o autorizarse una cosa con el dicho de muchos.

vozarrón. m. *Voz muy fuerte y gruesa.

voznar. intr. **Graznar.**

vuecelencia. com. Metapl. de **Vuestra excelencia.**

vuecencia. com. Síncopa de **Vuecelencia.**

vuelapié (a). m. adv. **A volapié.**

vuelco. m. Acción y efecto de volcar o volcarse. ‖ Movimiento con que una cosa da *vuelta o se trastorna enteramente. ‖ **Darle** a uno **un vuelco el corazón.** fr. fig. y fam. Sentir de pronto sobresalto, alegría u otra *emoción semejante.

vuelillo. m. Adorno de encaje u otro tejido ligero, que se pone en la bocamanga de algunos *trajes.

***vuelo.** m. Acción de volar. ‖ *Distancia que se recorre volando sin posarse. ‖ Conjunto de *plumas que en el ala del ave sirven principalmente para volar. Ú. m. en pl. ‖ Por ext., toda el *ala. ‖ Amplitud o *anchura de una prenda de *vestir en la parte que no se ajusta al cuerpo. ‖ **Vuelillo.** ‖ Tramoya de *teatro en que va por el aire una persona o cosa. ‖ Arbolado de un *monte. ‖ *Arq.* Parte de una fábrica, que forma *saliente en el paramento que la sostiene. ‖ *Arq.* Extensión de esta misma parte, contada en dirección perpendicular al paramento. ‖ **Cetr.* Ave de caza amaestrada a perseguir a otras aves. ‖ **Al vuelo,** o **a vuelo.** m. adv. Pronta y ligeramente. ‖ **Alzar el vuelo.** fr. Echar a volar. ‖ fig. y fam. **Alzar velas.** ‖ **Cazarlas** uno **al vuelo.** fr. fig. **Cogerlas** uno **al vuelo.** ‖ **Coger al vuelo** una cosa. fr. fig. *Lograrla de paso o casualmente. ‖ **Cogerlas** uno **al vuelo.** fr. fig. y fam. *Entender o notar con prontitud las cosas que no se manifiestan claramente. ‖ **Coger vuelo** una cosa. fr. fig. **Tomar vuelo.** ‖ **Cortar los vuelos** a uno. fr. fig. **Cortarle las alas.** ‖ **De un vuelo, de vuelo,** o **en un vuelo.** m. adv. fig. Con *prontitud. ‖ **Levantar el vuelo.** fr. **Alzar el vuelo.** ‖ fig. Elevar uno el espíritu o la *imaginación. ‖ fig. *Engreírse, ensoberbecerse. ‖ **Tirar al vuelo.** fr. Tirar el *cazador al ave que va volando. ‖ **Tomar vuelo** una cosa. fr. fig. Ir *adelantando o *aumentando mucho.

***vuelta.** f. Movimiento circular de una cosa alrededor de un punto, o girando sobre sí misma. ‖ *Curvatura en una línea, camino, etc. ‖ Cada una de las circunvoluciones de una cosa que se arrolla alrededor de otra. ‖ ***Regreso.** ‖ *Devolución de una cosa a quien la tenía o poseía. ‖ Retorno o *recompensa. ‖ *Repetición de una cosa. ‖ Paso o repaso que se da a una materia *leyéndola. ‖ **Vez.** ‖ Parte *posterior de una cosa, opuesta a la que se tiene a la vista. ‖ *Zurra o tunda de golpes. ‖ Adorno que se sobrepone al puño de las *camisas, camisolas, etc. ‖ Tela sobrepuesta en la extremidad de las *mangas u otras partes de ciertas prendas de vestir. ‖ Embozo de la *capa. ‖ Cada una de las series circulares de puntos con que se van tejiendo las *medias, calcetas, etc. ‖ Mudanza, *cambio. ‖ Acción o expresión *desabrida, especialmente cuando no se espera. ‖ *Dinero sobrante que se devuelve a la persona que hace un pago. ‖ **Agr.* Labor que se da a la tierra. ‖ **Voltereta** (en los juegos de *naipes). ‖ ***Bóveda,** y por ext. **techo.** ‖ *Arq.* Curva de intradós de un *arco o bóveda. ‖ *Min.* Destello de luz que despide la *plata en el momento en que termina la copelación. ‖ *Mús.* **Retornelo.** ‖ **de carnero.** fig. **Trepa** (de *volatinero). ‖ *Caída, batacazo. ‖ **de la campana,** o **de campana.** fig. La que se da con el cuerpo en el aire volviendo a caer de pies. ‖ Cada una de las vueltas que da un *automóvil cuando las ruedas quedan hacia arriba. ‖ **de podenco.** fig. y fam. *Zurra o castigo de palos. ‖ **en redondo. Media vuelta.** ‖ **Media vuelta.** Acción de volverse de modo que el cuerpo quede de frente hacia la parte que estaba antes a la espalda. ‖ **A la vuelta.** m. adv. Al volver. ‖ **A la vuelta de.** loc. Dentro o al cabo de. ‖ **A la vuelta de la esquina.** fr. fig. que se emplea para indicar que un lugar está muy *cercano. ‖ **Andar a vueltas.** fr. *Reñir o luchar. ‖ **Andar** uno **en vueltas.** fr. fig. Andar en *rodeos, para *negarse a hacer una cosa. ‖ **A pocas vueltas.** m. adv. fig. **A pocos lances.** ‖ **A vuelta.** m. adv. **A vueltas.** ‖ **De vuelta.** ‖ **A vuelta de cabeza.** m. adv. fig. En un instante. ‖ **A vuelta de correo.** m. adv. Por el correo inmediato, sin perder día. ‖ **A vueltas.** m. adv. Cerca de, *aproximadamente. ‖ **A vueltas de.** m. adv. Además de. ‖ **Buscarle** a uno **las vueltas.** fr. fig. y fam. Acechar la ocasión para *sorprenderle. ‖ **Dar cien vueltas** a uno. fr. fig. y fam. *Aventajarle mucho en algún respecto. ‖ **Dar** uno **una vuelta.** fr. *Pasear un rato. ‖ fig. *Limpiar o asear una cosa. ‖ fig. *Mudarse, trocarse. ‖ **Dar vueltas.** fr. Andar *alrededor. ‖ Andar uno *buscando una cosa sin encontrarla. ‖ fig. *Reflexionar sobre una especie. ‖ **De vuelta.** m. adv. De *regreso. ‖ **No tener vuelta de hoja** una cosa. fr. fig. y fam. Ser incontestable o *evidente. ‖ **Poner** a uno **de vuelta y media.** fr. fig. y fam. Tratarle mal de palabra; decirle *ofensas. ‖ **Tener vuelta** una cosa. fr. fig. y fam. con que se previene al que la recibe prestada la obligación de *devolverla. ‖ **Tener vueltas** uno. fr. fig. Ser *inconstante. ‖ **Tomar la vuelta de tierra.** fr. **Mar.* Virar con dirección a la costa. ‖ **¡Vuelta!** interj. **¡Dale!**

vuelto, ta. p. p. irreg. de **Volver.**

vueludo, da. adj. Dícese de la *vestidura que tiene mucho vuelo.

vuesarced. com. ant. Metapl. de **Vuestra merced.**

vueseñoría. com. Metapl. de **Vuestra señoría.**

vuestro, tra, tros, tras. Pronombre *posesivo de segunda persona, en número plural. También suele referirse en sus cuatro formas a un solo poseedor cuando corresponde a determinados tratamientos y en otros casos que el uso autoriza.

vulcanio, nia. adj. Perteneciente a Vulcano, o al *fuego.

vulcanismo. m. **Geol.* **Plutonismo.**

vulcanista. adj. *Geol.* Partidario del vulcanismo. Ú. t. c. s.

vulcanización. f. Acción y efecto de vulcanizar.

vulcanizar. tr. Combinar *azufre con la *goma elástica para que adquiera ciertas propiedades.

Vulcano. n. p. m. **Mit.* Entre los romanos, dios del fuego.

vulgacho. m. despect. Ínfima *plebe o vulgo.

***vulgar.** adj. Perteneciente al vulgo o a la *plebe. Apl. a pers., se ha usado alguna vez c. s. ‖ Común o general, por contraposición a especial o técnico. ‖ Aplícase a las *lenguas que se hablan actualmente, en contraposición de las lenguas sabias. ‖ → Ordinario, corriente, que carece de novedad o distinción.

***vulgaridad.** f. Calidad de vulgar, plebeyo o común. ‖ Especie, dicho o hecho que carece de novedad e importancia.

vulgarismo. m. Dicho o frase especialmente usada por el vulgo.

vulgarización. f. Acción y efecto de vulgarizar.

vulgarizador, ra. adj. Que vulgariza. Ú. t. c. s.

vulgarizar. tr. Hacer *vulgar o común una cosa. Ú. t. c. r. ‖ *Explicar una materia científica, en forma fácilmente asequible al vulgo. ‖ *Traducir un escrito de otra lengua a la común y vulgar. ‖ r. Darse uno al trato y comercio de la gente *plebeya, o portarse como ella.

vulgarmente. adv. m. De manera vulgar. ‖ **Comúnmente.**

vulgata. f. Versión latina de la *Biblia, auténticamente recibida en la Iglesia.

vulgo. m. El común de la *plebe. ‖ Conjunto de las personas que en cada materia no conocen más que la parte superficial. ‖ *Germ.* ***Mancebía.** ‖ adv. m. **Vulgarmente.**

vulnerable. adj. Que puede ser *herido o *dañado, física o moralmente.

vulneración. f. Acción y efecto de vulnerar.

vulnerar. tr. ant. ***Herir.** ‖ fig. Dañar, *perjudicar. ‖ fig. *Infringir, quebrantar.

vulneraria. f. *Bot.* *Planta de las leguminosas que se emplea machacada en cataplasmas y para curar llagas y heridas.

vulnerario, ria. adj. *For.* Aplícase al clérigo que ha herido o *matado a otra persona. Ú. t. c. s. ‖ **Farm.* Aplícase al remedio que cura las llagas y heridas. Ú. t. c. s. m.

vulpécula. f. **Vulpeja.**

vulpeja. f. ***Zorra.**

vulpino, na. adj. Perteneciente o relativo a la *zorra. ‖ fig. Que tiene sus propiedades.

vultuoso, sa. adj. *Med.* Dícese del rostro *hinchado o abultado por congestión.

vulturín. m. **Buitrón** (arte de *pesca).

vulturno. m. **Bochorno.**

***vulva.** f. Partes que rodean y constituyen la abertura externa de la vagina.

vulvitis. f. *Pat.* Inflamación de la vulva.

W

w. f. *Letra llamada **v doble.** No pertenece propiamente a la escritura española, y sólo se usa en nombres propios extranjeros, o vocablos derivados de otros extranjeros.

wagneriano, na. adj. Perteneciente o relativo a Wagner o a su escuela *musical. ‖ Partidario del wagnerismo. Ú. t. c. s.

wagnerismo. m. Sistema *músico de Wagner.

warrant (voz inglesa). m. *Com.* *Recibo que se da de las mercancías *depositadas en ciertos almacenes, y que se puede negociar como una letra de cambio.

wat. m. **Electr.* Nombre del **vatio** en la nomenclatura internacional.

watercloset (voz inglesa). m. Excusado, *retrete.

X

x. f. Vigésima sexta *letra del abecedario español, cuyo nombre es **equis.** ‖ **Mat.* Signo con que suele representarse en los cálculos la incógnita, o la primera de las incógnitas. ‖ V. **Rayos X.** ‖ Letra que tiene el valor de diez en la *numeración romana.

xenofobia. f. *Odio u hostilidad hacia los *extranjeros.

xenófobo, ba. adj. Que siente xenofobia.

xenón. m. **Quím.* Cuerpo simple que en estado de *gas se encuentra en el *aire atmosférico.

xi. f. Decimocuarta *letra del alfabeto griego; corresponde a la *equis* del nuestro.

xifoideo, a. adj. Perteneciente o relativo al apéndice xifoides.

xifoides. adj. *Zool.* Dícese del *cartílago en que termina el esternón. Ú. t. c. s. m.

xilófago, ga. adj. *Zool.* Dícese de los insectos que roen la *madera. Ú. t. c. s.

xilófono. m. *Instrumento músico compuesto de láminas de madera que se golpean con un martillo.

xilografía. f. Arte de *grabar en madera. ‖ **Impr.* Impresión tipográfica hecha con planchas de madera grabadas.

xilográfico, ca. adj. Perteneciente o relativo a la xilografía.

xilórgano. m. *Instrumento músico antiguo, parecido al xilófono.

xión. adv. afirm. *Germ.* **Sí.**

Y

y. f. Vigésima séptima *letra del abecedario español. Llamábase **i griega,** y hoy se le da el nombre de **ye.**
y. *conj. copulat. cuyo oficio es *unir palabras o cláusulas en concepto afirmativo.
ya. adv. t. con que se denota el tiempo *pasado. ‖ En el tiempo *actual, haciendo relación al pasado. ‖ En tiempo u ocasión futura. ‖ Finalmente o últimamente. ‖ Luego, inmediatamente, *pronto. ‖ Ú. como conjunción distributiva. ‖ Sirve para conceder o apoyar lo que nos dicen. ‖ **Pues ya.** loc fam. Por supuesto, ciertamente. ‖ **Ya que.** m. conjunt. *condic. Una vez que, aunque.
yaacabó. m. *Pájaro insectívoro americano, con pico y uñas fuertes.
yaba. f. Árbol de Cuba, de las leguminosas.
yabuna. f. *Planta herbácea, gramínea, que abunda en las sabanas de Cuba.
yaca. f. Anona de la India.
yacal. m. *Árbol de las dipterocárpeas, propio de Filipinas.
yacaré. m. **Caimán.**
yacedor. m. Mozo de labor encargado de llevar las *caballerías a yacer.
yacente. p. a. de ***Yacer.** Que yace. ‖ m. *Min.* Cara inferior de un criadero.
***yacer.** intr. Estar echada o tendida una persona. ‖ Estar un cadáver en la *sepultura. ‖ *Existir o *hallarse real o figuradamente una persona o cosa en algún lugar. ‖ Efectuar el acto *venéreo con una persona. ‖ Pacer de noche las caballerías.
yaciente. p. a. de **Yacer. Yacente.**
yacija. f. Lecho o *cama, o cosa en que se está acostado. ‖ ***Sepultura.**
yacimiento. m. *Geol.* y *Min.* Sitio donde se halla naturalmente una roca, un mineral o un *fósil.
yacio. m. *Árbol de las euforbiáceas, de cuyo tronco se saca goma elástica.
yactura. f. Pérdida o *daño recibido.
yagruma. f. Nombre común a varios árboles cubanos. ‖ **hembra.** *Árbol de las ulmáceas, propio de Cuba. ‖ **macho.** *Árbol de las araliáceas, propio de Cuba.
yagrumo. m. **Yagruma hembra.**
yagua. f. *Palma de Venezuela que sirve de hortaliza, y con la cual se techan las chozas de los indios y se hacen cestos, sombreros, etc. También produce un aceite, que sirve para el alumbrado. ‖ Tejido fibroso que rodea la parte superior del tronco de la palma real, y sirve para envolver *tabaco en rama.
yagual. m. **Rodete** (para asentar una *carga en la cabeza).
yaguasa. f. *Ave palmípeda americana, especie de pato salvaje.
yaguré. m. **Mofeta.**
yaicuaje. m. *Árbol de las sapindáceas, propio de Cuba.
yaichihue. m. *Planta de las bromeliáceas, propia de Chile.
yaití. m. *Árbol de las euforbiáceas, propio de Cuba.
yal. m. *Pájaro conirrostro, pequeño, propio de Chile.
yamao. m. *Árbol de las meliáceas, propio de Cuba.
yámbico, ca. adj. Perteneciente o relativo al yambo. ‖ V. **Verso yámbico.** Ú. t. c. s.
yambo. m. Pie de la *poesía griega y latina, compuesto de dos sílabas: la primera, breve, y la otra, larga.
yambo. m. *Árbol de las mirtáceas, cuyo fruto es la pomarrosa.
yana. f. *Árbol de las combretáceas, propio de Cuba.
yanacón. m. **Yanacona** (indio aparcero).
yanacona. adj. Dícese del *indio que estaba al *servicio personal de los españoles en algunos países de América. Ú. t. c. s. ‖ m. Indio que es aparcero en el *cultivo de una tierra.
yangüés, sa. adj. Natural de Yanguas. Ú. t. c. s. ‖ Perteneciente a alguno de los pueblos de este nombre.
yanqui. adj. **Norteamericano.** Apl. a pers., ú. t. c. s.
yantar. m. Cierto *tributo que pagaban los pueblos y los distritos rurales para el mantenimiento del soberano y del señor cuando transitaban por ellos. ‖ Prestación *enfitéutica que consistía, por lo común, en medio pan y una escudilla de habas o lentejas. ‖ *Alimento o vianda.
yantar. tr. ***Comer.**
yapa. f. *Añadidura, adehala, refacción, *propina. ‖ *Min.* *Azogue que se añade al mineral de *plata para facilitar el término de su trabajo en el buitrón.
yapar. tr. Añadir la yapa en las *compras y ventas.
yáquil. m. *Arbusto de las rámneas, espinoso, propio de Chile. Sus raíces producen en el agua una espuma jabonosa.
yarará. f. *Víbora americana de gran tamaño, muy venenosa.
yaraví. m. Especie de *cantar dulce y melancólico, propio de ciertos indios de América.
yarda. f. Medida inglesa de *longitud, equivalente a noventa y un centímetros.
yare. m. *Jugo *venenoso que se extrae de la yuca amarga.
yarey. m. *Palma de Cuba, cuyas fibras se emplean para tejer *sombreros.
yaro. m. **Aro** (planta).
yasa. f. *Cauce ordinariamente seco por donde corre el agua en las avenidas.
yatagán. m. Especie de *sable o alfanje que usan los orientales.
yatay. m. *Palma de la Argentina. El palmito es comestible y el fruto se usa para la fabricación de aguardiente.
yate. m. *Embarcación de gala o de recreo.
yátrico, ca. adj. Perteneciente o relativo a la *medicina.
yaya. f. ***Abuela.**
yaya. f. *Árbol cubano, de las anonáceas. ‖ **cimarrona.** Cierto árbol, cuyo fruto sirve de alimento al ganado de cerda.
yayo. m. **Abuelo.**
ye. f. Nombre de la *letra *y*.
yebo. m. **Yezgo.**
yeco, ca. adj. **Lleco.** ‖ m. Especie de cuervo marino, propio de Chile.
yedra. f. **Hiedra.**
***yegua.** f. Hembra del caballo. ‖ La que, por contraposición a potra, tiene ya cinco o más hierbas. ‖ Colilla de *cigarro. ‖ **caponera.** La que guía como cabestro la mulada o caballada cerril.
yeguada. f. Piara de *ganado caballar.
yeguar. adj. Perteneciente a las *yeguas.
yegüería. f. **Yeguada.**
yegüerizo, za. adj. **Yeguar.** ‖ m. **Yegüero.**
yegüero. m. El que guarda y cuida las *yeguas.
yegüezuela. f. d. de **Yegua.**
yeísmo. f. Defecto que consiste en *pronunciar la elle como ye.
yelmo. m. Parte de la *armadura antigua, que resguardaba la cabeza y el rostro.
***yema.** f. *Bot.* Renuevo en forma de botón escamoso, que produce ramos, hojas o flores. ‖ Porción central del *huevo del ave, de color amarillo, en la que se halla el embrión. ‖ *Dulce seco compuesto de azúcar y **yema** de huevo de gallina. ‖ **Yema mejida.** ‖ fig. p. us. Medio o parte *central de una cosa.

|| fig. La parte mejor o la más *excelente de una cosa. || **del *dedo.** Lado de la punta de él, opuesto a la uña. || **mejida.** La del huevo batida con azúcar y disuelta en leche o agua caliente. || **Dar** uno **en la yema.** fr. fig. y fam. *Acertar, dar en la dificultad.
yen. m. *Moneda del Japón cuyo valor se aproxima a un peso de plata.
yente. p. a. de **Ir.** Que va. Sólo tiene uso en la locución **yentes y vinientes.**
yeral. m. Terreno sembrado de yeros.
yerba. f. ***Hierba.**
yerbajo. m. despect. de **Yerba.**
yermar. tr. *Despoblar o dejar yermo un lugar.
yermo, ma. adj. ***Inhabitado.** || **Inculto.** Ú. t. c. s. || m. Terreno inhabitado.
yerno. m. Respecto de una persona, marido de su *hija.
yero. m. *Planta herbácea anual, de las leguminosas, cuyo fruto en vainas infladas contiene tres o cuatro semillas pardas, prismáticas y de aristas redondeadas. Se cultiva para alimento del ganado vacuno y de otros animales. Ú. m. en pl. || *Semilla de esta planta. Ú. m. en pl.
yerro. m. *Culpa o delito cometido por ignorancia o malicia. || *Error por descuido o inadvertencia. || **Yerro de cuenta.** *Error de que se sigue algún daño o provecho para otro, como en las cuentas y cálculos. || **de imprenta. Errata.**
yerto, ta. adj. Tieso, *rígido o áspero. || Aplícase al viviente que se ha quedado *entumecido o rígido por el *frío.
yervo. m. **Yero.**
yesal. m. **Yesar.**
yesar. m. Terreno abundante en *mineral de *yeso. || Cantera de *yeso o aljez.
yesca. f. Materia muy *seca y preparada de suerte que se *encienda fácilmente. || fig. Lo que está sumamente expuesto a encenderse o abrasarse. || fig. Incentivo o *estímulo de cualquier pasión o afecto. || fig. y fam. Cualquier cosa que excita la *sed, y con singularidad, la gana de *beber vino. || pl. Pedernal, eslabón y **yesca** para *encender.
yesera. f. La que fabrica o vende *yeso. || **Yesar.**
yesería. f. Fábrica de *yeso. || Tienda o sitio en que se vende yeso. || Obra hecha de yeso.
yesero, ra. adj. Perteneciente al yeso. || m. El que fabrica o vende yeso.
***yeso.** m. Sulfato de cal hidratado, compacto o terroso, y tan blando que se raya con la uña. Deshidratado por la acción del fuego y molido, tiene la propiedad de endurecerse rápidamente cuando se amasa con agua. || Obra de *escultura vaciada en **yeso.** || **blanco.** El más fino y blanco que se usa para el enlucido exterior. || **espejuelo. Espejuelo.** || **mate. Yeso** blanco muy duro, que matado, molido y amasado con agua de cola, sirve como aparejo para pintar y dorar y para otros usos. || **negro.** El más basto y de color gris, que se usa principalmente para un primer enlucido. || **Lavar de yeso.** fr. Cubrir de **yeso** una pared, bruñéndola con la paleta.
yesón. m. Cascote de *yeso.
***yesoso, sa.** adj. De yeso o parecido a él. || Dícese del terreno que abunda en yeso.
yesquero. m. El que fabrica yesca o el que la vende. || **Esquero.**
yeyuno. m. *Zool.* Segunda porción del *intestino delgado.
yezgo. m. *Planta herbácea, vivaz, de las caprifoliáceas, semejante al saúco.
yo. Nominativo del pronombre personal de primera *persona en género masculino o femenino y número singular. || m. **Fil.* Con el artículo *el,* o el posesivo, afirmación de la *conciencia de la personalidad de hombre.
yodado, da. adj. Que contiene yodo.
yódico, ca. adj. **Quím.* Dícese de la combinación del yodo con el oxígeno.
yodismo. m. *Pat.* *Envenenamiento causado por el uso excesivo del yodo o de sus compuestos.
yodo. m. **Quím.* Metaloide de textura laminosa, de color gris negruzco y brillo metálico, que se volatiliza a una temperatura poco elevada.
yodoformo. m. **Quím.* Compuesto de yodo, carbono e hidrógeno, en forma de polvo amarillento, que se usa en medicina como antiséptico.
yodurar. tr. Convertir en yoduro. || Preparar con yoduro.
yoduro. m. **Quím.* Cuerpo resultante de la combinación del yodo con un radical simple o compuesto.
yogar. intr. ant. Holgarse, y particularmente efectuar el acto *venéreo.
yohimbina. f. **Quím.* Alcaloide de virtudes afrodisiacas, que se extrae de la corteza de un árbol de las apocináceas.
yol. m. Especie de árguenas de cuero que se usan en Chile, para la recolección de la uva y del maíz.
yola. f. *Embarcación estrecha, ligera y de poco calado.
yole. m. **Yola.**
yolillo. m. *Palmera pequeña americana, que da un fruto parecido al del corojo.
yoquey. m. Jinete profesional que toma parte en las *carreras de caballos.
yos. m. Cierta planta de las euforbiáceas que segrega un jugo lechoso cáustico, usado como liga para cazar pájaros.
ypsilon. f. **Ípsilon.**
yubarta. f. Animal parecido a la *ballena, con una aleta dorsal y pliegues longitudinales en la piel del abdomen.
yuca. f. *Planta americana, de las liliáceas, de cuya raíz se saca *harina alimenticia. || Nombre vulgar de algunas especies de mandioca.
yucal. m. Terreno plantado de yuca.
yucateco, ca. adj. Natural de Yucatán. Ú. t. c. s. || Perteneciente a este país de América. || m. *Lengua de los **yucatecos.**
yugada. f. Espacio de *tierra de labor que puede arar una yunta en un día. || Medida *superficial agraria equivalente a cincuenta fanegas. || Yunta, especialmente la de bueyes.
***yugo.** m. Instrumento de madera para uncir una yunta de bueyes o de caballerías, y en el que va sujeta la lanza del carro, el timón del arado, etc. || Especie de horca, por debajo de la cual, en la antigua Roma, hacían pasar sin armas a los enemigos *vencidos. || Armazón de madera unida a la *campana. || fig. **Velo** (en la ceremonia del *casamiento). || fig. *Ley o *dominio superior que obliga a obedecer. || fig. Cualquier *carga pesada, prisión o *atadura. || **Arq. Nav.* Cada uno de los tablones curvos horizontales que se endientan en el codaste y forman la popa del barco. || **Sacudir** uno **el yugo.** fr. fig. *Librarse de opresión o dominio afrentoso.
yugoslavo, va. adj. Natural de Yugoslavia. Ú. t. c. s. || Perteneciente a esta nación de Europa.
yuguero. m. Mozo que labra la tierra, con una yunta.
yugueta. f. *Yugo pequeño, para una sola bestia.
yugular. adj. *Zool.* V. ***Vena yugular.** Ú. t. c. s.
yumbo, ba. adj. *Indio salvaje del oriente de Quito. Ú. t. c. s.
yunque. m. Usáb. c. f. Pieza fuerte de hierro, comúnmente prismática, que se encaja en un banco o tajo de madera. Lo usan los *herreros y otros artesanos para trabajar en él a martillo los metales. || fig. Persona firme y *paciente en las adversidades. || fig. Persona muy asidua y perseverante en el *trabajo. || *Anat.* Uno de los *huesecillos que hay en la parte media del *oído.
yunta. f. Par de *bueyes o de *caballerías que sirven en la labor del campo o en los acarreos. || En algunas partes, **yugada.**
yuntar. tr. ant. **Juntar.**
yuntería. f. Conjunto de yuntas. || Paraje donde se recogen.
yuntero. m. **Yuguero.**
yunto, ta. p. p. irreg. de **Yuntar.** || adv. m. **Agr.* De modo que los surcos estén juntos.
yuquerí. m. Cierta planta de las mimosas, especie de zarza.
yuquilla. f. **Sagú.**
yuraguano. m. **Miraguano.**
yuré. m. Especie de *paloma pequeña, muy abundante en Costa Rica.
yusente. f. ant. *Mar.* *Marea que baja.
yusera. f. Piedra circular o conjunto de dovelas que sirve de suelo en el alfarje de los *molinos de aceite.
yusión. f. *For.* Acción de *mandar. || *For.* **Mandato.**
yuso. adv. l. **Ayuso.**
yuta. f. **Babosa** (*molusco).
yute. m. Materia *textil que se saca de la corteza interior de una planta de la familia de las tiliáceas, propia de la India. || Tejido o hilado de esta materia.
yuxtalineal. adj. Dícese de la *traducción que acompaña a su original, o de la disposición de textos a dos columnas, línea por línea, para su *comparación más cómoda.
yuxtaponer. tr. Poner una cosa *contigua a otra. Ú. t. c. r.
yuxtaposición. f. Acción y efecto de yuxtaponer o yuxtaponerse. || **Miner.* Modo de aumentar o *crecer los minerales, a diferencia de los animales y vegetales.
yuyo. m. Yerbajo, hierba inútil. || **Jaramago.** || pl. *Hierbas tiernas y comestibles. || Hierbas que sirven de *condimento. || **Yuyo colorado. Carurú.**
yuyuba. f. **Azufaifa.**

Z

z. f. Vigésima octava y última *letra del abecedario español. Llámase **zeda** o **zeta.**
¡za! Voz para *ahuyentar a los perros y otros animales.
zabacequia. m. **Acequiero.**
zabarcera. f. Mujer que revende por menudo *frutos y otros comestibles.
zabatán. m. **Mastranzo.**
zabida. f. **Zabila.**
zabila. f. **Áloe.**
zaborda. f. *Mar.* Acción y efecto de zabordar.
zabordamiento. m. *Mar.* **Zaborda.**
zabordar. intr. *Mar.* *Varar y *encallar el barco en tierra.
zabordo. m. *Mar.* **Zaborda.**
zaborra. f. *Residuo, desecho. ‖ *Piedra pequeña. ‖ Recebo para carreteras, *caminos, etc.
zaborrero, ra. adj. Dícese del obrero que trabaja con *imperfección.
zaborro. m. Hombre o niño muy *gordo. ‖ **Yesón.**
zaboyar. tr. **Albañ.* Unir con yeso las juntas de los ladrillos. ‖ fig. Tapar, *ocultar.
zabra. f. *Buque de dos palos, que se usaba en los mares de Vizcaya.
zabucar. tr. **Bazucar.**
zabulón. m. *Pícaro, bribón.
zabullida. f. **Zambullida.**
zabullidor, ra. adj. **Zambullidor.**
zabullidura. f. **Zambullidura.**
zabullimiento. m. **Zambullimiento.**
zabullir. tr. **Zambullir.** Ú. t. c. r.
zabuqueo. m. **Bazuqueo.**
zaca. f. *Min.* *Odre o zaque grande para el *desagüe de los pozos.
zacapela. f. *Contienda con ruido y *alboroto.
zacapella. f. **Zacapela.**
zacatal. m. **Pastizal.**
zacate. m. *Hierba, *pasto, forraje.
zacateca. m. Sepulturero que va en los *entierros vestido de librea.
zacateco, ca. adj. Natural de Zacatecas. Ú. t. c. s. ‖ Perteneciente a esta ciudad y estado de Méjico.
zacatín. m. Plaza o *calle donde en algunos pueblos se venden *ropas.
zacatón. m. *Hierba alta de *pasto.
zacear. tr. *Ahuyentar a los perros u otros animales con la voz de ¡za! ‖ intr. **Cecear.**
zacuto. m. *Bolso, saco pequeño.
zade. m. Especie de *mimbre, de tallos delgados.
zadorija. f. **Pamplina** (*planta).
zafa. f. ***Jofaina.**
zafacoca. f. *Contienda, riña.‖**Mar.* Accidente desgraciado en la navegación.
zafada. f. *Mar.* Acción de *zafar* o zafarse.
zafado, da. adj. *Descarado, atrevido. Ú. t. c. s.
zafar. tr. *Adornar, hermosear. ‖ Guarnecer, *cubrir.
zafar. tr. *Mar.* Desembarazar, *desobstruir, quitar los estorbos de una cosa. Ú. t. c. r. ‖ r. *Escapar u *ocultarse para evitar un riesgo. ‖ **Mec.* Salirse del canto de la rueda la correa de una máquina. ‖ fig. Excusarse de hacer una cosa que *repugna. ‖ fig. *Librarse de una molestia.
zafareche. m. **Estanque.**
zafarí. adj. V. **Granada, higo zafarí.**
zafariche. m. Cantarera o sitio donde se ponen los cántaros.
zafarrancho. m. **Mar.* Acción y efecto de *desembarazar una parte de la embarcación, para determinado fin. ‖ fig. y fam. *Destrucción, destrozo. ‖ fig. y fam. Riña, *contienda.
zafería. f. *Aldea, caserío.
zafiamente. adv. m. Con zafiedad.
zafiedad. f. Calidad de zafio.
zafio, fia. adj. Tosco, *inculto, *grosero.
zafío. m. **Negrilla.**
zafir. m. **Zafiro.**
zafíreo, a. adj. **Zafirino.**
zafirina. f. Calcedonia azul.
zafirino, na. adj. De *color de zafiro.
zafiro. m. Corindón cristalizado de color azul, muy apreciado en *joyería. ‖ **blanco.** Corindón cristalizado, incoloro y transparente. ‖ **oriental. Zafiro** muy apreciado por su brillo u oriente.
zafo, fa. adj. *Mar.* Libre y *desembarazado. ‖ fig. *Indemne, ileso.
zafón. m. **Zahón.** Ú. m. en pl.
zafra. f. *Vasija de metal ancha y poco profunda, con agujeritos en el fondo, para escurrir las medidas de aceite. ‖ *Vasija grande de metal en que se guarda *aceite.
zafra. f. En algunas partes, **sufra.**
zafra. f. Cosecha de la caña de *azúcar. ‖ Fabricación del azúcar de *caña, y por ext., del de remolacha. ‖ Tiempo que dura esta fabricación.
zafra. f. **Min.* ***Escombro.**
zafre. m. Óxido de cobalto que se emplea para dar color azul a la *loza y al *vidrio.
zafrero. m. **Min.* Operario ocupado en el trecheo de zafras o escombros.
zaga. f. Parte *posterior, trasera de una cosa. ‖ *Carga que se acomoda *en* la trasera de un *carruaje. ‖ m. El *último o posterior en el *juego. ‖ **A la zaga, a zaga,** o **en zaga.** m. adv. Atrás o *detrás. ‖ **No ir,** o **no irle,** uno **en zaga** a otro, o **no quedarse en zaga.** fr. fig. y fam. No ser inferior a otro en aquello de que se trata.
zagal. m. Muchacho que ha llegado a la *adolescencia. ‖ Mozo fuerte, *valiente y *gallardo. ‖ *Pastor mozo, subordinado al rabadán. ‖ Mozo que en los *carruajes de transporte tiene a veces el tiro a su cargo y ayuda al mayoral.
zagal. m. **Zagalejo** (refajo).
zagala. f. Muchacha *soltera. ‖ *Pastora joven. ‖ **Niñera.**
zagaleja. f. d. de **Zagala.**
zagalejo. m. Refajo que usan las lugareñas.
zagalejo. m. d. de **Zagal** (mozo).
zagalón, na. m. y f. *Adolescente muy crecido.
zagua. f. *Arbusto de las salsoláceas, que se utiliza como planta barrillera.
zagual. m. *Remo corto de una sola pieza, para embarcaciones pequeñas.
zaguán. m. Pieza cubierta que sirve de *vestíbulo en una casa.
zaguanete. m. d. de **Zaguán.** ‖ *Aposento para la guardia del *rey, en su palacio. ‖ Escolta o *guardia que acompaña a pie a las personas reales.
zaguera. f. **Zaga** (parte *posterior).
zaguero, ra. adj. Que se queda o está *atrás. ‖ Dícese del carro que lleva exceso de *carga en la parte de atrás. ‖ m. Jugador que se coloca detrás en el juego de *pelota.
zagüía. f. En Marruecos, especie de ermita en que se halla la *sepultura de un santón.
zahareño, ña. adj. **Cetr.* Aplícase al pájaro *bravío o que con mucha dificultad se domestica. ‖fig. Desdeñoso, esquivo, *intratable.
zaharí. adj. **Zafarí.**
zaharrón. m. Moharracho o botarga.
zahén. adj. Dícese de una *moneda de oro que usaron los moros españoles.
zahena. f. Dobla zahén.
zaheridor, ra. adj. Que zahiere. Ú. t. c. s.
***zaherimiento.** m. Acción de zaherir.
***zaherir.** tr. *Reprender a uno echándole en cara alguna cosa. ‖ → Mortificar a uno con censuras, imputaciones maliciosas, etc.
***zahína.** f. Planta anual, de las gramíneas, con cañas de dos a tres metros de altura, flores en panoja y granos mayores que los cañamones, que sirven de alimento a las

aves. Toda la planta es buena para pasto de las vacas y otros animales. || Semilla de esta planta.

zahinar. m. Tierra sembrada de *zahína.

zahínas. f. pl. *Gachas de harina que no se dejan espesar.

zahón. m. Especie de *calzón de cuero o paño, con perniles abiertos que llegan a media pierna y se atan a los muslos. Ú. m. en pl.

zahonado, da. adj. Aplícase a los pies y manos que en algunas *reses tienen distinto color por delante.

zahondar. tr. *Ahondar o *excavar la tierra. || intr. *Hundirse los pies en ella. || *Sumergirse, irse al fondo.

zahora. f. *Comida o merienda en que hay bulla y *alboroto.

zahorar. intr. Celebrar zahoras.

zahorí. m. Persona que pretende *adivinar o *descubrir lo que está *oculto, y especialmente debajo de la tierra. || Persona que pretende descubrir *manantiales subterráneos. || fig. Persona perspicaz y escudriñadora.

zahorra. f. *Mar.* **Lastre.**

zahúrda. f. **Pocilga.**

zaida. f. *Ave zancuda, parecida a la grulla, con un moño eréctil de plumas obscuras y filiformes que le caen sobre el cuello.

zaina. f. *Germ.* **Bolsa.**

zaino, na. adj. *Traidor, falso. || Aplícase a cualquiera caballería que da indicios de ser falsa. || Aplícase a la *caballería de pelaje castaño obscuro que no tiene otro color. || En el ganado *vacuno, el de color negro sin ningún pelo blanco. || **A lo zaino, o de zaino.** m. adv. Al soslayo, con *disimulo.

zajarí. adj. **Zafarí.**

zalá. f. **Azalá.** || **Hacer** uno **la zalá** a otro. fr. fig. y fam. *Agasajarle con gran rendimiento para conseguir alguna cosa.

zalagarda. f. *Emboscada para coger descuidado al enemigo. || **Escaramuza.** || fig. *Trampa o lazo para que caigan en él los animales. || fig. y fam. *Astucia maliciosa con que uno procura engañar a otro afectando *halago. || fig. y fam. *Alboroto repentino para espantar a los que están descuidados. || fig. y fam. *Contienda regularmente fingida, de palos y cuchilladas, en que hay mucho *alboroto.

zalama. f. **Zalamería.**

zalamelé. m. **Zalama.**

zalamería. f. *Caricia, halago o demostración de cariño afectada y empalagosa.

zalamero, ra. adj. Que hace zalamerías. Ú. t. c. s.

zalea. f. *Cuero de oveja o carnero, curtido de modo que conserve la lana.

zalear. tr. *Arrastrar o *sacudir una cosa a un lado y a otro. || Destrozar, *romper.

zalear. tr. **Zacear** (*ahuyentar).

zalema. f. fam. Reverencia o *cortesía humilde en muestra de sumisión.

zaleo. m. Acción de zalear o *sacudir. || Zalea de la res muerta por el lobo. || **Zalea.**

zalmedina. m. *Magistrado antiguo de Aragón con jurisdicción civil y criminal.

zaloma. f. **Saloma.**

zalona. f. *Vasija grande, de barro sin vidriar, de boca ancha y con una o dos asas.

zallar. tr. *Mar.* Hacer rodar o *deslizar una cosa en el sentido de su longitud y hacia la parte exterior de la nave.

zamacuco. m. fam. Hombre *tonto y abrutado. || Hombre solapado, que con *disimulo y *astucia hace su voluntad. || fig. y fam. ***Borrachera.**

zamacueca. f. *Baile popular americano. || *Música y canto de este baile.

zamanca. f. fam. **Somanta.**

zamarra. f. Prenda de *vestir, a modo de chaqueta, hecha de piel con su lana o pelo. || *Piel de carnero.

zamarrada. f. Acción propia de un zamarro. || *Enfermedad larga y grave.

zamarrear. tr. *Sacudir a un lado y a otro la res o presa asida con los dientes, como hacen los *perros, lobos, etc. || fig. y fam. *Maltratar a uno trayéndolo con violencia o golpes de una parte a otra. || fig. y fam. Apretar a uno en la disputa o en la *contienda, poniéndolo en apuro.

zamarreo. m. Acción de zamarrear.

zamarrico. m. *Alforja o zurrón hecho de zalea.

zamarrilla. f. *Planta anual de las labiadas, que se usaba en la preparación de la triaca.

zamarro. m. **Zamarra.** || fig. y fam. Hombre *rústico, sucio y *desaliñado. || Hombre *astuto. || pl. Especie de zahones para montar a caballo.

zamarrón. m. aum. de **Zamarra.**

zambacueca. f. **Zamacueca.**

zambaigo, ga. adj. **Zambo** (descendiente de negro e india). Ú. t. c. s. || *Etnogr.* Dícese del descendiente de chino e india o de indio y china. Ú. t. c. s.

zambapalo. m. *Danza grotesca oriunda de América, que se usó en España antiguamente. || *Música de esta danza.

zambarco. m. **Guarn.* Correa ancha que ciñe el pecho de las caballerías de tiro, para sujetar a ella los tirantes. || **Francalete.**

zambear. intr. Ser zambo, tener las *piernas torcidas.

zámbigo, ga. adj. **Zambo.** Ú. t. c. s.

zambo, ba. adj. Dícese de la persona que por mala configuración tiene juntas las rodillas y separadas las *piernas hacia afuera. Ú. t. c. s. || **Etnogr.* Dícese, en América, del hijo de negro e india, o al contrario. Ú. t. c. s. || m. *Mono americano, de pelaje pardo amarillento, hocico negro y muy aplastadas y abiertas las narices. Es feroz y lascivo.

zamboa. f. **Azamboa.**

zambomba. f. *Instrumento rústico musical, compuesto de una caja redonda, de barro cocido o de madera, abierta por un extremo y cerrada por el otro con una piel muy tirante que tiene en el centro, bien sujeto, un carrizo. El sonido, que es bronco y monótono, se produce empuñando el carrizo con la mano húmeda y frotando arriba y abajo. || Vejiga de cerdo inflada. || **¡Zambomba!** interj. fam. con que se manifiesta *sorpresa.

zambombazo. m. Porrazo, *golpe fuerte. || *Estallido o detonación fuerte.

zambombo. m. fig. y fam. Hombre *rústico y *necio.

zamborondón, na. adj. **Zamborotudo.** Ú. t. c. s.

zamborotudo, da. adj. fam. *Tosco, grueso y mal formado. || fig. y fam. Dícese de la persona que hace las cosas con *imperfección. Ú. t. c. s.

zamborrotudo, da. adj. **Zamborotudo.** Ú. t. c. s.

zambra. f. *Fiesta que celebraban los moriscos, con *bailes y gran algazara. || fig. y fam. Algazara, bullicio y *alboroto de muchos.

zambra. f. Especie de *embarcación que usan los moros.

zambucar. tr. fam. *Meter de pronto una cosa entre otras para *ocultarla.

zambuco. m. fam. Acción de zambucar. Ú. especialmente entre *fulleros.

zambullida. f. **Zambullidura.** || Especie de treta de la *esgrima.

zambullidor, ra. adj. Que zambulle o se zambulle.

zambullidura. f. Acción y efecto de zambullir o zambullirse.

zambullimiento. m. **Zambullidura.**

zambullir. tr. *Sumergir una cosa con ímpetu o de golpe. Ú. t. c. r. || r. fig. *Ocultarse o *meterse en alguna parte.

zambullo. m. Bacín grande. || **Acebuche.**

zamorano, na. adj. Natural de Zamora. Ú. t. c. s. || Perteneciente a esta ciudad.

zampa. f. Cada una de las estacas o *palos que se clavan en un terreno para asegurar la *cimentación.

zampabodigos. com. fam. **Zampatortas.**

zampabollos. com. fam. **Zampatortas.**

zampalimosnas. com. fam. Persona que *mendiga con desvergüenza e importunidad.

zampapalo. com. fam. **Zampatortas.**

zampar. tr. *Meter una cosa en otra de prisa y para *ocultarla. || *Comer con *gula. || r. *Entrarse de golpe en una parte.

zampatortas. com. fam. Persona que *come con *gula. || fig. y fam. Persona que da muestra de *necedad y *grosería.

zampeado. m. *Arq.* Obra de *cimentación que se hace de cadenas de madera y macizos de mampostería.

zampear. tr. *Arq.* Afirmar el terreno con zampeados.

zampón, na. adj. fam. Que *come mucho, tragón. Ú. t. c. s.

zampoña. f. *Instrumento rústico, a modo de flauta, o compuesto de muchas flautas. || **Pipiritaña.** || fig. y fam. Dicho trivial o *insignificante.

zampuzar. tr. **Zambullir.** || fig. y fam. **Zampar.**

zampuzo. m. Acción y efecto de zampuzar.

zamuro. m. **Aura** (*ave).

zanahoria. f. *Planta herbácea anual, de las umbelíferas, con raíz fusiforme, jugosa y comestible. || *Raíz de esta planta.

zanahoriate. m. **Azanahoriate.**

zanate. m. Cierto *pájaro de los dentirrostros, de plumaje negro, propio de América.

zanca. f. En Marruecos, ***calle.**

zanca. f. *Pierna larga de las *aves, desde el tarso hasta la juntura del muslo. || fig. y fam. *Pierna del hombre o de cualquier animal, sobre todo cuando es larga y delgada. || *Alfiler grande. || *Arq.* Madero inclinado que sirve de apoyo a los peldaños de una *escalera. || **Andar** uno **en zancas de araña.** fr. fig. y fam. Usar de *rodeos o *tergiversaciones para huir de una dificultad. || **Por zancas o por barrancas.** loc. fig. y fam. Con *resolución y sin reparar en obstáculos.

zancada. f. *Paso largo con movimiento acelerado.

zancadilla. f. Treta de la *lucha, que consiste en cruzar uno su pierna por detrás de la de otro, y apre-

tar al mismo tiempo con ella para derribarle. ‖ fig. y fam. *Engaño, trampa o *asechanza. ‖ **Armar zancadilla.** fr. fig. y fam. **Armar lazo.**
zancajear. intr. *Andar mucho de una parte a otra.
zancajera. f. Parte del *estribo, donde se pone el pie para entrar en el *coche.
zancajiento, ta. adj. **Zancajoso.**
zancajo. m. *Hueso del pie, que forma el talón. ‖ Parte del *pie, donde sobresale el talón. ‖ fig. y fam. **Zancarrón.** ‖ fig. Parte del *zapato o *media, que cubre el talón especialmente si está rota. ‖ fig. y fam. Persona de mala figura o demasiado *pequeña. ‖ **No llegarle** uno **a los zancajos,** o **al zancajo,** a otro. fr. fig. y fam. Ser muy *inferior a él en cualquier línea. ‖ **Roer los zancajos** a uno. fr. fig. y fam. *Murmurar de él en su ausencia.
zancajoso, sa. adj. Que tiene los *pies torcidos y vueltos hacia afuera. ‖ Que tiene grandes zancajos o descubre rotos y sucios los de sus medias; *desaliñado.
zancarrón. m. fam. Cualquiera de los *huesos de la *pierna, despojado de carne. ‖ fig. y fam. Hombre *flaco, *viejo, feo y desaseado. ‖ fig. y fam. El que *enseña ciencias o artes de que entiende poco.
zanco. m. Cada uno de dos *palos altos y dispuestos con sendas horquillas, en que se afirman y atan los pies a cierta distancia del suelo. Sirven para *andar sin mojarse por donde hay agua, y también para *juegos de agilidad y equilibrio. ‖ *Mar.* Cada uno de los palos o astas que, con sus grímpolas, se ponen en las cabezas de los *masteleros. ‖ *Arq.* Parte inferior del faldón de una *armadura. ‖ **En zancos.** loc. fig. y fam. En posición muy *adelantada o ventajosa, comparada con la que antes se tenía.
zancón, na. adj. fam. **Zancudo.** ‖ Aplícase al *traje demasiado corto.
zancudo, da. adj. Que tiene las zancas largas. ‖ *Zool.* Dícese de las *aves que tienen los tarsos muy largos y la parte inferior de la pierna desprovista de plumas. Ú. t. c. s. ‖ f. pl. *Zool.* Orden de estas aves. ‖ m. ***Mosquito.**
zandía. f. **Sandía.**
zanfonía. f. *Instrumento músico de cuerda, que se toca haciendo dar vueltas con un manubrio a un cilindro armado de púas.
zanga. f. Juego de *naipes entre cuatro, parecido al del cuatrillo. ‖ *Palo largo, que lleva otro más corto articulado con una correa y sirve para varear y *cosechar las bellotas.
zangaburra. f. **Cigoñal** (para sacar agua).
zangala. f. *Tela de hilo muy engomada.
zangamanga. f. fam. Treta, ardid, *habilidad.
zanganada. f. fam. Hecho o dicho *impertinente e *inoportuno.
zangandongo, ga. m. y f. fam. **Zangandungo.**
zangandullo, lla. m. y f. fam. **Zangandungo.**
zangandungo, ga. m. y f. fam. Persona *torpe, desmañada, *holgazana.
zanganear. intr. fam. Andar *vagando de una parte a otra.
zanganería. f. Calidad de zángano u *holgazán.
zángano. m. Macho de la *abeja maestra o reina. ‖ fig. y fam. Hombre *holgazán que se sustenta con el trabajo ajeno.
zangarilla. f. Caseta de madera hecha en medio de un río, y en la cual se colocan algunos rodeznos para poder *moler en el verano.
zangarilleja. f. fam. Muchacha *desaliñada y *vagabunda.
zangarrear. intr. fam. Tocar o rasguear sin arte en la *guitarra.
zangarriana. f. **Veter.* **Comalía.** ‖ fig. y fam. *Enfermedad leve y pasajera, que repite con frecuencia. ‖ fig. y fam. *Tristeza, melancolía. ‖ *Pereza, dejadez.
zangarrón. m. Moharracho que interviene en la *danza.
zangarullón. m. fam. **Zangón.**
zangolotear. tr. fam. *Agitar o mover continua o violentamente una cosa. Ú. t. c. r. ‖ intr. fig. y fam. Moverse una persona de una parte a otra o *vagar sin concierto ni propósito. ‖ r. fam. Moverse ciertas cosas por estar *inseguras o mal encajadas.
zangoloteo. m. fam. Acción de zangolotear o zangolotearse.
zangolotino, na. adj. fam. V. **Niño zangolotino.** Ú. t. c. s.
zangón. m. fam. *Joven desgarbado y *ocioso.
zangotear. tr. fam. **Zangolotear.**
zangoteo. tr. fam. **Zangoloteo.**
zanguanga. f. fam. *Enfermedad *fingida o pretexto para no trabajar. ‖ fam. **Lagotería.**
zanguango, ga. adj. fam. Indolente, *perezoso. Ú. m. c. s.
zanguayo. m. fam. Hombre *alto, desvaído y *perezoso.
zanja. f. *Excavación larga y angosta que se hace en la tierra para *cimentación de construcciones, conducción de aguas, etc. ‖ *Amér.* **Arroyada.** ‖ **Abrir las zanjas.** fr. Empezar el *edificio. ‖ fig. Dar *principio a una cosa.
zanjar. tr. Echar zanjas o abrirlas para *cimentar un edificio o para otro fin. ‖ fig. Remover todas las dificultades de un asunto, *facilitar su *solución.
zanjón. m. *Cauce o zanja grande y profunda por donde corre el agua.
zanqueador, ra. adj. Que anda zanqueando. Ú. t. c. s. ‖ Que *anda mucho. Ú. t. c. s.
zanqueamiento. m. Acción de zanquear.
zanquear. intr. Torcer las *piernas al *andar. ‖ *Andar mucho y con prisa de una parte a otra.
zanquilargo, ga. adj. fam. Que tiene largas las zancas o *piernas. Ú. t. c. s.
zanquilla, ta. f. d. de **Zanca.** ‖ m. fig. y fam. Hombre que tiene las *piernas delgadas y cortas, o es muy *bajo de estatura.
zanquillas, tas. m. fam. **Zanquilla** (hombre bajo o de piernas torcidas).
zanquituerto, ta. adj. fam. Que tiene tuertas las zancas. Ú. t. c. s.
zanquivano, na. adj. fam. Que tiene largas y muy flacas las *piernas. Ú. t. c. s.
zapa. f. Especie de *pala herrada, con un corte acerado, que usan los zapadores o gastadores. ‖ **Fort.* Excavación de galería subterránea o de zanja al descubierto. ‖ **Caminar a la zapa.** fr. *Mil.* Avanzar los *sitiadores resguardados por las galerías o trincheras que abren ellos mismos.
zapa. f. **Lija** (para *pulir). ‖ *Piel labrada de modo que la flor forme grano. ‖ Labor que en obras de metal imita los granitos de la lija.
zapador. m. *Soldado destinado a trabajar con la zapa.
zapalota. f. **Nenúfar.**
zapallo. m. **Calabacero** (árbol). ‖ Cierta calabaza comestible.
***zapapico.** m. Herramienta de hierro con mango de madera y dos bocas opuestas, terminada la una en punta y la otra en corte angosto.
zapaquilda. f. fam. Gata, hembra del *gato.
zapar. intr. Trabajar con la zapa.
zaparda. f. Carpa o tenca de color pardo sucio.
zaparrada. f. **Zarpazo.**
zaparrastrar. intr. fam. Llevar *arrastrando los *vestidos de modo que se ensucien.
zaparrastroso, sa. adj. fam. **Zarrapastroso.** Ú. t. c. s.
zaparrazo. m. fam. **Zarpazo.**
zapata. f. *Calzado que llega a media pierna, como el coturno antiguo. ‖ Pedazo de cuero que a veces se pone debajo del quicio de la *puerta para que no rechine. ‖ Zócalo o *cimiento de fábrica en que se apoya una pared de madera. ‖ Pieza del freno de los carruajes que actúa por fricción contra el eje o las ruedas para moderar o *detener el movimiento. ‖ *Arq.* *Madero corto puesto horizontalmente sobre la cabeza de un pie derecho para sostener la carrera y aminorar su vano. ‖ **Arq. Nav.* Tablón que se clava en la cara inferior de la quilla para defenderla de las varadas. ‖ *Mar.* Pedazo de madera con que se resguarda la uña del *ancla. ‖ pl. **Fárfaras.**
zapatazo. m. *Golpe dado con un *zapato. ‖ fig. *Caída y ruido que resulta de ella. ‖ fig. Golpe recio que se da contra cualquier cosa. ‖ fig. Golpe que las *caballerías dan con el casco, al sentarlo con fuerza. ‖ *Mar.* Sacudida que da una *vela que flamea. ‖ **Mandar** a uno **a zapatazos.** fr. fig. y fam. **Mandarle a puntapiés.** ‖ **Tratar** a uno **a zapatazos.** fr. fig. y fam. *Maltratarle, tratarle con *desprecio.
zapateado. m. *Baile español en compás ternario y con gracioso zapateo. ‖ Música de este baile.
zapateador, ra. adj. Que zapatea. Ú. t. c. s.
zapatear. tr. *Golpear con el *zapato. ‖ Dar golpes en el suelo con los pies calzados. ‖ En ciertos *bailes, golpear el suelo con los pies al compás de la música. ‖ Golpear el *conejo rápidamente la tierra con las manos, al emprender la huida. ‖ Toparse y alcanzarse la *caballería cuando anda o corre. ‖ fig. y fam. *Maltratar a uno de obra o palabra. ‖ **Esgr.* Dar o señalar uno muchos golpes a su contrario con el botón o zapatilla. ‖ intr. *Equit.* Moverse el *caballo aceleradamente sin mudar de sitio. ‖ *Mar.* Dar zapatazos las *velas. ‖ r. fig. Tenerse firme con alguno en alguna *contienda o disputa.
zapateo. m. Acción y efecto de zapatear.
zapatera. f. Mujer del *zapatero. ‖ La que hace *zapatos o los vende. ‖ fam. La que se queda sin hacer bazas o tantos en el *juego.
zapatería. f. Taller donde se hacen *zapatos. ‖ Tienda donde se venden. ‖ Sitio o calle donde hay muchas tiendas de zapatos. ‖ Oficio de hacer zapatos.
zapateril. adj. Propio del zapatero.
***zapatero, ra.** adj. **Culin.* Aplícase a las legumbres y otras viandas cuan-

do, por defectuosa *cocción u otra causa, resultan *duras y correosas. || → m. El que por oficio hace *zapatos o los vende. || *Pez marino acantopterigio, de cabeza puntiaguda, cola ahorquillada y ojos pequeños, negros y con cerco dorado. || **Tejedor** (*insecto). || fam. El que se queda sin hacer bazas o tantos en el *juego. || **Renacuajo.** || **Escarabajo.** || **valiente.** El remendón.

zapateta. f. *Golpe o palmada que se da en el pie o zapato, brincando al mismo tiempo en señal de *alegría. || **¡Zapateta!** interj. que denota admiración o *sorpresa.

zapatilla. f. *Zapato ligero y de suela muy delgada. || *Zapato de comodidad o abrigo para estar en casa. || Pedacito de ante que se ponía detrás del muelle de la llave de las *armas de fuego*. || Pedazo de ante que se pone en las llaves de los *instrumentos de viento para que cierren bien los agujeros. || **Suela** (del taco de billar). || Uña o *casco de los animales de pata hendida. || En la *escritura, rasgo horizontal que suelen llevar por adorno los trazos rectos de las letras. || **Esgr.* Forro de cuero con que se cubre el botón de los floretes y espadas. || Rodaja de cuero que se pone al extremo de la cuerda de bailar el *peón. || **de la reina. Pamplina** (*planta). || **de orillo.** La que se hace de un tejido formado con recortes de orillos.

zapatillazo. m. *Golpe dado con una zapatilla.

zapatillero, ra. m. y f. Persona que hace zapatillas o que las vende.

***zapato.** m. Calzado que no pasa del tobillo, con la parte inferior de suela. || **argentado. Zapato** picado que descubría por las picaduras la piel o tela de distinto color que se ponía debajo. || **botín.** Media bota, que por lo regular no pasa de la media pierna, y está asida o unida con el **zapato** ordinario. || **Zapatos papales.** Los que se calzan sobre los que se traen de ordinario. || **Andar** uno **con zapatos de fieltro.** fr. fig. Proceder con mucho *secreto y recato.

zapatudo, da. adj. Que tiene los *zapatos demasiado grandes o muy fuertes. || Dícese del animal muy calzado de *uña.

zapatudo, da. adj. Asegurado o reforzado con una zapata.

¡zape! interj. fam. que se emplea para *ahuyentar a los *gatos, o para manifiesta sorpresa, *peligro, etc. || fam. Se emplea en algunos juegos de *naipes para negar la carta que pide el compañero.

zapear. tr. *Ahuyentar al *gato con la interjección ¡zape! || Dar zape en ciertos juegos de *naipes. || fig. y fam. *Ahuyentar a uno.

zapita. f. **Colodra** (*vasija).

zapito. m. **Colodra.**

zapo. m. Gusano de *seda que no hila el capullo.

zapotal. m. Terreno en que abundan los zapotes.

zapote. m. *Árbol americano de las sapotáceas, de fruto comestible, de forma de manzana, con carne dulce y aguanosa, y una semilla gruesa, negra y lustrosa. || Fruto de este árbol. || **Chico zapote.** *Árbol americano de las sapotáceas, de fruto aovado, con la pulpa rojiza, muy suave y azucarada. || Fruto de este árbol.

zapotero. m. **Zapote** (*árbol).

zapotillo. m. **Chico zapote.**

zapoyol. m. Hueso o *pepita del zapote.

zapoyolito. m. *Ave trepadora, especie de perico pequeño, propia de América.

zapuzar. tr. **Chapuzar.**

zaque. m. *Odre pequeño. || fig. y fam. Persona *borracha.

zaquear. tr. Mover o *transvasar líquidos de unos zaques a otros. || Transportar líquidos en zaques.

zaquizamí. m. *Desván, sobrado. || fig. Casilla o *aposento pequeño, desacomodado y poco limpio.

zar. m. Título del *emperador de Rusia y del *soberano de Bulgaria.

zara. f. **Maíz.**

zarabanda. f. *Danza picaresca y de movimientos lascivos que se usó en España antiguamente. || *Música de esta danza, que solía acompañarse con las castañuelas. || Copla que se cantaba con esta música. || fig. Cualquier cosa que causa *ruido estrepitoso, *alboroto o molestia.

zarabandista. adj. Que *baila, tañe o canta la zarabanda. Ú. t. c. s. || Que compone coplas para esta música. Ú. m. c. s. || fig. Aplícase a la persona *alegre y bulliciosa. Ú. m. c. s.

zarabando, da. adj. **Zarabandista.**

zarabutear. tr. fam. **Zaragutear.**

zarabutero, ra. adj. fam. **Zaragutero.** Ú. t. c. s.

zaracear. intr. Caer *escarcha en forma de agujas de hielo.

zaragalla. f. *Carbón vegetal menudo. || Pandilla de *muchachos.

zaragata. f. fam. *Contienda, *alboroto, tumulto.

zaragate. m. Persona *despreciable.

zaragatero, ra. adj. fam. *Bullicioso, aficionado a zaragatas. Ú. t. c. s.

zaragatona. f. *Planta herbácea anual, de las plantagináceas. Produce un fruto capsular con muchas semillas menudas y brillantes, que, cocidas, dan una substancia mucilaginosa. || Semilla de esta planta.

zaragocí. adj. V. **Ciruela zaragocí.**

zaragozano, na. adj. Natural de Zaragoza. Ú. t. c. s. || Perteneciente a esta ciudad.

zaragüelles. m. pl. Especie de *calzones anchos y follados en pliegues, que se usaban antiguamente. || *Planta de las gramíneas. || fig. y fam. *Calzones muy anchos, largos y mal hechos. || *Calzoncillos blancos que se dejan asomar en la pierna por debajo del calzón.

zaragutear. tr. fam. Embrollar, *enredar, hacer cosas con *precipitación y torpeza.

zaragutero, ra. adj. fam. Que zaragutea. Ú. t. c. s.

zarajo. m. Trenzado de tripas de cordero, asado al horno y que se conserva colgado al humo como los *embutidos.

zaramagullón. m. **Somorgujo.**

zarambeque. m. Tañido y *danza de negros, alegre y bulliciosa.

zaramullo. m. **Zascandil.**

zaranda. f. ***Criba.** || *Cedazo rectangular con fondo de red de tomiza, que se emplea en los *lagares. || Pasador de metal que se usa para *colar la jalea y otros dulces. || **Trompa** (*juguete).

zarandador, ra. m. y f. Persona que mueve la zaranda o echa el trigo u otro grano en ella.

zarandajas. f. pl. fam. Cosas menudas, *insignificantes o *accesorias. || *Desperdicios de las reses de *matadero.

zarandalí. adj. V. **Palomo zarandalí.**

zarandar. tr. Limpiar el grano o la uva, pasándolos por la zaranda. || *Colar el dulce con la zaranda. || fig. y fam. *Sacudir o mover una cosa con ligereza y facilidad. Ú. t. c. r. || fig. y fam. *Separar de lo común lo especial y más precioso.

zarandear. tr. **Zarandar.** Ú. t. c. r. || fig. Ajetrear, azacanar. || r. **Contonearse.**

zarandeo. m. Acción y efecto de zarandear o zarandearse.

zarandero, ra. m. y f. **Zarandador.**

zarandilla. f. **Lagartija.**

zarandillo. m. Zaranda pequeña. || fig. y fam. El que con *prontitud y soltura *anda de una parte a otra. Aplícase comúnmente a los muchachos *traviesos. || **Traerle** a uno **como un zarandillo.** fr. fig. y fam. Hacerle *ir frecuentemente de una parte a otra.

zaranga. f. **Culin.* Fritada parecida al pisto.

zarapatel. m. Especie de alboronía.

zarapito. m. *Ave zancuda, del tamaño del gallo, de pico delgado, córneo y encorvado por la punta.

zarapón. m. **Lampazo** (*planta).

zaratán. m. *Cáncer de las *mamas, en la mujer.

zaraza. f. *Tela de algodón muy fina, con listas de colores o con flores estampadas sobre fondo blanco, que se traía de Asia.

zarazas. f. pl. Masa que se hace mezclando vidrio molido, substancias *venenosas, etc., y se emplea para matar *perros, ratones, etc.

zarazo, za. adj. Aplícase al fruto a medio *madurar.

zarbo. m. Cierto *pez de río, semejante al gobio.

zarcear. tr. Limpiar y *desobstruir los conductos y las cañerías, introduciendo en ellas unas zarzas largas. || intr. Entrar el *perro en los zarzales para buscar o echar fuera la caza. || fig. *Pasar de una parte a otra.

zarceño, ña. adj. Perteneciente o relativo a la *zarza.

zarcera. f. Respiradero abierto en las bodegas para *ventilarlas.

zarcero, ra. adj. V. ***Perro zarcero.** Ú. t. c. s.

zarceta. f. **Cerceta** (*ave).

zarcillitos. m. pl. **Tembladera** (planta).

***zarcillo.** m. *Arete o pendiente. || Instrumento a manera de *azada, aunque con el cabo más corto, para escardar el trigo. || **Almocafre.** || Arco de *cuba. || → *Bot.* Cada uno de los tallitos volubles que para asirse tienen ciertas plantas trepadoras; como la vid.

zarco, ca. adj. De *color azul claro. Ú. hablando de los *ojos.

zarevitz. m. Hijo del zar. || En particular, *príncipe primogénito del zar reinante.

zargatona. f. **Zaragatona.**

zariano, na. adj. Perteneciente o relativo al zar.

zarigüeya. f. *Mamífero didelfo, americano, con cabeza parecida a la de la zorra, hocico y orejas negros, pelaje pardo rojizo, y cola prensil.

zarina. f. Esposa del zar. || Emperatriz de Rusia.

zarismo. m. Forma de *gobierno absoluto, propia de los zares.

zarja. f. **Azarja.**

zarpa. f. **Mar.* Acción de zarpar. || *Garra, mano con dedos y uñas, en ciertos animales. || **Cazcarria.** || **Echar** uno **la zarpa.** fr. fig. y fam. Agarrar o *asir con las manos o

las uñas. ‖ fig. y fam. *Apoderarse de algo por violencia o engaño.
zarpa. f. *Arq.* Parte en que la anchura de un *cimiento excede a la del muro que se levanta sobre él.
zarpada. f. *Golpe dado con la zarpa.
zarpar. intr. **Mar.* **Levar anclas.**
zarpazo. m. **Zarpada.** ‖ **Batacazo.**
zarpear. tr. Salpicar de *lodo, llenar de cazcarrias.
zarposo, sa. adj. Que tiene zarpas o cazcarrias.
zarrabete. m. **Zanfonía.**
zarracatería. f. *Halago fingido y engañoso.
zarracatín. m. fam. Regatón que procura *comprar barato para *vender caro.
zarragón. m. **Zangarrón.**
zarrampín. m. **Acedera.**
zarramplín. m. fam. Hombre chapucero y *torpe. ‖ Pelagatos, persona *despreciable, pobre diablo.
zarramplinada. f. fam. *Desacierto propio del zarramplín.
zarranja. f. *Peine para rastrillar el *lino.
zarrapastra. f. fam. **Cazcarria.**
zarrapastrón, na. adj. fam. Que anda muy zarrapastroso. Ú. t. c. s.
zarrapastrosamente. adv. m. fam. Con *desaliño y desaseo.
zarrapastroso, sa. adj. fam. Andrajoso, *desaliñado. Ú. t. c. s.
zarria. f. **Cazcarria.** ‖ Pingajo, *andrajo.
zarria. f. *Correa que se mete entre los ojales de la abarca, para asegurarla bien.
zarriento, ta. adj. Que tiene zarrias o cazcarrias.
zarrio, rria. adj. **Charro** (*tosco, de mal gusto).
zarrioso, sa. adj. Lleno de zarrias. ‖ Desmadejado, *débil.
zarro. m. *Mar.* Trozo de *cabo grueso para aferrar una vela.
***zarza.** f. Arbusto de las rosáceas, con tallos sarmentosos, provistos de aguijones fuertes y ganchosos. Su fruto es la zarzamora. ‖ **lobera. Escaramujo.**
zarzagán. m. *Viento cierzo muy frío.
zarzaganete. m. d. de **Zarzagán.**
zarzaganillo. m. d. de **Zarzagán.** ‖ *Viento cierzo que causa tempestades.
zarzahán. m. Especie de *tela de seda, delgada como el tafetán y con listas de colores.
zarzal. m. Sitio poblado de *zarzas.
zarzaleño, ña. adj. Perteneciente o relativo al zarzal.
***zarzamora.** f. Fruto de la zarza, que cuando maduro es una baya compuesta de granillos negros y lustrosos. ‖ **Zarza.**
zarzaparrilla. f. *Arbusto de las esmiláceas, con fruto en bayas globosas como el guisante y raíces fibrosas y casi cilíndricas. ‖ Cocimiento de la raíz de esta planta, que se usa mucho en medicina. ‖ *Bebida refrescante preparada con esta planta. ‖ **de Indias.** Arbusto americano del mismo género que el de España. ‖ **de la tierra. Zarzaparrilla.**
zarzaparrillar. m. Campo en que se cría mucha zarzaparrilla.
zarzaperruna. f. **Escaramujo.**
zarzarrosa. f. Flor del escaramujo, muy parecida en la figura a la *rosa castellana.
zarzo. m. *Tejido de varas, *cañas, mimbres o juncos, que forma una superficie plana. ‖ **Menear** a uno **el zarzo.** fr. fig. y fam. **Zurrarle la badana.**
zarzoso, sa. adj. Que tiene zarzas.
zarzuela. f. d. de **Zarza.**
zarzuela. f. Obra *dramática y *musical en que alternativamente se declama y se canta. ‖ Letra de la obra de esta clase. ‖ *Música de la misma obra.
zarzuelero, ra. adj. Perteneciente o relativo a la zarzuela.
zarzuelista. com. Poeta que escribe zarzuelas. ‖ Maestro que compone música de zarzuela.
¡zas! Voz expresiva del *sonido que hace un *golpe, o del golpe mismo. ‖ **¡Zas, zas!** Voces con que se significa la repetición del golpe o del sonido de él.
zascandil. m. fam. Hombre *despreciable, *informal y enredador. ‖ desus. Hombre *astuto o *estafador.
zascandilear. intr. Portarse como un zascandil; andar de un lado para otro, bullir, *agitarse, *entremeterse, etc.
zata. f. **Zatara.**
zatara. f. Armazón de madera, a modo de *balsa, para transportes fluviales.
zatico, llo. m. El que tenía en palacio el cargo de cuidar del pan y alzar las mesas.
zato. m. Pedazo o mendrugo de *pan.
zaya. f. Caz del *molino.
zazo, za. adj. **Zazoso.**
zazoso, sa. adj. **Tartajoso.**
zeda. f. Nombre de la *letra *z.*
zedilla. f. *Letra de la antigua escritura española, todavía usada en francés y otros idiomas, que es una *c* con una virgulilla debajo (*ç*). ‖ Esta misma virgulilla.
zéjel. m. Composición *poética popular de los moros españoles.
zelandés, sa. adj. Natural de Zelandia. Ú. t. c. s. ‖ Perteneciente a esta provincia de Holanda.
zendavesta. m. Colección de los *libros sagrados* de los persas, escrita en zendo.
zendo, da. adj. Dícese de un *idioma de la familia indoeuropea usado antiguamente en las provincias septentrionales de Persia. Ú. t. c. s. m.
zenit. m. **Cenit.**
zepelín. m. *Globo rígido dirigible, inventado en Alemania.
zeta. f. **Zeda.** ‖ Sexta letra del alfabeto griego.
zeugma. f. **Gram.* Figura de construcción, que consiste en expresar en la primera de varias oraciones una palabra común a todas ellas, y en omitirla en las restantes.
zeuma. f. **Gram.* **Zeugma.**
Zeus. n. p. m. **Mit.* Dios supremo del Olimpo, identificado por los romanos con Júpiter.
zigzag. m. *Línea quebrada que forma alternativamente *ángulos entrantes y salientes.
zigzaguear. intr. Moverse en zigzag.
***zinc.** m. **Cinc.**
zipizape. m. fam. *Contienda ruidosa.
¡zis, zas! fam. **¡Zas, zas!**
zoantropía. f. Especie de *manía en la cual el enfermo se cree convertido en un animal.
zoca. f. ***Plaza.** ‖ Cepa o tocón.
zócalo. m. **Arq.* Cuerpo inferior de un edificio u obra, que sirve para elevar los basamentos a un mismo nivel. ‖ *Arq.* **Friso.** ‖ *Arq.* Miembro inferior del *pedestal, debajo del neto. ‖ *Arq.* Especie de pedestal.
zocatearse. r. Ponerse zocatos los frutos, *corromperse sin madurar.
zocato, ta. adj. fam. ***Zurdo.** Ú. t. c. s. ‖ Aplícase al fruto que se pone acorchado y *marchito sin madurar.
zoclo. m. Zueco, chanclo.
zoco. m. **Zueco.** ‖ *Arq.* **Zócalo.** ‖ **Andar** uno **de zocos en colodros.** fr. fig. y fam. Ir de mal en *peor.
zoco. m. ***Plaza.** ‖ En Marruecos, *mercado, lugar en que se celebra.
zoco, ca. adj. fam. **Zocato** (*zurdo). Ú. t. c. s. ‖ **A zocas.** m. adv. **A zurdas.**
zodiacal. adj. Perteneciente o relativo al *Zodiaco.
***zodiaco.** m. *Astr.* Zona o faja celeste por el centro de la cual pasa la Eclíptica, y que comprende los doce signos o constelaciones que recorre el Sol en su curso anual aparente. ‖ Representación material del **Zodiaco.**
zofra. f. Especie de tapete o *alfombra morisca.
zoilo. m. fig. *Crítico presumido, que se complace en censurar las obras ajenas.
zoizo. m. **Suizo.**
zolesco, ca. adj. Propio y característico de Zola, como *escritor.
zolocho, cha. adj. fam. *Necio, mentecato. Ú. t. c. s.
zoltaní. m. **Soltaní.**
zollipar. intr. fam. Dar zollipos o sollozar.
zollipo. m. fam. *Sollozo con hipo.
zollverein (voz alemana). m. Unión *aduanera de los Estados alemanes.
zoma. f. **Soma.**
zompo, pa. adj. **Zopo.** Ú. t. c. s.
zompopo. m. *Hormiga de cabeza grande, propia de América.
zona. f. Lista, *banda o faja. ‖ Extensión considerable de *terreno que tiene forma de banda o franja. ‖ **Geogr.* Cada una de las cinco partes en que se considera dividida la superficie de la Tierra por los trópicos y los círculos polares. ‖ **Geom.* Parte de la superficie de la *esfera, comprendida entre dos planos paralelos que la cortan. ‖ **de ensanche.** La que en la cercanía de las *poblaciones, está destinada para la futura extensión de aquéllas. ‖ **fiscal.** Demarcación en que rigen preceptos excepcionales en materia de *Hacienda. ‖ **glacial.** **Geogr.* Cada uno de los dos casquetes esféricos formados en la superficie de la Tierra por los círculos polares. ‖ **polémica.** **Fort.* Espacio en que para la defensa de una plaza o fortificación se establecen disposiciones especiales. ‖ **templada.** **Geogr.* Cada una de las dos comprendidas entre los trópicos y los círculos polares inmediatos. ‖ **tórrida.** **Geogr.* La comprendida entre ambos trópicos y dividida por el Ecuador en dos partes iguales.
zona. m. *Med.* Erupción de la *piel caracterizada por vesículas blancas, translúcidas, parecidas a perlas pequeñas y acompañadas de gran ardor.
zoncera. f. **Sosera.**
zoncería. f. **Sosería.**
zonchiche. m. Cierto buitre americano con la cabeza roja e implume.
zoncho. m. **Capacho.**
zonda. f. *Viento cálido del norte, en la Argentina.
zonote. m. **Cenote.**
zonzamente. adv. m. Con zoncería.
zonzo, za. adj. *Soso (que no tiene gracia). Apl. a pers., ú. t. c. s.
zonzorrión, na. adj. fam. Muy zonzo. Ú. t. c. s.
zonzorro. m. Agalla grande de *roble.
zoófago, ga. adj. *Zool.* Que se *alimenta de materias animales. Ú. t. c. s.

zoófito. m. *Zool.* *Animal que tiene aspecto de planta. || pl. *Zool.* Ú1tima de las cuatro grandes divisiones zoológicas, en la clasificación de Cuvier.
zoofitología. f. Parte de la *zoología que trata de los zoófitos.
zoografía. f. Parte de la *zoología, que tiene por objeto la descripción de los animales.
zoográfico, ca. adj. Perteneciente o relativo a la zoografía.
zoolatría. f. Adoración, *culto de los animales.
***zoología.** f. Parte de la historia natural, que trata de los animales.
***zoológico, ca.** adj. Perteneciente o relativo a la *zoología.
zoólogo. m. El que profesa la *zoología.
zoomorfo, fa. adj. Dícese de los signos del *zodiaco que representan un animal.
zoospermo. m. Filamento espermático del *semen.
***zootecnia.** f. Arte de la cría, multiplicación y mejora de los animales domésticos.
zootécnico, ca. adj. Perteneciente o relativo a la *zootecnia.
zootomía. f. Anatomía de los animales.
zopas. com. fam. Persona que cecea mucho.
zope. m. **Aura** (*ave).
zopenco, ca. adj. fam. *Necio y abrutado. Ú. t. c. s.
zopetero. m. **Ribazo.**
zopilote. m. **Aura** (*ave).
zopisa. f. **Brea.** || *Resina del pino.
zopitas. com. fam. **Zopas.**
zopo, pa. adj. Dícese del *pie o *mano torcidos o contrahechos. || Dícese de la persona que tiene torcidos o contrahechos los pies o las manos.
zoqueta. f. Especie de *guante de madera con que el *segador resguarda la mano izquierda de los cortes de la hoz.
zoquete. m. *Tarugo de *madera corto y grueso. || fig. Pedazo de *pan grueso e irregular. || fig. y fam. Hombre *feo y de *baja estatura. || fig. y fam. Persona *necia y torpe. Ú. t. c. adj.
zoquetero, ra. adj. *Vagabundo que va recogiendo zoquetes de pan. Ú. t. c. s.
zoquetudo, da. adj. *Tosco o mal hecho.
zorcico. m. Composición *musical en compás de cinco por ocho, popular en las provincias vascongadas. || Letra de esta composición musical. || *Baile que se ejecuta con esta música.
zorito, ta. adj. **Zurito.**
zoroástrico, ca. adj. Perteneciente o relativo al zoroastrismo.
zoroastrismo. m. **Mazdeísmo.**
zorollo. adj. *Blando, tierno. || Que no ha llegado a *madurar por completo.
zorongo. m. *Pañuelo doblado en forma de venda, que los aragoneses del pueblo llevan alrededor de la cabeza. || Moño ancho y aplastado que usan en su *tocado algunas mujeres. || *Baile popular andaluz. || *Música y *canto de este baile.
***zorra.** f. Mamífero carnicero de hocico agudo, frente plana, orejas empinadas, cola recta y gruesa y pelaje pardo rojizo en general. || Hembra de esta especie. || fig. y fam. Persona *astuta y solapada. || fig. y fam. ***Ramera.** || fig. y fam. ***Borrachera.** || **Desollar,** o **dormir, uno la zorra.** fr. fam. **Desollar el lobo.** || **Pillar** uno **una zorra.** fr. fam. **Embriagarse.**
zorra. f. *Carro bajo y fuerte para transportar pesos grandes.
zorrastrón, na. adj. fam. Pícaro, *astuto y *disimulado. Ú. t. c. s.
zorrera. f. Cueva o *guarida de *zorros. || fam. **Azorramiento.** || fig. Habitación en que hay mucho *humo.
zorrería. f. Astucia y cautela de la *zorra. || fig. y fam. *Astucia o ardid del que va a lograr mañosamente su intento.
zorrero, ra. adj. V. **Perdigón zorrero.** || V. ***Perro zorrero.** Ú. t. c. s. || fig. *Astuto, capcioso. || m. Persona que en los bosques *reales tenía el cargo de matar las zorras, lobos, etc.
zorrero, ra. adj. Aplícase a la *embarcación pesada en navegar. || fig. Que va *detrás de otros o queda rezagado.
zorrillo. m. **Mofeta** (*mamífero).
***zorro.** m. Macho de la *zorra. || *Piel de la zorra, curtida de modo que conserve el pelo. || fig. y fam. El *perezoso que se finge tonto por no trabajar, o hace tarda y pesadamente las cosas. || fig. y fam. Hombre muy taimado y *astuto. || → pl. Tiras de orillo o piel, colas de cordero, etcétera, que, unidas al extremo de un mango, sirven para sacudir el *polvo. || **Zorro azul. Raposo ferrero.**
zorro, rra. adj. **Zorrero** (pesado para navegar).
zorrocloco. m. fam. Hombre *disimulado y *astuto. || fam. **Arrumaco.** || pl. *Confit.* Especie de nuégados en forma de canutillos.
zorromoco. m. **Zangarrón.**
zorrón. m. aum. de **Zorra** (*ramera). || aum. de **Zorro** (hombre *astuto).
zorronglón, na. adj. fam. Aplícase al que ejecuta *lentamente o con *repugnancia las cosas que le mandan. Ú. t. c. s.
zorruela. f. d. de **Zorra.**
zorruelo. m. d. de **Zorro.**
zorrullo. m. **Zurullo.**
zorruno, na. adj. Perteneciente o relativo a la *zorra.
zorzal. m. *Pájaro del mismo género que el tordo, de cuerpo grueso, cabeza pequeña, pico delgado, y plumaje pardo por encima. || fig. Hombre *astuto. || Papanatas, hombre *necio. || **marino.** *Pez marino acantopterigio, de cabeza grande y lisa, hocico puntiagudo y labios abultados.
zorzaleño, ña. adj. V. **Aceituna zorzaleña.** || V. **Halcón zorzaleño.**
zoster. m. *Pat.* **Zona** (erupción de la *piel).
zote. adj. *Ignorante, *torpe y *necio. Ú. t. c. s.
zozobra. f. Acción y efecto de zozobrar. || Oposición y contraste de los *vientos, que hacen difícil o peligrosa la navegación. || fig. Inquietud, *desasosiego y congoja del ánimo. || fig. Cierto lance del juego de *dados.
zozobrante. p. a. de **Zozobrar.** Que zozobra.
zozobrar. intr. *Mar.* Peligrar la embarcación por la fuerza y contraste de los vientos. || *Naufragar o irse a pique. Ú. t. c. r. || fig. Estar en gran *riesgo de perderse una cosa. || fig. Estar *inquieto o sentir *vacilación en algún trance. || tr. Hacer **zozobrar.**
zozobroso, sa. adj. *Inquieto, lleno de zozobra.
zúa. f. **Zuda.**
zuavo. m. *Soldado argelino de infantería, al servicio de Francia. || *Soldado francés que lleva el mismo uniforme que el **zuavo** argelino.
zubia. f. Lugar en que abundan los *arroyos, o por donde corre mucha agua.
zucarino, na. adj. **Sacarino.** || V. **Alumbre zucarino.**
zucrería. f. ***Confitería.**
zucurco. m. *Planta chilena, de las umbelíferas, con hojas espinosas y flores amarillas.
zuda. f. **Azud.**
zueco. m. *Zapato de madera de una pieza, que usan algunos campesinos. || *Zapato de cuero con suela de corcho o de madera.
zueco, ca. adj. *Zurdo, zocato. Ú. t. c. s.
zuela. f. **Azuela.**
zuindá. m. Cierta *ave, especie de lechuza, de la Argentina.
zuiza. f. **Suiza.**
zuizón. m. **Suizón.**
zulacar. tr. Untar o cubrir con zulaque.
zulaque. m. *Betún en pasta hecho con estopa, cal, aceite y escorias o vidrios molidos, para tapar las juntas de las cañerías de aguas.
zulaquear. tr. **Zulacar.**
zulú. adj. Dícese del individuo de cierto *pueblo de raza negra que habita en el África austral. Ú. t. c. s. || Perteneciente o relativo a este pueblo.
zulla. f. *Planta herbácea, vivaz, de las leguminosas, que sirve de pasto para el ganado.
zulla. f. fam. *Excremento humano.
zullarse. r. fam. Hacer uno la *evacuación del vientre. || fam. ***Ventosear.**
zullenco, ca. adj. fam. Que *ventosea con frecuencia.
zullón, na. adj. fam. **Zullenco.** Ú. t. c. s. || m. fam. **Follón** (*ventosidad sin ruido).
zuma. f. Mimbrera arborescente.
zumacal. m. Tierra plantada de zumaques.
zumacar. m. **Zumacal.**
zumacar. tr. Adobar las *pieles con zumaque.
zumacaya. f. **Zumaya** (*ave zancuda).
zumaque. m. *Arbusto de las terebintáceas, de fruto drupáceo, redondo y rojizo. Tiene mucho tanino y se emplea como curtiente. || fam. **Vino.** || **del Japón. Barniz del Japón.** || **falso. Ailanto.**
zumaya. f. **Autillo** (*ave). || **Chotacabras.** || *Ave de paso, de las zancudas.
zumba. f. *Cencerro grande que lleva la caballería delantera de una recua, o el buey que hace de cabestro. || **Bramadera** (*juguete). || fig. *Burla, *chanza o chasco ligero. || Tunda, *zurra.
zumbador, ra. adj. Que zumba.
zumbar. intr. Hacer una cosa *ruido sordo y continuado, como el que se siente a veces dentro de los mismos oídos. || fig. y fam. Estar una cosa tan *próxima, que falte poco para llegar a ella. || tr. fam. **Dar** (*golpes, bofetadas, etc.). || fig. Dar *broma o chasco a uno. Ú. t. c. r. || **Azuzar.**
zumbel. m. Cuerda que se arrolla al *peón o trompo para hacerle bailar.
zumbel. m. fam. *Ceño, expresión ceñuda del semblante.
zumbido. m. Acción y efecto de zumbar. || fam. *Golpe o porrazo que se da a uno.

zumbilín. m. *Dardo que se usa en Filipinas, hecho de palma brava.
zumbo. m. **Zumbido.**
zumbón, na. adj. V. **Cencerro zumbón.** Ú. t. c. s. ‖ fig. y fam. Dícese del que frecuentemente usa de *burlas o tiene el genio festivo y poco serio. Ú. t. c. s. ‖ V. **Palomo zumbón.** Ú. t. c. s.
zumel. m. *Calzado que usan los araucanos, semejante a las botas de potro. Ú. m. en pl.
zumiento, ta. adj. Que contiene mucho *zumo.
zumillo. m. d. de ***Zumo.** ‖ **Dragontea.** ‖ **Tapsia.**
***zumo.** m. Líquido contenido en los vegetales u otras cosas semejantes, y que se saca expriméndolas o mojándolas. ‖ fig. *Utilidad que saca de una cosa el que la disfruta o maneja. ‖ **de cepas,** o **de parras.** fig. y fam. ***Vino.**
zumoso, sa. adj. Que tiene zumo.
zuna. f. *Ley tradicional de los *mahometanos, sacada de los dichos y sentencias de Mahoma. ‖ Resabio de una *caballería. ‖ fig. Perfidia o *perversidad de una persona.
zunchar. tr. Reforzar con zunchos alguna cosa.
zuncho. m. Abrazadera o *anillo de hierro, o de cualquiera otra materia resistente, que sirve para *ceñir, *sujetar o dar fortaleza a algunas cosas.
zuño. m. ***Ceño.**
zupia. f. *Poso del vino. ‖ *Vino turbio por estar revuelto con el poso. ‖ *Bebida de mal aspecto y sabor. ‖ fig. Lo más *inútil y *despreciable de cualquier cosa.
zurano, na. adj. **Zuro.** ‖ V. **Paloma zurana.**
zurcidera. f. **Zurcidora.**
zurcido. m. Unión o *costura de las cosas zurcidas.
zurcidor, ra. adj. Que zurce. Ú. t. c. s. ‖ **de voluntades.** fig. y fam. ***Alcahuete, alcahueta.**
zurcidura. f. Acción y efecto de *zurcir. ‖ **Zurcido.**
***zurcir.** tr. Coser la rotura de una tela, supliendo lo que falta con puntadas, de modo que la unión resulte disimulada. ‖ fig. *Unir y juntar sutilmente una cosa con otra. ‖ fig. y fam. *Imaginar y trabar varias *mentiras para dar apariencia de verdad a lo que se relata.
zurdal. m. **Azor** (*ave).
zurdería. f. Calidad de *zurdo.
***zurdo, da.** adj. Que usa de la mano izquierda cuando las demás personas usan de la derecha. Ú. t. c. s. ‖ V. **Mano zurda.** Ú. t. c. s. ‖ Perteneciente o relativo a ésta. ‖ **A zurdas.** m. adv. Con la mano **zurda.** ‖ fig. y fam. Al *revés de como se debía hacer. ‖ **No ser** uno **zurdo.** fr. fig. y fam. Ser *hábil.
zurear. intr. Hacer arrullos la *paloma.
zureo. m. Acción y efecto de zurear.
zurita. f. **Tórtola.**
zurito, ta. adj. **Zuro** (dicho de las *palomas).
zuriza. f. **Suiza** (*riña).
zuro. m. Corazón o raspa de la mazorca del *maíz después de desgranada. ‖ ***Corcho.**
zuro, ra. adj. Dícese de las *palomas y palomos silvestres.
***zurra.** f. Acción de zurrar las *pieles. ‖ → fig. y fam. Mano de azotes o golpes. ‖ fig. y fam. Continuación del *trabajo en cualquier materia. ‖ fig. y fam. *Contienda, disputa o pendencia pesada. ‖ **Sangría** (bebida).
zurrado. m. fam. ***Guante.**
zurrador, ra. adj. Que zurra. Ú. t. c. s. ‖ m. El que tiene por oficio zurrar las *pieles.
zurrapa. f. Brizna, pelillo o *sedimento que se halla en los líquidos. Ú. m. en pl. ‖ fig. y fam. Cosa vil y *despreciable. ‖ fig. y fam. Muchacho desmedrado y *feo. ‖ **Con zurrapas.** m. adv. fig. y fam. Con poca limpieza o con *inmoralidad.
zurrapelo. m. fam. **Rapapolvo.**
zurrapiento, ta. adj. **Zurraposo.**
zurraposo, sa. adj. Que tiene zurrapas.
zurrar. tr. Curtir y adobar las *pieles quitándoles el pelo. ‖ fig. y fam. Dar a uno muchos azotes o *golpes. ‖ fig. y fam. *Vencer a uno en la disputa o contienda. ‖ fig. y fam. *Censurar a uno con dureza y especialmente en público. ‖ **Zurra, que es tarde.** expr. fig. y fam. con que se zahiere la *importunación de uno en alguna cosa.
zurrarse. r. *Evacuar uno el vientre involuntariamente. ‖ fig. y fam. Estar poseído de un gran *temor.
zurriaga. f. **Zurriago.** ‖ ***Alondra.**
zurriagar. tr. *Golpear o castigar con el zurriago.
zurriagazo. m. *Golpe dado con el zurriago. ‖ fig. Golpe dado con una cosa flexible como el zurriago. ‖ fig. *Desgracia o mal suceso inesperado. ‖ fig. *Maltratamiento injustificado.
zurriago. m. *Látigo con que se castiga o zurra, hecho de cuero, cordel o cosa semejante. ‖ Correa larga y flexible con que los muchachos hacen bailar el *trompo. ‖ *Juego de muchachos en que se pasan disimuladamente unos a otros un **zurriago,** y golpean al que lo anda buscando.
zurriar. intr. **Zurrir.**
zurribanda. f. fam. *Zurra o castigo con muchos golpes. ‖ fam. Pendencia o *riña ruidosa.
zurriburri. m. fam. Sujeto vil y *despreciable. ‖ fam. Conjunto de personas de la ínfima *plebe. ‖ Barullo, *desorden, *alboroto y confusión.
zurrido. m. *Sonido bronco y desapacible.
zurrido. m. fam. *Golpe, especialmente con palo.
zurrir. intr. *Sonar bronca y desapaciblemente alguna cosa.
zurrón. m. *Bolsa grande de pellejo, que usan los *pastores para llevar su comida u otras cosas. ‖ Cualquier *bolsa de cuero. ‖ *Cáscara primera y más tierna en que están encerrados algunos frutos. ‖ Bolsa formada por las membranas que envuelven el *feto. ‖ **Quiste.** ‖ Capullo en que se encierra la *larva de la lagarta.
zurrona. f. fam. *Ramera, mujer vil y estafadora.
zurronada. f. Lo que cabe en un zurrón.
zurrumbera. f. **Bramadera** (juguete).
zurruscarse. f. fam. **Zurrarse.**
zurrusco. m. fam. **Churrusco.** ‖ *Viento frío muy penetrante.
zurubí. m. *Pez de agua dulce, especie de bagre, sin escamas, propio de la Argentina.
zurullo. m. fam. Pedazo *cilíndrico de *masa o de materia blanda. ‖ fam. **Mojón** (*excremento).
zurumbático, ca. adj. *Necio, pasmado, aturdido.
zurupeto. m. fam. Corredor de *bolsa no matriculado. ‖ Intruso en la profesión de *notario.
zutano, na. m. y f. fam. Vocablos usados como *fulano* y *mengano,* cuando se alude a tercera persona *indeterminada.
¡zuzo! interj. para contener o espantar al perro.
zuzón. m. **Hierba cana.**

SUPLEMENTO

arrabio. m. Producto obtenido en el horno alto por reducción del mineral de *hierro.
claxon. m. Bocina eléctrica de sonido potente que llevan los vehículos *automóviles.
cuello... ‖ **blando.** El de camisa no almidonado. ‖ **de pajarita.** El de camisa, postizo y almidonado, con las puntas dobladas hacia afuera. ‖ **duro.** El de camisa almidonado.
electroacústica. f. Ciencia que trata de las aplicaciones de la *electricidad a la *acústica.
escala... ‖ **real.** La que se arma por fuera del portalón de estribor para servicio de los generales y otras personas de distinción.
florería. f. *Tienda en que se venden *flores y pequeñas plantas de adorno.
floristería. f. **Florería.**
frailero, ra... ‖ Dícese de la *ventana cuyo postigo va colgado de la hoja y no del cerco. ‖ m. Este postigo.
mecanización. f. Acción y efecto de mecanizar.
mecanizar. tr. Implantar el empleo de *máquinas para ciertas operaciones *industriales.
miembro... ‖ **podrido.** Sujeto separado de una *corporación por indigno.
monegasco, ca. adj. Natural del principado de Mónaco. Ú. t. c. s. ‖ Perteneciente o relativo a este principado.
perindola. f. **Perinola.**
rodomontada. f. Fanfarronada, baladronada.

La *Historia de la Literatura Española* de Angel Valbuena Prat, inicio de tantas otras, llega nuevamente, con su clasicidad, pero al mismo tiempo actualizada, a los lectores que no la olvidaron y a las nuevas generaciones que podrán buscar en sus páginas una vida literariamente intensa existida por el magistral lector de obras que fue don Angel Valbuena.

El carácter clásico de esta obra impide, bajo todo sentido, la menor alteración textual en su reedición. Actualizarla, pues, ha representado situar al final de cada capítulo una Addenda que incorpora las aportaciones críticas y nuevas ediciones realizadas en las últimas décadas, especialmente considerables en la época medieval y en el siglo XVIII.

Estructuralmente, esta reedición se ofrece en una nueva división de tomos, que no implica alterar el primigenio ordenamiento establecido por Valbuena, sino mayor comodidad.

Las actualizaciones se deben a dos prestigiosos profesores de la Universidad Complutense de Madrid: Antonio Prieto, que ha redactado las Addendas de los cuatro primeros volúmenes, es decir hasta el siglo XVIII y Romanticismo, corriendo la actualización de los dos últimos volúmenes a cargo de la que acompañara a don Angel Valbuena en su última etapa de profesor universitario, la doctora María del Pilar Palomo, catedrática de Literatura Española.

Angel Valbuena Prat nació en 1900 y murió en Madrid en 1977. Su tesis doctoral versó sobre los Autos sacramentales de Calderón. Inmediato Premio Fastenrath de la Academia Española, su trabajo fue un despertar de los estudios calderonianos, en los que sería el gran maestro.

Historia de la Literatura Española

Angel Valbuena Prat

9ª edición, dividida en 6 tomos:

I. Edad Media
II. Renacimiento
III. Siglo XVII
IV. Siglo XVIII. Romanticismo
V. Del realismo al vanguardismo
VI. Epoca contemporánea

Colección
«Fuentes y Documentos para la Historia del Arte»

La normalización de los estudios de Historia del Arte en el ámbito universitario y el creciente interés sobre el tema, han creado la necesidad de ofrecer al público instrumentos para iniciarse en esta disciplina. *FUENTES Y DOCUMENTOS PARA LA HISTORIA DEL ARTE* pretende presentar, con perspectiva universal, uno de los componentes más interesantes para ello: el texto escrito.

La presente antología se ha llevado a cabo con una orientación didáctica prioritaria. Está dirigida principalmente a universitarios, y en general a todos los interesados en el fenómeno artístico. No se ha pretendido hacer una edición crítica o anotada de los textos, pero se han querido acompañar de un cierto número de notas informativas sobre las más importantes ediciones completas, estudios específicos, o aclaraciones de conceptos o palabras que se prestaban a confusión.

Ha guiado la selección un criterio amplio. La información aportada abarca toda la diversidad de los objetos artísticos: urbanismo, arquitectura, escultura, pintura, mosaico, miniatura, artes suntuarias, artes útiles, grabados, reproducción seriada de imágenes y de objetos, etc.

Cada volumen contiene, en diversa proporción, de acuerdo con las épocas, los siguientes tipos de fuentes textuales: Teorías estéticas y tratados de arte; Disposiciones legales, contratos, inscripciones conmemorativas, documentación de exposiciones o de canales de distribución artística, literatura epistolar; Técnicas artísticas; Biografías de artistas y crítica de arte; Iconografía.

Se ha optado por una estructura funcional y esquemática, con la idea de ofrecer una herramienta de trabajo sin alternativas ideológicas *a priori*.

Los volúmenes van dotados de un índice temático completo que se concibe como un factor importante para la ágil consulta y también, en la mayoría de los casos, de un índice de nombres propios.

Vol. I
Arte Antiguo
Próximo Oriente, Grecia y Roma
Edición a cargo de
Antonio José Pitarch et alt.

Vol. II
Arte Medieval I
Alta Edad Media y Bizancio
Edición a cargo de Joaquín Yarza/
Milagros Guardia/Teresa Vicens

Vol. III
Arte Medieval II
Románico y Gótico
Edición a cargo de
Joaquín Yarza et alt.

Vol. IV
Renacimiento en Europa
Edición a cargo de
Joaquim Garriga

Vol. V
Barroco en Europa
Edición a cargo de
José Fernández Arenas/
Bonaventura Bassegoda i Hugas

Vol. VI
Renacimiento y Barroco en España
Edición a cargo de
José Fernández Arenas

Vol. VII
Ilustración y Romanticismo
Edición a cargo de
Francisco Calvo Serraller et alt.

Vol. VIII
Las vanguardias del siglo XIX
Edición a cargo de Mireia Freixa

Introducción a la H

Esta colección, que ofrece un nuevo enfoque de la Historia del Arte de Occidente, ha sido redactada pensando principalmente en todos aquellos que por primera vez se acercan al tema.

Cada volumen ofrece:

- un texto, redactado por un experto con amplia experiencia profesional, dirigido a estudiantes y al público en general,
- un lenguaje claro y directo, además de un glosario, al final del libro
- hermosas ilustraciones, muchas de ellas en color
- notas biográficas sobre los artistas, bibliografía y completos índices.

Obra completa: ISBN: 84-252-1234-0.

UNIVERSIDAD DE CAMBRIDGE

Introducción a la Historia del Arte

Grecia y Roma

Susan Woodford

Susan Woodford, profesora en la Universidad de Londres. 140 páginas, de 24 × 17 cm, con 135 ilustraciones, de las cuales 21 son en color. ISBN: 84-252-1237-5.

UNIVERSIDAD DE CAMBRIDGE

Introducción a la Historia del Arte

La Edad Media

Anne Shaver-Crandell

Anne Elizabeth Shaver-Crandell, profesora ayudante del City College de la Universidad de la Ciudad de Nueva York. 136 páginas, de 24 × 17 cm, con 121 ilustraciones, de las cuales 19 son en color. ISBN: 84-252-1235-9.

UNIVERSIDAD DE CAMBRIDGE

Introducción a la Historia del Arte

El Renacimiento

Rosa Maria Letts

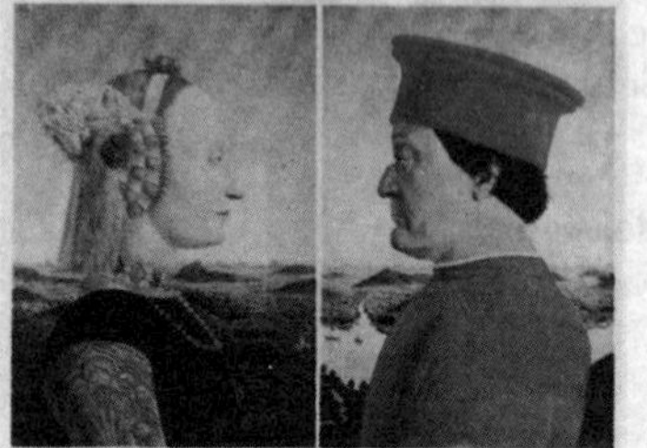

Rosa Maria Letts, miembro de la Accademia Archeologica Italiana (AAI). 128 páginas, de 24 × 17 cm, con 96 ilustraciones, de las cuales 25 son en color. ISBN: 84-252-1236-7.

UNIVERSIDAD DE CAMBRIDGE

Introducción a la Historia del Arte

El siglo XVII

Madeleine y Rowland Mainstone

Madeleine Mainstone, auxiliar conservadora del Departamento de Relaciones Públicas del Victoria and Albert Museum, y **Rowland Johnson Mainstone.** 128 páginas, de 24 × 17 cm, con 94 ilustraciones, de las cuales 20 son en color. ISBN: 84-252-1238-3.

·toria del Arte UNIVERSIDAD DE CAMBRIDGE

Como alternativa a la tradicional forma de narrar la Historia del Arte, los autores se aproximan al tema con un nuevo e informal enfoque. Los ejemplos elegidos, ya sean de pintura, escultura o arquitectura, se explican siempre dentro de su contexto histórico, se describen sus principales características y se muestran cuáles fueron las intenciones de los artistas y cómo consiguieron los efectos deseados. El resultado constituye un acercamiento sencillo, vivo e imaginativo que procurará al estudiante una imagen clara y definida de lo que es la Historia del Arte. A todos aquellos que se interesan por el tema les ayudará a una mejor comprensión de las grandes obras de arte del pasado.

Stephen Richard Jones, conservador de la Gainsborough's House. 112 páginas, de 24 × 17 cm, con 81 ilustraciones, de las cuales 18 son en color. ISBN: 84-252-1239-1.

UNIVERSIDAD DE CAMBRIDGE

Introducción a la Historia del Arte

El siglo XVIII

Stephen Richard Jones

Rosemary Elizabeth Lambert, del Departamento de Educación del Victoria and Albert Museum de Londres. 92 páginas de 24 × 17 cm, con 87 ilustraciones, de las cuales 20 son en color. ISBN: 84-252-1241-3.

UNIVERSIDAD DE CAMBRIDGE

Introducción a la Historia del Arte

El siglo XX

Rosemary Lambert

Donald Martin Reynolds, profesor del Departamento de Arte del Hunter College. 148 páginas, de 24 × 17 cm, con 72 ilustraciones, de las cuales 28 son en color ISBN: 84-252-1240-5.

UNIVERSIDAD DE CAMBRIDGE

Introducción a la Historia del Arte

El siglo XIX

Donald Martin Reynolds

Susan Woodford, profesora en la Universidad de Londres. 116 páginas, de 24 × 17 cm, con 92 ilustraciones, de las cuales 26 son en color. ISBN: 84-252-1242-1.

UNIVERSIDAD DE CAMBRIDGE

Introducción a la Historia del Arte

Cómo mirar un cuadro

Susan Woodford